中華大典

中華大典

農業典

河南大學出版社
西南師範大學出版社

中華人民共和國國務院批準的重大文化出版工程

國家文化發展規劃綱要的重點出版工程項目

新聞出版總署列爲『十一五』國家重大工程出版規劃之首

國家出版基金重點支持項目

《中華大典》工作委員會

《中華大典》編纂委員會

《中華大典》前言

《中華大典》是運用我國歷代漢文古籍編纂的一部大型工具書。其目的是爲學術界及願意瞭解中國古代珍貴文化典籍的人士提供準確詳實、便於檢索的漢文古籍分類資料。

中國是世界文明古國之一，幾千年來纂寫和聚集的文化典籍浩如烟海。我國歷代都有編纂類書的優良傳統，具有代表性的《永樂大典》等大多已佚失，現存《古今圖書集成》編就距今也已數百年。爲了適應今天和以後研究和檢索的需要，一九八八年海内外三百多位專家學者和各古籍出版社同仁倡議，在已有類書的基礎上，用現代科學方法編纂一部新的類書《中華大典》。

國務院在關於編纂《中華大典》問題的批復中指出，編纂《中華大典》『是我國建國以來最大的一項文化出版工程』。本書所收漢文古籍上起先秦，下迄清末，約三萬種，達七億多字，分爲二十四個典，近百個分典，内容廣博，規模宏大，前所未有。

《中華大典》的編纂工作堅持科學態度和百花齊放、百家争鳴方針。儘量采用古精校精刻本，優先采用我國建國後文獻學和考古學的優秀成果。對傳統文化中重要的不同學派的資料，兼收并蓄。運用現代圖書分類的方法，對收集到的資料，精選、精編，力求便於檢索、準確可信。

這項工作從開始起就受到中共中央、國務院和有關部門的重視和支持。國家主席江澤民、國務院總理李鵬分别爲《中華大典》題詞。江澤民的題詞是：『同心同德群策群力認真編好中華大典爲建設有中國特色的社會主義服務』。李鵬的題詞是：『繼承和弘揚民族優秀傳統文化』。全國政協主席李瑞環、國務委員李鐵映也作了重要指示，要求抓緊辦理。一九九零年五月，國務院批准《中華大典》爲國家重點古籍整理項目。一九九二年九月，正式成立了《中華大典》工作委員會和《中華大典》編纂委員會，召開了《中華大典》工作、編纂會議。自此，《中華大典》的編纂工作由試點轉入正式啓動，逐步鋪開。

編纂《中華大典》，學術性很强，工作量很大，工程十分艱巨，全賴廣大專家學者和全國各有關高等院校、科研院所、圖書館、出版單位的鼎力支持與積極參與。大家本着弘揚中華民族優秀文化的心願，發揚奉獻精神，克服各種困

難，團結協作，給這部巨大類書的出版提供了根本保證。在此謹表示誠摯的謝意。對本書的批評與建議，我們將十分歡迎。

《中華大典》編纂委員會

一九九七年四月

二〇〇六年十一月修訂

《中華大典》編纂通則

一、性質：《中華大典》（以下簡稱《大典》）是對漢文古籍（含已翻譯成漢文的少數民族古籍）進行全面的、系統的、科學的分類整理和彙編總結的新型類書，是在繼承歷代類書優良傳統、考慮漢文古籍固有特點的基礎上，借鑒和參照近代編纂百科全書的經驗和方法編纂而成。編纂《大典》的目的，是爲學術界及願意瞭解中國古代珍貴文化典籍的人士提供各種分門别類的、準確詳細的古代漢文專題資料。

二、規模和體例：《大典》所收古籍的時限，上自先秦，下迄辛亥革命。全書共收各類漢文古籍三萬餘種，七億多字。全書體例，着重汲取清代《古今圖書集成》所采用的經目和緯目相交織這一統一框架結構的模式，同時參照現代科學的學科、目録分類方法，并根據各類學科内容的實際情況，一般將每一大類學科輯爲一典，也有將幾個相關學科共輯爲一典的。對各典名稱，均以現代學科命名，對於所收入的各種古籍資料，亦儘可能納入現代科學分類體系之中。

三、經目：大典共分二十四個典，即哲學典、宗教典、政治典、軍事典、經濟典、法律典、教育典、語言文字典、文學典、藝術典、歷史典、歷史地理典、民俗典、數學典、物理化學典、天文典、地學典、生物學典、醫藥衛生典、農業典、林業典、工業典、交通運輸典、文獻目録典。典以下以分典、總部、部、分部分級，分部之下的標目根據各學科特點由各典自行擬定。

四、緯目：共設置九項緯目，用以包容各級經目的具體内容：

①題解：對有關學科的名稱、概念、涵義、特點等作總體介紹的資料。

②論説：有關理論部分的資料。

③綜述：有關學科或事物的系統性資料，凡有關學科或事物的性狀、制度、範疇、特點及學科地位、發展情況等具體内容均編入此緯目中。

④傳記：有關人物的傳記資料。

⑤紀事：有關學科或事物的具體活動或事例的資料。

⑥著録：重要人物或文獻的有關著作資料，如專集介紹、序跋、藏書題記，以及有關著作的成書經過、版本源流等。

⑦藝文：有關屬於文學欣賞性的散文或韻文。

⑧雜録：凡未收入以上各緯目，而又有較高參考價值的資料，均入雜録。

⑨圖表：根據有關經目的内容需要，圖與表附於相關專題之下，或集中彙總於某級經目之後。

《大典》以内容分類安排各級緯目，各級緯目的正文，一般以原書爲單位，按時代順序排列。每一條資料前標明出處，包括書名或作者名、篇名或卷次，以利讀者核對原書。

五、書目：每分典後附有該分典所收書之書目，書目包括書名、作者、時（年）代、版本等内容。時代以成書時代爲準，成書時代不詳者，以作者主要活動時代爲準，并遵從歷史習慣。

六、版本：《大典》在選用版本時儘量采用古人的精校精刻本，亦采用學術界通用的近、現代整理圈點本及現代學者校點整理本。

七、校點：爲儘可能保存古籍原貌，《大典》衹對底本中明顯的脱、訛、衍、倒進行勘正。古本中的避諱字一般不作改動，衹對缺筆字補足筆劃。後人刻書時避當朝人諱而改動的字，據古本改回。《大典》采用新式標點法。

一九九六年八月

二〇〇六年十一月修訂

《中華大典·農業典》編纂出版領導小組

組　長：張寶明　靳玉樂　王增恂

副組長：馬小泉　周安平　張雲鵬　鄭家福　楊國安
　　　　米加德

成　員（按姓氏筆畫排序）：

于　傑　王本朝　王學春　吕剛武　李　森
李偉昉　周志欽　苗書梅　秦紅雨　郭　亮
袁凱强　展　龍　陳廣勝　陳隆予　孫　曉
黄　璜　葛鄭偉　湯興華　鄒芙都　靳宇峰
鄧章應　聶昌紅　龍玉明

《中華大典・農業典》編纂委員會

《中華大典·農業典》序

農業是中國古代的重要生産部門，它關係到人的生存、社會的安定和政權的穩定。因此，它被社會上的全體人員所關注。在中國最早的文字——甲骨文中，就有關於農業生産内容的記載。

中國農業歷史學界按照古籍所載内容的具體情况，將涉農古籍分爲兩類：一類是專門記載中國古代傳統農業科學技術、生産知識和經營管理的著作，即中國古代農書；一類是書中存有涉及農業内容的一般古籍。

據考古資料顯示，中國農業産生於舊石器時代晚期與新石器時代早期交替的階段，距今已有一萬多年的歷史。到了青銅時代，即歷史上的夏、商、周時期（公元前二一—前八世紀），中國的傳統農業已經形成，并且發展爲社會的主要産業。到了春秋戰國時期（公元前七七〇—前二二一年），不僅在諸子百家中出現了農家學派，而且還出現了專門的農書。在《漢書·藝文志》中著録有成書於『六國時』的《神農》《野老》兩種和『不知何世』的《宰氏》《尹都尉》《趙氏》《王氏》等四種。上述書籍今已失傳。

由秦漢時期至清代，據《中國農業百科全書·農業歷史卷》統計，就有六百九十七種之多，按其數量多少排列依次爲：園藝類農書一百六十六種，蠶桑類農書一百五十二種，綜合類農書一百一種，竹木、茶類農書五十五種，耕作、農田水利類農書五十二種，農作物類農書四十七種，畜牧獸醫類農書三十八種，植物、氣象、占候類農書三十一種，荒政、治蝗類農書二十七種，水産類農書二十二種，農具類農書六種。如果按時代進行劃分，元代及以前農書的種類及數量依次爲：園藝類農書三十二種，綜合類農書二十種，畜牧獸醫類農書十一種，植物、氣象、占候類農書十一種，竹木、茶類農書十種，耕作、農田水利類農書三種，蠶桑類農書三種，水産類農書三種，荒政、治蝗類農書二種，農作物類農書一種，農具類農書一種。明清時期農書的種類及數量依次爲：蠶桑類農書一百四十九種，園藝類農書一百三十四種，綜合類農書八十一種，耕作、農田水利類農書四十九種，農作物類農書四十六種，竹木、茶類農書四十五種，畜牧獸醫類農書二十七種，荒政、治蝗類農書二十五種，植物、氣象、占候類農書二十種，水産類農書十九種，農具類農書五種。從上述農書的種類及變化，我們可以看到中國傳統農業的結

構、地位及變化。

由於農業對於經濟、政治的影響巨大，因此中國古代社會中上至帝王將相，下至布衣百姓，無不對其給予重大關注，在他們的著作中或多或少地涉及了中國古代農業的内容。這些内容涵蓋了中國傳統農業的方方面面。

在春秋戰國時期，由於傳統農業的性質發生了明顯的變化，因此此時的農業生産有了明顯的進步，人們對於自然界的干預增强了。在先秦諸子的著作中，有不少對人與自然界關係的論述，是中國古代農業生態思想的萌芽。在一貫相承的紀傳體史書二十四史中，詳細準確地記載了中國古代歷年的風、水、雹、旱、蟲等各種農業自然災害的發生及影響。沈括《長興集》卷九《萬春圩圖記》和胡仔《苕溪漁隱叢話前集》卷二七中詳細地講述了圩田、葑田等中國古代的土地利用。在《莊子·天運》、周去非《嶺外代答》卷四、《蘇東坡全集·後集》卷四中分别介紹了中國古代農具桔槔、踏犁和秧馬。范成大《石湖居士詩集》卷一六《勞畬耕并序》中詳細記載了三峽地區八個水稻品種；陸九淵《象山先生全集》卷三四記載了自家水稻深耕易耨的豐産經驗；高斯得《恥堂存稿》卷五最早記載了水稻生産中的烤田技術；莊綽《鷄肋編》卷上《説蕨》中有關於利用雜草作肥料的經驗。陳舜俞《都官集》卷一四《山中咏橘長咏》中記述了宋代柑橘栽培、貯藏和銷售的一整套經驗；張世南《游宦紀聞》卷五介紹了柑嫁接的經驗；莊綽《鷄肋編》卷下《韓岊論茶》記載了宋代建溪茶場的生産情況，趙希鵠《調燮類編》卷三《清飲》介紹了花茶的製作方法；周密《齊東野語》卷一六介紹了當時著名花卉産地馬塍藝花法。莊綽《鷄肋編》卷下《養柑蟻》介紹了古代的生物防治經驗。周密《癸辛雜識别集上·魚苗》記載了宋代對魚苗的生活特點已經有較深的認識，因此總結出了一套魚苗長途運輸技術，劉恂《嶺表録異》卷上介紹了唐代稻田養魚經驗，龐元英《文昌雜録·養珠法》介紹了人工養殖珍珠的經驗。王禹偁《小畜集》卷一四《記蜂》一文，詳細地描述了蜜蜂的習性、組織、蜂王、分窠、蜜蠟等方面的知識。張舜民的《使遼録》記載了遼國人用麻醉法施行馬肝部病灶切除手術。這些資料，涉及了古代農業的各個專業。

對於古籍中農業資料的整理古已有之，在晚清『富國强兵』的努力中，一些學者也整理出版農業古籍。現代著名的農業農史學家萬國鼎先生于一九二四年開始，從事祖國農學遺産的搜集整理工作，共搜集整理出三千萬字，彙編爲《先農集成》，分成若干專輯，裝訂成四百二十册，現存于南京農業大學中國農業遺産研究室。一九五五年四月，農業部農業科學院籌備小組在北京召開整理祖國農業遺産座談會。一九五八年，在周恩來同志的關懷下，國務院古籍整理出

版規劃小組成立，并制定了第一個十年規劃。同年，農業出版社（今中國農業出版社）在北京成立，依靠各農業院校農史研究專業隊伍，開始系統整理出版農業古籍。截至二〇一四年，已出版農業古籍近二百種，涵蓋了十一類古代農書，整理方式有標點校勘、注釋、今譯、影印、輯佚與資料彙編等。

《中華大典》是在黨中央、國務院領導下的新中國成立以來最大的古籍整理出版工程，農史研究者有幸參與其中，在前人的基礎上，對祖國的農業遺産以新編類書的形式進行整理出版，無疑對於廣大農業工作者瞭解中國國情、促進農史研究的發展均有不可估量的作用。

《中華大典·農業典》設糧食作物、蠶桑、茶業、藥用作物、救荒植物、園藝作物、漁業水産、農田水利、農業灾害、畜牧獸醫、農具倉儲和農書十二個分典，基本涵蓋了農業各要素。如前所述，中國古代農業文獻既有一定數量的專書，又或多或少地存在於浩如烟海的經史子集當中。如果繼續使用傳統的手段和出版工作流程，在短時間內利用有限的力量是難以完成編纂工作的。所以《農業典》在編纂之初，就采取了利用數字化編纂的方式。二〇〇六年七月開始由中國社會科學院李根蟠研究員任主編，依靠各高等農業院校農史研究專業人員，編定了編纂大綱，我和蘇金花研究員編定了《農業典》專用書目，各分典在此基礎上又補充了本專業的書目，依托社會上反響較好的古籍數字平臺開始了試編工作。在隨後的實際工作中，我們發現《農業典》編纂所需資料屢屢受制於商業化的數字平臺，尤其在《茶葉總部》的試編寫中遇到了引文難以核對的問題，遂於二〇〇九年底決定自主研發工作平臺，并由我和曹幸穗研究員出任主編，按照新的思路開展編纂出版工作。二〇一一年，按照國家新聞出版總署和國家出版基金規劃管理辦公室的統一部署，與未完成的各典一起納入國家出版基金管理。

《農業典》是《中華大典》確定的數字化編纂出版工作試點，任繼愈先生説：『農業典的試點工作如能成功，其意義將遠遠超越中華大典本身，它對於今後我國整個古籍整理工作，都會産生深遠的影響。』因此出版項目承擔者河南大學出版社組織了由編委會、出版社和數字編纂平臺共同參加的編纂隊伍，打破傳統編者、編輯、出版分離的做法，首先選擇《農業典·蠶桑分典》作爲試點，組織編纂者從一開始就介入平臺建設，平臺也按實際工作需求隨時調整功能，各項工作交叉進行，全面推進編纂工作。二〇一六年十月，經基金辦同意，增加西南師範大學出版社爲《農業典》出版單位，承擔《糧食作物分典》《藥用作物分典》《救荒植物分典》《園藝作物分典》《漁業水産分典》

方式的創新。《農具倉儲分典》的編纂任務。組織形式和工作機制的改進既是本書得以順利面世的原因，又是大型出版物出版工作

雖然全體編纂人員竭盡全力開展工作，但因此工作爲首創之舉，加之本人水準有限，疏漏之處在所難免，懇請讀者不吝指正。

穆祥桐

二〇一七年六月

《中華大典·農業典》凡例

一、收録範圍。《中華大典·農業典》以《中華大典》的編纂宗旨爲依據，彙編中國從先秦到清末有關農業的文獻，包括古代外國人用漢語所寫的涉及中國農業的作品和少量近代翻譯以資中國農業借鑒的國外著述，以供農業、歷史工作者和一般讀者參考和檢索。

二、結構。《農業典》分爲十二個分典，分典之下設總部、部、分部、專題四級經目。在專題之下，根據内容不同，設置題解、論説、綜述、傳記、紀事、著録、藝文、雜録、圖表等緯目。由於各分典的内容差異很大，因此各分典經、緯目的設置存在一定的不同。

三、用字。經目、緯目、標目等屬今人編寫的文字一概使用規範漢字，對所引用原文中的通用字、假借字、古今字、俗體字和舊字形等，爲最大程度保留文獻原貌，基本不作修改。

四、標目。資料標明出處，依次爲：作者生活朝代、作者及編著方式、書名、卷次、篇名。并列的資料選自同書而卷次不同，則不再另標作者及書名，僅用『又』字表示。書名與篇名加書名號《》。如果此書不分卷，將書名與篇名放在一個書名號内，中間用分隔號『·』隔開。此外，先秦典籍、二十四史、十通等大型官修書不標朝代與作者。志書前標加圓括號的年號，不加朝代與作者。對類書、志書或總集類文獻，收録其中單篇文獻時，以文章朝代與作者、文章名（加書名號）作主標目，以類書、志書或總集類文獻的書名與卷次作次標目，用小號字跟在主標目下面，省去編者、篇名。

五、校勘。脱字，在方括號内寫出補入的字。訛字，將錯字寫在圓括號中，後面在方括號中寫出改正的字。衍字，將衍字寫在圓括號中。倒字，在該字的正確位置按脱字的辦法用方括號補上，其錯誤的位置用圓括號作爲衍字處理。在使用前人校勘本時，直接使用校勘後的文字，均不再出校記。

六、節選。對古籍的省略處，用『【略】』標出。中間省略文字用『【略】』。有整段省略者，『【略】』放在上段末尾，不單獨占行。同一標目内，節選内容首尾不加『【略】』。古籍中的原注，用小號字排。

七、古籍中漫漶不可識處，以□代替。

八、數字。對古籍的卷次，用一、二、三、四、五、六、七、八、九、〇標出，不用十、百、千、萬。書名與篇名中照原版保留十、百、千、萬等。

九、以上諸項是《農業典》的通例。各分典因所涉文獻不同，各依據實際情況加以補充説明。

中華大典·農業典

茶業分典

主編：張敏傑

《中華大典·農業典·茶業分典》編纂委員會

主　　編：張敏傑

副 主 編：汪劉峰　趙軍慧　呂　進　喬偉輝

編　　者：李姗珊　楊　平　李小梅　康　宇

學術指導：沈冬梅　馮　風

《中華大典·農業典·茶業分典》説明

《茶業分典》是《中華大典·農業典》的分典之一，共設六個總部，分别爲茶葉茶事發展傳播總部、茶樹栽培與茶葉加工總部、茶葉運銷總部、茶葉飲用總部、茶政茶法茶税總部和茶文化總部。總部之下，再設部若干。其中茶葉茶事發展傳播總部、茶樹栽培與茶葉加工總部各設三部，茶葉運銷總部設五部，茶葉飲用總部設四部，茶政茶法茶税總部設十二部，茶文化總部設九部。各部之下設專題，專題下分緯目。根據具體内容，有選擇地設置題解、論説、綜述、傳記、紀事、著録、藝文、雜録和圖表等緯目。緯目下以單一且完整爲大原則著録條目，每一條目力求契合主題，且文獻來源均標明出處，包括朝代、作者、書名、卷次和篇名。

我國歷史文獻中有關茶葉茶事的記載豐富，兹從歷代正史、别史、雜史、政書、農書、筆記、文集、方志等史料中，輯録與茶葉相關的資料凡五百萬字，編入《茶業分典》。内容以茶葉茶事爲主，兼及歷代茶葉法規、政策、職官，另有茶葉對外傳播、宗教與茶等。下面予以簡略説明。

茶葉茶事發展傳播總部，下設茶葉利用與飲茶起源、茶葉的傳播與發展、晚清茶葉外傳及工藝改良三部，總字數約十九萬字。以茶葉起源、發展與傳播的過程爲大框架，力求完整呈現茶業在中國古代的發展軌迹，爲今人全面了解茶業的起源與傳承提供參考。

茶樹栽培與茶葉加工總部，下設茶園建設管理、歷代茶葉主要産區和歷代製茶工藝三部。總字數約三十八萬字。從茶作爲農業作物這一視角出發，主要輯録茶園建設、耕作、産區以及製茶工藝等相關資料，此部可使今人對古代茶葉産區變遷和製茶工藝沿革有一個系統的認知。

茶葉運銷總部，下設茶葉流通、茶路、茶商、邊茶和近代茶葉外銷之路五部，總字數約爲八十八萬字。主要從運銷視角收録茶作爲商品在古代買賣流通中的相關資料。内容涉及茶葉貿易、茶葉銷售、茶馬互市、茶葉貨運以及清代茶葉外銷等，力求較完整地還原茶葉在古代作爲大宗商品的銷售流通情形。

茶葉飲用總部，下設飲茶方式沿革、水品、茶具和茶療藥方四部，總字數約四十八萬字。所輯録的資料主要與茶

的飲用相關，因茶具、水與茶有密不可分的聯繫，一并將其收録在内。

茶政茶法茶税總部，下設歷代茶事管理機構、歷代茶事管理職官、茶馬互市、榷茶、貢茶、遼金時期的限茶和禁茶、引制及其演變、嚴禁私茶、歷代茶税、茶釐興廢、茶民起義、歷代茶葉法規共十二部，總字數約一百萬字。茶業税收在中國古代爲國家税收的重要來源，重要性甚至與鹽不相上下。本總部系統性地呈現中國古代茶葉政策、法規以及税收等情況，展現古代茶葉政治、政策的沿革，以資今人借鑒。

茶文化總部，下設歷代茶人，茶人稱謂，茶俗，歷代名茶，名山與茶，宗教與茶，歷代茶詩、茶詞，歷代茶文和歷代茶事繪畫九部。總字數約二百萬字。茶文化總部主要立足茶與文化的聯繫，揭示茶與古代生産生活和社會文化的關聯。

分典主要由首都師範大學文學院古典文學教研室、首都師範大學電子文獻研究所和國之學團隊聯合編寫。中國農業出版社編審、《農業典》主編穆祥桐先生對分典的框架設置與具體資料取舍給出了建設性的意見，在編寫過程中得到南京農業大學朱自振教授、中國社會科學院沈冬梅研究員、西南農業大學劉勤晋教授等人的支持和指導。儘管如此，分典成于衆手，囿于編者的學科界限和專業水準，不當之處在所難免，懇請方家批評指正。

總目

上册

下册

目録

茶政茶法茶税總部

歷代茶事管理機構部

歷代茶事管理職官部

茶馬互市部

榷茶部

貢茶部

遼金時期的限茶和禁茶部

引制及其演變部

嚴禁私茶部

茶文化總部

歷代茶人部

茶人稱謂部

茶俗部

歷代名茶部

名山與茶部

宗教與茶部

歷代茶詩、茶詞部

歷代茶文部

歷代茶事繪畫部

上

茶葉茶事發展傳播總部

茶葉茶事發展傳播總部説明

中國是世界上最早發現和利用茶的國家，是世界公認的茶葉的故鄉。在漫長的歷史歲月中，茶經歷了藥用、食用到飲用的過程，逐漸成爲日常生活的必需品，茶葉的傳播亦隨之蓬勃發展。隨着中外文化交流和商業貿易的開展，茶葉走向了全世界。本總部輯録茶葉利用與飲茶起源、茶葉的傳播與發展和晚清茶葉外傳及工藝改良共三個部。

茶葉利用與飲茶起源部輯録了史料中茶葉起源與利用的相關記録。中國是茶葉最早的産地，《茶經》有『茶之爲飲，發乎神農氏』之説。最早茶葉被當做藥用和菜食，且成爲了主要的商品。到唐代，茶葉作爲飲品得到了普及。茶葉的利用從生嚼茶葉、生煮、粥茗、茶餅（蒸、搗、拍、焙、穿、烘、碾、冲），到明朱元璋『罷造龍團，采芽以進』，再到明代以後，烏龍、紅茶等新型茶不斷出現。

茶葉的傳播與發展部輯録茶葉傳播與發展的相關記録。顧炎武《日知録》曾經指出『自秦人取蜀而後，始有茗飲之事』，即認爲中國的飲茶是秦統一巴蜀之後才慢慢傳播開來。也就是説，中國茶業最初興于巴蜀，其後向東部和南部逐次傳播開來，以致遍及全國。唐代《膳夫經手録》所載『今關西、山東，閭閻村落皆吃之，累日不食猶得，不得一日無茶』。中原和西北少數民族地區都嗜茶成俗，于是南方茶的生産隨之空前蓬勃地發展起來。

晚清茶葉外傳及工藝改良部輯録晚清時期茶葉外傳，以及受到工業革命影響，技術進步而改良的製茶工藝的相關記録。世界各産茶國的茶都是直接或間接由中國外傳過去的。唐代，茶傳入日本，日本社會飲茶風尚逐漸興起并得以發展。宋元期間，茶葉已成爲我國主要的出口商品。明萬曆三十五年，荷蘭海船自爪哇來中國澳門販茶轉運歐洲，這是我國茶葉直接銷往歐洲的最早記録。以後，茶葉成爲荷蘭人最時髦的飲料。由于荷蘭人的宣傳與影響，飲茶之風迅速波及英、法等國。至十九世紀，我國茶葉的傳播幾遍及全世界。

茶葉茶事發展傳播總部

茶葉利用與飲茶起源部

題解

《說文解字》卷一《艸部》 茗，茶芽也。从艸名聲。

又 茶，苦茶也。从艸余聲。宋徐鉉、徐鍇注：臣鉉等曰：此即今之茶字。

晉 裴淵《廣州記》《唐类函》卷一七八 西平縣出皋蘆，茗之別名，葉大而澀，南人以為飲。《廣州記》

北魏 元欣《魏王花木志》《香艷叢書》第五集卷二 茶，葉似梔子，可煮為飲。其老葉謂之荈，嫩葉謂之茗。

唐 陸德明音義《爾雅·釋木》 檟，古雅反，與榎同。茶，音徒，下同。《埤蒼》作搽，案，今蜀人以作飲。音真加反，茗之類。茗，亡頂反。荈，尺兖反。荈、搽、茗，其實一也。張揖《雜字》云，茗之別名也。

唐 陸羽《茶經》卷上《一之源》 茶者，南方之嘉木也。一尺、二尺乃至數十尺。其巴山峽川，有兩人合抱者，伐而掇之。其樹如瓜蘆，葉如梔子，花如白薔薇，實如栟櫚，蒂如丁香，根如胡桃。瓜蘆木出廣州，似茶，至苦澀。栟櫚，蒲葵之屬，其子似茶。胡桃與茶，根皆下孕，兆至瓦礫，苗木上抽。其字，或從草，或從木，或草木並。從草，當作『茶』，其字出《開元文字音義》；從木，當作『梌』，其字出《本草》；草木並，作『荼』，其字出《爾雅》。其名，一曰茶，二曰檟，三曰蔎，四曰茗，五曰荈。周公云：『檟，苦荼。』揚執戟云：『蜀西南人謂茶曰蔎。』郭弘農云：『早取為茶，晚取為茗，或一曰荈耳。』其地，上者生爛石，中者生礫壤，下者生黃土。凡藝而不實，植而罕茂，法如種瓜，三歲可採。野者上，園者次。陽崖陰林，紫者上，綠者次；筍者上，牙者次；葉卷上，葉舒次。陰山坡谷者，不堪採掇，性凝滯，結瘕疾。

又卷下《六之飲》 翼而飛，毛而走，呿而言。此三者俱生於天地間，飲啄以活，飲之時義遠矣哉！至若救渴，飲之以漿；蠲憂忿，飲之以酒；蕩昏寐，飲之以茶。

又《七之事》《本草·木部》：茗，苦茶。味甘苦，微寒，無毒。主瘻瘡，利小便，去痰渴熱，令人少睡。秋採之苦，主下氣消食。注云：『春採之。』

又《本草·菜部》：苦茶，一名茶，一名選，一名游冬，生益州川谷，山陵道傍，凌冬不死。三月三日採，乾。注云：『疑此即是今茶，一名茶，令人不眠。』《本草注》：『按《詩》云「誰謂荼苦」又云「堇荼如飴」，皆苦菜也。陶謂之苦茶，木類，非菜流。茗春採，謂之苦口。途遐反。

晉 郭璞注，宋 邢昺疏《爾雅注疏》卷九《釋木》 檟，苦荼。樹小似梔子，冬生，葉可煮羹飲。今呼早采者為茶，晚采者為茗，一名荈，蜀人名之苦荼。疏：檟，苦荼。釋曰：檟，一名苦荼。郭云：『樹小似梔子，冬生，葉可煮羹飲。今呼早采者為茶，晚采者為茗，一名荈，蜀人名之苦荼。』

宋 鄭樵《爾雅注下·釋木》 檟，苦荼。茶也，《本艸》謂之茗。苦梌。

宋 車若水《脚氣集》《詩》：『誰謂荼苦，其甘如薺。』荼，苦菜也。《周禮》：掌荼以供喪事，取其苦也。東坡詩云：周詩記苦荼，茗飲出近世。乃以今之茶為荼。茶，今人以清頭目，自唐以來，上下好之。細民亦日數椀，豈是荼也。茶之麄者，為茗。

宋 王楙《野客叢書》卷二一 世謂古之荼，即今之茶，不知荼有數種，非一端也。《詩》曰：『誰謂荼苦，其甘如薺』者，乃苦菜之荼，如今苦苣之類。《周禮》『掌荼』，毛詩『有女如荼』者，乃苕荼之荼也，正萑葦之屬。惟荼檟之荼，乃今之茶也，世但知蘭荼而莫辨故辨之。

元 王禎《農書》卷一〇 夫茶，靈草也，種之則利博，飲之則神清，上而王公貴人之所尚，下而小夫賤隸之所不可闕，誠民生食用之所資，國家課利之一助也。

明 錢椿年《茶譜·茶略》 茶者，南方佳木，自一尺、二尺至數十尺。其巴峽有兩人抱者，伐而掇之。樹如瓜蘆，葉如梔子，花如白薔

薇，實如栟櫚，蒂如丁香，根如胡桃。

明田藝蘅《煮泉小品·宜茶》 茶，南方嘉木，日用之不可少者。

明夏樹芳《茶董》卷下 郭璞云：茶者，南方佳木，早取為茶，晚取為荈。

明陳繼儒《茶董補》卷上 南方嘉木以下十則，補敘產植。

茶者，南方之嘉木也。樹如瓜蘆，葉如梔子，花如白薔薇，實如栟櫚，蒂如丁香，根如胡桃。其名一曰茶，二曰檟，三曰蔎，四曰茗，五曰荈。《茶經》

又 早茶晚茗。

早采者為茶，晚取者為茗，一名荈，蜀人名之苦茶。《爾雅》按：二則正集太略，補其未備。

明羅廩《茶解·原》 《經》云一茶、二檟、三葭、四茗、五荈，精粗不同，總之皆茶也。而至如嶺南之苦登，玄嶽之鶱林葉，蒙陰之石蘚，又各為一類，不堪入口。《研北志》云：交趾登茶如綠苔，味辛烈而不言其苦惡，要非知茶者。

茶，六書作『茶』；《爾雅》《本草》《漢書》，茶陵俱作『茶』。《爾雅》註云『樹如梔子』是已；而謂冬生葉，可煮作羹飲，其故難曉。

明胡之衍《茶說序》《茶說》 茶為清賞，其來尚矣。

明曹學佺《蜀中廣記》卷六五《方物記第七·茶譜》 《茶經》略云：巴山峽川，有兩人合抱者，伐而掇之。其樹如瓜蘆，葉如梔子，花如白薔薇，實如栟櫚，莖如丁香，根如胡桃。其字或從草，或從木。其名一曰茶，二曰檟，三曰蔎，四曰茗，五曰荈。其具有名穿者，巴川峽山，紉穀皮為之。巨百二十斤為上穿，八十斤為中穿，五十斤為小穿。其器有火筴者，一名筯，蜀以鐵或熟銅製之。在漢，揚雄、司馬相如之徒，皆飲焉；滂時浸俗，盛於兩都並荊、渝間矣。

又 《爾雅》云：檟，苦茶也。郭璞注：早取為茶，晚取為茗；或曰荈，蜀人名之為苦茶。故弘君舉《食檄》有『茶荈出蜀』之文；而揚子雲《方言》謂：蜀西南呼茶為蔎也。

明李德述《茗史評》《茗史》 茗，仙品也，品品者亦自有品。固雲林市朝，品殊不齊，醲鮮清苦，品品政自有別。

明鄧志謨《茶酒争奇》卷一《茶敘述源流》 茶有五名：一曰茶，二曰檟，三曰蔎，四曰茗，五曰荈，此載之《茶經》也。早采者為茶，晚采者為茗，此記之《爾雅》也。【略】茶酒誠天下之至重，日用之至常，不可廢者也。

清黃道履《茶苑》卷一《釋名》 茶者南方之嘉木也，一尺、貳尺迺至數十尺。其巴山峽川，有兩人合抱者，伐而掇之。其樹如瓜蘆，葉如梔子，花如白薔薇，實如栟櫚，莖如丁香，根如胡桃。其字或從草，或從木，或草木並。其名一曰茶，二曰檟，三曰蔎，四曰茗，五曰荈。《茶經》

《茶經·註》曰：瓜蘆木，出廣州，似茶，至苦澀，栟櫚、蒲葵之屬，其子似茶。胡桃與茶，根皆下孕，兆至瓦礫，苗木上抽。

《茶經·註》云：茶字從草當作『茶』，其字《開元文字》所載，從木當作『梌』，其字出《本草》。草木並者，其字出《爾雅》。

《茶經·註》云：周公云：檟，苦茶。揚執戟云：西蜀人謂茶曰蔎。郭弘農云：早取為茶，晚取為茗。或一名曰蔎耳。

茶者，南方之嘉木。早採者為茶，晚採者為茗。郭璞註《爾雅》

茶，初採者謂之茶，老則謂之茗。今人將茶無論早晚概稱春茗，是為錯用。《正字編》

茶，宅加切，茗也。葉可煎飲，能消渴下痰，清頭目，久服不寐。《唐韻會》

茗，莫迥切，茶晚取者。《韻林》

茶即古茶字，《周詩》誰謂『茶苦，其甘如薺』是也。《茶志》

六經無茶字，惟《周禮》有茶字，即茶字也。古人不尚茗飲，故無此字。後人省□文，往往未究，深為可笑。《九清齋雜誌》

《春秋》書『齊茶』，《漢志》書『茶陵』，至唐陸羽遂以茶易茶。故羽有《茶經》，玉川子有《茶歌》，趙贊有茶禁，遂奕世相承不改焉。《茶說》

檟，苦茶，葉似梔子，今呼早採者為茶，晚採者為茗，蜀人名為苦茶。《爾雅》

周公曰：檟，苦茶。蜀人曰蔎蔎音設。高似孫《緯略》

檟，古馬切，一作榎，楸也。楸小而散曰檟，一曰苦茶，亦作夏記，夏楚貳物。《韻林》

茶，老葉謂之荈，細葉謂之茗。《魏王花木志》

履道按：《茶經》及諸家《茶譜》《茶論》等書，惟有茶、荈、茗、蔎、檟字，而無所謂茆者，當是荈字之訛耳。須俟博雅正之。

清 張廷玉《〈茶史〉序》《茶史》 世稱茶之名，起於晉宋以後，而《神農食經》、周公《爾雅》已先及之。蓋自貢之尚方，下逮眠雲臥石之夫胥，得為茗飲。至若鴻漸、伯熊之品味，玉川子、江湖散人之嗜好，紀於傳策者，今古數人而已。

清 邵晉涵《爾雅正義》卷一五《釋木》 檟，一名苦茶。釋文云，茶，《埤蒼》作搽。今蜀人以作飲。音直加反，茗之類。案，《晏子春秋》有茗菜之文。然無以定其為即今茗飲。漢人有陽羨賣茶之語，則西漢已尚茗飲。《三國志・韋曜傳》：曜初見禮異，密賜茶荈以當酒。自此以後，爭以茗飲相尚矣。注：樹小至苦茶。正義：今茶樹小者一、二尺，大者至數丈，葉似梔子。南方采葉作飲。以春采者為良。釋文云，荈、搽、茗，其實一也。張揖《雜字》云：荈，茗之別名也。

清 郝懿行《爾雅義疏》卷下《釋木》 檟與榎同。茶，《埤蒼》作搽，今蜀人以作飲，音直加反。茗之類。按，今茶字古作荼，故陶注本草苦菜云，疑此即是今茗。一名荼。又令人不眠，亦淩冬不凋，此說非是。蘇軾詩云『周詩記苦荼，茗飲出近世』。又似因陶注而誤也。郭云：樹小似梔子。今茶樹高或數丈，小乃數尺，其葉都似梔子。南中人說，春初早採者佳。郭以早采為茶，晚取為茗。陸璣《詩疏》云：椒，蜀人作茶。吳人作茗。檟，吳人以其葉為茗。是皆以茗與茶異。《爾雅釋文》云：荈、茶、茗。其實一也。故《茶經》云，其名有五：一茶、二檟、三蔎、四茗、五荈。則茗茶亦通名耳。《茶經》又引《凡將篇》有荈詫。是知茗飲起於漢世。王褒《僮約》亦有武陽買茶之語。《吳志・韋曜傳》云：曜初見禮異。或密賜茶荈以當酒。茗事見史始此。而《雲谷雜紀》引《晏子春秋》雜下篇云。食脫粟之食，炙三弋五卵茗茶。《困學紀聞集證》八云：今本茗作苔。考《御覽》八百六十七引作茗菜，載入茗事中，知今作苔誤。據此，茗又起於漢以前矣。又諸書說茶處，其字仍作荼。至唐陸羽著《茶經》，始減一畫作茶。今則知茶，不復知荼矣。

清 李仙根《茶史敘》《茶史》 古文無茶字，《本草》作荼，蓋藥品，非日用之物。自晉唐間有嗜之者，因損文為『茶』，而其用始顯，其種藝遂遍江漢以南。或過頌其德，或深訐其弊，皆非通論。一切物類，精粗不同，要皆利害參半，顧用者何如耳。然古之茶，以製兑堅細為貴，今則以自然元味為佳，是茶之用，又至今日而後為盡致也？吾觀生民之務，莫切於飽煖，乃或終歲不得製衣，併日不得一食，安計不急之茶？至於奔名趨利，淫湎紛華者，雖有名品，不瑕啜也。桓譚有云：天下神人，一曰仙，二曰隱。吾以為具此二德，而後可以錫茶之福，策茶之勳。

清 劉源長《茶史》卷一《茶之原始》 茶者，南方之嘉木也。一尺、二尺乃至數十尺。其巴山峽川，有兩人合抱者，伐而掇之。其樹如瓜蘆，葉如梔子，花如白薔薇，實如栟櫚，莖如丁香，根如胡桃。瓜蘆本出廣州，其茶味苦澀，栟櫚蒲葵之屬，其子似茶。胡桃與茶，根皆下孕兆，至瓦礫苗木上抽。

又 茶之名，一曰茶，二曰檟，三曰蔎，四曰茗，五曰荈。蔎，音設，《楚辭》懷椒聊之蔎蔎。荈，音舛。

又 周公《爾雅》：檟，苦茶。

又 茶，初採為茶，老為茗，再老為荈。

又 今呼早採者為茶，晚採者為茗，蜀人名之苦茶。

又 《本草・菜部》：一名茶，一名選，一名遊。

又 茶字，或從草，或從木，或草木並。從草作茶，從木作搽，草木並作茶，出《爾雅》。檟，亦從木。

又 茶之名，始見於王褒《僮約》，盛著於陸羽《茶經》。

清 陸廷燦《續茶經》卷上《茶之源》 車清臣《腳氣集》：毛詩云：『誰謂荼苦，其甘如薺。』注：荼，苦菜也。《周禮》：『掌荼以供喪事，取其苦也。』蘇東坡詩云『周詩記苦荼，茗飲出近世』，乃以今之茶為荼。夫荼，今人以清頭目，自唐以來，上下好之，細民亦日數椀，豈是荼也。茶之麄者，是為茗。

又 胡致堂曰：茶者，生人之所日用也，其急甚於酒。

又 《中原市語》：茶曰渲老。

又 《百夷語》：茶曰芽，以麄茶曰芽以結，細茶曰芽以完。緬甸

夷語：茶曰臘扒，喫茶曰臈扒儀索。

論説

唐陸羽《茶經》卷上《一之源》 茶之為用，味至寒，為飲，最宜精行儉德之人。若熱渴、凝悶，腦疼、目澀，四支煩、百節不舒，聊四五啜，與醍醐、甘露抗衡也。

採不時，造不精，雜以卉莽，飲之成疾。茶為累也，亦猶人參。上者生上黨，中者生百濟、新羅，下者生高麗。有生澤州、易州、幽州、檀州者為藥無效，況非此者？設服薺苨，使六疾不瘳，知人參為累，則茶累盡矣。

又卷下《六之飲》 茶之為飲，發乎神農氏，聞於魯周公。齊有晏嬰，漢有揚雄、司馬相如，吳有韋曜，晉有劉琨、張載、遠祖納、謝安、左思之徒，皆飲焉。滂時浸俗，盛於國朝，兩都並荊俞間，以為比屋之飲。

唐楊曄《膳夫經手録》 茶，古不聞食之。近晉、宋以降，吳人採其葉煮，是為茗粥。至開元、天寶之間，稍稍有茶，至德、大曆遂多，建中已後盛矣。茗絲鹽鐵，管榷存焉。

唐皮日休《〈茶經〉序》 案：《周禮》酒正之職辨四飲之物，其三曰漿，又漿人之職，供王之六飲，水漿醴涼醫酏入於酒府。鄭司農云：以水和酒也。蓋當時人率以酒醴為飲，謂乎六漿，酒之醨者也，何得姬公製？《爾雅》云：『檟，苦茶。』即不擷而飲之，豈聖人純於用乎？抑草木之濟人，取捨有時也。

唐裴汶《茶述》《古今合璧事類備要·外集》卷四二 茶，起於東晉，盛於今朝。其性精清，其味浩潔，其用滌煩，其功致和。參百品而不混，越眾飲而獨高。烹之鼎水，和以虎形，過此皆不得。千人服之，永永不厭。與粗食爭衡，得之則安，不得則病。彼芝朮、黄精，徒云上藥，至效在數十年後，且多禁忌，非此倫也。或曰，多飲令人體虛病風。余曰，不然。夫物能祛邪，必能輔正，安有蠲逐叢病，而靡保太和哉？今宇内為土貢實眾，而顧渚、蘄陽、蒙山為上，其次則壽陽、義興、碧澗、㴩湖、衡山，最下有鄱陽、浮梁。今其精者無以尚焉，得其粗者，則下里兆庶，瓶盎紛揉。苟未得，則胃府病生矣。人嗜之如此者，兩晉已前無聞焉。至精之味或遺也。作茶述。

宋丘荷《北苑御泉亭記》《茶集》卷一 夫珠璣珣玗，黿龍四靈，珍寶之殊特，蜚游之至瑞，布諸載籍，非可遽數。至於水草之奇，金芝醴泉之類，而一時之焜燿，祥經之攸記。若迺蘊堪輿之真粹，占土石之秀脈，自然之應，可以奉乎而能悠永者，則有聖宋南方之貢茶禁泉焉。《爾雅·釋木》曰：『檟，苦荼。』説者以為早採者為荼，晚採者為茗；荈，蜀人名之苦荼。而許叔重亦云，由是知茶者，自古有之。兩漢雖無聞，魏晉以下，或著於録，迄後天下郡國所產，愈益眾，百姓頗蒙其利。

唐建中中，趙贊抗言，舉行天下茶，什一稅之。於是縣官始斡焉。然或不名地理息耗所在，先儒所志，岷蜀、勾吳、南粵舉有，而閩中不言建安，獨次候官、柏巖云：『唐季敕福建罷贄橄欖，但供臘面茶。』按：所謂柏巖，今無稱焉，即臘面；產於建安明矣。且今俗號猶然，蓋先儒失其傳耳。不爾，識會有所未盡，遊玩之所不至也；抑山澤之精，神祇之靈，五代相以摘造尚矣。而其味弗振者，得非以其德之無加乎？

國朝龍興，惠風醇化，率被人面。九府庭貢，歲時輻奏，而閩荈寢以珍異。太平興國中，遂置龍鳳模，以表其嘉應而別於他所也。先是鄉老傳其山形，謂若張翼飛者，故名之曰鳳凰山。山麓有泉，直鳳之口，即以其山名名之。蓋建之產茶，地以百數，而鳳凰山莩岸，常先月餘日，其左右潤灩，交併不越丈尺，而鳳凰穴獨甘美有殊。及茶用是泉，齊和益以無類，識者遂為章程，第共製羞御者，而以太平興國故事，更曰龍鳳泉。

龍鳳泉當所汲或日百斛，亡減。工罷，主者封莞，逮期而闓，亦亡餘。異哉！所謂山澤之精，神祇之靈，感於有德者，不特於茶，蓋泉亦有之。故曰有南方之貢茶禁泉焉。泉所舊有亭宇，歷歲彌久，風雨弗蔽，臣子攸職，懷不暇安，遂命工度材易之，以其非品庶所得擅用，故名曰御泉亭。因論次陸羽等所闕，及採耆舊傳聞，實録存之，以諭來者，庶其知聖德之至，厥貢之美若此。景祐三年丙子七月五日，朝奉郎試大理司直兼監察御史權南劍州軍事判官監建州造買納茶務丘荷記。

宋蘇軾《論茶》《茶集》卷一 除性去膩，世固不可無茶，然暗中損

人不少。昔云：『自茗飲盛後，人多患氣，不患黃，雖損益相半，而消陽助陰，益不償損也。』吾有一法，常自珍之。每食已，輒以濃茶漱口。煩膩既去，而脾胃不知，凡肉之在齒間者，得茶漱浸，不覺脱去，不煩刺挑而齒性便苦，緣此漸堅密，蠹病自已。然率用中下茶，其上者，亦不常有。間數日一啜，亦不為害。

宋　陳師道《後山居士文集》卷一六《〈茶經〉序》　夫茶之著書自羽始，其用於世亦自羽始，羽誠有功於茶者也。上自宮省，下迨邑里，外及戎夷蠻狄，賓祀燕享，預陳於前，山澤以成市，商賈以起家，又有功於人者也，可謂智矣。經曰：『茶之否臧，存之口訣。』則書之所載，猶其粗也。夫茶之為藝下矣，至其精微，書有不盡，況天下之至理，而欲求之文字紙墨之間，其有得者乎？昔者先王因人而教，同欲而治，凡有益於人者，皆不廢也。世人之説曰，先王《詩》《書》《道德》而已，此乃世外執方之論，枯槁自守之行，不可羣天下而居也。史稱羽持具飲李季卿，季卿不為賓主，又著論以毀之。夫藝者，君子有之，德成而後及，乃所以同於民；不務本而趨末，故業成而下也。學者慎之！

宋　趙佶《大觀茶論·序》《説郛》卷九三　茶之為物，擅甌閩之秀氣，鍾山川之靈稟，祛襟滌滯，致清導和，則非庸人孺子可得而知矣；沖淡簡潔，韻高致靜，則非遑遽之時可得而好尚矣。

宋　林駉《古今源流至論續集》卷四《榷茶》　嘗觀禹貢任九州土地所宜，而無茶一字。周禮列祭祀賓客之名物，亦無茶一字。以至漢唐以來，史傳所載，皆不言之。夫茶，充於味而饒於利，何盛於今而不用於古乎？抑有説焉。按《本草》，茶本名茗，一名檟，一名蔎，今通謂之茶。蓋茶近，故呼之。末之乃可飲，與古所食殊不同。《本草》。而《茶譜》云，雅州蒙山中頂之茶，獲一兩即能祛疾，二兩無疾，三兩固以換骨，四兩即為仙矣。其他頂茶園，採摘不廢。惟中峯雲霧蒙散，鷙獸時出，故人迹之所不到。是茶也，本藥品之至良也。《茶譜》：雅州蒙山中有五頂，頂有茶園，其中頂曰上清峯。昔人有遇老父，謂曰：蒙之中頂茶，獲一兩即能祛疾，二兩無疾，三兩固以換骨，四兩即為仙矣。其四頂茶園，採摘不廢。惟中頂草木繁密，雲霧所蔽，鷙獸時出，人迹不至。至唐人《茶飲序》云：釋滯消壅，一日之利暫佳，瘠氣侵精，終身之累斯大。則知自蒙山之外，他土所産，其性極冷，故多雜以草木食之。是茶也，本草食之相混也。唐毋煚《茶飲序》云。及其後也，智者創物，製作愈精，亦可以少易其性。譬如易牙，先得口之於味，而俾天下之人皆知所嗜。而有國家者，因以為財賦之原焉。究其所由來，貴於唐而盛於我朝也。亦猶含桃薦廟而盛於漢，漢以含桃薦寢廟。荔子萬錢而重於唐。唐貴妃嗜荔子時至萬錢。蓋物之所尚，各有其時爾。自唐陸羽隱於苕溪，性酷嗜茶，乃著《茶經》三篇，言茶之原、之法、之具尤備。陸羽上元初更隱苕溪，自稱桑苧翁。性嗜茶，著經三篇，言茶之原、之法、之具尤備。天下益知飲茶矣，時鬻茶者至陶羽形置煬突間，祖為茶神。有常伯熊者因陸羽論，復廣煮茶之功。李卿知伯熊善煮茶，召之。如常伯熊嗜之，見上玉川子嗜之，盧仝性嗜茶，至飲七碗曰：覺兩腋生清風。江湖散人嗜之，陸龜蒙號江湖散人，嗜茶。置園顧渚山下，歲取租茶自判品第。故天下益知飲茶。回紇入朝，亦驅馬市之矣。《回紇傳》入朝驅馬市茶。習之既久，民之不可一日無茶猶一日而無食。

宋　魏了翁《鶴山集》卷四八《邛州先茶記》　昔先王敬共明神，教民報本反始。雖農嗇坊庸之蜡、門行戶竈之享、伯侯祖纛之靈，有開厥先，無不宗也。至始為飲食，所以為祭祀、賓客之奉者，雖一飯一飲必祭，必見其所祭然，況其大者乎！

眉山李君鏗為臨邛茶官，史以故事三日謁先茶告君。詰其故，則曰：『是韓氏而王，號相傳為然。實未嘗請命於朝也。』君曰：『飲食皆有先，而況茶之為利，不惟民生日用之所資，亦馬政邊防之攸賴。是之弗圖，非忘本乎？』於是撤舊祠而增廣焉。其費則以例所當得而不欲受者為之。園戶、商人，亦協力以相其成。且請於郡，上神之功狀於朝，宣錫號榮，以侈神賜。而馳書於靖，命記成役。

子於事物之變，必跡其所自來，獨於茶未知所始。蓋自後世典禮訛缺，風氣澆漓，嗜好日新，非復先王之舊，若此者蓋非一端，而茶尤其不可考者。

古者賓客相敬之禮，自饗燕食飲之外，有間食，有稍事，有歠湆，有設粱，有擩醬，有食已侑而酳，有坐久而葷，有六清以致飲，有瓠葉以嘗酒，有旨蓄以御冬，有流荇以為豆菹，有湘蘋以為鉶芼，見於《禮》。見於《詩》，則有挾菜，副瓜、烹葵、叔苴之等。雖蔥芥、韭蓼、堇枌、滫瀡、深蒲、菭筍，無不備也，而獨無所謂茶者，徒以時異事殊，字亦差

誤。

且今所謂韻書，自二漢以前，上泝六經，凡有韻之語，如平聲魚模，上聲麌姥，以至去聲御暮之同是音者，本無它訓，乃自音韻分於孫、沈，反切盛於羌胡，然後別為麻馬等音，於是魚歌二音併入於麻，而魚麻二韻一字二音，以至上去二聲亦莫不然。其不可通者，則更易字文以成其説。

且茶之始，其字為荼，如《春秋》書「齊荼」，《漢志》書「荼陵」之類，陸、顔諸人雖已轉入茶音，而未敢輒易字文也。若《爾雅》、若《本草》，猶從「艸」、從「余」，而徐鼎臣訓荼，猶曰「即今之茶也」。惟自陸羽《茶經》、盧仝《茶歌》、趙贊茶禁以後，則遂易「荼」為「茶」。其字為「廾」、為「人」、為「木」。陸璣謂「椒似茱萸」，「吳人作茗，蜀人作茶」，皆煮為香椒，與茶既不相入。且據此文，又若茶與茗異，此已為可疑。而《山有樗》之疏則又引璣説，以樗葉為茗，益使讀者貿亂，莫知所據，至蘇文忠始謂「周詩記苦荼，茗飲出近世」，其義亦既著明，然而終無有命「荼」為「茶」者。蓋傳注例謂荼為茅秀、為苦菜，予雖言之，誰實信之？雖然，此特書名之誤耳，而予於是重有感於世變焉。

宋 張淏《雲谷雜紀》卷二 飲茶不知起於何時，歐陽公《集古録》跋云：茶之見前史，蓋自魏晉以來有之。予按《晏子春秋》嬰相齊景公時，食脱粟之飯，炙三弋五卯茗菜而已。原註：讀晏子春秋者，多疑此文闕誤予後見太平御覽茗事中亦載，此其文正同初非闕誤也。又漢王褒童約有「武陽原註一作武都買茶」之語，則魏晉之前已有之矣。但當時雖知飲茶，未若後世之盛也。郭璞注《爾雅》云：樹似梔子，冬生葉可炙作羹飲，然茶至冬味苦澁，豈復可作羹飲耶？飲之令人少睡，張華得之，以為異聞，遂載之《博物志》：非但飲者鮮，識茶者亦鮮。至唐陸羽著《茶經》三篇，言茶者甚備，天下亦知飲茶。其後尚茶成風，回紇入朝，始驅馬市茶。

宋 佚名《南窗紀談》 飲茶之始 飲茶或云始於梁天監中，事見《洛陽伽藍記》，非也。按《吳志·韋曜傳》，孫皓時每宴饗，無不竟日，坐席無能否飲酒，率以七升為限，雖不悉入口，皆澆灌取盡。曜所飲不過二升，初見禮異時，或為裁減，或賜茶荈以當酒。如此言，則三國時已知飲茶，但未能如後世之盛耳。逮唐中世，榷利遂與煮酒相抗，迄今國計賴此為多。唐人所飲，不過草茶，但以旗槍為貴，多取之陽羡，猶未有所謂臘茶者，今建州歲造，日新歲異，其品之精絶者，一餅直四十千，蓋一時所尚，故豪貴競市以相夸也。

元 王禎《農書》卷一〇 六經中無茶字，蓋荼即茶也。詩云：誰謂荼苦，其甘如薺。以其苦而甘味也。閩浙蜀荊江湖淮南皆有之，惟建溪北苑所産為勝。

明 楊慎《丹鉛總録》卷二七 茶即古荼字也，周《詩》記「荼苦」，《春秋》書「齊荼」，《漢志》書「荼陵」，顔師古、陸德明雖已轉入茶音，而未易字文也。至陸羽《茶經》、玉川《茶歌》、趙贊《茶禁》以後，遂以荼易茶。

明 朱權《茶譜》 茶之為物，可以助詩興，而雲山頓色，可以伏睡魔，而天地忘形，可以倍清談，而萬象驚寒，茶之功大矣。其名有五：曰茶、曰檟、曰蔎、曰茗、曰荈。一云早取為茶，晚取為茗。食之能利大腸，去積熱，化痰下氣，醒睡、解酒、消食，除煩去膩，助興爽神。得春陽之首，占萬木之魁。始於晉，興於宋。惟陸羽得品茶之妙，著《茶經》三篇，蔡襄著《茶録》二篇。蓋羽多尚奇古，製之為末，以膏為餅。至仁宗時，而立龍團、鳳團、月團之名，雜以諸香，飾以金彩，不無奪其真味。然天地生物，各遂其性，若莫葉茶：烹而啜之，以遂其自然之性也。予故取亨茶之法，末茶之具，崇新改易，自成一家。為雲海餐霞服日之士，共樂斯事也。雖然，會茶而立器具，不過延客款話而已。棲神物外，不伍於世流，不污於時俗。或會於泉石之間，或處於松竹之下，或對皓月清風，或坐明窗靜牖，乃與客清談款話，探虛玄而參造化，清心神而出塵表。命一童子設香案，攜茶爐於前，一童子出茶具，以瓢汲清泉注於瓶而炊之。然後碾茶為末，置於磨令細，以羅羅之，候將如蟹眼，量客眾寡，投數匕於巨甌。置之竹架，童子捧獻於前。主起，舉甌奉客曰：「為君以瀉清臆。」客起接。舉甌曰：「非此不足以破孤悶。」乃復坐。飲畢，童子接甌而退。話久情長，禮陳再三，遂出琴棋。故山谷曰「金谷看花莫謾煎」是也。盧仝喫七碗，老蘇不禁三碗，予以一甌，足可通仙靈矣。使二老有知，亦為之大笑，其他聞之，莫不謂之迂闊。

明 于慎行《穀山筆塵》卷一三 《爾雅・釋木》云：檟，苦茶。郭璞注：早采為茶，晚采為茗。此茶之始也。自漢以前，不見於書，想所謂檟者，即是矣。

溫嶠上表，貢茶一千斤，茗三百斤。六朝，北人猶不食茶，至以酪與之較，惟江南人食之耳。至唐貞元間，始從張滂之請，歲收茶稅四十萬緡，利亦夥矣。宋、元以來，茶目遂多，然皆蒸乾為末，如今香餅之製，乃以入貢，非如今之食茶，止采而烹之也。西戎食茶，不知起於何時，本朝以茶易番馬，制其死命，番人以茶為藥，百病皆瘥，不得則死，此亦前代所未有也。

明 陳文燭《〈茶經〉序》 夫茗久服，令人有力悦志，見《神農食經》，而曇濟道人與子尚設茗八公山中，以為甘露，是茶用於古，羽神而明之耳。人莫不飲食也，鮮能知味也。稷樹藝五穀而天下知食，羽辨水煮茶而天下知飲，羽之功不在稷下，雖與稷並祠可也。

明 田藝蘅《煮泉小品・宜茶》 茶如佳人，此論雖妙，但恐不宜山林間耳。昔蘇子瞻詩『從來佳茗似佳人』，曾茶山詩『移人尤物眾談詩』是也。若欲稱之山林，當如毛女、麻姑，自然仙風道骨，不浼煙霞可也。必若桃臉柳腰，宜亟屏之銷金帳中，無俗我泉石。

鴻漸有云：『烹茶於所產處無不佳，蓋水土之宜也。』此誠妙論，況旋摘旋瀹，兩及其新邪。故《茶譜》亦云，『蒙之中頂茶，若獲一兩，以本處水煎服，即能祛宿疾』是也。今武林諸泉，惟龍泓入品，而茶亦惟龍泓山為最。蓋茲山深厚高大，佳麗秀越，為兩山之主，故其泉清寒甘香，雅宜煮茶。虞伯生詩：『但見瓢中清，翠影落羣岫。烹煎黃金芽，不取穀雨後。』姚公綬詩：『品嘗顧渚風斯下，零落茶經奈爾何。』則風味可知矣，又況為葛仙翁煉丹之所哉？又其上為老龍泓，寒碧倍之，其地產茶，為南北山絕品。鴻漸第錢唐天竺、靈隱者為下品，當未識此耳。而郡志亦只稱寶雲、香林、白雲諸茶，皆未若龍泓之清馥雋永也。余嘗一一試之，求其茶泉雙絕，兩浙罕伍云。

龍泓今稱龍井，因其深也。《郡志》稱有龍居之，非也。蓋武林之山，皆發源天目，以龍飛鳳舞之讖，故西湖之山，多以龍名，非真有龍居之也。有龍，則泉不可食矣。泓上之閣，亟宜去之；浣花諸池，尤所當浚。

鴻漸品茶，又云杭州下，而臨安、於潛生於天目山，與舒州同，固次品也。葉清臣則云：茂錢唐者，以徑山稀，今天目遠勝徑山，而泉亦天淵也。洞霄次徑山。

嚴子瀨，一名七里灘。蓋沙石上，曰瀨、曰灘也，總謂之漸江，但潮汐不及而且深澄，故入陸品耳。余嘗清秋泊釣臺下，取囊中武夷、金華二茶試之，固一水也，武夷則黃而燥冽，金華則碧而清香，乃知擇水當擇茶也。鴻漸以婺州為次，而清臣以白乳為武夷之右，今優劣頓反矣。意者所謂離其處，水功其半者邪。

茶自浙以北皆較勝，惟閩、廣以南，不惟水不可輕飲，而茶亦當慎之。昔鴻漸未詳嶺南諸茶，仍云『往往得之，其味極佳』。余見其地多瘴癘之氣，染著草木，北人食之，多致成疾，故謂人當慎之。要須採摘得宜，待其日出，山霽露收嵐淨可也。茶之團者、片者，皆出於碾磑之末，既損真味，復加油垢，即非佳品，總不若今之芽茶也，蓋天然者自勝耳。曾茶山《日鑄茶》詩：『寶銙自不乏，山芽安可無。』蘇子瞻《壑源試焙新茶》詩『要知玉雪心腸好，不是膏油首面新』是也。且末茶瀹之有屑，滯而不爽，知味者當自辨之。

芽茶以火作者為次，生曬者為上，亦更近自然，且斷煙火氣耳。況作人手器不潔，火候失宜，皆能損其香色也。生曬茶，瀹之甌中，則旗鎗舒暢，清翠鮮明，尤為可愛。

唐人煎茶多用薑鹽，故鴻漸云：『初沸水，合量調之以鹽味。』薛能詩：『鹽損添常戒，薑宜著更誇。』蘇子瞻以為茶之中等，用薑煎信佳，鹽則不可。余則以為二物皆水厄也。若山居飲水，少下二物以減嵐氣或可耳。而有茶則此固無須也。

今人薦茶，類下茶果，此尤近俗。縱是佳者，能損真味，亦宜去之。且下果則必用匙，若金銀，大非山居之器，而銅又生腥，皆不可也。若舊稱北人和以酥酪，蜀人入以白鹽，此皆蠻飲，固不足責耳。

人有以梅花、菊花、茉莉花薦茶者，雖風韻可賞，亦損茶味，如有佳茶，亦無事此。

有水有茶，不可無火。非無火也，有所宜也。李約云：『茶須緩火

炙，活火煎。』活火，謂炭火之有焰者。蘇軾詩『活火仍須活水烹』是也。余則以為，山中不常得炭，且死火耳，不若枯松枝為妙。若寒月，多拾松實，畜為煮茶之具，更雅。

人但知湯候，而不知火候。火然則水乾，是試火先於試水也。《呂氏春秋》：伊尹說湯『五味九沸』，九變火為之紀。

湯嫩則茶味不出，過沸則水老而茶乏，惟有花而無衣，乃得點瀹之候耳。

唐人以對花啜茶為殺風景，故王介甫詩『金谷千花莫漫煎』，其意在花，非在茶也。余則以為金谷花前，信不宜矣。若把一甌，對山花啜之，當更助風景，又何必羔兒酒也。

煮茶得宜，而飲非其人，猶汲乳泉以灌蒿蕕，罪莫大焉。飲之者一吸而盡，不暇辨味，俗莫甚焉。

明馮時可《〈茶董〉序》 酒自三王時，天下已尤物視焉，爭腆於茲，致煩候邦誥也。茶最後出，至唐始遇知者。然惟清流素德始相酬酢，而傖父俗物或望之而卻走，則所謂時為帝而遞相雌雄者乎？余嘗著論，酒德為春，茗德為秋；酒類狂，茗類狷；酒為通人，茗為節士，夙以此平章之。而夏茂卿集酒曰《酒顛》，集茶曰《茶董》，蓋因昔人有『酒家南董』之稱，而移其董酒者董茶。其降心折節，固有所獨先，與夫酒有酒禍，波及者大，茶特小損，即稱水阨，亦薄乎云爾。立監佐史之不須，何以董哉？無乃愛茶重茶而虞其辱，故稱董，以董其辱茶者非與？余家姑蘇虎丘之茶，為天下冠。又近長興地，名洞山廟後所產岕，風格亦相絜焉。泉取惠山，甘過楊子，二妙相配，茗事始絕。嘗夫新雷既過，眾壑初晴，余與二三子親採露芽於山址，命僮如法焙製烹點。迨夫素濤翻雪，幽韻生雲，而余嘗之，如餐霞，如挹露，欲習仙舉，則歎夫茂卿之同好，真我枕漱之侶也。夫茶有四宜焉：宜其地，則竹林松澗，蓮沼梅嶺。宜其景，則朗月飛雪，晴晝疏雨。宜其事，則開卷手談，操琴草聖。宜其人，則名僧騷客，文士淑姬。否則與茶韻調大不相偕，不亦辱乎？是茶史氏之所必摻霜鉞而砭之者也。有右酒者曰：是四宜者，酒獨不宜乎？余曰：酒神之性炎如，而茶神之性溫如。是四宜者，得酒則或馳驟而殺景，得茶始馴伏而增趣。夫酒不能為茶弼士，而茶能為酒功臣久矣。妹邦禍流，天下濡首。天地若覆，日月若昏，清之重奠，滌之重明，唯茶之以。昔人所謂不減策勳凌煙，其斯之謂與？故酒有董，而茶尤不可無董。

明羅廩《茶解·總論》 茶通仙靈，久服能令昇舉，然蘊有妙理，非深知篤好，不能得其當。蓋知深斯鑒別精篤好斯修製力。余自兒時性喜茶，顧名品不易得，得亦不常有，乃周遊產茶之地，採其法制，參互考訂，深有所會，遂於中隱山陽栽植培灌，茲且十年。春夏之交，手為摘製，聊足供齋頭烹啜，論其品格，當雁行虎丘。因思制度有古人意慮所不到，而今始精備者，如席地團扇，以冊易卷，以墨易漆之類，未易枚舉。即茶之一節，唐宋間研膏蠟面，京挺龍團，或至把握纖微，直錢數十萬，亦珍重哉。而碾造愈工，茶性愈失，矧雜以香物乎？曾不若今人止精於炒焙，不損本真。故桑苧《茶經》，第可想其風致，奉為開山，其春碾羅則諸法，殊不足倣。余嘗謂茶、酒二事，至今日可稱精妙，前無古人，此亦可與深知者道耳。

明謝肇淛《〈茶書〉序》《茶書》 夫世競市朝，則煙霞者賞矣；人耽粱肉，則薇蕨者貴矣。飲食者，君子之所不道也。麴糵沈心，淳母爽口，古之作者，猶或譜之。矧於茶，其色香風味，既迥出塵俗之表，而消壅釋滯，解煩滌燥之功，恃與芝朮頡頏。故自桑苧翁作《經》以來，高人墨客，轉相紹述，互有拓充，至於今日，十有七種。其於栽培、製造之法，煎烹取舍之宜，亦既搜括無漏矣。

蓋嘗論之，三代之上，民炊藜而羹藿，七十食肉，口腹之欲未侈，故茶之功用隱而弗章，然谷風之婦已歌之矣。誰謂茶苦，其甘如薺而堇茶如飴，周原所以紀膴也。近世鼎食之家，效尤淫靡，庖宰之手，窮極滋味。一切胾炙之珍奇，皆伐腸裂胃之斧斤，若非雲鈎露芽之液，沃其炎熾，而滋其清涼，疾癘夭札踵踵相望矣。故茶之晦於古，著於今，非好事也，勢使然也。

明張萱《疑耀》卷六《茶》 古人冬則飲湯，夏則飲水，未有茶也。李文正《資暇録》謂：茶始於唐崔寧，黃伯思已辨其非。伯思嘗見北齊楊子華作邢子才、魏收勘書圖，已有煎茶者。《南牕紀譚》謂飲茶始於梁天監中事，見《洛陽伽藍記》。及閱《吳志·韋曜傳》賜茶荈以當酒，則茶又非始於梁矣。余謂飲茶亦非始於吳也。《爾雅》曰：『檟，苦

茶』，郭璞註：可以為羹飲，早采為茶，晚采為茗，一名荈，則吳之前亦以茶作飲矣。第未必如後世之日用不離也，蓋自陸羽出，茶之法始講。自呂惠卿、蔡君謨輩出，茶之法始精，而茶之利國家且藉之矣。此古人所不及詳者也。

明 顧起元《說略》卷二五《撰食憲》 古人以飲茶始於三國時。《吳志·韋昭傳》：『孫皓每飲羣臣酒，率以七升為限。昭飲不過二升，或為裁減，或密賜茶茗以當酒。』據此為飲茶之證。按《趙飛燕別傳》『成帝崩後，后一夕寢中驚啼甚久，侍者呼問方覺。乃言曰：「吾夢中見帝，帝賜吾坐，命進茶。左右奏帝云：向者侍帝不謹，不合啜此茶」』云云，然則西漢時已嘗有啜茶之說矣。

建州之北苑先春龍焙，洪州之西山白露，鶴嶺雙井白芽，穆州之鳩坑，東川之獸目，綿州之松嶺，福州之柏巖，方山生芽，雅州之露芽，南康之雲居，婺州之舉巖碧乳，宣城之陽坡橫紋，饒池之仙芝、福合、祿合、蓮合、慶合，蜀州之雀舌、鳥嘴、片甲、蟬翼，潭州之獨行靈草，彭州之仙崖石花，臨江之玉津，袁州之金片綠英，龍安之騎火，涪州之賓化，建安之青鳳髓，岳州之黃翎毛，建安之石巖白，岳陽之含膏冷，南劍之蒙頂石花，湖州之顧渚紫筍，峽州之碧澗明月，壽州之霍山黃芽，越州之日注，此唐宋時產茶地及名也。

《南部新書》云：湖州造茶最多，謂之顧渚貢焙，歲造一萬八千餘斤。按此則唐茶不重建，以建未有奇產也。至南唐初造研膏，繼造蠟面，既又佳者號曰京挺。宋初置龍鳳模，號石乳，又有的乳、白乳，而蠟面始下矣。丁晉公進龍鳳團，至蔡君謨又進小龍團。神宗時復製密雲龍，哲宗改為瑞雲翔龍，則益精，而小龍團下矣。徽宗品茶，以白茶第一，又製三色細芽，而瑞雲翔龍下矣。宣和庚子，漕臣鄭可聞始創為銀絲水芽，蓋將已揀熟芽再剔去，祇取其心一縷，用清泉漬之，光瑩如銀絲。方寸新銙，小龍蜿蜒其上，號龍團勝雪，去龍腦諸香，遂為諸品之冠。今建茶碾造雖精，不去龍腦，以為奩閣中味亦不用入瀹。而茶品獨貴者虎丘，其次天池，又其次陽羨；羨之佳者岕，而龍井、六安之類皆下矣。

蜀蒙山頂茶，多不能數斤，極重於唐，以為仙品。今之蒙茶乃青州蒙陰山產石上，若地衣，然味苦而性涼，亦不難得也。

陸羽《茶經》三卷，《茶記》一卷，周絳《補茶經》一卷，皎然《茶訣》一卷，又（不知名）《茶苑雜録》一卷，陸魯望《茶品》一篇，溫庭筠《採茶録》三卷，張又新《煎茶水記》一卷，蜀毛文錫《茶譜》一卷，丁謂《北苑茶録》三卷，劉異《北苑拾遺》一卷，蔡宗顏《茶山節對》一卷，又《茶譜遺事》一卷，又《北苑煎茶法》一卷，曾伉《茶苑總録》十四卷，《茶法易覽》十卷，蔡襄有進《茶録》一卷，建安黃儒有《茶品要録》，熊蕃有《宣和北苑貢茶録》一卷，熊客有《北苑別録》，呂惠卿有《建安茶用記》二卷，章炳文有《壑源茶録》一卷，宋子安有《東溪試茶録》一卷，徐獻忠有《水品》二卷，又不知名氏有《湯品》一卷，田藝蘅有《煮泉小品》一卷。

明 黃龍德《茶說·總論》 茶事之興，始於唐而盛於宋。讀陸羽《茶經》及黃儒《品茶要録》，其中時代遞遷，製各有異。唐則熟碾細羅，宋為龍團金餅，鬥巧炫華，窮其製而求耀於世，茶性之真，不無為之穿鑿矣。若夫明興，騷人詞客，賢士大夫，莫不以此相為玄賞。至於曰採造，曰烹點，較之唐、宋，大相徑庭。彼以繁難勝，此以簡易勝；昔以蒸碾為工，今以炒製為工。然其色之鮮白，味之雋永，無假於穿鑿，是其製不法唐、宋之法，而法更精奇，有古人思慮所不到。而今始精備茶事，至此即陸羽復起，視其巧製，啜其清英，未有不爽然為之舞蹈者。

明 曹學佺《蜀中廣記》卷六五《方物記第七·茶譜》 《本草經》曰：茗生益州川谷，一名游冬，凌冬不死。味苦，微寒，無毒。治五臟邪氣，益意思，令人少臥。毛文錫《茶譜》云：蜀州晉源、洞口、橫源、味江、青城俱產，教橫源有雀舌、鳥嘴、麥顆，用嫩芽造成，蓋取形似。又云：彭州有蒲村、堋口、灌口、茶園，名仙崖石花等。其茶餅小而布嫩芽如六出花者，尤妙。又云：綿州龍安縣生松嶺關者，與荊州同。西昌昌明、神泉等縣連西山生者，並佳；生獨松嶺者，不堪采擷。吳曾《漫録》云：茶之貴白，東坡能言之。獨綿州彰明縣茶色綠；白樂天詩云『渴嘗一盞綠昌明』。今彰明，即唐『昌明』也。《彰明志》：『治北有獸目山，出茶，品格亦高，謂之獸目茶。』山下有百匯、龍潭凡三，長流不竭。予詢諸安縣令，則以此地上下四旁俱屬彰明，獨中間一寺屬安縣，出茶名香水茶。晉劉琨《與兄子演書》曰：前得安州乾茶二

斤，吾患體中煩悶，恆仰真茶，汝可信致之。即此茶也。

明 鄧志謨《茶酒争奇》卷一《茶敘述源流》 茶有五名：一曰茶，二曰檟，三曰蔎，四曰茗，五曰荈，此載之《茶經》也。早采者為茶，晚采者為茗，此記之《爾雅》也。且製茶、煎茶各有法，須緩火炙，活火煎，始則魚目散布，微微有聲；中則四際泉湧，纍纍若貫珠；終則騰波鼓浪，水氣全消，此謂老湯。三沸之法，非活火不能成也，此李存博之論，為有山林之致矣。若唐子西《鬥茶記》：『茶不問團銙，要之貴新；不問江井，要之貴活。』顧逋翁《論茶》：『煎以文火細煙，小鼎長泉。』其意亦略同陸羽不嘗論茶有九難乎？『陰采夜焙，非造也；嚼味嗅香，非別也；膏薪炮炭，非火也；飛湍壅潦，非水也；外熟內生，非炙也；碧粉縹塵，非末也；操艱攪遽，非煮也，夏興冬廢，非飲也，膩鼎腥甌，非器也。』《茶録》不詳載製茶之病乎？『土肥而芽澤乳，則甘香而粥面著盞而不散；土脊而芽短，則雲腳渙亂去盞而易散。葉梗半，則受水鮮白；葉梗短，則色黃而泛。烏蒂、白合茶之大病，不去烏蒂，則色黃黑而惡；不去白合，則茶苦澀。蒸芽必熟，去膏必盡。蒸芽未熟，則草木氣存；去膏未盡，則色濁而味重。受煙則香奪，壓黃則味失。此皆茶病也。』誠貴重也歟哉！

又《茶四書文章》 湯破者，甘飲，是人之所欲也。夫禮儀破承三百，始吾於人也，民以為大，不其然乎？今夫山起講草木暢茂，為巨室，梓匠輪輿，鑽燧改火，材木不可勝用也，則人賤之矣。吾之於人也，人人有貴落題於己者。維石茶生於山中石岩者最佳岩岩，日月之所照，雨露之所潤起股，其生也榮。飲食之人，遠之則有望，近之則不厭，與民同之。苟小股有用我者，求水火湯執中，其有成功也，禮之用，和為貴。冬日中股則飲湯，夏日則飲水，食之以時。我則異於是，日日新，不可須臾離也。不如是，人猶有所憾。君子中股對敬而無失，與人恭而有禮，酌則誰先，可使與賓客言，惟我在，無貴賤，一也。姑舍是則不敬，莫大乎是。行道末股之人，勞者弗息，一瓢飲，如時雨降，於人心獨無恔乎？芒芒然歸，謂其人曰：『此天之所與我也，善夫！隱末股對几而臥，既醉以酒，一勺之多，使人昭昭，吾何慊乎哉！』舉欣欣然有喜色而相告曰：『吾不復夢見周公也，益矣。』生繳乎今之世，人莫不飲食也。□所愛則□所養，何可廢也。辭讓繳對之心，天下之達道也，或相十百，或相千萬，君子多乎哉！此其大略總繳也。為王誦之。王如善之，請嘗試之。

水官批：文肖其人，清光可掬。

火官批：以己清明之思，印千古聖賢之旨，得在意外，會在象先。

又《水火總判斷》 水火二官仝曰：『自天地開辟以來，有茶有酒，不可缺一，人莫不飲食也，鮮能知味也，是未得飲食之正也。第你二人無故爭競，本當重罪，因念禮義所關，情趣可愛，姑恕之，各回本職以候召用。仍著酪奴，往人間查做假茶，騙人射利者；仍著督郵，往人間查做候酒、酸酒，害人射利者。許不時奏進提寬，輕者流配，重者解入無間地獄。』

說罷，水火二官鳴鼓退堂，酪奴、督郵各拱手而去。上官方醒然覺也。不知東方之既白，因起而録夢中始末，以為傳奇行於世。

明 張楫琴《〈茶苑〉序》《茶苑》 張子曰：『凡物之英華卓絕者，必秉至清之質。在天為湛露，在地為醴泉；在人倫為賢哲，在草木為茗荈，皆感造化沖和清粹之氣孕毓而成。故露之能濡，泉之能潤，賢哲之能掄才康濟，茗荈之能蠲渴除煩，是皆有功於造物，非徒生者也。』客曰：『不然。草木之類，動以萬計，毛舉實繁。昔人云：「適口者，莫過於芻豢；果腹者，莫過於稻粱。」今黃子墮口腹而事純漓，廢甘肥而趨雋永，獨譜茗荈，何哉？』張子曰：『否。夫黃子者，目窮萬卷，氣概千秋，其品流才調，誠可用世匡時。惜其棲遲不偶，落拓善愁，故其胸次牢騷，心懷塊壘，但以飲量不勝蕉葉，日借茗汁澆之。吾知其非所深嗜也；不爾，則干霄壯氣何以消？而《茶苑》之輯，有自來矣。昔者洛花以永叔譜之而傳，建茗以君謨録之而著。二公皆宋高士，勳名碩望，俱足儀型百代，猶復假柔翰以寓閒情，士林傳為佳事。而黃子《茶苑》亦何不可追蹤先哲耶？』黃子聞之，囅然笑曰：『有是哉！皆非所知也。吾少也賤，病而廢業，抱皇甫之書，滛嬰、相如之消渴。及壯，復耽茗事，名品必搜，左泉右灶，惟日不足。鄉閭誚為漏巵，親朋畏其水厄，尚漫徵求探討，篤嗜不休。及今年逾中境，衰疾日增，襟懷牢落，棲托鮮歡，每聞泉響爐鳴，輒躍躍自喜。又以痁癲作楚，甌蟻懼沾，欲罷未能，徒增抑鬱。偶讀陸子《茶經》，有會於心者，恨其未備，亟取篋中羣籍，輯録一通，

聊以寄志。昔呂行甫嗜茶，老而病不飲，烹而把玩。余之譜茶，亦此意也，何敢與歐蔡較優劣哉！』張子曰：『雖然吾子之志余知之矣，吾子具清流之望，有湛露之濡，醴泉之潤，康濟之用，蠲渴之才，不妨尚友古人，與玉川、桑苧諸公共挹清芬也。凡讀斯編者，宜以蕤香薰祓薇露澣手，然後開帙，庶幾不穢斯編耳。』

時弘治二年新秋邗江年友弟張楫琴題於蘭陵舟次

明 黄履道《茶苑》卷一三《茗飲》 飲茶之始 飲茶或云始於梁天監中，事見《洛陽伽藍記》，非也。按《吳志·韋曜傳》，孫皓每宴饗，無不竟日，在席無論能否，率以飲酒七升為限，雖不悉入口，皆澆灌取盡。曜素飲不過二升，初見禮異，或為裁減，或賜茶荈以當酒。如此言則三國時已知飲茶，但未能如後世之盛耳。逮唐中世，榷利遂與煮酒相抗，迄今國計賴此為多。《南窗紀談》

又 《雲谷雜記》云：飲茶不知起於何時，歐陽公《集古録》跋：茶之見於前史者，蓋自漢魏已來有之。

余按：《晏子春秋》嬰相齊景公時，食脱粟之飯，炙三弋五卵茗菜而已。又漢王褒僮約有『武陽買茶』之語，則魏晉之前，已有之矣。但當時雖知飲茶，未若後世之盛耳。郭璞註《爾雅》云：樹似梔子，冬生葉可煮作羹飲，然茶至冬味苦，豈復可作羹飲耶？飲之令人少睡，張華得之，以為異聞，遂載之。《博物志》：當時非但飲茶者鮮，而識茶者亦鮮，至唐陸羽著《茶經》三卷，言茶事甚備，天下蓋知飲茶。其後尚茶成風，回紇入朝，始驅馬市茶。德宗建中間，趙贊始興茶稅。興元初雖詔罷。貞元九年，張滂復奏請，歲得緡錢四十萬，今乃與鹽鐵同佐國用，所入不知幾倍於唐矣。

又卷一五《鑒賞》 李卓吾《疑曜》云：古人冬則飲湯，夏則飲水，未有茶也。李文正《資暇録》云：茶始於唐崔寧，黄伯思已辨其非。伯思常見北齊楊子華作，刑子才、魏收勘《書圖》，已有煎茶者。《南磵紀譚》謂飲茶始於梁天監中事，見《洛陽伽藍記》。及閱《吳紀·韋曜傳》賜茶荈以當酒，則茶又非始於梁矣。余謂飲茶亦非始於吳也。《爾雅》曰：『檟，苦茶』，郭璞註曰：以為羹飲，早採為茶，晚採為茗，一名荈，則吳之前亦以茶作飲矣。第不如後世之日用不離也，蓋自陸羽出，而茶之法始備。自呂惠卿、蔡君謨輩出，而茶法始精，且茶之利國家已籍之矣。此古人所不及詳也。

清 顧炎武《日知録》卷七《茶》 『茶』字自中唐始變作『茶』，其說已詳之《唐韻正》。按《困學紀聞》，茶有三：『誰謂茶苦』，苦菜也。『有女如茶』，茅秀也。『以薅茶蓼』，陸草也。今按：《爾雅》『茶』、『蒤』字凡五見，而各不同。《釋草》曰：『茶，苦菜。』注引《詩》：『誰謂茶苦，其甘如薺。』疏云：『此味苦可食之菜，《本草》一名選，一名游冬。《易緯通卦驗玄圖》云：「苦菜生於寒秋，經冬歷春乃成」，《月令》「孟夏苦菜秀」是也。葉似苦苣而細，斷之有白汁，花黄似菊，堪食，但苦耳。』又曰：『蕒、蒛、茶。』注云：『即芀。』疏云：『按《周禮·掌茶》及《詩》「有女如茶」皆云：茶，茅秀也；蕒也，蒛也，其別名。此二字皆从草，从余。』又曰：『蒤，虎杖。』注云：『似紅草而粗大，有細刺，可以染赤。』疏云：『蒤，一名虎杖。陶注本草云：田野甚多，壯如大馬蓼，莖斑而葉圓是也。又曰：『蒤，委葉。』注引《詩》『以茠蒤蓼。』疏云：『蒤，一名委葉。』王肅《説詩》云：『蒤，陸穢草。』然則蒤者原田蕪穢之草，非苦菜也。今《詩》本『茠』作『薅。』此二字皆从草从涂。《釋木》曰：『檟，苦茶。』注云：『樹小如梔子，冬生葉，可煮作羹飲。今呼早采者爲茶，晚取者為茗。一名荈，蜀人名之苦茶。』此一字亦从草从余。今以《詩》考之，《邶·谷風》之『茶苦』，《七月》之『采茶』，《緜》之『堇茶』皆苦采之茶也。又借而爲『茶毒』之茶。《桑柔》《湯誥》皆苦菜之茶也。《夏小正》『取茶莠』，《周禮·地官》『掌茶』，《儀禮·既夕禮》『茵著用茶，實綏澤焉』，《詩·鴟鴞》『捋茶』，傳曰：『茶，萑苕也。』《正義》曰：『謂薍之秀穗，茅薍之秀，其物相類，故皆名茶也。』茅秀之茶也，以其白也而象之。《出其東門》『有女如茶』，《國語》『吳王夫差萬人爲方陳，白常、白旗、素甲、白羽之矰，望之如茶』。《考工記》『望而眂之，欲其茶白』亦茅秀之茶也。《良耜》之『茶蓼』，委葉之蒤也。唯虎杖之蒤與檟之苦茶，不見於《詩》《禮》，而王褒《僮約》云：『陽武買茶。』張載《登成都白菟樓詩》云：『芳茶冠六清。』孫楚詩云：『薑桂茶荈出巴蜀。』《本草衍義》：『晉温嶠上表，貢茶千斤，茗三百斤。』是知自秦人取蜀而後始有茗飲之事。

王褒《僮約》前云『炰鼈烹茶』，後云『陽武買茶』，注以前爲苦菜，後為茗。

《唐書·陸羽傳》：『羽嗜茶自此後荼字減一畫為茶，著經三篇，言茶之原、之法、之具尤備。天下益知飲茶矣。』有常伯熊者，因羽論，復廣著茶之功，其後尚茶成風。時回紇入朝，始驅馬市茶。至明代，設茶馬御史。而《大唐新語》言右補闕綦毋煚，性不飲茶，著《茶飲》。序曰：『釋滯消壅，一日之利暫佳；瘠氣侵精，終身之害斯大。獲益則功歸茶力，貽患則不謂茶災。豈非福近易知，害遠難見？』宋黄庭堅《茶賦》亦曰：『寒中瘠氣，莫甚於茶。或濟之塩，勾賊破家。』今南人往往有茶癖，而不知其害，此亦攝生者之所宜戒也。

清 陸求可《〈茶史〉序》《茶史》 茶之為飲，最宜精行修德之人。白石清泉，神融心醉，有深味而奇賞焉。

清 王夫之《讀通鑒論》卷二八《五代上》 茶者，古所無也，無茶而何税也？《周禮》僅有六飲之制。孟子亦曰『冬則飲湯，夏則飲水』而已。至漢王褒《僮約》，始有武都買茶之文，亦僅産於蜀，唯蜀飲之也。六代始行於江南，而河北猶斥之曰『酪奴』。唐乃徧天下以為濟渴之用，而不能隨地而有，唯蜀、楚、閩、粵依山之民，畦種而厚得其利，其利也，有十倍於耕桑之所獲者矣。古之取民也，耕者十一，漆林之税則二十而五，以漆林者，非飢寒待命之需也。均為王民，不耕不桑，而逸獲不貲之利，則天下將舍耕桑而競於場圃；故厚征之，以抑末務、濟國用，而寬吾南畝之氓。則使古而有茶，其必厚征之以視漆林，明矣。

清 陸廷燦《續茶經》卷上《茶之源》 王象晉《茶譜小序》：茶，嘉木也。一植不再移，故婚禮用茶，從一之義也。

又 野航道人朱存理云：飲之用，必先茶，而茶不見於《禹貢》，蓋全民用而不為利。後世榷茶，立為制，非古聖意也。陸鴻漸著《茶經》，蔡君謨著《茶録》，孟諫議寄盧玉川三百月團，後侈至龍鳳之飾，責當備於君謨；然清逸高遠，上通王公，下逮林野，亦雅道也。

清 顧蘅《湘皋茶説·序》 吳主禮賢，方聞置茗；晉人愛客，纔有分茶。讀韓翃啟，則知茶之開創，絕不自季疵始，而説者竟以陸羽飲茶，比於后稷樹谷，誤矣。第開創之功，雖不始於桑苧，而製茶自出，實大備於季疵。嗣後，名山所產，靈草漸繁，人巧之功，佳茗日著。羅君有言，茶酒二事，可云前無古人，而我獨怪夫世之卮談名酒者甚多，清談佳茗者實少也。不寧惟是，一切世味，葷膻甘脆，爭染指垂涎，獨此物面孔嚴冷，絕無和氣，稍稍霑唇漬口，輒便唾去，疇則嗜之，非幽人開士，披雲漱石之流，其孰可與語此者乎？

綜述

唐 陸羽《茶經》卷下《六之飲》 飲有觕茶、散茶、末茶、餅茶者，乃斫、乃熬、乃煬、乃舂，貯於瓶缶之中，以湯沃焉，謂之痷茶。或用蔥、薑、棗、橘皮、茱萸、薄荷之等，煮之百沸，或揚令滑，或煮去沫。斯溝渠間棄水耳，而習俗不已。

於戲！天育萬物，皆有至妙。人之所工，但獵淺易。所庇者屋，屋精極；所着者衣，衣精極；所飽者飲食，食與酒皆精極之。茶有九難：一曰造，二曰別，三曰器，四曰火，五曰水，六曰炙，七曰末，八曰煮，九曰飲。陰採夜焙，非造也；嚼味嗅香，非別也；羶鼎腥甌，非器也；膏薪庖炭，非火也；飛湍壅潦，非水也；外熟內生，非炙也；碧粉縹塵，非末也；操艱攪遽，非煮也；夏興冬廢，非飲也。夫珍鮮馥烈者，其碗數三。次之者，碗數五。若坐客數至五，行三碗；至七，行五碗；若六人已下，不約碗數，但闕一人而已，其雋永補所闕人。

唐 封演《封氏聞見記》卷六《飲茶》 茶，早采者為茶，晚采者為茗。《本草》云：止渴，令人不眠。南人好飲之，北人初不多飲。開元中，泰山靈巖寺有降魔師，大興禪教。學禪，務於不寐，又不夕食，皆許其飲茶，人自懷挾，到處煮飲。從此轉相倣效，遂成風俗。自鄒、齊、滄、棣，漸至京邑城市，多開店鋪，煎茶賣之，不問道俗，投錢取飲。其茶自江淮而來，舟車相繼，所在山積色額甚多。楚人陸鴻漸為茶論，説茶之功效，并煎茶炙茶之法，造茶具二十四事以都統籠貯之。遠近傾慕，好事者家藏一副。有常伯熊者，又因鴻漸之論廣潤色之，於是茶道大行。王公朝士，無不飲者。御史大夫李季卿宣慰江南，至臨淮縣館，或言伯熊善茶者，李公請為之。伯熊著黄被衫，烏紗帽，手執茶器，口通茶名，區分指點，左右刮目。茶熟，李公為歠兩杯而止。既到江外，又言鴻漸能茶者，李公復請為之。鴻漸身衣野服，隨茶具而入。既坐，教攤如伯熊故

事，李公心鄙之。茶畢，命奴子取錢三十（一作七）文酬煎茶博士。鴻漸遊江介，通狎勝流，及此羞愧，復著《毁茶論》。伯熊飲茶過度，遂患風，晚節亦不勸人多飲也。吳主皓每宴羣臣，皆令盡醉。韋昭飲酒不多，皓密使茶茗以自代。晉時謝安詣陸納，納無所供辦，設茶果而已。按此古人亦飲茶耳，但不如今人溺之甚。窮日盡夜，殆成風俗。始自中地，流於塞外。往年回鶻入朝，大驅名馬市茶而歸，亦足怪焉。《續搜神記》云：有人因病能飲茗一斛二斗，有客勸飲，過五升，遂吐一物，形如牛胰（一作肺）。置柈中，以茗澆（一本澆之下有盡字）之，容一斛二斗。客云此名茗瘕。

宋 山謙之《吳興記》（《藝文類聚》卷八二） 烏程縣西有溫山，出御荈。

宋 楊伯嵒《說郛》卷一一《臆乘・茶名》 茶之所產，六經載之詳矣，獨異美之名未備。謝氏論茶曰：此丹丘之仙茶，勝烏程之御荈，不止味同露液白，况霜華豈可為酪，蒼頭便應代酒。從事楊衍之作《洛陽伽藍記》曰：食有酪奴，指茶為酪粥之奴也。杜牧之詩：山實東南秀，茶稱瑞草魁。皮日休詩：石盆煎皐盧。曹鄴詩：劒外九華英。施肩吾詩：茶為滌煩子，酒為忘憂君。此見於詩文者，若《南越志》：茗苦澁為之果羅。北苑曰：葉布絶品。豫章曰白露，曰白茅。南劒曰石花，曰錢芽，東川曰獸目，湖常曰白茶，紫筍，壽州曰黄芽，福州曰方山露芽，岳陽曰含膏。外此無多，頗疑似者不書，若蟾背、蝦鬚、蟹眼、瑟瑟塵、霏霏靄，及鼓浪湧泉、琉璃眼、碧玉池，又皆茶事中天然偶字也。

明 李日華《六研齋二筆》卷一 茶事於唐末未甚興，不過幽人雅士，手擷於荒園雜穢中，拔其精英，以薦靈爽，所以饒雲露自然之味。至宋設茗綱，充天家玉食，士大夫益復貴之，民間服習寖廣，以為不可缺之物，於是營殖者擁溉孳糞，等於蔬蔌，而茶亦隤其品味矣。人知鴻漸到處品泉，不知亦到處搜茶。皇甫數言，僅存功案而已。

明 李維楨《〈茶經〉序》 蓋茶名見《爾雅》，而神農《食經》、華佗《食論》、壺居士《食忌》、桐君及陶弘景録、魏王《花木志》胥載之，然不專茶也。晉杜育《荈賦》、唐顧況《茶論》，然不稱經也。韓翃《謝茶啟》云：吳主禮賢置茗，晉人愛客分茶，其時賜已千五百串，常魯使西番，番人以諸方產示之，茶之用已廣。然不居功也。其筆諸書，而尊為經而人又以功歸之，實自鴻漸始。夫揚子雲、王文中一代大儒，《法言》中說，自可鼓吹六經，而以擬經之故，為世訴病。鴻漸品茶小技，與經相提而論，人安得無異議？故溺其好者，謂窮《春秋》，演『河圖』，不如載茗一車，稱引並於禹稷，而鄙其事者，使與傭保雜作，不具賓主禮。《汜論訓》曰：伯成子高辭諸侯而耕，天下高之，今之時辭官而隱處鄉邑，下於古為義，於今為笑，豈可同哉。鴻漸混跡牧豎、優伶，不就文學，太祝之拜，自以為高，此難為俗人言也。所著《君臣契》三卷、《源解》三十卷、《江表四姓譜》十卷、《南北人物志》十卷、《占夢》三卷不盡傳，而獨傳《茶經》，豈以他書人所時有，此為觭長，易於取名如承蜩、養雞、解牛、飛鳶、弄丸、削鐻之屬驚世駭俗耶？李季卿直技視之，能無辱乎哉！無論季卿，曾明仲《隱逸傳》且不收矣。費袞云：鞏有瓷偶人，號陸鴻漸，市沽茗不利，輒灌注之，以為偏好者戒。李石云鴻漸為茶論並煎炙法，常伯熊廣之，飲茶過度遂患風氣，北人飲者，多腰疾偏死，是無論儒流，即小人且求多矣！後鴻漸而同姓魯望嗜茶，置園顧渚山下，歲收租，自判品第，不聞以技取辱。

明 陳師《茶考》（《茶書》） 世以山東蒙陰縣山所生石蘚，謂之蒙茶，士夫亦珍重之，味亦頗佳。殊不知形已非茶，不可煮，又乏香氣，《茶經》所不載也。蒙頂茶，出四川雅州，即古蒙山郡。其《圖經》云：蒙頂有茶，受陽氣之全，故茶芳香。《方輿》《一統志》『土產』俱載之。《晁氏客話》亦言『出自雅州』。李德裕丞相入蜀，得蒙餅沃於湯瓶之上，移時盡化，以驗其真。文彥博《謝人惠蒙茶》云：『舊譜最稱蒙頂味，露芽雲液勝醍醐。』蔡襄有歌曰：『露芽錯落一番新。』吳中復亦有詩云：『我聞蒙頂之巔多秀嶺，惡草不生生淑茗。』今少有者，蓋地既遠，而蒙山有五峯，其最高曰上清，方產此茶。且時有瑞雲影見，虎豹龍蛇居之，人跡罕到，不易取。《茶經》品之於次者，蓋東蒙出，非此也。

世傳烹茶有一横一豎，而細嫩於湯中者，謂之旗槍茶。《麈史》謂之始生而嫩者為一槍，浸大而展為一旗，過此則不堪矣。葉清臣著《茶述》曰『粉槍末旗』，蓋以初生如針而有白毫，故曰粉槍，後大則如旗矣。此與世傳之說不同。亦如《麈史》之意，皆在取列也，不知歐陽公《新茶》詩曰『鄙哉穀雨槍與旗』，王荊公又曰『新茗齋中試一旗』，則似不取也。或者二公以雀舌為旗槍耳，不知雀舌乃茶之下品，今人認作旗槍，非是。

故沈存中詩云：『誰把嫩香名雀舌，定應北客未曾嘗。不知靈草天然異，一夜春風一寸長。』或二公又有別論。又觀東坡詩云：『揀芽分雀舌，賜茗出龍團。』終未若前詩評品之當也。

予性喜飲酒，而不能多，不過五七行，性終便嗜茶，隨地咀其味。且有知予而見貽者，大較天池為上，性香軟而色青可愛，與龍井亦不相下。雅州蒙茶不可易致矣。若東甌之雁山次之，赤城之大磐次之。毘陵之羅岕又次之，味雖可而葉粗，非萌芽倫也。宣城陽坡茶，杜牧稱為佳品，恐不能出天池、龍井之右。古睦茶葉粗而味苦，閩茶香細而性硬。蓋茶隨處有之，擅名即魁也。

烹茶之法，唯蘇吳得之。以佳茗入磁瓶火煎，酌量火候，以數沸蟹眼為節，如淡金黃色，香味清馥，過此而色赤，不佳矣。故前人詩云：『採時須是雨前品，煎處當來肘後方。』古人重煎法如此。若貯茶之法，收時用淨布鋪薰籠內，置茗於布上，覆籠蓋，以微火焙之，火烈則燥。俟極乾，晾冷，以新磁罐，又以新箬葉剪寸半許，雜茶葉實其中，封固。五月、八月濕潤時，仍如前法烘焙一次，則香色永不變。然此須清齋自料理，非不解事蒼頭婢子可塞責也。

杭俗，烹茶用細茗置茶甌，以沸湯點之，名為『撮泡』。北客多哂之，予亦不滿。一則味不盡出，一則泡一次而不用，亦費而可惜，殊失古人蟹眼鷓鴣斑之意。況雜以他菓，亦有不相入者，味平淡者差可，如燻梅、鹹筍、醃桂、櫻桃之類，尤不相宜。蓋鹹能入腎，引茶入腎經，消腎，此本草所載，又豈獨失茶真味哉？予每至山寺，有解事僧烹茶如吳中，置磁壺二小甌於案，全不用菓奉客，隨意啜之，可謂知味而雅緻者矣。

明 陳繼儒《茶董補》卷上《山川異產》 劍南有蒙頂石花，或小方，或散芽，號為第一。湖州有顧渚之紫筍，東川有神泉小團，昌明獸目。硤州有碧澗明月，芳蕊，茱萸簝。福州有方山之生芽。夔州有香山，江陵有楠木，湖南有衡山。岳州有灉湖之含膏，常州有義興之紫筍。婺州有東白，睦州有鳩坑。洪州有西山之白露，壽州有霍山之黃芽，蘄州有蘄門團黃，而浮梁商貨不在焉。《國史補》

又 建州之北苑先春龍焙，東川之獸目，綿州之松嶺，福州之柏巖，雅州之露芽，南康之雲居，婺州麥顆、片甲之舉巖碧乳。宣城之陽坡橫紋，饒池之仙芝、福合、祿合、運合、慶合，蜀州之雀舌、鳥觜、蟬翼。潭州之獨行靈草，彭州之仙崖石花。臨江之玉津，袁州之金片，龍安之騎火，涪州之賓化，建安之青鳳髓，岳州之黃翎毛，建安之石巖白，岳陽之含膏冷。見《茶論》《臆乘》及《茶譜通考》

又 湖州茶生長城縣顧渚山中，與峽州、光州同；生白茅懸腳嶺，與襄州、荊南義陽郡同；生鳳亭山伏翼澗飛雲，曲水二寺，啄木嶺，與壽州、常州同；安吉、武康二縣山谷，與金州、梁州同。《天中記》

又 杭州寶雲山產者，名寶雲茶。下天竺香林洞者，名香林茶；上天竺白雲峰者，名白雲茶。《天中記》

又 會稽有日鑄嶺，產茶。歐陽修云：兩浙產茶，日鑄第一。《方輿勝覽》

茶之別種

茶之別者，有枳殼芽，枸杞芽，枇杷芽，皆治風疾。又有皂莢芽、槐芽、柳芽，乃上春摘其芽和茶作之，故今南人輸官茶，往往雜以眾葉，惟茅蘆、竹箬之類不可入。自餘，山中草木芽葉皆可和合，椿、柿尤奇。真茶，性極冷，惟雅州蒙山出者，性溫而主疾。《本草》

至性不移

凡種茶樹，必下子，移植則不復生。故俗聘婦，必以茶為禮，義固有所取也。《天中記》

片散二類以下八則，補敘製茶。

凡茶有二類，曰片、曰散。片茶，蒸造，實捲模中串之；惟劍建，則既蒸而研，編竹為格，置焙室中，最為精潔，他處不能造。其名有龍、鳳、石乳、的乳、白乳、頭金、蠟面、頭骨、次骨、末骨、粗骨、山挺十二等，以充國貢及邦國之用，洎本路食茶。餘州片茶，有進寶、雙勝、寶山兩府，出興國軍；仙芝、嫩蕊、福合、祿合、運合、慶合、指合，出饒池州；泥片出虔州；綠英金片出袁州；玉津出臨江軍靈川；福州先春、早春、華英、來泉、勝金，出歙州；獨行靈草、綠芽片金、金茗出潭州；大柘枕出江陵、大小巴陵；開勝、開捲、小捲、生黃翎毛，出岳州；雙上綠芽、大小方出岳、辰、澧州；東首、淺山薄側，出光州；

總二十六名。兩浙及宣江等州，以上中下或第一至第五為號。散茶有太湖、龍溪、次號、末號，出淮南、岳麓、草子、楊樹、雨前、雨後，出荊湖；青口，出歸州；茗子，出江南，總十一名。《文獻通考》

御用茗目

上林第一。乙夜清供。承平雅玩。宜年寶玉。萬春銀葉。延年石乳。瓊林毓粹。浴雪呈祥。清白可鑒。風韻甚高。暘谷先春。價倍南金。雪英。雲葉。金錢。玉華。玉葉長春。蜀葵。寸金。並宣和時政和曰太平嘉瑞，紹聖曰南山應瑞。《北苑貢茶録》

明 徐光啓《農政全書》卷三九 《茶經》云：一曰茶，二曰檟，三曰蔎，四曰茗，五曰荈，早採曰茶，次曰檟，又其次曰蔎，晚曰茗，至荈則老葉矣。蓋以早為貴也。六經中無茶，蓋荼即茶也。詩云：『誰謂荼苦，其甘如薺。』以其苦而甘味也。《南越志》云：茗，苦澀，亦謂之過羅。有高一尺者，有二尺者，有數丈者，有兩人合抱者，出巴山峽川。有建州大小龍團，始於丁謂，成於蔡君謨。熙寧末，有旨下建州，製蜜雲龍，一品尤為奇絶，蜀州雀舌、鳥嘴、麥顆，蓋嫩芽取形似之。又有片甲者，早春黃芽葉相抱如片甲也，蟬翼，葉軟薄如蟬翼也。清異録云：開寶中，竇儀以新茶飲予，味極美。奩面標云：龍陂山子茶，龍陂，是顧渚山之別境。洪州鶴嶺茶，其味極妙。蜀之雅州蒙山頂，有露芽，穀芽，皆云火前者，言採造於禁火之前也，火後者次之。一云，雅州蒙頂茶，其生最晚，在春夏之交。常有雲霧覆其上，若有神物護持之。又有五花茶者，其片作五出花雲脚，出袁州界橋，其名甚著。不若湖州之研膏、紫筍，烹之有緑脚垂下。吳淑賦云：雲垂緑脚。有紫筍者，其色紫而似筍。唐德宗每賜同昌公主饌，其茶有緑花，紫英之號。草茶盛於兩浙，日注第一。自景祐以來，洪州雙井白芽，製作尤精，遠在日注之上，遂為草茶第一。

明 鄧志謨《茶酒争奇》卷一《茶叙述源流》 先言茶之異品者：劍南有蒙頂石花，或小方或散芽，號為第一。湖州有顧渚之紫筍。東川有神泉小團、昌明獸目。硤州有碧澗明月、芳蕋、茱萸簝。福州有方山之生芽。夔州有香山。江陵有楠木。湖南有衡山。岳州有灉湖之含膏。常州有義興之紫筍。婺州有東白。睦州有鳩坑。洪州有西山之白露。壽州有霍山之黃芽。蘄州有蘄門團黃。建州之北苑先春龍焙。綿州之松嶺。福州之柏岩。雅州之露芽。南康之雲居。婺州之舉岩碧貌。宣城之陽坡橫紋。饒池之仙芝福合、祿合、運合、慶合。蜀州之雀舌、鳥嘴、麥顆、片甲、蟬翼。潭州之獨行靈草。彭州之仙崖石花。臨江之玉津。袁州之金片。龍安之騎火。涪州之賓化。建安之青鳳髓。岳州之黃翎毛。建安之石岩白。岳陽之含膏冷。杭州寶雲山產者，名寶雲茶。下天竺香林洞者，名香林茶。上天竺白雲峯者，名白雲茶。會稽有日鑄嶺茶，歐陽修謂兩浙第一。竇儀有龍陂山茶。白樂天有六班茶。龍安有騎火茶。顧渚側有明月峽前茶。王介甫之一旗一槍。義興有芳香甘辣冠他境。丁晉公謂石乳出壑嶺斷崖鐵石之間。建安有露芽真筍。武昌山有大蘘茗，岳陽有灉湖茶，白鶴僧園有白鶴茶。元和時，待學士煎麒麟草。宣和中，復有白茶，勝雪茶之異種者。中孚衲子有仙人掌，曇濟道人有甘露，雙林道士有聖陽花，西域僧有金地茶，仙家有雷鳴茶為茶之別種者：有枳殼芽、枸杞芽、枇杷芽，皆治風疾，又有皂莢芽、槐芽、柳芽、月上春，摘其芽和茶作之。故今南人輸宮茶。茶之有益於人者，何如党魯有滌煩消渴。華元化謂苦茶，久食益意思。《神農經》謂茶茗宜久服，令人有力悦志。李德裕謂天柱峯茶，可消肉食。丹丘子、黃山君服芳茶，輕身換骨。玉泉寺有茗草羅生，能還童振枯，人人壽也。劉越石體羣潰悶，嘗仰真茶。隋文帝服山中茗草，可愈腦痛。

清 徐同氣《〈茶經〉序》 客曰：引經以繩茶，可乎？曰：凡經者，可例百世，而不可繩一時者也。孔子作《春秋》，七十子惟口授傳其旨，故《經》曰：茶之臧否，存之口訣，則書之所載，猶其粗者也。抑取其文而已。客曰：文則美哉，何取於茶乎？曰：神農取其悦志，周公取其解醒，華佗取其益意，壺居士取其羽化，巴東人取其不眠，而不可概於經也。陸子之經，陸子之文也。

清 劉源長《茶史》卷一《茶之原始》 《茶經》云：《神農食經》，茶茗久服，有力悦志。

又 晏嬰相齊時，食脱粟之飯，炙三弋、五卯、茗菜而已。

又 華陀，字元化，《食論》云：苦茶久食，益意思。

又 又云：茶之為飲，發乎神農氏，聞於魯周公，齊有晏嬰，漢有

揚雄、司馬相如，吳有韋曜，晉有劉琨、張載、遠祖納、謝安、左思之徒，皆飲焉。據《茶經》，則是神農有茶矣。茶其藥品乎？

清 陸廷燦《續茶經》卷上《茶之源》 王褒《僮約》：前云『炰鱉烹茶』，後云『陽武買茶』。注：前為苦菜，後為茗。

又 張華《博物志》：飲真茶，令人少眠。

又 《詩疏》：椒，樹似茱萸。蜀人作茶，吳人作茗，皆合。煮其葉以為香。

又 《唐書·陸羽傳》：羽嗜茶，著《經》三篇，言茶之源、之具、之造、之器、之煮、之飲、之事、之出、之略、之圖尤備，天下益知飲茶矣。

又 《唐韻》：茶字，自中唐始變作茶。

又 包衡《清賞録》：昔人以陸羽飲茶比於后稷樹穀，及觀韓翃《謝賜茶啟》云『吳主禮賢，方聞置茗；晉人愛客，纔有分茶』，則知開創之功，非關桑苧老翁也。若云在昔茶勳未普，則比時賜茶已一千五百串矣。

又 《農政全書》：六經中無茶，茶即茶也。毛詩云：『誰謂荼苦，其甘如薺。』以其苦而甘味也。

又 《穀山筆麈》：茶自漢以前，不見於書，想所謂『檟』者，即是矣。

傳記

唐 趙璘《因話録》卷三 太子陸文學鴻漸名羽。其先不知何許人，竟陵龍蓋寺僧姓陸，於堤上得一初生兒，收育之，遂以陸為氏。及長，聰俊多能，學贍辭逸，詼諧縱辯，蓋東方曼倩之儔與。與余外祖戶曹府君外族柳氏外祖洪府戶曹諱澹字中庸別有傳交契深至，外祖有牋事狀，陸君所撰。性嗜茶，始創煮茶法。至今鬻茶之家，陶為其像，置於煬器之間，云宜茶足利。其歌云：『不羨黃金罍，不羨白玉杯，不羨朝入省，不羨暮入台。千羨萬羨西江水，曾向竟陵城下來。』又有追感陸僧詩至多。

《新唐書》卷一九六《陸羽傳》 陸羽字鴻漸，一名疾，字季疵，復州竟陵人。不知所生，或言有僧得諸水濱，畜之。既長，以易自筮，得蹇之漸，曰：『鴻漸於陸，其羽可用為儀。』乃以陸為氏，名而字之。

幼時，其師教以旁行書，荅曰：『終鮮兄弟，而絕後嗣，得為孝乎？』師怒，使執糞除圬塓以苦之，又使牧牛三十，羽潛以竹畫牛背為字。得張衡南都賦，不能讀，危坐效羣兒囁嚅若成誦狀，師拘之，令薙草莽。當其記文字，懵懵若有遺，過日不作，主者鞭苦，因歎曰：『歲月往矣，奈何不知書！』嗚咽不自勝，因亡去，匿為優人，作詼諧數千言。

天寶中，州人酺，吏署羽伶師，太守李齊物見，異之，授以書，遂廬火門山。貌侻陋，口吃而辯。聞人善，若在己，見有過者，規切至忤人。朋友燕處，意有所行輒去，人疑其多嗔。與人期，雨雪虎狼不避也。上元初，更隱苕溪，自稱桑苧翁，闔門著書。或獨行野中，誦詩擊木，裴回不得意，或慟哭而歸，故時謂今接輿也。久之，詔拜羽太子文學，徙太常寺太祝，不就職。貞元末，卒。

羽嗜茶，著經三篇，言茶之原、之法、之具尤備，天下益知飲茶矣。時鬻茶者，至陶羽形置煬突間，祀為茶神。有常伯熊者，因羽論復廣著茶之功。御史大夫李季卿宣慰江南，次臨淮，知伯熊善煮茶，召之，伯熊執器前，季卿為再舉杯。至江南，又有薦羽者，召之，羽衣野服，挈具而入，季卿不為禮，羽愧之，更著毀茶論。其後尚茶成風，時回紇入朝，始驅馬市茶。

元 辛文房《唐才子傳》卷八《陸羽》 羽，字鴻漸，不知所生。初，竟陵禪師智積得嬰兒於水濱，育為弟子。及長，恥從削髮，以《易》自筮，得『蹇』之『漸』曰：『鴻漸於陸，其羽可用為儀』，始為姓名。有學，愧一事不盡其妙。性詼諧。少年匿優人中，撰《談笑》萬言。天寶間，署羽伶師，後遁去。古人謂潔其行而穢其跡者也。上元初，結廬苕溪上，閉門讀書。名僧高士，談讌終日。貌寢，口吃而辯。聞人善，若在己。與人期，雖阻虎狼不避也。自稱桑貯翁，又號東崗子。工古調詩歌，興極閒雅，著書甚多。扁舟往來山寺，唯紗巾、藤鞋、短褐、犢鼻，擊林木，弄流水。或行曠野中，誦古詩，裴回至月黑，興盡慟哭而返。當時以比接輿也。與皎然上人為忘言之交。有詔拜太子文學。羽嗜茶，造妙理，

著《茶經》三卷，言茶之原、之法、之具，時號『茶仙』，天下益知飲茶矣。鬻茶家以瓷陶羽形，祀為神，買十茶器，得一『鴻漸』。初，御史大夫李季卿宣慰江南，喜茶，知羽，召之。羽野服挈具而入。李曰：『陸君善茶，天下所知。揚子中泠，水又殊絕。今二妙千載一遇，山人不可輕失也。』茶畢，命奴子與錢。羽愧之，更著《毀茶論》。與皇甫補闕善。時鮑尚書防在越，羽往依焉。冉送以序曰：『君子究孔、釋之名理，窮歌詩之麗則。遠墅孤島，通舟必行；魚梁釣磯，隨意而往。夫越地稱山水之鄉，轅門當節鉞之重。鮑侯知子愛子者，將解衣推食，豈徒嘗鏡水之魚，宿耶溪之月而已！』集併《茶經》今傳。

紀事

《三国志》卷六五《吴志·韋曜傳》 皓每饗宴，無不竟日，坐席無能否，率以七升為限，雖不悉入口，皆澆灌取盡。曜素飲酒不過二升，初見禮異時，常為裁減，或密賜茶荈以當酒，至於寵衰，更見偪彊，輒以為罪。

宋 李石《續博物志》卷五 南人好飲茶，孫皓以茶與韋昭代酒，謝安詣陸納，設茶果而已。北人初不識，開元中，泰山靈巖寺有降魔師教禪者以不寐人多作茶飲，因以成俗。

著録

清 陸廷燦《續茶經》卷下《茶之略》 茶事著述名目

《茶經》三卷，唐太子文學陸羽撰。

《茶記》三卷，前人見《國史經籍志》。

《顧渚山記》二卷，前人。

《煎茶水記》一卷，江州刺史張又新撰。

《采茶録》三卷，溫庭筠撰。

《補茶事》，太原溫從雲，武威段碣之。

《茶訣》三卷，釋皎然撰。

《茶述》，裴汶。

《茶譜》一卷，偽蜀毛文錫。

《大觀茶論》二十篇，宋徽宗撰。

《建安茶録》三卷，丁謂撰。

《試茶録》二卷，蔡襄撰。

《進茶録》一卷，前人。

《品茶要録》一卷，建安黃儒撰。

《建安茶記》一卷，呂惠卿撰。

《北苑拾遺》一卷，劉异撰。

《北苑煎茶法》，前人。

《東溪試茶録》，宋子安集，一作朱子安。

《補茶經》一卷，周絳撰。

又一卷，前人。

《北苑總録》十二卷，曾伉録。

《茶山節對》一卷，攝衢州長史蔡宗顔撰。

《茶譜遺事》一卷，前人。

《宣和北苑貢茶録》，建陽熊蕃撰。

《宋朝茶法》，沈括。

《茶論》，前人。

《北苑別録》一卷，趙汝礪撰。

《北苑別録》，無名氏。

《造茶雜録》，張文規。

《茶雜文》一卷，集古今詩文及茶者。

《壑源茶録》一卷，章炳文。

《北苑別録》，熊克。

《龍焙美成茶録》，范逵。

《茶法易覽》十卷，沈立。

《建茶論》，羅大經。

《煮茶泉品》，葉清臣。

《十友譜茶譜》，失名。

《品茶》一篇，陸魯山。
《續茶譜》，桑莊茹芝。
《茶録》，張源。
《煎茶七類》，徐渭。
《茶寮記》，陸樹聲。
《茶譜》，顧元慶。
《茶具圖》一卷，前人。
《茗笈》，屠本畯。
《茶録》，馮時可。
《岕山茶記》，熊明遇。
《茶疏》，許次杼。
《八箋茶譜》，高濂。
《煮泉小品》，田藝蘅。
《茶箋》，屠隆。
《岕茶箋》，馮可賓。
《峒山茶系》，周高起伯高。
《竹嬾茶衡》，李日華。
《水品》，徐獻忠。
《茶解》，羅廩。
《松寮茗政》，卜萬祺。
《茶譜》，錢友蘭翁。
《茶集》一卷，胡文煥。
《茶記》，呂仲吉。
《茶箋》，聞龍。
《岕茶別論》，周慶叔。
《茶董》，夏茂卿。
《茶説》，邢士襄。
《茶史》，趙長白。
《茶説》，吳從先。
《武夷茶説》，袁仲儒。
《茶譜》，朱碩儒見黄與堅集。
《岕茶彙鈔》，冒襄。
《茶考》，徐𤊹。
《羣芳譜茶譜》，王象晉。
《佩文齋廣羣芳譜茶譜》。

詩文名目

杜毓《荈賦》，顧況《茶賦》。
吳淑《茶賦》，李文簡《茗賦》。
梅堯臣《南有佳茗賦》，黄庭堅《煎茶賦》。
程宣子《茶銘》，曹暉《茶銘》。
蘇廙《仙芽傳》，湯悦《森伯傳》。
蘇軾《葉嘉傳》，支廷訓《湯藴之傳》。
徐巖泉《六安州茶居士傳》，呂溫《三月三日茶宴序》。
熊禾《北苑茶焙記》，趙孟頫《武夷山茶場記》。
暗都剌《喊山臺記》，文德翼《廬山免給茶引記》。
茅一相《茶譜·序》，清虚子《茶論》。
何恭《茶議》，汪可立《茶經後序》。
吳旦《茶經跋》，童承敘《論茶經書》。
趙觀《煮泉小品序》。

藝文

晉杜宇《荈賦》《藝文類聚》卷八二　靈山惟嶽，奇產所鐘。瞻彼卷阿，實曰夕陽。厥生荈草，彌穀被崗。承豐壤之滋潤，受甘露之霄降。月惟初秋，農功少休；結偶同旅，是采是求。水則岷方之注，挹彼清流；器擇陶簡，出自東隅；酌之以匏，取式公劉。惟茲初成，沫沉華浮。煥如積雪，曄若春敷。

晉孫楚《出歌》《茶經》卷下　茱萸出芳樹顛，鯉魚出洛水泉。白鹽出河東，美豉出魯淵。薑、桂、茶荈出巴蜀，椒、橘、木蘭出高山。蓼蘇出溝渠，精稗出中田。

唐 王敷《敦煌變文・茶酒論》 竊見神農曾嘗百草，五穀從此得分；軒轅製其衣服，流傳教示後人。倉頡製其文字，孔丘闡化儒因。不可從頭細説，撮其樞要之陳。暫問茶之與酒，兩個誰有功勳？阿誰即合卑小，阿誰即合稱尊？今日各須立理，強者光飾一門。

茶乃出來言曰：『諸人莫鬧，聽説些些。百草之首，萬木之花。貴之取蕊，重之摘芽。呼之茗草，號之作茶。貢五侯宅，奉帝王家。時新獻入，一世榮華。自然尊貴，何用論誇！』

酒乃出來：『可笑詞説！自古至今，茶賤酒貴。簞醪投河，三軍告醉。君王飲之，叫呼萬歲。羣臣飲之，賜卿無畏。和死定生，神明歆氣。酒食向人，終無惡意。有酒有令，仁義禮智。自合稱尊，何勞比類！』

茶謂酒曰：『阿你不聞道：浮梁歙州，萬國來求；蜀山蒙頂，騎山驀嶺；舒城太湖，買婢買奴；越郡餘杭，金帛為囊。素紫天子，人間亦少。商客來求，船車塞紹。據此蹤由，阿誰合小？』

酒謂茶曰：『阿你不聞道：劑酒乾和，博錦博羅。蒲桃九醖，於身有潤。玉酒瓊漿四二，仙人四三盃觴。菊花竹葉，君王交接。中山趙母，甘甜美苦。一醉三年，流傳今古。禮讓鄉閭，調和軍府。阿你頭腦，不須乾努。』

茶謂酒曰：『我之茗草，萬木之心。或白如玉，或似黄金。名僧大德，幽隱禪林。飲之語話，能去昏沉。供養彌勒，奉獻觀音。千劫萬劫，諸佛相欽。酒能破家散宅，廣作邪淫。打卻三盞已後，令人只是罪深。』

酒謂茶曰：『三文一㼦，何年得富？酒通貴人，公卿所慕。曾遣趙主彈琴，秦王擊缶。不可把茶請歌，不可為茶教舞。茶喫只是腰疼，多喫令人患肚。一日打卻十盃，腹脹又同衙鼓。若也服之三年，養蝦蟆得水病報。』

茶謂酒曰：『我三十成名，束帶巾櫛。驀海騎江，來朝今室。將到市廛，安排未畢。人來買之，錢財盈溢。言下便得富饒，不在明朝後日。阿你酒能昏亂，喫了多饒啾唧。街中羅織平人，脊上少須十七！』

酒謂茶曰：『豈不見古人才子，吟詩盡道：「渴來一盞，能生養命。」又道：「酒是消愁藥。」又道：「酒能養賢。」古人糟粕，今乃流傳。茶賤三文五碗，酒賤盅半七文。致酒謝坐，禮讓周旋，國家音樂，本為酒泉。終朝喫你茶水，敢動些些管弦！』

茶謂酒曰：『阿你不見道：男兒十四五，莫與酒家親。君不見猩猩鳥，為酒喪其身。阿你即道：茶喫發病，酒喫養賢。即見道有酒黄酒病，不見道有茶瘋茶顛。阿闍世王為酒殺父害母，劉為酒一死三年。喫了張眉竪眼，怒鬥宣拳。狀上只言粗豪酒醉，不曾有茶醉相言。不免求守杖子，本典索錢。大枷搕項，背上抛椽。便即燒香斷酒，念佛求天。終身不喫，望免迍邅』兩個正爭人我，不知水在傍邊。

水謂茶、酒曰：『阿你兩個，何用忿忿！阿誰許你，各擬論功？言詞相毀，道西説東。人生四大，地水火風。茶不得水，作何相貌？酒不得水，作甚形容？米麴乾喫，損人腸胃；茶片乾喫，只礪破喉嚨。萬物須水，五穀之宗。上應乾象，下順吉凶。江河淮濟，有我即通。亦能漂蕩天地，亦能涸殺魚龍。堯時九年災跡，只緣我在其中。感得天下欽奉，萬姓依從。由自不説能聖一一六，兩個何用爭功？從今已後，切須和同。酒店發富，茶坊不窮。長為兄弟，須得始終。若人讀之一本，永世不害酒顛茶風。

宋 梅堯臣《和杜相公謝蔡君謨寄茶》《瀛奎律髓》卷一八 天子歲嘗龍焙茶，茶官催摘雨前芽。團香已入中都府，鬬品爭傳太傅家。小石冷泉留早味，紫泥新品泛春華。吳中內史才多少，從此蒓羹不足誇。因茶而薄蓴羹，是亦至論。陸機以蓴羹對晉武帝羊酪，是時尚未有茶耳。然張華《博物志》，已有『真茶令人不寐』之語。

明 鄧志謨《茶酒争奇》卷一《茶集曲牌名》 酪奴又將曲牌名信手寫成一篇進上：『我茶產花沁園春，二月宜春令，纔有急三鎗，便叫虞美人，去取江兒水；叫麻婆子，去砍啄木兒；叫奴姐姐，拿寶鼎現，煎到袞第一，聲似泣顏回；袞第二混江龍，聲似大砑鼓。中袞第三，聲似風入松，大家駐馬聽。聽到五韻美，四邊靜，打開看，香味滿庭芳，賽過紅芍藥，金錢花，桂枝香。拿去五供養，一到鳳凰閣，送與三學士；二到三仙橋，送與大和佛；三到謁金門，送與太師引，食待歸朝歡；四叫粉孩兒，送與父母孝順哥；五送醉翁子，食了解三醒，真箇稱人心。齊天樂，個個如臨江仙，爭奈意難忘。只道我園林好，又寫一封書，把香羅帶一付，金瓏璁一對，皂羅袍一件，紅衲襖一件送我；與我求去玩花

燈，賞宮花，好事近，天下樂。』

水官批：成一家言，中得中得。

火官批：得青山綠水，光風霽月，鳶飛魚躍之趣。

清 沈龍《煎茶賦并序**》**《茶史》 酒鄉香國，時時有人往還。香國如桃花源，時開時合；而酒鄉自劉將軍開後，便通中國，獨茶天未有開闢手。茶天在青微西，或云青微天即茶天也。酒有劍俠氣，香有美人氣、文士氣；獨茶如禪，未許常人問津。顧況有《茶賦》，黃庭堅有《煎茶賦》，已是數百年一傳，此後絕無聞焉，正如六祖去後，衣缽竟絕。至如盧仝牛飲耳。偶有客至橫雲山茶，而惠山汲水船適至，遂作小賦。

汲新泉於樹杪，採新茗於雨前。合命花灶，松頂濤翻，掃石徑之秋雲，乞活火於坡仙。雪意消而山空，微香散而鶴還。亂花中之藥氣，捲深竹之晴煙。於是開別館，揭風簾，事供奉，命短鬟紅袖，窄窄素手春寒，矜弓彎之絕小，又欲進而詎前。其甘如薺，其氣勝蘭。其味也甘露雨，其白也秋空天。花點波動，月印杯穿。杏樹桃花之深洞，奇種不到；竹林草堂之古寺，無此幽閒。於焉昏睡竟失繁憂，畢殫神空而道可學，味淡而禪獨參。忽疑義之盡晰，俄欲辨而忘言。如白玉蟾拈花而三嗅，如江貫道撫琴而不彈。此味無令人之可共，何不攷古人而就班。乃問詩人誰識其玄，或云子厚，或云青蓮，乃浩然摩詰之皆不可，而獨分一餅於陶潛。若夫晝中三昧，誰得其傳，曰有同味，恕先在焉。偕倪迂而漱齒，分黃癡以餘甘。猶一人之未降，則庶幾乎巨然，其餘者人莫不飲，而知味之竟鮮，至如美人，孰媸孰妍，分一杯於道蘊，乃羣議之貼然，更賜綠珠以餘瀝，而以供奉命易安。雖文君之妖艷，不能一滴之破慳也。若夫藤花紫筍，味鮮蕨肥，苦荳新甘，就茲妍景，結社峯顛。高衲韻士，松風滿龕，就陰陰之疏影，聽活活之流泉，暝煙合池上，孤月出東山。人靜無籟，山空不喧。名理爛熟，古道羣諳。任微言而比投水，縱高論之若河懸。於斯時也，松火怒發，石瀨渟涵，雲漿浸舌，瞠眼青天。心清涼而若雪，胸空闊而無粘。渺若輕雲之歸海，淨若片月之還山。誰知此者，我當與之讀茶賦，而續涪翁之嫡傳。《雪初堂集》

雜録

明 鄧志謨《茶酒争奇》卷一《叙述茶酒争奇》 皇道煥炳，帝載緝熙。教清於雲官之世，治穆於鳥紀之時。王猷允塞，函夏謐寧，萬物絪緼，地天交泰。功與造化爭流，德與二儀比大。鳳凰鳴矣，黃河清矣。在在絃歌擊壤，家家詩禮文章。鐘鼓鏗鏘，寫羲皇之皡皡；玄黃稠疊，追文質之彬彬。禮儀三百，威儀三千，至浩至繁，不可勝紀。今特舉禮中二物極小者言之：曰茶曰酒。

自春夏以至秋冬，何時不用茶用酒？自朝廷以及閭巷，何人不用茶用酒？試言其日用飲食之常，民間往來之禮：或冠而三加，或婚而合巹，或弄璋而為湯餅會，開筵呼客；或即景賦詩，或坐上姻朋，賽有華裾織翠；或門前車馬，時來結駟高軒；追賞惠連，壓倒元白，何事而不用茶用酒？如所云用之以時者，玉律元旦傳佳節，綵勝七日倍風光。九陌元宵聯燈影，改火寒食待清明。燧火開新焰清明，傾都潑禊辰上巳。舡登先後渡端午，萬鏤慶停梭七夕。照耀超諸夜，漢武賜茱囊重陽。刺繡五紋添弱線冬至，四氣除夜推遷往復還，何節而不用茶用酒？

又《上官子醉夢》 河東有一士，覆姓上官，名四知。極豪爽，且耐淡泊，雖家貲巨萬，若一窶人子耳。建一別墅，枕岡面流，疏梧修竹。扁於門曰迎翠，扁於樓曰棲雲。有一聯云：『疊翠層巒疑欲雨，環村密樹每留雲。』樵牧與羣，鹿豕與游，而坐，而臥，而登臨，而高吟縱覽，會有得意，則索句付奚囊。又有一架數植，明窗淨几，左列古今圖史百家，右列道釋禪寂諸書。前植名花三十餘種，琴一、爐一、石磬一，茶人鼎灶、衲子蒲團、茶具、酒具各二十事。時敲石火，汲新泉，煎先春，時泛桃花，或一斗，或五斗，每謂羲皇上人。後有一洞，東為一茶神，名陸羽；西畫為酒神，名杜康。為客至，或倣投轄，或效平原，無不盡歡而別。

一日，有一客問曰：『茶好乎，酒好乎？』答曰：『俱屬清貴，但人之好尚不同耳。』客曰：『客來，茶先酒後，茶不居禮之先乎？』又有一客曰：『茶只一杯而止，即更迭，不過二三。曾有如酒之樽罍交錯，

動以千鍾一石，酒不為禮之重乎？』如是，烹茶酌酒，至東方月上，眾為酣樂各罷歸去。官子獨留迎翠軒，簟床竹枕，于于然臥也。忽夢至一處，若莽泱之野，若逍遙之城，見茶神率草魁、建安、顧渚、酪奴數十輩，酒神率青州督郵、索郎、麻姑、酒民、醉士、酒徒數十輩，喧喧嚷嚷有鬨聲。近視之，宛然如洞中之所畫者。

又《茶酒共爭辯》 茶神曰：『纔聞客以你為禮之重，你有何能，更重於我乎？』酒神曰：『纔聞客以你為禮之先，你有何能，更先於我乎？』茶神曰：『天下之人，凡言酒與茶者，只稱茶酒，不稱酒茶，茶誠在酒之先也。』酒神曰：『天下之人，大凡行禮，只說請酒，不說請茶，酒誠為禮之重也。』茶神曰：『我茶進御用者有十八品：上林第一、乙夜清供、承平雅玩、宜年寶玉、萬春銀葉、延年石乳、瓊林毓粹、浴雪呈祥、清白可鑒、風韻甚高、暘谷先春、價倍南金、雪英、雲葉、金錢、玉華、玉葉長春、蜀葵、寸金。政和曰太平嘉瑞，紹聖曰南山應瑞。我有這多好處，敢與我爭乎？』酒神曰：『我有神仙酒十八品：金液流暉、延洪壽光、清澄琬琰、玄碧香神女酣安期先生、瑤琨碧、凝露漿、桂花醞、百藥長、千日醉、崑崙觴、換骨釀、蓮花碧、青田壺、玉饋、瑞露、瓊粭、魏左相之醽醁翠濤、東坡之紅友黃封。我比你更希罕，肯讓你乎！』茶曰：『鄭谷云：「亂飄僧舍茶煙濕，密灑高樓酒力微」，非茶在先，酒在後乎？』酒曰：『賈島云：「勸酒客初醉，留茶僧未來」，非酒在先，茶在後乎？』茶曰：『壯志銷磨都已盡，看花翻作飲茶人，何曾要你？』酒曰：『好鳥迎春歌後院，飛花送酒舞前簷，何曾要你？』茶曰：『讀《易》分高燭，煎茶取折水，何曾要你？』酒曰：『山水彈琴盡，風花酌酒頻，何曾要你！』茶曰：『張孟陽讚我「芳茶冠六清，溢味播九區。」』酒曰：『杜甫讚我「安得中山十日醉，酩然直到太平時。」』茶曰：『顏魯公讚我「流華淨肌骨，疏瀹滌心源」，何等有益。』酒曰：『李適之讚我「碩郎宜此酒，行樂駐華年」，何等有益。』茶曰：『盧仝云：「柴門反關無俗客，紗帽籠頭自煎吃」，真箇貴重。』酒曰：『王駕清云：「桑柘影斜春社散，家家扶得醉人歸」，真箇快人。』茶曰：『「沾牙舊姓餘甘氏，破睡當封不夜候」，非胡嵩之詠乎？』酒曰：『「形如槁木因詩苦，眉鎖愁山得酒開」，非鄭云表之詠乎？』

草魁進前說：『你講得這樣斯文，待我來與辯一辯。』青州從事亦進前說：『你講得這樣斯文，待我來與你論一論。』

草魁曰：『你受何品職，敢云青州從事？』青州從事曰：『汝登何科甲，冒僭為瑞草魁？』瑞草魁曰：『吾乃草木之仙骨。』青州從事曰：『吾乃天上之美祿。』瑞草魁曰：『天子須嘗陽羨茶，貴不貴？』青州從事曰：『欲得長生醉太平，好不好？』瑞草魁曰：『世俗聘婦，以茶為禮。』青州從事曰：『百禮之會，非酒不行。』瑞草魁曰：『生涼好喚雞蘇佛，回味宜稱橄欖仙，哪個似像陶彝之知趣？』青州從事曰：『玉薤春成泉漱石，葡萄秋熟艷流霞，哪個似像逸民之大雅！』瑞草魁曰：『高人唐僧齊己詩愛惜藏巖裏，白甌封題寄火前，真箇把我當寶。』青州從事曰：『尊前柏葉休辭酒，勝裏金花巧耐寒，還是把我當寶。』瑞草魁曰：『煩襟時一啜，寧羨酒如油，哪個要你！』青州從事曰：『卻憶滁州睡，村醪自解醒，哪個要你？』瑞草魁曰：『津津白乳衝眉上，習習清風兩腋間，快爽爽快。』青州從事曰：『興來筆力千鈞勁，酒醒人間百事空，快爽爽快。』瑞草魁曰：『一杯永日醒雙眼，草木英華信有神，你比一比。』青州從事曰：『杯行到君莫停手，破除萬事無過酒，你比一比。』

武夷進前來說：『你二人且退，待我也來奇一奇。』麻姑進前來說：『你二人且退，待我也來奇一奇。』

武夷曰：『汝非仙種，敢冒麻姑？』麻姑曰：『汝非將種，敢冒武夷？』武夷曰：『已是先春輕雨露，宜教□草避英華，彼惡敢當我哉！』麻姑曰：『百年莫惜千回醉，一盞能消萬古愁，不亦樂乎。』武夷曰：『旋沫翻鄴侯煎茶詩成碧玉池，添酥散出琉璃眼，你有這樣富貴麼？』麻姑曰：『忽遣終朝浮玉斝，還如當日醉瑤泉，你有這樣富貴麼？』武夷曰：『偷嫌曼倩桃無味，檮覺姮娥藥不香，哪個不被我壓倒？』麻姑曰：『文移北斗成天象，酒近南山作壽杯，哪個敢與我比對？』武夷曰：『香繞美人歌後夢，涼侵詩客醉中脾，哪裏有我這等瀟灑？』麻姑曰：『浩歌不覺乾坤窄，酣寢偏知日月長，哪裏有我這等廣大？』武夷曰：『一兩能祛宿疾，二兩眼前無疾，三兩換骨，四兩成地仙。你哪裏有這樣利益？』麻姑曰：『一樽可以論文杜詩，三斗可以壯膽汝陽王月進，五斗劉伶可以解醒，一石淳于髡而臣心最歡。你哪裏有這等利益？』武夷

曰：『解渴醒餘酒，清神減夜眠，好快好快。』麻姑曰：『相歡在樽酒，不用惜花飛，好快好快。』武夷曰：『慢行成酩酊，鄰壁有松醪，貪心不足。』麻姑曰：『未見甘心氏福□，先迎苦口師，真得人厭。』武夷曰：『飲酒宿酲方竭處，讀書春困欲眠時，讀書人離我不得。』麻姑曰：『閑看竹嶼迎新月劉清詩，特酌山醪讀古書，讀書人離我不得。』武夷曰：『從今記取宜男祝，賀客來時只荐茶，客來還先要我。』麻姑曰：『嘉客但當傾美酒，青春終不換頹顏，客來還先要我。』武夷曰：『病骨瘦便花蕊暖，煩心渴喜鳳團香，可作醫王。』麻姑曰：『避暑迎春復送秋，無非綠蟻滿杯浮，可作歲君。』武夷曰：『消磨壯志白駒隙，斷送殘年綠蟻杯，真箇害人。』麻姑曰：『粉身碎骨方餘味，莫厭聲喧萬壑霜，自喪其軀。』

茶中建安聞說『自喪其軀』，大怒，進前說：『武夷君請退，待我與他辯一辯。』酒中麴生秀才聞說『真個害人』，大怒，進前說：『麻姑兄請退，待我與他辯一辯。』

建安曰：『你是哪一學黌門，敢稱秀才？』麴生曰：『你有何才能，敢稱建安？』建安曰：『養丹道士顏如玉，愛酒山翁醉似泥，好不好？』建安曰：麴生曰：『異物清詩瓜奇絕，渴心何必建溪茶，要不要？』建安曰：『枯腸未易禁三碗，坐聽山城長短更，茶茶真個焦燥人。』麴生曰：『醉時顛蹶醒時羞，麴蘖催人不自由，酒酒真個無廉恥。』建安曰：『囚酒星於地獄，焚醉苑於秦坑，非衛元規之自為誡乎？』麴生曰：『海內有逐臭之夫，里內有效顰之婦，非彭城王之譏劉縞乎？』建安曰：『阮宣常以百錢掛杖頭，司馬以鸘，就市鬻酒，吳孫濟貫緍償酒，何等破蕩？』麴生曰：『李衛公唐相好飲惠山泉，置驛傳送；李季卿命軍士深詣南零取水；唐子西提壺走龍潭；楊城齋攜大瓢走汲溪泉；昔人由海道趨建安，何等勞碌？』建安曰：『李白好飲酒，欲與鐺杓同生死，何不顧身？』麴生曰：『老姥市茗，州法曹縶之獄，幾乎喪命。』建安曰：『畢吏部頹人瓮頭，孟嘉龍山落帽，成何體統？』麴生曰：『御史躬親監啟，謂御史茶瓶；吳察廳掌茶，太自輕賤。』建安曰：『願葬為陶家之側，化為土為酒壺，何等貪濁。』麴生曰：『賈春卿為小龍團，受眾人求乞，自討煎炒。』建安曰：『丹山碧水之鄉，月洞雲龕之品，誰敢賤用？』麴生曰：『千金難著價，一盞即薰人，哪肯賤沽？』建安曰：『朱桃椎織芒屩以易朱茗，第一清雅。』麴生曰：『賀知章以金龜換酒，第一珍重。』建安曰：『錢起有茶宴、茶會，魯成績有湯社，勝你酒會。』麴生曰：『種放自號雲漢醉候為醉侯，蔡雝人稱為路上醉龍為醉龍，李白為醉聖，俱是名賢。』建安曰：『酒酒你不害人，韋耀何藏荈以代酒？』麴生曰：『茶茶你若可好，楊粹仲何目為甘草癖？』建安曰：『柳惲感惠而以詩為酬，陳子酹墳而以錢見貺，我茶能以德報德。』麴生曰：『周公設酒，有駜其香；邦家之光，有椒其馨。胡考以寧，我酒這等關係關係。』建安曰：『劍外九華夷，御封下玉京，皇帝重我。』麴生曰：『祇樹夕陽亭，共傾三昧酒，佛家飲我。』建安曰：『顧渚云：「山中紫筍茶二片」，罕希罕希。』麴生曰：『王維云：「新豐美酒斗十千」，高價高價。』建安曰：『心為左惠芳茶荈劇，吹噓對鼎沥，女子亦知好茶。』麴生曰：『鹽梅已佐鼎，麴蘖且傳杯，玄宗亦知勸酒。』建安曰：『我清香滑熟，能還童振枯，能令人人得壽，豈不美哉？』麴生曰：『我醇和甘美，能為詩鈎，亦能為愁帚，不亦樂乎？』建安曰：『街東酒薄醉易醒，滿眼春愁消不得，敢稱愁帚？放屁放屁。』麴生曰：『餐餘尚有靈通意，不待盧仝七碗茶，敢云得壽？光棍光棍。』

茶董聞辯得久，對建安說：『建安兄，你去食茶，待我來辯。』酒顛聞辯得久，對麴生說：『麴生兄，你去飲酒，待我來辯。』

董曰：『酒顛酒顛，敢與我辯？』顛曰：『茶董茶董，敢與我辯？』董曰：『酒狂酒狂，算不到你。』顛曰：『茶癖茶癖，算不得你。』董曰：『汝非麴蘖，誰為媒母？還要誇嘴。』顛曰：『汝非湯水，誰為司命？不必多言。』董曰：『汝即有蓮花文章，怎比我龍團鳳髓，當退三舍。』顛曰：『你即有紫筍金芽，怎比我金波玉液，拜在下風。』董曰：『劉禹錫病酒，非二囊六班，何以得醒？』顛曰：『葉法善非以飛劍擊榼，怎知麴生味不可忘。』董曰：『張志和樵青蘇蘭薪桂，竹裏煎茶，真隱士之高風。』顛曰：『鄭勐率僚避暑，取蓮葉盛酒，屈莖輪困，真王侯之宏度。』董曰：『高陽酒徒，敗常亂俗。』顛曰：『福全茶幻，惑世誣民。』董曰：『我有三等奇物，待客以驚雷莢，自奉以萱草帶，供佛以紫茸香。可愛可愛。』顛曰：『我有四樣奇物，和者曰養生主，勁者曰齊物，和者曰金盤露，勁者曰椒花雨。妙哉妙哉。』董曰：『穎公遺有《茶

詩》，唐子西有《鬥茶記》，毛文錫為《茶譜》，晉杜宇有《荈賦》，蘇廙作《仙芽傳》，鮑照妹令暉著《香茗賦》，陸鴻漸有《茶經》，范希文有《茶詠》，況有詩詞歌賦，不計其數，我有憑據。』顛曰：『王績著《酒譜》，劉伶有《酒德頌》，歐陽有《醉翁記》，杜甫有《酒仙歌》，竇子野有《酒譜》，白居易有《酒功讚》，況有詩詞歌賦，不計其數，我有証案。』董曰：『獨不聞楊雄作《酒箴》，武王作《酒誥》，武公作《初筵》。五子酣酒嗜音，商辛沉湎淫佚。酒酒還不知戒。』顛曰：『季疵著《毀茶論》，歐陽公舟續嘗茶詩，楊誠齋以為攪破茶園，蕭正德以遭陽候之難，茶茶又不知止。』董曰：『雪水烹團茶，党家粗人應不識此。』顛曰：『酒中有理，江左沉酣求名者，豈識濁醪妙理！』董曰：『窮春秋，演河圖，不如載茗一車，非權紓之讚乎？快活快活。』顛曰：『斷送一生惟有酒，破除萬事無過酒，非韓文公之詩乎？得意得意。』董曰：『惟酒可以忘憂，但無如作病何耳，非季疵之言乎？到病就不好。』顛曰：『此師固清高，難以療饑，也非先業之言乎？到飢就討死。』

酪奴說：『董哥你去，待我罵一罵。』平原督郵說：『顛哥你站開，待我罵一罵。』

酪奴曰：『狗竇光孟祖脱身露頂於狗竇中窺謝琨諸人食酒中作犬吠，何等卑賤！』督郵曰：『邾莒會上作酪奴，何等下賤！』酪奴曰：『你不聞謝宗之言乎？首閱碧澗明月，醉向霜華，豈可以酪蒼奴頭，便應代酒從事，好無羞愧！』督郵曰：『你不聞陳暄之言乎？兵可千日而不用，不可一日而不備；酒可千日而不飲，不可一日而不醉。速糟丘吾將老焉，好不預備！』酪奴曰：『醉後如狂花敗葉，何等輕狂。』督郵曰：『飲多似黃花敗葉，有何顏色。』酪奴曰：『灑之沸之，而糟粕俱盡。』督郵曰：『陰采夜焙，而肢骨俱焦。』酪奴曰：『斐楷以你為狂葯。』督郵曰：『光業以汝為苦口師。』酪奴曰：『作歌謝惠茶，十分知味。』督郵曰：『問奇楊雄載好酒，十分高雅。』酪奴曰：『稽叔夜雖高雅，醉倒如玉山之將頽，幾乎跌碎。』督郵曰：『常伯雄雖善茶，李季卿賞以三十錢，不如婢倅。』酪奴曰：『祖珽醉失金叵羅，何等粗率。』督郵曰：『宮人剪金為龍鳳團，何等奢侈。』酪奴曰：『姚岩傑憑欄嘔吐，自覺箜篌，不知廉恥。』督郵曰：『王肅一飲一斗，人號為漏巵，不顧性命。』酪奴曰：『艾子不受弟子之戒，猶云四臟可活。』督郵曰：『潘仁恭自擷山為茶，敢云大恩邀利。』酪奴曰：『石曼卿相高飲酒，夜不以燒蠋，曰鬼飲；飲次挽歌哭而飲，曰了飲；露頂團坐，曰囚飲；以毛席自裹其身，曰鼈飲，成何形狀？』督郵曰：『《茶經》云：「蒸茶未熟，則草木氣存；去膏未未盡，則色濁而味重，受煙則香奪，黃則味失」，何等難為！』酪奴曰：『蘇東坡號杭倅，為酒食地獄。』督郵曰：『士大夫拜王濛，今日又遭水厄。』酪奴曰：『簡憲和先主時天旱禁酒，吏引人家得釀具即按其辜。和與先主見男女道上行，謂先主曰：「此人欲行淫，何不縛？」先主曰：「何以知之？」曰：「彼有其具，與欲釀者同。」比釀具為淫具，何等惡譬。』督郵曰：『吳僧文稱你作乳妖，何等邪怪。』酪奴曰：『賀秘書出黃醪數杯，都是你害人。』督郵曰：『宣武步兵吐牛肺斛二瘕，都是你害人。』酪奴曰：『不飲茶者，為粗人俗客。』督郵曰：『不飲酒者，為惡客漫郎。』酪奴曰：『睡魔何止退三舍，歡伯直須讓一籌，寔落是你輸我。』督郵曰：『一曲升平人盡樂，君王又進紫霞杯，寔落是你輸我。』酪奴曰：『推引杯觴，以搏擊左右，何愛其才。』督郵曰：『因過焙，以鐵繩縛奴付火中，何賤其人。』

酪奴大怒，即持鐵繩趕打督郵。督郵就拿酒簾趕打酪奴。酪奴將玉杯、金盞、酒樽、酒曇盡行打碎。督郵將玉鐘、金甌、茶壺、茶鍋盡行打碎。時眾茶、眾酒見酪奴與督郵打得太狠，聲徹迎翠樓，陸羽與杜康二人急出問所因由。眾茶謂陸羽曰『那些酸酒，罵我如此如此』；眾酒謂杜康曰『那些苦茶，罵我如此如此』。陸羽曰：『我與你兩人唇齒之邦，輔車相倚。兄弟之親，骨肉之戚。有茶必有酒，有酒必有茶，時時不離，何苦這樣爭競？你辨酒，我辨茶，在此處和。』杜康曰：『禮以遜讓相先，人以和睦為貴，陸君所言甚是。』陸羽命眾人辨茶，杜康命眾人辨酒，相敘而別。

又《茶酒私奏本》　酪奴受辱，抱忿不平，自修一本，奏水火二官：『茶中小臣酪奴，誠惶誠恐，稽首頓首，為豪強酗醉，逞兇傷命事：臣產於玉壘，孰若生翼丹丘？造於金沙，何異紀名碧澗？禹錫表餽菊之意，劉琨作求茗之書。蘇子唱歌於松風，因想李生好客；陶公調詠於雪水，遂誇董家待人。李約喋珠累之泉，二沸成於活火；德裕憶金

山之水，一壺汲於石城。陸羽三篇，更異酒中賢聖；盧仝七碗，何殊茶內神仙？自古及今，無不寵用詎意，亡家敗國。酒中督郵發酒瘋，呈酒狂，穢臣素業。臣諭以理，用酒簾將臣揪撏毒打，仍率惡黨，酒侯、醉侯、逍遥公、步兵、校尉等闖入茶舍，將各色茶具盡行搶擄。不得已匍匐臺下，乞嚴拿問罪，究還原物。臣願汲玉川之水，烹露芽雷芽，長獻君王殿下。臣無任悚□，瞻仰之至。』

督郵受辱，抱忿不平，私下自修一本奏：『水火二官：酒中小臣督郵，誠惶誠恐，稽首頓首，為強奴欺主，敗法亂紀事：臣天列酒星，地列酒郡。徐邈任狂，乃有酒聖酒賢之號；敬仲節樂，遂興卜晝卜夜之詞。陳孟公稱曰滿堂，留賓投轄；華子魚號為獨坐，劇飲整衣。王無功著《五斗先生傳》，大誇物外之高蹤；杜子美作《八仙飲酒歌》，盛説杯中之佳趣。聞山中之酒千日，孰不流涎？傳南郊之醪十旬，皆相慕義。投於江以破勾踐，噀為雨以救成都。頹玉山而屢接高標，解金貂而常逢貴客。不鄙宜城之竹葉，何嫌南國之榴花。既醉備福，見於《周詩》；不為酒困，聞於仲尼。自古及今，咸尊咸寵，詎意粉身碎骨。茶中酪奴，發茶董，逞茶幻，淹臣水厄。臣諭以理，用茶黨擲臣，破腦鮮血，仍率虎黨，蒙山、陽羨、建安等踏入酒館，將各色酒具盡行搶擄。只得匍匐臺下，乞奴把拿問罪，究還原物，以正名分。臣願取鬱鬯之草，釀桑玉莚，長獻君王殿下。臣無任悚□，瞻仰之至。』

明　黃履道《茶苑》卷一《茶別名》

皋蘆　皋蘆，茶之別名，大葉而澀，南人以之為茗飲。《廣州志》

《西平縣志》云：廣州西平縣，有皋蘆樹，採葉可為茗飲。

《松林唱和集》云：皮日休詩云：『石盆煎皋蘆』云云，因知顥蘆之名，在唐時已著。

瑞草魁　『山實東南秀』杜牧《茶山詩》

酪奴　瑯琊王肅，字恭懿，齊雍州刺史奐之子也，贍學多通，才辭茂美。于太和十八年入魏，高祖甚重之，常呼王生而不名，尋以公主尚之。肅在魏，不食羊肉及酪漿等，常飯鯽魚羹，渴飲茗汁。京邑士子見肅一飲一斗，號為漏巵。經數年已後，肅與高祖殿中會，食羊肉酪粥甚多。高祖怪之，謂肅曰：『卿中國之味也，羊肉何如魚羹，茗飲何如酪漿？』肅對曰：『羊者是陸產之珍，魚者乃水族之最，所產不同，並各稱佳。茗以味言之，似□有優劣。羊比齊魯大邦，魚比邾莒小國，惟茗不中與酪作奴。』高祖大笑。後彭城王謂肅曰：『卿不重齊魯大邦，而愛邾莒小國？』肅對曰：『鄉曲所美，不得不好。』彭城王重謂肅曰：『明日卿顧我，為卿設邾莒之食，亦有酪奴。』《洛陽伽藍記》

酪蒼頭酒從事　魏給事劉鎬，慕王肅之風，專習尚茗飲。彭城王謂鎬曰：『卿不慕王侯八珍，而愛蒼頭水厄。海上有逐臭之夫，里內有效顰之婦，以卿言之，即是也。』《洛陽伽藍記》

焦氏《説楛》云：『此丹丘之仙茶，勝烏程之御荈。不止味同露液，白況霜華，豈可為酪蒼頭，便應代酒從事。』

滌煩子　『茶為滌煩子，酒是忘憂君。』施肩吾詩

餘甘子不夜侯　胡嶠《飛龍磵飲茶詩》云，『沾牙舊姓餘甘氏，破睡宜封不夜侯』，新奇哉！嶠宿學雄才，為耶律德光所虜，後間道復歸。《清異録》

雞蘇佛橄欖仙　猶子彝，年十二歲，余讀胡嶠茶詩，愛其清拔，因命傚□之，近晚成篇有云：『生凉好喚雞蘇佛，回味宜稱橄欖仙。』然彝者亦文詞之有基址也。《清異録》

苦口師　皮光業最耽茗事。一日中表請嘗新柑，筵具殊豐，簪紱萃集。光業至，未顧尊罍而呼茶甚急，徑進一巨甌。題詩曰：『未見甘心氏，先迎苦口師。』衆噱曰：此師固清高，而難以療飢也。《清異録》

晚甘侯　孫樵送茶與焦刑部書云：晚甘侯，十五人遣侍齋閣，此徒皆請雷而摘，拜水而和。蓋建陽丹山碧水之鄉，月澗雲龕之侶，慎勿賤用之。《清異録》

森伯　湯悦有《森伯頌》，蓋茶也，方飲而森然嚴乎齒牙，既久而四肢森然。二義一名，非熟夫湯甌境界者，誰能目之？《清異録》

玉蟬膏清風使　顯德中，大理徐恪以鄉信鋌子貽余茶，茶面印文曰『玉蟬膏』。一種曰『清風使』。恪，建安人也。《清異録》

清人樹　偽蜀甘露堂前兩株茶，鬱茂婆娑，宮人呼為清人樹。每春初，嬪嬙戲摘新芽，設傾筐會。《清異録》

冷面草　符昭遠不喜茶，嘗爲御史同列會茶，嘆曰：『此物面目嚴

冷，了無和氣之美，可謂冷面草也。飯餘嚼佛眼芎，以甘菊湯下之，亦可爽神。』《清異録》

水豹囊　豹革為囊，風神呼吸之具也。煮茶者啜之，可以滌滯導引而起清風。每引此義，故稱茶為水豹囊。《清異録》

火前春『紅帋裹封書後信，綠芽十片火前春。湯添勺水煎魚目，未下刀圭攪麯塵。』白樂天《謝送茶詩》

不遷　凡藝茶必種以子，若移植它所，則不能復生。故俗聘親，必以茶為禮，義固有所取也。故名茶曰『不遷』。《天中記》

登　交趾茶，如綠苔，味辛烈，名之曰登。《研北雜志》

清　陸廷燦《續茶經》卷上《茶之源》　《說郛·臆乘》：茶之所產，六經載之詳矣，獨異美之名未備。唐宋以來，見於詩文者尤夥，頗多疑似，若蟾背、蝦鬚、雀舌、蟹眼、瑟瑟、瀝瀝、靄靄、鼓浪湧泉、琉璃眼、碧玉池，又皆茶事中天然偶字也。

茶葉的傳播與發展部

魏晉以前

論說

明 顧起元《說略》卷二五《食憲》 古人以飲茶始於三國時。《吳志・韋昭傳》：『孫皓每飲羣臣酒，率以七升為限。昭飲不過二升，或為裁減，或密賜茶茗以當酒。』據此為飲茶之證。按《趙飛燕別傳》『成帝崩後，后一夕寢中驚啼甚久，侍者呼問方覺。乃言曰：「吾夢中見帝，帝賜吾坐，命進茶。左右奏帝云：向者侍帝不謹，不合啜此茶」』云云。然則西漢時，已嘗有啜茶之說矣。

清 劉源長《茶史》卷一《茶之原始》 《茶經》云：《神農食經》，茶茗久服，有力悅志。

又 華陀字元化，《食論》云：苦茶久食，益意思。

又云：茶之為飲，發乎神農氏，聞於魯周公，齊有晏嬰，漢有揚雄、司馬相如，吳有韋曜，晉有劉琨、張載、遠祖納、謝安、左思之徒，皆飲焉。據《茶經》，則是神農有茶矣。茶其藥品乎？

茶之名，始見於王褒《僮約》，盛著於陸羽《茶經》。

綜述

唐 陸羽《茶經》卷下《七之事》 《神農食經》：『茶茗久服，令人有力、悅志。』

又 周公《爾雅》：『檟，苦茶。』《廣雅》云：『荊、巴間採葉作餅，葉老者，餅成，以米膏出之。欲煮茗飲，先炙令赤色，搗末置瓷器中，以湯澆覆之，用蔥、薑、橘子芼之。其飲醒酒，令人不眠。』

《晏子春秋》：嬰相齊景公時，食脫粟之飯，炙三弋、五卵，茗菜而已。

司馬相如《凡將篇》：烏喙、桔梗、芫華、款冬、貝母、木蘗、蔞、芩草、芍藥、桂、漏蘆、蜚廉、雚菌、荈詫、白斂、白芷、菖蒲、芒硝、莞椒、茱萸。

《方言》：蜀西南人謂茶曰蔎。

清 劉源長《茶史》卷一《茶之原始》 晏嬰相齊時，食脫粟之飯，炙三弋、五卵，茗菜而已。

紀事

明 夏樹芳《茶董》卷下 晏子相齊時，食脫粟之飯，炙三戈、五卵，茗菜而已。

明 萬邦寧《茗史》卷上 三戈五卵。

《晏子春秋》：嬰相齊景公時，食脫粟之飯，炙三戈、五卵，茗菜而已。

清 劉源長《茶史》卷一《茶之名產》 仙人茶 洞庭中西盡處有仙人茶，乃樹上之苔蘚也，四皓曾採以為茶。

清 陸廷燦《續茶經》卷上《一之源》 《萬姓統譜》載：漢時人有茶恬，出《江都易王傳》。按：《漢書》茶恬，蘇林曰：茶，食邪反。則茶本兩音，至唐而茶、茶始分耳。

魏晉南北朝

論說

明 于慎行《穀山筆麈》卷一四 《爾雅・釋木》云：『檟，苦茶。』郭璞注：『早采為茶，晚采為茗。』此茶之始也。自漢以前，不見於書，想所謂檟者，即是矣。溫嶠上表，貢茶一千斤，茗三百斤。六朝，北人猶不食茶，至以酪與之較，惟江南人食之耳。

清 劉源長《茶史》卷一《茶之原始》 宋裴汶《茶述》云：茶起於東晉，盛於本朝。

綜述

北魏 楊衒之《洛陽伽藍記》卷三 肅初入國，不食羊肉及酪漿等物，常飯鯽魚羹，渴飲茗汁。京師士子見肅一飲一斗，號為漏卮。經數年以後，肅與高祖殿會，食羊肉酪粥甚多，高祖怪之，謂肅曰：『卿中國之味也，羊肉何如魚羹，茗飲何如酪漿？』肅對曰：『羊者，是陸產之最；魚者，乃水族之長。所好不同，並各稱珍。以味言之，甚是優劣。羊比齊魯大邦，魚比邾莒小國，唯茗不中與酪作奴。』高祖大笑，因舉酒曰：『三三横，兩兩縱，誰能辨之，賜金鍾。』御史中丞李彪曰：『沽酒老嫗瓮注坻，屠兒割肉與秤同。』尚書右丞甄琛曰：『吳人浮水自云工，妓兒擲繩在虛空。』彭城王勰曰：『臣始解此字是習字。』高祖即以金鍾賜彪。朝廷服彪聰明有智，甄琛和之亦速。彭城王謂肅曰：『卿不重齊魯大邦，而愛邾莒小國。』肅對曰：『鄉曲所美，不得不好。』彭城王重謂曰：『卿明日顧我，為卿設邾莒之食，亦有酪奴。』因此，復號茗飲為酪奴。

時給事中劉縞慕肅之風，專習茗飲。彭城王謂縞曰：『卿不慕王侯八珍，好蒼頭水厄。海上有逐臭之夫，里內有學顰之婦，以卿言之，即是也。』其彭城王家有吳奴，以此言戲之。自是朝貴讌會雖設茗飲，皆耻不復食，惟江表殘民遠來降者好之。後蕭衍子西豐侯蕭正德歸降，時元乂欲為之設茗，先問：『卿於水厄多少？』正德不曉乂意，答曰：『下官生於水鄉，而立身以來，未遭陽侯之難。』元乂與舉坐之客皆笑焉。

唐 陸羽《茶經》卷下《七之事》 《桐君録》：西陽、武昌、廬江、晉陵好茗，皆東人作清茗。茗有餑，飲之宜人。凡可飲之物，皆多取其葉。天門冬、拔揳取根，皆益人。又巴東別有真茗茶，煎飲令人不眠。俗中多煮檀葉並大皂李作茶，並冷。又南方有瓜蘆木，亦似茗，至苦澀，取為屑茶飲，亦可通夜不眠。煮鹽人但資此飲，而交、廣最重，客來先設，乃加以香芼輩。

《坤元録》：辰州溆浦縣西北三百五十里無射山，云蠻俗當吉慶之時，親族集會歌舞於山上。山多茶樹。

《太平御覽》卷八六七《飲食部二五・茗》 《廣雅》曰：荆巴間采茶作餅成，以米膏出之。若飲，先炙令色赤，擣末置瓷器中，以湯澆覆之，用葱薑芼之。其飲醒酒，令人不眠。

清 劉源長《茶史》卷一《茶之原始》 茶古不聞，晉宋以降，吳人採葉煮之，謂之茗茶粥。

清 陸廷燦《續茶經》卷上《一之源》 《茶録》：茶，古不聞食，自晉宋已降，吳人採葉煮之，名為茗粥。

紀事

《三國志》卷六五《吳志・韋昭傳》 皓每饗宴，無不竟日，坐席無能否，率以七升為限，雖不悉入口，皆澆灌取盡。昭素飲酒不過二升，初見禮異，時常為裁減，或密賜茶荈以當酒，至於寵衰，更見偪彊，輒以為罪。

南朝宋 劉義慶《世説新語》卷下《紕漏第三四》 任育長年少時，甚有令名。武帝崩，選百二十挽郎，一時之秀彥，育長亦在其中。王安豐選女壻，從挽郎搜其勝者，且擇取四人，任猶在其中。童少時神明可愛，時人謂育長影亦好。自過江，便失志。王丞相請先度時賢共至石頭迎之，猶作疇日相待，一見便覺有異。坐席竟，下飲，便問人云：『此爲茶？爲茗？』覺有異色，乃自申明云：『向問飲爲熱，爲冷耳。』嘗行從棺邸下度，流涕悲哀。王丞相聞之曰：『此是有情癡。』

《晉書》卷九八《桓温傳》 溫性儉，每宴，惟下七奠柈茶果而已。

唐 陸羽《茶經》卷下《七之事》 《晉中興書》：陸納為吳興太守時，衛將軍謝安常欲詣納。《晉書》云：納為吏部尚書。納兄子俶怪納無所備，不敢問之，乃私蓄十數人饌。安既至，所設唯茶果而已。俶遂陳盛饌，珍羞必具。及安去，納杖俶四十，云：『汝既不能光益叔父，奈何

穢吾素業？」

《晉書》：桓溫為揚州牧，性儉，每宴飲，惟下七奠柈茶果而已。

《搜神記》：夏侯愷因疾死。宗人字苟奴察見鬼神，見愷來收馬，並病其妻。著平上幘，單衣，入坐生時西壁大床，就人覓茶飲。

劉琨《與兄子南兗州刺史演書》云：前得安州乾薑一斤，桂一斤，黄芩一斤，皆所須也。吾體中潰悶，常仰真茶，汝可置之。

傅咸《司隸教》曰：聞南方有以困，蜀嫗作茶粥賣，為廉事打破其器具，後又賣餅於市。而禁茶粥以困蜀姥，何哉？

《神異記》：餘姚人虞洪入山採茗，遇一道士，牽三青牛，引洪至瀑布山曰：『吾，丹丘子也。聞子善具飲，常思見惠。山中有大茗可以相給。祈子他日有甌犧之餘，乞相遺也。』因立奠祀，後常令家人入山，獲大茗焉。

又 弘君舉《食檄》：寒溫既畢，應下霜華之茗；三爵而終，應下諸蔗、木瓜、元李、楊梅、五味、橄欖、懸豹、葵羹各一杯。

又 《世說》：任瞻，字育長，少時有令名，自過江失志。既下飲，問人云：『此為茶？為茗？』覺人有怪色，乃自分明云：『向問飲為熱為冷。』

《續搜神記》：晉武帝時，宣城人秦精，常入武昌山採茗。遇一毛人，長丈餘，引精至山下，示以叢茗而去。俄而復還，乃探懷中橘以遺精。精怖，負茗而歸。

晉四王起事，惠帝蒙塵。還洛陽，黄門以瓦盂盛茶上至尊。

《異苑》：剡縣陳務妻，少與二子寡居，好飲茶茗。以宅中有古塚，每飲輒先祀之。二子患之曰：『古塚何知？徒以勞意。』意欲掘去之。母苦禁而止。其夜，夢一人云：『吾止此塚三百餘年，卿二子恆欲見毀，賴相保護，又享吾佳茗，雖潛壤朽骨，豈忘翳桑之報。』及曉，於庭中獲錢十萬，似久埋者，但貫新耳。母告二子，慚之，從是禱饋愈甚。

《廣陵耆老傳》：晉元帝時有老姥，每旦獨提一器茗，往市鬻之，市人競買。自旦至夕，其器不減。所得錢散路傍孤貧乞人。人或異之，州法曹縶之獄中。至夜，老姥執所鬻茗器，從獄牖中飛出。

又 宋《江氏家傳》：江統，字應元，遷愍懷太子洗馬，常上疏諫云：『今西園賣醯、麵、藍子、菜、茶之屬，虧敗國體。』

《宋録》：新安王子鸞、豫章王子尚詣曇濟道人於八公山，道人設茶茗。子尚味之曰：『此甘露也，何言茶茗？』

又 鮑照妹令暉著《香茗賦》。

南齊世祖武皇帝遺詔：我靈座上慎勿以牲為祭，但設餅果、茶飲、乾飯、酒脯而已。

梁劉孝綽《謝晉安王餉米等啟》：傳詔李孟孫宣教旨，垂賜米、酒、瓜、筍、菹、脯、酢、茗八種。氣苾新城，味芳雲松。江潭抽節，邁昌荇之珍；疆埸擢翹，越葺精之美。羞非純束，野麐裛似雪之驢。鮓異陶瓶，河鯉操如瓊之粲。茗同食粲，酢類望柑。免千里宿舂，省三月種聚。小人懷惠，大懿難忘。

又 《後魏録》：瑯琊王肅仕南朝，好茗飲、蓴羹。及還北地，又好羊肉、酪漿。人或問之：『茗何如酪？』肅曰：『茗不堪與酪為奴。』

唐 温庭筠《采茶録》《說郛》卷九三 王濛好茶，人至輒飲之，士大夫甚以為苦，每欲候濛，必云：『今日有水厄。』

唐 封演《封氏聞見記》卷六《飲茶》 吳主皓每宴羣臣，皆令盡醉。韋昭飲酒不多，皓密使茶茗以自代。晉時謝安詣陸納，納無所供辦，設茶果而已。按此古人亦飲茶耳，但不如今人溺之甚，窮日盡夜，殆成風俗。始自中地，流於塞外。往年回鶻入朝，大驅名馬市茶而歸，亦足怪焉。《續搜神記》云：有人因病能飲茗一斛二斗，有客勸飲，過五升，遂吐一物，形如牛胰一作肺。置柈中，以茗澆一本澆之下有盡字之，容一斛二斗。客云此名茗瘕。

宋 李石《續博物志》卷五 南人好飲茶，孫皓以茶與韋昭代酒，謝安詣陸納，設茶果而已。北人初不識，開元中，泰山靈巖寺有降魔師教禪者以不寐，人多作茶飲，因以成俗。

明 夏樹芳《茶董》卷上 桓宣武 桓征西步將，喜飲茶，至一斛二斗。一日過量，吐如牛肺一物，以茗澆之，容一斛二斗。客云：『此名斛二瘕。』

明 萬邦寧《茗史》卷上 斛茗瘕桓宣武有一督將，因時行病後虛

熱，便能飲複茗，必一斛二斗乃飽，裁減升合，便以為大不足。後有客造之，更進五升，乃大吐。有一物出，如斗大，有口形，質縮縐，狀似牛肚。客乃令置之於盆中，以斛二斗複茗澆之，此物噏之都盡，而止覺小脹，又增五升，便悉混然從口中湧出。既吐此物，病遂瘥。或問之此何病？答曰：此病名斛茗瘕。

又　江浙間養蠶，皆以鹽藏其繭而繰絲，恐蠶蛾之生也。每繰畢，煎茶葉為汁，搗米粉搜之篩於茶汁中，煮為粥，謂之洗甌粥，聚族以啜之，謂益明年之蠶。

又　入山採茗　晉孝武世，宣城人秦精，常入武昌山採茗。忽見一人，身長一丈，遍體生毛。率其腰至山曲聚茗處，放之便去。須臾復來，乃探懷中橘與精。甚怖，負茗而歸。

清　余懷《茶史補》　又云：吳主禮賢，方聞置茗。晉臣愛客，纔有分茶。

藝文

北魏　楊衒之《洛陽伽藍記》卷二　於後數日，慶之遇病，心上急痛，訪人解治。元慎自云能解，慶之遂憑元慎。元慎即口含水噀慶之曰：『吳人之鬼，住居建康。小作冠帽，短製衣裳。自呼阿儂，語則阿傍。菰稗為飯，茗飲作漿。呷啜蓴羹，唼嗍蟹黃。手把荳蔻，口嚼梹榔。乍至中土，思憶本鄉。急手速去，還爾丹陽。若其寒門之鬼，□頭猶脩，網魚漉鱉，在河之洲，咀嚼菱藕，捃拾雞頭，蛙羹蚌臛，以為膳羞。布袍芒履，倒騎水牛。沅湘江漢，鼓棹遨遊，隨波遡浪，噞喁沈浮，白苧起舞，揚波發謳。急手速去，還爾揚州。』慶之伏枕曰：『楊君見辱深矣。』自此後，吳兒更不敢解語。

唐　陸羽《茶經》卷下《七之事》　傅巽《七誨》：蒲桃宛柰，齊柿燕栗，峘陽黃梨，巫山朱橘，南中茶子，西極石蜜。

又　左思《嬌女詩》：吾家有嬌女，皎皎頗白皙。小字為紈素，口齒自清歷。有姊字惠芳，眉目粲如畫。馳騖翔園林，果下皆生摘。貪華風雨中，倏忽數百適。心為茶荈劇，吹噓對鼎䥶。

張孟陽《登成都樓》詩云：借問揚子舍，想見長卿廬。程卓累千金，驕侈擬五侯。門有連騎客，翠帶腰吳鈎。鼎食隨時進，百和妙且殊。披林採秋橘，臨江釣春魚，黑子過龍醢，果饌踰蟹蝑。芳茶冠六清，溢味播九區。人生苟安樂，茲土聊可娛。

又　王微《雜詩》：寂寂掩高閣，寥寥空廣廈。待君竟不歸，收領今就檟。

《太平御覽》卷八六七《飲食部二五・茗》　孫楚《出歌》曰：茱萸出芳樹顛，鯉魚出洛水泉，白鹽出河東，美豉出魯川。薑桂茶荈出巴蜀，椒橘木蘭出高山。蓼蘇出溝渠，秔稗出中田。

雜録

唐　陸羽《茶經》卷下《七之事》　壺居士《食忌》：苦茶久食，羽化；與韭同食，令人體重。

隋唐五代

論説

宋　丘荷《北苑御泉亭記》《茶集》卷一　夫珠璣珣玗，龜龍四靈，珍寶之殊特，蜚游之至瑞，布諸載籍，非可遽數。至於水草之奇，金芝醴泉之類，而一時之焜燿，祥經之攸記。若酒蘊堪輿之真粹，占土石之秀脈，自然之應，可以奉乎而能悠永者，則有聖宋南方之貢茶禁泉焉。《爾雅・釋木》曰：『檟，苦茶。』説者以為早採者為茶，晚採者為茗；荈，蜀人名之苦茶，而許叔重亦云。由是知茶者自古有之。兩漢雖無聞，魏晉以下，或著於録，迄後天下郡國所產愈益衆，百姓頗蒙其利。

唐建中中，趙贊抗言，舉行天下茶，什一稅之。於是縣官始斡焉。然或不名地理息耗所在。先儒所志，岷蜀、勾吳、南粵舉有，而閩中不言建安，獨次候官、柏巖云。唐季敕福建罷贄橄欖，但供臘面茶。按：所謂

柏巖，今無稱焉。即臘面，產於建安明矣，且今俗號猶然，蓋先儒失其傳耳。不爾，識會有所未盡，遊玩之所不至也。抑山澤之精，神祇之靈，五代相以摘造尚矣，而其味弗振者，得非以其德之無加乎？

明　夏樹芳《茶董》卷上《顧逋翁》　顧況論茶：煎以文火細煙，小鼎長泉。

明　陳繼儒《茶董補》卷上《製法沿革》　唐時製茶，不第建安品。五代之季，建屬南唐，諸縣採茶，北苑初造研膏，繼造蠟面，既而又製佳者，曰京挺。（負暄雜録）

明　黄龍德《茶說・總論》　茶事之興，始於唐而盛於宋。讀陸羽《茶經》及黄儒《品茶要録》，其中時代遞遷，製各有異。唐則熟碾細羅，宋為龍團金餅，鬥巧炫華，窮其製而求耀於世，茶性之真，不無為之穿鑿矣。

清　劉源長《茶史》卷一《茶之原始》　隋文帝微時，夢神人易其腦骨，至自爾腦痛。後遇一僧云：山中有茗草，煮而飲之當愈。服之有效，由是人競採掇。進士權紓文為之讚。其略云：窮《春秋》，演《河圖》，不如載茗一車。據此則是晉唐時始有茶也。

宋裴汶《茶述》云：茶起於東晉，盛於本朝。

又　《負暄雜録》云：唐時製茶，不第建安品。五代之季，建屬南唐，諸縣採茶，北苑初造研膏，繼造蠟面，既而又製佳者，曰京挺。

清　劉源長《茶史》卷一《唐宋諸家品茶》　茶之產於天下，繁且多矣。品第之，則劍南之蒙頂石花為最上，湖州之顧渚紫筍次之，又次則峽州之碧澗簝、明月簝之類是也。惜皆不可致矣。

浙西湖州為上，常州次之。湖州出長興顧渚山中，常州出義興君山懸腳嶺北崖下。論茶以湖、常為冠。御史大夫李栖筠典郡日，陸羽以為冠於他境，栖筠始進。故事，湖州紫筍以清明日到，先薦宗廟，後分賜近臣。

袁州之界橋茶，其名甚著，不若湖州之研膏紫筍，烹之有綠腳垂。故韓公賦云：雲垂綠腳。

葉夢得《避暑録》：北苑茶有曾坑、沙溪二地。而沙溪色白，過於曾坑，但短而微澀。草茶極品，惟雙井、顧渚。雙井在分寧縣，其地屬黄魯直家。顧渚在長興吉祥寺，其半為劉侍郎希范所有。兩地各數畝，歲產茶不過五六觔，所以為難。

宇內土貢實眾，而顧渚、蘄陽蒙山為上，其次則壽陽、義興、碧澗、灉湖、衡山，最下有鄱陽。浮梁人嗜之如此者，晉西以前無聞焉，至精之味或遺也。

唐茶品最重陽羨。

陸羽《茶經》、裴汶《茶述》，皆不載建品。唐末，然後北苑出焉。

黄儒《茶論》云：陸羽《茶經》不第建安之品，蓋前此茶事未興，山川尚閟，露芽真筍委翳消腐而人不知爾。宣和中，復有白茶、勝雪，使黄君閲今日，則前乎此者，又未足詑也。

陸鴻漸以嶺南茶味極佳，近世又以嶺南多瘴癘，染著草木，不惟水不可輕飲，而茶亦宜慎擇。大抵瑞草以時出，時地遞變，有不同耳。按：茶正以山頂雲霧，採時以日未出為佳。

黄魯直論茶：建溪如割，雙井如霆，日鑄如㔉。㔉，音最，斷物也。又音血，拽也。

近如吳郡之虎丘，錢塘之龍井，香氣芬郁，與岕山並可雁行。惜不多得，往往以天目混龍井，以天池混虎丘。但天池多飲則腹脹，今多下之。

清　張潮《岕茶彙鈔・小引》（岕茶彙鈔）　茶之為類不一，岕茶為最；岕之為類亦不一，廟後為佳。其採擷之宜，烹啜之政，巢民已詳之矣，予復何言。然有所不可解者，不在今之茶，而在古之茶也。古人屑茶為末，蒸而範之成餅，已失其本來之味矣。至其烹也，又復點之以鹽，亦何鄙俗乃爾耶。夫茶之妙在香，苟製而為餅，其香定不復存；茶之妙在淡，點之以鹽，是且與淡相反；吾不知玉川之所歌、鴻漸之所嗜，其妙果安在也？善茗飲者，每度率不過三四甌，徐徐啜之，始盡其妙。玉川子于俄頃之間，頓傾七碗，此其鯨吞虹吸之狀，與壯夫飲酒夫復何殊？陸氏《茶經》所載，與今人異者不一而足，使陸羽當時茶已如今世之製，吾知其沉酣傾倒於此中者，當更加十百於前矣。

清　陸廷燦《續茶經》卷上《茶之源》　樂思白《雪庵清史》：夫輕身換骨，消渴滌煩，茶荈之功至妙至神。昔在有唐，吾閩茗事未興，草木仙骨，尚閟其靈。五代之季，南唐採茶北苑，而茗事興。

唐 封演《封氏聞見記》卷六《飲茶》 茶，早采者為茶，晚采者為茗。《本草》云：止渴，令人不眠。南人好飲之，北人初不多飲。開元中，泰山靈巖寺有降魔師，大興禪教。學禪務於不寐，又不夕食，皆許其飲茶，人自懷挾，到處煮飲。從此轉相倣效，遂成風俗。自鄒、齊、滄、棣，漸至京邑城市，多開店鋪，煎茶賣之，不問道俗，投錢取飲。其茶自江淮而來，舟車相繼，所在山積，色額甚多。楚人陸鴻漸為茶論，説茶之功效，并煎茶炙茶之法，造茶具二十四事，以都統籠貯之。遠近傾慕，好事者家藏一副。有常伯熊者，又因鴻漸之論廣潤色之，於是茶道大行。王公朝士，無不飲者。御史大夫李季卿宣慰江南，至臨淮縣館，或言伯熊善茶者，李公請為之。伯熊著黄被衫，烏紗帽，手執茶器，口通茶名，區分指點，左右刮目。茶熟，李公為歠兩杯而止。既到江外，又言鴻漸能茶者，李公復請為之。鴻漸身衣野服，隨茶具而入。既坐，教攤如伯熊故事，李公心鄙之。茶畢，命奴子取錢三十文酬煎茶博士。鴻漸遊江介，通狎勝流，及此羞愧，復著《毁茶論》。伯熊飲茶過度，遂患風，晚節亦不勸人多飲也。吴主皓每宴羣臣，皆令盡醉。韋昭飲酒不多，皓密使茶茗以自代。晉時謝安詣陸納，納無所供辦，設茶果而已。按：此古人亦飲茶耳，但不如今人溺之甚。窮日盡夜，殆成風俗。始自中地，流於塞外。往年回鶻入朝，大驅名馬市茶而歸，亦足怪焉。

唐 李肇《唐國史補》卷下 風俗貴茶，茶之名品益衆。劍南有蒙頂石花，或小方，或散牙，號為第一。湖州有顧渚之紫笋，東川有神泉、小團、昌明、獸目，峽州有碧澗明月、芳蕋、茱萸簝，福州有方山之露牙，夔州有香山，江陵有南木，湖南有衡山，岳州有灉湖之含膏，常州有義興之紫笋，婺州有東白，睦州有鳩坑，洪州有西山之白露，壽州有霍山之黄牙，蘄州有蘄門團黄，而浮梁之商貨不在焉。

唐 楊曄《膳夫經手録》 茶，古不聞食之。近晉、宋以降，吴人採其葉煮，是為茗粥。至開元、天寶之間，稍稍有茶，至德、大曆遂多，建中已後盛矣。茗絲鹽鐵，管榷存焉。今江夏以東，淮海之南，皆有之。今略舉其尤處，別為二品總焉。

新安茶，今蜀茶也，與蒙頂不遠，但多而不精，地亦不下。故析而言之，猶必以首冠。諸茶春時，所在喫之皆好。及將至他處，水土不同，或滋味殊於出處。惟蜀茶南走百越，北臨五湖，皆自固其芳香，滋味不變，由此尤重之。自穀雨已後，歲取數百斤，散落東下，其為功德也如此。

饒州浮梁茶，今關西、山東閭閻村落皆喫之。累日不食猶得，不得一日無茶也。其於濟人，百倍於蜀茶，然味不長於蜀茶。

蘄州茶、鄂州茶、至德茶，以上三處出處者，並方斤厚片，自陳、蔡已北，幽、並已南，人皆尚之。其濟生、收藏、榷稅，又倍於浮梁矣。

衡州衡山，團餅而巨串，歲取十萬。自瀟湘達於五嶺，皆仰給焉。其先春好者，在湘東皆味好，及至湖北，滋味悉變。然雖遠自交趾之人，亦常食之，功亦不細。

潭州茶、陽團茶粗惡、渠江薄片茶有油，苦硬、江陵南木香茶凡下、施州方茶苦硬、已上四處，悉皆味短而韻卑。惟江陵、襄陽皆數千里食之，其他不足記也。

建州大團，狀類紫筍，又若今之大膠片。每一軸十片餘，將取之，必以刀刮，然後能破。味極苦，唯廣陵、山陽兩地人好尚之，不知其所以然也。或曰療頭痛，未詳。已上以多為貴。

蒙頂自此以降，言少而精者 始蜀茶，得名蒙頂於元和以前，束帛不能易一斤先春蒙頂。是以蒙頂前後之人，競栽茶以規厚利。不數十年間，遂新安草市歲出千萬斤。雖非蒙頂，亦希顔之徒。今真蒙頂有鷹嘴、牙白茶，供堂亦未嘗得其上者，其難得也如此。又嘗見書品論展、陸筆工，以為無等，可居第一。蒙頂之列茶間，展、陸之論，又不足論也。

湖顧渚，湖南紫筍茶，自蒙頂之外，無出其右者。

峽州茱萸簝得名近自長慶稍稍重之，亦顧渚之流也。自是碧澗茶、明月茶、峽中香山茶，皆出其下。夷陵又近有小江源茶，雖所出至少，又勝於茱萸簝矣。

舒州天柱茶，雖不峻拔遒勁，亦甚甘香芳美，可重也。

岳州浥湖所出亦少，其好者，可企於茱萸簝。此種茶性有異，唯宜江水煎得，井水即赤色而無味。

蘄州蘄水團黄團薄餅，每斤至百餘斤，率不甚粗弱。其有露消者，片尤小，而味甚美。

壽州霍山小團，其絶好者，止於漢美所鬬者馨花穎脱。

睦州鳩坑茶，味薄，研膏絶勝霍山者。

福州生黄茶，不知在彼味峭。上下及至嶺北，與香山、明月為上下也。

崇州宜興茶，多而不精，與鄂州團黄為列。

宣州鶴山茶，亦天柱之亞也。

東川昌明茶，與新安含膏，爭其上下。

歙州、婺州、祁門、婺源方茶，制置精好，不雜木葉，自梁、宋、幽并間，人皆尚之。賦税所入，商賈所賫，數千里不絶於道路。其先春含膏亦在顧渚茶品之亞列，祁門所出方茶，川源制度略同，差小耳。

宋 蘇軾《東坡志林》卷一〇 唐人煎茶用薑，故薛能詩云『鹽損添常戒，薑宜煮更誇。』據此，則又有用鹽者矣。近世有用此二物者，輒大笑之，然茶之中等者，若用薑煎信佳也。鹽則不可。

宋 李石《續博物志》卷五 南人好飲茶，孫皓以茶與韋昭代酒，謝安詣陸納，設茶果而已。北人初不識，開元中，泰山靈巖寺有降魔師，教禪者以不寐，人多作茶飲，因以成俗。

楚人陸鴻漸為茶論，並煎炙之法，造茶具二十四事，以都統籠貯之，常伯熊者因廣鴻漸之法。伯熊飲茶過度，遂患風氣，或云北人未有茶，多黄病，後飲，病多腰疾偏死。

元 熊禾《勿軒集》卷三《北苑茶焙記》 貢，古也；茶貢，不列《禹貢》、周《職方》，而昉於唐。北苑又其最著者也。苑在建城東二十五里，唐末里民張暉始表而上之。

明 楊慎《升菴集》卷一四《月團茶歌序》 唐人製茶，碾末，以酥滫為團。

明 于慎行《穀山筆麈》卷一四 六朝，北人猶不食茶，至以酪與之較，惟江南人食之耳。至唐貞元間，始從張滂之請，歲收茶税四十萬緡，利亦夥矣。

明 夏樹芳《茶董》下卷 張舜民云：有唐茶品，以陽羡為上供，建溪北苑未著也。貞元中，常衮為刺史，始蒸焙而研之，謂研膏茶。

明 李日華《六研齋二筆》卷一 攝山棲霞寺有茶坪，茶生榛莽中，非經人剪植者，唐陸羽入山採之。皇甫冉作詩送之云：『采茶非采菉，遠遠上層崖。布葉春風暖，盈筐白日斜。舊知山寺路，時宿野人家。借問王孫草，何時汎椀花？』茶事於唐末未甚興，不過幽人雅士，手擷於荒園雜穢中，拔其精英，以薦靈爽，所以饒雲露自然之味。至宋設茗綱，充天家玉食，士大夫益復貴之，民間服習寖廣，以為不可缺之物，於是營殖者擁溉孳糞，等於蔬蔌，而茶亦隤其品味矣。人知鴻漸到處品泉，不知亦到處搜茶。皇甫數言，僅存公案而已。

明 顧起元《説略》卷二五《食憲》 建州之北苑先春龍焙，洪州之西山白露，鶴嶺，雙井白芽，穆州之鳩坑，東川之獸目，綿州之松嶺，福州之柏巖，方山生芽，雅州之露芽，南康之雲居，婺州之舉巖碧乳，宣城之陽坡橫紋，饒池之仙芝、福合、禄合、蓮合、慶合，蜀州之雀舌、鳥嘴、片甲、蟬翼，潭州之獨行靈草，彭州之仙崖石花，臨江之玉津，袁州之金片緑英，龍安之騎火，涪州之賓化，建安之青鳳髓，岳州之黄翎毛，建安之石巖白，岳陽之含膏冷，南劍之蒙頂石花，湖州之顧渚紫筍，峽州之碧澗明月，壽州之霍山黄芽，越州之日注，此唐宋時產茶地及名也。

《南部新書》云：湖州造茶最多，謂之顧渚貢焙，歲造一萬八千餘斤。按：此則唐茶不重建，以建未有奇產也。至南唐初造研膏，繼造蠟面，既又佳者號曰京挺。明 周高起《洞山岕茶系》

唐李栖筠守常州日，山僧進陽羡茶，陸羽品為『芬芳冠世產，可供上方』。遂置茶舍於罨畫谿，去湖㳇一里所，歲供萬兩。許有穀詩云：『陸羽名荒舊茶舍，卻教陽羡置郵忙』是也。其山名茶山，亦曰貢山，東臨罨畫谿。修貢時，山中湧出金沙泉，杜牧詩所謂『山實東南秀，茶稱瑞草魁。泉嫩黄金湧，芽香紫璧裁』者是也。山在均山鄉，縣東南三十五里。又茗山，在縣西南五十里永豐鄉。皇甫曾有《送陸羽南山採茶詩》：『千峯待逋客，香茗復叢生。採摘知深處，煙霞羡獨行。幽期山寺遠，野飯石泉清。寂寂燃燈夜，相思磬一聲。』見時貢茶在茗山矣。又唐天寶中，稠錫禪師名清晏，卓錫南岳，磵上泉忽迸石窟間，字曰『真珠泉』。師曰『宜瀹吾鄉桐廬茶』，爰有白蛇銜種菴側之異。南岳產茶，不

絕修貢。迨今方春採茶，清明日，縣令躬享白蛇於卓錫泉亭，隆厥典也。後來檄取，山農苦之。故袁高有『陰嶺茶未吐，使者牒已頻』之句。郭三益題南岳寺壁云：『古木陰森梵帝家，寒泉一勺試新茶。官府星火催春焙，卻使山僧怨白蛇。』盧仝《茶歌》亦云：『天子須嘗陽羨茶，百草不敢先開花。』又云：『安知百萬億蒼生，命墜顛崖受辛苦。』可見貢茶之苦民，亦自古然矣。至岕茶之尚于高流，雖近數十年中事，而厥產伊始，則自盧仝隱居洞山，種於陰嶺，遂有茗嶺之目。相傳古有漢王者，棲遲茗嶺之陽，課童藝茶。踵盧仝幽致，陽山所產，香味倍勝茗嶺。所以老廟後一帶，茶猶唐宋根株也。貢山茶今已絕種。

羅岕去宜興而南踰八九十里，浙直分界，只一山岡，岡南即長興山。兩峯相阻，介就夷曠者，人呼為岕；履其地，始知古人制字有意。今字書『岕』字，但注云『山名』耳。云有八十八處。前橫大磵，水泉清駛，漱潤茶根，洩山土之肥澤，故洞山為諸岕之最。自西氿溯張渚而入，取道茗嶺，甚險惡；縣西南八十里。自東氿溯湖汊而入，取道纏嶺，稍夷，才通車騎。

明 許次紓《茶疏・產茶》 江南之茶，唐人首稱陽羨，宋人最重建州，於今貢茶，兩地獨多。陽羨僅有其名，建茶亦非最上，惟有武夷雨前最勝。近日所尚者，為長興之羅岕，疑即古人顧渚紫筍也。介於山中，謂之岕，羅氏隱焉，故名羅。然岕故有數處，今惟洞山最佳。姚伯道云：明月之峽，厥有佳茗，是名上乘。要之，採之以時，製之盡法，無不佳者。其韻致清遠，滋味甘香，清肺除煩，足稱仙品，此自一種也。若在顧渚，亦有佳者，人但以水口茶名之，全與岕別矣。若歙之松蘿、吳之虎丘、錢塘之龍井，香氣穠郁，並可雁行，與岕頡頏。往郭次甫亟稱黃山，黃山亦在歙中，然去松蘿遠甚。往時士人皆貴天池，天池產者，飲之略多，令人脹滿，自余始下其品，向多非之，近來賞音者始信余言矣。浙之產，又曰天台之雁宕、括蒼之大盤、東陽之金華、紹興之日鑄，皆與武夷相為伯仲。然雖有名茶，當曉藏製。製造不精，收藏無法，一行出山，香味色俱減。錢塘諸山，產茶甚多，南山盡佳，北山稍劣。北山勤於用糞，茶雖易茁，氣韻反薄。往時頗稱睦之鳩坑、四明之朱溪，今皆不得入品。武夷之外，有泉州之清源，倘以好手製之，亦是武夷亞匹，惜多焦枯，令人意盡。楚之產曰寶慶，滇之產曰五華，此皆表表有名，猶在雁茶之上。其他名山所產，當不止此，或余未知，或名未著，故不及論。

明 黃履道撰，清 佚名增補《茶苑》卷三《茶候》 太和七年正月，吳蜀貢新茶，皆於冬中設法為之。上務恭儉，不欲逆其物性，詔所貢新茶，宜於立春後作。《唐史》

浙西產茶以湖州為上，常州次之。造茶在禁火之前。故事，湖州紫筍茶例于清明日到闕，先獻宗廟，然後分賜近臣。《重修茶舍記》

又 卷四《茶品》 懸腳嶺，在宜興縣南六十里，入長興忻溪界。《十道志》云『行人陟嶺多重趼』云。一名垂腳嶺。此地產絕勝，唐時充貢云。《常州府志》

又 卷六《茶品・湖廣》茶品四 岳州府白鶴茶產灉湖 灉湖諸灘舊出茶，李肇所謂灉湖之涵膏是也。唐人最重，多見詩詠。今不甚植，惟白鶴僧園有千餘本，頗類北苑所出茶。一歲乃不過一二十兩，土人謂之白鶴茶。茶極甘香，非他處茶可比。茶園之地土亦相類，但土人不甚植耳。《岳陽風土記》

又 卷二〇《補遺》 韓無咎記云：建安，其地不富於田，物產瘠甚，而茶利通天下，每歲方春，摘山之夫十倍耕者。南唐保大間，命建州製的乳茶，號曰京鋌蠟面；建茶之貢自此始，而茶或出不廣，往往以泉州製茶而充貢焉。

傳記

唐 趙璘《因話録》卷二 李司徒汧公鎮宣武，戎事之隙，以琴書為娛。自造琴，聚新舊桐材，扣之合律者則裁而膠綴，不中者棄之，故所蓄二琴殊絕。所謂『響泉』『韻磬』者也。性不喜琴兼箏聲，惟二寵妓曰秀奴、七七，皆聰慧善琴，兼箏與歌，時令奏之，自撰琴譜。兵部員外郎約，汧公之子也。以近屬宰相子，而雅度玄機，蕭蕭冲遠，德行既優，又有山林之致。琴道、酒德、詩調皆高絕，一生不近粉黛，性喜接引人物，不好俗譚。晨起草裏頭，對客蹙融，便過一日。多蓄古器，在湖州嘗得古鐵一片，擊之清越。又養一猿，名山公，嘗以之隨逐。月夜泛江，登金山，擊鐵鼓琴，猿必嘯和。傾壺達旦，不俟外賓。與璘先君同在浙西使

府，居處相接，慕先君家行及詩韻，契分最深。伯父高陵府君夫人韋氏，即兵部之姨妹也。余雖不及見，每聞長屬説其風格容儀，真神仙也。又傳聞汧公徐夫人雖生二子，中年於徐夫人琴瑟小乖，及兵部在母之後，情好加重，夫人情性益善於初。既得君，於諸子之中寶愛懸隔，天人降謫，信不誣矣。在官所得俸禄，付與從子，一不問數，惟給奉崔氏、元氏二孀姨，事事禮厚。元氏夫人有操行，祭酒弘農公既為傳，此不復書。君初至金陵，於府主庶人錡坐屢讚招隱寺標致。一日庶人燕于寺中。明日謂君曰：『十郎嘗誇招隱寺，昨遊宴細看，何殊州中？』君笑曰：『某所賞者，疏野耳。若遠山將翠幕遮，古松用綵物裹，腥羶涴鹿掊泉，音樂亂山鳥聲，此則實不如在叔父大廳也。』庶人大笑。約天性惟嗜茶，能自煎。謂人曰：『茶須緩火炙，活火煎。』活火謂炭火之焰者也。客至不限甌數，竟日執持茶器不倦。曾奉使行至陜州硤石縣東，愛渠水清流，旬日忘發。

又 卷三　太子陸文學鴻漸名羽，其先不知何許人，竟陵龍興寺僧姓陸，於堤上得一初生兒，收育之，遂以陸為氏。及長，聰俊多能，學贍辭逸，詼諧縱辯，蓋東方曼倩之儔與。與余外祖戶曹府君外族柳氏外祖洪府戶曹諱澹，字中庸，別有傳。交契深至，外祖有牋事狀，陸君所撰。性嗜茶，始創煮茶法。至今鬻茶之家，陶為其像，置於煬器之間，云宜茶足利。其歌云：『不羨黃金罍，不羨白玉杯，不羨朝入省，不羨暮入台。千羨萬羨西江水，曾向竟陵城下來。』又有追感陸僧詩至多。

《新唐書》卷一九六《陸羽傳》　陸羽字鴻漸，一名疾，字季疵，復州竟陵人。不知所生，或言有僧得諸水濱，畜之。既長，以易自筮，得蹇之漸，曰：『鴻漸于陸，其羽可用為儀。』乃以陸為氏，名而字之。

幼時，其師教以旁行書，荅曰：『終鮮兄弟，而絕後嗣，得為孝乎？』師怒，使執糞除圬塓以苦之，又使牧牛三十，羽潛以竹畫牛背為字。得張衡《南都賦》，不能讀，危坐效羣兒囁嚅若成誦狀，師拘之，令薙草莽。當其記文字，懵懵若有遺，過日不作，主者鞭苦，因歎曰：『歲月往矣，奈何不知書！』嗚咽不自勝，因亡去，匿為優人，作詼諧數千言。

天寶中，州人酺，吏署羽伶師，太守李齊物見，異之，授以書，遂廬火門山。貌侻陋，口吃而辯。聞人善，若在己，見有過者，規切至忤人。朋友燕處，意有所行輒去，人疑其多嗔。與人期，雨雪虎狼不避也。上元初，更隱苕溪，自稱桑苧翁，闔門著書。或獨行野中，誦詩擊木，裴回不得意，或慟哭而歸，故時謂今接輿也。久之，詔拜羽太子文學，徙太常寺太祝，不就職。貞元末，卒。

羽嗜茶，著經三篇，言茶之原、之法、之具尤備，天下益知飲茶矣。時鬻茶者，至陶羽形置煬突間，祀為茶神。有常伯熊者，因羽論復廣著茶之功。御史大夫李季卿宣慰江南，次臨淮，知伯熊善煮茶，召之，伯熊執器前，季卿為再舉杯。至江南，又有薦羽者，召之，羽衣野服，挈具而入，季卿不為禮，羽愧之，更著毀茶論。其後尚茶成風，時回紇入朝，始驅馬市茶。

元 辛文房《唐才子傳》卷八《陸羽》　羽，字鴻漸，不知所生。初，竟陵禪師智積得嬰兒於水濱，育為弟子。及長，恥從削髮，以《易》自筮，得蹇之漸曰『鴻漸于陸，其羽可用為儀』，以為姓名。有學，愧一事不盡其妙。性詼譎，少年匿優人中，撰笑談萬言。天寶間，署羽伶師，後遁去。古人謂潔其行而穢其跡者。上元初，結廬苕溪上，閉門讀書。名僧高士，談讌終日。貌寢，口吃而辯。聞人善，若在己。與人期，雖阻虎狼不避也。自稱桑苧翁，又號東崗子。工古調詩歌，興極閒雅，著書甚多。扁舟往來山寺，唯紗巾、藤鞋、短褐、犢鼻，擊林木，弄流水。或行曠野中，誦古詩，裴回至月黑，興盡慟哭而返，當時以比接輿也。與皎然上人為忘言之交。有詔拜太子文學。羽嗜茶，造妙理，著《茶經》三卷，言茶之原、之法、之具，時號『茶仙』，天下益知飲茶矣。鬻茶家以瓷陶羽形，祀為神，買十茶器，得一『鴻漸』。初，御史大夫李季卿宣慰江南，喜茶，知羽，召之。羽野服挈具而入。李曰：『陸君善茶，天下所知。揚子中泠，水又殊絕。今二妙千載一遇，山人不可輕失也。』茶畢，命奴子與錢。羽愧之，更著《毀茶論》。與皇甫補闕善。時鮑尚書防在越，羽往依焉。冉送以序曰：『君子究孔、釋之名理，窮歌詩之麗則。遠墅孤島，通舟必行；魚梁釣磯，隨意而往。夫越地稱山水之鄉，轅門當節鉞之重。鮑侯知子愛子者，將解衣推食，豈徒嘗鏡水之魚，宿耶溪之月而已！』集並《茶經》今傳。

紀事

唐 韦述《御史臺記》《續茶經》卷中　唐制，御史有三院：一曰臺院，其僚為侍御史；二曰殿院，其僚為殿中侍御史；三曰察院，其僚為監察御史。察院廳居南，會昌初，監察御史鄭路所葺。禮察廳，謂之松廳，以其南有古松也。刑察廳，謂之魘廳，以寢於此者，多夢魘也。兵察廳主掌院中茶，其茶必市蜀之佳者，貯於陶器，以防暑濕。御史輒躬親緘啟，故謂之茶瓶廳。

唐 李匡乂《資暇集》卷下　茶托子，始建中蜀相崔寧之女以茶杯無襯，病其熨指，取碟子承之。既啜而杯傾，乃以蠟環碟子之央，其杯遂定，即命工匠以漆代蠟環，進於蜀相。蜀相奇之，為製名而話於賓親，人人為便，用於代。是後，傳者更環其底，愈新其製，以至百狀焉。貞元初，青鄆油繒為荷葉形，以襯茶碗，別為一家之碟。今人多云托子始此，非也。蜀相即今昇平崔家，訊則知矣。

唐 温庭筠《采茶録》《說郛》卷九三　嗜　甫里先生陸龜蒙，嗜茶荈。置小園於顧渚山下，歲入茶租，薄為甌蟻之費。自為《品第書》一篇，繼《茶經》《茶訣》之後。易　白樂天方齋，禹錫正病酒，禹錫乃饋菊苗虀、蘆菔鮓，換取樂天六班茶二囊，以自醒酒。

《舊唐書》卷一七下《文宗紀下》　［太和七年春正月］乙丑朔，御含元殿受朝賀。比年以用兵、雨雪，不行元會之儀，故書。吳、蜀貢新茶，皆於冬中作法為之，上務恭儉，不欲逆其物性，詔所供新茶，宜於立春後造。

唐 佚名《鳳翔退耕傳》《茶史》　元和時，館閣湯飲待學士者，煎麒麟草。

宋 陶穀《清異録》卷下《茗荈門・聖楊花》　吳僧梵川，誓願燃頂供養雙林傅大士。自往蒙頂結庵種茶。凡三年，味方全美。得絕佳者聖楊花、吉祥蕊，共不踰五斤，持歸供獻。

又《湯社》　和凝在朝，率同列遞日以茶相飲，味劣者有罰，號為『湯社』。

又《縷金耐重兒》　有得建州茶膏，取作耐重兒八枚，膠以金縷，獻於閩王曦。遇通文之禍，為內侍所盜，轉遺貴臣。

又《乳妖》　吳僧文了善烹茶。游荊南，高保勉白於季興，延置紫雲庵，日試其藝。保勉父子呼為湯神，奏授『華定水大師上人』，目曰『乳妖』。

又《玉蟬膏》　顯德初，大理徐恪見貽卿信鋌子茶，茶面印文曰『玉蟬膏』，一種曰『清風使』。恪，建人也。

又《生成盞》　饌茶而幻出物象於湯面者，茶匠通神之藝也。沙門福全生於金鄉，長於茶海，能注湯幻茶，成一句詩，並點四甌，共一絕句，泛乎湯表。小小物類，唾手辦耳。檀越日造門求觀湯戲，全自詠曰：『生成盞裏水丹青，巧畫工夫學不成。卻笑當時陸鴻漸，煎茶贏得好名聲。』

又《茶百戲》　茶至唐始盛。近世有下湯運匕，別施妙訣，使湯紋水脈成物象者，禽獸蟲魚花草之屬，纖巧如畫。但須臾即就散滅。此茶之變也，時人謂之『茶百戲』。

又《甘草癖》　宣城何子華邀客於剖金堂，慶新橙。酒半，出嘉陽嚴峻畫陸鴻漸像。子華因言：『前世惑駿逸者為馬癖，泥貫索者為錢癖，耽於子息者為譽兒癖，耽於褒貶者為《左傳》癖。若此叟者，溺於茗事，將何以名其癖？』楊粹仲曰：『茶至珍，蓋未離乎草也。草中之甘，無出茶上者。宜追目陸氏為甘草癖。』坐客曰：『允矣哉！』

又《苦口師》　皮光業最耽茗事。一日，中表請嘗新柑，筵具殊豐，簪紱叢集。纔至，未顧尊罍而呼茶甚急，徑進一巨甌。題詩曰：『未見甘心氏，先迎苦口師。』眾噱曰：『此師固清高，而難以療饑也。』

明 夏樹芳《茶董》卷上《孫樵茗戰》　孫可之送茶與焦刑部：『建陽丹山碧水之鄉，月澗雲龕之品，慎勿賤用之。』時以門茶為茗戰。

又 卷下《常魯蕃使亦有之》　常魯使西蕃，烹茶帳中。蕃使問何為？魯曰：滌煩消渴，所謂茶也。蕃使曰：我亦有之，命取出以示：曰『此壽州者，此顧渚者，此蘄門者。』

又　御史大夫李栖筠按義興。山僧有獻佳茗者，會客嘗之，芬香甘

辣冠於他境，以為可薦於上，始進茶萬兩。

明 萬邦寧《茗史》卷上《收茶三等》 覺林院志崇，收茶三等。待客以驚雷莢，自奉以萱草帶，供佛以紫茸香。蓋最上以供佛，而最下以自奉也。客赴茶者，皆以油囊盛餘瀝而歸。

又《縛奴投火》 陸鴻漸採越江茶，使小奴子看焙。奴失睡，茶燋爍。鴻漸怒，以鐵繩縛奴，投火中。《蠻甌志》

又《都統籠》 陸鴻漸嘗為茶論，説茶之功效並煎炙之法，造茶具二十四事，以都統籠貯之。遠近傾慕，好事者家藏一副。

又《漁童樵青》 唐肅宗賜高士張志和奴、婢各一人，志和配為夫婦，名之曰漁童、樵青。人問其故，答曰：漁童使捧釣收綸，蘆中鼓枻；樵青使蘇蘭薪桂，竹裏煎茶。

又《殺風景》 唐李義府，以對花啜茶為殺風景。

又《仙人掌茶》 李白遊金陵，見宗僧中孚示以茶數十片，狀如手掌，號仙人掌茶。

又 卷下《德宗煎茶》 唐德宗，好煎茶加酥、椒之類。

又《茶神》 鬻茶者，陶羽形置煬突間，祀為茶神。沽茗不利，輒灌注之。

又《玉茸》 偽唐徐履，掌建陽茶局。弟復治海陵鹽政鹽檢，烹煉之亭，榜曰『金鹵』。履聞之，潔敞焙舍，命曰『玉茸』。

又《茶會》 錢仲文與趙莒茶宴，又嘗過長孫宅，與郎上人作茶會。

又《御史茶瓶》 會昌初，監察御史鄭路，有兵察廳掌茶。茶必市蜀之佳者，貯於陶器，以防暑濕。御史躬親監啟，謂之『御史茶瓶』。

又《百碗不厭》 唐大中三年，東都進一僧，年一百三十歲。宣宗問：『服何藥致然？』對曰：『臣少也賤，不知藥性，本好茶，至處惟茶是求，或飲百碗不厭。』因賜茶五十斤，令居保壽寺。

又《恨帝未嘗》 《杜鴻漸與楊祭酒書》云：顧渚山中紫筍茶兩片，一片上太夫人，一片充昆弟同歠。此物但恨帝未得嘗，實所歎息。

又《漸兒所爲》 竟陵大師積公嗜茶，非羽供事不鄉口。羽出遊江湖四五載，師絕於茶味。代宗聞之，召入供奉，命宮人善茶者餉師，師一啜而罷。帝疑其詐，私訪羽召入。翼日，賜師齋，密令羽煎茶。師捧甌，喜動顏色，且賞且啜，曰：『有若漸兒所為也。』帝由是歎師知茶，出羽見之。

又《山號大恩》 藩鎮潘仁恭，禁南方茶，自擷山為茶，號山曰大恩，以邀利。

清 劉源長《茶史》卷一《茶之名産》 空梗茶 九華山有空梗茶，是金地藏所植。大抵煙霞雲霧之中，氣常溫潤，與地所植，味自不同。山屬池州青陽，原名九子山，因李白謂九峯似蓮花，乃更為九華山。金地藏，新羅國僧，唐至德間渡海，居九華，乃植此茶。年九十九坐化函中，後三載開視，顏色如生，舁之，骨節俱動。

又 綠華、紫英 唐《杜陽編》：同昌公主，上每賜饌，其茶則有綠華、紫英之號。英，一作莖。

又 丹丘大茗 丹丘子黄山君，服芳茶，輕身換骨，羽化登仙。餘姚虞洪入山採茗，遇一道士，引洪至瀑布山。曰：吾丹丘子也，聞子善具飲，山中有大茗，可以相給。謝氏謝茶啟：此丹丘之仙茶，勝烏程之御荈，不止味同露液，白況霜華，豈為酪蒼頭，便應代酒從事。詩云：丹丘出大茗，服之生羽翼。

又《茶之分産·福建》 研膏茶 貞元中，常袞為建州刺史，始蒸焙而研之，謂之研膏茶，即龍品也。

又 紫琳腴、雲腴、雪腴 皆唐茶之品精者。

又《茶之分産·四川》 五花茶、雲茶即蒙頂茶，五花，其片五出。蒙山白雲巖産，故名曰雲茶。《圖經》云：蒙頂茶，受陽氣全，故香。李德裕入蜀，得蒙餅沃於湯瓶上，移時盡化者乃真。蒙頂茶，多不能數觔，極重於唐，以為仙品。蒙山，屬雅州名山縣。有五峯，前一峯最高，曰上清峯，產甘露。《禹貢》蔡蒙旅平即此。蔡山屬雅州。旅平，旅祭告平也。詩云：和蕊摘殘蒙頂露。今之蒙茶，乃青州蒙陰山產石上，若地衣，然味苦而性涼，亦不難得。

清 余懷《茶史補》 唐貞元中，常袞為建州刺史，始焙茶而研之，謂研膏茶。其後稍為餅樣，貫其中，故謂之一串。陸宣公受張鎰餽茶一串是也。

著録

唐 皮日休《〈茶經〉序》《茶乘》卷六 按《周禮》酒正之職：辨四飲之物，其三曰漿；又漿人之職：供王之六飲，水、漿、醴、涼、醫、酏，入於酒府。鄭司農云：以水和酒也。蓋當時人率以酒醴為飲，謂乎六漿，酒之醨者也。何得姬公製《爾雅》云：『檟，苦荼』，即不擷而飲之，豈聖人純於用乎？抑草木之濟人，取捨有時也？自周以降及于國朝茶事，竟陵子陸季疵言之詳矣。然季疵以前，稱茗飲者，必渾以烹之，與夫瀹蔬而啜者無異也。季疵之始為經三卷，由是分其源，制其具，教其造，設其器，命其俾飲之者除痟而去癘，雖疾醫之，不若也。其為利也，於人豈小哉！余始得季疵書，以為備矣。後又獲其《顧渚山記》二篇，其中多茶事；後又太原溫從雲、武威段碣之各補茶事十數節，並存於方冊。茶之事，由周至於今，竟無纖遺矣。昔晉杜守有《荈賦》，季疵有《茶歌》，余缺然於懷者，謂有其具而不形於詩，亦季疵之餘恨也。遂為十詠，寄天隨子。

藝文

唐 顧況《茶賦》《文苑英華》卷八三 稽天地之不平兮，蘭何為兮早秀，菊何為兮遲榮。皇天既孕此靈物兮，厚地復糅之而萌。惜下國之偏多，嗟上林之不生。至如羅玳筵，展瑶席。凝藻思，開靈液。賜名臣，留上客。谷鸎囀，宮女嚬。汎濃華，漱芳津。出恒品，先衆珍。君門九重，聖壽萬春。此茶上達於天子也。滋飯蔬之精素，攻肉食之羶膩。發當暑之清吟，滌通宵之昏寐。杏樹桃花之深洞，竹林草堂之古寺。乘槎海上來，飛錫雲中至。此茶下被於幽人也。《雅》曰：不知我者，謂我何求。可憐翠澗陰，中有碧泉流。舒鐵如金之鼎，越泥似玉之甌。輕烟細沫靄然浮，爽氣淡烟風雨秋。夢裏還錢，懷中贈橘。雖神秘而焉求。

唐 李白《李太白集》卷一六《答族姪僧中孚贈玉泉仙人掌茶并序》 余聞荊州玉泉寺近清溪諸山，山洞往往有乳窟，窟中多玉泉交流，其中有白蝙蝠，大如鴉。按仙經，蝙蝠一名仙鼠，千歲之後，體白如雪，棲則倒懸，蓋飲乳水而長生也。其水邊處處有茗草羅生，枝葉如碧玉。唯玉泉真公常采而飲之，年八十餘歲，顏色如桃李。而此茗清香滑熟，異於他者，所以能還童振枯，扶人壽也。余遊金陵，見宗僧中孚，示余茶數十片。拳然重疊，其狀如手，號爲仙人掌茶。蓋新出乎玉泉之山，曠古未覿。因持之見遺，兼贈詩，要余荅之，遂有此作。後之高僧大隱，知仙掌茶發乎中孚禪子及青蓮君士李白也。

常聞玉泉山，山洞多乳窟。仙鼠如白鴉，倒懸清溪月。茗生此中石，玉泉流不歇。根柯灑芳津，採服潤肌骨。楚老卷綠葉，枝枝相接連。曝成仙人掌，似拍洪崖肩。舉世未見之，其名定誰傳。宗英乃禪伯，投贈有佳篇。清鏡燭無鹽，顧慚西子妍。朝坐有餘興，長吟播諸天。

唐 儲光羲《儲光羲詩集》卷一《喫茗粥作》 當晝暑氣盛，鳥雀靜不飛。念君高梧陰，復解山中衣。數片遠雲度，曾不蔽炎暉。淹留膳茶粥，共我飯蕨薇。敝廬既不遠，日暮徐徐歸。

唐 皎然《杼山集》卷七《飲茶歌誚崔石使君》 越人遺我剡溪茗，採得金牙爨金鼎。素瓷雪色縹沫香，何似諸仙瓊蘂漿。一飲滌昏寐，情來朗爽滿天地。再飲清我神，忽如飛雨灑輕塵。三飲便得道，何須苦心破煩惱。此物清高世莫知，世人飲酒多自欺。愁看畢卓甕間夜，笑向陶潛籬下時。崔侯啜之意不已，狂歌一曲驚人耳。孰知全道全爾真，唯有丹丘得如此。

又《飲茶歌送鄭容》 丹丘羽人輕玉食，採茶飲之生羽翼。《天台記》云：『丹丘出大茗，服之羽化。』名藏仙府世空知，骨化雲宮人不識。雲山童子調金鐺，楚人茶經虛得名。霜天半夜芳草折，爛漫緗花啜又生。賞君此茶祛我疾，使人胸中蕩憂慄。日上香鑪情未畢，醉踏虎溪雲，高歌送君出。

又《顧渚行寄裴方舟》 我有雲泉隣渚山，山中茶事頗相關。鶗鴂鳴時芳草死，山家漸欲收茶子。伯勞飛日芳草滋，山僧又是採茶時。繇來慣採無近遠，陰嶺長兮陽崖淺。大寒山下葉未生，小寒山中葉初卷。二山名。吳婉攜籠上翠微，蒙蒙香刺罥春衣。迷山乍被落花亂，度水時驚啼鳥飛。家園不遠乘露摘，歸時露彩猶滴瀝。初看怕出欺玉英，更取煎來勝金液。昨夜西峰雨色過，朝尋新茗復如何。女宮露澀青芽老，堯市人稀紫筍多。紫筍青芽誰得識，日暮採之長太息。清泠真人待子元《仙傳》：『清泠真人裴君與道人支子元爲友。』，貯此芳香思何極。

唐釋靈一《與元居士青山潭飲茶》《唐四僧詩》卷三　野泉烟火白雲間，坐飲香茶愛此山。巖下維舟不忍去，清溪流水莫潺潺。

唐王建《王司馬集》卷三《飯僧》　別屋炊香飯，薰辛不入家。溫泉調葛麵，淨手摘藤花。蒲鮓除青葉，芹虀帶紫芽。願師常伴食，消氣有薑茶。

唐劉禹錫《劉賓客文集》卷五《西山蘭若試茶歌》　山僧後檐茶數叢，春來映竹抽新茸。宛然爲客振衣起，自傍芳叢摘鷹觜。斯須炒成滿室香，便酌砌下金沙水。驟雨松聲入鼎來，白雲滿盌花徘徊。悠揚噴鼻宿酲散，清峭徹骨煩襟開。陽崖陰嶺各殊氣，未若竹下莓苔地。炎帝雖嘗未解煎，桐君有籙那知味。新芽連拳半未舒，自摘至煎俄頃餘。木蘭霑露香微似，瑤草臨波色不如。僧言靈味宜幽寂，采采翹英爲嘉客。不辭緘封寄郡齋，甎井銅爐損標格。何況蒙山顧渚春，白泥赤印走風塵。欲知花乳清泠味，須是眠雲跂石人。

又卷八《嘗茶》　生拍芳叢鷹觜牙，老郎封寄謫仙家。今宵更有湘江月，照出霏霏滿盌花。

唐白居易《白氏長慶集》卷一四《蕭員外寄新蜀茶》　蜀茶寄到但驚新，渭水煎來始覺珍。滿甌似乳堪持玩，況是春深酒渴人。

又卷一六《謝李六郎中寄新蜀茶》　故情周匝向交親，新茗分張及病身。紅紙一封書後信，綠芽十片火前春。湯添勺水煎魚眼，末下刀圭攪麴塵。不寄他人先寄我，應緣我是別茶人。

又卷二〇《山泉煎茶有懷》　坐酌泠泠水，看煎瑟瑟塵。無由持一盌，寄與愛茶人。

又卷五四《夜聞賈常州、崔湖州茶山境會想羨歡宴因寄此詩》　遥聞境會茶山夜，珠翠歌鐘俱遶身。盤下中分兩州界，燈前合作一家春。青娥遞舞應爭妙，紫筍齊嘗各鬭新。自歎花時北窗下，蒲黄酒對病眠人。

又卷五五《琴茶》　兀兀寄形羣動內，陶陶任性一生間。自拋官後春多醉，不讀書來老更閑。琴裏知聞唯淥水，茶中故舊是蒙山。窮通行止長相伴，誰道吾今無往還。

又卷六四《晚春閑居楊工部寄詩楊常州寄茶同到因以長句答之》　宿醒寂寞眠初起，春意闌珊日又斜。勸我加餐因早筍，恨人休醉是殘花。悶吟工部新來句，渴飲毗陵遠到茶。兄弟東西官職冷，門前車馬向誰家。

唐張文規《湖州貢焙新茶》（嘉靖）《浙江通志》　鳳輦尋春半醉回，僊娥進水御簾開。牡丹花笑金鈿動，傳奏吴興紫筍來。

唐張文規《吴興三絶》《全唐詩》卷三六六　蘋洲須覺池沼俗，苧布直勝羅紈輕。清風樓下草初出，明月峽中茶始生。吴興三絶不可捨，勸子強爲吴會行。

唐元稹《茶》《白香山詩集》卷四〇　茶，香葉，嫩芽。慕詩客，愛僧家。碾雕白玉，羅織紅紗。銚煎黄蘂色，盌轉麴塵花。夜後邀陪明月，晨前命對朝霞。洗盡古今人不倦，將知醉亂豈堪誇。

唐楊嗣復《謝寄新茶》《全唐詩》卷四六四　嗣復作相後，止貶觀察郡守，此稱司馬，疑非嗣復詩。石上生芽二月中，蒙山顧渚莫爭雄。封題寄與楊司馬，應爲前銜是相公。

唐施肩吾《蜀茗詞》《萬首唐人絶句》卷三三　越椀初盛蜀茗新，薄煙輕處攪來勻。山僧問我將何比，欲道瓊漿却畏嗔。

唐盧仝《走筆謝孟諫議寄新茶》《詩林廣記》卷八　日高丈五睡正濃，軍將打門驚周公。口雲諫議送書信，白絹斜封三道印。開緘宛見諫議面，手閱月團三百片。聞道新年入山裡，蟄蟲驚動春風起。天子須嘗陽羡茶，百草不敢先開花。仁風暗結珠琲瓃，先春抽出黄金芽。摘鮮焙芳旋封裹，至精至好且不奢。至尊之餘合王公，何事便到山人家。柴門反關無俗客，紗帽籠頭自煎吃。碧雲引風吹不斷，白花浮光凝碗面。一碗喉吻潤，兩碗破孤悶。三碗搜枯腸，唯有文字五千卷。四碗發輕汗，平生不平事，盡向毛孔散。五碗肌骨清，六碗通仙靈。七碗吃不得也，唯覺兩腋習習清風生。蓬萊山，在何處。玉川子，乘此清風欲歸去。山上群仙司下土，地位清高隔風雨。安得知百萬億蒼生命，墮在巔崖受辛苦。便為諫議問蒼生，到頭還得蘇息否。

唐李德裕《李衛公別集》卷三《故人寄茶》　劍外九華英，緘題

下玉京。開時微月上，碾處亂泉聲。半夜邀僧至，孤吟對竹烹。碧流霞脚碎，香泛乳花輕。六腑睡神去，數朝詩思清。其餘不敢費，留伴讀書行。

唐 杜牧《樊川集》卷二《題茶山》 山實東吳秀，茶稱瑞草魁。剖符雖俗吏，修貢亦仙才。溪盡停蠻棹，旗張卓翠苔。柳村穿窈窕，松澗渡喧豗。等級雲峰峻，寬平洞府開。拂天聞笑語，特地見樓臺。泉嫩黄金湧，牙香紫璧裁。拜章期沃日，輕騎疾奔雷。舞袖嵐侵潤，歌聲谷答回。磬音藏葉鳥，雪艷照潭梅。好是全家到，兼為奉詔來。樹陰香作帳，花徑落成堆。景物殘三月，登臨愴一杯。重遊難自剋，俯首入塵埃。

唐 李郢《酬友人春暮寄枳花茶》《全唐詩》卷八八四 昨日東風吹枳花，酒醒春晚一甌茶。如雲正護幽人塹，似雪才分野老家。金餅拍成和雨露，玉塵煎出照煙霞。相如病渴今全校，不羡生臺白頸鴉。

唐 李郢《茶山貢焙歌》《唐百家詩選》卷一八 使君愛客情無已，客在金臺價無比。春風三月貢茶時，盡逐紅旌到山裏。焙中清曉朱門開，筐箱漸見新芽來。陵煙觸露不停採，官家赤印連帖催。朝飢暮匐誰興哀，喧闐競納不盈掬。一時一餉還成堆，蒸之馥之香勝梅，研膏架動轟如雷。茶成拜表貢天子，萬人爭噉春山摧。駟騎鞭聲砉流電，半夜驅夫誰復見。十日王程路四千，到時須及清明宴。吾君可謂納諫君，諫官不諫何由聞。九重城裏雖旰食，天涯吏役長紛紛。使君憂民慘容色，就焙嘗茶坐諸客。幾回到口重咨嗟，嫩綠鮮芳出何力。山中有酒亦有歌，樂營房戶皆仙家。仙家十隊酒百斛，金絲宴饌隨經過。使君是日憂思多，客亦無言徵綺羅。殷勤繞焙復長歎，官府例成期如何。吳民吳民莫憔悴，使君作相期蘇爾。

唐 吕温《三月三日茶宴序》《文苑英華》卷七一一 三月三日，上巳禊飲之日也，諸子議以茶酌而代焉。乃撥花砌，憩庭陰，清風逐人，日色留興，卧措青靄，坐攀香枝，閒鶯近席而未飛，紅蘂拂衣而不散。乃命酌香沫，浮素杯，殷凝琥珀之色，不令人醉，微覺清思。雖五雲仙漿，無復加也。座右才子：南陽鄒子、高陽許侯。與二三子頃為塵外之賞，而曷不言詩矣。

唐 鄭遨《茶詩》《詩話總龜後集》卷三○ 嫩芽香且靈，吾謂草中英。夜臼和煙擣，寒鑪對雪烹。惟憂碧粉散，常見綠花生。最是堪珍重，能令睡思清。

唐 温庭筠《温庭筠詩集》卷三《西嶺道士茶歌》 乳竇濺濺通石脉，綠塵愁草春江色。澗花入井水味香，山月當人松影直。仙翁白扇霜鳥翎，拂壇夜讀黄庭經。疎香皓齒有餘味，更覺鶴心通杳冥。

唐 李群玉《李群玉詩集》卷上《龍山人惠石廩方及團茶》 客有衡嶽隱，遺余石廩茶。自云凌煙露，采掇春山芽。珪璧相壓疊，積芳莫能加。碾成黄金粉，輕嫩如松花。紅鑪爨霜枝，越兒斟井華。灘聲起魚眼，滿鼎漂清霞。凝澄坐曉燈，病眼如蒙紗。一甌拂昏寐，襟鬲開煩拏。顧渚與方山，誰人留品差。持甌默吟味，搖膝空咨嗟。

雜録

唐 韓翃《爲田神玉謝茶表》《文苑英華》卷五九四 臣某言：中使至，伏奉手詔，兼賜臣茶一千五百串。令臣分給將士以下。聖慈曲被，戴荷無階。臣某中謝。臣智謝理戎，功慙盪冦，前恩未報，厚賜仍加。念以炎蒸，恤其暴露。榮分紫笋，寵降朱宫。味足蠲邪，助其正直。香堪愈病，沃以勤勞。飲德相歡，撫心是荷。前朝饗士，往典犒軍。皆是循常，非聞特達。顧惟荷幸，忽被殊私。吴主禮賢，方聞置茗。晋臣愛客，纔有分茶。豈如澤被三軍，仁加十乘，以欣以忭，感戴無階，臣無任云云。

唐 柳宗元《柳河東外集》卷下《爲武中丞謝賜新茶表》 臣某言：中使竇某至，奉宣旨賜臣新茶一斤者。天睠忽臨，時珍俯及，捧戴驚抃，以喜以惶。臣以無能，謬司邦憲。大明首出，得親仰於雲霄。渥澤遂行，忽先霑於草木。況兹靈味，成自遐方。照臨而甲拆惟新，煦嫗而芬芳可襲。調六氣而成美，扶萬壽以効珍。豈可賤微，膺此殊錫。銜恩敢同於嘗酒，滌慮方切於飲冰。撫事循涯，隕越無地。臣不任感戴欣抃之至。

唐 劉禹錫《代武中丞謝新茶表》《文苑英華》卷五九四 臣某言：中使某奉宣聖旨，賜臣新茶一斤。猥沐深恩，再霑殊錫。承旨慶忭，省躬慙惶。臣某中謝。伏以貢自外方，名殊衆品。効參藥石，芳越椒蘭。出自仙厨，俯頒私室。義同推食，空荷於曲成，責在素飡，實慙於虚受。臣無任。

又《代武中丞謝新茶表二》《文苑英華》卷五九四 臣某言：中使竇國

晏奉宣聖旨，賜臣新茶一斤。猥降王人，光臨私室。恭承慶賜，跪啓緘封。臣某中謝。伏以方隅入貢，採擷至珍。自遠貢來，以新為貴。捧而觀妙，飲以滌煩。顧蘭露而慙芳，豈柘漿而齊味。既榮凡口，倍切丹心。臣無任。

宋遼金元

題解

明 夏樹芳《茶董》卷下 丁晉公草木仙骨 丁公言：嘗謂石乳出壑嶺、斷崖、缺石之間，蓋草木之仙骨。又謂鳳山高不百丈，無危峰絕崦，而岡阜環抱，氣勢柔秀，宜乎嘉植靈卉之所發也。

論説

宋 丘荷《北苑御泉亭記》《茶集》卷一 夫珠璣琅玕，龜龍四靈，珍寶之殊特，蜚游之至瑞，布諸載籍，非可遽數。至於水草之奇，金芝醴泉之類，而一時之焜燿，祥經之攸記。若迺蘊堪輿之真粹，占土石之秀脈，自然之應，可以奉乎而能悠永者，則有聖宋南方之貢茶、禁泉焉。《爾雅·釋木》曰：『檟，苦茶。』説者以為早採者為茶，晚採者為茗；荈，蜀人名之苦茶。而許叔重亦云。由是知茶者自古有之。兩漢雖無聞，魏晉以下，或著於録，迄後天下郡國所產，愈益衆，百姓頗蒙其利。

唐建中中，趙贊抗言，舉行天下茶，什一税之。於是縣官始斡焉。然或不名地理息耗所在。先儒所志，岷蜀、勾吳、南粵舉有，而閩中不言建安，獨次候官、柏巖云。唐季敕福建罷贄橄欖，但供臘面茶。按：所謂柏巖，今無稱焉；即臘面，產於建安明矣，且今俗號猶然，蓋先儒失其傳耳。不爾，識會有所未盡，遊玩之所不至也。抑山澤之精，神祇之靈，五代相以摘造尚矣，而其味弗振者，得非以其德之無加乎？

國朝龍興，惠風醇化，率被人面。九府庭貢，歲時輻奏，而閩荈寢以珍異。太平興國中，遂置龍鳳模，以表其嘉應而別於他所也。先是鄉老傳其山形，謂若張翼飛者，故名之曰鳳凰山。山麓有泉，直鳳之口，即以其山名名之。蓋建之產茶，地以百數，而鳳凰山茡岸，常先月餘日，其左右澗瀊交併，不越丈尺，而鳳凰穴獨甘美有殊。及茶用是泉齊和，益以無類，識者遂為章程，第共製羞御者，而以太平興國故事，更曰龍鳳泉。

龍鳳泉當所汲，或日百斛亡減。工罷，主者封莞，逮期而閶，亦亡餘。異哉！所謂山澤之精，神祇之靈，感於有德者，不特於茶，蓋泉亦有之。故曰有南方之貢茶、禁泉焉。泉所舊有亭宇，歷歲彌久，風雨弗蔽，臣子攸職，懷不暇安，遂命工度材易之，以其非品庶所得擅用，故名曰御泉亭。因論次陸羽等所闕，及採耆舊傳聞，實録存之，以諭來者，庶其知聖德之至、厥貢之美若此。景祐三年丙子七月五日，朝奉郎試大理司直兼監察御史權南劍州軍事判官監建州造買納茶務丘荷記。

宋 黃儒《品茶要録·總論》 説者常怪陸羽《茶經》不第建安之品，蓋前此茶事未甚興，靈芽真筍，往往委翳消腐，而人不知惜。自國初以來，士大夫沐浴膏澤，詠歌昇平之日久矣。夫體勢灑落，神觀沖淡，惟茲茗飲為可喜。園林亦相與摘英夸異，制捲鬻新而趨時之好，故殊絕之品始得自出於蓁莽之間，而其名遂冠天下。借使陸羽復起，閱其金餅，味其雲腴，當爽然自失矣。

因念草木之材，一有負瑰偉絕特者，未嘗不遇時而後興，況於人乎！然士大夫間為珍藏精試之具，非會雅好真，未嘗輒出。其好事者又嘗論其采制之出入，器用之宜否，較試之湯火，圖於縑素，傳玩於時，獨未有補於賞鑒之明爾。蓋園民射利，膏油其面，色品味易辨而難評。

宋 趙佶《大觀茶論·品名》《説郛》卷九三上 名茶各以所產之地，如葉耕之平園台星巖，葉剛之高峯青鳳髓，葉思純之大嵐，葉嶼之眉山，葉五崇林之羅漢山水，葉芽、葉堅之碎石窠、石臼窠一作突窠，葉瓊、葉輝之秀皮林，葉師復、師貺之虎巖，葉椿之無雙巖芽，葉懋之老窠園，名擅其門，未嘗混淆，不可概舉。前後爭鬻，互為剝竊，參錯無據。曾不思茶之美惡，在於製造之工拙而已，豈岡地之虛名所能增減哉。焙人之茶，固有前優而後劣者，昔負而今勝者，是亦園地之不常也。

又《苕溪漁隱叢話·前集》卷四六《東坡九》 建茶絕亡貴者，

僅得掛一名爾。至江南李氏時漸見貴，始有團圈之制，而造作之精，經丁晉公始大備。自建茶出，天下所產皆不復可數。今出處壑源、沙溪，土地相去丈尺之間，品味已不同，謂之外焙，況他處乎？則知雖草木之微，其顯晦亦自有時。然唐自常袞以前，閩中有未讀書者，自袞教之，而歐陽詹之徒始出，而終唐世亦不甚盛。今閩中舉子常數倍天下，而朝廷將相公卿，每居十四五，人物尚爾，況草木微物也。顧渚湧金泉，每造茶時，太守先祭拜，然後水漸出，造貢茶畢，水稍減，至貢堂茶畢，已減半，太守茶畢，遂涸。蓋常時無水也。或聞今龍焙泉亦然。苕溪漁隱曰：北苑，官焙也，漕司歲以入貢茶為上。壑源，私焙也，土人亦入貢茶為次。二焙相去三四里間。若沙溪，外焙也，與二焙相去絕遠，自隔一溪，茶為下。山谷詩云『莫遣沙溪來亂真』，正謂此也。官焙造茶，常在驚蟄後一二日興工采摘，是時茶芽已皆一槍，蓋閩中地暖如此。舊讀歐公詩有喊山之說，亦傳聞之訛耳。龍焙泉，即御泉也，水之增減亦隨水旱，初無漸出遂涸之異，但泉味極甘，正宜造茶耳。

又《苕溪漁隱叢話・後集》卷一一　《談苑》云：『建州，陸羽《茶經》尚未知之，但言福建等十二州未詳，往往得之，其味極佳。江左近日方有蠟面之號，李氏別令取其乳作片，或號曰京挺、的乳及骨子等，每歲不過五六萬觔。迄今歲出三十餘萬觔，凡十品，曰：龍茶、鳳茶、京挺、的乳、石乳、頭金、白乳、蠟面、頭骨、次骨。龍茶以供乘輿及賜執政、親王、長主，餘皇族、學士、將帥皆鳳茶，舍人、近臣賜京挺、的乳，館閣賜白乳。龍、鳳、石乳茶，皆太宗令造。江左有研膏茶供御，即龍茶之品也。丁謂為《北苑茶録》三卷，備載造茶之始末，行於世。』

又　苕溪漁隱曰：建安北苑茶始於太宗朝。太平興國二年，遣使造之。取象於龍鳳，以別庶飲，由此入貢。至道間，仍添造石乳，其後大小龍茶又起於丁謂，而成於蔡君謨。謂之將漕閩中，實董其事，賦《北苑焙新茶》詩，其序云：『天下產茶者將七十郡半，每歲入貢，皆以社前、火前為名，悉無其實。惟建州出茶有焙，焙有三十六，三十六中惟北苑發早而味尤佳。社前十五日即採其芽，日數千工，聚而造之，逼社即入貢，工甚大，造甚精，皆載於所撰《建陽茶録》，仍作詩以大其事。』云：『北苑龍茶者，甘鮮的是珍，四方惟數此，萬物更無新。纔吐微茫綠，初沾少許春。散尋索樹遍，急採上山頻。宿葉寒猶在，芳芽冷未伸。茅茨溪口焙，籃籠雨中民。長疾勾萌拼，開齊分兩均。帶煙蒸雀舌，和露疊龍鱗。作貢勝諸道，先嘗祇一人。緘封瞻闕下，郵傳渡江濱。特旨留丹禁，殊恩賜近臣。啜為靈藥助，用與上罇親。頭進英華盡，初烹氣味醇。細香勝却麝，淺色過于筠。顧渚慚投木，宜都愧積薪。年年號供御，天產壯甌閩。』此詩叙貢茶頗為詳盡，亦可見當時之事也。又君謨《茶録序》云：『臣前因奏事，伏蒙陛下諭，臣先任福建轉運使，日所進上品龍茶最為精好。臣退，念草木之微，首辱陛下知鑒，若處之得地，則能盡其材。昔陸羽《茶經》不第建安之品，丁謂《茶圖》獨論採造之本，至於烹試，曾未有聞，輒條數事，簡而易明，勒成二篇，名曰《茶録》。』至宣政間，鄭可簡以貢茶進用，久領漕計，創添續入，其數浸廣，今猶因之。細色茶五綱，凡四十三品，形製各異，共七千餘餅。其間貢新、試新、龍團勝雪、白茶、御苑玉芽此五品，乃水揀為第一，餘乃生揀次之。又有粗色茶七綱，凡五品。大小龍鳳並揀芽悉入龍腦，和膏為團餅茶，共四萬餘餅。東坡《題文公詩卷》云：『上人問我留連意，待賜頭綱八餅茶。』即今粗色紅綾袋餅八者是也。蓋水揀茶即社前者，生揀茶即火前者，粗色茶即雨前者。閩中地暖，雨前茶已老而味加重矣。山谷《和陽王休點密雲龍》詩云：『小壁雲龍不入香，元豐龍焙承詔作。』今細色茶中，却無此一品也。又有石門、乳吉、香口三外焙，亦隸于北苑，皆採摘茶芽，送官焙添造。每歲縻金共二萬餘緡，日役千夫，凡兩月方能迄事。第所造之茶不許過數，入貢之後市無貨者，人所罕得。惟壑源諸處私焙茶，其絕品亦可敵官焙，自昔至今，亦皆入貢，其流販四方，悉私焙茶耳。蘇、黃皆有詩稱道壑源茶，蓋壑源與北苑為鄰，山阜相接，纔二里餘。其茶甘香，特在諸私焙之上。東坡《和曹輔寄壑源試焙新茶》詩云：『仙山靈雨濕行雲，洗遍香肌粉未勻。明月來投玉川子，清風吹破武陵春。要知玉雪心腸好，不是膏油首面新。戲作小詩君一笑，從來佳茗似佳人。』山谷《謝送碾壑源揀芽》詩云：『矞雲從龍小蒼璧，元豐至今人未識。壑源包貢第一春，緗奩碾香供玉食。睿思殿東金井欄，甘露薦椀天開顏。橋山事嚴庀百局，補袞諸公省中宿。中人傳賜夜未央，雨露恩光照宮燭。右丞似是李元禮，好事風流有涇渭。肯憐天祿校書郎，親勅家

庭遺分似。春風飽食大官羊，不慣腐儒湯餅腸。搜攪十年燈火讀，令我胸中書傳香。已戒應門老馬走，客來問字莫載酒。』

宋 魏了翁《鶴山集》卷四八《邛州先茶記》 昔先王敬共明神，教民報本反始。雖農嗇坊庸之蜡、門行戶竈之享，伯侯祖纛之靈，有開厥先，無不宗也。至始為飲食，所以為祭祀、賓客之奉者，雖一飯一飲必祭，必見其所祭然，況其大者乎！ 眉山李君鏗為臨邛茶官，吏以故事三日謁先茶告君。詰其故，則曰：『是韓氏，而王號相傳為然。實未嘗請命於朝也。』君曰：『飲食皆有先，而況茶之為利，不惟民生日用之所資，亦馬政邊防之攸賴。是之弗圖，非忘本乎？』於是撤舊祠而增廣焉。其費則以例所當得而不欲受者為之。園戶、商人，亦協力以相其成。且請於郡，上神之功狀於朝，宣錫號榮，以侈神賜。而馳書於靖，命記成役。

予於事物之變，必跡其所自來，獨於茶未知所始。蓋自後世典禮訛缺，風氣澆漓，嗜好日新，非復先王之舊，若此者蓋非一端，而茶尤其不可考者。古者賓客相敬之禮，自饗燕食飲之外，有間食、有稍事、有歠湆、有設粱、有擩醬，有食已而酳、有坐久而葷，有六清以致飲、有瓠葉以嘗酒、有旨蓄以御冬，有流荇以為豆菹、有湘蘋以為鉶芼，見於《禮》。見於《詩》，則有挾菜、副瓜、烹葵、叔苴之等。雖蔥、芥、韭、蓼、堇、枌、滫瀡、深蒲、菭、筍，無不備也，而獨無所謂茶者，徒以時異事殊，字亦差誤。且今所謂韻書，自二漢以前，上泝六經，凡有韻之語，如平聲魚模，上聲麌姥，以至去聲御暮之同是音者，本無它訓，乃自音韻分於孫、沈，反切盛於羌胡，然後別為麻馬等音，於是魚歌二音併入於麻，而魚麻二韻一字二音，以至上去二聲亦莫不然。其不可通者，則更易字文以成其說。且茶之始，其字為荼，如《春秋》書『齊荼』，《漢志》書『荼陵』之類，陸、顏諸人雖已轉入茶音，而未敢輒易字文也。若《爾雅》、若《本草》，猶從『艸』從『余』，而徐鼎臣訓荼，猶曰：『即今之茶也』。惟自陸羽《茶經》、盧仝《茶歌》、趙贊『茶禁』以後，則遂易『荼』為『茶』。其字為『艸』、為『人』、為『木』。陸璣謂椒似茱萸，吳人作茗、蜀人作茶，皆煮為香。椒與茶既不相入，且據此文，又若茶與茗異，此已為可疑。而《山有樗》之疏則又引璣說，以樗葉為茗，益使讀者貿亂莫知所據。至蘇文忠始謂『周詩記苦荼，茗飲出近世』，其義亦既著明，然而終無有命茶為『荼』者，蓋傳注例謂荼為茅秀、為苦菜，予雖言之，誰實信之？

雖然，此特書名之誤耳，而予於是重有感於世變焉。

先王之時，山澤之利與民共之，飲食之物無征也。自齊人賦鹽，漢武榷酒，唐德宗稅茶，民之日用飲食而皆無遺算，則幾於陰復口賦、潛奪民產者矣。其端既啟，其禍無窮。鹽酒之入，遂埒田賦。而茶之為利，始也歲不過得錢四十萬緡，自王涯置使勾榷，由是歲增月益，塌地剩茶之名、三說貼射之法、招商收稅之令，紛紛見於史冊，極於蔡京之引法，假託元豐，以盡更仁祖之舊，王黼又附益之。嘉祐以歲課均賦茶戶，歲輸不過三十八萬有奇，謂之茶租錢。至崇寧以後，歲入之息驟至二百萬緡，視嘉祐益五倍矣。中興以後，盡鑒政宣之誤，而茶法尚仍京黼之舊。國雖賴是以濟，民亦因是而窮。冒禁抵罪，剽吏禦人無時無之，甚則阻兵怙彊，伺時為亂，是安得不思所以變通之乎？

李君字叔立，文簡公之孫。文簡嘗為《茗賦》，謂：『秦漢以還，名未曾有，勃然而興，晉魏之後。』蓋明於世道之升降者。其守武陵，嘗請減引價以蠲民害。叔立生長見聞，故善於其職。予為申述始末而告之。

宋 陳正敏《遯齋閒覽》《詩話總龜後集》卷三〇 茶，古不著所出，《本草》云出益州。唐以蒙山、顧渚、蘄門者為上品，尚雜以蘇椒之類。故李泌詩云『旋沫翻成碧玉池，添蘇散出琉璃眼』，遂以碧色為貴。止曰煎茶，不知點試之妙，大率皆草茶也。陸羽《茶經》統言福建泉紹等十州所出者其味極佳，而只今建安為天下第一。

宋 范致明《岳陽風土記》 灉湖諸山舊出茶，謂之灉湖茶，李肇所謂岳州灉湖之含膏也。唐人極重之，見於篇什。今人不甚種植，惟白鶴僧園有千餘本，土地頗類此苑，所出茶一歲不過一二十兩，土人謂之白鶴茶。味極甘香，非他處草茶可比並。茶園地色亦相類，但土人不甚植耳。

宋 葛立方《韻語陽秋》卷五 茶言團茶，始於丁晉公，前此未有也。慶曆中，蔡君謨為福建漕使，更製小團以充歲貢。元豐初，下建州，又製密雲龍以獻，其品高於小團，而其製益精矣。曾文昭所謂『莆陽學

士蓬萊仙，製成月團飛上天』，又云『密雲新樣尤可喜，名出元豐聖天子』是也。唐陸羽《茶經》於建茶尚云未詳，而當時獨貴陽羡茶，歲貢特盛。茶山居湖、常二州之間，修貢則兩守相會。山椒有境會亭，基尚存。盧仝《謝孟諫議茶》詩云『天子須嘗陽羡茶，百草不敢先開花』是已。然又云『開緘宛見諫議面，手閱月團三百片』，則團茶已見於此。當時李郢《茶山貢焙歌》云：『蒸之護之香勝梅，研膏架動聲如雷。茶成拜表貢天子，萬人爭啖春山摧。』觀研膏之句，則知嘗為團茶無疑。自建茶入貢，陽羡不復研膏，衹謂之草茶而已。

元 熊禾《勿軒集》卷三《北苑茶焙記》 貢，古也；茶貢不列《禹貢》、周職方，而昉於唐，北苑又其最著者也。苑在建城東二十五里，唐末里民張暉始表而上之。宋初丁謂漕閩，貢額驟溢，斤至萬數。慶曆承平日久，蔡公襄繼之，制益精巧，建茶遂為天下最。公名在四諫官列，君子惜之。歐陽公修雖實不與，然猶誇侈歌詠之；蘇公軾則直指其過矣。君子創法可繼，焉得不重慎也。南渡後，地產日以凋耗，減額至三分之二，民僅以甦焉。大元混一區宇，安輯黎獻。歲在丙子，至元十有三載，江南始入職方。有司以前代貢賦之版來上，先皇帝加惠遠氓，自正供外悉蠲之。建在遐壤，越五載而後錫貢。宰相制用如式，歲為斤止千，視前代之減額又逾半。上之不役志於享也，恩德實甚厚，天下其曷敢伏厥土之攸瑞？又十有八歲丁酉，迺今皇帝踐阼大德初元也。時有行省平章公趣長臺治，達觀苑中，謂御貢舊有堂固陋，非所以昭敬，始命改造。適平章高公惠撫南夏，顧瞻丕作，郡有司承命不敢後，經始於是冬之十二月，告成於明年春之三月。時值農隙，執宮功者不為厲。苑中制倣殿庭，內設陛板，外亢重闉，泉有候焙，有節司署各有局。鳳岡龍井，獻狀後先。雲島華池，映照左右。貢雖減舊，而堂宇視昔則有加。上以恩逮下，下以禮敬上，當如是乎？抑嘗思之，區區芽荈之微，生於海隅山陬之遠，有司共職，歲貢猶能備殫勤敬，至于名聞上京，味羞大官。然則巖棲野遯，豈無良材秀民有能有為，羞其行而邦其昌者乎？采之擷之，端必有俟矣。閩古本荒服，秦漢始為郡，土曠產微，唐始論秀，入貢猶未嘗也。宋初，輔弼詞翰之臣，已班班可紀。此百餘年間，節行功名文學之士，尤表表在人耳目，而其大者，道繼往聖，學開來哲，淵源所漸，遺獻未泯，天下後世言學者必宗建。意其物產微耗之餘，其山川清淑靈秀，當於人焉是鍾。《詩》曰：『采采卷耳，不盈頃筐。嗟我懷人，寘彼周行。』又曰：『南山有臺，北山有萊，樂只君子，邦家之基。』備物致貢者，宜知所先矣。是歲冬十有一月記。

元 張涣《重修茶場記》《茶集》卷一 建州茶貢，先是猶稱北苑，龍團居上品，而武夷石乳湮巖谷間，風味惟野人專。洎聖朝，始登職方，任土列瑞，產蒙雨露，寵日蕃衍。

明 夏樹芳《茶董》卷下 黃儒《品茶要録》云：陸羽《茶經》不第建安之品，蓋前此茶事未興，山川尚閟，露牙真筍委翳消腐，而人不知耳。宣和中，復有白茶勝雪。熊蕃曰：使黃君閱今日，則前乎此者未足詫也。

明 陳繼儒《茶董補》卷上《製法沿革》 唐時製茶，不第建安品。五代之季，建屬南唐，諸縣採茶，北苑初造研膏，繼造蠟面，既而又製佳者，曰京挺。宋太平興國二年，始置龍鳳模。遣使即北苑團龍鳳茶，以別庶飲。又一種叢生石崖，枝葉尤茂；至道初，有詔造之，別號石乳；又一種，號的乳；又一種，號白乳。此四種出，而蠟面斯下矣。真宗咸平中，丁謂為福建漕，監御茶，進龍、鳳團，始載之《茶録》。仁宗慶曆中，蔡襄為漕，始改造小龍團以進。旨令歲貢，而龍鳳遂為次矣。神宗元豐間，有旨造密雲龍，其品又加於小團之上。哲宗紹聖中，又改為瑞雲翔龍，至徽宗大觀初，親製《茶論》二十篇，以白茶自為一種，與他茶不同，其條敷闡，其葉瑩薄，崖林之間，偶然生出，非人力可致。正焙之有者，不過四五家，家不過四五株，所造止於一二銙而已。淺焙亦有之，但品格不及，於是白茶遂為第一。既而又製三色細芽及試新銙、貢新銙。自三色細芽出，而瑞雲翔龍又下矣。宣和庚子，漕臣鄭可簡始創為銀絲水芽。蓋將已揀熟芽再令剔去，止取其心一縷，用珍器貯清泉漬之，光瑩如銀絲然。又製方寸新銙，有小龍蜿蜒其上，號龍團勝雪。又廢白、的、石三鼎乳，造花銙二十餘色。初貢茶皆入龍腦，至是慮奪其味，始不用焉。蓋茶之妙，至勝雪極矣，合為首冠；然在白茶之下者。白茶，上所好也。其茶歲分十餘綱，惟白茶與勝雪驚蟄前興役，浹日乃成，飛騎仲春至京師，號為綱頭玉芽。《負暄雜録》

明 高元濬《茶乘拾遺》 唐宋研膏蠟面，京挺龍團，把握纖微，直錢數萬，珍重極矣。而碾造愈工，茶性愈失，矧雜以香物乎？

明 李日華《六研齋二筆》卷一 茶事於唐末未甚興，不過幽人雅士，手擷於荒園雜穢中，拔其精英，以薦靈爽，所以饒雲露自然之味。至宋設茗綱，充天家玉食，士大夫益復貴之，民間服習浸廣，以為不可缺之物，於是營殖者擁溉孳糞，等於蔬蔌，而茶亦隤其品味矣。人知鴻漸到處品泉，不知亦到處搜茶。皇甫數言，僅存公案而已。

明 許次紓《茶疏·産茶》 天下名山，必産靈草。江南地暖，故獨宜茶，大江以北，則稱六安。然六安乃其郡名，其實産霍山縣之大蜀山也。茶生最多，名品亦振，河南、山、陝人皆用之。南方謂其能消垢膩、去積滯，亦共寶愛。顧彼山中不善製造，就於食鐺大薪炒焙，未及出釜，業已焦枯，詎堪用哉？兼以竹造巨笥，乘熱便貯，雖有緑枝紫筍，輒就萎黄，僅供下食，奚堪品鬬。

江南之茶，唐人首稱陽羨，宋人最重建州，於今貢茶，兩地獨多。陽羨僅有其名，建茶亦非最上，惟有武夷雨前最勝。近日所尚者，為長興之羅岕，疑即古人顧渚紫筍也。介於山中，謂之岕，羅氏隱焉，故名羅。然岕故有數處，今惟洞山最佳。姚伯道云：明月之峽，厥有佳茗，是名上乘。要之，採之以時，製之盡法，無不佳者。其韻致清遠，滋味甘香，清肺除煩，足稱仙品，此自一種也。若在顧渚，亦有佳者，人但以水口茶名之，全與岕别矣。若歙之松蘿、吳之虎丘、錢塘之龍井，香氣穠郁，並可雁行，與岕頡頏。往郭次甫亟稱黄山，黄山亦在歙中，然去松蘿遠甚。往時士人皆貴天池，天池産者，飲之略多，令人脹滿，自余始下其品，向多非之，近來賞音者始信余言矣。浙之産，又曰天台之雁宕、括蒼之大盤、東陽之金華、紹興之日鑄，皆與武夷相為伯仲。然雖有名茶，當曉藏製。製造不精，收藏無法，一行出山，香味色俱減。錢塘諸山，産茶甚多，南山盡佳，北山稍劣。北山勤於用糞，茶雖易茁，氣韻反薄。往時頗稱睦之鳩坑、四明之朱溪，今皆不得入品。武夷之外，有泉州之清源，倘以好手製之，亦是武夷亞匹，惜多焦枯，令人意盡。楚之産曰寶慶，滇之産曰五華，此皆表表有名，猶在雁茶之上。其他名山所産，當不止此，或余未知，或名未著，故不及論。

又《今古製法》 古人製茶，尚龍團鳳餅，雜以香藥。蔡君謨諸公，皆精於茶理，居恒鬥茶，亦僅取上方珍品碾之，未聞新制。若漕司所進第一綱名北苑試新者，乃雀舌、冰芽。所造一夸之直至四十萬錢，僅供數盂之啜，何其貴也。然冰芽先以水浸，已失真味，又和以名香，益奪其氣，不知何以能佳。不若近時製法，旋摘旋焙，香色俱全，尤藴真味。

明 黄龍德《茶説·總論》 茶事之興，始於唐而盛於宋。讀陸羽《茶經》及黄儒《品茶要録》，其中時代遞遷，製各有異。唐則熟碾細羅，宋為龍團金餅，鬥巧炫華，窮其製而求耀於世，茶性之真，不無為之穿鑿矣。若夫明興，騷人詞客，賢士大夫，莫不以此相為玄賞。至於曰採造，曰烹點，較之唐、宋，大相徑庭。彼以繁難勝，此以簡易勝；昔以蒸碾為工，今以炒製為工。然其色之鮮白，味之雋永，無假於穿鑿，是其製不法唐、宋之法，而法更精奇，有古人思慮所不到，而今始精備。茶事至此，即陸羽復起，視其巧製，啜其清英，未有不爽然為之舞蹈者。

清 劉源長《茶史》卷一《唐宋諸名家品茶》 茶之産，於天下繁且多矣。品第之，則劍南之蒙頂石花為最上，湖州之顧渚、紫筍次之，又次則峽州之碧澗簝、明月簝之類是也。惜皆不可致矣。

浙西湖州為上，常州次之。湖州出長興顧渚山中，常州出義興君山懸腳嶺北崖下。論茶以湖常為冠。御史大夫李栖筠典郡日，陸羽以為冠於他境，栖筠始進。故事，湖州紫筍以清明日到，先薦宗廟，後分賜近臣。

袁州之界橋茶，其名甚著，不若湖州之研膏紫筍，烹之有緑腳垂。故韓公賦云：雲垂緑腳。

葉夢得《避暑録》：北苑茶有曾坑、沙溪二地。而沙溪色白，過於曾坑。但味短而微澀。草茶極品，惟雙井、顧渚。雙井在分寧縣，其地屬黄魯直家。顧渚在長興吉祥寺，其半為劉侍郎希范所有。兩地各數畝，歲産茶不過五六觔，所以為難。

宇内土貢實眾，而顧渚、蘄陽蒙山為上，其次則壽陽、義興、碧澗、灉湖、衡山，最下有鄱陽、浮梁。人嗜之如此者，晉西以前無聞焉，至精之味或遺也。

唐茶品最重陽羨。

陸羽《茶經》、裴汶《茶述》，皆不載建品。唐末，然後北苑出焉。

又 陸鴻漸以嶺南茶味極佳，近世又以嶺南多瘴癘，染著草木，不惟水不可輕飲，而茶亦宜慎擇。大抵瑞草以時出，時地遞變，有不同耳。按：茶正以山頂雲霧，採時以日未出為佳。

黃魯直論茶：建溪如割，雙井如霆，日鑄如[illegible]。[illegible]，音最，斷物也。又音血，拽也。

近如吳郡之虎丘，錢塘之龍井，香氣芬郁，與岕山並可雁行，惜不多得，往往以天目混龍井，以天池混虎丘。但天池多飲，則腹脹，今多下之。

明 黃履道撰，清 佚名增補《茶苑》卷七 余觀《北苑別録》所記，兩宋貢茶綱次、品目纖悉備詳矣。鈔類之次目得記其類列，凡為綱次者十二，茶品八十有八，銙片四萬八千五百五十有奇，而公私饋餉商賈興販不與焉。吁！可為極盛矣。蓋維趙宋享國之日，雅重儒林，每衣冠讌會觴詠相娛，恆以酪奴首薦，於是王公貴游好尚相高，往往品題優劣，□別上中，故耳佳品日彰，工製臻妙矣。雖九重之上，玉食山積，視之不啻糞土；而於團銙獨珍，尤所愛惜，非郊祀大禮，臣僚未有輕賜者。或幸而得賜，必播之聲詩，以為榮誇，無敢妄試，家藏有傳再世者。如唐子西《鬥茶記》云：歐陽公得內賜小龍團，更閱三朝，賜茶尚在。在當時已極珍賞，而色香滋味亦必卓絕。惜乎團銙之製失傳已久，今建茗雖殊，厥品碌碌，況兼焙製欠精，品嘗意盡。即武彝偶有佳者，僅可伯仲天池，未能遠出岕片之上。以故，明季建寧府貢茶，耑供宮掖浣濯之用，不登茗飲。以今視昔，何啻霄壤哉！蓋緣歷世好尚不同，而建茶亦有隆替耳。昔先君在燕都日，有閩中周先生者，以宋小龍團茶半鋌相贈，云藏於其家已經十世，約重一鐶有半，厚五分許，面有小龍蜿蜒之狀，背勒宣和數字，已經漶滅，彷彿微可辨。嗅之無香，黝碧而堅緻，紋如犀壁，即煩博浪一椎，不至驟損。云以之摩湯，能已消渴諸疾。余兒時偶患痰喘，因以此茶摩湯，下之立效，大有龍麝旃檀之氣，味甘而涼如冰雪，真異物也。壬子歲，先君再入都門，失於旅邸，而後之好事者，未能鑒賞矣。深為惋惜，因並志之。

又 卷一四《好尚・唐宋兩朝所尚茶品》 有唐茶品，以陽羨為上供，建溪北苑未著也。貞元中，常袞為建州刺史，始蒸焙而碾之，謂之碾膏茶。其後稍為餅樣其中，故謂之一串。陸羽所烹惟是草茗爾。迨至本朝，建溪獨尚，採焙製作，前世未有也。士大夫之珍尚鑒別，亦過古先。丁晉公為福建轉運司，始製鳳團，又為龍團，貢不過四十餅，專擬上貢，雖近臣之家，徒聞之而未常見也。天聖中，又為小團，其品又加於大團之上，賜兩府，然止於一觔，惟上大宿齋八人，兩府共賜小團一餅，縷之以金，八人折歸以侈非常之賜，親知瞻玩，賡倡以詩。故歐陽永叔有《龍茶小録》。或以大團問者，輒方斷封方寸，以供佛仙家廟。已而奉親待客，烹享子孫之用。熙寧末，神宗有旨製密雲龍，其品又加於小團之上矣。然密雲龍之出，二團少粗，以不能兩好故也。余元祐中詳定殿試，是年秋為制舉，考第官各蒙賜三餅，然親知誅責殆盡。宣仁后一日歎曰：『指揮建州，今後更不許造密雲龍，亦不要團茶；揀好茶吃，生得甚好意智？』熙寧中，蘇子容使虜，姚麟為副，曰『盍載些小團茶乎？』子容曰：『此乃供上之物，疇敢與虜人？』未幾，有貴公子使虜，廣貯團茶，自爾虜人非團茶不納也，非小團不貴也。彼以二茶易蕃羅一匹，此以一羅易茶四餅。少不滿意，則形諸言語。近有貴貂到邊，常言宮中以團為常供，密雲龍為好茶。《畫墁録》

清 陸廷燦《續茶經》卷上《茶之源》 王象晉《茶譜小序》：茶，喜木也。一植不再移，故婚禮用茶，從一之義也。雖兆自《食經》，飲自隋帝，而好者尚寡；至後興於唐，盛於宋，始為世重矣。仁宗，賢君也，頒賜兩府，四人僅得兩餅，一人分數錢耳。宰相家至不敢碾試，藏以為寶，其貴重如此。

又 樂思白《雪庵清史》：夫輕身換骨，消渴滌煩，茶荈之功至妙至神。昔在有唐，吾閩茗事未興，草木仙骨，尚閟其靈。五代之季，南唐採茶北苑，而茗事興。迨宋至道初，有詔奉造，而茶品日廣。及咸平、慶曆中，丁謂、蔡襄造茶進奉，而製作益精。至徽宗大觀、宣和間，而茶品極矣。斷崖缺石之上，木秀雲腴，往往於此露靈。倘微丁、蔡來自吾閩，則種種佳品，不幾於委翳消腐哉？雖然，患無佳品耳。其品果佳，倘微丁、蔡來自吾閩，而靈芽真筍，豈終於委翳消腐乎？吾閩之能輕身換骨，消渴滌煩者，寧獨一茶乎？茲將發其靈矣。

又《隨見録》：按沈存中《筆談》云，建茶皆喬木，吳、蜀唯叢茇而已。以余所見，武夷茶樹俱係叢茇，初無喬木，豈存中未至建安歟？抑當時北苑與此日武夷有不同歟？《茶經》云『巴山、峽川有兩人合抱者』，又與吳、蜀叢茇之説互異，姑識之以俟參考。

綜述

宋 歐陽修《歸田録》卷上 臘茶出於劍建，草茶盛於兩浙。兩浙之品，日注為第一。自景祐以後，洪州雙井白芽漸盛，近歲製作尤精。囊以紅紗，不過一二兩，以常茶十數斤養之，用辟暑濕之氣，其品遠出日注上，遂為草茶第一。

又 卷下 茶之品莫貴於龍鳳，謂之團茶，凡八餅重一斤。慶曆中，蔡君謨為福建路轉運使，始造小片龍茶以進。其品絶精，謂之小團，凡二十餅重一斤。其價值金二兩。然金可有，而茶不可得。每因南郊致齋，中書、樞密院各賜一餅，四人分之，宮人往往縷金花其上，蓋其貴重如此。

宋 沈括《夢溪筆談》卷二五 古人論茶，唯言陽羨、顧渚、天柱、蒙頂之類，都未言建溪。然唐人重串茶粘黑者，則已近乎建餅矣。建茶皆喬木，吳、蜀唯叢茇而已，品自居下。建茶勝處，曰郝源、曾坑，其間又坌根、山頂二品尤勝。李氏時号爲北苑，置使領之。

宋 苏轼《東坡全集》卷二三《荔支嘆》注 大小龍茶，始於丁晉公，成於蔡君謨。歐陽永叔聞君謨進小龍團，驚歎曰：『君謨士人也，何至作此事？』今年閩中監司乞進鬪茶，許之。

宋 宋子安《東溪試茶録·序》 建首七閩，山川特異，峻極迴環，勢絶如甌。其陽多銀銅，其陰孕鉛鐵，厥土赤墳，厥植惟茶。會建而上，羣峯益秀，迎抱相向，草木叢條，水多黄金，茶生其間，氣味殊美。豈非山川重複，土地秀粹之氣鍾於是，而物得以宜歟？

北苑西距建安之洄溪二十里而近，東至東宮百里而遥。焙名有三十六，東宮其一也。過洄溪，踰東宮，則僅能成餅耳。獨北苑連屬諸山者最勝。北苑前枕溪流，北涉數里，茶皆氣弇然，色濁，味尤薄惡，況其遠者乎？亦猶橘過淮為枳也。近蔡公作《茶録》亦云：『隔溪諸山，雖及時加意製造，色味皆重矣。』

今北苑焙，風氣亦殊。先春朝隮常雨，霽則霧露昏蒸，晝午猶寒，故茶宜之。茶宜高山之陰，而喜日陽之早。自北苑鳳山南，直苦竹園頭東南，屬張坑頭，皆高遠先陽處，歲發常早，芽極肥乳，非民間所比。次出壑源嶺，高土沃地，茶味甲於諸焙。丁謂亦云：『鳳山高不百丈，無危峯絶崦，而崗阜環抱，氣勢柔秀，宜乎嘉植靈卉之所發也。』又以『建安茶品，甲於天下，疑山川至靈之卉，天地始和之氣，盡此茶矣。』又論：『石乳出壑嶺斷崖缺石之間，蓋草木之仙骨。』丁謂之記録，建溪茶事詳備矣。至於品載，止云『北苑壑源嶺』及總記『官私諸焙千三百三十六』耳。近蔡公亦云：『唯北苑鳳凰山連屬諸焙所産者味佳。』故四方以建茶為目，皆曰北苑。建人以近山所得，故謂之壑源。好者亦取壑源口南諸葉，皆云彌珍絶。傳致之間，識者以色味品第，反以壑源為疑。

又《東溪試茶録·總叙焙名》 總叙焙名北苑諸焙，或還民間，或隸北苑，前書未盡，今始終其事。

舊記建安郡官焙三十有八，自南唐歲率六縣民採造，大為民間所苦。我宋建隆已來，環北苑近焙，歲取上供，外焙俱還民間而裁税之。至道年中，始分游坑、臨江、汾常、西濛洲、西小豐、大熟六焙，隸南劍。又免五縣茶民，專以建安一縣民力裁足之，而除其口率泉。

慶曆中，取蘇口、曾坑、石坑、重院，還屬北苑焉。又丁氏舊録云『官私之焙，千三百三十有六』，而獨記官焙三十二。東山之焙十有四：北苑龍焙一，乳橘内焙二，乳橘外焙三，重院四，壑嶺五，謂源六，范源七，蘇口八，東宮九，石坑十，建溪十一，香口十二，火梨十三，開山十四。南溪之焙十有二：下瞿一，濛洲東二，汾東三，南溪四，斯源五，小香六，際會七，謝坑八，沙龍九，南鄉十，中瞿十一，黄熟十二。西溪之焙四：慈善西一，慈善東二，慈惠三，船坑四。北山之焙二：慈善東一，豐樂二。

宋 唐庚《唐先生文集》卷五《鬥茶記》 政和二年三月壬戌，二三君子相與鬥茶於寄傲齋，予為取龍塘水烹之而第其品，以某為上，某次之。某閩人，其所賷宜尤高，而又次之。然大較皆精絶。

蓋嘗以為天下之物有宜得而不得，不宜得而得之者。富貴有力之人，或有所不能致，而貧賤窮厄，流離遷徙之中，或偶然獲焉。所謂『尺有所短，寸有所長』，良不虛也。唐相李衛公好飲惠山泉，置驛傳送，不遠數千里。而近世歐陽少師作《龍茶録序》，稱嘉祐七年親享明堂，致齋之夕，始以小團分賜二府，人給一餅，不敢碾試，至今藏之。時熙寧元年也。吾聞茶不問團銙，要之貴新，水不問江井，要之貴活。千里致水，真偽固不可知，就令識真，已非活水。自嘉祐七年壬寅至熙寧元年戊申，首尾七年，更閲三朝，而賜茶猶在，此豈復有茶也哉！

今吾提瓶走龍塘，無數十步，此水宜茶，昔人以為不減清遠峽。而海道趨建安，不數日可至，故每歲新茶不過三月至矣。罪戾之餘，上寬不誅，得與諸公從容談笑於此，汲泉煮茗，取一時之適，雖在田野，孰與烹數千里之泉，澆七年之賜茗也哉？此非吾君之力歟？夫耕鑿食息，終日蒙福而不知為之者，直愚民爾，豈我輩謂耶！是宜有所紀述，以無忘在上者之澤云。

宋 王闢之《澠水燕談録》卷九 建茶盛於江南，近歲制作尤精。龍團茶最為上品，一斤八餅。慶曆中，蔡君謨為福建運使，始造小團以充歲貢，一斤二十餅，所謂上品龍茶者也。仁宗尤所珍惜，雖宰相未嘗輒賜；惟郊禮致齋之夕，兩府各四人共賜一餅。宮人剪金為龍鳳花貼其上，八人分蓄之，以為奇玩，不敢自試，有佳客，出為傳玩。歐陽文忠公云：『茶為物之至精，而小團又其精者也。』嘉祐中，小團初出時也，今小團易得，何至如此多貴。

宋 熊蕃撰，熊克增補，清 汪繼壕校《宣和北苑貢茶録》 陸羽《茶經》、裴汶《茶述》，皆不第建品。說者但謂二子未嘗至閩，繼壕按，《說郛》『閩』作『建』。曹學佺《輿地名勝志》：『甌寧縣雲際山在鐵獅山左，上有永慶寺，後有陸羽泉，相傳唐陸羽所鑿。宋楊億詩云「陸羽不到此，標名慕昔賢」是也。』而不知物之發也，固自有時。蓋昔者山川尚閟，靈芽未露。至於唐末，然後北苑出為之最。繼壕按，張舜民《畫墁録》云：『有唐茶品，以陽羨為上供，建溪北苑未著也。貞元中，常袞為建州刺史，始蒸焙而研之，謂研膏茶。』顧祖禹《方輿紀要》云：『鳳凰山之麓名北苑，廣二十里，舊經云，偽閩龍啟中，里人張廷暉以所居北苑地宜茶，獻之官，其地始著。』沈括《夢溪筆談》云：『建溪勝處曰郝源、曾坑，其間又岔根、山頂二品尤勝，李氏時號為北苑，置使領之。』姚寬《西溪叢語》云：『建州龍焙面北，謂之北苑。』《宋史・地理志》：『建安有北苑茶焙、龍焙。』宋子安《試茶録》云：『北苑西距建安之洄溪二十里，東至東宮百里。過洄溪，踰東宮，則僅能成餅耳。獨北苑連屬諸山者最勝。』蔡絛《鐵圍山叢談》云：『北苑龍焙者，在一山之中間，其周遭則諸葉地也。居是山號正焙，一出是山之外，則曰外焙。正焙、外焙，色香迥殊。此亦山秀地靈所鍾之有異色已。龍焙又號官焙。』是時，偽蜀詞臣毛文錫作《茶譜》，繼壕按，吳任臣《十國春秋》：『毛文錫字平珪，高陽人，唐進士，從蜀高祖官文思殿大學士，拜司徒，貶茂州司馬。有《茶譜》一卷。』《說郛》作『王文錫』，《文獻通考》作『燕文錫』，《合璧事類》《山堂肆考》作『毛文勝』；《天中記》『茶譜』作『茶品』，並誤。亦第言建有紫筍，繼壕按，樂史《太平寰宇記》云：『建州土貢茶，引《茶經》云：「建州方山之芽及紫筍，片大極硬，須湯浸之，方可碾，極治頭痛，江東老人多味之。」』而臘面乃產於福。五代之季，建屬南唐。南唐保大三年，俘王延政，而得其地。歲率諸縣民，採茶北苑，初造研膏，繼造臘面。丁晉公《茶録》載：泉南老僧清錫，年八十四，嘗示以所得李國主書寄研膏茶，隔兩歲方得臘面，此其實也。至景祐中，監察御史丘荷撰《御泉亭記》，乃云，『唐季敕福建罷貢橄欖，但贄臘面茶，即臘面產于建安明矣』。荷不知臘面之號始於福，其後建安始為之。按唐《地理志》：福州貢茶及橄欖，建州惟貢練練，未嘗貢茶。前所謂『罷貢橄欖，惟贄臘面茶』，皆為福也。慶曆初，林世程作《閩中記》，言福茶所產在閩縣十里。且言往時建茶未盛，本土有之，今則土人皆食建茶。世程之說，蓋得其實。而晉公所記，臘面起於南唐，乃建茶也。既又繼壕按，原本『又』作『有』，據《說郛》《天中記》《廣羣芳譜》改。製其佳者，號曰京鋌。其狀如貢神金、白金之鋌。聖朝開寶末，下南唐。太平興國初，特置龍、鳳模，遣使即北苑造團茶，以別庶飲，龍、鳳茶蓋始於此。按，《宋史・食貨志》載：『建寧臘茶，北苑為第一，其最佳者曰社前，次曰火前，又曰雨前，所以供玉食，備賜予，太平興國始置。大觀以後，製愈精，數愈多，胯式屢變，而品不一。歲貢片茶二十一萬六千斤。』又《建安志》：『太平興國二年，始置龍焙，造龍鳳茶，漕臣柯適為之記云。』又一種茶，叢生石崖，枝葉尤茂。至道初，有詔造之，別號石乳。繼壕按，彭乘《墨客揮犀》云『建安能仁院有茶生石縫間，寺僧采造，得茶八餅，號石巖白』，當即此品。《事文類聚續集》云：『至道間，仍添造石乳、臘面。』而此無臘面，稍異。又一種號的乳，按，馬令《南唐書》：嗣主李璟『命建州茶製的乳茶，號曰京鋌。臘茶之貢自此始，罷貢陽羨茶。』繼壕按，《南唐書》事在保大四年。又一種號白乳。蓋自龍、鳳與京、繼壕按，原本脫『京』字，據《說郛》補。石、的、白四種繼出，而臘面降為下矣。楊文公億《談苑》所記，龍茶以供乘輿及賜執政、親王、長主，其餘皇族、學士、將帥皆得鳳茶，舍人、近臣賜金鋌、的乳，而白乳賜館閣，惟臘面不在賜品。按，《建安志》載《談苑》云：京鋌、的乳賜舍人、近臣，白乳、的乳賜館閣。疑京鋌誤金鋌，白乳下遺的乳。繼壕按，《廣羣芳譜》引《談苑》與原注同。惟原注內

「白茶賜館閣，惟臘面不在賜品」二句，作『館閣白乳』。龍鳳、石乳茶，皆太宗令罷。金鋌正作京鋌。王鞏《甲申雜記》云：『初貢團茶及白羊酒，惟見任兩府方賜之。仁宗朝及前宰臣，歲賜茶一斤、酒二壺，後以為例。』《文獻通考》榷茶條云：『凡茶有二類，曰片曰散，其名有龍、鳳、石乳、的乳、白乳、頭金、臘面、頭骨、次骨、末骨、粗骨、山挺十二等，以充歲貢及邦國之用。』注云：『龍、鳳皆團片，石乳、頭乳皆狹片，名曰京的。乳亦有闊片者。乳以下皆闊片。』

蓋龍鳳等茶，皆太宗朝所製。至咸平初，丁晉公漕閩，始載之於《茶録》。人多言龍鳳團起於晉公，故張氏《畫墁録》云，晉公漕閩，始創為龍鳳團。此說得於傳聞，非其實也。慶曆中，蔡君謨將漕，創造小龍團以進，被旨仍歲貢之。君謨《北苑造茶詩》自序云：『其年改造上品龍茶二十八片，纔一斤，尤極精妙，被旨仍歲貢之。』歐陽文忠公《歸田録》云：『茶之品莫貴於龍鳳，謂之小團，凡二十八片，重一斤，其價直金二兩。然金可有，而茶不可得，嘗南郊致齋，兩府共賜一餅，四人分之。宮人往往鏤金花其上，蓋貴重如此。』繼壕按，石刻蔡君謨《北苑十詠・采茶詩》自序云：『其年改作新茶十斤，尤甚精好，被旨號為上品龍茶，仍歲貢之。』又詩句注云：『龍鳳茶八片為一斤，上品龍茶每斤二十八片』。《澠水燕談》作『上品龍茶一斤二十餅。』葉夢得《石林燕語》云：『故事，建州歲貢大龍鳳團茶各二斤，以八餅為斤。仁宗時，蔡君謨知建州，始別擇茶之精者，為小龍團十斤以獻，斤為十餅。仁宗以非故事，命劾之，大臣為請，因留免劾，然自是遂為歲額。』王從謹《清虛雜著補闕》云：蔡君謨始作小團茶入貢，意以仁宗嗣未立，而悅上心也。又作曾坑小團，歲貢一斤，歐文忠所謂兩府共賜一餅者是也。吳曾《能改齋漫録》云：『小龍小鳳，初因君謨為建漕造十斤獻之，朝廷以其額外，免勘。明年詔第一綱盡為之。』自小團出，而龍鳳遂為次矣。元豐間，有旨造密雲龍，其品又加於小團之上。昔人詩云：『小璧雲龍不入香，元豐龍焙乘詔作』，蓋謂此也。按，此乃山谷《和楊王休點雲龍》詩。繼壕按，《山谷集・博士王揚休碾密雲龍同十三人飲之戲作》云：『矞雲蒼璧小般龍，貢包新樣出元豐。王郎坦腹飯床東，太官分賜來婦翁。』又山谷《謝送碾賜壑源揀芽詩》云：『矞雲從龍小蒼璧，元豐至今人未識。』俱與本注異。《石林燕語》云：『熙寧中，賈青為轉運使，又取小團之精者為密雲龍，以二十餅為斤而雙袋，謂之雙角團茶，大小團袋皆用緋，通以為賜也。密雲獨用黃，蓋專以奉玉食。其後又有為瑞雲翔龍者。』周輝《清波雜志》云：『自熙寧後，始貴密雲龍，每歲頭綱修貢，奉宗廟及供玉食外，賫及臣下無幾。戚里貴近，丐賜尤繁。宣仁一日慨歎曰：令建州今後不得造密雲龍，受他人煎炒不得也。出來道我要密雲龍，不要團茶，揀好茶吃了，生得甚意智？此語既傳播于縉紳間，由是密雲龍之名益著。』是密雲龍實始于熙寧也。《畫墁録》亦云：『熙寧末，神宗有旨，建州製密雲龍，其品又加於小團矣。然密雲龍之出，則二團少粗，以不能兩好也。』惟《清虛雜著補闕》云：『元豐中，取揀芽不入香，作密雲龍茶，小於小團，而厚實過之。終元豐時，外臣未始識之。宣仁垂簾，始賜二府兩指許一小黃袋，其白如玉，上題曰揀芽，亦神宗所藏。』《鐵圍山叢談》云：『神祖時，即龍焙又進密雲龍。密雲龍者，其雲紋細密，更精絕于小龍團也。』紹聖間，改為瑞雲翔龍。繼壕按，《清虛雜著補闕》：『元祐末，福建轉運司又取北苑鎗旗，建人所作門茶者也，以為瑞雲龍。請進，不納。紹聖初，方入貢，歲不過八團。其制與密雲龍等而差小也。』《鐵圍山叢談》云：『哲宗朝，益復進瑞雲翔龍者，御府歲止得十二餅焉。』至大觀初，今上親製《茶論》二十篇，以白茶與常茶不同，偶然生出，非人力可致，於是白茶遂為第一。慶曆初，吳興劉異為《北苑拾遺》云：官園中有白茶五六株，而壅焙不甚至。茶戶唯有王免者，家一巨株，向春常造浮屋以障風日。其後有宋子安者，作《東溪試茶録》，亦言『白茶民間大重，出于近歲。芽葉如紙，建人以為茶瑞。』則知白茶可貴，自慶曆始，至大觀而盛也。繼壕按，《蔡忠惠文集・茶記》云：『王家白茶，聞於天下。其人名大詔。白茶惟一株，歲可作五七餅，如五株錢大。方其盛時，高視茶山，莫敢與之角。一餅直錢一千，非其親故，不可得也。終為園家以計枯其株。予過建安，大詔垂涕為予言其事。今年枯櫱輒生一枝，造成一餅，小於五銖。大詔越四千里，特攜以來京師見予，喜發顔面。予之好茶固深矣，而大詔不遠數千里之役，其勤如此，意謂非予莫之省也。可憐哉！已巳初月朔日書。』本注作『王免』，與此異。宋子安《試茶録》、晁公武《郡齋讀書志》作『朱子安』。既又製三色細芽，繼壕按，《說郛》《廣羣芳譜》俱作『細茶』。及試新銙、大觀二年，造御苑玉芽、萬壽龍芽。四年，又造無比壽芽及試新銙。按，《宋史・食貨志》『銙』作『胯』。繼壕按，《石林燕語》作『䩦』，《清波雜志》作『夸』。貢新銙。政和三年造貢新銙式，新貢皆創為此，獻在歲額之外。自三色細芽出，而瑞雲翔龍顧居下矣。繼壕按，《石林燕語》：『宣和後，團茶不復貴，皆以為賜，亦不復如向日之精。後取其精者為䩦茶，歲賜者不同，不可勝紀矣。』《鐵圍山叢談》云：『祐陵雅好尚，故大觀初，龍焙於歲貢色目外，乃進御苑玉芽、萬壽龍芽。政和間，且增以長壽玉圭。玉圭丸僅盈寸，大抵北苑絕品，曾不過是。歲但可十百餅。然名益新、品益出，而舊格遞降于凡劣爾。』

凡茶芽數品，最上曰小芽，如雀舌、鷹爪，以其勁直纖鋭，故號芽茶。次曰揀芽，繼壕按，《說郛》《廣羣芳譜》俱作『揀芽』。乃一芽帶一葉者，號一鎗一旗。次曰中芽，繼壕按，《說郛》《廣羣芳譜》俱作『中芽』。乃一芽帶兩葉者，號一鎗兩旗。其帶三葉四葉，皆漸老矣。芽茶早春極少。景德中，建守周絳繼壕按，《文獻通考》云：『絳，祥符初，知建州。』《福建通志》作『天聖間任。』為《補茶經》，言：『芽茶只作早茶，馳奉萬乘嘗之可矣。如一鎗一旗，可謂奇茶也。』故一鎗一旗，號揀芽，最為挺特光正。舒王《送人官閩中詩》云：『新茗齋中試一旗』，謂揀芽也。或者乃謂茶芽未展為鎗，已展為旗，指舒王此詩為誤，蓋不知有所謂揀芽也。今上聖製《茶論》曰：『一旗一鎗為揀芽。』又見王岐公珪詩云：『北苑和香品最精，綠芽未雨帶旗新。』故相韓康公絳詩云：

「一鎗已笑將成葉，百草皆羞未敢花。」此皆詠揀芽，與舒王之意同。繼壕按，王荊公追封舒王，此乃荊公送福建張比部詩中句也。《事文類聚續集》作「送元厚之詩」，誤。夫揀芽猶貴重如此，而況芽茶以供天子之新嘗者乎！

芽茶絶矣，至於水芽，則曠古未之聞也。宣和庚子歲，漕臣鄭公可簡，按《潛確類書》作「鄭可聞」。繼壕按。《福建通志》作「鄭可簡」，宣和間，任福建路轉運司（使）。《説郛》作「鄭可問」。始創為銀線水芽。蓋將已揀熟芽再剔去，祇取其心一縷，用珍器貯清泉漬之，光明瑩潔，若銀線然。其製方寸新銙，有小龍蜿蜒其上，號龍園勝雪。按《建安志》云：「此茶蓋於白合中，取一嫩條如絲髮大者，用御泉水研造成。分試其色如乳，其味腴而美。」又「園」字，《潛確類書》作「團」。今仍從原本，而附識於此。繼壕按，《説郛》《廣羣芳譜》「園」俱作「團」，下同。唯姚寬《西溪叢語》作「園」。又廢白、的、石三乳，鼎造花銙二十餘色。初，貢茶皆入龍腦，蔡君謨《茶録》云：茶有真香，而入貢者微以龍腦和膏，欲助其香。至是慮奪真味，始不用焉。

蓋茶之妙，至勝雪極矣，故合為首冠。然猶在白茶之次者，以白茶上之所好也。異時，郡人黄儒撰《品茶要録》，極稱當時靈芽之富，謂使陸羽數子見之，必爽然自失。蕃亦謂使黄君而閲今日，則前乎此者，未足詑焉。

然龍焙初興，貢數殊少，太平興國初纔貢五十片。繼壕按，《能改齋漫録》云：「建茶務，仁宗初，歲造小龍、小鳳各三十斤，大龍、大鳳各三百斤，不入香京鋌共二百斤，臘茶一萬五千斤。」王存《元豐九域志》云：「建州土貢龍鳳茶八百二十斤。」累增至元符，以片繼壕按，《説郛》作「斤」。計者一萬八千，視初已加數倍，而猶未盛。今則為四萬七千一百片繼壕按《説郛》作「斤」。有奇矣。此數皆見范逵所著《龍焙美成茶録》。逵，茶官也。繼壕按，《説郛》作「范達」。

又《宣和北苑貢茶録・後序》 先人作茶録，當貢品極盛之時，凡有四十餘色。紹興戊寅歲，克攝事北苑，閲近所貢皆仍舊，其先後之序亦同，惟躋龍園勝雪於白茶之上，及無興國巖小龍、小鳳。蓋建炎南渡，有旨罷貢三之一而省去也。按，《建安志》載，靖康初，詔減歲貢三分之一。紹興間，復減大龍及京鋌之半。十六年，又去京鋌，改造大龍團。至三十二年，凡工用之費，篚羞之式，皆令漕臣耑之，且減其數。雖府貢龍鳳茶，亦附漕綱以進，與此小異。繼壕按，《宋史・食貨志》：「歲貢片茶二十一萬六千斤。建炎以來，葉濃、楊勍等相因為亂，圓丁散亡，遂罷之。紹興二年，蠲未起大龍鳳茶一千七百二十八斤。五年，復減大龍鳳及京鋌之半。」李心傳《建炎以來朝野雜記甲集》云：「建茶歲產九十五萬斤，其為團胯者，號臘茶，久為人所貴。舊制，歲貢片茶二十一萬六千斤。建炎二年，葉濃之亂，圓丁亡散，遂罷之。紹興四年，明堂，始命市五萬斤為大禮賞。五年，都督府請如舊額發赴建康，召商人持往淮北。檢察福建財用章傑以片茶難市，請市末茶，許之。轉運司言其不經久，乃止。既而官給長引，許商販渡淮。十二年六月，興榷場，遂取臘茶為場本。九月，禁私販，官盡榷之。上京之餘，許通商，官收息三倍。又詔，私載建茶入海者斬，此五年正月辛未詔旨，議者因請鬻建茶於臨安。十月，移茶事司於建州，專一買發。十三年閏月，以失陷引錢，復令通商。今上供龍鳳及京鋌茶，歲額視承平纔半。蓋高宗以賜賚既少，俱傷民力，故裁損其數云。」先人但著其名號，克今更寫其形制，庶覽之者無遺恨焉。先是，壬子春，漕司再葺茶政，越十三載，仍復舊額。且用政和故事，補種茶二萬株。次年益虔貢職，遂有創增之目。仍改京鋌為大龍團，由是大龍多於大鳳之數。凡此皆近事，或者猶未之知也。先人又嘗作貢茶歌十首，讀之可想見異時之事，故併取以附於末。三月初吉，男克北苑寓舍書。

北苑貢茶最盛，然前輩所録，止於慶曆以上。自元豐之密雲龍、紹聖之瑞雲龍相繼挺出，制精於舊，而未有好事者記焉，但見於詩人句中。及大觀以來，增創新銙，亦猶用揀芽。蓋水芽至宣和始有，故龍園勝雪與白茶角立，歲充首貢。復自御苑玉芽以下，厥名實繁。先子親見時事，悉能記之，成編具存。今閩中漕臺新刊《茶録》未備，此書庶幾補其闕云。

淳熙九年冬十二月四日，朝散郎、行秘書郎、兼國史編修官、學士院權直熊克謹記。

宋 蔡條《鐵圍山叢談》卷六 建谿龍茶，始江南李氏，號「北苑龍焙」者，在一山之中間，其周遭則諸葉地也。居是山，號「正焙」，一出是山之外，則曰「外焙」。「正焙」「外焙」，色香必迥殊，此亦山秀地靈所鍾之有異色已。「龍焙」又號「官焙」，始但有龍鳳、大團二品而已。仁廟朝，伯父君謨名知茶，因進小龍團，為時珍貴，因有大團、小團之別。小龍團見於歐陽文忠公《歸田録》，至神祖時卽「龍焙」，又進「密雲龍」。「密雲龍」者，其雲紋細密，更精絶於小龍團也。及哲宗朝，益復進「瑞雲翔龍」者，御府歲止得十二餅焉。其後，祐陵雅好尚，故大觀初「龍焙」於歲貢色目外，乃進御苑玉芽、萬壽龍芽，政和間且增以長壽玉圭。玉圭凡厘盈寸，大抵北苑絶品曾不過是，歲但可十百餅。然名益新，品益出，而舊格遞降於凡劣爾。又茶茁其芽，貴在於社前則已進

御。自是迤邐宣和間，皆占冬至而嘗新茗，是率人力為之，反不近自然矣。茶之尚，蓋自唐人始，至本朝為盛；而本朝又至祐陵時益窮極新出，而無以加矣。

宋 周絳《補茶經》《輿地紀勝》卷一二九　天下之茶，建為最；建之北苑，又為最。

宋 羅大經《鶴林玉露・甲編》卷三《建茶》　陸羽《茶經》、裴汶《茶述》，皆不載建品，唐末然後北苑出焉。本朝開寶間，始命造龍團，以別庶品。厥後丁晉公漕閩，乃載之《茶録》，蔡忠惠又造小龍團以進。東坡詩云：『武夷溪邊粟粒芽，前丁後蔡相籠加。吾君所乏豈此物，致養口體何陋耶。』茶之為物，滌昏雪滯，於務學勤政，未必無助，其與進荔枝、桃花者不同，然充類至義，則亦宦官、宮妾之愛君也。忠惠直道高名，與范、歐相亞，而進茶一事，乃儕晉公，君子之舉措，可不謹哉？

宋 佚名《北苑雜述》《蔡端明別紀》卷七《茶癖》　北苑茶焙，在建寧吉苑里鳳皇山之麓。咸平中，丁謂為本路漕，監造御茶，歲進龍鳳團。慶曆間，蔡襄為漕使，始改造小龍團茶，尤極精妙。邑人熊蕃詩云：『外臺慶曆有仙官，龍鳳才聞製小團。』蓋謂是也。其後，則有細色五綱：第一綱，曰貢新；第二綱，曰試新；第三綱，曰龍團勝雪，曰白茶，曰御苑玉芽，曰萬壽龍芽，曰上林第一，曰乙夜供清，曰承平雅玩，曰龍鳳英華，曰玉除清賞，曰啟沃承恩，曰雪英，曰雲葉，曰蜀葵，曰金錢，曰玉華，曰寸金；第四綱，曰無比壽芽，曰萬春銀葉，曰宜年寶玉，曰玉清慶雲，曰無疆壽龍，曰玉葉長春，曰瑞雲翔龍，曰長壽玉圭，曰興國巖銙，曰香口焙銙，曰上品揀芽，曰新收揀芽；第五綱，曰太平嘉瑞，曰龍苑報春，曰南山應瑞，曰興國揀芽，曰興國巖小龍，曰興國巖小鳳，曰大龍，曰大鳳。其粗色七綱，曰小龍小鳳，曰大龍大鳳，曰不入腦上品揀芽小龍，曰入腦小龍，曰入腦小鳳，曰入腦大龍，入腦大鳳。此茶之名色也。北焙之名，極盛於宋。當時士大夫以為珍異而寶重之。嗟夫，以一草一木之味，而勞民動眾，糜費不貲。餘人不足道，君謨號正人君子，亦忍為此，何也。

宋 佚名《武夷志》《蔡端明別紀》卷七　武夷喊山臺，在四曲御茶園中。製茶為貢，自宋蔡襄始。先是建州貢茶，首稱北苑龍團，而武夷之石乳，名猶未著也。宋劉説道詩云：『靈芽得春光，龍焙收奇芬。進入蓬萊宮，翠甌生白雲。』坡詩詠『粟粒猶記少時聞』。

元 馬端臨《文獻通考》卷一八《征榷考五》　吳氏《能改齋謾録》曰：『建茶務，仁宗初，歲造小龍、小鳳各二百斤，大龍、大鳳各三百斤，入香、不入香京梃共二百斤，蠟茶一萬五千斤。小龍、小鳳，初因蔡君謨為建漕，造十斤獻之，朝廷以其額外免勘。明年，詔第一綱盡為之，故《東坡志林》載溫公曰：「君謨亦為此耶？」』

《宋史》卷一八四《食貨志下六・茶下》　建寧臘茶，北苑爲第一，其最佳者曰社前，次曰火前，又曰雨前，所以供玉食，備賜予。太平興國始置，大觀以後製愈精，數愈多，胯式屢變，而品不一，歲貢片茶二十一萬六千斤。建炎以來，葉濃、楊勍等相因爲亂，園丁亡散，遂罷之。紹興二年，蠲未起大龍鳳茶一千七百二十八斤。五年，復減大龍鳳及京鋌之半。

明 楊慎《升庵集》卷一四《月團茶歌序》　唐人製茶，碾末以酥滫為團，宋世尤精。前自元代以來，其法遂絕。

明 文震亨《長物志》卷一二《品茶》　古今論茶事者，無慮數十家，若鴻漸之《經》，君謨之《録》，可為盡善。然其時法用熟碾，為丸為鋌，故所稱有龍鳳團、小龍團、密雲龍、瑞雲翔龍。至宣和間，始以茶色白者為貴，漕臣鄭可聞始創為銀絲冰芽，以茶剔葉取心，清泉漬之，去龍腦諸香，惟新胯小龍蜿蜒其上，稱龍團勝雪，當時以為不更之法。

明 羅廩《茶解・原》　鴻漸志茶之出，曰山南、淮南、劍南、浙東、黔州、嶺南諸地。而唐宋所稱，則建州、洪州、穆州、惠州、綿州、福州、雅州、南康、婺州、宣城、饒池、蜀州、潭州、彭州、袁州、龍安、涪州、建安、岳州。而紹興進茶，自宋范文虎始；余邑貢茶，亦自南宋季至今。南山有茶局、茶曹、茶園之名，不一而止。蓋古多園中植茶。沿至我朝，貢茶為累，茶園盡廢，第取山中野茶，聊且塞責，而茶品遂不得與陽羨、天池相抗矣。余按：唐宋產茶地，僅僅如前所稱，而今之虎丘、羅岕、天池、顧渚、松蘿、龍井、雁蕩、武夷、靈山、大盤、日鑄諸有名之茶，無一與焉。乃知靈草在在有之，但人不知培植，或疏於制度耳。嗟嗟，宇宙大矣！

明 徐𤊹《武夷茶考》《茶集》卷一

按，《茶録》諸書，閩中所產茶，以建安北苑第一，壑源諸處次之。然武夷之名，宋季未有聞也。然范文正公《鬥茶歌》云：『溪邊奇茗冠天下，武夷仙人從古栽。』蘇子瞻亦云：『武夷溪邊粟粒芽，前丁後蔡相寵加。』則武夷之茶，在前宋亦有知之者，第未盛耳。

元大德間，浙江行省平章高興，始採製充貢，創闢御茶園於四曲，建第一春殿、清神堂、焙芳、浮光、燕嘉、宜寂四亭。門曰仁風，井曰通仙，橋曰碧雲。

明 徐𤊹《茶考》《續茶經》卷上　按，丁謂製龍團，蔡忠惠製小龍團，皆北苑事。其武夷修貢，自元時浙省平章高興始，而談者輒稱丁、蔡。蘇文忠公詩云：『武夷溪邊粟粒芽，前丁後蔡相寵嘉』，則北苑貢時，武夷已為二公賞識矣。至高興武夷貢後，而北苑漸至無聞。昔人云：茶之為物，滌昏雪滯，於務學勤政，未必無助；其與進荔枝、桃花者不同。然充類至義，則亦宦官、宮妾之愛君也。忠惠直道高名，與范、歐相亞；而進茶一事，乃儕晉公。君子舉措，可不慎歟？

明 徐𤊹《蔡端明別紀》卷七《茶癖》　蔡君謨，議茶者莫敢對公發言。建茶所以名重天下，由公也。後公製小團，其品尤精於大團。

明 夏樹芳《茶董》卷下　沈存中雀舌　沈括《夢溪筆談》：茶芽謂雀舌、麥顆，言至嫩也。茶之美者，其質素良，而所植之土又美。新芽一發，便長寸餘，其細如鍼，如雀舌、麥顆者，極下材耳。乃北人不識，誤為品題。予山居有《茶論》，復口占一絕：誰把嫩香名雀舌，定來北客未曾嘗。不知靈草天然異，一夜風吹一寸長。

明 謝肇淛《五雜組》卷一一《物部三》　宋初閩茶，北苑為之，最初造研膏，繼造臘面；既又制其佳者為京挺，後造龍鳳團而臘面廢；及蔡君謨造小龍團，而龍鳳團又為次矣。當時上供者，非兩府禁近不得賜，而人家亦珍重愛惜。如王東城有茶囊，惟楊大年至，則取以具茶，它客莫敢望也。元豐間造密雲龍，其品又在小團之上。今造團之法皆不傳，而建茶之品亦遠出吳會諸品之下。其武夷、清源二種，雖與上國爭衡，而所產不多，十九饞鼎，故遂令聲價靡不復振。

明 顧起元《說略》卷二五《食憲》　建州之北苑先春龍焙，洪州之西山白露，鶴嶺雙井白芽，穆州之鳩坑，東川之獸目，綿州之松嶺，福州之柏巖，方山生芽，雅州之露芽，南康之雲居，婺州之舉巖碧乳，宣城之陽坡橫紋，饒池之仙芝、福合、祿合、蓮合、慶合，蜀州之雀舌、鳥嘴、片甲、蟬翼，潭州之獨行、靈草，彭州之仙崖石蒼，臨江之玉津，袁州之金片、綠英，龍安之騎火，涪州之賓化，建安之青鳳髓，岳州之黃翎毛，建安之石巖白，岳陽之金膏冷，南劍之蒙頂石花，湖州之顧渚紫筍，峽州之碧澗明月，壽州之霍山黃芽，越州之日注，此唐宋時產茶地及名也。

《南部新書》云：湖州造茶最多，謂之顧渚貢焙，歲造一萬八千餘斤。按，此則唐茶不重建，以建未有奇產也。至南唐初造研膏，繼造蠟面，既又佳者號曰京挺。宋初置龍鳳模，號石乳，又有的乳、白乳，而蠟面始下矣。丁晉公進龍鳳團，至蔡君謨又進小龍團。神宗時復製密雲龍，哲宗改為瑞雲翔龍，則益精，而小龍團下矣。徽宗品茶，以白茶第一，又製三色細芽，而瑞雲翔龍下矣。宣和庚子，漕臣鄭可聞始創為銀絲冰芽，蓋將已揀熟芽再剔去，祇取其心一縷，用清泉漬之，光瑩如銀絲。方寸新胯，小龍蜿蜒其上，號龍團勝雪，去龍腦諸香，遂為諸品之冠。

明 張岱《夜航船》卷一一《日用部·飲食》　宋太宗始制龍鳳模，即北苑時造團茶，以別庶飲，用茶碾，今炒制用茶芽，廢團。

又　宋始稱絕品茶曰鬬，次亞鬬。始制貢茶，列粗細綱。

清 劉源長《茶史》卷一《茶之原始》　宋開寶間，始命造龍團，以別庶品。厥後丁晉公謂漕閩，乃載之《茶録》。蔡忠惠又造小龍團以進。

大小龍鳳茶，始於丁謂，而成於蔡襄。

龍鳳團貢自北苑，始於丁晉公，成於蔡君謨。雖曰官焙、私焙，然皆蒸揉印造，其去雀舌、旗槍必遠。

宋人造茶有二：一曰片，一曰散。片則蒸造成片者，散則既蒸而研，合諸香以為餅，所謂大小龍團也。君謨作此，而歐公為之歎。

茶之品，莫重於龍鳳團。凡二十餘餅重一斤，直金二兩。然金可有而茶不可得。每南郊致齋，中書樞密院各賜一餅，四人分之，宮人縷金其上，其貴重如此。

又 歷代貢茶，皆以建寧為上，有龍團、鳳團、石乳、滴乳、綠昌明、頭骨、次骨、末骨、京珽等名。而密雲龍品最高，皆碾末作餅，至明朝始用芽茶，曰探春，曰先春，曰次春，曰紫筍及薦新等號，而龍鳳團皆廢矣，則福茶固甲於天下也。

又《茶之分産·福建》 蜜雲龍載前名產內，凡四則。葉石林云：熙寧中，賈青字春卿，為福建轉運使，取小龍團之精者為蜜雲龍，自玉食外，戚里貴近乞賜尤繁。宣仁一日慨歎曰：建州今後不得造蜜雲龍，受他人煎炒不得也。此語頗傳播縉紳間。

瑞雲翔龍、勝雪、水芽 宋神宗製蜜雲龍，哲宗改為瑞雲翔龍。宋茶重瑞雲翔龍，宣和間，鄭可聞復紉為銀絲水芽，蓋將已揀熟芽再令剔去，祇取其心一縷，用珍器貯清泉漬之，光瑩如銀絲然，號曰勝雪。見茶原始內。宋姚寬云：建茶有十綱，第一綱、二綱太嫩，第三綱茶最妙，惟龍團勝雪、白茶二種，謂之冰芽。

玉蟬膏、清風使 建人徐恪，見遺鄉信珽子茶，茶面印文曰玉蟬膏；又一種曰清風使。

又 石巖白 産建安能仁院。蔡君謨善別茶。建安能仁院，有茶生石縫間，蓋精品也。僧採造得茶八餅，以四餅遺蔡，以四餅遺內翰王禹玉。歲除，蔡被召還闕，訪王。王碾以待蔡，蔡捧甌未嘗，輒曰：『此極似能仁寺石巖白，公何以得之？』禹玉未信，索帖驗之，乃服。

粟粒芽 粟粒，出武夷溪邊者佳。粟粒芽，東坡以為茶之極品。詩云：武夷溪邊粟粒芽，前丁後蔡相籠加。《北苑》詩：帶香分破建溪春。范希文歌曰：年年春自東南來，建溪先暖水微開。溪邊奇茗冠天下，武夷仙人從古栽。武夷屬崇安，道書第十六洞天。常有神降此，自稱武夷君。《列仙傳》錢鏗二子，長曰武，次曰夷。

又 石坑、增坑、雪坑、佛嶺、沙溪、壑源、葉源 建茶之焙三十有二，北苑其首也。而園別為二十五，如此等處。坡詩：增坑一掬春，紫餅供千家。山谷詩：茗花浮增坑。坡詩：周家新致雪坑茶。沙溪茶色白，又過於增坑。壑源見前石乳。《苕溪詩話》：北苑官焙，歲供為上。壑源私焙，亦入貢，為次。二焙相去三四里間。若沙溪，外焙也，與二焙絕遠，為下。故魯直詩云『莫遺沙溪來亂真』是也。孫椎《送茶與焦刑部書》云：晚甘侯十五人，遣侍齋閣，此徒皆請雷而折，拜水而和。蓋建陽丹山碧水之鄉，月澗雲龕之品。杜牧詩云：閩實東吳秀，茶稱瑞草魁。又云：泉嫩黃金湧，芽香紫璧裁。范文正公《和章岷從事鬥茶歌》：新雷昨夜發何處，家家嬉笑穿雲去。露牙錯落一番新，綴玉含珠散嘉樹。北苑將期獻天子，林下雄豪先鬥美。鼎磨雲外首山銅，瓶攜江上中泠水。黃金碾畔綠塵飛，碧玉甌中翠濤起。鬥茶味兮輕醍醐，鬥茶香兮薄蘭芷。勝若登仙不可攀，輸同降將無窮恥。蔡君謨謂范文正曰：公《採茶歌》『黃金碾畔綠塵飛，碧玉甌中翠濤起』，今茶絕品，其色甚白，欲改為『玉塵飛』『素濤起』如何？公曰善。

桃花茶、青鳳髓、紫霞英 建安茶之極精者。東坡嘗問大冶乞桃花茶，有《水調歌頭》一首：已過幾番雨，前夜一聲雷。槍旗爭戰建溪，春色佔先魁。採取枝頭雀舌，帶露和煙搗碎，結就紫雲堆。輕動黃金碾，飛起綠塵埃。老龍團，真鳳髓，點將來。兔毫盞裏，霎時滋味舌頭回。喚醒青州從事，戰退睡魔百萬，夢不到陽台。兩腋清風起，我欲上蓬萊。建寧城東為北苑，茶出北苑者，為天下第一，名北苑焙。丁謂嘗備載造茶之法。北苑，官焙也，每造在驚蟄後。建陽雲谷有茶坡，朱熹搆草堂於此，即晦庵也。建陽蘆峯之顛，內寬外密，自成一區，有桃蹊、竹塢、漆園、藥圃、泉瀑、洞壑之勝。茶坡即晦庵搆堂處。建州北苑數處產者，性味極佳，與他方不同。今亦獨名為蠟茶，作餅日晒，得火愈良。其他或為芽，或為末，收貯微見火便硬，色味俱敗。惟鼎州一種芽茶，性味略類建茶，今汴中、河北、京西等處，磨為末，亦多冒蠟茶者。建茶御用名目凡十有八：曰萬壽龍芽，曰御苑玉芽，曰玉葉長春，曰萬壽銀葉，曰龍苑報春，曰上林第一，曰乙夜清供，曰宜長寶玉，曰浴雪呈祥，曰暘谷先春，曰蜀葵寸金，曰雲英，曰雪葉等目。

明 黃履道撰，清 佚名增補《茶苑》卷一四 《畫墁録》云：永洛之役，一日喪馬七千匹。城下灰燼中，大小龍團纍纍可拾，當時好尚可知矣。

清 陸廷燦《續茶經》卷上《一之源》 周輝《清波雜志》：自熙寧後，始貢密雲龍。每歲頭綱修貢，奉宗廟及供玉食外，賚及臣下無幾；戚里貴近，丐賜尤繁。宣仁太后令『建州不許造密雲龍，受他人煎炒不

得也』。此語既傳播於縉紳間，由是密雲龍之名益著。淳熙間，親黨許仲啟官麻沙，得《北苑修貢録》，序以刊行。其間載歲貢十有二綱，凡三等，四十有一名。第一綱曰龍焙貢新，止五十餘胯，貴重如此，獨無所謂密雲龍者，豈以貢新易其名耶，抑或別為一種又居密雲龍之上耶？

又《瑞草總論》：唐宋以來，有貢茶、有榷茶。夫貢茶，猶知斯人有愛君之心；若夫榷茶，則利歸於官，擾及於民，其為害又不一端矣。

又 吳拭云：武夷茶，賞自蔡君謨始，謂其味過於北苑龍團，周右文極抑之。蓋緣山中不諳製焙法，一味計多狥利之過也。余試採少許，製以松蘿法，汲虎嘯巖下語兒泉烹之，三德俱備，帶雲石而復有甘軟氣；乃分數百葉寄右文，令茶吐氣，復酹一杯，報君謨於地下耳。

又 野航道人朱存理云：飲之用，必先茶，而茶不見於《禹貢》，蓋全民用而不為利。後世榷茶，立為制，非古聖意也。陸鴻漸著《茶經》，蔡君謨著《茶録》，孟諫議寄盧玉川三百月團，後侈至龍鳳之飾，責當備於君謨；然清逸高遠，上通王公，下逮林野，亦雅道也。

又 胡仔《苕溪漁隱叢話》：建安北苑，始於太宗太平興國三年，遣使造之。取象於龍鳳，以別入貢。至道間，仍添造石乳、蠟面，其後大小龍又起於丁謂，而成於蔡君謨。至宣政間，鄭可簡以貢茶進用，久領漕添續入，其數浸廣，今猶因之。細色茶五綱，凡四十三品，形製各異，共七千餘餅。其間貢新、試新、龍團勝雪、白茶、御苑玉芽此五品，乃水揀為第一，餘乃生揀次之。又有粗色茶七綱，凡五品。大小龍鳳並揀芽，悉入龍腦，和膏為團餅茶，共四萬餘餅。蓋水揀茶，即社前者；生揀茶，即火前者；粗色茶，即雨前者。閩中地暖，雨前茶已老而味加重矣。又有石門、乳吉、香口三外焙，亦隸於北苑，皆採摘茶芽，送官焙添造。每歲縻金共二萬餘緡，日役千夫，凡兩月方能迄事。第所造之茶，不許過數，入貢之後，市無貨者，人所罕得。惟壑源諸處私焙茶，其絕品亦可敵官焙；自昔至今，亦皆入貢。其流販四方者，悉私焙茶耳。

紀事

宋 彭乘《墨客揮犀》卷四 蔡君謨善別茶，後人莫及。建安能仁院，有茶生石縫間，寺僧採造得茶八餅，號石巖白。以四餅遺君謨，以四餅密遣人走京師，遺王內翰禹玉。歲餘，君謨被召還闕，訪禹玉。禹玉命子弟於茶笥中選取茶之精品者，碾待君謨。君謨捧甌未嘗，輒曰：『此茶極似能仁石巖白，公何從得之？』禹玉未信，索茶貼驗之，乃服。王荊公為小學士時，嘗訪君謨。君謨聞公至喜甚，自取絕品茶，親滌器烹點以待公，冀公稱賞。公于夾袋中取消風散一撮，投茶甌中，併食之。君謨失色，公徐曰：『大好茶味。』君謨大笑，且歎公之真率也。

宋 蘇軾《東坡志林》卷一〇 近時世人好蓄茶與墨，閒暇出二物校勝負，云茶以白為尚，墨以黑為勝，予既不能校，則以茶校墨，以墨校茶，未嘗不勝也。

真松煤遠煙，馥然自有龍麝氣，初不假二物也。世之嗜者如滕達道、蘇浩然、呂行甫，暇日晴暖，研墨水數合，弄筆之餘少啜飲之。蔡君謨嗜茶，老病不能復飲，則把玩而已。看茶而啜墨，亦事之可笑者也。

又 唐人煎茶用薑，故薛能詩云『鹽損添常戒，薑宜煮更誇』。據此，則又有用鹽者矣。近世有用此二物者，輒大笑之，然茶之中等者，若用薑煎信佳也。鹽則不可。

宋 葉夢得《石林燕語》卷八 故事，建州歲貢大龍、鳳團茶各二觔，以八餅為觔。仁宗時，蔡君謨知建州，始別擇茶之精者，為小龍團十觔以獻，觔為十餅。仁宗以非故事，命劾之。大臣為請，因留而免劾。然自是遂為歲額。熙寧中，賈青為福建轉運使，又取小團之精者為密雲龍，以二十餅為觔而雙袋，謂之『雙角團茶』。大小團袋皆用緋，通以為賜也；密雲獨用黃，蓋專以奉玉食。其後又有瑞雲翔龍者。宣和後，團茶不復貴，皆以為賜，亦不復如向日之精；後取其精者為銙茶，歲賜者不同，不可勝紀矣。

宋 周密《武林舊事》卷二《進茶》 仲春上旬，福建漕司進第一綱茶，名北苑試新，皆方寸小夸，進御止百夸。護以黃羅軟盝，藉以青

篛，裹以黄羅夾複，臣封朱印，外用朱漆小匣、鍍金鎖，又以細竹絲織笈貯之，凡數重。此乃雀舌水芽所造，一夸之直四十萬，僅可供數甌之啜耳。或以一二賜外邸，則以生線分解，轉遺好事以為奇玩。茶之初進御也，翰林司例有品嘗之費，皆漕司邸吏賂之，間不滿欲，則入鹽少許，茗花為之散漫，而味亦漓矣。禁中大慶會，則用大鍍金甓，以五色韻果簇飣龍鳳，謂之繡茶，不過悦目，亦有專工者。外人罕知，因附見於此。

宋 王鞏《甲申雜記》 仁宗朝春試進士集英殿，后妃御太清樓觀之。慈聖光獻出餅角子以賜進士，出七寶茶以賜考試官。

初，貢團茶及白羊酒惟現任兩府方賜之。仁宗朝及前宰臣歲賜茶一斤、酒二壺，後以為例。

明 夏樹芳《茶董》卷上 梅聖俞吐雪堆雲 梅堯臣在楚斫茶磨題詩有：『吐雪誇新茗，堆雲憶舊溪。北歸惟此急，藥臼不須齎。』可謂嗜茶之極矣。聖俞茶詩甚多，吳正仲餉新茶，沙門穎公遺碧霄峯茗，俱有吟詠。

明 萬邦寧《茗史》卷上《景仁茶器》 司馬温公偕范蜀公游嵩山，各攜茶往。温公以紙為貼，蜀公盛以小黑合。温公見之驚曰：景仁乃有茶器。蜀公聞其言，遂留合與寺僧。《邵氏聞見録》云：温公與范景仁共登嵩頂，由轘轅道至龍門，涉伊水，坐香山憩石，臨八節灘，多有詩什。攜茶登覽，當在此時。

又《官焙香》 黄魯直一日以小龍團半鋌，題詩贈晁無咎：『曲兀蒲團聽煮湯，煎成車聲繞羊腸。雞蘇胡麻留渴羌，不應亂我官焙香。』東坡見之曰：『黄九怎得不窮。』

又《蘇蔡鬥茶》 蘇才翁與蔡君謨鬥茶，蔡用惠山泉，蘇茶小劣，用竹瀝水煎，遂能取勝。竹瀝水，天台泉名。

又《品題風味》 杭妓周韶有詩名，好畜奇茗，嘗與蔡君謨鬥勝，品題風味，君謨屈焉。

又《嗽茗孤吟》 宋僧文瑩，博學攻詩，多與達人墨士相賓。主堂前種竹數竿，畜鶴一隻，遇月明風清，則倚竹調鶴，嗽茗孤吟。

又《清泉白石》 倪元鎮性好潔，閣前置梧石，日令人洗拭。又好飲茶，在惠山中用核桃、松子肉和真粉成小塊如石狀，置茶中，名曰清泉白石茶。

又 卷下《玩茗》 茶可於口，墨可於目。蔡君謨老病不能飲，則烹而玩之。

又《殿茶》 翰林學士，春晚人困，則日賜成象殿茶。

又《大小龍茶》 大小龍茶，始於丁晉公而成於蔡君謨。歐陽永叔聞君謨進龍團，驚歎曰：『君謨士人也，何至作此事。』今年閩中監司乞進鬥茶，許之；故其詩云：『武夷谿邊粟粒芽，前丁後蔡相籠加。爭買龍團各出意，今年鬥品充官茶。』則知始作俑者，大可罪也。

又《卍字》 東坡以茶供五百羅漢，每甌現一卍字。

明 黄履道撰，清 佚名增補《茶苑》卷四 歙州之先春、早春茶品，在宋已登貢籍。《茶史》

清 劉源長《茶史》卷一《茶之名産》 蜜雲龍 茶極為甘馨，宋所最重，時黄、秦、鼂、張號蘇門四學士，子瞻待之厚。每來，必令侍妾朝雲取蜜雲龍，不妄設也。廖正一，字明略，將樂人。元祐中入試，蘇軾得其策，擊節歎賞，每以蜜雲龍茶飲之。出知常州，有聲，後入黨籍，自號竹林居士。周淮海云：先人嘗從張晉彦覓茶，口占云：內家新賜蜜雲龍，只到調元六七公。賴有家山供小草，猶堪詩老薦春風。黄山谷有商雲龍。

黄蘗茶 東坡守錢塘，參寥子居智果院，東坡於寒食後訪參寥子，汲泉鑽火，烹此茶對啜。

清 余懷《茶史補》 鼎州北百里有甘泉寺，在道左。其泉清美，最宜瀹茗。寇萊公謫守雷州經此，酌泉烹茗，誌壁而去。未幾，丁謂竄朱崖復經此，禮佛留題以行。

蘇丞相頌嘗云：吾生平薦舉不知幾何人，惟孟安序朝奉，歲以雙井茶一罌為餉。

清 陸廷燦《續茶經》卷上《一之源》 姚氏《殘語》：紹興進茶，自高文虎始。

著録

宋 趙佶《大觀茶論・序》《说郛》卷九三 嘗謂首地而倒生，所以供人之求者，其類不一。穀粟之於饑，絲枲之於寒，雖庸人孺子皆知，常須而日用，不以歲時之舒迫而可以興廢也。至若茶之為物，擅甌閩之秀氣，鍾山川之靈禀，祛襟滌滯，致清導和，則非庸人孺子可得而知矣；沖淡簡潔，韻高致靜，則非遑遽之時可得而好尚矣。

本朝之興，歲修建溪之貢，龍團鳳餅，名冠天下；壑源之品，亦自此盛。延及於今，百廢俱舉，海内晏然，垂拱密勿，幸致無為。薦紳之士，韋布之流，沐浴膏澤，薰陶德化，咸以雅尚相推，從事茗飲。故近歲以來，采擇之精，製作之工，品第之勝，烹點之妙，莫不咸造其極。且物之興廢，固自有然，亦係乎時之汙隆。時或遑遽，人懷勞悴，則向所謂常須而日用，猶且汲汲營求，惟恐不獲，飲茶何暇議哉？世既累洽，人恬物熙，則常須而日用者，因而厭飫狼藉。而天下之士，厲志清白，競為閒暇修索之玩，莫不碎玉鏘金，啜英咀華，較篋笥之精，爭鑑裁之妙；雖否士於此時，不以蓄茶為羞。可謂盛世之清尚也。

宋 蔡襄《茶録・序》 朝奉郎、右正言、同修起居注臣蔡襄上進：臣前因奏事，伏蒙陛下諭，臣先任福建轉運使日所進上品龍茶最為精好。臣退念草木之微，首辱陛下知鑒，若處之得地，則能盡其材。昔陸羽《茶經》，不第建安之品；丁謂《茶圖》，獨論採造之本。至於烹試，曾未有聞。臣輒條數事，簡而易明，勒成二篇，名曰《茶録》。伏惟清閒之宴，或賜觀采，臣不勝惶懼榮幸之至。謹敘。

宋 歐陽修《文忠集》卷六五《龍茶録・後序》 茶為物之至精，而小團又其精者，録敘所謂上品龍茶者是也。蓋自君謨始造而歲貢焉。仁宗尤所珍惜，雖輔相之臣未嘗輒賜。惟南郊大禮致齋之夕，中書、樞密院各四人共賜一餅，宮人剪金為龍鳳花草貼其上。兩府八家分割以歸，不敢碾試，但家藏以為寶，時有佳客，出而傳玩爾。至嘉祐七年，親享明堂，齋夕，始人賜一餅。余亦忝預，至今藏之。余自以諫官供奉仗内，至登二府，二十餘年，才一獲賜。而丹成龍駕，舐鼎莫及，每一捧玩，清血交零而已。因君謨著録，輒附於後，庶知小團自君謨始，而可貴如此。治平甲辰七月丁丑，廬陵歐陽修書還公期書室。

藝文

清 劉源長《茶史》卷一《茶之原始》 杜詩説：茶莫貴於龍鳳團。以茶為圓餅，上印龍鳳文供御者，以金妝龍鳳。坡詩：揀芽入雀舌，賜茗出龍團。歐詩：雀舌未經三月雨，龍芽先占一枝春。《北苑》詩：帶煙蒸雀舌，和露疊龍鱗。《茶榜》：雀舌初調，玉碗分時文思健；龍團搥碎，金渠碾處睡魔降。

雜録

元 王禎《農書》卷一〇《百穀譜一〇・雜類》 蠟茶最貴，而製作亦不凡。擇上等嫩芽，細碾入羅，雜腦子、諸香膏油，調劑如法，印作餅子，制樣任巧。候乾，仍以香膏油潤飾之。其製有大小龍團、帶胯之異，此品惟充貢品，民間罕見之。始于宋丁晉公，成於蔡端明。間有他造者，色、香、味俱不及。

明

論説

明 朱權《茶譜》 茶之為物，可以助詩興，而雲山頓色，可以伏睡魔，而天地忘形，可以倍清談，而萬象驚寒，茶之功大矣。其名有五：曰茶、曰檟、曰蔎、曰茗、曰荈。一云早取為茶，晚取為茗。食之能利大腸，去積熱，化痰下氣，醒睡、解酒、消食，除煩去膩，助興爽神。得春

陽之首，占萬木之魁。始於晉，興於宋。惟陸羽得品茶之妙，著《茶經》三篇，蔡襄著《茶録》二篇。蓋羽多尚奇古，製之為末，以膏為餅。至仁宗時，而立龍團、鳳團、月團之名，雜以諸香，飾以金彩，不無奪其真味。然天地生物，各遂其性，莫若葉茶，烹而啜之，以遂其自然之性也。予故取亨茶之法，末茶之具，崇新改易，自成一家，為雲海餐霞服日之士，共樂斯事也。雖然，會茶而立器具，不過延客欵話而已，大抵亦有其說焉。凡鸞儔鶴侶，騷人羽客，皆能志絕塵境，棲神物外，不伍於世流，不汚於時俗。或會於泉石之間，或處於松竹之下，或對皓月清風，或坐明窗靜牖，乃與客清談欵話，探虛玄而參造化，清心神而出塵表。命一童子設香案，攜茶爐於前，一童子出茶具，以瓢汲清泉注於瓶而炊之。然後碾茶為末，置於磨令細，以羅羅之，候湯將如蟹眼，量客衆寡，投數匕入於巨甌。候茶出相宜，以茶筅摔令沫不浮，乃成雲頭雨腳，分於啜甌，置之竹架，童子捧獻於前。主起，舉甌奉客曰：『為君以瀉清臆。』客起接，舉甌曰：『非此不足以破孤悶。』乃復坐。飲畢，童子接甌而退。話久情長，禮陳再三，遂出琴棋，陳筆研，或庚歌，或鼓琴，或奕棋，寄形物外，與世相忘，斯則知茶之為物，可謂神矣。然而啜茶大忌白丁，故山谷曰：『著茶須是吃茶人。』更不宜花下啜，故山谷曰『金谷看花莫謾煎』是也。盧仝喫七碗，老蘇不禁三碗，予以一甌，足可通仙靈矣。使二老有知，亦為之大笑，其他聞之，莫不謂之迂闊。

明 于慎行《穀山筆麈》卷一四　宋、元以來，茶目遂多，然皆蒸乾為末，如今香餅之制，乃以入貢，非如今之食茶，止采而烹之也。西戎食茶，不知起於何時。本朝以茶易番馬，制其死命，番人以茶為藥，百病皆瘥，不得則死，此亦前代所未有也。

明 文震亨《長物志》卷一二《品茶》　古今論茶事者，無慮數十家，若鴻漸之《經》，君謨之《録》，可為盡善。然其時法用熟碾，為丸為鋌，故所稱有龍鳳團、小龍團、密雲龍、瑞雲翔龍。至宣和間，始以茶色白者為貴，漕臣鄭可聞始創為銀絲冰芽，以茶剔葉取心，清泉漬之，去龍腦諸香，惟新胯小龍蜿蜒其上，稱龍團勝雪，當時以為不更之法。而吾朝所尚又不同，其烹試之法亦與前人異，然簡便異常，天趣悉備，可謂盡茶之真味矣。至於洗茶、候湯、擇器，皆各有法，寧特侈言烏府、雲屯、苦節、建城等目而已哉！

明 許次紓《茶疏・産茶》　天下名山，必産靈草。江南地暖，故獨宜茶。大江以北，則稱六安。然六安乃其郡名，其實産霍山縣之大蜀山也。茶生最多，名品亦振，河南、山、陝人皆用之。南方謂其能消垢膩、去積滯，亦共寶愛。顧彼山中不善製造，就於食鐺大薪炒焙，未及出釜，業已焦枯，詎堪用哉？兼以竹造巨笱，乘熱便貯，雖有綠枝紫笱，輒就萎黄，僅供下食，奚堪品鬥。

江南之茶，唐人首稱陽羨，宋人最重建州，於今貢茶，兩地獨多。陽羨僅有其名，建茶亦非最上，惟有武夷雨前最勝。近日所尚者，為長興之羅岕，疑即古人顧渚紫笋也。介於山中，謂之岕，羅氏隱焉，故名羅。然岕故有數處，今惟洞山最佳。姚伯道云：明月之峽，厥有佳茗，是名上乘。要之，採之以時，製之盡法，無不佳者。其韻致清遠，滋味甘香，清肺除煩，足稱仙品，此自一種也。若在顧渚，亦有佳者，人但以水口茶名之，全與岕別矣。若歙之松蘿、吴之虎丘、錢塘之龍井，香氣穠郁，並可雁行，與岕頡頏。往郭次甫亟稱黄山，黄山亦在歙中，然去松蘿遠甚。往時士人皆貴天池，天池産者，飲之略多，令人脹滿，自余始下其品，向多非之，近來賞音者始信余言矣。浙之産，又曰天台之雁宕、括蒼之大盤、東陽之金華、紹興之日鑄，皆與武夷相為伯仲。然雖有名茶，當曉藏製。製造不精，收藏無法，一行出山，香味色俱減。錢塘諸山，産茶甚多，南山盡佳，北山稍劣。北山勤於用糞，茶雖易茁，氣韻反薄。往時頗稱睦之鳩坑、四明之朱溪，今皆不得入品。武夷之外，有泉州之清源，倘以好手製之，亦是武夷亞匹，惜多焦枯，令人意盡。楚之産曰寶慶，滇之産曰五華，此皆表表有名，猶在雁茶之上。其他名山所産，當不止此，或余未知，或名未著，故不及論。

又《茶疏・今古製法》　古人製茶，尚龍團鳳餅，雜以香藥。蔡君謨諸公，皆精於茶理，居恆鬥茶，亦僅取上方珍品碾之，未聞新制。若漕司所進第一綱名北苑試新者，乃雀舌、冰芽。所造一夸之直至四十萬錢，僅供數盂之啜，何其貴也。然冰芽先以水浸，已失真味，又和以名香，益奪其氣，不知何以能佳。不若近時製法，旋摘旋焙，香色俱全，尤蘊真味。

明 高元濬《茶乘拾遺》 茶至今日稱精備哉。唐宋研膏蠟面，京挺龍團，把握纖微，直錢數萬，珍重極矣。而碾造愈工，茶性愈失，矧雜以香物乎？曾不如今人止精於炒焙，不損本真。故桑苧翁第可想其風致，奉為開山。其春碾羅則諸法，存而不論可也。

明 羅廩《茶解・總論》 茶通仙靈，久服能令昇舉，然蘊有妙理，非深知篤好，不能得其當。蓋知深斯鑒別精，篤好斯修製力。余自兒時性喜茶，顧名品不易得，得亦不常有，乃周遊產茶之地，採其法制，參互考訂，深有所會，遂於中隱山陽栽植培灌，茲且十年。春夏之交，手為摘製，聊足供齋頭烹啜，論其品格，當雁行虎丘。因思制度有古人意慮所不到，而今始精備者，如席地團扇，以冊易卷，以墨易漆之類，未易枚舉。即茶之一節，唐宋間研膏蠟面，京挺龍團，或至把握纖微，直錢數十萬，亦珍重哉。而碾造愈工，茶性愈失，矧雜以香物乎？曾不若今人止精於炒焙，不損本真。

明 曹士謨《茶要》 名區勝種，採製精良，茶之稟受也。遠道購求，重貲倍值，茶之身價也。緩焙密緘，深貯少洩，茶之呵護也。清泉澄江，引汲新活，茶之正脈也。堅炭洪燃，文武相逼，茶之有功也。水火既濟，湯以壯成，茶之司命也。壺琖雅潔，饒韻適宜，茶之安立也。諸凡器具，備式利用，茶之依附也。供役謹敏，如法執辦，茶之倚任也。候湯急瀉，爇琖徐傾，茶之節制也。若斷若續，亦梅亦蘭，茶之真香也。露華淺碧，乍凝乍浮，茶之正色也。寓甘於苦，沃吻沁心，茶之至味也。吸香觀色，呷嚥省味，茶之領略也。香散色濃，味極雋永，茶之畢事也。果蔬小列，瀹濾鮮芳，茶之佐侑也。淨几閒窗，珍玩名蹟，茶之莊嚴也。瓶花簷竹，盆石罏香，茶之徒侶也。山色溪聲，草茵松蓋，茶之亭途也。一鏡當空，六花呈瑞，茶之點綴也。景候和佳，情怡神爽，茶之曠適也。淒風冷雨，懷感寂寥，茶之鍊境也。墨花毫彩，操弄詠吟，茶之週旋也。飲啜中度，賞識當家，茶之遇合也。禪房佛供，丹鼎天漿，茶之超脱也。密友譚心，艷姬度曲，茶之愜趣也。芳溢甘餘，厭斥它味，茶之獨契也。茗戰不爭，湯社不黨，茶之君子也。壘塊填胸，澆洗頓盡，茶之鉅力也。水戹無恙，香醉罔愆，茶之福德也。煩暑消渴，酩酊解醒，茶之小用也。蠲邪愈疾，祛倦益思，茶之偉勳也。備此乃可言茶，乃可與言茶也。

明 黃龍德《茶說・總論》 茶事之興，始於唐而盛於宋。讀陸羽《茶經》及黃儒《品茶要録》，其中時代遞遷，製各有異。唐則熟碾細羅，宋為龍團金餅，鬥巧炫華，窮其製而求耀於世，茶性之真，不無為之穿鑿矣。若夫明興，騷人詞客，賢士大夫，莫不以此相為玄賞。至於曰採造，曰烹點，較之唐、宋，大相徑庭。彼以繁難勝，此以簡易勝；昔以蒸碾為工，今以炒製為工。然其色之鮮白，味之雋永，無假於穿鑿，是其製不法唐、宋之法，而法更精奇，有古人思慮所不到。而今始精備茶事，至此即陸羽復起，視其巧製，啜其清英，未有不爽然為之舞蹈者。

綜述

明 羅廩《茶解・原》 鴻漸志茶之出，曰山南、淮南、劍南、浙東、黔州、嶺南諸地。而唐宋所稱，則建州、洪州、穆州、惠州、綿州、福州、雅州、南康、婺州、宣城、饒池、蜀州、潭州、彭州、袁州、龍安、涪州、建安、岳州。而紹興進茶，自宋范文虎始；余邑貢茶，亦自南宋季至今。南山有茶局、茶曹、茶園之名，不一而止。蓋古多園中植茶。沿至我朝，貢茶為累，茶園盡廢，第取山中野茶，聊且塞責，而茶品遂不得與陽羨、天池相抗矣。余按：唐宋產茶地，僅僅如前所稱，而今之虎丘、羅岕、天池、顧渚、松蘿、龍井、雁蕩、武夷、靈山、大盤、日鑄諸有名之茶，無一與焉。乃知靈草在在有之，但人不知培植，或疏於制度耳。嗟嗟，宇宙大矣！

明 徐𤊹《武夷茶考》《茶集》卷一 按：《茶録》諸書，閩中所產茶，以建安北苑第一，壑源諸處次之。然武夷之名，宋季未有聞也。然范文正公《鬥茶歌》云：『溪邊奇茗冠天下，武夷仙人從古栽』。蘇子瞻亦云：『武夷溪邊粟粒芽，前丁後蔡相寵加』，則武夷之茶，在前宋亦有知之者，第未盛耳。

元大德間，浙江行省平章高興，始採製充貢，創闢御茶園於四曲，建第一春殿、清神堂、焙芳、浮光、燕嘉、宜寂四亭。門曰仁風，井曰通仙，橋曰碧雲。國朝寢廢為民居，惟喊山臺、泉亭故址猶存。喊山者，每

當仲春驚蟄日，縣官詣茶場，致祭畢，隸卒鳴金擊鼓，同聲喊曰『茶發芽』，而井水漸滿，造茶畢，水遂渾涸。而茶戶採造，有先春、探春、次春三品；又有旗槍、石乳諸品，色香味不減北苑。國初罷團餅之貢，而額貢每歲茶芽九百九十觔，凡四品。嘉靖三十六年，郡守錢璞奏免解茶，將歲編茶夫銀二百兩解府造辦解京，御茶改貢延平，而茶園鞠為茂草，井水亦日湮塞。然山中土氣宜茶，環九曲之內，不下數百家，皆以種茶為業，歲所產數十萬斤。水浮陸轉，鬻之四方，而武夷之名，甲於海內矣。宋元製造團餅，稍失真味，今則靈芽仙萼，香色尤清，為閩中第一。至於北苑、壑源，又泯然無稱。豈山川靈秀之氣，造物生植之美，或有時變易而然乎？

明 龍膺《蒙史》下卷《茶品述》 今時茶法甚精，虎丘、羅岕、天池、顧渚、松蘿、龍井、雁蕩、武夷、靈山、大盤、日鑄諸茶為最勝，皆陸經所不載者。乃知靈草在在有之，但人不知培植，或疏於製法耳。

楚地如桃源、安化，多產茶，第土人止知蒸法如羅岕耳。若能製如天池、松蘿，香味更美。吾孝廉兄君超，置有茶山，園在桃源鄭家驛西南二十里。巖谷奇峭，澗壑幽靚，居人以茶為業，耕石田而茶味濃厚，近稍稍知炒焙法。

松蘿茶，出休寧松蘿山，僧大方所創造。予理新安時，入松蘿親見之，為書《茶僧卷》。其製法，用鐺磨擦光淨，以乾松枝為薪炊熱，候微炙手，將嫩茶一握置鐺中，札札有聲，急手炒勻，出之箕上。箕用細篾為之。薄攤箕內，用扇搧冷，略加揉挼，再略炒，另入文火鐺焙乾，色如翡翠。

明 顧起元《說略》卷二五《食憲》 今建茶碾造雖精，不去龍腦，以為奩閣中味，亦不用入瀹。而茶品獨貴者虎丘，其次天池，又其次陽羨；羨之佳者岕，而龍井、六安之類皆下矣。

蜀蒙山頂茶，多不能數斤，極重於唐，以為仙品。今之蒙茶乃青州蒙陰山產石上，若地衣，然味苦而性涼，亦不難得也。

明 談遷《棗林雜俎・榮植・茶》 計天下貢茶共四千二十二斤，而建寧茶名為上。宋元時所貢，必碾而揉之，壓以銀板，為大小龍團。明初以重勞民，罷造龍團，惟採其芽以進。

又 陸羽『茶經』曰：『杭州下，蘇州又下，建州未詳。』郭子章曰：『今三州名甲宇宙，豈山川清淑之氣，當竟陵時未茁為茶也耶？』宋貢茶首稱北苑龍團，而武夷石乳之名未著。至元，設場於武夷，遂與北苑並稱。今但知武夷，不知北苑矣。明朝不貴閩茶，即貢亦備宮中浣濯甁盞之需。貢使數賫金抵京買而納之，即間有採辦，皆延平產，非武夷也。延平呼製茶者曰『碧豎』。新茶下，崇安令例致諸貴人。黃冠苦於追呼，盡斫所種，武夷真茶久絕。

紀事

明 孔邇《雲蕉館紀談》 昇在重慶，取涪江青蝛石為茶磨，令宮人以武隆雪錦茶碾之，焙以大足縣香霏亭海棠花，味倍於常。海棠無香，獨此地有香，焙茶尤妙。

著録

明 周高起《陽羨茗壺系・序》 壺於茶具用處一耳。而瑞草、名泉，性情攸寄，實仙子之洞天福地，梵王之香海蓮邦。審厥尚焉，非曰好事已也。故茶至明代，不復碾屑、和香藥、製團餅，此已遠過古人。近百年中，壺黜銀錫及閩、豫瓷而尚宜興陶，又近人遠過前人處也。陶曷取諸？取諸其製以本山土砂，能發真茶之色、香、味；不但杜工部云『傾金注玉驚人眼』，高流務以免俗也。至名手所作，一壺重不數兩，價重每一二十金，能使土與黃金爭價。世日趨華，抑足感矣。因考陶工、陶土而為之系。

清前期

論說

清 陸廷燦《續茶經》卷上《一之源》　王象晉《茶譜小序》：茶，喜木也。一植不再移，故婚禮用茶，從一之義也。雖兆自《食經》，飲自隋帝，而好者尚寡；至後興於唐，盛於宋，始為世重矣。仁宗，賢君也，頒賜兩府，四人僅得兩餅，一人分數錢耳。宰相家至不敢碾試，藏以為寶，其貴重如此。近世蜀之蒙山，每歲僅以兩計。蘇之虎邱，至官府預為封識，公為採製，所得不過數觔，豈天地間尤物，生固不數數然耶；甌泛翠濤，碾飛綠屑，不藉雲腴，孰驅睡魔？作《茶譜》。

又　張大復《梅花筆談》：趙長白作《茶史》，考訂頗詳，要以識其事而已矣。龍團、鳳餅、紫茸、驚芽，決不可用於今之世。予嘗論今之世，筆貴而愈失其傳，茶貴而愈出其味。天下事，未有不身試而出之者也。

清　張潮《岕茶彙鈔小引》　茶之為類不一，岕茶為最；岕之為類亦不一，廟後為佳。其採擷之宜，烹啜之政，巢民已詳之矣，予復何言。然有所不可解者，不在今之茶，而在古之茶也。古人屑茶為末，蒸而範之成餅，已失其本來之味矣。至其烹也，又復點之以鹽，亦何鄙俗乃爾耶？夫茶之妙在香，苟製而為餅，其香定不復存；茶之妙在淡，點之以鹽，是且與淡相反；吾不知玉川之所歌，鴻漸之所嗜，其妙果安在也？善茗飲者，每度率不過三四甌，徐徐啜之，始盡其妙。玉川子于俄頃之間頓傾七碗，此其鯨吞虹吸之狀，與壯夫飲酒，夫復何殊？陸氏《茶經》所載與今人異者不一而足，使陸羽當時，茶已如今世之製，吾知其沉酣傾倒於此中者當更加十百於前矣。昔人謂飲茶為水厄，元魏人至以為恥，甚且謂不堪與酪作奴，苟得羅岕飲之，有不自悔其言之謬耶？吾鄉三天子都有抹山茶，茶生石間，非人力所能培植，味淡香清，足稱仙品，採之甚難，不可多得。惜巢民已歿，不能與之共賞也。心齋張潮撰。

綜述

明 黃履道撰，清 佚名增補《茶苑》卷八　涪州賓化茶：《茶錄》以涪州賓化茶為蜀茶之最，地不多產，外省所得頗艱，其品可亞蒙山。

又　涪州彰明縣綠昌明茶：彰明縣產綠昌明茶，香清味美，冠絕兩川諸茗。故《李太白集》有詩云『渴飲一醆綠昌明』云云，即詠此茶也。

又　歙州之先春、早春茶品，在宋已登貢籍。及今，松蘿之亞也。

焙製片、散未詳。

又　廣信府茶山茶：廣信府府城北茶山，產茶絕佳。唐陸羽常居此。

清 劉源長《茶史》卷一《茶之近品》　虎丘：最號精絕，為天下冠，惜不多產。秦始皇將發吳蒙，有白虎踞其上，故名虎丘，一名海湧峯。

天池：青翠芳馨，嗅亦消渴，誠可稱仙品。諸山之茶，尤當退舍。蘇州城西有華山，山半有池，曰天池。產千葉蓮，昔人曾服之羽化。產茶。

陽羨：疑即古之顧渚、紫筍。今名羅岕，浙之長興者佳，荊溪稍下。細者其價兩倍天池，惜乎難得，須親自採收方妙。羅岕者，介于山中謂之岕，羅氏隱焉，故名羅。然岕有數處，惟洞山最佳，韻致清遠，足稱仙品。岕以廟前、廟後為第一，紗帽頂及扇面諸處皆佳。

龍井：秦觀《記》：龍井在西湖上，僧辨才結亭於此，率其徒環而咒之，忽見大魚自泉中躍出，即龍也，眾異焉。不過十數畝，外此有茶，似皆不及。大抵天開龍泓美泉，山靈特生佳茗以副之耳。山中僅有一二家炒法甚精。近有山僧焙者，亦妙。真者天池不能及也。

天目：為天池、龍井之次，亦佳品也。《地志》云：山中寒氣早巖，山僧至九月即不敢出。冬來多雪，三月後通行。茶之萌芽較晚。天目上有兩峯，峯頂各一池，若左右目，故名。周八百里，亘杭、宣、湖、徽四州界，產茶。

六安：《爾雅》云：古南嶽。品之精，入藥最效，但不能善炒，則不發香而味苦。茶之本性實佳。按：茶貴新，此以極揀為佳。實產霍山縣，縣西南有山曰六安山，高聳雲霽下，延袤數十里皆產茶處，因稱為六安茶。蓋以山得名，非以州也。疑即大蜀山，茶生最多，名品亦振。右六茶者，東海屠緯真隆《茶箋》品也。唐宋時產茶之地與所標之名稱，為昔日之佳品。今則吳中之虎丘、天池、伏龍，新安之松蘿，陽羨之羅岕，杭州之龍井，武夷之雲霧，皆足珍賞，而虎丘、松蘿真者尤異他產。至於採造，昔以蒸碾為工，今以炒製為工，而色之鮮白，味之雋永，與古媲美。

松蘿茶：松蘿，庵名也，為大方和尚首創。松蘿山屬徽州休寧，亦曰森蘿。徽州山峭水清，巒壑奇秀，北源土地高沃，茶生其間，芽極肥乳。自北源連屬諸山所產亦佳，色味品第與北源別。按：北源問政山間甚佳，松蘿不及也。

英山茶、霍山茶：俱屬廬江，《山川異產記》：霍山茶屬壽州。江北以英山茶勝，然產於本寺方圍者佳，其他羣山萬塢俱無足取，但資商販耳。

潛山茶：屬安慶潛山，一名皖公山，一名皖伯臺，左慈嘗修煉於此。上有二巖、三峯、四洞，即以名縣。近以岕山茶為君，虎丘茶為相，六安潛山茶為將。將者，言其有蕩滌之功也。近世武夷、龍井不能遍及，即陽羨、羅岕又不易購，蘇州虎丘茶亦稱奇，以主僧屢見撓於豪族，因以剷去，惟天池亦云高品，往往以天目諸茶贋充失真。若休寧之森蘿，色清味旨，亦一時奇產。廬江之六安、英山、霍山，茶品亦精，然炒不得法，則芳香不發。六安以梅花片為第一，諸茶之冠也。近日涂姓製法更精，名曰涂茶，遠近爭得之。虎丘茶味薄，香不耐久，斟不移時即變黃色矣。近有陽抱山所產，經新安隱者手製，其清香可與廟前岕頷頏。虎丘茶如風引蘭氣，北源問政、敏山如撲鼻蘭，岕茶紗帽頂片如茉莉，蜀霧中茶如薔薇好，雲南普珥如冰片。敬亭山茶，宣州之珍品也。香色味俱勝，雖本郡當事亦難得其真者。

又 皋盧：茶之別名，葉大而澀，南人以為飲。又名瓜蘆，出龍川縣，又出新平縣，風味實不及茶，似茶者也。交廣所重，客來先設，名曰苦薆。按：苦薆與蒙陰石花相似，易傷人。詩云：且共薦皋盧，何勞傾斗酒。

清 王士禎《居易録》卷一二 廣南人以薆為茶，予頃著之《皇華紀聞》。閱《道鄉集》，有《張糾送吳洞薆》絕句云：『茶選倄仁方破碾，薆分吳洞忽當筵。君謨遠矣知難作，試取一瓢江水煎。』蓋志完遷昭平時作也。

晚清茶葉外傳及工藝改良部

論說

清 黃遵憲《日本國志》卷三五《禮俗志二·茶》 宏仁中得茶于唐，詔令畿內及諸州植茶，其時煎茶而飲，和鹽用姜，一同唐人。其後僧榮西歸自宋，植於築前背振山，將軍源實朝有疾，榮西獻茶及《吃茶養生記》，將軍飲之而愈。榮西又贈茶實于釋明惠，明惠種於栂尾山後，分種之宇治，至今宇治實稱茶海。自足利義政始尚點茶，於是茗宴盛行。詳《游燕》類中。人無貴賤，無不嗜茶，邇年種植益盛，每歲西人購買值銀約四百餘萬圓。

《清史稿》卷一二四《茶法》 厥後泰西諸國通商，茶務因之一變。其市場大者有三：曰漢口，曰上海，曰福州。漢口之茶，來自湖南、江西、安徽，合本省所產，溯漢水以運於河南、陝西、青海、新疆。其輸至俄羅斯者，皆磚茶也。上海之茶尤盛，自本省所產外，多有湖廣、江西、安徽、浙江、福建諸茶。江西、安徽紅綠茶多售於歐、美各國。浙江紹興茶輸至美利堅，寧波茶輸至日本。福州紅茶多輸至美洲及南洋羣島。此三市場外，又有廣州、天津、芝罘三所，洋商亦麕集焉。蓋茶之性喜燠惡寒，喜濕惡燥，又必避慓烈之風，最適於中國。泰西商務雖盛，然非其土所宜，不能不仰給於我國，用此駸駸徧及全球矣。

清 姚衡《寒秀草堂筆記》卷四《不知春》 柯易堂曾爲崇安令，言茶之至美，名爲不知春，在武夷天佑巖下，僅一樹。每歲，廣東洋商預以金定此樹，自春前至四月，皆有人守之，惟寺僧偶乞得一二兩，以餉富商大賈，求檀施。大致與粟米相類，色香俱絕，非他茶所能方駕。

清 張之洞《張文襄公全集》卷一一七《札委曹南英赴上海、福建訪查茶務光緒十九年九月二十二日》 爲檄委查訪茶務事。照得湖南、北兩省紅茶與外洋交易，爲鄂省稅釐大宗，近年銷售不旺，茶商資本每多折閱，動以洋人退盤割價，致貽虧累為詞，前經承准總理各國事務衙門來諮：以中國茶葉質味本佳，但因採摘不時，或種制未善，或攙雜不淨，以致銷售日少，價值日低等因。當經本部堂、院轉飭產茶州縣曉諭商民，講求採摘焙制之法。查本年稅釐收數愈形短絀，于餉源大有關係，查中國茶葉出口，鄂省而外，閩省銷售最多，每年出產若干，與洋商交易是何情形？是否亦有退盤割價之事？中茶消滯是否因外洋屯儲過多？抑因印度出產漸旺所致？閩省商人與洋商交易有何妥善辦法？上海為各國茶船總匯之所，亟應派員前往上海及福建省城詳切訪查，參考互證，務得要領，據實稟陳，以資整頓。查湖北候補道曹道南英督辦牙厘局有年，熟悉茶務，堪以派往。所需川資，由養後局核給。除諮行外，合亟劄委，爲此劄仰該道。即便遵照，迅速束裝前往上海及福建省城，按照劄行事理，詳切訪查，務得要領分晰採辦，毋稍疏略。切切。

清 佚名《論茶務》《清經世文統編》卷六一 中外通商以後，出口之貨以絲茶為大宗，誠以外邦地土不及中國之相宜，故中國之絲、中國之茶，西人所不能少者也。邇來洋貨銷場日旺，出口之貨不及進口之多，利權逐漸外溢，西人以機器繅絲，僅收中國之繭，中國之絲銷場遂滯，然猶謂有繭可抵也。現在西人養蠶種桑之法，反較華人為精，可以人力奪造化之巧，挽地利之宜。於是華人亦相率而仿西法，徧設繅絲廠，廣種蠶桑，以期相敵。近年來雖未必得利，而絲價日貴，可知出口之貨尚多，絲之利未必遂為外人所奪。若茶務一項，從前較絲為佳，自印度種茶而後，各國接踵而起，西人既自出茶，雖不能不買中國之茶，而已不能居為奇貨，以致上市之時，貨則由彼提高，價則由彼殺低。近年以來各處茶客之虧折者，無不盈千累萬。說者謂價由西人所定而貨固我之貨也。不售由我，西人雖欲殺低而斷不能不辦此貨，則何妨稍緩，何必急於賤售，以致虧累。不知西人如急於購辦此貨，並此貨之果然高妙，西人亦斷不肯錯過，皆因現在印度出數既多，製法亦妙，而各國亦皆種植，不僅藉銷中國之貨，故西人有意為難，使居奇不售，不但折本，恐更失機。茶非絲比，絲不即售，棧中為日過多，尚恐有朽壞之貨，一時更難脫手。若茶則色香味三者缺一不可，今年之茶只能今年所用，過時則色香味雖未必皆變，而總不如新出之妙。故茶客急於脫手，而西人樂於殺價也。且西人並非專因茶客之急於脫手而為難，大半皆因挑剔。現在西人製茶愈製愈精，中國之貨未必皆能劃一，故不能盡信耳。蒙意現在中國出口之貨，惟藉絲茶二

種，絲則仿照西法可望起色，而茶則仍循舊製，終難望其暢銷。西人既以機器製者為佳，華商當購取西人茶樣，置辦機器，仿照製法，若果能盡如西人之意，吾知非但貨能暢銷西人，亦可以昂貴。不觀西人之以洋貨運來中國，其初不過以西人自用之物，華人以為罕見之物而購之，究竟未必盡合華人之用，盡如華人之意也。後來西人在華旅居日久，華之風土人情、喜怒愛惡，均為所悉，故所造之物皆揣摩華人之意而為之。每來一物，華人無不爭買，竟有日用之物，習為故常，非此不可者。西人商務又何怪其日興耶？華人無製造之物，足以動西人之目，合西人之用，謀西人之利。惟此茶之一項，本為華人自然之利，且為西人所必不可少之物，苟能日盛一日，雖不能盡抵來貨，尚可以保去利之少。而乃不自整頓，徒令西人藉口，不亦甚可惜耶！乃觀初二日報，紀振興茶務一則，不禁心竊喜之，可見風氣將開，而中國茶務之衰，其可望轉機矣。紀云泰西所造製茶機器，福州茶商已購而用之。茲聞各商欲聯為振興茶務，公司漸漸購機製造，已有將茶運往英國獲利而歸者。觀此情形，他日閩省之茶不難與印度西崙媲美矣。邇者泰西又新出西樂果焙茶機器，聞漢口茶商購以試用，即因雨沾濕之茶，亦可製以出售，不特色香味並美，而且其價可較人工所製者加昂。用此機以烘焙，其妙已如此，若採摘搓製，皆用此機，則其茶當更出色。泰西各國嗜茶者，莫不娓娓稱述。本年漢口俄商所購之茶少於往歲，因多購自西崙也；印度之茶如此之旺，無他，有機器以為之也；中國之茶如此之衰，亦無他，無機器以為之也。現在閩商已聯為一氣，成效有可覩，中國產茶之地，何勿各立公司，購機製造。大抵機器所出之貨，惟速惟勻，茶葉貴乎速者也，速則色香味不走，勻更不必言矣，並出貨可多，人工亦省，風氣漸開，不禁為茶商欣喜。可知中國之利權雖失於前，自不難挽回於將來，西人之有益於吾中國也，豈淺鮮哉！

或者謂茶戶皆系窮民，安能自購機器，曰猶之現在之繅絲廠耳。從前中國皆從民戶手工繅出，然後售於行家提挑，之後銷售洋商。現在行繅絲機器以來，民戶俟蠶成繭之後，行客即赴鄉收買，設灶烘乾，運至有絲廠之處存棧，一切皆歸廠中，民皆不得而知。儘有售繭之家，尚不知機器之若何，出絲之若何，絲之優劣若何，茶葉而以機器製造，亦猶是耳。機器當由茶商購設，當出茶之處，俟茶葉摘採之時收而製造之，與絲商之收鮮繭無異。在鄉人可省烘焙之勞，而茶商可得出貨之速，不亦一舉而兩善備耶。

然則茶葉一經機器製造，而茶務即可興旺乎？在西人之論中國茶務者，意猶未盡乎此也。初四日本報録西報論茶一則，爰紀其略云：

中國之茶銷售外洋者日衰，恐不久全失其利。曾苦諫中國急免厘金以挽回茶利，華人不以為意，現在英商之集于中華茶市者，由眾而寡，顯為此事之證。華人不以茶務為慮，而徵稅之員，明知茶稅昔多而今少，但知教農茶考求種茶製茶之法，而不思茶稅之重，為第一弊。試取華茶之銷于英市者論之。光緒二十二年，由中國直往英國者，計茶二十一萬九千四百零九擔。其上一年，則有一百萬擔，相去幾至五倍。今年漢口、九江出茶，較上年為盛。第一稔所收者約得五十五兆磅，前英商遞年減少俄商增多補之。惟聞俄國存茶太多，今年添買者不過上年之半，尚餘二十七兆五十萬磅，須銷于英美二國。然上年二國銷茶不過十八兆五十萬磅，今年多出十兆餘磅，若不大減其價，難於脫手，但茶價賤而厘稅不減，茶農之不傷本者鮮矣。又廈門英領事傅泠卡士君嘗將各處茶務詳覆英廷云，光緒二十二年廈門烏龍茶共得一兆二億磅，比上年減百分之五十五，猶恐今年減少更甚。此處種茶之處多已拋荒，而並有全壞者，又謂製出一兆餘磅之茶，值銀不過一十三萬六千圓，厘金抽至二萬元，出口稅抽三萬五千元，兩共已居茶價三分之一。日本明於先見，去年將臺灣之茶稅減作每擔抽稅一圓一角二分，而中國仍固執其五圓八角一分之稅，此為中國之失策，將來茶利俱亡，悔將何及。十年前廈門產茶二十七兆二億餘，距今例當增多十數倍，不料反少十數倍。又云中國茶務之弊，非天下最巧之機所能救，必將厘稅全免，又兼用機器始有濟耳。

以此觀之，西人之論中國茶務，可謂詳且盡矣。華人但知製茶不用機器以致茶務之衰，而西人乃謂即盡用機器尚不能挽其弊，更為探原之論。大抵商務之道，首在恤商，而尤在農人不虧種本，則種植自多。種植既多，則出數自旺，然後再籌銷售之計。統籌大局，使商家必有餘利之可沾，則商務自能起色，此不獨茶務為然也，惟茶務尤為最要之關鍵耳。說者謂西人欲使中國茶務厘稅盡免，雖為中國計，而亦不免有私意存乎其

間。大抵稅厘減則價必輕，價輕則銷場雖廣，而洋商之得利更厚，恐亦非中國之利也。曰不然，西人此論頗為正大，厘金一項，本為西國所無，西人之不直中國久矣。至於稅項，西人重於進口，輕於出口，以為出口輕，則土貨之銷場廣，進口重，則客貨之來源少。西人之利不肯外溢，商務所以日旺。中國現在支絀之時，厘金斷不能免，更何能獨免茶厘。至於出口稅，自不妨從減，既減出口之稅，自當重加進口之稅，以稅抵稅，當有餘而無不足。況西人本有此例，與之商訂，想西人亦無可置喙，況并有此論乎？若減出口之稅，當不獨茶之一項，即別項貨物，亦可望銷路之廣。中國商務關鍵在此，尚望當道者熟籌之，毋執成法而不更也，是則中國商民之幸也夫。

綜述

明 陳繼儒《太平清話》卷三 琉球，亦曉烹茶。設古鼎於几上，水將沸時，投茶末一匙，以湯沃之。少頃奉飲，味甚清。

清 陸廷燦《續茶經》卷上《茶之源》 徐葆光《中山傳信録》：琉球呼茶曰札。

又 琉球茶甌，色黃，描青綠花草，云出土噶喇。其質少粗無花，但作水紋者，出大島。甌上造一小木蓋，朱黑漆之，下作空心托子，製作頗工；亦有茶托、茶帚。其茶具，火爐與中國小異。」

又 琉球烹茶，以茶末雜細粉少許入碗，沸水半甌，用小竹帚攪數十次，起沫滿甌面爲度，以敬客。且有以大螺殼烹茶者。

又 琉球茶甌頗大，斟茶止二三分，用果一小塊貯匙內，此學中國獻茶法也。

（乾隆）《福建通志》卷六四《外島》 琉球國在大海中，始名流虬，其國地形在萬濤中如虬浮水面，故名。一作流求。《元史》曰：『瑠求。明永樂中，改琉球國，在福州正東一千七百里偏南三里。』

按：琉球國自前明歷朝入貢，舟揖往來，俱駐於泉州【略】鳥雀穀蔬，果品花木，稍間中國，獨不宜茶茗，即藝之亦不萌。

清 楊楷《茶葉出洋分國表》《光緒通商列表》 中外通商之國，自英而外，日本貨價出入之數，歲贏中國銀二三百萬。日本小國，物產之盛，不逮中國遠甚，然其風氣早闢，獨能經營商務，與各國抗衡，故所產不豐，而其利常倍。近者總稅務司赫德行文各海關，以中國茶商日見耗折，日本、印度等國產茶漸盛，運銷各國者日益多，亟宜整頓，茶利毋為外人所奪。斯言也，可為有益於中國矣。然不明乎洋商壟斷之故，而徒咎稅厘之過重，是欲中國上虧國帑，輕減以從之乎？且英之商務，歲贏中國銀三四千萬，中國耗損至鉅，何以赫德噤不一言？此亦袒護彼國之實證矣。非赫德之不可用，實英人之不為我用耳。考茶葉出洋之始在康熙二年，英商自荷蘭購歸百斤，國人飲者，歲增一歲，其與洋藥盛行，皆在乾隆以後，至道光咸豐之間而大盛，兩者價值亦適足相抵。英國商務既廣，每歲運茶常至一百餘萬石，間有轉運他國貿易，取利亦不過十分之一。就今日論之，我以茶葉益彼，而彼轉以洋藥耗我，其損益懸殊，不可以道里計。然我之洋藥可禁，而彼之茶葉不可禁。何也？洋藥之毒，中國天下皆知其害，中國誠禁洋藥，各國不以為非也。茶葉之利，足以蕩滌邪穢，消除暍熱，洋人嗜之，久為日用所必需。數十年來，各國無有議禁茶葉者，非惟不能禁抑，亦勢不可禁也。若洋藥既絕，則茶葉一項，可為中國獨擅之利。奚以知其然也？日本所產盡係綠茶，其味薄劣，遜中國遠甚，且幅員狹小，若多植茶樹，必礙他物之利，揆其情勢，必不能過為推廣。印度茶味過苦，稍似雲南普洱茶，而色味不逮。又採摘茶苗不能用機器，洋人傭值昂貴，成本過重，皆不足奪中國之利。近年印茶盛出，而英商所運中國之茶，未嘗稍減，而俄國運茶之數，且溢於前者三之二，是其明證，可無慮也。中國產茶之區，東南各省方萬餘里，植茶多在山谷之間，不妨五穀，若相其土宜，勤為勸導，講求製造之術，務合於西人所嗜而止。貨物既精，銷路日暢，籠天下之財利源源而來，中國日富且強，雖雄長歐洲何不可之有？

清 徐宗亮《洋商采辦茶葉免交復進口半稅》《通商約章類纂》卷六 總理衙門咨，同治三年十月二十五日准咨，據江海關道等詳稱，准總理衙門咨，漢九兩關出口茶葉，洋商販運到滬後，是否均係運回本國銷售，此項半稅應否仍在漢九兩關預行完納，如該商並無在中國各口販賣茶葉之事，此項保結應否飭令該商於運茶到滬時，在滬關呈具保結之處，統

希督飭江海關道，並承辦通商委員妥議章程，迅即咨復本衙門，以憑核辦等因，合行抄單劄關，即便確細查明，采議章程具復，以憑咨報。奉此，遵經函商税務司狄妥瑪復稱，查此項茶葉均系運往外國之貨，所有不復出口之茶葉，係途中或因水濕，或有損壞之故。查咸豐十一年，由漢九兩關來滬茶葉十五萬六千三百十一担，復出口往外國者十萬零九十二担六十斤；同治元年，由漢九兩關來滬茶葉三十四萬七千一百六十三担，復出口往外國者三十四萬六千七百十四担；同治二年，由漢九兩關來滬茶葉四十二萬四千一百零四担二十斤，復出口往外國者四十三萬六千零五十四担九十斤，係轉運外國之數。其咸豐十一年，進口多而出口少，而同治二年，出口之數轉多於進口之數者，皆因每年進口之茶，不能定於當年全數復出口，亦有年底進口之茶，須至開年方能出口者。至於半税應否仍在漢九兩關預行完納，查暫存半税章程，原為免商人所報復出口之貨在口私銷，漏完半税之弊，是思章程原意，係體查以上復出口實在情形，此項茶葉暫存之税，實可不必徵收，所有呈具保結一節，應於交存半税之口呈具。至於現在該茶已在漢九等關完出口正税，應由該口發給出口正税執照，由商人帶至本關呈繳，日後復出口時，本關即發轉運外國執照，回漢呈驗。至由鎮江照之船，或內地土船運來，照現在章程，係於原進之口完納暫存半税。據本税務司所見，此項鎮江照之船，及內地土船運來茶葉，將來到上海可不必徵收半税，亦令呈具保結，緣皆係復出口茶葉，應一律辦理，免交暫存半税各等語，函復前來。伏查狄税務司所議各層，尚稱妥洽，應請嗣後洋商在漢九等關，由江照輪船裝運茶葉來滬，既系運往外國之貨，所有暫存半税免其預納，以順商情，飭令仍在原口呈具保結，發給出口正税執照，由商人帶至江海關呈繳，日後復出上海口時，本關驗明實係原包原貨，並無拆動抽換情弊，並查明該貨果在一年限內轉運出口，即行發給轉運外國執照，並於照內填明，該貨前在某口某號出口。正税執照內撥出之貨，該商持回原口呈驗，請將所具保結註銷。如該茶在長江各口呈具保結之日起，已逾一年限外，並無江海關轉運外國執照呈驗，即係未經復出口之貨，仍令裝貨，各關隨時查明保結，飭令補完半税。似此辦理，所有逾限出口之茶葉在原口既有稽考，於税餉亦不致隱漏，核與向辦章程，仍相符合。至由鎮江照之船，及內地土船運來茶葉到上海時，亦免其徵收半税，飭令呈具保結，以歸畫一，是否有當，理合詳祈鑒核，俯賜咨復總理衙門核示飭遵等情，據此相應咨請查核見復等因。本衙門查漢九兩關茶葉洋商販運出口，既據貴大臣轉飭查明，每年均係運往外國，並無在口私行銷售偷漏等項情事，議請免其預交復進口半税，並明定章程，使漢九兩關與江海關互相稽考，所議尚屬周妥，應准照辦。除照會英法國駐京公使外，相應咨覆轉飭江漢、九江、鎮江、上海各該關道，一體遵照辦理，並就近劄飭赫總税務司查照。同治三年十一月咨南洋。

清 鐘琦《中國茶外銷之利》《清瑣屑録》卷三一　中國茶以俄羅斯所銷為最，荷蘭次之定例荷蘭販茶在澳門，藏衛又次之，藏衛販茶在打箭爐，光緒甲午，遣人至峩洪夾犍等處收買，不論苦澁粗惡。因該處食青稞，其性熱滯，非茶不能滌也。道光十年，俄羅斯在北徼喀爾喀地界，買中國黑茶五十六萬四百四十棒（洋銀五員為一棒）。道光十二年，在恰克圖買黑茶至六百四十六萬一千棒之多。見《澳門月報》又俄羅斯秪准陸路帶茶，謂曆風霜，其味反佳。若海運恐其蒸溼霉醸。見《俄羅斯總記》同治間統計，歐洲各國買茶，歲入銀三千五百萬有奇。今意大利、法蘭西、英吉黎各地種茶，且芃茂。自光緒以來，買茶僅入銀一千三百萬有奇。見《盛世危言》案：二十年後，歐洲不賴中國之茶亦自足。可見中國之利藪，歐洲無不攘奪，而通商大臣，於中國自有之物產，何以坐視其逐漸消耗，竟不培植挽救乎？夫培植者，不過減税釐以輕成本耳。挽救者，不過令充斥以廣銷路耳。此其權操之在我，亦不必期之於人者也。乃爲戚爲休，不問不聞，如秦人視越人之肥瘠，漠然無所動其心。自是異域人員，見其技止黔驢，舞如病鶴，妄圖鵷鷺之服，有玷麒麟之楦，安得不遺其笑柄，受其陵侮者哉！

清 佚名《由海運茶》《中西聞見録選編》　近聞俄國新設公局，製輪船，于長江黑龍江兩間往來運貨，意在由漢口採辦茶葉，運入黑龍江，以達俄國，較之用駝只馱運省費。查自武昌抵黑龍江，水程約六千里，由黑龍江西上，計水程又約五六千里，然後登岸，更以車馬船隻，水陸分運各省鎮鄉，實為便捷。又于黑龍江迤南沿東海口岸一帶，增設埠頭數處，係輪船往來必經之所，從此貿易日增，而居民亦漸繁盛矣。

紀事

清 姚文棟《論天津宜設官牙茶行》《清經世文續编》卷一一六　俄商來天津貿易，攜帶皮貨等物，皆中國所自有，牟利甚微。窺其意不在求售土貨，以購買茶葉為主。彼國之嗜茶葉，每日必需，不可間缺。從前中國大黄茶葉出口，稽查極爲認真。乾隆時，因俄國收納我叛人，兩次閉關，並嚴禁私販出界，俄即畏服乞恩。是此兩物，實有馭俄之微權。其時中俄交易，只有恰克圖一處，華商裝茶出口，易於檢查。今俄人自來天津購買，捆載北還，既入其手，而欲於出口時分別放留，必多支節。天津茶商，大小不一，皆與俄人自相交易，散漫無可稽察。上年中俄幾致釁端，而俄商照常在天津買茶，彼意無所顧懾，故愈益縱恣。蒙謂宜於天津嘉峪關等通商地方，分設牙行數家，選立行首，經理賣茶，令於年終各將一年售出數目報官存查，無牙貼者不得私賣，將來遇有俄人要挾尋釁之時，一面戒嚴防邊，一面傳諭各牙行停止貿易。如此則操縱在官，而仍不病商，似亦中俄交涉一大關紐。或疑中國即無茶葉出口，俄可向泰西轉買，不知泰西路遠，不如中國之近，且價則中國廉而泰西昂，貨則中國多而泰西少，俄必大有不便也。

清 羅振五《〈整飭皖茶文牘〉序》《整飭皖茶文牘》　東南財賦甲於他行省，而茶、絲實為出產大宗。顧近年以來，印錫産茶日旺，中茶滯銷；日本蠶絲又駸駸駕中國而上之。利源日涸，憂世者慨焉！程雨亭觀察，久官江南，勵精政治，去歲總理皖省茶釐，慨茶務日衰，力圖整頓，冀復利源，茶利轉機，將在於是。爰最録其稟牘文告，泐為一卷，以諷有位，他產茶各省諸大吏，有能踵觀察而起者乎？企予望之矣。光緒戊戌，上虞羅振玉。

清 程雨亭《整飭皖茶文牘・程雨亭觀察請南洋大臣示諭徽屬茶商整飭牌號稟》　敬稟者：竊職道上年春初，奉前督憲張，奏派榷事，皖茶亦在其中。本年二月，又奉憲台疏請專辦，是皖南茶事之興衰，職道與有責焉。春杪抵皖，即將疇曩各分卡擾累茶商之蠹毒，鋭意廓清；尚恐陽奉陰違，為之勒石永禁，以垂久遠。又訪得西皖各釐局，向有需索經過茶船之弊，分晰開摺，稟請鈞示嚴禁。而皖南所轄，向設驗票之分卡，名為稽查偷漏，徒索驗費，而於公無甚裨益者。如婺源運浙之茶，道出屯溪，向有休甯分局查驗，及㭎廈巡檢衙門掛號之舉；屯溪各號之茶，向章經過歙縣所轄之深渡分卡秤驗，行經迤東五十里之街口，又復過秤，似稍重復。職道釐定章程，凡婺源、屯溪各號之茶，通歸街口分卡查驗，此外一概豁免，以歸簡易。業經分別示諭，並呈報憲鑒在案。皖南茶章，向由各分局派司事巡勇，至各商號秤箱點驗，不免零星小費。本年札飭各分局，勒石示禁。而屯溪、深渡附近各號，職道遴派司巡秤茶，每次司事給洋一角，巡勇給洋五分，道路稍遠者，酌給舟車之資。申儆再三，不准向商號毫釐私索及紛擾酒食等事。既優給其薪餼，復示諭乎通衢，凡來局掛號請引之行夥錢儈，職道皆切實面諭，惟恐或有朦蔽。所以略盡此心者，竊冀弊去，則利或漸興，故斷斷而為此也。徽屬茶號，以屯溪為巨擘。本年開設五十九家，其世業殷實者，不過五分之一，餘多無本之牙販。或以重息稱貸滬上茶棧作本，或十人八人，醵借數千金，合做一幫。有每年偶做一幫，而二三幫均停做，或易夥接替者。奸儈往往以劣茶冒老商牌名，欺誑洋商。攪亂大局，莫此為甚。皖南歙、休、婺三縣及江西之德興，向做綠茶，花色繁多，不能用機器焙製。徽之祁門，饒之浮梁，向做紅茶。比來各省紅茶，間用機器，祁門萬山錯雜，購運頗不容易；浮梁山徑雖稍平衍，亦尚無人購辦。蓋試用茶機，必須延聘外洋茶師，華人未諳製法，有機驟難適用。本年浮、祁紅茶，均大虧折，幸俄商破格放價，多購高莊綠茶。茶質之最佳者，每擔可獲利十五六金，低茶亦每擔五六金，為同光以來三十年所僅見。職道擬因勢利導，飭令仿照淮鹺章程請領憲台印照，方准運茶，無照即以私論。印照分正副號，歙、休業茶之老商，正號印照一紙，報效五百金，副號報效三百金。高茶用正號，次茶用副號。其向未業茶而願領照者為新商，正照則報效八百金，副照五百金。以倭防加捐等事，新商向未派及，照費酌加，以昭平允。歙、休二邑，茶號約百家；婺、德二邑，約二百家。號多而本極小。老商請領正照酌議四百金，副照二百五十金；新商則正照六百金，副照四百金，擬詳請憲台奏明。此舉係為茶務起見，每號領照以後，准其永遠專利，公家一切捐項，十年以内均不科派。領照各號，無論盈虧，每年必須辦運，不

准停歇。或本號實無力運茶，准其呈明茶釐局，轉報憲台，租與他人承辦。報效銀兩，准其援照新海防例，請獎本身子弟實官，不准移獎他姓。商號牌名，憲署立案，各歸各號，加意揀選，不准假冒他號，以欺洋商。如此明定章程，各自修飭，或者退盤、割磅、遲兑諸弊，亦可漸向洋商理論，此先治己而後治人之意也。竊思各省牙行，尚須以數百金請領部帖，茶事雖受制於洋人，而資本較牙行為重；酌令報效濟餉，似非意外掊克。若歙、休、婺、德綠茶各號，先辦領照，約可得八萬金，再推辦浮、祁紅茶，似與公家不無小補。乃事不從心，其願領照者，祇寥寥老商數家，而無本之牙販聞職道創建此議，恐不便其攙雜作偽之私，蜚語煩言，互相騰謗。有議來年移徙浙境者，有議買通洋儈掛洋旗者，有欲與通曉茶務之老商為難者。人心險詭，一至於此，可為太息。本年自春徂夏，霪霖滂霈，山茶彈傷，産數較上年約減十分之二。夏初，又聞美國加徵進口茶稅，眾商益觀望趦趄，未敢辦運。職道扶病遠來，其時目擊情形，方恐本年稅餉，驟形減色，尸居素食，悚悶良深。夏杪遡聞高莊綠茶，暢銷得價，實邀天幸。職道檮昧，竊見夫茶事之壞，此攘彼攫，欺人而適以自欺，非整飭牌號，執為世業，不足以維江河日下之勢。因與屯溪茶業董事、四川補用知縣朱令鼎起，再四籌商，朱令亦以為然。正思一面諭商，一面條陳稟辦，而刁販之浮議朋興。職道硜執性成，久為江左寅僚所詬病，桑孔心計，本非所工，憂讒畏譏，茶然不振，是以前議迄未上陳。十月十六日未刻，接奉憲台札，准譯署咨准和使克大臣照會中外茶務一案，飭令飛飭産茶各屬及通曉茶務之商，實力籌辦等因，除照會皖南、江西産茶各縣遵照，並示諭各茶商、山戶，實力講求培植、採製之法，以固利源外，曾將遵辦情形，具文呈復；並將示稿繕呈鈞鑒。伏思皖南茶稅，歙縣、休甯、婺、德綠茶，約三分之二；祁門、浮梁、建德紅茶，約三分之一。職道前議徽屬綠茶各號，飭領憲台印照，分別報效銀兩，各整牌號，執為世業，無照即以私論。每屆成箱請引之時，由局派員秉公抽查，如茶箱內外牌號不符，由茶業公所公議示罰。華茶行銷泰西，銷市之暢滯，非中國官商所能遙制。此次祇擬飭領印照，不限引數，以恤商艱。報效銀兩，擬請援照新海防例，准獎本身子弟實官，不准移獎他姓。亦因華商力薄業疲，既令整飭牌號，各領印照，分別報效，似應破格施恩，以獎勵為維持之計。徽屬綠茶各號領照一事，倘或辦妥，將來祁門、浮梁、建德紅茶，亦可次第舉辦。推之皖北及江西之義甯州並浙江、湖廣等省，似可就產地情形酌量辦理。芻蕘之見，伏希憲台鑒核，審慎紓籌，可否先將職道稟陳各情，分別核定，剴切示諭徽屬向做綠茶之歙縣、休甯、婺源及江西之德興等縣各茶商遵辦。以二十四年為始，各領印照，各整牌號。建德、祁門、浮梁各縣紅茶，諭飭次第舉行，並另委老成公正、熟悉茶務之道府等員來皖督辦。職道肇端建議，商情既未悉洽，自應稟請銷差，以示並無戀棧之意。狂瞽瀆陳，不勝悚切待命之至。

再：整飭茶業，似首在各茶商各整牌號，講求焙製，不再以偽亂真，外洋自必暢銷。銷路既暢，商號放價購茶，各山戶亦必加意培護、炒焙，不再以柴炭猛薰，或惜工費，日下攤曬，致失真色香味。似整飭山號、牌名為第一義，山戶其次也。至茶質高下，各有不同。徽產綠茶，以婺源為最；婺源又以北鄉為最。休甯較婺源次之，歙縣不及休甯，北鄉黃山差勝，水南各鄉又次之。大抵山峯高則土愈沃，茶質亦厚，此繫乎地利；雨暘凍雪，又繫乎天時。山戶窮民，鮮能講求培護炒製者。綠茶以鍋炒為上，火候又須恰好，荒山男婦粗笨，似難家喻戶曉。惟銷暢則價增，日久必當考究。本年皖南春茶既傷淫雨，夏次商號又聞美國加稅之說，不敢放膽購辦，山戶子茶，半多委棄，其明徵也。

南洋大臣批：查該道自接辦皖南茶釐局務以來，遇事盡心整頓，所有積弊，均次第革除，深為嘉賴。現在中國運銷外洋之物，茶為一大宗。該道正辦理得力之時，應仍由該道妥為經理，並查照雷稅司所陳事宜，督董勸導各山戶妥為籌辦，以期茶業暢旺而裕利源。是為厚望，毋庸稟請卸差。至所議仿照淮鹺章程，令茶商領照運茶一節，自係維持茶務之計。惟事屬創興，須由該道督董先與各商妥為議定後，再行詳請奏咨辦理，方為妥洽。仰即遵照。繳清摺及公啟二紙均存。

又《請裁汰茶釐局卡冗費稟》 敬稟者：竊職道本年春間，奉榷皖茶，到差以來，隨時訪諏，剗除各分局卡需索留難之蠱毒，勒石永禁，冀垂久遠。又裁節總局解餉冗費，每歲節省二千五百金。又稔知軍餉萬緊，批解不可稍延，酌定寶善源錢莊，每月之望，匯兑茶稅日期不得挨宕。所有節省解費銀兩，分別解撥金陵支應局及休甯中西學堂，先後呈

報在案。茶税每月掃數清解，該錢莊承匯四、五、六、七、八、九共六個月税銀，均係遵限匯解金陵支應局、江南鹽巡道衙門上兑，從無逾限至三日以外者，均有檔案及回照可稽。本年職道經徵茶税共匯解金陵支應局銀十四萬二千兩，又節省解費銀一千五百兩，又江南鹽巡道銀十一萬兩，又金陵督捕營經費銀一千二百兩，又皖南道春夏兩季請獎經費及婺源紫陽書院膏火、休甯中西學堂、大通義渡、屯溪公濟保嬰各經費、圩廈司招募巡勇口糧，通共銀二千四百二十兩，均於九月以前，悉數解訖。徽屬綠茶，比已運竣，冬間零星茶樸副兩出運，約計徵税不過數百金，所有本年冬季、來年春季總局局用及各分局卡委員薪費，每月約支八百金，應截存銀五千兩，按月備用，九月分局用報銷冊內呈明，亦在案。本年自春阻夏，霪霖滂沛，山茶彈傷，產數較昔歲約少十分之二。祁門、浮梁紅茶，商本折閲，夏初又聞美國加徵進口茶税，衆商益觀望趦趄，蟄伏荒山，切深焦悶。會徼天幸，夏杪，俄商放價儘購徽屬高莊綠茶，茶質之最佳者，每擔可獲利十五六金，低茶亦每擔五六金，為同光以來三十年所僅見。商情歡躍，釐收亦遂可觀。計本年皖南各局，約共徵茶税十二萬二千餘引，較去年不相上下，實為始念所不及。否則，職道扶病遠來，徵税短絀，問心抑何以自安？即寅僚申申詬詈，亦無以自解也。本屆徽屬綠茶，得利至厚，明歲業茶者多，税課必當增旺。惟蘄隆冬無甚冰雪，來年春夏，雨暘時若，洋銷仍暢，斯萬幸已。茶事每歲六個月，均已完竣，局用項下月支文案、差遣、書識、帳目、稽核、監秤等名目，計共銀一百九十二兩，似稍冗濫。職道春杪隷差之際，正值茶市起季，遴用員友，人數稍寬，額支姑仍其舊。職道通盤籌策，茶事清簡，局用月報冊開文案、差遣、書識各名目，應酌量芟裁，略節經費。所有文案三名，月支湘平銀陸拾陸兩，擬改為貳名，每月裁節銀肆拾貳兩，月支湘平銀貳拾肆兩。差遣三名，月支湘平銀肆拾捌兩，擬改為一名，每月裁節銀俞拾陸兩，月支湘平銀拾貳兩。書識二名，月支湘平銀拾捌兩，擬改為貳名，每月裁節銀陸兩，月支湘平銀拾貳兩。其帳目、稽核、監秤等名目，均擬循舊，以資辦公。文案、書識、差遣三項，均自本年十月為始，每月裁節銀捌拾肆兩，每年十二個月，其裁節銀壹千零捌兩。冗款少支千金，正税即可多解千金。方今國步如此艱難，夷款如此紛糾，似亦為人臣子所當各發天良，而憂惄不容自已者也。此次請裁之後，局用項下，除職道月支薪水湘平銀壹百兩外，委員司事，每月祇共支湘平銀壹百零八兩，實屬極意節省。員友、丁勇、火食及每年深渡秤驗卡費，與夫一切酬應，均在歙、黟、休公費項下動用，並不列冊支銷。職道山陬蜷局，竊不自揆，慨念時艱，未能興利以開源，愧祇裁贏而剬冗，區區樽節三四千金，勺水蹄涔，何補涓埃於國計。第所處之地在此，所略盡之心，亦止此焉而已。是否有當，伏候憲台批示祇遵。

再：本年委員出差川資，均係實用實銷，按月開報，計三月起至九月止，共支銀壹百肆拾兩；冬季即有支發，總不至逾貳百金之數。職道亦未公出巡閲各卡，所有年終總報向支巡閲各分局卡，及委員出差費用銀，俞百數十兩，不再開支。又年終總報向支歲修局屋銀九十餘兩，本年尚未修葺，即檢拾滲漏，修整門窗工料，不過數金，屆時亦不濫支，以昭核實。皖南茶事，現均完竣，税銀亦悉數解清。職道擬請假一個月，回浙江山陰縣本籍省墓。假滿由浙至甯，叩謁崇轅，面稟公事。擬於十月初八日由屯啟行，諭飭提調冷令駐局照料，合併呈明。

又《請禁綠茶陰光詳稿》 為據情轉詳事：本年十一月二十七日，奉憲台札准總理各國事務衙門咨，准出使美、日、秘國伍大臣函，稱美國議院以近來各國入口之茶，揀擇不精，食者致疾，因設新例。茶船到口，茶師驗明如式，方准進口，否則駁回。札局遵照咨內事理，飛飭產茶各屬，出示曉諭，並剴勸商戶，如何妥仿西法焙製，力圖整頓，挽回茶務。仍令將籌辦情形，稟復核奪，計鈔單等因。奉此，遵即剴切示諭，並照會產茶各府縣，諄勸園戶茶商，各圖整頓。一面諭飭屯溪茶業董事、四川補用知縣朱令鼎起傳知各商，實力籌辦。去後，茲據徽屬茶商李祥記、廣生、永達、晉大昌、朱新記、永昌福、永華豐、馥馨祥等稟，為奉諭實復，求鑒轉詳事。竊奉憲諭，朱董遵照督憲札飭事理，傳知各商，妥議章程，實力整頓，仍將籌辦情形，詳細具復，並鈔粘美國禁止粗劣各茶進口新例十二條等因。奉此，經董事遵即傳知。惟目下各商號，早已工竣人散，無從遍傳，僅就商等數號，偕董事悉心籌議，敢獻芻蕘，以備採擇。查屯溪為徽屬綠茶薈萃之區，歷來不製紅茶，其紅茶應如何整頓，毋庸議及。第以綠茶而論，婺源、休甯所產為上，歙次之。洋商謂中華茶味冠

於諸國，洵非虛譽，乃近來作僞紛紛，致洋人購食受病，何也？綠茶青翠之色，出自天然，無俟矯揉造作，以掩其真。故同治以前，商號採製，惟取本色；洋人購食，亦惟取本色，其時並未聞有食之受病者。迨同治以後，茶利日薄，而作僞之風漸起；不知創自何人，始於何地。製茶時攙和滑石粉等，令其色黝然而幽，其光然而凝，名之曰陰光。稱謂新奇，竟獲邀洋商鑒賞，出高價以相購，而本色之茶，售價反居其下。於是轉相效尤，變本加厲，年甚一年，縱有持正商號，始終恪守前模，方且笑為愚而譏為拙。狂瀾莫挽，言之寒心。夫陰光之茶，胥由粉飾，藏之隔年，色無不退，味無不變，香無不散，食之何怪乎受病。本色之茶，未經渲染，藏之數年，色仍不退，味仍不變，香仍不散，食之何致於受病；此涇渭之攸分也。洋商知華茶之作僞，而未知陰光即作僞之大端，不捨陰光而取本色，雖嚴進口之防，猶治其末而未探其本，能保作僞者不僥倖於萬一哉。然則去僞返真，祇在洋商一轉移間耳。嗣後滬上各行，於購茶時，誠相戒不買陰光，專尚本色，則陰光之茶，別無銷路，誰肯輕棄成本，不思變計，將見攙和混雜諸弊，不待禁而自無不禁矣。商等仰體整頓茶務之藎懷，用敢不避嫌怨，據實具復。是否有當，伏乞轉詳等情前來。竊惟中國出口土貨，茶為一大宗，商務餉源，關係至重，若任牙販攙雜渲染，作僞售欺，洋商受愚致疾，至謂華茶皆不可食，勢必茶務益疲，釐税將不可問，職道訪詢業茶之老商，同治以前，焙製綠茶，不過略用洋靛著色，洋人嗜購，無礙銷路。光緒初年，始有陰光名目，靛色以外，又加滑石、白蠟等粉，矯揉窨成，茶色光澤、斤兩益贏。當時外洋茶師考驗未精，誤為上品。華販得計，彼此效尤，日甚一日，變本加厲。本年休甯縣茶五十九號，祇向來著名之老商李祥記、廣生、永達等數號，誠實可信。歙縣三十餘號，不做陰光者益寥寥難可指數。聞滑石白蠟等粉飾之茶，不特色香味本真全失，未能耐久，即開水泡驗，水面亦滉漾油光，飲之宜其受病。該董朱令，與該商李祥記等，公同議復，擬請嗣後滬上各洋行，購運綠茶，不買陰光，專尚本色，洵屬去僞返真，抉透弊根之論，理合據情詳請憲台鑒核；剋日飛咨總理各國事務衙門，轉咨駐京各公使，並札總税務司，分別電達外洋。自光緒二十四年為始，凡各國洋商，來滬購運綠茶，秉公抽提，各該號茶商，均以化學試驗，如再驗有滑石、白蠟等粉，渲染欺僞各弊，即將該號箱茶，全數充公嚴罰。一面箚飭江海關道，函致該關税務司，傳知上海向買華茶之怡和、公信、祥泰、同孚、協和等洋行，遵照辦理。方今軍需奇絀，時事多艱，茶業為華税所關，不敢不切實維持。為釜底抽薪之計，否則文告嚴迫勸導諄拳，雖筆禿口瘖，究未必湔除其痼疾。美國新例，查驗於已經購買之後，職道與該董等籌議，審慎於未經購買之先，二者似並行而不悖。如蒙鈞批，一切准行，當於來歲春初，録批剴切示諭徽屬各商販，知照破其沈錮罔利之私，俾免受大虧而詒後悔。是否有當，伏候訓示祇遵。

再：奉發和使克大臣照會中外茶務情形，及雷税司稟陳廣購碾壓機器仿製紅茶二案，職道先後録印告示各五百張，分別發遞産茶各府縣，張貼曉諭，謹將示式坿呈藎覽。該税司所陳六百兩之茶機，奉札後，遵與茶董朱令、候選同知洪商廷俊再四籌商，已由該商派夥往滬，訪查酌購，俟查復到日，另案稟辦。職道前擬整飭徽屬綠茶牌號，飭領印照，報效銀兩，執為世業，稟請憲轅出示剴諭各情，奉批督董與各商妥為議定等因，此案本年夏秋之交，該董朱令集議公所數次，商情慳鄙，迄未就緒，是以擬仗德威，示諭飭遵。現既未蒙頒發鈞示，又復詳請禁革綠茶陰光錮弊，無本牙儈觖望，恐報效領照，驟難允洽，祇可緩議。又浙江平水綠茶，洋銷頗廣，近年陰光渲染，聞較徽茶尤甚，擬請隨案彙咨，一律嚴禁，合併附陳。

兩江督憲劉批：據詳已悉。查茶葉為土貨出口大宗，關係商務税課，至為緊要。祇因各商蹈常習故，既不肯講求種植採製，又復任意作僞，致茶務疲敝日甚，雖迭經諄切誥誡，而各商祇顧一己之私，終未能力圖整頓。今既經該道察知綠茶中名陰光者，即係矯柔造作，不獨色香味本真全失，且食之亦易受病，積弊一日不去，茶務斷難望有起色。惟痼疾已深，既非文告所能禁革，仰候札行上海道嚴諭滬上茶業董事，並函致税司，告知上海業茶各西商，自明年為始，凡在滬購辦綠茶，由董事會同秉公抽提試驗。如再驗有滑石、白蠟等粉，渲染欺僞各弊，即由道將該號茶箱全數充公罰辦，以示懲儆。該局應先剴切示諭，俾各商販事前知所儆畏，不敢作僞，以免後悔，仍候咨請總理衙門核明照會飭知，並候分咨兩廣、閩浙、湖廣督部堂，廣東、江西、浙江、湖南撫部院，一體飭令産

茶各屬，先期示諭。至滬稅司先次條陳碾壓各節，係指紅茶而言，即該道此詳，亦僅專去紅茶造作之弊。其綠茶應如何焙製，較為精美之處，並候札飭上海道，轉託稅司，向業茶老西商，切實考究，稟候分飭參訪，以期弊去製精，茶務得以漸圖挽回。繳告示存。

又《復陳購機器製茶辦法稟》 本年十一月十六日，奉憲台札，據江海關雷稅司稟陳，中國商戶，以手足搓製紅茶之失，擬請通飭試辦碾壓機器，仿行新法，以興茶務各情，抄摺札局，遵照批示，體察情形，分別妥籌呈報等因。奉此，查職局所轄皖南產茶處所，歙、黟、休甯、銅陵、石埭、涇縣、太平、宣城、婺源及江西之德興各縣，均係綠茶，花色繁多，約十分之九製銷洋莊，十分之一行銷內地，不能用機器焙製。徽州府屬之祁門，池州府屬之建德，江西饒州府屬之浮梁，向做紅茶。本年祁門茶號五十餘家，建德十家，浮梁六十餘家，共徵茶稅七萬一千七百四十餘兩，較紅綠稅銀，約祇四分之一。祁門萬山叢雜，民情強悍，山戶與商號爭論茶價，屢啟釁端。浮梁各號畸散，北鄉山徑崎嶇，資本微薄。建德數號略同。此皖南所轄紅茶產地之大略也。本年祁、浮、建德紅茶，商本折閱，職道夙聞比年機器製茶，頗合洋銷，正思示諭勸導，適友人候選徐道樹蘭、汪進士、康年等，夏初在滬上創立農學會，鋟刷報章，分布海內，惓惓於蠶桑絲茶各事，以冀維持中國之利源。徐道與職道交誼最深，由浙中寓書屯溪，略言『振興茶務，宜撥鉅款，派商出洋，學習泰西製焙之法。一面速購機器，翻然更新』等語，與雷稅司現陳各節相同。職道竊壯其言，即面商屯溪茶董朱令鼎起。據稱徽屬茶商，家世殷實者，不過十分之一，各自株守，罕與外事，無人肯肩此鉅任。而無本牙販，又難可深信。該令所稱，均係實情。職道購買農學報十分，送給各商閱看，以冀漸擴見聞。皖南茶業，以綠茶為大宗，歲徵稅約二十萬兩左右，僉稱礙難改用機器，亦屬實情，祇可將祁門、浮梁紅茶，紓籌勸辦。祁門距屯較近，夏秋之交，曾與徽商候選同知洪廷俊籌議，擬由職局發款，先在祁門仿行官商合辦之法，集股創設機器製茶公司。因山阿風氣未開，祁民蠻悍，恐滋事端；而訪雇茶師，急切又難就緒，是以迄無定議。秋杪、又杪，委建德分局洪令恩培，專往浮梁，諏訪各商，茶機能否試辦，切實查復。去後十一月初旬，據洪令稟復，諸多窒礙等情，前來謹抄原稟，恭呈鈞鑒。茲奉前因，遵即鋟刻告示，分別發遞產茶各縣局卡，張貼曉諭，並專勇分賚祁、浮、建德各茶號，每號給予示諭一張，冀其開悟。一面復與朱令、洪商，諄切籌商，仍擬仿行官商合辦之法，職局發款酌購茶機，諭集股分，由洪商派夥專往上海、祁門，分別查購。去後，茲據該商董等復稱，查得溫州本年試辦碾壓茶機，僅製成茶數十斤。滬上洋商云，做工尚稱得宜，惟香味甚不及舊法。又查，據公信洋行云，伊等洋商，原欲糾集公司，購全副機器在湖南安化興辦，嗣湖廣督憲張以此利益，不便為西人佔攬，迄未照准。雷稅司所陳，機器每架，需價九百金，滬上無現成者，須電錫蘭購辦，約在兩月可運到滬，外加水腳保險各費，合計每架總須一千有奇。前項機器，每次僅能出茶七八十斤，核計紅茶上市時，日僅能製造三百箱，徽茶改用機器，勢必收辦茶草，祁門南鄉一帶，每擔計錢十數千。茶草三斤，製成乾茶一斤，剪頭除尾，不過六七折之譜，以及各項費用，成本過昂，且無洋商包裝，萬一不得其宜，耗折大非淺鮮。若延聘西人，據需薪資每月二百金，且要包定三年，薪水太鉅，萬難延請。若就滬延聘華人，亦不過口傳指授，創辦之難，殊無把握。又查得祁門茶商汪克安、康齡，復稱創用機器，收草碾壓，機器出茶有定，草少則曠工，草多則壅滯，必久攤；久攤遂變壞。是茶草須在三五里內，按部就班，纔可合用。祁門深山僻塢，紛歧坟折，並無一片平疇。茶草自開摘至收山，不過十餘日。用機之人，務要真正熟手，早日雇來祁地，細談底裏，免得臨事張皇。祁、浮茶號，星羅棋布，每號做茶不過三五六百箱，亦由地利使然。設碾草之號，與收熟茶之號，實相背而不相得。然非就出草較廣之區，不足以為力。各等語，抄呈原函前來。伏查祁、浮紅茶試辦茶機，未奉憲札以前，職道先以疊次與商董等紓策經營，因風氣未開，創辦為難，而其中窒礙多端，實不能不慎始圖終，通盤籌畫，敢為憲台縷晰陳之。公信洋行函復雷稅司，碾壓機器，祇需銀六百兩，即可購辦。今由徽商面詢該洋行，則云每架需九百金，又加保險水腳等費，合計總需一千有奇。前言不符，啟人疑沮，一也。紅茶三月中旬向皆徵稅，其採製均在暮春之初，明春即多閏月，亦不過展遲旬日。今滬市既無前項機器，電購外洋，兩月之期，能否踐言，均未可定。即如期運滬，已在二月下旬，由滬運潯，再由鄱湖饒河展轉運祁，即未能應來春碾

壓之用，萬一發價而運貨逾期，轉多饒舌，甚或糾轕涉訟，二也。《農學報》本年第六、七冊載：台惟生廠製造萎揉焙裝各項茶機，共約需銀一千鎊左右，似較公信洋行祇能碾壓者，更為得勁。第祁、浮山嶺巇仄，恐台惟生廠各項茶機，實無安放之所；而祇購碾機，果否適用，香味能否軼出舊制，亦無把握。延聘外洋茶師，商力實有未逮，不延則又恐未合洋銷，三也。皖南業茶，家世殷實者，寥寥無幾。無本牙販，鳩集股分，新茶上市，結隊而來，茶事將畢，一鬨而散。職道接奉鈞札，已在十一月中旬，祁、浮二邑，並無公所茶董，祇得遴派妥勇分赴各邑，賫送前項告示，每號發給一張，以歆動之。比據該勇等回屯，稟稱浮梁茶號，均在北鄉五里十里之間，岡嶺重複，村落畸零，每村各有茶號二三家不等。祁門茶號，均在西南鄉，疊巘層巖約同。浮北號門，多半關鎖，告示張貼門外，鄉人聚觀，或號夥之看守房屋者，均言地勢如此，改用機器及聘雇熟諳茶機之洋工，良非易事。而現屆歲闌，即集股購機，亦須展至亥年，或有端緒等語，與職道訪查各情，大致相同。浮、祁茶機，驟難仿辦，建德商號無多，更無庸議，四也。方今軍需奇絀，時事多艱，職道若搏官為倡辦之美名，不顧事之果否必成，請款購機，以鋪張為浮冒，計亦良得。而硜執之性，實不忍浪糜公款，致有初而鮮終。屯溪茶董朱令及洪商廷俊，籌議仿行西法，總以滬上有現成茶機可購，俾該商等，自行察看，較為穩妥。電購外洋，究多瞻顧，試用茶機，延雇洋工，不特無此力量，且山民蠻橫，與他族恐不相能。惟有寬以時日，訪雇福、甌內地之茶師，言語性情，彼此易於浹洽。至創辦機器，尤必通力合作。如祁門共若干號，每號各出股分一二百金，茶釐局酌撥三五千金，官商合辦，盈虧一律公攤，各商號始無嫉忌畛域之見。該商董等所議，均係持重審固，平實可行。惜奉札稍遲，祇可俟明春紅茶上市之時，集商妥議章程，稟請鈞批立案，己亥春間，再行開辦。憲台總攬茶綱，振興茶務，登高提倡，中外嚮風。雷稅司所陳每架六百兩之茶機，可否札飭江海關蔡道，轉飭公信洋行，電購四架，運滬。機價及水脚保險等費，核實開支，如蒙恩准照行，茶機均已運來，商情不致疑慮。一面訪詢福、甌內地之茶師，官商合股，從容酌籌，亥春當可集事。機價雜費，擬請江海關庫暫墊，仍由茶釐項下，如數撥還。是否有當，伏乞憲台鑒核批示，祇遵。

再：職道訪聞江西義甯州山勢，較浮、祁二邑平坦，焙製紅茶，似可仿行機器。惟該處民風亦頗強橫，商情願否興辦？應由江西司局查議。合併呈明。

又《整飭茶務第一示光緒二十三年十一月**》**　為剴切曉諭事：本年十月十六日，奉南洋大臣兩江督憲劉劄開，本年九月十二日，准兵部火票遞到總理各國事務衙門咨。本年八月二十四日，准和國使臣克羅伯照稱，現接本國京城茶商來函，據云：刻下按新法所製之茶樣，惜未甚佳，若以舊法所製之茶，其品高於各處，若按新法製之，即與各處之茶無異，且將是茶原本之益處盡失。在爪哇、印度、錫蘭三處，雖皆精心植茶，然與中國之茶比之，則不及中國所產之物也。緣現在歐洲，欲購中國上品佳茶，無處可覓，疑係中國產茶處所，不知歐洲等處均欲購買。按新製茶，無非較印度稍佳，實與中國所產者遜多矣。在英、和銷去上品茶之價值，比新製茶價昂三倍。且新製茶運往外國售賣，英國印度茶，亦運往他國售賣，彼此相爭，然喜吃中國茶者，不喜吃英國印度茶。查此情形，未有勝於中國茶之佳美者也。並有俄、英、和等國茶商亦云如是。特求於通曉茶務者，代白此意，等因。本大臣憶及製茶一節，久在洞鑒之中，想貴大臣視該商所言，定必嘉悅，等因。前來查出口貨物，以茶為大宗。中國茶質之美，原為外國所必需，（祗）［祇］以焙製漸不如法，致印度等茶得以競利銷行，於商業餉源，虧損實鉅。現據和使克羅伯照稱前因，是中國茶務雖敝，尚可設法挽回。相應咨行貴大臣查照，轉飭各該地方官，曉諭產茶處所及通曉茶務之商戶人等。嗣後於製茶一事，勿論舊法新法，總宜加意講求，但能製造精良，行銷自易。在茶務可資經久，而利權亦不至外溢，仍將如何辦理情形，隨時見復為要，等因。到本大臣承准此，查近來中國茶務之敝，固由外洋產茶日多，銷路漸分，華商力薄，自紊行規，實則由於採製之不精，商情之作偽，致使洋商有所藉口，退盤割價，種種刁難，過磅破箱，層層剝削，商本多遭虧折，茶務因而日壞。是以迭次通行整頓，首講採製，力戒攙雜。蓋華茶色香味均遠勝洋產，為西人所喜嗜。產地苟能採摘因時，炒製合法，販商貨色整齊，行規嚴肅，於茶務利源，未嘗不可挽回。今閱和國克大臣照會，益足信而有徵。自應由產茶各屬諄切董戒，力勸講求，以暢銷路，以固利源。茲准前因，除分行外，合

行札局遵照，飛飭產茶各屬及通曉茶務之商，實力籌辦。仍令將勸辦情形詳細稟復，核咨毋違，等因到局。奉此除照會產茶各縣一體示論，實力籌辦外，合亟出示曉諭，為此示仰各茶商、山戶人等知悉。自示之後，該山戶務將茶樹加意灌溉培護，慎防冰雪之僵凍，尤當採摘之因時，不得聽其自生自長，因偷惰而致窳萎。擷採以後，亦不得以柴炭薰焙，並惜工費，日下攤曬，務當用鍋焙炒，以葆真色香味。至各茶商近來成規日壞，弊竇叢生，以偽亂真，貪小失大之錮習，幾至牢不可破。本年春間，曾經上海茶業會館刊布公啟，歷述弊端。雖經本道諄切示禁，而本屆徽茶運滬，各弊尚未盡剗除。自壞藩籬，攪亂大局，莫此為甚。現奉南洋大臣劉箚飭前因，知中國茶事，自可振興，嗣後各商務須各整牌號，各愛聲名。一切焙製之法，實力講求，嚴肅市規，不准攙雜作偽，以歸銷路，以固利源。倘有奸商小販，不顧顏面，再以劣茶冒充老商著名之字號，欺騙洋商，撓亂茶政者，一經查出，定當照例嚴辦，決不徇容。其各懍遵毋違，特示。

又《整飭茶務第二示光緒二十三年十二月**》** 為剴切示諭事：本年十一月十六日，奉南洋大臣兩江督憲劉箚開，據江海關稅務司雷樂石稟稱，竊查近年中國絲茶兩項，幾有江河日下之勢。其致衰之故，憲台洞悉，本無待贅言，而茶業一種，論者頗有其人，甚至登諸報章，記之載籍，無非欲望中國振興，祛其弊而求其利，頓改昔時景象。在憲台蓋謀遠慮，果於國計民生有裨，度無不竭力興辦，且亦深知各口業茶之西商，於茶務一道，多所講究。今欲改復舊觀，得憲台在上提倡，不獨西商鼓舞歡躍，即凡業茶之華商，亦無不翹盼其成，色然以喜，則一應製茶新法，西人亦必樂與指授也。本年夏間，接老於茶務之公信洋行主一函，內詳言華茶致敗之由，非改從新法不為功，特將現在溫州試行新法碾成之茶已見明效者一種，並舊法一種，分別見示。稅務司悉心考察，即知新法之善，當將情形申呈總稅務司。而總稅務司意在保商裕課，凡有咨陳之件，靡不悉心籌畫，總期有利必興，無弊不去。飭將公信行主來函，照譯繕呈各憲，並將茶樣一併遞呈等因，是以不揣冒昧，將來函譯成漢文，原樣兩種，敬呈察核，必能俯賜通行，剋期舉辦。伏思憲台通今達古，貫徹中西，一切自必燭照無遺。查西人現行之法，以碾壓成。考之中華古時，似已行之。《明史・食貨志》八十卷終所載『舊皆採而碾之，壓以銀板，為大小龍團』一語，此固班班可考。故西人現行之新法，即係中國舊時製茶之法，不過分上用與民用已耳。惜年遠代湮，無人指授，以致失傳。近年以來，種茶、業茶之人，焙製一道，並不悉心考究，茶務因之日衰。但目下業此生意者，受虧不淺，亦已漸知其故，頗有改絃易轍之意。若憲台登高倡導，當無有不樂從者，等情，並清摺。到本大臣據此除批閱來牘並摺，具見留心商務，食祿忠謀之誼，深堪佩慰。中國茶務，年不如年，至今日疲敝極矣。在局外之論，總謂由於外洋產茶日盛，產多銷分，事勢則爾。第細察商情，實由採製焙壓，蹈常習故，未能翻然變計，講求制勝之方。蓋西商食用，事事力求精美，茶葉尤為人所必需之物，西人考究，更為認真。中國茶質，本屬遠過西產，苟能採製得宜，自無不爭相購致。本大臣屢執此意，通飭整頓，以地異勢殊，未克驟變舊法。今據呈送新法、舊法所製茶樣，同一茶質，收壓稍異，而新法所製者，色香味皆遠勝之，即此益見製法之亟宜更新，以冀茶務之日漸挽回。且該公信行籌製之法，亦尚簡而易行，需本不多，自應由產茶各處，體察情形，因勢利導，於皖中設有茶釐局，或先由局購備碾壓機器，如法試製，以為之創。一面廣諭茶商集股，各自創辦。在園戶力薄，不能仿辦，茶商與園戶，同一利害相關，苟茶商能仿行之，園戶當無不樂從。是在各處有茶務之責者，善事設籌提倡，力圖整頓，以期推行盡利，歷久不敝，本大臣有厚望焉。仰江海關蔡道轉復稅務司知照，繳印發外，抄摺札局，遵照批示，體察情形。妥為分別籌勸辦理。仍將籌辦情形呈報查考，等因，到局。奉此，查前奉南洋大臣劉札准總理各國事務衙門咨准和使克大臣照會，以綠茶而言。雷稅司所陳各條，專言中國商戶以手足搓製紅茶之失，急宜另籌新法，各集股分，廣購碾壓機器，試行仿製，講求制勝之方，合亟出示曉諭。為此，示仰商戶人等，知悉查照，後開各條，互相勸辦，悉心考究，翻然變計，各圖振興，痛改從前手足搓製紅茶之舊習，以暢銷路，而固利源，本道有厚望焉。其各懍遵毋違，特示。

又《摘開雷稅司原摺》 中國紅茶搓製之法，不如印度遠甚，其致敗之故，寔由於此。蓋所徵之課稅，雖覺繁重，在華商核算成本，以為獲

利似無把握，苟能得其新法，以冀西人漸皆喜用，則衰弱之象，度不至如斯矣。

溫州茶，華曆四月初八日運樣到滬，即今所呈皙之兩種。一則仍用舊法，以手足揉搓；一則用新法碾壓者，互為比較，即知新法之合銷西人。本視溫茶為中國出茶最次之區，英人之所以不喜用華茶，喜購錫蘭茶者，以用碾壓故也。英人愛用印茶，並非以印度、錫蘭為英屬土。因錫蘭之茶，色香味較勝華茶，其質性亦較華茶可以用水多泡。印度係用機器碾成，質力較華製為佳。現在美國已皆較前增購，俄國亦然。錫蘭、印度之茶甫採下時，收在屋內，鋪於棉布之上，層層架起，如梯級然，直至茶葉棉軟如硝淨之細毛皮時，將茶落機碾壓約三刻之久，盛在鐵絲蘿內，約堆二英寸厚，層疊於上，必變至勻淨，如紅銅色，然後焙炒，裝箱下船。錫蘭、印度之茶樹皆屬公司。公司資本股厚，不肯零星沽售，採茶焙炒，以至裝箱起運，皆公司之人自為之，有大棧房存儲。所安機器甚多，碾茶、炒茶、裝茶，無一不用機器。蒙意欲使中國茶務振興，當另籌新法，如碾壓至茶變紅銅色之後，應上蘿焙炒之際，可無須仿用機器，仍按舊法，衹用竹蘿盛茶，加以炭火烘焙，似比機器尚佳。倘辦茶之人亦如印度、錫蘭之法，獲益必大。其佳處即遇陰雨之天，亦無要緊，摘茶之後，即送與棧房，將茶層鋪於綿布之上，用架疊起，不慮霉變。應購機器，若仿錫蘭所用之式，未免價鉅，莫如用一次能出茶七八十斤之碾壓機器，衹需銀六百兩，即可購辦，且耐久不壞。費既不巨，茶商辦此，當無難色。蒙意華商若用機器，不用手足，則前次所失之十分中，必能補償幾分，貿易自有轉機。所望亟行整頓，愈速愈妙，再能遴派明白曉事之員，前往錫蘭察訪製茶之法，並僱業茶者數人來至中國，教以各種烘焙善法。一朝變計，必能令各國樂購。中國頭春茶，天下諸國無有媲美者。二茶、三茶之現無人過問，實因製法不佳。倘用新法，則二茶、三茶當可與錫蘭、印茶並駕齊驅也。

又《整飭茶務第三示光緒二十三年十二月》　為剴切示諭事：本年十一月二十七日，奉南洋大臣兩江督憲劉札准，總理各國事務衙門咨准出使美日秘國伍大臣函稱，美議院以近來各國入口之茶揀擇不精，食者致疾，因設新例：茶船到口，須由茶師驗明如式，方准進口，否則駁回。從前中國無識華商，往往希圖小利，攙和雜質，或多加渲染，以售其欺。洋商偶受其愚，遂謂中國之茶皆不可食，而銷路因之阻滯。比來華商販茶，折閱者多，獲利者少。職此之由，現新例既行，茶稍不佳，到關輒被扣阻，金山等埠華商屢來稟訴，因擇其不甚違章者，為之駁詰，准其入口。惟新例所開茶式未齊，已將中國販運之茶詳列名目種數，照會外部轉知稅關，俾茶師詣皙時，有所依據，不致以與原定之式不符，過於挑剔。仍將新例譯録，飭領事等傳諭眾商，嗣後不可希圖小利，致受大虧。並鈔譯一份，寄呈備覽。此例初行，似多不便，然理相倚伏，實於茶務有益無虧。蓋以前茶質不淨，人多食加非以代茶。今入口既經復驗，茶葉共信其佳，則嗜之者多，將來銷路可期更廣。中國各商，如能將茶葉焙製諸法，精益求精，知作偽無益，不復攙雜，則中華茶味，實冠出於諸國，必能流通，未始非振興茶務之一大轉機也，等因。前來本衙門查中國土貨出口，以茶為一大宗，從前因茶商焙製不精，兼有攙和雜質等弊，以致洋商營運受虧，銷路因而阻滯。今美國改行新例，如果焙製益求精美，實為中國茶務振興之機，相應將該大臣鈔寄新例十二款，刷印黏單，咨行貴大臣查照，轉飭各產茶處所，凡園戶茶莊製茶，務須焙製如法，精益求精。並飭各海關出示曉諭，華商運茶出口，勿得攙和雜質，致阻銷路。倘或攙和雜質，或將茶渣重製運售，致損華茶實在利益，一經查出，定行嚴罰。此固為華民謀生計，亦中國整頓商務之一端也，等因。並抄單到本大臣承准此，除分行外，抄單札局，遵照咨內事理，飛飭產茶各屬，出示曉諭，並剴勸園戶、茶商，應如何妥仿西法焙製，力圖整頓，以期挽回茶務，廣開利源。仍令將籌辦情形，稟復核奪，等因。到局奉此，除照會產茶各縣一體示諭外，合行出示曉諭。為此示仰商戶人等知悉，現在美國新例，茶師考驗極嚴，嗣後焙製各茶，務須盡心講求，力圖精美，不准攙和雜質或多加渲染，欺誑洋商，以暢銷路，以固利源。其各懍遵毋違。特示。

又《黏抄美國新例》　一、美國上下議院會議妥定，光緒二十三年三月三十日起，凡各國商人運來美國之茶，其品比此例第三款所載官定茶瓣較下者，概行禁止進口。

二、此例一定之後，戶部派熟悉茶務人員七名，妥定茶瓣，呈送查

驗，嗣後每年西曆二月十五號以前，均照此例妥定茶瓣，呈驗備用。

三、合准進口之各種茶類，戶部妥定樣式，並當照樣多備茶瓣，分發紐約、金山、施家谷，以及各口稅關收存，以資對驗。至若茶商欲取官定茶瓣，可照原價給領所有茶類，其品比官定茶較下者，均在第一款禁例之內。

四、凡商人裝運茶類來美，入口報關時，須要呈具保據，交該口稅務司收存，言明該貨於未經驗放之前，不得擅移出棧，當由茶商將貨單所載各茶樣呈驗，另立誓辭，聲明單貨，確實相符，方為妥協。或任茶師自取樣式，逐一與官定茶瓣比較，其入境各口，未派茶師者，商人當備各茶樣式，並立誓辭，呈送該口抽稅之員查收，復由該員另取各茶樣式，一併送交附近海口茶師收驗。

五、所有茶類，經茶師驗過，其品確係與官定瓣相等，稅務司亦無異言，立即放行。若其品比官定茶瓣較下者，立刻通知茶商，除復驗批駁茶師有錯外，不准放行。若運到之茶，品類不齊，可將好茶放行，次等者扣留。

六、茶師驗明之後，茶商或稅務司有異言，可請戶部派總估價委員三名復驗。若查得茶品果係與官定茶瓣相等，自當給照放行。如茶品比官定茶瓣較下，令茶商具結，限六個月內（由驗明之日起計）運出美國。設使過期不出口，稅務司設法焚毀。

七、所有進口茶類，派定各茶師親驗。倘入境之口並無派定茶師，由該口稅務司取齊各茶樣式遞送最近海口茶師收驗。驗茶之法，照茶行定規辦理。其內有用滾水泡之法，與化學試煉之法，均當照辦。

八、所有茶類，凡請美國總估價委員復驗，應由茶師將各茶樣式，與茶商面同封固，與茶師批辭，以及茶商駁語一併送交總估價委員復驗。一經驗明妥定，即當繕寫斷詞，由各該委員簽名，將全案文牘茶式三日內一齊發回。該稅務司另鈔兩份，一份轉達茶師，一份轉交茶商，遵照辦理。

九、所有茶類，已經不准入口，遵例出口之後，如復進口，將貨充公。

十、此例各款，戶部妥定章程，一律頒行。

洪商查復購辦碾茶機器節略

一、查製茶碾壓機器，福州舊前年有人倡辦，想因不能卓有成效，迄未盛行。溫州今年試辦者，係乾豐棧朱六琴兄，向公信洋行購得碾壓機器，如法試行，僅製成茶數十斤，寄樣來申驗看。據洋商云：做工尚稱得宜，惟香味甚不及舊法所製。蓋因甫經採下茶草，未及烘曬即以機器碾壓，不免真精原汁走漏，本質耗損，故香味較遜。葉底不甚鮮明，未得合銷，為此中止。以上乃溫、福州之未見顯著成效情形。

一、據公信洋行云：伊等洋商，原欲鳩集公司，購辦全副機器，在湖南安化地方興辦。該處產茶頗多，轉運捷便。嗣張香帥以此利益，不便為西人佔攬，未曾照准。刻下中國官商，若欲在祁門、浮梁試辦，祇須碾壓機器，便可合用，其餘烘、篩、揀、扇等法，原以舊章較善。該機器價銀，每架據需九百金。刻下申地，無有現成者可售，須由伊代電託錫蘭友人購辦，約在兩月內可運到申，外加水腳、保險、使用等費，合計每機器總需一千有奇。以上乃據公信洋人所說。如事必行，該機即託公信洋行代辦。

一、徽屬山深水淺，局面狹小，若以全副機器，非但價資太鉅，且轉運一切，非比外洋水有輪舟，陸有鐵路之靈便，勢難載運，姑不置議，惟碾壓機器，每次僅能出茶七八十斤，核計紅茶上市時，日僅能製造三百箱而已。

一、徽茶改用碾壓機器，勢必收辦茶草。然祁門南鄉一帶，茶草每擔計錢十數千文，以茶草三斤，製成乾茶一斤，兼之剪頭除尾，不過六七折之譜；以及車用等項合而計之，已屬匪輕；且無洋商包莊，萬一不得其宜，則耗折大非淺鮮，核計成本過昂，不得不慮及此也。

一、據公信洋行云：機器用法與復雷稅司之函大譜相同。揣其情形，似尚不難，但詳細情形及所製之茶，果否合銷，則非身經目歷，不能盡悉。若延聘西人，據需薪資每月二百金，且要包定三年，不免薪水太鉅，萬難延請。西人姑不置議，如若就申延聘華人，亦不過口傳指授而已。此創辦之難，殊無把握。

一、初辦碾壓機器，若由紳商邀集股本，究非善策。因恐成本昂貴，一經大折，勢難復振。惟有厚集資本，初年不利，則更加考究，精益求

精，再接再厲，庶幾能盡機器之利用。此創辦必須厚集股本，以備不虞。

一、集股之法，似宜仿公司成例，每股百金。竊以祁門、浮梁兩邑計之，茶號不下百家，若得每號集股百金，為數亦頗可觀。此外，如有另願附股者，亦可兼收。集資既厚，經理得人，庶可圖效。茶商眾心散漫，惟有商請憲裁，一面給資籌辦機器，一面出示勸導。然此事原為振興商務起見，成則眾商漸可推廣盛行，不成則官商兩無所損，想眾商一經提倡，自必樂從。

一、局憲如必購辦此機，望請將價銀即速匯下，以便繳交前途，代為電致錫蘭購辦。俟辦到申後，即由繞河運祁。惟沿途釐卡，尚乞局憲咨會江海關，給照護行，以免沿途釐卡留難，實為捷便。

以上各節，謹就所見盡陳。因無把握，故機器尚未定購。望詳加商酌。奉覆。局憲核奪，即希示覆。二十三年十二月。

清 陳熾《振興商務條陳》《東華續録》卷一三〇 戶部員外郎陳熾呈爲條陳茶政懇請代奏事：

竊維中國之茶務，昔盛而今衰。以出口多寡之數較之，而了然可睹矣。嘉慶、道光以前，每歲出口之茶約值銀五千餘萬兩。其時通商僅廣東一口，各省茶務均須販運粵東，由總商與西人定價。總商氣焰薰灼，不惟華商趨承，恐後即西商亦惟命是從，所謂『十三行』者是已。然而商務日興，稅收日旺，茶葉出口之數日益增多，此極盛之時也。既而諸行倒閉，五口通商。各省之茶分由各口販賣。中國種茶之地，運茶之商，其數日增；而中國出口之茶，所值之數乃日少。至光緒二十年，出口總數僅值二千二百餘萬金，較之嘉、道以前，頓減大半；稅釐各項亦隨之而減。

昔則茶少而值多，今則茶多而所值反少者，其故有三：

一則印度、日本之仿種太多也。英國當日銷中國之茶，歲約三千餘萬，恐利源外溢，銳意收回，遂於印度亞山地方，以重價雇募中國茶師，教土人以栽種製焙之法。綿亙二千里，茶樹成林。近復推廣于錫蘭一島，參用新機製焙，無論製茶多少，色香味一律無殊。出口之時，不徵稅鈔，專以賤值與中國爭衡。上年出口之數，較中國多至一半。泰西自俄羅斯外，英、法、德、奧、意、比諸國，皆銷印度之茶，無復飲中國茶者，以其價廉而物美也。當日美國銷茶尤廣，自日本廣行仿種，亦減收出口稅，以機器製成，美國之利盡為所奪。僉謂守此不變，再逾十年，中國茶葉必至無一箱出口而後已。此其攘奪利權者一也。

一則中國皆散商，洋商之抑勒太甚也。今中國之茶，止銷俄國，購茶者皆俄商，即英、德各國商人，皆與俄商辦運者耳。自各國通商而後，中國富商大賈，尚能顧全大局，力與維持。惟千金、數百金之小商，資本無多，只求速賣。於是攙雜偽質、跌價爭售之事起。洋商欺其愚懦，因而始則放價，繼則故意挑剔，低盤割磅之弊生，每以一人掣動全局。今年茶葉萬不能留至明年，洋商不買，即無銷路。資本半由揭借，至期不得不還，遂相率以至賤之價哀求洋商購買，而折閱難堪矣！然應交之捐釐稅課如故也。因而傾家敗產，虧閉捲逃，無所不有，彼此視為畏途。通十年計之，幾無一年獲利者；通十人計之，幾無一人獲利者。茶市敗壞至於此極，尚忍言哉！此其把持商務者二也。

一則山戶與商人互相嫉忌，動輒抬價居奇也。茶自穀雨抽芽，採摘製焙而成，為時不過半月，粵商當曰入山采買，知其急欲求售，勒價聯幫，在所不免。山戶日久知商人以賤價買之而高價賣之也，遂故抬其價，任意居奇。山戶固不能不售，商人攜銀入山，亦復不能不買，比年遂多以高價買之山戶，以賤價賣之洋商者。山戶偶然獲利，而茶商無一不虧。他日必致有貨不能售，或皆洋人自行入山採買而後已。此局一定，除一子口半稅外，捐厘盡付東流矣。此其敗壞市面者三也。

噫！茶務之江河日下至於今日，譬之敝衣破屋，自上至下，自表至里，皆蚴朽敗壞，補救無從。似此絕大利源，惟有如秋空浮雲，聽其自生自滅而已矣。雖然，當無可設法之中，有四法焉，可以噓枯吹生，使萬象頓回春意者，則在國家當局洞悉本源，以維持保護之而已。請質言之：

一曰參用機器。印茶濃厚，略如雲南之普洱茶，然色味雖濃而馨香遠遜。西醫之考求飲食各品者，咸謂華茶性味和平，于人身有益無損；印茶燥烈，利少害多。雖積習難變，然此一語者，即華茶由衰復盛之機也。惟印度、日本之茶雖居次等，而機器製焙，清潔無論。中國制茶之時，最畏陰雨。若連雨十日，茶芽將老，不能不摘。葉含水氣，則以火烘之，甚則煙氣薰人，色香俱變。且人工炒焙，不能無優劣粗細之殊。洋商

於百箱中檢出一箱劣茶，餘均以劣茶定價。欲整頓一律，則時日迫促。天時既不能定，人力實不能齊，此必窮之道也。惟參用機器，烘焙制炒，火候均勻，物皆精美，雖欲藉口挑剔，其道無由。而一人可作十人之工，所出之茶亦愈廣矣。且西商載茶回國，船行赤道之下，天氣蒸郁，時閱二旬，茶之稍次者往往黴變。西人喜用印茶者，由印度至泰西，計時減十日，則黴變亦稍稀也。近日俄商在漢口、九江以機壓茶末，製作茶磚，如古者『龍團』、『鳳團』之類，運至英、法各國，群喜購用，視若珍奇。因磚茶堅實，可儲數年，雖由赤道經行，色香味絲毫不變也。茶末為中國下乘，視同棄物，而西國珍之，俄商利之。設以佳茶製造，西人之貴重何如？此由華茶性質本佳，亦中國收回利權之樞紐也。宜飭各關道酌提款項，選募中外茶師各一人，密赴印度考驗制茶之法，購買機器，入山製造。壓磚機器，潯漢已有十家，亦先購一分人山，以佳茶試辦，仿『小龍團』舊式，精益求精。試辦有成，然後酌提官款，以為之倡。令富商大賈廣集公司，多購機器，遍置出茶之地。馴至華茶皆機器所制，則性質之美過於彼，制焙之精同於彼，而茶商山戶一氣呵成，當日勒價抬價諸弊端，亦不禁而自絕矣。

二曰准設小輪。華茶之美者，以安徽之婺源、江西之甯州，福建之武彝、湖南北之羊樓峒等處為大宗。而婺源、寧州茶船均須渡鄱陽，湖南北之茶大半須渡洞庭。往往茶市屆期，阻風一二十日，後到之貨多受西人抑勒，虧折不支，亦有日久茶味已變者。四省茶商屢請自置小輪，在湖拖帶，以免逗留。而地方輒以無據之言橫相阻撓。其實捐釐一切已在山內徵收，出茶賣茶均有定地，何從偷越？徒苦商民而已。宜准令各商在鄱陽、洞庭兩湖置輪拖帶，或由官設立，酌收其資。惟四省茶船將及萬號，每湖必有小輪船十艘，梭織往來，然後茶市不致後期，行旅鹹占利涉。保我商賈，即所以保此捐釐耳。由武彝至廈門，水陸程途亦多艱險，如能修一鐵路，則運費日省，商務日興，其所關均非淺鮮也。

三曰創立公棧。西商雇輪挾資，買茶中國，決無空回之理。華商之茶，固不能不賣，彼西商亦不能不買也。而西商之敢於抑勒者，皆由中國散商太多、跌價搶售之故也。欲合散為總，向非官為聯絡，增立引票，不為功。然目下諸商皆無遠慮，況官商隔膜已久，驟興此議，不以為體恤之而以為魚肉之也。日後假手吏胥，則魚肉亦意中事耳。上年，湘撫吳大澂備悉商艱，擬集商股為總行。西商抑勒，即由總行購買，自運外洋，而不知其諸多窒礙也。眾商稟覆，請抽小費，立公棧，散商各圖自便，議亦無成。由官不悉商情，不能主持定議。夫此公棧之說，即潛移默轉、合散為總之根也。今日茶商運茶至埠，中國茶棧皆逼窄不能容。惟洋行高大寬深，可以堆放，各就其素曾交易者運而入之。貨已入行，價仍未定。嗣後欲移售他處，百倍艱難。如有小商同在一行，以賤價先賣，則不得不吞聲忍氣，苟且成交，暗受西商之抑勒矣。其故由於中國茶棧無地可容。故先入行再行議價，種種不便，從此而生。宜令江漢關道曉諭諸商，設立公棧，務極寬廣，可容數十萬箱。每埠酌借官款十萬金，即能成事。賣茶之後，按箱扣還。令茶船至埠之時皆運存公棧，不准一箱先入洋行。議價時可東可西，由吾操縱。散商搶售不顧大局者，公棧得而罰之。如劄盤劄磅、放價勒價諸弊端，皆不去而自去。然後九江、上海、廈門等處仿照辦理，華商氣象為之一新，大局有轉移之望矣。

四曰暫減捐釐。西人喜用印茶者，豈不知印茶之不若華茶哉？貪其價廉耳。印茶之廉，由於參用機器者半，由於不徵稅鈔者亦半。華茶則稅鈔不能議減，捐釐方且議增，是驅之用印茶也。刻華茶銷路已減其半，及今不急思補救，日後將無茶商。既已無商，稅從何出？前赫德條陳其事，請減稅厘，無如督撫關道僅顧目前，動以款項支絀為言，置諸膜外。夫稅釐之短絀，由於商務之積疲。商務日興，則稅務日旺。天下事固有多取之而不足，寡取之而轉見有餘者，莫切於今日之茶務矣。今出口稅及子口半稅關係洋息，未敢輕議減收。至於內地釐金及各項山捐、箱捐、善堂捐，外銷款項，均請一律暫減三成。俟他日茶務復元，再行規復，由部定議，請旨飭行。要之捐釐減一分，華商多一分之生氣，即增一分之利源。洋商買一分之便宜，即廣一分之銷路。果使日漸振興，每歲仍銷至五千余萬兩，即不必規復舊額，而已多收一半之捐銀矣。明為恤商，暗實裕國。亦何苦刻舟求劍，病商病國，為叢驅爵（驅雀），為淵驅魚，致中國茶利盡為印茶所奪哉！

此四者如能本末並舉，則華茶銷路必年廣一年。期以十年，不復道光以前之舊額者，無是理也。即誇一二端見諸施行，當此積疲積困、水深

火熱之時，亦必有成效之可見。惜中國官商情形隔膜，動以崇本抑末之説，視商人之盈虧成敗，漠然不加喜戚於其心。持此以與泰西各國通商，如下駟駑駘追蹤騏驥，必使中國盈天下無一富商，所有利權皆歸彼族，上下交困，仰人鼻息以為生，如今日之緬甸、暹羅、越南諸國。興言及此，其可憂可懼可危者，又豈僅茶務一端而已！管蠡之見，是否有當，謹繕具條陳，伏乞據情代奏，無任悚惶待命之至，謹呈。

清 鄭世璜《印錫種茶製茶考察報告》 謹將派員赴錫蘭印度考察種茶製茶事宜分列條款呈覽

沿革：查英人種茶，先種於印度，後移之錫蘭。其初覓茶種於日本，日人拒之，繼又至我國之湖南，始求得之。並重金僱我國之人，前往教導種植、製造諸法，迄今六十餘年。英人鋭意擴充，於化學中研究色澤香味，於機器上改良碾切烘篩，加以火車、輪舶之交通，公司財力之雄厚，政府獎勵之切實，故轉運便而商場日盛，成本輕而售價愈廉，駸駸乎有壓倒華茶之勢。

氣候：查錫蘭高山，距赤道自六度至八度，地氣炎熱，雨量最多，草木不凋，四時如夏。

土質：高山含赤色而中雜砂石，低山砂石略少，茶葉通年有採，生長甚速。高山每英畝年可出乾茶五百五十磅，全島每年出茶一百五十兆磅。印度產茶地方極廣，其北境之大吉嶺，原名大脊嶺，距赤道二十七度三分，山高七千七百英尺，本從前中國藩屬哲孟雄地。哲孟雄，西名息根姆，又名西金。天氣同於中國，夏秋之間，雨霧最重，正臘之間，冰雪亦多。土質同於錫蘭。茶自西四月上旬起，至西十二月上旬，均有葉可採。山高三千八百英尺地，每英畝年可出乾茶二百四十一磅；山高六千英尺以上，地每英畝年可出乾茶一百九十七磅。每年全嶺產茶之數，一千一百七十九萬四千磅，合印度、錫蘭兩地，每年出乾茶有三百五十兆磅之譜。

局廠：查錫蘭島，除海濱盡種椰樹，北面平田盡栽禾稻外，其餘高山之地，幾盡闢茶園。茶廠大小有三百餘所。大吉嶺自西里古里山麓起至山巔五十一英里，盡種茶樹，茶廠有二十餘處。製茶公司資本至少三十萬金至百萬金。工人除山上採工外，廠內工人甚簡。大約日製茶千磅之廠，廠內工人不過十二三名。日製茶三千磅之廠，廠內工人不過三十八九名。緣機製較人工省力懸殊也。

茶價：查印度、錫蘭均製紅茶。製緑茶廠，止一二處。色濃味強，西人嗜之。實則色淡而味純者，亦頗寶貴。故上山高三千英尺至五六千英尺地方之茶，葉身柔嫩，味薄而香，故售價昂。下山高三百英尺至八九百英尺地方之茶，葉身粗大，味苦而厚，售價廉。茶分五等：一曰卜碌根柯倫治白谷，二曰柯倫治白谷，三曰卜碌根白谷，四曰白谷，五曰白谷曉種。蓋『卜碌根』即好之義，『柯倫治』即上香譯音，『白谷』即君眉譯音，『曉種』即小種，皆本華茶舊名而分等次者。茲將錫印茶價列表如下：

錫蘭茶價：

上等茶　約銷三十兆磅　每磅價十本士

中等茶　約銷六十七兆磅　每磅價八本士

次等茶　約銷三十八兆磅　每磅價六本士半

下等茶　約銷十五兆磅　每磅價五本士又四分之一

錫蘭緑茶價：

統由茶商包買，不分等次，統扯每磅價盧比三角二分。

印度茶價：

一千九百零四年至零五年，印茶銷於英京之數。每箱重一百磅。

阿薩墨茶　計銷六十三萬二千零七十三箱　每磅價七本士九十二分

加卡爾茶　計銷三十三萬一千九百三十一箱　每磅價五本士六十二分

溪塔江茶　計銷五千八百十四箱　每磅價五本士七十五分

車塔納坡茶　計銷一千九百四十四箱　每磅價五本士零四分

大吉嶺茶　計銷六萬六千五百五十八箱　每磅價九本士十八分

獨瓦耳茶　計銷二十二萬三千五百十三箱　每磅價五本士九十二分

康格拉茶　計銷二百零四箱　每磅價四本士五十分

格理明茶　計銷二萬二千六百六十四箱　每磅價六本士六十六分

透拉勿茶　計銷九千零二箱　每磅價五本士八十四分

透物哥茶　計銷七萬二千九十六箱　每磅價六本士六十三分
一千九百零三年至零四年之數：
阿薩墨茶　計銷六十四萬六千一百二十五箱　每磅價八本士四十三分
加卡爾茶　計銷三十三萬二千一百二十七箱　每磅價六本士四十七分
溪塔江茶　計銷四千零七十八箱　每磅價六本士七十五分
車塔納坡茶　計銷一千五百零二箱　每磅價五本士八十九分
大吉嶺茶　計銷七萬零六百九十六箱　每磅價九本士五十分
獨瓦耳茶　計銷二十萬零三千八百五十五箱　每磅價六本士六十七分
康格拉茶　計銷一千五百二十五箱　每磅價五本士九十四分
格理明茶　計銷二萬一千五百零六箱　每磅價六本士六十六分
透拉勿茶　計銷一萬零二十二箱　每磅價六本士五十二分
透物哥茶　計銷八萬零一百四十八箱　每磅價六本士六十三分
一千九百零四年至零五年印茶銷於印京之數：
阿薩墨茶　計銷十五萬九千六百四十五箱　每磅價五本士八十分
加卡爾茶　計銷十五萬一千六百三十九箱　每磅價四本士七十五分
西來脱茶　計銷十萬零二千有十五箱　每磅價四本士六十分
大吉嶺茶　計銷五萬一千三百八十五箱　每磅價七本士九十分
透拉勿茶　計銷三萬四千八百箱　每磅價四本士八十分
獨瓦耳茶　計銷十五萬八千四百二十五箱　每磅價五本士二十五分
溪塔江茶　計銷八千九百四十五箱　每磅價四本士八十分
車塔納坡茶　計銷三百七十七箱　每磅價三本士八十分
估馬江茶　計銷一千零三十七箱　每磅價四本士九十分
一千九百零三年至零四年之數：
阿薩墨茶　計銷十三萬一千九百七十六箱　每磅價六本士四十分
加卡爾茶　計銷十四萬零八百七十七箱　每磅價五本士三十五分
西來脱茶　計銷十萬零二千四百三十八箱　每磅價五本士
大吉嶺茶　計銷四萬九千九百七十六箱　每磅價八本士十七分
透拉勿茶　計銷三萬二千零七十九箱　每磅價五本士十七分
獨瓦耳茶　計銷十四萬零三百有四箱　每磅價五本士八十分
溪塔江茶　計銷九千四百六十二箱　每磅價五本士十七分
車塔納坡茶　計銷八百七十一箱　每磅價四本士九十分
估馬江茶　計銷一千二百四十九箱　每磅價五本士

種茶：　錫蘭現種之茶計有兩種：一曰阿薩墨茶東印度省名，一曰變種茶。所謂變種茶者，即中國茶與阿薩墨茶種在一處時，被蜜蜂採蜜，將花質攙和而成，故名曰變種茶。阿薩墨茶即從前印度之野茶，樹桿有高至五英尺及三十英尺者，茶葉有長至九寸有奇者。較之中國茶樹容易生長。其茶葉作淡緑色，其茶味較中茶濃，但香味不及中國茶，樹身亦不及中茶樹之堅。錫蘭平陽之地，均種阿薩墨茶，其山之高處，夜間天氣寒冷，大半多種變種茶。其先有西人之業茶者，在山高地方將中國茶與阿薩墨茶種在一處，以便一同焙製，另成一種茶名。殊不知中國茶與阿薩墨茶所需之製法不同，故亦未收其效，至其種茶子之法一如種稻穀然，先將茶子播種一處，俟閲八九月後，再為分種。至一年後，所生樹枝已覺太長，便須剪去尖頭，使生横枝，且須隨時修剪。至三年後，即為初次大割。猶冬令之割樹法。惟印錫多割成平圓形。印度播種茶之法，在西曆十一月，先將田一方墾至一尺之深，鋪以肥土六寸，上面再加極細之土四寸，然後播種茶子，入土約深二寸。及至次年二三月，為之分種。每枝約距離四五寸，俾易滋生。至冬間再移種於茶林内，亦有待至後一年夏季移種者。一俟樹身長有大指之粗，即須在冬間將樹修短，自四寸至六寸許，俾得重苞横枝。計自播種至此，閲時三年，至第四年冬止，須將杪上之錯枝稍為修齊。第五年又修至十四寸高，第六年又止，修齊樹頂，第七年修至二十寸高。至第八年在採茶之前，須任其生長新枝，約六寸長。至此，樹身方算長足。在未長足以前，似乎不宜採摘，致傷元氣。至逐年修割，則宜使樹身修直為佳。迨後樹身過老，將行大割，則須將樹身上所有之節疤盡行割去。

剪割：　剪割之義，為多生樹葉起見。緣樹枝愈老，則樹葉之生長遲而且小，出產愈少，故剪割最宜注意。錫蘭剪割之法：在平地，地氣較熱，易於滋生之處，每年割一次；在三四千尺高山上者，每二年割一

次；在五六千尺高山上者，每三四年或五年割一次。其地勢愈低，則剪割愈勤。因其易於滋生，茶汁必形淡薄，故不得不勤於剪割也。其割法，一俟樹身長足後，即割去上身，約留樹身高十二寸之譜，將中央小枝修去，以通風氣，專留向外之橫枝，俾滋生樹葉。至第二次剪割時，比上次多留一二寸。割至四五次後，樹身已覺太高，所割之處，疤節太多，樹汁難於流轉，亟宜將所有疤節盡行割去，並將其橫枝修剪齊平，使之容易滋生。印度種茶家亦以剪割為常法。其割至十八寸或十二寸，或竟低至一二寸者多有。無非察樹身之肥瘠，以酌其宜。其在剪割之前，採葉不可過多，致受損傷。樹身瘠瘦者，尤必肥以野茶或萆蔴子餅之類，以扶養之。迨明年將樹杪修至二十寸高，此一年內所生茶葉，約止採二成之譜。至秋後停長之時，仍將樹枝修至二十六七寸高，再待來年樹枝結實，即有佳茶採矣。惟是年冬又須修割，比上屆大割應留高五六寸。據查以前茶林每年修割，比上屆止留高一二寸。現年則間年一修割，在停割之年，止修齊樹杪而已。大約茶樹栽培合法，樹身不至過高，可滿二十年一大割。如其稍不經心，致有荒蕪，則八九年即須一大割。

下肥：壅肥以壯田，通例也。錫蘭土性苦瘠，茶葉長年苞發，地土之滋澤，易於告罄，故不得不極意講求培壅。前者種茶家以土內所下之肥，有礙茶葉品性，今始知其未盡然，惟仍有數家，以不下肥為然。凡肥田，最壯之料莫過於六畜之骨。然錫蘭非產畜之區，勢不能全用畜骨，且價亦過昂，故攙以萆蔴子餅。計每樹祇須下數兩重之肥質，蓋樹本專仗淡氣以生發，而萆蔴子餅所含淡氣最多，以之肥田，莫善於此。又有種茶專家，於茶林內攙種豆莢，即以莢梗埋於土內，或將所割茶樹枝葉同埋於土，兩者均可肥田。又有一種茶家，論及渠所種之茶樹，每三年下肥，所費每畝約盧比五十圓。每盧比，約合中國銀五錢。此說較之錫蘭各種茶家，未免太過。下肥之法，須將肥料壅於離樹一尺左右之樹根上，為最得其所。又或鋤耘野草，即將所耘之草埋於土內，藉作肥料。此種工作，包於採茶工家，計每月每英畝工價盧比洋一元。至於印度茶林，則野草任其生長，不似錫蘭之鋤耘盡淨，以為野草亦可肥田。故於冬令將地面翻起九寸之深，即將野草埋在土內，作為肥料。此種工作，經費每英畝約盧比五圓半，須人工三十日。即在夏令，亦須兩次，將地耙鬆至三四寸深，將地面之草覆埋土內。其工價較冬令減半。茶林內亦有攙種豆莢者，至開花時即行割下，埋於土內作為肥料。此係夏間格外加工之事，所費每英畝約盧比八九圓。惟在夏雨極多時，不能將地翻動，防為雨水沖去，故只好將地面野草割下，留於田間任其腐爛。其餘如萆蔴子餅之肥料，亦不能廢。如大吉嶺則山勢崎嶇，種茶之區不得不墾為平台，如中國之山田然，深恐泥土被雨水沖刷，樹根暴露而挑土墊補，所費殊不貲也。

採摘：茶葉裁割之後，須五六個月始能長葉。一俟新葉長有五六寸高，即將嫩頭摘去。其法：每人給與四寸長之小棍，令其摘至小棍一樣長短。所摘嫩頭，全係水質，不能製為茶葉。直至摘剩之新枝頭上，生出禿葉一片，再由禿葉節間重發新葉，俟長有嫩葉三片，及頭上之苞芽，方可將苞芽及新葉二片採下，是為新鮮茶葉。其第三片新葉留於枝上，以資再苞新芽。錫蘭採茶次數，在平地每七天一次，在高至四千尺山上者，每十天採一次。惟頭二茶及秋後之茶不能如期。錫蘭採茶，每人每日約能採至三十磅。如遇雨水多時，茶葉滋生較速，則每人每日約得採至五十磅之多。大吉嶺採茶，如採中國茶，每日不過十二磅至十四磅；如採阿薩墨茶，每人每日能採至五六十磅。緣阿薩墨茶葉大，重量較大故也。至採茶工人，錫蘭則以流寓之印度人為多。男人工資每日盧比三角五分，女二角五分，大孩二角，小孩一角五分。大吉嶺土人貧苦，採工尤廉，每月女人不過三盧比，小孩不過二盧比。採茶時候，每日早晨五下鐘至下午四下鐘止。有早晨六下鐘至午後六下鐘，中間停午餐一下鐘者。此由各公司自定，並視茶山距廠之遠近為準。凡茶山有二千英畝，約須採工七百人輪採。按定今日採東山一區，明日採北山一區，遇星期則周而復始。凡有數十人在一區採茶，必有工頭一人，執鞭督飭。如採不合法暨玩笑滋鬧者，則鞭責之。此外復有經理之英人，乘汽車或自行車，不時往來巡視。總之，茶樹本性採摘愈苛，苞發愈速，因之二茶本力已衰，生發必然減少，週年統計並無盈餘，而樹身業已受傷。故精於此業者，少採頭茶，乃為上策。所謂蘊之愈久，其本力愈足，故茶葉乃愈佳也。

茲因大吉嶺氣候與中國相同，查得該處最佳之茶林，一英畝在去年所產之茶數列表於下：

西曆三月三十一號　採新茶葉六磅五
四月七號　二十磅
四月十四號　三十一磅
四月二十一號　三十六磅
四月三十號　四十磅
五月七號　十二磅四
五月十四號　四磅五
五月二十一號　八磅六
五月三十一號　十八磅五
六月七號　二十六磅
六月十四號　二十九磅四
六月二十一號　三十四磅二
六月三十號　四十四磅七
七月七號　三十五磅
七月十四號　三十四磅二
七月二十一號　三十七磅七
七月三十一號　四十六磅四
八月七號　三十磅
八月十四號　三十三磅二
八月二十一號　三十一磅
八月三十號　五十磅八
九月七號　三十三磅七
九月十四號　二十九磅二
九月二十一號　二十七磅
九月三十號　二十六磅一
十月七號　十三磅八
十月十四號　十七磅八
十月二十一號　十磅一
十月三十一號　二十一磅
十一月七號　十三磅
十一月十四號　六磅八
十一月二十一號　二磅四
十一月三十號　十磅
十二月七號　二磅七

以上共計茶葉八百二十四磅，計製乾茶葉二百零六磅。因茶林內之茶樹大半都經大割未久，是以出産較少。據照尋常之數，應出乾茶二百四十磅有奇。

機器：查印錫之茶，成本輕而製法簡，全在機器。機器分碾壓、烘焙、篩青葉、篩乾葉、揚切、裝箱六種而貫以一。全軸運動，並可任便裝拆。其全軸運動之引擎，則或借水力，或燃火油，或燃木柴與煤。大吉嶺廠則用電。（據稱購電氣公司之電，每下鐘時不過十二安那，約合龍圓五角有零。）大約廠房在山澗之旁，可借水力運轉機輪，省燒料之費。其餘用火力，則馬力小者，類用火油引擎；馬力大者，類用柴煤鍋爐。如鄰近有電汽公司，購用電力，則既省擦抹，又省監視也。茲將各種製法，分晰開列如下：

晾青：查印錫茶廠，每日每人採到青葉，先在廠門外過磅，隨即揀淨葉莖，搬上廠樓，勻攤晾架，晾乾水分。晾架多木匡布地，或用木板。大吉嶺則用鐵絲網地。廠樓窗槅四面通風，間有作風輪電扇，以散熱助涼，藉補天工者。每層樓房，置晾架十二三座。每座深處，接連三架。每架十五六格，每格距離八九寸，以能手臂伸進鋪葉為度。茶葉採下揀淨後，即勻鋪於布格上，視葉之乾濕，以分鋪之厚薄，然後視天氣之晴雨。如逢天晴，須將窗戶關閉，勿為外面燥烈之氣所侵。如遇天雨，須將烘茶爐內之熱氣打進晾房，再以風扇將熱氣重行送出，以資疏通。總之使房內燥濕得宜而已。新葉晾至二十四下鐘最為合度，亦有晾至三十六下鐘者。緣閱時太少，則須加熱氣以乾之。茶葉勢必燥而易碎，一放入碾茶機內，其大葉之茶汁，因之壓去，即嫩葉之顏色亦不鮮明矣。否則為時太久，則葉性改變而腐爛之氣生，香厚之味頓形減損矣。新葉晾過之後，每百斤約得五十五斤。遇新葉稀少，有每百斤晾至七十五斤者，惟茶味未免稍次。晾茶一道，係製茶首要之端，須房屋寬敞，涼爽通氣；而晾時之久暫，尤關色味之低昂，此則不可以不辨也。

碾壓：茶葉晾過之後，即運至碾壓機器，以碾揉之。碾揉之義，要

使葉内包含茶質之細管絡，全行揉碎，以便泡茶時易於發味，並使搓成一律之茶葉式樣。搓時多少，各廠不同。有搓一下鐘者，有搓至三下鐘者。總之，茶葉粗，則搓時較久。惟搓至二三十分鐘之後，即運至打茶機内，將搓成團塊之茶葉重為打散，再運至篩機内將細嫩之葉篩出，另行搓捲，不再與粗葉同搓。蓋深恐粗葉之茶汁有礙細葉之清香味也。其搓茶機器隨時搓碾，逐漸將機上之蓋向下壓緊，使葉内之管絡全行搓碎。惟搓之既久，茶葉不無發熱，故須將上蓋不時提起，稍停數分鐘，藉以透涼。初搓之時，機内裝葉不宜太滿，上蓋壓力，不宜太重。因恐稍粗之葉為壓力所阻，不能搓捲如式，致成扁葉，殊無足觀，且將來烘乾之後，易於破碎。惟稍粗之葉雖不能如細葉之便於搓捲，而於釀色之時，葉片鬆而且大，易於透氣，故葉色反比細葉鮮明。又有一説，如搓壓之時過久，可以代釀色之工云。

按：碾壓機器，形式如磨，有上方下圓者，有上下均圓者。下盤係木地鐵匡，平如桌面，惟磨處中凹。磨齒係釘木條，新式者釘銅條，復有盤上鑿成眉形者。齒有疏密，疏恒十六，密恒三十二，視碾器之大小而定。中心有小方板一，以便啟閉。上盤與磨形稍異，四圍鐵匡，中空如罩，内容茶葉。大號可容二百五十磅，盤徑較下盤小四分之一，適與下盤之中凹處合。上下相距，有螺旋可以鬆緊。上盤另有口門進茶葉。凡晾去水分之葉，用麻布漏斗，由樓上傾入碾機，將皮帶移上滑車上盤運轉，茶葉即在齒上回環上落碾揉。碾成後至三下鐘時，可使液汁油然捲成均匀一律之條，旋從下盤抽去方板，茶自傾出。

篩青葉：該篩木板為邊匡，銅絲為篩，孔係長方式。因葉經碾壓，必生黏力，而成團塊。該篩能理散團塊，分出細嫩之葉。如粗大之葉篩不下者，應再碾壓。

變紅：凡濕葉經篩匀後，即用粗布攤地，或地上用三合土築成高四寸之土台，將濕葉匀鋪其上，厚約三寸，上蓋濕布，惟須與茶葉相離寸餘，使得涼氣而不遭風吹。故濕布類用木匡為邊，以便架空。三下鐘時，葉可變紅。

烘焙：茶葉變紅之後，即運至烘爐内烘焙。烘爐熱度約在二百二十度左右。茶葉約烘二十分鐘之久，但熱度亦有少至一百九十度，多至二百五十度者；烘時亦有過三十分鐘之久者。惟爐内茶葉所受之熱終不及火表上之熱度。蓋新茶鋪於鐵網盤上，初進烘爐時葉質尚濕，一經熱氣，其水質立時蒸騰，而爐内之熱氣因之減少，有時甚至減去一百度之多。迨至茶葉漸燥，熱度亦因之漸升。惟烘茶之法須初時有極大之熱度，使茶葉之外皮即時堅燥，以免走去葉内之原質。隨後茶葉漸乾，熱度亦宜漸減，以防烘焦之患。至茶葉必鋪在鐵網盤中者，蓋取其氣之疏通，不至擠壓太甚，致外焦而内尚潮濕也。

按：烘機上有上抽氣、下抽氣之别。下抽氣係將濕茶鋪盤内，推進焙房。通過盤口上頂，彼處便有新熱空氣由爐入葉。上抽氣係將熱空氣抽過茶盤，從葉透過，旋由煙窗挾熱氣而出。烘盤有八盤、十二盤、十六盤不等，視焙房大小而定。每盤置青葉以四磅為率。每下鐘，八盤機，能出乾茶六七十磅；十二盤機，能出乾茶八九十磅；十六盤機與十六盤邊機，則能出乾茶百磅至百二十磅。近有一種新式烘機，名白拉更，焙房内有鐵絲格八層，濕茶傾入第一層，即自放熱氣入内，機輪運轉，茶自一層以次落至八層，葉已烘乾，並能於焙乾時自放冷空氣入葉，使茶出烘房絶無熱氣，而免暗收空中濕氣之患。

篩乾茶：該器與篩青葉器無異，惟篩孔分疏密或三層或四五層。上層網眼較粗，往下愈密。出茶口門分置各面，各口張以箱。茶置第一層，即逐層篩下，自分一、二、三、四、五號茶箱，不稍混淆。末層有箱板，存積茶灰，並置膠黏於旁，分出葉灰内之茶絨。西人作枕墊用。近有一種新式篩機，係螺旋形鐵絲圓筒，網孔先粗後細，翻旋之際，能分茶為五等。

揚切：切機有多種，能使茶葉整齊，兼揚去塵灰。近有二種新式者，一為上裝茶斗，旁有空槽之棍，周圍有孔，下有刀口排列如齒者；一為槽與刀牝牡相啣者。凡過長及不齊之乾葉，用此器截切，最便利。

裝箱：凡製就之茶，裝入茶箱，有重加烘燥再裝以防受潮者。太鬆則恐洩氣，太堅則輾轉用力，茶碎質耗。故裝箱有機。其法將空箱擺平架上，用輪旋緊，上架漏斗。機動斗搖，茶由斗口而下，茶箱因振動力匀，鋪茶極齊，底面一律，四邊平實，雖行萬里，無搖鬆之患。

機價：凡轉運引擎，約二十匹馬力者，每具連裝箱運費，約銀五千圓以内。碾茶機，每次能容青葉三百磅者，每具連裝箱運費，約銀一千

圓。烘茶器，每下鐘能出乾茶八十磅者，每具連裝箱運費，約銀一千五百圓。篩茶器，每日能篩五百磅者，每具連裝箱運費，約銀八百圓。篩青葉器稍廉。切機，每具約銀三百圓。裝箱機，每具約銀一百五十圓。

運道：查錫蘭島，鐵道四通，馬路盡闢，自高山至克朗坡埠，雖火車支路甚多，然運茶出口，不過十二下鐘火車路。印度大吉嶺鐵道，直接加拉噶搭，雖內山馬路不如錫山盡闢，而運茶出口，不過二十二下鐘火車路。計每日採下之茶，至多閱三十六下鐘晾乾，三下鐘碾就，三下鐘變紅，三下鐘烘篩、揚切、裝箱。不及三日，茶已製就，運輸出口。

獎例：查印錫茶葉，出口無稅，政府每年酌給補助費。近因紅茶已辦有成效，又復盡力在錫蘭濱海地方試造綠茶。新例，出綠茶若干磅，酌給若干銀兩以獎例之。兼之設有會館、公所，於出口茶項下抽收經費，充作各報館刊登告白及一切招徠之舉。錫蘭抽費，每百磅約龍圓二角。印度抽費，每百磅約龍圓八分。據印、錫兩處經費，年約百萬元左右云。

以上係製茶情形

附錫蘭綠茶：

錫蘭所製綠茶不多，市價亦不能起色。據業茶者云，綠茶一道，機製終不能勝於手工所製，故此間綠茶廠寥寥，其製法如下：

蒸葉：新葉採下之後，運至廠中，先行秤過，每二百磅作一堆。先以一堆置於四方形之箱內，中間留一空穴，以為蒸汽經過之處。即將蒸汽放入，約以九十五磅為度，後將機關撥動，使四方箱轉動至極快之速率。約轉一分鐘之久，將蒸汽關閉，以前所放之蒸汽依舊留在箱內，再轉一分半鐘之久，然後開箱，將茶葉倒出。其色碧綠如故，惟葉片軟而皺矣。

碾茶：碾茶之法與碾紅茶彷彿，惟將碾機之上蓋揭去，接以無蓋之木桶，以防茶葉倒出。桶底滿鏤小穴，使透熱氣。亦有上裝風扇，以扇去熱氣者。俟第二堆新茶蒸過後，一併置於碾機內，同碾約二刻鐘之久。碾機下置有一盤，以承溜下之水汁。再以籐匡將盤內之水汁漏過，專留水汁內之浮沫，重又傾於所碾之茶葉上。蓋因此種浮沫含有綠茶之苦味，不可棄也。

烘焙：茶葉碾過後，即鋪於水門汀製成之土台上，以涼透為度。然後運至二百六十度熱之烘爐內，歷三刻鐘之久，重置於無蓋之碾機內，碾二十分鐘，重複將碾蓋蓋上，使有壓力，再碾二十分鐘。然後運至切茶機內切成小片，用半寸徑格眼之篩篩過，再運至二百四十度之熱汽爐內，烘二十五分鐘。其篩內剩下之粗茶，再須以二百四十度之熱爐烘二十五分鐘，重複如前。再碾再切，以漏過篩格為度。

篩葉：所篩之茶，約分四等。一曰小種熙春，約百成之三十八成；曰熙春，約得三十八成；曰次號熙春，約得十四成；曰茶末，約得十成。

上色：綠茶製成後，須再以滑石粉及石膏少許拌和，如法上色。惟如何上色之法，因不准外人入內觀看，殊難查悉。按：以上錫蘭、印度茶業情形，觀之則印錫紅茶雖不能敵上品華茶，而以之較下等之茶則不無稍勝，故銷路已暢，且可望逐年加增。彼茶商之在中國及在外洋者，皆謂中國紅茶如不改良，將來決無出口之日。推原其故，蓋由西人日飲已用慣味厚價廉之印錫茶，遂不願再買同價之中國茶。雖稍有香氣，亦所不取焉。蓋印錫茶之所以勝於中國者，雖由機製便捷，亦因得天時地利之所致。且所出之葉片較大於華茶，而茶商又大半與製茶各廠均有股份，自然樂買自己之茶，決不肯利源外溢。合種種之原因，結成日新月盛之效果。返觀我國茶業，製造則墨守舊法，廠號則奇零不整，商情則渙散如沙，運路則崎嶇艱滯。合種種之原因，結成日虧月耗之效果。近來英人報章，藉口華茶穢雜，有礙衛生，又復編入小學課本，使童稚即知華茶之劣，印錫茶之良，以冀彼説深入國人之腦筋，嗜好盡移於印錫之茶而後已焉。我國若再不亟籌整頓，以圖抵制，恐十年之後，華茶聲價掃地盡矣。為今之計，惟有改良上等之茶，假以官力，鼓勵商情，擇茶事薈萃之區，如皖之屯溪，贛之寧州等處，設立機器製茶廠，以樹表式，為開風氣之先聲。廠內製作，任茶商山戶入內觀看。廠中部以商規，痛除總辦、提調、委員諸官氣，實事求是，期年之後，商民見效果甚大，自然通力合作，除舊更新，將來產茶之地遍立公司。由小公司以合成大公司，由大公司以合成總公司，結全國茶商之團體，握五洲茶務之利權，海外爭衡，可操勝算。再能仿照製機，變通其意，集新法之長，補舊法所短，如碾機改牛馬運動以代汽力，緣碾機空者，一人之力可運動，置滿茶葉，不過二匹馬力可以運轉。

烘機從木炭研求，以臻美備，印錫無銀條木炭，止燒木柴，中國可以仍之，而變通其用法。並設法裝配磨粉機器，以便秋冬無茶之日機製米麥等粉，而免停工待費之暗耗。精益求精，日新月盛之機，可翹足待也。

謹擬機器製茶公司辦法大略二種：

公司集資本銀二百萬圓。

不拘官商山戶，均准附股。

山戶無現銀繳出者，可將現有茶山公斷，照時價作附股之多少。

集資二百萬圓，以五十萬圓買山，除種茶外，可兼栽别種植物；以五十萬置機器房棧，並製造等用；以一百萬充後備之需用。

公司之茶，不宜在本國出售，以杜洋商舞弊，致定價高低，大權旁落於外人。

銷茶最廣之路，莫如英之倫頓。所有買賣之權，操諸五六經紀之手。總公司宜設上海，以便運輸。分局宜設英之倫頓、並美之紐約、澳洲之雪梨等處。如僅在本國出售，則可免後備之款。

以上係一二百萬銀圓公司辦法。

公司資本集銀十萬圓：

公司既係小試，則不能買山，宜批租若干年，或收買鄰山生葉以省費用。

廠内置碾機六架，連裝箱運費，約六七千圓。如每架每日五次，每次二百磅，則每日可造生葉六千磅。烘機二架，連裝箱運費約三千圓。如每架每下鍾烘乾茶八十磅，每日作十下鐘，能烘乾茶一千六百磅。篩機六架，連裝箱運費，約五千圓。如每架每日能篩五百磅，每三架篩乾葉，三架篩青葉，已足敷用。切機一架，約三百圓。裝箱機二架，約三百圓。轉運機二十匹馬力者一架，約五千圓以内。

以上機器每日採下六千磅茶，即日可以造成。建築棧房及安置機器等費，約二萬圓以内，略計共費四萬餘圓。

廠外批山租價　未定。

總局設在何處或搭莊代賣　房棧等未定。

製茶局用人員：正司事一，副司事一，司賬二，司機器二，巡視茶山二，管理製造二，雜職六，計用十六人，年薪約萬圓以内。

每日採茶約六千磅，約用工人四百名，年計一百天，一年四萬工，每工扯二角，計銀八千圓。

每日製茶約六千磅，約用工人八十名，年計一百天，一年八千工，每工扯三角，計銀二千四百圓。

以上約共銀二萬七千圓左右。

每日採生葉六千磅，實製成茶一千五百磅，計一百天，製成茶十五萬磅。每磅至少售價銀三角，亦可得銀四萬五千圓，除購機造廠等費銀四萬餘圓外，計共開銷薪工等銀二萬七千圓左右。又納山租税約數千圓，統算尚溢利萬圓有奇。如用資本銀十萬圓，可獲長年息銀一分左右，倘茶價略高，費用略省，則不止此數也。

以上係十萬圓左右公司辦法。

清　佚名《議定中俄新約内下等茶減税章程》《通商約章類纂》卷六

總理衙門咨，本衙門現與俄國布使議定新約第十六條下等茶減税一事，相應抄録來往照會，並布使原信咨行。光緒八年十月初八日咨北洋。

附録給俄國照會

為照會事，照得新約第十六條，分别酌減下等茶進口之税一事，迭經往返會商，尚未定議。前日貴大臣來署辭行，聲明此項茶葉均係粗梗，其品在茶末之下，迥非各種茶葉之比。本衙門因函請貴大臣將此項粗梗茶種類指出，並分别價值，以便酌核定議。昨准函開第十六條約内之意欲將形如根本而茶微薄者，免其完極貴之税，此項茶與散葉及茶末毫不相涉，並開列内分各種茶之酌中價值，擬減税數等因前來。本衙門視貴大臣所言極爲公允，逕擬就此定議。千兩一種，每百斤徵銀五錢；百兩内之貢尖，每百斤徵銀八錢；百兩之天尖，每百斤徵銀一兩；百兩之京尖，每百斤徵銀一兩二錢五分。均以貴大臣所稱形如根木並非正葉，即梗子者爲斷。其各種散葉及茶末，如有與以上名目相同者，不在此例，嗣後照此減定之數納税。惟望轉行漢口領事官等，飭知俄商，自減定下等茶税之後，切勿將上等茶攙入此等粗梗之内，以免牽混而滋爭執。仍望照復，以便行知各關口，遵照辦理，以爲新約第十六條下等茶減税定議之案，相應照會。

附録俄國照復

為照復事，本月初六日准，照開所有本大臣擬形爲根木之茶減稅數目，貴署視爲公允，隨定。嗣後此項形爲根木之茶，並非正葉，即梗子者，均照本大臣十月初五日函擬減定之數納稅。而各種散葉及茶末如有與以上名目相同者，不在此減稅之例等因，照復前來。本大臣與貴王大臣聲明，本大臣所擬議者，視為同意。故新約第十六條下等茶減稅一事，以爲了局，所有彼此相定各節，本大臣自致漢口領事查照。

附録俄國布使來函

日昨因本大臣在貴署相談，貴大臣致函，内以前函所稱曲沃裝茶，或在所謂蘗茶之内，及大花簍亦名千兩，小花簍亦名百兩，並小花簍之内各茶，是否用茶梗而製，並非別項散葉之茶，其品亦在茶末之下各節，願由本大臣講明，並欲知本大臣擬定稅數若干等因前來，茲如所願達知。以前函所稱形為根木者，千兩、百兩在漢口總名為曲沃裝茶，而稱其爲蘗茶之名者，乃係自海關而啟也，惟其立新約第十六條之時，欲減稅各條，而用此蘗茶之名目而名之，此名未必能確當。原因蘗茶之名目，凡所謂蘗茶，皆涵入其中，至貴而不能歸入下等茶之内者，亦涵入其中。其第十六條所載，列入於約内之意欲在中亞細亞州所專用，形如根木而其内茶誠微薄，並非正葉，即梗子者，免其完納極貴之稅，是此項茶與散茶及茶末毫不相涉，似形如根木之茶，且内中蘗草居中十成之七成五，乃係千兩百兩及百兩内之各茶也。至於議定稅數之稅則，本大臣同貴大臣所言之意，視爲逕定其稅數，強於估價定稅。茲據漢口所報，擬定千兩一種，酌中之價，每百斤銀三兩五錢，每百斤擬徵稅五錢；百兩内之貢尖，酌中之價，每百斤銀五兩五錢，每百斤擬徵稅八錢；百兩之天尖，酌中之價，每百斤銀十兩，每百斤擬徵稅一兩二錢五分。惟望此項稅數，貴大臣視爲公平，准於以前所稱形爲根木之茶照此而定。耑此佈復。光緒八年十月初五日。

雜録

清 徐葆光《中山傳信録》卷六 琉球茶甌，色黃，描青綠花草，云出土噶喇。其質少粗無花，但作冰紋者，出大島。甌上造一小木蓋，朱黑漆之，下作空心托子，製作頗工；茶甌頗大，斟茶止二三分，用果一小塊貯匙内；此學中國獻茶法也。若國中烹茶法，以茶末雜細粉少許入碗，沸水半甌，用小竹帚攪數十次，起沫滿甌面為度；以敬客。

清 陸廷燦《續茶經》卷中《四之器》 徐葆光《中山傳信録》：琉球茶甌，色黃，描青綠花草，云出土噶喇。其質少粗無花，但作冰紋者，出大島。甌上造一小木蓋，朱黑漆之，下作空心托子，製作頗工；亦有茶托、茶帚。其茶具，火爐與中國小異。

茶樹栽培與茶葉加工總部

茶樹栽培與茶葉加工總部説明

茶能够在中國發展成爲一種普遍性的飲品并實現專業化生産，是茶樹被人工栽培後的歷史發展的結果。因此茶樹的人工栽培在茶葉發展史上意義重大，與之相輔相成的則是歷代製茶工藝的不斷發展。茶樹栽培與茶葉加工總部輯録中國古代茶園和茶産區的生産建設管理活動、古人對茶樹生物學特性的認識和以此爲基礎的栽培種植技術，以及隨生産實踐活動而不斷發展的製茶工藝等歷史文獻資料，包括茶園建設管理、歷代茶葉主要産區和歷代製茶工藝共三個部。

茶園建設管理部主要輯録茶園的選擇、茶樹的種植、茶園的管理和茶子的收藏等情況，例如唐代《四時纂要》記載了茶樹『畏日』的生長習性，宋代《北苑别録》記載了茶樹『開畬』的耕作方式，明代《茶解》提出將桂、竹與茶樹『間植』，清代《匡廬游録》提到『五六年後梗老無芽，則須伐去，俟其再蘖』，等等。生産經驗的累積，不僅在當時提高了茶葉産量，而且對如今的茶樹種植亦有重要的啓示意義。儘管古代茶樹栽培技術的進步緩慢，但勞動人民的點滴經驗和創造不斷彙集，反映在文獻上即可較爲完整地勾勒出古代茶樹栽培的發展情況。

歷代茶葉主要産區部以時間爲綫索，輯録茶葉産區的分布情況。唐代以前所飲茶葉，主要以是采集野生茶爲主，種植可能尚不普遍；同時受早期歷史資料限制，有關茶産區的史料記載較少；自唐代開始，茶葉生産得到迅速發展，除四川之外，江浙、福建等省區逐漸發展成爲主要的茶葉産區。兩宋之後，隨着農業技術水準的提升，茶葉種類逐漸增加，茶葉産量也有所提高，茶葉産區不斷擴大，最終固定爲江南、江北、華南、西南四大産區。

歷代製茶工藝部輯録從采摘時令、采摘手法到製茶的蒸青、曬青、炒青的加工工藝，以及對茶葉的貯藏存儲一系列完整的流程，同時反映出歷代對不同品種茶葉的偏好以及製造工藝的革新。

茶樹栽培與茶葉加工總部

茶園建設管理部

題解

清 何剛德《撫郡農産考略・茶》

清 李鵬年《六部成語》 茶園，植茶之園也。

論説

宋 宋子安《東溪試茶録》 今北苑焙，風氣亦殊。先春朝隮常雨，霽則霧露昏蒸，晝午猶寒，故茶宜之。茶宜高山之陰，而喜日陽之早。自北苑鳳山南，直苦竹園頭東南，屬張坑頭，皆高遠先陽處，歲發常早，芽極肥乳，非民間所比。次出壑源嶺，高土沃地，茶味甲於諸焙。丁謂亦云：『鳳山高不百丈，無危峯絶巘，而崗阜環抱，氣勢柔秀，宜乎嘉植靈卉之所發也。』又以：『建安茶品，甲於天下，疑山川至靈之卉，天地始和之氣，盡此茶矣。』又論：『石乳出壑嶺斷崖缺石之間，蓋草木之仙骨。』

又《總叙焙名》 曾坑山淺土薄，苗發多紫，復不肥乳，氣味殊薄。

又《茶病》 芽擇肥乳，則甘香而粥面，着盞而不散。土瘠而芽短，則雲腳渙亂，去盞而易散。葉梗半，則受水鮮白。葉梗短，則色黄而泛。梗，謂芽之身除去白合處，茶民以茶之色味俱在梗中。烏蔕、白合，茶之大病。不去烏蔕，則色黄黑而惡。不去白合，則味苦澀。丁謂之論備矣。蒸芽必熟，去膏必盡。蒸芽未熟，則草木氣存，適口則知去膏未盡，則色濁而味重。受煙則香奪，壓黄則味失，此皆茶之病也。受煙，謂過黄時火中有煙，使茶香盡而煙臭不去也。壓去膏之時，久留茶黄未造，使黄經宿，香味俱失，弇然氣如假雞卵臭也。

宋 呂陶《净德集》卷一《奏具置場買茶旋行出賣遠方不便事狀》 大凡官中原有之物，民間私侵其利，方是犯禁。只如解州有鹽池，民間煎者乃是私鹽。晉州有礬山，民間煉者乃是私礬。今川蜀茶園，本是百姓。兩税田地，不出五穀，只是種茶。賦税一例，折科茶園税每三百文折納絹一疋，三百二十文折納紬一疋，十文折納綿一兩，二文折納禾草一束役錢一例，均出自來，採茶貨賣以充衣食。伏緣此茶本非官地，所産乃是百姓己物，顯與解鹽晉礬事體不同。一旦立法，須令盡賣與官。或敢私相交易，便成犯禁。斤數稍重，乃至徒刑，仍没納隨行物色，別理賞錢。恭惟陛下仁聖，卹物之心，必不如此。伏乞別立條約，以救苛刻之弊。免使刑辟滋彰有傷和氣。

又 一茶園人戶，多者歲出三五萬斤，少者只及一二百斤。自來隔年，留下客放定錢。或指當茶苗。舉取債負，準備糧米，雇召夫工。自上春以後，接續採取乘時，高下相度，貨賣中等。每斤之利可得二十文，次者只有十文。以來累世相承，恃以為業其鋪戶，收貯變易，卻以白土拌和，每斤之息不及十文。所以川中茶價不甚湧貴，民間日用充足。

又《奏爲官場買茶虧損園户致有詞訴喧閙事狀》 今再具官場買茶取息太重，虧損園戶致有詞。訴及生喧閙畫一奏列如後：

一、據九隴縣税戶党元吉等狀稱：自來相承山塲茶園等業，每年春

冬，雇召人工薅剗，至立夏并小滿時節，又雇召人工趁時採造茶貨，逐日收來堋口投場貨賣，得錢收買糧食。每一稱和袋一十八斤，内除出上件破用并輸稅、免役等錢折除算計外，每稱只有利息一百五十至二百文。以來往年早茶每斤貨賣得九十至一百文，今來官中置場收買，每貫上出息錢三百文，招誘客人貨賣其茶。牙子并興販客人為見官中息錢，卻只于茶園人戶茶貨上估定，價例低小，每斤賣得一百文以來者，現今只賣得六十至七十文，卻將餘上價錢令客人用作官中息錢收買前去，以此園戶盤費不足。念元吉等家各只有些小茶園，並不種植得諸般苗色，又為路途遙遠，往復相去本場約一百五十里以來。若此價例低小，難以造作茶貨，必見破敗。伏乞指揮，貴獲存濟。

一、據九隴縣稅戶牟元吉等狀稱：自來只以佃食茶園為業，其茶園偏峻，不任種植諸般苗色，逐年舉取人上債利糧食，雇召人工兩季薅剗，指望四月小滿前後造作訖茶，投場破賣得錢，填還債利，并送納諸般稅賦。若遇豐熟之年，米價平和，每袋上除折上件盤纏、輸稅外，上頭只餘得利息一二百文。或遇年辰較惡，米糧價貴，天時亢旱，茶生短淺，以此數目減少，虛折薅剗盤纏。今蒙官中置場收買園戶茶貨，每貫上出息三百文，其茶每稱和袋十八斤，牙子只稱作十四五斤。若是薄弱婦女，賣時只稱作十三四斤。以來每稱約陷著一二斤，別無上頭利息，心極憂惶。昨蒙提舉推官躬親在茶場內看覷收買茶貨，不與園戶分擘逐處茶場、時候、早嫩、粗細等第色額，只作一樣收買。去年時節每斤賣得七八十文，今來只賣得五十文，除牙子錢了，收得四十七文。所有餘上錢數，令客人用作官中息錢收買，不管園戶裹纏不足。若不具狀申請，竊恐將來轉見淪亡失所。本州所據党元吉並牟元吉等二狀，尋行遣帖堋口茶場，鈐束茶牙子，並專攔等不得準前大稱園戶茶貨及剩除園戶牙錢，仍仰常切點檢茶貨粗細、等第色額，一依自來價例收買。并申茶場司，更乞措置免致虧損園戶，去訖。

一、據堋口茶場申：據至德山人戶將到炭焙新茶赴場中賣後，卻出納三分息錢收買，請引出外貨賣。又申：自三月二十一日至月終，買得第二等新茶，並是園戶馬吉等情願出納息錢，請引前去。

一、據蒲村茶場申：本場逐日據園戶將到新舊茶貨赴場，隨日收買出賣。內有園戶自出納三分息錢，請引前去破賣。亦有客人在外與園戶商量價例了，卻於園戶處除下息錢，投場收買，請引前去，不虛。

一、據九隴縣園戶石光義等狀稱：今月五日將到茶貨投場破賣，每袋計一十八斤，和袋不委茶牙子除折，只稱得一十四斤。其茶係第二等，每斤合準直價錢九十文。當日減下價例，每斤只收得大錢四十七文。至到十三日，其茶每斤係第三等，合準直價錢七十文。每斤又再減價例，又只作大錢三十七文。今來茶牙子收光義等茶貨，比前山下路人戶粗茶一樣減下價錢。念光義等住處係在後山，為地土寒冷，以此至小滿前後，只造作得似前山第一等、第二等茶貨。現在委的不依每年逐時等第價例，一樣取意團斷，即光義等各為雇召人工，每日雇錢六十文，并口食在外。其茶破，人四工只作得茶一袋，計一十八斤。切慮光義等家向後必有失所，乞指揮。本州所據園戶石光義等陳訴虧價事理，已帖堋口茶場，仰檢詳承受前後所降敕條，指揮候茶園戶將到茶貨赴場中賣，請監官當面看驗前山、後山、色額、等第、粗細，依自來市色實直、粗細，逐時市價，添減兩平，稱來收買，晝時當官支給價錢，即不得容令牙子、專攔等依前低作價例，只作一等茶貨收買，及非理大稱斤兩，致有虧損。園戶無致擁併阻節，仍仰出榜曉示園戶知委。如受此指揮後，卻將好為惡，將貴作賤，只作一等價例收買，致令園戶再有詞說。或因本州察探得知，其牙子、專攔等必當勾遣赴州報勘施行，官員亦當勘劾聞奏，仍取責監官并牙子、專攔等知委。仍仰本場分析今月十三日因何將石光義等第三等茶每斤只作三十七文收買因依，并兩次申茶場司，更乞措置，免致虧損園戶，去訖。

一、據管勾堋口茶場秘書丞尹固並蒙陽主簿同共買茶薛翼等二狀申：今月十七日收買茶六萬斤，計錢三千六百貫文，支用茶本、淨利錢併盡，遂於十八日申州，乞相度支移交子六千貫文，應副十九日并二十一日市收買茶貨。至十九日，天色纔曉，據園戶將到茶貨赴場中賣。當日巳時後，固等為現請交子未歸，兼更值雨，遂向園戶道：請交子相次回歸。及等團圍固等，須要稱茶，及向牙人道：爾等當時通出抵產在官，今來官中無錢買茶，你牙人須著與我出錢買茶一市固等各回廨宇及安下處。主簿薛翼行至淨眾院門，其園戶卻致打本官手下公人，兼搘破薛翼

袍袖，更尋牙人，意要相爭。其牙人為見如此，各自廻避，現不住差人四散尋覓。固等切恐二十一日市別牙子買賣茶貨，又慮園戶準前爭鬧，別致不虞，係屬人眾，難為止約。乞差九隴縣官一員赴茶場告諭園戶，三五日所貴曉防。本州所據尹固薛翼申報，尋體訪得今月十九日有園戶五千人以來投入茶場，直上監官防廳上，止約不得，致打公人并毀罵官員。蓋為劉佐等起請，須要旋買旋賣，出息三分。其逐場若盡價收買到，恐客人興販無利，將來出賣不行，以此須至低估價例收買，每斤委只及一半價錢。又緣逐日買及數萬斤，監官實難照管得盡，其園戶既被虧損，無可申訴，遂便聚眾喧鬧，人數頗眾，難為約束。今來後山正當茶貨出眾時節，切恐少錢收買，準前爭鬧。當州勘會前後六度支與堋口茶場交子，現錢一萬一千二百餘貫，銀一千兩，其銀為園戶不肯折請，已分與九隴等縣出賣。又為市井絕無現錢，因是貨賣未得外，餘茶場司兌撥交子一萬貫文，至今未到，若得上件交子，盡數支用，亦只買得三兩市。原註在州現今實直，第二十七界交子賣九百六十，茶場司指揮作一貫文支用，第二十六界交子賣九百四十，茶場司指揮作九百六十文，用此亦虧損園戶之一端也。本州雖已出榜，嚴行約束，指揮本處，候園戶將到茶貨赴場，即便依次稱來收買。如是園戶準前要致打公人等，或毀罵官員，仰擒捉送州，待憑取勘，依法施行。兼差九隴主簿勾龍驤前往曉諭。同共買賣茶貨。切慮園戶準前喧鬧，別致不虞，又差本縣令薛高三五日一次，在前照管。尋申茶場司催促交子，並乞大段支錢赴州，應副使用，及令檢會本州今月十七日申石光義等告說虧價事理，許令添展價錢去訖。

右，謹具如前，所據茶園戶党元吉等狀并蒲村、堋口兩鎮申述，並已條列在前。臣伏見劉佐、李杞、蒲宗閔等妄陳愚見，苟希進用，盡將川茶禁榷，旋買旋賣，立法太重，取利太多，致令茶戶被此深害，遂於今年三月八日後來兩次具狀諭奏，乞賜更此弊法以幸遠方。狂瞽之言未蒙採納，方且日俟朝旨，俯就誅殛，而臣部內百姓累有申訴，皆言被官場減下價例，大有侵損，以至嗟怨，聚眾喧鬧。臣雖嚴行約束，及差官同其管勾，須得相度茶色添長價錢去訖。今若隱而不言，慮恐因此生事，上誤朝廷，須至再具論列，煩凂聖斷，蓋緣劉佐等起請要出息三分，若逐場盡價收買之後，將來商旅計算不成，不願興販，則積壞茶貨，例被責罰，及干連人必著賠填。以此須至順承茶場司風旨，減價收買，所貴客人願來興販，變轉得行。原註：假如茶一百斤，每斤一百文，若便作一十貫買，則恐客人不肯用一十三貫請買，以此減下園戶價錢，只作七貫文收買。便於客人作十貫文請買。或是園戶自納三分息錢，請引出外。原註：園戶茶貨須得中賣於官，若欲別處變賣，便成犯禁，無引不行，被此抑遏，須至自納息錢三分，請引出外。情弊如此，上下通知。茶場司臣僚恐出息不多，難沾賞典，空行文牒，督迫州縣，其實則任令減價收買。逐場監官畏懼茶場司威勢，恐遭責罰，干繫人眾，深慮將來積壓賠填，一向刻剝園戶。州縣之吏熟視疾苦，無力以救之，日乆為害轉深。恭惟陛下仁民愛物，與天地等。夙夜孜孜，講求治要，惟恐一失，未得其所，必不容此刻薄小人苟希勞效，作為敝法，以困西南生聚，有累聖政，眾所不平。臣愚伏望聖慈檢會臣今年三月八日并十八日及今來所奏，早賜睿斷，特降指揮下本路監司或帥臣採訪利害。如臣所言有一事一件稍涉虛誕，甘俟誅戮。若萬分有一可以採用，即乞更張茶禁，以便遠民，或限數收買，或量減息錢，則山鄉茶戶不勝至幸。

貼黃

臣體問得六月以後猶有晚茶一色，貴者每斤三十文，若盡收買，所出之息亦不甚多。緣逐處自開場至今，買獲茶貨旋行出賣稍有厚利。如或朝廷謂此成法難便改更，即乞自六月一日以後權住收買，放令準私交易，所貴園戶留得晚茶一二分，盡價賣與客旅，稍助生計，亦遺秉滯穗與民之義。伏乞聖明，特賜採察。

宋 趙佶《大觀茶論・地產》 植產之地，崖必陽，圃必陰。蓋石之性寒，其葉抑以瘠，其味疏以薄，必資陽和以發之；土之性敷，其葉疏以暴，其味強以肆，必資陰蔭以節之。陰陽相濟，則茶之滋長得其宜。

又《天時》 茶工作於驚蟄，尤以得天時為急。輕寒，英華漸長；條達而不迫，茶工從容致力，故其色味兩全。若或時暘鬱燠，芽奮甲暴，促工暴力，隨稿晷刻所迫，有蒸而未及壓，壓而未及研，研而未及製，茶黃留積，其色味所失已半，故焙人得茶天為慶。

宋 胡仔《苕溪漁隱叢話・後集》卷一一《柳子厚》 《文昌雜錄》云：『庫部林郎中說，建州上春採茶時，茶園人無數，擊鼓聲聞數里。然一園中纔間壟，茶品已相遠，又況山園之異邪？』苕溪漁隱曰：

『歐陽永叔《嘗茶詩》云：「年窮臘盡春欲動，蟄雷未起驅龍蛇。夜聞擊鼓滿山谷，千人助叫聲喊呀。萬木寒凝睡不醒，惟有此樹先萌芽。」余官富沙凡三春，備見北苑造茶，但其地暖，纔驚蟄，茶芽已長寸許，初無擊鼓喊山之事，永叔詩與《文昌》所紀，皆非也。北苑茶山凡十四五里，茶味惟均，豈有間壟茶品已相遠之說邪？』

元 薩都剌《喊山臺記》《茶集》卷一　武夷産茶，每歲修貢，所以奉上也。地有主宰，祭祀得所，所以妥靈也。建為繁劇之郡，牧守久闕，事務往往廢曠。邇者余以資德大夫前尚書省左丞忻都嫡嗣，前受中憲大夫、福建道宣慰副使僉都元帥府事，茲膺宣命，來牧是邦。視事以來，謹恪迺職，惟恐弗稱。

茲春之仲，率府吏段以德，躬詣武夷茶場督製茶品。驚蟄喊山，循彝典也。舊於修貢正殿所設御座之前，陳列牲牢，祀神行禮，甚非所宜，迺進崇安縣尹張端本等，而諗之曰：『事有不便，則人心不安，而神亦不享。今欲改弦而更張之何如？』衆皆曰：『然。』乃於東臯茶園之隙地，築建壇墠，以為祭祀之所。庶民子來，不日而成。臺高五尺，方一丈六尺，亭其上，環以欄楯，植以花木。左大溪，右通衢，金雞之巖聳其前，大隱之屏擁其後，棟甍翬飛，基址壯固。斯亭之成，斯祀之安，可以與武夷相為長久。俾修貢之典，永為成規。人神俱喜，顧不偉歟。

明 楊一清《關中奏議》卷三《茶馬類》　處茶園之課，行據延安府綏德州知州洪平呈稱：奉臣劄付親詣漢中府，金州并西鄉、石泉、漢陰三縣，會同各掌印官，督同各該里老將該管茶園人戶，行拘到官查審得，金州七鋪一里，定額課茶六千二百二十斤四兩。西鄉縣雲停、歸仁、遊仙三里，定額課茶一萬八千五百六十八斤六兩五錢。漢陰縣在廓一里，定額課茶一千三百七斤一十一兩五錢。石泉縣石泉一里，定額課茶一百九十二斤二兩九錢，共二萬六千二百八十九斤一十四兩九錢。成化等年，奉例各增添里分，人民佃買老戶茶園地土，各人開墾不等，仍舊幇納。前項茶課，會同各官詣茶園逐一踏勘，得金州該增課茶三千八百七十二斤一十二兩，西鄉縣該增課茶五千六百五十一斤，漢陰縣該增課茶七百二十三斤，石泉縣該增課茶六百六十斤，共增課茶一萬九百六斤一十二兩，造冊申送到臣。案照先據陝西按察司僉事唐希介呈稱：漢中府金州西鄉、石泉、漢陰三縣俱係産茶地方。如漢陰一縣，原設在廓新安二里，後因招撫流民，增添九里，近因大造黄冊，又添一里，今以十里之民，止納二里之課。況自招撫之後，其延安、慶陽、西安等府人民流移到彼不可勝紀。見今開墾日繁，栽種日盛，其沿江一帶，茶園多不起課，乞行嚴督各該州縣官負查理等因。看得漢中府前項産茶州縣，國初人民戶口不多，茶園亦少，所以額課止於如此。成化年間以來，各省逃移人民聚集，栽植茶株數多，已經節次編入版籍。州縣里分，俱各增添，戶口日繁，茶園加增不知幾處，而茶課仍舊，致令各處奸頑官舍軍民遞年在山收買私茶，通番交易覓利。以此，番人不樂官市，沮壞馬政，相應查理。已經行委本官前去，會同該州縣掌印官勘處，回報去後。今據前因，恐有不的，又經行委按察司分巡關南道官覆勘，未報。訪得前項州縣所産茶斤，不假種植，隨田而出。荒山茂林，耕治燔灼之餘，茶從而萌蘖焉。民獲其利，一家茶園有三五日程歷不遍者，有百餘戶。佃種不周者，以數十戶、百餘戶所佃茶園止幇一戶茶課，其甚少者，亦多贏餘。較之農夫，終歲勤動而恐不贍，又稱貸以輸官者，難易不同，故漢中一府歲課不及三萬，而商販私鬻至百餘萬以爲常，是其明驗也。且薄賦裕民，爲政美事。加賦足用，儒者恥言。然先王之法，於農惟恐其不厚，於商則從而征之，亦厚本抑末之意云耳。今以天地自然之利，民得之易，官取之輕，徒爲犯法者之地，豈可無以處之？況先年茶園亦有消乏，未蒙除豁，新開茶園日新月盛，漫無稽考，致使一園一畦者，課程已多；連山接隴者，課程顧少。非惟細民有不均之歎，抑且奸民遂玩法之私，深爲不便，但干礙加增課程，未經具奏，誠恐人情向背不一，合無行委陝西布、按二司，分巡分守關南道官員，督同漢中府掌印官親詣前項州縣，遍歷園山界畔，再行踏勘丈量，斟酌地里遠近、佃戶多寡，務見舊有茶園人戶若干，新增茶園若干，或園去課存所當除豁，或有園無課所當加增，不必拘定知州洪平前數。但要有益於官，不病於民，勘處停當，備開舊管新收，開除實在數目，造冊奏繳，永爲遵行，如此則茶課均平，其於茶馬不爲無助。

前件看得都御史楊一清奏稱：漢中府金州并西鄉、石泉、漢陰三縣，俱係産茶地方。國初人民不多，茶園亦少，所以額課止於如此。成化年間以來，各省逃移人民聚集，栽植茶株數多。節經編入州縣里分戶口，

俱各增添日繁。茶園加增不知幾處，茶課仍舊，致令各處奸頑官舍軍民遞年在山收買私茶，通番交易覓利，以此番人不樂官市，沮壞馬政，況先年茶園亦有消乏，未蒙除豁；新開茶園，日新月盛，漫無查考，要行陝西布、按二司，分守分巡關南道官員督同漢中府掌印官親詣，遍歷園山界畔踏勘丈量一節，合無依其所奏，行移本官轉行陝西守、巡官，督同該府掌印官，親詣產茶地方，遍歷園山，逐一從公踏勘丈量，園去課存并新增茶園各若干，所當除豁增添茶課各若干，務要事不煩擾民，得安妥處置停當。備開舊管新收，開除實在數目造冊，逕自奏請定奪施行。

明 楊一清《楊石淙文集二·爲修復茶馬舊制第二疏》《明經世文編》卷一一五 戶部覆都御史楊一清所奏事件，除復金牌之制、專巡禁之官、嚴私販之禁三事，係隸兵部掌行覆奏外，所據處茶園之課、廣價茶之積二事，伏乞聖明裁處。

計開

一處茶園之課。行據延安府綏德州知州洪平呈稱：親詣漢中府金州，并西鄉、石泉、漢陰三縣，督同各該里老，將該管茶園人戶，查審得金州七鋪一里，定額課茶六千二百二十斤四兩，西鄉縣雲停歸仁遊仙三里，定額課茶一萬八千五百六十八斤六兩五錢，漢陰縣在廓一里，定額課茶一千三百七斤一十一兩五錢，石泉縣石泉一里定額課茶一百九十二斤二兩九錢，共二萬六千二百八十九斤一十四兩九錢，成化等年，奉例各增添里分，人民佃買老戶茶園地土，各人開墾不等，仍舊幫納前項茶課，會同各親詣茶園，逐一踏勘，得金州該增課茶三千八百七十二斤一十二兩，西鄉縣該增課茶五千六百五十一斤，漢陰縣該增課茶七百二十三斤，石泉縣該增課茶六百六十斤，共增課茶一萬九百六斤一十一兩，造冊申送到臣。案照先據陝西按察司僉事唐希介呈稱：漢中府金州西鄉、石泉、漢陰三縣，俱係產茶地方，如漢陰一縣，原設在廓新安二里，後因招撫流民，增添九里，近因大造黃冊，又添一里，今以十里之，止納二里之課。況自招撫之後，其延安、慶陽、西安等府人民，流移到彼，不可勝紀。見今開墾日繁，栽種日盛，其沿江一帶，茶園多不起課。乞行嚴督官員查理等因。看得漢中府前項產茶州縣，國初人民戶口不多，茶園亦少，所以額課止於如此。成化年間以來，各省逃移人民聚集，栽植茶株數多，已經節次編入版籍，州縣里分俱各增添。戶口日繁，茶園加增不知幾處，而茶課仍舊，致令各處奸頑官舍軍民，遞年在山收買私茶，通番交易覓利，以此番人不樂官市，沮壞馬政，相應查理。按察司分巡關南道官覆勘未報。訪得前項州縣所產茶斤不假種植，隨田而出，荒山茂林耕治燔灼之餘，茶從而萌櫱焉，民獲其利。一家茶園有三五日程歷不遍者，有百餘戶所佃茶園止幫一戶茶課，其甚少者亦多贏餘。較之農夫終歲勤動而恐不贍，又稱貸以輸官者，難易不同。故漢中一府，歲課不及三萬，而商販私鬻至百餘萬以爲常，是其明驗也。況先年茶園，亦有消乏，未蒙除豁；新開茶園，日新月盛，漫無稽考，致使一園一畦者課程已多，連山接隴者課程顧少。非惟細民有不均之歎，抑且奸民遂玩法之私，深爲不便。合無行委陝西布、按二司，督同漢中府掌印官，親詣前項州縣，遍歷園山界畔，再行踏勘丈量，斟酌地里遠近、佃戶多寡，不必拘定知州洪平前數，但要有益於官，不病於民，勘處停當，備開舊管新收，開除實在數目，造冊奏繳，永爲遵行，如此，則茶課均平，其於茶馬，不爲無助。

又 查得洪武三十年，欽依禁茶榜文內一款，本地茶園人家，除約量本家歲用外，其餘盡數官爲收買，若賣與人者，茶園入官。欽此。照得漢中府產茶州縣遞年所出茶斤百數十萬，官課歲用不過十之一二，其餘俱爲商販私鬻之資。若商販停革，私茶嚴禁，在山茶斤無從售賣。茶園人戶仰事俯育，何所資藉？彼見茶園無利，不復葺理，將來茶課亦虧。夫在茶司則病於不足，既無以副番人之望；在茶園則積於無用，又恐終失小民之業。若不從宜處置，深爲不便。

明 郎瑛《七修類稿》卷四六《事物類·未見得吃茶》 種芝麻，必夫婦同下其種，收時倍多，否則結稀而不實也。故俗云：『長老種芝麻，未見得者。』以僧無婦耳。種茶下子，不可移植，移植則不復生也。故女子受聘謂之喫茶，又聘以茶為禮者，見其從一之義。二稱皆諺，亦有義存焉耳。

明 屠本畯《茗笈·得地》 贊曰：燁燁靈荈，托根高崗，吸風飲露，負陰向陽。

上者生爛石，中者生礫壤，下者生黃土。野者上，園者次，陰山坡谷者，不堪採掇。《茶經》

產茶處，山之夕陽，勝於朝陽。廟後山西向，故稱佳；總不如洞山南向，受陽氣特專，稱仙品。熊明遇《岕山茶記》

茶地南向為佳，向陰者遂劣。故一山之中，美惡相懸。《茶解》

茶產平地，受土氣多，故其質濁。岕茗產於高山，渾是風露清虛之氣，故為可尚。《岕茶記》

茶固不宜雜以惡木，惟桂、梅、辛夷、玉蘭、玫瑰、蒼松、翠竹與之間植，足以蔽覆霜雪，掩映秋陽。其下可植芳蘭、幽菊清芬之物，最忌菜畦相逼，不免滲漉，滓厥清真。《茶解》

又《乘時》 贊曰：乘時待時，不愆不崩，小人所援，君子所憑。清明太早，立夏太遲，穀雨前後，其時適中。若再遲一二日，待其氣力完足，香烈尤倍，易於收藏。《茶疏》

茶以初出雨前者佳，惟羅岕立夏開園，吳中所貴，梗觕葉厚，有蕭箬之氣；還是夏前六七日如雀舌者最佳，不易得。《岕茶記》

岕茶，非夏前不摘。初試摘者，謂之開園。採自正夏，謂之春茶。其地稍寒，故須得此，又不當乙太遲病之。往時無秋日摘者，近乃有之。七八月重摘一番，謂之早春。其品甚佳，不嫌少薄，他山射利，多摘梅茶。梅雨時摘，故曰梅茶。梅茶苦澀，且傷秋摘，佳產戒之。《茶疏》

淩露無雲，採候之上；霽日融和，採候之次；積雨重陰，不知其可。邢士襄《茶說》

明 徐𤊹《茶考》 嘉靖三十六年，郡守錢璞奏免解茶，將歲編茶夫銀二百兩解府造辦，解京御茶改貢延平，而茶園鞠為茂草，井水亦日湮塞。然山中土氣宜茶，環九曲之內，不下數百家，皆以種茶為業，歲所產數十萬斤。水浮陸轉，鬻之四方，而武夷之名，甲於海內矣。宋元製造團餅，稍失真味，今則靈芽仙萼，香色尤清，為閩中第一。至於北苑、壑源，又泯然無稱。豈山川靈秀之氣，造物生植之美，或有時變易而然乎？

明 徐𤊹《茗譚》 種茶易，採茶難；採茶易，焙茶難；焙茶易，藏茶難；藏茶易，烹茶難。稍失法律，便減茶勳。

明 何喬遠《名山藏》卷五四《茶馬記》 其一，請處茶園之禁。以爲國初，民戶稀闊，茶園不多，是以額課亦少。今開墾日繁，栽種日盛，而茶課仍舊一無所增，卽漢中府五州，金鄉、石泉、漢陰三縣茶不待種，隨田而出，荒山茂林，耕治燔灼之餘，莫不萌蘖，一家茶園有歷三五日程不遍者，有百餘戶佃種不周者，而數十戶百餘戶止賦一戶之課而已。其與農夫終歲勤動，尚恐不贍，又稱貸輸官者，難易不同，故漢中一府歲課不及三萬，而商販私鬻至百餘萬，坐令奸頑、官舍軍民，収買通番，番人坐令不樂，與官爲市，沮壞馬政，職此之繇夫薄賦裕民美事也，加賦足用敗政也。然先王待農，惟恐不厚，於商則征。今以天地自然之利，民得之易，官取之輕，徒爲犯法者地，豈可無法以處耶？又先年，茶園亦有消乏，未蒙除豁；新開茶園日新月盛，漫無考稽，致使一園一畦者課多，連山接隴者顧少。奸民既遂玩法之私，細民復有不均之嘆。請行委陝西布、按二司官履園而籍之，當除者除，當增者增。

又 臣按洪武初，禁茶園人家除約量本家歲用外，餘者盡數官爲収買，今漢中府產茶州縣遞年所出茶斤百數十萬，官課歲用不過十之一二，其餘俱爲商販私鬻之資。商販停革，私茶嚴禁，則在山茶斤無從售賣，又恐茶園人戶仰事俯育，無所資藉，將不復葺理茶園，將來茶課亦虧。夫在茶司，則病於不足，既無以副番人之望；在茶園，則積於無用，又恐終失小民之業。

明 李日華《紫桃軒又綴》卷三 茶生爛石者上，砂礫雜者次。程宣子《茶夾銘》云：石筋山脈鍾異於茶。今天池僅一石壁，其下種茶成畦，陽羡亦耕而殖之，甚則以牛退作肥，豈復有妙種乎？

清 張之洞《勸學篇・農工商學》 昔者英忌茶之仰給於華也，印度錫蘭講求種茶，無微不至，自印茶盛行，茶市日衰，銷路僅恃俄商，大率俄銷十之八，英、美銷其一二，緣茶中含有一質，澀而兼香，西人名曰『膽念』，印茶惟膽念較華茶略少，故俄尚食華茶。若再數年，印茶日精，恐華茶無人過問矣。此茶戶種茶不培，摘芽不早，茶商不用機器，烘焙無法之弊也。

清 薛福成《商政》《清經世文三編》卷二九 宜令郡縣有司勸民栽植桑茶。種桑必在高亢之地，而種茶恒在山谷之中。非若罌粟之有妨稼穡也，是在相其土宜善為宣導而已。其繅絲之法、製茶之法，有能刻意講求者，宜激勸而獎進之。

清 何潤生《徽屬茶務條陳》《清經世文新編》卷一〇 一徽屬種茶者，名曰山戶。出茶之盛衰，關乎人工之勤惰者半，關乎天時之呵護者亦半。縱人工培植惟勤，設遇冬令，天氣太寒，樹本受傷，來年茶葉即難茂盛。摘茶之時，若逢陰雨過多，茶質亦損。山戶零星，其茶賣於螺司，聚有成數，然後賣於行號。螺司者，山中販戶之俗稱也。

清 阮福《普洱茶記》（道光）《雲南通志稿》卷七〇 《思茅志稿》云：其治革登山有茶王樹，較眾茶樹高大，土人當採茶時，先具酒醴禮祭於此。又云：茶產六山，氣味隨土性而異，生於赤土或土中雜石者最佳，消食、散寒、解毒。於二月間采蕊極細而白，謂之毛尖，以作貢，貢後方許民間販賣。採而蒸之，揉為團餅，其葉之少放而猶嫩者，名芽茶。採於三、四月者，名小滿茶。採於六、七月者，名穀花茶。大而圓老，名緊團茶。小而圓者，名女兒茶，女兒茶為婦女所採，於雨前得之，即四兩重團茶也。其入商販之手，而外細內粗者，名改造茶。將揉時，預擇其內之勁黄而不捲者，名金月天。其固結而不解者，名疙搭茶，味極厚難得。種茶之家，芟鋤備至，旁生草木，則味劣難售。或與他物同器，則染其氣，而不堪飲矣。

清 丁日昌《丁中丞政書・查勘臺北硫磺樟腦茶葉情形疏》 淡水之種茶也，始於同治初年。嗣洋商有到該處販買出洋者，茶價驟高；農民趨之，競植以為利。所以海隅片土，市樓賈船日聚月增。現評茶品，以拳山、石碇諸堡所產為佳，山高露重而味甘也；以金包里、雞籠、三貂等處所產為劣，山多產煤，且近海而味鹹也。傳聞種茶萬株，工本百金，三年以後，一歲所採便足抵之，其利甚厚。臺北千巖萬壑，居民寥寥，雖非曠壤，或招民佃種，或雇工種墾，行古官焙之法，取息裕餉，其利當倍於屯田。此茶葉之情形也。

清 張之洞《張文襄公全集》卷九八《札襄鄖荊宜各屬查明土性試種茶樹光緒十七年十二月十二日**》** 據谷城縣知縣瞿元燦稟稱：卑職上年曾將桑茶兼辦緣由，稟奉批示在案。時以四鄉土性尚未深悉，僅於卑署隙地試種，幸均成苗，嗣經考校其土性，宜於植桑者固多，而宜於種茶者亦復不少。現已捐廉赴岳州多購茶子，一面出示曉諭，並將種采焙炙各法分條詳細刊發，俾眾咸知。公推公正紳耆總領分發，概不經書役之手，使小民不費分文等情，並清摺一扣到本部堂。

據此，查茶葉為出口商貨之大宗，湖南北兩幫每年貿易價值約銀一千數百萬兩。外洋各國多仿照種植，只以土性不宜，香味遠遜中國，仍須向中國購買。湖南業此致富者實繁有徒，湖北如崇陽、通山等州縣近年俱以種茶獲利，此外如襄、鄖、宜、施四府，及荊門州所屬當陽、遠安等處，人民素患貧乏，由於山多土瘠，專恃番薯、羊芋為生，一遇歉收，立形艱困。地方官果能講求，察視地利土脈，物性所宜，教民墾治種植，以補雜糧之不足，自可轉貧為富，起敝為隆。查種茶惟沙地不宜，其半沙半土之地皆可種植，如谷城瞿令所陳種植採製之法，頗中竅要，亟應劄飭地方多山之各屬仿照，勸民種植，以阜民財。

為此，劄仰該府州即便遵照，轉飭所屬查照粘抄事理，切實查明，如果土性宜茶，一面購買茶子試種，一面出示剴切勸諭，並籌議勸導倡辦之法，具稟察核。該府州並即督率考察，實力勸諭興辦，如辦有成效，定當奏明，優予獎勵，萬勿視為具文，率以土性不宜、民情窳惰等語一稟了事，是為至要。

清 杞廬主人《時務通考・論種茶製茶之法》 茶產多出南五省，地力有時或枯，宜令北方周知種茶之法。凡茶宜在白露節後先採茶種，遲則子老裂去，所拾無幾。所採之茶不宜曬，曬則子油散去，亦不宜藏，藏則其油必乾，宜即採即種為上。種之之法，掘坑不宜深，約二寸許為度，勿計散子多少。既散茶子，宜用寸餘許薄土遮蓋，不可用足踐踏，踏則其實，必無萌蘖。其坑宜隔二尺許，不宜疏，亦不宜固密，密則不易發枝，疏則恐日曝，地即乾枯，不可不慎。本年八月採獲。既種入地，須待明年春季方生，初生之葉，不可遽採，待其生長茂盛，至第二年清明節後，每株僅可採其尾之嫩心葉如燕尾者，餘葉勿摘。其已摘者，葉內必發萌芽。樹茂者，至中秋後，亦可摘其嫩心一次。迨第三年至春季時必發嫩葉，斯時不論正幹橫枝，隨可摘取，觀其枝尾有嫩葉如燕尾者，則可摘之，以造細茶，若連採三四葉則粗矣。至第四年春夏秋，若逢時雨，遇有嫩葉生起，隨時可採。種茶之地，每年須用鋤働浮其土，鋤後用乾草密遮其地，使不生草萊，則其樹茂盛。種茶之地，勿近樹林，恐其茶不香。其地又宜向西，有日照耀者為上。種理茶樹之法，其茶樹生長有五六年，每

樹既高尺餘，清明後則必用鐮刈其半枝，須用草遮其餘枝，每日用水淋之，四十日後，方除去其草，此時全樹必俱發嫩葉，不惟所採之茶甚多，所造之茶猶好。但割獲之老枝，亦尚有用，斬其嫩莖，入鍋以火製熟，取出曬乾，可為香骨。造香之法，即將所採之葉，置於鍋內，略灑清水，蓋覆一二分鐘之久，用微火炊軟，取盛簍內，搓之，待其葉柔軟，復入鍋內，則用火炕之。始用裂火，後則緩之，須以手在鍋內，旋摩其葉，至略乾，用微火煨之，迨至乾極，始可拾起。待涼而後藏於器，若造加色茶與發行茶，其造法不同。所採之葉多，則曬於禾場，隨曬隨用，以足蹂之，曬至乾處，後發入茶行。茶司加以藥料顏色，造作各種色茶。若造紅茶，則滲入紫粉少許。但製之法，有藉日曬者，有用鍋炒者，亦有用木版隔住烘之以火者，種種造法不同。前臺北有人著書，言種作諸法，說與前略同。

種茶之地壅石膏。茶有野生有種生，種類繁多。考古稱茶之美者，如雅州之蒙頂石花、露芽為第一，建寧之北苑龍鳳團亦稱上供，總計蜀、楚、江、皖、浙、閩等省州縣，產名茶者數十處，所謂黃芽、紫筍、獸目、蛾眉者，名目甚多，難以枚舉。等而下之，產處尤多。其色味之高下，則亦視乎水土。故《茶經》云：『茶者南方嘉木，最上者生爛石，中者生礫壤，下者生黃土。』此可知其氣質之清，非膏腴沃壤所宜植。《本草》言：『茶性畏水與日，最宜坡地蔭處，陽岸陰林。』種茶子百顆，乃生一株，蓋空殼多故。鄙意種茶者可擇上茶子，先以石膏或各種和柔質石屑入砂土中，作高塍以種之，所出之茶當愈佳，且可多出。即舊樹根下，亦可壅以石膏。今江南多有以石膏糞田者，蓋其質清而腴，鬆而膩，以之壅茶，有合于生爛石之說，似更得宜，敢以質之高明。至於採、蒸、揉、焙、修、製等法，見於《茶經》、《茶譜》者，固已詳備，尤須參以新法，求抵至精，此茶藝之大略也。又近聞印度有機器製茶者，火候均而色味勻，無過不及，似較人工為優。然以之製老茶固便，若早採之嫩者，方生長長，其葉質逐日有異，製茶工候，必不能一律，則機器又不如人工之治便。究之，中國之茶，法制本善，固不必舍己從人。而藝貴日新，實不妨取長補短，則機製之法，亦當考究，果能深思自得，機器雖窒，豈竟不能活用乎？

清 佚名《論稅則》《清經世文新编》卷一二　凡園戶植茶，先領帑本，出茶盡售於官，官為製造。令商請引行之內地，官自營運輸之遠人。其製造不精及拌和雜料者，罰之如宋制。英人輸鴉片於中土，以暗稅吾民。我亦歲致中茶，以暗稅其國之民。二者出入相敵，則英人必自求禁煙。中茶既盛，則印茶亦必相爭。種煙之土變為茶園，植煙之民化為茶戶，而禁煙之議從此起矣。不然，雖請禁之，終以先請自禁為辭，無益也。

清 佚名《閩浙總督文煜等奏請專派葉文瀾駐臺督辦煤廠等件并察看硫磺、磺油、樟腦、茶葉各情形設法開采摺》光緒二年八月二十四日《清季臺灣洋務史料》　茲據報稱：『【略】淡水之種茶也，始於同治初年。嗣洋商有到該處販買出洋者，茶價驟高，農民趨之，競植以為利。所以海隅片土，市樓賈船日聚月增。現評茶品，以拳山、石碇諸堡所產為佳，山高露重而味甘也；以金包里、雞籠、三貂等處所產為劣，山多產煤，且近海而味鹹也。傳聞種茶萬株，工本百金，三年以後，一歲所採便足抵之，其利甚厚。臺北千巖萬壑，居民寥寥，雖非曠壤，或招民佃種，或雇工種墾，行古官焙之法，取息裕餉，其利當倍於屯田：此茶葉之情形也。』

清 佚名《農學論·論種茶》《清經世文新編續集》卷七　考中國茶務衰微之故，或曰辦茶諸商本少意紛，或曰關卡釐捐稅重利薄。然其實由於山戶不能講求茶性，製法又失於考究，故色味漸變而貨價愈低。為今之計，亟宜設法補救，詳察各地土宜，分考原質，力加培植而推廣焉。

中國現在產茶之地，略當赤道北緯二十五度至三十一度，所有佳者產在二十七度與三十一度之間。吾粵雖在二十五度內，然考印度、錫蘭其地當北緯九度至二十七度之中，其茶味成色轉能奪中國之利，則吾粵之氣候必為極合種茶無疑。吾粵清遠、鶴山已有茶產，惟只銷內地，於洋莊不甚相宜。然考吾專通志，山中野生茶樹甚多，味極珍美，可知粵地氣候極於種茶合宜。

凡種茶宜於分嶺不甚高之地，其土成斜坡形，低處又為多水之區，如此則極合種茶之用。蓋地勢成斜坡，則冷空氣能向低處流，必與低處之空氣相并，即易減其熱度而成霧，其低處又為多水之區，則空氣含水氣更足，而所成之霧更多。按錫蘭山不甚高，四面環海，涼熱相激，四時皆成微霧，故其地種茶最宜。吾粵瓊州地勢斷與錫蘭相同，聞其地土人云，四時亦多微霧，若仿錫蘭種茶之

法，以其地培植茶子，當更勝於內地。種茶又以日力為最要，然太陽光熱太盛，恒易化散水氣，每致有碍於茶樹之吸呼。惟其地向西能得斜照之日耀者為上。按茶性畏寒，周年宜得熱至六十一度為中數，又畏旱，故夏令必多濕氣滋潤，乃為合宜。樹茶之地，每年須設法鋤鬆其土，鋤後即用乾泥密覆其上，使之不生草萊，又勿與別種樹類相近，如此則其樹既茂而香味必足。

茶內多含鐵養、錳養二之質，故其地以能得紅質之土，及有小石塊磊者為佳。蓋紅色泥土，恒涵鐵養之質，而錳與養氣化合，又多含於土石中。凡內有小石之地，其土較鬆，又能令雨水流散。茶之原質性情，幾分藉樹皮酸與自散油，并替以尼質。此質所含於炭輕養之外，如替以尼更多含淡氣之質。計替以尼質所含淡氣之數，百分之中有淡氣二十八八三分。故培補之料，又當以多得淡養為佳。按替以尼為茶之精質，分出之能成白色顆粒，形如針，色如絲，味微苦，茶之功力大半在此。

採取茶種之時，宜於白露節稍後，勿過遲，遲則子老裂去，所拾無幾。既摘之子不宜曬，亦不宜藏，宜即採即種，此為上法。曬則子油易散，藏則子油易口。凡下種須於地面掘坑，坑深以二寸許為合度，無論散子多少。既散種子，宜即以寸許薄土遮蓋，不可用足踐踏，踏則其實，必無萌蘖。坑宜相隔二尺許，不宜密，密則枝葉相逼，難茂盛。又不宜疏，疏則恐日曬，地易致乾枯，此事不可不慎。

茶子自白露後散種入土，須待明年春季方生，初生之時，不可遽採其葉，必俟生長漸壯，至第二年清明節後，每株略採其尾之嫩心葉如燕尾者，餘葉皆勿摘。所摘之處，葉內必發萌芽，樹茂者至中秋後亦可摘揀嫩心一次，迨第三年春季時，必發嫩葉，斯時，不論正幹橫枝，每逢嫩葉皆可摘取。若至第四年，則春夏秋三時每逢時雨，遇有嫩葉生發，均隨時可採。計錫蘭每歲採摘茶苗，約有三十餘次，中國採茶則每年不過三次耳。茶樹若生至五六年後，每樹既高有尺許，清明後即宜用鐮刈其半枝，其餘枝用草蓋札，每日以水灌溉，俟四十日後乃除去其草，如此，則全樹必俱發嫩葉，不惟所採之茶甚多，所製之茶尤美。其刈出之老枝，亦尚可用，宜斬其嫩莖入鍋，以火製熟，取出曝乾，名為茶骨。

中國向來製茶之法，將生葉置露天，若乾時少有發酵，然後以足踏去膠質，而後焙炒。聞錫蘭、印度所製，不以足踏，惟以手輕搓成葉條，使其膠質不散，故成色甚濃，今復以機器製茶，既可使原質不散，其火候又能更勻，且乾潔無雜質，故外國喜用之。舊歲閩省義記行曾遣人躬航印度至錫蘭查考製茶之法，歸置小機器試製，聞所成葉條甚勻，色味均美，頗為西人所購。惟所至僅一月，恐未能全得精奧，且西人甚私其法，查考甚難。然能從此竭力講求，是亦挽回利權之一大轉機也。

清 佚名《論中國茶業之失以及補救之法》《清經世文新編續集》卷七

然則今日中國即有製茶之機，而於種茶之法，亦須重新振頓而後可，其振頓也，非在於天氣土質也。中國之天氣土質與茶固宜，無如近此數年茶利既薄，茶農衣食不給，多營營於他事，致使茶園叢樹新葉舊葉錯雜繁枝，而其下則蓬蒿蕪穢，荒而不治，是有茶樹之形，已失茶樹之質。若即摘此等之葉而製之，縱有巧機，安望其有回甘佳味乎？是宜於機器設立後，即行曉告茶農，導以有利，令其自度厥園，分別孰為老樹，孰為新樹，刈去橫斜亂枝，薅淨滋生蔓草，洗其舊汙，新其氣象，則茶樹自可上接天氣，下專土質，培根本而暢芽蘖。新春以後，其葉或可經用，而為出口之上等貨色歟。至若多年老樹，味薄力弱，則不如去之為善。使茶農能知以上種植之理，茶工能知以上製造，茶味回甘，茶香撲鼻，則茶商踵來報往，徵賤徵貴，中國之茶必超印錫而上。茶稅裕，茶利復，一轉移間，又見中國如何興起之象也。豈不懿歟？

以上所言，重在製造。然茶本植物，若於種植之道略而不詳，但付諸天氣土質，聽其自生自長，正坐中國積弱之病也。今舉印錫種茶之法如下：印錫之種茶也，護持培養，實如慈母之字赤子焉。種子在土，即以雜料壅之，約二寸闊，勾萌未出，頻頻看視，妨有鳥發蟲傷也。勾萌既出，須扶持之，妨有意外壓折也。時以糞水溉之，耘耰其旁，無使滋蔓。約高至尺許，則輕輕拔起，分畦重栽，按成行列，每株相隔三尺許。畦畛之間，當分溝路，勿使宿雨停潴，損及樹根。既成小叢樹時，為修整剪刪蕪蔓，以疏天氣。然亦須細心體會，其向陽之枝，即其通引天氣之路，若阻之，則生機失矣。又糞壅之，以助地力，故不宜惡草分其地質。上暢其機，下培其本，則樹身自能昌茂，而生葉亦無參差不齊之患。三年成林，猶不宜於採摘，因恐枝幹尚弱，茶味未厚也。約至五年之後，綠蔭婆娑，青光相接，欣欣然已成稔熟景象，此即採摘之時矣。其採摘也，先於舊枝

之末，摘去頂上雙葉而裹之，則芽皆從枝間怒發。新芽既出，約八日而新葉乃齊，擇其並大者，次第採取。先從樹陽採至樹陰，但採其葉，勿損其芽，則芽又復次第發葉，葉復大而復採之，則茶純而味厚矣。此印度所以能奪中國之利也。

中國則異於是焉，初種之時，似在有意無意間，不甚愛惜，勾萌初出，即為移栽，甚有因此而傷者。僥倖存活，時時採摘其葉以為利，以為固有之權，絕無以思所以糞劑之法，以培補其根本。且其栽樹之時，無分畛畷，參差間錯，疏密不勻，天氣來路，或為自阻。樹下野草縱橫，自生自長，分其地力，亦不知覺。樹至老大，氣力已衰，既不忍去，猶摘其葉混雜於彼樹之葉，轉使彼樹之葉，香味亦變而不純。採摘之時，無論葉之大小新舊，芽之強弱衰旺，甚至連芽帶葉悉行採盡，幾如牛山之木，元氣大傷，生意殆盡。積此一時所採者，美其名曰頭春。至二春採之，僅成小葉，則其力薄氣弱可知矣。三春以後，愈趨愈下。是皆敷衍而成，雖名號眾多，而其利轉為印度所奪，又何益哉。採葉之時，貪多務得，而日期本屬匆促，但將其所得若干之茶，悉行傾筐倒筬，堆積屋中，不計時，不辨發味，至有生毛霉爛，發味已過，反成變味，不為去之，猶為焙製，因小失大，轉成霉味而奪茶味，致全股之茶之味亂矣。中國採葉製茶之時，常係西曆四月迄八月，頭春茶出則趕新急製，急製之中，諸弊叢積。尤甚者，則在爐火未純，焙至半乾半濕，即以裝箱發販。若途中天氣暴煖，引起潮濕，與箱中濕茶之氣相感，則茶尚未到埠，茶味已消於無何有之鄉，將安用乎？濕天陰雨尤忌採摘，而中國偏喜採取以為佳品，如雷芽穀雨是也。不知濕天之葉，氣味內斂，最為易壞，此又不可不慎者。

清 佚名《論中國茶業之衰應如何設法補救》《清經世文新編》卷一〇

自印度、錫蘭講求藝茶之法，而中國茶業日形衰敗。國家耗帑，民間失業，公私胥受其害，而以民間為尤甚。蓋中國種茶之地，祇宜種茶，於他種植不甚相宜。故茶業一衰，而種茶者不能以此種彼，而人亦因之失業。既失業而無進款，則向之仰銷於種茶之人之貨物亦遂減色矣。

中國藝茶實有大不如前之處，三十年前無人不嗜華茶，而種茶之地遂年增一年。新樹既多，茶亦日佳，於是人皆趨於華茶。

當印茶日盛，華茶日衰，而中國之種茶者不特不添種，新樹并舊樹而不培植，是以樹日見老，而所生之葉遠不如前之香嫩。直待老朽葉盡，始更種之。而種之又不成行，有次序者殊不多。覯樹間叢草蔓延，亦不芟除，以致氣塞而不通。甚至有用樹間隙地以種菜蔬者，不特此也。樹枝橫生而聽其自萎，不知修而去之，以蓄其精。及至採葉之後，又漫不經心，狼藉摧殘，損其原氣如此，而欲葉之佳，猶卻步而未進也。若夫印度，則反是無一不悉心經理，新種之樹分別培養，及其長大排植成行，行間蔓草隨長隨除，灌溉修剪皆有一定之候。見樹之將憊，則移去之而易以新者。採葉之時，亦不盡葉而採，祇摘嫩葉而留其老者。每閱八日，即有新葉可採。中國之種茶者，亦必俟葉皆長足，而不分老嫩悉數摘下。烘製不及，每堆積至數日之久。倘適逢陰雨，則葉皆霉爛而色香味俱失矣。即不陰雨，而數日間須將所採之葉全數製就，亦必潦草從事，不能周到。苟從印度良法，則諸弊悉去矣。

倘採摘如法，則中國居中產茶數省之茶樹可生葉至五月之久。自四月以至八月，依次發烘，無堆積霉爛之病。現中國每逢黃梅時節，茶葉強半霉爛，此事於種茶製茶之人關係不淺，亟宜考察補救者也。

然則茶之優劣，不盡在烘製，而自種植以至採摘無一不關緊要。現欲挽救中國茶業之衰，約而舉之，厥有兩端：一曰種植採摘諸法，一曰烘製諸法。種植之初，即須有一專為培養新種之地。播子之時，須用葉製肥料肥之。而播子之處，每行中間須隔數寸之寬，見草即日除去，不時留心灌溉焉。新種之樹高至十二或十六寸，即可移種於茶樹之林矣。茶林每行至少須隔三尺溝渠，尤宜致意。如有積潦，應即引之使出，斷不可聽其鬱積於內。行間須芟除潔淨，不得別種菜蔬。樹枝須不時修剪，其生葉之枝常須向日通風。移種之新樹須俟二年之後，方能採摘。然亦祇能採其一半，以蓄其精，必得俟五年之後始可採如常樹。見有樹之生葉漸稀者，宜即移去，另以新樹補之。

以上皆種植採摘之法，其烘製之事，亦同一緊要。臺非特生之斂葉機器，每十點鐘可斂葉二十四至二十五擔，其價值在上海交貨約需英金三百三十鎊。由斂葉機器送至滾葉機器，此機約需英金一百四十鎊。

又 一切種植烘製諸法現已詳言之矣，而尚有一極要之事尤須致意，亦茶業之衰之一端也。印度錫蘭國家，皆竭力鼓勵茶民民間之租官地種

茶者，輕其租價，而於若干時內不征賦稅，復為闢野築路舉，凡利於轉輸之事，無不一一興辦，所費公款為數甚鉅。又於種茶所在之處，分設巡捕以駐其地，特立公堂以聽其訟薄。其就地征賦，而豁免其出口之稅。若夫中國國家則不然，一切皆漠然視之，轉輸之不便不問也，生意之為難不顧也，種茶之地無尺寸之土不征種茶專稅，種茶者苦之。於是茶樹之應疏散者密佈之，以避其賦。復於樹間之隙地播種菜蔬，以分土肥，土肥分而出茶少矣。及至茶自內地而至口岸，又有種種釐捐船鈔，所捐之數，不能預定，一任釐卡委員之出入上下。最末則為出口稅，每擔須納海關銀二兩五錢，於茶之成本，又加百分中之十五分矣。

综述

唐 陸羽《茶經》卷上《一之源》 茶者，南方之嘉木也。一尺、二尺乃至數十尺。其巴山峽川，有兩人合抱者，伐而掇之。其樹如瓜蘆，葉如梔子，花如白薔薇，實如栟櫚，莖如丁香，根如胡桃。瓜蘆木出廣州，似茶，至苦澀。栟櫚，蒲葵之屬，其子似茶。胡桃與茶，根皆下孕，兆至瓦礫，苗木上抽。

其字，或從草，或從木，或草木並。

又 其地，上者生爛石，中者生礫壤，下者生黃土。凡藝而不實，植而罕茂，法如種瓜，三歲可採。野者上，園者次。陽崖陰林，紫者上，綠者次；筍者上，牙者次；葉卷上，葉舒次。陰山坡谷者，不堪採掇，性凝滯，結瘕疾。

五代 韓鄂《四時纂要》卷二《春令・二月》 種茶：二月中，於樹下或北陰之地開坎，圓三尺，深一尺，熟斸著糞，和土，每坑種六七十顆子，蓋土厚一寸，強任生草，不得耘。相去二尺種一方，旱即以米泔澆。此物畏日，桑下、竹陰地種之皆可。二年外，方可耘治，以小便、稀糞、蠶沙澆擁之，又不可太多，恐根嫩故也。大槩宜山中帶坡峻，若於平地，即須於兩畔深開溝壟洩水，水浸根必死。三年後，每科收茶八兩。每畝計二百四十科，計收茶一百二十斤。茶未成開，四面不妨種雄麻、黍、穄等。

收茶子：熟時，收取子和濕沙土拌，筐籠盛之，穰草蓋，不爾，即乃凍不生，至二月出種之。

宋 龐元英《文昌雜録》卷四 庫部林郎中說：建州上春採茶時，茶園人無數，擊鼓聞數十里。然亦園中纔間壟，茶品高下已相遠，又況山園之異邪。太府賈少卿云：昔為福建轉運使，五月中，朝旨令上供龍茶數百斤。已過時，不復有此新芽。有一老匠言：但如數買小銙，入湯責研二萬權，以龍腦水灑之，亦可就。遂依此製造。既成，頗如歲進者。是年南郊大禮，多分賜宗室近臣，然稍減常價，猶足為精品也。

宋 曾鞏《隆平集》卷三 自唐建中四年，趙贊判度支，始稅竹木茶漆。其後戶部侍郎張滂遂請移山茶根於茶園，舊茶悉焚棄，天下怨之。

宋 沈括《夢溪筆談・補筆談》卷二《官政》 忠定張尚書曾令鄂州崇陽縣。崇陽多曠土，民不務耕織，唯以植茶為業。忠定令民伐去茶園，誘之使種桑麻。自此茶園漸少，而桑麻特盛于鄂、岳之間。至嘉祐中，改茶法，湖、湘之民苦於茶租，獨崇陽茶租最小，民監他邑，思公之惠，立廟以報之。

宋 范致明《岳陽風土記》 灉湖諸山舊出茶，謂之灉湖茶。李肇所謂岳州灉湖之含膏也。唐人極重之，見於篇什。今人不甚種植，惟白鶴僧園有千餘，本土地頗類此苑。所出茶一歲不過一二十兩，土人謂之白鶴茶，味極甘香，非他處草茶可比，並茶園地色亦相類，但土人不甚植爾。

宋 王得臣《麈史》卷上 湖北一路，唯安、复、漢陽三州軍無茶租，蓋民不種以資利耳。嘗按茶之起，謂之根稅茶，蓋以茶株均敷其多寡而已。今水田湖澤之地，無茶株而有茶稅矣。又茶園戶，坐享厚息以自豐。

宋 趙汝礪《北苑別録・御園》 九窠十二隴、麥窠、壤園、龍遊窠、小苦竹、苦竹裏、雞藪窠、苦竹、苦竹源、鼯鼠窠、教煉隴、鳳凰山、大小焊、橫坑、猿遊隴、張坑、帶園、焙東、中曆、東際、西際、官平、上下官坑、石碎窠、虎膝窠、樓隴、蕉窠、新園、夫樓基、阮坑、曾坑、黃際、馬鞍山、林園、和尚園、黃淡窠、吳彥山、羅漢山、水桑窠、師姑園、銅場、靈滋、范馬園、高畬、大窠頭、小山。

右四十六所，廣袤三十餘里。自官平而上為內園，官坑而下為外園。

方春靈芽莩坼，常先民焙十餘日，如九窠十二隴、龍遊窠、小苦竹、張坑、西際，又為禁園之先也。

又《開畬》 草木至夏益盛，故欲導生長之氣，以滲雨露之澤。每歲六月興工，虛其本，培其土，滋蔓之草、遏鬱之木，悉用除之，政所以導生長之氣而滲雨露之澤也。此之謂開畬。《建安志》云：『開畬，茶園惡草，每遇夏日最烈時，用眾鋤治，殺去草根，以糞茶根，名曰開畬。若私家開畬，即夏半、初秋各用工一次，故私園最茂，但地不及焙之勝耳。』惟桐木則留焉。桐木之性與茶相宜，而又茶至冬則畏寒，桐木望秋而先落；茶至夏而畏日，桐木至春而漸茂，理亦然也。

宋 洪邁《容齋三筆》卷一四《蜀茶法》 初，熙寧七年，遣三司幹當公事李杞經畫買茶，以蒲宗閔同領其事。蜀之茶園不殖五穀，惟宜種茶，賦稅一例折輸，錢三百折絹一匹，三百二十折紬一匹，十錢折綿一兩，二錢折草一圍，凡稅額總三十萬。

元 張涣《重修茶場記》《茶集》卷一 建州茶貢，先是猶稱北苑，龍團居上品，而武夷石乳湮巖谷間，風味惟野人專。洎聖朝，始登職方，任土列瑞，產蒙雨露，寵日蕃衍。繇是歲增貢額，設場官二人，領茶丁二百五十，茶園百有二所，芟辟封培，視前益加，斯焙遂與北苑等。然靈芽含石姿而鋒勁，帶雲氣而粟腴，色碧而瑩，味飴而芳。採擷清明旬日間，馳驛進第一春，謂之五馬薦新茶，視龍團鳳在下矣。是貢，由平章高公平江南歸覲而獻，未遜蔡、丁專美。邵武總管克繼先志，父子懷忠一軌。謂玉食重事也，非殿宇壯麗，無以竦民望。故斯焙建置，規模宏偉，氣象軒豁，有以肅臣子事上之禮，歷二十有六載。

有莘張侯端本為斯邑宰修貢，明年周視桷榱桷棁，有外澤中腐者，黝堊丹臒，有漶漫者，瓦蓋有穿漏者，悉以新易故，圖永永久。復於場之外，左右建二門，榜以茶場，使過者不敢褻焉。予來督貢，未幾本道憲僉孛羅蘭坡與書吏張如愚、宋德延，俱詢諏道經視貢，顧瞻棟宇，完美如新，俾識歲月，且揭產茶之地示後人。予承命不敢辭，乃述其顛末之概。竊謂天下事無巨細，不難於始，而難乎其繼。苟非力量弘毅，事理通貫，鮮不為繁劇而空疏，悉置之，因仍苟且而已。張侯仕學兩優，事之巨與細，莫不就綜理。是役也，費無縻官，傭無厲民，不亦敏乎？事圖其早而力省，弊防其微而慮遠，不亦明乎？凡為仕者，皆能視官如家，一日必葺，則斯焙常新，可與溪山同其悠久。來者其視，斯刻以勸。

元 魯明善《農桑衣食撮要》卷上《二月·種茶》 宜斜坡陰地走水處，用糠與焦土種，每一圈可用六七十粒，覆土厚一寸。出時不要耘草，旱以米泔澆。常以小便糞水，或蠶沙壅之，水浸根必死。三年後可採茶，相離二尺種一叢。

元 王禎《農書》卷一〇《茶》 《四時類要》云：『茶熟時，收取子，和濕土拌勻，筐籠盛之，穰草蓋覆，不，即凍死不生。至二月中，出種之樹下，或北陰之地。開坎，圓三尺，深一尺。熟斸著糞土，每坑中種六七十顆，蓋土厚一寸強，任生草不得芸，相去二尺種一方，旱時以米泔澆之。此物畏日，宜桑下竹陰地種之。二年外方可芸治。微以火糞薄壅之，多則傷根。峻坡為宜，平地則兩畔深溝以洩水，水浸即死。種之三年，即收其利。』此種藝之法。

元 佚名《居家必用事類全集·戊集·種桑》 若擬於下種茶，即東西行三步種一株，南北環五步爲準，圖陰密故也。若桑陰未成，即於茶南種雄麻及苧等，取其陰覆也。麻苧皆有利。

又《種茶》 二月中於樹陰下或背陰之地開坎，方圓三尺，深一尺。熟斸著糞壤。每方下五六十顆子，蓋土厚一寸以上。任和草生不得芸。相去二尺種一方。旱則以米泔澆之，無泔則以水。桑顆樹下盡堪種，竹陰下亦得，只是怕日。二年後即耘治，以水和稀糞、蠶砂澆之，不得令滋厚，為根尚嫩。恐傷根也。三年後即得多著糞澆，牛糞、蠶砂雜糞壤蓋。大都宜山中陰坡。若於平地，即須當深掘溝畎。水深為溝壟洩水，不得令水浸，水浸即死。三年後每科取得八兩，每畝計一百四十科，計得茶一百二十斤。茶未成，開四面，不妨種雄、麻苧及雜粟黍穄等。

又《收茶子法》 茶熟時收取子，和濕沙土拌於筐籠之中，盛之。著牆用堆亦得，仍須以好穰草蓋覆。至二月出種之，不爾，即乾，仍凍不生。

明 劉基《多能鄙事》卷七《農圃類·種茶》 二月中，於樹陰下或北陰之地開坎，方圓三尺，深一尺，熟鋤著糞土，每坎下五六十子，以土厚蓋一寸，上任土生草，勿耘。旱用米泔水澆。桑下、竹陰皆可種，只

畏日。二年耘治，以水稀糞蠶沙種之，不得滋厚，三年則多著糞。大概宜山陰陂。若平地，須深掘溝為隴洩水，水浸既死。每坎相去二尺。茶未成時，其旁種麻、黍、粟、苧諸不宿根布蔓之物皆可。

又《收茶子法》 取老實熟子，和濕砂土拌盛筐籠中。著牆角堆亦得，須用好穰草蓋之，至二月出種，否則乾凍不生。

（弘治）《八閩通志》卷四一《文職公署》 御茶園在縣武夷二曲之西，即宋希賀堂址也，元時創設。大德七年，奉御高久住以其地隘陋，乃相前岡，得石泉一泓，甚清且冽，遂取建安縣北苑鳳山泉以權衡度之。茲泉差重，於是辟基建殿於內，以儲新貢，匾曰『第一春』。殿之前二廡：東為焙，匾曰『焙芳』；西為竈，匾曰『淳光』。前建堂三楹，匾曰『清神』。又有二亭對峙於亭前：左曰『燕嘉』；右曰『宜寂』。二亭今俱廢。外設大門，匾曰『仁風』。山之右構亭以覆井，匾曰『通仙泉』。門之首，作梁以跨池，匾曰『碧雲橋』。南北建二門：一在第一曲，瞰大溪；一在第九曲，臨星村里，匾曰『御茶園』。國朝洪武初重修，並建喊祠、思敬二亭於仁風門之左。每歲驚蟄日，縣官率所屬祠山神畢，令執事者鳴金鼓，揚旗同喊曰：『茶發芽。』自是龍井之泉漸發而滿。造茶畢，泉漸渾而縮。

明 陳耀文《天中記》卷四四 凡種茶樹，必丁子，移植則不復生。故俗聘婦，必以茶為禮，義固有所取也。

明 魏煥《明九邊考》卷一《經略總考》 伏讀洪武三十年榜例內一款：『本地茶園人家除約量本家歲用外，其餘盡數官為收買。私賣者茶園入官。』今宜申明此例，仍令前項軍夫分地轉運，以免直達之苦。

明 程用賓《茶録・原種》 茶無異種，視產處為優劣。生於幽野，或出爛石，不俟灌培，至時自茂，此上種也。肥園沃土，鋤溉以時，萌蘖豐腴，香味充足，此中種也。樹底竹下，礫壤黃砂，斯所產者，其第又次之。陰谷勝滯，飲結瘕疾，則不堪掇矣。

明 羅廩《茶解・跋》 宋孝廉兄有茶圃，在桃花源，西巖幽奇，別一天地，琪花珍羽，莫能辨識其名。所產茶，實用蒸法如岕茶，弗知有炒焙、揉挼之法。予理鄣日，始遊松蘿山，親見方長老製茶法甚具，予手書茶僧卷贈之，歸而傳其法。故出山中，人弗習也。中歲自祠部出，偕高君訪太和，輒入吾里。偶納涼城西莊稱姜家山者，上有茶數株，翳叢薄中，高君手擷其芽數升，旋沃山莊鐺，炊松茅活火，且炒且揉，得數合，馳獻先計部，余命童子汲溪流烹之。洗盞細啜，色白而香，彷彿松蘿等。自是吾兄弟每及穀雨前，遣幹僕入山，督製如法，分藏堇堇。

又《總論》 余自兒時性喜茶，顧名品不易得，得亦不常有，乃周遊產茶之地，採其法制，參互考訂，深有所會，遂於中隱山陽栽植培灌，茲且十年。春夏之交，手為摘製。

又《原》 余邑貢茶，亦自南宋季至今。南山有茶局、茶曹、茶園之名，不一而止。蓋古多園中植茶。沿至我朝，貢茶為累，茶園盡廢，第取山中野茶，聊且塞責，而茶品遂不得與陽羡、天池相抗矣。

又《藝》 種茶，地宜高燥而沃。土沃，則產茶自佳。《經》云：生爛石者上，土者下，野者上，園者次，恐不然。

秋社後摘茶子，水浮，取沉者，略曬去濕潤，沙拌藏竹簍中，勿令凍損。俟春旺時種之。茶喜叢生，先治地平正，行間疏密，縱橫各二尺許。每一坑下子一掬，覆以焦土，不宜太厚，次年分植，三年便可摘取。

茶地斜坡為佳，聚水向陰之處，茶品遂劣。故一山之中，美惡相懸。至吾四明海內外諸山，如補陀、川山、朱溪等處，皆產茶，而色、香、味俱無足取者。以地近海，海風鹹而烈，人面受之不免顦顇而黑，況靈草乎。

茶根土實，草木雜生則不茂。春時薙草，秋夏間鋤掘三四遍，則次年抽茶更盛。茶地覺力薄，當培以焦土。治焦土法：下置亂草，上覆以土，用火燒過，每茶根傍掘一小坑，培以升許。須記方所，以便次年培壅。晴晝鋤過，可用米泔澆之。

茶園不宜雜以惡木，惟桂、梅、辛夷、玉蘭、蒼松、翠竹之類，與之間植，亦足以蔽覆霜雪，掩映秋陽。其下可蒔芳蘭、幽菊及諸清芬之品。最忌與菜畦相逼，不免穢汙滲漉，滓厥清真。

明 馮應京《月令廣義》 種茶，茶性惡水，宜肥地斜坡、陰地走水處，用糠與椒土種之。每一圈可用六七十粒，覆土厚一寸。出時勿耘草，旱以米乾水澆，常以小便、糞水或蠶沙壅之，水浸根必死。三年後可採茶。凡種，相離二尺一叢。

採茶，以穀雨前者佳。

製茶，擇淨微蒸，候變色，攤開，扇去氣，揉做畢，火氣焙乾，以箬葉包之。語曰：善蒸不若扇炒，善曬不如善焙。蓋茶以炒而焙者佳耳。

炒茶，每鍋不過半斤，先乾炒，微灑水，以布捲起，揉做。

明 袁宏道《袁中郎全集》卷八《天池》 土人以茶為業，隙地皆種茶。

明 高元濬《茶乘》卷一《藝法》 秋社後，摘茶子，水浮取沉者，略曬去濕潤，沙拌藏竹簍子，勿令凍損，俟春旺時種之。茶喜叢生，先治地平正，行間疏密，縱橫各二尺許，每一坑下子一掬，覆以焦土。次年分植，三年便可摘取。凡種茶，地宜高燥，沃土斜坡，得早陽者，產茶自佳；聚水向陰之處遂劣。故一山之中，美惡相懸。茶根土實，草木雜生則不茂。春時薙草，秋夏間鋤掘三四遍。茶地覺力薄，每根傍掘小坑，培焦土升許，用米泔澆之。次年別培，最忌與菜畦相逼，穢汙滲漉，滓厥清真。

明 陳繼儒《農圃六書》 茶，宜斜坡走水處。二月下種，每坎數粒，蓋土一寸。糞水常澆，或蠶沙壅之。但可種成，不可移栽。三年後採之，採時須候天色晴明。不必太細，細則牙初萌而味欠足；不可太青，青則葉已老而味欠香。只在穀雨前後。花色白而心黃微香。茶品殊多，止就近地者衡之，虎丘為吳中第一，惜不多產。伏龍、天池，翠而香遠，亦屬上品。陽羨即長興，又名羅岕，浙中第一。荊溪稍下。六安可入藥，但不善炒，味苦而不發香。龍井不過數十畝，此外皆不及。天目雖次之，亦不亞於六安。地志云，山氣早寒，冬來多雪，此茶萌芽較晚。茶俱宜炒焙，不宜見日色。眉公云：茶見日而味奪，見日而色灰。松蘿宜藏錫瓶內，新舊雜和烹之，味更鮮香。

明 周高起《洞山岕茶系・貢茶》 世人妄云雨前真岕，抑亦未知茶事矣。茶園既開，入山賣草枝者，日不下二三百石。

明 王象晉《茶譜・收子》 寒露收茶子，曬乾，以濕沙土拌勻，盛筐內。

又《種植》 茶性惡水，宜肥地斜坡陰地走水處，用糠與焦土種之。每一圈可用六七十粒，覆土厚一寸。出時勿耘草，旱以米泔水澆，常以小便、糞水或蠶沙壅之，水浸根必死。三年後可採茶。凡種，相離二尺一叢。採茶，以穀雨前者為佳。製茶，擇淨，微蒸，候變色，攤開，扇去氣，揉做畢，火氣焙乾，以箬葉包之。語曰：『善蒸不若善炒，善曬不如善焙。』蓋茶以炒而焙者佳耳。炒茶每鍋不過半斤，先乾炒，微灑水，以布捲起揉做。

明 談遷《棗林雜俎・茶》 四川茶園，十株取一，徵茶三兩。

明 方以智《物理小識》卷六《茶》 宓山約之曰：種以多子，稍長即迻大即難迻。灌汁遠沁，山宜西南，以受露多也。采宜穀雨前後。羅岕立夏開園中德曰：雨前芽嫩，摘以指甲，勿傷老節。夏不如春或秋，一摘俗盡下其老葉，以明年再生也。樹老則燒之，其根自發。宜糠與焦土，種惡停水。

清 黃宗羲《匡廬游録》 山中無別產，衣食取辦於茶，地又寒苦，茶樹皆不過一尺，五六年後梗老無芽，則須伐去，俟其再蘗。

清 顧祖禹《讀史方輿紀要》卷二五《南直七》 張渚鎮，縣西南九十里。元設茶園提領所二處，以掌茶稅。明初改設批驗茶引所於此，尋廢。洪武三十五年復設，今商旅駢集於此，有張渚巡司戍守。

又 卷四八《河南三》 又趙封山，在縣東南四十里。《志》云：宋種茶于此而封固其地，因名。

《淵鑒類函》卷三九〇《茶一》 《顧渚山記》云：『山鳥如鴝鵒而色蒼，每至正二月，作聲「春起也」，至三月止「春去也」，采茶人呼為報春鳥。』

《廣雅》曰：『荊巴間採茶作餅，成以米膏出之，若飲，先炙令赤色，搗末置瓷器中，以湯澆覆之，用蔥薑芼之，其飲醒酒，令人不眠。』

又 《六一集》曰：『藝茶欲茂，法如種瓜，三歲可采。野者上，園者次。陽崖陰林，紫者上，綠者次；筍者上，芽者次；捲者上，舒者次。』

清 鄭元慶《石柱記箋釋》卷二 牟氏《陵陽集》云：宋朝重建茗顧渚，寂寥凡三百載。元復修，唐貢焙設湖常等處茶園，提舉領之。

清 李調元《南越筆記》卷一六《粵中諸茶》 而西樵號稱茶山，自唐曹松移植顧渚茶其上，今山中人率種茶，間以苦䔢。䔢樹森森，望之若刺桐叢桂。每茶一畝，苦䔢二株，歲可給二人之食。其採摘亦多婦女，

諺云：『春山三二月，紅粉半茶人。』

（道光）《寧都直隸州志》卷五《山川》　冠石，州西十里。形如冠，俗呼紗帽砦。寓賢林時益、彭士望結廬其中，環山麓種茶。右為紫雲峰，最高爽，茶味尤美，四方爭重價購之，名曰林岕。左曰東巖，遍植桃李，春月摘茶時，如入桃源。

清 張振夔《介軒文集》卷四《記紅崖陳丈明洙說茶》　先以腰鐮刈去老本，令根與土平；旁穿一小阱，厚糞其根，仍覆其土而鋤之，則葉易茂。

清 宗景藩《種茶說》（同治）《襄陽縣志》卷三　一、種茶，至白露時摘取茶子，曬乾。墾地一方，將土鋤細，取茶子一二升，均鋪地上，如布薯種、芋頭種之式，鋪好，蓋土約二三寸厚，土上再蓋草須一層，能買茶餅或豆餅或菜餅研碎拌入土內得肥更妙，如旱乾，宜用水澆之。

一、茶發芽後，須搭蓋陰棚，夏則避太陽蒸曬，冬則避霜雪凍淩。

一、茶發芽後，經二春即可移栽。以大者兩莖為一兜，小者三莖為一兜，每兜須相離二三尺，以便長發。移栽後一二年，茶樹高二尺許，枝葉蕃茂，即可採摘茶葉。

一、另有種法，亦于白露時墾土鋤細，摘取茶子曬乾，隨撿十數粒，另取桐子一二粒，埋做一窠。一畝之中，勻排百十窠，待其發芽。二春之後，將桐樹掘去，取其樹葉大，遮護茶葉，茶既成樹，可以不用。此等種法，可省移栽。

一、茶樹于高山、平地皆可種植，但不宜太高，山高則霧重，以茶畏霧也。又各土均宜，惟不宜黃土，土中帶沙者更佳。

一、茶樹尚未茂盛之時，旁下空土，猶可栽薯、種豆。又每年五、六月間，須將土挖鬆，芟去其草，使土肥而茶茂。但宜早不宜遲，故有五金、六銀、七銅、八鐵之說。

一、茶葉茂盛之後，每年五、六月間須割一道，則茶肯發旁枝而葉茂。割者即為老茶。

清 劉銘傳《劉銘傳撫臺前後檔案・臺灣府轉行梟道夏獻綸查勘中路埔里各社籌辦事宜光緒三年十二月二十三日**》**　民番在內者耕種之法，多不講求；且乏水利，一、遇乾旱，即致歉收。其種茶之地不少，惜不善藝植，不諳焙製，故產不甚旺，而味亦欠佳。職道與中路同知彭丞商酌，擬在彰化一帶招雇良農數名入內，教以耕作；並雇茶匠二名，教以藝植、焙製，俾民生日裕，風氣日開。【略】若將有礙大路者逐一芟除，使陰徽瘴癘之氣，藉以宣洩；生番既不致伏匿為害，而滋土山場又可栽種雜糧、茶子。

清 陸廷燦《續茶經》卷下《八之出》　《名勝志》：北苑茶園，屬甌寧縣。舊經云：偽閩龍啟中，里人張暉，以所居北苑地宜茶，悉獻之官，其名始著。

又　王梓《茶說》：武夷山，周迴百二十里，皆可種茶。茶性，他產多寒，此獨性溫。其品有二：在山者為巖茶，上品；在地者為洲茶，次之。香清濁不同，且泡時巖茶湯白，洲茶湯紅，以此為別。雨前者為頭春，稍後為二春，再後為三春。又有秋中採者，為秋露白，最香。須種植、採摘、烘焙得宜，則香、味兩絕。然武夷本石山，峯巒載土者寥寥，故所產無幾。

清 何剛德《撫郡農產考略・茶》　茶樹叢生，抽條無枝葉，如瓜子生於條上。樹高尺許，撫屬皆有之。

天時：十月種，立春發芽，穀雨採取爲頭茶，四月採取為二茶，五月採取為三茶。穀雨前摘之茶最嫩，五月摘者次之。立秋後摘者爲粗茶。茶樹三年後即可摘，每年六月揚花結子，其子結於摘葉處。

地利：宜乾燥，忌汙濕。茶地南向爲佳，向陰者劣。鄉人多栽於楂地中。楂樹長大有收，則去茶留楂。

茶解：茶園不宜加以惡木，惟桂、梅、松、竹與之間植，足蔽霜雪，掩秋陽。其下可植芳蘭、幽菊清芬之物，最忌菜畦相逼，不免滲漉滓厥清真。

人事：十月間鋤地種茶，每窠下茶百餘粒，覆之以土，次年三月分栽，或於十月挖叢中茶樹，栽之亦活。鋤草宜盡，不可使茅根雜木滋蔓其間。鋤草時沃肥一次，其茶必茂。

物用：茶一叢可得茶一二兩。臨邑西鄉茶向通商販，今皆衰歇。茶每斤價二百餘錢，金邑穀雨前摘者值三四百錢，五月後摘者百餘錢，立秋後摘者數十錢。東邑茶上者僅百二三十錢。黃沙嚴茶葉粗味厚，價稍

昂。郡人製茶日烘鐺炒均不得法，揀選亦不細。茶子亦可榨油，惟得油不如楂子之多。

清　曹南英《製茶條議》《張文襄公全集》卷一〇五　謹查湖北、湖南兩省産茶之區，茶樹滋長茂盛，無須再為教種，非比無茶之地，尤須教其種植。惟製茶之法甚多，必須善為製辦，始能自立於不敗之地，而可望茶務轉機。謹將採訪各茶商製辦之法，開具清摺，備陳憲鑒。

一、採茶宜時早也。紅茶以葉小而嫩為佳，必須穀雨前數日，採折下山，則茶嫩而上有白毛，乃為佳品，洋商最愛此貨。若遲至穀雨以後，則葉老而色黄，茶粗而味淡，所以洋商不肯出價。推之子茶、秋茶，亦莫不然。今年頭茶之價高者，皆穀雨以前之茶。此宜早採之明徵也。

一、製茶宜趁天晴也。製茶若逢太陽，則茶身緊小而顔色光澤。洋商最愛。若遇陰雨，必用火炕，則一味煙氣，洋商最忌。不如趁天晴之日，早為採製，一遇陰雨，則改製黑茶，而黑茶又宜煙氣，實為兩便。今年頭茶之價低、折本者，皆有煙氣之茶。此宜趁天晴之明徵也。

一、開莊宜禁陳茶也。洋商售茶，先看泡水。新茶泡出，乃是黄嫩之色；陳茶泡出，乃是黑片。洋商最忌陳茶，退盤割價，多係此等黑片。自漢口開市以來，從未有僥倖混淆者。此宜禁陳茶之明徵也。

清　張之洞《張文襄公全集》卷一〇九《札襄鄖宜施各屬查明地方土性、試種茶樹是否相宜光緒十七年十二月十三日**》**　為通飭查覆事。據襄陽府穀城縣知縣瞿元燦稟稱：『卑職上年曾將桑茶兼辦緣由稟奉批示在案。時以四鄉土性，尚未深悉，僅於卑署隙地試種，幸均成苗。嗣經考校其土性，宜於植桑者固多，而宜於種茶者亦復不少，且於農桑均無妨礙。現已捐廉赴岳州多購茶子，一面出示曉諭，並將種采焙炙各法，分條詳細刊發，俾衆咸知，仍擇公正紳耆，總領分發，概不經書役之手，使小民不費分文，務使各盡其力，護惜滋培，無遊惰之民，無空曠之地，以副憲台為民興利、實是求事之至意。』等情。并清摺一扣到本部堂。據此，查茶葉為出口商貨之大宗，湖南、北兩幫每年貿易價值，約銀一千數百萬兩，外洋各國多仿照種植，只以土性不宜，香味遠遜中國，仍須向中國購買。湖南業此致富者，實繁有徒。湖北如崇陽、通山等州縣，近年俱以種茶獲利。此外如襄、鄖、宜、施四府及荊門州所屬當陽、遠安等處人民，素患貧乏，由於山多土瘠，專恃番薯、羊芋為生，一遇歉收，立形艱困。地方官果能講求地利，察視土脈、物性所宜，教民墾治種植，以補雜糧之不足，自可轉貧為富，起敝為隆，查種茶惟沙地不宜，其半沙半土之地皆可種植。如穀城瞿令所陳種植採製之法，頗中竅要。亟應劄飭地方多山之各屬，查明地方土性，如果宜茶，即應仿照，勸民種植，以興地利而阜民財。除稟批發外，合亟通飭，為此劄，仰該府、州，即便遵照，轉飭所屬，查照粘抄事理，切實查明，地方如果土性宜茶，一面購買茶子試種，一面出示，剴切曉諭，并籌議勸導倡辦之法，具稟察核。該府、州並即督率考察，實力勸諭興辦。如辦有成效，定當奏明，優予獎勵，萬勿視為具文，率以土性不宜、民情窳惰等語一稟了事，是為至要。

穀城縣勸民興種茶樹示稿：

湖北襄陽府穀城縣謹將卑縣勸民興種茶樹示稿，及採種焙炙各條，開摺呈核。須至摺者。

計開：

照得養民之道，在於為民興利。興利之法，固以農桑為本，而因地因時，可以並行不悖者，莫如種植茶樹。本縣籍隸湖南，各州縣産茶最廣，近年造作紅茶，運赴漢口等處發賣，因此致富者，不一而足。即在本鄉肩挑負販，亦復獲利甚豐。其種植之地，惟盡沙處不相宜，此外盡土及半沙半土，皆有樹必獲，無論山阜嶺坡，但擇向陽之處，並無妨於稻麥及桑樹等物。上年冬臘間，本縣捐購茶子，今正於署後隙地如法試種，均已發生。茲復捐廉，選派妥人，前赴岳州一帶地方採購。一俟到縣，即分發各鄉紳耆，轉付該民等領種，不經差役之手，不取分文費用。除將種法詳細開示外，合行出示曉諭，為此示，仰軍民人等知悉。爾等務須遵照領種，雖采葉需五年之後，而一經成樹，即生息無窮，幸勿惜目前勞費，致負本縣為地方興利之至惠。其各懍遵毋違。切切。

特示：

一、擇向陽之地，無論層山疊阜、高嶺斜坡，先行開闢，便下肥糞，領到茶子，即如法種植。

一、茶子種植之期，自九、十、冬、臘、正月均可，惟不可再遲。其發生總在立夏節前後。

一、種茶須分行，每行相離約三尺，其行中空地，仍可種春、秋兩季雜糧及棉花等物。

一、行內挖穴，亦須相離兩尺，免致成樹時，彼此相礙。

一、每一穴種茶子五六顆。此樹本係叢生，不可單種。

一、種後只須間或下糞。如行中兼種他物，下有肥糞，便可滋長，無庸另糞。

一、成樹及一二尺高，便可采葉。湖南大茶山采葉，多係婦女，不致有廢男工。

茶樹長成，每年交穀雨節采頭次極細葉，即毛尖茶，是貴重之品。穀雨節後數日，采二次略粗葉，亦是好茶。至立夏節采三次葉，其味較遜，然亦可用。

一、采得茶葉，不可日曬，曬即有怪味。只須以鍋燒開水，將葉入水蕩過，隨即取出，再用微火烤乾，攤冷入罈裝緊，謹防風吹，吹即上黴，雖好茶，亦不足貴矣。

一、九、十兩月採收茶子，或隨採隨種，或稍遲亦可，總以正月為止。若分種有餘，即留以打油，此油只可點燈，不可吃。

以上十條，務各留心，照法種植採製。毋忽。

清 程淯《龍井訪茶記・土性》 沙礫也，壤土也，於茶地非上之上也。龍井之山，為青石，水質略鹹，含鹼頗重，沙壤相雜，而沙三之一而強；其色鼠羯，產茶最良。迤東迤南，土赤如血，泉雖甘而茶味轉劣。故龍井佳茗，意不能越此方里以外，地限之也。

又《栽植》 隔冬採收茶子，貯地窖或壁衣中，無令枯燥蟲蛀。入春，鋤山地，取向陽坦不漬水陸坡，則累石障之。鋤深及尺，去其粗礫。旬日後，土略平實，檢肥碩之茶子，點播其中，科之相去約四五尺；略施灰肥，春夏鋤草。於地之隙，可藝果蔬。苗以茁矣，無須移植。第四年春，方可摘葉。

又《培養》 三四年成樹，地佳者無待施肥；磽瘠者略施豆餅汽堆肥，以壅其根。防草之荒，歲一二鋤；旱則溉之。

又《采摘》 大概清明至穀雨，為頭茶。穀雨後，為二茶。立夏小滿後，則為大葉顆，以製紅茶矣。世所稱明前者，實則清明後採；雨前，則穀雨後採。校其名實，宜云明後、雨後也。採茶概用女工，頭茶選擇極費工，每人一日僅得鮮葉四斤上下。採工一兩六文。

清 陳元輔《枕山樓茶略・表異》 茶者，南方嘉木，自一尺、二尺至數十尺，閩巴峽有兩人抱者，伐而掇之。樹如瓜蘆，葉如梔子，花如白薔薇，實如栟櫚，蒂如丁香，根如胡桃。

又《樹藝》 藝茶欲茂，法如種瓜，三歲可採。陽崖陰林，紫者為上，綠者次之。

傳記

元 牟巘《牟氏陵陽集》卷一三《吴信之茶提舉序》 先朝重建茗，顧渚寥寂，幾三百載。厥惟今日，復治金沙泉，修唐貢焙，設湖常等處茶園，提舉領之，其事益重矣。吴信之明敏詳練，嘗任茶所，遂用為副，既滿升同，益習茶事，通民情。十餘年間，講求利病，多所建白。深山窮谷之退，不知有官府也。貢焙之綱，以時而進，甚稱其職，而人戶亦有茗椀茶話之樂。最書上徹，將專權任，以究厥功，尤人情所善者。信之嘗為余言茶之香味性情，地之陰陽向背，與其採摘之宜，先後之際，曲盡物理，得所未聞，可以為玉川子詩及沈存中《筆談》補注。

（弘治）《八閩通志》卷六七《人物・良吏》 陳綱字舉正。同安人。父元愷，善屬文，終兖州龔丘令。綱淳化中第進士，為建州觀察推官。故事，歲春夏間率丁夫數萬為採茶之役，綱以奪民時、勞民力，奏請以北苑茶園供御之外，餘皆賦民收其租入，在民者官復定其值償之。詔如其請，建民德之。

紀事

《舊唐書》卷一六九《鄭注傳》 初浴堂召對，上訪以富人之術，乃以榷茶為對。其法，欲以江湖百姓茶園，官自造作，量給直分，命使者主之。帝惑其言，乃命王涯兼榷茶使。

《太平御覽》卷八六七《茗》 又曰：元和十四年，歸光州茶園

於百姓，從刺史房克讓之請。

《宋史》卷一八三《食貨志下五・茶上》　［紹熙五年］宋榷茶之制，擇要會之地，曰江陵府，曰真州，曰海州，曰漢陽軍，曰無為軍，曰蘄州之蘄口，為榷貨務六。初，京城、建安、襄復州皆置務，後建安、襄復州務廢，京城務雖存，但會給交鈔往還，而不積茶貨。在淮南則蘄、黄、廬、舒、光、壽六州，官自為場，置吏總之，謂之山場者十三；六州采茶之民皆隸焉，謂之園戶。

又　凡民茶折稅外，匿不送官及私販鬻者沒入之，計其直論罪。園戶輒毀敗茶樹者，計所出茶論如法。舊茶園荒薄，采造不充其數者，蠲之。

又 卷一八四《食貨志下六・茶下》　初，蜀之茶園，皆民兩稅地，不殖五穀，唯宜種茶。賦稅一例折輸，蓋為錢三百，折輸紬絹皆一匹；若為錢十，則折輸綿一兩；為錢二，則折輸草一圍。役錢亦視其賦。民賣茶資衣食，與農夫業田無異，而稅額總三十萬。

又　［熙寧］十年，知彭州吕陶言：『川峽四路所出茶，比東南十不及一，諸路既許通商，兩川卻為禁地，虧損治體。如解州有鹽池，民間煎者乃是私鹽，晉州有礬山，民間煉者乃是私礬，今川蜀茶園，皆百姓已物，與解鹽、晉礬不同。』

又　［崇寧］六年，詔福建茶園如鹽田，量土地產茶多寡，依等第均稅。

又 卷三四六《吕陶傳》　李杞、蒲宗閔來榷茶，西州騷動。陶言：『川蜀產茶，視東南十不及一，諸路既皆通商，兩川獨蒙禁榷。茶園本是稅地，均出賦租，自來敷賣以供衣食，蓋與解鹽、晉礬不同。今立法太嚴，取息太重，遂使良民枉陷刑辟，非陛下仁民愛物之意也。』

又 卷三八八《李燾傳》　境多茶園，異時禁切商賈，率至交兵，燾曰：『官捕茶賊，豈禁茶商？』聽其自如，訖無警。

《元史》卷八七《百官志三》　常、湖等處茶園都提舉司，秩正四品，掌常、湖二路茶園戶二萬三千有奇，採摘茶芽，以供內府。

又 卷一〇四《刑法志三・食貨》　諸茶法，客旅納課買茶，隨處驗引發賣畢，三日內不赴所在官司批納引目者，杖六十；因而轉用，或改抹字號，或增添夾帶斤重，及引不隨茶者，並同私茶法。但犯私茶，杖七十，茶一半沒官，一半付告人充賞，應捕人同。若茶園磨戶犯者，及運車船主知情夾帶，同罪。有司禁治不嚴，致有私茶生發，罪及官吏。

《明會典》卷三七《課程六・茶課》　［洪武］四年奏准，陝西漢中府金州、石泉、漢陰、平利、西鄉縣茶園，每十株，官取一分。其民所收茶，官給價買。無主者令守城軍士薅培，及時採取，以十分為率，官取八分，軍收二分。每五十斤為一包，二包為一引。

又 卷一六三《律例四・盜賣田宅》　若強佔官民山場、湖泊、茶園、蘆蕩及金、銀、銅、場、鐵冶者，杖一百，流三千里。

《明史》卷四五《地理志六》　東北有京山巡檢司，本治茶園，後遷京口村，更名。

又 卷八〇《食貨志四》　［洪武］四年，戶部言：『陝西漢中、金州、石泉、漢陰、平利、西鄉諸縣，茶園四十五頃，茶八十六萬餘株。四川巴茶三百十五戶，茶二百三十八萬餘株。宜定令每十株官取其一。無主茶園，令軍士薅採，十取其八，以易番馬。』從之。

《續資治通鑒》卷一四六《淳熙四年》　四川制置使胡元質言：『【略】紹興十七年，主管茶事官增立重額，逮至二十五年，臺諫論列，始蒙蠲減。當鄭靄為都大提舉，奉行不虔，略減都額，而實不與民間盡蠲前官所增逐戶納數。又越二十餘年，其間有產去額存者，有實無茶園，止因賣零茶，官司抑令承額而不得脫者，似此之類不一，逐歲多是預復茶引於合同官場，逐月督取。張松為都大提舉日，又計興、洋諸場一歲茶額，直將茶引復與園戶，不問茶園盛衰，不計茶貨有無，止計所復引數，按月追取歲息，以致茶園百姓愈更窮困。欲行下茶馬司，將無茶之家並行停閣，茶少額多之家即與減額。』詔元質與茶司及總領司措置。

《宋會要輯稿・食貨三〇・茶法雜録上》　［至道五年］十月，廢虔州雜料場茶園，以其率民採摘煩擾故也。

又《職官四三・都大提舉茶馬司》　［乾道五年二月二日］今來園戶或有批曆違限，或有曆不隨茶，或有借歷批賣，或有茶數與曆內不

同之類甚多，州縣一例拘沒茶園，致窮民破家失業。欲望特降指揮，若不係正犯私茶，只乞照應見行條法斷罪理賞，免行拘沒茶園。』得旨，今後茶園戶私販茶，並依舊法，其續羃中請指揮更不施行。

藝文

唐 岑參《岑嘉州集》卷六《郡齋平望江山》 水路東連楚，人煙北接巴。山光圍一郡，江月照千家。庭樹純栽橘，園畦半種茶。夢魂知憶處，無夜不京華。

唐 張籍《張司業集》卷三《山中贈日南僧》 獨向雙峰老，松門閉兩涯。翻經上蕉葉，掛衲落藤花。甃石新開井，穿林自種茶。時逢海南客，蠻語問誰家。

又 卷六《和韋開州居山十二首・茶嶺》 紫芽連白蕊，初向嶺頭生。自看家人摘，尋常觸露行。

唐 劉禹錫《劉賓客文集》卷二四《寄楊八壽州》 風獵紅旗入壽春，滿城歌舞向朱輪。八公山下清淮水，千騎塵中白面人。桂嶺雨餘多鶴迹，茗園晴望似龍鱗。聖朝方用敢言者，次第應須舊諫臣。

唐 白居易《白香山詩集》卷七《香爐峰下新置草堂即事詠懷題於石上》 香鑪峰北面，遺愛寺西邊。白石何鑿鑿，清流亦潺潺。有松數十株，有竹千餘竿。松張翠繖蓋，竹倚青琅玕。其下無人居，惜哉多歲年。有時聚猿鳥，終日空風煙。時有沉冥子，姓白字樂天。平生無所好，見此心依然。如獲終老地，忽乎不知還。架巖結茅宇，斸壑開茶園。何以洗我耳，屋頭落飛泉。何以淨我眼，砌下生白蓮。左手攜一壺，右手挈五絃。傲然意自足，箕踞於其間。興酣仰天歌，歌中聊寄言。言我本野夫，誤為世網牽。時來昔捧日，老去今歸山。倦鳥得茂樹，涸魚反清源。舍此欲焉往，人間多險艱。

唐 皮日休《茶中雜詠・茶塢》《松陵集》卷四 閒尋堯氏山，遂入深深塢。種荈已成園，栽葭寧記畝。石窪泉似掬，岩罅雲如縷。好是夏初時，白花滿烟雨。

唐 陸龜蒙《奉和茶具十詠・茶塢》《松陵集》卷四 茗地曲隈回，野行多繚繞。向陽就中密，背澗差還少。遙盤雲髻慢，亂簇香篝小。何處好幽期，滿巖春露曉。

唐 胡宿《文恭集》卷四《沖虛觀》 五粒青松護翠苔，石門岑寂斷纖埃。水浮花片知仙路，風遞鸞聲認嘯臺。桐井曉寒千乳斂，茗園春嫩一旗開。馳煙未勒山亭字，可是英靈許再來。

宋 王禹偁《小畜集》卷一一《茶園十二韻》 勤王修歲貢，晚駕過郊原。蔽芾餘千本，青蔥共一園。牙新撐老葉，土軟迸深根。舌小侔黃雀，毛獰摘綠猿。出蒸香更別，入焙火微溫。採近桐華節，生無穀雨痕。緘縢防遠道，進獻趁頭番。待破華胥夢，先經閶闔門。汲泉鳴玉甃，開宴壓瑤罇。茂育知天意，甄收荷主恩。沃心同直諫，苦口類嘉言。未復金鑾召，年年奉至尊。

宋 梅堯臣《宛陵集》卷五三《送余少卿知睦州》 青山峽裏桐廬郡，七里灘頭太守船。雲霧未開藏宿鳥，坡原將近見燒田。養茶摘蕊新春後，種橘收包小雪前。民事蕭條官政簡，家書時問雪溪邊。

宋 韓琦《安陽集》卷一《答袁陟節推游禪智寺》 春去惜餘景，偶來郊外觀。蕪城千古恨，一顧殊悲酸。荒祠枕大道，尚記吳城邗。遠近綠陰合，水襯紅蕖殘。隴麥齊若剪，隨風捲波瀾。罷農喜有望，守臣心粗寬。蕭疏禪智寺，壞址不甚完。叢花亂芍藥，籬竹摧琅玕。空有亭亭栢，成行如筆端。供帳具朝膳，僚寀成清歡。小杜詩板暗，樂石曾未刊。乘興諧茶圃，百步登平巒。摘焙試烹啜，甘挹零露溥。午過倦微暑，堤路騰歸鞍。天子憂歲旱，引咎古所難。列郡承新詔，朝夕弗敢安。況此行春意，固不在遊盤。

宋 蘇軾《東坡全集》卷二四《種茶》 松間旅生茶，已與松俱瘦。茨棘尚未容，蒙翳爭交構。天公所遺棄，百歲仍稺幼。紫筍雖不長，孤根乃獨壽。移栽白鶴嶺，土軟春雨後。彌旬得連陰，似許晚遂茂。能忘流轉苦，戢戢出烏咮。未任供臼磨，且作資摘嗅。千團輸大官，百餅衒私鬭。何如此一啜，有味出吾囿。

宋 胡融《葛仙茗園》《天臺續集別編》卷四 絕巘匿精廬，蒼煙路孤迴。

草秀仙翁園，春風坼幽茗。野僧四五人，腦紺瞳子炯。攜壺汲飛瀑，呼我烹石鼎。風濤瀉江灘，松籟起林嶺。七椀鏖郝源，一水鬪雙井。我雖冠屨縛，心樂祇園靜。濯足臥禪扃，幽夢墮蒙頂。

宋 白玉蟾《天臺山賦》 寒山、拾得興國清之伽藍。智顗、普明起定光之法窟。釋子耘藥，仙翁種茶。

元 魏初《青崖集》卷二《出西鄉》 人歌人笑上茶園，花淡花濃隔稻田。十日按行秋色裏，畫圖才出武陵川。

元 王冕《竹齋集》卷二《山中雜興》 山園無定式，力作是生涯。近水多栽竹，依巖半種茶。春風低小草，夜雨出新沙。不必聞時事，城中減大家。

元 劉鶚《惟實集》卷四《浮雲道院詩二十二首其十六**》** 知恥斯不辱，知足常有餘。豈無負郭田？亦有堆牀書。春風茶新苗，雨過還當鋤。准擬讀書暇，茗飲甘如酥。

又《寄弟肖庭二首其二**》** 蟋蟀鳴我宇，流月照我帷。我豈鐵石心？寧能不懷歸？種茶南山園，秋雨苗應肥。不審木子樹，旱暵今稠稀。惟應所樹棘，歲久還成籬。中煩種橘枳，及時好為之。此事倘未遂，今歲勿更遲。常嗟樹如此，急景風飄吹。不比王母桃，動作千歲期。庶幾菟裘成，晚歲相娛嬉。連牀遂所願，聽雨忘心悲。君看京城中，緇塵化人衣。百計慮已熟，食力無瑕疵。我言甚迂濶，君亦當三思。更煩語兒姝，著意過庭詩。

元 郭鈺《靜思集》卷四《和酬李憲文送茶》 鰲山峭石攢碧空，物性苦硬氣所鍾。野老鋤雲種茶荈，年深獲利盛農功。

雲蒸霧滃春濛濛，一槍兩旂戰東風。采掇可以羞王公，西山白雲將無同。

我家住近鰲山下，糴米買薪日無暇。長夏飲水冬飲湯，風月交遊足清話。

君年甚少甚瀟灑，摘鮮分贈金同價。已看雀舌堆滿盤，況復驪珠動盈把。

讀書窗深午烟微，竹爐石鼎生光輝。玉川七碗吃不得，以少為貴知音稀。

君子浩蕩不可羈，好追彩鳳天門飛。白玉堂前春晝永，承恩拜賜龍團歸。

元 韓奕《韓山人詩集·種茶》 惟南有佳茗，至性潔以香。封植異糞壤，厥産宜崇岡。特稟清淑氣，發為功用良。閑居得嘉種，入園自鋤荒。時方在閑物，叢生待春陽。所務去惡草，庸令根本傷。花開霜後白，芽抽雨前黄。當期中林士，采采共日長。豈但啜其味？亦以玩其芳。世間葷與腥，從兹永相忘。

元 危徹孫《北苑御茶園詩》《武夷茶考》卷二 大德九年，歲在乙巳暮春之初，薄遊建溪，陟鳳山，觀北苑，獲聞修貢本末及茶品後先，與夫製造器法名數，輒成古詩一章，敬紀其實。

建溪之東鳳之嶼，高軋羨山淩顧渚。春風瑞草茁靈根，數百年來修貢所。

每歲豐隆啟蟄時，結蕾含珠綴芳糈。探擷先春白雪芽，雀舌輕纖相次吐。

露華厭浥□□□，□□森森日蕃廡。園夫采采及晨晞，薄暮持來溢筐筥。

玉池藻井御泉甘，瀺灂芬馨浮釣釜。槽床壓溜焙銀籠，碧色金光照窗戶。

仍稽舊制巧為團，錚錚月輾□□□，□□入臼偃槍旗。白茶出匣凝鍾乳。

駢臻多品各珍奇，一一前陳粲旁午。雕鏤物象妙工倕，鉅細圓方應規矩。

飛龍在版大小龍版間珠窠大龍窠，盤鳳棲磾便玉杵鳳砧。萬壽龍芽自奮張萬壽龍芽，萬春鳳翼雙翔舞宜年萬春。瑞雲宜兆見雩祥瑞雲祥龍，密雲應釀西郊雨密雲小龍。娟娟玉葉綴芳叢玉葉，粲粲金錢出圜府金錢。玄霙作雪散瑤華雪英，綠葉屯雲紛翠縷雲葉。又看勝雪炯冰紈龍團勝雪，更覿卿雲下琳宇玉清慶雲。上苑報春梅破梢上苑報春，南山應瑞芝生礎南山應瑞。寸金為玦稱鞶紳寸金，楕玉成圭堪藉組玉圭。葵心一點獨傾陽蜀葵，花面齊開知向主御苑。壽無可比比瓊霄無比壽芽，年孰為宜宜寶聚宜年寶玉。遡源何自肇嘉名，歸美祈年義多取。粵從禹貢著成書，堇茶僅賦周原膴。爾來傳記幾千年，未

聞此貢谿南土。唐宮臘面初見嘗，汴都遣使遂作古。高公端直國藎臣，創述加詳刻詩譜。迄今□語世相傳，當日忠誠公自許。聖朝六合慶同寅，草木山川爭媚嫵。汝南元帥渤海公，搜討前模闢荒圃。象賢有子侍彤闈，擁旆南轅興百堵。丹楹黼座儼中居，廣廈穹堂廓閎廡。清瀣迎風灑禦園，紅雲映日明花塢。和氣常從勝境遊，忱悃能格明□與。涵濡苞體倍芳鮮，修治□□□楚。穀忽躬率郡臣□，緘題拜稽充庭旅。驛騎高□六尺駒，□□遙通九關虎。懸知玉食燕閒餘，雪花浮碗天為舉。臣子勤拳奉至尊，一節真純推萬緒。□□聖主愛黎元，常應顛厓□□□。朱草抽莖醴出泉，□□□□報君父。欲將此意質端明，□□□□□□。

明　王璲《贈天臺起雲禪師住虎丘種茶》《虎丘茶經注補》　上人住孤峰，清閒有歲月。袖帶赤城霞，眉端凝古雪。種茶了一生，經綸人萌蘖。斯知一念深，於義亦超絕。

明　吴寬《家藏集》卷四《愛茶歌》　湯翁愛茶如愛酒，不數三升并五斗。先春堂開無長物，只將茶竈連茶臼。

堂中無事常煮茶，終日茶杯不離口。當筵侍立惟茶童，入門來謁唯茶友。

謝茶有詩學盧仝，煎茶有賦擬黃九。茶經續編不借人，茶譜補遺將脫手。

平生種茶不辦租，山下茶園知幾畝。世人可向茶鄉遊，此中亦有無何有。

明　佘翔《薜荔園詩集》卷一《茗園》　藝得芳園茗，採將穀雨時。樵青掃竹煮，一碗一篇詩。

明　徐渭《徐文長先生佚稿》卷四《張封君輓詩杭人也，種茶竹五畝於一片雲所。一片雲，南山奇石也**》**　五畝茶園萬竹紛，艸堂何歲去徵君。紫苔漫蝕千金劍，蒼蘚愁枯一片雲。

級予郎官從日下，人稱長者隔江聞。細詢湖上藏舟處，倘竝孤山處士墳。

明　豐越人《早夏陽羡山中病起有懷漢陂舅李賓父》《列朝詩集》丁集一五　一臥春歸盡，清羸寄翠微。地偏鶯較少，花在客來稀。江竹浸茶圃，山榴罥葛衣。風流懷二仲，吟眺忽斜暉。

明　曹學佺《游武夷記》《翠娱閣評選十六名家小品・曹能始先生小品》卷一　中露天光僅一線，有風洞白玉蟾斬蛇於此，今祠之而肅殺之氣猶存云。移舟過大藏峯，踵御茶園。萬磴而上，其山如鳥巢。蓋魏王易裸服以登天柱者，為更衣台。渡隔岸，謁朱子所讀書，拜其遺像，徘久之。

明　鄭主忠《御茶園》　御園此日焙新芳，石乳何年已就荒。應是山靈知獻納，不將口體媚君王。

明　釋净現《象田即念禪師語録》卷四《種茶》　乞得蒙山一段春，將來深種白雲根。每從雨後頻芟草，待摘新芽醒夢魂。

明　徐𤊹《御茶園》《武夷茶考》卷二　先代茶園有故基，喊山臺廢幾何時。東風處處旗槍綠，過客披蓁讀斷碑。

明　謝肇淛《鼓山采茶曲》《武夷茶考》卷二　半山別路出茶園，雞犬桑麻自一村。石屋竹樓三百口，行人錯認武陵源。

布穀春山處處聞，雷聲二月過春分。閩南氣候由來早，採盡靈源一片雲。

郎採新茶去未迴，妻兒相伴戶長開。深林夜半無驚怕，曾請禪師伏虎來。

緊炒寬烘次第殊，葉粗如桂嫩如珠。癡兒不識人生事，環遶薰床弄雉雛。

雨前初出半巖香，十萬人家未敢嘗。一自尚方停進貢，年年先納縣官堂。

兩角斜封翠欲浮，蘭風吹動綠雲鉤。乳泉未瀉香先到，不數松蘿與虎丘。

明　陳仲溱《浪淘沙二首・茶園即景》《武夷茶考》卷二　絕壁翠苔封，岈崱危峯。半山雲氣織芙蓉，怪鳥啼春聲不斷，躑躅花紅。茅屋掛巃嵸，十里青松。茶園深處拄孤筇，知得清明今欲到，茗綠東風。

鳥道界岧嶤，日暖煙消。鷓鴣啼過蹴鼇橋，望到海門山斷處，練束春潮。收拾舊茶寮，筐筥輕挑，旗槍新採白雲苗，竹火焙來聊一啟，仙路非遙。

明　佚名《御茶園》《武夷茶考》卷二　閩南瑞草最稱茶，製自君謨味更

佳。一寸野芹猶可獻，御園茶不入官家。

先代龍團貢帝都，甘泉仙茗苦相須。自從獻御移延水，任與人間作室廬。

清 釋超全《武夷茶歌》（嘉慶）《崇安縣志》卷二　建州團茶始丁謂，貢小龍團君謨製。元豐敕獻密雲龍，品比小團更為貴。

無人特設御茶園，山民終歲修貢事。明興茶貢永革除，玉食豈為遐方累。

相傳老人初獻茶，死為山神享廟祀。景泰年間茶久荒，喊山歲猶供祭費。

輸官茶購自他山，郭公青螺除其弊。嗣後巖茶亦漸生，山中借此少為利。

往年薦新苦黄冠，遍採春芽三日內。搜尺深山栗粒空，官令禁絕民蒙惠。

種茶辛苦甚種田，耘鋤採抽與烘焙。穀雨屆其處處忙，兩旬晝夜眠餐廢。

道人山客資為糧，春作秋成如望歲。凡茶之產准地利，溪北地厚溪南次。

平洲淺渚土膏輕，幽谷高崖煙雨膩。凡茶之候視天時，最喜天晴北風吹。

苦遭陰雨風南來，色香頓減淡無味。近時製法重清漳，漳芽漳片標名異。

如梅斯馥蘭斯馨，大抵焙時候香氣。鼎中籠上爐火溫，心閒手敏工夫細。

岩阿宋樹無多叢，雀舌吐紅霜葉醉。終朝採採不盈掬，漳人好事自珍秘。

積雨山樓苦晝間，一宵茶話留千載。重烹山茗沃枯腸，雨聲雜遝松濤沸。

清 曹廷棟《永宇溪莊識略》卷四《種茶子歌》　百凡卉木移根種，獨有種茶宜種子。茁芽安土不耐遷，天生膠固性如此。有僧浮海擷子來，量可斗計不數枚。大者如栗小如豆，渾圓清氣含微荄。為我指畫種茶法，更與凡植殊滋培。初冬恰值風日暖，溪莊周覽商新栽。槐根斸泥淺作坎，下子繼以大麥穋。糠秕雜土層覆之，要令生意交相感。交相感，麥先敷。穿土力弱茶性紓，曲折籍麥為前驅。待得茶生便刈麥，功成者退復誰惜。粉槍雀舌發先春，期以三年供采摘。色香幽自海山分，應勝沙溪并鄭宅。會須掃雪活水烹，好嚼梅花和靈液。

雜録

晋 常璩《華陽國志》卷一《巴志》　其果實之珍者：樹有荔芰，蔓有辛蒟，園有芳蒻、香茗、給客橙、葵。

宋 陶穀《荈茗録・聖陽花》　吳僧梵川，誓願燃頂供養雙林傅大士。自往蒙頂結庵種茶，凡三年，味方全美。得絕佳者聖陽花、吉祥蕊，共不逾五斤，持歸供獻。

《太平廣記》卷四五八《蛇三・鄧甲》　甲後至浮梁縣，時逼春風。有茶園之內，素有蛇毒，人不敢掇其茗，斃者已數十人。邑人知甲之神術，斂金帛，令去其害。甲立壇，召蛇王。有一大蛇如股，長丈餘，煥然錦色，其從者萬條。而大者獨登壇，與甲較其術。蛇漸立，首隆數尺，欲過甲之首。甲以杖上拄其帽而高焉，蛇首竟困，不能逾甲之帽。蛇乃踣為水，餘蛇皆斃。儻若蛇首逾甲，即甲為水焉。從此茗園遂絕其毒虺。甲後居茅山學道，至今猶在焉。出《傳奇》

宋 張君房《雲笈七籤》卷二八《二十四治部・陽平部》　陽平，謫仙妻，不知其姓名。九隴居人張守珪，家甚富，有茶園，在陽平化仙居內，每歲召採茶人力百餘輩，男女傭工雜之，園中有一少年，賃爲摘茶。

（嘉定）《赤城志》卷一九《臨海》　蓋竹山在縣南三十里，按輿地志，一名竹葉山。中有洞，名長耀寶光之天，周回八十里。《洞淵集》所謂第十九洞天也，《雲笈七籤》云，仙人商邱子治之道藏。《洞天記》及《名山記》皆云，蓋竹山福地觀壇各一所，有竹如蓋，故以為名。《抱樸子》云，此山可合神丹，有仙翁茶園。舊傳葛元植茗於此。

明 夏樹芳《茶董・聖陽花》　雙林大士自往蒙頂結庵種茶，凡三年得絕佳者，號聖陽花，持歸供獻。

明 高濂《遵生八箋》卷六《山頭玩賞茗花》　兩山種茶頗蕃。仲冬花發，若月籠萬樹。每每入山，尋茶勝處，對花默其色笑，忽生一種幽香，深可人意。且花白若剪雲綃，心黄倣抱檀屑，歸折數枝，插觚為供，枝梢苞萼，顆顆俱開，足可一月清玩。更喜香沁枯腸，色憐青眼，素艷寒芳，自與春風姿態迥隔。幽閒佳客，孰過於君？

（康熙）《天臺山全志》卷九　茶圃，在華頂峰旁，相傳為葛玄種茶之圃。

（雍正）《浙江通志》卷四六《古迹八》　《雲笈七籤》：臨海蓋竹山，舊傳葛元植茗於此，結廬而居焉。

《清史稿》卷一二四《食貨志五・茶法》　是時泰西諸國嗜茶者眾，日本、印度、意大利豔其利厚，雖天時地質遜於我國，然精心講求種植之法，所産遂多。蓋印度種茶，在道光十四年，至光緒三年乃大盛。錫蘭、意大利其繼起者也。法蘭西既得越南，亦令種茶，有東山、建吉、富華諸園。美利堅於咸豐八年購吾國茶秧萬株，發給農民，其後愈購愈多，歲發茶秧至十二萬株，足供其國之用。故我國光緒十年以前輸出之數甚鉅，未幾漸為所奪。

清 張渠《粤東聞見録・蠅樹》　西樵多種茶，茶畦有蠅樹，葉細如豆，夏秋時蠅皆集於此樹，而不集於茶，故茶不生蛾而味好。又遇旱則能降水以滋茶，遇潦則升水以烘茶，物之相成如此。其與蚊母樹之化蚊以螫人者，其良楛固迥別也。蚊母樹即古度樹。

清 鄭世璜《印錫種茶製茶考察報告》　謹將派員赴錫蘭、印度考察種茶製茶事宜分列條款呈覽。

沿革：查英人種茶，先種於印度，後移之錫蘭。其初覓茶種於日本，日人拒之，繼又至我國之湖南，始求得之。並重金僱我國之人，前往教導種植、製造諸法，迄今六十餘年。英人鋭意擴充，於化學中研究色澤香味，於機器上改良碾切烘篩，加以火車、輪船之交通，公司財力之雄厚，政府獎勵之切實，故轉運便而商場日盛，成本輕而售價愈廉，駸駸乎有壓倒華茶之勢。

氣候：查錫蘭高山，距赤道自六度至八度，地氣炎熱，雨量最多，草木不凋，四時如夏。

土質：高山含赤色而中雜砂石，低山砂石略少，茶葉通年有採，生長甚速。高山每英畝年可出乾茶五百五十磅，全島每年出茶一百五十兆磅。印度産茶地方極廣，其北境之大吉嶺，原名大脊嶺，距赤道二十七度三分，山高七千七百英尺，本從前中國藩屬哲孟雄地。哲孟雄，西名息根姆，又名西金。天氣同於中國，夏秋之間，雨霧最重，正臘之間，冰雪亦多。土質同於錫蘭。茶自西四月上旬起，至西十二月上旬，均有葉可採。山高三千八百英尺地，每英畝年可出乾茶二百四十一磅；山高六千英尺以上地，每英畝年可出乾茶一百九十七磅。每年全嶺産茶之數，一千一百七十九萬四千磅，合印度、錫蘭兩地，每年出乾茶有三百五十兆磅之譜。

局廠：查錫蘭島，除海濱盡種椰樹，北面平田盡栽禾稻外，其餘高山之地，幾盡闢茶園。茶廠大小有三百餘所。大吉嶺自西里古里山麓起至山巔，五十一英里，盡種茶樹，茶廠有二十餘處。製茶公司資本，至少三十萬金至百萬金。工人除山上採工外，廠内工人甚簡。大約日製茶千磅之廠，廠内工人不過十二三名。日製茶三千磅之廠，廠内工人不過三十八九名。緣機製較人工省力懸殊也。

【略】

種茶：錫蘭現種之茶計有兩種：一曰阿薩墨茶東印度省名，一曰變種茶。所謂變種茶者，即中國茶與阿薩墨茶種在一處時，被蜜蜂採蜜，將花質攙和而成，故名曰變種茶。阿薩墨茶，即從前印度之野茶，樹桿有高至五英尺及三十英尺者，茶葉有長至九寸有奇者。較之中國茶樹容易生長。其茶葉作淡緑色，其茶味較中茶濃，但香味不及中國茶，樹身亦不及中茶樹之堅。錫蘭平陽之地，均種阿薩墨茶，其山之高處，夜間天氣寒冷，大半多種變種茶。其先有西人之業茶者，在山高地方，將中國茶與阿薩墨茶種在一處，以便一同焙製，另成一種茶名。殊不知中國茶與阿薩墨茶所需之製法不同，故亦未收其效，至其種茶子之法，一如種稻穀然，先將茶子播種一處，俟閲八九月後，再為分種。至一年後，所生樹枝已覺太長，便須剪去尖頭，使生横枝，且須隨時修剪。至三年後，即為初次大割。猶冬令之割樹法。惟印錫多割成平圓形。印度播種茶之法，在西曆十一月，先將田一方墾至一尺之深，鋪以肥土六寸，上面再加極細之土四寸，然後播種茶子，入土約深二寸。及至次年二三月，為之分種。每枝約距離

四五寸，俾易滋生。至冬間再移種於茶林內，亦有待至後一年夏季移種者。一俟樹身長有大指之粗，即須在冬間將樹修短，自四寸至六寸許，俾得重苞橫枝。計自播種至此，閱時三年，至第四年冬止，須將杪上之錯枝稍為修齊。第五年又修至十四寸高，第六年又止，修齊樹頂，第七年修至二十寸高。至第八年在採茶之前，須任其生長新枝，約六寸長。至此，樹身方算長足。在未長足以前，似乎不宜採摘，致傷元氣。至逐年修割，則宜使樹身修直為佳。迨後樹身過老，將行大割，則須將樹身上所有之節疤，盡行割去。

剪割：剪割之義，為多生樹葉起見。緣樹枝愈老，則樹葉之生長遲而且小，出產愈少，故剪割最宜注意。錫蘭剪割之法：在平地，地氣較熱，易於滋生之處，每年割一次；在三四千尺高山上者，每二年割一次；在五六千尺高山上者，每三四年或五年割一次。其地勢愈低，則剪割愈勤。因其易於滋生，茶汁必形淡薄，故不得不勤於剪割也。其割法，一俟樹身長足後，即割去上身，約留樹身高十二寸之譜，將中央小枝修去，以通風氣，專留向外之橫枝，俾滋生樹葉。至第二次剪割時，比上次多留一二寸。割至四五次後，樹身已覺太高，所割之處，疤節太多，樹汁難於流轉，亟宜將所有疤節盡行割去，並將其橫枝修剪齊平，使之容易滋生。印度種茶家，亦以剪割為常法。其割至十八寸或十二寸，或竟低至一二寸者，多有。無非察樹身之肥瘠，以酌其宜。其在剪割之前，採葉不可過多，致受損傷。樹身瘠瘦者，尤必肥以野茶或萆蔴子餅之類，以扶養之。迨明年將樹杪修至二十寸高，此一年內所生茶葉，約止採二成之譜。至秋後停長之時，仍將樹枝修至二十六七寸高，再待來年樹枝結實，即有佳茶採矣。惟是年冬又須修割，比上屆大割應留高五六寸。據查以前茶林每年修割，比上屆止留高一二寸。現年則間年一修割，在停割之年，止修齊樹杪而已。大約茶樹栽培合法，樹身不至過高，可滿二十年一大割。如其稍不經心，致有荒蕪，則八九年即須一大割。

下肥　壅肥以壯田，通例也。錫蘭土性苦瘠，茶葉長年苞發，地土之滋澤，易於告罄，故不得不極意講求培壅。前者種茶家以土內所下之肥，有礙茶葉品性，今始知其未盡然；惟仍有數家，以不下肥為然。凡肥田，最壯之料莫過於六畜之骨。然錫蘭非產畜之區，勢不能全用畜骨，且價亦過昂，故攙以萆蔴子餅。計每樹祇須下數兩重之肥質，蓋樹本專仗淡氣以生發，而萆蔴子餅所含淡氣最多，以之肥田，莫善於此。又有種茶專家，於茶林內攙種豆莢，即以莢梗埋於土內，或將所割茶樹枝葉同埋於土，兩者均可肥田。又有一種茶家，論及渠所種之茶樹，每三年下肥，所費每畝約盧比五十元。每盧比，約合中國銀五錢。此說較之錫蘭各種茶家，未免太過。下肥之法，須將肥料壅於離樹一尺左右之樹根上，為最得其所。又或鋤耘野草，即將所耘之草，埋於土內，藉作肥料。此種工作，包於採茶工家，計每月每英畝工價盧比洋一元。至於印度茶林，則野草任其生長，不似錫蘭之鋤耘盡淨，以為野草亦可肥田。故於冬令將地面翻起九寸之深，即將野草埋在土內，作為肥料。此種工作，經費每英畝約盧比五元半，須人工三十日。即在夏令，亦須兩次，將地耙鬆至三四寸深，將地面之草覆埋土內。其工價較冬令減半。茶林內亦有攙種豆莢者，至開花時即行割下，埋於土內作為肥料。此係夏間格外加工之事，所費每英畝約盧比八九元。惟在夏雨極多時，不能將地翻動，防為雨水沖去，故只好將地面野草割下，留於田間任其腐爛。其餘如萆蔴子餅之肥料，亦不能廢。如大吉嶺則山勢崎嶇，種茶之區不得不墾為平台，如中國之山田然，深恐泥土被雨水沖刷，樹根暴露而挑土墊補，所費殊不貲也。

採摘：茶葉栽割之後，須五六個月始能長葉。一俟新葉長有五六寸高，即將嫩頭摘去。其法每人給與四寸長之小棍，令其摘至小棍一樣長短。所摘嫩頭，全係水質，不能製為茶葉。直至摘剩之新枝頭上，生出禿葉一片，再由禿葉節間重發新葉，俟長有嫩葉三片，及頭上之苞芽，方可將苞芽及新葉二片採下，是為新鮮茶葉。其第三片新葉留於枝上，以資再苞新芽。錫蘭採茶次數，在平地每七天一次，在高至四千尺山上者，每十天採一次。惟頭二茶及秋後之茶，不能如期。錫蘭採茶，每人每日約能採至三十磅。如遇雨水多時，茶葉滋生較速，則每人每日約得採至五十磅之多。大吉嶺採茶，如採中國茶，每日不過十二磅至十四磅；如採阿薩墨茶，每人每日能採至五六十磅。緣阿薩墨茶葉大，重量較大故也。至採茶工人，錫蘭則以流寓之印度人為多。男人工資，每日盧比三角五分，女二角五分，大孩二角，小孩一角五分。大吉嶺土人貧苦，採工尤廉，每月女人不過三盧比，小孩不過二盧比。採茶時候，每日早晨五下鐘至下

午四下鐘止。有早晨六下鐘至午後六下鐘，中間停午餐一下鐘者。此由各公司自定，並視茶山距廠之遠近為準。凡茶山有二千英畝，約須採工七百人輪採。按定今日採東山一區，明日採北山一區，遇星期則周而復始。凡有數十人在一區採茶，必有工頭一人，執鞭督飭。如採不合法暨玩笑滋鬧者，則鞭責之。此外復有經理之英人，乘汽車或自行車，不時往來巡視。總之，茶樹本性採摘愈苛，苞發愈速，因之二茶本力已衰，生發必然減少，週年統計並無盈餘，而樹身業已受傷。故精於此業者，少採頭茶，乃為上策。所謂蘊之愈久，其本力愈足，故茶葉乃愈佳也。

茲因大吉嶺氣候與中國相同，查得該處最佳之茶林，一英畝在去年所産之茶數列表於下：

西曆三月三十一號	採新茶葉　六磅五
四月七號	二十磅
四月十四號	三十一磅
四月二十一號	三十六磅
四月三十號	四十磅
五月七號	十二磅四
五月十四號	四磅五
五月二十一號	八磅六
五月三十一號	十八磅五
六月七號	二十六磅
六月十四號	二十九磅四
六月二十一號	三十四磅二
六月三十號	四十四磅七
七月七號	三十五磅
七月十四號	三十四磅二
七月二十一號	三十七磅七
七月三十一號	四十六磅四
八月七號	三十磅
八月十四號	三十三磅二
八月二十一號	三十一磅
八月三十號	五十磅八
九月七號	三十三磅七
九月十四號	二十九磅二
九月二十一號	二十七磅
九月三十號	二十六磅一
十月七號	十三磅八
十月十四號	十七磅八
十月二十一號	十磅一
十月三十一號	二十一磅
十一月七號	十三磅
十一月十四號	六磅八
十一月二十一號	二磅四
十一月三十號	十磅
十二月七號	二磅七

以上共計茶葉八百二十四磅，計製乾茶葉二百零六磅。因茶林内之茶樹，大半都經大割未久，是以出産較少。據照尋常之數，應出乾茶二百四十磅有奇。

機器：查印錫之茶，成本輕而製法簡，全在機器。機器分碾壓、烘焙、篩青葉、篩乾葉、揚切、裝箱六種而貫以一。全軸運動，並可任便裝拆。其全軸運動之引擎，則或借水力，或燃火油，或燃木柴與煤。大吉嶺廠則用電。（據稱購電氣公司之電，每下鐘時不過十二安那，約合龍元五角有零。）大約廠房在山澗之旁，可借水力運轉機輪，省燒料之費。其餘用火力，則馬力小者，類用火油引擎；馬力大者，類用柴煤鍋爐。如鄰近有電汽公司，購用電力，則既省擦抹，又省監視也。茲將各種製法，分晰開列如下：

晾青：查印錫茶廠，每日每人採到青葉，先在廠門外過磅，隨即揀淨葉莖，搬上廠樓，勻攤晾架，晾乾水分。晾架多木匡布地，或用木板。大吉嶺則用鐵絲網地。廠樓窗櫺四面通風，間有作風輪電扇，以散熱助涼，藉補天工者。每層樓房，置晾架十二三座。每座深處，接連三架。每架十五六格，每格距離八九寸，以能手臂伸進鋪葉為度。茶葉採下揀淨後，即勻鋪於布格上，視葉之乾濕，以分鋪之厚薄，然後視天氣之晴雨。

如逢天晴，須將窗戶關閉，勿為外面燥烈之氣所侵。如遇天雨，須將烘茶爐內之熱氣打進晾房，再以風扇將熱氣重行送出，以資疏通。總之使房內燥濕得宜而已。新葉晾至二十四下鐘最為合度，亦有晾至三十六下鐘者。緣閱時太少，則須加熱氣以乾之。茶葉勢必燥而易碎，一放入碾茶機內，其大葉之茶汁，因之壓去，即嫩葉之顏色，亦不鮮明矣。否則為時太久，則葉性改變而腐爛之氣生，香厚之味頓形減損矣。新葉晾過之後，每百斤約得五十五斤。遇新葉稀少，有每百斤晾至七十五斤者，惟茶味未免稍次。晾茶一道，係製茶首要之端，須房屋寬敞，涼爽通氣；而晾時之久暫，尤關色味之低昂，此則不可以不辨也。

歷代茶葉主要産區部

先唐茶區

綜述

晉 常璩《華陽國志》卷一《巴志》 周武王伐紂，實得巴、蜀之師，著乎尚書。【略】其地東至魚復，西至僰道，北接漢中，南極黔涪。土植五穀，牲具六畜。桑、蠶、麻、紵、魚、鹽、銅、鐵、丹、漆、茶、蜜、靈龜、巨犀、山雞、白雉、黄潤、鮮粉，皆納貢之。

又 涪陵郡，巴之南鄙【略】无桑蚕，少文字，惟出茶、丹漆、蜜蜡。

宋 寇宗奭《本草衍義・茗苦》 晉溫嶠上表『貢茶千斤，茗三百斤』。

宋 王象之《輿地紀勝》 西漢時，有僧從嶺表來，以茶實植蒙山，忽一日隱池中，乃一石象，今蒙頂茶，擅名師所植也，至今呼其石像為甘露大師。

明 楊慎《蒙茶辨》（雍正）《四川通志》卷四五 名山之普惠大師，本嶺表來，流寓蒙山。按碑，西漢僧理真，俗姓吳氏，修活民之行，種茶蒙頂，隕化為石像，其徒奉之，號甘露大師，水旱，疾疫，禱必應。淳熙十三年，邑進士喻大中，奏功德及民，孝宗封甘露普慧大師，遂有智炬院，遂四月二十四日，以隱化日咸集寺獻香。宋、元各有碑記，以茶利由之興焉。夫啜茶，西漢前其名未見，民未始利之也。浮屠自東漢入中國，初猶禁不得學。

明 曹學佺《茶譜》 《茶經》略云：巴峽川，有兩人合抱者，伐而掇之。其樹如瓜蘆，葉如梔子，花如白薔薇，質如栟櫚，葉如丁香，根如胡桃。其字或從草，或從木。其名一曰茶，二曰檟，三曰蔎，四曰茗，五曰荈。其具有名穿者，巴川峽山，紉穀皮為之。以百二十斤為上穿，八十斤為中穿，五十斤為小穿。其器有火筴者，一名節，蜀以鐵或熟銅製之。在漢，揚雄、司馬相如之徒，皆飲焉；滂時浸俗，盛於兩都並荊、渝間矣。

《爾雅》云：檟，苦茶也。郭璞注：早取為茶，晚取為茗，或曰荈，蜀人名之為苦茶。故弘君舉《食檄》有『茶荈出蜀』之文；而揚子雲《方言》謂：蜀西南呼茶為蔎也。

又 《華陽國志》云，什邡，出好茶。《茶經》云：漢州綿竹縣生竹山者，與潤州同。生蜀州青城縣丈人山者，與綿州同。又云，劍南以彭州為上，生九隴縣馬鞍山至德寺、堋口鎮者，與襄州同味。又云，青城縣有散茶，末茶尤好。《遊梁雜記》云：玉壘關寶唐山有茶樹，懸崖而生，芽茁長三寸或五寸，始得一葉或兩葉而肥厚，名曰沙坪，乃蜀茶之極品者。

又 晉張載《成都樓》詩：『芳茶冠六清，溢味播九區。』杜育《荈賦》曰：『靈山惟嶽，奇産所鍾。厥生荈草，彌谷被岡，承豐壤之滋潤，受甘露之宵降。月惟初秋，農功少休；結偶同旅，是采是求？水則岷方之注，挹彼清流。器澤陶簡，出自東隅。酌之以匏，取式公劉。惟茲初成，沫沈華浮；煥如積雪，燦若春敷。』

（雍正）《四川通志》卷二八 漢時名山縣西十五里的蒙山甘露寺祖師吳理真，修活民之行，種茶蒙頂。

又 卷三八 名山縣治之西十五里，有蒙山。其山有五頂，形如蓮花五瓣，其中頂最高名曰上清峰，至頂上略開一坪，直一丈二尺，橫二丈餘，即種仙茶之處，漢時甘露祖師姓吳名理真手植，至今不長不滅，共八小株。

（乾隆）《浙江通志》卷一六《山川・天臺縣》 瀑布山，《天臺山方外志》：在縣西四十里。嘉靖《浙江通志》一名紫凝山，有瀑布，陸羽品為天下第十七水，與福聖、國清二瀑為三云。《名勝志》：《神異記》云：餘姚人虞洪入山采茗，遇一道士，牽三青羊，引至瀑布山曰：吾丹丘子也，聞子善具飲，常思見惠，山中有大茗，可以相給。

又 卷四六《古迹・臺州府》 茶園，《雲笈七籤》：臨海蓋竹山，舊傳葛元植茗於此，結廬而居焉。

清 吳慶坻《蕉廊脞録》卷八 蜀名山縣蒙山產茶最有名，中頂所產至少而至寶貴。山凡五頂，中頂最高，土僅寸許。相傳漢甘露祖師吳理真種茶八株，今尚存，其七高四五寸，其一高尺二三寸。夏初發芽，不過數十，即有雲霧覆其上。每將採，必先祭之，祭畢而采，采畢即如枯枝。平時樹柵扃鐍以守護之。中頂茶每歲入貢，為四川方物之一。知縣歲以貢餘饋省中大吏一小瓶，中祇一葉耳。《茶譜》云：『獲蒙頂茶一兩，以本處水煎服，除宿疾；四兩，即成地仙。』

清 佚名《宋甘露祖師像并行狀》（金石苑·三巴漢石紀存） 師由西漢出，現吳氏之子，法名理真。自領表來，住錫蒙山，植茶七株，以濟饑渴。元代京師旱，敕張、秦樞密二相，詔求雨濟時。師入定救旱，少頃沛澤大通。一日峰頂持錫窠井，忽隱化井中，侍者覓之，得石像。遂負井右，建以石屋奉祀。時值旱魃，取井水，霖雨即應。以至功名、嗣續、疾疫、災祥之事，神水無不靈感，是師功德有遺之也。故邑進士喻大中，奏師功行及民，宋孝宗敕賜靈應甘露普慧妙濟菩薩像。

藝文

宋 孫漸《智炬寺留題》（光緒）《名山縣志》 昔有漢道人，剃草初為祖。分來建溪芽，寸寸培新土。至今滿蒙頂，品倍毛家譜。

雜録

唐 陸羽《茶經》 周公《爾雅》：『檟，苦茶。』《廣雅》云：『荊、巴間採葉作餅，葉老者，餅成，以米膏出之。欲煮茗飲，先炙令赤色，搗末置瓷器中，以湯澆覆之，用葱、薑、橘子芼之。其飲醒酒，令人不眠。』

又 《方言》：蜀西南人謂茶曰蔎。

又 《神異記》：餘姚人虞洪入山採茗，遇一道士，牽三青牛，引洪至瀑布山曰：『予，丹丘子也。聞子善具飲，常思見惠。山中有大茗可以相給。祈子他日有甌犧之餘，乞相遺也。』因立奠祀，後常令家人入山，獲大茗焉。

又 傅巽《七誨》：蒲桃宛柰，齊柿燕栗，峘陽黃梨，巫山朱橘，南中茶子，西極石蜜。

又 孫楚《歌》：茱萸出芳樹顛，鯉魚出洛水泉。白鹽出河東，美豉出魯淵。薑、桂、茶荈出巴蜀，椒、橘、木蘭出高山。蓼蘇出溝渠，精稗出中田。

又 郭璞《爾雅注》云：樹小似梔子，冬生，葉可煮羹飲。今呼早取為茶，晚取為茗，或一曰荈，蜀人名之苦茶。

又 《續搜神記》：晉武帝時，宣城人秦精，常入武昌山採茗。遇一毛人，長丈餘，引精至山下，示以叢茗而去。俄而復還，乃探懷中橘以遺精。精怖，負茗而歸。

又 《宋録》：新安王子鸞、豫章王子尚詣曇濟道人於八公山，道人設茶茗。子尚味之曰：『此甘露也，何言茶茗？』

又 《桐君録》：西陽、武昌、廬江、晉陵好茗，皆東人作清茗。茗有餑，飲之宜人。凡可飲之物，皆多取其葉。天門冬、拔揳取根，皆益人。又巴東別有真茗茶，煎飲令人不眠。俗中多煮檀葉並大皂李作茶，並冷。又南方有瓜蘆木，亦似茗，至苦澀，取為屑茶飲，亦可通夜不眠。煮鹽人但資此飲，而交、廣最重，客來先設，乃加以香芼輩。

又 《坤元録》：辰州漵浦縣西北三百五十里無射山，云蠻俗當吉慶之時，親族集會歌舞於山上。山多茶樹。

又 《括地圖》：臨遂縣東一百四十里有茶溪。

又 山謙之《吳興記》：烏程縣西二十里，有溫山，出御荈。

又 《夷陵圖經》：黃牛、荊門、女觀、望州等山，茶茗出焉。

又 《永嘉圖經》：永嘉縣東三百里有白茶山。

又 《淮陰圖經》：山陽縣南二十里有茶坡。

又 《茶陵圖經》云：茶陵者，所謂陵谷生茶茗焉。

又 《本草·菜部》：苦菜，一名茶，一名選，一名游冬，生益州川谷，山陵道傍，淩冬不死。三月三日採，乾。注云：『疑此即是今茶，一名茶，令人不眠。』《本草注》：『按《詩》云「誰謂茶苦」又云「堇

茶如飴」，皆苦菜也。陶謂之苦茶，木類，非菜流。茗春採，謂之苦。

唐五代茶區

論説

唐 陸羽《茶經》 茶，南方之嘉木也。

唐 裴汶《茶述》《古今合璧事類備要・外集》卷四二 茶，起於東晉，盛於今朝。其性精清，其味浩潔，其用滌煩，其功致和。參百品而不混，越衆飲而獨高。烹之鼎水，和以虎形，過此皆不得。千人服之，永永不厭。與粗食爭衡，得之則安，不得則病。彼芝朮、黄精，徒云上藥，至效在數十年後，且多禁忌，非此倫也。或曰：多飲令人體虚病風。余曰：不然。夫物能祛邪，必能輔正，安有蠲逐叢病，而靡保太和哉？今宇内為土貢實衆，而顧渚、蘄陽、蒙山為上，其次則壽陽、義興、碧澗、溫湖、衡山，最下有鄱陽、浮梁。今其精者無以尚焉，得其粗者，則下里兆庶，瓶盎紛揉。苟未得，則謂百病生矣。人嗜之如此者，兩晉已前無聞焉。至精之味或遺也。作《茶述》。

唐 裴休《請革横税私販奏》《全唐文》卷七四三 諸道節度觀察使置店停上茶商，每斤收拓地錢，並税經過商人，頗乖法理。今請釐革横税，以通舟船。商旅既安，課利自厚。今又正税茶商，多被私販茶人侵奪其利。今請強幹官吏，先於出茶山口及廬、壽、淮、南界内佈置把捉，曉諭招收，量加半税，給陳首帖子。令其所在公行，從此通流，更無苛奪。所冀招恤窮困，下絕奸欺，使私販者免犯法之憂，正税者無失所之嘆。欲究根本，須舉綱條。

唐 杜牧《樊川文集》卷一一《上李太尉論江賊書》 伏以太尉持柄在上，當軸處中，未及五年，一齊四海，德振法束，貪廉懦立，有司各敬其事，在位莫匪其任。雖九官事舜，十人佐周，校於太尉，未可爲比。伏以江淮賦税，國用根本，今有大患，是劫江賊耳。某到任纔九月，日尋窮詢訪，實知端倪。夫劫賊徒，上至三船兩船百人五十人，下不減三二十人，始肯行劫，劫殺商旅，嬰孩不留。所劫商人，皆得異色財物，盡將南渡，入山博茶。蓋以異色財物，不敢貨於城市，唯有茶山可以銷受。蓋以茶熟之際，四遠商人，皆將錦繡繒纈、金釵銀釧，入山交易，婦人稚子，盡衣華服，吏見不問，人見不驚。是以賊徒得異色財物，亦來其間，便有店肆爲其囊橐，得茶之後，出爲平人，三二十人挾持兵仗。凡是鎮戍，例皆單弱，止可供億漿茗，呼召指使而已。鎮戍所由，皆云『賒死易，就死難』。縱賊不捉，事敗抵法，謂之賒死。與賊相拒，立見殺害，謂之就死。若或人少被捉，罪抵止於私茶，故賊云『以茶壓身，始能行得』。凡千萬輩，盡販私茶。亦有已聚徒黨，水劫不便，逢遇草市，泊舟津口，便行陸劫。白晝入市，殺人取財，多亦縱火，唱棹徐去。去年十月十九日，劫池州青陽縣市，凡殺六人，内取一人，屠刳心腹，仰天祭拜。自邇以來，頻於鄰州，大有劫殺，沉舟滅迹者，即莫知其數。凡江淮草市，盡近水際，富室大戶，多居其間。自十五年來，江南、江北，凡名草市，劫殺皆遍，祇有三年再劫者，無有五年獲安者。一劫之後，州縣糜費，所由尋捉，烽火四出。凡是平人，多被恐脅，求取之外，恩仇並行，追逮證驗，窮根尋葉，狼虎滿路，狴牢充塞。四五月後，炎鬱蒸濕，一夫有疾，染習多死，免之則蹤迹未白，殺之則贓狀不明。一獄之中，凡五十人中，二十人悉是此輩。至於真賊，十人不得一。濠、亳、徐、泗、汴、宋州賊，多劫江南、淮南、宣、潤等道，許、蔡、申、光州賊，多劫荊襄、鄂岳等道。劫得財物，皆是博茶北歸本州貨賣，循環往來，終而復始。更有江南土人，相爲表裏，校其多少，十居其半。蓋以倚淮介江，兵戈之地，爲郡守者，罕得文吏，村鄉聚落，皆有兵仗，公然作賊，十家九親，江淮所由，屹不敢入其間。所能捉獲，又是沿江架船之徒，村落負擔之類，臨時脅去，分得涓毫，雄健聚嘯之徒，盡不能獲。爲江湖之公害，作鄉閭之大殘，未有革釐，實可痛恨。

唐 李商隱《爲京兆公乞留瀘州刺史洗宗禮狀》《全唐文》卷七七二
臣得當管瀘州官吏百姓李繼等，及瀘州所管五縣百姓張思忠等，並羈縻州土刺史韋文賞等狀稱：前件官到任已來，勵精爲理，多方以蘇疲病。況郡連戎僰，地接巴黔。作業多仰於茗茶，務本不同於秀麥。宗禮闕十二字貊之邦，粗識囷倉之積。伏冀宸嚴，俯哀縣道，特許量留宗禮更一

二年。

宋 丘荷《北苑御泉亭記》《茶集》 唐建中中，趙贊抗言，舉行天下茶，什一稅之，於是縣官始斡焉。然或不名地理息耗所在，先儒所志，岷蜀、勾吳、南粤舉有，而閩中不言建安，獨次侯官、柏巖。云：『唐季敕福建罷贄橄欖，但供臘面茶。』按：所謂柏巖，今無稱焉，即臘面產於建安明矣。且今俗號猶然，蓋先儒失其傳耳。不爾，識會有所未盡，遊玩之所不至也；抑山澤之精，神祇之靈，五代相以摘造尚矣。而其味弗振者，得非以其德之無加乎？

明 羅廩《茶解》 鴻漸志茶之出，曰山南、淮南、劍南、浙東、黔州、嶺南諸地。而唐宋所稱，則建州、洪州、穆州、惠州、綿州、福州、雅州、南康、婺州、宣城、饒池、蜀州、潭州、彭州、袁州、龍安、涪州、建安、岳州。而紹興進茶，自宋范文虎始。餘邑貢茶，亦自南宋季至今。南山有茶局、茶曹、茶園之名，不一而止。蓋古多園中植茶。沿至我朝，貢茶為累，茶園盡廢，第取山中野茶，聊且塞責，而茶品遂不得與陽羨、天池相抗矣。余按：唐宋產茶地，僅僅如前所稱，而今之虎丘、羅岕、天池、顧渚、松蘿、龍井、雁蕩、武夷、靈山、大盤、日鑄諸有名之茶，無一與焉。乃知靈草在在有之，但人不知培植，或疏於制度耳。嗟嗟，宇宙大矣！

明 曹學佺《茶譜》 《本草經》曰：茗生益州川谷，一名游冬，凌冬不死。味苦，微寒，無毒。治五臟邪氣，益意思，令人少臥。毛文錫《茶譜》云：蜀州晉源、洞口、橫源、味江、青城俱產教橫源有雀舌、鳥嘴，用麥顆，嫩芽造成，蓋取形似。又云：彭州有蒲村、堋口、灌口，茶園，名仙崖石花等。其茶餅小而布嫩芽如六出花者，尤妙。又云：綿州龍安縣生松嶺關者，與荊州同。西昌昌明、神泉等縣連西山生者，並佳；生獨松嶺者，不堪采擷。吳曾《漫録》云：茶之貴白，東坡能言之。獨綿州彰明縣茶色綠；白樂天詩云『渴嘗一盞綠昌明』。今彰明，即唐『昌明』也。《彰明志》：治北有獸目山，出茶，品格亦高，謂之獸目茶。山下有百匯、龍潭凡三，長流不竭。予詢諸安縣令，則以此地上下四旁俱屬彰明，獨中間一寺屬安縣，出茶名香水茶。晉劉琨《與兄子羣書》曰：前得安州乾茶二斤，吾患體中煩悶，恆仰真茶，汝可信致之。即此茶也。

又 《文選注》：峨山多藥草，茶尤好，異於天下。《華陽國志》：犍為郡南安、武陽，皆出名茶。《茶經》云：眉州丹稜縣生鐵山者，與潤州同。又云：眉州洪雅、昌闔、丹稜之茶，用蒙頂製餅茶法。其散者葉大而黃，味頗甘苦，亦片甲、蟬翼之次也。

《茶經》云：臨邛數邑茶，有火前、火後、嫩綠黃等號。又有火蕃餅，每餅重四十兩，黨項重之如中國名山者，其味甘苦。《大邑志》：霧中山出茶，縣號霧邑，茶號霧中茶。

《茶經》云：雅州百丈山、名山者，與金州同。《雅安志》云：蒙頂茶，在名山縣西北一十五里蒙山之上。白樂天詩『茶中故舊是蒙山』，是也。今按：此茶在上清峯甘露井側，葉厚而圓，色紫赤，味略苦。發於三月，成於四月間，苔蘚庇之。漢時僧理真所植，歲久不枯。《九州記》云：蒙者，沐也。言雨露常沐，因以為名。山頂受全陽氣，其茶香芳。按：《茶譜》云，山有五峯，頂有茶園。中頂曰上清峯，所謂蒙頂茶也，為天下所稱。晁氏《客話》：李德裕丞相入蜀，得蒙餅沃於湯瓶之上，移時盡化，以驗其真。《方輿勝覽》：蒙頂茶，常有瑞雲影相現。故文潞公詩云：『舊譜最稱蒙頂味，露芽雲液勝醍醐。』《志》云，蒙山有僧病冷且久，遇老父曰：『仙家有雷鳴茶，俟雷發聲乃茁，可併手於中頂採摘，用以袪疾。』僧如法採服，未竟，病瘥精健，至八十餘入青城山，不知所之。今四頂園茶不廢，惟中頂草木繁茂，人跡稀到云。

又 《茶經》云：瀘州夷獠採茶，常攜瓢穴其側。每登樹採摘茶芽，含於口中，待葉展放，然後置瓢中，旋塞其竅，還置暖處。其味極佳。又有麄者，味辛性熱，飲之療風，通呼為瀘茶。

馮時行云：銅梁山有茶，色白甘腴，俗謂之水茶，甲於巴蜀。山之北趾，即巴子故城也，在石照縣南五里。《茶譜》云：南平縣狼猱山茶，黃黑色，渝人重之。十月採貢。黃山谷《答聖從使君》云：此邦茶乃可飲，但去城或數日，土人不善製度，焙多帶煙耳。不然亦殊佳。今往黔州，都濡、月兔兩餅，施州八香六餅，試將焙碾嘗之。都濡在劉氏時貢炮，味殊厚，恨此方難得，真好事者耳。又作《茶詞》云：『黔中桃李可尋芳，摘茶人自忙。月團犀胯鬥圓方，研膏入焙香。

青箬裹，絳紗囊，品高聞外江。酒闌傳盌舞紅裳，都濡春味長。』都濡縣，今人彭水。

《開縣志》云：茶嶺在縣北三十里，不生雜卉，純是茶樹，味甚佳。

《劍州志》云：劍門山顛有梁山寺，産茶，為蜀中奇品。

《南江志》：縣北百五十里味坡山，産茶。《方輿勝覽》詩『鎗旗爭勝味坡春』，即此。

《廣雅》云：『荊巴間採茶作餅成，以米膏和之。欲煮飲，先炙令色赤，擣末置瓷器中，以湯澆覆之，用葱薑芼之。』即茶之始説也。按：今蜀人飲擂茶，是其遺制。

《唐書》：吴蜀供新茶，皆於冬中作法為之。太和中，上務恭儉，不欲逆物性，詔所貢新茶，宜於立春後造。

又 偽蜀時，毛文錫撰《茶譜》，記茶事甚悉，末以唐人為茶詩文附之。

又 唐孟郊《憑周況先輩於朝賢乞茶》詩：『道意忽乏味，心緒病無悰。蒙茗玉花盡，越甌荷葉空。錦水有鮮色，蜀山饒芳藂。雲根纔翦綠，印縫已霏紅。曾向貴人得，最將詩叟同。幸為乞寄來，救此病劣躬。』白傅《謝李六郎中寄新蜀茶》詩：『故情周匝向交親，新茗分張及病身。紅紙一封書後信，綠芽十片火前春。湯添勺水煎魚眼，末下刀圭攪麴塵。不寄他人先寄我，應緣我是別茶人。』又《謝蕭員外寄新蜀茶》詩：『蜀茶寄到但驚新，渭水煎來始覺珍。滿甌似乳堪持玩，況是春深酒渴人。』薛能《謝蜀州鄭使君寄鳥嘴茶八韻》：『鳥嘴擷渾芽，精靈勝鏌鋣。烹嘗方帶酒，滋味更無茶。拒碾乾聲細，撐封利穎斜。銜蘆齊勁實，啄木聚菁華。鹽損添常誡，薑宜著更誇。得來拋道藥，攜去就僧家。旋覺前甌淺，還愁後信賒。千慚故人意，此物敵丹砂。』鄭谷《蜀中嘗茶》詩：『簇簇新英摘露光，小江園裏火煎嘗。吳僧謾説鴉山好，蜀叟休誇鳥嘴香。合座半甌輕泛綠，開緘數片淺含黃。鹿門病客不歸去，酒渴更知春味長。』施肩吾《蜀茗詞》：『越椀初盛蜀茗新，薄煙輕處攪來匀。山僧問我將何比，欲道瓊漿卻畏嗔。』成文幹《煎茶》詩：『岳寺春深睡起時，虎跑泉畔思遲遲。蜀茶倩箇雲僧碾，自拾枯松三四枝。』

清 陳鑒《虎丘茶經注補・七之出》 《經》：浙西産茶，以湖州顧渚上，常州陽羨次，潤州傲山又次，蘇州洞庭山下。不言蘇州虎丘，止言洞庭山，豈羽來時，虎丘未有名耶。

補：《姑蘇志》：虎丘寺西産茶。虎丘寺西，去劍池不遠，天生此茶，奇；且手掌之地，而名聞於四海，又奇。

唐張籍《茶嶺》詩有『自看家人摘，尋常觸露行』之句。朱安雅以為今二山門西偏，本名茶嶺，今稱茶園。張文昌居近虎丘，故看家人摘茶，又可見唐時無官封茶地。

紀事

唐 陸羽《茶經》

山南

以峽州上，峽州生遠安、宜都、夷陵三縣山谷。襄州、荊州次，襄州生南漳縣山谷，荊州生江陵縣山谷。衡州下，生衡山、茶陵二縣山谷。金州、梁州又下。金州生西城、安康二縣山谷，梁州生襄城、金牛二縣山谷。

又 淮南

以光州上，生光山縣黄頭港者，與峽州同。義陽郡、舒州次，生義陽縣鍾山者與襄州同，舒州生太湖縣潛山者與荊州同。壽州下，盛唐縣生霍山者與衡山同也。蘄州、黄州又下。蘄州生黄梅縣山谷，黄州生麻城縣山谷，並與荊州、梁州同也。

又 浙西

以湖州上，湖州，生長城縣顧渚山谷，與峽州、光州同；生山桑儒師二寺、白茅山懸腳嶺，與襄州、荊南、義陽郡同；生鳳亭山伏翼閣飛雲、曲水二寺、啄木嶺，與壽州、常州同；生安吉、武康二縣山谷，與金州、梁州同。常州次，常州義興縣生君山懸腳嶺北峰下，與荊州、義陽郡同；生圈嶺善權寺、石亭山與舒州同。宣州、杭州、睦州、歙州下，宣州生宣城縣雅山，與蘄州同；太平縣生上睦、臨睦，與黄州同；杭州，臨安、於潛二縣生天目山，與舒州同。錢塘生天竺、靈隱二寺，睦州生桐廬縣山谷，歙州生婺源山谷，與衡州同。潤州、蘇州又下。潤州江寧縣生傲山，蘇州長洲縣生洞庭山，與金州、蘄州、梁州同。

又 劍南

以彭州上，生九隴縣馬鞍山至德寺、棚口，與襄州同。綿州、蜀州次，綿州龍安縣生松嶺關，與荊州同；其西昌、昌明、神泉縣西山者並佳，有過松嶺者不堪採。蜀州青城縣生丈人山，與綿州同。青城縣有散茶、木茶。邛州次，雅州、瀘州下，雅州百丈山、名

山，瀘州瀘川者，與金州同也。眉州、漢州又下。眉州丹棱縣生鐵山者，漢州，綿竹縣生竹山者，與潤州同。

又 浙東

以越州上，餘姚縣生瀑布泉嶺曰仙茗，大者殊異，小者與襄州同。明州、婺州次，明州鄮縣生榆筴村，婺州東陽縣東白山與荊州同。台州下。台州始豐縣生赤城者，與歙州同。

又 黔中

生恩州、播州、費州、夷州。

又 江南

生鄂州、袁州、吉州。

又 嶺南

生福州、建州、韶州、象州。福州生閩方山之陰縣也。其恩、播、費、夷、鄂、袁、吉、福、建、韶、象十一州未詳，往往得之，其味極佳。

唐 陸羽《顧渚山茶記》《類説》卷一三 山中有鳥，每至正月二月，鳴云：『春起也。』至三四月，云：『春去也。』採茶者呼為報春鳥。《類説》卷十三

唐 陸羽《顧渚山記·獲神茗》《太平廣記》卷四一二 《神異記》曰：『餘姚人虞茫，入山採茗，遇一道士，牽三百青羊，飲瀑布水。曰：「吾丹邱子也。聞子善茗飲，常思惠。山中有大茗，可以相給。祈子他日有甌犧之餘，必相遺也。」因立茶祠。後常與人往山，獲大茗焉。』

又《饗茗獲報》《太平廣記》卷四一二 劉敬叔《異苑》曰：『剡縣陳婺妻，少與二子寡居，好飲茶茗。以宅中有古冢，每飲，先輒祀之。二子恚之曰：「冢何知。徒以勞祀。」欲掘去之。母苦禁而止。及夜，母夢一人曰。吾止此冢三百餘年。母二子恒欲見毀，賴相保護，又饗吾嘉茗，雖泉壤朽骨，豈忘翳桑之報。及曉。『曉』原作『報』。據陳校本改于庭内獲錢十萬。似久埋者，唯貫新。母告二子。二子慙之。從是禱酹愈至。』

又《緑蛇》《太平廣記》卷四五六 顧渚山頳石洞，有緑蛇。長三尺餘，大類小指，好棲樹杪，視之若鞶帶，纏於柯葉間，無螫毒，見人則空中飛。

又《曇濟茶》《全唐文》附《唐文拾遺》卷二三 豫章王子尚，訪曇濟道人於八公山。道人設茗，子尚味之云『此甘露也』，何言茶茗。

《通典》卷六《食貨典六·賦税下》 安康郡：貢麩金五兩、乾漆六斤、杜仲二十斤、椒目十斤、黄蘗六斤、枳實六斤、枳殻十四斤、茶芽一斤、椒子一石、雷丸五兩。今金州。

夷陵郡：貢砂二百五十斤、柑子二千顆、五加皮二斤、杜若二斤、芒硝四十斤、鬼臼二斤、蠟百斤。今峽州。

靈溪郡：貢硃砂十斤、茶芽一百斤。今溪州。

唐 李吉甫《元和郡縣志》 蒙山在縣南十里，今每歲貢茶為蜀之最。

唐 温庭筠《采茶録》《説郛》 甫里先生陸龜蒙，嗜茶荈。置小園於顧渚山下，歲入茶租，薄為甌蟻之費。自為《品第書》一篇，繼《茶經》、《茶訣》之後。

唐 温庭筠《采茶録》《演繁露·續集》卷四 《天臺記》：『丹丘出大茶，服之生羽翼。』

唐 孫樵《書何易于》《全唐文》卷七九五 益昌民多即山樹茶，利私自入。會鹽鐵官奏重榷管，詔下所在不得爲百姓匿。易于視詔曰：『益昌不征茶，百姓尚不可活，矧厚其賦以毒民乎？』命吏劃剗，吏爭曰：『天子詔所在不得爲百姓匿，今剗去，罪愈重，吏止死，明府公免竄海裔耶？』易于曰：『吾寧愛一身以毒一邑民乎？亦不使罪蔓爾曹。』即自縱火焚之。觀察使聞其狀，以易于挺身爲民，卒不加劾。

唐 李梲《停貢橄欖敕》《全唐文》卷九四 禹別九州，秦分百郡，勉務隨方之職，須資利物之源。朕所以鄙蒟醬於漢朝，慕菁茅於周室，用爲儆戒，以省征徭。福建一道，遠在海隅，嘗勤土貢，每年所進橄欖子，頗甚勞役往來。本因閹豎生長甌閩，自爲耽愛，率令供進，以爲定規。況非薦熟之珍，仍異厥包之禮，雖彰忠藎，無濟闕如。每年但供進臘面茶外，不要進奉橄欖子。永爲常例。

唐 佚名《禁園户盜賣私茶奏》開成五年十月鹽鐵司《全唐文》卷九六七 伏以江南百姓營生，多以種茶爲業，官司量事設法，惟税賣茶商人，但於店鋪交關，自得公私通濟。今則事須私賣，苟務隱欺，皆是主人牙郎中裏誘

引，又被販茶奸黨分外勾牽。所繇因此爲奸利，皆追收攪擾，一人犯罪，數戶破殘，必有屏除，使安法理。其園戶私賣茶犯十斤至一百斤，徵錢一百文，決脊杖二十。至三百斤，決脊杖二十，徵錢如上。累犯累科，三犯已後，委本州上歷收管，重加徭役，以戒鄉閭。此則法不虛施，人安本業，既懼當辜之苦，自無犯法之心。條令既行，公私皆泰。若州縣不加把捉，縱令私賣園茶，其有被人告論，則又砍園失業。當司察訪，別具奏聞，請準放私鹽例處分。

五代 毛文錫《茶譜》

當陽縣有溪山仙人掌茶，李白有詩。《事類賦注》卷一七按：《太平寰宇記》卷八三引《茶譜》云：「綿州龍安縣生松嶺關者，與荊州同。」

峽州：碧澗、明月。《全芳備祖後集》卷二八

有小江園、明月簝、碧澗簝、茱萸簝之名。《事類賦注》卷一七按：後條不云産地。與前條互參，應為峽州事。

涪州出三般茶，賓化最上，製於早春；其次白馬；最下涪陵。《事類賦注》卷一七按：以上山南東道三州。

渠江薄片，一斤八十枚。《事類賦注》卷一七按：以上山南西道一州。

揚州禪智寺，隋之故宮，寺枕蜀岡，有茶園，其味甘香，如蒙頂也。《事類賦注》卷一七、《苕溪漁隱叢語後集》卷一一後三句作「其茶甘香，味如蒙頂焉」。按：《太平寰宇記》卷一二三揚州江都縣蜀岡條下引《圖經》云：「今枕禪智寺，即隋之故宮。岡有茶園，其茶甘香，味如蒙頂。」《圖經》殆即據《茶譜》。

壽州：霍山黃芽。《全芳備祖後集》卷二八

舒州。按：《太平寰宇記》卷九三引《茶譜》云：「杭州臨安、於潛二縣生天目山者，與舒州同。」知《茶譜》敘及舒州。同書卷一二五云舒州貢開火茶，又云多智山，「其山有茶及蠟，每年民得採掇為貢」。或即據《茶譜》。以上淮南道三州。

常州：義興紫筍、陽羨春。《全芳備祖後集》卷二八

義興有灉湖之含膏。《事類賦注》卷一七

長洲縣生洞庭山者，與金州、蘄州、梁州味同。《太平寰宇記》卷九一引《茶説》按：宋初以前未聞有《茶説》其書，疑即《茶譜》之誤。姑附存之。

湖州長興縣啄木嶺金沙泉，即每歲造茶之所也。湖、常二郡接界於此。厥土有境會亭。每茶節，二牧皆至焉。斯泉也，處沙之中，居常無水。將造茶，太守具儀注拜敕祭泉，頃之，發源，其夕清溢。造供御者畢，水即微減，供堂者畢，水已半之。太守造畢，即涸矣。太守或還旆稽期，則示風雷之變，或見鷙獸、毒蛇、木魅焉。《事類賦注》卷一七

顧渚紫筍《全芳備祖後集》卷二八按：《嘉泰吳興志》卷二〇引毛文錫《記》，述金沙泉事，較前條稍簡，殆即據《茶譜》。「頃之」句，作「頃之，泉源發渚溢」。

杭州臨安、於潛二縣生天目山者，與舒州同。《太平寰宇記》卷九三

睦州之鳩坑極妙。《事類賦注》卷一七，「睦」原作「穆」，據《全芳備祖後集》卷二八改按：《太平寰宇記》卷九五稱睦州貢鳩坑團茶。

婺州有舉巖茶，斤片方細，所出雖少，味極甘芳，煎如碧乳也。《事類賦注》卷一七。《續茶經》卷下之四引《潛確類書》引《茶譜》，「斤片」作「片片」，「煎如碧乳也」作「煎之如碧玉之乳也」

福州柏巖極佳。《事類賦注》卷一七

臘面。《宣和北苑貢茶録》

福州：方山露芽。《全芳備祖後集》卷二八按：《太平寰宇記》卷一〇一引《茶經》云：「建州方山之芽及紫筍，片大極硬，須湯浸之，方可碾。極治頭疾，江東人多味之。」按方山在閩侯縣，不屬建州。又《茶經》中無此段，疑出自《茶譜》。

建州北苑先春龍焙。洪州西山白露。雙井白芽、鶴嶺。安吉州顧渚紫筍。常州義興紫筍、陽羨春。池陽鳳嶺。睦州鳩坑。宣州陽坡。南劍蒙頂石花、露鋑芽、籛芽。南康雲居。峽州碧澗明月。東川獸目。福州方山露芽。壽州霍山黃芽。《全芳備祖後集》卷二八

建有紫筍。《宣和北苑貢茶録》

蒙頂石花、露鋑芽、籛芽。《全芳備祖後集》卷二八云此為南劍州所産。南劍州為五代閩時析建、福兩州所設，姑存此。按：《太平寰宇記》卷一〇〇云，南劍州「茶有六般：白乳、金字、臘面、骨子、山梃、銀子。」以上江南東道八州。

宣州宣城縣有茶山，其東為朝日所燭，號曰陽坡，其茶最勝，形如小方餅，橫鋪茗芽其上。太守常薦之京洛，題曰陽坡茶。杜牧《茶山詩》云：「山實東吳秀，茶稱瑞草魁。」《全芳備祖後集》卷二八

宣城縣有丫山小方餅，橫鋪茗牙裝面，其山東為朝日所燭，號曰陽坡，其茶最勝。太守嘗薦於京洛人士，題曰：丫山陽坡橫紋茶。《事類賦注》卷一七按：以上二則引録不同，故並録之。

歙州牛栊嶺者尤好。《事類賦注》卷一七

池陽：鳳嶺。《全芳備祖後集》卷二八

洪州西山白露及鶴嶺茶極妙。《事類賦注》卷一七

洪州：西山白露、雙井白芽、鶴嶺。《全芳備祖後集》卷二七按：以上二則引録不同，故並録之。

鄂州之東山、蒲圻、唐年縣，皆產茶，黑色如韭葉，極軟，治頭疼。《太平寰宇記》卷一一二

南康：雲居。《全芳備祖後集》卷二八

袁州之界橋，其名甚著，不若湖州之研膏、紫筍，烹之有綠腳垂下。《事類賦注》卷一七、《全芳備祖後集》卷二八、《續茶經》卷下之四引《潛確類書》

長沙之石楠，其樹如棠柟，採其芽謂之茶。湘人以四月摘楊桐草，擣其汁拌米而蒸，猶蒸糜之類，必啜此茶，乃其風也。尤宜暑月飲之。潭、邵之間有渠江，中有茶，而多毒蛇猛獸。鄉人每年採擷不過十六七斤。其色如鐵，而芳香異常，烹之無滓也。《太平寰宇記》卷一一四

長沙之石楠，採芽為茶，湘人以四月四日摘楊桐草，擣其汁拌米而蒸，猶餻糜之類，必啜此茶，乃去風也。尤宜暑月飲之。《事類賦注》卷一七

衡州之衡山，封州之西鄉，茶研膏為之，皆片團如月。《事類賦注》卷一七、《增廣箋注簡齋詩集》卷八《陪諸公登南樓啜新茶家弟出建除體詩諸公既和餘因次韻》注、《續茶經》卷上之一按：以上江南西道九州。

彭州有蒲村、堋口、灌口，其園名仙崖、石花等，其茶餅小而市，嫩芽如六出花者，尤妙。《太平寰宇記》卷七三、《事類賦注》卷一七、《續茶經》卷上之一所引稍簡。

玉壘關外寶唐山，有茶樹產於懸崖，筍長三寸、五寸，方有一葉兩葉。《事類賦注》卷一七按：玉壘關在彭州導江縣。

蜀州晉原、洞口、橫源、味江、青城，其橫源雀舌、鳥嘴、麥顆，蓋取其嫩芽所造，以其芽似之也。又有片甲者，即是早春黃芽，其葉相抱如片甲也。蟬翼者，其葉嫩薄如蟬翼也。皆散茶之最上也。《太平寰宇記》卷七五。『晉原』原作『晉源』，據《新唐書·地理志六》改。《事類賦注》卷一七所引稍簡，『芽』皆作『芽』，『相抱』作『相把』。

眉州洪雅、丹稜、昌閤，亦製餅茶，法如蒙頂。《事類賦注》卷一七，『稜』原作『陵』，據《新唐書·地理志六》改。

眉州洪雅、昌闔、丹棱，其茶如蒙頂製餅茶法。其散者葉大而黃，味頗甘苦，亦片甲、蟬翼之次也。《太平寰宇記》卷七四引《茶經》，然《茶經》無此條，參上條及前蜀州條，斷其必出《茶譜》。

邛州之臨邛、臨溪、思安、火井，有早春、火前、火後、嫩綠等上中下茶。《事類賦注》卷一七

邛、臨數邑，茶有火前、火後、嫩葉、黃芽號。又有火番餅，每餅重四十兩，入西番，黨項重之。如中國名山者，其味甘苦。《太平寰宇記》卷七五引《茶經》，《茶經》無此條，參上條，知必出《茶譜》。

蜀之雅州有蒙山，山有五頂，頂有茶園，其中頂曰上清峰。昔有僧病冷且久。嘗遇一老父，謂曰：『蒙之中頂茶，嘗以春分之先後，多搆人力，俟雷之發聲，併手採摘，三日而止。若獲一兩，以本處水煎服，即能祛宿疾；二兩，當眼前無疾；三兩，固以換骨；四兩，即為地仙矣。』是僧因之中頂築室以候，及期獲一兩餘，服未竟而病瘥。時到城市，人見其容貌，常若年三十餘，眉毛綠色，其後入青城訪道，不知所終。今四頂茶園，採摘不廢。惟中頂草木繁密，雲霧蔽虧，鷙獸時出，人跡稀到矣。今蒙頂有霧鋑芽、籛芽，皆云火前，言造於禁火之前也。《事類賦注》卷一七，又見《本草綱目》卷三二，末多『近歲稍貴此品，製作亦精於他處』數句，疑非《茶譜》語。

蒙山有壓膏露芽、不壓膏露芽、並冬芽，言隆冬甲坼也。《事類賦注》卷一七

蒙頂有研膏茶，作片進之。亦作紫筍。《事類賦注》卷一七、《增廣箋注簡齋詩集》卷八《陪諸公登南樓啜新茶家弟出建除體詩諸公既和餘因次韻》注所引較簡。

雅州百丈、名山二者尤佳。《太平寰宇記》卷七七

山有五嶺，有茶園，中嶺曰上清峰，所謂蒙嶺茶也。《太平寰宇記》卷七七

東川：獸目。《全芳備祖後集》卷二八

龍安有騎火茶，最上，言不在火前、不在火後作也。清明改火，故曰火。《事類賦注》卷一七、《續茶經》卷上之三引《茶譜續補》，『最上』作『最為上品』，下多『騎火者』三字。

綿州龍安縣生松嶺關者，與荊州同。其西昌、昌明、神泉等縣，連西山生者，並佳。獨嶺上者不堪採擷。《太平寰宇記》卷八三

南平縣狼猱山茶，黃黑色，渝人重之，十月採貢。《太平寰宇記》卷一三六

瀘州之茶樹，〔夷〕獠常攜瓢具寘側，每登樹採摘芽茶，必含於口。待其展，然後置於瓢中，旋塞其竅。歸必置於暖處。其味極佳。又有粗者，其味辛而性熱。彼人云：飲之療風，通呼為瀘茶。《太平寰宇記》卷八八

引《茶經》，然《茶經》無此則，當出《茶譜》。

容州黄家洞有竹茶，葉如嫩竹，土人作飲，甚甘美。《太平寰宇記》卷一六七引《茶經》。然《茶經》無此則，當出《茶譜》。按：以上嶺南道一州。

團黄有一旗二槍之號，言一葉二芽也。《事類賦注》卷一七

茶之别者，枳殼牙、枸杞牙、枇杷牙，皆治風疾。又有皂角牙、槐牙、柳牙，乃上春摘其牙和茶作之。五花茶者，其片作五出花也。《事類賦注》卷一七

唐陸羽著《茶經》三卷。《事類賦注》卷一七

唐肅宗嘗賜高士張志和奴婢各一人，志和配為夫妻，名之曰漁童、樵青。人問其故，答曰：『漁童使捧釣收綸，蘆中鼓枻；樵青使蘇蘭薪桂，竹裹煎茶。』《事類賦注》卷一七按：《茶譜》此則據顔真卿《浪跡先生玄真子張志和碑銘》。顔文見《全唐文》卷三四〇。

胡生者，以釘鉸為業，居近白蘋洲，傍有古墳，每因茶飲，必奠酹之。忽夢一人謂之曰：『吾姓柳，平生善為詩而嗜茗，感子茶茗之惠，無以為報，欲教子為詩。』胡生辭以不能，柳强之曰：『但率子意言之，當有致矣。』生後遂工詩焉。時人謂之胡釘鉸詩。柳當是柳惲也。《事類賦注》卷一七按：《南部新書》卷壬記胡生事，與此多同。

覺林僧志崇收茶三等，待客以驚雷莢，自奉以萱草帶，供佛以紫茸香。赴茶者，以油囊盛餘瀝歸。《全芳備祖後集》卷二八按：《雲仙雜記》卷六引《蠻甌志》，與此大致同，中多『蓋最上以供佛，而最下以自奉也』二句。

甫里先生陸龜蒙，嗜茶荈。置小園於顧渚山下，歲入茶租，薄為甌蟻之費。自為《品第書》一篇，繼《茶經》、《茶訣》之後。《全芳備祖後集》卷二八按：此則據陸龜蒙《甫里先生傳》。陸文見《全唐文》卷八〇一。

撫州有茶衫子紙，蓋裹茶為名也。其紙長連，自有唐已來，禮部每年給明經帖書。《文房四譜》卷四

傅巽《七誨》云：蒲桃宛柰，齊柿燕栗，常陽黄梨，巫山朱桔，南中茶子，西極石蜜。寒溫既畢，應下霜華之茗。《事類賦注》卷一七按：《茶經・七之事》引《七誨》同此數句，而以末二句為弘君舉《食檄》首二句。此節當出《茶經》。《事類賦注》既誤記書名，復以《食檄》中句竄入《七海》。

五代 郭威《卻諸道貢物詔》《全唐文》卷一二三　朕以眇末之身，託王公之上，深懼弗類，撫躬靡遑，豈可化未及人，而過自奉養？道未方古，而不知節量，與其耗費以勞人，曷若儉約而克己？昨者所頒赦令，已述至懷。宫闈服御之所須，悉從減損；珍巧纖奇之厥貢，並使寢停。尚有未該，再宜條舉。應天下州縣舊貢滋味食饌之物，所宜除減。其兩浙進細酒、海味、姜瓜，湖南枕子茶、乳糖、白沙糧、橄欖子，鎮州高公米、水梨、易定栗子，河東白杜梨、米粉、菉豆粉、玉屑糝子麵，永興玉田紅花秔米新大麥麵，興平蘇小栗子，華州麝香、羚羊角、熊膽、獺肝、朱柿、熊白，河中樹紅棗、五味子、輕餳，同州石鏉餅，晉張葡萄、黄消梨，陝府鳳棲梨，襄州紫姜、新筍、橘子，安州折粳米、糟味，青州水梨，河陽諸雜果子，許州御李子，鄭州新筍、鵝梨，懷州寒食杏仁，申州蘘荷，亳州萆薢，沿淮州郡淮白魚，如聞此等之物，雖皆出於土産，亦有取於民家，未免勞煩，率多糜費。至時奔迫以來獻，逐歲收斂以爲常，所奉止於朕躬，所損被於甿庶。加之力役負荷，馳驅道途，積於有司之中，甚爲無用之物。此而不止，孰曰知微？其常貢上件物色，今後並不許進奉。諸州府更有舊例所進食味，其未該者，宜奏取進止。此外猶有數處時新之物，不敢全罷，蓋或奉於太后，薦於祖宗，苟至悉除，恐隳常敬。告於中外，宜副朕心。

《舊唐書》卷六《梁書・太祖紀六》　兩浙進大方茶二萬斤，琢畫宫衣五百副。

又卷一三《德宗紀下》〔貞元十五年八月丙辰〕制：『吳少誠非次擢用，授以節旄，秩居端揆之榮，任總列城之重。期申報效，奉我典章，而秉心匪彝，自底不類。兇狡成性，扇構多端，擅動甲兵，暴越封壤。壽州茶園，輒縱凌奪；唐州詔使，潛搆殺傷。干犯國章，罪在無赦。朕以王者之德，在乎好生；人君之體，務於含垢。寧屈己以宥罪，不殘人以興師。以上稽宗社之威，外抑忠賢之請，庶有悛革，尚議優容。幸鄰境之喪，逞貪亂之志，焚略縣邑，殘暴吾民。朕尤冀知非，爲之忍恥，亟頒恩命，未許出師。至乃攻逼許州，肆其蠆毒，恣行殺戮，流害黎蒸。惡稔禍盈，人神同棄，興言致討，實悼于懷。宜令諸道各出師徒，掎角齊進。吳少誠在身官爵，並宜削奪。』

又卷一六《穆宗紀》〔元和十五年〕三月癸卯朔，贈皇太后父郭曖太傅，母虢國大長公主贈齊國大長公主。【略】戊午，吏部尚書趙宗

儒奏：『先奉敕，先朝所放制科舉人，令與中書門下四品已上官同於尚書省就試者。臣伏以制科所設，本在親臨，南省策試，亦非舊典。今覃恩既畢，庶政惟新，況山陵日近，公務繁迫，待問之士，就試非多。臣等商量，恐須停罷。』從之。罷申州歲貢茶。

又卷一七《文宗紀下》［大和七年］七年春正月乙丑朔，御含元殿受朝賀。比年以用兵、雨雪，不行元會之儀。故書，吳、蜀貢新茶，皆於冬中作法爲之，上務恭儉，不欲逆其物性，詔所供新茶，宜於立春後造。甲午，加劉從諫同平章事。襄州裴度奏請停臨漢監牧，從之。此監元和十四年置，馬三千二百匹，廢百姓田四百餘頃，停之爲便。乙亥，以太府卿崔珙爲廣州刺史、嶺南節度使。壬子，詔：『朕承上天之睠佑，荷列聖之丕圖，宵旰憂勞，不敢暇逸，思致康乂，八年于茲。而水旱流行，疫疾作沴，兆庶艱食，札瘥相仍。蓋德未動天，誠未感物，一類失所，其過在予。載懷罪己之心，深軫納隍之歎。如聞關輔、河東，去年亢旱，秋稼不登，今春作之時，農務又切，若不賑救，懼至流亡。京兆府賑粟十萬石，河南府、河中府、絳州各賜七萬石，同、華、陝、虢、晉等州各賜十萬石，並以常平義倉物充。』以新除嶺南節度使崔珙檢校工部尚書，充武寧軍節度使，以右金吾衛將軍王茂元爲嶺南節度使。丙辰，以前武寧軍節度使高瑀爲刑部尚書。嶺南五管及黔中等道選補使，宜權停一二年。

又卷一八《武宗紀》［開成四年］十一月，鹽鐵轉運使奏江淮已南請復税茶，從之。魏博節度使何進滔卒，三軍推其子重霸知留後事。

又卷二〇《哀帝紀》［天祐二年六月］丙申，敕：『福建每年進橄欖子，比因閹豎出自閩中，牽於嗜好之間，遂成貢奉之典。雖嘉忠藎，伏恐煩勞。今後只供進蠟面茶，其進橄欖子宜停。』

又卷四九《食貨下·茶》九年十二月，左僕射令狐楚奏新置榷茶使額：『伏以江淮間數年以來，水旱疾疫，凋傷頗甚，愁歎未平。今夏及秋，稍較豐稔。方須惠恤，各使安存。昨者忽奏榷茶，實爲蠹政。蓋是王涯破滅將至，怨怒合歸。豈有令百姓移茶樹就官場中栽，摘茶葉於官場中造，有同兒戲，不近人情。

又大中六年正月，鹽鐵轉運使裴休奏：『諸道節度、觀察使，置店停上茶商，每斤收搨地錢，并税經過商人，頗乖法理。今請釐革橫税，以通舟船，商旅既安，課利自厚。今又正税茶商，多被私販茶人侵奪其利。今請強幹官吏，先於出茶山口，及廬、壽、淮南界內，布置把捉，曉諭招收，量加半税，給陳首帖子，令其所在公行，從此通流，更無苛奪。所冀招恤窮困，下絶姦欺，使私販者免犯法之憂，正税者無失利之歎。欲尋究根本，須舉綱條。』敕旨依奏。

又卷一一八《周書·世宗紀五》申，江南李景遣其臣兵部侍郎陳覺奉表陳情，兼貢羅縠紬絹三千匹，乳茶三千斤，及香藥犀象等。

又丙午，江南李景遣所署宰相馮延巳獻犒軍銀十萬兩，絹十萬匹，錢十萬貫，茶五十萬觔，米麥二十萬石。

又卷一二三《劉晏傳》［大曆十三年十二月］江淮茶、橘，晏與本道觀察使各歲貢之，皆欲其先至。

又卷一四五《吳少陽傳》吳少陽，本滄州清池人。【略】少陽據蔡州凡五年，不朝覲。汝南多廣野大澤，得豢馬畜，時奪掠壽州茶山之利，內則數匿亡命，以富實其軍。又屢以牧馬來獻，詔因善之。元和九年九月卒，贈右僕射。

又卷一八七《忠義下·庾敬休傳》上將立魯王爲太子，慎選師傅，改工部侍郎兼魯王傅。奏：『劍南西川、山南西道每年税茶及除陌錢，舊例委度支巡院勾當榷税，當司於上都召商人便換。大和元年，戶部侍郎崔元略與西川節度使商量，取其穩便，遂奏請茶税事使司自勾當，每年出錢四萬貫送省。

《資治通鑑》卷二六六《後梁紀一》湖南判官高郁請聽民自採茶賣於北客，收其征以贍軍，楚王殷從之。秋，七月，殷奏于汴、荊、襄、唐、郢、復州置回圖務，運茶于河南、北，賣之以易繒纊、戰馬而歸，仍歲貢茶二十五萬斤，詔許之。

《新唐書》卷八《文宗紀》［大和七年］七年正月壬辰，罷吳、蜀冬貢茶。

又卷三九《地理志三》懷州河內郡，雄。武德二年沒王世充，僑治濟源之柏崖城。四年，世充平，還舊治。土貢：平紗、平紬、枳殼、

茶、牛膝。

又卷四〇《地理志四》 峽州夷陵郡，中。本治下牢戍，貞觀九年徙治步闡壘。土貢：紵葛、箭竹、柑、茶、蠟、芒硝、五加、杜若、鬼臼。

又 歸州巴東郡，下。武德二年析夔州之秭歸、巴東置。土貢：紵葛、茶、蜜、蠟。

又 夔州雲安郡，下都督府。本信州巴東郡，武德二年更州名，天寶元年更郡名。土貢：紵錫布、熊、羆、山雞、茶、柑、橘、蜜、蠟。

又 金州漢陰郡，上。本西城郡，天寶元年曰安康郡，至德二載更名。土貢：麩金、茶牙、椒、乾漆、椒實、白膠香、麝香、杜仲、雷丸、枳殼、枳實、黃蘗。有橘官。

又 興元府漢中郡，赤。本梁州漢川郡，開元十三年以『梁』、『涼』聲相近，更名褒州，二十年復曰梁州，天寶元年更郡名，興元元年爲府。土貢：穀、蠟、紅藍、燕脂、夏蒜、冬筍、糟瓜、柑、枇杷、茶。

又卷四一《地理志五》 壽州壽春郡，中都督府。本淮南郡，天寶元年更名。土貢：絲布、絁、茶、生石斛。

又 廬州廬江郡，上。土貢：花紗、交梭絲布、茶、蠟、酥、鹿脯、生石斛。

又 蘄州蘄春郡，上。土貢：白紵、簟、鹿毛筆、茶、白花蛇、烏蛇脯。

又 申州義陽郡，中。土貢：緋葛、紵布、貲布、茶、䖟蟲。

又 常州晉陵郡，望。本毗陵郡，天寶元年更名。土貢：紬、絹、布、紵、紅紫綿巾、緊紗、兔褐、皂布、大小香杭、龍鳳席、紫筍茶、署預。

又 湖州吳興郡，上。武德四年，以吳郡之烏程縣置。土貢：御服、烏眼綾、折皂布、綿紬、布、紵、糯米、黃豆、紫筍茶、木瓜、杭子、乳柑、蜜、金沙泉。

又 睦州新定郡，上。本遂安郡，治雉山。武德七年曰東睦州，八年復舊名。萬歲通天二年徙治建德。天寶元年更郡名。土貢：文綾、簟、白石英、銀花、細茶。

又 福州長樂郡，中都督府。本泉州建安郡治，武德六年別置，景雲二年曰閩州，開元十三年更州名，天寶元年更郡名。土貢：蕉布、海蛤、文扇、茶、橄欖。

又 饒州鄱陽郡，上。土貢：麩金、銀、簟、茶。

又卷四二《地理志六》 雅州盧山郡，下都督府。本臨邛郡，天寶元年更名。土貢：麩金、茶、石菖蒲、落鴈木。

又卷五四《食貨志四》 穆宗即位，兩鎮用兵，帑藏空虛，禁中起百尺樓，費不可勝計。鹽鐵使王播圖寵以自幸，乃增天下茶稅，率百錢增五十。江淮、浙東西、嶺南、福建、荊襄茶，播自領之，兩川以戶部領之。天下茶加斤至二十兩，播又奏加取焉。右拾遺李珏上疏諫曰：『榷率起於養兵，今邊境無虞，而厚斂傷民，不可一也。茗飲，人之所資，重稅則價必增，貧弱益困，不可二也。山澤之饒，其出不訾，論稅以售多爲利，價騰踴則市者稀，不可三也。』其後王涯判二使，置榷茶使，徙民茶樹於官場，焚其舊積者，天下大怨。令狐楚代爲鹽鐵使兼榷茶使，復令納榷，加價而已。李石爲相，以茶稅皆歸鹽鐵，復貞元之制。

又 武宗即位，鹽鐵轉運使崔珙又增江淮茶稅。是時茶商所過州縣有重稅，或掠奪舟車，露積雨中，諸道置邸以收稅，謂之『搨地錢』，故私販益起。大中初，鹽鐵轉運使裴休著條約：私鬻三犯皆三百斤，乃論死；長行羣旅，茶雖少皆死；雇載三犯至五百斤、居舍儈保四犯至千斤者，皆死；園戶私鬻百斤以上，杖背，三犯，加重徭；伐園失業者，刺史、縣令以縱私鹽論。廬、壽、淮南皆加半稅，私商給自首之帖，天下稅茶增倍貞元。江淮茶爲大摸，一斤至五十兩。諸道鹽鐵使于悰每斤增稅錢五，謂之『剩茶錢』，自是斤兩復舊。

又卷一六一《庚敬休傳》 初，劍南西川、山南道歲征茶，戶部自遣巡院主之，募賈人入錢京師。

又卷一八一《李紳傳》 始，紳南逐，歷封、康間，湍瀨險澀，惟乘漲流乃濟。康州有媼龍祠，舊傳能致雲雨，紳以書禱，俄而大漲。寶曆赦令不言左降官與量移，處厚執爭，詔爲追定，得徙江州長史，遷滁、

壽二州刺史。霍山多虎，擷茶者病之，治機穽，發民迹射，不能止。紳至，盡去之，虎不爲暴。以太子賓客分司東都。

又卷一九六《陸龜蒙傳》 有田數百畝，屋三十楹，田苦下，雨潦則與江通，故常苦飢。身畚鍤，茠刺無休時，或譏其勞，答曰：『堯、舜黴瘠，禹胼胝。彼聖人也，吾一褐衣，敢不勤乎？』嗜茶，置園顧渚山下，歲取租茶，自判品第。張又新爲水説七種，其二慧山泉，三虎丘井，六松江。人助其好者，雖百里爲致之。初，病酒，再期乃已，其後客至，絜壺置杯不復飲。

又卷二一四《吴少陽傳》 少陽不立繇役籍，隨日賦斂於人。地多原澤，益畜馬。時時掠壽州茶山，劫商賈，招四方亡命，以實其軍。不肯朝，然屢獻牧馬以自解，帝亦因善之。

《册府元龜》卷一六九《帝王部·納貢獻》 ［同光二年］三月，淮南楊溥遣其右威衛上將軍許確進賀郊天銀二千兩、錦綺羅一千二百疋、細茶五百斤、象牙四株、犀角十株。

又 ［同光三年］五月吴越王錢鏐獻孔雀二。又淮南吴越國主遣使王浩獻重午物銀、錦、紗縠、細茶、簟扇、龍鳳紗紋廚。諸州府各貢端午物。

又 ［天成元年十一月］是月，淮南僞吴主楊溥遣使魯思郾來賀帝登極，持銀千兩、金百兩、綾一千二百疋、茶三百觔。受之。

又 ［天成四年八月］乙丑，兩浙錢鏐使袁韜進銀五千兩、茶二萬七千斤謝恩，加其諸子官。

十月戊戌，福建王延鈞進謝恩銀器六千五百兩、金器一百兩、錦綺羅共三千疋，并犀牙、玳瑁、眞珠、龍腦、笏扇、白氎、紅氎、香藥等。又進謝恩進封母為魯國太夫人銀四千五百兩、茶、蕉、海蛤、通檊箭等。

又 ［長興二年］二年九月甲寅，兩浙貢茶、香、綾絹三萬六千計。

又 ［天福二年十月］是月，吴越王錢元瓘進銀五千兩，絹四千疋，吴越異紋綾一千疋，羅二百疋。又進金帶御衣、雜寶、茶器、金銀裝劍并細紅甲寶裝、弓箭弩等。又進雜細香藥一千斤，牙五株，眞珠二十斤，茶五萬斤。

又 ［天福二年十二月］乙丑，又進金漆柏木、銀裝起突、龍鳳茶、床椅子、踏床子、紅羅、金銀、錦繡褥、紅絲網子。又進金銀、玳瑁、白檀、香器四及銀結條、假果、花樹、龍鳳鑾畫皷等物。又進含膏、桃源洞白茅、百靈藤、渠江南嶽紫蓋峰白雲洞清花等茶。

又 ［天福三年十月］是月，王繼恭又進金器六事二百兩，金花細縷銀器三千兩，眞珠二十斤，犀三十株，銀裝交床五十副，牙二十株。又進大茶八十斤，香藥一萬斤，朱笴銀纏槍二百條，通節箭笴三萬莖。

又 丙戌，兩浙錢元瓘進謝恩除天下兵馬副元帥、吴越國王金器五百兩，銀一萬兩，吴越異紋綾八千疋，金條紗三千疋，絹二萬疋，綿九萬兩，大茶、腦源茶共六萬四千斤。

又 ［天福六年］十月己丑，吴越王錢元瓘進金帶一條，金器三百兩，銀八千兩，綾三千疋，絹二萬疋，金條紗五百疋，綿五萬兩，茶三萬斤，謝恩加守尚書令。

辛卯，又進象牙、諸色香藥、軍器、金裝茶床、金銀棱甆器、細茶、法酒事件萬餘。

甲午，湖南貢諸色香藥、蠟面、含膏茶。

又 ［天福七年］少帝以天福七年七月即位。十一月，兩浙錢弘佐遣使進鋌銀五千兩，絹五千疋，絲一萬兩，謝恩封吴越國王。又貢細甲、弓弩箭、扇子等。又貢蘇木二萬斤，乾薑三萬斤，茶二萬五千斤及秘色甆器、鞋履、細酒、糟薑、細紙等。

又 ［開運三年］十月，兩浙錢弘佐進謝恩授守太尉册命銀五千兩，綾五千疋，絹一萬疋。又茶一萬八百斤，腦源茶三萬四千斤。

又 ［乾祐元年］十一月，兩浙貢茶三萬四千斤及香藥、兵仗，湖南貢茶五萬斤。

又 ［廣順二年］五月，車駕親征兗州，次曹州。鄭孔璋獻銀射盌百雙，衣著三百疋。鄆、澶、宋、許四鎮各獻茶藥。

又 ［廣順三年正月］丁卯，朗州獻茶二萬斤，宰臣、樞密、宣徽內諸司使、禁軍將校、諸藩鎮皆進奉賀皇子嘉禮。

又 ［廣順三年十一月］乙亥，兩浙錢弘俶貢謝恩綾絹二萬八千疋，

銀器六千兩，綿五萬兩，茶三萬五千斤，御衣兩襲，通犀帶、戲龍金帶、香藥、甆器，銀裝甲仗、法酒、海味等。

又〔顯德五年〕十一月，吳越王錢鏐進茶三萬四千八百斤，綿五萬兩及香藥、器甲等。

〔元豐〕《九域志》卷六　同下州，南康軍。【略】土貢：芽茶一十斤。

同下州，廣德軍。【略】土貢：茶芽一十斤。

上，潭州，長沙郡，武安軍節度。【略】土貢：葛三十疋，茶末一百斤。

次府，江陵府，江陵郡，荊南節度。【略】土貢：綾、苧布各一十疋，碧澗芽茶六百斤。

〔嘉泰〕《吳興志》卷一八《食用故事·茶》　《郡國志》云：『顧渚中者，與夾州同，生山桑、獝獅二塢、白苧山、懸腳嶺者，與襄、荊、申三州同；生鳳亭山，伏翼澗，飛雲、曲水二寺，青峴、啄木二嶺，與壽州同。貞元五年，置合溪焙、喬衢焙，歲貢凡五等，第一陸遞，限清明到京，謂之『急程茶』。張文規有詩云：『牡丹花笑金鈿動，傳奏吳興紫筍來。』李郢詩曰：『十日王程路四千，到時須及清明宴。』其餘並水路進限，以四月到。貞元初，刺史袁高《茶山詩》曰：『黎甿輟耕農，采掇實苦辛。一夫且當役，盡室皆同臻。捫葛上欹壁，蓬頭入荒榛。終朝不盈掬，手足皆鱗皴。悲嗟遍空山，草木為不春。陰嶺芽未吐，使曹牒已頻。』可見當時之害民亦不少。又與毘陵交界，爭耀先期，或詭出柳車，或宵馳傳驛，爭先萬里，以要一時之澤。貞元八年，刺史于頔始貽書毘陵，請各緩數日，俾遂滋長。開成三年，刺史楊漢公表奏，乞於舊限特展三五日。敕從之。先是兩州析造時，供進五百串，稍加至二千串，會昌中，至一萬八千四百斤。每造茶時，兩州刺史親至其處。故白居易有詩曰：『盤上中分兩州界，燈前合作一家春。青娥遞舞應爭妙，紫筍齊嘗各鬥新。』《統記》云：『長興有貢茶院，在虎頭巖後，曰顧渚。右所射而左懸臼，或耕為園，或伐為炭，惟官山獨深秀。舊于顧渚源建草舍三十餘間，自大曆五年至正元十六年於此造茶，急程遞進，取清明到京。袁高、于頔、李吉甫各有述。至正元十七年，刺史李詞以院宇隘陋，造寺一所，移武康吉祥額置焉。以東廊三十間為貢茶院，兩行置茶碓，又焙百餘所，工匠千餘人，引顧渚泉。亙其間，烹蒸滌濯皆用之，非此水不能製也。

宋 趙彥衛《雲麓漫鈔》卷四　唐《重修茶舍記》：『貢茶御史大夫李栖筠典郡日，陸羽以為冠於他境，栖筠始進。』故事，湖州紫筍以清明日到，先薦宗廟，後分賜近臣。紫筍生顧渚，在湖、常間。當茶時，兩郡太守畢至，為盛集，見蔡寬夫《詩話》。玉川子謝孟諫議寄新茶，有『手閱月團三百片』，又云『天子須嘗陽羨茶』，則孟所寄乃陽羨茶也。又湖守袁高詩云：『搗聲昏繫晨，眾功何枯櫨。』則陽羨又知是餅茶，不特始于李氏也。袁詩又云：『黎氓輟耕耘，采掇實苦辛。一夫且當役，盡室皆同臻。捫葛上欹壁，蓬頭入荒榛。終朝不盈掬，手足皆鱗皴。悲嗟遍空山，草木為不春。陰嶺茶未吐，使曹牒已頻。』今人不復為餅，豈坐是耶？

宋 尤袤《全唐詩話·袁高》　《禹貢》通遠俗，所圖在安人。後王失其本，職吏不敢陳。亦有奸佞者，因茲欲求身。動生千金費，日使萬姓貧。我來顧渚源，得與茶事親。甿輟耕農來，採採實苦辛。一夫且當役，盡室皆同臻。捫葛上欹壁，蓬頭入荒榛。終朝不盈掬，手足皆鱗皴。悲嗟遍空山，草木為不春。陰嶺芽未吐，使者牒已頻。心爭造化力，先走銀臺筠。選納無晝夜，搗聲昏繼晨。眾工何枯槁，俯視彌傷神。皇帝尚巡狩，東郊路多堙。周迴繞天涯，所獻愈艱勤。況值兵革困，重茲困疲民。未知供御餘，誰合分此珍。顧省忝邦守，又慚復因循。茫茫滄海間，丹憤何由伸！』右高所賦茶山詩也。案唐制，湖州造貢茶最多，謂之『顧渚貢焙』，歲造一萬八千四百斤。大曆後，始有進奉。建中二年，高刺郡，進三千六百串，并此詩一章。刻石在貢焙。故杜鴻漸與楊祭酒書云：『顧渚中山紫筍茶兩片，此物但恨帝未得嘗，實所嘆息。一片上太夫人，一片充昆弟同歠。』開成三年，以貢不如法，停刺史裴充官。

宋 胡仔《苕溪漁隱叢話·後集》卷一一　苕溪漁隱曰：『唐茶惟湖州紫筍入貢，每歲以清明日貢到，先薦宗廟，然後分賜近臣。紫筍生顧渚，在湖、常二境之間，當採茶時，兩郡守畢至，最為盛集。此蔡寬夫《詩話》之言也。蔡但知其一，而不知其二，按陸羽《茶經》云：「浙西

以湖州上，常州次。湖州生長興縣顧渚山中；常州生義興縣君山懸腳嶺北峰下。」唐《義興縣重修茶舍記》云：「義興貢茶非舊也。前此故御史大夫李栖筠實典是邦，山僧有獻佳茗者，會客嘗之，野人陸羽以為芬香甘辣，冠於他境，可薦於上。栖筠從之，始進萬兩，此其濫觴也。厥後因之，徵獻浸廣，遂為任土之貢，與常賦之邦侔矣。」故玉川子詩云：「天子須嘗陽羡茶，百草不敢先開花。」正謂是也。當時顧渚、義興皆貢茶，又隣壤相接，白樂天守姑蘇，聞賈常州、崔湖州茶山境會，想羡歡宴，因寄詩云：「遥聞境會茶山夜，珠翠歌鐘俱遶身。盤下中分兩州界，燈前合作一家春。青娥遞舞應爭妙，紫筍齊嘗各鬭新。自歎花時北窗下，蒲黄對酒病眠人。」唐袁高為湖州刺史，因修貢顧渚茶山，作詩云：「《禹貢》通遠俗，始圖在安人。後王失其本，職吏不敢陳。亦有奸佞者，因茲欲求伸。動至千金費，日使萬姓貧。我來顧渚源，得與茶事親。黎甿輟耕農，采掇實苦辛。一夫且當役，盡室皆同臻。捫葛上欹壁，蓬頭入荒榛。終朝不盈掬，手足皆鱗皴。悲嗟遍空山，草木為不春。陰嶺芽未吐，使曹牒已頻。心爭造化先，走挺麋鹿均。選納無日夜，擣聲昏俙晨。眾功何枯爐，俯視彌傷神。皇帝尚巡狩，東郊路多堙。周迴繞天涯，所獻唯報勤。況減兵革用，兼茲困疲民。未知供御餘，誰合分此珍。顧省忝邦守，有慚復因循。茫茫滄海間，丹憤何由申？」此詩古雅，得詩人諷諫之體，誠可尚也。」

明 許次紓《茶疏·产茶》 江南之茶，唐人首稱陽羡。

明 羅廩《茶解》 按：唐時產茶地，僅僅如季疵所稱，而今之虎丘、羅岕、天池、顧渚、松羅、龍井、雁宕、武夷、靈山、大盤、日鑄、朱溪諸名茶，無一與焉。乃知靈草在在有之，但培植不嘉或疏採製耳。

明 徐𤊹《茗譚》 吳興顧渚山，唐置貢茶院，傍有金沙泉，汲造紫筍茶，有司具禮祭始得水，事迄即涸。

明 陳師《茶考》 世以山東蒙陰縣山所生石蘚，謂之蒙茶，士夫亦珍重之，味亦頗佳。殊不知形已非茶，不可煮，又乏香氣，《茶經》所不載也。蒙頂茶，出四川雅州，即古蒙山郡。其《圖經》云：蒙頂有茶，受陽氣之全，故茶芳香。《方輿》、《一統志》：『土產』俱載之。《晁氏客話》亦言『出自雅州』。李德裕丞相入蜀，得蒙餅沃於湯瓶之上，移時盡化，以驗其真。文彥博《謝人惠蒙茶》云：『舊譜最稱蒙頂味，露芽雲液勝醍醐。』蔡襄有歌曰：『露芽錯落一番新。』吳中復亦有詩云：『我聞蒙頂之巔多秀嶺，惡草不生生淑茗。』今少有者，蓋地既遠，而蒙山有五峯，其最高曰上清，方產此茶。且時有瑞雲影見，虎豹龍蛇居之，人跡罕到，不易取。《茶經》品之於次者，蓋東蒙出，非此也。

明 陳繼儒《茶董補》《雲麓漫抄》卷四 湖、常為冠。浙西湖州為上，常州次之。湖州出長城顧渚山中，常州出義興君山懸腳嶺北崖下。唐《重修茶舍記》：貢茶，御史大夫李栖筠典郡日，陸羽以為冠於他境，栖筠始進。故事湖州紫筍，以清明日到，先薦宗廟，後分賜近臣。紫筍生顧渚，在湖、常間。當茶時，兩郡太守畢至，為盛集。又玉川子《謝孟諫議寄新茶》詩有云『天子須嘗陽羡茶』，則孟所寄，乃陽羡者。

明 陳繼儒《茶董補》《國史補》 山川異産劍南有蒙頂石花，或小方，或散芽，號為第一。湖州有顧渚之紫筍，東川有神泉、小團、昌明、獸目。硤州有碧澗、明月、芳蕊、茱萸簝。福州有方山之生芽。夔州有香山，江陵有楠木，湖南有衡山。岳州有灉湖之含膏；常州有義興之紫筍。婺州有東白，睦州有鳩坑。洪州有西山之白露，壽州有霍山之黄芽，蘄州有蘄門團黄，而浮梁商貨不在焉。

明 龍膺《蒙史》 雅州，山曰中頂。有僧病冷，遇老艾曰：仙家有雷鳴茶，候雷發聲，於中頂採摘一兩。服未竟，病瘥，精健至八十餘，入青城山不知所之。李德裕入蜀，得蒙餅沃湯，移時盡化者乃真。

盧仝居東都，韓昌黎喜其詩。性嗜茶，有《謝孟諫議茶歌》，曰『紗帽籠頭自煎喫』。

清 陸廷燦《續茶經·八之出》《國史補》：風俗貴茶，其名品益眾。南劍有蒙頂石花，或小方散芽，號為第一；湖州顧渚之紫筍；東川有神泉小團、綠昌明、獸目；峽州有小江園、碧澗寮、明月房、茱萸寮；福州有柏巖、方山露芽；婺州有東白、舉巖、碧貌；建安有青鳳髓；夔州有香山；江陵有楠木；湖南有衡山；睦州有鳩坑；洪州有西山之白露；壽州有霍山之黄芽；綿州之松嶺；雅州之露芽；南康之雲居；彭州之仙崖、石花；渠江之薄片；邛州之火井、思安；黔陽之都濡、高株；瀘川之納溪、梅嶺；義興之陽羡、春池、陽鳳嶺，皆品

第之最著者也。

又《華夷花木考》：蒙頂茶，受陽氣全，故芳香。唐李德裕入蜀，得蒙餅以沃於湯瓶之上，移時盡化，乃驗其真。蒙頂又有五花茶，其片作五出。

藝文

唐 李白《李太白文集》卷一六《答族侄僧中孚贈玉泉山仙人掌茶并序》 余聞荆州玉泉寺近清溪諸山，山洞往往有乳窟，窟中多玉泉交流，其中有白蝙蝠，大如鴉。按仙經，蝙蝠一名仙鼠，千歲之後，體白如雪，棲則倒懸，蓋飲乳水而長生也。其水邊處處有茗草羅生，枝葉如碧玉，唯玉泉真公常采而飲之，年八十餘歲，顏色如桃李。而此茗清香滑熟，異於他者，所以能還童振枯，扶人壽也。余遊金陵，見宗僧中孚，示余茶數十片。拳然重疊，其狀如手，號爲仙人掌茶。蓋新出乎玉泉之山，曠古未覿。因持之見遺，兼贈詩，要余荅之，遂有此作。後之高僧大隱，知仙掌茶發乎中孚禪子及青蓮君士李白也。

常聞玉泉山，山洞多乳窟。仙鼠如白鴉，倒懸清溪月。茗生此中石，玉泉流不歇。根柯灑芳津，採服潤肌骨。叢老卷綠葉，枝枝相接連。曝成仙人掌，似拍洪崖肩。舉世未見之，其名定誰傳。宗英乃禪伯，投贈有佳篇。清鏡燭無鹽，顧慚西子妍。朝坐有餘興，長吟播諸天。

唐 岑參《岑嘉州集》卷六《郡齋平望江山》 水路東連楚，人煙北接巴。山光圍一郡，江月照千家。庭樹純栽橘，園畦半種茶。夢魂知憶處，無夜不京華。

唐 李嘉祐《秋曉一作晚招隱寺東峰茶宴送内弟閻伯均歸江州》《全唐詩》卷二〇七 萬畦新稻傍山村，數里深松到寺門。幸有香茶留稺子，不堪秋草送王孫。煙塵怨别唯愁隔，井邑蕭條誰忍論。莫怪臨歧獨垂淚，魏舒偏念外家恩。

唐 韓翃《送南少府歸壽春》《全唐詩》卷二四三 人言壽春遠，此去先秋到。孤客小翼舟，諸生高翅帽。淮風生竹簟，楚雨移茶竈。若在八公山，題詩一相報。

唐 皇甫冉《送陸鴻漸棲霞寺采茶》《全唐詩》卷二四九 採茶非採菉，遠遠上層崖。布葉春風暖，盈筐白日斜。舊知山寺路，時宿野人家。借問王孫草，何時泛椀花。

唐 皇甫冉《尋戴處士》《全唐詩》卷二五〇 車馬長安道，誰知大隱心。蠻僧留古鏡，蜀客寄新琴。曬藥竹齋暖，擣茶松院深。思君一相訪，殘雪似山陰。

唐 王建《荆南贈别李肇著作轉韻詩》《全唐詩》卷二九七 輝天復耀地，再爲歌詠始。素傳學道徒，清門有君子。文澗瀉潺潺，德峰來壘壘。兩京二十年，投食公卿間。封章既不下，故舊多慙顔。賣馬市耕牛，却歸湘浦山。麥收蠶上簇，衣食應豐足。碧澗伴僧禪，秋山對雨宿。且歡身體適，幸免纓組束。上宰鎮荆州，敬重同歲遊。歡逢通世友，簡授畫戎籌。遲遲就公食，愴愴别野裘。主人開宴席，禮數無形迹。醉笑或顛吟，發談皆損益。臨甃理芳鮮，升堂引賓客。早歲慕嘉名，遠思今始平。孔門忝同轍，潘館幸諸甥。自知再婚娶，豈望爲親情。欣欣還切切，又二千里别。楚筆防寄書，蜀茶憂遠熱。關山足重疊，會合何時節。莫歎各從軍，且愁岐路分。美人停玉指，離瑟不中聞。爭向巴山夜，猿聲滿碧雲。

唐 武元衡《津梁寺采新茶與幕中諸公遍賞芳香尤異因題四韻兼呈陸郎中》《全唐詩》卷三一六 靈州碧巖下，荑英初散芳。塗塗猶宿露，采采不盈筐。陰竇藏煙濕，單衣染焙香。幸將調鼎味，一爲奏明光。

唐 柳宗元《柳河東集》卷四二《奉和周二十丈酬郴州侍郎衡江夜泊得韶州書并附當州生黄茶一封率然成篇代意之作》 丘山仰德耀，天路下征騑。夢喜三刀近，書嫌五載違。凝情江月落，屬思嶺雲飛。會入司徒府，還邀周掾歸。

又 卷四三《夏晝偶作》 南州溽暑醉如酒，隱几熟眠開北牖。日午獨覺無餘聲，山童隔竹敲茶臼。

唐 劉禹錫《劉賓客文集》卷五《西山蘭若試茶歌》 山僧後檐茶數叢，春來映竹抽新茸。宛然爲客振衣起，自傍芳叢摘鷹觜。斯須炒成滿室香，便酌砌下金沙水。驟雨松聲入鼎來，白雲滿盌花徘徊。悠揚噴鼻宿醒散，清峭徹骨煩襟開。陽崖陰嶺各殊氣，未若竹下莓苔地。炎帝雖嘗

未解煎，桐君有籙那知味。新芽連拳半未舒，自摘至煎俄頃餘。木蘭霑露香微似，瑤草臨波色不如。僧言靈味宜幽寂，采采翹英爲嘉客。不辭緘封寄郡齋，甎井銅爐損標格。何況蒙山顧渚春，白泥赤印走風塵。欲知花乳清泠味，須是眠雲跂石人。

唐 張文規《吴興三絕》《全唐詩》卷三六六　蘋洲須覺池沼俗，苧布直勝羅紈輕。清風樓下草初出，明月峽中茶始生。吴興三絕不可捨，勸子強爲吴會行。

唐 張文規《湖州貢焙新茶》《全唐詩》卷三六六　鳳輦尋春半醉回，僊娥進水御簾開。牡丹花笑金鈿動，傳奏吴興紫筍來。

唐 張籍《和韋開州盛山十二首・茶嶺》《全唐詩》卷三八六　紫芽連白蘂，初向嶺頭生。自看家人摘，尋常觸露行。

又《送晊師》　九星臺下煎茶別，五老峰頭覓寺居。作得新詩旋相寄，人來請莫達空書。

唐 盧仝《玉川子詩集》卷二《走筆謝孟諫議新茶》　日高丈五睡正濃，軍將打門驚周公。口云諫議送書信，白絹斜封三道印。開緘宛見諫議面，手閲月團三百片。聞道新年入山裏，蟄蟲驚動春風起。天子須嘗陽羨茶，百草不敢先開花。仁風暗結珠琲瓃，先春抽出黄金芽。摘鮮焙芳旋封裹，至精至好且不奢。至尊之餘合王公，何事便到山人家。柴門反關無俗客，紗帽籠頭自煎喫。碧雲引風吹不斷，白花浮光凝椀面。一椀喉吻潤，兩椀破孤悶。三椀搜枯腸，唯有文字五千卷。四椀發輕汗，平生不平事。盡向毛孔散，五椀肌骨清。六椀通仙靈，七椀喫不得也。唯覺兩腋習習清風生，蓬萊山，在何處？玉川子，乘此清風欲歸去。山上羣仙司下土，地位清高隔風雨。安得知百萬億蒼生命，墮在巔崖受辛苦。便爲諫議問蒼生，到頭還得蘇息否。

唐 元稹《元氏長慶集》卷一三《和友封題開善寺十韻》　梁王開佛廟，雲構歲時遥。珠綴飛閑鴿，紅泥落碎椒。燈籠青燄短，香印白灰銷。古匣收遺施，行廊畫本朝。藏經霑雨爛，魔女捧花嬌。亞樹牽藤閣，橫查壓石橋。竹荒新筍細，池淺小魚跳。匠正琉璃瓦，僧鋤芍藥苗。旋蒸茶嫩葉，偏把柳長條。便欲忘歸路，方知隱易招。

唐 白居易《白香山詩集》卷七《香爐峰下新置草堂即事咏懷題於石上》　香罏峰北面，遺愛寺西偏。白石何鑿鑿，清流亦潺潺。有松數十株，有竹千餘竿。松張翠繖蓋，竹倚青琅玕。其下無人居，悠哉多歲年。有時聚猨鳥，終日空風煙。時有沈冥子，姓白字樂天。平生無所好，見此心依然。如獲終老地，忽乎不知還。架巖結茅宇，斲壑開茶園。何以洗我耳，屋頭飛落泉。何以淨我眼，砌下生白蓮。左手攜一壺，右手挈五弦。傲然意自足，箕踞於其間。興酣仰天歌，歌中聊寄言。言我本野夫，誤爲世網牽。時來昔捧日，老去今歸山。倦鳥得茂樹，涸魚返清源。舍此欲焉往，人間多險艱。

又卷一四《蕭員外寄新蜀茶》　蜀茶寄到但驚新，渭水煎來始覺珍。滿甌似乳堪持玩，況是春深酒渴人。

又卷一六《游寶稱寺》　竹寺初晴日，花塘欲曉春。野猨疑弄客，山鳥似呼人。酒嫩傾金液，茶新碾玉塵。可憐幽靜地，堪寄老慵身。

又卷二七《夜泛陽塢入明月灣即事寄崔湖州》　湖山處處好淹留，最愛東灣北塢頭。掩映橘林千點火，泓澄潭水一盆油。龍頭畫舸銜明月，鵲脚紅旗蘸碧流。爲報茶山崔太守，與君各是一家遊。嘗羨吴興每春茶山之遊，洎入太湖，羨意減矣，故云。

唐 白居易《白氏長慶集》卷一六《謝李六郎中寄新蜀茶》　故情周匝向交親，新茗分張及病身。紅紙一封書後信，綠芽十片火前春。湯添勺水煎魚眼，末下刀圭攪麴塵。不寄他人先寄我，應緣我是別茶人。

又卷一九《新昌新居書事四十韻，因寄元郎中、張博士》　冒寵已三遷，歸期始二年。囊中貯餘俸，園外買閑田。狐兔同三逕，蒿萊共一壥。新園聊剗穢，舊屋且扶顛。簷漏移傾瓦，梁欹換蠹椽。平治遶臺路，整頓近階甎。巷狹開容駕，牆低壘過肩。門閭堪駐蓋，堂室可鋪筵。丹鳳樓當後，青龍寺在前。市街塵不到，宮樹影相連。省史嫌坊遠，豪家笑地偏。敢勞賓客訪，或望子孫傳。不覓他人愛，唯將自性便。等閑栽樹木，隨分占風煙。逸致因心得，幽期遇境牽。松聲疑澗底，草色勝河邊。虛潤冰銷地，晴和日出天。苔行滑如簟，莎坐軟於綿。簾每當山卷，帷多帶月褰。籬東花掩映，窗北竹嬋娟。迹慕青門隱，名慙紫禁仙。假歸思晚沐，朝去戀春眠。拙薄才無取，疎慵職不專。題牆書命筆，沽酒率分錢。柏杵春靈藥，銅瓶漱暖泉。爐香穿蓋散，籠燭隔紗然。陳室何曾掃，陶琴

不要弦。屏除俗事盡，養活道情全。尚有妻孥累，猶爲組綬纏。終須拋爵祿，漸擬斷腥羶。大抵宗莊叟，私心事竺乾。浮榮水劃字，真諦火生蓮。梵部經十二，玄書字五千。是非都付夢，語默不妨禪。博士官猶冷，郎中病已痊。多同僻處住，久結靜中緣。緩步攜筇杖，徐吟展蜀箋。老宜閑語話，悶憶好詩篇。蠻榼來方瀉，蒙茶到始煎。無辭數相見，鬢髮各蒼然。

又 卷二四《夜聞賈常州崔湖州茶山境會想羨歡宴因寄此詩》

遙聞境會茶山夜，珠翠歌鐘俱遶身。盤下中分兩州界，燈前合作一家春。青娥遞舞應爭妙，紫筍齊嘗各鬭新。自歎花時北窗下，蒲黄酒對病眠人。時馬墜損腰，正勸蒲黄酒。

又 卷二五《琴茶》 兀兀寄形羣動内，陶陶任性一生間。自拋官後春多醉，不讀書來老更閑。琴裏知聞唯淥水，茶中故舊是蒙山。窮通行止長相伴，誰道吾今無往還。

又 卷三一《晚春閑居楊工部寄詩楊常州寄茶同到因以長句答之》

宿醒寂寞眠初起，春意闌珊日又斜。勸我加餐因早筍，恨人休醉是殘花。悶吟工部新來句，渴飲毗陵遠到茶。兄弟東西官職冷，門前車馬向誰家。

唐 楊嗣復《謝寄新茶》《全唐詩》卷四六四 石上生芽二月中，蒙山顧渚莫爭雄。封題寄與楊司馬，應爲前衡是相公。

唐 韋處厚《盛山十二詩·茶嶺》《全唐詩》卷四七九 顧渚吳商絶，蒙山蜀信稀。千叢因此始，含霞紫英肥。

唐 李紳《憶壽春廢虎坑余以春二月至郡主吏舉所職稱霍山多虎每歲采茶爲患擇肉於人至春常修陷穽數十所勒獵者采其皮睛余悉除罷之是歲虎不復爲害至余去郡三載》《全唐詩》卷四八〇 匪將履尾求兢惕，那效探雛所患爭。當路絶羣嘗誡暴，爲猫驅獮亦先迎。每推至化宣余力，豈用潛機害爾生。休逐豺狼止貪戾，好爲仁獸答皇明。

唐 李紳《壽陽罷郡日有詩十首與追懷不殊今編於後兼紀瑞物·虎不食人》《全唐詩》卷四八〇 霍山縣多猛獸，頃常擇肉於人，每至採茶及樵蘇，常遭啖食，人不堪命。自太和四年至六年，遂無侵暴，雞犬不鳴，深山窮谷，夜行不止。得攝令和僎狀，稱潛山縣鄉村正趙珍夜歸，中路與虎同行至家，竟無傷害之意。南山白額同馴擾，亦變仁心去殺機。不競牛甘令買患，免遭狐假妄憑威。渡河豈適他邦害，據谷終無暴物非。爾效騶虞護生草，豈徒柔伏在淮淝。

唐 杜牧《樊川文集》卷三《題茶山在宜興》 山實東吳秀，茶稱瑞草魁。剖符雖俗吏，修貢亦仙才。溪盡停蠻櫂，旗張卓翠苔。柳村穿窈窕，松澗渡喧豗。等級雲峰峻，寬平洞府開。拂天聞笑語，特地見樓臺。泉嫩黄金湧山有金沙泉，修貢出，罷貢即絶。牙香紫璧裁。拜章期沃日，輕騎疾奔雷。舞袖嵐侵澗，歌聲谷答回。磬音藏葉鳥，雪艷照潭梅。好是全家到，兼爲奉詔來。樹陰香作帳，花徑落成堆。景物殘三月，登臨愴一盃。重遊難自剋，俛首入塵埃。

唐 杜牧《秋晚懷茅山石涵村舍》《全唐詩》卷五二六 十畝山田近石涵，村居風俗舊曾諳。簾前白艾驚春燕，籬上青桑待晚蠶。雲暖採茶來嶺北，月明沽酒過溪南。陵陽秋盡多歸思，紅樹蕭蕭覆碧潭。

唐 薛能《蜀州鄭史君寄鳥觜茶因以贈答八韻》《全唐詩》卷五六〇

鳥觜擷渾牙，精靈勝鏌鎁。烹嘗方帶酒，滋味更無茶。拒碾乾聲細，撑封利穎斜。銜蘆齊勁實，啄木聚菁華。鹽損添常誡，薑宜著更誇。得來拋道藥，攜去就僧家。旋覺前甌淺，還愁後信賒。千慙故人意，此惠敵丹砂。

唐 薛能《謝劉相公寄天柱茶》《全唐詩》卷五六〇 兩串春團敵夜光，名題天柱印維揚。偷嫌曼倩桃無味，搗覺嫦娥藥不香。惜恐被分緣利市，盡應難覓爲供堂。麤官寄與真拋却，賴有詩情合得嘗。

唐 李群玉《龍山人惠石廩方及團茶》《全唐詩》卷五六八 客有衡岳隱，遺余石廩茶。自云凌煙露，采掇春山芽。珪璧相壓疊，積芳莫能加。碾成黄金粉，輕嫩如松花。紅鑪爨霜枝，越兒斟井華。灘聲起魚眼，滿鼎漂清霞。凝澄坐曉燈，病眼如蒙紗。一甌拂昏寐，襟鬲開煩拏。顧渚與方山，誰人留品差。持甌默吟味，搖膝空咨嗟。

唐 陸龜蒙《奉酬襲美先輩吴中苦雨一百韻》《全唐詩》卷六一七 微生參最靈，天與意緒拙。人皆機巧求，百逕無一達。家爲唐臣來，奕世唯稷禼。只垂青白風，凜凜自貽厥。龜蒙五代祖、六代祖，皇朝繼在台輔。猶殘賜書在，編簡苦斷絶。其間忠孝字，萬古光不滅。孱孫誠瞢昧，有志常搰搰。敢云嗣良弓，但欲終守節。諠譁不入耳，讒佞不挂舌。仰詠堯舜言，俯遵周孔轍。所貪既仁義，豈暇理生活。縱有舊田園，拋來亦蕪沒。因之

成否塞，十載真契闊。涷骭一襜褕，飢腸少糠籺。甘心付天壤，委分任迴斡。笠澤臥孤雲，桐江釣明月。盈筐盛芡芰，滿釜煮鱸鱖。酒幟風外攲，茶槍露中擷。茶芽未展者曰槍，已展者曰旗。歌謠非大雅，捃摭爲小説。上可補熏莖，傍堪跐芽蘖。龜蒙嘗著《稗説》三卷。

唐 李咸用《唐李推官披沙集》卷二《謝僧寄茶》 空門少年初志堅，摘芳爲藥除睡眠。匡山茗樹朝陽偏，暖萌如爪拏飛鳶。枝枝膏露凝滴圓，參差失向兜羅錦。傾筐短甑蒸新鮮，白紵眼細勻於研。甎排古砌春苔乾，殷勤寄我清明前。金槽無聲飛碧煙，赤獸呵冰急鐵喧。林風夕和真珠泉，半匙清粉攪潺湲。綠雲輕綰湘娥鬟，嘗來縱使重支枕，胡蝶寂寥空掩關。

唐 秦韜玉《采茶歌》《全唐詩》卷六七〇 天柱香芽露香發，爛研瑟瑟穿荻篋。太守憐才寄野人，山童碾破團團月。倚雲便酌泉聲煮，獸炭潛然虯珠吐。看著晴天早日明，鼎中颯颯篩風雨。老翠香塵下纔熟，攪時繞筯天雲綠。耽書病酒兩多情，坐對閩甌睡先足。洗我胸中幽思清，鬼神應愁歌欲成。

唐 唐彦謙《游南明山》《全唐詩》六七一 久聞南明山，共慕南明寺。幾度欲登臨，日逐擾人事。于焉偶閑暇，鳴轡忽相聚。乘興樂遨遊，聊此托佳趣。涉水渡溪南，迢遥翠微裏。石磴千疊斜，峭壁半空起。白雲鎖峰腰，紅葉暗溪嘴。長藤絡虚巖，疎花映寒水。金銀拱梵刹，丹青照廊宇。石梁臥秋溟，風鈴作簷語。深洞結苔陰，嵐氣滴晴雨。羊腸轉咫尺，鳥道轉千里。屈曲到禪房，上人喜延佇。香分宿火薰，茶汲清泉煮。投閑息萬機，三生有宿契。行廚出盤飧，擔甕倒芳醑。脱冠挂長松，白石籍憑倚。宦途勞營營，暫此滌塵慮。鬮令促傳觴，投壺更聯句。興來較勝負，醉後忘爾汝。忽聞吼蒲牢，落日下雲嶼。長嘯出煙蘿，揚鞭賦歸去。

唐 鄭谷《寄獻湖州從叔員外》《全唐詩》卷六七四 顧渚山邊郡，溪將罨畫通。遠看城郭裏，全在水雲中。西閣歸何晚，東吳興未窮。茶香紫筍露，洲迴白蘋風。歌緩眉低翠，杯明蠟翦紅。政成尋往事，輟棹問漁翁。

又 卷六七六《峽中嘗茶》 簇簇新英摘露光，小江園裏火煎嘗。吳僧漫説鴉山好，蜀叟休誇鳥觜香。合座半甌輕泛綠，開緘數片淺含黃。鹿門病客不歸去，酒渴更知春味長。

又《蜀中三首其二**》** 夜無多雨曉生塵，草色嵐光日日新。蒙頂茶畦千點露，浣花牋紙一溪春。揚雄宅在唯喬木，杜甫臺荒絶舊鄰。却共海棠花有約，數年留滯不歸人。

唐 杜荀鶴《懷廬岳書齋》《全唐詩》卷六九一 長憶在廬嶽，免低塵土顔。煮茶窗底水，採藥屋頭山。是境皆遊遍，誰人不羨閑。無何一名繫，引出白雲間。

唐 徐夤《尚書惠蠟面茶》《全唐詩》卷七〇八 武夷春暖月初圓，採摘新芽獻地仙。飛鵲印成香蠟片，啼猿溪走木蘭船。金槽和碾沈香末，冰椀輕涵翠縷煙。分贈恩深知最異，晚鐺宜煮北山泉。

唐 崔道融《謝朱常侍寄貺蜀茶剡紙二首其一**》**《全唐詩》卷七一四 瑟瑟香塵瑟瑟泉，驚風驟雨起爐煙。一甌解却山中醉，便覺身輕欲上天。

唐 李洞《宿鳳翔天柱寺窮易玄上人房》《全唐詩》卷七二一 天柱暮相逢，吟思天柱峰。墨研青露月，茶吸白雲鍾。臥語身黏蘚，行禪頂拂松。探玄爲一決，明日去臨邛。

唐 王枳《佚句》《全唐詩》卷七九五 今朝拜貢盈襟淚，不進新芽是進心。常州舊貢陽羨茶，僖宗幸蜀，枳間關馳貢，故有此句。見《常州志》。

唐 無可《送邵錫及第歸湖州》《全唐詩》卷八一三 春關鳥罷啼，歸慶浙煙西。郡守招延重，鄉人慕仰齊。橘青逃暑寺，茶長隔湖溪。乘暇知高眺，微應辨會稽。

又《送喻鳧及第歸陽羨》 姓字載科名，無過子最榮。宗中初及第，江上覲難兄。月向波濤没，茶連洞壑生。石橋高思在，且爲看東坑。

唐 釋皎然《對陸迅飲天目山茶因寄元居士晟》（嘉慶）《於潛縣志》卷一五 喜見幽人會，初開野客茶。日成東井葉，露採北山芽。文火香偏勝，寒泉味轉嘉。投鐺湧作沫，著椀聚生花。稍與禪經近，聊將睡網賒。知君在天目，此意日無涯。

唐 釋皎然《杼山集》卷二《訪陸羽處士不遇》 太湖東西路，吳王故山前。所思不可見，歸鴻自翩翩。何山賞春茗，何處弄春泉。莫是滄浪子，悠然一釣船。

又 卷八二一《飲茶歌誚崔石使君》 越人遺我剡溪茗，採得金牙

爨金鼎。素瓷雪色縹沫香，何似諸仙瓊蘂漿。一飲滌昏寐，情來朗爽滿天地。再飲清我神，忽如飛雨灑輕塵。三飲便得道，何須苦心破煩惱。此物清高世莫知，世人飲酒多自欺。愁看畢卓甕間夜，笑向陶潛籬下時。崔侯啜之意不已，狂歌一曲驚人耳。孰知茶道全爾真，唯有丹丘得如此。

又《顧渚行寄裴方舟》 我有雲泉隣渚山，山中茶事頗相關。鶗鴂鳴時芳草死，山家漸欲收茶子。伯勞飛日芳草滋，山僧又是採茶時。谿來慣採無近遠，陰嶺長兮陽崖淺。大寒山下葉未生，小寒山中葉初卷二山名。吳婉攜籠上翠微，蒙蒙香刺罥春衣。迷山乍被落花亂，度水時驚啼鳥飛。家園不遠乘露摘，歸時露彩猶滴瀝。初看怕出欺玉英，更取煎來勝金液。昨夜西峰雨色過，朝尋新茗復如何。女宮露澀青芽老，堯市人稀紫筍多。紫筍青芽誰得識，日暮採之長太息。清泠真人待子元《仙傳》：『清泠真人裴君與道人支子元爲友。』，貯此芳香思何極。

唐 釋貫休《題靈溪暢公墅》《全唐詩》卷八三〇 境清僧格冷，新斬古林開。舊隱還如此，令人來又來。嵐飛黏似霧，茶好碧於苔。但使心清淨，從渠歲月催。

唐 釋齊己《白蓮集》卷三《謝灉湖茶》 灉湖唯上貢，何以惠尋常。還是詩心苦，堪消蠟面香。碾聲通一室，烹色帶殘陽。若有新春者，西來信勿忘。

又《送人游衡岳》 荆楚臘將殘，江湖蒼莽間。孤舟載高興，千里向名山。雪浪來無定，風帆去是閑。石橋僧問我，應寄岳茶還。

又 卷四《謝人惠扇子及茶》 鎗旗封蜀茗，圓潔製鮫綃。好客分烹煮，青蠅避動搖。陸生誇妙法，班女恨涼飆。多謝崔居士，相思寄寂寥。

又 卷六《咏茶十二韻》 百草讓爲靈，功先百草成。甘傳天下口，貴占火前名。出處春無雁，收時谷有鶯。封題從澤國，貢獻入秦京。齅覺精新極，嘗知骨自輕。研通天柱響，摘遶蜀山明。賦客秋吟起，禪師晝臥驚。角開香滿室，爐動綠凝鐺。晚憶涼泉對，閑思異果平。松黃乾旋泛，雲母滑隨傾。頗貴高人寄，尤宜別匱盛。曾尋修事法，妙盡陸先生。

唐 呂巖《呂祖志》卷三《大雲寺茶詩》 玉蘂一鎗稱絕品，僧家造法極功夫。兔毛甌淺香雲白，蝦眼湯翻細浪俱。斷送睡魔離几席，增添清氣入肌膚。幽叢自落溪巖外，不肯移根入上都。

唐 張途《祁門縣新修閶門溪記》《全唐文》卷八〇二 縣西南一十三里，溪名閶門，有山對聳而近，因以名焉。水自疊嶂積石而下，通於鄱陽，合於大江。其濟人利物，不爲不至矣。其奔流激注，鉅石硉矹，騰沸洶湧，瀺瀖圓折，凡六七十里。舟航勝載，不計輕重。篙工楫師，不計勇弱。其或濟者，若星馳矢逝，脫或蹉跌，必溺灣旋中，俄頃沒迹矣。邑之編籍民五千四百餘戶，其疆境亦不爲小。山多而田少，水清而地沃。山且植茗，高下無遺土。千里之內，業於茶者七八矣。由是給衣食，供賦役，悉恃此祁之茗。色黃而香，賈客咸議，愈於諸方。每歲二三月，賫銀緡繒素求市，將貨他郡者，摩肩接迹而至。雖然，其欲廣市多載，不果遂也。或乘負，或肩荷，或小轍，而陸也如此。縱有多市，將泛大川，必先以輕舟寡載，就其鉅艎，蓋是閶門之險。元和初，縣令路君常患之。聞於太守故光禄大夫范卿，因修作斯處。其後商旅知不履閶門，果竟至籍戶。谿是爲之泰，其來已五十五載矣。元和咸通，伏臘相遠。閶門始廢之時，功未甚至，猶利於人且久。長慶中，縣令王迅曾略見舊址，蓋茶務委州縣，貴暫邀商賈而已。今則潁川陳甘節爲祁門，一年而政成。孜孜求閭里之患，果得閶門溪焉。乃速詣，目擊險狀，吁可畏也。必期改險阻爲安流，回激湍爲澄碧。乃録其始制之實，聞於太守清和崔公，自請以俸錢及茶羨利充市木石之用。因召土客商人船戶接助，夫使咸適其願，無差役之患，無箕斂之弊，公悅而從之。自咸通元年夏六月修，至三年春二月畢，穴盤石爲柱礎，疊鉅木爲橫梁。其高一丈六尺，長四十丈，闊二十尺。堰之左，俯崇山作派爲深渠，導溢流回注於乾溪。既高且廣，與往制不相侔矣。甃石疊木，溯流安逝。一帶傍去，滔滔無滯。馴鷗戲魚，隨波沈浮。不獨賈客鉅艘，居民業舟，往復無阻。自春徂秋，亦足以勸六鄉之人業於茗者，專勤是謀，衣食之源，不慮不憂。夫如是，有以見清河公求理誠至。苟非良邑長，不可以佐理，潁川君臨事必事。苟非賢太守，不可以立事。其作用堅固，永久與山川齊。途寓於郡下，嘗遊茲邑，頗熟本末，因得以記。咸通三年秋七月十八日，歙州司馬張途述。

唐 王敷《茶酒論》 茶為酒曰：『阿你不聞道：浮梁歙州，萬國

來求；蜀山蒙頂，其山鬻嶺；舒城太湖，買婢買奴；越郡餘杭，金帛為囊。素紫天子，人間亦少。商客來求，舡車塞紹。據此蹤由，阿誰合小？』

唐 張文規《吴興三絶》（乾隆）《敕修浙江通志》卷二七三　蘋洲須覺池沼俗，苧布直勝羅紈輕。清風樓下草初茁，明月峽中茶始生。吴興三絶不可舍，勸子強為吴會行。

又《湖州貢焙新茶》　鳳輦尋春半醉回，仙娥進水御簾開，牡丹花笑金鈿動，傳奏吴興紫筍來。

唐 李郢《茶山貢焙歌》《全唐詩》卷五九〇　使君愛客情無已，客在金臺價無比，春風三月貢茶時，盡逐紅旌到山裏，焙中清曉朱門開，筐箱漸見新芽來，陵煙觸露不停采，官家赤印連帖催，朝饑暮匐誰興哀，喧闐競納不盈掬，一時一餉還成堆，蒸之馥馥香勝梅，研膏架動轟如雷，茶成拜表貢天子，萬人爭噉春山摧，驛騎鞭聲砉流電，半夜驅夫誰復見，十日王程路四千，到時須及清明宴，吾君可謂納諫君，諫官不諫何由聞，九重城裏雖玉食，天涯吏役長紛紛，使君憂民慘容色，就焙嘗茶坐諸客，幾回到口重諮嗟，嫩綠鮮芳出何力，山中有酒亦有歌，樂營房戶皆仙家，仙家十隊酒百斛，金絲宴饌隨經過，使君是日憂思多，客亦無言征綺羅，殷勤繞焙復長歎，官府例成期如何，吴民吴民莫憔悴，使君作相期蘇爾。

唐 陸希聲《茗坡》（咸淳）《毗陵志》卷二二　二月山家穀雨天，半坡芳茗露華鮮，春醒酒病兼消渴，惜取新芽旋摘煎。

南唐 劉津《婺源諸縣都制置新城記》《全唐文》卷八七一　太和中，以婺源、浮梁、祁門、德興四縣，茶貨實多，兵甲且衆。甚殷戶口，素是奥區。其次樂平千越，悉出厥利。總而筦榷，少助時用。於時錯此一方，隸彼四邑。乃升婺源爲都制置，兵刑課稅，屬而理之。僕謬以非才，叨斯皇澤。專茲討干，任此民戎。制置舊有城池，近多摧毀。則以境鄰東夏，歲積貨泉。封略匪遙，備虞宜固。恥云恃陋，是曰曠官。爰選三農之餘，互聚諸縣之衆。同其力役，完此城堙。其西建衡山一營，添新壘三里。其北則築平蛟穴，接此蛇城。周環十里，羣來畚鍤。半年之間，閭閻盡易，雉堞皆新。啟升元二門，建東西兩市。衆聞悦辦，略不告勞。曾無鞭叱之聲，蔑有歹延嗟之患。莫不下屏羣庶，上賴燮調。幸畢厥功，何有其績。僕實慚寡陋，又乏討論。敢摛鄙直之詞，徑記歲月之事。唐升元二年，今上即中興位。歲戊戌十月癸丑五日丁巳，諸縣都制置使檢校司空劉津記。

宋元茶區

論説

宋 蔡襄《茶録・序》　臣前因奏事，伏蒙陛下諭，臣先任福建轉運使日所進上品龍茶最為精好。臣退念草木之微，首辱陛下知鑒，若處之得地，則能盡其材。昔陸羽《茶經》，不第建安之品。

又《茶録》　茶有真香，而入貢者微以龍腦和膏，欲助其香。建安民間試茶，皆不入香，恐奪其真。若烹點之際，又雜珍果香草，其奪益甚，正當不用。

又　茶味主於甘滑，唯北苑鳳凰山連屬諸焙所産者味佳。隔谿諸山，雖及時加意製作，色、味皆重，莫能及也。

宋 宋子安《東溪試茶録・序》　隄首七閩，山川特異，峻極迴環，勢絶如甌。其陽多銀銅，其陰孕鉛鐵，厥土赤墳，厥植惟茶。會建而上，羣峯益秀，迎抱相向，草木叢條，水多黄金，茶生其間，氣味殊美。豈非山川重複，土地秀粹之氣鍾於是，而物得以宜歟？

北苑西距建安之洄溪二十里而近，東至東宮百里而遙。焙名有三十六，東宮其一也。過洄溪，踰東宮，則僅能成餅耳。獨北苑連屬諸山者最勝。北苑前枕溪流，北涉數里，茶皆氣弇然，色濁，味尤薄惡，況其遠者乎？亦猶橘過淮為枳也。近蔡公作《茶録》亦云：『隔溪諸山，雖及時加意製造，色味皆重矣。』

今北苑焙，風氣亦殊。先春朝隮常雨，霽則霧露昏蒸，晝午猶寒，故茶宜之。茶宜高山之陰，而喜日陽之早。自北苑鳳山南，直苦竹園頭東南，屬張坑頭，皆高遠先陽處，歲發常早，芽極肥乳，非民間所比。次出壑源嶺，高土沃地，茶味甲於諸焙。丁謂亦云：『鳳山高不百丈，無危峯絶崦，而崗阜環抱，氣勢柔秀，宜乎嘉植靈卉之所發也。』又以：『建

安茶品，甲於天下，疑山川至靈之卉，天地始和之氣，盡此茶矣。』又論：『石乳出壑嶺斷崖缺石之間，蓋草木之仙骨。』丁謂之記，録建溪茶事詳備矣。至於品載，止云『北苑壑源嶺』，及總記『官私諸焙千三百三十六』耳。近蔡公亦云：『唯北苑鳳凰山連屬諸焙所産者味佳。』故四方以建茶為目，皆曰北苑。建人以近山所得，故謂之壑源。好者亦取壑源口南諸葉，皆云彌珍絶。傳致之間，識者以色味品第，反以壑源為疑。

今書所異者，從二公紀土地勝絶之目，具疏園隴百名之異，香味精粗之别，庶知茶於草木，為靈最矣。去畝步之間，别移其性。又以佛嶺、葉源、沙溪附見，以質二焙之美，故曰《東溪試茶録》。自東宫、西溪、南焙、北苑皆不足品第，今略而不論。

宋 丘荷《北苑御泉亭記》《茶集》 國朝龍興，惠風醇化，率被人面。九府庭貢，歲時輻奏，而閩荈寢以珍異。太平興國中，遂置龍鳳模，以表其嘉應而别於他所也。先是鄉老傳其山形，謂若張翼飛者，故名之曰鳳凰山。山麓有泉，直鳳之口，即以其山名名之。蓋建之産茶，地以百數，而鳳凰山莩岸，常先月餘日，其左右澗濫，交併不越丈尺，而鳳凰穴獨甘美有殊。及茶用是泉，齊和益以無類，識者遂為章程，第共製羞御者，而以太平興國故事，更曰龍鳳泉。

宋 黄儒《品茶要録》 説者常怪陸羽《茶經》不第建安之品，蓋前此茶事未甚興，靈芽真筍，往往委翳消腐，而人不知惜。自國初以來，士大夫沐浴膏澤，詠歌昇平之日久矣。夫體勢灑落，神觀沖淡，惟茲茗飲為可喜。園林亦相與摘英夸異，製捲鬻新而趨時之好，故殊絶之品始得自出於蓁莽之間，而其名遂冠天下。借使陸羽復起，閲其金餅，味其雲腴，當爽然自失矣。

又 余嘗論茶之精絶者，白合未開，其細如麥，蓋得青陽之輕清者也。又其山多帶砂石而號嘉品者，皆在山南，蓋得朝陽之和者也。余嘗事閒，乘晷景之明淨，適軒亭之瀟灑，一取佳品嘗試，既而神水生於華池，愈甘而清，其有助乎！然建安之茶，散天下者不為少，而得建安之精品不為多，蓋有得之者，亦不能辨，能辨矣，或不善於烹試，善烹試矣，或非其時，猶不善也，況非其賓乎？然未有主賢而賓愚者也。夫惟知此，然後盡茶之事。昔者陸羽號為知茶，然羽之所知者，皆今所謂草茶。何哉？如鴻漸所論『蒸筍並葉，畏流其膏』，蓋草茶味短而淡，故常恐去膏；建茶力厚而甘，故惟欲去膏。又論福建為『未詳，往往得之，其味極佳』，由是觀之，鴻漸未嘗到建安歟？

宋 趙佶《大觀茶論·序》 本朝之興，歲修建溪之貢，龍團鳳餅，名冠天下；壑源之品，亦自此盛。延及於今，百廢俱舉，海内晏然，垂拱密勿，幸致無為。薦紳之士，韋布之流，沐浴膏澤，薰陶德化，咸以雅尚相推，從事茗飲。故近歲以來，采擇之精，製作之工，品第之勝，烹點之妙，莫不咸造其極。且物之興廢，固自有然，亦繫乎時之汙隆。時或遑遽，人懷勞悴，則向所謂常須而日用，猶且汲汲營求，惟恐不獲，飲茶何暇議哉？世既累洽，人恬物熙，則常須而日用者，因而厭飫狼藉。而天下之士，厲志清白，競為閒暇修索之玩，莫不碎玉鏘金，啜英咀華，較篋笥之精，爭鑑裁之妙；雖否士於此時，不以蓄茶為羞。可謂盛世之清尚也。

明 羅廪《茶解》 鴻漸志茶之出，曰山南、淮南、劍南、浙東、黔州、嶺南諸地。而唐宋所稱，則建州、洪州、穆州、惠州、綿州、福州、雅州、南康、婺州、宣城、饒池、蜀州、潭州、彭州、袁州、龍安、涪州、建安、岳州。而紹興進茶，自宋范文虎始；餘邑貢茶，亦自南宋季至今。南山有茶局、茶曹、茶園之名，不一而止。蓋古多園中植茶。沿至我朝，貢茶為累，茶園盡廢，第取山中野茶，聊且塞責，而茶品遂不得與陽羨、天池相抗矣。余按：唐宋産茶地，僅僅如前所稱，而今之虎丘、羅岕、天池、顧渚、松蘿、龍井、雁蕩、武夷、靈山、大盤、日鑄諸有名之茶，無一與焉。乃知靈草在在有之，但人不知培植，或疏於制度耳。嗟嗟，宇宙大矣！

明 徐𤊹《武夷茶考》《茶集》 按：《茶録》諸書，閩中所産茶，以建安北苑第一，壑源諸處次之，然武夷之名，宋季未有聞也。然范文正公《鬥茶歌》云：『溪邊奇茗冠天下，武夷仙人從古栽。』蘇子瞻詩亦云：『武夷溪邊粟粟芽，前丁後蔡相寵加。』則武夷之茶，在前宋亦有知之者，第未盛耳。

明 張岱《夜航船》卷一一《日用部·飲食》 宋太宗始製龍鳳模，即北苑時造團茶，以别庶飲，用茶碾，今炒製用茶芽廢團。王淮始獻

茶，因命涯榷茶。【略】宋始稱絶品茶曰鬬，次亞鬬。始製貢茶，列粗細綱。

綜述

宋葉清臣《述煮茶泉品》 吳楚山谷間，氣清地靈，草木穎挺，多孕茶荈，為人採拾。大率右於武夷者，為白乳，甲於吳興者，為紫筍，産禹穴者，以天章顯，茂錢塘者，以徑山稀。至於續廬之巖，雲衡之麓，鴉山著於無歙，蒙頂傳於岷蜀，角立差勝，毛舉實繁。然而天賦尤異、性靡受和，苟制非其妙，烹失於術，雖先雷而嬴，未雨而擔，蒸焙以圖，造作以經，而泉不香、水不甘，爨之、揚之，若淤若滓。

宋熊蕃撰，熊克增補，清汪繼壕按校《宣和北苑貢茶録》 陸羽《茶經》、裴汶《茶述》，皆不第建品。說者但謂二子未嘗至閩，繼壕按：《說郛》『閩』作『建』。曹學佺《輿地名勝志》：『甌寧縣雲際山在鐵獅山左，上有永慶寺，後有陸羽泉，相傳唐陸羽所鑿。宋楊億詩云「陸羽不到此，標名慕昔賢」是也。』而不知物之發也，固自有時。蓋昔者山川尚閟，靈芽未露。至於唐末，然後北苑出為之最。繼壕按：張舜民《畫墁録》云：『有唐茶品，以陽羨為上供，建溪北苑未著也。貞元中，常袞為建州刺史，始蒸焙而研之，謂研膏茶。』顧祖禹《方輿紀要》云：『鳳凰山之麓名北苑，廣二十里，舊經云，偽閩龍啟中，里人張廷暉以所居北苑地宜茶，獻之官，其地始著。』沈括《夢溪筆談》云：『建溪勝處曰郝源、曾坑，其間又岔根山頂二品尤勝，李氏時號為北苑，置使領之。』姚寬《西溪叢語》云：『建州龍焙面北，謂之北苑。』《宋史·地理志》：『建安有北苑茶焙、龍焙。』宋子安《試茶録》云：『北苑西距建安之洄溪二十里，東至東宮百里。過洄溪，踰東宮，則僅能成餅耳。獨北苑連屬諸山者最勝。』蔡絛《鐵圍山叢談》云：『北苑龍焙者，在一山之中間，其周遭則諸葉地也，居是山號正焙。一出是山之外，則曰外焙。正焙、外焙，色香迥殊。此亦山秀地靈所鍾之有異色已。龍焙又號官焙。』是時，偽蜀詞臣毛文錫作《茶譜》，繼壕按：吳任臣《十國春秋》：『毛文錫，字平珪，高陽人，唐進士，從蜀高祖，官文思殿大學士。拜司徒。貶茂州司馬。有《茶譜》一卷。』《說郛》作『王文錫』，《文獻通考》作『燕文錫』，《合璧事類》、《山堂肆考》作『毛文勝』；《天中記》『茶譜』作『茶品』，並誤。亦第言建有紫筍，繼壕按：樂史《太平寰宇記》云：『建州土貢茶，引《茶經》云：「建州方山之芽及紫筍，片大極硬，須湯浸之，方可碾，極治頭痛，江東老人多味之。」』而臘面乃産於福。五代之季，建屬南唐。南唐保大三年，俘王延政，而得其地。歲率諸縣民，採茶北苑，初造研膏，繼造臘面。丁晉公《茶録》載：泉南老僧清錫，年八十四，嘗示以所得李國主書寄研膏茶，隔兩歲方得臘面，此其實也。至景祐中，監察御史丘荷撰《御泉亭記》，乃云，『唐季敕福建罷貢橄欖，但贄臘面茶，即臘面産于建安明矣』。荀不知臘面之號始於福，其後建安始為之。按：唐《地理志》：福州貢茶及橄欖，建州惟貢綀練，未嘗貢茶。前所謂『罷貢橄欖，惟贄臘面茶』，皆為福也。慶曆初，林世程作《閩中記》，言福茶所産在閩縣十里。且言往時建茶未盛，本土有之，今則土人皆食建茶。世程之説，蓋得其實。而晉公所記，臘面起於南唐，乃建茶也。既又繼壕按：原本『又』作『有』，據《說郛》、《天中記》、《廣羣芳譜》改。製其佳者，號曰京鋌。其狀如貢神金、白金之鋌。聖朝開寶末，下南唐。太平興國初，特置龍鳳模，遣使即北苑造團茶，以別庶飲，龍鳳茶蓋始於此。按：《宋史·食貨志》載：『建寧臘茶，北苑為第一，其最佳者曰社前，次曰火前，又曰雨前，所以供玉食，備賜予，太平興國始置。大觀以後，製愈精，數愈多，胯式屢變，而品不一。歲貢片茶二十一萬六千斤。』又《建安志》：『太平興國二年，始置龍焙，造龍鳳茶，漕臣柯適為之記云。』又一種茶，叢生石崖，枝葉尤茂。至道初，有詔造之，別號石乳。繼壕按：彭乘《墨客揮犀》云：『建安能仁院有茶生石縫間，寺僧采造，得茶八餅，號石巖白，當即此品。』《事文類聚續集》云：『至道間，仍添造石乳、臘面。』而此無臘面，稍異。又一種號的乳，按：馬令《南唐書》：嗣主李璟『命建州茶製的乳茶，號曰京鋌。臘茶之貢自此始，罷貢陽羨茶。』繼壕按：原本脱『京』字，據《說郛》補。石、的、白四種繼出，而臘面降為下矣。楊文公億《談苑》所記，龍茶以供乘輿及賜執政、親王、長主，其餘皇族、學士、將帥皆得鳳茶，舍人、近臣賜金鋌、的乳，而白乳賜館閣，惟臘面不在賜品。按：《建安志》載《談苑》云：京鋌、的乳賜舍人、近臣，白乳、的乳賜館閣。疑京鋌誤金鋌，白乳下遺的乳。繼壕按：《廣羣芳譜》引《談苑》與原注同。惟原注內『白茶賜館閣，惟臘面不在賜品』二句，作『館閣白乳』。龍鳳、石乳茶，皆太宗令罷。金鋌正作京鋌。王鞏《甲申雜記》云：『初貢團茶及白羊酒，惟見任兩府方賜之。仁宗朝及前宰臣，歲賜茶一斤、酒二壺，後以為例。』《文獻通考》『榷茶』條云：『凡茶有二類，曰片曰散，其名有龍、鳳、石乳、的乳、白乳、頭金、臘面、頭骨、次骨、末骨、粗骨、山挺十二等，以充歲貢及邦國之用。』注云：『龍、鳳皆團片，石乳、頭乳皆狹片，名曰京的。乳亦有闊片者。乳以下皆闊片。』

宋熊克《〈宣和北苑貢茶録〉後序》 先人作《茶録》，當貢品極盛之時，凡有四十餘色。紹興戊寅歲，克攝事北苑，閲近所貢皆仍舊，其先後之序亦同，惟躋龍園勝雪於白茶之上，及無興國巖小龍、小鳳。蓋建炎南渡，有旨罷貢三之一而省去也。按：《建安志》載，靖康初，詔減歲貢三分之一。紹興間，復減大龍及京鋌之半。十六年，又去京鋌，改造大龍團。至三十二年，凡工用之

費，篚羞之式，皆令漕臣耑之，且減其數。雖府貢龍鳳茶，亦附漕綱以進，與此小異。繼壕按：《宋史・食貨志》：『歲貢片茶二十一萬六千斤。建炎以來。葉濃、楊勍等相因為亂，圓丁散亡，遂罷之。紹興二年，蠲未起大龍鳳茶一千七百二十八斤。五年，復減大龍鳳及京鋌之半。』李心傳《建炎以來朝野雜記・甲集》云：『建茶歲産九十五萬斤，其為團胯者，號臘茶，久為人所貴。舊制，歲貢片茶二十一萬六千斤。建炎二年，葉濃之亂，圓丁亡散，遂罷之。紹興四年，明堂，始命市五萬斤為大禮賞。五年，都督府請如舊額發赴建康，召商人持往淮北。檢察福建財用章傑以片茶難市，請市末茶，許之。轉運司言其不經久，乃止。既而官給長引，許商販渡淮。十二年六月，興榷場，遂取臘茶為場本。九月，禁私販，官盡榷之。上京之餘，許通商，官收息三倍。又詔，私載建茶入海者斬，此五年正月辛未詔旨，議者因請鬻建茶於臨安。十月，移茶事司於建州，專一買發。十三年閏月，以失陷引錢，復令通商。今上供龍鳳及京鋌茶，歲額視承平纔半。蓋高宗以賜齎既少，俱傷民力，故裁損其數云。』先人但著其名號，克今更寫其形製，庶覽之者無遺恨焉。先是，壬子春，漕司再葺茶政，越十三載，仍復舊額。且用政和故事，補種茶二萬株。次年益虔貢職，遂有創增之目。仍改京鋌為大龍團，由是大龍多於大鳳之數。凡此皆近事，或者猶未之知也。先人又嘗作貢茶歌十首，讀之可想見異時之事，故併取以附於末。三月初吉，男克北苑寓舍書。

北苑貢茶最盛，然前輩所録，止於慶曆以上。自元豐之密雲龍、紹聖之瑞雲龍相繼挺出，制精於舊，而未有好事者記焉，但見於詩人句中。及大觀以來，增創新銙，亦猶用揀芽。蓋水芽至宣和始有，故龍園勝雪與白茶角立，歲充首貢。復自御苑玉芽以下，厥名實繁。先子親見時事，悉能記之，成編具存。今閩中漕臺新刊《茶録》，未備此書。庶幾補其闕云。

淳熙九年冬十二月四日，朝散郎、行秘書郎、兼國史編修官、學士院權直熊克謹記。

宋 趙汝礪《北苑別録》 建安之東三十里，有山曰鳳凰，其下直北苑，旁聯諸焙，厥土赤壤，厥茶惟上上。太平興國中，初為御焙，歲模龍鳳，以羞貢篚，益表珍異。慶曆中，漕臺益重其事，品數日增，制度日精。厥今茶自北苑上者，獨冠天下，非人間所可得也。方其春蟲震蟄，千夫雷動，一時之盛，誠為偉觀。故建人謂至建安而不詣北苑，與不至者同。僕因攝事，遂得研究其始末。姑摭其大概，條為十餘類，目曰《北苑別録》云。

宋 歐陽修《歸田録》卷二 茶之品，莫貴於龍、鳳，謂之團茶，凡八餅重一斤。慶曆中蔡君謨為福建路轉運使，始造小片龍茶以進，其品絶精，謂之小團，凡二十餅重一斤，其價直金二兩。然金可有而茶不可得，每因南郊致齋，中書、樞密院各賜一餅，四人分之。宮人往往縷金花於其上，蓋其貴重如此。

宋 楊億《楊文公談苑・建州蠟茶》 江左日近方有蠟面之號，李氏別令取其乳作片，或號曰京挺的乳，及骨子等，每歲不過五六萬斤，訖今歲出三十餘萬斤。凡十品，曰龍茶、鳳茶、京挺的乳、石乳、白乳、頭金、蠟面、頭骨、次骨，龍茶以供乘輿及賜執政親王長主，餘皇族、學士、將帥皆得鳳茶，舍人、近臣賜京挺的乳，館閣白乳。龍、鳳、石乳茶皆太宗令造，江左乃有研膏茶供御，即龍茶之品也。丁謂為《北苑茶録》三卷，備載造茶之法，今行於世。

宋 張舜民《畫墁録》 有唐茶品以陽羨上供，建溪北苑未著也。貞元中，常衮為建州刺史，始蒸焙而研之，謂之研膏茶，其後稍為餅樣。【略】先丁晉公為福建轉運使，始製為鳳團，後又為龍團，貢不過四十餅，專擬上供。雖近臣之家，徒聞之而未嘗見也。天聖中又為小團，其品迥加於大團。賜兩府，然止於一觔。唯上大齊宿，八人兩府共賜小團一餅，縷之以金。八人折歸，以侈非常之賜，親知瞻玩，賡唱以詩。故歐陽永叔有《龍茶小録》，或以大團問者，輒方刲寸，以供佛供仙家廟，已而奉親並待客，享子弟之用。熙寧末，神宗有旨，建州製密雲龍，其品又加於小團矣。然密雲之出，則二團少粗，以不能兩好也。予元祐中詳定殿試，是年秋，為制舉考第官，各蒙賜三餅。然親知誅責，殆將不勝。宣仁一日歎曰：『指揮建州今後更不許造密雲龍，亦不要團茶，揀好茶喫了，生得甚好意？』智熙寧中，蘇子容使遼，姚麟為副。曰：『盍載些小團茶乎？』子容曰：『此乃上供之物，儔敢與北人？』未幾，有貴公子使遼，廣貯團茶，自爾北人非團茶不納也，非小團不貴也。

宋 王闢之《澠水燕談録》卷八《事志》 建茶盛於江南，近歲製作尤精，龍鳳團茶最為上品，一斤八餅。慶曆中，蔡君謨為福建運使，始造小團以充歲貢，一斤二十餅，所謂上品龍茶者也。仁宗尤所珍惜，雖宰臣未嘗輒賜，惟郊禮致齋之夕，兩府各四人，共賜一餅。宮人剪金為龍鳳

花，貼其上。八人分蓄之，以為奇玩，不敢自試；有嘉客，出而傳玩。歐陽文忠公云：『茶為物之至精，而小團又其精者也。』

宋 葉夢得《避暑録話》卷下　北苑茶正所産為曾坑，謂之正焙。非魯坑為沙溪，謂之外焙。二地相去不遠，而茶種懸絶，沙溪色白，過於曾坑，但味短而微澁，識茶者一啜如別涇渭也。余始疑地氣土宜不應頓異如此，及來山中，每開闢徑路，刳治巖竇，有尋丈之間土色各殊，肥瘠、緊緩、燥潤亦從而不同，並植兩木于數步之間，封培灌溉略等，而生死豐瘁如二物者，然後知事不經見不可必信也。草茶極品惟雙井、顧渚，亦不過各有數畝。

宋 周煇《清波雜志》卷四《密雲龍》　自熙寧後，始貴『密雲龍』，每歲頭綱修貢，奉宗廟及供玉食外，賚及臣下無幾。戚里貴近，丐賜尤繁。宣仁一日慨歎曰：『令建州今後不得造「密雲龍」，受他人煎炒不得也！出來道我要「密雲龍」，不要團茶，揀好茶喫了，生得甚意智。』此語既傳播於縉紳間，由是『密雲龍』之名益著。淳熙間，親黨許仲啟官麻沙，得《北苑修貢録》，序以刊行。其間載歲貢十有二綱，凡三等，四十有一名。第一綱曰『龍焙貢新』，止五十餘銙，貴重如此。獨無所謂『密雲龍』，豈以『貢新』易其名，或別為一種，又居『密雲龍』之上耶？葉石林云：『熙寧中，賈青為福建轉運使，取小團之精者為「密雲龍」，以二十餅為斤，而雙袋，謂之「雙角」。大小團袋皆緋，通以為賜，「密雲龍」獨用黃。』

宋 姚寬《西溪叢語》卷上　建州龍焙面北，謂之北苑。有一泉，極清澹，謂之御泉。用其池水造茶，即壞茶味。唯龍園勝雪、白茶二種，謂之水芽。先蒸後揀，每一芽，先去外兩小葉，謂之烏蒂。又次取兩嫩葉，謂之白合。留小心芽置於水中，呼為水芽。聚之梢多，即研焙為二品，即龍園勝雪、白茶也。茶之極精好者，無出於此。每銙計工價近三十千。其他茶雖好，皆先揀而後蒸研，其味次第減也。

茶有十綱。第一、第二綱太嫩，第三綱最妙，自六綱至十綱，小團至大團而止。第一名曰試新。第二名曰貢新。第三名有十六色：龍園勝雪、白茶、萬壽龍芽、御苑玉芽、上林第一、乙夜供清、龍鳳英華、玉除清賞、承平雅玩、啟沃承恩、雪葉、雪英、蜀葵、金錢、玉華、寸金。第四有十二色：無比壽芽、宜年寶玉、玉清慶雲、無疆壽龍、萬春銀葉、玉葉長春、瑞雪翔龍、長壽玉圭、香口焙、興國巖、上品揀芽、新收揀芽。第五次有十二色：太平嘉瑞、龍苑報春、南山應瑞、興國巖小龍、又小鳳、續入額、御苑玉芽、萬壽龍芽、無比壽芽、瑞雪翔龍、先春太平嘉瑞、長壽玉圭。已下五綱，皆大小團也。

宋 周密《武林舊事》卷二《進茶》　仲春上旬，福建漕司進第一綱蠟茶，名『北苑試新』。皆方寸小夸。進御止百夸，護以黄羅軟盝，藉以青蒻，裹以黄羅夾複，臣封朱印，外用朱漆小匣，鍍金鎖，又以細竹絲織芨貯之，凡數重。此乃雀舌水芽所造，一夸之值四十萬，僅可供數甌之啜耳。或以一二賜外邸，則以生線分解，轉遺好事，以為奇玩。茶之初進御也，翰林司例有品嘗之費，皆漕司邸吏賂之。間不滿欲，則入鹽少許，茗花為之散漫，而味亦漓矣。禁中大慶賀，則用大鍍金甏，以五色韻果簇飣龍鳳，謂之『繡茶』，不過悅目。亦有專其工者，外人罕知，因附見於此。

《宋史》卷一八三《食貨志下五・鹽下茶上》　茶有二類，曰片茶，曰散茶。片茶蒸造，實捲摸中串之，唯建、劍則既蒸而研，編竹爲格，置焙室中，最爲精潔，他處不能造。有龍、鳳、石乳、白乳之類十二等，以充歲貢及邦國之用。其出虔袁饒池光歙潭岳辰澧州、江陵府、興國臨江軍，有仙芝、玉津、先春、綠芽之類二十六等，兩浙及宣、江、鼎州又以上中下或第一至第五爲號。散茶出淮南、歸州、江南、荊湖，有龍溪、雨前、雨後之類十一等，江、浙又有以上中下或第一至第五爲號者。買臘茶斤自二十錢至一百九十錢有十六等，片茶大片自六十五錢至二百五錢有五十五等，散茶斤自十六錢至三十八錢五分有五十九等；鬻臘茶斤自四十七錢至四百二十錢有十二等，片茶自十七錢至九百一十七錢有六十五等，散茶自十五錢至一百二十一錢有一百九等。

又《食貨志下六・茶下》　建寧臘茶，北苑爲第一，其最佳者曰社前，次曰火前，又曰雨前，所以供玉食，備賜予。太平興國始置，大觀以後製愈精，數愈多，胯式屢變，而品不一，歲貢片茶二十一萬六千斤。建炎以來，葉濃、楊勍等相因爲亂，園丁亡散，遂罷之。紹興二年，蠲未起大龍鳳茶一千七百二十八斤。五年，復減大龍鳳及京鋌之半。十二年，興

榷場，遂取臘茶爲榷場本，凡胯、截、片、鋌，不以高下多少，官盡榷之，申嚴私販入海之禁。議者請鬻建茶於臨安，移茶事司於建州買發。明年，以失陷引錢，復令通商。自是上供龍鳳、京鋌茶料，凡製作之費、篚笥之式，令漕司專之。

《文獻通考》卷一八《征榷考五·榷茶》 宋制，榷貨務六：江陵府、真州、海州、漢陽軍、無爲軍、蘄州之蘄口乾德二年八月，始令京師及建安、漢陽等軍、蘄口置務。太平興國二年，又於江陵府、襄復州、無爲軍增置務。端拱二年，又於海州置務。淳化四年，廢襄復州務。其後京城務但會給交鈔往還，而不積茶貨。又有場十三：蘄州曰王祺、石橋、洗馬又有黄梅場，景德二年廢，黄州曰麻城，廬州曰王同，舒州曰太湖、羅源，壽州曰霍山、麻步、開順口，光州曰商城、子安。又買茶之處：江南則宣、歙、江、池、饒、信、洪、撫、筠、袁州，廣德、興國、臨江、建昌、南康軍；兩浙則杭、蘇、明、越、婺、處、溫、台、湖、常、衢；湖南則江陵府、潭、澧、鼎、岳、鄂、鎮、歸、峽州，荊門軍；福建則劍南劍、建州虔、吉、郴、辰州，南安軍，皆折税課，本州買給民用。山場之制，領園戶，受其租，餘悉官市之。又別有民戶折税課者，其出鬻皆在本場。諸州所買茶，折税受租同山場，悉送六榷務鬻之江陵府受本府及潭、鼎、澧、岳、歸、峽州茶；真州務受潭、袁、池、吉、饒、撫、洪、歙、江、宣、岳州，臨江、興國軍茶；海州務受杭、湖、常、睦、越、明、溫、臺、衢、婺州茶、漢陽軍務受鄂州茶；無爲軍務，撫、吉州，臨江軍，而增南康軍茶；蘄口務受潭州，興國軍茶。凡茶有二類，曰片、曰散。片茶烝造，實捲摸中串之，惟建、劍則既蒸而研，編竹爲格，置焙室中，最爲精潔，他處不能造。其名有龍、鳳、石乳、的乳、白乳、頭金、蠟面、頭骨、次骨、末骨、粗骨、山挺十二等龍、鳳皆團片，石乳、頭乳皆狹片，名曰『京』。的乳亦有闊片者。乳以下皆闊片，以充歲貢及邦國之用，洎本路食茶江、浙、荊湖舊貢新茶芽者三十餘州，有歲中再三至者。大中祥符元年，上憫其勞，詔罷之。餘州片茶，有進寶、雙勝、寶山、兩府出興國軍，仙芝、嫩蕊、福合、祿合、運合、慶合、指合出饒、池州，泥片出虔州，綠英、金片出袁州，玉津出臨江軍，靈川福州，先春、早春、華英、來泉、勝金出歙州，獨行、靈草、綠芽、片金、金茗出潭州，大拓枕出江陵，大小巴陵、開勝、開捲、小捲、生黄、翎毛出岳州，雙上、綠芽、大小方出岳、辰、澧州，東首、淺山、薄側出光州，總二十六名。其兩浙及宣、江、鼎州止以上中下或第一至第五爲號。散茶有太湖、龍溪、次號、末號出淮南，嶽麓、草子、楊樹、雨前、雨後出荊湖，清口出歸州，茗子出江南，總十一名。江、浙又有以上中下、第一至第五爲號者。

又 吴氏能改齋謾録曰：「建茶務，仁宗初，歲造小龍、小鳳各三百斤，大龍、大鳳各三百斤，入香、不入香京挺共二百斤，蠟茶一萬五千斤。小龍、小鳳，初因蔡君謨為建漕，造十斤獻之，朝廷以其額外免勘。明年，詔第一綱盡為之，故《東坡志林》載溫公曰：「君謨亦為此邪？」」

明 謝肇淛《五雜組》卷一一《物部三》 宋初閩茶，北苑為之，最初造研膏，繼造臘面；既又製其佳者為京挺，後造龍鳳團而臘面廢；及蔡君謨造小龍團，而龍鳳團又為次矣。當時上供者，非兩府禁近不得賜，而人家亦珍重愛惜。如王東城有茶囊，惟楊大年至，則取以具茶，它客莫敢望也。元豐間造密雲龍，其品又在小團之上。今造團之法皆不傳，而建茶之品亦遠出吳會諸品之下。其武夷、清源二種，雖與上國爭衡，而所産不多，十九饞鼎，故遂令聲價靡不復振。

明 顧起元《茶略》 建州之北苑先春龍焙，洪州之西山白露，鶴嶺雙井白芽，穆州之鳩坑，東川之獸目，綿州之松嶺，福州之柏巖，方山生芽，雅州之露芽，南康之雲居，婺州之舉巖碧乳，宣城之陽坡橫紋，饒池之仙芝、福合、祿合、蓮合、慶合，蜀州之雀舌、鳥嘴、片甲、蟬翼，潭州之獨行靈草，彭州之仙崖石花，臨江之玉津，袁州之金片綠英，龍安之騎火，涪州之賓化，建安之青鳳髓，岳州之黄翎毛，建安之石巖白，岳陽之金膏冷，南劍之蒙頂石花，湖州之顧渚紫筍，峽州之碧澗明月，壽州之霍山黄芽，越州之日注，此唐宋時産茶地及名也。

又 《南部新書》云：湖州造茶最多，謂之顧渚貢焙，歲造一萬八千餘斤。按此則唐茶不重建，以建未有奇産也。至南唐初造研膏，繼造蠟面，既又佳者號曰京挺。宋初置龍鳳模，號石乳，又有的乳、白乳，而蠟面始下矣。丁晉公進龍鳳團，至蔡君謨又進小龍團。神宗時復製密雲龍，哲宗改為瑞雲翔龍，則益精，而小龍團下矣。徽宗品茶，以白茶第一，又製三色細芽，而瑞雲翔龍下矣。宣和庚子，漕臣鄭可聞始創為銀絲水芽，蓋將已揀熟芽再剔去，祇取其心一縷，用清泉漬之，光瑩如銀絲。方寸新

胯，小龍蜿蜒其上，號龍團勝雪，去龍腦諸香，遂為諸品之冠。今建茶碾造雖精，不去龍腦，以為奩閣中味亦不用入瀹。而茶品獨貴者虎丘，其次天池，又其次陽羨；羨之佳者岕，而龍井、六安之類皆下矣。

明 曹學佺《茶譜》 山谷《戎州與人啟》云：庭堅再拜，喜承起居清安閣中。小閣皆佳勝，東樓碾茶，豈作堰閘處耶？尚阻參承，千萬珍重。

又 曾公《類說》云：蘇才翁與蔡君謨鬥茶，君謨用惠山泉；蘇茶小劣，用竹瀝水煎，遂能取勝。才翁，舜元字。

又 宋文與可《謝人寄蒙頂新茶》詩：蜀土茶稱盛，蒙山味獨珍。靈根托高頂，勝地發先春。幾樹初驚暖，羣籃競摘新。蒼條尋暗粒，紫萼落輕鱗。的皪香瓊碎，髲鬖綠蕈勻。慢烘防熾炭，重碾敵輕塵。無錫泉來蜀，乾崤盞自秦。十分調雪粉，一啜嗽雲津。沃睡迷無鬼，清吟健有神。冰霜疑入骨，羽翼要騰身。磊磊真賢宰，堂堂作主人。玉川喉吻澀，莫惜寄來頻。

魏鶴山《邛州先茶記》曰：昔先王敬共明神，教民報本反始。雖農嗇坊庸之蜡，門行戶灶之享，伯侯祖纛之靈，有開厥先無不宗也。至始為飲食，所以為祭祀。賓客之奉者，雖一飯一飲必祭，必見其所祭然，況其大者乎？眉山李君鏗為臨邛茶官，吏以故事，三日謁先茶告君。詰其故，則曰：『是韓氏而王號相傳為然，實未嘗請命於朝也。』君於是撤舊祠而增廣焉，且請於郡，上神之功狀於朝。宣錫號榮以侈神賜而馳書於予，命記成役。予於事物之變，必迹其所自來。獨於茶，未知所始。蓋古者賓客相敬之禮，自饗燕食飲之外，有間食，有稍事，有歠湆，有設梁有擩醬，有食已而酳，有坐久而葷，有六清以致飲，有瓠葉以嘗酒，有旨蓄以御冬，有流荇以為豆菹，有湘蘋以為鉶芼。見於禮，見於詩，則有挾菜副瓜，烹葵叔苴之等。雖蔥芥韮蓼，堇枌滫瀡，深蒲菭筍，無不備也，而獨無所謂茶者。徒以時異事殊，字亦差誤。且今所謂韻書，自二漢以前，上溯六經，凡聲御、暮之同，是音，本無它訓，乃自音韻分於孫沈，反切盛於羌胡，然後別為麻、馬等音，於是魚、歌二音，併入於麻，而魚麻二韻，一字二音，以至上去二聲，亦莫不然。其不可通，則更易字文，以成其說。且茶之始，其字為荼。《春秋》書齊荼，《漢志》書荼陵之類。陸顏諸人，雖已轉入茶音，而未敢輒易字文也。若《爾雅》，若《本草》，猶從艸、從余。而徐鼎臣訓茶，猶曰『即今之茶也』。惟自陸羽《茶經》、盧仝《茶歌》、趙贊《茶禁》以後，則遂易荼為茶。其字為艸，為人、為木。陸璣謂椒，似茱萸，吳人作茗，蜀人作茶，皆煮為香椒，與茶既不相入，且據此文，又若茶與茗異。此已為可疑，而山有樗之疏，則又引璣說，以樗葉為茗，蓋使讀者眢亂，莫知所據。至蘇文忠始為『周詩記苦茶，茗飲出近世』，其義亦既著明，然而終無有命茶為荼者；蓋《傳注》例謂茶為茅秀、為苦菜。予雖言之，誰實信之。雖然此特書名之誤耳，而予於是重有感於世變焉。先王之時，山澤之利，與民共之；飲食之物，無征也。自齊人賦鹽，漢武榷酒，唐德宗稅茶，民之日用飲食而皆無遺筭，則幾於陰復田賦，潛奪民産者矣。其端既啟，其禍無窮，鹽酒之入，遂埒田賦。而茶之為利，始也，歲不過得錢四十萬緡。自王涯置使構榷，由是稅增月益，塌地剩茶之名，三說貼射之法，招商收稅之令，紛紛見於史冊。極於蔡京之引法，假託元豐，以盡更仁祖之舊。王黼又附益之。嘉祐以前，歲課均賦，茶戶歲輸不過三十八萬有奇，謂之茶租錢。至熙寧以後，歲入之息，驟至二百萬緡，視嘉祐益五倍矣。中興以後，盡鑒政宣之誤，而茶法尚仍京黼之舊，國雖賴是以濟，民亦因是而窮，是安得不思所以變通之乎？李君，字叔立，文簡公之孫。文簡嘗為茗賦者。

熙寧七年，始遣三司幹當公事李杞入蜀，經畫買茶，於秦鳳、熙河博馬，以著作佐郎蒲宗閔同領其事，諸州刱設官場，歲增息為四十萬，而重禁榷之令，自是蜀茶盡榷。至李稷加息為五十萬，陸師閔又加為百萬。元祐元年，侍御史劉摯奏疏曰：『蜀茶之出，不過數十州，人賴以為生，茶司盡榷而市之。』園戶有茶一本，而官市之額至數十斤。官所給錢，靡耗於公者，名色不一。給借保任，輸入視驗，皆牙儈主之，故費於牙儈者，又不知幾何。是官於園戶，名為平市，而實奪之。園戶有逃亡而免者，有投水而免者，而其害猶及鄰伍。欲伐茶則存禁，欲增植則加市；故其俗論謂：『地非生茶也，實生禍也。』願選使者考茶法之弊，以蘇蜀民。右司諫蘇轍繼言：造立茶法，皆傾險小人，不識事體，且備陳五害。呂陶亦條上利害，既而摯又言：『陸師閔恣為不法，不宜仍任事。』師閔坐罷，未幾，蒲宗孟亦以附會李稷罷。稷，邛州人，以父絢蔭歷管庫。提

舉蜀部茶場，甫兩歲，羨課七十六萬緡，與李察皆以苛暴著。時人為之語曰：『寧逢黑煞，莫逢稷察。』

紹聖元年，復以蒲師閔都大提舉成都等路茶事。凡茶法，並用元豐舊條。初，神宗時，熙河運司以歲計不足，乞以官茶博糴，每茶三斤，易粟一斛。朝廷謂茶馬司，本以博馬，不可以博糴，於茶馬司歲額外，增買川茶兩倍茶，朝廷別出錢二百萬給之。令提刑司封樁，又令茶馬司兼領轉運使，由是數歲邊用粗足。

建炎元年，成都轉運判官趙開言榷茶買馬五害，請用嘉祐故事，盡罷榷茶，而令漕司買馬。或未能然，亦當減額，以蘇園戶，輕價以惠行商。如此，則私販衰而盜賊息，遂以開主管秦川茶馬。二年，開大更茶法。按：中興小曆，建炎軍興，令商旅園戶自行買賣，官給茶引，自取息錢。所賣茶引，一百斤計取息錢六貫五百文。改成都茶場為合同場，仍置茶市。交易者必由市，引與茶相隨，此即開之法也。

清 陸廷燦《續茶經》卷下 《潛確類書》：『《茶譜》袁州之界橋，其名甚著，不若湖州之研膏紫筍，烹之有綠腳垂下。』又婺州有舉巖茶，斤片方細，所出雖少，味極甘芳，煎之如碧玉之乳也。

紀事

宋 陶穀《茗荈録》

龍坡山子茶

開寶中，竇儀以新茶飲余，味極美。奩面標云：『龍坡山子茶』。龍坡是顧渚之別境。

又 聖楊花

吳僧梵川，誓願燃頂供養雙林傅大士。自往蒙頂結庵種茶。凡三年，味方全美。得絕佳者聖楊花、吉祥蕊，共不踰五斤，持歸供獻。

又 縷金耐重兒

有得建州茶膏，取作耐重兒八枚，膠以金縷，獻於閩王曦。遇通文之禍，為內侍所盜，轉遺貴臣。

又 乳妖

吳僧文了善烹茶。游荊南，高保勉白於季興，延置紫雲庵，日試其藝。保勉父子呼為湯神，奏授華定水大師上人，目曰『乳妖』。

又 清人樹

偽閩甘露堂前兩株茶，鬱茂婆娑，宮人呼為『清人樹』。每春初，嬪嬙戲摘新芽，堂中設『傾筐會』。

又 玉蟬膏

顯德初，大理徐恪見貽卿信鋌子茶，茶面印文曰『玉蟬膏』，一種曰『清風使』。恪，建人也。

又 不夜侯

胡嶠《飛龍澗飲茶詩》曰：『沾牙舊姓餘甘氏，破睡當封不夜侯。』新奇哉！嶠宿學雄材未達，為耶律德光所虜北去，後間道復歸。

又 晚甘侯

孫樵《送茶與崔刑部書》云：『晚甘侯十五人遣侍齋閣。此徒皆請雷而摘，拜水而和。蓋建陽丹山碧水之鄉，月澗雲龕之品，慎勿賤用之。』

又 生成盞

饌茶而幻出物象於湯面者，茶匠通神之藝也。沙門福全生於金鄉，長於茶海，能注湯幻茶，成一句詩，並點四甌，共一絕句，泛乎湯表。小小物類，唾手辦耳。檀越日造門求觀湯戲，全自詠曰：『生成盞裏水丹青，巧畫工夫學不成。卻笑當時陸鴻漸，煎茶贏得好名聲。』

宋 宋子安《東溪試茶録》

總敘焙名 北苑諸焙，或還民間，或隸北苑，前書未盡，今始終其事。

舊記建安郡官焙三十有八，自南唐歲率六縣民採造，大為民間所苦。我宋建隆已來，環北苑近焙，歲取上供，外焙俱還民間而裁稅之。至道年中，始分游坑、臨江、汾常、西濛洲、西小豐、大熟六焙，隸南劍。又免五縣茶民，專以建安一縣民力裁足之，而除其口率泉。

慶曆中，取蘇口、曾坑、石坑、重院，還屬北苑焉。又丁氏舊録云『官私之焙，千三百三十有六』，而獨記官焙三十二。東山之焙十有四：北苑龍焙一，乳橘內焙二，乳橘外焙三，重院四，壑嶺五，謂源六，范源七，蘇口八，東宮九，石坑十，建溪十一，香口十二，火梨十三，開山十

四。南溪之焙十有二：下瞿一，濛洲東二，汾東三，南溪四，斯源五，小香六，際會七，謝坑八，沙龍九，南鄉十，中瞿十一，黄熟十二。西溪之焙四：慈善西一，慈善東二，慈惠三，船坑四。北山之焙二：慈善東一，豐樂二。

北苑（曾坑、石坑附）

建溪之焙三十有二，北苑首其一，而園別為二十五，苦竹園頭甲之，鼯鼠窠次之，張坑頭又次之。

苦竹園頭連屬窠坑，在大山之北，園植北山之陽，大山多脩木叢林，鬱蔭相及。自焙口達源頭五里，地遠而益高。以園多苦竹，故名曰苦竹，以高遠居衆山之首，故曰園頭。直西定山之隈，土石迴向如窠然，南挾泉流積陰之處而多飛鼠，故曰鼯鼠窠。其下曰小苦竹園。又西至於大園，絶山尾，疏竹蓊翳，昔多飛雉，故曰雞藪窠。又南出壤園、麥園，言其土壤沃，宜麰麥也。自青山曲折而北，嶺勢屬如貫魚，凡十有二，又隈曲如窠巢者九，其地利為九窠十二壠。隈深絶數里，曰廟坑，坑有山神祠焉。又焙南直東，嶺極高峻，曰教練壠，東入張坑，南距苦竹帶北，岡勢横直，故曰坑。坑又北出鳳凰山，其勢中跱，如鳳之首，兩山相向，如鳳之翼，因取象焉。鳳凰山東南至於袁雲壠，又南至於張坑，又南最高處曰張坑頭，言昔有袁氏、張氏居於此，因名其地焉。出袁雲之北，平下，故曰平園。絶嶺之表，曰西際。其東為東際。焙東之山，縈紆如帶，故曰帶園。其中曰中歷坑，東又曰馬鞍山，又東黄淡窠，謂山多黄淡也。絶東為林園，又南曰柢園。

又有蘇口焙，與北苑不相屬，昔有蘇氏居之，其園別為四：其最高處曰曾坑，際上又曰尼園，又北曰官坑上園、下坑園。慶曆中，始入北苑。歲貢有曾坑上品一斤，叢出於此。曾坑山淺土薄，苗發多紫，復不肥乳，氣味殊薄。今歲貢以苦竹園茶充之，而蔡公《茶録》亦不云曾坑者佳。又石坑者，涉溪東北，距焙僅一舍，諸焙絶下。慶曆中，分屬北苑。園之別有十：一曰大番，二曰石雞望，三曰黄園，四曰石坑古焙，五曰重院，六曰彭坑，七曰蓮湖，八曰嚴曆，九曰烏石高，十曰高尾。山多古木脩林，今為本焙取材之所。園焙歲久，今廢不開。二焙非産茶之所，今附見之。

壑源（葉源附）

又 建安郡東望北苑之南山，叢然而秀，高峙數百丈，如郛郭焉。（民間所謂捍火山也。）其絶頂西南下，視建之地邑。（民間謂之望州山）山起壑源口而西，周抱北苑之羣山，迤邐南絶，其尾巋然，山阜高者為壑源頭，言壑源嶺山自此首也。大山南北，以限沙溪。其東曰壑水之所出。水出山之南，東北合為建溪。壑源口者，在北苑之東北。南徑數里，有僧居曰承天，有園隴北，税官山。其茶甘香，特勝近焙，受水則渾然色重，粥面無澤。道山之南，又西至於章歷。章歷西曰後坑，西曰連焙，南曰焙上，又南曰新宅，又西曰嶺根，言北山之根也。茶多植山之陽，其土赤埴，其茶香少而黄白。嶺根有流泉，清淺可涉。涉泉而南，山勢回曲，東去如鈎，故其地謂之壑嶺坑頭，茶為勝。絶處又東，別為大窠坑頭，至大窠為正壑嶺，實為南山。土皆黑埴，茶生山陰，厥味甘香，厥色青白，及受水，則淳淳光澤。（民間謂之冷粥面）視其面，涣散如粟。雖去社，芽葉過老，色益青明，氣益鬱然，其止，則苦去而甘至。（民間謂之草木大而味大是也。）他焙芽葉過老，色益青濁，氣益勃然，甘至，則味去而苦留，為異矣。大窠之東，山勢平盡，曰壑嶺尾，茶生其間，色黄而味多土氣。絶大窠南山，其陽曰林坑，又西南曰壑嶺根，其西曰壑嶺頭。道南山而東，曰穿欄焙，又東曰黄際。其北曰李坑，山漸平下，茶色黄而味短。自壑嶺尾之東南，溪流繚遶，岡阜不相連附。極南塢中曰長坑，踰嶺為葉源。又東為梁坑，而盡於下湖。葉源者，土赤多石，茶生其中，色多黄青，無粥面，粟紋，而頗明爽，復性重喜沉，為次也。

又 佛嶺

佛嶺連接葉源、下湖之東，而在北苑之東南，隔壑源溪水。道自章阪東際為丘坑，坑口西對壑源，亦曰壑口。其茶黄白而味短。東南曰曾坑，（今屬北苑）其正東曰後歷。曾坑之陽曰佛嶺，又東至於張坑，又東曰李坑，又有硬頭、後洋、蘇池、蘇源、郭源、南源、畢源、苦竹坑、歧頭、槎頭，皆周環佛嶺之東南。茶少甘而多苦，色亦重濁。又有篢源、（篢，音膽，未詳此字。）石門、江源、白沙，皆在佛嶺之東北。茶泛然縹塵色而不鮮明，味短而香少，為劣耳。

又 沙溪

沙溪去北苑西十里，山淺土薄，茶生則葉細，芽不肥乳。自溪口諸焙，色黄而土氣。自龔漈南曰挺頭，又西曰章坑，又南曰永安，西南曰南坑漈，其西曰砰溪。又有周坑、范源、温湯漈、厄源、黄坑、石龜、李坑、章坑、章村、小梨，皆屬沙溪。茶大率氣味全薄，其輕而浮，浡浡如土色，製造亦殊壑源者，不多留膏，蓋以去膏盡，則味少而無澤也，茶之面無光澤也故多苦而少甘。

宋 黄儒《品茶要録》 壑源、沙溪，其地相背，而中隔一嶺，其勢無數里之遠，然茶産頓殊。

宋 沈括《本朝茶法》 本朝茶法：乾德二年，始詔在京、建州、漢、蘄口各置榷貨務。【略】

其六榷貨務，取最中，嘉祐六年，抛占茶五百七十三萬六千七百八十六斤半，祖額錢一百九十六萬四千六百四十七貫二百七十八。荆南府祖額錢三十一萬五千一百四十八貫三百七十五，受納潭、鼎、澧、岳、歸、峽州，荆南府片散茶共八十七萬五千三百五十七斤。漢陽軍祖額錢二十一萬八千三百二十一貫五十一，受納鄂州片茶二十三萬八千三百斤半。蘄州蘄口祖額錢三十五萬九千八百三十九貫八百一十四，受納潭、建州，興國軍片茶五十萬斤。無為軍祖額錢三十四萬八千六百二十貫四百三十，受納潭、筠、袁、池、饒、建、歙、江、洪州，南康、興國軍片散茶共八十四萬二千三百三十三斤。真州祖額錢五十一萬四千二十二貫九百三十二，受納潭、袁、池、饒、歙、建、撫、筠、宣、江、吉、洪州，興國，臨江、南康軍片散茶共二百八十五萬六千二百六斤。海州祖額錢三十萬八千七百三貫六百七十六，受納睦、湖、杭、越、衢、温、婺、台、常、明、饒、歙州片散茶共四十二萬四千五百九十斤。

十三山場祖額錢共二十八萬九千三百九十九貫七百三十二，共買茶四百七十九萬六千九百六十一斤；光州光山場買茶三十萬七千二百十六斤，賣錢一萬二千四百五十六貫；子安場買茶二十二萬八千三十斤，賣錢一萬三千六百八十九貫三百四十八；商城場買茶四十萬五百五十三斤，賣錢二萬七千七十九貫四百四十六；壽州麻步場買茶三十三萬一千八百三十三斤，賣錢三萬四千八百一十一貫三百五十；霍山場買茶五十三萬二千三百九斤，賣錢三萬五千五百九十五貫四百八十九；開順場買茶二十六萬九千七十七斤，賣錢一萬七千一百三十貫；廬州王同場買茶二十九萬七千三百二十八斤，賣錢一萬四千三百五十七貫六百四十二；黄州麻城場買茶二十八萬四千二百七十四斤，賣錢一萬二千五百四十貫；舒州羅源場買茶一十八萬五千八十二斤，賣錢一萬四百六十九貫七百八十五；太湖場買茶八十二萬九千三十二斤，賣錢三萬六千九十六貫六百八十；蘄州洗馬場買茶四十萬斤，賣錢二萬六千三百六十貫；王祺場買茶一十八萬二千二百二十七斤，賣錢一萬一千九百五十三貫九百三十二；石橋場買茶五十五萬斤，賣錢三萬六千八十貫。

宋 曾慥《茶録》

火前火後

蜀雅州蒙頂上，有火前茶，謂禁火以前採者。後者曰火後茶。又有石花茶。

宋 趙汝礪《北苑別録》

九窠十二隴按《建安志·茶隴註》云：「九窠十二隴即土（山）之凹凸處，凹為窠，凸為隴。」繼壕按：宋子安《試茶録》：「自青山曲折而北，嶺勢屬貫魚凡十有二，又隈曲如窠巢者九，其地利為九窠十二隴。」

麥窠按：宋子安《試茶録》作「麥園，言其土壤沃，並宜麰麥也」。與此作麥窠異。

壤園繼壕按：《試茶録》「雞窠又南曰壤園、麥園。」

龍遊窠

小苦竹繼壕按：《試茶録》作「小苦竹園，園在鼯鼠窠下」。

苦竹裹

雞藪窠按：宋子安《試茶録》：「小苦竹園又西至大園絶尾，疏竹蓊翳，多飛雉，故曰雞藪窠。」繼壕按：《太平御覽》引《建安記》：「雞巖隔澗西與武彝相對，半巖有雞窠四枚，石峭上，不可登履，時有峯雞百飛翔，雄者類鷓鴣。」《福建通志》云：「崇安縣武彝山大小二藏峯，峯臨澄潭，其半為雞窠巖，一名金雞洞。雞藪窠未知即在此否。」

苦竹繼壕按：《試茶録》：「自焙口達源頭五里，地遠而益高，以園多苦竹，故名曰苦竹，以遠居衆山之首，故曰園頭。」下苦竹源當即苦竹園頭。

苦竹源

鼯鼠窠按：宋子安《試茶録》：「直西定山之隈，土石迴向如窠，然泉流積陰之處多飛鼠，故曰鼯鼠窠。」

教煉壟繼壕按：《試茶録》作教練壟：「焙南直東，嶺極高峻，曰教練壟，東入張坑，

南距苦竹。」《説郛》「煉」亦作「練」。

鳳凰山繼壕按：《試茶録》：「横坑又北出鳳皇（凰）山，其勢中跱，如鳳之首，兩山相向，如鳳之翼，因取象焉。」曹學佺《輿地名勝志》：「甌寧縣鳳皇（凰）山，其上有鳳皇（凰）泉，一名龍焙泉，又名御泉。宋以來，上供茶取此水濯之。其麓即北苑，蘇東坡序略云：北苑龍焙，山如翔鳳下飲之狀，山最高處有乘風堂，堂側豎石碣，字大尺許。」宋慶曆中，柯適記御茶泉深僅二尺許，下有暗渠，與山下溪合，泉從渠出，日夜不竭。又龍山與鳳皇（凰）山對峙，宋咸平間，丁謂於茶堂之前，引二泉為龍鳳池，其中為紅雲島，四面植海棠，池旁植柳。旭日始升時，晴光掩映，如紅雲浮於其上。《方輿紀要》：「鳳皇（凰）山一名茶山，又壑源山在鳳皇（凰）山南，山之茶為外焙綱，俗名捍火山，又名望州山。」《福建通志》：「鳳皇（凰）山今在建安縣吉苑里。」

大小㷟繼壕按：《説郛》『㷟』作『焊』，《試茶録》『壑源』條云：「建安郡東望北苑之南山，叢然而秀，高峙數百丈，如郛郭焉。」注云：「民間所謂捍火山也。」『焊』，疑當作『捍』。

横坑繼壕按：《試茶録》：「教練壟帶北岡勢横直，故曰坑。」

猿遊隴按：宋子安《試茶録》：「鳳皇（凰）山東南至於袁雲隴，又南至於張坑，言昔有袁氏、張氏居於此，因名其地焉。」與此作猿遊隴異。

張坑繼壕按：《試茶録》：「張坑又南，最高處曰張坑頭。」

帶園繼壕按：《試茶録》：「焙東之山，縈紆如帶，故曰帶園，其中曰中歷坑。」

焙東

中歷按：宋子安《試茶録》作「中歷坑」。

東際繼壕按：《試茶録》：「袁雲壟之北，絶嶺之表曰西際，其東為東際。」

西際

官平繼壕按：《試茶録》：「袁雲隴之北，平下，故曰平園。」當即官平。

上下官坑繼壕按：《試茶録》：「曾坑又北曰官坑，上園下坑，慶曆中始入北苑。」《説郛》在「石碎窠」下。

石碎窠繼壕按：徽宗《大觀茶論》作「碎石窠」。

虎膝窠

樓隴

蕉窠

新園

夫樓基按：《建安志》作「大樓基」。繼壕按：《説郛》作「天樓基」。

阮坑

曾坑繼壕按：《試茶録》云：「又有蘇口焙，與北苑不相屬，昔有蘇氏居之，其園別為四，其最高處曰曾坑，歲貢有曾坑上品一斤。曾坑山土淺薄，苗發多紫，復不肥乳。氣味殊薄，今歲貢以苦竹園充之。」葉夢得《避暑録話》云：「北苑茶，正所産為曾坑，謂之正焙，非曾坑，為沙溪，謂之外焙。二地相去不遠，而茶種懸絶。沙溪色白過於曾坑，但味短而微澀，識茶者一啜，如別涇渭也。」

黄際繼壕按：《試茶録》『壑源』條：「道南山而東曰穿欄焙，又東曰黄際。」

馬鞍山繼壕按：《試茶録》：「帶園東又曰馬鞍山。」《福建通志》：「建寧府建安縣有馬鞍山，在郡東北三里許，一名瑞峯，左為雞籠山。」當即此山。

林園繼壕按：《試茶録》：「北苑焙絶東曰林園。」

和尚園

黄淡窠繼壕按：《試茶録》：「馬鞍山又東曰黄淡窠，謂山多黄淡也。」

吳彦山

羅漢山

水桑窠

師姑園繼壕按：《説郛》：「在銅場下。」

銅場繼壕按：《福建通志》：「鳳皇（凰）山在東者曰銅場峯。」

靈滋

范馬園

高畲

大窠頭繼壕按：《試茶録》『壑源』條：「坑頭至大窠為正壑嶺。」

小山

右四十六所，廣袤三十餘里，自官平而上為内園，官坑而下為外園。方春靈芽莩坼，繼壕按：《説郛》作「萌拆」。常先民焙十餘日，如九窠十二隴、龍遊窠、小苦竹、張坑、西際，又為禁園之先也。

宋 魏了翁《邛州先茶記》 眉山李君鏗，為臨邛茶官，史以故事三日謁先茶告君。

（元豐）《九域志》卷九 上，建州，建安郡，建寧軍節度。【略】土貢：龍鳳等茶八百二十斤，練五十疋。

上，南劍州，劍浦郡，軍事。【略】土貢：茶一百一十斤。

《宋史》卷一《太祖紀一》 ［乾德元年四月］丙午，免湖南茶

稅，禁峽州鹽井。

又［十二月］己亥，泉州陳洪進遣使貢白金千兩，孔香、茶藥皆萬計。

又卷三《太祖紀三》［開寶七年十月］閏月己酉，克池州。丁巳，敗江南軍于銅陵。庚申，命宰相、參知政事更知日曆。壬戌，彬等拔蕪湖、當塗兩縣，駐軍采石。癸亥，詔減湖南新製茶。甲子，薛居正等上新編五代史，賜器幣有差。丁卯，彬敗江南軍于采石，擒兵馬部署楊收、都監孫震等千人，爲浮梁以濟。

又卷九《仁宗紀一》［天聖四年五月］閏月戊申，減江、淮歲漕米五十萬石。除舒州太湖等九茶場民逋錢十三萬緡。己酉，詔補太廟室長、齋郎。辛亥，復陝西永豐渠以通解鹽。

又卷二七《高宗紀四》［紹興四年秋七月］丙寅，侯懿引兵入建昌軍，執修達等十三人，斬之。罷建州臘茶綱。

又卷二八《高宗紀五》［紹興五年六月］戊午，減福建貢茶歲額之半。

又卷三一《高宗紀八》［紹興二十四年三月］庚辰，秦檜以私憾捃摭知建康府王循友，詔大理鞫之。是春，始榷夔州路茶。

又卷八八《地理志四・淮南西路》淮南東、西路，本淮南路，蓋禹貢荊、徐、揚、豫四州之域，而揚州爲多。當南斗、須女之分。東至于海，西抵濉、渙，南濱大江，北界清、淮。土壤膏沃，有茶、鹽、絲、帛之利。人性輕揚，善商賈，鄽里饒富，多高貲之家。揚、壽皆爲巨鎮，而真州當運路之要，符離、譙、亳、臨淮、朐山皆便水運，而隸淮服。其俗與京東、西略同。

又《江南東路》南康軍，同下州。太平興國七年，以江州星子縣建爲軍。本隸西路，紹興初，來屬。崇寧戶七萬六百一十五，口一十一萬二千三百四十三。貢茶芽。縣三：星子，上。太平興國三年，升星子鎮爲縣。七年，與都昌同來隸。建昌，望。太平興國七年，自洪州來隸。都昌。上。以縣有都村，南接南昌，西望建昌，故名。紹興七年，自江州來隸。

廣德軍，同下州。太平興國四年，以宣州廣德縣爲軍。崇寧戶四萬一千五百，口一十萬七百二十二。貢茶芽。縣二：廣德，望。開寶末，自江寧府隸宣州。建平。望。端拱元年，以郎步鎮爲縣，來隸。

又《荊湖北路》江陵府，次府，江陵郡，荊南節度。舊領荊湖北路兵馬鈐轄，兼提舉本路及施、夔州兵馬巡檢事。建炎二年，升帥府。四年，置荊南府，歸峽州、荊門公安軍鎮撫使，紹興五年罷。始制，安撫使兼營田使；六年，爲經略、安撫使；七年罷經略，止除安撫使。淳熙元年，還爲荊南府。未幾，復爲江陵府制置使。景定元年，移治于鄂。咸淳十年，荊湖、四川宣撫使兼江陵府事。崇寧戶八萬五千八百一，口二十二萬三千二百八十四。貢綾、紵、碧澗茶芽、柑橘。

又《荊湖南路》潭州，上，長沙郡，武安軍節度。乾德元年，平湖南，降爲防禦。端拱元年，復爲軍。舊領荊湖南路安撫使。大觀元年，升爲帥府。建炎元年，復爲總管安撫司。紹興元年，兼東路兵馬鈐轄；二年，復爲安撫司。崇寧戶四十三萬九千九百八十八，口九十六萬二千八百五十三。貢葛、茶。

又卷八九《地理志五・福建路》建寧府，上，本建州，建安郡。舊軍事，端拱元年，升爲建寧軍節度；紹興三十二年，以孝宗舊邸，升府。崇寧戶一十九萬六千五百六十六。貢火箭、石乳、龍茶。元豐貢龍鳳等茶、練。縣七：建安，望。漢縣。有北苑茶焙、龍焙監庫及石舍、永興、丁地三銀場。浦城，望。有余生、蕉溪、舫竹三銀場。嘉禾，望。本建陽縣。有瞿嶺四銀場。景定元年改今名。松溪，緊。崇安，望。淳化五年，升崇安場爲縣。政和，緊。咸平三年，升關隸鎮爲縣。政和五年，改關隸爲政和縣。有天受銀場。甌寧。望。熙寧三年廢，元祐四年復。監一：豐國。咸平二年置，鑄銅錢。

又南劍州，上，劍浦郡，軍事。太平興國四年，加「南」字。崇寧戶一十一萬九千五百六十一。貢土茴香。元豐貢茶。縣五：劍浦，緊。舊龍津縣，南唐改。有大演、石城二銀場，雷、大熟等五茶焙。將樂，上。太平興國四年，自建州來隸。有石牌、安福二銀場。順昌，上。南唐升永順場爲縣。沙，中。有龍泉銀場。尤溪。上。有尤溪，寶應等九銀場。

又福建路，蓋古閩越之地。其地東南際海，西北多峻嶺抵江。王氏竊據垂五十年，三分其地。宋初，盡復之。有銀、銅、葛越之産，茶、

鹽、海物之饒。民安土樂業，川源浸灌，田疇膏沃，無凶年之憂。而土地迫陜，生籍繁夥；雖磽确之地，耕耨殆盡，畝直寖貴，故多田訟。其俗信鬼尚祀，重浮屠之教，與江南、二浙略同；然多嚮學，喜講誦，好爲文辭，登科第者尤多。

又《成都府路》 彭州，緊，濛陽郡。軍事。崇寧戶五萬七千五百二十四。貢羅。縣三：九隴，望。唐縣。熙寧二年置堋口縣，四年，省爲鎮入焉。有鹿角砦，堋口、木頭二茶場。崇寧，望。唐昌縣。崇寧元年改。濛陽。

又 雅州，上，盧山郡，軍事。崇寧戶二萬七千四百六十四，口六萬二千三百七十八。貢麩金。縣五：嚴道，中。有碉門砦。盧山，上。有靈關砦。名山，中。熙寧五年，省百丈縣爲鎮入焉，元祐二年復。榮經，中下。百丈。中下。州城內一茶場。熙寧九年置。領羈縻州四十四。當馬州、三井州、來鋒州、名配州、鉗泰州、畫重州、羅林州、籠羊州、林波州、林燒州、龍蓬州、敢川州、驚川州、禍眉州、木燭州、百坡州、當品州、嚴城州、中川州、鉗矢州、昌磊州、鉗井州、百頗州、會野州、當仁州、推梅州、作重州、禍林州、金林州、諾祚州、三恭州、布嵐州、欠馬州、羅蓬州、論川州、讓川州、遠南州、卑盧州、夔龍州、輝川州、金川州、東嘉梁州、西嘉梁州。

又 石泉軍，本綿州石泉縣。政和七年，建爲軍，割蜀之永康、綿之龍安神泉來隸。宣和三年，降爲軍使，縣皆還舊隸。宣和七年，復爲軍額。縣三：石泉，下。神泉，上。有石關砦。龍安。上。有三盤砦及茶場。宣和元年，改龍安曰安昌，後復故。寶祐後，爲軍治所。堡九。重和元年置。會同、靖安、嘉平、通津、橫望、平隴、凌霄、聳翠、連雲。

又《利州路》 興元府，次府，梁州，漢中郡，山南西道節度。舊兼提舉利州路兵馬巡檢事。建炎二年，升本路鈐轄。四年，兼本路經略、安撫使。後分利州路爲東、西路：興元、劍利閬金洋巴蓬、大安爲東路，治興元；階、成、西和、鳳、文、龍、興爲西路，治興州。又置利州路階、成、西和、鳳州制置使，涇原、秦鳳路經略、安撫使。乾道四年，合爲一路，興元帥兼領之；淳熙二年，復分；三年，又合；五年，復分；紹熙五年，再合；慶元二年，又分；嘉定三年，復合。崇寧戶六萬二百八十四，口一十二萬三千五百四十。貢臙脂、紅花。縣四：南鄭，次赤。城固，次畿。褒城，次畿。西。次畿。至道二年，割隸大安軍；三年，還隸。有錫冶一務。茶場一。熙寧八年置。南渡後，增縣一：廉水。次畿。紹興四年，析南鄭縣置，以廉水爲名。

又卷一六五《職官志五・太府寺》 所隸官司二十有五：【略】茶庫，掌受江、浙、荊湖、建、劍茶茗，以給翰林諸司及賞賚、出鬻。

又卷一七四《食貨志上二・方田》 ［政和五年］，福建、利路茶戶山園，如鹽田例免方量均稅。

又卷一八三《食貨志下五・茶上》 茶。宋榷茶之制，擇要會之地，曰江陵府，曰真州，曰海州，曰漢陽軍，曰無爲軍，曰蘄州之蘄口，爲榷貨務六。初，京城、建安、襄復州皆置務，後建安、襄復州務廢，京城務雖存，但會給交鈔往還，而不積茶貨。在淮南則蘄、黃、廬、舒、光、壽六州，官自爲場，置吏總之，謂之山場者十三；六州采茶之民皆隸焉，謂之園戶。歲課作茶輸租，餘則官悉市之。其售於官者，皆先受錢而後入茶，謂之本錢；又民歲輸稅願折茶者，謂之折稅茶。總爲歲課八百六十五萬餘斤，其出鬻皆就本場。在江南則宣、歙、江、池、饒、信、洪、撫、筠、袁十州，廣德、興國、臨江、建昌、南康五軍；兩浙則杭、蘇、明、越、婺、處、溫、台、湖、常、衢、睦十二州；荊湖則江陵府、潭澧鼎鄂岳歸峽七州、荊門軍；福建則建、劍二州，歲如山場輸租折稅。總爲歲課江南千二十七萬餘斤，兩浙百二十七萬九千餘斤，荊湖二百四十七萬餘斤，福建三十九萬三千餘斤，悉送六榷務鬻之。

茶有二類，曰片茶，曰散茶。片茶蒸造，實棬摸中串之，唯建、劍則既蒸而研，編竹爲格，置焙室中，最爲精潔，他處不能造。有龍、鳳、石乳、白乳之類十二等，以充歲貢及邦國之用。其出虔袁饒池光歙潭岳辰澧州、江陵府、興國臨江軍，有仙芝、玉津、先春、綠芽之類二十六等，兩浙及宣、江、鼎州又以上中下或第一至第五爲號者。散茶出淮南、歸州、江南、荊湖，有龍溪、雨前、雨後之類十一等，江、浙又有以上中下或第一至第五爲號者。買臘茶斤自二十錢至一百九十錢有十六等，片茶大片自六十五錢至二百五錢有五十五等，散茶斤自十六錢至三十八錢五分有五十九等；鬻臘茶斤自四十七錢至四百二十錢有十二等，片茶自十七錢至九百一十七錢有六十五等，散茶自十五錢至一百二十一錢有一百九等。

又 先是，天禧中，詔京師入錢八萬，給海州、荊南茶，入錢七萬四千有奇，給真州、無爲、蘄口、漢陽并十三場茶，皆直十萬，所以饒裕商人；而海州、荊南茶善而易售，商人願得之，故入錢之數厚於他州。其入錢者，聽輸金帛十之六。至是，既更爲十三場法，又募入錢六務，而海州、荊南增爲八萬六千，真州、無爲、蘄口、漢陽增爲八萬。商人入芻粟塞下者，隨所在實估，度地里遠近，量增其直。以錢一萬爲率，遠者增至七百，近者三百，給券至京，一切以緡錢償之，謂之見錢法；願得金帛、若他州錢，或茶鹽、香藥之類者聽。大率使茶與邊糴，各以實錢出納，不得相爲輕重，以絶虛估之敝。朝廷皆用其説。

又卷一八四《食貨下六・茶下》 初，蜀之茶園，皆民兩税地，不殖五穀，唯宜種茶。賦税一例折輸，蓋爲錢三百，折輸紬絹皆一匹；若爲錢十，則折輸綿一兩；爲錢二，則折輸草一圍。役錢亦視其賦。民賣茶資衣食，與農夫業田無異，而税額總三十萬。杞被命經度，又詔得調舉官屬，迺即蜀諸州創設官場，歲增息爲四十萬，而重禁榷之令。其輸受之際，往往壓其斤重，侵其價直，法既加急矣。八年，杞以疾去。

先是，杞等歲增十萬之息，既而運茶積滯，歲課不給，即建畫於彭、漢二州歲買布各十萬匹，以折脚費，實以布息助茶利，然茶亦未免積滯。都官郎中劉佐復議歲易解鹽十萬席，雇運回車船載入蜀，而禁商販，蓋恐布亦難敷也。詔既以佐代杞，未幾，鹽法復難行，遂罷佐。而宗閔乃議川陝路民茶息收十之三，盡賣於官場，更嚴私交易之令，稍重至徒刑，仍沒緣身所有物，以待賞給。於是蜀茶盡榷，民始病焉。

又 十年，知彭州呂陶言：『川峽四路所出茶，比東南十不及一，諸路既許通商，兩川却爲禁地，虧損治體。如解州有鹽池，民間煎者乃是私鹽，晉州有礬山，民間煉者乃是私礬，今川蜀茶園，皆百姓己物，與解鹽、晉礬不同。

又 元祐元年，侍御史劉摯奏疏曰：『蜀茶之出，不過數十州，人賴以爲生，茶司盡榷而市之。園户有茶一本，而官市之，額至數十斤。官所給錢，靡耗於公者，名色不一，給借保任，輸入視驗，皆牙儈主之，故費於牙儈者又不知幾何。是官於園户名爲平市，而實奪之。園户有逃而免者，有投死以免者，而其害猶及鄰伍。欲伐茶則有禁，欲增植則加市，故其俗論謂地非生茶也，實生禍也。願選使者，考茶法之敝，以蘇蜀民。』

又 俄定諸路措置茶事官置司：湖南於潭州，湖北於荊南，淮南於揚州，兩浙於蘇州，江東於江寧府，江西於洪州。其置場所在：蘄州即其州及蘄水縣，壽州以霍山、開順，光州以光山、固始，舒州即其州及羅源、太湖，黄州以麻城，廬州以舒城，常州以宜興，湖州即其州及長興、德清、安吉、武康，睦州即其州及青溪、分水、桐廬、遂安，婺州即其州及東陽、永康、浦江，處州即其州及遂昌、青田，蘇、杭、越各即其州，而越之上虞、餘姚、諸暨、新昌、剡縣皆置焉，衢、台各即其州，而溫州以平陽。大法既定，其制置節目，不可毛舉。四年，京復議更革，遂罷官置場，商旅並即所在州縣或京師給長短引，自買於園户。茶貯以籠篰，官爲抽盤，循第敍輸息訖，批引販賣，茶事益加密矣。

又 初，熙寧五年，以福建茶陳積，乃詔福建茶在京、京東西、淮南、陝西、河東仍禁榷，餘路通商。元豐七年，王子京爲福建轉運副使，言『建州臘茶，舊立榷法，自熙寧權聽通商，自此茶户售客人茶甚良，官中所得惟常茶，税錢極微，南方遺利，無過於此，乞仍舊行榷法。建州歲出茶不下三百萬斤，南劍州亦不下二十餘萬斤，欲盡買入官，度逐州軍民户多少及約鄰路民用之數計置，即官場賣，嚴立告賞禁。建州賣私末茶，借豐國監錢十萬緡爲本。』

又 時遠方若桂州修仁諸縣、夔州路達州有司皆議榷茶，言利者踵相躡，然神宗聞鄂州失催茶税，輒黜之。建州園户等以茶粗濫當剝納，爲錢三萬六千餘緡，慮其不能償，令準輸茶。初，成都帥司蔡延慶言邛部川蠻主苴剋等願賣馬，即詔延慶以茶招來，後聞邊計蠻情非便，即罷之。哲宗嗣位，御史安惇首劾王子京買臘茶抑民，詔罷子京事任，令福建禁榷州軍視其舊，餘並通商。桂州修仁等縣禁榷及陝西碎賣芽茶皆罷。

又 崇寧二年，尚書省言：『建、劍二州茶額七十餘萬斤，近歲增盛，而本錢多不繼。』

又 當是時，茶之産於東南者，浙東西、江東西、湖南北、福建、淮南、廣東西，路十，州六十有六，縣二百四十有二。雪川顧渚生石上者謂之紫筍，毗陵之陽羨，紹興之日鑄，婺源之謝源，隆興之黄龍、雙井，

皆絶品也。建炎三年，置行在都茶場，罷合同場十有八，惟洪、江、興國、潭、建各置場一，監官一。罷食茶小引，捕私茶法視捕私鹽。二十一年，秦檜等始進茶鹽法。先是，臣僚或因事建明，朝廷亦因時損益，至是審訂成書，上之。

又　寧宗嘉泰四年，知隆興府韓邈奏請：『隆興府惟分寧縣産茶，他縣無茶，而豪民武斷者乃請引，窮索一鄉，使認茶租，非便。』於是禁非産茶縣不許民擅認茶租。

又　建寧臘茶，北苑爲第一，其最佳者曰社前，次曰火前，又曰雨前，所以供玉食，備賜予。太平興國始置，大觀以後製愈精，數愈多，胯式屢變，而品不一，歲貢片茶二十一萬六千斤。建炎以來，葉濃、楊勍等相因爲亂，園丁亡散，遂罷之。紹興二年，蠲未起大龍鳳茶一千七百二十八斤。五年，復減大龍鳳及京鋌之半。十二年，興榷場，遂取臘茶爲榷場本，凡胯、截、片、鋌，不以高下多少，官盡榷之，申嚴私販入海之禁。議者請鬻建茶於臨安，移茶事司於建州買發，明年，以失陷引錢，復令通商。自是上供龍鳳、京鋌茶料，凡製作之費、篚笥之式，令漕司專之。

又　蜀茶之細者，其品視南方已下，惟廣漢之趙坡，合州之水南，峨眉之白牙，雅安之蒙頂，土人亦珍之，但所産甚微，非江、建比也。

又　卷二七〇《蘇曉傳》　乾德三年，出爲淮南轉運使，建議榷蘄、黄、舒、廬、壽五州茶，置十四場，規其利，歲入百餘萬緡。

又　卷二七八《雷德驤·子有終傳》　時以江南、嶺外茶鹽價不一，細民冒禁私販，多陷重辟，詔有終領江、淮、兩浙、荊湖、福建、廣南路茶鹽制置使，就出鹽産茶之地，以便宜裁制。

又　卷二九九《李溥傳》　溥自言江、淮歲入茶，視舊額增五百七十餘萬斤。

又　卷四八〇《世家三·吴越錢氏》　［開寶九年］九年二月，俶與其妻孫氏、子惟濬、平江軍節度使孫承祐來朝，上遣皇子興元尹德昭至睢陽迎勞。俶將至，車駕先幸禮賢宅，按視供帳之具。及至，詔俶居之。對於崇德殿，貢白金四萬兩、絹五萬匹，賜襲衣、玉帶、金器千兩、白金器三千兩、羅綺三千段、玉勒馬。即日宴長春殿，俶又貢白金二萬兩、絹三萬匹、乳香二萬斤。賀平江左，貢白金五萬兩、錢十萬貫、綿百八十萬兩、茶八萬五千斤、犀角象牙二百株、香藥三百斤。

又　［太平興國元年］太宗即位，加食邑五千戶。俶貢御衣，通天犀帶，絹萬匹，金器、瑇瑁器百餘事，金銀釦器五百事，塗金銀香臺、龍腦檀香床、銀假果、水晶花凡數千計，價直鉅萬；又貢犀角象牙三十株、香藥萬斤、乾薑五萬斤、茶五萬斤。俶又請歲增常貢，詔不許。

又　［太平興國三年三月］俶貢白金五萬兩、錢萬萬，絹十萬匹、綾二萬匹，綿十萬，屯茶十萬斤、建茶萬斤、乾薑萬斤，越器五萬事，錦緣席千，金銀畫舫三、銀飾龍舟四，金飾烏樠木御食案、御床各一，金樽罍醆斝各一、金飾瑇瑁器三十事、金釦藤盤二、金釦雕象俎十，銀假果樹十事、翠毛真珠花三叢，七寶飾食案十、銀樽罍十、醆斝副焉，金釦越器百五十事、雕銀俎五十，密假果、剪羅花各二十樹，銀釦大盤十，銀裝鼓二、七寶飾胡琴五絃箏各四、銀飾箜篌方響羯鼓各四、紅牙樂器二十二事，乳香萬斤、犀角象牙各一百株，香藥萬斤、蘇木萬斤。

宋　蔡絛《鐵圍山叢談》卷六　建谿龍茶，始江南李氏，號『北苑龍焙』者，在一山之中間，其周遭則諸葉地也。居是山，號『正焙』，一出是山之外，則曰『外焙』。『正焙』、『外焙』，色香必迥殊，此亦山秀地靈所鍾之，有異色已。『龍焙』又號『官焙』，始但有龍鳳、大團二品而已。仁廟朝，伯父君謨名知茶，因進小龍團，為時珍貴，因有大團、小團之別。小龍團見於歐陽文忠公《歸田録》，至神祖時卽『龍焙』，又進『密雲龍』。『密雲龍』者，其雲紋細密，更精絶於小龍團也。及哲宗朝，益復進『瑞雲翔龍』者，御府歲止得十二餅焉。其後，祐陵雅好尚，故大觀初『龍焙』於歲貢色目外，乃進御苑玉芽、萬壽龍芽，政和間且增以長壽玉圭。玉圭凡廑盈寸，大抵北苑絶品曾不過是，歲但可十百餅。然名益新，品益出，而舊格遞降於凡劣爾。又茶茁其芽，貴在於社前則已進御。自是迤邐宣和間，皆占冬至而嘗新茗，是率人力為之，反不近自然矣。茶之尚，蓋自唐人始，至本朝為盛；而本朝又至祐陵時益窮極新出，而無以加矣。

宋　趙彦衛《雲麓漫鈔》卷四　唐《重修茶舍記》：『貢茶御史大

夫李栖筠典郡日，陸羽以為冠於他境，栖筠始進。』故事，湖州紫筍以清明日到，先薦宗廟，後分賜近臣。紫筍生顧渚，在湖、常間。當茶時，兩郡太守畢至，為盛集，見蔡寬夫《詩話》。玉川子謝孟諫議寄新茶，有『手閱月團三百片』，又云『天子須嘗陽羨茶』，則孟所寄乃陽羨茶也。又湖守袁高詩云：『擣聲昏繫晨，眾功何枯櫨。』則陽羨又知是餅茶，不特始于李氏也。袁詩又云：『黎氓輟耕耘，采掇實苦辛。一夫且當役，盡室皆同臻。捫葛上欹壁，蓬頭入荒榛。終朝不盈掬，手足皆鱗皴。悲嗟遍空山，草木為不春。陰嶺茶未吐，使曹牒已頻。』今人不復為餅，豈坐是耶？

宋 胡仔《苕溪漁隱叢話・前集》卷四六《東坡九》 東坡云：『餘家有歙研，底有款識云：「吳順義元年處士汪少微銘之：松操凝煙，楮英鋪雪，毫穎如飛，人間五絕。」所頌者三物耳，蓋研與少微為五邪。』苕溪漁隱曰：『東坡《鳳咮古研銘》云：「帝規武夷作茶囿，山為孤鳳翔且嗅。下集芝田啄瓊玖，玉乳金沙散虛竇。殘璋斷璧澤而黝，治為書研美無有。至珍驚世初莫售，黑眉黃眼爭妍陋。蘇子一見名鳳咮，坐令龍尾羞牛後。」余至富沙，按其地里，武夷在富沙之西，隸崇安縣，去城二百餘里，北苑在富沙之北，隸建安縣，去城二十五里，北苑乃龍焙，每歲造貢茶之處，卽與武夷相去遠甚，其言「帝規武夷作茶囿」者，非也。想當時傳聞不審，又以武夷山為鳳凰山，故有「山為孤鳳翔且嗅」之句。其實北苑茶山，乃名鳳凰山也。北苑土色膏腴，山宜植茶，石殊少，亦頑燥，非研材，余屢至北苑，詢之土人，初未嘗以此石為研，方悟東坡為人所誑耳。若歙浦黯淡有一種石，黑眉黃眼，自舊人以為研，余意鳳咮研必此灘之石，然亦與武夷相去遠矣。又《荔枝歎》云：「君不見武夷溪邊粟粒芽，前丁後蔡相籠加。」亦誤指其地，武夷未嘗有茶，茶之精絕者乃在北苑，自有一溪，南流至富沙城下，方與西來武夷溪水合流，東去劍浦，固亦不可雷同言之。』

又 建茶絕亡貴者，僅得掛一名爾。至江南李氏時漸見貴，始有團圈之制，而造作之精，經丁晉公始大備。自建茶出，天下所産皆不復可數。今出處壑源、沙溪，土地相去丈尺之間，品味已不同，謂之外焙，況他處乎？則知雖草木之微，其顯晦亦自有時。然唐自常袞以前，閩中有未讀書者，自袞教之，而歐陽詹之徒始出，而終唐世亦不甚盛。今閩中舉子常數倍天下，而朝廷將相公卿，每居十四五，人物尚爾，況草木微物也。顧渚湧金泉，每造茶時，太守先祭拜，然後水漸出，造貢茶畢，水稍減，至貢堂茶畢，已減半，太守茶畢，遂涸。蓋常時無水也。或聞今龍焙泉亦然。』苕溪漁隱曰：『北苑，官焙也，漕司歲以入貢茶為上。壑源，私焙也，土人亦入貢茶為次。二焙相去三四里間。若沙溪，外焙也，與二焙相去絕遠，自隔一溪，茶為下。山谷詩云：「莫遣沙溪來亂真。」正謂此也。官焙造茶，常在驚蟄後一二日興工采摘，是時茶芽已皆一槍，蓋閩中地暖如此。舊讀歐公詩有喊山之說，亦傳聞之訛耳。龍焙泉，即御泉也，水之增減亦隨水旱，初無漸出遂涸之異；但泉味極甘，正宜造茶耳。』

又 《高齋詩話》云：『鄭可簡以貢茶進用，累官職至右文殿修撰福建路轉運使，其姪千里于山谷間得朱草，可簡令其子待問進之，因此得官。好事者作詩云：「父貴因茶白，兒榮為草朱。」而千里以從父奪朱草以予子，譊譊不已。待問得官而歸，盛集為慶，親姻畢集，眾皆贊喜可簡云：「一門僥倖。」其姪遽云：「千里埋冤。」眾皆以為的對。是時貢茶，一方騷動故也。』苕溪漁隱曰：『余觀東坡《荔枝歎》注云：「大小龍茶始于丁晉公，而成于蔡君謨，歐陽永叔聞君謨進小龍團，驚歎曰：君謨士人也，何至作此事。」今年閩中監司乞進鬪茶，許之。故其詩云：「武夷谿邊粟粒芽，前丁後蔡相籠加。爭新買寵各出意，今年鬪品充官茶。」則知始作俑者，大可罪也。』

宋 胡仔《苕溪漁隱叢話・後集》卷一一 苕溪漁隱曰：『唐茶惟湖州紫筍入貢，每歲以清明日貢到，先薦宗廟，然後分賜近臣。紫筍生顧渚，在湖、常二境之間，當採茶時，兩郡守畢至，最為盛集。此蔡寬夫《詩話》之言也。蔡但知其一而不知其二，按陸羽《茶經》云：「浙西以湖州上，常州次。湖州生長興縣顧渚山中；常州生義興縣君山懸腳嶺北峰下。」唐《義興縣重修茶舍記》云：「義興貢茶非舊也。前此故御史大夫李栖筠實典是邦，山僧有獻佳茗者，會客嘗之，野人陸羽以為芬香甘辣，冠於他境，可薦於上。栖筠從之，始進萬兩，此其濫觴也。厥後因之，徵獻浸廣，遂為任土之貢，與常賦之邦侔矣。」故玉川子詩云：「天

子須嘗陽羨茶，百草不敢先開花。」正謂是也。當時顧渚、義興皆貢茶，又隣壤相接，白樂天守姑蘇，聞賈常州、崔湖州茶山境會，想羨歡宴，因寄詩云：「遥聞境會茶山夜，珠翠歌鐘俱遶身。盤下中分兩州界，燈前合作一家春。青娥遞舞應爭妙，紫筍齊嘗各鬭新。自歎花時北窗下，蒲黄對酒病眠人。」唐袁高為湖州刺史，因修貢顧渚茶山，作詩云：「《禹貢》通遠俗，始圖在安人。後王失其本，職吏不敢陳。亦有奸佞者，因兹欲求伸。動至千金費，日使萬姓貧。我來顧渚源，得與茶事親。黎甿輟耕農，采掇實苦辛。一夫且當役，盡室皆同臻。捫葛上欹壁，蓬頭入荒榛。終朝不盈掬，手足皆鱗皴。悲嗟遍空山，草木為不春。陰嶺芽未吐，使曹牒已頻。心爭造化先，走挺麋鹿均。選納無日夜，擣聲昏係晨。衆功何枯爐，俯視彌傷神。皇帝尚巡狩，東郊路多堙。周廻繞天涯，所獻唯報勤。況減兵革用，兼兹困疲民。未知供御餘，誰合分此珍。顧省忝邦守，有慚復因循。茫茫滄海間，丹憤何由申？」此詩古雅，得詩人諷諫之體，誠可尚也。』

又 《談苑》云：『建州，陸羽《茶經》尚未知之，但言福建等十二州未詳；往往得之，其味極佳，江左近日方有蠟面之號，李氏别令取其乳作片，或號曰京挺、的乳及骨子等，每歲不過五六萬觔，迄今歲出三十餘萬觔，凡十品，曰：龍茶、鳳茶、京挺、的乳、石乳、頭金、白乳、蠟面、頭骨、次骨。龍茶以供乘輿，及賜執政親王長主，餘皇族、學士、將帥皆鳳茶，舍人、近臣賜京挺、的乳，館閣賜白乳。龍、鳳、石乳茶，皆太宗令造，江左有妍膏茶供御，即龍茶之品也。丁謂為《北苑茶録》三卷，備載造茶之始末，行於世。』

苕溪漁隱曰：『建安北苑茶，始於太宗朝，太平興國二年，遣使造之，取像於龍鳳，以别庶飲，由此入貢。至道間，仍添造石乳。其後大小龍茶，又起于丁謂而成于蔡君謨。謂之將漕閩中，實董其事，賦《北苑焙新茶詩》，其序云：「天下産茶者，將七十郡半，每歲入貢，皆以社前火前為名，悉無其實；惟建州出茶有焙，焙有三十六，三十六中，惟北苑發早而味尤佳，社前十五日即採其芽，日數千工，聚而造之，逼社即入貢，工甚大，造甚精，皆載於所撰《建陽茶録》，仍作詩以大其事。」云：「北苑龍茶者，甘鮮的是珍，四方惟數此，萬物更無新。纔吐微茫綠，初沾少許春，散尋縈樹遍，急採上山頻。宿葉寒猶在，芳芽冷未伸，茅茨溪口焙，籃籠雨中民，長疾勾萌併，開齋分兩均，帶煙蒸雀舌，和露疊龍鱗。作貢勝諸道，先嘗祇一人，緘封瞻闕下，郵傳渡江濱，特旨留丹禁，殊恩賜近臣，啜為靈藥助，用與上鐏親。頭進英華盡，初烹氣味醇，細香勝卻麝，淺色過於筠。顧渚慚投木，宜都愧積薪，年年號供御，天産壯甌閩。」此詩叙貢茶頗為詳盡，亦可見當時之事也。又君謨《〈茶録〉序》云：「臣前因奏事，伏蒙陛下諭臣，先任福建轉運使日，所進上品龍茶，最為精好。臣退念草木之微，首辱陛下知鑒，若處之得地，則能盡其材。昔陸羽《茶經》，不第建安之品，丁謂茶圖，獨論採造之本，至於烹試，曾未有聞，輒條數事，簡而易明，勒成二篇，名曰《茶録》。」至宣政間，鄭可簡以貢茶進用，久領漕計，創添續入，其數浸廣，今猶因之。細色茶五綱，凡四十三品，形制各異，共七千餘餅，其間貢新試新龍團、勝雪、白茶、御苑、玉芽，此五品乃水揀，為第一；餘乃生揀，次之；又有粗色茶七綱，凡五品，大小龍鳳，併揀芽，悉入龍腦，和膏為團餅茶，共四萬餘餅。東坡題文公詩卷云：「上人問我留連意，待賜頭綱八餅茶。」即今麄色紅綾袋餅八者是也。蓋水揀茶即社前者，生揀茶即火前者，粗色茶即雨前者。閩中地暖，雨前茶已老而味加重矣。山谷和陽王休點密雲龍詩云：「小璧雲龍不入香，元豐龍焙承詔作。」今細色茶中，卻無此一品也。又有石門、乳吉、香口三外焙，亦隸于北苑，皆採摘茶芽，送官焙添造。每歲縻金共二萬餘緡，日役千夫，凡兩月方能迄事。第所造之茶不許過數，入貢之後市無貨者，人所罕得。惟壑源諸處私焙茶，其絶品亦可敵官焙，自昔至今，亦皆入貢，其流販四方，悉私焙茶耳。蘇黄皆有詩稱道壑源茶，蓋壑源與北苑為鄰，山阜相接，纔二里餘。其茶甘香，特在諸私焙之上。

（嘉定）《赤城志》卷一九《山水》 蓋竹山【略】《抱樸子》云：此山【略】有仙翁茶園，舊傳葛元植茗於此。

又 卷二〇《山水》

黄岩

紫高山，在縣南八十里。土膏泉冽，中産茶甚奇。葉茶寮山，在縣南八十里。

茶嶼，在縣南四十五里。

又 卷二二《山水》

寧海

蓋蒼山，在縣東北九十里，一名茶山。瀕大海，絕頂睇諸島潡，紛若棋布，以其地産茶，故名。

《文獻通考》卷二二《土貢考一》 真宗咸平二年，内侍裴愈因事至交州，謂龍花蕊難得之物，宜充貢，本州遂以為獻。上怒黜愈，隸崖州，仍絶其貢。是歲，又減罷劍、隴、夔、賀等五十餘州土貢，又罷三十餘州歲貢茶。

明 陳繼儒《茶董補》 建州之北苑先春龍焙，東川之獸目，綿州之松嶺，福州之柏巖，雅州之露芽，南康之雲居，婺州之舉巖碧乳。宣城之陽坡横紋，饒池之仙芝、福合、祿合、運合、慶合，蜀州之雀舌、鳥觜、麥顆、片甲、蟬翼。潭州之獨行靈草，彭州之仙崖石花。臨江之玉津，袁州之金片，龍安之騎火，涪州之賓化，建安之青鳳髓，岳州之黄翎毛，建安之石巖白，岳陽之金膏冷。見《茶論》、《臆乘》及《茶譜通考》

《續通典》卷八《食貨八・賦税上・宋》 南康州貢茶芽，廣德軍貢茶芽，隆興府貢葛，江州貢雲母、石斛，贛州貢白苧，吉州貢苧布，袁州貢纻布，撫州貢葛，瑞州貢纻，興國軍貢纻，南安軍貢纻，臨江軍貢絹，建昌軍貢絹，荊湖南北路江陵府貢綾纻、碧澗茶芽、柑橘，鄂州貢銀，德安府貢青纻，常德府貢纻布、練布，澧州貢五加皮、芒硝、杜若，峽州貢綾、竹簟，岳州貢纻，歸州貢纻，辰州貢朱砂、水銀，沅州貢硃砂、水銀，靖州貢白絹，潭州貢葛、茶，衡州貢麩、金犀，通州貢白苧、零陵香，永州貢葛、石燕，郴州貢纻。寶慶府貢犀角、銀，全州貢葛、零陵香，桂陽軍貢銀，福建路福州貢荔枝、鹿角菜、紫菜，建甯府貢火箭、石乳、龍茶，元豐貢龍鳳等茶，泉州貢松子，元豐貢綿、蕉、葛、橄欖，淳佑貢苧布，南劍州貢上茴香，元豐貢茶。

《宋會要輯稿・食貨三〇・茶法二・茶法雜録一》 [至道]二年九月，詔：『建州歲造龍、鳳茶，先是研茶丁夫悉翦去鬚髮，自今但幅巾，洗滌手爪，給新淨衣，吏敢違者，論其罪。』

又 慶曆七年三月二十一日，詔榷停建州造龍鳳茶。

又 [元豐]五年正月二十三日，福建路轉運使賈青言：『準朝旨，相度年額外增造龍、鳳茶。今度地力可以增造龍、鳳茶五七百斤。』詔增額外五百斤，龍、鳳茶各半，別計綱進。又言：『乞所造揀芽茶別置小龍團，斤為四十餘餅，不入龍腦。』從之。

又《茶法雜録二》 紹興五年六月十八日，詔：『福建路轉運司并建州每年合起大龍鳳并京鋌茶，並自來年為始，減半起發。』先是，上言福建歲有上供龍鳳團茶，數目甚多，今錫賚既少，無所用之，枉費民力，故有是詔。

又 孝宗隆興元年四月六日，上封事者言：『建州北苑焙所産臘茶，每歲漕司費錢四五萬緡，役夫一千餘人，往往以進貢為名，過數製造，顯是違法。』詔福建轉運司常切覺察，仍具每年造茶的實合用錢數聞奏。

又 [紹興十二年九月]二十八日，詔：『福建路轉運司將逐年供進京鋌茶料製造作大龍餅子，依數如法封角，依大龍茶題寫，充國信使用，令別作一項差人投進。』

藝文

宋 李虛己《建茶呈使君學士》《瀛奎律髓》卷一八 石乳標奇品，瓊英碾細文。試將梁苑雪，煎動建溪雲。清味通宵在，餘香隔坐聞。遥思摘山月，龍焙未春分。

宋 魏野《詩一首》《永樂大典》卷八二三 城裏爭看城外花，獨來城裏訪僧家。辛勤旋覓新鑽火，爲我親烹嶽麓茶。

宋 王欽若《咏華林書院》《甘竹胡氏十修族譜》 文明尊北極，孝友播南昌。禮法兒孫睦，雍和道路揚。地靈浮喜氣，山近接嵐光。投轄添賓榻，鳴鼙啟食堂。紙窗篘酒響，竹徑焙茶香。克己甘藜藿，矜貧濟稻粱。時平安九族，家計慶千箱。每聽游僧説，神清鬢未霜。

宋 丁謂《北苑焙新茶并序》《苕溪漁隱叢話・後集》卷一一 天下産茶者將七十郡半。每歲入貢，皆以社前、火前爲名，悉無其實。惟建州出茶有焙，焙有三十六，三十六中惟北苑發早而味尤佳。社前十五日即採其芽，

日數千工，聚而造之，逼社即入貢。工甚大，造甚精，皆載於所撰《建陽茶録》，仍作詩以大其事。

北苑龍茶者，甘鮮的是珍。四方惟數此，萬物更無新。纔吐微茫綠，初沾少許春。散尋縈樹遍，急採上山頻。宿葉寒猶在，芳芽冷未伸。茅茨溪口焙，籃籠雨中民。長疾勾萌并，開齊分兩均。帶烟蒸雀舌，和露疊龍鱗。作貢勝諸道，先嘗祇一人。緘封瞻闕下，郵傳渡江濱。特旨留丹禁，殊恩賜近臣。啜爲靈藥助，用與上罇親。頭進英華盡，初烹氣味醇。細香勝却麝，淺色過於筠。顧渚慚投木，宜都愧積薪。年年號供御，天產壯甌閩。

宋 林逋《林和靖先生詩集》卷四《監郡吴殿丞惠以筆墨建茶各吟一絶謝之·茶》 石碾輕飛瑟瑟塵，乳花烹出建溪春。世間絶品人難識，閒對茶經憶古人。萬曆本注：陸羽撰《茶經》，而不載建溪者，意其頗有遺落耳。

宋 孫僅《題潛山》（康熙）《安慶府志》卷三〇 勢參吳楚分，作鎮向同安。地勝塵寰隔，天深洞府寬。位將衡嶽敵，根與霍山盤。塵見千年白，霞生萬仞丹。崖秋爭峭拔，峰霽間巑岏。日轉香爐煖，風生玉照寒。石棲平郡堞，天柱倚雲端。絶頂人遊少，高空鳥度難。風雷生別壑，星斗繞層巒。寒暑巖間異，方隅嶺際觀。爲霖同海內，倒影壓平阡。砂印猿蹤跡，池飄鶴羽翰。烟蘿交密蔭，瀑布落飛端。磴道苺苔滑，松根霹靂乾。石奇疑虎伏，湫險認龍蟠。勝好當春賞，幽宜帶雪看。氣蒸茶蕊嫩，香老菊花殘。青擢凌霄幹，紅垂受露蘭。禪鄰祖師塔，仙接左慈壇。幾客歌維嶽，何人詠考槃。元宗曾立廟，武帝亦鳴鸞。聖代從何極，靈祠輯未闌。青詞馳長吏，法服降中官。千古圖經裏，高名定不刊。

宋 釋智圓《閑居編》卷四八《代書寄奉蟾上人》 君居武康山，昔年我曾游。崎嶇松徑寒，冷落竹房秋。握手既歡笑，拂榻且相留。一駐十旬餘，旦夕樂清幽。因話淨名事，滌硯勉操修。自注：吾於是撰《淨名垂裕記》十卷、經疏科六帖。鑾香爇古篆，山茶分越甌。看雪同擁爐，乘月共浮舟。喻心指太虛，視世類浮漚。明春我歸去，湖上隱林丘。杜門過五載，脾疾日少瘳。閑宵坐月下，往事來心頭。書之將寄君，路遠水悠悠。

宋 徐鉉《騎省集》卷四《和門下殷侍郎新茶十二韻》 暖吹入春園，新芽競粲然。才教鷹觜拆，未放雪花妍。荷杖青林下，攜筐旭景前採茶須在日未出前。孕靈資雨露，鍾秀自山川。碾後香彌遠，烹來色更香。名隨土地貴，味逐水泉遷。力藉流黄暖，形模紫筍圓茶之美者有圓捲紫筍。正當鑽柳火，遥想湧金泉陽羨茶山有金涉泉，修貢時出。任道時新物，須依古法煎。輕甌浮綠乳，孤竈散餘煙。甘薺非予匹，宮槐讓我先槐芽亦可爲茶。竹孤空冉冉，荷弱謾田田。解渴消殘酒，清神感夜眠。十漿何足饋，百榼盡堪捐。采擷唯憂晚，營求不計錢。任公因焙顯，陸氏有經傳。愛甚真成癖，嘗多合得仙。亭臺虛静處，風月豔陽天。自可臨泉石，何妨雜管弦。東山似蒙頂，願得從諸賢。

宋 夏竦《文莊集》卷三三《送鳳茶與記室燕學士詩》 綠萍圜規異，紅縢篆印新。爭先御府貢，初摘建溪春。膩滑重蒼璧，嬌黄聚麴塵。焙痕連井字，鳳刻疊龍鱗。玉座均芳旨，金華寵侍臣。齋心分一餅，持贈輞川人。自注：公能詩善畫，臺閣比之摩詰。

又 卷三四《送王端公充荆湖北路轉運》 錦衣驄馬好還家，大別山邊漢水斜。霜簡位高增意氣，金章恩重有光華。幾程蠻徼雲藏驛，一棹荊江月照沙。多少朝簪鬢成雪，願君休訪楚山茶。

宋 蔡交《洋州》（嘉慶）《漢南續修郡志》卷三〇 武定新雄闔，自注：皇朝建爲武定軍節度，後改爲武康軍。豐寧舊奧墟。自注：後魏爲豐寧郡，西魏改爲洋州。

地兼秦蜀美，川會漢洋紆。

翠疊環封嶺，清流躍野渠。

安知下斜谷，自注：上音邪，下音浴。別得上華胥。

乾酒香村落，自注：不入水者謂之乾酒。生金富里閭。自注：地產金，未冶者謂之生金。

晴軒迎螮蝀，夜管送蟾蜍。

啼鳥絃幽塢，芳花繡碧墟。

路飛遊女蓋，自注：士女出遊，人持一青繒小蓋，飾以茸綵，直有用珠璣編綴者。巷曳隱人裾。

陸會尋穿石，自注：春時遊於灖墹，求石之穿者，以絲綴之，取其宜蠶。郡官設幔張樂，下同民歡，謂之踏石。江遨揭聚魚。自注：冬月用蒲藻養魚，至臘日，郡官泛舟於漢之鵝翁潭，奏鼓樂，揭而取之，遊人縱觀，謂之揭蒲之樂也。

繳將藤解坼，自注：葛藤纏繳草木，居人出而解之，取解殃咎纏繳之意。因而有會，

謂之解繳。耗用穀驅除。自注：正月十五日，州人將五穀攢于寺觀，因而祝神以祛禳虛耗，謂之送耗。

雙竹溪翁杖，自注：一幹兩枝，特爲怪異。柔芎壩戶蔬。自注：以芎木苗爲蔬茹。

鎮留僊婿恨，自注：神仙唐公昉盡室昇天，其婿會出，不得偕昇。今其地有鎮，謂之婿水鎮。巖邃佛人居。自注：北山有僧，云善誦經，其傳其怪。然其地絕爲奇勝，謂之念佛巖。

照市成都錦，盈庠闕里書。

採茶驚雉鷮，自注：錦雞、山鷮棲于林谷。護橘趁狨狙。自注：橙橘熟時多爲狨猿所耗，居人日夜馳之。

俗洽庭無訟，年豐廥有儲。

大資州將懶，藐與世賢疏。統總村何有，甘酣分有餘。

正宜心自怍，更有位誰如。

未執歸田耒，猶乘集事車。

好於閑靜處，積漸學樵漁。原注：按蔡交時爲朝奉郎、守尚書虞部郎中、知洋州軍州事。此排律一篇，辭旨固爲莊雅，而詩注獨詳可徵，當日風景大都如在目前矣。

宋 范仲淹《范文正集》卷三《蕭灑桐廬郡十絶其六**》** 蕭灑桐廬郡，春山半是茶。新雷還好事，驚起雨前芽。

宋 蔡正孫《詩林廣記》卷九《晏元獻・烹日注茶》 稽山新茗綠如煙，靜挈都藍煮惠泉。未向人間殺風景，更持醪醉花前。

宋 晏殊《建茶》《與地紀勝》卷一二九 北苑中春岫幌開，里民清曉駕肩來。豐隆已助新芽出，更作讙聲動地催。

宋 梅堯臣《宛陵集》卷一六《送崔黄臣殿丞之任廬山》 驊駒西行四千里，直度經橋百尋水。石上菖蒲未見花，蒙頂茶牙初似觜。采時應憶故園春，故園開焙亦思人。其間杜鵑不中聽，掩耳聊看錦雉馴。青崖鞭垂瘦蛇尾，仙人掐節隨鱗起。斫取他年跨馬歸，劍棧秦山多折箠。

又 卷三四《送江學士睦州通判》 涉淮淮水淺，泝溪溪水遲。君到桐廬日，正值采茶時。試問嚴陵跡，今復有誰知。

又 卷三五《答宣城張主簿遺鴉山茶次其韻》 昔觀唐人詩，茶詠鴉山嘉。鴉銜茶子生，遂同山名鴉。重以初槍旗，采之穿煙霞。江南雖盛産，處處無此茶。纖嫩如雀舌，煎烹比露芽。競收青蒻焙，不重漉酒紗。顧渚亦頗近，蒙頂來以遐。雙井鷹掇爪，建溪春剝葩。日鑄弄香美，天目猶稻麻。吳人與越人，各各相鬭夸。傳買費金帛，愛貪無夷華。甘苦不一致，精麤還有差。至珍非貴多，爲贈勿言些。如何煩縣僚，忽遺及我家。雪貯雙砂罌，詩琢無玉瑕。文字搜怪奇，難於抱長蛇。明珠滿紙上，剩畜不爲奢。玩久手生胝，窺久眼生花。嘗聞茗消肉，應亦可破瘕。飲啜氣覺清，賞重歎復嗟。歎嗟既不足，吟誦又豈加。我今實强爲，君莫笑我耶。

又 卷三六《晏成續太祝遺雙井茶五品茶具四枚近詩六十篇因以爲謝》 始於歐陽永叔席，乃識雙井絕品茶。次逢江東許子春，又出鷹爪與露芽。鷹爪斷之中有光，碾成雪色浮乳花。晏公風流丞相族，以此五色論等差。遠走犀兵至蓬巷，青蒻出篋封題加。紋柘冰瓷作精具，靈味一啜驅昏邪。神還氣王讀高詠，六十五篇金出沙。已從鍛鍊出至寶，終老不變傳幽遐。自惟平昔所得者，何異瓦礫空盈車。滌心洗腑强爲答，愈苦愈拙徒興嗟。

又《潁公遺碧霄峰茗》 到山春已晚，何更有新茶。峯頂應多雨，天寒始發芽。採時林狖靜，蒸處石泉嘉。持作衣囊秘，分來五柳家。

又 卷三七《李仲求寄建溪洪井茶七品云愈少愈佳未知嘗何如耳因條而答之》 忽有西山使，始遺七品茶。末品無水暈，六品無沉柤。五品散雲脚，四品浮粟花。三品若瓊乳，二品罕所加。絕品不可議，甘香焉等差。一日嘗一甌，六腑無昏邪。夜枕不得寐，月樹聞啼鴉。憂來唯覺衰，可驗唯齒牙。動摇有三四，妨咀連左車。髮亦足驚疎，疎疎點霜華。乃思平生游，但恨江路賖。安得一見之，煑泉相與誇。

又 卷四一《吴正仲遺新茶》 十片建溪春，乾雲碾作塵。天王初受貢，楚客已烹新。漏泄關山吏，悲哀草土臣。捧之何敢啜，聊跪北堂親。

又 卷五三《送余少卿知睦州》 青山峽裏桐廬郡，七里灘頭太守船。雲霧未開藏宿鳥，坡原將近見燒田。養茶摘蕊新春後，種橘收包小雪前。民事蕭條官政簡，家書時問雪溪邊。

又 卷五五《得雷太簡自製蒙頂茶》 陸羽舊茶經，一意重蒙頂。

比來唯建谿，團片敵金餅。顧渚及陽羨，又復下越茗。近來江國人，鷹爪夸雙井。凡今天下品，非此不覽省。蜀荈久無味，聲名謾馳騁。因雷與改造，帶露摘牙穎。自煑至揉焙，入碾只俄頃。湯嫩乳花浮，香新舌甘永。初分翰林公，豈數博士冷。醉來不知惜，悔許已向醒。重思朋友義，果決在勇猛。倏然乃以贈，蠟囊收細梗。吁嗟茗與鞭，二物誠不幸。我貧事事無，得之似贅瘻。

又 卷五六《依韻和劉原甫舍人楊州五題·時會堂二首》 歲貢蜀岡茶，似蒙頂茶，能除疾延年

今年太守采茶來，驟雨千門禁火開。一意愛君思去疾，不緣時會此中杯。

雨發雷塘不起塵，蜀崑岡上暖先春。煙牙才吐朱輪出，向此親封御餅新。

宋 陳詵《和祖擇之學士袁州慶豐堂十詠》《龍學文集》卷六 時豐公事少，筆硯任橫斜。環郭江山秀，人情等物華。有象階前景，無聲膝上琴。何勞今鄭衛，視聽不關心。窮谷寓形久，慚無問俗方。文章古刺史，今昔竊餘光。穢草誅還密，浮萍去又生。輒污如鑑淨，有客若爲情。秀泉開舊甃，初試仰山茶。寂寂有餘意，池蓮三五花。園涉日成趣，窮詩嬾綴裝。梁間冰雪句，屈指歲華長。洗竹遥山出，流泉到曲池。可憐波萬頃，黽勉對淪漪。道院今猶古，閒中事可書。鷺鷗馴不去，誰可得親疎。登堂方再月，已許慶豐年。偶繼前賢跡，承流頗裕然。鴻鵠遠矰弋，魚鳥脱池籠。始覺一無物，方知萬事空。

宋 石介《徂徠集》卷四《游靈泉山寺》 寺遠離朝市，同遊並結軫。堦根盤石磴，殿影落青冥。地勝松筠衆，山名草藥靈。洞門深數里，檜樹壽千齡。疑有神仙聚，甯容魑魅停。年多養龍虎，早已蟄雷霆。石上生苔蘚，岩阿長茯苓。晴雲出幽竇，陰霧滑疎櫺。露滴茶芽潤，煙蒸竹汗青。餐霞充道味，採朮驗丹經。直擬陞高處，何妨陟絕陘。遐觀際寥廓，下視何羶腥。自被利名染，無因肺腑醒。晨興看桉牘，夜坐守窗螢。齷齪遵前訓，兢兢視此銘。沉冥若籠鳥，囚縶似拘囹。有願棲雲壑，相隨步翠坰。平生山野性，暫喜據梧瞑。

宋 文彥博《潞公文集》卷四《和公儀湖上烹蒙頂新茶作》 蒙頂露牙春味美，湖頭月舘夜吟清。煩酲滌盡沖襟爽，暫適蕭然物外情。

又《蒙頂茶》 舊譜最稱蒙頂味，露牙雲液勝醍醐。公家藥籠雖多品，略采甘滋助道腴。

宋 歐陽修《文忠集》卷九《雙井茶》 西江水清江石老，石上生茶如鳳爪。窮臘不寒春氣早，雙井芽生先百草。白毛囊以紅碧紗，十斤茶養一兩芽。長安富貴五侯家，一啜猶須三日誇。寶雲日注非不精，爭新棄舊世人情。豈知君子有常德，至寶不隨時變易。君不見建溪龍鳳團，不改舊時香味色。

宋 趙抃《次韻許少卿寄卧龍山茶》《御定佩文齋廣羣芳譜》卷二〇 越芽遠寄入都時，酬倡珍誇互見詩。紫玉叢中觀雨脚，翠峯頂上摘雲旗。啜多思爽都忘寐，吟苦更長了不知。想到明年公進用，卧龍春色自遲遲。

宋 吴中復《謝惠茶》《輿地紀勝》卷一四七 我聞蒙山之巔多秀嶺，煙巖抱合五峯頂。岷峨氣象壓西垂，惡草不生生菽茗。

宋 蔡襄《端明集》卷二《北苑十詠》 其年改造新茶十斤，尤極精好，被旨號爲上品龍茶，仍歲貢之。屑玉寸陰間，摶金新範裏。自注：龍鳳茶八片爲一斤，上品龍茶每斤二十八片。規呈月正圓，勢動龍初起。焙出香色全，爭誇火候是。

又 卷六《和杜相公謝寄茶》 破春龍焙走新茶，盡是西溪近社芽。纔拆緘封思退傅，爲留甘旨減藏家。鮮明香色凝雲液，清徹神情敵露華。却笑虚名陸鴻漸，曾無賢相作詩誇。

宋 羅拯《建茶》《輿地紀勝》卷一二九 自昔稱吴蜀，芳鮮尚未真。于今盛閩粵，冠絕始無倫。地占群山秀，時先百卉春。

草木英華聚，樓臺紫翠重。山形仙苑鳳，泉脈御池龍。

宋 文同《丹淵集》卷八《謝人寄蒙頂新茶》 蜀土茶稱盛，蒙山味獨珍。靈根託高頂，勝地發先春。幾樹初驚暖，群籃競摘新。蒼條尋暗粒，紫萼落輕鱗。的皪香瓊碎，鬔鬆綠蕾勻。慢烘防熾炭，重碾敵輕塵。無錫泉來蜀，乾崤盞自秦。十分調雪粉，一啜咽雲津。沃睡迷無鬼，清吟健有神。冰霜疑入骨，羽翼要騰身。磊磊真賢宰，堂堂作主人。玉川喉吻澀，莫惜寄來頻。

宋 蘇頌《蘇魏公文集》卷六《太傅相公以梅聖俞寄和建茶詩垂示俾次前韵》 近來不貴蜀吴茶，爲有東溪早露芽。二月製成輸御府，經時猶未到人家。太官供罷頒三吏，東閤開時咏九華。從此閩鄉益珍尚，佳章奇品兩相誇。

宋 吕陶《净德集》卷三一《和蒙軒》 蒙軒高占山之埡，其上五頂皆生茶。仙崖雲霧不復見，上峰紫筍今爲嘉。地宜物産種植廣，疲民所恃如禾麻。朝晡衣食足生計，賦税力役供王家。頃者儉人獻榷議，百弊滋長多蘖芽。川馳陸走窮歲月，泣血無告天之涯。近從吾蜀遠秦陝，生意凋落成咨嗟。天高聽卑詔令下，欲使德澤沾荒遐。使節西來善詢度，剗削弊蠹除網罝。山翁野老盡欣悦，市井歌舞尤諠譁。憑軒一望快遠目，滿山和氣凝丹霞。聖君仁政賢臣布，信矣原隰生光華。

宋 韋驤《錢塘韋先生文集》卷八《又借前韻謝惠茶》 靈芽産自越巖限，精製須調焙下煤。隱士寄題緘且密，使君分惠重其開。點疑白雪盈甌泛，啜恐清風兩腋来。却抒短章酬雅貺，畫墁何以謝瓊瑰。

又《謝簡夫太博惠茶》 越嶺掇春英，淮城惠不輕。一杯分爽氣，千里想高情。啜與幽人共，烹宜庶子清。揮毫答珍貺，還愧玉川名。

又《謝巖起寄鳳團茶》 北苑先春雲鳳團，封題分寄墨初乾。未甘金碾消磨了，且作瓊枝愛惜看。水異康王烹莫稱，才非盧子咏應難。强抽鄙句慚瑶報，佳惠輕酬豈自安。

宋 馮山《安岳集》卷一一《問江巨源求茶》 語笑嘉陵醉别辰，曾留一角建陽春。不將閑碾無佳客，每到開嘗憶主人。蒙頂縱甘餘草氣，月團雖有隔年陳。吟魂半去難招些，願得蘭溪數片新。自注：公家蘭溪，每春建溪至，輒馳僕五六千里送官上。

宋 郭祥正《青山集》卷五《前雲居行寄元禪師》 憶雲居，乃在匯澤西南修川之隅。山盤盤兮，石門屹立磴道絶，飛瀑萬丈淙冰壺。雲沈沈兮方晝而忽暝，古木交錯兮藏鼪鼯。攀崖欲上復自止，投險却憶騎鯨魚。崖向時復造平野，絶頂乃有百頃之膏腴。羣山下瞰若聚米，殿閣枕藉非人區。露華洗出太古月，桂子搖落陰扶疏。清風欲借羽儀展，穢念頓覺秋毫無。老禪底事不度我，紅日東上還驅車。如今正似武陵客，放舟已遠嗟迷途。青春一往二十二，白雪漸變千莖鬚。西來忽遇歸飛鳥，青紙遠寄黄金書。靈茶香味勝粉乳，滿篋所贈遇瓊琚。玉川七椀喫不得，灌頂未識真醍醐。南暹北訥惜已死，唯師秀出孤峰孤。潛深隱密自得所，豈不憫我棲榛蕪。倒影射巖猶入石，異日三椽容野夫。

又卷七《卧龍山泉上茗酌呈太守陳元輿》 君不見，歐陽公，在瑯琊。釀泉爲酒飲輒醉，自號醉翁樂無涯。醉來落筆驅龍蛇，電霆萬里轟雷車。濃陰却掃吐朝日，草木妍媚春爭華。斯人往矣道將喪，雖遇絶景誰能誇。又不見卧龍山下一泓水，源接銀河甘且美。惜哉無名人不聞，唯有寒雲弄清泚。君攜天上小團月，來就斯泉烹一啜。不覺兩腋習習清風生，便欲飛歸紫金闕。挽君且住君少留，人生難得名山游。汲泉滌硯請君發佳唱，鏗金戛玉搖商秋。斯泉便與釀泉比，泉價詩名無表裏。自愧學詩三十年，縮手袖間驚血指。君如歐陽公，我非蘇與梅。但能泉上伴君飲，高詠閣筆無由陪。明年茶熟君應去，愁對蒼崖詠佳句。

宋 蘇軾《蘇軾養生集》卷一《寄周安孺茶》 大哉天宇内，植物知幾族。靈品獨標奇，迥超凡草木。名從姬旦始，漸播桐君録。賦咏誰最先，厥傳惟杜育。唐人未知好，論著始於陸。常李亦清流，當年慕高躅。遂使天下士，嗜此偶於俗。豈但中土珍，兼之異邦鬻。鹿門有佳士，博覽無不矚。邂逅天隨翁，篇章互賡續。開園顧山下，屏跡松江曲。有興即揮毫，粲然存簡牘。伊予素寡愛，嗜好本不篤。粤自少年時，低徊客京轂。雖非曳裾者，庇蔭或華屋。頗見紈綺中，齒牙厭粱肉。小龍得屢試，糞土視珠玉。團鳳與葵花，碔砆雜魚目。貴人自矜惜，捧玩且緘櫝。未數日注卑，定知雙井辱。於兹事研討，至味識五六。自爾入江湖，尋僧訪幽獨。高人固多暇，探究亦頗熟。聞道早春時，携籯赴初旭。驚雷未破蕾，采采不盈掬。旋洗玉泉蒸，芳馨豈停宿。須臾布輕縷，火候謹盈縮。不憚頃間勞，經時廢藏蓄。髹筒净無染，箬籠匀且復。苦畏梅潤侵，暖須人氣燠。有如剛耿性，不受纖芥觸。又若廉夫心，難將微穢瀆。晴天敞虚府，石碾破輕緑。永日遇閑賓，乳泉發新馥。香濃奪蘭露，色嫩欺秋菊。閩俗競傳誇，豐腴面如粥。自云葉家白，頗勝中山醁。好是一杯深，午窗春睡足。清風擊兩腋，去欲凌鴻鵠。嗟我樂何深，水經亦屢讀。陸子咤中泠，次乃康王谷。蟆培頃曾嘗，瓶罌走僮僕。如今老且懶，細事百不欲。美惡兩俱忘，誰能强追逐。薑鹽拌白土，稍稍從吾蜀。尚欲外形骸，安能徇口腹。

由來薄滋味，日飯止脫粟。外慕既已矣，胡爲此羈束。昨日散幽步，偶上天峰麓。山圃正春風，蒙茸萬旂簇。呼兒爲招客，采製聊亦復。地僻誰我從，包藏置厨簏。何嘗較優劣，但喜破睡速。况此夏日長，人間正炎毒。幽人無一事，午飯飽蔬菽。困卧北窗風，風微動窗竹。乳甌十分滿，人世真局促。意爽飄欲仙，頭輕快如沐。昔人固多癖，我癖良可贖。爲問劉伯倫，胡然枕糟麴。

宋 蘇軾《東坡全集》卷四《將之湖州戲贈莘老》 餘杭自是山水窟，仄聞吳興更清絕。湖中橘林新著霜，溪上苕花正浮雪。顧渚茶芽白於齒，梅溪木瓜紅勝頰。吳兒膾縷薄欲飛，未去先説饞涎垂。亦知謝公到郡久，應怪杜牧尋春遲。鬢絲只好對禪榻，湖亭不用張水嬉。

又 卷五《九日尋臻闍黎泛舟勤師院》 湖上青山翠作堆，葱葱鬱鬱氣佳哉，笙歌叢裏抽身出，雲水光中洗眼來，白足赤髭迎我笑，拒霜黄菊為誰開，明年桑苧煎茶處，憶著衰翁首重回。

又 卷一一《送劉寺丞赴餘姚》 中和堂後石楠樹，與君對床聽夜雨。玉笙哀怨不逢人，但見香煙横碧縷。謳吟思歸出無計，坐想蟋蟀山房語。明朝開鎖放觀潮，奈氣正與潮爭怒。銀山動地君不看，獨愛清香生雪霧。別來聚散如宿昔，城郭空存鶴飛去。我老人間萬事休，君亦洗心從佛祖。手香新寫法界觀，眼淨不覷登伽女。餘姚古縣亦何有，龍井白泉甘勝乳。千金買斷顧渚春，似與越人降日注。

又 卷一七《送周朝議守漢州》 茶爲西南病，岷俗記二李。自注：謂杞與稷也。何人折其鋒，矯矯六君子。自注：謂思道與姪正孺、張永徽、吳醇翁、呂元鈞、宋文輔也。君家尤出力，流落初坐此。謂當收桑榆，華髮看劍履。胡爲犯風雪，歲晚行未已。念歸誠得計，顧自爲謀耳。吾聞江漢間，瘡痏有未起。莫輕龔遂老，君王付合注：一作不尺箠。召還當有詔，挽袖謝鄰里。猶堪作水衡，供張園林美。

又 卷一八《次韵曹輔寄壑源試焙新茶》 仙山靈雨濕行雲，洗遍香肌粉未勻。明月來投玉川子，清風吹破武林春。要知冰雪心腸好，不是膏油首面新。戲作小詩君一笑，從來佳茗似佳人。

又 卷二一《七年九月，自廣陵召還，復館於浴室東堂。八年六月，乞會稽，將去，汶公乞詩，乃復用前韻》 乞郡三年字半斜，廟堂傳笑眼昏花，上人問我遲留意，待賜頭綱八餅茶。尚書、學士得賜頭綱龍茶，一斤八餅，今年綱到最遲。

又 卷二二《次韵曾仲錫元日見寄》 蕭索東風兩鬢華，年年幡勝剪宮花。愁聞塞曲吹蘆管，喜見春盤得蓼芽。吾國舊供雲澤米，自注：定武齋酒用蘇州米。君家新致雪坑茶。自注：近得曾坑茶。燕南異事真堪紀，三寸黄甘擘永嘉。

又 卷二三《荔支嘆》 十里一置飛塵灰，五里一候兵火催。顛坑仆谷相枕藉，知是荔支龍眼來。飛車跨山鶻横海，風枝露葉如新採。宮中美人一破顔，驚塵濺血流千載。永元荔支來交州，天寶歲貢取之涪。至今欲食林甫肉，無人舉觴酹伯游。自注：漢永元中交州進荔支龍眼，十里一置，五里一候，奔馳死亡，罹猛獸毒蟲之害者無數。唐羌字伯游，為臨武長，上書言狀，和帝罷之。唐天寶中蓋取涪州荔支，自子午谷路進入。我願天公憐赤子，莫生尤物為瘡痏。雨順風調百穀登，民不飢寒爲上瑞。君不見武夷谿邊粟粒芽，前丁後蔡相籠加。自注：大小龍茶始於丁晉公，而成於蔡君謨。歐陽永叔聞君謨進小龍團，驚歎曰：君謨士人也，何至作此事！爭新買寵各出意，今年鬬品充官茶。自注：今年閩中監司乞進鬬茶，許之。吾君所乏豈此物，致養口體何陋耶。洛陽相君忠孝家，可憐亦進姚黄花。洛陽貢花自錢惟演始。

又 卷二四《種茶》 松間旅生茶，已與松俱瘦。茨棘尚未容，蒙翳爭交構。天公所遺棄，百歲仍稚幼。紫筍雖不長，孤根乃獨壽。移栽白鶴嶺，土軟春雨後。彌旬得連陰，似許晚遂茂。能忘流轉苦，戢戢出鳥咮。未任供春磨，且可資摘嗅。千團輸大官，百餅衒私鬬。何如此一啜，有味出吾囿。

又 卷二六《送南屏謙師并引》 南屏謙師妙於茶事，自云得之於心，應之於手，非可以言傳學到者。十二月二十七日，聞軾游落星，七集落星作壽星寺，盧校：壽星遠來設茶，作此詩贈之。

道人曉出南屏山，來試點茶三昧手。忽驚午盞兔毫斑，打作春甕鵝兒酒。天台乳花世不見，玉川風腋今安有。先生有意續茶經，會使老謙名不朽。

又《黄魯直以詩饋雙井茶次韵爲謝》 江夏無雙種奇茗，汝陰六一誇新書。磨成不敢付僮僕，自看雪湯外集作浪生璣珠。列仙之儒瘠不腴，

只有病渴同相如。明年我欲東南去，畫舫何妨宿太湖。自注：《歸田録》草茶以雙井爲第一。畫舫宿太湖，顧渚貢茶故事。

宋 蘇轍《欒城集》卷四《和子瞻煎茶》 年來病懶百不堪，未廢飲食求芳甘。煎茶舊法出西蜀，水聲火候猶能諳。相傳煎茶只煎水，茶性仍存偏有味。君不見閩中茶品天下高，傾身事茶不知勞。又不見北方俚人茗飲無不有，鹽酪椒薑誇滿口。我今倦遊思故鄉，不學南方與北方。銅鐺得火蚯蚓叫，匙脚旋轉秋螢光。何時茅檐歸去炙背讀文字，遣兒折取枯竹女煎湯。

又卷六《次韻李公擇以惠泉答章子厚新茶二首其一》 無錫銅瓶手自持，新芽顧渚近相思。故人贈答無千里，好事安排巧一時。蟹眼煎成聲未老，兔毛傾看色尤宜。槍旗携到齊西境，更試城南金線奇。自注：金線泉在齊州城南。

又卷九《宋城宰韓秉文惠日鑄茶》 君家日鑄山前住，冬後茶芽麥粒粗。磨轉春雷飛白雪，甌傾錫水散凝酥。溪山去眼塵生面，簿領埋頭汗匝膚。一啜更能分幕府，定應知我俗人無。

又卷一八《揚州五咏·蜀井》 信脚東遊十二年，甘泉香稻憶歸田。行逢蜀井恍如夢，試煮山茶意自便。短綆不收容盥濯，紅泥仍許置清鮮。早知鄉味勝爲客，遊宦何須更着鞭。

宋 頓起《元符二年二月七日按部過邛州火井縣三友堂小酌楊公天隱嘗令此邑令此邑以山水竹爲三友余益以風月爲五賢云》《永樂大典》卷七二三八 七盤一何高，蒼翠浄寥廊疑當作廓。夜雨濯杉檜，春風散芝藥。細雲散巖色，細逕度危笮。邑改井已泥，空餘漢城郭。土瘠漫生茶，人稀時走獲。苔蘚囹圄空，塵埃簿書閣。縣圃何蕭條，半櫻半零落。偃蹇大夫松，委蛇君子鶴。試登三友堂，借問何人作。皆云楊先生，好詩心淡泊。乘興山水間，此君共獻酢。瑯玕無俗韻，仁智有真樂。取友信可人，自待宜不薄。我來宴坐久，寂寥無唯諾。明月來徘徊，清風自蕭索。因留風與月，相對成清酌。蟾光照金尊，餘輝射杯酒。輕飈入朱弦，彷彿奏簫勺。醺然造忘形，神交通博約。醉號五賢堂，醒來資一噱。

宋 黃裳《演山集》卷一一《茶苑二首其二》 莫道雨芽非北苑，須知山脈是東溪。旋燒石鼎供吟笑，容照巖中日未西。

宋 黃庭堅《山谷集》卷三《雙井茶送子瞻》 人間風日不到處，天上玉堂森寶書。想見東坡舊居士，揮毫百斛瀉明珠。我家江南摘雲腴，落磑霏霏雪不如。爲君喚起黃州夢，獨載扁舟向五湖。

宋 吕南公《灌園集》卷二《以雙井茶寄道先從以長句》 園公嗜慾淺，所好盃中物。有田在荒村，半以種糯秫。居然成醞釀，不復畏法律。客至啟柴扉，甆甌等閒出。春蔬間菘韭，秋果雜梨栗。取次得寬懷，何曾計餘日。山棲經五載，此興殊不失。獨有醒覺時，追傷往年屈。羇游住破屋，愁寂靠鋸鉞。仰望步兵厨，優如上公秩。無錢輸榷吏，窮素又畏咄。太息蘇源明，仁襟信奇倔。低徊憐鄭老，長使醉兀兀。發我感古人，何緣希彷彿。粤從歸村後，夙恨億萬畢。耕稼雖自勞，醺酣不他乞。親朋或知我，問訊俱委悉。亦有贈助恩，無非佳紙筆。鄰家世粗糲，竊笑事儒術。故故送樽壺，端爲鷸欺鶻。披襟忍辭拒，對案傾倒訖。特是今叚乖，遭承極紆鬱。遥遥海南尉，憫我卧蓬蓽。寄以累幅書，封題附郵驛。慇懃屢存賜，頗以照蕭瑟。乃惠雙井茶，雲腴品居一。人間有餽遺，宜用彼所必。牙櫛奉戎王，鶡鵰取侮忽。藜羹予餓士，荷德到身没。驚嗟石上英，於我係搪突。迴思西山閣，其主異俗匹。喜醉復喜醒，其胸抵溟渤。今當議移獻，不更嫌草率。再拜寫私誠，庶幾無廢弗。銀鍋焚蟹眼，金匕攪雲骨。陸叟片無三，盧翁碗論七。能希擊節賞，且勉按劍叱。縱被睡魔嗔，吾豪不應恤。

宋 李復《潏水集》卷一一《玉泉寺》 道人東立海上山，錫飛西落大江北。雙履還乘海雲起，西過當陽駐山曲。倚巖引錫神泉湧，一道明虹出幽谷。兀然孤冥踞盤石，清夜鬼神禮白足。化城自化非人謀，七日煥然一何速。雄樓傑閣鬱相望，擁路十里長松綠。鳴鐘擊鼓四百年，法席巍巍傾楚蜀。堂上提印雲門孫，聞我足音下山麓。門銜大路久慣入，客館蕭蕭蔭寒竹。春茶自造始開嘗，色味甘新氣芬馥。更窮上方縱登覽，峰嶂四環森萬木。投老經過得少留，明發飛塵暗征轂。

宋 賀鑄《慶湖遺老詩集拾遺·有僧自峽中來持黃黔州手製茶兼能道其動静與潘豳老賦二首》 豫章人聚白金十餘斤以寄魯直，付一士子，竟隱之不送，故有黃犬之句。丁丑五月江夏賦。

未聞東觀奏書成，俄見西南萬里行。從坐何闕李都尉，補亡猶待褚

先生。心縣黄犬沉來耗，耳慣青駒祇舊鳴。時節私庭差自慰，鳳將雛去雁隨兄。

平生得禄僅榮親，持底天涯料理貧。夜戶不關無長物，晨炊待火乞諸鄰。山魈頗俠能來虎，水弩何知枉中人，少減家園舊年調，攜籠先采雨前春。

宋 晁説之《景迂生集》卷四《謝仲長通判朝議兄惠顧渚茶》

天子不嘗陽羡茶，二百年餘空咨嗟。吾儂咨嗟苦未休，濤江春色遠含羞。趙卿老矣刺史半，緘題寄我甬水頭。故不敢西征逐貴嗜，最宜東來同羈愁。人生趣尚有窮達，草木還亦如人不。誰家棄婦泪未乾，忍對孤鴻暮影寒。趙卿蝦菜且良食，莫教歸夢到長安。

又 卷八《蒙用諸人韻賦詩見貽復用韻謝之》 昔人何事愛吾廬，燕雀鸞凰不並居。鄉社鳴琴欣日永，宦遊退鶂恨風初。迷樓賦罷夢何處，雙扇詩成淚不疏。莫問今朝多白髮，年時曾奏萬言書。

一年幾相作新沙，鼙鼓難開上苑花。顧我何堪鳴玉佩，如君不得侍金華。隱身思傍懸壺樹，仙馭須求蒙頂茶。辜負麒麟功業志，只教人喚作詩家。

宋 晁冲之《陸元鈞宰寄日注茶》《御定佩文齋廣群芳譜》卷二〇 我昔不知風雅頌，草木獨以茶比諷。陋哉徐鉉説茶苦，欲與淇園竹同種。又疑禹漏税九州，橘柚當年錯包貢。腐儒妄測聖人意，遠物勞民亦安用。含桃熟薦當在盤，荔子生來枉飛鞚。羊俎異好亦何有，蚶菜殊珍要非奉。君家季疵真禍首，毀論徒勞世仍重。爭新鬭試誇擊拂，風俗移人可深痛。老夫病渴手自煎，嗜好悠悠亦從衆。更煩小陸分日注，密封細字蠻奴送。槍旗却憶採擷初，雪花似是雲溪動。更期遺我但敲門，玉川無復周公夢。

宋 葛勝仲《丹陽集》卷二一《次韻中散兄及諸弟寄顧渚茶二首》 茗溪溪上一茶神，三表遺經品藻親。輕拂競看雲態度，初嘗應愜舌根塵。草堂遙憶金沙水，自注：草堂有金沙泉，君謨愛而名之。花瀨聊分紫氣春。自注：事見陸龜蒙詩。尤物從来常貴少，彭城園外即非真。自注：顧渚，今出劉希範參政家。

又 健步蒼頭捷若神，露芽三日到情親。輕甌延喜凝珍玉，小磑鄰虚墮細塵。便好相招十日飲，莫教虚負一年春。慇懃後訊當重餉，月六齋時供應真。

宋 陳東《少陽集》卷五《茶》 偏愛君家碧玉盤，建溪雲腳未嘗乾。書生自恨無金換，聊以詩章乞數團。

宋 徐巖泉《六安州茶居士傳》《茶集》 居士茶姓，族氏衆多，枝葉繁衍遍天下。其在六安一枝最著，為大宗，陽羡、羅岕、武夷、匡廬之類，皆小宗。若蒙山，又其別枝也。巖泉徐子嬪者，味古今士也。嘉靖中，以使事至六安，欲過居士訪之。偶讀書，宵分倦隱几，夢神人告曰：『先生含英咀華，余侍有年矣。昔者陸先生不鄙世族，為作譜及雜引為經。每枉士大夫，余輒出其文章表見之。陸先生名愈長，余亦與有揚之之力焉。先生其肯傳我乎？余當以揚陸先生者揚先生。』徐子忽寤，睜目視之，無所見。適童子盥雙手，捧茶至，乃知所夢者，即茶居士之先也，遂作傳。

按：茶氏苗裔最遠。洪濛初，上帝憫庶類非所，開形、性二局，各有司存焉。茶氏列木品，凡木材，大者千尋，其最小，須十尺。又與之性，為清、為香、為甘。茶氏喜曰：庶矣，庶矣！未也，吾性叩當益我。乃伏闕訴曰：『臣荷恩重，願世授首報，然為子若孫計，請乞藩封。』上帝怒曰：『小臣多欲，罪當誅。』時帝方好生，不即誅，下二局議。司形者曰：『罪當貶其處深巖幽谷，其材二尺許。』性者曰：『與之苦。』疏請上裁，詔可之。茶氏伏罪而出，於是其處、其材，世守之，歷數百年，皆山澤叟也，無顯者。

三代以下，國制漸備，間有識者，然遇山人，輒仇仇不適，類戕賊焉。其少者最苦之，長者曰：『吾以旗鎗衛若。』山人聞之怒，深春率女士噪呼菁莽中，大擄之，俘斬無筭，並旗鎗奪焉。有死者相枕籍者，偃者，仆者，有孑立者，有傾且倚者，有髠者，茶氏愈出首愈敗。然偵之，則間諜挑釁多吳中人，乃謀諸老者曰：『吾聞吳，強國也。昔齊景公泣涕女女矣。吾如景公何？春秋求成之義盍修？』諸衆皆曰：『然。』於是長者自卿縛，就山人俯伏曰：『吾不敵矣，君特為吳人獻我耳。勿信，君衛吾，吾當令吳人歲歲貢金幣。』山人曰：『有是哉，有是哉。』於是徙其衆，咸就山人，山人始為通好。然亦無甚顯者。

嗣後，有楚狂裔孫陸羽先生者，博物洽聞。聞茶氏名，就山中訪之。

登其堂，直入其室，寂無纖塵，躊躇四顧，北窗間僅石榻一，設山水畫一幅，蒲團數枚，香一爐，棋一枰，古琴一張。案上有《周易》、《羲皇》、《墳典》、古詩書若干卷。茶氏不出，戒諸子曰：『先生識者，若等次第往見之，以月日為序，少者最尾。』先生擊筑而歌乃出迎。披蒙茸裘，衣朴古之衣，或蒼蘚跡尚存。蓋茶氏山中習云。乃延先生坐，先生問弟子，弟子以次第見之。獨少女，誕穀雨前，故名雨前，最嬌不出。先生不知，每一見者，咸嘖嘖歎賞為品題，深有味乎其言也。時茶氏以獨居不成味，無以款先生，出而呼其相狎友數十輩，共聚一室焉，願各獻其能，共成大美悅先生。有第一泉氏、第二泉氏、第三泉氏，有筐氏、籠氏、瓦壺氏、爐氏、火氏、盂氏、筯氏、其果氏、匙氏，列階下，聽先生召始往；不召，不敢往。於時，先生張口舌，傾腸腹，締交茶氏，咸慶知己。即命雨前出行酒。先生一見，大異之，謂曰：『此子標格氣味不凡，仙品也，他日當近王者，大貴，第寶藏之，勿輕以許人。然造物忌盈，汝子姓當世世顯榮，發在少年，汝長老宜讓之。當澹泊隨時，高下不問類，可保長貴。若雨前，勿輕許人。』茶氏曰：『諾。』命雨前入，遂入。乃呼端溪氏、玄圭氏、楮氏、中山氏咸就見。中山氏免冠，曰：『願乞先生言，用旌主人。』先生命盂氏來，連啜之，一揮而就，《譜》成《經》亦成。茶氏再拜曰：『吾得此，後世當有顯者，先生賜遠矣。』遂別去。今茶氏之《譜》與其《經》，大散見文章家，茶氏名益重。

茶氏世好修潔，與文人騷客、高僧隱逸輩最親昵。有毒侮於酒正者，輒入底裏勸之，酒正盡退舍，不敢角立。又能破人悶，好吟詠。吟詠者援之共席，神氣灑灑，腸不枯，驚人句迭出焉。故茶氏風韻絕俗，不與凡品等，特頗遠市井。或召之，老者亦往，士人由此益重茶氏，凡延上賓，修婚禮，必邀茶氏與焉。山人者流，知士人重，咸重，由是益廣其資生，為之去濕就燥，護侵伐，防觸抵，千百為計，雖烈日積雪、大風雨，山人視之益篤。然所居率無垣牆之制，上帝不賜藩封也。吳中人知之，更為餌山人，山人不從，果貢金帛，歲歲如初言。山人遂德之，與茶氏通，世世好不絕。

一日，有乘高軒者過其門，詠老杜炙背採芹之句，茶氏聞之驚曰：『得無知我雨前哉？』不數日，果有疏雨前名上者。上走中使，持璽書，命有司賫黃金色幣聘往。金色幣者，上御赭袍，示親寵也。有司如命捧帛聘。茶氏不得已，命雨前拜賜。有司促上馬，雨前上馬，盛陳仙樂，設旗幟，擇良使從之，計偕以上。雨前馬上歌曰：『妾本山中質、山中身，蚤辭毋兮多苦辛。黃金為幣兮色鱗鱗；今日清林，明朝紫宸，何以報君王恩。』又歌曰：『金幣纏頭兮百花帶，鼓耽耽，旂旟旟，苦居中，香在外。紅塵百騎荔枝來，太真太真兮今安在。』一時聞者，皆泣下。至京師，直排帝閽，入時上御便殿。雨前叩首曰：『臣所謂苦盡甘來者，蒙恩及草茅，願赴湯火。』上憐之，以手援之至就口焉。上厚賞賜使者。遂封為龍團夫人，命納諸後宮。宮中一后、三嬪、六妃、九貴人、十二夫人，一時見者，皆大悅，即延上座，寵冠掖庭。雨前性恬淡不驕，雖羣娥，亦狎且就之。自后妃以下，無少長，少頃不見輒索。其隆眷若此，然雨前不能自行，往必藉相託，乞恩於上。上命玉容貴人與之俱。玉容者，其量有容，故以容名。玉容謝曰：『臣今得所矣！昔上命黃封力士入宮禁，力士性傲而氣雄，且粗豪，慣恃上恩，至有擠臣傾仆。時者臣嘗苦之不自禁，懼無以完晚節。臣今得所矣。』雨前亦以玉容同出身山家，甚宜之。上謂雨前曰：『吾欲汝世世受國恩，汝有家法否？』雨前曰：『臣微賤，無家法。臣侍奉中國，不通外夷，然族有善醫者，西番人多重賂之，君王幸為保全，使世守清苦之節，以免赤族。當闕須鐵面。』上曰『然。』以雨前請，著為令，至今西羌之域，尚有巡茶憲使云。茶氏由此，世通藉王家，益顯且遠矣。

贊曰：草木之生，皆得天地之精之先也，五穀尚矣。然華者多不足於目，實者多不足於口，類皆可得於見聞，而下通於樵夫、牧豎，不為貴。神仙家以松柏、芝苓，服之可長生，吾又未聞見其術，借有之，其功用亦弗廣，皆不足貴也。若茶氏者，樵夫、牧豎所共知，而知之者，鮮能達其精。其精通於神仙家，而功用之廣則過之，且世寵於王者，而器之不少衰焉。吁，最貴哉，最貴哉！

宋 熊蕃《宣和北苑貢茶録・御苑采茶歌十首并序》 先朝漕司封修睦，自號退士，嘗作《御苑採茶歌》十首，傳在人口。今龍園所製，視昔尤盛，惜乎退士不見也。蕃謹撫故事，亦賦十首，獻之漕使。仍用退士元韻，以見仰慕前修之意。

雪腴貢使手親調，旋放春天採玉條。伐鼓危亭驚曉夢，嘯呼齊上苑東橋。

采采東方尚未明，玉芽同護見心誠。時歌一曲青山裏，便是春風陌上聲。

共抽靈草報天恩，貢令分明龍焙造茶依御廚法使指尊。邏卒日循雲塹繞，山靈亦守御園門。

紛綸爭徑蹂新苔，回首龍園曉色開。一尉鳴鉦三令趨，急持煙籠下山來。採茶不許見日出。

紅日新升氣轉和，翠籃相逐下層坡。茶官正要龍芽潤，不管新來帶露多。採新芽不折水。

翠虬新範絳紗籠，看罷人生玉節風。葉氣雲蒸千嶂綠，歡聲雷震萬山紅。

鳳山日日滃非煙，賸得三春雨露天。棠坼淺紅酣一笑，柳垂淡綠困三眠。紅雲島上多海棠，兩堤宮柳最盛。

龍焙夕薰凝紫霧，鳳池曉濯帶蒼煙。水芽只是宣和有，一洗槍旗二百年。

修貢年年採萬株，只今勝雪與初殊。宣和殿裏春風好，喜動天顏是玉腴。

外臺慶曆有仙官，龍鳳纔聞製小團。按：《建安志》：『慶曆間，蔡公端明為漕使，始改造小團龍茶。』此詩蓋指此。爭得似金模寸璧，春風第一薦宸餐。

宋 王十朋撰，南逢吉注《會稽三賦》 日鑄雪芽，臥龍瑞草。瀑嶺稱仙，茗山鬥好。顧渚爭先，建溪同蚤。碾塵飛玉，甌濤翻皓。生兩腋之清風，興飄飄於蓬島。

日鑄雪芽者，日鑄嶺在會稽縣東南五十五里，歐冶鑄劍之處，地產茶最佳，其芽纖白而長。歐陽公《歸田録》曰：草茶盛於兩浙。兩浙之品，日鑄為第一。雪言其白也。臥龍瑞草者，臥龍山即府治之所據者。《會稽志》曰：會稽產茶極多，佳品惟臥龍一種，得名亦盛，與日鑄相亞。瑞言其異如祥瑞也。杜牧之詩曰：山實東吳地，茶稱瑞草魁。瀑嶺，瀑布嶺也。《茶經》曰：餘姚縣茶生瀑布嶺者號仙茗，大者殊異。茗山在蕭山縣西二里，其上多奇茗。顧渚在湖、常二境之間，出紫筍茶，色如膩粉，最難得。蔡寬夫詩：紫筍生顧渚。唐制，湖州造茶最多，謂之顧渚。當採茶時，兩郡守畢至。歲以清明日入貢。建溪，今建寧府也。丁謂《北苑新茶詩序》曰：惟建州出茶有焙。焙有三十六，三十六中，惟北苑發早，而味尤佳。社前十五日，即采其芽。碾塵飛玉、甌濤翻皓者，言茶之色也。《青瑣高議》：蔡君謨謂范文正曰：公採茶歌曰：黃金碾畔綠塵飛，碧玉甌中翠濤起。今茶絕品，其色甚白，翠綠乃下者爾。欲改為玉塵飛，素濤起，如何？希文曰善。生兩腋之清風、興飄飄於蓬島者，言茶之趣也。盧仝《謝孟諫議茶歌》曰：七碗吃不得也，惟覺兩腋習習清風生。蓬萊山在何處，玉川子乘此清風欲歸去。

（嘉泰）《會稽志》卷九《山·府城》 臥龍山【略】地出佳茗，以山泉烹瀹為宜【略】越城八山。蜿蜒奇秀者，臥龍山也【略】范公《清白堂記》云：山岩之下，獲廢井，視共泉清而白色，味之甚甘，以建溪、日鑄、臥龍、雲門之茗試之，甘液華滋，悅人襟靈。張伯玉《蓬萊閣》詩自注：臥龍山茶冠吳越。

又《會稽縣》 日鑄嶺，在縣東南五十五里。地產茶，最佳。歐陽文忠《歸田録》：草茶盛於兩浙，兩浙之品，日鑄第一。黃氏《青箱記》云：日鑄茶，江南第一。華初平云：日鑄山茗，天真清冽，有類龍焙。

又《蕭山縣》 茗山，在縣西三里。山多茗，下有二塘。

又卷一七《日鑄茶》 日鑄嶺，在會稽縣東南五十五里。嶺下有僧寺名資壽，其陽坡名油車，朝暮常有日，產茶絕奇，故謂之日鑄。然茶之尤者，顧渚、蜀岡、蒙頂、皖山、寶雲，皆見於唐以來記録或詩章中。日鑄有名頗晚，吳越貢奉中朝，土毛畢入，亦不聞有日鑄，則日鑄之出，殆在吳越國除之後。《歸田録》云：草茶盛於兩浙，兩浙之品，日鑄第一。《青箱記》亦云：越州日鑄茶，為江南第一。范文正公汲清白堂西山泉，以建溪、日鑄、臥龍、雲門之品試之，云甘液華滋，悅人襟靈。《茶經》：餘姚茶，生瀑布嶺，昔號仙茗，大者殊異，與襄州同。按：今會稽產茶極多，佳品惟臥龍一種，得名亦盛，幾與日鑄相亞。臥龍者，出臥龍山，或謂茶種亦出日鑄。蓋有知茶者謂二山土脈相類，及藝成，信亦佳品。然日鑄芽纖白而長，其絕品長至三、二寸，不過十數株，餘雖不逮，亦非他產所可望，味甘軟而永，多啜宜人，無停滯酸噎之息。臥龍則芽差短，色微紫黑，類蒙頂、紫筍，味頗森嚴，其滌煩破睡之功，則雖日鑄有不能及，顧其品終在日鑄下。自頃二者皆或充包貢，臥龍則易其名曰瑞龍，蓋自近歲始也。其次則天衣山之丁堄茶，陶宴嶺之高隖茶，一曰金家隩茶，秦望山牙小朵茶，東土鄉之雁路茶，會稽山之茶山茶，蘭亭之花隖茶，諸暨之石覓茶，餘姚之化安瀑布茶，此其梗概也。其餘猶不可殫舉，日鑄，它書及土人皆用鑄字，蔡君謨、東坡先生詩帖墨蹟皆然，惟歐陽公著《歸田録》，則書為日注，疑公自有所據。其後亦有書作注者，蓋自歐陽公始也。

（嘉泰）《吳興志》卷一《談志四·長興縣·山》 赭石山，在縣北六十一里。多產刺榆、貢茗。

又《嶺》 懸脚嶺，在長興縣西北七十里。《山墟名》云：以嶺脚下懸為名。多産箭竹、茶茗，一名芳巖，箬水出焉。

白峴嶺，在縣西北八十里。《山墟名》云：多産櫧、茗、箭箬。

又《峽》 明月峽，在長興縣顧渚側。二山相對，壁立峻峭，大澗中流，巨石飛走。斷崖亂石之間，茶茗叢生，最為絶品。張文規詩曰：明月峽中茶始生。石上多唐人刻字，顔真卿所書，但存仿佛。

（咸淳）《毗陵志》卷一五《山水》 蒿山，在縣西南三十里，多産茶。

又《宜興》 唐貢山在縣東南三十五里，臨罨畫溪，以唐朝貢茶，故名。

又 啄木嶺，在縣東南七十里，唐湖、常二守貢茶相會之地。

又卷二七《古迹》 茶舍，在罨畫溪，上去湖㳇一里。李棲筠為州，有僧獻佳茗，陸羽以為芬香冠絶他境，可供尚方，始貢萬兩。置舍洞靈觀，韋夏卿徙茲地。盧仝詩云：天子須嘗陽羨茶，百草不敢先開花。**【略】** 李郢云：吾君可謂納諫君，凍官不諫何由聞，使君愛民慘顔色，就焙嘗茶坐諸客，幾回到口重諮嗟，嫩綠鮮芳出何力。僖宗幸蜀，間關馳貢，王守枳詩云：今朝拜貢盈襟淚，不進新芽是進心。南唐保大四年，命建州置的乳茶，號京挺，乃罷貢。

元 趙孟頫《御茶園記》《茶集》 武夷，仙山也。巖壑奇秀，靈芽茁焉，世稱石乳，厥品不在北苑下，然以地嗇，其産弗及貢。至元十四年，今浙江省平章高公興，以戎事入閩，越二年，道出崇安，有以石乳餉者。公美芹思獻，謀始於沖祐道士，摘焙作貢。越三載，更以縣官涖之。大德己亥，公之子久佳，奉御以督造，寔來竟事。還朝，越三年，出為邵武路總管建邵，接軫上命，使就領其事。是春，馳驛詣焙所，祗伏厥職，不懈益虔，省委張璧克相其事。

明年，創焙局於陳氏希賀堂之故址。其地當溪之四曲，峯攢岫列，盡鑒奇勝。而邦人相役，翕然子來，爰即其中作拜。發殿六楹，跂翼翬飛，丹堊焜燿，夾以兩廡，製作之具陳焉。而又前闢公庭，外峙高閣，旁搆列舍三十餘間，脩垣繚之。規制詳縝，逾月而事成。爰自修貢以來，靈草有知，日入榮茂。初貢僅二十斤，採摘戶才八十，星紀載周，歲有增益。至是，定簽茶戶二百五十。貢茶以斤計者，視戶之百與十，各嬴其一焉。餘倣此焙之製，為龍鳳團五千。製法必得美泉，而焙所土騂剛，泉弗竇，俄而殿居兩石間，迸湧澄泓，視鳳泉尤甘洌。見者驚異，因甃以甓，亭其上，而下者鑿石為龍口，吐而注之也。用以溲浮，芳味深邕。

蓋斯焙之建，經始於是年三月乙丑，以四月甲子落成之。時邵武路提控案牘省委張璧復為崇安縣尹，孫瑀董其役，而恪共貢事，則建寧總管王鼎，崇安縣達魯花赤與有力焉。既承差穀，協恭拜稽，緘匙馳進闕下，自是歲以為常。欽惟聖朝統一區宇，乾清坤夷，德澤有施，洽於庶類，而平章公肇脩底貢，父作子述，忠孝之美，萃於一門。和氣薰蒸，精誠感格，於是金芽先春，瑞侔朱草，玉漿噴地，應若醴泉。以山川草木之效珍，見天地君臣之合德。則雖器幣貨財，殫禹貢風土之宜，盡周官邦國之用，而蓄蓴備其休證，滂流兆其禎祥，蔑以尚於此矣。

建人士以為北苑經數百年之後，此始出於武夷僅十餘里之間，厥産屏豊於北性，殊常盛事，曠代奇逢，是宜刻石茲山，永觀無斁。爰示與創顛末，禪孟頫受而祐簡畢焉。孟頫不得辭，是用比敘大概，出以授之。庶幾彰聖世無疆之休，垂明公無窮之聞，且使嗣是而共歲事者，益加敬而增美云。

元 薩都剌《喊山臺記》 武夷産茶，每歲修貢，所以奉上也。地有主宰，祭祀得所，所以妥靈也。建為繁劇之郡，牧守久闕，事務往往廢曠。邇者余以資德大夫前尚書省左丞忻都嫡嗣，前受中憲大夫、福建道宣慰副使僉都元帥府事，茲膺宣命，來牧是邦。視事以來，謹恪迺職，惟恐弗稱。

茲春之仲，率府吏段以德，躬詣武夷茶場，督製茶品。驚蟄喊山，循彝典也。舊於修貢正殿所設御座之前，陳列牲牢，祀神行禮，甚非所宜，迺進崇安縣尹張端本等，而諗之曰：『事有不便，則人心不安，而神亦不享。今欲改弦而更張之，何如？』衆皆曰：『然。』乃於東皐茶園之隙地，築建壇墠，以為祭祀之所。庶民子來，不日而成。臺高五尺，方一丈六尺，亭其上，環以欄楯，植以花木。左大溪，右通衢，金雞之巖聳其前，大隱之屏擁其後，棟甍翬飛，基址壯固。斯亭之成，斯祀之安，可以

與武夷相為長久。俾修貢之典，永為成規。人神俱喜，顧不偉歟。

雜録

明 龍膺《蒙史》 東坡云：到杭一遊龍井，謁辨才遺像，持密雲團為獻龍井。孤山下有石室，前有六一泉，白而甘。湖上壽星院，竹極偉。其傍智果院，有參寥泉、及新泉，皆甘冷異常，當時往一酌。

建安能仁院，有茶生石巖間，僧採造得茶八餅，號石巖白。以四餅遺蔡襄，以四餅遺王內翰禹玉。歲餘，蔡被召還闕，過禹玉。禹玉命子弟於茶笥中選精品碾以待蔡。蔡捧茶未嘗，輒曰，『此極似能仁石巖白，公何以得之？』禹玉未信，索帖驗之，果然。

宋以後茶區

論説

明 羅廩《茶解》 鴻漸志茶之出，曰山南、淮南、劍南、浙東、黔州、嶺南諸地。而唐宋所稱，則建州、洪州、穆州、惠州、綿州、福州、雅州、南康、婺州、宣城、饒池、蜀州、潭州、彭州、袁州、龍安、涪州、建安、岳州。而紹興進茶，自宋范文虎始；餘邑貢茶，亦自南宋季至今。南山有茶局、茶曹、茶園之名，不一而止。蓋古多園中植茶。沿至我朝，貢茶為累，茶園盡廢，第取山中野茶，聊且塞責，而茶品遂不得與陽羨、天池相抗矣。余按：唐宋產茶地，僅僅如前所稱，而今之虎丘、羅芥、天池、顧渚、松蘿、龍井、雁蕩、武夷、靈山、大盤、日鑄諸有名之茶，無一與焉。乃知靈草在在有之，但人不知培植，或疏於制度耳。嗟嗟，宇宙大矣！

明 龍膺《蒙史》 鴻漸有云：『烹茶於所產處無不佳，蓋水土之宜也。況旋摘旋瀹，兩及其新耶？』今武陵諸泉，惟龍泓入品，而茶亦惟龍泓山為最。茲山深厚高秀，為兩山主，故其泉清寒甘香，雅宜煮茶。又其上為老龍泓，寒碧倍之，其地產茶為難。北山絕頂，鴻漸第錢塘、天竺、靈隱者品下，當未識此。郡志亦只稱寶雲、香林、白雲諸茶，皆弗能及龍泓也。

名山，屬雅州魏蒙山也。其頂產茶，《圖經》云：『受陽氣全，故香。』今四頂園茶不廢，惟中頂草木繁，重雲積［霧］，蟄獸時出，人罕到者。青州有蒙山，產茶味苦，亦名蒙頂茶。

南昌西山鶴嶺，產茶亦佳。

武夷山茶，佳品也。泰寧亦產茶。蔡襄有《茶譜》。

六安茶，用大溫水洗淨去末，用罐浸鹵亢好沸水，用可消夙酲。瀘州茶，可療風疾。

明 徐㶿《茗譚》 《茶經》所載，閩方山產茶，今間有之，不如鼓山者佳。侯官有九峯、壽山，福清有靈石，永福有名山室，皆與鼓山伯仲。然製焙有巧拙，聲價因之低昂。

又 余嘗至休寧，聞松蘿山以松多得名，無種茶者。《休志》云：遠麓有地名榔源，產茶。山僧偶得製法，托松蘿之名，大噪一時，茶因湧貴。僧既還俗，客索茗於松蘿司牧，無以應，往往贋售。然世之所傳松蘿，豈皆榔源產歟？

明 周高起《洞山岕茶系》 唐李栖筠守常州日，山僧進陽羨茶，陸羽品為『芬芳冠世，產可供上方』。遂置茶舍於罨畫谿，去湖汊一里所，歲供萬兩。許有穀詩云：『陸羽名荒舊茶舍，卻教陽羨置郵忙。』是也。其山名茶山，亦曰貢山，東臨罨畫谿。修貢時，山中湧出金沙泉，杜牧詩所謂『山實東南秀，茶稱瑞草魁。泉嫩黃金湧，芽香紫璧裁』者是也。山在均山鄉，縣東南三十五里。又茗山，在縣西南五十里永豐鄉。皇甫曾有《送陸羽南山採茶詩》：『千峯待逋客，香茗復叢生。採摘知深處，煙霞羨獨行。幽期山寺遠，野飯石泉清。寂寂燃燈夜，相思磬一聲。』見時貢茶在茗山矣。又唐天寶中，稠錫禪師名清晏，卓錫南岳，磵上泉忽迸石窟間，字曰『真珠泉』。師曰『宜瀹吾鄉桐廬茶』，爰有白蛇銜種菴側之異。南岳產茶，不絕修貢。迨今方春採茶，清明日，縣令躬享白蛇於卓錫泉亭，隆厥典也。後來檄取，山農苦之。故袁高有『陰嶺茶未吐，使者牒已頻』之句。郭三益題南岳寺壁云：『古木陰森梵帝家，

寒泉一勺試新茶。官符星火催春焙，卻使山僧怨白蛇。』盧仝《茶歌》亦云：『天子須嘗陽羨茶，百草不敢先開花。』又云：『安知百萬億蒼生，命墜顛崖受辛苦。』可見貢茶之苦。民亦自古然矣。至岕茶之尚于高流，雖近數十年中事，而厥產伊始，則自盧仝隱居洞山，種於陰嶺，遂有茗嶺之目。相傳古有漢王者，棲遲茗嶺之陽，課童藝茶。踵盧仝幽致，陽山所產，香味倍勝茗嶺。所以老廟後一帶，茶猶唐宋根株也。貢山茶今已絕種。

羅岕去宜興而南踰八九十里，浙直分界，只一山岡，岡南即長興山。兩峯相阻，介就夷曠者，人呼為岕；履其地，始知古人製字有意。今字書『岕』字，但注云山名耳。云有八十八處。前橫大磵，水泉清駛，漱潤茶根，洩山土之肥澤，故洞山為諸岕之最。自西氿溯張渚而入，取道茗嶺，甚險惡；縣西南八十里自東氿溯湖岕而入，取道纏嶺，稍夷才通車騎。

第一品

老廟後，廟祀山之土神者，瑞草叢鬱，殆比茶星肸蠁矣。地不二三畝，茗溪姚象先與婿朱奇生分有之。茶皆古本，每年產不廿斤，色淡黃不綠，葉筋淡白而厚，製成梗絕少。入湯，色柔白如玉露，味甘，芳香藏味中。空濛深永，啜之愈出，致在有無之外。

第二品皆洞頂岕也

新廟後、棋盤頂、紗帽頂、手巾條、姚八房，及吳江周氏地，產茶亦不能多。香幽色白，味冷雋，與老廟不甚別，啜之差覺其薄耳。總之，品岕至此，清如孤竹，和如柳下，並入聖矣。今人以色濃香烈為岕茶，真耳食而眯其似也。

第三品

廟後漲沙、大袞頭、姚洞、羅洞、王洞、范洞、白石。

第四品皆平洞本岕也

下漲沙、梧桐洞、余洞、石場、丫頭岕、留青岕、黃龍、炭竈、龍池。

不入品外山

長潮、青口、箵莊、顧渚、茅山岕。

又 貢茶即南岳茶也。天子所嘗，不敢置品。縣官修貢，期以清明日，入山肅祭，乃始開園採。製視松蘿、虎丘，而色香豐美。自是天家清供，名曰片茶。初亦如岕茶製，萬曆丙辰，僧稠蔭游松蘿，乃仿製為片。

明 顧啓元《茶略》 《南部新書》云：湖州造茶最多，謂之顧渚貢焙，歲造一萬八千餘斤。按此則唐茶不重建，以建未有奇產也。至南唐初造研膏，繼造蠟面，既又佳者號曰京挺。宋初置龍鳳模，號石乳，又有的乳、白乳，而蠟面始下矣。丁晉公進龍鳳團，至蔡君謨又進小龍團。神宗時復製密雲龍，哲宗改為瑞雲翔龍，則益精，而小龍團下矣。徽宗品茶，以白茶第一，又製三色細芽，而瑞雲翔龍下矣。宣和庚子，漕臣鄭可聞始創為銀絲水芽，蓋將已揀熟芽再剔去，祇取其心一縷，用清泉漬之，光瑩如銀絲。方寸新胯，小龍蜿蜒其上，號龍團勝雪，去龍腦諸香，遂為諸品之冠。今建茶碾造雖精，不去龍腦，以為奩閤中味，亦不用入瀹。而茶品獨貴者虎丘，其次天池，又其次陽羨；羨之佳者岕，而龍井、六安之類皆下矣。

又 蜀蒙山頂茶，多不能數斤，極重於唐，以為仙品。今之蒙茶乃青州蒙陰山產石上，若地衣，然味苦而性涼，亦不難得也。

明 李日華《紫桃軒雜綴》卷一《竹懶茶衡》 《竹嬾茶衡》曰：處處茶皆有自然勝處，未暇悉品，姑據近道日御者。虎丘氣芳而味薄，乍入碗，葐菁英浮動，鼻端拂拂，如蘭初拆，經喉吻亦快然，然必惠麓水，甘醇足佐其寡。龍井味極腆厚，色如淡金，氣亦沈寂，而咀嚥之久，鮮腴潮舌，又必藉虎跑，空寒熨齒之泉發之，然後飲者領雋永之滋，而無昏滯之恨耳。

天目清而不醨，苦而不螫，正堪與緇流漱滌。筍蕨、石瀨則太寒儉，野人之飲耳。松蘿極精者，方堪入供，亦濃辣有餘，甘芳不足，恰如多財賈人，縱復蘊藉，不免作蒜酪氣。

顧渚，前朝名品。正以採摘初芽加之法製，所謂罄一畝之入，僅充半環；取精之多，自然擅妙也。今碌碌諸葉茶中，無殊菜瀋，何勝刮目。

埭頭，本草市溪菴施濟之品，近有蘇焙者，以色稍青，遂混常品。

分水貢芽，出本不多。大葉老梗，潑之不動，入水煎成，番有奇味。薦此茗時，如得千年松柏根作石鼎薰燎，乃足稱其老氣。

昌化大葉，如桃枝柳梗，乃極香。余過逆旅，偶得手摩其焙甑，三日龍麝氣不斷。

羅山廟後岕精者，亦芬芳，亦回甘，但嫌稍濃，乏雲露清空之韻，以兄虎丘則有餘，以父龍井則不足。

天池通俗之才，無遠韻，亦不致嘔噦。寒月諸茶黯黯無色，而彼獨翠綠媚人，可念也。

普陀老僧貽余小白巖茶一裹，葉有白茸，瀹之無色，徐引覺涼透心腑。僧云，本巖歲止五六斤，專供大士，僧得啜者寡矣。

金華仙洞，與閩中武夷俱良材，而厄於焙手。

匡廬絕頂產茶，在雲霧蒸蔚中，極有勝韻，而僧拙於焙。既採，必上甑蒸過。隔宿而後焙，枯勁如藁秸，瀹之為赤滷，豈復有茶哉？余同年楊澹中遊匡山，有『笑談渴飲匈奴血』之誚，蓋實録也。戊戌春，小住東林，同門人董獻可、曹不隨、萬南仲手自焙茶，有『淺碧從教如凍柳，清芳不遺雜飛花』之句。既成，色香味殆絕，恨余焙不多，不能遠寄澹中，為匡盧解嘲也。

天下有好茶，為凡手焙壞；有好山水，為俗子粧點壞；有好子弟，為庸師教壞，真無可奈何耳。

雞蘇佛、橄欖仙，宋人詠茶語也。雞蘇即薄荷，上口芳辣。橄欖久咀，回甘不盡。合此二者，庶得茶蘊。顧着相求之，仍落魔境。世有以姜桂糖蜜添入者，求芳甘之過耳。曰佛曰仙，當於空玄虛寂中嘿嘿證入，不具是舌根者，終難與說也。

賞名花，不宜更度曲；烹精茗，不必更焚香。恐耳目口鼻互牽，不得全領其妙也。

生平慕六安茶，適一門生作彼中守，寄書托求數兩，竟不可得，殆絕意乎。

明 劉源長《茶史·茶之分產》

江南

義興紫筍　陽羨茶即羅岕　義興即今宜興，秦曰陽羨。紫筍出義興君山懸腳嶺北岸下。紫筍生湖、常間，當茶時，兩郡太守畢至，為盛集。宜興銅棺山，即古陽羨。荊溪有南北之分，陽羨居荊溪之北，故云陽羨。唐時入貢，即名其山為唐貢山，茶極為唐所重。盧歌云：天子未嘗陽羨茶，百草不敢先開花。

黃芽　產壽州之霍山壽州屬鳳陽　霍山茶，以黃芽為貴。啟云：霍山之黃芽，濺色，羽化丹丘。霍山本六安地，壽州則有霍丘，疑是霍丘。按：壽州、六安，俱古六蓼國地，或古所屬與今不同。今六安、霍山，俱屬廬州府。

陽坡茶、橫紋茶　產宣城，屬寧國府。漢曰宣城，隋、唐曰宣州。宣城有丫山，其山東為朝日所燭，號曰陽坡，其茶最勝。語云：橫紋之出陽坡。

先春、早春、華英、來泉、勝金　皆產歙州，即今徽州府，唐曰歙州。

天柱茶　天柱，中國有三：一在餘杭，一在壽陽，一在龍舒，即今廬州府舒城縣，漢曰龍舒。舒州即今之安慶府懷寧，唐曰舒州。李德裕有親知授舒州牧，李曰：『到郡日，天柱峯茶可惠三四角。』其人輒獻數斤，李卻之。明年罷郡，用意精求，獲數角投之。贊皇閱而受之，曰『此茶可消酒肉毒』，乃命烹一甌，沃於肉食，以銀合閉之。詰旦開視，其肉已化為水矣。眾服其廣識。按：天柱峯不在龍舒，而在安慶之灊山，或當年統為龍舒地也。道書稱：司玄洞天，漢武帝嘗登封於此，以代南嶽。

小峴春　小峴山在廬州府六安州，出茶名小峴春，即六安茶也。

青陽茶　青陽屬池州府。

鴉山茶　產廣德州建平鴉山，其茶稱佳。

佘山茶　產松江佘山。松江府城北有佘姓者修道於此，產茶。

禪智寺茶　《茶譜》：楊州禪智寺，隋之故宮。寺枕蜀岡，有茶園，其味甘香，媲美蒙頂。

又　浙江

顧渚紫筍、吳興苧、白蘋茶、明月峽茶　雲芘　產浙江湖州長興顧渚。昔夫差顧其渚，平衍可都，故名顧渚。《茶經》云：浙西以顧渚茶為上，唐時充貢歲，清明日抵京。紫者上，綠者次，筍者上，芽者次，故稱紫筍。語云：顧渚之紫筍，標英雲，垂綠腳。雲，一作膏。陸羽《顧渚山記》：豫章王子尚，訪曇濟道人於八公山。道人設茗，子尚味之云：此甘露也。陸龜蒙嗜茶，治園於顧渚山下，自號江湖散人、天隨子。所居

前後皆樹茶菊，以供杯案，與皮日休茶詩唱和。張文規以吳興榮、白蘋洲、明月峽中茶為三絕。白蘋洲雪溪東南　明月峽在長興旁，顧渚山側，二山相對，石壁峭立，大澗中流，乳石飛走，茶生其間尤為絕品。張文規所謂『明月峽前茶始生』是也。文規好學，有文藻，蘇子由、孔武仲、何正臣皆與之遊。姚伯道云：明月之峽，厥有佳茗，是為上乘。

御荈　產湖州烏程。秦時有烏氏、程氏善釀，故名。烏程，漢曰吳興。山謙之《吳興記》：烏程縣西二十里，有溫山，出御荈。

寶雲茶、香林茶、白雲茶　杭州寶雲山產者，名寶雲茶，下天竺香林洞者，名香林茶；上天竺白雲（岸）［峯］者，名白雲茶。林和靖詩云：白雲峯下兩槍新，膩綠長鮮穀雨春。靜試恰如湖上雪，對嘗兼憶剡中人。坡遊杭州古寺，一日飲釅茶七碗，戲言云：示病維摩原不病，在家靈運已忘家。何須魏帝一丸藥，且盡盧仝七碗茶。

鳩坑茶　產睦州，即今嚴州府，唐曰睦州，一作穆州。茶出淳安鳩坑者佳。淳安屬嚴州。

方山茶　產衢州龍遊方山，即屬龍遊。

日鑄茶　產紹興日鑄嶺。嶺在府城南，產茶。歐陽永叔曰：兩浙之品，日鑄第一。一名蘭雪茶　言其香如蘭，色白如雪也。《茶山》詩云：子能來日鑄，吾得具風爐。

台州茶　產台州黃巖。

寧海茶　寧海茶，出蓋倉山者佳。一名茶巖，陶弘景嘗居此。

東白茶、舉巖茶、碧乳，產婺州，即今金華府，隋曰婺州。東白山屬東陽縣，產茶。山層巒疊嶂，接會稽天台。舉巖茶片，片方細，所出雖少，味極甘芳，烹之如碧玉之乳，故又名碧乳。兩浙諸山，產茶最多。如天台之雁宕，括蒼之大槃，東暘之金華，紹興之日鑄，錢塘之天竺，靈隱臨安之徑山、天目，皆表表有名。又有四明之朱溪　天台縣屬台州府，有天台山，攀蘿梯巖乃可登。上有瓊樓玉闕，碧林瑤草，舊稱金庭洞天。括蒼山有二，一屬處州府縉雲，道書十八洞天之一。一屬台州府城西南，王方平往來羅浮括倉即此。東陽即今之金華府，三國吳曰東陽，明曰金華；東陽其縣也。府城北有金華山，道書第三十六洞天。臨安即今杭州府，南渡都此曰臨安。今有臨安縣，徑山屬餘杭，乃天目山之東北峯，有徑通天目故名。天目山屬臨安，上有兩峯。峯頂各一池，若左右目，故名。道書第三十四洞天。四明山有二：一屬紹興府餘姚，有石窗，四面玲瓏如戶牖，通日月星辰之光，道經第九洞天。一屬寧波府城西南，深迥幽奇，與人境殊絕。

又　福建

建州茶福建建寧，周為七閩地，漢屬會稽，三國吳曰建安，唐曰建州，宋曰建寧。建州北苑，焙茶之精者，其名有龍鳳、石乳、滴乳、白頭、金蠟面、頭骨、次骨、末骨、粗骨、京挺十二等，以充國用。其尤精者，曰白乳頭、金蠟面。北苑名白乳頭，江左號金蠟面。李氏命取其乳作片，別其名曰金挺的乳，或號曰京（珽）［挺］滴乳，凡二十餘品。

石乳　丁晉公云：石乳出壑嶺斷崖缺石之間，蓋草木之仙骨。

研膏茶　貞元中，常袞為建州刺史，始蒸焙而研之，謂之研膏茶，即龍品也。

龍焙天品即先春龍焙即龍品也。有龍焙泉，一名御泉，在鳳凰山下，屬建寧府城東。

密雲龍載前名產內，凡四則　葉石林云：熙寧中，賈青字春卿，為福建轉運使，取小龍團之精者為密雲龍，自玉食，外戚里貴近乞賜尤繁。宣仁一日慨歎曰：建州今後不得造密雲龍，受他人煎炒不得也。此語頗傳播縉紳間。

瑞雲翔龍、勝雪、水芽　宋神宗製密雲龍，哲宗改為瑞雲翔龍。宋茶重瑞雲翔龍，宣和間，鄭可聞復剏為銀絲水芽，蓋將已揀熟芽再令剔去，祇取其心一縷，用珍器貯清泉漬之，光瑩如銀絲然，號曰勝雪。見茶原始內宋姚寬云：建茶有十綱，第一綱、二綱太嫩，第三綱茶最妙，惟龍團勝雪、白茶二種，謂之冰芽。

玉蟬膏、清風使　建人徐恪，見遺鄉信珽子茶，茶面印文曰玉蟬膏；又一種曰清風使。

紫琳腴、雲腴、雪腴　皆唐茶之品精者。坡詩云：建溪新餅截雲腴。

方山露芽　方山，福州府城南。四面如城，產茶，中有田三四頃。其木多柑橘，志稱一郡大觀也。

石巖白　產建安能仁院。蔡君謨善別茶。建安能仁院，有茶生石縫

間，蓋精品也。僧採造得茶八餅，以四餅遺蔡，以四餅遺內翰王禹玉。歲除，蔡被召還闕，訪王。王碾以待蔡，蔡捧甌未嘗，輒曰：『此極似能仁寺石巖白，公何以得之？』禹玉未信，索帖驗之，乃服。

粟粒芽　粟粒，出武夷溪邊者佳。粟粒芽，東坡以為茶之極品。詩云：武夷溪邊粟粒芽，前丁後蔡相寵加。《北苑》詩：帶香分破建溪春。范希文歌曰：年年春自東南來，建溪先暖水微開。溪邊奇茗冠天下，武夷仙人從古栽。武夷屬崇安道，書第十六洞天。常有神降此，自稱武夷君。《列仙傳》錢鏗二子，長曰武，次曰夷。

鳳山雷芽　丁謂云：鳳山高不百丈，無危峯絕巘，而岡阜環抱，氣勢柔秀，宜乎嘉植靈卉之所發也。

石坑、增坑、雪坑、佛嶺、沙溪、壑源、葉源。建茶之焙三十有二，北苑其首也。而園別為二十五，如此等處。坡詩：增坑一掬春，紫餅供千家。山谷詩：茗花浮增坑。坡詩：周家新致雪坑茶。沙溪茶色白，又過於增坑。壑源見前石乳。《茗溪詩話》：北苑官焙，歲供為上。壑源私焙，亦入貢，為次。二焙相去三四里間。若沙溪，外焙也，與二焙絕遠，為下。故魯直詩云『莫遣沙溪來亂真』，是也。孫樵：《送茶與焦刑部書》云：晚甘侯十五人，遣侍齋閣，此徒皆請雷而折，拜水而和。蓋建陽丹山碧水之鄉，月澗雲龕之品。杜牧詩云：閩實東吳秀，茶稱瑞草魁。又云：泉嫩黃金湧，芽香紫璧栽。范文正公《和章岷從事鬥茶歌》：新雷昨夜發何處，家家嬉笑穿雲去。露牙錯落一番新，綴玉含珠散嘉樹。北苑將期獻天子，林下雄豪先鬥美。鼎磨雲外首山銅，瓶攜江上中泠水。黃金碾畔綠塵飛，碧玉甌中翠濤起。鬥茶味兮輕醍醐，鬥茶香兮薄蘭芷。勝若登仙不可攀，輸同降將無窮恥。蔡君謨謂范文正曰：公《採茶歌》『黃金碾畔綠塵飛，碧玉甌中翠濤起』，今茶絕品，其色甚白，欲改為『玉塵飛，素濤起』如何？公曰善。

桃花茶、青鳳髓、紫霞英　建安茶之極精者。東坡嘗問大冶乞桃花茶，有《水調歌》一首：已過幾番雨，前夜一聲雷。槍旗爭戰建溪，春色佔先魁。採取枝頭雀舌，帶露和煙搗碎，結就紫雲堆。輕動黃金展，飛起綠塵埃。老龍團，真鳳髓，點將來。兔毫盞裏霎時，滋味舌頭回。喚醒青州從事，戰退睡魔百萬，夢不到陽台。兩腋清風起，我欲上蓬萊。建寧城東為北苑，茶出北苑者，為天下第一，名北苑焙。丁謂嘗備載造茶之法。北苑，官焙也，每造在驚蟄後。建陽雲谷有茶坡，朱熹搆草堂於此，即晦庵也。建陽廬峯之顛，內寬外密，自成一區，有桃蹊、竹塢、漆園、藥圃、泉瀑、洞壑之勝。茶坡即晦庵搆堂處。建州北苑數處產者，性味極佳，與他方不同。今亦獨名為蠟茶，作餅日晒，得火愈良。其他或為芽，或為末收貯，微見火便硬，色味俱敗。惟鼎州一種芽茶，性味略類建茶，今汴中、河北、京西等處，磨為末，亦多冒蠟茶者。建茶御用名目凡十有八：曰萬壽龍芽，曰御苑玉芽，曰玉葉長春，曰萬壽銀葉，曰龍苑報春，曰上林第一，曰乙夜清供，曰宜長寶玉，曰浴雪呈祥，曰暘谷先春，曰蜀葵寸金，曰雲英，曰雪葉等目。

又　四川

上清峯茶。雅州古嚴道西，魏曰蒙山，隋曰臨邛，唐（米）［宋］曰雅州。蜀之雅州有蒙山。山有五頂，各有茶園，其中頂曰上清峯，茶最艱得。俟雷發聲，始得採之。方生時，嘗有雲霧覆之如神護。

霧鋑芽、籛芽、露芽、石花、小方、散茶　造於禁火之前，又有穀芽，皆為第一等茶。

五花茶、雲茶即蒙頂茶，五花其片五出。蒙山白雲巖產，故名曰雲茶。《圖經》云：蒙頂茶，受陽氣全，故香。李德裕入蜀，得蒙餅沃於湯瓶上，移時盡化者乃真。蒙頂茶，多不能數觔，極重於唐，以為仙品。蒙山，屬雅州名山縣。有五峯，前一峯最高，曰上清峯，產甘露。《禹貢》蔡蒙旅平即此。蔡山屬雅州。旅平，旅祭告平也。詩云：和蕊摘殘蒙頂露。今之蒙茶，乃青州蒙陰山產石上，若地衣，然味苦而性涼，亦不難得。

仙崖石花　產彭州，即今成都府彭縣，唐曰彭州。

雀舌、烏嘴、麥顆、片甲、蟬翼、黃芽、冬芽　產蜀州，即今成都崇慶州，唐蜀州。蜀州有晉原洞，茶皆產此。片甲者，牙葉相抱如片甲也。蟬翼者，葉嫩薄如蟬翼也。黃芽者，取嫩芽所造，以其芽黃也。盧歌：先春抽出黃金芽。冬芽，以隆冬甲折也。曾子固詩：麥粒收來品絕倫。吳淑《茶賦》：嘉雀舌之纖嫩，玩蟬翼之輕盈。冬芽早秀，麥顆先成。

松嶺茶　產綿州，屬成都府。張孟陽《登成都樓》詩：芳茶冠六清，溢味播九區。人生苟安樂，茲土聊可娛。

賓化亦名賓花、白馬、涪陵　產涪州，屬重慶府。涪州茶，賓化最上，其次白馬，最下涪陵。詩云：早春之來賓化。按：銅梁入岳山，茶亦最佳。

騎火茶　產龍安府，漢曰陰平，後魏曰江油，隋曰平武，唐曰龍門，宋曰龍州，明朝改為龍安。又有峽州之碧澗明月，黔陽之都濡，嘉定之峨眉，玉壘之沙坪。

神泉、獸目、小團、綠昌明名亦見建茶內，載原始。產東川，今順慶府，元曰東川。

薄片　產渠江，今順慶府渠縣。漢曰宕渠，後魏曰流江，疑即是渠江。

香雨、真香　產巴東，即今之夔州府，漢曰巴東。

火井、思安　產邛州。

納溪、梅嶺　產瀘州。產納溪縣即屬瀘州。一云雲溪，其茶可療風疾。按：蜀有老人茶，背作艾葉，白色，能已頭疼。

烏茶　產天全六番招討使司。古蠻療地，西魏曰始陽，唐曰靈關，宋曰和州，明朝改此。

又　湖廣

碧澗、芳蕊、明月簝、茱萸簝　產硤州，即荊州府彝陵州，後周曰硤州。硤州又有小紅園。明月峽，即荊州府彝陵州，懸崖間白石如月。

壓磚茶　亦產彝陵。

楠木、大枯枕　產江陵，即荊州。唐曰江陵，有江陵縣。長沙有石楠茶，採芽為之。湘人四月四日，俗尚糕糜，必啜此茶。

灉湖含膏茶、黃翎毛　產岳州，宋曰岳陽。《岳陽風上記》載：灉湖茶，李肇所謂灉湖之含膏也。今惟白鶴僧園有十餘本，一歲不過一二十兩。土人謂之白鶴茶，味極甘香。灉湖茶，唐人極重，每形於篇什。

大小巴陵、開勝、開捲、小捲　產岳州，劉宋曰巴陵。

蘄門團黃　產黃州府蘄州。蘄門團黃有一（旗）［槍］二（槍）［旗］之號，言一芽二葉也。亦有一旗一槍者。歐詩：共約試春芽，槍旗幾時綠。詩云：茗園春嫩一旗開。

王荊公《送元厚詩》：新茗齋中試一旗。茶之始生而嫩者，為一槍；寢大而開，謂之旗；過此，則不堪採矣。

獨行靈草、鐵色茶、綠芽、片金、金茗　產潭州，今長沙府，唐曰潭州。有湘潭縣，亦產茶。

武昌山茶　武昌府有武昌山。晉時宣城人秦精嘗入山採茗，遇一毛人，長丈餘，引精至山曲，示以叢茗，復探懷中橘遺精，精怖，負茗而歸。

龍泉茶　崇陽縣龍泉山，周二百里，有洞，好事者持炬而入，行數十步許，坦平如室，可容千百眾，石渠流泉清洌，鄉人號曰魯溪巖，產茶甚甘美。

都濡、高株　產黔陽縣，屬辰州府。

雙上、綠芽、大方、小方　產岳、辰、（澧）［澧］州。

寶慶茶　產寶慶府。

又　江西

白露茶、鶴嶺茶、雙井、白茅　產江西洪州，即南昌府。唐曰洪州。西山府城西，大江之外，有梅嶺，即梅福修道處。有鶴嶺，即王子喬跨鶴處。其最勝者，曰天寶洞，宋嘗遣使投金龍玉簡於此。茶產山西鶴嶺者佳。

雲居茶　產南康之建昌雲居山，峯巒峻極，上多雲霧。一名歐山，世傳歐岌先生得道處。

玉津　產臨江，玉津疑即玉澗。

綠英、金片、界橋茶　產袁州，袁州之界橋茶，其名甚著。

泥片　產虔州，即今贛州府，隋曰虔州。有除灘茶，亦佳品。

德化茶　德化屬九江，產茶。產柴桑山者佳，再烹以康王谷水，香色一月不散。

焦坑茶　焦坑產庾嶺下，味苦硬，久方回味。坡詩云：焦坑聊試雨前茶。庾嶺屬南安，漢武帝遣庾勝討南粵，築城於此，因名大庾。其嶺險峻，行者苦之，自張九齡開鑿，始可車馬。上多植梅，又名梅嶺。

仙芝、嫩蕊、福合、祿合、運合、慶合、指合　產饒池，疑是饒州、池州二府。池州屬南畿。浮梁亦出茶。

又　山東

瑯琊山茶　其茶類桑葉而小，焙而藏之，其味甚清。瑯琊屬青州府

諸城縣，東枕大海，始皇嘗留此三日，築層臺於山，徙黔首三萬戶。臺下立石頌德。

蒙山茶　屬蒙陰，其巔產石花似茶，乃魯顓臾地。蒙山茶，即兗州蒙山石上煙霧薰染日久結成，蓋苔衣類也。亦謂雲茶，其狀白色輕薄如花蕊，又謂之石蕊茶。寒涼多苦，昔唐褒入山餌此以代茗。

白雲巖茶　產兗州府費縣，蒙山一名東山，上有白雲巖；非蜀霧中蒙頂白雲巖也。

又　河南

東首、淺山、薄側　產光州，屬汝寧府。信陽、羅山，俱產茶地。

又　廣西

廣西茶　產廣西府。

羅艾茶　產柳州府上林縣羅艾山。昔有羅名艾者入山採茶，遇仙於此，遂移妻子家焉，因名羅艾山。

龍山茶　產潯州貴縣龍山，邑人利之。

都茗山茶　產南寧府都茗山，山在府城外，產茶。

又　雲南

感通茶　產大理府點蒼山感通寺。點蒼山，在府城西。上有十九峯，蒼翠如玉，盤亙三百餘里，蒙氏封為中嶽山。頂有泉，曰高河。深不可測。按：雲南普珥茶，真者奇品也，人亦不易得。

灣甸茶　即灣甸州境內孟通山所產，亦類陽羨茶，穀雨前採者香。

又　貴州

貴陽茶　產貴陽府。

新添茶　產新添衛軍民指揮使司。古荒服地，宋為新添路，明朝改此。

平越茶　產平越衛指揮司。萬曆辛丑，陞為平越府。

欒茶又名石南茶　產修江。毛文錫《茶譜》云：湘人四月採楊桐草，搗汁浸米蒸作為飯，必采石（南）［楠］芽為茶飲，云去風也。

又《茶之近品》

虎丘　最號精絕，為天下冠，惜不多產。秦始皇將發吳蒙，有白虎踞其上，故名虎丘，一名海湧峯。

天池　青翠芳馨，嗅亦消渴，誠可稱仙品。諸山之茶，尤當退舍。蘇州城西有華山，山半有池，曰天池。產千葉蓮，昔人曾服之羽化。產茶。

陽羨　疑即古之顧渚、紫筍。今名羅岕。浙之長興者佳，荊溪稍下。細者其價兩倍天池，惜乎難得，須親自採收方妙。羅岕者，介于山中謂之岕，羅氏隱焉，故名羅。然岕有數處，惟洞山最佳，韻致清遠，足稱仙品。岕以廟前、廟後為第一，紗帽頂及扇面諸處，皆佳。

龍井　秦觀《記》：龍井在西湖上，僧辨才結亭於此，率其徒環而咒之，忽見大魚自泉中躍出，即龍也，眾異焉。不過十數畝外此有茶，似皆不及。大抵天開龍泓美泉，山靈特生佳茗以副之耳。山中僅有一二家炒法甚精。近有山僧焙者，亦妙。真者天池不能及也。

天目　為天池、龍井之次，亦佳品也。《地志》云：山中寒氣早嚴，山僧至九月即不敢出。冬來多雪，三月後通行。茶之萌芽較晚。天目上有兩峯，峯頂各一池，若左右目，故名。周八百里，亙杭、宣、湖、徽四州界，產茶。

六安　《爾雅》云：古南嶽。品之精，入藥最效，但不能善，炒則不發香而味苦。茶之本性實佳。按：茶貴新，此以極揀為佳。實產霍山縣，縣西南有山曰六安。山高聳雲霽下，延袤數十里，皆產茶處，因稱為六安茶。蓋以山得名，非以州也。疑即大蜀山，茶生最多，名品亦振。右六茶者，東海屠緯真隆《茶箋》品也。唐宋時產茶之地，與所標之名稱，為昔日之佳品。今則吳中之虎丘、天池、伏龍，新安之松蘿，陽羨之羅岕，杭州之龍井，武夷之雲霧，皆足珍賞；而虎丘、松蘿真者，尤異他產。至於採造，昔以蒸碾為工，今以炒製為工，而色之鮮白，味之雋永，與古媲美。

松蘿茶　松蘿，庵名也，為大方和尚首創。松蘿山，屬徽州休寧，亦曰森蘿。徽州山峭水清，巒壑奇秀，北源土地高沃，茶生其間，芽極肥乳。自北源連屬諸山所產，亦佳，色味品第與北源別。按：北源問政山間甚佳，松蘿不及也。

英山茶、霍山茶　俱屬廬江，《山川異產記》：霍山茶屬壽州。江北以英山茶勝，然產於本寺方圍者佳，其他羣山萬塢，俱無足取，但資商販耳。

灊山茶　屬安慶灊山，一名皖公山，一名皖伯臺，左慈嘗修煉於此。上有二巖、三峯、四洞，即以名縣。近以岕山茶為君，虎丘茶為相，六安灊山茶為將。將者，言其有蕩滌之功也。近世武夷、龍井不能遍及，即陽羨、羅岕又不易購，蘇州虎丘茶亦稱奇，以主僧屢見撓於豪族，因以剷去，惟天池亦云高品，往往以天目諸茶贋充失真。若休寧之森蘿，色清味旨，亦一時奇產。廬江之六安、英山、霍山，茶品亦精，然炒不得法，則芳香不發。六安以梅花片為第一，諸茶之冠也。近日涂姓製法更精，名曰涂茶，遠近爭得之。虎丘茶味薄，香不耐久，斟不移時即變黃色矣。近有陽抱山所產，經新安隱者手製，其清香可與廟前岕頡頏。虎丘茶，如風引蘭氣；北源問政、敏山，如撲鼻蘭；岕茶紗帽頂片，如茉莉；蜀霧中茶，如薔薇好，雲南普珥，如冰片。敬亭山茶，宣州之珍品也。香色味俱勝，雖本郡當事，亦難得其真者。

又《袁宏道龍井記》　龍井，泉既甘澄，石復秀潤。流淙從石澗中出，泠泠可愛人。僧房爽塏可栖，余嘗與陶石簣、黃道元、方子公汲泉烹茶於此。石簣因問：龍井茶與天池孰佳？余謂龍井亦佳，但茶少則水氣不盡，茶多則澀味盡出，天池殊不爾。大約龍井頭茶雖香，尚作草氣，天池作荳氣，虎丘作花氣，惟岕茶非花非木，稍類金石氣，又若無氣，所以可貴。岕茶葉粗大，真者每斤至二千餘錢。余覓之數年，僅得數兩許。近日徽人有送松羅茶者，味在龍井、天池之上。龍井之嶺為風篁峯，為獅子石，為一片雲，神運石，皆可觀。

又《陸鴻漸品茶之出》　山南以峽州上，襄州、荊州、衡山下，金州、梁州又下。

淮南以光州上，義陽郡、舒州、壽州下，蘄州、黃州又下。

浙西以湖州上，常州次，宣州、杭州、睦州、歙州下，潤州、蘇州又下。

劍南以彭州上，綿州、蜀州次，邛州次，雅州、瀘州下，眉州、漢州又下。

浙東以越州上，明州、婺州次，台州下。

黔中生恩州、播州、費州、夷州，江南生鄂州、袁州、吉州，嶺南生福州、建州、韶州、象州十一州，未詳；往往得之，其味極佳。

明 黃履道《茶苑》卷四《江南茶品》　常州陽羨即今宜興縣　有唐茶品，以陽羨為上供，建溪北苑及諸名品，俱未著也，況今岕茗焙製尤精，即尚方玉食，亦必首推，故余取弁諸茗焉。

陽羨所轄茶山已下所醌茶山，有與浙江湖州交界者，如廟後諸山是也，當與長興顧渚相泰　羅岕、廟後、洞山、漲沙、黃龍、白石、水竹、茆山、白峴、北川、橋亭、石門、炭灶、陳橋、犁頭尖、紗帽頂、手巾條、棋盤頂、香袋頭、雄鵝頭、扇面方。

紫筍唐書陽羨茶有紫筍之名，至宋元以降，茲種已絕，今則獨重岕。　茶無復知有紫筍者矣。

岕片產廟後及羅岕、紗帽頂、手巾條、棋盤頂者為最。

浙西產茶以湖州為上，江南常州次之。湖州出長興縣顧渚山中，常州出義興郡懸腳嶺北崖下。蓋湖常二郡交界之地唐人《重修茶舍記》：貢茶，御史李栖筠典郡日，陸羽以為茶味冠絕它郡，栖筠始貢茶萬里。故事陽羨紫筍茶，例以清明日到，先薦宗廟，後分賜近臣。紫筍茶生於湖常山間。茶時，兩郡太守畢至為盛集。又玉川子《謝孟諫議寄新茶》詩云『天子須嘗陽羨茶，百草不敢先開花』云云，則唐時獨重岕茶矣。《雲麓漫鈔》

懸腳嶺，在宜興縣南六十里，入長興忻溪界。《十道志》云『行人陟嶺多重趼』云，一名垂腳嶺，此地產絕勝，唐時充貢云。《常州府志》

【略】

天池茶，通俗之材，無遠韻，亦不至嘔噦。寒［月］，諸［山］茶閩淡無色，而彼獨（青）翠［綠］媚人，可念也。《紫桃軒雜綴》

蘇州陽山茶　蘇州陽山有龍母塚，塚下有方井，即白龍泉。產茶絕佳，號陽山茶。就泉煮茶，移至晉柏下。晉柏大四圍，每幹幹如虯龍也。《無夢園集》

揚州禪智寺蜀岡茶　揚州禪智寺，隋之故宮，寺枕蜀岡，有茶園，其味甘香如蒙頂。《彙苑詳註》

宣州丫山陽坡橫紋茶宣州即今甯國府宣城縣　宣城縣有丫山，出佳茶，焙製亦精，貯以小方瓶，橫鋪茗芽裝面。丫山之東為朝日所燭，故號曰陽坡，其茶最勝。太守常貢於朝，有宣城士子饋余茶，題曰丫山陽坡橫紋

茶。《彙苑詳註》

【略】

六安茶，名小峴春。《六硯齋筆記》

六安茶分四種，上等者，名黃芽、梅花片；其次，名茆尖、小峴春。《茶譜》

廣德州建平縣鴉山茶　廣德州建平縣東南十五里鴉山，產茶絕佳，可比六安、黃芽、歙之松蘿。《建平縣志》

池州圓寂寺寶巖茶　圓寂寺，去邑不數里，所稱拾寶巖是也。五代時，伏虎禪師居此。昔梁武帝曾以佳茗一車賜之，主僧植之，甘美非常。《九華遊覽志》

池州九華山雙溪上下華池茶　九華山雙溪之上，有上華池。雙溪之下，有下華池。泉甘土沃，厥產名茶。陳巖詩云：『閒鍾吃飯東西寺，就水烹茶上下池。』《池州名勝志》

【略】

歙州北源茶歙州即今徽州府歙縣　歙州各山產茶，以北源為最勝。其外如牛栖嶺靈川，福州來泉等處俱產。《歙縣志》

歙縣茶品有先春、早春、華英、勝全、松蘿諸種，就中以先春為最。《茶志》

【略】

歙人閔汶水善製茶，其茶必北源之精者，色白味甘香，可與岕茗並驅。自汶水歿後，十餘年來松蘿製者，雖不乏要，皆非汶水之比。《九清齋雜志》

歙人閔汶水，居桃葉渡上。予往品茶其家，見其水火自調，皆躬親從事，以小酒盞酌客，頗極烹飲之態，正如德山擔青龍鈔，高自矜許而已。閩客得閔茶，咸製羅囊，佩之而嗅，以代旃擅云。《閩小記》

松蘿茶，色香味俱濃，宜亨鮮腴之後烹而漱齒。三吐之餘，徐徐引之，亦皆爽然可喜。《舒堂筆記》

又卷五《目次》　浙江湖州顧渚茶　顧渚茶　顧渚茶　顧渚俗名羅岕　懶筍茶　龍陂山子茶　烏程縣溫山御荈　溫山御荈　杭州龍井茶　龍井茶　玄天黃露　寶雲山白雲峯茶　白雲峯茶詩　寶嚴院垂雲茶　臨安縣天目茶　天目山茶　餘杭縣徑山茶　新城縣僊坑茶　昌化縣昌化茶　紹興府秊龍山茶　秊龍山瑞雲茶　會稽縣日注茶　日注雪芽　日注茶詩　會稽縣禹穴茶　餘姚縣瀑布僊芽　瀑布山茶　蕭山縣茗山茶　寧波府雪竇茶　溫州府雁蕩山茶　台州府赤城茶　天台縣紫凝茶　天台山華頂茶　金華府舉巖茶　金華府碧貌茶　衢州府常山茶　龍游縣方山茶　嚴州府鳩坑茶　鳩坑茶詩　分水縣貢芽

又《浙江茶品二》　顧渚山，在長興縣西四十七里，昔吳王夫差其渚，次原隰平衍，可為都邑即此。旁有二山相對，號明月峽。絕壁峭立，大磵中流，亂石飛走，產茶異品，名曰紫筍。《湖州名勝志》

履道云：紫筍茶，產製與陽羨所出相同，其說見前，茲不贅述。

顧渚，前朝名品，正以採摘初芽，加之法製，所謂罄一畝之入，僅充半鐶；取精之多，自然擅妙也。今碌碌諸葉中，無殊菜瀋，何堪（括）[翠綠]目。《紫桃軒雜綴》

【略】

懶筍茶，亦出長興顧渚山中，茶品冠絕，諸種紫筍之亞也。《雲川紀行》

開寶中，竇儀以新茶飲予，味極芳美。奩面標曰『龍陂山子茶』，云是顧渚別境所產者。《清異錄》

湖州烏程縣溫山御荈　溫山在湖州府烏程縣。唐時湖守以此山茶修貢，故號稱御荈。茶品最佳，可與顧渚並驅。惜今厥產無多，才僅豪右所需，而外邑得霑餘味者鮮矣。《吾春堂暇記》

《國史補》云：『烏程縣有溫山出御荈，品味絕佳。外有小江園、明月簝、碧澗簝之名。』

杭州龍井茶　龍井，一名龍泓。米元章書其略曰『龍江當西湖之西，浙江之北，鳳凰嶺之上亂山怪石之間』是也。境僻景幽，香出塵外，地產佳茗，清馥雋永，為兩峯之冠，即俗所謂龍井茶也。《杭州名勝志》

龍井產茶不數十畝，外此有茶，似皆不及。大抵天開龍泓美泉，山靈特生佳茗以副之耳。山中僅有一二家炒法甚精。近有山僧焙者，亦妙；真者天池不能及也。

龍井茶，極腴腆，色如淡金，氣亦沉寂，而咀嚼之，久鮮腴潮舌，又必籍虎跑空寒慰齒之泉發之，然後飲者領其雋永之滋而無昏滯之根耳。

《紫桃軒雜綴》

《紫桃軒雜綴》云：『《洞冥記》云「東方朔食玄天黄露半合始甦」，余有黑石壺貯龍井茗汁，每飯後啜之，色如淡金而快爽不可言，因銘之曰玄天黄露。』

杭州寶雲山香林洞白雲峯茶　杭州產茶不特龍井，寶雲山產者名寶雲茶，香林洞產者名香林茶。在下天竺，其產天竺。上白雲峯者，名白雲峯茶。茶性俱佳，堪與天池並驅。《古杭雜志》

林和靖先生字君復，有試白雲峯茶詩曰：『白雲峯下兩鎗新，膩綠長鮮穀雨春。静試恰如湖上月，對嘗兼憶剡中人。』

杭州寶巖院垂雲茶　杭州寶巖院垂雲亭產茶，號垂雲茶，有僧怡然以垂雲新茶餉東坡，坡報以大龍團。戲作一律云：『妙供來香積，珍烹具上官。揀芽分雀舌，賜茗出龍團。曉日雲庵暖，春風浴殿寒。聊將試道眼，莫作等閒看。』《西湖志餘》

【略】

天目茶清而不醨，苦而不螯，正堪與緇流漱滌筍蕨。

杭州餘杭縣徑山茶　徑山，在杭州餘杭縣西北五十里，山有喝石巖，產茶甘香異常，常在天目寶雲之右。《徑山志》

杭州新城縣僊坑茶　僊坑山，在杭州新城縣十里。晉咸和中，有七僊人奕棋山因此得名。其山產茶特美，下為蜕龍洞。洞門九重，其深莫測，得龍蜕骨一斛，石間鱗爪之，首尾宛然。又十七里，有魚泉洞，亦有石形如龍，其旁有地畝通天，目龍池。《新城縣志》

杭州昌化縣昌化茶　昌化茶已見前種類茶下，兹不贅録。

紹興府臥龍山瑞雲茶　臥龍山舊名種山，又曰重山。《水經註》曰『文種城於越而伏劍於山陰，越人哀之，葬於重山』，即此山也。其巔產茶最佳，茶芽纖細，色紫味芳，稱瑞龍茶，云其地有清白泉，瀹茶為宜。《紹興名勝志》

《會稽三賦註》云：　瑞龍茶，一名拏龍瑞草，即府之所據之拏龍山也。

紹興府會稽縣日鑄茶一名日鑄雪芽　日鑄雪芽者，產日鑄嶺。嶺在會稽縣東南五十五里，歐冶子鑄劍之地處，產茶最佳，其芽纖白而長。歐陽公《歸田録》云：『草茶盛於兩浙，兩浙之品，以日鑄為第一。雪芽言其白也。』《會稽志》云：『會稽產茶，極多佳品，惟臥龍一種得與日鑄相亞。』《會稽三賦注》

《會稽三賦》云：日鑄雪芽，拏龍瑞草。瀑布稱仙，茗山鬥好。顧渚爭先，建溪同早。碾塵飛玉，甌濤翻皓，生兩腋之清風，興飄飄於蓬島云云。

陸放翁詩云：　海山縹渺劚零扃，掃地焚香悦性靈。嫩白半甌嘗日鑄，硬黄一帋學黄庭。衰顔冉冉臨清鏡，華髮蕭蕭倚素屏。尊酒不空身現在，莫爭天上少傲星。

紹興府會稽縣禹陵天章茶　禹穴，黄帝號為宛委穴，赤帝陽明之府，於此藏書焉。大禹始於此穴得書後，復藏於山。然舊經諸書，皆以禹穴系之會稽宛委山裏。人以陽明洞外飛來石下為禹穴，今則流傳失真，已不可考矣。其地產茶，厥品絶佳，號曰天章。賀知章纂《山紀》

【略】

嚴州府鳩坑茶　鳩坑，在嚴州府桐廬縣，產茶精好，可與婺之洞源茶相匹，而色香味美又欲過之，惜不能多得。《舒堂筆記》

范文正公《詠鳩坑茶》云：『瀟洒桐廬郡，春山半是茶。輕雷應好事，驚起雨前芽。』

嚴州府分水縣貢芽　分水貢芽，出本不多，大葉老梗，潑之不動，入水(烹)[煎]成，番有奇味。薦此茗，如得千年松柏根，作石鼎薰燎，乃足稱其老氣。《紫桃軒雜綴》

又卷六《目次》　江西南昌府茶　南昌府雲居山茶　分宜縣雙井茶　西山鶴嶺茶　九江府廬山茶　廬山雲霧茶　雲霧茶　西山羅漢茶　德化縣茶　瑞州府芽茶　臨江府玉津茶　袁州府界橋茶　饒州府浮梁茶　廣信府茶山茶　南安府上猶茶　湖廣武昌府茶　江夏縣洪山茶　崇陽縣魯溪茶　興國軍桃花茶　桃花茶　興國軍進寶雙勝茶　西山寶慶茶　黄州府雪堂桃花茶　乞桃花茶詞　蘄水縣松花茶　蘄州團黄茶　玉泉山仙人掌茶　岳州府涵膏茶　灉湖白鶴茶　巴陵縣巴陵茶　荊州府江陵縣茶　歸州青口峽茶　巴東縣真香茗　澧州牛觚茶　長沙府岳麓茶　茶陵州茶陵茶　夷陵州明月峽茶　衡州府衡山茶　辰州府雙上綠芽

又《江西茶品三》　南昌府建昌縣雲居茶　歐山在縣西南三十里，世傳歐笈先生得道之所。紆迴峻極，山頂常出雲，又名雲居山。有寺，為唐太常博士顔雲捨宅，頗莊嚴。當時諺云：『天上雲居，地下歸宗。』洪芻父有詩云：『曲肱聊寄吉祥卧，緩帶來嘗安樂茶。』《建昌縣志》

雲居山產茶，乃草茶中之絕品，山有卧龍洞，宋佛印禪師了元結菴于此。《南昌名勝志》

南昌府寧州分宜縣雙井茶　南昌所屬寧州分宜縣地名雙井，在宋時屬黄魯直，產茶絕佳，可比建溪，當時草茶之上品也。《分宜縣志》

南昌府西山鶴嶺茶　西山在府城西大江之外，道書第十二洞天中有梅嶺，即梅福修道處；有鶴嶺即王子喬跨鶴處。其最勝者，曰天寶洞。宋時常遣使投金龍玉簡於此山鶴嶺，產茶絕佳。《南昌名勝志》

盧山閔林茶雲霧茶附盧山屬九江府　林茶，鳥雀啣子食之，或有墜於茂林幽谷者，久而滋生。山僧或有入山林尋採者，所獲不過三數兩，多則不及半斤，焙而烹之，其色如月下白，其味深佳，氣若荳花香。《廬山通志》

雲霧茶　產於匡廬山絕頂，常在雲霧中，極有勝韻。而山僧拙於焙，既採，必上甑蒸過，隔宿而後焙，枯勁如稿秸，瀹之為赤滷，豈復有茶焉！余同年楊澹中遊匡廬，有『笑談渴飲匈奴血』之誚，蓋實録也。戊戌春，小住東林，同門人董獻可、曹不隨、萬南仲手自焙茶，有『淺碧從教如嫩柳，清芬不遺雜飛花』之句。既成，色香味殆絕，恨余焙不多，不能遠寄澹中為匡廬解嘲也。《紫桃軒雜綴》

《廬山通志》云：雲霧茶產廬山，山中靜者，艱於日給，取諸崖壁間撮土種茶一二區。然山峻高寒，藂極卑弱，歷冬必茄苦之，屆端陽始採焙。既成，呼為『雲霧茶』云云。

《二酉委談》云：余性不耐冠帶，暑月尤甚，豫章喜早熱，而今歲尤甚。春三月十七日，觴客於滕王閣，日出如火，流汗接踵，頭涔涔幾不知歸而發狂大叫，媢為具湯沐，便科頭裸身。赴之時，西山雲霧新茗初至，張右伯適以見貽；茶色白，大作荳子花香，幾與虎丘茶相等。余時浴出，露坐明月下，命侍兒汲新水烹嘗之，覺沆瀣之味入咽，兩腋風生。念此境界，都非宦路所有。琳泉藥先生，老而嗜茶甚於余，時已就寢，不可呼之共啜。晨起，乃烹遺之，已落第二義矣。追憶夜來風味，因書一通以贈先生。

南昌府西山羅漢茶　南昌府西山產羅漢茶，葉如豆苗，清香味美，郡人珍之，號羅漢茶。《茶史》

九江府德化縣茶　九江府德化縣，產茶絕佳，可方雲霧茶。《九江府志》

瑞州府芽茶　瑞州府芽茶，產鳳凰、華林二山。鳳凰山在府治後，華林山在府城西北，世傳王母第九子雲秀真人於此築壇禮斗處。山產茶芽，紫而色白，味佳。《九江名勝志》

臨江府玉津茶　玉津鎮，在縣東南五十里，地名鶴沙，約四五畝，產茶最佳，色白味佳，香如蘭茝。《臨江府志》

袁州府界橋茶綠英、金片、雲腳附　袁州界橋，產佳茗，其名甚著，不若湖州之含研、紫筍。惟此茶烹之有綠腳下垂，故韓文公賦云『雲垂綠腳』云云。毛文錫《茶譜》

饒州府浮梁茶　饒州府浮梁縣產茶，葉小而穠厚，色白味甘，可稱佳品。《饒州名勝志》

又　湖廣茶品四

武昌府武昌縣茶　武昌山，在武昌縣五十里。晉武帝時【略】負茗而歸。《括地志》云：山以縣名者，武昌其一也。《武昌名勝志》

鄂州洪山茶鄂州即今江夏縣，屬武昌　洪山在縣東十五里，舊名東山。《茶譜》云『鄂州［之］東山［蒲圻、唐年縣］，（出）［皆產］茶黑色如韭［葉］，（食之已）［極軟，治］頭痛。』《江夏縣志》

武昌府崇陽縣魯溪茶一名龍泉茶　魯溪痌，在龍泉山下，去縣西南四十里，周迴二百里。其上有洞，持燭而入，行數十步，漸平坦如居室，可容千百人。有石渠泉流清駛，名曰魯溪。常時草木狼藉，每遇有人入禱，則淨若灑埽。山前產茶，味極甘美，名龍泉茶。《崇陽縣志》

武昌府興國軍桃花寺桃花絕品茶興國軍即今興國州，屬武昌府。興國茶品曰桃花絕品，曰進寶，曰雙勝，曰寶山，曰兩府　桃花寺，在州南五十里桃花尖之下，寺中有泉甘美，里人用以造茶，味勝他處，今號曰桃花絕品。宋知軍州事王琪有詩云『梅雪既掃地，桃花露微紅。風從北苑來，吹入茶塢中』，蓋詠此也。《興國州名勝志》

《文獻通考》云：興國軍，地產名茶，邦牧修貢，最為精品，故有

進寶、雙勝、寶山、兩府之號。

武昌府西山寶慶茶　西山，在武昌、興國接界。在宋歲貢御茗，名曰寶慶，乃片茶中之至精者，在進寶、雙勝之右。《西山遊覽志》

黄州府黄岡縣東坡雪堂桃花茶　自黄州城南至雪堂，凡四百三十步。雪堂問曰：蘇子得廢圃，於東城之脇號，其正曰雪堂。因大雪中成之因，繪雪於四壁之間，間無容隙。其名起於此先生，又自書『東坡雪堂』四字扁，懸之堂上。堂東有細柳，有浚井，西有徽泉。堂之下，有大冶長老桃花茶，巢元修菜，何氏藂橘種秔稌，莳棗栗，有松期為可劉種麥，以為奇事，作陂塘、植黄桑，皆足以供先生歲用，為雪堂之勝景。《東坡全集》

《東坡全集》有《乞大冶長老桃花茶水調歌頭詞》云已過幾番雨。

黄州府蘄水縣茶山松花茶　茶山在蘄水縣，產茶極佳。唐劉禹錫有詩云『薤葉炤人呈夏簟，松花滿碗試新茶』，蓋詠此也。《黄州名勝志》

蘄州蘄門團黄茶　團黄茶說，已見前一卷種類下。

荊門州當陽縣玉泉山僊人掌茶　僊人掌茶，已詳見一卷種類下。

岳州府灉湖涵膏茶　灉湖茶在唐時極重，見諸篇什，李肇所謂灉湖之涵膏也。《岳州名勝志》

岳州府白鶴茶產灉湖

灉湖諸灘舊出茶，李肇所謂灉湖之涵膏是也。唐人最重，多見詩詠。今不甚植，惟白鶴僧園有千餘本，頗類北苑所出茶。一歲乃不過一二十兩，土人謂之白鶴茶。茶極甘香，非他處茶可比。茶園之地土亦相類，但土人不甚植耳。《岳陽風土記》

岳州府巴陵縣巴陵茶巴陵茶品有五：曰大小巴陵、開勝、開卷、小卷、生黄翎毛共五品　巴陵縣諸山皆產名茶，如大小巴陵、開勝、開卷、小卷、生黄翎毛之類，在宋季俱登貢品。《舒堂筆記》

荊州府江陵縣茶江陵茶品有二：曰楠木、曰大柘枕　江陵縣東、西兩山俱產名茗，而以楠木及大柘枕者為最，茶味甘香鮮白，當為楚茶之冠。《國史補》

歸州青口峽青口茶　歸州青口峽出名茶，歲貢上方。地方數里所產，不過百兩，茶味甘香雋永，惜不能多得。《九清齋雜志》

歸州巴東縣真香茗　巴東縣有真香茗，其花白色如薔薇，煎服令人不眠，能誦無忘。《述異記》

澧州樂普山牛觚茶澧州屬岳州府與歸州巴東縣接界　東泉，在縣南三十里，有石洞，遇旱祈禱有驗。又有白龍泉，在縣之樂普山，相傳有白龍出水中，土人呼其地為牛觚。此山產美茶，名牛觚茶。《澧州志》

長沙府岳麓茶長沙茶品有九：曰岳麓、曰草子、曰楊樹、曰雨前、曰雨後、曰綠芽、曰片金、曰金巖、曰獨行靈草　長沙西岸有麓山，蓋衡山之足，又名靈麓峯，乃岳山七十二峯之數。此山產茗特饒，名品若岳麓及獨行靈草，皆表表著名者。《湘潭遊覽志》

茶陵州茶陵茶　《史記》：炎帝葬於茶山之野。茶山即景明山也，以山谷間多生奇茗，故名。《茶陵州誌》

夷陵州明月峽茶　峽州即後周名峽州者，出名茶。昔人有云『明月之峽，厥有佳茗』，即此。《夷陵州志》

衡州府衡山茶　衡岳產茶，昔稱名品，山僧苦於征索，多私刈去。今所產，每歲約得五六斤，所以為難。《南岳志》

辰州府雙上綠芽又大小方　小西山，一名辰山，又名烏速山，在西溪口。《方輿記》云：山下有石穴，中有書千卷，秦人避地隱學於此。梁湘東王云謂『訪二酉之逸典』是也。耆舊相傳堯善卷。唐張果老皆常隱此。又名為大酉華妙洞天。或云自西溪西北行十餘里，有洞與大酉國山相通。唐瞿廷柏兒時戲躍入井，忽自華妙洞中出，已去縣四十里。山中產茶名綠芽、大小方，俱佳品也。《辰州府名勝志》

又卷八《目次》　河南河南府茶　汝寧府羅山茶　光州光山茶　山東青州府蒙山茶　蒙山茶辨　濟南府岱岳茶　四川成都府茶　重慶府都濡月兔茶　南平縣狼（細）［猱］茶　武隆雪錦茶　雅州蒙頂茶　蒙頂茶　峽州碧澗明月茶　嘉定州峨眉茶　眉州丹稜茶　瀘州寶山茶　劍州梁山茶　彭州仙巖石花茶　東川神泉小團茶　夔州府香山茶　龍安府騎火茶　邛州思安茶　涪州賓化茶　彰明縣綠昌明茶　綿州松嶺茶　犍為郡橘社茶　天泉挐龍山茶　廣東廣州府皋盧茶　吉州黄旗岡茶　潮州府石花茶　大埔縣茶山茶　德慶州茗山茶　廣西柳州羅（文）［艾］茶　潯州府貴縣茶　雲南雲南府茶　廣西府鍾秀茶　灣甸州孟通茶　貴州貴陽府鳳皇茶　新添衛楊寶山茶　平越衛七盤茶　外夷交趾茶

又《河南茶品六》 河南府陝州明月澗茶 陝州屬河南府，明月澗産名茶，精美無倫。《茶史》云：明月之澗厥有佳茗，在昔其名甚著。《茶譜》

汝寧府信陽州羅山茶 羅山在汝寧府信陽州，産茶味甘色白，可方日鑄。《汝寧府志勝》

汝寧府光州光山茶 光山，在汝寧府光州，山産名茶，滋味甘香堪同北苑。《光州志》

又《山東茶品七》 青州府蒙陰縣蒙山茶 青州府蒙陰縣蒙山，其巔産茶，味苦回甘。《蒙陰縣志》

《七修類稿》云：世以山東蒙陰山所生石蘚謂之蒙茶，士大夫珍貴，而味亦頗佳。殊不知形已非茶，不可煮飲，又乏香味，而《茶經》之所不載。蒙頂茶産，四川雅州，即古蒙山郡。其《圖經》云：蒙頂有茶，受陽氣之全，故茶芳香。《方輿勝覽》、《一統志》土産俱載。蒙頂茶，《晁氏客話》亦言雅州也。白樂天《琴茶行》云：李丞相德裕入蜀，得蒙頂茶餅，沃於湯瓶之上，移時化盡以驗其真。而蒙山有五峯，最高者曰上清，方産此茶，且有瑞雲影相現，多虎豹龍蛇之跡，人行罕到故也。但《茶經》品之於次，若山東之蒙山，乃《論語》所謂『東蒙主』耳。

濟南府泰安州岱嶽茶 泰安州泰山薄産名茶，多生嵓谷間，山僧時有得之，而城市則無也。山人摘青桐芽曰女兒茶；泉崖陰趾茁如菠稜者，曰仙人茶，皆清香異南茗。黄楝芽時為茶，亦佳；松苔尤妙。《岱岳志》

又《四川茶品八》 成都府雀舌茶 成都府産雀舌茶，其葉纖細如雀舌。然例以清明日製造，色味甘香迨絕。《益州異物志》

重慶府都濡月兔茶 重慶府彭水縣，即都濡廢縣，産茶最佳，黄山谷稱都濡月兔茶為佳品。《重慶府志》

重慶府南平狼猱茶 重慶府南平縣狼猱山茶，黄黑色，渝人重之，云可已痰疾。毛文錫《茶譜》

《雲蕉館紀談》云：明昇在重慶府取涪江青蝋石為茶磨，令宮人以武隆雪錦茶碾之，焙以大足縣香霏亭海棠花，味倍於常。海棠無香，惟此有香，以之焙茶尤妙。

雅州蒙頂茶 蒙山在雅州，山頂産茶，能治諸疾，茶味甘芳最勝，兩川産茶，當以蒙茶為第一。《茶解》

雅州蒙山，山有五峯。一峯最高者，曰太清，産甘茗。《禹貢》蔡蒙旅平即此。《雅州志》

《錦里新聞》云：蒙山有僧病冷且久，偶遇老叟，告之曰：『仙家有雷鳴茶，候雷發聲乃茁，可併手於中頂採摘。』服之，僧病果瘥。

峽州碧澗明月茶 明月峽在夷陵州，即後周名峽州者，出茶極佳。《茶史》云『明月之峽，厥有佳茗』，即此。《茶疏》

嘉定州峨眉茶 峨眉山在嘉定州，山産名茶，烹嘗之，初苦而終甘。《峨眉山志》

眉州洪雅山丹稜茶 丹稜茶，出洪雅山，屬眉州，葉有丹稜因名。其味甘芳，品同雀舌。《眉州志》

瀘州寶山茶 寶山在州城南，《郡國志》一名瀘峯山。多瘴氣，三、四月感之必死，至五月上旬則無害。山産茶，能已風疾，並治瘴毒，土人以茱萸並噍之。《瀘州志》

劍州梁山茶 劍州梁山産茶，為蜀中絕品。《劍州名勝志》

彭州仙嵓石花茶 石花茶，産彭州仙巖山。《茶史》云『仙巖石花，為蜀州佳茗，可以比美丹稜』云云。《彭州志》

東川神泉山小團茶 神泉山産奇茗，色白味甘著名。《茶譜》所謂『神泉獸目』，即此茶也。《茶録》

夔州府香山茶 香山，在夔州府城南四十里，山産名茶，色最纖翠，亦蜀茶之冠也。《茶録》

龍安府騎火茶 龍安府九龍山，産茶精美，例以禁火日製之，故名騎火，茶品中最著者也。《茶録》

邛州臨安縣思安茶 臨安縣思安山産茶，其品在六安、松蘿之次。《邛州志勝》

涪州賓化茶 《茶録》以涪州賓化茶為蜀茶之最，地不多産，外省所得頗艱，其品可亞蒙山。《茶史》

涪州彰明縣緑昌明茶 彰明縣産緑昌明茶，香清味美，冠絕兩川諸茗，故《李太白集》有詩云『渴飲一醆緑昌明』云云，即詠此茶也。《茶

史》

綿州松嶺茶　松嶺茶産綿州，葉大而有白茸，瀹之無色，若月下白，香如松實，蓋奇品也。《綿州志勝》

犍為郡安平縣橘社茶　犍為郡安平縣有橘柚官社，出名茶。《蜀都賦》云『社有橘柚之園』云云，即此。《犍為志勝》

天全六番招討使司臥龍山烏茶　臥龍山，因孔明征孟獲駐此，故名。山在龍溪縣。巖壑幽深，人蹟罕到，産茶精好，色味絶佳。昔有樵者入山，見二人對弈。頃見二白鶴，啄楊梅，墜地一枚，樵者取而食之，遽失弈者所在。抵家，遂辟穀，頗知人休咎。《茶録》

又《廣東茶品九**》**　廣州府西平縣皋盧茶　皋盧茶，已見前一卷釋名。

廣州府吉州黄旗岡西樵茶　廣州府番禺縣壁山黄旗岡産茶，因唐末詩人曹松寓此，常以顧渚茶教之種焙，土人遂以茶為業。《廣州名勝志》

潮州府石花茶　石花茶，産潮州府大圩山，茶味清甘，為粵茶第一。《潮陽志》

潮州府大埔縣茶山茶　大埔縣茶山産茶最佳，在石花之次。《茶録》

德慶州茗山茶　德慶州茗山産名茶，能已風痰之疾，土人珍之。《德慶州志》

又《廣西茶品十**》**　柳州府上林縣羅艾山茶　羅艾山在上林縣，有人入山採茶遇仙於此，遂移家居焉。《柳州府名勝志》

潯州府貴縣茶　貴縣産茶，其品同於羅艾。《茶録》

又《雲南茶品十一**》**　雲南府感通茶　感通寺山崗産茶，甘芳纖白，第滇茶第一。《咸賓録》

廣西府鍾秀茶　茶産鍾秀山。山居府城内，山形秀拔，儒學建其下。《茶志》

灣甸州孟通茶　茶産灣甸州孟通山，茶味類陽羡，穀雨採者香甚。《茶志》

又《貴州茶品十二**》**　貴陽府凰皇山茶　山在府城南，山勢奇聳如鳳翼然，上産佳茶。《貴陽名勝志》

新添衛楊寶山茶　衛城北山，色清翠如畫，産茶絶佳。

平越府七盤茶　七盤山，在衛城東，盤旋七里。上産佳茶，坡下有溪，人跡罕到。《平越府名勝志》

綜述

明　沈周《書岕茶别論後》《續茶經·一之源》　自古名山，留以待羈人遷客，而茶以資高士，蓋造物有深意。而周慶叔者為《岕茶别論》，以行之天下。度銅山金穴中無此福，又恐仰屠門而大嚼者未領此味。慶叔隱居長興，所至載茶具，邀余素鷗黄葉間共相欣賞。恨鴻漸、君謨不見慶叔耳，為之覆茶三嘆。

明　何孟春《餘冬序録》卷五　天下茶貢，歲額止四千二十二觔，而福建二千三百五十觔，福建為多。天下貢茶，但以芽稱，而建寧有探春、先春、次春、紫筍，及薦新等號，則建寧為上。國初，建寧所進，必碾而揉之，壓以銀板，為大小龍團，如宋蔡謨所貢茶例。太祖以重勞民力，罷造龍團，一照各處採芽以進，復其戶五百，俾專事焉。事責於有司，有司遣人督之，茶戶不堪。於是，洪武二十四年，又有建寧上供茶，聽民采進之詔。只此一事，知祖宗愛民之盛心矣。

明　高濂《遵生八箋》卷一一《論茶品》　茶之産於天下多矣！若劔南有蒙頂石花，湖州有顧渚紫筍，峽州有碧澗明月，卭州有火井思安，渠江有薄片，巴東有眞香，福州有栢巖，洪州有白露，常之陽羡，婺之舉巖，丫山之陽坡，龍安之騎火，黔陽之都濡、高株，瀘川之納溪、梅嶺。之數者，其名皆著。品第之，則石花最上，紫筍次之，又次則碧澗、明月之類是也。惜皆不可致耳。若近時虎邱山茶，亦可稱奇，惜不多得。若天池茶，在穀雨前收細芽，炒得法者，青翠芳馨，嗅亦消渴。若眞岕茶，其價甚重，兩倍天池，惜乎難得，須用自己令人採收方妙。又如浙之六安，茶品亦精，但不善炒，不能發香而色苦，茶之本性實佳。如杭之龍泓【即龍井也】，茶眞者，天池不能及也。山中僅有一二家，炒法甚精。近有山僧焙者亦妙，但出龍井者方妙。而龍井之山，不過十數畝，外此有茶，似皆不及，附近假充，猶之可也。至於北山西溪，俱充龍井，即杭人識龍井茶味者亦少，以亂眞多耳。意者，天開龍井美泉，山靈特生佳茗以

副之耳。不得其遠者，當以天池龍井為最。外此，天竺靈隱為龍井之次。臨安、於潛生於天目山者，與舒州同，亦次品也。茶自浙以北皆較勝，惟閩廣以南，不惟水不可輕飲，而茶亦宜慎。昔鴻漸未詳嶺南諸茶，乃云嶺南茶味極佳，孰如嶺南之地，多瘴癘之氣，染著草木，北人食之，多致成疾，故當慎之。

明 許次紓《茶疏》

產茶

天下名山，必產靈草。江南地暖，故獨宜茶。大江以北，則稱六安。然六安乃其郡名，其實產霍山縣之大蜀山也。茶生最多，名品亦振，河南、山、陝人皆用之。南方謂其能消垢膩、去積滯，亦共寶愛。顧彼山中不善製造，就於食鐺大薪炒焙，未及出釜，業已焦枯，詎堪用哉？兼以竹造巨笥，乘熱便貯，雖有綠枝紫筍，輒就萎黄，僅供下食，奚堪品鬬。

江南之茶，唐人首稱陽羨，宋人最重建州，於今貢茶，兩地獨多。陽羨僅有其名，建茶亦非最上，惟有武夷雨前最勝。近日所尚者，為長興之羅岕，疑即古人顧渚紫筍也。介於山中，謂之岕，羅氏隱焉，故名羅。然岕故有數處，今惟洞山最佳。姚伯道云：明月之峽，厥有佳茗，是名上乘。要之，採之以時，製之盡法，無不佳者。其韻致清遠，滋味甘香，清肺除煩，足稱仙品，此自一種也。若在顧渚，亦有佳者，人但以水口茶名之，全與岕別矣。若歙之松蘿、吳之虎丘、錢塘之龍井，香氣穠郁，並可雁行，與岕頡頏。往郭次甫亟稱黄山，黄山亦在歙中，然去松蘿遠甚。往時士人皆貴天池，天池產者，飲之略多，令人脹滿，自余始下其品，向多非之，近來賞音者始信余言矣。浙之產，又曰天台之雁宕，括蒼之大盤，東陽之金華，紹興之日鑄，皆與武夷相為伯仲。然雖有名茶，當曉藏製。製造不精，收藏無法，一行出山，香味色俱減。錢塘諸山，產茶甚多，南山盡佳，北山稍劣。北山勤於用糞，茶雖易茁，氣韻反薄。往時頗稱睦之鳩坑、四明之朱溪，今皆不得入品。武夷之外，有泉州之清源，倘以好手製之，亦是武夷亞匹，惜多焦枯，令人意盡。楚之產曰寶慶，滇之產曰五華，此皆表表有名，猶在雁茶之上。其他名山所產，當不止此，或余未知，或名未著，故不及論。

明 陳繼儒《白石樵真稿・書岕茶別論後》 『昔人詠梅花云：「香中別有韻，清極不知寒。」此惟岕茶足當之。若閩中之清源、武夷，吳之天池、虎丘，武林之龍井，新安之松蘿，匡廬之雲霧，其名雖大噪，不能與岕梅抗也。自古名山留以待羈人遷客，而茶以資高士，蓋造物有深意。而周慶叔著為《別論》以行之天下，度銅山金穴中無此福，又恐仰屠門而大嚼者未必領此味，則慶叔將無孤行乎哉？

高皇帝題吳興山：「烏啼紅樹裏，人在翠微中。」又敕顧渚每歲貢茶三十二斤。則岕於國初已受知遇，施於今而漸遠漸傳，漸覺聲價轉重。既得聖人之清，又得聖人之時，第蒸、採、烹、洗，悉與古法不同。而喃喃者猶持陸鴻漸之《經》、蔡君謨之《録》而祖之，以為茶道在是，當不令慶叔失笑。慶叔隱居長興，所至載茶具，邀余於素鷗黄葉間，共相欣賞，而尤推茶勳於婦翁徐子輿先生。不恨子輿不見此論，恨鴻漸、君謨不見慶叔耳。為之覆茶三嘆。』

明 張謙德《茶經》

茶產

茶之產於天下多矣，若姑胥之虎丘、天池，常之陽羨，湖州之顧渚紫筍，峽州之碧澗明月，南劍之蒙頂石花，建州之北苑先春龍焙，洪州之西山白露、鶴嶺，穆州之鳩坑，東川之獸目，綿州之松嶺，福州之柏巖，雅州之露芽，南康之雲居，婺州之舉岩碧乳，宣城之陽坡横紋，饒池之仙芝、福合、祿合、蓮合、慶合，壽州之霍山黄芽，邛州之火井思安，安渠江之薄片，巴東之真香，蜀州之雀舌、鳥嘴、片甲、蟬翼，潭州之獨行靈草，彭州之仙崖石倉，臨江之玉津，袁州之金片、綠英，龍安之騎火，涪州之賓化，黔陽之都濡高枝，瀘州之納溪梅嶺，建安之青鳳髓、石岩白，岳州之黄翎毛、金膏冷之數者，其名皆著。品第之，則虎丘最上，陽羨真岕、蒙頂石花次之，又其次，則姑胥天池、顧渚紫筍、碧澗明月之類是也。餘惜不可考耳。

明 高元濬《茶乘》 近時所尚者，為長興之羅岕，疑即古人顧渚紫筍。然岕故有數處，今惟洞山最佳。若歙之松羅，吳之虎丘，杭之龍井，並可與岕頡頏。又有極稱黄山者，黄山亦在歙，去松羅遠甚。虎丘山窄，歲採不能十斤，極為難得。龍井之山，不過十數畝，外此有茶，皆不及也；即杭人識龍井味者，亦少，以亂真多耳。往時士人皆重天池，然飲

之略多，令人脹滿。浙之產曰雁宕、大盤、金華、日鑄，皆與武夷相伯仲。武夷之外，有泉州之清源，潼州之龍山，倘以好手製之，亦是武夷亞匹。蜀之產曰蒙山，楚之產曰寶慶，滇之產曰五華，廬之產曰六安，及靈山、高霞、泰寧、鳩坑、朱溪、青鸞、鶴嶺、石門、龍泉之類，但有都佳。其他山靈所鍾，在處有之，直以未經品題，終不入品，遂使草木有炎涼之感，良可惜也。

明 朱之蕃《蒙史・題辭》（蒙史） 吾師龍夫子，與舒州白力士鐺，夙有深契，而於瀹茗品泉，不廢淨緣。頃治兵湟中，夷虜款塞，政有餘閒，縱觀泉石，扶剔幽隱。得北泉，甚甘烈，取所攜松蘿、天池、顧渚、羅岕、龍井、蒙頂諸名茗嘗試之，且著《醒鄉記》，以與王無功。千古競爽，文囿頡頏，破絕塞之顓蒙，增清境之勝事。

明 黃龍德《茶說・一之產》 茶之所產，無處不有，而品之高下，鴻漸載之甚詳。然所詳者，為昔日之佳品矣，而今則更有佳者焉。若吳中虎丘者上，羅岕者次之，而天池、龍井、伏龍則又次之。新安松蘿者上，朗源滄溪次之，而黃山磻溪則又次之。彼武夷、雲霧、雁蕩、靈山諸茗，悉為今時之佳品。至金陵攝山所產，其品甚佳，僅僅數株，然不能多得。其餘杭浙等產，皆冒虎丘、天池之名，宣池等產，盡假松蘿之號。此亂真之品，不足珍賞者也。其真虎丘，色猶玉露，而泛時香味，若將放之橙花，此茶之所以為美。真松蘿出自僧大方所製，烹之色若綠筠，香若蘭蕙，味若甘露，雖經日而色、香、味竟如初烹而終不易。若泛時少頃而昏黑者，即為宣池偽品矣。試者不可不辨。又有六安之品，盡為僧房道院所珍賞，而文人墨士，則絕口不談矣。

明 馮可賓《岕茶箋・序岕名》 環長興境，產茶者曰羅嶰，曰白巖，曰烏瞻，曰青東，曰顧渚，曰篠浦，不可指數，獨羅嶰最勝。環嶰境十里而遙，為嶰者亦不可指數。嶰而曰岕，兩山之介也；羅氏居之，在小秦王廟後，所以稱廟後羅岕也。洞山之岕，南面陽光，朝旭夕暉，雲滃霧浡，所以味迴別也。

清 陸廷燦《續茶經》卷下 《農政全書》：玉壘關外寶唐山，有茶樹產懸崖，筍長三寸、五寸，方有一葉、兩葉。涪州出三般茶，最上賓化，其次白馬，最下涪陵。

《煮泉小品》：茶自浙以北皆較勝，惟閩、廣以南不惟水不可輕飲，而茶亦當慎之。昔鴻漸未詳嶺南諸茶，但云『往往得之，其味極佳。』余見其地多瘴癘之氣，染著草木，北人食之，多致成疾，故謂人當慎之。

《茶譜通考》：岳陽之含膏冷，劍南之綠昌明，蘄門之團黃，蜀（川）［州］之雀舌，巴東之真香，夷陵之壓磚，龍安之騎火。

又 《江南通志》：蘇州府吳縣西山產茶，穀雨前採焙極細者販於市，爭先騰價，以雨前為貴也。

吳郡《虎邱志》：虎邱茶，僧房皆植，名聞天下。穀雨前摘細芽焙而烹之，其色如月下白，其味如荳花香。近因官司徵以饋遠，山僧供茶一斤，費用銀數錢。是以苦於賫送，樹不修葺，甚至刈斫之，因以絕少。

米襄陽《志林》：蘇州穹窿山下，有海雲庵，庵中有二茶樹。其二株皆連理，蓋二百餘年矣。

《姑蘇志》：虎邱寺西產茶，朱安雅云：今二山門西偏，本名茶嶺。

陳眉公《太平清話》：洞庭中西盡處，有仙人茶，乃樹上之苔蘚也。四皓採以為茶。

《圖經續記》：洞庭小青山塢出茶，唐宋入貢。下有水月寺，因名水月茶。

《古今名山記》：支硎山茶塢，多種茶。

《隨見錄》：洞庭山有茶，微似岕而細，味甚甘香，俗呼為嚇殺人。產碧螺峯者，尤佳，名碧螺春。

《松江府志》：佘山在府城北，舊有佘姓者修道於此，故名。山產茶與筍並美，有蘭花香味。故陳眉公云：『余鄉佘山茶，與虎邱相伯仲。』

《常州府志》：武進縣章山麓，有茶巢嶺，唐陸龜蒙嘗種茶於此。

《天下名勝志》：南岳，古名陽羨山，即君山北麓。孫皓既封國後，遂禪此山為岳，故名。唐時產茶充貢，即所云南岳貢茶也。

常州宜興縣東南，別有茶山。唐時造茶入貢，又名唐貢山，在縣東南三十五里均山鄉。

《武進縣志》：茶山路，在廣化門外，十里之內，大墩小墩連綿簇擁，有山之形。唐代湖、常二守會陽羨造茶修貢，由此往返，故名。

《檀几叢書》：茗山，在宜興縣西南五十里永豐鄉。皇甫曾有《送羽

南山采茶》詩，可見唐時貢茶在茗山矣。

又《鎮江府志》：潤州之茶，傲山為佳。

《寰宇記》：揚州江都縣蜀岡，有茶園，茶甘（旨）［香］如蒙頂，蒙頂在蜀，故以名。岡上有時會堂、春貢亭，皆造茶所，今廢。見毛文錫《茶譜》。

《宋史・食貨志》：散茶出淮南，有龍溪、雨前、雨後之類。

《安慶府志》：六邑俱産茶，以桐之龍山，潛之閔山者為最。蒔茶源在潛山縣；香茗山在太湖縣；大小茗山在望江縣。

《隨見録》：宿松縣産茶，嘗之頗有佳種。但製不得法，倘別其地、辨其等、製以能手，品不在六安下。

《徽州志》：茶産於松蘿，而松蘿茶乃絶少。其名則有勝金、嫩桑、仙芝、來泉、先春、運合、華英之品；其不及號者為片茶，八種。近歲茶名，細者有雀舌、蓮心、金芽，次者為芽下白，為走林，為羅公，又其次者，為開園，為軟枝，為大方。製名號多端，皆松蘿種也。

吴從先《茗説》：松蘿，予土産也。色如梨花，香如荳蕊，飲如嚼雪。種愈佳，則色愈白，即經宿無茶痕，固足美也。秋露白片子，更輕清若空，但香大惹人，難久貯，非富家不能藏耳。真者其妙若此，略混他地一片，色遂作惡，不可觀矣。然松蘿地如掌，所産幾許？而求者四方雲至，安得不以他溷耶？

《黄山志》：蓮花庵旁，就石縫養茶，多輕香冷韻，襲人齗齶。

《昭代叢書》：張潮云，吾鄉天都有抹山茶，茶生石間，非人力所能培植。味淡香清，足稱仙品，採之甚難，不可多得。

《隨見録》：松蘿茶，近稱紫霞山者為佳；又有南源、北源名色。其松蘿真品，殊不易得。黄山絶頂有雲霧茶，別有風味，超出松蘿之外。

《通志》：寧國府屬宣、涇、寧、旌、太諸縣，各山俱産松蘿。

《名勝志》：寧國縣鵶山，在文脊山北，産茶充貢。《茶經》云：味與蘄州同。宋梅詢有『茶煮鵶山雪滿甌』之句，今不可復得矣。

《農政全書》：宣城縣有丫山，形如小方餅横鋪，茗芽産其上。其山東為朝日所燭，號曰陽坡，其茶最勝。太守薦之京洛人士，題曰『丫山陽坡横文茶』，一名瑞草魁。

《華夷花木考》：宛陵茗池源茶，根株頗碩，生於陰谷，春夏之交方發萌芽，莖條雖長，旗槍不展，乍紫乍緑。天聖初，郡守李虛己、仝太史梅詢嘗試之，品以為建溪、顧渚不如也。

《隨見録》：宣城有緑雪芽，亦松蘿一類；又有翠屏等名色。其涇川涂茶，芽細、色白、味香，為上供之物。

《通志》：池州府屬青陽、石埭、建德俱産茶，貴池亦有之。九華山閔公墓茶，四方稱之。

《九華山志》：金地茶，西域僧金地藏所植。今傳枝梗空筒者是。大抵煙霞雲霧之中，氣常溫潤，與地上者不同，味自異也。

《通志》：廬州府屬六安、霍山，並産名茶，其最著惟白茅貢尖，即茶芽也。每歲茶出，知州具本恭進。

六安州有小峴山，出茶名小峴春，為六安極品。霍山有梅花片，乃黄梅時摘製，色、香兩兼，而味稍薄。又有銀針、丁香、松蘿等名色。

《紫桃軒雜綴》：余生平慕六安茶，適一門生作彼中守，寄書託求數兩，竟不可得，殆絶意乎！

《陳眉公筆記》：雲桑茶，出瑯琊山。茶類桑葉而小，山僧焙而藏之，其味甚清。

廣德州建平縣雅山出茶，色、香、味俱美。

《浙江通志》：杭州、錢塘、富陽及餘杭徑山，多産茶。

《天中記》：杭州寶雲山出者，名寶雲茶。下天竺香林洞者，名香林茶。上天竺白雲峯者，名白雲茶。

又《湖壖雜記》：龍井産茶，作荳花香，與香林、寶雲、石人塢、垂雲亭者絶異。采於穀雨前者尤佳，啜之淡然，似乎無味，飲過後覺有一種太和之氣，瀰淪於齒頰之間。此無味之味，乃至味也。為益於人不淺，故能療疾，其貴如珍，不可多得。

《坡仙食飲録》：寶嚴院垂雲亭亦産茶，僧怡然以垂雲茶見餉，坡報以大龍團。

陶穀《清異録》：開寶中，竇儀以新茶餉予，味極美。奩面標云『龍坡山子茶』。龍坡是顧渚之別境。

《吴興掌故》：顧渚左右有大小官山，皆為茶園。明月峽在顧渚側，

絕壁削立大澗中流，亂石飛走，茶生其間，尤為絕品。張文規詩所謂『明月峽中茶始生』是也。

顧渚山，相傳吳王夫差於此顧望原隰可為城邑，故名。唐時，其左右大小官山皆為茶園，造茶充貢，故其下有貢茶院。

《蔡寬夫詩話》：湖州紫筍茶，出顧渚，在常、湖二郡之間，以其萌茁紫而似筍也。每歲入貢，以清明日到，先薦宗廟，後賜近臣。

又　《名勝志》：茗山，在蕭山縣西三里，以山中出佳茗也。又上虞縣後山茶，亦佳。

《方輿覽勝》：會稽有日鑄嶺，嶺下有寺名資壽。其陽坡名油車，朝暮常有日，茶產其地絕奇。歐陽文忠云：『兩浙草茶，日鑄第一。』

《紫桃軒雜綴》：普陀老僧貽余小白巖茶一裹，葉有白茸，瀹之無色。徐引，覺涼透心腑。僧云：『本巖歲止五六觔，專供大士，僧得啜者寡矣。』

《普陀山志》：茶以白華巖頂者為佳。

又　桑莊《茹芝續譜》：天台茶有三品，紫凝、魏嶺、小溪是也。今諸處並無出產，而土人所需，多來自西坑、東陽、黃坑等處。石橋諸山，近亦種茶，味甚清甘，不讓他郡，蓋出自名山霧中，宜其多液而全厚也。但山中多寒，萌發較遲，兼之做法不佳，以此不得取勝。又所產不多，僅足供山居而已。

又　《郡芳譜》：安吉州茶，亦名紫筍。

《通志》：茶山，在金華府蘭溪縣。

《廣輿記》：鳩坑茶，出嚴州府淳安縣。方山茶，出衢州府龍游縣。

勞大與《甌江逸志》：浙東多茶品，雁宕山稱第一。每歲穀雨前三日，採摘茶芽進貢。一槍兩旗而白毛者，名曰明茶。穀雨日採者，名雨茶。一種紫茶，其色紅紫，其味尤佳，香氣尤清，又名玄茶，其味皆似开池而薄。難種薄收，土人厭人求索，園圃中少種；間有之，亦為識者取去。按：盧仝《茶經》云：溫州無好茶，天台瀑布水、甌水味薄，唯雁宕山水為佳。此山茶亦為第一，曰去腥膩、除煩惱、卻昏散、消積食。但以錫瓶貯者得清香味，不以錫瓶貯者，其色雖不堪觀，而滋味且佳，同陽羨山岕茶無二無別。採摘近夏，不宜早；炒做宜熟不宜生，如法可貯二三年。愈佳愈能消宿食，醒酒，此為最者。

王草堂《茶說》：溫州中墺及漈上茶，皆有名，性不寒不熱。

屠粹忠《三才藻異》：舉巖，婺茶也；片片方細，煎如碧乳。

《江西通志》：茶山，在廣信府城北，陸羽嘗居此。

洪州西山白露鶴嶺，號絕品；以紫清香城者為最。及雙井茶芽，即歐陽公所云『石上生茶如鳳爪』者也。又羅漢茶，如荳苗，因靈觀尊者自西山持至，故名。

《南昌府志》：新建縣鵝岡西，有鶴嶺。雲物鮮美，草木秀潤，產名茶異於他山。

《通志》：瑞州府出茶芽，廖暹《十詠》呼為雀舌香焙云。其餘臨江、南安等府俱出茶，廬山亦產茶。

袁州府界橋出茶，今稱仰山、稠平、木平者佳，稠平者尤妙。

贛州府寧都縣出林岕，乃一林姓者以長指甲炒之，采製得法，香味獨絕，因之得名。

《名勝志》：茶山寺，在上饒縣城北三里，按《圖經》即廣教寺。中有茶園數畝，陸羽泉一勺。羽性嗜茶，環居皆植之，烹以是泉，後人遂以廣教寺為茶山寺云。宋有茶山居士曾吉甫，名幾，以兄開忤秦檜，奉祠僑居此寺凡七年，杜門不問世故。

《丹霞洞天志》：建昌府麻姑山產茶，惟山中之茶為上，家園植者次之。

《饒州府志》：浮梁縣陽府山，冬無積雪，凡物早成，而茶尤殊異。金君卿詩云：『聞雷已薦雞鳴筍，未雨先嘗雀舌茶。』以其地暖故也。

《通志》：南康府出匡茶，香味可愛，茶品之最上者。九江府彭澤縣九都山出茶，其味略似六安。

《廣輿記》：德化茶，出九江府。又，崇義縣多產茶。

《吉安府志》：龍泉縣匡山，有苦齋，章溢所居。四面峭壁，其下多白雲，上多北風，植物之味皆苦。野蜂巢其間，采花蘂作蜜，味亦苦。其茶苦於常茶。

又　《天下名山記》：鼓山半巖茶，色香風味當為閩中第一，不讓虎邱、龍井也。雨前者，每兩僅十錢，其價廉甚。一云前朝每歲進貢，至

楊文敏當國，始奏龍之，然近來官取，其擾甚於進貢矣。

柏巖，福州茶也，巖即栢梁臺。

《興化府志》：仙遊縣出鄭宅茶，真者無幾，大都以贋者雜之，雖香而味薄。

陳懋仁《泉南雜志》：清源山茶，青翠芳馨，超軼天池之上。南安縣英山茶，精者可亞虎邱，惜所產不若清源之多也。閩地氣暖，桃李冬花，故茶較吳中差早。

《延平府志》：棱毛茶，出南平縣半巖者佳。

又《武夷山志》：前朝不貴閩茶，即貢者，亦只備宮中浣濯甌盞之需。貢使類以價，貨京師所有者納之。間有採辦，皆劍津廖地產，非武夷也。黄冠每市山下茶，登山貿之，人莫能辨。

茶洞，在接筍峯側。洞門甚隘，內境夷曠，四周皆穹崖壁立。土人種茶，視他處為最盛。

崇安殷令，招黄山僧以松蘿法製建茶，真堪並駕，人甚珍之，時有武夷松蘿之目。

王梓《茶説》：武夷山，週迴百二十里，皆可種茶。茶性，他產多寒，此獨性溫。其品有二：在山者為巖茶，上品；在地者為洲茶，次之。香清濁不同，且泡時巖茶湯白，洲茶湯紅，以此為別。雨前者為頭春，稍後為二春，再後為三春。又有秋中採者，為秋露白，最香。須種植、採摘、烘焙得宜，則香、味兩絕。然武夷本石山，峯巒載土者寥寥，故所產無幾。若洲茶，所在皆是，即鄰邑近多栽植，運至山中及星村墟市賈售，皆冒充武夷。更有安溪所產，尤為不堪。或品嘗其味，不甚貴重者，皆以假亂真誤之也。至於蓮子心、白毫，皆洲茶；或以木蘭花熏成欺人，不及巖茶遠矣。

張大復《梅花筆談》：《經》云，嶺南生福州、建州。今武夷所產，其味極佳，蓋以諸峯拔立，正陸羽所云『茶上者生爛石』耶。

《草堂雜録》：武夷山有三味茶，苦、酸、甜也，別是一種。飲之味果屢變。相傳能解醒消脹，然采製甚少，售者亦稀。

《隨見録》：武夷茶在山上者為巖茶，水邊者為洲茶。巖茶為上，洲茶次之；巖茶北山者為上，南山者次之。南北兩山，又以所產之巖名為名。其最佳者，名曰工夫茶。工夫之上，又有小種，則以樹名為名。每株不過數兩，不可多得。洲茶名色有蓮子心、白毫、紫毫、龍鬚、鳳尾、花香、蘭香、清香、奧香、選芽、漳芽等類。

《廣輿記》：泰寧茶，出邵武府。

福寧州（大）［太］姥山出茶，名綠雪芽。

《湖廣通志》：武昌茶，出通山者上，崇陽、蒲圻者次之。

《廣輿記》：崇陽縣龍泉山，周二百里。山有洞，好事者持炬而入，行數十步許，坦平如室，可容千百眾。石渠流泉清冽，鄉人號曰魯溪。巖產茶甚甘美。

《天下名勝志》：湖廣江夏縣洪山，舊名東山。《茶譜》云：鄂州東山出茶，黑色如韭，食之已頭痛。

《武昌郡志》：茗山在蒲圻縣北十五里，產茶。又大冶縣，亦有茗山。

《荊州土地記》：武陵七縣，通出茶，最好。

《岳陽風土記》：灉湖諸山舊出茶，謂之灉湖茶。李肇所謂『岳州灉湖之含膏』是也。唐人極重之，見於篇什。今人不甚種植，惟白鶴僧園有千餘本。土地頗類北苑，所出茶一歲不過一二十觔，土人謂之『白鶴茶』，味極甘香，非他處草茶可比並。茶園地色亦相類，但土人不甚植爾。

《［湖南］通志》：長沙茶陵州，以地居茶山之陰，因名。昔炎帝葬於茶山之野。茶山即雲陽山，其陵谷間多生茶茗故也。

長沙府出茶，名安化茶。辰州茶，出溆浦。郴州亦出茶。

《類林新詠》：長沙之石楠葉，摘芽為茶，名欒茶，可治頭風。湘人以四月四日摘楊桐草，搗其汁拌米而蒸，猶餻糜之類，必啜此茶，乃去風也。

《合璧事類》：潭郡之間有渠江，中出茶，而多毒蛇猛獸，鄉人每年採擷不過十五六觔。其色如鐵而芳香異常，烹之無腳。

湘潭茶，味略似普洱，土人名曰『芙蓉茶』。

《茶事拾遺》：潭州有鐵色，夷陵有壓磚。

《［湖廣］通志》：靖州出茶油。蕲水有茶山，產茶。

《河南通志》：羅山茶，出河南汝寧府信陽州。

《桐柏山志》：瀑布山，一名紫凝山，產大葉茶。

《山東通志》：兗州府費縣蒙山石巔，有花如茶，土人取而製之，其味清香，迥異他茶，貢茶之異品也。

《輿志》：蒙山，一名東山。上有白雲巖，產茶，亦稱蒙頂。王草堂云，乃石上之苔，為之非茶類也。

《廣東通志》：廣州、韶州、南雄、肇慶各府及羅定州，俱產茶。

西樵山，在郡城西一百二十里，峯巒七十有二，唐末詩人曹松移植顧渚茶於此，居人遂以茶為生業。

韶州府曲江縣曹溪茶，歲可三四採，其味清甘。

潮州大埔縣，肇慶恩平縣，俱有茶山。德慶州有茗山，欽州靈山縣亦有茶山。

吳陳琰《曠園雜志》：端州白雲山，出雲獨奇。山故蒔茶在絕壁，歲不過得一石許，價可至百金。

王草堂《雜録》：粵東珠江之南，產茶曰河南茶。潮陽有鳳山茶，樂昌有毛茶，長樂有石茗，瓊州有靈茶、烏藥茶云。

《嶺南雜記》：廣南出苦岕茶，俗呼為苦丁。非茶也，葉大如掌，一片入壺，其味極苦，少則反有甘味，噙嚥利咽喉之症，功並山豆根。

化州有琉璃茶，出琉璃庵。其產不多，香與峒岕相似。僧人奉客，不及一兩。

羅浮有茶，產於山頂石上，剝之如蒙山之石茶。其香倍於（廣岕）[廟岕]，不可多得。

《南越志》：龍川縣出皋盧，味苦澀，南海謂之過盧。

《陝西通志》：漢中府、興安州等處產茶。如金州、石泉、漢陰、平利、西鄉諸縣，各有茶園，他郡則無。

《四川通志》：四川產茶州縣，凡二十九處。成都府之資陽、安縣、灌縣、石泉、崇慶等，重慶府之南川、黔江、酆都、武隆、彭水等，夔州府之建始、開縣等，及保寧府、遵義府、嘉定州、瀘州、雅州、烏蒙等處。

東川茶有神泉、獸目。邛州茶曰火井。

又《東齋紀事》：蜀雅州蒙頂產茶最佳，其生最晚，每至春夏之交始出。常有雲霧覆其上，若有神物護持之。

《羣芳譜》：峽州茶有小江園、碧磵寮、明月房、茱萸寮等。

陸平泉《茶寮記事》：蜀雅州蒙頂上，有火前茶最好，謂禁火以前採者。後者謂之火後。茶有露芽、穀芽之名。

《述異記》：巴東有真香茗，其花白色如薔薇，煎服令人不眠，能誦無忘。

《廣輿記》：峨嵋山茶，其味初苦而終甘。又瀘州茶可療風疾。又有一種烏茶，出天全六番招討使司境內。

王新城《隴蜀餘聞》：蒙山，在名山縣西十五里。有五峯，最高者曰上清峯。其巔一石，大如數間屋，有茶七株生石上，無縫罅。云是甘露大師手植，每茶時葉生，智炬寺僧輒報有司往視，籍記其葉之多少。采製纔得數錢許，明時貢京師，僅一錢有奇。環石別有數十株，曰陪茶，則供藩府、諸司之用而已。其旁有泉，恆用石覆之，味清妙在惠泉之上。

《雲南記》：名山縣出茶，有山曰蒙山，聯延數十里，在西南。按：《拾遺志》、《尚書》所謂「蔡蒙旅平」者，蒙山也。在雅州，凡蜀茶盡出此。

《雲南通志》：茶山，在元江府城西北普洱界。太華山，在雲南府西，產茶色味似松蘿，名曰太華茶。

普洱茶，出元江府普洱山，性溫味香；兒茶出永昌府，俱作團。又感通茶，出大理府點蒼山感通寺。

《續博物志》：威遠州，即唐南詔銀生府之地。諸山出茶，收採無時，雜椒、薑烹而飲之。

《廣輿記》：雲南廣西府出茶；又灣甸州出茶，其境內孟通山所產，亦類陽羨茶。穀雨前採者香。

曲靖府茶子，叢生，單葉，子可作油。

許鶴沙《滇行紀程》：滇中陽山茶，絕類松蘿。

《天中記》：容州黃家洞出竹茶，其葉如嫩竹，土人採以作飲，甚甘美。廣西容縣，唐容州。

《貴州通志》：貴陽府產茶，出龍里東苗坡及陽寶山，土人製之無

法，味不佳。近亦有採芽以造者，稍可供啜。威寧府茶出平遠，產巖間，以法製之，味亦佳。

《地圖綜要》：貴州新添軍民衛產茶，平越軍民衛亦出茶。

《研北雜志》：交趾出茶如綠苔，味辛烈，名曰『登北人重』，譯名『茶曰釵』。

紀事

《金史》卷四九《食貨志四・茶》 泰和四年，上謂宰臣曰：『朕嘗新茶，味雖不嘉，亦豈不可食也。比令近侍察之，乃知山東、河北四路悉椿配於人，既曰強民，宜抵以罪。此舉未知運司與縣官孰爲之，所屬按察司亦當坐罪也。其閱實以聞。自今其令每袋價減三百文，至來年四月不售，雖腐敗無傷也。』

五年春，罷造茶之坊。三月，上諭省臣曰：『今雖不造茶，其勿伐其樹，其地則恣民耕樵。』六年，河南茶樹槁者，命補植之。十一月，尚書省奏：『茶，飲食之餘，非必用之物。比歲上下競啜，農民尤甚，市井茶肆相屬。商旅多以絲絹易茶，歲費不下百萬，是以有用之物而易無用之物也。若不禁，恐耗財彌甚。』遂命七品以上官，其家方許食茶，仍不得賣及饋獻。不應留者，以斤兩立罪賞。七年，更定食茶制。

八年七月，言事者以茶乃宋土草芽，而易中國絲綿錦絹有益之物，不可也。國家之鹽貨出於鹵水，歲取不竭，可令易茶。省臣以謂所易不廣，遂奏令兼以雜物博易。

又卷五〇《食貨志五・榷場》 泗州場，大定間，歲獲五萬三千四百六十七貫，承安元年，增爲十萬七千八百九十三貫六百五十三文。所須雜物，泗州場歲供進新茶千胯、荔支五百斤、圓眼五百斤、金橘六千斤、橄欖五百斤、芭焦乾三百箇、蘇木千斤、溫柑七千箇、橘子八千箇、沙糖三百斤、生薑六百斤、梔子九十稱，犀象丹砂之類不與焉。宋亦歲得課四萬三千貫。

又卷九九《賈鉉傳》 鉉上書曰：『親民之官，任情立威，所用決杖，分徑長短不如法式，甚者以鐵刃置於杖端，因而致死。間者陰陽愆戾，和氣不通，未必不由此也。願下州郡申明舊章，檢量封記，按察官其檢察不如法者，具以名聞。內庭勅斷，亦依已定程式。』制可。復上書論山東採茶事，其大概以爲『茶樹隨山皆有，一切護邏，已奪民利，因而以揀茶樹執誣小民，嚇取貨賂，宜嚴禁止。仍令按察司約束』。上從之。

《元史》卷五《世祖紀》 〔至元元年夏四月辛酉〕以四川茶、鹽、商、酒、竹課充軍糧。

又卷一〇《世祖紀七》 金沙泉不常出。唐時用此水造紫筍茶進貢，有司具牲幣祭之，始得水，事訖輒涸。

又卷一四《世祖紀》 〔至元二十三年二月己亥〕復立岳、鄂、常德、潭州、靜江榷茶提舉司。

又卷一六《世祖紀》 〔至元二十七年〕辛卯，復立南康、興國榷茶提舉司，秩從五品。

又卷一八《成宗紀》 〔元貞元年二月〕壬午，罷江南茶稅，以其數三千錠添入江西榷茶都轉運司歲額。

又卷二一《成宗紀》 〔大德八年三月〕陞分寧縣爲寧州。罷廬州路榷茶提舉司。

又卷五〇《五行志・水》 至元十四年九月，湖州長興縣金沙泉，自唐、宋以來，用以造茶，其泉不常有，今瀵然湧出，溉田可數百頃，有司以聞，錫名瑞應泉。十五年十二月，河水清，自孟津東柏谷至汜水縣蓼子谷，上下八十餘里，澄瑩見底，數月始如故。

又卷八七《宣徽院》 常、湖等處茶園都提舉司，秩正四品。掌常、湖二路茶園戶二萬三千有奇，採摘茶芽，以貢內府。至元十三年置司，統提領所凡十有三處。十六年，陞都提舉司。又別置平江等處榷茶提舉司，掌歲貢御茶。二十四年，罷平江提舉司，併掌其職。定置達魯花赤一員，提舉一員，俱從五品；同提舉一員，從六品；副提舉一員，從七品；提控案牘一員，都目一員。

提領所七處，每所各設正、同、副提領各一員，俱受宣徽院劄付，掌九品印。

烏程、武康、德清、長興、安吉、歸安、湖汶、宜興。

建寧北苑武夷茶場提領所，提領一員，受宣徽院劄。掌歲貢茶芽。直隸宣徽。

又 卷九四《茶法》 世祖至元五年，用運使白賡言，榷成都茶，於京兆、鞏昌置局發賣，私自採賣者，其罪與私鹽法同。六年，始立西蜀四川監榷茶場使司掌之。十三年，既平宋，復用左丞呂文煥言，榷江西茶，以宋會五十貫準中統鈔一貫。十三年，定長引短引之法，以三分取一。長引每引計茶一百二十斤，收鈔五錢四分二釐八毫。短引計茶九十斤，收鈔四錢二分八毫。是歲，徵一千二百餘錠。十四年，取三分之半，增至二千三百餘錠。十五年，又增至六千六百餘錠。十七年，置榷茶都轉運司于江州，總江淮、荊湖、福廣之稅，而遂除長引，專用短引。每引收鈔二兩四錢五分，草茶每引收鈔二兩二錢四分。十八年，增額至二萬四千錠。十九年，以江南茶課官爲置局，令客買引，通行貨賣。歲終，增二萬錠。二十一年，廉運使言：『各處食茶課程，抑配于民，非便。』於是革之。而以其所革之數，於正課每引增一兩五分，通爲三兩五錢。二十三年，又以李起南言，增爲五貫。是年徵四萬錠。二十五年，改立江西等處都轉運司。二十六年，丞相桑哥增引稅爲一十貫。三十年，又改江南茶法。凡管茶提舉司一十六所，罷其課少者五所，併入附近提舉司。每茶商貨茶，必令賫引，無引者與私茶同。引之外，又有茶由，以給賣零茶者。初，每由茶九斤，收鈔一兩，至是自三斤至三十斤分爲十等，隨處批引局同，每引收鈔一錢。

又 卷九七《四川之鹽》 至元二年，江西、湖廣兩行省具以茶運司同知萬家閭所言添印茶由事，咨呈中書省云：『本司歲辦額課二十八萬九千二百餘錠。除門攤批驗鈔外，數內茶引一百萬張，每引十二兩五錢，共爲鈔二十五萬錠。末茶自有官印筒袋關防，其零斤草茶由帖，每年印造一千三百八萬五千二百八十九斤，該鈔二萬九千八十餘錠。茶引一張，照茶九十斤，客商興販。其小民買食及江南產茶去處零斤採賣，皆須由帖爲照。春首發賣茶由，至於夏秋，茶由盡絕，民間闕用。以此考之，茶由數少課輕，便於民用而不敷，茶引課重數多，止於商旅興販，年終尚有停閑未賣者。每歲合印茶由，以十分爲率，量添二分，計二百六十一萬七千五十八斤。算依引目內官茶，每斤收鈔一錢三分八釐八毫八絲，計增鈔七千二百六十九錠七兩，比驗減去引目二萬九千七十六張，庶幾引不停閑，茶無私積。中書戶部定擬，江西茶運司歲辦公據十萬道，引一百萬，計鈔二十八萬九千二百餘錠。茶引便於商販，而山場小民全憑茶由爲照，歲辦茶由一千三百八萬五千二百八十九斤，每斤一錢一分一釐一毫二絲，計鈔五千八百一十六錠七兩四錢一分，減引二萬三千二百六十四張。茶引一張，造茶九十斤，納官課十二兩五錢。如於茶由量添二分，計二百六十一萬七千五十八斤，每斤添收鈔一錢三分八釐八毫八絲，計鈔七千二百六十九錠七兩，積出餘零鈔數，官課無虧，而便於民用。』

又 卷一六七《張庭瑞傳》 官買蜀茶，增價鬻於羌，人以爲患。

《明會典》卷三〇《庫藏一・內府庫》 凡浙江、湖廣、四川、福建、江西、廣東、山東、河南等布政司，直隸蘇、松、常、鎮、寧、太、安慶、廬、鳳、淮、揚等府，歲解黃白蠟芽葉茶。并蘇、松、常三府，解到白熟糙粳糯米，俱送本庫收。【略】芽茶，四萬七千九百五十九斤一十一兩。葉茶，四萬九十三斤。

明 郎瑛《七修類稿》卷九《國事類・茶法》 洪武二十四年，詔天下產茶之地歲有定額，以建寧為上，聽茶戶採進，勿預有司。茶名有四，探春、先春、次春、紫筍，不得碾揉為大小龍團。

明 徐𤊹《茗譚》 泉州清源山產茶絕佳，又同安有一種英茶，較清泉尤勝，實七閩之第一品也。然《泉郡志》獨不稱此邦有茶，何耶？

明 陳繼儒《茶董補》 湖州茶生長城縣顧渚山中，與峽州、光州同；生白茅懸腳嶺，與襄州、荊南義陽郡同；生鳳亭山伏翼澗飛雲、曲水二寺，啄木嶺，與壽州、常州同；安吉、武康二縣山谷，與金州、梁州同。《天中記》

又 杭州寶雲山產者，名寶雲茶。下天竺香林洞者，名香林茶；上天竺白雲峰者，名白雲茶。《天中記》

又 會稽有日鑄嶺，產茶。歐陽修云：兩浙產茶，日鑄第一。《方輿勝覽》

又 茗之別名

西平縣出皋蘆，茗之別名，葉大而澀，南人以為飲。《廣州記》

明 龍膺《蒙史》 建州北苑先春龍焙，洪州西山白露、雙井、白茅、鶴頂，安吉州顧渚紫筍，常州義興紫筍、陽羨，春池陽鳳嶺，睦州鳩坑，宣州陽坑，南劍蒙頂、石花、露鋑、籛牙，南康雲居，峽州碧澗明月，東川獸目，福州方山露芽，壽州霍山黄芽，蜀雅州蒙山頂有露芽、穀芽，皆云火前者，言採造於禁火前。蘄門團黄，有一旗二槍之號，言一葉三芽也。潭州鐵色茶，色如鐵。湖州紫筍，湖州金沙泉，州當二郡界，茶時一收，畢至泉處拜祭，乃得水。

明 程百二《品茶要録補·茶名》 紫筍顧渚，黄芽霍山，神泉東川，碧澗峽山，綠昌明劍南，明月寮、茱萸寮峽州。

以上為昔日之佳品。垂今，則珍賞虎丘、松蘿、天池、龍井、羅岕、雲霧諸品勝也。

（嘉靖）《湖南通志》卷一〇《山川三·長沙府·茶陵州》 景陽山，在州東，接江西永新縣界，一名茶山。《一統志》

《史記》：炎帝葬於茶山之野。茶山即景陽山也。以林谷間多生茶茗，故名。《名勝志》

又卷一六《山川九·岳州府·巴陵縣》 君山，在縣西南洞庭湖中，一名湘山，亦稱洞庭山。《一統志》

七先生祠，秦王古樹，產方竹、斑竹及茶。舊志

又卷一七《山川十·平江縣》 龍窖山，在縣東南百里。【略】上有龍湫，地產茶，相近有久宿山。舊志

又 龍窖源，在縣東百二十里，產茶。《一統志》

又卷一八《山川十一·常德府·武陵縣》 茶林山，在縣北三十里，一名茶山，以多產美荈名。《一統志》

又卷一九《山川十二·辰州府·瀘溪縣》 無時山，在縣西百四十里。《一統志》山多茶樹，鄉俗，當吉慶之時，親族聚會歌舞於此。《明一統志》

又《漵浦縣》 鄜梁山，在縣東南百五十里，今名頓家山，接寶慶府邵陽縣界。《一統志》【略】頓家山產茶，遠近貨茶者多佃於此，其山甚態廣。縣志

又《沅州府·芷江縣》 龍井，在州城外，泉味甘美，煮茗尤佳。

又卷一七四《風俗·言語》 茶曰忌，吃茶曰飲忌。

又卷一七五《物產·總紀》 荊湖南北路：有材木茗荈之饒，金鐵羽毛之利，其土宜穀稻。《宋史·地理志》

又 湖南歲貢茶二十五萬斤。《舊五代史·梁紀》 馬殷使民得自摘山收茗，算募高戶，置邸閣，居茗，號八床主人，歲入算數十萬，用度遂饒。《唐書·劉建鋒傳》 荊湖歲課茶二百四十七萬餘斤，後茶法屢變，歲課日削，荊湖二百六萬餘斤。茶出潭、嶽、辰、澧州，有仙芝、玉津、先春、綠牙之類二十六等。《宋史·食貨志》 乾德元年，免湖南茶稅。七年，減湖南新製茶。《宋史·太祖紀》 宋制：買茶之處，湖南則潭、澧、鼎、嶽。片茶有獨行、靈草、綠芽、片金、金茗，出潭州；大小巴陵、開勝、開卷、小卷、生黄翎毛，出嶽州；雙上、綠芽、大小方，出嶽、辰、澧州。其鼎州，以上中下或第一至第五為號。散茶有嶽麓、草子、楊樹、雨前、雨後，出荊湖。《文獻通考》 元至元二十三年二月，立岳、常德、澧州榷茶提舉司。元貞二月，罷。元統元年十一月，復立湖廣榷茶提舉司。《元史·世祖、成宗、順帝紀》 番人嗜乳酪，不得茶則困以病，故唐、宋以來，行以茶易馬法，用制羌虜。明制尤密，行官茶，有商茶，皆貯邊易馬。湖南產茶，其值賤，商人率越境私販，番人利私茶之敗，因不肯納馬。隆慶二十三年，御史李楠請禁湖茶，言湖茶行，茶法馬政兩敝，且湖南多假茶，食之刺口破腹，番人亦受其害。既而御史徐僑言：湖南茶多而直下，味苦，於酥酪為宜，亦利番也。但宜立法嚴核，以遏假茶。戶部折衷其議，以漢中、保寧茶為主，湖茶佐之。各商中引，先給漢川，畢，乃給湖南，如漢引不足，則補以湖引。報可。《明史·食貨志》 楚之茶，則有湖南之白露，長沙之鐵色，岳州之巴陵，辰州之漵浦，湖南之寶慶、茶陵。《本草綱目》 湘中產茶，不一其地。安化售於湘潭，即名湘潭，極為行遠。佳者有衡山之閩俗鑽字林，蓋極高岩磴所產，日色不到之處，往遣捷健樵者俗號山猴，緣木杪采之，故謂之閩林，土人極貴重，然終不脫湘潭之味。近有效江浙焙製者，居然名品，而洞庭君山之毛尖，當推第一，雖與銀針、雀舌諸品校，未見高下，但所產不多，不足供四方爾。《瀟湘聽雨録》

又《長沙府》 茶陵者，所謂陵谷生茶茗焉。《茶經》 潭州上貢茶末

一百斤，《九域志》潭州民輸茶，初以九斤為一大斤，後益至三十五斤。李允則知潭州，請除三稅，茶以十三斤半為定制，民便之。《宋史・李允則傳》潭州之獨行、靈草，唐、宋時産茶名。長沙之石柟，采芽為茶，湘人以四月四日摘楊桐草，搗其汁，拌米蒸，猶蒸糜之類，必啜此茶子去風也，尤宜暑月飲之。《茶譜》長沙匠者造茶器，極精緻，其工直之厚，等所用白金之數，士大夫家多有之，初不常用也。《清波雜誌》

安化縣出茶。明《一統志》

陝、甘兩省茶商，領引採辦官茶，每年不下數千百萬斤，皆于安化縣採辦，以供官民之用。安化三鄉，遍種茶樹，亦仗茶商赴買，向因等頭銀色，先賣後賣，多所爭執。乾隆二十一年，巡撫陳宏謀奏定章程，將茶鄉所有等稱，由官較定頒發，向後買茶，除茶價按所産豐歉，隨時消長，官不拘定外，其買茶概用紋銀九折扣算，等稱則照司法九三折扣算，正合市平。茶戶稱茶，亦用官稱足給。穀雨以前之細茶，先盡引商收買，穀雨以後之茶，方許賣給客販。如天時尚寒，雨前茶少，則雨後細茶，亦先盡引商買足，方許賣給客販。牙行不得多取牙用，高抬價值。

又《衡州府》 茶出山南者，生衡山縣山谷。《茶經》湖南有衡山茶。《國史補》

岳頂茶特豐，穀雨前焙之，煮以峰泉，甘香不減顧渚。《南嶽志》唐李群玉《尤山人惠石廩方及團茶》詩：客有衡嶽隱，遺余石廩茶。白雲凌煙露，采掇春山芽。珪璧相壓疊，積芳莫能加。碾成黃金粉，輕嫩如松花。紅爐爨霜枝，越甌斟井華。灘聲起魚眼，滿鼎漂清霞。凝澄坐曉燈，病眼如蒙紗。一甌拂昏寐，襟鬲開煩拿。顧渚與方山，誰人留品差。持甌默吟味，搖膝空諮嗟。

宋張栻《上封新茶》詩：浮甌雪色喜初嘗，中有祝融風露香。徑欲與君同晤賞，短檠清夜正相望。

又《永州府》 寧遠出嶷茶，産九嶷山，故名。《湖廣通志》

又卷一七六《物産二・寶慶府》 寶慶土貢茶。《乾隆府、廳、州、縣志》

新化、武岡出茶。《一統志》

又《岳州府》 嶽州茶，有灉湖之含膏。《國史補》灉湖諸山舊出茶，謂之灉湖茶，李肇所謂嶽州灉湖之含膏也。唐人極重之，見於篇什。今人不甚種植，惟白鶴僧園有千餘本，土地頗類北苑，所出茶一歲不過一二十兩，土人謂之白鶴茶，味極甘香，非他處草茶可比，並茶園地色亦相類，但土人不甚植爾。《岳陽風土記》岳州之黃翎毛，岳陽之含膏冷，唐宋時産茶名。《茶譜》

又《常德府》 武陵七縣通出茶。《荊州土地記》

常德府境多茶園，異時禁切，商賈率至交兵。知府事李燾曰：官捕茶賊，豈禁茶商。聽其自如，訖無警。《宋史・李燾傳》

又《辰州府》 辰州溆浦縣西北三百五十里無射山，多茶樹。《坤元録》

又《永順府》 溪州土貢茶牙。《唐史・地理志》

靈溪郡貢茶牙二百斤。《通典》

又《沅州府》

郴州

宜章出茶。《一統志》

靖州

州縣皆出山茶。舊志

澧州

石門牛骶山産茶，謂之牛骶茶。《一統志》

又卷一七八《古迹・安化縣》 茶場在縣西北資水上。宋置安化縣，遂立茶場，伊溪山中、資江東平諸處皆産茶，比他處稍佳。《一統志》

（嘉靖）《貴州通志》卷三《風俗・土産・貴州布政司宣慰司・貨之屬》 茶。

又《龍里衛・貨之屬》 茶。

（嘉靖）《吳興掌故集》卷一〇《山墟類》 顧渚山，西北四十七里。

相傳吳夫槩於此頤望，原隰可為城邑，故名。唐時，共下有貢茶院，旁有金沙泉，汲造紫筍茶，有司具禮祭，始得水，事迄即涸。至元十五年，中書省遣官致祭，一夕水溢，可溉田千畝，賜名瑞應泉。諸題茶山詩，惟袁高一首，有惜民愛國之意。見《文苑》。

大官山、小官山，西此四十五里。

頣渚左右諸山，或為茶園，或伐薪炭，惟此二山林木深茂，未嘗樵采，故曰官山。大山上有虎頭岩，下有石門，可往來。張文規詩：誰云隼旟吏，長對虎頭岩。

明月峽，與顧渚聯屬。絕壁削立于大澗中流，亂石飛走，茶生其間者，尤為絕品。張文規所謂明月峽中茶始生是也。

啄木嶺，西北六十里。

山多啄木鳥。唐時，吳興、毗陵二守造茶，會宴於此，有境會亭。白居易《夜聞賈常州、崔湖州境會歡宴》詩。見《文苑》。

飛雲山，西二十里。中有風穴，雲起輒散。其下有飛雲寺，有百泉、沙渚、松門、竹岩之勝，亦產茶。

又卷一一《風土類》 食啖，凡可久藏者，必糠火熏炙，雖茶茗亦然。

每朔望，女婦設茶果堂中，茶多至三十碗者，云供土地神，供畢，或通飲餟於鄰嫗。

勤儉二字，湖人立家，可以無愧。其地，不通商賈，多務本力穡，終歲無復閒暇之時，方得免於饑寒之困。凡衣服食飲，率多野樸。以茶飲一事言之，湖人上戶，視松人中戶猶薄，自中戶以下，至有不費茶錢者。茶本土產，而朴習如此。

又卷一三《物產類·茶》 我朝太祖皇帝喜顧渚茶，今定制歲貢止三十二斤，清明前二日，縣官親詣采造，進南京奉先殿，焚香而已，未嘗別有上供，此自來進茶輕省之日也。

兩浙茶產雖佳，宋祚以來，未經進御。李溥為江淮發運史，章憲垂簾時，溥因奏事，盛稱浙茶之美，云自來進御，惟建州茶餅，浙茶未嘗修貢，本司以羨餘錢買到數千斤，乞進入內。乃自國門挽船而入，稱進奉茶綱，有司不敢問，貢餘悉入私室。溥晚年竟以賭敗，竄謫海州，而進茶遂為例矣。

明 談遷《棗林雜俎·榮植·茶》 國家歲貢，宜興縣芽茶百斤，內二斤上南京禮部。

六安州芽茶三百斤。

廣德州芽茶七十五斤。

建平縣芽茶二十五斤。

浙江長興縣芽茶三十五斤。納南京茶，出顧渚，即岕茶也。近時僧大方製法，剪去尖末，號大方茶。

嵊縣芽茶十八斤。

會稽縣芽茶三十斤。

永嘉縣芽茶十斤。

臨安縣芽茶二十斤。

樂清縣茶十斤。

富陽縣茶二十斤。

慈溪縣茶二百六十斤。縣西南六十里，宋寶祐間丞相史嵩之治墓，建開壽普光禪寺。其山頗產茶，殿帥范文虎因置茶局進貢。元明皆仍之。

麗水縣芽茶二十斤。

金華縣茶二十二斤。

龍遊等縣芽茶二十斤。

臨海等縣芽茶十五斤。

建德縣芽茶五斤。

淳安縣茶五斤。

遂安、壽昌二縣各茶五斤。

桐廬縣茶二斤。

分水縣茶一斤。

江西南昌府芽茶七十五斤。

南康府芽茶二十五斤。

贛州府芽茶十一斤。

袁州府茶十八斤。

臨江府茶四十七斤。

九江府茶一百二十斤。

瑞州府茶三十斤。

建昌府茶二十三斤。

撫州府茶二十四斤。

吉安府茶十八斤。

廣信府茶二十二斤。

饒州府茶二十七斤。

南安府南康縣茶十斤。

湖廣武昌府芽茶六十斤。

岳州府湘陰縣茶六十斤。

寶慶府邵陽縣茶二十斤。

武崗州茶二十四斤。

新化縣茶十八斤。

長沙府安化縣芽茶二十二斤。

寧鄉縣茶二十斤。

益陽縣茶二十斤。

福建建甯府建安縣芽茶千三百六十斤。內探春二十一斤，先春六百四十三斤，次春六百六十二斤，紫筍二百二十七斤，薦新二百零一斤。按何喬遠《閩書》：建安縣鳳凰山之麓曰北苑，所焙茶最知名，曰『社前』，次曰『火前』，又次曰『雨前』。火前為寒食前，雨前謂穀雨也。鳳凰山旁曰壑源，曰沙溪，皆産茶之地，而壑為冠。

崇安縣茶九百四十一斤。內探春三十三斤，先春三百八十斤，次春百五十斤，薦新四百二十八斤。

計天下貢茶共四千二十二斤，而建寧茶名為上。宋元時所貢，必碾而揉之，壓以銀板，為大小龍團。明初以重勞民，罷造龍團，惟採其芽以進。

自貢茶外，産茶之地各處不一，頗多名品。如吳縣之虎丘，錢塘之龍井最著。考南宋蘇州茶額六千五百斤，元無額，明納錢三百十九萬三千有奇，惟吳縣長洲有之。

成化三年，奏准南京供用庫歲用，芽茶坐派池州府二千斤，徽州府三千斤；葉茶徽州府二千斤，蘇州府二千斤，滁州二百斤，徐州二百斤，廣德州三百斤。

四川茶園，十株取一，徵茶三兩。茶四十斤，易番人馬一。李文忠以茶五十餘萬斤易馬萬三千五百十八匹。今茶課，本色十五萬八千八百五十九斤，係石泉、建始、長寧等縣，並建昌、天全、烏蒙、鎮雄、永甯九姓土司辦納。

陝西茶課，今五萬一千三百八十四斤，係興安、紫陽、石泉、漢陰、西鄉歲辦。

陸羽《茶經》曰：『杭州下，蘇州又下，建州未詳。』郭子章曰：『今三州名甲宇宙，豈山川清淑之氣，當竟陵時未茁為茶也耶？』

宋貢茶首稱北苑龍團，而武夷石乳之名未著。至元，設場於武夷，遂與北苑並稱。今但知武夷，不知北苑矣。明朝不貴閩茶，即貢亦備宮中浣濯甁盞之需。貢使數賫金抵京買而納之，即間有採辦，皆延平産，非武夷也。延平人呼製茶者曰碧豎。新茶下，崇安令例致諸貴人。黃冠苦於追呼，盡斫所種，武夷真茶久絕。

（萬曆）《武進縣志》卷二《地理二・鄉都》 茶巢嶺，在下浦西，陸龜蒙種茶處，龜蒙有《茶具十詠》。

（天啓）《吳興備志》卷一五《巖澤徵第十一》 顧渚山骨現於頂，而胸背多膚，大約以態勝，以毛髮奇。余春季以茶事往，泛上箬，掠包洋，指藝香山而西，土人告余曰：此西施種香處也。西折十里許，舍筏【略】又折而稍北，抵山足，捫葛而上，則山花照人，數百武，抵寺焉，曰吉祥。山産茶，唐置貢茶院。其請以貢焙立寺者，貞元中李詞也；其以採摘入山者，湖、常二州刺史也；癖焉而園其下者，桑苧翁也【略】』寺側有枕流、息躬、金沙、忘歸四亭，今廢其二。金沙以泉名，其竇大如盎，噴湧飛瀉，載茶香竹韻而去【略】曰大官、小官，其一多奇骨，頂上仄出一崖，獰怪生動，如怒如嘯，曰虎頭巖【略】側有明月峽，兩石對峙壁峭，茶生其中，香味若蘭。石上有鼉頭鼠尾碑，顏真卿所鐫也。游士任《登顧渚山記》

又卷一六《田賦徵第十二》 唐歲貢御服折造布二百二十端。《談志》紫筍茶一萬串。按：《新唐志》：湖州土貢【略】紫筍茶【略】金砂泉。

又 宋太平興國三年，貢乳柑五百顆，白編布二十疋，紫筍茶一百斤，金砂泉水一瓶。其餅浪銀打成，並鎖鑰，重五十六兩。

又 德宗貞元十三年至十五年始進。至元和中，米已三損其一，乳柑不載所進之年，紫筍茶，大曆五年始于顧渚置貢茶院，院側有碧泉湧

沙，粲如金星，則金砂泉亦大曆後所進也。

又 卷二六《方物征第二三》 浙西茶，湖州為上。御史大夫李棲筠《典郡》曰：陸羽以為冠於他境，棲筠始進。故事：湖州紫筍到，先薦宗廟，後分賜近臣。紫筍生顧渚。蔡寬夫《詩話》

唐制：湖州造茶最多，謂之顧渚貢焙，進造一萬四千八百斤。焙在長興縣西北，大曆五年已後，始有進奉。至建中二年，袁高為郡，進三千六百串，並詩刻石在貢焙。《南部新書》

又 開寶中，竇儀以新茶飲予，味極美，奩面標云：龍坡山子茶。龍坡，是顧渚之別境。《清異録》

唐制：清明日，湖州進紫筍茶。《荊楚歲時記》

又 顧渚在長興縣，所謂吉祥寺也。其半為今劉侍郎希範家。所有兩地所產，歲亦止五六斤。近歲，寺僧求之者多，不暇精擇，不及劉氏遠甚。余歲求于劉氏，過半斤則不復佳，蓋茶味雖均，其精者在嫩芽，取其初萌如雀舌者，謂之槍，稍敷而葉者，謂之旗，旗非所貴，不得已取一槍一旗猶可，過是則老矣，此所以為難得也。《避暑録》

又 峴山麓近僧房處，時有茶，味亦佳。按：六安州有小峴山，出茶，名小峴春。若此茶當名碧峴春耶？《峴山志》

凡茶以初出雨前細者佳，惟羅岕立真開園，吳中所貴，梗粗葉厚，微有蕭箬之氣，還是夏前六七日如雀舌者佳，最不易得，每歲只宜廉取，多取土人必淆雜為贏，無復真者。熊明遇《羅芥茶記》

又 兩山之夾曰嶰，俗止雲嶰，茶則山盡嶰也。嶰以羅名者，是產茶處。山之夕陽，勝於朝陽，廟後山西向，故稱佳，揔不如洞山南向，受陽氣特專，稱仙品，然只數十畝而已。凡茶產平地，多受土氣，故其質濁，羅茗產高山巖石，渾是風露清虛之氣，故為可尚。

蔡君謨謂『黃金輾畔綠塵飛，白玉甌中碧濤起』二句，當改『綠』為『玉』，改『碧』為『素』，以色貴白也。然白亦不難，泉清瓶缾淨，葉少水浣，旋烹旋啜，其色自白，然真味抑鬱，徒為目食耳。若取青綠，則岕茶之最下者，雖冬月，色亦如苔衣，何足為妙。莫若予所製洞山，自穀雨後五日者，以湯薄擀澣，貯壺良久，其色如玉，至冬則嫩綠，味甘色淡，韻清氣醇，嗅之亦有虎丘嬰兒之致，而芝芬浮蕩，則虎丘所無也。有以木蘭墜露，秋菊落英比之者，木蘭仰萼，安得墜露，秋菊傲霜，安得落英，莫若李青蓮『梨花白雪香』一語，則色味多在其中矣。

凡烹茶，水之功居大。擇水則惠泉稱尚。如長邑之金沙泉，唐宋湧處，今亦湮塞，其下流為紫花瀨，澄泓有致，不能久停，東有光竹潭，甘冽如惠泉而淡亞之。然惠泉自梁谿縴輓而來，必逾數日，比光竹之新汲者，亦難辨淄澠矣。

羅岕有洞山，山起四、五頂，最後一頂，轉面向南，適在土地廟後。隔一水溝，其山盡石沙，無土，色黃。第一路為姚京兆家，大雅、二雅兩上舍分地，自山頂而下，歲產茶不過十餘斤；第二路為公牖明經公達趨馬分地，歲產茶不過二十斤；第三路為叔子、茂先兩文學分地，產茶倍之。葉微黃而薄，氣如蘭而幽，味甘而滑且厚，此第一品也。又出一路為吳江周本音，又出一路為昊今蔣籙淇，皆得之姚氏者，土色黃而微帶黑，然種茶已久。又出一路為丁客部長孺地，土微黑矣。又從廟後出口，將至明洞，轉而南向，亦為大雅、二雅分地，是為老洞山，其發香較廟後更甚，而味稍薄。此皆為洞山茶之第二品也。木溝以外，土地廟之對山，是為漲沙岕，其發香較老洞山更竄，而味更薄，不耐久藏。洞山之外，為大作岕，香不及漲沙，氣味略厚，可久藏，姚及蔣、徐皆有之。而叔子、茂先者，更有一種清遠之致，此第三品也。岕中佳處略盡此。總之，第一要香，而香以如蘭幽醞為上，其次稍竄如豆花，味要甘要滑，而又厚者為上，其次稍薄，若苦澀，則非羅岕產。鄭圭《羅岕茶地考》

又 陸羽與皎然、朱放輩論茶，以顧渚為第一。《讀書志》

又 茶性最寒，惟顧渚茶獨溫和，飲之宜人，厥名紫筍。他茶久置，則有痕跡，惟此茶久置，清若始烹。聞此地有湧金泉，以造茶時溢，茶畢則涸。馮元成《碑談》

（順治）《遂平縣志》卷上《食貨志・土產・貨屬》 茶出西山。

（康熙）《陝西通志》卷三《山川・西鄉縣》 歸仁山，在縣東南四百里，產茶之處。

又 卷一二《茶法》 闢運，正統八年奏准：金州芽茶一斤，收葉茶二斤，運西寧茶馬司收貯易馬。

（康熙）《溧陽縣志》卷三《古迹附書目・風俗》 邑之南多山，

饒有茶、紙、梓、竹、梨、棗、柿、漆之材，其他皆平田。

（康熙）《當陽縣志》卷一《山川》　玉泉山，初名覆舟山，在縣西三十里【略】玉泉寺東石鍾峽下有乳窟，水邊茗草羅生，葉如碧玉，名仙掌茶。詳載李白詩序。

（康熙）《麻城縣志》卷一《山川》　黄蘗山，東北距縣九十里，在商城縣界。萬曆間，僧無念者開荒建刹，山産茶、筍。

又　卷三《物産》　茶。

（康熙）《長興縣志》卷一《山》　大官山、小官山，在縣西北四十五里。高五十四丈，周七里。顧渚之側諸山，或為茶園，或伐為薪炭。惟此二山未嘗樵采，人謂之官山。《張志》

又　顧渚山，縣治西北四十七里。高一百八十丈，周十二里，多産紫筍茶，山墟名云：昔吴王夫差顧其渚次原隰平衍，可為郡邑，故名。

又　斫射山，去縣治西北五十里。高五十二丈，周十里。士人普樵斫射獵，亦名斫射岕。刺史庾威亦於此造團茶以進。《張志》

又　烏瞻山有二，一在縣治西三十里，高八十丈，周二十里。峰巒秀拔，亦宜茶，名雲霧。

又　青峴山，在縣西六十里。高一百十丈，周二十里。生箭箬，霜雪不凋。陸羽云：青峴、竹木二山，茶味與壽州同。

又　茗嶺，在縣治西北七十里。朱升建茗理樓其下。

又　卷一七《物産・茶之屬》　《韓志》：顧渚芽茶，唐代宗大曆五年罰貢茶院于顧渚山。宋初貢而後罷。元改貢茶院為磨茶院。明洪武八年革罷，每歲止貢茶芽二斤。永樂二年，加增三十斤，歲貢南京，焚於奉先殿。然官茶地止有一畝八分，山南北雖俱産茶，而皆為民業，以貢額不足，歲輪採茶童子一十四名，每名納茶一斤，又添謝公、尚吴、嘉會、平定、至德、安化、吉祥等七區【略】共納茶三十斤【略】至皇清【略】縣官仍于清明前三日躬詣山中拜祭，茶戶攢價齊備，循例支給額載條銀十兩，為龍袱、旗袋、簍摃、包索等用，又支存縣備用銀六兩，湊納藩司，司自差官匯解。

又　羅嶰梗茶，去梗者為片茶。閔熊令明遇《羅嶰記》云：今人多以陽羨即羅嶰，嶰有茶，不上百年，山不數隴，似于陽羨有名之時未合。

（康熙）《臨安縣志》卷一《輿地・山川》　黄嶺山，每年額貢御茶二十斤，係慶仙鄉二圖黄嶺地方辦解。嗣因奉東新西二里亦産茶，貼近黄嶺東南，慶仙人旁采越嶺，以致爭競構訟。康熙七年，令陳提知親往黄嶺踏勘，眾議，奉東新西二里每年幫慶仙茶七斤，猶恐色位不同，不堪作貢，奉東新居民竟將契買慶仙鄉茶山二號付抵每年幫茶七斤之數，詳憲比富陽例辦解。一勒碑儀門，一勒碑觀音嶺。

又　卷六《田賦・物産・貨類》　茶。

（康熙）《灊山縣志》卷二《風俗》　土壤高沃，有茶、絲、帛之利，人性輕揚，善商賈，鄽里饒富，多高資之家。脱脱《宋史》

又　卷四《方物》　茶類，有芽茶，穀雨前者；有葉茶，立夏采者；有苦茶，出皖山，葉似茶而大，非茶種，可卻暑疾。按：舊《食貨志》云：灊山多茶。注：近六安者佳。《山川志》云：【略】有果老嶺。其澗多茶，其茶佳。注：《綱目》云：宋時，茶一斤值四十六錢。又《玉泉子》云：有人授舒州牧，李德裕謂之曰：到彼郡日，天柱茶可惠三數角。其人獻數十斤，李不受。明年，罷郡，用意精求，獲數角。李閔而受之，曰：此茶可消酒食毒。乃命烹一甌，沃肉食内，以銀合閉之，詰且，視其肉，已化為水矣。眾服其廣識。又唐秦韜玉有詠天柱茶詩。觀此，則天柱茶又最佳矣。

（康熙）《江南通志》卷七《山川・松江府》　佘山，在盧山東北。舊傳有佘姓者養道於此，故名。按：《吴興志》亦有佘山，上有東漢佘將軍廟，好事者遂指此為東佘云。其高與幹山等，東西二峰，延亙數里，招提蘭若，隱見其中，土宜茶，有泉名洗心，甚清冽。

又《寧國府》　鴉山，在甯國縣西北三十里。《寰宇記》云：山産茶。《茶經》云：味與蘄州所産同。梅聖俞詩：茶詠鴉山佳。

又《廣德州》

建平

鴉山，在縣南九十里【略】其山産茶，與甯國縣界。

又《常州府》　唐貢山，在宜興縣東南三十五里，臨罨畫溪。山産茶，唐時入貢，故名。

又　卷二四《物産・常州府》　茶，《詩》云：茶。《爾雅》云：檟，苦茶。陸羽《茶經》云，浙西以湖州為上，常州次之。産宜興者曰岕茶。

又《安慶府》　茶，六邑俱有，以桐之龍眠，灊之閔山者為最。

又《徽州府》　茶，細者為雀舌、蓮心、金芽。

又《寧國府》 茶，宜、涇、寧、旌、太諸山産松蘿茶。又雅山茶，宋梅詢有『茶煮鵶山雪滿甌』之句，今不可復得。

又《池州府》 茶，青陽、石埭、建德産，貴池亦有之，九華山閔公墓茶，四方稱之。

又《廬州府》 茶，六安、霍山並産名茶。早采者曰茶，晚采者為茗。其最著性白芽貢尖，即芽茶也。

又 廣德州

茶，州縣通産，出建平雅山者，色味香美。

（康熙）《六合縣志》卷一二《茗笈》 品茶者，從來鑒賞，必推虎丘第一，以其色白，香同嬰兒肉，此真絕妙論也；次則屈指棲霞山，蓋即虎莊所傳匡廬之種而移植之者。曩有業茶徽賈，遊靈岩，謂水清地沃，極宜種茶，語若有憑，惜無植者。今輯諸家茶政中精要語類列十四則，人各為論，不相沿襲，使有同志者專藝為業，遂可代耕，奚止誇為鴻漸功臣哉！

第一：溯源

贊曰：世有仙芽，消纇捐忿，安得登枝，而忘其本。

按：唐時産茶地，僅僅如季疵所稱。而今之虎丘、羅岕、天池、顧渚、松羅、龍井、雁宕、武夷、靈山、大盤、日鑄、朱溪諸名茶，無一與焉。乃知靈草在在有之，但培植不嘉或疏採製耳。羅廩《茶解》

吳楚山谷間，氣清地靈，草木穎挺，多孕茶荈。大率右於武夷者，為白乳；甲於吳興者，為紫筍；産禹穴者，以天章顯；茂錢塘者，以徑山稀。至於續廬之巖，雲衡之麓，雅山著於宣歙，蒙頂傳於岷蜀，角立差勝，毛舉實繁。葉清臣《煮茶泉品》

唐人首稱陽羨，宋人最重建州，於今貢茶，兩地獨多。陽羨僅有其名，建州亦非上品，惟武夷雨前最勝。近日所尚者，為長興之羅岕，疑即古顧渚紫筍，然岕故有數處，今惟洞山最佳。姚伯道云：明月之峽，厥有佳茗，韻致清遠，滋味甘香，足稱仙品。其在顧渚，亦有佳者，今但以水口茶名之，全與岕別矣。若歙之松羅，吳之虎丘，杭之龍井，並可與岕頡頏。郭次甫極稱黃山，黃山亦在歙，去松羅遠甚。往時士人皆重天池，然飲之略多，令人脹滿。浙之産曰脯宕、大盤、金華、日鑄，皆與武夷相伯仲。錢塘諸山，産茶甚多，南山盡佳，北山稍劣。武夷之外，有泉州之清源，倘以好手製之，亦是武夷亞匹，惜多焦枯，令人意盡。楚之産曰寶慶，滇之産曰五華，皆表表有名，在雁宕茶之上。其他名山所産，當不止此，或余未知，或名未著，故不及論。許次紓《茶疏》

第二：得地

贊曰：燁燁靈荈，托根高崗，吸風飲露，負陰向陽。

産茶處，山之夕陽，勝於朝陽。廟後山西向，故稱佳；總不如洞山南向，受陽氣特專，稱仙品。熊明遇《羅岕茶記》

茶地，南向為佳，向陰者遂劣。故一山之中，美惡相懸。《茶解》

茶産平地，受土氣多，故其質濁。岕茗産於高山，渾是風露清虛之氣，故為可尚。《羅岕茶記》

茶固不宜雜以惡木，惟桂、梅、辛夷、玉蘭、玫瑰、蒼松、翠竹與之間植，足以蔽覆霜雪，掩映秋陽。其下可植芳蘭、幽菊、清芬之物，最忌菜畦相逼，不免滲漉，滓厥清真。《茶解》

第三：乘時

贊曰：人所援，乘時待時，不愆不崩，小君子所憑。

清明太早，立夏太遲，穀雨前後，其時適中。若再遲一二日，待其氣力完足，香烈尤倍，易於收藏。《茶疏》

茶以初出雨前者佳，惟羅岕立夏開園，吳中所貴，梗觕葉厚，有蕭箬之氣；還是夏前六七日如雀舌者最佳，不易得。《羅岕茶記》

岕茶，非夏前不摘。初試摘者，謂之開園。採自正夏，謂之春茶。其地稍寒，故須得此，又不當乙太遲病之。往時無秋日摘者，近乃有之。七八月重摘一番，謂之早春。其品甚佳，不嫌少薄，他山射利，多摘梅茶。梅雨時摘，故曰梅茶。梅茶苦澀，且傷秋摘，佳産戒之。《茶疏》

淩露無雲，採候之上；霽日融和，採候之次；積雨重陰，不知其可。邢士襄《茶說》

第四：揆制

贊曰：爾造爾製，有矱有矩，度也惟良，於斯信汝。

斷茶，以甲不以指。以甲則速斷不柔，以指則多濕易損。朱子安《東溪試茶録》

茶初摘，香氣未透，必借火力以發其香。然茶性不耐勞，炒不宜久。多取入鐺，則手力不勻，久於鐺中，過熟而香散矣。炒茶之鐺，最嫌新鐵，須預取一鐺，毋得別作他用。一說惟常煮飯者佳，既無鐵腥，亦無脂膩。炒茶之薪，僅可樹枝，不用乾葉。乾則火力猛熾，葉則易焰易滅。鐺必磨洗瑩潔，旋摘旋炒。一鐺之内，僅用四兩。先用文火炒軟，次加武火催之。手加木指，急急鈔轉，以半熟為度。微俟香發，是其候也。《茶疏》

茶初摘時，須揀去枝梗老葉，惟取嫩葉，又須去尖與柄，恐其易焦，此松蘿法也。炒時，須一人從傍扇之，以祛熱氣，否則黄，色香味俱減。予所親試，扇者色翠，不扇色黄。炒起出鐺時，置大磁片中，仍須急扇，令熱氣稍退，以手重揉之，再散入鐺，文火炒乾入焙。蓋揉則其津上浮，點時香味易出，田子藝以生曬不炒不揉者為佳，亦未之試耳。聞龍《茶箋》

火烈香清，鐺寒神倦；火烈生焦，柴疏失翠；久延則過熟，速起卻還生。熟則犯黄，生則著黑，帶白點者無妨，絶焦點者最勝。張源《茶録》

室高不逾尋，方不及丈，縱廣正等，四圍及頂，綿紙密糊，無小罅隙。置三、四火缸于中，安新竹篩於缸内，預洗新麻布一片以襯之，散所炒茶於篩上，闔戶而焙。上面不可覆蓋，蓋茶葉尚潤，一覆則氣罨黄。須焙二三時，俟潤氣盡，然後覆以竹箕，焙極乾出缸，待冷入器收藏，後再焙亦用此法，色香與味，不致大減。《茶箋》

茶之妙，在乎始造之精，藏之得法，點之得宜。優劣定乎始鐺，清濁繫乎末火。《茶録》

諸名茶法多用炒，惟羅岕宜於蒸焙，味真蘊藉，世競珍之。即顧渚、陽羨，密邇洞山，不復倣此。想此法偏宜於岕，未可概施他茗，而《經》已云『蒸之、焙之』，則所從來遠矣。《茶箋》

第五：藏茗

贊曰：茶有遷德，幾微是防，如保赤子，云胡不臧。

藏茶，宜箬葉而畏香藥，喜溫燥而忌冷濕。收藏時，先用青箬以竹絲編之，置罍四周，焙茶俟冷，貯器中，以生炭火煅過，烈日中暴之，令滅亂插茶中，封固罍口，覆以新磚，置高爽近人處。黴天雨候，切忌發覆，須於晴明取少許別貯小瓶，空缺處即以箬填滿，封置如故，方為可久。成夏至後一焙，或秋分後一焙。《羅岕茶記》

切勿臨風近火。臨風易冷，近火先黄。《茶録》

凡貯茶之器，始終貯茶，不得移為他用。《茶解》

吳人絶重岕茶，往往雜以黄黑箬，大是闕事。余每藏茶，必令樵青入山，採竹箭箬，拭淨烘乾，護罌四週，半用剪碎，拌入茶中。經年發覆，青翠如新。《茶箋》

第六：品泉

贊曰：仁智之性，山水樂深，載蚪清泚，以滌煩襟。

山宣氣以養萬物，氣宣則脈長，故曰山水上。泉不難於清而難於寒，其瀨峻流駛而清，巖奥積陰而寒者，亦非佳品。田藝衡《煮泉小品》

山頂泉，清而輕；山下泉，清而重；石中泉，清而甘；砂中泉，清而洌；土中泉，清而白。流於黄石為佳，瀉出青石無用。流動愈於安靜，負陰勝於向陽。《茶録》

甘泉，旋汲用之斯良。丙舍在城，夫豈易得，故宜多汲貯以大甕。但忌新器，為其火氣未退，易於敗水，亦易生蟲。久用則善，最嫌他用。水性忌木，松杉為甚。木桶貯水，其害滋甚，挈瓶為佳耳。《茶疏》

烹茶須甘泉，次梅水。梅雨如膏，萬物賴以滋養，其味獨甘。梅後便不堪飲，大甕滿貯，投伏龍肝一塊，即竈中心乾土也，乘熱投之。《茶解》

貯水甕須置陰庭，覆以沙帛，使承星露，則英華不散，靈氣常存。假令壓以木石，封以紙箬，暴於日中，則外耗其神，內閉其氣，水神敝矣。《茶解》

第七：候火

贊曰：君子觀火，有要有倫，得心應手，存乎其人。

火必以堅木炭為上，然本性未盡，尚有餘煙，煙氣入湯，湯必無用。故先燒令紅，去其煙焰，兼取性力猛熾，水乃易沸。既紅之後，方授水器，乃急扇之。愈速愈妙，毋令手停。停過之湯，寧棄而再烹。《茶疏》

爐火通紅，茶銚始上。扇起要輕疾，待湯有聲，稍稍重疾，斯文武火之候也。《茶録》

第八：定湯

贊曰：茶之殿最，待湯建勳，誰其秉衡，跂石眠雲。

水入銚便須急煮，候有松聲，即去蓋，以消息其老嫩。蟹眼之後，水有微濤，是為當時。大濤鼎沸，旋至無聲，是為過時。過時老湯決不堪用。《茶疏》

茶碾磨作餅，則見沸而茶神便發，此用嫩而不用老也。今時製茶，不假羅碾，全具元體，湯須純熟，元神始發也。《茶録》

第九：點瀹

贊曰：伊公作羹，陸氏製茶，天錫甘露，媚我仙芽。

茶注宜小不宜大，小則香氣氤氳，大則易於散漫。若自斟酌，愈小愈佳。容水半升者，量投茶五分，其餘以是增減。《茶疏》

釃不宜早，飲不宜遲。釃早則茶神未發，飲遲則妙馥先消。《茶録》

一壺之茶，只堪再巡。初巡鮮美，再巡甘醇，三巡意欲盡矣。余嘗與客戲論：初巡為婷婷嫋嫋十三餘，再巡為碧玉破瓜年，三巡以來，緑葉成陰矣。所以茶注宜小，小則再巡已終，寧使餘芬剩馥尚留葉中，猶堪飯後供啜嗽之用。《茶疏》

第十：辯器章

贊曰：精行惟人，精良惟器，毋以不潔，敗乃公事。

金乃水母，錫備剛柔，味不鹹澀，作銚最良。製必穿心，令火氣易透。《茶録》

茶壺，往時尚龔春，近日時大彬所製，大為時人所重。蓋是粗砂，正取砂無土氣耳。《茶疏》

茶具滌畢，覆於竹架，俟其自乾為佳。其拭巾只宜拭外，切忌拭內。蓋布帨雖潔，一經人手，極易作氣，縱器不乾，亦無大害。《茶箋》

第十一：申忌

贊曰：宵人欒欒，腥穢不戒，犯我忌制，至今為慨。

茶性畏紙，紙於水中成，受水氣多，紙裹一夕，隨紙作氣盡矣。雖再焙之，少頃即潤。雁宕諸山，首坐此病，紙帖貽遠，安得復佳。《茶疏》

吳興姚叔度言，茶葉多焙一次，則香味隨減一次，予驗之，良然。但於始焙極燥，多用炭箬，如法封固，即梅雨連旬，燥固自若。惟開疊頻取，所以生潤，不得不再焙耳。自四五月至八月，極宜致謹。九月以後，天氣漸肅，便可解嚴矣。雖然，能不弛懈，尤妙尤妙。《茶箋》

不宜用惡木、敝器、銅匙、銅銚、木桶、柴薪、麩炭、粗童惡婢、不潔巾帨及各色果實香藥。《茶録》

不宜近陰室、廚房、市喧、小兒啼、野性人、童奴相鬨、酷熱齋舍。《茶疏》

第十二：相宜

贊曰：宜寒宜暑，既遊既處，伴我獨醒，為君數舉。

煎茶非漫浪，要須人品與茶相得。故其法往往傳於高流隱逸，有煙霞泉石、磊塊胸次者。陸樹聲《煎茶七類》

茶候：涼臺淨室，曲幾明窗，僧寮道院，松風竹月，晏坐行吟，清談把卷。《煎茶七類》

山堂夜坐，汲泉煮茗，至水火相戰，如聽松濤，傾瀉入杯，雲光瀲猛。此時幽趣，故難與俗人言矣。《茶解》

第十三：衡鑑

贊曰：肉食者鄙，藿食者躁。色味香品，衡鑑三妙。

茶之色重、味重、香重者，俱非上品。松羅香重，六安味苦，而香與松羅同；天池亦有草萊氣，龍井如之，至雲霧則色重而味濃矣。嘗啜虎丘茶，色白而香，似嬰兒肉，真精絶。《羅岕茶記》

茶色白，味甘鮮，香氣撲鼻，乃為精品。茶之精者，淡亦白，濃亦白，初潑白，久貯亦白，味甘色白，其香自溢。三者得，則俱得也。近來好事者，或慮其色重，一注之水，投茶數片，味固不足，香亦窅然，終不免水厄之誚。雖然，尤貴擇水。香以蘭花上，蠶荳花次。《茶解》

第十四：談茶

贊曰：斯犇賞題，亦既眾只，秋摘冬青，展也知己。

茶以春萌勝，貴其香也。近有秋摘者，味尤爽烈。蓋夏炎濕蒸，春芽易顯，秋氣蕭瑟，冬盡尤青。蔡獻臣《談茶》

虎丘茶色白而味香，然憑萬頃雲，俯瞰僧園，敝株盡矣，所出絶稀，味亦不能過端午。

茶與酒，清濁美惡，入口自知，所貴君子之交，淡而有味，香勝者未為上品。

附：泰西熊三拔《試水法》

試水美惡，辨水高下，其法有五，凡江河井泉雨雪之水，試法並同。

第一：煮試。取清水置淨器煮熟，傾入白磁器中，候澄清，下有沙土者，此水質惡也。水之良者無滓。又水之良者，以煮物則易熟。

第二：日試。清水，置白磁器中，向日下，令日光正射水，視日光中若有塵埃氤氳如遊氣者，此水質惡也。水之良者，其澄澈底。

第三：味試。水，元行也。元行無味，無味者真水。凡味皆從外合之；故試水以淡為主，味甘者次之，味惡為下。

第四：秤試。各種水，欲辨美惡，以一器更酌而稱之，輕者為上。

第五：絲綿試，又法，用紙或絹帛之類。其色瑩白者，以水蘸候乾，無跡者為上也。

（康熙）《含山縣志》卷五《山川》　鼓山，舊志無鼓山，俗名左旗右鼓，俱附見太湖。自國朝康熙元年，有鶴岩禪師，選勝探幽，謂是山可以卓錫，因結茅為篷，躬親畚插，創建禪林【略】掘地，得一石碑，有大徹禪院字，遂以名。手植松樹二十餘萬，其他竹木茶芋，覆遍冊麓，竟與普明並傳。

又　蒼山，縣西南二十里南十三都。《一統志》云：一名桑山，以地多野桑，故名。又盡：蒼本，秦王嘗置倉於此。山勢峻拔，上有泉，日白龍潭，方廣不一二丈，水深僅及骭，而淙淙石緯間，來去莫淌也。【略】潭旁產茶，香色獨異，即以潭水瀹之，乳花凝白，蘭氣襲芬，真佳品也，然亦不可多得。舊傳陳希夷曾煉丹山上，有手植茶樹遺種，恐係附會。若今茶皆山僧自植者。

（康熙）《湖廣通志》卷五《山川・武昌府》　茗山，在蒲圻縣北十五里，產茶。

大坡山，在興國州東五十里，傍有石樓，里人於此造茶。

又《黃州府》　鳳棲山，在蘄水縣東三里，相傳有鳳棲此，東有陸羽煮茶泉。

陸羽泉，在蘄水縣鳳棲山下，唐陸羽《茶經》以為天下第三泉也。

又《安陸府》　天門山，在景陵縣西北六十里，唐陸羽傳負書於火門山，從鄒夫子學。即此，後因俗忌火字，改今名。

又卷二一六《古迹・黃州府》　三賢堂，有二：一在府學，祀宋王禹偁、韓琦、蘇軾；一在蘄水縣治東三里，以祀晉王羲之、唐陸羽、宋蘇軾。

又卷四〇《隱逸》

安陸府

唐，陸羽，字鴻漸，初不知所生，或言有僧得諸水濱，畜之。既長，以易自筮，得蹇之漸，曰：鴻漸于陸，其羽可用為儀。乃以陸為氏，名而字之。僧使執糞除。後乃隱苕溪，稱桑苧翁。性高潔，不樂仕進，嘗詔除太子文學，不就。雅嗜茶，善品天下泉味，著《茶經》三篇，言茶之原、之法。其時鬻茶者，至陶羽形置煬竈間，祀為茶神。因御史大夫李季卿召羽，不為禮，羽更著《毀茶論》。

（康熙）《漢陰縣志》卷三《物產》　貨則茶。

（康熙）《宿松縣志》卷五《山川》　獨山，孤尖秀插，迥出雲表，產茶，多竹木。獨孤及嘗駐此山，因名。

又　丘家山，峰矗雲霄，為諸峰第一，亦名羅漢尖，產茶。山陰為蘄州界。

又　摩旗山，峰如旗卷【略】崖產苦茶，可療熱。

又卷二〇《物產・貨之屬》　茶，不甚佳。

（康熙）《休寧縣志》卷一《山川》　仰山，在縣東南七十里，由漢口環珮水東行，過方山，曆凹上，至茶園，即仰山腳也。

又卷三《物產・貨物之屬》　茶，邑之鎮山曰松蘿，遠麓為榔源，多種茶。僧得吳人郭第製法，遂名松蘿，名噪一時，茶因踴貴，僧賈利還俗，人去名存。士客索茗，松蘿司牧無以應，徒使市肆偽售。

（康熙）《固始縣志》卷一《沿革・風俗》　我朝陳、蔡、曹、宋、吳、楚、甌越之民，雜耕於地，交居於郭，今稱沃壤【略】饒茗、漆、竹箭、林木之利。

按：茗、漆、竹箭、林木、毛革，乃昔日未析之固始，今出商城，非本土之產矣。

（康熙）《餘慶縣志》卷七《風土志・土產・貨類》　茶。

又卷八《藝文》　《勸農條約》一種桐油樹、叢茶【略】茶乃日用之物，餘邑粗種，皆極不堪，務須揀買叢茶佳種，分植山坡之間，叢茶

既多，販于川楚甚便，何不勉力乎？

（雍正）《江都縣志》卷七《歷代風俗》 《宋史·地理志》揚州土壤膏沃，有茶、鹽、絲、帛之利。

又《物產》 茶，《寰宇記》云：蜀岡有茶園，其香味如蒙頂所產，歲入貢，今無其種。

又卷八《山川》 蜀岡，在城西北四里，一名昆岡。鮑照《蕪城賦》：軸以昆岡，謂此上有井，其脈通蜀，曰蜀井。考證：《方輿勝覽》云：舊傳地脈通蜀，故曰蜀岡。《大觀圖經》云：蜀岡今枕禪智寺，即隋之故宫。《寰宇記》云：蜀岡有茶園，其茶甘香如蒙頂，蒙頂在蜀，故以名岡。

又卷一二《古迹》

春貢亭

考證：《寰宇記》云：蜀岡有茶園，其茶甘香，味如蒙頂。上有貢亭，宋時揚州貢茶，皆出蜀岡，因以名亭。

又

時會堂

考證：胡仔《苕溪漁隱叢話》云：《歐陽文忠詩集》有和劉原父揚州時會覺絕句，注云：堂，造貢茶所也。

又 茶園

考證：《寰宇記》云：蜀岡有茶園，上有時會堂，春貢亭，皆造茶所也。

（雍正）《慈溪縣志》卷二《土產》 茶。

又卷三《山川》 縣治西南，大岡山三十里。平曠深邃，地多異茗。

縣治西北，茗畚川六十里。山多產茶。

又卷一四《記》 明顧言《貢茶碑記》：寧波府慈溪縣為歲貢茶芽事。照得本縣鉗每歲額貢茶芽二百六十斤，徵收押解，規則不一，公私賠累，年年稱苦。萬曆二十二年丁月內，蒙本府推官張條陳議定畫一，已經詳允遵行在卷。查得該縣原額貢茶，歲該二百六十斤，例于每年清明後收采，選差縣吏一名經手管解，限五月內到京投納，掣批回繳，此定制也【略】蓋茶戶之起，由國初時，本縣十、四、五、八、九等都地方，廣種茶園，因而設局，其所烘焙乾淨茶芽，相沿酌定年以二百六十片為額，每鮮茶四斤，焙作一斤，共計該鮮茶一千四百餘斤，著落產茶之家出備前數，以供上用。【略】

至嘉、隆時，議給茶價每斤一分，後復漸增六厘【略】及茶將起解，潛往鄭、象、定各產茶地方輕價收買，復指烘焙之虛名，而騙領工食柴炭銀兩【略】原額四十兩，至萬曆二十一年，奉文加增二十五兩，共六十五兩。今計茶二百六十斤，每斤實計時值，共該七分，除揀摘草梗折幹外，每斤定價一錢，通共該銀二十六兩。【略】應於在冊茶戶照數均派【略】但審陳湘等苦稱，歷年茶戶，雖有其名，并無其人，若使加派之銀，責之茶戶出辦，未免里遞包賠【略】選忠實能幹史一名辦買，驗明照舊如法裝封，差民壯一名，勒限協解。

（雍正）《安寧州志》卷一〇《鹽法附物產》 花果，茶。

（雍正）《江西通志》卷七《山川一·南昌府》 澄山，在豐城縣南一百四十七里，產茶。

又 洪崖，在西山，距府城四十里，一名伏龍山，乃洪崖先生煉藥處。有洞居水中，宸濠嘗戽水見底。有五井，各方廣四尺許。洞側瀑布泉，狀如玉簾，歐陽修品為第八泉。

又 鹿井，在府城西南七十里久駐村。井在溪中，天旱溪涸，井乃見。紫石迴旋，膚色光瑩，石罅中清泉湧出，以烹茗，輒成紫色。曾有群鹿飲其中，故名。

又 雙井，在寧州西南三里。黃庭堅所居之南溪心有二井，土人汲以造茶，絕勝他處。庭堅有送雙井茶與蘇軾詩。又州南三十步，掘二井以制火災，亦名雙井。

又卷九《山川二·臨江府》 醴泉，在新喻縣西三十里，宋黃庭堅嘗過飲之而甘，曰：惜張又新、陸鴻漸輩不及知也。因題其旁石柱曰醴乳。

又 傳擔山，在泰和縣西五十里。山極高峻，非攀援不可度。西南有石筍蜂，尤峭拔，下有九龍潭，又有玉溪泉，凡四十八竅，至岩前合為一，因名六八泉，產茶，味極香美。

又卷一〇《山川四·撫州府》 旗鼓山，在南豐縣西南十里。又西南二十甲為福善山【略】其山高峻，與軍山對峙，山頂山腰，皆有庵，產茶味佳。

又卷一一《山川五·廣信府》 陸羽泉，在府城北茶山寺。以其土赤，一名燕支井。

又 化雨泉在鐘靈講院內，泉味甘洌。

又 萬壽泉，在弋陽縣市北稍東。唐陸羽嘗品之，以為信州第三泉也。

又 宮井，在府城闤闠坊，又名義井。宋嘉泰間義門鄭安壽修，明萬曆癸巳翁元勳等再浚九井，在高泉院內，四時不竭。今止存佛殿前一井，寺僧架轆轤其上，取以烹茗。

又 冠山，在餘幹縣治東。平地崛起，巍然如冠。一名雙覆峰，又名羊角峰。上多奇樹怪石，前瞰琵琶舟。相傳唐陸羽於此煮茶【略】後人因吳楚冠冕之語，易曰冕山。

市湖，在餘幹縣治前。中有越水，風日清明，如鏡如練，不與眾水相混。唐陸羽取以烹茶，謂味似鏡湖水也。

又 烏龍井，在德興縣東興寶坊。其水澄泓，四時不竭。又縣東妙元觀有丹井，相傳葛仙翁煉丹處，余息齋詩，神光騰夜氣，餘潤溉養茶。

又卷一二《山川六·南康府》 玉淵泉，在棲賢寺側三峽澗中【略】其東有招隱泉，泉出石龍首中，瀉下三峽澗，匯為巨潭，曰石橋潭。唐陸羽《茶經》品其水為大下第六。舊有陸羽亭，今廢。

又 谷簾泉，在康王谷。其水如簾，布岩而下者三十餘派，亦匡廬巨觀也。唐陸羽品其水為天下第一。泉之側，別有雲液泉，山多雲母石，甘且清，蓋雲母滋液所致。按：《九江志》亦載谷簾、雲液二泉。二泉之水合烏龍漳水，徑康陽阪，人德安縣界。

又卷一三《山川七·南安府》 龜山，在崇義縣西三十里。形如龜，多產茶及水竹。

又 龍歸山，在崇義縣西一百八十里，與廣東韶州仁化縣連界。深林叢箐，土人製茶，與普兒茶相似。

又 猶石嶂，在上猶縣北二十五里【略】又縣西四十里有茶嶂。

又 蕉溪，在南康縣西三十五里，源出鍋坑，流至浮石，入章水。蘇軾詩『蕉溪閑試雨前茶』，指此。

又 白雲泉，在崇義縣西門外白雲山下。清洌可瀹茗。

又 龜泉井，在府城西寶界寺內。掘井及泉，下有石龜，泉從龜雙目中出。宋張九成寓寺中，品泉味，亟稱之。

又 虔化石，在寧都縣西五里。舊傳有虎化為石，因字文相類，更名虔化。避唐諱也。又西五里為冠石，由長庚橋西入，環山麓皆植茶樹。

又 陸公泉，在瑞金縣西南東明觀前。宋大觀中，太常少卿陸蘊坐議原廟不合，調瑞金令，與弟藻同游此，烹泉瀹茗【略】邑人遂以陸公名泉。

又 獅子井，在府治前【略】又府治東坊江東廟前靈泉井，烹茶味佳，兼可愈疾。

又卷二六《風俗·廣信府》 信之為郡【略】原濕平衍，所山澤楮、蕣、陶冶之利，聊足謀生。

又卷二七《土產·南昌府》 《茶譜》：洪州西山白露鶴嶺茶，號為絕品。今紫清、香城者為最。又西山有羅漢茶，葉如豆苗，因靈觀尊者自西山持至，故名。又《茶事雜録》：雙井，在寧州西三十里，黃山谷所居也。其南溪心有二井，土人汲以造茶，為草茶第一。山谷送東坡雙井茶詩，有『我家江南摘雲腴，落磑霏霏雪不如』之句。

又《瑞州府》 茶，陸羽茶，穀雨前取。療暹十詠，呼為雀香焙。

又《袁州府》 茶，《茶譜》云：袁界橋，其名甚著。今稱仰山稠平、木平者為佳，稠平尤號絕品。

又《臨江府》 茶芽，清江縣出，色味俱不甚佳。

又《吉安府》 茶，泰和傳擔山產【略】萬安神潭兩岸，亦多種茶，味香美，故云蜜潭水，神潭茶。

又《建昌府》 茶，各縣出。

又《廣信府》 茶，七邑俱產，然土人多不善製。

按：府志拾遺云：宋先有周山茶，白水團茶，小龍鳳團茶，皆以佐建安而上供，今惟桐木山出者葉細而味甜，然終不如武彝味清苦而雋永。淩露而采，出膏者光，含膏者皺；宿製者黑，日成者黃；早取為茶，晚取為茗，紫者上，綠者次。三月清明前采筍為上春，清明後采芽

為二春，四月以後采葉則不入。《茶經》：水，乳泉上，江水次，井水下。若採茶，以精行儉德之人，毋以婦人雞犬到山，乃為清明。釋滯消痰，解煩渴，蘇肢節。然作法還以不剪為佳，而味性存焉。

又《南安府》 土茶，出崇義龍歸山，與普兒茶相似，亦能消滯解熱。

又《九江府》 茶，五邑俱産，惟廬山出者，味香可啜。

又《南康府》 匡茶，香味可愛，茶品之最上者。

又《饒州府》 茶，饒州出茗，其利最夥，然味不及信州。唐李孝標《送饒州張蒙使君》詩，有『日暖持筐依茗樹』之句。

又《贛州府》 岕茶，出寧都紫雲峰，香味第一，不可多得。儲茶，出自儲山，曰大園儲茶，香味亦佳。

又卷三四《關津》 上水稅則，紅粗茶每十簍供七分零。

又卷三八《古迹一·南昌府》 黄山谷故宅《名勝志》：涪翁先居修水，後乃遷于雙井，在州西三十里。其南溪心有二井，土人汲以造茶，為草茶第一。

又卷四〇《古迹三·廣信府》 陸鴻漸宅，明《一統志》：在府城西北。唐陸羽常居此，號東岡子。刺吏姚驥嘗詣其所居。鑿沼為溟渤之狀，積石為嵩華之形。後隱士沈洪喬葺而居之。《圖經》：羽性嗜茶，環居有茶園數畝，陸羽泉一勺。今為茶山寺。

又卷四一《古迹四·饒州府》 陸羽竈，明《一統志》：在冠山。唐陸羽鑿石為竈，取越溪水，煎茶於此。今竈尚存。《名勝志》：上有煮泉亭。

又卷一〇六《方技·贛州府》 國朝羅牧，字飯牛，寧都人。工書畫，得魏石林之法而益精，寓居南昌，巡撫宋犖作《二牧説》贈之【略】亦善製茶，巡撫郎廷極為詩紀其事。府志

（雍正）《宜興縣舊志》卷一《風俗》 茶戶以穀雨日賽茶神，入山採茶，俗謂開園。

又《土産》

貨之屬

茶葉，産茗嶺、銅官、離墨諸山者尤佳。

清 李調元《南越筆記》卷一六 粤中諸茶，其在珠江之南，有三十三村，謂之河南。粤志所謂『河南之洲，狀若方壺』是也。其土沃而人勤，多業藝茶。春深時大婦提籯，少婦持筐，於陽崖陰林之間，淩露細摘綠芽紫筍，薰以珠蘭，其芬馨絶勝松蘿之莢。每晨茶估，涉珠江以鬻於城，是曰河南茶。好事者或就買『茶生』，自製葉。初摘者曰『茶生』，猶岕山之草子也。而西樵號稱茶山，自唐曹松移植顧渚茶其上，今山中人率種茶，間以苦䔲。䔲樹森森，望之若刺桐叢桂。每茶一畝，苦䔲二株，歲可給二人之食。其採摘亦多婦女，諺云：『春山三二月，紅粉半茶人。』茶人甚守禮法，有問路者，茶人往往不答。昔湛文簡、方文襄二公講學山中，其流風遺化有存者。文簡嘗治雲穀精舍，中有稻田茶丘十餘畝。旁有人居七八村，皆衣食於茶。其茶宜以白露之朝采之，日出則味稍減。或謂此茶甲天下。早春摘者尤勝，三日一摘，餘則每月一摘。早春一月之茶，可當餘月一年云。端州白雲山其上有湖僧於岩際種茶，歲收石許。烹之作素馨花氣，味甘淡而滑，稱頂湖茶，然不能恒得。而羅浮幽居洞北有茶庵，每歲春分前一日，採茶者多寓此庵。其茶以受日陰陽分味之高下，試以景泰泉水，芳香勃發，是曰羅浮茶。景泰泉者，羅浮諸泉之冠。淳中，有逍遙子為《茶庵》詩：『活水仍將活火煎，茶經妙處莫虚傳。陸顛所在間題品，未試羅浮第一泉。』黎美周云：泉以茶為友，以火為師，火活斯泉真味不失。蓋謂此云。曹溪茶氣味清甜，歲凡四采，采于清明寒露者佳。新安杯渡山絶壁有類蒙山茶者，烹之作幽蘭茉莉氣，水濯十餘次，甘芳愈勝。或經一宿再濯，氣味不減，飲者無不驚異。山勢高，雲露滋潤，得太清之精英多故也。樂昌有毛茶，茶葉微有白毛，其味清涼。潮陽有鳳山茶，可以清膈消暑，亦名黄茶。䔲以産新安河源者為良，其味最苦，而粤人烹河南茶者，必以點䔲少許為可口。《南越志》稱龍川縣出皋盧葉，葉大而澀，南海謂之過羅，今稱為苦艼。艼，一作䔲。長樂有石茗。瓊州有靈茶，即江南黄連茶也。有烏藥茶，以烏藥嫩葉為之，能補中益氣，一名山葉。或以金鵝蕊搗去苦汁，合兒茶、毛茶為之。東莞以芝麻、薯油雜茶葉為汁，煮之，名研茶。謂能去風濕，解除食積，可以療饑云。

（乾隆）《雲南通志》卷三《山川·普洱府·攸樂縣》 六茶山，

曰攸樂，即今同知治所，其東北二百二十里曰莽枝，二百六十里曰革登，三百四十里曰蠻磚，三百六十五里曰倚邦，五百二十里曰漫撒。山勢連屬，復嶺層巒，皆多茶樹。

又卷二六《古迹·普洱府·攸樂縣》 六茶山遺器，俱在城南境，舊傳武侯遍歷六山，留銅鑼于攸樂，留銅鑼于攸樂，置於莽芝，埋鐵磚於蠻耑，遺木梆於倚邦，埋馬鐙於革登，置撒袋於慢灑，因此名其山。又莽芝有茶王樹，較五山茶樹獨大，相傳為武侯遺種，今夷民猶祀之。

又卷二七《物産·雲南府》 太華茶出太華山，色味俱似松蘿，而性較寒。

又《普洱府》 茶産攸樂、革登、倚邦、莽枝、蠻耑、慢撒六茶山，而倚邦、蠻耑者味較勝。

又《大理府》 感通茶，出太和感通寺。

又卷八六《食貨志·物産·江寧府》 茶，江甯天闕山茶，香色俱絕。城内清涼山茶，上元東鄉攝山茶，味皆香甘。

又《蘇州府》 茶，出虎丘金粟房，其色白，香如幽蘭，采于穀雨前為雨前茶，天池、伏龍俱佳，此為最。又洞庭兩山亦出佳茗。

又《松江府》 蘭筍山茶，色淡而味清芬，亦絕品也。

又《常州府》 岕茶，産宜興山谷者佳。

又《安慶府》 芽茶，出灊山。苦茶，可消暑疾，出皖山。

又《徽州府》 茶，出松蘿山者最佳，有雀舌、蓮心、金芽數種。紫霞茶，出歙縣紫霞山，色香清幽如蘭，新安家家製茶，以此品為最。

又《寧國府》 茶，宜、涇、甯、太諸山皆産松蘿。又太平龍門山産翠雲茶，香味清芬。又雅山茶，宋梅詢有『茶煮雅山雪滿甌』之句，今不可多得。

又《池州府》 茶，有片茶、仙芝、嫩蕊等名，六邑皆出。金地茶，出九華山，亦金地藏自西域攜來者。仙人掌茶，李白《贈玉泉仙人掌茶》詩，出九華山中。茗地源茶，出九華山之閔園陰谷中，春夏之間，萌穿始發，故旗槍不大展，亦不可多得。

又《和州》 茶，早取日茶，晚取曰茗，惟蒼山宜之。

又《廣德州》 芽茶，出建平鴉山者，色味香美。

又《六安州》 茶，州及英、霍二邑並産名茶，而霍邑為多。

（乾隆）《浙江通志》卷一二《山川·長興縣》 青硯山，《吳興掌故》：在縣西六十里。陸羽云，啄木青峴茶，味與壽州同。

又 顧渚山即茶山，《方輿勝覽》：茶山在長興縣西，産紫筍茶。萬曆《湖州府志》：山在縣西北四十七里，西達宜興。吳夫槩顧其渚，宜茶，後其産果然，乃充貢。下有貢茶院，旁有金沙泉，甚美。山中有明月峽、絕壁峭立，大澗中流，其茶所生，尤為異品。杜牧《春日茶山呈賓客》詩：笙歌登畫船，十日清明前，山秀白雲膩，溪光紅粉鮮，欲開未開花，半陰半晴天，誰知病太守，猶得作茶仙。

又 大官山，小官山，萬曆《湖州府志》：在縣西北四十五里【略】有張塢，産茶，為羅岕之次。

又 明月峽，《吳興掌故》與顧渚聯屬，絕壁峭立，于大澗中流，亂石飛走，茶生其間，尤為絕品。張文規所謂明月峽中茶始生是也。

又 槍旗嶺，弘治《湖州府志》：在縣東南三十里弁山上。石多槍旗所植之藪，俗傳霸王屯戍之所。嘉靖《浙江通志》：蘇子瞻云：世謂茶之始生而嫩者，為一槍，寖大而開者，為一旗。王介甫送元厚之詩云『新茗齋中試一旗』是也。此山舊亦産茶而嘉，故曰槍旗。

又卷一五《山川·會稽縣》 日鑄嶺，《嘉泰會稽志》：在縣東南五十里。昔歐冶子鑄五劍，採金銅之精於山下，《歸田録》：草茶盛於兩浙，兩浙之品，日鑄第一。

又卷一七《山川·武義縣》 蔣富山，嘉靖《武義縣志》：在縣東南三十五里，週二十餘里，山多産茶。傳云：昔有蔣氏居此，致官，因名。

又卷二〇《山川·永嘉縣》 白茶山，《茶經》：《永嘉圖經》：縣東三百里有白茶山。

又卷四二《古迹·湖州府》 宋貢茶院，弘治《湖州府志》：在

長興縣西北，面官山。貞元中，以吉祥寺置修貢堂，有貢茶刺史題名。

又 忘歸亭，嘉靖《長興縣志》：在顧渚山。有司採茶寓此。

又 薦春台，嘉靖《長興縣志》：在子山左，令熊明遇築。每清明前三日，詣顧渚山採茶，先於此拜接。

又卷九九《風俗·餘杭縣》 《臨安縣志》：商賈貿茶，南多於北。

又《昌化縣》 《海寧縣志》：四月立夏日，以諸果品雜置茗碗，親鄰彼此饋送，名曰七家茶。

又《新昌縣》 《嘉泰會稽志》：率以是日夏至祀先以面，蕭山各供茶，曰夏至茶。

又《桐廬縣》 《方輿勝覽》：山險土磽，蠶桑是務，蒸茶割漆，以要商賈貿易之利。

又《分水縣》 《嚴陵志》：山多田少，水淺土磽，地狹民稠，木炭、紙、茶之利，終歲所入，不足以給饔飧三分之一。

又卷一〇〇《物產·杭州府》 茶，《咸淳臨安志》：歲貢見舊志。錢塘寶雲庵產者，名寶雲茶。下天竺香林洞產者，名香林茶。上天竺白雲峰產者，名白雲茶。《錢塘縣志》：翁家山亦產茶，最下者法華山、石人塢，俱名本山茶。蘇軾《僧怡然以新茶見餉，報以大龍團》詩：妙供來香積，珍烹具大官，揀芽分雀舌，賜名出龍團，曉日雲庵暖，春風玉殿寒，聊將試道眼，莫作兩般看。

龍井茶，《煮泉小品》：武林諸泉，惟龍泓入品，而茶亦惟龍泓山為最。其上為老龍泓，寒碧倍之，其地產茶，為南北山絕品。

謹按：杭郡諸茶，總不及龍井之產。而雨前細芽，取其一旗一槍，尤為珍品。第所產不多，宜其矜貴也。

又 天目茶，《茶經》：杭州茶生臨安、於潛二縣天目山者，與舒州同。《煮泉小品》：天目固次品。葉清臣云【略】今天目遠勝徑山，而泉亦天淵也，洞霄次徑山。

又 徑山茶，《夢粱録》：徑山采穀雨前茗，用小缶貯之，以饋人。

又 昌化茶，《紫桃軒雜綴》：昌化所產，大葉如桃枝、柳梗，其味乃極香。

又卷一〇二《物產·嘉興府》 茶，貝瓊《遊山記》：鷹窠山，嶄然中高，旁殺，樹皆合抱，產茶，類武夷。

又 岕茶，《茶疏》：長興之羅岕，疑即古人顧渚紫筍也。介於山中謂之岕，羅氏隱焉，故云羅。姚伯道云：明月之峽，厥有佳茗，是名上乘。要之：采之以時，製之盡法，無不佳者。其韻致清遠，滋味甘香，清肺除煩，足稱仙品。此自一種也。若在顧渚，亦有佳者，人但以水口茶名之，安與岕別矣。《西吳枝乘》：湖人子茗，不數顧渚而數羅岕。然顧渚之佳者，其風味已遠出龍井下，岕稍清雋，然葉粗而作草氣。嘉靖《長興縣志》：羅岕在互通山西土地廟後，產茶最佳，吳人珍重之。凡茶以初出雨前者佳，惟羅岕立夏開園，梗粗葉厚，擻有蕭箬之氣，還是夏前六七日，如雀舌者最不易得。然廟後山西向，故稱佳，總不如洞山南向，獨受陽氣專，稱仙品，只數十畝而已。凡茶產平地，多受土氣，故其質濁，羅茗產高山岩石，渾是風露清虛之氣，故可尚。

又《湖州府》 荈，《茶經》：《吳興記》：烏程縣有溫山，出御荈。

又 顧渚茶，《茶經》：浙西茶，以湖州為上。《太平寰宇記》：長興縣金沙泉，每歲造茶所也。茶產在邑界，有生顧渚中者，與峽州、光州同；生山桑、儒師二塢，白茆山懸腳山嶺者，與襄、荊、申三州同；生鳳亭山優翼澗，飛雲、曲水二寺，青峴、啄木二嶺者，與壽州同。《天中記》：明月峽在顧渚側，二山相對，石壁峭立，大澗中流，茶生其間，尤為絕品。張文規所謂明月峽中茶始生是也。《國史補》：唐時以宜興造數多，命長興均貢，限清明日到京，謂之急程茶。《避暑録話》：顧渚在長興縣，所謂吉祥寺也，其半為今劉侍郎希範家所有。兩地所產，歲止五、六斤，余求于劉氏，過半斤則不復佳。蓋茶味精者在嫩，取其初萌如雀舌者，謂之槍，稍敷而葉者，謂之旗，旗非所貴，不得已取一槍一旗猶可。

《茶譜》：袁州界橋，其名甚著，不若湖州之研膏紫筍，有綠腳垂下，故公淑賦云：雲垂綠腳。《吳興掌故》：今茶品已定，與唐不同。大抵南產優而絕無用團者，紫筍、旗牙、雀牙之品大著矣。陸羽所謂常州，即陽羨也，與顧渚故同。而湖茶必先顧渚云。蔡寬夫《詩話》：湖

州紫筍入貢，每歲以清明日貢到，先薦宗廟，後賜近臣。其生顧渚，在湖、常之間。以其萌茁紫而似筍，故曰紫筍茶。《脞説》：湖州長興縣啄木嶺金沙泉，每歲造茶之所，泉處沙中。居常無水。湖、常二郡太守至，于境會亭具犧牲拜敕祭泉，其夕，水溢，造御茶畢，水即微減，供覺者畢，水已半之，太守造畢，即涸矣。杜枚《題茶山》詩：山實東南秀，茶稱瑞草魁。剖符雖俗吏，修貢亦仙才。溪盡停蠻棹，旗張卓翠苔。柳村穿窈窕，松澗渡宣㕹。等級雲峰峻，寬平洞府開。拂天聞笑語，特地見樓臺。泉嫩黃金湧，牙香紫璧裁。拜章期沃口，輕騎疾奔雷。舞袖嵐浸潤，歌聲谷答回。磬音藏葉鳥，雪豔照潭梅。好是全家到，兼為奉詔來。樹陰香作帳，花徑落成堆。景物殘三月，登臨愴一杯。重遊難自克，俯首入塵埃。王十朋《謝章季子惠顧渚茶》詩：白齒新芽不出山，青囊誰遣到人間，午窗驚覺還鄉夢，紗帽籠頭捧兔斑。

又卷一〇三《物產・寧波府》 茶，《茶經》：出浙東，以明州次，貿縣生榆莢村。晁以道詩：官有白茶十二雷。自注：四明茶名。至正《四明續志》：茶出慈溪，在資國寺山者為第一，開壽寺側者次之。每取化安寺水蒸造，精妙如雀舌。嘉靖《寧波府志》志：茗嶴山，在慈溪縣西北，其山多產茶。萬曆《象山縣志》：茶出朱溪者佳。《象山縣志》：鄭行山產佳茗，珠山更多。《定海縣志》：定海之茶，多山谷野產，又不善製，故香味不及園茶之美。五月時重抽者曰二烏，苦澀不堪。產桃花山者佳，普陀山者可愈肺癰、血痢，然亦不甚多得。

又卷一〇四《物產・紹興府》 日鑄茶，《方輿勝覽》：會稽日鑄嶺，其地產茶。歐陽修云：兩浙產茶，日鑄第一。《嘉泰會稽志》：日鑄嶺，產茶奇絕，然有名頗晚。吳越貢奉中朝，土毛畢入，不聞有日鑄，殆出在吳越國除之後。《歸田録》云：草茶盛於兩浙，浙之品日注第一。《青箱記》亦云：越州日鑄茶，為江南第一。范文正汲清白泉，以建溪、日鑄、臥龍、雲門之品試之，云：甘液華滋，悅人靈襟。按：今會稽所產茶極多，佳品惟臥龍一種，得名幾與日鑄相亞。臥龍者，出臥龍山，知茶者謂二山土脈相類，信亦佳品。然日鑄芽纖白而長，其絕品長至三二寸，不過十數株，餘雖不逮，亦非他產可望，味甘軟而永，多啜宜人，無停滯酸噎之患。臥龍則芽差短，色微紫黑，類蒙頂、紫筍，味頗森嚴，其滌煩破睡之功，日鑄有不能及。顧其品終在日鑄下。自頃二者或充包貢，臥龍則易其名曰瑞龍。日鑄，他書及土人皆用此鑄字，惟歐陽公《歸田録》則書為日注，疑公自有所據。其後亦有書作注者，蓋自歐公始也。

《剡録》：越產之擅名者，有會稽之日鑄嶺茶，秦望山之小朵茶，陶晏嶺之高塢茶，會稽山之茶山茶，雲門山之丁坑茶，東土山之雁路茶，山陰之臥龍山茶，蘭亭之花塢茶，諸暨之石筧嶺茶，餘姚之化安瀑布茶，嵊縣之西白山瀑布嶺茶、五龍真如茶、紫岩茶、鹿苑茶、大昆茶、小昆茶、焙坑茶、細坑茶，而日鑄茶名最著。舊志謂臥龍山茶過於日鑄，若化安瀑布茶，陸羽品其殊異，同時號為仙茗。

謹按：今諸暨各地所產茗葉，質厚味重，對乳茶最良，每年採辦入京，歲銷最盛，而昔人未有志及者，故特拈出。

又 茗山茶，《名勝志》：蕭山縣茗山產佳茗。

又 後山茶，嘉靖《浙江通志》：茶之類，有上虞後山茶。

又卷一〇五《物產・台州府》 竹瀝，江鄰幾《雜誌》：蘇才翁嘗與蔡君謨鬥茶，蔡茶水用惠山泉，蘇茶小劣，改用竹瀝水煎，遂能取勝。天臺竹瀝水，彼人砍竹，稍屈而取之，盈甕，若以他水雜之，則亟敗。

茶，《赤城志》：按陸羽《茶經》：台州下。注云：生赤城山者，與歙同。桑莊《茹芝續譜》云：天臺茶有三品，紫凝為上，魏嶺次之，小溪又次之。紫凝，今普門也，魏嶺，天封也，小溪，國清也。而宋祁答如吉茶詩，有佛天雨露，帝苑仙漿之語，蓋盛稱茶美，而不言其所出之處。今紫凝之外，臨海言延峰山，仙居言白馬山，黃岩言紫高山，寧海言茶山，皆號最珍，而紫高茶山，昔以為在日鑄之上者也。《赤城續志》：黃岩紫高山，土膏泉冽，中產茶甚奇。又甯海蓋蒼山，一名茶山，瀕大海，絕頂其地產茶。

又 上雲茶，嘉靖《臨海縣志》：上雲峰產茶，味異他處，宋濂有記。

又 園茗，《抱樸子》：蓋竹山有仙翁茶園，舊傳葛元植茗於此。

又卷一〇六《物產・金華府》 玉茗，《東陽志》：似玉，采而

乾之，夏月點茶，能解煩熱，他種有寶珠、石榴、香妃，皆假其名。

又 茶，《茶經》：婺州次。東陽縣東白山，與荊州同。《品茶要録》補：婺州之舉岩碧乳。《東陽縣志》：大盆、東白二山為最。穀雨前采者謂之芽茶，更早者謂之毛尖，最貴，皆挪做，謂之挪茶。茶客反取粗大，但少炊之，謂之湯茶。轉販西商，如法細做，用少許撒茶餅中，謂之撒花，價常數倍。正德《蘭溪縣志》：茶山山谷深窈，草木森蔚而多茶。萬曆《浦江縣志》：二都、三都、二十四都、二十八都出茶。

又 卷一〇七《物産·温州府》 蘇，萬曆《溫州府志》：五縣俱有。樂清雁山龍湫背者為上，里安胡嶺，平陽蔡家山產者，亦佳。《雨航雜録》：雁山五珍，謂雁山茶與觀音竹、金星草、山藥、官香魚也。《雁山志》：浙東多茶品，而雁山者稱最。每春清明日採摘茶芽進貢，一槍一旗而白色者，名曰明茶，穀雨日采者名曰雨茶，此上品也。又一種紫茶，香味尤佳，難種薄收，土人厭人求索，園圃中少植，間有之，亦必為識者取去。《甌江逸志》：按《茶經》云：溫州無好茶，惟雁山水為佳，此山茶亦為第一，去腥膩，除煩惱，卻昏散，消積食。但以錫瓶貯者，得清香味，同陽羨山岕茶無二。採摘宜近夏，不宜早，炒做宜熟，不宜生，如法可貯二三年，愈佳。

（乾隆）《福建通志》卷三《山川·興化府·莆田縣》 石梯山，自仙遊縣九座山發脈【略】山形如梯，其土宜茶，絕頂有爐峰岩，南可望海。

又《漳浦縣》 梁山，在縣南稍西三十里【略】盡梁山之南境高數百丈者，為基山，又南行為天馬山，斷岸千尺，下瞰大江，每潮至，其聲如鼓如雷，又名鼓雷山。山下有井，相傳宋幼主汲井烹茶於此，所棄茶久而成樹。

又 卷四《山川·建寧府·崇安縣》 武彝山，在縣南三十里，邑望山也。道書謂第十六洞天。峰巒大者亦三十有六。相傳昔有仙人降此，自稱武彝君，《列仙傳》以為籛鏗二子，長曰武，次曰彝，同居是山，因以為名【略】峰右為仙船岩【略】峰左為御茶園【略】又數百武為明王守仁祠，祠後磴千盤，可達接筍梯【略】梯下為茶洞，為清隱堂，四山夾峙，煙靄不絕，向產茶最佳，近為鄉人斫伐殆盡，一望皆茅葦矣。

又 卷九《風俗·建寧府》 何喬遠《閩書》云：【略】建陽朱子之鄉【略】茶每歲三收，苧每歲四收。

又 卷一〇《物產·福州府·貨之屬》 茶，諸縣曾有之。閩之方山、鼓山，侯官之水西、鳳岡尤盛。唐地理志載，福州貢臘面茶，蓋建茶未盛前也。

又《木之屬》 黃連茶，木高二三丈，葉似槐而尖長，春初，芽始生，可治以代茗飲，亦可為茹，味香美，俗又呼涼茶樹。

又《泉州府·貨之屬》 茶，五縣皆有，而晉江清源洞及南安一片瓦產者尤佳。

又 卷一一《物產·延平府》

貨之屬

香茶，一名孩兒茶，其法用腦麝合而成之，味芬，性涼。

茶，各縣俱有，出南平半岩者尤佳。

又《建寧府》

貨之屬

茶，七縣皆出，而龍鳳、武夷二山所出者，尤號絕品。宋蔡襄有《茶録》。

又《邵武府》

貨之屬

茶，光澤、泰寧二縣為多。

又《汀州府》

貨之屬

茶。

又《福寧府》

貨之屬

茶。

又《臺灣府·永春州》

貨之屬

茶。

又 卷六三《古迹・建寧府・建安縣》 北苑茶焙，在鳳凰山麓。偽閩龍啟中，里人張廷暉居之，以其地宜茶，悉表而輸於官，由是始有北苑之名。北苑茶為天下第一，官私之焙，凡千三百三十有六所。苑中有宋漕司行衙，後經兵燹。有御泉亭，造茶時取水于此，宋景祐間重修，邱荷為記，亭之前有紅雲島，今俱廢。

又《崇安縣》 御茶場，在武彝二曲之西，即宋希賀堂址，元時創設。大德七年，奉御高久住，以其地狹陋，乃相前岡得龍井石泉一泓，甚清冽，辟基建殿千於內，以儲新貢。明洪武初重修。每歲驚蟄日，縣官率屬祀山神畢，令執事鳴金鼓、揚旗，同喊曰：茶發芽，自是龍井之泉漸發而溢，造茶畢，泉漸渾而縮。武當張真人至此，飲其水，曰：非武彝茶之美，乃茲泉之力也。今廢。

又 卷六四《外島》 琉球國，在大海中，始名流虬，其國地形在萬濤中如虬浮水面，故名。一作流求。《元史》曰瑠求。明永樂中，改琉球國，在福州正東一千七百里偏南三里。

按：琉球國自前明歷朝入貢，舟揖往來，俱駐於泉州【略】鳥雀穀蔬，果品花木，稍間中國，獨不宜茶茗，即藝之亦不萌。

又 卷六六《雜記・福州府》 元厚之絳平生不喜處外，及以給事中領長樂，親舊祖道都門，勉以東閩盛時百貨所聚，永嘉之柑，烏石荔枝，珍絕天下。厚之下車，作詩謝之，云：丹荔黄柑北苑茶，勞君誘我向天涯，爭如太液池邊看，池北池南總是花。《名賢清話》

《明史》卷四〇《南京・常州府》 宜興府南。元宜興州。太祖戊戌年十月曰建寧州，尋復曰宜興州。洪武二年降爲縣。西南有荊南山，又有國山，又有龍池山。又東南有香蘭山，臨太湖。又有唐貢山，産茶。西北有[illegible]山，有長蕩湖。北有運河。南有荊溪。西南有百瀆，疏荊溪之下流，注於太湖，後多堙廢。東北有下邾，北有鍾溪，東南有湖汊，西南有張渚四巡檢司。

又 卷四四《地理五・湖廣・武昌府》 興國州元興國路，屬湖廣行省。太祖甲辰年二月爲府。洪武九年四月降爲州，以州治永興縣省入，來屬。北有銀山，西有黄姑山，舊俱産銀。南有太平山，與九宮山接。東有大坡山，産茶。東北有大江。東有富池湖，亦曰富水，北流注於江，有富池鎮巡檢司。又東北有黄顙口鎮巡檢司。西北距府三百八十里。領縣二。

又《浙江・湖州府》 長興府西北。元長興州。太祖丁酉年三月改名長安州，壬寅年復曰長興。洪武二年降爲縣。西北有顧渚山，産茶，一名西顧山，一名吳望山。東北有太湖，與南直宜興縣分中流爲界。西有箬溪，下流入太湖。西南有荊溪，東南入於苕溪。東北有臯塘、西南有四安二巡檢司。又西有合溪，南有和平二巡檢司，廢。

又 卷四五《地理六・福建・建寧府》 建安倚。東北有鳳凰山，産茶。東有東溪，即建江，自浙江慶元縣流經此，又西合於西溪。又東南有壽嶺巡檢司。洪武二十七年置。

又《廣東・廣州府》 東莞府東南。南濱海，海中有三洲，有南頭、屯門、雞栖、佛堂門、十字門、冷水角、老萬山、零丁洋等澳。北有東江。西有中堂、西南有白沙、又有缺口鎮三巡檢司。東北有京山巡檢司，本治茶園，後遷京口村，更名。又西南有虎頭山關，洪武二十七年置。

又《廣東・韶州府》 翁源府東南。元屬英德州。洪武二年三月改屬。故城在西北，今治本長安鄉也，洪武初，遷於此。北有寶山。東有靈池山，翁溪出焉，即瀧頭水。東有桂丫山巡檢司，初治茶園舖，後遷南浦。

又 卷八〇《食貨志四・茶法》 洪武初，定令：凡賣茶之地，令宣課司三十取一。四年，戶部言：『陝西漢中、金州、石泉、漢陰、平利、西鄉諸縣，茶園四十五頃，茶八十六萬餘株。四川巴茶三百十五戶，茶二百三十八萬餘株。宜定令每十株官取其一。無主茶園，令軍士薅采，十取其八，以易番馬。』從之。於是諸産茶地設茶課司，定稅額，陝西二萬六千斤有奇，四川一百萬斤。設茶馬司於秦、洮、河、雅諸州，自碉門、黎、雅抵朶甘、烏思藏，行茶之地五千餘里。山後歸德諸州，西方諸部落，無不以馬售者。

又 碉門、永寧、筠、連所産茶，名曰剪刀麄葉，惟西番用之，而商販未嘗出境。四川茶鹽都轉運使言：『宜別立茶局，徵其稅，易紅纓、氈衫、米、布、椒、蠟以資國用。而居民所收之茶，依江南給引販賣法，公私兩便。』於是永寧、成都、筠、連皆設茶局矣。

又 當是時，帝綢繆邊防，用茶易馬，固番人心，且以強中國。嘗謂戶部尚書郁新：『用陝西漢中茶三百萬斤，可得馬三萬匹，四川松、茂茶如之。販鬻之禁，不可不嚴。』以故遣僉都御史鄧文鏗等察川、陝私茶。

又 嘉靖三年，御史陳講以商茶低偽，悉徵黑茶，地産有限，乃第茶爲上中二品，印烙篦上，書商名而考之。旋定四川茶引五萬道，二萬六

千道爲腹引，二萬四千道爲邊引。芽茶引三錢，葉茶引二錢。中茶至八十萬斤而止，不得太濫。

又　中茶易馬，惟漢中、保寧，而湖南產茶，其直賤，商人率越境私販，中漢中、保寧者，僅一二十引。茶戶欲辦本課，輒私販出邊，番族利私茶之賤，因不肯納馬。二十三年，御史李楠請禁湖茶，言：『湖茶行，茶法、馬政兩弊，宜令巡茶御史召商給引，願報漢、興、保、夔者，準中。越境下湖南者，禁止。且湖南多假茶，食之刺口破腹，番人亦受其害。』既而御史徐僑言：『漢、川茶少而直高，湖南茶多而直下。湖茶之行，無妨漢中。漢茶味甘而薄，湖茶味苦，於酥酪爲宜，亦利番也。但宜立法嚴覈，以遏假茶。』戶部折衷其議，以漢茶爲主，湖茶佐之。各商中引，先給漢、川畢，乃給湖南。如漢引不足，則補以湖引。報可。

又　其他產茶之地，南直隸常、廬、池、徽，浙江湖、嚴、衢、紹，江西南昌、饒州、南康、九江、吉安，湖廣武昌、荊州、長沙、寶慶，四川成都、重慶、嘉定、夔、瀘，商人中引則於應天、宜興、杭州三批驗所，徽茶課則於應天之江東瓜埠。自蘇、常、鎮、徽、廣德及浙江、河南、廣西、貴州皆徵鈔，雲南則徵銀。

又　其上供茶，天下貢額四千有奇，福建建寧所貢最爲上品，有探春、先春、次春、紫筍及薦新等號。舊皆採而碾之，壓以銀板，爲大小龍團。太祖以其勞民，罷造，惟令採茶芽以進，復上供戶五百家。凡貢茶，第按額以供，不具載。

又卷一九二《張翀傳》　世宗即位，詔罷天下額外貢獻。其明年，中都鎮守內官張陽復貢新茶。禮部請遵詔禁，不許。翀言：『陛下詔墨未乾，旋即反汗，人將窺測朝廷，玩侮政令。且陽名貢茶，實雜致他物。四方效尤，何所抵極。願守前詔，無墮奸謀。』不聽。

（乾隆）《元和縣志》卷一六《物產·茶之屬》　虎邱茶，指虎邱金粟房，葉微帶黑，不甚蒼翠，點之，色白如玉，而作豌豆香，宋人呼為白雲茶。卜萬祺《松寮茗政》云：色味香韻，無可比擬，茶中王也。明時，例歲有司以此申饋大吏，詣山採製，胥皂騷擾，守僧不堪，剃除殆盡，學士文震孟作《薙茶説》以傷之，後復植如故，有司計償其值，採饋同前例。睢州湯公斌鎮撫三吳，嚴禁屬員餽送，寺僧亦疲於藝植，此種遂萎，今不可復得云。

（乾隆）《貴州通志》卷五《地理·山川·貴築縣》　高坡，在城南五十里【略】暑月猶寒，地產茶，郡人嘗避兵其上。

又《定番州》　盧山【略】又南有茶山，產茶。

又《貴定縣》　陽寶山，在城北十里【略】山產茶，可供啜。

又《都勻縣》　藤茶山，在城西南舊丹行司西。

又《平遠州》　茶山，在城東南六十里。

又卷一五《食貨·物產·貴陽府》　茶，產龍里東苗坡及貴定翁粟沖、五柯樹、擺耳諸處，土人製之無法，味不佳，近亦知采芽以造，稍可供啜。

又《思南府》　茶，出婺川，名高樹茶，蠻夷司鸚鵡溪出者，名晏茶，色味頗佳。

又《大定府》　茶，出平遠山岩間，製如法，味甚佳。

（乾隆）《甘泉縣志》卷三《山川》　蜀岡，在城西北四里，一名昆岡。【略】《寰宇記》曰：蜀岡有茶園，其茶甘如蒙頂，蒙頂在蜀，故以名岡。

又卷四《物產》　蜀岡茶，岡有茶園，茶味甘香如蒙頂，宋時貢茶，皆出蜀岡。上有春貢亭、時會堂。《太平寰宇紀》

又　以陸羽《茶經》考之，不言揚州出產。惟毛文錫《茶譜》云：揚州禪智寺，隋之故宮，傍蜀岡，其茶甘香，味如蒙頂焉。《苕溪漁隱叢話》

又卷一一《古迹》　春貢亭，蜀岡有茶園，茶甘旨如蒙項，故以名岡，上有時會堂、春貢亭，見毛文錫《茶譜》。《太平寰宇記》

又卷一二《古迹》　揚州禪智寺，隋之故宮。寺枕蜀岡，其茶味如蒙頂，但不知入貢起於何時。《茶譜》

（乾隆）《嵊縣志》卷二《地理志二·山川》　鹿苑山，向名鹿苑嶺，在縣西六十里剡源鄉，即小白山。考證，宋華頗云【略】產仙茗。

又　五龍山，在縣西北四十里永富鄉。

真如山，在縣西北五十里，與五龍山并產茶。就其水烹之，味極香美，茶葉浮於杯面。

又《物產・茶之屬》 宣家崗充貫、瀑布嶺、五龍山、真如山、紫巖、焙坑、大崐、小崐、鹿苑、細坑、蕉坑、苦葵產四明山中。

（乾隆）《羅山縣志》卷一《山川》 黑龍池，縣西南一百二十里，產茶，有寺田彌陀。

又《物產・貨類》 茶，出龍池山。

（乾隆）《海鹽縣圖經》卷三《方域・山》 鷹窠頂山，縣南三十里。《雲岫庵志》：山下有長水澗，由山麓至庵有九曲徑、初憩亭、三休亭、獅頭巖、合掌巖。庵前有泉，深丈許，旱澇不加盈涸，味甘冽，名雪竇泉【略】郡太守車大任記曰：山前臨澉浦，後枕大海，形既壁立，路更紆四，凡九折而上，饒怪石及產奇茗，其上有庵，曰雲岫庵，

（乾隆）《黔滇志略》卷二《山川・麗江府屬》 雪山，一名玉龍山，其山九蜂，在麗江府城西北，蒙氏僭封為北嶽。山巔積雪，經夏不消。山產茶，謂之雪茶，清苦能解煩渴。《麗江志》

又卷一〇《物產》 聖綸按：雪山亦產雪茶，味苦涼，然無清香之氣。

又卷一八《山川・貴陽府屬》 盧山，在定番州城北盧山司南【略】又南有茶山，產茶。《通志》

又卷二四《物產》 茶，平靈台，在湄潭城北四十里馬蝗箐中，四面懸岩，多茂林【略】頂上方廣十里，有茶樹於從。《通志》

（乾隆）《安吉州志》卷八《物產》 茶，《前溪逸志》：凡茶二月而茁，三月而榮，四月而采。采之日，老幼男女畢出，筐之筥之，鄰里強以相助也。夜篝火徹曙，岸釜而熾薪。炙之，以柔其性也。接之，以斂其再質也；焙之，以烈其氣也；汰之，以存類精也。乃盛於簍，乃鬻於市，千樹茶比千戶侯矣。五月而再摘，曰梅尖；六月而三摘，曰秋白；十月而摘，曰小春，皆劣於春，不貴也。按：茶出東南山鄉，產高山者佳。穀雨前數日采者為雨前茶，亦謂之芽茶；值甚倍，采亦不多；交夏皆采，謂之茶忙；遲則葉粗而味薄，俗謂之老茶。焙茶必察其火候，故茶之佳者，色香味俱備焉。產茶之地，歲必鋤掘數次，工偶曠，其息遂微。春夏之交，山鄉鮮蠶麥之利，茶雖工繁利薄，然業此者，每借為恆產云。

（乾隆）《長興縣志》卷三《山》 顧渚山，去縣西北四十七里。高一百八十丈，周十二里，即茶山。《方輿勝覽》：茶山，在長興縣西，產紫筍茶。《吳興掌故》：吳夫槩於此頤望，原隰可為城邑，故名。唐時有貢茶院，程府志：吳夫槩顧其諸，宜茶，後其產果然，乃充貢。按：夫槩時未嘗飲茶，又安知渚之宜茶，真附會之可笑者。又韓志以夫槩為夫差，此大誤。縣志：陸龜蒙嘗置茶園於此。山遊記：顧渚山骨現於頂，而胸背多膚，大約以態勝，以毛髮奇。《石柱記箋釋》：顧渚山下有唐貢焙院，院側有清風樓。絕壁峭立于大澗中流，亂石飛走，日明月峽，茶生共問間，尤為絕品。張文規詩：清風樓下草初茁，明月峽中茶始生。縣志：貞元中，刺史李詞以貢焙奏乞立寺，詔以武康寺移建於此，名吉祥寺。陸羽置阿魏酸團，作《顧渚山記》二篇。有枕流亭、息躬亭、金沙亭，又有忘歸亭，俯瞰太湖；又有木瓜堂，柏木瓜於庭，引泉入焙，今俱廢。貢茶院，元改為磨茶院。陸羽《茶經》：蒙山頂第一，顧渚第二，宜興第十。舊編云：顧渚與宜興接境，唐代宗時，以宜興歲造數多，命長興均貢。貞元五年，歲限清明到京，謂之急程茶。張文規詩云：牡丹花笑金鈿動，傳奏吳興紫筍來。李郢詩云：一月壬程路四千，到時須及清明宴。是時，湖、常二州爭先赴期，以趨一時之澤。袁高有《茶山》詩，備述當時擾民之害。貞元八年，刺史于頔貽書毗陵，請各緩苟日，俾遂滋長。開成三年，刺史楊漢公表奏，乞寬限。詔從之。每造茶時兩刺史親至其處，大率以立春後四十五日入山，暨穀雨始還。袁高詩：禹貢通遠俗，所圖在安人。後王失其本，職吏不敢陳。亦有奸佞者，因茲欲求伸。動損千金費，日使萬姓貧。我來顧渚源，得與茶事親。甿輟耕農末，采采日苦辛。一夫且當役，闔室皆同臻。捫葛上欹壁，蓬頭入荒榛。終朝不盈掬，手足皆陂鱗。悲嗟遍空山，草木皆不春。陰嶺茅未吐，使君牒已頻。心爭造化力，先走鋌鹿均。選納無晝夜，搗聲昏繼晨。眾工何枯槁，俯仰彌傷神。皇帝尚巡狩，東郊路多湮。周回達天涯，所獻逾艱勤。況兼兵革困，量茲固疲民。未知供御餘，誰合分此珍。顧省恭郡守，又慚復因循。茫茫滄海間，丹憤何由申。釋皎然《顧渚行》：我有雲泉鄰諸山，山中茶事頗相關。鶗鴂鳴時芳草死，山家漸欲收茶子。伯勞飛日芳草滋，山僧又是採茶時。由來慣采無近遠，陰嶺長兮陽崖淺。大寒山下葉未生，小寒山下葉初卷。吳姹攜籠上翠微，濛濛香刺罥釋衣。迷山乍被落花亂，度水時驚啼鳥飛。家園不遠乘露摘，歸時霧彩猶滴瀝。初看抽出欺玉英，更取煎來勝金液。昨夜西風雨色過，朝尋新茗復如何。女宮寒瀝青牙老，堯市人稀紫筍多。紫筍青牙誰得識，日暮采之長太息。清冷真人待子元，貯此芳香思何極。

又 大官山、小官山，在縣治西北四十五里。高五十四丈，周七里。勞志：顧渚之側諸山，或為茶園，或伐為薪炭，惟二山林木深茂，樵蘇不及，謂之官山。

又 斫射山，去縣治西北五十里。高五十二丈，周十里。土人善樵斫射獵，亦名斫射岭，在顧渚山左。韓縣志：刺史庾威亦於此造團茶以進。

又 青山，在縣治西二十七里。高一百十丈，周十里。下有澗曰青山灣，最澄澈。

又 烏瞻山，有二，一在縣治西三十里，高八十丈，週二十里，峰巒秀拔，產雲霧茶。

又 青峴山，在縣治西六十里。高一百丈，週二十里。《吳興掌故》

多生箭竹，霜雪不凋。縣志：陸羽云：青峴、竹木二山，茶味與壽州同。按：吳均《人東記》，東晉欲立城郭於此，名東晉山，即此。

又 懸腳嶺，在縣西北七十里，以其嶺腳下垂，故名。唐時，每歲吳興、毗陵二郡太守分山造茶，宴會於此，有會景亭。一名芳岩。以嶺中為兩州之界，上有廢亭遺址。

又 檜旗嶺，在縣東南三十二里。弁山西北。《浙江通志》：蘇子瞻云：世謂茶之始生而嫩者，為一槍，寖大而開者，為一旗。王介甫送元厚之詩云：新茗齋中試一旗是也。此山舊亦產茶而佳，故曰檜旗。縣志：石山多竅，是檜旗所植。俗傳楚霸王屯戍于此，山趾有項羽祠，上走馬埒，下飲馬池。

又 張塢，在縣治北四十里。產茶，為羅岕之次。

又 羅岕，在縣西北五十里【略】有洞二，曰明洞、暗洞。有池二，曰東池、西池。俱產茶。在土地廟後者尤嘉。《岕茶匯鈔》，羅岕介於山中，羅隱隱此，故名。明熊明遇《茶記》：今人多以陽羨即羅岕，岕有茶不上百年，山不數隴，似于陽羨有名之時未合。按：志乘，唐、宋、元貢顧渚茶頗鄭重。毗陵、吳興二刺史親為開園。考唐詩有『牡丹花笑金鈿動，傳奏吳興紫筍來』之句。陸龜蒙茶園亦在焉。意者顧渚即古所謂陽羨產茶處耶？今人謂義興為陽羨，顧渚、羅岕俱在義興南，只隔一嶺，二山東西相距八十里而遙。《石柱記》：《新唐書》：顧山有茶以供貢。有銅。鄭元慶《箋釋》：按：顧山即顧渚，在縣西北四十二里。《元和郡縣志》及《輿地紀勝》，折而為二，非也。《讀書後志》云：陸羽與朱放輩論茶，以顧渚為第一。羽著《茶經》有云：紫者上，綠者次，筍者上，芽者次。《膳夫經》云：茶，古不聞食之，晉、宋以降，吳人采其葉煮，是為茶粥。至開元、天寶之間，稍稍有茶，至德、大曆遂多，建中以後盛矣。茗、絲、鹽、鐵，管榷存焉。《南部新書》云：顧渚貢焙，歲造一萬八千四百斤。建中二年，袁高以詩進規，遂為貢茶輕省之始。《輿地志》云：吳采章山之銅，即此。明月峽，在縣西北顧渚山側。《吳興掌故》絕壁峭立于大澗中流，亂石飛走，茶生其間者，尤為絕品。張文規詩云『明月峽中茶始生』是也。

又卷一〇《風俗》 立夏【略】後三日，長興人俱往岕中採茶，例以是日開園。

(乾隆)《山陽縣志》卷一七《古迹》 茶陂，在縣治南。陸羽《茶經》云：《淮陰圖經》：山陽縣南二十里有茶陂。府志云：去治西南二十里，北枕管家湖，管家湖，即故西湖，自河徙湖塞，茶陂址遂不可考。

(乾隆)《南鄭縣志》卷五《物產》 《明史·食貨志》，漢中茶味甘而薄。

(乾隆)《句容縣志》卷一《物產》 乾茶，出乾元觀。

(乾隆)《鎮海縣志》卷四《物產·木之風》 茶，出太丘鄉太峰巔者佳。杜牧之詩：山實東吳地，茶稱瑞草魁。

(乾隆)《桐廬縣志》卷七《食貨·物產》 貨有茶省志：《嚴陵志》陸羽序茶，謂浙西以湖州上，常州次，睦州下。生桐廬山谷，與衡州同。

又卷一六《雜志·詩話》 陸羽《茶經》載：《桐君藥録》謂：西陽、武昌、廬江、晉陵好茗，而不及桐廬。又謂：凡可飲之物，茗取其葉，天門冬取子，菝葜取根。而羽敘茶所出，謂浙西以湖州上，常州次，睦州下。生桐廬山谷，與衡州同。衡州，謂祝融峰所產也。按：《唐志》：睦州貢鳩坑茶，屬今淳安縣。《唐詩紀事》

(乾隆)《大冶縣志》卷一《地輿·山川》 茗山，在梅山之南十里，有二峰，是為大茗、小茗，絕巘插天，清泉澄澈，宜瀹茗。

又《地輿·物產·貨之屬》 茶。

(乾隆)《象山縣志》卷二《山川》 象山，緣海而邑，一路穿陸，環邑皆山，而治奠於象山之麓。其山自天臺綿邈縈紆走數百里，或隱或見，或起或伏，至蓋蒼山高出雲表，寧海、象山分界也。按：蓋倉山一名茶山。丹山，北出日東嶺，經一里許，勢斷而跌岩復起，曰蒙頂山，于諸山獨峻絕。天峰者，蒙頂之第一峰也。山上平衍，有水田，有佳茗，西鄉之少祖山也。

又卷三《物產·貨之屬》 茶，產珠山頂者佳。

(乾隆)《浮平縣志》卷三《土產·貨屬》 茶，西山間有之，不佳。

(乾隆)《望江縣志》卷二《地理·物產·貨類》 茶。

(乾隆)《福建續志》卷一〇《物產·建寧府·貨之屬》 武夷茶。

又《臺灣府》 茶，《縣志》：水沙連山中有之。

又卷七四《古迹·漳浦縣》 帝昺井，在鼓雷山下。《府志》：相傳宋幼帝汲井烹茶於此。所棄茶久而成樹，今其地多產茶。

（乾隆）《光州志》卷二七《食貨》　茶，出蓮塘山，但味劣於六産，故不能行遠。

又 卷六七《雜記·光州産茶》　宋時，光州産甚富，産茶凡十三場，光州即有其三。《夢浮筆談》云：光州光山場買茶三十萬七千二百一十六斤，賣錢一萬二千四百五十六貫，子安場頭茶二十二萬八千三十斤，賣錢一萬三千六百八十九貫三百四十八，商城場頭茶四十萬五百五十三斤賣錢二萬七千七十九貫四百四十六。今惟光山蓮塘山植茶，然亦不多，餘則無有矣。

（乾隆）《歙縣志》卷一《山川》　翁嶺之偏左小支曰鳳凰山，高三十仞，周十五里【略】舊産名茶。

又《風土》　邑東毗邇績溪，俗樸儉，鮮園林山澤之利，農十之三賈七焉。

南分水陸二路【略】水南則賈善奇贏，士農並厘然錯出矣，北擅茶荈之美，民半業茶，雖女婦無自暇逸。

（乾隆）《諸暨縣志》卷三《山川》　東白山，《嘉泰會稽志》，在縣東九十里。一名太白峰【略】萬曆《紹興府志》，絕高者為太白，次為小白，面東者為西白，面西者為東白【略】在山之陽，瀑泉怒飛，清被岩谷，懸下三十丈，稱瀑布嶺，産仙茗。

又 卷八《物産》　宜家山，萬曆《紹興府志》：在縣東七十里嵊縣界。産茶甚佳。

《燒録》：越産之擅名者，諸暨石筧嶺茶。《浙江通志》：茶者多尚名貴，《茶經》而後，著録者多矣。今諸暨各地所産茗葉，質厚味重，而對乳茶最良，每年採辦入京，歲銷最盛。

（乾隆）《霍山縣志》卷三《貢賦志·貢茶之三》　霍邑貢茶，民貢也，食毛踐土，自將其草茅愛敬之私，故朝廷亦不拘以常格，准本州代為表奏，由通政司進呈，所以俯順民情者，自明已然，誠異數也。今雖停本州進表，而其籍，内不隸于司農，外不稽于方伯，終與正供有殊，并與閩、浙貢茶由撫軍匯解者各別。惜日久漸失厥指，幸前撫憲趙公洞察輿情，力為申請，奉恩旨，准部議歲有定額，民乃不致以媚茲之忱，自貽厥累。謹詳其顛末，以詔來茲。

《續通典》卷九《食貨九·賦税下·明》　［隆慶六年］南直隸宜興縣貢茶一百觔。廬州府六安州貢茶三百觔。廣德州貢茶七十五觔。建平縣貢茶二十五觔。浙江湖州府長興縣貢茶三十五觔。紹興府嵊縣貢茶八觔。會稽縣貢茶三十二觔。温州府永嘉縣貢茶一十觔。樂清縣貢茶一十觔。杭州府臨安縣貢茶二十觔。富陽縣貢茶二十觔。寧波府慈溪縣貢茶二百六十觔。處州府麗水縣貢茶二十觔。金華縣貢茶二十二觔。衢州府龍遊等縣貢茶共二十觔。台州府臨海等縣貢茶一十五觔。嚴州府建德縣貢茶五觔。淳安縣貢茶五觔。遂安縣貢茶三觔。壽昌縣貢茶三觔。桐廬縣貢茶二觔。分水縣貢茶一觔。江西南昌府貢茶七十五觔。南康府貢茶二十五觔。贛州府貢茶一十一觔。袁州府貢茶一十八觔。臨江府貢茶四十七觔。九江府貢茶一百二十觔。瑞州府貢茶三十觔。建昌府貢茶二十三觔。撫州府貢茶二十四觔。吉安府貢茶一十八觔。廣信府貢茶二十二觔。饒州府貢茶二十七觔。南安府南康縣貢茶一十觔。湖廣武昌府貢茶六十觔。岳州府湘陰縣貢茶六十觔。寶慶府邵陽縣貢茶二十觔。武岡州貢茶二十四觔。新化縣貢茶十八觔。長沙府安化縣貢茶二十二觔。甯鄉縣貢茶二十觔。益陽縣貢茶二十觔。福建建寧府建安縣貢茶一千三百五十四觔。内探春二十一觔，先春六百四十三觔，次春二百六十二觔，紫筍二百二十七觔，薦新二百一觔。崇安縣貢茶九百九十一觔。内探春三十三觔，先春三百八十觔，次春一百五十觔，薦新四百二十八觔。又寧國府宣城縣貢木瓜三千三百枚。廣西思明府貢消毒藥五百三十四味。四川成都府貢藥材七味。又南京每年起運各物司禮監製帛一起，筆料一起，鮮梅四十杠或三十五杠，枇杷四十杠或三十五杠，楊梅四十杠或三十五杠，尚膳監筍四十五杠，鰣魚二起各四十四杠，守備處鮮橄欖等五十五杠，鮮茶十二杠。

又 卷一四《唐紀十四·文宗》　［太和七年］七年春，正月壬辰，罷吳蜀冬貢新茶。

又 卷二五《宋紀一·太祖》　［開寶七年十月］癸亥，詔減湖南新製茶。

又 卷三四《宋紀十·高宗一》　［紹興五年六月］戊午，減福建貢茶歲額之半。

（乾隆）《光山縣志》卷一三《物産》　茶，在宋時，光州所産片茶，有東首、淺山、薄側等名，又於光山、固始並置茶場，則昔時亦産茶處也。今縣境不甚産茶，惟連康山有之，然品味不及閩、吳産遠甚。予謂南境多山，凡山土黄色，多得清虚之氣者，悉宜千茶，若遍種之，而製造如法，必歲致佳茗，且倍收自然之利也。

（乾隆）《鄞縣志》卷二八《物産》　茶樹，出浙東，以明州次，鄮縣生榆莢村。《茶經》元以十二雷之區茶入貢，鄮之太白茶為近出。然考舒懶堂《天童虎跑泉》詩：靈山不與江心比，誰為茶仙補水經，則宋時已有嘗之者，因更名曰靈山茶，至今山村多繚園以植。《勾餘土音詩話》按：茶，晚收者曰茗，曰荈。以太白山為上，鳳溪次之，西山又次之。太白出者，每歲採製，充方物入貢。

又　卷二九《土風》　李鄴嗣《鄮東竹枝詞》：太白尖茶晚發槍，濛濛雲氣過蘭香。里入那得輕沾味，只許山僧自在嘗。太白山頂茶，山僧採摘，歲不過一二斤，其上多蘭花，故茶葉自然蘭香。天井山茶味自長，它泉烹酌淡而香。並論太白誰優劣，一任閒人肆抑揚。鄭泉以它山為上，不減錫山二泉。太白山在東鄉，亦産茶。

（乾隆）《廣雁蕩山志》卷一二《物産》　斗窟茶施志：斗窟山【略】在能仁寺東南山脊上。兩山排夾里許，中有茶圃，雲霧時流其間，茶色味不下龍湫白雲茶。

又　白山茶，《李志》：挺乾瘦宜，質潤滑如脂，亦堪作杖。每冬月發花叢薄中，與梅競白。

（乾隆）《郁林直隸州志》卷二《山川》　馬二嶺，在州城北三十里。案：嶺與寒山對峙，大樑江徑其中，江流過此嶺及石人嶺遂入羅望江，州人以茶産此嶺者為佳。

（乾隆）《南鄭縣志》卷五《物産》　茶《唐書·地理志》興元府貢。

（乾隆）《績溪縣志》卷一《山川》　大鄣山，在縣東六十里，一名郛山，一名三王山，一名玉國，是為邑鎮山【略】其地多寒，雖隆夏無蚊蠅，陰雲則雨，民居其間，無良田美池，種茶藝冕粟，采藥椎蕨，以遂其生。

又　卷二《物産·貨物之屬》　茶。

《清一统志》卷三四一《韶州府·仁化縣》　觀音山，在縣東南九十里，接從化縣界。高峰卓絕，林木陰翳，中有紫竹，下有龍潭，瀑布飛空，名白水硋，蓋即沱水所出之茗茶山也。

（嘉慶）《宜興縣舊志》卷一《山川》　南嶽山，在縣西南一十五里，即君山之北麓。孫皓既封國，遂禪此山為南嶽，其地即古陽羨産茶處。詳名勝

又　茗嶺山，一曰閩嶺，在縣西南八十餘里。山脊與長興分界，舊多茶，較離墨尤勝，俗稱廟前、廟後茶者是。

又　離墨山，在縣西南五十里，九嶺相連，高一百二十五仞，臨蒲墅蕩東。相傳仙人種離墨得道於此，故名。山頂産佳茗，芳香冠他種。

（嘉慶）《廣西通志》卷八九《輿地略十·物産一·桂林府》　金志龍脊茶各州縣出，而臨桂之劉仙岩，興安之六峒，全州之清湘特佳。金志龍脊茶出義寧。府冊

又　卷九〇《輿地略十一·物産二·慶遠府》　土茶各屬俱有，出思恩古心峝者佳。

又《思恩府》　茶出上林茶山。

又　卷九一《輿地略十二·物産三·平樂府》　茶恭城出。金志茶有岩口、花山二種。《富川縣志》

又《梧州府》　竹茶，《茶經》云：容州黄家洞有竹茶，葉如嫩竹，土人作飲，甚甘美。《寰宇記》茶出岑溪大峝山巔，葉粗味厚，故有峝茶之名。今各鄉近山皆植，民資為利。府志

又　卷九二《輿地略十三·物産四·潯州府》　西山茶出桂平西山。金志龍山茶出貴縣龍山。金志南寧府茶出宣化之都茗山，橫州之六鳳、簸箕、陳塘、簕菜諸村，今横産總以六鳳為名。土忠州亦出。府志

又　卷九三《輿地略十四·物産五·郁林州》　茶産州治馬二嶺者佳。州志

又　卷九六《山川略·山》　靈川舊縣呂仙山，縣西四里【略】其地産茶。

又　龍勝廳，龍脊山，城東八十里，産龍脊茶，向辦土貢，近年停止。

又卷一〇〇《山川略·山》 上林縣，都茗山，縣西北六十里，其山產茶，又謂之茶山，北江出此。《一統志》

又卷一〇四《山川略·山》 貴縣龍山，縣北五十里【略】山產茶，沙江出焉。

又卷一六一《經政十一》 宋天禧末，天下茶皆禁，惟山、陝、廣聽民自賣，不得出境。

（嘉慶）《義烏縣志》卷二《山川》 茗平山，縣東北七十里。俗傳法輪禪師茶園。

（嘉慶）《商城縣志》卷二《地理下·物產·貨之屬》 茶，陸羽《茶經》：一曰茶，二曰檟，三曰蔎，四曰茗，五曰荈。《夢溪筆談》：宋時，商城場買茶四十萬五百五十三斤，賣錢二萬七千七十九貫四百四十六。今南山間有之，味亦劣于六、霍。

（嘉慶）《涇縣志》卷三《山水》 湧溪山，其上多杉木，多茶。鄭志

又 由磨盤山南趨，至湧溪山，廣袤三十餘里，多產美茶并杉木。

又 桐坑山，山高險，仰之如在半天，有小徑通商旅，與旌德縣分界，一名桐嶺，多產茶、杉。

又 芭蕉嶺，又東曰茶坑，又東北曰陽嶺，曰印門坪，聯岫回溪數十里，東連寧國，北接宣城，居尺隨山樹藝，擅黍、稷、杉、漆、茶、果之利焉。《鄭志》

又 芭蕉山，在鳥雀嶺東北十餘里，與宣城接界。折而又東，曰茶坑山，陽蛉山，皆產茶。

又 齊雲山，在獅子山北，距縣西南七十里。在縣南四十里，與承流峰并峙，高數千丈，山頂平可數十畝，產茶。《一統志》

又 曰石女峰，其上產荈，與白雲茶類。《鄭志》

又 前山，在花尖山東，距縣西八十里，一名南山，多松、竹，產佳茗。

又 水西山，在格山東南，去縣西五里。共左峰曰白雲，產美茶。

又卷五《物產·貨之屬》 茶。

塗尖、梅花、松蘿、草青、黃茶、雨前、碧山茶、湧溪茶、洋尖茶。

（嘉慶）《里安縣志》卷一《輿地·物產·貨物類》 茶，府志：里安胡嶺者佳。近梓辔、大羅亦產善茶，香味經歲不變。

（嘉慶）《於潛縣志》卷四《山川志》 金樓山，縣南二十九里，一名霞山。《一統志》山在紫溪之西，高三百丈，周回十五里，上饒松、竹、茶、栗，間有桂、柏、薔薇。萬曆《縣志》

又卷九《風俗》 穀雨採茶，婦女兒童滿山谷。

又卷一〇《食貨志·貨之屬》 茶。《太平寰宇記》：天目山多名茶，較他山採獨遲，葉不甚細。以雲霧高寒，俟其氣足者為上，不多產。僧民資其糧以卒歲，其味厚。

（嘉慶）《海州直隸志》卷一〇《輿地考·物產》 木屬【略】茶。出宿城山，味似武彝小品，以悟正庵者為最。

又卷一六《食貨·雜征·海州》 《宋史·食貨志》：海州為榷茶之所。景德二年，詔茶商須海州茶者，入見緡五十五千。後增至數萬，時海州茶善而易售，商人願之，故入錢之數，厚於他州。

又卷二五《寺觀·海州》 悟正庵，《顧志》：在宿城山頂。庵多茶樹，東海茶以此地為最，風味不減武彝也，其名曰雲霧茶。

（嘉慶）《黟縣志》卷三《物產·貨之屬》 黟無魚、鹽、桑、麻之利，木棉販自池陽，糧食來自江右，蜜蠟所產不多，材木已見於前，故所錄止茶茗。

（嘉慶）《四川通志》卷一〇《山川一》 金堂縣雲頂山，在縣南五十里。《寰宇記》：雲頂山，舊名石城山，其狀如城，在縣西十五里。上平十畝，有神泉方丈，澄清如照，雲霞容與。唐天寶六年，改為雲頂山。

又 宋蒲國寶《金堂南山泉銘》：蘭陵錢治嘗作《南山泉記》，實仁宗天聖四年，距今蓋一百二十有一年也。錢又誇大其言，以謂陸羽作《茶經》，第水之品三十；張日新《煎茶記》，又增其七；毛文錫作《茶譜》，又增至二十有八。金堂南山泉，當不在蘭溪第二水下，然前之三人，足跡曾不一履此地，宜皆不為所賞鑒，故此泉湮沒而無聞焉。可歎也

【略】黃君才叔，此方之修整士也，紹興辛巳，于南山之南，手披荊棘，鋤其荒穢，卓江山景物之會，作屋十數楹，極幽居之勝，而岩竇之間，泉之湮者復達，引之庭除，其聲涓涓，遇暇日，余率二三賓朋，登君之堂，洗心滌慮，便覺煩暑坐變清涼，酌為茗飲，則又苾甘可愛，誠如治之言者。

又　灌縣大安寺山，在縣西南四十里。產茶。

又　崇慶州大坪山，在州西北一百里。右接大邑，左接灌縣【略】峻嶒疊嶂，壁立千尋，其中周匝一畝稍平，故名曰大坪。產茶。

又　什邡縣，大蓬山，即鎣華山，在縣西五十二里。高崖矗天，瀑布飛瀉，山高百里，六月積雪不消。【略】明曹楷《游鎣華山記》：鎣華接岷山南支，高百里許。其最高峰皆白石森列，望如削玉，盛夏積雪不消，章洛諸峰，蒼翠層疊於外。余舊欲一遊未暇。歲辛丑，方僧談及，興不可遏，乃於六月十有八日甲申策蹇裹糧，偕僧行，快夙願焉【略】山花爛熳，如鋪錦繡，竹、木、茶、漆、藥材之利，農工之器，絡繹於道，旦旦出關，而山不童。

又卷一四《山川五》　奉節縣相公溪，在縣西三里。溪濱有寇公井，夔諸水，惟此烹茶最佳。

又　巫山縣，巫峽，在縣東三十里，與廣溪峽、西陵峽並稱三峽。明楊慎《竹枝歌》：最高峰頂有人家，冬種蔓青春採茶。長笑江頭來往客，冷風寒雨夜天涯。

又　開縣盛山，在縣北三里。突兀高峰，為縣主山也，山如盛字。《寰宇記》：在州西北三里。唐韋處厚知開州，有盛山十二景詩，韓愈為之序【略】韋處厚《茶嶺》詩：顧渚吳商絕，蒙山蜀信稀。千叢因此始，含露紫英肥。張籍《茶嶺》詩：紫芽連白蕊，初向嶺頭生。自看家人摘，尋常觸露行。

又　開縣茶嶺，在縣北三十里。產茶，味極佳。不生雜卉。

又卷一五《山川六》　彰明縣獸目山，在縣北五里。有百匯龍潭，上下凡三潭，其水常流，產茶，土人謂之獸目茶。

又卷一六《山川七》　雅安縣蒙山，在州南。《括地志》：山在縣南十里。《元和志》：每歲貢茶，為蜀之最。又見名山、蘆山二縣。《寰宇記》：在名山縣西七十里。北連羅繩山，南接嚴道縣。山頂受全陽氣，其茶芳香。

名山縣，蒙山，在縣西十五里。有五峰，最高者曰上清峰，其巔一石，大如數間屋，有茶七株，生石上，無縫隙，云是甘露大師手植。每茶時葉生，智矩寺僧報有司往視，籍記葉之多寡，採製才得數錢許。明時貢京師，僅一錢有奇。環石別有數十株，曰陪茶，則貢藩府諸司而已。其旁有泉，恒用石覆之，味清妙，在惠泉之上。詳見《雅安志》

名山縣，花溪山，在縣北。竹徑茶畦，清溪翠筱，幽境可居。

名山縣，甘露井，在蒙頂上清峰【略】井水，雨不盈，旱不涸，後人蓋之以石，遊者【略】揭石取水烹茶，則有異香。

又卷一七《山川八》　樂山縣楊雄山，在縣西一里。《方輿勝覽》：在府西。有洞深邃，子雲隱居於此，今為延祥觀。

又　樂山縣，茶山，在縣西五里，與水城相望，勢長而平如案。舊產茶。相近為洛都山，一名龜山。

又　樂山縣，郭璞岩，在烏尤山。上有爾雅臺，相傳郭璞入蜀，注《爾雅》於此。《方輿考略》：郭璞《移水記》，謂優遊笑傲，放意於山水間，仍於嘉州城東百步烏尤山鑿書岩，而蘇子由詩，亦指其注《爾雅》於此。史謂無入蜀之文。謹按：《移水記》有『嘉州』二字，則非璞之手筆，恐後人之附會耳。蓋嘉州之名，始於後周，而自周以前，止曰漢嘉郡，曰龍遊縣耳，安得有所謂嘉州哉！或者後人追書，則未可知耳，當考。《苕溪漁隱叢話》：嘉州烏牛山，在水中心，昔郭景純注《爾雅》於此，有臺在焉【略】宋蘇轍詩：放舟沫江濱，往意念荊楚。擊鼓樹兩旗，勢如遠征戍。紛紛上船人，榜急不容語。餘生雖江陽，未省至嘉樹。巉巉九頂峰，可愛不可住。飛舟過山足，佛腳見江滸。舟人盡斂容，競欲揖其拇。俄頃已不見，烏牛在中渚。移舟近山陰，壁峭上無路。云有古郭生，此地苦箋注。區區辨蟲魚，《爾雅》細分縷。【略】王十朋《爾雅台》詩：隱跡江山郭景純，學兼儒伎術通神。蟲魚草木歸箋注，何害其為磊落人。

又　峨眉縣花山，即鏵山，在縣西北十里。產茶。《峨眉山志》：即四峨山。其形稜瓣如花，因名。

又卷一八《山川九》　達縣南岩山，在縣南三里。又火峰山，在縣南七里。大有山，在縣南二十里。西山，在縣南三十里。產茶。元時，官置抽茶場。

又卷二一《山川十二》　梁山縣蟠龍山，在縣東二十里。孤峙秀傑，突出衆山。下有二洞，洞中有石龍，首尾相蟠，故名。《方輿勝覽》：山旁有噴霧崖。洞中之泉，下垂約二百餘丈，噴薄如霧。宋張商英謂水甘腴，偏宜煮茗，非陸羽莫能辨之。

又卷三五《祠廟二》　蓬州司馬長卿祠，在州西。元延祐四年建。

又卷四〇《寺觀三》　奉節縣，香山寺，在縣東南三十里麝香山上。寺産香茶，因名。

又卷四二《寺觀五》　潼川府三台縣附郭東蜀道院，在縣北二十里。有司馬相如、嚴君平、揚雄、諸葛亮【略】十五人畫像，乃都官馮植得善本，命名手摹寫於此。《方輿勝覽》：東蜀道院在郡治。

又卷五六《古迹九》　達縣抽茶場，《一統志》：在縣南。《元一統志》：宋時，陳弁、朱肱、余應求、李升、韓均，皆以言事切直，謫監達州茶場，時目為五君子。

又卷七四《物産一·成都府》　茶，《寰宇記》：茶生益州山谷，淩冬不萎，三月三日采，乾為飲，令人不睡。又簡州亦産茶。《茶經》：出彭州九隴縣馬鞍山至德寺淜口鎮者，與襄州茶同味。毛文錫《茶譜》：蜀州晉源、洞口、横源、味江、青城皆出，有雀舌、鳥觜、麥顆、片甲、蟬翼諸名，皆散茶之最上者。

又《重慶府》　茶，《華陽國志》：涪州産茶。《寰宇記》：渝州舊貢茶。《茶譜》：南平縣狼猱山茶，黄黑色，渝人重之，十月采貢。

又《保寧府》　茶，《寰宇記》：巴州産。《廣雅》：巴、閬採茶作餅，煮餅先炙，令色赤，搗末，置瓷器中，以湯覆之，用葱薑芼之，即茶始説也。

又《夔州府》　茶，《唐志》：夔州貢茶。舊志：開縣茶嶺産茶，味絶佳，不生雜卉。府志：萬縣、巫山俱出。

又《龍安府》　茶，《寰宇記》：昌明縣連西山出者並佳，獨龍安松嶺上出者不可食。《明一統志》：彰明縣獸目山有茶，名獸目茶。

又《雅州府》　仙茶，名山縣治之西十五里，有蒙山。其山有五頂，形如蓮花五瓣。其中頂最高，名曰上清峰，至頂上略開一坪，直一丈二尺，横二丈餘，即種仙茶之處。漢時，甘露祖師姓吳名理真者手植，至今不長不滅，共八小株。共七株高僅四五寸，其一株高尺二三寸，每歲採茶二十餘片。至春末夏初始發芽，五月方成葉，摘采後，其樹即似枯枝，常用柵欄封鎖。其山頂土僅深寸許，故茶不甚長，時多雲霧，人跡罕到。《書》曰：蔡蒙旅平，即此山與府城東蔡山也。《元和志》：蒙山每歲貢茶為蜀之最。《方輿勝覽》：蒙山有五頂，前一峰最高，曰上清峰，産甘露茶。

明《一統志》：蒙茶受陽氣之全，故芳香。《本草》：雅州之蒙頂、石花、露芽、穀芽為第一。《茶譜》：雅州百丈、名山二處茶尤佳。

山茶

烏茶

又《嘉定府》　茶，《九域志》：洪雅縣有買茶場。《明一統志》：峨眉縣出，味初苦而終甘。

茶，産横山。

又《潼州府》　茶，産遂寧。

又《綏定府》　茶，《唐志》：通州東鄉俱出。元志：州南西山産茶。

又《眉州直隸州》　茶，《寰宇記》：按《茶經》云：眉州洪雅、昌闔、丹稜，其茶如蒙頂製餅茶法，其散者葉大而黄，味頗甘苦，亦片甲、蟬翼之次也。州志：青神縣出茶，峨眉縣花山亦出。

又《邛州直隸州》　茶，《茶經》：臨邛四邑有火前、火後、嫩緑黄等號。又有火番餅，重四十兩，入西番黨項重之。如中國名山者，其味甘苦。

《九域志》：有火井茶場。

又《瀘州直隸州》　茶，《寰宇記》：按《茶經》：瀘州之茶樹，夷獠常攜瓢具穴其側，每登樹採摘芽茶，必含於口，待其展，然後置於瓢中。旋塞其竅，歸必置於暖處。其味極佳。本州産者，味辛性熱，飲之可以療風，通呼為瀘茶。

又《忠州直隸州》　茶。

又《太平宜隸廳》 茶，《唐志》：太平出。

又卷一九六《西域志餘六》 西藏番民，多食糌粑、牛羊肉、奶子、奶渣等物，其性燥，而茶所急需，故不拘貴賤，飲食以茶為主。其茶熬極紅，入酥油鹽攪之，飲茶食糌粑或肉米粥，名土巴湯。

又卷一九七《紀聞一》 司馬相如初與卓文君還成都，貧居愁懣，以著鷫鸘裘就市人陽昌貰灑，與文君為懽。文君舉杯而笑曰：我平生富足，今乃以裘貰酒，遂相與于成都賣酒。相如親著犢鼻褌，滌器，以恥王孫，王孫果以為病。乃厚給文君，文君遂為富人。文君姣好，眉色如望遠山，臉際常若芙蓉，肌膚柔滑如脂。十七而寡，為人放誕風流，故悅長卿之才而越禮焉。長卿素有消渴疾，及還成都，悅文君之色，遂以發痼疾。乃作美人賦，欲以自刺，而終不能改，卒以此疾至死。文君為誄，傳於世。《女俠傳》

又 建始中，蜀帥崔寧之女，以茶杯無襯，病其熨指，取楪子托之，既啜，而杯傾，乃以蠟環楪子之中央，其杯遂定。即命匠以漆環代蠟，進於蜀相，蜀相奇之，為製名而話於賓親，人人為便，用於代。是後傳者更環其底，愈新其制，以至百狀焉。貞元初，鄆帥油蔚繪為荷葉形，以襯茶碗，別為一家之楪，今人多云茶託始此，非也。蜀相即今升平崔家，訊則知矣。《資暇録》

（嘉慶）《華陽縣志》卷二三《茶法》 邑非產茗，歲惟稅茶，晚采為荈，先摘曰芽，萬春銀葉，五頂石花，玉壘關外，瀘江水佳，乳頭蠟面，雲腳露芽，白毫品貴，紫筍名嘉，輸從園戶，榷自商家。

（嘉慶）《漢陰廳志》卷二《物產》 茶出南山。

又卷一三《土產·貨之屬》 茶，《詩》云：茶。《爾雅》云：檟，苦茶。陸羽《茶經》云：浙西以湖州為上，常州次之，產宜興。

（道光）《義寧縣志》卷二《物產》 龍脊茶出上江，靈鷲茶出下江，俗呼為潯江茶。

又卷七《物產》 茶，高山石岩，不種自生。龍眠庵、張家山、龍池尖、大龍山所產，品皆絕勝。清明前後采之，製出如新蠶，泡以山泉，味不在蒙頂下，但不可多得。旨泉沖則有茶園，居民以種茶為業，然不肯早采，風味斯劣，故品茶者不及也。

（道光）《桐城縣志》卷二二《物產志》 茶，其樹大小不一。桐城茶皆小樹叢生，椒園最勝，毛尖芽嫩而香，龍山茶亦好。

（道光）《嵊縣志》卷一《山川》 太白山，在縣西七十里剡源鄉，為縣治西障，與東四明山相望【略】宋華顛曰：【略】產仙茗。

油竹山，在縣西剡源鄉，太白之分支，產茶為剡最。

龍口岩，在四明山。懸岩嵌空，狀類龍口，土人築室其下，水從龍口中出，落簷前，若垂簾然，下匯為潭，產茶甚佳。

仙家崗，在縣西七十里。剡茶品此為最。

瀑布嶺，在鹿苑山。產仙茗。

（道光）《宿松縣志》卷二《輿地志·山川》 獨山，距縣五十里，孤峰迴秀，產茶，多竹木。史可法嘗置天城堡於此。《一統志》

摩旗山，距縣七十里。峰如旗卷【略】崖產苦茶，可療熱。《江南通志》朱志

羅漢蕩山，距縣九十里【略】山常在雲霧中，產異蔬、名茶、靈藥。朱志《採訪冊》

又卷一一《食貨志·物產·貨屬》 茶，山多有之，產羅漢蕩者佳。按，字本作荼，亦作梌，俗省作茶。

（道光）《武康縣志》卷二《地域志·山川上》 吳康侯《天泉山記》：昔人遺垣、斷竈、水唯故址猶存焉。絕頂平田頃畝，四時流泉，昔之人引為溝渠，注為陂池，插禾藝黍，隙地遍植茶，苧、桑、栗、林檎、金桔之屬。

吳康侯《游天池寺登莫於山記》：【略】有古塔遺跡，俗呼塔山，實則莫於之頂矣。寺僧種茶其上，茶吸雲霧，其芳烈十倍恒等。

又卷五《地域志·風俗》 穀雨，山中產茶處，婦女競出采之，名穀雨茶；其先一二日采者，曰雨前茶。

又《物產·貨之屬》

茶

產塔山者尤佳。

（道光）《太湖縣志》卷一《食貨志·物產·貨類》 茶，飯茶

多出上鄉。

又卷六《輿地志・古迹》　茶池亭，明知縣羅汝芳道經小池，邑父老爭獻茶於此。後因建亭及池，石刻有父老壺漿當日事，先生風味至今遺之句。

（道光）《重修南海普陀山志》卷一《形勝》　茶山，在白華頂後，自北亙西，其地最廣，中多溪澗。山上多産茶茗，僧于雨前採摘供用，可治肺癰、血痢。又有山茶花樹，高數丈，冬春之交，丹葩被谷，若珊瑚林。

又卷一二《方物・木之屬》　茶，出白華頂後之茶山。縣志云：普陀之茶，可愈肺癰、血痢，故雖少而可貴。又寺西南海中桃花山出者亦佳。

（道光）《石泉縣志》卷三《食貨・物産・貨之屬》　櫝，一曰茗，邑産極佳。

（道光）《雲南通志稿》卷一一《地理志三之一・山川一・雲南府》　北樂山，《一統志》：在宜良縣北三十里。《雲南府志》：在宜良縣北二十里，舊名播雄山，今稱寶洪山。《宜良縣志》：上有古刹，産茶。

又卷一七《地理志三之七・山川七・楚雄府》　佛頂山，《楚雄縣志》：在縣西二百里瓦姑哨下，山形如佛頂，産雀舌茶，今為土人鏟盡。

又卷二三《地理志三之十三・山川十三・普洱府》　攸樂茶山，舊《雲南通志》六茶山之一，産茶。

又　六茶山謹案：竝在九龍江以北，玀梭江以南，山勢連屬數百里，上多茶樹，革登有茶王樹。《一統志》，有普洱山，在府境，山産茶，性溫味香，異於他産，名普洱茶，府亦以是名焉。引《滇程記》，自景東府行一百里至者樂甸，又行一日至鎮沅府，又二日達車里宜慰司，又二日至普洱山，想即此。

又卷二四《地理志三之十四・山川十四・永昌府》　茶山，《一統志》，其上産茶最佳。

又　靈鷲山，舊《雲南通志》：山間産茶，香逾諸品。

又　孟通山，《一統志》在灣甸州境，産茶。

又卷六二《食貨志四・課程》　《清朝通志》：順治十八年，准達賴喇嘛及根都台吉於北勝州互市，以馬易茶。

又　《大清會典事例》：康熙四年，復准雲南北勝州開茶馬市，商人買茶易馬者，每兩收稅銀三分，該撫詳造交易細數、番商姓名，每年題報。

又　《古今圖書集成》，康熙二十二年，定各省茶課，廣西、雲南茶課，二省不産茶，凡有販茶，抽稅無定額，彙入雜稅內。

又卷六九《食貨志六之三・物産三・雲南府》　《徐霞客遊記》：里仁邨石城隙土宜茶，味迥出他處。

又《大理府》　茶，舊《雲南通志》：出太和感通寺。《大理府志》：感通三塔皆有，但性劣不及普茶。《徐霞客遊記》：感通寺茶樹，皆高三、四尺，絕與柱相似，茶味頗佳，燭而復曝，不免黝黑。

又《澄江府》　毛髦氈茶，章潢《圖書編》：舊陽宗縣出。

又《順寧府》　茶，《順寧府志》：味淡而微香。

又《麗江府》　雪茶，《麗江府志》：生雪山中石上，心空味苦，性寒下行。

又　余慶遠《維西聞見録》：阿墩子、奔子闌皆有，盛夏雪融，如草葉，白色，生地無根，土人采售，謂之雪茶。汁色綠，味苦性寒，能解煩渴，然多飲則腹泄，蓋積雪寒氣所成者。

又卷七〇《食貨志六之四・物産四・普洱府》　茶，檀萃《滇海虞衡志》：普茶名重於天下，出普洱所屬六茶山，一曰攸樂，二曰革登，三曰倚邦，四曰莽枝，五曰蠻耑，六曰慢撒，周八百里。入山作茶者數十萬人，茶客收買，運於各處。普茶不知顯於何時，宋自南渡後，於桂林之靜江軍以茶易西番之馬，是謂滇南無茶也。頃檢李石《續博物志》云茶出銀生諸山，採無時，雜椒薑烹而飲之。普洱古屬銀生府，則西蕃之用普茶，已自唐葉，宋人不知，猶於桂林以茶易馬，宜滇馬之不出也。李石志記滇中事頗多，足補史缺，云茶山有茶王樹，較五茶山獨大，本武侯遺種，至今夷民祀之。倚邦、蠻耑，茶味較勝。

《思茅廳採訪》：茶有六山，倚邦、架布、嶍崆、曼磚、革登、易

武，氣味隨土性而異。生於赤土或土上雜石者最佳，消食散寒解毒。二月間開採，蕊極細而白，謂之毛尖。採而蒸之，揉為茶餅，其葉少放而猶嫩者，名芽茶。采於三、四月者，名小滿茶。採於六、七月者，名穀花茶。大而圓者，名緊團茶。小而圓行，名女兒茶。其入商販之手，而外細內粗者，名改造茶。將揉時，預擇其內之勁黃而不捲者，名金月天。其固結而不解者，名扢搭茶，味極厚難得。種茶之家，芟鋤備至，旁生草木，則味劣難售，或與他物同器，即染其氣，而不堪飲。

阮福《普洱茶記》：普洱茶名遍天下，味最釅，京師尤重之。福來滇，稽之《雲南通志》，亦未得其詳。但云產攸樂、革登、倚邦、莽枝、蠻耑、慢撒六茶山，而倚邦、蠻耑者味最勝。福考：普洱府古為西南夷極邊地，歷代未經內附，檀萃《滇海虞衡志》云：嘗疑普渾茶不知顯自何時，宋范成大言，南渡後，於桂林之靜江軍以茶易西蕃之馬，是謂滇南無茶也。李石《續博物志》稱，茶出銀生諸山，採無時，雜椒薑烹而飲之。普洱古屬銀生府，則西蕃之用普茶，已自唐時，宋人不知，猶於桂林以茶易馬，宜滇馬之不出也。李石亦南宋人。本朝順治十六年【略】編隸元江通判，以所屬普洱等處六大茶山納地，設普洱府，並設分防思茅同知，駐思茅。思茅離府治一百二十里，所謂普洱茶者，非普洱府界內所產，蓋產於府屬之思茅廳界也。廳治有茶山六處，曰倚邦、曰架布、曰嶍崆、曰蠻磚、曰革登、曰易武，與《通志》所載之名互異。福又檢貢茶案冊，知每年進貢之茶，例於布政司庫銅息項下動支銀一千兩，由思茅廳領去轉發採辦，並置辦收茶錫瓶、緞匣、木箱。其茶在思茅本地收取，鮮茶時，須以三四觔鮮茶，方能折成一觔乾茶。每年備貢者，五觔重團茶，三觔質團店，一觔重團茶，四兩重團條，一兩五錢重團茶，又瓶盛芽茶、蕊茶，匣盛茶膏，共八色。思茅同知鎖銀承辦。《思茅志稿》云：其治革登山有茶王樹，較眾茶樹高大，土人當採茶時，先具酒醴禮祭於此。又云：茶產六山，氣味隨土性而異，生於赤土或土中雜石者最佳，消食散寒解毒。於二月間採蕊極細而白，謂之毛尖，以作貢，貢後方許民間販賣。采而蒸之，揉為團餅，其葉之少放而猶嫩者，名芽茶。採於三、四月者，名小滿茶。採於六、七月者，名穀花茶。大而圓者，名緊團茶。小而圓者，名女兒茶，女兒共為婦女所採，於雨前得之，即四兩重團茶也。其入商販之手，而外細內粗者，名改造茶。將揉時，預擇其內之勁黃而不捲者，名金月天。其固結而不解者，名扢搭茶，味極厚難得。種茶之家，芟鋤備至，旁生草木，則味劣難售，或與他物同器，則染其氣，而不堪飲矣。

又《永昌府》 茶，《一統志》：出灣甸州孟通山。

章潢《圖書編》：灣甸境內孟通山，產細茶，名灣甸茶，穀雨前采者尤佳。

《騰越州志》：團茶色黑，遠不及普洱，出滇灘關外小茶山境。

又《東川府》 雪茶，巧家廳採訪，產向化里。

（道光）《紫陽縣新志》卷三《物產·雜植》 紫陽茶每歲充貢，陳者最佳，醒酒銷食，清心明曰，功則著矣，然多飲亦破睡傷脾。按《茶解》：茶地南向為佳，向陰者劣。《茶疏》：清明、穀雨，摘茶之候也，清明太早，立夏太遲，穀雨前後，其時適中。紫陽茶，春分時摘之，葉細如米粒，色輕黃，名曰毛尖白茶，至貴；清明時摘之，細葉相連，如個字狀，名曰芽茶，入水色微綠，較白茶氣力完足，香烈尤倍；以次漸遲，摘之則為蔓子，為草青色，香味俱不及清明、穀雨前者為佳。

（道光）《武進、陽湖縣志》卷二《山川》 茶巢嶺，《唐志》：在下埠西，陸龜蒙種茶處，陳墓灣山以下，屬新塘鄉，右屬陽湖。

（道光）《彰化縣志》卷一〇《物產志·貨屬》 茶，出水沙連山，能卻暑消瘴，其餘武彝諸品，皆來自內地。

（道光）《武緣縣志》卷三《食貨志·物產·貨屬》 茶出大鳴山者最佳。舊志

（道光）《海州文獻録》卷一六《考證》 李心傳《建炎以來朝野雜記》載：東南茶法，海州之茶，在六榷貨務之內。《宋史·食貨志》謂，海州茶善而易售。今惟宿城山有雲霧茶，歲采不及一斤，山麓居民則以山楂之葉代茗荈，別無茶樹也。

（道光）《武夷山志》卷一九《物產·藝屬》 茶，茶之產不一，崇、建、延、泉，隨地皆產，惟武夷為最，他產性寒，此獨溫也。其品分為巖茶、洲茶，附山為巖，巖溪為洲，巖為上品，洲次之，又分山北、山南，山北尤佳，山南又次之，岩山之外，名為外山，清濁不同矣。採摘以清明後穀雨前為頭春，立夏後為二春，夏至後為三春。頭春香

濃味厚，二春無香味薄，三春頗香而味薄。種處宜日宜風，而畏多風日，多則茶不嫩。採時宜晴不宜雨，雨則香味減，各巖著名者，白雲、天遊、接筍、金谷洞、玉華、東華等處。採摘烘焙，須得其宜，然後香味兩絕。第巖茶反不甚細，有小種、花香、清香、工夫、松蘿諸名，烹之有天然真味，其色不紅，崇境東南，山谷平原，無不有之，惟崇南曹墩，乃武夷一脈，所產甲于東南，至於蓮子心、白毫、紫毫、雀舌，皆外山洲茶，初出嫩芽為之，雖以細為佳，而味寔淺薄，若夫宋樹尤為稀有。又有名三味茶，別是一種，能解酲消脹，巖山外山，各皆有之，然亦不多也。

（道光）《儀徵縣志》卷三《風俗》　土壤高沃，有茶、鹽、絲、帛之利。

（道光）《溆水新志》卷一《山》　邵灣山，高七十丈，周八里。一名木山，產茶名雲霧。

又《土產》　茶，產鷹窠頂，類武夷；產木山，名雲霧。

又卷七《古迹》　獅頭岩、合掌岩、雪竇泉、九曲徑、初憩亭、三休亭俱在。鷹窠山。山頂產茶，類武夷。

（道光）《褒城縣志》卷八《文物志》　《唐書》：興元府土貢穀、蠟、紅藍、燕脂、夏蒜、冬筍、糟瓜、柑、枇杷、茶，歷觀前紀，褒城之土產民風可想見矣。

（咸豐）《蘄州志》卷三《土產》　淮南道蘄州土貢【略】茶。《唐書・地理志》

又　茶之美者，蘄州之團面。《本草綱目》

又　宋榷茶之制，擇要會之地為榷貨務六，一曰蘄州之蘄口鎮。《宋史・食貨志》

又　雲霧茶，出仙人台，味最佳，諸茶莫及。新稿

（同治）《廣東通志》卷九三《輿地略・風俗・潮州府》　潮州燈節，有魚龍之戲。又每夕各坊市扮唱秧歌，與京師無異。而採茶歌尤妙麗，飾姣童為採茶女，每隊十二人或八人，手挈花籃迭進而歌，又以少長者二人為隊首，擎彩燈，綴以扶桑、茉莉諸花，采女進退作止，皆視隊首，至各衙門或巨室，唱歌，賚以銀錢酒果，自十三夕至十八夕而止。餘録其歌三首，有曰：二月採茶茶發芽，姊妹雙雙去採茶，大姊采多妹采少，不論多少早還家。三月採茶是清明，娘在房中繡手巾，兩頭繡出茶花朵，中間繡出採茶人。四月採茶茶葉黃，三角田里使牛忙，手挈花籃尋嫩采，采得茶來苗葉香。頗有前溪子夜之遺。吳震方《嶺南雜記》

方言謂茶葉曰茶米。

又卷九五《輿地略・物產》　茗，嶺南茶出韶州。陸羽《茶經》細茶出南華者佳。《韶州府志》

毛茶，樂昌毛茶，葉有白毛。河南茶，珠江之南，有茶樹者三十三村，謂之河南茶。西樵茶，唐曹松移顧渚茶植其上。《粵東筆記》羅浮茶，石洞諸庵多有之，以春分前一日采，試以景泰泉水，芳香勃發，絕勝白雲鼎湖所產。《羅浮志》羅浮有茶，產于山頂石上，如蒙山之石茶，其香倍於廟芥。郝志潮州鳳山茶，亦名待詔茶，亦名黃茶。《潮州府志》化州有琉璃茶，出琉璃庵，其產不多，香味與峒芥相似，僧人奉客，不及一兩。頂湖茶，端州白雲山頂有湖，僧人於巖際種茶，烹之，作素馨花氣。《廣州府志》新安茶，產杯度山絕壁上，烹之作幽蘭茉莉，水濯十餘次，甘芬益洌。《廣州府志》土茶，海豐、龍川、長樂各有土茶。《惠州府志》

苦䔲，《南越志》：龍川縣有臯蘆，一名瓜蘆，葉似茗，土人謂過羅，或曰物羅。陳藏器《本草》　珣曰：生南海諸山中，葉似茗而大，味苦澀，出新平縣。《本草綱目》葉大如掌，一片入壺，其味極苦，少則反有甘味，利咽喉之疾，功並山豆根，以產新安、河源者為良。粵人烹河南茶者，必點䔲少許為良。今稱為苦艼，亦作䔲。《嶺南雜記》桂山產苦䔲。《惠州府志》

蠅樹，西樵多種茶，茶畦有蠅樹，葉細如豆，葉落畦上，則茶不生蟣，旱則蠅樹降水以滋茶，潦則蠅樹升水以熯茶，故茶恒無旱潦之患。夏秋時，蠅皆集蠅樹，不集茶，故茶不生蟣而味芳好。《粵東筆記》

又卷一〇〇《山川略・南海縣》　西樵山，在縣西南一百二十里【略】唐末詩人曹松移植顧渚茶於此，居人遂以茶為生云。

又《新安縣》　大帽山，在城東五十里【略】多產茶。《新安新志》

鳳凰山，在大奚山障，內有神茶一株，能消食退暑，不可多得，土人于清明日采之，名鳳凰茶。《新安新志》

又《香山縣》　五桂山，在縣東南八十五里【略】山左有大小花

園，多異花，其陽產神仙茶。《郝志》

又卷一〇一《山川略·番禺縣》　《南越志》：天井岡下有越王井，深百餘尺，云是趙佗所鑿，諸井鹹鹵，惟此井甘泉，可以煮茶。

又《曲江縣》　南華山，在縣南六十里。溪水回環，峰巒奇秀，產茶。

又卷一〇四《山川略·陸豐縣》　九龍山，在縣西五十里。產茶頗佳，與虎山埒。《清一統志》

又《河源縣》　古雲山，在縣東十里，產茶。有古雲隘。《清一統志》

桂山，在縣西十五里。高約五百丈，綿亙六十餘里，上多桂樹，產茶絕佳。《清一統志》

義合山，在縣東五十里。多竹。相近有康禾山，多木，俱產茶。《清一統志》

山峰嶂，在城東北一百二十里【略】產仙茶，味極甘美。《黄志》

又卷一〇六《山川略·海陽縣》　桑浦山，在縣西南四十里【略】山勢蜿蜒，產茶。《通志》

又《饒平縣》　待詔山，在縣西南三十里，土人種茶其上，俗稱待詔茶。四時雜花不絕，亦名百花山。《清一統志》

又卷一〇七《山川略·高要縣》　高望山，在縣西二百五十里。山多茶木。《輿地紀勝》

茶託岡，在城西二十里。形如茶託，故名。《廣東輿圖》

又《開平縣》　茗山，在城東十五里，高百餘丈。產茶。《廣東輿圖》

又《開建縣》　大雁山，在縣城東七十里【略】其山宜茶。

又卷一〇九《山川略·信宜縣》　白馬山，在城北一白里【略】立白馬廟于錢排石崖中，產七根毛茶。府志

又《化州》　琉璃山，在城西四十五里【略】出名茶。州志

又卷一一〇《山川略·靈山縣》　派浪山，在縣西二百三十里，一名那浪山。旁有茶山，產茶。《廣東輿圖》

又卷一一四《山川略·南澳廳》　果老山，在城西南十二里。上產九節茶。

（同治）《利川縣志》卷一《山川》　烏東坡，土人遍種茶樹，其葉清香，堅實最經久泡，迥異他處，名烏東茶，亦地氣使然也。

（同治）《崇陽縣志》卷四《物產·貨類》　茶，龍泉產茶味美，見《方輿要覽》。今四山俱種，山民藉以為業。往年茶皆山西商客買于蒲邑之羊樓洞，延及邑西沙坪。其制，采粗葉入鍋，用火炒，置布袋揉成，收者貯用竹簍，稍粗者入甑蒸軟，用稍細之葉灑面，壓成茶磚，貯以竹箱，出西北口外賣之，名黑茶。道光季年，粵商買茶，其製，采細葉暴日中揉之，不用火炒，雨天用炭烘乾，收者碎成末，貯以楓柳木作箱，內包錫皮，往外洋賣之，名紅茶。箱皆用印，錫以嘉名。茶出山則香，俗呼離鄉草。凡出茶者為園戶，寓商者為茶行【略】自海客入山，城鄉茶市牙儈日增，同郡鄰省相近州縣，各處販客雲集，舟車肩挑，水陸如織，木工、錫工、竹工、漆工，篩茶之男工，揀茶之女工，日夜歌笑市中，氣成雷，汗成雨，食指既多，加以販客搬運，茶來米去，以致市中百物，一切昂貴，而居民坐困，至於乞丐無賴，奸民盜賊，溷跡其中，為害益不可勝言矣。

又卷一二《雜紀》　崇陽多曠土，民不務耕，惟以植茶為業。張忠定令民伐去茶園，誘之使種桑麻，自此茶園漸少，而桑麻特盛于鄂、嶽之間。至嘉祐中改茶法，湖湘之民，苦於茶租，獨崇陽無茶租，民鑒他邑，思公之惠，立廟以報之。《夢溪筆談》

（同治）《建始縣志》卷四《食貨志·雜產·茶》　土產香楠而民不知蓄，陳者絕少，產茶而民拙於焙，香者絕少；產五加皮以浸酒，香美有殊致，而民尚桂花酒；三者皆恨事，附志之。宋鼇《施南府志》

（同治）《鶴峰州志續》卷七《物產》　紅茶，邑自丙子年廣商林紫宸來州採辦紅茶，泰和合、謙慎安兩號設莊本城五里坪，辦運紅茶，載至漢口，兑易洋人，稱為高品，州中瘠土，賴此為生計焉。

邑多曠山，物產不饒，而高低皆可種植，果能量土之宜，隨物之性，廣種滋培，八百里生產，可勝言哉！近今美利日增，惟茶為最，故物產志續修。

（同治）《嵊縣志》卷一《地理志·山川》　上官嶺，在縣北五十里靈芝鄉，古會稽界。其西十里為茶園岡。

太白山，在縣西七十里剡源鄉【略】華初平《瀑布嶺詩序》：【略】昔産仙茗。今油竹山産茶為佳，亦太白之分支也。

（同治）《淡水廳志》卷二《封域疆界》　由淡赴蘭【略】途僅百十里屬淡者八十里，屬蘭者三十里【略】計自艋舺武營南門啟程【略】十里，深坑子街【略】五里，灣潭渡，有船【略】此間山平多種茶【略】金面山頭分水嶺，即淡蘭交界【略】北嶺高而不險，居民多種茶，有市百餘家。

又卷四《關榷》　茶厘，淡北石碇、拳山二堡居民，多以植茶為業。道光年間，各商運茶往福州售賣【略】同治元年，滬尾開口通商，茶葉遂無庸運往省城，省中既無入口稅銀可徵，台地亦無落地厘銀可抽，而茶葉出産，遞年愈廣。同治十年，台道黎兆棠劄飭委員候補府胡斌會同淡水同知試辦抽厘【略】臺灣徵收茶厘自此始。謹按：淡地出産最多，或謂金銀玉皆出內山，其實除米穀外，以茶、煤、腦、磺為最著，磺開未禁，而茶、腦、煤者三，愈出愈廣。

又卷一一《風俗》　商賈估客輳集，以淡為臺郡第一【略】茶葉、樟腦，又惟內港有之【略】商人擇地所宜，雇船裝販。近則福州書、漳、泉、廈門，遠則寧波、上海、乍浦、天津以及廣東。

飲食【略】茶味薄，木如武彝，與福寧埒，然茶樹有數十年不萎者。

又卷一二《物産》　茶，産大坪山、大屯山、南港仔山及深坑仔內山最盛。

又卷一三《古迹》　乳井，在劍潭山也佳莊山也佳即山仔腳，四圍巨石，有泉竅，鑿之，深僅數尺，水色如乳，甘可瀹茗。

又卷一五《文征下》　吳廷華《社寮雜詩》，才過穀雨覓貓螺，嫩綠旗槍映翠蘿，獨惜未經嫻茗戰，春風辜負採茶歌。貓螺，內山地名，産茶，性極寒，番不敢飲。

（同治）《盱眙縣志》卷二《物産》　亂後滿山生茶樹，可飲。

（同治）《祁門縣志地》卷五《輿地志・風俗》　祁水入鄱，民以茗、漆、紙、木行江西，仰其米自給。淳熙《新安志》

三月清明插柳【略】穀雨前後竟採茶。

（同治）《上江兩縣志》卷三《考山》　昔人論黃山為金陵元脈，自新嶺分為二支，北支為鐘山，其南支則江寧也【略】然得名最古，僉曰牛首【略】在江寧城南三十里【略】山産茶，香色俱絕，名天闕茶。其五峰聯峙于東南，曰吉山，在江寧東善橋之上村【略】山亦産茶，與牛首相似。

又卷七《考食貨》　鐘山、攝山、天闕俱産茶。

（同治）《安吉縣志》卷七《風俗》　立夏【略】山村採茶葉甚忙，諺云：立夏三日茶生骨。

（同治）《麗水縣志》卷一三《物産》

貨之屬

茶，北鄉為上，西南次之。

（光緒）《西天目祖山志》卷八　茶，較它山采獨遲，葉不甚細，以雲霧高寒，俟其氣足者為上，苦不多産耳。僧民資其糧以卒歲，其味厚。

（光緒）《海鹽縣志》卷五《輿地考・山水》　茶山，伊府志：在縣東南海中。《一統志》云：明嘉靖三十七，俞大猷敗倭子茶山徉，即此。

木山，伊府志：在邵灣之南。産茶最佳，號雲霧茶。

茶磨山，《圖經》：縣西南三十七里，高二十丈，週三里。

（光緒）《鄞縣志》卷二《歲時》　清明後，近山婦女，結伴採茶，以穀雨前所采曰雨茶，以立夏節所采曰老婆茶。新增

又卷四《山川》　天童山，縣東六十里。按，《嘉靖志》作六十五里，《聞志》作六十三里。舒亶《題天童詩》：日日青鞋踏白沙，未應泛艇即靈槎。雨溪清越鳴哀玉，風蔓婉蜒動暗蛇。曉潤芝薹挑秀歠，午香茶竈煮蒼芽。玲瓏仙客知何在，千古煙霞自一家。

又卷七二《物産下》　茶，茶之出浙東，以越州上，明州次，鄮縣生榆莢村。《茶經》

區茶，元貢，范文虎進。《句餘上音注》按：《結埼亭集》，吾鄉十二品之茶曰區茶，又曰白茶，見晁以道詩。

（光緒）《續修正安州志》卷五《物産》　茶，質粗味薄。

清 褚邦慶《常州賦》

武、陽

茶巢茶舍，寧無茶樹紛披。茶巢嶺，在新塘鄉下浦西，陸龜蒙種茶處，龜蒙後種茶顧渚山下，即此嶺移種者也。嶺去顧渚三十里。茶舍，唐李棲筠守郡時置。時有僧獻陽羨佳茗，陸羽以為芬香冠絶他境，可供尚方，遂置舍，歲貢萬兩。按茶舍，當在茶山路，而縣志不栽，府志武進古迹，有茶舍，又云：舍在罨畫溪，蓋當日武、宜皆置也。

又 宜、荊

唐貢則由唐始，李棲筠置舍罨畫溪。唐貢山，即茶山，在縣東南三十五里均山鄉。山産茶，唐時入貢，故名。茶舍在罨畫溪，去湖㳇一里，唐李棲筠置。

又 茗嶺檞嶺，揖松嶺而鬥奇。茗嶺産茶，在縣西南八十里。

又 珍珠泉，一名卓錫泉，即洗腸池也。在南嶽寺，寺建于齊永明二年。唐開元中，稠錫禪師隱此。嘗指珍珠泉曰：以此泉烹桐廬茶，不亦稱乎！未幾，有白蛇銜茶子置寺側，自是種滋蔓，味倍佳，因以入貢。師名清宴，桐廬人。

又 茶號含膏，王藎臣獨為稱讚。王藎臣《群芳譜》：宜興滆湖出含膏茶。

按：宜興茶如陽羨春、紫筍茶並佳品。

又 尚逢暇日，即當種桔而樹茶。茶山，見前注，又蒿山，亦産茶，又有茗山，並在縣西南。

又《物産》 紅筋茶美，春時僅見敷芽。古陽羡茶入貢。今宜興離墨山出紅筋茶，乃陽羨真種，最難得。其他宜興産者，總名芥茶，大約以高山為上，平原者為下，每初夏，商賈駢集，官給茶引，乃敢出境。

（光緒）《江陰縣志》卷三《山川·山》 顧山，在縣東九十里。舊名香山，以界于江陰、無錫，常熟縣，故名三界山。半麓為香山寺，建自梁大同中，寺有山茶樹，相傳為昭陽太子手植，寺左有文選樓。

（光緒）《重修安徽通志》卷二四《輿地志·山川·安慶府》 獨秀山，府西北六十里，形勢突兀，為府城衆山之宗。其近者【略】又有花山，去硤石嶺五里，上多竹、茶。

又 閔山，潛山縣西八十里。有果老嶺，産茶甚佳。

又 丘家山，宿松縣西北九十里。山陰為蘄州界。高矗雲霄，為諸峰第一，亦名羅漢尖，産茶。

又卷二五《山川·徽州府》 雲嵐山，府北七里【略】又府北十五里有鳳皇山，舊産茶，名甘白香。

又 松蘿山，休寧縣北十三里，俗名金佛山。蜿蜒數里，如列屏障於縣治之後。山巔片壤産茶，為天下最。

又卷二六《山川·寧國府》 黄峣山，涇縣東南六十里【略】旁有嶺曰百花尖、筆尖山，其南曰湧溪山，産茶。

又 齊雲山，涇縣南四十里【略】山巔平可數十畝，産茶極佳。

又 鵶山，甯國縣西北三十里，接廣德界。《寰宇記》：山出茶，尤為時貴。《茶經》云：味與蘄州同。梅聖俞所謂茶味鵶山佳者是也。

又 龍門山，太平縣西北四十里。岩壁峭拔，中有石竇如門，産茶及諸藥草。

又卷二七《山川·池州府》 上下龍池，青陽縣【略】上華池即龍池，下華池下注逆上，激水最奇，亦産異茗。

又卷二八《山川·太平府》 浮邱山，繁昌縣東十里，一名隱玉山【略】産茶甚佳。

又卷二九《山川·廬州府》 浮槎山，府東八十里，一名浮巢山，一名浮閣山。《方輿勝覽》：俗傳自海上浮來，山頂有甘泉。梁天監中，帝女總持大師於此建道林寺。《隋書·地理志》：浮閣山在慎縣。

宋歐陽修《浮槎山水記》：浮槎山，在慎縣南三十五里【略】其上有泉，自前世論水者皆弗道。余嘗讀《茶經》，愛陸羽善言水。後得張又新《水記》，載劉伯芻、李季卿所列水次第，以為得之羽。然以《茶經》考之，皆不合。又新妄狂險譎之士，其言難信，頗疑非羽之説。及得浮槎山水，然後益以羽為知水者。浮槎與龍池山皆在廬州界中，較其水味，不及浮槎遠甚，而又新所記，以龍池為第一，浮槎之水，棄而不録，以此知其所説多失。羽則不然，其論曰：山水上，江次之，井為下。山水，乳泉、石池漫流者上。其言雖簡，而于論水盡矣。浮槎之水，發自李侯。嘉祐二年，李侯以鎮東軍留後出守廬州，因游金陵，登蔣山，飲其水，既又登浮槎【略】上有石池，涓涓可愛，蓋羽所謂乳泉漫流者也，飲之而甘。乃考圖記，問於古老，得其事跡，因以其水遺于京師。余報之曰：李侯可謂賢矣【略】故余為志其事，俾世知斯泉發自李侯始也。

又卷三〇《山川·鳳陽府》 咄泉，壽州北五里。泉與地平，每

聞人聲，水輒湧出如珠，又名珍珠泉。

又卷三二《山川・滁州》 蒼山，含山縣西南三十里。山勢峻拔，上有泉，曰白龍潭【略】潭側產茶，更為佳品。

又《廣德州》 鵶山，建平縣南九十里【略】山產茶，舊常入貢，宋梅詢有『茶煮鵶山雪滿甌』之句。

又卷三三《山川・六安州》 寨基山，州西百三十里。山極高峻，產茶，香色異常品。有泉出石竇，甚甘。

又卷四七《古迹・池州府》 閔源，在九華山東岩。由神光嶺南繞東岩外，上、中、下凡三處，皆產茗，此閔茶所由名。

又卷五二《古迹・滁州》 茶仙亭，在州琅琊山。《明一統志》：宋紹聖中，僧永起為州守曾鞏建，取唐杜牧『誰知病太守，猶得作茶仙』之句為名。

又卷五三《古迹・六安州》 第十泉，在州龍穴山頂。龍池方五十尺，水味香甘，張又新品為天下第十泉。

又卷七八《食貨志・關榷》 唐德宗時，趙贊請【略】竹、木、茶、漆，稅十之一，以贍常平本錢。帝納其策。屬軍用迫蹙，亦隨而耗竭，不能備常平之積。《文獻通考》

又《雜課》 乾隆二十九年議准，安徽商販引茶，各州縣於茶春時，即給茶牙循環簿，將茶商姓名、籍貫、引茶數目、經由關津、往賣處所、逐一注明。該州縣於本境要隘地方，委員盤驗。每茶市畢，該茶牙將原發印簿呈縣造冊同原簿送司查核。其行銷已殘引張，無論本省、外省，概予免追。

又卷八五《食貨志・物產》 我朝例進方物，亦祇紙、墨、硯、扇、茶、棗、粉、麪之屬，無他徵求。

又《安慶府》 茶《寰宇記》：舒州土貢開火茶。《安慶府志》：六縣俱有茶，以龍山桐之龍山，灊之閔山者為最。

又 苦茶，出皖山，可消暑疾。

又《寧國府》 茶宜、涇、甯太諸山皆產松蘿。又太平龍門山產翠雲茶，香味清芬。又雅山茶，宋梅詢有『茶煮雅山雪滿甌』之句，今不可多得。

又《池州府》 茶【略】六邑皆出。

又 金地茶出九華山，亦金地藏自新羅攜來者。

又 仙人掌茶李白有贈玉泉仙人掌茶詩，出九華山中。

又《和州》 茶早取曰茶，晚取曰茗。出蒼山者佳。

（光緒）《西湖志》卷二四《物產》 寶雲茶，《咸淳臨安志》：寶雲庵產者，名寶雲茶。

又 香林茶，《咸淳臨安志》：下竺香林洞產者，名香林茶。

又 白雲茶，《咸淳臨安志》：上竺白雲峰產者，名白雲茶。東坡詩『白雲峰下兩槍新』。

又 龍井茶，萬曆《杭州府志》：老龍井，其地產茶，為兩山絕品。《錢塘縣志》：茶出龍井者，作豆花香，名龍井茶，色青味甘。又翁家山亦產茶。最下者法華山、石人塢茶，而龍井法相，收以語四方人，日本山。《快雪堂集》：昨同徐茂吳至老龍井買茶，小民十數家各出茶。茂吳以次點試，皆以為贋，曰：真者甘而不冽，稍冽便為諸山贋品。得一二兩，以為真物，試之，果甘香若蘭，而山人及寺僧反以茂吳為非，吾亦不能置辨，偽物亂真如此。

安樂山茶，《西溪梵隱寺》：安樂山春日焙茶石塢，香聞十里。

（光緒）《定遠廳志》卷八《物產・貨之屬》 茶，有茶稅。

又 木之屬

茶樹，下楮河、雙北河兩地，間有鄉民摘食，無出賣者。

（光緒）《丹徒縣志》卷一七《物產・木屬》 茶，一名檟，《爾雅》謂之苦茶，古無茶字，茶即茶耳。郭璞云：早采者為茶，晚取者為茗，一曰荈。徒邑迤西諸山皆有之，五州出者尤佳，名雲霧茶，但土人不善焙，故名不聞耳。

（光緒）《無錫金匱縣志》卷三一《物產》 茶，橫山雪浪庵有數十株，山僧于穀雨前採之，曰本山茶，香味不減洞庭碧螺春。

又卷四〇《雜識》 邵文莊有茶四十八畝，在二泉書院右偏，引泉灌溉，水旱無虞，令惠山寺僧承佃，以供夏月施茶之費。文莊沒後，寺僧【略】輪年耕種，但資山僧口腹，暑月行人，不復沾施茶之惠矣。

又 袁宏道曰：余不嗜酒，而有茶癖。居江鄉日，與泥汁滲潰為

偶。吏吳以來，每好爭者設茶供，未嘗不自笑，然務煩心懶，十未得一。乃居錫城，往來惠山，始得專力於此。一日，攜天池鬥品偕數子汲泉試茶，一人突問曰：公今解官，亦有何願？余曰：願得惠山為湯沐，益以顧渚、天池、虎丘、羅岕，如陸、蔡諸公者供事其中，余得披緇老焉，勝於酒泉醉鄉遠矣。

（光緒）《江西通志》卷四八《輿地略四・風俗》 江南東西路，蓋禹貢揚州之域，當牽牛、須女之分。東限七閩，西略夏口，南抵大庾，北際大江。川澤沃衍，有水物之饒，永嘉東遷，衣冠多所萃止。其後文物頗盛，而茗荈、冶鑄、金帛、秔稻之利，歲給縣官用度，蓋半天下之入焉。《宋史・地理志》

又《瑞州府》 其人稼穡漁獵，其利粳稻竹箭，梗楠茶楮，民富而無事。蘇轍《筠州聖壽院法堂記》

又《饒州府》 蓋以山甚稠，田甚狹，以故食多不足，士與工商，皆出四方以就利【略】其貨之大者，摘葉為茗，伐楮為紙。汪肩吾記

又卷四九《輿地略五・物產》 茶，《茶譜》：洪州西山白露鶴嶺茶，號為絕品。又西山有羅漢茶，葉如豆苗，因靈觀尊者自西山持至，故名。《茶事雜録》：雙井，在寧州西三十里，黃山谷所居也。其南溪心有二井，土人汲以造茶，為草茶第一。山谷送東坡雙井茶詩『我家江南摘雲腴，落磑霏霏雪不如』。以上瑞州府

又 茶，各縣出。以上建昌府

又 茶，七邑俱產，土人多不善製。以上廣信府

又 茶，匡茶，香味可愛，茶品之最上者。又《元豐九域志》：出雲居山者，土名攢林，色香味皆佳，雖閩之陽羨，浙之龍井，六安之銀針，無以過焉。以上南康府

又 土茶，出崇義龍歸山，與普洱茶相似，亦能消滯解熱。以上南安府

又 儲茶，出贛縣儲山，曰大園儲茶，香味亦佳。以上寧都府

又 土貢：明有額辦，有歲辦，額辦曰薦新芽茶，茶戶採辦。

又 國朝貢額：永新磚茶一箱，安遠茶一箱，廬山茶一箱。

又卷五〇《山川略一・山一・南昌府》 澄山，在豐城縣南九十里產茶。

又 洪崖，在新建縣西四十里西山中，一名伏龍山，乃洪崖先生練藥處。有洞居水中，宸濠嘗戽水見底。有五井，各方廣四尺許。洞側瀑布泉，狀如玉簾，歐陽修品為第八泉。

又卷五二《山五・吉安府》 傳擔山，在泰和縣西五十里。高峻非攀援不可度。西南有石筍峰，尤峭拔，下有九龍潭，又有玉溪泉，凡四十八竅，至巖前合為一，因名六八泉，產茶，味極香美。

又卷五三《山七・建昌府》 旗鼓山，在南豐縣西南三十里。右如展旗，左如僕鼓。又西南二十里為福善山【略】其山高峻，與軍山對峙，產茶最佳。

又《山八・廣信府》 南屏山，在上饒縣東南五里。拱抱府治如屏，故名。一名天馬山，宋趙汝愚嘗建南臺於上，旁有謝枋得祠，又縣北有茶山，唐陸鴻漸嘗居此。

又 茶山，在上饒縣北。唐陸鴻漸居此，有陸羽泉，即天下第四泉也。

又卷五四《山九・饒州府》 冠山，在餘干縣城中。平地崛起，巍然如冠。一名雙覆峰，又名羊角峰。或稱東岡，上多奇樹怪石，前瞰琵琶洲。相傳唐陸羽於此煮茶。

又卷五五《山十二・南安府》 龍歸山，在崇義縣西一百八十里，接廣東仁化縣界。深林叢箐，土人製茶，與普洱茶相似。

又卷五六《山十四・寧都州》 中華山，在石城縣南六十里，一名鑿龍山。產茗極佳。

又卷五八《山川略二・川五》 吉安府

神潭，在萬安縣南五里惶恐灘上。水清深，觀魚輒見。兩岸舊種茶，味香美。

又卷六一《川十二・南安府》 焦溪，在南康縣西三十五里。源出鍋坑，流至浮石，入章江。蘇軾詩：蕉溪閑試雨前茶，指此。

又 龜泉井，在大庾縣西寶界寺內。掘井及泉，下有石龜，泉從龜雙目中出。宋張九成寓寺中，品泉味，亟稱之。

又《川十三・贛州府》　獅子井，在府治前通衢左右【略】又府治東坊江東廟前靈泉井，烹茶味佳，兼可愈疾。

又《川十四・寧都府》　陸公泉，在瑞金縣南里許東明觀前。宋大觀中，太常少卿陸蘊坐議原廟不合，謫瑞金令，與弟藻同游此，烹泉瀹茗【略】邑人遂以陸公名泉。

又卷八七《榷稅九江關　九江新關　贛關附捐釐始末》　九江關，明初有關稅，無船鈔。宣德四年，九江始設鈔關，徵收船料。景泰元年，始差主事監收。成化二年冬十一月，徵九江船鈔。七年二月復設九江鈔關，嘉靖四十二年，科臣張鳴瑞請移關湖口，撫按諸臣議未便，遂添設一關於湖口縣西上鐘山麓，算彭蠡湖出入舟船徵料，附潯關彙解。【略】清康熙四年定制：各關稅均交地方官管理，以九江關歸九江道。八年，復遣部員徵稅。二十一年題準九江關移駐湖口。

又　國朝稅額銀一十七萬二千二百八十一兩三錢六厘有奇，贏餘銀三十六萬七千兩。凡官商鹽茶有徵，客商貨物，除竹木輸稅外，餘皆無徵【略】船料無火牌勘合者，與茶船、魚苗船皆量船之丈尺，照商船例徵收【略】茶稅上則百斤，徵銀三錢，中則一錢，下則三分。

又　國朝順治五年【略】上水稅則【略】臨江粗茶十簍【略】七分零四毫，細茶等百斤【略】三分五厘二毫。

雍正七年【略】商賈貨稅，以絲稅、茶稅為大宗【略】茶稅，則長江通商商賈販運畢，集於九江、漢口，不復至贛【略】巡撫劉坤一復請減免，部議準免九成，賠一成。奉旨俞允。

又《附捐釐始末》　江西之有捐釐，始于咸豐五年。時戶部奏請通行各省，按貨抽釐，以助軍餉。爰於南康涂家埠，廣信河口鎮設卡試辦。六年，乃設總局，定法綜計百貨而抽分之，凡貨值銀一兩，捐二分，值錢千，捐二十，逢卡抽收，不立定限，坐賈則有門釐【略】及同治三年，巡撫沈葆楨奏，奉上諭，以江西牙釐茶稅分提一半，作為防餉【略】蓋自軍興以來，徵發不常，歲用千萬，東南七省，咸仰給於捐厘【略】始行于揚州仙女廟，達之數省，且資其用，以至今日，雖非常法，亦未可略而不書也。

又卷一一四《勝迹・署宅》　黃山谷故宅，庭堅先居修水，後乃遷于雙井，在州西三十里。其南溪心有二井，土人汲以造茶，為草茶第一。以上義寧州

又卷一二四《勝迹・寺觀》　茶山寺，在上饒縣北隅，一名廣教寺。有陸羽泉。唐天祐間建。國朝康熙五年推官黎士宏重建，後復毀，知府周錞元修。黎士宏《建茶山寺記》：此山傳為陸鴻漸舊居。陸好茶，故名茶山。山側有泉，因目為第四泉，是未嘗考張又新《煎茶記》也。然山因陸固足傳，泉性甘冽，又自足傳，正不當以次第為高下耳。以上廣信府

（光緒）《江夏縣志》卷二《疆土・山川》　九峰山，在縣東五十里，山壤如城，列峰九【略】獅子峰尤形勝地。楚藩命茶、鹽二商出金建寺。如藏經卷數，以居高僧無念。洪武末，敕建正覺禪林額，松柏蒼蔚，清泉泠泠，出於井，烹本山茗，不啻惠山泉味。

又卷一六《古迹》　附舊志所有古迹今分屬甘泉境內者：

春貢亭蜀岡有茶園，宋時貢茶，皆出於此，上有春貢亭。

時會堂蜀岡上，宋造貢茶之所。

茶園在蜀岡上，宋造貢茶所。

（光緒）《宜興荊溪縣新志》卷一《疆土・山》　螄螺山之東為筱嶺，又東為茗嶺。產佳茗，俗稱閩嶺，鄉音誤也。嶺有廟，祀柳宿，柳上草木，為茶神也，俗誤劉秀【略】又有泉，出於廟後，澄渟石上，可就飲而不可汲取。其泉旁產茶，名廟後茶。按陽羨之山，茗嶺最為亭峻。

又　董山即墨離山【略】東北自銅官之鵜尾伏而復起，巃嵸崔嵬者為主峰【略】其枝峰為茗山。產茗。

又　銅官山【略】西向為【略】南嶽山，即銅官之北麓。孫皓封銅官為南嶽，禪于此地，後人因呼北麓之峰為南嶽。山足有寺，為南嶽寺。寺前有卓錫泉，昔稠錫禪師駐杖于此，泉隨湧出，亦名珍珠泉，清冽如鏡，中產蜥蜴。又有白蛇銜茶種來植於側，芬芳冠絕他境。

又　唐貢山，即茶山，唐時茶入貢，故名。今其村名唐貢里，居民多藝茶茗，小峰累累，概偁之曰茶山。

又《疆土・物產》　而茶山苦檟，自唐迄今，陽羨之種名天下，不止蛇銜佳茗，與錫樹爭奇已。《爾雅》：檟，苦茶。郭注云：樹小似梔子，冬生，葉可煮作羹飲，今呼早采者為茶，晚取者為茗，一名荈。按：此即今之茶樹。古茶茗字，與茶齊

字同讀，至漢縣茶陵，有宅加切之音，唐陸羽著《茶經》，始減一畫作茶。茶産義興者，總名岕茶，唐時入貢。【略】有茗嶺，以産茗得名，銅官、離墨，亦多産茶。離墨紅筋茶，為陽羡真種，而銅官山麓南嶽寺，舊有白蛇銜茶種來，種之，得佳茗，尤為珍品。

又卷九《古迹·名勝》 卓錫泉，山亭之鄉，有泉名卓錫。昔稠錫禪師駐杖於此，石罅之中，甘醴潺然以出，謂之珍珠泉，亦曰真珠。厥後龍子見於泉源，蛇神獻其茶種，取種蒔之，芳遍山麓，陽羡茶、泉，由兹推南嶽矣。夫陽羡固多産茶，泉之佳者何限？以今所聞，於潛之泉在湖洑税務場後，穴廣二尺所，厥狀如井，源伏而味甘。唐時，貢茶泉亦上供，顧地近嚣塵，不足以當美景名矣【略】茗嶺之足，村名盧岕，地界長興，岕片之美，陸鴻漸《茶經》所偁圈嶺茶也。有泉自山而下，湛於石窪，引頸就飲，清冽異常。嶺故有柳宿廟，采茗者祀之。廟前之茶，廟後之水，鄉人豔偁。

（光緒）《永嘉縣志》卷二《輿地志·山川·叙山》 茶山，在城東南二十五里，大羅山之支。謹按《通志》載白茶山。《茶經·永嘉圖經》：縣東三百，有白茶山，而里數不合，舊府縣志亦未載，附識俟考。 一名五美園山在十二都，産茶。巅有龍潭，其水不涸有五美園嶺。

又卷六《風土志·物産·貨屬》 茶，《萬曆府志》：永嘉，歲進茶芽十斤。茶産枬溪之五十都及五十一、二等都，地近雁山，色香味與雁山茶無異。按：張文忠奏罷甌中所貢方物，而茶芽獨留。至本朝惟樂清歲供雁山茶，而永嘉獨免。

（光緒）《淳安縣志》卷一《山川》 鳩坑，在黄光潭，對澗二坑，分繞鳩嶺。地産茶，以其水蒸之，色香味俱臻妙境。見《翰墨全書》

又《風俗》 郡志云，山多地瘠，民貧而嗇，穀食不足，嘗仰給他州，故勤於本業，而更蒸茶割漆，栽培山木，以要懋遷之利。

（光緒）《丹陽縣志》卷二九《風土·物産》 土茶，曉里橋南數里，地名楊城，有墳，約四五畒，産此，每年於二、三月間采之，風味不減武彝，近已有收買之者。

（光緒）《金壇縣志》卷一《土産》 茶葉出方山，穀雨前采者佳。

（光緒）《臨安縣志》卷四《物産·貨類》 御茶，《咸淳臨安志》：黄嶺出佳茗，萬曆舊志：黄嶺山歲貢御茶。康熙舊志：黄嶺山每年額貢御茶二十斤，勒碑於儀門及觀音嶺。

又 天目雲霧茶，《萬曆舊志》：雲霧茶出天目，各鄉俱産，惟天目山者最佳。《茶經》：杭州茶，生臨安天目山者，與舒州同。《煮泉小品》：天目茶遠勝徑山，而泉亦天淵也，洞霄次徑山【略】按：天目茶今無細者，以土人不諳焙製故也。

又 徑山茶，《夢粱録》：徑山采穀雨前茗，用小缶貯之，以餽人。張京元《臨安紀遊》：徑山泉清茗香，灑然忘疲。

又 黄茶，出南鄉。茶不甚佳，而所行極遠，遼東瀋陽等處，歲必貿遷。

（光緒）《定海廳志》卷一四《疆域·山川》 補陀山在東海中，一名梅岑山【略】曰茶山茶。山地最廣闊，中多溪澗，産茶，因以得名。

桃花山離縣約百二十里。山多茶田，頗肥美，半屬普陀僧開墾。

東方岩在普陀茶山前。

平天洞在茶山北盡處。

（光緒）《湖南通志》卷一五《山川三·茶陵州》 茶陵縣，以南臨茶山，故名。《元和志》

又 景陽山，在茶陵縣東百二十里，茶水源出此。《輿地紀勝》茶山，在茶陵軍城之東。《方輿勝覽》

又卷一六《山川四·衡山縣》 卓錫泉，虎跑泉，皆在衡山福嚴寺。《南嶽志》

宋宋祁《二泉記》【略】陳有大士曰慧思【略】因名二泉，曰卓錫，曰虎跑【略】凡瀹者、烹者、飪者、茗者取焉，香以甘故也。

又卷一七《山川五·安仁縣》 獅子峰，在縣西【略】上有浮屠，産茶甚佳。舊志

又卷二一《山川九·巴陵縣》 君山，在縣西三十里青草湖中【略】《元和志》：【略】産方竹、斑竹及茶。舊志

又卷二三《山川十一·武陵縣》 龍窖山，在縣東南百里。《明一統志》【略】上有龍湫，地産茶，相近有久宿山。府志

又卷二四《山川十二·沅州府·芷江縣》 龍江，在州城外，味甘美，煮茗尤佳。《明一統志》

又卷二二五《山川十三・郴州》 浮休泉，在州西南舊儒學西，亦名圓泉，宋張舜民愛其清冷而甘，因以己號名之。《一統志》 張浮休《永慶寺記》云：世傳陸羽著《茶經》，定水品，張又新益水品為二十，而圓泉第十八，永慶寺今易為州學，或以為即會勝寺蒙泉。《方輿勝覽》

又卷五九《食貨五・榷稅》 宋徽宗崇甯元年，右僕射蔡京大改茶法，荊湖、江淮、兩浙、福建七路所産茶，仍舊禁榷，俄定諸路措置茶事官，置司，湖南於潭州。《文獻通考》【略】元世祖至元十七年，置榷茶都轉運司於江西，總江淮、荊湖、福廣之稅，而遂除長引，專用短引，每引收鈔二兩四錢五分，草茶每引收鈔二兩二錢四分。《元史・食貨志》

又 國朝定鼎，盡除前明無藝之征【略】仿明臣王守仁設廠收稅之法，先於郴州、宜章、臨武、嶽州等處設立卡局，抽收茶稅【略】每箱抽銀四錢五分【略】又以湘潭為茶商彙聚之地，另立釐茶分局。

又卷六〇《物産一・總紀・長沙府》 安化縣出茶。

長沙匠者造茶器極精，其工直之厚，等於所用白金之數。士大夫家多有之，初不常用也。《清波雜誌》

又《寶慶府》 寶慶土貢茶乾隆府廳志、縣志新化、武岡出茶。《一統志》

又卷六一《物産二・岳州府》 巴陵、君山産茶，嫩綠似蓮心，歲以充貢。省志：君山茶，色味似龍井，葉微寬而綠過之。

又《常德府》 武陵七縣通出茶。《荊州土地記》

鼎州一種芽茶，性味略類建茶。《本草集解》 唐劉禹錫《武陵書懷》詩云：茗折蒼溪秀。蒼溪在龍陽縣。

又《辰州府》 沅陵與安化交界處，地名界亭，産茶，歲以充貢。《辰州府志》

又 溆浦縣西北三百五十里無射山多茶樹。《坤元録》

又《永順府》 溪州土貢茶牙。《唐書・地理志》 靈溪郡貢茶牙二百斤。《通典》

又《郴州》 宜章出茶。《一統志》

桂陽縣産風葉，充茗飲，能愈頭風，故名。亦可浸灑，什微熱，前人志記不載。《范石湖集》：蠻茶出修江，治頭風，南人今無所謂蠻茶者，風葉豈蠻茶之謂耶？《餘東敘録》

又《桂陽州》 臨武舊有茶課，歲不過五錠，後增至五十錠，茶陵劉耕孫為縣尹，言於朝，除其額。《元史》列傳

又卷末一一《雜志一一・摭談一》 圓泉水，在郴州城南二十里會勝寺側。張又新《煎茶記》自述：於僧舍得一書，見陸羽與李季卿論水之目二十，而此其第十八者也。張舜民適郴時，求是水不得，而以永慶寺泉當之。是水既出永慶寺，雖美不足復稱，後人特緣張愛名浮休泉。永慶寺基，今入學宮，浮休泉已就湮。圓泉水【略】信有異脈，茶記不虛著也。獨念盛洪之《荊州記》云：桂陽縣有圓水，一邊冷，一邊暖，冷處清且綠，暖處白且濁。吾郡圓泉水外，別無圓水，水今無此異，豈水脈今與昔不同耶？《餘冬敘録》

又卷末一五《雜志一一・摭談五》 桂丁茶出邵陽白雲岩，衲子采之，歲不可多有。味微苦而香特清，酷暑以一葉入茶甌，至隔宵不變味。其葉似桂，或以此得名。《萸水録聞》

（光緒）《武昌縣志》卷一《山川》 黃龍山，在縣南一百四十五里，秀聳盤紆，泉有甚美，山巔常棲雲霧，可占晴雨。産茶，名雲霧茶。

又卷三《物産・茶之屬》 山鄉多種於隙地，隔年播種茶子數十顆，至次年便生。烈日，須用樹枝遮之。三年便可采。有雨前、明前、雀舌諸名。上人以嫩為貴，故味清而不腴。産黃龍山巔者，名雲霧茶，極佳。新纂

（光緒）《滇繫》卷四一《賦産・異産》 大理府感通茶出太和感通寺。

普洱府茶産攸樂、革登、倚邦、莽枝、蠻耑、慢撒六茶山，而倚邦、蠻耑者味較勝。

又卷五二《山川・普洱府寧洱縣》 城外石馬井水，無異惠泉。感通寺茶，不下天池、伏龍，特此中人不善焙製耳。徽州松蘿茶舊亦無聞，偶虎丘有一僧住松蘿庵，如虎丘法焙製，遂見嗜於天下，恨此泉不逢陸鴻漸，此茶不逢虎丘僧也。明馮時可《滇行紀略》

（光緒）《光州直隸州志》卷四《物産・貨之屬》 茶，陸羽《茶經》，一曰茶，二曰檟，三曰蔎，四曰茗，五曰荈。味劣于六、霍。

（光緒）《宣城縣志》卷四《山川》 東水之東為象鼻山、獅山、石壁山、雙峰【略】二峰對峙，古名丫山，産橫紋茶，見陸羽《茶經》。

又卷六《物産》 雜植之屬曰茶，松蘿，處處皆有，味苦而薄，然所用甚廣。敬亭綠雪茶最為高品。國朝施閏章詠綠雪茶詩：酌向素瓷渾不辨，乍疑花氣撲山泉。今罕見。

又卷三七《古迹》 茶峽蕩，陽坡山下，舊産佳茶，名瑞草魁，一名橫紋，今久廢，不復種茶。城内有三蕩，此其一也。

（光緒）《江浦埤乘》卷一《物産》 女兒紅，茶名也，浦口人於春間採製，販運蘇滬。又以珠蘭熏茶之法，尤以浦口為工。

（光緒）《上虞縣志》卷一九《山川》 玉岡山，在縣署後。山之後，曰布穀嶺，去嶺七里為縣後山，産佳茶。

建岡嶴，在縣東南三十里【略】嶺曰謝公。建岡嶴産茶，謝公一嶺尤為名品。《四明山志》

又卷二八《物産・茶之屬》 郝懿行曰：今茶古作荼。又：諸書説茶處，其字仍作荼，至陸羽著《茶經》始減一畫作茶，今則知茶不復知荼矣。《茶經》曰：其名有五，一茶，二檟，三蔎，四茗，五荈。

後山茶嘉靖《通志》：茶之類，有上虞後山茶。《備稿》曰：今縣北諸山多産茶，其在羅岩山上者，俗稱雲霧茶，味更佳。明韓銑有後山茶詩。

風鳴山茶嘉慶志云：以山上瀑布泉烹之，色香味俱絕，或以縣北姥婆嶺泉烹之，亦佳。

覆卮山茶，鵓鴣巖茶産巖之上下，採取烘乾，有細白毛，名曰白毛尖，其味雋永，頗為難得。

隱地茶近以此茶為最佳。

雪水嶺茶，以上諸茶，皆以地得名。

明前、雨前明前，清明前采；雨前，穀雨前采。

早春、遲春

夏茶立夏後采。以上諸茶，皆以時得名。

（光緒）《菱湖鎮志》卷一一《物産・木之屬》 茶《新府志》引《菱湖志》：木山茶色綠味薄，立夏前後，競販滿茶轉鬻。捆用布縛，售論縛不論斤，每縛約二百兩。

又《飲食之屬》 桂花茶《何縣志》橙味酸，配桂花入茶。

（光緒）《句容縣志》卷六《物産》 茶有空青、雲霧，王門橋所産亦高品俱在治北。

（光緒）《利川縣志》卷七《户役志・土産》 蔬之餘則茶早采者為茶，晚采者為茗，一名荈。産縣西南烏洞、東南毛壩者良，産縣西南界牌嶺者味甘，曰甜茶。

（光緒）《貴縣志》卷一《物産》 龍山茶出貴縣。

（光緒）《太平縣志》卷二《敘山》 葉茶寮山在縣東稍南三十里。昔葉姓種茶結寮之所。

紫高山【略】亦曰紫皋山，頂平曠，土膏滋沃，産茶，出日鑄上。

蒼山，距縣四十五里【略】普照寺在山下，約行四五里有舊茶園，僧種茶處，《葉志》：茶山是也。

又《物産》 茶《葉志》：近山多有，惟紫高山，鵝鼻山者佳【略】《赤城志》：産茶，紫凝之外，臨海言延峰山，仙居言白馬山，寧海言茶山，黄岩言紫高山，皆號最精，而紫高山茶，昔以為在日鑄之上者也。今以出谷奧者佳。戴石屏集有桐樹開花，採茶大家語。

（光緒）《浙江通志》卷一五《山川・會稽縣》 茗山，《嘉泰會稽志》：在縣西三里。王十朋《會稽風俗賦》：茗山門好。

又《諸暨縣》 瀑布嶺，《茶經》：越州餘姚，茶生瀑布嶺者，號曰仙茗，大者殊異，小者與襄州同。

又卷一七《山川・蘭溪縣》 靈洞源，《金華府志》：旁皆奇峰怪石，其中一道如砥，窈窕十餘里，楊梅，茶，筍之利出焉。

又卷四一《古迹・嘉興府》 茶屋，《嘉興縣志》：元屠兼善嗜茶，築茶屋，貝瓊為記。

又 茶院，《海鹽縣圖經》：在縣西南二十七里。吳越王錢鏐幸金粟寺，令寺僧於此設茶。

又卷四二《古迹・湖州府》 清風樓，《石柱記箋釋》：長興顧渚明月峽，茶生其間，唐有貢焙院，院側有清風樓，張文規詩：清風樓下草初茁，明月峽中茶始生。

又 陸羽別業，釋皎然有《喜集陸處士羽青塘別業》詩。

又 茶園，《笠澤叢書》：甫里先生嗜茶，置園於顧渚山下。

又卷四七《古迹・金華府》 茶院，《東陽山水記》：去東陽縣治東五十里曰獨山，望如城郭，中為深塢，唐宗時有司常治茶於此，設茶院。

（光緒）《慈溪縣志》卷六《輿地一・山》 瞭舍山，縣西南四十

里。山多茶，不亞於岡山。

又 岡山，雍正志作大岡山。縣西南六十里。平曠深邃，地多異茗，不減武夷、陽羡。《四明山志》云：下有開壽寺，産名茶，次於三女山所出。上有宋丞相史嵩之墓，殿帥范文虎因置茶局貢茶，冀史墓不至荒落。每歲清明前一日，縣令入山監製茶芽，先祭史墓，乃開局製茶，至穀雨日回縣。本朝永樂間，縣官襲其舊，建局在山之西南，至期派辦，供億所費不貲，民無寧歲。嘉靖十五年春，余至縣，時薛應旂為令，議革入山故事，應辦茶戶，送縣監製，永為定規，土民稱便。況此山舊志産茶，今則無矣。應貢芽茶，實在他山採辦，而縣官顧入居此山，亦甚無謂也。

又 茗陝山，縣西北五十五里。《嘉靖府志》今稱大茗陝，在杜湖西。其南五里許，日小茗陝。

（光緒）《餘姚縣志》卷二《山川》 羊額嶺，崇甯間，進士孫彥溫鑿險通之。《神異記》曰：餘姚人虞洪，入山采茗。遇一道士，牽三百青羊，飲瀑布水，曰：吾丹丘子也。山中有大茗，可以相給，他日甌犧之餘，幸不忘也。洪因立茶祠，是後往往獲大茗。此嶺之所以名羊額也。舊志以為劉樊乘羊過此，杜撰甚矣。按：《太平寰宇記》：有瀑布嶺，引《茶經》云：越州，餘姚茶生瀑布嶺者，號曰仙茗。疑即羊額嶺也。

又 石井山，亦名建峒嶴。有石屋，有石蟹泉。其嶺日謝公，以安石得名。建峒産茶，謝公吟尤為名品。

又 化安山，在縣東南二十里【略】有化安泉，有剡湖。謝遷嘗讀書於此，其言曰：山川所匯，以其景物之勝似剡溪也。産茶為名品。

（光緒）《湄潭縣志》卷二《山川》 平靈台，在縣北四十里，四面危崖，廣可數百步，上産茶。舊志

又 卷四《物産・貨類》 茶，質細味佳，所産最盛。

（光緒）《樂清縣志》卷五《田賦志・土貢》 明歲貢茶芽十斤【略】國朝歲貢茶芽六斤。

雁蕩龍湫茶品，與岕茶埒，然所産無幾，故我朝特減貢額，以紓民力。《李志》：雁山貢茶，比他處較早。

（光緒）《昆明縣志》卷二《物産》 舊《通志》：太華茶，色味俱似松蘿，而性較寒。

（光緒）《寧海縣志》卷二《敘山》 蓋蒼山【略】奇花異草，駭獸鷩禽，靡所不有，藥品尤佳。

《輿地紀勝》：東北九十里瀕大海。舊志極高廣，産茶，又名茶山。

又 茶山，縣西南五十二里天臺界，産茶。

（光緒）《分水縣志》卷一《山川》 羅迦山在縣治北。山勢深坳，曲徑幽靜，內有雲護庵，庵外有雲護泉，色碧味甘，汲以烹茶，甚佳。

又《風俗》 分水山多田少，土地磽瘠，民以薪炭茶漆為生。

節令【略】穀雨前婦女采芽茶。

又 卷三《食貨・物産・貨屬》 茶，穀雨前采者，名曰雨前，穀雨日采者，名穀雨尖，又有三眠繭茶。《六研齋筆記》載，邑天尊岩産茶，最芳辣，宋時充貢。《紫桃軒雜綴》云：分水貢芽，出本不多，大葉老根，潑之不動，入水煎成，翻有奇味。

（光緒）《黔南識略》卷三《廣順州》 種桐、茶。

又 卷一〇《麻哈州》 宜桐、茶。

又 卷一一《清平縣》 産杉木、桐、茶。

又 卷一二《鎮遠府》 産松、桐、茶、杉。

又 卷一四《施秉縣》 産桐、茶、松、杉。

又 卷一五《天柱縣》 産茶、桐、杉、桑。

又《黃平州》 産茶。

（光緒）《黔南識略》卷一八《思州府》 産桐、茶、杉。

又《玉屏縣》 産桐、茶。

又 卷三一《綏陽縣》 産桐、竹、茶。

又 卷三二《正安州》 産桐、茶。

（光緒）《金陵物産風土志》《金陵瑣志》 牛首、棲霞二山皆産茶，生於山頂，以雲霧名。寺僧採之以供貴客，非盡人所能得。惟城西五臺山茶，樹本不高而葉茂。同治初江寧涂太守宗瀛所種，尚有數十株耳。然品茶必先試水。鍾山一勺泉、嘉善寺梅花水、永寧庵雨花泉，水中之清品，地僻不可常致。江水離城市亦遠，河水則污濁不堪，居民汲飲，每以為苦。惟雨水較江水潔，較泉水輕，必判分晝夜，讓過梅天，炭火焠之，疊

換缸甕，留待三年，芳甘清冽，車研詩所謂『為憶金陵好，家家雨水茶』是也。

（光緒）《嘉興縣志》卷一六《物產·飲食》 茶，《味水軒日記》：吾地無山，鮮業茶者。昔年，白苧陳翁號五州者，其茅亭前，籬腳下，皆植茶。每春晚手摘焙乾斤餘藏以自飲，間出供客，風韻良妙。

（宣統）《建德縣志》卷五《食貨·物產·貨之屬凡三》 一曰，食貨為茶出茶坑者佳，不堪上供。《文獻通考》：宋饒池茶，片有仙芝、嫩蕊、福合、祿合、運合、慶合、指合諸名，今六縣皆有，然無名稱矣。

《清史稿》卷九《世宗紀》 是歲，免直隸、江南、山東、湖南等省七十五州縣災賦有差。丁戶二千五百四十一萬二千二百八十九，永不加賦後滋生人丁九十三萬六千四百八十六。田地八十九萬四百十六頃四十畝，徵銀二千九百八十七萬二千三百三十二兩六錢。茶三十四萬二千三百五十一引。鹽課銀三百九十八萬八千八百五十一兩。鑄錢六萬八千四百三十六萬二千有奇。

又卷七四《地理二十一·雲南·普洱府》 寧洱。要，倚，明，車里宣慰司地。順治十六年編隸元江府。康熙三年調元江府通判分防普洱。其車里十二版仍屬司。雍正七年裁通判，以所屬普洱等處六大茶山及橄欖壩江內六版地置府。〔乾隆〕裁攸樂通判，置縣附郭。東：錦袍山，一名光山。西：太乙。南：雙星。北：觀音、玉屏。東南：班鳩坡，高出羣峰，行途艱危。把邊江自他郎入，納磨黑、慢岡二河水，東南仍入他郎。猛賴河自威遠入，西南流入思茅。普洱河一名三岔河，合金龍河水，南流至縣南，合東河水，又南會南蘊河，入思茅。補遠江，源出縣東南，納整董河水，會大開河，東南入思茅。府經歷駐通關哨。東：磨黑井，設鹽大使。猛烏、整董井二鹽大使，今裁。同治十三年設石膏井提舉。光緒間，割猛烏、烏得與法。威遠廳最要。府西三百四十里。明，威遠直隸州。雍正三年改廳，屬鎮沅。又設猛班巡司。乾隆三十五年改隸府，並以猛戞、扛哄、猛班三土弁隸焉。東南：集翠山、鐵廠山。西南：仙人脚山。西：波麻。北：雷貫。瀾滄江自鎮邊入，杉木江納景谷江、寶谷江水來會，入思茅。猛撒江一名猛賴河，自鎮沅入，納暖裏河、鐵廠河水，入寧洱。經歷駐猛戞。西南有戞關。西香、抱母二鹽井，雍正三年設鹽大使，駐抱母。八年移駐香鹽井，名抱香井，今改隸石膏井。思茅廳最要。府南百二十里。明，車里地，名思茅寨。雍正十三年設廳治，分車里九土司及攸樂土目地隸焉。東：倚象、鐵山。西：玉屏、六困。東南：六茶山：曰攸樂、曰蟒支、曰革登、曰蠻𣄃、曰倚邦、曰漫撒。易武山亦產茶。瀾滄江自威遠入，納猛撒江水，又東南，納南鐘、南勻諸水，繞九龍山麓，名九龍江，至車里北。南哈河自遮放入，又東會羅梭江，東南入交阯。羅梭江上源爲清水河，南流逕寧洱爲大開河，仍流入境，納龍谷、猛臘諸水，又西南入九龍江。南：永靖關。東南：倚象關。

又卷一二四《食貨志五·茶法》 茶法。我國產茶之地，惟江蘇、安徽、江西、浙江、福建、四川、兩湖、雲、貴爲最。

又 歲徵之課，江蘇發引江寧批發所及荊溪縣屬張渚、湖汊兩巡檢司。安徽發引潛山、太湖、歙、休寧、黟、宣城、寧國、太平、貴池、青陽、銅陵、建德、蕪湖、六安、霍山、廣德、建平十七州縣。江西發引徽商及各州縣小販。此三省稅課，均於經過各關按則徵收。浙江由布政使委員給商，每引徵銀一錢，北新關徵稅銀二分九釐二毫八絲，彙入關稅報解。又每歲辦上用及陵寢內廷黄茶共百一十餘簍，由辦引委員於所收茶引買價內辦解。湖北由咸寧、嘉魚、蒲圻、崇陽、通城、興國、通山七州縣領引，發種茶園戶經紀坐銷。建始縣給商行銷。坐銷者每引徵銀一兩，行銷者徵稅二錢五分，課一錢二分五釐，共額徵稅課銀二百三十兩有奇。行茶到關，仍行報稅。湖南發善化、湘陰、瀏陽、湘潭、益陽、攸、安化、邵陽、新化、武岡、巴陵、平江、臨湘、武陵、桃源、龍陽、沅江十七州縣行戶，共徵稅銀二百四十兩。陝、甘發西寧、甘州、莊浪三茶司，而西安、鳳翔、漢中、同州、榆林、延安、寧夏七府及神木廳亦分銷焉。每引納官茶五十斤，餘五十斤由商運售作本。每百斤爲十篦，每篦二封，共徵本色茶十三萬六千四百八十篦。改折之年，每封徵折銀三錢。其原不交茶者，則徵價銀共五千七百三十兩有奇。亦有不設引，止於本地行銷者，由各園戶納課，共徵銀五百三十兩有奇。四川有腹引、邊引、土引之分。腹引行內地，邊引行邊地，土引行土司。而邊引又分三道，其行銷打箭鑪者，曰南路邊引；行銷松潘廳者，曰西路邊引；行銷邛州者，曰邛州邊引。皆納課稅，共課銀萬四千三百四十兩，稅銀四萬九千一百七十兩，各有奇。雲南徵稅銀九百六十兩。貴州課稅銀六十餘兩。凡請引於部，例收紙價，每道以三釐三毫爲率。盛京、直隸、河南、山東、山西、福建、廣東、廣西均不頒引，故無課。惟茶商到境，由經過關口輸稅，或略收落地稅，附關稅造銷，或彙入雜稅報部。此嘉慶前行茶事例也。

又 厥後泰西諸國通商，茶務因之一變。其市場大者有三：曰漢口，曰上海，曰福州。漢口之茶，來自湖南、江西、安徽，合本省所產，溯漢水以運於河南、陝西、青海、新疆。其輸至俄羅斯者，皆磚茶也。上

海之茶尤盛，自本省所產外，多有湖廣、江西、安徽、浙江、福建諸茶。江西、安徽紅綠茶多售於歐、美各國。浙江紹興茶輸至美利堅，寧波茶輸至日本。福州紅茶多輸至美洲及南洋羣島。此三市埸外，又有廣州、天津、芝罘三所，洋商亦麕集焉。蓋茶之性喜燠惡寒，喜濕惡燥，又必避慓烈之風，最適於中國。泰西商務雖盛，然非其土所宜，不能不仰給於我國，用此駸駸偏及全球矣。

又 令甘肅官茶改徵折色，每篦輸銀五錢。時西寧五司陳茶充牣，令每封減價二錢，刻期變賣。二年，以江西南昌等三十二州縣地不產茶，四川成都、彭、灌等縣滯銷，其引或停或減，並豁除課銀。七年，免甘肅地震處之課，乃命西寧五司徵本色。八年，免四川天全所欠乾隆七年前之羨餘截角，成都、彭、灌等縣之未完銀兩。十一年，甘肅巡撫黃廷桂奏言：『西寧、河州、莊浪三司，番、民錯處，惟茶是賴。邇年以糧易茶，計用茶六萬五千五百餘封，易雜糧三萬八千一百餘石，請著爲例。』

又 四川教匪滋擾，蠲除大寧、廣元、太平、通江、南江五州縣茶稅。十年，復免大寧、太平、通江、巫山四縣廳稅課。十七年，以甘肅庫茶充羨，定商納官茶，全徵折色。二十二年，諭：『閩、皖、浙商人販運武夷、松羅茶赴粵銷售，向由內河行走，近多由海道販運，夾帶違禁貨物私賣。飭令茶商仍由內河行走，永禁出洋販運，違者治罪、茶入官。』

又 嗣因產茶不止一處，商人散赴各縣購買，繞道出販，復經撫臣王懿德奏請，自咸豐三年爲始，凡出茶之沙、邵武、建安、甌寧、建陽、浦城、崇安等縣，一概就地徵收茶稅，由各縣給照販運，先後下部議准。

又 同治元年，飭下湖南、湖北、江蘇、安徽、江西、浙江、福建各督撫，詳查本省產茶及設茶莊處所，妥議章程具奏。

藝文

宋 周必大《送陸務觀赴七閩提舉常平茶事》（乾隆）《福建通志》卷七八 暮年桑苧毀《茶經》，應為征行不到閩，今有雲孫持使節，好因貢焙祀茶人。鸞棲枳棘已多年，父老猶傳主簿賢，扶杖喜迎新使者，赤帷何惜與高褰。疲駑久倦值明光，風味嘗思十八娘，擬請一麾依故舊，得無公道學蘇章。

明 袁宏道《袁中郎全集》卷一四《天目二》 天目幽邃奇古不可言。由莊至顛，可二十餘里。凡山深僻者多荒涼，峭削者鮮迂曲。貌古則鮮妍不足，骨大則玲瓏絕少，以至山高水乏。石峻毛枯，凡此皆山之病。天目盈山皆壑，飛流淙淙，若萬疋縞，一絕也。石色蒼潤，石骨奧巧，石徑曲折，石壁竦峭，二絕也。雖幽谷縣巖，菴宇皆精，三絕也。余耳不喜雷，而天目雷聲甚小，聽之若嬰兒聲，四絕也。曉起看雲，在絕壑下，白淨如綿，奔騰如浪，盡大地作琉璃海，諸山尖出雲上若萍，五絕也。然雲變態最不常，其觀奇甚，非山居久者不能悉其形狀。山樹大者，幾四十圍，松形如蓋，高不踰數尺，一株直萬餘錢，六絕也。頭茶之香者，遠勝龍井，筍味類紹興破塘，而清遠過之，七絕也。余謂大江之南，修真棲隱之地，無踰此者，使有出纏結室之想矣。宿幻佳之次日，晨起看雲，已後登絕頂，晚宿高峯，死關。次日，由活埋菴尋舊路而下。數日晴霽甚，山僧以為異，下山率相賀，山中僧四百餘人，執禮甚恭，爭以飯相勸。臨行諸僧進曰：『荒山僻小，不足當巨目，奈何？』余曰：『天目山某等亦有些子分，不勞山僧過謙，某亦不敢面譽。』因大笑而別。

明 謝肇淛《游武夷山記》（乾隆）《福建通志》卷七二 萬曆壬辰十月，余拜司理之苕，扁州過武夷，時道士王隱泉為導，謁萬年宮，泛九曲，拜紫陽祠，入雲窩，登接筍，宿天遊觀，僅兩晝夜而返【略】己酉之夏，始獲重尋是遊【略】飯已，過接筍峰下【略】仰視天遊峰頂，新瀑怒號崩濆，亦足令人毛豎也。頃之，喬卿下，遂入茶洞，土人獻新茗，啜之【略】過洞而桑麻平川豁然，別有天地，茅屋數間，以養蜂、采茗、蒸竹、製楮為生。

清 施閏章《學餘堂詩集》卷二九《敬亭采茶》 一踏松陰路，因貪茶候閑，呼朋爭手摘，選葉人雲還。竹色翠連屋，林香清滿山，坐看歸鳥靜，月出半峰間。

（康熙）《湖廣通志》卷四八《藝文五》 唐陸羽《六羨歌》：不羨黃金罍，不羨白玉杯，不羨朝入省，不羨暮入台，千羨萬羨西江水，鍾向景陵城下來。

又　唐裴迪《陸羽茶井》：竟陵文學院，蹤跡尚虚無，不獨支公住，曾經陸羽居，草堂荒産蛤，茶井冷生魚，一汲清泠飲，高風味有餘。

（雍正）《江都縣志》卷八《歷代風俗・山川》　宋蘇轍詩：信脚東遊十一年，甘泉香稻憶歸田。行逢蜀井恍如夢，試煮山茶意自便。短綆不收容盥濯，紅泥仍許置清鮮。早知鄉國勝為客，游宦何須更著鞭。秦觀詩：蜀岡精氣滀多年，故有清泉發石田。乍飲肺肝俱澡雪，反窺杖履亦輕便。炊成香稻流珠滑，煮出新茶潑乳鮮。坐使二公鄉思動，放杯西望欲揮鞭。

又　卷一九《藝文》　宋晁無咎《揚州雜詠》：蜀岡茶味圖經説，不貢春芽向十年。未惜青貴藏馬鬣，可能辜負大明泉。

（雍正）《安寧州志》卷一九《藝文志上》　雷躍龍《石淙楊文襄公傳》：公諱一清，字應寧，號邃庵，其先氏為滇之安寧人【略】十九成進士【略】遷都察院右副都御史，督理秦中馬政。西番故饒馬，必仰給中國茶飲以去其膻酪疾。先是高帝著為令，以蜀茶易蕃馬，資軍中用，久而寢弛，茶多闌出為奸人利，而蕃馬不時至，公乃請重行太僕苑馬官而嚴私通禁，盡籠茶利於官，以服致諸蕃馬，馬大集，牧政用修，給軍者日益稱足。

又《藝文志下》　楊慎《溫泉》詩，黟岫靈砂沚，徽州黄山有溫泉，是硃砂窟所發，春時色微紅，可瀹茗，謝客詩云：石澄瀉紅泉，蓋是類也。華清磐石湯，驪山華清池，乃磐石所積。李賀詩：華清石中碧石湯，徘徊白鳳隨君王。佳名雖許並，仙液詎堪方，火井原通脈，曹溪且讓香。東坡詩：水香知是曹溪口。溪本在嶺南，此地旁亦有曹溪。流溫涵水碧，水碧蓋仙藥珍品金青之隅也，謝康樂《彭蠡湖中》詩：水碧輟流溫。朱紫陽《廬山溫泉》詩引用之，即以溫泉為溫泉云。安寧此地名碧玉泉，亦取水碧之説乎？氣鬱謝硫黄，清暑南熏際，回喧北陸旁，體應偕露浩，心不假犀涼，春醞熏蘭斝，雲腴泛茗槍，釃酒煮茶，皆增嘗味。弄珠餘浣女，鱠玉賸漁郎，瑤草蟠千歲，岸有無名樹，四季不雕。瓊枝綴九房，端州任鳳德修池，得石芝，光瑩如玉。溫柔真此地，難老是何鄉。張平子南部賦，溫泉蕩邪而難老。

清　周亮工《閩茶曲》（乾隆）《福建通志》　龍焙泉清氣若蘭，士人新樣小龍團，盡誇北苑聲名好，不識源流出建安。御茶園里築高臺，驚蟄鳴金禮數該，那識好風生兩腋，都從著力喊山來。崇安仙令遞常供，鴨母船開朱印紅，急急符催難掛壁，無聊斫盡大王峰。一曲休教松栝長，懸岩側嶺展旗槍，茗柯妙理全為祟，十二真人坐大荒。歙客秦淮盛自誇，羅囊珍重過仙霞，不知薛老全蘇意，造作蘭香誚閔家。雨前雖好但嫌新，火氣教除莫接唇，藏得深紅三倍價，家家賣弄隔年陳。延津廖地勝支提，山下萌芽山上奇，學得新安方錫罐，松蘿小款恰相宜。太姥聲高綠雪芽，洞山新泛海天搓，茗禪過嶺全平等，義酒應教伴義茶。橋門石録未銷磨，碧豎誰教盡荷戈，卻羨籛家兄弟貴，新銜近日帶松蘿。漚麻浥竹斬栟櫚，獨有官茶例來除，消渴仙人應愛護，漢家舊日祀於魚。

清　何瀚《九曲櫂游賦》（乾隆）《福建續志》卷八七　均此玩遊，逸士與齊民異，當事又與逸士異，匪有所矯揉，其得趣擊懷各迥然不相侔也【略】今《武夷志》載：亦肇于秦。朱子亦以為昔人避世之處【略】又聞之，九曲有茶園、茶洞，邇來開墾栽種，環山前後，無寸土閒空適，當青黄不接之時，外方來採茶者萬餘，接踵山邑，將來何以廣儲積足，供傳食之眾，兼以寧化土人布漢溪峒，風習傳染，漸已喜健訟，尚爭哄，茶為利之數，今為害之叢，將何以安集而無恐。

清　朱彝尊《御茶園歌》（乾隆）《福建續志》卷八八　御茶園在武彝第四曲，元於此剏焙局安茶槽，五亭參差一井冽，中央臺殿結構牢，每當啟蟄百夫山下喊；樅金代鼓聲喧嘈，歲簽二百五十戶，須知一路皆驛騷，山靈丁此亦大苦，又豈有意貪牲醪，封題貢入紫檀殿，角盤瘦枕怯薛操，小團硬餅擣為雪，牛潼馬乳傾成膏，君臣第取一時快，詎知山農摘此田不毛，先春一聞省貼下，樵丁蕘豎紛逋逃，入明官場始盡革，厚利特許民搜掏，殘碑斷臼滿林麓，西皋茅屋連東皋，自來物性各有殊，佳者必先占地高，雲窩竹窠擅絶品，其居大抵皆巉嶅，茲園卑下乃在隰，安得奇茗生周遭，但令廢置無足惜，留待過客閒遊遨，古人試茶昧方法，推鈐羅磨何其勞，誤疑爽味碾乃出，真氣已耗若醴餔其糟，沙溪松黄建蠟面，楚蜀投以薑鹽熬，雜之沉腦尤可憾，陸羽見此笑且咷，前丁後蔡雖著録，未免得失存譏褒，我今攜鎗石上坐，箬籠一一解繩綯，冰芽雨甲恣品第，務與粟粒分錙毫。

清 查慎行《和竹垞御茶園歌》（乾隆）《福建續志》卷八八 宋茶貢貴建產，上者北苑次壑源，研膏京挺製屢變，爭先門異凡幾番，白龍之團青鳳髓，輦載入洛重馬奔，武夷粟粒芽，其初植未繁。何人著録始經進，前有丁謂後熊蕃，君謨士人亦為此，餘子碌碌安足論，宣和以來雖遞驛，場未官設民不煩，元人專利及瑣細，高興父子希寵恩，大德三年歲己亥，突於此地開茶園，中連房廊三十舍，繚垣南北拓兩門，先春次春遍採摘，一火二火長溫馨，緘題歲額五千餅，雞狗竄盡山邊村，貢茶攜來詐馬筵，和入潼酪供鯨吞，豈知靈苗有真味，石銚合煮青松根，爾來歷年已四百，御園久廢名猶存，筠籃四月走商販，茶戶幾姓傳兒孫，我思魚賓魚橘柚任土貢，微物亦可充天閽，朝廷玉食自不乏，何用置局災黎元，追思興也實禍首，幸保要領歸九原，山靈曷不請於帝，按女青律笞其魂，傳語後來者，毋以口腹媚至尊。

又《武彝采茶詞》 荔支花落別南鄉，龍眼花開過建陽。行近瀾滄東渡口，滿山晴日焙茶香。時節初過穀雨天，家家小竈起新煙。山中一月閒人少，不種沙田種石田。絕品從來不在多，陰崖畢竟勝陽坡。黃冠問我重來意，拄杖尋僧到竹窠。手摘都籃漫自誇，曾蒙八餅賜天家。酒狂去後詩名在，留與山人唱採茶。

（道光）《宿松縣志》卷二五《藝文志》 李耀祖《游羅漢蕩小記》：【略】山僧大能雅好客【略】出揖而入。水自山溜滴滴石堈中，烹茶注盞，薰蒸有雲霧氣【略】余尤味斯茶之味外味也。蓋茲山之靈，鬱積磅礴，鍾於物，都與外間有別，而茶又得氣之先者，遠近爭市之。

（道光）《紫陽縣新志》卷八《藝文・詩》 邑令陳僅《紫陽書事》： 崖邊摘茗分寒暖，（紫陽產茶，以陰坡、陽坡分茶性寒暖。）林際聽鶯識雨暘，黃鶯，（關中人呼為水鴉兒，雖久旱，聞林鶯啼必有雨至。）西澗柳欹東澗溟，南坡花發北坡香。

（光緒）《西湖志》卷五《山水一》 六一泉，楊萬里《以六一泉煮雙井茶》詩： 鷹爪新茶蟹眼湯，松風鳴雪兔毫霜。細參六一泉中味，故有涪翁句子香。日鑄建溪當退舍，落霞秋水夢還鄉。何時歸上滕王閣，自看風爐自煮嘗。

又 茶坊嶺，《西湖遊覽志》宋時，有茶坊在焉。

（光緒）《江西通志》卷五四《山十・南康府》 康王谷，在星子縣北三十五里。一作釗城，蓋周康王名也，或作康陽。梁劉孝綽酬陸倕詩：乍覯秦帝石，復憩周王城，即指此。舊志作楚王谷。（宋朱子《康王谷水簾》詩： 循山西北騖，崎嶇幾經邱，前行荒蹊斷，豁見清溪流，一涉臺殿古，再涉川原幽，縈紆復屢渡，乃得寒巖陬，飛泉天上來，一落散不收，披崖日璀璨，噴壑風颼飀，追薪爨絕品，瀹茗澆窮愁，敬酹古陸子，何年復來遊。）

又卷五七《川一・南昌府》 鹿井，在新建縣西南七十里久郖村。井在溪中，天旱溪涸，井乃見。紫石迴旋，膚色光瑩，石罅中清泉湧出，以烹茗，輒成紫色。曾有群鹿飲其中，故名。

又 雙井，有二：一在義甯州南三十步。昔人掘二井以制火災，稱雙井【略】一在州西三十里。黃庭堅所居之南溪心有二井，土人汲以造茶，號雙井茶，絕勝他處。宋歐陽修《雙井茶》詩： 西江水清江石老，石上生茶如鳳爪。窮臘不寒春氣早，雙井茅生先百草。白毛囊以紅碧紗，十斤茶養一兩芽。長安富貴五侯家，一啜猶須三日誇。寶雲日注非不精，爭新棄舊世人情。豈知君子有常德，至寶不隨時變易。君不見建溪龍鳳團，不改舊時香味色。黃庭堅《以雙井茶送子瞻》詩： 人間風日不到處，天上玉堂森寶書。想見東坡舊居士，揮毫百斛瀉明珠。我家江南摘雲腴，落磑霏霏雪不如。為公喚起黃州夢，獨載扁舟向五湖。又《以雙井茶送孔常父》詩： 校經同省並門居，無日不聞公讀書。故持茗碗澆舌本，要聽六經如貫珠。心知韻勝舌知腴，何似寶雲與真如。湯餅作魔應午寢，慰公渴夢吞江湖。

（光緒）《淳安縣志》卷五《土物・貨》 茶，舊產鳩坑者佳，稱貢物，宋朝罷貢，茶亦不甚稱焉。范文正公詩云： 瀟灑桐廬郡，春山半是茶。輕雷何好事，驚起雨前芽。

（光緒）《臨安縣志》卷一《圖說・山川》 九鎖山，張景修《九鎖山》詩： 九鎖山中多隱仙，洞門終古掩雲煙。茶生東塢偏迎日，松老西岩不記年。

又卷四《物產・藝文記》 明張京元《游臨安記》： 徑山者，兩天目之徑也。在餘杭西北境，去武林百里而遙，不當孔道，遊者多不易至。余行視漕，例自餘杭、臨安始。戊申正月十九日，出武林，登舟，是

日晚，不及發。二十日，黎明解維，行七十里，日晡至餘杭橋【略】出餘杭北門，道田間約十里，漸入山徑【略】至洞橋，為徑山寺界【略】至山半，輿人少歇，庵僧供茗，泉清茗香，灑然忘疲【略】二十三日往天目，取道西麓，迤邐而下【略】石橋跨澗，澗深數十仞，左壁懸崖如削，飛湍奔下，洮珠濺玉，望岩顛崩騰浩渺，若不可測，餘未識廬山、赤城兩瀑布，幾以此為夜郎王矣。過橋，望昭明寺，夾路松杉，大皆合抱，樹外種茶，清芬襲人。

（光緒）《定海廳志》卷一四《疆域・山川》　黄楊尖山，國朝曹偉皆詩：黄楊尖上白雲濃，穀雨茶芽細如松。村女蹋歌蓮步穩，負筐直到最高峰。

（光緒）《武陽志餘》卷一《山川・古迹》　茶山路，在縣西南廣化門外十里許，墩阜連綿，有山之形。唐肅宗時，湖、常二守會陽羨造茶修貢，由此往返，故名。時常守為李棲筠，有僧獻茗，陸羽以為芬香冠絕他境，可供尚方，於是常茶始貢。杜牧《題茶山》：山實東吳秀，茶稱瑞草魁。剖符雖俗吏，修貢亦仙才。溪盡停蠻棹，旗張卓翠苔。柳村穿窈窕，松澗渡喧豗。等級雲峰峻，寬平洞府開。拂天聞笑語，特地見樓臺。泉嫩黄金湧，《咸淳志》注：山有金沙泉，修貢出，罷貢即絕。牙香紫壁裁。拜章期沃日，輕騎疾奔雷。舞袖嵐侵潤，歌聲谷答回。磬音藏葉鳥，雪豔照潭梅，好是全家到。兼為奉詔來，樹防香作帳，花徑落成堆。景物殘三月，登臨愴一杯。重遊難自剋，俯首入塵埃。又《春日茶山病不飲酒，呈賓客》云：笙歌登畫船，十日清明前。山秀白雲膩，溪光紅粉鮮。欲開未開花，半陰半晴天。誰知病太守，猶得作茶仙。

境會亭，在茶山路，湖、常二守每造茶修貢，會此。白居易《夜聞賈常州、崔湖州茶山境會，想羨歡宴，因寄此詩：遙聞境會茶山下，珠翠歌鐘俱繞身。盤下中分兩州界，燈前合作一家春。青娥遞舞應爭妙，紫筍齊嘗各鬥新。自歎花時北窗下，蒲黄酒對病眠人。明唐順之《茶山雜興》詩：溪聲喧亦好，月影暗還奇。萬古山中景，山中人未知。

（光緒）《奉化縣志》卷四《山川上》　元戴表元《四明十絕》茶焙：山深不見焙茶人，霜日清妍樹樹春。最有風情是岩水，味甘如乳色如銀。

（光緒）《浙江通志》卷四九《古迹・嚴州府》　瀟灑樓《新定續志》：郡治正堂北，舊名紫翠。《嚴陵志》：宋宣和中，知州周格建。范仲淹《瀟灑桐廬郡十絕》：瀟灑桐廬郡，春山半是茶。輕雷何好事，驚起雨前芽。

（光緒）《樂清縣志》卷五《田賦志・物産》　雁山五珍《雨航雜録》：雁山五珍，謂雁山茶與觀音竹、金星草、山樂官、香魚也。

雁山茶《甌江逸志》毆地茶，雁山為第一，去腥膩，除煩惱，卻昏散，消積食，味與陽羨岕茶無二。宋梅堯臣《穎公遺碧霄峰茗》詩：到山春已晚，何更有新茶。峰頂應多雨，天寒始發芽。采時林狖靜，蒸處石泉嘉。持作衣囊秘，分來五柳家。湯顯祖《雁蕩山種茶人多姓阮，偶書所見》詩：一雨雁山茶，天臺舊阮家。暮雲遲客子，秋色見桃花。壁繡茹苔宜，溪香草樹斜。鳳簫誰得見，空此駐雲霞。阮元《試雁山茶》詩：嫩晴時候碾茶天，細展清旗浸沸泉。十里午風添暖渴，一甌春色鬥清圓。最宜蔬筍香廚後，況是松篁翠石前。寄語當年湯玉茗，我來也願種茶田。

雜録

明許次紓《茶疏・辯訛》　古今論茶，必首蒙頂。蒙頂山，蜀雅州山也，往常産，今不復有，即有之，彼中夷人專之，不復出山。蜀中尚不得，何能至中原、江南也。今人囊盛如石耳，來自山東者，乃蒙陰山石苔，全無茶氣，但微甜耳，妄謂蒙山茶。茶必木生，石衣得為茶乎？

歷代製茶工藝部

唐代製茶工藝

論説

唐 陸羽《茶經》卷上《一之源》 採不時，造不精，雜以卉莽，飲之成疾。

又卷下《六之飲》 茶有九難：一曰造，二曰別，三曰器，四曰火，五曰水，六曰炙，七曰末，八曰煮，九曰飲。陰採夜焙，非造也；嚼味嗅香，非別也；羶鼎腥甌，非器也；膏薪庖炭，非火也；飛湍壅潦，非水也；外熟內生，非炙也；碧粉縹塵，非末也；操艱攪遽，非煮也；夏興冬廢，非飲也。

明 朱權《茶譜》 茶之為物，可以助詩興，而雲山頓色，可以伏睡魔，而天地忘形，可以倍清談，而萬象驚寒，茶之功大矣。其名有五：曰茶，曰檟，曰蔎，曰茗，曰荈。一云早取為茶，晚取為茗。食之能利大腸，去積熱，化痰下氣，醒睡，解酒，消食，除煩去膩，助興爽神。得春陽之首，占萬木之魁。始於晉，興於宋。惟陸羽得品茶之妙，著《茶經》三篇，蔡襄著《茶録》二篇。蓋羽多尚奇古，製之為末，以膏為餅。至仁宗時，而立龍團、鳳團、月團之名，雜以諸香，飾以金彩，不無奪其真味。然天地生物，各遂其性，若莫葉茶；烹而啜之，以遂其自然之性也。

明 張謙德《茶經·造茶》 唐宋時，茶皆碾羅為丸為錠。南唐有研膏，有蠟面，又其佳者曰京鋌。

明 羅廩《茶解》 茶通仙靈，久服能令昇舉，然蘊有妙理，非深知篤好，不能得其當。蓋知深斯鑒別精，篤好斯修製力。余自兒時性喜茶，顧名品不易得，得亦不常有，乃周遊産茶之地，採其法制，參互考訂，深有所會，遂於中隱山陽栽植培灌，茲且十年。春夏之交，手為摘製，聊足供齋頭烹啜，論其品格，當雁行虎丘。因思制度有古人意慮所不到，而今始精備者，如席地團扇，以冊易卷，以墨易漆之類，未易枚舉。即茶之一節，唐宋間研膏蠟面，京挺龍團，或至把握纖微，直錢數十萬，亦珍重哉。而碾造愈工，茶性愈失，矧雜以香物乎？曾不若今人止精於炒焙，不損本真。故桑苧《茶經》，第可想其風致，奉為開山，其春碾羅則諸法，殊不足倣。

綜述

明 高元濬《茶乘》 《廣雅》云：『荊巴間採葉作餅，葉老者，餅成以米膏出之。欲煮茗飲，先炙令赤色，搗末置瓷器中，以湯澆覆之，用蔥、薑、橘子芼之。其飲醒酒，令人不眠。』

唐 陸羽《茶經》卷上《二之具》 籯加追反，一曰籃，一曰籠，一曰筥，以竹織之，受五升，或一、二、三者，茶人負以採茶也。籯，《漢書》音盈，所謂『黄金滿籯，不如一經』。顔師古云：『籯，竹器也，受四升耳。』

竈，無用突者。釜，用唇口者。

甑，或木或瓦，匪腰而泥，籃以箄之，篾以繫系之。始其蒸也，入乎箄；既其熟也，出乎箄。釜涸，注於甑中。甑，不帶而泥之。又以穀木枝三亞者製之，散所蒸牙笋並葉，畏流其膏。

杵臼，一曰碓，惟恆用者佳。

規，一曰模，一曰棬，以鐵製之，或圓，或方，或花。

承，一曰臺，一曰砧，以石為之。不然，以槐桑木半埋地中，遣無所搖動。

檐，一曰衣，以油絹或雨衫、單服敗者為之。以檐置承上，又以規置檐上，以造茶也。茶成，舉而易之。

芘莉音杷离，一曰籯子，一曰篣筤。以二小竹，長三尺，軀二尺五寸，柄五寸。以篾織方眼，如圃人土羅，闊二尺以列茶也。

棨，一曰錐刀。柄以堅木為之，用穿茶也。

撲，一曰鞭。以竹為之，穿茶以解茶也。

焙，鑿地深二尺，闊二尺五寸，長一丈。上作短牆，高二尺，泥之。

貫，削竹為之，長二尺五寸，以貫茶焙之。

棚，一曰棧。以木構於焙上，編木兩層，高一尺，以焙茶也。茶之半乾，昇下棚，全乾，昇上棚。

穿音釧，江東、淮南剖竹為之。巴川峽山穀紉皮為之。江東以一斤為上穿，半斤為中穿，四兩五兩為小穿。峽中以一百二十斤為上穿，八十斤為中穿，五十斤為小穿。字舊作釵釧之『釧』字，或作貫串。今則不然，如磨、扇、彈、鑽、縫五字，文以平聲書之，義以去聲呼之；其字以穿名之。

育，以木制之，以竹編之，以紙糊之。中有隔，上有覆，下有床，傍有門，掩一扇。中置一器，貯煻煨火，令熅熅然。江南梅雨時，焚之以火。育者，以其藏養為名。

又《三之造》 凡採茶在二月、三月、四月之間。

茶之筍者，生爛石沃土，長四五寸，若薇蕨始抽，淩露採焉。茶之牙者，發於叢薄之上，有三枝、四枝、五枝者，選其中枝穎拔者採焉。其日有雨不採，晴有雲不採；晴，採之，蒸之，擣之，拍之，焙之，穿之，封之，茶之乾矣。

茶有千萬狀，鹵莽而言，如胡人靴者，蹙縮京雖文也；犎牛臆者，廉襜然；浮雲出山者，輪囷然；輕飈拂水者，涵澹然。有如陶家之子，羅膏土以水澄泚之謂澄泥也。又如新治地者，遇暴雨流潦之所經。此皆茶之精腴。有如竹籜者，枝幹堅實，艱於蒸擣，故其形籭簁然上離下師。有如霜荷者，莖葉凋沮，易其狀貌，故厥狀委萃然。此皆茶之瘠老者也。

自採至於封七經目，自胡靴至霜荷八等。或以光黑平正言嘉者，斯鑒之下也；以皺黃坳垤言佳者，鑒之次也；若皆言嘉及皆言不嘉者，鑒之上也。何者？出膏者光，含膏者皺；宿製者則黑，日成者則黃；蒸壓則平正，縱之則坳垤。此茶與草木葉一也。茶之否臧，存於口訣。

唐 蘇廙《十六湯品・斷脈湯》 茶已就膏，宜以造化成其形。若手顫臂亸，惟恐其深，瓶嘴之端，若存若亡，湯不順通，故茶不匀粹。是猶人之百脈氣血斷續，欲壽奚獲？苟惡斃宜逃。

五代 毛文錫《茶譜》 婺州有舉巖茶，斤片方細，所出雖少，味極甘芳，煎如碧乳也。《事類賦注》卷一七。《續茶經》卷下之四引《潛確類書》引《茶譜》，『斤片』作『片片』，『煎如碧乳也』作『煎之如碧玉之乳也』。

又 福州：方山露芽。《全芳備祖後集》卷二八按：《太平寰宇記》卷一〇一引《茶經》云：『建州方山之芽及紫筍，片大極硬，須湯浸之，方可碾。極治頭疾，江東人多味之。』按方山在閩侯縣，不屬建州。又《茶經》中無此段，疑出自《茶譜》。

又 宣城縣有丫山小方餅，横鋪茗牙裝面，其山東為朝日所燭，號曰陽坡，其茶最勝。太守嘗薦於京洛人士，題曰：丫山陽坡横紋茶。《事類賦注》卷一七按：以上二則引録不同，故並録之。

〔潭州〕長沙之石楠，其樹如棠枏，採其芽謂之茶。湘人以四月摘楊桐草，搗其汁拌米而蒸，猶蒸糜之類，必啜此茶，乃其風也。尤宜暑月飲之。潭、邵之間有渠江，中有茶，而多毒蛇猛獸。鄉人每年採擷不過十六七斤。其色如鐵，而芳香異常，烹之無滓也。《太平寰宇記》卷一一四

又 衡州之衡山，封州之西鄉，茶研膏為之，皆片團如月。《事類賦注》卷一七、《增廣箋注簡齊詩集》卷八《陪諸公登南樓啜新茶家弟出建除體詩諸公既和餘因次韻》注、《續茶經》卷上之一按：以上江南西道九州。

又 眉州洪雅、昌闔、丹稜，其茶如蒙頂製餅茶法。其散者葉大而黃，味頗甘苦，亦片甲、蟬翼之次也。《太平寰宇記》卷七四引《茶經》，然《茶經》無此條，參上條及前蜀州條，斷其必出《茶譜》。

又 臨、邛數邑，茶有火前、火後、嫩葉、黃芽號。又有火番餅，每餅重四十兩，入西番，黨項重之。如中國名山者，其味甘苦。《太平寰宇記》卷七五引《茶經》，《茶經》無此條，參上條，知必出《茶譜》

又 蜀之雅州有蒙山，山有五頂，頂有茶園，其中頂曰上清峰。昔有僧病冷且久。嘗遇一老父，謂曰：『蒙之中頂茶，嘗以春分之先後，多搆人力，俟雷之發聲，併手採摘，三日而止。若獲一兩，以本處水煎服，即能祛宿疾；二兩，當眼前無疾；三兩，固以換骨；四兩，即為地仙矣。』是僧因之中頂築室以候，及期獲一兩餘，服未竟而病瘥。時到城市，人見其容貌，常若年三十餘，眉髮緑色，其後入青城訪道，不知所終。今四頂茶園，採摘不廢。惟中頂草木繁密，雲霧蔽虧，鷙獸時出，人跡稀到矣。今蒙頂有露鋑芽、籛芽，皆云火前，言造於禁火之前也。《事類賦注》卷一七，又見《本草綱目》卷三二，末多『近歲稍貴此品，製作亦精於他處』數句，疑非《茶譜》語。蒙山有壓膏露芽、不壓膏露芽、並冬芽，言隆冬甲坼也。《事類賦注》卷一七

又 蒙頂有研膏茶，作片進之。亦作紫筍。《事類賦注》卷一七、《增廣箋注簡齊詩集》卷八《陪諸公登南樓啜新茶家弟出建除體詩諸公既和餘因次韻》注所引較簡。

明 陳繼儒《茶董補》卷上《不逆物性》 太和七年正月，吳蜀貢新茶，皆於冬中作法為之。上務恭儉，不欲逆其物性，詔所貢新茶，宜於立春後作。《唐史》

明 曹學佺《茶譜》 《茶譜》云：瀘州夷獠採茶，常攜瓢穴其側。每登樹採摘茶芽，含於口中，待葉展放，然後置瓢中，旋塞其竅，還置暖處。其味極佳。又有粗者，味辛性熱，飲之療風，通呼為瀘茶。

馮時行云：銅粱山有茶，色白甘腴，俗謂之水茶，甲於巴蜀。山之北趾，即巴子故城也，在石照縣南五里。《茶譜》云：南平縣狼猱山茶，黃黑色，渝人重之。十月採貢。黃山谷《答聖從使君》云：此邦茶乃可飲，但去城或數日，土人不善製度，焙多帶煙耳。不然亦殊佳。今往黔州，都濡、月兔兩餅，施州八香六餅，試將焙碾嘗之。都濡在劉氏時貢炮，味殊厚，恨此方難得，真好事者耳。又作《茶詞》云：『黔中桃李可尋芳，摘茶人自忙。月團犀胯門圓方，研膏入焙香。

清 陸廷燦《續茶經》卷上《茶之造》 《唐書》：太和七年正月，吳、蜀貢新茶，皆於冬中作法為之。上務恭儉，不欲逆物性，詔所在貢茶，宜於立春後造。

《北堂書鈔》：《茶譜》續補云：龍安造騎火茶，最為上品。騎火者，言不在火前，不在火後作也。清明改火，故曰火。

又 謝肇淛《五雜俎》：古人造茶，多舂令細末而蒸之。唐詩『家僮隔竹敲茶臼』是也。

藝文

唐 釋皎然《杼山集》卷七《顧渚行寄裴方舟》 我有雲泉隣渚山，山中茶事頗相關。鶗鴂鳴時芳草死，山家漸欲收茶子。伯勞飛日芳草滋，山僧又是採茶時。谿來慣採無近遠，陰嶺長兮陽崖淺。大寒山下葉未生，小寒山中葉初卷。吳婉攜籠上翠微，蒙蒙香刺罥春衣。迷山乍被落花亂，度水時驚啼鳥飛。家園不遠乘露摘，歸時露彩猶滴瀝。初看怕出欺玉英，更取煎來勝金液。昨夜西峰雨色過，朝尋新茗復如何。女宮露澀青芽老，堯市人稀紫筍多。紫筍青芽誰得識，日暮採之長太息。清泠真人待子元，貯此芳香思何極。

唐 顧況《焙茶塢》《全唐詩》卷二六七 新茶已上焙，舊架憂生醭。旋旋續新烟，呼兒劈寒木。

唐 劉禹錫《劉夢得文集》卷五《西山蘭若試茶歌》 山僧後檐茶數叢，春來映竹抽新茸。宛然爲客振衣起，自傍芳叢摘鷹觜。斯須炒成滿室香，便酌砌下金沙水。驟雨松聲入鼎來，白雲滿盌花徘徊。悠揚噴鼻宿醒散，清峭徹骨煩襟開。陽崖陰嶺各殊氣，未若竹下莓苔地。炎帝雖嘗未解煎，桐君有籙那知味。新芽連拳半未舒，自摘至煎俄頃餘。木蘭霑露香微似，瑤草臨波色不如。僧言靈味宜幽寂，采采翹英爲嘉客。不辭緘封寄郡齋，甎井銅爐損標格。何況蒙山顧渚春，白泥赤印走風塵。欲知花乳清泠味，須是眠雲跂石人。

宋元製茶工藝

論説

宋 宋子安《東溪試茶録》 今北苑焙，風氣亦殊。先春朝隮常雨，霽則霧露昏蒸，晝午猶寒，故茶宜之。茶宜高山之陰，而喜日陽之早。自北苑鳳山南，直苦竹園頭東南，屬張坑頭，皆高遠先陽處，歲發常早，芽極肥乳，非民間所比。次出壑源嶺，高土沃地，茶味甲於諸焙。丁謂亦云：『鳳山高不百丈，無危峯絕崦，而崗阜環抱，氣勢柔秀，宜乎嘉植靈卉之所發也。』又以：『建安茶品，甲於天下，疑山川至靈之卉，天地始和之氣，盡此茶矣。』又論：『石乳出壑嶺斷崖缺石之間，蓋草木之仙骨。』丁謂之記録建溪茶事詳備矣。至於品載，止云『北苑壑源嶺』，及總記『官私諸焙千三百三十六』耳。近蔡公亦云：『唯北苑鳳凰山連屬諸焙所產者味佳。』故四方以建茶為目，皆曰北苑。建人以近山所得，故謂之壑源。好者亦取壑源口南諸葉，皆云彌珍絕。傳致之間，識者以色味品第，反以壑源為疑。

宋 黃儒《品茶要録》 因念草木之材，一有負瑰偉絕特者，未嘗

不遇時而後興，況於人乎！然士大夫間為珍藏精試之具，非會雅好真，未嘗輒出。其好事者，又嘗論其采製之出入，器用之宜否，較試之湯火，圖於縑素，傳玩於時，獨未有補於賞鑒之明爾。蓋園民射利，膏油其面，色品味易辨而難評。予因收閱之暇，為原采造之得失，較試之低昂，次為十說，以中其病，題曰《品茶要録》云。

宋 沈括《夢溪筆談》卷二四《雜志一》 茶芽，古人謂之雀舌、麥顆，言其至嫩也。今茶之美者，其質素良，而所植之土又美，則新芽一發，便長寸許，其細如針。唯芽長為上品，以其質榦、土力皆有餘故也。如雀舌、麥顆者，極下材耳，乃北人不識，誤為品題。予山居有《茶論》，《嘗茶》詩云：誰把嫩香名雀舌？定來北客未曾嘗。不知靈草天然異，一夜風吹一寸長。

宋 趙佶《大觀茶論·茶論》 本朝之興，歲修建溪之貢，龍團鳳餅，名冠天下；壑源之品，亦自此盛。延及於今，百廢俱舉，海內晏然，垂拱密勿，幸致無為。薦紳之士，韋布之流，沐浴膏澤，薰陶德化，咸以雅尚相推，從事茗飲。故近歲以來，采擇之精，製作之工，品第之勝，烹點之妙，莫不咸造其極。且物之興廢，固自有然，亦係乎時之汙隆。時或遑遽，人懷勞悴，則向所謂常須而日用，猶且汲汲營求，惟恐不獲，飲茶何暇議哉？世既累洽，人恬物熙，則常須而日用者，因而厭飫狼藉。而天下之士，厲志清白，競為閒暇修索之玩，莫不碎玉鏘金，啜英咀華，較篋笥之精，爭鑑裁之妙；雖否士於此時，不以蓄茶為羞。可謂盛世之清尚也。

明 朱權《茶譜·序》 蓋羽多尚奇古，製之為末，以膏為餅。至仁宗時，而立龍團、鳳團、月團之名，雜以諸香，飾以金彩，不無奪其真味。然天地生物，各遂其性，若莫葉茶，烹而啜之，以遂其自然之性也。

明 張謙德《茶經·造茶》 唐宋時，茶皆碾羅為丸為錠。南唐有研膏，有蠟面，又其佳者曰京鋌。宋初有龍鳳模，號石乳、的乳、白乳，而蠟面始下矣。丁晉公進龍鳳團，蔡君謨進小龍團，而石乳等下矣。神宗時復造密雲龍，哲宗改為瑞雲翔龍，則益精，而小龍團下矣。徽宗品茶以白茶第一，又製三色細芽，而瑞雲翔龍下矣。已上茶雖碾羅愈精巧，其天趣皆不全。至宣和庚子，漕臣鄭可聞，始創為銀絲冰芽，蓋將已熟茶芽再剔去，祇取心壹縷，用清泉漬之，光瑩如銀絲，方寸新胯，小龍腕蜒其上，號龍團勝雪。去龍腦諸香，極稱簡便，而天趣悉備，永為不更之法矣。

明 許次紓《茶疏·今古製法》 古人製茶，尚龍團鳳餅，雜以香藥。蔡君謨諸公，皆精於茶理，居恆鬥茶，亦僅取上方珍品碾之，未聞新制。若漕司所進第一綱名北苑試新者，乃雀舌、冰芽。所造一夸之直至四十萬錢，僅供數盂之啜，何其貴也。然冰芽先以水浸，已失真味，又和以名香，益奪其氣，不知何以能佳。不若近時製法，旋摘旋焙，香色俱全，尤蘊真味。

明 羅廩《茶解·總論》 茶通仙靈，久服能令昇舉，然蘊有妙理，非深知篤好，不能得其當。蓋知深斯鑒別精，篤好斯修製力。余自兒時性喜茶，顧名品不易得，得亦不常有，乃周遊產茶之地，採其法制，參互考訂，深有所會，遂於中隱山陽栽植培灌，茲且十年。春夏之交，手為摘製，聊足供齋頭烹啜，論其品格，當雁行虎丘。因思制度有古人意慮所不到，而今始精備者，如席地團扇，以冊易卷，以墨易漆之類，未易枚舉。即茶之一節，唐宋間研膏蠟面，京挺龍團，或至把握纖微，直錢數十萬，亦珍重哉。而碾造愈工，茶性愈失，矧雜以香物乎？曾不若今人止精於炒焙，不損本真。故桑苧《茶經》，第可想其風致，奉為開山，其舂碾羅則諸法，殊不足倣。

明 徐𤊹《蔡端明別紀·茶癖》 世言團茶始於丁晉公，前此未有也。慶曆中，蔡君謨為福建漕使，更製小團以充歲貢。元豐初，下建州，又製密雲龍以獻，其品高於小團，而其製益精矣。曾文昭所謂：『莆陽學士蓬萊仙，製成月團飛上天』。又云：『密雲新樣尤可喜，名出元豐聖天子』是也。唐陸羽《茶經》於建茶尚云未詳，而當時獨貴陽羨茶，歲貢特盛。茶山居湖、常二州之間，修貢則兩守相會。山椒有境會亭，基尚存。盧仝《謝孟諫議茶》詩云：『天子須嘗陽羨茶，百草不敢先開花。』是已。然又云：『開緘宛見諫議面，手閱月團三百片。』則團茶已見於此。當時李郢《茶山貢焙歌》云：『蒸之護之香勝梅，研膏架動聲如雷。茶成拜表貢天子，萬人爭噉春山摧。』觀研膏之句，則知嘗為團茶無疑。自建茶入貢，陽羨不復研膏，祇謂之草茶而已。《韻語陽秋》

茶之品莫貴於龍鳳，謂之團茶，凡八餅重一斤。慶曆中，蔡君謨為福建路轉運使，始造小片龍茶以進。其品絕精，謂之小團，凡二十餅重一斤。其價值金二兩。然金可有，而茶不可得。每因南郊致齋，中書、樞密院各賜一餅，四人分之，宮人往往鏤金花其上，蓋其貴重如此。《歸田録》

明 徐𤊹《武夷茶考》《茶集》 宋元製造團餅，稍失真味，今則靈芽仙萼，香色尤清，為閩中第一，至於北苑、壑源，又泯然無稱。豈山川靈秀之氣，造物生植之美，或有時變易而然乎？

明 龍膺《蒙史》卷下 建茶勝處曰郝源、曾坑，其間又岔根、山頂二品尤勝。李氏時，號為北苑，置使領之。

焦坑産庾嶺下，味苦硬，久方回甘。『浮石已乾霜後火，焦坑新試雨前茶』，坡南還回至章貢顯聖寺詩也。然非精品。

熙寧後，始貴密雲龍。每歲頭綱修貢奉宗廟、供玉食也。賚臣下無幾，戚里貴近丐賜尤繁。宣仁一日慨歎曰：『令建州今後不得造密雲龍，受他人煎炒不得。』由是密雲龍名益著。

建茶盛於江南，龍團茶最上，一斤八餅。慶曆中，蔡君謨為福建運使，始造小團充貢，一斤二十餅，所謂上品龍茶也。仁宗尤所珍惜，惟郊祀致齋之夕，兩府各四人共賜一餅，宮人鏤金為龍鳳花貼其上。歐陽公詩『揀芽名雀舌，賜茗出龍團』，是也。餅製碾法，今廢不用。

綜述

宋 宋子安《東溪試茶録・茶名》茶之名類殊別，故録之。 茶之名有七：

一曰白葉茶，民間大重，出於近歲，園焙時有之。地不以山川遠近，發不以社之先後，芽葉如紙，民間以為茶瑞，取其第一者為鬥茶。而氣味殊薄，非食茶之比。今出壑源之大窠者六葉仲元、葉世萬、葉世榮、葉勇、葉世積、葉相，壑源巖下一葉務滋，源頭二葉團、葉肱，壑源後坑一葉久，壑源嶺根三葉公、葉品、葉居，林坑黃漈一游容，丘坑一游用章，畢源一王大照，佛嶺尾一游道生，沙溪之大梨漈上一謝汀，高石巖一雲擦院，大梨一呂演，砰溪嶺根一任道者。

次有柑葉茶，樹高丈餘，徑頭七八寸，葉厚而圓，狀類柑橘之葉。其芽發即肥乳，長二寸許，為食茶之上品。

三曰早茶，亦類柑葉，發常先春，民間採製為試焙者。

四曰細葉茶，葉比柑葉細薄，樹高者五六尺，芽短而不乳，今生沙溪山中，蓋土薄而不茂也。

五曰稽茶，葉細而厚密，芽晚而青黃。

六曰晚茶，蓋稽茶之類，發比諸茶晚，生於社後。

七曰叢茶，亦曰蘖茶，叢生，高不數尺，一歲之間，發者數四，貧民取以為利。

採茶辨茶須知製造之始，故次。

建溪茶，比他郡最先，北苑、壑源者尤早。歲多暖，則先驚蟄十日即芽；歲多寒，則後驚蟄五日始發。先芽者，氣味俱不佳，唯過驚蟄者最為第一。民間常以驚蟄為候。諸焙後北苑者半月，去遠則益晚。凡采茶必以晨興，不以日出。日出露晞，為陽所薄，則使芽之膏腴立耗於內，茶及受水而不鮮明，故常以早為最。凡斷芽必以甲，不以指。以甲則速斷不柔，以指則多溫易損。擇之必精，濯之必潔，蒸之必香，火之必良，一失其度，俱為茶病。民間常以春陰為採茶得時。日出而採，則芽葉易損，建人謂之採摘不鮮，是也。

茶病試茶辨味，必須知茶之病，故又次之。

芽擇肥乳，則甘香而粥面着盞而不散。土瘠而芽短，則雲腳渙亂，去盞而易散。葉梗半，則受水鮮白。葉梗短，則色黃而泛。梗，謂芽之身除去白合處，茶民以茶之色味俱在梗中。烏蔕、白合，茶之大病。不去烏蔕，則色黃黑而惡。不去白合，則味苦澀。丁謂之論備矣蒸芽必熟，去膏必盡。蒸芽未熟，則草木氣存，適口則知去膏未盡，則色濁而味重。受煙則香奪，壓黃則味失，此皆茶之病也。受煙，謂過黃時火中有煙，使茶香盡而煙臭不去也。壓黃，謂去膏之時，久留茶黃未造，使黃經宿，香味俱失，弇然氣如假雞卵臭也。

宋 黃儒《品茶要録》

一、采造過時

茶事起於驚蟄前，其采芽如鷹爪，初造曰試焙，又曰一火，其次曰二

火。二火之茶，已次一火矣。故市茶芽者，惟同出於三火前者為最佳。尤喜薄寒氣候，陰不至於凍，芽茶尤畏霜，有造於一火二火皆遇霜，而三火霜霽，則三火之茶勝矣。晴不至於暄，則穀芽含養約勒而滋長有漸，采工亦優為矣。凡試時泛色鮮白，隱於薄霧者，得於佳時而然也；有造於積雨者，其色昏黃；或氣候暴暄，茶芽蒸發，采工汗手薰漬，揀摘不給，則製造雖多，皆為常品矣。試時色非鮮白、水腳微紅者，過時之病也。

二、白合盜葉

茶之精絕者曰鬥，曰亞鬥，其次揀芽。茶芽，鬥品雖最上，園戶或止一株，蓋天材間有特異，非能皆然也。且物之變勢無窮，而人之耳目有盡，故造鬥品之家，有昔優而今劣、前負而後勝者。雖人工有至有不至，亦造化推移，不可得而擅也。其造，一火曰鬥，二火曰亞鬥，不過十數銙而已。揀芽則不然，遍園隴中擇其精英者爾。其或貪多務得，又滋色澤，往往以白合盜葉間之。試時色雖鮮白，其味澀淡者，間白合盜葉之病也。一鷹爪之芽，有兩小葉抱而生者，白合也。新條葉之抱生而色白者，盜葉也。造揀芽常剔取鷹爪，而白合不用，況盜葉乎。

三、入雜

物固不可以容偽，況飲食之物，尤不可也。故茶有入他葉者，建人號為『入雜』。銙列入柿葉，常品入桴、檻葉。二葉易致，又滋色澤，園民欺售直而為之。試時無粟紋甘香，盞面浮散，隱如微毛，或星星如纖絮者，入雜之病也。善茶品者，側盞視之，所入之多寡，從可知矣。嚮上下品有之，近雖銙列，亦或勾使。

四、蒸不熟

穀芽初采，不過盈箱而已，趣時爭新之勢然也。既采而蒸。既蒸而研。蒸有不熟之病，有過熟之病。蒸不熟，則雖精芽，所損已多。試時色青易沉，味為桃仁之氣者，不蒸熟之病也。唯正熟者，味甘香。

五、過熟

茶芽方蒸，以氣為候，視之不可以不謹也。試時色黃而粟紋大者，過熟之病也。然雖過熟，愈於不熟，甘香之味勝也。故君謨論色，則以青白勝黃白；余論味，則以黃白勝青白。

六、焦釜

茶，蒸不可以逾久，久而過熟，又久則湯乾，而焦釜之氣上。茶工有泛新湯以益之，是致熏損茶黃。試時色多昏紅，氣焦味惡者，焦釜之病也。建人號為熱鍋氣。

七、壓黃

茶已蒸者為黃，黃細，則已入捲模製之矣。蓋清潔鮮明，則香色如之。故采佳品者，常於半曉間衝蒙雲霧，或以罐汲新泉懸胸間，得必投其中，蓋欲鮮也。其或日氣烘爍，茶芽暴長，工力不給，其采芽已陳而不及蒸，蒸而不及研，研或出宿而後製，試時色不鮮明，薄如壞卵氣者，壓黃之病也。

八、漬膏

茶餅光黃，又如蔭潤者，榨不乾也。榨欲盡去其膏，膏盡則有如乾竹葉之色。惟飾首面者，故榨不欲乾，以利易售。試時色雖鮮白，其味帶苦者，漬膏之病也。

九、傷焙

夫茶本以芽葉之物就之捲模，既出捲，上笪焙之，用火務令通徹。即以灰覆之，虛其中，以熱火氣。然茶民不喜用實炭，號為冷火，以茶餅新濕，欲速乾以見售，故用火常帶煙焰。煙焰既多，稍失看候，以故薰損茶餅。試時其色昏紅，氣味帶焦者，傷焙之病也。

宋 趙佶《大觀茶論·天時》 茶工作於驚蟄，尤以得天時為急。輕寒，英華漸長，條達而不迫，茶工從容致力，故其色味兩全。若或時暘鬱燠，芽奮甲暴，促工暴力，隨槁晷刻所迫，有蒸而未及壓，壓而未及研，研而未及製，茶黃留漬，其色味所失已半。故焙人得茶天為慶。

又《采擇》 擷茶以黎明，見日則止。用爪斷芽，不以指揉，慮氣汗薰漬，茶不鮮潔。故茶工多以新汲水自隨，得芽則投諸水。凡芽如雀舌穀粒者為鬥品，一槍一旗為揀芽，一槍二旗為次之，餘斯為下茶。茶始芽萌，則有白合；既擷，則有烏蒂。白合不去，害茶味；烏蒂不去，害茶色。

又《蒸壓》 茶之美惡，尤係於蒸芽壓黃之得失。蒸太生則芽滑，故色清而味烈；過熟則芽爛，故茶色赤而不膠。壓久則氣竭味漓，不及則色暗味澀。蒸芽欲及熟而香，壓黃欲膏盡亟止，如此，則製造之功十已

得七八矣。

又《製造》 滌芽惟潔，濯器惟淨，蒸壓惟其宜，研膏惟熱，焙火惟良。飲而有〔少〕砂者，滌濯之不精也。文理燥赤者，焙火之過熟也。夫造茶，先度日晷之短長，均工力之眾寡，會采擇之多少，使一日造成。恐茶過宿，則害色味。

又《鑒辨》 茶之範度不同，如人之有面首也。膏稀者，其膚蹙以文；膏稠者，其理斂以實。即日成者，其色則青紫；越宿製造者，其色則慘黑。有肥凝如赤蠟者，末雖白，受湯則黃；有縝密如蒼玉者，末雖灰，受湯愈白。有光華外暴而中暗者，有明白內備而表質者，其首面之異同，難以概論。要之色瑩徹而不駁，質縝繹而不浮，舉之則凝然，碾之則鏗然，可驗其為精品也。有得於言意之表者，可以心解。

比又有貪利之民，購求外焙已采之芽，假以製造，研碎已成之餅，易以範模，雖名氏采製似之，其膚理色澤，何所逃於鑑賞哉。

又《外焙》 世稱外焙之茶，臠小而色駁，體好而味澹，方之正焙，昭然可別。近之好事者，篋笥之中，往往半之蓄外焙之品。蓋外焙之家，久而益工製造之妙，咸取則於壑源，傚像規模，摹外為正。殊不知其臠雖等而蔑風骨，色澤雖潤而無藏蓄，體雖實而膏理乏縝密之文，味雖重而澀滯乏馨香之美，何所逃乎外焙哉？雖然，有外焙者，有淺焙者。蓋淺焙之茶，去壑源為未遠，制之能工，則色亦瑩白，擊拂有度，則體亦立湯，惟甘重香滑之味稍遠於正焙耳。至於外焙，則迥然可辨。其有甚者，又至於采柿葉桴欖之萌，相雜而造，味雖與茶相類，點時隱隱有輕絮泛然，茶面粟文不生，乃其驗也。桑苧翁曰：『雜以卉莽，飲之成病。』可不細鑑而熟辨之？

宋 曾慥《茶録・火前火後》 蜀雅州蒙頂上，有火前茶，謂禁火以前採者。後者曰火後茶。又有石花茶。

又《報春鳥》 《顧渚山茶記》：『山中有鳥，每至正月二月，鳴云「春起也」；至三四月云「春去也」。』採茶者呼為報春鳥。

宋 熊蕃撰，熊克補，清 汪繼壕按校《宣和北苑貢茶録》 陸羽《茶經》、裴汶《茶述》，皆不第建品。說者但謂二子未嘗至閩，〔繼壕按〕《說郛》『閩』作『建』。曹學佺《輿地名勝志》：『甌寧縣雲際山在鐵獅山左，上有永慶寺，後有陸羽泉，相傳唐陸羽所鑿。宋楊億詩云「陸羽不到此，標名慕昔賢」是也。』而不知物之發也，固自有時。蓋昔者山川尚閟，靈芽未露。至於唐末，然後北苑出為之最。〔繼壕按〕張舜民《畫墁録》云：『有唐茶品，以陽羨為上供，建溪北苑未著也。貞元中，常袞為建州刺史，始蒸焙而研之，謂研膏茶。』顧祖禹《方輿紀要》云：『鳳凰山之麓名北苑，廣二十里，舊經云，偽閩龍啟中，里人張廷暉以所居北苑地宜茶，獻之官，其地始著。』沈括《夢溪筆談》云：『建溪勝處曰郝源、曾坑，其間又岔根山頂二品尤勝，李氏時號為北苑，置使領之。』姚寬《西溪叢語》云：『建州龍焙面北，謂之北苑。』《宋史・地理志》：『建安有北苑茶焙、龍焙。』宋子安《試茶録》云：『北苑西距建安之洄溪二十里，東至東宮百里。過洄溪，踰東宮，則僅能成餅耳。獨北苑連屬諸山者最勝。』蔡條《鐵圍山叢談》云：『北苑龍焙者，在一山之中間，其周遭則諸葉地也，居是山號正焙。一出是山之外，則曰外焙。正焙、外焙，色香迥殊。此亦山秀地靈所鍾之有異色已。龍焙又號官焙。』

又 亦第言建有紫筍，〔繼壕按〕樂史《太平寰宇記》云：『建州土貢茶，引《茶經》云：「建州方山之芽及紫筍，片大極硬，須湯浸之，方可碾，極治頭痛，江東老人多味之。」』而臘面乃產於福。五代之季，建屬南唐。南唐保大三年，俘王延政，而得其地。歲率諸縣民，採茶北苑，初造研膏，繼造臘面。丁晉公《茶録》載：泉南老僧清錫，年八十四，嘗示以所得李國主書寄研膏茶，隔兩歲方得臘面，此其實也。至景祐中，監察御史丘荷撰《御泉亭記》，乃云，『唐季敕福建罷貢橄欖，但贄臘面茶，即臘面產于建安明矣』。荷不知臘面之號始於福，其後建安始為之。按唐《地理志》：福州貢茶及橄欖，建州惟貢綀練，未嘗貢茶。前所謂『罷貢橄欖，惟贄臘面茶』，皆為福也。慶曆初，林世程作《閩中記》，言福茶所產在閩縣十里。且言往時建茶未盛，本土有之，今則土人皆食建茶。世程之說，蓋得其實。而晉公所記，臘面起於南唐，乃建茶也。既又〔繼壕按〕原本『又』作『有』，據《說郛》、《天中記》、《廣羣芳譜》改。製其佳者，號曰京鋌。其狀如貢神金、白金之鋌。聖朝開寶末，下南唐。太平興國初，特置龍鳳模，遣使即北苑造團茶，以別庶飲，龍鳳茶蓋始於此。〔按〕《宋史・食貨志》載：『建寧臘茶，北苑為第一，其最佳者曰社前，次曰火前，又曰雨前，所以供玉食，備賜予，太平興國始置。大觀以後，製愈精，數愈多，胯式屢變，而品不一。歲貢片茶二十一萬六千斤。』又《建安志》：『太平興國二年，始置龍焙，造龍鳳茶，漕臣柯適為之記云。』又一種茶，叢生石崖，枝葉尤茂。至道初，有詔造之，別號石乳。〔繼壕按〕彭乘《墨客揮犀》云：『建安能仁院有茶生石縫間，寺僧采造，得茶八餅，號石巖白，當即此品。』《事文類聚續集》云：『至道間，仍添造石乳、臘面。』而此無臘面，稍異。又一種號的乳，〔按〕馬令《南唐書》：嗣主李璟『命建州茶製的乳茶，號曰京鋌。臘茶之貢自此始，罷貢陽羨茶。』〔繼壕按〕《南唐書》事在保大四年。又一種號白乳。蓋自龍鳳與京、〔繼壕按〕原本脱『京』字，據《說郛》補。石、的、白四種繼出，而臘面降為下矣。楊文公億《談苑》所記，龍茶以供乘輿及

賜執政、親王、長主，其餘皇族、學士、將帥皆得鳳茶，舍人、近臣賜金鋌、的乳，而白乳賜館閣，惟臘面不在賜品。〔按〕《建安志》載《談苑》云：京鋌、的乳賜舍人、近臣，白乳、的乳賜館閣。疑京鋌誤金鋌，白乳下遺的乳。〔繼壕按〕《廣羣芳譜》引《談苑》與原注同。惟原注內『白茶賜館閣，惟臘面不在賜品』二句，作『館閣白乳』。龍鳳、石乳茶，皆太宗令罷。金鋌正作京鋌。王鞏《甲申雜記》云：『初貢團茶及白羊酒，惟見任兩府方賜之。仁宗朝及前宰臣，歲賜茶一斤、酒二壺，後以為例。』《文獻通考》榷茶條云：『凡茶有二類，曰片曰散，其名有龍、鳳、石乳、的乳、白乳、頭金、臘面、頭骨、次骨、末骨、粗骨、山挺十二等，以充歲貢及邦國之用。』注云：『龍、鳳皆團片，石乳、頭乳皆狹片，名曰京的。乳亦有闊片者。乳以下皆闊片。』

又 慶曆中，蔡君謨將漕，創造小龍團以進，被旨仍歲貢之。君謨《北苑造茶詩》自序云：『其年改造上品龍茶二十八片，纔一斤，尤極精妙，被旨仍歲貢之。』歐陽文忠公《歸田録》云：『茶之品莫貴於龍鳳，謂之小團，凡二十八片，重一斤，其價直金二兩。然金可有，而茶不可得，嘗南郊致齋，兩府共賜一餅，四人分之。宮人往往鏤金花其上，蓋貴重如此。』〔繼壕按〕石刻蔡君謨《北苑十詠·采茶詩》自序云：『其年改作新茶十斤，尤甚精好，被旨號為上品龍茶，仍歲貢之。』又詩句注云：『龍鳳茶八片為一斤，上品龍茶每斤二十八片。』《澠水燕談》作『上品龍茶一斤二十餅。』葉夢得《石林燕語》云：『故事，建州歲貢大龍鳳團茶各二斤，以八餅為斤。仁宗時，蔡君謨知建州，始別擇茶之精者，為小龍團十斤以獻，斤為十餅。仁宗以非故事，命劾之，大臣為請，因留免劾，然自是遂為歲額。』王從謹《清虛雜著補闕》云：蔡君謨始作小團茶入貢，意以仁宗嗣未立，而悅上心也。又作曾坑小團，歲貢一斤，歐文忠所謂兩府共賜一餅者是也。』吳曾《能改齋漫録》云：『小龍小鳳，初因君謨為建漕造十斤獻之，朝廷以其額外，免勘。明年詔第一綱盡為之。』自小團出，而龍鳳遂為次矣。元豐間，有旨造密雲龍，其品又加於小團之上。昔人詩云『小璧雲龍不入香，元豐龍焙乘詔作』，蓋謂此也。〔按〕此乃山谷和楊王休點雲龍詩。〔繼壕按〕《山谷集·博士王揚休碾密雲龍同十三人飲之戲作》云：『矞雲蒼璧小般龍，貢包新樣出元豐。王郎坦腹飯床東，太官分賜來婦翁。』又山谷《謝送碾賜壑源揀芽詩》云：『矞雲從龍小蒼璧，元豐至今人未識。』俱與本注異。《石林燕語》云：『熙寧中，賈青為轉運使，又取小團之精者為密雲龍，以二十餅為斤而雙袋，謂之雙角團茶，大小團袋皆用緋，通以為賜也。密雲獨用黃，蓋專以奉玉食。其後又有為瑞雲翔龍者。』周煇《清波雜志》云：『自熙寧後，始貴密雲龍，每歲頭綱修貢，奉宗廟及供玉食外，賚及臣下無幾。戚里貴近，丐賜尤繁。宣仁一日慨歎曰：令建州今後不得造密雲龍，受他人煎炒。不得，也出來道，我要密雲龍，不要團茶，揀好茶吃了，生得甚意智？此語既傳播于縉紳間，由是密雲龍之名益著。』是密雲龍實始于熙寧也。《畫墁録》亦云：『熙寧末，神宗有旨，建州製密雲龍，其品又加於小團矣。然密雲龍之出，則二團少粗，以不能兩好也。』惟《清虛雜著補闕》云：『元豐中，取揀芽不入香，作密雲龍茶，小於小團，而厚實過之。終元豐時，外臣未始識之。宣仁垂簾，始賜二府兩指許一小黃袋，其白如玉，上題曰揀芽，亦神宗所藏。』《鐵圍山叢談》云：『神祖時，即龍焙又進密雲龍。密雲龍者，其雲紋細密，更精絕于小龍團也。』紹聖間，改為瑞雲翔龍。〔繼壕按〕《清虛雜著補闕》：『元祐末，福建轉運司又取北苑鎗旗，建人所作鬥茶者也，以為瑞雲龍。請進，不納。紹聖初，方入貢，歲不過八團。其制與密雲龍等而差小也。』《鐵圍山叢談》云：『哲宗朝，益復進瑞雲翔龍者，御府歲止得十二餅焉。』至大觀初，今上親製《茶論》二十篇，以白茶與常茶不同，偶然生出，非人力可致，於是白茶遂為第一。慶曆初，吳興劉異為《北苑拾遺》云：官園中有白茶五六株，而壅焙不甚至。茶戶唯有王免者，家一巨株，向春常造浮屋以障風日。其後有宋子安者，作《東溪試茶録》，亦言『白茶民間大重，出于近歲。芽葉如紙，建人以為茶瑞。』則知白茶可貴，自慶曆始，至大觀而盛也。〔繼壕按〕《蔡忠惠文集·茶記》云：『王家白茶，聞於天下。其人名大詔。白茶惟一株，歲可作五七餅，如五株錢大。方其盛時，高視茶山，莫敢與之角。一餅直錢一千，非其親故，不可得也。終為園家以計枯其株。予過建安，大詔垂涕為予言其事。今年枯櫱輒生一枝，造成一餅，小於五銖。大詔越四千里，特攜以來京師見予，喜發顏面。予之好茶固深矣，而大詔不遠數千里之役，其勤如此，意謂非予莫之省也。可憐哉！己巳初月朔日書。』本注作『王免』，與此異。宋子安《試茶録》、晁公武《郡齋讀書志》作『朱子安』。既又製三色細芽，〔繼壕按〕《說郛》、《廣羣芳譜》俱作『細茶』。及試新銙、大觀二年，造御苑玉芽、萬壽龍芽。四年，又造無比壽芽及試新銙。〔按〕《宋史·食貨志》『銙』作『胯』。〔繼壕按〕《石林燕語》作『䩖』，《清波雜志》作『夸』。貢新銙。政和三年造貢新銙式，新貢皆創為此，獻在歲額之外。自三色細芽出，而瑞雲翔龍顧居下矣。〔繼壕按〕《石林燕語》：『宣和後，團茶不復貴，皆以為賜，亦不復如向日之精。後取其精者為䩖茶，歲賜者不同，不可勝紀矣。』《鐵圍山叢談》云：『祐陵雅好尚，故大觀初，龍焙於歲貢色目外，乃進御苑玉芽、萬壽龍芽。政和間，且增以長壽玉圭。玉圭丸僅盈寸，大抵北苑絕品，曾不過是。歲但可十百餅。然名益新、品益出，而舊格遞降于凡劣爾。』

又 芽茶絕矣，至於水芽，則曠古未之聞也。宣和庚子歲，漕臣鄭公可簡〔按〕《潛確類書》作『鄭可聞』。〔繼壕按〕《福建通志》作『鄭可簡』，宣和間，任福建路轉運司（使）。《說郛》作『鄭可問』。始創為銀線水芽。蓋將已揀熟芽再剔去，祇取其心一縷，用珍器貯清泉漬之，光明瑩潔，若銀線然。其製方寸新銙，有小龍蜿蜒其上，號龍園勝雪。〔按〕《建安志》云：『此茶蓋於白合中，取一嫩條如絲髮大者，用御泉水研造成。分試其色如乳，其味腴而美。』又『園』字，《潛確類書》作『團』。今仍從原本，而附識於此。〔繼壕按〕《說郛》、《廣羣芳譜》『園』俱作『團』，下同。唯姚寬《西溪叢語》作『園』。又廢白、的、石三乳，鼎造花銙二十餘色。初，貢茶皆入龍腦，蔡君謨《茶録》云：茶有真香，而入貢者微以龍腦和膏，欲助其香。至是慮奪真味，始不用焉。

又　然龍焙初興，貢數殊少，太平興國初纔貢五十片。〔繼壕按〕《能改齋漫録》云：『建茶務，仁宗初，歲造小龍、小鳳各三十斤，大龍、大鳳各三百斤，不入香京鋌共二百斤，臘茶一萬五千斤。』王存《元豐九域志》云：『建州土貢龍鳳茶八百二十斤。』累增至元符，以片〔繼壕按〕《説郛》作『斤』。計者一萬八千，視初已加數倍，而猶未盛。今則為四萬七千一百片〔繼壕按〕《説郛》作『斤』。有奇矣。此數皆見范逵所著《龍焙美成茶録》。逵，茶官也。〔繼壕按〕《説郛》作『范達』。

自白茶、勝雪以次，厥名實繁，今列于左，使好事者得以觀焉。

貢新銙大觀二年造

試新銙政和二年造

白茶政和三年造〔繼壕按〕《説郛》作『二年』。

龍園勝雪宣和二年造

御苑玉芽大觀二年造

萬壽龍芽大觀二年造

上林第一宣和二年造

乙夜清供宣和二年造

承平雅玩宣和二年造

龍鳳英華宣和二年造

玉除清賞宣和二年造

啟沃承恩宣和二年造

雪英宣和三年造〔繼壕按〕《説郛》作『二年』，《天中記》『雪』作『雲』。

雲葉宣和三年造〔繼壕按〕《説郛》作『二年』。

蜀葵宣和三年造〔繼壕按〕《説郛》作『二年』。

金錢宣和三年造

玉華宣和三年造〔繼壕按〕《説郛》作『二年』。

寸金宣和三年造〔繼壕按〕《西溪叢語》作『千金』，誤。

無比壽芽大觀四年造

萬春銀葉宣和二年造

玉葉長春宣和四年造〔繼壕按〕《説郛》、《廣羣芳譜》此條俱在無疆壽龍下。

宜年寶玉宣和二年造〔繼壕按〕《説郛》作『三年』。

玉清慶雲宣和二年造

無疆壽龍宣和二年造

瑞雲翔龍紹聖二年造〔繼壕按〕《西溪叢語》及下圖目並作『瑞雪翔龍』，當誤。

長壽玉圭政和二年造

興國巖銙

香口焙銙

上品揀芽紹聖二年造〔繼壕按〕《説郛》『紹聖』誤『紹興』。

新收揀芽

太平嘉瑞政和二年造

龍苑報春宣和四年造

南山應瑞宣和四年造〔繼壕按〕《天中記》『宣和』作『紹聖』。

興國巖揀芽

興國巖小龍

興國巖小鳳已上號細色

揀芽

小龍

小鳳

大龍

大鳳已上號粗色

又有瓊林毓粹、浴雪呈祥、壑源拱秀、貢篚推先、價倍南金、暘谷先春、壽巖都〔繼壕按〕《説郛》、《廣羣芳譜》作『卻』。勝、延平石乳、清白可鑒、風韻甚高，凡十色，皆宣和二年所製，越五歲省去。

右歲分十餘綱。惟白茶與勝雪自驚蟄前興役，浹日乃成。飛騎疾馳，不出中春，已至京師，號為頭綱。玉芽以下，即先後以次發。逮貢足時，夏過半矣。歐陽文忠〔公〕詩曰『建安三千五百里，京師三月嘗新茶』，蓋異時如此。〔繼壕按〕《鐵圍山叢談》云：『茶茁其芽，貴在社前，則已進御。自是迤邐宣和間，皆占冬至而嘗新茗，是率人力為之，反不近自然矣。』以今較昔，又為最早。

宋　趙汝礪《北苑別録・開焙》　驚蟄節，萬物始萌，每歲常以前三日開焙，遇閏則反之，〔繼壕按〕《説郛》『反』作『後』。以其氣候少遲故也。〔按〕《建安志》：『候當驚蟄，萬物始萌，漕司常前三日開焙，令春夫喊山以助和氣，遇閏則後二日。』〔繼壕按〕《試茶録》：『建溪茶比他郡最先，北苑壑源者尤早。歲多暖，則先驚蟄十

日即芽；歲多寒，則後驚蟄五日始發。先芽者，氣味俱不佳，唯過驚蟄者最為第一，民間常以驚蟄為候。』

又《采茶》　採茶之法，須是侵晨，不可見日。侵晨則夜露未晞，茶芽肥潤，見日則為陽氣所薄，使芽之膏腴內耗，至受水而不鮮明。故每日常以五更撾鼓，集羣夫於鳳凰山，山有打鼓亭監採官人給一牌入山，至辰刻則復鳴鑼以聚之，恐其踰時貪多務得也。

大抵採茶亦須習熟，募夫之際，必擇土著及諳曉之人，非特識茶發早晚所在，而於採摘亦知其指要。蓋以指而不以甲，則多溫而易損；以甲而不以指，則速斷而不柔。從舊說也故採夫欲其習熟，政為是耳。採夫日役二百二十五人。〔繼壕按〕《說郛》作『二百二十二人。』徽宗《大觀茶論》：『擷茶以黎明，見日則止。用爪斷芽，不以指揉，慮氣汗熏漬，茶不鮮潔。故茶工多以新汲水自隨，得芽則投諸水。』《試茶録》：『民間常以春陰為採茶得時，日出而採，則芽葉易損，建人謂之採摘不鮮是也。』

又《揀茶》　茶有小芽，有中芽，有紫芽，有白合，有烏蔕，此不可不辨。小芽者，其小如鷹爪，初造龍園勝雪、白茶，以其芽先次蒸熟，置之水盆中，剔取其精英，僅如鍼小，謂之水芽，是芽中之最精者也。中芽，古謂〔繼壕按〕《說郛》有『之』字。一鎗一旗是也。紫芽，葉之〔繼壕按〕原本作『以』，據《說郛》改。紫者是也。白合，乃小芽有兩葉抱而生者是也。烏蔕，茶之蔕頭是也。凡茶以水芽為上，小芽次之，中芽又次之，紫芽、白合、烏蔕，皆在所不取。〔繼壕按〕《大觀茶論》：『茶之始芽萌則有白合，既擷則有烏蔕。白合不去害茶味，烏蔕不去害茶色。』原本脱『不』字，據《說郛》補。使其擇焉而精，則茶之色味無不佳。萬一雜之以所不取，則首面不勻，色濁而味重也。〔繼壕按〕《西溪叢語》：『建州龍焙，有一泉極清澹，謂之御泉。用其池水造茶，即壞茶味。惟龍園勝雪、白茶二種，謂之水芽，先蒸後揀，每一芽先去外兩小葉，謂之烏蔕，又次去兩嫩葉，謂之白合，留小心芽置於水中，呼為水芽，聚之稍多即研焙為二品，即龍園勝雪、白茶也。茶之極精好者，無出於此，每胯計工價近三十千。其他茶雖好，皆先揀而後蒸研，其味次第減也。

又《蒸茶》　茶芽再四洗滌，取令潔淨，然後入甑，俟湯沸蒸之。然蒸有過熟之患，有不熟之患。過熟則色黃而味淡，不熟則色青易沈，而有草木之氣，唯在得中之為當也。

又《榨茶》　茶既熟謂茶黃，須淋洗數過，欲其冷也方入小榨，以去其水，又入大榨出其膏。水芽以馬榨壓之，以其芽嫩故也。〔繼壕按〕《說郛》『馬』作『高』。先是包以布帛，束以竹皮，然後入大榨壓之，至中夜取出揉勻，復如前入榨，謂之翻榨。徹曉奮擊，必至於乾淨而後已。蓋建茶味遠而力厚，非江茶之比。江茶畏流其膏，建茶惟恐其膏之不盡，膏不盡，則色味重濁矣。

又《研茶》　研茶之具，以柯為杵，以瓦為盆。分團酌水，亦皆有數，上而勝雪、白茶，以十六水，下而揀芽之水六，小龍、鳳四、大龍、鳳二，其餘皆以十二焉。自十二水以上，日研一團，自六水而下，日研三團至七團。每水研之，必至於水乾茶熟而後已。水不乾則茶不熟，茶不熟則首面不勻，煎試易沈，故研夫猶貴於強而有力者也。

嘗謂天下之理，未有不相須而成者。有北苑之芽，而後有龍井之水。龍井之水，其深不以丈尺，〔繼壕按〕文有脱誤，《說郛》無此六字亦誤。柯適《記御茶泉》云：『深僅二尺許。』清而且甘，晝夜酌之而不竭，凡茶自北苑上者皆資焉。亦猶錦之於蜀江，膠之於阿井，詎不信然？

又《造茶》　造茶舊分四局，匠者起好勝之心，彼此相誇，不能無弊，遂併而為二焉。故茶堂有東局、西局之名，茶銙有東作、西作之號。凡茶之初出研盆，盪之欲其勻，揉之欲其膩，然後入圈製銙，隨笪過黃。有方銙，有花銙，有大龍，有小龍，品色不同，其名亦異，故隨綱繫之於貢茶云。

又《過黃》　茶之過黃，初入烈火焙之，次過沸湯爁之，凡如是者三，而後宿一火，至翌日，遂過煙焙焉。然煙焙之火不欲烈，烈則面炮而色黑，又不欲煙，煙則香盡而味焦，但取其溫溫而已。凡火數之多寡，皆視其銙之厚薄。銙之厚者，有十火至於十五火，銙之薄者，亦〔繼壕按〕《說郛》無『亦』字。八火至於六火。火數既足，然後過湯上出色。出色之後，當置之密室，急以扇扇之，則色〔澤〕自然光瑩矣。

又《綱次》　〔繼壕按〕《西溪叢語》云：『茶有十綱，第一第二綱太嫩，第三綱最妙，自六綱至十綱，小團至大團而止。第一名曰試新，第二名曰貢新，第三名有十六色，第四名有十二色，第五次有十二色，已下五綱皆大小團也。』云云。其所記品目與録同，唯録載細色粗色共十二綱，而寬云十綱，又云第一名試新，第二名貢新，又細色第五綱十二色內，有先春一色，而無興國巖揀芽，並與録異，疑寬所據者宣和時修貢録，而此則本於淳熙間修貢録也。

《清波雜志》云：『淳熙間，親黨許仲啟官麻沙，得北苑修貢録，序以刊行，其間載歲貢十有二綱，凡三等四十一名。第一綱曰龍焙貢新，止五十餘夸（銙），貴重如此。』正與録合。曾敏行《獨醒雜志》云：『北苑産茶，今歲貢三等十有二綱，四萬八千餘銙。』《事文類聚續集》云：『宣政間鄭可簡以貢茶進用，久領漕計，創添續入，其數浸廣，今猶因之。』

細色第一綱

龍焙貢新。水芽，十二水，十宿火。正貢三十銙，創添二十銙。〔按〕《建安志》：『云頭綱用社前三日進發，或稍遲亦不過社後三日。第二綱以後，只火候數足發，多不過十日。粗色雖於五旬内製畢，卻候細綱貢絕，以次進發。第一綱拜，其餘不拜，謂非享上之物也。』

細色第二綱

龍焙試新水芽十二水十宿火正貢一百銙創添五十銙〔按〕《建安志》云：『數有正貢，有添貢，有續添，正貢之外，皆起於鄭可簡為漕日增。』

細色第三綱

龍園勝雪。〔按〕《建安志》云：『龍園勝雪用十六水，十二宿火。白茶用十六水，七宿火。勝雪係驚蟄後採造，茶葉稍壯，故耐火。白茶無培壅之力，茶葉如紙，故火候止七宿，水取其多，則研夫力勝而色白，至火力則但取其適，然後不損真味。』水芽，十六水，十二宿火。正貢三十銙，續添三十銙，創添六十銙。〔繼壕按〕《説郛》作『續添二十銙，創添二十銙。』

白茶。水芽，十六水，七宿火。正貢三十銙，續添十五銙，〔繼壕按〕《説郛》作『五十銙』。創添八十銙。

御苑玉芽。〔按〕《建安志》云：『自御苑玉芽下凡十四品，係細色第三綱，其製之也，皆以十二水。唯玉芽、龍芽二色火候止八宿，蓋二色茶日數比諸茶差早，不取（敢）多用火力。』小芽〔繼壕按〕據《建安志》『小芽』當作『水芽』。詳細色五綱條注。十二水，八宿火。正貢一百片。

萬壽龍芽。小芽，十二水，八宿火。正貢一百片。

上林第一。〔按〕《建安志》云：『雪英以下六品，火用七宿，則是茶力既強，不必火候太多。自上林第一至啟沃承恩凡六品，日子之製同，故量日力以用火力，大抵欲其適當。不論採摘日子之淺深，而水皆十二，研工多則茶色白故耳。』小芽，十二水，十宿火。正貢一百銙。

乙夜清供。小芽，十二水，十宿火。正貢一百銙。

承平雅玩。小芽，十二水，十宿火。正貢一百銙。

龍鳳英華。小芽，十二水，十宿火。正貢一百銙。

玉除清賞。小芽，十二水，十宿火。正貢一百銙。

啟沃承恩。小芽，十二水，十宿火。正貢一百銙。

雪英。小芽，十二水，七宿火。正貢一百片。

雲葉。小芽，十二水，七宿火。正貢一百片。

蜀葵。小芽，十二水，七宿火。正貢一百片。

金錢。小芽，十二水，七宿火，正貢一百片。

玉葉。小芽，十二水，七宿火。正貢一百片。

寸金。小芽，十二水，九宿火。正貢一百銙。

細色第四綱

龍園勝雪。已見前正貢一百五十銙

無比壽芽。小芽，十二水，十五宿火。正貢五十銙，創添五十銙。

萬春銀葉。〔繼壕按〕《説郛》『芽』作『葉』，《西溪叢語》作『萬春銀葉』。小芽，十二水，十宿火。正貢四十片，創添六十片。

宜年寶玉。小芽，十二水，十二宿火。〔繼壕按〕《説郛》作『十宿火』正貢四十片，創添六十片。

玉清慶雲。小芽，十二水，九宿火。〔繼壕按〕《説郛》作『十五宿火』。正貢四十片，創添六十片。

無疆壽龍。小芽，十二水，十五宿火。正貢四十片，創添六十片。

玉葉長春。小芽，十二水，七宿火。正貢一百片。

瑞雲翔龍。小芽，十二水，九宿火。正貢一百八片。

長壽玉圭。小芽，十二水，九宿火。正貢二百片。

興國巖銙。巖屬南州，頃遭兵火廢，今以北苑芽代之。中芽，十二水，十宿火。正貢二百七十銙。

香口焙銙。中芽，十二水，十宿火。正貢五百銙。〔繼壕按〕《説郛》作『五十銙』。

上品揀芽。小芽，十二水，十宿火。正貢一百片。

新收揀芽。中芽，十二水，十宿火。正貢六百片。

細色第五綱

太平嘉瑞。小芽，十二水，九宿火。正貢三百片。

龍苑報春。小芽，十二水，九宿火。正貢六百片。〔繼壕按〕《説郛》作

「六十片」，蓋誤。創添六十片。

南山應瑞。小芽，十二水，十五宿火。正貢六十銙。創添六十銙。

興國巖揀芽。中芽，十二水，十宿火。正貢五百一十片。

興國巖小龍。中芽，十二水，十五宿火。正貢七百五十片。〔繼壕按〕《説郛》作「七百五片」，蓋誤。

興國巖小鳳。中芽，十二水，十五宿火。正貢五十片。

先春兩色

太平嘉瑞。已見前正貢二百片。

長春玉圭。已見前正貢一百片。

續入額四色

御苑玉芽。已見前正貢一百片。

萬壽龍芽。已見前正貢一百片。

無比壽芽。已見前正貢一百片。

瑞雲翔龍。已見前正貢一百片。

粗色第一綱

正貢：不入腦子上品揀芽小龍，一千二百片。〔按〕《建安志》云：「入腦茶，水須差多，研工勝則香味與茶相入。不入腦茶，水須差省，以其色不必白，但欲火候深，則茶味出耳。」六水，十宿火。

入腦子小龍，七百片。四水，十五宿火。

增添：不入腦子上品揀芽小龍，一千二百片。

入腦子小龍，七百片。

建寧府附發：小龍茶，八百四十片

粗色第二綱

正貢：不入腦子上品揀芽小龍，六百四十片。

入腦子小龍，六百四十二片。〔繼壕按〕《説郛》「二」作「七」。入腦子小鳳，一千三百四十四片。〔繼壕按〕《説郛》無下「四」字。四水，十五宿火。

入腦於大龍，七百二十片。二水，十五宿火。

入腦子大鳳，七百二十片。二水，十五宿火。

增添：不入腦子上品揀芽小龍，一千二百片。

入腦子小龍，七百片。

建寧府附發：小鳳茶，一千二百片。〔繼壕按〕《説郛》「二」作「三」。

粗色第三綱

正貢：不入腦子上品揀芽小龍，六百四十片。

入腦子小龍，六百四十四片〔繼壕按〕《説郛》無下「四」字。入腦子小鳳，六百七十二片。

入腦子大龍，一千八片。〔繼壕按〕《説郛》作「一千八百片」。

入腦子大鳳，一千八片。

增添：不入腦子上品揀芽小龍，一千二百片。

入腦子小龍，七百片。

建寧府附發：大龍茶，四百片。大鳳茶，四百片。

粗色第四綱

正貢：不入腦子上品揀芽小龍，六百片。

入腦子小龍，三百三十六片。

入腦子小鳳，三百三十六片。

入腦子大龍，一千二百四十片。

入腦子大鳳，一千二百四十片。

建寧府附發：大龍茶，四百片。大鳳茶，四百片。〔繼壕按〕《説郛》作「四十片」，疑誤。

粗色第五綱

正貢：入腦子大龍，一千三百六十八片。

入腦子大鳳，一千三百六十八片。

京鋌改造大龍，一千六片。〔繼壕按〕《説郛》作「一千六百片」。

建寧府附發：大龍茶，八百片。大鳳茶，八百片。

粗色第六綱

正貢：入腦子大龍，一千三百六十片。

入腦子大鳳，一千三百六十片。

京鋌改造大龍，一千六百片。

建寧府附發：大龍茶，八百片。大鳳茶，八百片。

京鋌改造大龍，一千三百片。〔繼壕按〕《説郛》「三」作「二」。

粗色第七綱

正貢：入腦子大龍，一千二百四十片。

入腦子大鳳，一千二百四十片。

京鋌改造大龍，二千三百五十二片。〔繼壕按〕《說郛》作『二千三百二十片』。

建寧府附發：大龍茶，二百四十片。大鳳茶，二百四十片。

京鋌改造大龍，四百八十片。

細色五綱〔按〕《建安志》云：『細色五綱，凡四十三品，形式各異。其間貢新、試新、龍園勝雪、白茶、御苑玉芽，此五品中，水揀第一，生揀次之。』貢新為最上，後開焙十日入貢。龍園勝雪為最精，而建人有直四萬錢之語。夫茶之入貢，圈以箬葉，內以黃斗，盛以花箱，護以重篚，扃以銀鑰。花箱內外又有黃羅幕之，可謂什襲之珍矣。〔繼壕按〕周密《乾淳歲時記》：『仲春上旬，福建漕司進第一綱茶，名北苑試新，方寸小銙，進御止百銙。護以黃羅軟口，藉以青蒻，裹以黃羅夾複，臣封朱印外，用朱漆小匣，鍍金鎖。又以細竹絲織笈貯之，凡數重。此乃雀舌水芽所造，一銙之直四十萬，僅可供數甌之啜爾。或以一二賜外邸，則以生線分解，轉遺好事，以為奇玩。』

粗色七綱〔按〕《建安志》云：『粗色七綱，凡五品，大小龍鳳並揀芽，悉入腦和膏為團，其四萬餅，即雨前茶。閩中地暖，穀雨前茶已老而味重。』

揀芽以四十餅為角，小龍、鳳以二十餅為角，大龍、鳳以八餅為角。圈以箬葉，束以紅縷，包以紅楮，〔繼壕按〕《說郛》『楮』作『紙』。緘以蒨綾，惟揀芽俱以黃焉。

開畬

草木至夏益盛，故欲導生長之氣，以滲雨露之澤。每歲六月興工，虛其本，培其土，滋蔓之草，遏鬱之木，悉用除之，政所以導生長之氣而滲雨露之澤也。此之謂開畬。〔按〕《建安志》云：『開畬，茶園惡草，每遇夏日最烈時，用眾鋤治，殺去草根，以糞茶根，名曰開畬。若私家開畬，即夏半、初秋各用工一次，故私園最茂，但地不及焙之勝耳。』惟桐木則留焉。桐木之性與茶相宜，而又茶至冬則畏寒，桐木望秋而先落；茶至夏而畏日，桐木至春而漸茂，理亦然也。

又《外焙》 石門、乳吉、〔繼壕按〕《試茶録》載丁氏舊録東山之焙十四，有乳橘內焙、乳橘外焙。此作乳吉，疑誤。香口右三焙，常後北苑五七日興工，每日採茶蒸榨以過黃，悉送北苑併造。

宋 趙希鵠《調燮類編》卷三《清飲》 木樨、茉莉、玫瑰、薔薇、蘭蕙、橘花、梔子、木香、梅花皆可作茶。諸花開時，摘其半含半放，香氣全者，量其茶葉多少，摘花為拌。花多則太香，花少則欠香，三停茶葉一停花，始稱。如木樨花，須去其枝蒂及塵垢蟲蟻，用磁罐，一層花，一層茶，相間填滿，紙箬紮固，入鍋，隔罐湯煮，取出待冷，用紙封裹，置火上焙乾收用，諸花倣此。

元 王禎《農書》卷一〇《百穀譜十・茶》 茶之為物，釋滯去垢，破睡除煩，功則著矣。其或採造藏貯之無法，碾焙煎試之失宜，則雖建芽浙茗，秖為常品。故採之宜早，率以清明穀雨前者為佳，過此不及。然茶之美者，質良而植茂，新芽一發，便長寸餘，其細如針，斯為上品。如雀舌、麥顆，特次材耳。採訖，以甑微蒸，生熟得所。生則味澀，熟則味減蒸已，用筐箔薄攤，乘濕略揉之，入焙勻佈，火烘令乾，勿使焦。編竹為焙，裹箬覆之，以收火氣。茶性畏濕，故宜箬，收藏者必以箬籠，剪箬、雜貯之，則久而不浥。宜置頓高處，令常近火為佳。

又 茶之用有三：曰茗茶，曰末茶，曰蠟茶。凡茗煎者擇嫩芽，先以湯泡去熏氣，以湯煎飲之。今南方多效此。然末子茶尤妙。先焙芽令燥，入磨細碾，以供點試。凡點，湯多茶少則雲脚散，湯少茶多則粥面聚。鈔茶一錢七，先注湯，調極勻，又添注入，迴環擊拂，視其色鮮白、著盞無水痕為度。其茶既甘而滑。南方雖產茶，而識此法者甚少。蠟茶最貴，而製作亦不凡。擇上等嫩芽，細碾入羅，雜腦子諸香膏油，調齊如法，印作餅子，製樣任巧。候乾仍以香膏油潤飾之。其製有大小龍團帶胯之異。此品惟充貢獻，民間罕見之。始于宋丁晉公，成於蔡端明；間有他造者，色、香、味俱不及。蠟茶珍藏既久，點時先用溫水微漬去膏油。以紙裹槌碎，用茶鈐微炙，旋入碾羅。旋碾則色白，經宿則色昏，新者不用漬。茶鈐，屈金鐵為之，砧用石，椎用木。

茶之用芼，核挑、松實、脂麻、杏仁、栗任用；雖失正味，亦供咀嚼。然茶性冷，多飲則能消陽，山谷益以薑鹽煎飲，其亦以是歟。因併及之。

元 魯明善《農桑衣食撮要》卷上《二月・摘茶》 署蒸色小变，摊开搧气通，用手揉以竹箬，烧烟火气焙干，以箬叶收。谚云：茶是草，

箬是寶。

明 陳繼儒《茶董補・片散二類》以下八則，補叙製茶 凡茶有二類，曰片，曰散。片茶，蒸造，實捲模中串之；惟劍建，則既蒸而研，編竹為格，置焙室中，最為精潔，他處不能造。其名有龍、鳳、石乳、的乳、白乳、頭金、蠟面、頭骨、次骨、末骨、粗骨、山挺十二等，以充國貢及邦國之用，洎本路食茶。餘州片茶，有進寶、雙勝、寶山兩府，出興國軍；仙芝、嫩蕊、福合、祿合、運合、慶合、指合，出饒池州；泥片出虔州；綠英金片出袁州；玉津出臨江軍靈川；福州先春、早春、華英、來泉、勝金，出歙州；獨行靈草、綠芽片金、金茗出潭州；大柘枕出江陵、大小巴陵；開勝、開捲、小捲、生黃翎毛，出岳州；雙上綠芽、大小方出岳、辰、澧州；東首、淺山薄側，出光州；總二十六名。兩浙及宣江等州，以上中下或第一至第五為號。散茶有太湖、龍溪、次號、末號，出淮南，岳麓、草子、楊樹、雨前、雨後，出荊湖；青口，出歸州；茗子，出江南，總十一名。《文獻通考》

又《製法沿革》 唐時製茶，不第建安品。五代之季，建屬南唐，諸縣採茶，北苑初造研膏，繼造蠟面，既而又製佳者，曰京挺。宋太平興國二年，始置龍鳳模。遣使即北苑團龍鳳茶，以別庶飲。又一種叢生石崖，枝葉尤茂；至道初，有詔造之，別號石乳；又一種，號的乳；又一種，號白乳。此四種出，而蠟面斯下矣。真宗咸平中，丁謂為福建漕，監御茶，進龍、鳳團，始載之《茶録》。仁宗慶曆中，蔡襄為漕，始改造小龍團以進。旨令歲貢，而龍鳳遂為次矣。神宗元豐間，有旨造密雲龍，其品又加於小團之上。哲宗紹聖中，又改為瑞雲翔龍，至徽宗大觀初，親製《茶論》二十篇，以白茶自為一種，與他茶不同，其條敷闡，其葉瑩薄，崖林之間，偶然生出，非人力可致。正焙之有者，不過四五家，家不過四五株，所造止於一二銙而已。淺焙亦有之，但品格不及，於是白茶遂為第一。既而又製三色細芽及試新銙、貢新銙。自三色細芽出，而瑞雲翔龍又下矣。宣和庚子，漕臣鄭可簡，始創為銀絲水芽。蓋將已揀熟芽再令剔去，止取其心一縷，用珍器貯清泉漬之，光瑩如銀絲然。又製方寸新銙，有小龍蜿蜒其上，號龍團勝雪。又廢白、的、石三鼎乳，造花銙二十餘色。初貢茶皆入龍腦，至是慮奪其味，始不用焉。蓋茶之妙，至勝雪極矣，合為首冠；然在白茶之下者。白茶，上所好也。其茶歲分十餘綱，惟白茶與勝雪，驚蟄前興役，浹日乃成，飛騎仲春至京師，號為綱頭玉芽。《負暄雜録》

又《畏香宜温》以下六則補叙焙瀹 藏茶宜箬葉而畏香藥，喜温燥而忌濕冷。故收藏之家，以箬葉封裹入焙，三兩日一次，用火常如人體温温然，以禦濕潤。若火多，則茶焦不可食。蔡襄《茶録》

又《焙籠法式》 茶焙編竹為之，裹以箬葉，蓋其上，以收火也，隔其中，以有容也，納火其下，去茶尺許，常溫溫然，所以養茶色香味也。茶不入焙，宜密封裹，以箬籠盛之置高處。蔡襄《茶録》

明 徐𤊹《武夷茶考》《茶集》 元大德間，浙江行省平章高興，始採製充貢，創關御茶園於四曲，建第一春殿，清神堂，焙芳、浮光、燕嘉、宜寂四亭。門曰仁風，井曰通仙，橋曰碧雲。國朝寢廢為民居，惟喊山臺、泉亭故址猶存。喊山者，每當仲春驚蟄日，縣官詣茶場，致祭畢，隸卒鳴金擊鼓，同聲喊曰：『茶發芽！』而井水漸滿；造茶畢，水遂渾涸。而茶戶採造，有先春、採春、次春三品，又有旗槍、石乳諸品，色香味不減北苑。國初罷團餅之貢，而額貢每歲茶芽九百九十斤，凡四品。嘉靖三十六年，郡守錢璞奏免解茶，將歲編茶夫銀二百兩，解府造辦解京，而御茶改貢延平。而茶園鞠為茂草，井水亦日湮塞。然山中土氣宜茶，環九曲之內，不下數百家，皆以種茶為業，歲所産數十萬斤。水浮陸轉，鬻之四方，而武夷之名，甲於海內矣。

明 高元濬《茶乘》 斷茶以甲不以指，以甲，則速斷不柔；以指，則多濕易損。宋子安《東溪試茶録》

清 陸廷燦《續茶經》卷上《茶之源》 姚寬《西溪叢語》：建州龍焙面北，謂之北苑。有一泉，極清澹，謂之御泉。用其池水造茶，即壞茶味；惟龍團勝雪、白茶二種，謂之水芽。先蒸後揀。每一芽，先去外兩小葉，謂之烏蔕。又次取兩嫩葉，謂之白合。留小心芽，置於水中，呼為水芽。聚之稍多，即研焙為二品，即龍園勝雪、白茶也。茶之極精好者，無出於此，每胯計工價近二十千。其他皆先揀而後蒸研，其味次第減也。茶有十綱，第一綱、第二綱太嫩，第三綱最妙，自六綱至十綱，小團至大團而止。

又 卷上《茶之造》 《萬花谷》：龍焙泉，在建安城東鳳凰山，一名御泉。北苑造貢茶，社前芽細如針，用此水研造，每片計工直錢四萬，分試其色如乳，乃最精也。

《文獻通考》：宋人造茶有二類，曰片、曰散。片者即龍團舊法，散者則不蒸而乾之，如今時之茶也。始知南渡之後，茶漸以不蒸為貴矣。

《學林新編》：茶之佳者，造在社前，其次火前，謂寒食前也。其下則雨前，謂穀雨前也。唐僧齊已詩曰：『高人愛惜藏巖裏，白甄封題寄火前。』其言火前，蓋未知社前之為佳也。唐人於茶，雖有陸羽《茶經》，而持論未精。至本朝蔡君謨《茶録》，則持論精矣。

《苕溪詩話》：北苑，官焙也。漕司歲貢為上。壑源，私焙也。土人亦以入貢，為次。二焙相去三四里間。若沙溪，外焙也，與二焙絕遠，為下。故魯直詩『莫遣沙溪來亂真』，是也。官焙造茶，嘗在驚蟄後。

朱翌《猗覺寮記》：唐造茶與今不同。今採茶者，得芽即蒸熟焙乾；唐則旋摘旋炒。劉夢得《試茶歌》：『自傍芳叢摘鷹嘴，斯須炒成滿室香。』又云：『陽崖陰嶺各不同，未若竹下莓苔地。』竹間茶最佳。

《武夷志》：通仙井，在御茶園。水極甘冽，每當造茶之候，則井自溢，以供取用。

《金史》：泰和五年春，罷造茶之坊。

又 謝肇淛《五雜俎》：古人造茶，多舂令細末而蒸之。唐詩『家僮隔竹敲茶臼』是也。至宋始用碾，若揉而焙之，則本朝始也。但揉者恐不及細末之耐藏耳。

今造團之法皆不傳，而建茶之品亦遠出吴會諸品下，其武夷、清源二種，雖與上國爭衡，而所產不多，十九贋鼎，故遂令聲價靡復不振。

閩之方山、太姥、支提俱產佳茗，而製造不如法，故名不出里閈。予嘗過松蘿，遇一製茶僧，詢其法。曰：茶之香，原不甚相遠，惟焙之者火候極難調耳。茶葉尖者太嫩，而蒂多老。至火候匀時，尖者已焦，而蒂尚未熟。二者雜之，茶安得佳？製松蘿者，每葉皆剪去其尖蒂，但留中段，故茶皆一色。而工力煩矣，宜其價之高也。閩人急於售利，每觔不過百錢，安得費工如許？若價高即無市者矣。故近來建茶，所以不振也。

藝文

宋 蔡襄《端明集》卷二《北苑十咏·采采》 春衫逐紅旗，散入青林下。陰崖喜先至，新苗漸盈把。竟携筠籠歸，更帯山雲寫。

又《造茶》 屑玉寸陰間，摶金新範裏。規呈月正圓，勢動龍初起。焙出香色全，爭誇火候是。

明清製茶工藝

論説

明 高濂《遵生八箋》卷一一《飲饌服食箋·茶泉類·論茶品》 若天池茶，在穀雨前收細芽，炒得法者，青翠芳馨，嗅亦消渴。若真芥茶，其價甚重，兩倍天池，惜乎難得，須用自己令人採收方妙。又如浙之六安，茶品亦精，但不善炒，不能發香而色苦，茶之本性實佳。如杭之龍泓即龍井也，茶真者，天池不能及也。山中僅有一二家，炒法甚精。近有山僧焙者亦妙，但出龍井者方妙。

明 許次紓《茶疏·今古製法》 古人製茶，尚龍團鳳餅，雜以香藥。蔡君謨諸公，皆精於茶理，居恆鬥茶，亦僅取上方珍品碾之，未聞新制。若漕司所進第一綱名北苑試新者，乃雀舌、冰芽。所造一夸之直至四十萬錢，僅供數盂之啜，何其貴也。然冰芽先以水浸，已失真味，又和以名香，益奪其氣，不知何以能佳。不若近時製法，旋摘旋焙，香色俱全，尤蘊真味。

明 陳繼儒《茶話》 採茶欲精，藏茶欲燥，烹茶欲潔。

明 羅廩《茶解》 茶通仙靈，久服能令昇舉，然蘊有妙理，非深知篤好，不能得其當。蓋知深斯鑒別精，篤好斯修製力。余自兒時性喜茶，顧名品不易得，得亦不常有，乃周遊産茶之地，採其法制，參互考訂，深有所會，遂於中隱山陽栽植培灌，茲且十年。春夏之交，手為摘

製，聊足供齋頭烹啜，論其品格，當雁行虎丘。因思制度有古人意慮所不到，而今始精備者，如席地團扇，以冊易卷，以墨易漆之類，未易枚舉。即茶之一節，唐宋間研膏蠟面，京挺龍團，或至把握纖微，直錢數十萬，亦珍重哉。而碾造愈工，茶性愈失，矧雜以香物乎？曾不若今人止精於炒焙，不損本真。故桑苧《茶經》，第可想其風致，奉為開山，其舂碾羅則諸法，殊不足倣。

明 龍膺《蒙史》 今時茶法甚精，虎丘、羅岕、天池、顧渚、松蘿、龍井、雁蕩、武夷、靈山、大盤、日鑄諸茶為最勝，皆陸經所不載者。乃知靈草在在有之，但人不知培植，或疏於製法耳。

楚地如桃源、安化，多產茶，第土人止知蒸法如羅岕耳。若能製如天池、松蘿，香味更美。吾孝廉兄君超，置有茶山，園在桃源鄭家驛西南二十里。巖谷奇峭，澗壑幽靚，居人以茶為業，耕石田而茶味濃厚。近稍稍知炒焙法。

明 徐𤊹《茗譚》 《茶經》所載，閩方山產茶，今間有之，不如鼓山者佳。侯官有九峯、壽山，福清有靈石，永福有名山室，皆與鼓山伯仲。然製焙有巧拙，聲價因之低昂。

又 吳中顧元慶《茶譜》取諸花和茶藏之，殊奪真味。閩人多以茉莉之屬浸水瀹茶，雖一時香氣浮碗，而於茶理大舛。但斟酌時，移建蘭、素馨、薔薇、越橘諸花於几案前，茶香與花香相雜，尤助清況。

又 種茶易，採茶難；採茶易，焙茶難；焙茶易，藏茶難；藏茶易，烹茶難。稍失法律，便減茶勳。

明 馮時可《茶録》 茶，一名檟，又名蔎，名茗，名荈。檟，苦茶也；蔎，則西蜀語；茗，則晚取者。《本草》：荈甘檟苦。羽《經》則稱：檟甘荈苦。茶尊為《經》，自陸羽始。羽《經》稱：茶味至寒，採不時，造不精，雜以卉莽，飲之成疾。若採造得宜，便與醍醐、甘露抗衡。故知茶全貴採造。蘇州茶飲遍天下，專以採造勝耳。徽郡向無茶，近出松蘿茶，最為時尚。是茶始比丘大方。大方居虎丘最久，得採造法，其後於徽之松蘿結庵，採諸山茶於庵焙製，遠邇爭市，價倏翔湧，人因稱松蘿茶，實非松蘿所出也。是茶比天池茶稍粗，而氣甚香，味更清，然於虎丘能稱仲，不能伯也。松郡佘山亦有茶，與天池無異，顧採造不如。近有比丘來，以虎丘法製之，味與松蘿等。老衲亟逐之，曰：『無為此山開羶徑而置火坑。』蓋佛以名為五欲之一，名媒利，利媒禍，物且難容，況人乎？

明 周高起《洞山岕茶系》 唐李栖筠守常州日，山僧進陽羨茶，陸羽品為『芬芳冠世，產可供上方』。遂置茶舍於罨畫谿，去湖汊一里所，歲供萬兩。許有穀詩云『陸羽名荒舊茶舍，卻教陽羨置郵忙』，是也。其山名茶山，亦曰貢山，東臨罨畫谿。修貢時，山中湧出金沙泉，杜牧詩所謂『山實東南秀，茶稱瑞草魁。泉嫩黃金湧，芽香紫璧裁』者是也。山在均山鄉，縣東南三十五里。又茗山，在縣西南五十里永豐鄉。皇甫曾有《送陸羽南山採茶》詩：『千峯待逋客，香茗復叢生。採摘知深處，煙霞羨獨行。幽期山寺遠，野飯石泉清。寂寂燃燈夜，相思磬一聲。』見時貢茶在茗山矣。又唐天寶中，稠錫禪師名清晏，卓錫南岳，磵上泉忽迸石窟間，字曰『真珠泉』。師曰『宜瀹吾鄉桐廬茶』，爰有白蛇銜種菴側之異。南岳產茶，不絕修貢。迨今方春採茶，清明日，縣令躬享白蛇於卓錫泉亭，隆厥典也。後來檄取，山農苦之。故袁高有『陰嶺茶未吐，使者牒已頻』之句。郭三益題南岳寺壁云：『古木陰森梵帝家，寒泉一勺試新茶。官符星火催春焙，卻使山僧怨白蛇。』盧仝《茶歌》亦云：『天子須嘗陽羨茶，百草不敢先開花。』又云：『安知百萬億蒼生，命墜顛崖受辛苦。』可見貢茶之苦。民亦自古然矣。至岕茶之尚于高流，雖近數十年中事，而厥產伊始，則自盧仝隱居洞山，種於陰嶺，遂有茗嶺之目。相傳古有漢王者，棲遲茗嶺之陽，課童藝茶。踵盧仝幽致，陽山所產，香味倍勝茗嶺。所以老廟後一帶，茶猶唐宋根株也。貢山茶今已絕種。

羅岕去宜興而南踰八九十里，浙直分界，只一山岡，岡南即長興山。兩峯相阻，介就夷曠者，人呼為岕；履其地，始知古人製字有意。今字書『岕』字，但注云山名耳。云有八十八處。前橫大磵，水泉清駛，漱潤茶根，洩山土之肥澤，故洞山為諸岕之最。自西氿溯張渚而入，取道茗嶺，甚險惡；縣西南八十里。自東氿溯湖汊而入，取道纏嶺，稍夷才通車騎。

又《第一品》 老廟後，廟祀山之土神者，瑞草叢鬱，殆比茶星肸蠁矣。地不二三畝，苕溪姚象先與婿朱奇生分有之。茶皆古本，每年產不

廿斤，色淡黃不綠，葉筋淡白而厚，製成梗絕少。入湯，色柔白如玉露，味甘，芳香藏味中。空濛深永，啜之愈出，致在有無之外。

又《第二品皆洞頂岕也**》** 新廟後、棋盤頂、紗帽頂、手巾條、姚八房，及吳江周氏地，産茶亦不能多。香幽色白，味冷雋，與老廟不甚別，啜之差覺其薄耳。總之，品岕至此，清如孤竹，和如柳下，並入聖矣。今人以色濃香烈為岕茶，真耳食而眯其似也。

又《貢茶》 即南岳茶也。天子所嘗，不敢置品。縣官修貢，期以清明日，入山肅祭，乃始開園採。製視松蘿、虎丘，而色香豐美。自是天家清供，名曰片茶。初亦如岕茶製，萬曆丙辰，僧稠蔭游松蘿，乃仿製為片。

清 胡秉樞《茶務僉載・緑茶采摘類》 茶之發芽，始於清明節，擷茶宜於穀雨時，即西曆四月杪五月初也。

茶葉宜乘早曉帶露之時採之，蓋其時含霧露氤氳之氣，地脈上騰，其葉充溢精華，故味濃香烈。

茶葉宜俟其半舒半捲即一旗一槍，葉背猶有白毫，葉面色如翠玉時為佳。採摘半舒半捲者，譬如少壯之人，血氣正盛也。

茶芽初出時，遍被白毫，若於此時採摘，味薄無香，葉片不多，而茶樹亦因之傷壞。

又倘若已愈半舒半捲之時採摘，則葉盡舒將老，精液已枯，香味亦失，製做之時，多成粗片，徒費資耳。

雖採摘及時，若路途遥遠，中途因烈日曝曬，其葉如經湯蒸，其氣炎炎，名為曬青，亦變其香味矣。

若種茶之地畝曠大，其間草茅未能盡鋤而去，致使雜草高伸，與茶樹相齊，須小心選採茶葉，不可貪多攫捋，萬一毒草混雜其間，撿擇未淨，其遺害非啻淺小也。

茶樹發芽三次，初次在穀雨，第二次在黃梅之時，第三次在禾苗揚花時。但初次採摘不可過度，恐礙第二次之發芽也，第二次之採摘亦倣此。

又《緑茶製做類》 紅茶、緑茶，其製法各異。先論緑茶製法：茶葉一經採摘，不論帶雨露與否，即熾炭火於鐵鑊之下，以其鑊發紅為度，再將茶葉倒入鑊內，用手不停炒軟片刻，隨炒隨搓，至粗成一團塊，即移至別鑊。

其別鑊之下亦熾炭火，但其火勢不用甚烈，以鐵鑊微熱為限。而將已成團塊之茶葉倒入鑊中，用手抖開團塊，邊抖邊搓，及至葉葉捲結，再將其移回前之赤熱鐵鑊內，隨炒隨搓，至茶葉盡乾為度。如此者，名為『毛茶』。倘若其茶梗老大，葉片甚多，則分發工人揀取之。若老葉茶梗不多，則不用分揀。

準備竹篩十一二隻，其篩眼自大至小，依次遞減。最初用頭號大眼篩，篩除茶梗及老大葉片。次用二號篩篩過，將篩面所遺之茶，放入頭號篩之竹盆內，稱之為『頭篩毛茶』。三號篩以下皆倣此，依次遞推。

經此過篩之茶葉，分成十二等，每等皆放入風車風車之製法詳下搧過。自子口第二出口正身第一出口分出後，發女工揀擇。揀擇畢，則下鑊磨光。其鑊以磚砌爐，高約二尺許，一人兼顧兩鑊，其下熾炭火以熱鑊，製做者站立於爐背，以兩手搓磨兩鑊之茶葉，觀茶葉之色澤，以定時間之長短。

初炒名曰『磨光』，再炒名曰『作色』，三炒名曰『覆火』。倘磨光作色後，其色尚參差不齊，再發女工揀擇，稱之為『覆揀』。如此即告完成，可裝箱出售。

麻珠花色者，將第八、九、十號篩內所取之葉放入風車搧過，去其輕飄者，以其結實者如前法炒磨三次，大約共需四小時。其葉以圓結、帶光澤、青翠色者為上。如右完成後，裝入鉛罐，密封放置；待全幫做就，取出均堆。此時再覆火或不覆火，俱視茶之香味如何，天時之晴雨、銷場之遲早而定。

寶珠花，第六、七、八篩內所取者。亦置風車，去其輕者，取其重者，如前法炒磨，以圓結而無蒂梗者為佳。倘有蒂結，則色雜而不純矣。其製法與麻珠相同，但炒火磨光之時間較麻珠減半。

芝珠花茶，即寶珠、麻珠經風車搧剩所取者，去其枝梗、三角及粗片，務使粗細相均，大小齊一。其炒磨時間，又較寶珠減，但顔料較寶珠略多，而作色之功夫更多於寶珠。以其葉體既已輕盈，大小亦略別也。

寶圓珠茶，其葉為第四、五、六篩內所取者也，其作色等之法一如寶珠，炒磨時間亦與寶珠同。此茶軟嫩粗大之葉俱有，故炒磨、揀擇皆要精

細，要火工十分，而後方無輕鬆之弊。若不如法製作，則全盆之茶色，不免精粗覦見。

副元珠花色者，於第三、四、五篩取之，此花色之茶，以大葉片居多，炒工時間與芝珠相等，惟作色略難，以其形體雖圓而帶鬆之故也。形體既扁圓不齊，若下顏料稍輕，則其色淺；若下顏料稍重，則其色深緑。茶之貴者，在其色不淺不深而帶翠。故水要清碧，揀法要純淨，色要整齊，葉要青緑，方為上品。

熙珠花色者，其茶乃於頭、二、三、四篩所取者，似圓非圓，似扁非扁，似長非長，取熙春珠茶各樣之粗者而成之，即所謂四不像者也。其炒磨之工，少於副元珠，其作色最難。

鳳眉花色茶，乃於第五、六、七篩所取者。其葉形如蠶蛾之眉，兩頭尖而中央大，長約四五分，緑茶中之最美者也。此花色葉片尖嫩，感透霧露，乃一旗一槍之葉。製成之後，結如鐵線，不短不長，正好為之。若夫粗大之葉，以梗直之性，縱有巧工，亦弗能變易。此茶炒磨之工，與寶圓珠相等，揀工則過之。

蛾眉花色茶，乃於第六、七、八篩所取者，比鳳眉更嫩，亦為佳品。但水味則遜於鳳眉。以其承露少之故也。其製法，炒磨之工，稍遜於鳳眉，而篩做之工，則倍之。長約三四分，兩頭尖小，與蠶蛾之眉相似。

娥雨者，其茶第六、七、八、九篩所取，乃近於枝梗之茶葉，係鳳眉、蛾眉兩種由風車之子口搧下之正身也。炒磨之工，比副圓珠稍遜，其作色則不易也。帶梗之熙春，亦有入此花色之内者。

三號芽雨者，其茶乃第七、八、九等篩所取者，俱近於枝幹之葉蒂也。其味遜於娥雨，炒磨並作色之工，與娥雨相彷彿。此根蒂之茶，乃聚珠茶、熙春、鳳眉、娥眉各葉之蒂而成者也。惟篩工要精細，以其内混有蛾眉、娥雨之故也。

熙雨者，其茶乃第七、八、九、十篩所取者，俱為葉片。炒磨之工，遜於三號芽雨，水色略濃厚，而其味與三號芽雨相似，全為粗幼葉片相聚而成者也。

眉熙，其茶乃第二、三、四篩所取者，其葉在不老不嫩之間，以飽餐雨露之氣，故為茶味之最正者，而水亦最清碧者也。炒磨之工與鳳眉相等，作色亦易，惟篩工與揀工宜精不可簡。其茶兩頭相等，稍大於鳳眉。

二、三號熙春，乃於頭、二、三、四篩所取者，其炒磨、作色之工，稍遜副元珠。但二號熙春稍細，而三號熙春稍粗，故其製法略同，而其名號有二號、三號之別。水色及味亦與副元珠難分高下。條索直而不糾結，長約五六分。

松籮茶者，乃頭、二號篩所取，為所有茶品中最粗最大者。其製法較熙珠為遜，僅於遠離通商口岸之地有之。此茶不多製，以其賣價少而做工等費不稍減也。

緑茶之炒磨。司火色者，應常行走於炒鑊兩旁，使炒工不敢怠慢。如其茶色均勻而無燒焦之弊，則於工資大為有益，餘皆倣之。

又《緑茶贅言》 緑茶製法有二，一曰炒青，一曰烘青。炒青之水清碧，其香也烈，其色翠，其味長。烘青者，其香緩而不遠透，其味短而色黄，其水帶紅而渾；故緑茶宜炒不宜烘。烘青之法，將從茶樹所採之葉，略炒即烘炒青火勢熾於烘青，故曰炒青。日本之製，烘之者多，故茶葉不糾結。其耗工雖少於炒青，而功用遠遜於炒青。

出洋之緑茶，必用滑石粉並乾洋靛。二年前，據洋人醫士之考究，謂此二物食之傷人，故有將平水茶燒者。蓋平水茶用洋靛、滑石甚多之故也。

余按：滑石者，利竅、滲濕、益氣、瀉熱、降心火、下水、開腠理，發表之功用良多，何害之有！至於洋靛之物，其性輕揚，以滾水泡之，盡浮出水面，以氣吹卻，或泡滿之時，令其水溢出，則靛隨泡沫而去，何害之有！如不用此二物，茶色不能純一也。滑石粉以粉紅色為上，乾洋靛塊以掰開後，色如碧天者為妙。

每茶百斤，大約用洋靛九兩十兩，滑石粉亦大約以此為準。但此份量，係就平常之茶而言而已。應視茶之粗細、老嫩，以及市場情況、買主意向，顏色之深淺、輕重，酌量增減之。

又《緑茶罐箱裝藏類》 裝茶之鉛罐，大約可容納四十斤左右。其罐每隻大約重三斤，以綿紙、沙紙或皮紙等裱固四方，上開一口，如鵝卵狀。別設鉛蓋，封其口。以口長約五六寸，横徑大約三四寸為便。鉛罐要厚薄均勻，切忌偏薄偏厚，致易破損。

凡鉛罐，按每百斤鉛加錫五六斤熔鑄之，則堅固而不軟柔。

凡造緑茶之箱，其板材宜用逾年之陳松杉，始不壞茶，並得以久貯。蓋茶經幾度用火炒焙，其體極乾燥，而土地不論何物，總有香臭、濕氣者。與之並置，茶必全攝入其氣味，其理與硝磺遇火即燃一樣。做箱之釘，以約七八分長為適用。若過長，則橫穿板外，恐有傷及鉛罐而受潮，損壞茶葉之虞。

茶葉裝箱之際，尤須注意，如裝之不緊實，則雖無霉濕透風等弊，然內鬆而虛，致茶氣外洩而失其味。倘裝箱緊實過甚，則茶葉多被擠碎，雖不走味，片末必多。故裝箱之法，宜緊而不逼。

封藏宜慎。當四五月梅雨之時，其茶火工雖足，苟不慎藏，大約旬餘其香即洩，月餘其味即變，兩月餘其茶霉壞矣。蓋四五月之際，地氣上騰，天氣下蒸，雖無雨澤，太陽稍烈，尚且難堪蒸鬱，況乎苦雨連綿，暴日與淫霖交相肆虐；雖深藏高閣，秘貯重樓之物，尚且霉濕，何況茶藉火氣歷煉而成，至燥至涸，遇物即易感攝，故宜藏之慎密。

茶箱有『三十七』、『二十五』之分。『三十七』約可裝四五拾斤，『二十五』自二十餘斤至四十斤。每箱內放裱好鉛罐一隻，秤量茶之斤數而裝之。裝要緊實，不可稍鬆。裝畢之後，再視其箱之額定重量，根據每箱之斤兩一律秤準，不可有輕有重。

本箱亦然，如箱茶輕重不均，虧損非小。蓋發售交易之時，任由買主選擇各花色數箱，逐一秤過，全盤之斤兩，即按擇樣之量推算。此事雖細微，然資本之所賴，豈可忽視而致為山九仞，功虧一簣乎！

又《緑茶製法宜精類》 夫茶取幼嫩之葉，而成各等花色，其製法不可不詳。寶珠、鳳眉、蛾眉、頭號眉熙之類，與松蘿、熙珠、熙雨等，茶葉雖同，而其價值之相去，有天壤雲泥之別，此皆因工作草率而不講求精法之故。

凡生意者，謀其利也。彼此同一貨色，在同一銷場，一則價高而獲大利，一則售少而損資本。當此之時，豈可不咎己謀不周，反怨命之不好哉。

篩茶之法，其初分篩毛茶為十餘等，至於何等花色在何等篩內，已在花色則例篇內詳述之矣。

凡篩法，以兩手平持其篩，所篩茶葉遍佈篩面運轉，不見篩眼為妙。如見篩眼，則其茶必偏厚偏薄，粗細不均矣。

操篩前應先知所製為何種花色，如珠茶之類，持篩稍斜為佳。其茶或有結實之黃片，或有與好茶輕重相等之老葉，分篩之時，宜先以簸箕等簸去之，而後如法製做。若不簸去，則製作之後，不堪雜色干擾。蓋此等葉片老嫩相混，風車不能颺去，揀工亦甚費力，揀不勝揀，而致老嫩相半，花色粗老，片末皆三角峯也。

搧颺之法。茶之花色既成珠之時，颺法亦當因之而異。頭號之子口與正身，其輕重略殊，苟颺之稍重，則子口之內，正身溷入；颺之略輕，則正身之內，子口潛藏。

務宜視茶之等次，以定搧颺之輕重，蓋必分其子口與正身之茶。要之，取其揀擇易也。苟不分輕重，則徒費工夫，耗揀資而已。又，不分輕重，則揀頭之內，多溷擇佳葉，以致成數亦減少。故花色之眉目等次，以風車分篩最為重要。

篩搧既得其法，炒法亦要熟諳。蓋炒茶之法，以火色最為重要，次則勤為轉磨，三則調合顏料。如此則無花色焦雜之憂，無顏色過淺過深之慮矣。

如寶珠、麻珠等要光滑之物，火勢宜酌情勻慢，不可炎烈。蓋炒磨得久，方能去其芒而生滑澤。如火勢猛烈，雖勤炒拌，使無焦黑之憂，然水味終不免帶焦氣矣。

火勢之緊慢，炒工之遲速，宜視茶質之乾結潮鬆而衡定。至於顏色，則視市面之棄取、好尚，酌情變通之，不能預決也。

篩炒、搧揚既明，揀擇之法，亦宜曉之。凡毛揀，則只去其枝梗及老葉、硬片。頭二篩之茶，其鬆黃粗大，與本茶不相合者，皆剔去之；葉片中如有半粗半細者，則去粗留細。

珠茶等類，則取其圓者，去其扁者；要其結者，捨其鬆者。

鳳蛾眉等，則以去其枝骨，並鬆扁或斜圓等類為最要。眉熙類，則取其圓結兩頭相等者。若芽茶娥雨花色，則去老梗、黃片，除粗梗枝骨。熙珠松籮，則視全盆之精粗，而定揀擇與否。如此則緑茶品色雖多，篩擇之法亦大同小異，可以舉一反三矣。

又《器用類略》　製法既要講求，器用亦不可不考。工欲善其事，必先利其器。夫各花色之等第，俱由篩眼分出，故花色之毛糙、精美，惟篩法之良否是賴。

篩眼要均勻，勿有疏有密。作篩之竹要堅，篩形以圓而稍帶扁，平滑無凝滯者為佳。

篩之等次，從頭號至末號凡十八九號。篩邊高約二寸，其四圍以藤捆紮結實，篩底縱横貫以稍粗之竹條。何歟？蓋以綠茶有珠娥等花色，其體質較重，篩久則篩底恐或中陷成窩之故也。

篩法既略言之，可述風車之工。風車式樣高約四尺，上有一木製承茶斗，其式樣上闊下窄。上闊約二尺半，下長僅五六寸，闊約二寸。自上而下逐漸收窄之故也。承茶斗大約可承茶五六十斤。

風車式樣，下有四腳，上為半圓半方之車身。半圓之木以木板六片圍之，形如車輪，並以鐵條貫穿圓筒兩頭，架於風車之中，使其旋轉生風。所謂半圓半方者，以其半置車葉之軸心，其式作圓形；另一半四周皆寬約一尺餘，作方形，但其式略小，所以束風也。風車之上開一小口，長約五六寸，闊約一尺，與承茶斗之小口相合，使茶注下。又於承茶斗下端置一小板，較小口略大，作為開關。往上裝茶時關之，搧揚時啟之。車身之下置有斜板，中間隔以木片，分為兩道。茶葉經搧揚後，其重者由槅內出，其輕者由槅外而下。子口正身，即由此而分；灰末之類，全由風車之口出。

又《綠茶緣起類略》　綠茶興於乾隆年間，初於粤東香山之澳門與洋人互市。其互市之法或用銀買，或以布匹、羽毛、煙土、器用、貨物等類相貿易。繼之，於粤垣太平門外，每國設一所洋行，其通商者共十三國，故名『十三行』。其互市之法，與澳門同，而以資本大者生意為盛，彼此獲利也厚。其誠信相孚，在生意場中為自古以來所未之有也。其所以遷於省垣者，蓋以澳門離省垣太遠，挾貨財來往者，常有盜賊劫掠之憂，故洋人恐生意難以暢旺。此時貿易，以絲茶為大宗，而廣東絲出於順德，茶產於清遠後山者居多，從各處運往者，必從南雄州出發，經清遠、三水、佛山鎮等處，聚於省垣，故洋人遷此也。其時彼此語言不通，規例亦異，買賣皆由通事館經手，故粤之潘、盧、伍、葉四大家，其資財與山陝元家及蔚氏相伯仲，幾富甲天下；皆由經營洋務絲茶致富也。其後，通商港埠增開四所，生意亦隨之四分，初猶彼此共獲微利，後則洋人耗竭，華人倒空者不可勝計。世易時移，至今局變日異也。

其初，每箱盛八十餘九十斤者，名『方箱』。每幫茶額，必過千箱，方能易售。後則日漸變小，其資本較前亦稍小，箱數則一仍如前之多。茶之花色，初則不過珠茶、娥雨、熙春、大元珠等四五種而已；然茶之水葉粗毛，其顏色與製作絕不可與今日相較。

其初，洋船每年往來不過一次，聰明智謀之士得以展其才，壟斷之人可施其技，故獲益多而虧損少。近年來，東洋已開設通商口岸，盛產茶葉，幾與中土同，因此中土茶價日低，銷場亦日滯。惟幸東洋之製法遠遜中土，其茶葉不能久貯，容易霉壞，故洋人捨東洋而不顧者多。若東洋勵精求進，則必至於與中土相抗，何況美國金山、英屬印度，多從中土買去種子，講求種植之法；茶樹日益繁盛，製作日益求精，假以三數年，亦可與中土相等。故種植、培養、製做之法，務當急急講求。或以余言為不信，請看現今市面情況，並與洋人討論，諒知余言之不謬。蓋此事關每年數千萬巨額之進出，故抱杞人憂天之心，不得不為之贅述也。

又《烏龍製做類》　烏龍以寧州為最佳。其法：首先將從茶樹摘取之生葉，在竹蓆上鋪開，太陽之下曝曬，至稍軟，以手撿起三四片葉，將葉尖與葉蒂對摺，其葉柔軟如意而不折斷，則收起。倘梗仍脆，則再曝之，必欲其葉柔軟為合。

收起之後，以手搓揉，至每葉成索時，將其置於竹木等器內，以手略壓實，蓋以衣物絮被等，約片刻後，其葉由青色盡變微紅，而後放進燒紅之鐵鑊內炒之。

其茶炒至大熱，則移至微熱鑊內，隨揉隨炒，至每葉結成緊索，則收起，貯於竹木器內，以手略壓實，以物覆其上，大約一小時許，俟其葉變成紅色，則移置於竹焙（竹焙形制詳下）中焙乾。如此做成者，名『烏龍毛茶』。其篩做之法，與紅茶相仿。

又《紅茶製做類》　紅茶，將從樹上摘取之生葉，先置於太陽下攤曬，待柔嫩而後收起，以手搓揉成索。如其葉量多，可改用腳揉踏。揉成

條索後，貯之於器內，其上覆蓋如烏龍之法。俟其葉盡變成微紅色後，再起出，放置太陽處攤曬。至半乾，又收起，皆放回器內，用手壓實，蓋以衣物，使葉變成微紅色。

葉已變為紅色後，再起出，於太陽處攤曬，以極乾為度，此即毛紅茶也。

毛紅茶既乾，則收起，將其分篩為條索。

若有圓如珠者，取置別器，再次製做；如有釣鈎者，去之存其直者。去鈎之法，其茶從篩眼抖出（只將篩抖動而不作搖舞）時，直者撤於篩眼以外，鈎者留於篩眼之內，故或用碗，或用手，撥斷篩內鈎者。如此一來，直者自然落下，鈎者尚留篩中。撥去之法，以手工為佳；以碗硬，恐易損碎其茶。其鈎者放置別器，另外製做。

其抖出之直者，視乎茶之等第，即用風車搧過，分為正身和子口，然後揀擇。倘若毛茶太粗，宜先毛揀而後再分篩。

倘子口之茶從頭二篩篩出，輕重、粗細不均，黃、黑花相雜者，或未分篩之毛茶，從子口搧出者，皆俱於子口之處再行製做。製做子口茶之法：分出茶之等第，太粗者研細之，太輕者去除之。若又黃黑花雜甚者，則不得已以蘇木水（蘇木水要濃紅，將茶葉放入水內僅浸二三分鐘，取出後或日曬或火焙）染之，使其色澤純一。

其茶珠與茶鈎於製做茶珠處再製做之。製做珠鈎等法，以手輕輕揉捻茶珠與茶鈎，使其成片或成短條，再過篩、分等定第。經風車搧過，如有茶身略圓者，發揀工除去其枝梗、黃片，而後再經火焙。至均堆時，又覆火一次。（均堆法詳後。）

其粗片並末子置於製做片末處，如法分篩抛抖。其凝重者用篩先篩出；輕粗者，聚於篩面，以手將之掬去。其凝重者，以風車搧過，攤夏布於竹焙上火焙。用夏布者，取其疏達也。至均堆時再覆火。

又《紅茶揀擇類》 司揀人及揀茶處之巡察人，最宜注意防止揀茶工做茶頭（故意將好茶變色做惡茶），並要防偷漏。至於綠茶之揀頭與好茶顏色雖稍有參差，但易於分別，且其發出、收歸皆經稱量，故其弊尚少。紅茶則茶頭與茶身相似。揀茶之婦女，積習成性，不知廉恥。因其司揀者，皆用當地人，揀茶女先以甜言巴結之。茶之發揀，一日數次。揀茶之婦女於發揀之時，多霸取三四盆放於自己位置，囑相善者看管。自己又往別家揀作。如此，有一人兼揀三四家之茶者。其茶頭做法，先以茶水噴濕地面，而後覆以布巾，亂拾茶葉，抛在巾內，至於所揀茶之好醜，則非所計，只謀茶頭多也。蓋茶已經焙炒乾燥，一經潮濕，則驟然鬆黃。且俗例於日暮時秤茶頭，以計工之勤惰及酬資多寡，故有一人兼得數人之酬資者。故於檢驗時須洞察之。但司驗與司揀者上下其手，難以查核。而若聽任彼等之所為而寬恕之，則吃虧非小。故擇司揀之人，不可不慎。

又《紅茶要略類》 紅茶取緊而成索，黑而有光澤者。頭篩茶即使是片末，皆須顏色純一。其茶忌葉粗鬆而不成索，其花色忌帶雜黃。倘遇有珠鈎等，均堆之後，因珠鈎凝眼而見製作粗糙，故此等茶葉，要再行製做。

紅茶篩法，要視茶葉之粗嫩加以酌定。茶粗者宜用一二等小篩，茶嫩者宜用一二等大篩。何歟？凡葉粗則大，葉嫩則細；其葉既粗，復用大篩為之，其葉必更粗；其葉既細，復用細篩為之，則其葉必格外細小，以至幾成片末。

茶粗而大者，人皆惡其糙；小而細者，以其將成片末而不可取。故葉嫩者必製之使其略粗，則人見其糙，反好而悦之。是以葉粗者製之使其略幼，則人知其粗而不見其糙，故亦勉強取之。是以紅茶製法必須講究，非變通不可。

又《紅茶火焙等類》 焙工之法：先燃熾炭火，必使其通紅，可添加柴頭或未燒透之木。不可使煙薰氣騰，或炭火為灰所掩，有所偏旺偏弱，致火勢此熾彼衰；又或炭火通紅暴露，毫無灰掩（掩灰以薄，不見火面為度），竹焙燃燒殆盡；又或積灰厚至一寸而不除去，致使其火勢有亦如無。凡此數端，皆焙人之咎也。如此製茶，則茶葉或燒焦，或帶煙火味。故紅茶製作之做青、揀擇、分篩、搧颺、火焙等工序，都非常緊要。

火焙式樣。取黃土鋪地，高約五寸，闊約三尺，其長度不必相等，視地方大小而酌定。於中間掘圓坎，直徑約一尺左右，深約七八寸，每坎相距數寸，挨次排列。其竹焙以竹片製作，如蜂腰式，中間狹窄，兩頭圓大，徑約兩尺左右，再以竹篾編織成蓋，竹焙內放入茶葉烘焙。

紅茶之篩與綠茶之篩相比，其邊稍矮，底部穿以竹片。蓋紅茶以取

條索者為要，故用底部穿以竹片之篩者，欲其無滯，易於抖出也。

又《紅茶總訣》 紅茶以條、色、香、味四者為要。其條索要結實勿鬆，兩頭皆圓，粗細均勻者為上。其色在沖泡前如鐵板色者為佳；開水泡開後其色如新鮮豬肝色並帶朱紅點者為上等。茶色貴在純一，最忌花雜、枯槁、焦黃；以潤澤而耀眼鮮明者為美，其味奧妙殊深。要之，應以甜滑生津而不澀，飲後雖時過而猶芬芳甘潤，有一種難以言狀之奇味，齒頰留香者為最上。其次為馥郁濃美，生津滌煩，除渴卻暑，消滯去脹者為上等。紅茶之香出乎天然，亦賴製做之功及薰襲之法。所謂自然之香者，乃天然道地之美，其葉芬芳，香遍四座，清香馥郁，沁人心脾。飲之則齒頰留香，臟腑如霑甘露，令人難忘也。

製做之香：不論茶葉嫩否，端賴專心致志，如護奇珍。諸如剔除粗糙枝葉，火工、製做、收藏等各法皆需精益求精，毋有失當。故火工掌握得法，其香氣即能長久保存。蓋製作精美，則本香存而不失也。

薰襲之香：用茶葉稍粗，茶之本味不甚馥郁者。其法於茶炒焙後，以茉莉、玫瑰、珠蘭等半開之蓓蕾與茶葉相拌，然後加以密封蓋好。如此，三數日後，花之香味，便盡為茶所吸收矣。

又《紅茶贅言》 可詳述紅茶概況並略述其緣起。中國紅茶運往外洋，始起於俄羅斯。其初，由陸路經山東、北直隸等處出長城口外，一直運到『買賣城』地名，與俄商交易。俄商或以銀兩購買，或以皮貨、絨毛、參茸等交易。其茶略過篩後，即裝箱，用竹篾等綑包，以駱駝、驢馬馱運。及海禁既開，外洋富商大賈，俱由海上航運而來。綠茶出口，皆由海路。紅茶除美國外，諸國皆喜飲，而尤以英國為最。茶葉箱裝，分大號箱及二十五號箱兩種。大號箱初裝八十餘斤，現略有減少，改以七十二斤為度。二十五號箱，以四十二斤為準。大號箱之鉛罐約重七斤，二十五號箱之鉛罐，重四斤十二兩為準。所用鉛罐，每百斤鉛，要摻五斤銅錫熔勻鑄成。木箱以經年雜木板製做者為佳，取其無木質氣味也。惟箱之兩側及底部和蓋板，均以兩塊板併成者為妙，如由三四塊板併成，則不夠堅牢；銜接處宜以竹釘加以貫合。

又《防弊類》 紅綠茶製做處，用工既多，事尤繁雜，務須分工明確，各盡其職。其人事設總管、副總管，以下為秤手、司帳、司銀、巡查、雜務、作頭、監篩、包工頭目、管焙、支莊賣茶秤手，此皆茶莊固定之職位。其餘如風車、篩務、看焙、管火色、司揀等各種上等工人，並散僱之日工、揀茶婦女等，都要選好。而總管及幫總其人，最不可不擇。

主事之人如得精明廉達之士，則能察諸人之賢否，授之以事。授事後，更須觀其勤惰，考其事功，以定升黜。事無巨細，務必親自考核。上自各執事，下至散工，皆事事留心，纖芥勿漏。如此，則必事半功倍，生意興旺，市利倍蓰。

若主事之人結黨營私，貪污自肥，凡事但求其一己之私利，所僱之人，又多係非親即故，庸碌無能之輩。其中即令有精明廉潔者，彼等亦必排擠誹謗之，使其不礙己，或克扣銀之成色，或克扣錢之數。舉凡營私舞弊，無惡不作。故司總之人選，最為不可不慎。

所選司總雖屬廉明，但因事務繁瑣，所用諸人泰半係本地人，在分授其職後，單以一人之耳目，察眾人之賢否，亦屬甚難。故有幫總、巡察各職司負責稽察考核，方可無蒙蔽之患。是以巡察之任，其所賴實重，必須慎選其人。苟巡察等得其人，諸弊可去其半。惟對於司帳、秤手，及司銀等職位，司總務必須時加稽察，要注意司帳有否貪吞貨款？有否與人合謀營私？檢查司銀有無虧空及克扣等舞弊。

秤手必用本地人，以其語言相通，便於貿易。此亦要謹慎。蓋每歲茶市，數旬之間就過去，前來與之買賣者，其中或有本地人之親族朋友，故貨色評級高低，作價上下，斤兩參差，必須時刻留心，以防作弊。以上各端，利害關係最大。至於東家與司總務，必須專心體察，以防其弊。其利弊之小者，則責各司事人時加體察，事事檢點，約束散工，使其不懈。並宜密為稽查，以防偷漏。茶莊之內，所僱用長工散役，日以數百計，其間良莠不一，常有偷竊之虞。如日懷一斤數兩茶葉俟晚間歇工時，懷挾帶出；或內外串通，先將茶葉捲於蓆、藏於袋，待五更人靜時設計偷出。如未發覺其行為，即會有再次、三次而不已。至他日茶葉做成後，雖追究茶葉總量低少，亦不可及。故防止偷漏，不可不慎密。

又《紅茶均堆裝箱類》 紅茶已悉數製畢後，從頭篩至片末各等，皆大略過秤，安排等次，以便均堆。均堆之法，底下、兩側及後壁三面用光滑之木板釘妥，而後先按頭號篩茶，二號篩茶及三號篩茶依次排好，

其次再排粗片末子；之後再順次排四號、五號等。順次倒入茶葉時，務要注意茶色能否配合。而每號茶葉均需薄攤排列，厚薄要勻。如右排妥完畢，則以鐵製鋤鈎自邊緣起，順次鈎拌均勻。裝茶之竹器，須先秤過，以求輕重一律，而後放茶於竹器內過秤，務求輕重一律，最後送交裝箱處裝箱。

裝箱之法，先裝茶半箱，用腳踏箱之四角，務使四角茶葉緊實。然後再倒入另外一半，仍加踏實，務使箱內茶葉四周平滿，無低陷尖高為佳。如右裝妥完畢後，再過秤；秤準後，封口釘箱，至此即告完成。

又《時要須知》 早春茶。早春茶之製做、裝箱要速，訂價時其價錢稍為有利即應發售，不可猶豫不決。如價錢下落太甚，必籌酌自己之資本及市面行情，苟資本少而不能持久，或雖能持久而預期日後也無利可圖時，亦應迅速出售為佳。蓋僅損失些微資本，卻擺脱難以揮去之行情憂慮，心身得到安逸，尚能另求經營之道，可望『失諸東隅，收之桑榆』也。

二三春茶，亦應趕快製成，務須視早春市面，外洋信息及眼前行情之漲落，衡量出售之遲速。凡行情驟漲，則可觀大局速售，切勿居奇；若行情驟落，應細察其緣由，切勿只圖迅速脱手。孔子對子貢教曰：『人棄則取，人取則棄。』得此八字要訣，籌酌變通，則生意之權衡，可思過半矣。

又《篩工資力宜惜類》 篩工眾多，日達百數十人，如朝起稍晚，開工期間又經常停息，則徒耗工資，遲延時日。又早晨遲起，及夜猶未停工，此多耗蠟燭、燈油費用。總之，工作要勤，又要愛惜工人勞力。夫製茶多在夏季，如早起精神集中，氣溫清涼，故人不覺其倦，製做必勤。至午時則限時休息，以維持體力。蓋休息片刻，其力可舒。不知者以休息為誤工，而知者以之為趕工。如朝不早起，終日不停工，繼之以夜，則不知者以之為趕工，但知者以之為誤工。何歟？蓋體力有限，在炎夏烈日之時，雖無事之人尚且困倦，況做事之人乎？如不能休息片刻，又繼之以夜，豈能堪哉！故宜愛惜工人之力。

又《水色功用略類》 凡綠茶水色，以清碧為最上。所謂清碧，即如柳葉初舒之青翠顏色。歷一小時，以其色尚清澄者為上，以渾濁紅黃者為下。

品賞法。以湯匙舀取少許以氣吮吸，使其氣直透臍下，以芬芳清烈，留香齒頰，舌底生津，滿口甘甜者為上，如有霉氣、惡臭觸鼻或其味澀口者為下。

綠茶功用。能消滯、去痰熱、除煩渴、清頭目、醒昏睡、解食積及燒炙之毒。但以其性寒，故勿多飲。多飲則消脂肪，寒胃，瘦人。綠茶以嫩者為良，粗者於人無益。

紅茶水色。紅茶水色要濃厚，不渾濁淺淡者為佳。茶一入口即覺甜滑甘美，香澤之氣，縕縕滯留喉間者為上。如澀舌澀唇，其味腥惡者次之。

紅茶功用與綠茶稍異，能中和消滯，解暑療煩，悦志醒睡，下氣利溫，亦微有消脂之功。微醉時，宜稍飲以舒酒力。若酩酊大醉時，則不宜飲，蓋茶汁會將酒氣引入膀胱，恐為患及腎。

凡煎茶之水，宜選其美者，隨各地脈之宜取之，如江南金山寺之〔南〕零水，無錫惠泉山之石泉水等。如其處無醴水甘泉，則擇清碧潔淨之長流水為好。

盛水煎湯之器皿亦宜選擇。茶與水品雖俱妙，若用帶惡臭氣味之銅、鐵、錫製之器皿煎之，飲後腥惡之氣繞滿齒頰，猶如『朝衣朝冠，坐於塗炭』。故煎湯之器皿，以銀器最妙，瓷器、陶器及紫銅器等次之。

茶、水、器三者雖然俱佳，如用敗木、污柴、腥草、惡葉、油炭等煎之，則其味惡，與用敗器者同；而苟柴薪雖美，若烹水之法不善，亦失其味。蓋水未沸時，揭蓋觀望，致煙火之氣流入器內。又如水既沸，任其煎而不顧者是也；而又或注茶葉以沸湯時，緩急不均者，亦失其味。蓋注湯急，則茶葉向外漂揚；注緩，則其葉難開，其味薄。凡此等類，皆能損失茶湯真性。故品茶之道，豈可言易哉？

綜述

明 朱權《茶譜·收茶》 茶宜蒻葉而收，喜溫燥而忌濕冷。入於焙中。焙用木為之，上隔盛茶，下隔置火，仍用蒻葉蓋其上，以收火氣。

兩三日一次，常如人體溫溫，則禦濕潤以養茶，若火多則茶焦。不入焙者，宜以蒻籠密封之，盛置高處。或經年，則香味皆陳，宜以沸湯漬之，而香味愈佳。凡收天香茶，於桂花盛開時，天色晴明，日午取收，不奪茶味。然收有法，非法則不宜。

又《熏香茶法》 百花有香者皆可。當花盛開時，以紙糊竹籠兩隔，上層置茶，下層置花。宜密封固，經宿開換舊花；如此數日，其茶自有香味可愛。有不用花，用龍腦熏者亦可。

明 錢椿年輯，顧元慶刪校《茶譜·采茶》 團黃有一旗二鎗之號，言一葉二芽也。凡早取為茶，晚取為荈。穀雨前後收者為佳，粗細皆可用。惟在採摘之時，天色晴明，炒焙適中，盛貯如法。

又《製茶諸法》 橙茶：將橙皮切作細絲一觔，以好茶五觔焙乾，入橙絲間和，用密麻布襯墊火箱，置茶於上，烘熱；淨綿被罨之三兩時，隨用建連紙袋封裹，仍以被罨焙乾收用。

蓮花茶：於日未出時，將半含蓮花撥開，放細茶一撮納滿蕊中，以麻皮略縶，令其經宿。次早摘花，傾出茶葉，用建紙包茶焙乾。再如前法，又將茶葉入別蕊中，如此數次，取其焙乾收用，不勝香美。

木樨、茉莉、玫瑰、薔薇、蘭蕙、菊花、梔子、木香、梅花皆可作茶。諸花開時，摘其半含半放、蕊之香氣全者，量其茶葉多少，摘花為茶。花多則太香而脫茶韻；花少則不香而不盡美。三停茶葉一停花始稱。假如木樨花，須去其枝蒂及塵垢、蟲蟻，用磁罐一層茶、一層花投入至滿，紙箬縶固，入鍋重湯煮之。取出待冷，用紙封裹，置火上焙乾收用。諸花倣此。

清 宗景藩《種茶説》（同治）《襄陽縣志》卷三 一做青茶：雨前摘取嫩葉，用鍋略熟炒後，用簸箕盛做一堆，用手力揉，去其苦水，再炒再揉，然後用炭火焙乾。火不宜大，恐令焦黑。青茶，即平常泡吃之茶。

一做紅茶：雨前摘取茶葉，用曬墊鋪曬，曬軟合成一堆，用腳揉踩，去其苦水，踩後，又曬至手撚不粘，再加布袋盛貯，築緊，需三時之久，待其發燒變色，則謂之上汗，汗後仍曬，以乾為度。

一凡細茶，當茶芽初出極嫩時採摘。清明前采者名明前，穀雨前采者名雨前，即《茶譜》所謂旗槍、雀舌等類，此茶之最細最嫩者。采成後，用手採軟，以鐵鍋微火輕輕攪炒，待半乾時取出，再用炭火焙乾，揀去粗梗，用紙包固，以石灰貯缸內，將茶包安置其中。缸口蓋密，則茶葉香味不散，可以久藏。此外，三月為頭茶，四月底、五月初為二茶，六月初為荷花，七月為秋露，均做紅茶。再，茶子可以打油。

明 高濂《遵生八箋》卷一一《飲饌服食箋·茶泉類·論茶品》 要當採時，待其日出山霽，霧障山嵐收淨，採之可也。茶團茶片皆出碾磑，大失真味，茶以日晒者佳甚，青翠香潔，更勝火炒多矣。

又《采茶》 團黃有一旗一鎗之號，言一葉一芽也。凡早取為茶，晚取為荈。穀雨前後收者為佳，粗細皆可用。惟在採摘之時，天色晴明，炒焙適中，盛貯如法。

明 屠隆《茶箋·茶品》 與《茶經》稍異，今烹製之法，亦與蔡、陸諸前人不同。

又《陽羨》 俗名羅岕，浙之長興者佳，荊溪稍下。細者其價兩倍天池，惜乎難得，須親自採收方妙。

又《六安》 品亦精，入藥最效。但不善炒，不能發香而味苦。茶之本性實佳。

又《龍井》 不過十數畝，外此有茶，似皆不及。大抵天開龍泓美泉，山靈特生佳茗以副之耳。山中僅有一二家炒法甚精；近有山僧焙者亦妙。真者，天池不能及也。

又《采茶》 不必太細，細則芽初萌而味欠足；不必太青，青則茶以老而味欠嫩。須在穀雨前後，覓成梗帶葉，微綠色而團且厚者為上。更須天色晴明，採之方妙。若閩廣嶺南，多瘴癘之氣，必待日出山霽，霧障嵐氣收淨，採之可也。穀雨日晴明採者，能治痰嗽、療百疾。

又《日曬茶》 茶有宜以日曬者，青翠香潔，勝以火炒。

又《焙茶》 茶採時，先自帶鍋灶入山，別租一室；擇茶工之尤良者，倍其僱值。戒其搓摩，勿使生硬，勿令過焦，細細炒燥，扇冷方貯罌中。

又《諸花茶》 蓮花茶于日未出時，半含白蓮花撥開，放細茶一撮，納滿蕊中，以麻皮略縶，令其經宿。次早摘花，傾出茶葉，用建紙包茶焙

乾。再如前法，隨意以別蕊製之，焙乾收用。不勝香美。

橙茶，將橙皮切作細絲一斤，以好茶五斤焙乾，入橙間和，用密麻布襯墊火廂，置茶於上，以淨綿被罨之。三兩時，隨用建連紙袋封裹，仍以被罨烘乾收用。

木樨、玫瑰、薔薇、蘭蕙、橘花、梔子、木香、梅花，皆可作茶，諸花開時，摘其半含半放蕊，其香氣全者，量其茶多少，摘花為伴。花多則太香，而脫茶韻。花少則不香，而不盡美。三停茶葉一停花，始稱。假如木樨花，須去其枝蒂及塵垢蟲蟻，用瓷罐，一層茶，一層花，投間至滿，紙箬紮固，入鍋重湯煮之。取出待冷，用紙封裹。置火上焙乾收用，則花香滿頰，茶味不減。諸花倣此，已上俱平等細茶拌之可也。茗花入茶，本色香味尤嘉。

茉莉花，以熟水半杯放冷，鋪竹紙一層，上穿數孔。晚時採初開茉莉花，綴於孔內，上用紙封，不令泄氣。明晨取花簪之水，香可點茶。

明 張源《茶録・采茶》 採茶之候，貴及其時。太早則味不全，遲則神散，以穀雨前五日為上，後五日次之，再五日又次之。茶芽紫者為上，面皺者次之，團葉又次之，光面如篠葉者最下。徹夜無雲，浥露採者為上，日中採者次之，陰雨中不宜採。產谷中者為上，竹下者次之，爛石中者又次之，黃砂中者又次之。

又《造茶》 新採，揀去老葉及枝梗碎屑。鍋廣二尺四寸，將茶一斤半焙之，候鍋極熱始下茶。急炒，火不可緩。待熟方退火，徹入篩中，輕團那數遍，復下鍋中，漸漸減火，焙乾為度。中有玄微，難以言顯。火候均停，色香全美，玄微未究，神味俱疲。

又《香》 茶有真香，有蘭香，有清香，有純香。表裏如一曰純香，不生不熟曰清香，火候均停曰蘭香，雨前神具曰真香。更有含香、漏香、浮香、問香，此皆不正之氣。

明 張謙德《茶經・采茶》 凡茶，須在穀雨前採者為佳。其日有雨不採，晴有雲不採，晴採矣。又必晨起承日未出時摘之。若日高露晞，為陽所薄，則芽之膏腴立耗於內，後日受水亦不鮮明，故以早為貴。又採芽，必以甲不以指，以甲則速斷不柔，以指則多溫易損。須擇之必精，濯之必潔，蒸之必香，火之必皂，方氣味俱佳。一失其度，便為茶病。茶貴早，尤貴味全。故品茶者，有一槍二旗之號，言一芽二葉也。採摘者，亦須識得。

明 許次紓《茶疏・采摘》 清明、穀雨，摘茶之候也。清明太早，立夏太遲，穀雨前後，其時適中。若肯再遲一二日，期待其氣力完足，香烈尤倍，易於收藏。梅時不蒸，雖稍長大，故是嫩枝柔葉也。杭俗喜於盂中百點，故貴極細；理煩散鬱，未可遽非。吳淞人極貴吾鄉龍井，肯以重價購雨前細者，狃於故常，未解妙理。岕中之人，非夏前不摘。初試摘者，謂之開園，採自正夏，謂之春茶。其地稍寒，故須待夏，此又不當以太遲病之。往日無有於秋日摘茶者，近乃有之，秋七八月重摘一番，謂之早春。其品甚佳，不嫌少薄。他山射利，多摘梅茶。梅茶澀苦，止堪作下食，且傷秋摘，佳產戒之。

又《炒茶》 生茶初摘，香氣未透，必借火力，以發其香。然性不耐勞，炒不宜久。多取入鐺，則手力不勻，久於鐺中，過熟而香散矣。甚且枯焦，尚堪烹點。炒茶之器，最嫌新鐵，鐵腥一入，不復有香。尤忌脂膩，害甚於鐵，須豫取一鐺，專用炊飯，無得別作他用。炒茶之薪，僅可樹枝，不用幹葉，幹則火力猛熾，葉則易燄易滅。鐺必磨瑩，旋摘旋炒。一鐺之內，僅容四兩，先用文火焙軟，次加武火催之，手加木指，急急炒轉，以半熟為度。微俟香發，是其候矣。急用小扇炒置被籠，純綿大紙襯底，燥焙積多，候冷入瓶收藏。人力若多，數鐺數籠，人力即少，僅一鐺二鐺，亦須四五竹籠。蓋炒速而焙遲，燥濕不可相混。混則大減香力，一葉稍焦，全鐺無用。然火雖忌猛，尤嫌鐺冷，則枝葉不柔，以意消息，最難最難。

又《岕中製法》 岕之茶不炒，甑中蒸熟，然後烘焙。緣其摘遲，枝葉微老，炒亦不能使軟，徒枯碎耳。亦有一種極細炒岕，乃採之他山炒焙以欺好奇者。彼中甚愛惜茶，決不忍乘嫩摘採，以傷樹本。余意他山所產，亦稍遲採之，待其長大，如岕中之法蒸之，似無不可，但未試嘗，不敢漫作。

明 陳繼儒《茶話》 瑯琊山出茶，類桑葉而小，山僧焙而藏之，其味甚清。

明 高元濬《茶乘・采法》 歲多暖，則先驚蟄十日即芽；歲多寒，則後驚蟄始發。故《茶經》云：採茶在二月、三月、四月之間。今

閩人以清明前後，吳越乃以穀雨前後，時以地異也。凡茶不必太細，細則芽初萌而味欠足；不必太青，青則葉已老而味欠嫩。須擇其中枝穎拔，葉微梗、色微綠而團且厚曰中芽，乃一芽帶一葉者，號一槍一旗。次曰紫芽，乃一芽帶兩葉者，號一槍二旗。其帶三葉、四葉者，不堪矣。

凡採茶，以晨興不以日出。日出露晞，為陽所薄，則使茶之膏腴泣耗於內，茶至受水而不鮮明，故以早為最。若閩廣嶺南，多瘴癘之氣，必待日出，山霽霧散，嵐氣收淨，採之可也。

凌露無雲，採候之上；霽日融和，採候之次；積雨重陰，不知其可。邢士襄《茶說》

又 往時無秋日摘者，近乃有之，七八月重摘一番，謂之早春，其品甚佳，不嫌少薄。許次紓《茶疏》

又《製法》 茶新採時，膏液具足。初用武火急炒，以發其香，候鐺微炙手，置茶鐺中，札札有聲，急手炒勻。炒時須一人從旁扇之，以袪熱氣。凡炒只可一握，多取入鐺，則手力不勻。又以半熱為度，微候香發，即出之，箕上薄攤，用扇搧冷，以手揉挼，入文火鐺焙乾，扇冷，收藏，色如翡翠。鐺最宜炊飯，無取他用者。薪僅可樹枝，不用幹葉。

火烈香清，鐺寒神倦，火猛生焦，柴疏失翠。久延則過熟犯黃，速起卻還生著黑。帶白點者無妨，絕焦點者最勝。張源《茶録》

欲全香、味與色，妙在扇之與炒，此不易之準繩。惟羅岕宜焙，雖古有此法，未可概施他茗。田子藝以茶生曬不炒、不揉者為佳，亦未之試耳。

明 羅廩《茶解·采》 雨中採摘，則茶不香。須晴晝採，當時焙；遲則色、味、香俱減矣。故穀雨前後，最怕陰雨。陰雨寧不採。久雨初霽，亦須隔一兩日方可。不然，必不香美。採必期於穀雨者，以太早則氣未足，稍遲則氣散。入夏，則氣暴而味苦澀矣。

採茶入簞，不宜見風日，恐耗其真液。亦不得置漆器及瓷器內。

又《製》 炒茶，鐺宜熱；焙，鐺宜溫。凡炒，止可一握，候鐺微炙手，置茶鐺中，札札有聲，急手炒勻；出之箕上，薄攤用扇搧冷，略加揉挼。再略炒，入文火鐺焙乾，色如翡翠。若出鐺不扇，不免變色。

茶葉新鮮，膏液具足，初用武火急炒，以發其香。然火亦不宜太烈；最忌炒製半乾，不於鐺中焙燥而厚罨籠內，慢火烘炙。

茶炒熟後，必須揉挼。揉挼則脂膏鎔液，少許入湯，味無不全。

鐺不嫌熟，磨擦光淨，反覺滑脫。若新鐺，則鐵氣暴烈，茶易焦黑。又若年久鏽蝕之鐺，即加磋磨，亦不堪用。

炒茶用手，不惟勻適，亦足驗鐺之冷熱。

薪用巨幹，初不易燃，既不易熄，難於調適。易燃易熄，無逾松絲。冬日藏積，臨時取用。

茶葉不大苦澀，惟梗苦澀而黄，且帶草氣。去其梗，則味自清澈；此松蘿、天池法也。余謂及時急採急焙，即連梗亦不甚為害。大都頭茶可連梗，入夏便須擇去。

松蘿茶，出休寧松蘿山，僧大方所創造。其法，將茶摘去筋脈，銀銚妙製。今各山悉倣其法，真偽亦難辨別。

茶無蒸法，惟芥茶用蒸。余嘗欲取真岕，用炒焙法製之，不知當作何狀。近聞好事者，亦稍稍變其初制矣。

又《禁》 採茶、製茶，最忌手汗、羝氣、口臭、多涕、多沫不潔之人及月信婦人。

茶、酒性不相入，故茶最忌酒氣，製茶之人，不宜沾醉。

茶內投以果核及鹽椒、薑、橙等物，皆茶厄也。茶採製得法，自有天香，不可方儗。蔡君謨云：蓮花、木犀、茉莉、玫瑰、薔薇、蕙蘭、梅花種種，皆可拌茶，且云重湯煮焙收用，似於茶理不甚曉暢。至倪雲林點茶用糖，則尤為可笑。

又《器》

簞

以竹篾為之，用以採茶。須緊密，不令透風。

竈

置鐺二，一炒、一焙，火分文武。

箕

大小各數箇。小者盈尺，用以出茶；大者二尺，用以攤茶，揉挼其上，並細篾為之。

扇

茶出箕中，用以扇冷。或藤，或箬，或蒲。

籠

茶從鐺中焙燥，復於此中再總焙入甕，勿用紙襯。

明 屠本畯《茗笈・乘時章》 贊曰：乘時待時，不愆不崩，小人所援，君子所憑。

採茶在二月、三月、四月之間。茶之筍者，生爛石沃土，長四五寸，若薇蕨始抽，凌露採焉。茶之芽者，發於蘩薄之上，有三枝、四枝、五枝者，選其中枝穎拔者採焉。《茶經》

清明太早，立夏太遲，穀雨前後，其時適中。若再遲一二日，待其氣力完足，香烈尤倍，易於收藏。《茶疏》

茶以初出雨前者佳，惟羅岕立夏開園，吳中所貴，梗觕葉厚，有蕭箬之氣；還是夏前六七日如雀舌者最佳，不易得。《岕茶記》

岕茶，非夏前不摘。初試摘者，謂之開園。採自正夏，謂之春茶。其地稍寒，故須得此，又不當以太遲病之。往時無秋日摘者，近乃有之。七八月重摘一番，謂之早春。其品甚佳，不嫌少薄，他山射利，多摘梅茶。梅雨時摘，故曰梅茶。梅茶苦澀，且傷秋摘，佳產戒之。《茶疏》

凌露無雲，採候之上；霽日融和，採候之次；積雨重陰，不知其可。邢士襄《茶說》

評曰：桑苧翁，製茶之聖者歟。《茶經》一出，則千載以來，採製之期，舉無能違其時日而紛更之者。羅高君謂，知深斯鑑別精，好篤斯修制力，可以贊桑苧翁之烈矣。

又《揆製章》 贊曰：爾造爾製，有矱有矩，度也惟良，於斯信汝。

其日有雨不採，晴有雲不採；晴，採之、蒸之、擣之、拍之、焙之、穿之、封之，茶之乾矣。《茶經》

斷茶，以甲不以指。以甲則速斷不柔，以指則多濕易損。朱子安《東溪試茶録》

其茶初摘，香氣未透，必借火力以發其香。然茶性不耐勞，炒不宜久。多取入鐺，則手力不匀，久於鐺中，過熟而香散矣。炒茶之鐺，最嫌新鐵，須預取一鐺，毋得別作他用。一說惟常煮飯者佳，既無鐵腥，亦無脂膩。炒茶之薪，僅可樹枝，不用幹葉。幹則火力猛熾，葉則易焰易滅。鐺必磨洗瑩潔，旋摘旋炒。一鐺之內，僅用四兩。先用文火炒軟，次加武火催之。手加木指，急急鈔轉，以半熟為度。微俟香發，是其候也。《茶疏》

茶初摘時，須揀去枝梗老葉，惟取嫩葉；又須去尖與柄，恐其易焦。此松蘿法也。炒時須一人從傍扇之，以祛熱氣。否則黃色，香味俱減，予所親試。扇者色翠，不扇色黃。炒起出鐺時，置大磁盤中，仍須急扇，令熱氣稍退，以手重揉之；再散入鐺，文火炒乾入焙。蓋揉則其津上浮，點時香味易出。田子藝以生曬、不炒、不揉者為佳，亦未之試耳。聞龍《茶箋》

火烈香清，鐺寒神倦；火烈生焦，柴疏失翠；久延則過熟，速起卻還生。熟則犯黃，生則著黑，帶白點者無妨，絕焦點者最勝。張源《茶録》

《經》云：焙鑿地深二尺，闊二尺五寸，長一丈。上作短牆，高二尺，泥之。』『以木構於焙上，編木兩層，高一尺，以焙茶。茶之半乾，升下棚；全乾，升上棚。』愚謂今人不必全用此法。予嘗構一焙，室高不踰尋；方不及丈，縱廣正等，四圍及頂，綿紙密糊，無小罅隙。置三四火缸於中，安新竹篩於缸內，預洗新麻布一片以襯之。散所炒茶於篩上，闔戶而焙。上面不可覆蓋。蓋茶葉尚潤，一覆則氣悶罨黃，須焙二三時，俟潤氣盡，然後覆以竹箕。焙極乾，出缸待冷，入器收藏。後再焙，亦用此法，色香與味不致大減。《茶箋》

茶之妙，在乎始造之精，藏之得法，點之得宜。優劣定乎始鐺，清濁係乎末火。《茶録》

諸名茶法多用炒，惟羅岕宜於蒸焙，味真蘊藉，世競珍之。即顧渚、陽羨，密邇洞山，不復倣此。想此法偏宜於岕，未可概施他茗，而《經》已云『蒸之、焙之』，則所從來遠矣。《茶箋》

評曰：必得色全，惟須用扇；必全香味，當時焙炒。此評茶之準繩，傳茶之衣鉢。

又《申忌章》 贊曰：宵人欒欒，腥穢不戒，犯我忌制，至今為簕。

採茶、製茶，最忌手污、膻氣、口臭、多涕不潔之人及月信婦人。又忌酒氣，蓋茶酒性不相入，故製茶人切忌沾醉。《茶解》

茶性淫，易於染着，無論腥穢及有氣息之物，不宜近，即名香亦不宜近。《茶解》

茶性畏紙，紙於水中成，受水氣多，紙裹一夕，隨紙作氣盡矣。雖再焙之，少頃即潤。雁宕諸山，首坐此病，紙帖貽遠，安得復佳。《茶疏》

吳興姚叔度言，茶葉多焙一次，則香味隨減一次，予驗之，良然。但於始焙極燥，多用炭箬，如法封固，即梅雨連旬，燥固自若。惟開疊頻取，所以生潤，不得不再焙耳。自四五月至八月，極宜致謹。九月以後，天氣漸肅，便可解嚴矣。雖然，能不弛懈，尤妙尤妙。《茶箋》

不宜用惡木、敝器、銅匙、銅銚、木桶、柴薪、麩炭、粗童惡婢、不潔巾帨及各色果實香藥。《茶録》

不宜近陰室、廚房、市喧、小兒啼、野性人、童奴相鬨、酷熱齋舍。《茶疏》

評曰：茶猶人也，習於善則善，習於惡則惡，聖人致嚴於習染有以也。墨子悲絲，在所染之。

明 龍膺《蒙史》卷下 松蘿茶，出休寧松蘿山，僧大方所創造。予理新安時，入松蘿親見之，為書《茶僧卷》。其製法，用鐺磨擦光淨，以乾松枝為薪，炊熱候微炙手，將嫩茶一握置鐺中，札札有聲，急手炒匀，出之箕上。箕用細篾為之，薄攤箕內，用扇搧冷，略加揉挼。再略炒，另入文火鐺焙乾，色如翡翠。

明 聞龍《茶箋》 《經》云：『焙，鑿地深二尺，闊二尺五寸，長一丈。上作短牆，高二尺，泥之。』『以木構於焙上，編木兩層，高一尺，以焙茶。茶之半乾，升下棚；全乾，升上棚。』愚謂今人不必全用此法。予嘗構一焙，室高不踰尋，方不及丈，縱廣正等，四圍及頂，綿紙密糊，無小罅隙。置三四火缸於中，安新竹篩於缸內，預洗新麻布一片以襯之。散所炒茶於篩上，闔戶而焙。上面不可覆蓋。蓋茶葉尚潤，一覆則氣悶罨黄，須焙二三時，俟潤氣盡，然後覆以竹箕。焙極乾，出缸待冷，入器收藏。後再焙，亦用此法，免香與味，不致大減。

諸名茶，法多用炒，惟羅岕宜於蒸焙。味真蘊藉，世競珍之。即顧渚、陽羨、密邇、洞山，不復倣此。想此法偏宜於岕，未可概施他茗。而《經》已云蒸之、焙之，則所從來遠矣。

吳人絕重岕茶，往往雜以黄黑箬，大是闕事。余每藏茶，必令樵青入山採竹箭箬，拭淨烘乾，護罌四週，半用剪碎，拌入茶中。經年發覆，青翠如新。

明 周高起《洞山岕茶系》 岕茶採焙，定以立夏後三日，陰雨又需之。世人妄云『雨前真岕』，抑亦未知茶事矣。茶園既開，入山賣草枝者，日不下二三百石，山民收製亂真。好事家躬往，予租採焙，幾視惟謹，多被潛易真茶去。人地相京，高價分買，家不能二三斤。近有採嫩葉，除尖蒂，抽細筋炒之，亦曰片茶；不去筋尖，炒而復焙，燥如葉狀，曰攤茶，並難多得。又有俟茶市將闌，採取剩葉製之者，名修山，香味足而色差老。若今四方所貨岕片，多是南岳片子，署為騙茶可矣。茶賈炫人，率以長潮等茶，本岕亦不可得。噫！安得起陸龜蒙於九京，與之賡茶人詩也。陸詩云：『天賦識靈草，自然鍾野姿。閑來北山下，似與東風期。雨後採芳去，雲間幽路危。惟應報春鳥，得共此人知。』茶人皆有市心，令予徒仰真茶已。故予煩悶時，每誦姚合《乞茶詩》一過：『嫩綠微黄碧澗春，採時聞道斷葷辛。不將錢買將詩乞，借問山翁有幾人。』

岕茶德全，策勛惟歸洗控。沸湯潑葉即起，洗鬲斂其出液，候湯可下指，即下洗鬲排蕩沙沫；復起，併指控乾，閉之茶藏候投。蓋他茶欲按時分投，惟岕既經洗控，神理綿綿，止須上投耳。傾湯滿壺，後下葉子，曰上投，宜夏日。傾湯及半，下葉滿湯，曰中投，宜春秋。葉着壺底，以湯浮之曰下投，宜冬日初春。

明 黄龍德《茶說·二之造》 採茶，應於清明之後，穀雨之前。俟其曙色將開，霧露未散之頃，每株視其中枝穎秀者取之。採至盈籯即歸，將芽薄鋪於地，命多工挑其筋脈，去其蒂杪。蓋存杪則易焦，留蒂則色赤故也。先將釜燒熱，每芽四兩作一次下釜，炒去草氣。以手急撥不停，睹其將熟，就釜內輕手揉捲，取起鋪於箕上，用扇扇冷。俟炒至十餘釜，總覆炒之。旋炒旋冷，如此五次。其茶碧綠，形如蠶鈎，斯成佳品。若出釜時而不以扇，其色未有不變者。又秋後所採之茶，名曰秋露白；初冬所採，名曰小陽春。其名既佳，其味亦美，製精不亞於春茗。若待日午陰雨之候，採不以時，造不如法，籯中熱氣相蒸，工力不遍，經宿後製，其葉會黄，品斯下矣。是茶之為物，一草木耳。其製作精微，火候之

妙，有毫厘千里之差，非紙筆所能載者。故羽云『茶之臧否，存乎口訣』，斯言信矣。

明 馮可賓《岕茶箋・論采茶》 雨前則精神未足，夏後則梗葉大粗，然茶以細嫩為妙，須當交夏時，看風日晴和，月露初收，親自監採入籃。如烈日之下，又防籃內鬱蒸，須傘蓋至舍，速傾淨匾薄攤，細揀枯枝、病葉、蛸絲、青牛之類，一一剔去，方為精潔也。

又《論蒸茶》 蒸茶須看葉之老嫩，定蒸之遲速。以皮梗碎而色帶赤為度，若太熟則失鮮。其鍋內湯須頻換新水，蓋熟湯能奪茶味也。

又《論焙茶》 茶焙每年一修，修時雜以濕土，便有土氣。先將乾柴隔宿薰燒，令焙内外乾透，先用粗茶入焙，次日，然後以上品焙之。焙上之簾，又不可用新竹，恐惹竹氣。又須勻攤，不可厚薄。如焙中用炭，有煙者急剔去。又宜輕搖大扇，使火氣旋轉。竹簾上下更換，若火太烈，恐糊焦氣；太緩，色澤不佳；不易簾，又恐乾濕不勻。須要看到茶葉梗骨處俱已乾透，方可並作一簾或兩簾，置在焙中最高處。過一夜，仍將焙中炭火留數莖於灰燼中，微烘之，至明早可收藏矣。

清 陳鑒《虎丘茶經注補・三之造》 經 凡採茶，在二三四月間。茶之筍者，生爛石土，長四五寸，若薇蕨始抽，凌露採之。茶之芽，發於叢薄之上，有三枝、四枝、五枝者，選中枝穎拔佳。其日有雨不采，晴有雲氣不採。採之、蒸之、焙之、穿之、封之，茶其乾矣。與虎丘采焙法同，但陸經有擣之、拍之，今不用。茶有千萬狀，如胡人靴者，蹙縮者；犎牛臆者，廉襜者；浮雲出山者，輪囷者；輕飆拂水者，涵澹然；此皆茶之精腴。有如竹籜者，其形簏簁然；有如霜荷者，厥狀委萃然；此皆茶之瘠老。自胡靴至於霜荷八等，出膏者光，含膏者皺；宿製則黑，日成則黃；蒸壓則平正，縱之則坳垤。虎丘之品，真如胡靴至拂水製之，精粗存乎其人。

補 黃儒《茶録》：一戒采造過時，二戒白合、盜葉，三戒入雜，四戒蒸不熟及過熟。穀雨後謂之過時。茶芽有雨、小葉抱白，是為盜葉；雜以楊、柳、柿，是為入雜。

明 劉源長《茶史・采茶》 《茶經・三之造》云：凡採茶，在二月、三月、四月之間。其日有雨不採，晴採之。

凡採茶，必以晨，不以日出。日出露晞，為陽所薄，則腴耗於內，及受水而不鮮明，故常以早為最。

採摘之時，須天色晴明，炒焙適中，盛貯如法。

一說採時，待日出，山霽、霧障、山嵐收淨採之。

凡斷芽必以甲不以指。以甲則速斷不柔，以指則多濕易損。

採茶不必太細，細則芽初萌而味欠足；不必太青，青則茶以老而味欠嫩。須在穀雨前後，覓成梗帶葉微綠色而團且厚者為上。

茶宜高山之陰，而喜日陽之早。凡向陽處，歲發常早，芽極肥乳。

芽為雀舌、為麥顆。

茶芽如鷹爪、雀舌為上，一槍一旗次之；又有一槍二旗之號，言一芽二葉也。

茶花冬開似梅，亦清香。

《顧渚山茶記》云：山鳥如鴝鵒而色蒼，每至正二月，作聲『春起也』；至三月止，『春去也』。採茶人呼為報春鳥。

古之採茶在二三月之間，建溪亦云：歲暖則先驚蟄即芽，歲寒則後驚蟄五日。先芽者，氣味未佳；惟過驚蟄者，最為第一。民間常以驚蟄為候，何古之風氣如是太早也，今時多以穀雨為候，清明恐早，立夏太遲；以穀雨前後，其時適中。若茶之佳者，決不早摘，必待氣力完美，丰韻鮮明，色香尤倍，又易於收藏。惟岕山非夏前不摘。初試採者，謂之開園。採之正夏，謂之春茶。其地稍寒，故必須至夏近，有至七八月重摘一次，謂之早春，其品愈佳。

茶有種生、野生。種生者，用子。其子大如指頂，正圓黑色。二月下種，須百顆乃生一株，空殼者多也。畏水與日，最宜坡地蔭處。

凡種茶樹，必下子，移植則不復生，故俗聘婦必以茶為禮，義固有所取也。

又《焙茶》 茶採時，先擇茶工之尤良者，倍其僱值，戒其搓摩，勿令生硬，勿令生焦，細細炒燥、扇冷，方貯罌中。

茶之燥，以拈起即成末為驗。

凡炙茶，慎勿於風燼間炙，熛焰如鑽，使炎涼不均。持以逼火，屢其翻正，候炮出培塿狀、蝦蟆狀，然後去火五寸，卷而舒則本其始，又炙之。

夏至後三日焙一次，秋分後三日焙一次，一陽後三日，又焙之。連山中共五焙，直至交新，色香味如一。

茶有宜以日曬者，青翠香潔，勝以火炒。

火乾者，以氣熱止；日乾者，以柔止。

茶日曬必有日氣，用青布蓋之可免。

又《製茶》 茶之精好者，每一芽先去外兩小葉，謂之烏蒂；後又次去其兩葉，謂之白合。

烏蒂白合，茶之大病。不去烏蒂，則色黃黑而惡；不去白合，則其味苦澀。

蒸芽必熟，去膏必盡。蒸芽未熟，則草木氣存；去膏未盡，則色濁而味重。受煙則香奪，壓黃則味失，此皆茶之病也。按虎丘茶不宜去膏，去則無味，是以炭火逼乾為佳。

茶擇肥乳，則甘香而粥面着盞而不散；土瘠而芽短，則雲腳渙亂，入盞而易散。葉梗半，則受水鮮白；葉梗短，則色黃而泛。梗為葉之身，除去白合處，茶之色味俱在梗中。

凡茶皆先揀後蒸，惟水芽一茶，則先蒸後揀。

採之、蒸之、擣之、拍之、焙之、穿之、封之。自採至於封，七經目。

方春禁火之時，於野寺山園叢手而掇，乃蒸，乃舂，乃復以火乾之，則又棨、撲、焙、貫、掤、穿、育等七事。棨，兵欄也，以手覆矢曰掤。大約謂棨之使收，撲之使活，焙之使溫，貫之使通，掤之使覆，穿之使融，育之使養之義也。此古蒸碾餅末之事。今用芽茶，與古法異。

茶之佳者，造在社前，其次火前，其下雨前。火前謂寒食前，雨前謂穀雨前，齊己詩云：高人愛惜藏巖裏，白甀封題寄火前。蓋未知社前之為佳也。甀音墜，小口罌也。

茶有以騎火名者，言造製不在火前，不在火後也。清明改火，故謂之曰火。

茶團茶片，雖出古製，然皆出碾磨，殊失真味。

擇之必精，濯之必潔，蒸之必香，火之必良。

茶家碾茶，須著眉上白乃為佳。

採茶葉須揀共大小厚薄一色者，彙為一種，抽去中筋，剪去頭尾，則色久尚綠，不然則易黃黑。

明 黃履道輯，清 佚名增補《茶苑》 清源山茶，青翠芳馨，超軼天池之上。南安縣英山茶，精者可亞虎丘，惜所產不若清源之多也。閩地氣暖，桃李冬花，故茶於驚蟄前後已上焙，較吳中為最早。《泉南雜志》

穀雨日採茶炒藏，能治嗽及痰疾，療百病及熱疾。《居家事宜》

吳人十月採小春茶，此時不特逗漏花枝，而喜日光晴暖，從此蹉過霜淒雁凍，不可復堪。《巖棲幽事》

又 天池茶，在穀雨前收細末焙炒得宜者，青翠芳馨，雋永非常。《遵生齋集》

又 雲霧茶 產於匡廬山絕頂，常在雲霧中，極有勝韻。而山僧拙於焙，既採，必上甑蒸過，隔宿而後焙，枯勁如稿秸，瀹之為赤滷，豈復有茶焉！余同年楊澹中遊匡廬，有『笑談渴飲匈奴血』之誚，蓋實録也。戊戌春，小住東林，同門人董獻可、曹不隨、萬南仲手自焙茶，有『淺碧從教如嫩柳，清芬不遣雜飛花』之句。既成，色香味殆絕，恨余焙不多，不能遠寄澹中為匡廬解嘲也。《紫桃軒雜綴》

又 《廬山通志》云：雲霧茶產廬山，山中靜者，艱於日給，取諸崖壁間撮土種茶一二區。然山峻高寒，藂極卑弱，歷冬必茆苫之，屆端陽始採焙。既成，呼為『雲霧茶』云云。

清 冒襄《岕茶彙鈔》 茶以初出雨前者佳。惟羅岕立夏開園，吳中所貴；梗粗葉厚，有蕭箬之氣；還是夏前六七日，如雀舌者佳，最不易得。

又 岕中之人，非夏前不摘。初試摘者，謂之開園。採自正夏，謂之春茶。其地稍寒，故須待時，此又不當以太遲病之。往日無有秋摘，近七八月重摘一番，謂之早春，其品甚佳，不嫌稍薄也。

岕茶不炒，甑中蒸熟，然後烘焙。緣其摘遲，枝葉微老，炒不能軟，徒枯碎耳。亦有一種細炒岕，乃他山炒焙，以欺好奇。岕中惜茶，決不忍嫩採以傷樹本。余意他山亦當如岕所產，亦稍遲採之，待其長大，如岕中之法蒸之，似無不可。但未試嘗，不敢漫作。

岕茶雨前精神未足，夏後則梗葉太粗，然以細嫩為妙，須當交夏時，

時看風日晴和，月露初收，親自監採入籃。如烈日之下，又防籃內鬱蒸，須傘蓋至舍，速傾淨篇薄攤，細揀枯枝、病葉、蛸絲、青牛之類，一一剔去，方為精潔也。

蒸茶，須看葉之老嫩，定蒸之遲速，以皮梗碎而色帶赤為度；若太熟則失鮮。其鍋內湯須頻換新水，蓋熟湯能奪茶味也。

又 憶四十七年前，有吳人柯姓者，熟於陽羨茶山，每桐初露白之際，為余入岕，箬籠攜來十餘種。其最精妙不過觔許數兩，味老香深，具芝蘭金石之性，十五年以為恆。後宛姬從吳門歸余，則岕片必需半塘顧子兼，黃熟香必金平叔，茶香雙妙，更入精微。然顧、金茶香之供，每歲必先虞山柳夫人，吾邑隴西之蒨姬與余共宛姬，而後他及。

清 陸廷燦《續茶經》卷上《茶之源》 《羣芳譜》：以花拌茶，頗有別致。凡梅花、木樨、茉莉、玫瑰、薔薇、蘭蕙、金橘、梔子、木香之屬，皆與茶宜。當於諸花香氣全時摘拌。三停茶，一停花，收於磁罐中。一層茶，一層花，相間填滿，以紙箬封固，入淨鍋中重湯煮之。取出待冷，再以紙封裹，於火上焙乾貯用。但上好細芽茶忌用，花香反奪其真味；惟平等茶宜之。

《雲林遺事》：蓮花茶，就池沼中於早飯前日初出時，擇取蓮花蕊略綻者，以手指撥開，入茶滿其中，用麻絲縛紮定。經一宿，次早連花摘之，取茶紙包曬。如此三次，錫罐盛貯，紮口收藏。

邢士襄《茶説》：凌露無雲，採候之上；霽日融和，採候之次；積日重陰，不知其可。

田藝蘅《煮泉小品》：芽茶以火作者為次，生曬者為上，亦更近自然，且斷煙火氣耳。況作人手器不潔，火候失宜，皆能損其香色也。生曬茶瀹之甌中，則旗槍舒暢，清翠鮮明，香潔勝於火炒，尤為可愛。

又《茶之造》 《月令廣義》：炒茶，每鍋不過半觔。先用乾炒，後微灑水，以布捲起揉做。

茶，擇淨微蒸，候變色，攤開扇去濕熱氣，揉做畢，用火焙乾，以箬葉包之。語曰『善蒸不若善炒，善曬不若善焙』，蓋茶以炒而焙者為佳耳。

《農政全書》：採茶在四月，嫩則益人，粗則損人。茶之為道，釋滯去垢，破睡除煩，功則著矣。其或採造藏貯之無法，碾焙煎試之失宜，則雖建芽、浙茗，只為常品耳。此製作之法，宜亟講也。

馮夢禎《快雪堂漫録》：炒茶，鍋令極淨。茶要少，火要猛，以手拌炒令軟淨，取出攤於匾中，略用手揉之，揉去焦梗。冷定復炒，極燥而止。不得便入瓶，置於淨處，不可近濕。一二日後，再入鍋炒令極燥，攤冷，然後收藏。藏茶之罌，先用湯煮過，烘燥，乃燒栗炭透紅，投罌中，覆之令黑。去炭及灰，入茶五分，投入冷炭，再入茶。將滿，又以宿箬葉實之，用厚紙封固罌口，更包燥淨無氣味磚石壓之，置於高燥透風處。不得傍牆壁及泥地方得。

又 陳眉公《太平清話》：吳人於十月中採小春茶，此時不獨逗漏花枝，而尤喜日光晴暖。從此蹉過，霜凄鴈凍，不復可堪矣。

眉公云：採茶欲精，藏茶欲燥，烹茶欲潔。

吳拭云：山中採茶歌，淒清哀婉，韻態悠長，一聲從雲際飄來，未嘗不潸然墮淚。吳歌未便能動人如此也。

又 《雲蕉館紀談》：子昇，在重慶取涪江青蟾石為茶磨，令宮人以武隆雪錦茶碾，焙以大足縣香霏亭海棠花，味倍於常。海棠無香，獨此地有香，焙茶尤妙。

又 《紫桃軒雜綴》：天下有好茶，為凡手焙壞；有好山水，為俗子粧點壞；有好子弟，為庸師教壞，真無可奈何耳。

匡廬絕頂，產茶在雲霧蒸蔚中，極有勝韻。而僧拙於焙，「既採必上甑蒸過，隔宿而後焙，枯勁如藁秸，」瀹之為赤滷，豈復有茶哉！戊戌春，小住東林，同門人董獻可、曹不隨、萬南仲手自焙茶，有『淺碧從教如凍柳，清芬不遺雜花飛』之句。既成，色香味殆絕。

顧渚，前朝名品。正以採摘初芽，加之法製，所謂罄一畝之入，僅充半環，取精之多，自然擅妙也。今碌碌諸葉茶中，無殊菜瀋，何勝括目。金華仙洞，與閩中武夷，俱良材，而厄於焙手。埭頭本草市溪庵施濟之品，近有蘇焙者，以色稍青，遂混常價。

又 《檀几叢書》：南岳貢茶，天子所嘗，不敢置品。縣官修貢，期以清明日入山肅祭，乃始開園。採造視松蘿、虎邱，而色香豐美，自是天家清供，名曰片茶。初亦如岕茶製法，萬曆丙辰，僧稠蔭遊松蘿，乃仿

製為片。

馮時可《滇行記略》：滇南城外石馬井泉，無異惠泉。感通寺茶，不下天池、伏龍，特此中人不善焙製耳。徽州松蘿茶，舊亦無聞，偶虎邱一僧往松蘿庵，如虎邱法焙製，遂見嗜於天下。恨此泉不逢陸鴻漸，此茶不逢虎邱僧也。

又 陳眉公《太平清話》：武夷、另崱、紫帽、龍山，皆產茶。僧拙於焙，既採則先蒸而後焙，故色多紫赤，只堪供宮中澣濯用耳。近有以松蘿法製之者，即試之，色香亦具足。經旬月，則紫赤如故。蓋製茶者，不過土著數僧耳，語三吳之法，轉轉相效，舊態畢露。此須如昔人論琵琶法，使數年不近，盡忘其故調而後，以三吳之法行之，或有當也。

徐茂吳云：實茶，大瓮底置箬，瓮口封閟，倒放，則過夏不黃；以其氣不外泄也。子晉云：當倒放有蓋缸內，缸宜砂底，則不生水而常燥。加謹封貯，不宜見日；見日則生翳，而味損矣。藏又不宜於熱處。新茶不宜驟用，貯過黃梅，其味始足。

張大復《梅花筆談》：松蘿之香馥馥，廟後之味閒閒；顧渚撲人鼻孔，齒頰都異，久而不忘。然其妙在造，凡宇內道地之產，性相近也，習相遠也。吾深夜被酒發，張震封所遺顧渚，連啜而醒。

宗室文昭《古瓻集》：桐花頗有清味，因收花以熏茶，命之曰桐茶。有『長泉細火夜煎茶，覺有桐香入齒牙』之句。

王草堂《茶說》：武夷茶，自穀雨採至立夏，謂之頭春；約隔二旬復採，謂之二春；又隔又採，謂之三春。頭春葉粗味濃，二春、三春，葉漸細，味漸薄，且帶苦矣。夏末秋初，又採一次，名為秋露；香更濃，味亦佳，但為來年計，惜之不能多採耳。茶採後，以竹筐勻鋪，架於風日中，名曰曬青。俟其青色漸收，然後再加炒焙。陽羨岕片，祗蒸不炒，火焙以成。松蘿、龍井，皆炒而不焙，故其色純。獨武夷炒焙兼施，烹出之時，半青半紅，青者乃炒色，紅者乃焙色也。茶採而攤，攤而摝，香氣發越即炒，過時、不及皆不可。既炒既焙，復揀去其中老葉、枝蒂，使之一色。釋超全詩云：『如梅斯馥蘭斯馨，心閒手敏工夫細』，形容殆盡矣。

王草堂《節物出典》：《養生仁術》云：穀雨日採茶，炒藏合法，能治痰及百病。

《隨見録》：凡茶見日則味奪，惟武夷茶喜日曬。

武夷造茶，其巖茶以僧家所製者，最為得法。至洲茶中，採回時，逐片擇其背上有白毛者，另炒另焙，謂之白毫，又名壽星眉；摘初發之芽一旗未展者，謂之蓮子心；連枝二寸剪下烘焙者，謂之鳳尾龍鬚。要皆異其製造，以欺人射利，實無足取焉。

又 卷下《茶之煮》 贛州府寧都縣出林岕，乃一林姓者以長指甲炒之；採製得法，香味獨絕，因之得名。

又 《武夷山志》：前朝不貴閩茶，即貢者，亦只備宮中浣濯甌盞之需。貢使類以價，貨京師所有者納之。間有採辦，皆劍津廖地產，非武夷也。黃冠每市山下茶，登山貿之，人莫能辨。

茶洞，在接筍峯側。洞門甚隘，內境夷曠，四周皆穹崖壁立。土人種茶，視他處為最盛。

崇安殷令，招黃山僧以松蘿法製建茶，真堪並駕，人甚珍之，時有武夷松蘿之目。

王梓《茶說》：武夷山，周迴百二十里，皆可種茶。茶性，他產多寒，此獨性溫。其品有二：在山者為巖茶，上品；在地者為洲茶，次之。香清濁不同，且泡時巖茶湯白，洲茶湯紅，以此為別。雨前者為頭春，稍後為二春，再後為三春。又有秋中採者，為秋露白，最香。須種植、採摘、烘焙得宜，則香、味兩絕。然武夷本石山，峯巒載土者寥寥，故所產無幾。若洲茶，所在皆是，即鄰邑近多栽植，運至山中及星村墟市賈售，皆冒充武夷。更有安溪所產，尤為不堪。或品嘗其味，不甚貴重者，皆以假亂真誤之也。至於蓮子心、白毫，皆洲茶；或以木蘭花熏成欺人，不及巖茶遠矣。

張大復《梅花筆談》：《經》云，嶺南生福州、建州。今武夷所產，其味極佳，蓋以諸峯拔立，正陸羽所云『茶上者生爛石』耶。

《草堂雜録》：武夷山有三味茶，苦、酸、甜也，別是一種。飲之味果屢變。相傳能解醒消脹，然採製甚少，售者亦稀。

《隨見録》：武夷茶在山上者為巖茶，水邊者為洲茶。巖茶為上，洲茶次之；巖茶北山者為上，南山者次之。南北兩山，又以所產之巖名為名。其最佳者，名曰工夫茶。工夫之上，又有小種，則以樹名為名。每

不過數兩，不可多得。洲茶名色有蓮子心、白毫、紫毫、龍鬚、鳳尾、花香、蘭香、清香、奧香、選芽、漳芽等類。

《廣輿記》：泰寧茶，出邵武府。

福寧州（大）[太]姥山出茶，名綠雪芽。

《湖廣通志》：武昌茶，出通山者上，崇陽、蒲圻者次之。

《廣輿記》：崇陽縣龍泉山，周二百里。山有洞，好事者持炬而入，行數十步許，坦平如室，可容千百眾。石渠流泉清冽，鄉人號曰魯溪。巖產茶甚甘美。

《天下名勝志》：湖廣江夏縣洪山，舊名東山。《茶譜》云：鄂州東山出茶，黑色如韭，食之已頭痛。

《武昌郡志》：茗山在蒲圻縣北十五里，產茶。又大冶縣，亦有茗山。

《荊州土地記》：武陵七縣，通出茶，最好。

《岳陽風土記》：灉湖諸山舊出茶，謂之灉湖茶。李肇所謂『岳州灉湖之含膏』是也。唐人極重之，見於篇什。今人不甚種植，惟白鶴僧園有千餘本。土地頗類北苑，所出茶一歲不過一二十斤，土人謂之『白鶴茶』，味極甘香，非他處草茶可比並。茶園地色亦相類，但土人不甚植爾。

《〔湖南〕通志》：長沙茶陵州，以地居茶山之陰，因名。昔炎帝葬於茶山之野。茶山即雲陽山，其陵谷間多生茶茗故也。

長沙府出茶，名安化茶。辰州茶，出溆浦。郴州亦出茶。

《類林新詠》：長沙之石楠葉，摘芽為茶，名欒茶，可治頭風。湘人以四月四日摘楊桐草，搗其汁拌米而蒸，猶晉糜之類，必啜此茶，乃去風也。尤宜暑月飲之。

《合璧事類》：潭郡之間有渠江，中出茶，而多毒蛇猛獸，鄉人每年採擷不過十五六斤。其色如鐵而芳香異常，烹之無腳。

湘潭茶，味略似普洱，土人名曰『芙蓉茶』。

《茶事拾遺》：潭州有鐵色，夷陵有壓磚。

《〔湖廣〕通志》：靖州出茶油。蘄水有茶山，產茶。

《河南通志》：羅山茶，出河南汝寧府信陽州。

《桐柏山志》：瀑布山，一名紫凝山，產大葉茶。

《山東通志》：兗州府費縣蒙山石巔，有花如茶，土人取而製之，其味清香，迥異他茶，貢茶之異品也。

《輿志》：蒙山，一名東山。上有白雲巖，產茶，亦稱蒙頂。王草堂云，乃石上之苔，為之非茶類也。

《廣東通志》：廣州、韶州、南雄、肇慶各府及羅定州，俱產茶。

西樵山，在郡城西一百二十里，峯巒七十有二，唐末詩人曹松移植顧渚茶於此，居人遂以茶為生業。

韶州府曲江縣曹溪茶，歲可三四採，其味清甘。

潮州大埔縣，肇慶恩平縣，俱有茶山。德慶州有茗山，欽州靈山縣亦有茶山。

吳陳琰《曠園雜志》：端州白雲山，出雲獨奇。山故蒔茶在絕壁，歲不過得一石許，價可至百金。

王草堂《雜録》：粵東珠江之南，產茶曰河南茶。潮陽有鳳山茶，樂昌有毛茶，長樂有石茗，瓊州有靈茶、烏藥茶云。

《嶺南雜記》：廣南出苦䔲茶，俗呼為苦丁。非茶也，葉大如掌，一片入壺，其味極苦；少則反有甘味，噙嚥利咽喉之症，功並山豆根。

化州有琉璃茶，出琉璃庵。其產不多，香與峒岕相似。僧人奉客，不及一兩。

羅浮有茶，產於山頂石上，剝之如蒙山之石茶。其香倍於（廣岕）[廟岕]，不可多得。

《南越志》：龍川縣出皋盧，味苦澀，南海謂之過盧。

《陝西通志》：漢中府、興安州等處產茶。如金州、石泉、漢陰、平利、西鄉諸縣，各有茶園，他郡則無。

《四川通志》：四川產茶州縣，凡二十九處。成都府之資陽、安縣、灌縣、石泉、崇慶等，重慶府之南川、黔江、酆都、武隆、彭水等，夔州府之建始、開縣等，及保寧府、遵義府、嘉定州、瀘州、雅州、烏蒙等處。

東川茶有神泉、獸目。邛州茶曰火井。

（嘉慶）《黟縣志》卷三《物產》 茶，一名茗，一名荈，一名皋

盧。樹如瓜盧，葉如梔子，花如白薔薇而黃心，清香隱然，實如栟櫚，蒂如丁香，根如胡桃。有高一二尺及三四尺者。徽產最多，《新安志》：舊有勝金、嫩桑、仙芝、來泉、先春、運合、華英之品，又有不及號者，是爲片茶。黟之茶，產城南周家園二都，秀裏四都，燕窩八都，大原十一都，胐曙下十二都，又有南園熙春，出北原，雲霧茶，出羊棧嶺頭。種茶，每二尺一科，性惡水，宜肥地，勿耘草，以小便糞水或沙壅之。採茶以穀雨前者佳。炒茶，每鍋不過半斤，先乾炒，微灑水，以布卷起揉做。語云：善蒸不如善炒，善曬不如善焙。蓋茶以炒而焙者佳，候乾燥，以錫罐盛之，勿通風，可久藏。其行商，統名鬆蘿，販者用木箱，箱內錫皮，箱外箬皮、篾衣，不使通風走濕，北至口外，南至澳門，其不及號者，箬皮大簍裝。

清 葉雋撰，蕉中老衲補《煎茶訣・製茶》 西夏製茶之法，世變者凡四：古者蒸茶，出而擣爛之或曰搗而蒸之，為團乾置，投湯煮之如《茶經》所載是也余《茶經詳説》備悉之。其後磨茶為末，匙而實碗，沃湯筅攪勻之以供。其後蒸茶而佈散乾之、焙之，是所謂『煎茶』也。後又不用蒸，直焣之數過，撚之使縮。及用實瓶如碗，湯沃之，謂之『泡茶』、『沖茶』。文公《家禮注》，不諳筅制。《五雜俎》曰：『今之惟茶用沸湯投之，稍著火即色黃而味澀不中飲矣。可知輾轉而不復古也。吾日本抹茶、煎茶俱存而用之。抹茶，獨出自宇治，蓋不舍其葉，故極其精細。製造之法，宜抹而不宜煎。煎茶之製，所在有之，然江州所產為最。近好事者家製之，率皆用焣法，重芳烈故也。蓋能其精良，不必所產，然非地近山者不為宜。若其製法，一一茲不詳說。獨《五雜俎》載，松蘿僧說：曰茶之香，原不甚相遠，惟焙者火候極難調耳。茶葉尖者太嫩，而蒂多老，火候勻時尖者已焦而蒂尚未熟；二者雜之，茶安得佳。松蘿茶製者，每葉皆剪去尖蒂，但留中段，故茶皆一色；而功力煩矣，宜其價之高也。余以為此說，真製茶之要也。若或擇取其尖而焙製之，恐最上之品也。

清 程淯《龍井訪茶記・采摘》 大概清明至穀雨，為頭茶。穀雨後，為二茶。立夏小滿後，則為大葉顆，以製紅茶矣。世所稱明前者，實則清明後採；雨前，則穀雨後採。校其名實，宜云明後、雨後也。採茶概用女工，頭茶選擇極費工，每人一日僅得鮮葉四斤上下。採工一兩六文。

又《焙製》 葉既摘，當日即焙，俗曰炒，越宿色即變。炒用尋常鐵鍋，對徑約一尺八寸，竈稱之。火用松毛，山茅草次之，它柴皆非宜。火力毋過猛，猛則茶色變赭；毋過弱，弱又色黯。炒者坐竈旁以手入鍋徐徐拌之。每拌以手按葉，上至鍋口，轉掌承之，揚掌抖之，令鬆。葉從五指間紛然下鍋，復按而承以上。如是展轉，無瞬息停。每鍋僅炒鮮葉四五兩，費時三十分鐘。每四兩，炒乾茶一兩。竭終夜之力，一人看火，一人拌炒，僅能製茶七八兩耳。

又《烹瀹》 烹宜沙瓶，火宜木炭，宜火酒，瀹宜小瓷壺。所容如蓋碗者，需茶二錢；少則淡，多則滯。水開成大花乳者，宜取四涼杯挹注之，殺其沸性，乃入壺。假令沸水入壺，急揭蓋以宣之；如經四涼杯者，水度乃合。

清 胡秉樞《茶務僉載》 茶始於漢，興於唐宋，與外洋互市以來，至今日益求精製，其法日進；四大洲之茶種，亦均自中國播遷。

中土之紅茶，以江西寧州、福建武彝一帶為最上，兩湖崇陽、羊樓洞等處次之，河口、湘潭等處為最下。

綠茶以安徽婺源、浙江湖州為第一，其次為屯溪、平水、安徽、寧紹等處。

其餘蜀、黔、兩淮、兩浙、大江南北、嶺南、八閩、台郡等，皆產茶，然多供本地人自用，而唯以閩之巖茶為最上。

東洋近年產茶頗多，惜其種植、培養、製造、香味等，皆未得其法，故遠遜中土。

印度等處，雖土地肥美，但其培養、採摘、製法俱失其宜，故其味腥，葉亦粗大。

地土肥美，故上乘，磽薄次之者，此人所皆知也。亦須知人定勝天，況於地利乎？唯茶性畏寒，故獨北地隆寒之處，茶樹甚罕焉。

著録

明 龍膺《茶解·跋》 宋孝廉兄有茶圃，在桃花源，西巖幽奇，別一天地，琪花珍羽，莫能辨識其名。所産茶，實用蒸法如岕茶，弗知有炒焙、揉挼之法。予理鄣日，始游松蘿山，親見方長老製茶法甚具，予手書茶僧卷贈之，歸而傳其法。故出山中，人弗習也。中歲自祠部出，偕高君訪太和，輒入吾里。偶納涼城西莊稱姜家山者，上有茶數株，翳叢薄中，高君手擷其芽數升，旋沃山莊鐺，炊松茅活火，且炒且揉，得數合，馳獻先計部，餘命童子汲溪流烹之。洗盞細啜，色白而香，彷彿松蘿等。自是吾兄弟每及穀雨前，遣幹僕入山，督製如法，分藏堇堇。邇年，榮邸中益稔茲法，近採諸梁山製之，色味絕佳，乃知物不殊，顧腕法工拙何如耳。

予晚節嗜茶益癖，且益能別澠淄，覺舌根結習未化，于役湟塞，遍品諸水。得城隅北泉，自巖隙中淅瀝如線漸出，輒渚然迸流。嘗之味甘冽且厚，寒碧沁人，即弗能顏行中泠，亦庶幾昆龍泓而季蒙惠矣。日汲一盎，供博士鑪。茗必松蘿，始御弗繼，則以天池、顧渚需次焉。

頃從皋蘭書郵中接高君八行，兼寄《茶解》，自明州至。亟讀之，語語中倫，法法入解，贊皇失其鑒，竟陵褫其衡。風旨泠泠，翛然人外，直將蓮花齒頰，吸盡西江，洗滌根塵，妙證色、香、味三昧，無論紫茸作供，當拉玉版同參耳。予因追憶西莊採啜酣笑時，一彈指十九年矣。予疲暮尚逐戎馬，不耐膻鄉潼酪，賴有此家常生活，顧絕塞名茶不易致，而高君乃用此為政中隱山，足以茹真卻老，予實妬之。更卜何時盤礴相對，倚聽松濤，口津津林壑間事，言之色飛。予近築濦園，作漚息計，饒陽阿爽塏藝茶，歸當手茲編為善知識，亦甘露門不二法也。昔白香山治池園洛下，以所獲潁川釀法，蜀客秋聲，傳陵之琹、弘農之石為快。惜無有以茲解授之者，予歸且習禪，無所事釀，孤桐怪石，夙故畜之。今復得茲，視白公池上物奢矣。率爾書報高君，志蘭息心賞。

時萬曆壬子春三月武陵友弟龍膺君御甫書。

雜録

明 黃龍德《茶說·四之香》 茶有真香，無容矯揉。炒造時，草氣既去，香氣方全，在炒造得法耳。烹點之時，所謂『坐久不知香在室，開窗時有蝶飛來』。如是光景，此茶之真香也。少加造作，便失本真。遐想龍團金餅，雖極靡麗，安有如是清美？

明 馮可賓《岕茶箋·辨真贗》 茶雖均出於岕，有如蘭花香而味甘，過霉歷秋，開罈烹之，其香愈烈，味若新，沃以湯，色尚白者，真洞山也。若他嶰，初時亦有香味，至秋香氣索然，便覺與真品相去天壤。又一種有香而味澀者，又一種色淡黃而微香者，又一種色青而毫無香味者，又一種極細嫩而香濁味苦者，皆非道地。品茶者辨色聞香，更時察味，百不失一矣。

茶葉收藏

明 錢椿年輯，顧元慶刪校《茶譜·藏茶》 茶宜蒻葉，而畏香藥；喜溫燥，而忌冷濕。故收藏之家，以蒻葉封裹入焙中，兩三日一次，用火當如人體溫溫，則禦濕潤。若火多，則茶焦不可食。

又 茶宜密裹，故以蒻籠盛之，宜於高閣，不宜濕氣，恐失真味。古人因以用火，依時焙之。常如人體溫溫，則禦濕潤。今稱建城。按《茶録》云：建安民間以茶為尚，故據地以城封之。

泉汲於雲根，取其潔也。欲全香液之腴，故以石子同貯瓶缶中，用供烹煮。水泉不甘者，能損茶味，前世之論，必以惠山泉宜之。今名雲屯，蓋雲即泉也，得貯其所，雖與列職諸君同事，而獨屯於斯，豈不清高絕俗而自貴哉。

明 高濂《遵生八箋》卷一一《飲饌服食箋·茶泉類·論茶品》 茶宜蒻葉而畏香藥，喜溫燥而忌冷濕。故收藏之家，以蒻葉封裹入焙中，兩三日一次。用火當如人體，微溫則去濕潤，若火多則茶焦，不可食矣。

又云：以瓷坛盛茶，十觔一瓶，每年燒稻草灰，入大桶，茶瓶座桶中，以灰四面填桶，瓶上覆灰築實。每用撥灰開瓶，取茶些少，仍復覆灰，再無蒸壞。次年換灰為之。

又云：空閣中懸架，將茶瓶口朝下放，不蒸原蒸，自天而下，故宜倒放。

若上二種芽茶，除以清泉烹外，花香雜果，俱不容入。人有好以花拌茶者，此用平等細茶拌之，庶茶味不減，花香盈頰，終不脫俗。如橙茶、蓮花茶，於日未出時，將半含蓮花撥開，放細茶一撮，納滿蘂中，以麻皮略縶，令其經宿。次早摘花傾出茶葉，用建紙包茶，焙乾。再如前法，又將茶葉入別蘂中，如此者數次，取其焙乾收用，不勝香美。

明 屠隆《茶箋·藏茶》 茶宜箬葉而畏香藥，喜溫燥而忌冷濕。故收藏之家，先於清明時收買箬葉，揀其最青者，預焙極燥，以竹絲編之。每四片編為一塊聽用。又買宜興新堅大罌，可容茶十斤以上者，洗淨焙乾聽用。山中焙茶回，復焙一番。去其茶子、老葉、枯焦者及梗屑，以大盆埋伏生炭，覆以竈中，敲細赤火，既不生煙，又不易過，置茶焙下焙之。約以二斤作一焙，別用炭火入大爐內，將罌懸其架上，至燥極而止。以編箬襯於罌底，茶燥者，扇冷方先入罌。茶之燥，以拈起即成末為驗。隨焙隨入。既滿，又以箬葉覆於罌上。每茶一斤，約用箬二兩。口用尺八紙焙燥封固，約六七層，𢫫以寸厚白木板一塊，亦取焙燥者。然後於向明淨室高閣之。用時以新燥宜興小瓶取出，約可受四五兩，隨即包整。夏至後三日，再焙一次；秋分後三日，又焙一次。一陽後三日，又焙之。連山中共五焙，直至交新，色味如一。罌中用淺，更以燥箬葉貯滿之，則久而不浥。

又法

以中罈盛茶，十斤一瓶，每瓶燒稻草灰入於大桶，將茶瓶座桶中。以灰四面填桶，瓶上覆灰築實。每用，撥開瓶，取茶些少，仍復覆灰，再無蒸壞。次年換灰。

又法

空樓中懸架，將茶瓶口朝下放不蒸。緣蒸氣自天而下也。

明 陳師《茶考》 若貯茶之法，收時用淨布鋪薰籠內，置茗於布上，覆籠蓋，以微火焙之，火烈則燥。俟極乾，晾冷，以新磁罐，又以新箬葉剪寸半許，雜茶葉實其中，封固。五月、八月濕潤時，仍如前法烘焙一次，則香色永不變。然此須清齋自料理，非不解事蒼頭婢子可塞責也。

明 張源《茶録·藏茶》 造茶始乾，先盛舊盒中，外以紙封口。過三日，俟其性復，復以微火焙極乾，待冷，貯壜中。輕輕築實，以箬襯緊。將花筍篛及紙數重紮壜口，上以火煨磚冷定壓之，置茶育中。切勿臨風近火，臨風易冷，近火先黃。

又《茶變不可用》 茶始造則青翠，收藏不法，一變至綠，再變至黃，三變至黑，四變至白。食之則寒胃，甚至瘠氣成積。

明 張謙德《茶經·藏茶》 茶宜箬葉而畏香藥，喜溫燥而忌濕冷，故收藏之家，以箬葉封裹入焙中，兩三日壹次用火，常如人體溫，溫則禦濕潤。若火多，則茶焦不可食。

又《炙茶》 茶或經年，則香、味、色俱陳，宜以武火炙一次，須時時看之，勿令其焦，以透為度。又當年新茶，過霉天陰雨，亦可用此法。

又《茶忌》 茶有真香，有佳味，有正色。烹點之際，不宜以珍果、香草雜之。

又《茶焙》 茶焙，編竹為之，裹以箬葉。蓋其上，以收火也；隔其中，以有容也；納火其下，去茶尺許，常溫溫然，所以養茶色、香、味也。

又《茶籠》 茶不入焙者，宜密封裹以箬籠盛之，置高處，不近溼氣。

又《紙囊》 紙囊，用剡溪藤紙白厚者夾縫之，以貯所炙茶，使不洩其香也。

又《茶瓶》 瓶或杭州或宜興所出，寬大而厚實者，貯芽茶，乃久久如新而不減香氣。

明 許次紓《茶疏·收藏》 收藏宜用瓷瓮，大容一二十斤，四圍厚箬，中則貯茶。須極燥極新，專供此事。久乃愈佳，不必歲易。茶須築實，仍用厚箬填緊，瓮口再加以箬，以真皮紙包之，以苧麻緊紮，壓以大

新磚，勿令微風得入，可以接新。

又《置頓》 茶惡濕而喜燥，畏寒而喜溫，忌蒸鬱而喜清涼，置頓之所，須在時時坐臥之處，逼近人氣，則常溫不寒。必在板房，不宜土室，板房則燥，土室則蒸。又要透風，勿置幽隱，幽隱之處，尤易蒸濕，兼恐有失點檢。其閣庋之方，宜磚底數層，四圍磚砌，形若火爐，愈大愈善，勿近土牆；頓瓮其上，隨時取竈下火灰，候冷，簇於瓮傍半尺以外；仍隨時取灰火簇之，令裹灰常燥。一以避風，一以避濕；卻忌火氣，入瓮則能黄茶。世人多用竹器貯茶，雖復多用箬護，然箬性峭勁，不甚伏帖，最難緊實，能無滲罅？風濕易侵多，故無益也。且不堪地爐中頓，萬萬不可。人有以竹器盛茶，置被籠中，用火即黄，除火即潤，忌之，忌之。

又《取用》 茶之所忌，上條備矣。然則陰雨之日，豈宜擅開。如欲取用，必候天氣晴明，融和高朗，然後開缶，庶無風侵。先用熱水濯手，麻帨拭燥。缶口內箬，別置燥處。另取小罌貯所取茶，量日幾何，以十日為限。去茶盈寸，則以寸箬補之。仍須碎剪。茶日漸少，箬日漸多，此其節也。焙燥築實，包紮如前。

又《包裹》 茶性畏紙，紙於水中成，受水氣多也。紙裹一夕，隨紙作氣盡矣。雖火中焙出，少頃即潤。雁宕諸山，首坐此病。每以紙帖寄遠，安得復佳。

又《日用頓置》 日用所需，貯小罌中，箬包苧紮，亦勿見風。宜即置之案頭，勿頓巾箱書簏，尤忌與食器同處；並香藥則染香藥，並海味則染海味，其他以類而推。不過一夕，黄矣變矣。

明 羅廩《茶解・藏》 藏茶，宜燥又宜涼。濕則味變而香失，熱則味苦而色黄。蔡君謨云：『茶喜溫。』此語有疵。大都藏茶宜高樓，宜大甕。包口用青箬。甕宜覆不宜仰，覆則諸氣不入。晴燥天，以小瓶分貯用。又貯茶之器，必始終貯茶，不得移為他用。小瓶不宜多用青箬，箬氣盛，亦能奪茶香。

又《禁》 茶性淫，易於染著，無論腥穢及有氣之物，不得與之近。即名香亦不宜相雜。

又《甕》 用以藏茶，須內外有油水者，預滌淨，曬乾以待。

明 高元濬《茶乘・藏法》 藏茶宜箬葉而畏香藥，喜溫燥而忌冷濕。收藏時，先用青箬以竹絲編之，置罌四周。焙茶俟冷，貯器中，以生炭火煅過，烈日中曝之令滅，亂插茶中，封固罌口，覆以新磚，置高爽近人處。霉天雨候，切忌發覆，須於晴明，取少許別貯小瓶。空缺處，即以箬填滿，封置如故，方為可久。或夏至後一焙，或秋分後一焙。熊明遇《岕茶記》又法，以新瓶盛茶，不拘大小，燒稻草灰入於大桶，將茶瓶座桶中，以灰四面築實，用時撥灰取瓶，餘瓶再無蒸壞，次年換灰。

藏茶莫美於沙瓶，若用饒器，恐易生潤。

凡貯茶之器，始終貯茶，不得移為他用。羅廩《茶解》

茶性淫，易於染著，無論腥穢及有氣息之物，不宜近。即名香亦不宜近。《茶解》

明 屠本畯《茗笈・藏茗章》 贊曰：茶有仙德，幾微是防，如保赤子，云胡不臧。

育以木製之，以竹編之，以紙糊之。中有槅，上有覆，下有宝，傍有門掩一扇。中置一器，貯塘煨火，令熅熅然。江南梅雨，焚之以火。《茶經》

【略】

切勿臨風近火。臨風易冷，近火先黄。《茶録》

凡貯茶之器，始終貯茶，不得移為他用。《茶解》

吳人絕重岕茶，往往雜以黄黑箬，大是闕事。余每藏茶，必令樵青入山，採竹箭箬拭淨烘乾，護罌四週，半用剪碎，拌入茶中。經年發覆，青翠如新。《茶箋》

置頓之所，須在時時坐臥之處。逼近人氣，則常溫不寒。必在板房，不宜土室；板房熅燥，土室則蒸。又要透風，勿置幽隱之處，尤易蒸濕。《茶録》

評曰：羅生言茶酒二事，至今日可稱精絕，前無古人，此可與深知者道耳。夫茶酒超前代希有之精品，羅生創前人未發之玄談。吾尤詑夫巵談名酒者十九，清談佳茗者十一。

又《申忌章》 吳興姚叔度言，茶葉多焙一次，則香味隨減一次，予驗之，良然。但於始焙極燥，多用炭箬，如法封固，即梅雨連旬，燥固

自若。惟開疊頻取，所以生潤，不得不再焙耳。自四五月至八月，極宜致謹。九月以後，天氣漸肅，便可解嚴矣。雖然，能不弛懈，尤妙尤妙。《茶箋》

又 不宜用惡木、敝器、銅匙、銅銚、木桶、柴薪、麩炭、粗童惡婢、不潔巾帨及各色果實香藥。《茶録》

不宜近陰室、廚房、市喧、小兒啼、野性人、童奴相鬨、酷熱齋舍。《茶疏》

評曰：茶猶人也，習於善則善，習於惡則惡，聖人致嚴於習染有以也。墨子悲絲，在所染之。

明 徐𤊹《茗譚》 藏茶，莫美於泉州沙瓶。若用饒器藏茶，易於生潤。屠豳叟曰：『茶有遷德，幾微見防，如保赤子，云胡不臧。』宜三復之。

明 聞龍《茶箋》 吳興姚叔度言：『茶葉多焙一次，則香味隨減一次。』予驗之良然。但於始焙極燥，多用炭箬，如法封固，即梅雨連旬，燥固自若。惟開壜頻取，所以生潤，不得不再焙耳。自四五月至八月，極宜致謹；九月以後，天氣漸肅，便可解嚴矣。雖然，能不弛懈，尤妙、尤妙。

明 黄龍德《茶說·十之藏》 茶性喜燥而惡濕，最難收藏。藏茶之家，每遇梅時，即以箬裹之，其色未有不變者。由濕氣入於内，而藏之不得法也，雖用火時時溫焙，而免於失色者鮮矣。是善藏者，亦茶之急務，不可忽也。今藏茶當於未入梅時，將瓶預先烘暖，貯茶於中，加箬於上，仍用厚紙封固於外。次將大瓮一隻，下鋪穀灰一層，將瓶倒列於上，再用穀灰埋之。層灰層瓶，瓮口封固，貯於樓閣，濕氣不能入内。雖經黄梅，取出泛之，其色、香、味猶如新茗而色不變。藏茶之法，無愈於此。

明 馮可賓《岕茶箋·論藏茶》 新淨磁罎，周迴用乾箬葉密砌，將茶漸漸裝進搖實，不可用手揩。上覆乾箬數層，又以火炙乾炭鋪罎口紮固；又以火煉候冷新方磚壓罎口上。如潮濕，宜藏高樓，炎熱則置涼處。陰雨不宜開罎。近有以夾口錫器貯茶者，更燥更密。蓋磁罎，猶有微罅透風，不如錫者堅固也。

明 劉源長《茶史·藏茶》 茶宜箬葉而畏香藥，喜溫燥而忌冷濕，故收藏之家，以箬葉封裹入焙中，三兩日一次。用火常如人體，溫溫然以禦濕潤。火亦不可過多，過多則茶焦不可食矣。

以中罈盛茶，十觔一瓶。每瓶燒稻草灰入於大桶，將茶瓶坐桶中，以灰四面填桶，瓶上覆灰築實。每用，撥開瓶取茶些少，仍復覆灰，再無蒸壞，次年換灰。

空樓中懸架，將茶瓶口朝下放，不蒸。緣蒸氣自天而下也。

以新燥宜興小瓶，約可受三四兩者，從大瓶中貫入，以應不時之用。

罌中用淺，更以燥箬葉貯滿之，則久而不浥。

茶始造則清翠，藏不得其法，一變至綠，再變至黄，三變至黑，黑則不可飲矣。

藏茶欲燥，烹茶欲潔。

造時精，藏時燥，炮時潔。精、燥、潔，茶道盡矣。

茶須築實，仍用厚箬填滿，甕口紮緊、封固。置頓宜逼近人氣，必使高燥，勿置幽隱。至梅雨溽暑，復焙一次，隨熱入瓶，封裹如前。

貯以錫瓶矣，再加厚箬，於竹籠上下周圍緊護即收貯。二三載出，試之如新。

取茶必天氣晴明，先以熱水濯手拭燥，量日幾何，出茶多寡，旋以箬葉塞滿瓶口，庶免空頭生風，有損茶色。

忌紙裹作宿。

徽茶芽葉鮮嫩，極難復火。

近人以燒紅炭，蔽殺紙裹入瓶内，然後入茶，極妙。或以紙裹礦灰一塊，亦妙。

清 陸廷燦《續茶經》卷上《茶之造》 藏茶切勿臨風近火，臨風易冷，近火先黄。其置頓之所，須在時時坐臥之處。逼近人氣，則常溫而不寒。必須板房，不宜土室。板房溫燥，土室潮蒸。又要透風，勿置幽隱之處，不惟易生濕潤，兼恐有失檢點。

清 葉雋《煎茶訣·藏茶》 初得茶，要極乾脆。若不乾脆，須一焙之，然後用壺佳者貯之。小有疏漏，致損氣味，當慎保護。其焙法：用捲張紙散佈茶葉，遠火焙之，令煴煴漸乾。其壺如嘗為冷濕所漫者，用煎茶至濃者洗滌之，曝日待乾、封固，則可用也。

茶葉運銷總部

茶葉運銷總部説明

茶葉運銷是推動茶葉在全國乃至全世界範圍内流通，發揚茶葉文化的重要管道。飲茶流行于社會生活的各層面，但茶農畢竟是少數，如何讓人們都能直接飲用成品茶葉呢？這就要求茶葉進入商業流通領域。茶葉完成加工，通過運輸和貿易實現空間上的交换，由當地商户進行售賣，就可達到不用種植茶葉、不在茶葉産區亦可以飲茶的狀態。本總部輯録茶葉作爲商品買賣時的相關資料，包括茶葉流通、茶路、茶商、邊茶和近代茶葉外銷之路共五個部分。

隨着飲茶需求不斷增長，中國歷代統治階級對于茶葉流通實行茶葉官府專賣，建立榷茶制度，即授權一部分人買賣，嚴厲打擊私賣商販。茶葉流通部輯録了茶葉流通市場的歷史文獻，包括茶市（茶集）、茶行的相關材料，以及史料中對于流通市場的記録、各地方志中出現的相關記載和名家著作中對于茶葉流通的論述。

茶路部輯録了茶葉運輸路線的相關文獻，包括河道水路沿綫、陸路運輸綫、唐朝供給皇室貢茶的急運輸綫路。唐朝南方茶區的茶葉運輸主要通過江河要道，『茶檣』即是專門運輸茶葉的船隻。茶葉貿易運輸的興起，對沿途城鎮的繁榮興旺，作用十分明顯。宋朝管理茶場事務的地方官員爲把茶貨從四川運到陝西諸路，沿途設立水路或者陸路茶遞鋪，由押綱官負責運輸。茶馬古道的形成與盛興，也促進了西藏與内地的聯繫。

茶商部輯録的是茶葉售賣者這個經濟群體的歷史文獻，包括茶商、茶館、茶店等。茶商是連接茶葉生産者和消費者的中介，是茶葉經濟不斷發展的産物。明代以後，傳統『抑商』政策削弱，由此出現了茶葉商幫，其中以山西、陝西、廣東、福建、徽州爲主。茶店和茶館則是消費者直接面對的主要茶商群體。除飲茶外，茶館、茶店内衍生出了豐富的社會文化活動。

邊茶部輯録的是宋代以來邊銷茶的相關論述和歷史記載。包括明代在四川雅安設立的茶馬交换的

等。

茶馬司，清代專銷康藏的『南路邊茶』，專銷西北松潘、理縣等地的『西路邊茶』等。

中國茶葉自十七世紀逐漸輸入歐洲，在近代實現大幅增長。近代茶葉外銷部輯録的是清朝後期茶葉外銷的相關歷史文獻，主要包括海上外銷之路和陸上外銷之路。

茶葉運銷總部

茶葉流通部

茶市、茶集

題解

《文獻通考》卷一八《征榷考五・榷茶》 ［建炎］二年十一月，開至成都，大更茶法，倣蔡京都茶場法，印給茶印，使商人即園户市茶，百斤為一大引，除其十匇算。置合同場以譏其出入，重私商之禁，為茶市以通交易。

《宋史》卷一八四《食貨志下六・茶下》 ［建炎］二年，開至成都，大更茶法，倣蔡京都茶場法，以引給茶商，即園户市茶，百斤為一大引，除其十匇算。置合同場以譏其出入，重私商之禁，為茶市以通交易。每斤引錢春七十、夏五十，市利頭子錢不預焉。

論説

唐 杜牧《樊川文集》卷一一《上李太尉論江賊書》 蓋以茶熟之際，四遠商人，皆将錦繡繒纈、金釵银釧，入山交易，婦人稚子，盡衣華服，吏見不問，人見不驚。是以賊徒得異色財物，亦來其間，便有店肆為其囊橐，得茶之後，出為平人，三二十人挾持兵仗。凡是鎮戍，例皆單弱，止可供憶漿茗，呼召指使而已。鎮戍所由，皆云賒死易，就死難。縱賊不捉，事敗抵法，謂之賒死；與賊相拒，立見殺害，謂之就死。若或人少被捉，罪抵止於私茶。故賊云：『以茶壓身，始能行得。』言随身有茶，即人不疑是賊。凡千萬輩，盡販私茶。亦有已聚徒黨，水劫不便，逢遇草市，泊舟津口，便行陸劫，白晝入市，殺人取財，多亦縱火，唱棹徐去。去年十月十九日，劫池州青陽縣市，凡殺六人，内取一人屠刳心腹，仰天祭拜。自邇以來，頻於隣州，大有劫殺，沉舟滅跡者，即莫知其數，凡江淮草市，盡近水際，富室大户，多居其間。自十五年來，江南、江北，凡名草市，劫殺皆徧，只有三年再劫者，無有五年獲安者。一劫之後，州縣糜費，所由尋捉，烽火四出，凡是平人，多被恐脅，求取之外，恩雠並行，追逮證驗，窮根尋葉，狼虎滿路，狴牢充塞。四五月後，炎鬱烝濕，一夫有疾，染習多死，免之則縱跡未白，殺之則臟狀不明。一獄之中，凡五十人中，二十人悉是此輩。至於真賊，十人不得一。濠、亳、徐、泗、汴、宋州賊，多劫江西、淮南、宣、潤等道；許、蔡、申、光州賊，多劫荊、襄、鄂、嶽等道。劫得財物，皆是博茶，北歸本州貨賣，循環往來，終而復始。更有江南土人，相為表裏，校其多少，十居其半。蓋以倚淮介江，兵戈之地，為郡守者，罕得文吏，村鄉聚落，皆有兵仗，公然作賊，十家九親，江淮所由，屹不敢入其間所能捉獲，又是沿江架船之徒，村落負擔之類，臨時脅去，分得涓毫，雄健聚嘯之徒，盡不能獲，為江湖之公害，作鄉閭之大殘，未有革釐，實可痛恨。

宋 黄儒《品茶要録・辨壑源沙溪》 壑源、沙溪，其地相背，而中隔一嶺，其勢無數里之遠，然茶產頓殊。有能出力移栽植之，亦為土氣所化。竊嘗怪茶之為草，一物爾，其勢必由得地而後異。豈水絡地脈，偏鍾粹於壑源？抑御焙占此大岡巍隴，神物伏護，得其餘蔭耶？何其甘芳精至而獨擅天下也。觀夫春雷一驚，筠籠纔起，售者已擔簦挈橐於其門，或先期而散留金錢，或茶才入笪而爭酬所直，故壑源之茶常不足客所求。

宋 吕陶《净德集》卷一《奏具置場買茶旋行出賣遠方不便事狀》原註熙寧十年三月八日 今具本路置場買茶往熙河博賣，并盡榷諸州茶貨入官，便收三分利息，旋行出賣，致令細民失業，枉陷刑憲，大于遠方不便，謹具畫一條列如後。

一、臣伏以國家富有四海，山澤之利多與民共。自仁祖臨御以來，深知東南數路茶法之害，制詔有司一切弛放，任令通商。貨法流行，德澤深

厚，聖時盛事，高出前世。今天下茶法既通，而兩川獨行禁榷，此蓋言利之臣不知本末，苟貪勞賞而安為之，非所以綏靜遠方之意。況乎兩川所出茶貨較北方、東南諸處十不及一。日月行照，文軌混同，法無二門，仁不異遠，豈可諸路既許通商，兩川却為禁地？虧損治體，莫甚于斯，乃為害之大者。故臣敢先言之，伏望聖慈，特寬茶禁，所貴法令平一以幸遠方。

一、本路既為置場買茶，將往熙河等處并逐，旋取利出賣之後，更不許民間衷私買賣，遂令諸色人告捕，依編敕禁榷茶法，斷罪州縣，承此指揮來。累有成都府、邛州百姓馬吉等為衷私賣茶，被人告捕，有至徒罪，各追賞錢。一路之民遂生怨誹。蓋緣立法太重，有害于人。大凡官中原有之物，民間私侵其利，方是犯禁。只如解州有鹽池，民間煎者乃是私鹽。晉州有礬山，民間煉者乃是私礬。今川蜀茶園本是百姓兩稅田地，不出五穀只是種茶，賦稅一例折科，原註：茶園稅每三百文折納絹二疋，三百二十文折紬一疋，十文折綿一兩，二文折納禾草一束。役錢一例均出，自來採茶貨賣，以充衣食。伏緣此茶本非官地所產，乃是百姓己物，顯與解鹽、晉礬事體不同。一旦立法，須令盡賣與官，或敢私相交易，便成犯禁。斤數稍重，乃至徒刑，仍沒納隨行物色別理賞錢，恭惟陛下仁聖卹物之心，必不如此。伏乞別立條約，以救苛刻之弊。免使刑辟滋彰，有傷和氣。

一、本州導江縣蒲村、堋口、小唐興木頭等鎮，各準茶場司指揮盡數收買茶貨入官，並已施行。民之受弊，大率均一。惟導江縣一處，尤為切害。蓋緣本處是西山八州軍隘口，自來通放部落入城，博易買賣。其蕃部別無現錢交易，只將到椒蠟、草藥之類，于鋪户處換易茶貨，歸去喫用，謂之茶米。或有疾病，用此療治，旦暮不可暫闕。今來官中須要現錢出賣，則蕃部難更將椒蠟等物入場博買，若于鋪户處博易，則鋪户價例自然增長。原註：官茶每斤先收三分息錢，官中每斤若用一百文買，即作一百三十文賣，若用五十文買即作六十五文賣。蕃部買賣便致阻節，況茂州事宜之後，人情方始安帖。豈宜更使茶貨不通，別生邊事。

一、茶園人户多者，歲出三五萬斤，少者只及一二百斤。自來隔年留下客放定錢，或指當茶苗，舉取債負。準備糧米，雇召夫工。自上春以後，接續採取，乘時高下相度貨賣。中等每斤之利可得二十文，次者只有十文。以來累世相承，恃以為業。其鋪户收貯變易，却以白土拌和，每斤之息，不及十文。所以川中茶價不甚涌貴，民間日用充足。今來既被官中盡數收買，價直一定，若將銀色準折，每兩須高擡四五百文。原註：臣竊聞蜀州熙寧八年，銀每兩官折二貫三百文足，市價一貫六百文，九年銀每兩官折二貫二百文足，市價一貫四百文。或多支交子，少用現錢。原註、茶場司指揮成貫並支交子，餘零方支現錢。交子所支，既多錢陌，又須虧折。則園户所收茶貨，只得避罪納官，安敢更求餘利，一旦失業，何以為生。臣恐户口逃移，賦役失陷，漸由此起。原註：臣竊知，永康軍熙寧九年買獲並稅過客人茶貨共一百三十二萬餘斤，比八年計虧九萬餘斤，比七年虧二十六萬餘斤，蓋是園户畏罪失業，造茶減少，是致稅數有虧，以此推之，則失陷稅賦，誠有其漸。又緣旋買旋賣，先抽三分之息。只此一事，極未為宜。日來州縣逐旬，各申時估，或增或減，官司據以為定，豈可朝買一貫之茶，暮收三百之利？一日之內，貴賤兩般，則州縣所供實直，遂成空文。有司出納之際，乃同聚斂。且鋪户既與官中出利，則民間豈有賤茶？日用之物，漸見不足，錐刀敝法，徒可斂怨，必非朝廷理財之本意。伏乞聖斷，特賜改更。

一、本州所準茶場司，今年二月二十四日，指揮限半月，令園户鋪户，盡數出賣舊茶，不得夾雜。中官如限滿更不施行，如有違犯，並依法施行。臣雖即時行下逐處，然計其日限令，至三月十日已滿。緣民間累年積貯茶貨，準備高價相度變賣，一旦偶因官中為買新茶，亦不預先曉示，忽然責立。近限令將舊茶疾出速賣，若出限未賣，被人告捉，斤數稍重，即至杖脊，安有數日之內，盡底變易得行。舊茶因此大段減價，無賴小人，輒有告捕之心。臣尋具狀稱，若只限半月，令盡數出賣，則必是減落價例，變轉不行，消失錢本，便見失所，兼慮才出限日之後，被牙子或別人告捕送官，枉陷深刑，顯屬不便。又緣新茶與舊茶色目不同，若將舊茶投稅出賣，則與官中收買新茶事不相妨，本州須至申明，欲令逐場一面收買新茶，民間出賣所有舊茶，乞限至今年八月終。曉示園户，并停塌之家，盡將赴場投稅出賣，令稅務公明聲說，給引前去破賣。仍乞指揮逐處官司，如有諸色人把捉到衷私買賣茶貨，切須辨認新舊，如是新茶，即乞依法施行，若是舊茶，只乞罪在捉事之人，所貴積貯舊茶之家破賣得行，不枉受罪兩次。申茶場司，未蒙指揮，若不許展限，則貯積舊茶之家，便

見破蕩。如此措置，豈不害民。

一、官中買茶，明收三分利息，方行出賣。沿路税錢盡已批過，更無分毫僥倖，商旅興販，必是細算不行，難以盡數販賣。竊聞蜀州永康一處，現今積壓茶五十六萬餘斤在務，臣料將來出賣不盡之後，則必積壓損壞，虧折官錢。若般往熙何亦誤邊計或仍舊停貯，則歲課不登，難沾賞典，建議之臣，必須均匀配賣與販茶之家，如此則他日舖户不勝其害。伏乞指揮茶場司，具去年終已買及已賣數目申奏，仍令分折現餘茶貨，若經隔年歲合如何變轉，即自然見得此法可與不可。經久施用，免令言利之臣有誤朝廷大體。

右謹具如前。所有茶禁不通，細民失業，刑辟太重，最于遠方不便。事理並已條折如前。臣竊見熙寧七年，朝廷遣李杞、蒲宗閔入川相度買茶，往熙河博馬等事。當時使者急于進用，不察事體，遂認定逐年息錢四十萬貫，應付熙河。後來運茶積滯，歲課不足，即便擘畫却于彭漢二州逐年收買狹布各十萬匹，名為折當脚錢。其實將市井所得之息充入茶利，自後又恐買布亦難敷及原數，則乞雇回脚船車船，解鹽入川，泊至鹽法難行，則又乞將川中有茶去處並行收買。前後乖錯，非止一事，只是切欲功賞，不卹民間弊病。臣愚，伏望聖慈，特賜采察，所貴遠方之俗被惠安身，至如官吏費耗，道塗阻節，税額虧損，得不補失，則臣不敢喋喋開陳以瀆天聽。乞以臣此奏下本路安撫轉運提刑司，相度利害，特賜施行。

貼黄：若蒙朝廷垂察，即乞下本路，取索熙寧八年九月分永康縣銀價，比對茶場折銀貫陌，自見有無侵損園户，免令將來高價折銀，虧損本州賣茶之家。

又《奏爲官場買茶虧損園户致有詞訴喧鬧事狀》熙寧十年四月二十四日

又　臣所謂得不補失者，竊聞永康縣熙寧九年，發茶三百馱往熙河，除諸般費用及沿路批税外，計算每斤已是一百九十四文，足其兵士請米，猶在數外，不知到熙河貨賣，所得幾何，如此事理，亦乞朝廷體察。

今再具官場買茶取息太重，虧損園户，致有詞訴及生喧鬧，畫一奏列，如後：

一據九隴縣税户党元吉等狀，稱自來相承山壛茶園等業，每年春冬，雇召人工薅剗，至立夏并小滿時節，又雇召人工趁時採造茶貨，逐日收來。堋口投場貨賣得錢，收買糧食。每一稱和袋一十八斤内，除出上件破用并輸税免役等錢折除算計外，每稱只有利息一百五十至二百文。以來往年早茶每斤貨賣得九十至一百文，今來官中置場收買，每貫上出息錢三百文，招誘客人貨賣。其茶牙子并興販客人為見官中息錢，却只于茶園人户茶貨上估定價例，低小每斤賣得一百文以來者，現今只賣得六十至七十文。却將餘上價錢，令客人用作官中息錢，收買前去。以此園户盤費不足，念元吉等家各只有此小茶園，並不種植得諸般苗色，又為路途遥遠，往復相去本場約一百五十里，以來若此價例，低小難以造作，茶貨必見破敗。伏乞指揮，貴獲存濟。

一、據九隴縣税户牟元吉等狀，稱自來只以佃食茶園為業，其茶園偏峻，不任種植諸般苗色逐年舉取。人上債利糧食，雇召人工兩季薅剗，指望四月小滿前後造作，訖茶投場，破賣得錢，填還債利，并送納諸般税賦。若遇豐熟之年，米價平和，每袋上除折上件盤纏輸税外，上頭只餘得利息一二百文。或遇年辰較惡，米糧價貴，天時亢旱，茶生短淺，以此數目減少，虚折薅剗盤纏。今蒙官中置場，收買園户茶貨，每貫上出息三百文。其茶每稱和袋十八斤，牙子只稱作十四五斤。若是薄弱婦女賣時，只稱作十三四斤。以來每稱約陷著一二斤，別無上頭利息，心極憂惶。昨蒙提舉推官，躬親在茶場内看覷收買茶貨，不與園户分擘，逐處茶場時候早嫩粗細等第色額，只作一樣收買。去年時節，每斤賣得七八十文，今來只賣得五十文。除牙子錢了收得四十七文。所有餘上錢數，令客人用作官中息錢收買，不管園户裏纏不足。若不具狀申請，竊恐將來轉見淪亡失所。本州所據党元吉并牟元吉等二狀，尋行遣帖堋口茶場鈐束茶牙子，並專攔等不得準前大稱園户茶貨及剩除園户牙錢，仍仰常切點檢茶貨粗細等第色額，一依自來價例收買。並申茶場司更乞措置，免致虧損園户去訖。

一、據堋口茶場申，據至德山人户將到炭焙新茶赴場中賣後，却出納三分息錢收買，請引出外貨賣。又申自三月二十一日至月終，買得第二等新茶，並是園户馬吉等情願出納息錢，請引前去。

一、據蒲村茶場申，本場逐日據園户將到新舊茶，貨赴場隨日收買

出賣，內有園户自出納三分息錢請引，前去破賣。亦有客人在外與園户商量價例，了却于園户處，除下息錢投場收買請引，前去不虛。

一、據九隴縣園户石光義等狀，稱今月五日將到茶貨投場破賣，每袋計一十八斤，和袋不委茶牙子除折，只稱得一十四斤。其茶係第二等，每斤合準直價錢九十文，當日減下價例，每斤只收得大錢四十七文。至到十三日，其茶每斤系第三等，合準直價錢七十文，每斤又再減價，例又只作大錢三十七文。今來茶牙子，收光義等茶貨比前山下路人户粗茶一樣減下價錢。念光義等住處系在後山，為地土寒冷，以此至小滿前後，只造作得似前山第一等、第二等茶貨。現在委的不依每年逐時等第，價例一樣取意團斷。即光義等各為雇召人工，每日雇錢六十文，并口食在外。其茶破人四工，只作得茶一袋，計一十八斤。切慮光義等家向後必有失所。乞指揮本州所據園户石光義等陳訴，虧價事理已帖堋口茶場。仰檢詳承受前後所降，敕條指揮候茶園户將到茶貨赴場中賣，請監官當面看驗前山後山色額等第粗細。依自來市色實直粗細，逐時市價添減兩平稱來收買畫時，當官支給價錢即不得容令牙子專攔。等依前低作價，例只作一等，茶貨收買及非理大稱斤兩致有虧損，園户無致擁併阻節，仍仰出榜曉示。園户知委如受此指揮後，却將好為惡將貴作賤，只作一等價例收買，致令園户再有詞說，或因本州察探得知其牙子專攔等，必當勾遺赴州報勘。施行官員亦當勘劾聞奏，仍取責監官并牙子專攔等知委仍仰本場分析。今月十三日，因何將石光義等第三等茶每斤只作三十七文收買，因依并兩次申茶場司。更乞措置免致虧損，園户去訖。

一、據管勾堋口茶場秘書丞尹固並濛陽主簿同共買茶薛翼等二狀：甲、今月十七日收買茶六萬斤，計錢三千六百貫文，支用茶本淨利錢併盡，遂于十八日申州乞相度支移交子六千貫文，應副十九日并二十一日市收買茶貨至十九日天色才曉。據園户將到茶貨赴場中賣，當日巳時後，固等為現請交子未歸，兼更値雨，遂向園户道請交子相次回，歸及等團圓固等，須要稱茶及向牙人道爾等。當時通出抵產在官，今來官中無錢買茶。你牙人須著與我出錢買茶，一市固等各回廨字及安下處。主簿薛翼行至淨衆院門，其園户却致打本官手下公人兼搚破薛翼袖，更尋牙人意要相爭，其牙人為見如此，各自迴避，現不住差人四散尋覓，固等切恐。二十一日，市別牙子買賣茶貨，又慮園户準前爭鬧，別致不慮，係屬人衆，難為止約，乞差九隴縣官一員赴茶場，告諭園户三五日所貴曉會本州所據尹固、薛翼申報尋體訪得，今月十九日有園户五千人以來投入茶場，直上監官廳上，止約不得致打公人，并毀罵官員。蓋為劉佐等起請，須要旋買旋賣出，息三分，其逐場若盡價收買到，恐客人興販無利，將來出賣不行，以此須至低估價例收買每斤委只及一半價錢；又緣逐日買及數萬斤，監官實難照管得盡，其園户既被虧損無可申訴，遂便聚衆喧鬧，人數頗衆，難為約束。今來後山，正當茶貨出衆時節，切恐少錢收買，準前爭鬧，當州勘會，前後六度支與堋口茶場交子現錢一萬一千二百餘貫、銀一千兩，其銀為園户不肯折請，已分與九隴等縣出賣，又為市井絕無現錢，因是貨賣未得外餘，茶場司兑撥交子一萬貫文，至今未到，若得上件交子盡數支用，亦只買得三兩市原註：在州現今實直第二十七界交子賣九百六十茶場司指揮作一貫文支用第二十六界交子賣九百四十茶場司指揮作九百六十文用此亦虧損園户之一端也。本州雖已出榜，嚴行約束，指揮本處候園户將到茶貨赴場，即便依次稱來收買，如是園户準前要致打公人等，或毀罵官員，仰擒捉送州，待憑取勘，依法施行，兼差九隴主簿勾龍驤前往曉諭，同共買賣茶貨，切慮園户準前喧鬧，別致不虞，又差本縣令薛高三五日一次在前照管尋申茶場司催促交子，並乞大段支錢赴州應副使用及令檢會本州。今月十七日申石光義等告說虧價事理許令添展價錢去訖。

右謹具，如前所據茶園户党元吉等狀并蒲村堋口兩鎮申述並已條列在前。臣伏見劉佐、李蒲、宗閔等妄陳愚見，苟希進用，盡將川茶禁榷，旋買旋賣，立法太重，取利太多，致令茶户被此深害，遂于今年三月八日後來兩次具狀諭奏，乞賜更此弊法，以幸遠方狂瞽之言，未蒙採納，方且日俟朝旨，俯就誅殛而臣部內百姓累有申訴，皆言被官場減下價例，大有侵損，以至嗟怨聚衆喧鬧。臣雖嚴行約束，及差官同其管勾須得，相度茶色添長價錢去訖。今若隱而不言，慮恐因此生事，上誤朝廷，須至再具論列，煩凂聖斷，蓋緣劉佐等起請，要出息三分，若逐場盡價收買之，後將來商旅計算不成不願興販，則積壞茶貨例被責罰及干連人，必著賠塡，以此須至順承茶場司風旨減價收買，所貴客人願來興販變轉得行。原註：假如茶一百斤，每斤一百文若便作一十貫買，則恐客人不肯用。一十三貫請買，以此減下園户

價錢只作七貫文收買，便于客人作十貫文請買。或是園户自納三分息錢請引出外。原註：園户茶貨須得中賣于官，若欲別處變賣，便成犯禁，無引不行，被此抑遏，須至自納息錢三分請引出外。情弊如此，上下通知，茶場司臣僚恐出息不多，難沾賞典，空行文牒，督迫州縣，其實則任令減價收買逐場；監官畏懼茶場司威勢恐遭責罰；干繫人衆深慮將來積壓賠填，一向刻剥；園户州縣之吏熟視疾苦，無力以救之，日久為害轉深。恭惟陛下仁民愛物，與天地等，夙夜孜孜，講求治要。惟恐一失，未得其所，必不容此刻薄小人。苟希勞效作為敝法以困西南生聚有累聖政衆所不平。臣愚伏望聖慈檢會，臣今年三月八日并十八日及今來所奏，早賜睿斷，特降指揮下本路監司或師臣採訪利害如臣所言有一事一件稍涉虚誕，甘俟誅戮，若萬分有一可以採用，即乞更張茶禁以便遠民。或限數收買，或量減息錢，則山鄉茶户不勝至幸。

貼黄：臣體問得六月以後猶有晚茶，一色貴者每斤三十文。若盡收買所出之息，亦不甚多。緣逐處自開場至今，買獲茶貨，旋行出賣，稍有厚利，如或朝廷謂此成法難便改更。即乞自六月一日以後權住收買，放令衷私交易所貴園户。留得晚茶一二分，盡價賣與客旅稍助生計，亦遺秉滯穗與民之義，伏乞聖明，特賜採察。

又 卷三 《乞罷京東河北路賒放大方茶狀》 臣訪聞京東、河北路往年將市易大方茶，搭算腳息，召人通抵產賒請，限半年納錢。多是浮浪貪債之人及不逞子弟，防昧尊屬，虚供抵當，賒請出外，減價破賣。洎至限滿催錢，不免抑勒尊長認納，往往破薄資產償還未足。後州縣買茶官更作饒限名目，再賒一番，暗令填納舊欠，其何以堪？雖防朝廷寬恩，蠲放息錢外尚有欠數，每縣約二三萬貫。去年又差官將此等現在茶于兩路催促變賣，諸州至今不住俵與屬縣賣茶，仍限半年送納本息。緣河北水患之後，生民無聊，京東亦有災傷去處，惟宜百計存恤，庶使安居。若更將上件茶賒放與人，立限督斂，則民間愈見凋弊。況此茶積壓歲久，多有陳毀損壞，强民賒請，豈不重困？伏望朝廷詳察，指揮轉運司委官定驗陳壞不堪者並行毀棄外，餘即減定價直，分擘於自來貨，賣得行處召人以現錢收買，所貴不為兩路煩擾之弊。

宋 蘇轍 《欒城集》 卷三六 《論蜀茶五害狀》 右臣伏見朝廷近罷市易事，不與商賈爭利，四民各得其業，欣戴聖德無有窮已。唯有益、利、秦、鳳、熙河等路茶場司以買賣茶虐害四路生靈，又以茶法影蔽市易，販賣百物。州縣監司不敢何問，為害不細，而朝廷未加禁止。臣聞五代之際，孟氏竊據蜀土，國用褊狹，始有榷茶之法。及藝祖平蜀之後，放罷一切橫斂，茶遂無禁，民間便之。其後淳化之間，牟利之臣始議掊取。大盜王小波、李順等因販茶失職，窮為剽劫，兇焰一扇，兩蜀之民肝腦塗地，久而後定。自後朝廷始因民間販賣，量行收稅，所取雖不甚多，而商賈流行，為利自廣。近歲李杞初立茶法，一切禁止民間私買。然循所收之息，止以四十萬貫為額供億熙河。至劉佐、蒲宗閔提舉茶事，取息太重，立法太嚴，遠人始病。是時知彭州呂陶奏乞改法，只行長引，令民自販茶，每茶一貫，出長引錢一百，更不得取息，得旨依奏。民間聞之，方有息肩之望。又卻差孫迥、李稷入川相度，始議極力掊取，因建言乞許茶價隨時增減，茶法既有增減之文，則取息依舊，由是息錢、長引二說並行，而民間轉不易矣。而稷等又益以販鹽布，乃能增額及六十萬貫。及李稷引陸師閔共事，又增額至一百萬貫。師閔近歲又乞於額外以一百萬貫為獻，朝廷許之。於是奏乞于成都府置都茶場，客旅無見錢買茶，許以金銀諸貨折博，遂以折博為名，多遣公人、牙人公行拘攔民間物貨入場，賤買貴賣，其害過於市易。又以本錢質典諸物，公違條法，欺罔朝廷。蓋茶法始行至今，法度凡四變矣。每變取利益深，民益困弊。然供億熙河，止於四十萬貫，其餘以供給官吏及非理進獻，希求恩賞。而害民之餘，辱國傷教，又有甚者。夫逐州通判本以按察吏民，諸縣令佐亦以撫字百姓，而計算息錢均與牙儈分利。至於監茶之官發茶萬馱，即轉一官，知縣亦減三年磨勘。國之名器輕以與人，遂使貪冒滋章，廉恥不立，深可痛惜。又案盜賊之法，贓及二貫，止徒一年，出賞五貫。今民有以錢八百私買茶四十斤者，輒徒一年，出賞三十貫。又遞鋪文字，事一軍機及非常盜賊，急腳遞日行四百里，馬遞日行三百里，違二日者，止徒一年，今茶遞往還，日行四百里，違一日，輒徒一年，立法太深，苟以自便，不顧輕重之宜。蓋造立茶法皆傾險小人，不識事體，但以遠民無由申訴，而他司畏憚，不敢辯理，是以公行不道。自始至今十餘年矣。臣竊聞朝廷近日察知其弊，差官體量，然猶恐未知其詳。臣今訪聞，稍得其實，謹具條件五害如左：

其一曰：益、利路所在有茶，其間邛、蜀、彭、漢、綿、雅、洋等州、興元府三泉縣人户以種茶為生。自官榷茶以來，以重法脅制，不許私賣，抑勒等第，高秤低估，遞年減價，見今止得舊價之半。乞委所差官取榷茶至今遞年所估價例對定，即見的實。茶官又於每歲秋成糴米，高估米價，強俵茶户，謂之茶本。假令米石八百錢，即作一貫支俵，仍勒出息二分。春茶既發，茶户納茶，又例抑半價，兼壓以大秤，所損又半，謂之青苗茶。元條：園户茶一百斤，許收十斤市例，內一半入官，一半用饒潤客旅。今逐場一百斤，有收至二十餘斤。出剩者往往偽作園户中茶，虛旁支出官錢入己。近年邛州嘗有此獄，又有見出剩數多，陰與客旅商量，納賂不貲，指教出賣者。及至賣茶本法，止許收息二分，今多作名目，如『牙錢』『打角錢』之類，至收五分以上。買茶商旅，其勢必不肯多出價錢，皆是減價，虧損園户，以求易售。又昔日官未榷茶，園户例收晚茶，謂之『秋老黃茶』，不限早晚，隨時即賣。榷茶之後，官買止於六月，晚茶入官，依條毀棄。官既不收，園户須至和賣，以陷重禁。此園户之害一也。

其二曰：川茶本法止於官自販茶，其法已陋。今官吏緣法為姦，遂又販布，販大寧鹽，販瓷器等物，並因販茶還腳販解鹽入蜀。所販解鹽，仍分配州縣，多方變賣，及折博雜物貨，為害不一。及近歲立都茶場，緣折博之法拘攔百貨，出賣收息。其間紗羅，皆販入陝西，奪商賈之利。至於買賣之餘，則又加以質當。去年八九月間，為成都買撲酒坊人李安典糯米一萬貫，每斗出息八錢，半年未贖，仍更出息二分。其它非法，類皆如此。今四方蒙賴聖恩，罷去市易抵當之弊，而蜀中茶官獨因緣茶法、潛行二事，使西南之民獨不蒙惠澤。此平民之害二也。

其三曰：昔官未榷茶，陝西商旅皆以解鹽及藥物等入蜀販茶，所過州軍，已出一重稅錢，及販茶出蜀，兼帶蜀貨，沿路又復納稅，以此省稅增羨。今官自販茶，所至雖量出稅錢，比舊十不及一，縱有商旅興販，諸處稅務畏憚茶官，又利於分取息錢，例多欺詐，以稅為息，由此省稅益耗。假有作稅錢上曆，歲終又不撥還轉運司，但添作茶官歲課，公行欺罔。訪聞元豐七年八月，陸師閔劄子奏，茶司全年課利，內有一項係茶稅錢。又茶官違法，販賣百物，商旅不行，非唯稅虧，兼害酒課。蜀中舊使交子，惟有茶山交易最為浩瀚。今官自買茶，交子因此價賤。舊日蜀人利交子之輕便，一貫有賣一貫一百者，近歲止賣九百以上。此省課之害三也。

其四曰：蜀道行於溪山之間，最號險惡。般茶至陝西，人力最苦。元豐之初，始以成都府路廂軍數百人貼鋪般運。不一二年，死亡略盡。茶官遂令州縣和雇人夫。和雇不行，即差稅户。其為搔擾，不可勝言。劉庠知永興日，有澤州般茶人，以疲勞不堪告訴。庠令取狀，在案判云：候本府雇人般茶日呈，後來永興即不曾雇人。後遂添置遞鋪，十五里輒立一鋪，招兵五十人，起屋六十間，官破錢一百五十六貫，益以民力，僅乃得成。今已置百餘鋪矣。若二百鋪皆成，則是添兵萬人，衣糧歲費二十萬貫。見招填不足，旋貼諸州廂軍。逐州闕人，百事不集。又茶遞一人，日般四馱，計四百餘斤，回車卻載解鹽，往還山行六十里，稍遇泥潦，人力不支，逃匿求死，嗟怨滿道。至去年八九月間，劍州劍陽一鋪人全然走盡，沿路號茶鋪為『納命場』。此遞鋪之害四也。

其五曰：陝西民間所用食茶，蓋有定數。茶官貪求羨息，般運過多，出賣不盡，逐州多虧歲額，遂於每斤增價俵賣與人。元豐八年，鳳州准茶官指揮，每茶一斤添錢一百。其餘州郡，准此可見。又茶法初行，賣茶地分止于秦、鳳、熙河，今遂東至陝府，侵奪蠟茶地分，所損必多。此陝西之害五也。

五害不除，蜀人泣血，無所控告。臣乞朝廷哀憐遠民，罷放榷法，令細民自作交易，但收稅錢，不出長引，止令所在場務據數抽買博馬茶，勿失朝廷武備而已。如此則救民于網羅之中，使得再生，以養父母妻子，不勝幸甚。如朝廷以為陝西邊事未寧，不欲頓罷茶事，即乞先馳榷禁，因民販茶，正稅之外，仍收長引錢。一歲之入，不下數十萬貫。以見今長引錢數計之可見。而商旅通行，東西諸貨日夜流轉，所得茶稅、雜稅錢及酒課增羨，又可得數十萬貫。以未榷茶以前及榷茶後來年分，自蜀至陝西沿路酒稅務歲課較之可見。而罷置茶遞，無養兵衣糧及官吏緣茶所費息錢、食錢之類，其數亦自不少，則榷茶可罷，灼然易見。若異日西邊無事，然後更罷長引錢，如舊收稅而止。然臣再詳師閔所營茶利，雖使之裒斂一一如數，止於二百萬貫，無復贏餘矣。若以前件茶引、茶稅、雜稅、酒課等錢約七八十萬貫折除，即止約有利一百二十餘萬貫。若更除茶遞養兵衣糧及官吏緣茶所費，約三四十萬貫，即是師閔百端非理凌虐細民，止得八十萬貫。前件兩項錢，並且

從小約計，故師閔所得利有八十萬貫，若依實計之，恐不得及此數。假令萬一蜀中稍有饑饉之災，民不堪命，起為盜賊，或如淳化之比，臣不知朝廷用兵幾何、費錢幾何、殺人幾何，可得平定。今但得七八十萬貫錢，置此不慮，臣竊惑也。兼臣訪聞陸師閔，去年自成都移治永興，仍取成都供給，有本府衙前楊日新者為之賣酒。至十一月中，師閔自覺非法，始移牒永興、成都，止就用永興供給。其違法差衙前賣酒及多請過成都供給，即不曾舉覺，其貪冒無耻一至如此。亦乞令所差官，便行體量，如是詣實，乞重行黜謫，以慰遠方積年之憤。謹録奏聞，伏候勅旨。

貼黄：陸師閔久擅茶事，欺罔朝廷，奏請如意，為吏民所畏憚，若留在本職，雖特遣使命，恐必難以體量實害。欲乞先罷師閔職任。及利州路轉運使蒲宗閔，昔同建議榷茶，曾竊冒恩賞，顯有妨礙，亦乞指揮，不得同簽書體量事。所貴官吏不憂後害，敢以實告。

明 張翰《松窗夢語》卷三《西番紀》 夫北虜有馬市，東夷有市舶，而西夷亦有茶市，皆所以通華夷之情，貿遷有無，收商賈之利，減戍守之費。以夷所欲售，易中國所欲得，法無良於此者。

清 朱壽朋《東華續録》卷一六《光緒十六》 ［光緒三年］六月壬辰，何璟、丁日昌奏：『竊照刑部議：議覆御史鄧慶麟奏「軍務肅清省分拏獲盜匪請照舊例辦理」一摺，應否規復舊制？行令各省體察情形妥議具奏等因，抄折諮會到閩，遵即飭司妥議辦理。查閩省山海交錯，最易藏奸。興、泉、漳三府民情蠻悍，搶擄械鬥，動釀巨案；延、建、邵等府每逢茶市，驟添數萬人入山採茶，於市罷後三五成群，伺隙搶掠，大為閭閻之害。而遊勇、同匪，復時有竊發。咸豐三年及同治八年間，經前督、撫臣先後奏奉諭旨令拏獲訊明後，即就地正法；節經遵行在案。近年因籌辦台防，各路散勇遊民冀圖投效，紛至遝來；窮無所歸，難保不嘯聚為匪。各屬搶劫之案，亦復層見迭出：捕治非嚴肅不可。除尋常命、盜案件照例解勘外，其拏獲情重匪犯，請仍從嚴就地懲辦，俾凶頑知警而良善獲安。據署按察使定保核議具詳，聲明因辦理海防致稽議覆等情前來。臣等悉心體察，比年來各州、縣報獲搶劫等犯，或委員會審、成交該管道府覆審，果系贓證明確，始行稟候批飭正法，於年終匯案奏報；實系慎之又慎，人命不至誣枉。閩省為海疆重地，肅清已久；而伏莽尚多，時虞勾結，盜劫之風未能止息。若遽議改歸舊制，誠恐各州、縣輾轉因循，致蹈姑息舊轍。而盜案久稽顯戮，既無以示懲儆：長途遞解，尤復疏失堪虞。自應仍遵前奉諭旨，拏獲情重匪犯，於訊明後就地正法，以昭炯戒而靖地方。仍俟盜風稍息，再行奏明辦理。』下刑部知之。

清 曾國荃《曾忠襄公奏議》卷二五《請免加茶課疏》 查道光年間皖南茶引，歲銷僅五六萬道，自同治年間，洋莊茶盛行，歲始銷引十萬餘道，然未可據為經久之數，蓋加釐助餉乃朝廷不得已之舉，一俟江海撤防，餉力大紓，尚須照舊日課額變通征收。且皖南現在茶市與寧夏、延、榆、綏等處情形各別，外商去來無常，本地合股之土莊亦聚散不定，今新章責領部照，若先期請領則資本未集，如臨時請領又趕辦不及，勢將無所適從。至倍收稅銀共七兩八錢之議，在他處茶商繳此稅項行銷十八省均免重復納稅，其勢似尚可從。若皖茶葉專售外洋，經行之處不過兩三省，與行銷內地之茶運行各路之販情形迥別，實難仿照辦理。況茶葉非洋藥可比，洋藥來自外洋，進口之稅，宜於加重者，謂以彼無用之物易我有用之財也，若茶則以中國貨物博外洋銀錢，正宜輕其出口稅，以廣招徠而便商販。即如刊單載，英國于道光年間稅華茶至五十兩之多，使果有是事，亦以華茶為彼入口稅。所以如此之重，是即入口稅宜重，出口稅宜輕之明證。加課則本重商虧，出口之茶將日少，竊慮中國茶利盡為外洋所奪，是又不可以不權衡損益者也。

清 陳熾《振興商務條陳》《東華續録》卷一三〇 一則中國皆散商，洋商之抑勒太甚也。今中國之茶止銷俄國，購茶者皆俄商，即英、德各國商人，皆與俄商辦運者耳。自各國通商而後，中國富商大賈尚能顧全大局，力與維持。惟千金、數百金之小商，資本無多，只求速賣。於是攙雜偽質、跌價爭售之事起。洋商欺其愚懦，因而始則放價，繼則故意挑剔，低盤割磅之弊生，每以一人掣動全域。今年茶葉，萬不能留至明年，洋商不買，即無銷路。資本半由揭借，至期不得不還。遂相率以至賤之價哀求洋商購買，而折閱難堪矣。然應交之捐釐稅課如故也。因而傾家敗產，捲逃虧閉，無所不有，彼此視為畏途。通十年計之，幾無一年獲利者；通十人計之，幾無一人獲利者。茶市敗壞至於此極，尚忍言哉。此其把持商務者二也。

又　二曰准設小輪。華茶之美者，以安徽之婺源、江西之甯州、福建之武彝、湖南北之羊樓峒等處為大宗。而婺源、寧州茶船均須度鄱陽，湖南北之茶大半須度洞庭。往往茶市屆期，阻風一二十日，後到之貨多受西人抑勒，虧折不支；亦有日久茶味已變者。四省茶商屢請自置小輪，在湖拖帶，以免逗留。而地方輒以無據之言橫相阻撓。其實捐釐一切已在山內徵收，出茶賣茶均有定地，何從偷越？徒苦商民而已。宜准令各商在鄱陽、洞庭兩湖置輪拖帶，或由官設立，酌收其資。惟四省茶船將及萬號，每湖必有小輪船十號，梭織往來，然後茶市不致後期，行旅鹹占利涉。保我商賈，即所以保此捐釐耳。由武彝至廈門，水陸程途亦多艱險，如能修一鐵路，則運費日省。商務日興，其所關均非淺鮮也。

清何良棟《清經世文四編》卷三六《論中國茶業亟宜整頓》

中國茶業本為出口生意之大宗，而近年以來，日見其壞。滔滔者流而不返，大有江河日下之勢。本館於此事頗為關心，不時著為論說，以冀發聾振聵，俾得補救於將來，約計不下數十篇，亦幾幾乎舌敝唇焦，墨幹筆禿，而卒未聞有采及芻蕘以試鉛刀一割之用者。坐視此業之式微，年衰一年，無從挽救，良可概也。

英國麥君問皋居中國也久，稔知中國之事，頗亦為中國之茶業寒心。前者承惠一函，並以西國商務新聞見示，並印度茶業公司清單四紙。函內所云，無非欲中國之業此者力圖整頓，與本館先後所論大致仿佛。其四家公司清單，皆系去年之帳，此四家者，其總局皆在倫敦，生意頗盛。此外尚有業此者，則不及盡知。但就此四家而言之曰：大緝林公司，去年一年之中除開銷一切而外，淨餘英金一萬零二百四十四磅二先令八辨士；一曰查立赫公司，計去年淨餘英金八千三百十二磅四先令九辨士；一曰外阿山，去年淨餘英金一萬七千七百三十六鎊十四先令九辨士；一曰內阿山，去年淨餘英金一萬一千一百十五磅七先令四辨士。

由此觀之，印度之茶業其興旺，蓋可知矣。且考曆年生意而計之，亦覺年勝一年。揆其故，實由於印度做茶以機器，中國做茶用人工，人工則有精粗，機器自然勻淨。且印茶出口無稅，而中國之茶則稅極重，夫是以中國之茶業日壞而外洋之茶業日隆也。夫中國之茶本系出處，歷年最久，外洋種茶為時未幾，而顧使後來居上，此實由於中國於此事不知早自整頓故也。

今年將次開辦茶市之時，上海有人以此信登諸商務新聞紙，並云目前茶市將開，而觀眾商之意不其活動，有某大行本為著名碩賈，今年竟已停做。聞尚有數家，亦有欲停之意，恐今年茶業又將不佳。蓋漢口辦茶諸西人最踴躍者為俄國。俄人辦茶，但挑選其貨，倘其合意，不顧價之高下，儘量收買。迨俄商辦畢，則所餘之茶多系挑剩選餘，上等之貨已屬寥寥，因此他國商人莫不知難而退。然中國苟能於此事力為籌思，從新設法，亦必有可以挽回之機。

第一，做茶之時宜用機器，勿全賴人工，庶幾茶葉勻淨。至於攙和偽物之弊，則尤宜亟除也。再者，中國茶稅太重，此業中人吃苦不少，此其故由於前此定稅則時，照粵關之例，定為每擔若干，而不問其每擔價值之高下。假如每擔收稅二兩五錢，若茶價每擔可售五十兩，則亦不過值百抽五之常例，不為多也。乃降至今日價則日賤，而稅則如故，假如每擔止售得銀價十兩，而亦抽稅銀二兩五錢，則是抽至四分之一矣，不太多乎？

為今之計，中國不思振整茶業則已，如欲整頓，則必須亦效外洋之作為公司，凡山頭有地種茶之户，合數家而成一公司，亦照外洋用機器制茶，而稟請改定稅則。必照價值之多寡以定稅之數目，勿拘定每擔若干。約略計算，由山頭至上海，每值百兩之貨，可以收稅銀三兩。由上海運至外洋，每值百兩之貨，又可收稅銀三兩。先之三兩，由販客輸之，後之三兩由洋商輸之，如此則每值百兩之貨，前後共收稅銀六兩，較之值百抽五已為稍勝，而于茶商大有裨益，于國課亦不甚短絀，即曰有所短絀，然為挽救商務，收回利權起見，當亦有所不惜也。

前曰接有電報云，俄國商務大臣商諸英國商務大臣，欲辦西倫之茶，電音簡略，止此一語，然度其意，則俄國茶商亦有舍中而就英之勢。俄人若辦西倫之茶，較中國必更便宜。其載運必更便捷。如此則中國之茶業，必且漸為西倫所奪，而疲敝益將不堪矣。夫以外洋商務新聞之所述者如此，電報之所傳者又如彼，吾乃愈為中國此業中人寒心。前者屢屢言及，不蒙採用，自知人微言輕，不足取信，今則外洋新聞，其在外洋電音又具在，而該業公司之清單復歷歷可據，麥君雖系英人，尚且深為中國遠慮，

而謂業此者乃反視之漠然也乎！振筆書，蓋不禁大聲疾呼已。

清 胡發琅《鼒藻遺書》卷三《江西茶市》 江西大市集四，景德、樟樹、河口、吴城。景德以陶，豫章書陶政篇是也。河口以茶，皆土產。樟樹以藥，吴城無專物，則販通往來而已。販通有盛衰，土產宜無興廢。乃軍興以來，章水道梗，崇安茶遂徑出南海，而河口蕭條，惟信郡所產，仍聚此。滄桑變幻，其可以意計度乎！

泰西市茶以來，東南盛種茶，向不識其名者，今皆連岡互阜。江西若義甯、武甯盛矣；其次則信郡，歲入逾百萬金，民恃此少裕。然揀茶以婦女，大爲風俗之害。茶市至數百里，車舟蟻集，衣香扇影，鎮塞街巷，大都晝良而夕倡。然茶肆非敢爲句欄，卽旅舍亦不能公然見客，必有姦人誘就其家，命之曰『過載行』，猶廣州、上海之有臺基也。欲救其弊者，其戒茶肆毋得收婦女或止受年四十以上，又不能，則盡法以治過載行耳。

清 張之洞《張文襄公全集》卷四五《購茶運俄試銷有效擬仍相機酌辦摺光緒二十三年正月十二日**》** 竊照前因湖北、湖南兩省茶商，為洋商多方抑勒，以致虧累頗多，事關商民生計，必須設法維持。當查紅茶銷路以俄商購辦為最多，惟有自行運赴俄國銷售，庶外洋茶市情形可以得其真際，不致多一轉折，操縱由人。然商力較薄，須官為提倡，以開風氣。

經臣於光緒二十年七月間，會同湖北撫臣譚繼洵、前湖南撫臣吴大澂奏明，由南北兩省分借官款，飭令江漢關道選辦上等紅茶二百箱，運俄境之阿疊薩海口試銷，電商出使俄國大臣許景澄，托俄境茶行代銷，並委員照料，計茶價箱工雜費出口關稅等項共洋例銀五千四百七十二兩零。復選購二茶中之最上紅茶一百二十箱，分運俄境之阿疊薩及恰克圖水陸兩路試銷，由前湖南撫臣吴大澂電托素識之俄商佘威羅福照料，計茶價箱工雜費出口關稅等項原奏共洋例銀一千八百十六兩零。嗣復據俄商開報加增水腳銀百餘兩，共一千九百二十七兩零在案。

茲查出使俄國大臣許景澄先後代銷茶價洋例銀五千八百九十七兩零，俄商佘威羅福先後代銷茶價洋例銀二千八百二十一兩零，均經匯鄂撥還歸款，以利合本，均有盈餘。而佘威羅福代銷茶價計本僅一千九百餘兩，現贏出八百餘兩，利息尤為獨優。

查中外通商以絲茶為大宗，湖南北為產茶之地，故漢口茶務又為兩湖商務大宗，關係釐稅鉅款。近來茶市年遜一年，遠不及前，若不極力整頓，一聽江河之日下，則茶務之盈絀，實為國計民生利病所攸關，前年運俄紅茶即查明確有厚息，以後自當擴充仿辦。官為之倡，商為之繼。馴至招商局可以自造茶船，自立公司，於俄境自設行棧銷售，收回利權，庶於商務釐稅不無裨益。

惟上次運茶赴俄，系托俄國茶船帶往，該船甚為不願，再三婉商，勉強依允，言以後不能再帶。緣俄商專造茶船，兼程趨利，行駛最速，工費最多，故不欲中茶附裝以分其利。且以後俄商佘威羅福能否再允代售，亦不可知。臣當設法相機與俄商俄船婉商，如肯代寄代銷，再當會商湖北、湖南兩撫臣酌量籌款，續行購運銷售，以究商情。

又 卷一二八《札委稅務司籌畫種茶製茶良法、在漢集股設廠教導光緒二十三年十月十一日**》** 為劄委事。照得茶葉一項為中國出口之大宗，漢口一鎮又為各省茶市之樞紐，年來中國茶利逐漸衰落，各商累耗鉅資，殊堪憫惻。查中國茶種之佳，地球無匹，徒以株日說，不知變通，栽種既未合法，焙制又復失宜，遂為洋商所厭棄，若不亟圖變計，何以挽利源而維商本？惟是栽種必明化學，焙制又須機器，非合各富商之力糾股設廠，延請洋人督率教導，未克奏功。查江漢關稅務司穆和德，於茶務自擊情形，深明利弊，極願為中國茶利謀補救之術。本部堂實深嘉許。合行劄委，該稅司籌畫種茶、制茶之良法，在漢口或產茶地方設立廠所，延致洋人實力教導，俾中國茶市日有起色。其如何訪覓明白事理之富商商集股份，以及如何購機制茶以成佳茗，購地試種以期推廣，並延請洋人，酌雇印度工人以資教授各事宜，統歸該稅鉺一人主持，惟不得招附洋股，倘經查有冒附，惟該稅司是問，仍將辦理情形隨時稟報本部堂察核。其有干涉地方各事，如向民間購地及彈壓保護之類，應由江漢關道協助照料，無令掣肘，一俟辦有端緒，再行具奏立案含亟劄委，劄到該稅司，即便按照上項劄行事理次第趕速佈置。該稅司實心辦事，必不致有負委任。切切。特劄。

又 卷一六一《批江漢關道詳核議茶商整頓茶務章程光緒十六年十二

月十七日》　漢口茶市禁售樣箱，設立公磅，曆據該幫商棧公同議定章程，稟經該關各前道批准出示曉諭在案。近年茶務疲滯，華商急欲求售，不能堅守定章，以致弊竇叢生，日形虧累，而洋商亦因茶不對洋，藉端挑剔，若不及時整頓，實與中外商情均為未便，現在該商等衆謀僉同，創設公棧，既便查色樣攙雜之弊，並可免風濤停泊之虞，洵屬扼要良圖，維持商務至計，應即准行。惟建棧必箱鉅款，經理尤貴得人，仰江漢關道迅即選舉六幫公正殷實紳首數人以董其事。應如何籌墊建棧之款及按箱酌抽經費，分年歸還，大約抽費不宜過多，年限不妨稍久，務使茶價不至驟貴，致礙市面，飭令確切妥議，再呈該關道覆核，分別給諭出示，庶足以資經久而杜流弊。至落盤過晚轉箱交價各節，如何明定限期，系厲華洋貿易之事，應再按照條約妥籌辦法稟明辦理，其倉房司事、茶棧經紀人等果有播弄勒索情事，准其隨時稟官究懲，以儆刁儈，仰即轉飭遵照。

又 卷一六六《批江漢關道詳覆勸諭茶商購用機器製造合股爲難，惟求仍照向章設立公找公磅光緒二十五年十二月初一日》　據詳已悉，茶務不講求種植製造，已非探源之策，其餘俱屬末節矣。惟洋商壓磅割價，半由華商衆心不齊，互相爭競，甚或攙雜作偽，致為洋人所乘，亦為茶市之害。茲據詳擬申明舊章，定過磅交價之期，使不能任意反復。創設公棧，以免爭競，嚴禁作偽，以杜藉口，自亦屬維持茶務之要舉。仰該關道即派員督飭該商董等妥速籌議認真舉辦，勿得空言搪塞。仍一面督飭印委各員，以及衆商，隨時認真講求培植茶樹、製造茶葉之法，務使中國大利不致外溢，是為至要。仍候撫部院批示。繳。

清 佚名《論保全茶業》《清經世文統編》卷六一　華商之贏虧，其權實為西人所操縱。西人同心協力，每屆新茶抵漢口看樣後，即會議行情，價若干則購之，否則不購。華商幫口不一，並不聚議，各懷私意，不顧大局之若何，在富而有餘者，雖虧本亦售，若資本不足，大半從錢莊茶棧挪來，一聞茶市開盤，索償者紛紛爾集，繼知虧本則追呼愈急，即不夠本，亦不得不貶價以沽。

清 佚名《論中國整頓茶務》《清經世文統編》卷六一　粵自洋人叩關而立約，辟埠通商，大臣銜命以訂交，輸貨互市，歐美諸國莫不藉其奇技異物，購我貨財，每歲中國錢銀流出外洋，以數千萬計。而中華貨物運銷外洋者，惟茶與絲為大宗，其餘雖有帽草等物，亦為洋人所必需，而銷流無幾，奚關輕重。故出入之貨，兩相比較，中國吃虧實非鮮少。觀時勢者，深切杞人之憂。乃近二十年來，絲因蠶病，色身欠佳，銷路已漸形減色。茶則因奸商貪圖目前微利，罔計日後大害，濳將雜葉混行摻和，製造工人又不求甚解，得過且過，草率不精，色香味皆為失厥本來。至洋商嘖有煩言，而東洋、印度、美洲又相率仿種，不惜厚貲訂聘華工，教以培植、採擷、制焙諸法，留心講究，精益求精，而後來居上。中國之茶反瞠乎在後，為洋人所擯棄。且洋商居華既久，漸知華商利弊，以華商之辦茶貲本，多由挪措，訂期歸還。於是洋商暗持其柄而搖之，遲遲開盤，比銀期已到，華商為剜肉醫瘡計，減價求售。洋商故為抑勒，華商亦只得勉強允從，而茶市遂等江河日下矣。邇年衮衮諸公深知其弊，鹹欲扶掖而振興之，以保自有之利。迭經卓識之士，條陳是非，獻替可否，無如言之非艱，行之維艱，迄今多年，卒不聞創一議，布一策，相與挽既倒之狂瀾，而補亡羊之牢者，抑又何耶？

今春聞福州茶商有購用新機器以制茶者，茶味比前差勝一籌，以為八閩茶市從此當有起色，豈知以機器制茶者，系東嶺某洋行設公司以試辦，因經費頗巨，股份尚未招足。至於西北兩路華商，並未改用機器，仍由人工製造，但用新法使茶汁不能溢出，味更濃厚，土人有仿其法以制烏龍茶者，亦較前略佳，故本年業茶者可略沾微利，然市情尚形冷淡。以上月底行情而論，工夫二五箱，只沽廿七萬六千八百七十八件，存五萬六千六百廿二件；小中二五箱沽七萬三千六百零四件，存四千八百九十六件；烏龍二五箱沽三萬九千七百五十六件，存二萬七千五百四十四件；白毫大門箱沽五千六百二十七件，存三百七十三件；花香一五門箱沽二萬一千五百五十九件，存一千四百四十一件云云。噫！市中所沽僅得此數，比諸古昔盛時，不過十之二三耳。而居今時勢則沾沾自喜，謂有轉機，則中國茶市情形不可見一斑哉！今之論整頓茶務者，每欲設大員以董其事，不知中國仕途久已睥睨商人，且于市情多所未識，一旦大權獨攬，在賢良者尚不過委蛇公事，模棱兩可，商民雖未受其益，仍不致受其害。其在不肖之員，既威福之恣肆，復朋比以為奸，茶務之弊，因而

叢生，而商民受害益深，是則茶務整頓，豈官場所能為力哉！然則整理全賴諸商乎？查各處辦茶華商，皆設有公所，以便同業有事相商。今莫若略予變通，將同業各店合成公司，由眾公舉精明幹練之人分當總理、協理，悉心講求，此中利弊設法興除。各號所辦之茶，皆交總理協理監製、存儲，定價發售，照本伸計，盈虧各沾。惟華商辦茶貲本鮮有充盈，仍須賴中國銀行為之扶持，凡有茶商需款接濟者，銀行准其將茶按揭，寬其期限，薄其利息，俾華商不致因銀根短絀，賤價出售，致為洋商所乘。如此則眾志成城，奸商無從攙雜舞弊，低價奪市。洋商亦無隙可伺，肆其要脅。而茶市有不蒸蒸日上者哉？

清 佚名《茶市》《清經世文統編》卷六一　茶之利非向為中國所獨擅哉？茶之出口非為中國生意之大宗哉？乃至近年而東西洋各國種植愈多，出產愈盛，而利乃半為之分奪。究其所以為外洋分奪者，仍中國人之有以自取而已。種植則不察其宜，採摘則不得其時，烘焙則不明夫法，以故茶之色香味三者，無一不為之褪減。西人因茶味之不佳而不喜購買，因茶利之倍厚而效法栽種，利之所以被奪者，職是之故。

蓋中西之人雖異，好利之心則同，而謀利之術則於此迥別，高低每見。西人作事往往勤于華人，極深研，幾欲以人定者勝天。而華則多貪天之功，凡事安於懶惰。其實人力所至，天固不得而限之，特患人之不能自勤耳。即如雅片煙產自印度，而中國亦有鶯粟之種，印度之產近時亦不若從前之精美，而較之中國自製土漿，則香韻清而滋味濃，究屬高出數籌，為土漿之所不能及，而中國種植亦既有年，卒不得一善法以駕乎印度之上。此非華人之智不及乎西人，亦非西人之訣不傳于華人，實則不能如西人之處處留心，事事勤力故也。

今中國茶利之所以流入外洋者，第一在不明培植之法，往往視天時之美不美，以蔔出茶之多不多，設如今春雨水不時，亦止好聽天由命。不知茶亦猶之乎花草也，花草雖順時而生，而苟得有草種忘憂，愛花成癖者，悉心澆灌，加意栽培，遂愈覺欣欣向榮，別有一種勃勃蓬蓬之象。試觀本埠西商之花園類，皆修剪以時，不惜工力。草之叢雜者，則芟之使齊；木之拳曲者，則蟠之使直；花之名貴者，則更圍之以雕欄。非常珍護，使人一望而覺其清茜蔥蘢，心目為之一豁，精神為之一爽。可知花草等類一加以愛惜滋培，即能不同於凡卉。推之業蠶者之于桑田，其植之也必疏，其培之也必厚，故樹樹齊整，而桑葉乃彌形暢茂。種木棉者亦然，其他豆麥稻穀，無不以糞多力勤者為上，本雖偶有水旱偏災，猶足以挽回天意。而況茶之為物，較他木尤為易長，倘得人工調護周至，自不難使成佳種。而乃中國於種茶制茶各法，任其廢而不一講，又何怪茶業之日衰、茶利之日奪也乎？

論者又謂中國之茶動多著假，慮色不佳，不足以動洋人之目也，乃以綠礬靛青等物拌染之，則顏色能美，而可沽善價，迨至輪船運赴外洋，日久則顏色漸退，而香味亦因之減損，洋人既暗中受虧，而中茶遂為外洋所不信。不知茶之著假，因希獲厚利故也。苟其能培養得法，葉出繁多，山價必於此貶賤，山價賤而沽利既優，尚何肯從中作偽乎哉？

考外洋種茶之法，本得之于中華，而遠慮深思，精心體察，遂能出產日盛一日，年旺一年。曆觀所譯西書中，其於種植、烘制諸法精益求精，彌不勝愛護鄭重之意，故其產茶之盛，駸駸乎尚靡有止期。中國苟不及此時而力為研求，認真從事，竊恐以後茶利，勢必為外洋占盡無餘矣。即如日本一國，各處均設有制茶會社，平時推究考驗，不遺餘力，而茶業因得日增月盛。僅止橫濱一隅，而出口之茶箱即已盈千累百，不且與歐西並駕齊驅，同分中國之厚利也乎。

客歲嘗讀軍機章京陳君條陳整頓茶業，挽回利權一疏，其中刪中國之舊章，采外洋之新法，茶商則深加保護，茶樹則極意廣培，以及維持茶市，劃一茶價各情，要皆利害熟權，詳明洞澈，足挽已去之利源，開將來之利益。苟得當事者照此施行，將見中國之茶務安在其不能復振也？非然者，日本之茶既見其歲有所增，西洋之茶更覺其與年俱進，出茶繁而貨色甚佳，販運又極其便捷。而中茶則既嫌其著假，兼患其貨低，加以種植之不察其宜，採摘之不得其時，烘焙之不明夫法。如是而欲於此中覓蠅頭之利，吾尚虞其不得，而猶能誇為出口生意之大宗，其誰信之。

清 佚名《論茶市》《清經世文統編》卷六一　行舟者不覆於逆風，而覆於順風，對仗者不挫於屢敗，而挫於驟勝，何也？順風則意縱，驟勝則氣驕，此其所以易致覆挫也。惟老成諳練之君子，為能合順逆勝敗，而總持之以一法，一法謂何？曰慎重是已。經商亦然，未有氣驕意縱而不遭

損者，更未有慎重而不受益者。

今屆茶市承去歲極壞之後，開盤伊始，各幫多得善價，氣象甚佳。於是茶幫中人爭擬進山以應其市，此固多財善賈之本色，見利必趨之恒情，機會難逢，交臂毋失，不得與氣驕意縱者並論。然老成者流或竊竊然慮之，誠以刻下為頭幫上市之初，貨到尚少，洋商踴躍爭買，故能人人如願，各得紅盤。若一經人山添辦，必致爾搶我奪，山價因之增高，山價愈高，成本愈貴。即汲汲然趕到漢口，而頭幫已過，洋商買興已衰，彼時貨色愈多，求售愈迫，匪獨不能得價，且使洋商見我如是，難保其不以壓盤打板諸故習相為箝制。然則洋商尚未愚弄華商，而華商反先弄自己也。其為失計不已多乎？

前數日曾見華商分致洋商之公啟，申明公道章程三條：第一條，磅茶鹹照光緒九年即英一千八百八十三年稟定照會章程辦理。第二條，向來買茶注簿，隨買隨磅，間或遲至一二日，亦無不可。近年竟有遲逾數禮拜始行過鎊者，斯時茶價較注簿時相去懸殊，一旦退出，華商大受其虧，實屬不近情理。此後買茶過鎊，至遲請以一禮拜為期，如逾一禮拜之外，須照原價受茶，不得言退言割。若因無寬餘之地，亦必須於一禮拜內先起十箱或數十箱過磅對水，以清界限。第三條，華商所收售茶銀兩，洋行既扣去九九五現息，自應過鎊即行兌銀，方與先扣現銀名實符合。

公啟如是，想見諸華商懲前毖後，藻密慮周，茶務轉機，皆將於今屆。蔔之不謂才得紅盤，即有人山添辦之舉，是自蹈於往年搶買之覆轍矣。前鑒不遠，而又令後車繼之，可乎哉？且公啟不雲乎，初年洋商到漢買茶，誠信共守，彼此均沾利益，相得彌彰。迨後人心不一，漸致參差，所謂人心不一者，似系側注華商而言，惟因華商之人心不一，而後洋商之勝算可操。故為刻下華商計，只有齊心合力，共圖補救一法，庶幾失之東隅，猶可收之桑榆。若竟忘知足之戒，而效對仗者之驕於驟勝，行舟者之縱於順風，欲無覆挫，殆不可得。此有心人所以不忍緘默，直欲大聲而疾呼之也。或謂刻下入山添辦之舉，原出於年少氣盛、閱歷未深之人，若老成持重者，操縱得法，斷不為其所搖。余謂古人有言：先覺覺後覺，先知覺後知。果如所云，則各幫之老手，正宜齊心合力，舉利害以為同業，告使其洞明此理，急行止辦，譬之懸崖勒馬，猶可免於一落千丈之憂。不然坐視不阻，為潔身自好計，固得之矣，如茶市大局何？

總而言之，天下貿易之道，不外乎居奇兩字，貨少則見珍，貨多則弗貴，贏虧損益胥判於此。即如今屆到漢各茶，多得紅盤，而尤推安化幫首奪錦標。查往年安化茶本有不及他幫之勢，其故由該處土著狃于早采葉少，遲采葉多之小見，致令茶身粗老，色香味俱形減退。洋商買茶，既考色味之優劣，復察葉子之粗細，稍有不足，即難列入上選，各商於此受虧不少，後因入山者不惜唇舌諄諄開導，而各土著亦自悟其失，議立善法，如期早采，於是安化茶之成色逐漸變好。今屆聞其採摘更早，挑剔益精，慘澹經營，克日趕到，用能首先入選，高占紅盤。據此以觀，愈知貨只貴美而不貴多，其貨一多，雖美弗貴，安化茶即為明證。縱論及之，冀刻下入山辦茶者之觸類引伸焉。

清佚名《論整頓茶市》《清經世文統編》卷六一　中國商賈之道與西人異，西人之業經營者，或領本於國王，或請命於官長，商人之所為，官多知之，故上下一氣，而官之保護商人也，無微不至，設有違禁作偽，以及一切貨價輕重等事，莫不聞之於官。

中國則不然，商之與官本不相聯絡，其間惟經營大獲，納貲得官，乃得廁於縉紳之列。其有喜於攬事樂交官場者，或亦出入衙署，應酬於候補各公館中，詡詡然驕於人曰：『某司馬吾所素善也』，『某太守吾與周旋也』，『某觀察吾所朝夕相見者也。』即使果非虛語，而其所謂素善、周興，朝夕相見亦不過酒食遊戲相征逐，或以公事相請托，如是而已。其於經營中事，固不與聞也。何則？中國視商人素不甚重，即有擁貲巨萬，人爭趨之，而背地尚多微詞，以為彼雖勢焰薰灼，不過一市儈已耳。為官者存此心，故不能降以相從，為商者亦自存此心，故不敢仰求於官。如是而欲官與商之兩相浹洽，如西人之所為，烏可得哉！

然近來各省通商，中外交涉之件往往由於商人居多，則亦當思變通其道，不可執成見而泥故習也。前曰福州西商公所致信於領事，請為照會華官，飭知中國茶商，將大小茶箱務須一律堅固，華官接到照會後，聞已立即出示曉諭，即此一端，可見中國商務亦宜有變通之機矣。

夫中國之業茶者，為市面之大宗，與絲業不相上下。而近年之業此

者，每多耗折而不能獲利，當其入山採辦，炒制裝箱，發往外洋，除出口關稅之外，官皆未嘗與知。而商人貪利心切，不顧利害，但欲以小本獲大利，故茶中或摻和末子，箱中鉛皮年年減少，在商人以為可以欺蒙西人，藉此得利，其先亦必有售其欺者，此行彼效，其弊滋甚，遂至西人窺破其隱，不肯接買，於是販茶出洋之商，近來大虧厥本。蓋西人性情雖直，而其心多疑，一次受欺，則雖有仍前貨真價實之件，亦未免有所疑阻，而不敢遽受。故中國茶商常有折耗，西商亦大有不便，而急欲華官之力為整頓也。雖然華官苟欲認真整頓，亦非僅以一紙告示遂可以塞責也。

茶商之作僞，以為茶業之害，非但不利於西人，亦實不利於華人。華人以茶業為大宗，而至西商有所疑阻不敢接收，則茶市必無起色，華官既知此弊，宜傳集商人剴切勸諭，語以經營之道，以信義為先，貨物出洋必求銷售捷速，方可獲利，苟有作僞取巧，各商皆宜稽查屏斥，不准其鑄張為幻，如有不遵者，指明稟告，予以嚴懲。然後貨既高而銷路自廣，既不予西人以口實，而華商亦可得益，詎非兩全之道。如但以出示曉諭為整頓茶商之道，則空言無補，何足以止奸商之狡謀，而使中外商人兩無疑慮也乎？且吾之為此言，非創見也。《禮》有之：『用器不中度，不粥於市；兵車不中度，不粥於市；布帛精粗不中數，幅廣狹不中量，不粥於市；奸色亂正色，不粥於市。』可知古者市有市官，釐有釐法，即下至商賈未嘗不設官以蒞之。自市官不設，釐法無聞，官與商不相聞問，而機械變詐，愈趨愈下，偶有議及，輒笑為多事，而指摘及之，而抑知官之與知商事，非謂與民爭利，實欲以法齊民，而弗貽外人之譏議。是亦通商之要務，所不容忽以視之者，非獨茶商一業，而茶業其見端也。

清 佚名《論漢口茶務》《清經世文統編》卷六一　漢口之茶市，莫壞於去年。統計安徽、江西、兩湖四大幫，無一不受虧折，其數多至三百余萬，此真歷來所未有，雖旁觀猶為駭然，況在當局之人哉。故聞今歲茶商不欲大做，各幫莊口較往年須打七八折，懲前毖後，蓋亦善賈者不易之法也。然而天道迴圈，盛衰倚伏，凡事方盛時，人或習而安之，不甚措意也。於是乎因循玩愒，日復一日，以底於衰，既衰矣，且衰之甚矣，則必戰兢惕勵，共求所以挽回之道，若何救其弊，若何補其偏，眾人一心，而衰者不難返盛，此為否極泰來之常理，即為今歲茶務之端倪，何待蓍龜始可預卜。顧或者猶嫌於空言無補也，吾請揭其要而論之。竊謂今歲正是絕好機會，約有四層：

一曰山價不至搶抬。查往年華商吃虧之處，皆在於山戶之抬價，而其所以抬價者，則因莊口太多，彼此搶買，我欲壟斷，安能禁山戶之居奇，由是成本愈重，賺利愈難。今歲莊口既少，將有貨浮於莊之勢，雖有狡黠山戶，仍萌故智，而其事不能復行，將來進價定必便宜，此則體察情形而可於目前預料者也。

一曰壞茶可免濫收。查近年茶務之疲，皆歸咎於茶身之欠佳，或謂採摘不及時，或云焙制不得法，以致成色大減，美惡雜揉，而不知其所以夾雜者，實由於濫收之故。其所以濫收者，實由於搶買之故，今歲既不搶買，自不難盡我挑剔。而舊時成色可以不失中茶之色，香味本非日本錫蘭諸茶所能及，誠得茶身復舊，則茶務定有振作之望。此又體察情形而於目前可預料者也。

一曰銀利可望便宜。

一曰金磅不至虧折。銀利便宜之益，華商受之，金磅不虧之益，西商受之。何也？往年各商辦茶之時，漢市之銀根必緊，銀根緊，則折息巨，茶商將本求利，不能不出重息以為進山買貨之資，一遭耗折，吃虧愈大。今歲各埠銀根俱有贏餘，莊號中人方慮無從折放之慮，勢不至因茶信之上市而陡增折息。且銀根既寬，錢價亦因之而落平，非辦茶各商之大便宜乎！西商在華買茶則用銀，而至外洋出售則用金磅，近來金磅之價既如是，其增漲則進出之間，先可大佔便宜。譬如去年在華進價每擔五十兩之茶，今歲進價忽增至每擔七十兩，前後幾差四倍，及其運至外洋。按照金磅計算，依然有贏無絀，並不吃虧。然則今歲買茶之西商，止在金磅一項上已較去年便宜四成，而茶價之利尚不在內，此更體察情形而可為目前之華商西商一併預料者也。

夫時不可失，昔人言之。今幸有此四層絕好之機會，吾知辦茶各華商必能振刷精神，不令錯過，誠不錯過機會，不但可以彌去年之缺憾，抑又可以挽日後之利源。轉移之關，速於旋磨，所望勿自餒其氣，勿自灰其

心，斯得之矣。而吾尤有望者，漢上辦茶諸西商，無非洞明事理之人，遇此絕好機會，既可趁山內之挑剔，純購好茶，而將來成本較輕，又無慮茶價之貴，一得兩便。想茶市既上後，定然爭先購買，不至有觀望抑勒之事。語稱利人即自利，欲與華商分佔便宜，其道固不外乎此也。

或謂吾子之言，可云善頌善禱，豈惟華商願聞，即西商諒亦莫不願聞矣。應之曰唯唯否否，此論若發之於往年，則為諛詞為虛語，而今歲非其比也。質諸中西明眼人，當有以教我。

清 佚名《論中國茶務》《清經世文新編》卷一〇　中國茶務銷售出外者，日加衰微，恐不久全失其利矣。本報登録印度之卡路吉打與錫蘭山二處產茶，遞年增多，曾苦諫中國急免釐金之害，以挽回茶利。惟華人不以為意，若饕餮之徒寧殺肥鵝而烹食之，不肯寬待而常拾其所產之卵也。英商之集於中華茶市者，由眾而寡，顯為此事之証。華人豈不知之？然全不介意者，豈反以英商不來而快於心乎？中國茶務之將亡，必矣。不特華人不以茶務漸衰為慮，而征稅之員明知茶稅昔多而今少，亦不以為意也。此輩但知教茶農考求種茶製茶之法，而不思茶稅之重為第一弊也。試取華之銷於英市者論之。

光緒二十二年由中國直往英國者，祇得二十一萬九千四百零九擔，其上一年則有一百萬擔，相去幾至五倍。今年春九月，漢口兩處出茶較上年為盛，第一稔所收者約得五十五兆磅，前英商買茶遞年減少者，俄商增多而補之。惟聞俄國尚存茶葉太多，今年能自中國添買者，不數上過之半，尚餘二十七兆五十萬磅，須銷流於英美二國。然上年兩國共銷華茶不過一十八兆五十萬磅，今年出茶過限十兆餘磅，若不大減其價，則難脫手矣。但茶價賤則釐稅又不稍減，茶農之不傷本者鮮矣。

又厦門英領事官傅冷英卡士君嘗將該處茶務詳覆英廷，其言足令聞者感傷。彼云：『光緒二十二年，厦門之烏龍茶共得一兆二億磅，比其上一年減少百分之五十五，猶恐今年減少更甚焉。過今年之後，更恐不復成茶市矣。該處種茶之郡縣多已抛荒，而茶田更有全壞也。』

卡士君又指出：『其弊之由，蓋謂製出一兆餘磅之茶，值銀不過一十三萬六千圓，釐金抽其二萬圓，出口税抽其三萬五千圓，二共抽銀五萬五千圓，已居茶價三分之一。至其鄰國日本明於先見，去年將臺灣之茶税減作每石抽税一圓一毫二仙，而中國仍固執其五圓八毫二仙之税，此為中國之失策。夫閱歷深則知識進，鄰國強，當自發奮。而中國獨不然，將來茶利俱亡，悔將何及矣。十年前，厦門共產茶二十七兆二億餘磅，距今二十餘年，例當增多十數倍，不料反減十數倍。』

卡士君又述：『識時務者之意曰，中國茶務之弊，非天下最巧之機器所能救，除是將釐税全免又兼用機器或始有濟耳。』

综述

唐 張途《祁門縣新修閶門溪記》《全唐文》卷八〇二　邑之編籍民五千四百餘户，其疆境亦不為小。山多而田少，水清而地沃。山且植茗，高下無遺土。千里之內，業於茶者七八矣。由是給衣食，供賦役，悉恃此祁之茗。色黃而香，賈客鹹議，愈於諸方。每歲二三月，齎銀緡繒素求市，將貨他郡者，摩肩接跡而至。雖然，其欲廣市多載，不果遂也。或乘負，或肩荷，或小轍而陸也如此。縱有多市，將泛大川，必先以輕舟寡載，就其巨艎，蓋是閶門之險。

宋 宋祁《景文集》卷四六《壽州風俗記》　茗場凡三，曰開順、麻步、霍山，歲榷無慮三萬鈞，坐居行賫，率千金以算，其利不貲，民又時時盜賣。

宋 文同《丹淵集》卷三四《奏爲乞修興元府城及添兵狀》　右臣竊見，本府自三代已來，號為巨鎮。疆理所屬正當秦蜀出入之會，下褒斜臨漢沔平陸延袤。凡數百里壤土演沃堰埭棊布，桑麻秔稻之富，引望不及。西南逾棧道抵劍門，下趣成都岐雍，諸山遮迾。東北深蟠遠跱孕畜，雲雨罅道百出，相拱加輻。遠通樊鄧，旁接秦隴，貿遷有無者，望利而入。舊制中州之人不得久居於此，今復弛禁，一切不問。故四方來者頗自占，業殊習異，尚雜處閭里。天下物貨，種列於市。金繒漆枲，衣被他所。近歲洮河所仰茶產鉅億，公糴私販，輩負不絕。誠山西浩穰之奧區，而朝廷所宜留意之劇地也。

宋 熊克《中興小紀》卷四　初，成都路轉運司官安居趙開奏：祖宗以三司總諸路轉運使，此成憲也。熙寧後因事設官，而漕司遂至不足。

今榷茶買馬乞依嘉祐故事併歸漕司，仍減額以蘇茶户，減價以惠茶商，則私販衰而盗息。是秋擢開主管川陜茶馬事，使推行之。開乃先更茶法，官買官賣茶並罷。酌政和都茶場法印給茶引，使茶商執引與茶户交易。改成都茶場爲合同場，仍置茶市。交易者必由市而引，與茶必相隨茶户茶鋪皆籍其名姓，使之互察，此其大略也。

宋 胡仔《苕溪漁隱叢話・後集》卷一一 又有石門、乳吉、香口三外焙，亦隸于北苑，皆採摘茶芽，送官焙添造。每歲縻金共二萬餘緡，日役千夫，凡兩月方能迄事。第所造之茶不許過數，入貢之後市無貨者，人所罕得。惟壑源諸處私焙茶，其絶品亦可敵官焙，自昔至今，亦皆入貢，其流販四方，悉私焙茶耳。

宋 李熹《趙待制開墓志銘》《名臣碑傳琬琰集》卷三二 酌政和二年東京都茶務所創條約，即給茶引，使茶商執引與茶户自相交易。改成都府舊買賣茶場為合同場買引所。仍於合同場置茶市，交易者必由市，引與茶必相隨。茶户十或十五共為一保，並籍定茶鋪姓名互察影帯販鬻者。凡置茶引，每一斤春為七十、夏五十。舊所輸市例頭子等，並依舊茶所過每一斤征一錢，住征一錢半，無得妄增。其合同場監官，除驗引、秤茶、封記、發放外，並無得干預茶商、茶户交易事，此其大略也。

《文獻通考》卷一八《征榷考五・榷茶》 山場之制，領園户，受其租，餘悉官市之。又别有民户折税課者，其出鬻皆在本場。諸州所買茶，折税受租同山場，悉送六榷務鬻之。

《宋史》卷一八四《食貨志下六・茶下》 政和二年，大增損茶法。凡請長引再行者，輸錢百緡，即往陜西，加二十，茶以百二十斤；短引輸緡錢二十，茶以士十五斤。私造引者如川錢引法。歲春茶出，集民户約三歲實直及今價上户部。一茶籠節並皆官制，聽客買，定大小式，嚴封印之法。長短引輒竄改增減及新舊對帶、繳納申展、住賣轉鬻科條悉具。初，客販茶用舊引者，未嚴斤重之限，影帶者衆。於是又詔凡販長引斤重及三千斤者，須更買新引對賣，不及三千斤者，即用新引以一斤帶二斤鬻之，而合同場之法出矣。場置於産茶州軍，而簿給於都茶場。凡不限斤重茶，委官司秤制，毋得止憑批引為定，有贏數即没官，别定新引限程及重商旅規避秤制之禁，凡十八條，若避匿抄劄及擅賣，皆坐以徒。復慮茶法猶輕，課入不羨，定園户私賣及有引而所賣逾數，保内有犯不告，並如煎鹽亭户法。短引及食茶關子輒出本路，坐以二千里流，賞錢百萬。

又 高宗建炎初，於真州印鈔，給賣東南茶鹽。當是時，茶之産於東南者，浙東西、江東西、湖南北、福建、淮南、廣東西，路十，州六十有六，縣二百四十有二。嘗川顧渚生石上者謂之紫筍，毗陵之陽羡，紹興曰鑄，婺源之謝源，隆興之黄龍、雙井，皆絶品也。建炎三年，置行在都茶場，罷合同場十有八，惟洪、江、興國、潭、建各置場一，監官一。罷食茶小引，捕私茶法視捕私鹽。二十一年，秦檜等始進《茶鹽法》。先是，臣僚或因事建明，朝廷亦因時損益，至是審訂成書，上之。

又 蜀茶之細者，其品視南方已下，惟廣漢之趙坡，合州之水南，峨眉之白牙，雅安之蒙頂，土人亦珍之，但所產甚微，非江、建比也。舊無榷禁，熙寧間，始置提舉司，收歲課三十萬；至元豐中，累增至百萬。建炎元年，成都轉運判官趙開言榷茶、買馬五害，請『用嘉祐故事盡罷榷茶，而令漕司買馬。或未能然，亦當減額以蘇園户，輕價以惠行商，如此則私販衰而盗賊息』。遂以開同主管川、秦茶馬。二年，開至成都，大更茶法，倣蔡京都茶場法，以引給茶商，即園户市茶，百斤爲一大引，除其十勿算。置合同場以譏其出入，重私商之禁，爲茶市以通交易。每斤引錢春七十、夏五十，市利頭子錢不預焉。所過征一錢，所止一錢五分。自後引息錢至一百五萬緡。至十七年，都大茶馬韓球盡取園户加饒之茶爲額，茶司歲收二百萬，而買馬之數不加多。

明 曹學佺《蜀中廣記》卷六五《方物記七・茶譜》 建炎元年，成都轉運判官趙開言榷茶買馬五害，請用嘉祐故事，盡罷榷茶而令漕司買馬，或未能然，亦當減額以蘇園户，輕價以惠行商。如此，則私販衰而盗賊息。遂以開主管秦川茶馬。二年，開大更茶法。按：《中興小曆》：建炎軍興，令商族、園户自行買賣，官給茶引，自取息錢。所賣茶引一百斤，計取息錢六貫五百文。改成都茶場為合同場。仍置茶市，交易者必由市引與茶相隨。此即開之法也。

《清實録・高宗純皇帝實録》卷二四〇 ［乾隆十年五月丁丑］查打箭爐原設三門：東門大卡，系進省通衢。南門公出卡，系赴藏大道。

北門雅納溝，系通各處苗蠻小路。因爐城設有茶市，苗蠻彙集貿易，漢民遂亦繁多，向無稽查之例。先經打箭爐監督伊爾哈布奏、爐城三門鎖鑰，應交地方官掌管，撥兵守口盤查。一應內地出口之人，俱令在地方官處起票，守口人查驗放行。

又《穆宗毅皇帝實録》卷二六三 ［同治八年七月丁酉］又諭、英桂、卞寶第奏，緝拏游勇土匪情形請從嚴懲辦一摺。福建興漳泉三府屬地方民情強悍，搶案頻仍。延建邵等府每逢茶市，即有本省汀州及廣東江西客民數萬人前來傭工，於市罷後匿居山廠。伺隙搶劫，甚至糾眾肆擄。

傳記

《宋史》卷三七四《趙開傳》 嘗言：『財利之源當出於一，祖宗朝天下財計盡歸三司，諸道利源各歸漕計，故官省事理。並廢以還，漕司則利害可以參究，而無牽掣窒礙之患矣。』因指陳榷茶、買馬五害，大略謂：『黎州買馬，嘉佑歲額才二千一百餘。自置司榷茶，歲額四千，且獲馬兵逾千人，猶不足用，多費衣糧，為一害。嘉佑以銀絹博馬，價皆有定。今長吏旁緣為奸，不時歸貨，以空券給夷人，使待資次，夷人怨恨，必生邊患，為二害。初置司榷茶，借本錢于轉運司五十二萬緡，于常平司二十余萬緡。自熙寧至今幾六十年，舊所借不償一文，而歲借乃准初數，為三害。榷茶之初，預俵茶户本錢，尋於數外更增和買，或遂抑預俵錢充和買，茶户坐是破産，而官買歲增。茶日濫雜，官茶既不堪食，則私販公行，刑不能禁，為四害。承平時，蜀茶之入秦者十幾八九，猶患積壓難售。今闕、隴悉遭焚蕩，仍拘舊額，竟何所用？茶兵官吏坐縻衣糧，未免科配州縣，為五害。請依嘉佑故事，盡罷榷茶，仍令轉運司買馬，即五害並去，而邊患不生。如謂榷茶未可遽罷，亦宜並歸轉運司，痛減額以蘇茶户，輕立價以惠茶商，如此則私販必衰，盜賊消弭，本錢既常在，而息錢自足。』

朝廷是其言，即擢開都大提舉川、陝茶馬事，使推行之。時建炎二年也。於是大更茶馬之法，官買官賣茶並罷，參酌政和二年東京都茶務所創條約，印給茶引，使茶商執引與茶户自相貿易。改成都舊買賣茶場為合同場買引所，仍于合同場置茶市，交易者必由市，引與茶必相隨。茶户十或十五共為一保，並籍定茶鋪姓名，互察影帶販鬻者。凡買茶引，每一斤春為錢七十，夏五十，舊所輸市例頭子錢並依舊。茶所過每一斤征一錢，住征一錢半。其合同場監官除驗引、秤茶、封記、發放外，無得干預茶商、茶户交易事。

紀事

唐楊曄《膳夫經手録》殘卷《茶》 蒙頂自此以降言少而精者，始蜀茶，得名蒙頂，於元和以前，束帛不能易一斤先春蒙頂，是以蒙頂前後之人競栽茶，以規厚利。不數十年間，遂新安草市，歲出千萬斤。雖非蒙頂，亦希顔之徒。

唐段成式《酉陽雜俎》卷二《壺史·趙元卿》 寶曆中，荊州有盧山人，常販燒朴石灰，往來於白洑南草市，時時微露奇跡，人之不測。賈人趙元卿好事，將從之遊。乃頻市其所貨，設菓茗，詐訪其息利之術。

《續資治通鑒長編》卷四四《咸平二年》 ［閏三月］以河北轉運使、右諫議大夫索湘為户部使。湘在河北時，屬郡有幹釀者，歲輸課甚微，而不逞輩多聚飲其中為奸盜，湘奏廢之。德州舊率民馬以備驛傳，又役民為步遞，湘罷其事，悉以官兵卒代之。會內殿崇班臨渙閻日新建議，請于靜戎、威虜兩軍置場鬻茶，收其利以資軍用。湘上言：『若是，則奪民利。臣恐榷場商旅自玆阻絶，甚非便也。』遂止。又言事者請許榷場商旅以茶藥等物，任於北界販易，復招募北界商旅于雄、霸州市易，北人既獲厚利，則邊患可息矣。詔湘詳議以聞。湘言：『北邊自興榷場，商旅臻湊，制置深得其宜。今若許其交相販易，則緣邊商人深入北界，竊以為非便。又北界商人若至雄、霸，其中或雜以奸偽，何由辨明？況邊民易動難安，蕃人之情宜有羈制，望且仍舊為便。』會有詔經度復修定州新樂、蒲陰兩縣，湘以其地迫窄，非屯兵之所，遂奏罷之。

又卷八九《天禧元年》 ［二月］曹瑋言陝商人入中糧草交引愈

賤，總虛實錢百千，鬻之才得十二千，請於永興、鳳翔、河中府官出錢市之，奏可。本志云，鬻于市才八九千，今從實録。曹瑋言《會要》在五月甲戌。既而詳定茶鹽司又言：『交鈔總虛實錢五千者，向來官給十三千至十九千市之，今鬻於市，止獲八九千，恐豪商乘其賤價，不於官場入中，復虞西鄙軍食闕乏，請官自收市，以九千為準。』從之。實録在二月癸巳，今移見此。曹瑋於去年十一月已改授秦州部署，命李及知秦州，而實録於此又云知秦州曹瑋，蓋瑋知秦州日所言也。交引愈賤，蓋所給茶多不精，商人罕有饒益故也。此據本志。

又卷一〇〇《天聖元年》［正月］國朝惟川峽、廣南茶聽民自買賣，禁其出境，餘悉榷，犯者有刑。在淮南則蘄、黄、廬、舒、壽、光六州，官自為場，置吏總之，謂之山場者十三，六州採茶之民皆隸焉，謂之園户，歲課作茶，輸其租，餘官悉市之。其售於官，皆先受錢而後入茶，謂之本錢。又有百姓歲輸税者，亦折為茶，謂之折税茶。總為歲課八百六十五萬餘斤，其出鬻皆就本場。在江南則宣歙江池饒信洪撫筠袁十州、廣德興國臨江建昌南康五軍，兩浙則杭、蘇、明、越、婺、處、溫、台、湖、常、衢、睦十二州，荆湖則荆潭澧鼎鄂岳歸峽八州、荊門軍，福建則建、劍二州，歲如山場輸租折税，餘則官悉市而斂之。總為歲課，江南千二十七萬餘斤，兩浙百二十七萬九千餘斤，荆湖二百四十七萬餘斤，福建三十九萬三千餘斤，皆轉輸要會之地，曰江陵府，曰真州，曰海州，曰漢陽軍，曰無為軍，曰蘄州蘄口，為六榷貨務。凡民鬻茶者皆售于官，其以給日用者，謂之食茶，出境則給券。商賈之欲貿易者，入錢若金帛京師榷貨務，以射六務、十三場茶，給券，隨所射與之，謂之交引。願就東南入錢若金帛者聽，入金帛者計直予茶如京師。凡茶入官以輕估，其出以重估，縣官之利甚溥，而商賈轉賣於西北以至散於夷狄，其利又特厚焉。縣官鬻茶，歲課緡錢，雖贏縮不常，景德中至三百六十萬餘，此其最厚者也。

又卷一一〇《天聖九年》［閏十月］癸亥，鹽鐵副使司封員外郎王罃、户部副使刑部員外郎杜衍並為天章閣待制。初，馬季良建言：『京師賈人常以賤價居茶鹽交引，請官置務收市之。』季良方用事，有司莫敢迕其意，罃獨不可，曰：『與民競利，豈國體耶！』他日，上見罃，勞之曰：『官市交引，賴卿力言罷之，甚善。有司臨事，當如是也。』薛顏死，其家屬衍為墓誌，衍卻之。及在三司，因奏事，上謂衍曰：『薛顏有醜行，卿不與誌墓，誠清識也。』自是有意大用。寶訓謂上此言乃衍為户部副使時，今附此。

又卷二九七《元豐二年》［十月丙寅］提舉成都府茶場李稷言：『洋州西鄉縣茶，舊與熙河、秦鳳路蕃漢為市，而商人私販，南入巴、達州，東北入金州，永興軍、鳳翔府官未置場以前，于州界仙遊、少府、雞雄、歸仁、洋口等鎮鋪差牙校編攔抄發，指州縣輸税。熙寧十年廢罷四場牙校，止留洋口一處，州縣慢令，私販公行，西鄉茶歲比舊減少。乞雞雄等場令州縣督責買撲人編攔，歸仁鋪乞依舊輸差税務牙校編閱抄發。園户中官茶數歲以三十萬斤為額，增及萬斤，賞錢一千，如虧少，量事決罰。』從之。

宋 李心傳《建炎以來繫年要録》卷一一 政和初，蔡京欲盡籠天下錢實中都，乃創引法。即汴京置都茶場，印賣茶引，許商人赴官算請，就園户市茶，赴所在合同場秤發，歲收息錢至四百餘萬緡。建炎渡江，不改其法。

又卷一八［建炎元年四月丁亥］遂大更茶法，官買賣茶並罷，倣政和都茶場法，印給茶引，使商人即園户市之。茶引錢每斤春七十，夏五十，市例頭子在外，所過征一錢，住征一錢有半，置合同場以譏其出入，重私商之禁，號合同場為茶市，交易者必由是，而引與茶必相隨，違者抵罪。

宋 吕中《宋大事記講義》卷二一《徽宗皇帝・小人聚斂》 崇寧元年，蔡京爲僕射，倡豐亨豫大之説，視官爵財物如糞土。九月，陝西通行交子，蔡京請更茶法，令客人於在京榷貨物入納，請長短引，赴諸場交茶販易。四年，罷茶場入市易務，令客人赴官請引，自於園買茶赴官盤秤納息錢，批引販賣，又重加於初。御筆：賣茶引限滿，並令拘收。增私販法。二年，請更鹽法，蓋欲括四方之錢實中都，以誇富盛而固寵，凡末鹽鈔，盡令商人絶私市。鈔法始行一日，務官申入納三百萬緡。四年，詔以陝西舊鈔易東西末鹽，每百貫以見錢三分，舊鈔七分，方聽換易。然見行之法方通，輒復變之，舊鈔皆勿得用，富商巨賈或至流丐。政和二年，詔豐豫盛時毋得裁損計。宣和三年，置應奉司。初方臘亂，王黼成上

意罷造作局，内侍復以言動黼，黼大懼失權，乃自領應奉司。

《金史》卷四九《食貨四・茶法》 茶，自宋人歲供之外，皆貿易於宋界之榷場。世宗大定十六年，以多私販，乃更定香茶罪賞格。章宗承安三年八月，以謂費國用而資敵，遂命設官製之。以尚書省令史承德郎劉成往河南視官造者，以不親嘗其味，但採民言謂爲溫桑，實非茶也，還卽白上。上以爲不幹，杖七十，罷之。

四年三月，於淄、密、寧海、蔡州各置一坊，造新茶，依南方例每斤爲袋，直六百文。以商旅卒未販運，命山東、河北四路轉運司以各路户口均其袋數，付各司縣鬻之。買引者，納錢及折物，各從其便。

《宋史》卷一八四《食貨志下六・茶下》 崇寧元年，右僕射蔡京言：『祖宗立禁榷法，歲收淨利凡三百二十餘萬貫，而諸州商税七十五萬貫有奇，食茶之算不在焉，其盛時幾五百餘萬緡。慶曆之後，法制寖壞，私販公行，遂罷禁榷，行通商之法。自後商旅所至，與官爲市，四十餘年，利源寖失。

《明實録・神宗實録》卷七三 先是，俺答之子賓兔率衆擾掠熟番甘藏等族頭畜及岷州軍馬，聲言要在舊洮州境外開中市馬。至是，兵科都給事中光懋上言：西番以茶為命，國初於西寧甘州洮河諸處立茶司，歲事招番中馬以羈縻之，且以制御北虜。若假茶市以與虜人，我須以茶易虜之馬，虜轉以茶系番之心。各番所資以為命者，既不在我，而其勢不得不與虜合。伏乞敕下督撫官留心防御，傳諭虜王鈐束各酋速歸原巢，住牧仍申明茶市禁例，不許再請部覆。如議上曰這防虜保番事宜都著督撫官悉心舉行。如虜人再索茶市及馬市，亦停止之。

《明史》卷八〇《食貨四・茶法》 萬曆五年，俺答欵塞，請開茶市。御史李時成言：『番以茶爲命。北狄若得，藉以制番，番必從狄，貽患匪細。部議給百餘篦，而勿許其市易。自劉良卿弛内地之禁，楊美益以爲非，其後復禁止。十三年，以西安、鳳翔、漢中不與番鄰，開其禁，招商給引，抽十三入官，餘聽自賣。御史鍾化民以私茶之闌出多也，請分任責成。陝之漢中，關南道督之，府佐一人專駐魚渡壩；川之保寧，川北道督之，府佐一人專駐雞猴壩。率州、縣官兵防守。』從之。

《宋會要輯稿・食貨三一・茶法三・茶法雜録二》 紹熙元年五月十六日，榷貨務都茶場言：『湖南北、江西路皆係巨商興販，尚且給降小引，其兩浙、江東等路，多是草茶客人販往鄉村零細貨賣，乞添印造四貫例長、短小引相兼，聽客從便請買。』既而户部言：『近添印造兩浙、江東等州軍四貫例茶長、短小引給賣，務在招引小客。今若依大引見使金銀、會子分數品搭筭請，恐小客難以變轉興販，因而積壓，欲將今來給賣小引除見使金銀、會子分數入納外，如願全使一色會子筭請者聽，庶幾客販亦得通快。』從之。

又《茶法四・茶法雜録三》 〔宣和六年九月〕九日，尚書省言：『總轄都茶場所狀，都茶場劄子：兩浙茶事司公文稱，無圖之法希求賞錢，結合浮浪人作牙，湊合興販短引一兩道，於鄉村巡門俵賣，收藏文引，不令買人批鑿。經官告首，每引動經一二百户，官司更不推究賣人匿引情弊，務在勾人搔擾。將買茶人斷罪追賞等。今相度，欲今後應州縣勘斷犯茶公事，並具元犯事因、斷遣刑名報提舉茶事司看詳，及具一般事狀報都茶場詳審。如涉違戾不當及不行申報，其元斷當職官吏許本場具因依申朝廷，乞重賜施行。』詔令申尚書省。

又《食貨五五・榷貨務》 〔景德〕四年十月，詔：『雜賣場今後更不賣茶，止令榷貨務將每年折支料錢茶二萬五千六百貫，招致客旅入中，往向南茶市收錢數樁撥，充雜賣場課額。』

《清史稿》卷一二四《食貨志五・茶法》 同治元年，飭下湖南、湖北、江蘇、安徽、江西、浙江、福建各督撫，詳查本省産茶及設茶莊處所，妥議章程具奏。二年，兩江總督曾國藩疏略言：『江西自咸豐九年定章分別茶釐、茶捐。每百斤除境内抽釐銀二錢，出境又抽一錢五分有零外，向於産茶及設立茶莊處所，勸辦茶捐，每百斤捐銀一兩四錢或一兩二錢不等，填給收單，准照籌餉事例匯齊請獎。臣仍照舊章辦理。本年據九江關署監督蔡錦青詳，請遵照户部奏准，飭將鹽、茶、竹、木四項，統征關税，已於三月起征。江西茶葉運至九江，有華商、洋商之分，洋商既完子口半税，固不抽釐，華商既納潯關正税，亦未便再令完釐。臣即照部章，于義寧州開辦落地税。惟原奏内大箱淨茶科則稍重，分別核減。參酌茶捐向章，每百斤，義寧州等處征一兩四錢，河口鎮征一兩二錢五分，概充臣營軍餉。由臣刊發税單護票，委員經收，或業户自行完納，或茶莊

代為完税領單，至發販時，統由茶莊繳銷税單，華商換給護票，洋商即憑照販至各處銷售。除華商完納九江關税，洋商完納子口半税外，經過江西、安徽各釐卡，驗明放行。如此辦理，與户部原奏，總理衙門條約，一一符合。税單雖系茶莊經手，税銀實為業户所出，洋商不得藉口於子口半税，而禁中國之業户不完中國之地税。華商即免逢卡抽釐，亦不至紛紛私買運照，冒充洋商。』得旨允行。五年，户部奏准甘省引滯課懸，暫於陝西省城設官茶總店，潼關、商州、漢中設分店，商販無引之茶，到陝呈報，上色茶百斤收課銀一兩，中色六錢，下色四錢。所收解甘彌補欠課。七年，議准歸化城商人販茶至恰克圖，假道俄邊，前赴西洋各國通商，請令部照，比照張家口減半，令交銀二十五兩，每票不得過萬二千斤。十一年議准，甘省積欠舊課，仍追舊商，召募之新商試新課，其雜課、養廉、充公、官禮四項緩徵。十三年議准，甘省仿淮鹽之例，以票代引，不分各省商販，均令先納正課，始准給票。其雜課歸併釐税項下徵收，各項名色概予删除。行銷内地者，照納正課二兩外，於行銷地各完釐税，每引以一兩數錢為度，多不過二兩。出口之茶，則另於邊境局卡加完釐一次。以示區別。

藝文

宋 楊侃《皇畿賦》《宋文鑒》卷二　復有咸平大縣，我宋新建。因紀年以命號，詔將作而營繕。公宇之制，甲於畿甸。中有大川，通闤帶闠，貫都邑而北來，走江湖而南會。何客棹之常喧？聚茶商而斯在。千舸朝空，萬車夕載。西出玉關，北越紫塞。

宋 舒亶《和馬粹老四明雜詩聊記里俗耳十首其十**》**（乾道）《四明圖經》卷八　蓮閣紅堪掣，瀾池静不流。梯航紛絕徼，冠蓋錯中州。草市朝朝合，沙城歲歲修。雨前茶更好，半屬賈舩收。

宋 陸游《劍南詩稿》卷一二《小憩前平院戲書觸目》　道邊小寺名前平，殘僧二三屋半傾。旁分千畦畫楸局，正對一山横翠屏。修纖弱蔓上幽援，堅瘦稚柏當前榮。稻秧正青白鷺下，桑椹爛紫黄鸝鳴。村墟賣茶已成市，林薄打麥惟聞聲。泥行扶犁吒新犢，野餉燒筍炊香杭。十年此樂發夢想，忽然到眼難為情。上車欲去復回首，那將暮境供浮名。

又 卷四二《湖上作》　鵝兒涇口曉山横，蜻蜓港頭春水生。蘭亭之北是茶市，柯橋以西多櫓聲。

又 卷七六《蘭亭道上》　蘭亭步口水如天，茶市紛紛趁雨前。烏笠遊僧雲際去，白衣醉叟道傍眠。

宋 周密《草窗韻語》卷四《山市晴嵐》　黄陵廟前湘竹春，鼓聲坎坎迎送神。包茶裹鹽作小市，雞鳴犬吠東西鄰。賣薪博米魚換酒，幾處青簾扶醉叟。趁虚人散渡船閑，一抹晴煙隔高柳。

明 高啓《高太史大全集》卷一二《次韻過建平縣》　縣雖三户小，地僻罷兵防。茶市逢山客，楓祠祭石郎。雲埋鳴澗斧，沙膠度溪航。應愛青山好，經過駐旅裝。

清 趙起士《寄園寄所寄》卷三《倚仗寄·大好山水·渡石壁洽川橋》　萬仞淩霄翠色連，中通碧水聽濺濺。田家麥怨三春雨，茶市人煙四月天。野渡舟横深柳岸，小洲沙接斷橋煙。花時行客無停屐，妒殺鴛鴦淺水眠。

雜録

宋 李昉《太平廣記》卷二四《神仙·劉清真》　唐天寶中，有劉清真者，與其徒二十人於壽州作茶，人致一馱爲貨。至陳留，遇賊，或有人導之，令去魏郡，清真等復往。

明 周高起《洞山岕茶系·貢茶》　岕茶采焙，定以立夏後三日，陰雨又需之。世人妄云雨前眞岕，抑亦未知茶事矣。茶園既開，入山賣草枝者，日不下二三百石。山民收製亂眞，好事家躬往。予租采焙，幾視惟謹，多被潛易眞茶去。人地相京，高價分買，家不能二三斤。近有采嫩葉，除尖蒂，抽細筋，炒之，亦曰片茶。不去筋尖，炒而復焙燥如葉狀，曰攤茶，並難多得。又有俟茶市將闌，采取剩葉製之者，名修山，香味足而色差老。若今四方所貨岕片，多是南岳片子，署爲騙茶可矣。茶賈炫人，率以長潮等茶，本岕亦不可得。噫！安得起陸龜蒙於九京，與之賡

茶人詩也。陸詩云：『天賦識靈草，自然鐘野姿。閒來北山下，似與東風期。雨後采芳去，雲間幽路危。惟應報春鳥，得共此人知。』茶人皆有市心，令予徒仰眞茶已。故予煩悶時，每誦姚合《乞茶詩》一過：『嫩綠微黄碧澗春，采時聞道斷葷辛。不將錢買將詩乞，借問山翁有幾人。』

清 陸廷燦《續茶經》卷下《八之出》 王梓《茶説》：武夷山周回百二十里，皆可種茶。茶性他産多寒，此獨性溫。其品有二：在山者為岩茶，上品；在地者為洲茶，次之。香清濁不同，且泡時岩茶湯白，洲茶湯紅，以此為別。雨前者為頭春，稍後為二春，再後為三春。又有秋中采者，為秋露白，最香。須種植、採摘、烘焙得宜，則香味兩絕。然武夷本石山，峰巒載土者寥寥，故所産無幾。若洲茶，所在皆是，即鄰邑近多栽植，運至山中及星村墟市賈售，皆冒充武夷。更有安溪所産，尤為不堪。或品嘗其味，不甚貴重者，皆以假亂真誤之也。至於蓮子心、白毫皆洲茶，或以木蘭花熏成欺人，不及岩茶遠矣。

茶行

論説

清 連横《臺灣通史》卷二七《農業志》 顧自開口以後，外商雲集，臺北之茶因之而盛。臺灣産茶，其來已久。舊志稱水沙連之茶，色如松蘿，能辟瘴却暑。至今五城之茶，尚售市上，而以崠頂爲佳；唯所出未多。臺北産茶近約百年。嘉慶時，有柯朝者歸自福建，始以武彝之茶植於鰈魚坑，發育甚佳。既以茶子二斗播之，收成亦豐，遂互相傳植。蓋以臺北之地多雨，一年可收四季，春夏爲盛。茶之佳者，為淡水之石碇、文山二堡，次爲八里坌堡。而至新竹者曰埔茶，色味較遜，價亦下。其始僅消本地；道光間，運往福州，每擔須納入口稅銀二圓，方可投行發賣。迨同治元年，滬尾開口，外商漸至。時英人德克來設德記洋行，販運阿片、樟腦，深知茶業有利。四年，乃自安溪配至茶種，勸農分植，而貸其費。收成之時，悉爲採買，運售海外。南洋各埠前消福州之茶，而臺北之包種茶足與匹敵。然非薰以花，其味不濃，於是又勸農人種花。花之芳者爲茉莉、素馨、梔子，每甲收成多至千圓，較之種茶尤有利。故艋舺、八甲、大隆同一帶，多以種花爲業。夫烏龍茶爲臺北獨得風味，售之美國，銷途日廣。自是以來，茶業大興，歲可值銀二百數十萬圓。廈、汕商人之來者，設茶行二三十家。茶工亦多安溪人，春至冬返。貧家婦女揀茶爲生，日得二三百錢。臺北市況爲之一振。及劉銘傳任巡撫，復力爲獎勵，種者愈多。時臺邑林朝棟方經營墾務，闢田樹木，爲永久計，亦種茶於乾溪萬斗六之山。未及十年，而朝棟解兵去，戎馬倥傯，剪伐殆盡，惜哉！

綜述

唐 封演《封氏聞見記》卷六《飲茶》 開元中，泰山靈巖寺有降魔師大興禪教，學禪務於不寐，又不夕食，皆許其飲茶。人自懷挾，到處煮飲。從此轉相倣效，逐成風俗。自鄒、齊、滄、棣，漸至京邑。城市多開店鋪，煎茶賣之，不問道俗，投錢取飲。其茶自江淮而來，舟車相繼，所在山積，色額甚多。

清 鄭觀應《鄭觀應集》卷八《致唐君翹卿書》 各地茶莊向視上年之盈虧為定，盈則增，虧則減。至於集合一莊之人數，無從稽考。惟有一茶莊則必有多數子莊分設於各鄉，以期收茶多，而運輸便利。若言磚茶廠，向設于羊樓峒、聶家市、咸寧等處。漢口則有興商公司，開辦六十餘年之久。

清 郭嵩燾《郭嵩燾日記》卷四《茶莊》 平江茶莊亞於安化，以長壽街為總匯。縣城及張家排皆有茶莊，則皆邑人為之。魚口茶莊較盛，亦有外幫。比年平江擅鹽、茶之利。

清 李春生《東游六十四日隨筆·橫濱大谷君茶莊》 電傳消息通知既至，即見大穀君已挈同摯友兩三人，早到站次寅候。相見如故，握手為禮，愕然轉顧水野公，致問予孫所在，知為擯留在寓。乃囑友人專電往京，傳喚俱來，情殷備至，令人無任愧感。既而邀予等，駢駕力車，趨赴君之茶莊。先後導予等，遍覽其倉屋、棧房及炒制蒸焙之所，與夫揀裝封

釘之場。其間機器風鼓，靡不整然畢備，且系獨出心裁秘法，非予等貴客，雖故愛深交，亦不肯輕易示人。覽畢，旋至茶樓，共品日台各樣佳茗。予曾以所帶烏龍，出與比賽。據云，質味純香，歎謂得未曾有，籲！亦可見其博物之有素也。

清 思痛子《臺海思慟録・臺北篇》 撫軍曹部一空，僅留撫軍及其弟四子、一門丁而已。惟大稻埕洋街茶市正登，婦女之揀茶者尚絡繹不絕，洋行生意與平時無異。各敗軍游勇無賴土人，凶悍無人理，執槍隨手攻擊，甚於寇盜，獨不敢入洋市一步。即間有過者，亦寂然無譁，不敢從肆，亦異矣哉！

清 劉世英《芝城紀略・市釐交易》 茶市為大宗，崇安星村武夷山俱由建陽至府，近來茶山愈開愈廣，深山幽谷，伐木種茶，木作排順流而下，由府至省，亦為大宗。香菇筍干在次，禹王宮為香菇行，城內茶行數處，四鄉送來歸行整作。其揀茶者，均系婦女，揀淨後，烘炒過篩，粗者腳踏，碎末作餅，好茶人錫瓶，或木匣錫里，名曰箱。每箱五十斤，價銀十兩，到省從新作過。

清 佚名《臺灣輿地匯鈔・臺游筆記》 城中除衙門、廟宇之外，惟北門街、府前街稍成市面。北門外有製造局，所製以鎗子為主，修理鐵路等類次之。工匠約有三百餘名，章程悉仿上海；製出鎗子，能與外洋來者無二也。天氣和暖，冬令草木不凋，蟲聲四時不絕。六畜中少驢馬，樹木中鮮楊柳。民俗酬神宴客，亦有演劇者。伶人袍笏登場，仍赤雙足；觀之殊堪噴飯。洋商所集之處曰大稻埕，為茶莊大市。每年三月初起，至十月底止，婦女赴莊揀茶者，日有三四千名。

傳記

《宋史》卷三七七《王庠傳》 庠字夢易，登皇祐第。嘗攝興州，改川茶運置茶鋪，免役民，歲課亦辦。部刺史恨其議不出己，以他事中之。鐫三秩罷歸。

茶路部

茶船、茶埠、主要内河水運路綫

論説

明 王廷相《呈盛都憲公撫蜀七事・嚴茶》《明經世文编》卷一四九《王氏家藏文集》　近年以來，法弛人玩，雖有禁茶之名，而無禁茶之實，商旅滿於關隘，而茶船遍於江河。權要之人，每私主之以圖利。私鹽之行也，止於課額失利，而已私茶之行，乃使中國馭番之權無所復施，則是其患大於私鹽也。邇者巡按盧公，稍一盤詰，即得十數餘萬，則其平日可知也。

清 吕佺孫《閩省征收運銷茶税疏》咸豐五年《清經世文續编》卷五五《户政二十七・榷酤》　竊照閩省商販茶葉，向不須給執照，徵收課税。自道光二十九年，直隸督臣訥爾經額以商人販運閩茶，官私莫辨。議請由產茶之崇安縣給發執照，經過關隘，驗税放行。嗣因出產茶葉，不僅崇安一處。近來茶商，多係散赴各縣購買，繞道出販。復經督臣王懿德請，自咸豐三年為始，凡出茶之沙縣、邵武、建安、甌甯、建陽、浦城、崇安等縣，一概就地徵收起運茶税，由各該縣給照販運。先後奏奉敕部議准在案。前歲因粵匪竄擾江、楚，茶販不前，深恐藉茶餬口之人失業生事，奏准暫弛海禁。各路茶販遂均運茶至省售買，不從向日輸税各關經過。非特本省崇安等處關税日減，並恐浙粵江西等省關税亦無不漸形短絀。臣上年履任之際，自江西河口入閩，取道崇安，沿途體察，即已略知大概。到省後，每於接見僚屬及地方紳士時，悉心諮訪。僉稱自開海禁以來，閩茶之利較從前不啻倍蓰。蓋自上游運省，由海販往各處，一水可通，節省運費税銀不少，是以商利愈厚，正賦轉虧，若不設法變通，亟加整頓，何以抑逐末而裕國課。況現在粵逆尚未蕩平，兵餉軍需，重煩籌畫，前奉部議徵收房店各租，因閩省情形不同，未能照議舉辦。茶乃閩地所產，類於濱海之鹽。茶商身擁厚貲，什一取盈，初無所損，且征諸販客，不致擾累貧民。完自華商，無慮糾纏夷税。

清 程雨亭《整飭皖茶文牘・程雨亭觀察請南洋大臣示諭徽屬茶商整飭牌號稟》　敬稟者：竊職道上年春初，奉前督憲張，奏派榷事，皖茶亦在其中。本年二月，又奉憲台疏請專辦，是皖南茶事之興衰，職道與有責焉。春杪抵皖，即將疇曩各分卡擾累茶商之蠱毒，鋭意廓清；尚恐陽奉陰違，為之勒石永禁，以垂久遠。又訪得西皖各釐局，向有需索經過茶船之弊，分晰開摺，稟請鈞示嚴禁。而皖南所轄，向設驗票之分卡，名為稽查偷漏，徒索驗費，而於公無甚裨益者。如婺源運浙之茶，道出屯溪，向有休甯分局查驗，及廈巡檢衙門掛號之舉；屯溪各號之茶，向章經過歙縣所轄之深渡分卡秤驗，行經迤東五十里之街口，又復過秤，似稍重復。職道釐定章程，凡婺源、屯溪各號之茶，通歸街口分卡查驗，此外一概豁免，以歸簡易。業經分别示諭，並呈報憲鑒在案。皖南茶章，向由各分局派司事巡勇至各商號秤箱點驗，不免零星小費。本年札飭各分局，勒石示禁。而屯溪、深渡附近各號，職道遴派司巡秤茶，每次司事給洋一角，巡勇給洋五分，道路稍遠者，酌給舟車之資。申儆再三，不准向商號毫釐私索及紛擾酒食等事。既優給其薪餼，復示諭乎通衢，凡來局掛號請引之行夥錢儈，職道皆切實面諭，惟恐或有朦蔽。所以略盡此心者，竊冀弊去，則利或漸興，故斷斷而為此也。

清 陳熾《振興商務條陳》《東華續録》卷一三〇　二曰准設小輪。華茶之美者，以安徽之婺源、江西之寧州、福建之武彝、湖南北之羊樓峒等處為大宗。而婺源、寧州茶船均須度鄱陽，湖南北之茶大半須度洞庭。往往茶市届期，阻風一二十日，後到之貨多受西人抑勒，虧折不支；亦有日久茶味已變者。四省茶商屢請自置小輪，在湖拖帶，以免逗留。而地方輒以無據之言横相阻撓。其實捐釐一切已在山内徵收，出茶賣茶均有定地，何從偷越？徒苦商民而已。宜准令各商在鄱陽、洞庭兩湖置輪拖帶，或由官設立，酌收其資。惟四省茶船將及萬號，每湖必有小輪船十號，梭織往來，然後茶市不致後期，行旅咸占利涉。保我商賈，即所以保此捐釐耳。由武彝至廈門，水陸程途亦多艱險，如能修一鐵路，則運費日省。商務日興，其所關均非淺鮮也。

綜述

宋 章如愚《群書考索後集》卷五六《財賦門・役類・再考宋朝茶》 宋之茶，唯川陝、廣南，茶聽民自買賣，禁其出境，餘悉榷，犯者有刑。淮南六州官曰為場十三，置吏以總之。黃州麻城場，蘄州洗馬場、石橋場、王琪場，壽州霍山場、麻步場、開順場，舒州羅源場、大湖場，光州商城場、子安場、光山場，六州採茶之民皆隸焉，謂之『園戶』，其茶皆課園戶輸賣，或折稅以備榷貨務商旅等請也。其在江南十州宣、歙、江、池、饒、信、温、撫、筠、袁江西五軍廣德、興國、臨江、建昌、南康、兩浙十二州蘇、杭、越、明、婺、處、温、台、湖、常、衢、睦、荆湖八州荆、潭、鼎、澧、鄂、岳、歸、峽、福建二州建、劍，其茶皆轉輸要會之地。其六道州軍皆置榷務，或買或折。迨至宋太祖乾德二年，詔在京、建州、漢、蘄口，各置榷貨務。

宋 李心傳《建炎以來朝野雜記・甲集》卷一四《財賦一・江茶》 江茶在東南草茶內最為上品，歲產一百四十六萬斤。其茶行於東南諸路，士大夫貴之。隆興亦產茶二百二十八萬斤，臨安二百九十萬斤，嚴州二百十二萬斤，徽州二百十萬斤，寧國一百十二萬斤，潭州一百三萬斤，其他皆不登此數目。自江南產茶既盛，民多盜販，數百為羣，稍詰之，則起而為盜。淳熙二年，茶寇賴文政反於湖北，轉入湖南、江西，侵犯廣東，官軍數為所敗。辛棄疾幼安時為江西提刑，督諸軍討捕，命屬吏黃倬、錢之望誘致，既而殺之。江州都統制皇甫倜，因招降其黨隸軍。今東南茶皆自榷場轉入虜中。亦有私渡淮者，雖嚴為稽禁，而終不免於透漏焉。

《文獻通考》卷一八《征榷考五・榷茶》 武宗即位，鹽鐵轉運使崔珙又增江淮茶稅。是時，茶商所過州縣有重稅，或掠奪舟車，露積雨中，諸道置邸以收稅，謂之『拓地錢』，故私犯益起。大中初，鹽鐵轉運使裴休請：『釐革橫稅，以通舟船，商旅既安，課利自厚。又正稅茶商，多被私販茶人侵奪其利，今請委強幹官吏，先於出茶山口及廬、壽、淮南界內，佈置把捉，曉諭招收，量加半稅，給陳首帖子，令所在公行，更無苛奪。所冀招懷窮困，下絕奸欺，使私販者免犯法之憂，正稅者無失利之嘆』從之。

又宋制，榷貨務六：江陵府、真州、海州、漢陽軍、無為軍、蘄州之蘄口乾德二年八月，始令京師及建安、漢陽等軍蘄口置務。太平興國二年，又於江陵府、襄復州無為軍增置務。端拱二年，又於海州置務。淳化四年，廢建安、襄復州務。其後京城務但會給交鈔往還，而不積茶貨。又有場十三：蘄州曰王祺、石橋、洗馬又有黃梅場，景德二年廢，黃州曰麻城，廬州曰王同，舒州曰太湖、羅源，壽州曰霍山、麻步、開順口，光州曰商城、子安。又買茶之處：江南則宣、歙、江、池、饒、信、洪、撫、筠、袁州，廣德、興國、臨江、建昌、南康軍；兩浙則杭、蘇、明、越、婺、處、溫、臺、湖、常、衢、睦州；湖南則江陵府、潭、澧、鼎、岳、鄂、鎮、歸、峽州，荊門軍；福建則劍南劍、建州虔、吉、郴、辰州，南安軍，皆折稅課，本州買給民用。山場之制，領園戶，受其租，餘悉官市之。又別有民戶折稅課者，其出鬻皆在本場。諸州所買茶，折稅受租同山場，悉送六榷務鬻之江陵府受本府及潭、鼎、澧、岳、歸、峽州茶；真州務受潭、袁、池、吉、饒、撫、洪、歙、江、宣、岳州，臨江、興國軍茶；海州務受杭、湖、常、睦、越、明、溫、臺、衢、婺州茶、漢陽軍務受鄂州茶；無為軍務，撫、吉州，臨江軍，而增南康軍茶；蘄口務受潭州、興國軍茶。

又卷六一《職官考十五・提舉》 政和改元，詔江、淮、荊浙六路共置茶鹽提舉一員。宣和三年，詔河北、京東路推行新法鈔鹽，可添置提舉官一員。此提舉茶鹽之所始也國朝茶鹽事，舊隸發運司。元豐間，或以轉運、常平官兼提舉，或以提刑兼領，知、通提轄。政和以後，始專置官吏。既而諸路皆置。建炎元年，詔提舉常平司並歸提刑司。

二年八月，復諸常平官，還其糴本，自青苗錢不散外，常平、免役之政皆掌之。

三年復置。四年，詔逐路提刑司茶鹽司並依舊分東、西路。紹興二年，詔荊湖北路復置提舉茶鹽司。四年，詔廣西茶鹽司官吏並罷，其職事委漕臣。五年詔諸路提舉常平並入茶鹽司，仍以提舉常平茶鹽等公事為名。九年，置經制司，改常平官為經制某路幹辦常平等公事。未幾，經制司罷，復為常平官。久之，復置提舉，東南以茶鹽司兼領，四川以提刑司兼領又《中興繫年録》：『紹興十五年，戶部侍郎王鐵言常平法，望復置提舉官，乃命諸路茶

鹽官改充提舉常平茶鹽；惟四川、廣西以憲臣，淮西、京西以漕臣兼領，仍令檢察所部州，有擅用常平錢物者，按劾以聞。』乃別置官吏。然常平錢皆取以贍軍，今特掌義倉及水利、役法、振濟等事而已，無復平糴之政矣。熙甯初，置提舉常平司句當公事，於通判、幕職內選差一員，不妨本職。紹興十五年，改為幹辦公事，依漕屬例，此常平幹也。宣和三年，置茶鹽提舉屬官一員，此茶鹽幹也。故提舉司存二幹官，以此。

又卷六二一《職官考十六・發運使》 宋太平興國二年，置江、淮水陸發運於京師。端拱元年罷，以其事分隸排岸司。至道元年，始命洛苑副使楊允恭、西京作坊使副李延遂及太子中允王子輿為江淮南、兩浙發運使兼知制茶鹽事，就淮南置局，三年省。咸平二年，鹽鐵判官王子輿復為制置淮南茶鹽，是年令兼制置礬稅，仍領荊湖路。

又《提舉市舶》 唐有市舶使，以右威衛中郎將周澤為之見柳澤劾慶立疏。唐代宗廣德元年，有廣州市舶使呂太一。

宋開寶四年下廣南，以同知廣州潘美、尹宗珂並兼市舶使，通判謝處玭兼市舶判官。咸平二年九月庚子，令杭州、明州各置市舶，聽蕃官從便。熙寧中，始變市舶法，泉人賈海外者，往復必使東詣廣，否則沒其貨。海道回遠，竊還家者過半，歲抵罪者衆。太守陳偁奏疏，願置市舶於泉，不報。哲宗即位之二年，始詔泉置市舶偁，子齋之父也。《偁傳・廷平志》。蕃制雖有市舶司，多州郡兼領。元豐中，始令轉運司兼提舉，而州郡不復預矣三年，尚書省言，廣州市舶條已修定，乞專委官催行。詔廣東以轉運使孫迥，廣西以運召陳伯，兩浙以轉運副使周直孺，福建以轉運判官王子京。迥、直孺兼提舉催行，倩、子京兼覺察拘欄。其廣東路安撫使更不帶市舶。後專置提舉，而轉運亦不復預矣。後盡罷提舉官，至大觀元年續置。明年，御史中丞石公弼請歸之轉運司，不報。建炎中興，詔罷兩浙、福建市舶司歸轉運司。明年夏，復閩、浙二司，賜度牒直三十萬緡為博易本元年六月廢，二年五月復。四年春，復置廣司尚書省言，並廢以來，工人不便，虧失數多，於是詔依舊復置。紹興二年，廢福建提舉市舶，初令提刑兼領，旋委提舉茶事。十二年，朝廷欲措置福建蠟茶時欲發蠟茶至行在，置局出賣，呂斌上言，於是茶事司歸建州，而提舉市舶以次復矣。十四年，命蕃商以香藥至者，十取其四。十七年，詔丁沈香、豆蔻、龍腦之屬號細香藥者，十取其一。乾道二年，詔罷兩浙提舉市舶，逐處職事委知、通、知縣、監官同行檢視，而總其數，令轉運司提督紹興十九年，張闡言：『福建、廣南各置務於一州，兩浙船務乃分建於五所。』至乾道初，臣僚言：『兩浙惟臨安、明州、秀州、溫州、江陰軍凡五處有市舶。祖宗舊制，有市舶處知州兼提舉市舶務，通判帶主管，知縣帶監，而逐務又各有監官。市舶置司，乃在華亭。近年，過明州舶船到，提舉帶一司吏人留明州數月，名為抽解，其實搔擾。且福建、廣南皆有市舶，物貨浩瀚，置官提舉，誠所當宜。惟是兩浙置官，委是冗蠹，乞賜廢罷。』從之。

明 王恕《王端毅奏議》卷二《申明茶法奏狀》 查得本部先於景泰五年爲因各處茶商人等，多將舊引，影射私茶，不行銷繳。查照清理鹽法事例具奏該戶部依擬奏准，出榜曉諭，及行各處巡按、巡鹽、巡河、巡江、監察御史、監收船料、提督、洪閘郎中等官禁治搜撿，各批驗所追繳退引等因，已經通行遵守外，今照前項退引，累催不繳，其故盖因批驗所不置簿籍，附寫茶商姓名貫址，或不照茶商路引，聽其冒名開報，或將引繇賣賫産茶地方，轉賣與人。如此欲得的確名籍、行追繳引，難矣。況茶貨出山，經過官司既不從公盤詰，又不依例批驗。縱有夾帶斤重，多是受財賣放。彼何畏憚而不停藏舊引，影射私茶。又如南直隸常州府、廬州府、池州府、徽州府，浙江湖州府、嚴州府、衢州府、紹興府，江西南昌府、饒州府、南康府、九江府、吉安府，湖廣武昌府、寶慶府、長沙府，四川成都府、保寧府、重慶府、夔州府、嘉定州、瀘州、雅州等處，俱係産茶地方，相去前項三批驗所，遠者數千里，近亦不下數百里。若照引內條例，聽茶商徑赴産茶府州納課買引照茶，于人爲便，理必樂從，誰肯不買引繇，公犯茶禁？今却令茶商皆來此三所買引，路途窵遠，往返不便。欲其一一遵依，不作前弊，亦難矣。況批驗所退引，該與截角。今前項三所，郤管賣引，不行批驗照退，名實不稱，有乖職掌。臣等切惟印造茶引鹽引，禁治私茶私鹽，係是太祖高皇帝舊制。今官不修職，民不守法，茶禁廢弛，一至于斯。

明 唐順之《稗編》卷一一一《宋茶法》 茶之爲利甚博，商賈轉致於西北，利嘗至數倍。雍熙後用兵，切於饋餉，多令商人入芻糧塞下，酌地之遠近而爲其直，取市價而厚增之，授以要券，謂之交引，至京師給以緡錢，又移文江、淮、荊湖給以茶及顆、末鹽。端拱二年，置折中倉，聽商人輸粟京師，優其直，給茶鹽于江、淮。

淳化三年，秘書丞劉式等請罷諸榷務，令商人就出茶州軍官場算買，既大省輦運，又商人皆得新茶。西京作坊使楊允恭言商人市諸州茶，新陳相糅，兩河、陝西諸州，風土各有所宜，非參以多品則少利，罷榷務令就茶山買茶不可行。太宗欲究其利害之説，命宰相召鹽鐵使陳恕等與式、允恭定議，召問商人，皆願仍舊。式議遂寢。二年，淮南十二州軍鹽，官鬻之，商人先入金帛京師及揚州折博務者，悉償以茶。自是鬻鹽得實錢，茶無滯積，歲課增五十萬餘貫。

《明會典》卷三七《課程六·茶課》　又定買茶中馬事宜。各商自備資本、執引前去各該衙門比號相同。收買真細好茶，毋分黑黄正附、一例蒸曬。每篦重不過七斤。完日，原住買茶所在官司催發起程，仍填註發行年月日期印鈐，運至漢中府辨驗真假。黑黄斤篦，各另秤盤。經過置口巡檢司、火鑽批驗所、鞏昌府，查驗篦數。稽考夾帶。蘇谿關遵照題准事例，每正茶一千斤、許照散茶一千五百斤。數外若有多餘，方准抽税。各照格填註、印鈐、截角、依限運赴洮岷參將、轉發洮州茶司，照例對分貯庫。取實收赴院銷繳。如有夾帶數多，偽造低假，正附篦斤不同，即從重問罪。

《清通典》卷八《食貨八》正陽分口　與懷遠例同，蕪湖關税三十一萬六千八百二十五兩有奇，凡客商貨船滿載者，分加料平料下料三等，按梁頭丈尺徵收。若零貨税不及一錢，并麥、穀、米、鹽、柴、炭、煤、草糞、田草、鷄毛、農具等船，及瓜果、丁香、土𪎭之類，皆免税。茶船有引者，歸茶税別徵別解，金柱口裕溪泥汊皆蕪湖分口，金柱裕溪照例徵收泥汊，則江廣上流商貨就便入此口輸税，或河南及本省廬鳳土貨南行入江河避大關，皆轉就此口輸税工關税七萬一百四十六兩有奇。

又　茶課：凡商販入山製茶，不論精粗，每擔給一引，每引額徵紙價銀三釐三毫。其徵收茶課，例於經過各關時，按照則例驗引徵收，彙入關税項中解部間亦有彙歸地丁款項内奏報者。

江蘇行萬五千引，以八千引發江寧茶引所大使，以七千引發產茶之吴縣、荊溪縣。

安徽行六萬九千九百八十引舊行萬五千，復增二萬四千九百八十，發產茶之潛山、太湖、歙縣、休寧縣、黟縣、宣城、寧國、太平、貴池青陽、銅陵、建德、蕪湖、六安、霍山、廣德、建平十七州縣雍正十年增設休寧、黟、寧國、建德霍山各縣萬八千三百八十引、又加增六安、霍、山黟、建德、寧國五州縣萬五千五百引、開除懷寧、桐城、宿松、望江、南陵、涇、旌德、石埭、東流、當塗等地不產茶之十縣八千九百引。十三年又以六安、歙、休寧、霍山四州縣原引不敷行運，復於額引外預發萬引。

江西行二千四百三十八引，額徵銀三百六十五兩七錢雍正九年，增寧州、武寧二縣百五十引，增課三十二兩五錢，開除南昌等地不產茶之三十二縣七百十二引，豁除課百有六兩八錢。

浙江行十四萬引，北新關每引徵税二分九釐三毫八絲。

湖北行二百三十引，額徵銀二百三十兩謹按：湖北茶引繫咸寧、嘉魚、蒲圻、崇陽、通城、興國、通山七州縣請領，各州縣產茶無幾，不足本地日用，所有茶引無商可給，向種茶園戶經紀中按每引紙價銀三釐三毫徵税銀一兩，又均州、荊門州、鍾祥縣本地舖戶肩販小簍粗茶，每引報税一釐八毫，儘收儘解。乾隆八年，四川建始縣改隸湖北施南府，舊行茶十八引隨帶湖北，每引徵銀一錢五分課銀一錢二分五釐。

湖南行二百四十引，額徵銀二百四十兩向例茶商皆自陝西帶引，赴湖南採買，本省所頒之引並無客領，給發產茶之善化、湘陰、瀏陽等十七州縣行戶，以為一年護帖。每引徵紙價三釐三毫，納税銀一兩。

甘肅行二萬八千七百六十六引，額徵銀六千二百六十六兩三錢二分六釐，本色茶十三萬六千四百八十篦榆林府千引，神木同知二百引，寧府二百七十引，三路共千四百七十引，每引徵銀三兩九錢，共徵銀五千七百三十三兩，又西商大引二萬七千九十六引於西寧、莊浪、洮岷、河州、甘州各處地方行銷，内小引百三十二，在西安、鳳翔、漢中、同州四府州縣售賣，每引行茶百斤，内交五十斤，餘五十斤即為商茶，令其售賣作本。每茶百斤作為十篦，每篦二封，每封五斤，共徵茶十三萬六千四百八十篦，又漢中府屬西鄉、興安、漢陰、紫陽、石泉等州縣所產之茶，向不設引，止許本地行銷，每年徵税銀五百三十三兩三錢二分有奇，歸入地丁奏銷案内順治初年，定易馬例，每茶一篦重十斤，上馬給十二篦，中馬九篦，下馬七篦。十年，定延、寧二處商税，每引茶百斤，入官茶三十斤，每斤折銀一錢三分。十三年，准新茶中馬即足，陳茶變價充餉。如新茶不足，陳茶兩篦折一中馬。康熙三十三年，准西寧五司收貯茶篦，每斤變價六錢三。十六年，停發陝西黄甫堡茶引百三十四引，又准甘州司積貯茶篦在五鎮奉餉之内搭放，三錢值茶一封。四十四年，停止西寧等處易馬，將茶篦變價充餉。六十年，增陝西西寧、莊浪、岷州、河州引四千。雍正三年，定甘肅四司茶篦，自康熙六十一年為始，五年内總收本色，五年後即將五年前之茶變價例。乾隆元年，定甘肅應徵新茶准每篦折銀五錢，又以新茶雖經改折，陳茶銷售猶難，再減陳茶價，每封二錢。二年，令商茶入陝後，榆林茶令綏德州察驗，神木茶令府谷縣察驗。七年，仍徵本色。十三年，定二成徵收本色，八成徵收折色。

四川行舊額新增共十萬六千百二十七引邊引八萬四百二十七，每引徵四錢七分二釐，腹引九千二百有六，每引徵二錢五分，土引萬六千四百九十四，每引徵三錢六分一釐，按年造報奏銷，額徵銀萬三千一百二十八兩三錢七分五釐，稅銀四萬五千九百四十二兩三錢七分八釐康熙二十六，年增邊腹引萬有一百五引。二十九年，復增二千四百二十三引。四十一年，定四川天全土司增五千六百引，雅州增二千七十九引，卬州三百引，滎經縣三千五百有四引。四十四年，名山縣增邊引三千三百有十。四十五年，增新繁、大邑、灌縣千九百引。四十八年，又增天全土司一千三十引。四十九年，雅州邊引增一千九百八十引。五十八年，議准四川茶課合邊引土引共六萬四千九十八引，於松潘、打箭鑪行銷，令行飭禁，將引繳部，應徵稅銀暫行停止。尋以二處土司相繼歸誠，仍發邊土二司行銷。雍正三年，增卬州邊引千三百。四年，增雅州、成都、大邑、滎經、灌縣邊引八千六百三十有五，又增天全土司土引七百七十，增安縣邊引二百。五年，增卬州邊引千有一百。六年，遵義府改屬貴州，懷仁縣茶引、稅銀，正安州茶引、稅銀，均令歸貴州交納。七年，增洪雅、嘉定二州縣腹引共三百，又天全土民願增土引六千三百四十五，又以雅州、滎經二縣引撥新繁、峩眉等縣招商認銷，又增定徵銀數每斤徵一釐二毫五絲為額。九年，增成都等六州縣三百六十九引，通江縣六百七十八引，灌縣等九縣邊腹共六百五十二引，羅江等四州縣腹引五十一，新都等四縣二百二十，卬州邊引千一百。

雲南行三千引，額徵銀九百六十兩，每引紙價三釐，稅銀三錢三分，入地丁冊內造報康熙四年，永平府開茶馬市，每兩改稅三分。雍正十三年，頒茶引三千。

盛京、山西、河南、廣西均無茶課，向不頒行。山東惟濟南府額徵茶稅銀八兩係牙行赴司領帖，每茶一馱收稅銀三分，歷城縣額徵銀一兩四錢，壽張縣茶行經紀一名，每年徵稅銀三兩六錢，又濟寧州有商運茶到州，每百斤收稅一錢，粗者五分。福建向不頒行，康熙十九年因軍需，議加茶課銀三百五十九兩二錢，至康熙二十六年豁免。惟崇安之武夷山產茶，聽商販運，於經過關口照例徵收，彙入商稅項下奏銷。廣東地不產茶，向不頒行。所徵茶稅，惟樂昌縣十兩五錢，長寧縣六兩，每年附入雜稅。又潮州廣濟橋，每粗茶百斤稅銀五分，細茶百斤三錢四分，彙入橋稅內報解。貴州舊無茶引，雍正八年，四川仁懷縣改隸，隨帶二百五十引，共徵稅六十二兩五錢課一兩六錢九分三釐八毫。

《宋會要輯稿·食貨志三〇·茶法雜録一》 ［元豐六年閏六月十三日］諸水陸般茶、鹽所經州縣並推排脚戶，置簿籍定姓名，準備隨時價和顧。如有損失毀敗，全數備償。諸茶、鹽綱所經官司遇有給納，託故不躬親若住滯經宿者，依常平法。諸脚戶所般茶鹽遇陰雨，許就寺舍、亭鋪及空閒官屋內安泊。其合顧脚交替州縣，並於要便處那併添兌官舍充綱院，仍令轉運司應副。諸見管錢物，其它官司輒支動者，以違制論，不以赦降、去官、自首原減。諸茶場及轉般庫役人，並隨課利給納大小增損制祿，不得支動本息錢。諸幹運物貨所經稅務，依省定則例收納六分稅錢。在成都府、利州路，許以所幹物貨準折，如係陝西，令逐處稅務批抄，理爲年額，轉運司牒提舉司取撥。諸回幹物貨出入川界，量多寡關牒秦、熙州，差指使管押，諸茶、鹽所經道路巡檢、縣尉、巡鋪、使臣，各遞相催驅出界。諸給公人賞者，專副四分，典吏、庫秤等共六分，闕無所承者入官。諸給納，並每貫收頭子錢五文足，應茶場監官添支驛料、運船，提舉司官屬及幹事官屬直吏祿，公使什物雜費，并貼支諸場公人傭食錢等，並以所收頭子市利錢充。

清 范祖述《杭俗遺風·排場類·茶司》 杭州之有茶司一行，最爲便當。每擔一副有錫爐二張，其杯、箸、調羹、瓢、托、茶鍾茶船、茶碗、燭臺、酒壺、壁釘、桶、盤、爵、杯、銀鑲杯等件，無不足用耳。磁則紅花，箸則象牙，連茶葉栗炭在內，每副價錢四百二十文，婚姻喜事加倍。場頭小者，并可用半副。其出稅之物，香几、屏風、桌幃、椅帔等件。然則彼何所取？蓋所吃之酒亦其所賣，憑籌支付，約有對合秤錢。必須天明進門，三四更方可去，而且人人叫得著。晚上上火，內外燈內蠟燭亦歸其所點。此各行中之最辛苦煩雜者。每擔一副來四人夥計，鈔幔零星，每人亦約百文。喜事新人卸冠後，茶司送車孩兒一個，名爲送子，此爲老例。

清 李桓《寶韋齋類稿》卷一四《贛州府城茶釐章程詳》 爲詳明事。竊照江省連年軍務，餉需浩繁，前經詳明，在于河口等處設卡抽收茶稅、茶釐，以資接濟。所有抽收章程，各就地方情形，分別數目多寡。其由崇安辦茶至上海者，在河口每百斤抽稅銀六錢，在河口采辦者亦然。河口又抽茶釐，每箱收銀五分。由義寧辦茶至上海者，在義寧抽稅一次，每百斤收銀七錢五分，又在塗家埠抽稅一次，每百斤收銀五錢，又在貴溪抽稅一次，每箱抽錢二百六十文，再經河口仍須抽稅抽釐。由湖南辦茶至上海者，取道袁州，在袁州抽釐一次，每百斤收銀五錢，又在生米抽稅一次，每百斤收銀五錢。其臨江土產粗茶，經過生米，每百斤抽稅銀三

錢，再經河口、貴溪，均須抽稅。由河口辦茶至西口外者，向由蘇杭取道，近因浙河船隻稀少，均改道鄱湖、九江，經過吴城，每百斤抽稅銀五錢，河口、貴溪仍照章抽取所收銀兩。除河口、義寧、塗家埠、生米、吴城茶稅准給奬叙外，其河口、貴溪、袁州茶釐茶稅，均不給奬，歷經照辦在案。兹查贛州府城，現經詳請委員前往抽收釐茶等稅，所有茶商運茶到贛，沿途既已完稅，如再照各處章程抽取，商民完納過多，未免滋累。本司職道公同酌議，擬請茶船運茶到贛，每箱只完茶釐銀一錢，爲數無多，仍不給奬。此外各府州縣釐卡，除河口、義寧、塗家埠、貴溪、袁州、生米、吴城各處仍照舊辦理外，其餘概不准抽收茶稅，以示體恤。是否有當，理合會文詳請憲台，俯賜核示飭遵。

清 唐贊衮《台陽見聞録》卷上《籌餉・茶釐》 查臺北淡水地方，出産茶葉，由來已久。咸豐年間，由商船運往福州銷售，俱係未揀毛茶；就南臺大橋卡口完釐，係在省城茶葉包辦四卡口之内，每年不過數百石或數千餘石，爲數無多。自同治二年起，淡水滬尾、雞籠二口，與外國通商，就地買葉，從此鮮運福州。

查考滬尾海關册，同治七年出口茶三千九百六十一石，八年出口茶五千九百六十九石，九年出口茶一萬零五百四十石，亦有由内地商船運往省、厦、廣東各處者，不知其數多寡。緣臺灣從無海關常稅釐金局，雖有商船釐，每百石定收洋銀一元四角，不問貨爲何物，亦不問精粗貴賤，統名船貨釐金；每計石照完。以是，商船運茶出口，年有若干，並無稅釐册案可稽。就民間訪詢大概情形，皆謂今年洋船出茶約有一萬五千石左右，商船出茶約有三、兩千石，須視釐金辦過一年，方爲準數。所出茶葉，大都皆實順、怡記、德記三洋行收買居多。民商自運出口，本屬寥寥；且臺灣本地業茶商民，多係承領洋行資本入山採辦，並無重資自開茶行。

紀事

《資治通鑑》卷二六六《後梁紀一》 〔開平元年〕湖南判官高郁請聽民自采茶賣於北客，收其征以贍軍，楚王殷從之。秋，七月，殷奏於汴、荆、襄、唐、郢、復州置回圖務，回圖務，猶今之回易場也。運茶於河南、北，賣之以易繒纊、戰馬而歸，繒，慈陵翻。纊，苦謗翻。仍歲貢茶二十五萬斤，仍歲貢茶二十五萬斤，詔許之。湖南由是富贍。

《宋史》卷九五《河渠志五・御河》 河北州軍賞給茶貨，以至應接沿邊榷場要用之物，並自黄河運至黎陽出卸，轉入御河，費用止於客軍數百人添支而已。向者，朝廷曾賜米河北，亦於黎陽或馬陵道口下卸，倒裝轉致，費亦不多。

又卷一八四《食貨志下六・茶下》 孝宗隆興二年，淮東宣諭錢端禮言：『商販長引茶，水路不許過高郵，陸路不許過天長，如願往楚州及盱眙界，引貼輸翻引錢十貫五百文，如又過淮北，貼輸亦如之。』當是時，商販自榷場轉入虜中，其利至博，幾禁雖嚴，而民之犯法者自若也。乾道二年，戶部言：『商販至淮北榷場折博，除輸翻引錢，更輸通貨儈息錢十一緡五百文。』

又卷一八六《食貨志下八・互市舶法》 宋初，循周制，與江南通市。乾德二年，禁商旅毋得渡江，於建安、漢陽、蘄口置三榷署，通其交易；内外羣臣輒遣人往江、浙販易者，沒入其貨。緣江百姓及煎鹽亭戶，恣其樵漁，所造屨席之類，榷署給券，聽渡江販易。開寶三年，徙建安榷署於揚州。江南平，榷署雖存，止掌茶貨。四年，置市舶司于廣州，後又於杭、明州置司。凡大食、古邏、闍婆、占城、勃泥、麻逸、三佛齊諸蕃並通貨易，以金銀、緡錢、鉛錫、雜色帛、瓷器，市香藥、犀象、珊瑚、琥珀、珠琲、鑌鐵、鼊皮、瑇瑁、瑪瑙、車渠、水精、蕃布、烏樠、蘇木等物。

又卷二七七《索湘傳》 湘少文而長於吏事，歷邊部，所至必廣儲蓄爲備豫計，出入軍旅間，頗著能名。先是，邊州置榷場，與蕃夷互市，而自京輦物貨以充之，其中茶茗最爲煩擾，復道遠多損敗。湘建議請許商賈緣江載茶詣邊郡入中，既免道途之耗，復有征算之益。又威虜、静戎軍歲燒緣邊草地以虞南牧，言事者又請於北砦山麓中興置銀冶，湘以爲召寇，亦奏罷之。

《續資治通鑑》卷一七《北宋紀・太宗》 先是緣江多盜，詔以内殿崇班楊允恭督江南水運，因捕寇黨。行及臨江軍，擇驍卒，挐輕舟，

伺下江賊所止，夜，發軍出城，三鼓，遇賊百餘，拒敵久之，悉梟其首。又趨通州境上躡海賊，賊繫眾舟，張幕，發勁弩短炮，允恭兵刃所向，多為幕所縈。炮中允恭左肩，流血及袖，容色彌壯，徐遣善泅者以繩連鐵鉤散擲之，壞其幕，士卒爭進，賊赴水死者大半，擒數百人。自是江路無剽掠之患。以功轉洛苑副使，管句江、淮、兩浙都大發運，擘劃茶鹽捕賊事，賜紫袍金帶，錢五十萬。

先是三路轉運使各領其職，或廩庾多積，而軍士舟楫不給，雖以官錢雇丁男挽舟，而土人憚其役，以是歲上供米不過三百萬。允恭盡籍三路舟卒與所運物數，令諸州擇牙吏悉集，允恭乃辨數授之，江、浙所運，止於淮、泗，由淮、泗輸京師。行之一歲，上供者六百萬。

《宋會要輯稿・食貨三〇・茶法雜録一》 〔紹聖〕二年三月七日，戶部言：『得旨興修水磨茶事。初元豐中，都提舉汴河堤岸司總領，即汴下流用之。堤岸司今廢，歸都水監，而措置茶事乃隸戶部，事不相應。請依元豐置都提舉汴河堤岸司故事，應一司事并依舊條。』詔就差提舉茶場水磨官兼提舉汴河堤岸，專管幹自洛至府界調節汴水，應副茶磨，不得有妨東南漕運。

又 〔紹聖四年〕十一月十一日，戶部郎中、提舉水磨茶場孫迥言：『茶磨乞于在京東水門外沿汴河兩岸踏逐舊日修置水磨去處，別行興復。』從之。

又《食貨三一・茶法雜録下》 於是淮東宣諭使錢端禮言：『契勘得客販長引，先降指揮：水路不許過高郵縣，陸路不得過天長縣，如願往楚州及盱眙軍界住賣，每二十三貫并二十六貫引各貼納翻引錢十貫五百，批引前去。如到楚州，盱眙軍翻改，欲淮北州縣每引更貼納錢十貫五百文，盱眙軍每引收回貨稅錢二貫，所收回貨稅錢，即非朝廷指揮，欲行住罷。所有客人販茶水路欲過高郵縣、陸路欲過天長縣，及批改至鹽城縣并滁州等處茶引合收錢，及從提舉司行下逐處，令項樁管，每季申提舉茶鹽司檢察。仍委淮東總領所專一稽考。』到日，盱眙軍胡堅常又言：『客人販茶水路，欲過所納官錢已是太重，所有本軍稅錢委是重疊，乞免行收納。』並從之。

又《職官四三・都大提舉茶馬司》 〔崇寧四年〕十月十二日，樞密院奏：『熙河蘭湟路經略司申，熙、河、蘭、岷、鞏州舊管蕃兵，近年出入頻數，死過戰馬不少，雖督蕃官首領緊行收買添填，其蕃兵例各闕乏，兼無貨博買。今相度，乞將熙、河、蘭、岷、鞏州闕馬蕃兵於逐州茶場各量借茶添助收買五千匹，每匹借茶一馳，共借茶五千馳。仍許蕃兵將斛㪷折納元價，其斛㪷可充茶事司應副支給逐處茶場監官、巡鋪使臣、榷茶鋪兵請受。如有剩數無支遣處，許令別司樁錢兑糴。』從之。

清 繆荃孫《江蘇省通志稿大事志》卷四八 〔道光元年〕五月戊午，撥江南海州等賑濟各項銀四十五萬六千餘兩。庚午，准停兩淮未銷鹽斤加價。丁丑，孫玉庭奏內河行走茶船偷稅者，照舊禁止出洋。

《清史稿》卷一二四《食貨五・茶法》 乾隆元年，令甘肅官茶改徵折色，每篦輸銀五錢。時西寧五司陳茶充牣，令每封減價二錢，刻期變賣。二年，以江西南昌等三十二州縣地不產茶，四川成都、彭、灌等縣滯銷，其引或停或減，並豁除課銀。七年，免甘肅地震處之課，乃命西寧五司徵本色。八年，免四川天全所欠乾隆七年前之羨餘截角，成都、彭、灌等縣之未完銀兩。十一年，甘肅巡撫黃廷桂奏言：『西寧、河州、莊浪三司，番、民錯處，惟茶是賴。邇年以糧易茶，計用茶六萬五千五百餘封，易雜糧三萬八千一百餘石，請著為例。』報可。十三年，定甘肅應徵茶封，每年收二成本色、八成折色，並申明水陸各路運商驗引截角法，推行安徽、浙江、四川、雲南、貴州。

主要陸運路綫

論說

《續資治通鑑長編》卷二八二《熙寧十年》 〔五月庚午〕同提舉成都府等路茶場公事蒲宗閔言：『本司般賣解鹽，已蒙改法依舊通商外，有茶法事亦相關，須至更改。每年欲起發茶四萬馱赴秦州、熙河路依市價賣，仍認定稅息錢，應副博馬糴買糧草；并川峽路民間食茶，許逐場依市價添減收買，每貫收息錢一分出賣，仍沿貫納長引錢。鳳州、鳳

翔、永興軍、環慶路州軍，亦依舊為通商地分，許客人於川中茶場算請興販。』

又　自仁祖臨御以來，深知東南數路茶法之害，制詔有司一切弛放，任令通商。貨法流行，德澤深厚，聖時盛事，高出前世。今天下茶法既通，而蜀中獨行禁榷，此蓋言利之臣不知本末，苟于勞賞而妄為之，非所以綏靜遠方之意。況川峽四路所出茶貨，比方東南諸處十不及一，日月所照，文軌混同，法無二門，仁不異遠，豈可諸路既許通商，兩川卻為禁地？虧損治體，莫甚于茲。

又 卷三九六《元祐二年》〔三月〕都大提舉成都府、永興軍等路榷茶司言：『準敕熙河、秦鳳、涇原三路合用茶，依舊官為計置；永興、鄜延、環慶三路，許商旅通販。今欲乞仍以永興、鄜延、環慶為所部，及以都大提舉成都府、利州、陝西等路茶事司為名，并措置畫一。』並從之。編類冊三月二十六日聖旨。

又 卷四九〇《紹聖四年》〔八月〕是日，章惇為曾布言，中書又放過內批行導洛事，並不經三省商量。及對，遂以內批進呈，言先朝法度可復者皆已復，惟此不可復。上未諾。布再對罷，惇問布曰：『上詢及此否？』布曰：『否。』惇率布至都堂，出藍從熙提舉京城所奏乞復行導洛司事：官員商賈等物貨，皆載以官舟，官員物貨不及百千者，許以所乘舟載，免納脚錢之半；百千以上以違制論。餘皆徙官舟，於泗州及京師洛口各置垜場，歲收課利二十萬緡。又乞麪市歲課三萬，又復牛羊圈歲課七萬，內批付尚書依奏，蓋未嘗與執政議也。又京城所奏，乞就差買修城木植內臣於溫、明州等處，起發船三百隻赴本所支撥使用，付中書，中書遂畫旨，依已得指揮送門下，而門下留不遣，遂并論之。布謂惇曰：『此事何可不與執政議？如此則失職矣。』惇曰：『何止失職，喫棒、罰銅皆可也。』布曰：『四海之富，二十萬不難辦，歲供此數可矣。』惇及蔡卞皆以為然。惇又曰：『水磨茶場自足供此費。』布曰：『先朝經營財利，志在邊鄙，子孫承之，敢忘厥志？故闊略細故以就大事。今幸無此圖，何必爾。』惇曰：『亦不須如此言，要之，是先朝不好事，當時行之，固終身以為恨，今豈可為？』布曰：『如此即太逆耳。』惇曰：『逆耳多矣。』布曰：『志在邊事且以為不可，況非邊事乎！』布因語黃履曰：『此乃正論，盍助之？』履曰：『固當如此。』坐中惟惇、卞與反復，許將甚愧，他皆默然。履曰：『且當徐徐開陳，庶可回爾。』已而將在告不出，履勸惇俟將出同呈，布曰：『但持之不下，緩無害也。』後三日，三省奏事，上遂詢三省云：『導洛文字，何為久不呈？』惇曰：『見更取索文字進呈次。』上曰：『聞此事誠不便，但繳進來。』惇曰：『來日取旨。』上曰：『不須，只今日進入可也。』三省退以語西府。後四日，布白上曰：『近者竊聞議導洛事，初聞聖意未從，臣因言陛下聖質高明，言必中節，事有未便必不肯為。遂以先帝用宋守約事語三省。已而聖意遂回，不俟開陳而罷，臣等鼓舞稱誦不能自已。』上曰：『且說不便。』布曰：『肉市麪市皆與細民爭利，汴渠初引黃河水，湍悍可畏，公私舟船多覆溺者，惟清汴無復此患。然商賈之物悉載以官舟，私船不得入汴，人實患之。』上曰：『內臣亦多云不便，云麪市雖泥雨，亦須船載來官場中。』布曰：『一日有一日課利，不可不來，宜其不能避風雨也。今天下稅務，劊羊凡屠宰者，皆須日負載入務收稅，與此一般，至於禁榷鹽酒亦此類，然此事行之既久，眾人安之兼歲課數百千萬，軍國之費，有賴於此，理不可罷。若導洛之類，所得不多，國用無所賴於此，兼廢罷十年，一旦復行，則都邑之人鼎沸矣。先帝經營四方，蓄財利有所待，故闊略細故而行之。陛下既無此費，誠無用此，然大臣未及詳陳而已中罷，陛下獨理畏義，敬信大臣，從善納諫如此，天下之事何患也！兼聖意遽回，正與宋守約事等，蓋聖質睿明，與先帝無少異者。臣等以事未施行，不敢漏露，惟二府執政知之，然此事必書之時政記，陛下聖明聽納如此，萬古不朽矣，天下幸甚！』

清　姜圖南《酌趲湖茶並行邊茶疏》（嘉慶）《定邊縣志》卷一三　茶法中馬，故明舊有川茶、漢茶、湖茶。川茶自隆慶三年題改折價。臣前有《蜀省文移》一疏，業經覆議行，彼中撫按酌議開徵。漢茶自萬曆十四年題改折價，所有茶園茶課見在催征冊報，每歲招商散引，前往漢南及湖襄收茶轉運，官商對分，以供招中耳。顧漢南州縣產茶有限，且層岩複嶺，山程不便，商人大抵浮漢江於襄陽按買。臣衙門據引給票照驗，比以湖襄水販店戶，將茶斤貪圖價值，專賣別省無引私販，官商賫引無從收買。

臣查故明舊例，湖茶通行各商招畢，隨將引單號簿行湖廣寶慶府轉發新化縣，照引註定斤數，多餘盡數抽稅，該府仍委府佐一員監收接管，嚴加盤驗。如有低假，茶戶牙行一體究處，崇禎十五年題請在案。今湖南茶法未能通行，陝商統聚襄陽收買，湖襄督催盤驗自不容已。除漢中、鞏昌兩州官於湖茶照常盤驗外，其襄陽收茶處所應請歲給官商引單號簿一冊，於該府執對盤驗稽核，責有攸歸，此所謂湖茶宜趲也。至內地茶法，故明嘉靖十五年，御史劉良卿議酌西鳳等八府地方廣狹，分派各府對半抽分，照依時估定以價值，商茶給商自賣外，官茶價銀呈臣衙門計算，或備軍儲。迄萬曆十三年，計小引茶西安行六萬斤，漢中、鳳翔行二萬斤。今西、漢二府尚行小商，其對分官茶各交司中馬，若延寧等處道里遼遠，茶法久已絕響矣。

臣擬於榆林、神木二道，照舊小引例，引茶百斤量入茶三十斤，額定每斤折價一錢三分，報交延鎮官庫。所過關津一體盤驗，計榆、延二處可行茶二十萬斤，則由榆、延以至寧夏俱可漸舉，即以便民，又復裕國，此所謂邊茶宜行也。蓋趲湖茶則商運速，通邊茶則茶路廣，斯實於目前茶法有裨者也。

清　左宗棠《變通茶務章程》　一、甘肅行銷口外之茶，以湖南所產為大宗，湖北次之，四川、江西又次之。近時陝西石泉亦產茶，然味苦性寒，品劣價減，蒙回番不之尚也。茶字不見六經，《禹貢》「三邦底貢厥名」，隸於荊州，先儒以「名」即古「茗」字，後人加「草」于「名」，故為「茗」，是兩湖產茶，由來舊矣。茲既因東西兩櫃茶商無人承充，應即添設南櫃，招徠南茶商販，為異時充商張本。

一、官茶行銷口外，西訖回番海藏，北達蒙古各旗，按引征課，本有定章，即內地行銷茶斤，如陝西西安、同州、鳳翔、漢中各府，皆有額引。其湖茶私入陝境，本干例禁。乾隆、嘉慶年間，先後將陝西茶引一千零三十二道，悉數撥歸甘商帶銷完課，於是陝西各府所行皆無引，私茶湖販日益充斥，浸假溢占甘引，甘商受困實基於此，楊岳斌所以有在陝開設總分茶店，化私為官之請也。而所擬三等協濟茶課，既不及正課三分之一，所稱彌補欠課已屬空談，而溢占甘引之弊，仍難杜絕。茲擬於湖茶、川茶入陝、入甘首站及各通行間道，飭陝西、甘肅兩藩司遴委妥員，設卡盤驗，以清來源。遇有無票私茶，即行截留，令其補領官票，赴行銷地方納課，經過釐局驗票完釐，其有票官茶過卡，卡員驗明茶票斤重相符，即予放行，毋准需索留難，違者撤參科罪，較之開設總分各店，防範易周，課額易足。

一、向例官茶由商領引，赴湖南產茶地方採辦，運銷口外，經過湖南、湖北、河南入陝達甘，各省既無釐局，並無茶釐。自海口通商以來，洋商雇人分赴產茶各省地方收賣紅茶，行銷各國，議價頗昂，茶之出海者，不可勝計。而由產茶地方出海口，均一水可通，腳價減省，商販爭趨，各省始設局卡，兼抽茶釐，以佐軍用。而陝甘官茶，經由湖北襄陽入陝，取道潼關，必須舍舟而車，間途荊子關，必須舍舟而馱，出口行銷，又動輒數千里。茶本既因洋人躉買而高，腳價又因陸程迢遞而耗，於是山陝茶商漸多虧折，值粵逆披猖，道路多梗，茶利更微。迨關隴回逆蜂起，片引不行，蒙族回部番眾不能無茶，均仰給於私販。而私販遂伺隙偷運行銷，以牟厚利。國家利權下移，徒資中飽，良可惜也。茲擬挽回課額，漸復舊章，應諮兩湖督撫臣，凡由水路出售各省海口茶斤，本係無課之茶，照舊抽釐，應無異議。其領陝甘官茶票，行銷口外，茶馬有專司，正雜課有定額，本非行銷海口者可比，又陸路腳費繁巨，成本畸重，必礙行銷。若照行銷海口章程抽釐，商販必形裹足，於事體亦屬非宜。凡遇陝甘商販運茶經過沿途地方，應完厘稅，概按照行銷海。茶厘減納十成之八，只抽兩成，所有減納八成釐銀，各省劃抵積欠甘餉作解，甘肅以劃抵欠餉作收，年終由陝甘督臣諮部，以清款目。如此則兩湖茶釐雖只抽兩成，而所餘八成仍劃抵欠餉，於款項並無出入。陝甘茶務成本稍輕，銷路易暢，即可就此本有利源稍供挹注，兩利之策也。

一、口外官茶向由陝甘茶商領引，行銷北口、西口。行北口者，陝西由榆林府定邊、靖邊、神木等縣，甘肅由寧夏府中衛、平羅等縣。其銷西口者，由肅州、西寧等府州各屬承引納課，均責之官商。道光初年，奸商請領理藩院印票，販茶至新疆等處銷售，甘肅甘司引地被其侵佔。當時伊犁將軍慶祥，陝甘總督那彥成奏准在古城設局收稅，每年估抽銀八千兩，撥歸甘肅茶商。年終彙報，以補課額，而課額終懸。所領理藩院茶票，原止運銷白毫、武夷、香片、珠蘭、大葉、普洱六色雜茶，皆產自閩

滇，並非湖南所産，亦非藩服所尚。該商因茶少價貴，難於銷售，潛用湖茶改名千兩、百兩、紅分、藍分、帽盒、桶子、大小磚茶出售，以欺藩服而取厚利，實則皆用湖茶編名詭混也。楊岳斌原奏請照甘商課額，每茶八十斤以四兩四錢四分為率，一體納稅。未將何處納稅指明，本係空言。又請將古城每年所納茶稅悉歸蘭州道，入於額征茶課，彙報奏銷。古城設局收稅，從前既未舉行，此時又何從商辦。竊維榷茶一事，不僅國家本有之利，亦撫馭藩服一端。如果理藩院照陝甘茶課，一律徵收每引四兩四錢四分，先課後票，則商販采運閩滇之茶前往售銷，尚無不可，即潛販湖茶，侵佔甘引，而按引納課，與甘商並無不同，是正課失之甘肅，猶於理藩院補之，於國計無所損，亦可任其行銷。惟查該商等所納稅銀，每百斤多者僅一兩，少者六錢及三錢，較之甘商課額，彼此相形，多少懸絶。而所銷湖茶，又係甘商例銷之引，甘商被其侵佔，得以有詞，且茶價一貴一賤，無以取信遠人，於政體實亦不協。茲擬諮請理藩院，照甘省見擬通行先課後引章程，一律繳納正課，經過地方照章完釐兩次，於票内明晰曉示，由山西歸綏道設卡稽察，驗票放行。所繳正課，即歸理藩院驗收，其歸綏道所收茶釐罰款，解由綏遠城將軍驗收。各於年終匯案，分別諮奏，以杜弊混。遇有夾帶走私情弊，由歸綏道隨時核明懲辦，均無庸由甘肅彙報。庶國課無虧，商情亦協，奸猾之徒，無所施其伎倆矣。

綜述

宋 沈括《夢溪筆談》卷一二《官政二》 本朝茶法，乾德二年，始詔在京、建州、漢、蘄口各置榷貨務。五年，始禁私賣茶，從不應為情理重。太平興國二年，删定禁法條貫，始立等科罪。淳化二年，令商賈就園戶買茶，公於官場貼射，始行貼射法。淳化四年，初行交引，罷貼射法。西北入粟，給交引，自通利軍始。是歲，罷諸處榷貨務，尋復依舊。至咸平元年，茶利錢以一百三十九萬二千一百一十九貫三百一十九為額。至嘉祐三年，凡六十一年，用此額，官本雜費皆在内，中間時有增虧，歲入不常。咸平五年，三司使王嗣宗始立三分法，以十分茶價，四分給香藥，三分犀象，三分茶引。六年，又改支六分香藥犀象，四分茶引。景德二年，許人入中錢帛金銀，謂之三説。至祥符九年，茶引益輕，用知秦州曹瑋議，就永興、鳳翔以官錢收買客引，以救引價，前此累增加饒錢。至天禧二年，鎮戎軍納大麥一斗，本價通加饒，共支錢一貫二百五十四。乾興元年，改三分法，支茶引三分，東南見錢二分半，香藥四分半。天聖元年，復行貼射法，行之三年，茶利盡歸大商，官場但得黄晚惡茶，乃詔孫奭重議，罷貼射法。明年，推治元議省吏、計覆官、旬獻官皆決配沙門島；元詳定樞密副使張鄧公、參知政事呂許公、魯肅簡各罰俸一月，御史中丞劉筠、入内内侍省副都知周文質、西上閤門使薛昭廓、三部副使各罰銅二十斤；前三司使李諮落樞密直學士，依舊知洪州。皇祐三年，算茶依舊只用見錢。至嘉祐四年二月五日，降敕罷茶禁。

國朝六榷貨務、十三山場，都賣茶歲一千五十三萬三千七百四十七斤半，祖額錢二百二十五萬四千四十七貫一十。其六榷貨務取最中，嘉祐六年，抛占茶五百七十三萬六千七百八十六斤半，祖額錢一百九十六萬四千六百四十七貫二百七十八：荊南府祖額錢三十一萬五千一百四十八貫三百七十五，受納潭、鼎、澧、岳、歸、峽州、荊南府片散茶共八十七萬五千三百五十七斤；漢陽軍祖額錢二十一萬八千三百二十一貫五十一，受納鄂州片茶二十三萬八千三百斤半；蘄州蘄口祖額錢三十五萬九千八百三十九貫八百一十四，受納潭、建州、興國軍片茶五十萬斤；無為軍祖額錢三十四萬八千六百二十貫四百三十，受納潭、筠、袁、池、饒、建、歙、江、洪州、南康、興國軍片散茶共八十四萬二千三百三十三斤；真州祖額錢五十一萬四千二十二貫九百三十二，受納潭、袁、池、饒、歙、建、撫、筠、宣、江、吉、洪州、興國、臨江、南康軍片散茶共二百八十五萬六千二百六斤；海州祖額錢三十萬八千七百三貫六百七十六，受納睦、湖、杭、越、衢、溫、婺、台、常、明、饒、歙州片散茶共四十二萬四千五百九十斤。十三山場祖額錢共二十八萬九千三百九十九貫七百三十二，共買茶四百七十九萬六千九百六十一斤：光州光山場買茶三十萬七千二百十六斤，賣錢一萬二千四百五十六貫；子安場買茶二十二萬八千二十斤，賣錢一萬三千六百八十九貫三百四十八；商城場買茶四十萬五百五十三斤，賣錢二萬七千七十九貫四百四十六；壽州麻步

場買茶三十三萬一千八百三十三斤，賣錢二萬四千八百一十一貫三百五十；霍山場買茶五十三萬二千三百九斤，賣錢三萬五千五百九十五貫四百八十九；開順場買茶二十六萬九千七十七斤，賣錢一萬七千一百三十貫；廬州王同場買茶二十九萬七千三百二十八斤，賣錢一萬四千三百五十七貫六百四十二；黃州麻城場買茶二十八萬四千二百七十四斤，賣錢一萬二千五百四十貫；舒州羅源場買茶一十八萬五千八十二斤，賣錢一萬四百六十九貫七百八十五；太湖場買茶八十二萬九千三十二斤，賣錢三萬六千九十六貫六百八十；蘄州洗馬場買茶四十萬斤，賣錢二萬六千三百六十貫；王祺場買茶一十八萬二千二百二十七斤，賣錢一萬一千九百五十三貫九百九十二；石橋場買茶五十五萬斤，賣錢三萬六千八十貫。

《文獻通考》卷六二《職官考十六·都大提舉茶馬》 宋熙寧七年，始三司鹽鐵判官李杞、三司句當公事蒲宗閔經畫川、蜀買茶，充秦鳳、熙河路博馬，就除提舉成都府路買茶公事。杞於秦川、宗閔於成都置司，後改名都大提舉茶馬事。熙甯七年，差李杞、蒲宗閔成都府買茶、熙河路博馬，並令杞等提舉，置都大提舉及主管、同主管，各因其資品高下除授云。元豐四年，羣牧判官郭茂恂又言：『茶司既不兼買馬，遂立法以害馬政，恐誤國事，乞並茶場、買馬為一司。』從之。蓋茶馬司始合於此時也舊制，於源、渭、德順三郡市蕃馬。熙甯七年，初復熙、河，經略使王韶言：『西人頗以善馬至邊，其所當唯乏茶，與之為市，請趣茶馬辦之。』乃命三司句當公事李杞運蜀茶至熙、河，置買馬場六，而源、渭、德順更不買馬，於是杞言：『賣茶、市馬，一事也。乞同提舉買馬。』杞遂兼馬政，然合分不常。至元豐四年，羣牧判官、提舉買馬郭茂恂又言：『茶司既不兼買馬，遂立法以害馬政，乞並為一司。』從之。掌收摘山之利，以佐邦用。凡市馬於蕃夷，以茶易之。大觀以來，茶馬之政廢，川茶不以博馬，唯市珠玉，故馬政廢缺建炎四年，張浚奏大石進奉珠玉，高宗俞曰云云。紹興四年，從關師古之請，以乏戰馬，始令四川宣撫司支茶博馬。五年，密院言已於永康軍、威茂州置場。七年，宰臣趙鼎言：『得旨復置茶馬官，舊有主管茶馬、同提舉茶馬、都大提舉茶馬凡三等。』上曰：『考其資歷命之。』乾道元年，川、秦兩司馬額共九千餘匹茶馬陳彌作言：『本司買馬，川、秦兩司，文、黎、珍、敘、南平、長寧軍、本州軍年額川馬五千餘匹，係應副江上諸軍。階州之峰帖、陝西和州之宕昌兩處，年額共西馬四千餘匹，係輪年應副三衙。』

川、秦兩司者，祖宗舊制，至今不廢四年，四川宣撫使虞允文奏：『照得祖宗朝都大茶馬官於秦州、成都各置司，居治各半府，排發馬月分居秦司，訖事即歸川司，措置發茶並買馬物帛之類。今欲依舊制，於鳳州河池縣置秦司，既近宕昌，買馬之弊可以稽察。』從之。川、秦馬舊二萬匹，乾道川、秦買馬之額，歲為萬有一千九百匹有奇，川司六千，秦司五千九百。益、梓、利三路漕司歲應副博馬綢絹十萬四千匹，成都、利州路十一州產茶二千一百二萬斤，茶馬司所收大較若此。其後文州改隸秦司，而川司增珍州之額，共為四千八百九十六，秦司六千一百二十，合兩司為萬有一千十有六匹，此慶元之額也。嘉泰末，川司五場又增為五千一百九十六匹，秦司三場增為七千七百九十八匹，合兩司為萬有二千九百九十四匹。然累歲所市，多不及額焉。

《宋史》卷一八四《食貨志下六·茶下》 茶之在諸路者，神宗、哲宗朝無大更革。熙寧八年，嘗詔都提舉市易司歲買商茶，以三百萬斤為額。元祐五年，立六路茶稅租錢諸州通判轉運司月暨歲終比較都數之法。七年，以茶隸提刑司，稅務毋得更易為雜稅收受。紹聖四年，戶部言：『商旅茶稅五分，治平條立輸送之限既寬，復慮課入無準，故定以限約，毋得更展。元祐中，輒展以季，課入漏失。且茶稅歲計七十萬緡，積十年未嘗檢察，請內外委官，期一年驅算以聞。』詔聽其議，展限令出一時，毋承用。

崇寧元年，右僕射蔡京言：『祖宗立禁榷法，歲收淨利凡三百二十餘萬貫，而諸州商稅七十五萬貫有奇，食茶之算不在焉，其盛時幾五百餘萬緡。慶曆之後，法制寖壞，私販公行，遂罷禁榷，行通商之法。自後商旅所至，與官為市，四十餘年，利源寖失。謂宜荊湖、江、淮、兩浙、福建七路所產茶，仍舊禁榷官買，勿復科民，即產茶州郡隨所置場，申商人園戶私易之禁，凡置場地園戶租折稅仍舊。產茶州軍許其民赴場輸息，量限斤數，給短引，於旁近郡縣便鬻；餘悉聽商人於榷貨務入納金銀、緡錢或並邊糧草，即本務給鈔，取便算請於場，別給長引，從所指州軍鬻之。商稅自場給長引，沿道登時批發，至所指地，然後計稅盡輸，則在道無苟留。買茶本錢以度牒、末鹽鈔、諸色封樁、坊場常平剩錢通三百萬緡為率，給諸路，諸路措置，各分命官。』詔悉聽焉。

俄定諸路措置茶事官置司：湖南於潭州，湖北於荊南，淮南於揚州，兩浙於蘇州，江東於江寧府，江西於洪州。其置場所在：蘄州即其州及蘄水縣，壽州以霍山、開順，光州以光山、固始，舒州即其州及羅源、太湖，黄州以麻城，廬州以舒城，常州以宜興，湖州即其州及長興、德清、安吉、武康，睦州即其州及青溪、分水、桐廬、遂安，婺州即其州及東陽、永康、浦江，處州即其州及遂昌、青田，蘇、杭、越各即其州而越之上虞、餘姚、諸暨、新昌、剡縣皆置焉，衢、台各即其州，而溫州以平陽。大法既定，其制置節目，不可毛舉。四年，京復議更革，遂罷官置場，商旅並即所在州縣或京師給長短引，自買於園戶。茶貯以籠篰，官為抽盤，循第敍輸息訖，批引販賣，茶事益加密矣。

又 重和元年，詔：『客販輸税，檢括抵保，吏因擾民，其蠲之。』未幾，復輸税如舊。大抵茶、鹽之法，主於蔡京，務巧掊利，變改法度，前後相踰，民聽眩惑。初，令茶戶投狀籍於官，非在籍者，禁與商旅貿易，未幾即罷。初，限計斤重，令買新引，茶有贏者，即及一千五百斤，須用新引貼販，或止願販新茶帶賣者聽；未幾，以帶賣者多，又罷其令。

陝西舊通蜀茶，崇寧二年，始通東南茶。政和中，陝西沒官茶令估賣，繼以妨商旅，下令焚棄。俄令正茶沒官者聽興販，引外剩茶及私茶數以給告者。長引限以一年，短引限以半歲繳納。久之，令已買引而未得於園戶者，期七年，許民間同見緡流轉，長引聽即本路住賣，以二浙鹽香司有言而止。其科條纖悉紛更，不可勝記，慮商旅疑豫，茶貨不通，迺重扇搖之令。於時掊克之吏，爭以贏羨為功，朝廷亦嚴立比較之法。州郡樂賞畏刑，惟恐負課，優假商人，陵轢州郡，蓋莫有言者。獨邠州通判張益謙奏：『陝西非產茶地，奉行十年，未經立額，歲歲比較，第務增益，稍或虧少，程督如星。州縣懼殿，多前路招誘豪商，增價以幸其來，故陝西茶價，斤有至五六緡者，或稍裁之，則批改文引，轉之他郡。及配之鋪戶，安能盡售？均及税農，民實受害，徒令豪商坐享大利。』言竟不行。

然自茶法更張，至政和六年，收息一千萬緡，茶增一千二百八十一萬五千六百餘斤。及方臘竊發，乃詔權罷比較。臘誅，有司議招集園戶，借貸優恤，止於文具，姦臣仍用事，蠹國害民，又慮人言，扇搖之令復出矣。靖康元年，詔川茶侵客茶地者，以多寡差定其罪。

初，熙寧五年，以福建茶陳積，乃詔福建茶在京、京東西、淮南、陝西、河東仍禁榷，餘路通商。元豐七年，王子京為福建轉運副使，言『建州臘茶，舊立榷法，自熙寧權聽通商，自此茶戶售客人茶甚良，官中所得惟常茶，税錢極微，南方遺利，無過於此，乞仍舊行榷法。建州歲出茶不下三百萬斤，南劍州亦不下二十餘萬斤，欲盡買入官，度逐州軍民戶多少及約鄰路民用之數計置，即官場賣，嚴立告賞禁。建州賣私末茶，借豐國監錢十萬緡為本。』並從之；所請均入諸路榷賣，委轉運司官提舉：福建王子京，兩浙許懋，江東杜偉，江西朱彥博，廣東高鎛，然子京蓋未免抑配於民。

時遠方若桂州修仁諸縣、夔州路達州有司皆議榷茶，言利者踵相躡，然神宗聞鄂州失催茶税，輒蠲之。建州園戶等以茶粗濫當剝納，為錢三萬六千餘緡，慮其不能償，令準輸茶。初，成都帥司蔡延慶言邛部川蠻主苴尅等願賣馬，即詔延慶以茶招來，後聞邊計蠻情非便，即罷之。哲宗嗣位，御史安惇首劾王子京買臘茶抑民，詔罷子京事任，令福建禁榷州軍視其舊，餘並通商。桂州修仁等縣禁榷及陝西碎賣芽茶皆罷。

崇寧二年，尚書省言：『建、劍二州茶額七十餘萬斤，近歲增盛，而本錢多不繼。』詔更給度牒四百，仍給以諸色封樁。繼詔商旅販臘茶蠲其税，私販者治元售之家，如元豐之制。臘茶舊法免税，大觀三年，措置茶事，始收焉。四年，私販勿治元售之家，如元符令。政和初，復增損為新法。三年，詔免輸短引，許依長引於諸路住賣，後末骨茶每長引增五百斤，短引倣此；諸路監司、州郡公使食茶禁私買，聽依商旅買引。六年，詔福建茶園如鹽田，量土地產茶多寡，依等第均税。重和元年，以改給免税新引，重定福建骨茶斤重，長引以六百斤為率。

元豐中，宋用臣都提舉汴河隄岸，創奏修置水磨，凡在京茶戶擅磨末茶者有禁，並許赴官請買，而茶鋪入米豆雜物揉和者募人告，一兩賞三千，及一斤十千，至五十千止。商賈販茶應往府界及在京，須令產茶山場州軍給引，並赴京場中賣，犯者依私販臘茶法。諸路末茶入府界者，復嚴為之禁。訖元豐末，歲獲息不過二十萬，商旅病焉。

元祐初，寬茶法，議者欲罷水磨。戶部侍郎李定以失歲課，持不可廢，侍御史劉摯、右司諫蘇轍等相繼論奏，遂罷。紹聖初，章惇等用事，首議修復水磨。乃詔即京、索、天源等河為之，以孫迥提舉，復命兼提舉汴河隄岸。四年，場官錢景逢獲息十六萬餘緡，呂安中二十一萬餘緡，以差議賞。元符元年，戶部上凡獲私末茶并雜和者，即犯者未獲，估價給賞，並如私臘茶獲犯人法。雜和茶宜棄者，斤特給二十錢，至十緡止。

初，元豐中修置水磨，止於在京及開封府界諸縣，未始行於外路。及紹聖復置，其後遂於京西鄭、滑、潁昌府，河北澶州皆行之，又將即濟州山口營置。崇寧二年，提舉京城茶場所奏：『紹聖初，興復水磨，歲收二十六萬餘緡。四年，於長葛等處京、索、潩水河增修磨二百六十餘所，自輔郡榷法罷，遂失其利，請復舉行。』從之。尋詔商販臘茶入京城者，本場盡買之，其翻引出外者，收堆垛錢。裁元豐制更立新額，歲買山場草茶以五百萬斤為率。客茶至京者，許官場買十之三，即索價故高，驗元引買價量增。三年，詔罷之。

明年，改令磨戶承歲課視酒戶納麴錢法。五年，復罷民戶磨茶，官用水磨仍依元豐法，應緣茶事併隸都提舉汴河堤岸司。大觀元年，改以提舉茶事司為名，尋命茶場、茶事通為一司。三年，復撥隸京城所，一用舊法。政和元年，京城所請商旅販茶起引定入京住賣者，即許借江入汴，如元豐舊制；其借江入汴却指他路住賣者禁，已請引者並令赴京。二年，以課入不登，商賈留滯，詔以其事歸尚書省。於是尚書省言：『水磨茶自元豐創立，止行於近畿，昨乃分配諸路，以故致弊，欲止行於京城，仍通行客販，餘路水磨並罷。』從之。四年，收息四百萬貫有奇，比舊三倍，遂創月進。

高宗建炎初，於真州印鈔，給賣東南茶鹽。當是時，茶之產於東南者，浙東西、江東西、湖南北、福建、淮南、廣東西，路十，州六十有六，縣二百四十有二。霅川顧渚生石上者謂之紫筍，毗陵之陽羨，紹興之日鑄，婺源之謝源，隆興之黃龍、雙井，皆絕品也。建炎三年，置行在都茶場，罷合同場十有八，惟洪、江、興國、潭、建各置場一，監官一。罷食茶小引，捕私茶法視捕私鹽。二十一年，秦檜等始進茶鹽法。先是，臣僚或因事建明，朝廷亦因時損益，至是審訂成書，上之。

孝宗隆興二年，淮東宣諭錢端禮言：『商販長引茶，水路不許過高郵，陸路不許過天長，如願往楚州及盱眙界，引貼輸翻引錢十貫五百文，如又過淮北，貼輸亦如之。』當是時，商販自榷場轉入虜中，其利至博，幾禁雖嚴，而民之犯法者自若也。乾道二年，戶部言：『商販至淮北榷場折博，除輸翻引錢，更輸通貨儈息錢十一緡五百文。』八年，減輸翻引錢止七緡，通貨儈息錢止八緡。淳熙二年，以長短茶引權以半依元引斤重錢數，分作四緡小引印給，而翻引貼輸錢隨小引輸送。光宗紹熙初，漳州守臣朱熹奏除屬邑科茶七千餘緡。臣僚申明長短小引相兼，從人之便。戶部言給賣小引，除金銀、會子分數入輸，餘願專以會子算請者聽。

寧宗嘉泰四年，知隆興府韓邈奏請：『隆興府惟分寧縣產茶，他縣無茶，而豪民武斷者乃請引，窮索一鄉，使認茶租，非便。』於是禁非產茶縣不許民擅認茶租。

建寧臘茶，北苑為第一，其最佳者曰社前，次曰火前，又曰雨前，所以供玉食，備賜予。太平興國始置，大觀以後製愈精，數愈多，胯式屢變，而品不一，歲貢片茶二十一萬六千斤。建炎以來，葉濃、楊勍等相因為亂，園丁亡散，遂罷之。紹興二年，蠲未起大龍鳳茶一千七百二十八斤。五年，復減大龍鳳及京鋌之半。十二年，興榷場，遂取臘茶為榷場本，凡胯、截、片、鋌，不以高下多少，官盡榷之，申嚴私販入海之禁。議者請鬻建茶於臨安，移茶事司於建州買發，明年，以失陷引錢，復令通商。自是上供龍鳳、京鋌茶料，凡製作之費、篚笥之式，令漕司專之。

蜀茶之細者，其品視南方已下，惟廣漢之趙坡，合州之水南，峨眉之白牙，雅安之蒙頂，土人亦珍之，但所產甚微，非江、建比也。舊無榷禁，熙寧間，始置提舉司，收歲課三十萬，至元豐中，累增至百萬。建炎元年，成都轉運判官趙開言榷茶、買馬五害，請『用嘉祐故事盡罷榷茶，而令漕司買馬。或未能然，亦當減額以蘇園戶，輕價以惠行商，如此則私販衰而盜賊息』。遂以開同主管川、秦茶馬。二年，開至成都，大更茶法，倣蔡京都茶場法，以引給茶商，即園戶市茶，百斤為一大引，除其十勿算。置合同場以譏其出入，重私商之禁，為茶市以通交易。每斤引錢春七十、夏五十，市利頭子錢不預焉。所過征一錢，所止一錢五分。自後引息錢至一百五萬緡。至十七年，都大茶馬韓球盡取園戶加饒之茶為額，

茶司歲收二百萬，而買馬之數不加多。

乾道末年，青羌作亂，茶司增長細馬名色等錢歲三十萬。淳熙六年以後，累減園戶重額錢十六萬，又減引息錢十六萬。至紹熙初，楊輔為使，遂定為法。成都府、利州路二十三場，歲產茶二千一百二萬斤，通博馬物帛歲收錢二百四十九萬三千餘緡。朝廷歲以一百一十三萬緡隸總領所贍軍，然茶馬司率多難之；乾道以後，歲撥止一二十萬緡，至淳熙十年，遂以五十萬緡為準。

自熙、豐以來，茶司官權出諸司之上。初，元豐開川、秦茶場，園戶既輸二稅，又輸土產，隆安縣園戶二稅、土產兼輸外，又催理茶課估錢，建炎元年立為額，至寧宗慶元初，始除之。六年，詔四川產茶處歲輸經總制頭子錢五千四十一道有奇，又科租錢三千一百四十道有奇。

宋初，經理蜀茶，置互市于原、渭、德順三郡，以市蕃夷之馬；熙寧間，又置場于熙河。南渡以來，文、黎、珍、敍、南平、長寧、階、和凡八場，其間盧甘蕃馬歲一至焉，洮州蕃馬或一月或兩月一至焉，疊州蕃馬或半年或三月一至焉，皆良馬也。其他諸蕃馬多駑，大率皆以互市為利，宋朝曲示懷遠之恩，亦以是羈縻之。紹興二十四年，復黎州及雅州碉門靈西砦易馬場，乾道初，川、秦八場馬額九千餘匹，淳熙以來，為額萬二千九百九十四匹，自後所市未嘗及焉。

《宋會要輯稿·食貨三〇·茶法雜録一》 仁宗天聖元年三月，詔：『據定奪茶鹽所上茶鹽課利，比附增虧數目，宜差樞密副使張士遜、參知政事呂夷簡、魯宗道與權三司使事李諮、御史中丞劉筠、入內內侍省副都知周文質、西上合門使薛貽廓及三部副使同詳定經久利害聞奏。』『淮內降札子，淮南十三山場賣茶年額僅五十萬貫，天禧五年止收二十三萬餘貫，比租額虧二十七萬貫。今將五年賣茶收錢拆筭，每百貫交引在京見賣價錢五十五貫，都計實錢十三萬餘貫，內降買茶本錢九萬餘貫外，有利錢三萬餘貫。若每年趁及元額五十萬貫，裁得實利錢七萬餘貫，監官請給費用不在數。以此折筭課額，虛數甚多，或交引價減，必轉陷失。欲望自天聖元年以後，更不知園戶本錢，并許大小客取便將錢帛斛斗于十三山場收買入場貼射，官中止收淨利，給與公引放行。其貼射茶并定爲中色。若依此施行，即在京榷貨務入便得客人山場買茶本錢相兼支用，諸處小客將行貨買茶經過沿路州縣，又各收得稅利，并官中收貼射淨利，悉去虛錢數目，又不支脚錢本，免買下低弱茶貨，筭賣不行。兼園戶既不于官場請本納茶，且免山場上下邀難侵尅，商販大行，民間遍及。今詳定爲便，請頒下施行。應客旅於山場買茶赴官場貼射，并于在京榷貨務納淨利實錢，每百千爲則，內五十千見錢，五十千金、銀、綢、絹、小綾，如無本色，即納見錢。園戶自來中賣正茶，每百斤納耗二十斤至三十五斤，今既許客與園戶商量貼射，其耗茶并請除放。客人搬茶地理遠近，合有分數則例饒潤。今定蘄州王祺場，每百六十斤；黄州麻城場、蘄州石橋場，每百五十斤；盧州王同場、蘄州洗馬場、舒州太湖場、羅源場，每百四十五斤；壽州霍山場、麻步場、開州順口場、光州光山場、子安場、商城場，每百四十斤。已上各收百斤淨利，所收淨利仍依例收稅。如就本處貼射者，比在京入納則例，于饒潤茶數內與減十斤。其園戶舊例額茶，委逐場置簿給據，所納數勾銷剗刷，提舉不以多少，悉赴場中買。如園戶願依客人入錢貼射者，止得於通商地分貨賣。凡貼射之例，如舒州羅源茶場中色者，凡買一斤，官破本錢二十五文，至出賣收錢五十六文。其二十五文今來客人自出錢物與園戶，其官破本錢更不支給，止收淨利三十一文，令客人貼納。其客人賣茶赴場，却於在京出納錢物者，每百四十五斤內，百斤依前項則例貼納淨利錢二千一百，餘四十五斤饒潤客人。如只就本處入納錢物者，每百三十五斤內，百斤依前項貼納淨利錢三千一百，三十五斤饒潤客人。凡貼納淨利，沿路所經及住賣之處悉收稅例。如客旅入山買茶，并雇脚、商稅、裹纏等錢，許於在京榷貨務入便見錢，聽客取便指射三場或所屬州府請領。其茶如要於沿路通商地分破賣亦聽，仍依例收稅。所有將河北、陝西交抄貼筭得茶交引，并給乾興元年以前茶，其今來全入錢物買到交引，即給天聖元年已後新茶。』并從之。又言：『所許客人取便於十三山場買茶，津搬入場貼射，官中只收淨利，給與公引放行。如客人入山買茶，貼射之後，恐有園中客旅及無圖輩將茶貨衷私興販，不入官場貼射，紊亂條法，侵奪課利。望令十三山場地分巡檢捉賊，并捉私茶鹽使臣、縣尉自今常切用心覺察巡捉，如獲私茶五十斤以上，顯經斷遣，候得替，委制置司保明聞奏，使臣免短使，家便差遣，縣尉免選注官；如萬斤以上，特與酬獎；數目不多，亦委本州島軍批上曆子，用爲勞績。如或不切用心巡捉，

別有透漏，依條斷遣。』

四月，定奪茶鹽所言：『客人將陝西、河北入中便糴糧草交抄貼納錢物，筭射茶貨，其間多有加增值價，以虛錢支請實茶數多，因此交引價錢。即今十三山場、四榷務茶交引每百斤止賣六十三千，比原定則例小十七千。看詳十三山場茶貨自來多有小客興販，今請以乾興元年已前茶兼帶支給，其六榷務并以天禧四年已前茶支給，仍准例給耗。今日已前小客交引錢及一千貫已下者，許將天禧五年已前茶相兼支給。今日已後，陝西、河北虛實錢交抄，于在京榷貨務筭買六榷務茶交別者，每百千於在京別納見錢五十千，更無加擡，共支與天禧五年茶百五十千，仍給耗茶。所有自來貼納加饒則例，依舊施行。今後算射六榷務乾興元年并天聖元年已後茶者，如願請蘄口、真州、無爲、漢陽軍四務茶，即於在京榷貨務入實錢百千，内四十千見錢，六十千金、銀、紬、絹、小綾，共支百二十五千茶。願請荊南、海州兩務茶，即入實錢百千，内四十五千現錢，五十五千金、銀、紬、絹、小綾，共支百三十五千，其茶只就逐處榷務入納錢物。如願請蘄口等四榷務茶，即入中實錢百千，四十千見錢，六十千金、銀、紬、絹、小綾等，共支與百二十五千茶。願請荊南等兩榷務茶，即入中實錢百千，内四十五千見錢，五十五千金、銀、紬、絹、小綾等，共支與百二十五千茶。其陝西新入中糧草交抄，每虛實百千，在京見今破錢五千收買。若要茶，即支茶貨七千。欲令客旅如願入納淨利貼射十三山場天聖元年新茶，及入中錢物筭買六榷務乾興元年、天聖元年以後新茶，并貼納錢數見錢帶請舊茶，即并依今來所定則例，取客穩便，許將每虛實錢百千充五千見錢筭射，貴免客人請納錢兩度縻費。其十三場天聖元年後來新茶，已准敕，許客貼射。又官中饒潤不收淨利茶貨，及令沿路州軍免稅，候到住賣去處收納稅錢。所是六榷務今後支到耗茶，并十三山場賣乾興元年已前茶貨支與耗茶，亦合一體施行。逐處榷務、山場今後客人筭請茶貨，須於公引内將正、耗各別開坐數目，令經過沿路州、軍稅務驗引，如正耗相隨，即放免耗稅。到住賣處，不以正、耗，盡底收稅。如別無正茶，只稱是耗茶，緣官中難以辨明，沿路州軍據數收納稅錢。』并從之。

又 〔熙寧〕八年二月三日，都大提舉熙河路買馬司奏：『據提舉熙河路市易司狀申：准都大提舉買馬司札子，坐准熙寧七年七月十六日中書札子内聖旨指揮施行，内一項節文：客人興販川茶入秦鳳等路貨賣者，并令出産州縣出給長引，指定只得於熙、秦州、通遠軍及永寧寨茶場中賣入官。今來已有客人興販茶貨到岷州茶場中賣。竊慮頒行近降條貫，其産茶州縣不發長引赴岷州，却致客人枉路，茶貨不得通行。伏乞於上項條貫内「熙、秦州、通遠軍」字下及「永寧寨」字上添入「岷州」二字，所貴客人茶貨通行，不致阻節。本房檢會熙寧七年九月八日中書札子，内一項：客人興販雅州名山、洋州、興元府、大竹等處茶入秦鳳等路貨賣者，并令出産州縣出給長引，指定只得于熙、秦州、通遠軍及永寧寨茶場中賣入官，仍先具客人姓名、茶色、數目、起離月日關報逐處上簿，候客人到彼，畫時收買。如計程大段過期不到，即令行遣根逐。若客人私賣茶與諸色人，及將合入秦鳳等路貨賣茶虛作永興軍等路回避關報逐處者，并依《熙寧編敕》禁榷臘茶法斷罪支賞，所有熙寧七年七月十六日朝旨内上項一節更不施行。今欲依所乞，於熙寧七年九月八日中書札子於「熙」字下、「寨」字上添入「岷」字。』從之。

四月十九日，提舉成都府等路茶場司言：『雅州名山縣發往秦、熙州等處茶，乞聽官場盡買，不許商販。』詔商人就官場買者聽之，每馱納長引錢，令指定州軍貨易。

又 九年四月二十二日，體量成都府等路茶場利害劉佐言：『商人販解鹽入川，買茶至陝西，獲利甚厚，欲依商人例，歲以鹽十萬席易茶六萬馱，約用本錢二百一萬緡。比商賈取利，皆酌中之數，禁商人私販。』從之。

又 五月一日，體量詢究川茶利害劉佐言：『准朝旨，具析買川茶應副熙河等路博馬及糴買糧草，與李杞利害不同等事。緣李杞將六月終買茶數搭倍約作全年，又不曾計置販鹽入川，及計置到物貨却將出空頭牒，差官百員分領，此與佐議不同。其有顧脚馱茶雖同杞，又須令店戶晝時申報抄札，截留客人驢騾，亦與佐有异。』

十一月六日，提舉成都府、利州、秦鳳、熙河等路茶場司狀：『已准朝旨立法，令盡數收買茶貨。勘會新法内階、成州系次邊禁茶地分，又西路秦、鳳州、西南入利州路以西并爲川蜀出茶地分。今來彭州堋口、蒲

村、導江至德山、綿州龍安、漢州綿竹、楊村等處，系利州以西州縣，嘉州洪雅縣、眉州丹稜縣并係産茶貨去處，緣新法内開説不盡，欲乞應成都府諸州、縣産茶地分，并依邛、蜀等州買茶稅場條例，差委逐處稅務收買，并依新法施行。』從之。

十年四月二十五日，詔市易務茶限二年結絕，許客茶交易。

十月十六日，詔秦鳳路轉運判官孫迥：應承受茶法文字及所聞利害，并關提舉茶場司。以迴言茶法有未便事，乞赴闕奏稟故也。

又 ［元豐］六年四月三日，同提舉成都府等路茶場陸師閔言：『文州與階州接境，有博馬及賣茶場，龍州舊許通商。乞以文、龍二州爲禁地。其秦州本司差官一員造帳，計置川路羨茶徧入陝西路出賣，仍於成都府置博買都茶場。』從之。

閏六月十三日，同提舉茶場公事陸師閔札子奏：『竊見新修《茶場司敕》尚未全備，臣今擇出合行通用條貫三十八件，内有與新法干礙者，略加刪正下項：一、諸成都府、利州路、金州産茶處，各就近置場，盡數買園戶茶，許客人於官場收買，販入川峽四路并金州界，充民間食用。私輒買賣博易興販及入陝西地分者，并許人告捕，依犯私臘茶法施行。諸陝府西路并爲官茶禁地，諸路客販川茶、南茶、臘茶無引、雜茶犯禁界者，許人告捕，并依犯私臘茶法施行。諸園戶賫茶往不置場處，并用有引茶及空引影帶私茶，并未經販賣及諸色人販茶偷謾商稅者，皆許人告捕，依漏稅法斷罪外，一斤以上賞錢三貫文，每十斤加三貫，至三十貫止。禁地官茶偷稅准此。諸産茶州縣每歲於民間闕乏時預先計置見錢斛斗，召園戶情願結保借請，每貫出息二分。至茶出時曉示，令以茶赴官折納，過夏季不納，即追催秋季，不足，量分數科校。諸産茶州縣買茶，正斤外依市例量加耗茶。非理責加耗者，許賣茶園戶告，計所剩坐贓論罪，止杖一百。即官庫漏底，雖有出剩，不得理爲勞績。諸産茶州縣出賣食茶，并隨時價高下增息，仍准價別收長引錢一分訖，給引放行。諸産茶州縣出賣食茶，各以元豐元年爲額，提舉司歲終比較不虧，每收息一百貫文，支賞錢五貫文，充監官公人添給。監官四分，公人六分，其開場在元豐元年以後者，并以第一年全年爲額。賣鹽准此。諸茶場官舍有闕，牒轉運司應付，其合占那民地者，令指射官地對換；係樓店務官舍地基及稅地者，以茶息錢輸納稅租。諸禁地賣茶場年額敷辦，歲終比較，每收息錢二萬貫，監官減一年磨勘，提舉司保明聞奏，選人比類奏裁；不滿二萬貫，每息錢一百貫文，支賞錢二貫文，以上願留次年并賞者聽。仍將博馬茶通比。秦、熙、階、岷、河州、通遠軍、永寧寨七處分茶與外鎮城寨出賣者，亦通比。諸處出賣官茶，令提舉司立定中價，仍隨市色增減。應增者，本州本場體訪詣實，增訖申提舉司覆按。應減者申提舉司待報。賣鹽准此。諸陝西不立額賣茶場，并以元豐元年課利爲額，歲終比較賞罰。其開場在元豐元年以後者，以第一年全年爲額。諸買賣茶，每州委見任官一員管幹，通計所管課利敷辦者，比監官減半推賞。賣鹽准此。諸官場以茶、鹽博易到銀、帛、斛斗、雜物，限半年變轉見錢，除元價外，所增息錢十分中給一分與主轄官吏充賞。官員四分，專典六分。過半年，不得變轉，不支賞錢。虧元價者，監、專均償。如博下滯貨，雖已解替，候變轉訖離任。諸成都府、利州、陝府西等路縣鎮城寨買賣茶場，無正監官處，就差稅務官吏；無稅務處，委餘官不妨本職監轄。金州及賣鹽場准此。諸買賣茶州軍知州、通判兼提舉，經略使所在，通判兼提舉茶場，所在州委都監、縣委令佐兼監。賣鹽准此。諸轄下州軍每季輪當職官點檢未批文曆，如提舉司覆較得官物有侵欺盜用，失陷損惡，違法不職，其干涉季點官于監官下減一等科罪。諸買賣茶場年終比較，虧五釐以上，罰俸半月，公人笞四十；滿一分，監官笞二十，干繫公人杖六十；每一分監官、公人各加二等，三分各罪止。管幹當官以所管場務通比，減正監官一等科罪。監官任滿通比，一界内如及二分，降一年名次，及三分，降一等差遣，無等可降，依差替人例施行。課利一萬貫以下，監官每一分罰一月俸，三分罪止。諸轄下買賣茶場監官如有不得力，并許量人材於事簡處對訖，奏乞各與正差。如闕正官，即依川峽四路轉運司差官例，於得替待闕官内權差，或指名牒轉運司依條差權。諸提舉司人吏、貼司、軍典及茶場專典、庫秤、牙人等，因公事取與財物，依轉運司人吏法。引領過度，首、從皆用此法。諸買茶場量事務繁簡，招置有物力、保識牙人，應收買起綱茶，依鄉例支牙錢，即收買食茶，亦依鄉例，於合支價錢内剋留。牙錢置曆，分閑忙月分均給，有餘并不應給者，并入官。諸顧脚，州縣召有物力行止人充甲頭，准例收剋保引錢。應所保脚戶帶官物、脚錢等逃匿，及有所欺隱侵盜致失陷者，甲頭備償；即例外剋取，依倉法；州縣

輒役使，杖一百，計庸重者，自從重。諸水陸般茶、鹽所經州縣幷推排脚戶，置簿籍定姓名，準備隨時價和顧。如有損失毁敗，全數備償。諸茶、鹽綱所經官司遇有給納，托故不躬親若住滯經宿者，依常平法。諸脚戶所般茶鹽遇陰雨，許就寺舍、亭鋪及空閑官屋内安泊。其合顧脚交替州縣，幷於要便處那幷添兌官舍充綱院，仍令轉運司應副。諸見管錢物，其它官司輒支動者，以違制論，不以赦降、去官、自首原減。諸茶場及轉般庫役人，幷隨課利給納大小增損制祿，不得支動本息錢。諸幹運物貨所經稅務，依省定則例收納六分稅錢，在成都府、利州路，許以所幹物貨准折，如系陝西，令逐處稅務批抄，理爲年額，轉運司牒提舉司取撥。諸回幹物貨出入川界，量多寡闕牒秦、熙州，差指使管押，諸茶、鹽所經道路巡檢、縣尉、巡鋪、使臣，各遞相催驅出界。諸給公人賞者，專副四分，典吏、庫秤等共六分，闕無所承者入官。諸給納，幷每貫收頭子錢五文足，應茶場監官添支驛料、運船，提舉司官屬及幹事官屬直吏祿，公使什物雜費，幷貼支諸場公人傭食錢等，幷以所收頭子市利錢充。諸提舉官於轄下官吏事局相干，同按察；部内有犯，同監司；諸提舉官點檢職務公事，杖以下罪就司理斷；事合推究者，送所司；徒以上，依編勑監司點檢法。諸路茶法職務措置詞訟、刑名、錢谷等公事，除州縣施行外，合申明者，申取提舉司指揮施行，他司不得干預。雖於法合取索文字，幷關牒提刑司施行，不得專輒行下，諸處亦不得供報。如已經處置尚有抑屈者，許以次經轉運、提刑司申理。諸幹當公事官，川路二年、陝西二年半爲一任，選人願就三考者，聽從便。供給依廨宇所在州簽判例。州無簽判，依職官例。京官以上及大小使臣，各隨本資給添支；本資無添支者，依監一萬貫場務例給。諸幹當公事官闕無所承，許不拘常制選差轄下官權充，其餘應合差官幹事，幷依編敕差官條施行。諸紙筆、朱墨、油燭、皮角，以係省錢收買，在京申省支給。諸文字往還，幷入急脚遞。看詳熙河蘭會路見今不隸陝府西路，竊慮今來條貫内凡稱陝府西路者，須合添入「熙河、蘭會」四字，又第十四項於「縣鎮」字上合添入「州軍」二字。以上條貫，乞賜施行。』詔令尚書省檢會，疾速行下。

九月十六日，戶部狀：『同提舉成都府等路茶場公事陸師閔札子奏：通用條貫三十八件内，第二項：諸陝府西、熙河、蘭會路幷爲官茶禁地。本司檢准元豐六年四月三日條節文：文、龍二州幷爲禁地，依秦鳳等路茶法施行。今來所降上件通用條貫，系在四月三日後來頒降，欲乞於第二項「諸陝府西、熙河、蘭會路」字下添入「文、龍州」三字。本部看詳，欲依所乞。』從之。

十月十六日，茶場司言：『准勑，每歲下本司熙州椿管茶一萬馱，於經制司年額現錢内除豁，充蘭州博糴糧斗，仍依市價計錢。今乞分四料，每季支茶二千五百馱。』從之。

二十一日，詔：『同提舉茶場陸師閔，昨付以推廣禁地，施行蜀茶。今據面陳，稍見次序，可召問大概及所請職事，速議施行。』

十二月十三日，陸師閔奏乞川路買茶起綱場監官十員，幷許不依常制指名奏差。從之。十六日，又言：乞依舊許人買在京臘茶入陝西，計所得淨利立額，本司於息錢認還。戶部乞令榷茶司歲認淨利錢萬四千一百緡。詔戶部依所申數除之。

七年六月一日，尚書戶部言：『准批狀，提舉汴河司言：畿内諸縣民間茶鋪，亦乞請買官茶。其法施於京師，衆以爲便。府界宜與輦轂下不殊。』從之，候二年立法。

八月二十八日，都大提舉榷茶陸師閔言：『川茶之法，肇於熙寧甲寅，行之陝西，既有明效。以河北、河東生聚之衆，唯茶不可一日而闕。若視陝右成法，而歸利於公上，度兩路歲費之數，置官場於荊、楚間和市，歲計運至兩路，率用陝右禁地之法，本利俱積，以助邊費。』詔師閔條具以聞。

二十九日，都提舉汴河堤岸司言：『乞歲買建州臘茶十七萬斤，依官綱例免稅，至京抽解十分之一送都茶庫。都茶庫所賣茶，本司乞歲買三萬斤，隨新、陳作價。』幷從之，其市易務茶令商議定價，如不售，即申所屬出開封府界變易。

九月六日，都大提舉榷茶陸師閔乞除放民賒欠茶罰息錢。尚書戶部言：『罰息錢七萬餘，乃朝廷封樁錢數。』詔本息正數幷給限理納，罰息許除之。

十月二十八日，尚書戶部言：『廣西轉運判官劉何乞買桂州修仁縣等處茶，前此官司未嘗經畫，欲且施行，候及一年就緒，令提舉官立法。

所乞借常平錢及差官一員提舉，當俟詔旨。』詔提舉官劉何，其借提舉司錢限三年還。

又　十一月二十二日，都大提舉成都府永興軍等路榷茶公事陸師閔札子：『近准朝旨，應係般茶大路，并計置車子遞鋪。臣昨來已行計置，自成都府至利州，自興元府至興州、鳳翔府，自商州上津至永興軍三處，稍有次序。然先降條貫各係指定去處，其間多有抵牾，難以推行。今將前後指揮删立成條，乞詳酌先次施行。一、諸般茶鋪軍人請受，排連保伍、老病揀汰并依遞鋪體例，內有差到本請受多者，從多給。諸般茶鋪軍人及一切費用，并於般茶脚錢內支破。諸般茶鋪軍人，并委逐處招刺，仍許投換；如不足，即以州縣首獲逃軍揀選刺充；尚不足，即於轄下州軍定差，一年一替。諸般茶鋪軍人，諸司及州縣輒別役，告附帶般運差借之類，并依三路役使壯城法。奉朝旨差使揀選，亦許本司執奏。諸般茶鋪軍人不得投換別指揮，逃走首獲，斷訖押回本鋪名下收管；別犯重者，自依本法。諸般茶鋪兵士并量遠近，每馱支給率分錢外，有重難鋪分軍人，仍相度量給添支口食。諸般茶鋪并於川路元差管押茶綱兵級內選差充綱官，往來幹當。諸巡轄般茶鋪使臣請受、當直兵士，并依巡轄馬遞鋪例，出巡給遞馬一匹。每歲比較，如無住滯工限，及逃死兵士不及五釐，任滿，與減一年磨勘，先次指射家便差遣。伏乞詳酌施行。』詔依陸師閔所奏。

八年二月七日，尚書戶部言：『福建路轉運副使王子京乞并鄰近兩浙、江南、廣東復禁茶。諸路仍通商，未有朝旨。』詔在京及開封府界、陝西路通商之外，并爲榷茶地。

六月三日，詔水磨茶地隸太府寺，仍屬戶部右曹。既而詔在京水磨茶場廢罷，其結絕官物等，令戶部措置施行。從侍御史劉摯、右司諫蘇轍、殿中侍御史黃絳、劉次莊所奏也。

又　哲宗元祐元年二月二日，吏部郎中張汝賢言：『被差福建路按察買茶抑配，今相度，乞并依熙寧五年二月已降指揮施行。』

五年二月二十一日，戶部員外郎穆衍言：『六路茶法，通商久矣，稅錢無總數以較多寡之入，租錢有無欠負亦不可考。請自今稅錢委逐州通判月終比較申州，州歲較申轉運司，轉運司於次年具總數申戶部；租錢委轉運司歲終具理納大數申戶部。如稽違，許從發運司、戶部奏劾。』從之。

五月七日，都大提舉成都府利州陝西等路茶事司言：『應雅州管下盧山、榮經縣，碉門、靈關寨，威、茂、龍州，綿州石泉縣界，并爲禁茶地分，如敢侵犯，乞并依熙、秦等路法施行。』從之。

六年正月二十五日，成都府利州路鈐轄司言：『川峽四路茶許客通販，內外安便，今并爲禁地。緣逐處皆是接連番蠻，若行禁止，竊慮別生邊事。』詔罷前敕。

又　〔紹聖元年〕四月十二日，管幹茶事程之邵言：『川茶元因弛禁，人戶請出，遂失元價。欲除催理本錢外，將出限二分息錢蠲免。』從之。

八月二十三日，詔興復水磨茶，應合行事，令戶部先具措置申尚書省。從戶部請也。

十月二十八日，都大提舉成都府等路茶事陸師閔狀：『今相度下項：一、陝西路復爲禁茶地分，盡數收買雅州名山縣茶，般赴陝西路州軍應付博賣，餘并依見行條法施行。一、般茶大路并添置茶遞鋪，不得和顧百姓。永興、鄜延、環慶三路各置巡轄茶遞鋪使臣一員，并復置催發綱運官一員，并依條奏舉。一、永興軍稅務監官，舊條許本司不依常制奏差一員，填見任年滿或承替不得力人幹當，如有已授下待闕官員，令別授差遣，除不依常制一節外，并乞依舊條施行。一、永寧軍、綿州石泉縣、雅州碉門寨等處人戶興販入番茶，上件利害事干邊界，乞候巡歷到川路，與鈐轄司同共相度聞奏。一、本司創添合舉官闕，如正官未到，舊條管幹文字官等許選差轄下官權，其監茶場官等許差得替待闕官權。今乞并許於罷任待闕官內權差。』詔并依所奏。

十月二十九日，陸師閔又奏：『近因本司奏請增置巡轄茶鋪使臣，減罷催綱官，臣愚以謂巡轄使臣固不可無，而催綱官往來點檢，取責收附，尤爲要切。今欲乞見管催發綱運官一員并巡轄、茶遞鋪使臣四員任滿日，依舊許本司奏舉，所貴不致闕事。如有已差注使臣未到任者，并依條別與差注。』從之。

又　〔紹聖二年〕四月七日，戶部言：『茶場自今收買客茶，并拘

收長引、對定引，內合納稅錢，即於茶價錢內尅留歸官，報稅院銷會，以充稅課。』從之。

十三日，陸師閔札子奏：『准朝旨，陝西路復爲禁茶地分，已於雅州名山、興元府、洋州等處計置食茶二十綱計六十余萬斤，般運前來，候新置茶遞鋪就緒，即可至永興等處分布出賣。今爲置鋪事務未能遽集，深慮民間乏茶食用，未敢先次止絕客販。欲乞候官茶到永興軍日，從本司行下川路諸茶場，更不發引過陝西界，其已發引前來者，各許依引於陝西路貨賣盡絕外，并依禁茶條貫施行。』從之。

二十二日，都大提舉成都府等路茶事陸師閔言：『准朝旨，陝西路復禁茶。今量度自鳳州至永興軍先次添置茶遞鋪，更不和顧百姓外，其餘買茶場各般至鳳州等處，不可置鋪，并合依見行顧役般茶條例。龍州界乞仍舊禁茶，應干茶法，并依舊條從事。』從之。

又 十二月十九日，樞密院言：『都大提舉成都府利州陝西等路茶事司陸師閔奏：「文、龍二州皆接蕃界，舊法并爲禁地分，向因黃廉按察奏請，文州之法仍舊，而龍州通商，且二州均有邊面，而禁其東不禁其西。緣興元稅務十一月間發引放客茶入龍州一帶地分者計八萬九千餘斤，及引外影帶者不可勝計。此茶入蕃，爲害多矣。唯龍州密邇文、階，害法最甚。兼自來不系蕃戎交易往來之地，別無可慮。望指揮龍州界依舊爲禁地分。」』從之。

又 四年二月二十四日，新權陝西路轉運副使張元方言：『利州路新產茶，乞依元豐條法復禁榷。』從之。

二十五日，戶部狀：『准都省送下朝散郎、都大提舉成都府等路茶事陸師閔札子奏：「臣勘會元豐茶法，成都府、利州路產茶處各就近置場，盡數買園戶茶，許客人於官場收買，販入川峽四路，充民間食用。私輒買賣博易興販及入陝西地分者，并許人告捕，依犯私臘茶法施行。自黃廉按察并令通商後來，民間不以爲便。蓋客人買賣遲細，少有見錢交易，是致園戶失業，比之舊日官場收買，利害甚明。臣今乞復行上件條貫，內有雅州永康、綿州、龍州等一帶近邊地分，昨因放行通商，遂與戎人交易，每年所市茶數不可勝計。議者以謂今若頓行止絕，即恐引惹未便，伏乞下茶事司相度，於逐處各置買賣茶場，只許蕃戎等於官場交易，并依文、黎州條法施行，所貴公私經久利便。今來川路復行舊法，竊慮州縣場務推行或有過當，今具約束如後：一、買賣茶收息不得過二分。一、茶場公人并優給顧直，不得將息錢隨分數給官吏充賞。一、茶園戶并令據所有茶數赴官中賣，不得置簿認數，拘攔入中。所有成都府、利州路合置茶場及稅務兼監去處，并依舊例，其舉官處亦乞依條奏舉。」本部勘當：川茶昨禁榷及通商，并係茶司官與轉運司官同共相度，具利害聞奏改法。今逐司相度利州路所產茶貨，若依元豐年條法復行禁榷，委是利便，經久可行。本部欲依逐司相度到事理施行。』詔依。

閏二月八日，吏、戶部狀：『准都省批送下都大提舉成都府利州陝西等路茶事司狀：「近來逐場監官多求他司不拘常制差出，頗妨茶場職事。乞將茶場監官他司雖不拘常制，并不許差出，其逐官日前差出者，即乞據不在任月日，合得酬獎更不推賞。」逐部勘當，欲依本司所乞。』從之。

四月十五日，吏、戶部言：『水磨茶場監官錢景逢任內收息一十六萬余貫，呂安中收息二十一萬餘貫。』詔錢景逢與轉一官，呂安中候任滿日，保明以聞。

二十一日，詔成都府路產茶州軍復行禁榷。

又 徽宗崇甯元年十二月八日，尚書右僕射蔡京等言：『荊湖南北、江南東西、淮南、兩浙、福建七路產茶，自乾德二年立法禁榷，官置場收買，許商賈就京師榷貨務納錢，給鈔赴十三山場、六榷貨務。《三朝國史·食貨志》：十三場：蘄州王祺一也，石橋二也，洗馬三也，黃梅場四也，黃州麻城五也，廬州王同六也，舒州太湖七也，羅源八也，壽州霍山九也，麻步十也，開順口十一也，商城十二也，子安十三也。六榷貨務：江陵府務一也，真州務二也，海州務三也，漢陽軍務四也，無為軍務五也，蘄州之蘄口務六也。至祥符中，歲收息五百余萬緡。慶曆以來，法制寖壞。嘉祐初，遂罷禁榷，行便商之法，客人園戶，私相貿易，公私不給，利源寖銷，歲入不過八十余萬。元豐中，先帝嘗命有司講求，而法廢已久，議者不能上承聖志，議未及行。竊考在昔茶法之弊，蓋緣科配人戶，不計豐凶，州縣催迫，人多逃避。嘉祐改法，指以為說。今欲將荊湖、江淮、兩浙、福建七路州軍所產茶依舊禁榷，選官置司，提舉措置，並於產茶州縣隨處置場，官為收買，更不於人戶稅上科納，禁客人與園戶私相

交易。所置場處，委官籍記園戶姓名。所有置場茶本錢，欲降度牒二千道、末鹽鈔二百萬貫，更特于逐路朝廷諸色封樁錢並坊場、常平剩錢內共借四十萬貫，共三百萬貫，令逐路分擘，充買茶本錢。差官分路措置，湖南北路欲差一員，江東西路欲差一員，淮南、兩浙路欲差一員，福建路欲差一員。將來措置就緒，即共差都大提舉七路茶事二員總之，餘官並罷。其勾集園戶，籍會戶數，酌量年例所出，約人戶可賣之數，年終立為茶額。所有復行禁榷條法，檢會大中祥符所行舊法並慶曆後來私販害公之弊，取今日可行者酌中修立，接續為法，頒降施行。』從之。

又 二年二月二十三日，提舉京城茶場所奏：『紹聖初，興復元豐水磨，推行京畿茶法，歲收二十六萬餘緡。四年，于長葛、鄭州等處京、索、溴水河增磨二百六十一所，且用汴水，極為要便。自輔郡榷法之罷，遂失其利，今四磨不能給。其元符三年罷輔郡榷茶指揮，乞勿行。』從之，遂置諸路茶場。

二十九日，詔客販福建臘茶免稅。

四月二十四日，尚書省言：『諸路茶價不等，難立一定收息之數，乞令隨宜收息，勿得過倍。』從之。

七月二十九日，尚書省言：『茶場歲置臘茶十三萬斤，變磨先春、社前，應副在京官員請買。凡系禁地，前准朝旨：許商賈興販入京，則於水磨茶法有妨。乞客到京城日，令本門具名色斤重即報茶場，依實直中賣，餘依草茶例，違者論如律。』從之。

同日，尚書省言：湖南北路茶事司乞茶場監官及監門官不許差出及兼他職。從之，余路依此。

八月七日，都大提舉成都府利州陝西等處程之邵奏：『准熙河蘭會路勾當公事童貫已牒：熙河、岷州、通遠軍將見在茶盡數支撥般運赴湟州，應副支博蕃部物斛。本司已令逐州軍一面支撥應副。今又准熙河路經略司牒：將支降到封樁錢一百萬貫，于秦州並順便城寨剗刷兌買蕃部食茶。本司契勘蕃部食茶多是名山茶，其茶准條專用博馬，不許出賣。緣今來湟州新邊，博糴斛斗，本司不敢占留，見聽從熙河路司支撥兌買，應副支用。』詔程之邵得熙河關報，不待朝廷，便逐急應副湟州，委見協心國事，特與轉兩官。

十一日，京西轉運司狀：『檢准二月十九日江、淮、荊、浙、福建州軍所要茶，官置場買，不得私賣。所有告捕支賞及應榷法巡捕等事，並依元符敕令條格施行。今契勘元符條格，別無該載捕獲私販賣真茶賞格。契勘慶曆舊行榷茶日，犯私茶系分草、臘茶兩等刑名外，推賞並巡捕透漏約束，止為一等。今來復行禁榷，亦分草、臘茶兩等刑名。其巡捕透漏支賞等，今若比附，亦為兩等，即與舊法不同。兼已降朝旨，告捕支賞及應榷法巡捕，並依元符敕令條格施行，即一切併合遵依見行條令。看詳除元符雜格內品官許有禁物一項，系草茶通商日修立，今來既臘茶、草茶皆行禁榷，即草茶亦合許有。今欲乞于本項內「臘茶」字下添入「草茶各」三字，其餘元符敕令條格內應幹臘茶條內，併合除去「臘」字一個，伏請詳酌施行。』詔依。

二十八日，都大提舉成都府利州陝西等路茶事兼提舉陝西等路買馬監牧公事程之邵奏：『勘會永興、鄜延、環慶、涇原路舊來食用南茶，自榷賣川茶後來，多有私販抵冒刑憲。今若許令商販通入南茶，委是穩便。』詔依。

十月三日，京城提舉茶場司狀：『勘會未置水磨茶場已前，商客販茶到京，係民間邸店堆垛，候貨鬻了當，或翻引出外，自例出備垛地戶錢與邸店之家。興置水磨，客茶到京，並赴茶場堆垛中賣，已係官場指擬數目。訪聞客人近歲以中賣為名，與官場商量價值，卻一面令人於外路通商地分私相交易，結攬貨賣，意欲津般前去。其間有在官場三兩月間，故意高索貴價，商量不成，遂致翻引離場，不唯虛占廊屋，兼亦有誤官場元指擬之數，未有措置。兼元豐中，嘗置垛茶場，遇有客茶到京，盡赴本場堆垛，客人出納垛地官錢。今欲乞如客茶到京赴茶場堆垛，除中賣入官外，其翻引出外茶數，從本司相度茶色高下、路分緊慢，量收堆垛錢入官，所貴杜絕奸弊，不致虧損官私。』詔依所申，其客人販到諸路茶，經涉水磨茶場地分到在京茶場，願中賣入官者，不限斤數收買，卻許客人興販水磨末茶往鄜延、環慶、涇原、永興路貨賣。若末茶不足，許以本場客人商量不成交易草茶赴榷貨務，翻引興販前去。如客人已指別路州軍，若到所指地，卻願往陝西者，並令先赴京場。

二十二日，提舉措置兩浙茶事司奏：『睦州在城茶場比去年增四十

二萬三千餘斤，賣及九分以上，增數為最，一路州縣皆不及。』詔知州方通、通判江懋迪各轉一官，監場王公壽、范景武各與循兩資，占射差遣一次。

二十九日，詔：『川茶毋得過陝西路南茶地分出卖，如违，依私茶法。』

又 四年二月二十一日，尚書省言：『勘會已降指揮，陝西、川茶專充熙河路博糴。本路轉運副使吴擇仁博糴貨茶不少，其茶事理合同共管勾。』詔陝西等路茶事差擇仁兼同提舉。

六月九日，中書省言：『榷茶本以便園戶、通商賈，而奉行官吏全失法意，務增課額，抑勒科配，致不辨美惡，乞立條約。』從之。

二十四日，三省言：『已罷官場賣茶，許商賈與園戶交易，經營納息，以便客販。然慮私相貿易，虧損官課，乞增立法禁。』從之。

同日，詔朝請郎、直秘閣、同管勾成都府等路茶事孫鼇抃除直龍圖閣，差遣依舊，以賣茶增羨故也。

十月十二日，詔：『川茶，熙河一路經費所仰，除博馬并博糴外，並不得出賣。輒出賣者，以違制論。』

又 大觀元年二月二十二日，詔朝請郎、同管勾成都府利州陝西等路茶事、兼提舉本路買馬監牧司公事龐寅孫除直秘閣，差遣依舊，以賣茶增羨故也。

閏十月二十四日，詔：『州縣及當職官奉行茶鹽法稽慢違戾，並不以去官、赦降原減。』

二年十二月十二日，詔：『榷茶仍許客販，而執引為驗，往往影帶舊引，冒詐規利，並官吏因得搔擾。雖各有法，可申嚴行下。』

三年正月二十四日，通奉大夫、提舉太一宮、都大提舉茶事宋喬年奏：『客販諸路茶貨，依鄉原舊例加饒耗茶，分數不一，亦有元無加耗去處。恐客人只就有耗茶處收買，致興販未廣。乞諸路舊例元無加饒耗茶去處，並依江東例加饒一分，所貴招誘客人，廣行興販。』從之。

三月十五日，中書省、尚書省送到劄子：『勘會東南七路所產茶貨，客販通行，近據逐路重別立到息錢，多寡不等。』詔令逐路茶事司將逐路茶貨以見今所搭息錢，每斤各量添錢一十文，其見納息錢不及一十文者，並只對數增添，內元買價小搭息多，即不得過元買價一倍。仍具已增息錢申尚書省。

七月十三日，詔罷都大提舉茶事司，在京令戶部、在外令轉運司主之。

八月十三日，詔奉直大夫、直秘閣、同管勾成都府等路茶事王完除直龍圖閣，差同提舉成都府等路茶事，以賣茶增羨也。

又 〔政和元年〕八月二十三日，戶部專切提舉京城所奏：『准敕，臣寮上言：永興軍等四路先係川茶禁地，後來改作南茶地分，其四路民庶依舊嗜食川茶，是以客人得便以奪官中厚利。伏望特降睿旨，令改作川茶地分，或乞且令提舉陝西等路茶事司權暫管認南茶及水磨馱茶稅息，俟年歲之間，見其管認之外，所得利息顯著，卻令依本司自來專條施行。又權發遣成都府陝西等路茶事張鞏狀：乞依元豐舊制，復以四路為川茶地分等。後批：令戶部與提舉京城所一處相度聞奏。看詳張鞏奏，見在食茶七萬五千餘馱，占壓本息共四百餘萬貫緡。今相度永興等四路並鳳翔府以東岐山等八縣，併合依元豐年出賣川茶舊法施行。所有南茶稅息，內除稅錢亦合依元豐法撥還戶部外，有茶場支賣馱茶息及客販南茶息錢，近准朝旨，赴茶場送納，係應奉御前。今來張鞏乞依元豐舊制，復以四路為川茶地分，仍以所收息稅錢歲用上供，以代水磨末茶之息。緣榷茶司課額係屬朝廷封樁，今據茶場歲收馱茶息錢共一十六萬七千餘貫，令元豐或大觀東、西庫每年分上下半年內，上半年以正月、下半年以七月撥運茶場，卻令提舉榷茶司每歲於收到茶息錢內依數支撥與陝西轉運司支用，於朝廷合應副本路錢物內扣除。兼契勘永興軍等路今來復作川茶地分，榷茶司難便計置般運到彼，所有見今客販茶若便行住罷，切慮逐處民間闕茶食用，兼有虧合收茶稅額課。乞且許客人般販前去，並茶場見支馱茶，截日更不支發，其已般去數目，亦許且行出賣，並限至歲終發洩盡絕。仍令榷茶司預行計置般運，自來年為始，出賣川茶並逐處每年撥還錢，除上項錢數。』詔依。

又 二年八月二十六日，尚書省黃牒：『奉聖旨，令尚書省措置茶事。今勘當水磨茶自元豐創置，除近畿外，即不曾分下諸路。昨緣分配諸路有置官之冗，般輦之勞，致妨客販，收息減少，乃至商賈不通，內外受

弊。緣水磨茶先帝建立，不可廢罷，欲只行於京城，與客販兼行，余路並令客人商販，可走商賈，實中都，惠小民。今具下項：一、京城內以水磨茶官賣，其京畿、京東、京西、河北、河東、淮西、兩浙、荊湖、江南、福建、永興、鄜延、涇原、環慶路，並為客販南茶地分。一、客販茶許至京城，與水磨茶兼行。除京城水磨存留外，余路水磨並罷。一、在京見置比較鋪並罷。一、在京置都茶務，專管供進末茶及應干茶事，從朝廷差官四員管幹。供進官一員，專管幹供進，關樞密院選差入內侍省官。專一供進等茶料，每年所闕約二十餘萬斤，除於官庫取撥外，若有少數，以合用茶所出處，取客願，賫引收買，附帶前來。如無人願，依市價和買。其所附茶免稅，計茶本免引錢。一、諸路茶園戶，官不置場收買，許任便與客人買賣，仰赴所屬州縣投狀充茶戶，官為籍記。非投狀充戶人，不得與客人買賣。一、客人許於茶務買引，指定某州縣買，往所指處任便貨賣。一、客販茶，並於茶務請長、短二引，各指定所詣州縣住賣。長引許往他路，短引止于本路興販。其約束沿路阻節，給公據，並依鹽引法。一、客人請到文引，更不經由官司，許徑赴茶園戶處私下任便交易。一、長、短引令太府寺以厚紙立式印造書押，當職官置合同簿注籍訖，每三百道並籍送都茶場務。一、客請長引，每引納錢一百貫，若詣陝西路者加二十貫文，許販茶一百二十貫；短引二十貫，許販茶二十五貫。若於非指定出賣者，依私茶法罪，告賞亦如之。一、客販茶不請引而輒販者，加私茶法一等，告賞亦如之。若引外增數搭帶，或以一引兩次行用，若踰限不申繳者，罪賞准此。一、應茶引輒私造者，依川錢引法，賞錢三百貫；已成未行用，減一等，其賞如之。一、客請引販茶，許自陳乞限，長引不得過一年，短引一季，於引內批書所至州縣，賣訖批鑿，自赴茶務，或遣親人繳引，務官對簿銷落，抹訖申太府寺。一、客販長引茶至所指處，餘限未滿，願入別州縣住賣者，經所屬批引前去，賣訖，繳引如上法。一、客引踰限不繳，本務下所屬追人並引赴務，依法施行訖，不在販茶之限。一、應客販茶地分，而諸色人輒以茶侵越本地分者，罪賞以私茶論；已至而未賣者，減一等。一、客人引違限一日，笞一十，三日加一等，至徒一年止。若有故，聽申所屬展限訖報務，展不得過一季，即已展而違者，罪亦如之。一、茶園戶隨地土所出，依久來分為等第，即不得以上等為中等，以次等為上等，餘等亦如之，違者各杖一百。一、州縣春月園戶茶出時，集人戶以遞年所出具實數、賣價，縣申州，州驗實，以前三年實直與今來價具實封申戶部，下茶務照會。若平價不實，虛擡大估者，杖一百；受贓者以盜論，贓輕徒一年；吏人、公人、牙人配千里。許客越訴，或理不直者，經監司、尚書省。一、客人賫引輒改易指改，徒一年；若添減斤重、日限者，加二等。即去失者若水火盜賊，並隨處經所屬自陳，驗實召保，赴茶場再請買。違者，依私販法。一、客人請引，須正身若親人正身赴場，不得假倩他客。借人或倩之者，各杖一百。一、客人賫引販茶，所至州縣若商稅、市易務、堰閘、橋鎮、柵門輒邀阻留難，一日杖六十，二日加二等，三日徒一年，又三日加一等，至徒二年止。吏人、公人並勒停，永不敘。即受財者，以自盜論，贓輕吏人、公人配千里。一、客人賫引販茶，所顧舟車若為人以他事惹絆，因致留阻者，杖一百。若長引客有罪，杖以下聽留家人受罪，其茶限一日放行。一、勘會福建路臘茶，舊茶法禁止，不許通商，今並許客人依草茶法興販。一、水磨地分，河北見賣馱茶，候客販到新引茶，截日住賣，其賣不盡茶，具數申尚書省，今後水磨更不起發馱茶赴諸處出賣。一、客販茶願借江入汴者聽，入京師者依舊認納淮西稅錢，外路認淮東稅錢。一、客人已販舊法茶至元指住賣處，仰所至州縣委官抄劄封訖；如未至元指處，願抄劄者聽，其合納稅息並依舊法外，將今來新法茶引販到茶對帶出賣，如願赴茶務請新引出賣舊茶者，並依興販新茶法。如違，並依私茶法。一、客販茶貨，自來起引處雖秤盤封記，多是計會虛套封頭，致出務收盛，沿路私拆，添填私茶，依條沿路只是點檢封記，不許秤制，以此走失稅課。今後客茶籠篰並用竹紙封印，當官牢實粘繫，不得更容私拆。如擅拆封及擦改者，杖一百，許人告，賞錢三十貫。一、客人于園戶處買到茶，並令園戶於引內批鑿的實色號、斤重、價錢，於所在州縣市易、稅務點檢封記。一、客販茶合納稅，並遵依舊法。一、七路茶法，並依大觀三年四月已前指揮；文意相妨，並依今降指揮。一、產茶並通商路分茶事，並令鹽事司管幹，無鹽事官處，從朝廷專委官管幹。一、今後盛茶籠篰，仰所屬州軍專委通判，闕者委以次官，撲定茶籠篰長闊尺寸並籠葉斤重，分為二等：一百、三十斤，為限製造，用火印熏記題號，降付市易、稅

務收掌，隨所販茶令客人收買盛茶。候裝到茶，令所在州縣市易、稅務點檢封記，即不得依前將寬大籠罨收盛茶貨，搭帶私茶。一、客販茶輒用私籠篰，罨、罐、袋之類同杖八十，若增損大小、高下者，加二等。一、應出茶地分委通判，無者委以次官，依樣選人匠製造籠篰罨、罐、袋之類同出賣，每只除工費外，不得過五十文，以所賣息錢充工料之費，不得增損。若製造不如法，杖八十，增損大小、高下者，杖一百。一、客人販茶，已依舊法給賣茶公據，未曾買茶者，並令繳納，違者依私用法。一、永興、鄜延、環慶、涇原四路見在川茶並客人舊販南茶，聽且出賣，候客販到新引茶住賣，委所屬抄劄舊茶見數，具狀申尚書省。藏匿免抄劄，依茶法。川茶卻般入川茶地分。一、舊客販南茶地分鋪戶，見在茶並令截日抄劄見數，且令出賣。若隱漏，依私茶法，候客販到新引茶住罷，具賣不盡數申尚書省。一、合變磨供進並在京出賣末茶合用磨盤數，令所屬相度存留。一、係籍園戶，客無引而輒自賣若私販者，杖一百，許人告，賞錢五十貫；已販者，依私茶法。不係籍而與客買賣者，依此。』詔從之。

九月十二日，詔：『川茶如敢侵客地分，以違制論。』

又《食貨三一·茶法雜録二》 ［紹興十二年］六月二十七日，戶部言：『契勘福建臘茶長引，依法許販往產茶路分并淮南、京西等路州軍貨賣，緣淮南等路已置榷場給降臘茶前去充本，折博支用，切慮客人冒法，私相交易。欲乞將福建臘茶長引并不許販往淮南、京西等路，止于江南州軍貨賣，仍令沿江州軍常切檢察施行。』從之。

又 ［九月］二十三日，戶部言：『據行在都茶場申：勘會客販諸路草、末茶，在法并有限定許販斤重，惟福建路臘茶即與諸路草、末茶大段不同，訪聞冒法射利之徒，多與山場園戶私相計合，將上等高品茶貨卻作下等紐計批引，請囑合同場公吏通同作弊，以至經由海道，抵冒法禁，理合隨宜措置。今條具下項：一、今措置福建園戶等處臘茶，自今降指揮到日，不許與客人私下交易，如違，依臘茶法斷罪追賞，并仰將所造銙、截、片、鋌臘茶，不以等第高下、價例多少，并中賣入官。仍令提舉官于逐州軍量度產茶遠近，置買納茶場，將山場見賣價上增搭五分，于當日支還價錢收買，謂如每斤十貫，增添五貫作十五貫之類。以示優潤園戶。其買到銙子、截子逐色臘茶，令提舉官計置起發，赴行在送納。其買納茶場買到逐等片、鋌臘茶，仰本場於元買價上增搭三倍，謂如每斤一貫，增搭園戶買價五百文，於通計一貫五百文上更增三倍，作六貫之類。以逐等片、鋌茶品搭打套，逐時往合同場，令客人請買，依新法鈔引納錢請買興販施行。一、諸路州、縣、鎮、寨等處應客人及鋪戶見在已、未開拆，并未到住賣處臘茶，不以成引不成引之數，并限今來指揮到日住行貨賣，州委主管官，縣、鎮等處委令丞或巡尉，日下分頭躬親詣停塌店鋪等處，盡數抄札，并引拘收入官，依市價用官錢支還價錢，許于經總製錢內取撥。一、契勘客販臘茶，輒裝上海船，經由海道，雖已承指揮，依紹興五年正月二十七日指揮：販物人并船主、稍工并皆處斬；水手、火兒各流三千里，皆刺配千裏外州軍牢城；元保人各徒三年，分送五百裏外州軍編管。訪聞日來尚有不畏法禁規利之徒，依前般載臘茶經由海道販賣。蓋緣州縣當職官吏坐視，全不用意禁戢，是致客販違法公行。今檢准紹興七年四月二十九日指揮：客人乘海船興販牛皮筋角等貨賣，仰沿海州軍嚴切禁止，仍仰帥、憲司常切措置覺察。其經由透漏并元裝發州縣知、通、令、各當職官吏，并按劾以聞，依已降指揮并流三千里，各不以去官、赦降原減。欲乞今後當職官透漏客販臘茶經由海道，并依前項紹興七年四月二十九日指揮施行。』詔并依，內福建仍委程邁與韋壽成同共措置。

又 十二月十二日，戶部勘會：『臘茶係貴細，品色最高，客人興販利厚，若不措置，切恐冒法私販。今相度，如客人願販銙、截、片、鋌臘茶套過淮南、京路近裏州軍等處貨賣，銙、截臘茶二十五貫套更貼納錢一十五貫文，五十貫套更貼納錢三十貫文，片、鋌臘茶二十二貫套，更貼納錢一十五貫文。如不曾貼納引錢，擅自過逐路及沿邊州軍販賣者，并依私臘茶法罪賞。許諸色人告捉，經由州縣失覺察，當職官依違戾茶法，各徒二年，并不以去官、赦降原減。戶部續承指揮，編打一十二貫五百文銙、截茶小套，乞貼納錢七貫五百文，與前後指揮別無違礙。』從之。

又 ［十三年二月］十七日，戶部言：『知楚州紀交申，爲客茶改指盱眙軍，恐客人已過楚州，未到盱眙，沿淮近岸冒法私渡，乞降關子數萬貫充盡數拘買客人茶引之直，將指盱眙軍茶貨依本軍榷場博易，或用錢、關子盡數對買等事。據都茶場申，看詳本官所乞，若令本州拘買客販

茶貨，有礙成法外，今相度欲乞應客人販茶，若往盱眙軍住賣，并仰楚州主管茶事官即時開具茶引、斤重、客人姓名、引料字號，入急遞關報，本軍及沿淮官司遞相覺察。若盱眙軍住賣，仍仰本軍先次置籍抄上，候到銷籍。若約程不到，即行根究施行。兼恐楚州往賣茶貨，以出城貨賣爲名，因而冒法私渡。仍乞下本路提舉茶事官嚴行約束沿淮巡鋪官司常切禁戢，毋令透漏。』從之。

又　閏四月二十四日，臣寮言：『竊見創置茶司，降付本錢榷買，見今中納數目百未及一，已見買納不行，暗失去遞年引錢一百餘萬貫文。欲望量增引錢，仍舊且許客販。』戶部看詳：『欲依所乞。福建州軍買納茶場，自今降指揮到日住罷收買，并許客人依舊法赴都茶場買引，前去本路所指州軍合同場勘合文引，下場與園戶私下交易，依引內訴販斤重買茶赴官，秤制，批發興販施行。其餘事件，并依自來條例。』從之。

七月十八日，提舉湖北茶鹽司言：『檢准紹興八年十一月三日節文：犯私鹽人除流配自依本法外，徒以下并令示衆五日，遇寒暑，依本法。契勘本路系産茶地分，緣茶、鹽事屬一體，所有犯茶人欲依犯鹽人已得指揮。』從之。

又　十四年三月十九日，戶部言：『兩浙西路提舉茶鹽司申，客販茶經由州軍縣鎮，稅務及住賣官司不切點檢覺察，雖批鑿文引，官員不行印押，并乞依客販鹽從杖一百科罪。本部欲依所申事理施行，諸路准此。』從之。

二十六日，戶部言：『據淮南東路提舉茶鹽司申，客販茶所以冒法私渡淮河，一則獲利至優，二則避免榷場貼納官錢。今措置，欲將元指淮東住賣茶，水路不許過揚州高郵縣，願往楚州及盱眙軍界者，即於高郵縣先往榷茶場貼納翻引等錢，如願往榷場折博，依先降指揮，更收逐等翻引錢一倍。若由陸路，止許到天長縣住賣。如願往盱眙軍榷場折博茶貨，令天長縣并依高郵縣納逐等錢數。如獲到私渡茶貨，欲乞比附紹興路獲私茶以一斤比二斤推賞。』從之。

又　［二十八年］十月七日，刑部言：『江東茶鹽司申：「冒法之人請買茶引，般販茶貨，經由渡口，載往淮南私拆散賣，却收執元引曆面過江，私織籠篰，重迭影販私茶。乞今後客販淮南長引茶，令秤發官司先取問客人所指住賣州縣，於引背批鑿經由場務及添入合過沿江官渡，仰買撲渡人照引書鑿經由渡口、月日、姓名押字，即時放行。如渡口買撲人受倖，不行批引，縱放私茶，乞與正犯茶人一等科罪。」本部契勘諸監臨主司受財枉法與不枉法，稅務故縱榷貨，及堰閘應搜檢人故縱，各有立定條法。今來申請沿江渡口買撲之人受倖，不行批引，縱放私茶，欲依堰閘故縱榷貨減犯人二等斷遣，如受財重者，即係有事在手爲監臨，合依監臨之例。若因而無故留難邀阻，自依本法斷罪施行。』從之。

又　三十年二月五日，都大茶馬司言：『夔州路所産茶，祖宗舊法未嘗禁榷，政和後來，主管茶馬官累次申乞賣引，皆以民夷不便，不曾施行。止緣都大提舉官符行中約束夔茶，不許販入潼川府路，後於紹興二十三年內據遂州申，乞收納客人關子錢數通放入果、渠等州變賣。本司遂申明朝廷，於潼川府路果、合、渠等州，廣安軍管下與夔路接界縣分置合同場賣引，於紹興二十四年內起置。後於紹興二十七年十一月內，准行在都茶場牒，坐知忠州董時敏奏條具便民事件，內一項乞將本州管下龍渠縣所産茶，依祖宗舊法免行禁榷，牒本司依條施行。是時都大提舉官許尹到任之初，未詳曲折，遂以置場累年，漸成倫緒，回申戶部。後來許尹在官則久究見禁榷以來商旅不通，委于民夷不便，遂于紹興二十八年十一月內具申尚書省，乞將夔路茶住罷禁榷。後准戶部符，止依已降指揮施行。本司今再行詢究，夔路茶味苦價低，不比他路茶貨。檢照得先據遂州申：本州東鄉縣出産散茶并餅團茶，自來客人止販餅團茶，每團二十五斤，茶價每斤一百二十文，計三貫文。販致渠州，沿路腳稅三貫五十文，及買關引錢二貫五百文，共八貫五百五十文。到渠州約度中價，止賣得六貫五百文。自此客旅不來興販。本司今紐筭客販夔茶一百斤，共三十四貫二百文，止賣得價錢二十六貫文。緣客販川茶內中、次等每一百斤約用買茶本錢及腳稅并買官引錢不過四十道，約度賣得五十道，其夔茶見今與川茶一等收納引錢一十道。如此，灼見夔茶難以乘載引息，客人興販不行。一、切見夔茶自熙豐立法之後，并不禁榷，始自紹興二十四年內創于夔州路接界縣分置場買引，後來每年所收引錢不過七八千貫。今將渠、合州管下合同場紹興二十八年一全年所買茶數計筭，共賣過五萬餘斤，所收引錢止計五千餘貫，比之日前，愈更數少，却于逐州軍所收

省額税錢虧損不少，恐非經久可行。欲望將夔路茶住罷禁榷，遵依祖宗舊法施行，委爲一方經久利便。本部欲依所申事理施行。』從之。

又［隆興］二年七月二十二日，臣寮言：『自來茶、鹽同法，于請納外隨其所指，并不收税。近日客人販茶過淮，遂開收税之例。謂如盱眙軍一處茶到本軍，每引税錢十貫，方許過淮，後來更于十貫上添收七貫，并無分文歸朝廷。乞行拘收。』詔令淮東西宣諭司同逐路提舉茶鹽司措置。于是淮東宣諭使錢端禮言：『契勘得客販長引，先降指揮：水路不許過高郵縣，陸路不得過天長縣，如願往楚州及盱眙軍界住賣，每税錢二貫，所收回貨税錢，即非朝廷指揮，欲行住罷。所有客人販茶水路欲過高郵縣、陸路欲過天長縣，及批改至鹽城縣并滁州等處茶引合收錢，及從提舉司行下逐處，令項椿管，每季申提舉茶鹽司檢察。仍委淮東總領所專一稽考。』到日，盱眙軍胡堅常又言：『客人販茶，水路欲過，所納官錢已是太重，所有本軍税錢委是重迭，乞免行收納。』并從之。

十月八日，江淮都督府準備差遣李椿言：『靜江府修仁縣及鬱林州兩處産茶，其味如藥，茶價不及買引之數，無人筭請。乞聽人户從便興販出賣，經由州縣，每百斤收税錢二百文。』詔依，仍令廣西轉運司將先降去茶引，依見行條法指揮，依舊招誘客人筭請興販。

又［乾道元年］三月二十三日，淮南東路兵馬都監張藻言：『乞降茶鈔四千引，爲錢三萬六千貫，下出産茶處，委官裝發赴盱眙軍過界出賣，可准得銀四千錠，以助歲計。』從之。後藻措置，無折博到銀數，徒妨商販，有旨降三官放罷，所有隆興府、江州已發到博易茶，令淮東路茶鹽司拘收變賣。

十月十三日，湖南提舉茶鹽司言：『本路批發住賣茶鹽，取紹興七年之數立爲定額，比較增虧。今乞將重額諸州與減十分之二。』户部言：『立額比較，并是違法。』詔本司將違法立額事日下改正，以本年實收到數與遞年比較，取一路州數最增、最虧數一處供申。

又 二年三月二十五日，户部侍郎李若川言：『客販草、末茶小引，元指淮南近裏州軍住賣，却願改沿淮州軍住賣者，每引納翻引錢十貫五百文；改榷場折博者，每引再納翻引錢十貫五百文，其引榷場又合納通貨牙息錢十一貫五百。今聞客人規避，多私渡淮，不唯走失翻引錢，又失榷場所收之數。欲乞將兩淮州軍住賣茶引并就買引處，每引只貼納翻引錢十五貫五百，許從便住賣及榷場折博。大引隨慣例紐納。所有通貨牙息錢依舊，餘依見行條法指揮。』從之。

七月八日，户部侍郎方滋等言：『自南北通和之後，茶引錢理合增羡。今三都茶場合賣茶引，愈更虧少，私賣盜販，侵奪國課。有新授舒州通判胡儔屢條陳茶利，未經試用。今欲乞專委胡儔帶行新任，支破請給、人從，理爲在任月日，躬親前去江西産茶州縣，與守令及主管官同共措置，革去舊弊。向去增羡，乞將胡儔升擢，以爲激勸。』詔胡儔特改添差通判隆興府，仍釐務。

十月三十日，四川茶馬司言：『已立罪賞，禁販茶子入蕃。近有奸猾之人，却將已成茶苗公然博買入蕃，乞依茶子罪賞指揮。』户部言：『紹興十二年十一月二十五日指揮：園户收到茶子，如輒敢販賣與諸色人，致博賣入蕃，及買之者并流三千里，其停藏、負載之人各徒三年，分送五百里外，并不以赦降原免。許諸色人告捉，每名賞錢五百貫，内茶園户仍將茶園籍没入官。州縣失覺察，當職官並徒二年科罪。今茶苗比之茶子，為害尤重，乞依本司所請。』從之。

又 三年十二月十二日，行在都茶場言：『准乾道二年三月二十五日指揮：應指兩浙州縣住賣者，并就買引去處貼納翻引錢十貫五百，許從便住賣及榷場折博。近來不住據所屬申明：客人于指揮之前已買引，乞依舊法，免貼納翻引錢。』詔將乾道二年以前請買到茶引未曾起茶，并就起茶去處貼納翻引錢訖，批上文引，方許批發放行。八年五月二十三日，詔：『行在、建康、鎮江府都茶場并應賣茶引官司，客旅筭請長引，截自今指揮到日筭請長引，每引止貼納翻引錢七貫；若再改往榷場折博，止納通貨牙息錢八貫，其餘錢數與行免納。』

四年九月十二日，詔淮東提舉茶鹽公事俞召虎特轉一官，幹辦公事蔣志祖減三年磨勘，以乾道三年分住賣茶鹽增羡故也。

六年三月一日，詔：『將三榷貨務都茶場收到茶鹽等錢，各行立定

歲額，行在務場八百萬貫，建康務場一千二百萬貫，鎮江務場四百萬貫。如收趁及額，方得依例推賞。』

四月二十四日，戶部侍郎、江浙荊湖淮廣福建等路都大發運使史正志言：『訪聞販茶客人避納翻引錢，往往私販過淮折博，暗失課入。今措置：其短引茶並依舊，令客旅於江南任便興販。所有過江長引，並從禁戢。乞許本司于江西積壓未賣茶引內支請賣茶，于淮南、京西榷場折博，其客人已買過長引，將納過引價并貼納翻引錢紐計，于見賣茶引去處貼拘短引。』從之。

五月二十七日，詔：『筠州茶額與三分中減免一分，立為定額。』從知筠州曾遜請也。

六月十八日，戶部侍郎、發運使史正志言：『淮南、京西州軍係住賣長引茶貨地分，近承指揮，令臣與張松措置禁戢私販茶貨，不得過大江。今照得湖北路係短引地分，其漢陽、信陽軍、復州等處，並在江北，連接淮西、京西榷場路分。乞下所屬契勘，如逐州軍未曾改作長引，理合一體。』從之。

七月二十五日，史正志言：『本司買茶一千六百餘引，見過兩淮折博，而兩淮總領所歲費長引過江翻引錢約一百餘萬貫，顯是相妨。切緣本司累月禁戢私販，絕無透漏，是致淮上茶價踴貴，每引可得息錢十五千以上。已同總、漕兩司共議，今年且乞與商販并行，其江西見今有未曾過江茶貨尚多，欲每引量收息錢十千，賣與客人前去。』從之。其後七年四月二十三日，大理正、兼權度支郎官單夔言：『今來發運司已行住罷，所有長引茶貨合依舊法，許客旅興販，其發運司每引收息錢十貫。本司既不興販茶貨，自不令收納。欲下諸路提舉茶事司行下所部州縣遵守，無致阻滯商販。』從之。

又《食貨三一・茶法雜録三》 政和三年正月四日，戶部員外郎、提舉荊湖南北路茶鹽事范之才奏：『契勘崇寧二年八月九日敕節文：川茶除入熙河、秦鳳兩路外，有鄜延、環慶、涇原、永興四路，并許客人般販東南茶貨。續承崇寧三年二月十二日朝旨：陝西鹽香司申，諸川茶自來先到鳳翔府，方始轉般入熙河路出賣。緣鳳翔府以東諸縣鎮系賣川茶地分，與見今客販東南茶地界相接，恐冒法透漏入東南茶界，有害客販。欲將鳳翔府以東岐山、扶風、麟游、盩厔、普潤、好時、郿、虢縣添展作東南茶地分，更不放令川茶般運過鳳翔府以東。奉聖旨：依所乞。後來陝西路并作川茶地分，緣近降茶法，永興等四路并爲客販南茶地分，其鳳翔府以東八縣，即未有復行南茶指揮。』詔鳳翔府以東岐山等八縣，依舊作南茶地分，餘依已降指揮。

十四日，詔：『販茶短引候園戶處買茶訖，令本處官司依大觀二年五月二十九日朝旨所定至住賣處日限，于今年新引內鑿定，仍更依舊式，別用日限印子。候到住賣處，依已降指揮，于引背批說已販到茶年月日，此引更不得重迭興販，若出違所給日限，立便拘收元引，茶貨沒官。其繳引日限等約束，并依近降指揮，內親身赴茶務買短引販茶人，仍除程，到本州理限。』大觀二年五月二十九日敕：重別修到短引體式，并添日限印子。奉聖旨：令給引官司遇客人販茶，并仰依式用大字書鑿，仍約度所指住賣處遠近計程，分立日限。不及十程，限五日，十程已上限十日，二十程已上限十五日，三十程已上限二十日。并通計程數于引內批鑿，謂如去住賣處二十程，給限三十五日引之類。仍于印子內亦鑿定所立限。并計行使月日，謂如二十程即限三十五日。大觀二年正月一日給，至當年二月六日。不在行使之限，即出限，更不許行使。其程數不以水、陸路，以五十里爲一程。罪賞約束，并依元降指揮。

同日，兩浙路提舉鹽茶司奏：『今相度客人所買長短引，願于所指買茶路分別州縣分買者，欲許經州縣陳狀，于引上批鑿：某月日據某人陳乞翻改往某縣買茶，當職官簽書用印施行，并關都茶務及所改并指州縣照會，仍不得過一次。』從之。

十八日，尚書省奏：『勘會除販茶短引已降指揮，許大商帶買前去產茶路分轉賣與本路小客，仍別給公憑。』詔：『長引如大商願帶買轉賣者，亦許依短引法施行，其所給公憑，仍限半年繳納。』

同日，尚書省奏：『勘會客人、鋪戶舊茶，既與客販新法相妨，理合拘收沒納。昨來朝廷寬恤，特立限至去年終，許買新引出賣。今已限滿，若便行拘收，又慮遠路客旅、鋪戶有趕趁元限不及之人。兼近據鄂州乞給降茶前去，以此即是外路未至通曉法意。』詔特展限一季，許客人、鋪戶買新引出賣舊茶，應約束事件，依近降指揮。如限滿，尚不買引，出

賣不盡，并仰所在州軍拘納入官，各具數申尚書省。

二十八日，提舉陝西路茶事郭思狀：『體問得近有客人盡將錢本自來至闕下，于客人、鋪戶處轉販四方物貨，前來本路貨賣。契勘中都聚四方商旅萬億物貨，其新茶若許四方客人赴都茶務依新法錢數買引，只于闕下客人、鋪戶處依園戶批數法，許將全籠篰或罐、袋轉販前來，即茶法愈通，商販愈快，于中都事愈甚便。緣新法未有許似此指揮，伏望更賜詳酌降下。又契勘若四方諸處客旅許買引于闕下轉販，即闕下鋪戶肯多停蓄，及客人滯留者亦易于發泄，委是通商爲便。又契勘闕下茶貨是客人買引及販買引，是一件茶得兩重賣引錢，又係南北客人情願，兼于法有利。』詔并從之，余路依此。

二月七日，詔：『客人新引所販茶未到所指地，願改指別處者聽，內遠指近賣者，仍認元指税錢。如長引茶已到地頭，限未滿，願批往別路者，亦聽從便。已上仍令所在州縣批鑿茶引，及關報都茶場務及元指去處照會，其繳引日限等約束，并依元降指揮施行。』

十九日，尚書省札子：『提舉福建路茶事司狀：一、體訪得本路產茶州軍諸寺觀園圃，甚有種植茶株去處，造品色等第臘茶，自來拘籍，多是供贍僧道外，有妄作遠鄉饋送人事爲名，冒法販賣，官司未有關防。伏望立法行下，以憑遵守。詔諸寺觀每歲摘造到草臘茶，如五百斤以下，聽從便吃用，即不得販賣。如違，依私茶法。若五百斤以上，并依園戶法。』

二十五日，詔：『諸州縣市易税務，緣昨來茶事所置專知官、秤、庫、掐子名額并罷，內手分食錢等許依舊支破。所有應緣茶事合支官吏請給、食錢，并于產鹽倉場收到籮苑市例錢內應副，餘依所乞。諸路依此。其不係產鹽路分，即以常平頭子錢充。』

三月十五日，詔：『諸路應茶客合經過州縣，税務欄頭批引、封籠篰及行遣茶事手分、貼司并行重法。仍仰逐路監司嚴督州縣常切覺察其失覺察官重行停降。』

又 〔宣和四年〕十二月八日，尚書省擬修下條：『諸渠、合州、長寧、瀘川軍所產茶輒出本州界，及夔州路茶入潼川府通販川茶地分者，并依私茶法。當職官故縱若透漏，聽榷茶司按劾。右入潼川府、夔州路并榷茶司。』詔依。

《清會典事例》卷二四二《茶課》 凡茶課，江蘇等十省茶引，各限豫年請領，年辦年銷。若壅積遲滯者，該管官及商人一併處分。

江蘇額行茶一萬五千引，分發江寧茶引所大使茶引八千，其餘七千分發產茶之荊溪縣張渚巡檢司、湖汊巡檢司。凡有商販入山製茶，貨不論粗細，每擔給一引，每引額征紙價銀三釐三毫，其徵收課税，例于經過各關按照則例，驗引徵收，匯入關税項下報銷。

安徽額行茶原額六萬九千九百八十引，新增一萬七千一百引，共八萬七千八十引，又餘引一萬五千一百引，分發產茶之潛山、太湖、歙縣、休寧、黟縣、宣城、甯國、太平、貴池、青陽、銅陵、建德、蕪湖、六安、霍山、廣德、建平十七州縣。凡有客商入山製茶，每擔給一引，每引征紙價銀三釐三毫。其徵收茶課，例于經過各關按照則例，驗引徵收，匯入關税項下解部。又歙縣街口司，有每年茶牙完納茶税銀四錢三分二釐，匯歸地丁奏報。

江西額行茶二千六百三十八引，分發徽商一千二百三十五引，本省州縣小販一千四百三引。每引征紙價銀三釐三毫三絲，征課銀一錢五分，額征課銀三百六十五兩七錢。行茶到關，仍行報税。

浙江額行茶十四萬引，由布政司委員給商，每引征紙價銀三釐三毫，買價銀一錢。北新關每引征茶税銀二分九釐三毫八絲，匯入關税報解。又歲額恭辦上用黃茶二十八簍，恭辦陵寢黃茶、內廷黃茶共九十三簍，由辦引委員于所收茶引買價內辦解。

湖北額行茶二百四十八引，係咸寧、嘉魚、蒲圻、崇陽、通城、興國、通山七州縣請領。各州縣產茶無幾，不足供本地日用，所有茶引，無商可給。向種茶園戶經紀坐銷二百三十引，建始縣給商行銷十八引，每引額征紙價銀三釐三毫，坐銷者徵税銀一兩，行銷者税銀二錢五分，課銀一錢二分五釐，共額徵税銀二百三十四兩五錢，課銀二兩二錢五分。行茶到關，仍行報税。又均州、荊門州、鍾祥縣，本地鋪戶肩販小簍粗茶，每引報税銀一釐八毫，名落地税，盡收盡解。

湖南額行茶二百四十引。向例，茶商皆自陝帶引赴楚採買，本省所頒茶引，並無客領，給發產茶之善化、湘陰、瀏陽、湘潭、益陽、攸縣、

安化、邵陽、新化、武岡、巴陵、平江、臨湘、武陵、桃源、龍陽、沅江十七州縣行戶，以為一年護貼，每一引征紙價銀三釐三毫，納稅銀一兩，共額徵稅銀二百四十兩。

甘肅額行茶二萬八千七百六十六引，西寧茶司商銷九千七百十二引，甘州茶司商銷八千一百五十引，莊浪茶司商銷九千三百二引，陝西省西安、鳳翔、漢中、同州四府商銷一百三十二引，寧夏府商銷二百七十引，陝西省榆林府九百引，延安府屬靖邊縣一百引，定邊縣一百引，陝省神木同知一百引，每引征紙價銀三釐三毫，寧夏、榆林、神木每引征價銀三兩九錢，共額征銀五千七百三十二兩。每引行茶一百斤，內交官茶五十斤，餘五十斤，即為商運茶，令其售賣作本。每茶百斤，作為十篦，每篦二封，每封五斤，共征本色茶十三萬六千四百八十篦。其西寧、甘州、莊浪三茶司，陝西省西安、鳳翔、漢中、同州四府商交官茶，改折之年每封折征銀三錢。又陝西省漢中府屬西鄉、興安、漢陰、紫陽、石泉五州縣所產之茶，向不設引，止許本地行銷，由各園戶每年共征課銀五百十三兩三錢二分有奇，歸入地丁案內奏銷。

四川額行茶十一萬四千七百四十八引，餘引五千引，本省州縣行腹引一萬四千二百二十七引，打箭爐、松潘廳行邊引八萬四千二十七引，打箭爐行土引一萬六千四百九十四引，其餘引值正引額外暢銷，即以抵行，每引征紙價銀三釐。腹引、邊引、土引，每引各征課銀一錢二分五釐，腹引每引徵稅銀二錢五分，邊引每引徵稅銀四錢七分二釐，土引每引徵稅銀三錢六分一釐，共額征課銀一萬四千三百四十三兩五錢，稅銀四萬九千一百七十一兩八錢二分八釐，餘引課稅，隨年報解。

雲南額行茶三千引，由麗江府給商，赴鶴慶州中甸等地方行銷。每引征紙價銀三釐，稅銀三錢二分，共額徵稅銀九百六十兩，按年匯入地丁冊內造報。

貴州額行茶二百五十引，由懷仁縣分里給商。赤水里載一百十八引，二郎里載十九引，吼灘里載十五引，小溪里載五十八引，土城里載四十引，赴四川永寧縣行銷。每引征紙價銀三釐，稅銀二錢五分，赤水等五里共額征課銀一兩六錢九分三釐有奇，額徵稅銀六十二兩五錢。

直隸、河南均無茶課，向不頒引，惟茶商到境，各由經過關口輸稅，不科引課。

盛京向不頒引，亦無茶稅，民間食茶，係各處商販運往，在蓋平縣並海城縣之牛莊、錦縣之天橋廠、螞蟻屯各海口完納茶課。

山東向不頒引，惟濟南府額征茶稅銀八兩，係牙行赴司領貼，每茶一馱，收稅銀三分。歷城縣額征銀一兩四錢，壽張縣茶行經紀一名，每年納稅銀三兩六錢。又濟甯州有商運茶到州，每茶百斤，收稅銀一錢，粗茶百斤，收稅銀五分，均匯入雜稅項下報解。

山西向不頒引，惟鋪戶外販經關納稅運至省城，每百斤抽稅銀二錢，作為商稅報解。汾陽縣食茶商稅項下，每年額征茶馬稅銀十六兩二錢四分。

福建向不頒引，並無徵收茶課，惟崇安之武夷山產茶，聽商販運，於經過關口照則例納稅，多寡不一，匯入商稅項下奏銷。

廣東地不產茶，向不頒引，民間日用，或藉江閩商販，或采野茶自食，所征茶稅，惟樂昌縣十兩五錢，長寧縣六兩，每年附入雜稅。又潮州廣濟橋，每粗茶百斤，稅銀五分；細茶百斤，稅銀三錢四分，匯入橋稅內報解。

廣西亦無茶課，向不頒引，惟興安、義寧二縣瑤人種植粗茶，土商前往收買，運至桂林、平樂、梧州、慶遠各處售賣，經過關廠，照例報稅，於關稅雜項造銷。

凡造作假茶售賣至五百斤以上，店戶窩頓至一千斤以上，計數科罪。其興販私茶潛與外國人交易，及在內地賣與回程外國人者，甘肅西寧、河州、洮州，四川雅州私販未經入番，數在一百斤以上及三百斤者，均計數科罪。凡興販私茶，論如私鹽法。凡茶引鐫鑄銅版，每十年題交寶泉局換鑄。

謹案：茶引舊式：戶部為茶法事，陝西清吏司案呈，照得各省茶法，題准各項事例，已經通行遵奉訖，所有引目條款，合行開列，鑄造銅版印刷引目，給付茶商收執，照茶前去發賣施行，須至引者。

一、茶引每引無論精粗，連包照茶百斤為一引，給半印引目，引價納完隨即發引，照例不許溢額。

一、客商販茶，不許茶引相離，違者即同私茶，與私鹽同罪。

一、經過關津，批驗所依例照驗，將引由截角，別無夾帶，方許放行。

一、茶至各省府州縣往賣者，即赴該地方官驗明截角發賣。

一、偽造茶引者，處斬，籍沒當房家產，告捉人賞銀二十兩。

一、出園茶主，將茶賣與無引客人興販者，杖六十，原價入官。

一、行茶地方，某省某府某州縣某城某街某營堡等處。

現行茶引式：戶部為茶法事，陝西清吏司案呈，照得各省茶法，題准各項事例，已經通行遵奉訖，所有茶法例款，合行開列，鑄造銅版印刷引目，給付客商收執，照茶前去發賣施行，須至引者。

一、凡犯私茶者，同私鹽法論罪。如將已批驗截角退引，入山影射照茶者，以私茶論。

一、官給茶引，付產茶府州縣。凡商人買茶，具數赴官納銀給引，方許出境貨賣，每引照茶一百斤。茶不及引者，謂之畸零，別置由貼付之。量地之遠近，定以程限，於經過地方執照。若茶無由引及茶引相離者，聽人告捕。其有茶引不相當或有餘茶者，並聽拿問。賣茶畢，即以原給由引赴往賣官司告繳，該府州縣俱各委官一員專理。

一、私茶有興販夾帶五百斤者，照現行私鹽例押發充軍。

一、做造假茶五百斤以上者，本商並轉賣之人俱問，發附近地方充軍。若店戶窩頓一千斤以上者，亦照例發遣。不及前數者問罪，照常發落。

一、行茶地方：江寧省、安徽省、浙江省、江西省、雲南省、湖北省、湖南省、陝西省、四川省、貴州省。

商人行銷官引一道，照茶百斤，茶數不及引者，官給由貼，以奇零引論。江蘇、安徽茶計擔，雲南茶計筒，仍各合百斤之數。坐銷之引，不以此計。

順治初年，甘肅省定易馬例，每茶一篦重十斤，上馬給茶十二篦，中馬給茶九篦，下馬給茶七篦。七年題准，甘肅省舊例，大引篦茶，官商均分，小引納稅，三分入官，七分給商。今定茶引從部頒發，俱照大引例官商平分，以為中馬之用。十年覆准，甘肅省延甯二處商稅，每引茶百斤，量入官茶三十斤，每斤折銀一錢三分，交庫彙報。又覆准，甘肅省各番交易茶馬，量賫煙酒，以示撫綏。十三年覆准，甘肅省新茶所中之馬既足，陳茶變價充餉，如新茶不足，陳茶兩篦折准一篦。十四年覆准，甘肅省私茶私馬變價及贖罪銀，原留中馬支用，今廣甯、開成、黑水、安定、清平、萬安、武安等七監，馬匹蕃庶，改折充餉。康熙四年覆准，雲南省北勝州，後入永北府，今又改永北廳。開茶馬市，商人買茶易馬者，每兩收稅銀三分，該撫詳造交易細數，番商姓名，每年題報。十九年，因軍需議加福建茶課銀三百五十九兩二錢。二十六年，欽奉恩詔，豁免福建茶課。又覆准，四川茶，增行邊腹引一萬一百五道。二十九年議准，四川省產茶漸茂，用茶漸廣，增行二千四百二十三引。三十二年題准，陝西省西寧五司收存茶篦，年久難免浥爛，每篦十斤，變價銀六錢。三十六年覆准，陝西省黃甫堡，原額行茶一百三十四引，今口外蒙古在殺虎口就近易鹽，以致黃甫堡茶引不行，嗣後停其頒發額引。又覆准，甘肅省蘭州城無馬可中，將甘州司積存茶篦，在五鎮俸餉之內，銀七茶三，每銀一兩，搭放直三錢茶一封。四十一年，定四川省天全土司，增行五千六百引。又題准，四川省雅州增行二千七十九引，邛州三百引，榮經縣三千五百有四引。四十二年准，陝西省額行茶二萬七百九十六引，發西寧、莊浪、洮岷、河州四司通番易馬，內有八百餘小引，售西安、鳳翔、漢中三府人民供食。後因大引漸次裁減，現今止留小引百餘，三府地方人民不足食用，今於小引原額內頒五百引給商行茶，每引征茶五篦，每篦折銀四錢，共征銀一千兩。四十四年題准，陝西省西寧等處所征茶篦，停止中馬，將茶變價折銀。每新茶一篦，折銀四錢，陳茶一篦，折銀六錢充餉。又議准，四川省名山縣增邊引三千三百一十道。又題准，四川省雅州腹引難銷，改為邊引行茶。四十五年題准，四川省新繁、大邑、灌縣增行一千九百引。四十八年覆准，四川省天全土司增行五百一十引。四十九年覆准，四川省天全土司，增行七百二十引。又覆准四川省雅州，增邊引一千九百八十道。五十三年奏准，四川省打箭爐地方，番人藉茶度生，嗣後一體貿易。五十五年覆准，浙江省每年例銷茶十四萬引，商人有願備本銀及水腳銀兩，將每年應辦黃茶解交內庫者，給予執照，領引置茶，過關投稅，均如舊例。其存剩餘引，按年赴部繳銷。五十七年議准，陝西省西寧地方，原額九千二百四十八引，每引照例征茶五篦，折銀四錢，征銀四千兩。五十九年議准，四川省茶課合邊引、土引，共六萬四千九十八引，向與松潘、打箭爐行銷，嗣均行飭禁，將引繳部，應徵稅銀，暫行停止。茲該二處土司相繼歸誠，仍發邊土二引行銷。六十一年覆准，陝西省西寧、莊浪、岷州、河州，界連口外，增茶引四千道，交與總督辦理，一年定例後，仍交巡撫辦理。乾隆二十九年，裁甘肅巡撫。光緒十年，設甘肅新疆巡撫。又議准，陝西省西寧等處舊茶悉行變賣，以充兵餉。

雍正三年覆准，甘肅省四司茶篦，自康熙六十一年為始，五年內總

收本色，五年後即將五年以前之茶發出變價，挨次出陳存新，將變價銀按年造報，總以五年為率。又覆准，四川省邛州增邊引一千三百道。四年覆准，四川省雅州、成都、大邑、榮經、灌縣等五州縣額引不敷行銷，增邊引八千六百三十五道。又覆准，四川省天全土司，增土引七百七十道。又覆准，四川省安縣增邊引二百道。五年題准，浙江省産茶獨多，銷引數倍他省，專設商人二名，每年自備紙價銀四百六十二兩，于藩司衙門詳給諮批，赴部交納，請頒額引，到浙呈送布政使司掛驗，轉給收存，俟各商販置齊全，赴北新關輸納税銀。管引商人，每年辦解各陵寢需用黄茶，及供應上用黄茶、内廷需用黄茶。又每銷一引，應解茶果銀並贏餘銀四分二釐八毫，計十四萬引，每年共解内務府銀六千兩。又覆准，四川省邛州增邊引一千一百道。六年覆准，四川省遵義府改屬貴州，其仁懷縣額征茶税銀六十二兩五錢，茶課銀一兩六錢九分三釐，又正安州額征茶課銀二兩，自七年為始，歸貴州交納。又因四川仁懷縣改隸貴州，隨帶二百五十引。七年題准，四川省洪雅、嘉定二州縣共增腹引三百道。又天全土民增土引二千三百五道。八年奏准，陝西省行茶定例，每引一道，運茶百斤，帶附茶十四斤，今又加耗茶十四斤，如有多帶，照私鹽例治罪。又覆准，甘肅省收存茶封，照依時價發出變賣，飭令各司半月一報，倘有驟長驟落，亦即據實報明，並責成各道員稽查七監所費，仍將所報市價按季具結報部，變價銀造冊奏銷。又題准，四川省天全土民增土引三千九百四十道。又題准，四川省雅州、榮經縣茶引，節年於打箭爐地方行銷，今因無力行茶，改撥新繁、峨眉等縣，招商認銷邊引二千二百三十三道。又覆准，四川省茶引，按舊志每茶一斤，征課銀二釐五毫，現征榷課，每斤止征銀四絲九忽有奇，前後輕重懸殊，嗣後酌減舊志之半，無論邊引、土引、腹引，俱每斤征銀一釐二毫五絲為額。又奉旨，川茶皆論園論樹以定税額，夫茶樹有大小不同，園地有廣狹不一，若概以園樹之數為額，未為允當。應將茶税照斤兩收納，方得其平。著該撫詳議，欽此。遵旨議定，川茶每斤納銀一釐二毫五絲，令各商人在茶價銀内扣存，即隨引税赴地方官照數完解。九年奏准，甘肅省洮岷、河州、西寧、莊浪、甘州五司，復行額茶中馬之法，其按馬易篦，悉照順治初年定例辦理。又題准，四川省成都等六州縣增行三百六十九引，通江縣增行六百七十八引。又題准，四川省灌縣等九縣共增邊腹引六百五十二道。又題准，四川省羅江等四州縣增腹引五十一道。新都等四州縣增腹引四千二百七十一道。又題准，江西省寧州今改義寧。額引不敷，共增一百五十引，增課銀三十二兩五錢。十年奏准，甘肅省額茶中馬之法，應見馬給茶。又題准，四川省漢州、銅梁、綿竹、眉州、廟棱等五州縣共增腹引三百二十五道。崇甯、鄰水、雅安、汶川、邛州等五州縣，增邊引三千六百三道。又奏准，四川省於額頒茶引外，豫頒茶引五千張，收存巡撫署。今裁。如有請增州縣，一面題報，一面將部引給發。又題准，四川省保寧府屬之巴州、通江、南江，原額邊引二百道，向係灌縣商人代領，買茶配引行銷。今改撥灌縣，自九年為始，按年行銷。又題准，安徽省歙縣、休寧、黟縣、甯國、建德、霍山六縣茶引不敷行銷，應增一萬八千三百八十引。又覆准，安徽省六安、霍山、黟縣、建德、甯國五州縣共增一萬五千五百引。又懷寧、桐城、宿松、望江、南陵、涇縣、旌德、石埭、東流、當塗等十縣，地不産茶，開除八千九百引。十一年題准，四川省名山等十六州縣，共增邊腹引五千七百六十一道。十二年覆准，四川省什邡、合縣、南川、銅梁、太平等五州縣共增腹引四百道。又覆准，四川省邛州增邊引一千三百道。十三年奏准，甘肅省停止以茶中馬。又題准，安徽省六安、歙縣、休甯、霍山等四州縣，原頒茶引不敷行運，嗣後於額引外，豫頒于引一萬道，遇額引不敷即給行運。每年所頒餘引，同額引一併發儲布政使司庫，遇有動用，按數給發，將給發存剩數目，於歲終造冊具題。又題准，雲南省商販茶，係每七圓為一筒，重四十九兩，徵收税銀一分。今每百斤給一引，應以茶三十二筒為一引，每引收税銀三錢二分，於十三年為始，頒給茶引三千，飭發各商行銷辦課，作為定額，造冊題銷。

乾隆元年題准，甘肅省應徵新茶，自乾隆元年為始，每茶一篦，折交銀五錢，照數徵收，俟陳茶銷至八分之後，應否改折本色，再行酌議具題。又新茶雖經改折，陳茶銷售猶難，將西寧、莊浪、洮岷、河州、甘州五司庫存陳茶，每封減價銀二錢，嚴飭司茶各官上緊變賣，取結送部。又題准，四川省洪雅縣增行腹引二百五十道。二年覆准，江西省額銷茶引三千紙，今南昌等三十二縣，地不産茶，並無商販領引辦課，應停給茶引七百十二紙，豁除課銀一百六十兩八錢，紙價銀二兩三錢七分九毫。又題

准，甘肅省商人承辦茶引，例由地方官稽查驗放，今榆林、神木額設茶引，赴陝西潼關查驗，路途紆遠，腳價太昂，嗣後商茶入陝之後，將榆林茶令綏德州查驗，神木茶令府谷縣查驗。六年題准，四川省成都、彭縣、灌縣，積引難銷，酌減四千四十九引。七年覆准，甘肅省應徵新茶，仍征本色。八年諭，前因川省松潘引多茶壅，將天全州之積引，改撥成都彭灌等縣行銷，每年空繳引張，賠納稅課，官商交累，惟是乾隆七年以前之羨餘截角，尚屬拖欠，成都彭灌等縣，均有未完銀兩，著將所有三縣舊欠，悉行豁免。又奏准，四川省建始縣，改隸湖北施南府，舊行茶十八引，隨帶湖北，每引徵稅銀二錢五分，課銀一錢二分五釐，共六兩七錢五分。十三年議准，湖北鍇建始縣茶引，由本縣截角，給商在本地行銷。至行過殘引，由商呈繳，申司送部。又議准，湖南省原頒茶引，於奏銷後，將殘引按數催繳送部。又奏准，甘肅省應徵茶封，嗣後每年以二成徵收本色，八成徵收折色。又議准，甘肅省商人領引照茶，每茶百斤，附茶十四斤，以五十斤為官茶，交甘省官庫，以五十斤為商茶，商人運甘自行發賣，其附茶亦聽商人自賣。又議准，甘肅省各商行銷引張，於領引後前赴湖南收賣茶斤，運回甘肅，由陸路者，自河南陝州驗引，移送潼關秤盤截角，給單發運鞏昌；由水路者，自襄陽府驗引截角，經過新安、白河、紫陽等州縣驗引，由漢中軍糧同知按引秤盤，每封戳用關防，將茶引截角，發給由單，催本商運至甘肅，交與鞏昌茶廳盤驗明白，將引截角給單，照拈定司分行銷。其引或交官茶，或交折色，各該司照收後，將引仍各截一角，其殘引隨奏銷交部。又寧夏商人由浙江買茶運至潼關，亦照例驗畢，直運本地行銷。榆林府商人販湖廣安化茶，由水路至襄陽府驗截引角，由陸路入山西境至汾州府河西驛，由陝西綏德州查驗茶封，轉運榆林府赴葭榆道今改延榆綏道衙門秤驗，給商行銷。其運過殘引，由葭榆道繳銷。又神木同知衙門額引二百道，係歸官辦銷，差人赴湖廣襄陽府買茶，驗引截角，運回本地行銷。每年請領新引，即將舊引投葭榆道衙門轉繳。又議准，江西省額頒茶引內，徽商領引一千三十五道，赴饒州餘干縣販往湖廣行銷。每於赴司兌課給引之後，知照九江關驗明截角，鈐蓋墨記，仍給該商收執，俟次年請領新引時，呈繳殘引，匯行解部。其餘引張，分發各屬，聽本地小販赴各本籍州縣領引兌課，就近行銷，賣竣將引繳本州縣截角鈐記，呈司匯繳。又議准，四川茶引由本省經過州縣盤驗截角，至行打箭爐之邊引土引由滎經縣屬之小關山，天全州之禁門關盤驗截角；行松潘廳之邊引由茂州汶川縣盤驗截角。所有行殘各引均於奏銷時附繳。又議准，雲南茶引頒發到省，轉發麗江府，由該府按月給商，赴普洱府販買，運往鶴慶州之中甸各番夷地方行銷。其稽查盤驗，由邱塘關並金沙江渡口照引查點，按則抽稅。其填給部引，赴中甸通判衙門呈繳，分季彙報。未填殘引，由麗江府年終繳司。又議准，貴州省仁懷縣之赤水里載引一百十八道，二郎里載引十九道，吼灘里載引十五道，小溪里載引五十八道，土城里載引四十道，由縣給商，於該五里配茶，由猿猴地方設役掛驗，再令合江縣盤查，由合江水路赴敘永廳報稅，至永寧縣行銷。其銷過殘引，仍令各商繳縣，匯齊送部。十六年題准，四川省丹稜縣增腹引一百四十道，洪雅縣增腹引六百八十八道。十八年題准，四川省南溪縣增腹引四十道，丹稜縣增腹引二百四十道。十九年題准，四川省通行增頒腹引三百七十一道。此項增頒引張，隨時酌量配給產茶之各州縣，其課照引徵收。二十年題准，四川省增頒腹引四百道，增頒邊引三百道。二十一年題准，四川省增頒邊引三千三百道，增頒腹引三百道。二十五年議准，浙江省行銷口外蒙古地方殘引一概免其追繳，其行銷內地各省者將茶商姓名籍貫詳諮運賣省份，俱由行茶處所就近收繳。再行銷蒙古茶引，令各關口驗明，實係截角戳去中間者，方准放行。又議准，甘肅省分銷西寧司引九千七百十二道，河州司五千一百三十二道，莊浪司五千一百五十二道，甘州司四千道。洮岷司地處偏僻，茶引壅滯，將額頒茶引三千三百道，改歸甘州、莊浪二司各一千六百五十道，給商行銷。二十七年奏准，裁撤河州茶司，其額引五千一百三十二道，改歸甘州、莊浪二司，分給商人行銷。又奏准，甘肅省庫存官茶，遇儲積過多，則改征折色，如庫存無幾，則復征本色。自乾隆七年至二十七年，茶封壅積。所有商人應交二成官茶，每封徵收折價銀三錢，俟陳茶銷完，再收本色，其每引八成改折茶四十斤，其附茶五斤九兩零，並無課項，若仍按年如數配運，愈積愈多，難免停本虧折。將每引一道止配茶十五封，原額茶課照舊交納，至應交二成本色官茶，已改議折價，毋庸再運，俟茶斤疏通，再照舊額增復。又議准，甘肅省庫存茶封，每封作價銀三錢，仍以一二三成

按季搭放滿漢各營俸餉。至新疆地方，每年共需茶二萬七百餘封，雇覓牲畜運解，除自各司至甘肅沿途設有官車挽運，毋庸攤算腳費外，其自州運至各處將腳費攤入茶本之內，在於領茶官兵月支鹽菜銀內扣還。二十九年議准，商販引茶行銷江蘇地面者，各屬於茶市畢後，將商運到境，查明茶引相符，驗對過關墨記，收引截角，送司繳部。其赴外省行銷引張，徑聽各關截驗，毋庸諮追殘引。又議准，安徽省商販引茶，各州縣於茶春時印給茶牙循環號簿，將茶商姓名籍貫、引茶數目、經由關津、住賣處所，逐一注明，該州縣於本境要隘地方委員盤驗，每茶市畢，該茶牙將原發印簿呈縣，造冊同原簿送司查核。其行銷已殘引張，無論本省外省，概予免追。又題准，四川省增頒腹引五百十六道。又奏准，浙江省行銷內地殘引，概行免追。至行銷京城殘引，於崇文門戳去中間繳部，其賣茶已畢之殘引，亦免其查繳。三十年題准，四川省增頒腹引八百四十二道。三十一年題准，四川省增頒腹引六百一十道。又奏准，浙江省每引一道，商交買價銀一錢，額解茶課等銀，照舊辦理。又奏准，浙江省裁除引商名目，所有應辦黃茶，即令承辦委員親身解部，順領新引。三十二年題准，安徽省黟縣增頒引一千三百道。又題准，四川省增頒腹引八十九道。三十三年題准，四川省增頒腹引六百二十道。三十四年奏准，甘肅省官茶，前經議令全行折價，今庫存陳茶無幾，復征一成本色茶封，以供本省並新疆各營官兵俸餉之用。又題准，四川省增頒腹引一十二道。三十五年題准，四川省增頒腹引二百八十六道。三十六年題准，四川省增頒腹引九百道。又議准，甘肅省所收一成本色茶封，除各營官兵並新疆應用外，所餘無幾，又有伊犁等處安插投誠土爾扈特等眾，奉旨賞給茶封，應仍照舊以二成本色徵收。三十七年議准，四川省南川縣增頒腹引一百道。三十八年題准，安徽省黟縣增頒引一千二百道。四十年題准，安徽省婺源縣增頒餘引二千六百道。又題准，四川省通行增頒腹引三十五道。四十一年題准，四川省增頒腹引四十道。五十二年議准，陝西省榆林府每年領茶引一千道，官商赴湖廣買茶，在所屬之榆林、懷遠各縣，並蒙古鄂爾多斯等六旗行銷。嗣因蒙古各旗與晉省歸化城壤地相接，該省民人製茶出口，蒙古人等就近買茶，榆林官引壅滯，自乾隆五十一年為始，將榆林引張內撥出五百道，歸於甘省甘州司入額行銷，照甘納課，其榆商應徵引課即於原額內扣除。又議准，四川省灌縣增頒腹引一千道，於縣屬配茶，運赴新疆各屯售銷，由懋功廳領引納課。五十四年題准，四川省天全州增頒土引二千五百道，於州屬配茶，運打箭爐發賣，由該州領引納課。五十五年題准，四川省天全州額征茶引外，仍不敷配銷，增頒土引二千道，運打箭爐發賣，由該州領引納課。五十六年題准，四川省天全州增頒土引三千五百道。五十七年題准，四川省榮經縣增頒邊引二千五百道，邛州增頒邊引三千五百道。五十八年題准，四川省邛州增頒邊引二千五百道，天全州增頒土引七百道，峨眉縣增頒腹引三百八十道。六十年題准，四川省榮經縣增頒邊引八百道，天全州增頒土引八百二十六道。

嘉慶三年題准，安徽省徽州府屬之婺源縣、黟縣，池州府屬之建德縣續增頒引一萬二千道。又題准，四川省天全州增頒土引四千一百道。五年題准，陝西省榆林府茶引，自改撥五百道歸入甘省甘州司行銷後，鄂爾多斯等旗並無一人買食官茶，原留額引五百道，仍屬壅滯。自嘉慶二年為始，再撥出四百道，歸入甘省行銷。仍留一百道，在榆林募商承領辦課。六年諮准，安徽省六安州增餘引二千道。七年題准，陝西省神木廳官銷茶引久經撥歸甘省交商行銷，至課銀亦照甘省之例完納。神木既無行銷茶引，其羨餘名目亦應豁除。十年諭，倭什布奏詳議茶商定籍章程一摺，據稱招商承引，總以行銷辦課為重，近年茶課既無貽誤，請仍照舊章辦理等語。商人承領引張，向由地方官出結，嗣因承充乏人，由州縣查明出結，再由各衙門核轉詳報，層層滋擾，守候需時，致有停引誤課之事，自應仍照舊章，責成總商稽查。該眾商等有無頂冒，令其造具確實籍貫引數清冊，取具親供甘結，由蘭州道行文該原籍地方官查明詳覆，移知布政司衙門存案。毋許一人跨占兩籍，方足以杜假冒蒙混之弊。此次商人馬起鳳既經查明無捏報頂充情事，伊現寄籍西寧，即令改入西寧籍貫。其各茶商如有似此遷移跨籍者，均著令一體改正。十一年議准，甘州原額茶引，不敷行銷，自嘉慶十年為始，增引八百道，每歲加增課銀三千三百五十一兩有奇。十二年議准，四川省長寧縣地方，向食合江茶斤，近年以來，民食不敷，增茶腹引三百張，每張榷課銀一錢二分五釐，共榷課銀三十七兩五錢，每張徵稅銀二錢五分，共徵稅銀七十五兩。自嘉慶十

二年為始，於仁懷縣配茶運回長寧，並於永甯、慶符、珙縣等處行銷。十六年題准，浙江省每年額銷茶引十四萬道，銷引壯盛，額頒引目不敷配給，每年添頒七萬道。俟額引銷完，接銷餘引，或有存剩，次年再銷。其解支各款，均按向辦章程，至起解黄茶及茶果等銀，於年内委員起解運京。十七年議准，甘肅省交納官茶，從前酌定一成本色，九成折色，今庫存茶封贏餘，自十七年為始，全征折色，按年造冊奏銷。二十一年奏准，甘肅省茶引，每道應交官茶五十斤，征一成本色，其餘九成，俱改為折交銀兩。

謹案：西寧、莊浪、甘州三茶司，承辦原額改撥等引二萬八千九百九十六道。寧夏道、延榆綏道額引五百七十道，每道征銀三兩九錢。又陝西省興安、漢中二府屬内，西鄉縣園戶茶課銀二百七十九兩七錢六分一釐有奇，興安州園戶茶課銀四十九兩九錢七分八釐有奇，漢陰縣園戶茶課銀五十兩九錢一分一釐有奇，紫陽縣園戶茶果銀一百二十七兩三錢四分六釐有奇，石泉縣園戶茶課銀二十五兩三錢二分八釐有奇，每歲另款征解，不在按引征額之内。

道光元年諭，蔣攸銛奏茶息不敷支放，請仍循舊例，並分別改款動支一摺。川省餘茶息銀，近因滯銷虧課，每年支用不敷，收息更復遲滯，兼以歷年借墊款項，益形轇轕。該督所奏，自係實在情形，著照所請，准其將川省茶息項下，每年應支廣法、勝因二寺經費、屯弁俸銀、官兵巡閱盤費、修理口外塘房四款，改歸鹽茶耗羨項下。成都將軍公費一款改歸兵馬建曠項下動支。所有茶息内應支前款及未經報銷各案，即行改款入冊開除。此後茶息一項仍照舊例，專為辦理夷務之用，並將歷年辦理夷務未經開除銀兩，及將來遇有夷務動用，均於此内陸續開支，以清庫款。六年奏准，古城地方設立税局，抽收茶税，試行三年後再定税額。七年奏准，於打箭罏關税内將按引應徵茶税一項銀一萬七千三百三十六兩七錢劃出，自本年為始，另行按年題銷。遇閏之年，按引酌添附茶九斤半，核計每引增閏税銀一分五釐，應增閏税銀一千四百三十一兩二錢二分五釐。八年奏准，回疆軍興，商販裹足不前，兩年以來，並未試收茶税，現在行銷章程已定，於八年十月為始，試收三年，再行定額，其抽收税則一切事宜，詳核諮部。九年奏准，甘肅省茶務，責成鎮迪道總司稽查，奇台縣就近經管，分别茶色粗細，納税多寡，如白毫、武彝、珠蘭、香片、大葉、普洱六種，每百斤納税銀一兩。安化、斤磚、廣盒、千兩、百兩，質色較粗，每百斤納税銀六錢。大磚一種，質色更粗，每百斤納税銀三錢。令商照則交納，隨時税訖給發税票，立即放行。由奇台縣將商販姓名、茶色斤重、税銀數目，按月按季造具總散清冊，申送轉諮，年底匯冊報部稽核。仍將收穫税銀按月批解道庫，年終撥歸甘肅，抵充烏魯木齊經費之用。

咸豐五年議准，閩省崇安等州縣，為產茶盛旺之區，自閩省暫開海禁，運道便捷，各商赴閩愈多。凡附省扼要處所，及界連粤東浙江等處，一律分設關卡，徵收茶税，專款存儲，至三個月奏報一次，聽候部撥，試辦一二年後，奏明定額，永遠遵行。六年奏准，伊犁地方出產茶斤，官為設局抽税，委員經理，由伊犁將軍督察經理各官認真稽查，以杜偷漏繞越。商民報税畢，填給印票，立即放行，聽其各處販賣，嚴禁吏胥需索措留。凡商販無印票者以私茶論。商民運茶到局，報明斤重數目，即抽茶作税，每茶十分，由局抽取一分五釐。所抽茶斤，照搭放茶斤例價，每斤合銀一錢六分三釐二毫。搭放該處官兵俸餉。每年冬季，該將軍將抽取茶斤數目豫諮陝甘總督，於次年應解伊犁歲需茶斤内如數扣除，報部查核。内地販至伊犁各色茶斤，赴局報税，不論粗細，每百斤概徵税銀一兩，每年收税銀若干兩，存儲該將軍署庫，至次年春季，匯諮陝甘總督，於應解伊犁兵餉内，照數劃扣，其茶税歸入伊犁經費項下，分析報部核銷。

同治四年奏准，將甘省咸豐八年欠課，分三年帶征。其咸豐九年、十一年茶引，仍令照舊行銷完課。同治元年後茶引，暫緩發商。五年奏准，甘省引滯課懸，議於陝西省城設官茶總店，潼關、商州、漢中，分設茶店。商販無引之茶到陝，開具色樣斤數，呈報總店。上色茶百斤，收協濟茶課銀一兩，中色六錢，下色四錢，所收銀解甘彌補欠課。七年議准，歸化城商人販茶至恰克圖，假道俄邊，前赴西洋諸國通商，請領部票，比照張家口減半令交銀二十五兩，每票不得過一萬二千斤之數。十一年議准，甘省積欠之舊課仍追舊商。召募之新商試辦新課，其雜課捐助、養廉、充公、官禮四項，暫准緩徵。十三年議准，甘省仿淮鹽之例，以票代引，不分各省商販，均令先納正課，始准給票，其雜課歸併釐税項下徵收，各項名色，概予删除。行銷内地者，照納正課銀三兩外，於行銷地面，仿釐局章程，均各一起一驗，完納釐税。每引以收銀一兩數錢為度，多不得過二兩。出口之茶，則另於邊境所設局卡，加完釐一次，以示區别。又於東西

兩櫃外添設南櫃，以招徠商人。

光緒十二年奏准，晉商在理藩院領票，詭稱販貨運銷蒙古地方，其實私販湖茶，侵銷新疆南北兩路，到處灑賣，一票數年，循環轉運，漫無限制，逃釐漏稅，取巧營私。以後領票，注明不准販運私茶字樣，如欲辦理官茶，即赴甘肅領票，繳課完釐，與甘商一律辦理。倘復運銷私茶，查出將貨充公。

紀事

唐 封演《封氏聞見記》卷六《飲茶》 開元中，泰山靈岩寺有降魔師大興禪教，學禪務於不寐，又不夕食，皆許其飲茶。人自懷挾，到處煮飲。從此轉相仿效，逐成風俗。起自鄒、齊、滄、棣，漸至京邑，城市多開店鋪，煎茶賣之，不問道俗，投錢取飲。其茶自江淮而來，舟車相繼，所在山積，色類甚多。

《舊五代史》卷一一八《周書九》 〔顯德六年〕世宗在民間，嘗與鄴中大商頡跌氏，忘其名，往江陵販賣茶貨。

《宋史》卷一八四《食貨志下六・茶下》 初，官既榷茶，民私蓄盜販皆有禁，臘茶之禁又嚴於他茶，犯者其罪尤重，凡告捕私茶，皆有賞。然約束愈密而冒禁愈繁，歲報刑辟，不可勝數。園戶困於征取，官司並緣侵擾，因陷罪戾至破產逃匿者，歲比有之。又茶法屢變，歲課日削。至和中，歲市茶淮南纔四百二十二萬餘斤，江南三百七十五萬餘斤，兩浙二十三萬餘斤，荊湖二百六萬餘斤，唯福建天聖末增至五十萬斤，詔特損五萬，至是增至七十九萬餘斤，歲售錢并本息計之，纔百六十七萬二千餘緡。官茶所在陳積，縣官獲利無幾，論者皆謂宜弛禁便。

又 熙寧四年，神宗與大臣論昔茶法之弊，文彥博、吳充、王安石各論其故，然於茶法未有所變。及王韶建開湟之策，委以經略。七年，始遣三司幹當公事李杞入蜀經畫買茶，於秦鳳、熙河博馬。而詔言西人頗以善馬至邊，所嗜唯茶，乏茶與市。即詔趣杞據見茶計水陸運致，又以銀十萬兩、帛二萬五千、度僧牒五百付之，假常平及坊場餘錢，以著作佐郎蒲宗閔同領其事。

又 元祐元年，侍御史劉摯奏疏曰：『蜀茶之出，不過數十州，人賴以為生，茶司盡榷而市之。園戶有茶一本，而官市之，額至數十斤。官所給錢，靡耗於公者，名色不一，給借保任，輸入視驗，皆牙儈主之，故費於牙儈者又不知幾何。是官於園戶名為平市，而實奪之。園戶有逃而免者，有投死以免者，而其害猶及鄰伍。欲伐茶則有禁，欲增植則加市，故其俗論謂地非生茶也，實生禍也。願選使者，考茶法之敝，以蘇蜀民。』右司諫蘇轍繼言：『呂陶嘗奏改茶法，止行長引，令民自販，每緡長引錢百，詔從其請，民方有息肩之望。孫迥、李稷入蜀商度，盡力掊取，息錢、長引並行，民間始不易矣。且盜賊贓及二貫，止徒一年，出賞五千，今民有以錢八百私買茶四十斤者，輒徒一年，賞三十千，立法苟以自便，不顧輕重之宜。蓋造立茶法，皆傾險小人，不識事體。』且備陳五害。呂陶亦條上利害，詔付黃廉體量；未至，摯又言陸師閔恣為不法，不宜仍任事。詔即罷之。先是，師閔提舉榷茶，所行職務，他司皆不得預聞，事權震灼，為患深密。及黃廉就領茶事，乃請凡緣茶事有侵損戾法，或措置未當及有訴訟，依元豐令，聽他司關送。十一月，蒲宗閔亦以附會李稷竄黜。

明年，熙河、秦鳳、涇原三路茶仍官為計置，永興、鄜延、環慶許通商，凡以茶易穀者聽仍舊，毋得踰轉運司和糴價，其所博斛斗勿取息。七年，詔成都等路茶事司，以三百萬緡為額本。

紹聖元年，復以陸師閔都大提舉成都等路茶事，而陝西復行禁榷。師閔乃奏龍州仍為禁茶地，凡茶法並用元豐舊條。師閔自復用，以訖哲宗之世，其掊克之迹，不若前日之著，故建明亦罕見焉。

《金史》卷四九《食貨志四・茶》 四年三月，於淄、密、寧海、蔡州各置一坊，造新茶，依南方例每斤為袋，直六百文。以商旅卒未販運，命山東、河北四路轉運司以各路戶口均其袋數，付各司縣鬻之。買引者，納錢及折物，各從其便。

《宋會要輯稿・食貨三〇・茶法雜録一》 〔淳化四年〕八月二十三日詔：『京城及諸道州、府民賣茶，多雜以土蘗規其利，一切禁之，犯者以私販鹽麴法從事。』

至道元年七月十九日，以西京作坊使楊允恭為江南、淮南、兩浙發

運兼制置茶鹽使，西京作坊副使李廷遂、著作郎王子輿副之。先是，允恭等同領漕運及經度茶鹽等事，因奏課京師，秘書丞劉式先建議廢沿江榷務，許商人就茶山，官給新茶以便之。允恭等上言：『商人雜市諸州茶，新陳相糅，兩河諸州風土各有所宜，非雜以數品，少利。』事既矛楯，帝令宰相召鹽鐵使陳恕及判官等並允恭、式定議於中書，恕等皆附允恭。先是，式之議已罷，式猶固執，至是遂寢焉，允恭等故有是命。

二年九月詔：『建州歲造龍鳳茶，先是研茶丁夫悉翦去鬚髮，自今但幅巾，洗滌手爪，給新淨衣，吏敢違者，論其罪。』

真宗咸平二年正月，詔曰：『如聞榷茶之所，官不售者，必毀棄之，斯可惜也。自今令第其品而受之，輕其價而出之，使物無棄而民獲利。』

九月二十三日，江淮制置茶鹽、度支員外郎王子輿言：『江淮、兩浙賣茶鹽，都收錢三百九十七萬餘貫，比高額增五十萬八千餘貫。』

三年七月二十一日，江南轉運副使任中正言：『准詔，以饒州置場買納浮梁、婺源、蘄門縣茶，不便於民，令臣與三班借職胡澄審行計度。今親到饒、歙二州茶倉詢問逐處民俗，皆言溪灘險惡，艱阻尤甚，願各復往日茶倉，就便輸納。及據浮梁縣民李思堯等衆狀，願備材木起造倉敖。』從之，仍降詔曰：『山澤之征，所期公共，苟便氓俗，豈圖羨贏？而言事之人不明大體，務為沿革，罔恤蒸黔。特命使車，往詢疾苦，用循舊制，式遂輿情。已令制置茶鹽、江南轉運司並依任中正所奏。』

二十三日，作坊副使、制置茶鹽楊允恭言：『產茶之地，民輸賦者悉計其直而官售之，精粗不校，咸輸榷務。商人弗肯，計久而不讎，官即焚之。今請均其色號，以年次給之。』從之。

五年十二月，廣南轉運司言：『新州偽廣日，因運茶歲久損棄，以其價數十萬分配部民郭懷智等百餘丁輸之，遂以為常。民貧，力所不逮，請均賦諸縣。』詔永除之。

景德二年五月二十六日詔：『自今諸處茶、鹽、酒課利增立年額，並令三司奏裁。』先是，榷務連歲有增羨，三司即酌中取一年所收立為祖額，不俟朝旨。帝以有司務在聚斂，或致掊克於下，故戒之。

八月十七日，通判鳳翔府王為實請於興元府置榷茶務，帝以擾民，不許。

二十八日詔：『如聞茶場大納茶貨，及將最下不堪色號作上色支賣，而商旅入中虛錢，賤價出賣，虧官擾民，為日斯久。其令制置轉運司躬親安撫園戶，及計究弊源，務在經久，公私通濟。』

十月，廢虔州雜料場茶園，以其率民採摘煩擾故也。

三年正月，遣虞部員外郎張令圖、太常博士胡則、殿中丞王膺、太子中舍袁成務提點江、浙、荊湖，買納茶貨。

又〔天禧〕五年十月十三日，淮南江浙荊湖發運使周寔言：『陝西入中芻糧甚少，淮南茶停積，望令三司再定商旅算買交引，以便公私。』從之。

又〔元豐元年正月〕十七日，詔提舉成都府等路茶場司李稷相度置場買茶，聽商人於熙河路入錢及糧草，定價給引，指射請販利害以聞。

二十五日詔：『成都府路轉運司劾成都府官司越職受理茶場司事者，茶園戶等如有罪，亦劾之，已決者，具析以聞。』提舉茶場李稷言『知成都府劉庠受名山知縣楊少逸越訴事，不下提舉茶場司』故也。

二月七日，提舉成都府等路茶場司奏：『請自今應支撥與諸司錢糧，並支見錢、金帛，勿以茶折，所貴不致諸司增損茶價，有害茶法。』從之。

二十四日，詔提舉成都府等路茶場司：『應置場賣茶州軍，知州、通判，並兼提舉；經略使所在，即專委通判兼之。』

又〔五月〕七日，提舉茶場司言：『產茶般輦州縣，乞同轉運司選差知州、通判、知縣、縣令及排岸官一次。其彭、漢知州或通判許本司權奏辟，如能協力，保明留再任。』從之。

十六日詔：『應南茶輒入熙河、秦鳳、涇原路，如私販臘茶法。其巡捕，如川峽茶入禁地法。』

六月二十三日，提舉茶場李稷乞定成都府、利州路茶場監官買茶無雜偽粗惡，替罷委提舉官保明，滿五千馱與第五等酬獎，一萬馱與第四等，每一萬馱第加一等。若買粗惡偽濫雜茶估剝，計所虧坐贓論。同監官賞罰聽減一等，即徒罪不至追官者幷衝替，其賣買食茶依收息給賞。從之。

九月十一日，提舉成都府等路茶場司請出茶州軍每歲諭園戶，毋得

采造秋黃老葉茶中賣，不以多寡沒官。仍乞許每歲別委官驗視，已納到如此色樣，幷燒毁。從之。

又［元豐二年四月］二十五日，又言：乞留銅錢百萬緡爲本。幷從之。二十八日，又言：『洋州西鄉縣茶舊與熙河、秦鳳路蕃漢爲市，而商人私販，南入巴、達州，東北入金州、永興軍、鳳翔府，官未置場以前，於州界仙游、少府、鶏雄、歸仁、洋口等鎮鋪差牙校編欄抄發，指州縣輸稅。熙寧十年，廢罷四場牙校，止留洋口一處，州縣慢令，私販公行，西鄉茶稅額比舊減少。乞鶏雄等場令州縣督責買撲人編欄，歸仁一鋪乞依舊輸差稅務牙校編欄抄發。園戶中官茶數，歲以三十萬斤爲額，增及萬斤，賞錢一千，如虧少，量事决罰。』從之。

五月十一日，詔成都府等路茶場司幹當公事官六人幷遷一官，以歲課增羡也。

十一月三日，三司言：『福建路臘茶自禁私販，官場漸多售者，乞自今歲計所市茶預下轉運司，限當年運至京師，其江浙、荊湖、川峽路即權許通商。』從之。

唐代貢茶急遞

論説

宋 胡仔《苕溪漁隱叢話・後集》卷一一 苕溪漁隱曰：『「唐茶惟湖州紫筍入貢，每歲以清明日貢到，先薦宗廟，然後分賜近臣。」紫筍生顧渚，在湖常二境之間，當採茶時，兩郡守畢至，最為盛集。此蔡寬夫《詩話》之言也。蔡但知其一而不知其二，按陸羽《茶經》云：「浙西以湖州上，常州次。湖州生長興縣顧渚山中；常州生義興縣、君山懸脚嶺北峰下。」唐義興縣《重修茶舍記》云：「義興貢茶非舊也。前此故御史大夫李栖筠實典是邦，山僧有獻佳茗者，會客嘗之，野人陸羽以為芬香甘辣，冠於他境，可薦於上。栖筠從之，始進萬兩，此其濫觴也。厥後因之，徵獻浸廣，遂為任土之貢，與常賦之邦侔矣。」故玉川子詩云：「天子須嘗陽羡茶，百草不敢先開花。」正謂是也。當時顧渚、義興皆貢茶，又隣壤相接，白樂天守姑蘇，聞賈常州、崔湖州茶山境會，想羡歡宴，因寄詩云：「遥聞境會茶山夜，珠翠歌鐘俱遶身。盤下中分兩州界，燈前合作一家春。青娥遞舞應爭妙，紫筍齊嘗各鬭新。自歎花時北窗下，蒲黃對酒病眠人。」唐袁高為湖州刺史，因修貢顧渚茶山，作詩云：「禹貢通遠俗，始圖在安人。後王失其本，職吏不敢陳。亦有奸佞者，因兹欲求伸。動至千金費，日使萬姓貧。我來顧渚源，得與茶事親。黎甿輟耕農，采掇實苦辛。一夫旦當役，盡室皆同臻。捫葛上欹壁，蓬頭入荒榛。終朝不盈掬，手足皆鱗皴。悲嗟遍空山，草木為不春。陰嶺芽未吐，使曹牒已頻。心爭造化先，走挺麋鹿均。選納無日夜，擣聲昏係晨。衆功何枯爐，俯視彌傷神。皇帝尚巡狩，東郊路多堙。周廻繞天涯，所獻唯報勤。況減兵革用，兼兹困疲民。未知供御餘，誰合分此珍。顧省忝邦守，有慚復因循。茫茫滄海間，丹憤何由申？」此詩古雅，得詩人諷諫之體，誠可尚也。』

宋 尤袤《全唐詩話・袁高》 禹貢通遠俗，所圖在安人。后王失其本，職吏不敢陳。亦有奸佞者，因兹欲求伸。動生千金費，日使萬姓貧。我來顧渚源，得與茶事親。甿輟耕農來，採採實苦辛。一夫且當役，盡室皆同臻。捫葛上欹壁，蓬頭入荒榛。終朝不盈掬，手足皆皴鱗。悲嗟遍空山，草木為不春。陰嶺芽未吐，使者牒已頻。心爭造化力，先從銀臺筠。選納無晝夜，搗聲昏繼晨。衆工何枯槁，俯視彌傷神。皇帝尚巡狩，東郊路多堙。周廻繞天涯，所獻愈艱勤。况值兵革困，重兹困疲民。未知供御餘，誰合分此珍。顧省忝邦守，又慚復因循。茫茫滄海間，丹憤何由伸！右高所賦茶山詩也。案唐制，湖州造貢茶最多，謂之『顧渚貢焙』，歲造一萬八千四百斤。大曆後，始有進奉。建中二年，高刺郡，進三千六百串，并此詩一章刻石，在貢焙故。杜鴻漸與楊祭酒書云：『顧渚中山紫筍茶兩片，此物但恨帝未得嘗，實所嘆息。一片上太夫人，一片充昆弟同歡。』開成三年，以貢不如法，停刺史裴充官。

清 鄭元慶《石柱記箋釋》卷二 按顧山即顧渚，在縣西北四十二里。《元和郡縣志》及《輿地紀勝》析而爲二，非也。顧渚以吳王夫差顧其渚可爲都邑，故名。唐有貢焙院，院側有清風樓，絶壁峭立於大澗中

流，亂石飛走，曰明月峽，茶生其間，尤爲絶品。張文規詩：『清風樓下草初出，明月峽中茶始生。』《讀書後志》云：陸羽與朱放輩論茶，以顧渚爲第一。羽著《茶經》有云：紫者上，緑者次。筍者上，芽者次。《膳夫經》云：茶古不聞食之，晉宋以降，呉人采其葉煮，是爲茶粥。至開元天寶之間，稍稍有茶，至德、大歴遂多，建中以後盛矣，茗絲鹽鐵，管榷存焉。《元和郡縣志》云：顧渚每歲進奉，茶役工三萬人，累月方畢。《南部新書》云：顧渚貢焙，歲造一萬八千四百斤。建中二年，袁高刺郡，進三千六百串并詩。開成三年，以貢不如法，停刺史裴充官。《舊編》云：貞元五年，貢限清明到京，謂之急程茶。張文規詩：『牡丹花笑金鈿動，傳奏呉興紫筍來。』自袁高以詩進規，遂爲貢茶輕省之始。《牟氏陵陽集》云：宋朝重建茗，顧渚寂寥幾三百載。元復修唐貢焙，設湖常等處茶園，提舉領之。長興顧志引蕭洵《顧渚采茶記》有云：國朝自丁酉年至洪武七年，歲貢葉茶，增至千斤。又末茶變易價錢，時值九十六萬奇。八年革罷，每歲止貢芽茶二斤。永樂二年，增至三十斤。與會典開載相同。今東南盛行嶰茶，《嶰茶箋》云：環長興境產茶者，曰羅嶰，曰白岩，曰烏瞻，曰青峴，曰篠浦，曰顧渚，不可指數，獨羅嶰最勝。環嶰境十里，而遙爲嶰者，亦不可指數。嶰而曰岕，兩山之介也。羅氏居之，在小秦王廟後，所以稱廟後羅嶰也。《嶰茶彙鈔》云：羅嶰介於山中，羅隱隱此，故名羅嶰。今唯洞山最佳。縣西一百二十里曰九龍山，山上有古石城，又名石郭山。《輿地志》云：呉采章山之銅，即此。與安吉接界。

綜述

宋 趙彦衛《雲麓漫鈔》卷四　唐《重修茶舍記》：『貢茶御史大夫李栖筠典郡日，陸羽以為冠於他境，栖筠始進。』故事，湖州紫筍以清明日到，先薦宗廟，後分賜近臣。紫筍生顧渚，在湖、常間。當茶時，兩郡太守畢至，為盛集，見蔡寬夫《詩話》。玉川子《謝孟諫議寄新茶》有『手閲月團三百片』，又云『天子須嘗陽羨茶』，則孟所寄乃陽羨茶也。又湖守袁高詩云『搗聲昏繫晨，眾功何枯櫨。』則陽羨又知是餅茶，不特始于李氏也。袁詩又云：『黎氓輟耕農，采掇實苦辛。一夫且當役，盡室皆同臻。捫葛上欹壁，蓬頭入荒榛。終朝不盈掬，手足皆鱗皴。悲嗟遍空山，草木為不春。陰嶺茶未吐，使曹牒已頻。』今人不復為餅，豈坐是耶？

（康熙）《常州府志》卷二一　王枳，僖宗時爲常州刺史。先是，陽羨茶李栖筠守常時始進。及僖宗幸蜀，枳猶間關馳貢。枳作詩有『今朝拜貢盈襟淚，不進新芽是進心』之句。

藝文

唐 袁高《茶山詩》《全唐詩》卷三一四　禹貢通遠俗，所圖在安人。後王失其本，職吏不敢陳。亦有姦佞者，因茲欲求伸。動生千金費，日使萬姓貧。我來顧渚源，得與茶事親。甿輟耕農耒，采采實苦辛。一夫旦當役，盡室皆同臻。捫葛上欹壁，蓬頭入荒榛。終朝不盈掬，手足皆鱗皴。悲嗟遍空山，草木為不春。陰嶺芽未吐，使者牒已頻。心爭造化功，走挺麋鹿均。選納無晝夜，搗聲昏繼晨。衆工何枯櫨，俯視彌傷神。皇帝尚巡狩，東郊路多堙。周迴遶天涯，所獻愈艱勤。況減兵革困，重茲固疲民。未知供御餘，誰合分此珍。顧省忝邦守，又慚復因循。茫茫滄海間，丹憤何由申！

唐 李郢《茶山貢焙歌》《唐百家詩選》　使君愛客情無已，客在金台價無比。春風三月貢茶時，盡逐紅旌到山裏。焙中清曉朱門開，筐箱漸見新芽來。陵煙觸露不停採，官家赤印連帖催。朝饑暮匐誰興哀，喧闐競納不盈掬。一時一餉還成堆，蒸之馥之香勝梅。研膏架動轟如雷，茶成拜表貢天子。萬人爭啖春山摧，馹騎鞭聲砉流電。半夜驅夫誰復見，十日王程路四千。到時須及清明宴，吾君可謂納諫君。諫官不諫何由聞，九重城里雖旰食。天涯吏役長紛紛，使君憂民慘容色。就焙嘗茶坐諸客，幾回到口重諮嗟。嫩綠鮮芳出何力，山中有酒亦有歌。樂營房戶皆仙家，仙家十隊酒百斛。金絲宴饌隨經過，使君是日憂思多。客亦無言徵綺羅，殷勤繞焙復長歎。官府例成期如何，呉民呉民莫憔悴，使君作相期蘇爾。

宋 阮閱《詩話總龜後集》卷二九《咏茶門》 唐茶惟湖州紫筍入貢，每歲以清明日貢到，先薦宗廟，然後分賜近臣。紫筍生顧渚，在湖常二境之間。當採茶時，兩郡守畢至，最為盛集。此蔡寬夫詩話之言也。蔡但知其一而不知其二。按陸羽《茶經》云：『浙西以湖州上，常州次。湖州生長興縣顧渚山中，常州義興縣生君山懸腳嶺北峰下。』唐《義興縣重修茶舍記》云：『義興貢茶，非舊也。前此，故御史大夫李栖筠實典是邦，山僧有獻佳茗者，會客嘗之。野人陸羽以為芬香甘辣，冠於他境，可薦於上。栖筠從之，始進萬兩，此其濫觴也。厥後因之，征獻浸廣，遂為任土之貢，與常賦之邦侔矣。』故玉川子詩云：『天子須嘗陽羡茶，百草不敢先開花。』正謂是也。

當時顧渚、義興皆貢茶，又鄰壤相接。白樂天守姑蘇，聞賈常州崔湖州茶山境會，想羡歡宴，因寄詩云：『遙聞境會茶山夜，珠翠歌鐘俱繞身。盤下中分兩州界，燈前合作一家春。青娥遞舞應爭妙，紫筍齊嘗各門新。自歎花時北窗下，蒲黃酒對病眠人。』唐袁高為湖州刺史，因修貢顧渚茶山，作詩云：『禹貢通遠俗，始圖在安人。後王失其本，職吏不敢陳。亦有姦佞者，田茲欲求伸。動生千金費，日使萬姓貧。我來顧渚源，淂與茶事親。黎甿輟耕農，采掇實苦辛。一夫且當役，盡室皆同臻。捫葛上欹壁，蓬頭入荒榛。終朝不盈掬，手足皆鱗皴。悲嗟遍空山，艸木爲不春。陰嶺牙未吐，使曹牒已頻。心争造化先，走挺麋鹿均。選納無日夜，擣聲昏繫晨。衆功何枯櫨，俯視弥傷神。皇帝尚巡狩，東郊路多堙。周回繞天涯，所獻惟艱勤。況減兵革用，兼茲困疲民。未知供御餘，誰合分此珎。顧省忝邦守，有慙復因循。茫茫滄海間，丹憤何由申。』此詩雅得詩人諷諫之体，誠可尚也。

茶商部

茶商

論說

唐 佚名《禁園户盗賣私茶奏》《全唐文》卷九六七　伏以江南百姓營生，多以種茶為業，官司量事設法，惟稅賣茶商人，但於店鋪交關，自得公私通濟。今則事須私賣，苟務隱欺，皆是主人牙郎中裏誘引，又被販茶姦黨分外勾牽。所繇因此為姦利，皆追收攪擾，一人犯罪，數戶破殘。必在屏除，使安法理。其園戶私賣茶犯十斤至一百斤，徵錢一百文，決脊杖二十。至三百斤，決脊杖二十，徵錢如上。累犯累科，三犯已後，委本州上歷收管，重加徭役，以戒鄉閭。此則法不虛施，人安本業，既懼當辜之苦，自無犯法之心。條令既行，公私皆泰。若州縣不加把捉，縱令私賣園茶，其有被人告論，則又砍園失業。當司察訪，別具奏聞，請准放私鹽例處分。

宋 張洎《上太宗乞罷榷山行放法》《宋名臣奏議》卷一〇八　臣伏奉中書宣諭聖意，令訪聞茶法，其榷山通商各有何利害者。臣才識鄙陋，預聞天旨，退就衡泌，惶悚實深。謹略具榷山、放法利害，仰對大問，惟聖明察之。伏以茶貨之興，其來尚矣。資民豐國，利潤之功博焉。榷山、放法損益之制肇自有唐創茲茶法，流行天下，無異米鹽，兆姓所須，遠近同俗。今獻議者言貨茶利害，蓋有二焉，一曰榷山，一曰放法。歷代制置雖或不同，舉要而言，則榷山之害深，放法之利廣也。然而幹司邦計之臣必曰朝廷榷山，大獲厚利，儻從放免，徒利茶商。此蓋老生之常談、近世之弊法，徒傷大體，豈務通經者乎。今請一二而言之。夫南國土疆，山澤連接，遠民習俗，多事茶園。上則供億賦租，下則存活妻子。營生取給，更絕他門。【略】

放法：

一國家若放榷山，任民買賣，理財之道，宜通規天下諸道州府出茶之處。請各於要地置立務局，其茶貨離山場之日，不計多少，每一大斤茶戶納錢一百文，茶商納錢三百文。茶商出賣地頭，更納錢二百文。其茶商所賫博買茶貨金銀疋帛等，經歷舊買茶處向外州郡，其州郡又依例納稅。統而言之，即官入茶租，與榷山之日所獲淨利不相懸矣。或曰朝廷改變茶法，貴要利民。若茶商、茶戶所納之錢過為繁重，豈惠下之道也？答曰：榷山之時，商客買官茶，一斤計用錢九百六十文。改法之後，且約將錢四百文為茶本，四百文納官，都計八百文。若更將一百六十文剩錢納官，方只得榷山之時買茶舊額。况放法之後，民皆取便，既絕官司上下侵擾，又免官中陳茶。就山場買賣得一色新茶，商販之人獲利誠厚。更令納錙，尚為輕賦。况見出茶本，以榷山之日猶未登舊額者乎。又茶戶賣茶入官，甚為艱苦。或將遠年陳惡雜物折給，或得低價一色見錢。然而經歷官司，動遭刻削，茶稍低下，即被焚燒，迨於住場，僅同白納。今既改法，將茶貨賣與商客，且約得價錢四百文。除將一百文納官，尚有三百文見錙，比納之日，所獲利潤不亦復饒乎。或曰官中所取茶租，若加重厚，民於茶價，須至增添茶。價既增，於人便否？答曰：茶為食物，天下所資，日用於人，同夫鹽酒。雖價例增長，非有害於時焉。在昔有唐宰相令狐楚嘗奏茶法云：『賦率之時，既節級增價，商人轉賣，必價稍貴。即是錢出萬國，利歸有司。既無害茶商，又不擾茶戶。』詳楚之所奏，理甚顯明。茶價雖增，實有利而無害矣。今國家大更茶法，式洽民心，所慮者賦入不登，或虧邦計。今茲放榷，其利昭然。舉而行之，實久長之計也。

宋 范仲淹《范文正奏議》卷上《奏灾異後合行四事》　臣近日屢聞德音，以災異數見，畏天罪己，此實聖帝明王至仁之體也。天下幸甚幸甚。昨日宰臣等再奉聖旨：『不須謝過，但自行事。』此又濟時責實之要也。臣等敢不惶恐，思竭誠志，以副宵旰之意。臣觀自古國家皆有災異，但盛德善政及於天下，人不敢怨叛，則雖有災異，而無禍變也。如其德衰政暴，兆民怨叛，故災異之出，多成禍變也。陛下今既畏天之戒，上憂宗社，下憂生靈，固已得堯、湯之心矣，如更行堯、湯之事，使天下受賜，其有災異，適足增陛下之盛德。臣待罪輔臣，經年無狀，四方多事，

未敢引退，恐負君親擢用之意。臣竊觀自祥符年後，以至今日，火不炎上之災，已十數度，又累有地震之異，今夏蝗秋澇，人多妖言，雖陛下修德罪己，自可以動天地，感鬼神，而念及生民，若不遑處。臣請行此數事，少助陛下救生民之萬一，惟聖心裁擇。【略】

一，天下茶鹽出於山海，是天地之利以養萬民也。近古以來，官禁其源，人多犯法。今又絕商旅之路，官自行販，困於運置。其民庶私販者徒流，兵稍盜取者絞配，歲有千萬人罹此刑禍。是有司與民爭利，作為此制，皆非先王之法也。及以官販之利，較其商旅，則增息非多，而固護之弊未能革者，俟陛下之睿斷爾。臣請詔天下茶鹽之法，盡使行商，以去苛刻之刑，以息運置之勞，以取長久之利，此亦助陛下修德省刑之萬一也。

宋 包拯《包孝肅奏議》卷八《論茶法二章》

第一章

臣竊見國朝茶利課額，自收復江浙之後，總山場榷貨務，逐歲共得錢四百餘萬貫。太平興國之初，並是實錢。其後西北邊急，於芻粟入中，遂添估耗。江淮出茶之所，西北入粟之地不相應會，以是實直盡為虛錢。至大中祥符六年、七年，亦各及三百萬貫。末年雖不及元額，在京榷貨務尚得引錢一百五十萬貫。自頃年變法以來，惟存虛額，其實入之數益少，近歲尤甚。訪聞去年江淮共虧一百三十萬貫，即未知在京榷貨務所虧數目。昨准敕節文，三司奏：據榷貨務擘畫，以河北客人入納及配率、斛斗、給過三色交鈔內，茶交鈔每一百貫文貼納三十四貫，支與一百貫茶貨。近又准敕命：應買下慶曆五年分茶鈔減十五貫，每一百貫只貼納十九貫。其皇祐元年茶鈔，依舊貼納三十四貫。緣客人百姓等於河北入納，給得交鈔，到京每一百貫只直三四十貫。今雖量與減數，亦是與配率無異，而欲望客旅興販及招誘入官，其可得乎？近鹽鐵副使仲簡上言利害，見送三司相度。況前後累經定奪，終無捄之之效，以致為害益深，蓋不能究其本原而急於近利使之然也。且茶課歲入數百萬貫，所以助經費而寬調度，不可不審議也。欲望特降指揮，令三司將新舊之法子細參詳，定酌中之制，俾經久可行，委得公私利便，即具保明申奏，更乞朝廷再賜詳酌施行。

第二章

臣訪聞今歲江淮山場榷貨務，見積壓累年茶貨一千一百餘萬斤，並無客人算請。蓋自在京榷貨務擘畫，每茶引一百貫文，更貼納三十四貫，方支得一百貫文茶貨。後來商旅阻節不行，每年課利并稅錢虧欠數百萬貫，則國家財用仰給何以取濟？今發運使施昌言近已到闕，欲乞令昌言與三司使副，將今來茶法子細公共從長定奪，合如何擘畫，即得公私利濟，經久可行。

宋 歐陽修《居士集》卷四五《通進司上書》 十二月二十四日，宣德郎、守太子中允、充館閣校勘臣歐陽修謹昧死再拜上書於皇帝闕下。臣伏見國家自元昊叛逆關西，用兵以來，為國言事者眾矣。臣初竊為三策，以料賊情，然臣迂儒，不識兵之大計，始猶遲疑，未敢自信。今興兵既久，賊形已露，如臣素料，頗不甚遠，故竊自謂有可以助萬一而塵聽覽者，謹條以聞。惟陛下仁聖，寬其狂妄之誅，幸甚！【略】

其三曰榷商賈。臣聞秦廢王法，啟兼并，其上侵公利，下刻細民，為國之患久矣。自漢以來，嘗欲為法而抑奪之，然不能也。蓋為國者興利日繁，兼并者趨利日巧，至其甚也，商賈坐而權國利，其故非他，由興利廣也。夫興利廣則上難專，必與下而共之，然後通流而不滯。然為今議者，方欲奪商之利一歸於公上而專之，故奪商之謀益深，而為國之利益損。前日有司屢變其法，法每一變，則一歲之間所損數百萬。議者不知利不可專，欲專而反損，但云變法之未當，變而不已，其損愈多。夫欲十分之利，皆歸於公，至其虧少，十不得三，不若與商共之，常得其五也。今為國之利多者，茶與鹽爾。茶自變法以來，商賈不復，一歲之失，數年莫補，所在積朽，棄而焚之。前日議者屢言三稅之法為便，有司既以詳之矣，今誠能復之，使商賈有利而通行，則上下濟矣。解池之鹽，積若山阜，今宜暫下其價，誘羣商而散之，先為令曰『三年將復舊價』，則貪利之商，爭先而湊矣。夫茶者生於山而無窮，鹽者出於水而不竭，賤而散之三年，十未減其一二。夫二物之所以貴者，以能為國資錢幣尔。今不散而積之，是惜朽壤也，夫何用哉？夫大商之能蓄其貨者，豈其銖銖躬自鬻於市哉？必有販夫小賈，就而分之。販夫小賈無利則不為，故大商不姤販夫之分其利者，恃其貨博，雖取利少，貨行流速，則積少而為多也。今

為大國者，有無窮不竭之貨，反妬大商之分其利，寧使無用而積為朽壤，何哉？故大商之善用其術者，不惜其利而誘販夫；大國之善為術者，不惜其利而誘大商：此與商賈共利，取少而致多之術也。若乃縣官自為鬻市之事，此大商之所不為，臣謂行之難久者也。誠能不較錙銖而思遠大，則積朽之物散而錢幣通，可不勞而用足矣。

宋 歐陽修《文忠集》卷一一二《論茶法奏狀嘉祐五年**》** 臣於茶法，本不詳知，但外論既喧，聞聽漸熟。古之為國者，庶人得謗於道，商旅得議於市，而士得傳言於朝，正為此也。臣竊聞議者謂茶之新法既行，而民無私販之罪，歲省刑人甚多，此一利也。然而為害者五焉。江南、荆湖、兩浙數路之民，舊納茶稅，今變租錢，使民破產亡家，怨嗟愁苦，不可堪忍，或舉族而逃，或自經而死。此其為害一也。自新法既用，小商所販至少，大商絕不通行。前世為法以抑豪商，不使過侵國利與為僭侈而已，至於通流貨財，雖三代至治，猶分四民，以相利養。今乃斷絕商旅，此其為害二也。自新法之行，稅茶路分猶有舊茶之稅，而新茶之稅絕少。年歲之間，舊茶稅盡，新稅不登，則頓虧國用。此其為害三也。往時官茶容民入雜，故茶多而賤，徧行天下。今民自買賣，須要真茶，真茶不多，其價遂貴。小商不能多販，又不暇遠行，故近茶之處，頓食貴茶，遠茶之方，向去更無茶食。此其為害四也。近年河北軍糧用見錢之法，民入米於州縣，以鈔算茶於京師。三司為於諸場務中擇近上場分，特留八處，專應副河北入米之人飜鈔算請。今場務盡廢，然猶有舊茶可算，所以河北和糴，日下未妨。竊聞自明年以後，舊茶當盡，無可算請，則河北和糴，實要見錢。不惟客旅得錢，變轉不動，兼亦自京師歲歲輦錢於河北和糴，理必不能。此其為害五也。一利不足以補五害，今雖欲減放租錢以救其弊，此得寬民之一端爾，然未盡公私之利害也。伏望聖慈，特詔主議之臣，不護前失，深思今害，黜其遂非之心，無襲弭謗之跡，除去前令，許人獻說，亟加詳定，精求其當，庶幾不失祖宗之舊制。臣冒禁有言，伏待罪責。謹具狀奏聞，伏候敕旨。

宋 李覯《盱江集》卷一七《富國策第十》 或曰：天下之貨，茶最後出，而國用賴焉。今茲有說乎？曰：茶非古也，源於江左，流於天下，浸淫於近代，君子小人靡不嗜也，富貴貧賤靡不用也。有國者從而籠之，利一孔矣。而世之所貴，家之所蓄，則非有公茶者何？公茶濫惡不味於口故也。每歲之春，芽者既掇，焙者既出，則吏呼而買之，民輓而輸之矣。民之淳，或以利而姦也；吏之察，或以賄而闇也，於是乎行濫入焉。草邪木邪，唯恐器之不盈也；塵邪煤邪，唯恐行之不昂也。商筭而行，或不售也，則販者鮮矣；倉儲之久，或腐敗也，則水火乘之矣。是以邦之泉布竭於市，估而積之亡用之地，息未收而本或喪矣。若東南列郡則吏自斥賣，課不甚多，時或不登焉，而民之自用常數倍矣。來有甚遠，價有甚貴，而人爭取之者，味美也。塗有甚險，法有甚重，而人爭販之者，利厚也。巡按之使、逐捕之卒日馳於野，黥額之吏、鞭背之人日滿於庭。愁怨愈多而姦不可禁，督責愈重而財不可阜，勢之所運末如之何也已。今日之宜，亦莫如一切通商，官勿賣買，聽其自為，而籍茶山之租、科商人之稅。以此較彼，殊塗一致。且商人自市，則所擇必精，所擇精則儥之必售，儥之售則商人衆，商人衆則入稅多矣。又昔之所以披草莽、懷兵刃，務私販者，禁嚴故也。既已通商，則當安行夷路，自實官府，亦入稅多矣。況不滯本泉，不煩威獄，利國便人，莫善於此。或曰：子謂通茶鹽之商，其如逐末何？曰：昔之未通商也，文峻而網密。富厚重慎之子罔游其間，故蚩蚩細民以身易財者入焉。若法通商，則大賈蓄家射時而趨，細民何利焉？非逐末之路也。於戲！鹽始於漢，茶始於唐，取以濟時，事非師古。異日邦財饒衍，王道寖昌，棄之於民，不勝大願。

宋 司馬光《温國文正公文集》卷二三《論財利疏》 夫農，天下之首務也，古人之所重，而今人之所輕。豈獨輕之，又困苦莫先焉！何以言之？彼農者，苦身勞力，衣麤食糲，官之百賦出焉，百役歸焉，歲豐賤貿其穀，以應官私之求，歲凶則流離凍餒，先衆人填溝壑。如此而望浮食之民轉而緣南畝，難矣！彼直生而不知市井之樂爾，苟或知之，則去而不返矣。故以今天下之民度之，農者不過二三，而浮食者常七八矣，欲倉廩之實，其可得乎？臣愚以為凡農民租稅之外，宜無有所預，衙前當募人為之，以優重相補，不足則以坊郭上戶為之。彼坊郭之民，部送綱運，典領倉庫，不費二三，而農民常費八九。何則？儇利戇愚之性不同故也。其餘輕役，則以農民為之。歲豐則官為平糴，使穀有所歸；

歲凶則先案籍賙贍農民，而後及浮食者。民有能自耕種積穀多者，不籍以為家資之數。如此則穀重而農勸矣。彼百工者，以時俗為心者也。時俗貴用物而賤浮偽，則百工變而從之矣。時俗者，以在上之人為心者也。在上好樸素而惡淫侈，則時俗變而從之矣。其百工在官者，亦當擇人而監之，以工致為上，華靡為下，物勒工名，謹考其良苦而誅賞之，取其用不取其數，則器用無不精矣。彼商賈者，志於利而已矣。今縣官數以一切之計，變法更令，棄信而奪之，彼無利則棄業而從他，縣官安能止之哉！是以茶鹽棄捐，征稅耗損，凡以此也。然則縣官之利何得哉！善治財者不然，將取之必予之，將斂之必散之，故曰計之不足，而歲計之有餘。此乃白圭、猗頓之所知，豈國家選賢擇能以治財，其用智顧不如白圭、猗頓邪？患在國家任之不久，責近效而遺遠謀故也。

宋 王安石《臨川先生文集》卷七〇《茶商十二說》 臣竊以須仰巨商有十二之損，為害甚廣，請試陳之。

須仰巨商，巨商數少，相率既易，邀賤遂繁，故有場饒，明減暗減，累累不已，歲數百萬，是饒減之損，一也。又既仰巨商，巨商稀少，積壓等候，陳損既多，或棄或焚，或充雜用，此稅既陷，正稅又饒，是陷稅之損，二也。又既仰巨商，饒豐價薄，園民困耗，逋欠歲程，至如石橋一場，祖額一百七萬，而近歲買納，才得十萬，而虧及累年，便乞減額，是退額之損，三也。又既仰巨商，須憑力禁，是以捕捉之旅，所在屯布，掩緝之眾，彌占川落，官員請俸，卒旅衣糧，擾民費財，總計不細，是力禁之損，四也。又既仰巨商，須置榷務，諸郡津置，或數千里，所載綱運，率自省破，船材兵費，風波盜竊，每歲之計，不為不甚，是遠萃之損，五也。又既仰巨商，必先多備，茶體輕怯，難掌易損，架閣利燥，封角利密，而官數浩瀚，堆積敖廩，風枯雨濕，氣味失奪，俟售待給，已反陳損，是堆積之損，六也。又凡物分輕則得眾，得眾則易竭。今仰巨商，本不及數千緡則不能行，是分重而不得眾也，故難竭而成積滯，分重之損，七也。又凡貨利己則精心，精心則貨善，貨善則易售。今仰巨商，非己甚眾，始從小戶，次輸主人，方納官場，復支商旅，是以小戶偷竊，主人殽雜，姦吏容庇，皆以非己而致貨不善也，是非己之損，八也。又既仰巨商，遂為二等，新好者支算商旅，低陳者留賣南中，食用不堪，遂皆私易，故一縣大率每歲以茶被刑者往往百數，是煩刑之損，九也。又既仰巨商，茶多積壞，壞不堪賣，遂轉鬻茶，俵給戶民，悉不堪食，虛納所直，諸郡甚多，是剜本之損，十也。又巨商悉係通商南方，盡從官賣，官賣既不堪食，多配寺院、茶坊，茶多棄損，錢實虛斂，是削民之損，十一也。既仰巨商，貨終難盡，諸般折給，從是生焉。雖依元價，折錢變賣，雜收什一，請實虛損，官亦虛損，是刻士之損，十二也。其為害廣也如此，不可不去也。

宋 蘇軾《東坡全集》卷八八《張文定公墓志銘》 自陝右用兵，公私困乏，士大夫爭言豐財省費之道，然多不得其要。公自為諫官、御史中丞、三司使，皆為上精言之。一日，仁宗御資政殿，召兩府、侍從賜坐，手詔問天下事。公退直禁林，是日有旨鎖院。公既草制書，又條對所問數千言，夜半與制書皆上。仁宗驚異，又手詔獨策公。明日復出數千言，大略以謂：『太祖定天下，用兵不過十五萬，今百餘萬，而更言不足。自祥符以來，萬事墮弛，務為姑息，漸失祖宗之舊。取士、任子、磨勘、遷補之法既壞，而任將養兵，皆非舊律。國用既窘，則政出一切，大商奸民，乘隙射利，而茶鹽香礬之法亂矣。此治亂盛衰之本，不可以不急治。』

宋 呂陶《净德集》卷一《奏具置場買茶旋行出賣遠方不便事狀》（熙寧十年三月八日） 今具本路置場買茶往熙河博賣，并盡榷諸州茶貨入官，便收三分利息，旋行出賣，致令細民失業，枉陷刑憲，大於遠方不便，謹具畫一條列如後。

一、臣伏以國家富有四海，山澤之利多與民共。自仁祖臨御以來，深知東南數路茶法之害，制詔有司一切弛放，任令通商。貨法流行，德澤深厚，聖時盛事，高出前世。今天下茶法既通，而兩川獨行禁榷，此蓋言利之臣不知本末，苟貪勞賞而妄為之，非所以綏靜遠方之意。況乎兩川所出茶貨，較北方東南諸處十不及一。日月行照，文軌混同，法無二門，仁不異遠，豈可諸路既許通商，兩川却為禁地？虧損治體，莫甚於斯，乃為害之大者。故臣敢先言之，伏望聖慈，特寬茶禁，所貴法令平一以幸遠方。

宋 蘇轍《欒城集》卷三六《論蜀茶五害狀》 右臣伏見朝廷近罷

市易事，不與商賈爭利，四民各得其業，欣戴聖德無有窮已。唯有益、利、秦鳳、熙河等路茶場司以買賣茶虐害四路生靈，又以茶法影蔽市易，販賣百物。州縣監司不敢何問，為害不細，而朝廷未加禁止。臣聞五代之際，孟氏竊據蜀土，國用褊狹，始有榷茶之法。及藝祖平蜀之後，放罷一切横斂，茶遂無禁，民間便之。其後淳化之間，牟利之臣始議掊取。大盜王小波、李順等，因販茶失職，窮為剽劫，兇焰一扇，兩蜀之民，肝腦塗地，久而後定。自後朝廷始因民間販賣，量行收稅，所取雖不甚多，而商賈流行，為利自廣。近歲李杞初立茶法，一切禁止民間私買，然猶所收之息，止以四十萬貫為額，供億熙河。至劉佐、蒲宗閔提舉茶事，取息太重，立法太嚴，遠人始病。是時知彭州呂陶奏乞改法，只行長引，令民自販茶，每茶一貫，出長引錢一百，更不得取息，得旨依奏。民間聞之，方有息肩之望。又卻差孫迥、李稷入川相度，始議極力掊取，因建言乞許茶價隨時增減，茶法既有增減之文，則取利息依舊，由是息錢、長引二説並行，而民間轉不易矣。而稷等又益以販鹽布，乃能增額及六十萬貫。及李稷引陸師閔共事，又增額至一百萬貫。師閔近歲又乞於額外以一百萬貫為獻，朝廷許之。於是奏乞於成都府置都茶場，客旅無見錢買茶，許以金銀諸貨折博，遂以折博為名，多遣公人、牙人公行拘攔民間物貨入場，賤買貴賣，其害過於市易。又以本錢質典諸物，公違條法，欺罔朝廷。蓋茶法始行至今，法度凡四變矣。每變取利益深，民益困弊。然供億熙河，止於四十萬貫，其餘以供給官吏及非理進獻，希求恩賞。而害民之餘，辱國傷教，又有甚者。夫逐州通判本以按察吏民，諸縣令佐亦以撫字百姓，而計算息錢均與牙儈分利。至於監茶之官發茶萬馱，即轉一官，知縣亦減三年磨勘。國之名器輕以與人，遂使貪冒滋章，廉恥不立，深可痛惜。又案盜賊之法，贓及二貫，止徒一年，出賞五貫。今民有以錢八百私買茶四十斤者，輒徒一年，出賞三十貫。又遞鋪文字，事干軍機及非常盜賊，急腳遞日行四百里，馬遞日行三百里，違二日者，止徒一年，今茶遞往還，日行四百里，違一日，輒徒一年，立法太深，苟以自便，不顧輕重之宜。蓋造立茶法皆傾險小人，不識事體，但以遠民無由申訴，而他司畏憚，不敢辯理，是以公行不道。自始至今，十有餘年矣。臣竊聞朝廷近日察知其弊，差官體量，然猶恐未知其詳。臣今訪聞，稍得其實，謹具條件五害如左：

其一曰：益、利路所在有茶，其間邛、蜀、彭、漢、綿、雅、洋等州、興元府三泉縣人戶，以種茶為生。自官榷茶以來，以重法脅制，不許私賣，抑勒等第，高稱低估，遞年減價，見今止得舊價之半。乞委所差官取榷茶至今遞年所估價例對定，即見的實。茶官又於每歲秋成糴米，高估米價，強俵茶戶，謂之茶本。假令米石八百錢，即作一貫支俵，仍勒出息二分。春茶既發，茶戶納茶，又例抑半價，兼壓以大秤，所捐又半，謂之青苗茶。元條：園戶茶一百斤，許收十斤市例，內一半入官，一半用饒潤客旅。今逐場一百斤，有收至二十餘斤。出剩者往往卻偽作園戶中茶，虚旁支出官錢入己。近年邛州常有此獄，又有見出剩數多，陰與客旅商量，納賂不貲，指教出賣者。及至賣茶本法，止許收息二分，今多作名目，如『牙錢』、『打角錢』之類，至收五分以上。買茶商旅，其勢必不肯多出價錢，皆是減價，虧損園戶，以求易售。又昔日官未榷茶，園戶例收晚茶，謂之『秋老黃茶』，不限早晚，隨時即賣。榷茶之後，官買止於六月，晚茶入官，依條毀棄。官既不收，園戶須至私賣，以陷重禁。此園戶之害一也。

其二曰：川茶本法止於官自販茶，其法已陋。今官吏緣法為姦，遂又販布，販大寧鹽，販瓷器等物，並因販茶還腳販解鹽入蜀。所販解鹽，仍分配州縣，多方變賣，及折博雜物貨，為害不一。及近歲立都茶場，緣折博之法，拘攔百貨，出賣收息。其間紗羅，皆販入陝西，奪商賈之利。至於買賣之餘，則又加以質當。去年八九月間，為成都買撲酒坊人李安典糯米一萬貫，每斗出息八錢，半年未贖，仍更出息二分。其他非法，類皆如此。今四方蒙賴聖恩，罷去市易抵當之弊，而蜀中茶官，獨因緣茶法，潛行二事，使西南之民獨不蒙惠澤。此平民之害二也。

其三曰：昔官未榷茶，陝西商旅皆以解鹽及藥物等入蜀販茶，所過州軍，已出一重稅錢，及販茶出蜀，兼帶蜀貨，沿路又復納稅，以此省稅增羨。今官自販茶，所至雖量出稅錢，比舊十不及一，縱有商旅興販，諸處稅務畏憚茶司，又利於分取息錢，例多欺詐，以稅為息，由此省稅益耗。假有作稅錢上歷，歲終又不撥還轉運司，但添作茶官歲課，公行欺罔。訪聞元豐七年八月，陸師閔劄子奏，茶司全年課利內有一項係茶稅錢。又茶官違法，販賣百物，商旅不行，非唯稅虧，兼害酒課。蜀中舊使交子，惟有茶山交

易最為浩瀚。今官自買茶，交子因此價賤。舊日蜀人利交子之輕便，一貫有賣一貫一百者，近歲止賣九百以上。此省課之害三也。

其四曰：蜀道行於溪山之間，最號險惡。般茶至陝西，人力最苦。元豐之初，始以成都府路廂軍數百人貼鋪般運。不一二年，死亡略盡。茶官遂令州縣和雇人夫。和雇不行，即差稅戶。其為搔擾，不可勝言。劉庠知永興日，有澤州般茶人，以疲勞不堪告訴。庠令取狀，在案判云：候本府雇人般茶日呈，後來永興即不曾雇人。後遂添置遞鋪，十五里輒立一鋪，招兵五十人，起屋六十間，官破錢一百五十六貫，益以民力，僅乃得成。今已置百餘鋪矣。若二百鋪皆成，則是添兵萬人，衣糧歲費二十萬貫。見招填不足，旋貼諸州廂軍。逐州闕人，百事不集。又茶遞一人，日般四馱，計百餘斤，回車卻載解鹽，往還山行六十里，稍遇泥潦，人力不支，逃匿求死，嗟怨滿道。至去年八九月間，劍州劍陽一鋪人全然走盡，沿路號茶鋪為『納命場』。此遞鋪之害四也。

其五曰：陝西民間所用食茶，蓋有定數。茶官貪求羨息，般運過多，出賣不盡，逐州多虧歲額，遂於每斤增價俵賣與人。元豐八年，鳳州准茶官指揮，每茶一斤添錢一百。其餘州郡，准此可見。又茶法初行，賣茶地分止於秦鳳、熙河，今遂東至陝府，侵奪蠟茶地分，所損必多。此陝西之害五也。

五害不除，蜀人泣血，無所控告。臣乞朝廷哀憐遠民，罷放榷法，令細民自作交易，但收稅錢，不出長引，止令所在場務據數抽買博馬茶，勿失朝廷武備而已。如此則救民於綱羅之中，使得再生，以養父母妻子，不勝幸甚。如朝廷以為陝西邊事未寧，不欲頓罷茶事，即乞先馳榷禁，因民販茶，正稅之外，仍收長引錢。一歲之入，不下數十萬貫。以見今長引錢數計之可見。而商旅通行，東西諸貨日夜流轉，所得茶稅、雜稅錢及酒課增羨，又可得數十萬貫。以未榷茶以前及榷茶後來年分，自蜀至陝西沿路酒稅務歲課較之可見。而罷置茶遞，無養兵衣糧及官吏緣茶所費息錢、食錢之類，其數亦自不少，則榷茶可罷，灼然易見。若異日西邊無事，然後更罷長引錢，如舊收稅而止。然臣再詳師閔所營茶利，雖使之裒斂一一如數，止於二百萬貫，無復贏餘矣。若以前件茶引、茶稅、雜稅、酒課等錢約七八十萬貫折除，即止約有利一百二十餘萬貫。若更除茶遞養兵衣糧食及官吏緣茶所費約三四十萬貫，即是師閔百端非理淩虐細民，止得八十萬貫。前件兩項錢，並且從小約計，故師閔所得利有八十萬貫，若依實計之，恐不得及此數。假令萬一蜀中稍有饑饉之災，民不堪命，起為盜賊，或如淳化之比，臣不知朝廷用兵幾何、費錢幾何、殺人幾何，可得平定。今但得七八十萬貫錢，置此不慮，臣竊惑之。兼臣訪聞陸師閔去年自成都移治永興，仍取成都供給，有本府衙前楊日新者為之賣酒。至十一月中，師閔自覺非法，始移牒永興、成都，止就用永興供給。其違法差衙前賣酒及多請過成都供給，即不曾舉覺，其貪冒無恥一至如此。亦乞令所差官，便行體量，如是詣實，乞重行黜謫，以慰遠方積年之憤。謹録奏聞，伏候敕旨。

貼黃：陸師閔久擅茶事，欺罔朝廷，奏請如意，為吏民所畏憚，若留在本職，雖特遣使命，恐必難以體量實害。欲乞先罷師閔職任。及利州路轉運使蒲宗閔，昔同建議榷茶，曾竊冒恩賞，顯有妨礙，亦乞指揮，不得同簽書體量事。所貴官吏不憂後害，敢以實告。

又卷四一《申本省論處置川茶未當狀》 朝廷若罷益、利路榷茶之法，只榷陝西沿邊諸郡，不許客旅私販，仍將沿邊每歲合用益、利諸場茶色及斤重配在諸場，令及時立限和買。隨每歲茶價高下，比民間價例微高，如尋常和糴米粟之比可也。買茶之限，令茶場司立定，州縣不得低估茶價，令人戶不肯申官，以致出限。如有事故須至展限者，具事由申本司，量展五日，仍不得過再展。每茶戶入場中賣，須即時揀選和買，不得輒有留滯。或更依客旅體例，秋冬先放茶價，令茶戶結保請領，及時送納，以上並不得輒行抑勒。官買數足，方許私下交易。除沿邊所榷地分外，一任客人興販。如此擘畫，比之頃年全榷益、利及陝西諸州，其利有五：益、利茶戶，不被官場以賤價大秤抑勒收買，一也。昔茶未有榷，民間採茶，凡有四色，牙茶、早茶、晚茶、秋茶是也。採茶既廣，茶利自倍。自榷茶以來，官中只要早茶，其餘三色茶遂棄不採，民失茶利過半。今既通商，則四色茶俱復採，二也。官所運茶，止於邊郡所須，比榷茶之日，所運減半，則茶遞役兵及州郡雇腳，皆得輕減，三也。陝西茶商既行，岐、雍之間，民皆食賤茶，四也。益、利諸州百貨通行，酒稅課利理當自倍，五也。若比之今來有司所議，但榷名山、梁、洋三處，放行益、利諸場茶貨，其利有四：名山、梁、洋三處，榷法如舊，而不榷之地犬牙相錯。榷與不榷，茶戶利害相遼。例皆王民，而咫尺之間，不宜頓有此異，一

也。榷與不榷地分之遠，小人易以起動茶戶，借如名山之西南出茶之地，尚有雅州、盧山、榮經等處。若放令此茶北出，道過名山，彼此相雜，不可辨認。若放令此茶，由水路入嘉、眉，則名山之茶，亦當從此走失，寬則榷法自廢，急則民遭誣罔，橫被徒配，二也。官中所買，只用早茶，則牙茶、晚茶、秋茶亦為棄物。民失厚利，與頃歲無異，三也。沿邊諸州蕃部所要茶色各別，今只將名山、梁、洋三色茶與之，彼既未諳茶性，必有不售，四也。若比之今來或人之說，兼榷陝西里外諸州，據合用茶數，於益、利諸場和買，官自般賣，和買之餘，成都路客人販茶，不得過劍門，利州路客人販茶，不得過陝西。其害有三：盡奪茶利，商賈不行，百貨不通，酒稅課利自減，一也。運茶既多，遞鋪役兵及州郡雇腳勞費與頃年無異，二也。岐、雍之民，仍食貴茶，三也。由此觀之，朝廷若但和買邊郡合用茶數，只於邊郡立榷法，其餘率皆通商。此法一行，則上件三說之弊自除，至於供給蕃部，收買戰馬之利，則與三說無異。以此較之，利害可見。謹録奏聞，伏候敕旨。

《續資治通鑑長編》卷四四《咸平二年》〔閏三月〕以河北轉運使、右諫議大夫索湘為戶部使。湘在河北時，屬郡有幹釀者，歲輸課甚微，而不逞輩多聚飲其中為奸盜，湘奏廢之。德州舊率民馬以備驛傳，又役民為步遞，湘罷其事，悉以官兵卒代之。會內殿崇班臨渙、閻日新建議，請于靜戎、威虜兩軍置場鬻茶，收其利以資軍用。湘上言：『若是，則奪民利。臣恐榷場商旅，自茲阻絕，甚非便也。』遂止。又言事者請許榷場商旅以茶藥等物，任於北界販易，復招募北界商旅於雄、霸州市易，北戎既獲厚利，則邊患可息矣。詔湘詳議以聞。湘言：『北邊自興榷場，商旅臻湊，制置深得其宜。今若許其交相販易，則緣邊商人深入北界，竊以為非便。又北界商人若至雄、霸，其中或雜以奸偽，何由辨明？況邊民易動難安，蕃戎之情宜有羈制，望且仍舊為便。』會有詔經度復修定州新蒲、樂陰兩縣，湘以其地迫窄，非屯兵之所，遂奏罷之。

湘質朴少文而長於吏事，歷任邊部，所至必廣儲蓄為備豫計，出入軍旅間，頗著能名。先自京輦茶至榷場，最為煩擾，又多所損敗，湘建議請許商旅緣江載茶詣邊郡入中，既免道塗之耗，復有征算之益。又威虜、靜戎軍，歲燒邊草地以處南牧，言事者又請于北寨山麓中興置銀冶，湘以為召寇，亦奏罷之。

又 卷五〇《咸平四年》〔十一月〕己卯，秘書丞、直史館孫冕上言：『茶鹽之制，利害相須，若令江南、荊湖通商賣鹽，緣邊折中糧草，在京納金銀錢帛，則公私皆便，為利實多。今若便施行，即南中州軍且令官賣。商人既已入中，候其換交引，往亭場，川路脩遐，風波阻滯，計須二年以上方到江、潭。未到間，則官賣鹽課已倍獲利，及其全集，稍侵官賣之額，然以增補虧，於官無損。況三路官賣，舊額止百三十萬貫，臣計在北所入已多，在南所虧至少，舊額錢數必至增盈。其淮南禁鹽，有長江之限，但嚴切警巡，明立賞罰，則官賣鹽課，必不虧懸。設使江南、荊湖通商之後，官吏怠慢，或至年額稍虧，則國家以折中糧草贍得邊兵，以中納金銀實之官庫，且免和雇車乘，差擾民戶，冒涉凜寒，經歷遐遠。借如荊湖運錢萬貫，淮南運米千石，以地里斤腳送至窮邊，則官費民勞，何啻數倍。』

又言：『臣所上通商放鹽，為公私之利者有十，而橫生疑沮者有三。』詔吏部侍郎陳恕等議其事。恕等上議曰：『江、湖之地，素來官自賣鹽，禁絕私商，良亦有以。蓋由近煑海之地，息犯禁之人，官得緡錢，頗資經費。且江、湖之壤，租賦之中，穀帛雖多，錢刀蓋寡，每歲買茶入榷，市銅鑄錢，準糧斛以益運輸，平金銀以充貢入。乃至京師便易，南土支還，贍用之名，實藉鹽錢以助，居常廣費，猶或聞闕。今若悉許通商，則必頓無儲擬，未有別錢備用，鹽法詎可更張？且變制改圖，事非細故。若匪官鹽住賣，則又私商不行，即令住賣官鹽，立乏一年課額。況行商算畫，必務十全，豈有江、湖官猶賣鹽，邊塞私肯入粟？假令敢入私物，獲請官鹽，首初運到江、湖，必須官私競貿。既而官價高大，私價低平，多糴商鹽則官鹽不售，並依官價則私價太高。公私兩途，矛盾不已，則官利失而私商困矣。況不住賣而望商人入中藁粟者，未之有也，既入中藁粟而望課利不虧者，亦未之有也。向者淮南通商，亦於邊上折中，一歲之內，入數甚微，糧則不及萬鍾，草則都無一束。近者陝西鹽法，亦令納秸資邊，一年之間，數亦無幾。全亡實驗，但有虛名。江、湖若放通商，淮南亦須撤禁，三處既私商雜擾，兩浙必官鹽流離，透漏浸淫，禁不可止。乍變易則江、湖為首，終紊亂則淮、浙相兼，大失公儲，莫救邊備，施於

今日，恐未協宜。」從之。

又 卷八五《大中祥符八年》［閏六月］國初，取唐朝飛錢故事，許民入錢京師，於諸州處便換。先是，商人先經三司投牒，乃輸左藏庫，所由司計一緡私刻錢二十。開寶三年，置便錢務，令商人入錢者詣務陳牒，即日輦致左藏庫，給以券，仍敕諸州俟商人賫券至，即如其數給之，自是無復留滯。其後，定外地閑慢州乃許指射。自此之後，京師用度益多，諸州錢皆輸送，其博易當給以錢者，或移用他物。又金帛闌出化外者尤眾，厥價踴者商旅不以入中，茶商所過，當出算者，令録記，俟至京師併輸之。

自新法之行，舊有交引而未給者，已給而未至京師者，已至而未磨者，悉差定分數，抽納入官。大約商人有舊引千貫者，令依新法歲入二百千，俟五歲則新舊皆給足。官府有以茶充公費者，慮其價賤亂法，悉改以他物。山場節其出耗，所過稅務嚴其覺舉。每諸榷務所受茶，皆均地配給場務，以交引至先後為次。大商刺知精好之處，日夜走僮使賫券詣官，故先獲。

初，禁淮南鹽，小商已困，至是益不能自行。三四年間，有司以京師切須錢，商人舊執交引至場務即付物，時或特給程限，或數月，或百日，踰限未至者，每十分復令別輸二分見緡，謂之貼納。豪商率能及限，小商不能知，或無以貼納，反賤鬻於豪商。有司從移用之便，至有一歲之內，文移至十數變者，商人惑之，顧望不進，上封者皆咎改法。

庚寅，上謂輔臣曰：「屢有人言，所改茶法不便，錢額增損，茲亦常事，如聞不利小商。」王旦等曰：「改法已來，亦未見不便事，所降元敕無蠹革小商之文。如上言者實有所長，則望付中書施行。或欲杜絕羣言，則須別命朝臣較量利害。」上復以問王欽若，欽若言：「素不詳其本末。」陳堯叟言：「但得物物入庫，即是課利。」丁謂曰：「河北、陝西入得芻糧，即是官物入庫，緣江榷場無剩茶，即是法行也。其餘瑣細風傳之詞，不足憑信。或有章奏，望一一宣示，可以商榷。大抵未改法日，官中歲虧茶本錢九千餘貫，改法之後，歲所收利常不下二百餘萬貫，邊防儲蓄不闕，榷場無陳積，此其大較也。」乃詔刑部尚書馮拯、翰林學士王曾與三司同詳定。本志以丁謂對舊法歲虧官本錢九千餘貫繫之明年正月，今從《實録》。

又 卷九二《天禧二年》［冬十月］癸丑，太常博士、祕閣校理李垂請令江、浙兩路放行茶貨。左諫議大夫孫奭言：「茶法屢改，非示信之道，望遣官重定經久之制。」即詔奭與三司詳定，務從寬簡。時言者愈多，不過欲惠小商、優園戶，朝廷亦嘗差優其直、饒其給。大抵吝茶之出，而須錢實京師，故法不能變。言者但采浮論，而不切於事理。未幾，奭出知河陽，事遂止。

又 卷一〇三《天聖三年》［十一月］孫奭等言：「十三場茶積未售六百一十三萬餘斤，蓋許商人貼射，則善茶皆入商人，其入官者皆粗惡不時，故人莫肯售。又園戶輸歲課不足者，使如商人入息，而園戶皆細民貧弱，力不能給，煩擾益甚。又姦人倚貼射為名，彊市盜販，侵奪官利。其弊如此，不可不革。請罷貼射法，官復給本錢市茶，而商人入錢以售茶者，宜優之。請凡入錢京師售海州、荊南茶者，損為七萬七千，售真州等四務、十三場茶者，損為七萬一千，皆有奇數。入錢六務、十三場者，又第損之，給茶皆直十萬。」庚辰，詔從奭等議。自是，河北入中復用三說法，舊給東南緡錢者，以京師榷貨務錢償之。

初，計置司議茶鹽利害，因言：「解州安邑兩池舊募商人售京西諸州鹽者，入錢京師榷貨務。乾興元年，歲入才二十三萬緡，視天禧三年數損十四萬。請一切罷之，專令入中並邊芻粟，及為之增約束防禁，以絕私販之弊。」於是，復詔入錢京師，從京師所便。

又 卷一一八《景祐三年》［三月］權判戶部勾院葉清臣請弛茶禁，以歲所課均賦城郭、鄉村人戶。其疏曰：

山澤有產，天資惠民。自兵食不充，財臣兼利，草芽木葉，私不得專，封園置吏，隨處立筦。一切官禁，人犯則刑，既奪其貲，又加之罪，黥流日報，踰冒不悛。誠有厚利，無費貲，能濟國用，聖仁恤隱，矜赦無辜，猶將弛禁緩刑，為民除害。度支費用甚大，榷易所收甚薄，刳剝園戶，資奉商人，使朝廷有聚斂之名，官曹滋濫虐之罰，虛張名數，刻蠹黎元。

建國以來，法弊輒改，載詳改法之由，非有為國之實，皆商人協計，倒持利權，倖在更張，倍求奇羨。富人豪族，坐以賈贏，薄販下估，日皆朘削，官私之際，俱非遠策。臣竊嘗校計茶利歲入，以景祐元年為率，除

本錢外，實收息錢五十九萬餘緡。又天下所售食茶，并本息歲課，亦祇及三十四萬緡，而茶商見通行六十五州軍，所收稅錢已及五十七萬緡。若令天下通商，祇收稅錢，自及數倍，即榷務、山場及食茶之利，盡可籠取。又況不費度支之本，不置榷易之官，不興輦運之勞，不濫徒黥之辟。

臣意生民之弊，有時而窮，盛德之事，俟聖不惑。議者謂榷賣有定率，征稅無規準，通商之後，必虧歲計。臣案管氏鹽鐵法，計口受賦，茶為人用，與鹽鐵均，必令天下通行，以口定賦，民獲善利，又去嚴刑，口出數錢，人不厭取。景祐元年，天下戶千二十九萬六千五百六十五，丁二千六百二十萬五千四百四十一，三分其一為產茶州軍，內外郭鄉又居五分之一，丁賦錢三十，村鄉丁賦二十；不產茶州軍郭村鄉如前計之，又第損十錢，歲計已及緡錢四十餘萬。榷茶之利，凡止五十餘萬緡，通商收稅，且以三倍舊稅為率，可以得百七十餘萬緡，更加口賦之入，乃有二百一十餘萬緡，或更於收稅則例微加增益，即所增至尠，所聚愈厚，比於官自榷易，驅民就刑，利病相須，炳然可察。

詔三司與詳定所相度以聞，皆以為不可行，及嘉祐四年卒行之。

又卷一四一《慶曆三年》［六月］甲辰，詔曰：『議者多言天下茶、鹽、礬、鐵、銅、銀坑冶之有遺利，朕懼開掊刻之政，常抑而不宣。然尚慮有過取而傷民者，轉運司其諭所部官吏條上利害以聞。』初議欲弛茶鹽之禁及減商稅，既而范仲淹以為：『茶鹽、商稅之入，但分減商賈之利爾，於商賈未甚有害也。今國用未省，歲入不可闕，既不取之於山澤及商賈，必取之於農。與其害農，孰若取之商賈。今為計莫若先省國用，國用有餘，當先寬賦役，然後及商賈，弛禁非所當先也。』其議遂寢。

又卷一四九《慶曆四年》［五月］甲申，知制誥田況言：『近聞西界再遣人赴闕，必是重有邀求。朝廷前許茶五萬斤，如聞朝論欲與大斤，臣計之，乃是二十萬餘斤。兼聞下三司取往年賜元昊大斤茶色號，欲為則例，臣竊惑之。蓋往年賜與至少，又出於非時，今歲與之，萬數已多，豈得執之為例？若遂與之，則其悔有三，不可不慮。一則搬輦勞弊，二則茶利歸賊，三則北敵興辭。所謂搬輦勞弊者，自西事以來，鄜延一路，猶苦輸運之患，卞咸在鄜州，欲圖速效，自鄜城、坊州置兵車，運糧至延州，二年之內，兵夫役死凍殍及逃亡九百餘人，凡費糧七萬餘石，錢萬有餘貫，才得糧二十一萬石。道路吁嗟，謂之地獄。今茶數多，輦至保安軍益遠，歲歲如此，人何以堪？議者欲令商旅入中，可以不勞而致。且商旅惟利是嗜，非厚有所得，則誘之不行。廟堂之論，本謂綵貴茶賤，故賜茶五萬斤，以充其數。今計利者謂，若令商旅入中，則一綵之費，未能致茶一大斤。此不得不悔也。所謂茶利歸賊者，臣在延州見王正倫伴送元昊使人，緣路巧意鉤索賊情，乃云本界西北連接諸蕃，以茶數斤，可以博羊一口。今既許於保安、鎮戎軍置榷場，惟茶最為所欲之物，彼若歲得二十餘萬斤，則榷場更無以博易，此不得不悔也。所謂北敵興辭者，今北敵嫚視中國，自欲主盟邊功，苟聞元昊歲得茶二十餘萬斤，豈不動心？若緣此亦有所求，必不肯與元昊等，至時果能以力拒之乎？此不得不悔也。』

又卷一九一《嘉祐五年》［三月］丁巳詔書既弛茶禁，論者猶謂朝廷志於便人，欲省刑罰，其意良善。然茶戶困於輸錢，而商賈利薄，販鬻者少，州縣征稅日蹙，經費不充。知制誥劉敞、翰林學士歐陽修頗論其事，敞疏云：

古人有言：『利不百，不變法。』蓋言立事之難也。朝廷變更茶法，誠欲便百姓，阜國用而已。自變法以來，由東南來者，更言不便。徒以初詔不欲人立異，故一切緘默，莫敢正言。其大要以謂先時百姓之摘山者，受錢於官，而今也顧使之納錢於官，受納之間，利害百倍。先時百姓冒法販茶者被罰爾，今悉均賦於民，賦不時入，刑亦及之，是良民代冒法者受罪，子子孫孫未見其已。先時大商富賈為國貿遷，而州郡收其稅，今大商富賈不行，則稅額不登，且乏國用。此三者最其害也。或以謂法遂不變，則中家必困，小家必流，若因緣驅逼，起為盜賊，甚非國家之利也。臣愚欲乞申敕有司，益采輿議，且收格前詔，極論可否。若朝廷能粲然復三代之舊風，捐山澤之末禁，則乞一弛茶法，恣民勿問。設為國用尚繁，利源未可悉除，猶當擇其利害，變而通之，使公私兩濟，若求益反損，求利反害，臣恐東南數十州之民，由此而困，則所謂『利不百，不變法』者也，未知其可。

臣暗於時事，不足以商功利。然耳之所聞，心之所疑，不敢不陳。望

朝廷因臣之言，以求便國惠民之策。至於細意委曲，臣亦不能盡也。

又卷二二〇《熙寧四年》［二月戊辰］是日，上對輔臣言向來茶法之弊。文彥博曰：『非茶法弊，蓋昔年用兵西北，調邊食急，用茶償之，其數既多，茶不售則所在委積，故虛錢多而壞法也。』王安石曰：『榷茶所獲利無多。』吳充曰：『仁宗朝茶法極弊時，歲猶得九十餘萬緡，亦不為少，茶法因用兵而壞，彥博所言是矣。然立法之初，許商人入芻粟邊郡，執交鈔至京師，或使錢、銀、綢、絹，或香藥、象牙，惟所欲，商人便之，故法大行。至祥符初，限以三稅之法，定立分數，不許從便，客旅拘制；又茶官多買茶之下者，苟足課額，商人得之，往往折閱；又法數變，而民不信，此其所以大壞。如邊鄙無事，法令不為小利輕變易，自無不行之法。』王安石曰：『茶法本亦不善，須挾見錢、香藥等乃能售，蓋見錢、香藥等已足辦邊糴，而茶乃更為賈人之累，以此小賈不能入中，惟大賈能之；惟大賈始能，則邊糴之權制於大賈，此所以糴價常高，而官重費也。』

又卷二八四《熙寧十年》［九月］癸亥，以屯田郎中、侍御史周尹提點荊湖北路刑獄。先是，尹上言：『成都府路置場榷買諸州茶，盡以入官，最為公私之害。初，李杞行敝法，奪民利未甚多，故為患稍淺，及劉佐攘代其任，增息錢至倍，無他方術，惟割剝於下，而人不聊生矣。大抵在蜀則園戶所苦，壓其斤兩，支錢侵其價直；在熙、秦州則官價太高，而民間犯法不可禁止，又搬運不逮，糜費步乘，堆積日久，風雨損爛，棄置道左，同於糞壤。兼所至不通客旅，惟資無賴小民結連羣黨，持仗私販，虧失征稅。茶司認虛額，又侵盜相繼，刑罰日滋，致數千里之害，可為深慮。臣頃在京師，傳聞其事，既未詳盡，安敢輕議。今受命入蜀，所至體問，乃知買茶為害甚鉅，有知彭州呂陶、知蜀州吳師孟等論奏可以參驗。往者，杞、佐繼陳苛法，即信用其言，曾不略加參考。今議者條其刓蠹，悉皆明白，未即采聽，何勇於興利而怯於除害乎？臣願敕有司速究榷茶之弊，俯徇眾論，寬西南之慮。』

又曰：『竊詳朝廷之意，未欲遽罷茶禁者，必以熙河路買馬年計，茶最為急耳。但通商之後，舊來諸路茶稅，年額錢總二十九萬餘緡，先已復故，即可委諸路轉運司一面管認赴熙河路外，有見今官茶，所在州縣堆積極多，足支數年買馬，自今商旅販秦州、熙河路茶，必能有備。臣體問廢罷改革事，皆商旅所願，望速下本路逐處根究，臣之所陳有實，即乞罷榷茶之法，許通商買賣，以安遠方。』

又卷三三四《元豐六年》［四月］同提舉成都府等路茶場陸師閔言：『李稷歿於王事。按：稷領治茶事，於五年間，除百費外，收獲淨利四百二十八萬餘貫。伏望以稷成就茶法之功，賜之土田。』又言：『文州與階州接界，而兩路茶法不同。階州係禁地，見有博馬及賣茶場；文州係通商地分，兼龍州界亦係相連。乞以文、龍二州並為禁地，依秦鳳等路條法施行，仍下轉運司，除博馬外，不得將所買茶於文、龍州別有支用。』又言：『秦州支用錢物有侵過本錢，收付尚未齊足。乞下秦州本司，令差官一員攢造支錢文帳。』又言：『永興等路，惟是金州所出，及影帶透漏山南私茶或南方雜偽末茶，其價高貴，陝西之民良以為苦。乞計置川路餘羨茶貨徧入陝西路諸州軍出賣，並依秦鳳等路禁茶地分條貫施行。』又言：『成都府據川陸之會，茶商為多，常患物貨留滯，不免賤入居停之家。乞於成都府置博賣茶都場，許隨宜增價出賣及博易諸般物貨，卻行變轉，其所增利息，並依川路賣食茶及陝西博易條施行。』又言：『本司昨奏依客例買鹽入川變轉，每年不得過一萬席。準朝旨，不得令州縣出賣及有抑配。竊緣官物浩瀚，若不令州縣干與，則其間情弊何所不至？乞許本司就委逐處稅務監專管勾，依市價增減出賣，並不妨客旅興販。』詔並依師閔所奏。李稷賜潁川官田十頃。初，蜀茶額歲三十萬，至稷加為五十萬，及師閔代稷，為百萬云。《食貨志》：『自熙寧七年至元豐八年增廣茶法，蜀道茶場四十一，京西路金州為場六，陝西賣茶為場三百三十二。熙寧七年，稅息錢四十萬緡；元豐五年，五十萬；七年，增羨至一百六十萬緡。詔定以百萬緡為歲額，除充他官經費外，並儲陝西，以待詔用。』

又卷三六六《元祐元年》［二月］其一曰：利、益路所在有茶，其間邛蜀彭漢綿雅洋等州、興元府三泉縣人戶種茶為生，自官榷茶以來，以重法脅制，不許私賣，抑勒等第，高秤低估，遞年減價，見今止得舊價之半。乞委所差官取榷茶至今遞年所估價例對定，即見的實。茶官又於每歲秋成糴米，高估米價，強俵茶戶，謂之茶本。假令米直八百錢，即依一貫支俵，仍勒出息二分。春茶既發，茶戶納茶，又例抑半價，兼壓以大秤，所

損有半，謂之青苗茶。元條園戶茶一百斤許收十斤市例，內用一半入官，一半用饒潤客旅。今逐場一百斤收至二十餘斤，出利者往往卻僞作園戶中茶，虛旁支出官錢入己，近者邛州嘗有此獄。又有數多陰與客旅商量，納賂不貲，指放出賣者。及至賣茶，本法止許收息二分，今多作名目，如牙錢、打角錢之類，至收五分以上，買茶商旅其勢必不肯多出價錢，皆是減價錢、損園戶，以求易售。又昔日官未榷茶，園戶例收晚茶，謂之『秋老黃茶』，不限早晚，隨時出賣。榷茶之後，官賣止於六月，晚茶入官，依條毀棄，官既不收，園戶須至私賣以陷重禁，此園戶之害，一也。

又 卷三七〇《元祐元年》 先是，劉摯言：『伏見京師所置水磨茶場，前後累有臣僚論列，乞行寢罷，尚未蒙指揮。臣契勘，官自磨茶之初，猶許公私交易，故商販之茶，或不中官，則賣之鋪戶。自去年二月，遂禁鋪戶不得置磨。然都下雖禁，猶有府界縣、鎮可以交易，故客人不避重出腳費，津置出入。至當年七月，遂并府界一切禁其私易。於是商賈以茶至者，觸藩抵禁，須至盡賣入官，而又使牙儈制之，不量茶之色品，一切痛裁其價，留滯邀遏，其狀百端，此商旅之所以不敢行。商旅不行，故沿路征商之數，其虧額已多。又磨河之水，下流壅散，浸瀦民田，被害者數邑。聞去年已被省稅矣，臣疑所得未必能當所失，而民間食貴茶，場戶常失業，抵冒刑罪，又備賞錢，利害細瑣，其狀不一。至於傷國大體，則臣未暇論之。竊聞臣僚所言，多送戶部，戶部送太府，太府送本場，本場次第上之。蓋所司知奉法取利而已，安有肯為朝廷論義理哉！臣亦聞議者云：「歲可得息錢僅二十萬緡，以助經費，何可廢也。」此以利言之者也。苟以謂有助於用而不廢，則何事不可為哉？亦有道而已矣。宋用臣未建此策以前，不聞國用闕此二十萬緡也。譬夫為人之子，日攘竊於人，取財以養其親，為之親者知其如此，顧利其奉養而聽其為盜賊，可乎？伏望聖慈早賜出自睿斷，罷水磨茶場，以通商賈，以養細民，以寬州、縣稅額，以免農民水害，而上以副仁聖惠綏天下之意。』摯此章蓋以八年上，不得其月日。元祐元年閏二月二十九日，乃罷水磨茶場，從侍御史劉摯、右司諫蘇轍、殿中侍御史黃降、劉次莊所奏也。

又 卷五一一《元符二年》 ［六月］右正言鄒浩奏：『伏見元豐年修置水磨，變磨茶末出賣，止是在京及開封府界諸縣，未嘗行於外路。今既追復舊法，自合盡依元豐事體，而都提舉汴河隄岸司，乃於京西路鄭滑州、潁昌府，河北路澶州一例施行。近日又更差官前去京東路濟州山口措置水磨等事。除鄭州舊係府界縣分可以依舊施行外，其潁昌府、澶、滑州山口，皆元豐舊法所無，而今輒行之，果何謂也？若謂潁昌既有水磨，可以就便出賣，濟州山口置磨以後，亦可出賣矣；若謂澶、滑係與畿縣相鄰，可以出賣，即凡與畿縣相鄰去處，亦可出賣矣；若謂山口當清河之衝，可以因水置磨，即凡通水去處，亦可置磨矣。既行之鄭、滑，又行之澶州，又將行之濟州，皆以為可，即一路一州，自此通彼，輾轉相因，何所不至？雖朝廷遵奉前例，不敢輒有增損，而本司乃以機變之巧，陰肆滋蔓。臣恐歲月之後，遂遍天下，而茶商衣食之源，盡為本司所榷，不得措其手足，其弊可勝言哉！伏望聖慈，深賜照察，特降指揮，只令一依元豐舊法施行。所有濟州山口措置水磨并其餘非元豐所行事件，並一切寢罷，庶幾不失先朝立法為民之意，上副陛下繼志述事之孝。』浩奏不得其時，附見潁昌、滑澶賣茶後。濟州置水磨，其從違當考。

宋 袁説友《東塘集》卷一〇《寬恤茶商札子》 臣謂比者兩路之盜皆出於茶商，因成嘯聚。此徒本亦良民，豈願流為盜賊，自取死亡，必有大不得已，起於貧窮，然後為此。朝廷要當議求二路茶商利害，稍從寬恤，恐有利於公而不利於私者，或利太多而茶戶不得以自贍者，或禁之無術而徒苛虐以害其商者。與夫茶引之貴賤、胥吏之乞覓、巡捕之邀求無厭、州縣之額外科擾，凡此之類，宜降明詔，命兩路茶鹽司同帥臣公共體量事勢，熟究利害，須公私兩便，在茶商可以安業，而公家不失所利。並令畫一條具，取旨施行，擇其果可長久而便民者，速與行下，庶幾少安茶商之心，潛弭盜竊之志。

明 李椿《奏減茶引价钱疏》《歷代名臣奏議》卷二七一 臣竊見累年以來，茶寇滋盛，動輒百十爲羣。多至數百人，或相讎殺，或恣刼掠。前年鄂州武昌縣、黄州兴國軍界，茶寇兩次讎殺，官司不能誰何。臣備員湖北漕臣日，曾具奏聞，去年湖南北界首，茶寇數百人，讎殺者數十人。帥司遣兵收捕，捉獲百餘人，方始稍戢。至茶出之時，又復前来。臣赴四川任，至潭州益陽縣界，正是茶寇出没去處。因詢問土人，多稱自茶引增價以来，客旅艱於興販，所以私販公行。莫能制遏，或行刼掠居民，或奪取

客人買下茶貨，或彊掠婦女，或押鐵匠打造器甲，以致民不奠居。臣契勘得長引每道販茶一百二十斤，價錢二十四貫有奇。短引每道販茶百斤，價錢二十三貫有奇。長引又有兩淮京西路畨引錢，又有過淮錢，共十五貫有奇。臣累任湖南州縣差遣，備見官司抑勒牙鋪承買茶引，亦有違法科于税户者，提舉司亦嘗按發，可見茶引價高，願買者少。竊緣榷茶與其他榷貨不同，如鹽、礬、乳、香、鉛、錫、酒，皆有所之物，唯有榷茶，止是空引，客人自行買茶，置篰搬擔，費用固多，計其每引不下四五十千。委是引錢太重，商旅難於圖利，遂致私販日廣。本爲商賈，變而爲盜，至於民被其害，若不改革以救之，其患不可勝言。臣愚欲望出自宸斷，將茶引價錢，痛行裁減以救其弊。竊緣湖南北所産之茶，江浙不食，臣欲乞將湖南北路茶引每道販茶六十斤，引價錢三貫文。是長引元販一百二十斤，今減其半。價錢元係二十四貫，其半當一十二貫，今減作三貫，是四分之一，却計每年兩路茶額科降引數，以四倍給之，付逐處官司紙墨之費。不多招邀筭請，必不更有科抑之弊。游手失業之人有三千，便可興販官茶，况今来私販之多，百倍於有引販茶之數。今来茶引價輕，公販有利，則私販日消。將不止可補四分之數，臣愚謂因此可變盜賊爲商賈，化兇惡爲良善。若直待遣兵捕殺，僅能勝之，所損多矣。其兩淮京西畨引，過淮貼納，更不增減，畨引錢於沿江税務送納，貼納錢於近榷場税務送納。其不經畨引欲過淮者，一併送納，沿淮關防，稍加緊密，則無透漏。其有江浙所産茶，乞從逐路監司相度。茶事雖隸提舉司，緣臣備員職司，親見民間疾苦，不敢緘默。

明 王恕《王端毅奏議》卷二《申明茶法奏狀》 陝西清吏司案呈卷：查應天府批驗茶引所、直隸常州府宜興縣張渚批驗茶引所、浙江杭州府批驗茶引所節次關去茶引，自成化元年起至成化十年止陸續共關過茶引五十八萬三千六百六十一道，前去發賣各處茶商照賣茶觔，累催不見銷繳。

查得本部先於景泰五年，為因各處茶商人等多將舊引影射私茶，不行銷繳，查照清理鹽法事例具奏該户部，依擬奏准出榜曉諭，及行各處巡按、巡鹽、巡河、巡江、監察御史、監收船料、提督、洪閘郎中等官禁治搜檢，各批驗所追繳退引等因，已經通行遵守外，今照前項退引累催不繳，其故蓋因批驗所不置簿籍附寫茶商姓名貫址，或不照茶商路引，聽其冒名開報，或將引由賣齎産茶地方轉賣與人，如此欲得的確名籍，行追繳引，難矣。况茶貨出山，經過官司既不從公盤詰，又不依例批驗，縱有夾帶觔重，多是受財賣放，彼何畏憚而不停藏舊引，影射私茶。又如南直隸常州府、廬州府、池州府、徽州府，浙江湖州府、嚴州府、衢州府、紹興府，江西南昌府、饒州府、南康府、九江府、吉安府，湖廣武昌府、寶慶府、長沙府、荆州府，四川成都府、保寧府、重慶府、夔州府、嘉定州、瀘州、雅州等處俱係産茶地方，相去前項三批驗所，遠者數千里。近亦不下數百里。若照引内條例，聽茶商徑赴産茶府州納課買引照茶，於人為便，理必樂從，誰肯不買引由，公犯茶禁？今却令茶商皆來此三所買引，路途窵遠，往返不便，欲其一一遵依，不作前弊，亦難矣。况批驗所退引該與截角，今前項三所卻管賣引，不行批驗照退，名實不稱，有乖職掌，呈乞施行等因到部。臣等竊惟印造茶引、鹽引，禁治私茶、私鹽，係是太祖高皇帝舊制。今官不修職，民不守法，茶禁廢弛，一至於斯。若不申明禁約，非惟虧國家之課程，抑恐壞祖宗之制度。合無請給聖旨榜文通行天下，曉諭今後園户賣茶及茶商興販茶貨、造引給由，與夫批驗納課等項，務要俱遵引由内條例。數内惟買引一事免其納錢，只照見行事例，每引一道納鈔一貫，中夾紙一張，仍令前項産茶府州斟酌所管地方每歲可出茶貨若干、合用引由若干，預先具數，差人赴本部關領前引，回還收貯，出榜召商。中買仍要辯驗茶商路引，果無詐偽，即將其人姓名貫址附簿，將引給與。年終該府州各將賣過前引造冊，就將收過紙鈔差人一同解繳本部，鈔送該庫，交收紙劄造引，仍具數領關次年合用引由。各批驗所如遇茶商經過，務依例逐一批驗，將引截角，如無夾帶，即便放行。若有夾帶，就連人茶拏送本處官司問理。年終將批驗過客商姓名、貫址并引數目及盤獲私茶起數、緣由造冊申達所轄，轉繳本部查考。如有日前停藏舊引、未曾繳報者，榜文到日，限三箇月以裏赴所在官司告繳，與免本罪。敢有不遵條件、興販私茶者，許巡按、巡鹽、巡河、巡江、監察御史、監收船料、提督、洪閘郎中等官及各該軍衛有司、守把關隘人員拏問。挑擔、馱載及引領、牙行、停藏之家俱依律治罪。盤獲私茶并盤車船、頭畜等物俱入官。如將引由照茶，依例批驗截角，賣畢

隨將赴往賣所在官司告繳，封送原引，衙門通類解部查銷。若有過期不繳者，原領引衙門查報各該巡按、監察御史、按察司提問追繳。如此則職掌定而政務修，法令明而姦蠹息。緣係申明舊例，清理茶法事，理未敢擅，便令將茶引由内條例開坐具題：

計開：

一茶引由内，茶引一道納銅錢一千文，照茶一百觔。茶由一道納銅錢六百文，照茶六十斤。見行事例，每引由一道納鈔一貫，中夾紙一張。

一諸人但犯私茶，與私鹽法一體治罪。如將已批驗截角退引入山影射照茶者，同私茶論。

一客商興販茶貨，先赴產茶府州，具報所賣斤重，依例納課買引，照茶出境發賣。如至住賣去處，賣畢隨即於所在官司繳納原引。如或停藏影射者，同私茶論。

一山園茶主將茶賣與無引由客商興販者，初犯笞三十，仍追原價没官。再犯笞五十，三犯杖八十，俱倍追原價没官。

一茶、引不許相離，有茶無引、多餘夾帶，並依私茶定論。

一客商販到茶貨經過批驗所，須要依例批驗，將引由截角，別無夾帶，方許放行。違越者笞二十。

一偽造茶引者處死，籍没當房家產，告捉人賞銀二十兩。

一賣茶去處赴宣課司依例三十分抽一分，芽茶葉茶各驗價直納課。

一販茶不拘地方。

清 楊應琚《清奏議》卷五三《酌籌甘省茶政疏》乾隆二十七年

一、官茶應改徵折價也。謹按甘省額設茶引二萬七千二百九十六引，每引行茶一百觔，交官中馬。五十觔中馬，五十觔聽商自賣，外帶附茶十四觔爲運脚之費。以每五觔爲一封，合計交官茶二十七萬二千九百六十封。商人自賣正附茶三十四萬九千三百八十八封。康熙四十四年，因中馬例停，需茶無多，議將應交官茶，改收折價，每封繳銀二錢，其商人仍準每引全配正附茶一百十四觔。嗣於康熙六十一年，因庫茶無幾，議將每引交官茶五十觔仍收本色。乾隆元年，後因庫茶存積較多，議改折色，每封增銀一錢，共收折價銀三錢，其折價茶封不準配運。商人止每引配正茶五十觔，并附茶折半減爲七觔，共以五十觔行銷。迨乾隆七年，又議將折價仍收本色。十三年復以庫茶銷變維艱，酌請將應交本色官茶，以二成徵收本色，八成改徵折色，每封仍收價銀三錢。商人除交二成官茶，每引十觔，共茶五萬四千三百九十二封外，其自賣之茶，仍止準每引配運正附五十七觔，連二成本色，附茶一觔六兩零，共止配運正附茶三十一萬八千八百十七封。乾隆二十一年，前撫臣吴達善以康熙四十四年改徵折價之時，原係聽商按引全配。迨乾隆元年以後，遽將折價茶封不準配運，遂致商力疲乏，帑項懸久。奏準將每引八成改折茶四十觔，附茶五觔九兩零，俱照康熙四十四年之例，聽其全行配售，以紓商力，計每年應增配茶二十四萬八千九百三十九封，此歷年徵收本折暨商茶增配之原委也。是甘省庫貯官茶，向例如遇存積過多，則請改徵折色，如庫貯無幾，復請徵收本色。原係隨時權衡調劑，期於公私交有裨益，今五司庫内，自乾隆七年至二十四年已存積至一百五十餘萬封，經前撫臣吴達善於二十四年奏準，每封作價三錢搭放兵餉。當奉行之始，兵丁領獲茶封，尚有餘利。今行之二年有餘，已搭放過茶四十萬餘封，現在市肆官茶日多，價值漸減，兵丁無利可圖，率皆不願多領，是以尚貯存茶一百一十八萬二千餘封，連巴裏坤、哈密存貯茶六萬八千餘封，共茶一百二十五萬餘封，一時遽難銷售。今伏讀諭旨，兵丁果有餘利，則官茶不無損價，若官茶但利疏銷，又豈能抑勒兵丁。勉强從事，其中必無兩利俱存之理。欽此。【略】即以現在滿漢各營暨口外各處辦事大臣查覆實在應需茶封數目統計，每年亦僅能銷茶十餘萬封。非十年之久，不能全數疏銷。且每年商人又增配茶二十四萬餘封，商茶既多，官茶自必益加雍滯。其按年應交二成官茶，若仍聽其照常交納，勢至陳茶銷售無幾，新茶又相繼堆積，疏通無日，黴變堪虞。臣悉心酌議，莫若將商人應交二成官茶五萬四千餘封，暫停交納，照例每封折價銀三錢，俟陳茶銷售將完，再請徵收本色。庶清源即可溯委，庫貯陳茶自當漸次疏銷矣。

一、商茶應准其減配也。查甘省茶法，商人每引交茶五十觔，無論本折，即係額課。此外尚有捐助茶規官禮等項，查出充公銀三萬九千餘兩，亦係按年交納，無殊正供。至商人自賣茶封，每引自應配正茶五十觔，連附茶共止配售三十餘萬封。該商等即以配售三十餘萬封之茶，完納前項應需之課，其乾隆二十一年前撫臣吴達善奏準增配茶二十四萬八千九百

三十九封，原係例外加增，以紓商力，并無課項。第茶封既已加增，則湖南採買價值，亦即較前昂貴。迨運至甘省，又有庫貯官茶搭放兵餉，遂至市價日減，商茶亦須賤售，該商等不特餘利無幾，而連年配運之茶，兼亦頗有積滯，此後若仍按年如數配運，勢至愈積愈多，難免停本虧折。是以該商等呈請前撫臣明德，情願將前項增配無課茶斤，減配八萬餘封，以期易於銷售，俾商本不致停滯。至有課茶封，仍係照常行銷，則應輸課項，自應照便完納。緣明德原奏內未及詳晰叙明，致蒙睿詢。今臣復細詢商頭怡緒遠等，據稱地方食茶，民番大概止有此數，而茶觔歷久行銷，應售價值，亦爲民番所稔知。今官茶商茶既各有壅積，欲同時一體疏銷，除減配之外，別無良法。前請減配茶八萬餘封，爲數尚少，於事無濟。今酌中籌計，查商等自乾隆十三年定議二成八折交收以來，除交官二成本色茶封外，應配自賣有課正附茶三十一萬八千八百十七封，連乾隆二十一年奏準增配無課茶二十四萬八千九百三十九封，共應配茶五十六萬七千七百五十六封。核計每引一道應配茶二十四封四觔，今情願每引一道正配茶十五封，內應酌減無課茶一十五萬八千三百十六封，共止配茶四十萬九千四百四十封。至二成本色茶封，現既酌議改徵折價，自亦無庸配運。如此則茶商行銷較易，不致停本賤售，而課項又係照常完納，且商茶既減，則官茶亦易銷售，實於公私交有裨益等語。臣復札行布政使吳紹詩等細加確核，據稱該商等所稟情詞，實係因時籌酌，公私兩便，事屬可行，仍俟茶觔疏通之日，另請照舊配運等因，稟覆前來。臣應請俯如所請辦理，以利疏銷。

一、陳積茶封應請召商減售也。查各司俱有陳積茶封，而惟洮司爲最多。該司地處偏僻，艱於銷售，曾經前撫臣吳達善於乾隆二十五年奏準，將此後應交銀茶，俱改歸甘莊二司交納，其從前存積陳茶，俟搭餉完日，即將洮司裁汰。無如該處附近，止有兩營，額設官兵無幾。自定議搭餉以來，止搭放過茶九千餘封。現今庫內尚貯存乾隆七年至十八年陳茶三十三萬餘封，計非數十年不能搭完。而此項茶封約值銀十餘萬兩，如聽其再行存貯，勢至日漸黴變，帑項虛懸。是以乾隆二十六年前撫臣明德奏請，照現在搭餉每封三錢之價，召商售變，以期漸次疏銷，部議酌中核定，行令每封以四錢發賣等因，惟是官茶名爲黄封，色淡味薄，向不如商附黑茶之易於銷售，今又存貯多年，色味更不如前。若不量減價值，勢至領買無人。且今自有搭放之例，民間於二年之內，又添官茶四十萬餘封，茶愈多而價愈減，兵丁領獲茶觔，食餘零賣，或錢或糧，彼此交易，總不出每封三錢之價。而召商變賣，則以每封四錢發售，價值既貴，成色又低，商民無利可獲，現皆裹足不前，故自准到部諮以後，迄今并未售變一封，若不另行定議，則召商變賣，仍屬有名無實。臣詳加酌核，應請仍照前撫臣明德原議，每封定價三錢，召商變賣。至甘莊二司，存茶尚非過多，口外所需，向由該二司撥運，無庸議銷外，河西二司，共存茶六十餘萬，爲數較多，除陸續搭餉外，如該處商民，有情願照搭餉三錢之價，前赴各司領買者，亦準其一體交價售變。如此則陳茶廣爲疏通，不致積久黴浥，實於帑項有裨。

一、內地新疆應一體搭放也。查乾隆二十四年前撫臣吳達善奏準茶封搭餉案內聲明，自二十五年爲始，令滿漢各營自行酌定茶數，每封作價三錢，於餉銀內以一二三成搭放等因，價值既爲適中，兵丁獲沾惠濟。今自搭放兩載以來，兵丁雖因市價漸減，不願多領，然自行食用之茶，亦在所必需。臣移行甘省滿漢各營查明，每年實在需用茶共十二萬餘封，具覆前來。此皆按照營分之大小，兵丁日用之多寡，距茶司道之遠近，及該處銷售之難易，各從兵便，據實定議，并無稍有勉强，應請按季照數搭放，以廣惠澤。至新疆地方，現在生聚漸繁，米糧蔬果物産，在在豐裕，惟茶觔一項，向須取資於內地。誠如聖諭，各處濟用，自屬多多益善。臣隨令各處辦事大臣查明，每年共需茶二萬七百餘封。又準伊犂等處辦事大臣等諮稱，新疆地方遠近不一，軍臺駝馬額設無多，若於遞送文報之外，再令轉運茶封，必致勞傷疲乏，恐難兼顧。不若雇覓牲畜，陸續運觔分貯，令官領買。其本脚價銀，即在官兵月支鹽菜銀兩內隨時坐扣，在官兵雖稍出脚費，然較之商賣，價值尚賤，於官兵既多利益，帑項不致虛糜，而臺馬亦可免傷斃添補之煩等因，移覆到臣。伏查新疆商賣茶價，現準各處諮覆，大概每封需銀二兩四五錢并二兩上下不等。今官茶運至新疆各處，除自各司至肅州，沿途陸續輓運，毋庸雇覓牲畜、攤算脚價外，自肅州運至各處，如雇覓牲畜，轉將脚費攤入茶本之內，於領茶官兵月支鹽菜銀兩內扣還，核計應需本脚，較之買自商賈，既多減省，而臺馬又

不致勞傷，實於公私有益，自應如伊犁辦事大臣等所議辦理。至將來如遇有換班官兵出口，亦應令其隨便酌量携帶，庶運費并可節省。再巴里坤、哈密現在貯存茶六萬八千餘封，所有新疆需用之茶，自應先盡此二處就近撥運，俟撥運將完，再由內地各自運往，如此則內外銷售，事易集而利亦普矣。

清 那彥成《那文毅公三任陝甘總督、刑部尚書奏議》卷五九

《請禁新疆私茶》 道光二年十二月二十七日奏：為新疆各城行銷茶封，應請定立章程，禁止私販充斥，並請分年帶銷滯引，以裕國課事。竊臣查甘肅茶引原額二萬七千二百九十六道，分西寧、莊浪、甘州三司行銷，乾隆五十二年及嘉慶四年、十一年，因甘司行茶地方直達新疆，地面既寬，銷茶較易，節經各前任督臣奏明，增引一千七百道，共引二萬八千九百九十六道。每年徵收九成折色銀十二萬二百九十三兩零一毫，官茶二萬八千九百九十六封。所徵茶官茶，間年撥運伊犁、塔爾巴哈台、烏什三處，給官兵在俸餉內扣價歸款。其烏魯木齊等處所需茶封，均係甘司官商將茶運至涼州、肅州，交給散商販運出口，自行銷售。是新疆為甘司行引之區，久已定有地界，難容私販充斥，以致官引滯銷，虧短國課。前因官茶未能照引暢銷，經升任督臣長齡飭令，嚴拏私茶，隨據迪化州查獲東明芳號之張淩一等販賣茶封由歸化城、張家口草地運往烏魯木齊銷售，請有綏遠城將軍照票，並在歸化城輸納稅銀，當經咨准。綏遠城將軍覆稱，張淩一等置買雜貨、布疋、茶封，運往烏魯木齊等處售賣，歷任將軍俱不知新疆一帶另有商人請引行茶，是以填給照票等情。經升任督臣長齡以張淩一等所販茶封，請有照票並納稅銀，由來已久，委係不知例禁，自未便據照私販治罪。但新疆地方，本係甘司行茶之處，未便任其以無引之茶販往充斥，議令貸其既往，禁其將來。咨准，部覆照議辦理，並准部咨。以甘司行茶地面較廣，私茶既禁，原額引張自行不敷行銷，行令會同新疆等處將軍大臣查明每處每年應需茶若干，核明確數，共應增添引張若干，抑係在於折色茶封內撥運之處，妥議章程，奏明辦理。當經移准烏魯木齊都統覆稱，烏魯木齊等處，距甘司較遠，難以搭放官茶，請仍令北路商民販賣茶封，於古城設局委員收稅，以抵甘司課項。又准定邊將軍咨稱，烏里雅蘇台、科布多距甘司過遠，勢難搭放官茶。並以乾隆二十五年曾奉諭旨，令販賣雜貨、布疋、茶封之商民等，前赴烏魯木齊等處貿易，請將烏里雅蘇台、科布多二處北路商民銷剩餘茶，准赴烏魯木齊等處易換糧食。先後咨覆，臣行據藩司蘭州道會同核議，茲據詳稱，甘省行銷茶引定例，伊犁、塔爾巴哈台、烏什三處，間年撥運官茶五萬數千封，沿途官車不敷運送，共需津貼腳價銀二萬有奇，在食官茶兵名下攤扣還款，若再為烏魯木齊等處運送官茶，官車更不敷用，津貼腳價愈重，官兵扣項愈多，邊隅寒卒亦難支持，自應如該都統將軍所議，均毋庸搭放官茶，以恤兵艱。至烏魯木齊所請，仍令北路商民販賣茶封，於古城設局委員收稅，抵課之處毋論。派往人員難保無侵蝕情弊，而茶無官引，憑何稽察，更恐商人串同分肥，轉以新疆行銷私茶，藉詞虧短甘司課項，尤於茶政有礙。即定邊將軍所議，烏里雅蘇台、科布多二處北路商民銷剩餘茶，准赴烏魯木齊易換糧食，亦難保無影射私銷，充斥甘司正引，均未便照議辦理。詳請仍將烏魯木齊等處地面歸於甘司行銷茶封，並請將滯引銷完之後，酌定增添引額等情，具詳前來。臣查甘司行銷茶引，本有一定地面，因北路商民請票販賣雜貨、布疋，夾帶茶封，漸致充斥官引，自應嚴行禁止。查烏里雅蘇台、科布多二處，向設北路商茶，應仍聽該商照舊販賣。惟止准就地行銷，不許私赴烏魯木齊等處易換糧食，致滋影射充斥。其伊犁、塔爾巴哈台、烏什三處仍舊搭放官茶，毋庸更易外，所有烏魯木齊、巴里坤、古城、吐魯番、庫爾喀喇烏蘇、喀什噶爾、英吉沙爾、阿克蘇、葉爾羌、和闐、喀喇沙爾、庫車十二處，本係甘司行引地面，應仍歸甘司銷茶納課。如有此路商民販賣無引茶斤，即照私販治罪。如此定立章程，則私茶不能充斥，官引可期暢銷。應即酌增引數，以裕國課。第查道光二年，西、莊、甘三司滯銷之引，尚有二萬八千九百餘道，若於此時即請增引，恐未能同時並銷。而烏魯木齊二十處，每年實在可以增引若干亦難預定。應請責令茶商恰抱真等於道光三年運銷額引之外，將西、莊、甘三司道光二年以前滯引，在於甘司分作三年帶銷全完，再行察看情形。烏魯木齊等處每年實在可銷茶若干，應增引若干，酌中定數，奏請加增，以昭核實。謹奏。奉朱批，該部核議具奏。

道光四年六月初十日奏：為籌議新疆運行茶引，招商非宜，請仍責

成甘司商人領辦，並請酌減烏里雅蘇台運茶箱數，以安邊圉，而便民食事。竊伊犁將軍臣慶祥前以新疆各城回夷素食雜茶，甘肅官商所運附茶，非其所欲，有格礙難行之處，請在新疆地面行銷雜茶，奏蒙俞允，並以酌添引張一節，敕部議覆，應照陝西、甘肅之例，即添在新疆地方，令商人承領，照茶輸課，每年應添引若干，征課若干，難以懸定。令臣等會同查議，並將甘司茶引有無壅滯，應行裁撤，亦一併查明具奏。總期安邊、便民、通商、裕課，四者毋失其一。奏奉諭旨准行，欽遵行知前來。臣正在核辦，又接准戶部咨，奉上諭：果勒豐阿等奏烏里雅蘇台地方請准商民仍循舊規，馱載磚茶前赴古城兌換米麵一折。著照所請，准其令商民等每年馱運磚茶七千餘箱，前赴古城兌換米麵，仍照例給發印票。只准該商等前至古城，不准另往他處售賣。並著烏魯木齊都統就近詳察西路各處情形核辦，務期銷售茶封兩無滯礙，欽此。行令歸入前案，一併妥議具奏。伏查新疆地方，夷民雜處，茶觔一項為日食所必需，向係甘肅內地商人運往銷售，從未聞有缺茶之處，於商於民原屬相安無異。近年以來，北路無引茶觔，名為運至古城易換糧食，實則四路販賣，壅滯官茶。是以臣曾於上年奏准，嚴禁私販疏銷滯引在案。夷民之於茶觔，既一日不可缺，商人之於引地，又國課所攸關，自應籌全兩益，事垂遠久，方為盡善。部臣所謂安邊便民通商裕課四者，毋失其一之論，誠屬至當不移。茲果勒豐阿等仍欲以無引之茶，奏令該處民人馱載七千餘箱，前赴古城兌換米麵，殊不知該處口糧食物等項，嘉慶四年奏准由科布多撥運屯糧，並撥出官馱，每年赴內地置買食物一二次分給。上年戶部議覆新疆運茶案內，指明有據，是應需口糧本有所藉，即或不敷，亦未必全須茶販帶運。古城為新疆彈丸一域，向未住有商民，今請馱運茶觔七千餘箱，雖未據聲明每箱重數目，當亦有官茶七千餘引之數，古城一處豈能盡銷，其為借名影射，欲侵越於新疆各城，顯而易見。況官茶每引納正課銀三兩，雜項銀一兩四錢零，而該處運茶並無引課，止於殺虎口、歸化城二處每箱各納稅銀一錢，課稅既相懸遠，其利自可倍蓰。此等販茶之人，既非官商，亦無定數，又無專員憑引稽查，無籍之徒，爭趨若鶩，勢必愈久愈多。新疆重地，豈可使若輩以無引無課之茶到處充斥，且人數既多，奸良莫辨，深恐日久與回夷等往來交結，必生枝節。甚至夾帶違禁諸物，更難保其必無，似非所以安邊境而便夷民也。即以准其請票納稅辦理而論，究竟每年應運若干茶，每票應定若干數，每票用幾次，有無年月限期，且票係何人承領，有無總領散領之人，係何姓名，有無冊檔可查，自本處販運至口外銷處，以及途間如何稽核，均未議及，亦非經久之計。至慶祥前請於新疆添引之議，原屬籌酌變通，惟是改添引目，應招土著殷商領運。新疆各城除回夷之外，均屬客民，素無土著，既無土著，何有殷實。向來各鋪戶多係由歸化城轉賣運售，即屬無引之茶，其成本之不能充裕，可想而知。此時縱使招充，亦不過行蹤無定之人，有利則來，無利則去，紛紛更易，滋擾必多。況舊制以茶易馬，原寓控制外藩深意，方今中外一家，誠無區別，然以口外應食之茶，即於口外招商辦運，揆之馭邊之道，亦覺非宜。而以後官商稽運，誤課在所必然，尤非所以裕國課而通商賈也。臣體訪情形，再三籌酌，應請將果勒豐阿等請販茶觔七千箱之數，仰懇聖恩，准其每年改運雜茶三千箱，前赴古城易換米麵。若運他處售賣，及私行多帶者，即照私茶律治罪。則為數酌減，售私自少，於蒙古一帶口食仍無所損。而新疆各城官茶引地，庶不致多被侵佔。至所運茶箱，每箱應以若干觔為定，或改領引目納課，或仍前給票完稅，其辦茶之地，以及經由各處，應如何分別稽查，應用商人若干名，如何開報花名註冊，諮部備核，以杜隱橫之處，仍請敕部詳細議定飭遵。此外新疆各處既無可招之商，應請仍令甘司商人，每年令增新疆雜茶引目三千道，照邊引之例，配茶納課。於烏魯木齊、古城地方設立茶局二處，將茶陸續運往屯聚，分運各城，源源接濟。仍試行三年，或增或減，再行核實定數。或是商人販運茶觔成本所係，而夷民買食，又利價輕，尤宜籌得其平，方為兩便。查從前各司所行茶觔，每引額定一百一十四觔，嗣於乾隆二十七年前督臣楊應琚以引茶壅積，裁減七十五觔為一引，現尚照此運行。今所增雜茶一千引，並請改照舊額，每引配茶一百一十四觔，庶茶引增觔，商本輕減，其賣價即對較賤，於夷民自更相安。仍將賣價先行明白曉示，不准高擡居奇。所販之茶或不能如式，即治以應得之罪。此外新疆應行附茶之處，仍聽甘商照常運銷。如此則以歷久辦運無誤之商行回夷需食之茶，而又去其私販流弊，似於安邊便民通商裕課，較為有益。臣粗悉情形，數月以來，咨訪亦屬相符，因即劄致伊犁將軍臣

慶祥會商具奏。今慶祥來劄，以新疆無殷實土著之戶可令充商，仍欲令北路商民徑運雜茶，聽其由古城運往南北各路販賣。並於北路古城地方設立稅局，由臣派員前往抽收稅課。伏查前據果勒豐阿具奏，仰蒙聖明洞鑒，行茶引地未便侵越，止准北路商民運茶至古城兌換米麵，不准另往他處。天語煌煌，至公至允。茲若不論南北，不計茶數，任其販赴各城銷售，是於新疆各路萬餘里之內，以無引無課之茶，縱令無賴之徒肆行牟利，其中流弊何可勝言。此而謂之安邊便民，實非臣所敢置詞。至各商辦茶完課，自應赴專管衙門計茶輸課，若以無引之茶稅，而欲於數千里外專設稅局，由臣派員往就抽收，不特諸多未便，且議近言利，亦覺不成事體。臣仰荷天恩，畀以邊疆重任，辦理諸事，惟知虛衷推求，不敢稍有固執。

清　那彥成《那文毅公籌畫回疆善後事宜奏議》卷七七《議立茶稅附請設三城銀庫並經營章程》　道光八年七月十九日，會同參贊大臣固原提督楊公芳，喀什噶爾參贊大臣武公隆阿，奏為嚴詰私販，便回通商充餉事。竊惟上年四城回眾勾結煽惑致亂之由，多係商民一切賤買貴賣，貪利盤剝，民不聊生。又兼與外夷各部落交易茶葉等物，無所稽查，日久熟識勾串，俾外夷得知我虛實，以致敢於鴟肆。查回疆出產足以自給，所需者惟茶為最。臣那彥成出關時，沿途採訪，並行查蘭州、涼州等處及口外各城。茲據蘭州道稟稱，南北兩路，除烏里雅蘇台、科布多二城向食北路商茶，伊犁、搭爾巴哈台、烏什三城向例兵餉搭放茶封外，其餘十二城均係甘司引地，歲行官引九千九百餘道，加以帶銷滯引及撥運官茶約計二十餘萬封，向係官商運至涼州發莊，聽來往客販轉運出關，隨地銷售。又據各城大臣查報，南北兩路歲行附茶，通計四五十萬封各等情。查官引額銷，年例出關二十餘萬封，竟行銷至四五十萬封之多，其為藉官引行私茶無疑，而無引私茶從中影射，亦可概見。迨至行銷各城，城城增價，現在哈密以西各城，每附茶一封，值銀一兩七八錢，至最遠之喀什噶爾七八兩十餘兩不等。此奸商私販勾通外夷，剝削回眾，輕售重取，日甚一日，不可不亟亟辦理之實在情形也。惟事須持平，憑天理即順人心。此次張逆滋事，該逆並未曾擾及之處，如葉爾羌各臺站，回子先將商民搶掠焚殺，靡有孑遺。此時若竟抑勒商民，專意顧恤回眾，似亦未得情理之平，而任聽增價無已，亦必別滋事端。查商民在關內置價，每附茶一封值銀一兩一二錢，運至涼州而止。以後則任聽來往客商攜帶售賣，藉軍興為名，高抬價值，有增無減，利歸私販，其弊尚小。至勾結外夷，聯絡聲氣，其弊滋甚。惟有官為定價，使回眾無食貴之虞，則自此回民永感天恩，人心可百年牢固，而因有稽查，則操縱之權益有把握。臣等時時計及現在新增防兵，連舊額防兵共至一萬餘名，所費不貲，萬不得已，籌及天下兵額內百分裁二，糧餉移以濟用，而內地營伍裁而又裁，空虛可慮，亦非固本培元之道。臣等愚昧之見，總須以回疆之利作回疆之用，不值以正項經費供給邊荒。今擬設稅局數處，以便稽查。向來每附茶一封，價本銀一兩一二錢，軍興以前，止賣三兩四五錢。乃自用兵之後，茶價擁貴，至各城遞增，賣銀七八兩至十餘兩不等。今擬每封官為定價，遞減至阿克蘇不得過四兩，喀什噶爾、葉爾羌不得過五兩，作為永定之價，不許增添牽算。商民每封成本一兩一二錢，合計成本運腳二兩五錢，每封賣銀四五兩，每封運腳一兩二三錢，每封獲利二兩五六錢。若販至數百封、數千封茶，愈多利愈厚，斷不致累商。應請於嘉峪關照殺虎口、歸化城、張家口等處設稅，於阿克蘇照古城設稅，喀什噶爾、葉爾羌為行銷總要之區，均亦設稅抽分，庶私販奸民，均有稽查，回民免於食貴，種種流弊，可期盡絕。為此合詞謹奏，如蒙俞允，臣等再行細擬章程，另議具奏，謹奏。

道光八年八月二十日，奉上諭：那彥成等奏嚴禁奸商私販茶葉，並設局稽查一摺。甘肅官引額銷茶葉，每年例應出關二十餘萬封，近來行銷竟至四五十萬封之多，顯係以無引私茶從中影射。其行銷各城，又復遞加價值，每附茶一封售銀七八兩至十餘兩不等。此等奸商私販，勾通外夷，剝削回眾，不可不嚴行禁絕。現據那彥成等酌請，每封官為定價，阿克蘇價銀不得過四兩，喀什噶爾、葉爾羌不得過五兩，作為永定之價，不許增添。並於嘉峪關地方照殺虎口、歸化城、張家口等處設立稅局，阿克蘇照古城設立稅局，喀什噶爾、葉爾羌為行銷總要之區，均設立稅局抽分，稽查奸商私販，以杜流弊。俱著照所議辦理，其詳細章程，著那彥成等另行妥議具奏。

道光八年八月初三日，會同參贊大臣固原提督楊公芳，喀什噶爾參

贊大臣武公隆阿，奏為借項運茶以濟兵食事。竊照回疆西四城，現賣附茶每封市價七八兩至十餘兩不等，業經臣等於議抽茶稅摺內具奏，一面照奏定章程先行平價，阿克蘇不得過四兩，喀什噶爾、葉爾羌不得過五兩，通行出示曉諭，回子已無食貴之虞。惟據帶兵各將領面稟，留防兵丁所得鹽菜銀兩無幾，當此百物昂貴之時，諸已拮据，而茶為日用必需，照市價買食，尤形苦累，懇求借項自行置買，到後一律抽稅扣餉歸款等情前來。查附茶在涼州發莊，每封售銀一兩一二錢，沿途遞增運腳，至最遠之喀什噶爾，合計成本、運腳、關稅每封不過三兩，商販權衡月利及鋪面雜費，不能不售至四五兩。若官為採買，沿途運腳均給民價，並照例投稅，每封作價三兩散給兵丁，扣餉還款，每封可多餘銀二兩。邊遠荒苦之地，各兵亦得沾潤，必當照辦。惟喀城並無閑款可動，合無仰懇皇上天恩，俯准飭下陝甘督臣在於甘肅藩庫，借撥經費銀二萬五千兩，臣等現已派員前往，俟領出銀兩，即照市價採買附茶一萬封，沿途支發運腳，回至喀什噶爾，報由參贊大臣衙門核銷。統計西四城滿漢兵丁六千八百餘名，按每兵一名准領茶一封半，陸續散給。臣等預咨葉、英等城辦事大臣於運茶經過時，照兵數飭留扣餉全完，分別補解所借銀兩，甘肅藩庫在於道光九年喀什噶爾等四城經費項下全行坐扣，以清款項。謹奏。

道光八年九月初三日奉上諭：那彥成等奏請借撥銀兩運茶，以濟兵食一摺，回疆西四城兵丁所需附茶，現據那彥成等請於甘肅藩庫借撥款銀，發交派往之員，在涼州採買一萬封，每封坐價三兩，散給西四城滿漢官兵，扣餉還款。著楊遇春即於甘肅藩庫動撥經費銀二萬五千兩，交喀什噶爾委員妥為領辦，沿途支發運腳，由該城參贊大臣衙門核銷，所借銀兩即在道光九年喀什噶爾等四城經費項下全行坐扣，以清帑項而濟兵食。

道光八年十月初五日，會同喀什噶爾參贊大臣武公隆阿，幫辦大臣蘇公清阿，奏為酌議回疆抽收茶稅章程事。竊臣等前奏，奸商私販茶葉，勾通外夷，擡價病回，請設稅稽查，官為定價一摺，欽奉上諭：現據那彥成等酌請，每封官為定價，阿克蘇價銀不得過四兩，喀什噶爾、葉爾羌不得過五兩，作為永定之價，不許增添。並於嘉峪關地方照殺虎口、歸化城、張家口等處設立稅局，阿克蘇照古城設立稅局，喀什噶爾、葉爾羌為行銷總要之區，均設立稅局抽分，稽查奸商私販，以杜流弊。俱著照所議辦理。其詳細章程，著那彥成等另行妥議具奏，欽此。伏思臣等因商販私運茶葉，與外夷勾結，是以議請設稅稽查，復因商販擡價病回，是以議定價值，永遠不許增添。若定價過少，近於抑勒商民而便外夷，且恐商販賺利無多，相率裹足，於回食亦有關繫，不若使之獲利寬裕，而稅則亦量為加增。稅乃取之於商，回子又復可食賤茶。商販獲利稍厚，則運茶愈多，稅課愈旺，自足供支餉需，堪以節省經費，方與詰奸、便回、通商、裕帑四者相濟為效。茲酌議章程，附茶向由蘭州官商納課，運至涼州。自涼州以西，悉聽雜商販運出關銷售。今擬令各商於涼州置買茶時，赴涼州道衙門報明商人姓名，茶封數目，請領印票。有販運雜茶者，亦准一律給票。涼州道照票諮明安肅道查核，按月呈報陝甘總督一次。至嘉峪關，責成安肅道於關口設稅局，委員驗票收稅。查附茶一封，商販在涼州置買，價銀一兩一二錢，販至阿克蘇賣價四兩，至喀、葉兩城，即賣至五兩。統計商販成本腳價至阿克蘇每封合銀一兩八九錢，至喀、葉兩城每封合銀二兩一二錢，除上稅外，在阿克蘇共每封獲利一兩五六錢，至喀葉兩城每封獲利約二兩餘。推之百封、千封、萬封，其利甚厚。該商等在內地行銷，不能如此獲利，自必踴躍前來。將來回疆茶多，其價自減，於回民更有裨益。應將嘉峪關稅則定為每附茶一封重五斤，納稅銀三錢，雜茶每五觔納稅銀三錢，各商於上稅後，繳銷涼州道印票。另清安肅道印票，仍注明商人姓名，茶封數目及運赴何城銷售。安肅道照票分咨該商所往之城照驗，按月咨報伊犁將軍、烏魯木齊都統、喀什噶爾參贊大臣、葉爾羌、阿克蘇辦事大臣、陝甘總督，查考所收稅銀，按月報院，咨司查核。又雜茶由殺虎口、歸化城出口，聚集古城。商販於古城納稅後將運赴南路行銷，各種雜茶即於稅局請領印票，注明商人姓名、茶色、觔數及運赴何城銷售，稅局給票後，報明鎮迪道，咨呈阿克蘇辦事大臣及喀什噶爾參贊大臣、葉爾羌辦事大臣查照，仍按月呈報烏魯木齊都統、陝甘總督一次。阿克蘇為附雜茶總匯之區，擬於該城設稅局。查各商販至阿克蘇，每封賣銀四五兩，今官為定價不得過四兩，商利倍於成本，亦應徵稅銀三錢。雜茶五觔作附茶一封納稅，各商原領嘉峪關、古城兩處印

票，均在該城繳銷。其轉運烏什及西四城行銷附雜各茶，令其報明阿克蘇辦事大臣，給予印票。亦注明商人姓名、茶色數目及運赴何城銷售，一面咨照各城大臣照驗。其葉爾羌、喀什噶爾二城均係接壤外夷，處處有開齊小路，設有偷漏，尤關緊要，擬每城設落地稅。查阿克蘇附茶，官為定價不得過四兩，喀、葉二城官為定價不得過五兩，計加增運腳不過二錢，商販多獲利息八錢。應定為每附茶一封，雜茶五觔均徵收稅銀二錢。阿克蘇、葉爾羌二城將收過稅課按月咨明陝甘總督、喀什噶爾參贊大臣查照。喀什噶爾所收稅銀，亦按月咨明陝甘總督查照。每屆年終，喀什噶爾參贊大臣將本城及阿克蘇、葉爾羌二城一年所收稅銀，具奏一次。陝甘總督將安肅道所收稅銀，及喀什噶爾、阿克蘇、葉爾羌諮報收過稅銀數目，彙奏一次，各稅局仍照例造冊奏銷。安肅道所管稅務，照各省鈔關、督撫委巡道監收之例，由陝甘總督經管辦理。如各稅局查無原領印票，或茶色數目與印票不符，均以私茶論，入官充公，仍治私販之罪。如巡攔兵役，有藉端留難勒索賣放情弊，該管大臣查出，或被商販告發，各照本例從嚴治罪。該管大臣如有隱匿稅課，照侵盜錢糧例治罪。嘉峪關、古城兩處印票，至阿克蘇驗銷，並各商指明赴哈密、吐魯番、喀喇沙爾、庫車等城行銷之票，亦令呈繳。各城大臣、衙門一律截角咨回，各原衙門查對所換阿克蘇印票，俟各商運赴何城銷完之後呈繳。該城大臣、衙門匯齊，每年年終，截角咨銷。如奉旨允准，令涼州道暨關內外各稅局，遵照章程，逐條出示曉諭，務使周知，以免干犯禁令。惟是南路設稅稽查已臻周密，自不致再有偷漏出卡之弊。恐商販惟利是圖，避匿稅課，勢必改由伊犁出卡。則南路徒有設稅之名，而奸商仍可繞路出卡，交接外夷，亦屬無益。烏魯木齊亦應設稅局一處，凡附雜茶到境，照阿克蘇稅則一律抽稅，伊犁本城照喀、葉二城抽收落地稅。如此兩路稽查，奸商不至出卡私販，似為周備。但西路情形是否與南路相同，如何辦理之處，應請飭下伊犁將軍、烏魯木齊都統體察情形，妥議奏辦。其庫車之沙雅爾，阿克蘇之渾巴什河，均有通和闐等處捷徑，此外或另有小路、岔道堪以繞越稅局之處，應令各城大臣查明，派兵設卡稽查，嚴防偷漏以期周密。謹奏。

道光八年十一月初七日，奉上諭：那彥成等奏酌議回疆抽收茶稅章程一摺，前據那彥成等，以奸商私販茶葉，勾通外夷，奏准設局稽查，官為定價，並聲明詳細章程，另行妥議具奏。茲據奏各商買茶應請領印票，並酌定稅則，及應添稅局稽查之處，均著照所請行。惟南路設局稽查周密，恐商販惟利是圖，改由伊犁繞道出卡，致有交接外夷之弊。那彥成等請於伊犁本城，照喀什噶爾、葉爾羌二城抽稅，烏魯木齊照阿克蘇稅則抽收。兩路稽查，庶奸商不至私販出卡，應如何辦理之處，著伊犁將軍、烏魯木齊都統，體察情形，妥議具奏。其庫車之沙雅爾、阿克蘇之渾巴什河均有通和闐等處捷徑，此外或另有小路、岔道可以繞越稅局之處，並著各該城大臣查明設卡，派兵稽查，以杜偷漏。其餘詳細章程，俱著照所議辦理。

道光八年十月初五日，會同喀什噶爾參贊大臣武公隆阿，幫辦大臣蘇公清阿，奏為請設喀什噶爾、葉爾羌，阿克蘇等三城銀庫，並按例嚴定官吏經管章程，以重帑項事。竊查臣等前議抽茶稅，業經欽奉諭旨，准行在案。約計南路八成回民食茶至少二十餘萬封，每附茶一封五觔，雜茶以五觔准附茶一封，自嘉峪關至阿克蘇抽稅六錢，到喀什噶爾售賣者，抽落地稅二錢，到葉爾羌售賣者，抽落地稅二錢，合計喀什噶爾、葉爾羌、阿克蘇等三城共四處，抽稅每封計稅銀八錢，以最少約計二十萬封茶，即應收稅銀十餘萬兩，而雜茶仍不在此數。再加以卡外准通貿易，其如何交易，雖定有章程，而價值之高下，未便官為抑勒商民而便外夷，則於十餘萬兩之外，有增無減，如果辦理妥善，統計每歲可得銀二三十萬兩。惟各城存貯既多，聽其散漫無稽，日久不肖官吏，漸生侵盜，必致釀成巨案。竊恐非聖明准設茶稅，惠商便民，充餉詰奸之本意。立法之始，惟有嚴定章程，使層層有所稽查鈐制，自然人知畏法，不至舞弊侵肥，再生巨案。查內地州縣府道，有經管錢糧之責者，定制皆設庫房，額設庫官、庫吏，專司出入查記簿籍，以杜侵虧挪移。除嘉峪關歲收稅課，聽陝甘督臣督飭，安肅道在於道庫收貯，無庸議設官吏外，查喀什噶爾、葉爾羌、阿克蘇等三城，舊時雖有銀庫，所有出入止於歲例俸餉，旋收旋放，並無存貯。今庫貯既多，自應立庫，及增添官吏監守，方為周備。應請於各大臣衙署內，各設銀庫一所，專派掌印司員經理，毋庸另請簡派司員，以節冗食。其書吏一項，口外各衙門經書向來俱於換防營書內挑補，所

有新設書吏，應聽各大臣在於換防營兵內，擇其謹飭老實通曉文義者四人充膺庫吏，專管登記簿籍，辦理一切有關庫項、文移案件，所需工食銀兩，照例支給，作正開銷。每城定為額設庫吏，經承二缺，貼寫二缺，均照內地成例。查例載監守自盜倉庫錢糧，不分首從，並贓論罪，四十兩以上擬斬。又錢糧官吏互相覺察，若知侵欺盜用借貸係官錢糧，匿而不舉及故縱者，並與犯人同罪。又上司逼勒所屬挪移庫銀，照貪官例治罪等語。如大臣中有挪移庫項情事，准章京等援例阻止。倘敢故違功令，准章京庫吏揭報，照上司逼勒所屬挪移庫項之例治罪。匿而不舉者，同罪。章京與庫吏通同舞弊，虧短錢糧，該管大臣查出，照監守自盜，不分首從，並贓論罪。章京舞弊，庫吏據實首舉，庫吏舞弊，章京據實查報，各照監守自盜本例辦理。知情不舉，照故縱例治罪。如此嚴定科條，大臣及章京、庫吏人等互有考核，於庫項實為有裨。但繩以重法，若不優予進身之階，亦不足以示勸懲而昭平允，應請將管庫章京於經管三年期滿，由該管大臣查明庫貯一無弊混，咨部議敘。庫吏五年役滿，考取典吏一名，咨部銓選。查回疆各城額設書吏，道光四年吏部奏定章程，五年役滿，仍歸雙月外用班，七缺之後選用，初次留班期滿，仍歸雙月升選，十缺之後選用。至初次留班期滿後，如實因辦事乏人，准其再留二年。俟二次留班期滿，統歸一班，毋論是否積缺，一併計算。四缺之後，選用一人等語。今添設庫吏，事同一例，並請循照向例辦理。庶庫官庫吏知有勸懲，自當益加慎重。至各該大臣每遇遷轉更調，務當詳晰造具舊管新收，開除實在四柱清冊交代新任，歸新任大臣具奏。司員班滿，亦須造具清冊，交代接手司員，由本城大臣造冊，咨部查核。倘該大臣司員等有別項事故，實任之人尚未到任，暫署之人，亦應將庫官冊據查明，分別具奏。如有造報不實，既瞻顧情面，匿不奏報者，查出從重辦理。如此明定科條，弊端可除，免生巨案。謹奏。

道光八年十一月初七日奉上諭：那彥成等奏請設喀什噶爾等三城銀庫，並按例嚴定經管章程一摺。回疆南路八城，每歲食茶至少二十餘萬封，每附茶一封五觔，雜茶以五觔准附茶一封。自嘉峪關至阿克蘇及葉爾羌等三城，共四處抽收稅課，請於各該三城設立銀庫，以昭慎重。著照所請，准其於喀什噶爾、葉爾羌、阿克蘇三城大臣衙署內各設銀庫一所，專派掌印司員經理。應設書吏，著各該大臣於換防營兵內選擇。每城定為額設庫吏、經承二名，貼寫二缺，專管並一切有關庫項文案，所需工食銀兩，准其照例支給，作正開銷。惟是各城庫貯既多，若不嚴定章程，必致日久弊生，致滋侵蝕，嗣後各城庫項，如大臣中有挪移情事，准章京等援例阻止。倘敢故違功令，准章京、庫吏揭報，照上司逼勒所屬挪移庫項之例治罪，匿而不舉者，同罪。章京與庫吏通同舞弊，虧短錢糧，照監守自盜，不分首從，並贓論罪。章京與庫吏舞弊，互相舉報，各照監守自盜本例辦理。知情不舉者，照故縱例治罪。各該大臣及章京人等，務當奉公守法，認真妥辦。其管庫章京三年期滿，由該管大臣查明庫項，一無弊混，准其咨部議敘。庫吏五年役滿，考取典吏一名，准其咨部銓選。照回疆各城額設書吏，道光四年吏部奏定章程一律辦理，俾知懲勸。再各該大臣每遇遷轉更調，當造具清冊，交代新任，歸新任大臣具奏。司員班滿，亦造具清冊，交代接手司員，由本城大臣造冊咨部查核。倘該大臣司員尚未到任，暫署之人，亦應將庫官冊據查報，分別具奏。如有奏報不實，及匿不奏報者，查出從重辦理。該部知道。

道光九年正月十二日，會同喀什噶爾參贊大臣武公隆阿，奏為酌議回疆行茶規條，奏明交部立案，以憑畫一遵循事。竊臣議抽回疆茶稅，詰奸便回，通商裕帑，欽奉諭旨准行。經臣等會議章程具奏，復奉上諭，俱著照所議辦理。欽此。當即咨移各城，並陜甘總督、伊犁將軍、烏魯木齊都統一體欽遵辦理去後。復查臣等前奏，關內外稽查抽稅章程，聲明奉旨允准，令涼州道暨關內外各稅局遵照，逐條出示曉諭，務使周知，以免商販干犯禁令等因。茲當設局徵稅之始，若由各該處隨意摘敘原奏，分別示諭，誠恐文義參差，商販初次試行，不能畫一遵守，籌畫尚未周密，且杜弊便商，立法不厭精詳。茲臣等復加體察，謹將原奏所未及，並有將前奏章程悉心推廣，繕列規例十四條，咨行陜甘總督，甘肅藩司，蘭州道，甘涼、安肅兩道，伊犁、塔爾巴哈台、烏魯木齊及阿克蘇、葉爾羌、英吉沙爾、和闐四城，並於喀什噶爾照繕多張，通行曉諭，俾關內外官吏、商回，事事均有所恪遵，不致稍有歧誤。第非奏明，敕部立案，將來部中無憑稽核，更恐日久變更，轉滋弊竇。自應將現行詳細條款，分晰開列，恭呈御覽，並請敕部備案。

一、查軍興以來，西四城茶價增昂，每附茶一封價銀六七兩十餘兩不等。茲奏准官為定價，在阿克蘇行銷者，每封不得過四兩，運至西四城行銷者，不得過五兩，誠為便商而不病回。該商民等如敢增價售賣，即行究辦，倘有意減價攙混行市，亦當禁止。總須遵照奏定價值售賣，違者茶罰入官，仍治以應得之罪。

一、茶商自涼州販運，應赴甘涼道衙門請票，注明茶封數目，及該商販姓名。隨時諮明安肅道，並呈報總督，諮照藩臬、蘭州道各衙門。該商等持票赴安肅道衙門照驗，换票放行，如無甘涼道印票，概不准出關，即與私販無異，茶罰入官，仍照偷漏例治罪。

一、茶販持票運至肅州，安肅道照票抽税，即將原持之甘涼道印票繳銷，換給安肅道印票，注明何商、何茶，將封數、觔重，裝用車駝若干，運赴何城銷售，一一開載票內。如運赴哈密、吐魯番、喀喇沙爾、庫車等城落地者，即注明何城銷售字樣，一面咨呈該城大臣照驗。

一、雜茶向不出嘉峪關，均由殺虎口、張家口及歸化城一帶運往北路，至古城聚集，由烏魯木齊運赴南路。其赴南路者，應令該商販赴鎮迪道衙門請票，注明茶色、斤重數目及商販姓名，按起咨呈阿克蘇辦事大臣照驗。一面呈報烏魯木齊都統，按月咨明阿克蘇辦事大臣查對。

一、現今奏准於嘉峪關設立税局一處，責成安肅道專管，應查照甘涼道印票所注茶封數目，照票抽税。每附茶一封，照奏定章程抽税銀三錢，儻有奸商避税，自涼州起票時，隱匿不實，或係甘涼道衙門胥吏徇庇營私，經安肅道税局查出，一面諮查甘涼道，一面稟報督藩臬、蘭州道各衙門辦理。肅州税局，應由陝甘總督飭司派委妥員專司稽核，如有賣放侵蝕，致虧税課，均罰令安肅道賠繳，仍交部議處。

一、出關行銷各城茶商，赴北路者，業已咨明烏魯木齊都統、伊犁將軍等處辦理。其運赴南路者，如哈密、吐魯番兩城，回戶食茶有限，未便定收落地税。其喀喇沙爾、庫車二城，不過商販過往之區，烏什僻在一隅，均未便議税。惟阿克蘇為附茶、雜茶總匯之地，商販雲集，現已奏准設局。照嘉峪關税則，每附茶一封重五觔，抽税三錢，雜茶五觔准附茶一封，抽税三錢。其由嘉峪關運至者，應驗明安肅道印票抽收。其由烏魯木齊運至者，應驗明鎮迪道印票抽收。收税後，將該二處印票查銷截角，諮回該二道衙門備照。如無該二道印票，照私販偷漏例，茶罰入官，仍照例治罪。至運赴西四城之茶，應換給阿克蘇大臣印票，注明茶色、封數、觔重及商販姓名，前往行銷，只准請領喀什噶爾、葉爾羌兩城印票。一面諮照該二城大臣查照，如有賣放侵蝕，致虧課税，均罰令該大臣賠繳，仍交部議處。該管司員如有弊混，聽該大臣嚴參。

一、自阿克蘇運赴西四城之茶，除英吉沙爾為喀什噶爾屬城，和闐為葉爾羌屬城，該二城毋庸設局徵税外，西四城回戶衆多，又兼卡外夷商雲集，該商民獲利倍蓰。應照奏定章程於喀什噶爾設立税局，每附茶一封，抽落地税二錢，雜茶五觔，抽落地税二錢。葉爾羌設立税局，每附茶一封，抽落地税二錢，雜茶五觔，抽落地税二錢。查附雜各茶運赴西四城者，總須由阿克蘇經過，其赴喀什噶爾者，捷徑則由樹窩子行走，大路則由葉爾羌行走。其由樹窩子行走者，應令商民呈明阿克蘇大臣請票，注明經行程站，仍咨呈參贊大臣按封戳印圖記，照票抽税。儻有由喀什噶爾赴英吉沙爾售賣者，該商報明英吉沙爾大臣，驗明喀什噶爾圖記，方准售賣。如無圖印，茶在市行銷，致虧課税，均罰令該城大臣賠繳。葉爾羌管税司員，如有弊混，或格外私自抑勒商民，聽商民赴控，從嚴參辦。

一、現經奏准嘉峪關抽税三錢，應徵税課行文陝甘總督，即飭安肅道在於道庫存貯外，其烏魯木齊都統、伊犁將軍等處，亦應將奏准設税緣由抄録原奏及奉到諭旨，聽其自行議奏辦理。至喀什噶爾、阿克蘇、葉爾羌等三城均設税局，自應設庫存貯，應照奏定設庫，並添設庫官吏，及如何互相稽核章程辦理，由各城遇便具奏報部，以憑查核。

一、查嘉峪關至喀喇沙爾三城，均無別路可以繞越。惟喀喇沙爾所屬之庫爾勒，向有小路沿山行走，直通喀什噶爾所屬之伊勒古楚卡倫，庫車所屬之沙雅爾有赴和闐捷徑，阿克蘇所屬之渾巴什河向東有通和闐大路，此三處應派員築卡駐查，以防偷越。

一、嘉峪關所收税銀，每月由安肅道據實稟報陝甘總督，咨明喀什噶爾參贊。阿克蘇、葉爾羌所收税銀，每月由該二城大臣咨報參贊，參贊衙門將本城及葉爾羌、阿克蘇等三城共收税課若干，咨明陝甘總督。每年終由陝督具奏一次，由喀什噶爾參贊具奏一次。每年終統算徵收税銀

若干，如征若干萬，次年防兵餉銀少撥若干萬出關，此項稅課即作為防兵餉需，作正開銷，應由陝督及喀什噶爾參贊匯總報部，以憑考核。

一、既設稅局，管稅管庫官吏應需飯食心紅等費，斷不可少。擬照內地各關稅加平耗解費，飯食心紅等費，按每百兩加平飯銀四兩，作為雜項費用。既經官定之後，如有例外需索，一經查出，從重治罪。

一、每附茶一封，自涼州起行，責成甘涼道按封戳印圖記，至肅州安肅道驗明上稅。查無涼州圖記，不准出關。按封上稅後，仍每封加用安肅道圖記，至哈密，令該商等報明哈密廳，販至南路者何商，茶若干封，販至北路者何商，茶若干封。一面行文安肅道、鎮迪道查核，並稟報本城大臣，轉咨阿克蘇大臣備查。其有運至吐魯番、喀喇沙爾、庫車等三城售賣者，均在哈密廳報明，由哈密大臣咨明吐魯番、喀喇沙爾、庫車等三城大臣，何商，運茶若干封，認赴何城售賣。其商人至所認之城，不准私賣，須先報明本城大臣，按封加用本城圖記，方准售賣。如既印有本城圖記，仍赴別城銷售者，原所不禁，但須報明本城大臣，將運赴別城行銷之處，轉咨別城大臣，亦應加印圖記，方准銷售。至哈密、吐魯番、喀喇沙爾、庫車等四城，只司稽查，不必抽稅，以免擾累。

一、商人等無不意圖避稅，甚至附雜各茶，運至阿克蘇以東各城，恃有各城印記，原准售賣，竟將所運之官印各茶賣與東四城回子，既可避阿克蘇以西各稅局盤查，仍可賤售速銷，以圖便利，回子賤買，運赴西四城貴賣，勢所必有，於稅局甚有關礙。應查明無論商民回子運茶至阿克蘇，暨運往西四城者，一體收稅稽查，庶無遺漏之弊。

一、查卡內回眾，向食附茶雜茶一項，為卡外夷商必需。現在奏准每雜茶五觔准附茶一封，俱定價銀五兩，查原奏內定價，專指卡內各城而言，至卡外通商所用雜茶最多，官未便定價抑勒商民而便外夷，亦奏准在案。是將來雜茶獲利倍於附茶，而雜茶之銷售亦暢於附茶。查雜茶俱在古城聚集，分赴南北兩路行銷，現已奏奉諭旨，令伊犁將軍、烏魯木齊都統體察情形，妥議具奏，欽此。欽遵在案。應俟伊犁、烏魯木齊奏准之日，再行照例抽稅。此時應先責成鎮迪道，按包按簍戳印圖記，給予印票，始准運赴各城行銷，一切稽查章程，及在南路八城抽稅等事，照附茶一律辦理。如阿克蘇查有雜茶到境，既無戳記又無印票，茶罰入官，照私販治罪，仍將鎮迪道咨送陝甘總督，照例參辦。

以上各條自涼州以至喀什噶爾關內外節節防維，自可不致私販偷漏，各稅局遵照奉行均有一定準則，商民亦無苦累。茶價既定，回子永無食貴之虞。現在各外夷，如布噶爾巴達克山，均已陸續前來貿易，茶更易於銷售。銷茶愈多，稅課愈旺，將來商販雲集，其價自減，於兵回更有裨益。謹奏。

道光九年二月十四日奉上諭：那彥成等奏酌議回疆行茶規條一摺，著交該部核議具奏。容安謹按：戶部議覆，以邊要事宜籌畫更當詳慎，開闢新疆六十餘年，並未設立茶稅，該處是否相宜，未敢懸擬，將來或有窒礙，請旨簡派熟悉新疆情形大員，會同悉心覆議。當奉旨著派托津、長齡、富俊會同戶部悉心核議具奏。復經議奏，以該處甫議徵稅，即慮商人藉詞擡價居奇，兵民缺食，復請借餉置買茶觔，藉資接濟，可見徵收茶稅，在商人固非所樂從，於兵民亦諸多未便，現在收稅一節，以事屬難行，未經議准，是商人亦無可藉詞擡價。其請借餉置茶，以資接濟之處，應毋庸議。又以開闢新疆六十餘年，商民輻輳，久經樂業相安，茲當重定回城，尤宜加意撫綏培養，自應仍照舊章，無須另議。所稱茶商出口以後，往來售賣，無可稽查，甚至交通外夷，必須嚴行查禁。相應請旨飭下各城將軍、參贊、辦事、領隊各大臣等，轉飭坐卡官兵，認真稽查，如有潛通外夷，即行查拏究辦。道光九年三月二十二日奉旨依議。

清 丁日昌《丁中丞政書・巡滬公牘》卷三《移請裁撤海關子口稅》

為移請事。據南卡委員署上海縣主簿徐致和稟稱，竊於咸豐十一年三月二十五日奉前關憲吳劄，上海關應徵洋商內地半稅，定於本月二十三日開辦，本關南北兩卡，為進出內地子口，中外商人必須一律辦理。惟華商運絲到卡，向例先完三關絲稅，此次改照洋商例完納內地稅餉，所有向完之內地三關絲稅，免其補完。即從本月二十三日起，凡有華商販運內地絲茶等貨到卡，亦照洋商完納一半內地稅餉等因，劄到遵照在案。

本年十月二十六日據汪乾記茶棧具報，徽商蔣聚馨從浙河運到淨茶五百七十六桶，又毛茶八十一簍又六十六袋，共三萬一千二百五十二斤八兩，船已泊卡，當令完納一半稅餉。據該商面稱，向例華商運茶經過滬

卡，只認完出口正稅，並無三關及子口稅之例，此次蔣聚馨茶貨已在安徽完納引課，又在浙境完納釐捐，又到上海呈繳捐納，沿途運費又較浩大，在商人本無力運滬出口，因奉示招徠，感恩鼓舞而來，若照洋商一律完納半稅，無力完繳，容俟稟關請免等情。

伏查華商茶貨本無完納子口稅之例，自咸豐十一年啟徽洋商內地土貨子口半稅，始奉劄飭華商運茶到卡，亦令照完一半稅銀。其時道途梗塞，茶商改由九江、漢口運售出口，徽茶久不得來，間有湖幫土茶到滬，按照新章辦理，數甚寥寥。現在汪乾記經報茶貨，實係招商來滬，貨未變價，先已一再抽釐，更非洋商運貨有稅無捐可比，所有請免內地半稅緣由，除由該棧商具稟請示外，稟請飭查華商運茶到卡，改照洋商完納內地半稅，有無詳定咨准案據，應否免其完納，分別飭遵等情，並據棧商汪乾記等稟，同前由各到關。

據此卷查咸豐十一年啟徽洋商內地土貨子口半稅，即經英國公使議定條款內，有洋商運土貨往海口，准其或照內地例逢關納稅，過卡抽釐，或照善後條約完一子口稅等語。是洋商運出土貨，既完子口半稅，即不再繳內地稅捐，如繳內地稅捐，即不再完子口半稅，華商運貨當以逢關納稅為准，無兼完子口半稅之例。惟湖絲一項經前撫憲薛奏明，無論中外商人一律改完內地半稅，以杜華洋之影混，而從前應補內地三關稅課，即已停止，是即既完之子口半稅，不再收內地稅課之明證。茶葉本無應補三關稅例，是以薛前憲原奏亦只專言湖絲，並未兼言茶葉，吳前道任內，間有華商自浙省運茶來滬，值內地匪擾之時，多未免過稅餉，因仿湖絲之例，完子口半稅，本屬權宜辦理，未經詳諮有案。

現在汪乾記經報茶葉本為招商遵諭而來，既在徽省納課又在浙境繳釐，並在上海遵繳捐項，核與逢關納稅，過卡抽釐之例相符，似未便再征內地半稅，惟將來售與洋人報驗出口，應令查照從前就地置買出口成案，將原在內地完稅印據呈驗，以杜影射。

相應備文移請，為此合移貴府，請煩查照核議，示覆施行。

清 左宗棠《左文襄全集》卷一九《閩省徵收起運運銷茶稅銀兩未能定額情形摺》 同治五年十月初八日，會福建巡撫徐宗翰銜，奏為閩省徵收起運、運銷茶稅銀兩，未能定額情形，恭摺奏祈聖鑒事。

竊案准戶部咨，閩省徵收起運、運銷兩項茶稅，節經奏諮行催酌中定額，閩省並未遵辦，行令迅速將歷年內地起運、運銷茶稅，酌核奏請定額等因。

伏查閩省出產茶葉，先僅崇安縣屬之武夷山一帶地方，故有武夷茶之名，歷在該縣設官徵稅，放行之後，有再經過各關者，仍令照例輸稅，嗣因山西之大同、直隸之蔚州等處盤獲漏稅茶箱案內，經前直隸督臣訥爾經額以福建武夷山茶不科引課，商人往來販運，官私莫辨，奏請明定章程。嗣後商販赴崇安縣收賣武夷茶葉完竣，即由崇安請領執照輸稅，以便稽查。奉部議，准咨遵辦。

隨經查明，閩省產茶不僅崇安一處，議將建寧府屬之浦城、建陽、甌甯、建安，延平府屬之沙縣，邵武府屬之邵武縣、崇安縣共七處，各商到地販運茶葉，議請自咸豐三年為始，每茶百斤飭令各該地方官就地先征起運稅銀一錢，由司核給印照，頒發各縣填給各商收執販運。並明定章程，通飭各屬遵辦，所徵稅銀解司報部奏明，俟試徵一二年後，再行定額。此徵收起運茶稅之定章也。

又運銷一項，因粵逆竄擾，江楚茶販不前，奏准暫馳海禁，因而商民取巧販茶，多由海道運往各處，不復由輪稅各關經過，以致關稅漸短。議在赴省扼要處，添設關卡，加增稅課。自咸豐五年為始，在古田縣屬之水口，侯官縣之北嶺設關，啟征運銷茶稅，專款解存司庫，報部留支本省兵餉。亦經聲明，俟試徵一二年後，再行定額。此徵收運銷茶稅之定章也。

溯自抽收以來，已逾試征之期，如可酌中定額，自應照案辦理。惟查閩省產茶多在荒僻之區，日久採植，菁華勢必日歇。而行銷又以外洋商販為大宗，每年春間新茶初到省垣，洋商昂價收買，以廣招徠，迨茶船擁至，則價值頓減，茶商往往虧折資本。加以浙江、廣東、九江、漢口各處洋商茶棧林立，輪船信息最速，何處便宜，即向何處售買，故閩茶必專恃洋商，而洋商不專惟閩茶，此皆茶稅盈絀所係。從前請試辦一二年再行定額者，蓋未熟籌及此也。

又 卷四五《甘肅茶務久廢請變通辦理摺》 奏為甘肅茶務久廢，宜相時變通，以袪商累而廣招徠，濬利源而便民用，據實陳明，仰祈聖鑒事。

竊維甘肅自軍興以來，茶務廢馳。同治四年，前護督臣恩麟奏稱，頻年賊擾，引滯課懸，請將咸豐八年欠課，分三年帶徵。其咸豐九年、十年、十一年茶引，仍令照舊行銷完課，其同治元年後茶引暫緩發商。同治五年，前督臣楊岳斌議設官茶總分各店，歸併古城茶稅，及免釐稅，緝私販，具奏。均經戶部議准，而皆未遵行。

謹案陝甘官茶均由湖南採運而來，咸豐二年以後，粵逆猖獗，湖南北兩省，賊蹤肆竄，道路中梗，茶商時被劫掠，采運頓稀。恩麟所奏欠課，自咸豐八年起，實則咸豐三年以後，引滯課懸已歷五年，此五年中，陝甘湖茶引課多係官商從前滯銷之引及私販偷運之茶也。咸豐八年以後，楚境漸次肅清，茶運稍暢。而九年、十年、十一年洋商續在各口岸收買紅茶，湖南北所產之茶，多由楚境水路就近裝赴各岸分銷，而陝甘官商辦運甚少，恩麟雖有仍令照舊領引完課之奏，官商迄無應者。同治九年，陝回構變，湖茶入陝者，囤集涇陽，聽候盤驗。城陷，盡被焚掠，自是由關而隴，賊氛充斥，官茶片引不行矣。溯甘省茶商舊設東西兩櫃，東櫃之商均籍山陝，西櫃則皆回民充商，而陝籍尤眾。亂作，回商多被迫脅，死亡相繼，存者寥寥。山西各商逃散避匿，焚掠之後，資本蕩然。引無人承，課從何出？恩麟所請分年帶徵，及仍令商人照舊行銷，本是紙上空談，初未見諸行事。楊岳斌接任總督，距恩麟前奏僅止數月，見舊商無人復充，新商畏累裹足，而陝境私販充斥，日甚一日，故請在陝設立官茶總分各店，意欲化私為官，卒以經始費用無措，遂止所請，撤各省局卡釐稅，議分古城估抽課釐，亦無應者。是甘省茶務從前徒有變通之名，並無試辦之事也。

臣上年奏請豁免積欠課銀，以票代引，招商試辦，蓋擬於官引無著時，先籌變通之策，冀行之或效，漸可仍復舊章。而戶部仍據恩麟、楊岳斌原奏，以舊引責之原領商人，新引責新商承領，雜課暫雖展緩，未准遽停。並應仿五年楊岳斌奏案，令商人於陝西先開官茶店，試辦新引。

臣接准部咨，即飭蘭道琫武遵辦，招商領引納課，自上年二月至年底，據琫武稟，舊商無力領引，新商無人承充，勉強招致，僅只陸續承引二千數百道。按之原額，不過十分之一，茶務難望轉機。

臣體察情形，甘肅頻年賊擾，漢回戶口死喪流離失業者眾，不獨茶商為然，欲招集舊商從新開辦，勢固不能。新商以欠課未免，惟恐一經充商，其獲利與否，尚未可知，而前課未清，勢將代人受累。雖多方譬曉，依然觀望不前，非官所能強。若仿照楊岳斌奏在陝開設茶店，無論地遠人眾，稽查難周，一疏檢校，便致虧折。且官民交易，既非政體所宜，又距產茶之地數千里，商販以銷路歸官，利息頓減，茶之來源難期暢旺，是禁私茶轉礙官引，尤非所宜。至請撤各省局卡茶釐，意在緩釐急課。然各省局卡釐稅向章，茶與百貨同征，專免茶釐，易啟夾帶偷漏之弊，且隔省局卡自有督撫主持，無由陝甘裁撤之理。古城漏課之茶，係由山西出口，應諮由山西撫臣委藩司道府設局卡查緝，以清其源，始免偷漏，一至古城則形勢散漫，難期周密。茲值關隴安謐，局勢與恩麟、楊岳斌在任時不同，宜通籌並計，以規永久。比按照部議，就陝甘見在情形斟酌損益，因時因地籌擬變通試辦章程，謹繕列清單，伏候聖明裁察。

因茶市屆期，一面分咨產茶地方及茶運經由各省，一面行知陝甘藩司及各道府等，妥為料理，以期劃一，務期商累袪而招徠自廣，私銷化而課額可充。以仰副我皇上便民利用，撫綏遠人至意。

所有未盡事宜，容候隨時察酌情形，奏明辦理，合併陳明。伏乞聖鑒訓示，敕部議覆施行。謹奏。

謹擬變通茶務章程，恭呈御覽：

一、山陝西舊商無可招致，回商存者更屬寥寥，整飭甘肅茶務，所苦先在無商承引，固法窮必變之時也。竊思國家按引收課，東南惟鹽，西北惟茶。茶務雖課額甚微，不足與鹽務比例，然以引課有無為官私之別，與鹽務固無異也。道光年間，江西鹽務廢馳，先臣陶澍力排眾議，於淮北奏改票鹽，鹾綱頓起，且有溢額。曾國藩克復金陵，猶賴票鹽為入款一大宗，其明驗也。鹽可改票，茶何不可。按茶引之設，向係總商承領，領某司引，銷某司茶若干斤，納正課若干，雜課若干，均有定數。其資本不足者，一商名下，數家朋充，或領引轉賣與人，正商但雇夥營運，領引分銷，坐享其利，與鹽商略同。試辦之初，人皆以充商承引為畏途者，蓋一經充商承引，則定為永額，將來須責賠舊欠，一也。或行銷不旺，致有虧折，不能辭商繳引，虧累無窮，二也。今仿淮鹽之例，以票代引，官商猶形裹足。應改擬商販並招，一俟銷路疏通，商販有利可圖，資本漸裕，屆

時或議仍復舊章，或行票尚無流弊，額引更多溢銷，屆時再當據實陳明，聽候部議。

一、正課照定例徵收，雜課歸釐稅完繳，方期簡明核實，易知易從，蹊徑清而弊竇塞，課額自可不致虛懸。按茶務正課每引征銀三兩外，征養廉銀四錢三分六釐，捐助銀七錢三分二釐八毫，西莊甘各司徵收九成改折銀二兩七錢，官禮銀二錢四分。內如捐助一條，本係雍正初征準噶爾時，茶商捐銀十二萬兩六年分繳之款，事平仍接續徵收，遂成課額。其他各款多應外銷，名目既繁，易滋流弊。承平時商力已苦難支，試辦之初，不大加釐剔，正課勢必虛懸，且陝甘釐局，茶斤已與百貨同徵，若於正課外加入雜課，又加入釐稅，是一物三徵，雜課、釐稅所定翻多於正課，於事體非宜姑勿論，成本過昂，商累已甚也。茲擬將雜課並歸釐稅項下徵收。其行銷內地者，照納正課銀三兩外，於行銷地面仿照釐局章程，在陝甘境內行銷，均各一起一驗完納釐稅，大率每引以收銀一兩數錢為度，至多不得過二兩，由陝西藩司、甘肅藩司，按照各釐局見行章程，分別酌議增減，以歸劃一而免重徵。其出口之茶，則另於邊境所設局卡加完釐一次，以示區分而昭平允。雜課既歸釐局徵收，所有各項名色概予刪除，以清款目而杜影射。是雜課雖蠲，仍於釐稅項下完繳，課額不致虛懸，而茶務得歸簡易，中飽之弊庶可免矣。

一、試辦之初，以督印官茶票代引，不分何省商販，均准領票運銷，不復責成總商。惟恐散而無稽，遇有零星欠課，無憑追繳，不得不預防其弊。茲擬陝甘兩省，凡商販領票，均令先納正課，始准給票。或一時不能措齊，准覓的實保戶，或本地殷商的保取具，屆期欠課不繳，惟保戶著賠，切結備案，亦准一律領票。

一、甘肅行銷口外之茶，以湖南所產為大宗，湖北次之，四川、江西又次之。近時陝西石泉亦產茶，然味苦性寒，品劣價減，蒙回番不之尚也。茶字不見六經，禹貢『三邦底貢厥名』，隸於荊州，先儒以名即古茗字，後人加草於名，故為『茗』，是兩湖產茶，由來舊矣。茲既因東西兩櫃茶商無人承充，應即添設南櫃，招徠南茶商販，為異時充商張本。

一、官茶行銷口外，西訖回番海藏，北達蒙古各旗，按引徵課，本有定章，即內地行銷茶斤，如陝西西安、同州、鳳翔、漢中各府，皆有額引。其湖茶私入陝境，本干例禁。乾隆嘉慶年間，先後將陝西茶引一千零三十二道，悉數撥歸甘商帶銷完課，於是陝西各府所行皆無引，私茶湖販日益充斥，浸假溢占甘引，甘商受困實基於此，楊岳斌所以有在陝開設總分茶店，化私為官之請也。而所擬三等協濟茶課，既不及正課三分之一，所稱彌補欠課已屬空談，而溢占甘引之弊，仍難杜絕。茲擬於湖茶、川茶入陝、入甘首站及各通行間道，飭陝西、甘肅兩藩司遴委妥員，設卡盤驗，以清來源。遇有無票私茶，即行截留，令其補領官票，赴行銷地方納課，經過釐局驗票完釐，其有票官茶過卡，卡員驗明茶票斤重相符，即予放行，毋准需索留難，違者撤參科罪，較之開設總分各店，防範易周，課額易足。

一、向例官茶由商領引，赴湖南產茶地方採辦，運銷口外，經過湖南、湖北、河南，入陝達甘，各省既無釐局，並無茶釐。自海口通商以來，洋商雇人分赴產茶各省地方收賣紅茶，行銷各國，議價頗昂，茶之出海者，不可勝計。而由產茶地方出海口，均一水可通，腳價減省，商販爭趨，各省始設局卡，兼抽茶釐，以佐軍用。而陝甘官茶，經由湖北襄陽入陝，取道潼關，必須舍舟而車，間途荊子關，必須舍舟而馱，出口行銷，又動輒數千里。茶本既因洋人躉買而高，腳價又因陸程迢遞而耗，於是山陝茶商漸多虧折，值粵逆狓猖，道路多梗，茶利更微。迨關隴回逆蜂起，片引不行，蒙族回部番眾不能無茶，均仰給於私販。而私販遂伺隙偷運行銷，以牟厚利。國家利權下移，徒資中飽，良可惜也。茲擬挽回課額，漸復舊章，應諮兩湖督撫臣，凡由水路出售各省海口茶斤，本係無課之茶，照舊抽釐，應無異議。其領陝甘官茶票，行銷口外，茶馬有專司，正雜課有定額，本非行銷海口者可比，又陸路腳費繁巨，成本畸重，必礙行銷。若照行銷海口章程抽釐，商販必形裹足，於事體亦屬非宜。凡遇陝甘商販運茶經過沿途地方，應完釐稅，概按照行銷海口茶釐減納十成之八，只抽兩成，所有減納八成釐銀，各省劃抵積欠甘餉作解，甘肅以劃抵欠餉作收，年終由陝甘督臣咨部，以清款目。如此則兩湖茶釐雖只抽兩成，而所餘八成仍劃抵欠餉，於款項並無出人。陝甘茶務成本稍輕，銷路易暢，即可就此本有利源稍供挹注，兩利之策也。

一、口外官茶向由陝甘茶商領引，行銷北口、西口。行北口者，陝西

由榆林府定邊、靖邊、神木等縣，甘肅由寧夏府中衛、平羅等縣。其銷西口者，由肅州、西寧等府州各屬承引納課，均責之官商。道光初年，奸商請領理藩院印票，販茶至新疆等處銷售，甘肅甘司引地被其侵佔。當時伊犁將軍慶祥，陝甘總督那彥成奏准在古城設局收稅，每年估抽銀八千兩，撥歸甘肅茶商。

年終彙報，以補課額，而課額終懸。所領理藩院查票，原止運銷白毫、武夷、香片、珠蘭、大葉、普洱六色雜茶，皆產自閩滇，並非湖南所產，亦非藩服所尚。該商因茶少價貴，難於銷售，潛用湖茶改名千兩、百兩、紅分、藍分、帽盒、桶子、大小磚茶出售，以欺藩服而取厚利，實則皆用湖茶編名詭混也。楊岳斌原奏請照甘商課額，每茶八十斤以四兩四錢四分為率，一體納稅。未將何處納稅指明，本係空言。又請將古城每年所納茶稅悉歸蘭州道，入於額征茶課，彙報奏銷。古城設局收稅，從前既未舉行，此時又何從商辦。竊維榷茶一事，不僅國家本有之利，亦撫馭藩服一端。如果理藩院照陝甘茶課，一律徵收每引四兩四錢四分，先課後票，則商販采運閩滇之茶前往售銷，尚無不可，即潛販湖茶，侵佔甘引，而按引納課，與甘商並無不同，是正課失之甘肅，猶於理藩院補之，於國計無所損，亦可任其行銷。惟查該商等所納稅銀，每百斤多者僅一兩，少者六錢及三錢，較之甘商課額，彼此相形，多少懸絕。而所銷湖茶，又係甘商例銷之引，甘商被其侵佔，得以有詞，且茶價一貴一賤，無以取信遠人，於政體實亦不協。茲擬諮請理藩院，照甘省見擬通行先課後引章程，一律繳納正課，經過地方照章完釐兩次，於票內明晰曉示，由山西歸綏道設卡稽察，驗票放行。所繳正課，即歸理藩院驗收，其歸綏道所收茶釐罰款，解由綏遠城將軍驗收。各於年終彙案，分別咨奏，以杜弊混。遇有夾帶走私情弊，由歸綏道隨時核明懲辦，均無庸由甘肅彙報。庶國課無虧，商情亦協，奸猾之徒，無所施其伎倆矣。

一、茶務辦公經費，向均在雜課項下支銷。茲擬變通試辦，自應力求撙節。惟局卡扼要分設，員弁薪水、夫馬及向章各衙門書吏、工役紙張、飯食等項，均辦公所需，必須酌量開支，以資應用。試辦之初，引課盈絀未能預計，雜課既擬歸併釐稅，所有辦公各項經費，均應於釐稅項下開支，試辦有效，再當酌中定擬，分別奏諮備案。

以上八條均經參考往例，體察見時情形，籌議變通試辦，如有未盡事宜，容再陸續陳明，務期悉歸允當。合併聲明。

清 左宗棠《左文襄公全集·咨札·札試辦甘省茶務章程》 照得甘省茶務，自軍興以後，商民流離，茶引停銷，懸課無著。本爵大臣閣部堂，於上年奏免積欠及雜課兩項，並請以票代引，暫行試辦，始據東西兩櫃商人承領票引二千餘道。嗣准部議，緩徵雜課，而積欠正課未蒙蠲緩，舊商畏累，仍多裹足不前。見在關內肅清，南省商民多願赴甘請票行茶，自應別擬章程，以便商販而廣招徠。茲將南商赴甘辦茶各條，開單行知，惟內列添設南櫃一條，又商人請票，須酌給茶課房紙筆費銀以資辦公一條，又茶商到陝起運應完釐一道，由陝入甘，分莊銷售，後繳票完釐各條，應飭蘭州琫道一併會司妥議章程具詳，以憑核飭尊照，分別咨行，並奏明立案，合行劄飭。為此，劄仰該某即便會議詳奪。

一、甘省東西兩櫃茶商，軍興以來，停銷欠課，舊商畏累不敢承辦。上年本爵大臣閣部堂奏免積欠雜課兩項，暫以票代引試辦，該兩櫃茶商因承領票引二千餘道，嗣准部議，緩徵雜課，而積課仍未蠲緩，舊商復裹足不前。今南省紛紛請票辦茶，照例納課，誠裕國便民之舉，應添設南櫃總商，補東西櫃力量所不逮，既設南櫃，則新商與舊商各領各票，不相牽涉。惟南櫃總商必由該地方州縣轉詳，蘭州道詳院，咨行立案。

一、以票代引，一票若干引，不必定以限制，惟視商人資本多寡能認銷若干，按引合算給票。

一、以票代引，原是暫行試辦，期茶務暢行，故不立限制，亦無規費。惟督署、司署、道署、茶課房紙張印色等項辦公要需，非明定章程，翻滋流弊。計每票一張，合引若干，酌定茶課房紙筆費銀若干，應由蘭州道會司具詳立案。此外不准另立名色，如有丁書巧立名色需索規費，查出立斃杖下。

一、一引配茶八十斤，除雜課銀一兩四錢零，經部議緩徵外。每引正課銀三兩，新商須先行交納，以兌舊商藉口，並免取保累贅。如取有的保，即未交納，亦准給票。俾騰留成本，以便廣採官茶行銷裕諫，如未交納，各商藉口別故，希圖免納正課，惟保人著賠。此專為試辦之初，格外優體商人起見，後此不得援以為例。

一、從前積欠舊課太多，舊商畏累不敢承辦，新商亦不甘代舊商受累。然因欠課之故，滯引停銷，則甘省茶務難興，仍於國課有礙。況此項欠課，原因兵燹以來，茶引不行，商人廢業，懸課無著，非有他故。見在關內肅清，正宜從新整理，本大臣閣部堂體念商艱，將來仍當酌量情形具奏，代乞恩施。一俟茶引暢銷，新舊茶商俱有起色，再令陸續分攤，帶完幾成舊課，限年清款，以紓商累。

一、甘省從前奏請，南茶赴甘銷售，所過各省免抽釐稅，准部復各省有窒礙之議。仍應照舊納釐，惟念東南行茶向均水路，腳價甚輕，尚可照章抽釐，若由南辦茶到甘，自樊城、荊紫關兩路取道入陝，又由陝而甘，概係陸路，計程數千里，腳價之重，非水路可比。若照章抽釐，則茶商成本未免過重，本爵大臣閣部堂見擬咨商湖南北督撫、河南撫院從權輕收，如照章應完茶釐十成，酌抽二成，其餘八成以各省在積欠甘省協餉項下分年劃扣，每年彙算甘引茶釐若干，由各省作付，甘中作收，移咨立案，庶茶商不苦重釐，銷引可期踴躍。

一、向章各商領引，向湖採辦茶斤，運陝西由潼關盤驗，再運涇陽揀做成封，復經潼關廳盤驗，後發給單票運甘，再由蘭州道盤驗，分西甘莊三司銷售，此時以票代引，原期變通盡利。若茶商願由潼關入陝，或由荊紫關入陝，均聽其便，惟入關必驗票。到陝做茶成封起運，應完釐一道，其釐仍歸甘省充餉，由本大臣閣部堂責成陝藩司委員辦理，每票合引納釐若干，亦從輕定議，以期暢行。其榆綏一路向領百引，應由陝西照章辦理。

一、由陝運茶入甘，涇州設局驗票，蘭州道衙門完課。如課已先完，由蘭分發西甘莊三司銷售，後繳票完釐一次。如有的保，商人運茶入甘，必待銷售始能完課，然銷售之後，繳票仍須完釐。其釐亦從輕定議，不准浮收。以上二條，應並由蘭州道會司議覆核奪，分別咨行。

一、西甘莊三處行銷之地，以口外為大宗，此時西口可徑銷巴里坤、古城，西南可通青海、前後藏。商人運茶到西甘莊發售，如慮行走帮單，即約集大帮，請發給傳牌，由各路防營節節護送，亦可零星發售，聽其自便。

一、請票必由蘭州道上詳備案，新商承領茶票若干，合引若干，不先完正課，必取的保，南商新來請票，蘭州殷實戶必無肯代具保結者，此時南櫃未設，尚無總商擔承，有願先完正課者，自可隨其資本給票。其每票合引納課若干，係何商人，仍由蘭州道隨時具詳備查。

又《詩文家書·變通試辦茶務章程》 變通試辦茶務四條：

一、招商應先行清欠也。查商人欠課甚巨，又有積欠各案官本生息銀兩，以此眾皆視茶務為畏途。非畏茶務，畏積課也。即如商欠帶徵咸豐元年分課銀五萬四千二百餘兩，並欠帶徵咸豐八年分課銀二萬八千九百餘兩，均在乏商名下著追。刻因追無可追，又有已領咸豐九、十、十一等年茶引，因同治元年涇陽城陷，商人引茶資產房屋眷口均遭災掠，加以甘省兵燹，連年謀生無計，商人逃亡殆盡，核計數年欠課又在三十八萬六千九餘兩。上項自咸豐五年至今，皆虛懸無著，未能徵獲分釐。若不通融辦理，亦誰敢充商，以滋巨累？是以無著之課，致阻將來有著之課。應將積欠各課奏請豁免，並將眾商拖欠原各案官本生息，飭由該總商查明數目，分行司道府縣暫行停緩，隨後試辦有效，陸續彌補。庶積欠既清，後累可免；商累既蠲，商情自期踴躍。

一、招商應先行清引也。查東西二櫃各商每年額領茶引二萬八千九百九十六道。其初原因茶引暢銷定額，茲茶務停廢已經十載，覆議招商試行，事同創始，勢難如額行銷。應俟陝、晉二省新商募到，由該總商查明共承引數若干，飭令眾商量力領票，措資前赴湖南採辦。自同治十二年為始，行一引之茶即納一引之課，從前積引不准代銷，庶免移新掩舊之弊。俟試辦二年，各商實力行銷茶引若干道，再飭承領額引。

一、招商先行清課也。查甘省茶務向章，以捐助、養廉、充公、官劄四項陋規作為雜課，每引一道，每年徵銀一兩四錢零。積弊相沿，由來已久。本行商人及外行商賈所以視茶為畏途者，亦因雜課繁重之故。今被災十載，正課百餘萬兩且歸無著，更何可徵收雜課以累新商。與其徒留雜課之名，致妨正課，曷若蠲除陳課之累，以救新課。應將每引一道每年雜課銀一兩四錢零停止徵收，以袪宿弊而重正課。

一、招商應先行清商也。向來甘省茶務，本地商民貲本微薄，不能承引，其力能承引之大商均籍隸山西。現擬試辦新引，應俟部復准行，再行知山西曲沃、稷山、襄陵、太平，陝西涇陽各縣，查傳力能承引之商，

令於陝西先開官茶總店，一面試辦新引。商情既無疑慮，庶期踴躍爭趨。

清 楊岳斌《楊勇慤公遺集》卷一一《茶務廢弛擬暫行變通辦理摺同治五年十月十七日**》** 奏為甘省茶務廢馳已極，擬暫行變通辦理，以裕國課而恤商艱，恭摺仰祈聖鑒事。

竊查甘省茶務，向分西甘莊三司三人承引辦課，額設茶引二萬八千九百九十六道，歲徵正課銀八萬六千九百八十餘兩。雍正年間，徵剿準噶爾部落時，茶商捐助運米腳費銀十二萬餘兩，分作六年完繳。及年滿繳清，而助捐之名除，仍按每年攤交之數催徵。旋於裁撤茶馬御史暨乾隆十八年清商積欠案內，先後將查出各司陋規銀二萬餘兩，添列養廉、官禮、充公三項名目與未經除名之捐助，每年共增四項雜課銀四萬二千兩零，從此歲徵課銀一十二萬八千九百餘兩。迨道光初年，北商由理藩院請票，販運雜茶出口銷售，新疆於古城地方添設茶稅，致將甘司引地侵佔。雖經前伊犁將軍慶祥、前督臣那彥成於會奏案內聲明，古城每年約估抽收銀八千兩，年底核明確數，撥歸甘省茶商，以補引課之不足，而口外並未照撥。加以陝省私販蔓延入甘，由是引滯課絀，商累漸形，然各商猶勉力清完也。

自咸豐初年，南服不靖，各商赴楚辦茶，道途時虞梗阻，兼之各處抽釐收稅，商愈困乏，課因帶欠，然勒限追繳，尚可冀其變產完交也。乃同治元年，陝甘軍興後，不惟各商運至陝西涇陽之茶概被焚毀，並該商原籍涇陽、臨潼，財產、房屋、人口亦被焚掠。甘省行茶地面又多遭賊匪蹂躪，竟至引滯課懸，商力不支，故上年前護督臣恩麟奏請將咸豐十一年應徵八年未完課銀二萬八千九百餘兩展限，自同治四年起，分作三年帶徵歸款。各商已領九、十、十一等年茶引，責成照舊行銷完課。其同治元年奉頒茶引，緩至甘省東南路途疏通，飭領承辦在案。

乃屢次飭行蘭州道嚴催，不惟舊課之完納無期，而且各商之在蘭省者逃亡殆盡，在外省者，關提不來，推原其故，皆由雜課之繼增過重，北商之侵佔太多，釐稅之抽收層疊，私販之充斥自如。又值蕩析離居，道路榛莽，是以商力疲乏，引積課懸。茲據專管茶務蘭州道華祝三酌擬變通條款，開具清摺，會同藩司林之望、署臬司崇保詳請具奏前來。臣詳加核閱，該道等係為因時權宜所請，不為無見，若仍拘泥定章，不但各商觀望不前，抑恐茶務從此停廢。謹將該道擬定條款，另繕清單，合無仰懇皇上天恩，飭部核覆，以遵照辦理，庶於國課民用均有裨益。除各商舊欠課銀，仍飭蘭州道關提催交外，為此繕摺附驛具陳，伏乞皇太后、皇上聖鑒訓示。謹奏。

謹將蘭州道華祝三擬定變通茶務條款照繕清單，恭呈御覽：

一、無引之茶，請化私為官也。查陝省西、同、漢、鳳四府及榆林、神木二處，向行茶引一千零三十二道。湖茶不准私入陝境，嗣乾隆、嘉慶年間，該處滯引難銷，先後將前項茶引全數撥歸甘商名下代銷完課。由是陝省茶無官引，而私販湖茶充斥，坐網厚利，蔓延至甘，大為甘商之害，雖迭經出示嚴禁，從未實力奉行。詳細籌畫，與其從事禁私，無裨於課，何若化私為官，藉資協濟。擬請飭令各商公同遴舉殷商數名，發給執照，在於陝西省城開設協濟官茶總店，即以前撥陝省之引，坐銷陝省之地。並於潼關、商州、漢中分設茶店，明定章程，出示曉諭。所有商販無引之茶，到陝不論粗細，何項名色，俱著販茶之戶開出包樣斤數，呈報官茶總店登明號簿，分上中下三等，每上色茶百斤收協濟茶課銀一兩，中色茶百斤收協濟茶課銀六錢，下色茶百斤收協濟茶課銀四錢，完納協濟後，即由官茶店發給票據，准照官茶在陝西地方售賣，如有隱漏，查出照依私販治罪。並遴派妥員一員，前往監收稽查。俟試辦一著成效，即將所收協濟銀兩，隨時解甘，彌補欠課，並諮請陝撫嚴飭所屬地方官，無分畛域，認真辦理，則課有協濟，積欠自易清釐矣。

一、古城茶稅請歸併彙報也。查新疆一帶，向係甘司茶商行引之地。自道光初年，北商請領理藩院印票，販茶至新疆等處售賣，侵佔甘司引地。經前伊犁將軍慶祥、前陝甘總督那彥成會奏，在於古城設局收稅，曾於摺內聲敘，每年約估抽收銀八千兩，所收茶稅俟年底核明確數，撥歸甘省茶商彙報，以補引課之不足。奉旨允准在案。惟原奏內，只准北商於古城運銷白毫、武夷、香片、珠蘭、大葉、普洱六色雜茶，而北商率將湖茶改揑千兩、百兩、紅封、藍封、帽盒、甬子、大小磚斤各項名色影射，販往銷售牟利，與甘司所行附茶，名雖異而實同，大為甘商之敵。遂致引地漸塞，茶課虛懸。竊查甘省每引一道，只行茶八十斤，應納正雜各課共

銀四兩四錢四分有零，北商每茶百斤僅納税銀自三錢六錢至一兩不等，税課懸殊，窒礙已極。雖酌定税，則案內欽奉朱批，如有窒礙之處，不妨另行奏改。而奏改之案，迄未舉辦，是當日名以八千銀兩之税，空益官商，而實以六色雜茶之行，徒害引課。應請嗣後凡口外行茶之區，除北商販賣六色雜茶不計外，其餘所販之千兩、百兩、紅封、藍封、帽盒、甬子、大小磚茶，均照甘商額課，每茶八十斤以四兩四錢四分為率，一體納税。俾官茶遍地，税額自多，並請將古城每年所收茶税，援照原案悉數歸併蘭州道，入於額徵茶課銀十二萬八千九百餘兩之內彙報奏銷，則奏案可符，引課不致積懸矣。

一、沿途釐税請免抽收也。查甘商行銷之茶，向係商人領引赴湖南安化縣山中採辦，運至陝西涇陽縣，揀做成封，發至甘省引地，銷售納課。自南服不靖以來，各省抽收釐税，引茶經過俱皆照收，而口外伊犁、哈密均係行茶引地，亦復重加收税，以致商累益增。第引茶有應納正課，與商販他項貨物牟利肥己者不同，若一律抽收，不惟漫無區別，且引滯商困，轉礙正課。應請嗣後凡甘省官商由湖南運茶至陝，沿途經過處所，驗明引票放行，免收釐税，如無引票，仍即照舊抽收，以杜蒙混，庶採辦易而商力紓矣。

一、通飭緝私，宜嚴定功過章程也。查官引之疲滯，由於私販之侵越。歷屆緝私文移告示不啻三令五申，而地方官視為具文，任聽巡役人等包庇，總不查拿，甚至私販充塞，終年無一緝獲。若不破除積弊，茶務萬難整頓，應請嗣後於寧夏、固原、秦階、洮岷各府州縣，每處專派候補正印官一員，會同地方官認真嚴緝，以破案之多寡，分差使之勤惰，記功記過，明定章程。州縣倘仍坐視不理，稟請參撤，務使奸商謀利之徒咸懍然於販私之罪，稍知斂跡，庶緝私嚴而官引可期暢銷矣。

清 曾國荃《曾忠襄公奏議》卷二五《請免加茶課疏》光緒十一年五月初一日》 奏為皖南茶商困苦，礙難改釐增課，籲懇天恩，仍照舊章完納，恭摺仰祈聖鑒事。

竊臣前准部咨，開源節流二十四條，內開一就出茶處所徵收茶課，行令參酌定章，覆奏辦理等因，當經劄飭去後。茲據皖南茶釐總局江蘇補用道吳邦祺詳稱，據茶商李詳記等瀝稟困苦情形，籲免加課。經該道詳查舊案，體察輿情，實有難以強之使行者。

如刊單內載，或照甘肅茶封之例，每茶五斤徵銀三錢，就園戶徵收，增課甚多，而洋人無所藉口各節。此條以皖南一百二十斤為一引，計之每引計收税銀七兩二錢，加以出口洋税，合計每引釐税即須十兩二錢。同治元年前督臣曾國藩所定皖南茶税章程，係本原任左副都御史張芾所定。茶章復加參酌，每引合引捐、釐費共收銀二兩八分，內捐項銀八錢，准給獎敘，均就地一總完納。查甘肅茶行銷內地，操縱維我，即使課重，茶商尚可高擡售價。皖南茶悉銷外洋，從前滬價每引得銀五六十兩、三四十兩不等，商人獲利尚厚，是以同治二年復經續加捐項四錢，共銀二兩四錢八分。其時茶價甚好，既沾利益，復獲官階，該商等尚無難色。近年引價驟跌，計多僅二十餘兩，少則十餘兩不等，加以商販資本貸於洋商者多，洋人因其借本謀利，貨難久延，輒多方挑剔，故意折磨，期入其彀。皖南茶銷路僅一上海，業已到地，只得減價賤售，種種受制洋人，以致十商九困。今部議謂徵課加諸園戶，與洋商無涉，不知課雖出於華人，價實定於洋商。彼方故意勒掯，豈肯驟加重價，此為皖茶獨銷外洋，與甘肅等處茶行銷內地者辦法不能相同也。

刊單又載，或照寧夏、延、榆、綏等處茶引，每道徵銀三兩九錢之例，於産茶處所設局驗茶，發給部頒茶照。每照百斤，共徵銀三兩九錢，經過內地關卡另納釐税，驗照蓋戳放行，不准重復影射各節。查皖南茶章，向於出茶處所設局驗茶收税，茶商每引就地總完落地税銀二兩八分，出境抵九江關，完常税銀二錢六釐，至九江新關，每百斤先代完江海關出口洋税銀二兩五錢，合共完銀五兩四錢有奇。較之寧夏等處之税，已多完一兩五錢有奇。至經過浙省各關卡，仍須照納捐釐，今部議只計出口洋税二兩五錢，於他項均未計及，是以謂為不及英國所收茶税十分之一也。從前定立茶章時，即因商販運茶赴滬既經各關徵税，又復逐卡收釐，成本過重，獲利維艱，恐狡黠之商從而影射偷漏，故本改散成總之道，定為引捐釐費章程，除關税另完外，餘均就地一總徵收。辦法似已周密，旋復接咸豐十一年十一月部咨，議抽各省茶落地税。其議大箱茶六十七斤，徵銀一兩四錢，二五箱茶二十五斤，徵銀七錢，以皖南一百二十斤為一引，計之約每引收銀二兩九錢有奇。曾國藩以新章引捐、釐費等

項已抽至二兩八分，即與落地稅相似，未能再加，蓋因皖南茶稅屢加，其本已重也。而曾國藩同治二年奏定江西落地稅章程時，即謂部議落地稅科則稍重，斟酌核減定議。彼時軍務方殷，需餉甚急，尚未能按照部議。即同治二年皖南續加之捐銀四錢，至光緒五年七年間，因商情困乏，復經前督臣沈葆楨、劉坤一先後奏減，迄今仍照舊章二兩八分辦理，商力已費支持，而頻年滬市滯銷，益非前數年可比。議者多謂中國茶葉為外洋所必需，加課而不加稅，洋商無所藉口。此議如在外洋產茶無多之時，雖議加征，商販猶冀取償於售價之內。今則印度產紅茶、日本產綠茶，其勢日盛，遂致中國茶業日見蕭條，價值毫無把握。此又洋茶日盛，華茶生業為其所奪，今昔情形之不同者也。

刊單又載，或於產茶處所驗茶，發給部頒茶照，既完課三兩九錢，再倍收銀三兩九錢，前後共收銀七兩八錢，將向之一切雜費均予豁除，惟各海關及邊卡凡應納洋稅處，仍照向章完納各節。此條以皖南一百二十斤為一引，計之課稅兩項，約每引須收銀十二兩三錢六分。查道光以前，皖南茶均請部引，每引課銀三錢三分。咸豐初年部引阻隔，經張芾議加捐項銀六錢，計每引共收銀九錢三分，其六錢准其請獎。現收落地稅二兩八分，係引捐、釐費等項合併之數，內有八錢係從前獎款。厥後獎例久停，捐款仍收，久已視同課釐矣。曾國藩定章之始，其於引銀三錢三分，即仍其舊者，實以課為永遠之定額，未可輕加增。目下外洋產茶日多，設數年後，皖茶銷路愈滯，引課虛懸，彼時必大費周章。故只加捐加釐而不議加課者，實早慮及此。同治四年，前署督臣李鴻章因洋人欲以洋單來皖辦茶，是以按照咸豐十一年部議落地稅辦法，並仿照江西茶稅奏案章程，改引捐、釐費等項為落地稅，名目仍照原定章程數目徵收，雖無徵課之名，已收納課之實。查道光年間皖南茶引，歲銷僅五六萬道，自同治年間，洋莊茶盛行，歲始銷引十萬餘道，然未可據為經久之數，蓋加釐助餉乃朝廷不得已之舉，一俟江海撤防，餉力大紓，尚須照舊日課額變通徵收。且皖南現在茶市與寧夏、延、榆、綏等處情形各別，外商去來無常，本地合股之土莊亦聚散不定。今新章責領部照，若先期請領則資本未集，如臨時請領又趕辦不及，勢將無所適從。至倍收稅銀共七兩八錢之議，在他處茶商繳此稅項，行銷十八省，均免重復納稅，其勢似尚可從。若皖茶葉專售外洋，經行之處不過兩三省，與行銷內地之茶運行各路之販情形迥別，實難仿照辦理。況茶葉非洋藥可比，洋藥來自外洋，進口之稅，宜於加重者，謂以彼無用之物易我有用之財也，若茶則以中國貨物博外洋銀錢，正宜輕其出口稅，以廣招徠而便商販。即如刊單載，英國於道光年間稅華茶至五十兩之多，使果有是事，亦以華茶為彼人口稅。所以如此之重，是即人口稅宜重，出口稅宜輕之明證。加課則本重商虧，出口之茶將日少，竊慮中國茶利盡為外洋所奪，是又不可以不權衡損益者也。

查皖南茶稅，現每引總收銀二兩八分，雖存引捐釐之名，已收落地稅之實，與課無異，亦與部議大意隱協。不過科則較此次部議略輕，然較之咸豐十一年間部議落地稅辦法則亦所差無幾。近聞部議加課，商情已不免觀望，皖南田少山多，民以茶為生，商以茶為業，一旦課重難支，商民生路俱困，豈第稅課無出，即丁漕等項亦難徵收，實於國計民生大有關係。現聞湖北茶釐已奏明照舊，只收一兩二錢五分，江西落地茶稅亦照舊章，義寧州等處茶收銀一兩四錢，河口茶收銀一兩二錢五分，均未能議增。皖南較之該省，科則本重，軍興以後，業已迭次加增，兩次奏減之數無多，商情不無觖望，似難再加，再四思維，餉需固屬應籌，商艱尤宜代達，具詳請示前來。

臣查該道所詳商情艱窘各節，均屬實在情形，而茶釐關係軍餉，若勉強加增，商力不支，勢必紛紛歇業，斯時靡但不能裕餉，轉失一指定之餉項，殊無以副部臣開源之意。合無仰懇天恩，俯念皖南茶商情形困苦，仍照舊章按引完納二兩八分作為落地稅定額，非江海一律撤防，協餉一律停解，不准請減，庶於體恤商情之中，仍不失力保餉源之意。

謹恭摺具陳，伏乞皇太后、皇上聖鑒訓示。謹奏。

又 卷二九《茶釐酌減稅捐片光緒十四年三月二十一日**》** 再，皖南茶釐，軍興時需餉孔急，所定稅捐為數本重，嗣經迭次奏請減免，茶商尚形竭蹶。近年以來，印度、日本產茶日旺，售價較輕，西商皆爭購洋茶，以致華商連年折閱，遐邇周知。

據皖南茶釐總局具詳，光緒十一、十二兩年，虧本自三四成至五六成不等，已難支持。十三年虧折尤甚，統計虧銀將及百萬兩，不獨商販受

累，即皖南山戶園戶亦因之交困。疊據皖南赴局環叩稟稱，轉詳酌減稅捐，雖經喻以大義，勸令共體時艱，勉力輸將，無如商力疲困，負累難堪。向來茶業各號，均於清明節前開設，本年新茶上市，各號迄未定奪，營運俱窮，空乏莫補。目今茶業艱窘，實更甚於昔年。皖南茶章每引奏定收銀二兩八分，內有捐銀八錢，擬請援照成案，暫行減免二錢，每引徵銀一兩八錢八分，藉以稍輕成本，俾觸其鼓舞之心，或可收招徠之效。瀝情懇請，具奏前來。

臣查皖南茶釐為長江水師餉源所繫，本難輕議減完。惟據各茶商稟，經總局剴切具詳，以皖茶被洋茶壅塞，商力難支，新茶業已上市，各號迄未定奪，設竟紛紛歇業，必致餉源立涸，與其商散而稅無可收，何如減捐而餉仍可保。據請每引暫減二錢，以輕成本，自係為顧全商業起見。現在茶市已臨迫不及待，除批令先行通飭遵辦外，理合附片陳明。伏乞聖鑒敕部查照。謹奏。

清　李桓《寶韋齋類稿》卷一四《景德等卡抽收茶稅詳戊午年六月**》**　為會詳轉請分咨事。案奉憲臺札開，咸豐八年四月十五日，准欽派督辦徽池等處防剿善後事務補用三品京堂張咨，四月初一日據祁門釐卡委員稟稱，江西、福建、湖南各路引茶，因道路梗阻，改由祁門至漁亭水路赴浙，應否照常抽捐，稟請示遵等情。

查徽屬引茶，二五箱以三箱為一引，方箱以兩箱為一引，本年改議章程，每引抽捐庫紋九錢，以三錢作茶釐，不請獎敘，以六錢作茶捐，照例給獎，已飭據遵辦在案。現當衢防緊急，徽師先後援應，所費更復不資，各該省引茶既改由徽境行走，應即照章一律抽捐，以免兩歧。在該商等假道坦行，較之往來鋒鏑獲益已多，即照章飭捐，亦必踴躍樂輸，似於商情尚無窒礙，而於餉需實大有裨益。除批府出示曉諭遵辦外，相應咨請察照，分別咨行，一體遵照，仍祈示覆施行等因，到本部院。准此除咨福建、湖南撫院一體遵照外，合就札行，札仰該司即便轉飭，一體遵照辦理毋違。

又於二十二日奉札開，本年四月十六日准浙江撫部院晏咨，為照籌餉事宜，以茶捐為大宗，現在常玉山道路梗阻，茶商不通，自應仍令商人照舊採買，改道儹行。查由安仁出景德鎮，至祁門起岸，六十里抵漁亭下船，出徽港來杭蘇滬等處銷售，雖程途稍覺紆遠，但均係水路，所添盤費無多，惟洋茶北茶各商均在蘇州滬上，似應蘇省妥為勸導。有首先請運者，或揀派幹員照料同行，更為妥協。其徽州、江西應於茶商經過時，沿途護送，以期恤商裕餉，不獨有裨浙省釐捐等項，即滬上關稅亦可大有起色。

再查江西設有安旅軍護送過往行旅，應請張京堂亦於徽州通衢酌派兵勇作為安旅軍，專司保護商販之用，庶茶商不致畏葸觀望。除咨兩江、江蘇督撫院暨張京堂，並行上海道及浙省助餉茶餉各局外，相應咨明查核辦理，仍希示覆施行等因到本部院。

准此，合就札行。為此，札仰該司即便轉飭河口、景德等鎮，暨義寧州一體知照。並飭經過沿途各州縣，妥為護送，仍詳請咨覆毋違各等因。奉此，當經本司移會本釐金總局，分別轉行遵照，並飭釐局委員蔡守等議詳去後。茲據詳稱，遵查江省茶商向於義甯州、塗家埠、河口三卡各抽茶稅一次，近因玉山路阻，河口無稅可抽，茲奉前因，該茶商既已改由徽河行走，自應於景德鎮設卡抽收，且查江省之石鎮街，與徽屬婺源縣接壤，亦應一併抽稅。該二處本有釐卡，應請札飭該二卡委員一體兼抽茶稅，以補河口之缺。惟入夏以來，義寧州城已有數十字號前往辦茶，至今未能啟程，據稱祁門附近仍有賊蹤遊弋，不敢冒險前往等情。

據此，本司職道覆查無異，除飭確探賊蹤，並查道路可以通行，即隨時妥為勸導護送外，合將會同釐金總局，查議緣由，具文詳請憲臺，俯賜察核咨覆。

又《景德石鎮兩卡茶稅示戊午年六月**》**　為出示曉諭事。案奉撫憲札，准欽派補用三品京堂張暨准浙江撫部院晏咨，玉山道路不通，河口無稅可抽，今各省茶商均議改由徽河行走，自應仍舊抽稅，咨請轉飭遵辦各等因。查景德鎮卡與祁門接壤，石鎮街卡與婺源毗連，均屬扼要地方，自應於該二卡補抽河口應徵茶稅，以充軍食。除飭景德鎮、石鎮街二卡遵照，並飭饒州府轉飭所屬各卡，不准藉口私抽茶釐，擾累商旅外，合亟出示曉諭。為此示仰過卡甯茶商販人等知悉，爾等販運茶葉過石鎮街、景德鎮卡，務即遵照章程赴卡補完河口應徵之稅，每茶百觔納銀六錢，給與三聯護照收執。其有合例應獎者，准照河口成案詳請獎敘，以示激

勸，如各卡有藉口私抽，及任胥役人等留難索擾等事，許該商赴省局指稟，以憑撤省查辦。在該商等係應徵之稅，亦當踴躍完納，毋得隱匿偷漏，總期餉需有濟，士馬飽騰，本司道有厚望焉。各宜凜遵毋違。特示。

又《臨江武寧等府縣茶釐章程詳附告示己未年二月**》**　為申報事。案奉憲臺批，本司職道詳議，擬抽收茶稅章程及起票驗票卡所開摺詳請核示由，奉批如詳飭遵，仰即將新定章程由局刊刷告示，發給各屬，榜示通衢，使各路商賈一體聞知，以廣招徠而杜影射，此繳清摺存等因。奉此，當經刊發告示，通飭遵辦在案。茲查臨江府屬，亦多產茶之區，凡商販在該處辦運，所有應完捐釐，以及起票驗票處所，亦應明定章程，以歸劃一。本司職道公同酌議，嗣後臨茶一項，擬照義寧州茶捐章程，每百斤收捐釐銀一兩六錢，上以吉安為起票，贛州為驗票，下以生米為起票，省城外分局為驗票。至武寧一路採辦之茶，亦照寧州茶捐章程，以山下渡為起票，其往西口者，以吳城為驗票，運往贛州及河口者，以樵舍為驗票，餘均照新章辦理。除分飭遵照外，理合具文申請憲臺，俯賜鑒核。

為出示曉諭事。照得各處抽收茶捐、茶釐，業經本司道會議新章，詳奉撫憲批允，通飭遵辦，並出示曉諭各在案。茲查臨江、武寧等處，亦多產茶之區，凡商販在彼處辦運，所有應完捐釐，以及起票驗票處所，自應一律核定章程，示諭遵照，以歸劃一而照平允。本司道公同酌議，嗣後臨茶一項應照議寧州茶捐章程，每百斤收捐釐銀一兩六錢，上以吉安為起票，贛州為驗票，下以生米為起票，省城外分局為驗票。至武寧一路採辦之茶，亦照寧州茶捐數目抽收，以山下渡為起票，其運往西口者以吳城為驗票，運往贛州及河口者，以樵舍為驗票，其餘均照前定新章辦理，除分飭各該局卡遵辦，並報明撫憲外，合亟出示曉諭。為此示仰該茶商人等知悉，爾等須知此次續定章程，係補前議所未及，同為裕餉恤商起見。凡在臨江、武寧等處辦運者，務遵此次續議章程，完納捐釐，勿稍隱匿偷漏，致干罰懲。其各凜遵毋違。

又《徽茶捐釐章程申己未年七月**》**　為申報事。本年七月二十一日，據浮梁縣倒湖釐卡委員候選通判朱煥文稟稱，竊奉憲劄並刊發新定茶稅章程，告示當即遍貼，曉諭遵辦。伏查徽屬所產芽茶，行銷粵省為數最多，銷路最廣，向來該商赴徽採辦者，一從祁門水道由饒州而達粵省，一從婺源水道由饒州而達粵省，是饒郡乃商賈往來要道。咸豐五年經卑職稟請，在於饒郡抽收茶捐，行之當日，著有成效。嗣因吉安等郡告警，饒屬之景鎮、浮梁、樂平等處時有遊氛，河路梗塞，該商採辦徽茶改道上海貿易，亦有泛溪赴粵銷售，以致饒屬一路，茶商絕跡。現今豫省各屬一律肅清，道路疏通，運行無窒，卑職當即出示招徠，各茶商仍由祁婺兩路運粵售賣，較之上海尤為便捷，該商等亦頗樂從。惟刊發章程內，徽茶運粵如何抽稅，並由何處卡所抽收驗票未曾載及。當此徽茶旺產之時，一經茶商販運過卡，未奉章程，無從抽取。如仍照舊章抽釐，恐辦理未能畫一，相應稟請頒發徽茶運粵章程，或仍在饒郡抽收，或於祁婺交界處所設卡抽收，俾該商等得以照章輸納等情。據此，查前次議洋茶捐章程時，景鎮尚未克復，祁婺道梗，商旅難行，徽茶一項捐釐未經議及，今景鎮克復，道路疏通，據稟招徠各茶商仍由祁婺兩路運粵售賣，自應明定抽收捐釐章程，以歸一律。茲本司職道公同酌議，嗣後徽茶一項擬照義寧州茶捐章程，每百斤收捐釐銀一兩六錢，起票之卡收捐輸銀一兩四錢，准給獎敘。驗票卡所收銀二錢，以一錢為釐金，以一錢為炮船經費。惟起票驗票應於何處抽收，朱倅熟悉該處情形，即由該倅酌議稟辦，俾資妥協。所收銀兩應隨時批解省局濟餉，抽收數目按旬摺報，仍照新章辦理。除批飭遵辦外，理合具文申報憲臺，俯賜查核。

又卷一八《酌加入粵茶捐札附告示辛酉年五月**》**　為劄飭遵照事，據景鎮卡委員朱倅稟稱，竊查向來茶商販運徽茶入粵，前奉憲示，無論箱茶袋茶由徽入江，凡過起票頭卡，每百斤捐銀一兩四錢，准其獎敘，至康山卡為出口總路，再抽釐金一錢，炮船經費一錢，歷今遵辦在案。茲查九江等處，已准英夷通商，該茶不須到粵，就近可以發售，路道既近，往來利便。若竟仿照本地粗茶用篾簍、布袋裝載，冒混土茶名目，每百斤交納起票釐金三百文，驗票釐金二百文，藉可隱瞞捐輸銀兩。現屆春茶旺出之際，販運者必源源而來。茲擬凡茶商經過頭卡至千斤以上者，無論何項茶葉，照捐輸例，每百斤捐銀一兩四錢，饒屬之堯山卡，為入九江孔道，再抽釐金一錢，炮船經費一錢，驗明捐票放行，如此則無從朦混，似於釐務銷有裨益。其零星小販，仍照舊章抽釐，以示體恤，是否有當，伏

乞批示，並頒發告示數張，曉諭遵照，轉飭各卡一律辦理，以免歧誤等情到局。據此，查核所稟，茶經過頭卡，至千斤以上者無論何項茶葉，照捐輸例，每百斤捐銀一兩四錢，饒屬堯山卡為入九江之孔道，再抽釐金銀一錢，炮船經費銀一錢等情，係為因時制宜，杜弊裕餉起見，應准如稟辦理。除稟批示，並繕發告示曉諭外，合行劄飭，劄仰該卡即便遵照辦理。仍將發去告示，實貼曉諭毋違。

為出示曉諭事，照得江省抽收茶捐，接濟軍餉，久經詳定章程。徽茶一項，每茶百斤共應抽捐釐銀一兩六錢，起票之卡抽捐一兩四錢，所捐之項，准照籌餉事例請獎。驗票之卡抽釐金及炮船經費各一錢，不給獎敘。其由祁門來江者，定於景鎮釐卡抽收起票，其由婺源來江者，定於黃龍廟釐卡抽收起票，均於康山卡抽收驗票，完過起驗二票外，再過他卡，不復重抽，通行遵照，並列款示諭各在案。茲據景鎮卡委員稟稱，查九江等處已准英國通商，該茶不須到粵，就近可以發售，路道既近，往來利便。若竟仿照本地粗茶，用蔑簍布袋裝載，冒混土茶名目，每百斤交納起票釐金三百文，驗票釐金二百文，藉可隱瞞捐輸銀兩。現屆春茶旺出之際，販運者必源源而來。茲擬凡茶商經過頭卡，至千斤以上者，無論何項茶葉，照捐輸例每百斤捐銀一兩四錢。饒屬之堯山卡為入九江之孔道，再抽釐金一錢，炮船經費一錢，驗明捐票放行。如此則無從矇混，似於釐務稍有裨益。其零星小販，仍照舊章抽釐，以示體恤等情前來。查核所稟，係為因時制宜，杜弊裕餉起見，應准如稟辦理。除劄飭各卡遵照抽辦外，合行出示曉諭。為此示仰各商民人等知悉，爾等販運茶斤，務須遵照示諭章程，完納捐釐，毋稍玩違，切切。

清陳熾《振興商務條陳》《東華續録》卷一三〇　中國之茶務，昔盛而今衰。以出口之數多寡較之，而了然可睹矣。嘉慶、道光以前，每歲出口之茶，約值銀五千餘萬兩。其時通商僅廣東一口，各省茶務均須販運粵東，由總商與西人定價。總商氣焰熏灼，不惟華商趨承恐後，即西商亦惟命是從，所謂『十三行』者是也。然而商務日興，稅收日旺，茶葉出口之數日益增多，此極盛之時也。既而諸行倒閉，五口通商。各省之茶，分由各口販賣。中國種茶之地，運茶之商，其數日增；而中國出口之茶，所值之數乃日少。至光緒二十年，出口總數僅值二千二百餘鷹金，較之嘉、道以前，頓減大半；稅釐之項，亦隨之而幷減。

昔則茶少而值多，今則茶多而所值反少者，其故有三：

一則印度、日本之仿種太多也。英國當日銷中國之茶，歲約三千餘萬，恐利源外溢，銳意收回，遂於印度亞山地方，以重價雇募中國茶師，教土人以栽種製焙之法。綿亘二千里，茶樹成林。近復推廣於錫蘭一島，參用新機製焙，無製茶多少，色香味一律無殊。出口之時，不徵稅鈔，專以賤值與中國爭衡，上年出口之數較中國多至一半。泰西自俄羅斯外，英、法、德、奧、意、比諸國，皆銷印度之茶，無復飲中國茶者，以其價廉而物美也。當日美國銷茶尤廣，自日本廣行仿種，亦減收出口稅，以機器製成，美國之利盡爲所奪。僉謂守此不變，再逾十年，中國茶葉必至無一箱出口而後已。此其攘奪利權者一也。

一則中國皆散商，洋商之抑勒太甚也。今中國之茶止銷俄國，購茶者皆俄商，即英、德各國商人，皆與俄商辦運者耳。自各國通商而後，中國富商大賈，尚能顧全大局，力與維持。惟千金、數百金之小商，資本無多，只求速賣。於是攙雜僞質、跌價爭售之事起。洋商欺其愚懦，因而始則放價，繼則故意挑剔，低盤割磅之弊生，每以一人掣動全域。今年茶葉，萬不能留至明年，洋商不買，即無銷路。資本半由揭借，至期不得不還。遂相率以至賤之價哀求洋商購買，而折閱難堪矣。然應交之捐釐稅課如故也。因而傾家敗產，捲逃虧閉，無所不有，彼此視爲畏途。通十年計之，幾無一年獲利者；通十人計之，幾無一人獲利者。茶市敗壞至於此極，尚忍言哉。此其把持商務者二也。

一則山戶與商人互相嫉忌，動輒擡價居奇也。茶自穀雨抽芽，採摘製焙而成，爲時不過半月，粵商當日入山採買，知其急欲求售，勒價聯幫，在所不免。山戶日久知商人以賤價買之而高價賣之也，遂故擡其價，任意居奇。山戶固不能不售，商人携銀入山，亦復不能不買，比年遂多以高價買之山戶，以賤價賣之洋商者。山戶偶然獲利，而茶商無一不虧。他日必致有貨不能售，或皆洋人自行入山採買而後已。除一子口半稅外，捐釐盡付東流矣。此其敗壞市面者三也。

噫！茶務之江河日下至於今日，譬之敝衣破屋，自上至下，自表至裏，皆糟朽敗壞，補救無從。似此絕大利源，惟有如秋空浮雲，聽其自生

自滅而已矣。雖然，當無可設法之中，有四法焉，可以嘘枯吹生，使萬象頓回春意者，則在國家洞悉本源，以維持保護之而已。請質言之：

一曰參用機器。印茶濃厚，略如雲南之普洱茶，然色味雖濃而馨香遠遜。西醫之考求飲食各品者，咸謂華茶性味和平，於人身有益無損；印茶燥烈，利少害多。雖積習難變，然此一語，即華茶由衰復盛之機。惟印度日本之茶雖居次等，而機器製焙，精潔無論。中國製茶之時，最畏陰雨。若連雨十日，茶芽將老，不能不摘。葉含水氣，則以火烘之，甚則烟氣熏人，色香俱變。且人工炒焙，不能無優劣粗細之殊。洋商於百箱中檢出一箱劣茶，餘均以劣茶定價。欲整頓一律，則時日迫促。天時既不能定，人力實不能齊，此必窮之道也。惟參用機器烘焙製炒。火候均勻，物皆精美。雖欲藉口挑剔，其道無由。而一人可作十人之工，所出之茶亦愈廣矣。且西商載茶回國，船行赤道之下，天氣蒸鬱，時閱二旬，茶之稍次者往往黴變。西人喜用印茶者，由印度至泰西計時減十日，則黴變亦稍稀也。近日俄商在漢口、九江以機壓茶末製作茶磚，如古者『龍團』、『鳳團』之類，運至英、法各國，群喜購用，視若珍奇。因磚茶堅實，可儲數年，雖由赤道經行，色香味絲毫不變也。茶末爲中國下乘，視同弃物，而西國珍之，俄商利之。設以佳茶製造，西人之貴重何如？此由華茶性質本佳，亦中國收回利權之樞紐也。宜飭各關道酌提款項，選募中外茶師各一人，密赴印度考驗製茶之法，購買機器，入山製造。壓磚機器，潯、漢已有十家，亦購一分入山，以佳茶試辦，仿『小龍團』舊式，精益求精。試辦有成，然後酌提官款以爲之倡。令富商大賈廣集公司，多購機器，遍置出茶之地。馴至華茶皆機器所製，則性質之美過於彼，製焙之精同於彼。而茶商山戶一氣呵成，當日勒價擡價諸弊端，亦不禁而自絕矣。

二曰準設小輪。華茶之美者，以安徽之婺源、江西之寧州，福建之武彝、湖南北之羊樓峒等處爲大宗。而婺源、寧州茶船均須度鄱陽，湖南北之茶大半須度洞庭。往往茶市届期，阻風一二十日，後到之貨多受西人抑勒，虧折不支；亦有日久茶味已變者。四省茶商屢請自置小輪，在湖拖帶，以免逗留。而地方輒以無據之言橫相阻撓。其實捐釐一切已在山內徵收，出茶賣茶均有定地，何從偷越？徒苦商民而已。宜準令各商在鄱陽、洞庭兩湖置輪拖帶，或由官設立，酌收其資。惟四省茶船將及萬號，每湖必有小輪船十號，梭織往來，然後茶市不致後期，行旅咸占利涉。保我商賈，即所以保此捐釐耳。由武彝至厦門，水陸程途亦多艱險，如能修一鐵路，則運費日省。商務日興，其所關均非淺鮮也。

三曰創立公棧。西商雇輪挾資，買茶中國，決無空回之理。華商之茶固不能不賣，彼西商不能不買也。而西商之敢於抑勒者，皆由中國散商太多、跌價搶售之故也。欲合散爲總，自非官爲聯絡、增立引票不爲功。然目下諸商皆無遠慮，况官商隔膜已久，驟興此議，不以爲體恤之而以爲魚肉之也。日後假手吏胥，則魚肉亦意中事耳。上年湘撫吳大澂備悉商艱，擬集商股爲總行。西商抑勒，即由總行購買，自運外洋。而不知其諸多窒礙也。衆商禀覆，請抽小費，立公棧，散商各圖自便，議亦無成。由官不悉商情，不能主持定議。夫此公棧之説，即潛移默轉、合散爲總之根也。今日茶商運茶至埠，中國茶棧皆逼窄不能容。惟洋行高大寬深，可以堆放，各就其素曾交易者運而入之。貨已入行，價仍未定。嗣後欲移售他處，百倍艱難。如有小商同在一行，以賤價先賣，則不得不吞聲忍氣，苟且成交，暗受西商之抑勒矣。其故由於中國茶棧無地可容。故先入行再行議價，種種不便，從此而生。宜令江漢關道曉諭諸商，設立公棧，務極寬廣，可容數十萬箱。每埠酌借官款十萬金，即能成事。賣茶之後，按箱扣還。令茶船至埠之時，皆運存公棧，不準一箱先入洋行。議價時可東可西，由吾操縱。散商搶售不顧大局者，公棧得而罰之。如割盤割鎊放價勒價諸弊端，皆不去而自去。然後九江、上海、厦門等處仿照辦理，華商氣象爲之一新，大局有轉移之望矣。

四曰暫減捐釐。西人喜用印茶者，豈不知印茶之不若華茶哉？貪其價廉耳。印茶之廉，由於參用機器者半，由於不徵税鈔者亦半。華茶則税鈔不能議減，捐釐方且議增，是驅之用印茶也。刻華茶銷路已減其半，及今不急思補救，日後將無茶商。既已無商，税從何出？前赫德條陳其事，請減税釐，無如督撫關道僅顧目前，動以款項支絀爲言，置諸膜外。夫税釐之短絀，由於商務之積疲。商務日興，税務日旺。天下事固有多取之而不足、寡取之而轉見有餘者，莫切於今日之茶務矣。今出口税及子口半税關繫洋息，未敢輕議減收。至於內地釐金及各項山捐箱捐善堂捐外銷

款項，均請一律暫減三成。俟他日茶務復元，再行規復，由部定議，請旨飭行。要之捐釐減一分，華商多一分之生氣，即增一分之利源。洋商買一分之便宜，即廣一分之銷路。果使日漸振興，每歲仍銷至五千餘萬兩，即不必規復舊額，而已多收一半之捐銀矣。明爲恤商，暗實裕國。亦何苦刻舟求劍，病商病國，爲叢驅爵，爲淵驅魚，致中國茶利盡爲印茶所奪哉。

此四者如能本末幷舉，則華茶銷路必年廣一年。期以十年，不復道光以前之舊額者，無是理也。即有一二端見諸施行，當此積疲積困水深火熱之時，亦必成效之可見。惜中國官商情形隔膜，動以崇本抑末之説，視商人之盈虧成敗，漠然不加喜戚於其心。持此以與泰西各國通商，如下駟駑駘追踪騏驥，必使中國盈天下無一富商，所有利權皆歸彼族，上下交困，仰人鼻息以爲生，如今日之緬、暹羅、越南諸國。言及此，其可憂可懼可危者，又豈僅茶務一端而已哉！

清 劉坤一《劉忠誠公遺集・奏疏》卷一七《議覆華商運茶赴俄華船運貨出洋片》 再，王先謙片奏，華商運茶赴俄，華船運貨出洋二事。查中國紅茶、磚茶、帽盒茶均為俄人所需，運銷甚鉅。此三種茶湖南、湖北所產為多。福建、江西較少，向係山西商人運，由滿洲、蒙古所屬之東口、西口，以達俄國，獲利甚厚。自江漢關通商以後，俄商在漢口開設洋行，將紅茶、磚茶裝入輪船，自漢運津，由津運俄，運費省儉，所運日多，遂將山西商人生意占去三分之二。而山西商人運茶赴西口者，仍走陸路，赴東口者，於同治十二年稟請援照俄商之例，免天津復進口稅，將向由陸路運俄之茶，改由招商局船自漢運津，經李鴻章批准照辦。惟須仍完內地稅，不得再照俄商於完正半兩稅外，概不重徵，仍難獲利，是以止分二成由漢運津，其餘仍走陸路，以較俄商所運，則成本貴而得利微。深恐日後俄商運茶更多，而山西商人必致歇業。

茲據江海關道劉瑞芬等議，將華商運俄之茶，亦准照俄國通商稅則，止完正半兩稅，概不重徵稅釐。其紅茶、磚茶應照則完稅外，帽盒茶每擔僅值銀三四兩，向無稅則。准照各國通商章程估價完稅，值百抽五。臣察核所議，華商運赴俄國之茶，亦照俄商完稅，免其重徵，無非欲使成本相同，不令俄商獨擅其利，自屬可行，第須明定限制。臣請仍如同治十二年東口華商所稟，凡由招商局船運茶自漢運津者，止完正半兩稅以外，概不重徵，庶幾有利可圖，商情自能勇躍矣。其帽盒茶改照值百抽五徵稅，前據江漢關詳稱於關稅大有窒礙。蓋恐但論形似，倘有紅茶亦作帽盒之式，又將何以徵之？現應仍照舊章，毋庸另議。

至中國與泰西各國通商，商舶往來如織，而中國尚無商船運貨前赴泰西，以分洋人之利，現在中國已有使臣分駐英、法、俄、美、德、日、秘及日本等國，華商若往通商，自無慮其人地生疏，致受欺侮。惟創辦宏遠公司，另招商股，置船運貨，非有鉅資難於集事，似宜合股，就招商局現有輪船酌量試辦，以期事半功倍。招商局船前曾駛往新嘉坡、呂宋諸處，攬裝貨物，因各該處已有英法公司輪船順道經過，船大行速，生意悉被攬去。且該公司輪船均有國主津貼鉅款，資本充足，難以力爭。該局又擬駛赴日本，亦因該國自有公司輪船來往中國，並特減該船裝貨之稅，未能與抗，是以暫停。近年該局和眾輪船試走夏威仁國之檀香山及美國之舊金山，該兩處向無英法公司輪船，而華人雲集，裝貨甚旺，因又添派美富一船更番出洋。是往外國通商，招商局業經開辦，茲據劉瑞芬等籌議，與其創立公司，另起爐灶，不若從招商局逐漸推廣，較為穩妥等語，頗為有見。臣前商之船政大臣黎兆棠，亦以為此策可行，招商局果能再增鉅資以厚成本，則攸往咸宜，固無施不可，正不必別開生面也。現在巴西、古巴兩路華人亦多，約章初定，如有招商局船前赴該處，不獨攬貨獲利，並可察看該處相待華人情形，而華人亦可藉此增長氣勢。故臣於招商局出洋一節，不勝惓惓也。

理合附片陳明，伏乞聖鑒訓示，謹奏。

又卷一八《皖南續增茶捐邀請重減片》 再，皖南茶捐，前於同治元年經前督臣曾國藩明定章程，每引捐銀八錢，二年加捐四錢，每引共捐銀一兩二錢，准其按照籌餉例給獎。光緒五年奉旨停捐，茶商稟減續加之捐銀四錢。前督臣沈葆楨准減二錢，奏明停給獎敘在案。

茲據該茶商等以情形困苦，成本虧折，稟求再減。經臣一再駁飭，仍復堅籲不已，飭據皖南茶釐總局確查稟覆前來。臣查皖南茶捐，歷辦已二十年，實為軍需一大進款，本不容輕易議蠲。惟是近來東洋各國產茶日多，利分於外，而滬上銷路價值昂賤，操諸洋商，一經滯銷，動多虧

折，且停獎以後，票銀已成廢紙，亦屬實在情形。

竊思商情重在招徠，但使該商等不視茶業為畏途，便商正以裕餉。所以前督臣沈葆楨任內，業予減免二錢，今據該商等以艱苦情形，益非昔比。經臣查核，實萬不得已，復將減剩續增之二錢，量予裁免，以廣皇仁而蘇商困。核與曾國藩前定每引捐銀八錢之原案，尚無所礙。

該商等報效有素，食毛踐土，具有天良，經此次重減二錢以後，非江海一律撤防，協餉一律停解，亦斷不敢任其再生希冀之心，謹附片陳明，伏乞聖鑒訓示，謹奏。

清 張之洞《張文襄公全集》卷三〇《奏議·查明茶商捐助書院學堂經費商情樂從摺光緒十七年五月二十一日**》** 竊臣承准軍機大臣字寄：光緒十七年三月初二日奉上諭：有人奏：『風聞張之洞於上年四月間令湖南茶商分別輸捐，作為創修兩湖書院經費，該商疊請邀免，批斥不准，近來茶商賠累，請飭一律撤銷等語。連年中國茶葉銷路不暢，由於成本太重，所奏茶商輸捐一節，如果屬實，自應裁撤，以恤商困。著張之洞查明覆奏，原片著鈔給閱看。將此諭令知之。欽此。』臣祗奉之餘，仰見聖主體恤商艱之至意，欽悚莫名，謹將修建書院緣起及籌捐辦法情形敬為我皇上陳之。查湖北省城現在修建之兩湖書院，即係舊日之經心書院，該書院係同治八年臣前任湖北學政時會商督臣李鴻章、撫臣郭柏蔭籌款建造，專課經史古學。其時因經費不充，規模草創，齋舍無多，其地適濱都司湖畔，地勢頗窪，湖身日淤，積水日阻，自光緒十三年、十五年湖北兩次大水，城內多被淹浸，經心書院內水深三尺有餘，院內諸生概行遷避他處。臣於光緒十五年冬間調任湖廣總督，抵省後閱視書院，積水甫退，壁間水痕宛然，諸生仍未返院，牆宇屢經淹浸，多就傾頹。至江漢書院，屋宇尤少，膏火素薄，鄂省連歲災祲之後，寒士生計益覺蕭條。接見諸生，見其棲止無所，境況單寒，甚為可憫。據該監院諸生等僉稱：『近二十年來湖北績學好古之士日增月盛，率皆經心書院肄業之人，科名尤盛，以故來學日多，課額屢廣，齋舍即不能容，膏火亦復無多，其曾經學臣札調咨送入院而不得住院者尚有二百數十人。』聞臣來鄂，僉以重修書院、增加課額、膏火為請，省內、省外耆紳儒士異口同聲。臣查其向學情殷，情詞懇切，自不可無以慰其企望，當經就其在院貧苦者捐廉量予資獎。至十六年夏間始建重修經心書院之議，墊高地基，疏消水道，添造齋舍，購置書籍，延訪名師，講求明體達用之學，而湖南人士游幕游學僑寓鄂省者，向來最多，聞有重建書院之舉，皆願附入肄業。查臣前在兩廣總督任內所建廣雅書院，係合廣東、廣西兩省士子俱入其中，今湖南諸生援此為詞，自亦未便歧視。當經酌定課額，徧及邊遠各府州，以示公溥。今春咨行兩省選調諸生，即經聲明俟書院規模大定，再行專案奏明立案。此創建兩湖書院之原委也。至書院兼括兩省，額數較多，用度較繁，當經與司道籌議，查湖北、湖南兩省各書院經費，大率皆出鹽務所捐，為數已多，因查漢口商務以茶務為大宗，向分湖南、湖北兩幫，每年貿易生理，核計約有一千餘萬兩，向來籌捐亦惟茶捐為最鉅。自同治初年以來，南茶向抽餉捐，每百斤捐銀二錢八分。至光緒五年，每百斤減為一錢四分，專充漢口鎮團防緝捕之用。嗣於光緒十二年因漢口團防等事漸少，甫行停收。業北茶者向係紅茶，每百斤捐銀七分，餘茶遞減至一二分不等，以充漢口堡工經費，行之已三十年，現仍照常抽收。上年二月因戶部咨查茶釐情形，當經據實咨覆在案。查北茶有稅有釐，南茶因在湘省完釐，到漢口後並不抽其釐，然北茶有捐，而南茶無捐，南北辦法兩歧，亦欠平允。當經飭令署江漢關道李壽蓉暨湖北候補道曹南英等，前往商之南茶各商，勸令捐助書院經費，並詳體商情，照舊案每百斤減為抽銀一錢，該商等均各欣然樂從，毫無勉強，其北茶亦勸令每百斤捐助書院經費銀三分，連堡工捐合計亦係一錢，俾令南北捐數畫一，以昭平允。大約南茶捐數每年不過一萬餘金，僅敷甫省士子膏獎盤費一切之用，北省經費係屬另籌，此係就該商多年舊案之捐，為該省嘉惠士林之舉，而捐數又甚輕減，楚弓楚得，似不致有拂商情。此南茶籌捐之原委也。自開辦以後，抽收極為踴躍，僅止去年秋間，有人具稟求免，當飭署江漢關道江麟瑞及原辦道員曹南英查詢各商，乃係湘省一二家素無資本、好訟生事之人所為，並非出於茶行公議，眾商均不以為然。各商既輸捐如常，只可置之不論不議。此次欽奉寄諭後，當經派委江漢關道孔慶輔會同鹽法道翟廷韶暨候補道曹南英等，查詢商情，切實籌議。查中國茶葉為出口商貨之大宗，近來洋貨暢銷，財用外耗，全恃絲、茶兩項行銷外洋，藉資補救，事關大局。臣到任後屢經檄飭江漢關道傳詢各商，並疊次商之各國領事，

講求振興茶葉之法，籌議設公棧、開船港、定公磅、禁抑勒、備章程，歷歷有案可稽。若果此捐於茶務稍有妨礙，及有商情不願之事，臣愚豈肯出此。惟查此項茶捐每年總共所收不過一萬數千金，合之價值千分取一，眾擎易舉，其於茶務去取均無所增損，是以商情樂從，嚮風慕義。並請設商籍課額，為造就其子弟之計。當經允其所請，於湖南北課額二百名外另立商籍課額四十名，群情益深鼓舞。嗣臣復加考求，向來南北業茶各商不通外國語言文字，與洋商交易均由洋行買辦為之經紀，商情隔閡，弊竇叢生，南茶各商尤以為病，復議於兩湖書院外另設方言、商務兩學堂，專習泰西各國語言文字，及講求整頓茶務種植製造之法，一切濬源塞漏通商惠工之事，其經費即就該商等所捐勻撥，不敷之數另行籌足，不令再捐。各商子弟願入書院與學堂者，均聽其自便。昨經甄別書院肄業各生，商籍申送及投考者至一百餘人之多，士論歡欣，群情景附，毫無間言。至原奏所言茶商虧折各節，現經該道等詳悉咨訪，茶商獲利與否惟視乎資本之厚薄，茶色之美惡。茶務向以頭茶為重，連年頭茶均屬得價，今年頭茶價值最昂，每百斤高者七八十兩，低者三四十兩。近年漢口洋人買茶專以俄商為大幫，買數既多，價值亦尚公平。緣印度產茶澀而不香，別有一種氣味，熏製亦不能佳，故俄人概不食印度茶，專向中國購買，各省皆知。此次俄儲來華，復向臣面言如此。英人雖食印度茶，仍需攙合中國茶食之，此英領事自言如此。實無洋商賤視中國茶之說。每年茶市資本豐厚者類皆獲利，若零星商販，資本微薄，不免揀焙粗率，攙合雜物，希圖朦售，以致洋商挑剔。以後惟有督飭產茶州縣董勸商民講求種植揀焙之法，嚴禁攙合朦混之弊，庶於商務可收實效。總之，商務之盈虧，全視乎出茶、製茶之佳否，實與此項捐輸無涉，該道等並傳集南茶各商面加詢問，僉以書院培植本省人才，各商輸捐甚微，收效甚大，且學堂講習洋文、商務，兼與茶務有益，願仍照舊抽捐，並無異議。臣仰體朝廷恤商之意，當飭該道等諭知各商，再加輕減，自本年四月起將湖南紅茶每百斤原議收銀一錢者減為六分五釐，青茶每百斤原議收銀七分者減為四分五釐，米觔茶每百斤原議收銀三分五釐者減為二分三釐，黑茶，磚茶、東西口套簍等茶，每百斤原議收銀三分者減為二分，茶頭、茶末、茶梗等項每百斤原議收銀一分五釐者減為一分，北茶原議捐三分者改為二分，以紓商力。各商益為欣感。大率南、北茶價略分三等，每兩箱約將及一百斤，每百斤上等價值銀七十兩內外，中等四十兩內外，下等二十兩內外。姑即最少之價計之，每售價二十兩僅捐銀六分五釐，為數極屬輕尠，斷無因此賠累之理，況尚有售價六七十兩者乎？是此項捐數之有無，實無關茶務之盈絀，業據南茶各商等稟覆江漢關道，毫無異詞。現擬即照此酌減之數抽收辦理，臣仍當隨時體察情形，如稍有妨礙及商情不便之處，即行奏明裁撤。據江漢關道孔慶輔等會同查明，籌議詳請覆奏前來。除俟書院學堂規模悉定，再行將詳細章程分別奏明立案外，所有查明茶商捐助兩湖書院暨方言、商務學堂經費，於士林、商務均有裨益，眾商樂從，並酌減捐數緣由，理合恭摺據實覆陳，伏祈聖鑒訓示。

硃批：『知道了。』欽此。

又 卷三二《奏議·裁撤茶商捐助書院經費摺光緒十八年六月二十六日**》**

竊臣承准軍機大臣字寄：光緒十八年五月十一日奉上諭：『有人奏《捐重累商懇恩飭免》一摺，據稱茶商捐助兩湖書院經費，傳聞督臣僅照原定捐章減去三分之一，約計各項茶捐每年猶須銀二萬兩內外，又有雜費及留難等事，種種擾害，茶市蕭條，國課日虧，請飭蠲除等語。前據張之洞覆奏酌減抽收茶捐，如稍有妨礙及商情不便之處，即行奏明裁撤，至今將及一年，若如所奏各情，茶商苦累如此，該督迄未據情入奏，仍著張之洞悉心妥籌，務須體恤商艱，如果實有不便，自應早為裁撤，以蘇商困。原摺著鈔給閱看。將此諭令知之。欽此。』仰見朝廷體恤商艱之至意，臣伏查茶商捐助兩湖書院經費，係就該商多年舊案之捐，為兩省培植士林之舉，捐數輕減，商情樂輸，於茶務毫無妨礙，臣前奏業經分晰陳明。上年奉旨飭查時，臣復將捐數奏明酌減，為數極為輕微，並陳明隨時體察情形，如稍有妨礙及商情不便之處，即行奏明裁撤。自上年覆奏以來，並無一呈一稟向臣及撫臣關道衙門投遞者。臣隨時博訪周諮，實無稍有妨礙及商情不便之處。惟今年春間雨水較多，茶市稍為減色，究恐商人不免因此藉口，正在飭查核議，酌擬停收。欽奉前因，遵即悉心妥籌，檄飭江漢關道立將此項茶捐即日出示遵旨裁撤，一面札飭湖北藩司、江漢關道會同查照鈔奏各節，確切查明詳覆去後。茲據湖北布政使王之

春、江漢關道孔慶輔會詳稱：『遵查原奏所稱兩湖書院經費，該茶商迭控求免未准，聞茶商具控關道督撫各衙門前後十有餘次，均有案卷可稽等語。查創建兩湖書院，所有兩省人士企望欣忭各情及南茶籌捐經費原委，前奏均經陳明在案。此項茶捐，各商均知所出甚微，收效甚大，且所成就者非其子弟，即其戚黨，楚弓楚得，衆情樂從，毫無勉強。惟辦運南茶商人，各省皆有，賢愚不等，間有不知大體、好訟生事之人，曾於光緒十六年開辦之時，兩次赴江漢關道衙門呈請邀免，當經前署江漢關道李壽蓉、江麟瑞先後批飭，曉以善舉大義，遂無異説，同時亦曾向臣及撫臣衙門具呈，前經奏明在案。自覆奏以後，即無一紙呈稟邀免者。至藩司衙門，則先後並無一商前來具呈。是茶商呈控督撫關道衙門，先後共只二次，均有案可稽。原奏所稱具控各衙門十有餘次等語，實為傳聞無據之詞。現在此捐已停，有德豐、永聚、生和南北茶商十餘號，向督撫藩臬兩司各衙門具控茶葉公所首事袁雲峰等勒抽私費、濫扣盤剝一案，詞内猶以創建兩湖書院為三楚第一盛舉，茶商捐助經費，衆擎易舉，義所當輸，請革除該首事等向抽私費，專就書院捐款，免無益以成有益為言。經臣批飭，以捐助書院經費業經出示裁撤，應勿庸議，但飭該司道等傳集各商，將該首事自行勒抽濫扣各節澈底查究，妥籌裁減濫費，整頓茶務之法，此足為商情樂輸，毫無勉強之一證。又原奏所稱驗票、驗貨、給票、換票，雜費紛繁，藉故留難一節。查前收此捐時，係就關道署中派員經理，除筆墨紙張之費，其餘盡數歸公，每日按照茶税所入，核計所售茶箱，抽取捐費，本無驗票、驗貨之煩，何至有留難擾累之苦？是又不待辯而自明者也。又原奏所稱國課日虧一節，查漢口茶税，近年較前漸形短絀，已非一朝一夕之故。光緒十六年一年收税銀九十五萬七千餘兩，十七年一年收税銀一百零二萬四千餘兩。查十六年收捐書院經費之時，頭茶已過，所捐僅只數月，並未全收；而十七年全年抽取書院經費之時，税課轉較前加增，尤足為書院捐費無損於茶務國課之明證。至近年茶商虧本之由，洋商揹價之故，實因茶莊過多，每思僥倖朦混，製造粗率，煙薰水濕，氣味不佳，兼以劣茶攙雜；由於資本不足，重息借貸，更有全無資本，俟茶賣出以償借債者，洋商漸知其弊，於是買茶率多挑剔，故抑其價，茶商債期既迫，只有速銷償債，而成本之輕重不能復計，一經虧折，相率倒閉，其資本充足者勢不能不隨衆賤售，茶務之壞，多由於此，即如安化茶莊，上年甚少，安茶遂享大利；今年長沙高橋縣開四十餘莊，遂致成本大折，是茶市之壞，正因小販過多開莊搶售之故。原奏所稱開莊各情，適與現在情形相反，亟應力籌整頓之法，方足維持茶務於不敝』等情詳情覆奏前來。臣查該司道等詳覆各節，均係實在情形。至原奏稱初議開捐時，道員曹秉哲揑詞迎合等語，查湖北道員並無曹秉哲其人，原奏或即隱指前派會同江漢關道勸辦之道員曹南英而言。惟查此項捐款，係委該道會同歷任江漢關道勸辦，非該道一人所能主持。總之，此捐無累於商，無損於國，有税課之可稽，有商情之足驗，非臣一人之私言。此捐本為書院及方言、商務各學堂經費，而設不獨有益於士林，兼有裨於商務。惟現在茶市減色，恐論者不揣其本而齊其末，是以體察情形，亟議停收，以杜藉口，於奉到諭旨後即行裁撤，其兩湖書院及方言、商務學堂經費，自當另行妥籌辦理。

硃批：『知道了。』欽此。

又 卷三五 《購辦紅茶運俄試銷摺光緒二十年七月二十六日**》** 竊照漢口茶務，最為兩湖商務大宗，關繫釐税鉅款。近年湖北、湖南兩省茶商，頗多虧累，半由茶色不佳，或遇陰雨潮濕，或有摻和粗雜，以致不能得價；半由商務壓鎊退盤割價，多方刁難。而此項紅茶，除洋商之外，别無銷路，以致甘受抑勒。此事繫係兩湖商民生計，亟應設法維持。

臣等查紅茶銷路，以俄商購辦為最多。惟有自行運赴俄國銷售，庶外洋茶市情形可以得其真際，不致多一轉折，操縱由人。然茶商力量較薄，必須官為提倡，方能開此風氣。

當經臣等往返函商，臣大澂前擬籌借鉅款、設局收買督銷之議，既因借款未經議准，未能舉辦。擬即由南北兩省分籌官款，酌量購茶，運俄試銷。經此次試運一次，則俄國茶價高低、銷路廣狹、運程行棧一切利弊，均已瞭然。以後各茶商便可仿照，自行斟酌辦理。

當經飭江海關道惲祖翼選辦上等紅茶二百箱，南北兩省各半，與俄商設法婉商，即附其茶船運赴俄國阿疊薩海口，試行銷售。經臣之洞電商出使俄國大臣許景澄，托其代為委員照料，其茶價箱工雜費出口關税等項共洋例銀五千四百七十二兩零。復經臣大澂電商俄商佘威羅福，擬

再購紅茶若干箱分運俄境，水陸兩路試銷，即托該商照料，旋接復電商允，亦經飭江海關道惲祖翼照辦。

旋據覆稱，頭茶早已銷畢，復經設法選購二茶中之最上紅茶一百二十箱，亦作為南北兩省各半，發交順豐洋行分寄俄境，水運之謨斯科窪，陸運之恰克圖，兩路試銷。計茶價箱工雜費出口關稅等項共洋例銀一千八百一十六兩五錢零。所有應付運保行棧等項及俄國水路稅項各銀，均照商人向章，俟茶到該處銷售後，即在茶價內扣除。

惟前後兩起、水陸三批各費數目多寡不一，應俟銷茶後，由外洋詳開確數，始能核計。至恰克圖一路，入俄境時並無稅項，兩次總共用過洋例銀七千二百八十九兩三錢二分，折合庫平銀六千八百四十二兩四錢六分五釐。湖北、湖南兩省均暫由茶釐項下借撥墊用，俟銷茶後歸款。此初次試辦，設有不敷，亦甚有限，擬由外間籌撥閑款補足。

又 卷四五《購茶運俄試銷有效擬仍相機酌辦摺光緒二十三年正月十二日》 竊照前因湖北、湖南兩省茶商，為洋商多方抑勒，以致虧累頗多，事關商民生計，必須設法維持。當查紅茶銷路以俄商購辦為最多，惟有自行運赴俄國銷售，庶外洋茶市情形可以得其真際，不致多一轉折，操縱由人。然商力較薄，須官為提倡，以開風氣。

經臣於光緒二十年七月間，會同湖北撫臣譚繼洵、前湖南撫臣吳大澂奏明，由南北兩省分借官款，飭令江漢關道選辦上等紅茶二百箱，運俄境之阿疊薩海口試銷，電商出使俄國大臣許景澄，托俄境茶行代銷，並委員照料，計茶價箱工雜費出口關稅等項共洋例銀五千四百七十二兩零。復選購二茶中之最上紅茶一百二十箱，分運俄境之阿疊薩及恰克圖水陸兩路試銷，由前湖南撫臣吳大澂電托素識之俄商宗威羅福照料，計茶價箱工雜費出口關稅等項原奏共洋例銀一千八百十六兩零。嗣復據俄商開報加增水腳銀百餘兩，共一千九百二十七兩零在案。

茲查出使俄國大臣許景澄先後代銷茶價洋例銀五千八百九十七兩零，俄商宗威羅福先後代銷茶價洋例銀二千八百二十一兩零，均經匯鄂撥還歸款，以利合本，均有盈餘。而宗威羅福代銷茶價計本僅一千九百餘兩，現贏出八百餘兩，利息尤為獨優。

查中外通商以絲茶為大宗，湖南北為產茶之地，故漢口茶務又為兩湖商務大宗，關繫釐稅鉅款。近來茶市年遜一年，遠不及前，若不極力整頓，一聽江河之日下，則茶務之盈絀，實為國計民生利病所攸關，前年運俄紅茶即查明確有厚息，以後自當擴充仿辦。官為之倡，商為之繼。馴至招商局可以自造茶船，自立公司，於俄境自設行棧銷售，收回利權，庶於商務釐稅不無裨益。

惟上次運茶赴俄，係托俄國茶船帶往，該船甚為不願，再三婉商，勉強依允，言以後不能再帶。緣俄商專造茶船，兼程趨利，行駛最速，工費最多，故不欲中茶附裝以分其利。且以後俄商宗威羅福能否再允代售，亦不可知。臣當設法相機與俄商俄船婉商，如肯代寄代銷，再當會商湖北、湖南兩撫臣酌量籌款，續行購運銷售，以究商情。

又 卷九七《札江漢關道飭知設方言商務學堂光緒十七年五月十三日》

據湖北試用知縣曾廣敷稟稱，按兩湖書院原定商籍課額四十名，本為南北茶商而設，近來茶事每為孖佔所困，緣孖佔能通彼國語言文字，貨物之優劣，價值之低昂，胥由孖佔操縱。茶商諸事隔閡，亦不能不仰給於孖佔。商意在利，不在科名。不若即以所定商額，改為通商西學，即延請華人之能西學者以訓誨之，俾專習各國語言文字二三年，學成之後，南北茶商皆可自專，而孖佔之挾制可除，即茶市之利源益廣。惟南省捐數較多，業茶商人亦較多，於北省可否於課額四十名內以二十五名歸南省，以十五名歸北省，即捐數之多寡，為課額之等差等情到本部堂。

據此，查兩湖書院設有算學、經濟學兩門，講求時務，本已包括其中。茲據稱擬請於所定商額，改為通商西學，專習各國語言文字等語，係為振興茶業商務起見，正與本部堂維持茶務本意適相符合，所議尚屬可行。應即於兩湖書院外，另設學堂，設立方言學、商務學，專習各國語言文字及講求商務，應如何濬利源，塞漏卮，暢銷土貨，阜民利用之術，均延華人精通各國語言文字暨曉暢時務者，分門教習。除此甄別録取商籍內課外課各生外，南茶商子弟有願習方言商務者，應由該商自行稟請江漢關道申送入學堂肄業，北茶及各省茶商子弟均准其自行稟由關道申送。即非茶商，凡有子弟聰穎，願習方言及通曉泰西情事者，均准其隨時具稟本部堂衙門查核送入學堂，總共額數約以五十名為率。

一切詳細章程，統候本部堂斟酌妥善，分別飭遵。應即先由江漢關

道諭知各該茶商等遵照。

又 卷九八《札南北藩司飭各屬講求製茶光緒十七年六月初三日**》** 案照承准總理各國事務衙門咨開，據稅務司函稱，中國茶務，近閱上海申報新聞紙內，言及湖南安化一處於茶務已有振作之勢，該處之茶，前數年在漢口出售，每百斤可得價至四十二三兩，嗣漸低減，僅賣十餘兩。地方官以茶葉如此低價，實因種製未善，於光緒十五年時面諭鄉民，採茶務須趁早，鄉民頗知遵行。次年售至三十七兩，復於去歲又經示諭，勸令益加謹慎。今年新茶竟增至五十八兩之數。又聞安徽甯國府有一縣官親至鄉間，教民種茶之法，寧茶每擔先僅賣三十餘兩，去年增至四十餘兩，今年竟至六十兩。可見茶業並非不能整頓，總須辦理得人等語。查中國茶葉質味本佳，但因採摘不時，或種製未善，或摻雜不淨，以致銷數日少，價值日低。疊經本衙門咨請，轉飭產茶地方官剴切曉諭在案。今安化等縣，留心整頓，大著成效，相應咨行貴督，轉飭產茶州縣，剴切曉諭商民，實力講求，以期銷路日暢，生計日裕，是為至要等因到本部堂。

承准此，查茶為中國商務大宗，中茶味性最佳，遠勝印度所產。外洋需用甚多，亦極肯出善價，俄商給價尤優。然必須葉嫩味香，質無摻雜，製無煙氣者，洋商方肯高價售買，否則退盤壓價，徒貽虧累。本部堂到楚以來，熟察茶市情形，但患茶葉之不精，不患銷路之不暢，價值之不高。此次總理衙門來咨所云，中國茶葉質味本佳，但因採摘不時，或種製未善，或攙雜不淨，以致銷數日少，價值日低，洵為扼要之論，亟應通飭，實力講求，以裕民生。

查湖南北產茶州縣，約共二十三處，疊經本部堂博采周咨，據湖北牙釐總局候補道曹道南英呈有條議，考究漢口銷路利病情形，講求製辦紅茶之法，尚屬簡括，應並抄發湖南北產茶州縣，體察情形，斟酌照辦。其有未盡事宜，及應如何督勸，如何稽察，能令商民切實遵行，即飭各該州縣各轉本處情形，迅速妥籌，稟明辦理。如各州縣有能實力講求，以致價高銷暢者，及有膜視民生，奉行不力，毫無成效者，必應分別勸懲。即飭南北布政司，明定章程，詳候核辦。

查安化縣，光緒十五年一年係知縣李元善在任，十六年正月於七月係代理知縣程寶文在任，十七年三月二十四日以前，係代理知縣龔鶴疇在任，該縣等曾否有勸諭鄉民採茶趁早之事，究係何任勸導之功，及應如何給予獎勵之處，並飭南布政司查明，迅速詳辦，以昭獎勸，切勿輕忽，視為具文。抄發曹南英條議：

一、採茶宜時早也。紅茶以葉小而嫩為佳，必須穀雨前數日採折下山，則茶嫩。上有白毛乃為佳品，洋商最愛此貨。若遲至穀雨以後，則葉老而色黃，茶粗而味淡，洋商不肯出價，推之子茶、秋茶，亦莫不然。

一、製茶宜趁天晴也。製茶若逢太陽，則茶身緊小而顏色光澤，洋商最愛。若遇陰雨必用火炕，則一味煙氣，洋商最忌。不如趁天晴之日，早為採製，一遇陰雨則改製黑茶，而黑茶又宜煙氣，實為兩便。

一、開莊宜禁陳茶也。洋商售茶先看泡水，新茶泡出乃是黃嫩之色，陳茶泡出乃是黑片，洋商最忌陳茶，退盤割價多係此等，黑片自漢口開市以來，從未僥倖混淆者。

一、揀茶宜精細也。粗枝老葉最宜揀盡，若稍有不盡，則黃片夾雜其中，而顏色不純，即嫩茶亦因而減色。

一、製茶宜視火候也。太過則氣味毫無，火不足則香味又少，且火太過，一經泡出盡是燒邊黑片，洋商最忌。惟此掌焙炕之人最為緊要，宜擇其老成而諳練茶性，勤慎而少貪睡酒者為之。

一、茶箱宜較準也。洋商過磅以輕者為憑，退皮以重者為據，若輕重未能較準，每因之少磅，從未有多出磅者。

一、出箱宜防濕也。箱面稍有水跡，則臨磅之時，洋樓將此水跡之箱盡行提出，即再為裱飾，為日久而價漸低，吃虧已屬不小。

一、出售宜勿做樣也，洋商看茶最確，每大堆與小樣不對，無不因之退盤割價，不如從大堆中取一小樣定價後，再從大伴中抽一大樣，庶無不對樣之弊。

又 卷一〇二《札曹南英勸諭茶商於堡工捐外每銷捐銀三分充兩湖書院常年經費光緒十七年三月初二日**》** 為籌捐書院經費事。照得本部堂創建兩湖書院，前經派委湖北候補道曹道南英，會同江漢關道，勸諭南茶各商，每茶百斤捐銀一錢，以充書院常年經費，並議定於兩湖肄業生課額二百名外，增設商籍課額四十名，以昭獎勸，通行遵照各在案。茲查

兩湖書院常年經費，為款甚鉅，尚有不敷。南茶、北茶各商，事同一律，自應通力合作，以襄盛舉。查北茶各商，向有堡工一捐，每茶百斤，僅捐銀七分，應即派委曹道，會同江漢關道，勸令該商等於堡工捐外，另捐銀三分，專充兩湖書院常年經費，立為定案，不作他項之用。如此則每茶百斤，與南茶同係捐銀一錢，於事理方為平允，所出甚微，眾擎易舉，而振興鄉里之人才，培養自家之子弟，收效甚大。南茶各商，慕義爭先，北茶各商，豈在人後？其北茶各商子弟，自亦應選入書院肄業。所有商籍課額四十名，即將南北各茶商，一併匯同遴選，其應如何勻撥之處，即由曹道等妥議章程，詳請核定。除分行外，合亟札委，札到該道，即便遵照，會同署江漢關道江道，迅速傳集北茶各商，實力勸導，共成盛舉，是為至要。

又卷一〇五《札兩湖産茶各州縣講求製辦紅茶光緒十七年六月初三日**》** 為通飭遵辦事。案照承准總理各國事務衙門咨開『光緒十七年四月十九日據總税務司函稱「中國茶務，近閲上海《申報》新聞紙內，言及湖南安化一處，於茶務已有振作之勢。該處之茶，前數年在漢口出售，每百斤可得價至四十二三兩，嗣漸低減，僅賣十餘兩。地方官以茶葉如此低價，實因種製未善，於光緒十五年時，面諭鄉民採茶，務須趁早，鄉民頗知遵行，次年售至三十七兩，復於去歲又經示諭勸令，益加謹慎，今年新茶竟增至五十八兩之數。又聞安徽甯國府有一縣官，親至鄉間，教民種茶之法，寧茶每擔先僅賣三十餘兩，去年增至四十餘兩，今年競至六十兩，可見茶葉並非不能整頓，總須辦理得人」等語。查中國茶葉，質味本佳，但因採摘不時，或種製未普，或摻雜不淨，以致銷數日少，價值日低。疊經本衙門咨請轉飭産茶地方官，剴切曉諭在案。今安化等縣，留心整頓，大著成效，相應咨行貴督，轉飭産茶州縣剴切曉諭商民，實力講求，以期銷路日暢，生計日裕，是為至要』等因到本部堂。承准此，又准北洋大臣直隸爵閣部堂李咨同前因。查茶葉為中國商務大宗，中茶味性最佳，遠勝印度所産，外洋需用甚多，亦極肯出善價，俄商給價尤優。然必須葉嫩味香、質無摻雜、製無煙氣者，洋商方肯高價售買。否則退盤壓價，徒貽虧累。本部堂到楚以來，熟察茶市情形，但患茶葉之不精，不患銷路之不暢，價值之不高。此次總理衙門來咨所云『中國茶葉質味本佳，但因採摘不時，或種製未善，或摻雜不淨，以致銷數日少，價值日低』，洵為扼要之論，亟應通飭實力講求，以裕民生。查湖南北産茶州縣，約共二十三處，疊經本部堂博采周咨，據湖北牙釐總局候補道曹道南英呈有條議，考究漢口銷路利病情形，講求製辦紅茶之法，尚屬簡括，應並抄發湖南北産茶各州縣，體察情形，斟酌照辦。其有未盡事宜及應如何督勸，如何稽察，能令商民切實遵行，即飭各該州縣，各就本處情形，迅速妥籌，稟明辦理。如各州縣有能實力講求，以致價高銷暢者，及有膜視民生，奉行不力，毫無成效者，必應分別勸懲。即飭北、南布政司，明定章程，詳候核辦。查安化縣光緒十五年一年係知縣李元善在任。十六年正月至七月係代理知縣程寶文在任。十七年三月二十四日以前，係代理知縣龔鶴疇在任。該縣等曾否有勸諭鄉民採茶趁早之事，究係何任勸導之功，及應如何給予奬勵之處，並飭南布政司查明，迅速詳辦，以昭奬勸。除行南、北布政司轉飭産茶州縣，剴切曉諭商民，實力講求，並會同南鹽茶釐金局、江漢關道、北牙釐總局，迅速籌議産茶各州縣勸懲章程，詳候核定，及查明安化縣係何任有勸諭鄉民採茶之事，暨應如何給奬之處，一併詳辦。并通飭湖北興國、鶴峰、蒲圻、通山、通城、崇陽、咸寧、嘉魚等州縣，湖南長沙、善化、益陽、湘鄉、湘潭、瀏陽、醴陵、安化、巴陵、臨湘、平江、武陵、龍陽、桃源、沅陵等縣遵照，剴切曉諭商民，實力講求，按照粘抄事宜，各就本處情形，詢訪辦茶商人、種茶園戶，籌議如何督勸稽察切實辦法，及講求製辦紅茶未盡事宜，迅速妥議，票覆核辦外，合亟札飭，札到該司，即便遵照，轉飭産茶州縣，剴切曉諭商民，實力講求，會同江漢關道、北牙釐總局、南鹽茶釐金局，迅速籌議産茶各州縣勸懲章程，詳候核定，及查明安化縣係何任有勸諭鄉民採茶之事，暨應如何給奬之處，一併詳辦。特札。

曹南英條議：

謹查湖北、湖南兩省産茶之區，茶樹滋長茂盛，無須再為教種，非比無茶之地，尤須教其種植。惟製茶之法甚多，必須善為製辦，始能自立於不敗之地，而可望茶務轉機。謹將採訪各茶商製辦之法，開具清摺，備陳憲鑒。

一、採茶宜時早也。紅茶以葉小而嫩為佳，必須穀雨前數日，採折下

山，則茶嫩而上有白毛，乃為佳品，洋商最愛此貨。若遲至穀雨以後，則葉老而色黃，茶粗而味淡，所以洋商不肯出價。推之子茶、秋茶，亦莫不然。今年頭茶之價高者，皆穀雨以前之茶。此宜早採之明徵也。

一、製茶宜趁天晴也。製茶若逢太陽，則茶身緊小而顏色光澤。洋商最愛。若遇陰雨，必用火炕，則一味煙氣，洋商最忌。不如趁天晴之日，早為採製，一遇陰雨，則改製黑茶，而黑茶又宜煙氣，實為兩便。今年頭茶之價詆、折本者，皆有煙氣之茶。此宜趁天晴之明徵也。

一、開莊宜禁陳茶也。洋商售茶，先看泡水。新茶泡出，乃是黃嫩之色；陳茶泡出，乃是黑片。洋商最忌陳茶，退盤割價，多係此等黑片。自漢口開市以來，從來未有僥倖混淆者。此宜禁陳茶之明徵也。

一、揀茶宜精細也。粗枝老葉，最宜揀盡。若稍有不盡，則黃片夾雜其中，而顏色不純。即係嫩茶，亦因而減色。此揀茶宜精細之明徵也。

一、製茶宜視火候也。火太過，則氣味毫無；火不足，則香味又少，且火太過，一經泡出，盡是燒邊黑片，洋商最忌。惟此掌焙炕之人，最為緊要。宜擇其老成而諳練茶性、勤慎而少貪睡酒者，為之掌守焙炕，其製茶鮮有不氣香而色澤。洋商退盤割價，多係黑邊不香之茶，此宜視火候之明徵也。

一、茶箱宜較準也。洋商過磅，以輕者為憑；洋商退皮，以重者為據。若輕重未能較準，每因之而大為少磅，從未有多出磅者。此宜自為較準之明徵也。

一、出箱宜謹防水濕也。倘偶有不慎，箱面稍有水跡，則臨磅之時，洋棲將此水跡之箱，盡行提出，即再為裱飾，則為日久而價漸低，亦已大半折耗，其吃虧已屬不小。此宜謹防水濕之明徵也。

一、出售宜勿做樣也。洋商之看茶，最為的確。每大堆與小樣不對，無一不因之退盤而割價，是不如從大堆中取一小樣定價後，再從大伴中抽一大樣，庶無不對樣之弊。從未有做樣之茶，而可僥倖以混得原價者。此宜勿做樣茶之明徵也。

又卷一〇九《札襄鄖宜施各屬查明地方土性、試種茶樹是否相宜光緒十七年十二月十三日**》** 為通飭查覆事。據襄陽府穀城縣知縣瞿元燦稟稱『卑職上年曾將桑茶兼辦緣由稟奉批示在案。時以四鄉土性，尚未深悉，僅於卑署隙地試種，幸均成苗。嗣經考校其土性，宜於植桑者固多，而宜於種茶者亦復不少，且於農桑均無妨礙。現已捐廉赴嶽州多購茶子，一面出示曉諭，並將種採焙炙各法，分條詳細刊發，俾眾咸知，仍擇公正紳耆，總領分發，概不經書役之手，使小民不費分文，務使各盡其力，護惜滋培，無遊惰之民，無空曠之地，以副憲臺為民興利、實是求事之至意』等情并清摺一扣到本部堂。據此，查茶葉為出口商貨之大宗，湖南、北兩幫每年貿易價值，約銀一千數百萬兩，外洋各國多仿照種植，只以土性不宜，香味遠遜中國，仍須向中國購買。湖南業此致富者，實繁有徒。湖北如崇陽、通山等州縣，近年俱以種茶獲利。此外如襄、鄖、宜、施四府及荊門州所屬當陽、遠安等處人民，素患貧乏，由於山多土瘠，專恃番薯、羊芋為生，一遇歉收，立形艱困。地方官果能講求地利，察視土脈、物性所宜，教民墾治種植，以補雜糧之不足，自可轉貧為富，起敝為隆。查種茶惟沙地不宜，其半沙半土之地皆可種植。如穀城瞿令所陳種植採製之法，頗中窾要。亟應劄飭地方多山之各屬，查明地方土性，如果宜茶，即應仿照，勸民種植，以興地利而阜民財。除稟批發外，合亟通飭，為此札，仰該府、州，即便遵照，轉飭所屬，查照粘抄事理，切實查明，地方如果土性宜茶，一面購買茶子試種，一面出示，剴切曉諭，并籌議勸導倡辦之法，具稟察核。該府、州並即督率考察，實力勸諭興辦。如辦有成效，定當奏明，優予獎勵，萬勿視為具文，率以土性不宜、民情窳惰等語一稟了事，是為至要。

穀城縣勸民興種茶樹示稿：

湖北襄陽府穀城縣謹將卑縣勸民興種茶樹示稿，及採種焙炙各條，開摺呈核。須至折者。

計開：

照得養民之道，在於為民興利。興利之法，固以農桑為本，而因地因時，可以並行不悖者，莫如種植茶樹。本縣籍隸湖南，各州縣產茶最廣，近年造作紅茶，運赴漢口等處發賣，因此致富者，不一而足。即在本鄉肩挑負販，亦復獲利甚豐。其種植之地，惟盡沙處不相宜，此外盡土及半沙半土，皆有樹必獲，無論山阜嶺坡，但擇向陽之處，並無妨於稻麥及桑樹等物。上年冬臘間，本縣捐購茶子，今正於署後隙地如法試種，均已發

生。茲復捐廉，選派妥人，前赴嶽州一帶地方採購。一俟到縣，即分發各鄉紳者，轉付該民等領種，不經差役之手，不取分文費用。除將種法詳細開示外，合行出示曉諭，為此示，仰軍民人等知悉。爾等務須遵照領種，雖採葉需五年之後，而一經成樹，即生息無窮，幸勿惜目前勞費，致負本縣為地方興利之至惠。其各懍遵毋違。切切。特示：

一、擇向陽之地，無論層山疊阜、高嶺斜坡，先行開闢，便下肥糞，領到茶子，即如法種植。

一、茶子種植之期，自九、十、冬、臘、正月均可，惟不可再遲。其發生總在立夏節前後。

一、種茶須分行，每行相離約三尺，其行中空地，仍可種春、秋兩季雜糧及棉花等物。

一、行內挖穴，亦須相離兩尺，免致成樹時，彼此相礙。

一、每一穴種茶子五六顆。此樹本係叢生，不可單種。

一、種後只須間或下糞。如行中兼種他物，下有肥糞，便可滋長，無庸另糞。

一、成樹及一二尺高，便可採葉。湖南大茶山採葉，多係婦女，不致有廢男工。

一、茶樹長成，每年交穀雨節採頭次極細葉，即毛尖茶，是貴重之品。穀雨節後數日，採二次略粗葉，亦是好茶。至立夏節採三次葉，其味較遜，然亦可用。

一、採得茶葉，不可日曬，曬即有怪味。只須以鍋燒開水，將葉入水蕩過，隨即取出，再用微火烤乾，攤冷入罎裝緊，謹防風吹，吹即上黴，雖好茶亦不足貴矣。

一、九、十兩月採收茶子，或隨採隨種，或稍遲亦可，總以正月為止。若分種有餘，即留以打油，此油只可點燈，不可吃。

以上十條，務各留心，照法種植採製。毋忽。

又 卷一一一《咨北撫院湖南茶商德豐永等呈控袁雲峰等一案》光緒十八年六月十三日 為録批咨會事。據湖南茶商德豐永等公呈：『盤踞茶業公所霸充首事之袁雲峰、陳敬軒，造揺生風，勒抽私費，請拿案訊究』等情一案，到本部堂。據此，除批『據呈：「盤踞茶業公所箱充首事之袁雲峰、陳敬軒二痞，造謡生風，勒抽私費於公所舊斂工費外，反添局費、經費兩目，三共於紅茶每百斤估取銀七分，乘洋行兌價時，攔扣在握，有厚生祥清單、茶業公所收條確據。本年到漢紅茶，雲、敬已扣得銀一萬六七千兩，累累飽囊，各號吞聲。至若茶業公所雲、敬同廣幫張寅賓、文虎卿等倡議，於每石紅茶取銀八分零起，減至本年猶抽一分七釐，積銀二三十萬，僅修公所一區，估費不過五萬，存項尚有鉅數，從未核帳題單。自設此公所，洋局陡變，交單，則紛紛退割，過磅，則件件欺壓。雲、敬等無所整頓，反卡制盤剝，斂費鉅萬，毫無正用，稟懇拿訊澈究核追」等情。查茶務為楚省出口商貨大宗，若如所呈袁雲峰等盤踞招搖斂費鉅萬，剝削群商，藉肥私橐，實為茶務大害，自應查追究辦，以儆奸儈。核閱粘抄清單，計一單貨價二千七百餘兩，除書院捐已經飭停外，竟坐扣各費六十一兩有奇，及九七扣八十四兩有奇，共扣銀一百四十餘兩之多，大半皆係無名之費，種種剝削，徒飽奸商。良懦商人其何以堪，且無帖取用，尤干例禁，亟應澈底查明，應減者減，應裁者裁。務將中飽服費概行刪除，定立妥善章程，以清茶務而紓商力。仰北布、按二司，會同江漢關道遵照迅速飭提袁雲峰等暨應訊商號人證到案，發交武昌府，調齊該商等所收各種清單、收條暨茶業公所帳據，查訊確情，核算明晰，分別押追究辦，並由該司等會同江漢關道將應行裁減各項，悉心查核，詳考商情。另籌整頓章程，妥議詳辦，毋稍含糊宕延。切切。粘抄併發』等因榜示印發外，相應録批咨會，為此合咨貴部院，請煩查照施行。

又 卷一一六《札通山縣將俄商采辦茶樹被鄉民作壩揹阻情形稟覆》光緒十九年八月初九日 為札飭遵照事，據監督江漢關惲道詳稱：『光緒十九年八月初三日准俄國王領事官函開：「查百昌商人在通山採辦之茶樹，因鄉民作壩阻揹不准放行，曾經本領事兩次函請貴道查照，飭通山縣，趕緊究辦在案。因通山縣奉文後，任意玩延，並不趕緊辦理，以致採辦之茶樹耽延日久，現在均已枯死無用。該商虧耗甚大，且該處紳民勒索錢三百千文，理應賠償。現在尚未查明該商虧耗實數，俟查明實數後，再行函知。相應函請貴道煩為查照，希即飭通山縣，勒令該紳民將勒索之錢，如數繳完。一面訪拿為首聚眾之人到岸，照例嚴辦。望切施行」各等因，准此，查此案本年五月二十九日准俄領事函：「據本國商人達

尼羅夫稟稱：欲遣僕人黄絜如赴通山羊樓峒、聶家市等處，採辦茶樹，請填給護照，應徵税銀由漢口呈繳」等因。職道當查同治二年英商寶順行欲赴内地購買茶子出洋一案，經福州將軍、福建撫部院咨准總理衙門核覆：「查例禁之物均載在税則，茶子既未載在例禁之條，若必欲禁阻，徒費唇舌，應照善後條約第一條，按值百抽五徵税，准其販運出口」等因。咨行在案。此次俄商採辦茶樹，事同一律，自應照準，並録案面稟憲臺奉諭准辦。當即函復俄領事照洋商赴内地辦土貨章程，由領事備文聲明，該商請領赴某處採辦茶樹運照、報單若干套，以便填給。旋准俄領事函請，填給該商赴通山羊樓峒、聶家市辦茶樹單照各一套，共三套。當經查照定章，如數填送給領去後。嗣於七月初七日，准俄領事函稱：「據百昌商人即達尼羅夫稟，該商在通山地方辦就茶樹裝船運漢，被該處鄉人作壩阻止，勒索重價，請飭辦」前來。經職道札傷通山縣刻日剴切開導鄉民，迅將茶樹船隻放行，勿任阻撓生事，仍將實在情形，先行稟核並行武昌府轉飭遵辦。七月二十日復准俄領事來函，以通山縣尚未奉文，該處鄉民仍行阻止，又經專差札飭通山縣趕辦具復各在案。事經一月之久，兩次行文該令，竟無隻字稟覆。接准前因，除再由職道迅飭通山縣妥速查辦，據實稟報暨照復俄領事外，相應具文詳請憲臺俯賜查核，嚴札傷令武昌府、通山縣一體遵照，趕緊查明，妥辦速復，批示祇遵」等情，到本部堂。據此，查洋商詳領單照赴内地採辦茶樹，販運出口，曾經總理衙門核准有案，各省通行已久，今俄商請照赴通山羊樓峒採辦茶樹，通山縣鄉民何得抗照阻撓，妄行生事。嗣經江漢關道兩次札行趕辦速復，事經一月之久，竟無隻字稟覆，殊屬玩延已極。案關洋務交涉，全賴消息靈通，上下應手，方能弭患無跡。乃該縣率意漠視，漫不經心，如何措辦，久不稟覆，致茲外人藉口，大屬不合。亟應嚴札申飭，札到該縣，立即遵照趕緊查明，俄商領照販運茶樹，該處民人因何作壩阻撓，有無勒索重價情弊，務將此案刻日妥速辦結，如有勒索錢文情事，並即查明追繳，一面將滋事匪徒嚴拿懲辦，毋許片延，致干未便。切切。

又《札李謙查辦湖南臨湘縣民毁棄俄商茶樹案光緒十九年八月初九日**》**

為札飭遵照事。據監督江漢關惲道詳稱：『光緒十九年八月初三日准俄國王領事官函開：「據百昌商人稟稱：商人前持關憲發給單照往聶家市採辦茶樹七百餘株，裝箱二百餘口，正在上船運漢。於七月二十五日五記鐘時，該處突來鄉民百餘人，不問情由，竟將茶樹箱二百餘口全行毁壞，連茶樹一併抛於河中各等情前來。據此，本領事查該商領有單照辦貨，此貨是俄商輸税之貨，該鄉民敢將商貨聚衆搶劫，商人虧耗資本甚多，且耽誤工夫，相應函請貴道煩為查照，希即飭臨湘縣訪拿搶劫之鄉民，並勒令賠償該商人虧耗，現在尚未查明該商虧耗實數，俟查明後，再行函知可也」等因，准此，查此案本年五月二十九日准俄領事函：「據本國商人達尼羅夫稟稱，欲遣僕人黄絜如赴通山羊樓峒、聶家市等處採辦茶樹，請填給護照，應徵税銀，由漢口呈繳」等因。職道當查同治二年英商寶順行欲赴内地購買茶子出洋一案，經福州將軍、福建撫部院咨准總理衙門核覆：「查例禁之物，均載在税則，茶子既未載在例禁之條，若必欲禁阻，徒費唇舌，應照善後條約第一條按值百抽五徵税，准其販運出口」等因，咨行在案此次俄商採辦茶樹，事同一律，自應照準，並録案面稟憲臺奉諭准辦。當即函復俄領事照洋商赴内地辦土貨章程，由領事備文聲明，該商請領赴某處採辦茶樹運照報單若干套，以便填給。旋准俄領事函請，填給該商赴通山羊樓峒、聶家市辦茶樹單照各一套，共三套。當經查照定章如數填送給領去後。接準前因除照復俄領事外，相應具文詳請憲臺俯賜查核，嚴札飭令湖南臨湘縣遵照趕緊查明妥辦速復，批示祇遵』等情，到本部堂據此，查洋商請領單照赴内地採辦茶樹，販運出口，曾經總理衙門核准有案。各省通行已久，今俄商持照赴臨湘縣聶家市採辦茶樹，該處民人竟將茶樹箱二百餘口全行毁壞，抛棄河中，如果屬實，殊出情理之外。事關商務交涉，鄉民抗照阻撓，亟應飭派大員馳往查辦。查有湖北候補道李道謙，堪以派委。合就札飭，札到該道，即便遵照，刻日馳往湖南臨湘縣，會同嶽州府查明該處鄉民因何將洋商茶樹抛棄河中，有無別項起釁情節，會同督飭臨湘縣澈底查究，秉公辦結，不准稍涉回護，並將為首抗照滋事匪徒嚴拿務獲懲辦，以儆效尤。毋違。此札。

又卷一一七《札委曹南英赴上海、福建訪查茶務光緒十九年九月二十二日**》**

為檄委查訪茶務事。照得湖南、北兩幇紅茶與外洋交易，為鄂省税釐大宗，近年銷售不旺，茶商資本每多折閲，動以洋人退盤割價，致貽

虧累為詞，前經承准總理各國事務衙門來咨：以中國茶葉質味本佳，但因採摘不時，或種製未善，或攙雜不淨，以致銷售日少，價值日低等因。當經本部堂、院轉飭產茶州縣曉諭商民，講求採摘焙製之法。查本年稅釐收數愈形短絀，於餉源大有關係。查中國茶葉出口，鄂省而外，閩省銷售最多，每年出產若干，與洋商交易是何情形？是否亦有退盤割價之事？中茶消滯是否因外洋屯儲過多？抑因印度出產漸旺所致？閩省商人與洋商交易有何妥善辦法？上海為各國茶船總匯之所，亟應派員前往上海及福建省城詳切訪查，參考互證，務得要領，據實稟陳，以資整頓。查湖北候補道曹道南英，督辦牙釐局有年，熟悉茶務，堪以派往。所需川資，由善後局核給。除咨行外，合亟札委，為此札仰該道，即便遵照，迅速束裝前往上海及福建省城，按照札行事理，詳切訪查，務得要領，分晰稟辦，毋稍疏略。切切。

又 卷一二〇《勸諭茶商講求采製各法示光緒十八年二月初六日**》** 照得茶葉為中國商務大宗，中茶味性最佳，外洋英美各國所產，皆不能及，洋商極肯出善價，俄國商人給價尤優，湖南北及江西等幫，每年在漢口交易價銀至一千數百萬之多。然必須葉嫩味香，顏色光澤，製無煙氣，質無摻雜者，洋商方肯出高價購買，否則退盤割價，徒貽虧累。本部堂蒞楚以來，專意培養兩湖商民生計。熟察每年茶市情形，但患茶葉之不佳，不患銷路之不暢。

至茶葉之佳，尤以採摘趁早為第一要務，早則嫩，嫩則小，然葉愈小而愈貴。紅茶以葉小而嫩、上有白毛者為佳，洋商最肯購買，此種嫩茶，必須穀雨以前採摘下山，方為上品，若遲至穀雨以後，則葉老而色黃，茶粗而味淡，洋商即不肯出價。上年頭茶得價最優者，遠勝向來頭茶，何也？此皆穀雨以前之茶也，總之，新茶上市成箱，或在穀雨以後，採茶必須穀雨以前，時不可失，此誠茶戶茶商首宜講求者也。至製茶宜趁天晴，焙茶最忌煙氣，該茶戶茶商等自悉其中竅要。惟製茶掌焙之人，須擇其諳練茶性，老成勤慎之人為之，不可吝惜工價。揀茶尤宜精細，若稍有黃片夾雜，顏色不純，嫩茶亦因之減色。他若開莊，宜禁陳茶出箱，宜防水濕出售，勿做樣茶。該茶商等均宜隨時考察，實事求是。大抵山戶之弊在於貪多偷懶，商販之弊在於僥倖牟利，不知洋商看茶最為的確，買茶極為認真，只在茶葉之好，不在斤兩之多。試思漢口自開市以來，因茶不對樣，貨不一色，退盤割價者比比皆是，從無以陳茶、樣茶及燒邊黑片之茶，僥倖售其欺者。

此皆本部堂督江漢關道，將歷年茶市行情詳查明確，並向外國領事洋商反復考究而得者，故特明白剴切為商民等言之。果能採茶早，製茶精，揀茶細，售茶真實不欺，自然得價，斷無退盤割價之事。至山戶人等，如有採摘不精，摻雜陳茶，水氣及貨色不一，斤兩不符等弊者，各商販自當公立禁約，從重罰辦，倘不受罰者，稟官究治。

除劄飭各該州縣認真稽察督勸外，合亟示諭各茶戶、茶商等知悉，爾等須知茶嫩則價自高，不必貪多，貨真則銷自暢，不必尤人。務須早采精製，必然獲利豐盈，有厚望焉。

又 卷一二八《札委稅務司籌畫種茶製茶良法、在漢集股設廠教導光緒二十三年十月十一日**》** 為劄委事。照得茶葉一項為中國出口之大宗，漢口一鎮又為各省茶市之樞紐，年來中國茶利逐漸衰落，各商累耗鉅資，殊堪憫惻。查中國茶種之佳，地球無匹，徒以株守舊說，不知變通，栽種既未合法，焙製又復失宜，遂為洋商所厭棄，若不亟圖變計，何以挽利源而維商本。惟是栽種必明化學，焙製又須機器，非合各富商之力糾股設廠，延請洋人督率教導，未克奏功。查江漢關稅務司穆和德，於茶務目擊情形，深明利弊，極願為中國茶利謀補救之術。本部堂實深嘉許。合行劄委，該稅司籌畫種茶、製茶之良法，在漢口或產茶地方設立廠所，延致洋人實力教導，俾中國茶市日有起色。其如何訪覓明白事理之富商商集股分，以及如何購機製茶以成佳茗，購地試種以期推廣，並延請洋人，酌雇印度工人以資教授各事宜，統歸該稅司一人主持，惟不得招附洋股，倘經查有冒附，惟該稅司是問，仍將辦理情形隨時稟報本部堂察核。其有干涉地方各事，如向民間購地及彈壓保護之類，應由江漢關道協助照料，無令掣肘，一俟辦有端緒，再行具奏立案。合亟劄委，劄到該稅司，即便按照上項劄行事理次第趕速佈置。該稅司實心辦事，必不致有負委任。切切。特劄。

又 卷一三五《札委何煊等馳往通山等縣會同地方官采購茶秧光緒二十五年正月初七日**》** 為劄委事，照得鄂省創設農務局，延聘美國教習，講

習西式種植蓄牧之法，以興地利而裕民生。查茶葉為通商貨物大宗，種植亟須講習，湖北通山、通城、崇陽、蒲圻等縣向為產茶之區，前承准總理各國事務衙門咨行，令講求採擇種製之法，實力整頓，以期銷路日暢，業經通飭遵辦在案。茲省城農務局籌辦已有端倪，瞬值東作方興，亟應乘時購備茶秧，來省種植，以資倡導，茲特飭委辦楊芳林茶釐之試用通判何煊、委辦崇陽茶釐之候補知縣胡子功，前往通山、通城、崇陽、蒲圻等縣，不拘何縣，但擇其產地脈產茶最佳之區，酌量購辦茶秧五千株，務須挑選上等好秧，勿任商民以劣種攙雜滋弊。茶秧須取甫種一年者，株不高根亦不大，移植可期易活，茶秧起土後濕以水，每株尤須多帶根土，以草繩束繫勿得散脫損壞。外購茶子約一兩萬顆，須上年已種入土者，或已萌芽、或未萌芽均可，務須連土起出，平放籃內，勿任顛倒，致損嫩芽，沿途妥為照料，陸續解運回省，呈交農務局查收，擇地分種。到該縣後，即會同該地方官出示曉諭，務限二十日內購齊回省，不准遲誤，應需價銀，由善後局先行核給銀五百兩，事竣核實開報。除分行外，合亟劄委，劄到該員，即便遵照上項劄飭事宜，迅速馳往照數選購，押運回省。勿稍刻延，切切。

又 卷一三七《札江漢關道勸諭華商購機製茶光緒二十五年四月十四日**》**

為剴切申勸事。照得中國出口土貨以茶葉為大宗，而漢口商務之盈絀，尤專視茶葉為盛衰。近年印度、歐美、東洋各處種茶漸多，銷流漸廣，雖茶質遠遜中國，而外國人究心培植，加工烘製，洋茶貨價日高一日，我茶出口年少一年，若不及早整頓，則必如他事終落人後，原有大利盡為外人奪去，豈不可痛可危。前經屢飭江漢關道，悉心考究妥議詳奪，並劄委稅務司穆和德，勸令華商集股仿照外洋烘製之法，購機試辦。旋據江漢關道詳，據武昌府崇陽、蒲圻、通山、咸甯、興國等州縣及茶釐委員易守學灝暨茶葉公所商董稟覆前來。大率皆以機器製茶水味苦澀，香氣不清，只宜英國，以外則不能暢銷。機器價貴，成本難籌，不若仍循其舊為詞。查華商性情但以襲故套，圖小利為事，而憚於求精；官場積習，但以因循省事搪塞上司為能，而懶於振作。當經批駁，飭令再行悉心體察，妥議詳奪在案，茲日久未見詳覆，特再劄催。該商等須知中國茶葉所以至今仍勝於洋茶者，乃中國土性天氣使然，至於人工烘製則人事之不齊，斷不若機器之一律，若中國仍用舊法，洋商必藉口人工不能停勻，製法不能乾潔，極力傳播煽惑，務使各國盡銷洋茶而後已，恐各國銷路日久皆將窒塞，豈獨一英。我若改用機器，是製法與彼同，而茶質較彼勝，又何能與我爭衡乎？若謂機器製茶，香味全失，此說最謬。查洋人飲茶，專取濃厚，既為消食，又防傷胃，先用鐵鍋熬成濃汁，將飲之時，注於甌內，必加入洋糖兩塊，再摻入牛乳一勺，已別成一種風味。即使清芬雋永如浙之龍井，蘇之碧螺，閩之蘭蕊，配以中泠惠山之泉，一用西法煎熬調和，恐亦不能辨其為何味矣。西人所謂清香，豈中國詩人墨客品茶諸書所謂清香耶？況機器烘製，其經火成熟，與人工同，而迅速停勻，機器製茶只銷於英，尤為無稽妄說。漢口煙筒林立者，即俄商以機器製茶之屋也。數年來俄人亦漸買印度茶，所買者即皆機器之所製也。近年溫州機器製茶，味美價善，洋報稱盛，該官商等獨未之聞耶？至漢口茶商連年虧折，大抵皆因零星小販太多，資本不足，重息假貸，減價爭售，致壞市面。若各大商能集股購機製茶，小販力薄不能購機，勢必不能與之爭利，是小販不禁自絕，既無小販則華商不為洋商挾制，市面必日有起色矣。前據稅務司穆和德面稟，洋商之欲來漢試辦者甚多，而華商皆畏葸裹足，不肯集股，本部堂聞之，殊為華商惋惜。此事所需資本並不甚巨，多則十萬，少則六萬，再少則三萬，亦可試辦。以漢口茶商之盛，豈竟無一二有識有志之人，為中國挽回利權耶？為此，劄仰該關道，趁此茶商雲集之時，務速再為傳集各商，極力勸諭籌辦，以為明年之計，毋負本部堂勸導苦心，務期議有端倪。如有須官力維持保護之處，本部堂定必竭力扶持。倘商集股不足，本部堂亦可酌籌官款若干相助，以期成此盛舉。合就劄行，仰該關道即便遵照，傳集商人，切實勸諭稟覆。毋違。切切。

又 卷一六一《批六幫茶商稟懇整頓茶務積弊光緒十六年十月二十一日**》**

紅茶為土貨大宗，關係兩湖商民生計，年來出產漸少，折閱愈多。本部堂蒞楚以來博訪周諮，頗知致弊之由，亟欲及時整頓，以維商務。現稟所陳十弊，自係實在情形。粘摺所開章程八條，大致尚屬平允。惟事關華商與洋商交涉，其間果否一無窒礙，必須籌度周詳。仰江漢關道妥速覆議，

詳候核奪。

又《批江漢關道詳核議茶商整頓茶務章程光緒十六年十二月十七日**》**　漢口茶市禁售樣箱，設立公磅，歷據該幫商棧公同議定章程，稟經該關各前道批準出示曉諭在案。近年茶務疲滯，華商急欲求售，不能堅守定章，以致弊竇叢生，日形虧累，而洋商亦因茶不對洋，藉端挑剔，若不及時整頓，實與中外商情均為未便，現在該商等眾謀僉同，創設公棧，既便查色樣攙雜之弊，並可免風濤停泊之虞，洵屬扼要良圖，維持商務至計，應即準行。惟建棧必需鉅款，經理尤貴得人，仰江漢關道迅即選舉六幫公正殷實紳首數人以董其事。應如何籌墊建棧之款及按箱酌抽經費，分年歸還，大約抽費不宜過多，年限不妨稍久，務使茶價不至驟貴，致礙市面，飭令確切妥議，再呈該關道覆核，分別給諭出示，庶足以資經久而杜流弊。至落盤過晚轉箱交價各節，如何明定限期，係屬華洋貿易之事，應再按照條約妥籌辦法稟明辦理，其倉房司事、茶棧經紀人等果有播弄勒索情事，準其隨時稟官究懲以儆刁儈，仰即轉飭遵照。

又卷一六二《批江漢關稟嗣後洋商雇用民船裝制錢運往內地辦茶驗照放行光緒十七年正月十八日**》**　據稟已悉，該洋商此次所運往江西義寧州買茶應用制錢，業已開行三船，已據該關道具詳批準，並劄飭通省牙釐總局，轉飭放行在案。所有該商續運之錢，即如稟，由該關道查明確數，繕給護照，一面與英、俄兩國領事妥商。嗣後如確係運往內地買茶之錢，隨時知照該關道，核給護照。經過各局卡查驗，蓋戳放行。惟護照查驗後，務令計限繳案核銷，免致該船戶人等，假冒影射，以杜奸商而重圜法。除並行通省牙釐總局轉飭外，仰即遵照辦理。仍候撫部院批示。徼。

又《批江漢關詳阜昌商人運制錢買茶被黃州釐局扣留光緒十七年正月十八日**》**　據詳已悉。該洋商此次所運製錢，係往義寧州買茶之用，尚非販運弁利，亦非運至九江通商口岸者可比，應准放行，以示體恤。除即劄行通省牙釐總局轉飭樊口、武穴各局卡一體遵照放行外，仰即遵照辦理。仍候撫部院批示。繳。

又卷一六三《批穀城縣稟試種茶子另捐廉購給領種光緒十七年十一月二十六日**》**　據稟及清摺均悉。所擬種茶及採製之法，頗中窾要，因地製宜，甚屬可嘉。仰北布政司轉飭遵照，一俟茶子購回到縣，即行分給領種，務須認真督率經理，以收實效，是為至要。仍候撫部院批示。繳。清摺存。

又《批湖北茶商籍廉生李慶恩等勢處兩難懇存體恤呈光緒十八年閏六月初五日**》**　查兩湖書院茶商籍課額，因茶商輸捐而增設，現以停捐而裁撤，乃事理之當然，何關榮辱。該生等應課，如以文字見擯，乃覺可恥，此之裁撤，非戰之罪。且茶商籍應裁多人，豈止該生兩名。據呈『廉恥所在，不知何地自容』等語，措詞尤屬不倫，至所控之祝潤經等，飭查漢商籍內課實有其人，並非祝森畹等冒名。且應試諸生冒名頂替，自有考察杜弊之法，該生等勿庸多瀆。仰兩湖書院提調轉飭遵照。抄由批發。

又卷一六四《批嶽州府等會稟查聶市民人毀棄茶樹箱一案實在情形光緒十九年八月三十日**》**　據稟及另單均悉。俄國百昌商人托人採買茶樹，被鄉民毀棄一案，現經該道等查明，實因經手之人未將江漢關道所發單照呈縣請驗出示，致該處鄉民疑為私運茶樹出洋，恐絕生機，遂將茶樹毀棄，並無抗照別情。訊據吳松夫供稱，買辦茶樹以及雜用等項，共計錢四百八十餘串，既經該處紳耆籌賠銀三百一十四兩零，即可究此完結，應將繳到銀兩解交江漢關道，轉交俄領事發給百昌商人柢領。鄉民無知，實非有心違抗，情尚可原，惟予從寬發落。仰江漢關道即便遵照，摘錄稟詞照會俄領事，轉飭百昌商人遵照。仍移行李道等知照。此繳。稟單抄發。

又《批道員莊賡良稟呈茶商條陳光緒二十年二月二十七日**》**　漢口茶務連年疲累，自應力予維持。本部堂疊經劄飭湖南、湖北兩藩司、江漢關道考求茶務利弊，轉飭南北兩省產茶各屬曉示民間，講求種植烘製之法，酌議地方官勸懲章程各在案。現經南撫部院吳奏派該道來鄂籌辦茶務，力籌恤商之策，此舉關係南北兩省商務大局，自宜乘此籌定良策，兩省通力合作，即日切實舉辦。今年頭茶之市將畢，正可及此部署周妥，豫為明年之計。近曰疊據江漢關惲道稟呈與俄領事來往函牘各件，所有茶務事體該關道正在極力辯論維持，茲據該商等擬請籌修公棧，懇請借款三數萬兩，以資經始，一面按箱抽費，接濟成功，此舉洵為茶務要圖，應即準如所請，由官籌款三萬借與該商等公所具結承領，分期抽還。南茶箱

數較北茶多至一倍有餘，此項應由南省籌借二萬，北省籌借一萬。現已與南撫部院函商，意見相同，仰該道即傳知各商迅速籌議，一面議章抽費，一面購地舉辦。至其餘監餐過磅、抽提辦箱、限日交銀、剔除水漬、整飭經紀通事各條是否一律周妥可行，並候劄飭江漢關道會同該道詳考茶務利弊，體察華洋商情，迅速核議，稟覆本部堂並南北撫部院核奪。至茶商人山買茶多用大秤，往往有加至三十二兩以外者，園戶不堪抑勒賠本，不得不遲摘粗茶，並以攙雜水濕充數，希圖多壓斤兩。茶質不佳，茶價安得不賤？本源不清，其餘都是末節，是精茶色、恤園戶兩條尤為根本。該道等應一併妥議辦法稟覆。

又 卷一六六《批江漢關道詳覆勸諭茶商購用機器製造合股爲難惟求仍照向章設立公棧公磅光緒二十五年十二月初一日**》** 據詳已悉，茶務不講求種植製造，已非探源之策，其餘俱屬末節矣。惟洋商壓磅割價，半由華商眾心不齊，互相爭競，甚或攙雜作偽，致為洋人所乘，亦為茶市之害。茲據詳擬申明舊章，定過磅交價之期，使不能任意反復。創設公棧，以免爭競，嚴禁作僞，以杜藉口，自亦屬維持茶務之要舉。仰該關道即派員督飭該商董等妥速籌議認真舉辦，勿得空言搪塞。仍一面督飭印委各員，以及眾商，隨時認真講求培植茶樹、製造茶葉之法，務使中國大利不致外溢，是為至要。仍候撫部院批示。繳。

又 卷一六八《曉諭產茶各處示光緒二十年五月初七日**》** 照得匿名揭帖，久干例禁。迭經本部堂恭録光緒十七年五月初七日欽奉諭旨剴切出示曉諭，並通飭各屬州縣查拿造謠惑眾之匪徒懲辦在案。本年三月間，俄國百昌茶行商人達尼羅夫前赴羊樓峒辦茶，行至新店地方被該處閒人圍繞，內有無知頑童擲石致傷，並於羊樓峒地方出有匿名揭帖等事，當經嚴飭地方文武印委各員妥為彈壓查禁拿辦。查洋商赴內地買茶歷年已久，均極相安。乃近有無知之人擲石滋事，並有游棍匪徒妄造揭帖，謂『中國茶務向來稱盛，近因洋人來此以致虧累』等語，實屬誤會訛傳，愚謬已極。查中外通商以來，惟有絲、茶兩端為於中國最有益之事。試思咸豐以前，湖南、湖北兩省茶觔，僅止售與西商或運赴上海，銷數甚屬有限。自同治年間，漢口通商以後，售者愈旺，種者愈多，年增一年，近來每年銷數將及銀一千萬兩，較之早年加至六七倍，而光緒六年至十五年銷數尤多，何得謂本來稱盛因洋商而虧累乎？所以光緒十五年以後銷數較少者，乃因英國近年多用印度茶。買中國茶獨俄國買茶日多，故銷數尚不甚懸遠。近年業茶者雖亦間有不盡獲利之時，乃因茶色有高下，外洋茶價亦有漲落。究之歷年以來，凡資本充足、茶色挑選極佳、毫無攙和、潮濕者，無不得高價獲厚利。不肯自行講求種植烘製之法，而徒歸咎於人，有何益處？豈非大愚？假如真能禁絕洋人來買漢口之茶，試問每年所產值銀一千萬兩之茶銷與何人？但使茶船漸稀則銷路漸滯，安得善價？此皆由無業遊匪只圖造言惑眾擾亂地方，全不顧害及茶商、害及園戶，實堪痛恨。此事關係中國商務、兩湖民間生計，均非淺鮮，合亟剴切明白曉諭，為此示仰軍民人等知悉：爾等須知洋商買茶於爾等一方生計有關，正宜和平交易，豈可懷疑滋擾？況匿名揭帖例禁綦嚴，爾等切勿誤聽奸匪訛言，無故生事，既蹈法網，亦誤生業。自示之後，務宜平心熟思，各安生理，見有買茶洋人不得懷疑生事，儻敢造謠惑眾，滋生事端，定即嚴拿重懲。

清 曾王孫《商茶違限贖鍰宜免狀》《清經世文編》卷五一 查茶法有官商之分，曩者官三商七，今則官商各半，商力為已竭矣。小引商人，力微而苦較劇，則凡可以撫恤之者，不可不急為之所也。查近例小引商人，於漢中盤驗時，按其月日，如違限期，擬笞、折贖。至司交茶亦如之。此官茶擬罪之大概也。商茶盤驗違限，亦如官茶擬贖。運至該州縣發賣亦如之。此商茶擬罪之大概也。今小引商人馬騰雷等合詞籲請除免商茶二罪，蒙批查議。此誠洞燭商困而急為撫恤之至意。請為憲臺議之。官茶者公事也，商茶者私事也。大義先公而後私。故不急公者有罰。凡官茶未盤，不得先盤商茶。盤既後於官茶，則至州縣發賣必遲，誠有勢難依限者。恒情之所以自為者無所不至。故商茶之至於違限者勢也，非得已也。官茶違限者罪之，所以儆凡為商之不急公者，天下之大法也。商茶違限者免之，所以憫凡為商之不得已而不自為者，天下之大體也。嗣後小引商人商茶違限，其盤驗併發賣州縣應概免擬罪。至於官茶違限，仍照前例。

清 呂佺孫《閩省征收運銷茶稅疏咸豐五年**》**《清經世文續編》卷五五 竊照閩省商販茶葉，向不領給執照，徵收課稅。自道光二十九年，直隸督臣訥爾經額以商人販運閩茶，官私莫辨。議請由產茶之崇安縣給發執照，

經過關隘，驗稅放行。嗣因出產茶葉，不僅崇安一處。近來茶商，多係散赴各縣購買，繞道出販。復經督臣王懿德請，自咸豐三年為始，凡出茶之沙縣、邵武、建安、甌甯、建陽、浦城、崇安等縣，一概就地徵收起運茶稅，由各該縣給照販運。先後奏奉，敕部議准在案。前歲因粵匪竄擾江、楚，茶販不前，深恐藉茶餬口之人，失業生事，奏准暫弛海禁。各路茶販，遂均運茶至省售買，不從向日輸稅各關經過。非特本省崇安等處關稅日減，並恐浙粵江西等省關稅亦無不漸形短絀。臣上年履任之際，自江西河口入閩，取道崇安，沿途體察，即已略知大概。到省後，每於接見僚屬及地方紳士時，悉心諮訪。僉稱自開海禁以來，閩茶之利，較從前不啻倍蓰。蓋自上游運省，由海販往各處，一水可通，節省運費稅銀不少，是以商利愈厚，正賦轉虧，若不設法變通，亟加整頓，何以抑逐末而裕國課。況現在粵逆尚未蕩平，兵餉軍需，重煩籌畫，前奉部議徵收房店各租，因閩省情形不同，未能照議舉辦。茶乃閩地所產，類於濱海之鹽。茶商身擁厚貲，什一取盈，初無所損，且徵諸販客，不致擾累貧民。完自華商，無慮糾纏夷稅。以天地自然之利，為國家維正之供，迥非添設科條、加增田賦者比。臣等督同在省司道再三審度，計維徵收運銷茶稅一法，為裕課均商善政。惟是閩省之茶，各府屬均有種植，不止崇安數縣，現在既開海禁，商民趨利若鶩，無不販運來省，若於各處分徵稅課，不特漫無稽考。且恐狡獪之徒，百計繞越，希圖偷漏，必在附省扼要處所，設立關口，並添設卡，擬定課則，頒給印照，嚴立法制，以憑稽核。即界連江西浙粵，堪以販茶出省各處，亦應一體設立關卡。加增稅課，俾免趨避。請自咸豐五年為始，凡有販運茶觔，概行徵收運銷茶稅，所徵稅銀專款解存司庫，報部留支本省兵餉。惟創行伊始，多寡未能預料，應俟試徵一二年後，再行比較定額。據藩臬兩司會同糧鹽二道臚列章程條款，詳請具奏前來。除未盡事宜，容再督飭司道悉心妥議、隨時奏明辦理外，謹會同閩浙總督臣王懿德恭摺具奏。伏乞皇上聖鑒訓示。

清 薛福成《商政》《清經世文三編》卷二九　昔商君之論富強也，以耕戰為務，而西人之謀富強也，以工商為先。耕戰植其基，工商擴其用也。然論西人致富之術，非工不足以開商之源，則工又為其基，而商為其用。邇者英人經營國事，上下一心，殫精竭慮，工商之務蒸蒸日上，其富強甲於地球諸國。諸國從而效之，迭起爭雄，泰西強盛之勢遂為古所未有。夫商務未興之時，各國閉關而治，享其地利而有餘。及天下既以此為務，設或此衰彼旺，則此國之利源源而往，彼國之利不能源源而來，無久而不貧之理，所以地球各國居今日而競事通商，亦勢有不得已也，今以各國商船論，其於中國，每歲進出口貨價銀在二萬萬兩上下，約計洋商所贏之利當不下三千萬。以十年計之，則三萬萬。此皆中國之利有往而無來者也，無怪近日民窮財盡，有岌岌不終日之勢矣。然則為中國計者，既不能禁各國之通商，惟有自理其商務而已。

商務之興，厥要有三：一曰販運之利。自各口通商而洋人以輪船運華貨，不特擅中西交易之利，抑且奪內地懋遷之利。自中國設輪船招商局而洋商與我爭衡，始則減價以求勝，繼因折閱而改圖。彼之占我利權者雖尚有十之四，我之收回利權者已不啻五之三。通計七八年間，所得運費將二千萬。雖局中商息未見盈餘，而利之未入於外洋者已二千萬矣。所慮者，一局之政主持不過數人，控制二十七埠之遙，精力已難及，又自歸併旗昌之後，官本較多，萬一稍有蹉跌，其勢難圖再舉。夫事之難於謀始者，理也。而人之篤於私計者，情也。今夫市廛之內，商旅非無折閱，而挾貲而往者踵相接，何也？以人人之欲濟其私也。惟人人欲濟其私，則無損公家之帑項，而終為公家之大利。為今之計，雖難用眾建少力之法驟分數局，他日如必有變通之勢，或即用局中任事之商，兼招殷實明練者，量其才力貲本，俾各分任若干埠，無論盈虧得失，公家不過而問焉。此外商人有能租置輪船一二號或十餘號或數十號者，均聽其報名於官，自成一局。又恐商情之相軋也，則督以大員而齊其政令。恐商利之未饒也，則酌撥漕而彌其缺乏。但使商船漸多，然後由中國口岸推之東南洋各島，又推之西洋諸國，經商之術日益精，始步西人後塵，終必與西人抗衡矣，其利豈不溥哉！

一曰藝植之利。今華貨出洋者，以絲茶兩款為大宗，而日本、印度、意大里等國起而爭利，植桑茶。印度茶品幾勝於中國，意大里售絲之數亦幾埒於中國。數年以來，華貨滯而不流，統計外洋所用絲茶，出於各國者幾及三分之二。若並此利源而盡為所奪，中國將奚以自立？是不可不亟為者也。整理之道，宜令郡縣有司勸民栽植桑茶。種桑必在高亢之地，

而種茶恒在山谷之中，非若罌粟之有妨稼穡也，是在相其土宜，善為倡導而已。其繅絲之法，製茶之法，有能刻意講求者，宜激勸而獎進之。至於絲茶出口，十數年前以加稅為中國之利，今則各國起而相軋，一加稅則價必昂，價昂則運貨者必去中國而適他國，而稅額必為之大減。夫西洋諸邦往重稅外來之貨，而減免本國貨稅，以暢其銷路。今中國絲茶兩宗雖不必減稅，亦不宜加稅。但使地無閑曠，則產之者日益豐而其價日益廉，即出口之貨日益多，不特於稅務有裨，亦為民興利之一大端也。

一曰製造之利。英人用機器織造洋布，一夫可抵百夫之力，故工省價廉，雖棉花必購之他國，而獲利固已不貲，每歲貨價之出中國者數千萬兩。中國海隅多種棉花，必購備機器紡紗織布，既省往返運費，亦獲利宜勝於洋人。然中國雖有此議而尚無成效者，何也？創造一事，人情每多疑沮，其才足以辦此者苦於資本難集，而一二股商又非所素習而不為，此大利所以盡歸洋人也。竊謂經始之際，有能招商股自成公司者，宜察其才而假以事權，課其效而加之優獎。創辦三年之，內酌減稅額以示招徠。商民知有利可獲，則相率而競趨之。迨其事漸熟，利漸興，再為釐定稅章，則於國課必有所裨。推之織氈、織絨、織呢羽，莫不皆然。夫用機器以代工作，嫌於奪小民之利。若洋布以及絨呢羽本非出自中國，中國多出一分之貨，則外洋少獲一分之利，而吾民得自食一分之力。奪外洋而潤吾民，無踰於此者矣。是故中國之於商政也，彼此可共獲之利則從而分之，中國所自有之利則從而擴之，外洋所獨擅之利則從而奪之。

三要既得，而中國之富可期。中國富，而後諸務可次第修舉。如是而猶受制於鄰敵者，未之有也。

清 項文瑞《絲茶布合論》《清經世文三編》卷三一　中國自海疆互市以來，雖往來貿易、百貨流通，而中國錢幣實因而日徙於外洋。蓋今之天下，一爭富之天下也。外邦之求通商者，豫存爭富之見而來也，而中國當時許之通商者，則並不存爭富之心，且並不防外邦爭富至斯極也。一出無心，一本有意，而進口出口之貨，利皆為所奪矣。出口之絲茶為大宗，進口以布為大宗。往時猶謂布之來華，可以絲茶暢銷收還其利。今外洋自出絲茶，製造選揀日益精美，上海則自創繅絲公司，又設立公平繅絲局，收買蠶繭。聞繅絲機器每口每架約可出絲十兩以外，倘推而廣之，多至百架千架，每日出絲神速且多，通年所積更難數計，而外洋自出之絲尚不在其內。他日絲出愈多，西人用之有餘，不特出口之絲無利可獲，恐西人反將售絲於華矣。茶之銷於外洋者，十數年前尚銷至十分之八，近則不得十之五。印度茶本銷十之二者，近銷至十之五六。中國之茶運於外洋者多而出售者少，每年必有存積。蓋印度紅茶甚多，印度外又有錫蘭出茶，日本又多出綠茶，皆售與西人，起而與華茶爭利，而茶業益不支，何怪近年巨商每棄置而不為也。印度錫蘭之茶，其出口稅全免完納，日本則每百斤不周完洋一圓。中國則不然，每茶百斤須納關稅庫平銀二兩五錢，又加釐捐及各項捐甚巨，而價日益賤，奪利者不更得計乎。若為外洋之利藪，更難一言罄。中國收其稅，即不能禁其來。來者愈多，吸者愈盛。外洋絲茶可以種而得，中國若弛鶯粟之禁，一遇五穀荒歉，恐多轉於溝壑。欲不任其獲利而不能。更可歎者，烟之外又有洋布。外洋本不產木棉也，西人購中國之棉，製之為布，復售之於中國，是取中國之利，一轉手間而為外洋之利也。不特此也，西人運布於華，每值銀百兩之布，完進口稅銀五兩，而中國自織之布，每值百兩，正稅五兩之外又加半稅二兩五錢，則雖自用機器紡織洋布，仍不能與西人爭利。外洋近亦產棉，益有可操之利券哉。然則必如何而後可也？曰：內地自出之貨行與內地者，一一薄其稅。稅薄而不足於用，則力刪大小衙門無益之繁費以補之。稅不可增也，進口布稅可增則增之。議者謂絲茶布之利，或仿西法而踵行之，庶可挽回一二。如機器繅絲、機器織布之類，均可以設局興工。不知事事步其後塵，斷難有益。蒙謂宜乘此無事之日，力開各省荒田，宜桑者桑，宜茶者茶，宜木棉者木棉，除鶯粟禁種之外，令民自廣其利。桑與木棉之利既廣，則絲與布必多，又為之薄其稅，則價廉而利之者必更甚於洋布。如是而洋布之利可奪。或更通融辦理，專指數州縣之荒田令民墾之，以種鶯粟，他荒田不得效。既可免川土浙土之偷種日廣，而更可令外洋之日漸減售。是雖遇五穀荒歉，而竭各省之力以濟數州縣，當不至有害。而洋之利或亦可稍奪。至絲茶之為彼自製，則不能使其不製也，姑聽之可也。夫西人與我有心爭富，我不可束手坐視也。就大處規畫之，庶幾略得駕馭遠人、杜塞漏之策也乎。

清 王佐才《出洋茶利防弊策》《清經世文三編》卷三一　間嘗觀於流水，

而得通商之道焉。通商之理，以我之所有易彼之所無，期於兩國無缺，流水之為物，以此坎之盈補彼坎之絀，期於彼此相平，水性之自然而亦商務盈虛消長之機也。中國與外洋各國通商互市垂百年餘，自五口通商、長江開埠，凡外國所進口之貨物，我幾無所不有。中國之土產，苟可銷者亦無一不銷於外國。彼此往來貿易，亦彼此互相仿效。竊料數百年後，凡我之土產，外國必無一不自產之。外國之貨物，中國無一不自造之。彼此通工易事，如流水之兩坎相平，不復再有流動之性，則貿易必歸清淡，而通商之局將衰。此亦天地自然之理也。中國土產除湖絲外，實以茶葉為大宗，每年售出外洋價值銀二千九百五萬有奇，可謂中國極大之進矣。物極必返，盛極必衰，即無印度起而相爭，亦知其非久持之局矣。人情於他人之獲厚利者，無不起相爭。英人嗜茶成癖，英商貪利如命，羨極生妒，日夜營謀，必欲專取中國之利而後已。其處心積慮，則句踐沼吳之心，其百折百回，又愚公移山之計。於是遂聘請中國茶師，教以藝茶之法、焙茶之方，就印度天時和暖之地、土脈膏腴之區廣種茶子，不及十年，居然製茶出售。近年產數尤旺，銷數愈增，幾及中十分之九。不出十年，必更駕乎中國之上矣。猶幸其茶價雖賤而茶味不良，終不及華產之味厚，是以銷數猶未甚廣。近聞印商心計更工，即買中國之茶攙入印茶，以冀暢銷。其始華多而印少，繼則華少而印多，則洋人慣飲印茶，嗜華茶之癖漸淡矣。以勢度之，中國茶利必漸為所奪。非奪也，不過彼自產茶，不須問中國購買耳。是則有國家者應有之利權，天地盈虛往復之正理，無足怪也。所可怪者，他國知保護本國之利，雖非本國之所產者，猶且欲奪為己有。而中國則視出口之銀滔滔不返，任其自然，每歲漏入英之銀不下三四千萬兩，絕不思挽回之術，為可異耳。猶幸天誘其衷，山陝滇蜀之民亦知遍種罌粟以奪洋人鴉片之利，是以洋土僅銷於沿海各直省，而不能越雷池一步，浸灌中國土漿之銷界，此亦可謂天道持平之理矣。誠能將外洋所獲利於我之物，一一如其道以施之，如用機器紡織綿花，則洋布羽紗之貨入口自少矣。如用機器組織羊毛，則毳呢氈之類銷場自滯矣。開礦產以出煤鐵五金，則洋鐵洋煤無人顧問矣。精製造以成機器，則船械炮火無待他求矣。推之廣種加非可可子等，則洋茶之利反為我侵。多養牛羊牲畜，則洋人食物惟我是資。他若種葡萄以釀酒，仿雪茄而製煙，無一非可奪洋人之利。苟使洋人不能以貨來，我亦不以茶往，則雖盡失絲茶之大利，猶為保全實多，無礙於保邦之治理。此其為救時之一策與？

清 李培禧《問中國近年絲茶出口之貨核通商總冊較光緒初年有增無減而絲茶各商日見耗折其故何與今議整頓之法其策安在》《清經世文三編》卷三二 世之侈談洋務者，每謂洋人來華通商，大有益於中國。每年絲茶出口價逾六千餘萬兩，徵收洋稅亦不下數百萬金。嗚呼！抑何其近於中餌而昧於遠害也。殊不知中國出口之土產不敵入口之漏卮，彼以鴉片、洋布、羽呢、鐘錶、煤鐵五金等物易我絲茶，彼尚能贏餘二千餘萬兩。無貨可買，即捆載金銀以去，以致中國五十年來，歲輸外洋金錢百倍於洋稅之所入，雖天地為爐，陰陽為炭，亦不足鼓鑄以供其朘削。然則通商者，實為中國無窮之巨壑。倘並此絲茶之利而亦失之，則國無與立，民不聊生，其勢將尋緬甸、越南之覆轍。此則有心世道者所當於絲茶消長之機，默為體察也。顧洋人於我中國絲茶，久已垂涎其利。近則日本、印度、錫蘭、西班牙、意大里各處均廣植桑茶，講求育蠶焙茶之法，思奪我利源。據泰西新報載，印度絲茶之法日益加增，彼有所贏，自然此有所絀，遂疑中國絲茶銷數日疲。然核諸中國海關之通商總冊，則固年年有增無減也。可見洋人用絲茶之數歲益加增，故雖一分於印度、錫蘭，再分於日本、意大里，而仍不能奪我中國絲茶之利。所可異者，絲茶既消數如常，而華人則大為虧耗，其故何與？吾謂此虧耗之故，一由於商販太多。商販多，則勝不相讓，敗不相救，各謀其生計，而甘授洋人以利權。每遇絲茶之價稍昂，則爭思捷足先登，如虎狼之奪食。稍落，則爭思脫手免累，如蛇蠍之入懷。彼此互傾互軋，一唱百和，而市面皆為擾亂。此其故一。二由於釐金太重。釐金重則成本愈昂，洋稅則值百抽五，華商則抽釐數成，而且層層設卡，處處抽釐，任意增加，毫無定額，不顧商人之血本，不顧市價之輕重，徒令貿易皆為洋商所奪，是驅魚叢爵之故智也。此其故二。三則由於折息太昂也。近來商本愈耗，不得不借莊，顧泰西國債利僅二三釐，而中國莊息總在三分之譜。每屆絲茶上市，銀根愈緊，銀折尤昂，以萬金之資本而負萬十之息全是責萬金以十倍之息也，其勢曷以支持而不倒？此其故三。四由於市面太靈。洋人絲茶之市，向以英京倫

敦為總匯之區，洋商皆於此聽命焉。顧其始得信猶遲，放膽經營，無所顧忌。近則電信甚靈，朝發夕至，通國皆知價昂，則山戶居奇。價貶則洋商挑剔，所苦者皆中間之商販、肩客，而又業在其中，不能改圖他事，則虧折伊於胡底矣。此其故四。五由於洋商把持。洋商之業絲茶者，不過寥寥數十家，彼此可以聯為一氣，壟斷把持。如今歲茶市開盤之際，英商預邀同業會議，不準放價搶盤。照會俄商，俄人亦如約。至今歲茶市又蹈覆轍，而絲市之弊亦如是。加以華商心志不齊，資本不裕，安能與洋商抗衡乎？此其故五。六由於洋價日低，外洋絲茶近年漸廣，論銷數雖無損絲毫，論價值則大為減色。蓋彼之出產日豐，價值日賤，絲茶之市面即為之掣動。譬如洋絲售銀百兩，則華絲便不能價逾一部。洋茶售至十金，則華茶即不能售到廿兩以外。何則？銷場以相爭而淡，則價值自因牽制而平。試觀近日絲價茶價大不及前五十年，即為明證。此其故六。七由於洋貨代用也。外國用機器而製造日精明，化學而物產愈廣，如絲之外，臯羊毛皆可織布，則絲之貿易漸為之減矣。如茶之外，加非可可子亦足代茶，則茶之功用為所奪矣。就歐洲觀之，洋人穿綢者十之一，服呢者十之九，飲茶者十之三，飲加非者十之七，宜絲茶之市面終不能旺也。此其故七。八由於洋稅繁苛也。外洋於客貨進口必加重稅，賴以保護其本國之貨。其視中國絲茶，非貧富必需之物，故徵稅與酒略同，值百有抽至六十者。洋稅既重，則縱中國盡免其征，亦仍無解於成本之重。洋商完稅既重，則購價不能不廉。此其故八。以上數條，有病在中國者，如前陳四條是也。有病在外國者，如後四條是也。外國之政，我既不能操其權，而中國之事，要當有以袪其弊。說者乃因洋人把持壟斷，議令華商自運絲茶出洋，不知洋人徵稅煩苛，尤不以最優之禮待中國，如前年和眾輪船可為一證。

倘托洋商寄往外，洋則鮮有不折閱者，甚至萬金之貨不名一錢，反須找賠水脚，此不可行之策也。或謂商販傾軋，不如仿淮鹽之例，指定絲茶引地以限之，如有貲本萬金者始準報名投充，頒領部帖，不知洋人入內地可自行採買，本無須華商。如用鹽商派引之法，情同抑勒，與粵東十三行無異，洋人豈肯失其約內之權，亦不可行。也或又謂赫稅務司曾議立關棧，凡貨物之未銷者可準其寄棧堆存，暫不取稅，俟銷售時再行完納。不知此法雖免受洋人之挾制，但外洋土產既饒，仍不能得其要領。倘久囤不售而價值日低，必致步臯康莊之後塵，亦非計也。無已，有整頓之策在，請詳陳之。一曰育蠶。夫育蠶之道，首重選種，種若不佳則吐絲力薄，成繭亦輕，必須參用日本繭紙，俟化蛾時配以中國之蛾，牝牡相合則生子更為繁碩。此化學之法也。次重飼桑。蠶卵初生，飼以嫩桑，日易數箔。漸壯漸增。倘一日失飼，則饑飽不勻而蠶有受病者矣。三重察病。蠶有病瘟，比戶傳染，生子亦蔓不絕，宜用顯微鏡以細察其形，寒暑表以測其熱，則寒燠適中而蠶病鮮矣。四重接眠。蠶之吐絲，三眠不及次眠，次眠不及初眠，何也？因天氣有不同，蠶種有早晚。如建造蠶室，寒暖調勻，則三眠皆可一律矣。以上皆育蠶之宜整頓者也。一曰種桑。鄉間不能多出蠶絲，半因桑葉不足之故。蘇松太栽種桑尤稀，農家隙地半畝荒棄，殊可惜也。然栽桑先須買秧，昔沈仲復中丞觀察吳淞，頒發種桑十二說，由浙買秧，勸地方布種，似宜仿照，則種者廣矣。次在辟地。隴畔溪灘，每多雜樹，不如盡栽桑秧。每桑一株，歲可獲利數百文，俟蠶事既畢，猶可採以飼羊或售諸藥肆，則地無餘地矣。三在接枝。桑以愈接而愈浮，葉亦以愈接而愈肥，若未經接者即為野桑，葉厚而小，蠶食無益。此亦當講求者。也四在採桑。蠶桑之鄉固樹無留葉，若東鄉一帶養蠶尚稀，每屆蠶時準人採取，販賣所過關津，援魚花船例不準片刻留難，則桑販愈遠也。此皆種桑之宜整頓者也。一曰焙繭之法。焙繭有數善焉。將繭內之蛹烘死，則不致化蛾齧繭而出，令好絲變為亂絲矣一。令其繭烘乾則繭內之蛹雖僵不腐，不致淨絲變為爛絲矣。若是者能久藏以待繅，能販遠以售客，能免爛以壞絲。在鄉間宜家家造一小烘房，如東鄉焙綿花之缸相似。此則烘繭之宜整頓者也。一曰繅絲。顧繅絲首重繅車，鄉間繅車無多，每村僅有一二家。成繭之際繅絲不及，三日後即破繭出蛾，是以每家僅能育數觔。如用機器繅絲，則每村可合購一具，即顧上海絲廠女工為師傅教婦女。所繅之絲經汽水泡製以後，則色白而絲柔，經女手繅絡，則縷細而質淨，其價逾平常一半。如中國絲經皆如此講求，則洋人無不樂買矣。此則繅絲之宜整頓者也。

至於整頓茶市之法，亦有四端。一曰聘茶師。洋商之業茶者，每歲新茶初上市，必延老於品茶之洋人為茶師，一市聽其指揮。華商亦宜仿照

辦理，數家公請一茶師品評茶之優劣、價之低昂，凡茶之火候不齊、顏色不一者，聽其指揮挑剔。如有攙奪買賣、違犯市規，許秉公議罰。數茶師合為一局，則華商心志齊而規撫肅，足與洋商頡頑矣。以挑選貨色為詞，洋商決無異議。此則茶市之宜整頓者也。一曰限茶額。每歲洋莊銷茶只有此數，而茶之來者不啻十倍其數，則人思爭先售而跌價搶盤之弊起矣。如每口茶市，向銷洋莊五萬擔者準華商屯茶六萬擔為定額，以到埠之先後為開盤之次序，輪流出售，其茶子茶根均改作華莊，銷於本國，則來源銷數不甚懸殊，令人安心，待價而沽矣。此茶額之宜整頓者也。一曰禁樣盤。洋人狡猾性成，凡割價跌盤之事，其弊皆起於小樣。如茶市看漲，則洋商樂受，毫無異言。倘價稍低，則吹毛求疵，百般挑剔。嗣後宜概禁樣盤而用大樣，凡商欲看樣，即任其於中抽十箱，逐箱看驗。但一洋商開看一次，則不勝其煩，似宜定期邀齊中外茶師茶商會同開驗，每字提取茶樣，用玻罐存儲，各加封識，嗣後即不必開看矣。此茶樣之宜整頓者也。一曰杜偽茶。中國之茶，秉山川清淑之氣，味濃力厚，性亦和平，非印度、日本茶所能及。洋人雖百喙謠諑，終不能絕中國之貿易。惟近年始有一種偽茶攙雜其中，遂啟讒說之口，有稱平水茶者，有名再焙茶者，甚或攙藥料以染色，不烘乾以增觔，是宜延精於化學之人為茶師，庶能鑒別真偽，逐箱開驗。凡茶商犯此弊，除重罰外，立即注銷刑兵部照，永不許再作茶商。其製造偽茶之人，宜援私鑄律治罪，庶中國之茶常為地球之冠，則洋商樂購，不待招徠矣。此茶質之宜整頓者也。然統觀中國大勢，受絲茶侵奪之害猶淺，而受鴉片鴆毒之害最深。彼以土苴易我脂膏，歲輸二十餘萬兩，縱加重稅釐，仍於吸食者無損，亦可謂兩窮之術矣。惟有擴充商務，一切製造工藝百倍講求，苟於洋人之貨堵塞一分，則我之利即奪回一分。如用機器紡織綿花，則洋布綿紗之入口自少矣。如用機器組織羊毛，則毳呢之銷場自滯矣。開礦產以出煤鐵五金，則洋鐵洋煤無人顧問矣。精製造以造火器船械，則洋船洋炮無待外求矣。推之廣種加非可可子等，則洋茶之利反為我侵。多養牛羊畜牲，則洋人食物惟我是資。他若種葡萄以釀酒，仿雪茄而製煙，無一非可奪洋人之利。苟使出口入口之貨價值相準，則富強之道已獨得驪珠，斯亦可謂獨得再造之功矣。吾是以深有望於當世之君子。

清 商霖《整頓絲茶策》《清經世文三编》卷三二

嘗考五大洲產絲產茶之國，終推中國為巨擘。自通商以來，久已獨擅其利，每年出口之貨，全賴絲茶為一大宗；歲獲外洋之貲不可以數計，實為地球各國所無。乃近年印度、錫蘭、日本均已種茶，聘請中國徽皖茶師，教以焙茶之法，而意大里、法蘭西等國亦買中國蠶種、桑秧，講求育蠶繅絲之方。甚至加以機器，巧奪人工。不數年，中國絲茶之利必致盡為西人所奪，而民生與國計兩窮，此亦時勢之大可憂也。顧就海關所造通商總冊核之，則如光緒二年為西曆一千八百七十七年，距光緒十二年為西曆一千八百八十六年，其間相去十年耳，而較其絲茶之銷數，雖年有參差，而大數則有增無減焉。如光緒十二年，其絲數為十三萬九千四百五十八，價值二千八百五十八萬六千四百六十九兩。茶數為二百二十一萬七千二百九十，價值三千三百五十萬四千八百二十兩。溯之光緒之初，則固無盛此也。而說者乃謂絲茶之產銷數日疲，幾及強弩之末，其亦耳食之談與。然而業絲茶之商家，則固歲歲報虧，人人折閱，其間倒閉時聞。就絲業一行言之，自金嘉記首先作俑，接連傾倒銀號多家，如阜康等莊一敗塗地，亦因囤絲之故。近年市面尚未復元。就茶業一行言之，則前年虧折最巨，十室九空，至今創深痛巨，未有轉機。然察之產茶之戶與養蠶之農，則固家給人足。而事畜有資，較稼穡與紡織獲利尤饒。然則所不利者，特中間之商販耳。夫以貿易如此之大，而虧折如此之巨，此其盈虛消長之間當非無故矣。間嘗與闤闠中人游，博考詳諮，備聞梗概。一由於商本之支絀也，二由於商情之傾軋也，三由於洋商之狡獪也，四由於土戶之居奇也，而關稅釐金之重與外洋出產之饒猶不與焉。請並陳之。華商之業絲茶者，有貲本一萬，斷不肯僅作萬金之貿易，往往挪移莊，甘認折息，為長袖善舞之計。有借至數倍者，有借至十倍者，全賴市面流通支持貿易。而錢賈之工心計、權子母者，每屆絲茶上市之時，或囤積洋元，或高擡折息，為把持壟斷之計。每月統核常利，有四分三分者。夫以萬金之本而負萬金之息，其勢本已岌岌。加以貨滯不銷，債戶交催，票期一至，或轉移乏術，傾倒隨之。是以置貨者其勢難以久待，有力者勉為支持，為剜肉補瘡之計，無力者情現勢露，有潰敗決裂之虞。此則商本之短也。中國與洋人通商，准洋商自入內地採買土貨，遂開無數厲階，從此反客為主，洋人得操

絲市茶市之權。華商之業絲茶者，反仰洋人之鼻息，釐毫不能主持。加以商販眾多則心志不齊，互相傾軋則勢益散渙，其不肖者祇逞一己之私謀，不顧通商之大局，事事委曲遷就，俯受洋人範圍。雖虧折血本，亦所不顧。一家跌盤賤，售則大衆披靡，市面即隨之而倒。此則商情之渙也。洋人洞知華商貲本之不足，華人心志之不齊，每屆絲茶上市，為欲取先予之計，視來貨之不旺，故擡價值。迨貨已聚，則又故作觀望相持。久之則華商之心虛怯者急思脫手，必有自願跌價者矣。迨市貨既空，則又故擡其價以招之。如此幾經播弄，華商悉墮其術中。洋商心計本工，加以通事買辦之嗾導、不肖市儈之輸情，深識華人之情偽，故張弛操縱之間，不至盡傾華人之血本不止，此則洋人之毒也。

內地採茶之戶與貿絲之氓，其利應速售，惟絲茶掮客之入內地者，思捷足以先登，互相爭買，彼既放盤，此即增價，而土戶之人反受田[戶]（父）之利。加以電音迅速，城鄉皆知。如漢口茶市每售銀十兩，則大冶、興國等處反有價至十一二兩者矣。上海絲價每包價值百金，則湖州、南潯等處價反昂貴一二金矣。迨大埠絲茶之價已跌，而內地市面一時究難驟移，所買之貨成本既昂，則商獨受其虧折之累。土戶之獲利既饒，則情非更樂急售，一遇商販麕至，即更為居奇。此則土戶之利也。至於關稅釐金之重，誠為病商之一大端，然我謂與外人爭絲茶之利，不在乎減釐金，而在乎精物產；不在乎減中國之釐，而在乎輕外國之稅。蓋外洋於入口貨之有益者，必減稅以招徠。其無益者，必重稅以相拒。今洋人於中國絲茶入口，有較成本加至一半者，如美國茶稅，值價百金，抽稅六十，絲稅則每重一磅，稅半喜林，見環《遊地球録》。若不能請外國之輕稅，縱盡弛中國之關征，亦且無益。且洋人徵稅甚苛，亦因中國稅重無可再加耳。若我減稅一分，彼反增稅銀一分，亦無如彼何，是徒為他人藉手而已。今洋人於中國情形無不了如指掌，亦知完納中國絲茶釐稅成本甚重，始肯出如許之價。譬如向值百金之貨，洋商知中國免稅一成，則彼必以九十相嬲。而凡不肖之華商又必與之委曲成交，則仍為洋商之利而已。若夫印度、錫蘭、日本所產之絲茶日旺，能奪我貿易者，正坐中國之絲茶未盡講求耳。我欲阻他人之暢旺，固無其權，然欲振中國之商務，則固非無術。誠能將所出絲茶精益求精，駕乎日本、錫蘭、意大里之上，則洋人喜用上品，不貪賤值，勢必商販爭來，推之不去矣。故我謂不在乎減釐稅，而在乎精物產也。至於整頓之法，其道約有數端。第一在講製作。如絲之飼桑剝繭雖必出於人工，而繅絲烘繭不妨仿照西法也。如用汽水熏泡，則色白而軟，質尤光亮。用機器紡製，則絲細而勻，尤能受染，價值約增十之三四。如用烘房烘死繭內之蛹，則不致齧破繭頭，而每家育蠶可增多數倍。蓋鄉間育蠶之多寡每以絲計，平常八口之家僅能產絲數斤，一苦於桑葉之不敷，一苦於繅車之不足。苟新收之繭三日不繅，則蛹化為蛾，破繭而出，而好絲變為亂絲矣。而繅絲之戶，每村祇有一二家。每屆絲蠶上山，俗稱成繭為上山。爭相延致。如每村建一烘房，則繭可以久藏以待繅車，再用汽水繅絲，則價值倍增，可抵煤火機器之費。而匹夫匹婦向僅育蠶絲五斤者，今可出絲十斤。至於茶，則種值採摘雖不廢人工，而焙炒製作不妨添用機器，則火候足而顏色勻，不至因茶師人少而製茶不多矣。此則整頓之大端也。其次則在乎充商本。中國商務之衰，半由私利太重之故。同一公司，同一礦產，在洋人則欣為有利，在華人則嘩為大虧，正坐中西利息懸殊耳。今絲茶之商亦坐此弊。如能國家開設銀行，頒發鈔票，鼓鑄銀幣，則天下藏鏹盡出。官帑流通，官利僅取數釐，私利亦不準一分以外。則絲茶之商雖借客本，亦不致受重利盤剝而倒矣。富戶開設絲茶質棧，專做押。凡有絲茶因洋商抑勒未能售出者，準以其貨抵銀，值百抽五十，寬其限期，輕以利息，以待善價而沽，則洋商不能抑勒賤售矣。此亦整頓之一法也。第三在精化學。蠶有受病者，有人以六倍之顯微鏡窺之，見蠶身蒙有細黑點，形如椒末，法人乃名之為粒瘟，又名椒末瘟。凡蠶患此病，則生卵相傳蔓延不已，或死於吐絲之先，或殭於成繭之際。非工本盡拋，即產絲甚弱，耗折非輕。必須將此種瘟蠶揀去，而另易佳蠶之種，則產絲必佳矣。其破繭亂絲，向皆視為棄物，近有人造機器，專收腐繭，繅成佳絲，並織成繒絹，鮮豔絕倫。其腐物用以肥田蒔花，極為繁茂，斯真能化朽腐為神奇矣。至於茶之作偽者，或取已漉之茶加製，而成名為還魂茶，又加靛青等料，染為鮮豔之色。有攙水者稱為平水茶，此皆宜延化學之士，細為究驗，科以毒藥害人之律。如海關驗有此種茶，立即焚毀，不準出洋，則中國茶之名聲可保矣。此又整頓之一法也。

清 何潤生《徽屬茶務條陳》《清經世文三編》卷三二 謹將前在歙縣署任內，遵飭查復徽屬茶務詳細情形及完納釐稅章程，究明利弊原委，節録呈鈞鑒。

計開：

一、徽屬種茶者名曰山戶，出茶之盛衰關乎人工之勤惰者半，關乎天時之呵護者亦半。縱人工培植維勤，設遇冬令天氣大寒，樹木受傷，來年茶葉即難茂盛。摘茶之時若逢陰雨過多，茶質亦損。山戶零星其茶，賣於螺司，聚有成數，然後賣於行號。螺司者，山中販戶之俗稱也。

一、徽屬產茶，以婺源為最，每年約銷洋莊三萬數千引，歙、休、黟次之，績溪又次之。該四縣每年共計約銷洋莊四五萬引，均係綠茶。祁門每年可銷洋莊一萬餘引，專做紅茶。各該縣中，又以北鄉、婺源所產者為上品。紅茶衹有一色，綠茶內分三總名曰珠茶，曰雨前，曰熙春。熙春內分四等，曰眉正，曰眉熙，曰副熙，曰熙春。雨前內分五等，曰珍眉，曰鳳眉，曰蛾眉，曰副蛾，曰芽雨。珠茶內分五等，曰蝦目，曰麻珠，曰珍珠，曰寶珠，曰芝珠。各名色中，以蝦目、珍眉為品之最上，鳳眉、麻珠次之，眉熙、珍珠、蛾眉又次之，寶珠、副蛾、副熙更次之，最下乘者芝珠、芽雨、熙春三等。皆為洋莊均內用錫罐，外裝彩畫板箱。箱分三名，曰二五雙箱，連罐計重不過十一觔有奇。曰三七箱，連罐計重不過十二觔有奇。曰大方箱，連罐計重不過十五觔有奇。三七箱高一尺四寸，二五箱比三七箱小一碼，大方箱比三方箱加一碼，胥有準式，闊一尺二寸。每箱可裝細茶四十餘觔，粗茶三十餘觔。徽茶內銷不及十分之一二，專用簍袋盛儲，茶朴、茶梗、茶子、茶末居多也。一茶以一百二十觔成引，每引完正課銀三錢，公費銀三分，釐捐銀九錢，又公費銀五分，另捐輸銀六錢，共銀一兩八錢八分，現名之為落地稅。上年因日事需餉，每引暫加捐銀三錢六分，悉由皖南茶局統收，分解至公費八分內。以三分歸各分卡收濟局用，以一分解歸徽府作彈壓辦公經費，其餘四分悉歸總局一切開支公用。歙、休、黟之茶均由新安江行運抵浙境之威坪，首卡每引抽收釐捐二錢，光緒二十一年為始加抽銀八分，又另抽稅關稅銀一錢。杭引課銀三分四釐，再由威坪運過浙江紹興府界，始達寧波。逢卡驗票，不復重抽。抵後即在波新關每百觔預完出口全稅銀二兩五錢。設運至杭州過塘，徑由嘉興內河直抵上海，又須每引加納浙江塘工捐銀五錢。以故各商舍過杭之捷徑，而繞行紹之遠途蓋為此耳。婺源洋莊綠茶、祁門洋莊紅茶均由鄱陽湖行運抵江西之姑塘關，每百觔完常關稅銀二錢六釐，規費銀七分，抵九江新關仍須預完出口全稅銀二兩五錢，此洋莊茶現在完納課釐稅捐之章程也。至內銷如茶朴、茶末、茶子、茶梗等類，不完落地總稅，惟逢卡抽釐而已。過屯溪釐卡每百觔抽釐錢一百文，街口釐卡抽釐錢一百文，浙之威坪釐卡抽釐錢三百餘文，嚴東館釐卡抽釐錢一百五十餘文，杭屬釐卡抽釐錢三百餘文，嘉屬釐卡抽釐錢一百五十餘文，此內地本銷茶抽收釐金之定章也。

一、光緒十七年分，徽屬紅、綠茶共銷八萬五千四百餘引，十八年分銷八萬六千三百餘引，十九年分銷八萬九千四百餘引，二十年分銷八萬七千五百餘引，二十一年分銷十一萬引，此近年來銷洋莊茶之實數也。

一、前三四年中，各茶商稍沾微利，如上品之蝦目、珍珠等茶，每百觔向可售銀八十餘兩，近亦售銀四十餘兩，而去年僅售銀四十餘兩。如下乘之芝珠、芽雨、熙春等茶，每百觔向可售銀十五六兩及十二三兩不等，而去年僅售銀八九兩及六七兩而已。山價廉而售價高，則獲利較豐。去年山價不廉，行號開設太多，炮製未能純美，爭先售賣又復不少，因而百無一人可沾餘潤，甚有坐本全虧者。果能同心協力，認真揀選販運，一切均有定規，即可獲利。此近來茶商盈絀利鈍獲利之原委也。

一、遵查粘鈔內開劉中書、陳外郎條陳各利弊及補救之方，語語皆真，條條可法，若必飭商議妥而後行，決無創行之日。緣商人中深明大義者十不獲一。茶務非鹽務可比，銷無定地，商無定人，有利則趨之，失利則避之，往往各圖私便，各吝己貲，主議大局者衹知大公而與議者每執己見，非官為主持，力全大體不為功也。

一、徽地素產綠茶，綠茶名色不一，機器能否製造，茫無把握。招商購製，力多不及，承辦無人。僅聞漢口現有置備機器製造茶者，大都宜於紅茶。若能派令茶師密赴印度，得其製法，果於綠茶相宜，再行試辦。至機器專為焙炒壓置之用，於山戶採揀人工，兩不相關，自無彼此不安之理也。

一、設立茶政局，事權歸一，明定章程，用得其人，眾商自願，商務

振興可拭目以待，第恐局自為局，商自為商，則無益矣。若能舉熟諳茶情，實心任事，掃卻官場習氣，洞知利弊者為之局員，庶乎其可。或上海立一分局，必須招致現在開設茶棧四人為司事，優給辛資，予以勸懲始妥。查徽茶運抵春申，素投由茶棧轉售於西商，此棧並不存儲茶箱，專為代客賣買。緣該棧東夥人等素識西商，兼曉茶務，又能躉付水借濟資本，故售得百元，抽洋二分以充棧費。又上海另有茶業公所，不問茶，事每百觔專收洋一分充為所用。今既立局，則該公所可裁。各商運茶到滬，責令赴局掛號，由局酌派司事代售。如須躉付水借濟資本，由局籌應，將來即在商售茶價內計利扣還。至素出之棧費二分、所費一分，仍照舊收，以二分充局，用以一分獎犒各司事。設局用不敷，可於茶局四分費內均勻撥用。局員辦公薪水宜從豐厚，功過宜嚴，司事不可濫用私人，胥役只供驅叱，不準稍加事權也。

一、頒行茶引，折衷定數，不準溢額，以運到之先後按批挨銷各節，命意在保護茶務，恐各商浸無限制，任意爭設跌價搶先，有虧血本，事固可行。第其中不無窒礙，如鹽之能定額請引者，因煎有定灶，產有定例，商有定名，銷有定岸，計口授食，不難按滋生之冊約略概其大數，又權自我操，而茶則非是。山戶之種植不一其人，年歲之豐歉決難預計。倘茶豐而引少，茶將無可銷之路。或引多而茶歉，引又為廢棄之端。斯殆小焉者也。緣產茶之區非僅中國，而銷茶之處又屬外洋，既不能逆料出處之多少，又不能計彼營銷之滯暢，此所以難於頒引定額。論者謂一經改引，即須按年認課，又須完納釐捐，商力不支，決不能行等議，以為無須請引之詞，要皆皮毛其說耳。至於按批挨銷，原為跌價爭售而設，遵而行之，誰云非善。第其中亦多未便。因緣茶名目不一，人之嗜好不同，西商有喜購此種花式者，有喜購彼種花式者，有先到之花色尚未利營銷者，有後到之花色已有暢銷者，既不能強令照購，即斷難責令挨銷也。就其不可遵行之中而擬一可以保全之策，莫若仿泰西準商專利章程為便。查徽地茶商率多散漫無稽，世守其業者固有之，而逐年更易其人者亦復不少。如商本重大，開號已久，尚知顧全大局，認真揀製，冀保本號聲名。西商以信為主，往往見素有聲名之牌號茶箱運到，逆知其貨不甚駁雜，即願高價受買。彼素無聲名者則不能，故同一花色而價判低昂，足見各商急宜自修自保。惟商情不一，人心莫測，每有微本新商，一見本棧牌號不利營銷，每詭其所謀，暗盜他人牌號，標判茶箱，妄存希冀，減跌爭售，不一而足，敗壞市面，莫此為甚。亟宜飭局查明各產茶之地，額定商棧之數，由官給發印照，定其牌號，始準開設。自此次招定以後，只準報歇，不準私添。該商等所立牌號準其專利若干年，如在專利年限內有他人盜其牌號者，準稟官比例治罪。似此則各商等知無他人可與爭衡，亦無他人可以添設，必能各自振作，各保聲名，各加講究，各圖利益，庶可挽回於萬一。既額定商棧，必須舉一總商，或隨局辦公，或住公所經營規條，兼以聯絡官商聲氣，稽查各商製茶優劣，則官與商無隔閡之情，商與商有爭自琢礪之意。欲杜盜牌號之弊，又應仿照鎮江抽收桐油捐，按桶粘貼印花一法。若茶已成箱，由各商報由總商向局請發印花，填定本商牌號，不準預請空白，不經局書之手，不準局使需索朱費，違即稟究。將所請印花粘貼各本號茶箱箱面，運抵上海，由局對驗印花捐照是否相符。設有冒名，一望便知，立予懲治，自無盜人牌號之慮，可期各自認真交易，未始非補救之一得也。

一、添設小輪拖帶茶船，以免風雨阻滯，誠為茶商趕行運之要策。查徽府所屬六縣，惟婺、祁兩邑地接江西，所銷洋莊茶船必取道於鄱陽。今既由該省紳士稟請援照內河成案，分設小輪行駛，該茶船自可一律拖帶，無容更議行。見該二縣茶商又占利涉，永無望塵不及之虞。其餘四縣毗連浙省，洋莊茶船必須取道於徽之新安、浙之嚴陵、富春等江，再達錢江。新安至嚴陵計程四百餘里內，不下百餘灘，小輪萬難創設。惟所幸灘雖多，尚無更舟起駁之勞。由嚴陵而抵錢江計程二百餘里，乘風即速，無風猶可施纜，亦無十分阻滯之虞。惟行走內河紹興，則必須抵義橋搬運過塘，及到曹娥仍須過壩，不數里又過百官壩，數易其船。由百官抵余姚縣屬，復有河清、橫山馬、車陡馬等壩堰，不一而足，由是始達波。及到上棧下棧，裝入海輪，甫入滬瀆，下輪存棧，種種煩難，因而茶箱每多破損不，獨修整需工，抑且易啟西商起挑剔之隙。似此徽茶成本較重於他處，而獲利良不易易。苟準徽茶由杭嘉內河載運抵申，則前項苦境胥於是免。仍照寧、紹各卡章程驗票放行，洵為體恤徽商之根本。其不敢徑由杭嘉行運者，實為過杭必須加納塘工捐銀，以故各商舍所易而就所難。

商之較及錙銖，出於不得已耳。伏思塘工捐固為正用，第現在海塘大工早經告竣，所有歲修月修等費亦復無多，該省前有議定，的可以挹注。況此項塘捐雖有征茶之虛名，而無抽收之實濟，咨請停止，應無不可之理。何則？方今朝廷亟以振興商務、垂念商艱為第一要義，凡食毛踐土者又當仰體宵旰焦勞之至意，為業茶黎庶一洗積習而空之，庶幾保此項利源，孰云非是。論者謂一準徽商徑由杭嘉內河用小火輪拖帶到申，則寧之新關即少出口洋稅，議由改歸皖局代收撥解關等語，恐未盡妥。查出口洋稅雖歸關督經理，實則稅務司主之，非通商口岸不能派設稅司。且出口洋稅單非由稅司簽字，不能照驗放行，因難代收其稅。至洋關稅單西語曰拍司。論者又謂恐徽茶準由杭嘉行運，難免奸商夾帶內銷之茶混雜其間。然內銷之茶與外銷之茶判若天淵，外銷洋莊箱罐裝潢，成本極重，色味又屬兩途，內銷裝儲盡用簍袋，炮製異宜。況洋莊在徽起運，即須完納落地總稅。內地各茶逢卡抽釐，若舍釐之輕而就稅之重，愚者弗為。兼之茶船過卡，例須查驗，驗明果係洋莊，與落地茶引相符，始準放行。設有夾帶，仍可令其照章完釐，雖有夾帶亦奚裨也。總之洋莊茶非完出口全稅，執有拍司，稅司不準裝運出口，法至嚴也。今準徽茶改行杭嘉內河，徑達申江，該茶商到申，必須在江海新關完納出口洋稅，得有拍司，方能售賣，何容慮及洋稅之偷漏也。各關出口稅則向無重輕，亦無趨避。況洋稅係盡征盡解之，又非若本關常稅，各關督有包征賠累之責可比。且茶之出口，洋稅不完於海關，即須完於江海關，毫無區別也。

一、徽屬產茶各縣向無山捐箱捐名目，現在亦無善堂、書院各項外銷捐，惟婺源縣書院每年膏火銀四百兩，屯溪嬰堂每月經費銀六十兩係由茶局於所收落地總稅內提撥，分給院堂，充作公用，歷經遵辦在案。遵查部議飭將茶捐外銷目立予全裁，俟此次查照條陳，切實核議，分別舉行試辦一二年。如果難有把握，即將各該省所收茶釐數目奏請核減，以成興復茶務之盛舉等因。在大部統籌兼顧，洞知華茶非減輕成本，不利營銷，因而先準全裁外銷捐以試其端，若果行無把握，仍準奏減捐釐，原不欲過事累商，致廢茶務，仰見苦心孤詣，足令中外商民歡情雷動，一齊俯首。但徽茶現無外銷捐，莫可議減，與其俟試辦一二年，難有把握，再行核減，勢必衰敗更甚，所謂臨渴掘井，何如未雨綢繆。第今當公支絀之時，又烏可妄議求減。應否先將上年每引暫加之捐銀三錢六分一及浙省之威坪卡每引續增捐銀八分一，或予量減，或予全裁，使各商暫蘇喘息，責令精研採製，暢其銷路，奪回利源，將來不再核減，亦屬曲突徙薪之請。能紓一分商力，即暢一分銷路。疏銷之法不外減輕成本，裕課之方不外體念商艱也。抑更有說者。如茶朴一項，本係內銷之物，前經茶局仿照洋莊茶式提捐落地總稅一二年，每引計引無多，論者謂恐奸商偷運，充作洋莊，意固周矣。第洋莊與內銷裝潢迥別，必難混淆。查茶朴係茶中渣滓，所值無多，能揀淨，茶即純品。各商因揀出茶朴，仍須提完一二成總稅，貪利小商往往怠於提揀，茶品未能提美，茶價即難增色。亟應減免茶朴提引之稅，俾可責令認真挑選之工，未始非精益求精、整頓之一策也。

一、查各商將茶裝箱後赴局報捐，局中必提出一箱，令其折口去茶，稱驗箱罐輕重。如一箱有若干觔，則眾箱準此為法，名曰去皮。凡行過關卡，均如斯辦法。在當局以為簡便，實則各商已苦煩苛。須知洋莊茶箱本有定式，無所高下。此後各箱須遵定式，頒行各關卡，箱凡三等，曰二五雙箱，去皮若干觔，曰三七箱，去皮若干觔，曰大方箱，去皮若干觔，永為去皮定章。即有提箱過稱之煩，較更簡便。至應完出口洋稅之關，仍循舊提箱去皮。事既無礙於大局，而隱便商民自非淺鮮。如江西姑塘關運皮收稅及沿途各常局卡司巡需索等弊，迭經該商等控，奉督憲批飭，查禁有案。無如日久難免玩生，且更換一員，則後來各司巡茫然不知前禁，率多故態復萌。莫若將禁令勒石各關卡處所，則人人得觸目警心，從此百弊永除，是亦曲體下情之一道也。果能悉遵部議之可行者，實力而行之，局員又用當其職，何患有病於茶者病不去，有利於茶者利不興？以上各層，或得之於咨訪，或察之於商情，或參之於愚見，未知當否，伏乞採擇核議施行。

清 楊鳳藻《户部議覆奏整頓茶務摺》《清經世文新編續集》卷一〇 奏為遵旨議奏，恭摺仰祈聖鑒事。

光緒二十一年十一月初十日，內閣代奏中書劉鐸條陳茶政一摺，又是月二十九日，臣部代奏戶部員外郎陳熾條陳茶政一摺，均經軍機大臣

面奉諭旨，著戶部議奏，欽此。欽遵由軍機處先後抄交到部。

查內閣中書劉鐸原呈內稱『自洋人通商以來，海外悉索華茶，而華人獲利者少，折本者多，何哉？產不一區，銷無定所，其弊一；茶品不佳，費本甚重，其弊二；公所雖設，並無市規，其弊三；華商不認真置貨，坐使其利盡失，其弊四。當茲積重之時，而圖挽回之策，斟酌損益，謹擬切要條分數端：一、頒茶照。浙江、安徽、江西、湖廣五省折衷照數，不準溢額。先由各省釐金總局交課給單辦茶，釐金局卡俟茶成箱驗單呈樣，酌本估值，抽收釐金。一、設茶政局。漢口為各省通衢，宜設茶政局。五省茶箱起運釐局，按月造冊咨送茶政局。凡茶到漢抽驗核價，合十字為一批，以到埠為先後，不得越銷。一、設茶葉公所。洋人愛磚茶，宜由局置定模式，頒商仿造。每歲孟春，由各省公所薈萃眾司，整飭講求』等語。

又查臣部員外郎陳熾原呈內稱『中國茶務昔盛今衰，其故有三，一則印度日本之仿種太多，一則洋商之抑勒太甚，一則出戶與商人互相忌嫉，擡價居奇，敗壞市面，茶務之江河日下，至於今日補救無從。雖然，有四法焉：一曰參用機器。人工炒焙不能無優劣粗細之殊，惟參用機器烘製，火候均勻，物皆精美。宜令各關道酌提款項，選募中國茶師密赴印度考驗製法，購機入山製造。壓磚機器潯漢已有十家，亦先購一分入山，以佳茶試辦。二曰準設小輪。婺源、寧州茶船須渡鄱陽，湖南之茶須渡洞庭，茶市屆期阻風，一二十日後到之貨，多受西商抑勒，宜令各商在鄱陽、洞庭置輪拖帶，或由官設立，酌收其資，然後茶船不致後期，行旅咸占利涉。三曰設立公棧。茶商運茶至埠，中國茶棧皆逼窄不能容，宜令江漢關道曉諭商棧，設立公棧，務極寬大，可容數十萬箱。茶船到埠，皆運存公棧，不準一箱先入洋所。議價時，可由吾操縱。四曰暫減釐捐。西人之喜用印茶者，貪其價廉耳。印茶之廉，由於參用機器者半，由於不徵稅鈔者亦半。華茶則稅鈔不能議減，釐捐方且議增，是驅之用印茶也。今出口稅及子口半稅，關繫洋息，未敢輕議減收。至於內地釐金及各項山捐、箱捐、善堂捐、外銷款項，均請一律暫減三成』等語。

臣等伏查中國出口茶數所以大減，於昔日固由印度、日本諸處大興茶務，有以分我之利也。茶務如何，探其本，則在講求採製；握其要，則在核減釐捐而已。臣部前於光緒十六年二月咨覆北洋大臣請減茶釐案內，行令各省，裁減外銷捐項，並令另行籌款應用，以為酌減茶釐地步。十七年七月，又將江海關道所覆採茶製茶三事，通行產茶省分，認真勸導，以冀共保利源。而各省迄未實力舉行，以致茶務日敝，茶商日困，此誠不可不急為補救也。

今內閣中書劉鐸及臣部員外郎陳熾縷陳茶務積弊，可謂深切著明，所擬辦法亦多可採。如劉鐸之請設茶業公所，陳熾之請用機器、設小輪、立公棧、減捐釐，或為製造而設，或為運茶而設，或為鬻茶而設，或為保護茶商，減輕茶本而設，凡病於茶、病於商者皆去之，利於商者皆舉之，是茶務轉衰為盛一大關鍵也。雖茶釐一項關係京協各餉，本難議減。然各省果能整頓茶務，使採製精良，行銷暢旺，則出口之茶稅，既可暫增，而內地之茶釐，即可暫減。固有不待再計而決者。即劉鐸請頒茶照，設茶政局，所擬驗貨核價，分批挨售，並責成釐金局卡收課給單，估值抽釐，其事皆未免煩苛。而棄其所短，取其所長，則設一茶政局，以總司東南各省茶務，俾事權歸一，呼應靈通，亦未始非維持大局之一道也。惟茶業公所、茶商公棧究應如何設立，製茶機器、運茶小輪究應如何購製，以及茶照可否頒行，茶政局可否創設，事隸產茶各省，臣部未能遙度。

謹擬抄錄該中書等原呈，請旨飭下湖廣、兩江、江西、安徽、浙江、福建廣東各督撫，按照該中書等所陳，悉心核議，切實覆奏，分別舉行。俟試辦一二年，如果確有把握，即將各該省所收茶釐數目，奏請核減，以成興復茶務之盛舉。其各省茶捐外銷款目，應令查照臣部前咨，立予全裁，毋許延玩。總之茶務為中國一大利源，東南數省商民生計所係，各省督撫職司教養，固不得淡漠視之，任其敝壞而不一為整頓也。所有臣等遵議緣由，理合恭摺具陳，伏乞皇上聖鑒。謹奏。

清 佚名《論中國賦用》《清經世文新編》卷六　光緒二十年九月，各省督撫加抽當鋪及零沽鴉片之餉，又茶糖兩項加抽釐金二成。至於洋關之稅，則載諸通商盟約，須得各國允許，始能加抽。倘若各國允許而改之，則內關之稅則亦應更改，必一律相同。

清 佚名《烟臺英領事中國各口商務報》《清經世文新編》卷一〇下　南寧、百色之間，如宜昌之於重慶，宜用華船輪船。祇能至南寧而止。福

州所病者，茶稅太重，約值百而抽五十。福州城作為租界以外之地，亦屬非是。

清　佚名《上海商務情形》《清經世文新編》卷一〇下　中國茶業日壞一日，釐金與出口稅重，實有以累之也。釐金與出口稅重，何以能為害於茶業？有明證焉。俄商購運茶磚稅較輕減，而二十五年以來出口之數日盛。觀此不可知茶業之所由衰乎。故使茶稅與釐金不即整頓，則茶之出口者必日少。數年之後恐歸於盡矣。今各國人之嗜華茶者，皆竊竊以為慮。因華茶之外有印度與錫蘭茶，華茶細，印、錫茶粗，一旦舍細而就粗，譬如人夙好雅樂，而進之以巴人下里之曲，自格格而不相入也。然我英人當引以為喜，華茶衰而印茶興，中國之患，英國之利也。

清　佚名《論中國茶務》《清經世文新編》卷一〇下　中國茶務銷售出外者，日加衰微，恐不久全失其利矣。本報登録印度之卡路吉打與錫蘭山二處產茶，遞年增多，曾苦諫中國急免釐金之害，以挽回茶利。惟華人不以為意，若饕餮之徒，寧殺肥鵝而烹食之，不肯寬待而常拾其所產之卵也。英商之集於中華茶市者由眾而寡，顯為此事之證，華人豈不知之。然全不介意者，豈反以英商不來而快於心乎？中國茶務之將亡必矣。不特華人不以茶務漸衰為慮，而徵稅之員明知茶稅昔多而今少，亦不以為意也。此輩但知教茶農考求種茶製茶之法，而不思茶稅之重為第一弊也。試取華之銷於英市者論之。光緒二十二年，由中國直英國者祇得二十一萬九千四百零九擔，其上一年則有一百萬擔，相去幾至五倍。今年春九月漢口二處出茶較上年為盛，第一稔所收者約得五十五兆磅，前英商買茶遞年減少者，俄商增多而補之。惟聞俄國尚存茶葉太多，今年能自中國添買者不過上數之半，尚餘二十七兆五十萬磅，須銷流於英美二國。然上年兩國共銷華茶不過一十八兆五十萬磅，今年出茶過限十兆餘磅。若不大減其價，則難脫手矣。但茶價賤則釐稅又不稍減，茶農之不傷本者鮮矣。又廈門英領事官傅冷英卡士君嘗將該處茶務詳覆英廷，其言足令聞者感傷。彼云光緒二十二年，廈門之烏龍茶共得一兆二億磅，比其上一年減少百分之五十五猶，恐今年減少更甚焉。過今年之後，更恐不復成茶市矣。該處種茶之郡縣多已拋荒，而茶田更有全壞也。卡士君又指出其弊之由，蓋謂製出一兆餘磅之茶，值銀不過一十三萬六千圓，釐金抽其二萬圓，出口稅抽其三萬五千圓，二共抽銀五萬五千圓，已居茶價三分之一。至其鄰國日本明於先見，去年將臺灣之茶稅減作每擔抽稅一圓一毫二仙，而中國仍固執其五圓八毫二仙之稅，此為中國之失策。夫閱歷深則知識進，鄰國強當自發奮，而中國獨不然。將來茶利俱亡，悔將何及矣。十年前廈門共產茶二十七兆二億餘磅，距今二十餘年，例當增多十數倍，不料反減十數倍。卡士君又述識時務者之意，曰中國茶務之弊，非天下最巧之機器所能救，除是將釐稅全免，又兼用機器，或始有濟耳。

清　佚名《論稅則》《清經世文新編》卷一二　自唐德宗以來，始言茶利。其後回紇入朝，始驅馬市茶，乃稍取外人之財產以益中土矣。宋興，茶法益備，大抵入錢京師，領茶於務，園户交納，先受官錢，百姓輸將，又可以茶折稅。商賈轉致西北，以致散夷狄，其利特厚。其後西北用兵餉乏，募人入中芻粟，以茶償之，於是行商者多急於售錢，茶法始壞。天聖以降，乃不給本錢，但輸茶息。嘉祐乃盡罷茶户，但行關榷。然熙寧之際，尚有茶馬。及茶益不善，馬乃不來，而茶馬廢矣。然考之元豐中，宋用臣提舉河岸，創修水磨，凡在京茶户擅磨末茶有禁，並赴官請買，而茶鋪入米豆雜物拌和者有罰。則是當日茶法最嚴，非如今制。獲利之厚，不由散商。今欲禁煙而不得，莫如復榷茶之法，盡籠其利於官，精選名種，購辦機器。凡園户植茶，先領帑本，出茶盡售於官，官為製造，令商請引行之。內地官自營運，輸之遠人，其製造不精及拌和雜料者，罰之如宋制。英人輸鴉片於中土，以暗稅吾民。我亦歲致中茶以暗稅其國之民，二者出入相敵，則英人必自求禁煙。中茶既盛，則印茶亦必相爭，種煙之土變為茶園，植煙之民化為茶户，而禁煙之議從此起矣。不然，雖請禁之，終以先請自禁為辭，無益也。

清　佚名《論茶務》《清經世文統編》卷六一　中外通商以後，出口之貨以絲茶爲大宗，誠以外邦地土不及中國之相宜，故中國之絲、中國之茶，西人所不能少者也。邇來洋貨銷場日旺，出口之貨不及進口之多，利權逐漸外溢，西人以機器繅絲，僅收中國之繭，中國之絲銷場遂滯，然猶謂有繭可抵也。現在西人養蠶種桑之法，反較華人爲精，可以人力奪造化之巧，挽地利之宜。於是華人亦相率而仿西法，遍設繅絲廠，廣種蠶桑，

以治相敵。近年來雖未必得利，而絲價日貴，可知出口之貨尚多，絲之利未必遂爲外人所奪。若茶務一項，從前較絲爲佳，自印度種茶而後，各國接踵而起，西人既自出茶，雖不能不買中國之茶，而已不能居爲奇貨，以致上市之時，貨則由彼提高，價則由彼殺低。近年以來各處茶客之虧折者，無不盈千累萬。説者謂價由西人所定，而貨固我之貨也。不售由我，西人雖欲殺低而斷不能不辦此貨，則何妨稍緩，何必急於賤售，以致虧累。不知西人如急於購辦此貨，并此貨之果然高妙，西人亦斷不肯錯過，皆因現在印度出數既多，製法亦妙，而各國亦皆種植，不僅藉銷中國之貨，故西人有意爲難，使居奇不售，不但折本，恐更失機。茶非絲比，絲不即售，棧中爲日過多，尚恐有朽壞之貨，一時更難脱手。若茶則色香味三者缺一不可，今年之茶只能今年所用，過時則色香味雖未必皆變，而總不如新出之妙。故茶客急於脱手，而西人樂於殺價也。且西人并非專因茶客之急於脱手而爲難，大半皆因挑剔。現在西人製茶愈製愈精，中國之貨未必皆能劃一，故不能盡信耳。

蒙意現在中國出口之貨，惟藉絲茶二種，絲則仿照西法可望起色，而茶則仍循舊制，終難望其暢銷。西人既以機器製者爲佳，華商當購取西人茶樣，置辦機器，仿照製法，若果能盡如西人之意，吾知非但貨能暢銷西人，亦可以昂貴。不覩西人之以洋貨運來中國，其初不過以西人自用之物，華人以爲罕見之物而購之，究竟未必盡合華人之用，盡如華人之意也。後來西人在華旅居日久，華之風土人情、喜怒愛惡，均爲所悉，故所造之物皆揣摩華人之意而爲之。每來一物，華人無不爭買，竟有日用之物，習爲故常，非此不可者。西人商務又何怪其日興耶？華人無製造之物，足以動西人之目，合西人之用，謀西人之利。惟此茶之一項，本爲華人自然之利，且爲西人所必不可少之物，苟能日盛一日，雖不能盡抵來貨，尚可以保去利之少。而乃不自整頓，徒令西人藉口，不亦甚可惜耶！乃覩初二日報紀振興茶務一則，不禁心竊喜之，可見風氣將開，而中國茶務之衰，其可望轉機矣。

紀云泰西所造製茶機器，福州茶商已購而用之。茲聞各商欲聯爲振興茶務公司，漸漸購機製造，已有將茶運往英國，獲利而歸者。覩此情形，他日閩省之茶不難與印度西蒼媲美矣。邇者泰西又新出西樂果焙茶機器，聞漢口茶商購以試用，即因雨沾濕之茶，亦可製以出售，不特色香味并美，而且其價可較人工所製者加昂。用此機以烘焙，其妙已如此，若採摘搓製皆用此機，則其茶當更出色。泰西各國嗜茶者，莫不娓娓稱述。本年漢口俄商所購之茶少於往歲，因多購自西蒼也；印度之茶如此之旺無他，有機器以爲之也；中國之茶如此之衰，亦無他，無機器以爲之也。現在閩商已聯爲一氣，成效有可睹，中國産茶之地，何勿各立公司，購機製造。大抵機器所出之貨，惟速惟勻，茶葉貴乎速者也，速則色香味不走，勻更不必言矣，并出貨可多，人工亦省，風氣漸開，不禁爲茶商欣喜。可知中國之利權雖失於前，自不難挽回於將來，西人之有益於吾中國也，豈淺鮮哉！

或者謂茶戶皆係窮民，安能自購機器，曰猶之現在之繅絲廠耳。從前中國皆從民戶手工繅出，然後售於行家，提挑之後，銷售洋商。現在行繅絲機器以來，民戶俟蠶成繭之後，行客即赴鄉收買，設灶烘乾，運至有絲廠之處存棧，一切皆歸廠中，民皆不得而知。盡有售繭之家，尚不知機器之若何，出絲之若何，絲之優劣若何，茶葉而以機器製造，亦猶是耳。機器當由茶商購設，當出茶之處，俟茶葉摘採之時收而製造之，與絲商之收鮮繭無异。在鄉人可省烘焙之勞，而茶商可得出貨之速，不亦一舉而兩善備耶。

然則茶葉一經機器製造，而茶務即可興旺乎？在西人之論中國茶務者，意猶未盡乎此也。初四日本報録西報論茶一則，爰紀其略云：

中國之茶銷售外洋者日衰，恐不久全失其利。曾苦諫中國急免釐金以挽回茶利，華人不以爲意，現在英商之集於中華茶市者，由衆而寡，顯爲此事之證。華人不以茶務爲慮，而徵税之員，明知茶税昔多而今少，但知教農茶考求種茶製茶之法，而不思茶税之重爲第一弊。試取華茶之銷於英市者論之。光緒二十二年，由中國直往英國者，計茶二十一萬九千四百零九擔。其上一年，則有一百萬擔，相去幾至五倍。今年漢口九江出茶，較上年爲盛。第一稔所收者約得五十五兆磅，前英商遞年減少，俄商增多補之。惟聞俄國存茶太多，今年添買者不過上年之半，尚餘二十七兆五十萬磅，須銷於英美二國。然上年二國銷茶不過十八兆五十萬磅，今年多出十兆餘磅，若不大減其價，難於脱手，但茶價賤而釐税不減，茶

農之不傷本者鮮矣。又厦門英領事傅泠卡士君嘗將各處茶務詳覆英廷，云光緒二十二年厦門烏龍茶共得一兆二億磅，比上年減百分之五十五，猶恐今年減少更甚。此處種茶之處多已抛荒，而并有全壞者，又謂製出一兆餘磅之茶，值銀不過一十三萬六千圓，釐金抽至二萬元，出口稅抽三萬五千元，兩共已居茶價三分之一。日本明於先見，去年將臺灣之茶稅減作每擔抽稅一圓一角二分，而中國仍固執其五圓八角一分之稅，此爲中國之失策，將來茶利俱亡，悔將何及。十年前厦門産茶二十七兆二億餘，距今例當增多十數倍，不料反少十數倍。又云中國茶務之弊，非天下最巧之機所能救，必將釐稅全免，又兼用機器，始有濟耳。

以此觀之，西人之論中國茶務，可謂詳且盡矣。華人但知製茶，不用機器，以致茶務之衰，而西人乃謂即盡用機器尚不能挽其弊，更爲探原之論。大抵商務之道，首在恤商，而尤在農人不虧種本，則種植自多。種植既多，則出數自旺，然後再籌銷售之計。統籌大局，使商家必有餘利之可沾，則商務自能起色，此不獨茶務爲然也，惟茶務尤爲最要之關鍵耳。説者謂西人欲使中國茶務釐稅盡免，雖爲中國計，而亦不免有私意存乎其間。大抵稅釐減則價必輕，價輕則銷場雖廣，而洋商之得利更厚，恐亦非中國之利也。曰不然，西人此論頗爲正大，釐金一項，本爲西國所無，西人之不□中國久矣。至於稅項，西人重於進口，輕於出口，以爲出口輕，則土貨之銷場廣，進口重，則客貨之來源少。西人之利不肯外溢，商務所以日旺。中國現在支絀之時，釐金斷不能免，更何能獨免茶釐。至於出口稅，自不妨從減，既減出口之稅，自當重加進口之稅，以稅抵稅，當有餘而無不足。況西人本有此例，與之商訂，想西人亦無可置喙，況并有此論乎？若減出口之稅，當不獨茶之一項，即別項貨物，亦可望銷路之廣。中國商務關鍵在此，尚望當道者熟籌之，毋執成法而不更也，是則中國商民之幸也夫。

清 佚名《論漢口茶務》《清經世文統編》卷六一　漢口之茶市，莫壞於去年。統計安徽、江西、兩湖四大幫，無一不受虧折，其數多至三百餘萬，此真歷來所未有，雖旁觀猶爲駭然，況在當局之人哉。故聞今歲茶商不欲大做，各幫莊口較往年須打七八折，懲前毖後，蓋亦善賈者不易之法也。然而天道循環，盛衰倚伏，凡事方盛時，人或習而安之，不甚措意也。於是乎因循玩愒，日復一日，以底於衰，既衰矣，且衰之甚矣，則必戰兢惕勵，共求所以挽回之道，若何救其弊，若何補其偏，衆人一心，而衰者不難返盛，此爲否極泰來之常理，即爲今歲茶務之端倪，何待蓍龜始可預卜。顧或者猶嫌於空言無補也，吾請揭其要而論之。竊謂今歲正是絶好機會，約有四層：

一曰山價不至搶抬。查往年華商吃虧之處，皆在于山戶之擡價，而其所以擡價者，則因莊口太多，彼此搶買，我欲壟斷，安能禁山戶之居奇，由是成本愈重，賺利愈難。今歲莊口既少，將有貨浮於莊之勢，雖有狡黠山戶，仍萌故智，而其事不能復行，將來進價定必便宜，此則體察情形而可於目前預料者也。

一曰壞茶可免濫收。查近年茶務之疲，皆歸咎於茶身之欠佳，或謂採摘不及時，或云焙製不得法，以致成色大減，美惡雜揉，而不知其所以夾雜者，實由於濫收之故。其所以濫收者，實由於搶買之故，今歲既不搶買，自不難盡我挑剔，而舊時成色可以不失。中茶之色香味本非日本、錫蘭諸茶所能及，誠得茶身復舊，則茶務定有振作之望。此又體察情形而於目前可預料者也。

一曰銀利可望便宜。

一曰金磅不至虧折。銀利便宜之益，華商受之，金磅不虧之益，西商受之。何也？往年各商辦茶之時，漢市之銀根必緊，銀根緊，則折息巨，茶商將本求利，不能不出重息以爲進山買貨之資，一遭耗折，吃虧愈大。今歲各埠銀根俱有贏餘，莊號中人方虞無從折放之慮，勢不至因茶信之上市，而陡增折息。且銀根既寬，錢價亦因之而落平，非辦茶各商之大便宜乎！西商在華買茶則用銀，而至外洋出售則用金磅，近來金磅之價既如是，其增漲則進出之間，先可大占便宜。譬如去年在華進價每擔五十兩之茶，今歲進價忽增至每擔七十兩，前後幾差四倍，及其運至外洋按照金磅計算依然有贏無絀，并不吃虧。然則今歲買茶之西商，止在金磅一項上已較去年便宜四成，而茶價之利尚不在內，此更體察情形而可爲目前之華商西商一并預料者也。

夫時不可失，昔人言之。今幸有此四層絶好之機會，吾知辦茶各華商必能振刷精神，不令錯過，誠不錯過機會，不但可以彌去年之缺憾，抑

又可以挽日後之利源。轉移之關，速於旋磨，所望勿自餒其氣，勿自灰其心，斯得之矣。而吾尤有望者，漢上辦茶諸西商，無非洞明事理之人，遇此絕好機會，既可趁山內之挑剔，純購好茶，而將來成本較輕，又無慮茶價之貴，一得兩便。想茶市既上後，定然爭先購買，不至有觀望抑勒之事。語稱利人即自利，欲與華商分占便宜，其道固不外乎此也。

或謂吾子之言，可云善頌善禱，豈惟華商願聞，即西商諒亦莫不願聞矣。應之曰唯唯否否，此論若發之於往年，則爲諛詞、爲虛語，而今歲非其比也。質諸中西明眼人，當有以教我。

綜述

《續資治通鑒長編》卷六〇《景德二年》［五月］自有事二邊，戍兵寖廣，師行饋運，仰於博易，有司務優物估以來，輸入河北有水運，而地里差近亦有京師輦送者。其入中，大約入糧斗增六十五錢，馬料增四十五錢。西鄙回遠及涉磧陰，運載甚難，其入中之價，靈州斗粟有至千錢以上者，自餘州率不下數百。邊地市估之外，別加擡為入中，價無定，皆轉運使視當時緩急而裁處之。如粟價當得七百五十錢者，交引給以千錢，又倍之為二千，切於所須，故不吝南貨。初，商人以鹽為急，皆競趨焉，及禁江、淮鹽，又增用茶，當得十五六千至二十千，輒加給百千。又有官耗，隨所饒益。

其輸邊粟者，非盡行商，率其土人，既得交引，特詣衝要州府鬻之，市得者寡至京師。京師有坐賈置鋪，隸名榷貨務，懷交引者湊之。若行商則鋪賈為保任，詣京師榷務給錢，又移文南州給茶。若非行商，則鋪賈自售之，轉鬻與茶賈。及和好罷兵，邊儲稍緩，物價差減，而官給交引虛錢之名未改。既以茶代鹽，而買茶所入不充其給，交引停積，故商旅所得茶，指期於數年之外。京師交引愈賤，至有裁得所入芻粟之實價者，官私俱無利。

於是，命鹽鐵副使林特與宮苑使劉承珪、崇儀副使李溥，就三司悉索舊條制詳定，特呼豪商問訊，別為新法。其於京師入金、銀、緡、帛直錢五十千者，給百千實茶。河北緣邊入金、帛、芻、粟，如京師之制，而增茶十千，次邊增五千。河東緣邊、次邊亦然，而所增有八千、六千之差。陝西緣邊亦如之，而增十五千，次邊所增如河北緣邊之制。其三路近地所入，所給皆如京師。仍約束山場園戶，謹其出納。議奏集三司官視其可否，咸言其便。詔如所議。壬子，以溥為制置淮南、江、浙、荊湖茶鹽礬稅兼都大發運事，委成其事。《實録》於九月壬戌，書三司請許商賈於河北、河東、陝西州軍，依在京例納見錢金銀，每實錢五十五貫，給海州茶準百貫，從之。今從本志，并書于此。《實録》但云兼都大發運事，《會要》乃云發運使。按景德四年八月，溥以發運副使遷發運使，則初除必非使，今從《實録》。又景德三年二月，馮亮初除發運使，《會要》及本志並云景德三年復置發運使一人，蓋發運自此始立使名，馮亮為使，李溥為副使也。

又卷八九《天禧元年》［二月］曹瑋言陝商人入中糧草交引愈賤，總虛實錢百千，鬻之才得十二千，請於永興、鳳翔、河中府官出錢市之，奏可。既而詳定茶鹽司又言：『交鈔總虛實錢五千者，向來官給十三千至十九千市之，今鬻於市，止獲八九千，恐豪商乘其賤價，不於官場入中，復虞西鄙軍食闕乏，請官自收市，以九千為準。』從之。交引愈賤，蓋所給茶多不精，商人罕有饒益故也。

又卷九三《天禧三年》［五月］庚午，河北轉運使、兵部員外郎寇瑊為工部郎中，再留一任。河決澶淵，瑊視役河上，隄墊數里，眾皆奔潰，而瑊獨留自若，水為折去，眾異之。嘗言契丹約和以來，河北減卒之半，而復刺士兵，其實益三分之一，而塞下軍儲不給，請行入中、鑿頭、便糴三說之法。傳言，河決澶淵後，瑊始遷官，恐誤也。按《實録》，明年正月辛未，命高漢美監修澶州決河，然不見初決時，今且附見，當考。入中三說，嘗考沈括云：世傳算茶有三說法最便。三說者，皆謂見錢為一說，犀、牙、香、藥為一說，茶為一說。深不然也。此乃三分法耳。謂緣邊入納糧草，其價折為三分，一分支見錢，一分折犀象、雜貨，一分折茶。爾後又有并折鹽為四分法，更改不一，皆非三說也。予在三司，求得三說舊案。三說者，乃是三事：博糴為一說，便糴為一說，直便為一說。其為博糴者，極邊糧草歲入欲足常額，每歲自三司抛數下庫務，先封樁見錢、緊便錢、緊茶鈔。緊便錢，謂水路商旅所便處。緊茶鈔，謂上三山場榷務，然後召人入中。便糴者，次邊糧草商人先入中糧草，乃詣京師算請慢便錢、慢茶鈔及雜貨。慢便錢謂道路貨易非便處，慢茶鈔謂下三山場榷務。直便者，商人取便于緣邊入納見錢，于京師請領。三說先博糴數足，然後聽便糴及直便，以此商人競趨，爭先赴極邊博糴。故邊粟常先足，不惟諸郡分裂，糧草之價不能翔踊，諸路稅課亦皆盈衍，此良法也。予在三司，方欲講求，會左遷，不果建議。

又卷一〇〇《天聖元年》［正月］國朝惟川峽、廣南茶聽民自

買賣，禁其出境，餘悉榷，犯者有刑。在淮南則蘄、黃、廬、舒、壽、光六州，官自為場，置吏總之，謂之山場者十三，六州採茶之民皆隸焉，謂之園戶，歲課作茶，輸其租，餘官悉市之。其售於官，皆先受錢而後入茶，謂之本錢。又有百姓歲輸稅者，亦折為茶，謂之折稅茶。總為歲課八百六十五萬餘斤，其出鬻皆就本場。在江南則宣歙江池饒信洪撫筠袁十州、廣德興國臨江建昌南康五軍，兩浙則杭、蘇、明、越、婺、處、溫、台、湖、常、衢、睦十二州，荊湖則荊潭澧鼎鄂岳歸峽八州、荊門軍，福建則建、劍二州，歲如山場輸租折稅，餘則官悉市而斂之。總為歲課，江南千二十七萬餘斤，兩浙百二十七萬九千餘斤，荊湖二百四十七萬餘斤，福建三十九萬三千餘斤，皆轉輸要會之地，曰江陵府，曰真州，曰海州，曰漢陽軍，曰無為軍，曰蘄州蘄口，為六榷貨務。凡民鬻茶者皆售於官，其以給日用者，謂之食茶，出境則給券。商賈之欲貿易者，入錢若金帛京師榷貨務，以射六務、十三場茶，給券，隨所射與之，謂之交引。願就東南入錢若金帛者聽，入金帛者計直予茶如京師。凡茶入官以輕估，其出以重估，縣官之利甚溥，而商賈轉賣於西北以至散於夷狄，其利又特厚焉。縣官鬻茶，歲課緡錢，雖贏縮不常，景德中至三百六十萬餘，此其最厚者也。

然自西北宿兵既多，饋餉不足，因募商人入中芻粟，度地里遠近，增其虛估，給券，以茶償之。後又益以東南緡錢、香藥、象齒，謂之三稅。而塞下急於兵食，欲廣儲峙，不受虛估，入中者以虛錢得實利，人競趨焉。及其法既弊，則虛估日益高，茶日益賤，入實錢、金帛日益寡，而入中者非盡行商，多其土人，既不知茶利厚薄，且急於售錢，得券則轉鬻於茶商或京師坐賈號交引鋪者，獲利無幾。茶商及交引鋪，或以券取茶，或收蓄貿易，以射厚利，由是虛估之利皆入豪商巨賈，券之滯積，雖二三年茶不足以償，而入中者以利薄不趨，邊備日蹙，茶法大壞。景德中，丁謂為三司使，嘗計其得失，以為邊糴纔及五十萬，而東南三百六十餘萬茶利盡歸商賈，當時以為至論。厥後雖屢變以救之，然不能無弊。

丁亥，詔曰：『三路軍儲，出於山澤之利。比聞移用不足，二府大臣，其經度之。』乃命三司使李咨、御史中丞劉筠、入內副都知周文質、提舉諸司庫務王臻薛貽廓及三部副使較茶、鹽、礬稅歲入登耗，更定其法。遂置計置司，實録丁亥日同。以樞密副使張士遜、參知政事呂夷簡魯宗道總之。

計置司首考茶法利害，奏言：『十三場茶，歲課緡錢五十萬，天禧五年纔及緡錢二十三萬。每券直錢十萬，鬻之，售錢五萬五千，總為緡錢實十三萬，除九萬緡為本錢，歲纔得息錢三萬餘緡，而官吏廩給不與焉。是則虛數雖多，實用殊寡。』因請罷三稅，行貼射之法。其法以十三場茶買賣本息併計其數，罷官給本錢，使商人與園戶自相交易，一切定為中估，而官收其息。如鬻舒州羅源場茶，斤售錢五十有六，其本二十有五，官不復給，但使商人輸息錢三十有一而已。《實録》三月辛卯，《會要》同。然必輦茶入官，隨商人所指而予之，給券為驗，以防私售，故有貼射之名。若歲課貼射不盡，則官市之如舊。園戶過期而輸不足者，計所負數如商人入息。會要。舊輸茶百斤，益以二十斤至三十五斤，謂之耗茶，亦皆罷之。《實録》二月。其入錢以射六務茶者，如舊制。

先是，天禧中，詔京師入錢八萬給海州、荊南茶，入錢七萬四千有奇給真州、無為、蘄口、漢陽，并十三場茶，皆直十萬，所以饒裕商人；而海州、荊南茶善而易售，商人願得之，故入錢之數厚於他州。其入錢者，聽輸金帛十之六。至是，既更十三場法，又募入錢六務，而海州、荊南增為八萬六千，真州、無為、蘄口、漢陽增為八萬。《會要》三年五月。商人入芻粟塞下者，隨所在實估，度地里遠近增其直。以錢一萬為率，遠者增至七百，近者三百，給券，至京師，一切以緡錢償之，謂之見錢法；願得金帛若他州錢，或茶鹽、香藥之類者聽。《實録》五月甲子。大率使茶與邊糴，各以實錢出納，不得相為輕重，以絕虛估之弊。朝廷皆用其說。李咨等新立見錢法，《實録》分載數處，今悉從本志，就正月癸未初命官日并書之。朝廷用其說，乃三月辛卯，今亦并書。《實録》分載，有詳有略，今參以《會要》，則本志所去取蓋得之，不可不從也。

又卷一〇二《天聖二年》 ［秋七月］壬辰，遣殿中侍御史王碩、內殿承制朱緒點檢山場所積茶。

初，朝廷既用李咨等貼射法，行之朞年，豪商大賈不能軒輊為輕重，而論者或謂邊糴償以見錢，恐京師府藏不足以繼，爭言其不便。會江、淮制置司言茶有滯積壞敗者，請一切焚棄。朝廷疑變法之弊，下書責計置

司，因令碩等行視。

既而咨等條上利害，且言：『嘗遣官視陝西、河北，以鎮戎軍、定州為率，鎮戎軍入粟直二萬八千，定州入粟直四萬五千，給茶皆直十萬。蘄州市茶本錢視鎮戎軍粟直，反亡本錢三之一，所得不償，其弊在於茶與邊糴相須為用，故更今法。以新舊二法較之。乾興元年用三説法，每券十萬，茶售錢萬一千至六萬二千，香藥、象齒售錢四萬一千有奇，東南緡錢售錢八萬三千，而京師實入緡錢七十五萬有奇，邊儲芻二百五萬餘圍，粟二百九十八萬石。天聖元年用新法，二年，茶及香藥、東南緡錢每給直十萬，茶入實錢七萬四千有奇至八萬，香藥、象齒入錢七萬三千有奇，東南緡錢入錢十五萬五百，而京師實入緡錢增一百四萬有奇，邊儲芻增一千一百六十九萬餘圍，粟增二百一十三萬餘石。舊以虛估給券者，至京師為出錢售之，或折為實錢給茶，貴賤從其市估。其先賤售於茶商者，券錢十萬，使別輸實錢五萬，共給天禧五年茶直十五萬。小商百萬已下免輸錢，每券十萬，給茶直七萬至七萬五千，天禧茶盡則給乾興已後茶，仍增別輸錢五萬者皆為七萬，並給耗如舊，俟舊券盡而止。如此，又省合給茶及香藥、象齒、東南緡錢總直緡錢二百七十一萬。』

二府大臣亦言：『所省及增收計為緡錢六百五十餘萬。異時邊儲有不足以給一歲者，至是，多者有四年，少者有二年之蓄，而東南茶亦無滯積之弊。其制置司請焚棄者，特累年壞敗不可用者爾。』因言：『推行新法，功緒已見。蓋積年侵蠹之源一朝閉塞，商賈利於復故，欲有以搖動，而論者不察其實，助為游説。願力行之，無為流言所易。』於是，詔有司牓諭商賈以推行不變之意，賜典吏銀絹有差。《實録》但于此記遣使視積茶，并四年三月甲辰附見賜典吏銀絹事，餘皆無之，今並從本志。《會要》亦無差使視積茶及李咨等條上利害、牓諭商賈、賜銀絹事，不知何也。

又卷一一五《景祐元年》 〔九月〕丁未，樞密副使李咨言：『天聖初，行新定茶法，而議者沮毀之。吏人王舉等皆坐黥配。今三司言歲課益虧，請復用天聖初所定法。舉等顯為非辜，乞與優卹。』詔舉等先依三司出職例，各遷一資。

咨頃在三司，陝西緣邊數言軍食不給，度支都內錢不足支月俸，太后憂之，命輔臣與咨經度其事。咨以謂舊法商人入粟邊郡，算茶與犀象緡錢為虛實三估，至用十四錢易官錢百，坐困三司，乃請變法，以實錢入粟，實錢售茶，二者不得相為輕重。既行，而商人果失利，怨謗蜂起。咨尋以病請外，相繼坐變法譴黜，踰六年，乃再入三司，遂登西府。時三司稅法蠹耗日甚，議者皆言咨前枉被譴黜，將復用見錢法，故咨先有是請。

又卷一六八《皇祐二年》 自康定元年，陝西募人入中並邊芻粟，始加數給東南鹽，而河北稍用三稅法，亦以東南鹽代京師所給緡錢，數足即止。已見是年年末。及慶曆二年，三司又請如康定元年法，募人入中。此據《食貨志》第三卷。乃詔入中陝西、河東者，持券至京師，償以錢及金帛各半之；不願受金帛者，予香藥茶鹽，惟其所欲。而東南鹽利特厚，商旅不復受金帛，皆願得鹽。至八年，河北行四稅法，鹽居其一，而並邊芻粟皆有虛估，騰躍至數倍。券至京師，反為畜賈所抑，鹽八百斤舊售錢十萬，至是止六萬。商人以賤估受券取鹽，不復入錢京師，帑藏益乏。於是詔三司詳定，王堯臣、王守忠、陳旭請復入錢京師法，視舊入錢數稍增予鹽。而並邊入中先得券受鹽者，河東、陝西入芻粟直錢十萬，止給鹽直七萬，河北又損為六萬五千。且令入錢十萬於京師，乃聽兼給，謂之對貼。自是入錢京師，稍復故。已上並據《食貨志》第四卷。《志》稱皇祐二年，詔三司詳定，於是王堯臣、王守忠、陳旭建對貼議。而《實録》無之。今附見命三人較出入數後，三年正月，始復行見錢。

又卷一七〇《皇祐三年》 初，四稅法止行於並邊諸州，而內地諸州，有司蓋未嘗請，即以康定元年詔書從事。自是三稅、四稅二法並行於河北。未幾，茶法復壞，芻粟之入，大約虛估居十之八。米斗七百，甚者千錢。券至京師，為南商所抑，茶每直十萬，止售錢三千，富人乘時收畜，轉取厚利。三司患之，請行貼買之法，每券直十萬，比市售三千，倍為六千。又入錢四萬四千，貼為五萬，給茶直十萬，詔又損錢一萬，然亦不足以平其直。久之，券比售錢三千者，才得二千，往往不售，北商無利，入中者寡，公私大弊。知定州韓琦及河北都轉運司皆以為言，下三司議，三司奏：『自改法至今，凡得穀二百八十八萬餘石，芻五十六萬餘圍，而費緡錢一百五十五萬有奇，茶、鹽、香、藥又為緡錢一千二百九十五萬有奇。茶、鹽、香、藥，民用有限，榷貨務歲課不過五百萬緡，今散於民間者既多，所在積而不售，故券直亦從而賤。茶直十萬，舊售錢六萬

五千，今止二千。至香一斤，舊售錢三千八百，今止五百，公私兩失其利，請復見錢法。』可之，仍一用景祐三年約束。又懼好事者之横議也，庚子，下詔曰：『朕惟古之善為國者，使變通不倦而公私相足。比者食貨法壞，芻粟價益倍，縣官之費日長，商賈不行，豪富之家，乘時牟利，本末相横，吏緣為姦，故詔近臣考決大議令利害曉白。尚慮輕肆之人，仍舞空言，幸搖其端。夫利百而法乃變，令下而議不起，然後民聽不眩而憲度行焉。自今有依前事而議者，並須究知厥理，審可施用。若其事已上而驗問無狀者，寘之重罰。』此並據《食貨志》第三卷，與《實録》、《會要》小異，今但從志。大抵《食貨志》第三卷敍茶法，第四卷敍鹽法，兩法或不相關，往往重出。茶法貼買，即鹽法對貼也。鹽法對貼已具皇祐二年正月，嘉祐元年閏三月辛丑，又下詔戒妄陳濟邊之策，詞意與此不異，不知何也？自慶曆八年十二月初用董沔言，行四税法，至是復行見錢法，蓋不滿三年。志云不十年間，恐誤，今改云『未幾』。

又卷二九七《元豐二年》　〔三月丁丑〕提舉河北糴便糧草王子淵言：『糴緣邊軍儲，皆商人入中，歲小不登，必邀厚價，故設內地州縣寄糴之法，以權重輕。自內地用御河船運至緣邊，且以熙寧八年言之，綱船三百，用兵工幾二千人，所運不及八萬石。計綱船兵工約一斗，已費錢七十矣，若僦私船，百里之地，斗才一錢三分至五分，率以千里之遠計之，猶可省綱船所費之半，宜雇客船便。』下三司議，三司請留綱船二百二十艘，應副船運不足，即如子淵議。從之。令歲終具和雇私船所省錢數以聞。

又　〔四月丙寅〕提舉成都府茶場李稷言：『洋州西鄉縣茶，舊與熙河、秦鳳路蕃漢為市，而商人私販，南入巴、達州，東北入金州，永興軍、鳳翔府，官未置場以前，於州界仙遊、少府、雞雄、歸仁、洋口等鎮鋪差牙校編攔抄發，指州縣輸税。熙寧十年廢罷四場牙校，止留洋口一處，州縣慢令，私販公行，西鄉茶歲比舊減少。乞雞雄等場令州縣督責買撲人編攔，歸仁鋪乞依舊輪差税務牙校編閱抄發。園戶中官茶數，歲以三十萬斤為額，增及萬斤，賞錢一千，如虧少，量事決罰。』從之。

清　曾國藩《曾文正公全集》卷三《徽寧池三府屬洋莊茶引捐釐章程十條》　一、皖南設立茶引局，由皖南道督辦，由安慶牙釐總局綜理，省中派員駐局經管。所有引票、捐票、釐票俱用三聯票式，本部堂刊發牙釐總局，移交皖南道，轉發徽寧池三府屬産茶縣分。各商成箱後，在該縣報明請引，照繳引銀、捐銀、釐銀、公費銀，隨時填票給付。各地方官不得於三票之外，多取絲毫。所收銀兩，隨時解皖南道，聽候撥用。各縣按月申報牙釐省局、皖南道茶引局查核。

一、茶引，定以司馬秤，每斤合庫秤十六兩八錢。按十六兩八錢庫秤，淨茶一百二十斤爲一引。箱皮不計。各商請引時，報明洋茶花色箱數，箱內淨茶斤兩，統計成引。報明後，該縣親身點箱抽查。如有偷漏，照釐金章程補交正項引銀、捐銀、釐銀、公費，另加三倍議罰。如有重斤，一律照加照罰。罰款以二成充餉，以一成留卡給賞。

一、徽州向章，定以每引收茶釐銀三錢，茶捐銀六錢，公費銀二分。此外，運出徽境，逢卡抽釐。現在定章，仿照餉鹽章程統，歸辦茶之地一處完釐。應即核計加增，每引定繳正項引銀三錢，公費銀三分，捐銀八錢，釐銀九錢五分，共應繳銀二兩零八分。如徽屬出江西之茶，應由景鎮、饒州、吳城、湖口等卡經過，即不抽釐。寧池等屬出長江之茶，應由華陽鎮、安慶、大通、荻港等卡，即不抽釐。但驗明釐票，查明箱數，一律放行。如箱數不符，照章加罰。該三處採辦洋茶，如不在以上各卡之內，不得持此票爲憑，應聽各卡抽釐。其應完內地子口半税，由該商照通商條約章程完納，概不在此數內。

一、皖南茶引局、省城牙釐局及該縣承辦茶務，均需辦公經費。準就公費每引三分，釐金每引九錢五分之內，牙逋釐總局扣留二分，皖南道扣留二分，該縣扣留四分。作爲辛紅、紙張、書役、飯食等費。

一、向章茶捐準其請獎，此次每引加捐二錢，共計八錢。仍悉照向章，填給捐票。俟茶開運後，各商將捐照呈繳安慶牙釐總局，照籌餉例，一律核奬，換給實收。

一、洋莊簍熟茶，亦按照十六兩八錢庫秤，一百二十斤成引扣算。所有茶引、茶捐、茶釐均照章抽取。

一、小販袋裝毛茶售與各洋莊，向不請引，亦無茶捐名目。經過附近各卡，應照十六兩八錢庫秤，每一百二十斤，抽釐錢一百文。其零星不及石者，應免抽釐，以恤小販。

一、茶釐概歸皖局抽收。江西經過各卡，由本部堂諮明江西撫部院，

札行總局，轉飭各該卡，驗票放行，不重抽釐、抽捐。又婺源一縣，現歸左撫部院設卡抽收，應一并諮明照辦，以歸畫一。其婺源茶所得引捐釐各項銀兩，由皖省糧臺另撥還左撫部院糧臺備抵。

一、向來內地客商販運營銷內地簍茶、箱茶及建德向有西商採辦北口茶，不照此例。所有應完徽州茶引、茶捐、茶釐應由皖南道查明舊章，并察看情形，酌議章程，詳候核奪。

一、核定章程，應出示曉諭徽寧池三府屬商民遵照，并通飭經過江西安徽各釐卡，照驗放行。

傳記

清 歐陽昱《見聞瑣録・胡雪崖》 杭州胡雪崖，初以無業遊民在某錢鋪供雜役。候補道王某，有銀十萬兩，存此鋪生息，無事輒至。與主人閒談，見胡殷勤沉實，數年如一日，陰志之。值賊將犯臨安，滿城逃空。店主還王銀，王謂胡可倚托，使代安放，約亂平還。

胡念干戈滿地，懷此重資，適為殺身之媒。探知衢州一府，穀價甚賤，盡數買穀二十萬石，各存其地。省垣既破，左侯進大軍，圖收復。至衢州乏糧，兵士欲嘩。胡聞之，罄所買穀以獻。營中歡聲如雷，軍威大振。左侯歎胡為一時豪傑，重用之。糧臺歸其總理。克服浙省後，錢糧軍餉出入，悉胡主之。而賊所遺金帛，軍將大小瓜分，有得十數萬、數萬、數千、數百、數十不等，均知胡忠誠可倚，公記一簿，交其收領，用則來取。胡於是提數百萬無息之銀貿易。凡名市鎮，俱設有大肆，多錢善賈，歲獲利數倍。不數年，家資逾千萬，富甲天下。

夷人惟利是視，見而豔羡，推為中國第一人。沈文肅勦臺北生番，缺餉，奏借英商銀六百萬，歸海關扣還。英謂券中必得胡某畫押方可。其見重於外洋如此。

自各口通商後，利之操縱盡歸外洋。中國所產茶、絲為二大宗。當茶出時，眾夷來買，商定而後答價，絲毫不能增。倘居奇不賣，欲昂其值以俟，則逾七日減十之一，再逾七日減十之二，又逾七日減十之三。俟愈久，價愈減。華商不齊一，遂為所挾，不得不賣。而夷人陰狠幻詐之心尤有甚焉者。茶有頭、二、三春，近日茶商多逡巡不前，夷見頭春茶至者少，則故倍其值以買之。人聞得利，遂爭往。及二春至者多，則價驟賤。如值銀一百兩，僅出銀五、六十兩，非令大虧其本而去不休。如是而三春至者必少，則又就最後者五六人，數倍其利以欣之，以誘華商未死之心，庶明年人方踴躍來辦。

總之，沾潤者不過數千兩、數百兩，且其人有數。而折短者輒數萬兩、數千兩，且其人甚多。蓋彼心齊一，制華商盈縮之命。華商遂如鳥在籠中，閉放由人，不能自主矣。

向來夷買福茶，兩月解價。予在閩垣，見初春茶至，眾商會議，今年價宜劃一，期限七日，公立議字，非是不賣。夷人聞之，恐華商自此執利柄，相約不買。持至兩三月，竟無一人問津者。於是內有本銀重大，深恐久存黴爛，虧折必多之人；且有借人本銀，愈憂日月積久，息重難償之人；有本銀微末，更慮售脫無時，資斧莫給之人。人各一心，漸漸有私向夷人央賣者。夷人窺破此情形，愈不肯買。復有願降價以賣者，夷人愈作難，謂非抑下四、五倍價不買。此時，如兩軍相持，一軍力弱而怯，陣勢忽動，遂土崩瓦解，不可復支矣。聞初春茶約值時價一百萬，賣後通計僅五、六十萬。反因此一議，折去四、五十萬。甚矣！華商之餒而紛，夷商之堅而一也。

當各口未通之先，茶由廣東出海，天下商人雲集粵中。價自中國定，外洋不能挾持。故彼時販茶者，多獲厚利歸。今則各鎮皆有夷人，甚至出茶之地，彼可自往自辦。華商固不齊一，即欲齊一，而勢有不能。非獨茶，絲亦然。非獨絲，百貨亦然。

予足跡半天下，見二十年來，以業茶起家者，十僅一二；以業茶破家者，十之八九。商賈日失志，市肆日減色。問其故，皆曰：『利柄操於夷人，華商不能與爭所致。』吁！通商之弊，一至於斯乎？民窮財盡，實非天下小故，可慨也矣！

紀事

《舊唐書》卷四九《食貨下》 ［建中三年］贇於是條奏諸道津要

都會之所，皆置吏，閲商人財貨。計錢每貫稅二十，天下所出竹、木、茶、漆，皆十一稅之，以充常平本。時國用稍廣，常賦不足，所稅亦隨時而盡，終不能爲常平本。

又 太和九年十二月，左僕射令狐楚奏新置榷茶使額：『伏以江淮間數年以來，水旱疾疫，凋傷頗甚，愁歎未平。今夏及秋，稍較豐稔。方須惠恤，各使安存。昨者忽奏榷茶，實爲蠹政。蓋是王涯破滅將至，怨怒合歸。豈有令百姓移茶樹就官場中栽，摘茶葉於官場中造，有同兒戲，不近人情。方有恩權，無敢沮議，朝班相顧而失色，道路以目而吞聲。今宗社降靈，姦兇盡戮，聖明垂佑，黎庶各安。微臣伏蒙天恩，兼授使務，官銜之內，猶帶此名，俯仰若驚，夙宵知愧。伏乞特迴聖聽，下鑒愚誠，速委宰臣，除此使額。緣國家之用或闕，山澤之利有遺，許臣條流，續具奏聞。採造欲及，妨廢爲虞。前月二十一日内殿奏對之次，鄭覃與臣同陳論訖。伏望聖慈早賜處分，一依舊法，不用新條。惟納榷之時，須節級加價，商人轉儎，必較稍貴，即是錢出萬國，利歸有司，既無害茶商，又不擾茶戶，上以彰陛下愛人之德，下以竭微臣憂國之心，遠近傳聞，必當咸悅。』詔可之。先是，鹽鐵使王涯表請使茶山之人，移植根本，舊有貯積，皆使焚棄，天下怨之。及是楚主之，故奏罷焉。

又 大中六年正月，鹽鐵轉運使裴休奏：『諸道節度、觀察使，置店停上茶商，每斤收搨地錢，並稅經過商人，頗乖法理。今請釐革橫稅，以通舟船，商旅既安，課利自厚。今又正稅茶商，多被私販茶人侵奪其利。今請強幹官吏，先於出茶山口，及廬、壽、淮南界內，布置把捉，曉諭招收，量加半稅，給陳首帖子，令其所在公行，從此通流，更無苛奪。所冀招恤窮困，下絕奸欺，使私販者免犯法之憂，正稅者無失利之歎。欲尋究根本，須舉綱條。』敕旨依奏。其年四月，淮南及天平軍節度使並浙西觀察使，皆奏軍用困竭，伏乞且賜依舊稅茶。敕旨：『裴休條流茶法，事極精詳，制置之初，理須畫一。並宜准今年正月二十六日敕處分。』

又卷一七二《令狐楚傳》 先是，鄭注上封置榷茶使額，鹽鐵使兼領之，楚奏罷之，曰：伏以江、淮數年已來，水旱疾疫，凋傷頗甚，愁歎未平。今夏及秋，稍校豐稔，方須惠卹，各使安存。昨者忽奏榷茶，實爲蠹政。蓋是王涯破滅將至，怨怒合歸，豈有令百姓移茶樹於官場中栽植，摘茶葉於官場中造作，有同兒戲，不近人情。方在恩權，孰敢沮議？朝班相顧而失色，道路以目而吞聲。今宗社降靈，奸兇盡戮，聖明垂祐，黎庶合安。微臣蒙恩，兼領使務，官銜之內，猶帶此名。俯仰若驚，夙宵知懼。伏乞特回聖聽，下鑒愚誠，速委宰臣，除此使額。緣軍國之用或闕，山澤之利有遺，許臣條疏，續具聞奏。採造將及，妨廢爲虞。前月二十一日，内殿奏對之次，鄭覃與臣同陳論訖。伏望聖慈早賜處分，一依舊法，不用新條。唯納榷之時，須節級加價，商人轉賣，必校稍貴，即是錢出萬國，利歸有司。既不害茶商，又不擾茶戶，上以彰陛下愛人之德，下以竭微臣憂國之心。遠近傳聞，必當感悅。

從之。

又卷一八七下《忠義傳下·庚敬休》 上將立魯王爲太子，慎選師傅，改工部侍郎兼魯王傅。奏：『劍南西川、山南西道每年稅茶及除陌錢，舊例委度支巡院勾當榷稅，當司於上都召商人便換。』

《册府元龜》卷四九四《邦計部·山澤》 〔開成五年〕武宗以開成五年正月四日即位，十月詔復茶稅。鹽鐵司奏曰：『伏以江南百姓，營生多以種茶為業，官司量事設法，惟稅賣茶商人，但於店鋪交關，自得公私通濟。今則事須私賣，苟務隱欺，皆是主人牙郎中裏誘引，又被販茶奸黨分外勾牽。所由因此為奸利，皆追收攪擾，一人犯罪，數戶破殘。必在屏除，使安法理。其園戶私賣茶，犯十斤至一百斤，征錢一百文，決脊杖二十。

又 〔太和九年〕十二月，諸道鹽鐵轉運、榷茶等使、左僕射令狐楚奏：『新置榷茶使額，伏以江、淮間數年以來，水旱疾疫，凋傷頗甚，愁歎未平。今夏及秋，稍較豐稔，方須惠恤，各使安存。昨者忽奏榷茶，實爲蠹政，蓋是王涯破滅將至，怨怒合歸。豈有令百姓移茶樹就官場中栽，摘茶葉於官場中造？有同兒戲，不近人情。方有恩權，無敢沮議。朝班相顧而失色，道路以目而吞聲。今宗社降靈，姦凶盡戮，聖明垂祐，黎庶合安。微臣伏蒙天恩，兼授使務，官銜之內，猶帶此名，俯仰若驚，夙宵知愧。伏乞特回聖聽，下鑒愚誠，速委宰臣，除此使額。緣軍國之用或闕，山澤之利有遺。許臣條疏續具聞奏，採造欲及，妨廢爲虞。前月二

十一日，內殿奏封之次，鄭覃與臣同陳論訖，伏望聖慈，早賜處分，一依舊法，不用新條。唯納榷之時，須節級加價，商人轉賣，必較稍貴。即是錢出萬國，利歸有司，既無害茶商，又不擾茶戶。上以彰陛下愛人之德，下以竭微臣憂國之心，遠近傳聞，必當感悅。』詔可之。

又 卷五〇四《邦計部・榷酤》 ［大中］六年正月，鹽鐵轉運使兵部侍郎裴休奏：『諸道節度使、觀察使，置店停止茶商，每斤收蹋地錢，并稅經過商人，頗乖法理。今請釐革橫稅，以通舟船。商旅既安，課利自厚。』

《新唐書》卷五四《食貨志四》 ［會昌元年］武宗即位，鹽鐵轉運使崔珙又增江淮茶稅。是時茶商所過州縣有重稅，或掠奪舟車，露積雨中，諸道置邸以收稅，謂之『蹋地錢』，故私販益起。大中初，鹽鐵轉運使裴休著條約：私鬻三犯皆三百斤，乃論死；長行群旅，茶雖少皆死；雇載三犯至五百斤、居舍儈保四犯至千斤者，皆死；園戶私鬻百斤以上，杖背，三犯，加重徭；伐園失業者，刺史、縣令以縱私鹽論。廬、壽、淮南皆加半稅，私商給自首之帖，天下稅茶增倍貞元。江淮茶為大摸，一斤至五十兩。

又 卷一八二《裴休傳》 時方鎮設邸閣居茶取直，因視商人它貨橫賦之，道路苛擾。休建言：『許收邸直，毋擅賦商人』又：『收山澤寶冶，悉歸鹽鐵。』

宋 沈括《夢溪筆談》卷一二《官政二》 慶曆中，議弛茶鹽之禁及減商稅。范文正以為不可：茶鹽商稅之入，但分減商賈之利耳，行於商賈，未甚有害也；今國用未減，歲入不可闕，既不取之於山澤及商賈，須取之於農。與其害農，孰若取之於商賈？今為計莫若先省國用；國用有餘，當先寬賦役；然後及商賈。弛禁非所當先也。其議遂寢。

宋 蘇軾《蘇軾集》卷八七《富鄭公神道碑》 公之為相，守格法，行故事，而附以公議，無心於其間，故百官任職，天下無事。以所在民力困弊，賦役不均，遣使分道相視裁減，謂之寬恤民力。又弛茶禁，以通商賈，省刑獄，天下便之。

宋 江少虞《宋朝事實類苑》卷二一《官政治績・茶利》 本朝茶法，乾德二年始詔在京、建州、漢、蘄口各置榷貨務。五年始禁私賣茶，從不應為情理重。太平興國二年，刪定禁法條貫，始立等科罪。淳化二年，令商賈就園戶買茶，公於官場貼射，始行貼射法。淳化四年，初行交引，罷貼射法。西北入粟給交引，自通利軍始。是歲罷諸處榷貨務，尋依舊。至咸平元年，茶利錢以一百三十九萬二千一百一十九貫三百一十九為額。至嘉祐三年，凡六十一年，用此額，官本雜費皆在內。中間時有增虧，歲入不常。咸平五年，三司使王嗣宗始立三分法，以十分茶價，四分給香藥，三分犀象，二分茶引。六年又改支六分香藥犀象，四分茶引。景德二年許人入中錢帛金銀，謂之三稅。至祥符九年，茶引益輕，用知秦州曹瑋議，就永興、鳳翔以官錢收買客引，以捄引價。前此累增加饒錢。至天禧二年，鎮戎軍納大麥一斗，本價通加饒共支錢一貫二百五十四。乾興元年，改三分法，支茶引三分，東南見錢二分半，香藥四分半。天聖元年，復行貼射法，行之三年，茶利盡歸大商，官場但得黃晚惡茶，乃詔孫奭重議罷貼射法。

《續資治通鑑長編》卷一八《太平興國二年》 ［正月］初江南諸州官市茶十分之八，餘二分復稅其什一，然後給符，聽其貨鬻，商人旁緣為姦，踰江涉淮，頗紊國法。轉運使樊若冰請禁之，仍增所市之直以便民。

又 卷二二《太平興國六年》 ［五月］太子中允潘昭緯知天長軍，擅增價鬻官茶，為商人所訴。乙丑，昭緯坐除籍為民。

又 卷三〇《端拱二年》 ［九月］自河北用兵，切于饋餉，始令商人輸芻糧塞下，酌地之遠近而優為其直，執文券至京師，償以緡錢，或移文江、淮給茶鹽，謂之折中。有言商人所輸多敝濫者，因罷之，歲損國用殆百萬計。冬十月癸酉，復令折中如舊。又置折中倉，聽商人輸粟京師而請茶鹽于江、淮，膳部員外郎范正辭、洛苑副使綦仁澤、作坊副使尹崇謂同掌其出納。每一百萬石為一界，祿仕之家及形勢戶不得輒入粟，御史臺糾之。會歲旱，罷。

又 卷四〇《至道二年》 ［十一月］先是，淮南十八州軍，其九禁鹽，餘則不。商人由海上販鹽，官倍數取之；至禁地，則上下其直。民利商鹽之賤，故販者益眾，至有持兵器往來為盜者。發運使楊允恭以為行法宜一，即奏請悉禁之，而官遣吏主其事。事下三司，三司言其不

可。允恭固以請，甲午，詔從之。允恭又請令商人先入金帛京師及揚州折博務者，悉償以茶。自是，鬻鹽得實錢，茶無滯貨，歲課增五十萬八千餘貫。

又卷五四《咸平六年》［正月］壬寅，以度支使、右諫議大夫梁鼎為陝西制置使；屯田郎中楊覃為陝西轉運使，左司諫張賀副之，賜覃、賀金紫。又以內殿崇班、閤門祗侯杜承睿同制置陝西青白鹽事。先是，鼎上言：『陝西緣邊所折中糧草，率皆高擡價例，倍給公錢。如鎮戎軍米一斗，計虛實錢七百十四，而茶一大斤止易米一斗五升五合五勺，顆鹽十八斤十一兩止易米一斗。粟一升，計虛實錢四百九十七，而茶一大斤止易粟一斗五升一合七勺，顆鹽十三斤二兩止易粟一斗。草一圍，計虛實錢四百八十五，而茶一大斤止易草一圍。又鎮戎軍在蕃界，渭州在漢界，渭州斗米高於鎮戎軍二十。環州在蕃界，慶州在漢界，而慶州斗米高於環州六十，粟亦高三十。以日繫時，潛耗國用，儻不釐革，必恐三二年後，茶鹽愈賤，邊食愈虧。檢會嚴信、咸陽、任村、定武、渭橋等倉，見管諸色糧斛七十九萬餘石，請以春初農隙併力輦送沿邊。其沿邊州軍，計所屯兵有一年以上儲備，則止以將來二稅轉換支填；如不及一年處，則以上件糧斛增備。年備才足，則住折博。然後鹽則仍舊官賣，草則止令沿邊於夏秋緣科錢內折納，取年支足用。又官賣解鹽，一歲必得錢三二十萬貫，充給諸軍，況今年支用，比舊已增一倍，儻不速為此計，異日匱乏，則不惟須截留西川上供物，帛縑必須自京輦運供儲矣。』

又言：『中書喚臣，令計度如何輦運科撥夏秋二税者。竊以陝西沿邊，除鎮戎、保安軍各近蕃界，不可大段儲積，所須糧草，止逐時輦運常及半年已上外，其渭、原、涇三州，即西路屯兵之所，請令永興、鳳翔、華、儀、隴五州人戶輦運糧草，仍支此五州二稅，於涇、原、渭三州輸送，其三州二稅，即令輦運鎮戎軍糧草。環、慶二州，即中途屯兵之處，請令同、耀、乾、邠、寧五州人戶輦運糧草，仍支此五州二稅，於環、慶二州輸送，其二州二稅，並於沿路鎮寨輸送。延州，即東路屯兵之處，請令解、河中、丹、坊、鄜五州人戶輦運糧草，仍支此五州二稅，於延州輸送，其延州二稅，即令輦運保安軍糧草。其陝、虢、商三州，請令於永興軍輸送。其逐處本州軍所備年支糧草，則止令五等以下人戶供輸。秦、鳳、階、成四州，地理稍遙，其二稅請令輸於本州。如上件三路屯軍處，輦運科撥，不及一年已上儲備，即且留緣江茶引，許商旅入中添填。』

又卷六一《景德二年》［八月］己丑，令三司抽算商旅茶，許民就西京、白波、鞏縣及緣河倉入粟博買。從殿中丞京兆周實之請也。

又卷八九《天禧元年》［夏四月甲戌］詳定茶鹽所言：『入中緡錢，舊悉從商人所有受之。請令十分輸緡錢四五，仍定加饒、貼納之差。』從之。此據《會要》及本志，而《實録》不書，今附見。

又卷九〇《天禧元年》［秋七月癸丑］詳定鹽茶所請罷買陝西芻糧交抄，別立久制，許商人入中，從之。

又卷九七《天禧五年》［冬十月］發運使周實言，陝西入中芻糧甚少，淮南茶貨停積，望令三司再定商旅算買交引，以便公私，從之。實又言監當場務官得替，須批書一界課利增損畢，方聽發遣赴闕，從之。

又卷一一〇《天聖九年》［閏十月］癸亥，鹽鐵副使司封員外郎王鬷、戶部副使刑部員外郎杜衍並為天章閣待制。初，馬季良建言：『京師賈人常以賤價居茶鹽交引，請官置務收市之。』季良方用事，有司莫敢迕其意，鬷獨不可，曰：『與民競利，豈國體耶！』他日，上見鬷，勞之曰：『官市交引，賴卿力言罷之，甚善。有司臨事，當如是也。』薛顏死，其家屬衍為墓誌，衍卻之。及在三司，因奏事，上謂衍曰：『薛顏有醜行，卿不與誌墓，誠清識也。』自是有意大用。《實訓》謂上此言乃衍為戶部副使時，今附此。

又卷一一八《景祐三年》［三月］是月，李諮等請罷河北入中虛估，以實錢償芻粟，實錢售茶，皆如天聖元年之制。又以北商持券至京師，舊必得交引補為之保任，并得三司符驗，然後給錢，以是京師坐賈率多邀求，三司吏稽留為姦，乃悉罷之，命商持券徑趣榷貨務驗實，立償之錢。初，孫奭等雖增商人入錢之數，而猶以為利薄，故競市虛估之券，以射厚利，而入錢者寡，縣官日以侵削，京師少畜藏。至是，諮等又請視天聖三年入錢數，第損一千有奇，入中增直，亦視天聖元年數第加三百。詔皆可之。又詔前已用虛估給券者，給茶如舊，仍給景祐二年已前茶。

既而諮等又言：『天聖四年，嘗許陝西入中願得茶者，每錢十萬，

在所給券，徑趣東南受茶十一萬一千。茶商利之，爭欲售陝西券，故不復入錢京師，請禁止。』並言商人輸錢五分，餘為置籍召保，期年半悉償，失期者倍其數。事皆施行。輸五分錢，召保立限，見實録康定元年正月，今依本志附此。

諮等復言：『奭等變法，歲損財利不可勝計。且以天聖九年至景祐二年較之，五年之間，河北緣邊十六州軍，入中虛費緡錢五百六十八萬。今一旦復用舊法，恐豪商不便，依託權貴，以動朝廷，請先期申諭。』於是帝為下詔戒敕，而縣官濫費自此少矣。三月癸巳，復行見錢法，罷交引。壬申，榷務給交引以景祐二年茶。五月，勒陝西入中交引並赴京師，十二月，禁豪商請託。今並從本志聯書之。

又卷一二〇《景祐四年》［春正月］壬午，命侍御史知雜事姚仲孫同詳定茶法。詳定茶法所請自今商人對買茶、全買茶，每一百貫六十貫見錢，四十貫許金銀折納，從之。

又卷一七〇《皇祐三年》［六月］戊戌，徙知越州刑部郎中楊紘為荊湖南路轉運使，王鼎先自深州徙知建州，尋亦除提點河北路刑獄。鼎前在江東坐苛察免，及復起，治姦贓愈急，所舉劾於貴勢無所避。明年六月，綽除江西憲，惟鼎除河北憲不得其時，今附此。時盜販鹽茶者眾，鼎一切杖遣之。監司屢以為言，鼎不為變。

又卷一七六《至和元年》［秋七月］丙寅，前真定府藁城主簿陳昌期爲光祿寺丞。先是，閩人范士舉與其黨數百人盜販私茶，久不能獲，而昌期能往招降之也。

又 梁適之得政也，中官有力焉。及遵等於上前極陳其過，上左右或言御史捃拾宰相，自今誰敢當其任者。適既罷，左右欲吴遵等去之。始，遵等彈適多私，又言：『鹽鐵判官李虞卿，嘗推按茶賈李士宗負貼納錢十四萬緡，法當倍輸。而士宗與司門員外郎劉宗孟共商販，宗孟與適連親，適遽出虞卿提點陝西刑獄。』下開封府鞫其事，宗孟實未嘗與士宗共商販，且非適親，遵等皆坐是黜，而中復又落裏行。知制誥蔡襄，以三人者無罪，繳還詞頭。改付他舍人，亦莫敢當者，遂用熟狀降敕。虞卿，昌齡子也。梁適因中官得相，此據《碧雲騢》，他書無之。然適嘗使石全彬訴狄青等賞薄，而青遂除樞密使，則適固交結中官者也。《碧雲騢》所載，或過當，今略删取云。

又卷二七一《熙寧八年》［十二月丙申］都提舉市易司言：『宗室賒請物，乞三人以上同保，經大宗正司出歷赴務約度，并息不得過兩月料錢之數，如輸納違限，取料錢歷批上剋折，限半年輸足。』又言：『歲買商人茶，從本司貿易，乞以三百萬斤為額，庶使商人預知定數，不雜粗惡草木，務令中賣數多。』並從之。《實録》於此丙申已書：『詔李公義用鐵龍爪、范子淵用濬川杷疏濬黃河，自河陰下至海口。』新紀因書：『丙申浚黃河。』復云此書當在五月。據《實録》明年九月丙辰所書與時政記合，今繫之十二月九日，誤也，合削去，仍附註此。

又卷二七四《熙寧九年》［四月］丁未，體量成都府等路茶場利害劉佐言：『商人販解鹽入川買茶至陝西，獲利甚厚，欲依商人例，歲以鹽十萬席易茶六萬馱，約用本錢二百一萬緡，比商賈取利皆酌中之數，禁商人私販。』從之。仍以佐提舉成都府、利州、秦鳳、熙河等路茶場，兼熙河路市易司，尋又以佐兼提舉買馬。兼買馬乃二十五日事，今并書。

又卷三四六《元豐七年》［六月］戶部言：『準批狀，提舉汴河司言：畿內諸縣民間茶鋪，亦乞請買水磨官茶。其法施於京師，眾以為便。府界宜與輦轂下不殊。』從之，候二年立法。《實録》載此事不詳。『乞請買官茶』，今用紹聖編録策增入『水磨』二字，庶易曉。水磨茶法何年始，要見實月日。六年二月二十七日、八月十二日可考，似初置水磨時，更詳之。紹聖元年九月二十八日敕：『中書省送到戶部狀：「準敕勘會元豐中嘗置水磨茶出賣與在京鋪戶，故京師求食茶無夾雜之弊，而茶商無留滯之患，官歲收息計二十餘萬貫。元祐中悉皆罷廢。臣等欲乞參酌舊制，重行興復。」三省同奉聖旨：「水磨茶應興復合行事件，令戶部疾速先具措置，申尚書省。」九月二十八日，三省同奉聖旨：「並依戶部所申，差孫迥提舉。」檢會舊行水磨日前後條制，參酌今來合行及改到分項內，一、檢準元豐七年六月一日敕：中書省、尚書省送到左部狀，準都省批下，都提舉汴河隄岸司奏：勘會本司近準朝旨，在京賣茶人戶不許擅磨末茶，並令赴本司水磨請買斤茶，歸鋪貨賣。本司已依朝旨施行。近日據府界諸縣茶鋪等人戶赴司陳狀，為見在京茶鋪之家請買水磨末茶貨賣，別無頭畜之費，坐獲厚利。其府界茶鋪係與在京鋪戶事體一般，乞依在京師茶鋪人戶例，赴水磨請輸，歸逐縣貨賣，及依在京茶法，禁止私磨茶貨。本司今勘會自興置水磨後，其內外茶鋪人戶各家，免雇召人工養飼頭口諸般浮費，及不入末豆、荷葉雜物之類和茶，委有利息。其民間皆得真茶食用，若比自來所買鋪戶私磨絞和偽茶，其價亦賤。兼販茶客人亦免民間賒欠錢物，赴本司入中茶貨，便請見錢，再行興販，甚有利潤。沿路往來所收商稅不少。今來已準朝旨，並依本司奏請立法。自推行以來，其鋪戶例各比元供請買茶數外，甚添斤重請輸，蓋為獲利極多。故府界諸縣茶鋪等人戶有伏乞依在京例，請買水磨茶貨，禁絕私磨。本司看詳：若依逐縣人戶所陳，即委是止絕外縣添和茶法，及免經久卻生弊倖，并侵在官茶法，誠為

利便。如賜施行，即乞依下項約束，令取進止。後批五月八日送戶部勘當，并小貼子稱：勘會客人販到茶貨，指往府界諸縣販賣，今來既已立限陳首，給引入京赴水磨場中賣，其到京合納稅錢，亦乞依自來條例勾收，送納入戶部，勘會下項事，仍連元狀。六月一日，奉聖旨，並依。請一依敕命指揮施行，仍關合屬去處牒件如前，請詳前項尚書戶部牒內聖旨指揮施行，仍關牒應干合屬去處者。一、客人興販茶貨，係於諸路外，應係往府界及在京者，委產茶山場州軍出引，並皆赴京官場中賣，即不得沿路及府界地分貨易。如違，告首罪賞並依私臈茶法。一、諸路末茶不得入府界地分貨賣，如違，即依本司印出在京茶法施行。依上本部勘當欲依本司奏乞事理施行。』

又 卷三五〇《元豐七年》　［十二月］夔州路轉運判官宋構言，本路鹽井未嘗榷課，利不均及，乞榷買達州茶，許商人出引行梓州路。詔轉運及榷茶司詳度。朱史簽貼云元祐元年，逐司相度到別無利息，進呈訖不行，合刪去。今復存之。

又 卷五〇二《元符元年》　［九月］都大提舉成都等路茶事司言：『請應買茶及以物貨博易，而官司拘攔或抑勒者，並徒二年。茶價如合增減，而官司不切體訪市價，行遣失時，並科杖一百。客旅以物貨赴場博茶，如不及擔數，並許隨斤重博易。若物價多，茶價少，許貼給物價；物價少，茶價多，許貼給茶價。內貼給錢不得過一分。』從之。

宋 熊克《中興小紀》卷四　初，成都路轉運判官安居趙開奏：祖宗以三司總諸路轉運使，此成憲也。熙寧後因事設官，而漕司遂至不足。今榷茶買馬乞依嘉祐故事併歸漕司，仍減額以蘇茶户，減價以惠茶商，則私販衰而盜息。是秋擢開主管川陜茶馬事，使推行之。開乃先更茶法，官買官賣茶並罷。酌政和都茶場法印給茶引，使茶商執引與茶户交易。改成都茶場為合同場，仍置茶市。交易者必由市，而引與茶必相隨。茶户、茶舖，皆籍其名姓，使之互察。此其大略也。

宋 章如愚《山堂考索後集》卷五六《財賦門·役類》　武宗時，又增江淮茶稅，是時茶商所過州縣重稅，或掠奪舟車。崔珙之榻地錢，于悰之剩茶錢，公稅加重，私販益起，而罪有論死者矣。迨五代晉天福中，以百姓犯鹽禁，乃以食鹽錢於諸道計戶配之，作五等，自一貫以至二百。乃令人逐便興販，其後鹽貨頓賤，斤不上二十，於是又重置稅焉。《五代會要》張方平言，周世宗以河北鹽課均之兩稅，有鹽產錢。及仁宗時，王拱辰請榷河北鹽，方平以為再榷鹽也。宋茶鹽之禁，承五代嚴酷之餘，迨太祖肇興，日從寬簡。建隆之初，首寬鹽禁，私犯者或更以輕典，偽蜀鹽價既高，特命減之以優民。開寶七年，有司請高湖南茶價，上以困民而弗許也，太平興國中，罷昌州虛額鹽萬八千餘斤。淳化中，許茶商於出茶處市茶，自江之南悉免其算。景德中，有司條制茶事過為嚴急，帝諭之，使裁損。又臣僚請於興元置榷茶場，帝以擾民而弗許。天聖七年，上言者請更議茶鹽之法。帝謂輔臣曰：茶鹽，民所食，而強設法以禁之，致犯法者衆。但以贍養兵，京師經費尚廣，未能弛之耳。《國朝會要》慶歷三年，詔：議者多言天下茶、鹽坑冶之有遺利，朕懼開掊尅之政，常抑而弗宣，慮有過取而傷者。《皇朝編年》嘉祐四年，詔山澤之利，與民共之。遣使就問，皆驩然願弛茶禁。歲入之課，以時上官。又於歲輸裁減其數，剗去禁條，俾通商利。皇祐中，詔三司解鹽通商，因范祥之議也。宋陳執中在西府，乞寬茶鹽之利。富弼在諫垣，乞弛茶鹽之禁。歐陽修在舘職，乞通茶鹽之法

榷茶。茶之有稅，起於趙贊。茶之有榷，起於王涯。如王播、裴休，皆主榷茶之議者。國家百年，茶法之變不知其幾。始嘗榷筦矣，又嘗行射帖矣，又嘗罷射帖而行交引矣，又嘗正三分法矣，十分茶價，四分給香藥，三犀象，其茶引別以二十一色四朝志，云茶法。《皇朝編年》及天聖元年改茶法，官收浄利錢，聽人戶興販。自天聖以來屢易，至嘉祐始行通商，雖議者以為不便，然更法之意則主於優民也。東南數路皆通商，惟蜀中獨禁摧。崇寧中，蔡京大改茶法，仍舊禁榷，園戶歲鬻於官，商人於榷貨務入納給引。咸平元年，茶引錢百三十九萬餘貫。五年，六榷務、十三場收茶引之息百四十萬餘緡。王安石曰：仁宗時，茶法極弊，歲猶得九十餘萬貫。政和中，收息至四萬貫有奇。

今日閩廣於官鬻，淮浙江湖則通商。然則茶自嘉祐收浄利，均之茶戶輸之，使自興販矣，而蔡京又復榷茶，此榷之又榷者也。河北鹽自五代均之稅戶而通商矣，章子厚復行榷鹽之法，此亦榷之又榷者也。宣和時，淮南鹽利自千五百萬緡，今淮南鹽利亦同。

又　嘉祐三年時，臘茶之禁尤嚴，於已陷罪者衆。茶法屢更，歲課日削，宰相陳通商之法，命即三司置局議之。四年，韓絳及三司言，宜納至和之後一歲之數，以民得息錢均賦茶民，恣其買賣，所在無算。後以賦茶戶錢謂之租錢，與諸路本錢悉儲以待邊糴。自是，唯臘茶禁如舊，餘茶

四行天下矣。《續通鑑》神宗元豐七年，福建路轉運副使王子京言，建州臘茶舊立榷法，遂權聽通商，自此茶戶售客之茶甚良，官中所得唯常茶，稅錢極微。南劍州亦出二十餘萬，欲盡買入官，度逐州軍民戶多少及約鄰路民用之數計置，即官場賣，嚴立告賞，禁建州賣私末茶。乞借豐國監分十萬緡為本。並從之。《長編》始自熙寧七年至元豐八年增廣茶法，蜀道茶場四十一，京西路金州為場六，陝西賣茶為場三百三十二。熙寧七年，稅息分四十萬緡。元豐五年，五十萬。七年，增羨至一百六十萬緡。詔定以百萬緡為歲額，除充官經費外，並儲陝西，以待詔用。《食貨志》高宗紹興二十五年，言者請於產茶地分差官置場收買，庶免私販之患。上問宰執曰：今天下一歲茶利所入幾何。秦檜曰，都茶場三處，共得二百七十餘萬貫。上曰：比承平少，陝西諸路，其數止如此。《小歷》

交引。太祖乾德二年，諸州民有茶，附折稅外，官悉市之。許民於京師輸金銀錢帛，官給券就榷務以茶償之。後以西北用兵，又募商人入中粟麥、竹木於邊郡，給文券，謂之交引，許就沿江榷務自請射茶，郡所入直十五六千至二十千即給券百千，謂之加擡。然商人入中者不知茶利，至京皆以茶引鬻於茶商。百千纔得二十餘緡，謂之實錢。輦下坐賈遂專蓄交引以射利，謂之引鋪。歲月滋深，沿江茶務交引坌至，茶錢充給，計歲入新茶，三年不能償。其弊如此。迨至景德三年，邊陲罷守，言事者多言榷務非便，乃命鹽鐵使林特議更其法。特請依時價，官收交引。每茶價及百千者，官收實錢五十千。其執見交引至務者，量抽十之二。行之一年，真宗又命三司同較利害，特等請罷比較茶法，商旅無疑惑。四年，特等以課增遷官。

茶課。宋茶利除本外，淨入錢榷時取一年最中數，計一百九萬四千餘貫。咸平元年，一百三十九餘萬貫。始行交引時，諸州產茶幾一千百萬斤，別以二十一色。六榷務、十三場收息百四十七萬緡。又云景德三年前，歲收錢七十三萬餘貫。自林特改法，官收交引，後行之三年，共收七百九萬貫。

又 卷五七《財賦門・茶鹽類》 貼射法。宋初，許商賈就園戶置茶，於官場貼射，謂之貼射法。太宗淳化三年始行之，四年罷。仁宗天聖元年復行之，行之三年，利歸大商，乃詔孫奭議罷。皇祐三年，算依舊只用見錢。

罷茶貢。咸平二年，每歲進茶並停罷。初，貢茶者三十餘州，馳數千里。有歲中再至者，上憫其勞擾，故罷之。《續通鑑》立三等茶法。陳恕為三司使，將立茶法，召茶商數十人，俾條利害，第為三等。副使宋太初曰：吾觀上等之說，利取太深，此可行於商賈，不可行於朝廷。下等固減裂無取，惟中等之說，公私皆濟，吾裁損之，可以經久。於是為三法，行之數年，貨賄流通，公用足而民富實。世言三司使之材，唯恕為稱首。後李諮為使，改其法而茶法浸失。後雖屢變，非恕之舊法也。《筆談》

算茶三說。世稱陳恕為三司使，改茶法，歲計幾增十倍。予為三司使，攷之尚未盈舊額。世傳算茶有三說法者便，三說者，見錢為一說，犀牙、香藥為一說，茶為一說，此乃三分法。其沿邊入納糧草，其價折為三分，一分支見錢，一分折犀象雜貨，一分折茶。後又有非折鹽為四分法，皆非三說。予在三司，求得舊三說。博糴為一說，便糴為一說，直便為一說。以此，商人競逐趨爭先，赴邊博糴，故邊粟常足，此良法也。沈存中《筆談》

立法便民。太祖開寶七年，有司以湖南新茶庫重異於常歲，請高其價以鬻之。上曰：茶則善矣，無乃重困吾民乎。即詔：第復舊制，勿增價值。《寶訓》太宗太平興國二年，初，江淮諸州官市茶十分之八，餘二分復稅其什一。然後給符，聽其貨鬻，商人旁緣為姦，踰江涉淮，頗紊國法。轉運使樊若水請禁之，仍增所市之直以便民。同上。

寬禁便民。真宗祥符九年，謂王旦曰：茶鹽之利，要使國用不損，民心和悅，卿宜熟思之。乃詔御史中丞凌策與三司同共定奪，務要茶園、鹽亭戶不至辛苦，客旅便於興販，百姓得存食用。《編年》仁宗天聖元年三月辛卯，改淮南十三山場茶法。官不收置，聽人戶興販，收淨利錢。其客旅聽於在京入便見錢，於所在給之。三年十一月己酉朔，罷貼射茶法。令河北沿存入中糧草，而給以見錢香茶三色交勾，往十三茶場算茶。《編年》嘉祐三年，韓絳等詳定板行茶法。初，何鬲上疏言：今榷茶刑煩煩而不能禁戶以久。官為置場務，而諸費出其中。顧歲入官之初。今請一切通商，收諸處淨利、所過往之稅歸榷貨務，以還沿邊入中糧草之直。誠足以疏利源，寬民力。韓琦相，寬卹民力，弛茶禁以便東南之人，患民得無陷

大罪。《言行録》哲宗元祐元年，戶部言：案成都路茶場，止令產茶州縣元置場處，依未置都茶場日前任便販賣。從之。《長編》高宗紹興二年、七年，進呈王師心《劄子荆湖南北路乞改茶引事》。上曰：茶鹽禁榷，本為利用取須。若財賦有餘，則摘山煮海之利，朕當與百姓共之。《聖政》

通商以收租。世之所貴，家之所蓄，則非有公茶。何者？公茶濫惡，不味於口故也。一歲之春，芽者既掇，焙者既出，則吏呼而買之，民輓而輸之矣。民之淳或以利而姦也，吏之察或以賄而間也，於是乎行濫入焉。草邪木邪，唯恐器之不盈也。塵邪煤邪，唯恐行之不昂也。商算而行，或不售也，則敗者鮮矣。倉儲之久，或腐敗也，則水火乘之矣。是以邦之衆布竭於市估，而積之亡用之地，息未收而本或喪矣。若東南列郡，則吏自斤賣，課不甚多，時或不登焉，而民之自用，常數陪矣。來有甚遠，價有甚貴，而人爭取之者，美味也。塗有甚險，法有甚重，而人爭販之者，厚利也。巡按之使、捕逐之卒日馳於野，黯顏之吏、鞭背之人日滿於庭，愁怨愈多而姦不可禁，督責愈重而利不可阜。勢之所運，末如之何也已。今日之宜，亦莫如一切通商，官勿賣買，聽其自為，而藉茶山之租，科商人之税。以此較彼，殊途一致耳。商人自市，則所擇必精，則價之必售。價之售，則商人衆。商衆則入税多矣。又，昔之所以披草莽，懷兵刃，務私販者，禁嚴故也。既已通商，則當安行夷路，自實官府，亦入税多矣。況不滯本泉，不煩威獄，利用便人，莫善於此。李太伯文。

宋 李心傳《建炎以來朝野雜記·甲集》卷一四《財賦一·總論東南茶法》 東南茶，舊法官買官賣。天禧三年，合六榷貨務、十三山場所收茶錢十二萬緡，除買茶本錢外，止有息錢三萬緡而已六榷貨務乃荆南府、漢陽軍、蘄州蘄口、無爲軍、真州、海州也。天聖中，稍改其法，歲所得亦不過數十萬緡，人多盜販抵罪，上下苦之。嘉祐中，韓魏公當國，遂弛其禁，但收茶租淨利錢三十三萬八千餘緡，時以爲便。元豐復榷，輦致都下，即汴流爲水磨，官自鬻之。政和初，蔡京欲盡籠天下錢實中都，乃創引法，即汴京置都茶場，印賣茶引，許商人赴官算請，就園戶市茶，赴所在合同場秤發，歲收息錢至四百餘萬緡。建炎渡江，不改其法，至紹興末年，東南十路六十州二百四十二縣，歲產茶一千五百九十餘萬斤。浙東紹興、慶元府、温、台、衢、婺、廬州八萬三千二十一斤三兩。浙西臨安、平江府、湖、嚴、常州共四百四十八萬四千五百斤十三兩。江東寧國府、徽、饒、池、信、太平州、南康、廣德軍共三百七十五萬九千一百二十九斤四兩。江西隆興府、贛、吉、袁、撫、江、筠州、建昌、興國、臨江、南安軍共四百四十五萬三千一百九十七斤十四兩四錢。湖南路衡、潭、永、紹、全、郴州、桂陽、武岡軍共一百十三萬五千三百四十八斤七兩。湖北江陵、常德府、澧、辰、沅、歸、峽、鄂、岳州、荆門軍共九十萬五千七百四十一斤四兩。福建路建寧府、福、汀、南劍州、邵武軍共九十八萬一千六百六十九斤半。淮西廬、蘄、舒州、安豐軍共一萬九千三百五十八斤十兩。廣東南雄、循州二千六百斤。廣西静江府、融、潯、賓、昭、鬱林州共八萬九千七百九十六斤六兩。以上總計茶一千五百九十一萬四千三百七十九斤十兩四錢，係紹興三十二年數。收鈔錢二百七十餘萬。淳熙初，歲收四百二十萬。

又《夔州茶》 夔路自祖宗以來不榷茶。政和中，有司請賣引者，議以民夷不便，罷之。紹興中，韓球美成同提舉茶馬，始榷忠、達州茶，即渠、合、廣安置合同場，歲收以八萬斤爲額。然商人以利薄不通，但以引錢敷民間耳，民甚苦之。二十七年冬，忠守董時敏以爲言，事下茶馬司。時許覺民侍郎爲主管官，不肯蠲，乃止。後三年，王瞻叔以漕副攝事，遂除之。先是美成在茶司，盡取園戶加饒之茶爲正額，有一場而增至二十萬斤者。韓以十七年十二月領茶事，十九年五月移夔。民知輸官不補所得，於是起爲私販。二十六年六月，秘書省正字張震真甫以爲言，遂命茶司裁損，今茶場每百斤加饒率過半，若茶官稍加裁抑，則商販者遂轉而之他，宜量減引錢，而禁其搭帶，又因地之遠近不同，而稍低昂之，則幾乎其可矣。

宋 呂中《宋大事記講義》卷一一《税茶法》 天聖元年三月，行貼射茶法。初，茶法屢更，然不能無弊。上詔二府大臣經度，乃命李諮更定其法。請罷三說法，官不給本錢，使商人與園戶自相交易，一切為中估，而官收其息。必輦茶入官，隨商人所指而予之。給券為驗，以防私售，故貼射之名始此。

五月，行邊郡入中芻糧見錢法。舊法商人入粟邊郡等，請茶與犀象、緡錢，虛實三倍，至用十四錢易官錢百。及諸變法，以實錢入粟，實錢售茶，二者不得相為輕重。既行而商人果失厚利，怨謗蠭起。

天聖三年，罷貼射茶、入中，復三說法。初，李諮貼射茶法行之朞年，豪商大賈不能為輕重，而論者謂邊糴償以見錢，恐京師府藏不繼，爭言其不便。會江、淮計置司言茶有滯積壞敗者，請焚棄之。朝廷疑變法之

弊。諸等因條上利害，謂計置司請焚棄者，特累年敗壞不可用者耳。然論者不已，乃命孫奭、夏竦同究利害。奭等因言：十三場茶積而未售者六百餘萬斤，蓋許商人貼射，則善茶皆入商人，其入官皆粗惡不時，故人莫肯售。又奸人倚貼射為名，強市盜販，而侵官利，宜其弊。後有建議更茶法者，上問。三司使寇瑊曰：河北入中兵食，皆仰給於商人。若官盡其利，商人不能行，而邊民困於饋運矣。上然之。因詔輔臣曰：茶、鹽民所食，強設法以禁之，致犯法者衆。但緣濫費尚廣，未能弛之，安可數更其法。

慶歷八年十二月，行四說法，加以鹽為四說。每糧草一百貫，在京支見錢三十貫，香藥十五貫，在外支南鹽十五貫，茶四十貫。自是三說四說之法並行于河北。

皇佑二年正月，行入中對貼法。自慶歷末，河北行四說，鹽居其二，而並邊芻粟皆虛估數倍，券至京師，反為商所抑。鹽估稍賤，商人以錢付受券取鹽，不復入錢京師，帑藏益乏。王堯臣請令入錢於京師，乃聽兼給，謂之對貼。

景佑三年二月，復入中見錢法。令商旅入錢於京師者，給南方茶。入芻粟於邊者，給京師及諸州錢。從前樞密使李諮等請。

嘉祐四年二月，弛茶禁。請罷給本錢，縱園戶貿易，而官收其租，從議臣之言也。

榷茶之法多矣，而其法有二：曰官鬻也，曰通商也。二法俱弊，始不得已而均其賦於茶戶焉。貼射之法，始行於淳化，至李諮復請之，此通商法也。三說之法，始行於咸平，至孫奭復請之，皆官鬻法也。《筆談》曰：舊傳茶有三說：見錢為一說，犀角、香藥為一說，茶為一說，此乃三說法。予在三司求為三說，乃是博糴、便糴、直便為三說。博糴者，極邊糧草；便糴者，沿邊糧草；直便者，商人取便於沿邊入納見錢，於京師請領。自虛估之利入於商估，而後行貼射之法；自邊糴償以見錢，府藏不繼，而後復用三說之法。貼射之法雖通商，而官受其利；三說之法雖官鬻，而商受其利。二法均弊，而後以歲課均之茶戶焉。夫一歲之賦均賦茶戶，恣其買賣，所以均民力也，所以惠商賈也。官則無爛朽腐敗之弊，茶則無草木塵煤之雜。其法善矣。然向時摘山者受錢於官，今使之納錢於官；向時冒法販茶者被罰，今均賦於民不得入，刑亦及之。向時商賈貿易，州縣收其稅，今商賈不行則稅額不登，國用亦乏。夫其法行於嘉祐之四年，而其害已見於嘉祐五年，劉敞之疏又其後也。茶稅猶故，榷法復生，此楊中立所以痛心於崇寧之變法也。茶禁既弛，論者以茶戶困於輸錢，商賈利薄，販鬻者少，劉敞請收前詔，擇其利害變而通之。

《玉海》卷一八一《食貨・茶法》 ［乾德五年］初，榷江、淮、湖、浙、福建路茶，蓋禁南商擅有中州之利，故置場以買之。自江以北皆爲禁地。興國中，樊若水奏：江南諸州茶，官市十分之八，其二分量稅聽自賣，踰江涉淮，乘時射利，望嚴禁之，謂乾德榷法也。自若水建議，其法始密。凡茶之利，一則官賣以實州縣；一則沿邊入中糧草算請以省餽運；一則榷務入納金銀錢帛算請以贍京師，而河東、北互市，川陜折博，又以所有易所無，而其大者最在邊備。蓋祖宗以西北宿兵，供億之費，重困民力，故以茶引走商賈而虛估加擡以利之。其後理財之臣以遺利在民，數務更張，然大槩無過李諮、林特二法，大槩以折茶商及便邊民。特以實錢算茶。諮祖劉式之意，使自就山園買茶，而官場坐收貼納之利，行之三年而罷。景祐以後，西邊事興，始復行加擡法。嘉祐四年，一切弛禁，自此茶不爲民害者六七十載，至蔡京始復榷法。於是茶利自一錢以上，皆歸京師矣。

又 ［嘉祐三年］九月，始命韓絳、陳升之、呂景初即三司置局，議弛茶禁。先是，著佐何鬲請通商，收淨利，以疏利源、寬民力，故命絳等議。其十月，三司言宜約。至和之後，一歲之數，以息錢均賦茶民，恣其買賣，所在收算。詔遣王靖等分行六路，詢察利害，及還，皆言如三司議便。己巳，詔曰：『古者山澤之利，與民共之。自唐建中，始有茶禁，上下規利，垂二百年。如聞比來，為患益甚，民被誅求之困，官受濫惡之入。私藏盜販，犯者實繁，嚴刑重誅，情所不忍，是於江湖之間，幅員數千里為陷穽，以害吾民也。朕心惻然，念此久矣。間遣使往就問之，歡然皆願弛其禁，歲入之課以時上官。一二近臣條析其狀，朕猶若慊然。又於歲輸裁減其課，使得饒阜以相為生，剗去禁條，俾通商利，歷世之弊一旦以除，著為常經，弗復更制，損上益下，以休吾民。尚慮喜於立異之人、緣而為奸之黨妄陳議奏，以惑有司，必置明刑，無或有貸。』一本云：四年二月己巳，

詔開江淮茶禁，聽民自賣，通商收稅，罷十三山場、六榷務。歲輸不過三十三萬有奇，謂之茶租錢。以歲課均賦於茶戶。初，慶曆三年六月甲辰，詔曰：『議者多言茶鹽銀銅之有遺利，朕懼開掊刻之政，抑而弗宣。』按《長編》：初所遣官議弛禁，比三司歲課均賦茶戶，凡為緡六十八萬有奇。比輸茶時，其出幾倍，朝廷損其半，歲輸緡錢三十三萬八千有奇，謂之租錢。儲以待邊糴。唯臘茶禁如舊，餘肆行天下矣。崇寧以後，歲入至二百萬緡。視嘉祐五倍矣。政和元年正月始創引法，置都茶場，歲收四百餘萬緡。中興循其法，紹興末，東南十路六十州二百四十二縣，歲產茶一千五百九十餘萬斤，收鈔錢二百七十餘萬。紹興二十五年九月十七日辛亥，宰臣奏，異都茶場收鈔錢二百七十餘萬。淳熙初，收四百二十萬。政和以來不置場，不定價，茶商買引就園戶交易，依引內之數，赴合同場秤發，至今不易，公私便之。

《宋史》卷一六一《職官志一》　榷貨務都茶場都司提領，提轄官一員京朝官充，監場官二員京選通差，掌鹺、茗、香、礬鈔引之政令，以通商賈、佐國用。舊制，置務以通榷易。

又　卷一八三《食貨志下五・茶上》　民之欲茶者售於官，其給日用者，謂之食茶，出境則給券。商賈貿易，入錢若金帛京師榷貨務，以射六務、十三場茶，給券隨所射與之，願就東南入錢若金帛者聽，計直予茶如京師。至道末，鬻錢二百八十五萬二千九百餘貫，天禧末，增四十五萬餘貫。天下茶皆禁，唯川峽、廣南聽民自買賣，禁其出境。

又　茶之爲利甚博，商賈轉致於西北，利嘗至數倍。雍熙後用兵，切於饋餉，多令商人入芻糧塞下，酌地之遠近而爲其直，取市價而厚增之，授以要券，謂之交引，至京師給以緡錢，又移文江、淮、荊湖給以茶及顆、末鹽。端拱二年，置折中倉，聽商人輸粟京師，優其直，給茶鹽於江、淮。

又　淳化三年，監察御史薛映、秘書丞劉式等請罷諸榷務，令商人就出茶州軍官場算買，既大省輦運，又商人皆得新茶。詔以三司鹽鐵副使雷有終爲諸路茶鹽制置使，左司諫張觀與映副之。四年二月，廢沿江八務，大減茶價。詔下，商人頗以江路回遠非便，有司又以損直虧課爲言。七月，復置八務，罷制置使、副。至道初，劉式猶固執前議，西京作坊使楊允恭言商人市諸州茶，新陳相糅，兩河、陝西諸州，風土各有所宜，非參以多品則少利，罷榷務令就茶山買茶不可行。太宗欲究其利害之說，命宰相召鹽鐵使陳恕等與式、允恭定議，召問商人，皆願如淳化所減之價，不然，即望仍舊。有司職出納，難於減損，皆同允恭之說，式議遂寢。即以允恭爲江南、淮南、兩浙發運兼制置茶鹽使。二年，從允恭等請，禁淮南十二州軍鹽，官鬻之，商人先入金帛京師及揚州折博務者，悉償以茶。自是鬻鹽得實錢，茶無滯積，歲課增五十萬八千餘貫，允恭等皆被賞。

又　景德二年，命鹽鐵副使林特、崇儀副使李溥等就三司悉索舊制詳定，而召茶商論議，別爲新法：其於京師入金銀、綿帛實直錢五十千者，給百貫實茶，若須海州茶者，入見緡五十五千；河北緣邊入金帛、芻粟，如京師之制，而茶增十千，次邊增五千；河東緣邊次邊亦然，而所增有八千、六千之差；陝西緣邊亦如之，而增十五千，須海州茶者，納物實直五十二千，次邊所增如河北緣邊之制。其三路近地所入所給，皆如京師。河北次邊、河東緣邊邊次，皆不得射海州茶。茶商所過，當輸算，令記録，候至京師併輸之。仍約束山場，謹其出納。議奏，三司皆以爲便。五月，以溥為淮南制置發運副使，委成其事。行之一年，真宗慮未盡其要，三年，命樞密直學士李濬等比較新舊法利害。時新法方行，商人頗眩惑，特等請罷比較，從之。

又　乾興以來，西北兵費不足，募商人入中芻粟如雍熙法給券，以茶償之。後又益以東南緡錢、香藥、犀齒，謂之三說；而塞下急於兵食，欲廣儲偫，不愛虛估，入中者以虛錢得實利，人競趨焉。及其法既弊，則虛估日益高，茶日益賤，入實錢金帛日益寡。而入中者非盡行商，多其土人，既不知茶利厚薄，且急於售錢，得券則轉鬻於茶商或京師交引鋪，獲利無幾；茶商及交引鋪或以券取茶，或收蓄貿易，以射厚利。由是虛估之利皆入豪商巨賈，券之滯積，雖一三年茶不足以償，而入中者以利薄不趨，邊備日蹙，茶法大壞。初，景德中丁謂為三司使，嘗計其得失，以謂邊糴才及五十萬，而東南三百六十餘萬茶利盡歸商賈。當時以為至論，厥後雖屢變法以救之，然不能亡敝。

又　［李］諮等因條上利害，且言：『**【略】**其先賤售於茶商者，券錢十萬，使別輸實錢五萬，共給天禧五年茶直十五萬，小商百萬以下免輸錢，每券十萬，給茶直七萬至七萬五千，天禧茶盡，則給乾興以後

茶，仍增別輸錢五萬者爲七萬，并給耗如舊，俟舊券盡而止。如此又省合給茶及香藥、象齒、東南緡錢總直緡錢一百七十一萬。』二府大臣亦言：『所省及增收計爲緡錢六百五十餘萬。時邊儲不足以給一歲者，至是，多者有四年，少者有二年之蓄，而東南茶亦無滯積之弊。其制置司請焚弃者，特累年壞敗不可用者爾。推行新法，功緒已見。蓋積年侵蠹之源一朝閉塞，商賈利於復故，欲有以動搖，而論者不察其實，助爲游說。願力行之。毋爲流言所易。』于是詔有司榜諭商賈以推行不變之意，賜典吏銀絹有差，然論者猶不已。

又 卷一八四《食貨志下六・茶下》 既而諮等又言：『天聖四年，嘗許陝西人中願得茶者，每錢十萬，所在給券，徑趣東南受茶十一萬一千。茶商獲利，爭欲售陝西券，故不復入錢京師，請禁止之。』並言商人所不便者，其事甚悉，請為更約束，重私販之禁，聽商人輸錢五分，餘為置籍召保，期半年悉償，失期者倍其數。事皆施行。諮等復言：『自爽等變法，歲損財利不可勝計，且以天聖九年至景祐二年較之，五年之間，河北入中虛費緡錢五百六十八萬；今一旦復用舊法，恐豪商不便，依託權貴，以動朝廷，請先期申諭。』於是帝為下詔戒敕，而縣官濫費自此少矣。

又 建國以來，法敝輒改，載詳改法之由，非有爲國之實，皆商吏協計，倒持利權，幸在更張，倍求奇羨。富人豪族，坐以賈贏，薄販下估，日皆朘削，官私之際，俱非遠策。臣竊嘗校計茶利所入，以景祐元年爲率，除本錢外，實收息錢五十九萬餘緡，又天下所售食茶，并本息歲課亦衹及三十四萬緡，而茶商見通行六十五州軍，所收稅錢已及五十七萬緡。若令天下通商，衹收稅錢，自及數倍，即榷務、山場及食茶之利，盡可籠取。又況不費度支之本，不置榷易之官，不興輦運之勞，不濫徒黥之辟。

又 先是，杞等歲增十萬之息，既而運茶積滯，歲課不給，即建畫於彭、漢二州歲買布各十萬匹，以折脚費，實以布息助茶利，然茶亦未免積滯。都官郎中劉佐復議歲易解鹽十萬席，雇運回車船載入蜀，而禁商販，蓋恐布亦難敷也。詔既以佐代杞，未幾，鹽法復難行，遂罷佐。而宗閔乃議川陝路民茶息收十之三，盡賣於官場，更嚴私交易之令，稍重至徒刑，仍沒緣身所有物，以待賞給。於是蜀茶盡榷，民始病焉。

又 ［熙寧］十年，知彭州呂陶言：『川峽四路所出茶，比東南十不及一，諸路既許通商，兩川却爲禁地，虧損治體。如解州有鹽池，民間煎者乃是私鹽，晉州有礬山，民間煉者乃是私礬，今川蜀茶園，皆百姓己物，與解鹽、晉礬不同。又市易司籠制百貨，歲出息錢不過十之二，然必以一年爲率；今茶場司務重立法，盡榷民茶，隨買隨賣，取息十之三，或今日買十千之茶，明日即作十三千賣之，變轉不休，比至歲終，豈止三分？』因奏劉佐、李杞、蒲宗閔等苟希進用，必欲出息三分，致茶戶被害。始詔息止收十之一，佐坐措置乖方罷，以國子博士李稷代之，而陶亦得罪。稷依李杞例兼三司判官，仍委權不限員舉劾。

侍御史周尹論蜀中榷茶爲民害，罷爲提點湖北刑獄。利州路漕臣張宗諤、張升卿議廢茶場司，依舊通商，詔付稷，稷方以茶利要功，言宗諤等所陳皆疏謬，罪當無赦。

又 崇寧元年，右僕射蔡京言：『祖宗立禁榷法，歲收淨利凡三百二十餘萬貫，而諸州商稅七十五萬貫有奇，食茶之算不在焉，其盛時幾五百餘萬緡。慶曆之後，法制寖壞，私販公行，遂罷禁榷，行通商之法。自後商旅所至，與官爲市，四十餘年，利源寖失。謂宜荆湖、江、淮、兩浙、福建七路所產茶，仍舊禁榷官買，勿復科民，即產茶州郡隨所置場，申商人園戶私易之禁，凡置場地園戶租折稅仍舊。產茶州軍許其民赴場輸息，量限斤數，給短引，於旁近郡縣便鬻；餘悉聽商人於榷貨務入納金銀、緡錢或並邊糧草，即本務給鈔，取便算請於場，別給長引，從所指州軍鬻之。商稅自場給長引，沿道登時批發，至所指地，然後計稅盡輸，則在道無苛留。買茶本錢以度牒、末鹽鈔、諸色封樁、坊場常平剩錢通三百萬緡爲率，給諸路，諸路措置，各分命官。』詔悉聽焉。

又 初，客販茶用舊引者，未嚴斤重之限，影帶者衆。於是又詔凡販長引斤重及三千斤者，須更買新引對賣，不及三千斤者，即用新引以一斤帶二斤鬻之，而合同場之法出矣。場置於產茶州軍，而簿給於都茶場。凡不限斤重茶，委官司秤製，毋得止憑批引爲定，有贏數即沒官，別定新引限程及重商旅規避秤製之禁，凡十八條，若避匿抄劄及擅賣，皆坐以徒。復慮茶法猶輕，課入不羨，定園戶私賣及有引而所賣踰數，保內

有犯不告，並如煎鹽亭戶法。短引及食茶關子輒出本路，坐以二千里流，賞錢百萬。

又　元豐中，宋用臣都提舉汴河隄岸，創奏修置水磨，凡在京茶戶擅磨末茶者有禁，並許赴官請買，而茶鋪入米豆雜物揉和者募人告，一兩賞三千，及一斤十千，至五十千止。商賈販茶應往府界及在京，須令產茶山場州軍給引，並赴京場中賣，犯者依私販臘茶法。諸路末茶入府界者，復嚴爲之禁。訖元豐末，歲獲息不過二十萬，商旅病焉。

又　初，元豐中修置水磨，止於在京及開封府界諸縣，未始行於外路。及紹聖復置，其後遂於京西鄭、滑、潁昌府，河北澶州皆行之，又將即濟州山口營置。崇寧二年，提舉京城茶場所奏：『紹聖初，興復水磨，歲收二十六萬餘緡。四年，於長葛等處京、索、溴水河增修磨二百六十餘所，自輔郡榷法罷，遂失其利，請復舉行。』從之。尋詔商販臘茶入京城者，本場盡買之，其翻引出外者，收堆垛錢。裁元豐制更立新額，歲買山場草茶以五百萬斤爲率。客茶至京者，許官場買十之三，即索價故高，驗元引買價量增。三年，詔罷之。

明年，改令磨戶承歲課視酒戶納麴錢法。五年，復罷民戶磨茶，官用水磨仍依元豐法，應緣茶事併隸都提舉汴河堤岸司。大觀元年，改以提舉茶事司爲名，尋命茶場、茶事通爲一司。三年，復撥隸京城所，一用舊法。政和元年，京城所請商旅販茶起引定入京住賣者，即許借江入汴，如元豐舊制；其借江入汴却指他路住賣者禁，已請引者並令赴京。二年，以課入不登，商賈留滯，詔以其事歸尚書省。於是尚書省言：『水磨茶自元豐創立，止行於近畿，昨乃分配諸路，以故致弊，欲止行於京城，仍通行客販，餘路水磨並罷。』從之。四年，收息四百萬貫有奇，比舊三倍，遂創月進。

又　孝宗隆興二年，淮東宣諭錢端禮言：『商販長引茶，水路不許過高郵，陸路不許過天長，如願往楚州及盱眙界，引貼輸翻引錢十貫五百文，如又過淮北，貼輸亦如之。』當是時，商販自榷場轉入虜中，其利至博，幾禁雖嚴，而民之犯法者自若也。乾道二年，戶部言：『商販至淮北榷場折博，除輸翻引錢，更輸通貨儈息錢十一緡五百文。』

又　蜀茶之細者，其品視南方已下，惟廣漢之趙坡，合州之水南，峨眉之白牙，雅安之蒙頂，土人亦珍之，但所產甚微，非江、建比也。舊無榷禁，熙寧間，始置提舉司，收歲課三十萬；至元豐中，累增至百萬。建炎元年，成都轉運判官趙開言榷茶、買馬五害，請『用嘉祐故事盡罷榷茶，而令漕司買馬。或未能然，亦當減額以蘇園戶，輕價以惠行商，如此則私販衰而盜賊息』。遂以開同主管川、秦茶馬。二年，開至成都，大更茶法，倣蔡京都茶場法，以引給茶商，即園戶市茶，百斤爲一大引，除其十勿算。置合同場以譏其出入，重私商之禁，爲茶市以通交易。每斤引錢春七十、夏五十，市利頭子錢不預焉。所過征一錢，所止一錢五分。自後引息錢至一百五萬緡。

又卷二六七《陳恕傳》　恕將立茶法，召茶商數十人，俾各條利害，恕閱之，第為三等，語副使宋大初曰：『吾觀下等，固滅裂無取。上等取利太深，此可行於商賈，不可行於朝廷。惟中等公私皆濟，吾裁損之，可以經久。』於是始為三法行之，貨財流通。

又卷三七四《趙開傳》　嘗言：『財利之源當出於一，祖宗朝天下財計盡歸三司，諸道利源各歸漕計，故官省事理。併廢以還，漕司則利害可以參究，而無牽掣窒礙之患矣。』因指陳榷茶、買馬五害，大略謂：『黎州買馬，嘉祐歲額纔二千一百餘。自置司榷茶，歲額四千，且獲馬兵踰千人，猶不足用，多費衣糧，爲一害。嘉祐以銀絹博馬，價皆有定。今長吏旁緣爲姦，不時歸貨，以空券給夷人，使待資次，夷人怨恨，必生邊患，爲二害。初置司榷茶，借本錢於轉運司五十二萬緡，於常平司二十餘萬緡。自熙寧至今幾六十年，舊所借不償一文，而歲借乃準初數，爲三害。榷茶之初，預俵茶戶本錢，尋於數外更增和買，或遂抑預俵錢充和買，茶戶坐是破產，而官買歲增。茶日濫雜，官茶既不堪食，則私販公行，刑不能禁，爲四害。承平時，蜀茶之入秦者十幾八九，猶患積壓難售。今關、隴悉遭焚蕩，仍拘舊額，竟何所用？茶兵官吏坐糜衣糧，未免科配州縣，爲五害。請依嘉祐故事，盡罷榷茶，仍令轉運司買馬，即五害並去，而邊患不生。如謂榷茶未可遽罷，亦宜併歸轉運司，痛減額以蘇茶戶，輕立價以惠茶商，如此則私販必衰，盜賊消弭，本錢既常在，而息錢自足。』

朝廷是其言，即擢開都大提舉川、陝茶馬事，使推行之。時建炎二年

也。於是大更茶馬之法，官買官賣茶並罷，參酌政和二年東京都茶務所創條約，印給茶引，使茶商執引與茶戶自相貿易。改成都舊買賣茶場爲合同場買引所，仍於合同場置茶市，交易者必由市，引與茶必相隨。茶戶十或十五共爲一保，并籍定茶鋪姓名，互察影帶販鬻者。凡買茶引，每一斤春爲錢七十，夏五十，舊所輸市例頭子錢並依舊。茶所過每一斤征一錢，往征一錢半。其合同場監官除驗引、秤茶、封記、發放外，無得干預茶商、茶戶交易事。

又 卷三八八《李燾傳》 初，政和末，澧、辰、沅、靖四州置營田刀弩手，募人開邊，范世雄等附會擾民，建炎罷之。乾道間，有建請復置者，燾為轉運使，嘗奏不當復，已而提刑尹機迫郡縣行之，田不能給。燾至是又申言之，請度田立額，且約帥臣張栻列奏，詔從之。境多茶園，異時禁切商賈，率至交兵，燾曰：『官捕茶賊，豈禁茶商？』聽其自如，訖無警。累表乞閑，提舉興國宫。秋，明堂大禮成，以其首議，復除敷文閣待制。頃之，垕塾繼亡，上欲以吏事紓燾憂，起知遂寧府。

又 卷四一四《鄭清之傳》 鄭清之字，德源，慶元之鄞人。初名燮，字文叔。少從樓昉學，能文，樓鑰亟加稱賞。嘉泰二年，入太學。十年，登進士第，調峽州教授。帥趙方嚴重，靳許可，清之往白事，為置酒，命其子范、葵出拜，方掖清之無答拜，且曰：『他日願以二子相累。』湖北茶商群聚暴横，清之白總領何炳曰：『此輩精悍，宜籍為兵，緩急可用。』炳亟下召募之令，趨者雲集，號曰『茶商軍』，後多賴其用。

《金史》卷四九《食貨志四》 〔承安〕四年三月，於淄、密、寧海、蔡州各一坊，造新茶，依南方例每斤爲袋，直六百文。以商旅卒未販運，命山東、河北四路轉運司以各路戶口均其袋數，付各司縣鬻之。買引者，納錢及折物，各從其便。

又 〔泰和〕五年春，罷造茶之坊。三月，上喻省臣曰：『今雖不造茶，其勿伐其樹，其地則恣民耕樵。』六年，河南茶樹槁者，命補植之。十一月，尚書省奏：『茶，飲食之餘，非必用之物。比歲下上競啜，農民尤甚，市井茶肆相屬。商旅多以絲絹易茶，歲費不下百萬，是以有用之物而易無用之物也。若不禁，恐耗財彌甚。』遂命七品以上官，其家方許食茶，仍不得賣及饋獻。不應留者，以斤兩立罪賞。七年，更定食茶制。

又 宣宗元光二年三月，省臣以國蹙財竭，奏曰：『金幣錢穀，世不可一日闕者也。茶本出於宋地，非飲食之急，而自昔商賈以金帛易之，是徒耗也。泰和間，嘗禁止之，後以宋人求和，乃罷。兵興以來，復舉行之，然犯者不少衰，而邊民又窺利，越境私易，恐因泄軍情，或盜賊入境。今河南、陝西凡五十餘郡，郡日食茶率二十袋，袋直銀二兩，是一歲之中妄費民銀三十餘萬也。奈何以吾有用之貨而資敵乎。』乃制親王，公主及見任五品以上官，素蓄者存之，禁不得賣、饋，餘人並禁之。犯者徒五年，告者賞寶泉一萬貫。

《文獻通考》卷一八《征榷考五·榷茶》 貞元九年，復稅茶。先是，諸道鹽鐵使張滂奏：『去歲水災，詔令減稅。今之國用，須有供儲。伏請於出茶州縣及茶山外商人要路，委所由定三等時估，每十稅一，充所放兩稅。其明年已後所得稅錢外貯，若諸州遭水旱，賦稅不辦，以此代之。』詔可，仍委張滂具處置條目。每歲得錢四十萬貫，茶之有稅自此始。然稅無虚歲，遭水旱處亦未嘗以稅茶錢拯贍。

致堂胡氏曰：『茶者，生人之所日用也，其急甚於酒。然王鉷、楊慎矜、韋堅以及劉晏皆置而不征，猶爲忠厚。天地生物，凡以養人，取之不可悉也。張滂稅茶，則悉矣。凡言利者，未嘗不假托美名，以奉人主私欲，滂以茶稅錢代水旱田租是也。既以立額，則後莫肯蠲，非惟不蠲，從而增廣其數，其法嚴峻者有之矣，至於官盡榷之，商旅不得貿遷，而必與官爲市。在私，則終不能禁，而椎埋惡少竊販之害興，偶有敗獲，姦人猾吏相爲囊橐，獄迄不直，而治所由歷，株連枝蔓，致良民破產，接村比里，甚則盜賊出焉。在公，則收貯不虔，發泄不時，至於朽敗，與新斂相妨，或沒入竊販，無所售用，於是舉而焚之，或乃沈之，殃民害物，咸弗恤也。其原則在於得數十萬緡錢而已。夫弛山澤之禁以予民，王政也。必不得已，聽商旅貿遷而薄其征。茶也者，東南所有，西北所無，雖曰薄征，其入於王府者亦不貲矣。息盜奪，止訟獄，佐國用，其利亦大矣，張滂、王涯豈足效哉！

又 武宗卽位，鹽鐵轉運使崔珙又增江淮茶稅。是時，茶商所過州縣有重稅，或掠奪舟車，露積雨中，諸道置邸以收稅，謂之『搨地錢』，

故私犯益起。大中初，鹽鐵轉運使裴休請：『釐革横税，以通舟船，商旅既安，課利自厚。又正税茶商，多被私販茶人侵奪其利，今請委強幹官吏，先於出茶山口及廬、壽、淮南界内，布置把捉，曉諭招收，量加半税，給陳首帖子，令所在公行，更無苛奪。所冀招懷窮困，下絶姦欺，使私販者免犯法之憂，正税者無失利之歎。』從之。

又 端拱二年，置折中倉，聽商人輸粟京師，優其直，給江、淮茶鹽。

三年八月，監察御史薛映、秘書丞劉式等上言：『向者，朝廷制置緣江権貨八務，以貯南方之茶，便於商人貿易。今四海無外，諸務皆宜廢罷，令商人就出茶州府官場算買，既大省輦運，又商人皆得新茶。』詔從之。遂以三司鹽鐵副使雷有終爲諸路茶鹽制置使，左司諫張觀與映副之，令商権利害。次年四月，廢緣江権貨八務，聽商人就出茶州軍買販，大減権務茶價。詔既下，商人頗以江路回遠非便，有司以損其直，虧失歲計爲言。七月，復置緣江八務，罷制置使、副。至道初，劉式猶固執前議，西京作坊使楊允恭上言：『商人雜市諸州茶，新陳相糅，兩河、陝西諸州，風土各有所宜，非參以多品，則商旅少利，罷権務令就茶山買茶不可行。』上欲究其利害之説，令宰相召鹽鐵使陳恕、副使、判官與式、允恭定議，召問商人，皆願如淳化所減之價，不然者，即望仍舊。有司職於出納，既難於減損，皆同允恭之説，式議遂寢。即以允恭爲江南、兩浙發運兼制置茶鹽使，西京作坊副使李廷遂、著作郎王子與副之。二年，遂允恭等請，禁淮南十二州軍鹽，官鬻之，商人先入金帛京師及揚州折博務者，悉償以茶。自是鬻鹽得實錢，茶無滯積，歲課增五十萬八千餘貫，允恭等皆被賞。

止齋陳氏曰：『乾德時，東南六路，閩、浙歸職方，餘尚未平。太祖権法蓋禁南商擅有中州之利，故置場以買之，自江以北皆爲禁地。太平興國中，樊若水奏，江南諸州茶官市十分之八，其二分量税聽自賣，逾江涉淮，乘時射利，紊亂國法，望嚴禁之，則謂乾德権法也。自若水建議，其法始密。凡茶之利，一則官賣以實州縣；一則沿邊入中糧草，算請以省饋運；一則権務入納金銀錢帛算請以贍京師。而河東、北互市，川陝折博，又以所有易所無，而其大者最在邊備。蓋祖宗以西北宿兵供億之費，重困民力，故以茶引走商賈，而虚估加擡以利之。其後理財之臣往往以遺利在民，數務更張，然大概無過李諮、林特二法，二法大概以抑茶商及邊民耳。故林特以見錢買入中賤價交鈔，而以實錢算茶，然猶以五十千或五十五千算茶百千，則是去虚估加擡未遠也。至李諮復祖劉式之意淳化三年，秘書丞劉式起請，令商旅自就園戶買茶，於官場貼射，廢権貨務，始斷然罷去買納茶本，使客自就山園買茶，而官場坐收貼納之利，行之三年而罷。然當時議者徒咎諮法不能惜留在京見錢，而不及其刻剝商賈之怨。景祐以後，西邊事興，始復行加擡法。嘉祐四年，天下無事，仁皇慨然一切弛禁。當時詔書曰：「上下征利垂二百年，江、湖之間，幅員數千里，爲陷穽以害吾民。尚慮幸於立異之人，因緣爲姦之黨，妄陳奏議，以惑官司。必寘明刑，用懲狂謬。」自此，茶不爲民害者六七十載矣。此韓琦相業也。至蔡京始復権法，於是茶利自一錢以上皆歸京師。其子蔡絛自記之曰：「公始説上以茶務，若所入厚，專以奉人主。」此京本意，而西北邊糧草名曰便糴，而均糴、結糴、貼糴、括糴之名起。蓋以官告、度牒之類等第抑配，而邊民不聊生矣。京之誤國類如此。』

凡園戶，歲課作茶輸其租，餘則官悉市之。其售於官者，皆先受錢而後入茶，謂之本錢。百姓歲輸税願折茶者，亦折爲茶，謂之折税。此收茶之法。

凡民鬻茶者，皆售於官，其以給日用者，謂之食茶，出境則給券。商賈之欲貿易者，入錢若金帛京師権貨務，以射六務、十三場茶，給券隨所射予之，謂之交引；願就東南入錢若金帛者聽，計直予茶如京師。凡茶入官以輕估，其出以重估，縣官之利甚博，而商賈轉致於西北，以致散於夷狄，其利又特厚。此鬻茶之法。

自西北宿兵既多，饋餉不足，因募人入中芻粟，度地里遠近，增其虚估，給券，以茶償之。後又益以東南緡錢、香藥、象齒，謂之『三説』，而塞下急於兵食，欲廣儲峙，不愛虚估，入中者以虚錢得實利，人競趨焉。及其法既弊，則虚估日益高，茶日益賤，入實錢金帛日益寡。而入中者非盡行商，多其土人，既不知茶利厚薄，且急於售錢，得券則轉鬻於茶商或京師坐賈號交引鋪者，獲利無幾。茶商及交引鋪或以券取茶，或收畜貿易，以射厚利。繇是虚估之利皆入豪商巨賈，券之滯積，雖二三年茶

不足以償，而入中者以利薄不趨，邊備日蹙，茶法大壞。

景德中，丁謂爲三司使，嘗計其得失，以謂邊糴才及五十萬，而東南三百六十餘萬茶利盡歸商賈。當時以爲至論，厥後雖屢變法以捄之，然不能亡弊。

又 景祐中，葉清臣上疏言：『嘗計茶利歲入，以景祐元年爲率，實本錢外，實收息錢五十九萬餘緡，天下所售受食茶，及本息歲課亦衹及三十四萬緡，而茶商見行六十五州軍，所收稅錢已及五十七萬緡。若令天下通商，衹收稅錢，自是數倍，即榷務、山場及食茶之利，盡可籠取。又況不廢度支之本，不置榷場之官，不興輦運之勞，不濫徒黥之辟。臣意議者謂榷賣有定率，徵稅無彝準，通商之後，必虧歲計。臣按管氏鹽鐵法，計口受賦，茶爲人用，與鹽鐵均，必令天下通行，以口定賦，民獲善利，又去嚴刑，口出數錢，人不厭取。』時下其議，皆以爲不可行。至嘉祐中，何鬲、王嘉麟上書請罷給茶本錢，縱園戶貿易，而官收租錢與所在征算，歸榷貨務以償邊糴之費。時韓琦、富弼等執政，力主其說，乃議弛禁，以三司歲課均賦茶戶，謂之租錢，與諸路本錢悉儲以待邊糴。自是唯蠟茶禁如舊，餘茶肆行天下矣。論者尤謂朝廷志於便人，欲省刑罰，其意良善，然茶戶困於輸錢，而商賈利薄，販鬻者少，州縣征稅日蹙，給費不充。學士劉敞、歐陽修等頗論其事，略言：『昔時百姓之摘山者，皆受錢於官，今也顧使納錢於官，受納之間，利害百倍；先時百姓冒法販茶者被罰耳，今悉均賦於民，賦不時刑，亦及之，是良民代冒法者受罪；先時大商賈爲國貿遷，而州郡收其稅，今大商富賈不行，則稅額不登，且乏國用。』時朝廷方排衆論而行之，敞等言不從。

民之種茶者，領本錢於官而盡納其茶，官自賣之，敢藏匿及私賣者有罪此國初之法，以十三場茶買賣本息並計其數，罷官給本錢，使商人與園戶自相交易，一切定爲中估而官收其息，如茶一斤售錢五十有六，其本錢二十有五，官不復給，但使商人輸息錢三十有一，謂之貼射此天聖之法。園戶之種茶者，官收租錢，商賈之販茶者，官收征算而盡罷禁榷，謂之通商此嘉祐之法。

又 自熙寧七年至元豐八年，蜀道茶場四十一，京西路金州爲場六，陝西賣茶爲場三百三十二，稅息至李稷加爲五十萬，及陸師閔爲百萬云。

五年，以福建茶陳積，乃詔福建茶在京、京東西、淮南、陝西、河東仍禁榷，餘路通商。

王子京爲轉運副使，言：『建州蠟茶舊立榷法，自熙寧權聽通商，自此茶戶售客人茶甚良，官中所得唯常茶，稅錢極微，南方遺利無過於此，仍行榷法。』元祐初，罷子京事任，令福建禁榷州軍仍其舊。

元豐中，宋用臣都提舉汴河隄岸，創奏修置水磨，凡在京茶戶擅磨末茶者有禁，並赴官請買，而茶鋪入米豆雜物拌和者有罰，募人告者有賞。訖元豐末，歲獲息不過二十萬，商旅病焉。元豐修置水磨，止於在京及開封府界諸縣，未始行於外路。及紹聖復置，其後遂於京西鄭滑州、潁昌府，河州澶州皆行之。

哲宗元祐二年，熙河、秦鳳、涇原三路茶仍官爲計置，永興、鄜延、環慶許通商，凡以茶易穀者聽仍舊，毋得踰轉運司和糴價，其所博斗斛勿取息。

又 徽宗崇寧元年，右僕射蔡京議大改茶法，奏言：『自祖宗立額榷之法，歲收淨利凡三百二十餘萬，而諸州商稅七十五萬貫有奇，食茶之算不在焉，其盛時幾五百餘萬緡。慶曆之後，法制寖壞，私販公行，遂罷禁榷，行通商之法。自後商旅所至，與官爲市，四十餘年，利源寖失。謂宜荊湖、江、淮、兩浙、福建七路所產茶，仍舊禁榷官買，勿復科民，即產茶州縣隨所置場，申商人園戶私易之禁。凡置場地，園戶皆籍名數，歲鬻於官吏，皆用倉法，園戶自前茶租折稅仍舊。產茶州軍許其民赴場輸息，量限斤數，給短引，於旁近郡縣便鬻，餘悉聽商人於榷貨務入納金銀、緡錢或並邊糧草，即本務給鈔，取便算請於場，別給長引，從所指州軍鬻之。商稅自場給長引，沿路登時批發，至所指地，然後計稅盡輸，則在道無苛留。買茶本錢以度牒及鹽鈔、諸色封樁、坊場、常平剩錢通三百萬緡爲率，給諸路，諸路措置，各分命官。』詔悉聽焉。俄定諸路措置茶事官置司：湖南於潭州，湖北於荊南，淮南於揚州，兩浙於蘇州，江東於江寧府，江西於洪州。其置場所在：蘄州即其州及蘄水縣，壽州以霍山、開順，光州以光山、固始，舒州即其州及羅源、太湖，黄州以麻城，廬州以舒城，常州以宜興，湖州即其州及長興、德清、安吉、武康，睦州即其州及清溪、分水、桐廬、遂安，婺州即其州及東陽、永康、浦江，處

州卽其州及遂昌、青田、蘇、杭、越各卽其州，而越之上虞、餘姚、諸暨、新昌、剡縣皆置焉，衢、台各卽其州，而溫州以平陽。大法既定，其制置節目，不可毛舉。

四年，京復議更革，遂罷官置場，商旅並卽所在州縣或京師請長短引，自買於園戶。茶貯以籠篰，官爲抽盤，循第敘輸息訖，批引販賣，茶事益加密矣。長引許往他路，限一年。短引止於本路，限一季。

元 趙汸《東山存稿》卷三《黟令周侯政績記》 守疆卒報，有茶司吏止茶商境上責賕，吏去而商與茶在。侯使問商曰：『私茶以兩計，汝憚稱量，則毋入吾境。』俄有報巡茶卒十餘輩先後至者，商計窮，引避谷中，焚茶而去。卒至縣，詬吏胥，索食飲。侯視其行橐，曰：『此輩得毋侵掠吾民耶？設有言者，我必以法治之。』卒聞大懼，求茶商不可得，潛散去，各以所掠還民家而遁。自是私茶不復入境，吏卒亦罕來矣。

《元史》卷九四《食貨志二·茶法》 〔至元〕三十年，又改江南茶法。凡管茶提舉司一十六所，罷其課少者五所，併入附近提舉司。每茶商貨茶，必令賫引，無引者與私茶同。引之外，又有茶由，以給賣零茶者。初，每由茶九斤，收鈔一兩，至是自三斤至三十斤分爲十等，隨處批引局同，每引收鈔一錢。

又 元貞元年有獻利者言：『舊法江南茶商至江北者又稅之，其在江南賣者，亦宜更稅，如江北之制。』於是朝議復增江南課三千錠，而弗稅。

又 卷九七《食貨志五·茶法》 至元二年，江西、湖廣兩行省具以茶運司同知萬家閭所言添印茶由事，咨呈中書省云：『本司歲辦額課二十八萬九千二百餘錠。除門攤批驗鈔外，數內茶引一百萬張，每引十二兩五錢，共爲鈔二十五萬錠。末茶自有官印筒袋關防，其零斤草茶由帖，每年印造一千三百八萬五千二百八十九斤，該鈔二萬九千八十餘錠。茶引一張，照茶九十斤，客商興販。其小民買食及江南產茶去處零斤採賣，皆須由帖爲照。春首發賣茶由，至於夏秋，茶由盡絕，民間闕用。以此考之，茶由數少課輕，便於民用而不敷，茶引課重數多，止於商旅興販，年終尚有停閣未賣者。每歲合印茶由，以十分爲率，量添二分，計二百六十一萬七千五十八斤。算依引目內官茶，每斤收鈔一錢三分八釐八毫八絲，計增鈔七千二百六十九錠七兩，比驗減去引目二萬九千七十六張，庶幾引不停閣，茶無私積。中書戶部定擬，江西茶運司歲辦公據十萬道，引一百萬，計鈔二十八萬九千二百餘錠。茶引便於商販，而山場小民全憑茶由爲照，歲辦茶由一千三百八萬五千二百八十九斤，每斤一錢一分一釐一毫二絲，計鈔五千八百一十六錠七兩四錢一分，減引二萬三千二百六十四張。茶引一張，造茶九十斤，納官課十二兩五錢。如於茶由量添二分，計二百六十一萬七千五十八斤，每斤添收鈔一錢三分八釐八毫八絲，計鈔七千二百六十九錠七兩，積出餘零鈔數，官課無虧，而便於民用。』合准本省所擬，具呈中書省，移咨行省，如所擬行之。

明 楊一清《關中奏議》卷三《茶馬類》 一、廣價茶之積。查得洪武永樂年間舊例：三年一次，番人該納差發馬一萬四千五十一匹，價茶先期於四川保寧等府約運一百萬斤，赴西寧等茶馬司收貯。內西寧茶馬司收三十一萬六千九百七十斤，河州茶馬司收四十五萬四千三十斤，洮州茶馬司收二十二萬九千斤。合用運茶軍夫，四川陝西都布二司各委堂上官管運，四川軍民運赴陝西接界去處，交與陝西軍夫，轉運各茶馬司交收。戶部請旨，於在京堂上官內點差二員賫勑前來，會同陝西守鎮官員整理。事體重大，供億浩繁。後因邊方有事，停止不行。近年巡茶御史招番易馬，止憑漢中府歲辦課茶二萬六千二百餘斤，兼以巡獲私茶數亦不多，每歲約用不過茶四五萬斤。以此易馬，多不過數百匹至千匹而止。補輳抑勒，往往良駑相參。招易未久，倒傷相繼。番人既病於價虧，軍士復不得實用，要其事勢，亦有由然。今邊方在在缺馬騎征，官帑有限，收買不敷，月追歲并，士卒告困。近雖修舉監苑馬政，然方收買種馬孳牧，求用於數年之後，惟茶馬可濟目前之急，顧茶司無數萬之儲，縱然招致番馬，何所取給？欲查照舊例，徵運四川課茶。緣川陝軍民兵荒之後，創殘已甚，邊儲飛挽，猶自不堪，寧能增此運茶之役？查得洪武三十年欽依禁茶榜文內一款『本地茶園人家除約量本家歲用外，其餘盡數官爲收買，若賣與人者，茶園入官。欽此。』照得漢中府產茶州縣遞年所出茶斤百數十萬，官課歲用不過十之一二，其餘俱爲商販私鬻之資。若商販停革，私茶嚴禁，在山茶斤無從售賣，茶園人戶仰事俯育何所資藉？彼見茶園無利，不復葺理，將來茶課亦虧。夫在茶司則病於不足，

既無以副番人之望。在茶園則積於無用，又恐終失小民之業。若不從宜處置，深爲不便。臣今年正月間量發官銀一千五百七十餘兩，委官前去收買茶七萬八千八百二十斤，計易過兒扇騍馬九百餘匹。若用銀買，須得七千餘兩。其利如此，但猶未免用官夫運送，止如前數固可支持，必欲廣爲收易，漢中、鞏昌、河西一帶人民將不勝其勞擾。又恐行之既久，官司處置乖方，虧價損民，似非經常之計。如遇官民兩便，必須招商買運，給價相應。臣於今年閏四月內，又經出給告示，招諭陝西等處商人買官茶五十萬斤，以備明年招番之用。憑衆議定，每茶一千斤用價銀二十五兩，連蒸曬、裝篦、雇脚等項，從寬共計價銀五十兩。令其自出資本，前去收買，自行運送各茶司交收明白，聽給價銀去後。且官銀一萬兩買戰馬不過一千匹。如前所擬，買茶二十萬斤，分別三等馬匹，斟酌收買，可得馬幾三千匹。買一馬者將買三馬，給一軍者可給三軍。但所給茶價出自公家，歲歲支給，亦非可繼之道。若運到官茶，量將三分之一官爲發賣，以償商價，尤爲便益。此與開中商茶不同。開中商茶，其利在商，未免阻壞茶馬。招商買茶，其利在官，專爲易馬之資。借曰官賣，不過十之二三，較之商茶歲百餘萬以通番境者，何如？合無自弘治十八年爲始，聽臣督同布按二司官出榜，招諭山陝等處富實商人，收買官茶五六十萬斤。其價依原定每一千斤給銀五十兩之數。每商所買不得過一萬斤，給與批文，每一千斤給小票一紙，挂號定限，聽其自出資本，收買真細茶斤，自行雇脚轉運，照商茶事例行，令沿途官司秤盤、截角。如有多餘夾帶茶斤，照私茶擬斷。運至各該茶馬司取獲實收。赴臣查驗明白，聽給價銀，仍行委廉幹官員，分投於西寧、河州二衛。官爲發賣，每處七八萬斤至十萬斤爲止。價銀官庫收候，盡勾給商。如有贏餘，下年輳給。行之數年，茶可不賣。夫如是茶出於山而運於商，民不及知，以茶易茶，官不及知。不傷府庫之財，不失商民之業，而我可以坐收茶馬之利，長久利便之策宜無出此。

前件看得都御史楊一清奏稱，近年巡茶御史召番易馬，止憑漢中府歲辦課茶，兼巡獲私茶，每歲不過四五萬斤，易馬不過數百至千匹而止。今邊方在在缺馬騎征，官帑有限，收買不敷。要自弘治十八年爲始，督同布按二司出榜，招諭山陝等處富實商人收買官茶五六十萬斤，給與小票定限，聽其自出資本收買真細茶斤轉運。照商茶事例沿途官司秤盤、截角。如有多餘夾帶茶斤，照私茶擬斷，運至各該茶馬司取獲實收，驗給價銀。仍委官分投於西寧、河州二衛。官爲發賣，每處七八萬斤至十萬斤爲止。價銀官庫收候盡勾給商。如有贏餘，下年輳給一節。緣茶法廢弛年久，必須設法處置，方能濟事。合無依其所奏，本部行移本官，督同布按二司官員悉依所擬而行。一二年間，如果有益於官，無損於商，議處具奏，永爲定例。

明唐順之《稗編》卷一一一《唐榷茶》 初，德宗納戶部侍郎趙贊議，稅天下茶、漆、竹、木，十取一，以爲常平本錢。及出奉天，乃悼悔，下詔亟罷之。及朱泚平，佞臣希意興利者益進。貞元九年，諸道鹽鐵使張滂奏：出茶州縣若山及商人要路，以三等定估，十稅其一。自是歲得錢四十萬緡。

穆宗即位，兩鎮用兵，帑藏空虛，禁中起百尺樓，費不可勝計。鹽鐵使王播圖寵以自幸，乃增天下茶稅，率百錢增五十。江淮、浙東西、嶺南、福建、荊襄茶，播自領之，兩川以戶部領之。天下茶加斤至二十兩，播又奏加取焉。右拾遺李玨上疏諫曰：『榷率起於養兵，今邊境無虞，而厚斂傷民，不可一也。茗飲，人之所資，重稅則價必增，貧弱益困，不可二也。山澤之饒，其出不訾，論稅以售多爲利，價騰踊則市者稀，不可三也。』其後王涯判二使，置榷茶使，徙民茶樹於官場，焚其舊積者，天下大怨。令狐楚代爲鹽鐵使兼榷茶使，復令納榷，加價而已。李石爲相，以茶稅皆歸鹽鐵，復貞元之制。

武宗即位，鹽鐵轉運使崔珙又增江淮茶稅。是時茶商所過州縣有重稅，或掠奪舟車，露積雨中，諸道置邸以收稅，謂之『搨地錢』，故私販益起。大中初，鹽鐵轉運使裴休著條約：私鬻三犯皆三百斤，乃論死；雇載三犯至五百斤、居舍儈保四犯至千斤者，皆死；園戶私鬻百斤以上，杖背，三犯，加重徭；伐園失業者，刺史、縣令以縱私鹽論。廬、壽、淮南皆加半稅，私商給自首之帖，天下稅茶增倍貞元。

又《宋茶法》 民之欲茶者售於官，給其日用者，謂之食茶，出境則給券。商賈貿易，入錢若金帛京師榷貨務，以射六務、諸山場茶，給券隨所射與之，願就東南入錢若金帛者聽，計直與茶如京師。至道末，鬻錢

二百八十五萬二千九百餘貫，天禧末，增四十五萬餘貫。天下茶皆禁，唯川陝、廣南聽民自買賣，禁其出境。

凡民茶折税外，匿不送官及私販鬻者沒入之，計其直論罪。園戶輒毁敗茶樹者，計所出茶，論如法。舊茶園荒薄，采之不充其數者，蠲之。當以茶代税而無茶者，許輸他物。主吏私以官茶貿易，及一貫五百者死。自後定法，務從輕減。

茶之爲利甚博，商賈轉致於西北，利嘗至數倍。雍熙後用兵，切於饋餉，多令商人入芻糧塞下，酌地之遠近而爲其直，取市價而厚增之，授以要券，謂之交引，至京師給以緡錢，又移文江、淮、荊湖給以茶及顆、末鹽。端拱二年，置折中倉，聽商人輸粟京師，優其直，給茶鹽於江、淮。

淳化三年，秘書丞劉式等請罷諸榷務，令商人就出茶州軍官場算買，既大省輦運，又商人皆得新茶。西京作坊使楊允恭言商人市諸州茶，新陳相糅，兩河、陝西諸州，風土各有所宜，非參以多品則少利，罷榷務令就茶山買茶不可行。太宗欲究其利害之説，命宰相召鹽鐵使陳恕等與式、允恭定議，召問商人，皆願仍舊。式議遂寢。二年，淮南十二州軍鹽，官鬻之，商人先入金帛京師及揚州折博務者，悉償以茶。自是鬻鹽得實錢，茶無滯積，歲課增五十萬餘貫。

及南北和好罷兵，邊儲稍緩，物價差減，而交引虛錢未改。既以茶代鹽，而買茶所入不補其給，交引停積，故商旅所得茶，指期於數年之外，京師交引愈賤，至有裁得所入芻粟之實價，官私俱無利。

仁宗時，交引益賤，京師裁直五千，有司惜其費茶。五年，出内庫錢五十萬貫，令閤門祗候李德明於京師市而毁之。

乾興以來，西北兵費不足，募商人入中芻粟如雍熙法給券，以茶償之。後又益以東南緡錢、香藥、犀齒，謂之三税；至塞下急於兵食，欲廣儲偫，不愛虛估，入中者以虛錢得實利，人競趨焉。及其法既敝，則虛估日益高，茶日益賤，入實錢金帛日益寡。而入中者非盡行商，多其土人，既不知茶利厚薄，且急於售錢，得券則轉鬻於茶商，獲利無幾；茶商或以券取茶，或收蓄貿易，以射厚利。由是虛估之利皆入豪商巨賈，券之滯積，雖二三年茶不足以償，而入中者以利薄不趨，邊備日蹙，茶法大壞。初，景德中丁謂爲三司使，嘗計其得失，以謂邊糴纔及五十萬，而東南三百六十餘萬茶利盡歸商賈。當時以爲至論，厥後雖屢變法以救之，然不能亡敝。

天聖元年，更定其法。呂夷簡、李諮，首考茶法利害，奏言：『十三場茶歲課緡錢五十萬，天禧五年纔及緡錢二十三萬，每券直錢十萬，鬻之售錢五萬五千，總爲緡錢實十三萬，除九萬餘緡爲本錢，歲纔得息錢三萬餘緡，而官吏廩給雜費不預，是則虛數多而實利寡，請罷三税，行貼射法。』其法以十三場茶買賣本息併計其數，罷官給本錢，使商人與園戶自相交易，一切定爲中估，而官收其息。如鬻舒州羅源場茶，斤售錢五十有六，其本錢二十有五，官不復給，但使商人輸息錢三十有一而已。然必輦茶入官，隨商人所指予之，給券辨驗，以防私害，故有貼射之名。若歲課貼射不盡，或無人貼射，則官市之如舊。園戶過期而輸不足者，計所負數如商人入息。其入錢以射六務茶者如舊制。

商人入芻粟塞下者，隨所在實估，度地里遠近，量增其直。以錢一萬爲率，遠者增至七百，近者三百，給券至京，一切以緡錢償之，謂之見錢法；願得金帛、若他州錢、或茶鹽、香藥之類者聽。大率使茶與邊糴，各以實錢出納，不得相爲輕重，以絶虛估之敝。朝廷皆用其説。

行之期年，豪商大賈不能爲輕重，而論者謂邊糴償以見錢，恐京師府藏不足以繼，爭言其不便。諮等因條上利害，且言：『嘗遣官視陝西、河北，以鎮戎軍、定州爲率，鎮戎軍入粟直二萬八千，定州入粟直四萬五千，納茶皆直十萬。以蘄州市茶本錢視鎮戎軍粟直，反亡本錢三之一，得不償失，弊在茶與邊糴相須爲用，故更今法。以新舊二法較之，舊用三税法，京師實入緡錢五十七萬有奇，邊儲芻二百五萬餘圍，粟二百九十八萬石。用新法，京師實入緡錢增一百四萬有奇，邊儲芻增一千一百六十九萬餘圍，粟增二百一十三萬餘石。推行新法，功緒已見。蓋積年侵蠹之源一朝閉塞，商賈利於復故，欲有以動搖，而論者不察其實，助爲浮説。願力行之，毋爲流言所易。』於是詔有司牓諭商賈以推行不變之意，賜典吏銀絹有差，然論者猶不已。

天聖三年，詔翰林侍講學士孫奭等同究利害，奭等言：『十三場茶積而未售者六百一十三萬餘斤，蓋許商人貼射，則善者皆入商人，其入

官者皆粗惡不時，故人莫肯售。又園戶輸歲課不足者，使如商人入息，而園戶皆細民，貧弱力不能給，煩擾益甚。又姦人倚貼射爲名，強市盜販，侵奪官利，其弊不可不革。』十月，遂罷貼射法，官復給本錢市茶。然自奭等改制，而茶法寖壞。

大約虛估居十之八，米斗七百，甚者千錢。券至京師，爲南商所抑，茶每直十萬，止售錢三千，富人乘時收蓄，轉取厚利。三司患之，請行貼買之法，每券直十萬，比市估三千，倍爲六千，復入錢四萬四千，貼爲五萬，給茶直十萬。詔又損錢一萬，然亦不足以平其直。久之，券比售錢三千者，纔得二千，往往不售，北商無利，入中者寡，公私大弊。

皇祐二年，知定州韓琦及河北轉運司皆以爲言，下三司議。三司奏：『自改法至今，凡得穀二百二十八萬餘石，芻五十六萬餘圍，而費緡錢一百九十五萬有奇，茶、鹽、香藥又爲緡錢一千二百九十五萬有奇。茶、鹽、香藥，民用有限，榷貨務歲課不過五百萬緡，今散於民間者既多，所在積而不售，故券直亦從而賤。茶直十萬，舊售錢六萬五千，今止二千，以至香一斤，舊售錢三千八百，今止五六百，公私兩失其利。請復行見錢法，一用景祐三年約束。』乃下詔曰：『比食貨法壞，芻粟價益倍，縣官之費日長，商賈不行，豪富之家，乘時牟利，吏緣爲姦。自今有議者，須究厥理，審可施用，若事已上而驗問無狀者，寘之重罰。』

是時雖改見錢法，而京師積錢少，恐不足以支入中之費，帝又出內藏庫錢帛百萬以賜三司。久之，入中者寖多，京師帑藏益乏，商人持券以俟，動彌歲月，至損其直以售於蓄賈之家。言利者請出內藏庫錢稍增價售之，歲可得遺利五十萬緡。既行，而諫官范鎮謂內藏庫、榷貨務皆領縣官，豈有榷貨務故稽商人，而令內藏乘時射利，傷體壞法，莫斯爲甚。詔即罷之，然自此並邊虛估之弊復起。

至和三年，河北提舉糴便糧草薛向建議：『並邊十七州軍，歲計粟百八十萬石，爲錢百六十萬緡，豆六十五萬石，芻三百七十萬圍，並邊租賦歲可得粟、豆、芻五十萬，其餘皆商人入中。請罷並邊入粟，自京輦錢帛至河北，專以見錢和糴。』時揚察爲三司使，請用其說。因輦絹四十萬匹當緡錢七十萬，又蓄見錢及擇上等茶場八，總爲緡錢百五十萬，儲之京師，而募商人入錢並邊，計其道里遠近，優增其直，以是償之，且省輦運之費，唯入中芻豆計直償以茶如舊。行未數年，論者謂輦運科析，煩擾居民，且商人入錢者少，芻豆虛估益高，茶益賤。詔翰林學士韓絳等即三司經度。絳等言：『自改法以來，邊儲有備，商旅頗通，未宜輕變。唯輦運之費，悉從官給，而本路舊輸稅絹者，毋得折爲見錢，入中芻豆罷勿給茶，所在平其市估，至京償以銀、紬、絹。』自是茶法不復爲邊糴所須，而通商之議起矣。

又 建國以來，法敝輒改，載詳改法之由，非有爲國之實，皆商吏協計，倒持利權，幸在更張，倍求其羨。富人豪族，坐以賈贏，薄販下估，日皆朘削，官私之際，俱非遠策。臣竊嘗校計茶利所入，以景祐元年爲率，除本錢外，實收息錢五十九萬餘緡，又天下所售食茶，并本息歲課亦衹及三十四萬緡，而茶商見通行六十五州軍，所收稅錢已及五十七萬緡。若令天下通商，衹收稅錢，自及數倍，即榷務、山場及食茶之利，盡可籠取。又況不費度支之本，不置榷易之官，不興輦運之勞，不濫徒黥之辟。

臣意生民之弊，有時而窮，盛德之事，俟聖不惑。議者謂榷賣有定率，征稅無彝準，通商之後，必虧歲計。臣按管氏鹽鐵法，計口受賦，茶爲人用，與鹽鐵均，必令天下通行，以口定賦，民獲善利，又去嚴刑，口數出錢，人不厭取。景祐元年，天下戶千二十九萬六千五百六十五，丁二千六百二十萬五千四百四十一，三分其一爲產茶州軍，內外郭鄉又居五分之一，丁賦錢三十，村鄉丁賦二十，不產茶州軍郭鄉村鄉如前計之，又第損十錢，歲計已及緡錢四十萬。榷茶之利，凡止九十餘萬緡，通商收稅，且以三倍舊稅爲率，可得一百七十餘萬緡，更加口賦之入，乃有二百一十餘萬緡，或更於收稅則例，微加增益，即所增至寡，所聚逾厚，比於官自榷易，驅民就刑，利病相須，炳然可察。

又 初議弛禁，因以三司歲課均賦茶戶，凡爲緡錢六十八萬有奇，使歲輸縣官。比輸茶時，其出幾倍，朝廷難之，爲損其半，歲輸緡錢三十三萬八千有奇，謂之租錢，與諸路本錢悉儲以待邊糴。自是唯臘茶禁如舊，餘茶肆行天下矣。論者猶謂朝廷志於恤人，欲省刑罰，其意良善；然茶戶困於輸錢，而商賈利薄，販鬻者少，州縣征稅日蹙，經費不充，學士劉敞、歐陽修頗論其事。敞疏大要以謂先時百姓之摘山者，受錢於官，

而今也顧使之納錢於官，受納之間，利害百倍；先時百姓冒法販茶者被罰耳，今悉均賦於民，賦不時入，刑亦及之，是良民代冒法者受罪；先時大商富賈爲國懋遷，而州郡收其稅，今大商富賈不行，則稅額不登，且乏國用。修言新法之行，一利而有五害，大略與敞意同。時朝廷方排衆論而行之，敞等雖言，不聽也。

自天聖以來，茶法屢易，嘉祐始行通商，雖議者或以爲不便，而更法之意則主於優民。

明 郎瑛《七修類稿》卷一二《西茶易馬考》 至成化九年，哈密之地又為吐魯番所奪，屢處未定。都御史陳九疇建議，欲制西番，使還城池，須閉關絕其貢易。蓋以彼欲茶不得，則發腫病死矣。欲麝香不得，則蛇蟲為毒。禾麥無矣。殊不知貢易不通，則命死一旦。安得不救也哉？遂常舉兵擾我甘肅，破我塞堡，殺我人民。邊臣苦於支敵之不給，而茶亦為其所掠也。弘治間，都御史楊一清撫調各番，志復茶法。華夷共稱未奉金牌，不敢辯納。此蓋彼既恐其相欺，而此則商販無禁，坐得收利，特假是以為之詞耳。故尚書霍韜有曰：『必須遣間諜告諸戎曰：「中國所以閉關絕易，非爾諸戎罪也。」土魯番不道，滅我哈密，蹂我疆埸。故閉關制其死命。』予則又曰：『仍當請其金牌，招番辦納，嚴禁商販，無使有侵。至於轉輸如舊，用軍計地轉達，不使有長役之苦。收買之價，比民少增，致使有樂趨之勸。其斯為興復久遠之計也。』

《明會典》卷三五《課程四·商稅》 ［弘治］十三年奏准，在京在外稅課司局、批驗茶引所，但一應稅納錢鈔去處，省令客商人等自納。若權豪無藉之徒，結黨把持、攔截生事，及將爛鈔低錢搪塞、攪擾商稅者，問罪。枷號三箇月發落。

又 卷三七《課程六·茶課》 國初招商中茶，上引五千斤，中引四千斤，下引三千斤。每七斤蒸曬一篦。運至茶司，官商對分。官茶易馬，商茶給賣。每上引仍給附茶一百篦，中引八十篦，下引六十篦，名曰酬勞。經過地方，責令掌印官盤驗，佐貳官催運。若陝之漢中、川之夔保，私茶之禁甚嚴。凡中茶有引由，出茶地方有稅，貯放有茶倉，巡茶有御史，分理有茶馬司、茶課司，驗茶有批驗所。其例具後。

又 景泰五年，令將引由照茶，依例批驗截角。賣畢，隨赴住賣所在官司告繳，封送各該批驗所，類解本部查銷。若有過期不繳者，批驗茶引所每季查出商名貫址、引由數目，開報合干上司，轉行各該巡按監察御史、按察司提問追繳。仍行各府州，查勘前項茶商原領未繳引由，照例送銷。其批驗茶引所今後給散引由，務籍記茶商姓名籍貫、茶斤引數，每引由一道納鈔一貫，中夾紙一張，送部。鈔送庫交收，紙存印引。

又 嘉靖三十一年，令凡商人報中四川茶引，茶法道取具年甲籍貫，並文引字號，一樣關帖六本。印鈐關送重夔等道，帖下各地方委官收掌。候各商至日，查審相同，如數驗放，秤盤番易。各將截角茶引類繳，各道查明，即轉關茶法道驗。如或繳到截角不及數，並盤放不及時者，悉聽茶法道舉正，依律查究。

又 弘治十七年，令召商收買茶五六十萬斤，依原擬給銀定限。聽其自買、自運至各該茶司，取實收查驗。仍委官於西寧河州二衛發賣價銀，官庫收候給商。

又 隆慶五年議准，近年姦商，假以附茶為由，任意夾帶，恣情短販。甚至漢中盤過，有二三年不到茶司者。鞏昌招中，有十數年不銷原引者。今後招商引內註定，一年完者厚賞；二年量賞；三年免究；四年問罪，仍抽附茶一半入官；五年問罪，附茶盡數入官，不准再報；六年以上，即係老引興販，照例問遣。其經過漢中、鞏昌，專責理刑推官，查照引內篦斤，著實盤驗。

又定買茶中馬事宜。各商自備資本、執引前去各該衙門比號相同。收買真細好茶，毋分黑黄正附，一例蒸曬。每篦重不過七斤。

又 嘉靖二十六年議准，各處茶商有原無資本，混報茶批入山，通同園戶，蒸造假茶，及將驗過真茶盜賣，沿途採取草茶納官，各至五百斤以上者，商人、園戶及知情轉賣之人，民發附近衛分，軍發邊衛，各充軍，止終本身，茶價入官。不及前數者，依私鹽法論罪，仍枷號兩箇月發落。窩頓店戶，知情者從重論。至一千斤以上，本犯發極邊衛分，永遠充軍。店戶不問知與不知，一體治罪。其官司開報茶引，令各商互相保結。中間若有前項之徒，聽其首發。通同安保者，一併治罪。不知者，不坐。

又 卷一六四《律例五·匿稅》 若買頭匹不稅契者罪亦如之，仍於買主名下，追徵價錢一半入官。一在京在外稅課司局、批驗茶引所，但

係納稅去處，省令客商人等自納。若權豪無藉之徒，結黨把持，攔截生事、攙擾商稅者。徒罪以上，枷號二箇月，發附近充軍。杖罪以下，照前枷號發落。

明　曹學佺《茶譜》　〔建炎元年〕成都轉運判官趙開言榷茶買馬五害，請用嘉祐故事，盡罷榷茶，而令漕司買馬。或未能然，亦當減額以蘇園戶，輕價以惠行商。如此，則私販衰而盜賊息，遂以開主管秦川茶馬。二年，開大更茶法。按《中興小曆》：建炎軍興，令商旅園戶自行買賣，官給茶引，自取息錢。所賣茶引，一百斤計取息錢六貫五百文。改成都茶場為合同場，仍置茶市。交易者必由市，引與茶相隨。此即開之法也。

明　王廷相《呈盛都憲公撫蜀七事・嚴茶》《明經世文編》卷一四九　近年以來，法弛人玩，雖有禁茶之名，而無禁茶之實，商旅滿於關隘，而茶船遍於江河。權要之人，每私主之以圖利。邇者巡按盧公，稍一盤詰，卽得十數余萬，則其平日可知也。私鹽之行也，止於課額失利而已，私茶之行，乃使中國馭番之權無所復施，則是其患大於私鹽也。夫茶可以利朝廷也，今利歸私門矣。可制諸番之命也，今仰望於商人矣。以中御番之大權，而倒持以授之於商賈，不惟自失其利國之具，而反害之矣。爲今之計，莫於嚴私茶之禁，絕商賈之販，使茶利之權在官，則諸番可以坐制，何也？茶者，番人之所必欲得者也。私茶不行，番人仰於官矣。以茶易馬，雖不可據復，而使之輸青稞以復役，獨不可乎？或者曰：青稞之輸，彼之舊貫也。茶則我之實利也，彼來貢之，我以是賞之，不幾於相易乎？彼之利於我者微，而我之失其利者大，不幾於失倫乎？吁！是皆以小利言之。不知彼輸於我，義也；我賞於彼，德也，我因以行其羈縻之道，彼亦以爲職分之常，久之邊防可以寧謐，而我兵亦無調度之費，戰伐之苦。以此較彼，所得孰大小哉！夫番仰茶於官，權在國也。邊鄙因之無虞，利在我也。一禁茶之間，使權歸於國，而利其民，較之縱禁通商，使利歸私室，而害及於邊者，所得又孰多寡哉？故曰至細之物，而有莫大之用，君子不可以輕視者此也。

《明史》卷八〇《食貨四・茶法》　初，太祖令商人於產茶地買茶，納錢請引。

又　弘治三年，御史李鸞言：『茶馬司所積漸少，各邊馬耗，而陝西諸郡歲稔，無事易粟。請於西寧、河西、洮州三茶馬司召商中茶，每引不過百斤，每商不過三十引，官收其十之四，餘者始令貨賣，可得茶四十萬斤，易馬四千匹，數足而止。』從之。十二年，御史王憲又言：『自中茶禁開，遂令私茶莫遏，而易馬不利。請停糧茶之例。異時，或兵荒，乃更圖之。』部覆從其請。四川茶課司舊徵數十萬斤易馬。永樂以後，番馬悉由陝西道，川茶多浥爛。乃令以三分爲率，一分收本色，二分折銀，糧茶停二年。延綏饑，復召商納糧草，中四百萬斤。尋以御史王紹言，復禁止，并罷正額外召商開中之例。

又　十六年取回御史，以督理馬政都御史楊一清兼理之。一清覆議開中，言：『召商買茶，官貿其三之一，每歲茶五六十萬斤，可得馬萬匹。』帝從所請。正德元年，一清又建議，商人不願領價者，以半與商，令自賣。遂著爲例永行焉。一清又言金牌信符之制當復，且請復設巡茶御史兼理馬政。乃復遣御史，而金牌以久廢，卒不能復。後武宗寵番僧，許西域人例外帶私茶。自是茶法遂壞。

又　番人之市馬也，不能辯權衡，止訂篦中馬。篦大，則官虧其直；小，則商病其繁。十年巡茶御史王汝舟酌爲中制，每千斤爲三百三十篦。

又　明初嚴禁私販，久而姦弊日生。洎乎末造，商人正引之外，多給賞由票，使得私行。番人上駟盡入姦商，茶司所市者乃其中下也。番得茶，叛服自由；而將吏又以私馬竄番馬，冒支上茶。茶法、馬政、邊防於是俱壞矣。

其他產茶之地，南直隸常、廬、池、徽，浙江湖、嚴、衢、紹，江西南昌、饒州、南康、九江、吉安，湖廣武昌、荊州、長沙、寶慶，四川成都、重慶、嘉定、夔、瀘，商人中引則於應天、宜興、杭州三批驗所，徵茶課則於應天之江東瓜埠。自蘇、常、鎮、徽、廣德及浙江、河南、廣西、貴州皆徵鈔，雲南則徵銀。

又　先是，洪武末，置成都、重慶、保寧、播州茶倉四所，令商人納米中茶。宣德中，定官茶百斤，加耗什一。中茶者，自遣人赴甘州、西寧，而支鹽於淮、浙以償費。商人恃文憑恣私販，官課數年不完。正統

初，都御史羅亨信言其弊，乃罷運茶支鹽例，令官運如故，以京官總理之。

《淵鑒類函》卷一三四《政術部·榷茶》 增。唐德宗建中元年納戶部侍郎趙贊議，稅天下茶漆竹木十取一，以爲常平本錢。及出奉天乃悼悔，下詔亟罷之。貞元九年，復稅茶。先是，諸道鹽鐵使張滂奏：『去歲水災，詔令減稅。今之國用，須有供儲。伏請於出茶州縣及茶山商人要路，以三等定估，十稅其一，充所放兩稅。其明年已後所得稅錢外貯，若諸州遭水旱賦稅不辦，以此代之。』詔可，仍委張滂具處置條目。每歲得錢四十萬貫。茶之有稅，自此始然。稅無虛歲，遭水旱處亦未嘗以稅茶錢拯贍。

又 是時茶商所過州縣有重稅，或掠奪舟車，露積雨中，諸道置邸以收稅，謂之搨地錢。故私販益起。大中初，鹽鐵轉運使裴休請：『釐革橫稅，以通舟船，商旅既安，課利自厚。又正稅茶商，多被私販茶人侵奪其利，今請委強幹官吏，先於出茶山口及廬、壽、淮南界內，布置把捉，曉諭招收，量加半稅，給陳首帖子，令所在公行，更無苛奪。使私販者免犯法之憂，正稅者無失利之歎。』從之。

又 金世宗大定間，更定香茶罪賞格，章宗時尚書省奏，茶飲食之餘，非必用之物，比歲上下競啜，農民尤甚。市井茶肆相屬，商旅多以絲絹易茶，歲費不下百萬，是以有用之物易無用之物也。若不禁，恐耗財彌甚。遂命七品以上官其家方許食茶，仍不得販賣及饋獻，不應留者以斤兩立罪賞。宣宗時制：親王、公主及見任五品以上官素蓄者聽存，禁不得賣餽，餘人並禁之。犯者徒五年，告者賞寶泉一萬貫。

元之茶課，大率因宋之舊而爲之制，世祖至元十三年，定長引短引之法，以三分取一，十七年置榷茶都轉運司於江州，總江、淮、荊湖、福建之稅，而遂除長引，專用短引，每引收鈔二兩四錢五分。三十年又改江南茶法，每茶商貨茶必令賫引，無引者與私茶同。引之外又有茶由，以給賣零茶者。

明初，招商中茶，上引五千斤，中引四千斤，下引三千斤，每七斤蒸曬一篦，運至茶司，官商對分，官茶易馬，商茶給賣，每上引仍給附茶一百篦，中引八十篦，下引六十篦，名曰酬勞。經過地方責令掌印官盤驗，佐貳官催運。若陝之漢中、川之夔、保，私茶之禁甚嚴。凡中茶有引、由，出茶地方有稅，貯放有茶倉，巡茶有御史，分理有茶馬司、茶課司，驗茶有批驗所。洪武初制，官給茶引，付產茶府州縣。凡商人買茶，具數赴官納錢給引，方許出境貨賣。每引照茶一百斤，茶不及引者，謂之畸零，別置由帖付之。仍量地遠近，定以程限，於經過地方執照。若茶無由、引及茶、引相離者，聽人告捕。其有茶不相當，或有餘茶者，並聽拿問。賣茶畢，即以原給引由赴住賣官司告繳。洪武初，令陝西洮州、河州、西寧各該茶馬司收貯官茶，每一年一次差在京官選調邊軍，賫捧金牌信符往附近番族，將運去茶易馬。二十二年，定茶易上等馬每匹一百二十斤，中等馬每匹七十斤，下等馬每匹五十斤，此易馬事例。宣德十年，準開中茶鹽，許於四川成都保寧等處官倉關支官茶，每百斤與折耗茶十斤，自備腳力運赴甘州，支與淮浙官鹽八引，運赴西寧與鹽六引。弘治三年，令陝西巡撫召商報中，給引赴巡茶御史掛號於產茶地方，收買茶斤，赴原定茶馬司，以十分爲率，六分聽其貨賣，四分驗收入官。嘉靖十三年，令開茶之期，商人報中，每歲至八十萬斤而止，不許開中太濫，致壞茶法，此開中事例。楊士奇《茶法議》曰，茶之出入，資引以照，其批驗茶引所則在應天、常州、浙江、杭州三府。今前項退引，累催不繳，其故蓋因批驗所不置簿籍附寫茶商姓名貫址，或不照茶商路引，聽其冒名開報，或將引由賣與嗜利之徒，賫赴產茶地方轉相貿易。如欲得的確名籍追繳退引，難矣。又如南直隸之常州、廬州、池州、徽州、浙江之湖州、嚴州、衢州、紹興、江西之南昌、饒州、南康、九江、吉安、湖廣之武昌、寶慶、長沙、荊州、四川之成都、保寧、重慶、夔州、嘉定、瀘州、雅州，等府俱係產茶地方，相去前三批驗所遠者數千裏，近亦不下數百裏。若照引內條例，聽茶商徑赴產茶府州納課買引照茶，於人爲便，理必樂從，誰肯不買引由，公犯茶禁。今卻令茶商皆來此三所買引，路途窎遠，往返不便，欲其一一遵依，不作前弊，亦難矣。

《續通典》卷一五《食貨一五·榷茶》 太宗端拱二年，置折中倉，聽商人輸粟京師，優其直，給茶於江淮。淳化三年，監察御史薛映、秘書丞劉式等請罷諸榷務，令商人就出茶州軍官場算買。詔以三司鹽鐵副使雷有終爲諸路茶鹽制置使，廢沿江八務，大減茶價。詔下，商人頗以江路回遠非便，有司又以損直虧課爲言，乃復置八務。後又以作坊使楊允恭言，禁淮南十二州軍鹽，官鬻之，商人先賦金帛於京師者及揚州折博務者，悉償以茶，自是茶無滯積。其後輸邊粟者持交引詣京師，有坐賈

置鋪，隸名榷貨務，懷交引者湊之。若行商，則鋪賈爲保，任詣京師榷務給錢，南州給茶；若非行商，則鋪賈自售之，轉鬻與茶賈。行之既久，至交引愈賤，官私俱無利。

真宗景德二年，別爲定制，增減其價。天禧時左諫議大夫孫奭言，茶法屢改，商人不便，非示信之道。三司言，陝西所中芻糧，請量增其直，乃從其請。後以茶法日壞，樞密副使張士遜等請行貼射法。其法以十三場茶買賣本息併計其數，罷官給本錢，使商人與園戶自相交易，一切定爲中估，而官收其息。然必輦茶至官，隨商人所指予之，給券爲驗，以防利害，故有貼射之名。若無人貼射，則官市之。

仁宗天聖三年，翰林侍講學士孫奭等言，十三場茶積而未售者甚多，蓋因許商人貼射，則善者悉爲商人所得。其餘積於官者，皆粗惡不時，故人莫肯售，侵奪官利，其弊不可不革。乃罷貼射法，復令官給本錢，後復行見錢法。初，北商持券至京師，舊發交引，鋪爲之保任，並得三司符驗，然後給錢，以是京師坐賈，率多邀求，三司吏稽留爲姦，乃悉罷之，令商持券徑趣榷貨務，驗實，立償其錢。其時茶禁甚嚴，蓋官既榷茶，民私蓄盜販皆有禁。乃下詔曰，古者山澤之利與民共之，故民足於下而君裕於上。自唐建中時，始有茶禁。如聞比來，爲患益甚。朕心惻然，念此久矣。間遣使者往就問，而皆驩然願弛其禁，俾通商利。歷世之弊，一旦以除，著爲經常，勿復更制，損上益下，以休吾民。自是唯臘茶禁如舊，餘茶肆行天下矣。

南渡高宗建炎初，於真州印鈔，給賣東南鹽茶。三年，置行在都茶場，捕私茶法，視捕私鹽。

孝宗乾道二年，戶部言商販至淮北榷場折博，除輸販引錢外，更輸通貨儈息錢，至蜀茶變制之法最多。宋初，經理蜀茶者置互市於原、渭、德順三郡以市夏人之馬。熙寧間，又置場於熙河。南渡以來，文、黎、珍、敘、南平、長寧、階、和凡八場，率皆良馬，以互市爲利。宋代曲示懷遠之意，亦以此羈縻之也。

又 章宗承安三年，以茶靡國用而資敵命，設官製之。以尚書省令史劉成往河南造茶，不親嘗其味，民言謂溫桑，實非茶也。還白上，上以爲不職，罷之。左諫議大夫賈鉉上書論山東采茶事大概，謂茶樹隨山皆有，一切邏護，已奪民利。因揀茶樹，執誣小民，取其賄賂，宜嚴禁止，仍令按察司約束，上從之。

四年，淄、密、寧海、蔡州各置一坊，造新茶。依南方例，每斤爲袋，以商旅未能販運，命山東河北四路轉運司付各司縣鬻之。買引者納錢及折物，各從其便。

泰和四年，上謂宰臣曰，比令近侍察新茶，知山東河北四路悉樁配於人，未免強民。按察司當閱實以聞，并令每袋減價。

六年，尚書省奏茶飲食之餘，非必用之物。近來上下俱啜，農民尤甚，市井茶肆相屬。商旅多以絲絹易茶，所用不下百萬。是以有用之物，易無用之物也。若不禁止，恐消財彌甚。遂令七品以上官其家方許食茶，仍不得賣及饋獻。

八年，言事者以茶乃宋土草芽，而易中國絲綿錦絹有益之物，不可。國家之鹽貨出於鹵水，取之不竭，可令易茶。省臣議所易不廣，遂奏，令兼以雜物博易。

宣宗元光二年，省臣以國蹙財少，乃奏言，金幣錢穀世不可一日缺者也。茶本出於宋地，非飲食之急，而自昔商賈以金帛易之。泰和間，嘗禁止之。後以宋人求和，乃罷。兵興以來，復舉行之。然邊民又規利，越境私易。令河南陝西凡五十餘郡，郡日食茶率二十袋，所用甚大，奈何以有用之貨而資敵乎？乃制親王公主及現任五品以上官素蓄者存之，禁不得賣饋，餘者並禁之。

又 元之茶課，大率因宋之舊而爲之制。世祖至元五年，用運使白賡言，榷成都茶於京兆、鞏昌，置局發賣。私自采賣者，其罪與私鹽法同。六年，始立西蜀四川監榷茶場，使司掌之。十二年，既平宋，復用左丞呂文煥言，榷江西茶。繼又定長引、短引之法，以三分取一。長引每引計茶一百二十斤，短引九十斤，皆收其鈔。十七年，置榷茶都轉運於江州，總江淮荊湖福廣之稅，遂除長引，專用短引，稅額遂增。十九年，以江南茶課官爲置局，令客買引，通引貨賣。至二十一年，轉運使言各處食茶課程抑配於民非便，於是革之。三十年，又改江南茶法，凡管茶提舉司一十六所，罷其課。每茶商貨茶，必令齎引。無引者與私茶同。引之外又有茶由，以給賣零茶者，其由以斤數多寡分爲十等。成宗元貞元年，有獻

利者言，舊法江南茶商至江北者又税之，其在江南買者亦宜更税如江北之制。於是朝議復增江南課，是後制雖屢更，唯以增課為能。

又 明制有官茶、有商茶，皆貯邊易馬。官茶間徵課鈔，商茶輸課略如鹽制。

初，太祖令商人於產茶地買茶，納錢請引。不及引曰畸零，別置由貼給之。無由引及茶、引相離者，人得告捕。置茶局批驗所，稱較茶引，不相當即爲私茶，凡私茶之制與私鹽同。

洪武初，定令凡賣茶之地，令宣課司三十取一。四年，户部言，陝西漢中、金州、石泉、漢陰、平利、西鄉諸縣，茶園四十五頃，茶八十六萬餘株。四川巴茶三百十五頃，茶二百三十八萬餘株。宜定令每十株官取其一，無主茶園令軍士薅采，十取其一，以易番馬，從之。於是諸產茶地設茶課司，定税額。陝西二萬六千斤有奇，四川一百萬斤。設茶馬司於秦、洮、河、雅諸州，自碉門、黎雅抵朵甘、烏斯藏，行茶之地凡五千餘里。山後歸德諸州，西方諸部落，無不以馬售者。後永寧、成都、筠連皆設茶局，川人故以茶易毛布毛纓諸物，以償茶課。自定課額，立倉收貯，專用以市馬，民不敢私採。課額不足，民多賠納。四川布政司以為言，乃聽民採摘與番易貨。又詔天全六番司民，免其徭役，專令蒸烏茶易馬。

又 宣宗宣德中，中茶者赴甘州西寧而支鹽於淮浙，商人持文憑、恣私販。官課數年不完。

英宗正統初，都御史羅亨信言其弊，乃罷運茶支鹽例。令官運如故，以京官總理之。初，以行人巡茶。

憲宗成化中，改用御史。至民饑待賑時，仍令商人納粟中茶。後因開中茶私造莫遏，易馬不利，遂停中茶之制。至都御史楊一清兼理馬政，復議開中，言召商買茶，官貿其三之一，茶五六十萬斤，可得馬萬匹。帝從其請。

武宗正德元年，一清又建議商人不願領價者，以半與商，令自賣。遂著爲例永行焉。後户部又以全陝災震，邊餉告急，國用大絀，上言：『先時，正額茶易馬之外多開中以佐公家，有至五百萬斤者。近者御史劉良卿亦開百萬，後止開正額八十萬斤，并課茶私茶通計僅九十餘萬。宜下巡茶御史議，召商多中。』御史楊美益言：『饑祲民貧，即正額尚多不足，安有贏羨。今宜守九十萬斤招番易馬之規，凡通内地以息私販，增開中以備賑荒，悉宜停罷，毋使與馬分利。』户部以帑藏不足，請如弘治六年例，易馬外仍開百萬斤，召納邊鎮以備軍餉。詔從之。後陝西巡按御史畢三才言，課茶徵輸本有定額，先因茶多餘積，園户解納艱難，以此改折；今商人絶跡，五司茶空，請令漢中五州縣仍輸本色，招商中五百引，可得馬萬一千九百餘匹。部議西寧、河、洮、岷、甘、莊浪六茶司共易馬九千六百匹，著爲令。

熹宗天啟時，增中馬二千四百匹。明初嚴禁私販，久而姦弊日生。洎乎末造，商人多給賞由票，使得私行。番人上駟盡併於姦商，茶司所市者乃其中下也。至產茶之地，南直隸常、廬、池、徽，浙江湖、嚴、衢、紹，江西南昌、饒州、南康、九江、吉安，湖廣武昌、荊州、長沙、寶慶，四川成都、重慶、嘉定、夔、瀘，商人中引則於應天、宜興杭州三批驗所，徵茶課則於應天之江東瓜埠。蘇、常、鎮、徽、廣德及浙江、河南、廣西、貴州皆徵鈔，雲南則徵銀。其上供茶，天下貢額四千有奇，凡供茶第按額以供焉。

又卷一六《食貨一六・平准均輸》 後唐明宗天成元年，詔省司及諸府置税茶場院。自湖南至京，六七處納税，以至商旅不通。及州使置雜税務，交下煩碎，宜定合税物色名目，商旅即許收税，不得邀難。二年，敕應三京諸道州府商税等，多不係屬州府，皆是省司差置場官，特議改更，貴除繁屑。自今已後，諸商税並委逐處州府撲斷，依省司常年定額，句當辦集，冀除生事之端，不爽豐財之理。

又 神宗熙寧二年，立均輸市易之制。其時制置三司條例言，今天下財用無餘，典領之官拘於弊法，内外不相知，盈虛不相補。諸路上供本有常數，豐年便道可以多致而不能贏，儉年物貴難以供億而不敢不足。遠方有倍蓰之輸，中都有半價之鬻。徒使富商大賈乘公私之急，以擅輕重斂散之權。今發運使實總六路之賦，而其職以制置茶鹽礬酒税爲事，軍儲國用多所仰給，宜假以錢貨，資其用度，周知六路財賦之有無而移用之。凡糴買税斂上供之物，皆徙貴就賤，用近易遠。令預知中都帑藏年支見在之定數，所當供辦者得以從便變易蓄買，以待上令。稍收輕重斂散之權歸之公上，而制其有無以便轉輸。庶幾國用可足，民財不匱。

《續通志》卷二七二《唐七十二・裴休傳》 太和後，歲漕江淮米四十萬斛，至渭河倉者纔十三。舟楫僨敗，吏乘冒沒，劉晏之法盡廢。休分遣官詢按其弊，乃命在所令長兼重漕，褒能者，謫怠者。舊歲率雇緡二十八萬，休悉歸諸吏，敕巡院不得輒侵牟。著新法十條，又立稅茶十二法，人以為便。居三年，粟至渭倉者百二十萬斛，無留壅。時方鎮設邸閣居茶取直，因視商人他貨橫賦之，道路苛擾。休建言，許收邸直，毋擅賦商人；又收山澤寶冶，悉歸鹽鐵。

又卷三〇八《宋十二・陳恕傳》 恕將立茶法，召茶商數十人，俾各條利害。恕第為三等，語副使宋大初曰：『吾觀下等固滅裂無取，上等取利太深不可行，惟中等公私皆濟，吾裁損之，可以經久。』於是始為三法行之，貨財流通。

《清通典》卷八《食貨八・雜稅》 凡商販入山製茶，不論精粗，每擔給一引，每引額徵紙價銀三釐三毫。其徵收茶課，例於經過各關時，按照則例驗引徵收，匯入關稅項中解部。間亦有匯歸地丁款項內奏報者。

江蘇行萬五千引，以八千引發江寧茶引所大使，以七千引發產茶之吳縣、荊溪縣。

安徽行六萬九千九百八十引，舊行四萬五千，復增二萬四千九百八十。發產茶之潛山、太湖、歙縣、休寧、黟縣、宣城、甯國、太平、貴池、青陽、銅陵、建德、蕪湖、六安、霍山、廣德、建平十七州縣。雍正十年，增設休寧、黟、甯國、建德、霍山各縣萬八千三百八十引。又加增六安、霍山、移、建德、甯國五州縣萬五千五百引。開除懷寧、桐城、宿松、望江、南陵、涇、旌德、石埭、東流、當塗等地不產茶之十縣八千九百引。十三年，又以六安、歙、休甯、霍山四州縣原引不敷行運，復於額引外，預發萬引。

江西行二千四百三十八引，額征銀三百六十五兩七錢。雍正九年，增甯州、武寧二縣百五十引，增課三十二兩五錢。開除南昌等地不產茶之三十二縣七百十二引，豁除課百有六兩八錢。

浙江行十四萬引，北新關每引徵稅二分九釐三毫八絲。

湖北行二百三十引，額徵銀二百三十兩。謹按：湖北茶引係咸寧、嘉魚、蒲圻、崇陽、通城、興國、通山七州縣請領，各州縣產茶無幾，不足本地日用，所有茶引，無商可給。向種茶園戶經紀中，按每引紙價銀三釐三毫徵稅銀一兩。又均州、荊門州、鍾祥縣本地鋪戶肩販小簍粗茶，每引報稅一釐八毫，盡收盡解。乾隆八年，四川建始縣改隸湖北施南府，舊行茶十八引，隨帶湖北，每引徵銀二錢五分，課銀一錢二分五釐。

湖南行二百四十引，額徵銀二百四十兩。向例，茶商皆自陝西帶引赴湖南採買，本省所頒之引，並無客領，給發產茶之善化、湘陰、瀏陽等十七州縣行戶，以為一年護帖，每引徵紙價三釐三毫，納稅銀一兩。

甘肅行二萬八千七百六十六引，額徵銀六千二百六十六兩三錢二分六釐，本色茶十三萬六千四百八十篦。榆林府千引，神木同知二百引，寧夏府二百七十引，三路共千四百七十引。每引徵銀三兩九錢，共徵銀五千七百三十三兩。又西商大引二萬七千九十六引。於西寧、莊浪、洮岷、河州、甘州各處地方行銷。內小引百三十二，在西安、鳳翔、漢中、同州四府州縣售賣，每引行茶百斤，內交五十斤，餘五十斤，即為商茶，令其售賣作本。每茶百斤，作為十篦，每篦二封，每封五斤，共徵茶十三萬六千四百八十篦。又漢中府屬西鄉、興安、漢陰、紫陽、石泉等州縣所產之茶，向不設引，止許本地行銷，每年徵稅銀五百三十三兩三錢二分有奇，歸入地丁奏銷案內。順治初年，定易馬例。每茶一篦，重十斤，上馬給十二篦，中馬九篦，下馬七篦。十年，定延、甯二處商稅，每引茶百斤，入官茶三十斤，每斤折銀一錢三分。十三年，准新茶中馬，既足，陳茶變價充餉，如新茶不足，陳茶兩篦折一中馬。康熙三十三年，准西寧五司收貯茶篦，每斤變價六錢。三十六年，停發陝西黃甫堡茶引百三十四引。又准甘州司積貯茶篦，在五鎮奉餉之內搭放，三錢值茶一封。四十四年，停止西寧等處易馬，將茶篦變價充餉。六十年，增陝西西寧、莊浪、岷州、河州引四千。雍正三年，定甘肅四司茶篦，自康熙六十一年為始，五年內總收本色，五年後即將五年前之茶變價例。乾隆元年，定甘肅應徵新茶，准每篦折銀五錢。又以新茶雖經改折，陳茶銷售猶難，再減陳茶價，每封二錢。二年，令商茶入陝後，榆林茶令綏德州察驗，神木茶令府谷縣察驗。七年，仍徵本色。十三年，定二成徵收本色，八成徵收折色。

四川行舊額新增共十萬六千百二十七引，邊引八萬四百二十七，每引徵四錢七分二釐。腹引九千二百有六，每引徵二錢五分。土引萬六千四百九十四，每引徵三錢六分一釐，按年造報奏銷。額徵銀萬三千一百二十八兩三錢七分五釐，稅銀四萬五千九百四十二兩三錢七分八釐。康熙二十六年，增邊腹引萬有一百五引。二十九年，復增二千四百二十三引。四十一年，定四川天全土司增五千六百引，雅州增二千七十九引，邛州三百引，榮經縣三千五百有四引。四十四年，名山縣增邊引三千三百有十四。十五年，增新繁、大邑、灌縣千九百引。四十八年，又增天全土司一千三十引。四十九年，雅州邊引增一千九百八十引。五十八年議准，四川茶課合邊引土引共六萬四千九十八引，於松潘、打箭爐行銷。令均行飭禁，將引繳部，應徵稅銀，暫行停止，尋以二處土司，相繼歸誠，仍發邊土二司行銷。雍正三年，增邛州邊引千三百。四年，增雅州、成都、大邑、榮經、灌縣邊引八千六百三十有五。又增天全土司土引七百七十，增安縣邊引二百。五年，增邛州邊引千有一百。六年，遵義府改屬貴州，懷仁縣茶引稅銀，正安州茶引稅銀，均令歸貴州交納。七年，增洪雅嘉定二州縣腹引共三百，又天全土民願增土引六千三百四十五。又以雅州榮經二縣引，撥新繁峨眉等縣招

商認銷。又增定徵銀數，每斤徵一釐二毫五絲為額。九年，增成都等六州縣三百六十九引，通江縣六百七十八引，灌縣等九縣邊腹共六百五十二引，羅江等四州縣腹引五十一，新都等四縣二百二十，邛州邊引千一百。

雲南行三千引，額徵銀九百六十兩，每引紙價三釐，稅銀三錢三分，入地丁冊内造報。康熙四年，永平府開茶馬市，每兩徵稅三分。雍正十三年，頒茶引三千。

盛京、山西、河南、廣西均無茶課，向不頒行。山東惟濟南府徵茶稅銀八兩，係牙行赴司領帖，每茶一馱，收稅銀三分。歷城縣額徵銀一兩四錢，壽張縣茶行經紀一名，每年徵稅銀三兩六錢。又濟甯州有商運茶到州，每百斤收稅一錢，粗者五分。福建向不頒行。康熙十九年，因軍需議加茶課銀三百五十九兩二錢，至康熙二十六年豁免。惟崇安之武夷山產茶，聽商販運，於經過關口，照例徵收，匯入商稅項下奏銷。廣東地不產茶。向不頒行，所征茶稅，惟樂昌縣十兩五錢，長寧縣六兩，每年附入雜稅。又潮州廣濟橋，每粗茶百斤，稅銀五分，細茶百斤，三錢四分，匯入橋稅內報解。貴州舊無茶引，雍正六年，四川仁懷縣改隸，隨帶二百五十引，共徵稅六十二兩五錢，課一兩六錢九分三釐八毫。

《宋會要輯稿・食貨志三〇・茶法雜録一》［咸平三年七月］二十三日，作坊副使、制置茶鹽楊允恭言：『產茶之地，民輸賦者悉計其直而官售之，精粗不校，咸輸榷務。商人弗肯，計久而不鬻，官即焚之。今請均其色號，以年次給之。』從之。

又《食貨一七・商稅三》［天禧］五年二月，詔：『自今客人於蘄口、太湖、石橋、洗馬等四處場務筭買諸色號茶貨，如到泗州，願取淮河前去入正陽、(潁)［穎］州、陳州舊路上京者，聽從便，令依例送納舊路商稅。如願借汴河路上京者，令只納舊路稅錢。從汴上京，更不令依宿、亳州、南京三處稅則例送納。隨船行貨物色、力勝、頭子、功角等錢，即逐處依例收納。』

又［天禧五年］九月，免夔州買銀稅錢。先是，本州買上供銀，舊例商人賫銀入城者，每兩稅錢四百五十文足。如無鄰州公引，即倍稅之。以是商人罕復販鬻，而所買殊少。轉運使以為請，而有是命。

又［景德］二年三月，詔：『具州民所輸稅物，具：按《元豐九域志》，宋無具州，疑為貝州。先經商稅院收筭，然後輸官，甚無謂也，宜除之。』先是，節度使孟元喆在鎮日，令民當輸稅物者先筭，規其餘羨，以備留使之用。帝聞之，而有是詔。

八月二十九日，詔：『涇、原、儀、渭等州蕃部所給馬價茶，沿路免其稅筭。』

又［大中祥符二年］六月七日，詔：『自今諸色人將帶片散茶出新城門，百錢已上，商稅院出引；百錢已下，只逐門收稅。村坊百姓買供家食茶末，五斤已下出門者，免稅。商賈茶貨並茶末依舊出引。』

又［天聖二年］七月，詔：『商旅筭射十三山場茶貨，沿路稅務驗認公引，如正茶與耗茶相隨，即免稅耗茶。到住賣處，不以正耗，並收稅。若或無正茶，只是耗茶，據數收稅。即不得將貼射一色中號茶秤出剩數，收納淨利倍稅，阻滯筭射。』

又《食貨三一・茶法三・茶法雜録二》紹熙元年五月十六日，榷貨務都茶場言：『湖南北、江西路皆係巨商興販，尚且給降小引，其兩浙、江東等路，多是草茶，客人販往鄉村零細貨賣，乞添印造四貫例長、短小引相兼，聽客從便請買。』既而户部言：『近添印造兩浙、江東等州軍四貫例茶長、短小引給賣，務在招引小客。今若依大引見使金銀、會子分數品搭筭請，恐小客難以變轉興販，因而積壓，欲將今來給賣小引除見使金銀、會子分數入納外，如願全使一色會子筭請者聽，庶幾客販亦得通快。』從之。

又《食貨三二・茶法四・茶法雜録三》［宣和六年九月］九日，尚書省言：『總轄都茶場所狀，都茶場劄子：兩浙茶事司公文稱，無圖之法希求賞錢，結合浮浪人作牙，湊合興販短引一兩道，於鄉村巡門倈賣，收藏文引，不令買人批鑿。經官告首，每引動經一二百户，官司更不推究賣人匿引情弊，務在勾人搔擾，將買茶人斷罪追賞等。今相度，欲今後應州縣勘斷犯茶公事，並具元犯事因、斷遣刑名報提舉茶事司看詳，及具一般事狀報都茶場詳審。如涉違戾不當及不行申報，其元斷當職官吏許本場具因依申朝廷，乞重賜施行。』詔令申尚書省。

又《食貨三六・榷易》［淳化］四年二月，詔在京榷貨務及諸道商旅等：『頃以向南州郡聲教未通，於沿江置立榷務，近聞積弊，多有邀難，抑配陳茶，虧損商客。今既混一，須議改更。已差使臣往彼就便指

揮，其自來沿江榷務並令停廢，許客旅各就出茶處取便筭買新茶。兼已據地里遠近減下價錢，仍免放自江已南緣路商税，及令嚴切鈐轄出茶處場務，不得住滯及有乞覓。其禁榷茶鹽條例並筭買交引，一切依舊施行。如有客旅已入交引筭買舊榷場茶貨者，亦許客旅取便。』先是，秘書丞劉式上言：『榷務茶陳惡，商賈少利，歲課不登，望盡廢之，許商人輸錢京師，給券就茶山給以新茶，縣官減轉漕之直，而商賈獲利矣。』帝從之，先遣雷有終等乘傳按視，因降此詔。

又［景德二年］七月二十日，三司鹽鐵副使林特、宮苑使劉承珪請罷比較茶法，仍乞不行酬賞。從之。國朝自乾德二年置榷茶務，諸州民有茶，除折税錢外，官悉市之。許民於東京輸金、銀、錢、帛，官給券就榷務以茶償之。後以西北用兵，又募商人入粟麥、竹木於邊郡，給文券，謂之交引，許就沿江榷務自請射茶。邊郡所入直十五六千至二十千者，即給茶直百千，謂之加擡錢。然入粟、木者亦有不知茶利，至京多以交引鬻於茶商，百千裁得二十餘緡，謂之實錢。輦下坐賈逐蓄交引以射利，謂之交引鋪。

又［熙寧］十年九月十六日，尚書屯田郎中、侍御史周尹提點湖北路刑獄。先是，尹上言：『成都府路置場榷買諸州茶，盡以入官，最爲公私之害。初，李杞倡行敝法，奪民利未甚多，故爲患稍淺。及劉佐擁代其任，增息錢至倍，無他方術，惟割剥於下，而人不聊生矣。大抵在蜀則園戶苦壓其斤兩，支錢侵其價直；在熙、秦則官價太高，而民間犯法不可禁止。又般運不逮，糜費步乘，堆積日久，風雨損爛，棄置道左，同於糞壤。兼所至不通客旅，惟資無賴小民結連群黨，持杖私販，虧失征税，茶司認虛額，又侵盗相繼，刑罰日滋，爲數千里之害，可爲深慮。臣頃在京師，傳聞其事，既未詳盡，安敢輕議？今受命入蜀，所至體問，乃知買茶爲害甚鉅。有知彭州呂陶、知蜀州吳師孟等論奏可以參驗。往者杞、佐繼陳苛法，即信用其言，曾不畧加參考；今議者條其刓蠹，悉皆明白，未即采聽，何勇於興利，而怯於除害乎？臣願敕有司速究榷茶之弊，俯徇衆論，寬西南之慮。』又曰：『竊詳朝廷之意，未欲遽罷榷茶者，必以熙河路買馬年計，茶最爲急耳。但通商之後，舊來諸路茶税年額錢總二十九萬餘緡，先已復故，即可委逐路轉運司一面管認赴熙河路外，有見今官茶，所在州縣堆積極多，足支數年買馬，自今商旅販秦鳳、熙河路茶，必能接續有備。臣體問廢罷改革事，皆商旅所願，望速下本路逐處根究，臣之所陳有實，即乞罷榷茶之法，許通商買賣，以安遠方。』尹還，未至都而有是命。

《清實録・宣宗成皇帝實録》卷一四一　又諭，那彦成等奏，嚴禁奸商私販茶葉並設局稽查一摺。甘肅官引額銷茶葉，每年例應出關二十餘萬封。近來行銷竟至四五十萬封之多。顯係以無引私茶，從中影射。其行銷各城，又復遞加價值。每副茶一封，售銀七八兩至十餘兩不等。此等奸商私販，勾通外夷，剝削回衆，不可不嚴行禁絶。現據那彦成等酌情每封官為定價。阿克蘇價銀不得過四兩，喀什噶爾、葉爾羌不得過五兩，作為永定之價，不許增添。並於嘉峪關地方照殺虎口、歸化城、張家口等處設立税局，阿克蘇照古城設立税局。喀什噶爾、葉爾羌為行銷總要之區，均設立税局，稽查奸商私販，以杜流弊。俱著照所議辦理。其詳細章程，著那彦成等另行妥議具奏。尋議上。命大學士托津、長齡、協辦大學士富俊會同戶部核議。尋奏，商人販茶，遠赴口外行銷，原為利往，如層層納税，節節盤驗，恐商人仍取給於食茶之人，茶價勢必增昂，回民轉滋苦累。若慮回民買食價昂，抑勒商人，減價銷售，尤恐該商等裹足不前，回民或至乏食，關係非淺。且原奏內稱商人因避西四城茶税，將茶斤賣與東四城回子，轉運西四城販賣，亦令回子在西四城一體納税。是因徵商税而並及回衆，於邊地尤不相宜。查烏里雅蘇台、科布多二城，向食北口商茶，並未議徵税課。今伊犂等處同係口外地方，獨令該處兵民買食納税貴茶，亦不足昭平允。俱無庸議。從之。

又 卷二六三　諭內閣，長清奏試收茶税展限期滿一摺。古城增設税局，抽收茶税，原議一年徵銀八千兩，嗣因徵不足額，奏請展限三年，再行定額。茲據該都統查明現在三年期滿，每年抽獲税銀一萬一百至一萬五千餘兩不等，較原定額數，有贏無絀。惟商販之往來，售銷之盈縮，難以豫定。若照前奏酌中定額，恐將來抽收不足，既難著賠，且遇茶飯暢銷，易啟抽多報少之弊，不足以昭覈實。著照所請，仍責成奇臺縣知縣，盡收盡報，按季批解。該都統即督飭鎮迪道，查照茶税章程，務將正副税票查驗核對，以杜弊端而利商民。

（同治）《淡水廳志》卷四《賦役志·茶釐》　淡北石碇、拳山二堡，居民多以植茶為業。道光年間，各商運茶，往福州售賣。每茶一擔，收入口稅銀貳圓，方准投行售賣。迨同治元年，滬尾開口，通商茶葉，遂無庸運往省城。省中既無入口稅銀可徵，臺地亦無落地釐銀可抽，而茶葉出產，遞年愈廣。同治十年，臺道黎兆棠札飭委員候補府胡斌會同淡水同知試辦抽釐。每擔酌收釐銀壹圓。有奸棍章華封、金茂芳等聚眾希圖抗抽，適臺道黎兆棠卸事，酌量減收。臺灣徵收茶釐自此始。

清　唐贊袞《臺陽見聞録》卷上《籌餉·茶釐》　查臺北淡水地方，出產茶葉，由來已久。咸豐年間，由商船運往福州銷售，俱係未揀毛茶；就南臺大橋卡口完釐，係在省城茶葉包辦四卡口之內，每年不過數百石或數千餘石，爲數無多。自同治二年起，淡水滬尾、雞籠二口，與外國通商，就地買葉，從此鮮運福州。

查考滬尾海關冊，同治七年出口茶三千九百六十一石，八年出口茶五千九百六十九石，九年出口茶一萬零五百四十石，亦有由內地商船運往省、厦、廣東各處者，不知其數多寡。緣臺灣從無海關常稅釐金局，雖有商船釐，每百石定收洋銀一元四角，不問貨爲何物，亦不問精粗貴賤，統名船貨釐金；每計石照完。以是，商船運茶出口，年有若干，並無稅釐冊案可稽。就民間訪詢大概情形，皆謂今年洋船出茶約有一萬五千石左右，商船出茶約有三、兩千石，須視釐金辦過一年，方爲準數。所出茶葉，大都皆寶順、怡記、德記三洋行收買居多。民商自運出口，本屬寥寥；且臺灣本地業茶商民，多係承領洋行資本入山採辦，並無重資自開茶行。

本年上中茶價，每百觔貴至洋銀四十八元。民商運往內地從何售此昂值？是以本年內地商船運茶尤少。此近年淡屬出產茶葉之大較也。

至茶釐局原設在艋舺，另於大稻埕分設驗卡。嗣查內山出產茶葉，多係徑赴滬尾裝船出口，而大稻埕係往滬尾必由之路，業於本年七月二十日將茶釐局改移大稻埕，合局卡歸一；既可以杜偷越，又可以省糜費，較爲便益。此外沿海各處，則於滬尾口、雞籠口、大溪口、新莊、竹塹、後壠、大安等處各（設）驗卡，凡有運茶過卡，無論中外商民，一律查驗。每百觔，不論茶之粗細，不折觔數，實收釐金洋銀五角。完清釐金後，由局卡給與憲頒單，照驗放行。

清　程雨亭《整飭皖茶文牘·程雨亭觀察請南洋大臣示諭徽屬茶商整飭牌號稟》　敬稟者：竊職道上年春初，奉前督憲張奏派榷事，皖茶亦在其中。本年二月，又奉憲台疏請專辦，是皖南茶事之興衰，職道與有責焉。春杪抵皖，即將疇曩各分卡擾累茶商之蠱毒，鋭意廓清；尚恐陽奉陰違，為之勒石永禁，以垂久遠。又訪得西皖各釐局，向有需索經過茶船之弊，分晰開摺，稟請鈞示嚴禁。而皖南所轄，向設驗票之分卡，名為稽查偷漏，徒索驗費，而於公無甚裨益者。如婺源運浙之茶，道出屯溪，向有休甯分局查驗，及坟厦巡檢衙門掛號之舉；屯溪各號之茶，向章經過歙縣所轄之深渡分卡秤驗，行經迤東五十里之街口，又復過秤，似稍重復。職道釐定章程，凡婺源、屯溪各號之茶，通歸街口分卡查驗，此外一概豁免，以歸簡易。業經分別示諭，並呈報憲鑒在案。皖南茶章，向由各分局派司事巡勇至各商號秤箱點驗，不免零星小費。本年札飭各分局，勒石示禁。而屯溪、深渡附近各號，職道遴派司巡秤茶，每次司事給洋一角，巡勇給洋五分，道路稍遠者，酌給舟車之資。申儆再三，不准向商號毫釐私索及紛擾酒食等事。既優給其薪饌，復示諭乎通衢，凡來局掛號請引之行夥錢儈，職道皆切實面諭，惟恐或有朦蔽。所以略盡此心者，竊冀弊去，則利或漸興，故斷斷而為此也。

又《請裁汰茶釐局卡冗費稟》　本年自春阻夏，霪霖滂沛，山茶殫傷，產數較昔歲約少十分之二。祁門、浮梁紅茶，商本折閲，夏初又聞美國加徵進口茶稅，眾商益觀望趦趄，蟄伏荒山，切深焦悶。會徼天幸，夏杪，俄商放價儘購徽屬高莊緑茶，茶質之最佳者每擔可獲利十五六金，低茶亦每擔五六金，為同光以來三十年所僅見。商情歡躍，釐收亦遂可觀。計本年皖南各局，約共徵茶稅十二萬二千餘引，較去年不相上下，實為始念所不及。否則，職道扶病遠來，徵稅短絀，問心抑何以自安？即寅僚申申詬詈，亦無以自解也。本屆徽屬緑茶，得利至厚，明歲業茶者多，稅課必當增旺。惟蘄隆冬無甚冰雪，來年春夏雨暘時若，洋銷仍暢，斯萬幸已。茶事每歲六個月，均已完竣，局用項下月支文案、差遣、書識、帳目、稽核、監秤等名目，計共銀一百九十二兩，似稍冗濫。

又《請禁緑茶陰光詳稿》　竊惟中國出口土貨，茶為一大宗，商務

餉源，關係至重，若任牙販攙雜渲染，作僞售欺，洋商受愚致疾，至謂華茶皆不可食，勢必茶務益疲，釐稅將不可問，職道訪詢業茶之老商，同治以前，焙製綠茶，不過略用洋靛著色，洋人嗜購，無礙銷路。

又《復陳購機器製茶辦法稟》 至創辦機器，尤必通力合作。如祁門共若干號，每號各出股分一二百金，茶釐局酌撥三五千金，官商合辦，盈虧一律公攤，各商號始無嫉忌畛域之見。【略】機價雜費，擬請江海關庫暫墊，仍由茶釐項下，如數撥還。

《清會典事例》卷二四二《茶課》 凡茶課，江蘇等十省茶引，各限豫年請領，年辦年銷。若壅積遲滯者，該管官及商人一併處分。

江蘇額行茶一萬五千引，分發江寧茶引所大使茶引八千，其餘七千分發產茶之荊溪縣張渚巡檢司、湖汊巡檢司。凡有商販入山製茶，貨不論粗細，每擔給一引，每引額征紙價銀三釐三毫，其徵收課稅，例於經過各關按照則例，驗引徵收，彙入關稅項下報銷。

安徽額行茶原額六萬九千九百八十引，新增一萬七千一百引，共八萬七千八十引，又餘引一萬五千一百引，分發產茶之潛山、太湖、歙縣、休寧、黟縣、宣城、甯國、太平、貴池、青陽、銅陵、建德、蕪湖、六安、霍山、廣德、建平十七州縣。凡有客商入山製茶，每擔給一引，每引徵紙價銀三釐三毫。其徵收茶課，例於經過各關按照則例，驗引徵收，彙入關稅項下解部。又歙縣街口司，有每年茶牙完納茶稅銀四錢三分二釐，彙歸地丁奏報。

江西額行茶二千六百三十八引，分發徽商一千二百三十五引，本省州縣小販一千四百三引。每引徵紙價銀三釐三毫三絲，征課銀一錢五分，額征課銀三百六十五兩七錢。行茶到關，仍行報稅。

浙江額行茶十四萬引，由布政司委員給商，每引徵紙價銀三釐三毫，買價銀一錢。北新關每引徵茶稅銀二分九釐三毫八絲，彙入關稅報解。又歲額恭辦上用黃茶二十八簍，恭辦陵寢黃茶、內廷黃茶共九十三簍，由辦引委員於所收茶引買價內辦解。

湖北額行茶二百四十八引，係咸寧、嘉魚、蒲圻、崇陽、通城、興國、通山七州縣請領。各州縣產茶無幾，不足供本地日用，所有茶引，無商可給。向種茶園戶經紀坐銷二百三十引，建始縣給商行銷十八引，每引額徵紙價銀三釐三毫，坐銷者徵稅銀一兩，行銷者稅銀二錢五分，課銀一錢二分五釐，共額徵稅銀二百三十四兩五錢，課銀二兩二錢五分。行茶到關，仍行報稅。又均州、荊門州、鍾祥縣，本地鋪戶肩販小簍粗茶，每引報稅銀一釐八毫，名落地稅，盡收盡解。

湖南額行茶二百四十引。向例，茶商皆自陝帶引赴楚採買，本省所頒茶引，並無客領，給發產茶之善化、湘陰、瀏陽、湘潭、益陽、攸縣、安化、邵陽、新化、武岡、巴陵、平江、臨湘、武陵、桃源、龍陽、沅江十七州縣行戶，以為一年護貼，每一引徵紙價銀三釐三毫，納稅銀一兩，共額徵稅銀二百四十兩。

甘肅額行茶二萬八千七百六十六引，西寧茶司商銷九千七百十二引，甘州茶司商銷八千一百五十引，莊浪茶司商銷九千三百二引，陝西省西安、鳳翔、漢中、同州四府商銷一百三十二引，寧夏府商銷二百七十引，陝西省榆林府九百引，延安府屬靖邊縣一百引，定邊縣一百引，陝省神木同知一百引，每引徵紙價銀三釐三毫，寧夏、榆林、神木每引徵價銀三兩九錢，共額徵銀五千七百三十三兩。每引行茶一百斤，內交官茶五十斤，餘五十斤，即為商運茶，令其售賣作本。每茶百斤，作為十篦，每篦二封，每封五斤，共徵本色茶十三萬六千四百八十篦。其西寧、甘州、莊浪三茶司，陝西省西安、鳳翔、漢中、同州四府商交官茶，改折之年每封折徵銀三錢。又陝西省漢中府屬西鄉、興安、漢陰、紫陽、石泉五州縣所產之茶，向不設引，止許本地行銷，由各園戶每年共徵課銀五百十三兩三錢二分有奇，歸入地丁案內奏銷。

四川額行茶十一萬四千七百四十八引，餘引五千引，本省州縣行腹引一萬四千二百二十七引，打箭爐、松潘廳行邊引八萬四千二十七引，打箭爐行土引一萬六千四百九十四引，其餘引值正引額外暢銷，即以抵行，每引徵紙價銀三釐。腹引、邊引、土引，每引各徵課銀一錢二分五釐，腹引每引徵稅銀二錢五分，邊引每引徵稅銀四錢七分二釐，土引每引徵稅銀三錢六分一釐，共額徵課銀一萬四千三百四十三兩五錢，稅銀四萬九千一百七十一兩八錢二分八釐，餘引課稅，隨年報解。

雲南額行茶三千引，由麗江府給商，赴鶴慶州中甸等地方行銷。每引徵紙價銀三釐，稅銀三錢二分，共額徵稅銀九百六十兩，按年彙入地

丁冊內造報。

貴州額行茶二百五十引，由懷仁縣分里給商。赤水里載一百十八引，二郎里載十九引，吼灘里載十五引，小溪里載五十八引，土城里載四十引，赴四川永寧縣行銷。每引徵紙價銀三釐，稅銀二錢五分，赤水等五里共額徵課銀一兩六錢九分三釐有奇，額徵稅銀六十二兩五錢。

直隸、河南均無茶課，向不頒引，惟茶商到境，各由經過關口輸稅，不科引課。

盛京向不頒引，亦無茶稅，民間食茶，係各處商販運往，在蓋平縣並海城縣之牛莊、錦縣之天橋廠、螞蟻屯各海口完納茶課。

山東向不頒引，惟濟南府額征茶稅銀八兩，係牙行赴司領貼，每茶一馱，收稅銀三分。歷城縣額徵銀一兩四錢，壽張縣茶行經紀一名，每年納稅銀三兩六錢。又濟甯州有商運茶到州，每茶百斤，收稅銀一錢，粗茶百斤，收稅銀五分，均彙入雜稅項下報解。

山西向不頒引，惟鋪戶外販經關納稅運至省城，每百斤抽稅銀二錢，作為商稅報解。汾陽縣食茶商稅項下，每年額徵茶馬稅銀十六兩二錢四分。

福建向不頒引，並無徵收茶課，惟崇安之武夷山產茶，聽商販運，於經過關口照則例納稅，多寡不一，彙入商稅項下奏銷。

廣東地不產茶，向不頒引，民間日用，或藉江閩商販，或採野茶自食，所征茶稅，惟樂昌縣十兩五錢，長寧縣六兩，每年附入雜稅。又潮州廣濟橋，每粗茶百斤，稅銀五分；細茶百斤，稅銀三錢四分，彙入橋稅內報解。

廣西亦無茶課，向不頒引，惟興安、義寧二縣徭人種植粗茶，土商前往收買，運至桂林、平樂、梧州、慶遠各處售賣，經過關廠，照例報稅，於關稅雜項造銷。

凡造作假茶售賣至五百斤以上，店戶窩頓至一千斤以上，計數科罪。其興販私茶潛與外國人交易，及在內地賣與回程外國人者，甘肅西寧、河州、洮州，四川雅州私販未經入番，數在一百斤以上及三百斤者，均計數科罪。凡興販私茶，論如私鹽法。凡茶引鐫鑄銅版，每十年題交寶泉局換鑄。

謹案：茶引舊式：戶部為茶法事，陝西清吏司案呈，照得各省茶法，題准各項事例，已經通行遵奉訖，所有引目條款，合行開列，鑄造銅版印刷引目，給付茶商收執，照茶前去發賣施行，須至引者。

一、茶引每引無論精粗，連包照茶百斤為一引，給半印引目，引價納完隨即發引，照例不許溢額。

一、客商販茶，不許茶、引相離，違者即同私茶，與私鹽同罪。

一、經過關津，批驗所依例照驗，將引由截角，別無夾帶，方許放行。

一、茶至各省府州縣往賣者，即赴該地方官驗明截角發賣。

一、偽造茶引者，處斬，籍沒當房家產，告捉人賞銀二十兩。

一、出園茶主，將茶賣與無引客人興販者，杖六十，原價入官。

一、行茶地方，某省某府某州縣某城某街某營堡等處。

現行茶引式：戶部為茶法事，陝西清吏司案呈，照得各省茶法，題准各項事例，已經通行遵奉訖，所有茶法例款，合行開列，鑄造銅版印刷引目，給付客商收執，照茶前去發賣施行，須至引者。

一、凡犯私茶者，同私鹽法論罪。如將已批驗截角退引，入山影射照茶者，以私茶論。

一、官給茶引，付產茶府州縣。凡商人買茶，具數赴官納銀給引，方許出境貨賣，每引照茶一百斤。茶不及引者，謂之畸零，別置由貼付之。量地之遠近，定以程限，於經過地方執照。若茶無由引及茶、引相離者，聽人告捕。其有茶、引不相當或有餘茶者，並聽拿問。賣茶畢，即以原給由引赴往賣官司告繳，該府州縣俱各委官一員專理。

一、私茶有興販夾帶五百斤者，照現行私鹽例押發充軍。

一、做造假茶五百斤以上者，本商並轉賣之人俱問，發附近地方充軍。若店戶窩頓一千斤以上者，亦照例發遣。不及前數者問罪，照常發落。

一、行茶地方：江寧省、安徽省、浙江省、江西省、雲南省、湖北省、湖南省、陝西省、四川省、貴州省。

商人行銷官引一道，照茶百斤，茶數不及引者，官給由貼，以奇零引論。江蘇、安徽茶計擔，雲南茶計筒，仍各合百斤之數。坐銷之引，不以此計。

順治初年，甘肅省定易馬例，每茶一篦重十斤，上馬給茶十二篦，中馬給茶九篦，下馬給茶七篦。七年題准，甘肅省舊例，大引篦茶，官商均分，小引納稅，三分入官，七分給商。今定茶引從部頒發，俱照大引例官商平分，以為中馬之用。十年覆准，甘肅省延甯二處商稅，每引茶百斤，量入官茶三十斤，每斤折銀一錢三分，交庫彙報。又覆准，甘肅省各番交易茶馬，量賚煙酒，以示撫綏。十三年覆准，甘肅省新茶所中之馬既足，陳茶變價充餉，如新茶不足，陳茶兩篦折准一篦。十四年覆准，甘肅省私

茶私馬變價及贖罪銀，原留中馬支用，今廣甯、開成、黑水、安定、清平、萬安、武安等七監，馬匹蕃庶，改折充餉。康熙四年覆准，雲南省北勝州，後入永北府，今又改永北廳。開茶馬市，商人買茶易馬者，每兩收稅銀三分，該撫詳造交易細數，番商姓名，每年題報。十九年，因軍需議加福建茶課銀三百五十九兩二錢。二十六年，欽奉恩詔，豁免福建茶課。又覆准，四川茶，增行邊腹引一萬一百五道。二十九年議准，四川省產茶漸茂，用茶漸廣，增行二千四百二十三引。三十二年題准，陝西省西寧五司收存茶篦，年久難免浥爛，每篦十斤，變價銀六錢。三十六年覆准，陝西省黃甫堡，原額行茶一百三十四引，今口外蒙古在殺虎口就近易鹽，以致黃甫堡茶引不行，嗣後停其頒發額引。又覆准，甘肅省蘭州城無馬可中，將甘州司積存茶篦，在五鎮俸餉之內，銀七茶三每銀一兩，搭放直三錢茶一封。四十一年，定四川省天全土司，增行五千六百引。又題准，四川省雅州增行二千七十九引，邛州三百引，滎經縣三千五百有四引。四十二年准，陝西省額行茶二萬七百九十六引，發西寧、莊浪、洮岷、河州四司通番易馬，內有八百餘小引，售西安、鳳翔、漢中三府人民供食。後因大引漸次裁減，現今止留小引百餘，三府地方人民不足食用，今於小引原額內，頒五百引給商行茶，每引徵茶五篦，每篦折銀四錢，共徵銀一千兩。四十四年題准，陝西省西寧等處所徵茶篦，停止中馬，將茶變價折銀。每新茶一篦，折銀四錢，陳茶一篦，折銀六錢充餉。又議准，四川省名山縣增邊引三千三百一十道。又題准，四川省雅州腹引難銷，改為邊引行茶。四十五年題准，四川省新繁、大邑、灌縣增行一千九百引。四十八年覆准，四川省天全土司增行五百一十引。四十九年覆准，四川省天全土司，增行七百二十引。又覆准四川省雅州，增邊引一千九百八十道。五十三年奏准，四川省打箭爐地方，番人藉茶度生，嗣後一體貿易。五十五年覆准，浙江省每年例銷茶十四萬引，商人有願備本銀及水腳銀兩，將每年應辦黃茶解交內庫者，給予執照，領引置茶，過關投稅，均如舊例。其存剩餘引，按年赴部繳銷。五十七年議准，陝西省西寧地方，原額九千二百四十八引，每引照例徵茶五篦，折銀四錢，征銀四千兩。五十九年議准，四川省茶課合邊引、土引，共六萬四千九十八引，向與松潘、打箭爐行銷，嗣均行飭禁，將引繳部，應徵稅銀，暫行停止。茲該二處土司相繼歸誠，仍發邊土二引行銷。六十一年覆准，陝西省西寧、莊浪、岷州、河州，界連口外，增茶引四千道，交與總督辦理，一年定例後，仍交巡撫辦理。乾隆二十九年，裁甘肅巡撫。光緒十年，設甘肅新疆巡撫。又議准，陝西省西寧等處舊茶，悉行變賣，以充兵餉。

雍正三年覆准，甘肅省四司茶篦，自康熙六十一年為始，五年內總收本色，五年後即將五年以前之茶，發出變價，挨次出陳存新，將變價銀按年造報，總以五年為率。又覆准，四川省邛州，增邊引一千三百道。四年覆准，四川省雅州、成都、大邑、滎經、灌縣等五州縣，額引不敷行銷，增邊引八千六百三十五道。又覆准，四川省天全土司，增土引七百七十道。又覆准，四川省安縣增邊引二百道。五年題准，浙江省產茶獨多，銷引數倍他省，專設商人二名，每年自備紙價銀四百六十二兩，於藩司衙門詳給咨批，赴部交納，請頒額引，到浙呈送布政使司掛驗，轉給收存，俟各商販置齊全，赴北新關輸納稅銀。管引商人，每年辦解各陵寢需用黃茶，及供應上用黃茶、內廷需用黃茶。又每銷一引，應解茶果銀並贏餘銀四分二釐八毫，計十四萬引，每年共解內務府銀六千兩。又覆准，四川省邛州，增邊引一千一百道。六年覆准，四川省遵議府改屬貴州，其仁懷縣額征茶稅銀六十二兩五錢，茶課銀一兩六錢九分三釐，又正安州額徵茶課銀二兩，自七年為始，歸貴州交納。又因四川仁懷縣改隸貴州，隨帶二百五十引。七年題准，四川省洪雅、嘉定二州縣，共增腹引三百道。又天全土民，增土引二千三百五道。八年奏准，陝西省行茶定例，每引一道，運茶百斤，帶附茶十四斤，今又加耗茶十四斤，如有多帶，照私鹽例治罪。又覆准，甘肅省收存茶封，照依時價發出變賣，飭令各司半月一報，倘有驟長驟落，亦即據實報明，並責成各道員稽查七監所費，仍將所報市價，按季具結報部，變價銀造冊奏銷。又題准，四川省天全土民，增土引三千九百四十道。又題准，四川省雅州、滎經縣茶引，節年於打箭爐地方行銷，今因無力行茶，改撥新繁、峨眉等縣，招商認銷邊引二千二百三十三道。又覆准，四川省茶引，按舊志每茶一斤，徵課銀二釐五毫，現徵榷課，每斤止征銀四絲九忽有奇，前後輕重懸殊，嗣後酌減舊志之半，無論邊引、土引、腹引，俱每斤徵銀一釐二毫五絲為額。又奉旨，川茶皆論園論樹以定稅額，夫茶樹有大小不同，園地有廣狹不一，若概以園樹

之數為額，未為允當。應將茶稅照斤兩收納，方得其平。著該撫詳議，欽此。遵旨議定，川茶每斤，納銀一釐二毫五絲，令各商人在茶價銀內扣存，即隨引稅赴地方官照數完解。九年奏准，甘肅省洮岷、河州、西寧、莊浪、甘州五司，復行額茶中馬之法，其按馬易篦，悉照順治初年定例辦理。又題准，四川省成都等六州縣，增行三百六十九引，通江縣，增行六百七十八引。又題准，四川省灌縣等九縣，共增邊腹引六百五十二道。又題准，四川省羅江等四州縣，增腹引五十一道。新都等四州縣，增腹引二百七十道。邛州，增邊引一千一百道，天全州增土引四千二百七十一道。又題准，江西省寧州今改義寧，額引不敷，共增一百五十引，增課銀三十二兩五錢。十年奏准，甘肅省額茶中馬之法，應見馬給茶。又題准，四川省漢州、銅梁、綿竹、眉州、廟棱等五州縣，共增腹引三百二十五道。崇甯、鄰水、雅安、汶川、邛州等五州縣，增邊引三千六百三道。又奏准，四川省於額頒茶引外，豫頒茶引五千張，收存巡撫署今裁。如有請增州縣，一面題報，一面將部引給發。又題准，四川省保寧府屬之巴州、通江、南江，原額邊引二百道，向係灌縣商人代領，買茶配引行銷。今改撥灌縣，自九年為始，按年行銷。又題准，安徽省歙縣、休寧、黟縣、甯國、建德、霍山六縣，茶引不敷行銷，應增一萬八千三百八十引。又覆准，安徽省六安、霍山、黟縣、建德、甯國五州縣，共增一萬五千五百引。又懷寧、桐城、宿松、望江、南陵、涇縣、旌德、石埭、東流、當塗等十縣，地不產茶，開除八千九百引。十一年題准，四川省名山等十六州縣，共增邊腹引五千七百六十一道。十二年覆准，四川省什邡、合縣、南川、銅梁、太平等五州縣，共增腹引四百道。又覆准，四川省邛州，增邊引一千三百道。十三年奏准，甘肅省停止以茶中馬。又題准，安徽省六安、歙縣、休甯、霍山等四州縣，原頒茶引不敷行運，嗣後於額引外，豫頒於引一萬道，遇額引不敷，即給行運。每年所頒餘引，同額引一併發儲布政使司庫，遇有動用，按數給發，將給發存剩數目，於歲終造冊具題。又題准，雲南省商販茶，係每七圓為一筒，重四十九兩，徵收稅銀一分。今每百斤給一引，應以茶三十二筒為一引，每引收稅銀三錢二分，於十三年為始，頒給茶引三千，飭發各商行銷辦課，作為定額，造冊題銷。

乾隆元年題准，甘肅省應徵新茶，自乾隆元年為始，每茶一篦，折交銀五錢，照數徵收，俟陳茶銷至八分之後，應否改折本色，再行酌議具題。又新茶雖經改折，陳茶銷售猶難，將西寧、莊浪、洮岷、河州、甘州五司庫存陳茶，每封減價銀二錢，嚴飭司茶各官上緊變賣，取結送部。又題准，四川省洪雅縣，增行腹引二百五十道。二年覆准，江西省額銷茶引三千紙，今南昌等三十二縣，地不產茶，並無商販領引辦課，應停給茶引七百十二紙，豁除課銀一百六兩八錢，紙價銀二兩三錢七分九毫。又題准，甘肅省商人承辦茶引，例由地方官稽查驗放，今榆林、神木額設茶引，赴陝西潼關查驗，路途紆遠，腳價太昂，嗣後商茶人陝之後，將榆林茶令綏德州查驗，神木茶令府谷縣查驗。六年題准，四川省成都、彭縣、灌縣，積引難銷，酌減四千四十九引。七年覆准，甘肅省應徵新茶，仍徵本色。八年諭，前因川省松潘引多茶壅，將天全州之積引，改撥成都彭灌等縣行銷，每年空繳引張，賠納稅課，官商交累，惟是乾隆七年以前之羨餘截角，尚屬拖欠，成都彭灌等縣，均有未完銀兩，著將所有三縣舊欠，悉行豁免。又奏准，四川省建始縣，改隸湖北施南府，舊行茶十八引，隨帶湖北，每引徵稅銀二錢五分，課銀一錢二分五釐，共六兩七錢五分。十三年議准，湖北省建始縣茶引，由本縣截角，給商在本地行銷。至行過殘引，由商呈繳，申司送部。又議准，湖南省原頒茶引，於奏銷後，將殘引按數催繳送部。又奏准，甘肅省應徵茶封，嗣後每年以二成徵收本色，八成徵收折色。又議准，甘肅省商人領引照茶，每茶百斤，附茶十四斤，以五十斤為官茶，交甘省官庫，以五十斤為商茶，商人運甘自行發賣，其附茶亦聽商人自賣。又議准，甘肅省各商行銷引張，於領引後前赴湖南收賣茶斤，運回甘肅，由陸路者，自河南陝州驗引，移送潼關秤盤截角，給單發運鞏昌；由水路者，自襄陽府驗引截角，經過新安、白河、紫陽等州縣驗引，由漢中軍糧同知按引秤盤，每封戳用關防，將茶引截角，發給由單，催本商運至甘肅，交與鞏昌茶廳盤驗明白，將引截角給單，照拈定司分行銷。其引或交官茶，或交折色，各該司照收後，將引仍各截一角，其殘引隨奏銷交部。又寧夏商人，由浙江買茶運至潼關，亦照例驗畢，直運本地行銷。榆林府商人販湖廣安化茶，由水路至襄陽府驗截引角，由陸路入山西境至汾州府河西驛，由陝西綏德州查驗茶封，轉運榆林府赴

葭榆道今改延榆綏道衙門秤驗，給商行銷。其運過殘引，由葭榆道繳銷。又神木同知衙門額引二百道，係歸官辦銷，差人赴湖廣襄陽府買茶，驗引截角，運回本地行銷。每年請領新引，即將舊引投葭榆道衙門轉繳。又議准，江西省額頒茶引內，徽商領引一千三十五道，赴饒州餘干縣販往湖廣行銷。每於赴司兑課給引之後，知照九江關驗明截角，鈐蓋墨記，仍給該商收執，俟次年請領新引時，呈繳殘引，匯行解部。其餘引張，分發各屬，聽本地小販赴各本籍州縣領引兑課，就近行銷，賣竣將引繳本州縣截角鈐記，呈司匯繳。又議准，四川茶引，由本省經過州縣盤驗截角，至行打箭爐之邊引土引，由滎經縣屬之小關山，天全州之禁門關盤驗截角；行松潘廳之邊引，由茂州汶川縣盤驗截角。所有行殘各引，均於奏銷時附繳。又議准，雲南茶引頒發到省，轉發麗江府，由該府按月給商，赴普洱府販買，運往鶴慶州之中甸各番夷地方行銷。其稽查盤驗，由邱塘關並金沙江渡口照引查點，按則抽稅。其填給部引，赴中甸通判衙門呈繳，分季彙報。未填殘引，由麗江府年終繳司。又議准，貴州省仁懷縣之赤水里載引一百十八道，二郎里載引十九道，吼灘里載引十五道，小溪里載引五十八道，土城里載引四十道，由縣給商，於該五里配茶，由猿猴地方設役掛驗，再令合江縣盤查，由合江水路赴敘永廳報稅，至永寧縣行銷。其銷過殘引，仍令各商繳縣，匯齊送部。十六年題准，四川省丹棱縣，增腹引一百四十道，洪雅縣增腹引六百八十八道。十八年題准，四川省南溪縣，增腹引四十道，丹棱縣增腹引二百四十道。十九年題准，四川省通行增頒腹引三百七十一道。此項增頒引張，隨時酌量配給產茶之各州縣，其課照引徵收。二十年題准，四川省增頒腹引四百道，增頒邊引三百道。二十一年題准，四川省增頒邊引三千三百道，增頒腹引三百道。二十五年議准，浙江省行銷口外蒙古地方殘引，一概免其追繳，其行銷內地各省者，將茶商姓名籍貫，詳諮運賣省分，俱由行茶處所就近收繳。再行銷蒙古茶引，令各關口驗明，實係截角戳去中間者，方准放行。又議准，甘肅省分銷西寧司引九千七百十二道，河州司五千一百三十二道，莊浪司五千一百五十二道，甘州司四千道。洮岷司地處偏僻，茶引壅滯，將額頒茶引三千三百道，改歸甘州、莊浪二司各一千六百五十道，給商行銷。二十七年奏准，裁撤河州茶司，其額引五千一百三十二道，改歸甘州、莊浪二司，分給商人行銷。又奏准，甘肅省庫存官茶，遇儲積過多，則改徵折色，如庫存無幾，則復徵本色。自乾隆七年至二十七年，茶封壅積。所有商人應交二成官茶，每封徵收折價銀三錢，俟陳茶銷完，再收本色，其每引八成改折茶四十斤，其附茶五斤九兩零，並無課項，若仍按年如數配運，愈積愈多，難免停本虧折。將每引一道，止配茶十五封，原額茶課，照舊交納，至應交二成本色官茶，已改議折價，毋庸再運，俟茶斤疏通，再照舊額增復。又議准，甘肅省庫存茶封，每封作價銀三錢，仍以一二三成按季搭放滿漢各營俸餉。至新疆地方，每年共需茶二萬七百餘封，雇覓牲畜運解，除自各司至甘肅沿途設有官車挽運，毋庸攤算脚費外，其自肅州運至各處將脚費攤入茶本之內，在於領茶官兵月支鹽菜銀內扣還。二十九年議准，商販引茶行銷江蘇地面者，各屬於茶市畢後，將商運到境，查明茶引相符，驗對過關墨記，收引截角，送司繳部。其赴外省行銷引張，徑聽各關截驗，毋庸咨追殘引。又議准，安徽省商販引茶，各州縣于茶春時，印給茶牙循環號簿，將茶商姓名籍貫、引茶數目、經由關津、住賣處所，逐一注明，該州縣於本境要隘地方，委員盤驗，每茶市畢，該茶牙將原發印簿呈縣，造冊同原簿送司查核。其行銷已殘引張，無論本省外省，概予免追。又題准，四川省增頒腹引五百十六道。又奏准，浙江省行銷內地殘引，概行免追。至行銷京城殘引，於崇文門戳去中間繳部，其賣茶已畢之殘引，亦免其查繳。三十年題准，四川省增頒腹引八百四十二道。三十一年題准，四川省增頒腹引六百一十道。又奏准，浙江省每引一道，商交買價銀一錢，額解茶課等銀，照舊辦理。又奏准，浙江省裁除引商名目，所有應辦黄茶，即令承辦委員親身解部，順領新引。三十二年題准，安徽省黟縣，增頒引一千三百道。又題准，四川省增頒腹引八十九道。三十三年題准，四川省增頒腹引六百二十道。三十四年奏准，甘肅省官茶，前經議令全行折價，今庫存陳茶無幾，復征一成本色茶封，以供本省並新疆各營官兵俸餉之用。又題准，四川省增頒腹引一十二道。三十五年題准，四川省增頒腹引二百八十六道。三十六年題准，四川省增頒腹引九百道。又議准，甘肅省所收一成本色茶封，除各營官兵並新疆應用外，所餘無幾，又有伊犁等處安插投誠土爾扈特等眾，奉旨賞給茶封，應仍照舊以二成本色徵收。三十七年議准，四川省

南川縣增頒腹引一百道。三十八年題准，安徽省黟縣增頒引一千二百道。四十年題准，安徽省婺源縣增頒餘引二千六百道。又題准，四川省通行增頒腹引三十五道。四十一年題准，四川省增頒腹引四十道。五十二年議准，陝西省榆林府每年領茶引一千道，官商赴湖廣買茶，在所屬之榆林、懷遠各縣，並蒙古鄂爾多斯等六旗行銷。嗣因蒙古各旗，與晉省歸化城壤地相接，該省民人製茶出口，蒙古人等就近買茶，榆林官引壅滯，自乾隆五十一年為始，將榆林引張內撥出五百道，歸於甘省甘州司入額行銷，照甘納課，其榆商應徵引課，即於原額內扣除。又議准，四川省灌縣，增頒腹引一千道，於縣屬配茶，運赴新疆各屯售銷，由懋功廳領引納課。五十四年題准，四川省天全州，增頒土引二千五百道，於州屬配茶，運打箭爐發賣，由該州領引納課。五十五年題准，四川省天全州額征茶引外，仍不敷配銷，增頒土引二千道，運打箭爐發賣，由該州領引納課。五十六年題准，四川省天全州，增頒土引三千五百道。五十七年題准，四川省榮經縣，增頒邊引二千五百道，邛州增頒邊引三千五百道。五十八年題准，四川省邛州增頒邊引二千五百道，天全州，增頒土引七百道，峨眉縣，增頒腹引三百八十道。六十年題准，四川省榮經縣，增頒邊引八百道，天全州，增頒土引八百二十六道。

嘉慶三年題准，安徽省徽州府屬之婺源縣、黟縣，池州府屬之建德縣續增頒引一萬二千道。又題准，四川省天全州，增頒土引四千一百道。五年題准，陝西省榆林府茶引，自改撥五百道歸入甘省甘州司行銷後，鄂爾多斯等旗，並無一人買食官茶，原留額引五百道，仍屬壅滯。自嘉慶二年為始，再撥出四百道，歸入甘省行銷。仍留一百道，在榆林募商承領辦課。六年諮准，安徽省六安州，增餘引二千道。七年題准，陝西省神木廳官銷茶引，久經撥歸甘省交商行銷，至課銀亦照甘省之例完納。神木既無行銷茶引，其羨餘名目亦應豁除。十年諭，倭什布奏詳議茶商定籍章程一摺，據稱招商承引，總以行銷辦課為重，近年茶課既無貽誤，請仍照舊章辦理等語。商人承領引張，向由地方官出結，嗣因承充乏人，由州縣查明出結，再由各衙門核轉詳報，層層滋擾，守候需時，致有停引誤課之事，自應仍照舊章，責成總商稽查。該眾商等有無頂冒，令其造具確實籍貫引數清冊，取具親供甘結，由蘭州道行文該原籍地方官查明詳覆，移知布政司衙門存案。毋許一人跨占兩籍，方足以杜假冒蒙混之弊。此次商人馬起鳳既經查明無捏報頂充情事，伊現寄籍西寧，即令改入西寧籍貫。其各茶商如有似此遷移跨籍者，均著令一體改正。十一年議准，甘州原額茶引，不敷行銷，自嘉慶十年為始，增引八百道，每歲加增課銀三千三百五十一兩有奇。十二年議准，四川省長寧縣地方，向食合江茶斤，近年以來，民食不敷，增茶腹引三百張，每張榷課銀一錢二分五釐，共榷課銀三十七兩五錢，每張徵稅銀一錢五分，共徵稅銀七十五兩。自嘉慶十二年為始，於仁懷縣配茶運回長寧，並於永甯、慶符、珙縣等處行銷。十六年題准，浙江省每年額銷茶引十四萬道，銷引壯盛，額頒引目不敷配給，每年添頒七萬道。俟額引銷完，接銷餘引，或有存剩，次年再銷。其解支各款，均按向辦章程，至起解黃茶及茶果等銀，於年內委員起解運京。十七年議准，甘肅省交納官茶，從前酌定一成本色，九成折色，今庫存茶封贏餘，自十七年為始，全徵折色，按年造冊奏銷。二十一年奏准，甘肅省茶引，每道應交官茶五十斤，征一成本色，其餘九成，俱改為折交銀兩。

謹案：西寧、莊浪、甘州三茶司，承辦原額改撥等引二萬八千九百九十六道。寧夏道、延榆綏道額引五百七十道，每道徵銀三兩九錢。又陝西省興安、漢中二府屬內，西鄉縣園戶茶課銀二百七十九兩七錢六分一釐有奇，興安州園戶茶課銀四十九兩九錢七分八釐有奇，漢陰縣園戶茶課銀五十兩九錢一分一釐有奇，紫陽縣園戶茶果銀一百二十七兩三錢四分六釐有奇，石泉縣園戶茶課銀二十五兩三錢二分八釐有奇，每歲另款徵解，不在按引征額之內。

道光元年諭，蔣攸銛奏茶息不敷支放，請仍循舊例，並分別改款動支一摺。川省餘茶息銀，近因滯銷虧課，每年支用不敷，收息更復遲滯，兼以歷年借墊款項，益形轇轕。該督所奏，自係實在情形，著照所請，准其將川省茶息項下，每年應支廣法、勝因二寺經費、屯弁俸銀、官兵巡閱盤費、修理口外塘房四款，改歸鹽茶耗羨項下。成都將軍公費一款，改歸兵馬建曠項下動支。所有茶息內應支前款，及未經報銷各案，即行改款入冊開除。此後茶息一項，仍照舊例，專為辦理夷務之用，並將歷年辦理夷務未經開除銀兩，及將來遇有夷務動用，均於此內陸續開支，以清庫款。六年奏准，古城地方設立稅局，抽收茶稅，試行三年後再定稅額。七年奏准，於打箭爐關稅內，將按引應徵茶稅一項銀一萬七千三百三十六兩七錢劃出，自本年為始，另行按年題銷。遇閏之年，按引酌添附茶九斤

半，核計每引增閏稅銀一分五釐，應增閏稅銀一千四百三十一兩二錢二分五釐。八年奏准，回疆軍興，商販裹足不前，兩年以來，並未試收茶稅，現在行銷章程已定，於八年十月為始，試收三年，再行定額，其抽收稅則一切事宜，詳核咨部。九年奏准，甘肅省茶務，責成鎮迪道總司稽查，奇臺縣就近經管，分別茶色粗細，納稅多寡，如白毫、武彝、珠蘭、香片、大葉、普洱六種，每百斤納稅銀一兩。安化、斤磚、廣盒、千兩、百兩，質色較粗，每百斤納稅銀六錢。大磚一種，質色更粗，每百斤納稅銀三錢。令商照則交納，隨時稅訖給發稅票，立即放行。由奇臺縣將商販姓名，茶色斤重，稅銀數目，按月按季造具總散清冊，申送轉咨，年底彙冊報部稽核。仍將收穫稅銀，按月批解道庫，年終撥歸甘肅，抵充烏魯木齊經費之用。

咸豐五年議准，閩省崇安等州縣，為產茶盛旺之區，自閩省暫開海禁，運道便捷，各商赴閩愈多。凡附省扼要處所，及界連粵東浙江等處，一律分設關卡，徵收茶稅，專款存儲，至三個月奏報一次，聽候部撥，試辦一二年後，奏明定額，永遠遵行。六年奏准，伊犁地方出產茶斤，官為設局抽稅，委員經理，由伊犁將軍督察經理各官認真稽查，以杜偷漏繞越。商民報稅畢，填給印票，立即放行，聽其各處販賣，嚴禁吏胥需索措留。凡商販無印票者以私茶論。商民運茶到局，報明斤重數目，即抽茶作稅。每茶十分。由局抽取一分五釐。所抽茶斤，照搭放茶斤例價，（每斤合銀一錢六分三釐二毫。）搭放該處官兵俸餉。每年冬季，該將軍將抽取茶斤數目，豫咨陝甘總督，於次年應解伊犁歲需茶斤內如數扣除，報部查核。內地販至伊犁各色茶斤，赴局報稅，不論粗細，每百斤概徵稅銀一兩，每年收稅銀若干兩，存儲該將軍署庫，至次年春季，彙咨陝甘總督，於應解伊犁兵餉內，照數劃扣，其茶稅歸入伊犁經費項下，分析報部核銷。

同治四年奏准，將甘省咸豐八年欠課，分三年帶徵。其咸豐九年十一年茶引，仍令照舊行銷完課。同治元年後茶引，暫緩發商。五年奏准，甘省引滯課懸，議於陝西省城，設官茶總店，潼關、商州、漢中，分設茶店。商販無引之茶到陝，開具色樣斤數，呈報總店。上色茶百斤，收協濟茶課銀一兩，中色六錢，下色四錢，所收銀解甘彌補欠課。七年議准，歸化城商人販茶至恰克圖，假道俄邊，前赴西洋諸國通商，請領部票，比照張家口減半令交銀二十五兩，每票不得過一萬二千斤之數。十一年議准，甘省積欠之舊課，仍追舊商。召募之新商，試辦新課，其雜課捐助、養廉、充公、官禮四項，暫准緩徵。十三年議准，甘省仿淮鹽之例，以票代引，不分各省商販，均令先納正課，始準給票，其雜課歸併釐稅項下徵收，各項名色，概予刪除。行銷內地者，照納正課銀三兩外，於行銷地面，仿釐局章程，均各一起一驗，完納釐稅。每引以收銀一兩數錢為度，多不得過二兩。出口之茶，則另於邊境所設局卡，加完釐一次，以示區別。又於東西兩櫃外，添設南櫃，以招徠商人。

光緒十二年奏准，晉商在理藩院領票，詭稱販貨運銷蒙古地方，其實私販湖茶，侵銷新疆南北兩路，到處灑賣，一票數年，循環轉運，漫無限制，逃釐漏稅，取巧營私。以後領票，注明不準販運私茶字樣，如欲辦理官茶，即赴甘肅領票，繳課完釐，與甘商一律辦理。倘復運銷私茶，查出將貨充公。

《清史稿》卷一二四《食貨五・茶法》 同治元年，飭下湖南、湖北、江蘇、安徽、江西、浙江、福建各督撫，詳查本省產茶及設茶莊處所，妥議章程具奏。二年，兩江總督曾國藩疏，略言：『江西自咸豐九年，定章分別茶釐、茶捐。每百斤除境內抽釐銀二錢，出境又抽一錢五分有零外，向於產茶及設立茶莊處所勸辦茶捐，每百斤捐銀一兩四錢或一兩二錢不等，填給收單，准照籌餉事例彙齊請獎。

臣仍照舊章辦理。本年據九江關署監督蔡錦青詳，請遵照戶部奏准飭將鹽、茶、竹、木四項統徵關稅，已於三月起徵。江西茶葉運至九江，有華商、洋商之分。洋商既完子口半稅，固不抽釐，華商既納潯關正稅，亦未便再令完釐。臣即照部章，於義寧州開辦落地稅。惟原奏內大箱淨茶科則稍重，分別核減。參酌茶捐向章，每百斤，義寧州等處徵一兩四錢，河口鎮徵一兩二錢五分，概充臣營軍餉，由臣刊發稅單護票，委員經收。或業戶自行完納，或茶莊代爲完稅領單，至發販時，統由茶莊繳銷稅單。華商換給護票，洋商即憑運照，販至各處銷售。除華商完納九江關稅、洋商完納子口半稅外，經過江西、安徽各釐卡，驗明放行。如此辦理，與戶部原奏、總理衙門條約，一一符合。稅單雖係茶莊經手，稅銀實爲業戶所出。洋商不得藉口於子口半稅，而禁中國之業戶不完中國之地

稅。華商既免逢卡抽釐，亦不至紛紛私買運照，冒充洋商。』得旨允行。五年，戶部奏准甘省引滯課懸，暫於陝西省城設官茶總店，潼關、商州、漢中設分店。商販無引之茶，到陝呈報。上色茶百斤收課銀一兩，中色六錢，下色四錢。所收解甘彌補欠課。七年，議准歸化城商人販茶至恰克圖，假道俄邊，前赴西洋各國通商，請領部照，比照張家口減半，令交銀二十五兩，每票不得過萬二千斤。十一年，議准甘省積欠舊課，仍追舊商。召募之新商試新課。其雜課、養廉、充公、官禮四項緩徵。十三年，議准甘省仿淮鹽之例，以票代引，不分各省商販，均令先納正課，始准給票。其雜課歸併釐稅項下徵收。各項名色概予刪除。行銷內地者，照納正課三兩外，於行銷地各完釐稅，每引以一兩數錢爲度，多不過二兩。出口之茶，則另於邊境局卡加完釐一次，以示區別。

藝文

唐王建《王司馬集》卷五《寄汴州令狐相公》　三軍江口擁雙旌，虎帳長開自教兵。機鏁惡徒狂寇盡，恩驅老將壯心生。水門向晚茶商鬧，橋市通宵酒客行。秋日梁王池閣好，新歌散入管絃聲。

唐白居易《白氏長慶集》卷一二《琵琶引》　沈吟放撥插弦中，整頓衣裳起斂容。自言本是京城女，家在蝦蟇陵下住。十三學得琵琶成，名屬教坊第一部。曲罷曾教善才伏，妝成每被秋娘妬。五陵年少爭纏頭，一曲紅綃不知數。鈿頭雲篦擊節碎，血色羅裙飜酒汙。今年歡笑復明年，秋月春風等閑度。弟走從軍阿姨死，暮去朝來顏色故。門前冷落鞍馬稀，老大嫁作商人婦。商人重利輕別離，前月浮梁買茶去。去來江口守空船，繞船月明江水寒。夜深忽夢少年事，夢啼妝淚紅闌干。

宋梅堯臣《宛陵集》卷二四《黄敏復尉新城》　新城接桐廬，山茗久所利。江東亡命兒，販不畏黥劓。堂上千金子，捕以操兇器。恐非吾徒爲，勇少乃可避。

又卷三四《聞進士販茶》　山園茶盛四五月，江南竊販如豺狼。頑凶少壯冒嶺險，夜行作隊如刀槍。浮浪書生亦貪利，史笥經箱為盜囊。津頭吏卒雖捕獲，官司直惜儒衣裳。却來城中談孔孟，言語便欲非堯湯。三日夏雨刺昏墊，五日炎熱譏旱傷。百端得錢事酒肉，屋裏餓婦無糇糧。一身溝壑乃自取，將相賢科何爾當。

宋王安石《臨川先生文集》卷五《酬王詹叔奉使江南訪茶法利害見寄》　余聞古之人，措法貽厥後。命官惟賢材，職事又習狃。止能權輕重，王府則多有。豈嘗推其子，而爲民父母。當時所經營，今十已毀九。其一雖幸在，漂搖亦將朽。公卿患才難，州縣固多苟。詔令雖數下，紛紛誰與守。官居甚傳舍，位以聲勢受。既不責施爲，安能辨賢不。區區欲捄弊，萬謗不容口。天下大安危，誰當執其咎。勞心適有罪，養譽終天醜。豈惟祖子孫，教戒及朋友。貴者大其領，詩人歌四牡。至尊空獨憂，不敢樂飲酒。智矣富阡陌，哀哉此無糗。鄉閭人所懷，今或棄而走。豈無濟時術，使爾安畎畝。故今二三公，戮力思矯揉。永惟東南害，茶法蓋其首。私藏與竊販，犴獄常紛糾。輸將一不足，往往死鞭杻。販陳彼雜惡，强賣曾非誘。已云困關市，且復搔林藪。將更百年弊，謂民知可否。出節付群材，詢謀欲經久。朝廷每若此，自可躋仁壽。因知從今始，漸欲人財阜。吾宗恢奇士，選使自朝右。聰明諒多得，爲上歸析剖。王程雖薄遽，邦法難鹵莽。願君博諮諏，無擇壯與耈。余知茶山民，不必生皆厚。獨當征求任，尚恐難措手。孔稱均無貧，此語今可取。譬欲輕萬鈞，當令衆人負。强言豈宜當，聊用報瓊玖。

宋强至《祠部集》卷三《送關景芬秘書赴山陽尉》　峨冠初上童兒首，君已老成予輒友。肺肝相照二十年，今日不殊前日厚。紛紛共笑薄媚徒，對面論心回面否。吁君意氣非昔粗，猶著青衫從吏部。得官將尉古山陽，有蘊無施州縣後。山陽楚邑爲最雄，聒聒衆咮千萬口。階庭聽命趨上官，守閣使臺靴日走。舟車冗客來百須，政逐從違成好醜。君才遇事有卷舒，公道當官膽如斗。或時畏縮類懦夫，私請不容毫髮受。往行素守裨長官，肯到縣廳同木偶。頗聞彼俗殊東南，例重市門輕隴畝。鹽商茗販白刃隨，切與椎埋破淵藪。能聲自可博己知，懶趁庸兒媒左右。吳江日暮山川愁，疏樹烟頭排敝帚。北帆欲掛傾別觴，還有陰風吹散酒。醒難爲別醉幾何，人世無時好分手。知君此去忘故園，淮月楚雲惟我有。

宋黄彥平《三餘集》卷二《感事寄懷王彥舟侍郎蘇景謨大夫》其二　蕉萎年仍惡，畊桑命亦微。原頭買茶去，江口換魚歸。顧影行猶

畏，全生計已非。五陵遊俠客，裘馬本輕肥。

宋 趙蕃《淳熙稿》卷二《書事》 我行一何忙，羽檄來星奔。忙行抑何事，列境備戍屯。賊犯連英郴，江右聲已宣。往年縛李金，此邦蓋晏然。而今獨胡為，騷驛窮朝昏。政坐茶賊時，曾窺此邦藩。茶賊異此賊，本皆商販民。忽當法令變，州縣復少恩。求生既無路，冒此圖或存。此賊據巢穴，其徒況是繁。萌芽手可拔，不拔生惡根。雖云巢穴深，豈離率土濱。彼猶蜂蟻聚，我軍貔虎群。彼積鼠壤餘，我粟多腐陳。彼乃寇攘爾，我蓋仁義云。邊庭尚思犁，此又何足言。何當快除掃，聽民樂耕耘。我亦得拋官，歸舟趁春渾。胡為故使我，駒局仍鴟蹲。更慮一朝焚，碔砆同璵璠。

宋 范成大《石湖詩集》卷二七《四時田園雜興六十首・晚春田園雜興十二絶其二**》** 蝴蝶雙雙入菜花，日長無客到田家。雞飛過籬犬吠竇，知有行商來買茶。

宋 蘇轍《欒城集》卷八《送文與可知湖州》 連持梁洋印，久作溪山主。深知爲郡樂，但畏買茶苦。來歸天祿閣，坐守登聞鼓。九重未明人，百辟盈庭舞。城南獨歸卧，心事誰當語。舊聞吳興勝，試問天公取。家貧橐裝盡，歲莫輕帆舉。苕溪淨多石，弁嶺瘦無土。湖藕雪冰絲，山茶潑牛乳。香粳飯玉粒，鮮鯽鱠紅縷。宫閑水精潔，人寄畫屏住。俗吏自難堪，詩翁正當與。從來思清絶，況乃病新愈。團團肘後丹，鬲鬲胸中素。高卧鎮夸俗，清談靜煩訴。應笑杜紫微，湖亭但狂顧。

宋 陸游《劍南詩稿》卷二《黄牛峽廟》 三峽束江流，崖谷互吐納。黄牛不負重，雲表恣蹴蹋。吳船與蜀舸，有請神必答。誰憐馬遭刖，百歲創未合。柂師浪奔走，烹彘陳酒榼。紛然餕神餘，羮胾爭嘬嚃。空庭多落葉，日莫聲颯颯。奇文粲可辨，高古篆籀雜。村女賣秋茶，簪花髻鬟匝。襁兒著背上，帖妥若在榻。山寒雪欲下，虎出門早闔。我行忽至此，臨風久嗚唈。

宋 劉克莊《商婦詞》 月夕孤單女，天涯放逐臣。偶逢顧曲客，忘却買茶人。

雜録

唐 杜牧《樊川文集》卷一一《上李太尉論江賊書》 夫劫賊徒，上至三船兩船、百人五十人，下不減三二十人，始肯行劫，劫殺商旅，嬰孩不留。所劫商人，皆得異色財物，盡將南渡，入山博茶。蓋以異色財物，不敢貨於城市，唯有茶山，可以銷受。蓋以茶熟之際，四遠商人，皆將錦繡繒纈、金釵銀釧，入山交易，婦人稚子，盡衣華服，吏見不問，人見不驚。是以賊徒得異色財物，亦來其間，便有店肆為其囊橐，得茶之後，出為平人，三二十人，挾持兵仗。凡是鎮戍，例皆單弱，止可供億漿茗，呼召指使而已。鎮戍所由，皆云『賒死易，就死難』。縱賊不捉，事敗抵法，謂之賒死；與賊相拒，立見殺害，謂之就死。若或人少被捉，罪抵止於私茶，故賊云：『以茶壓身，始能行得。』言隨身有茶，即人不疑是賊。凡千萬輩，盡販私茶。

宋 司馬光《温國文正文公集》卷一六《論兩浙不宜添置弓手狀先公知杭州代作**》** 臣竊觀兩浙一路與佗路不同，臣謹條列添置弓手不便事件如左，伏惟聖恩省察，少加詳擇焉。當今西戎梗邊，三方皆聳，人心易動，當務安之。一旦異常，詔書大加調發，擐甲執兵，學習戰陳，置指揮使、節級等名目，頗似軍法，以為欲倣河北、陝西沿邊鄉兵，謂國家以權計點之，假名捕盜，漸欲收為卒伍，戍守邊防。吳人輕怯，易惑難曉，道聽塗説，衆情鼎沸，至欲毁體捐生，竄匿山澤。臣雖明加告諭，嚴行止約，愚民無知，不可戶説。誠恐差點之後，摇動生變，其不可一也。吳越素不習兵，以故常少盜賊，不過聚結朋黨，私販茶鹽，時遇官司，往往鬬敵，在於兩浙，最為劇賊。然皆權時則合，事訖則散，不能久相屯結，又無銛利兵器。止偷商税，不敢剽掠平人。近年以來，雖亦頗有強盜，然比諸內地，要自稀疎。今避差點者若竄匿無歸，必致為寇。加以弓矢刀戟之類許其私置，自今以後，賊盜必多，及私販茶鹽之徒，皆有利兵，抵拒吏士，益難擒討。積微至著，漸不可久，其不可二也。姦吏貪饕，惟利是務，不畏法令，不顧公議，幸得因緣，惟喜多事。今計杭州管界當差若干人，他州比率大凡有幾，縣胥里長於兹相慶。民既憂愁而又脅之，煩苦不

安而又擾之，所規自潤，豈顧其外。雖朝廷重為懲禁，特倍常科，長吏勞心，不能悉察，厚利所誘，死亦冒之。加以版籍差誤，戶口異同，毫釐不當，互相告訐，追呼無時，獄訟不歇，則民未暇為公上給役，而先困於貪吏之誅求矣。此之騷擾，勢不能免，其不可三也。民皆生長畎畝，天性戇愚，所知不過播種之法，所識不過耒耜之器，加之吳人駑弱，天下所知，一旦使棄其所工，學所不能，徒煩教調，終無所成就。其有成不堪施用，則是虛有煩費而與不添置無異，其不可四也。吳子壽夢以前，世服於楚，自申公巫臣得罪於楚，逃奔於晉，為晉聘吳，教之乘車，教之戰陳，其後楚人戎車歲駕，早朝晏罷，奔命不息，以至吳亡。自是以來，號稱輕狡，遠則劉濞，近至錢鏐。其間承風，倔強無數，豈唯其人之跋扈，亦由習俗之樂亂也。幸賴祖宗之馴致，陛下之敦化，至德之醲淪於骨髓，暴亂之風移變無迹。此皆上天降祐，前世所不能庶幾者也。今忽無故黷玩威棱，狎侮危事，示以逆德，弄之凶器，生姦回之心，啟禍患之兆，臣恐以久非國家之至便、所以萬全而無害，其不可五也。方今兩浙雖水旱稍愆，未至流殍，閭閻無事，盜賊不添，縱使有之，舊來吏士隨發擒討，甚有餘力，不假更求。正恐平居興役，有害無益而已。臣職忝密近，官備藩方，不敢默默，理須上列。伏望陛下特令兩浙一路更不添置，或以事須過防，舊人太少，則乞只依近降敕命，量加添補，更不立指揮使等名目，閱習諸事一如舊規。貴得衆情大安，別無生事。

宋 魏泰《東軒筆録》 陳晉公為三司使，將立茶法，召茶商數十人，俾各條利害，晉公閲之，第為三等，語副使宋太初曰：『吾觀上等之説，取利太深，此可行於商賈而不可行於朝廷。下等固滅裂無取。惟取中等之説，公私皆濟，吾裁損之，可以經久。』於是為三等稅法，行之數年，貨財流通，公用足而民富實。世言三司使之才，以陳公為稱首。後李侍郎諮為使，改其法而茶利浸失，後雖屢變，然非復晉公之舊法也。

明 徐𤊹《茗譚》 新安詹東圖孔目嘗謂人曰：『吾嗜茶，一啜能百五十碗，如人之於酒，真醉耳。』名其軒曰醉茶，其語頗不經。王元美、沈嘉則俱作歌贈之。王云：『酒耶茶耶俱我有，醉更名茶醒名酒。』沈云：『嘗聞西楚賣茶商，範瓷作羽沃沸湯。寄言今莫範陸羽，只鑄新安詹太史。』雖不能無嘲謔之意，而風致足羨。

清 余懷《板橋雜記》卷下《軼事》 龔宗伯奉使粵東，憐而賑之，厚予之金，使往山中販岕茶，得息頗厚，家稍稍豐矣。然魁性僻，嘗自言曰：『我大賤相，茶非惠泉水不可沾唇，飯非四糙冬舂米不可入口，夜非孫春陽家通宵椽燭不可開眼。』錢財到手輒盡，坐此不名一錢，時人共非笑之，弗顧也。年過六十，以販茶、賣芙蓉露為業。庚寅、辛卯之際，余游吳，寓周氏水閣。魁猶清晨來插瓶花、爇爐香、洗岕片、拂拭琴几，位置衣桁如曩時。酒酣燭跋時，説青溪舊事，不覺流涕。丁酉再過金陵，歌臺舞榭，化為瓦礫之場，猶於破板橋邊，一吹洞簫。矮屋中，一老姬啟戶出曰：『此張魁官簫聲也。』為嗚咽久之。又數年，卒以窮死。

清 法式善《陶廬雜録》卷六 初，德宗納戶部侍郎趙贊議，稅天下茶漆竹木，十取一，以爲常平本錢。至貞元八年，鹽鐵使張滂奏，出茶州縣，茶山及商人要路，以三等定估，什稅其一。自是歲得錢四十萬緡，然水旱亦未嘗拯之也。穆宗即位，兩鎮用兵，帑藏空虛。鹽鐵使王播增天下茶稅，率百錢增五十。及王涯判二使，置榷茶使，徙民茶樹於官場，焚其舊積，天下大怨。武宗即位，鹽鐵轉運崔珙增江淮茶稅。是時茶商所過州縣有重稅，或掠奪舟車，露積雨中。諸道置邸以收稅，謂之搨地錢，故私販益起。

清 佚名《遵旨會議開源節流事宜疏》（《清經世文續編》卷三〇） 一、就出茶處所徵收茶課。據總理衙門單開光緒八、九等年，出口茶數多至一萬九千餘萬斤。查道光年間，英國所收茶稅，約計每百斤收稅銀五十兩，而我之出口稅僅納銀二兩五錢，不及其十分之一。今擬設法整頓茶課，或照甘肅茶封之例，每五斤徵銀三錢，就囤戶徵收。增課甚多，而洋人無所藉口。或照寧夏延榆綏等處茶引每道徵銀三兩九錢之例，於產茶處所，設局驗茶，發給部頒茶照。每挑百斤，共徵銀三兩九錢。經過內地關卡，另納釐稅，驗照蓋戳放行，不準重復影射。所有茶照，按年預行赴部請領。原領執照，一年之後作為廢紙。如此徵收，亦與洋商毫無窒礙。或於產茶處所驗茶，發給部頒茶照，既完課三兩九錢，再倍收銀三兩九錢，前後共收銀七兩八錢。舊收之一切雜費，均予豁免。惟於各海關及過卡凡應納洋稅處，仍照舊章完納。若在內地行銷販運，無論經過何省何處釐卡關口，均免其再完稅釐，則改釐為課，改散成總，既便稽考，或免侵

漁。惟囤戶及販商，若何稽查，可無走漏，應令各省督撫參酌定章，覆奏辦理。

茶館

論説

《金史》卷四九《食貨志四・茶》［泰和六年］十一月，尚書省奏：『茶，飲食之餘，非必用之物。比歲上下競啜，農民尤甚，市井茶肆相屬。商旅多以絲絹易茶，歲費不下百萬，是以有用之物而易無用之物也。若不禁，恐耗財彌甚。』遂命七品以上官，其家方許食茶，仍不得賣及饋獻。不應留者，以斤兩立罪賞。七年，更定食茶制。

綜述

《東京夢華録》卷二《宣德樓前省府宮宇》 宣德樓前，左南廊對左掖門，爲明堂頒朔布政府。秘書省右廊南對右掖門，近東則兩府八位，西則尚書省。御街大内前南去，左前景靈東宮，右則西宮，近南大晟府，次曰太常寺。州橋曲轉，大街面南，曰左藏庫。近東鄭太宰宅、青魚市内行、景靈東宮。南門大街以東，南則唐家金銀鋪、溫州漆器什物鋪、大相國寺，直至十三間樓、舊宋門。自大内西廊南去，即景靈西宮，南曲對即報慈寺街、都進奏院、百種圓藥鋪。至浚儀橋大街，西宮南皆御廊杈子。至州橋投西大街，乃果子行。街北都亭驛（大遼人使驛也），相對梁家珠子鋪，餘皆賣時行紙畫花果鋪席。至浚儀橋之西，即開封府。御街一直南去，過州橋，兩邊皆居民。街東車家炭、張家酒店，次則王樓山洞梅花包子、李家香鋪、曹婆婆肉餅、李四分茶。至朱雀門街西過橋，即投西大街，謂之麯院街。街南遇仙正店，前有樓子，後有臺，都人謂之『臺上』。此一店最是酒店上戶，銀瓶酒七十二文一角，羊羔酒八十一文一角。街北薛家分茶、羊飯、熟羊肉鋪。向西去皆妓館舍，都人謂之『院街』。御廊西即鹿家包子，餘皆羹店、分茶、酒店、香藥鋪、居民。

又《朱雀門外街巷》 出朱雀門東壁，亦人家。東去大街，麥秸巷、狀元樓，餘皆妓館。至保康門街，其御街東朱雀門外，西通新門瓦子以南殺猪巷，亦妓館。以南東西兩教坊，餘皆居民或茶坊。街心市井，至夜尤盛。過龍津橋南去，路心又設朱漆杈子，如内前。東劉廉訪宅，以南太學、國子監。過太學，又有橫街，乃太學南門。街南熟藥惠民南局。以南五里許，皆民居。又東去橫大街，乃五嶽觀後門。大街約半里許，乃看街亭。尋常車駕行幸，登亭觀馬騎於此。東至貢院什物庫、禮部貢院、車營務草場。街南葆眞宮直至蔡河雲騎橋，御街至南薰門裏街西五嶽觀，最爲雄壯。自西門東去觀橋、宣泰橋，柳陰牙道，約五里許，内有中太一宮、佑神觀，街南明麗殿、奉靈園。九成宮内安頓九鼎。近東即迎祥池，夾岸垂楊，菰蒲蓮荷，鳧雁游泳其間。橋亭臺榭，棋布相峙，唯每歲清明日放萬姓燒香游觀一日。龍津橋南西壁鄧樞密宅。以南武學巷内曲子張宅、武成王廟。以南張家油餅、明節皇后宅。西去大街，曰大巷口。又西曰清風樓酒店，都人夏月多乘涼於此。以西老鴉巷口軍器所直接第一座橋。自大巷口南去延眞觀，延接四方道民於此。以南西去小巷口三學院，西去直抵宜男橋小巷，南去即南薰門。其門尋常士庶殯葬車輿，皆不得經由此門而出，謂正與大内相對。唯民間所宰猪須從此入京，每日至晚，每群萬數，止十數人驅逐，無有亂行者。

又《潘樓東街巷》 潘樓東去十字街，謂之土市子，又謂之竹竿市。又東十字大街，曰從行裹角，茶坊每五更點燈，博易買賣衣物圖畫花環領抹之類，至曉即散，謂之『鬼市子』。以東街北趙十萬宅，街南中山正店，東榆林巷、西榆林巷、北鄭皇后宅。東曲首向北墻畔單將軍廟，乃單雄信墓也，上有棗樹，世傳乃棗槊發芽生長成樹，又謂之棗冢子巷。又投東，則舊曹門街、北山子茶坊，内有仙洞、仙橋，仕女往往夜游，吃茶於彼。又李生菜小兒藥鋪、仇防禦藥鋪。出舊曹門，朱家橋瓦子。下橋，南斜街、北斜街，内有泰山廟。兩街有妓館，橋頭人煙市井，不下州南。以東牛行街，下馬劉家藥鋪、看牛樓酒店，亦有妓館，一直抵新城。自土市子南去，鐵屑樓酒店、皇建院街，得勝橋鄭家油餅店，動二十餘爐。直南抵太廟街，高陽正店，夜市尤盛。土市北去，乃馬行街也，人煙浩鬧。

先至十字街，曰鵓兒市。向東曰東鷄兒巷，向西曰西鷄兒巷，皆妓館所居。近北街曰楊樓街，東曰莊樓，今改作和樂樓。樓下乃賣馬市也。近北曰任店，今改作欣樂樓。對門馬鐺家羹店。

又《飲食果子》 凡店內賣下酒厨子，謂之『茶飯量酒博士』。至店中小兒子，皆通謂之『大伯』。更有街坊婦人，腰繫青花布手巾，綰危髻，爲酒客換湯斟酒，俗謂之『焌糟』。更有百姓入酒肆，見子弟少年輩飲食，近前小心供過，使令買物命妓、取送錢物之類，謂之『閑漢』。又有向前換湯斟酒歌唱，或獻果子香藥之類，客散得錢，謂之『厮波』。又有下等妓女，不呼自來，筵前歌唱，臨時以些小錢物贈之而去，謂之『劄客』，亦謂之『打酒坐』。又有賣藥或果實蘿蔔之類，不問酒客買與不買，散與坐客，然後得錢，謂之『撒暫』。如此處處有之。唯州橋炭張家、乳酪張家不放前項人入店，亦不賣下酒，唯以好淹藏菜蔬賣一色好酒。所謂茶飯者，乃百味羹、頭羹、新法鵪子羹、三脆羹、二色腰子、蝦蕈、鷄蕈、渾砲等羹，旋索粉、玉碁子、羣仙羹、假河魨、白渫虀、貨鱖魚、假元魚、决明兜子、决明湯虀、肉醋托胎襯腸沙魚、兩熟紫蘇魚、假蛤蜊、白肉、夾面子茸割肉、胡餅、湯骨頭、乳炊羊、⿱肫灬羊、鬧廳羊、角⿱𠂊肉）腰子、鵝鴨、排蒸荔枝腰子、還元腰子、燒臆子、入爐細項、蓮花鴨簽、酒炙肚胘、虛汁垂絲羊頭、入爐羊、羊頭簽、鵝鴨簽、鷄簽、盤兔、炒兔、葱潑兔、假野狐、金絲肚羹、石肚羹、假炙獐、煎鵪子、生炒肺、炒蛤蜊、炒蟹、煠蟹、洗手蟹之類，逐時施行索喚，不許一味有闕。或別呼索變造下酒，亦實時供應。又有外來托賣炙鷄、燠鴨、羊脚子、點羊頭、脆筋巴子、薑蝦、酒蟹、獐巴、鹿脯、從食蒸作、海鮮時果、旋切萵苣生菜、西京笋，又有小兒子著白虔布衫、青花手巾，挾白磁缸子賣辣菜。又有托小盤賣乾果子，乃旋炒銀杏、栗子、河北鵝梨梨條、梨乾、梨肉、膠棗、棗圈、梨圈、桃圈、核桃、肉牙棗、海紅嘉慶子、林檎旋、烏李、李子旋、櫻桃煎、西京雪梨、夫梨、甘棠梨、鳳栖梨、鎮府濁梨、河陰石榴、河陽查子、查條、沙苑榅桲、回馬孛萄、西川乳糖、獅子糖、霜蜂兒、橄欖、溫柑、綿棖金橘、龍眼、荔枝、召白藕、甘蔗、漉梨、林檎乾、枝頭乾、芭蕉乾、人面子、巴覽子、榛子、榧子、蝦具之類，諸般蜜煎香藥、菓子罐子、黨梅、柿膏兒、香藥、小元兒、小臈茶、鵬沙元之類，更外賣軟羊諸色包子、猪羊荷包、燒肉乾脯、玉板、鮓犯、鮓片醬之類。其餘小酒店亦賣下酒，如煎魚、鴨子、炒鷄兔、煎燠肉、梅汁、血羹、粉羹之類，每分不過十五錢。諸酒店必有廳院，廊廡掩映，排列小閤子，吊窗花竹，各垂簾幕，命妓歌笑，各得穩便。

又卷三《寺東門街巷》 寺東門大街，皆是貝幞頭、腰帶、書籍、冠朵鋪席、丁家素茶。寺南即録事巷妓館，繡巷皆師姑繡作居住。北即小甜水巷，巷內南食店甚盛，妓館亦多。向北李慶糟薑鋪。直北出景靈宮東門前，又向北曲東稅務街、高頭街、薑行後巷，乃脂皮畫曲妓館。南北講堂巷、孫殿丞藥鋪、靴店。出界身北巷，巷口宋家生藥鋪，鋪中兩壁皆李成所畫山水。自景靈宮東門大街向東，街北舊乾明寺，沿火改作五寺三監。以東向南曰第三條甜水巷。以東熙熙樓客店，都下著數。以東街南高陽正店，向北入馬行。向東街北曰車輅院，南曰第二甜水巷。以東審計院。以東桐樹子韓家，直抵太廟前門，南往觀音院，乃第一條甜水巷也。太廟北入榆林巷，通曹門大街，不能遍數也。

又《馬行街鋪席》 馬行北去，舊封丘門外，祆廟斜街、州北瓦子。新封丘門大街兩邊，民戶鋪席外，餘諸班直軍營相對。至門約十里餘，其餘坊巷院落，縱橫萬數，莫知紀極。處處擁門，各有茶坊酒店、勾肆飲食，市井經紀之家，往往只於市店旋買飲食，不置家蔬。北食則礬樓前李四家、段家熝物、石逢巴子，南食則寺橋金家、九曲子周家最爲屈指。夜市直至三更盡，纔五更又復開張。如要鬧去處，通曉不絕。尋常四梢遠靜去處夜市亦有燋酸豏、猪胰、胡餅、和菜餅、獾兒、野狐肉、果木翹羹、灌腸、香糖果子之類。冬月雖大風雪陰雨亦有夜市，剌子、薑豉、抹臟、紅絲水晶膾、煎肝臟、蛤蜊、螃蟹、胡桃、澤州餳、奇豆、鵝梨、石榴、查子、榅桲、糍糕、團子、鹽豉湯之類。至三更方有提瓶賣茶者。蓋都人公私營幹，夜深方歸也。

又卷四《食店》 大凡食店，大者謂之『分茶』，則有頭羹、石髓羹、白肉、胡餅、軟羊、大小骨角、⿱𠂊肉犒腰子、石肚羹、入爐羊罨、生軟手麪、桐皮麪、薑潑刀、回刀、冷淘、棊子、寄爐麪飯之類。吃全茶，饒虀頭羹。更有川飯店，即有插肉麪、大燠麪、大小抹肉、淘煎燠肉、雜煎事件、生熟燒飯。更有南食店，魚兜子、桐皮熟膾麪、煎魚飯。又有瓠羹

店，門前以枋木及花樣沓結縛如山棚，上挂成邊猪羊，相間三二十邊，近裏門面窗戶，皆朱緑裝飾，謂之『歡門』。每店各有廳院東西廊稱呼坐次。客坐，則一人執箸紙，遍問坐客。都人侈縱，百端呼索，或熱或冷，或溫或整，或絶冷、精澆、臕澆之類，人人索喚不同。行菜得之，近局次立，從頭唱念，報與局內。當局者謂之『鐺頭』，又曰『著案』。訖，須臾，行菜者左手杈三椀，右臂自手至肩馱疊約二十碗，散下盡合各人呼索，不容差錯。一有差錯，坐客白之主人，必加叱罵，或罰工價，甚者逐之。吾輩入店，則用一等琉璃淺稜碗，謂之『碧椀』，亦謂之『造羹』。菜蔬精細，謂之『造虀』，每碗十文。麪與肉相停，謂之『合羹』。又有『單羹』，乃半個也。舊只用匙，今皆用筯矣。更有插肉、撥刀、炒羊、細物料、碁子、餛飩店，及有素分茶，如寺院齋食也。又有菜麪、胡蝶虀、肐膱及賣隨飯、荷包、白飯、旋切細料餶飿兒、瓜虀、蘿蔔之類。

宋 耐得翁《都城紀勝・酒肆》 除官庫子庫腳店之外，其餘皆謂之『拍戶』，有茶飯店，謂兼賣食次下酒是也。

又《茶坊》 大茶坊張掛名人書畫。在京師只熟食店掛畫，所以消遣久待也，今茶坊皆然。冬天兼賣擂茶，或賣鹽豉湯，暑天兼賣梅花酒。紹興間，用鼓樂吹梅花酒曲，用旋杓，如酒肆間，正是論角，如京師量賣。茶樓多有都人子弟占此會聚，習學樂器，或唱叫之類，謂之『掛牌兒』。人情茶坊，本非以茶湯為正，但將此為由，多下茶錢也。又有一等專是娼妓弟兄打聚處；又有一等專是諸行借工賣伎人會聚行老處，謂之『市頭』。水茶坊，乃娼家聊設桌凳，以茶為由，後生輩甘於費錢，謂之乾茶錢。提茶瓶，即是趁赴充茶酒人，尋常月旦望，每日與人傳語往還，或講集人情分子。又有一等，是街司人兵，以此為名，乞見錢物，謂之『齪茶』。

宋 吴自牧《夢粱録》卷一三《鋪席》 杭州大街，自和寧門杈子外，一直至朝天門外清和坊，南至南瓦子北，謂之『界北』。中瓦子前，謂之『五花兒中心』。自五間樓北，至官巷南街，兩行多是金銀鹽鈔引交易，鋪前列金銀器皿及現錢，謂之『看垛錢』，此錢備準榷貨務算清鹽鈔引，並諸作分打鈒爐鞴，紛紜無數。自融和坊北，至市南坊，謂之『珠子市』，如遇買賣，動以萬數。又有府第富豪之家質庫，城內外不下數十處，收解以千萬計。向者杭城市肆名家有名者，如中瓦前皂兒水，雜貨場前甘豆湯、戈家蜜棗兒，官巷口光家羹，大瓦子水果子，壽慈宮前熟肉，錢塘門外宋五嫂魚羹，湧金門灌肺，中瓦前職家羊飯、彭家油靴，南瓦子宣家台衣、張家元子，候潮門顧四笛，大瓦子邱家篳篥。自淳祐年有名相傳者，如貓兒橋魏大刀熟肉、潘節幹熟藥鋪，壩頭榜亭安撫司惠民坊熟藥局，市西坊南和劑惠民藥局，局前沈家、張家金銀交引鋪，劉家、呂家、陳家彩帛鋪，舒家紙劄鋪，五間樓前周五郎蜜煎鋪、童家柏燭鋪、張家生藥鋪，獅子巷口徐家紙劄鋪、凌家刷牙鋪、觀復丹室，保佑坊前孔家頭巾鋪、張賣食麵店、張官人諸史子文籍鋪、訥庵丹砂熟藥鋪、俞家七寶鋪、張家元子鋪，中瓦子前徐茂之家扇子鋪、陳直翁藥鋪、梁道實藥鋪、張家豆兒水、錢家乾果鋪，金子巷口陳花腳麵食店、傅官人刷牙鋪、楊將領藥鋪，市南坊沈家白衣鋪、徐官人幞頭鋪、鈕家腰帶鋪，市西坊北鈕家彩帛鋪、張家鐵器鋪、修義坊北張古老胭脂鋪，水巷口戚百乙郎顏色鋪、徐家絨線鋪、阮家京果鋪、俞家冠子鋪、官巷前仁愛堂熟藥鋪，修義坊三不欺藥鋪，官巷北金藥臼樓太丞藥鋪、胡家、馮家粉心鋪、染紅王家胭脂鋪、淮嶺傾錫鋪，清河坊顧家彩帛鋪、蔣檢閱茶湯鋪，升陽宮前仲家光牌鋪、季家雲梯絲鞋鋪、太平坊南倪沒門麵食店，南瓦子北卓道王賣麵店，腰棚前菜麵店，熙春樓下雙條兒刻子店，太平坊大街東南角蝦蟆眼酒店，漆器牆下李官人雙行解毒丸，抱劍營街吳家、夏家、馬家香燭裹頭鋪、李家絲鞋鋪、許家槐簡鋪，沙皮巷孔八郎頭巾鋪、陳家絛結鋪，朝天門戴家鏖肉鋪，外沙皮巷口雙葫蘆眼藥鋪，朝天門里大石版朱家裱褙鋪、朱家元子糖蜜糕鋪，太廟前尹家文字鋪、陳媽媽泥面具風藥鋪，大佛寺疳藥鋪，保和大師烏梅藥鋪，三橋街毛家生藥鋪、柴家絨線鋪、姚家海鮮鋪，壩橋榜亭側朱家饅頭鋪，石榴園倪家犯鮓鋪、張省幹金馬杓小兒藥鋪，三橋河下楊三郎頭巾鋪，清湖河下戚家犀皮鋪，里仁坊口遊家漆鋪，李博士橋鄧家金銀鋪、汪家金紙鋪，炭橋河下青篦扇子鋪，水巷橋河下針鋪、彭家溫州漆器鋪，沿橋下生帛鋪、郭醫產藥鋪，住大樹下橘園亭文籍書房，平津橋沿河布鋪，黃草鋪溫州漆器、青白磁器，鐵線巷籠子鋪、生絹一紅鋪。薦橋新開巷元子鋪，官巷內飛家牙梳鋪、齊家、歸家花朵鋪、盛家珠子鋪、劉家翠鋪，馬家、宋家領抹銷金鋪、沈家枕冠鋪，小市里舒家

體真頭面鋪，周家摺揲扇鋪、陳家畫團扇鋪。自大街及諸坊巷，大小鋪席，連門俱是，即無虛空之屋。每日清晨，兩街巷門，浮鋪上行，百市買賣，熱鬧至飯前，市罷而收。蓋杭城乃四方輻輳之地，即與外郡不同。所以客販往來，旁午於道，曾無虛日。至於故楮羽毛，皆有鋪席發客，其他鋪可知矣。其餘坊巷橋道，院落縱橫，城內外數十萬戶口，莫知其數。處處各有茶坊、酒肆、麵店、果子、彩帛、絨線、香燭、油醬、食米、下飯魚肉鯗臘等鋪。蓋經紀市井之家，往往多於店舍，旋買見成飲食，此為快便耳。

又卷一六《茶肆》 汴京熟食店，張掛名畫，所以勾引觀者，留連食客。今杭城茶肆亦如之，插四時花，掛名人畫，裝點店面。四時賣奇茶異湯，冬月添賣七寶擂茶、饊子、蔥茶，或賣鹽豉湯，暑天添賣雪泡梅花酒，或縮脾飲、暑藥之屬。向紹興年間，賣梅花酒之肆，以鼓樂吹《梅花引》曲破賣之，用銀盂杓盞子，亦如酒肆論一角二角。今之茶肆，列花架，安頓奇松異檜等物於其上，裝飾店面，敲打響盞歌賣，止用瓷盞漆托供賣，則無銀盂物也。夜市於大街有車擔設浮鋪，點茶湯以便遊觀之人。大凡茶樓多有富室子弟、諸司下直等人會聚習學樂器、上教曲賺之類，謂之『掛牌兒』。人情茶肆，本非以點茶湯為業，但將此為由，多覓茶金耳。又有茶肆專是五奴打聚處，亦有諸行借工賣伎人會聚行老，謂之『市頭』。大街有三五家開茶肆，樓上專安著妓女，名曰『花茶坊』，如市西坊南潘節幹、俞七郎茶坊，保佑坊北朱骷髏茶坊，太平坊郭四郎茶坊，太平坊北首張七相幹茶坊，蓋此五處多有炒鬧，非君子駐足之地也。更有張賣麵店隔壁黃尖嘴蹴球茶坊，又中瓦內王媽媽家茶肆名一窟鬼茶坊，大街車兒茶肆、蔣檢閱茶肆，皆士大夫期朋約友會聚之處。巷陌街坊，自有提茶瓶沿門點茶，或朔望日，如遇吉凶二事，點送鄰里茶水，倩其往來傳語。又有一等街司衙兵百司人，以茶水點送門面鋪席，乞覓錢物，謂之『齪茶』。僧道頭陀欲行題注，先以茶水沿門點送，以為進身之階。

又《酒肆》 中瓦子前武林園，向是三元樓康、沈家在此開沽，店門首彩畫歡門，設紅綠杈子，緋綠簾幕，貼金紅紗梔子燈，裝飾廳院廊廡，花木森茂，酒座瀟灑。但此店入其門，一直主廊，約一二十步，分南北兩廊，皆濟楚閣兒，穩便坐席，向晚燈燭熒煌，上下相照，濃妝妓女數十，聚於主廊面上，以待酒客呼喚，望之宛如神仙。次有南瓦子熙春樓王廚開沽，新街巷口花月樓施廚開沽，融和坊嘉慶樓、聚景樓，俱康、沈腳店，金波橋風月樓嚴廚開沽，靈椒巷口賞新樓沈廚開沽，壩頭西市坊雙鳳樓施廚開沽，下瓦子前日新樓鄭廚開沽，俱有妓女，以待風流才子買笑追歡耳。如酒肆門首，排設杈子及梔子燈等，蓋因五代時郭高祖游幸汴京，茶樓酒肆俱如此裝飾，故至今店家仿效成俗也。大抵酒肆除官庫、子庫、腳店之外，其餘謂之『拍戶』，兼賣諸般下酒，食次隨意索喚。酒家亦自有食牌，從便點供。更有包子酒店，專賣灌漿饅頭、薄皮春繭包子、蝦肉包子、魚兜雜合粉、灌熝大骨之類。又有肥羊酒店，如豐豫門歸家、省馬院前莫家、後市街口施家、馬婆巷雙羊店等鋪，零賣軟羊、大骨龜背、爛蒸大片、羊雜熓四軟、羊攛四件。有一等直賣店，不賣食次下酒，謂之『角球店』，零沽散賣，或百單四、七十七、五十二、三十八者是也。又有掛草葫蘆、銀馬杓、銀大碗，亦有掛銀裹直賣牌，多是竹柵布幕，謂之『打碗頭』，只三二碗便行。更有酒店兼賣血臟、豆腐羹、熝螺螄、煎豆腐、蛤蜊肉之屬，乃小輩去處。若酒力高美者，牌額賣過山之名，其言一山、二山、三山之類是也。大凡入店不可輕易登樓，恐飲宴短淺。如買酒不多，只坐樓下散坐，謂之『門床馬道』。初坐定，酒家人先下看菜，問酒多寡，然後別換好菜蔬。有一等外郡士夫，未曾諳識者，便下箸吃，被酒家人哂笑。然店肆飲酒，在人出著，且如下酒品件，其錢數不多，謂之『分茶』，小分下酒，或命妓者，被此輩索喚珍品，下細食次，使其高擡價數，惟經慣者不墮其計。曩者東京楊樓、白礬、八仙樓等處酒樓，盛於今日，其富貴又可知矣。且杭都如康、沈、施廚等酒樓店，及薦橋豐禾坊王家酒店、暗門外鄭廚分茶酒肆，俱用全桌銀器皿沽賣，更有碗頭店一二處，亦有銀臺碗沽賣，於他郡却無之。

又《分茶酒店》 凡分茶酒肆，賣下酒食品廚子，謂之『量酒博士』、『師公』。店中小兒，謂之『大伯』。更有百姓入酒肆，見富家子弟等人飲酒，近前唱喏，小心供過，使人買物命妓，謂之『閑漢』。又有向前換湯斟酒，歌唱獻果，燒香香藥，謂之『廝波』。有一等下賤妓女，不呼自來，筵前祗應，臨時以些少錢會贈之，名『打酒座』，亦名『禮客』。

有賣食藥香藥果子等物，不問要與不要，散與坐客，名之『撒暫』。如此等類，處處有之。杭城食店，多是效學京師人，開張亦效御廚體式，貴官家品件。凡點索茶食，大要及時。如欲速飽，先重後輕。兼之食次名件甚多，姑以述於後：曰百味羹、錦絲頭羹、十色頭羹、間細頭羹、海鮮頭食、酥沒辣、象眼頭食、蓮子頭羹、百味韻羹、雜彩羹、杴葉頭羹、五軟羹、四軟羹、三軟羹、集脆羹、三脆羹、雙脆羹、群鮮羹、落索兒、腰子、鹽酒腰子、脂蒸腰子、釀腰子、荔枝腰子、腰子假炒肺、雞絲簽、雞元魚、雞脆絲、筍雞鵝、柰香新法雞、酒蒸雞、炒雞蕈、五味雞、鵝粉簽、雞奪真、五味杏酪鵝、繡吹鵝、間筍蒸鵝、鵝排吹羊大骨、蒸軟羊、鼎煮羊、羊四軟、酒蒸羊、繡吹羊、五味杏酪羊、千里羊、羊雜熝、羊頭元魚、羊蹄筍、細抹羊生膾、改炙作汁羊攛粉、細點羊頭、三色肚絲羹、銀絲肚、肚絲簽、雙絲簽、葷素簽、大片羊粉、大官粉、三色團圓粉、轉官粉、三鮮粉、二色水龍粉、鮮粉、肫掌粉、梅血細粉、鋪薑粉、雜合粉、珍珠粉、七寶科頭粉、攛香螺、酒燒香螺、香螺膾、江瑤清羹、酒燒江瑤、生絲江瑤、攛望潮青蝦、蟑蚷、酒炙青蝦、酒法青蝦、青蝦辣羹、酒掇蠣、生燒酒蠣、薑酒決明、五羹決明、三陳羹決明、簽決明、四鮮羹、赤魚分明、薑燥子赤魚、魚鰾二色膾、海鮮膾、鱸魚膾、鯉魚膾、鯽魚膾、群鮮膾、燥子沙魚絲兒、清供沙魚拂兒、清汁鰻鰾、假團圓燥子、襯腸血筒燥子、麻菇絲筍燥子、潭筍、釀筍、抹肉筍簽、酥骨魚、釀魚、兩熟鯽魚、酒蒸石首、白魚、時魚、酒吹鯚魚、春魚、油煠春魚、魴魚、石首、油煠、魱鰡、油炸假河豘、石首玉葉羹、石首桐皮、石首鯉魚、炒鱔、石首鱔生、石首鯉魚兜子、銀魚炒鱔、攛鱸魚清羹、魱鰡假清羹、蝦魚肚兒羹、魱鰡滿盒鰍、江魚假蝛、酒法白蝦、紫蘇蝦、水荷蝦兒、蝦包兒、蝦玉鱔辣羹、蝦蒸假奶、查蝦魚、水龍蝦魚、蝦元子、麻飲雞蝦粉、芥辣蝦、蹄膾、麻飲小雞頭、汁小雞、小雞元魚羹、小雞二色蓮子羹、小雞假花紅清羹、攛小雞、拂兒筍、燠小雞、五味炙小雞、小雞假炙鴨、紅小雞、脯小雞、五色假料頭肚尖、假炙江瑤肚尖、炸肚山藥、鵪子、鳩子、筍焙鵪子、假鴨、清攛鵪子、紅熝鳩子、八糙鵪子、蜜炙鵪子、鳩子、黃雀、釀黃雀、煎黃雀、辣熝野味、清供野味、野味假炙、野味鴨盤兔糊、熝野味、清攛鹿肉、黃羊、獐肉、炙犯兒、赤蟹、假炙鱟根、醋赤蟹、白蟹、辣羹、蝤蛑簽、蝤蛑辣羹、溪蟹、柰香盒蟹、辣羹蟹、簽糊齏蟹、棖醋洗手蟹、棖釀蟹、五味酒醬蟹、酒潑蟹、生蟹子、炸肚燥子蚶、棖醋蚶、五辣醋蚶子、蚶子明芽肚、蚶子膾、酒燒蚶子、蚶子辣羹、酒焐鮮蛤、蛤蜊淡菜、淡菜膾、改汁辣淡菜、米脯鮮蛤、米脯淡菜、米脯風鰻、米脯羊、米脯鳩子、鮮蛤、假熝蛤蜊肉、葷素水龍白魚、水龍江魚、水龍肉、水龍腰子、假淳菜腰子、假炒肺羊熝下飯、假牛凍、假驢事件、凍蛤蝤、凍雞、凍三鮮、凍石首、白魚、凍魱鰡、假蛤蜊、三色水晶絲、五辣醋羊、生膾十色事件、凍三色炙、潤鮮粥、蜜燒膂肉炙、犯兒江魚炙、潤熝獐肉炙、潤江魚鹹豉、十色鹹豉、下飯肉、假熝鴨、下飯二色炙、潤骨頭等食品。更有供未盡名件，隨時索喚，應手供造品嘗，不致闕典。又有托盤擔架至酒肆中，歌叫買賣者，如炙雞、八焙雞、紅熝雞、脯雞、熝鴨、八糙鵝鴨、白煠春鵝、炙鵝、糟羊蹄、糟蟹、熝肉蹄子、糟鵝事件、熝肝事件、酒香螺、海臘、糟脆筋、千里羊、諸色薑豉、波絲姜豉、薑蝦、海蜇鮓、膘皮炸子、獐犯、鹿脯、影戲算條、紅羊犯、槌脯線條、界方條兒、三和花桃骨、鮮鵝、大魚鮓、鮓鮮鰉、寸金鮓、筋子鮓、魚頭醬等。鰇魚、蝦茸、鰻絲、地青絲、野味臘、白魚乾、金魚乾、梅魚乾、鱭魚乾、銀魚乾、鯞魚乾、銀魚脯、紫魚螟脯絲等脯臘從食。葷素點心包兒：旋炙犯兒、灌熝雞粉羹、科頭攛魚肉、細粉小素羹、灌肺羊、血糊齏、海蜇、螺頭、辣菜餅、熟肉餅、鮮蝦肉團餅、羊脂韭餅。四時果子：圓柑、乳柑、福柑、甘蔗、土瓜、地栗、麝香甘蔗、沈香藕、花紅、金銀水蜜桃、紫李、水晶李、蓮子、梓桃、新胡桃、新銀杏、紫楊梅、銀瓜、福李、台柑、洞庭橘、蜜橘、匾橘、衢橘、金橘、橄欖、紅柿、方頂柿、火珠柿、綠柿、巧柿、櫻桃、豆角、青梅、黃梅、枇杷、金杏。此果未遇時，則有歌賣。更有乾果子，如錦荔、木彈、京棗、棗圈、香蓮、串桃、條梨、旋勝番糖、糖霜、番梓桃、松子、巴欖子、人面子、嘉慶子諸色韻果、十色蜜煎蚫螺、諸般糖煎細酸、四時像生兒時果、春蘭、秋菊、石榴子兒、馬院醍醐、乳酪、韻果、蜜薑豉、皂兒膏、輕餳、瑪瑙餳、十色糖、麝香豆沙團子，又有陳州果兒、密雲柿、糖絲、梅、山糖烏李、反旋果、萵苣、生菜、筍薑、油多糟瓊芝、四色辣菜、四時細色菜蔬、糟藏，秋天有炒栗子、新銀杏、香藥、木瓜、棖子等類。更有擡床賣熟羊、

炙鰍、炙鰻、炙魚粉、鰍粉等物。諸店肆俱有廳院廊廡，排列小小穩便閤兒，吊窗之外，花竹掩映，垂簾下幕，隨意命妓歌唱，雖飲宴至達旦，亦無厭怠也。

又《麪食店》 向者汴京開南食麪店，川飯分茶，以備江南往來士夫，謂其不便北食故耳。南渡以來，幾二百餘年，則水土既慣，飲食混淆，無南北之分矣。大凡麪食店，亦謂之『分茶店』。若曰分茶，則有四軟羹、石髓羹、雜彩羹、軟羊焅腰子、鹽酒腰子、雙脆、石肚羹、豬羊大骨、雜辣羹、諸色魚羹、大小雞羹、攛肉粉羹、三鮮大骨頭羹、飯食。更有麪食名件：豬羊盦生麪、絲雞麪、三鮮麪、魚桐皮麪、鹽煎麪、筍潑肉麪、炒雞麪、大熝麪、子料澆蝦燥麪、熝汁米子、諸色造羹、糊羹、三鮮棋子、蝦燥棋子、蝦魚棋子、絲雞棋子、七寶棋子、抹肉、銀絲冷淘、筍燥齏淘、絲雞淘、耍魚麪。又有下飯，則有焅雞、生熟燒、對燒、燒肉、煎小雞、煎鵝事件、煎襯肝腸、肉煎魚、炸梅魚、魟鯽雜熓、豉汁雞、焅雞、大熝攢魚等下飯。更有專賣諸色羹湯、川飯，並諸煎肉魚下飯。且言食店門首及儀式：其門首，以枋木及花樣沓結縛如山棚，上掛半邊豬羊，一帶近裏門面窗牖，皆朱綠五彩裝飾，謂之『歡門』。每店各有廳院，東西廊廡，稱呼坐次。客至坐定，則一過賣執箸遍問坐客。杭人侈甚，百端呼索取覆，或熱，或冷，或溫，或絕冷，精澆熝燒，呼客隨意索喚。各卓或三樣皆不同名，行菜得之，走迎廚局前，從頭唱念，報與當局者，謂之『鐺頭』，又曰『著案』。訖，行菜，行菜詣灶頭托盤前去，從頭散下，盡合諸客呼索指揮，不致錯誤。或有差錯，坐客白之店主，必致叱罵罰工，甚至逐之。有店舍專賣飥飥麪，如大熝飥飥、大燥子、料澆蝦、燥絲雞、三鮮等飥飥，並賣餛飩。亦有專賣菜麪、熟齏筍肉淘麪，此不甚尊重，非君子待客之處也。又有專賣素食分茶，不誤齋戒，如頭羹、雙峰、三峰、四峰、到底簽、蒸果子、鱉蒸羊、大段果子、魚油煠、魚鬮兒、三鮮、奪真雞、元魚、元羊蹄、梅魚、兩熟魚、煠油河魨、大片腰子、鼎煮羊麸、乳水龍麸、筍辣羹、雜辣羹、白魚辣羹飯。又下飯如五味麸、糟醬、燒麸、假炙鴨、乾簽雜鳩、假羊事件、假驢事件、假煎白腸、葱焅油煠骨頭米脯、大片羊、紅熝大件肉、煎假烏魚等下飯。素麪如大片鋪羊麪、三鮮麪、炒鱔麪、卷魚麪、筍撥刀、筍辣麪、乳齏淘、筍齏淘、筍菜淘麪、七寶棋子、百花棋子等麪，皆精細乳麸，筍粉素食。又有專賣家常飯食，如攛肉羹、骨頭羹、蹄子清羹、魚辣羹、雞羹、耍魚辣羹、豬大骨清羹、雜合羹、南北羹，兼賣蝴蝶麪、煎肉、大熝蝦燥等蝴蝶麪，及有煎肉、煎肝、凍魚、凍鯗、凍肉、煎鴨子、煎鮹魚、醋鯗等下飯。更有專賣血臟麪、齏肉菜麪、筍淘麪、素骨頭麪、麸筍素羹飯。又有賣菜羹飯店，兼賣煎豆腐、煎魚、煎鯗、燒菜、煎茄子，此等店肆乃下等人求食粗飽，往而市之矣。

宋 周密《武林舊事》卷六《歌館》 平康諸坊，如上下抱劍營、漆器墻、沙皮巷、清河坊、融和坊、新街、太平坊、巾子巷、獅子巷、後市街、薦橋，皆群花所聚之地。外此諸處茶肆，清樂茶坊、八仙茶坊、珠子茶坊、潘家茶坊、連三茶坊、連二茶坊，及金波橋等兩河以至瓦市，各有等差，莫不靚妝迎門，爭妍賣笑，朝歌暮弦，搖蕩心目。凡初登門，則有提瓶獻茗者，雖杯茶亦犒數千，謂之『點花茶』。登樓甫飲一杯，則先與數貫，謂之『支酒』。然後呼喚提賣，隨意置宴。趕趁祗應撲賣者亦皆紛至，浮費頗多。或欲更招他妓，則雖對街，亦呼肩輿而至，謂之『過街轎』。前輩如賽觀音、孟家蟬、吳憐兒等甚多，皆以色藝冠一時，家甚華侈。近世目擊者，惟唐安安最號富盛，凡酒器、沙鑼、冰盆、火箱、妝盒之類，悉以金銀爲之。帳幔茵褥，多用綿綺。器玩珍奇，它物稱是。下此雖力不逮者，亦競鮮華，蓋自酒器、首飾、被臥、衣服之屬，各有賃者。故凡佳客之至，則供具爲之一新，非曾游者不察也。

明 董斯張《吳興備志》卷一四 慶和樓在上智潭，北宋茶坊也。每歲元宵，則于池内張水燈戲，最為繁盛。

清 李斗《扬州畫舫録》卷一 小迎恩橋在迎恩橋南，自是越小市橋、鞠橋，會於北護城市河，東岸有葉公墳、傍花村、畢園，西岸爲北門外大街。揚州街道以臨河者爲下岸，如南北柳巷之街，西半臨小秦淮，中北小街之路，東臨城河，及此北門街路，西臨草河，皆是。是街上岸有建隆寺、竹林寺、鐵佛寺、龍光寺、靈鷲寺、碧天觀、茶庵、木蘭分院、天雷壇，下岸有醉白園酒樓、雙虹樓茶肆。

又 雙虹樓，北門橋茶肆也。樓五楹，東壁開牖臨河，可以眺遠。吾鄉茶肆，甲于天下，多有以此爲業者，出金建造花園，或鬻故家大宅廢

園爲之。樓臺亭舍，花木竹石，杯盤匙箸，無不精美。轅門橋有二梅軒、蕙芳軒、集芳軒，教場有腕腋生香、文蘭天香，埂子上有豐樂園，小東門有品陸軒，廣儲門有雨蓮，瓊花觀巷有文杏園，萬家園有四宜軒，花園巷有小方壺，皆城中葷茶肆之最盛者。天寧門之天福居，西門之綠天居，又素茶肆之最盛者。城外占湖山之勝，雙虹樓爲最。其點心各據一方之盛。雙虹樓燒餅，開風氣之先，有糖餡、肉餡、乾菜餡、莧菜餡之分；宜興丁四官開蕙芳、集芳，以糟窖饅頭得名，二梅軒以灌湯包子得名，雨蓮以春餅得名，文杏園以稍麥得名，謂之鬼蓬頭，品陸軒以淮餃得名，小方壺以菜餃得名，各極其盛。而城內外小茶肆或爲油鏾餅，或爲甑兒糕，或爲松毛包子，茆檐蓽門，每旦絡繹不絕。

又卷三 柳林在史閣部墓側，爲朱標之別墅。標善養花種魚，門前栽柳，內圍土垣，植四時花樹，盆花庋以紅漆木架，羅列棋布，高下合宜。城中富家以花事爲陳設，更替以時，出標手者獨多。柳下置砂缸蓄魚，有文魚、蛋魚、睡魚、蝴蝶魚、水晶魚諸類。《夢香詞》云：『小隊文魚圓似蛋，一缸新水翠於螺。』謂此。上等選充金魚貢，次之游人多買爲土宜，其餘則用白粉盆養之，令園丁鬻於市。有屋十數間爲茶肆，題其簾曰『柳林茶社』。田雁門焯題詩云：『閑步秋林倚瘦筇，碧闌干外柳陰重。賴君乳穴烹仙掌，飽聽鄰僧飯後鐘。』

又卷一二 『荷浦熏風』在虹橋東岸，一名江園。乾隆三十七年，皇上賜名『淨香園』。御製詩二首，一云：『滿浦紅荷六月芳，慈雲大小水中央。無邊願力超塵海，有喜題名曰淨香。結念底須懷爛縵，洗心雅足契清涼。片時小憩移舟去，得句高齋興已償。』一云：『雨過淨依竹，夏前香想蓮。不期教步緩，率得以神傳。几潔待題研，窗含活畫船。笙歌題那畔，可入牧之篇。』園門在虹橋東，竹樹夾道，竹中築小屋，稱爲水亭。亭外清華堂、青琅玕館，其外爲浮梅嶼。竹竟爲春雨廊、杏花春雨之堂，堂後爲習射圃，圃外爲綠楊灣。水中建亭，額曰『春禊射圃』。前建敞廳五楹，上賜名『怡性堂』。堂左構子舍，仿泰西營造法，中築翠玲瓏館，出爲蓬壺影。其下即三卷廳，旁爲江山四望樓。樓之尾接天光雲影樓，樓後朱藤延曼，旁有秋輝書屋及涵虛閣諸勝。又有春波橋，橋外有來熏堂、浣香樓、海雲龕、艤舟亭，橋裏有珊瑚林、桃花館、勺泉、依山二亭，由此入筱溪莎徑，而至迎翠樓。江園門與西園門衡宇相望，內開竹徑，臨水築曲尺洞房，額曰『銀塘春曉』。園丁於此爲茶肆，呼曰『江園水亭』，其下多白鵝。

清 陸廷燦《續茶經》卷下《茶之事》 《松漠紀聞》：燕京茶肆，設雙陸局，如南人茶肆中置棋具也。

《夢粱録》：茶肆列花架，安頓奇松異檜等物於其上，裝飾店面，敲打響盞。又冬月添賣七寶擂茶、饊子葱茶。茶肆樓上，專安着妓女，名曰花茶坊。

《南宋市肆記》：平康歌館，凡初登門，有提瓶獻茗者，雖杯茶亦犒數千，謂之點花茶

諸處茶肆：有清樂茶坊、八仙茶坊、珠子茶坊、潘家茶坊、連三茶坊、連二茶坊等名。

謝府有酒名勝茶。

宋《都城紀勝》：大茶坊，皆掛名人書畫；人情茶坊本以茶湯為正，水茶坊，乃娼家聊設桌凳，以茶為由，後生輩甘於費錢，謂之乾茶錢。又有提茶瓶及齪茶名色。

《西湖志餘》：杭州先年有酒館而無茶坊，然富家燕會，猶有專供茶事之人，謂之『茶博士』。

紀事

宋 陳師道《後山談叢》卷五《太祖以蜀宮畫圖賜茶肆》 太祖閱蜀宮畫圖，問其所用，曰：『以奉人主爾。』太祖曰：『獨覽孰若使衆觀邪！』於是以賜東華門外茶肆。

宋 羅大經《鶴林玉露・乙篇》卷三 紹熙甲寅，孝宗升遐，光宗疾，不能喪，中外人情洶洶。襄陽兵官陳應祥，歸正人也，欲乘此爲變，結約已定。其間一卒，買卜於市所謂白羊先生者。卜者詰之曰：『此卜將何用？觀所占，是要殺爺殺娘底事，大不好，莫做却吉。』其人色動，時都統馮湛帳前適有一人在傍知見，遂潛迹之。至一茶肆，與之語，給以己得罪於湛，倘有所謀，願預一人之數。卒始不肯言，再三問之，乃以實

告，但深以卜不吉爲疑。其人曰：『若疑其不吉，當與汝同首，可轉禍爲福。』卒然之，然恐無驗，乃引其人詣陳曰：『此人都統帳前人也，近偶得罪，可爲内應。』陳始不信，再三言之，乃與以白巾一，告以期約。其人與卒急詣湛告變。時張定叟作帥，湛携首狀告定叟。時定叟方臥，起與湛密議定，復就寢，徐令具酒肴與客飲，遣數人請陳及其他一二兵官同來，面以首狀及白巾詰之。陳辭屈，乃集衆於教場射殺之。二人及白羊先生皆補官。

宋 佚名《分門古今類事》卷一〇《歐陽省元》 歐陽文忠公舉進士，試尚書省爲第一人，與刁學士約飲於茶肆，近座有數僧私語，刁疑，問之，衆指一僧能相，適方竊議二君，刁問文忠何如，僧曰此省元也。刁曰作狀元耶？曰不。第二？曰不。第三？曰不。第四第五耶？曰不。故事省試第一人，御行不出第。刁曰然則如何？曰當在第一甲，但不高爾，登科之後萬苦艱難，十年始改京官，自此以後當富貴，然有名無實。刁勃然曰無文章耶，無德行耶。曰非此之謂也，有富貴之名，無富貴之實，雖居大位，不得享其樂。語已罷去，殊不以爲然。既而唱名，果在第一甲之末，爲西京留守推官，三年召試，文入高等，故事改官供職，而執政者不悦，止除館閣校勘，久之有後命，三年改官。尹師魯不喜數術，聞而笑之曰，六年後爲京官，狂僧妄言矣。未幾貶夷陵。十年，方爲太子中允，自是繼歷清要，遂參大政。遭劾貶黜，遷徙不常，而内苦死喪疾病，皆如僧言。出《幕府燕閑録》

《宋史》卷四一六《余玠傳》 余玠字義夫，蘄州人。家貧，落魄無行，喜功名，好大言。少爲白鹿洞諸生，嘗攜客入茶肆，毆賣茶翁死，脱身走襄淮。時趙葵爲淮東制置使，玠作長短句上謁，葵壯之，留之幕中。

明 田汝成《西湖游覽志》卷三 清波門過流福水，橋瀕湖，為學士橋。折而南，為茶坊嶺。清波門宋時稱暗門。又南，有錢湖門，今塞。

茶坊嶺，宋時有茶坊在焉。

又 卷一三 連二巷，宋有連二茶坊。

八僊巷，宋有八僊茶坊。其時茶坊之有名者，曰八僊，曰清樂，曰珠子，曰潘家，曰連二，曰連三。坊中揷四時花卉，名人圖畫粧點店面，所賣有七寶擂茶、饊子葱茶，或賣鹽豉湯，暑天則賣雪泡梅花酒，或縮脾飲之屬。盂杓盞子皆以銀為之，亦同酒肆，論一角二角。茶樓多富室子弟、諸司下直人等會聚習學樂器上教曲賺之類，謂之掛牌兒人情。

又 卷一四 熙春巷，宋有雙茶坊。

明 田汝成《西湖游覽志餘》卷二 王妙堅者，興國軍九宫山道婦也，嘗以符水呪棗等術行乞村落，碌碌無他異。既而至杭，多遊兩湖兩山中。一日，至西陵橋茶肆，有陳生者隸職御酒庫，其妻適見之，因扣以婦人頭膩不可梳者還可禳解否，曰此特細事。命市真麻油半斤，燒竹瀝投之，妄為持呪，俾之沐髮，應梳而解。是時楊后方誅韓，而心有所疑，髮膩不解，意有物祟，徧求禳治。會陳妻以油進，用之良驗，后頗神之，遂召妙堅入宫，賜予甚厚，日被親幸。且為創道宇，賜名明真，累封真人。同時有黄冠易如剛者，嗜酒誇誕，薄知其事，欲以奇動，以黄絹方丈、帚書大符以進。后大喜，賜予亦渥，俾在太乙東宫。

又 卷三 都市自舊歲孟冬駕回，已有乘肩輿小女鼓吹歌舞日數十隊，以供貴邸豪家之翫。而天街茶肆酒館，漸以羅列燈毬等求售，謂之燈市。自此以後，每夕皆然。三橋等處客邸最盛，燈火簫鼓每至四鼓，日盛一日。姜白石有詩云：燈已闌珊月氣寒，舞兒往往夜深還。只應不盡婆娑意，更向街心弄影看。又云：南陌東城盡舞兒，畫金刺繡滿羅衣。也知愛惜春遊夜，舞落銀蟾不肯歸。吳夢牕《玉樓春》云：茸茸狸帽遮梅額，金蟬羅剪胡衫窄。肩輿争看小腰身，倦態强隨閒鼓笛。問稱家在東城陌，欲買千金應不惜。歸來困頓殢春眠，猶夢婆娑斜趁拍。深得其意態者也。至節後，漸有大隊如四國朝傀儡之類，多至數百。天府每夕，差官點趣，各給錢酒油燭，多寡有差，且使之南至昇陽宫支酒燭，北至春風樓支錢米，終夕街坊鼓吹不絶，士女羅綺如雲。至五夜，則京尹乘小輪，諸舞隊次第簇擁，前後連亘十數里，錦繡填委道路。吏魁以大囊貯楮劵，凡遇小經紀人犒千百，謂之買市。至有黠者以小盤貯梨數片，騰身出於稠人之中，支請官錢數次者，亦不禁也。李篔房詩云：斜陽盡處蕩輕烟，輦路東風入管絃。五夜好春隨步暖，一年明月打頭圓。香塵掠粉翻羅帶，寶炬籠綃鬪玉鈿。人影漸稀花露冷，踏歌吹度晚雲邊。京尹幕次例占市西坊緊鬧分地，賫燭糀盆，照耀如晝。其前列荷校囚數人，大書犯由，云某

人不合搶撲釵環，挨搪婦女，繼而行遣一二，謂之粧燈，其實皆獄內罪囚，姑借以儆奸民耳。又分委府僚以巡風燭，及命都轄房使臣等分任地方，以緝姦盜。三獄亦張燈，建浄獄道場，多裝獄戶故事及陳列獄具。邸第好事者如清河張府、蔣御藥家開設雅戲烟火，花邊水際，燈燭燦然；遊人士女縱觀，則相迎酌酒而去。又有幽坊深巷，好事之家，多設五色炮燈，更自雅潔。姜白石詩云：沙河雲合無行處，惆悵來遊路已迷。却入静坊燈火空，門門相似列蛾眉。又云：遊人歸後天街静，坊陌人家未閉門。簾裏垂燈照尊俎，坐中嬉笑覺春温。或於小樓以人為大影戲，兒童懽呼終夕，此類不可數也。西湖諸寺，惟三竺燈最盛，往往有宮禁所賜，貴璫所施者。都人好奇，亦往觀焉。白石詩云：珠絡琉璃到地垂，鳳頭銜帶玉交枝。君王不賞無人進，天竺堂深夜雨時。街市婦女皆帶珠翠、鬧蛾、玉梅、雪柳、菩提葉、燈毬、銷金合、蟬貂袖、項帕而衣尚白，蓋燈月所宜也。游手浮浪輩或剪白紙為蟬，謂之夜蛾。以棗肉炭屑為丸，繫以鐵絲燃之，名火楊梅。以紙燈内置關捩，放地下以足沿街蹵轉之，謂之滚燈。以木為格，用彩帛製為諸色行貨人物鋪面，謂之六街三市燈。飲食則乳糖、糖粽、圓子、䭔飳、科斗、粉豉湯、水晶膾、韮餅、南北珍果、皁兒糕、宜利少橙、圓子、滴酥炮螺、酪麵、玉消膏、琥珀餳、破麻酥、灌糖酥、藕龍、纏蜜果糖、葱管糖、十般香糖，皆用鏤鍮，粧花盤、架車兒，簇挿飛蛾、紅燈綵盝，叫歌喧填。幕次往往呼至前，使之吟叫，以酬其直。白石詩云：貴客鈎簾看御街，市中珍物一時來。簾前花架無行路，不得金錢不肯回。競以金盤鈿合簇釘遺之，謂之市食合兒。夜闌燈罷，有小燈照路拾遺者，謂之掃街。遺鈿墮珥往往得之，可謂奢之極矣，亦東都遺風也。

又 卷二〇 杭州先年，有酒館而無茶坊，然富家燕會猶有專供茶事之人，謂之茶博士。王希範《西湖贈沈茶博》詩云：百斛美醪終日醺，碧甌偏喜試先春。煙生石鼎飛青靄，香滿金盤起緑塵。詩社已無孤悶客，醉鄉還有獨醒人。因思儤直鑾坡夜，特賜龍團出紫宸。嘉靖二十六年三月，有李氏者忽開茶坊，飲客雲集，獲利甚厚，遠近倣之。旬日之間，開茶坊者五十餘所，然特以茶為名耳，沉湎酣歌，無殊酒館也。

又 卷二三 高宗南渡後，駐蹕臨安，草刱禁苑，為行在所。適造一殿，無瓦而值雨，臨安府與漕司皆憂之。忽一吏白於官長曰：多差兵士，以錢鏹分俵關厢鋪席，賃借樓屋腰簷瓦若干，候旬月新瓦到，照數陪還。府司從之，殿瓦咄諾而辦。又趙從善尹京日，宦寺欲窘之，科降刷醮紅卓三百張，内批限一日辦集。從善命於酒肆茶坊取卓洗浄，糊以白紙，以紅漆塗之。又兩宮幸聚景園，夜過萬松嶺，索火炬三千。從善命取諸瓦舍妓館蘆簾，實以脂油，卷而繩之，繫於夾道松樹，左右照耀，如同白日。此皆難辦而易為，可謂吏役之法。

藝文

元 李德載《贈茶肆》《朝野新聲太平樂府》卷四 茶煙一縷輕輕颺，攪動蘭膏四座香，烹煎妙手賽維揚。非是謊，下馬試來嘗。黃金碾畔香塵細，碧玉甌中白雪飛，掃醒破悶和脾胃。風韻美，唤醒睡希夷。蒙山頂上春光早，揚子江心水味高，陶家學士更風騷。人應笑，銷金帳飲羊羔。龍團香滿三江水，石鼎詩成七步才，襄王無夢到陽臺。歸去來，隨處是蓬萊。一甌佳味侵詩夢，七碗清香勝碧筩，竹爐湯沸火初紅。兩腋風，人在廣寒宮。木瓜香帶千林杏，金橘寒生萬壑冰，一甌甘露更馳名。恰二更，夢斷酒初醒。兔毫盞内新嘗罷，留得餘香在齒牙，一瓶雪水最清佳。風韻煞，到底屬陶家。龍鬚噴雪浮甌面，鳳髓和雲泛盞弦，勸君休惜杖頭錢。學玉川，平地便升僊。金樽滿勸羊羔酒，不似靈芽泛玉甌，聲名喧滿岳陽樓。誇妙手，博士便風流。金芽嫩採枝頭露，雪乳香浮塞上酥，我家奇品世間無。君聽取，聲價徹皇都。

清 太素生《瀋陽百咏》 茶坊鎮日話津津，晚飯歸來意更親。好待二更鐘動後，滿街燈火散閑人。俗喜於茶坊閑話，土處閑人及游手無借往往借茶館爲消遣之地，日不足，給之以燭，不至二更不散也。

雜録

宋 龐元英《談藪》 德安有人家土庫中被盜者，絶無踪迹。一總轄謂其徒曰：『恐是市上弄猢猻者，試往脅之，不伏則執之。又不伏，

則令唾掌中。』如其言，其人良久覺無唾可吐，色變具伏，乃令猢猻由大窗中入取物。或謂總轄何以知之，曰：『吾亦不敢必，但人之驚懼者，必無唾可吐。姑以卜之，幸而中耳。』又一總轄坐霸頭，茶坊有賣熟水人持兩銀杯，一客衣服濟然，若巨商者，過行就飲。總轄遙見呼謂曰：『吾在此，不得弄手段，將執汝。』客慚悚而去。人問其故，曰：『此奸盜之魁也。適飲水時，以兩手捧盂，蓋度其廣狹，作僞者以易之耳。吾既見，安得不問？』韓王府中忽失銀器皿數事，掌器婢叫呼，爲賊傷手，趙從善尹京，命總轄往府中測視。良久執一親僕，訊之立伏。歸白趙云：『適視婢瘡口在左手，蓋與僕有私，竊器與之，以刀自傷，僞稱有賊。而此僕意思有異於衆，以是得之。』

《宋史》卷六二《五行志一下·水下》　宣和元年夏，雨，晝夜凡數日。及霽，開封縣前茶肆中有異物如犬大，蹲踞臥榻下。細視之，身僅六七尺，色蒼黑，其首類驢，兩頰作魚頷而色正綠，頂有角，生極長，於其際始分兩歧，聲如牛鳴，與世所繪龍無異。茶肆近軍器作坊，兵卒來觀，共殺食之。已而京城大水，訛言龍復讐云。

清　魏源《城守篇·守禦上》《清經世文編》卷七七　禁約之宜申者數事：禁訛言、禁方士，恐其煽衆而泄情也。禁茶坊，奸人謀議多在茶坊者，慮酒後泄言耳。

清　褚人獲《堅瓠八集·茶肆短鬼》　范質未貴時。過茶肆，見人狀貌怪陋，前揖曰：『兵戈至，相公無慮。』范所執扇書『大暑去酷吏，清風來故人』句，人曰：『世之酷吏，何止如大暑也。公他日當究此弊。』因携扇去。范惘然。後至伏廟，一土木短鬼貌肖茶肆所見，扇亦在手，范心異之。果大貴，封魯公。

清　和邦額《夜譚隨録》卷三《地震》　老人相傳，雍正庚戌歲，京師地震之前一日，西城一人，抱三四歲小兒入茶肆，甫及門，小兒輒抱其頸，啼不肯入。其人怪之曰：『畏此地人多耶？』乃之他肆。至則復啼，易地皆然。其人以爲異，問：『汝平日極喜入茶社食蜜果，今日胡爲乎爾？』兒曰：『今日各肆賣茶人，及吃茶人，皆各頸帶鐵鎖，故不欲入。且今日往來街市之人，何帶鎖者之多耶？』其人笑其妄，路遇一相識問所之，白其故，大笑而去，兒哂曰：『彼亦被鎖，尚笑人耶！』其人歸，逢所知則告之，或言小兒眼淨，所見必有因，伺之可也。小兒有堂兄二人，兒亦驚其有鎖。次日地大震，人居傾毁無數，凡小兒不入之肆，無不摧折，竟無一人得免。二兒亦爲墻所壓。訪所遇相識，已履屋下矣。劫數之不可逃也，類如此。

蘭岩曰：事之所有，未必非理之所無。

又　卷三《傻白》　太監白某，面白，人稱傻白，年四十餘矣。閒嘗爲余言，其十六時，時值上元節，金吾不禁，燈月交輝，從其叔之西城外祖母家，與諸姊妹兄弟呼盧半夜。四更後，始告歸。至半途，忽憶表妹所贈升官圖一紙，骰子六枚，忘未携得，欲返取之。叔不耐往還，約在西安門奶茶鋪中坐候。白獨返外家，取得二事，更爲留連一餉，然後行。

時已五更，街市人迹已稀，路出白塔寺後回廊下，見一人，隔車軌幷行，不禁寒栗滿身。視其人，高不過三尺，塊然一物，淡黑色，别無頭面耳目手足，如一簇濃烟，且月下無影。大怖，奮步急行，而物行尤駛。相隨里許，驀一人迎面來，正與物對，物且却且躍，倏左倏右，狀頗倉皇。來人渾如未睹，直前無恐，物窘迫一閃，化爲旋風羊角而起，高丈餘，投東去。司栅老軍瞥見之，弃柝驚喊，曰：『何人？』白答以歸家者，老軍曰：『非問汝也，適有一人到栅前，何一旋則不復見？』白心知爲鬼，漫應之。

比至西安門，心旌未定，見其叔坐茶鋪中，神色沮喪，方將以所見告之，叔急搖手止之，似有所諱。乃相與茫茫然歸。又於途間頻囑，即有所遇，歸家慎勿宣泄。白口應而心疑焉。越數夕，其叔病死。

蘭岩曰：白之所遇，其叔之鬼耶？令人不解。

清　紀昀《閱微草堂筆記》卷七《如是我聞一》　裘文達公言官詹事時，遇值日，五鼓，赴圓明園，中途見路旁高柳下，燈火圍繞，似有他故，至則一護軍縊於樹，衆解而救之，良久得蘇。自言過此暫憩，見路旁小室中有燈火，一少婦坐圓窗中招我，逾窗入，甫一俯首，項已被挂矣。蓋縊鬼變形求代也。此事所在多有，此鬼乃能幻屋宇，設繩索，爲可异耳。又先農壇西北，文昌閣之南文昌閣俗曰高廟，匯有積水，亦往往有溺鬼誘人。余十三四歲時，見一人無故入水，已没半身，衆噪而挽之，始强回。痴坐良久，漸有醒意，問何所苦而自沉？曰：實無所苦，但渴甚，

見一茶肆，趨往求飲，猶記其門懸匾額，粉板青字，曰對瀛館也。命名頗有文義，誰題之，誰書之乎？此鬼更奇矣。

又卷一一《槐西雜志一》 從侄虞惇言，聞諸任丘劉宗萬曰：有旗人赴任丘催租，適村民夜演劇，觀至二鼓乃散，歸途酒渴，見樹旁茶肆，因繫馬而入，主人出，言火已熄，但冷茶耳。入室良久，捧茶半杯出，色殷紅而稠粘，氣似微腥，飲盡，更求益，曰：瓶已罄矣。當更覓殘剩，須坐此稍待，勿相窺也。既而久待不出，潛窺門隙，則見懸一裸女子，破其腹，以木撑之，而持杯刮取其血，惶駭退出，乘馬急奔，聞後有追索茶錢聲，沿途不絕。比至居停，已昏瞀墜仆，居停聞馬聲出視，扶掖入，次日乃蘇，述其顛末。共往迹之，至繫馬之處，惟平蕪老樹，荒冢纍纍，叢棘上懸一蛇，中裂其腹，橫支以草莖而已。此與裴硎《傳奇》載盧涵遇盟器婢子殺蛇爲酒事相類，然婢子留賓，意在求偶，此鬼鬻茶胡爲耶？鬼所需者冥鏹，又向人索錢何爲耶？

又卷一六《姑妄聽之二》 御史佛公倫，姚安公老友也，言貴家一傭奴，以游蕩爲主人所逐，銜恨次骨，乃造作蜚語，誣主人帷薄不修，縷述其下烝上報狀，言之鑿鑿。一時傳布，主人亦稍聞之，然無以箝其口，又無從而與辯，婦女輩惟爇香籲神而已。一日，奴與其黨坐茶肆，方抵掌縱談，四座聳聽，忽噭然一聲，已仆於几上死。無由檢驗，以痰厥具報。官爲斂埋，棺薄土淺，竟爲群犬搰食，殘骸狼藉，始知爲負心之報矣。佛公天性和易，不喜聞人過，凡僮僕婢媼，有言舊主之失者，必善遣使去，鑒此奴也。嘗語昀曰：『宋黨進聞平話說韓信優人演說故實，謂之平話，《永樂大典》所載，尚數十部，即行斥逐，或請其故，曰：對我說韓信，必對韓信亦說我，是烏可聽。千古笑其憒憒，不知實絕大聰明。彼但喜對我說韓信，不思對韓信說我者，乃真憒憒耳。』真通人之論也。

茶店

綜述

清 王韜《海陬冶游録》卷上 滬城少水，無畫船簫鼓諸勝。春秋佳日，士女出遊，多萃於西園。園有茶寮十餘所，蓮子碧螺，芬芳欲醉。時來麗人，雜坐成群。每當夕陽將落，人影散亂，真覺衣香不遠。輕薄少年，鄉曲猥子，掉臂其間，多與目成而去。

紀事

《續資治通鑑長編》卷三四六《元豐七年》 ［六月］戶部言：『準批狀，提舉汴河司言：畿內諸縣民間茶鋪，亦乞請買水磨官茶。其法施於京師，衆以為便。府界宜與輦轂下不殊。』從之，候二年立法。《實録》載此事不詳。『乞請買官茶』，今用《紹聖編録策》增入『水磨』二字，庶易曉。水磨茶法何年始，要見實月日。六年二月二十七日、八月十二日可考，似初置水磨時，更詳之。紹聖元年九月二十八日敕：『中書省送到戶部狀：「準敕勘會元豐中嘗置水磨茶出賣與在京鋪戶，故京師求食茶無夾雜之弊，而茶商無留滯之患，官歲收息計二十餘萬貫。元祐中悉皆罷廢。臣等欲乞參酌舊制，重行興復。」三省同奉聖旨：「水磨茶應興復合行事件，令戶部疾速先具措置，申尚書省。」九月二十八日，三省同奉聖旨：「並依戶部所申，差孫迥提舉。」檢會舊行水磨日前後條制，參酌今來合行及改到分項內，一、檢準元豐七年六月一日敕：中書省、尚書省送到左部狀，準都省批下，都提舉汴河隄岸司奏：勘會本司近準朝旨，在京賣茶人戶不許擅磨末茶，並令赴本司水磨請買斤茶，歸鋪貨賣。本司已依朝旨施行。近日據府界諸縣茶鋪等人戶赴司陳狀，為見在京茶鋪之家請買水磨末茶貨賣，別無頭畜之費，坐獲厚利。其府界茶鋪係與在京鋪戶事體一般，乞依在京師茶鋪人戶例，赴水磨請輸，歸逐縣貨賣，及依在京茶法，禁止私磨茶貨。本司今勘會自興置水磨後，其內外茶鋪人戶各家，免雇召人工養飼頭口諸般浮費，及不入末豆、荷葉雜物之類和茶，委有利息。其民間皆得真茶食用，若比自來所買鋪戶私磨絞和偽茶，其價亦賤。兼販茶客人亦免民間賒欠錢物，赴本司入中茶貨，便請見錢，再行興販，甚有利潤。沿路往來所收商稅不少。今來已準朝旨，並依本司奏請立法。自推行以來，其鋪戶例各比元供請買茶數外，甚添斤重請輸，蓋為獲利極多。故府界諸縣茶鋪等人戶有伏乞依在京例，

請買水磨茶貨，禁絕私磨。本司看詳：若依逐縣人戶所陳，即委是止絕外縣添和茶法，及免經久卻生弊倖，并侵在官茶法，誠為利便。如賜施行，即乞依下項約束，令取進止。後批五月八日送戶部勘當，并小貼子稱：勘會客人販到茶貨，指往府界諸縣販賣，今來既已立限陳首，給引入京赴水磨場中賣，其到京合納稅錢，亦乞依自來條例勾收，送納入戶部，勘會下項事，仍連元狀。六月一日，奉聖旨，並依。請一依敕命指揮施行，仍關合屬去處牒件如前，請詳前項尚書戶部牒內聖旨指揮施行，仍關牒應干合屬去處者。一、客人興販茶貨，係於諸路外，應係往府界及在京者，委產茶山場州軍出引，並皆赴京官場中賣，即不得沿路及府界地分貨易。如違，告首罪賞並依私殞茶法。一、諸路末茶不得入府界地分貨賣，如違，即依本司印出在京茶法施行。依上本部勘當欲依本司奏乞事理施行。』

又卷五一六《元符二年》［閏九月］權殿中侍御史左膚言，權知開封府呂嘉問慢令不欽，違法徇私等事，乞賜施行。又奏，嘉問先任發運使，就除知青州日，未赴任間，先令客司般載本家米往新任出糶，乞施行。又奏，近彈奏開封府通判引散官兌買姓李人茶肆，見行兌買未了，乞照會施行。詔令呂嘉問分析以聞。

藝文

宋 蘇轍《欒城集》卷一二《上高息軒起亭二絶其二》 溪父起收罾下鯉，山翁起賣焙中茶。長官亦與人俱起，笑擁黃紬放早衙。

宋 楊公遠《野趣有聲畫》卷上《次吴篁嶼山行》 詰曲深林小逕斜，杖藜徐步訪山家。老翁□□無祇待，禁酒官嚴又禁茶。

又 卷下《回溪道中》 山束溪流窄逕迂，眼前景物入詩無。田中蝌蚪古文字，柳下春鉏新畫圖。巨室儲茶供客販，小旗誇酒誘人沽。行行不記幾多里，回首林端日又晡。

宋 項安世《平庵悔稿》卷一《建平縣道中》 糖甖花開官路香，客子欲歸官路長。稻田水足新秧黃，小麥吐秀南風涼。村村煮酒開官坊，家家禁忌障蠶房。門前健婦能招商，茗碗角餌邀人嘗。若無橫賦深剝牀，我欲問舍鷄林鄉。

宋 陸游《劍南詩稿》卷三《過武連縣北柳池安國院煮泉試日鑄顧渚茶院有二泉皆甘寒傳云唐僖宗幸蜀在道不豫至此飲泉而愈賜名報國靈泉云三首》 滴瀝珠璣翠壁間，遭時曾得奉龍顏。欄傾甃缺無人管，滿院松風晝掩關。

行殿淒涼迹已陳，至今父老記南巡。一泓寒碧無今古，付與閑人作主人。

我是江南桑苧家，汲泉閑品故園茶。只應碧缶蒼鷹爪，可壓紅囊白雪芽。

元 方回《桐江續集》卷一五《婺源道中》 盤山莫訝去程賒，風俗真淳尚可嘉。行客門前方下馬，主人店裏已烹茶。百泉怒噴常疑雨，萬木陰森不見花。倚杖蒼崖憶何事，白雲深處晦翁家。

雜録

宋 普濟《五燈會元》卷一三 師與巖頭、雪峰過江西，到一茶店吃茶次，師曰：『不會轉身通氣者，不得茶吃。』頭曰：『若恁麼，我定不得茶吃。』

峰曰：『某甲亦然。』師曰：『這兩個老漢，話頭也不識？』頭曰：『甚處去也？』師曰：『布袋里老鴉，雖活如死。』頭退後曰：『看！看！』師曰：『龕公且置，存公作麼生？』峰以手畫一圓相，師曰：『不得不問。』頭呵呵曰：『太遠生。』師曰：『有口不得茶吃者多。』

明 张岱《陶庵夢憶》卷三《禊泉》 惠山泉不渡錢塘，西興腳子挑水過江，喃喃作怪事。有縉紳先生造大父，飲茗大佳，問曰：『何地水？』大父曰：『惠泉水。』縉紳先生顧其價曰：『我家逼近衛前，而不知打水吃，切記之。』董日鑄先生常曰：『濃、熱、滿三字盡茶理，陸羽《經》可燒也。』兩先生之言，足見紹興人之村之樸。余不能飲潟鹵，又無力遞惠山水。甲寅夏，過斑竹庵，取水啜之，磷磷有圭角，異之。走看其色，如秋月霜空，噀天為白；又如輕嵐出岫，繚松迷石，淡淡欲散。余倉卒見井口有字劃，用帚刷之，『禊泉』字出，書法大似右軍，益異之。試茶，茶香發。新汲少有石腥，宿三日氣方盡。辨禊泉者無他法，取水入口，第撟舌舐齶，過頰即空，若無水可咽者，是為禊泉。好事者信之，汲日至，或取以釀酒，或開禊泉茶館，或甕而賣，及饋送有司。董方伯守越，飲其水，甘之，恐不給，封鎖禊泉，禊泉名日益重。會稽陶溪、

蕭山北幹、杭州虎跑，皆非其伍，惠山差堪伯仲。在蠡城，惠泉亦勞而微熱，此方鮮磊，亦勝一籌矣。長年鹵莽，水遞不至其地，易他水，余笞之，詈同伴，謂發其私。及余辨是某地某井水，方信服。昔人水辨淄、澠，侈為異事。諸水到口，實實易辨，何待易牙？余友趙介臣亦不余信，同事久，別余去，曰：『家下水實進口不得，須還我口去。』

又卷四《二十四橋風月》 廣陵二十四橋風月，邗溝尚存其意。渡鈔關，橫亙半里許，為巷者九條。巷故九，凡周旋折旋於巷之左右前後者，什百之。巷口狹而腸曲，寸寸節節，有精房密戶，名妓、歪妓雜處之。名妓匿不見人，非嚮導莫得入。歪妓多可五六百人，每日傍晚，膏沐熏燒，出巷口，倚徙盤礴於茶館酒肆之前，謂之『站關』。茶館酒肆岸上紗燈百盞，諸妓掩映閃滅於其間，皅盩者簾，雄趾者閾。燈前月下，人無正色，所謂『一白能遮百醜』者，粉之力也。遊子過客，往來如梭，摩睛相覷，有當意者，逼前牽之去；而是妓忽出身分，肅客先行，自緩步尾之。至巷口，有偵伺者，向巷門呼曰：『某姐有客了！』內應聲如雷，火燎即出。一一俱去，剩者不過二三十人。沉沉二漏，燈燭將爐，茶館黑魆無人聲。茶博士不好請出，惟作呵欠，而諸妓醵錢向茶博士買燭寸許，以待遲客。或發嬌聲，唱《劈破玉》等小詞，或自相謔浪嘻笑，故作熱鬧，以亂時候；然笑言啞啞聲中，漸帶悽楚。夜分不得不去，悄然暗摸如鬼。

見老鴇，受餓、受笞俱不可知矣。余族弟卓如，美須髯，有情癡，善笑，到鈔關必狎妓，向余噱曰：『弟今日之樂，不減王公。』余曰：『何謂也？』曰：『王公大人侍妾數百，到晚耽耽望幸，當御者不過一人。弟過鈔關，美人數百人，目挑心招，視我如潘安，弟頤指氣使，任意揀擇，亦必得一當意者，呼而侍我。王公大人豈過我哉！』復大噱，余亦大噱。

又卷八《露兄》 崇禎癸酉，有好事者開茶館，泉實玉帶，茶實蘭雪，湯以旋煮，無老湯，器以時滌，無穢器，其火候、湯候，亦時有天合之者。余喜之，名其館曰『露兄』，取米顛『茶甘露有兄』句也。為之作《鬬茶檄》，曰：『水淫茶癖，爰有古風；瑞草雪芽，素稱越絕。特以烹煮非法，向來葛灶生塵；更兼賞鑒無人，致使羽《經》積蠹。邇者擇有勝地，復舉湯盟，水符遞自玉泉，茗戰爭來蘭雪。瓜子炒豆，何須瑞草橋邊；橘柚查梨，出自仲山圃內。八功德水，無過甘滑香潔清涼；七家常事，不管柴米油鹽醬醋。一日何可少此，子猷竹庶可齊名；七碗吃不得了，盧仝茶不算知味。一壺揮塵，用暢清談；半榻焚香，共期白醉。』

邊茶部

題解

《新唐書》卷一九六《陸羽傳》 羽嗜茶，著經三篇，言茶之原、之法、之具尤備，天下益知飲茶矣。時鬻茶者，至陶羽形置煬突間，祀爲茶神。有常伯熊者，因羽論復廣著茶之功。御史大夫李季卿宣慰江南，次臨淮，知伯熊善煮茶，召之，伯熊執器前，季卿爲再舉杯。至江南，又有薦羽者，召之，羽衣野服，挈具而入，季卿不爲禮，羽愧之，更著毀茶論。其後尚茶成風，時回紇入朝，始驅馬市茶。

明 歸有光《震川先生集》卷四《馬政志》 元豐四年，詔專以雅州名山茶爲易馬用，自是蕃馬至者稍衆。崇寧四年，詔曰：『神宗皇帝厲精庶政，經營熙河路茶馬司，以致國馬，法制大備。其後監司欲侵奪其利，以助糴買，故茶利不專，而馬不敷額。近雖更立條約，令茶馬司總運茶博馬之職，猶慮有司苟於目前近利，不顧悠久深害，三省其謹守已行，毋輒變亂元豐成法。』自是提舉茶事兼買馬，其職任始一。

明 余繼登《典故紀聞》卷一四 陝西茶馬司，舊制每歲再遣行人巡視。成化三年，巡撫陝西都御史項忠言：『近日勢家及射利之徒，往往交通守備官，私販入番，茶馬之政遂壞。行人職卑言輕，難以禁治。乞依巡鹽事例，暫遣風力御史一員，往督其事。』陝西茶馬之差始此。

清 周靄聯《竺國紀游》卷二《茶爲生》 番民以茶為生，缺之必病，如西域各部落之需大黄。蓋酥油性熱，糌粑乾澀而不適口，非茶以湯滌之，則腸胃不能通利。其由打箭爐入口買茶者，絡繹不絕於道。茶形如磚，土人呼曰『磚茶』，每四磚謂一甑。西藏所尚，以邛州、雅安為最，有鍋焙子、日貢、八廋、新野之分。大家最重竹當茶，亦邛州產，加白土少許，熬出，作脂胭色。每甑五斤，價須三金。其熬茶有火候，先將茶之梗葉，用竹罩籬時時揚之，茶之精華皆與水融合，然後入酥油或牛乳，以筒攪勻，方可飲也。

論説

宋 包拯《包孝肅奏議》卷九《論楊守素》 臣伏見西賊再遣楊守素詣闕請命，而朝旨方議納其誠欵，此亦安民禦邊之長策也。風聞道路云元昊欲歲納青鹽、貿易茶貨，然未審虛實。緣元昊數州之地，財用所出並仰給於青鹽。自用兵以來，沿邊嚴行禁約者，乃困賊之一計爾。今若許以歲進數萬石，必恐禁法漸弛，奸謀益熾，不惟侵奪解鹽課利，亦慮浸成大敝，關防或未能制，若稍行捉捕，則棄前恩、結後怨，此亦必然之勢也。議者復欲令運於關東支用，或許客人裨販，則又不免配率車乘，轉成搔擾，固朝廷所宜慎重。此舉如不獲已，則不若於前來許賜帛繒茶貨數量與增加，亦可以弭亡厭之求。兼此劇賊猖狂難保，沿邊塞柵備禦之具亦不可少懈。緣臣疎外之職，素不預議，但采於物論，知所以然，敢罄公言，少裨萬一。

宋 司馬光《温國文正公文集》卷五〇《論西夏札子》 臣伏見神宗皇帝，以夏國王趙秉常為臣下所囚，興兵致討，奮揚天威，震動沙漠。虜擕其種落竄伏河外，諸將收其邊地，建米脂、義合、浮圖、葭蘆、吴堡、安疆等寨。此蓋止以藉口用為己功，皆為其身謀，非為國計。臣竊聞此數寨者，皆孤僻單外，難於應援。田非肥良，不可以耕墾；地非險要，不足以守禦。中國得之，徒分屯兵馬，坐費芻糧，有久戍遠輸之累，無拓土闢境之實，此衆人所共知也。王師既收靈州不克，狼狽而歸，卒疲食盡，失亡頗多。西人知中國兵力所至，自此始有輕慢之心。是以明年邊臣築永樂城，虜潛師掩襲，覆軍殺將，塗炭一城。久之，又舉一國之衆攻圍蘭州，期於必取。將士堅守，僅而得全。虜自是鋭氣少挫，不敢輕犯邊矣。臣聞此數寨之地，中國得之雖無所利，虜中失之為害頗多。何則？深入其境，近其腹心，常慮中國一朝討襲，無以支梧，不敢安居，是以必欲得之，不肯棄捨。一年前虜嘗專遣使者詣闕，深自辨訴，請臣服如故。其志無他，止為欲求其舊境而已。朝廷既許其臣服，虜來請舊境，朝廷乃降指揮，其前則云所以興舉甲兵，本欲執取罪人、救拔幽辱，非有意侵取疆埸土地而已；其後乃云止將已得些小邊土聊示削罰，豈可更有陳乞還

復之理。此則朝旨首尾已自相違。又興師本為振拔秉常，拒命者國人之罪，豈可更削秉常之地，於理差似未安。王者以大信御四海，羌戎雖微，恐未易以文辭欺也。於是虜既失望，憤怒怨懟，移文保安軍，辭理不遜，云今來賀正旦人使難議發遣。自是正旦、生辰乃至陛下繼明皆不遣使入賀，其不臣大矣。然而去歲四遣使者詣闕，弔慰祭奠，告其母喪，并進遺物。理雖不備，稍示屈服。臣竊料虜意不出於三。一者猶冀朝廷萬一赦其罪戾，返其侵疆。二者陽為恭順，使中國休怠，陰伺間隙，入為邊患。三者久自絕於上國，其國中貧乏，使者往來，得賜賚之物且因為商販耳。昔衛貳於晉，晉取戚田。及衛人既服，郤缺曰：『日衛不睦，故取其地；今已睦矣，可以歸之。叛而不討，何以示威？服而不柔，何以示懷？非威非懷，何以示德？』遂歸戚田于衛。今西人所為如此，朝廷既不能拒絕勿受其使，又不能招納與之更始。彼來則迎送館穀，以賓客待之；不來則一無所問。日復一日，將踰二年。臣竊意朝廷謂西人勢已衰弱，心實內附，故來則不拒，去則不追，置之度外，不以為虞。殊不思數年前王師大舉深入，將士所過，烈於猛火，割其疆埸，屢請而不還。彼怨毒欲讐報之心、窺窬欲乘釁之意日夜不忘，若渴者不忘飲、盲者不忘視也。譬如有虎狼在屋側垂頭熟寢，人豈可見其不動，狎而侮之，循其頭、躡其尾邪？臣每思之，終夕寒心。以臣愚慮，於今為之止有二策。一者返其侵疆，二者禁其私市。何謂返其侵疆？凡天子即位，天地一新，滌瑕蕩穢，小大無遺。昔趙佗自稱南越武帝，倔強嶺南。漢文帝即位，赦其大罪，遣單使往諭之，佗稽首請服，累世為臣。李繼遷假擾西陲十有餘年，關中困弊。真宗皇帝即位，赦其大罪，割靈、夏等數州，除其子趙德明為定難軍節度使，由是邊境安寧者四十年。此乃前世及祖宗之成法，非無所依據也。今秉常之罪不大於繼遷也，米脂等寨不多於靈、夏也，陛下誠能於此踰年改元之際特下詔書，數其累年不來賀正旦、生辰及登寶位等不備之禮，嘉其弔慰祭奠、告國母喪、進遺物之勤，曠然推恩，盡赦前罪，自今以後貢獻賜予悉如舊規；廢米脂、義合、浮圖、葭蘆、吳堡、安疆等寨，令延、慶二州悉加毀撤；除省地外，元係夏國舊日之境並以還之。其定西城、蘭州，議者或謂本花麻所居，趙元昊以女妻之，羈縻役屬，非其本土，欲且存留，以為後圖，猶似有名。禦夷狄者不壹而足，俟其再請，或留或與，徐議其宜，亦無所傷。至於會州尚在化外，而經略司遽稱熙、河、蘭、會，虜常疑中國更有闚境之心，不若改為熙河岷蘭經略司。如此則西人忽被德音，出於意外，雖禽獸木石亦將感動，況其人類，豈得不鼓舞忭蹈，世世臣服者乎？議者或曰先帝興師動衆，所費億萬，僅得數寨；今復無故棄之，此中國之恥也。昔漢元帝棄珠崖詔曰：『朕日夜惟思議者之言，羞威不行則欲誅之，通於時變則憂萬民。夫萬民之饑餓與遠蠻之不討，危孰大焉？』遂棄之。此乃帝王之大度、仁人之用心，如天地之覆燾、父母之慈愛，盛德之事，何恥之有。國家方制萬里，今此尋丈之地，惜而不與。萬一西人積怨憤之氣，逞凶悖之心，悉舉犬羊之衆，投間伺隙，長驅深入，覆軍殺將，兵連禍結，如曩日繼遷、元昊之叛逆，天下騷動，當是之時，雖有米脂等千寨，能有益乎？不唯待其攻圍自取，固可深恥；借使虜有一言不遜而還之，傷威毀重固已多矣。故不若今日與之之為美也。此國大事，伏望陛下留神熟慮，更與執政詳議，以聖意斷而行之，不可後時失此機會，悔將無及。何謂禁其私市？西夏所居，氐羌舊壤。地所產者不過羊馬氈毯，其國中用之不盡，其勢必推其餘與他國貿易。其三面皆戎狄，鬻之不售，惟中國者羊馬氈毯之所輸，而茶綵百貨之所自來也，故其民如嬰兒而中國乳哺之矣。寶元、慶曆之間，元昊負恩僭亂，屢犯邊境，大入則大利，小入則小利。中國未嘗蹈其境、破其軍、禽其將、屠其城，有害於社稷也。而首尾六年，元昊遣使，因緣邊吏，卑辭納款，頓顙稱臣。雖其惡積罪盈，欲懷音革面，原其私心，未必不貪中國之財、思私市之利故也。舊制，官給客人公據，方聽與西人交易。傳聞近歲法禁疏闊，官吏弛慢，邊民與西人私交易者日夕公行。彼西人公則頻遣使者商販中國，私則邊鄙小民竊相交易。雖不獲歲賜之物，公私無乏，所以得偃蹇自肆，數年之間，似恭似慢，示不汲汲於事中國。由資用饒足，與事中國時無以異故也。陛下誠能却其使者，責以累年正旦、生辰及登寶位皆不來賀，何獨遣此使者，拒而勿內；明勑邊吏，嚴禁私市。俟其年歲之間，公私困弊，使自謀而來，禮必益恭，辭必益遜，然後朝廷責而赦之，許通私市，待之如初。然邊民與西人交易為日積久，習玩為常。一旦禁之，其事甚難。何則？若以常法治之，則有司泥文，動循繩墨，追問證左，逮捕傳送之人、停匿之家，奏

裁待報，動涉半年。如此則徒使邊民麗刑者衆，獄犴盈溢而私市終不能禁也。夫三尺之限空車不能登，峭峻故也；百仞之山重載陟其上，陵夷故也。今必欲嚴禁邊民與西人私市，須權時別立重法，犯者必死無赦。本地分吏卒應巡邏者不覺透漏，官員衝替、兵士降配。仍許人告捉，獲者賞錢若干，當日内以官錢支給，更不以犯事人家財充。如此則緣邊六路各行得一兩人，則庶幾可以聳動人耳目，令行禁止，人不敢犯矣。然人存政舉，此事全在邊帥得人。昔龐籍為河東經畧使，下令禁邊民與西人私市。有熟戶犯禁，籍斬於犯處，妻孥皆送淮南編管。一境凜然，無敢犯者。其後施昌言為環慶路經略使，亦禁私市。西人發兵壓境，昌言遣使問其所以來之故，西人言無他事，只為交易不通。使者懼其兵威，輒私許之，法遂復壞。若邊帥未能盡得其人，則此法恐未易可行，不若前策道大體正、萬全無失也。

宋 呂陶《淨德集》卷一《奏具置場買茶旋行出賣遠方不便事狀熙寧十年三月八日》

今具本路置場買茶徃熙河博賣，並盡榷諸州茶貨入官，便收三分利息，旋行出賣，致令細民失業，枉陷刑憲，大於遠方不便，謹具畫一條列如後：

一、臣伏以國家富有四海，山澤之利多與民共。自仁祖臨御以來，深知東南數路茶法之害，制詔有司一切弛放，任令通商。貨法流行，德澤深厚，聖時盛事，高出前世。今天下茶法既通，而兩川獨行禁榷，此蓋言利之臣不知本末，苟貪勞賞而妄為之，非所以綏靜遠方之意。況乎兩川所出茶貨較北方東南諸處十不及一，日月行照，文軌混同，法無二門，仁不異遠，豈可諸路既許通商，兩川卻為禁地？虧損治體莫甚於斯，乃為害之大者，故臣敢先言之。伏望聖慈特寬茶禁，所貴法令平一以幸遠方。

一、本路既為置場買茶將往熙河等處並逐旋取利出賣之後，更不許民間衷私買賣，遂令諸色人告捕，依編敕禁榷茶法斷罪，州縣承此指揮來，累有成都府邛州百姓馬吉等為衷私賣茶被人告捕，有至徒罪，各追賞錢，一路之民遂生怨誹。蓋緣立法太重，有害於人。大凡官中原有之物，民間私侵其利，方是犯禁。只如解州有鹽池，民間煎者乃是私鹽；晉州有礬山，民間煉者乃是私礬。今川蜀茶園本是百姓兩稅田地，不出五穀，只是種茶，賦稅一例折科，茶園稅，每三百文折納絹二疋，三百二十文折納紬一疋，十文折納綿一兩，二文折納禾草一束。役錢一例均出。自來採茶貨賣，以充衣食。伏緣此茶本非官地所產，乃是百姓己物，顯與解鹽晉礬事體不同。一旦立法，須令盡賣與官，或敢私相交易，便成犯禁。斤數稍重，乃至徒刑，仍沒納隨行物色，別理賞錢。恭惟陛下仁聖卹物之心必不如此，伏乞別立條約以救苛刻之弊，免使刑辟滋彰，有傷和氣。

一、本州導江縣、蒲村、堋口、小唐興、木頭等鎮各准茶場司指揮，盡數收買茶貨入官，並已施行。民之受弊大率均一，惟導江縣一處尤為切害。蓋緣本處是西山八州軍隘口，自來通放部落入城，博易買賣。其蕃部別無現錢交易，只將到椒蠟草藥之類，於鋪戶處換易茶貨，歸去吃用，謂之茶米。或有疾病，用此療治，旦暮不可暫闕。今來官中須要現錢出賣，則蕃部難更將椒蠟等物入場博買。若於鋪戶處博易，則鋪戶價例自然增長，官茶每斤先收三分息錢，官中每斤若用一百文買，即作一百三十文賣，若用五十文買，即作六十五文賣。蕃部買賣便致阻節。況茂州事宜之後，人情方始安帖，豈宜更使茶貨不通，別生邊事。

一、茶園人戶，多者歲出三五萬斤，少者只及一二百斤。自來隔年留下客放定錢，或指當茶苗舉取債負、準備糧米、雇召夫工，自上春以後接續採取，乘時高下相度貨賣，中等每斤之利可得二十文，次者只有十文以來，累世相承，恃以為業。其鋪戶收貯變易，卻以白土拌和，每斤之息不及十文，所以川中茶價不甚涌貴，民間日用充足。今來既被官中盡數收買，價直一定，若將銀色准折，每兩須高擡四五百文。臣竊聞蜀州熙寧八年銀每兩官折二貫三百文足，市價一貫六百文。九年，銀每兩官折二貫二百文足，市價一貫四百文。或多支交子，少用現錢，茶場司指揮，成貫並支交子，餘零方支現錢。交子所支既多，錢陌又須虧折，則園戶所收茶貨只得避罪納官，安敢更求餘利。一旦失業，何以為生。臣恐戶口逃移、賦役失陷漸由此起。臣竊知永康軍，熙寧九年買獲並稅過客人茶貨共一百三十二萬餘斤，比八年計虧九萬餘斤，比七年虧二十六萬餘斤。蓋是園戶畏罪失業，造茶減少，是致稅數有虧。以此推之，則失陷稅賦誠有其漸。又緣旋買旋賣，先抽三分之息，只此一事極未為宜。日來州縣逐旬各申時估，或增或減，官司據以為定。豈可朝買一貫之茶，暮收三百之利。一日之内貴賤兩般，則州縣所供實直遂成空文，有司出納之際乃同聚斂。且鋪戶既與

官中出利，則民間豈有賤茶。日用之物漸見不足，錐刀敝法徒可斂怨，必非朝廷理財之本意，伏乞聖斷特賜改更。

一、本州所準茶場司今年二月二十四日指揮，限半月令園戶、鋪戶盡數出賣舊茶，不得夾雜中官。如限滿更不施行、如有違犯，並依法施行。臣雖即時行下逐處，然計其日限，令至三月十日已滿。緣民間累年積貯茶貨，準備高價相度變賣，一旦偶因官中為買新茶，亦不預先曉示，忽然責立近限，令將舊茶疾出速賣。若出限未賣，被人告捉，斤數稍重，即至杖脊。安有數日之內盡底變易得行，舊茶因此大叚減價，無賴小人輒有告捕之心。臣尋具狀稱，若只限半月令盡數出賣，則必是減落價例，變轉不行，消失錢本，便見失所。兼慮纔出限日之後，被牙子或別人告捕送官，枉陷深刑，顯屬不便。又緣新茶與舊茶色目不同，若將舊茶投稅出賣，則與官中收買新茶事不相妨。本州須至申明，欲令逐場一面收買新茶，民間出賣所有舊茶乞限至今年八月終。曉示園戶并停塌之家，盡將赴場投稅出賣。令稅務公明聲說，給引前去破賣。仍乞指揮逐處官司，如有諸色人把捉到衷私買賣茶貨，切須辦認新舊。如是新茶，即乞依法施行。若是舊茶，只乞罪在捉事之人。所貴積貯舊茶之家破賣得行，不枉受罪。兩次申茶場司，未蒙指揮。若不許展限，則貯積舊茶之家便見破蕩。如此措置，豈不害民？

一、官中買茶，明收三分利息，方行出賣。沿路稅錢盡已批過，更無分毫僥倖。商旅興販，必是細算不行，難以盡數販賣。竊聞蜀州永康一處現今積壓茶五十六萬餘斤在務，臣料將來出賣不盡之後，則必積壓損壞，虧折官錢。若般往熙河，亦悞邊計。或仍舊停貯，則歲課不登，難沾賞典，建議之臣必須均匀配賣與販茶之家，如此則他日鋪戶不勝其害。伏乞指揮茶場司具去年終已買及已賣數目申奏，仍令分析現餘茶貨若經隔年歲，合如何變轉，即自然見得此法可與不可經久施用，免令言利之臣有誤朝廷大體。

右謹具如前。所有茶禁不通、細民失業、刑辟太重、最于遠方不便事理並已條析如前。臣竊見熙寧七年朝廷遣李杞、蒲宗閔入川相度買茶往熙河博馬等事，當時使者急於進用，不察事體，遂認定逐年息錢四十萬貫，應付熙河。後來運茶積滯，歲課不足，即便擘畫，卻于彭漢二州逐年收買狹布各十萬匹，名為折當腳錢，其實將市井所得之息充入茶利。自後又恐買布亦難敷及原數，則乞雇回腳船車船解鹽入川。洎至鹽法難行，則又乞將川中有茶去處並行收買。前後乖錯，非止一事，只是切欲功賞，不卹民間弊病。臣愚伏望聖慈特賜采察，所貴遠方之俗被惠安身，至如官吏費耗、道塗阻節、稅額虧損，得不補失，則臣不敢喋喋開陳，以瀆天聽。乞以臣此奏下本路安撫轉運提刑司相度利害，特賜施行。

貼黃：若蒙朝廷垂察，即乞下本路取索熙寧八年九月分永康縣銀價，比對茶場折銀貫陌，自見有無侵損園戶，免令將來高價折銀，虧損本州賣茶之家。

又 臣所謂得不補失者，竊聞永康縣熙寧九年發茶三百馱往熙河，除諸般費用及沿路批稅外，計算每斤已是一百九十四文足，其兵士請米猶在數外，不知到熙河貨賣所得幾何。如此事理，亦乞朝廷體察。

又《奏爲茶園户暗折三分價錢令客旅納官充息乞檢會前奏早賜改更事狀熙寧十年三月十八日**》** 右臣先為本路置買茶般往熙河，并明收三分利息，旋行出賣，大於遠方不便，尋具畫一條列申奏去訖，愚瞽之言必已上浼天聽。臣伏見國家置市易司籠制百貨，歲出息錢不過二分，須以一年為率，蓋為今年支出官本一百萬貫，至年終要見息錢二十萬貫，即不是早買一百貫物，晚賣一百二十貫文。今來茶場司卻不以一年為率，務將重刑立法，盡榷民間茶貨入官，旋買旋賣，取利三分。或今日買十貫之茶，明日便作十三貫賣於客旅。或朝買一貫，暮作一貫三百出賣。日逐將官本變轉，殊不休已。其公牒行下州縣乃云務令買賣通快，無致妨滯錢本，則所出息比至歲終不可勝算，豈止三分而已。比于市易原條，自相違越。竊緣茶是民間日用之物，有如水火，一旦忽被官司盡數收榷，獨專其利，仍以嚴刑過繩其罪。遠方細民生長休息，在朝廷恩德之內，豈誠此事。兼據本州堋口鎮茶場申，自今月十日至十五日終，逐旋買到茶八百八十六斤，計本錢一百六貫三百二十文，隨日出賣，收到息錢三十一貫八百九十六文，別無現在。臣看詳上件申報，竊疑本處首尾六日之中買獲茶貨八百八十六斤，隨日便賣了當，並無現在存貯，慮恐買賣之際別有侵損官私。尋行體訪，乃是客旅並牙子等為見榷茶，不許衷私買賣，一向邀難園戶，或稱官中高擡斤兩，或言多方退難，遂便於外面預先商量

減價。其園戶各為畏法懼罪，且欲變貨營生，窮迫之間，勢不獲已，情願與客旅商議，每斤只收七分實錢，中賣于官。所餘三分留在客人體上，用充買茶之息。纔投場中賣，了當即時，卻是客人明立姓名，正行請買，所以隨日賣盡。假如茶一百斤，每斤合賣一百三十文，計價錢十三貫。其園戶既被邀難恐動，情願只作十貫賣與官場，即時卻是客人納錢一十三貫請買，文歷雖正，情弊則深。如此則是園戶只得七分價錢，暗折三分。官中雖得三分之息，自是園戶本錢，客人未曾出息。竊緣山鄉人戶自來以採茶為業，輪納兩稅，折科最重，並出役錢、養生之計並在其間。一旦既遭禁榷，遂被商旅并牙子等恐動邀難，頓減三分價直。行之日久，必見窮困，誠可嗟憫。其如逐處買茶官司多是畏懼茶場司威勢，務欲買賣通快，出得息錢，度可免罪，以此互相欺誕，不敢申陳。臣伏謂園戶是國家兩稅土著之民，今來被好利之臣設此弊法，要出息錢，卻令商旅生奸，侵損兩稅人戶，最于遠方不便。又況隨日計利，殊無分限，顯是違越市易原條。伏乞聖慈檢會臣前奏，特降指揮下本路安撫轉運提刑司體量詣實，早賜改更，庶使王澤不壅，可救大弊。

貼黃：若官中實于客人體上收得息錢三分，則尚恐貨法不通，民受其弊，而況自是園戶暗有賠折，其買茶之人原不出息，豈得穩便。

又《奏為官場買茶虧損園戶致有詞訴喧鬧事狀》熙寧十年四月二十四日

今再具官場買茶取息太重，虧損園戶，致有詞訴及生喧鬧，畫一奏列如後。

一、據九隴縣稅戶党元吉等狀稱，自來相承山墹茶園等業，每年春冬雇召人工薅剗，至立夏并小滿時節又雇召人工趁時採造茶貨，逐日收來堋口，投場貨賣得錢，收買糧食。每一稱和袋一十八斤，內除出上件破用並輸稅免役等錢折除算計外，每稱只有利息一百五十至二百文以來。往年早茶每斤貨賣得九十至一百文，今來官中置場收買，每貫上出息錢三百文，招誘客人貨賣。其茶牙子并興販客人為見官中息錢，卻只於茶園人戶茶貨上估定，價例低小。每斤賣得一百文以來者，現今只賣得六十至七十文，卻將餘上價錢令客人用作官中息錢，收買前去，以此園戶盤費不足。念元吉等家各只有此小茶園，並不種植得諸般苗色。又為路途遙遠往復，相去本場約一百五十里以來。若此價例低小，難以造作茶貨，必見破敗。伏乞指揮，貴獲存濟。

一、據九隴縣稅戶牟元吉等狀稱，自來只以佃食茶園為業，其茶園偏峻，不任種植諸般苗色，逐年舉取人上債利糧食、雇召人工，兩季薅剗，指望四月小滿前後造作訖茶，投場破賣得錢，填還債利并送納諸般稅賦。若遇豐熟之年，米價平和，每袋上除折上件盤纏輸稅外，上頭只餘得利息一二百文。或遇年辰較惡，米糧價貴，天時亢旱，茶生短淺，以此數目減少，虛折薅剗盤纏。今蒙官中置場收買園戶茶貨，每貫上出息三百文，其茶每稱和袋十八斤，牙子只稱作十四五斤。若是薄弱婦女賣時，只稱作十三四斤以來，每稱約陷著一二斤，別無上頭利息，心極憂惶。昨蒙提舉推官躬親在茶場內看覷收買茶貨，不與園戶分擘逐處茶場時候早嫩、粗細等第色額，只作一樣收買。去年時節每斤賣得七八十文，今來隻賣得五十文，除牙子錢了，收得四十七文。所有餘上錢數令客人用作官中息錢收買，不管園戶裹纏不足。若不具狀申請，竊恐將來轉見淪亡失所。本州所據党元吉並牟元吉等二狀，尋行遣帖堋口茶場鈐束茶牙子並專攔等不得準前大稱園戶茶貨及剩除園戶牙錢，仍仰常切點檢茶貨粗細等第色額，一依自來價例收買。并申茶場司更乞措置，免致虧損園戶去訖。

一、據堋口茶場申，據至德山人戶將到炭焙新茶赴場中賣後，卻出納三分息錢收買，請引出外貨賣。又申自三月二十一日至月終，買得第二等新茶並是園戶馬吉等情願出納息錢，請引前去。

一、據蒲村茶場申，本場逐日據園戶將到新舊茶貨赴場隨日收買出賣，內有園戶自出納三分息錢，請引前去破賣。亦有客人在外與園戶商量價例了，卻於園戶處除下息錢，投場收買，請引前去不虛。

一、據九隴縣園戶石光義等狀稱，今月五日將到茶貨投場破賣，每袋計一十八斤，和袋不委茶牙子除折，只稱得一十四斤。其茶係第二等，每斤合準直價錢九十文，當日減下價例，每斤只收得大錢四十七文。至到十三日，其茶每斤係第三等，合準直價錢七十文，每斤又再減價例，又只作大錢三十七文。今來茶牙子收光義等茶貨，比前山下路人戶粗茶一樣，減下價錢。念光義等住處係在後山，為地土寒冷，以此至小滿前後只造作得似前山第一等第二等茶貨。現在委的不依每年逐時等第價例一樣

取意團斷，即光義等各為雇召人工，每日雇錢六十文并口食在外，其茶破人四工，只作得茶一袋，計一十八斤。切慮光義等家向後必有失所。乞指揮。本州所據園戶石光義等陳訴虧價事理，已帖堋口茶場，仰檢詳承受前後所降敕條指揮。候茶園戶將到茶貨赴場中賣，請監官當面看驗前山后山色額等第粗細，依自來市色實直粗細逐時市價添減兩平，稱來收買，晝時當官支給價錢，即不得容令牙子專攔等依前低作價例，只作一等茶貨收買及非理大稱斤兩，致有虧損園戶，無致擁併阻節。仍仰出榜曉示園戶知委，如受此指揮，後卻將好為惡、將貴作賤，只作一等價例收買，致令園戶再有詞說，或因本州察探得知，其牙子專攔等必當勾遣赴州報勘施行，官員亦當勘劾聞奏，仍取責監官並牙子專攔等知委。仍仰本場分析今月十三日因何將石光義等第三等茶每斤只作三十七文收買因依，並兩次申茶場司更乞措置，免致虧損園戶去訖。

一、據管勾堋口茶場秘書丞尹固並濛陽主簿、同共買茶薛翼等二狀申，今月十七日收買茶六萬斤，計錢三千六百貫文，支用茶本淨利錢並盡，遂於十八日申州，乞相度支移交子六千貫文，應副十九日並二十一日市收買茶貨。至十九日，天色纔曉，據園戶將到茶貨赴場中賣。當日巳時後，固等為現請交子未歸，兼更值雨，遂向園戶道『請交子相次回歸，及等團圞』。固等須要稱茶，及向牙人道：『爾等當時通出抵產在官，今來官中無錢買茶，你牙人須著與我出錢買茶一市。』固等各回廨宇及安下處，主簿薛翼行至淨眾院門，其園戶卻致打本官手下公人，兼捽破薛翼袍袖，更尋牙人，意要相爭。其牙人為見如此，各自廻避。現不住差人四散尋覓，固等切恐二十一日市別牙子買賣茶貨，又慮園戶準前爭鬧，別致不慮，係屬人眾，難為止約。乞差九隴縣官一員赴茶場告諭園戶三五日，所貴曉會本州。所據尹固、薛翼申報，尋體訪得今月十九日有園戶五千人以來投入茶場，直上監官廳上，止約不得，致打公人并毀罵官員，蓋為劉佐等起請須要旋買旋賣，出息三分。其逐場若盡價收買到，恐客人興販無利，將來出賣不行。以此須至低估價例收買，每斤委只及一半價錢。又緣逐日買及數萬斤，監官實難照管得盡。其園戶既被虧損，無可申訴，遂便聚眾喧閙，人數頗眾，難為約束。今來後山正當茶貨出眾時節，切恐少錢收買，準前爭閙。當州勘會，前後六度支與堋口茶場交子現錢一萬一千二百餘貫，銀一千兩。其銀為園戶不肯折請，已分與九隴等縣出賣。又為市井絕無現錢，因是貨賣未得外，餘茶場司兌撥交子一萬貫文，至今未到。若得上件交子盡數支用，亦只買得三兩市。在州現今實直，第二十七界交子賣九百六十，茶場司指揮作一貫文支用；第二十六界交子賣九百四十，茶場司指揮作九百六十文用。此亦虧損園戶之一端也。本州雖已出榜嚴行約束，指揮本處候園戶將到茶貨赴場，即便依次稱來收買。如是園戶准前要致打公人等或毀罵官員，仰擒捉送州，待憑取勘依法施行。兼差九隴主簿勾龍驤前往曉諭，同共買賣茶貨，切慮園戶准前喧閙，別致不虞，又差本縣令薛高三五日一次在前照管。尋申茶場司催促交子，並乞大段支錢赴州應副使用，及令檢會本州今月十七日申石光義等告說虧價事理，許令添展價錢去訖。

右謹具如前。所據茶園戶党元吉等狀并蒲村、堋口兩鎮申述，並已條列在前。臣伏見劉佐、李杞、蒲宗閔等妄陳愚見，苟希進用，盡將川茶禁榷，旋買旋賣，立法太重，取利太多，致令茶戶被此深害，遂於今年三月八日後來兩次具狀論奏，乞賜更此弊法以幸遠方。狂瞽之言，未蒙採納，方且日俟朝旨，俯就誅殛。而臣部內百姓累有申訴，皆言被官場減下價例，大有侵損，以至嗟怨，聚眾喧閙。臣雖嚴行約束，及差官同其管勾，須得相度茶色、添長價錢去訖，今若隱而不言，慮恐因此生事，上誤朝廷。須至再具論列，煩冗聖斷。蓋緣劉佐等起請要出息三分，若逐場盡價收買之後，將來商旅計算不成，不願興販，則積壞茶貨，例被責罰，及干連人必著賠填。以此須至順承茶場司風旨，減價收買。所貴客人願來興販，變轉得行。假如茶一百斤，每斤一百文，若便作一十貫買，則恐客人不肯用一十三貫請買。以此減下園戶價錢，只作七貫文收買，便於客人作十貫文請買。或是園戶自納三分息錢，請引出外。園戶茶貨須得中賣於官，若欲別處變賣，便成犯禁，無引不行。被此抑遏，須至自納息錢三分請引出外。情弊如此，上下通知。茶場司臣僚恐出息不多，難沾賞典，空行文牒，督迫州縣，其實則任令減價收買。逐場監官畏懼茶場司威勢，恐遭責罰。干係人眾深慮將來積壓賠填，一向刻剝園戶。州縣之吏熟視疾苦，無力以救之，日久為害轉深。恭惟陛下仁民愛物，與天地等，夙夜孜孜講求治要，惟恐一夫未得其所，必不容此刻薄小人苟希勞效，作為敝法，以困西南生聚，有累聖政，眾所不平。臣愚伏望聖慈

檢會臣今年三月八日並十八日及今來所奏，早賜睿斷，特降指揮下本路監司或師臣採訪利害。如臣所言有一事一件稍涉虛誕，甘俟誅戮。若萬分有一可以採用，即乞更張茶禁，以便遠民。或限數收買，或量減息錢，則山鄉茶戶不勝至幸。

貼黄：臣體問得六月以後猶有晚茶一色，貴者每斤三十文。若盡收買，所出之息亦不甚多。緣逐處自開場至今，買獲茶貨旋行出賣，稍有厚利。如或朝廷謂此成法難便改更，即乞自六月一日以後權住收買，放令衷私交易。所貴園戶留得晚茶一二分，盡價賣與客旅，稍助生計，亦遺秉滯穗與民之義。伏乞聖明，特賜采察。

宋蘇轍《欒城集》卷三六《論蜀茶五害狀》 右臣伏見朝廷近罷市易事，不與商賈爭利，四民各得其業，欣戴聖德無有窮已。唯有益、利、秦鳳、熙河等路茶場司以買賣茶虐害四路生靈，又以茶法影蔽市易，販賣百物。州縣監司不敢何問，爲害不細，而朝廷未加禁止。臣聞五代之際，孟氏竊據蜀土，國用褊狹，始有榷茶之法。及藝祖平蜀之後，放罷一切横斂，茶遂無禁，民間便之。其後淳化之間，牟利之臣始議掊取。大盜王小波、李順等，因販茶失職，窮爲剽劫，凶焰一扇，兩蜀之民，肝腦塗地，久而後定。自後朝廷始因民間販賣，量行收稅，所取雖不甚多，而商賈流行，爲利自廣。近歲李杞初立茶法，一切禁止民間私買。然猶所收之息，止以四十萬貫爲額，供億熙河。至劉佐、蒲宗閔提舉茶事，取息太重，立法太嚴，遠人始病。是時知彭州呂陶奏乞改法，只行長引，令民自販茶，每茶一貫，出長引錢一百，更不得取息，得旨依奏。民間聞之，方有息肩之望。又却差孫迥、李稷入川相度，始議極力掊取，因建言乞許茶價隨時增減，茶法既有增減之文，則取息依舊，由是息錢、長引二說並行，而民間轉不易矣。而稷等又益以販鹽布，乃能增額及六十萬貫。及李稷引陸師閔共事，又增額至一百萬貫。師閔近歲又乞於額外以一百萬貫爲獻，朝廷許之。於是奏乞於成都府置都茶場，客旅無見錢買茶，許以金銀諸貨折博，遂以折博爲名，多遣公人、牙人公行拘攔民間物貨入場，賤買貴賣，其害過於市易。又以本錢質典諸物，公違條法，欺罔朝廷。蓋茶法始行至今，法度凡四變矣。每變取利益深，民益困弊。然供億熙河，止於四十萬貫，其餘以供給官吏及非理進獻，希求恩賞。而害民之餘，辱國傷教，又有甚者。夫逐州通判本以按察吏民，諸縣令佐亦以撫字百姓，而計筭息錢均與牙儈分利。至於監茶之官發茶萬馱，即轉一官，知縣亦減三年磨勘。國之名器輕以與人，遂使貪冒滋章，廉耻不立，深可痛惜。又案盜賊之法，贓及二貫，止徒一年，出賞五貫。今民有以錢八百私買茶四十斤者，輒徒一年，出賞三十貫。又遞鋪文字，事干軍機及非常盜賊，急腳遞日行四百里，馬遞日行三百里，違二日者，止徒一年，今茶遞往還，日行四百里，違一日，輒徒一年，立法太深，苟以自便，不顧輕重之宜。蓋造立茶法皆傾險小人，不識事體，但以遠民無由伸訴，而它司畏憚，不敢辯理，是以公行不道。自始至今，十餘年矣。臣竊聞朝廷近日察知其弊，差官體量，然猶恐未知其詳。臣今訪聞，稍得其實，謹具條件五害如左：

其一曰：益、利路所在有茶，其間邛、蜀、彭、漢、綿、雅、洋等州、興元府三泉縣人戶，以種茶爲生。自官榷茶以來，以重法脅制，不許私賣，抑勒等第，高秤低估，遞年減價，見今止得舊價之半。乞委所差官取榷茶至今遞年所估價例對定，即見的實。茶官又於每歲秋成糴米，高估米價，強俵茶戶，謂之茶本。假令米石八百錢，即作一貫支俵，仍勒出息二分。春茶既發，茶戶納茶，又例抑半價，兼壓以大秤，所捐又半，謂之青苗茶。元條：園戶茶一百斤，許收十斤市例，内一半入官，一半饒潤客旅。今逐場一百斤，有收至二十餘斤。出剩者往往却僞作園戶中茶虛，旁支出官錢入己。近年邛州嘗有此獄，又有見出剩數多，陰與客旅商量，納賂不貲，指教出賣者。及至賣茶本法，止許收息二分，今多作名目，如『牙錢』『打角錢』之類，至收五分以上。買茶商旅，其勢必不肯多出價錢，皆是減價，虧損園戶，以求易售。又昔日官未榷茶，園戶例收晚茶，謂之秋老黄茶，不限早晚，隨時即賣。榷茶之後，官買止於六月，晚茶入官，依條毀棄。官既不收，園戶須至私賣，以陷重禁。此園戶之害一也。

其二曰：川茶本法止於官自販茶，其法已陋。今官吏緣法爲姦，遂又販布，販大寧鹽，販瓷器等物，並因販茶還腳販解鹽入蜀。所販解鹽，仍分配州縣，多方變賣及折博雜物貨，爲害不一。及近歲立都茶場，緣折博之法，拘攔百貨，出賣收息。其間紗羅，皆販入陝西，奪商賈之利。至於買賣之餘，則又加以質當。去年八九月間，爲成都買撲酒坊人李安典

糯米一萬貫，每斗出息八錢，半年未贖，仍更出息二分。其他非法，類皆如此。今四方蒙賴聖恩，罷去市易抵當之弊，而蜀中茶官，獨因緣茶法，潛行二事，使西南之民獨不蒙惠澤。此平民之害二也。

其三曰：昔官未榷茶，陝西商旅皆以解鹽及藥物等入蜀販茶，所過州軍，已出一重稅錢，及販茶出蜀，兼帶蜀貨，沿路又復納稅，以此省稅增羨。今官自販茶，所至雖量出稅錢，比舊十不及一，縱有商旅興販，諸處稅務畏憚茶官，又利於分取息錢，例多欺詐，以稅爲息，由此省稅益耗。假有作稅錢上曆，歲終又不撥還轉運司，但添作茶官歲課，公行欺罔。訪聞元豐七年八月，陸師閔劄子奏，茶司全年課利内有一項係茶稅錢。又茶官違法，販賣百物，商旅不行，非唯稅虧，兼害酒課。蜀中舊使交子，惟有茶山交易最爲浩瀚。今官自買茶，交子因此價賤。舊日蜀人利交子之輕便，一貫有賣一貫一百者，近歲止賣九百以上。此省課之害三也。

其四曰：蜀道行於溪山之間，最號險惡。般茶至陝西，人力最苦。元豐之初，始以成都府路廂軍數百人貼鋪般運。不一二年，死亡略盡。茶官遂令州縣和雇人夫。和雇不行，即差稅戶。其爲搔擾，不可勝言。劉庠知永興日，有澤州般茶人，以疲勞不堪告訴。庠令取狀在案，判云：候本府雇人般茶日呈，後來永興即不曾雇人。後遂添置遞鋪，十五里輒立一鋪，招兵五十人，起屋六十間，官破錢一百五十六貫，益以民力，僅乃得成。今已置百餘鋪矣。若二百鋪皆成，則是添兵萬人，衣糧歲費二十萬貫。見招填不足，旋貼諸州廂軍。遂州闕人，百事不集。又茶遞一人，日般四駄，計四百餘斤，回車却載解鹽，往還山行六十里，稍遇泥潦，人力不支，逃匿求死，嗟怨滿道。至去年八九月間，劍州劍陽一鋪人全然走盡，沿路號茶鋪爲『納命場』。此遞鋪之害四也。

其五曰：陝西民間所用食茶，蓋有定數。茶官貪求羨息，般運過多，出賣不盡，遂州多虧歲額，遂於每斤增價俵賣與人。元豐八年，鳳州准茶官指揮，每茶一斤添錢一百。其餘州郡，准此可見。又茶法初行，賣茶地分止于秦鳳、熙河，今遂東至陝府，侵奪蠟茶地分，所損必多。此陝西之害五也。

五害不除，蜀人泣血，無所控告。臣乞朝廷哀憐遠民，罷放榷法，令細民自作交易，但收稅錢，不出長引，止令所在場務據數抽買博馬茶，勿失朝廷武備而已。如此則救民於綱羅之中，使得再生，以養父母妻子，不勝幸甚。如朝廷以爲陝西邊事未寧，不欲頓罷茶事，即乞先弛榷禁，因民販茶，正稅之外，仍收長引錢。一歲之入，不下數十萬貫。以見今長引錢數計之可見。而商旅通行，東西諸貨日夜流轉，所得茶稅、雜稅錢及酒課增羨，又可得數十萬貫。以未榷茶以前及榷茶後來年分，自蜀至陝西沿路酒稅務歲課較之可見。而罷置茶遞，無養兵衣糧及官吏緣茶所費息錢、食錢之類，其數亦自不少，則榷茶可罷，灼然易見。若異日西邊無事，然後更罷長引錢，如舊收稅而止。然臣再詳師閔所營茶利，雖使之哀斂一一如數，止於二百萬貫，無復贏餘矣。若以前件茶引、茶稅、雜稅、酒課等錢約七八十萬貫折除，即止約有利一百二十餘萬貫。若更除茶遞養兵衣糧及官吏緣茶所費，約三四十萬貫，即是師閔百端非理淩虐細民，止得八十萬貫。前件兩項錢，並且從小約計，故師閔所得利有八十萬貫，若依實計之，恐不得及此數。假令萬一蜀中稍有飢饉之災，民不堪命，起爲盜賊，或如淳化之比，臣不知朝廷用兵幾何、費錢幾何、殺人幾何，可得平定。今但得七八十萬貫錢，置此不慮，臣竊惑之。兼臣訪聞陸師閔去年自成都移治永興，仍取成都供給，有本府衙前楊日新者爲之賣酒。至十一月中，師閔自覺非法，始移牒永興、成都，止就用永興供給。其違法差衙前賣酒及多請過成都供給，即不曾舉覺，其貪冒無耻一至如此。亦乞令所差官，便行體量，如是詣實，乞重行黜謫，以慰遠方積年之憤。謹錄奏聞，伏候敕旨。

貼黃：陸師閔久擅茶事，欺罔朝廷，奏請如意，爲吏民所畏憚。若留在本職，雖特遣使命，恐必難以體量實害。欲乞先罷師閔職任。及利州路轉運使蒲宗閔，昔同建議榷茶，曾竊冒恩賞，顯有妨礙，亦乞指揮，不得同簽書體量事。所貴官吏不憂後害，敢以實告。

又 卷三八《乞差官與黃廉同體量蜀茶狀》 右，臣近曾奏言益、利等路茶事司以買賣茶虐害四路生靈，朝廷已差黃廉體量利害。乞先罷茶官陸師閔職任，使四路官吏不憂後患，敢以實害盡告黃廉。今聞朝廷卻差黃廉就領茶事，臣竊以為黃廉若以專使按榷茶之弊，則身無利害，茶事巨細勢必具陳。若身自領茶事，有課利增損、邊計盈虛之責，則茶之為害，勢必不肯盡言。兼朝廷本為遠民無告，特遣此使，使事未達而就除外官，小民無知，必謂朝廷安於虐民，重於改法。此事體大，宜速有以救

之。朝廷必謂陸師閔蠹害四路為日已久，不欲別差替人，淹延歲月，因黄廉在彼，即行替罷。事雖稍便，理有未盡。臣欲乞選差清強官一人，與黄廉同共體量，候了日赴闕面奏利害，所貴不敢隱蔽茶弊，四路之人終被德澤。謹錄奏聞，伏候敕旨。

又《再乞差官同黄廉體量茶法狀》 右，臣近奏乞選差清強官與黄廉同體量蜀中茶法，尋蒙朝廷差杜紘前去，既而詳定編敕所奏留杜紘。紘既不行，而蜀中茶法至今未見差人同黄廉體量。伏乞檢臣前奏，別選差一人，所貴黄廉不敢以課利增虧自作身計，盡具茶法利害聞奏。謹錄奏聞，伏候敕旨。

又 卷四一《申本省論處置川茶未當狀》 朝廷若罷益、利路榷茶之法，只榷陝西沿邊諸郡，不許客旅私販，仍將沿邊每歲合用益、利諸場茶色及觔重配在諸場，令及時立限和買。隨每歲茶價高下，比民間價例微高，一如尋常和糴米粟之比可也。買茶之限，令茶場司立定，州縣不得低估茶價，令人戶不肯申官，以致出限。如有事故須至展限者，具事由申本司，量展五日，仍不得過再展。每茶戶入場中賣，須即時揀選和買，不得輒有留滯。或更依客旅體例，秋冬先放茶價，令茶戶結保請領，及時送納，以上並不得輒行抑勒。官買數足，方許私下交易。除沿邊所榷地分外，一任客人興販。如此擘畫，比之頃年全榷益、利及陝西諸州，其利有五：益、利茶戶，不被官場以賤價大秤抑勒收買，一也。昔茶未有榷，民間採茶，凡有四色，牙茶、早茶、晚茶、秋茶是也。採茶既廣，茶利自倍。自榷茶以來，官中只要早茶，其餘三色茶遂棄不採，民失茶利過半。今既通商，則四色茶俱復採。二也。官所運茶，止于邊郡所須，比榷茶之日，所運減半，則茶遞役兵及州郡雇腳，皆得輕減。三也。陝西茶商既行，岐、雍之間，民皆食賤茶。四也。益、利諸州百貨通行，酒稅課利理當自倍。五也。若比之今來有司所議，但榷名山、梁、洋三處，放行益、利諸場茶貨，其利有四：名山、梁、洋三處，榷法如舊，而不榷之地犬牙相錯。榷與不榷，茶戶利害相遼。例皆王民，而咫尺之間，不宜頓有此異。一也。榷與不榷地分不遠，小人易以起動茶戶，借如名山之西南出茶之地，尚有雅州、盧山、榮經等處。若放令此茶北出，道過名山，彼此相雜，不可辨認。若放令此茶由水路入嘉、眉，則名山之茶，亦當從此走失，寬則榷法自廢，急則民遭誣罔，橫被徒配。二也。官中所買，只用早茶，則牙茶、晚茶、秋茶亦爲棄物。民失厚利，與頃歲無異。三也。沿邊諸州蕃部所要茶色各別，今只將名山、梁、洋三色茶與之，彼既未諳茶性，必有不售。四也。若比之今來或人之説，兼榷陝西裏外諸州，據合用茶數，於益、利諸場和買，官自般賣，和買之餘，成都路客人販茶，不得過劍門，利州路客人販茶，不得過陝西。其害有三：盡奪茶利，商賈不行，百貨不通，酒稅課利自減。一也。運茶既多，遞鋪役兵及州郡雇腳勞費與頃年無異。二也。岐、雍之民，仍食貴茶。三也。由此觀之，朝廷若但和買邊郡合用茶數，只于邊郡立榷法，其餘率皆通商。此法一行，則上件三説之弊自除，至於供給蕃部，收買戰馬之利，則與三説無異。以此較之，利害可見。謹錄奏聞，伏候勑旨。

宋 吕頤浩《忠穆集》卷五《論乞於邕州置買馬司狀》 臣世為北人，聞諸宿將，皆曰『平原淺草，可前可卻，乃用騎之地，騎兵之一，可禦步兵之十。山林川澤，出入險阻，乃用步之地，步兵之一，可禦騎兵之十』。自金人南牧以來，中原之兵與金人相持，未交鋒而輒奔潰者，以平原曠野，敵人騎兵眾而中國騎兵少故也。昔馬伏波於交趾得駱越銅鼓，乃鑄為馬式，因表曰『行天莫如龍，行地莫如馬』，遂鑄銅馬式于魯班門外，號曰『金馬門』。又西漢元狩以後不復擊匈奴者，以漢馬少故也。恭惟陛下臨御以來，留意馬政。然關陝諸州半陷敵中，四川道路通塞不常，戰馬難到行在。惟廣西一路與西南諸蕃接連密邇，黎、雅等州日進綱馬，節次到來，諸軍頗以謂堪備出入行陣。欲望明詔有司，於邕州置買馬司，差有風力臣僚一員充提舉官，收買綱馬。契勘四川秦鳳路祖宗以來以茶易馬，故川路各有茶馬司。竊聞西南諸蕃貴重中國絹帛，每歲不惜十萬縑，可以買馬數千匹。今欲禦捍彊敵，經理中原，較量輕重，十萬縑或可輟那。所有起發綱馬事，乞命有司採訪秦鳳路茶馬條法，參酌施行。

宋 吴曾《能改齋漫録》卷七《事實・蜀運茶馬利害》 『蜀茶總入諸蕃市，胡馬常從萬里來。』蓋元豐末，陸師閔提舉川陝茶馬，運茶抵陝，蜀人苦之，中丞蘇轍、御史吕陶以爲言，司馬丞相建遣戶部郎官黄廉往察視。同省皆云：『一筆勾斷，歸來作從官。』既堂辭，黄云：『容到彼親看利害，方敢奏陳。』既至，知得馬爲利，運茶爲害。乃奏乞置鋪兵官運茶，以寬民力。大忤宰執之意，就委措置。行之未幾，公私果以爲

便。故詩云：『兩猾論兵幾敗國。』蓋此爲王中正俞允作也。

《續資治通鑑長編》卷一四九《慶曆四年》　〔五月〕甲申，知制誥田況言：『近聞西界再遣人赴闕，必是重有邀求。朝廷前許茶五萬斤，如聞朝論欲與大斤，臣計之，乃是二十萬餘斤。兼聞下三司取往年賜元昊大斤茶色號，欲為則例，臣竊惑之。蓋往年賜與至少，又出於非時，今歲與之，萬數已多，豈得執之為例？若遂與之，則其悔有三，不可不慮。一則搬輂勞弊，二則茶利歸賊，三則北敵興辭。所謂搬輂勞弊者，自西事以來，鄜延一路，猶苦輸運之患，卞咸在鄜州，欲圖速效，自鄜城、坊州置兵車運糧至延州，二年之內，兵夫役死凍殍及逃亡九百餘人，凡費糧七萬餘石，錢萬有餘貫，才得糧二十一萬石。道路吁嗟，謂之地獄。今茶數多，輂至保安軍益遠，歲歲如此，人何以堪？議者欲令商旅入中，可以不勞而致。且商旅惟利是嗜，非厚有所得，則誘之不行。廟堂之論，本謂縑貴茶賤，故賜茶五萬斤，以充其數。今計利者謂，若令商旅入中，則一縑之費，未能致茶一大斤。此不得不悔也。所謂茶利歸賊者，臣在延州見王正倫伴送元昊使人，緣路巧意鉤索賊情，乃云本界西北連接諸蕃，以茶數斤，可以博羊一口。今既許於保安、鎮戎軍置榷場，惟茶最為所欲之物，彼若歲得二十餘萬斤，則榷場更無以博易，此不得不悔也。所謂北敵興辭者，今北敵嫚視中國，自欲主盟邊功，茍聞元昊歲得茶二十餘萬斤，豈不動心？若緣此亦有所求，必不肯與元昊等，至時果能以力拒之乎？此不得不悔也。』

然朝廷初無大斤議，歐陽修亦言：『昨者西賊來通和，朝廷許物數目不少，內茶一色，計五萬斤。緣中國茶法，大小斤不同，當初擬議之時，朝廷謀慮不審，不曾明有指定斤數，切慮西賊通和之後，須要大斤。若五萬斤大斤，是三十萬小斤之數。如此，則金帛二十萬，乃五十萬物。真宗時，契丹大舉至澶州，只用三十萬物，三十年後，乘國家用兵之際，兩國交爭，方添及五十萬。今元昊一隅之敵，一口便與五十萬物，臣略言為國家大患一兩事，不知為國計者，何以處之？三十萬斤之茶，自南方水陸二三千里方至西界，當今民力困乏，陛下不恥屈志就和，本欲休息民力，若歲搬輂不絕，只此一物，可使中國公私俱困，此大患一也。計元昊境土人民，歲得三十萬茶，其用已足。然則兩榷場捨茶之外，須至別將好物博易賊中無用之物，其大患二也。契丹常與我為敵國，指元昊為小邦，若見元昊得物之數與彼同，則須更要增添，何以應副？不過云茶不比銀絹，本是粗物，則彼亦須要十萬大斤。中國大貨利，止於茶鹽而已，今西賊一歲三十萬，北敵又要三二十萬，中國豈得不困？此其大患三也。昨與西賊議和之初，大臣急欲事就，不顧國家利害，惟恐許物不多，及和議將成，契丹語洩，兩府方有悔和之色。然許物已多，不可追改，今幸有此一事，尚可罷和。臣乞陛下特召兩府大臣共議，保得久遠供給四夷，中國不困，則雖大斤不惜，若其為患，如臣所料，不至妄言，即乞早議定計。

宋 洪邁《容齋三筆》卷一四《蜀茶法》　蜀道諸司，惟茶馬一臺，最為富盛。茶之課利多寡，與夫民間利疚，他邦無由可知。予記《東坡集》有《送周朝議守漢州詩》云：『茶為西南病，甿俗記二李。何人折其鋒，矯矯六君子。』注：『二李，杞與稷也。六君子，謂思道與侄正孺、張永徽、吳醇翁、呂元鈞、宋文輔也。』初，熙寧七年，遣三司幹當公事李杞經畫買茶，以蒲宗閔同領其事。蜀之茶園不殖五穀，惟宜種茶，賦稅一例折輸，錢三百折絹一匹，三百二十折紬一匹，十錢折綿一兩，二錢折草一圍，凡稅額總三十萬。杞創設官場，歲增息為四十萬。其輸受之際，往往壓其斤重，侵其加直。杞以疾去，都官郎中劉佐體量，多其條畫。於是宗閔乃議民茶息收十之三，盡賣於官場，蜀茶盡榷，民始病矣。知彭州呂陶言：『天下茶法既通，蜀中獨行禁榷。況川峽四路所出茶貨，比方東南諸處，十不及一。諸路既許通商，兩川卻為禁地，虧損治體，莫甚於斯。且盡榷民茶，隨買隨賣，或今日買十千，明日即作十三千賣之，比至歲終，不可勝算，豈止三分而已。佐、杞、宗閔作為敝法，以困西南生聚。』佐坐罷去，以國子博士李稷代之，陶亦得罪。侍御史周尹復極論榷茶為害，罷為湖北提點刑獄。利路漕臣張宗諤、張升卿復建議廢茶場司，依舊通商。稷劾其疏謬，皆坐貶秩。茶場司行劄子督綿州彰明縣，知縣宋大章繳奏，以為非所當用。稷又詆其賣直釣奇，坐沖替。一歲之間，通課利及息耗至七十六萬緡有奇，詔錄李杞前勞而官其子。後稷死於永樂城，其代陸師閔言其治茶五年，獲淨息四百二十八萬緡，詔賜田十頃。凡上所書，皆見於國史。坡公所稱思道乃周尹，永徽乃二張之

一，元鈞乃呂陶，文輔乃大章也，正孺、醇翁之事不著。

宋 吴泳《鶴林集》卷三七《互市》 互市博買之權，當使操之在中國，不當使專之在四夷。夫中國者，夷狄之主也。使蕃夷仰我之心常重，而漢人藉彼之力常輕，則置場市易以質劑相往來亦在所不問。今也，彼以騎兵爲彊常有易我之心，我以茶利爲貴不能動彼之欲，甚至關市之不譏，山林之無禁，私商貿易之路蕩如通逵，甌脱飲酪之區俱食細茗。彼見吾土產之珍可以易致，而西產之乘卒難必得，則往往厚其資給，以誘我之商人，以其羨茶而博馬於蕃族。金人之置場於洮者，率用此術，則是中國所操之柄彼蓋得而執之矣。爲公家忠計者豈不慮及於此乎？今夫秦司之馬取於西道，強壯闊大可備戰陳者謂之戰馬，宕昌、峰貼峽、文南三場所買是也；川司之馬取於西南諸蕃，格尺短小不堪披帶者謂之羈縻之馬，黎敘、長寧、南平等六州所出是也。戰陣之馬隸於三衙，歲凡百二十綱；羈縻之馬撥于江上，僅五十八綱而止。夫較博買之額則秦司爲重，而川司爲輕；論排發之綱則三衙爲多，而江上諸軍爲少。又有，在邊之馬軍隨帳之後乘，率皆取給於西邊之產。萬一北兵乘破竹之勢而掃蕩諸蕃孳生之種，未蕃牧養之駒殆盡，則又將何所博買乎？欲聽百姓自蓄而陰損敵騎之強，則其敝也，未免抑配于齊民；欲縱官兵招誘而深入蠻夷之腹，則其久也，未免引動邊釁；欲用市馬于六胡州之策，率三十疋酬一將軍，則其所以爲賞格也，亦未免有時而窮。權衡于經久之可行，而斟酌於公私之兩利，則莫若嚴鬻茶之禁，而高估馬之直。茶禁嚴，則商人重于犯法不敢越國而私販，估直厚，則蕃人動於微利亦將捐馬而爭賣。歷觀前代馬政之修，無出於此二策之善。若司権牧者，更得廉潔愿實之人經理宕昌一帶，推此策而行之，則不惟可補國馬之乏，雖以是壯軍聲而空敵資可也。

宋 度正《性善堂稿》卷八《賀茶馬啓》 光被選掄，榮膺任使。去東川之寄，當一司権牧之崇。陟西清之班，實兩宮眷倚之厚。一劄翶翔而來下，萬夫鼓舞以歡騰。惟蜀號四塞之區，而地控三邊之重。南撫南詔，北通北戎。夷人所交，不可無羈縻之政。廟算之得，是以有博易之權。必屬重人，以董茲事。在中原全盛之際，當聖朝積習之餘，人既豐穰，物滋繁衍。茶以觔計者日且千數，馬以駟計者歲將萬餘。中興以來，故規未復。究觀近日委任之意，大非曩時措置之權。謂四蜀之封，據上流之甚險；而三秦所闕，眇中土之可觀。故資當世經綸之材，將圖決策掃清之計。恭惟某官，器業宏遠，學識高明。通古今治亂之源，可以備顧問。歷內外事機之乆，可以贊弼諧。而執德不逾，守道難進。既公論之莫掩，宜聖眷之加隆。念非表表愈偉之人，孰付多多益辦之事。遂從使指，擢置大司。重衛君之行，素盡秉心之道。大魯侯之去，益著無邪之思。行觀禮樂運用之動人，坐見竹帛勳名之入手。事固如是，公其勉焉。正弱質菲材，孤生無取。學雖勤而未就，志則有而甚踈。動多迂濶之為，久賴包容之至。甘為下乘，曾何冀於天閑。敢作微聲，自貽羞于石鼎。

宋 李心傳《建炎以來朝野雜記·甲集》卷一四《財賦一·蜀茶》 蜀茶舊無榷禁，熙寧間始令官買官賣，置提舉司以專榷收之政。其始，歲課三十萬，李稷爲提舉，增至五十萬緡。其後，歲益多，至百萬緡。久之，不能敷其數，而蜀人以爲病。建炎初，趙應祥爲成都漕司，上言：『榷茶、買馬五害，請用嘉祐故事，盡罷榷茶，仍令漕司買馬。或未能然，亦當痛減額以蘇園戶，輕立價以惠行商，如此則私販衰而盜賊息矣。』朝廷然之，擢應祥同主管川、陝茶馬。二年十一月，應祥至官，遂大更茶法，官買官賣並罷，倣蔡京都茶場法，印給茶引，使商人即園戶市茶，置合同場以稽其出入，重私商之禁。其法，每斤引錢，春七十，夏五十，市利、頭子在外。所過徵一錢，住徵一錢五分，每百斤增十斤勿算。自後引息錢乃復至一百五萬緡。紹興後，提舉官又旋增引錢。至十四年，每引收十二道三百文，比應祥初立法又增一倍。於是茶司一年遂收二百萬，而買馬之數復不加多，故當此時，茶馬司之富甲於天下。時以其歲賸者上供，他司不敢問也。自乾道末，青羌作亂，茶司爲之增長細馬名色等錢，歲約三十萬。淳熙六年以後，又累減園戶重額錢，歲約十六萬。其四年，李正之爲提舉，以茶課稽滯，爲減引息錢十六萬。至紹熙初，楊嗣勳爲使，遂定以爲例焉。紹熙元年減。今成都府、利州路二十三處茶場，歲產二千一百二萬斤。一千六百十七萬，係成都府路九州軍凡二十場。四百八十四萬，係利州路二州三場。

宋 李劉《梅亭先生四六標準》卷一《見趙茶馬彥縮》 全篇用茶馬事。茶馬沿革見都大門。按《職源》，併茶馬爲一司始于元豐四年，此蓋成都等路提舉，故通篇

兼用蜀事。

訪火井於臨邛，偶逃水厄。《一統志》：火井在伏龍山下，地窪若池，以水引之，隱隱出地中，少頃炎熾。夏月積雨停水，則焰生水上，水爲沸而寒如故。冬月水涸，則上上有焰，觀者至焚衣裾。《異苑》：臨邛縣有火井，漢室之隆則炎赫彌熾。桓靈之際，火勢漸微，諸葛孔明一瞰而更盛。至景曜元年，人以燭投即滅，其年蜀並于魏。《博物志》：臨邛有火井，縱廣五尺，深二三丈，在縣南百里。昔時，有以竹木投之以取火。諸葛丞相往視之後，火轉盛熱。以盆著井上煑鹽，得鹽，入以家火即滅。迄今不復燃也。《文選》：火井沉熒于幽泉，高爓飛煽於天垂。注：蜀都有火井，欲出其火，先以家火投之。隆隆如雷聲，爓出爛然。以竹筒盛之，接其光而無灰。杜詩：斬木火井羣猿呼。又，煙塵侵火井。注：蜀有火井在邛州，故邛有火井縣。《世説》：王濛好茶，人至輒飲之。士大夫甚以爲苦，每欲候濛必曰：『今日有水厄。』《洛陽伽藍記》：給事中劉縞慕王肅之風，專習茗飲。彭城王謂縞曰：『卿不慕王侯八珍，專好蒼頭水厄。海上有逐臭之夫，里内有效顰之婦，子其是也。』自是朝貴不復設茗。惟江表殘民遠來降者，侍中元乂欲爲設茗，先問『卿于水厄多少？』蕭正德不曉乂意，曰：『下官雖生水鄉，立身以來不遭陽侯之厄。』舉座皆笑。山谷詩：不嫌水厄幸來辱，寒泉湯鼎聽松風。按：火井亦出茶。山谷《煎茶賦》云：夷陵之壓磚，臨邛之火井，是也。望星槎於仙漢，行拜月題。《博物志》：舊説云天河與海通。有人居海渚者，年年八月有浮槎去來不失期。人有奇志，立飛閣于查上，多齎糧乘槎而去。十餘日中猶觀星斗日辰，自後茫茫然亦不覺晝夜。去十餘月，奄至一處，有城郭狀，屋舍甚嚴。遥望宮中多織婦，見一丈夫牽牛渚次飲之。牽牛人乃驚問曰：『何由至此？』此人具説來意，并問此是何處。答曰：『君還至蜀郡，訪嚴君平則知之。』後至蜀訪君平，曰：『某年月日有客星犯牽牛宿。』計年月，正是此人到天河時也。周密《癸辛雜誌》云：自唐諸詩人皆以乘槎爲張騫事，雖老杜用事不苟，亦有『乘槎消息近，無處問張騫』之句。按：騫本傳止云漢使窮河源而已，至張華《博物志》乃云云，然未嘗指爲張騫也，及宗懔作《荊楚歲時記》乃言武帝使騫使大夏尋河源，乘槎見牛女，不知何據。又王子年《拾遺記》云：堯時有巨槎浮于西海，查上有光若星月，二月一周天，名曰貫月，查則堯時已有。此查矣，莊子加之以衡扼，齊之以月題。月題，馬額上當顱如月形者。東坡詩：門外青驄響月題。慰江湖渴夢之深，山谷《以雙井茶送孔常甫》詩：校經同省竝門居，無日不聞公讀書。故將茗椀澆舌本，要聽六經如貫珠。心知韻勝舌知腴，何似寶雲與真如。湯餅作魔應不寢，慰君渴夢吞江湖。唐何諷《夢渴賦》云：奔九江、走五湖，手不暇於斡運，心不息於蹻蹻，見波漸竭，而百川如淺岸益高，而低淤將枯，腹慊爾而不覺，肺燥然而不濡。又云：以吾此夕之一夢，見自古不足者之心。瞻原隰華鑣之沃。《詩》：皇皇者華，于彼原隰。鑣，悲交切。《説文》：馬銜也。《爾雅》：鑣謂之钀。《釋名》：包也，在旁包斂其口。韓詩：清塗振華鑣。《詩》：六轡沃若。《詩詁》：潤澤也。伏念某地寒而根淺，劉向《別錄》：鄒衍在燕，有谷地，美而寒，不生五穀。《晉書·列女傳》：王渾妻鍾琰生子濟，女亦有才淑，爲求賢夫。時有兵家子甚俊，濟欲妻之。白琰，琰曰：『要令我見之。』謂濟曰：『此人才足拔萃，然地寒壽促，不足展其器用。』《楊方傳》：縉紳之徒咸厚遇之，自以地寒，不願久留京華，求補遠郡。《北史·陳元康傳》：元康地寒，時以爲殊賞。《新唐書·李揆傳》：苗晉卿數薦元載，揆輕載地寒，載銜之。《舒元輿傳》：地寒不與士齒。《韓詩外傳》：草木根荄淺，未必撅也，飄風興，暮雨墜，則撅必先矣。此以茶喻。年運而骨高。《莊子》：予年運而往矣。杜陵《瘦馬行》：東郊瘦馬使我傷，骨骼硉兀如堵牆。韓駒父詩：官清馬骨高。此以馬喻。斟酌胷中，固乏可人之風味。《漢書·敘傳》：斟酌六經。《蔡邕傳》：斟酌羣書。《李固傳》：斟酌元氣。《左慈傳》：手自斟酌，莫不醉飽。山谷《以團茶贈晁無咎》詩：贈君越侯所貢蒼玉璧，可以烹玉塵、試春色，澆君胷中過秦論，斟酌古今來活國。《禮記》：孔子曰：『管仲遇盜，取二人焉，上以爲公臣，曰：「其所與遊辟也，可人也。」』《蜀志·費禕傳》：君信可人。《晉書·桓溫傳》：常行經王敦墓，望之曰：『可人，可人。』『可人』或作『可兒』，兒與人通用。《梁書·范雲傳》：沈攸之召與語，聲色甚厲。雲貌不變，徐自陳説。攸之乃笑曰：『卿定可兒。』山谷詩：十年擇對無可人。又：平生心賞建溪春，一邱風雨極可人。《谷梁傳》僖元年注，江熙曰：雖千載之事難明，然風味之所期，古猶今也。《世説注》：《高逸沙門傳》：支遁居會稽，晉哀帝欽其風味。杜詩：西河共風味。山谷詩：風味窺大雅。又：風味極不淺。喻茶。局促轅下，粗知範我之馳驅。《灌夫傳》：局趣效轅下駒。應劭曰：駒者駕著轅下，局趣防小之貌。張晏曰：俛頭於車轅下，隨母而已。師古曰：張説非也，駕車不以牝馬，《皇皇者華》曰：我馬維駒，非隨母也。按，《説文》：局，促也，從口在尺下，復局之。趣亦作促，音趨玉切。《廣韻》：短也，蹙也。喻馬。與其包裹而供權幸之鑽，東坡《和錢安道寄思建茶》詩：收藏愛惜待佳客，不敢包裹鑽權幸。《烏臺詩案》云：此詩譏世之小人。喻茶。不若蹭蹬而任風塵之老。杜詩：蒼茫風塵際，蹭蹬騏驥老。志士懷感傷，心胷已傾倒。蹬音鄧。喻馬。況乏揮毫之百斛，山谷《雙井茶送子瞻》詩：人間風日不到處，天下玉堂森寶書。想見東坡舊居士，揮毫百斛瀉明珠。喻茶。固應病額之十年。柳文《起廢答》：中廐病顙之駒，顙之病，且十年，色玄，不尨，無異技，硿然大耳。喻馬。懶問蓬萊羣仙之司，盧仝《謝孟諫議寄新茶》詩：蓬萊山，在何處？玉川子，乘此清風欲歸去。山上羣仙司下土，地位清高隔風雨。喻茶。遂叱邛郲九折之馭。《王尊傳》：先是，琅琊王陽為益州刺史，行部至邛郲九折阪。歎曰：『奉先人遺體，奈何數乘此險。』後以病去。及尊為刺史，至其阪，問吏曰：『此非王陽所畏道耶？』吏對曰：『是。』尊叱其馭曰：『驅之！』王陽為孝子，王尊為忠臣。《山海經》：崍山，江水出焉。《華陽國志》：嚴道縣南有邛郲山，山上凝冰夏結，縈回九折，王陽去官之所。喻馬。其甘如薺，豈必衆嘗。《詩》：誰謂荼苦，其甘如薺。荼音徒，薺音泚。《説文》：荼，苦荼也。徐曰：即今之茶字。薺，《廣韻》云：甘菜。《淮南子》云：薺，水也。冬水王而生，仲夏土王而死。又：其枝葉細靡，通謂之靡草。《師曠占》以薺爲甘草，稼穡作甘，故以爲歲豐之候。王應麟《玉海》：周詩記苦荼，茗飲出近世，春秋書齊茶，漢書志茶陵。陸顏諸人雖已轉入茶音，而未

易字文也。自陸羽《茶經》、盧仝《茶歌》、趙贊《茶禁》以後，遂易荼爲茶。丁謂《進新茶表》：右件產異金沙，名非紫笋。江邊地暖，方呈彼茁之形，闕下春寒，已發其甘之味。有以少爲貴者，焉敢韞而藏諸。無名氏詩：甘薺非子敵，宮槐讓我先。陳後山詩：君如雙井茶，衆口願一嘗。顧我如麥飯，猶足填饑腸。喻茶。言刈其蔞，願爲君御。《詩》：翹翹錯薪，言刈其蔞。之子於歸，言秣其駒。蔞，龍殊切。《爾雅翼》云：蔞，古今以爲珍菜。《大招》云：吴酸蒿蔞。王逸曰：蔞，香草也。郭氏云：江東用以羹魚。《李膺傳》：荀爽嘗就謁膺，因爲其御，既還，喜曰：『今日得御李君矣。』喻馬。恭惟某官，雲龍氣局，張舜民小説：熙寧中，有旨下建州制密雲龍，其品尤高。《東都事略》：廖正一，字明略。晚登蘇門，子瞻大奇之。時黄、秦、晁、張號蘇門四學士，每來必令侍者朝雲取密雲龍。一日又命取密雲龍，家人謂是四學士。窺之，乃明略也。山谷《密雲龍》詩：亂雲蒼璧小盤龍，貢包新樣出元豐。午牕欲眠視濛濛，喜君開包碾春風。按，宋龍鳳團今人徒聞名，而不識其形製。宋建安人黄儒作《品茶要錄》，列四十餘色，細色三十六品，麤色五品。近世江陰徐子擴《暖姝由筆》云：嘉靖十六年正月，丹陽孫曲水於留都得團茶一餅，形如象棋子。厚三四分，面有戲珠盤龍，中一方圍楷書萬壽龍芽四字，真宋物也。雲翼按，此即《茶錄》中細色第五號，宋大觀二年與貢新銙御苑玉芽同造，蓋高品也。曲水先大父别號，即此可想其形製云。天驥風標。顔延年《赭白馬賦》：漢道亨而天驥呈材。任昉《追封衡陽王詔》：風標秀特，器體淹弘。《南史・柳惔傳》：柳惔風標才氣，恐不能為少主臣。山谷詩：遺編想風標。架屋桃源，三椀澆五千之卷。昌黎《桃源圖》詩：架岩鑿谷開宮室，接屋連牆千萬日。盧仝詩：一椀喉吻潤，二椀破孤悶。三椀搜枯腸，我有文字五千卷。乘軺僰道，一雄將十萬之雌。軺，市昭切，使車也。僰，蒲北切。《説文》：犍為蠻夷，從人，棘聲。《司馬相如傳》：略通夜郎僰中，注：駹筰邛僰四種，皆夷名。山谷《詠李伯時摹韓幹三馬》詩：緬懷胡沙英妙質，一雄可將十萬雌。卻笑前丁後蔡之籠加，東坡詩：君不見武夷溪邊粒粟芽，前丁後蔡相籠加。爭新買寵各出意，今年鬭品充官茶。《建州郡志》：建州大小龍團始於丁晉公而成於蔡君謨。國朝太平興國二年，始置籠焙，造龍鳳茶。咸平中，丁晉公為福建漕監，造御茶進龍鳳團。慶曆間，蔡公端明為漕，始改造小龍團茶，仁廟尤所珍惜。是後，最精者曰龍團勝雪，外有蜜雲龍一品，號為奇絶。方靈芽斆折之初，常先民焙十餘日進發，飛騎疾馳，不出中春，頭綱已至京師。歐陽永叔聞君謨進小龍團，驚歎曰：『君謨士人也，何至作此事。』安得超范軒欒之繳繞。柳文《晉問》：晉國多馬，屈焉是産。四散惝怳，開合萬狀。其小者則連牽繳繞，仰乳俯齕。其材之可者，收斂攻教，棹手飛縻，指毛命物，百步就羈，牽以荀息，御以王良，超以范鞅，軒以欒鍼。《左傳》：范鞅超乘，欒鍼為右，軒公出於淖。加臭味而厚賔客，漫令策兔褐之功。山谷《煎茶賦》云：苦口利病，解膠滌昏，未嘗一日不放箸而策茗椀之勳者也。又云：酌兔褐之甌，瀹魚眼之鼎。既加臭味而厚賓客，前四後四，各用其一。蔡襄《茶錄》：茶色白，宜黑盞。建安所造者，紺黑紋如兔毫。其坏微厚，熁之，久熱難冷，為要用出他處者，或薄或紫皆不及也。畫骨相而遺毛皮，諒必察驪黄之外。山谷詩：曹霸弟子沙苑丞，喜作肥馬人笑之。李侯論幹獨不爾，妙畫骨相遺毛皮。《列子》：秦穆公謂伯樂曰：『子之年長矣，子姓有可使求馬者乎？』伯樂對曰：『臣有所共與擔纆束薪者，有九方皋，此其於馬，非臣之下也。』穆公見之，使行求馬。三月而反，曰：『已得之矣，牝而黄。』使人往取之，牡而驪。穆公不悦，曰：『敗矣，子之所使求馬者，色物牝牡尚不能知，又何馬之能知也？』伯樂喟然歎息曰：『一至於此乎！是乃其千萬臣而無數者也。若皋之所觀者，天機也。得其精而忘其粗，見其内而忘其外。若皋之相馬，乃有貴於馬者也。』馬至，果天下之馬也。如某者不持圭璧，山谷《以小龍團及半挺贈晁無咎》詩：我持玄圭與蒼璧，以暗投人渠不識。城南窮巷有佳人，不索賔郎常晏食。未洗袴袍，山谷《題李伯時頓塵馬》詩：竹頭搶地風不舉，文書堆案睡自語。忽看高馬頓風塵，亦思歸家洗袍袴。特窘城南晏食之謀，見上文。遂入冀北暮取之數。韓文：伯樂一過冀北之野，而馬羣遂空。又：朝取一人焉拔其尤，暮取一人焉拔其尤。味已輸於第一，東坡詩注：草茶盛於兩浙，日注第一。自景祐以來，洪州雙井白芽製作尤精，遂爲草茶第一。價敢望於倍三。韓文：昔人有鬻馬不售於市者，知伯樂之善相也，從而求之。伯樂一顧，價增三倍。草茶無賴空有名，敢妄希於湔祓。東坡詩：草茶無賴空有名，高者妖邪次頑礦。湔，將先切，滌也，灑也。祓，敷勿切。《説文》：除惡祭也。又，絜也，除也。《戰國策》：汙明説春申君曰：『君獨無湔祓我也。』山谷《煎雙井茶》詩：能洗茗椀湔祓我，風袂欲挹浮邱翁。塞翁未必不為福，或可備於走趨。《淮南子》：塞上之人，其馬亡入胡中，人皆吊之。其父曰：『此何知不爲福？』居數月，其馬將胡駿馬而歸。人皆賀之，其父曰：『此何遽不爲禍？』家富馬良，其子好騎，墮而折其髀，人皆吊之。其父曰此何不遽爲福？居一年，胡人大入塞，丁壯皆引弦而戰，近塞之人死者十九，此獨以跛之故，父子相保。韓文：佩玉長裾，不利走趨。

又卷一四《謝都大惠生日詩》

通篇用茶馬事。詳啓意，似與魏鶴山。

匪莪伊蔚，正緬思罔極之天。《詩》：蓼蓼者莪，匪莪伊蔚。又：欲報之德，昊天罔極。詳見前。以蘿施松，辱許共後凋之歲。《詩》：蔦與女蘿，施於松上。《爾雅》：唐蒙，女蘿；女蘿，兔絲。陸佃云：在木為女蘿，在草為兔絲。注：蔦，寄生也。女蘿，兔絲，松蘿也。蔦與女蘿施於松栢之上，非自有根，依於松栢之根，故松栢存而茂，松栢殞而亡，是存亡在松栢。然頭白走雪山之戍，杜詩：西山白雪三城戍。詳見前。覺鬢青負寶蓋之峰。寶蓋山在撫州崇仁縣南三十里，號江南絶頂，形如寶蓋，上有浮休台，乃王郭二真人升仙之地。顔魯公為之記。幸聯公子之婚姻，《史記》：平原君讓魏公子曰：『勝所以自附為婚姻者，以公子之高義。』為能急人之困也。見假長庚之光焰。見上條。恭惟某官，糠粃團鳳，《建州郡志》：國朝太平興國二年始置籠焙，造龍鳳茶。咸平中，丁謂為福建漕，監造御茶，進龍鳳團。蔡襄為漕，始改造小龍團茶，仁廟尤所珍惜。歐陽公

《茶錄後序》：茶為物之至精，而小團尤其精者，仁廟尤所珍惜。雖輔相之臣，未嘗輒賜。惟南郊大禮致齋之夕，中書樞密各四人共賜一餅，宮人剪金為龍鳳花草貼其上。兩府八家分割以歸，不敢碾試，宰相家藏以為寶。時有佳客，出而傳玩爾。東坡詩：糠粃團鳳友小龍，奴隸日注臣雙井。《舊唐書・白居易傳贊》：錙銖采葛，糠粃懷沙。轡策翔龍。《新唐書・百官志》：武后萬歲通天元年，置仗內六閑，一曰飛龍，二曰翔麟，三曰鳳苑，四曰鵷鸞，五曰吉良，六曰六郡，亦号六廄。《李適傳》：天子享會游豫，惟宰相及學士得從，給翔麟馬。注：翔麟，廄名。一雄將十萬之雌，識神駿于驪黃之外。山谷詩：一雄可將十萬雌。餘見前。六經佐三尺之法，辨淄澠于兔褐之中。山谷《煎茶賦》：乃至中夜，不眠耿耿。既作溫齊，殊可屢歃。如以六經，濟三尺法。雖有除治，與人安樂。又：酌兔褐之甌，瀹魚眼之鼎。宋趙彥衛《雲麓漫抄》云：陸羽辨天下水味，各立名品。《列子》云：淄澠之合，易牙能辨之。易牙，齊威公大夫，能別二水。威公不信，數試皆驗。陸羽豈得其遺意乎？互見前。眷此陈人，宠其初度。正欲归耕于劍外，杜诗：劍外官人冷。又：劍外春天遠。又：彭门劍閣外。又：草木变衰行劍外。詎思入對于延英。《六典》：延英殿在西上閤之西。《唐書・楊瑒傳》：玄宗召對宰相，議天下戶版延英殿，惟瑒言利病尤詳。《苗晋卿傳》：代宗立，年老乞閑。帝優之，爲御小延英召對。宰相對小延英，自晋卿始。詳別見。某有味其言，見前。不知所報。《左傳》：君亦不任受怨，臣亦不任受德。無怨無德，不知所報。絳縣老人之生甲，花六十以既周。李淳風有《六十花甲子歌》。黃絹幼婦之受辛，椿八千其安用。見前。

又卷二三《賀新除川秦茶馬魏戶部泌》

《成都紀》：國朝熙寧七年，始詔三司鹽鐵判官李杞、勾當公事蒲宗閔經畫川蜀買茶充秦鳳、熙河路博馬，就除成都府路買茶公事。杞于秦川，宗閔于成都置司。後改名都大提舉茶馬事。《朝野雜記》：元豐四年，群牧判官郭茂恂又言：茶司既不兼買馬，遂立法以害馬政。乞並茶場買馬為一司。從之。茶馬司掌收摘山之利，以佐邦國。凡市馬於蕃夷，以茶易之。大觀以來，茶馬之政廢，川茶不以博馬，唯市珠玉，故馬政廢缺。紹興四年，從闕師古之請，以乏戰馬，始令四川宣撫司支茶博馬。七年，宰臣趙鼎言：『得旨復置茶馬官，舊有主管茶馬、同提舉茶馬、都大提舉茶馬，凡三等。』上曰：『考其資歷命之。』乾道川秦買馬之額，川司六千，秦司五千九百，成都、利州路十一州產茶二千一百二萬斤。茶馬司所收大較如此。

顯陟台郎，杜詩：台郎選才俊。《虞詡傳》：台郎顯職，仕之通階。總提廄政。文昌六部，地官見謂之劇曹。白居易《行裴垍制》：及領地官，且司邦賦。會計事劇，出納孔殷。投利刃以皆虛，委棼絲而必理。武騎萬營，天府復專於隆委。《揚雄傳》：罕車飛揚，武騎聿皇。又：敦萬騎于中營兮，方玉車之千乘。師古曰：敦讀曰屯，聚也。《周禮・天府》：以詔王，察群吏之治。禄因德詔，《說文》：詔，告也。《周禮・太宰》：以八柄詔王，駁群臣。八者人君馭臣之大柄，冢宰不敢專，告王以施之而已。材與事宜。恭惟某官，心平而氣和，人今而學古。公矦子孫之必復，固有世臣。《左傳》：畢萬筮仕于晉，辛廖占之曰：『吉。其必蕃昌。公矦之子孫，必復其始。』互見前。名義鬼神之難欺，實由家學。《舊唐書・宋璟傳》：張易之誣搆魏元忠有不順之言，引鳳閣舍人張說使證之。說惶惑迫懼，璟謂曰：『名義至重，神道難欺，必不可黨邪防正，以求苟免。若緣犯顏流貶，芬芳多矣。』琮璧不雕而自貴，《說文》：琮，瑞玉，大八寸，似車釭。徐曰：其狀外八角而中圓也。琮之言宗，八方所宗，故以祭地。《白虎通》：方中圓外曰璧，內方象地，外圓象天。鸞和隨動而有聲。《詩》：和鑾雝雝。毛注：和在軾，鑾在鑣。嚴氏曰：和、鑾皆鈴也。詳別見。屹立夔人之藩籬，《容齋隨筆》：山谷詩：相戒莫浪出，月黑虎夔藩。夔字甚新，其意蓋言抵觸之義，而莫究所出。惟杜工部《課伐木詩》序中云：『必昏黑撐突，夔人屋壁。』乃知魯直用此。然杜公時在夔府，所謂夔人者，述其土俗耳，本無抵觸之義。魯直蓋誤用耳。按山谷誤用杜詩，而此又誤用山谷詩，蓋文人好奇如此。何翅晉陽之保障。《晉語》：趙簡子使尹鐸為晉陽，請曰：『以為繭絲乎？抑為保障乎？』簡子曰：『保障哉。』注：繭絲，賦稅；保障，蔽扞也。儉以足用，節而愛人。迄轉上聞，首膺表選。《循吏傳》：公卿則選諸所表，以次用之。握蘭依烏之位，內陪從於太微。《天文志》：太微，三光之廷。五帝坐後聚十五星，曰哀烏郎位。《天文志》：權衡，太微，三光之廷。《淮南子》：太微者，太一之廷也。紫宮者，太一之居也。餘見前。摘茗市駿之司，外分節於少府。初寮《除李昌孺制》：在昔元豐，留神武備，摘山市駿，具著科條。乃詔攸司，悉遵成憲。將其使指，實克推行。《百官公卿表》：少府，秦官，掌山海池澤之稅，以給共養。屬官有尚書、符節。韓文：讀命於庭，出節少府。職任昔分而今合，《職源》：國朝熙寧七年，差李杞、蒲宗閔成都府買茶，熙河路博馬，並令杞等提舉，置都大提舉及主管、同主管。元豐四年，羣牧判官郭茂恂言：『茶司既不兼買馬，遂立法以害馬政，恐誤國事，乞並茶場買馬為一司。』從之。蓋茶馬司始此。事權滋重以不輕。一洗空萬古之凡，會如雲錦。杜詩：一洗萬古凡馬空。《新唐書・王毛仲傳》：毛仲始見飾擢，于牧事尤力，婉息不訾。從帝東封，取牧馬數萬匹，每色一隊，相間如錦繡。天子才之。東坡詩：想見開元天寶年，八坊分屯隘秦川。四十萬匹如雲煙。言馬。六經濟三尺之法，歸近天顏。山谷《煎茶賦》：乃至中夜，不眠耿耿。既作溫齊，殊可屢歃。如以六經，濟三尺法。雖有除治，與人安樂。互見前。言茶。輕破睡正濃之詩，盧仝《走筆謝孟諫議寄新茶》詩：日高五丈睡正濃，軍將打門驚周公。言茶。小試思無邪之學。《詩》：駉駉牡馬，在坰之野。薄言駉者，有駰有騢，有驔有魚，以車祛祛。思無邪，思馬斯徂。言馬。某苦慙駑骨，言馬。復領蟇頤。東坡《蝦蟇培》詩：蟆背如覆盂，蟇頤如偃月。謂是

月中蓂，開口吐月液。根源來甚遠，百尺蒼崖裂。豈惟煮茶好，醸酒應無敵。按蝦蟇培在夷陵之南，凡出蜀者必酌水以瀹茗。陸羽第其品為第四。張又新《水記》言：峽川扇子峽石中突而泄水，俗謂蝦蟇石。其水煎茶為第一。山谷云：蝦蟇培從舟中望之，頤頓口吻甚類蝦蟇。尋泉源，入洞中，石氣清寒，流泉出石骨，若虯龍吼。言茶。王良後，造父先，亦有馳驅之志。韓文：若駟馬駕輕車就熟路，而王良造父為之先後也。言馬。汲黯戇，寬饒猛，恐非采掇之材。東坡《和錢安道寄惠建茶》詩：建溪所產雖不同，一一天與君子性。森然可愛不可慢，骨清肉膩和且正。雪花雨脚何足道，啜過始知真味永。縱復苦硬終可録，汲黯少戇寬饒猛。言茶。此篇全用茶馬事，渾然無跡。

又《代通制帥四川趙茶馬彥縮》

分巴徼之旌旗，濫膺守土。占益州之分野，知有使星。見前。欣竊庇之自今，愧修辭之已晚。恭惟某官，風猷凝遠，天韻宏深。博極羣書，太乙之藜相照。《司馬遷傳》：自劉向揚雄博極羣書，皆稱遷有良史之才。餘見前。文熖萬丈，長庚之夢不虛。李陽氷《草堂集序》：驚姜之夕，長庚入夢，故生而名白，以太白字之。世稱太白之精，得之矣。餘見前。藉未陳周召之詩書，詩書如《周南》《召南》《洛誥》《召誥》之類。亦宜獻間平之禮樂。《河間獻王傳》：武帝時，獻王來朝，獻雅樂，對三雍宮。《東平憲王傳》：蒼以天下化平，宜修禮樂，乃與公卿共議，定南北郊冠冕車服制度及光武廟登歌八佾舞數。王楙《野客叢書》云：事有承襲用之不以為異者，如宗室用間平二字之類是也。河間、東平，漢家二王封號，間平難於拆用，間猶言中耳。然用此二字，其來舊矣。《北史》論齊文襄諸子：雖有謝間平，徐陵啟有『間平就國』之語。恬為丞之再轉，韓文：再轉而為丞茲邑。甘出守之一麾。顏延之《五君詠》：一麾乃出守。刻銅虎之符，洊揚美最。護木牛之餉，益茂膚公。謂宜運海以摶鵬，俱見前。又使摘山而市駿。劉言史詩：宛如摘山時，自歡指下春。餘見上條。周原之茶膴膴，包以緗奩。《詩》：周原膴膴，堇茶如飴。《說文》：茶，苦茶也。徐曰：即今之茶字。茶，茗也，本作荼。《爾雅》：檟，苦荼。注：樹小如梔子，冬生葉，可煮作羹飯。今呼早采者為茶，晚取者為茗，一名荈。蜀人名之苦茶。《本草》：苦茶能去脂，使人不睡。陸羽《茶經》：一曰茶，二曰檟，三曰蔎，四曰茗，五曰荈。山谷《謝送碾壑源揀茶》詩：喬雲從龍小蒼璧，元豐至今人未識。壑源包貢第一春，緗奩碾香供玉食。魯坰之馬駉駉，爛如雲錦。《詩》：駉駉牡馬，在坰之野。注：駉駉，良馬腹幹肥張也。坰，遠野也。邑外曰郊，郊外曰野，野外曰林，林外曰坰。餘見上條。豈容黔突，行有紫泥。某頑頓之資，踈鹵於事。將指以出，濫持天子之節旄。並見前。無功而還，不得月氏之要領。《張騫傳》：騫從月氏至大夏，竟不能得月氏要領。師古曰：月氏，西域胡國也。氏音支。要，衣要也。領，衣領也。凡持衣者則挈要與領，言騫不能得月支意趣，無以持歸於漢，故以要領為喻。要音一遙反。敢意冒升於荷橐，且令假守于銅梁。銅梁縣今屬重慶府，本巴國地。楚滅巴，封其子為銅梁矦。銅梁山在合州石照縣南五里，山有茶，色白甘腴，謂之水茶，甲于巴蜀。晁公武詩：銅梁山昏空翠重，石鏡水落灘聲遲。有如淩競，《甘泉賦》：馳間闔而入淩競。師古曰：淩競者，言寒涼戰慄之處。何以全度。《趙充國傳》：宜全度之。師古曰：安全而免度之，不令喪敗也。東西之瞻，使節儻未賦於旋歸。杜詩：川合東西瞻使節。前後之間，清塵尚有餘於同味。《司馬相如傳》：犯屬車之清塵。注：言清者，尊貴之意。《楚辭》：聞亦松之清塵。謝靈運詩：遙遙播清塵。蘇頲詩：嘉會阻清塵。杜詩：昔在嚴公幕，俱為蜀使臣。艱危參大府，前後間清塵。

又《代回張茶馬子震》

純用茶馬事。奏最蕃宣，易司榷牧。卧雲而逼象緯，榮分東壁之光。杜詩：天闕象緯逼，雲卧衣裳冷。摘山而市駿蹄，益固西秦之圉。《爾雅》：圉，垂也。注：守圉，在外垂也。《左傳》：聊以固吾圉也。疏：拒邊垂也。李嶠詩：將軍臨北塞，天子入西秦。恭惟某官，味甘苦永，喻茶。見本卷第一條。心秉塞淵。喻馬。《詩》：秉心塞淵，騋牝三千。注：秉，操也。塞，充實也。淵，深也。秉操其心，能誠實且復深遠，故能興國以致殷富，騋牝乃有三千。出乘兩腋之清風，已親法駕。喻茶。盧仝《謝寄新茶》詩：七椀吃不得也，唯覺兩腋習習清風生。勒回中道之奔電，歸捍戎羌。喻馬。《王褒傳》：追奔電，逐遺風。茲揚春山之旗，言茶。《塵史》：荊公送元厚之詩云『新茗齋中試一旗』。世謂茶之始生而嫩者為一槍，寖大而開為一旗，過此則不堪矣。荊公博學多聞，豈自有所稽，而非淺陋之所能察也。劉彥波詩：然松煑鼎山泉冽，槍旗一水分優劣。歐陽永叔《嘗新茶》詩：終朝採摘不盈掬，通犀銙小圓復窊。鄙哉穀雨槍與旗，多不足貴如刈麻。又《約共試新茶》：旗槍幾時緑。又擁東方之騎。言馬。《漢書》：東方千騎長人。古樂府：東方千餘騎，夫壻居上頭。張于湖詩：千騎東方白玉鑣。非環非玦，上有雙鸞。言茶。東坡《月兎茶》詩：環非環，玦非玦，中有迷離玉兎兒，一似佳人裙上月。月圓還缺缺還圓，此月一缺圓何年？君不見，鬭茶公子不忍鬭小團，上有雙銜壽帶雙飛鸞。載馳載驅，駕彼四牡。言馬。見前。取月團三百片之美，包以緗奩。言茶。盧仝《謝寄新茶》詩：開緘宛見諫議面，手閱月團三百片。《學林新編》云：茶之佳品，珍逾金玉，未易多得，而以三百片惠仝，其品可知也。餘見上條。供天子十二閑之須，爛如雲錦。言馬。《周禮》：校人掌王馬之政。天子有十二閑，馬六種。邦國六閑，馬四種。家四閑，馬二種。《新唐書·百官志》：尚乘局掌內外閑廐之馬，左右六閑，一曰飛黃，二曰吉良，三曰龍媒，四曰騊駼，五曰駃騠，六曰天苑。佇頒鳳詔，趣扈龍旂。某有味溪芽，喻茶。東坡詩：我官于南今幾時，嘗盡溪茶與山茗。胸中似記故人面，口不能言心自省。建溪所產雖不同，一一天與君子性。無心天秣。喻馬。東坡詩：

可憐老驥真老矣，無心更秣天山禾。烹玉澆過秦之論，徒抱渴塵。喻茶。山谷《以團茶贈晁無咎》詩：晁無咎，贈君越侯所貢蒼玉璧，可烹玉塵試春色，澆君胸中過秦論，斟酌古今來活國。籋雲作徠漢之歌，更觀逸足。喻馬。《漢書・禮樂志》：太乙況，天馬下，籋浮雲，晻上馳。注：籋音躡，言天馬上躡浮雲也。又：天馬徠，從西極，涉流沙，九夷服。徠，古來字。

宋 林駉《古今源流至論續集》卷二《馬政》 愚嘗攷之，國朝市馬戎馬之制，始易以銅錢，戎因獲其器。次易以銀絹，戎復獲其用。國初，河東川陝諸路買馬給以銅錢，而戎人皆鑄錢為器。興國五年，乃以布帛準其直。又元豐四年，郭茂詢言：『欲專以茶博馬，以采帛博糧穀，及以茶馬並為一司。竊聞昔時亦用茶綵金帛，近歲始專用銀絹及錢鈔等。況賣馬買馬，事實相須。乞買馬通管茶場。』從之。今以摘山之利而易充廄之良，戎人得茶不能以為我害，中國得馬足以為我利，亦濟用之良策。初命李杞川蜀市茶，蒲宗閔秦鳳易馬，始蓋分任其事。《成都記》：熙寧七年，詔李杞、蒲宗閔經畫川茶充秦鳳熙河路博馬。杞于秦州，宗閔于成都置司。後改名都大提舉茶馬事。至郭茂詢言茶司立法以害馬政，後遂專任其事。元豐中，郭茂詢言茶司既不兼買馬，遂立法以害馬政，乞並為一司。從之。是職既設，茶課百萬，獲馬萬匹，其效亦可見爾。舊蜀茶額三十萬，至李稷加為五十萬，陸師閔代稷為百萬。紹聖中，程之邵以羨茶轉入熙秦市戰騎，故馬多而茶息厚，馬至萬匹。不然元祐變法，更革殆盡，獨茶馬不廢者，亦有謂矣。司馬光元祐初相，罷諸路塩錢法，後復其舊。獨川陝茶以邊用未即罷，遣使相視，去其甚者。今日雖仍熙甯茶馬之事，而亦當行祖宗監牧之制。圉師以蓄之，校人以視之，秣飼以時，部轄有方，則以渥窪之種耳。否則貴市於外夷而賤棄於中國，此李公覺之所以慮也。端拱元年，李覺言：『市易之馬至於中國，縶之維之，飼以枯槁，離析牝牡，制其生性，因而減耗。是貴市於外夷而賤棄於中國也。』

宋 祝穆《方輿勝覽》卷五一《總論四川茶馬》 《朝野雜記》：川秦推牧，自元豐以來，雖各有兩司，然大抵川秦皆止除一使，紹興中乃合為一司。熊克《通略》云：元豐元年，初，蜀茶額歲三十萬緡。熙寧中，四十萬。及李稷加為五十萬。至是陸師閔加至一百六十萬。詔定以百萬為額。《中興小歷》：建炎二年，趙開奏推茶馬，乞依嘉祐故事，並歸漕司。及開主管川陝茶馬事，開乃先更茶法，酌政和都茶場法，印給茶引，使茶商執引與茶戶交易。改成都茶場為合同場，仍置茶市。交易者必由市引，與茶相隨。四年，買馬逾二萬匹，茶收錢一百七十餘萬緡。十六年，先是茶馬司設買馬兩務，一在成都府，市于文、敘、黎、珍等州，號川馬。一在興元府，市於西和之宕昌寨、階之峰貼峽，號秦馬。十九年，歲發川馬二百匹進御，而以四千匹付諸處屯軍。鎮江、建康、荊、鄂各七百五十匹，江、池各五百匹。又秦馬三千五百匹，付三衙殿前司一千五百匹，侍御兩軍各一千匹。又七百二十匹付宣撫司。總計八千四百二十疋。《朝野雜記》云：乾道川秦茶馬之類歲為萬有一千九百匹。川司六千，秦司五千九百。其後文州改隸秦司，而川司增珍州之額，共為四千八百九十六，秦司六千一百二十，合兩司為萬有一千十有六匹。此慶元初之額也。嘉泰末，川司增為五千一百九十六匹，秦司增為七千七百九十八匹，兩司為萬有二千九百九十四匹。然累歲所市，多不及額焉。成都府馬務每年排發江上諸軍馬五十八綱，興元府馬務每年排發三衙馬一百十二綱。《容齊隨筆》云：蜀道諸司惟茶馬一臺最為富盛。東坡有《送周漢》詩云：『茶馬西南病，甿俗記二李。何人折其鋒，矯矯六君子。』又《朝野雜記》云：殿前取馬官彭輅賂蘇師旦，自言西人，知馬政。翌日召輅見韓平原，遂有分司之命，王大過與輅分領之。大過置司成都，輅置司興元。

《玉海》卷一八一《食貨・茶法・乾德榷茶》 乾德五年，初榷江、淮、湖、浙、福建路茶，蓋禁南商擅有中州之利，故置場以買之。自江以北皆爲禁地。興國中，樊若水奏：『江南諸州茶，官市十分之八，其地分量稅聽自賣，踰江涉淮，乘時射利，望嚴禁之。』謂乾德榷法也。自若水建議，其法始密。凡茶之利，一則官賣以實州縣；一則沿邊入中糧草算請以省餽運；一則榷務入納金銀錢帛算請以贍京師，而河東、北互市，川陝折博，又以所有易所無，而其大者最在邊備。蓋祖宗以西北宿兵，供億之費，重困民力，故以茶引走商賈而虛估加擡以利之。其後理財之臣以遺利在民，數務更張，然大槩無過李諮、林特二法，大槩以折茶商貼納之利，行之三年而罷。景祐以後，西邊事興，始復行加擡法。嘉祐四年，一切弛禁，自此茶不爲民害者六七十載。至蔡京始復榷法，於是茶利自一錢以上，皆歸京師矣。

明 解縉《文毅集》卷七《送習賢良赴河州序》 國朝初，置陝

西行都司于河州，控西夷數萬里，跨昆侖，通天竺，西南距川，入于南海。元勛大臣先後至其處，軍衛既肅，夷戎率服。通道置驛，烟火相望。乃罷行都司，革河州、寧河等府縣，設軍民指揮司治之，與中原郡縣等，而善馬之出布于天下。先是民商夷虜利相售易，或相殺害，而外夷之貨馬貴，中國之貨以荈茗爲上。葢夷人肥膻湩則群聚穹廬中，置金煮荈茗調以童酪，而濟其肉食，如中國之用酒，視酒醴反若荈茗者，其俗非一日矣。予前年謫居，履其山川，訪其圖志。神禹之導河積石寔自此始，而積石西去河州數千里。宋立積石軍，固唐虞三代之舊治。周衰而擯于夷，至今數千年而復其舊，則其飲食嗜欲宜稍近于中國。而先太祖高皇帝因其利而利之也，置茶馬司河州，歲運巴陝之茶于司，官茶而民得以馬易之。夷人亦知有法禁忌畏，殺害之風帖息，而茶之粗惡亦少。數年之間，河州之馬如鷄豚之畜，而夷人亦往來慕知識，效信義，有仕爲臣者，不但茶馬之供而已。習君寅賓，新淦之玉笥人，初爲廣得倉曹，滿升茶馬使于河州，故備述其事以送之，且知是司也，夷夏之交、義利之辨，寅賓尚忠信而篤敬，河州固唐虞三代之邦也。且以告予兄高君焉。

明　李東陽《李西涯文集·西北備邊事宜狀》《明經世文編》卷五四

自金牌制廢，私茶盛行，有司又屢以敝茶給番族，甚或有賊殺其人者。蕃既憾於失信，又利於私易，亦往往以羸馬應故事，使蕃地多良馬，而西邊闕於用，甚為非便。

明　楊一清《關中奏議》卷三《茶馬類·為修復茶馬舊制以撫馭番衆安靖地方事》

兵部覆准戶部咨陝西清吏司案呈奉本部送於戶科抄出督理馬政都察院左副都御史楊一清奏：臣受命督理茶馬，親詣西寧、洮州等衛地方，督同兵備、守備等官，陝西按察司副使蕭翀、署都指揮僉事蔣昂等，選差撫夷官員，帶領通事，分投撫調各族番夷，中納茶馬。隨據差去人員陸續撫調各族番官指揮、千百戶、鎮撫、驛丞，偕其國師、禪師，各賫捧原降金牌信符而至，臣得拜觀焉。其額上篆文曰『皇帝聖旨』，其下左曰『合當差發』，右曰『不信者死』。臣奉宣皇上恩威，撫且諭之，責其近年不肯輸納茶馬之罪。彼皆北向稽首，云『這是我西番認定的差發，合當辦納。近年並不曾賫金牌來調，止是一年一次著我每將馬來換茶。今後來調時，天皇帝大法度在，我西番每怎敢違了。』臣於是乃知我聖祖神宗睿謀英畧度越前代遠矣。考之前代，自唐世回紇入貢，已以馬易茶。至宋熙寧間，乃有以茶易番馬之制，所謂以摘山之利而易充廐之良，戎人得茶不能爲我害，中國得馬足以爲我利。計之得者，宜無出此。至我朝納馬謂之差發，如田之有賦，身之有庸，必不可少。彼既納馬而酬以茶斤，我體既尊，彼欲亦遂較之。前代曰互市、曰交易，輕重得失較然可知。夫王者不治邊遠，今責番衆以差發，非若秦漢喜功好大，勤遠略者之所爲也，亦非中國果無良馬而必有待乎番衆也。葢西番之爲中國藩籬久矣。漢武帝圖制匈奴，乃表河曲，列肆郡，開玉門，通西域，以斷匈奴右臂，而幕南無王庭。今金城之西綿亘數千里，北有敵，南有番。狄終不敢越番而南，以番人爲之世讐，恐議其後，此天所以限別區域、絕內外者也。不然，則敵騎長驅，寧、河、岷、隴之區鮮不爲其蹂踐，欲晏然無事，得乎？國初，散處降兵，各分部落，隨所指撥地方安置住劄，授之官秩，聯絡相承。以馬爲科差，以茶爲價，使知雖遠外小衆皆王官王民，志向中國，不敢背叛。且如一背中國則不得茶，無茶則病且死，以是羈縻之，賢于數萬甲兵矣。此制西番以控北敵之上策，前代略之而我朝獨得之者也。頃自金牌制廢，私販盛行，雖有撫諭巡察之官，卒莫之能禁，坐失茶馬之利垂六十年。豈徒邊方缺馬騎征，將來遠敵既不仰給我茶，敢謂與中國不相干涉，意外之憂或從此生，藩籬之固何所於托，其所關係誠非細故。臣始至陝西，行據守備河州署都指揮僉事蔣昂呈稱：河州衛每年招番易馬，止是臨近春丕勒族竒塔特薩里并歸德中左所西番敵人二十七站，及腹裏羅雅克且藏等族熟番調來中馬，給茶。其哈章咱、上下喀儒阿咱爾、多恭、運珠卜等族番人，遞年累撫老番俱故，後生不知法度，強硬生拗不肯前來中馬，又被哈章咱、多恭等族番人糾引番賊，專一伏路搶殺過往官軍糧賞財物，雖經呈稟上司差官量帶軍馬通事出境，不過追撫，止照番俗事理發落。因循年久，未蒙天威加兵，各番輕視國法，愈加恣肆爲惡，搶擾地方，以爲得計。若不早爲處置，慮恐餘族番夷一槩倣傚，不惟廢弛馬政，抑且有損國威。合無具奏差委謀略公廉官員，動調軍馬通事，統領前去直抵巢穴，務將前項累撫不來中馬爲惡哈章咱、多恭、運珠卜等族番人量勦一二族，俾無遺種，庶使餘族番夷寒心知懼，實爲經久便

益等因到。臣看得本官父祖以來守備河州，熟知番情，必有所見。但興師動衆，勞費不貲，陝西地方疲敝，又兼北敵不時出沒，前項事情難以輕議。況禦戎上策莫如自治，各番雖不中馬，未嘗一日無茶。彼既坐得之，何求於我。且中國之人明知禁例，肆行無忌，於番夷乎何誅。臣乃申嚴禁令，嚴督所司緝捕私販，根究株引，不少假借。茶徒稍稍斂跡，茶價頓增。已而招調番人，遠近畢集。稔惡如多恭、哈章咱者，亦如期而至，乃知中國之茶真足以繫番人之心而制其命。但今停止商茶，戶部題奉准依許將例前報中者照舊發賣，其數幾二百萬，是又一厄也。誠使私茶商販一切禁絶，不得通番，不一二年，番族無茶，不撫亦將自來，調之寧敢不至。臣仰承任使，恒懼無補以速罪尤，深慮却顧，輒罄一得之愚如此。至於興廢補敝之宜，謹條陳五事於後，伏維聖明省覽，乞勅戶兵二部議其可否覆奏行之。仍乞斷自宸衷，今後有以開中商茶爲言者無賜施行，該部該科查照不許招商中茶前旨舉奏懲治，庶幾番人堅內附之誠，邊方無意外之患，不止有裨三邊馬政而已。臣不勝惓惓體國之至等因，開坐奏奉聖旨：『該部看了來說，欽此。』欽遵抄出送司案呈到部。看得都御史楊所奏事件，除處茶園之課、廣價茶之積二事本部覆奏外，所據復金牌之制、專巡禁之官、嚴私販之禁三事，係隸貴部掌行，擬合開諮前去，煩爲逕自查照覆奏施行等因，咨部送司案呈到部。看得都御史楊奏言，祖宗處置敵人之道，非特資彼戰馬，兼以固我藩籬，其機括則全在於嚴禁私茶。蓋其所見能識國體，故其所陳俱得治要。今將議奏條款議擬開立前件，伏乞聖明裁處。緣係修舉茶馬舊制及奉欽依：該部看了來說，事理未敢擅便，弘治十七年十二月十四日，本部尚書劉等具題。本月二十八日，奉聖旨：『金牌制度自何年廢弛，通查明白來說。其餘准議，欽此。』除將准議事理通行各該衙門欽遵外，查得先年奏差官員賫捧上號金牌，前往陝西洮、河、岷州等衛，招番比對下號金牌，令其各納馬給茶，委的廢弛年久。今都御史楊因邊方缺馬，要復舊制，已稱典籍磨滅，多無的據。今奉前該欽依，緣本部查無前項卷案，未審先年差官賫捧係何衙門承行，內府印綬監原發金牌底簿必備載年月明白，擬合查勘通行，爲此除外合咨前去，煩照本部題奉欽依內事理欽遵施行，仍備查金牌制度何年爲因何事廢弛，作急咨報以憑覆奏。

計開：

一、復金牌之制。竊照洪武年間欽降金牌數目，各衛典籍磨滅，多無的據。查得河州地方原設必里克衛二州七站，西番二十九族，原額金牌二十一面，認納差發馬七千七百五匹。西寧衛地方察遜、鄂端、罕都、安定四衛，巴斡、紳崇、紳藏等族金牌一十六面，該納差發馬三千二百九十六匹。洮州衛地方郭巴、噶勒、藏實、曩日等族金牌四面，該納差發馬三千五十匹。上號在於內府收貯，每三年一次欽遣近臣賫捧，前來公同鎮守三司等官統領官軍深入番境，劄營調聚番人，比對金牌字號，收納差發馬匹，給與價茶。如有拖欠之數，次年前去催收。後因邊方多事，陝西軍民轉輸軍餉，無暇運茶。腹裏衛分官軍又各調去甘、涼、寧、夏等處征操，別無官軍可調茶馬，因是停止，歷年滋久。如察遜、鄂端諸衛，邈不相通，誠恐數十年之後，雖近番亦不復知有茶馬矣。今欲照舊例調軍入番征收，非惟病於供億，且恐激擾番夷。乞勅該衙門將金牌舊額查出申明，昭示各衛，預先行令應納差發馬匹番族，使知朝廷修復舊制，各當本等差發，不許生拗違背。然招番必先運茶，不然調來番馬，無價可償，失番人之望，虧中國之體。合無於弘治十八年十九年內，如臣後所擬奏，嚴禁私販，廣積官茶。其番官指揮、千百戶、鎮撫、驛丞等官久不襲替，亦令兵備守備官查出，奏請就彼各襲原職，以爲統領，不必令其來京。以弘治二十年爲招番之期，乞遣廷臣賫捧上號金牌前來，會同臣及陝西甘肅二處巡撫官，督同都布按三司官員，不須動官軍深入番族，止在三衛住劄，差委撫夷官貟通事分投調取各番，各賫原降下號金牌，牽趕馬匹前來上納。分別上中下三等，給與價茶，厚加賞勞，遣回本族。如不敷原數，聽次年徵收補還。事完將收過馬數造冊，隨金牌賫繳。馬送陝西行太僕寺印烙，照例給軍騎操。以後三年一次舉行，中間二年仍照常差官賫番字文書前去各族曉諭，有情願者聽其自來將馬換茶，不願者不拘。敢有不受約束，招調不來者，再三撫諭，如果執迷不悛，量調漢番官兵問罪誅剿，以警其餘。庶幾恩威並施，番人懷威，永爲藩籬之固。

前件看得都御史楊一清奏言欽降金牌與各番認納差發茶馬，深爲有見，但前項制度廢弛年久，所查未必盡悉其舊，故楊一清本內亦云典籍磨滅、多無的據，合無本部行移內府印綬監清查各番族原額、上號金牌

面數及番族名目、馬匹數目備細，明白轉行。楊一清再加審處，諭令番族知會，約至弘治二十年爲招番之期。每三年一次，至期本部奏差行人一員，齎捧前項金牌，會同彼處督理馬政並各該巡撫都御史督同三司官悉依所擬次第舉行。事完，差去官員將收過馬匹、給過價茶數目造冊，同原捧金牌進繳。中間二年撫諭各番，有願將茶換馬者聽從其來，亦照所擬定奪，本部仍行各官，轉行兵備守備等官，將原額番官指揮、千百戶、鎮撫、驛丞等官年久不曾襲替者，逐一查出，保勘明白，奏行本部，行令就彼襲替，統領番族，認納差發。敢有糾引番賊，生事害人，一體治罪。

一、專巡禁之官。查得先准兵部咨爲一事權以修邦政事，該本部題稱，茶馬自先年停止大臣之後，止是行人撫諭巡禁。成化年間，因是行人職輕，難以革弊，該巡撫奏准，暫差御史前去整理。今既有都御史兼理，若又差御史在彼，不無事權不一，合無將巡茶御史行取回京，一應首尾悉皆責成於今去都御史楊一清。待到彼之日，或行茶地方遙遠，應該另添何等巡禁官員，聽本官奏請定奪等因具題，節該奉聖旨：『是，欽此。』及查得臣節該欽奉勅：『今特命爾不妨督理孳牧，兼理茶馬。自潼關迤西，西安、鳳翔、漢中、平涼、臨洮、鞏昌、西寧、甘肅等處，申明節次條例，提督都、布、按三司軍衛有司並守備把隘等官，但係通番關隘與偏僻小路，俱要用心巡禁，嚴謹把截。爾仍不時親歷點閘，或督令分巡官按月省諭，不許官豪勢要及軍民之家私自興販茶貨，潛入番境，通同交易。如有故違應拏問者，就便拏問。應奏請者，具奏來聞，欽此。』欽遵。臣本闇劣，猥承任使，分當奔走職業，不敢辭勞。但陝西禁茶地方東自潼關，西極甘肅，南抵漢中，綿亘數千里，伏奸廋慝無處無之。臣始至陝城，拏獲積年交通進貢經過番夷、代買私茶、誆騙財物犯人徐銳等三十餘名。比至鞏昌地方，節次拏獲販茶通番人犯百餘名，俱經法司問明發遣訖。渠魁就擒，餘黨潰散。然惡草難去而易生，奇疾難攻而易動。且茶禁愈嚴則茶利愈厚，利之所在，趨者瀾倒。伺便而發、乘隙而動者難保必無，其間多干礙官豪勢要之人，非軍衛有司之力所能鈐制。禁防稍疏，則弦轍如故，茶馬大計爲之奈何。臣之職業重在孳牧，一歲之間，大半住劄平涼、固原等處，又有提調三邊騎操馬匹之任，前項行茶地方實難遍歷。雖例該提督都、布、按三司官及督令守巡官行事，各官俱有本等職務，委任不專，難以責其成効。臣到平涼已及一年，未嘗一見分守官。在隴西數月，未嘗一見分巡官。此事勢使然，亦不足異。所據巡禁私茶，必得按察司官一員專理，乃能濟事。但陝西按察司額設添設副使僉事等官已多，若再添除，不無官多人擾。臣查得本司官若無事故，除兵備、邊備、提學、管屯、監收糧斛及輪管分巡、清軍之外實有空閒一員，合無自弘治十八年爲始，聽臣於各官內自擇有風力才幹一員，常川於臨洮府住劄，不許別項差占，專一往來巡視提督各府衛州縣官，嚴禁私茶，痛革通番積弊。一年滿日，仍擇委一員，交代回司，計其行過事蹟。果能禁革奸弊，使私販息絶，聽臣奏保旌異擢用。如或因循怠玩，指實參究黜罰。如此，則官不必增，而政無不舉矣。

前件看得茶易馬匹，先年專差御史一員，今既責之都御史楊一清兼理，委的馬政事多，地方廣遠，不無顧此失彼，必須委官分理。合無准其所奏，本部仍行都御史楊一清每年於陝西按察司見任官員內揀用一員，常川於臨洮府住劄，不許別項差占，專一往來巡視提督各府衛州縣官，嚴禁私茶，痛革通番積弊。一年滿日，照例委官交代。或有別項沮撓推託，聽本官徑自參奏。若委官克舉其事，亦聽本官奏保擢用。

一、嚴私販之禁。查得律內，凡犯私茶者同私鹽法論罪。及查見行事例，私茶有興販五百斤的，照見行私鹽例，押發充軍陝西等處。但有漢人結交邊人，互相買賣借代、誆騙財物、引惹邊釁者，問發邊衛，永遠充軍。近准兵部咨爲從宜處置邊務事，該巡按陝西監察御史李璣奏前事，本部咨行臣處查訪議處，應奏請者奏請定奪。內一件，止通番。訪得西寧、河州、洮州地方土民，切隣番族，多會番語，各省軍民流聚鉅萬，通番買馬，雇倩土民傳譯導引，羣附黨援，深入番境，潛住不出。不特軍民而已，軍職自將官以下，少有不令家人伴當通番。番人受其恐嚇，馬牛任其計取，變詐漸萌，含憤未發。誠恐一旦不受束約，患可勝言。且通番之人，明知事例犯該充軍，乃互相嘻，謂無故亦要投軍，有甚打緊。似此欺玩，若不重加法典，則通番起釁，茲其漸也。又一件，禁約私茶。查得洪武、永樂年間，興販私茶者處死，以故當時少有蹈之者。間有一二私販者，包藏裹挾，不過四五斤十斤而止。行則狼顧鼠探，畏人訐捕。豈如今

之販者，橫行恣肆，畧不知憚。沿邊鎮店積聚如丘，外境人方載行如蟻。明知禁輕，相謂興販私茶與興販私鹽同律，事發止理見在，不許攀指。例則五百斤以上，方纔充軍。計使一人出本，百人爲夥，每人止負五十斤，百人總負五千斤，各執兵器，晝止夜行。遇捕併力，萬一捉去一人，只是一人認罪，數不及五百斤以上，不過充徒，餘茶總收其利。以此得計，羣聚勢凶，莫之敢捕。官兵遥見，預爲潛躲。乞將興販私茶者合無照永樂年間舊例處死，通番並把隘賣放之人，亦如之。如聖慈不忍寘之重典，合無將私茶十斤以上，與一應通番並把隘縱放之人，俱發兩廣煙瘴地面充軍等因。臣叅詳御史李璣所言，曲盡陝西官舍軍民販茶通番情狀，非身履其地、職任其責者不能及此。查得洪武三十年十二月十一日，戶部節該欽奉太祖皇帝聖旨：『近年以來，茶賤馬貴，不止國課有虧，致使敵人放肆，葢是守邊者不以防御爲重。出榜以後，守把人負若不嚴守，縱放私茶出境，處以極刑，家遷化外。說事人同罪，販茶人處斬，妻小入官。欽此。』永樂六年十二月十九日，節該欽奉太宗皇帝聖旨：『陝西、四川地方多有通接生番，經行關隘與偏僻小路，洪武年間，十分守把嚴謹，不許放過叚疋布絹私茶青紙出境，違者處死。恁戶部再出榜曉諭禁約，還差人說與都司、布政司、按察司，着差的當人去各關上省會把關頭目軍士，用心守把，不許透漏叚疋布絹私茶青紙出境。若有私販出境，拏獲到官，定將犯人與本處不用心把關頭目俱各淩遲處死，家遷化外，貨物入官。欽此。』仰惟我祖宗不嗜殺人，獨於販茶通番之境致嚴如此。承平之餘，政玩法弛，已非一日。充軍下死罪一等，而販茶之人其視充軍甘如飯食。罪至於徒，已非輕典，而陝西軍民寧從三年之徒，不肯出杖罪之贖。葢各處充發軍人及擺站哨瞭囚徒隨到隨逃，以爲常事。上司亦嘗立法查考，卒莫能革。其逃回者又復販茶，屢犯不悛。玩法至此，可謂極矣。成法具存，死刑至重，非人臣所敢輕議，然例以輔律，因時救弊，似宜加嚴以整齊之。但腹裏之與各邊，事體有異，而販茶之與通番，情罪或殊。合無今後但有將私茶潛往邊境興販交易，及在腹裏販賣與進貢回還邊人者，不拘斤數，事發，並知情歇家、牙保，俱問發南方烟瘴地方衛分，永遠充軍。其在西寧、甘肅、河州、洮州販賣者，雖不入番，即有通番之漸，一百斤以上問發附近衛分充軍。三百斤以上，發邊衛永遠充軍。若在腹裏各府衛州縣興販者，照見行事例，五百斤以上押發附近衛分充軍，止終本身。不及前數者，俱依律擬斷，腹裏仍枷號一箇月；在邊方者，枷號兩箇月。有力納米贖罪；如果無力，解五百里之外擺站守哨。但有逃回仍前興販，事發，不拘多寡，問發附近衛分充軍。及照近年各邊販茶通番多係將官軍官子弟。見今甘肅總兵劉勝事發，其它未發者，不止劉勝一人。以此守備把關巡捕官負不能禁治。合無今後軍官、將官知情縱容弟男子姪伴當興販，及守備把關巡捕官知而故縱，事發叅問，降一級，原衛帶俸差操。有贓者，從重論，失於不知者，照常發落。若守備把關巡捕官自出資本興販私茶，但通番者問發邊衛充軍。在西寧、洮河、甘肅地方發賣者，三百斤以上，發附近衛分充軍。不及數及在腹裏發賣者，降一級，調邊衛帶俸差操。如此，則法令一新，積習之弊可祛，不然將來貽患，臣不知其何所紀極也。

前件看得祖宗茶馬禁例，私通罪必至死，後因此法漸弛，人皆易犯，以致番人不服，差發邊臣率皆私通。今都御史楊一清論列前因，情詞懇切，葢恐禁例不嚴，則舊制難復。合無本部仍行都御史楊一清備榜通行曉諭，榜諭之後，敢有犯者，悉照所擬問發。仍行都察院轉行巡按陝西監察御史、陝西按察司並各問刑衙門一體遵依，毋致彼此異同，法有遺奸。

又《爲修復茶馬舊制以撫馭邊人安靖地方事》 戶部覆陝西清吏司案呈奉本部送於戶科抄出欽差督理馬政都察院左副都御史楊奏臣受命督理茶馬云云等因，具本開坐奏奉聖旨：『該部看了來說，欽此。』欽遵抄送到司案呈到部。看得都御史楊所奏事件，除復金牌之制、專巡禁之官、嚴私販之禁三事係隸兵部掌行，移咨前去經自覆奏外，所據處茶園之課、廣價茶之積二事，查照議擬開立前件，伏乞聖明裁處，緣係修復茶馬舊制，以撫馭番夷安靖地方及奉欽依：該部看了來說，事理未敢擅便等因，弘治十七年十月二十四日，本部左侍郎王儼等具題。本月二十六日，奉聖旨：『准議。欽此。』欽遵。擬合就行，爲此除外合行移咨前去，煩照本部題奉欽依內事理欽遵施行。

計開：

一、處茶園之課。行據延安府綏德州知州洪平呈稱：奉臣劄付親詣漢中府金州並西鄉、石泉、漢陰三縣，會同各掌印官，督同各該里老，將

該管茶園人戶行拘到官，查審得金州七鋪一里，定額課茶六千二百二十斤四兩；西鄉縣雲停、歸仁、遊仙三里，定額課茶一萬八千五百六十八斤六兩五錢；漢陰縣在廓一里，定額課茶一千三百七斤一十一兩五錢；石泉縣石泉一里，定額課茶一百九十二斤二兩九錢，共二萬六千二百八十九斤一十四兩九錢。成化等年，奉例各增添里分人民佃買老戶茶園地土，各人開墾不等，仍舊幫納前項茶課。會同各官詣茶園逐一踏勘，得金州該增課茶三千八百七十二斤一十二兩，西鄉縣該增課茶五千六百五十一斤，漢陰縣該增課茶七百二十三斤，石泉縣該增課茶六百六十斤，共增課茶一萬九百六斤一十二兩，造冊申送到臣。案照先據陝西按察司僉事唐希介呈稱，漢中府金州、西鄉、石泉、漢陰三縣俱係產茶地方，如漢陰一縣原設在廓新安二里，後因招撫流民增添九里，近因大造黃冊又添一里。今以十里之民，止納二里之課。況自招撫之後，其延安、慶陽、西安等府人民流移到彼，不可勝紀。見今開墾日繁，栽種日盛，其沿江一帶茶園多不起課，乞行嚴督各該州縣官員查理等因。看得漢中府前項產茶州縣，國初人民戶口不多，茶園亦少，所以額課止于如此。成化年間以來，各省逃移人民聚集，栽植茶株數多，已經節次編入版籍。州縣里分俱各增添，戶口日繁，茶園加增不知幾處，而茶課仍舊，致令各處奸頑官舍軍民遞年在山收買私茶，通番交易覓利，以此番人不樂官市，沮壞馬政。相應查理，已經行委本官前去，會同該州縣掌印官勘處，回報去後。今據前因恐有不的，又經行委按察司分巡關南道官覆勘來報。訪得前項州縣所產茶斤，不假種植，隨田而出。荒山茂林，耕治燔灼之餘，茶從而萌蘖焉，民獲其利，一家茶園有三五日程歷不遍者，有百餘戶佃種不周者。以數十戶百餘戶所佃茶園，止幫一戶茶課，其甚少者，亦多贏餘。較之農夫終歲勤動而恐不贍，又稱貸以輸官者，難易不同。故漢中一府歲課不及三萬，而商販私鬻至百餘萬，以爲常是，其明驗也。且薄賦裕民，爲政美事。加賦足用，儒者恥言。然先王之法，於農惟恐其不厚，於商則從而征之，亦厚本抑末之意云耳。今以天地自然之利，民得之易，官取之輕，徒爲犯法者之地，豈可無以處之。況先年茶園亦有消乏，未蒙除豁，新開茶園日新月盛，漫無稽考，致使一園一畦者課程已多，連山接隴者課程顧少，非惟細民有不均之歎，抑且奸民遂玩法之私，深爲不便。但干礙加增課程未經具奏，誠恐人情向背不一，合無行委陝西布、按二司分巡分守關南道官員督同漢中府掌印官親詣前項州縣，遍歷園山界畔，再行踏勘丈量，斟酌地里遠近、佃戶多寡，務見舊有茶園人戶若干，新增茶園若干，或園去課存所當除豁，或有園無課所當加增，不必拘定知州洪平前數。但要有益於官，不病於民，勘處停當，備開舊管、新收、開除、實在數目，造冊奏繳，永爲遵行。如此則茶課均平，其于茶馬不爲無助。

前件看得都御史楊一清奏稱漢中府金州並西鄉、石泉、漢陰三縣，俱係產茶地方。國初人民不多，茶園亦少，所以額課止于如此。成化年間以來，各省逃移人民聚集，栽植茶株數多，節經編入州縣里分。戶口俱各增添日繁，茶園加增，不知幾處，茶課仍舊，致令各處奸頑官舍軍民遞年在山收買私茶，通番交易覓利，以此番人不樂官市，沮壞馬政。況先年茶園亦有消乏，未蒙除豁，新開茶園日新月盛，漫無查考。要行陝西布、按二司分守分巡關南道官員督同漢中府掌印官親詣，遍歷園山界畔，踏勘丈量一節。合無依其所奏，行移本官轉行陝西守巡官督同該府掌印官，親詣產茶地方，遍歷園山，逐一從公踏勘丈量，園去課存並新增茶園各若干，所當除豁、增添茶課各若干，務要事不煩擾，民得安妥，處置停當。備開舊管、新收、開除、實在數目造冊，逕自奏請定奪施行。

一、廣價茶之積。查得洪武、永樂年間舊例，三年一次番人該納差發馬一萬四千五十一匹，價茶先期于四川保寧等府約運一百萬斤，赴西寧等茶馬司收貯。內西寧茶馬司收三十一萬六千九百七十斤，河州茶馬司收四十五萬四千三十斤，洮州茶馬司收二十二萬九千斤。合用運茶軍夫，四川、陝西都、布二司各委堂上官管運。四川軍民運赴陝西接界去處，交與陝西軍夫轉運各茶馬司交收。戶部請旨，於在京堂上官內點差二員，齎勑前來，會同陝西守鎮官員整理。事體重大，供億浩繁，後因邊方有事，停止不行。近年巡茶御史招番易馬，止憑漢中府歲辦課茶二萬六千二百餘斤，兼以巡獲私茶數亦不多，每歲約用不過茶四五萬斤，以此易馬，多不過數百匹，至千匹而止。補輳抑勒，往往良駑相參，招易未久，倒傷相繼。番人既病於價虧，軍士復不得實用，要其事勢亦有由然。今邊方在在缺馬騎征，官帑有限，收買不敷。月追歲併，士卒告困。近雖修舉

監苑馬政，然方收買種馬孳牧，求用於數年之後，惟茶馬可濟目前之急。顧茶司無數萬之儲，縱然招致番馬，何所取給。欲查照舊例徵運四川課茶，緣川陝軍民兵荒之後，創殘已甚，邊儲飛挽，猶自不堪，寧能增此運茶之役？查得洪武三十年，欽依禁茶榜文內一欵：『本地茶園人家，除約量本家歲用外，其餘盡數官爲收買。若賣與人者，茶園入官，欽此。』照得漢中府產茶州縣遞年所出茶斤百數十萬，官課歲用不過十之一二，其餘俱爲商販私鬻之資。若商販停革，私茶嚴禁，在山茶斤無從售賣，茶園人戶仰事俯育何所資藉？彼見茶園無利，不復葺理，將來茶課亦虧。夫在茶司則病於不足，既無以副番人之望，在茶園則積於無用，又恐終失小民之業。若不從宜處置，深爲不便。臣今年正月間量發官銀一千五百七十餘兩，委官前去收買茶七萬八千八百二十斤，計易過兒扇騍馬九百餘匹，若用銀買須得七千餘兩。其利如此，但猶未免用官夫運送，止如前數，固可支持。必欲廣爲収易，漢中、鞏昌、河西一帶人民將不勝其勞擾。又恐行之既久，官司處置乖方，虧價損民，似非經常之計。如遇官民兩便，必須招商買運，給價相應。臣於今年閏四月內又經出給告示，招諭陝西等處商人買官茶五十萬斤，以備明年招番之用。憑衆議定，每茶一千斤用價銀二十五兩，連蒸曬、裝篦、雇腳等項，從寬共計價銀五十兩，令其自出資本前去收買，自行運送各茶司交收明白，聽給價銀去後。且官銀一萬兩，買戰馬不過一千匹。如前所擬，買茶二十萬斤，分別三等馬匹，斟酌收買，可得馬幾三千匹。買一馬者將買三馬，給一軍者可給三軍。但所給茶價出自公家，歲歲支給，亦非可繼之道。若運到官茶，量將三分之一官爲發賣，以償商價，尤爲便益。此與開中商茶不同。開中商茶，其利在商，未免阻壞茶馬。招商買茶，其利在官，專爲易馬之資。借曰官賣，不過十之二三，較之商茶歲百餘萬以通番境者何如。合無自弘治十八年爲始，聽臣督同布、按二司官出榜招諭山陝等處富實商人収買官茶五六十萬斤，其價依原定每一千斤給銀五十兩之數，每商所買不得過一萬斤，給與批文。每一千斤給小票一紙，掛號定限，聽其自出資本収買真細茶斤，自行雇腳轉運，照商茶事例，行令沿途官司秤盤截角，如有多餘夾帶茶斤，照私茶擬斷。運至各該茶馬司，取獲實収，赴臣查驗明白，聽給價銀。仍行委廉幹官員分投於西寧、河州二衛，官爲發賣，每處七八萬斤至十萬斤爲止。價銀官庫收候，盡勾給商，如有贏餘，下年輳給。行之數年，茶可不賣。夫如是，茶出於山而運于商，民不及知，以茶易茶，官不及知。不傷府庫之財，不失商民之業，而我可以坐收茶馬之利，長久利便之策宜無出此。

前件看得都御史楊一清奏稱近年巡茶御史召番易馬，止憑漢中府歲辦課茶，兼巡獲私茶，每歲不過四五萬斤，易馬不過數百至千匹而止。今邊方在在缺馬騎征，官帑有限，收買不敷。要自弘治十八年爲始，督同布、按二司出榜招諭山陝等處富實商人収買官茶五六十萬斤，給與小票定限，聽其自出資本収買真細茶斤轉運，照商茶事例，沿途官司秤盤截角，如有多餘夾帶茶斤，照私茶擬斷，運至各該茶馬司，取獲實収，驗給價銀。仍委官分投於西寧、河州二衛，官爲發賣，每處七八萬斤至十萬斤爲止，價銀官庫收候，儘勾給商，如有贏餘，下年輳給一節。緣茶法廢弛年久，必須設法處置，方能濟事。合無依其所奏，本部行移本官督同布、按二司官員悉依所擬而行。一二年間如果有益於官，無損於商，議處具奏，永爲定例。

明 楊一清《楊石淙文集・爲修復茶馬舊制以撫馭番夷安靖地方事茶馬**》**（《明經世文編》卷一一五）臣受命督理茶馬，親詣西寧、洮州等衛地方，選差撫夷官員，帶領通事，分投撫調各族番夷中納茶馬，各族番官，偕其國師、禪師，各齎捧原降金牌信符而至，臣得拜觀焉。其額上篆文曰皇帝聖旨，其下左曰合當差發，右曰不信者死，臣奉宣皇上恩威，撫且諭之，責其近年不肯輸納茶馬之罪，彼皆北向稽首，云：『這是我西番認定的差發，合當辦納。近年並不曾齎金牌來調，止是一年一次着我每將馬來換茶。今後來調時，天皇帝大法度在，我西番每怎敢違了。』臣于是乃知我聖祖神宗，睿謀英略，度越前代遠矣。攷之前代，自唐世回紇入貢，已以馬易茶。至宋熙寧間，乃有以茶易虜馬之制。所謂以摘山之利，而易充廄之良，戎人得茶不能爲我害，中國得馬足以爲我利。計之得者，宜無出此。至我朝納馬，謂之差發，如田之有賦，身之有庸，必不可少。彼既納馬而酬以茶斤，我體既尊，彼欲亦遂。較之前代曰互市曰交易，輕重得失，較然可知。夫王者不治夷狄，今責番夷以差發，非若秦漢喜功好大、勤遠略者之所爲也，亦非中國果無良馬而必有待乎番夷也，蓋西番

之爲中國藩籬久矣。漢武帝圖制匈奴，乃表河曲，列肆郡，開玉門，通西域，以斷匈奴右臂，而幕南無王庭。今金城之西，綿亘數千里，北有狄，南有番，狄終不敢越番而南，以番人爲之世讐，恐議其後，此天所以限別區域、絶内外者也。不然則犬羊長驅，宁、河、岷、隴之區鮮不爲其蹂踐，欲晏然無事，得乎？國初散處降夷，各分部落，隨所指撥地方安置住劄，授之官秩，聯絡相承，以馬爲科差，以茶爲價，使知雖遠外小夷皆王官王民，志向中國，不敢背叛。且如一背中國則不得茶，無茶則病且死。以是羈縻之，賢於數萬甲兵矣。此制西番以控北虜之上策，前代略之而我朝獨得之者也。頃自金牌制廢，私販盛行，雖有撫諭巡察之官，卒莫之能禁，坐失茶馬之利垂六十年。豈徒邊方缺馬騎征，將來遠夷既不仰給我茶，敢謂與中國不相干涉，意外之憂或從此生，藩籬之固何所于托，其所關係誠非細故。臣始至陝西，行據守備河州指揮蔣昂呈稱河州衛每年招番易馬，止是臨近川卜陸族乞台撒剌并歸德中左所西番達子二十七站，及腹裏老鴉乩藏等族熟番調來中馬給茶，其黑章咂、上下哈如阿剳爾、朶工、遠竹等族番人，遞年累撫老番俱故，後生不知法度，強硬生拗，不肯前來中馬，又被黑章咂、朶工等族番人糾引番賊，專一伏路搶殺過𨒈官軍粮賞財物，雖經呈稟上司差官量帶軍馬通事出境，不過追撫，止照番俗事理發落因循年久，未蒙天威加兵，各番輕視國法，愈加恣肆爲惡，搶擾地方，以爲得計。若不早爲處置，慮恐餘族番夷一槩仿效，不惟廢弛馬政，抑且有損國威。合無具奏差委謀略公廉官員，動調軍馬通事，統領前去，務將前項累撫不來中馬爲惡黑章咂、朶工、遠竹等族番人，量勦一二族，庶使餘族番夷寒心知懼等因到。臣看得本官父祖以來守備河州，熟知番情，必有所見，但興師動衆，勞費不貲，前項事情，難以輕議。況禦戎上策，莫如自治。各番雖不中馬，此言私茶之當嚴。未嘗一日無茶。彼既坐得之，何求於我。且中國之人，明知禁例，肆行無忌，於番夷乎何誅。臣乃申嚴禁令，嚴督所司緝捕私販，根究株引，不少假借。茶徒稍稍斂跡，茶價頓增。已而招調番人，遠近畢集。稔惡如朶工、黑章咂者，亦如期而至，乃知中國之茶真足以繫番人之心。而制其命。誠使私茶商販一切禁绝，不得通番，不一二年，番族無茶，不撫亦將自來，調之寧敢不至。臣仰承任使，恒懼無補，以速罪尤，深慮郤顧，輒罄一得之愚如此。至于興廢補敝之宜，此係兵部題覆。内二件係戶部題覆，另自一疏。謹條陳五事于後，伏惟聖明省覽。

計開：

一、復金牌之制，切照洪武年間，欽降金牌數目，各衛典籍磨滅多無的據。查得河州地方原設必里衛二州七站西番二十九族，原額金牌二十一面，認納差發馬七千七百五匹。西寧衛地方曲先、阿端、罕東、安定四衛巴哇、申沖、申藏等族金牌一十六面，該納差發馬三千二百九十六匹。洮州衛地方火把哈、藏思、曩日等族金牌四面，該納差發馬三千五十匹。上號在于内府收貯，每三年一次欽遣近臣賚捧前來，公同鎮守三司等官統領官軍深入番境，劄營調聚番夷，比對金牌字號，收納差發馬匹，給與價茶，如有拖欠之數，次年催收。後因邊方多事，陝西軍民轉輸軍餉，無暇運茶。腹裏衛分官軍又各調去甘、凉、寧、夏等處征操，別無官軍可調，茶馬因是停止。歷年滋久，如曲先、阿端諸衛邈不相通，誠恐數十年之後，雖近番亦不復知有茶馬矣。今欲照舊例調軍入番征收，非惟病於供億，且恐激擾番夷。乞勑該衙門將金牌舊額查出，申明昭示各衛，預先行令應納差發馬匹番族，使知朝廷修復舊制，各當本等差發，不許生拗違背。然招番必先運茶，不然調來番馬，無價可償，失番人之望，虧中國之體。合無嚴禁私販，廣積官茶。其番官指揮、千百戶鎮撫、驛丞等官久不襲替，亦令兵備守備官查出奏請，就彼各襲原職，以爲統領。以弘治二十年爲招番之期，乞遣廷臣賚捧上號金牌前來，會同臣及陝西、甘肅二處巡撫官，不須動官軍深入番族，止在三衛住劄，差委撫夷官員通事分投調取各番，各賚原降下號金牌，牽趕馬匹前來上納。分別上中下三等，給與價茶，厚加賞勞，遣回本族。如不敷原數，聽次年徵收補還。以後三年一次舉行，中間二年，仍照常差官賚番字文書前去各族曉諭，有情願者聽其自來將馬換茶，不願者不拘。敢有不受約束，招調不來者，再三撫諭，量調漢番官兵，問罪誅勦，以警其餘。

一、專巡禁之官。查得先准兵部諮爲一事權以修邦政事，該本部題稱，茶馬自先年停止大臣之後，止是行人撫諭巡禁。成化年間，因是行人職輕，難以革弊，該巡撫奏准，暫差御史前去整理。今既有都御史兼理，若又差御史在彼，不無事權不一，合無將巡茶御史行取回京，一應首尾

悉皆責成於今去都御史楊一清。臣本闒劣，猥承任使，分當犇走職業，不敢辭勞。但陝西禁茶地方，東自潼關，西極甘肅，南抵漢中，綿亘數千里，伏奸廋慝，無處無之。臣始至陝城，拏獲積年交通進貢經過番夷代買私茶犯人三十餘名，比至鞏昌，節次拏獲百餘名。然惡草難去而易生，奇疾難攻而易動。且茶禁愈嚴則茶利愈厚，利之所在，趨者瀾倒。伺便而發、乘隙而動者難保必無，此私茶所以難禁其間多干碍官豪勢要之人，非軍衛有司之力所能鈐制。禁防稍疏，則紘轍如故。臣之職業重在孳牧，一歲之間大半住劄平凉、固原等處，又有提調三邊騎操馬匹之任，前項行茶地方實難遍歷。雖例該提督都、布、按三司官及督令守巡官行事，各官俱有本等職務，委任不專，難以責其成効。臣到平凉，已及一年，未嘗一見分守官，在隴西數月未嘗一見分巡官，此事勢使然，亦不足異。所據巡禁私茶，必得按察司官一員專理，乃能濟事。但陝西按察司額設、添設副使、僉事等官已多，合無自弘治十八年爲始，聽臣於各官内自擇有風力才幹一員，常川於臨洮府住劄，不許別項差占，專一往來巡視，嚴禁私茶，痛革通番積弊。一年滿日，仍擇委一員交代。

一、嚴私販之禁。查得律内，凡犯私茶者，同私鹽法論罪。及查見行事例，私茶有興販五百斤的，照見行私鹽例，押發充軍陝西等處。但有漢人結交夷人，互相買賣，借代誆騙財物，引惹邊釁者，問發邊衛，永遠充軍。近准兵部諮爲從宐處置邊務事，該巡按陝西監察御史李璣奏前事，内一件止通番。訪得西寧、河州、洮州地方土民。切鄰番族，多會番語，各省軍民流聚巨萬，通番買馬，雇倩土民傳譯導引，羣附黨援深入番境，潛住不出。不特軍民而已，軍職自將官以下，少有不令家人伴當通番。番人受其恐嚇，馬牛任其計取，變詐漸萌，含憤未發。誠恐一旦不受約束，患可勝言。且通番之人，明知事例犯該充軍，乃互相嘻，謂無故亦要投軍，有甚打緊。似此欺玩，若不重加法典，則通番起釁，茲其漸也。又一件，禁約私茶。查得洪武、永樂年間興販私茶者處死，以故當時少有蹈之者。間有一二私販者，包藏褁挾，不過四五斤十斤而止。行則狼顧鼠探，畏人訐捕。豈如今之販者，横行恣肆，畧不知憚。沿邊鎮店積聚如丘，外境夷方載行如蟻。明知禁輕，相謂興販私茶與興販私鹽同律，事發止理見在，不許攀指。例則五百斤以上，方纔充軍。計使一人出本，百人爲夥，每人止負五十斤，百人總負五千斤，各執兵器，晝止夜行。遇捕並力，萬一捉去一人，只是一人認罪，數不及五百斤以上，不過充徒，餘茶總收其利。以此得計，羣聚勢兇，莫之敢捕。乞將興販私茶者，合無照永樂年間舊例處死，通番并把隘賣放之人，亦如之。如聖慈不忍寘之重典，合無將私茶十斤以上，與一應通番并把隘縱放之人，俱發兩廣烟瘴地面充軍等因。臣參詳御史李璣所言，曲盡陝西官舍軍民販茶通番情狀，非身履其地、職任其責者，不能及此。查得洪武三十年戶部節該欽奉太祖皇帝聖旨：『近年以來，茶賤馬貴，不止國課有虧，致使戎羌放肆，蓋是守邊者不以防御爲重，出榜以後，守把人員，若不嚴守，縱放私茶出境，處以極刑，家遷化外，說事人同罪，販茶人處斬，妻小入官，欽此。』永樂六年十二月十九日，節該欽奉太宗皇帝聖旨：『陝西、四川地方，多有通接生番，經行關隘與偏僻小路，洪武年間，十分守把嚴謹，不許放過叚疋布絹私茶青紙出境，違者處死。恁戶部再出榜曉諭禁約，各關上省會把關頭目軍士，用心守把，若有私販出境，拿獲到官，定將犯人與本處不用心把關頭目，俱各淩遲處死，家遷化外，貨物入官，欽此。』仰惟我祖宗不嗜殺人，獨於販茶通番之境致嚴如此。承平之餘，政玩法弛，已非一日。充軍下死罪一等，而販茶之人其視充軍甘如飯食，罪至於徒，已非輕典，而陝西軍民寧從三年之徒，不肯出杖罪之贖。蓋各處充發軍人及擺站哨瞭囚徒，隨到隨逃，以爲常事。上司亦嘗立法查攷，卒莫能革。其逃回者又復販茶，屢犯不悛。玩法至此，可謂極矣。死刑至重，非人臣所敢輕議，然例以輔律，因旹救弊，似宐加嚴，以整齊之。但腹裏之與各邊，事體有異，而販茶之與通番，情罪或殊。合無今後但有將私茶潛往邊境興販交易，及在腹裏販賣與進貢回還夷人者，不拘斤數，事發，并知情歇家、牙保，俱問發南方烟瘴地方衛分，永遠充軍。其在西寧、甘肅、河州、洮州販賣者，雖不入番，即有通番之漸，一百斤以上問發附近衛分充軍，三百斤以上發邊衛永遠充軍。若在腹裏各府衛州縣興販者，照見行事例，五百斤以上押發附近衛分充軍，止終本身。不及前數者，俱依律擬斷，腹裏仍枷號一箇月。在邊方者枷號兩箇月，有力納米贖罪，如果無力，解五百里之外擺站守哨。但有逃回，仍前興販，事發，不拘多寡，問發附近衛分充軍。及照近年各邊販茶通番，多係將官軍官子弟。見

今甘肅總兵劉勝事發，其它未發者不止劉勝一人。以此守備把關巡捕官員不能禁治，合無今後軍官將官知情縱容弟男子侄伴當興販，及守備把關巡捕官知而故縱，事發參問，降一級，原衛帶俸差操。有贓者從重論，失於不知者，照常發落。若守備把關巡捕官自出資本興販私茶，但通番者問發邊衛充軍，在西寧、洮河、甘肅地方發賣者，三百斤以上，發附近衛分充軍。不及數及在腹裏發賣者，降一級，調邊衛帶俸差操。如此，則法令一新，積習之弊可袪，不然將來貽患，臣不知何所紀極也。

又《爲修復茶馬舊制第二疏茶馬》 戶部覆都御史楊一清所奏事件，除復金牌之制，專巡禁之官，嚴私販之禁，三事，係隸兵部掌行覆奏外，所據處茶園之課，廣價茶之積二事，伏乞聖明裁處。

計開

一、處茶園之課。行據延安府綏德州知州洪平，呈稱親詣漢中府金州并西鄉、石泉、漢陰三縣，督同各該里老，將該管茶園人戶，查審得金州七鋪一里，定額課茶六千二百二十斤四兩；西鄉縣雲停、歸仁、遊仙三里，定額課茶一萬八千五百六十八斤六兩五錢；漢陰縣在廓一里，定額課茶一千三百七斤一十一兩五錢；石泉縣石泉一里，定額課茶一百九十二斤二兩九錢。共二萬六千二百八十九斤一十四兩九錢，成化等年，奉例各增添里分人民佃買老戶茶園地土，各人開墾不等，仍舊幫納前項茶課。會同各親詣茶園逐一踏勘，得金州該增課茶三千八百七十二斤一十二兩，西鄉縣該增課茶五千六百五十一斤，漢陰縣該增課茶七百二十三斤，石泉縣該增課茶六百六十斤，共增課茶一萬九百六斤一十一兩，造冊申送到臣，案照先據陝西按察司僉事唐希介呈稱，漢中府金州、西鄉、石泉、漢陰三縣俱係產茶地方，如漢陰一縣，原設在廓、新安二里，後因招撫流民增添九里，近因大造黃冊又添一里，今以十里之民，止納二里之課。況自招撫之後，其延安、慶陽、西安等府人民流移到彼，不可勝紀。見今開墾日繁，栽種日盛，其沿江一帶茶園多不起課，乞行嚴督官員查理等因。看得漢中府前項產茶州縣，國初人民戶口不多，茶園亦少，所以額課止於如此。成化年間以來，各省逃移人民聚集栽植，茶株數多，已經節次編入版籍。州縣里分俱各增添，戶口日繁，茶園加增，不知幾處，而茶課仍舊，致令各處奸頑官舍軍民遞年在山收買私茶，通番交易覓利，以此番人不樂官市，沮壞馬政。相應查理，按察司分巡關南道官覆勘來報。訪得前項州縣所產茶斤，不假種植，隨田而出。荒山茂林耕治燔灼之餘，茶從而萌蘖焉，民獲其利。一家茶園有三五日程曆不遍者，有百餘戶所佃茶園止幫一戶茶課，其甚少者亦多贏餘。較之農夫終歲勤動而恐不贍，又稱貸以輸官者，難易不同。故漢中一府歲課不及三萬，而商販私鬻至百餘萬以爲常，是其明驗也。況先年茶園亦有消乏，未蒙除豁。新開茶園日新月盛，漫無稽攷，致使一園一畦者課程已多，連山接隴者課程顧少，非惟細民有不均之歎，抑且奸民遂玩法之私，深爲不便。合無行委陝西布、按二司督同漢中府掌印官，親詣前項州縣，遍歷園山界畔，再行踏勘丈量，斟酌地里遠近、佃戶多寡，不必拘定知州洪平前數，但要有益於官，不病於民，勘處停當，備開舊管新收，開除實在數目，造冊奏繳，永爲遵行。如此則茶課均平，其於茶馬不爲無助。

一、廣價茶之積。查得洪武、永樂年間舊例，三年一次番人該納差發馬一萬四千五十一匹，價茶先期於四川保寧等府約運一百萬斤，赴西寧等茶馬司收貯，內西寧茶馬司收三十一萬六千九百七十斤，河州茶馬司收四十五萬四千三十斤，洮河茶馬司收二十二萬九千斤。合用運茶軍夫，四川、陝西都布二司各委堂上官管運。四川軍民運赴陝西接界去處，交與陝西軍夫轉運各茶馬司交收。戶部請旨，於在京堂上官內點差一員，賫勅前來，會同陝西守鎮官員整理。事體重大，供億浩繁，後因邊方有事，停止不行。近年巡茶御史招番易馬，止憑漢中府歲辦課茶二萬六千二百餘斤，兼以巡獲私茶數亦不多，每歲約用不過茶四五萬斤，以此易馬多不過數百匹，至千匹而止。補輳抑勒。往往良駑相參，招易未久，倒傷相繼。番人既病於價虧，軍士復不得實用，要其事勢亦有由然。今邊方在在缺馬騎征，官帑有限，收買不敷，月追歲併。士卒告困。近雖修舉監苑馬政，然方收買種馬孳牧，求用於數年之後，惟茶馬可濟目前之急。顧茶司無數萬之儲，縱然招致番馬，何所取給。欲查照舊例征運四州課茶，緣川陝軍民兵荒之後，創殘已甚，寧能增此運茶之役？查得洪武三十年，欽依禁茶榜文內一欵：『本地茶園人家，除約量本家歲用外，其餘盡數官爲收買，若賣與人者，茶園入官。欽此。』照得漢中府產茶州縣遞年所出茶斤百數十萬，官課歲用不過十之一二，其餘俱爲商販私鬻之資。

若商販停革，私茶嚴禁，在山茶斤無從售賣，茶園人戶仰事俯育何所資藉？彼見茶園無利，不復葺理，將來茶課亦虧。夫在茶司則病於不足，既無以副番人之望，在茶園則積於無用又恐終失小民之業。若不從宐處置，深爲不便。臣今年正月間量發官銀一千五百七十餘兩，委官前去收買茶七萬八千八百二十斤，計易過兒扇騍馬九百餘匹，若用銀買須得七千餘兩。其利如此，但猶未免用官夫運送，止如前數，固可支持。必欲廣爲收易，漢中、鞏昌、河西一帶人民將不勝其勞擾。又恐行之既久，官司處置乖方，虧價損民，似非經常之計。如欲官民兩便，必須招商買運，給價相應。臣於今年閏四月內，又經出給告示，招諭陝西等處商人買官茶五十萬斤，以備明年招番之用。憑衆議定，每茶一千斤用價銀二十五兩，連蒸曬、裝篦、雇脚等項，從寬共計價銀五十兩，令其自出資本，前去收買，自行運送各茶司交收明白，聽給價銀去後。且官銀一萬兩，買戰馬不過一千匹。如前所擬，買茶二十萬斤，分別三等馬匹，斟酌收買，可得馬幾三千匹。買一馬者將買三馬，給一軍者可給三軍。但所給茶價出自公家，歲歲支給，亦非可繼之道。若運到官茶，量將三分之一官爲發賣，以償商價，尤爲便益。此與開中商茶不同。開中商茶，其利在商，未免阻壞茶馬。招商買茶，其利在官，專爲易馬之資。借曰官賣，不過十之二三，較之商茶歲百餘萬以通番境者何如。合無自弘治十八年爲始，聽臣出榜招諭山陝等處富實商人收買官茶五六十萬斤，其價依原定每一千斤給銀五十兩之數，每商所買不得過一萬斤，給與批文。每一千斤給小票一紙，掛號定限，聽其自出資本，收買真細茶斤，自行雇脚轉運，照商茶事例，行令沿途官司秤盤截角，如有多餘夾帶茶斤，照私茶擬斷，運至各該茶馬司，取獲實收，赴臣查驗明白，聽給價銀。仍行委廉幹官員分投於西寧、河州二衛，官爲發賣，每處七八萬斤至十萬斤爲止，價銀官庫收候，儘勾給商，如有贏餘，下年輳給。行之數年，茶可不賣。夫如是，茶出於山而運於商，民不及知，以茶易茶，官不及知。不傷府庫之財，不失商民之業，而我可以坐收茶馬之利，長久利便之策，宐無出此。

明 梁材《梁端肅公奏議・議茶馬事宜疏》（《明經世文编》卷一〇六） 巡按陝西監察御史劉良卿題，切照國家設立三茶馬司，收茶易馬，雖所以供邊軍征戰之用，寔所以繫番人歸向之心。考之茶法，在《大明律》曰：『凡販私茶者同私鹽法論罪。』蓋行於腹裏地方者然也。至於通番禁例，在太祖高皇帝曰：『私茶出境者斬，關隘不覺察者處以極刑。』太宗文皇帝曰：『透漏私茶出境者，犯人與把關頭目俱各淩遲處死，家口遷化外。』蓋行於邊方者然也。祖宗好生之德，不嗜殺人之心。而私茶通番，輒以極刑淩遲論罪，其意之所在可知已。蓋西邊之藩籬，莫切於諸番，諸番之飲食，莫切於吾茶。得之則生，不得則死。故嚴法以禁之，易馬以酬之。禁之而使彼有所畏，酬之而使彼有所慕，此所以制番人之死命，壯中國之藩籬，斷匈奴之右臂者。其所係誠重且大，而非可以尋常處之也。故在當時，茶法通行，而無阻滯之患；番馬茂盛，歲至萬餘之多。又考之洪武初例，民間蓄茶不得過一月之用。嗣後至弘治年間，或召商中茶，以備賑濟；或召商中茶，以備邊儲。然未嘗禁腹裏之民，使不得食茶也。行之既久，此意浸失。減通番之罪，而止於充軍；禁內郡之茶，而無所於食。遂使奸人窃肆，私茶盛行。番人一至，既要厚賞，復索高價。歲易馬匹不過數千，甚至驕傲抗違，招之不至，括民間之馬以充數者。夫豈祖宗立法之意果如是哉。姑以今日茶法言之。每年三茶馬司，漢中府解納課茶，洮州一萬一百九十餘斤，河州一萬八千三百七十餘斤，西寧二萬五千六百餘斤。其各商茶亦赴三茶馬司抽分，又各數十萬斤，官茶貯庫，商茶就彼發賣。其各府衛州縣衙門捉獲私茶，又解各司貯庫，是商、私、課茶皆聚於三邊茶馬司矣。其在腹裏地方，凡有夾帶茶斤，不論多寡，即以私販論罪。是陝西一省皆不得食茶矣。夫茶聚於茶司，則通番之弊易滋，茶嚴於內郡，則私販之弊難究，何也？蓋陝西通番之路有三：一曰階岷，一曰臨洮，一曰蘭州。黄河爲限，關隘爲險，三路嚴守，則茶豈能飛入番境哉。今商、私、課茶，皆以文引渡河歷關而至茶司矣。茶司地方，則皆與番爲鄰者也，關隘少而岐路多，其相通固已易矣。而茶司周環地方幾何，人民幾何，商人之茶動至數萬，豈能盡賣而盡買哉？商人去家千里，既不得以速賣，勢復難於久守，不得已而賒寄居民。家積戶蓄，塞屋充棟，夫番人欲之而不可得，吾民積之而無所施。往來之路，雖有關河之限，交通之利，不止三倍之多。且通番之罪，犯則止於充軍，又十不一犯焉，欲其不相通，豈可得乎？故近日拏獲通番人犯，若完忠則河州衛千戶，而茶則商人趙文華者，李仕英河州之民，而茶則商人張

純者，黄欽、林森乃西寧之民，而茶則商人羅銘者。繇此觀之，則通番者皆茶司地方之民，皆商人抽分之茶，固非腹裏地方之民之茶也。蓋既遺之以通番之資，又減之以通番之罪云爾。夫詳於禁者猶有法外之遺奸，況疎其禁乎？此通番之弊易滋，而禁之之難也。茶鹽皆所日用而不可缺者，茶法與鹽法相同，然禁私鹽矣，而未嘗不賣官鹽也。今禁私茶矣，而官茶止行於諸邊，腹裏八府皆不得行。以人所必用之物，而禁之使不得行，使不得食，欲其不私買，豈可得乎？山人治茶，猶農之治菽粟，勤力經理，俯仰所資。今商茶之外，嚴禁私賣，又以茶多阻滯，商人不得多中，則將使小民終歲收穫置於何地，而衣食之資取辦於何所耶？欲其不私賣，豈可得乎？食者欲買，中者欲賣，貧無生藝之民，欲其不乘機而私販，又可得乎？故凡拏獲茶徒，非饑寒困苦之窮民，則衣食無賴之園戶。夫事有大小，法有輕重，茶法之禁，其要在於通番，非切切爲吾民也。今使大奸巨惡往往得以通番而漏網，閭閻小民以數斤之茶因禁囹圄而致死者，不可勝計焉。此不惟私販之弊難究，而輕重緩急之間，亦未有當於人情者焉。況以三茶馬司見貯之茶，計每歲易馬之費，洮河可足三年之用，西寧可足二年之用。其商、私、課茶，又日增而月益之，以至積久腐爛。如近日監察御史劉希龍所奏燒毀者三茶司共二千萬二千餘斤，以價計之，則不啻數萬兩之多。夫以民間有用之物，而禁民使不得用，積之以至於腐朽，而置之於烈焰之中，豈不誠可惜哉！茶法之弊有如此者。以今日馬政言之，番地所產多馬，吾之所易在馬。使番人有馬而無所於市，吾之茶有禁而無所於通，其勢必相求，而制之之機在我矣。今者商茶皆在茶司，茶司居民，陸續窃易馬匹，以待商人往來興販，歲無虛日。如臣上年四月至洮州，五月至西寧，差人訪拏，一日之間，即得馬六十餘匹、西寧四十餘匹，則尋常可知也。縱使番地多馬，要之生產有限，興販無窮，及吾易馬之時則不能多得也。固宜此興販番馬之未禁也。每歲茶易馬匹，領軍未至，皆寄派各衛軍餘餧養。夫邊境之軍，地方苦寒，生藝寡薄，平居之日，衣食固有所不贍，而復以養馬責之。一有瘦損倒死，重則追賠本色，輕則追納肉臟銀兩，家業不逮，鬻及男女，彼何辜哉！此寄養茶馬之未平也。【略】夫調不鼓之琴，必有更張之術，理大壞之政，必有變通之道。臣罄一得之愚，條爲六事，開坐於後，奉聖旨：該部知道，抄出送司案呈到部，看得巡按陝西監察御史劉良卿，條陳六事，內除審處牧馬以便操牧一事，移咨兵部，逕自查議外，所據量積邊境之茶，以防私通等五事，相應議擬開立前件，伏乞聖裁：

一、量積邊境之茶以防私通。今後三茶馬司積茶，止留二年之用。每年易馬，計該若干。課茶之外，足以商茶。鞏昌府盤驗之時，扣除解司之數，收貯該府類總顧腳，給批差官，解至茶司交割。正茶之外，分毫不許夾帶。如此則非惟通番者無所資而自止，將茶價湧貴，番人受制而良馬亦有不可勝用者矣。前件查得問刑條例內一欵，欽奉憲宗皇帝聖旨：私茶有興販夾帶五百斤的，照見行私鹽例押發充軍。又為陈愚見以裨茶馬以濟軍務事，該巡按御史劉希龍，題稱官茶易馬，先年招馬之易，于今招馬之難。蓋以開中太濫，商茶數多，番人坐以得茶，不仰給於茶之難，故欲少開中以便招易。該本部議照積茶易馬，乃我朝備急防邊禦患之策。近年以來，法久弊生，私茶盛行，以致官茶阻滯，易馬甚難。誠有如本官所奏者，相應依擬，轉行接管巡茶御史，今後開茶之期，必先審有力商人方許報中，其樽節盈縮之數，并積新散舊之法，悉照本官所擬事理施行等因，已經通行欽遵去後。今御史劉良卿，題稱今後三茶馬司積茶，止留二年之用，每年易馬，計該若干，正茶之外，分毫不許夾帶，將來茶價湧貴，番人受制而良馬不可勝用一節，與前御史劉希龍所奏大略相同，相應議擬，欲候命下，轉行陝西巡茶御史，再加斟酌，逕自查照施行。

一通行內郡之茶，以息私販。今後商人中茶，每年多開百萬斤，鞏昌府盤驗明除扣解茶司之外，其餘悉聽臣衙門酌量西鳳等府地方廣狹，分派各府對半抽分，照依時估，定以價值，商茶給商自賣，文引截角掛號，不得出所屬州縣之境。官茶并拏獲茶，俱出給印票，分散鋪行發賣，價銀呈臣衙門計算，除養馬解茶之費，餘開巡撫衙門，以備軍儲。其臨洮所屬河、蘭二州，鞏昌所屬階、岷州衛係近番地方，仍舊禁賣。如此，則非惟私販者無所利而自息，將來茶價充溢，軍儲可免匱乏之憂矣。前件，看得巡按御史劉良卿題稱一節，非無革弊裕邊之意，相應議擬，合候命下本部，移咨巡撫陝西都御史黄臣，及轉行陝西巡茶御史，再行會議前項事宜，如果官商兩便，有益軍儲，悉照本官所議施行，若有窒碍，另奏請定奪。

一、嚴通番之刑以杜輕玩。今後通番道路，洮岷、河州責之邊備道，臨洮、蘭州責之分巡隴右道，西寧責之兵備道，務要選委勤慎官員，晝夜嚴加防守，拏獲私茶通番之徒，及防守官員不行覺察者，仍照祖宗舊例，處以極刑。邊備、分巡等道，不行嚴謹，致有私通者，事發聽臣參劾，即以罷軟罷黜，雖有他美不得論贖。如此則刑重而防守嚴，其誰肯舍身家之重而覓通番之利也？前件《大明律》內一欵：『凡犯私茶者，同私鹽法論罪。』及查鹽法內一欵：『凡犯私鹽者，杖一百徒三年。拒捕者斬。非應捕人告獲者，就將所獲私鹽給付告人充賞。有能自首者免罪，一體給賞。』及查得先爲申明事例，禁約越境販賣私茶通番事，該督理馬政左僉都御史楊一清，奏稱查得洪武三十年三月初八日，欽奉太祖皇帝聖旨：『陝西、四川把截私茶處緊要，恁戶部便差行人去陝西河州、四川碉門、利、雅等處，省諭把隘口的頭目，教他十分嚴加把截，不許私茶出境。如今這一遭說與他知道，以後每月一遭差人去說，直差到九月，務要省諭他每把得停當，不致透漏。這等說與他了，敢有放過私茶出口的，拏來罪他。』永樂六年十二月初九日，欽奉太宗皇帝聖旨：『陝西、四川地方，多有通接生番徑行關隘與偏僻小路。洪武年間，十分守把嚴謹，不許放過段疋、布絹、私茶、青紙出境，違者處死。如今關隘上頭目軍士多不用心守把巡捕，往往透漏段疋、私茶出境。恁戶部再出榜去曉諭禁約，還差人說與都司、布政司，着他勤勤的差的當人去各關上省會把關頭目軍士，今後務要用心守把，設法巡捕，不許私漏段疋、布絹、私茶、青紙出境。若有不聽號令，仍前私販出境，拏獲到官，定將犯人與本處不用心把關頭目俱各凌遲處死，家口遷化外，貨物入官。如私販之人有能自首者，免罪，給與重賞。』俱經通行欽遵去後，但法久弊生，人心玩愒，所以本官具題前因，無非慎防守、興茶利、易馬籌邊之意，相應申明，通行遵守。合候命下本部，轉行陝西巡茶御史督嚴各該邊備、分巡、兵備等道，悉如本官所擬，申明律例，嚴加防守。仍書大字告示，翻刊印刷，發仰各該把截地方，常川張掛，曉諭軍民人等，如有興販私茶出境，及守把關隘人員通同透漏者，俱從重問擬，干碍應參人員，徑自奏請定奪。

明 王廷相《王氏家藏文集・呈盛都憲公撫蜀七事・嚴茶》《皇明經世文編》卷一四九

蜀中有至細之物，而寓莫大之用，君子不可以輕視之者，茶是也。五穀饔飧非不美也，食牛羊乳酪者則不以為急。布帛帷帳非不麗也，禦穹廬氈裘者則不以為重。茶之為物，西戎、吐蕃古今皆仰給之，以其腥肉之食，非茶不消，青稞之熱，非茶不解，故不能不賴於此。是則山林草木之葉，而關係國家政理之大，經國君子固不可不以為重而議處之也。蜀茶自唐王播始榷稅以利國，宋初則買茶于秦鳳、熙河等路博馬，又置茶場于成都買茶，貿易取息，以為熙河博馬之費。建炎以後，罷成都茶場，設買馬二務，一在成都買川馬，一在興元買秦馬。元榷成都茶，於京兆、鞏昌治局發賣，惟取其利。我朝洪武中，川、陝皆置茶馬司，收巴茶易馬，頗獲其利。至成化中，議者以馬之用急於三邊而川馬遠不可至，茶之利分於川蜀而洮河所利則微，故川中茶馬停止，而獨行於河州。是以川茶惟嚴禁約，而諸番無以仰給矣。近年以來，法弛人玩，雖有禁茶之名，而無禁茶之實。商旅滿於關隘，而茶船遍於江河。權要之人，每私主之以圖利。邇者廵按盧公稍一盤詰，即得十數餘萬，則其平日可知也。夫茶可以利朝廷也，今利歸私門矣；可制諸番之命也，今仰望于商人矣。以中國禦番之大權，而倒持以授之於商賈，不惟自失其利國之具，而反害之矣。為今之計，莫要於嚴私茶之禁，絕商賈之販，使茶利之權在官，則諸番可以坐制。何也？茶者，番人之所必欲得者也。私茶不行，番人仰於官矣。以茶易馬雖不可據復，而使之輸青稞以復役，獨不可乎？或者曰：青稞之輸，彼之舊貫也。茶則我之實利也。彼來貢之，我以是賞之，不幾于相易乎？彼之利於我者微，而我之失其利者大，不幾於失倫乎？吁！是皆以小利言之，不知彼輸於我，義也。我賞於彼，德也。我因以行其羈縻之道，彼亦以為職分之常。久之，邊防可以寧謐，而我兵亦無調度之費，戰伐之苦。以此較彼，所得孰大小哉？夫番仰茶於官，權在國也。邊鄙因之無虞，利在我也。一禁茶之間，使權歸於國而利其民，較之縱禁通商，使利歸私室而害及於邊者，所得又孰多寡哉？故曰至細之物而有莫大之用，君子不可以輕視者，此也。

明 褚鈇《褚司農文集・條議茶馬事宜疏》《皇明經世文編》卷三八六

臣以綿力領茲重任，入境即遵奉敕諭，提督都、布、按三司，按月省諭，嚴禁把截。然多視為泛常，惟廵歷所至，官始留心，拏獲大夥茶徒、假

茶、夾帶茶、私馬等項，俱照律例問擬。一時姦商積販，固畧儆省，其他未到去處，如臨洮衛經歷李崇儒、通渭縣巡捕李可大等，賣放私馬私茶，此類未經發覺者，不知幾何。臣叨任巡察，豈不欲私販盡絶，然以一身按兩省十一府四茶司七苑，東西南北，往返周旋一萬餘里，未免顧此失彼，掛一漏萬。若使所在司道就近督責州縣密緝嚴拏，則茶徒馬販，決不能逃。但恐賞罰不明，巨細不論，則小人邀功計利，未免賣放妄拿。合無以後茶馬出產經過去處，責令該道稽察，如陝西則關南、隴右守、巡四道，洮岷、臨鞏、西寧三兵備道，四川則川北守、巡、安綿兵備三道，敕書官銜，俱添兼理茶法，使之顧名思義，一應茶徒馬販，務要加意巡禁。臣出巡所在，照舊親自查比。如出巡別府，每季終，守、巡、兵備各將所屬巡捕官兵查比一次，仍報臣知會，以觀用心與否。拏獲私馬私茶，每十匹給賞二匹，每百斤賞銀二兩，多者遞加，仍以大夥爲功，不許妄拏腹裏孳生馬匹及些須食用茶斤。如違，加等重治。每年終，各將有無拏獲通番大夥茶徒馬販報臣，以憑具奏。則私茶不敢入番，番馬不得進境，而招中有裨矣。此又拔本塞源之論，人存政舉之要也。

明 郑洛《鄭經略奏疏·敬陳備禦海虜事宜以弭後患疏》《皇明經世文编》卷四〇五 六曰飭茶禁。夫海上番夷，有茶則生，無茶則死，其利非不急也。我中國之制番夷，熟番則易茶，生番則不許易茶，其禁非不嚴也。茶禁之詳，在楊文襄疏中可查也。然惟禁於開中之時，而不禁於既開之後。生番托熟番以交通，海虜附番族以私貿。甚有一種奸商，私挾茶篦，深入番地，利其貨殖；又有一種奸夷，私載茶篦，遠抵虜穴，收其厚利。則其歲月往來，交結貿易者，禁猶不禁，而虜之處於海上者居然無恙矣。是必嚴爲之禁，凡茶商賣茶，只許於城内本鋪開賣，敢有私挾出境者，按如律。又嚴爲之禁，凡番夷入城買賣，各給以印信執照，如無執照而故行買茶者，按如律。不拘番漢人等，但遇有私茶出境入虜，捉獲舉首者，則給以所獲之茶，仍賞銀若干。其本犯則加常律一等重治。夫嚴禁若此則私茶不行，私茶不行則海虜自困，安知其無有三日不茶，腹脹而死者乎？又安知無有如俺荅中濕，腫足而歸者乎？是茶禁不可不嚴也。

明 章潢《圖書編》卷四〇《時務四條》 初，茶法專以易馬，與秦隴無異也。歲遣巡察一人，凡私越境者，刑無赦。嗣是廢置不常，奸萌寖起，遂使建始之茶私越沉黎，武岡之商擅抵蒙雅。不知而妄議者，猶欲利其餘課，十而稅一，不知茶以引計，不及引者則謂之由，殆如宋人之長短引，然而又可因以為利乎？其失甚矣。或者議曰：金牌之制，差發固在也。使能師其遺意，稽截引之目而繳報以限，嚴互市之令而譏察以時，碉門之茶馬，有司可復也；黑水之批驗，有所可復也。番僧盜鬻有罰，漢人私遞有罰。其誰曰非初意也？或又曰：無引之茶可知也，無茶之引不可知也，是可不加之意乎？昔趙抃判成都，減額以蘇園戶，輕價以惠行商，民到於今稱之，無亦存乎其人耳。

又《茶馬利病》 唐趙贊贍軍用，張滂拯水旱，皆取茶稅，未嘗以之易馬也。宋乾德始置榷務。至李杞入蜀，經畫以茶易馬，而法嚴矣。諸方產茶，蜀禁獨重。國初，歲遣行人巡察邊隘，茶以引計，市以時開。成化間，罷差巡茶而勅專憲臣，法益備，故商無越貨，邊境肅清。近年以來，弊日滋矣。夫引分邊服，歲有定額也，而規利者爭取乎邊；商別資貫，人有定數也，而懷奸者弊如蝟集，此所以議者有六條之法矣。以冒濫當絶也，故慎引目焉；以輾轉當虞也，故時稱盤焉；以路岐易越也，故謹關防焉；以稱驗當擇也，故重委官焉；以利歸私門也，故廣餘茶焉；以番隙難杜也，故嚴之互市焉。蓋欲救乎茶之不行焉。之四政者，有大綱以統細目，有權變以濟經常，所謂要之當執，而中之宜用者也。苟忽乎此，吾未見其能濟也。

又卷一二一《馬政總叙》 陣馬之勇，勢比風檣，甚言馬之有益於國也。但馬政自周而下，其弊漸極。周則官民通牧，其牧諸民者，不過取諸丘甸，使供其賦，未始為民累焉。漢之牧苑，分佈西北二邊，乃牧於官也。而牧於民者，令其有車騎馬一疋者，復卒三人，閒居則免三人之算，有事則當三人之卒。唐初，當給馬者，官與直市之，周歲，不任戰者許鬻，而以錢交市。後以所得隋與突厥馬置監於隴右，官自牧焉。是漢唐之制猶為近古。至宋，始市之于邊者曰茶馬，賦之於民者曰戶馬、保馬。蓋賦牧地于農民，斂其租課，散國馬於編戶，責其孳息。自此法一行，天下不勝其弊矣。我國家內地則民牧以給京師之用，外地則官牧以給邊方之用。又立茶馬司，以易蕃戎之馬。蓋兼用之制焉。今官牧者豪強兼併，而草場為之消沒；官司占役，而恩軍為之缺乏。招易之法，自金牌之制

廢，給番之茶僞，所得多駑下。故今日邊方不得夫馬之用，職此故也。

又 按古今馬政，漢人牧于民而用於官，唐人牧於官而給于民，至宋，始則牧之在官，後則畜之於民，又其後則市之于戎狄。我朝兼用前代之制，在內地則散于民，即宋戶馬之令也；在邊地則牧于官，即唐監牧之制也；於川陝有茶馬之設，非宋人之市於夷者乎？以今日國馬之政言之，在內者有御馬監，掌天子十二閑之政，以供乘輿之用，凡立仗而駕輅者，皆於是而畜之，其牧放之地，則有鄭村等草場，其飼秣之卒，則有騏驥等四衛。國初都金陵，設太僕于滁州。後定都於北，又設太僕寺于京師。凡兩淮及江南馬政，則屬於南順天等府。暨山東、河南馬政，則屬於北。其後又用言者，每府州縣添設佐貳官一員，專管馬政。在外設行太僕寺於山西、陝西、遼東，凡三處。苑馬司亦三處，陝西、甘肅各轄六苑，為二十四苑，遼東僅一監二苑。內地則民牧以給京師之用，外地則官牧以給邊方之用。又於川陝立茶馬司五，以茶易番戎之馬，亦用以為邊也。本朝國馬之制，大畧如此。承平百年，祖宗之良法善政故得也。

明 劉大謨《博采茶議》（雍正）《四川通志》卷一五 天下之事，窮則變，變則通，通則久。水塞則決之，琴瑟不調則更張之，是可以語變通矣。變通者，權之謂也。國初定鼎，維州、松州、河州有茶馬互市，馬之資於此者，才千百之十一耳。永樂以後，騏驥駿騮盡冀北之羣，平涼專設憲臣以提督茶馬。遼東、山西、甘州之團牧，直隸、河南、山東之騍種，皆材之良，而馬之產于南者不復入閑，於是乎四川茶馬之法壞矣。然番人乳酪腥羶之食，匪茶則病僨立至，而我之藉以控制生番者在茶，於是乎互市之名，處之而善，公私可得數十萬金，此非取之於民而加之賦者也。自權法者失化裁推移之意，坐失厚利，釀成弊穴，可歎也。慎引目、時秤驗、謹關防、重委官、廣餘茶、嚴互市，憲典司存也。然首尾畢舉而後可以言令，舉之而遺其細末焉，猶夫弊也。甚哉！權之難行也。曷為慎引目也？茶法之引，司徒令甲也。其通塞多寡，會典移案俱載也。自越渡賂放而後有無引之茶，自冒給影射而後有無茶之引。無引之茶，人所知也。無茶之引，則奸人乘機冒給，買竊于遠商至數十千百張，證驗之難而易於作弊也。今下令曰某月日開中，聚四方之商而審其年貌籍貫，填內號以付秤驗之官，給外號以備官津盤詰，取寄住里鄰店戶之結以防入山影射、不行退繳。盡所開之數，量多寡而均給之，芽茶十之七，葉茶十之三。區畫引價，比舊或少增焉。持之恒久，冒濫可絶矣。曷為時秤驗也？秤驗之不時，奸弊之必滋，語曰『事久生奸』以此。今聚數百艘，鱗次水濱而後請官，請之數日而後差官，差之數十日而後臨按。推託輾轉，比蒞事，且數月矣。背負撐駕、私竊趨利者可勝計哉！今下令曰始十月朔，終明年三月晦，茶船以次抵嘉定。比其至石馬也，巡司具數達委官所，委官即黑水尾挨幫秤驗，立票照放。辰而至，午而行，移時畢事，如法處分。過期、不及期者懲之以法，奸利何從而生哉？曷為謹關防也？嘉定三江，自越巂來者曰沫江，自雅州來者曰青衣江，自瀘口來者曰錦江。三江合流中有州〔洲〕，曰黑水尾，古之黑水尾秤掣批驗所也。青衣江與沫江合曰觀音灘，由灘而上曰浮橋口。勝國時造舟為梁而扃鑰之，茶船由黑水尾驗訖，則啓浮梁橋放行，至慎重也。今船泊漁村，則已近浮梁口矣，何所關防乎？江河變遷，浮梁不可作，黑水尾尚存也，不於此地秤驗，已失扼吭之機矣。今下令曰茶船至石馬，星馳呈報所司，于黑水尾秤驗如法，押送漁村，轉發雅州交易，沿途防範越渡私帶者如律。設以法，影射私竊勢不相及矣。曷為重委官也？處脂膏不能自潤者有幾？利之所在，義士視之如酖毒，貪夫視之如旨酒。弄文法、壞典章、墮官箴，輔之以狙獪之徒，詭秘尤甚，鮮有不中其機者。于涼作法，且恐其渝，而可不慎哉！今下令曰所轄即府佐若州縣正官初任，精敏廉能懋著可期遠到者，撫巡會委一人，以十月至嘉定，弛張先後，一切付之。事竣返任，不負委託者明揚之。即九江、蕪湖、荊州、臨清歲榷不過萬金，猶攝以主事一人。欽依差遣，而秤驗者苟得其人，歲可入數萬金矣，又何輕重之不權哉！曷為廣餘茶也？每引約收若干曰餘茶，取其值以輸之官，纔毫毛耳。而無引私茶總若干萬石則巧為影射，利歸私門，致損公府。此無他，法嚴而固執也。法嚴則人畏避之，固執則人巧避之。語曰『倖門如鼠穴』，蓋傷之也。夫私茶至五百斤入官，仍擬充軍。夫人不難於充軍，而難於入官。今准鹽法，引外帶者曰餘茶，一引聽納銀，倍加引價，免問。彼將幸其免罪而慶獲茶，且胥吏之羅織、羣小之恐嚇潛消焉，是曷不趨吾令哉！即一歲可獲萬金矣。夫餘茶行則利入府藏，公私兩

便，在察識而推廣之耳。曷為嚴互市也？西番互市，一由黎州，一由碉門。今中分其引以兩通之，其法甚善。但奸人玩法潛入番境者，責在安撫招討司也。今下令曰諸番人市，聽商人兩平、于信地交易，越境通番者法無赦。招討安撫司縱令出入者連坐，通把該吏撥置者如之。禁欺誘、戒搶奪，推誠懷之，亦三表五餌之餘也。余既為此議，客有告余曰：『為學而言利，不明於義也；謀國而言利，不良於法也。』曰：甚哉！權之難也。《大學》絜矩，理財為先；《周官》會計，財用為急。周公、孔子未嘗不言之。久矣！國之需於財也。此議之行，取之商、不取之農，取之裔土、不取之田賦，有抑末之理焉，有懷遠之道焉，公而匪私，義而匪利也。用是計之云。

清 何孟春《餘冬序録》卷五 西番之人，資生乳酪。然食久氣滯，非茗飲，則亦無以生之。番饒馬而無茶。故中國得以摘山之利，易彼乘黃。此中國之利，茶不可無禁也。若守邊者不得其人，通賂商賈，縱放私茶，即假名朝廷，橫科番馬，既虧國課，又啓戎心。洪武中，我太祖立茶馬司於陝西、四川等處，聽西番納馬易茶。因置金牌勘合，命曹國公李景隆直抵西番，令各番酋領受，俾為符契，以絶奸偽。詔定三年一差官，召各番合符認納差發馬匹，給與價茶；有以私茶出境者斬；關隘不覺察者，處極刑；民間畜茶，不得過一月之用；茶戶私鬻者，籍其園入官。三十年，敕兵部遣人齎諭川陝守邊衛所，仍遣僧官著藏卜等往西番，一體申飭。時駙馬都尉歐陽倫奉命西使，以巴茶私出境貨鬻，倚勢橫暴，所在不勝其擾，而藩閫大臣皆奉順不敢違。倫令陝西布政司移文所屬，起車載茶渡河州，倫家人周保者索車至五十輛。蘭縣河橋巡檢司吏被捶不堪，以其事聞。上怒，以布政司官不言，併倫賜死，保等皆伏誅。茶貨官、河橋吏特嘉勞之。曹國公還自西番，凡用茶五十餘萬斤，得馬一萬三千五百一十八匹，分給京衛騎士。國初之法如此。永樂十三年，遣御史三員巡督陝西茶馬。正統十四年，停止茶馬金牌。後每歲遣行人四員巡察私販，自潼關以西至甘肅等處，通行禁革。成化十四年，奏准定差御史一員，領敕專理。今法之行，非復國初，而所得之馬，歲益微矣。

《淵鑒類函》卷一三四《政術部·榷茶》 興國中，樊若水奏：『江南諸州茶，官市十分之八，其二分量稅聽自賣，踰江涉淮，乘時射利，望嚴禁之。』謂乾德榷法也。自若水建議，其法始密。凡茶之利，一則官賣以實州縣；一則沿邊入中糧草算請以省餽運；一則榷務入納金銀錢帛算請以贍京師；而河東、北互市，川陝折博，又以所有易所無。而其大者最在邊備，蓋祖宗以西北宿兵，供億之費，重困民力，故以茶引走商賈而虛估加擡以利之。其後理財之臣以遺利在民，數務更張，然無過李諮、林特二法，大槩以折茶商及便邊民。特以實銀算茶，諮祖劉式之意，使自就山園買茶，而茶場坐收貼納之利，行之三年而罷。景祐以後，西邊事興，始復行加擡法。嘉祐四年，一切弛禁，自此茶不爲民害者六七十載。至蔡京始復榷法，於是茶利自一錢以上，皆歸京師。嘉祐三年，始命韓絳、陳升之、呂景初即三司置局，議弛茶禁，詔曰：『古者山澤之利，與民共之。自唐建中始有茶禁，上下規利垂二百年。時聞比來爲患益甚，民被誅求之困，官受濫惡之入。私藏盜販，犯者實繁。嚴刑重誅，情所不忍。是於江湖之間幅數千里，爲陷穽以害吾民也。朕心惻然，念此久矣。間遣使往就問之，驩然皆願弛其禁，歲入之課，以時上官。一二近臣條析其狀，朕猶若慊然，又於歲輸裁減其課，使得饒阜，以相爲生，剗去禁條，俾通商利。歷世之弊，一旦以除，署爲常經，弗復更制。損上益下，以休吾民。尚慮喜於立異之人、緣而爲姦之黨，妄陳議奏，以惑有司，必寘明刑，無或有貸。』一本云：四年二月己巳，詔開江淮茶禁，聽民自賣，通商收税，罷十三山場、六榷務，歲輸不過三十三萬有奇，謂之茶租錢，以歲課均賦於茶戶。崇寧以後，歲入至二百萬緡，視嘉祐五倍矣。政和元年正月，始創引法，置都茶場，歲收四百餘萬緡，中興循其法。《玉海》

清 姜圖南《酌蠲湖茶並行邊茶疏》（嘉慶）《定邊縣志》卷一三 茶法中馬，故明舊有川茶、漢茶、湖茶。川茶自隆慶三年題改折價，臣前有《蜀省文移》一疏，業經覆議行，彼中撫按酌議開徵。漢茶自萬曆十四年題改折價，所有茶園茶課見在催征冊報，每歲招商散引，前往漢南及湖襄收茶轉運，官商對分，以供招中耳。顧漢南州縣產茶有限，且層岩複嶺，山程不便，商人大抵浮漢江於襄陽按買。臣衙門據引給票照驗，比以湖襄水販店戶，將茶斤貪圖價值，專賣別省無引私販，官商齎引無從收買。

臣查故明舊例，湖茶通行各商招畢，隨將引單號簿行湖廣寶慶府轉

發新化縣，照引註定斤數，多餘盡數抽稅，該府仍委府佐一員監收接管，嚴加盤驗。如有低假，茶戶牙行一體究處，崇禎十五年題請在案。今湖南茶法未能通行，陝商統聚襄陽收買，湖襄督催盤驗自不容已。除漢中、鞏昌兩州官于湖茶照常盤驗外，其襄陽收茶處所應請歲給官商引單號簿一冊，於該府執對盤驗稽核，責有攸歸，此所謂湖茶宜讚也。至內地茶法，故明嘉靖十五年，御史劉良卿議酌西、鳳等八府地方廣狹，分派各府對半抽分，照依時估定以價值，商茶給商自賣外，官茶價銀呈臣衙門計算，或備軍儲。迄萬曆十三年，計小引茶西安行六萬斤，漢中、鳳翔行二萬斤。今西、漢二府尚行小商，其對分官茶各交司中馬，若延、寧等處道里遼遠，茶法久已絕響矣。

臣擬于榆林、神木二道照舊小引例，引茶百斤量入茶三十斤，額定每斤折價一錢三分，報交延鎮官庫。所過關津一體盤驗，計榆、延二處可行茶二十萬斤，則由榆、延以至寧夏俱可漸舉，即以便民，又復裕國，此所謂邊茶宜行也。蓋讚湖茶則商運速，通邊茶則茶路廣，斯實於目前茶法有裨者也。

清 徐錫齡《熙朝新語》卷二 打箭爐，故旄牛，徼外地也。雅州西去大渡河五日程，羌蠻混雜，連山接野，鳥路沿空。漢永平中，白狼、槃木、唐菆等百餘國舉踵奉貢，越山阪，負繈而至，皆此種類。蜀漢時，武侯征孟獲，於此造箭，因名打箭爐。唐韋皋拒吐蕃，李德裕拒南詔，皆扼大渡河為險要。宋建隆三年，王全斌平蜀，議欲因兵威復越巂。藝祖以玉斧畫所繪圖，曰：『外此吾不有也。』於是為黎、雅之極邊。曩時河道平廣，可通漕舟。自玉斧畫河之後，河之中流急陷五六十丈，河流至此澎湃如瀑，從空而落。舂撞號怒，船筏不通，名曰噎口。殆天設險以限羌蠻也。元明時，番人俱于此地互易茶馬。自明末流寇之變，商民避兵過河，攜茶貿易。而烏斯藏亦適有喇嘛到爐，彼此交易。漢番雜處，於是有坐爐之營官，管束往來貿易諸番。我朝定鼎，德威所被，直通西域，打箭爐一區盡入幅員矣。

綜述

唐 封演《封氏見聞記》卷六《飲茶》 往年回鶻入朝，大驅名馬，市茶而歸，亦足怪焉。

《文獻通考》卷一八《征榷考五·榷茶》 按《陸羽傳》：『羽嗜茶，著經三篇，言茶之原、之法、之具尤備，天下益知飲茶矣。時鬻茶者至畫羽形置煬突間，祀爲茶神。有常伯熊者，因羽論復廣著茶之功。其後尚茶成風，回紇入朝，始驅馬市茶。』

又 神宗熙寧七年，始遣三司幹當公事李杞入蜀經畫買茶，於秦鳳、熙河博馬，與成都路漕司議合。事方有端，而王韶言西人頗以善馬至邊，所嗜惟茶，乏茶與市。

宋 謝維新《古今合璧事類備要後集》卷六八《都大提舉茶馬》

歷代沿革國朝熙寧七年，始詔三司鹽鐵判官李杞、三司勾當公事蒲宗閔經畫川蜀買茶充秦鳳、熙河路博馬，就除提舉成都府路買茶公事。杞于秦州、宗閔于成都置司，後改名都大提舉茶馬事。《成都紀》：『國朝熙寧七年差李杞、蒲宗閔成都府買茶、熙河路博馬，並令杞等提舉，置都大提舉及主管、同主管，各因其資品高下除授』云。元豐四年，群牧判官郭茂恂又言：『茶司既不兼買馬，遂立法以害馬政，恐誤國事。乞並茶場、買馬為一司。』從之。蓋茶馬司始合於此時也。舊制，于原、渭、德順三郡市蕃馬。熙寧七年，初復熙河，經略使王韶言：『西人頗以善馬至邊，其所嗜唯乏茶與之為市，請趣茶馬辨之。』乃命三司勾當公事李杞運蜀茶至熙河置買馬場。而原、渭、德順更不買馬。於是杞言賣茶、市馬一事也，乞同提舉買馬。杞遂兼馬政。然分合不常。至元豐四年，群牧判官、提舉買馬郭茂恂又言：『茶司既不兼買馬，遂立法以害馬政，乞並為一司。』從之。掌收摘山之利，以佐邦用。凡市馬於蕃夷，以茶易之。大觀以來，茶馬之政廢，川茶不以博馬，唯市珠玉，故馬政廢缺。建炎四年，張浚奏大石進奉珠玉，高宗喻曰云云。紹興四年，從闕師古之請，以乏戰馬，始令四川宣撫司支茶博馬。五年，密院言已于永康軍、威、茂州置場。七年，宰臣趙鼎言：『得旨，復置茶馬官。舊有主管茶馬、同提舉茶馬、都大提舉茶馬，凡三等。』上曰：『考其資歷命之。』乾道元年，川秦兩司馬額共九千餘匹。茶馬陳彌作言：『本司買馬，川秦兩司丈、黎、珍、敘、南平、長寧軍本州軍年額川馬五千餘匹，係應副江上諸軍。階州之峯貼陝西、和州之宕昌兩處年額共西馬四千餘匹，係輪年應副三衙川秦兩司者。祖宗舊制，至今不廢。』四年，四川宣撫使虞允文奏：『照得祖宗朝，都大茶馬官于秦州、成都各置司，居治各半年，排發馬月分居秦司，訖事即歸川司措置發茶並買馬物帛之類。今酌依舊制，於鳳州河池縣置秦司，既近宕昌，買馬之弊可以稽察。』從之。秦馬舊二萬匹，乾道川秦買馬之額歲為萬有一千九百匹有奇，川司六千，秦司五千九百。益、梓、

利三路漕司歲應副博馬紬絹十萬四千匹，成都、利州路十一州產茶二千一百二萬斤。茶馬司所收大較如此。其後文州改隸秦司，而川司增珍州之額，共為四千八百九十六，秦司六千一百二十，合兩司為萬有一千十有六匹。此慶元之額也。嘉泰末，川司五場又增為五千一百九十六匹，秦司三場增為七千七百九十八匹，合兩司為萬有二千九百九十四匹。然累歲所市，多不及額焉。《朝野雜記》

事類： 事功李稷言一年通計課利錢七十六萬緡。上批：『蜀茶變法，稷能推原法意，日就——。宜速遷擢，以勸在官。』邊用司馬光元祐初相，罷諸路鹽鐵法，皆復其舊，獨川陝茶以——未即罷，遣使相視，去其甚者。市駿在昔元豐，留神武備，摘山——，具著科條，乃詔牧司，悉遵成憲，乃將使實克推行。初寮《除李昌孺制》摘山必能為吾講——之制，得充廄之良。龍溪《除起宗制》馬萬匹元符末，程之邵召對，徽宗詢以馬政，之邵言：『戎俗食肉飲酪，故貴茶，而病於難得。願禁沿邊鬻茶，以蜀產易上乘。』詔可。未幾，易——。《四朝志》錢百萬李稷。初，蜀茶額——三十萬，至稷加為五十萬，及陸師閔代稷，為——。馬多茶厚先帝市馬于邊，有司幸賞，率以駑駘充數。紹聖中，提舉程之邵始精揀汰，又以羨茶轉入熙、秦市戰騎，故——而——息——。買茶博馬紹聖初，綱馬死損，都大陸師閔建議——，立為定額，其效已見，特賜銀絹各一百匹兩，仍令學士院降勑書。《續會要》提舉市易熙寧十年，李稷——成都府等路茶場熙河——事，手詔曰：『川茶一司，創置雖久，未能就緒。儻非得材智之人，益以事權，無所成。李稷風力固已可仗，然權勢輕小，可依李杞例，兼三司判官，仍委權不限員舉劾官吏。』革買馬弊程之邵主管秦蜀茶馬，—黎州——之—。歲以仲秋為市，四月而止。《四朝國史》以次對為淳熙五年，茶馬吳楮以馬政修舉，除敷文閣待制再任。自紹興初至是，逾四十年間，——茶馬，趙開及吳捴二人耳。《成都記》官屬自辟應產茶以市馬之處，——許——置，視其數之登耗，以詔賞罰。《四朝志》增為十一引自趙開行鈔法，每茶百斤為一大引，令商人輸引錢市利八百文。至紹興十三年，遞增為十一引。時物價騰踴，茶商取息頗厚。明年，主管官賈思誠又——三百文，於是諸場類皆溢額，而買馬之數復不加多。人但知茶馬司之富甲天下，其實所收引錢視建炎增倍，後雖破敗，不可復減矣。《中興係年錄》加為一百萬見上錢百萬注。歲計百二十萬黃廉嘗按察川陝，謂茶政隨事制宜，便於公者，不苟去以為名，害於民者，不苟存以為利。是歲遂代前官領茶馬事。在職歲餘，士大夫乃頗見信。初陸師閔時，——茶息以一——緡，掊克斂怨，無所不至。及廉將軍，盡除公私之病，比數年，亦得百二十萬也。《長編》利錢七十六萬見上事功注。

《明會典》卷三七《茶課六・茶課》 國初招商中茶，上引五千斤，中引四千斤，下引三千斤。每七斤蒸曬一篦，運至茶司，官商對分。官茶易馬，商茶給賣。每上引仍給附茶一百篦，中引八十篦，下引六十篦，名曰酬勞。經過地方責令掌印官盤驗，佐貳官催運。若陝之漢中、川之夔保，私茶之禁甚嚴。凡中茶有引由，出茶地方有稅，貯放有茶倉，巡茶有御御史，分理有茶馬司、茶課司，驗茶有批驗所。其例具後。

茶馬司： 陝西舊有鞏昌府駱駝巷梢子堡、高橋火鑽峪、臨洮府伏羌、寧遠四茶運所，嘉靖十四年革、河州洪武七年建、洮州永樂元年建、西寧洪武三十年自秦州改建、甘州正統八年裁，嘉靖四十二年復建、四川碉門。

批驗茶引所： 陝西、徽州永樂六年設於火鑽峪。嘉靖三十六年改移白水江，就近管轄。

又卷一五三《馬政四・收買・貢馬附》 國初各處土官衙門秋糧，各依原認數目，折納馬匹。有糧二十五石有餘折馬一匹者，有五十餘石折馬一匹者。起解到部，令獸醫辨驗明白具奏，送御馬監交收。馬或不堪，責令差來土官陪納。後土官糧馬多就近輸納，或以折色，無復解京者。其四夷進貢馬匹，即於各衛所俵給缺馬官軍騎操。此外惟取給於收買。收買之法，或以茶，或以鹽，或以互市，或以價銀。洪武間，官給價鈔於各處收買并茶易到馬匹，或就彼給軍，或解京交納，令駕部知其數。及永樂初，乃開市於遼東。正統初，又中鹽於靈州。其流漸廣。今茶法通行，而互市亦不止遼東矣。

凡西番茶易，洪武中立茶馬司於陝西、四川等處，聽西番納馬易茶，降金牌信符賜番族，以防詐偽。洮、河、西寧三衛番族金牌四十一面，該納差發馬一萬四千五十一匹。上號在內府收貯。易時齎驗每三年一遣廷臣，召各番合符，以應納差發馬交納易茶。有以私茶出境者，斬。關隘不覺察者，處極刑。民間蓄茶不得過一月之用。茶戶私鬻者，籍其園入官。

二十三年，定茶易馬例。上等馬，每匹一百二十斤。中等馬，每匹七十斤。下等馬，每匹五十斤。

三十年，令朵干烏思藏長河西一帶西番依舊將馬出來換茶，仍出榜禁約。通接西番經行關隘、偏僻小路，著都司差撥官軍三四層，嚴謹把守巡視。但有將茶私出外境，就便拏解赴官治罪，不許受財放過。必須窮究何處官軍地方放過，治以重罪。

永樂十三年，遣御史三員，巡督陝西茶馬。

正統十四年，停止茶馬金牌。後每歲遣行人四員，巡察私販。自潼關以西，至甘肅等處，通行禁革。

成化十四年奏准，定差御史一員，領敕專理茶馬，每歲一代，遂為定例。其易馬須四歲以上、六歲以下，高大堪中者，方准收買。兒騸馬就彼給各邊騎操。騍馬送苑馬寺孳牧。如有縱容軍民，通同中賣老病馬匹者，御史同兵備及苑馬寺官，驗視退回，仍指實參究。

十五年，令巡茶御史招番易馬，不拘年例，願來者，聽。

弘治五年奏准，每年招易，毋多增馬數，坐派軍衛，逼令漢人代納，及收買不堪，以致倒死。累解送官捨補賠。

八年議准，招易馬匹，兒騸馬要四歲以上，不必解寺，就給與各衛領養。騍馬亦要高大，發苑馬寺作種。瘦損倒失者，比較追陪。

十年奏准，茶易馬，除就彼給軍外，其餘差官陸續解赴苑馬寺，交割俵養。

正德十年議准，領馬官軍，每年冊限三月以裏齎赴巡茶御史驗撥，軍限八月以裏到彼交兑。違者，行該衛徑申巡撫都御史究治。限外，冊過兩月，軍一月不到，聽巡茶御史參究各經該官吏。其洮、河、延寧馬匹，亦要隨時斟酌，通融派撥。

嘉靖十一年議准，西寧、洮、河三茶馬司貯庫商課茶斤，及西安等衛，并徽、階等州收貯私茶，俱送三茶馬司。不拘常例，麤細搭配，招易膘壯馬匹，開送總制衙門，給軍騎操。事完造冊奏繳，仍造青冊送部查考。

三十年題准，改造勘合，分給諸番。每歲依期齎執前來，比號納馬，酬以茶斤。如有背違，調軍征勦。又題准，年例馬完，番有餘馬，司有餘茶，許其增中解牧。洮州增至一千二百五十匹，河州增至一千七百四十匹，西寧增至二千四百三十匹。

三十一年題准，馬政茶法，二事相須，准令巡茶御史兼管馬政，督理二寺事務。

三十七年，議令茶商收買民馬，抽税給票，許其販賣，禁其夾帶。至四十年，仍禁止茶商販賣。民間馬匹，官為買用。

四十一年，議准甘州建置茶馬司一所，照例招商中茶，招番易馬。仍將西寧舊額茶馬、甘州新開茶馬俱招中，酌量地方遠近，通融給軍騎操。仍將四川折色課茶，改徵本色運用。

四十三年題准，以後每年開茶，仍止五六十萬斤。商人以一百五十名為上，勒限買茶報中。

又題准，禁約洮岷私馬、臨鞏馬，暫許通賣。

隆慶三年題准，將四川課茶改徵折色，解苑馬寺，易買種馬，於蘭州招商中茶，運赴甘州茶馬司，招陝西各茶馬司，中納官茶。

又題准，四川巴州、通江、南江、廣元四州縣茶課，節年拖欠及未徵者，以後照例改折，無分芽葉，每斤通徵銀一分八釐，類解陝西鞏昌府貯庫，聽甘肅巡撫衙門差官支取，買馬騎操。

四年議准，以後各茶司中馬，除年例馬數外，儘其調到番族好馬，以茶司見在茶篦通融招易，毋拘定數，以病商番。

又題准，將洮、河、西寧三茶司商人，照舊令其圖分完報，於內擇節年完茶之多者，不拘名數，各報甘州茶一引，運至蘭州，責令税課局官吏帶管經收。就令管河、臨洮府同知監收盤驗，查照三茶司事例，圖分貯庫，立簿登報。其茶篦應該易馬者，量助脚價，遞運甘州茶司交割。應該給商者，令本商運至西寧等茶司貨賣，不許越境。

又卷二一〇《巡茶馬》 永樂十三年，差御史三員，巡督陝西洮州、河州、西寧茶馬司三處，收貯官茶，易換番馬。

成化三年，奏准每年定差御史一員，陝西巡茶。

十一年，令取回。

十四年，復差御史一員，請敕專理茶馬，提督都、布、按三司，并守備把隘等官。不許官豪勢要及軍民之家興販私茶，潛入番境交易。

弘治十六年，取回。令馬政都御史兼理。

正德二年，復奏差。

明 何喬遠《名山藏》卷五四《茶馬記》 西番，中國藩籬也。秦蜀產茶，茶性通利疏胸膈底滯之氣，西番人嗜乳酪，不得茶則困以病。彼以我茶生，我以彼馬用，唐宋以來皆行之，亦所以制西番而控北虜之一策也。國初散處降夷，分其部落，隨地安置而授之長，彼貢馬而我荅之茶，名爲差發，如田有賦，如身有傭。我體既尊，彼欲亦遂，其視前代交易互市不侔矣。其通道有二，一出陝西河州，一出四川碉門、黎、雅等處。洪武七年，置河州茶馬司，歲納馬七千四百五十匹。十一年，置西寧茶

馬司，歲納馬三千五百匹。又念邊吏縱放私茶以致茶賤馬貴，又或有假朝旨横索蕃馬、致蕃夷侮慢朝廷者，乃製金牌信符，命曹國公李景隆持入蕃，與爲要約。下號降諸蕃，上號藏内府，以爲契，三歲一遣官合符交易。金牌凡四十餘面。河州必里衛二州七站西番二十九族，牌二十一面，納马七千七百五十匹；西寧衛、曲先、阿端、罕東、安定四衛，巴哇申、冲申藏等族，牌一十六面，納馬三千二百九十六匹；洮州衛火把藏、思囊日等族牌四面，納馬三千五十匹。其文曰：『皇帝聖旨，合當差發，不信者斬。』凡犯私茶者，與私鹽同罪。有以出境者，與關隘不譏者竝論死。邢民家畜茶，毋得過一月之用。茶戶私鬻者，籍其園。園茶十株，官耴一焉。民間所收茶，官爲買之。無主者令軍士耨培，官耴。其入五十斤爲一包，二包爲一引，有司者貯之。碉門、永寧、筠連諸處，播州之屬也，其茶皆高樹大葉，名剪刀葉。令立局徵稅，易換紅纓、氈衫、米、布椒、蠟，以備官用。其民所收茶，於所在官司驗引販賣，如江南法。二十一年，令闡辦天全六番招討司茶課。二十二年，定上馬一匹給茶一百二十斤，中馬七十斤，駒馬五十斤，下馬二十五斤。二十五年，尚膳監太監而聶勑諭，必里諸番於河州得馬萬三百四十餘匹，給茶三十餘萬斤。三十年，自嘉州改建西寧茶馬司，又令每歲三月至九月，差行人一員入陝西、四川省諭禁約，又令四川成都、重慶、保寧三府及桂州宣慰置茶倉。是年，駙馬都尉歐陽倫以販私茶論死。歐陽倫遣家人往來陝西販茶出番，皆倚勢放横。倫家人保尤縱暴，至蘭縣河橋捶巡簡司吏。吏不能堪，以聞太祖。賜倫死，以布政官不言，并保等俱坐誅，遣使齎璽書勞告者。三十一年，曹國公自西番還，用茶五十餘萬斤，得馬一萬三千五百一十八匹。永樂六年，建批驗茶引所。九年，建洮州茶馬司。十三年，遣御史三員於陝西巡督增給茶數，視國初禁稍弛。洪熙元年，免民茶，以官倉所積芽茶准官吏俸鈔，不堪者奏驗燒毀之。宣德四年，免茶戶徭役。十年，令客商中鹽者運茶以邊，給以淮浙鹽引，而久之，鹽商恃有文憑，販私茶易番馬，官課久滯，官茶坐賤。正統元年，禁罷之。十四年，以番人被北虜侵掠遷徙内地，金牌散失，詔止金牌不給，聽番族以馬貢。復歲遣行人四員省諭巡察。成化三年，陝西巡撫都御史項忠以行人省諭巡察，徒屬虛文，乞遣風力御史一員，周年更替，許就附近城垣與番人互市茶，久不堪者量增馬匹，而番人不樂御史收馬，於是仍遣行人兼令按察司官巡禁。十四年，兵部言：『按察司官巡禁不專，軍民得私興販，馬茶之利盡歸迤西守備等官。乞遣御史如故。番人中馬，聽其自來，無所招留，不以馬匹數少爲怠事，惟以巡獲私茶爲稱職，將番人爭趨馬易，無所待招。』戶部覆奏，從之。弘治六年，陝西巡撫蕭禎以臨鞏、平涼三府歲饑，請開中茶一百萬斤，招商於三府官倉，納糧備賑。然小人乘之射利，夾帶興販，而官勢之家陰結近番，私相交易，其法不久皆罷。十六年，罷巡茶御史，使督理馬政，都御史兼之。是時，爲都御史者楊一清言：『臣受命督理茶馬，親詣西寧、洮州等衛地方，撫調各族番夷中納茶馬，各族番官指揮、千百戶、鎮撫、驛、丞，偕其國師禪師、各齎捧原降金牌信符而至，臣撫而諭之，責其比歲不輸納茶馬之罪，皆北向稽首，言「我等久遵成約，顧近年竝無金牌來調，第令歲一將馬換茶而已。若來調，我諸番敢違」？臣於是知我祖宗謀略度越前代，而朝家之威伸於諸夷矣。臣念自金牌制廢，私販盛行，國家坐失茶馬之利垂六十年，豈徒邊方缺馬騎征，將來遠夷既不仰給我茶，敢謂不涉中國。意外之憂或生，藩籬之固何托。臣始至陝西審河州衛，每年招番易馬，止臨近川卜陸、族乞台撒刺并歸德中左所西番達子二十七站，及腹裏老鴉乩藏等族熟番，調來中馬給茶。其黑章咂、上下哈加、阿劄爾、朶工、遠竹等族，遞年累撫，竝不應命。又糾引番賊，伏路搶殺過住官軍，因循已久。有言於臣，諸番輕蔑國法，莫若請調軍馬，抵其巢穴量剿一二，使之知畏。臣念興師動衆固未易，言禦戎上策，莫如自治。諸番雖不來中馬，而彼中未嘗一日無茶，既坐得茶，何求於我。且中國之人明知禁例，私販肆行，於番夷乎。何誅。臣乃申禁令，嚴緝捕，根究株引，不少假借，茶徒稍稍斂跡，茶價頓增。已而招調番人，遠近畢集，黑章咂、朶工等族亦皆如期而至，乃知中國之茶，眞足以繫番人之心而制其命。誠使私茶商販一切禁絶，不一二年，番族無茶，不撫亦將自來，調之寧敢不至。』因條陳五事，其一，請復金牌之制，厚給而賞勞之。其一，請顓巡禁之官，巡撫、都御史得自擇按察司官員往來巡視。其一，請嚴私販之禁。言私茶律同私鹽，必五百斤方論罪，而犯者朋比出境，分而輕之，斤不足五百，卽捉獲無罪可論，請但出百斤以上卽論如律。其一，請處茶園之禁。以爲『國初民戶稀闊，茶園不多，是以額課亦少。今開墾日繁，栽種日盛，而茶課仍舊一無所增，卽漢中府五州、金

鄉、石泉、漢陰三縣茶不待種，隨田而出。荒山茂林，耕治燔灼之餘，莫不萌蘖。一家茶園有曆三五日程不遍者，有百餘戶佃種不周者，而數十戶百餘戶止賦一戶之課而已。其與農夫終歲勤動，尚恐不贍，又稱貸輸官者難易不同，故漢中一府歲課不及三萬，而商販私鬻至百餘萬。坐令奸頑官舍軍民收買通番，番人坐令，不樂與官爲市，沮壞馬政，職此之繇。夫薄賦裕民，美事也，加賦足用，敗政也。然先王待農，惟恐不厚，於商則征。今以天地自然之利，民得之易，官取之輕，徒爲犯法者地，豈可無法以處耶？又先年茶園亦有消乏，未蒙除豁。新開茶園日新月盛，漫無考稽，致使一園一畦者課多，連山接隴者顧少。奸民既遂玩法之私，細民復有不均之嘆。請行委陝西布、按二司官履園而籍之，當除者除，當增者增。其一，請廣價茶之積。番人每三歲一次納馬，先期於四川保寧等府遣軍夫，約運價茶三百萬斤，赴陝西界，交與陝西軍夫轉運，各茶馬司交收。戶部請旨於在京堂上官内點差二員齎勅前往，會同陝西守鎮官員整理，此國初舊例也。後以邊方有事，供億浩繁，遂見停止。近年巡茶御史招番易馬，止憑漢中府歲辦課茶二萬六千二百餘斤，兼以巡獲私茶，數亦不多。每年約用不過茶四五萬斤，以此易馬，多不過數百匹，又多不過千匹，補湊抑勒，往往良駑相參，招易未久，倒傷相繼。番人既病於價虧，軍士復不得實用。今邊方在在缺馬騎征，官帑有限，收買不敷月追歲併，士卒告困。近雖脩舉監苑馬政，然方收買種馬孳牧，求用於數年之後，欲濟目前，當先茶馬。茶司無數萬之儲，縱然招致番馬，何所取給？欲如舊例徵運四川課茶，川陝軍民兵荒創殘，邊儲飛挽，猶自不堪，寧復能增此役？臣按洪武初，禁茶園人家除約量本家歲用外，餘者盡數官爲收買，今漢中府產茶州縣遞年所出茶斤百數十萬，官課歲用不過十之一二，其餘俱爲商販私鬻之資。商販停革，私茶嚴禁，則在山茶斤無從售賣，又恐茶園人戶仰事俯育，無所資藉，將不復葺理茶園，將來茶課亦虧。夫在茶司則病於不足，既無以副番人之望；在茶園則積於無用，又恐終失小民之業。臣今從宜量發官銀千五百七十餘兩，收買茶七萬八千八百二十斤，計易過兒扇騍馬九百餘匹，其利多於往時，但猶未免用官夫運送，若必廣爲收易，漢中、鞏昌、河西一帶人民不勝勞擾。又恐行之既久，官司處置乖方，虧價損民。念欲官民兩便，必須招商買運，給價相應。臣又招諭陝西等處商人買官茶五十萬斤，以備明年招番之用。每茶一千斤，用價銀二十五兩，連蒸曬、裝篦、雇脚等項，從寬共計價銀五十兩。令其自出資本，前去收買，自行運送各茶司交收，聽給價銀。夫官銀萬兩買戰馬不過千匹，如前所擬買茶二十萬斤，分別三等馬匹，斟酌收買，可得馬幾三千匹。買一馬者將買三馬，給一軍者可給三軍。但所給茶價出自公家，歲歲支給，亦非可繼之道。若運到官茶，量將三分之一官爲發賣，以償商價，尤爲便益。合無聽臣督同布、按二司官出榜招諭，通行山陝等處，數年之後，官茶亦可不賣，不傷府庫之財，不失商民之業，而坐收茶馬之利。長久利便，宜無出此』。戶兵二部覆奏，金牌卽未遽復，其它率從所請。一清復言：『私茶之禁密於陝西疎於四州。陝西茶法，常越境販賣。洮州衛所屬思曩日等族與四川松藩，軍民販茶深入各族，易換馬牛，以此洮州禾番夷有茶，節年易馬，俱各生拗，不聽撫調。洮州私茶既多，則河州、西寧遠近生熟番夷相傳販賣，俱從外境相通，難以禁絕。又四川沿邊一帶，俱與番境相隣，私茶通行，一年不知若干萬，徒爲茶馬之累。其虧中國之體，納外夷之侮，莫甚於此。乃知川陝皆當禁茶，祖宗成法誠不可易』。戶兵二部覆奏，從之。一清兼領茶馬三年，所得馬萬九千餘匹，處置茶斤河州、西寧俱三十餘萬，洮州一十五萬，從來貯茶易馬，未有多若是者。皆出招商買運，不煩轉輸。雖未明復金牌之規，而實坐收茶馬之利。一清復上言：『天下之事，創作者必專而後成，交承者必守而無失。今規置粗定，禁令已行，分官代理，幸不廢墜。然歲復一歲，趨下之勢恐所不免，懼隳前功，以貽後責。切惟馬政茶法事體相須，先年陝西行太僕寺、苑馬寺馬政俱該陝西巡撫兼管，而茶馬則巡茶御史主之。巡撫政務繁多，馬政一事實不經意，而茶司所易，良駑莫究，騎操所給，登耗不聞，本末始終，茫不相攝，虛名無實，亦勢使然。頃設督理馬政之官兼總數事，茶司之所易卽監苑之所牧，監苑之所牧卽官軍之所給，非惟不相悖而反相爲用。故臣之不才，亦得稍效其愚。此後督理之官，恐難復設。若令陝西巡撫帶管，不無蹈舊轍。莫若設巡茶御史一員，請勅兼理馬政茶法二事，陝西行太僕寺、苑馬寺官員，聽其提調約束』。兵部議覆，從之。十年，巡茶御史王汝舟以每年招易番人不辦秤衡，但釘篦中馬，篦大則官虧其直，過小則商病其繁，乃酌爲中制，每

千斤定三百三十篦，以六斤四兩爲準，作正茶三斤、篦繩一斤。嘉靖三年，御史陳講以商茶低僞，欲悉徵黑茶。恐地產有限，乃第茶爲上中二等，三七爲則，印烙篦上，書商人姓名而考之。四年，命四川按察司僉事兼掌茶法，每歲赴南京請印引五萬道給商人，報中給引，聽行貿易，納銀於官，買茶賞番，買馬一於銀乎取之。其五萬道以二萬六千道爲腹引，以二萬四千道爲邊引。腹引行内地者也，邊引以貿易番夷者也。然腹地有茶，漢人或可無茶；邊地無茶，番夷必不可無茶。以是腹引常滯，私販轉多。二十五年，御史胡彥言：『茶馬之設，固以濟邊，實用繫戎。每歲易馬，給以眞好，彼乃交手騰歡。脫或低假，致令憎嫌，失信損威，皆此之故。歲復一歲，陳者愈陳，不得已而變賣燒毀之說興焉。變賣得矣，然豪右轉販，官商阻遏；燒燬似矣。然貪官污吏虛捏侵欺。夫洮、河、西寧等處居民以畜牧爲生，非乳酪不食，猶番民也。第茶禁甚嚴，茶價騰踴，貧困之家鮮得其食。若將見在不堪易馬茶斤減價三分之二，約差好者，量定差等，以散軍士折色月糧，卽留折色之銀類解陝西行太僕寺，貯庫以爲買馬之用。不願支領者聽，不尤愈於變賣雜糧乎？其濕爛茶斤，易馬既非所宜，給軍又拂其欲。若將三衛寄養茶馬人戶量加分賞，以賑凋落，不尤愈於燒燬乎？以馬政之財，還馬政之用，以地方之利，資地方之生，亦通變宜民，一策也。』戶部覆奏，從之。二十八年，御史劉崙請復金牌之制，定勘合之規。族大馬蕃者給以金牌，族小馬少者給以勘合。三十年，諸番從總督尚書王以旂請給如崙所陳，以旂復以爲請，下兵部議，部覆：『國初，金牌信符，其給其失已事可鑒也。番族變詐不常，北虜抄掠無已，脫給而再失，失而又給，而又失之，如國體何？夫金牌給番本爲納馬，番人納馬，意在得茶耳。嚴私販之禁，則番人不撫自順。雖不給金牌，馬可集也。若私販盛行，在我無以繫其心而制其命，雖給金牌，馬亦不至。今諸番告給，寧以勘合與之。』詔如擬。隆慶三年，四川巡撫都御史嚴清，請於嘉靖四年所給五萬道減爲三萬八千，以三萬道爲黎、雅邊引，歲得稅銀一萬四千三百餘兩，解京濟邊，而川茶從折色矣。

郎曰：國家設四司一所以總茶課，聯西戎、控北虜，三邊永利乎。蓋陝之漢中、川之夔保尤重矣。楊一清所至，舉職不獨茶馬一事，胡彥所奏亦盡心焉。夫此邊境之茶也。其上供茶，天下貢額四千有奇，福建居二焉。建寧所貢，有探春、先春、次春、紫筍及薦新等號，舊皆如宋故事，碾揉爲大小龍團。高皇帝盡罷之，詔諸處獨採茶芽進，復上供戶五百家，已聞有司督徵嚴切，復聽民自進，則念民深矣。

明歸有光《歸太僕文集・本朝馬志》《明經世文編》卷二九四

皇朝洪武六年，置太僕寺於滁州；七年，設羣牧監；十三年，增置滁陽、儀真、香泉、六合、天長五牧監，滁陽羣二十有二，儀真、六合羣各七，香泉羣八，天長羣四；二十三年，定為十四牧監、九十八羣；二十八年，廢牧監，始令民間孳牧；三十年，置北平及遼東、山西、陝西、甘肅等處行太僕寺。是年，太祖以甯、遼諸王各據沿邊草場牧放，乃圖西北沿邊，自東勝以西至寧夏、河西、察罕腦兒，東勝以東至大同、宣府，又東南至大寧，又東至遼東，又東至鴨綠江，又北不啻數千里，而南至各衛分守地，又自鴈門關外，西抵黄河，渡河至察罕腦兒，又東至紫荊關，又東至居庸關及古北口北，又東至山海關外，凡軍民屯種田地不得牧放孳畜，其荒閑平地及山場，腹内諸王、駙馬及極邊軍民聽其牧放樵采，近邊所封之王不得占為巳場而妨軍民。腹内諸王、駙馬聽其東西往來，自在營駐，因而練習防胡，或有占為巳草場、山場者，論之。上又以朶甘、烏思藏、長江西一帶西番，自昔以馬入中國易茶。邇因私茶出境，馬之入互市者少，於是彼馬日貴，中國之茶日賤。命秦、蜀二王發都司官軍于松潘、碉門、黎、雅，抵朶甘、烏思藏，五千餘里皆用之。彼地之人不可一日無茶，邇因邊吏譏察不嚴，以致私販出境，為夷人所賤。夫物有至薄而用之則重者，茶是也。始于唐而盛于宋，至宋而其利博矣。前代非以此專利，蓋制夷狄之道，當賤其所有而貴其所無耳。國家榷茶，本資易馬以備國用。今惟易財物，使番夷坐收其利，而馬入中國者少，豈所以制夷狄哉。又命曹國公李景隆齎金牌勘合直抵諸番，令其酋領受牌為符，以絕奸欺。敕兵部諭川陝守邊衛所巡禁私茶出境。仍遣僧官著藏卜等往西番申諭之。時晉王成祖統軍行邊，出開平數百里。上聞之，遣人以敕往諭之云：自遼東至於甘肅，東西六千餘里，可戰之馬僅得十萬。京師、河南、山東三處，馬雖有之，若遇赴戰，猝難收集。苟事勢警急，北平口外馬悉數不過二萬，若遇十萬之騎，雖古名將亦難於野戰。我馬數如是，縱有步軍，但

可夾馬以助聲勢。若欲追北擒寇，則不能矣。止可去城三二十里，往來屯駐，遠斥堠、謹烽燧、設信炮，猝有緊急，一時可知。胡人上馬動計萬，兵勢全備，若欲折衝鏖戰，其孰可當。方今馬少，全仰步軍，必常附城。倘有不測，則可固守保全以待援。歷代守邊之要。上在兵間久，深患馬少，遂戒諭云云，故尤留意西番茶馬，定金牌之制。永樂元年，改北平行太僕寺為北京行太僕寺。四年，應天、太平、鎮江、揚州、廬州、鳳陽州縣各增設判官、主簿一員，專理馬政。設陝西、甘肅二苑馬寺。又設北京、遼東二苑馬寺。五年，增設北京苑馬寺監。六年，增設甘肅苑馬寺監。

明 曹學佺《蜀中廣記》卷六五《方物記第七・茶譜》

《茶經》署云：巴峽川有兩人合抱者，伐而掇之，其樹如瓜蘆，葉如梔子，花如白薔薇，質如栟櫚，蒂如丁香，根如胡桃。其字或從草，或從木。其名一曰茶，二曰檟，三曰蔎，四曰茗，五曰荈。其具有名穿者，巴川峽山紉穀皮為之，以百二十斤為上穿，八十斤為中穿，五十斤為小穿。其器有火筴者，一名筯，蜀以鐵或熟銅制之。在漢，揚雄、司馬相如之徒皆飲焉。滂時浸俗，盛於兩都並荊渝間矣。

《爾雅》云：檟，苦茶也。郭璞注：早取為茶，晚取為茗，或曰荈。蜀人名之為苦茶。故弘君舉《食檄》有茶荈出蜀之文，而揚子雲《方言》謂蜀西南呼茶為蔎也。

《本草經》曰：茗生益州川谷，一名遊冬，淩冬不死。味苦，微寒，無毒，治五臟邪氣，益意思，令人少臥。毛文錫《茶譜》云：蜀中晉源、洞口、橫源、味江、青城俱產。橫源有雀舌、鳥嘴，用麥顆嫩芽造成，蓋取形似。又云：彭州有蒲村、堋口、灌口茶園，名仙崖石花等，其茶餅小而布嫩芽如六出花者尤妙。又云：綿州龍安縣生松嶺關者與荊州同，西昌、昌明、神泉等縣連西山生者並佳，生獨松嶺者不堪採擷。吳曾《漫錄》云：茶之貴白，東坡能言之，獨綿州彰明縣茶色綠。白樂天詩云：『渴嘗一盞綠』。昌明，今彰明，即唐昌明也。《彰明志》：治北有獸目山，出茶品格亦高，謂之獸目茶。山下有百匯龍潭凡三，長流不竭。予詢諸安縣令，則以此地上下四旁俱屬彰明，獨中間一寺屬安縣，出茶名香水茶。晉劉琨《與兄子羣書》曰：『前得安州乾茶二斤，吾患體中煩悶，恒仰真茶，汝可信信致之。』即此茶也。

《華陽國志》云：什邡出好茶。《茶經》云：漢州綿竹縣生竹山者與潤州同，生蜀州青城縣丈人山者與綿州同。又云：劍南以彭州為上，生九隴縣馬鞍山至德寺堋口鎮者與襄州同味。又云：青城縣有散茶，末茶尤好。《游梁雜記》云：玉壘關寶唐山有茶樹懸崖而生，芽茁長三寸或五寸，始得一葉或兩葉而肥厚，名曰沙坪，乃蜀茶之極品者。《文選》注：峩山多藥草，茶尤好，異於天下。《華陽國志》：犍為郡南安、武陽皆出名茶。《茶經》云：眉州丹棱縣生鐵山者與潤州同。又云：眉州洪雅、昌闔、丹棱之茶用蒙頂制餅茶法，其散者葉大而黃，味頗甘苦，亦片甲蟬翼之次也。

《茶經》云：臨邛數邑茶有火前、火後、嫩綠黃等號。又有火蕃餅，每餅重四十兩，黨項重之如中國名山者，其味甘苦。《大邑志》：霧中山出茶，縣號霧邑，茶號霧中茶。

《茶經》云：雅州百丈山、名山者與金州同。《雅安志》云：蒙頂茶在名山縣西北一十五里蒙山之上。白樂天詩『茶中故舊是蒙山』是也。今按此茶在上清峯甘露井側，葉厚而圓，色紫赤，味畧苦。發于三月，成於四月間，苔蘚庇之。漢時僧理真所植，歲久不枯。《九州記》云：蒙者沐也，言雨露常沐，因以為名。山頂受全陽氣，其茶香芳。按《茶譜》云：山有五峯，頂有茶園，中頂曰上清峯，所謂蒙頂茶也，為天下所稱。《晁氏客話》：李德裕丞相入蜀，得蒙餅，沃於湯瓶之上，移時盡化，以驗其真。《方輿勝覽》：蒙頂茶常有瑞雲影相現。故文潞公詩云：『舊譜最稱蒙頂味，露牙雲液勝醍醐。』《志》云：蒙山有僧病冷且久，遇老父，曰仙家有雷鳴茶，俟雷發聲乃茁，可並手於中頂採摘，用以袪疾。僧如法采服，未竟病瘥，精健至八十餘，入青城山，不知所之。今四頂園茶不廢，惟中頂草木繁茂，人跡希到云。

山谷《戎州與人啟》云：『庭堅再拜，喜承起居清安閤中，小閤皆佳勝。東樓碾茶，豈作堰閘處耶？尚阻參承，千萬珍重。』《茶經》云：瀘州夷獠採茶，常攜瓢，穴其側，每登樹採摘，茶芽含於口中，待葉展放，然後置瓢中，旋塞其竅，還置暖處，其味極佳。又有麄者，味辛性熱，飲之療風，通呼為瀘茶。馮時行云：銅梁山有茶，色白甘腴，俗謂

之水茶，甲于巴蜀。山之北趾，即巴子故城也，在石照縣南五里。《茶譜》云：南平縣狼猱山茶，黄黑色，渝人重之，十月采貢。黄山谷《荅聖從使君》云：此邦茶乃可飲，但去城或數日，土人不善制度，焙多帶煙耳，不然亦殊佳。今往黔州都濡月兎兩餅、施州八香六餅，試將焙碾嘗之。都濡在劉氏時貢，炮味殊厚，恨此方難得，真好事者耳。又作《茶詞》云：『黔中桃李可尋芳，摘茶人自忙。月團犀胯鬥圓方，研膏入焙香。青箬裡，絳紗囊，品高聞外江。酒闌傳盌舞紅裳，都濡春味長。』都濡縣今入彭水。

《開縣志》云：茶嶺在縣北三十里，不生雜卉，純是茶樹，味甚佳。

《劍州志》云：劍門山顛有梁山寺，產茶為蜀中奇品。

《南江志》：縣北百五十里味坡山產茶。《方輿勝覽》：詩『鎗旗爭勝味坡春』即此。

《廣雅》云：荊巴間採茶作餅成，以米膏和之，欲煑飲，先炙令色赤，擣末置瓷器中，以湯燒覆之，用葱薑芼之，即茶之始說也。按今蜀人飲擂茶，是其遺制。

《唐書》：吳蜀供新茶，皆于冬中作法為之。太和中，上務恭儉，不欲逆物性，詔所貢新茶宜於立春後造。

《曾公類說》云：蘇才翁與蔡君謨鬥茶，君謨用惠山泉，蘇茶小劣，用竹瀝水煎，遂能取勝。才翁，舜元字。

偽蜀時，毛文錫撰《茶譜》，記茶事甚悉，末以唐人為茶詩文附之。晉張載《成都樓》詩：『芳茶冠六清，溢味播九區。』杜育《荈賦》曰：『靈山惟嶽，奇產所鍾。厥生荈草，彌谷被岡。承豐壤之滋潤，受甘露之宵降。月惟初秋，農功少休，結偶同旅，是采是求。水則岷方之注，挹彼清流。器澤陶簡，出自東隅。酌之以匏，取式公劉。惟茲初成，沫沈華浮。煥如積雪，燁若春敷。』

唐孟郊《憑周況先輩於朝賢乞茶》詩：『道意忽乏味，心緒病無悰。蒙茗玉花盡，越甌荷葉空。錦水有鮮色，蜀山饒芳藂。雲根纔翦綠，印縫已霏紅。曾向貴人得，最將詩叟同。幸為乞寄來，救此病劣躬。』白傅《謝李六郎中寄新蜀茶》詩：『故情周匝向交親，新茗分張及病身。紅紙一封書後信，綠芽十片火前春。湯添勺水煎魚眼，末下刀圭攪麴塵。不寄他人先寄我，應緣我是別茶人。』又《謝蕭員外寄新蜀茶》詩：『蜀茶寄到但驚新，渭水煎來始覺珍。滿甌似乳堪持翫，況是春深酒渴人。』薛能《謝蜀州鄭使君寄鳥嘴茶八韻》：『鳥嘴擷渾芽，精靈勝鏌鋣。烹嘗方帶酒，滋味更無茶。拒碾乾聲細，撐封利穎斜。銜蘆齊勁實，啄木聚精華。鹽損添常誡，薑宜著更誇。得來拋道藥，攜去就僧家。旋覺前甌淺，還愁後信賒。千慚故人意，此物敵丹砂。』鄭谷《蜀中嘗茶》詩：『簇簇新英摘露光，小江園裡火煎嘗。吳僧謾說鴉山好，蜀叟休誇鳥嘴香。合座半甌輕泛綠，開緘數片淺含黄。鹿門病客不歸去，酒渴更知春味長。』施肩吾《蜀茗詞》：『越椀初盛蜀茗新，薄煙輕處攪來勻。山僧問我將何比，欲道瓊漿卻畏嗔。』成文幹《煎茶》詩：『岳寺春深睡起時，虎跑泉畔思遲遲。蜀茶倩個雲僧碾，自拾枯松三四枝。』

宋文與可《謝人寄蒙頂新茶》詩：『蜀土茶稱盛，蒙山味獨珍。靈根托高頂，勝地發先春。幾樹初驚暖，羣籃競摘新。蒼條尋暗粒，紫萼落輕鱗。的皪香瓊碎，鬛鬖綠蕫勻。慢烘防熾炭，重碾敵輕塵。無錫泉來蜀，乾崤盞自秦。十分調雪粉，一啜咽雲津。沃睡迷無鬼，清吟健有神。冰霜疑入骨，羽翼要騰身。磊磊真賢宰，堂堂作主人。玉川喉吻澀，莫惜寄來頻。』

魏鶴山《邛州先茶記》曰：『昔先王敬共明神，教民報本反始，雖農耆坊庸之蜡，門行戶灶之享，伯矦祖纛之靈，有開厥先，無不宗也。至始為飲食，所以為祭祀賓客之奉者，雖一飯一飲必祭，必見其所祭然，況其大者乎？眉山李君鏗為臨邛茶官，吏以故事三日謁先茶告君，詰其故，則曰：是韓氏，而王號相傳為然，實未嘗請命於朝也。君於是撤舊祠而增廣焉，且請於郡，上神之功狀于朝，宣錫號榮以侈神賜，而馳書於予，命記成役。予於事物之變，必跡其所自來，獨於茶未知所始。葢古者賓客相敬之禮，自饗燕食飲之外，有間食，有稍事，有歠湆，有設梁，有擩醬，有食已而酳，有坐久而葷，有六清以致飲，有瓠葉以嘗酒，有旨蓄以禦冬，有流荇以為豆菹，有湘蘋以為鉶芼。見於《禮》、見於《詩》，則有挾菜、副瓜、烹葵、叔苴之等，雖葱、芥、韭、蓼、堇、枌、滫瀡、深蒲、菭、筍無不備也，而獨無所謂茶者。徒以時異事殊，字亦差誤，且今所謂韻書，自二漢以前，上泝六經，凡聲御暮之同，是音本無它訓。乃

自音韻分于孫沈，反切盛于羌胡，然後別為麻、馬等音。於是魚、歌二音併入于麻，而魚、麻二韻一字二音，以至上、去二聲，亦莫不然。其不可通，則更易字文，以成其說。且茶之始，其字為茶。《春秋》書齊茶，《漢志》書茶陵之類。陸、顏諸人雖已轉入茶音，而未敢輒易字文也。若《爾雅》，若《本草》，猶從艸從余，而徐鼎臣訓茶猶曰『即今之茶也』。惟自陸羽《茶經》、盧仝《茶歌》、趙贊《茶禁》以後，則遂易茶為茶，其字為艸、為入、為木。陸璣謂：椒侶茱萸，吳人作茗，蜀人作茶，皆煑為香椒，與茶既不相入。且據此文，又若茶與茗異，此已為可疑。而『山有樗』之疏則又引璣說，以樗葉為茗，蓋使讀者瞀亂，莫知所據。至蘇文忠始為『周詩記苦茶，茗飲出近世』，其義亦既著明，然而終無有命茶為茶者，蓋傳注例謂茶為茅秀，為苦菜。予雖言之，誰實信之。雖然，此特書名之誤耳。而予於是重有感於世變焉。先王之時，山澤之利與民共之，飲食之物無征也。自齊人賦鹽，漢武榷酒，唐德宗稅茶，民之日用飲食而皆無遺筭，則幾于陰復田賦，潛奪民產者矣。其端既啟，其禍無窮。鹽酒之入遂埒田賦，而茶之為利，始也歲不過得錢四十萬緡，自王涯置使抅榷，由是歲增月益，塌地剩茶之名、三說貼射之法、招商收稅之令，紛紛見於史冊。極于蔡京之引法，假託元豐，以盡更仁祖之舊。王黼又附益之。嘉祐以歲課均賦茶戶，歲輸不過三十八萬有奇，謂之茶租錢。至熙寧以後，歲入之息驟至二百萬緡，視嘉祐益五倍矣。中興以後，盡鑒政宣之誤，而茶法尚仍京、黼之舊。國雖賴是以濟，民亦因是而窮，是安得不思所以變通之乎？李君字叔立，文簡公之孫。文簡，嘗為《茗賦》者。』

熙寧七年，始遣三司幹當公事李杞入蜀，經畫買茶于秦鳳、熙河博馬，以著作佐郎蒲宗閔同領其事。諸州刱設官場，歲增息為四十萬，而重禁榷之令。自是蜀茶盡榷。至李稷，加息為五十萬。陸師閔又加為百萬。元祐元年，侍御史劉摯奏疏曰：『蜀茶之出不過數十州，人賴以為生，茶司盡榷而市之。園戶有茶一本，而官市之額至數十斤，所給錢靡耗於公者名色不一。給借、保任、輸入、視驗皆牙儈主之，故費於牙儈者又不知幾何。是官於園戶名為平市，而實奪之。園戶有逃亡而免者，有投水而免者，而其害猶及鄰伍。欲伐茶則存禁，欲增植則加市。故其俗論謂地非生茶也，實生禍也。願選使者考茶法之弊，以蘇蜀民。』右司諫蘇轍繼言『造立茶法，皆傾險小人，不識事體』，且備陳五害。呂陶亦條上利害。既而摯又言陸師閔恣為不法，不宜仍任事。師閔坐罷。未幾，蒲宗孟亦以附會李稷罷。稷，邛州人，以父絢蔭歷管庫。提舉蜀部茶場甫兩歲，羨課七十六萬緡，與李察皆以苛暴著。時人為之語曰：『寧逢黑煞，莫逢稷、察。』

紹聖元年，復以蒲師閔都大提舉成都等路茶事，凡茶法並用元豐舊條。初神宗時，熙河運司以歲計不足，乞以官茶博糴，每茶三斤易粟一斛。朝廷謂茶馬司本以博馬，不可以博糴。于茶馬司歲額外增買川茶兩倍茶，朝廷別出錢二百萬給之，令提刑司封樁。又令茶馬司兼領轉運使，由是數歲邊用粗足。

建炎元年，成都轉運判官趙開言榷茶買馬五害，請用嘉祐故事，盡罷榷茶，而令漕司買馬。或未能然，亦當減額以蘇園戶，輕價以惠行商，如此則私販衰而盜賊息。遂以開主管秦川茶馬。二年，開大更茶法。按《中興小歷》：建炎軍興，令商旅園戶自行買賣，官給茶引，白取息錢。所賣茶引，一百斤計取息錢六貫五百文。改成都茶場為合同場，仍置茶市，交易者必由市，引與茶相隨。此即開之法也。

（雍正）《陝西通志》卷四二《茶馬》　汧渭牧圉，自古蕃息。天駟騰輝，冏卿專職。九廐八坊，齊力齊色。晚代籌邊，以犇酬直。雀舌龍團，大裨軍國。隴右銀川，招懷異域。供我馳驅，花雲坐得。芻茭節留，何啻萬億。作《茶馬志》第十九。

本朝：

《大清會典》：陝西茶法，給番易馬，初差御史巡視，後歸巡撫兼理。他省發引召商，徵課起解。陝西茶課陸千柒百伍拾伍兩陸錢，定額貳萬貳千肆百引，內易馬貳萬柒百玖拾陸引，榆林、神木、寧夏三處壹千陸百肆引，每引徵銀三兩玖錢。又安、漢二府各徵商茶稅貳百伍拾兩。

順治初易馬例，每茶壹篦重壹拾斤，上馬給茶壹拾貳篦，中馬給茶玖篦，下馬給茶柒篦。

七年題准，舊例大引篦茶官商均分，小引包茶稅、分差等，今定大小引槩例平分。

十年定例，每茶壹千斤，槩准附茶壹百肆拾斤，如有夾帶，嚴查治罪。

順治十年，榆林、神木二道始行茶法，從御史姜圖南之請也。中路紅山市口額發茶引壹千道，徵價銀三千玖百兩。東路神木黄甫川市口額發茶引叁百叁拾肆道，徵價銀壹千三百貳兩陸錢，其引於巡按茶馬察院領繳，商人俱往荆襄市茶，至邊口易賣。《延綏鎮志》

國朝茶引，設立茶馬御史，每歲在於漢中、鞏昌等處招商領引，納課報部。漢中府西鄉縣茶課銀貳百柒拾玖兩貳錢三分柒釐捌毫，該縣徑解苑馬寺支銷。興安州茶課銀肆拾柒兩壹錢壹分貳釐玖毫，該州徑解苑馬寺支銷。州屬石泉縣茶課銀貳拾貳兩貳分玖毫零，漢陰縣茶課銀伍拾兩玖錢壹分壹釐零，紫陽縣茶課銀貳百貳拾柒兩三錢肆分陸釐零，俱該縣徑解該州轉解苑馬寺支銷。外榆林、神木二道報奉文叁分減壹，額茶引壹千叁百叁拾肆道，徵課銀伍千貳百貳兩陸錢，徑解布政司。賈《志》

康熙二年裁苑馬寺，今俱解布政司。

國朝茶馬仍設，但鎮兵既減，闔營額馬僅貳千玖百，取之内地而已足，故西寧領馬歲止數拾匹。苑廐之牧，以實郵傳，而池鹽互市等項盡罷。惟椿朋馬禁俱沿明制。《延綏鎮志》

康熙七年，以茶法歸併巡撫甘肅都御史，而司其出入者則屬之中、東兩廳。《延綏鎮志》

《大清會典》：康熙十年題准，陝西各营馬匹缺額，開数報部，移行甘肅巡撫招中撥給，仍将補過馬匹毛齿、领骑兵丁姓名造册报部查核。

茶課官商對分，每引壹道，額茶百觔，又加腳費附茶壹拾肆觔，每百引該官、商、附茶壹萬壹千肆百觔，每封伍觔，共貳千貳百捌拾封。其官茶壹千封，赴甘省五司照例圖定交納。其商、附茶封壹千貳百捌拾封，任商貨賣歸本，接濟新引。

納茶之外，更無餘稅。自康熙六十一年總督年羹堯管理茶馬，令商人每百引納官茶壹千封外，納捐助銀柒拾三兩陸錢貳分柒釐，在甘肅布政司衙門交納。又令商人每百引納養膳銀肆拾三兩捌錢捌分壹釐，在甘肅巡撫衙門交納。

雍正初，漢中府屬大小商伍百玖拾名，額引貳萬柒千貳百捌拾道，漢中同知徵收。西鄉縣額徵茶課銀貳百柒拾玖兩柒錢陸分壹釐壹毫。

榆林府商壹百壹拾捌名，額引壹千道，經知府額徵茶課銀三千玖百兩。

神木縣商壹百叁拾肆名，額引貳百道，神木廳額徵茶課銀柒百捌拾兩。

興安州屬本州額徵茶課銀肆拾玖兩玖錢柒分捌釐肆毫，紫陽縣額徵茶課銀貳百貳拾柒兩叁錢肆分陸厘玖毫叁絲柒忽，石泉縣額徵茶課銀貳拾伍兩叁錢貳分捌釐伍毫，漢陰縣額徵茶課銀伍拾兩玖錢壹分壹釐叁毫柒絲伍忽。

歷代茶馬附考：

周夏官：校人掌王馬之政，辨六馬之屬：種馬一物，齊馬一物，道馬一物，田馬一物，駑馬一物。凡頒良馬而養乘之。乘馬一師四圉。三乘爲皁，皁一趣馬，三皁爲繫，繫一馭夫，六繫爲廐，廐一僕夫，六廐成校，校有左右。駑馬三良馬之數。麗馬一圉，八麗一師，八皆爲六字之誤也。八師一趣馬，八趣馬一馭夫。良善馬，五路之馬也。鄭康成謂二耦爲乘，自乘至廐，其數二百一十六匹。《易》：乾爲馬，此應乾之筴也。至校變言成者，明六馬各一廐，而王馬小備也。校有左右，則良馬一種者四百三十二匹，五種合二千一百六十匹，駑馬三之則爲千二百九十六匹，五良一駑凡三千四百五十六匹，然後王馬大備。師十二匹，趣馬七十二匹，則馭夫四百三十二匹矣。麗，耦也。趣馬掌贊正良馬而齊其飲食，簡其六節。巫馬掌養疾馬而乘治之。牧師掌牧地，皆有厲禁而頒之。庾人掌十有二閑之政教。圉師掌教圉人養馬。圉人掌養馬芻牧之事，以役圉師。馬質掌質馬，馬量三物。戎馬、田馬、駑馬。馭夫分公馬而駕治之。《周禮》周因井田而制軍賦，故四井爲邑，四邑爲邱，邱十六井也，有戎馬一匹。四丘爲甸，甸六十四井也，有戎馬四匹。天子畿方千里，提封百萬井，定出賦六十四萬井，戎馬四萬匹。《漢書·刑法志》秦非子居犬邱，好馬及畜，善養息之。犬邱人言之周孝王，孝王召使主馬於汧渭之間，馬大蕃息。《史記·秦本紀》秦有駟驖苑。《爾雅》注有車鄰鄰，有馬白顛。《詩經·秦風》白顛，的顙也。《傳》《正義》曰：此美秦仲初有車馬之好。《疏》駟鐵孔阜，六轡在手。《秦風》鐵，驪。阜，大也。《傳》《正義》曰：言襄公鐵色之馬既肥大而又良善，不須控制也。《疏》小戎俴收，駕我騏馵。《秦風》騏，騏文也。左足白曰馵。

《傳》《正義》曰：國人夸兵車之善。《疏》四牡孔阜，六轡在手。騏駵是中，騧驪是驂。《小戎篇》黄馬黑喙曰騧。《傳》赤身黑鬣曰駵。中，中服也。驂，兩騑也。《箋》《正義》曰：此國人誇馬之善也。《疏》

漢太僕，秦官，掌輿馬，有兩丞，屬官有大廄、未央、家馬三令。《漢書·百官表》邊郡六牧師苑皆太僕領之，而諸牧師苑分在河西六郡。馮《志》未央宫有九廄：金廄、輅軨廄、大廄、果馬廄、軛梁廄、騎馬廄、大宛廄、胡河廄、騊駼廄，俱在長安城内。《三輔黄圖》霸昌廄在雍州萬年東北三十八里。《括地志》交道廄去長安六十里，近延陵。《漢書·谷永傳》注孝景時，益造苑馬以廣用。《史記·平准書》《索隱》曰：謂增益苑囿，造廄而養馬以廣用，則馬是軍國之用也。《平准書》注

中四年春二月，御史大夫綰奏：禁馬高五尺九寸以上、齒未平不得出關。中六年夏六月，匈奴入上郡，取苑馬。《漢書·景帝本紀》如淳曰：《漢儀注》：太僕牧師諸苑三十六所，分布北邊、西邊，以郎爲苑監官，奴婢三萬人，養馬三十萬匹。《景帝紀》注

武帝時，告緡沒入奴婢分諸苑養馬。《漢書·食貨志》建元元年，罷苑馬以賜貧民。《武帝本紀》天子盛養馬，馬之來食長安者數萬匹，卒牽掌者關中不足，乃調旁近郡。又令民得畜牧邊縣，官假馬母，三歲而歸，及息什一，以除告緡，用充仞新秦中。《史記·平準書》謂與民母馬，令得爲馬種，令十母馬還官一駒，此爲息什一也。《平準書》注建元中，衆庶街巷有馬，阡陌之間成羣，而乘字牝者擯而不得聚會。《平準書》《漢書音義》曰：皆乘父馬，有牝馬間其間則相蹄齧，故斥不得出會同。《平準書》注

元鼎中，匈奴渾邪王率衆來降，漢發車二萬乘。縣官無錢，從民貰馬，民或匿馬，馬不具。上怒，欲斬長安令。汲黯曰：『令亡罪，獨斬臣黯，民乃肯出馬。』上默然。《漢書·汲黯傳》元鼎六年，邊車騎馬乏絶，縣官錢少，買馬難得，乃著令，令封君以下至三百石以上吏以差出牝馬，歲課息。《史記·平準書》李陵爲建章監，監諸騎。《漢書·李陵傳》

昭帝始元四年詔：往時令民共出馬，其止勿出。諸給中都官者且減之。《文獻通考》五年，罷馬弩關。《漢書·昭帝紀》孟康曰：舊馬高五尺九寸以上，齒未平，弩十石以上者，皆不得出關，今不禁也。《昭帝紀》注

元鳳二年詔：頗省乘輿馬及苑馬，以補邊郡、三輔傳馬。傳驛馬也。其令郡國勿斂今年馬口錢。《昭帝紀》

元帝初元元年九月，詔太僕減穀食馬。貢禹言：『高祖、文、景循古節儉，廄馬百餘匹。今廄馬食粟將萬匹。惟深察古道，從其儉者，可無過數千匹。』乃下詔太僕減穀食馬。《漢書·元帝本紀》

後漢世祖建武十九年，作高車廄於長安。《後漢書·杜篤傳》安帝元初二年，任尚代班雄屯三輔。虞詡説尚曰：『今虜皆騎馬，日行數百里，來如風雨，去如絶絃。以步追之，勢不相及。今莫如市馬。』尚即上言用其計。《後漢書·西羌傳》太僕有牧師苑，皆令官主養馬，分在河西六郡界中。《續志》

北魏太武太延二年冬十一月，行幸稒陽，驅野馬於雲中，置野馬苑。《魏書·世祖本紀》平統萬，定秦隴。以河西水草善，乃以爲牧地。畜産滋息，馬二百餘萬匹，橐駞將半之。每歲自河西徙牧於并州，以漸南轉，欲其習水土而無死傷也。而河西之牧彌滋矣。《食貨志》

唐制諸牧監，凡馬五千爲上監，三千爲中監，不及爲下監。園苑有官馬坊，每歲河隴羣牧進其良者以供御。六閑馬以殿中監及尚乘主之《唐書·百官志》

高祖武德二年正月，於豳州南牧馬坊置坊州。《唐會要》太宗貞觀二十年八月，上踰隴山關，次瓦亭，觀馬牧。《唐書·太宗本紀》初，用太僕少卿張萬歲領羣牧。自貞觀至麟德，四十年間，馬七十萬六千。置八坊岐、豳、涇、寧間，地廣千里，一曰保樂，二曰甘露，三曰南普潤，四曰北普潤，五曰岐陽，六曰太平，七曰宜禄，八曰安定。八坊之田千二百三十頃，募民耕之，以給芻秣。八坊之馬爲四十八監，而馬多地狹，不能容，又析八監列布河西豐曠之野。監有左右，因地爲名。其時天下以一縑易一馬。自萬歲失職，馬政頗廢。《兵志》貞觀中，自京師東赤岸澤移馬牧於秦渭。《元和志》

高宗時，京師養廄馬萬匹，張文瓘諫，爲減廄馬數千。《玉海》崔日用從父兄日知遷殿中少監，建言：廄馬多，請分牧隴右，省關畿芻。《唐書·崔日用傳》永徽二年九月癸卯，以同州苦泉牧地賜民。《高宗本紀》麟德中，自京師西屬隴右有七馬坊，置隴右三使領之。《百官志》。按《兵志》，邠、岐四州有八坊，較此微不同。儀鳳中，益置八監於鹽州，鹽州使八，統白馬等

坊。《兵志》

玄宗開元十二年，諸州府馬闕，公私共補之。《唐書·兵志》二十年，朔方節度增領閑厩宮苑監牧使。《方鎮表》二十五年，郄昂撰《邠岐四州八坊碑頌》。《書目》一卷序略云：我有唐之新造國也，于赤岸澤得牝牡三千匹，命太僕張萬歲傍隴右字之。四十年間，馬七十萬六千匹。開元初，惟得二十四萬匹。至十九年，復成四十四萬匹。上耕籍之。明年，命邠公典馬政。先是，國家以岐山近甸，邠土晚寒，寧州壤甘，涇水流惡，今隸甘省。澤茂豊草，地平鮮原，度其四境，分置八坊。其五在岐，餘在三郡。保樂第一，甘露第二。保樂者，隋石門馬坊也。甘露先置在九成苑外，有詔令新保樂、徙甘露。折衝果毅蘇忠等八人各主一坊，苑總監韋績統之。八坊有田千二百三十餘頃，分爲十屯。《青曹參軍碑序》開元中，突厥欵塞，玄宗厚撫之，歲許朔方軍西受降城爲互市，以金帛市馬於河東、朔方、隴右牧之。既雜胡種，馬乃益壯。《唐書·兵志》天寶六載十二月，九姓堅昆及室韋獻馬六千匹，於受降城納之。《唐會要》十一載，詔京旁五百里勿置私牧。天寶後，諸軍戰馬動以萬計，議者謂秦漢以來唐馬最盛。十三載，隴右羣牧都使奏：馬牛駝羊總六十萬五千六百，而馬三十二萬五千六百。《唐書·兵志》

肅宗至德中，幸鳳翔，詔公卿百寮以後乘助其軍。其後邊無重兵，吐蕃乘隙陷隴右，苑牧畜馬皆沒。《唐書·兵志》

代宗永泰元年，大搜城中百官士庶馬輸官，曰團練馬。下制禁馬出城者。《唐書·兵志》回紇有助收西京功，代宗厚遇之，與中國婚姻，歲送馬十萬匹，酬以縑帛百餘萬匹。《食貨志》大曆三年，子儀兼邠寧慶節度使，屯邠州。回紇赤心請市馬萬匹，有司以財乏，止市千匹。子儀曰：『回紇有大功，宜答其意。中原須馬，臣請納一歲俸佐馬直。』詔不聽。《郭子儀傳》

德宗建中元年，市關輔馬三萬實內廐。貞元三年，吐蕃羌渾犯塞，詔禁大馬出潼、蒲、武關者。《唐書·兵志》

憲宗元和中，張孝忠子茂宗爲閑廐使。國家自貞觀中至於麟德，國馬四十萬匹，在河隴間。開元中，尚有二十七萬，雜以牛羊雜畜，不啻百萬。置八使四十八監，自長安至隴右置七馬坊，爲會計都領。岐隴間善水草及腴田皆屬七馬坊。至麟德以後，西戎陷隴右，國馬盡散，監牧使與七馬坊名額盡廢，其地利因歸於閑廐使。寶應中，鳳翔節度使請以監牧賦貧民爲業，土著相承十數年矣。又別勅賜諸寺觀凡千餘頃。及茂宗掌閑廐，與中尉吐突承璀善，遂並以監牧地歸閑廐司。茂宗又奏麟遊縣有岐陽馬坊，按舊圖，地方三百四十七頃，制下閑廐司檢計。百姓紛紜論訴，節度使李惟簡具事上聞，詔監察御史孫革往按問之。革還，奏曰：『天興縣東五里有隋故岐陽馬坊，地在其側，蓋因監爲名，與今岐陽所指百姓侵佔處不相接，皆有明驗。』茂宗怒，恃有中助，誣革所奏不實。又令侍御史范傳式覆按，盡翻前奏，遂奪居人田業，皆屬閑廐。《舊唐書·張孝忠傳》沙苑一名沙阜，在同州馮翊縣南十二里，東西八十里，南北三十里，宜六畜，置沙苑監。《元和郡國志》

穆宗即位，岐人叩闕訟閑廐使張茂宗所奪田，下御史按治，悉予民。《唐書·兵志》

文宗太和七年，以銀州刺史領銀川監牧使。《唐書·方鎮表》度支鹽鐵使言：『銀州水甘草豊，請詔刺史劉源市馬三千，河西置銀川監，以源爲使。』開成二年，劉源奏：銀川馬已七千，若水草乏則徙牧綏州境。今綏南二百里，四隅險絶，寇路不能通。以數十人守，要畜牧無他患。乃以隸銀川監。《兵志》開成三年以夏州節度使領銀川監牧使。《方鎮表》

後周世宗顯德二年，於沙苑內牧馬，在同州南二十五里。《寰宇記》

宋初，市馬陝西、麟府、豊、延、保安軍、河西、綏、寧、夏州。自趙德明據有河南，其收市惟麟府、保安軍。其後置場，則又止慶延而已。《宋史·兵志》

太宗淳化二年六月，禁陝西緣邊諸州闌出生口。《宋史·太宗本紀》至道初，西京作坊使楊允恭言：商人市諸州茶，新陳相揉，陝西諸州，風土各有所宜，非參以多品則少利，罷榷務，令就茶山買茶不可行。《食貨志》

真宗咸平六年七月，詔陝西振武兵如河東廣鋭，例立社馬，官給直以市之。至天聖初，猶得蕃部省馬總三萬四千九百餘匹。《玉海》景德二年，召茶商論議，別爲新法。其于京師入金銀綿帛實直錢五十千者，給百貫實茶。陝西沿邊亦如之，而茶增十五千。議奏，三司皆以爲便。《宋史·食貨志》改諸州牧龍坊悉爲監，賜名鑄印以給之。在外之監十有四，同州

曰沙苑。《兵志》凡招馬之處，麟府之党項、豐州之藏才族、延、鄜、保安軍，每歲皆給以空名勅書，委沿邊長吏擇牙吏入蕃招募，給券詣京師，至則估馬司定其直，自三千五千至千凡二十三等。舊選三歲至十七歲者。景德二年，詔止市四歲至十三歲者，餘聽私市。《文獻通考》

大中祥符九年，李迪、淩策、呂夷簡與三司同議條制。時以茶多不精，給商人罕有饒益，行商利薄，陝西交引愈賤，知秦州曹瑋請於永興、鳳翔府官出錢市之。詔可。

天禧二年，三司言陝西入中芻糧請依河北例，斗束量增其直，計實錢給鈔，入京以見錢買之。願受茶貨交引，給依實錢數，令榷貨務並依時價納緡錢支茶，不得更用芻糧文鈔貼納茶貨。詔：『每入百千，增五千茶與之，餘從其請。』時陝西交引益賤，京師才直五千，有司惜其費茶。《宋史・食貨志》

仁宗天聖中，詔府州自今省馬三歲四歲者不以等第，五歲已上十二歲已下，骨格良、善行者悉許綱送估馬司。《宋史・兵志》四年，許陝西入中願得茶者，每錢十萬，所在給券，徑趣東南受茶一十萬一千。茶商獲利，爭欲售陝西茶。《食貨志》康定初，陝西用兵，馬不足，詔陝西路括市戰馬，馬四尺六寸至四尺二寸，其直自五十千至二十千，凡五等。《兵志》

慶曆四年，知諫院余靖上奏，畧曰：『臣謹按詩書已來中國養馬蕃息故事，乃知不獨出於戎狄也。秦之先，非子居犬丘，善養馬，周孝王召使主馬於汧渭間，馬大蕃息。犬邱，今之興平；汧渭，今之秦隴州界也。《周官》校人之職，春執駒以養血氣，夏攻駒以防蹄齧。《月令》：季春遊牝於牧，仲夏遊牝別羣。亦秦人之馬政也。唐以沙苑監最爲宜馬，卽今同州也。自貞觀至麟德，馬四十萬匹。開元中置七坊四十八監，半在秦、隴、綏、銀，則知牧馬之政，脩之由人。今同州有馬監，其餘州軍牧地七百餘所，乞敕於羣牧使、副都監、判官等內一員往監牧舊地，相度水草，揀擇孳生，四遠牧放一依《周官》《月令》法，務令蕃息。別立賞罰，以明勸沮。庶幾數年之後，馬畜蕃盛。』《名臣奏議》凡闕馬軍士以分數配填。慶曆四年，詔陝西填五分。五年，出內藏庫絹二十萬市馬於府州。六年，詔陝西社馬死者，本營鬻錢以助馬直。《宋史・兵志》五月丙申，詔陝西市蕃部馬。《仁宗本紀》

皇祐元年，葉清臣奏：『臣前在三司，嘗陳監牧之弊，占良田九萬餘頃，歲費錢百萬緡，天閑之數纔三四萬。急有征調，一不可用。今欲不費而馬立辦，莫若賦馬於陝西等五路，上户一馬，中户二户一馬，養馬者復其一丁。如此則坐致戰馬二十萬匹，不爲難矣。』《葉清臣傳》

至和元年，詔軍士戍陝西闕馬，填七分。又詔蜀馬送京師，道遠多病瘠，自今以春、秋、冬部送陝西四路總管司。二年，修陝西蕃馬驛，羣牧司每季檄沿路郡縣察視之，邊州巡檢兵校聽自市馬，官償其直。

嘉祐中，始以陝西轉運使兼本路監牧買馬事。後又以制置陝西解鹽官同主之。《兵志》五年八月庚辰，置陝西估馬司。《仁宗本紀》

英宗治平元年，薛向請永興軍養馬務如原州德順軍并渭州同判，三年爲任，悉以所市馬多少爲殿最。二年，陝西廣鋭、勁勇等軍相與爲社，每市馬，官給直外，社衆復裒金益之，曰馬社。軍興，籍民馬而市之以給軍，曰括買。三年，詔陝西廣鋭，蕃落闕馬，復置社買，一馬官給錢三十千。久之，馬不至。乃增置如慶歷詔書，第三等三十五千，第四等二十八千。四年，以成都府路歲輸紬絹三萬給陝西監牧司。自是蕃部馬至者衆，官軍仰給焉。《宋史・兵志》

神宗熙寧初，詔河北騎軍如陝西社馬例立社。其後陝西馬社苦於斂率。馬《志》熙寧元年，樞密副使邵元請以牧馬餘田修稼政，以資牧養之利。沙苑等監餘良田萬七千頃，可賦民以收芻粟。從之。先是，羣牧司請於陝西都總管治所置一監，以便給軍。乃遣官下諸路詳度。既又以知太原唐介之請，發沙苑馬五百，置監於交城。《宋史・兵志》七年，始遣三司幹當公事李杞入蜀經畫買茶，於秦鳳博馬，與成都路漕司議合。事方有端，而王韶言西人頗以善馬至邊，所嗜唯茶，乏茶與市。卽詔趣杞據見茶計水陸運至，又以銀十萬兩、帛二萬五千、度僧牒五百付之，假常平及坊場餘錢，以著作佐郎蒲宗閔同領其事。自熙寧七年至元豐八年，蜀道茶場四十一，京西路金州爲場六，陝西賣茶爲場三百三十二。稅息至李稷加爲五十萬，及陸師閔爲百萬云。《文獻通考》八年，廢河南北八監，惟存沙苑一監。沙苑先以隸陝西提舉監牧，至是，復屬之羣牧司。《宋史・兵志》十年，利州路漕臣張宗諤、張升卿議廢茶場司，依舊通商。詔付李稷。稷方以茶利要功，言宗諤等所陳皆疏謬，罪當無赦。

熙寧中，麟州奏夏人之請，乃令鬻銅錫以市馬。《食貨志》

元豐三年春，詔陝西州縣户各計資產市馬。坊郭家產及三千緡，鄉村五千緡，若坊郭、鄉村通及三千緡以上者，各養一馬。增倍者，馬亦如之，至三匹止。馬以四尺三寸以上，齒以八歲以下及十五歲，則更市如初，籍于提舉司。於是諸道各上其數，秦鳳等路六百四十二，永興路一千五百四十六。《兵志》五年，許川路餘羨茶貨入陝西變賣。《食貨志》

元豐中，環慶路經畧司言已檄諸蕃部養馬，詔閱實及格者，一匹支五縑。鄜延、秦鳳路準此。七年，詔鄜延路發戶馬二千，以給正兵，益以永興軍等路及京西坊郭馬。又詔陝西路罷社馬法，更從買馬司給之。

元豐末，麟府路上所市馬三百，以其直增於熙河，而又多羸憊，乃罷本路博易。《兵志》

哲宗嗣位，詔陝西碎賣芽茶皆罷。《宋史·食貨志》元祐初，議興廢監以復舊制，於是詔庫部郎中郭茂恂往陝西，相視所當置監。尋又下陝西轉運提防刑獄司按行河渭間牧田以聞。《兵志》元祐二年，秦鳳路茶仍官爲計置。永興、鄜延許通商。凡以茶易穀者聽仍舊，毋得逾轉運司和糴價。其所博斗斛勿取息。《食貨志》元祐中，詔以蜀馬給陝西軍。《兵志》紹聖元年，陝西復行禁榷，凡茶法並用元豐舊條。《文獻通考》

初，內外諸軍給馬例不及其元額，視其闕之多寡，以分數填配。元豐更立爲定制，凡諸軍闕馬應給者，陝西路無過十之七。然其後諸軍闕馬者多，紹聖三年乃詔提舉司陸師閔於歲額外市馬三萬匹，給鄜延路正兵，餘支弓箭手，仍權不限分數。《宋史·兵志》

三年，知州張赴以爲陝西沿邊弓箭手授田不過一頃，既養一馬，又役一丁。備邊之日，歲居其半。令但牧一馬而無身丁之役，若試之一監或一縣，當有利而無害。樞密院是其請，下太僕寺應有監牧州縣悉施行之。《文獻通考》紹聖初，樞密院言：今歲籍馬萬三千有奇，堪配軍者無幾，惟沙苑六千匹愈於他監。四年，廢淇水等監，罷提點所及左右廂，惟存東平、沙苑二監。曾布自敘其事曰：元祐中，復置牧監，兩廂所養馬止萬三千匹，而不堪者過半。今既以租錢置蕃落十指揮，于陝西養馬三千五百，又人户願養馬者亦數千，而所存兩監，各可牧萬馬。馬數多於舊監，而所省官吏之費，非一近世良法，未之能及。時三省皆稱善。其後沙苑復隸陝西買馬監牧司。《宋史·兵志》

徽宗崇寧二年，陝西舊通蜀茶，至是年始通東南茶。《宋史·食貨志》大觀元年，尚書省言元祐置監馬，不蕃息而費用不貲。今沙苑最號多馬，然占牧田九千餘頃，芻粟官曹歲費緡錢四十餘萬，而牧馬止及六千。自元符元年至二年，亡失者三千九百，且素不調習，不中於用。以九千頃之田、四十萬緡之費養馬，而不適於用，又亡失如此，利害灼然可見。今以九千頃之田，計其磽瘠，三分去一，猶得良田六千頃。以直計之，頃爲錢五百，餘緡以一頃募養一馬，則人得地利，馬得所養。請下永興軍路提點刑獄司及同州詳度以聞，俟見實利，六路新邊閒田當以次施行。《兵志》

政和二年，盡括澤潞、京西、山東、河北等田，即陝右軍蕃羌馬一分給之。後詔以所牧馬盡給賜童貫，及補陝右諸軍之闕馬者，凡九萬餘匹。蔡絛《國史補》又大增損茶法，凡請長引再行者，輸錢百緡，即往陝西加二十茶，以百二十斤；短引輸緡錢，二十茶，以二十五斤；私造引者如川錢引法。政和中，陝西設官茶令估賣，繼以妨商旅，下令禁棄。

宣和元年，邠州通判張益謙奏：『陝西非產茶地，奉行十年，未經立額，歲歲比較，第務增益，稍或虧少，程督如星。州縣懼殿，多前路招誘豪商，增價以幸其來，故陝西茶價斤有至五六緡者。或稍裁之，則批改文引，轉之他郡，及配之鋪户，安能盡售。均及稅農，民實受害，徒令豪商坐享大利。』言竟不行。《宋史·食貨志》

宣和二年，詔罷政和二年以來給地牧馬條令，收見馬以給軍，應牧田及置監處並如舊制。凡諸監興罷不一，而沙苑監獨不廢。《兵志》

高宗建炎中，丞相李綱上言：『今行在騎兵不多，官馬既無，獨陝西諸路尚有私馬。宜降指揮，立格尺，以善價買之，可以濟一時之乏。』上以爲善。《李忠定公奏議》

孝宗乾道間，川秦買馬之額，歲爲萬有一千九百匹有奇，秦司五千九百。後秦司六千一百二十。《文獻通考》

孝宗時，員興宗上奏：『陝西運茶之制，十里爲鋪，鋪有兵，兵日有程，月有給。苟不如式，則罪罰隨之。國家逐年收西馬之利，皆鋪兵之力也。』《名臣奏議》淳熙四年，閻蒼舒陳茶馬之弊，曰：『祖宗時一馱茶易一上駟，陝西諸州歲市馬二萬匹。今陝西未歸版圖，西和一郡，歲市馬

三千匹耳，而價用陝西諸郡二萬馱之茶，則夷人遂賤茶矣。』《續文獻通考》

寧宗嘉泰末，秦司三場增馬七千七百九十八匹，興元府馬務每年排養二衙馬一百十一綱，率未嘗如數。蓋茶馬司靳吝錢帛，蕃馬至，多不即償故也。《文獻通考》

金章宗明昌三年六月，陝西提刑司言：舊牧馬地久不分撥，以致軍民起訟。比差官各路定之，陝西路牧地三萬五千六百八十餘頃。泰和三年，陝西設提舉圉牧所。《續文獻通考》

衛紹王崇慶元年五月，括陝西馬。《金史・衛紹王本紀》

宣宗元光二年三月，省臣以國蹙財竭，奏曰：金幣錢穀，世不可一日闕者也。茶本出於宋地，非飲食之急。今河南、陝西凡五十餘郡，郡日食茶率二十袋，袋直銀二兩。是一歲之中，妄費民銀三十餘萬也。奈何以吾有用之貨而資敵乎？並禁之，犯者徒五年，告者賞寶泉一萬貫。《金史・食貨志》

元世祖至元五年，榷成都茶於京兆，置局發賣。私自採賣者，其罪與私鹽同。《續文獻通考》元制，每茶商貨茶，必令賫引，無引者與私茶同。引之外又有茶由，以給賣零茶者。初每由茶九斤，收鈔一兩。至是自三斤到三十斤，分爲十等，隨處批引。局司每引收鈔一錢。《元史・食貨志》

明太祖洪武中，立茶馬司於陝西等處，聽西蕃納馬易茶。降金牌信符，賜番族以防詐僞。每三年一差官，召各番合符，以應納差發馬交納易茶。有以私茶出境者，斬。關隘不覺察者，處極刑。民間蓄茶，不得過一月之用。茶户私鬻者，籍其園入官。《續文獻通考》四年，奏准陝西漢中府金州、石泉、漢陰、平利、西鄉縣茶園，每十株官取一分。其民所收茶，官給價。無主者令守城軍士薅培，及時採取，以十分爲率，官取八分，軍取二分。每五十斤爲一包，二包爲一引，令有司收貯，於西番易馬。《明會典》

十七年，命茶馬司以所市馬五百六十匹分給陝西騎士。十九年，行人冀忠往陝西市馬還，得馬二千八百七匹。遣虎賁左衛指揮僉事姜觀、右衛千户沈成、行人任俊以鈔三十九萬三千六百九十錠往陝西等處市馬，給騎士操練。《續文獻通考》二十二年，定茶易馬例：上等馬每匹一百二十斤，中馬七十斤，下馬五十斤。《明会典》二十三年，陝西都指揮使聶緯以西安左右等衛所市馬七千六十匹送京師。二十五年，河州番族獻馬萬三百四十餘匹，命分給陝西衛所騎士。《續文獻通考》三十年，定北邊牧馬草塲，自東勝以西至寧夏、河西、察罕諸爾。馬《志》置陝西苑馬寺卿一人、少卿一人。寺丞無定員，其屬主簿一人。又令自三月至九月，每月差行人一員，于陝西等處省諭把隘關口頭目，禁約私茶出境。《續文獻通考》漢中府茶例歲辦茶二萬六千二百斤，兼以巡獲私茶四五萬斤易馬。其於遠地一切停止。本地茶園人家，除約量本家歲用外，其餘盡數官爲收買。《九邊考》明制，招商中茶，上引五千斤，中引四千斤，下引三千斤。每七斤蒸曬一篦，運至茶司，官商對分。官茶易馬，商茶給賣。每上引仍給附茶一百篦，中引八十篦，下引六十篦，名曰酬勞。經過地方掌印官盤驗，佐貳官催運。若漢中私茶之禁尤嚴。凡中茶有引由，出茶地方有稅貯放有茶倉，巡茶有御史，分理有茶馬司、茶課司，驗茶有批驗所。《明會典》陝西馬額，原額一萬六千一百八十三匹，延綏二萬二千二百一十九匹。陝西馬價地畝銀一萬七百七十九兩四錢七分六釐零，椿朋銀一萬四千九百五十八兩一錢二分。馬《志》凡查比苑馬，三年比較陝西行太僕寺、苑馬寺所屬地方。《明會典》

成祖永樂初，增置苑馬寺於陝西，寺六，監二十四，苑設官亦視行太僕，而各監監正一人，監副一人。苑有廣狹，上苑馬萬匹，中苑七千匹，下苑四千匹。苑有圉長，一圉長率五十夫，夫牧十馬。後馬頗蕃息。《明史竊・軍法志》陝西苑馬寺所屬：長樂監：開成苑、安定苑、弼隆苑、廣寧苑；靈武監：清平苑、萬安苑、定邊苑、慶陽苑；同州監：天興苑、永康苑、嘉靖苑、安勝苑；威遠監：武安苑、隴陽苑、保州苑、泰和苑；熙春監：康樂苑、鳳林苑、香泉苑、會寧苑；順寧監：雲驥苑、升平苑、巡寧苑、永昌苑。後存二監六苑，餘廢。

十三年，遣御史三員巡督陝西等處茶馬司收貯官茶、易換蕃馬。

永樂間，每歲於陝西茶易馬及孳生馬內選取堪中騍馬，送御馬監分送各馬房領牧取乳。《明會典》

仁宗洪熙時，陝西按察使陳智疏言：按察司所以肅庶官、貞百度，而太僕寺得臨之，歲徵駒與下民等，將憲綱掃地。於是罷散馬之令。《明史竊・軍法志》

宣宗宣德七年，令法司及陝西布、按二司雜犯死罪應充軍者發陝西行太僕寺養馬。馬《志》

九年十月，罷陝西買馬。時陝西布政使王敏言：『陝西今年田穀少收，邊餉遙遠。先買馬驢及入番諸物，民間已甚勞費。今又買馬給行都司軍士，民實不堪。且民間馬有堪用者，多以易糧給邊，所遺牝馬及駒皆不堪用。請以二苑馬寺所選赴京之馬及都行二司衛所官下所養之馬給之。』上從其言。《世法錄》

陝西苑馬寺長樂監隸開成、安定、廣寧、黑水四苑，靈武監隸清平、萬安二苑，孳牧馬匹。舊馬四千八百餘匹，並新增種馬一千匹，養馬軍人一千一百六十四名。《九邊考》

英宗正統三年，陝西苑馬司爲四監，凡苑視其地里廣狹，爲上中下三等。上苑牧馬萬匹，中苑七千匹，下苑四千匹。各苑皆有圉長，一圉長率五十夫，每夫牧馬十匹。《圖書編》五年閏十一月，鎮守陝西副都御史陳鎰奏令延綏各邊堡採刈秋青草，各堡執稱沙漠無草。而各寨堡歲用草一百萬束，鎰止撥延安府草十萬束供給，瘦損馬匹。《世法錄》八年，令陝西倉所收茶折支軍官俸給，每斤折米一斗五升。又奏准金州芽茶一斤，收葉茶二斤，運西寧茶馬司收貯易馬。九年，題准起倩四川軍夫，給與口糧，將減半茶四十二萬一千五百三十斤陸續運赴陝西接界褒城縣茶廠。又議準將減運茶斤，陝西都司運三分半，布政司運六分半。除都司所屬延安等八衛、延安所屬葭州等六州縣不起軍夫外，其餘有司軍衛酌量起倩軍夫，給口糧有差，俱直抵褒城縣茶廠。《明會典》十一年，題准延綏一帶衛所自定邊、安邊營西抵花馬池、東至府谷縣大小營堡水草便利、可以牧放，每年摘撥軍旗餘丁，自行牧養馬匹。《續文獻通考》十四年，停止茶馬金牌。後每歲遣行人四員巡察私販，自潼關以西通行禁革。《明會典》京運馬價：正統初，延綏軍伍缺馬，奏發內帑銀六萬兩買馬給軍。嗣是無定額，惟遇馬缺，巡撫奏討。凡募軍，俱有奏討，馬價每匹給銀十二兩。《延綏鎮志》代宗景泰二年，令陝西布政司委官巡視關隘，禁約私茶出境，暫罷差行人。四年，復差行人如故。《續文獻通考》

英宗復位，四年，奏准延綏、寧夏二鎮輪年循環，中納馬匹。馬《志》鹽中馬：天順中，每中馬一匹給鹽八十引，後以所易中馬不堪征操，奏准折價。《延綏鎮志》

憲宗成化三年，令差御史一員於陝西巡茶，一年更代。定麤茶每百斤收銀五錢、芽茶三十五斤亦量收五錢、無銀收絲絹等項俱解本省有司收候，以補收買茶課支用。五年，令陝西布政司將金州等處茶課，自成化六年爲始，仍收本色。其原折收銀布，候豐年收買茶斤送各茶馬司收貯，以備易馬。《明會典》五年四月，巡撫甘肅徐廷璋言：西寧地方舊有茶馬例，後暫停止，近又舉行。然民間絕無興販，官府又無督辦之人，以致茶馬司見茶不滿千斤。乞勅所司通查出茶州縣山場，定其則例，募民採取，運赴官庫收貯，換易番馬，給軍騎操，並與苑馬寺作種孳牧。其民間採茶，除稅官外，餘皆許給文憑，於陝西腹裏貨賣。有私越黃河及邊境通番易馬者，究問如律。《世法錄》十年，令陝西榆林等處近邊地土各營堡草場界限明白，敢有那移條欵、盜耕草場及越出邊牆界石種田者，依律問擬。賈《志》十一年，令取回陝西巡茶御史，仍差行人。十四年，仍差御史於陝西巡茶。《明會典》椿朋銀：十三年，兵部議邊馬倒失，酌量官軍朋合出銀買補，每遇雙月，都指揮出銀一錢，千百户、鎮撫七分，旗軍五分，走失被盜者各加五錢，扣存官庫，照時買馬，約一年應扣五千餘兩。《延綏鎮志》十四年，奏准陝西易馬須四歲以上、六歲以下高大堪中者，方准收買。兒、騸馬就彼給各邊騎操，騍馬送苑馬寺孳牧。馬《志》十五年，令陝西巡茶御史招番易馬，不拘年例，願來者聽。十九年，令四川保寧等府茶課，每歲運十萬斤至陝西接界，交收轉運各茶司支用。《明會典》

孝宗弘治三年，令陝西巡撫并布政司出榜招商報中，給引赴巡茶御史處掛號，於產茶地方收買茶斤，運赴原定茶馬司，以十分爲率，六分聽其貨賣，四分驗收入官。四年，奏准陝西苑馬寺孳牧馬匹每三年差官點閱，其各行太僕寺、苑馬寺于內府關領精微文簿，將騎操、孳牧馬匹逐一填寫繳部，送內府交收。《明會典》六年，都御史劉忠題准茶馬給領延綏，各照年分差人遞領。馬《志》七年，以陝西歲饑，開中茶二百萬斤召商，派撥缺糧倉分上納備賑。八年，令免易馬，止中茶四百萬斤，以資邊儲。十年，奏准茶易馬除就彼給軍外，其餘差官陸續解赴苑馬寺交割俵養。十四年，以榆林糧餉缺乏，將洮河、西寧發賣茶斤量開四五百萬斤召商，上納價銀類解邊倉糴買糧料。十五年，令今後不許召商中茶。十六年，令

取回巡茶御史，凡一應茶法悉聽督理馬政都御史兼理。十七年，令陝西每年於按察司揀憲臣一員巡禁私茶一年，滿日擇一員交代。《明會典》又令將夔州、东乡、保宁、利州附近陝西，聽督理马政都御史帯管。《续文献通考》弘治初，陝西牧地止存六萬六千頃有奇，養馬軍止七百名，牧養兒、騸、騍馬止二千八百匹，都御史楊一清往巡撫，奏黜寺卿之不職者，而簡布、按二司叅政副使薦補，弦轍大更。於是六苑地清復草場十二萬八千頃有奇，清勾撥補養馬軍士二千三百有奇，增脩城堡十九處，創復馬廐千百所。馬給騎操外，六苑可常牧馬三萬匹。陝自一清至，馬日蕃，三邊之用賴之。《明史竊·軍法志》都御史楊一清又清出騎操地畝朋合銀西安、榆林、鳳翔各多寡不一，備禦馬延綏東路、西路、中路各營堡多者以千計，少者不下數百。馬《志》十八年，奏准陝西茶鹽易馬備邊，係是舊制，今後再不許別項奏討。《明會典》都御史楊一清巡撫陝西，復講求納馬易茶。舊制卽金牌，失之已久，第嚴私販之禁，番人無茶則死，自不得不奉我差發，而來納馬於我。四年間，得馬萬九千七百餘匹，而茶尚積有四十五萬餘斤。大小鹽池復增課引銀二萬七百六十兩有奇，留貯買馬。《明史竊·軍法志》漢中府屬新增茶課銀二萬四千一百六十四斤，並舊五萬一千二十六斤一十五兩五錢。買《志》

武宗正德元年，議准勘處漢中所屬金州、西鄉、石泉、漢陰等處舊額歲辦茶課二萬六千八百餘斤，新收茶課二萬四千一百六十四斤，俱照數歲辦，永爲定例。二年，仍設巡茶御史一員，請勅兼理馬政、茶法二事。《明會典》榆林鎮原額馬二萬二千二百一十九匹，正德元年起至八年止，三次共領過五千四百八十匹，馬價銀三萬兩。《九邊考》

世宗嘉靖十一年，議准西安等衛收貯私茶俱送三茶馬司，不拘常例，麤細搭配，招易臕壯馬匹，關送總制衙門給軍騎操。十二年，奏准陝西金州、西鄉、石泉、漢陰、紫陽五州縣茶户，巡茶御史每十年一次清審，量爲增減均平茶課。十三年，奏准陝西金、西等五州縣課茶，責令大户徑解茶馬司交納。其經過州縣原設茶户二千餘名，止派百名，徵銀以給大户脚價。十四年，題准四川夔州等處附近陝西通茶地方，不論軍衛有司，凡事干茶法者悉聽陝西巡茶御史管理，嚴禁私茶，查考舉劾。十五年，題准今後陝西三茶馬司積茶止留二年之用，每年易馬計該正茶外，分毫不許夾帶。議准陝西行太僕寺每年春秋二季點視官庫騎操馬匹，如遇倒失，照例追收樁朋銀兩買補，仍將倒死馬匹並追完銀兩買補數目造冊奏繳，送部查考。如該寺分管官員不行按季點視，以致追補數少，聽撫按指名具奏。《明會典》又議准陝西苑馬寺每年清查監苑牧養馬匹，年齒壯實可用者造冊，送巡按衙門備照。遇官軍馬匹倒死，給領仍照例追樁朋銀，收貯以備買補。《續文獻通考》延綏互市馬始自嘉靖中，仇鸞奏許馬市計節次易馬六千匹，分給軍士。《延綏鎮志》二十年，議准陝西三邊重地，所產馬匹宜配本處防虜。以後發銀買馬，不許分派陝省。《明會典》二十五年，令將見在不堪易馬茶斤減價三分之二，差好者量估價二錢二分，次一錢八分，遇各軍支放折色月分，每軍量給一二篦，即于本軍應支折色銀內照茶篦數目扣銀在官，類解陝西行太僕寺貯庫，聽候買馬。《續文獻通考》二十六年，令陝西開中茶一百萬斤，召內緊要邊鎮以備軍餉。三十一年，以陝西各苑種馬數少，議准給本省贓罰等銀四萬兩買補，以後缺少，止查苑馬寺收貯地畝樁朋銀兩題請買補。《明會典》又奏准茶產漢中府等處茶課歲額五萬餘斤，每百斤加耗六斤。商茶歲中率八萬斤，令商運賣，官取其半易馬。《續文獻通考》三十二年，題准陝西苑馬寺，令巡茶御史督理各監苑倒失馬匹、虧欠馬駒，將寺卿、丞並監苑各官查叅。陝西巡茶一年一次。《明會典》三十五年，議准陝西苑馬寺孳養馬匹，每年准給固原、延綏、寧夏三鎮共馬二千匹，內一千五百匹專給固原，五百匹分年輪給延、寧二鎮。馬《志》三十九年，議准陝西各苑馬老病矮小、不堪作種給徵者，各用退字火印，照依時估定價變賣，就將前賣過價銀另買臕馬，分發各苑無馬軍丁領養，仍將賣過馬贏、收過價銀造冊奏繳。每三年變賣一次。《明會典》

穆宗隆慶元年，議准陝西各苑馬如孳生虧欠五分，倒失又多，過一分者，照買補例分等罰俸提問。其孳生多而虧欠少者，雖未買補亦酌量免罰。孳生少而倒失虧欠多者，雖已買補仍加究治。三年，令陝西撫按巡茶衙門每年贓罰與布政司開納事例銀兩俱聽存留轉解延綏鎮，准作本部應發年例。又題準將四川課茶改徵折色，解陝西苑馬寺易買種馬。詔陝西各茶馬司中納官茶。《明會典》三年九月，兵部覆巡按陝西李良臣奏，請以七苑不堪馬匹查係牧軍賠補者，退令另買大馬，本寺量助三分之一以

抵贖。自後追徵，必齒歲尺寸中度，方准印牧。係茶易銀買者，仍加驗閱，必堪收堪依，方准印烙發苑，毋濫收以滋牧圉之弊。上然之。《續文獻通考》五年，題准陝西丈過苑馬寺牧地，計算熟地三萬頃，養馬一萬匹，餘熟地五萬頃，該寺分別三等徵銀共四萬五千兩，解固原鎮兵備道收作軍餉。又議准，近年奸商假以附茶爲由，任意夾帶，恣情短販，甚至漢中盤過，有二三年不到茶司者。今後招商，引內註定一年完者厚賞，二年量賞，三年免究，四年問罪，仍抽附茶一半入官，五年問罪，附茶盡數入官，不准再報，六年以上卽係老引興販，照例問遣。其經過漢中，專責理刑推官查照引內觔斤，著實盤驗。又各商收買真細好茶，完日，原住買茶所在官司催發起程，仍填注發行年月日期，印鈐運至漢中府辨驗真假。《明會典》九月，御史褚鈇奏請裁革陝西行太僕寺、苑馬寺寺丞，各增設少卿一員，與本寺卿俱兼按察司僉事職銜，止聽巡茶御史鈐束，其他撫按衙門無得干預。從之。十二月，陝西巡按褚鈇條議茶馬五事，一招商引內註定年限數額，委漢中府佐一員嚴行稽考，如有過期違限者加罪。從之。《續文獻通考》六年，以陝西歲課馬駒每匹追銀三兩，利於納銀，虧欠數多，議準將各苑種馬嚴責孳駒，如有倒失虧欠，俱追補馬駒，不許納銀。《明會典》又令陝西苑馬寺牧地實有五萬五千三百二十二頃二十六畝一分零，內川地一萬二千一百二十頃零，坡地三萬一千九百三頃零，山地一萬一千三百七頃零，將七苑冊開見在馬一萬六百七十四匹，除駒贏一千九百四匹例不給地外，議每騍馬一匹，定給川地一百三十畝，兒、騍馬一匹，各給川地五十畝、坡山地五十畝，川地不足苑分每頃或給坡地一頃五十畝，或給山地二頃，抵算共該除一萬二千三百五十一頃一十九畝二分零，除外川地五千三百九十二頃零，每頃議徵銀六錢，坡地二萬八千二百八十三頃零，每頃議徵銀四錢，山地九千二百九十四頃零，每頃議徵銀三錢，共徵銀一萬七千三百三十七兩四錢八分零。又將節年另議混互不明、分爭不已地土照例起科，共二千二百五十八頃，該銀九百八十三兩一錢六分零，俱查照徵收，專備軍餉，扣抵年例軍餉。又令苑馬寺牧地照依原擬分別川、坡、山三等定擬徵銀數目立爲定額，每年收解固原兵備道，專備軍餉支用。《續文獻通考》

神宗萬歷二年，議准陝西苑馬寺缺少種馬，將該寺庫貯茶課等銀歲解固原鎮二千兩給軍自買，于年例應解該鎮馬二千匹內扣留二百匹，在苑作種。馬《志》六年，四川茶課折色，初歲解陝西巡茶衙門易馬銀一千五百九十六兩五錢三分，見今巡茶御史冊報新收銀一千六百九十四兩六錢九分五釐。《續文獻通考》十三年，題准陝西腹裏地方西安等三府因無官茶，私販橫行，議行巡茶御史招商，印給引目，每引定爲一百斤，收買園户餘茶運去漢中府驗明發賣，每百斤量抽三十斤入官。大約在西安不過六萬斤，鳳翔、漢中多各不過二萬斤。引內明坐地方，隨路截角，如無印記及越境者以私茶論。《明會典》

二十九年，御馬監太監邱乘雲賞銀五兩、紵絲一表裏，陝西抽稅名馬。九月，延綏巡撫王見賓奏河套吉囊諸酋求通馬市。上允行之。《續文獻通考》明初，興安州課茶四千六百六十三斤七兩四錢七分，外加耗茶五十一斤十二兩二錢五分，解河東茶馬司。萬曆三十四年，議允每斤折銀二分，共徵銀九十四兩三錢三釐四毫。《興安州志》免糧馬始自成化九年，余子俊題免土兵本户稅糧二十石以下並其差役，專買本軍馬匹牧養。萬曆四十三年改爲徵銀，給價每糧一石徵銀三錢三分，土兵領銀買馬，每匹十二兩。地畝馬價，成化六年議於屯田內每頃出銀一錢，屯官徵收，解鎮收買戰馬給軍。計榆林、綏德、延安、慶陽四衛共一千七百五十八兩六錢八分。至萬曆末年，逋欠侵漁，歲貯不滿三百金矣。《延綏鎮志》陝西茶課，初二萬六千八百六十二斤一十五兩五錢，萬曆末茶課五萬一千三百八十四斤一十三兩四錢，係漢中府屬金州、紫陽、石泉、漢陰、西鄉五州縣歲辦，分解各茶馬司。《明會典》

（雍正）《四川通志》卷一五上《茶法》 茶者，南方之嘉木，其產於蜀者，則王褒《僮約》有云『陽武買茶』，而張載、孫楚之詩復盛稱之。凡廣漢之趙坡、合州之水南、峨眉之白芽、雅安之蒙頂，皆珍品也。自唐時回紇入貢，以馬易茶，宋元因之，蓋以餘茶易有用之馬，斯衛民與備邊兩得矣。前明斟酌繁簡，陝以西、川以南置茶馬司各一，且減蜀中松潘之引，使不礙陝之馬政。故其時引行之多，獨在黎邊。今則邊路全通，引行漸廣，而凡產茶郡邑，種植益繁，漱水泉之清駛，泄山土之肥澤，微黃嫩綠，香茗叢生，故各屬屢有增引之請。上以裕國，下以通商，允為經久之良法矣。作《茶法志》。

唐穆宗長慶元年，鹽鐵使王播議增天下茶稅，率百錢增五十。江淮、浙東西、嶺南、福建、荊襄茶稅播自領之，兩川以戶部領之。

宋真宗大中祥符元年，鹽鐵轉運使裴休請釐革橫稅以通舟船。商旅既安，課稅自厚。又正稅茶商多被私販茶人侵奪其利，今請委強幹官吏先于西蜀出茶山口佈置把捉，量加半稅，給陳首帖子，令所在公行，使私販者免犯法之憂，正稅者無失利之歎。從之。

天禧四年，天下茶皆禁，惟川、陝、廣茶聽民自賣，不得出境。

神宗熙寧七年，始建三司幹當公事李杞入蜀經畫買茶，與成都路漕司議合。初，蜀之茶園皆民兩稅地，不殖五穀，惟宜種茶，賦稅一例。既而運茶積滯，歲課不給，乃建議于彭、漢二州歲買布各十萬疋，以布息助茶利。自熙寧七年至元豐八年，蜀道茶場四十一處。

元豐四年，仍詔專以雅州名山茶為易馬用。高宗建炎元年，朝廷擢成都路運判趙開主管川陝茶馬事。二年，開至成都，大更茶法，印給茶引，使商人即園戶市茶，百斤為一大引，為茶市以通交易。

紹興四年，楊輔為使，遂定為法。成都、利州路二十三場，歲產茶二千一百二萬斤。熙豐以來，茶司權出諸司之上。是年，初命四川宣撫司支茶博馬。七年，復置茶馬官。凡買馬州縣，黎、文、敘、長寧、南平、珍皆與知州通判同措置任責，通判許茶馬司辟置，視買馬額數之盈虧而賞罰之。

甯宗慶元六年，詔四川產茶處歲輸頭子錢五千四十道有奇，又科租錢三千一百四十道有奇。嘉定三年，詔茶馬官各差一員，分為兩司，文臣成都主茶，武臣興元主馬。

元世祖中統十四年，命汪惟正置榷場于碉門、黎州，與吐番易茶。

至元五年，用運使白賡言，運成都茶于京兆、鞏昌置局。六年，始立四川榷茶使司掌之。十年，始立四川監榷茶場使司，定長引短引法。長引帶茶一百二十斤，收中統鈔五錠有奇。短引帶茶九十斤，收鈔四錠有奇。

明洪武五年，置四川茶鹽都轉司，令四川產茶地方每十分官取一分。三十年，令成都、重慶、保寧三府及播州宣慰司各置茶倉，歲徵川中課茶貯倉，召商中買，與西番易馬。勅戶部差行人一員，于陝西河州、臨洮、四川碉門等處嚴諭把隘頭目，不許私茶出境。

永樂六年，勅戶部：陝西、四川地方多有通接生番偏僻小路，嚴諭把隘頭目查禁緞疋、絹帛、私茶、青紙出境，違者犯人與把隘頭目俱各從重治罪。成化七年，罷差行人四川巡茶，並罷播州茶倉，令分巡道往來禁約之。

嘉靖四年，巡撫都御史王軏、巡按御史馬紀題奏以水利僉事帶管茶法，每年布政司差官赴南京請印引目五萬道，送與管茶官收貯，分別等第，芽茶每引三錢，葉茶每引二錢，聽商赴管茶官處報明，給以引目，照買照賣，立限截角回繳。禁革湖茶不許越界，進貢番夷不許夾帶私茶，其該賞茶斤行布政司查給。茶課與稅初皆本色，一以易馬，一以賞番，至是俱折收銀兩，備買茶賞番及買馬之用。二十年，巡撫劉大謨議茶法六條甚善。僉事崔廷槐議：歲引五萬，因全、黎地方發賣茶引太少，致令各商私販，反多虧損官稅，利入私家。又各商報中茶引多在巫山、建始二縣地方收買，至嘉定秤驗。嘉定與黎、雅逼近，各商夾帶私茶到彼，易於輾轉越入通番，奸弊蝟興。除廣餘茶有礙律例外，今依題准五萬引數聽商報中收買，委官於巫山縣以上夔州府扼吭之處秤盤撥運，至嘉定州地方黑水尾委官再秤，雅州又復盤驗，方分撥天全、黎州地方，照時價發賣。如議舉行。

隆慶三年，巡撫嚴清題疏：本省每年戶部關引五萬道，半填芽茶，半填葉茶，以二萬六千道為腹引，每引芽茶三錢，葉茶二錢；二萬四千道為邊引，內一萬九千八百道給黎、雅各商，每引芽茶三錢八分，葉茶二錢五分；二百道給本地思經、羅純產茶處所土民，每引芽茶七錢六分，葉茶五錢；松潘四千道。稅與腹引同，共稅銀一萬三千八百六十三兩。然邊引報中者多，恒苦不足；腹引常置於無用之地。蓋向來腹多邊少者，無非謹中外之防也。然腹地有茶而漢人或可無茶，邊地無茶，番人或不可無茶。故邊引易行，而腹引常滯。先此議茶法者曰：茶乃番人之命，不宜多給，以存羈縻節制之意，是矣。乃邊引愈少，私販愈多，衹為奸人作私屯耳。又曰：四川茶法不縮，即陝西馬政有妨。此猶未深考。夫番地最廣，近者彌月，遠者彌年，陝西洮岷與松潘接境，與黎、雅邈不相及。今不增松潘而增黎、雅之引，于陝西馬政何妨？自隆慶三年，始將

原引五萬減去一萬二千道，于黎、雅邊引加一萬道，每引量加一錢，稅銀已充舊額，而邊腹相安矣。監察御史王廷瞻會題：每年茶引三萬八千道內，將三萬道作黎、雅邊引，除二百道產茶地方報中，每引照舊芽茶七錢六分，葉茶五錢，給思經、羅純二萬九千八百道給商，每引芽茶四錢八分、葉茶三錢五分，比舊俱增一錢。四千道給松邊四千道腹引，照舊芽茶三錢，葉茶二錢，通計一萬四千二百六十七兩。

萬歷三年，巡撫曾省吾題準，將驛傳、鹽法、茶、水利合為一道，又于黎、雅邊引內除四百九道給思、羅茶戶納稅，商人止二萬九千三百九十一道矣。按洪武中命秦、蜀歲収巴茶，聽西番商人以馬易之，大抵茶四十斤易馬一匹，故曹國公以茶五十餘萬斤易馬一萬三千五百十八匹，中國頗獲其利。其後私茶出境，馬價遂高，乃差行人禁約，永樂至成化歲以為常。厥後或令布政司委官，或令按察司分巡官，雖沿革不同，而以巡視禁茶則一也。厥後法弛人玩，朝廷雖禁之而權要私主之，致令商旅滿關隘，茶船徧江河。每茶百斤，私稅白銀二錢或金五分，一年所得不下五六萬兩，以是而歸之官，不愈於塡私藏哉！或曰此路不開，恐陝西之馬益貴。殊不知陝西、四川茶路各異，今四川名雖禁茶，實未禁也，而陝西之馬未聞甚貴。若以為終非舊制，則舊制之所以禁茶者，止恐私茶多而馬貴也。今四川既不易馬，何故而禁茶哉。或又謂恐惹邊釁，目今官徵其稅，則當禁彼勿得重徵，何釁之有？自宋元至成化，皆資是以裕國用，古之人獨無所見哉？

《明史》卷七五《職官志四・茶馬司》　茶馬司。大使一人，正九品，副使一人，從九品。掌市馬之事。洪武中，置洮州、秦州、河州三茶馬司，設司令、司丞。十五年改設大使、副使各一人，尋罷洮州茶馬司，以河州茶馬司兼領之。三十年改秦州茶馬司爲西寧茶馬司。又洪武中置四川永寧茶馬司，後革，復置雅州碉門茶馬司。又於廣西置慶遠裕民司，洪武七年置，設大使一人，從八品，副使一人，正九品。市八番溪洞之馬，後亦革。

又　卷八〇《食貨四・茶法》　番人嗜乳酪，不得茶，則困以病。故唐、宋以來，行以茶易馬法，用制羌、戎，而明制尤密。有官茶，有商茶，皆貯邊易馬。官茶間徵課鈔，商茶輸課略如鹽制。

初，太祖令商人於產茶地買茶，納錢請引。引茶百斤，輸錢二百，不及引曰畸零，別置由帖給之。無由、引及茶引相離者，人得告捕。置茶局批驗所，稱較茶引不相當，即爲私茶。凡犯私茶者，與私鹽同罪。私茶出境，與關隘不譏者，並論死。後又定茶引一道，輸錢千，照茶百斤；茶由一道，輸錢六百，照茶六十斤。既，又令納鈔，每引由一道，納鈔一貫。

洪武初，定令：凡賣茶之地，令宣課司三十取一。四年，戶部言：『陝西漢中金州、石泉、漢陰、平利、西鄉諸縣，茶園四十五頃，茶八十六萬餘株。四川巴茶三百十五戶，茶二百三十八萬餘株。宜定令每十株官取其一。無主茶園，令軍士薅采，十取其八，以易番馬。』從之。於是諸產茶地設茶課司，定稅額，陝西二萬六千斤有奇，四川一百萬斤。設茶馬司於秦、洮、河、雅諸州，自碉門、黎、雅抵朶甘、烏思藏，行茶之地五千餘里。山後歸德諸州，西方諸部落，無不以馬售者。

碉門、永寧、筠、連所產茶，名曰剪刀麄葉，惟西番用之，而商販未嘗出境。四川茶鹽都轉運使言：『宜別立茶局，徵其稅，易紅纓、氈衫、米、布、椒、蠟以資國用。而居民所收之茶，依江南給引販賣法，公私兩便。』於是永寧、成都、筠、連皆設茶局矣。

川人故以茶易毛布、毛纓諸物以償茶課。自定課額，立倉收貯，專用以市馬，民不敢私採，課額每虧，民多賠納。四川布政司以爲言，乃聽民採摘，與番易貨。又詔天全六番司民，免其徭役，專令蒸烏茶易馬。

初制，長河西等番商以馬入雅州易茶，由四川巖州衛入黎州始達。茶馬司定價，馬一匹，茶千八百斤，於碉門茶課司給之。番商往復迂遠，而給茶太多。巖州衛以爲言，請置茶馬司於巖州，而改貯碉門茶於其地，且驗馬高下以爲茶數。詔茶馬司仍舊，而定上馬一匹，給茶百二十斤，中七十斤，駒五十斤。

三十年改設秦州茶馬司於西寧，敕右軍都督曰：『近者私茶出境，互市者少，馬日貴而茶日賤，啟番人玩侮之心。檄秦、蜀二府，發都司官軍於松潘、碉門、黎、雅、河州、臨洮及入西番關口外，巡禁私茶之出境者。』又遣駙馬都尉謝達諭蜀王椿曰：『國家榷茶，本資易馬。邊吏失譏，私販出境，惟易紅纓雜物。使番人坐收其利，而馬入中國者少，豈所

以制戎狄哉！爾其諭布政司、都司，嚴爲防禁，毋致失利。』

當是時，帝綢繆邊防，用茶易馬，固番人心，且以強中國。嘗謂戶部尚書郁新：『用陝西漢中茶三百萬斤，可得馬三萬匹，四川松、茂茶如之。販鬻之禁，不可不嚴。』以故遣僉都御史鄧文鏗等察川、陝私茶；駙馬都尉歐陽倫以私茶坐死。又製金牌信符，命曹國公李景隆齎入番，與諸番要約，篆文上曰『皇帝聖旨』，左曰『合當差發』，右曰『不信者斬』。凡四十一面：洮州火把藏思囊日等族，牌四面，納馬三千五十匹；河州必里衛西番二十九族，牌二十一面，納馬七千七百五匹；西寧曲先、阿端、罕東、安定四衛，巴哇、申中、申藏等族，牌十六面，納馬三千五十匹。下號金牌降諸番，上號藏內府以爲契，三歲一遣官合符。其通道有二，一出河州，一出碉門。運茶五十餘萬斤，獲馬萬三千八百匹。太祖之馭番如此。

永樂中，帝懷柔遠人，遞增茶斤。由是市馬者多，而茶不足。茶禁亦稍弛，多私出境。碉門茶馬司至用茶八萬餘斤，僅易馬七十匹，又多瘦損。乃申嚴茶禁，設洮州茶馬司，又設甘肅茶馬司於陝西行都司地。十三年特遣三御史巡督陝西茶馬。

太祖之禁私茶也，自三月至九月，月遣行人四員，巡視河州、臨洮、碉門、黎、雅。半年以內，遣二十四員，往來旁午。宣德十年，乃定三月一遣。自永樂時停止金牌信符，至是復給。未幾，番人爲北狄所侵掠，徙居內地，金牌散失。而茶司亦以茶少，止以漢中茶易馬，且不給金牌，聽其以馬入貢而已。

先是，洪武末，置成都、重慶、保寧、播州茶倉四所，令商人納米中茶。宣德中，定官茶百斤，加耗什一。中茶者，自遣人赴甘州、西寧，而支鹽於淮、浙以償費。商人恃文憑恣私販，官課數年不完。正統初，都御史羅亨信言其弊，乃罷運茶支鹽例，令官運如故，以京官總理之。

景泰中，罷遣行人。成化三年，命御史巡茶陝西。番人不樂御史，馬至日少。乃取回御史，仍遣行人，且令按察司巡察。已而巡察不專，兵部言其害，乃復遣御史，歲一更，著爲令。又以歲饑待振，復令商納粟中茶，且令茶百斤折銀五錢。商課折色自此始。

弘治三年，御史李鸞言：『茶馬司所積漸少，各邊馬耗，而陝西諸郡歲稔，無事易粟。請於西寧、河西、洮州三茶馬司召商中茶，每引不過百斤，每商不過三十引，官收其十之四，餘者始令貨賣，可得茶四十萬斤，易馬四千匹，數足而止。』從之。十二年，御史王憲又言：『自中茶禁開，遂令私茶莫遏，而易馬不利。請停糧茶之例。異時，或兵荒，乃更圖之。』部覆從其請。四川茶課司舊徵數十萬斤易馬。永樂以後，番馬悉由陝西道，川茶多浥爛。乃令以三分爲率，一分收本色，二分折銀，糧茶停二年。延綏饑，復召商納糧草，中四百萬斤。尋以御史王紹言，復禁止，并罷正額外召商開中之例。十六年取回御史，以督理馬政都御史楊一清兼理之。一清復議開中，言：『召商買茶，官貿其三之一，每歲茶五六十萬斤，可得馬萬匹。』帝從所請。

正德元年，一清又建議，商人不願領價者，以半與商，令自賣。遂著爲例永行焉。一清又言金牌信符之制當復，且請復設巡茶御史兼理馬政。乃復遣御史，而金牌以久廢，卒不能復。後武宗寵番僧，許西域人例外帶私茶。自是茶法遂壞。番人之市馬也，不能辨權衡，止訂篦中馬。篦大，則官虧其直；小，則商病其繁。十年，巡茶御史王汝舟酌爲中制，每千斤爲三百三十篦。

嘉靖三年，御史陳講以商茶低偽，悉徵黑茶，地產有限，乃第茶爲上中二品，印烙篦上，書商名而考之。旋定四川茶引五萬道，二萬六千道爲腹引，二萬四千道爲邊引。芽茶引三錢，葉茶引二錢。中茶至八十萬斤而止，不得太濫。

十五年，御史劉良卿言：『律例：「私茶出境與關隘失察者，並凌遲處死。」蓋西陲籓籬，莫切於諸番。番人恃茶以生，故嚴法以禁之，易馬以酬之，以制番人之死命，壯中國之籓籬，斷匈奴之右臂，非可以常法論也。洪武初例，民間蓄茶不得過一月之用。弘治中，召商中茶，或以備振，或以儲邊，然未嘗禁內地之民使不得食茶也。今減通番之罪，止於充軍，禁內地之茶，使不得食，又使商私課茶，悉聚於三茶馬司。夫茶司與番爲鄰，私販易通，而禁復嚴於內郡，是敺民爲私販而授之資也。以故大姦闌出而漏網，小民負升斗而罹法。今計三茶馬司所貯，洮河足三年，西寧足二年，而商、私、課茶又日益增，積久腐爛而無所用。茶法之弊如此。番地多馬而無所市，吾茶有禁而不得通，其勢必相求，而制之之機在

我。今茶司居民，竊易番馬以待商販，歲無虛日，及官易時，而馬反耗矣。請敕三茶馬司，止留二年之用，每年易馬當發若干。正茶之外，分毫毋得夾帶。令茶價踴貴，番人受制，良馬將不可勝用。且多開商茶，通行內地，官榷其半以備軍餉，而河、蘭、階、岷諸近番地，禁賣如故，更重通番之刑如律例。洮、岷、河責邊備道，臨洮、蘭州責隴右分巡，西寧責兵備，各選官防守。失察者以罷軟論。』奏上，報可。於是茶法稍飭矣。

御史劉崙、總督尚書王以旂等，請復給諸番金牌信符。兵部議：『番族變詐不常，北狄抄掠無已，金牌亟給亟失，殊損國體。番人納馬，意在得茶，嚴私販之禁，則番人自順，雖不給金牌，馬可集也。若私販盛行，吾無以繫其心制其命，雖給金牌，馬亦不至。』乃定議發勘合予之。

其後陝西歲饑，茶戶無所資，頗逋課額。三十六年，戶部以全陝災震，邊餉告急，國用大絀，上言：『先時，正額茶易馬之外，多開中以佐公家，有至五百萬斤者。近者御史劉良卿亦開百萬，後止開正額八十萬斤，并課茶、私茶通計僅九十餘萬。宜下巡茶御史議，召商多中。』御史楊美益言：『歲祲民貧，即正額尚多虧損，安有贏羨。今第宜守每年九十萬斤招番易馬之規。凡通內地以息私販，增開中以備振荒，悉從停罷，毋使與馬分利。』戶部以帑藏方匱，請如弘治六年例，易馬外仍開百萬斤，召納邊鎮以備軍餉。詔從之。末年，御史潘一桂言：『增中商茶，頗壅滯，宜裁減十四五。』又言：『松潘與洮、河近，私茶往往闌出，宜停松潘引目，申嚴入番之禁。』皆報可。

四川茶引之分邊腹也，邊茶少而易行，腹茶多而常滯。隆慶三年裁引萬二千，以三萬引屬黎、雅，四千引屬松潘諸邊，四千引留內地，稅銀共萬四千餘兩，解部濟邊以爲常。

五年，令甘州倣洮、河、西寧事例，歲以六月開中，兩月內中馬八百匹。立賞罰例，商引一二年銷完者賞有差，踰三年者罪之，沒其附帶茶。

萬曆五年，俺答欵塞，請開茶市。御史李時成言：『番以茶爲命。北狄若得，藉以制番，番必從狄，貽患匪細。』部議給百餘篦，而勿許其市易。自劉良卿弛內地之禁，楊美益以爲非，其後復禁止。十三年，以西安、鳳翔、漢中不與番鄰，開其禁，招商給引，抽十三入官，餘聽自賣。御史鍾化民以私茶之闌出多也，請分任責成。陝之漢中，關南道督之，府佐一人專駐魚渡壩；川之保寧，川北道督之，府佐一人專駐雞猴壩。率州、縣官兵防守。從之。

中茶易馬，惟漢中、保寧，而湖南產茶，其直賤，商人率越境私販，中漢中、保寧者，僅一二十引。茶戶欲辦本課，輒私販出邊，番族利私茶之賤，因不肯納馬。二十三年，御史李楠請禁湖茶，言：『湖茶行，茶法、馬政兩弊，宜令巡茶御史召商給引，願報漢、興、保、夔者，準中。越境下湖南者，禁止。且湖南多假茶，食之刺口破腹，番人亦受其害。』既而御史徐僑言：『漢、川茶少而直高，湖南茶多而直下。湖茶之行，無妨漢中。漢茶味甘而薄，湖茶味苦，於酥酪爲宜，亦利番也。但宜立法嚴覈，以遏假茶。』戶部折衷其議，以漢茶爲主，湖茶佐之。各商中引，先給漢、川畢，乃給湖南。如漢引不足，則補以湖引。報可。

二十九年，陝西巡按御史畢三才言：『課茶徵輸，歲有定額。先因茶多餘積，園戶解納艱難，以此改折。今商人絕跡，五司茶空。請令漢中五州縣仍輸本色，每歲招商中五百引，可得馬萬一千九百餘匹。』部議，西寧、河、洮、岷、甘、莊浪六茶司共易馬九千六百匹，著爲令。天啟時，增中馬二千四百匹。

又卷九二《兵志四·馬政》 茶馬司，洪武中，立於川、陝，聽西番納馬易茶，賜金牌信符，以防詐僞。每三歲，遣廷臣召諸番合符交易，上馬茶百二十觔，中馬七十觔，下馬五十觔。以私茶出者罪死，雖勳戚無貸。末年，易馬至萬三千五百餘匹。永樂中，禁稍弛，易馬少。乃命嚴邊關茶禁，遣御史巡督。正統末，罷金牌，歲遣行人巡察，邊氓冒禁私販者多。成化間，定差御史一員，領敕專理。弘治間，大學士李東陽言：『金牌制廢，私茶盛，有司又屢以敝茶給番族，番人抱憾，往往以羸馬應。宜嚴敕陝西官司揭榜招諭，復金牌之制，嚴收良茶，頗增馬直，則得馬必蕃。』及楊一清督理苑馬，遂命并理鹽、茶。一清申舊制，禁私販，種官茶，四年間易馬九千餘匹，而茶尚積四十餘萬觔。靈州鹽池增課五萬九千，貯慶陽、固原庫，以買馬給邊。又懼後無專官，制終廢也，於正德初，請令巡茶御史兼理馬政，行太僕、苑馬寺官聽其提調，報可。御史翟唐歲收茶七十八萬餘觔，易馬九千有奇。後法復弛。嘉靖初，戶部請揭榜禁私茶，凡引俱南戶部印發，府州縣不得擅印。三十年詔給番族勘合，

然初制訖不能復矣。

（乾隆）《甘肅通志》卷一九《茶馬》 自唐回紇入貢以馬易茶，宋熙寧間相繼行之，所謂摘山之利而易充厩之良。有明定制，金牌差發假市易以羈縻控馭爲制番上策。夫茶，運於商，督銷有官，權其輕重緝私便商，茶司各官之專責也。志茶馬。

本朝茶法，陝西差茶馬御史一員，轄洮岷、河州、西寧、莊浪、甘州五茶馬司，各廳員：內甘州一司隸蘭州同知。苑馬寺卿一員，領監七。每歲御史招商，領引納課報部。所中馬，牡者給各邊兵，牝者發苑馬寺喂養孳息。

歲額茶課折色銀六千二百六十八兩二錢二分六釐，本色茶十三萬六千四百八十篦，舊額新增共茶引二萬八千七百六十六道。內甘省五司舊額新增共引二萬七千二百九十六道。茶商領引赴產茶地方辦運，每引徵茶五篦，每篦二封，每封五斤，共徵茶一十三萬六千四百八十篦。又，寧夏道額引二百七十道，納茶價銀一千五十三兩餘，均係西安所屬。

順治初易馬例，每茶一篦重一十斤，上馬給茶一十二篦，中馬給茶九篦，下馬給茶七篦。凡通接西番關隘處所撥官軍巡守，遇有夾帶私茶出境者，拿解治罪。其番僧夾帶奸人並私茶，許沿途官司盤檢，茶貨入官，伴送夾帶人送官治罪。若番僧所到處，該衙門官縱容私買茶貨及私受餽送增改關文者，聽巡按察究。又，進貢番僧應賞食茶，須給勘合，付四川布政司撥發，有茶倉所照數支放，不許於湖廣等處買私茶。甘鎮以茶易馬各番，許於開市處所互市，不容濫入邊內。四年，差滿漢巡茶御史筆帖式通事各一員。五年，議准：茶篦止供中馬，不許開銷賞番。七年，題准：舊例，大引篦茶官商均分，大引採茶九千三百斤，為九百三十篦，商領部引輸價買茶交茶馬司，一半入官易馬，一半給商發賣，例不抽稅。小引包茶稅分差等，每五斤爲一包，每二百包一引，發賣民用。每引漢中稅銀九兩四錢，西安鳳翔稅銀一十四兩，今定大小引一例平分。十年，覆准：茶商舊例，大引附茶六十篦，小引附茶六十七斤零。今定，每茶一千斤概准附茶一百四十斤。如有夾帶私茶，嚴查治罪。茶篦先由潼關漢中二處盤查，運至鞏昌再經通判察驗，然後分赴各司交納。官茶貯庫，商茶聽商人在本司貿易。延寧二處商稅，每引百斤量入官茶三十斤，折銀一錢三分，交庫彙報。凡鎮將發銀市馬查核的確，准令購買，若有載茶易馬者，概行禁止。各番交易茶馬，量賚煙酒，以示撫綏。十三年，覆准：新茶中馬既足，陳茶變價充餉。如新茶不足，陳茶兩篦折一中馬。十四年，覆准。私茶私馬變價及贖罪銀，原留中馬支用，今七監馬匹蕃庶改解充餉。

康熙二年，題准：茶九萬篦作十分考核，欠不及半分者，罰俸六個月；欠半分以上，罰俸一年；一分以上，降一級；二分以上，降三級；三分以上，降四級；調用四分以上，革職溢額。每分以上紀録一次，至四分以上加一級，五分以上加一級、紀録一次。茶引不完者，雖多得茶斤不准議叙。四年，裁陝西苑馬各監。七年，裁茶馬御史，歸甘肅巡撫兼理。十四年，題准：茶馬事宜每年八月攢造彙報。三十二年，題准：西寧五司收貯茶篦年久，難免浥爛，每篦十斤變價銀六錢。三十六年，仍差部員管理茶馬事務。又：陝西黃甫堡原額茶引一百三十四道，今口外蒙古在殺虎口就近易鹽，以致黃甫堡茶引不行，嗣後將額引停其頒發。又：以蘭城無馬可中，將甘州司積貯茶篦在五鎮俸餉之內，銀七茶三，每銀一兩搭放值三錢茶一封。

四十二年，題准：陝西茶引共額二萬七百九十六道，發西莊洮河四司通番中馬，內有小引八百餘道，售西鳳漢中三府人民供食。自康熙二十三年後，被大引漸次侵更，現今止留小引一百道。西鳳漢中三府地方人民不足食用，以致私販橫行。今于小引原額內頒茶引五百道，給商行茶，每引徵茶五篦，每篦折銀四錢，共徵銀一千兩。四十三年，覆准：嗣後陝境交界處盤查茶斤，行人攜帶十斤以下者，停其搜捕。如有驢駄車載無官引者，即係私茶，照私鹽律治罪，失察官員俱照私鹽例議處。四十四年，茶馬事務停止差官，仍歸甘肅巡撫兼管料理。西寧等處所徵茶篦，停止易馬。將茶變價折銀，每新茶一篦折銀四錢，陳茶一篦折銀六錢，充餉。巡察私茶十斤以下停其搜捕，恐沿途行人分帶零運，仍照舊例緝拿處分。五十七年，議准：陝西西寧地方為通番大路，原額茶引九千二百四十八道不敷民番食用，今加增茶引二千道，每引照例徵茶五篦，每篦折銀四錢，共徵銀四千兩。六十一年，覆准：陝西西寧、莊浪、岷州、河州界連口外增茶引四千道，交與總督辦理。一年定例之後，仍照舊

交與巡撫辦理。又，議准：西寧等處行茶原照例易換馬駝牛羊并買粟穀，令將舊茶悉出變賣，以作兵餉。

雍正三年，河西廳改爲府，衛所改爲州縣，案内西寧廳改爲西寧府，西司茶務歸西寧府管理。又，覆准：甘肅四司茶篦自康熙六十一年為始，五年之内總收本色，五年之後即將五年以前之茶發出變價，挨次出陳易新，將變價銀兩按年題報，嗣後總以五年為率。又，覆准：陝省茶改，令產茶地方官給發船票，照依該商引目茶數一一開明，不得另給印票，其應行盤查之處，照依引目及正茶附茶斤兩盤查驗放，不得勒掯留難。如於部引之外有搭行印票及附茶，不依所定斤數，多帶私茶者，查拿，照私鹽律治罪。如查驗官故縱失察者，照失察私鹽例處分。如有地僻引多茶斤壅滯不能行銷者，該商具呈該司，該司詳報甘撫，行令徃別司分通融發賣辦課。雍正八年，題准：改岷廳為州，洮岷司茶務歸洮岷道管理。又，題准：五司茶價，西司每封九錢五分，莊司七錢五分，洮司七錢五分，河司九錢四分，甘司七錢二分，各司總在前議價值以上發賣，按季具結報部。九年，奏准：令五司復行中馬之法，每上馬一匹給茶十二篦，中馬一匹給茶九篦，下馬一匹給茶七篦，俟一年之後計收馬之數，如所得一二千匹，即留甘省軍營之用，或馬數甚多，分撥於河南山西相近之各營汛餵養。十年，奏准：中馬之法應見馬給茶，并於收喂之第一個月支料二京升草一束，第二個月再加料一京升草半束，至第三個月支料四京升草二束，仍於五月初一日出廠，九月初一日收槽，其槽鍘喂夫、棚廠、燈油等項，俱照例開銷。又，咨准茶商船票仍由甘肅巡撫衙門給發。

附歷代茶馬

唐：德宗納户部侍郎趙贊議，稅天下茶漆竹木，十取其一，以為常平本錢，後罷之。《舊志》謂茶之有稅始此。貞元九年，從鹽鐵使張滂奏令出茶。州縣若山及商人要路，以三等定估，十稅其一，自是歲得錢四十萬緡。穆宗從王播奏，增天下茶稅率百錢增五十。其後，王涯判二使，置榷茶，徙民茶樹於官場，焚其舊植者，天下大怨。令狐楚代為鹽鐵使後，令納榷加價而已。李石為相，以茶稅皆歸鹽鐵，復貞元之制。武宗增茶稅，時諸道置邸以收稅。大中初，鹽鐵轉運使裴休著條約，其法益峻，同於私鹽私商，給自首之帖，天下稅茶增倍。

宋：置榷茶務，官自為場，置吏總之，曰山場。凡園户歲課作茶輸其租，餘則官悉市之，先受錢而後入茶曰本錢。又，民歲輸茶折稅賦者曰折稅，此收茶之法。凡民鬻茶者，皆售於官。官給其日用，曰食茶。商賈之欲貿易者，入錢若金帛於京師榷貨務，以射六務十三場茶，給券随所射予之，謂之交引，此鬻茶之法。雍熙後用兵乏餉，令商入芻粟塞下，酌地遠近增其虛估給券，以茶償之。天聖初行見錢法，商人入芻粟塞下者，度地里遠近，使茶與邊糴各以實錢，禁納色虛估之弊。豪商大賈不能為重，輕而煩費頃省。嘉祐中，弛舊禁通商茶法。弊：園户困於征取，何鬲、王應麟俱言其不便。時韓琦、富弼主行之，歲收租三十三萬八千有奇，與諸路本錢悉儲以給邊。神宗熙寧中，置提舉熙河路買馬，命知熙州王韶為之，而以提點刑獄為同提舉。八年，提舉茶場李杞言，賣茶買馬固為一事，乞同提舉買馬，詔如其請。十年，又置羣牧行司以往來督市馬者，此茶馬所由始也。

元豐三年，復罷為提舉買馬監牧司。四年，羣牧判官郭茂恂言：承詔，專以茶市馬，以物帛市穀，而併茶馬為一司。臣聞頃時以茶易馬兼用金帛，以聽其便。近歲司局既分專用銀絹錢鈔，非羌部所欲。且茶馬二者，事實相須，請如詔便奏可。六年，買馬司復罷兼茶事者。七年，更詔以買馬隸經制熙河財用司，經制司罷，乃復故。自李杞建議始于提舉茶事兼買馬，其後二職分合不一。元豐八年，陝西賣茶為場三百三十二，金州為場六。元祐二年，熙河、秦、鳳三路茶仍官為計置，永興、鄜延、環慶許通商。

崇寧四年，詔令茶馬司總運茶博馬之職，復元豐成法，自是職任始一。

元：世祖至元五年，用運使白賡言榷成都茶，於京兆、鞏昌置局發賣，私自採賣者，其罪與私鹽法同。

明：陝西置茶馬司四：河州、洮州、西寧、甘州，各府並赴徽州茶引所批驗。洪武初，上引五千斤，中引四千斤，下引三千斤，每七斤蒸曬一篦，運至茶司，官商對分。官茶易馬，商茶給賣。每上引仍給附茶七百斤，中引五百六十斤，下引四百二十斤，名曰酬勞。經過地方，責令掌印

官盤驗，佐貳官催運。凡中茶有引由，出茶地方有税，貯放有茶倉，巡茶有御史，分理有茶馬司、茶課司，驗茶有批驗所，歲遣行人齎榜文於行茶所在懸示，禁約私茶出境，撥官軍把守巡視，但有私茶即拿解治罪。茶課初二萬六千八百六十二斤零。弘治十八年，新增二萬四千一百六十四斤，并舊五萬一千二十六斤零。見今茶課五萬一千三百八十四斤零，係漢中府屬西鄉、石泉、漢陰及興安、紫陽五州縣歲辦分解各茶馬司。又設陝西行太僕寺，寺有卿，有少卿及寺丞，主簿各一人，甘肅行太僕寺亦如之。又設陝西苑馬寺卿、少卿、主簿各一人，後裁少卿、寺丞。領監二：長樂、靈武。監有正，置苑七：廣寧、開城、黑水、安定、清平、萬安、武安。苑有圉長二、監易七，苑為七監，圉長為監正。甘肅苑馬司設官如陝西，領監六、苑二十四。

洪武初，令陝西河州、洮州、西寧各設茶馬司，每三年一次，差在京官選調邊軍齎捧金牌四十一面降此三衛附近羌族，令納馬萬有三千八百五匹，收馬給茶，名曰差發。先期於四川徵茶一百萬斤，官軍轉運各茶司分貯給用。二十三年，定易馬茶數，上等每疋一百二十斤，中等七十斤，下等五十斤。

洪武四年，奏准：陝西漢中府金州、石泉、漢陰、平利、西鄉縣民，茶十株官取一分。民所收茶官給價買。無主者，令官軍薅培，及時採取，官取八分，軍收二分。每五十斤為一包，二包為一引，令有司收貯，與西番易馬。永樂初，遣御史巡督洮、河等處茶馬。

正統八年，奏准：金州芽茶一斤收葉茶二斤，運西寧易馬。十四年，停止金牌，每歲遣行人一員巡察潼關以西至甘肅等處私販。

景泰二年，令陝西布政司委官巡視，罷遣行人。四年，復遣行人。

成化三年，定麤茶每百斤收銀五錢，芽茶三十五斤亦量收五錢，無銀收絲絹等項，俱解本省有司買茶支用。十四年，差御史一員領勅專理茶馬，每歲一代，遂為定例。定制：易馬，自四歲至六歲：高大中度者方准收買，牡騸馬給各邊兵，牝馬送苑馬寺孳牧。十五年，令巡茶御史招羌易馬不拘年例。十八年，令販私茶五百斤者，照私鹽例充軍。

弘治三年，令陝西布政司招商給引，赴產茶地方買茶，運赴茶馬司。六分聽其貨賣，四分驗收入官。十六年，取回巡茶御史，凡茶法聽馬政都御史兼理。十七年，令陝西每年揀憲臣駐劄臨洮府巡禁私茶，一年滿日交代。又，召商收買茶五六十萬斤，依原擬給銀定限，聽其自買自運至各該茶司，仍委官於西寧、河州二衛發賣，價銀官庫收候給商。十八年，題准：各處行茶地方，但有興販私茶在邊境交易及在腹裏賣與進貢遠人者，不拘斤數，事發并歇家、牙保俱發問煙瘴衛所，永遠充軍。其在西寧、甘肅、河州、洮州販賣者，一百斤以上者，分別附近邊衛充軍，不及數者，俱依律枷號，擺站、守哨。若軍官縱容子弟伴當興販及守備把關巡捕官知情故縱者，事發參問。若官自出資本販私茶通番者，發邊衛充軍。在西寧、洮河、甘肅地方發賣者，三百斤以上近衛充軍。十八年，都御史楊一清及巡按李璣言國初金牌僉發之功，請復其制。以查檢不出，事寢。疏載藝文中。

正德元年，舊額茶課二萬六千八百餘斤，新收茶課二萬四千一百六十四斤，俱照歲辦，永為定例。商人不願領價者對分，官茶貯庫，商茶逕自貨賣，遂為常例。二年，仍差巡茶御史一員，請勅兼理馬政茶法二事。十五年，以每年招易，羌人不辨秤衡，止訂篦中馬，篦大則官虧，小則商病，令酌為中制，每一千斤定三百三十篦，以六斤四兩為准，作正茶三斤、篦繩三斤。

嘉靖十五年，題准：陝西三茶馬司積茶止留二年之用，每年易馬計該正茶外，分毫不許夾帶。

四十三年，題准：以後每年開茶，仍止五六十萬斤，商人以一百五十名為止，勒限買茶報中。又定買茶中馬事宜。各商自備資本執引前去收買真細好茶，正附一例蒸曬，每篦重七斤，鞏昌府查驗篦數，稽考夾帶。每正茶一千斤許照散茶一千五百斤，數外若有多餘，方准抽稅，各照格填註印鈐截角，依限運赴洮岷參將轉洮岷茶司，照例對分、貯庫，取實收赴院銷繳。如有夾帶、數多、偽造、低假、正附篦斤不同，即從重問罪，夾帶與斤重者入官，低假者砍焚，引過五年不銷者究問。三十年，以年例馬完，羌有餘馬，司有餘茶，許其增中解牧，洮州增至一千二百五十匹，河州增至一千七百四十匹，西寧二千四百三十匹。

隆慶三年，以四川課茶改征折色，解苑馬寺易買種馬。五年冬，令甘州茶司比照洮、河、西寧三茶司例，定以六月該道會同將領撫調羌族馬，

堪騎征者方許中納，每年約以八百匹為止。

萬曆二年，陝西苑馬寺缺少種馬，將該寺貯庫茶課等銀，歲解固原鎮二千兩，給軍自買。於年例應解該鎮馬二千匹，內扣留二百匹在苑作種。

《清實録·宣統朝政紀》卷一一　外務部等奏：會議駐藏辦事大臣聯豫等奏印藏商約既定，亞東、江孜、噶大克三處開埠設關，分別擬辦情形。查藏印通商，訂定約章，以五年為限，免納進出口税，現在早已限滿。惟百貨一經徵税，照約即應准印茶入藏，于川茶入藏之貿易殊有妨礙。此時應由駐藏大臣等先將開埠事宜妥為佈置。噶大克一埠，既據稱印茶多由該處灌入藏境，亦應續籌設關派員，以資稽查。其各埠所設監督，有管理商務之責任，應先行遴派妥員，俾資治理。該大臣等所擬派員兼充監督委員，暨江孜、噶大克兩處監督委員作為兼差之處，應如所請，先行試辦。至江孜、噶大克兩處擬設分卡查驗委員歸亞東關管轄一節，查噶大克在後藏迤西，南通印度新辣等處，地方尚為衝要。該處設關，擬作為亞東之分關，派副税司一員，歸亞東税務司管轄。其江孜一處與印度往來貿易必經過亞東，本毋庸另設關卡。惟該處商務較盛，擬由亞東税務司派一查驗委員，在該處設立分卡，料理稽徵事宜。至該大臣等奏請酌撥江孜、噶大克兩處商埠經費，每年每處銀三萬兩。按照單開各款，尚無浮冒，自應准予籌撥。又建造公署、購辦器具每處三千兩，為數無多，自應一律籌撥。其噶大克須設塘站駐兵，裁判暫歸商務委員兼辦。及籌議巡警、工程各節，應俟辦理就緒，妥定章程，再行核議，如所請行。

傳記

《宋史》卷三七二《王之望傳》　王之望字瞻叔，襄陽穀城人，後寓居台州。父綱，登元符進士第，至通判徽州而卒。之望初以蔭補，紹興八年，登進士第。教授處州，入爲太學錄，遷博士。久之，出知荊門軍，提舉湖南茶鹽，改潼川府路轉運判官，尋改成都府路計度轉運副使、提舉四川茶馬。朝臣薦其才，召赴行在，除太府少卿，總領四川財賦。

又　卷三七四《趙開傳》　趙開字應祥，普州安居人。登元符三年進士第。【略】宣和初，除禮制局校正檢閲官。數月局罷，出知鄢陵縣。七年，除講議司檢詳官。開善心計，自檢詳罷，除成都路轉運判官，遂奏罷宣和六年所增上供認額綱布十萬匹，減綿州下户支移利州水脚錢十分之三，又減蒲江六井元符至宣和所增鹽額，列其次第，謂之『鼠尾帳』，揭示鄉戶歲時所當輸折科等實數，俾人人具曉，鄉胥不得隱匿竄寄。

嘗言：『財利之源當出於一。祖宗朝天下財計盡歸三司，諸道利源各歸漕計，故官省事理。併廢以還，漕司則利害可以參究，而無牽掣窒礙之患矣。』因指陳榷茶、買馬五害，大略謂：『黎州買馬，嘉祐歲額纔二千一百餘。自置司榷茶，歲額四千，且獲馬兵踰千人猶不足用，多費衣糧，爲一害。嘉祐以銀絹博馬，價皆有定。今長吏旁緣爲姦，不時歸貨，以空券給夷人，使待資次，夷人怨恨，必生邊患，爲二害。初置司榷茶，借本錢於轉運司五十二萬緡，於常平司二十餘萬緡。自熙寧至今幾六十年，舊所借不償一文，而歲借乃準初數，爲三害。榷茶之初，預俵茶戶本錢，尋於數外更增和買，或遂抑預俵錢充和買，茶戶坐是破產，而官買歲增。茶日濫雜，官茶既不堪食，則私販公行，刑不能禁，爲四害。承平時，蜀茶之入秦者十幾八九，猶患積壓難售。今關、隴悉遭焚蕩，仍拘舊額，竟何所用？茶兵官吏坐縻衣糧，未免科配州縣，爲五害。請依嘉祐故事，盡罷榷茶，仍令轉運司買馬，即五害並去，而邊患不生。如謂榷茶未可遽罷，亦宜併歸轉運司，痛減額以蘇茶戶，輕立價以惠茶商，如此則私販必衰，盜賊消弭，本錢既常在，而息錢自足。』

朝廷是其言，即擢開都大提舉川、陝茶馬事，使推行之。時建炎二年也。於是大更茶馬之法，官買官賣茶並罷，參酌政和二年東京都茶務所創條約，印給茶引，使茶商執引與茶戶自相貿易。改成都舊買賣茶場爲合同場買引所，仍於合同場置茶市，交易者必由市，引與茶必相隨。茶戶十或十五共爲一保，并籍定茶鋪姓名，互察影帶販鬻者。凡買茶引，每一斤春爲錢七十，夏五十，舊所輸市例頭子錢並依舊。茶所過每一斤征一錢，住征一錢半。其合同場監官除驗引、秤茶、封記、發放外，無得干預茶商、茶戶交易事。

舊制買馬及三千匹者轉一官，此但以所買數推賞，往往有一任轉數

官者。開奏：『請推賞必以馬到京實收數爲格，或死於道，黜降有差。』比及四年冬，茶引收息至一百七十餘萬緡，買馬乃踰二萬匹。

張浚以知樞密院宣撫川蜀，素知開善理財，即承制以開兼宣撫處置使司隨軍轉運使，專一總領四川財賦。開見浚曰：『蜀之民力盡矣，錙銖不可加，獨榷貨稍存贏餘，而貪猾認爲己有，互相隱匿。惟不恤怨詈，斷而敢行，庶可救一時之急。』

浚銳意興復，委任不疑，於是大變酒法，自成都始。【略】

時浚荷重寄，治兵秦川，經營兩河，旬犒月賞，期得士死力，費用不貲，盡取辦於開。開悉知慮於食貨，算無遺策，雖支費不可計，而贏貲若有餘。

吳玠爲四川宣撫副使，專治戰守，於財計盈虛未嘗問，惟一切以軍期趣辦，與開異趣。玠數以餉饋不繼訴于朝，開亦自劾老憊，丐去。朝廷未許，乃特置四川安撫制置大使之名，命席益爲之。益前執政，詔位宣撫司上，朝論恐未安，仍詔張浚視師荊、襄、川、陝。【略】

朝廷既知開與玠及席益有隙，乃詔開赴行在，以李迨代之。會疾作不行，提舉江州太平觀。七年，復右文殿修撰、都大主管川陝茶馬。開已病，累疏丐去，詔從所乞，提舉太平觀。十一年卒。

又 卷三八八《李燾傳》 李燾字仁甫，眉州丹稜人，唐宗室曹王之後也。父中登第，知仙井監。燾甫冠，憤金讎未報，著反正議十四篇，皆救時大務。紹興八年，擢進士第。調華陽簿，再調雅州推官。改秩，知雙流縣。【略】

乾道三年，召對，首舉藝祖治身、治家、治官、治吏典故，以爲恢復之法，乞增置諫官，許六察言事，請練兵，毋增兵，杜諸將私獻，覈軍中虛籍。【略】

八年，直寶文閣，帥潼川兼知瀘州，首葺石門堡以扼夷人，奏乞戒茶馬司市敍州羈縻馬毋溢額，戒官民毋於夷、漢禁山伐木造舟，奏移鎖水於開邊舊池，皆報可。【略】

初，政和末，澧、辰、沅、靖四州置營田刀弩手，募人開邊，范世雄等附會擾民，建炎罷之。乾道間，有建請復置者，燾爲轉運使，嘗奏不當復，已而提刑尹機迫郡縣行之，田不能給。燾至是又申言之，請度田立額，且約帥臣張栻列奏，詔從之。境多茶園，異時禁切商賈，率至交兵，燾曰：『官捕茶賊，豈禁茶商？』聽其自如，訖無警。

又 卷四〇六《崔與之傳》 崔與之字正子，廣州人。父世明，試有司連黜，每曰『不爲宰相則爲良醫』，遂究心岐、黃之書，貧者療之不受直。與之少卓犖有奇節，不遠數千里遊太學。紹熙四年舉進士，廣之士繇太學取科第自與之始。【略】

升秘書監兼太子侍講，權工部侍郎。未幾，成都帥董居誼以黷貨爲叛卒所逐，總領楊九鼎遇害，蜀大擾。與之以選爲煥章閣待制、知成都府、本路安撫使，至即帖然。【略】

蜀盛時，四戎司馬萬五千有奇，開禧後，安丙裁去三之一，嘉定損耗過半，比與之至，馬僅五千。與之移檄茶馬司，許戎司自於關外收市如舊，嚴私商之禁，給細茶，增馬價，使無爲金人所邀。總司之給料不足者，亦移檄增給之。乞移大帥於興元，雖不果行，而凡關外林木厚加封殖，以防金人突至。隔第關、盤車嶺皆極邊，號天險，因厚間探者賞，使覘之，動息悉知，邊防益密。總計告匱，首撥成都府等錢百五十萬緡助糴本。又慮關外歲糴不多，運米三十萬石積沔州倉，以備不測。初至，府庫錢僅萬餘，其後至千餘萬，金帛稱是。蜀知名士若家大酉、游似、李性傳、李心傳、度正之徒皆薦達之，其有名浮於實、用過其才者，亦歷歷以爲言。沔帥趙彥吶方有時名，與之獨察其大言亡實，它日誤事者必此人，移書廟堂，欲因乞祠而從之，不可付以邊藩之寄，後果如其言。與之以疾丐歸，朝廷以鄭損代，既受代，金諜知之，大入，與之再爲臨邊，金人乃退。召爲禮部尚書，不拜，便道還廣。蜀人思之，肖其像於成都仙遊閣，以配張詠、趙抃，名三賢祠。【略】

嘉熙三年，乃得致仕，以觀文殿大學士提舉洞霄宮。自領鄉郡，不受廩祿之入，凡奉餘皆以均親黨。薨時年八十有二，遺戒不得作佛事。累封至南海郡公，謚清獻。

又 卷四九〇《外國傳六》 大食國本波斯之別種。隋大業中，波斯有桀黠者探穴得文石，以爲瑞，乃糾合其衆，剽略資貨，聚徒浸盛，遂自立爲王，據有波斯國之西境。唐永徽以後，屢來朝貢。其王益泥末換之前謂之白衣大食，阿蒲羅拔之後謂之黑衣大食。【略】

建炎三年，遣使奉寶玉珠貝入貢。帝謂侍臣曰：『大觀、宣和間，茶馬之政廢，故武備不修，致金人亂華，危亡不絕如綫。今復捐數十萬緡以易無用之珠玉，曷若惜財以養戰士？』詔張浚却之，優賜以答遠人之意。紹興元年，復遣使貢文犀、象齒，朝廷亦厚加賜與，而不貪其利。故遠人懷之，而貢賦不絕。

《古今圖書集成・明倫彙編・官常典・漕使部・名臣列傳二・趙開傳》 按《宋史》本傳，開字應祥，普州安居人，登元符三年進士第。大觀二年，權辟廱正，用舉者改秩，即盡室如京師，買田尉氏，與四方賢俊遊，因詗知天下利病所當罷行者。如是七年，慨然有通變救弊志。宣和初，除禮制局校正檢閲官，數月局罷，出知鄢陵縣。七年，除講議司檢詳官。

開善心計，自檢詳罷，除成都路轉運判官，遂奏罷宣和六年所增上供認額綱布十萬匹，減緜州下戶支移利州水腳錢十分之三，又減蒲江六井元符至宣和所增鹽額，列其次第，謂之鼠尾帳，揭示鄉戶歲時所當輸折科等實數，俾人人俱曉，鄉胥不得隱匿竄寄。

嘗言財利之源當出於一，祖宗朝天下財計盡歸三司，諸道利源各歸漕計，故官省事理。並廢以還漕司，則利害可以參究而無牽掣窒礙之患矣。因指陳榷茶買馬五害，大略謂：『黎州買馬，嘉祐歲額纔二千一百餘，自置司榷茶，歲額四千，且獲馬兵逾千人，猶不足用，多費衣糧，為一害；嘉祐以銀絹博馬，價皆有定，今長吏旁緣為奸，不時歸貨，以空券給夷人，使待資次，夷人怨恨，必生邊患，為二害；初置司榷茶，借本錢于轉運司五十二萬緡，于常平司二十餘萬緡，自熙寧至今幾六十年，舊所借不償一文，而歲借乃准初數，為三害；榷茶之初，預俵茶戶本錢，尋於數外更增和買，或遂抑預俵錢充和買，茶戶坐是破產，而官買歲增，茶日濫雜，官茶既不堪食，則私販公行，刑不能禁，為四害；承平時，蜀茶之入秦者十幾八九，猶患積壓難售，今關隴悉遭焚蕩，仍拘舊額，竟何所用？茶兵官吏坐縻衣糧，未免科配州縣，為五害。請依嘉祐故事，盡罷榷茶，仍令轉運司買馬，即五害並去而邊患不生。如謂榷茶未可遽罷，亦宜並歸轉運司，痛減額以蘇茶戶，輕立價以惠茶商。如此則私販必衰，盜賊消弭，本錢既常在而息錢自足。』朝廷是其言，即擢開都大提舉川陝茶馬事，使推行之。時建炎二年也。於是大更茶馬之法，官買官賣茶並罷，參酌政和二年東京都茶務所刱條約，印給茶引，使茶商執引與茶戶自相貿易。改成都舊買賣茶場為合同場買引所，仍于合同場置茶市，交易者必由市，引與茶必相隨。茶戶十或十五共為一保，並籍定茶鋪姓名，互察影帶販鬻者。凡買茶引，每一斤春為錢七十，夏五十，舊所輸市例頭子錢並依舊。茶所過每一斤征一錢，住征一錢半。其合同場監官除驗引、秤茶、封記、發放外，無得幹預茶商茶戶交易事。舊制，買馬及三千匹者轉一官，此但以所買數推賞，往往有一任轉數官者。開奏請推賞必以馬到京實收數為格，或死於道，黜降有差。比及四年冬，茶引收息至一百七十餘萬緡，買馬及逾二萬匹。張浚以知樞密院宣撫川蜀，素知開善理財，即承制以開兼宣撫處置使司隨軍轉運使，專一總領四川財賦。開見浚曰：『蜀之民力盡矣，錙銖不可加，獨榷貨稍存贏餘，而貪猾己有，互相隱匿，惟不恤怨詈，斷而敢行，庶可救一時之急。』浚銳意興復，委任不疑，於是大變酒法。【略】最後又變鹽法，其法實視大觀東南、東北鹽鈔條約，置合同場鹽市，與茶法大抵相類。鹽引每一斤納錢二十五，土產稅及增添等共納五錢四分，所過每斤征錢七分，住征一錢五分。若以錢引折納，別輸稱提勘合錢共六十。

初變榷法，怨詈四起，至是開覆議更鹽法，言者遂奏其不便，乞罷之以安遠民，且曰：如謂大臣建設務全事體，必須更制，即乞劄與張浚照會。詔以其章示浚，浚不為變。時浚荷重寄，治兵秦川，經營兩河，旬犒月賞，期得士死力，費用不貲，盡取辦於開。開悉知慮於食貨，算無遺策，雖支費不可計而贏資若有餘。吳玠為四川宣撫副使，專治戰守，於財計盈虛未嘗問，惟一切以軍期趣辦，與開異趣。【略】

六年，罷宣撫司，玠仍以宣撫治兵事，軍馬聽玠移撥，錢物則委開拘收。尋除開徽猷閣待制，加玠兩鎮節鉞，復降旨，都轉運使不當與四路漕臣同繫銜，成都、潼川兩路漕臣與都轉運使坐應副軍支錢物愆期，各貶二秩。朝廷故抑揚之，使之交解間隙、趣辦餉饋也。而開復與席益不和，抗疏乞將舊米宣撫司年計應副軍期，不許他司分擘支用。又指陳宣撫司截都漕運司錢就果閬糴米非是。又言應副吳玠軍須，紹興四年總為錢一千九百五十五萬七千餘緡，五年視四年又增四百二十萬五千餘緡。蜀今

公私俱困，四向無所取給，事屬危急，實甚可憂，乞許以茶馬司奏計詣闕下，盡所欲言。朝廷既知開與玠及席益有隙，乃詔開赴行在，以李迨代之，會疾作不行，提舉江州太平觀。七年，復右文殿修撰、都大主管川陝茶馬。開已病，累疏丐去，詔從所乞，提舉太平觀。十一年卒。

《明史》卷一九八《楊一清傳》　楊一清，字應寧，其先雲南安寧人。父景，以化州同知致仕，攜之居巴陵。少能文，以奇童薦為翰林秀才。憲宗命內閣擇師教之。年十四舉鄉試，登成化八年進士。父喪，葬丹徒，遂家焉。服除，授中書舍人。久之，遷山西按察僉事，以副使督學陝西。一清貌寢而性警敏，好談經濟大略。在陝八年，以其暇究邊事甚悉。入為太常寺少卿，進南京太常寺卿。

弘治十五年用劉大夏薦，擢都察院左副都御史，督理陝西馬政。西番故饒馬，而仰給中國茶飲以去疾。太祖著令，以蜀茶易番馬，資軍中用。久而浸弛，奸人多挾私茶闌出為利，番馬不時至。一清嚴為禁，盡籠茶利於官，以服致諸番，番馬大集。會寇大入花馬池，帝命一清巡撫陝西，仍督馬政。甫受事，寇已退。乃選卒練兵，創平虜、紅古二城以援固原；築垣瀕河以捍靖虜；劾罷貪庸總兵武安侯鄭宏；裁鎮守中官冗費，軍紀肅然。武宗初立，寇數萬騎抵固原，總兵曹雄軍隔絕不相聞。一清帥輕騎自平涼晝夜行，抵雄軍，為之節度，多張疑兵脅寇，寇移犯隆德。一清夜發火礮，回應山谷間。寇疑大兵至，遁出塞。一清以延綏、寧夏、甘肅有警不相援，患無所統攝，請遣大臣兼領之。大夏請即命一清總制三鎮軍務。尋進右都御史。【略】

一清生而隱宮，貌寺人，無子。博學善權變，尤曉暢邊事。羽書旁午，一夕占十疏，悉中機宜。人或訾己，反薦揚之。惟晚與璁、萼異，為所軋，不獲以恩禮終。然其才一時無兩，或比之姚崇云。

又卷二九一《張銓傳》　張銓，字宇衡，沁水人。萬曆三十二年進士。授保定推官，擢御史，巡視陝西茶馬。以憂歸，起按江西。【略】

熹宗即位，出按遼東，經略袁應泰下納降令，銓力爭，不聽，曰：『禍始此矣。』天啟元年三月，瀋陽破，銓請令遼東巡撫薛國用帥河西兵駐海州，薊遼總督文球帥山海兵駐廣寧，以壯聲援。疏甫上，遼陽被圍，軍大潰。銓與應泰分城守，應泰令銓退保河西，以圖再舉，不從。守三日，城破，被執不屈，欲殺之，引頸待刃，乃送歸署。銓衣冠向闕拜，又遙拜父母，遂自經。事聞，贈大理卿，再贈兵部尚書，謚忠烈。官其子道濬錦衣指揮僉事。

又卷三一一《四川土司一・天全六番招討司》　天全，古氐羌地。五代孟蜀時，置碉門、黎、雅、長河西、魚通、寧遠六軍安撫司。宋因之，隸雅州。元置六安撫司，屬土番等處宣慰司，後改六番招討，又分置天全招討司。明初并為天全六番招討司，隸四川都司。

洪武六年，天全六番招討使高英遣子敬嚴等來朝，貢方物。帝賜以文綺龍衣。以英為正招討，楊藏卜為副招討，秩從五品，每三歲入貢，賜予甚厚。二十一年，楊藏卜來朝，言茶戶向與西番貿易，歲收其課。近在官收買，額遂虧，乞從民便，許之。先是，高敬嚴襲招討使，偕楊藏卜奏請簡土民為兵，以守邊境，詔許之。敬嚴等遂招選土民，教以戰陣，得馬步卒千餘人。至是藏卜來朝，奏其事，詔更天全六番招討司為武職，令戍守邊界，控制西番。三十一年，帝諭左都督徐增壽曰：『曩因碉門拒長河西口，道路險隘，以致往來跋涉艱難，市馬數少。今聞有路自碉門出枯木任場徑抵長河西口，通雜道長官司，道路平坦，往來徑直，可即檄所司開拓，以便往來。』

永樂二年，高敬讓來朝，并賀立皇太子，且遣其子虎入國子學，賜虎衣衾等物。十年，敬讓遣子虎貢馬。初，虎入國學讀書，以丁母憂去，至是服闋還監，皇太子命禮部賜予如例。

宣德五年，六番招討司奏：『舊額歲辦烏茶五萬斤，二年一次，運付碉門茶馬司易馬。今戶部令再辦芽茶二千二百斤，山深地瘠，艱於采辦，乞減其數。』帝令免烏茶只辦芽茶。十年，命高鳳署天全六番招討司事。先是，敬讓以罪下獄死。至是，其子鳳乞襲父職。帝念其祖有撫綏功，命暫理招討事。正統四年命鳳襲。

正德十五年，招討高文林父子稱兵亂，副招討楊世仁亦助惡。命四川撫按官討之。初，文林等與蘆山縣民爭田構釁，知縣處置失宜，致叛亂。踰年，討斬文林，擒其子繼恩，擇其宗人承襲。

初，天全招討司治碉門城，元之碉門安撫司也，在雅州境。明初，宣慰余思聰、王德貴歸附，始降司為州，設雅州千戶所，而設碉門百戶，近

天全六番之界。又置茶課司以平互市。蓋其地爲南詔咽喉，三十六番朝貢出入之路。

三十六番者，皆西南諸部落，洪武初，先後至京，授職賜印。立都指揮使二：曰烏斯藏，曰朶甘。爲宣慰司者三：曰朶甘，曰董卜韓胡，曰長河西魚通寧遠。爲招討司者六，爲萬戶府者四，爲千戶所者十七，是爲三十六種。或三年、或五年一朝貢，其道皆由雅州入，詳西番傳。

紀事

宋 彭百川《太平治迹統類》卷二九《用度損益・茶》 ［天聖元年］七月壬辰，遣殿中侍御史王碩、內殿承制朱緒點檢山場所積茶。初，朝廷既用李諮等貼射法，行之朞年，豪商大賈不能軒輊為輕重，而論者或謂邊糴償以見錢，恐京府藏不足以繼，爭言其不便。會江、淮制置司言茶有滯積壞敗者，請一切焚棄。朝廷疑變法之弊，下書責計置司，因令碩等行視，既而諮等條上利害，且言嘗遣官視陝西、河北，以鎮戎軍、定州為率，鎮戎軍入粟直一萬八千，定州入粟直四萬五千，給茶皆直十萬。蘄州市茶本錢視鎮戎軍粟直，反亡本錢三之一，所得不償，其弊在於茶與邊糴相須為用，故更今法。以新舊二法較之，乾興元年用三稅法，每給十萬，茶售錢萬一千至六萬二千，香藥、象齒售錢四萬一千有奇，東南緡錢售錢八萬三千，而京師實入緡錢七十五萬有奇，邊儲芻二百五萬餘圍，粟二百九十八萬石。天聖元年用新法，二年，茶及香藥、東南緡錢每給直十萬，茶入實錢七萬四千有奇至八萬，香藥、象齒入錢七萬三千有奇，東南緡錢入錢十五萬五百，而京師實入緡錢增一百四萬有奇，邊儲芻增一千一百六十九萬餘圍，粟增二百一十三萬餘石。舊以虛估給券者，至京師為出錢售之，或折為實錢給茶，貴賤從其市估。其先賤售於茶商者，券錢十萬，使別輸實錢五萬，共給天禧五年茶直十五萬。小商百萬已下免輸錢，每券十萬，給茶直七萬至七萬五千，天禧茶盡則給乾興已後茶，仍增別輸錢五萬者為七萬，並給耗如舊，俟舊券盡而止。如此，又省合給茶及香藥、象齒、東南緡錢總直緡錢二百七十一萬。二府大臣亦言所省及增收計為緡錢六百五十餘萬。異時邊儲有不足以給一歲者，至是，多者有四年，少者有二年之蓄，而東南茶亦無滯積之弊。其制置司請焚棄者，特累年壞敗不可用者爾。因言推行新法，功緒已見。積年侵蠹之源，一朝閉塞，商賈利於復故，欲有以搖動，而論者不察其實，助為游說。願力行之，無為流言所易。於是詔有司榜諭商賈以推行不變之意，賜典吏銀絹有差。八月，李諮等既條上茶法利害，朝廷推行，令者猶言不便。辛未，命學士孫奭等再加詳定。十月，孫奭等言：商人貼射則善茶皆入商人，其入官者皆粗惡不好，故人莫肯售。又奸人倚貼射為名，強市盜販，侵奪官利，弊不可不除。請罷貼射法，官復給本錢市茶，而商人入錢以售茶者宜復之，減諸科率。庚辰，詔從奭等議。自是河北入中復用三稅舊法，給東南緡錢者以京師榷貨務償之。四年六月，罷永興、秦、坊等州新醋務。初，陝西運司言醋有微利，已置務榷之，請推其法于天下。王曾曰：榷酒蓋出於前代不得已，若又榷醋，則甚矣。故罷之。冬，出內帑緡錢二十萬下京西路糴軍儲。六年，抑採金之利。四月二日。六月乙酉，出內庫緡錢二十萬下京西運司糴軍儲。鹽課淨羨。七年三月甲申，上封事者言天下茶鹽課虧，請更其法。帝以問寇瑊，曰：『議者未知其要爾。河北入中兵食皆仰給於商旅，若官盡其利，則商旅不行，而邊民困於饋運矣。法豈可數更。』上然之，因謂輔臣曰：『茶鹽民所食，強設法以禁之，致犯者衆。但緣經費尚廣，未能弛之，又安可數更其法也？秦州鹽課虧緡數十萬，事連十一州，詔殿中丞薛奎往按之。還奏三司發鈔稽緩，非諸州虧額，因言：『鹽法所以足軍費，非政所宜行。若不得已，令商人轉貿流通，獨關收其征，則上下皆利，孰與設重禁雍閼之為民病。』有詔悉除所負。八年春，有上書言：『縣官榷鹽得利而為害博。兩池積鹽陝西解、安邑。為阜，其上生木合抱，數莫可校。請通商平估以售，寬民力。』乃詔盛度、王隨議更其制，隨與權三司使胡則畫通商五利上之。丙申，詔曰：『鹽池之利，民食所資。申命近臣，詳立寬制，特弛煩禁，以惠黎元。』其罷三京二十八州榷法，聽商賈入錢若金銀京師榷貨務，受兩池。或云上書王景也。景嘗言池鹽之利，建通商之策，大臣言其不便，太后欲行之。或以為縣官必多所耗。太后曰：『棄數十萬亦可，耗之何害。』大臣不敢復言，故命盛度等與三司詳利害，卒行景策。有鹽池之民皆感聖恩。自是商賈流行，歲課入官耗矣。九年夏四月辛巳，

三司請在京榷貨務入茶鹽錢歲以百八十萬三千緡，建州茶市以三十萬斤，真州轉般茶歲以二百五十綱為定額，建州茶五百斤餘。從之。

《續資治通鑑長編》卷二五《太宗》［雍熙元年三月］丁巳，上謂宰相曰：『夏州蕃部並已寧謐，向之強悍難制者，皆委身歸順，凡得酋豪二百七十餘人，種族五百餘帳。十年以來，戎人所略生口、羊馬數萬計，悉還其主。朕前後遣師將，皆諭以柔服之旨，戎人畏威，故不煩戰伐，皆相率內附。朕亦慮轉餉勞擾，止令齎茶於蕃部中貿易，以給軍食，未嘗發民輸送也。』又謂李繼捧曰：『汝在夏州用何道制蕃部？』對曰：『戎人狡狠，臣但羈縻而已，非能制也。』

又卷六一《真宗》［景德二年八月乙巳］詔涇、原、儀、渭等州蕃部所給馬價茶，緣路免其算。

又卷六四《真宗》［景德三年冬十月］辛巳，詔西邊州軍，德明已受朝命，緣邊屯戍量留步兵，餘悉分屯河中府、鄜州、永興軍，以就芻粟。

知雄州李允則言：『兩地供輸民或饋羊酒，拒之則邊人以為疑，欲受而答以茶綵，設飲食以接其意。』可之。

又卷一二八《仁宗》［康定元年秋七月］丁巳，詔諸軍戍邊，其在營家屬，並給以茶鹽。

又卷二七一《神宗》［熙寧八年十二月庚寅］權發遣熙河路經略司高遵裕言：『本路新復，未有租稅之助，而所在倉廩空虛，商人絕跡，轉運司計置不行。乞權停買馬，以川茶付轉運司變錢計置芻束。』上批：『熙、河二州及外城寨，糧草缺乏已極，萬一別有事變，於邊計所繫不輕。中書、樞密院可速議權宜措置。』遂詔秦鳳等路都轉運使，發義勇運近裏州軍芻粟應付，所支口食薪菜錢，依已降指揮。

又卷二七四《神宗》［熙寧九年四月］丁未，體量成都府等路茶場利害劉佐言：『商人販解鹽入川買茶至陝西，獲利甚厚，欲依商人例，歲以鹽十萬席易茶六萬馱，約用本錢二百一萬緡，比商賈取利皆酌中之數，禁商人私販。』從之。仍以佐提舉成都府、利州、秦鳳、熙河等路茶場，兼熙河路市易司，尋又以佐兼提舉買馬。兼買馬乃二十五日事，今并書。

又卷二九七《神宗》［元豐二年四月丙寅］提舉成都府茶場李稷言：『洋州西鄉縣茶，舊與熙河、秦鳳路蕃漢為市，而商人私販，南入巴、達州，東北入金州，永興軍、鳳翔府官未置場以前，于州界仙遊、少府、雞雄、歸仁、洋口等鎮鋪差牙校編攔抄發，指州縣輸稅。熙寧十年廢罷四場牙校，止留洋口一處，州縣慢令，私販公行，西鄉茶歲比舊減少。乞雞雄等場令州縣督責買撲人編攔，歸仁鋪乞依舊輪差稅務牙校編閱抄發。園戶中官茶數，歲以三十萬斤為額，增及萬斤，賞錢一千，如虧少，量事決罰。』從之。

又卷三三四《神宗》［元豐六年四月］同提舉成都府等路茶場陸師閔言：『李稷歿於王事。按：稷領治茶事，於五年間，除百費外，收獲淨利四百二十八萬餘貫。伏望以稷成就茶法之功，賜之土田。』又言：『文州與階州接界，而兩路茶法不同。階州係禁地，見有博馬及賣茶場；文州係通商地分，兼龍州界亦係相連。乞以文、龍二州並為禁地，依秦鳳等路條法施行，仍下轉運司，除博馬外，不得將所買茶於文、龍州別有支用。』又言：『秦州支用錢物有侵過本錢，收付尚未齊足。乞下秦州本司，令差官一員攢造支錢文帳。』又言：『永興等路，惟是金州所出，及影帶透漏山南私茶或南方雜偽末茶，其價高貴，陝西之民良以為苦。乞計置川路餘羡茶貨徧入陝西路諸州軍出賣，並依秦鳳等路禁茶地分條貫施行。』又言：『成都府據川陸之會，茶商為多，常患物貨留滯，不免賤入居停之家。乞於成都府置博賣茶都場，許隨宜增價出賣及博易諸般物貨，卻行變轉，其所增利息，並依川路賣食茶及陝西博易條施行。』又言：『本司昨奏依客例買鹽入川變轉，每年不得過一萬席。準朝旨，不得令州縣出賣及有抑配。竊緣官物浩瀚，若不令州縣干與，則其間情弊何所不至？乞許本司就委逐處稅務監專管勾，依市價增減出賣，並不妨客旅興販。』詔並依師閔所奏，李稷賜潁川官田十頃。初，蜀茶額歲三十萬，至稷加為五十萬，及師閔代稷，為百萬云。《食貨志》：『自熙寧七年至元豐八年增廣茶法，蜀道茶場四十一，京西路金州為場六，陝西賣茶為場三百三十二。熙寧七年，稅息錢四十萬緡。元豐五年，五十萬。七年，增羡至一百六十萬緡，詔定以百萬緡為歲額，除充他官經費外，並儲陝西，以待詔用。』

師閔又言：『自買馬司兼領茶場，而茶法不能自立。伏望如買馬司用茶，並以錢帛對交，不許別司取撥。』詔蒲宗閔與師閔同具利害以聞。

六月辛亥可考。

又卷三八一《哲宗》　〔元祐元年六月甲寅〕朝奉大夫、戶部郎中黃廉直祕閣、都大提舉榷茶買馬監牧公事。始，言者論榷茶六害，請通商復券馬如舊制。蜀人疾茶官之專，在位者亦多主罷榷，朝廷遣廉按實。廉奏：『榷茶如前使者所為，誠有害。若悉以予民，則邊計不集，蜀貨不通，而園戶將有受其弊者。請熙河、秦鳳、涇原如故勿改，以制蕃市，而許東路通商。南茶無侵陝西，以利蜀貨。定博馬以萬八千匹為額。』所奏皆可，即有是命，使推其法行之。此據廉本傳。廉除茶馬，不得其月日。據《題名記》以元祐元年八月十四日到任，當是代陸師閔也。今附師閔罷後。四月二十五日蘇轍上言，可考。二月十四日廉出使，四月二十五日、五月四日云云，當并考。黃庭堅作廉行狀云：元祐初，除戶部郎中，治左曹。二月，差按察成都等路茶事，兼體量邛州蒲江鹽井利害。先奏罷陸師閔所行公私甚病者，乃具為奏曰：『臣被使旨，所至訪求利害至熟，榷茶之法，實有害於川、陝之民。蓋官司不原朝廷立法本意，希功幸賞，以得息為多，於是禁網滋繁，百姓受弊。陸師閔立法最虐，故取利最多，上累國體，下斂民怨，中外臣僚所言茶事害民之科，皆有事實。若遽論之，不若盡以予民，使園戶自賣，商賈自販，官收稅引及歇馱錢，並復熙寧以前博馬之策，無交易之煩，無腳乘之勞，抉去故弊，一從私便，無復可議。若致詳於公私之際，則先當議民，其次商賈，其次邊計，利害各有所在也。今蜀民通患幣輕錢重，商旅齎攜，息不償費。若捐榷茶盡予商賈，則百貨未能通流，腳乘未能猝備，非惟園民之貨鬱滯，絕其資生之路，若蕃市交易萬一不繼，亦足以害經久之法。今若捐十一州之茶與商賈，仍以川、陝四路及關中諸路與之為受茶之地，宜若可以盡泄川茶，以補蜀民久困。而官以善價取雅州、興元府所產，以贍熙、秦諸州，酌中法以為邊備，於理為可。』於是朝廷許同轉運使，盡公私之便，商度立法。公又奏曰：『產茶之地盡在川路，賣茶之地全占陝西，其發至陝西六路者為綱茶，榷於川、陝四路者為食茶。若產茶之地，除榷買侵刻、取息太重、搜捕苛擾、差雇不和、配賣賒欠、預俵折納、濫賞諸弊，則賣茶之地隨事制宜，其目有六：一曰路分全占陝西州縣，又榷取京西之金州。以東南望之，疑若專利；以天下觀之，阜通川、陝之利以備邊，而不病東南，則勢均矣。故以熙河、秦鳳、涇原為禁茶舊路，以永興、鄜延、環慶為通茶新路。不禁舊路無以制蕃市，不通新路無以便民，欲使通塞常相權，則公私可以共利。二曰賣茶給歷抑配及官賣未常。今除宿弊，又禁南茶無入陝西，使川茶不失中價，則民不知榷茶之害。三曰茶色不等。蓋漢茶色嫩，蕃茶色老，雅州之名山自蘭州入邈川，至于于闐。興元之大竹自階州入歐家，自河州入水波。洋州之西鄉茶自河州入水波，至于賽音隆和。今區別家品，以入趙路，則可遵漢、蕃所宜。四曰價直騰踴則害馬價。今以茶價、馬直，以斤對寸，高下適等矣。因宜增損，則可以制備邊之費。五曰博易奪市易之權。污吏撓法，不可為污吏廢今邊市。博茶大者在馬，其次金帛，去貪者之害，乃可以通邊市之利。六曰腳乘不均。蓋緣軍興，腳乘踴貴，故高立雇直，遂以諸場所博污濫之物，高估折支。若斟酌高下，損其餘以資鋪兵，則可以均力使之任。并定博馬歲額以萬八千匹。』又《蒲江鹽事》云：『鹽舊價太高，以蒙朝廷權減斤為八十五錢。然污褋涇惡，積弊未除，今欲止絕污淋、灰土，及煎瞻水止用九井正水，煮一色鹽。用權減價為定法，專用食邛州。禁外來官鹽及小井鹽。其污淋等鹽八百六十二斤，乞於正額除之，仍寬鹽戶舊欠，十分除一分。』邛民數十年之病，於是悉除，所奏即皆施行。

宋 李燾《趙待制開墓志銘》　杜大珪《名臣碑傳琬琰集》中卷三二

將漕益部，亟奏罷宣和六年所增上供認額綱布十萬疋，減綿州下戶支移利州米腳錢十分之三，又減蒲江六井元符至宣和所謂鹽額，創為鼠尾帳，揭示鄉戶歲時所當輸折科等實數，俾人人具曉，鄉胥不得隱匿竄寄，至今用之。嘗言財利當出一孔，祖宗以三司總諸路轉運司，此成憲也。熙寧後因事設官，紛然各自封殖，而轉運司至有窮乏不足處，此不可不循其本。因指陳搉茶買馬五害，其大畧謂：黎州買馬，嘉祐歲額才二千一百餘，發堪給郵傳者赴鳳翔，餘悉聽民私市。自置司搉茶，增立賞格，歲額四千，仍盡團綱上京。道殞殕，到者十無二三。別置牽馬兵又踰千人，猶不足用，貼差廂軍及使臣等，其費日滋。國難道阻，住綱日有死亡，而買數不減，官給芻秣如故。此一害。嘉祐以銀絹博馬，價皆有定。提舉官既旁緣作奸，擅買珠犀，交結權幸，馬入無以償，則空出資次關子，虛抬馬價以給夷人，夷人不能留竢，即賤市關子以去。知黎州范洪復將所得關子不循資次攙支，價由此益落。夷人怨恨，聚眾欲生變。諸司共劾洪，而轉運司更於額外分認馬價，遣官監還，事乃得息。此二害。初置司搉茶，借本錢于轉運司及常平司，今轉運司應副川秦兩司歲費約五十二萬餘緡，常平司又二十餘萬緡，自熙寧迄今幾六十年，舊所借初不償一錢，而歲借仍准初數，不知錢果安在。此三害。榷茶之初，豫俵茶戶本錢，尋於豫俵數外更增和買，或遂抑豫俵充和買，且不給一錢，茶戶坐是破產，而官買歲增，茶日益濫雜。自蜀之秦，沿路委積如山，半成朽壞，而有司猶指為見在官錢數。官茶既不堪食，私販曷由禁止。向者潰兵殘破興州，乃私販者導之。梁洋增戍，實以茶故。此四害。承平蜀茶之入秦者十幾八九，已患積壓難售。今關隴悉遭焚蕩，而買茶乃拘舊額，不知竟何所用。茶兵歲給衣糧動計巨萬，糴糧買衣，州縣未免科配。此五害。請依嘉祐故事，盡罷搉茶，仍令轉運司買馬，即五害並去而邊患不生。如謂搉茶未可遽罷，亦當並歸轉運司，痛減額以蘇茶戶，輕立價以惠茶商。如此則私販必衰

而盜賊消弭，本錢既常在而息錢自足用。朝廷是其請，即擢公都大同主管川陝茶馬事，使推行之。仍令條具奸蠹以聞。時建炎二年秋也。於是大更茶馬之法，官買官賣茶並罷，參酌政和二年東京都茶務所創條約，即給茶引，使茶商執引與茶戶自相交易。改成都府舊買賣茶場為合同場買引所，仍于合同場置茶市，交易者必由市，引與茶必相隨。茶戶十或十五共為一保，並籍定茶鋪姓名，互察影帯販鬻者。凡置茶引，每一斤春為七十，夏五十，舊所輸市例頭子等並依舊。茶所過每一斤征一錢，住征一錢半，無得妄增。其合同場監官除驗引、秤茶、封記、發放外，並無得干預茶商茶戶交易事。此其大略也。舊制，買馬及三千疋者轉一官。此但以買賣數推賞，徃徃有一任轉數官者。公奏乞推賞必以馬到京實收數為格，或死於道，降黜有差。及四年冬，買馬乃踰二萬疋，茶引收息錢九一百七十餘萬緡。

宋 章如愚《群書考索後集》卷一三《官制門・都大提舉茶馬》

宋朝熙寧七年，始詔三司鹽鐵判官李杞、三司勾當公事蒲宗閔經畫川蜀買茶充秦鳳、熙河路博馬，就于提舉成都府路買茶公事。杞于秦州、宗閔于成都置司。後改名都大提舉茶馬事。《成都府志》熙寧七年，差李杞、蒲宗閔成都府買茶、熙河路博馬，并令杞等提舉，置都大提舉及主管、同主管，各因其資品高下除授云。　元豐四年，羣牧判官郭茂恂又言：『茶司既不兼買馬，遂立法以害馬政，恐誤國事，乞併茶場、買馬爲一司。』從之。蓋茶馬司始合于此時也。舊制，于原、渭、德順三郡市蕃馬。熙寧七年，初復熙河，經略使王韶言西人頗以善馬至邉，其所嗜唯乏茶與之爲市，請趣茶馬辦之。乃命三司勾當公事李杞運蜀茶至熙河，置買馬場六，而原、渭、德順更不買馬。于是杞言賣茶、市馬一事也，乞同提舉買馬，杞遂兼馬政。然分合不常。至元豐四年，羣牧判官、提舉買馬郭茂恂又言：『茶司既不兼買馬，遂立法以害馬政，乞併爲一司。』從之。

掌收摘山之利，以佐邦用。凡市馬于蕃夷，以茶易之。大觀以來，茶馬之政廢，川茶不以博馬，唯市珠玉，故馬政廢缺。　建炎四年，張浚奏大石進奉珠玉。高宗諭曰云云。紹興四年，從闗師古之請，以乏戰馬，始令四川宣撫司支茶博馬。五年，密院言已于永康軍威、茂州置場。七年，宰臣趙鼎言：『得旨復置茶馬官。舊有主管茶馬、同提舉茶馬、都大提舉茶馬，凡三等。』上曰：『考其資歷命之。』乾道元年，川秦兩司馬額共九千餘匹。茶馬陳彌作言：『本司買馬，川秦兩司文、黎、珍、叙、南平、長寧軍六州軍年額川馬五千餘匹，係應副江上諸軍。階州之峰貼峽、西和州之宕昌兩處年額共西馬四千餘匹，係輪年應副三衙。』川秦兩司者，祖宗舊制，至今不廢。四年，四川宣撫使虞允文奏：照得祖宗朝都大茶馬官于秦州、成都各置司，治各半年，撥發馬月分居秦司，訖事即歸川司措置發茶并買馬物帛之類。

又卷四四《兵制門・總論茶馬》

國初博易戎馬，或以銅錢，或以布帛，國初，河東川陝諸路買馬給以銅錢，而戎人皆鑄錢為器。興國五年，乃以布帛準其直。或以銀絹。元豐四年，郭茂恂言：欲專以茶博馬，以彩帛博糧穀，及以茶馬併為一司。竊聞昔時亦用茶兼金帛，近歲始專用銀絹及錢鈔等，況賣茶買馬，事實相須，乞買馬通茶場。從之。以錢則戎獲其器，以金帛則戎獲其用。彼之器用日見其有餘，而我之器用日形其不給，二者皆非計之得也。熙寧以來，講摘山之利，得充廐之良。中國得馬足以為我利，戎人得茶不能以為我害。彼以食肉飲酪之性，所嗜惟茶，元符末，程之邵言戎俗食肉飲酪，故貴茶而病於難得，願禁沿邊鬻茶，以蜀產易上乘。詔可。未幾易馬萬匹。《四朝志》雖奔風逐電之駿，有所不靳。以我蜀產易彼上乘，此誠經久之策者。是則始行，李杞、蒲宗閔分主之。《成都記》：熙寧七年，詔李杞、蒲宗閔經畫川茶充秦鳳熙河路博馬。杞于秦州、宗閔于成都置司。後改名都大提舉茶馬事。元豐四年，郭茂恂言茶司既不兼買馬，遂立法以害馬政，乞並為一司。從之。

其分之者，非以官有其職足以辦事歟？其合之者，非以人自為見或至誤事歟？官號都大提舉，其職專也。見上。名兼三司判官，其權重也。熙寧十年，李稷提舉茶場，詔曰：『川茶一司創置雖久，未能就緒。李稷風力可仗，然權勢輕小。可依李杞例，兼三司判官，仍委舉劾官吏。』官屬自辟，謹所擇也。應產茶市馬之處官屬，許自辟置。官吏可劾，伸其威也。見上。仲秋為市，四月而止，順其時也。《四朝史》：程之邵奏蜀茶馬歲以仲秋為市，四月止。秦司半歲，事訖歸川，順其事也。乾道四年，虞允文奏：『祖宗朝，茶馬于秦州、成都各置司，居治各半年，排發馬月分居秦司，訖即歸川司發茶。乞依舊制。』從之。

大惟所創有其人，所用有其人，故市馬愈多，有至萬疋者。先帝市馬於邊，有司倖賞，率以駑駘充數。紹聖中，程之邵始精揀汰，又以羨茶轉入熙秦市戰騎，故馬炙而茶息厚。馬至萬疋。茶息益厚，有至百萬者。舊蜀茶額二十萬，至稷加為五十萬，師閔代稷，為百萬。吁！何其利之博也。迨元祐改令，諸法悉易而茶馬不廢，有由矣。司馬光元祐初相，罷諸路鹽錢法，皆復其舊，獨川陝茶以邊用未罷。及其後也，

奪於珠玉，此制中廢。建炎四年，張浚奏大石進珠玉，高宗曰：『大觀以來，川茶不以博馬，唯市珠玉，故馬政廢缺。』

中興以來，法度修舉，故博馬之司置於紹興之四年，威、茂之場置於紹興之五年，茶馬之官又置於紹興之七年。紹興四年，從闞師古之請，以乏戰馬，始令四川宣撫司支茶博馬。五年，密院言已于永康軍威、茂州置場。七年，宰臣趙鼎言：『有旨復置茶馬官，凡三等。』上曰：『考其資歷命之。』

至于乾道，川秦兩司凡得九千餘疋，內而三衙，外而江上，咸足其用矣。陳彌作言：『川秦兩司文、珍、叙、南平、長寧六州馬五千餘疋應副江上諸軍，階州之峯貼、和州之宕昌兩處馬四千餘匹應副三衙。』吾然後知此制之有益，於軍無害，於國之為經久可用也。或者猶曰：宋公祁嘗請損馬而益步，祁言：『天下久平，馬益少，臣請損馬而益步。我能用步所長，雖契丹多馬，無所用之。』田公況亦嘗請益步而減騎，況請料邊兵益步而減騎，但五分得一足矣。以一騎之費可贍步兵二人，而又寬括馬之擾。吾用中國所長而已而，何以馬為？嗟夫！二公所言權宜之說也，茍以我所長合夷狄所長，不亦萬全之策乎？抑猶有說焉：有市馬之政，有養馬之政，養之不至，雖市之多，無益也。嚴監牧之責，逐水草之利，牝馬二萬，歲獲萬駒，馬安得而不繁瑣？夫茍離其牝牡，飼以枯槁，是馬之生性滅矣，何以能育？此正李公覺所謂貴市於外夷而賤棄於中國也。端拱元年，李覺言：『市易之馬至于中國，縶之，維之，飼以枯槁，析牝牡，制其生性，因而減耗，是貴市於外夷而賤棄於中國也。宜減市馬之半直賜蓄之將卒，大率牝馬二萬而駒收其半，可歲獲萬匹，十數年間馬必倍矣。』《周官》一書於馬政為詳，盍以是觀之。林駉文。

宋　潘自牧《記纂淵海》卷三四《都大提點茶馬》　本朝熙寧七年，始詔三司鹽鐵判官李杞、三司勾當公事蒲宗閔經畫川蜀買茶充秦鳳熙河路博馬，就除成都府路買茶公事。杞于秦州、宗閔于成都置司。後改名都大提舉茶馬事。《成都記》元豐四年，郭茂恂言：『茶司既不兼買馬，遂立法以害馬政，恐悞國事。乞併茶馬為一司。』從之。掌收摘山之利，以佐邦用。凡市馬於藩夷，以茶易。大觀以來茶不以博馬，唯市珠玉，故馬政廢缺。紹興四年，始令四川宣撫司支茶博馬。五年，密院言已于永康軍茂州置場，舊有主管茶馬、同提舉茶馬、都大提舉茶馬，凡三等。乾道元年，川秦兩司馬共九千餘匹。熙甯十年，李稷提舉成都府等路茶場、熙河市易事，手詔：『李稷風力固已可任，然權勢輕小，可依李杞例兼三司判官，仍委權限貟舉劾官吏。』初，蜀茶額錢三十五萬，至稷加至五十萬，及陸師閔代稷，為百萬。李稷言：『一年通計課利錢七十六萬緡。』上批云：『蜀茶變法，稷能推原法意，日就是切，宜速遷擢以勸在官。』元祐初，司馬光為相，罷諸路鹽鐵法，皆復其舊，獨川陝茶以邊用未即罷，使相視去其任者。紹聖中，提舉程之邵以羨茶轉入熙秦市戰騎，故馬多而茶息厚。之邵革黎州買馬之弊，歲以仲秋為市，四月止。元符末，程之邵召對，徽宗詢以馬政，之邵言：『戎俗食肉飲酪，故貴茶而病於難得。願禁沿邊鬻茶，以蜀產易上乘。』詔可。未幾，易馬萬匹。並《四朝志》淳熙五年，茶馬呉總以馬政修舉，除敷文閣待制。自紹興初至是逾四十年間，以次對為茶馬者，趙開及呉總二人耳。《成都記》『在昔元豐，留神武備，摘山市駿，具著科條。乃詔攸司，悉遵成憲，乃將使指，實克推行。』李昌儒制『講摘山之利，得充廄之良』龍溪除起宗制。

宋　李心傳《建炎以來繫年要録》卷一八　［建炎二年十一月］庚子，上親饗太廟神主於壽寧寺。《會要》云：建炎二年不饗廟。按此月壬寅手詔云『逮祖廟及壇，夜氣晏温，風霽澄霽』，是則先廟而後郊明矣。今從《日曆》。但《日曆》載此手詔于元年十一月戊申，蓋差一年。初，成都府路轉運判官趙開開初見元年四月丁亥。言榷茶買馬五害，請用嘉祐故事，盡罷榷茶，仍令漕司買馬。或未能然，亦當痛減額以蘇園戶，輕立價以惠行商，如此則私販衰而盜賊息矣。朝廷然之，擢開同主管川陝茶馬。是日開至成都，遂大更茶法，官買賣茶並罷，仿政和都茶場法，印給茶引，使商人即園戶市之。茶引錢每斤春七十，夏五十，市例頭子在外，所過征一錢，住征一錢有半。置合同場以譏其出入，重私商之禁。號合同場為茶市，交易者必由是，而引與茶必相隨，違者抵罪。至四年冬，買馬乃踰二萬匹，引息錢至一百七十萬緡。改酒法在三年十月辛丑，改鹽法在紹興二年九月甲申。

宋　楊仲良《宋通鑑長编紀事本末》卷七六《李稷等措置蜀茶》

熙寧四年二月戊辰，上對輔臣言向來茶法之弊。文彥博曰：『非茶法弊。蓋昔年用兵西北，調邊食急，用茶償之。其數既多，茶不售，則所在委積，故虛錢多而壞法也。』王安石曰：『榷茶所獲利無多矣。』吳充曰：『仁宗朝茶法極弊，時歲猶得九十餘萬緡，亦不為少。茶法因用兵而壞，彥博所言是矣。然立法之初，許商人入芻粟邊郡，執交鈔至京師，

或使錢銀，綢絹，或香藥、象牙，惟所欲，商人便之，故法大行。至祥符初，限以三税之法，立定分數，不許從便，客旅拘制。又茶官多買茶之下者，苟足課額，商人得之，往往折閲。又法數變而民不信，此其所以大壞。如邊鄙無事，法令不為小利輕變，自無不行之法。』《食貨志》云：茶法自天聖以來屢易。嘉祐初行通商，雖議者或以為不便，更法之意則主於擾民。熙寧四年，帝與大臣論昔茶法之弊，文彦博、吴充、王安石各論其故，然於茶法，未有所變也。及王韶建開湟之策，委以經略，七年，始遣三司幹當公事李杞入蜀經畫買茶，于秦鳳、熙河博馬，與成都路漕司議合。事方有端，而韶言西人頗以善馬至邊，所嗜惟茶，乏茶與市，即詔趣杞計見茶，計水陸運致，又以銀十萬兩、帛二萬五千、度僧牒五百付之，假常平及坊場餘錢，以著作佐郎蒲宗閔同領其事。初，蜀之茶園，皆民兩税地，不殖五稼，惟宜種茶，賦税一例折輸。民賣茶資衣食，與農夫業田無異，而税額總三十萬。杞被命經度，又詔得調舉官屬，乃即蜀諸州創設官場，歲增息為四十萬，而重禁榷之令。其輸受之際，往往壓其斤重，侵其價直。法既加急矣，猶未甚害也。八年，杞以疾去。先是，杞等歲增十萬之息。既而運茶積滯，歲課不給，即建畫于彭、漢二州，歲買布各十萬匹，以折腳費，實以布息助茶利也。亦未免滯積。都提舉市易司因建遣都官郎中劉佐體量。佐復建議歲易解鹽十萬席，雇運回車船載入蜀，而禁商販。即以佐代杞之任。未幾，鹽法復難行，罷佐。宗閔乃議川、陝路民茶息，收十之三，盡賣與官場，更嚴私易之令，稍重至徒刑，仍没緣身所有物，以待賞給。於是蜀茶盡榷，民始病矣。

元豐二年四月癸卯，權發遣鹽鐵判官、提舉成都府等路茶場、國子博士李稷言：『自熙寧十年冬推行茶法，至元豐元年秋，凡一年，通計課利及舊界息税並已支、見在錢七十六萬七千六十六緡。』辛酉，鹽鐵判官、提舉成都府等路茶場、國子博士李稷權陝西轉運使兼制置解鹽使、都大提舉茶場。

六年四月戊申，同提舉成都府等路茶場陸師閔言：『李稷没于王事。伏按稷領治茶事，於五年間，除百費外，收獲淨利四百二十八萬餘貫。伏望以稷成就茶法之功，賜之土田。』又言：『文州與階州接界，而兩路茶法不同。階州係禁地，見有博馬及賣茶場；文州係通商地分，兼龍州界亦係相連。乞以文、龍二州並為禁地。』又言：『永興等路，惟是金州所出及影帶透漏山南私茶，或南方偽造末茶，其價高貴，陝西之民，良以為苦。乞計置川路餘羨茶貨，編入陝西路諸州軍出賣，並依秦鳳等路禁茶地分條貫施行。』又言：『成都府據川陸之會，茶商為多，常患物貨留滯，不免賤入貴停之家。乞于成都府置博買茶都場，隨宜增價出賣，及博易諸般物貨，卻行變轉。其所增利息，並依川路賣食茶及陝西博易條施行。』詔並依師閔所奏，李稷賜隸州官田十頃。初，蜀茶額歲三十萬，至後加為五十萬。及師閔代稷，為百萬。《食貨志》：熙寧七年至元豐八年增廣茶法，蜀道茶場四十一，京西路金州為場六，陝西賣茶為場三百三十二。熙寧七年，税息錢四十萬緡。元豐五年五十萬，七年增羨至一百六十萬緡。詔定以百萬緡為歲額，除充它官經費外，並儲陝西，以待詔用。

六月乙丑，兼同提舉成都府等路茶場郭茂恂言：『昨准詔專提舉買馬，兼領茶事，而場司不兼買馬，既不任責，遂倚法以害馬。茶價每駄有增十餘千者，恐蕃馬歲不入，上誤國事。乞並茶場、買馬為一司，庶幾茶司同任買馬之責。』

十月辛卯，提舉茶場陸師閔言：『每歲所取息税，以百萬緡為額，除應副别司年額外，並於陝西等路封樁，以待詔用。』從之。師閔又言：『運鹽入蜀，見計置萬三千席，約賣盡得二分五釐之息。』又言：『准朝旨增廣茶法，自措置以來，以所起茶數及見賣價約息，税錢無慮四十萬緡。而金州所置三場，收息亦當不下六七十萬緡。』詔候及一年，奏取指揮。

十一月乙丑，通直郎、都大提舉成都府等路茶場陸師閔言：『比者賈種民重立茶場法，並用年終額外增剩，依江、湖、淮、浙六路賣鹽條支賞。其立額並其餘增虧比較賞罰，並依課利場務法，茶場司專條更不用。管勾官賞罰減鹽官之半，而不給賞。竊詳本司之法與天下課利場務不同，如鹽酒之類，皆以本息通立額，而本司但以淨利為額。今賈種民之法，須當用去息别立租額，如用本多，收息薄，通比租額增則受賞；用本少，收息多，以息填本，通比不及租額則受罰。深害茶法，不可施行。』詔茶場司並用舊條，其户部議法不當，尚書李承之、侍郎蹇周輔各罰銅六斤，金部郎中晁端彦、員外郎井亮采各罰銅八斤，户部及都省吏各罰銅有差。師閔云賈種民之法而種民獨免，當考。

七年八月乙未，都提舉榷茶陸師閔言：『川茶之法，肇於熙寧甲寅，行之陝西，既有明效。以河北、河東生聚之眾，惟茶不可一日闕。若視陝右成法，而歸利於公上，度兩路歲費之數，置官場于荊楚間和市，歲計運致兩路，率用陝右禁地之法，本路俱積，以助邊費。』詔師閔條具以聞。尋下兩路具到合用茶數，及進呈，詔寢之。

十一月丁巳，中書省言：『元豐二年，提舉茶場李稷以息稅五十萬緡為額。後陸師閔奏自立額，後連歲增羨。乞自七年以百萬緡為額，未知虛實。』詔榷茶司具自二年立額後至六年所收息稅有無增剩及支費數以聞。

《文獻通考》卷六二《職官考十六·都大提舉茶馬》 宋熙寧七年，始三司鹽鐵判官李杞、三司勾當公事蒲宗閔經畫川、蜀買茶，充秦鳳、熙河路博馬，就除提舉成都府路買茶公事。杞於秦州、宗閔於成都置司，後改名都大提舉茶馬事。熙寧七年，差李杞、蒲宗閔成都府買茶、熙河路博馬，並令杞等提舉，置都大提舉及主管、同主管，各因其資品高下除授云。元豐四年，羣牧判官郭茂恂又言：『茶司既不兼買馬，遂立法以害馬政，恐誤國事，乞並茶場、買馬爲一司。』從之。蓋茶馬司始合於此時也舊制，於源、渭、德順三郡市蕃馬。熙寧七年，初復熙、河，經略使王韶言：『西人頗以善馬至邊，其所當唯乏茶，與之爲市，請趣茶馬辦之。』乃命三司勾當公事李杞運蜀茶至熙、河，置買馬場六，而源、渭、德順更不買馬，於是杞言：『賣茶、市馬，一事也。乞同提舉買馬。』杞遂兼馬政，然合分不常。至元豐四年，羣牧判官、提舉買馬郭茂恂又言：『茶司既不兼買馬，遂立法以害馬政，乞並爲一司。』從之。掌收摘山之利，以佐邦用。凡市馬於蕃夷，以茶易之。大觀以來，茶馬之政廢，川茶不以博馬，唯市珠玉，故馬政廢缺建炎四年，張浚奏大石進奉珠玉，高宗俞曰云云。紹興四年，從關師古之請，以乏戰馬，始令四川宣撫司支茶博馬。五年，密院言已於永康軍、威茂州置場。七年，宰臣趙鼎言：『得旨復置茶馬官，舊有主管茶馬、同提舉茶馬、都大提舉茶馬凡三等。』上曰：『考其資歷命之。』乾道元年，川、秦兩司馬額共九千餘匹。茶馬陳彌作言：『本司買馬，川、秦兩司，文、黎、珍、敘、南平、長寧軍本州軍年額川馬五千餘匹，係應副江上諸軍。階州之峰帖、陝西和州之宕昌兩處，年額共西馬四千餘匹，係輪年應副三衙。』

川、秦兩司者，祖宗舊制，至今不廢四年，四川宣撫使虞允文奏：『照得祖宗朝都大茶馬官於秦州、成都各置司，居治各半府，排發馬月分居秦司，訖事即歸川司，措置發茶並買馬物帛之類。今欲依舊制，於鳳州河池縣置秦司，既近宕昌，買馬之弊可以稽察。』從之。川、秦馬舊二萬匹，乾道川、秦買馬之額，歲爲萬有一千九百匹有奇，川司六千，秦司五千九百。益、梓、利三路漕司歲應副博馬綢絹十萬四千匹，成都、利州路十一州產茶二千一百二萬斤，茶馬司所收大較若此。其後文州改隸秦司，而川司增珍州之額，共爲四千八百九十六，秦司六千一百二十，合兩司爲萬有一千十有六匹，此慶元之額也。嘉泰末，川司五場又增爲五千一百九十六匹，秦司三場增爲七千七百九十八匹，合兩司爲萬有二千九百九十四匹。然累歲所市，多不及額焉。

又卷一六〇《兵考十二·馬政》 ［元豐］八年，提舉茶場李杞言：『賣茶、易馬，固爲一事，乞同提舉買馬。』詔如其請。其後羣牧判官郭茂恂言：『承詔議專以茶市馬，以金帛市穀，而並茶馬爲一司。臣聞頃時以茶市馬，兼用金帛者，亦聽其便。近歲事局既分，始專用銀絹錢鈔，非蕃部所欲，且茶馬二事，事實相須。』乃詔專以雅州之名山茶爲易馬之用。自是蕃馬之至者稍衆。久之，買馬司復罷兼茶事。自李杞建議，始於提舉茶事兼買馬，其後二職分合不一。

哲宗嗣位，議者爭言新法保馬之不便，乃下詔以兩路保馬分配諸軍，餘數發赴太僕寺，不堪支配者斥還民戶而責官給元價。翔、公雅皆得罪，保馬遂罷。

又卷三三九《四裔考十六·大食》 建炎三年，張浚奏大食國遣使進奉珠玉寶貝等物，已至熙州，上宣諭曰：『大觀、宣和間，茶馬之政廢，川茶不以博馬，惟市珠玉，故馬政浸缺，武備不脩，致胡虜亂華，危弱之甚。今若復捐數十萬緡貿易無用珠玉，曷若惜財以養戰士？宜以禮贈賄而謝遣之。』乃詔張浚，並不得受，量度支賜以答遠人之意。紹興元年、六年，俱以船舶入貢。

《金史》卷四九《食貨四·茶法》 茶自宋人歲供之外，皆貿易於宋界之榷場。世宗大定十六年，以多私販，乃更定香茶罪賞格。章宗承安三年八月，以謂費國用而資敵，遂命設官製之。以尚書省令史、承德郎劉成往河南視官造者，以不親嘗其味，但採民言謂爲溫桑，實非茶也，還即白上。上以爲不幹，杖七十，罷之。

四年三月，於淄、密、寧海、蔡州各置一坊，造新茶，依南方例每斤爲袋，直六百文。以商旅卒未販運，命山東、河北四路轉運司以各路戶口均其袋數，付各司縣鬻之。買引者，納錢及折物，各從其便。

元 佚名《宋史全文》卷一二下《宋神宗三》 ［元丰四年］秋七月丁亥，權發遣群牧判官郭茂恂言：『准詔，以陝西博買蕃部馬并糧草，欲專以茶博買馬，以彩帛博買糧穀，及以茶馬并爲一司，令臣具經久

利害。臣竊聞昔時亦是用茶折馬價，雖兼用金帛等，亦從其便。近歲始專用銀絹及錢鈔等。況賣茶買馬，事實相須，令提舉買馬官通管茶場，實爲職務相濟。』從之。詔斬四方館使韓存寶于瀘州。先是，存寶經制瀘州夷賊無功，時方大舉伐夏，故誅存寶以令諸將。

又　卷二六上《宋孝宗五》　〔淳熙四年秋七月〕是月，吏部郎閻蒼舒言：『馬政之弊，不可悉數。今欲大去其弊，獨有貴茶。蓋夷人不可一日無茶以生。祖宗時，一馱茶易一上駟，陝西諸州歲市馬二萬匹，故於名山歲運二萬馱。今陝西未歸版圖，西和一郡，歲市馬三千匹爾，而並用陝西諸郡二萬馱之茶，其價已十倍，又不足，而以銀絹綢及紙幣附益之。其茶既多，則夷人遂賤茶而貴銀絹綢，而茶司之權遂行于他司。今宕昌四尺四寸下駟一匹，共價率用十馱茶，若其上駟，則非銀絹不可得。祖宗時禁邊地賣茶極嚴，自張松大弛永康茶之禁，因此諸蕃盡食永康細茶，而宕昌之茶賤如泥土。且茶愈賤則得馬愈少，猶未足道，而因此利源遂令洮、岷、疊、宕之土蕃深至吾腹心内郡，此路一開，其憂無窮。今後欲必支精好茶而漸損其數，又嚴入蕃茶之禁，則馬政漸舉，而邊境亦漸安矣。』詔令朱佺嚴行禁止。

又　四川制置使胡元質奏云：『為蜀民之病者，惟茶、鹽、酒三事為最。酒課之弊，近已損減。蜀茶祖宗時並許通商，熙寧以後，始從官榷，當時課息歲不過四十萬。建炎軍興，改法賣引，比之熙寧，已增五倍。紹興十七年，主管茶事官增立重額，逮至二十五年，台諫論列，始蒙蠲減。當時鄭靄為都大提舉，奉行不虔，略減都額，而實不與民間盡蠲前官所增逐戶納數。又越二十餘年，其間有產去額存者，有實無茶園，止因賣零茶，官司抑令承額而不得脫者。似此之類不一。逐歲多是預俵茶引于合同官場，逐月督取。張松為都大提舉日，又計興、洋諸場一歲茶額，直將茶引俵與園戶，不問茶園盛衰，不計茶貨有無，止計所俵引數，按月追取息錢，以致茶園百姓愈更窮困。欲行下茶馬司，將無茶之家並行倚閣，茶少額多之家即與減額。』得旨，令元質與茶馬司及總領司措置。

《宋史》卷二五《高宗紀二》　〔建炎二年十一月〕四川茶馬趙開罷官買賣茶，給引通商如政和法。

又　〔建炎三年冬十月〕辛丑，張浚以同主管川、陝茶馬趙開爲隨軍轉運使，專總四川財賦。

又　卷二八《高宗紀五》　〔紹興七年〕十二月庚辰，復置都大提舉四川茶馬監牧官。

又　卷三一《高宗紀八》　〔紹興二十四年秋七月〕壬戌，詔捐四川茶馬司羨餘錢給軍費，以寬民力。

又　〔紹興二十六年九月〕壬子，詔成都、潼川兩路漕臣同制置、總領、茶馬司審度四川財賦利害，其實惠得以及民、調度可以經久者，條具以聞。

又　卷三五《孝宗紀三》　〔淳熙七年六月〕甲午，制置司益兵，遣都大提舉茶馬吳總往平之。

又　卷三八《寧宗紀二》　〔嘉泰三年八月〕戊申，置四川提舉茶馬二員，分治茶馬事。

又　〔嘉泰三年〕十二月丙辰，命四川提舉茶馬通治茶馬事。

又　卷一六七《職官七・都大提舉茶馬司》　掌榷茶之利，以佐邦用。凡市馬於四夷，率以茶易之。應產茶及市馬之處，官屬許自辟置，視其數之登耗，以詔賞罰。舊制，於原、渭、德順三郡市馬。熙寧七年，初復熙、河，經略使王韶言：『西人頗以善馬至邊，其所嗜唯茶，而乏茶與之爲市，請趣買茶司買之。』乃命三司幹當公事李杞運蜀茶至熙、河，置買馬場六，而原、渭、德順更不買馬，於是杞言：『買茶、買馬，一事也，乞同提舉買馬。』杞遂兼馬政，然分合不常。至元豐六年，羣牧判官、提舉買馬郭茂恂又言：『茶司既不兼買馬，遂立法以害馬政，恐悞國事，乞併茶場、買馬爲一司。』從之。先是，市馬于邊，有司倖賞，率以駑充數。紹聖中，都大茶馬程之邵始精揀汰，仍以八月至四月爲限，又以羨茶轉入熙、秦市戰騎，故馬多而茶息厚，二法著爲令。元符末，程之邵召對，徽宗詢以馬政，之邵言：『戎俗食肉飲酪，故貴茶，而病於難得，願禁沿邊鬻茶，專以蜀產易上乘。』詔可。未幾，獲馬萬匹。宣和中，以茶馬兩司吏員猥衆，於是朝奉大夫何漸請遵豐、熙成憲，稱其事之繁簡而定以員數，從之。紹興四年，初命四川宣撫司支茶博馬。七年，復

置茶馬官，凡買馬州縣黎、文、敘、長寧、南平、珍皆與知州、通判同措置任責。通判許茶馬司辟置，視買馬額數之盈虧而賞罰之。歲發馬綱應副屯駐諸軍及三衙之用。舊有主管茶馬、同提舉茶馬、都大提舉茶馬，皆考其資歷授之。乾道初，用臣僚言省罷，委各郡知州、通判、監押任責，尋復置。紹熙三年，茶馬司拖欠馬數過多，詔將本年分馬綱錢價，責茶馬司撥付湖廣總領所，劵付軍官自買土馬。嘉泰三年，以所發綱馬不及格式，詔茶馬官各差一員，遂分爲兩司。文臣成都主茶，武臣興元主馬。其屬共有幹辦公事四員、準備差使二員。

又卷一八四《食貨下六·茶下》 熙寧四年，神宗與大臣論昔茶法之弊，文彥博、吳充、王安石各論其故，然於茶法未有所變。及王韶建開湟之策，委以經略。七年，始遣三司幹當公事李杞入蜀經畫買茶，於秦鳳、熙河博馬。而韶言西人頗以善馬至邊，所嗜唯茶，乏茶與市。詔趣杞據見茶計水陸運致，又以銀十萬兩、帛兩萬五千、度僧牒五百付之。

又 [元豐] 五年，李稷死永樂城，詔以陸師閔代之。師閔言稷治茶五年，百費外獲淨息四百二十八萬餘緡，詔賜田十頃。而師閔権利，尤刻於前，建言：『文、階州接連，而茶法不同，階爲禁地，有博馬、賣茶場，文獨爲通商地。乞文、龍二州並禁榷，仍許川路餘羨茶貨入陝西變賣，於成都府置博賣都茶場。』事皆施行。初，羣牧判官郭茂恂言，賣茶、買馬，事實相須，詔茂恂同提舉茶場。至是，師閔以買馬司兼領茶場，茶法不能自立，詔罷買馬司兼領，令茶場都大提舉視轉運使，同管幹視轉運判官，以重其任。賈種民更立茶法，師閔論奏茶場與他場務不同，詔並用舊條。初，李杞增諸州茶場，自熙寧七年至元豐八年，蜀道茶場四十一，京西路金州爲場六，陝西賣茶爲場三百三十二，稅息至稷加爲五十萬，及師閔爲百萬。

又 建炎元年，成都轉運判官趙開言榷茶、買馬五害，請『用嘉祐故事盡罷榷茶，而令漕司買馬。或未能然，亦當減額以蘇園戶，輕價以惠行商，如此則私販衰而盜賊息』。遂以開同主管川、秦茶馬。二年，開至成都，大更茶法，倣蔡京都茶場法，以引給茶商，即園戶市茶，百斤爲一大引，除其十勿算。置合同場以譏其出入，重私商之禁，爲茶市以通交易。每斤引錢春七十、夏五十，市利頭子錢不預焉。所過征一錢，所止一錢五分。自後引息錢至一百五萬緡。至十七年，都大茶馬韓球盡取園戶加饒之茶爲額，茶司歲收二百萬，而買馬之數不加多。

乾道末年，青羌作亂，茶司增長細馬名色等錢歲三十萬。淳熙六年以後，累減園戶重額錢十六萬，又減引息錢十六萬。至紹熙初，楊輔爲使，遂定爲法。成都府、利州路二十三場，歲產茶二千一百二萬斤，通博馬物帛歲收錢二百四十九萬三千餘緡。朝廷歲以一百一十三萬緡隸總領所贍軍，然茶馬司率多難之。乾道以後，歲撥止一二十萬緡，至淳熙十年，遂以五十萬緡爲準。

自熙、豐以來，茶司官權出諸司之上。初，元豐開川、秦茶場，園戶既輸二稅，又輸土產，隆安縣園戶二稅、土產兼輸外，又催理茶課估錢，建炎元年立爲額，至寧宗慶元初，始除之。六年，詔四川產茶處歲輸經總制、頭子錢五千四十一道有奇，又科租錢三千一百四十道有奇。

宋初，經理蜀茶，置互市于原、渭、德順三郡，以市蕃夷之馬。熙寧間，又置場于熙河。南渡以來，文、黎、珍、敘、南平、長寧、階、和凡八場，其間盧甘蕃馬歲一至焉，洮州蕃馬或一月或兩月一至焉，疊州蕃馬或半年或三月一至焉，皆良馬也。其他諸蕃馬多駑，大率皆以互市爲利，宋朝曲示懷遠之恩，亦以是羈縻之。紹興二十四年，復黎州及雅州碉門靈西砦易馬場，乾道初，川、秦八場馬額九千餘匹，淳熙以來，爲額萬二千九百九十四匹，自後所市未嘗及焉。

又卷一八六《食貨志下八·互市舶法》 契丹在太祖時，雖聽緣邊市易，而未有官署。太平興國二年，始令鎮、易、雄、霸、滄州各置榷務，輦香藥、犀象及茶與交易。後有范陽之師，罷不與通。雍熙三年，禁河北商民與之貿易。時累年興師，千里饋糧，居民疲乏，太宗亦頗有厭兵之意。端拱元年，詔曰：『朕受命上穹，居尊中土，惟思禁暴，豈欲窮兵？至於幽薊之民，皆吾赤子，宜許邊疆互相市易。自今緣邊戍兵，不得輒恣侵略。』未幾復禁，違者抵死，北界商旅輒入內地販易，所在捕斬之。淳化二年，令雄、霸州、靜戎軍、代州鴈門砦置榷署如舊制，所鬻物增蘇木，尋復罷。

又卷一九八《兵志十二·馬政》 熙寧七年，熙河用兵，馬道梗絕，乃詔知成都府蔡延慶兼提舉戎、黎州買馬，以經度其事。明年，延慶

言『威、雅、嘉、瀘、文、龍州，地接烏蠻、西羌，皆產善馬，請委知州、砦主，以錦綵、茶絹招市。未及施行。會威、茂州夷人盜邊，及西邊馬已至，八月，遂詔罷提舉戎、黎買馬。

元豐中，軍興乏馬。六年，復命知成都呂大防同成都府、利州路轉運司經制邊郡之可市馬者，遂制嘉州中鎮砦、雅州靈關等買馬場，而馬皆不至。元祐初，乃罷之。

元祐中，嘗詔以蜀馬給陝西軍，以陝西馬赴京師。崇寧五年，增黎州市馬至四千疋。然凡云蜀馬者，惟沈、黎所市爲多，其他如戎、瀘等州，歲與蠻人爲市，第存優恤，數馬以給其直。大觀初，又詔播州夷界巡檢楊桀，許歲市馬五十疋於南平軍，其給賜視戎州之數。

熙寧中，罷券馬而專於招市，歲省三司錢二十萬緡。自馬不下槽出牧，三司復給芻秣之費，更相補除，而三司歲償羣牧者，爲緡錢十萬，以增市馬。券馬之罷已久，紹聖初，提舉買馬陸師閔奏復行之，令蕃漢商人願以馬結券進賣者，先從諸場驗印，各具其直給券，送太僕寺償之。其說以爲券馬既盛行，則綱馬可罷。行之三年，樞密院言券馬死不及氂，而綱馬之死十倍。乃賜師閔金帛，加集賢修撰，以賞其功。時議既不以券馬爲是，主管買馬閻令亦言其枉費，然曾布力行之。崇寧中，乃詔買馬一遵元豐法。

市馬之官，自嘉祐中，始以陝西轉運使兼本路監牧買馬事，後又以制置陝西解鹽官同主之。熙寧中，始置提舉熙河路買馬，命知熙州王韶爲之，而以提點刑獄爲同提舉。

八年，提舉茶場李杞言：『賣茶、買馬，固爲一事。乞同提舉買馬。』詔如其請。十年，又置羣牧行司，以往來督市馬者。

元豐三年，復罷爲提舉買馬監牧司。四年，羣牧判官郭茂恂言：『承詔議專以茶市馬，以物帛市穀，而併茶馬爲一司。臣聞頃時以茶易馬，兼用金帛，亦聽其便。近歲事局既分，專用銀絹、錢鈔，非蕃部所欲。且茶、馬二者事實相須。請如詔便。』奏可。仍詔專以雅州名山茶爲易馬用。自是蕃馬至者稍衆。六年，買馬司復罷兼茶事。七年，更詔以買馬隸經制熙河財用司。經制司罷，乃復故。

自李杞建議，始於提舉茶事兼買馬，其後二職分合不一。崇寧四年，詔曰：『神宗皇帝厲精庶政，經營熙河路茶馬司以致國馬，法制大備。其後監司欲侵奪其利以助糴買，故茶利不專，而馬不敷額。近雖更立條約，令茶馬司總運茶博馬之職，猶慮有司苟於目前近利，不顧悠久深害。三省其謹守已行，毋輒變亂元豐成法。』自是職任始一。

明 丘濬《大學衍義補》卷一二五《牧馬之政下》 神宗元豐四年，郭茂恂言：『承詔議專以茶市馬，以物帛市穀，而並茶馬為一司。臣聞頃時以茶易馬，兼用金帛，亦聽其便。近歲事局既分，專用銀絹、錢鈔，非蕃部所欲。且茶、馬二者事實相須，請如詔。』奏可，仍詔以雅州名山茶為易馬用，至是蕃馬至者愈眾。六年，買馬司復置，兼茶事。七年，更詔以買馬隸經制熙河財用司，經制司罷，乃復故。自李杞建議，始於提舉茶司兼買馬，其後二職分合不一。

林駉曰：『以摘山之利而易充廄之良，戎人得茶不能為我害，中國得馬足以為我利，亦濟用之良策也。』臣按：唐、宋以茶易馬，多是交互市於境外之夷，我朝於四川置茶馬司一、陝西置茶馬司四，以茶易馬，設官掌之，蓋取之我羈縻之土民，非若前代出境外而與蕃戎交易也。

高宗時，廣西進出格馬，上曰：『此幾似代北所生，廣西亦有此馬，則馬之良者不必西北可知。』上因論春秋列國不相通，所用之馬皆取於中國而已。申公巫臣使吳，與其射御，教吳乘車，則是雖吳亦自有馬。今必於產馬之地而求之，則馬政不修故也。臣按：宋南渡以後，凡中國宜馬之地皆為金有，然而張、韓、劉、岳之出戰亦未聞其乏馬。

建炎末，廣西提舉峒丁李棫始請市戰馬赴行在。紹興初，隸經略司。三年，即邕州置司提舉，市羅殿、白杞、大理諸蠻。其後又置買馬司，以帥臣領其事。然諸蕃本自無馬，蓋又市之南詔。南詔，今大理國也。

洪邁曰：『國家買馬，南邊于邕、管，西邊于岷、黎，皆置使提督，歲所綱發者蓋逾萬匹。使臣、將校遷秩轉資，沿道數十州，驛程券食、廄圉薪芻之費，其數不貲，而江淮之間本非騎兵所能展奮。因讀五代舊史，唐明宗問范延光內外馬數，對曰：「三萬六千匹。」帝歎曰：「太祖在太原，騎軍不過七千；先皇自始至終，馬纔及萬。今有鐵馬如是而不能使九州混一，是吾養士練兵之不至也。」延光對曰：「國家養馬太多，計一騎士之費可贍步軍五人，三萬五千騎抵十五萬步軍，既無所施，虛耗國力。」帝曰：「誠如卿言。肥騎士而瘠吾民，民何負哉？」」明宗出於蕃戎，猶能以愛民為念。李克用父子以馬上立國制勝，然所畜止於此。今蓋數倍之矣，尺寸之功不建，可不惜哉。且明宗都洛陽，正臨中州，尚以騎士為無所施，今雖純用步卒，亦未為失計也。』

臣按：古今馬政，漢人牧於民而用於官，唐人牧於官而給於民，至於宋朝，始則牧之在

官，後則蓄之於民，又其後則市之于戎狄。惟我朝則兼用前代之制，在內地則散之於民，即宋人戶馬之令也；在邊地則牧之於官，即唐人監牧之制也；而於川陝又有茶馬之設，豈非宋人之市於夷者乎？請以今日國馬之政言之：在內有御馬監掌天子十二閑之政，以供乘輿之用，凡立仗而駕輅者皆於是而畜之，其牧放之地則有鄭村等草場，其飼秣之卒則有騰驤等四衛。國初都金陵，設太僕寺於滁州，其後定都於北，又設太僕寺於京師，凡兩淮及江南馬政則屬於南，其順天等府暨山東、河南馬政則屬於北。其後又用言者，每府州若縣添設佐貳官一員專管馬政，在外設行太僕寺於山西、陝西、遼東凡三處，苑馬寺亦三處，陝西、甘肅各轄六監二十四苑，遼東僅一監二苑焉。內地則民牧以給京師之用，外地則官牧以給邊方之用，又於四川、陝西立茶馬司五，以茶易蕃戎之馬，亦用以為邊也。本朝國馬之制大略如此。承平百年，無大征伐，遇有征行，隨用隨足，雖不至於大乏絕，然求其如前代之雲錦成群則未焉。

明 魏焕《明九邊考》卷一《鎮戍通考》 一、茶法。蓋西虜畜牧為生，所利者中國之茶也。自唐回紇入貢，以馬易茶，至宋熙寧間，乃有以茶易虜馬之制，所謂摘山之利而易充廄之良，戎人得茶不能為我害，中國得馬實為我利，計之得者宜無出此。至我朝初，制金牌，其牌額上篆文曰『皇帝聖旨』，其左下曰『今當差發』，右下曰『不信者死』。番族各給一面，一面收貯內府。三年一次差大臣賫捧前去調聚番夷，比對字號，收納馬匹共一萬四千五十一匹，謂之差發。如田之有賦，身之有庸，必不敢少。彼既納馬而酬以茶，我體既尊，彼欲亦遂。較之前代曰互市，曰交易，輕重得失較然矣。蓋以外夷肉食，非茶則病，故以茶餌之，使之志向中國，不敢背叛。一或背叛則不得茶，無茶則病且死。制服西番以控北虜之上策無出此矣，獨曰易馬而已哉！但前茶俱出四川保寧等府，輪撥川、陝軍夫歲運一百萬斤赴西寧等處茶馬司收貯。後因邊方有事，軍夫不充，止將漢中府歲辦茶二萬六千二百斤，兼以巡獲私茶不過四五萬斤易馬，其於遠地一切停止。至弘治間，都御史楊一清撫調各番，興復茶法，彼稱未奉金牌不敢辦納。此蓋商販無禁，彼得坐收茶利，特假此以為詞耳。方今西番侵掠邊民，當急拯救。制服之術孰有過於茶馬乎？為今之計，惟嚴禁商販，仍復軍夫，斯為久利。伏讀洪武三十年榜例內一款：『本地茶園人家除約量本家歲用外，其餘盡數官為收買。私賣者茶園入官。』今宜申明此例，仍令前項軍夫分地轉運，以免直達之苦。收買園戶之價，或以太僕折色，或以牧廄地租運到茶馬司。仍請金牌，招番辦納。如此非惟戎馬有備，亦得駕馭西番而不敢擾我邊境矣。

又 西番為關中患，自古然矣。從申侯而逼遷西周，附隗囂而旅拒東漢，唐連吐蕃，直入長安，宋失熙河，併於西夏，為禍大矣。本朝於附近諸番互市茶馬，羈縻得法。今茶馬已廢，雖未大肆而時入侵擾，居人苦之。嘉靖己丑，西番數至鞏昌寇掠，敵殺官軍，焚燒廬舍，隴右之民深被茶毒。總制王瓊撫剿並用，破若尔籠、板尔二族，撫定木舍等七十族，其後始定。欲求久安之計而茶馬不可不復也。

又 卷九《邊夷考》 甘肅之邊，北虜止貳種，亦不剌盤據西海，瓦剌環遶北山，其餘皆西番，種類不一。洮、河、西寧一帶附近番族，以茶馬羈縻而已，其餘遠番止令通貢。土達，元萬戶把丹之後，安置平涼，今為亦不剌所據。哈密諸番衛本中國藩屏，今為吐魯番所破。

一、土達。元萬戶把丹據平涼，洪武初歸附，授平涼衛正千戶，部落散處開城等縣，編為民，仍號土達。其壯者選為平涼衛軍。正統十四年，北虜阿渠寇陝西，平涼土達被掠。成化二年，北虜大舉入寇，固原土達李俊迎獻羊酒，有北從意。四年，平涼衛土達滿四反，據石城，都御史項忠討平之。

一、近番。黄河南有洮、河二州，北有西寧，皆漢郡。唐末陷於吐番，宋為夏元昊所據，俱為番族。洪武初，洮州、河州、西寧各設茶馬司，收貯官茶，三年一次差京官賫捧金牌信符，往前三處附近番族，招番對驗納馬。洮州火把、藏思、曩日等族牌六面，納馬二千五十匹。河州必里衛二州七站，西番二十九族，牌二十一面，納馬七千七百五匹。西寧曲先、阿端、罕東、安定四衛，巴哇、申藏等族，牌一十六面，納馬三千五十匹。每匹上馬給茶一百二十斤，中馬七十斤，下馬五十斤。互市茶馬，羈縻得法，彼各向順。後茶馬不行，時入侵擾。成化十九年，西番滿松等族反侵內地，巡撫都御史馬文昇調兵征剿，斬首八十三級。嘉靖元年，西番反侵內地，鎮守都督鄭卿領兵討之，不能克，以後每歲入境殺擄人畜。嘉靖八年，西番數至鞏昌寇掠，敵殺官軍，焚燒廬舍，隴右之民深被茶毒。總制尚書王瓊撫剿並用，破若籠、板尔二族，撫定木舍等七十族，西番始寧。

明 嚴從簡《殊域周諮錄》卷一〇《西戎・吐蕃》 ［洪武六年］初，戶部言：『四川產巴茶凡四百七十七處，茶戶三百一十五。宜依定

制，每茶十株官取其一，歲計得茶萬九千二百八十斤。令有司貯候西番易馬。』從之。

遣內使趙成往河州市馬。初，上以西番產馬，其所用泉貨與中國異。自更錢幣，馬至者少。乃命成以羅綺、綾帛並巴茶往市之。仍命河州守將善撫循以通互市，馬稍集，率厚直償之。成又宣諭德意，自是番酋感悅，山后歸德等州西番諸部落皆以馬來售。

又〔洪武〕三十年，立茶馬司於陝西洮、河二州，聽吐蕃納馬易茶。令茶戶私鬻者籍其茶入官，私茶出境及關隘不覺察者皆斬。民間蓄茶不得過一月之用。上又以邊吏不獨縱放私茶出境，致茶賤馬貴，國課不充，或假朝旨橫索番馬，致其悖信侮慢朝廷，但謂羌戎不順，豈知激之有自。遂製金牌信符，其文曰：『皇帝聖旨差發納馬，不信者斬。』命曹國公李景隆賫往吐蕃，令各番族認辦馬課，別各置一牌藏於大內，每三年遣使賫出，比驗相合，收馬給茶，以杜絕奸欺。上又恐邊衛巡防不嚴，私漏茶於境外，敕兵部傳諭守邊者知之。兵部進禁約事宜，遣人持諭川、陝衛所，仍遣西僧管者藏卜等往吐蕃申諭之。初，附馬都尉歐陽倫遣其家人往來陝西販茶，出鬻於吐蕃，倚勢放橫，藩閫大臣皆畏威承順，不敢違忤。時四月農方耕耨，倫適使陝西，令布政司移文所屬起車載茶往河州。倫家人周保尤縱暴，索車五十輛至蘭縣，捶河橋巡檢司吏。吏不能堪，奏其事。上大怒，賜倫死。以布政司官不言，並保等皆坐誅，茶貨沒入於官。遣使賫書嘉勞告者。

倫尚帝女安慶公主，高后所生也。國初行法之嚴，雖貴戚不少貸如此。

李景隆使吐蕃回，用茶五千餘斤，得馬一萬三千五百餘匹，分給京衛騎士。按洪武四年正月，詔陝西漢中府產茶地方，每十株官取一株。無主者令守城軍士薅種採取，每十分官取八分，然後以百斤為一包，二包為引，以解有司收貯，候西番易馬。後又令四川保寧等府亦照陝西取納。三十三年，因私茶之弊，更定其法。而於甘肅、洮河、西寧各設茶馬司。以川、陝軍人歲運一百萬斤至彼收貯，謂之官茶。私茶出境者斬，關隘不覺察者處以極刑。民間所蓄不得過一月之用，多皆官買，私易者籍其園。仍制金牌，額篆文曰『皇帝聖旨』，其下左曰『令當差發』，右曰『不信者死。』番族各給一面，洮州火把、藏思、曩日等族，牌六面，納馬二千五十匹。河州必里衛二州七站西番二十九族，牌五十一面，納馬七千七百五匹。西寧曲先、阿端、罕東、安定四衛巴哇、中藏等族牌一十六面，納馬三千五十匹。每匹上馬給茶一百二十斤，中馬七十斤，下馬五十斤。一面收貯內府，三年一次差大臣賫牌前去調聚各番，比對字號，收納馬匹共一萬四千五十一匹。自是洮河、西寧一帶諸番既以茶馬羈縻，而元降萬戶把丹授以平涼千戶，其部落悉編軍民，號為土達。又立哈密為忠順王，復統諸番自為保障，則祖宗百年之間，甘肅西顧之憂無矣。自正統十四年，北虜寇陝，土達被掠，邊方多事，軍夫不充，止將漢中府歲辦之數並巡獲私茶不過四五萬斤以易馬，其於遠地一切停止。至成化九年，哈密之地又為吐魯番所奪，屢處未定，都御史陳九疇建議欲制西番，使還我地，須閉關絕其貢易。蓋以彼欲茶不得，則發腫病死故耳。殊不知貢易不通，則命死一旦，彼安得不救也哉。遂常舉兵擾我甘肅，破我寨堡，殺我人民。邊臣苦於支敵之不給而茶亦為其所掠也。弘治間，都御使楊一清撫調各番，志復茶法，番夷共稱未奉金牌，不敢辨納。此蓋彼既恐其相侵，而此則商販無禁，坐得收利，特假是以為之詞耳。故尚書霍韜有曰：『必須遣間諜告諸戎曰：「中國所以閉關絕爾，非爾諸戎罪也。土魯蕃不道，滅我哈密，躪我疆場，故閉關制其死命。」愚則以為仍當給其金牌，招番辦納。嚴禁商販，無使有侵。至於轉輸如舊規用軍，計地轉達，不使有長役之苦。若收買之價比民少增，致使有樂趨之勤。其斯為興復久遠之計也。』或者曰：『方今西番侵擾邊民，自宜極救之不暇，又復興此迂遠之事乎？』予則曰：『制服西戎之術，孰有過於其茶馬之一法！何也？自唐回紇入貢，以馬易茶，至宋熙寧間，有茶易廣馬之制，所謂摘山之利而易充廄之良。戎人得茶不能為我之害，中國得馬實為我利之大。非惟馬政軍需之安，而駕馭西番不敢擾我邊境矣。計之得者，孰過於此哉！』

上又遣廣東道監察御史王靜齎命符往西域市馬。歷雪山昆侖，抵弱水，所至七十二族，往返期年。

永樂間，成祖在藩邸，日聞尚師哈立麻名。及即位，遣中官侯顯賫書幣往迎。五歷寒暑，乃至京師。車駕躬出視勞，無拜跪禮，但合掌而已。命尚師建法壇，薦福皇考妣。於是慶雲、天花、甘雨、甘露、舍利祥光，青鸞、青獅、白象、白鶴，連日畢見。又聞梵唄空樂自天而下，群臣上表稱賀。學士胡廣等獻《聖孝瑞應歌頌》。識者謂西僧行法善幻，能動世俗如此。詔封尚師為『如來大寶法王西天大善自在佛』，領天下釋教。賜鞍馬儀仗及黃金百兩、白金千兩。宴於華蓋殿。

十九年，鴻臚奏大寶法王來朝，或請駕出視之。戶部尚書夏原吉曰：『夷人慕義遠來，當示以倫理。若萬乘一屈，下必有走死而不顧者矣。』上曰：『爾欲效韓愈耶？』駕遂不出。法王入見，上命原吉拜之。原吉曰：『王人雖微，序于諸侯之上，況夷狄耶！』長揖而已。自後在京僧寺多有番僧。

時陝西參政平思忠謫戍北邊，上以思忠嘗官主客郎中，多識賈胡，

詔釋其戍。賜冠帶，隨中官往吐蕃諸國市馬。後復遣陝西都指揮劉昭領兵往烏思藏賞諸國，還，遇番賊劫掠，昭率衆攻敗之。四川布政司言：『諸番以馬易茶者，例禁夾帶私茶布帛青紙等物出關。今番商往往以馬易茶，及以他物易布帛。有司遵禁例又慮杜絕遠人。』上曰：『邊關互市所以資國用來遠人也，其聽之。』上謂兵部榜諭邊北官民，示以朝廷懷遠之意。今後西番馬至，必與好茶。若復以謬欺之，令巡按御史采察以聞。末年，仁宗即位，禮科給事中黄驥極陳西番賈胡入貢，西人受害，乞罷其貢。上嘉納之。以其奏示禮部尚書呂震曰：『驥常奉使西域，故具悉西事。卿陝西人，有不悉耶？為大臣當存國體恤民窮，毋侵削根本，驥所言其從之。』

又　正統四年，松潘用兵，以王翺巡撫四川，贊理軍務。十四年，詔停止西番金牌，每歲遣行人四員往陝西茶馬司巡察西番茶市。禁私茶出境。潼關以西至甘肅等處地方通行禁例。

又　[成化] 七年，兵部奏：『陝西巡撫馬文升所陳收茶易馬事，深切邊務。宜令陝西布政司將庫貯茶課及綿花等物易銀，遣官領送河南、湖廣市茶，運赴西寧等茶馬司收貯，移文巡茶官同守備分巡官市易番馬，俵給甘、涼、固原、靖虜、慶陽等衛缺馬官軍騎操。仍行甘肅、寧夏、延綏總兵、巡撫等官核實缺馬官軍數目，亦如前例行之。』詔可。

又　[成化] 二十四年，詔停止行人巡茶。定委御史一員領敕專理西番茶馬事，然茶法之行非往日之嚴，而所得之馬亦甚微矣。按宣德四年，四川江安縣茶戶訴本戶舊有茶八萬餘株，年深枯朽，戶丁亦多死亡。今存者皆給役於官，無力培植，積久茶課七千七百餘，郡縣責徵日急，乞賜減免，並除雜役，得專辦茶課，庶無逋負。通政司以聞。上諭尚書郭敦曰：『茶之利蜀人資之，不但為公家之用，今有司加以他役者悉免之。宋陳恕為三司使稍增茶課，當時非之。此事今任於卿，歲額決不可增，虛耗則當減免，並宜從寬。』則當時之優恤茶戶者如此，蓋欲足民以足國也。迄於是，茶課反不及于前，何哉？此亦茶馬之一變也。故記之。

又　弘治末，命都御史楊一清任茶馬事，一清請復金牌信符舊制。疏曰：『臣親詣西寧等衛撫調番官，指揮千百戶、鎮撫、驛丞偕國師、禪師賫原降金牌信符而至，臣奉宣皇上恩威，撫且揄之，責其近年不肯輸納茶馬之罪。彼皆北面稽首曰：「這是我西番認定差發，合當辦納。近年並不曾賫金牌來調，止是一年一次著我輩將馬換茶。今後來調時，天皇帝大法度在焉，敢違逆？」臣於是乃知我聖祖神宗睿謀英略，度越前代遠矣。考之前代，自唐世回紇入貢，已以馬易茶。至宋熙寧間，有以茶易虜馬之制。所謂摘山之利而易充廄之良。戎人得茶不能為我害，中國得馬足以為我利。計之得者宜無出此。至我朝納馬謂之差發，如田之有賦，身之有庸，必不可少。彼既納馬而酬以茶斤，則我體既尊，彼欲亦遂。較之前代曰互市、曰交易，輕重得失，較然可知。夫王者不治夷狄，今責番夷以差發，非若秦漢喜功好大勤遠略者之所為也，亦非中國果無良馬而必有待乎番夷也。蓋西番之為中國藩籬久矣。漢武帝圖治匈奴，乃表河西，列四郡，開玉門，通西域，以斷匈奴右臂，而漠南無王庭。今金城之西綿亙數千里，北有狄，南有羌。狄終不敢越羌而南，以羌人為之世仇，恐議其後，此天所以限別區域絕內外者也。不然則河、洮、岷、隴之區，鮮不為其躪踐，欲晏然無事，得乎？

『國初，散處降夷各分部落，隨所指撥地方安置而授之長，以馬為科差，以茶為酬答。使知雖遠外小夷，皆王官王民，志向中國，不敢背叛。蓋以一叛中國則不得茶，無茶則病且死。以是而羈縻之，賢於數萬甲兵遠矣。此制西番以控北虜之上策，前代略之，而我朝獨得之者也。頃自金牌制廢，私販盛行，雖有撫諭私茶之官，卒莫之能禁，坐失茶馬之利垂六十年。豈徒邊方缺馬騎征，將來遠夷既不仰給我茶，敢謂與中國不相干涉，意外之憂或從此生，藩籬之固何所於托！切照洪武年間頒降金牌數目，各衛典籍磨滅，多無的據。查得洮、河、西寧三衛番族該金牌四十一面，差發馬一萬四千五十一匹。內府收貯，每三年一次遣廷臣賫收馬給茶，後因邊方多事停止，歷年滋久。如曲先、阿端諸衛邈不相通，誠恐四十年之後，雖近番亦不復知有茶馬矣。今欲遵照舊例，調軍入番收馬，非惟病於供億，且恐激擾番夷。乞敕該衙門將金牌舊額查出，申明舊制，昭示番族，使知朝廷修復信符，各當本等差發，不許生拗違背。其番官指揮、千百戶、鎮撫、驛丞等官久不襲替，亦令查出，奏請就彼各襲原職，以為統領，不必令其來京。以弘治十一年為招易之期，乞遣廷臣賫捧金牌前來，會同臣等調取原降番族金牌，至三衛納馬給茶，重加賞勞，不須動調官軍深入。事完造冊，隨金牌賫繳，以後三年一次奉行。中間二年，仍照常曉諭，有願將馬易茶者聽。敢有不受約束者，量調番漢官兵問罪

誅剿，以警其餘。庶恩威並施，番人永服而為藩籬之固。』奏上，詔議行之。然巡茶御史乞今兼設不廢。

明 歸有光《歸先生文集》卷七《馬政志》 上又以朵甘、烏思藏、長河西一帶西蕃，自昔以馬入中國易茶，邇因私茶出境，馬之入互市者少，於是彼馬日貴，中國之茶日賤。命秦、蜀二王，發都司官軍，於松潘、碉門、黎、雅、河州、臨洮及入西蕃關口，巡禁私茶之出境者。又遣駙馬都尉謝達往諭蜀王曰：『秦、蜀之茶，自碉門、黎、雅抵朵甘、烏思藏，五千餘里皆用之。彼地之人，不可一日無茶。邇因邊吏譏察不嚴，以致私販出境，爲夷人所賤。夫物有至薄而用之則重者，茶是也。始于唐而盛于宋，至宋而其利博矣。前代非以此專利，蓋制夷狄之道，當賤其所有而貴其所無耳。國家榷茶，本資易馬以備國用，今惟易財物，使蕃夷坐收其利，而馬入中國者少，豈所以制夷狄哉？』又命曹國公李景隆賫金牌勘合，直抵諸蕃，令其酋領受牌爲符，以絶姦欺。敕兵部諭川、陝守邊衛所，巡禁私茶出境，仍遣僧官著藏卜等往西番申諭之。

時晉王成祖統軍行邊，出開平數百里，上聞之，遣人以勑往諭之云：『自遼東至於甘肅，東西六千餘里，可戰之馬，僅得十萬。京師、河南、山東三處，馬雖有之，若遇赴戰，猝難收集。苟事勢警急，北平口外馬，悉數不過二萬，若遇十萬之騎，雖古名將，亦難於野戰。我馬數如是，縱有步軍，但可夾馬以助聲勢。若欲追北擒寇，則不能矣。止可去城三二十里，往來屯駐，遠斥堠，謹烽燧，設信炮，猝有緊急，一時可知。胡人上馬動計萬，兵勢全備，若欲折衝鏖戰，其孰可當？方今馬少，全仰步軍，必常附城，儻有不測，則可固守保全，以待援至。吾用兵一世，而指揮諸將，未嘗敗北，致傷軍士。正欲養鋭以觀胡變，夫何諸將日請深入沙漠，不免疲于和林，此葢輕信無謀，以致傷生數萬。今爾等又入廣塞，提兵遠行，設若遇敵，豈免凶禍？自古及今，胡虜為中國患久矣，歷代守邊之要，未嘗不以先謀為急。故朕於北鄙之慮，尤加慎密；爾能聽朕之訓，明於事勢，雖不能勝，彼亦不能為我邊患矣。』

太祖既驅元主還幕北，已無復窮追之意，而殘元遺孽，不能無犯境，諸王往往輕出塞，上在兵間久，深患馬少，遂戒諭云云。故尤留意西蕃茶馬，定金牌之制，令重臣招諭。葢胡之勝兵在馬，中國非多馬，亦不能搏胡；唯自守則步卒可用，且驅之出境而已，實帝王禦戎上策也。

永樂元年，改北平行太僕寺為北京行太僕寺。四年，應天、太平、鎮江、揚州、廬州、鳳陽州縣，各增設判官主簿一員，專理馬政。設陝西、甘肅二苑馬寺，又設北京、遼東二苑馬寺。五年，增設北京苑馬寺監。六年，增設甘肅苑馬寺監。

《明實録・世宗實録》卷二四 ［嘉靖二年三月］辛未，戶部上言：『國家令番夷納馬，酬之以茶，名曰差發。非中國果無良馬而欲市之番夷也，亦以番夷中國藩籬，故以是羈縻之耳。自金牌制廢，私販盛行，各番不中馬而自得茶，邊吏不能禁，顧私委所屬抽税焉。且販者不由天全六番故道，私開小路，徑通嗒葛，而松、茂、黎、雅私商尤多。自是茶禁日弛，馬政日壞，而邊方日多事矣。今宜嚴禁私茶，陝西責之巡茶御史，四川、湖廣責之守巡、兵備，一切市茶，未賣者驗引，已賣者繳引截角。凡引俱南京戶部印發，郡縣無得擅印。痛革私税，一歸於批驗茶引所、茶課司。其總鎮、守備家人頭目豪販者，撫按論劾無赦，仍以《大明會典》及律例所載申明榜示。』從之。

又卷一四七 ［嘉靖十二年二月庚子］巡按陝西監察御史郭圻言茶法事宜：『一均茶課。金州、西鄉等縣歲辦地畝課茶俱有定規，邇來園戶代有消長，而官多執滯舊冊，吏或賣富差貧，致園去課存，戶多逃竄。宜定令十年一為清審增減，務令園課相准。一絕私販。茶戶每采新茶，躧成方塊，潛入番族貿易，致官市沮滯，宜行訪治。一嚴收支。洮、河、西寧三茶馬司官吏每于茶商運到茶斤不以時驗收，或以濫惡貯庫。比及支放，新陳錯出，無復條理，以致陳茶充積，朽葉無用，宜行禁止。』戶部覆議，從之。

又卷一六四 ［嘉靖十三年六月乙卯］戶部覆陝西巡按御史劉希龍條奏茶馬四事：一處茶運以省浮費。言自漢中至茶司，沿途驛遞設有茶夫，歲用銀二萬餘兩，課少費多，宜從裁省，惟照舊例徵銀，量地遠近，給領解戶，聽其自雇，歲不過千金而足。一約開中以便召易。言往年間中商茶歲總六十萬斤，今增至百數十萬斤。官茶阻滯，番馬不來，規制漸壞。宜定為格，每歲召商報中限以八十萬斤，除對半給商，其在官者歲以三十萬斤易馬，餘悉積貯以備緩急。一出陳茶以清庫藏。言陳茶腐浥不

堪食用者，宜悉捐棄以省稱盤，絕抵換之弊。一給月糧以恤牧軍。言苑馬寺牧軍有數年不得關糧者，衣食不充，難責芻牧，宜加優恤，將應給糧令與操軍一體關支。議上，俱從之。

又卷一八八 ［嘉靖十五年六月乙未］巡茶御史劉良卿言：『陝西設立三茶馬司收茶易馬，雖以供邊軍征戰之用，實以係番夷歸向之心。考之律例，私茶出境與關隘失察者並凌遲論死，一何重也？蓋西邊蕃籬莫切諸番，番人恃茶以為生，故嚴法以禁之，易馬以酬之。禁之使有所畏，酬之使有所慕。此以制番人之死命，壯中國之藩籬，斷凶奴之右臂，非可以常法概視也。洪武初例，民間蓄茶不得過一月之用。弘治中召商中茶，或以備賑，或以儲邊，然未嘗禁內地之民使不得食茶也。今減通番之罪止於充軍，禁內郡之茶使不得食，又使商、私、課茶悉聚于三茶馬司。夫茶司與番為鄰，私販易通，而禁復嚴於內郡，是毆民為販而授之資也。以故大奸闌出，而漏網小民負升斗而罹法，豈當人情乎？今計三茶司所貯每歲易馬之茶，洮、河可足三年，西寧可足二年，而商、私、課茶又日益增，積久腐爛而無所用。茶法之弊如此。番地多馬而無所市，吾茶有禁而不得通，其勢必相求，而制之之機在我。今茶司居民竊易番馬以待商販，歲無虛日。及官易時，而馬反耗矣。歲所易馬，領軍未至，率寄各衛軍餘養之。彼貧且不能自給，何有于馬？況損失復責其賠償哉。監苑牧馬所以供軍，軍養數多，不能收拾，放之山野，遂不可羈靮。馬既不可用，及操軍倒死，例有樁朋地畝銀買補，銀數不足，復累各軍賠辦。且槽下倒死賠辦可也，若追贓倒死而亦使之賠辦乎？甘肅一鎮歲領馬千九百，榆林、寧夏各千，洮州衛二百。各鎮衛所不論倒死有無多寡，歲概給馬四千餘匹，漫無稽考，冒領之弊豈謂盡無。馬政之弊如此。臣謹條上六事：一、量積邊境之茶以防私通。三茶馬司止留二年之用，每年易馬計該若干，正茶之外分毫毋得夾帶，令茶價湧貴，番人受制，良馬將不可勝用。二、通行內郡之茶以息私販。多開商茶，通行郡內，除盤驗解司外，其餘量派各府而官榷其半，以時定直。商茶給商自賣，不得出所屬州縣境。官茶及所獲私茶分散鋪行賣之，其價銀計除養馬解茶費外，餘開撫院以備軍儲。而河、蘭、階、岷諸近番地禁賣如故。三、重通番之刑以杜輕玩。河、岷、洮責之邊備道，臨洮、蘭州責隴右分巡，西寧責兵備，各選官防守，懸法如律例，失察參劾，以罷軟論。』

又卷二七三 ［嘉靖二十二年四月乙酉］陝西巡按御史張渙言：『臣頃按洮、河、西寧各茶馬司，驗得凡係地畝課茶，俱各細美，其招商者率粗惡，不可不嚴為之禁。臣請造偽茶者計數多寡，比挾帶私茶律，並以匿私鹽律坐其所主。不然茶法日壞，為馬政害不細。事下都察院會同戶、兵二部議覆，自今犯偽茶五百斤以上者，本商與轉賣之人俱謫戍近衛，原係近衛者調邊衛。主家匿偽茶至千斤以上者亦依前例編發。其不及數者比私鹽律。請著為令。』從之。

又卷三一七 ［嘉靖二十五年十一月丁卯］巡按陝西御史胡彥奏：『洮、河、西寧三茶馬司堆積年久不堪易馬茶斤作速估議，減價三分之二，如遇各軍支放折色月分，量給前茶，即于本軍應支銀內扣除在官，願領官聽。其浥爛不堪給軍者，將三衛寄養茶馬人戶量加分賞，以資困窮。』得旨：茶馬係西鄙重事，先朝榜禁甚嚴，如何節年浥爛至十數萬？計經該官員俱當追究，但年遠人眾，姑從寬宥。減價易銀並分賞俱允行，不為例。仍令胡彥等悉心釐正宿弊，條畫良規以聞。

又卷三六九 ［嘉靖三十年正月丁未］詔給西番諸族勘合。先是二十八年，御史劉崙請復金牌勘合，以便各番納馬給茶。其洮州衛列帀等、河州衛子剛巴等、西寧衛昝帀等諸族，族大馬蕃，給以金牌；冲卜、鳶單等一十七族，族小馬少者給以勘合；未授職事者與之職名，原授未襲者類奏承襲，嗣後有新撫之番亦許附入，如例請給。至是，總督尚書王以旂等亦以為言。下兵部議。部覆：『國初制金牌信符，每副二面，頒降西番諸族，令鈐制其黨，納差發馬匹，給以茶引。其後西海為北虜所據，套虜又歲加侵掠，諸番所領金牌散失，漸復遷徙內地，密邇三衛，遂不復有齎符比號之事。今番族變詐不常，北虜抄掠無已時，脫給而再失，失而又給，而又失之，如國體何？夫金牌給番本為納馬，番人納馬，意在得茶耳。各番以茶為命，不得茶病且死矣。誠嚴私販之禁，則不撫自順，雖不給金牌，馬可集也。若私販盛行，則在我無以繫其心而制其命，雖給金牌，馬亦不至。今稱各番告給，寧以勘合與之，每歲以是為驗，使彼族屬無統者易於號召，而于文移則革去交易之名，使各效差發之誠，以正體統。至於授職承襲，必勘明類奏而後許之，則恩威兼濟，諸夷向風矣。』

詔如擬行。

又 卷四五一 〔嘉靖三十六年九月辛亥朔〕 先是戶部議陝西茶法，易馬正額茶外類有贏餘，節年陳腐可惜，所以先年廣爲開納，以助軍餉賑濟之用。如巡撫陳壽等開中四百萬斤，布政林元甫開中五百萬斤，係弘治年爲內郡賑荒而增者。御史劉良卿開中一百萬斤，係近年爲邊方軍餉而增者。後御史劉希龍始議每歲止開中八十萬斤，并課茶、私茶通計僅九十餘萬。是雖約開中以便招易，然茶多報少，徒滋商販私易之弊。今全陝灾震，邊餉告急，國用詘乏至極，宜下巡茶御史詳議。果產茶廣盛且于茶法馬政無礙，即照先年納糧備賑事例，酌量多寡召商報納，候歲豐停止。至是巡茶御史楊美益言：『陝西歲祲且十年，茶戶無資，課額逋損，邇年即九十萬斤，所司新舊輳補尚不能敷，安有贏羨。茲者奉諭督行該司招納，并無一人告報。夫人情异于往時，法行在于通變。今第宜守每年九十萬斤招番易馬之規，凡通內郡以息私販，增開中以備賑荒等項悉從停罷，毋使與馬分利，庶便遵守。』疏下戶部，竟以帑藏匱竭，請如弘治六年例，除正額茶九十萬斤易馬外，仍開一百萬斤召納邊鎮，以備軍餉。俟邊儲稍給，遵照舊額，專備易馬。詔從部議。

又 卷四五六 〔嘉靖三十七年二月甲午〕 兵部覆：『御史梁汝魁條陳馬政：一陝西苑馬寺二、監七。苑官宜視有司催科例，歲登其孳牧之數，候六年類奏，以憑黜陟。一國家茶馬之禁，禁闌出與番市者耳，非禁民之相市也。有司不察而悉禁之，故茶商不來。乞明示民商得相買賣，每馬一匹，官稅銀三錢，以寓稽察之意。不惟惠民，且因可以資國。報可。』

又《神宗實録》卷七四 〔萬曆六年四月丁亥〕 先是俺答之子賓兔率衆搶掠熟番甘藏等族頭畜及岷州軍馬，聲言要在舊洮州境外開中市馬。至是兵科都給事中光懋上言：『西番以茶為命，國初于西寧、甘州、洮、河諸處立茶司，歲事招番中馬以羈縻之，且以制禦北虜。若假茶市以與虜人，我須以茶易虜之馬，虜轉以茶係番之心。各番所資以為命者既不在我，而其勢不得不與虜合。伏乞敕下督撫官留心防禦，傳諭虜王鈐束各酋，速歸原巢住牧，仍申明茶市禁例，不許再請。』部覆如議。上曰：『這防虜保番事宜都著督撫官悉心舉行。如虜人再索茶市及馬市，亦停止之。』

清 谷應泰《明史紀事本末》卷六〇《俺答封貢》 〔萬歷五年〕三月，俺答請開市茶馬，又求都督金印。朝議以請屬部，並無金印，宜諭遣。上從之。

九月，俺答上書甘肅巡撫，復求茶市。初，西番善蔵請納馬保塞，廷議勿受。巡茶御史李時成上言：『善蔵生西番中，族極遠，未嘗通貢市。一朝率衆來降，彼實畏我威靈。第以洮西極邊地，更得此族，不益厚固藩籬耶？矧今急須馬，何為拒之？』上從之。俺答以番人入漢，久且慢我，遣大巴圖薩布啟幕府，請得比番開茶市。廷議且許之，李時成得奏言：『俺答今求茶市，意不在茶，在得番人耳。夫洮西一帶，抵嘉峪、金城，綿亙數千里，番族星羅。西寇之不敢長驅而南，以番為之蔽也。顧番人須茶最急，一日無茶則病且死，是番人之命懸於中國，俾世受約束，藩我西土。脫以茶市假之，俺答逐利，而專意於番。番求生，而制命於俺答，彼此合一，其遺患可勝道哉！』上是之。兵部謂茶市不可許，但俺答稱迎佛，僧寺必須用茶，量給數十篦示恩。報可。俺答復求開洮州茶市，進馬五百匹。諭止之。

《讀史方輿紀要》卷六〇《陝西九·附見》 河州。府西南百八十里。南至洮州衛三百十里，西至生番界七十里，西北至西寧衛二百五十里，東北至蘭州三百二十里。

古西羌地。秦屬隴西郡。漢屬金城、隴西二郡。後漢屬隴西郡。漢末為宋建所據，稱河首平漢王。曹操遣夏侯淵討平之。晉惠帝永甯中，張軌奏置晉興郡。《晉志》：枹罕縣，張軌分屬晉興郡。《十六國春秋》：晉咸康元年，張軌分興晉郡屬河州。自是枹罕為興晉，非晉興也。前秦苻堅始置河州。《晉志》：張駿分晉興、金城、武始、南安、永晉、大夏、武成、湟中等郡為河州。是河州張駿所置。杜佑以為始于苻秦。按《十六國春秋》：苻堅建元三年，克枹罕，以彭奚念為涼州刺史鎮之。七年，以李辨為河州刺史，領興晉太守，鎮枹罕，徙涼州治金城。後為西秦乞伏乾歸所據。乞伏氏常置北河州，鎮枹罕。《十六國春秋》：乾歸太初二年，枹罕羌彭奚念來歸，以為北河州刺史。九年，奚念入朝，以翟瑥為興晉太守，鎮枹罕。熾磐永康元年，遷於枹罕。暮末永弘二年，焚城邑東走，故地皆入吐谷渾。後魏太平真君七年，置枹罕鎮，尋改為河州。宋元嘉二年，枹罕為吐谷渾所據。二十年，魏主燾伐吐穀渾，別將封敕文等取枹罕，置鎮於此。尋為河州治。後周兼置枹罕鎮。隋郡廢，仍曰河州。煬帝又改為枹罕郡。唐復曰河州。開元二十六年，置鎮西軍於城內。天寶初，曰安鄉郡。乾元初，復為河州，尋沒

於吐蕃。宋熙寧六年收復，仍置河州。金因之，亦曰平西軍。元曰河州路。《元志》：吐蕃等處宣慰司亦治此。明洪武初，置河州衛。五年，設河州府。轄寧河一縣。七年，建陝西行都司。十年，立河州左右二衛。十二年，省行都司及河州府縣，改置河州衛。以左衛調洮州，改右衛為河州衛軍民指揮使司，領千戶所六，守禦千戶所一，隸陝西都司。景泰二年，復分置河州編戶四十里，屬臨洮府。今因之。

州控扼番戎，山川盤鬱。自昔西垂多釁，枹罕嘗為戰地。蓋犄角河西，肘腋隴右，州亦中外之要防矣。明初，置茶馬司於此，以制番命，資國用。其後漸弛。《一統志》：洪武七年，於河州治東南立茶馬司。永樂九年，於洮州治西亦立茶馬司。《四裔考》：洮、河二州茶馬司，蓋洪武二十五年所置。初，曹國公李景隆奉使市馬，以茶五千餘斤，得馬一萬三千五百餘匹。正統十四年，遣行人四人視茶政。成化二十四年，以御史一人代之。又洪武二十六年，制金牌信符頒給諸番，遇有差發，合符乃應。正統十四年，停金牌。成化十七年，給烏思藏諸番王及長河西、魚通、甯遠等宣慰司敕書勘合，令貢時，四川、陝西驗入。後因亦不剌之亂，金牌散失。嘉靖二十八年，兵部議金牌不可數給，宜給勘合，如成化故事。從之。烏思藏等，詳四川諸番。

弘治末，都御史楊一清言：唐時回紇入貢，即以馬易茶。宋熙寧間行之，所謂摘山之產易廄之良，無害而有利者也。我朝納馬，謂之差發，如田之有賦身之有庸，非虐使於番。因納馬而酬茶，體尊名順，非互市交易之比。且西番為中國藩籬，其人本非孝子順孫，徒以資茶於我，絕之則死，故俯首服從。此制番之上策，前代略之而我朝獨得之者也。頃自金牌制廢，私販盛行，失利垂六十年，豈徒邊方乏騎乘之用，將來彼番無資於我，跳梁自肆，將生意外之憂、撤藩籬之固，甚非計也。請申明舊制，使番族各供差發。蓋河、洮二州，實為西番之噤要。故茶馬二司，特設於此，至今藉其利云。

《清聖訓·世宗憲皇帝聖訓》卷二三 ［雍正七年己酉二月甲午］

上諭戶部：『鹽茶皆民生日用所必需，查川省鹽課考成，惟責之產鹽州縣，其餘竝無巡查之責，且有僻遠地方不行官引，以致私販充塞，甚為鹽政之弊。應將官引通行合省約計州縣戶口之多寡，均勻頒發，令其各自招商轉運。倘有壅滯，責成各州縣，定為考成。如此則有司等自必加意查察，使私販息而官引銷，弊端可以釐剔矣。又聞川茶皆論園論樹以定稅額。夫茶樹有大小不同，園地有廣狹不一，若概以園樹之數為額，未為允當。應將茶稅照斤兩收納，方得其平。以上二項著該督撫詳議，定為成例，使川省鹽茶經理妥協，于民生均有裨益。』

《資治通鑑綱目三編》卷一《置茶馬司》 初令賣茶之地宜課司三十取一，戶部言陝西、四川茶宜十取其一，以易番馬，從之。於是諸產茶地設茶課司，定稅額；設茶馬司于秦、洮、河、雅諸州，自碉門、黎、雅抵朵甘、烏斯藏，行茶之地五千餘里，西方諸部落無不以馬售者。

質實茶馬司：《明史·職官志》云：茶馬司大使一人，正九品；副使一人，從九品；掌市馬之職。宣課司：《職官志》云：稅課司大使一人，從九品，典稅事。明初改在京官店為宣課司，府州縣官店為通課司。後改通課司為稅課司，府曰司，縣曰局。陝西、四川茶：《明太祖實録》：四年十二月，戶部言：『陝西漢中金州、石泉、漢陰、平利、西鄉諸處茶園四十五頃，茶八十六萬餘株，宜十取其一。民所收茶，官給直買之，無戶茶園令漢中府軍士薅采，官八軍二。每百斤為一引。』五年二月，又言：『四川產巴茶凡四百七十七處，茶戶凡三百十五，茶二百三十八萬餘株，官十徵其一，無戶茶園令人薅種，十取其八，皆貯以易番馬。』《明史·食貨志》云：番人嗜乳酪，不得茶則病，故唐宋來行以茶易馬法。明制尤密，有官茶，有商茶，皆貯邊易馬。茶課司見《食貨志·茶法》中。洮州：後周制，元屬鞏昌路，明改洮州衛，今為廳屬鞏昌府。雅州：隋置，元屬鞏昌路番等處宣慰司，明四川直隸州，今升府。黎州：漢沈黎郡，後周置黎州，元屬土番等處宣慰司，明改黎州長官司，萬歷時降千戶所，今溪縣，縣屬雅州府。碉門、黎、雅：五代置碉門、黎、雅安撫司，元置碉門、魚通、黎、雅、長河西、寧遠等處宣撫司及天全招討司，明初合為天全六番招討司。碉門砒在雅州府榮經縣西北百五十里，黎即黎州，雅即雅州。朵甘：在四川徼外。烏斯藏：在雲南西徼外。今西藏西番諸部落，《明史·西域傳》云：西番族種最多，自陝西、四川、雲南西徼外皆是，散處河、湟、洮、岷間。

《清朝通志》卷九〇《雜稅附·茶法》 順治三年，免茶馬增解額數二千匹，其應解之數仍以舊額一萬一千八匹為准。七年，准茶馬御史吳達疏，令部發之引俱照大引例，官商平分，以為中馬之用。先是陝西茶馬御史印發引有大小之分，又有大引官商平分，小引納稅三分入官、七分給商之例。十八年，准達賴喇嘛及根都台吉於北勝州互市，以馬易茶。

康熙三十四年，刑科給事中裘元佩疏言馬政事關緊要，洮、岷諸處額茶三十餘萬篦，可中馬萬匹。陳茶每年帶銷，又可中馬數萬匹。茶斤中馬甚有裨益。於是遣專官管理茶馬事務。四十四年，以中馬無幾停止，巡視茶馬官歸甘肅巡撫兼管。其西寧等處所征茶篦仍變價充餉。

雍正八年，以川茶課稅向以園樹多寡為額，未有定準，定改照斤兩徵收。又定陝西茶商每引一道運茶百斤，准加耗茶一十四斤，如有夾帶，

照私鹽例治罪。官吏失察亦如之。九年，定五司，復行中馬之法。每上馬一匹給十二篦，中馬九篦，下馬七篦，計所收馬匹留為甘省軍營之用。其有盈餘，分撥河南、山西牧養。按川省茶司原分隸五處，西司坐落西寧府，洮司坐落岷州，河司坐落河州，莊司坐落平番縣，甘司坐落蘭州府。十年，四川巡撫憲德疏言：川茶半由蒙古、西藏及打箭爐番人販賣，自引歸部發，遇番客雲集，分給不敷。請預頒茶引五千張貯川省巡撫衙門，隨時增發。從之。十三年，停止五司以茶中馬，定嗣後甘庫茶篦遇存積過多之時改征折色，俟各司銷存無幾，復征本色。

乾隆六年，減川省成都、彭、灌三縣積引四千四十餘張，並除課銀二千四百餘兩。八年，豁免川省成都、彭、灌三縣逋欠茶課。二十四年，甘肅巡撫吳達善以甘省五司自乾隆七年改征本色以來，茶引日積，惟莊、甘二司地系衝衢，西、河二司附近青海，猶可行銷。洮司最僻，甚難銷售。請將各庫官茶搭給內地及新疆兵營俸餉。又請將洮司額引歸併甘、莊二司征課，俟洮司庫貯茶封搭給餉完日即行裁汰。從之。嗣於二十年並河司裁汰，統歸甘、莊二司頒引征課。三十七年，准四川總督阿勒泰請，增南川縣茶腹引一百張，照例徵收稅課。三十八年，定四川三雜谷等處土司買茶以千斤為率，使僅敷自食，不能私行轉售。從川督劉秉恬請也。

《續通典》卷一五《食貨一五・榷茶》 明制，有官茶，有商茶，皆貯邊易馬。官茶間征課鈔，商茶輸課略如鹽制。

初，太祖令商人于產茶地買茶納錢請引，不及引曰畸零，別置由貼給之。無由引及茶引相離者，人得告捕。置茶局批驗所，稱較茶引，不相當即為私茶。凡私茶之制與私鹽同。

洪武初定令，凡賣茶之地令宣課司三十取一。四年，戶部言：『陝西漢中金州、石泉、漢陰、平利、西鄉諸縣茶園四十五頃，茶八十六萬餘株，四川巴茶三百十五頃，茶二百三十八萬餘株，宜定令每十株官取其一，無主茶園令軍士薅采，十取其一，以易番馬。』從之。於是諸產茶地設茶課司，定稅額，陝西二萬六千斤有奇，四川一百萬斤。設茶馬司于秦、洮、河、雅諸州，自碉門、黎、雅抵朵甘、烏斯藏，行茶之地凡五千餘里，山后歸德諸州、西方諸部落無不以馬售者。後永甯、成都、筠、連皆設茶局。川人故以茶易毛布、毛纓諸物，以償茶課。自定課額，立倉收貯，專用以市馬，民不敢私采，課額不足，民多賠納。四川布政司以為言。乃聽民採摘，與番易貨。又詔天全六番司民免其徭役，專令蒸烏茶易馬。

三十年，改設秦州茶馬司於西寧，敕右軍都督曰：『近者私茶出境，互市者少，馬日貴而茶日賤。檄秦、蜀二府發都司官軍于松潘、碉門、黎、雅、河州、臨洮及西番關口外，巡禁私茶之出境者。』成祖永樂以後，其制屢更。先是洪武末，置成都、重慶、保寧、播州茶倉四所，令商人納米中茶。宣宗宣德中，中茶者赴甘州、西寧，而支鹽于淮浙。商人持文憑，恣私販，官課數年不完。英宗正統初，都御史羅亨信言其弊，乃罷運茶支鹽例，令官運如故。以京官總理之。

初，以行人巡茶。憲宗成化中，改用御史。至民饑待賑時，仍令商人納粟中茶。後因開中茶私茶莫遏，易馬不利，遂停中茶之制。至都御史楊一清兼理馬政，覆議開中，言召商買茶，官貿其三之一，茶五六十萬斤可得馬萬匹。帝從其請。

武宗正德元年，一清又建議商人不願領價者，以半與商令自賣，遂著為例永行焉。後戶部又以全陝災震，邊餉告急，國用大絀，上言『先時正額茶易馬之外，多開中以佐公家，有至五百萬斤者。近者御史劉良卿亦開百萬。後止開正額八十萬斤，並課茶、私茶通計僅九十餘萬。宜下巡茶御史議召商多中。』御史楊美益言：『饑祲民貧，即正額尚多不足，安有贏羨。今宜守九十萬斤招番易馬之規，凡通內地以息私販，增開中以備賑荒悉宜停罷，毋使與馬分利。』戶部以帑藏不足，請如弘治六年例，易馬外仍開百萬斤，召納邊鎮以備軍餉。詔從之。後陝西巡按御史畢三才言：課茶征輸本有定額，先因茶多餘積，園戶解納艱難，以此改折。今商人絕跡，五司茶空，請令漢中五州縣仍輸本色招商，中五百引可得馬萬一千九百餘匹。部議西寧、河、洮、岷、甘、莊浪六茶司共易馬九千六百匹，著為令。

熹宗天啟時，增中馬二千四百匹。明初嚴禁私販，久而奸弊日生。洎乎末造，商人多給賞由票，使得私行。番人上駟盡併于奸商，茶司所市者乃其中下也。至產茶之地，南直隸常、廬、池、徽，浙江湖、嚴、衢、紹，江西南昌、饒州、南康、九江、吉安，湖廣武昌、荊州、長沙、寶

慶，四川成都、重慶、嘉定、夔、瀘。商人中引則於應天、宜興、杭州三批驗所，征茶課則於應天之江東、瓜埠、蘇、常、鎮、徽、廣德，及浙江、河南、廣西、貴州皆征鈔，雲南則征銀。其上供茶，天下貢額四千有奇。凡供茶第按額以供焉。

《清文獻通考》卷三〇《征榷考五·榷茶》 順治二年，定陝西茶馬事例。先是，元年定與西番易馬，每茶一篦重十觔，上馬給茶篦十二，中馬給九，下馬給七。至是，差御史轄五茶馬司。戶部言：『陝西召商茶以易番馬，向有照給金牌勘合之制，查前明詔諭：通接西番關隘處所撥官軍巡守，不許私茶出境，凡進貢番僧應賞食茶頒給勘合，行令四川布政司撥發庫茶，照數支放，不許於湖廣等處收買私茶，違者盡數入官，仍將伴送人員治罪。此舊例之可行者。若金牌一項係明初事例，永樂十四年已經停止。我朝定鼎，各番慕義馳貢，金牌可以不用，但以茶易馬務須酌量價值，兩得其平，無失柔遠之義。』從之。三年，免茶馬增解額數。茶馬舊額一萬一千八十八匹，自故明崇禎三年增解二千匹，所增馬匹究竟年年虛額，無濟軍需。茶馬御史廖攀龍奏請永行蠲免，從之。

七年，定陝西茶引從部頒發例。巡視茶馬御史吳達疏言：陝西茶引，明季係茶馬御史自行印發，故引有大小之分，又有大引官商平分，小引納稅三分入官、七分給商之例。今引從部發，俱應照大引例官商平分，以爲中馬之用。報可。

清 朱壽朋《東華續録》卷一六《光緒十六》 〔光緒三年六月壬辰〕何璟、丁日昌奏：『竊照刑部議：議覆御史鄧慶麟奏「軍務肅清省分拏獲盜匪請照舊例辦理」一摺，應否規復舊制，行令各省體察情形妥議具奏等因，抄摺諮會到閩，遵即飭司妥議辦理。查閩省山海交錯，最易藏奸。興、泉、漳三府民情獷悍，搶擄械鬥，動釀巨案；延、建、邵等府每逢茶市，驟添數萬人入山採茶，於市罷後三五成群，伺隙搶掠，大為閭閻之害。而遊勇、回匪，復時有竊發。咸豐三年及同治八年間，經前督、撫臣先後奏奉諭旨令拏獲訊明後，即就地正法，節經遵行在案。近年因籌辦臺防，各路散勇遊民冀圖投效，紛至遝來，窮無所歸，難保不嘯聚為匪。各屬搶劫之案，亦復層見疊出，捕治非嚴肅不可。除尋常命、盜案件照例解勘外，其拏獲情重匪犯，請仍從嚴就地懲辦，俾凶頑知警而良善獲安。據署按察使定保核議具詳，聲明因辦理海防致稽議覆等情前來。臣等悉心體察，比年來各州、縣報獲搶劫等犯，或委員會審成，交該管道府覆審，果係贓證明確，始行稟候批飭正法，於年終匯案奏報；實係慎之又慎，人命不至誣枉。閩省為海疆重地，肅清已久，而伏莽尚多，時虞勾結，盜劫之風未能止息。若遽議改歸舊制，誠恐各州、縣輾轉因循，致蹈姑息舊轍。而盜案久稽顯戮，既無以示懲儆；長途遞解，尤復疏失堪虞。自應仍遵前奉諭旨，拏獲情重匪犯，於訊明後就地正法，以昭炯戒而靖地方。仍俟盜風稍息，再行奏明辦理』。下刑部知之。

《續資治通鑒》卷一四五 〔淳熙年六月戊午〕吏部郎閻蒼舒言：『馬政之弊，不可悉數。今欲大去其弊，獨有貴茶。蓋敵人不可一日無茶以生，祖宗時，一駄茶易一上駟。陝西諸州，歲市馬二萬匹，故於名山歲運二萬駄。今陝西未歸版圖，西和一郡，歲市馬三千匹爾，而並用陝西諸郡二萬駄之茶，其價已十倍，又不足而以銀絹紬及紙幣附益之。茶既多，則人遂賤茶而貴銀絹紬，而茶司之權遂行于它司。今宕昌四尺四寸下駟一匹，其價率用十駄茶；若其上駟，則非銀絹不可得。祖宗時，禁邊地賣茶極嚴，自張松大弛永康茶之禁，因此諸蕃盡食永康之茶，而宕昌之茶賤如泥土。且茶愈賤，則得馬愈少，而並令洮、岷、疊、宕之土蕃，逐利深入吾腹心內郡，此路一開，其憂無窮。今後欲必支精好茶而漸損其數，又嚴入蕃茶之禁，則馬政漸舉，而邊境亦漸安矣。』詔令朱佺嚴行禁止。

《宋會要輯稿·職官四三·都大提舉茶馬司》 自熙寧七年四月，差太子中舍、三司幹當公事李杞，著作佐郎、梓夔路察訪司准備差遣蒲宗閔相度成都市易務，得旨令市易司經畫收買茶貨，專充秦鳳熙河路博馬，更不相度市易。當年十一月，權發遣三司鹽鐵判官公事、提舉成都府、利州路買茶公事李杞，同提舉成都府、利州路買茶公事蒲宗閔，應買茶博馬州軍，並令杞等提舉。謂秦鳳、階、成、熙河等路。遂命杞與提點刑獄序官，蒲宗閔與提舉常平序官，後又令與轉運判官序官，自後因之。置都大提舉及主管、同主管，各因其資品高下除授云。

《哲宗正史·職官志》：都大提舉茶馬司，掌收摘山之利以佐調度，

凡市馬於蕃夷者，率以茶易之。產茶及市馬州郡，官屬得自辟置，視其數之登耗以詔賞罰。

神宗熙寧七年六月二十五日，熙河路經畧使王韶言：『奉詔募買馬，今黑城夷人頗以良馬至邊，乞指揮買馬司速應付。』從之。仍令李杞據見茶計步乘般運，具已撥數以聞。

七月八日，中書奏，勘會達、涪州税到客茶不少。詔：『宜令相度成都府等處收買茶貨李杞等，相度此兩州茶色額，如可以應副秦州博馬，即合如何擘畫津般到得本處應副支用，速具的確事狀以聞。』

九月十六日，詔：『經畫成都府、利州茶貨李杞買物帛應副熙河路博買馬，仍具所博買茶數以聞。』

十月十四日，太子中舍、三司幹當公事、經畫成都府、利州路茶貨李杞等奏，與成都府路轉運司同共相度到於雅州名山縣、蜀州永康縣、邛州在城等處置場買茶，般往秦鳳路、熙河路出賣博馬。

十一月二日，又奏：『准朝旨于本路出產茶州軍相度計置買茶，津般往熙河、秦鳳路出賣。勘會洋州、集州、興元府出產茶貨，內集州近已廢罷，本處產茶不多，難以置場收買外，有興元府、洋州廣產茶貨，自來通商興販。乞與轉運司同共相度，於興元府、洋州置場收買，津般往熙河、秦鳳路出賣。』從之。

三日，詔：『李杞、蒲宗閔並專令提舉買茶等事，更不管幹三司職事。李杞於秦州，蒲宗閔於成都府，踏逐空閑廨宇居住。杞與提點刑獄序官，宗閔與提舉常平倉序官。』

十一日，詔：『戎州軍事推官張昌宜令流內銓就注充本司幹當公事，其戎州推官員闕勘會施行，仍令本司候將來任滿無過犯，具勞績保明聞奏。』從李杞請也。

十二月十二日，權發遣三司使公事章惇奏：『已差李杞等提舉收買川茶，省司已應副本錢，今更有事節。今來乞於職位內稱「提舉成都府、利州、秦鳳、熙河等路茶場公事。」如向去事務繁多，更合要官員幹當，乞許本司奏差。今來初創置茶場，官中本息錢數有限，慮恐熙河路輒有侵使。乞於茶税息錢內每年認定四十萬貫，應副熙河博馬並糴買糧草，餘外錢物並本司椿管。』從之。

八年正月十九日，李杞、蒲宗閔奏：『準詔許同罪保舉無贓罪京朝官、班行、選人五員，充本司幹當公事。今乞差新授秀州司法參軍孫鼇抃充本司幹當公事。本司差出諸路州軍幹當，亦乞令乘遞馬，支驛券。』從之。仍令流內銓差注。

二月二十日，又奏乞差右班殿直段緘充本司幹當公事。從之。

閏四月二十六日，中書門下言：『提舉熙河路市易司申明，與提舉成都府、利州、秦鳳、熙河等路茶場司有無統轄。勘會成都府買茶，於熙河路博馬，元係都提舉市易司擘畫。昨差李杞、蒲宗閔前去相度，遂就差提舉買茶，即是熙河路市易司一事。今相度，其茶場司合併入熙河路市易司，爲買茶税場，李杞、蒲宗閔合兼提舉熙河路市易司，仍各依舊分頭幹當，並隸都提舉市易司統轄。』從之。

六月，詔：『三司具未置熙河路買馬場以前買馬錢物歲支若干，於是何官司出辦，自用茶博馬後如何封樁，申中書取旨。』

八月六日，提舉成都府、利州、秦鳳、熙河等路茶場公事兼提舉熙河路市易司奏：『茶場司已併入熙河路市易司，所有市易司已與比部員外郎汲逢等同共幹當，及連銜申發文字，其諸州茶場亦合令汲逢於銜位內添入「同提舉成都府、利州、秦鳳、熙河等路茶場公事」，並隸都提舉市易司，協力幹當。』從之。

二十三日，權發遣三司鹽鐵判官、提舉成都府、利州、秦鳳、熙河等路茶場李杞言：『賣茶博馬，乃是一事。乞同提舉買馬，歲以萬五千匹爲額。』詔杞兼提舉買馬，且以二萬匹爲額，候二年取旨。杞以爲數多，再詔以萬五千匹爲額。

十一月十六日，中書言：『川茶元法於茶税並息錢內，歲認定應副熙河博馬及糴買糧草。乞令提舉買茶官歲給熙州、岷州大竹並洋、蜀州茶各三百馱，以爲應副市糴，於茶場應副糧草數內除豁。』從之。

九年四月二十三日，都提舉熙河路買馬司言：『監牧司闕乏，見欠市易司錢物，而市易司欲俟還足，方肯應副買馬，遞相推倚，實誤博馬日用。欲乞馬價盡用茶貨折之，若馬客願貼錢就整請茶者亦聽。候所貼見錢數多，即許與茶兼支，庶幾公私兩利。其年額博買茶貨，乞令茶場相度合用數支撥與四場，候數足，然後以剩數撥與轉運司糴買糧草。』從之。

十年九月二日，詔：『提舉成都府等路茶場司李稷乞應干本司職務措置、申請、辭訟等事，他司毋得幹與，如處置有屈抑，許經監司申理。從之。』

四日，詔：『提舉成都府、利州、秦鳳、熙河等路茶場司更不隸都提舉市易司，亦罷兼秦鳳路市易司。』

十月二十八日，詔茶場司許不依常制舉辟勾當公事官三員。

元豐元年四月七日，提舉成都府、利州、秦鳳、熙河等路茶場公事李稷奏：『議者常言茶價高大，國馬遏絕。臣以謂博馬官司既不用貴茶，自當以銀帛和市。往時劉佐定熙河，名山茶每馱直三十七貫省；呂大防用慕容允滋，價減爲二十五貫一百六十省。然去冬民間且二十七貫足。由是觀之，劉佐知增而不知減，呂大防知減而不知增，是皆立法不能變通。今且畫一起請：一、諸出賣官茶，令提舉茶場司立定中價，仍隨市色增減。應增者，本州本場體訪詣實，增訖申茶場司，本司爲覆按，若後時及妄謬不實，並隨事大小奏劾施行。應減者，申茶場司待報。一、臣竊詳茶法官利在價高以得厚利，處之無術而並與法壞者，劉佐是也。買馬官司利在茶價低，價低則蕃部利厚而馬有可擇。近蒙朝廷已立對行交易法，銷去買馬官司爭價之弊，臣不復論列。臣以謂既許隨市色增，竊恐逐州止務添價，却致賣茶數少。須立定每歲課額及酬賞格法，使人人赴功，則事務不勞而辦。今勘會熙寧十年賣茶倍于常年，欲立條下項：諸博馬場所用茶，秦州額熙寧十年支賣茶五千九百二十四馱，今定六千五百馱；熙州額熙寧十年支賣並博馬共一萬三百七十九馱，今定一萬九百馱；通遠軍熙寧十年支賣並博馬共六千九百六十馱，今定七千六百馱；永寧寨熙寧十年支賣並博馬共七千九十一馱，今定七千五百馱；岷州熙寧九年［支］賣並博馬共三千九百四十六馱，熙寧十年［支］賣並博馬共三千三百八十六馱，今定賣並博馬共四千馱。』並從之。

五月二十一日，提舉茶場李稷言：『三路三十六場，大、小使臣殆及百員，乞不限員數，舉三班使臣。』詔從之。內歲舉官十員，候三年茶法成序取裁。

六月十一日，提舉成都府等路茶場蒲宗閔言，乞依李稷舉劾官吏。詔宗閔與理轉運判官資序，比李稷所舉人三分之一，其州縣官吏於茶場司職務有違，亦許按劾。

九月十六日，李稷又奏：『已降指揮，般茶鋪令提舉茶場司選三班使臣一員具名奏差，今選到三班奉職楊廣，乞差充巡轄秦鳳興利般茶鋪，填創置闕。』從之。

二年四月二十五日，三司鹽鐵判官、國子博士李稷奏：『臣檢會茶法元條，每年收息稅四十萬貫，應副博馬及糴買糧草。續准朝旨，盡數應副博馬，以其餘助轉運司。往時所收息稅不能敷辦元額，止隨手支充博馬，本息罄盡。近準條與買馬司對行交易，以此本司錢物出納分明。緣前後條貫各經衝改，更無合應副轉運等司年額定數。臣竊計三路官茶稅錢，茶場司既以通認十五萬貫，即諸州出入所得盡係茶場司年額。往時轉運司亦曾應急申請支過茶稅錢，致本司所認歲入頗成散落，竊恐因循，寖越常守。欲乞自今後於年額息稅內，歲以五萬貫給轉運司，餘悉待公上詔用。取進止。合入提舉成都府、利州、秦鳳、熙河等路茶場司敕。』從之。

五月十三日，詔：『右贊善大夫、同提舉成都府等路茶場范純粹序官、廩給、人從視提舉常平官，薦舉官分李稷之半。別給都大提舉茶場印付稷，聽稷、純粹同轉運司舉官知洋州。』並從稷請也。

三年十二月二十五日，詔：『提舉成都府、利州、秦鳳、熙河等路茶場公事官，每年合舉官三分減一。李稷、蒲宗閔每年合舉京官三人，縣令一人，使臣陞陟三人。同提舉陸師閔舉京官一人，縣令一人，使臣升陟三人。』

四年五月十二日，陝西府路轉運使、都大提舉茶場李稷言：『臣典領茶法五年，選辟官屬同心一力，奉宣條詔。今所差諸州官罷滿及期，乞本司自今奏辟雅州、漢州知州，邛、彭、利州通判，名山、永康、綿谷、順政知縣，所貴維持法度，久益不懈。』詔如轄下官弛慢，令茶場司奏易，劾罪以聞。

七月九日，奉議郎、權發遣羣牧判官公事郭茂恂奏：『臣近準詔，訪聞陝西轉買蕃部馬並斛斗所用錢物，不如蕃部所欲，致收買數目不多，差臣相度，若專以茶博馬，以綵帛博糴斛㪷，及將茶場買馬並爲一司，如何措置可以經久施行，詳具畫一聞奏。臣于本路體訪得，蕃部所欲大抵

惟茶爲急，自來將馬中官，請到折價銀絹等，只是將三二分歸蕃，其餘往往却赴茶場博買茶貨。其買馬司所支銀、紬、絹等，又例各折價高大，茶場却只依市價量添些小錢數博易。其鈔亦隨時各有虧損，約計一匹馬價虧蕃部錢多者至四貫以上，少者亦三貫以上。是以不如所欲，致買數不多，及少肯將好馬入塞。臣今相度，若專以茶博馬，委是利便。兼勘會舊日亦是用茶充折馬價，雖兼用金帛等，亦從其便。自事局既分，衹於近歲已來，專用銀絹及錢鈔等，不復用茶。况賣茶、買馬，事實相須，今若將提舉買馬官通管茶場，不惟職務相濟，兼蕃部得茶，如其所欲，中國可致多馬以充戰騎，實爲兩便。所有博糴斛㪷，勘會見今熙河等路諸司各置場博糴，或用見錢，或用茶，或用鹽鈔等，各從蕃部之便。今若專以綵帛博糴，緣其間亦自有願要見錢或茶之類者，臣今相度，欲乞兼用綵帛博糴。謹具逐項措置經久可以施行，畫一如後：

「一、蕃部將馬中官，其價錢並以茶充折，約計每馬一匹支茶一馱。如馬價高茶價少，即將餘數以銀、紬、絹及見錢貼支。內銀、紬、絹並依逐處在市見賣實價紐折，不得有虧官私。其見錢仍計每匹價直，不得過十分之一。如不願請銀、絹等，只願以餘數算請零茶，亦聽從便。如馬價少茶價高，即許貼錢請茶，或合併就整請領，或據錢數算請零茶。貼黃稱：以上件馬價若支一分見錢，每年約用五萬餘貫，提舉買馬司逐年有收到雜支、租課、內贓等錢約六萬餘貫，可以應副支用。

「一、蕃部牽馬赴場，候揀中，據合請茶數，限當日出給關子，赴場請茶，晝時支給。所有願貼請銀、紬、絹及見錢等，只就買馬場，亦限當日支給。已上如稍稽滯，干繫官吏並從嚴斷。」

「一、今來所支博馬茶，並須取蕃部情願，不得抑勒。」

「一、今來買馬額數，乞立定每年二萬匹，委提舉司拋降與逐場認數收買，仍於額外廣謀收市，候至歲終，會計賞罰。其額外買到數，仍比額內合該賞典優與推恩，每年具數比較聞奏。貼黃稱：臣近與提舉買馬司同共會計到每年本息錢共五十五萬六千八百八十八貫六百一十八文省，計合買馬二萬一千三百二十八匹。今來既不用鹽鈔，其紬絹又依市價從蕃部，即更無合收息錢，只有本錢並收地租課等共四十九萬六千三百三十五貫五百八十七文，紐算只合買得馬一萬九千三百六十五匹。今定二萬匹爲額，少着錢二萬三千餘貫，乞據數於賣茶息錢內除破。其自來所收息錢，只是有賣出字馬等合收息錢，數亦不多。」

「一、自來德順軍、階州所買馬不係年額數內，見今支折馬價，亦用銀、紬、絹等。臣今體訪得階州賣馬蕃部，亦是多願要茶。今乞並依熙州等場定到新例外，德順軍多是側近淺蕃將馬中官，不願請茶，兼本軍亦無賣茶場，只是於稅務寄賣，數目不多，今只及時將本軍見支折馬價除見錢依見行則例更不增損外，其紬、絹、銀等並依市價紐算支折，仍聽從便請領。內階州貼支紬絹，自依舊以川小紬絹充之。貼黃稱：德順軍買馬，係於陝西年計一萬五千匹外添買。今來既將買馬錢本盡數會計，立定新額，其德順軍亦係支用買馬司錢，合將本軍所買馬收入年額，令提舉司給與熙州等場一處拋買，仍令廣謀收市。」「一以「提舉陝西買馬監牧兼同提舉成都府、利州、秦鳳、熙河等路茶場司」爲名。」

「一、茶場司息錢年額萬數浩瀚，買馬錢本數亦不少，各存舊額以備鉤考。今欲乞將朝廷所給買馬紬絹，除蕃部願請外，並鹽鈔、租課，並委本司同共擘畫，變轉移用。候歲終，將實收到錢數與見錢並支過博買茶數各行計會。如支過茶數多，買馬錢數少，補償不足，即於茶場司事，提舉買馬監牧官並通管。」

「一、提舉茶場買馬官資任、坐次、相壓及諸般請給、當直人等事，並各依舊條施行。」

「一、臣今體度得自來蕃部將斛㪷入漢界，見今沿邊州軍諸官司收糴，所支錢物不一。如轉運、提舉常平倉司多用見錢，茶場只是用茶，經制司多用鹽鈔，已是各從蕃部之便。臣今相度，乞將紬絹與茶相兼博糴斛㪷。」並從之。

十二日，詔：「雅州名山茶今專用博馬，候年額馬數足，方許雜賣。」

十八日，中書門下奏：「據提舉成都府、利州、秦鳳、熙河等路茶場司幹當公事官五員未有印記，乞下少府監先次鑄造銅記五面，並以「提舉茶場司幹當公事朱記」一十一字爲文，如降送本司，責憑給付逐官行使。」從之。

八月二十一日，奉議郎、新差專切提舉陝西買馬監牧、兼同提舉成

都府、利州、秦鳳、熙河等路茶場公事郭茂恂奏下項事：

『一、臣近相度，茶場、買馬並爲一司，元奏請畫一條件内一項，乞將朝廷所給買馬紬絹等除蕃部願請外，並鹽鈔、租課並委本司同共擘畫，變轉移用。今既蒙朝廷專以馬事付臣，兼領茶司，緣提舉茶場官不兼買馬之職，故條約事件尤須明具。今來雖專以茶博馬，其錢帛等亦須寬作計置應付。臣昨會計每年馬價内支一分見錢約數，只是將買馬司合得錢紐算，自可應副得足。租課收斂有時，内贓錢散在陝西諸州軍，或後用未至，即恐須要鹽鈔就買馬變轉見錢應副支用。其紬絹既許將馬價零數取情願貼請，亦未能便見的實合用數目。兼朝廷改法，本要致馬之多，已將紬絹依市價折算，若蕃部有願要多請紬絹者，須其所欲如此，則一歲所支未易預計。臣今欲將買馬錢帛等先委買馬司移用，逐旋約度餘剩之數，節次關報茶場司，同共變轉。兼昨會計立到買馬年額二萬匹，盡計馬司錢物實數，已有不足。若至歲終會計，除本色支用外，見在之數並合撥歸茶司充茶價錢，即於歲初川路紬絹未到及收積支撥鈔錢未備、新陳不相因之際買，必致闕用。欲乞每歲終會計後，許馬司却於茶司支撥過錢物内借撥應副支使，於年内據數撥還。所有昨會［計］到每年買馬少著錢二萬三千餘貫，乞於賣茶息錢内除破，只是約度計算到數，緣逐年收買馬數不足，如向去支過價錢多，並合據數除豁。

『一、臣竊聞朝廷已降指揮，名山茶專用博馬，候年額馬數足，方許雜賣。此有以見陛下留意馬政之切至也。今蕃部所欲茶大抵多欲名山一色，然亦時有願得其它色額，如大竹、洋州之類者。竊恐茶場司爲有今來朝旨，不敢兼用別色，臣今欲乞特賜指揮，除名山茶依前降朝旨外，如蕃部有願請其餘色額茶者，亦聽從便。』並從之。

十月二十七日，提舉陝西買馬監牧同提舉成都府、利州、秦鳳、熙河等路茶場司奏：『準詔，買馬價錢仰依條畫時支給。又詔，令經制熙河邊防財用司指揮，許令弓箭手依官價自買及格堪披帶馬，赴本司呈印訖給付買馬場，當日支給價錢，仍充買馬司年額之數。本司歲額所入見錢不多，欲乞今後弓箭手自買到馬價錢，許以茶及銀、紬、絹、見錢相兼支給，所貴易爲應副支用。』從之。

十一月二十五日，中書劄子：『提舉成都府、利州、秦鳳、熙河等路茶場司奏：準朝旨，名山茶專用博馬，候年額馬數足，方許雜賣。又餘色茶如蕃部願請，亦聽博馬支用，即不妨茶場司出賣。竊緣本司年額課利浩大，只熙河一路逐年樁認應副錢二十萬貫，及非泛支撥在外，諸雜色茶變轉絶少，全藉出賣名山茶趁辦。若伺候馬足雜賣，監牧司買馬必是年終數方足備，纔及歲首，又須却止住出賣，應副博馬。如此則本司無有貨賣名山茶之期。今來雜色茶亦博馬，即本司買賣，左右爲法所拘，竊慮收趁課利不足，有悮支用。兼蕃部出漢買賣，非只將馬一色興販，亦有將到金銀、斛㪷、水銀、麝香、茸褐、牛羊之類，博買茶貨，轉販入蕃。若不令本司旋行出賣，即蕃客別買物貨，不惟大段虧失本司財利，兼名山茶却有積壓，買馬蕃部未必盡皆要茶，次下等一匹馬價自不及茶一馱之直，大約每歲不過用茶一萬五六千馱。乞賜指揮，除依今來朝旨，諸色茶亦聽博馬不妨出賣外，名山茶亦乞責辦本司應副博馬年額管足，所有餘數並許出賣，貴得兩司各不妨闕。』詔從之。以上《續國朝會要》。

元豐五年二月十八日，提舉陝西買馬監牧兼同提舉成都府、利州、秦鳳、熙河等路茶場公事郭茂恂奏：『奉聖旨，陝西逐路諸軍闕馬至多，仰臣具合如何擘畫可以招誘蕃部，廣行收買，支填得足，速具事理聞奏。

『一、勘會熙河路州軍各有蕃官，如包順、包誠、趙純忠之類，並是近上首領，蕃部素所信服，其勢力足以招致蕃客。乞賜敕書，令各官誘蕃部販馬入塞，每人且令結買五七百或一千匹，仍乞委自逐處守臣丁寧慰諭之。或要預借茶、綵，仍乞應副支借，約定期限。如能招置數足，即乞量賜恩獎。歲月之間，必有成效。』

『一、體問得舊日券馬上京馬價甚高，每匹大約不下三十貫，而茶價其初頗賤，每馱不過十二貫。今則馬價減於舊日，茶價倍貴於前。緣蕃客往來販易，須有所得，乃肯趨利而來。臣今相度，若將博馬茶比之用錢及別物貨博買者，別爲兩等，其博馬茶量減錢一貫已來，如此則蕃部自然多販馬入塞矣。若以謂稍虧茶價，緣賣茶之息甚大，馬來既衆，則售茶亦多，茶價高即馬來者少，不若稍減以致多馬，是其實無損也。』

『一、自來買馬自四赤七寸至四赤一寸七等中，各以一寸爲差，而價錢自三十二貫至十六貫，其等第差降少者祇一貫三百文，多者至五貫一二百。等量之際，蕃部以爭較等第分寸，不肯中賣。謂如四赤四寸馬二十七貫

三百文，如有虧分數，須作四赤三寸收買，價直二十二貫二百文，即才爭一寸，便較錢五貫二百文。價直相遠，往往不肯作四赤三寸中賣。臣今相度，欲乞將諸等價衮合，重行均定，使相較不致絕遠，如此則易於收市。兼勘會熙、岷、秦州馬價並合一般，其蕃部就秦州中賣，比熙、岷州遠七八程，有芻秣裹糧之費。欲乞因今來均定馬價，於逐等內將熙、岷州各減五百文，秦州各添五百文，所貴稍得均當。』

『一、勘會自來依條每月將門戶蕃部勾招到中官馬數比較，最多者支與綵一疋，銀椀一隻重半兩。自來不計馬數多少，只取最多者一名支與。臣今相度，乞重別立定，每月勾招蕃馬中官及一百匹已上者，不限人數，並各支與上項例物。如月各不及百匹，即取一名最多者支與綵一疋，銀楪子一片重二錢。所費錢物不多而有所別異，可以激勸蕃部。兼舊條蕃部中馬，其賣馬蕃部並給酒二升，自來只是紐計價錢支給。相兼既久，祇與馬價一衮請領，不復知有犒設之食。今乞除依自來條例外，委逐州長吏每旬于中馬稍多日分，量給酒食犒設賣馬蕃部，亦足以使遠人知朝廷之意，樂於致馬入塞。』詔所乞預借茶、絹恐致失陷外，餘並從之。

五月二十四日，朝散郎、同提舉茶場公事蒲宗閔奏：『臣伏見今來新開拓蘭州定西城，與通遠軍、熙州鄰近。蕃部所嗜畧同，體問得川茶亦可博賣。近經制司奏，新添城寨費用增廣，令添助歲額錢十萬貫。今欲擘畫津般茶貨往蘭州定西城，委監酒稅官兼管，漸次貨賣，就近添助。不得公私興販往彼。候見次第，即依熙州、通遠軍等處先得指揮例，擘畫差官置場。其餘約束，並依本司條貫施行。』從之。

同日，同提舉成都府等路茶場蒲宗閔言：『成都府路產茶縣及利州路興元府、洋州已有榷法，今相度巴州等產茶處，亦乞用榷法。』從之。

六年正月十七日，同提舉茶場公事蒲宗閔奏：『監牧司新條，乞買馬錢帛等先委買馬司移用等事，欲乞將博馬茶價錢物不須先令馬司移用，其馬司若額外更要錢物，乞令申奏，本司于息錢內正行支借。』批送兵部，檢准元豐元年正月九日指揮：『仰羣牧司關牒行司，據所要茶以錢帛對數交易，不得預行指占，致妨滯茶場司歲額。』又元豐四年八月二十一日郭茂恂奏：『乞將買馬錢帛先委買馬司移用，逐旋約度餘剩之數，節次關報茶場司，同共變轉。每歲終會計後，許馬司却於茶司支撥過錢物內借撥應副支使，於年內據數還。』本部看詳，乞依元豐元年正月九日指揮，所有元豐四年八月二十一日條例更不施行。從之。

四月三日，同提舉茶場公事陸師閔奏：『伏自買馬司兼領茶場而茶法不能自立，蓋有所職既專以多馬爲務，而又得與茶事，則其勢不免於取此以益彼。如買馬司用茶買，並乞依舊條以錢帛對數交易，仍不許別司取撥茶貨。』詔令蒲宗閔、陸師閔共同詳具利害奏聞。

同日，提舉成都等路茶場陸師閔言：『文州與階州接境，有博馬及賣茶場，龍州舊許通商，乞以文、龍二州並爲禁地。其秦州本司差官一員造帳，計置川路羨茶，徧入陝西路出賣，仍于成都置博買都茶場。』從之。

五月三日，提舉陝西買馬監牧司奏：『據階州申，元買馬蕃部請大竹茶，每馱一十四貫六百四十文，所有近茶場司每馱添錢五貫三百六十文，近累申上衙，只每馱減錢一貫文。爲茶價高大，買馬不行。本司看詳，階州茶價添起錢數，其馬價若只依舊，恐蕃部不肯將馬中賣，須致量增馬價。』詔只依舊價，如蕃部不願請茶，並以見錢物帛收買。

六月七日，兵部狀：『勘會提舉陝西買馬司郭茂恂奏內一項節文：「臣昨於去年中奏乞將博馬茶比見錢及物貨博買者，每馱減錢一貫文，即蒙施行。緣今來茶價比之日前增數至多，又添長不已，而買馬價如舊。所較數日，相遠殊甚。臣今相度，若欲稍添馬價，緣一增之後難復減損，而日後它物價平，腳費稍少，則茶固應可減，不若只將茶價減數博買，所貴他日易於裁損，可復如舊。臣今欲乞權將應係博馬茶每馱量添色高下及馬等第參酌，於見折價上更與減一二貫以來。仍從本司相度，隨時增損，候向去腳費漸少，茶價稍減，即依舊每馱祇減錢一貫文。所貴蕃部可販易於招誘。」竊恐茶場司以減錢數多，仍乞從依先降朝旨減價錢外，今來所減茶價錢，本司管認別作項次撥還，如此則自不虧損茶司財利。』詔提舉買馬司更不兼茶場司，其博馬茶每馱比見賣價更與減二貫文，所減價更不撥還，許理茶場司課息。所有買馬司用過茶價，限歲終撥還取足，不得拖欠。

二十二日，提舉成都府等路茶場郭茂恂言：『昨準詔專提舉買馬，兼提領茶事，而茶場司不兼買馬，既不任責，遂立法以害馬，茶價每馱有

增十餘千者，恐蕃馬歲不入，上誤國事。乞併茶場、買馬爲一司，庶幾茶司同任買馬之責。』降旨闕。

閏六月十二日，吏部狀：『準都省送下提舉成都府、利州、陝西等路茶場司奏：「乞秦、熙、河、岷、階州、通遠軍、永寧寨茶場，並乞令本司不拘常制踏逐諳曉事法、有心力京朝官、選人、小使臣，奏乞差充監官。」本部檢會聖旨，內外官司舉行悉罷，今來係是本處創有陳請，合取自朝廷指揮。』詔特依。

十三日，提舉茶場公事陸師閔劄子奏：『竊見新修茶場司敕尚未全備，擇出合行通用條貫三十八件，內有於新法干礙者，畧加刪正下項：諸提舉官於轄下官吏，事局相干同按察，部內有犯同監司。諸提舉官點檢職務公事，杖已下罪就司理斷，事合推究者送所司，徒已下依編敕監司點檢法。諸路茶法、職務、措置、詞訟、刑名、錢穀等公事，除州縣施行外，合申明者申取提舉司指揮施行，他司不得干與。雖於法合取索文字，並關牒提舉司施行，不得專輒行下諸處，亦不得供報。如已經處置，尚有抑屈者，許以次經轉運、提刑司申理。諸幹當公事官，川路二年、陝西二年半爲一任，選人願三考者聽從便。供給依廨宇所在州簽判例，州無簽判依職官例。京官以上及大小使臣各隨本資添支，本資無添支者，依監一萬貫場務例給。諸幹當公事官闕無所承，許不拘常制選差轄下官權充。其餘應合差官幹事，並依編敕差官條施行。諸紙筆、朱墨、油燭、皮角，以係省錢收買，在京申省支給。諸文字往還並入急腳遞。』從之。全文見茶門。

十月八日，戶部狀：『提舉成都府、利州、陝西等路茶場司奏：「檢準元豐五年二月十八日朝旨，郭茂恂奏博馬茶量減錢一貫已來。竊詳元無指定減過錢數，合令是何司分管認明文。今來未審令買馬司據減過茶價錢數撥還本司，或只亦依今降朝旨指揮于本司課息錢內豁除。」本部今勘當，欲將元豐五年二月十八日後來至今年二月終已前減過茶價錢，並依今年六月七日朝旨，更不令提舉買馬司撥還，許理爲茶場司課息。』從之。

十一月八日，詔：『都大提舉成都府等路茶場，朝廷特以增廣榷賣路分，所以改置司名。其將事之人資任雖淺，不可不隨宜假借事權，宜令與轉運使敘官。』後詔都大提舉視轉運使，同主管視轉運判官。經制熙河蘭會路邊防財用司準此。

九日，都大提舉永興軍等路榷茶公事陸師閔奏請事件於後：

『一、本司舊于成都府、秦州兩處置司，各有廨宇、人吏等，今並乞依舊，仍於兩處各置管幹文字官一員，許不依常制奏差承務郎以上或選人充，仍並依幹當公事官條。』

『一、幹當公事官見管七員，內二員係奏差，五員係吏［部］選差。今乞許本司不依常制奏差，所有吏部已差下未到任交割者，亦乞別指名奏差替換。其接送、當直、兵級及不許赴妓樂筵會等事，並乞依轉運司管幹文字官條。』

『一、每年奏舉選人改官舊條，通計合舉九人，欲乞特添三人外，有縣令、小使臣陞陟員數，只依舊條併舉。』

『一、本司舊支頭子錢七百貫充公使，今乞特添三百貫，每年共支一千貫文。』

『一、公使合用酒欲乞隨所至州縣那兑支用，以米麴、工價算還，通計不得過合造酒數。』

『一、本司今來赴闕，依例添差等分三人，各使遞馬及擔擎文字兵士五人，遞鋪七人。乞今後遇赴闕及出巡，並依此施行。』

『一、本司舊條，提舉官與提點刑獄序官，同提舉官與轉運判官，惟都大提舉官元係陝西路轉運使兼領，未有明文。』詔特令與轉運使序官，餘並從之。

十二月十二日，守監察御史張汝賢奏：『近定奪郭茂恂、蒲宗閔互論公事，因兩司執議椿茶價之法至今未定，遂相度立爲酌中之法，以息紛紜。今準朝旨，送陸師閔相度聞奏。臣勘會師閔今年中嘗具劄子上殿，奏乞馬司用茶依舊條以錢帛對數交易。令與蒲宗閔同具利害聞奏，亦用前說同狀奏聞。此二人之議固已符合。臣詳究兩司利害，博馬之利實仰於茶，而茶司運致茶貨，自秦隴以西惟以顧賃腳乘爲患，不以出賣不行爲患。借令馬司不爲支用，蕃部亦必以他物博易，實無損於歲課。此茶司之利所以無仰于馬司。然欲其法度相濟，可以經久，實在朝廷參酌而行之。今止令師閔相度，試恐尚執前議，祇求自便，不顧馬司之害，則行之將來，未免牽制。臣契勘遞年買馬，冬季常多，夏季常少，春季多少不

常。蓋馬性宜寒而畏熱，其來多寡不常，待用之茶宜亦有別。臣愚見竊謂可令逐季首椿定名山茶馳，春秋各三千，冬各加一千，夏減一千，餘茶量數樁留。若買到馬多，更要支用，仍委茶司畫時應副，所支茶價並限次季還足。庶爲酌中之法，兩得順便。』中書省勘會：『蒲宗閔據張汝賢定奪到與郭茂恂互奏公事，多有不當。以茶法推行之初，宗閔能協力主辦職事，不爲異論所搖，特免勘除都官郎中。今年十一月二十五日得旨：郭茂恂依赦放，其張汝賢相度到樁定博馬茶數等事，令陸師閔相度聞奏。』詔張汝賢前奏先次施行，其今年十一月二十五日令陸師閔相度聞奏指揮更不施行。

七年五月十七日，戶部言：『都大提舉成都府、永興軍等路榷茶司奏：「利州路買馬事件內一項，有今來添額買馬合用茶貨，乞指揮茶場司于洋州、興元府應副。本司勘會，若洋州、興元府額外應副買馬司茶般赴文州支用，則是通商低價茶侵入禁地，有害茶法。今相度，乞許令本司就近於文州茶場見賣茶內支撥應副買馬，除轉運司舊額茶只用洋州、興元府元價並雇腳錢數計算歸還本司外，有添額買馬合用茶並舊額茶內虧少錢，並乞依例計算，理爲本場課額。」本部看詳，欲乞依本司所奏。』從之。

十一月二十二日，都大提舉成都府、永興軍等路榷茶公事陸師閔劄子：『諸巡轄般茶鋪使臣請受、當直、兵士並依巡轄馬遞鋪例，出巡給遞馬一匹。每歲比較，如無住滯工限及逃死兵士不及五釐，任滿與減一年磨勘，先次指射家便差遣。』從之。

十二月十一日，兵部奏：『陝西買馬司自熙寧十年差官買馬，歲以一萬五千匹爲額，至元豐三年，每歲常買及數。其時馬價聽用茶並雜物，從蕃部所便，相兼折還。唯茶依市價外，其雜物各有量增息錢，歲收六七萬貫。至元豐四年，郭茂恂乞蕃部中馬專以茶充，其餘數仍許見錢、物帛，內物帛止依市賣實價紐折，並不收息，遂增立年額爲二萬匹。至五年八月滿一年，止買及一萬四千七百餘匹。又至六年八月並閏月，計一年有餘，又止買及一萬六千一百餘匹。至今年八月又滿一年，合行比較，約僅買到一萬二千匹，比之前二年其數愈少，各不增及新額。本司累奏，稱收市不行，乞差官詢採，參酌裁定，並乞前來奏稟。蒙朝旨令具到利害，大抵皆以茶價高及別司買馬價高爲說。本部看詳，自元豐四年後，雜物既用實估，及折馬茶比見賣市價每馳又減錢三貫，已是暗增馬直。然其所買馬不惟不及新額，亦不能過舊額所買之數，乃是每歲陡失利入不少，又買馬額數漸虧。望賜詳酌指揮，參考新舊應干買馬事件利害，措置施行。』詔陝西買馬撥隸經制熙河蘭會路邊防財用司，仰本司先具合行事件畫一聞奏，候至來年下半年，交割管幹。

八年二月二日，戶部狀：『都大提舉成都府、永興軍等路榷茶公事陸師閔奏：「近準朝旨，許令本司于文州茶場見賣茶內支撥應副買馬。竊緣本司應副買馬茶既已理爲課額，即轉運司所還舊額茶價及顧腳錢並在定本之外，難以逐時增添收係。乞據逐年還到錢數，依川路食茶錢條限分數，於陝西路封樁，委是允當。」本部欲下榷茶司同所屬轉運司相度聞奏，奉詔依。今送下榷茶司奏，具其錢係屬本司所管，即與利州路轉運司別無干預，難以同共相度。本部乞依本司元奏事理施行。』從之。

十一日，戶部狀：『都大提舉成都府、永興軍等路榷茶司奏：「准敕，陝西買馬監牧司相度到文州買馬利害：一、乞將買馬紬、絹、絞、茶之類，令買馬官專管。本司看詳，欲乞令買馬官親管折博支給外，依舊令職官兼管幹折博場文曆、倉庫支收出入等事，于本司茶法別無妨礙。一、乞今後茶場司合應副本路博馬茶數，並令文州茶場以洋州等處茶應副。如買馬數多，額外更合銷物色，並乞許令本司預行計度，下應副官司依數即時應副。看詳買馬司所乞文州茶場應副茶事，已準朝廷令本司就近於文州茶場見賣茶內支撥應副買馬，除轉運司舊額茶只用洋州、興元府元價並雇腳錢數計算還本司外，有添額買馬合用茶并舊額茶內虧少錢數，並依例計算，理爲本場課額。」本部欲依相度到事理施行。』從之。

七月十日，兵部狀：『成都府、利州路經制買馬司奏：「今相度黎、雅、嘉州買馬博馬合用茶數，除舊額買馬茶令於雅州官場收買外，有新額買馬合用茶數，欲乞依利州路已得朝旨體例，令榷茶司於就近場務支撥應副，仍理爲榷茶司課額。尋下榷茶司相度，如朝廷許令本司應副，並須於春初指定的實合用斤數，關本司支撥。如支用不盡，即不許減退。」本部欲依所乞施行。』從之。

九月十八日，詔：『陝西提舉買馬監牧司及成都府、利州路買馬司，

並令提舉成都府永興軍等路榷茶公事陸師閔兼提舉，仍舊用茶貨隨宜增減價直，相度穩便置場去處，計置博馬。候及一年，具買到馬實數並應有合措置事件，令詳具畫一聞奏。所有先降陝西監牧公事撥令陝西路轉運司管幹指揮，及陝西買馬撥隸經制熙河蘭會路邊防財用司並成都府、利州路買馬指揮，並更不施行。』

哲宗元祐元年六月九日，相度措置熙河蘭會路經制財用司事所奏：『提舉榷茶司於本路買馬歲額萬數不少，其買馬場並綱馬上京所歷州塞，支過經制司支計案草料，並係輟郡邊計應副。緣本路與內地州軍不同，經費既多，芻粟倍貴，豈任他司侵用！緣榷茶司以茶博馬，每茶一馳收頭子錢三百文，係專庫均分。竊詳買馬場所用博馬茶場專庫於此無功，輒享其利，實出僥倖。乞應副買馬場并綱馬上京支過本路糧草等，歲終計數，令榷茶買馬司以上項頭子錢撥還。如不足，更以茶頭子錢貼支。』從之。

十月十七日，都大提舉成都府等路榷茶兼陝西等路買馬黄廉言：『按元豐六年閏六月十三日並八年十二月七日朝旨，應緣茶事於他司非相干者不得關與，設使緣茶事有侵損違法或措置未當，即未有許令他司受理關送明文，深恐民間屈抑無由申訴。乞止依海行元豐令，監司巡歷所至，明見違法及有詞訟事在本司者，聽關送。應緣馬事亦乞依此。』從之。

四年二月四日，吏部狀：『都大提舉成都府、利州、陝西等路茶事司狀：遞年於雅州名山縣買茶，數目浩瀚，應副沿邊博賣。其知縣並昭化、依政、德陽、巴西、維縣，各係裝卸雇脚去處，若省部依名次差人前來，萬一不至得力，無由改易。乞許本司奏舉名山、依政、利州昭化等緊切處知縣三員外，有巴西、德陽、維縣職事差少，只乞許本司舉官一次。』詔雅州名山、邛州依政、利州昭化知縣許奏舉外，餘從吏部差注。

紹聖元年閏四月九日，樞密院言：『買馬歲額錢約五十餘萬貫，自開拓熙河，運川茶易戰馬，其後官司務在收息趁賞，不以國馬爲急，至高增茶價，盡折馬司錢鈔疋帛以充本司之息。緣運茶、市馬共是一司，均爲朝廷之物，請自今一切官爲收市，上駟不過用茶三兩馳，而聽民以錢請買於官，則實息自倍。甸外無賣，盡令計綱上京，以供良馬之用。』詔太僕寺相度。

六月十日，都大管幹陝西等路茶事〔陸〕師閔奏：『伏見買馬用茶博易，每以茶價增長侵費買錢物爲害。竊緣茶事司歲課浩大，其費茶之數多，而博馬之用少，不可以博馬之數減損賣茶價直，捐棄厚利。乞應用茶博馬，並依見今所行條法外，每歲將未增茶價以前一年內買馬逐等實價立爲定額，會計支破買馬司錢物外，有增起茶價，並令茶事司於所收稅息錢內支破。』從之。

二年四月二十二日，都大提舉成都府、利州、陝西等路茶事，兼提舉陝西等路買馬公事陸師閔奏：『陝西賣茶、買馬，比較賞罰，素有成法。今來券馬初行，已見得沿邊州軍買賣各與前日事體不同，蓋販馬客人多是就便入錢買茶結券。如前日沿邊入納見錢十餘萬貫，並于秦州茶場算請。又如熙、岷、通遠馬場歲額不少，今來客人多就秦州結券，則諸場必虧舊額。凡此之類，並因改法使然，即不係於官吏能否，竊慮歲終比較賞罰，有所不均。乞應今年茶場、馬場比較課額，並委都大提舉茶事司及提舉買馬司詳具逐處增虧因依奏裁，仍候法行就緒，別立條貫聞奏。』從之。《續通鑑長編》：宋哲宗紹聖二年八月辛卯，朝散郎、直秘閣、都大提舉成都府、利州、陝西等路茶馬陸師閔權陝西路轉運使，仍兼領茶馬事。

三年八月八日，樞密院言：『太僕寺考會紹聖元年、二年綱、券馬死損分數，綱馬死者不止十倍。今復行券馬，係陸師閔建議，其効已見。』陸師閔特賜銀、絹各一百匹、兩，仍令學士院降敕書。

元符元年九月二十八日，都大提舉成都府、利州、陝西等〔路〕茶事司申：『準批下利州路轉運司申：「檢準元豐元年二月十二日敕，文州年額買馬五百一十一疋。又準元豐八年十二月十五日敕，成都府、利州路買馬錢並依未置司以前舊額匹數，合用錢物令逐路轉運司應副外，有不足，並於榷茶司稅息錢內支破。後準元祐七年八月二日敕，管幹茶事閤令奏，準敕買馬錢本舊額，令轉運司應副外，有不足，並於茶事司息錢支破。今來川路已罷榷，除收致錢外，更無諸般課息，恐應副買馬闕悞，以前額外買馬支過錢數，今茶司更不撥還。今後逐年買馬錢，仰成都府、利州路轉運司均敷。又準紹聖元年八月二十七日敕，文州添額買馬合用茶，令轉運司算還元買茶價並雇脚錢。近準紹聖四年二月二十五日

敕，提舉茶事陸師閔奏，復行榷買川茶，依元豐法不許通商。」本司勘會，文州舊額買馬逐年額外合用錢數目，並係茶事司於稅息錢內應副，後來閻令奏請，爲罷榷川茶後來闕少課息，所以令轉運司均認。本司自承準上件指揮後來，至紹聖三年終，買過額外馬，支過馬價並生料等，見取會元價撥還。本路財稅歲入有限，應副不足，自均認後來，拖欠萬數不少，尚未有錢撥還。今來已准敕依舊禁榷川茶，其茶司歲入課息等錢，自可敷足舊額應副買馬之費，所有元祐七年八月二日並紹聖元年八月二十七日指揮，理合更不施行。自紹聖四年二月二十五日指揮後來，合依舊令茶司管認外，有未降復榷川茶日前均認過數目，乞漸次撥還，送都大提舉茶馬司相度，申樞密院。勘會昨準朝旨，永興、鄜延、環慶三路復爲禁茶地分後來，出賣川茶倍多，並於興元、洋州收市應副，即目大段闕少錢本支使。本司今相度，欲將未準紹聖四年二月二十五日復禁川茶日前合還本司茶錢，乞嚴責日限撥還，應副茶本急闕支用。所有自復行禁榷川茶日以後利州路買馬錢本，並從逐司依元豐年條法應副申聞事。』小貼子稱：所有成都府路、黎州買馬錢本，亦乞依此施行。從之。其去年二月二十五日以前轉運司錢，限一年撥還。

三年九月二十七日，徽宗即位未改元。都大提舉成都府、利州、陝西等路茶事兼提舉陝西等路買馬公事程之邵申：『自來蕃商唯是將馬入塞博易茶貨，今訪聞得近因熙州邊事後來，並不將馬入漢，只用水銀、麝香、毛段之類博易茶貨，是致馬額虧少。今相度，今後許蕃商將馬並物貨各中半赴官，折請名山一色茶貨。仍令支茶場分明於茶駞上印號，出給公據，付蕃部收執前去。及委經過近邊城寨、關堡子細點檢，若有公據印號茶駞，方得放行，其公據拘收毀抹，繳赴元給茶場照會。如無公據印號茶貨，即不得放入蕃界。仍乞差本司勾當公事及準備差使官員更互前去邊塞點檢，無令透漏茶貨入蕃，所貴招誘蕃馬入漢中賣。』從之。

十二月十七日，提舉陝西等路買馬監牧司奏：『檢準詔：「今後許蕃商將馬並物貨各中半赴官，折請名山茶貨。」今有合申請事件：一、今來未有明文指定告賞刑名，欲乞應將不係博馬茶，無公據夾帶透漏入蕃，並許人告，依匿稅條格施行。一、蕃部博馬，給公據入蕃茶經過城寨堡鎮，有合收稅去處，雖即目不多，緣公人上下因此邀阻，乞權免收稅。所有免過稅錢，歲終計算，於茶事司年額稅息錢內除豁。其稅務監官許將免過稅錢通入課額比較，候將來買馬通快，依舊例施行。』並從之。

二十七日，詔：『訪聞涉冬已來，熙河蘭會路漸有蕃商赴近邊博易，令都大提舉成都府、利州、陝西等路茶事司，應茶貨除胡宗回合要打誓支用，量行應副本色外，其餘入蕃茶惟博易馬方許交易，即不得將茶折博蕃中雜貨，務要茶馬懋遷漸通。仍每月終會聚月內博到馬匹數，具狀聞奏。』

徽宗建中靖國元年四月三日，戶部狀：『茶事司奏：「蕃戎性嗜名山茶，日不可闕。累年以來，買馬大段稀少，蓋因官司及客旅收買名山茶，與蕃商以雜貨貿易，規取厚利。其茶入蕃，既已充足，緣此遂不將馬入漢中賣，有害馬政。今乞將名山茶立爲永法，專用博馬。如諸官司、客旅等輒敢支賣與興販，其買賣之人、官吏等，並乞以不應爲從重科罪。如有計囑情弊，自依本法。」本部看詳，所乞專用博易馬，已有今年十二月二十七日朝旨外，有官司、客旅興販，並依本司奏乞事理施行。』從之。

五月三日，吏部狀：『都大提舉成都府、利州、陝西等路茶事司乞將準備差使臣二員，許舉小使臣差使，借差殿侍、軍大將充都官闕。契勘所乞差軍大將充，委是闕人應副，難議施行。殿前司申，若依條奏舉殿侍，如朝廷許差，別無諸般違礙。本部今勘當，欲依本司所乞及逐處申到事理施行。』從之。

九月十七日，茶事司狀：『今相度綿州羅江、巴西縣界八茶鋪，令巡轄綿、利州界茶鋪使臣移赴綿州置廨宇，巡轄邛、雅州、成都府路茶鋪使臣兼催撥黎州博馬茶綱。所有逐官稱呼、窠闕，一員以「巡轄綿州羅江至利州昭化縣界茶鋪」〔稱〕呼，於綿州置廨宇，一員以「巡轄漢州成都府至邛雅州界茶鋪兼催發黎州博馬茶綱」稱呼，依舊只於成都府置廨宇，委是地里、職事均當。』從之。

十二月十一日，戶部狀：『准茶司奏：「黎州合用博馬茶，自來隔年拋數，行下雅州在城並名山、百丈、盧山縣茶場收買應副，雖嚴加督責收市，常是不足。伏緣逐場買茶出賣，收息比額增剩，及買秦、熙等路綱茶及八分，各有賞典，管勾官減監官之半，唯收市黎州博馬茶別無賞罰，逐年常是收買不敷元拋數目，因而黎州支遣不接，遞有積欠蕃人馬價，

於邊防不便。今相度，雅州在城、名山、百丈、盧山縣茶場收買黎州博馬茶，比元抛不及八分及雇發積滯，即監專公人並管勾官買賣食茶收息雖比額增剩，並收買起綱茶雖及八分，不在推賞之限。及名山茶場買秦、熙等路綱茶，今年分抛買一百二十綱茶，近又秦州更添買二十一綱，本司已一面行下本場，且依元抛數收買一百二十綱，仍收買黎州博馬茶，候足數接續收買。」本部欲依本司所乞事理施行。』從之。

崇寧元年五月二日，都大提舉茶馬事程之邵申：『茶事並買馬監牧司雖在川、秦兩處置司，緣所領職事並係通管，自來爲相去遙遠，行移申請文字往往不相照應。今乞應緣川、秦兩司茶馬職事，凡有獨銜申請及雖係同狀不曾同簽，並須互下兩司勘當。如所見不同，亦令各具利害開陳，免致利害不得詳盡。』詔令茶馬司提舉官，今後除常程文字依條外，應合更改措置事件，並須連書申奏。如有所見異同，仰各具利害開陳。

二年三月二十四日，都大提舉程之邵狀：『自元符三年九月二十七日申請，專用名山茶博馬並貼賣與中馬人逐年買馬，七州軍茶場賣過茶，收穫稅息錢數比遞年收穫稅息錢外，建中靖國元年二月內增剩收到稅息錢二百五十三萬二千九百九十七貫一百三文省。內建中靖國元年收到增剩稅息錢，已赴闕奏計日，已將錢六十六萬八百四十三貫八百六十七文省申納朝廷封樁外，餘並崇寧元年收到增剩稅息錢，共一百八十七萬二千一百五十三貫一百三十六文省，係專用名山茶博馬並貼賣，比遞年分外收致稅息錢數目。』詔據上件增剩息錢，並令提刑司封樁，聽候朝廷支用，仍依條具帳供申都省。

七月二十二日，尚書省劄子：『勘會收復湟州，除已降指揮用茶博馬，並移出措置糴便司、買馬司往湟州置司及支勘本錢交子等外，程之邵稱所管茶數共約四萬餘馳，數內名山茶約一半以上，依條專用博馬，不許出賣。若盡數取撥往湟州，委是闕悞今來馬額。令程之邵今年馬額權住博買，其茶依已降指揮盡數支撥前去。若是久來蕃戶將馬中官，已計置到馬，恐有悞蕃客自來入中之人，兼慮諸邊萬一闕戰馬，既相度移都大買馬司往湟州，令就近於湟州量數支撥三五千馳博馬，以備急用。今來支降去茶鈔、銀絹，准元博買糧草並馬爲軍須支用外，不得別將支使。仍置簿拘管，逐一抄上所糴買到及支用過數，每季申尚書省檢點勾考。如違，並徒三年，吏人決配千里。』從之。

八月九日，樞密院劄子：『爲程之邵令巡歷熙河，竊見收復湟州故地，部族甚衆，商賈通行，竊謂非茶馬無以招集漢蕃人族。蓋蕃部恃茶馬爲命，本州又當青唐一帶蕃馬來路，乞朝廷指揮，就本州添置茶馬場，實爲要便。如蒙俞允，乞依條令本司選舉大小使臣二員，充茶馬場監官，內馬場監官內馬場監官依例兼本州兵馬都監。候舉到官，令逐官各計會本處當職官，同共修蓋場庫驛舍、般運茶貨、計備芻秣等了日，開場博糴。所有茶馬場合行事件，並依逐司見行條貫施行。候及一年，見得茶馬課息，從本司申請立額。貼黃稱：勘會茶馬場監官依條係本司奏舉，內買馬都監近准朝旨罷舉。今來事初，欲乞令買馬監牧司舉官一次。右檢會已降朝旨，今相度都大茶馬司移往湟州置司，其本州茶馬場自合添置。』詔依，其茶馬場監官今後並特令奏舉。

九月十六日，以朝請大夫、直龍圖閣、提舉成都府、利州、陝西等路茶事兼陝西買馬監牧程之邵爲集賢殿修撰、熙河路都轉運使兼川陝茶馬。

十月二十三日，同管幹成都府等路茶事孫鼇奏：『今年輪當臣赴闕奏計，方欲起發間，承朝旨，比年例增兩倍茶應副新邊支用。續又令臣量添價錢，速行收買川馬。赴闕奏計，不免往迴數月，顯妨收市茶馬，乞特免今年奏計一次。』從之。

三年二月二十九日，戶部狀：『提舉陝西等路買馬監牧司申：「黎州所買馬類多不堪披帶，自來止爲羈縻遠人。又慮買數過多，有損無益，遂立條，從八月一日開務，至三月一日住買。後來官司有失體究本意，不限月分收買，却於成都府馬務經夏養喂，比至起綱時月，積留死損極多，枉費官錢芻粟不少。馬務監官每歲例該責罰，遂累次檢會舊條，乞本州每年自八月一日開務買馬，至三月一日閉務住買，蒙朝廷施行，自後免得積留在成都府馬務養喂病生，枉死物命。今會算黎州見買四歲至十三歲四赤四寸大馬，每匹用名山茶三百五十斤，每斤折價錢三十文；銀六兩，每兩止折一貫二百五十文；絹六匹，每匹止折一貫二百文；絮六張，每張止折五十文；青布一匹，止折五百文。約本處價例，僅是半價支折與賣馬蕃部。自黎州至鳳翔府汧陽監四十八程，沿路倒死數目不少，

其馬多充雜支。今會計，秦州買四歲至十歲四赤四寸大馬一匹，用名山茶一百一十二斤，每斤折價錢七百六十九文七百六十九文，比黎州減得茶二百三十八斤，又減省銀、絹等不少，衮比馬價錢，止四分之一。黎州歲買馬二千匹，元符二年買五千二百八十餘匹，元符三年買四千一百餘匹，費用茶萬數浩瀚。雅州至黎州，道路盡是山嶮，人夫負擔，委是不易。近準建中靖國元年十二月十一日敕，茶事司奏，乞雅州在城、名山、百丈、盧山縣茶場收買黎州博馬茶不及八分及雇發積滯，即收買起綱茶雖及八分，不在推賞之限。契勘收買陝西、名山茶一百二十綱，買及九十六綱，已及八分該賞。其黎州收買博馬茶自來不限定分數，今若候黎州收買足茶數及雇發無積滯方賞，其陝西綱茶必是減少留滯，有妨博買戰騎，兼於陝西貴價出賣茶處虧損課額。欲乞黎州買馬，且依元條收買三千匹，其博馬茶比舊減半支折，所有一半茶却依價折與銀、絹等。合用錢物，除轉運司年例撥到外，有餘少錢物，並依舊茶事司應副，即蕃部尚爲優幸，不失撫納遠人之意。所有雅州名山買陝西綱茶並黎州博馬茶，且依舊條收買。」送戶部，符茶事司連舊書申奏。今據提舉官孫鼇抃狀：「黎州南蠻及吐蕃部落惟仰賣馬爲生，久來不以配軍爲限，盡行收市，招懷遠人。今若止以三千匹爲額，更除豁不理賞之數，必致減損買馬官賞格，無以激勸，又恐因此阻節遠人，於蕃情未順。兼茶事司額外買馬銀帛，自來轉運司計置支還，茶事〔司〕止是應副茶貨，年終計算撥還。成都府轉運司見申乞令茶事司撥還用過銀絹虧損價例，若減半支茶，却以銀帛支折，轉運司豈肯更行應副？若依舊不限數買馬，又緣欠蕃部茶八千餘擔，亦非經久之法。所有買發黎州年額並額外馬，通數歲買不得過四千匹，賞罰並收市合用茶及支折茶、綵，且依見行條法施行。其四赤以下馬更不收買。」本部看詳，若止三千匹爲額，不惟減損買馬官賞格，兼恐阻節遠人。若不限定分數及比舊減半支折茶收買，緣今來應副湟州博羅萬數浩大，比常年加兩倍買茶，亦恐闕悮。除賞罰並收市合用茶依見行條法施行，欲將黎州年額並額外馬通歲額不得過四千匹，其博馬茶比舊減半支折，所有一半茶却依價折與銀、絹等。所是合用買馬錢物，除轉運司年例撥到外，有餘少錢物，並依舊茶事司應副。其四赤已下馬更不收買。』兵部看詳，除所乞將年額並額外馬數通不得過四千匹，合係年額馬三千匹依舊、一千匹額外收買外，即無未盡未便事。』從之。

四月十一日，殿前司申：『承樞密院批下都大提舉成都府、利州、陝西等路茶事司狀，殿侍、本司指使王鑑狀：「竊見馬司指使、殿侍程佾先有狀乞立磨勘年限，尋申明已奉聖旨，與理八年磨勘，改轉三班差使外，有茶事司指使、殿侍未有立定磨勘年限，乞施行。」勘會本司指使、殿侍與馬司指使、殿侍窠闕資任並同，及差赴川陝，往來取送官物、應副茶本並諸般差使幹當，委是事務一般。本司契勘，欲乞將都大提舉成都府、利州、陝西等路茶事司指使、殿侍比附，依提舉陝西等路監牧司指使理八年磨勘，改轉三班差使。』從之。

五月二十日，都大提舉茶事司狀：『本司係移運錢物買賣收趁課利司分，即與諸司錢物事法不同。兼每年買茶收穫課息，除年例支使外，將所餘年分外增羨息錢，已逐旋具數申納朝廷，以助支用。近年以來，多爲諸司及臣僚申請，承受朝廷指揮，許於諸司錢物內取撥支用，遂將本司茶錢一例作諸司錢取撥。今來若令他司並作諸司錢物一概取撥支用，便見本錢妨闕，寖壞事法。欲乞今後他司及臣僚申請乞支用諸司錢，除茶馬司錢物不許作諸司錢一例支使，如朝廷非泛支用，乞下本司契勘有寬剩錢處剗刷應副。』從之。

十二月二十五日，提舉陝西路買馬監牧司狀：『黎州年額並額外馬通歲額不得過四千匹，其博馬茶比舊減半支折，所有一半茶却依價折與銀、絹。自八月一日開場至九月終，共買到三百五十匹，比遞年一般月分大段虧少。契勘賣馬蕃蠻以茶爲本，即目正當買馬之際，若比舊減半支茶，不唯買馬稀少，兼恐悮事。欲申候朝旨，深慮有妨趁辦歲額，已逐急下黎州，將四赤二寸以上馬每匹合得茶，依已降朝旨比舊減半支折外，各與量添茶一擔，招誘收市。所有來年已後合用博馬茶，欲乞依舊收買應副，其減半支折指揮乞更不施行。』從之。

四年六月三日，都大提舉茶事司、買馬監牧司奏：『茶馬司管幹文字、幹當公事第一等將仕郎張察、文林郎楊達、將仕郎張庭玉、黃瑜，第二等登仕郎高成章、將仕郎王易、朝奉郎孫俞、朝請郎路康國及逐司點檢文字等，自承朝旨後來，首尾管幹、催促、撥發茶貨有勞。』詔第一等

張察特改宣德郎，楊逵、張庭玉、黃瑜各循兩資，第二等王易、孫俞、路康國各減三年磨勘，高成章循資占射差遣一次。內選人如無資可循，或已官，即比類推恩。人吏第一等各轉一資，如無資可轉及有違礙，或不願轉資，即支賜絹二十匹，第二等各支賜一十五匹，第三等各賜一十匹。

七月二日，熙河蘭湟秦鳳路經略安撫制置使司奏：『奉詔處分相度措置馬政事，尋先次指揮岷州計置收買馬一萬匹，作制置司支用，候足日奏取處分。已令知岷州馮瓘措置。今據馮瓘申，已牒提舉買馬司逐急借撥名山茶貼作三萬馱支與岷州，候見得的確數目申朝廷，却行撥還。及已牒茶事司依馮瓘所申，並下秦、鞏、熙、河、岷州，依所乞應副去訖。

『一、於買馬場勘會到良綱馬，並係支一色名山茶下項：良馬三等，並四赤四寸已上，上等見支茶二馱一頭，中等見支茶二馱二十斤一十五兩半，下等見支茶二馱二十斤七兩半；綱馬四赤七寸，見支茶一馱一頭二十六斤半，四赤六寸見支茶一馱一頭一十九斤一十二兩，四赤五寸見支茶一馱一頭壹十四斤一兩半，四赤四寸見支茶一馱一頭四斤一十一兩，四赤三寸見支茶一馱四十九斤二兩，四赤二寸見支茶一馱三十二斤一十二兩。』

『一、勘會日近蕃客稀少，即今買馬場全然收買不得，若不添展茶數，竊恐卒難收買。乞候蕃客牽馬到場，相驗好弱，臨時添搭。良馬權添茶三十斤，綱馬權添茶二十斤。相度欲依馮瓘所乞，權添上件茶數博馬，只作添搭支馬牙人，即不得礙買馬司博馬體例，候今來數足依舊。一、契勘若只買良馬一萬匹，約用名山茶三萬馱。今來本州見管有三千餘馱，止買得一千餘匹。』

『一、欲將秦州、廟州鋪分擘合應副，秦、鞏、熙、河州名山茶，以三分中且截撥二分赴岷州，準備支用。』

『一、今來茶數既多，即沿路不免擁併，欲乞將秦、鞏、熙、河大路榷茶鋪權行差那於本州沿路地分貼鋪，及下經由縣、鎮、堡、寨，和雇人夫，併工推般，庶得辦集。』從之。

十月十二日，樞密院奏：『熙河蘭湟路經畧司申，熙、河、蘭、岷、鞏州舊管蕃兵，近年出入頻數，死過戰馬不少，雖督蕃官首領緊行收買添填，其蕃兵例各闕乏，兼無貨博買。今相度，乞將熙、河、蘭、岷、鞏州闕馬蕃兵於逐州茶場各量借茶添助收買五千匹，每匹借茶一馱，共借茶五千馱。仍許蕃兵將斛𣂏折納元價，其斛𣂏可充茶事司應副支給逐處茶場監官、巡鋪使臣、榷茶鋪兵請受。如有剩數無支遣處，許令別司樁錢兑糴。』從之。

十二月三日，中書省、尚書省〔言〕：『檢會元豐六年閏六月十三日條：「諸出賣官茶，提舉司立定中價，仍隨市色增減。應增者本場體訪詣實增訖，申提舉司覆按，應減者申提舉司待報。」今立到熙河路博馬、貼賣、出賣茶名色酌中價例下項：博馬茶：名山茶每馱七十八貫五百三十三文，瑞金茶每馱一百二十九貫四百一十三文，洋州茶每馱七十貫五百四十二文，萬春茶每馱八十七貫三十六文。貼賣茶：名山茶每馱八十一貫六百五十一文，瑞金茶每馱一百七十三貫三百四十八文，萬春茶每馱一百七十三貫三百四十八文，洋州茶每馱一百七十三貫三百四十八文。出賣食茶：油麻堪茶每馱九十三貫九百九十八文，洋州茶每馱八十六貫二百三十文，崇寧茶每馱八十一貫八百六十六文，楊村茶每馱一百一貫九百七十三文，興元府茶每馱一百二十二貫五百七十一文，永康軍茶每馱九十八貫七百二十四文，味江茶每馱九十三貫四百一十四文，堋口茶每馱一百三十貫四百五十三文。』詔川茶專充博馬，更不出賣。舊出賣數，令洪中孚相度博糴斛𣂏。

十一日，中書省、尚書省檢會：『熙寧、元豐川茶惟以博馬，不將他用，蓋欲因羌人必用之物，使之中賣，不至艱阻國馬，不乏騎兵之用。竊慮淺見官司趨一時之急，陳乞別將支費，有害熙豐馬政，失今日繼述之意。修立下條：諸川茶非博馬輒陳請乞他用者，以違制論。』從之。以上《國朝會要》。

徽宗崇寧五年二月六日，戶部狀：『同提舉成都府等路茶事孫鼇抃奏：「准尚書省劄子，洪中孚奏乞會茶司見在之數，如未用折博蕃馬，即盡將博糴斛𣂏，所有茶價增減，臨時視斛𣂏多寡計定。詔令鼇抃同共措置，即不得有妨博馬支用。契勘茶司計名山等綱茶，有條專用博馬，不許出賣。其逐色茶價，係茶司依條以川路產茶場元買茶本縻費等錢，立定

逐州價例，比其餘雜茶例各低賤，所以優潤蕃商，鈎致國馬。今來若依洪中孚陳請，必恐將漕司減損茶價，虧失歲課。欲乞除斛㪷價許臨時隨市勢增損外，其茶依本司已定價例折博，不許減損。」又稱：「乞用提刑司封樁加買到兩倍茶交撥，與洪中孚同共措置博糴斛㪷。」本部看詳，欲依所乞。』從之。

十六日，戶部奏：『熙河蘭岷路轉運使洪中孚等狀：「乞令茶司與臣同共措置茶博糴，奉詔依奏，令孫鼇抃同共措置。契勘得所管茶貨除可以移那般運應副博糴外，今相度，乞令西寧、湟、廓州召客人先將斛㪷赴本處入中，其價錢出給合同會子，給付客人，令自齎前來河州茶場出外變轉。仍支與每駞腳錢，西寧、廓州比河州至湟州腳錢，量加饒潤。如本場闕錢，即以茶依價添搭紐折。」本部欲依崇寧四年十二月二十八日朝旨，於加置到兩倍茶內支還，不得有妨博馬支用。』從之。

五月二十三日，都大提舉成都府、利州、陝西等路茶事司，提舉陝西等路買馬監牧司奏：『本司轄下見有員闕去處不少，雖依本司條權差罷任待闕官承攝，爲無法與理在任月日，往往不願權攝，差委不行。乞應茶馬職事員闕去處，見差權官權攝月日，依陝西轉運、提刑司法，與理爲考任。』從之。

六月二十三日，詔：『將加買兩倍茶並撥與茶馬司，應副博馬支用，更不博糴斛㪷。』

同日，樞密院奏：『都大提舉成都府、利州、陝西等路茶事司申，勘會川茶始自熙寧七年置司，推行迄今三十餘年，從來計置般赴秦鳳、熙河等路應副博馬，有餘出賣。元豐中立法，雅州名山茶專用博馬，候年終馬數足，方許雜賣。自建中靖國元年後來，爲買馬數多，名山茶數少，又以興元府萬春、瑞金、大竹、洋州四色綱茶相兼應副博馬，僅能足辦。緣孫鼇抃與洪中孚同共措置茶博糴斛㪷，即不得有妨博馬支用。尋契勘，若更將茶博糴，委是有妨博馬。望賜指揮，除將已樁加買到兩倍四色綱茶應副博糴斛㪷外，將名山茶依累降指揮專充應副買馬支用。餘依崇寧四年十二月十一日指揮。』

十一月十日，提舉陝西等路買馬監牧司奏：『陝西路轉運司幹當公事官近依朝旨許存留一員，其合差官幹當，尋於轄下選差，其間拘礙不許差出者不少，雖有職官及司戶可差，却兼充買馬等同管幹，本司全然差那不行。欲乞將逐司管幹官並就委本州依條不許差出官、不妨本職差委幹當。奉詔每州委見任官一員管幹，除州界時暫差使外，不許差出。又買馬司敕：「諸買馬及有牧地處，委茶事司所差管幹應報本司文字，不許他司差出州界。」契勘本司差定逐州軍管幹官，茶馬司自來依條選擇通判或職官幹當，今若止於不得差出官內就委，竊慮合差官有限，艱得可以倚辦之人。兼錄事、司理、司法體輕，緩急難以集事。今來陝西牧馬地撥隸馬司，所總錢斛不少，全藉管幹官往來點檢，兼茶司地方闊遠，職司不一，今欲乞將逐州軍茶馬司管幹官許令本司依舊選差。』從之。

十二月六日，詔：『神考修立馬政，於川陝市茶博馬，及以茶息應副邊計，行之甚久，已見成効。其屬官等全藉能吏幹集，故舊制盡從逐司奏舉。近緣臣僚陳請，復行差注。除馬司屬官並買馬官已復奏舉外，其茶司元豐年應奏舉並同轉運司選差員闕，並依元豐舊法施行。』

大觀元年正月十九日，尚書省言：『熙河蘭湟路都轉運使洪中孚奏：「蕃地許官以茶、綵博買，募人種佃，以諸司並折博務見在綵兩路通融應副外，不足，許本司約數奏聞，從朝廷給降，其茶並令茶事司應副取足。」奉詔依奏，其茶於兩倍茶內支撥應副，仍具合用數奏聞。契勘今來若許令熙河蘭湟轉運司取撥茶貨博買蕃地，不唯違戾已降指揮，兼壞敗本司成法。蕃部以馬易茶，元非本意，必恐因此寖壞馬政。伏望遵依已得指揮，應係茶專充博馬，不得他用。』從之。

二月三日，同管幹成都府、利州、陝西等路茶事兼提舉陝西等路買馬監牧公事龐寅孫奏：『昨準朝旨「提舉陝西成都府等路茶馬司屬官六員三分中減罷一分，止支與合入資序、請給等」，已依朝旨裁減外，檢會茶司令，諸提舉官所請係省請給，歲終以息錢計還。轉運司令節文：「幹當公事官、指使添給，並以本司雜收錢給；如不足，即以茶司頭子錢充。」勘會茶、馬兩司屬官並係熙寧、元豐年差置，即非後來緣事創添。兼逐員添給並于本司雜收茶息錢等內支給，即無侵耗轉運司歲計財用。除裁減外，見存員數輪定兩川及沿邊以來，分頭催促，應副秦鳳、熙河等路博馬綱茶及買戰騎，委是緊切事務。乞將茶、馬兩司減定屬官，許依本司元豐舊法支破請給，內馬司屬官並依茶司屬官條法，本司管認撥

還。』詔依。

三月二十四日，龐寅孫又奏：『伏見元豐立法，川茶博馬有剩，並許出賣。除名山茶外，有萬春、瑞金、大竹、洋州茶，自來措置招誘買馬，許中馬蕃部依合得馬價對買外，更許貼買四色綱茶一駞。近承朝旨，川茶專用博馬，即未有許對賣、貼賣明文。欲望除名山茶外，將萬春等四色綱茶並依舊例，從本司約度蕃馬中賣，並貼賣、對賣與中馬蕃商。餘依元豐舊法施行。』從之。

九月十三日，戶部狀：『都大提舉成都府等路榷茶司狀，檢準敕：諸都大管幹成都府等路茶事兼買馬公事支賜、添支，依諸路提點刑獄官則例支破。本部看詳，本司大觀令內已有立定提舉官請給，都大提舉依轉運副使，添支依陝西例，同提舉依提點刑獄，同管幹依轉運判官例。今勘當，添支自合依本司令文施行。其支賜，都大提舉欲依支賜令內陝西轉運副使例，同提舉依諸路提刑例，同管幹依諸路轉運判官例支賜。』從之。

十一月二十六日，提舉陝西等路買馬監牧公事孫鼇抃奏：『契勘自崇寧四年六月後來，承熙河蘭湟路制置司牒，準御前處分收買良馬，所買數並足，係本司官吏協力措置，應副茶帛，催督收市。今來除臣不敢僥求恩賞外，本司官吏乞依崇寧五年十二月九日例推恩。』詔孫鼇抃特與轉行一官，餘依奏。

二年三月二十七日，都大提舉榷茶司狀：『名山茶準條專用博馬，近年額外汎拋馬數浩瀚，本司逐〔旋〕擘畫，將自來出賣萬春等四色綱茶相兼支折，方能充足。緣博馬茶依條不理年額，不住據諸場申陳，稱自將博馬後來，賣茶年額例各虧失。本司今相度，除名山茶準條專充博馬不理年額外，欲將萬春等四色綱茶與理爲茶場歲額，不預推賞之數。仍自大觀元年爲始。』從之。

十月七日，詔：『川茶有數品，惟雅州名山茶爲羌人貴重，可令熙河蘭湟路以名山茶易馬，恪遵神考之訓，不得他用。餘茶博糴，量度茶數，勿使過多。可委陳敦禮措置聞奏。』

二十三日，熙河蘭湟秦鳳路宣撫使童貫奏：『奉詔：「國馬所賴非輕，比聞馬數出少，川茶價低，其弊安在？可體訪目今因依，講究悠久利害，可以救正之方。」臣講究得川茶如初榷買，般赴秦鳳、熙河等路應副博馬，係以元買本錢添搭腳稅，隨市增減，價例不定。其熙豐間馬賤，茶價亦賤；即今馬貴，茶價隨市亦貴。近年以來，諸場買馬比熙豐間雖逐等量有增添茶數，緣元降指揮每歲買馬以一萬五千疋爲額，今來係以二萬疋爲額，除添五千匹外，逐時又有泛拋疋數甚多，若不量行添搭，深慮無以招誘蕃客收買。伏望且依目今收買。』又稱：『元豐四年，郭茂恂奏請以茶充折外，其餘數支見錢、物帛，增立年額爲二萬疋，比舊額常買不足。』詔且依見今斤馱收買。

三年八月二十五日，詔：『茶馬司餘剩錢物支撥與陳敦復，充熙河路羅買糧草。』

四年五月七日，詔：『熙河秦鳳等路茶馬事，應今日以前泛拋買馬、添茶給引博馬等指揮並罷，一切遵依元豐法，仍令提舉茶事司措置施行。』

十一月二十五日，詔：『秦州場見封椿結罷宣撫司布二萬匹，可盡數撥赴提舉川陝茶馬司支用，疾速行下。』

政和元年二月十一日，戶部狀：『提舉陝西等路買馬監牧司狀，今來若令買馬司依舊博買蕃蠻物貨移用相兼買馬，委是元豐舊法。尋關駕部勘當，欲依元豐年朝旨施行。看詳提舉黎、雅州博易司稱，黎、雅州熙寧年即不曾置博易，始自崇寧元年置場博易，至五年正月二十八日朝旨住罷。本部今勘當，欲依所乞住罷崇寧年所置黎、雅州博易場，並依買馬司檢具元豐舊法施行。』從之。

七月九日，樞密院奏：『尚書兵部申，準政和元年正月二十四日聖旨：「川陝茶馬司自昨降處分，罷添給引博馬及住泛拋買馬，悉依元豐法後來，自八月至年終計買馬八千餘疋赴闕，仍用茶數少，減省錢緡八十餘萬。所有兩司官吏奉法勤恪，協濟事功，可取索當職人姓名，分定等第，取旨推恩。」本部勘會兩司當職官吏職位、姓名，今據買馬司申，勘會到今年正月至二月十日終，又買過馬二千五百八十二疋上京，減省茶計銅錢二十六萬九千餘貫，乞施行。提舉官張翬、李稷，特各與轉一官；管幹文字第一等陳損、王易，特與減三年磨勘，內王易特與循一資，仍占射差遣一次；第二等魏允中、高世祚、彭嶬、許廡，特各與減二年磨

勘；第三等魏超、王運，特各與減一年磨勘。吏人第一等特各支賜絹一十五匹，第二等特各支賜絹十匹，第三等特各支賜絹五匹。』詔依逐項指揮，内使臣減年磨勘仍依四年法比折。

十月二日，戶部言：『提舉陝西等路買馬監牧公事李稷奏：勘會陝西買馬，以茶斤重立定價例。舊法上等良馬最貴不過一䭾一頭，比因泛抛數多，增添茶數及倍，昨蒙依元豐舊法，其馬價比泛抛頓減茶數，蕃商故生邀勒，尚未肯多將馬出漢。竊緣戎人不可闕茶，欲乞將熙河、秦鳳路諸場四色綱茶榷住出賣，每蕃部中馬一疋，除依條支還馬價外，如願買茶者，仍許依見賣價收買四色綱茶一䭾，引領門戶買一頭。俟三二年間馬來往通快，即依舊例施行。』從之。

二年六月二十五日，權發遣提舉成都府、利州、陝西等路茶事兼提舉陝西等路買馬監牧公事張䍐劄子：『契勘洋州茶場歲買茶貨浩瀚，其品搭、催督、般發茶貨，盡係西鄉知縣，欲乞依名山知縣例，許本司舉辟，比監官減半酬獎。』從之。

三年七月二十七日，都大提舉成都府、熙河、蘭湟、秦鳳等路榷茶司幹當公事何漸奏：『契勘雅州名山綱茶專用博馬，山南四色綱茶通賣漢蕃。自大觀四年後來，依元豐法減茶買馬，歲常有儹剩之數。又爲減茶之初，蕃商中馬未致通快，本司措置榷住買四色綱茶，立賣與中馬蕃商，其名山茶除博馬外，不許他用，是致川陝諸場庫各有儹積下茶萬數不少。且以興州長舉縣等兩庫見管名山茶已及五萬餘䭾，竊慮所買既多，所用有限，不免陳積。今相度，欲乞將名山茶依條專用博〔馬〕，如有剩數，許中馬人依見買四色茶體例，用市價支賣，却將四色茶依舊出賣收息。勘會除儹剩名山茶已降指揮添博收馬外，契勘四色綱茶貼賣與中馬蕃部等，昨指揮俟三二年買馬通快依舊，今來將及二年。』詔每年將四色綱茶並專充博糴漢蕃斛㪷封樁，不得別將支用，仍逐旋具糴到斛㪷數目申尚書省。

八月十三日，朝請郎、直龍圖閣、權發遣都大提舉成都府、利州、陝西等路買馬監牧公事(張等路買馬監牧公事)張䍐劄子：『準御前劄子、臣僚上言同何漸劄子，令相度措置可否利害，保明聞奏。今檢具前後手詔、敕令及依應相度，措置到下項：

『一、準元豐四年七月十八日中書劄子，奉詔：雅州名山茶專用博馬，候年額馬數足，方許雜賣。』

『一、準馬司格，應熙、秦、岷、階州、通遠軍，各依逐等所定茶䭾數，以新茶支折。(謂如有見在元祐三年四月新茶，即支四年分茶之數。)如蕃部願要銀、紬、絹、洋州茶、大竹茶之類，並許各依見賣實直價例算請，更不限定分數。』

『一、準崇寧四年十二月十二日奉聖旨，諸川茶非博馬輒陳請乞他用者，以違制論。』

『一、準崇寧五年六月二十四日聖旨，應係茶並專充博馬支用，餘依崇寧四年十二月十一日朝旨施行。』

『一、準大觀元年三月二十五日敕，中書省、尚書省送到龐寅孫劄子，奉聖旨依所申，他司不得侵用。』

『一、準大觀四年正月七日樞密院劄子，三省、樞密院同奉聖旨，熙河、秦鳳等路茶馬事，應今日以前泛抛買馬、添茶給引博馬等指揮並罷，一切遵依元豐舊法，仍令提舉茶事司措置施行。』

『一、準大觀榷茶司令節文，諸名山茶依舊樁留博馬外，如買馬司闕博馬數多闕支用，委提舉司即時應副，有剩，從本司相度貼賣與中馬人。又準敕，諸名山茶博馬外剩數，非中馬人輒支賣者杖一百。』

『一、準政和元年十月二日敕，中書省、尚書省送到戶部狀，準都省劄子，奉聖旨，提舉陝西等路買馬監牧公事李稷奏，奉聖旨依。』

『臣契勘名山茶自熙寧榷茶之初，本以博馬，至元豐四年，計其馬足積羨，聽以出賣，實爲通法。繼復有並用大竹、洋州茶博馬之議。建中靖國年，始有許將名山茶餘數止對賣與蕃商之論。大觀中，又有榷住賣四色綱茶、令對賣門戶蕃商之請。然臣考利害之實，元豐之制最爲要準，而後人之請或趨一時之利，不可爲典要，或川秦首尾相戾，不達利害之實，姑以職事陳請而已。蓋除馬司博馬外，茶司自有歲額，必待售茶而辦，其四色綱茶實爲茶額根本。秦、熙兩路漢民，所售食茶不多，而淺蕃熟戶並煎四色綱茶。遠蕃多嗜名山茶，間有姦商詭用綱茶、粗硬食茶罔之者，亦能區別。若將名山、四色綱茶一切禁之不賣，必致茶額不敷，出茶無藝，顯難屬饜而害馬政。惟斟酌非實馬足茶羨則貨之者，是通法也。其對賣

尤非利害，徒益門戶蕃人，乃熟戶蕃族之爲駔儈者與官場吏卒乘便爲慝，贏取官息，其利不及生蕃，於馬未始加益。若將名山茶、四色綱茶依元豐舊制從本司參量，合用博馬茶外，剩數轉易，回本入川，惟不得害馬政、妨茶額。元豐時雖曰兩司，而提舉官一以任責，苟其才下，亦能約量，不致乖戾，自取譴責。今相度，欲乞應名山茶、四色綱茶專用博馬，餘數聽本司量度，轉易回本入川，不許輒將他用。臣契勘昭化、順政、長舉庫積茶，以今年五月中旬狀考之，僅有五萬九千四百馱。蓋昨緣大觀四年前，利州路凶歉，至今居民事力未能如舊，故其昔日甲頭腳戶流莩之餘，存者逋負夥甚，雇召不行。臣比欲草具建明，乞將興元府至永興軍一帶減下舊額茶鋪兵士七百餘人，並聽本司於洋州至興元府添立鋪，其餘添隸長舉至秦州諸鋪運茶，則永遠不致積壓。其廩給自係本司錢內支給，一切不預別司調度。又應川界轉般茶諸邑，今辟舉有經三年礙吏部格，雖辟書數上，終無一人得注授者。攝承之吏，玩習歲月，寖以隳弛。又臣嘗建議，乞應本司辟官，乞破格差注一次，已蒙朝廷聽行，而吏部終以合注承務郎以上者，不許降用選人。今五年，竟未有差注。臣又嘗建議，乞將發茶場庫監官、縣令，如成都府排岸司、興州長舉縣裝卸庫、興元府西縣轉般庫監官，綿州巴西，利州昭化、三泉，興州順政、長舉，興元府南鄭、西縣知縣，計十處，每撥發茶及四萬馱無闕失，與減二年磨勘。以其諸縣如長舉、昭化之類，多是僻小去處，既難得人肯就，及專任茶司事務而有責無賞，誠非勸沮之道，至今未奉指揮。積是三年，茶或滯留，滯而通之，可久無弊。臣今相度，欲乞應興元府至永興軍一帶減下舊額茶鋪兵士七百人，並令榷茶司措置，於洋州至興元府西縣添置茶鋪，各請兵級人數外，將其餘數分添入長舉縣乾渠鋪至秦州赤谷鋪，並依茶司自來例施行。應熙、秦州路榷茶司所辟官，承務郎以上、選人、大小使臣，並許互換通舉。謂如承務郎以上知縣處亦許奏舉選人，選人知縣處亦許奏舉承務郎以上，不以有無拘礙，並行注差。應撥川茶路地分，成都府排岸司、興州長舉縣裝卸庫，興元府西縣轉般庫監官，綿州巴西縣，利州昭化、三泉，興州順政、長舉，興元府南鄭、西縣知令，每撥茶及四萬馱無違闕，與減二年磨勘。』貼黃稱：契勘臣僚上言，儹積茶五萬餘馱，約計每馱二百七十三貫文省，係鐵錢舊價。緣自今年奉行夾錫錢實後來，每馱一百貫文省，以見茶數約計錢五百九十餘萬貫文。又稱：『契勘吏部及八路差官法，無本等人亦聽破格差注。檢會下項：

『一、政和三年七月三日敕，榷茶司狀，朝旨令買馬司每年添買二萬匹，合用茶令計置茶本，從朝廷應副取到狀。自減茶博馬後，每年約儹剩茶一萬四千餘馱，內利州昭化庫見在名山茶四萬二千一百六十五馱，興州長舉庫見在名山茶八千六百一馱，其餘場庫未在其數。奉聖旨，據今來合添買收馬二萬匹，所用茶於儹剩名山茶內支撥應副博馬。仍令榷茶司今後每年寬剩計置茶一萬馱，盡數充添買牧馬之用，其合用茶價，仰具數申尚書省。所有歲額博馬茶如有剩數，亦仰衮同應副添買牧馬之用。』

『一、政和三年七月二十八日敕，何漸劄子：「乞將名山茶依條專用博馬，如有剩數，許中馬人依見買四色茶體例，用市價支賣，却將四色茶依舊出賣收息。契勘四色綱茶貼賣與中馬蕃部等，昨降指揮候三二年買馬通快依舊，今來將及二年。」奉聖旨，每年將四色綱茶並專充博糴漢蕃斛㪷封樁，不得別將支用，仍逐旋具糴到斛㪷數目申尚書省。』

『一、政和三年六月七日敕，戶部狀：「榷茶司申，乞立定成都府排岸司，興州長舉縣裝卸庫，鳳州轉般庫，綿州巴西縣，利州昭化、三泉，興州順政、長舉縣，興元府南鄭、西縣，任滿收發過茶無失陷欺弊，提舉司保明，每四萬馱與減磨勘二年，如不獲抄附失陷，一萬馱展磨勘一年。其承直郎已下賞罰並各比類施行，二分以上依差替人例。本部看詳，本司申乞即係累賞，竊恐太重。今勘當，欲依巡轄般茶鋪使臣任滿去減磨勘一年，先次指射家便差遣，餘並依本司所申事理施行。」』詔除名山茶博馬、四色綱茶博糴，並撥發官等賞罰，並依近降指揮外，其措置鋪兵依奏，餘不行。

五年五月七日，詔：『茶事司循法舊制，特許辟官。訪聞比來不顧公議，多引四川土人。今後辟官，不許奏辟土人，已辟官並罷。仍著爲令，違者奏舉官並被舉人並降名。』

六年二月十九日，樞密院言：『同管勾成都陝西等路茶馬監牧公事程唐奏：勘會本司遵奉聖旨，依元豐舊法減茶買馬。臣到任，措置陝西買獲馬四萬五千二十一匹，收稅息錢四百八十三萬五千餘貫。契勘陝西

自承朝旨復行錫錢，物價已平，是致鬻茶通快。今且以熙、秦路共收到稅息四百七十萬三千四百餘貫，比類增羨，委是本司官吏協力，粗有成效，乞等第推恩。』詔程唐除直秘閣外，餘分優等及第一、第二、第三等。優等轉一官，選人循兩資；第一等減三年磨勘，選人循一資，占射差遣；第二等減二年磨勘。疑有闕文，今檢未獲。人吏支賜絹，優等二十匹，第一等十五匹，第二等一十匹，第三等五匹。

七年三月十五日，詔：『管勾川陝茶事程唐應副陝西運司年額有勞，可特除右文殿修撰。其合用收買四色綱茶本，仰尚書省每歲給降度牒三百道付程唐，自政和六年下半年爲始。』

四月二十五日，提舉成都府等路茶事郭思奏：『政和五年分，川陝收到茶息錢三百七十一萬一千一百七十二貫，其支用外，見在一十一萬一千九十八貫七百五十文省。取到諸州收附年帳申尚書省外，別有三十五萬貫糴到斛㪷，爲秦州本司取會未足，附次年帳供申。』詔郭思賜紫章服。

宣和三年四月二十四日，朝奉大夫何漸奏：『臣竊惟川陝榷茶之法，本以市駿實邊，使茶無滯貨，則馬來數多，邊備充足。臣頃承乏使事，措置雇發沿路積滯茶䭾，悉至邊塲，頗見其利。比宣和元年茶司奏計，在臣替罷數年之後，提舉官程唐具奏，尚稱用臣計置茶貨博馬，減省錢緡，此有以見雇發之利其博如此。今任適當川陝茶馬之衝，伏見利州昭化，興州順政、長舉三縣，雇發最爲衝要，累年縣令悉係權攝，深恐檢察不專，復有積壓之患。臣愚欲望聖慈特加訓敕，應雇發地分闕官，令茶司遵依元豐成憲，以時選舉，庶幾得人任職，利源增廣。』吏部供到川陝榷茶雇發地分知縣，見今依元豐法，榷茶司與本路轉運司同共選差永康軍青城知縣、蜀州永康知縣、雅州名山知縣、漢州德陽知縣、利州昭化知縣、見闕。漢州雒縣知縣、邛州依政知縣、利州綿谷縣令、興州順政縣令、見闕。興州長舉縣令。詔依元豐法。

八月十二日，何漸又奏：『竊惟神宗皇帝肇建茶、馬兩司，吏員多寡，稱事繁簡。後來因事增員，不無冗濫。乞應添置員闕，悉遵熙豐成憲。』從之。

十一月十二日，吏部奏：『檢會提舉成都府等路茶馬、兼買馬監牧公事宇文常狀：準敕陞充提舉，即不帶「都大」及「同」字，所有序官取指揮。勘會宇文常係同管勾茶事，準敕陞作提舉，其榷茶司令文內即無立定提舉茶事序位之文。本部今勘會，欲將宇文常序位在陝西熙河蘭廓路轉運副使、諸路轉運使之下，諸路轉運副使、提刑之上。今年四月四日，詔依吏部申。勘會張有極元受敕內亦不帶「都大」及「同」字，與提舉宇文常事體一般，所有序官，未審合與不合依宇文常已得指揮。』詔依宇文常所得指揮施行，今後準此。

十二月十八日，詔川陝買馬萬匹，提舉茶馬司郭思、張有極及官屬等升職進官有差。

四年四月十一日，樞密院奏：『勘會提舉陝西等路買馬監牧司恭承聖訓，遵依元豐成法，減茶買馬。宣和二年八月至三年十月，買獲馬二萬二千八百三十四匹，計減省錢二百八十五萬六千五百餘貫有畸，今具秦、川兩司合推賞官吏職位、姓名下項：提舉官郭思、張翬、宇文常、何漸，內張翬、宇文常各特與轉一官，宇文常轉行，郭思、何漸所歷月日不多，更不推恩；屬官優等管幹文字夏思忠、幹當公事馬冲各減三年磨勘，進義副尉張佾減一年半磨勘；第一等管幹文字李伸道，幹當公事趙子游、劉黻、韓洪，各減一年半磨勘；第二等管幹文字程敦臨，幹當公事范洪、張錢、劉子明，各減二年磨勘；第三等幹當公事萬俟詠、李與同，各減二年半磨勘。本司人吏優等減二年磨勘，候出職日收使；第一等各支賜絹八匹，第二等各支賜絹六匹，第三等各支賜絹五匹。』詔特依逐項指揮，內磨勘年限不同人，依四年法比折，選人依條施行。

五年十二月十五日，樞密院奏：『勘會提舉陝西等路買馬監牧司恭依聖訓，遵守元豐成法，減茶買馬。宣和四年九月至宣和五年九月，買到二萬一千九百四十匹，減省錢三百二萬六千五百六十貫文，今具秦、川兩司合推賞官吏職位、姓名下項：提舉官何漸、韓昭，各特與轉一官；屬官優等管幹文字晁公邁、幹當公事范洪，各減三年磨勘；第一等管幹文字劉黻、侯箎，幹當公事何掄，各減二年半磨勘；第二等管幹文字程敦臨、幹當公事張錢，各減二年磨勘；第三等幹當公事王城，減一年半磨勘。人吏優等各支賜絹十疋，第一等各支賜絹八匹，第二等各支賜絹六匹，第三等各支賜絹五匹。』詔特依逐項指揮，內選人令吏部依條施

行。

六年八月十九日，都大管幹成都府等路茶事王蕃狀：『伏見前提舉官何漸昨具奏，爲闕官逐急擇人權攝，欲乞將本司熙豐以來不拘常制許辟員闕，依元豐舊法，不得並差川人。及依近降指揮，不得奏差知州外，餘並許臣踏逐，選擇公廉練達之人，不拘常制，指名奏差。奉御筆依所奏，許辟一次。後來何漸除奏外，見餘未曾奏辟去處，欲乞依已降御筆指揮，許蕃依何漸申請，不拘常制，指名奏辟一次。』從之。

七年五月二日，詔茶馬司辟官並依元豐法。

十月三日，吏部奏：『權提舉成都府等路茶馬公事韓昭奏：「契勘本司窠闕，遵奉元豐成法，合從本司不依常制奏差。今踏逐到宣教郎王滋，乞差通判興元府；承事郎安邠，乞差充都大提舉榷茶司勾當公事；忠翊郎王義夫，乞差充階州買馬監押。」勘會王滋前任清州司戶曹事，三考得替，磨勘改官，合入初任知縣資序，其興元府通判依熙寧格係注通判人，即不係應入窠闕，兼有礙元豐令，雖不拘常制，不得奏差。茶馬司勾當公事雖許本司奏差，緣提舉茶馬係二員，依政和令連書，或一就奏舉。今來韓昭獨銜奏差，礙前條法。階州兵馬監押係提舉陝西等路買馬監牧司闕，今來本官稱本司窠闕，合從本司不依常制奏辟，緣即無許舉買馬監押之文，兼王義夫不應材武，見係監當資序，依條不許舉辟。』詔令吏部行下。

欽宗靖康元年五月十五日，詔：『川陝所起歲額綱馬，全藉茶貨博買。訪聞自近年以來，買馬司不切用心預行措置樁備，及將茶貨等輒以他用，是致收買馬不能敷額，緣此積年闕馬數多。雖已降處分，不得以茶及本息錢博買珠玉等並收羨餘，尚慮不爲遵奉，巧幸侵欺，轉易他用。可令本司今後將合博易茶貨等預行樁備，不得轉易他用，專充買馬。仍令買馬路分走馬承受，每年取索所得茶貨等，子細驅磨支使有無侵欺、轉易他用。若有違戾，其買馬司應干當職官吏並以違制論。』以上《續會要》。

高宗紹興四年七月二十九日，熙河蘭廓路經略、統制熙秦兩路軍馬關師古言：『本軍所管戰馬不多，乞支撥川茶於洮、岷州界博換，應副使用。』詔令宣撫司支茶博馬，亦令本司別作相度，多方應副。

五年十月四日，樞密院言：『已降指揮，于永康軍、威、茂州置場，以茶博馬，並文州等處買馬。其當職官如博買到馬數多，乞與推賞。』詔每歲各博買到四尺三寸以上堪披帶馬，每一千匹與轉一官；如買到出格堪好馬，更優異推恩。仍令宣撫副使邵溥同提舉買馬官趙開措置，疾速廣行博買，及於宣撫司選差諳曉馬事屬官一員，專一在諸州軍催促博買。候見就緒，亦當推恩。

七年閏十月二十七日，宰臣趙鼎言：『得旨復置茶馬官，舊有主管茶馬、同提舉茶馬、都大提舉茶馬凡三等。』上曰：『此猶轉運使、副、判官之比也，若擇得人，當考其資歷命之。茶本以博馬，而近來猶聞博珠玉及紅髮之類。珠玉今日固無用，紅髮特爲馬之飾而已，亦何所用，須一切禁止。』

十三年八月三日，詔敘州通判依崇寧三年指揮，許行辟差才幹官管當買馬職事，從都大提舉茶馬所請也。

十月三日，都大主管成都府、利州、熙河蘭鞏、秦鳳等路茶事兼提舉陝西等路買馬監牧公事賈思誠言：『茶馬司措置般運茶貨，博買西馬，所有茶事，通判、縣令、合同場監官及買馬都監，全藉有材幹官究心職事，廼能辦集。自軍興後，其轉運司多不照應條法，却將本司合專辟並同共奏差窠闕，更不選擇人材，止以名次高下，一例出闕注擬，多致非材，曠廢職事。乞下逐路轉運司，遵依敕條施行。』吏部勘當：『欲將洋州西鄉知縣，興州通判，長舉、順政知縣，階州都監，興元府監稅兼合同場官，並令本司依敕條辟差施行。』從之。

十四年二月十一日，都大提舉茶馬司言：『諸買馬司幹辦公事官任滿，催督諸場買馬歲額敷辦，提舉司保明，與減二年磨勘；不及八分，展二年磨勘。契勘川路歲額，黎州三千匹，文州一千匹，敘州八百五十匹，長寧軍三百九十五匹。內敘州、長寧軍並係羈縻遠人，除敘州及額外，其長寧軍累年不敷歲額，所屬官合得酬賞保明未得。欲乞許令本路將諸處通計，若敷及歲額，即依條保明推賞。』詔許權將黎、文、敘州三處溢額馬數通計推恩，仍戒約長寧軍不得因而廢。

十六年四月二十七日，御史中丞何若言：『四川茶馬司逐年起發馬數，差人管押赴行在交納，緣所差牽押兵士別無交替，道路遙遠，經涉月日，人力既自疲乏，加之在路草料間有不時，其馬多至死損，甚者十之四

五。牽押兵士恐坐罪責，往往逋逃。況馬綱所至，州縣懼怕贏馬在界倒死，却乃支折價錢，遣促起離，人雖受錢，馬不得食，適以爲害。欲乞將四川茶馬司綱馬赴行在交納者，並依廣西路已得指揮，自起發州軍差使臣、將校等外，其牽押兵士逐州軍交替。遇有起發綱馬，預行關牒前路州縣。仍乞申敕提舉綱馬及檢官司，嚴行督察所屬州縣，遇綱馬到驛，即時支給本色草料，並不得折支價錢。其合差承替牽押兵士去處，前期差定。如敢違戾，重作施行。如此，則人不致於涉遠逃亡，馬不至於闕食倒斃。』詔令四川茶馬司參照已降指揮措置，申樞密院。

十八年七月一日，詔南平軍買馬每歲權以三百匹爲額，候及三年，取酌中之數立定歲額，令茶馬司比類諸場條格賞罰施行。從兵部所請也。

八月十六日，都大主管成都府、利州等路茶事兼提舉四川等路買馬監牧公事韓球言：『川路諸場買馬，內南平軍所買到並係出格良馬，堪充披帶。昨點檢得本軍遞年買馬比元初措置年分並各虧少，緣本軍僻在一隅，難以檢察。照得敘州年額買馬專委知、通主管，內通判從本司依文州條例奏舉，其本州所買馬十無一二堪充起綱。今相度，欲將敘州通判員闕兌易南平軍通判，從本司依條奏舉。其敘州通判員闕，依舊歸還轉運司使闕。』從之。

十一月二十四日，韓球又言：『買馬州軍官員、諸色人違法與蕃蠻衷私博馬，本司已立賞出榜禁止。訪聞尚有窮乏之人不顧條法，却販茶綿等前去買馬附近沿邊州軍，誘引蕃蠻將馬前來中賣。如威、茂州後蕃係接連熙河，亦嘗有蕃蠻將馬前來與諸色人博易，不唯寖久有壞馬政，兼恐引惹踏開生路，於邊防不便。欲望將本司見管巡捉私茶使臣並買馬州軍管下巡尉，許令巡捉諸色人私與蕃蠻博馬。內有透漏去處，以匹數比附透漏私茶條法斷罪施行。』從之。

二十年十一月一日，詔：『都大提舉四川茶馬司幹辦公事官一員，依舊于遂寧府置司。』從本路諸司請也。

二十二年二十一日，詔：『四川都大提舉茶馬司起發綱馬，所差管押使臣往往不識馬性，飲餧失時，致損斃數多，虛費財計。可令吳璘、楊政，每綱選差慣熟有心力諳曉養馬使臣二人、將校一名、醫獸一名、兵士二人，添破本等驛券錢米，專充管押。其牽馬人兵，令茶馬司依例差撥，賞罰〔依〕見行條例。』

二十三年五月一日，樞密院言：『茶馬司差使臣等押到馬綱，內有瘡疥瘦瘠馬數，依近降指揮更不推恩。若本綱馬內有瘡疥瘦瘠，依寄留倒斃馬數除豁，及依得見行條法，不礙推賞。』詔依舊格推賞施行。

二十五年三月十四日，詔：『西和州宕昌買馬，自來用茶博買，緣客人艱于般運，却將茶於私下博絹前去。可令茶馬司措置，自後兼用茶、絹，聽客人從便博買。』

二十六年六月三日，利州西路安撫使、御前諸軍都統制吳璘言：『宕昌馬場年額買到馬十分爲率，內撥二分應副支使，其茶馬司自紹興二十一年至二十五年分，應副二分馬共三千六百餘匹，未曾支撥。緣璘見管入隊馬七千餘匹，皆齒歲過大，若三五年之間，盡不堪乘騎，不惟虧損馬額，亦恐緩急有妨使喚。乞下茶馬司，將紹興二十六年合撥二分馬，依元降指揮早賜支撥。所有拖欠以前年分未撥馬數，恐難一併支撥，欲乞作五年帶發，支赴本司，所貴緩急不致闕事。』詔令茶馬司將二十六年已後合撥二分馬，依已降指揮應副，不得拖欠。其積下馬逐旋收買補發。

十二月十二日，樞密院言：『黎、文、敘州、長寧軍、南平軍等處互市買馬，以銀、絹、錦、綵折博，近年茶馬官韓球等或拘收正色銀、絹，輒將他用，却以積欠物數兌博馬，致欠少客人馬價，或大估銀絹價充數，或先給關子，銀、絹後時方到。及諸州知、通、買馬官不法，又借那支用，或巧作從物等，或賤買所博馬銀、絹、關子，以致蕃客不肯將馬出賣。』詔令茶馬司將博馬銀絹等並預期排辦，即不得依前大估價錢及擅將他用，留滯客人。如諸州有違戾去處，按劾聞奏。仍令四川制置司常切覺察。

同日，樞密院言：『茶馬司所差厢禁軍牽馬，近年分差不公。如潼川府、夔州路轄下州軍厢兵不足，科僱人錢引，却於附近州軍越數科差，前期追集雜役。馬務官吏雪令於秋冬間打生草餧馬，却收所破草料入己，人疲馬瘠，以故起綱多有倒損之數。』詔令茶馬司今後遇起馬日依數差撥，即不得前期科差雜役。其偷盜草料官吏，令本司常切覺察，如有違戾，按劾聞奏。

二十七年二月十一日，樞密院言：『茶馬司歲額收買西馬，西和州

三千六百餘匹，除二分七百二十匹應副四川制置司外，餘數並階州五百匹，循環撥付殿前、馬、步軍司。』詔令茶馬司於西和州、階州歲額外，更措置增添博買，先具每歲添買數目申樞密院。

三十二年五月四日，總領四川財賦軍馬錢糧、專一報發御前軍馬文字、兼權提舉秦司買馬監牧公事王之望言：『承成都府都大提舉茶馬司牒，分撥利州以東至陝西州軍並興元府、洋、興州等處榷茶買馬職事。照得被受前項指揮，止是兼權提舉秦司買馬監牧公事，所有茶事，未曾承準指揮，未審今來如何繫階。』詔依見今川司提舉王弗繫階，帶茶馬職事。以上《中興會要》。

孝宗隆興元年四月七日，四川安撫制置、都大提舉茶馬、成都府路提舉轉運司奏：『黎州歲額買馬三千匹，全藉知、通同共措置。通判闕，元係茶馬司奏辟，昨緣一時申請，併歸銓選，憑不得人，難以責辦。乞從茶馬司依舊法選官奏辟。』吏部勘當：『欲依逐司所乞。』從之。

乾道元年二月十四日，四川茶馬陳彌作奏：『臣契勘本司舊管幹辦公事三員，準備差使二員，緣近降指揮，止存幹辦公事二員。竊恐本司管四路，事繁地遠，全藉屬官分責，與他司事體不同，欲乞復置幹辦公事一員，仍乞許臣選才辟差，免致闕誤。』從之。

同日，又奏：『馬政爲今日要務，比年官屬曠職，寖成隳壞。欲乞將茶馬司元辟差闕依祖宗舊法，內除守臣係朝廷選授，如有貪懦不職，按劾以聞。其餘許從本司辟置，或已在任待闕人，亦許臣銓量，庶幾人知勸沮，悉皆激厲。』詔買馬州軍通判，令茶馬司依舊法奏辟。

七月八日，四川宣撫使吳璘奏：『準樞密院乾道二年四月五日劄子，提舉四川茶馬陳彌作奏：「本司買馬係川秦兩司文、黎、珍、敘、南平、長寧軍六州軍年額。川馬五千六百九十六匹，係應副江上諸軍；階之峰貼峽、西和之宕昌兩處年額，共買馬四千一百五十匹，係輪年應副三衙。緣秦司去本司二千餘里，專委本司屬官前去措置收買，自八月開場以來，只買過馬二十八綱。近據屬官趙永申，自十月十五日以後將及一月，無匹馬到場。續得宕昌買馬官王德俊申，準宣撫司分委屯駐將官收買進馬，不限數目。竊見宕昌、峰貼峽雖係兩處置場，地里相距不遠，只洮、疊州一路蕃客前來入中，自置市以來止有此數。若是本司與宣撫司爭買，不惟蕃客觀望，重有所激，又兩司各不相照，致有私販，實爲未便。欲乞將秦司馬併於宣司買發，本司依年例應副茶帛，庶幾事權歸一，共濟國事。」詔依。臣今契勘宣撫司自隆興元年被旨收買進馬，節次發過馬四千匹，並係續觱任內，兩司各無相妨。自陳彌作到任，本司又得旨買發進馬五百匹，每疋價錢止是二百餘貫。茶馬司價錢比本司非不高大，止緣茶馬司拖欠蕃客價錢，致馬來少，今却稱臣高價攙買。緣臣所買進馬並係續觱任內，自有年月可考，即與陳彌作到任後買馬並無相干。兼照祖宗成法，專置茶馬司措置買馬，他司不得干預。況宣撫司事務繁冗，難以更與茶馬司任買馬之責，乞下茶馬司遵守成法。』從之。

九月一日，吏部狀：『準都省批下四川茶馬司奏，檢察買馬非祖宗舊制，緣本司一時添置，初無毫髮之補，月費俸給三百餘千，占役吏卒四十餘人，無以支給，不免侵移博馬錢帛，致欠蕃蠻馬價，爲害非輕。欲乞依法省罷，所有買馬職事乞依舊法，令知、通、監押協力任責。』從之。

十月三十日，戶部準都省批下四川茶馬契勘，階州知、通係堂除，非本部闕，準乾道元年指揮，買馬州軍通判許令茶馬司依舊法奏辟。從之。

乾道二年十月三十日，戶部言：『四川茶馬司申：「園戶收販茶子入蕃界，已有申獲罪賞指揮，近有將茶苗公然入蕃博賣，深屬不便。欲望行下，並依茶子罪賞施行。」事送部勘當，本部檢照紹興十二年指揮，園戶輒將茶子轉賣入蕃及買之者，並流三千里，不以赦降原免。告捉賞錢五百貫，園戶籍沒入官。州縣失覺察，並透漏當職官，並徒二年科罪。照得茶苗栽種不過二年便可採摘，比茶子爲害尤重，今欲下刑寺審覆，行下本司遵守施行。』從之。

三年二月六日，執政進呈陳彌作言，乞免四川茶馬司積欠綱馬，却從日下年分催促。上曰：『可依所陳行下，自此立罪賞，苟或違戾，必重作行遣。』詳見此門茶馬。

四年三月十七日，四川宣撫使虞允文奏：『照得祖宗朝都大提舉買馬官於秦州、成都各置司，居治各半年，排撥马月分居秦司，訖事即歸川司措置發茶並買馬監申之類。今欲依做舊制，於鳳州河池縣置秦司，既近宕昌，買馬之弊可以稽察，又措置收養最爲便利。』從之。

同日，四川宣撫使虞允文言：『都大茶馬司應副三衙歲額馬共三千

五百五十五疋，累年常是拖欠一千匹上下。自張松到任，於去年八月開場，至今年正月終，買發數足，望於松職名上特加陞進，以爲方來之勸。』詔特與轉一官。

五月十五日，四川茶馬司奏：『檢準令節文，文州買馬通判奏舉知縣以上資序人。又準隆興元年本司奏乞，將文州通判從本司奏辟，吏部行下，令同本路提刑、轉運司審度，連書保奏。今逐司奏，文州買馬係與化外蕃交易，全藉通判措置招誘。舊係茶馬司奏差，後緣一時申請，令本路運司銓注，竊慮不得其人，難以責辦職事。若從茶馬司依舊選官奏差，委是經久利便。』吏部再勘當：『依逐司審度到事理施行。』從之。

七月十二日，茶馬司奏：『川、秦馬司互市之地，惟西和、階州並是西馬，比諸州爲最上。歲管四千二百七十疋，應副三衙並四川宣撫使司。本司津致茶帛，應副博買，歲費壹百餘萬，全藉所屬州郡禁戢私販，招誘蕃商，協力趁辦。今文、黎等六州軍知、通並帶主管買馬事，西和、階州舊法止是提舉買馬，並不帶主管買馬事。兼兩州通判未係本司奏辟，馬之增損既無賞罰，全不介意。照得宕昌等處即非無馬，止緣知、通不識，縱容盜販，減尅茶帛，若不控告朝廷，無緣革弊。欲乞將西和、階州通判依乾道元年指揮從本司奏辟，仍一依文、黎等州知、通，專一主管買馬事，賞典亦比類文、黎州見行條法。如買馬不及九分已上，展磨勘三年，知、通並令赴本司批書，候馬額足日放行。庶幾州郡有所懲勸，不致有悞馬政。』批送兵、吏部勘會申奏。兵部：『契勘岷州買馬，自來係專委都監，其知、通止是提舉。今令知、通專一主管買馬，不須更差都監，庶事權歸一。』吏部：『兼通判可以督責本州界内蕃兵，防護馬客，及措置應辦草料，禁止私販，委爲利便，乞從本司選辟諳曉馬政之人。若買馬充額，除依關外四州合得邊賞外，仍依已得指揮，將通判買馬酬賞推給。又有西和州茶場監官一員，緣極邊無賞，文臣不願就，本司止差小使臣權攝，多不辦事。契勘本處收支買馬錢、銀、茶、絹動計數百萬，全藉廉勤、諳曉錢穀官管幹，欲乞從本司於文武四選通辟，許依關外四州合得邊賞外，如任滿錢物無欺弊，乞減二年磨勘，選人循一資。庶幾有以激勸，率皆效職。』從之。

十四日，四川宣撫使司奏：『據茶馬司申：「川、秦二司元管屬官八員，因併秦司歸川司，裁減三員，後來又減罷川司兩員，見存三員，各分一員專一主管成都、興元、遂寧府簽廳。今於鳳州河池縣置司，所有簿書、倉庫、儲積之類，必藉屬官管幹。欲乞於減罷秦司屬官三員内再行辟置秦司幹辦公事兩員，一管幹宕昌買馬事務，一管幹河池縣秦司簽廳，令本司於京官内踏逐諳曉馬事之人奏辟，乞賜敷奏。」契勘未軍興以前，陝西岷、階州並川路歲額買馬共八千七百四十六匹，今每年買馬一萬九百六十六匹，比之元立歲額委是歲多，闕官分幹，欲乞許令辟幹辦公事、準備差遣各一員。』詔特許添置準備差遣一員，令本司辟差。

五年二月二日，四川茶馬司奏：『準隆興元年續鬻申獲降指揮，將諸處捉到私茶，依龍安縣體例，如園戶犯私茶及十斤以上，其戶下茶園估價召人承買五分，沒官五分，還犯人田價。竊詳申請本意，止謂禁絕園戶不得私賣與販人，虧損官課。今來園戶或有批曆違限，或有曆不隨茶，或有借曆批賣，或有茶數與曆内不同之類甚多，州縣一例拘沒茶園，致窮民破家失業。欲望特降指揮，若不係正犯私茶，只乞照應見行條法斷罪理賞，免行拘沒茶園。』得旨，今後茶園戶私販茶，並依舊法，其續鬻申請指揮更不施行。

四月十四日，兵部申：『茶馬司差使臣自成都府及興元府押馬至漢陽軍馬監，全綱至倒斃不及二分，減半年磨勘；倒斃至留及二分至不及三分，展二年磨勘；倒斃寄留及三分，降一官資。每增及一分，更展一年磨勘，餘分數準此遞展。若綱内看驗得瘡疥瘦瘠，合依寄留倒斃馬數除豁。今來茶馬司所發綱馬到監寄留，倒斃數多，取旨。』詔今後茶馬司所發綱馬到監，將寄留倒斃及四分已上押馬使臣並所押綱馬，令趙樽差人管押赴樞密院聽候指揮。

七年五月十二日，四川茶馬司奏：『照對本司黎、文、敘州、南平軍等處互市綱馬，專用錦綵折支。本司自置錦院一所，盡拘織機戶就院居止，專一織造，不許在外私織。昨奉朝廷下成都路轉運司織禮物錦一千匹，緣提舉官在秦司，其轉運司徑行勾差本司錦院機戶就近織造，致機戶夾帶私織販賣，竊慮事妨馬政。今後如要織禮物錦，欲乞行下諸司，將合用官錢付本司，就錦場織就，撥赴諸司起發，庶可革私販，免害馬政。』從之。

二十七日，四川茶馬司奏：『宕昌隸西和州，通判係本司辟官，專一措置買馬。緣知西和州係武臣，通判職事非一，不容專往宕昌，今欲添差通判一員，不敢創置，止於本司屬官內差京朝官幹辦公事，兼知主管宕昌簽廳職事，請給、人從依舊，非唯職任專一。』

六月五日，宰執進呈殿前司使臣李師績押馬倒斃之數。虞允文奏曰：『自蜀至漢陽止寄留二疋，自漢陽至此皆平路，却死損幾半，見存者皆瘦瘠不堪，乞重作行遣。』上曰：『宜從重典，仍先令殿前司取問因依。』梁克家因奏：『李舜舉昨有劄子，云取馬軍兵多東南新募之人，不諳馬性，今後取馬乞于效用內選差。臣未以爲然。蓋取馬類有賞，舜舉所云殆爲效用轉資之地。』上曰：『然。』允文奏曰：『臣昨與舜舉言，今後取馬不如差闕馬官兵自往，馬既着腳，自然護惜，不致損斃。舜舉亦以爲然。』上曰：『極是，前未有講論及此者。部押使臣亦須差訓練官以上，庶幾軍校有所畏憚，則沿路不敢怠於芻秣矣。』允文奏曰：『俟招三衙與之議定，別議指揮進呈。』上曰：『甚善。』

九年二月二十一日，樞密院奏：『勘會四川茶馬司起發到三衙綱馬赴行在，並經由承旨司審驗，所有江上諸軍理宜措置。』詔令總領所遇綱馬到，並須審驗格尺、齒歲，具有無齒老、病患、低小數目申奏。

二十三日，樞密院奏：『所置漢陽軍收發馬監，遇茶馬司發到綱馬，並許歇泊一月，將肥壯無病者排發，其病患瘦瘠者責令看養醫治。今到監日久，病患瘦瘠者甚多，未堪發，却有續到者各有臕分，亦無病患，顯是本監提轄有失督責。已降指揮，委鄂州都統、漢陽知軍同行提點，竊恐都統制軍務繁重，漢陽知軍權頗輕，難以責辦，理宜措置。』詔更令湖北漕臣每旬輪次到監提督，依立定格式，每旬與見今提領、提點、提轄官連銜具申樞密院，仍關牒茶馬司照會施行。

三月十四日，樞密院奏：『勘會四川茶馬司近來排發綱馬到監，比之每歲，其斃數多，竊〔恐〕所差使臣不行精選，理宜措置。』詔令三衙並江上諸軍取馬使臣並差七人，衙官軍兵十將以上人充，令茶馬司先次排定綱分，預行關報諸軍，指期差人取押，無致擁併積壓留滯，各具知稟聞奏。

十七日，四川宣撫使虞允文奏：『據都大茶馬司申，自減罷提點綱馬驛程官後，所發馬綱在路弊端百出，委於馬政有害。不敢盡復，內乞差二員，一員自成都府至興元府，一員自興元府至漢陽軍，令提點驛程。仍乞許從本司踏逐，申宣撫司差辟，欲望降旨施行。』從之。

十一月十九日，詔：『恭奉太上皇帝聖旨，每年進奉天申節馬，除四川宣撫司、茶馬司、文州許進外，其餘殿前、馬、步司並諸路都統制，並可自乾道十年爲始免進。』

又《兵二三·馬政三·買馬下》〔乾道四年〕三月二十二日，戶部言：『茶馬司申，宕昌峰貼峽買馬以前立定賞罰，止是該說順政、長舉兩縣收發茶數外，餘將利、福津兩縣不係茶運經過地，所以未有賞罰。今來本司自紹興初運茶博馬，係於西和州管下宕昌寨、階州管下峰貼峽置場，其茶運却從興州置口以去擺鋪運發，係經由興州順政、長舉縣，階州將利、福津縣，前去臨江茶場交納，應副博馬支用。其逐縣知縣若不申明，一例立定賞罰，竊慮無以激勸。乞參照政和三年六月七日旨揮推行榷茶賞罰行下，庶幾有以責辦。本部尋下都茶場指定。今勘當，欲依指定到事理施行。』從之。時戶部下都茶場指定，檢准政和三年六月七日旨揮，戶部狀：『都大榷茶司申：「乞應成都府排岸司，興州長舉縣裝卸庫，鳳州轉般庫監官，綿州巴西、利州昭化、三泉，興州順政、長舉、西縣，興元府南鄭知縣任滿，收發過茶無失陷欺弊，提舉司保明，每四萬馱與減磨勘二年。如不獲收附，失陷一分，展磨勘二年。其承直郎以下賞罰，並各比類施行。二分以上，依舊差替人例。」本部勘當依，巡轄般茶鋪使臣任滿，減磨勘一年，先次旨射家便差遣。』

八月一日，兵部侍郎陳彌作言：『祖宗設互市之法，本以羈縻遠人，初不藉馬之爲用。故駑駘下乘，一切許之入中。蕃蠻久恃聖朝寬大，一拂其意，必起紛爭。官吏亦懼生事，無敢誰何。黎、敘、南平軍等州，每買綱馬五十匹內，良細馬不過三四匹，中等馬不上二十匹，餘皆下下，不可服乘。發以充數，則必倒斃。蓋緣博馬茶錦所入有限，公吏旁緣爲奸，寧取下乘以敷綱額，不鬻上駟以虧茶錦。望約束川馬州軍，每綱以五分爲率，一分良細馬，餘四分依舊收買。仍令茶馬司汰其不中發綱者就賣，拘錢增置茶錦，以貼支諸州良馬之直。不惟上不失祖宗羈縻之德，下不誤諸軍緩急之須矣。』詔令茶馬司從長相度，申樞密院。

又《兵二四·馬政四·雜録一》〔崇寧四年十一月〕二十五日，

詔：『神宗皇帝勵精庶政，經營熙河路茶馬司，爲勾致國馬之源，其法大備。後來監司意欲侵漁茶利，以助漕司糴買，故茶利不專，馬難敷額。近雖衝改吳擇仁所乞條約，令茶馬司專總運茶博馬職事，猶慮轉運司苟求目前近利，不顧悠久深害。三省可慎守已完法度，不得變亂元豐成法。』

十二月十一日，尚書省劄子：『檢會熙甯、元豐川茶惟以博馬，不將他用。蓋欲因羌人必用之物，使國馬不乏，騎兵足用。竊慮淺見官司，趨一時之急，陳乞別將支費，有害熙寧馬政。欲修立下條：諸川茶非博馬，輒陳請乞他用者，以違制論。』從之。

又《食貨三〇・茶法二・茶法雜録一》〔元豐〕六年四月三日，同提舉成都府等路茶場陸師閔言：『文州與階州接境，有博馬及賣茶場，龍州舊許通商。乞以文、龍二州爲禁地，其秦州本司差官一員造帳，計置川路羡茶偏入陝西路出賣，仍於成都府置博買都茶場。』從之。

閏六月十三日，同提舉茶場公事陸師閔劄子奏：『竊見新修《茶場司敕》尚未全備，臣今擇出合行通用條貫三十八件，内有於新法干礙者，畧加删正下項：一、諸成都府、利州路、金州產茶處，各就近置場，盡數買園戶茶，許客人於官場收買，販入川陝四路並金州界，充民間食用。私輒買賣、博易、興販及入陝西地分者，並許人告捕，依犯私臘茶法施行。諸陝府西路並爲官茶禁地，諸路客販川茶、南茶、臘茶無引、雜茶犯禁界者，許人告捕，並依犯私臘茶法施行。諸園戶賫茶往不置場處，并用有引茶及空引影帶私茶，並未經販賣及諸色人販茶偷謾商稅者，皆許人告捕，依漏稅法斷罪外，一斤以上賞錢三貫文，每十斤加三貫，至三十貫止。禁地官茶偷稅準此。諸產茶州縣，每歲於民間闕乏時，預先計置見錢斛㪷，召園户情願結保借請，每貫出息二分，至茶出時，曉示令以茶赴官折納，過夏季不納，即追催秋季不足量分數科校。諸產茶州縣買茶正斤外，依市例量加耗茶，非理責加耗者，許賣茶園户告，計所剩坐臟論，罪止杖一百，即官庫漏底，雖有出剩不得理為勞績。諸產茶州縣出賣食茶并隨時價高下增息，仍準價別收長引錢一分訖，給引放行。諸產茶州縣出賣食茶各以元豐元年為額，提舉司歲終比較不虧，每收息一百貫文支賞錢五貫文，充監官公人添給監官四分，公人六分，其開場在元豐元年以後者，并以第一年全年為額，賣鹽準此。諸茶場官舍有闕，牒轉運司應付，其合占那民地者，令指射官地對換。係樓店務官舍地基及税地者，以茶息錢輸納税租。諸禁地賣茶場年額敷辦，歲終比較，每收息錢二萬貫，監官減一年磨勘，提舉司保明聞奏，選人比類奏裁。不滿二萬貫，每息錢一百貫文支賞錢二貫文。以上願留次年并賞者聽。仍將博馬茶通比秦、熙、階、岷、河，非通遠軍、永寧七處分茶與外鎮城寨出賣者，亦通比。諸處出賣官茶，令提舉司立定中價，仍隨市色增減。應增者，本州易本方詣實增訖，申提舉司覆按；應減者申提舉司待報賣鹽準此。陝西不立額賣茶場，并以元豐年課利為額，歲終比較賞罰。其開場在元豐元年以後者，以第一年全年為額。諸買賣茶，每州委見任官一員管幹，通計所管課利敷辦者，比監官減半推賞賣鹽準此。諸官場以茶鹽博易到銀帛、斛㪷、雜物，限半年變轉錢，除元價外，所增息錢十分中給一分與主轄官員充賞官員四分專典六分。過半年不得變轉，不支賞錢。虧元價者，監專均償。如博下滯貨，雖已解替，候變轉訖離任。諸成都府、利州、陝府西等路縣鎮城寨買賣茶場，無正監官處，就差税務官吏；無税務處，委餘官不妨本職監轄金州及賣監場準此。諸買賣茶州軍知州、通判兼提舉經略使，所在通判兼提舉茶場，所在州委都監、縣委令佐兼監轄賣鹽準此。諸轄下州軍，每季輪當職官點檢未批文歷，如提舉司覆較得官物有侵欺、盜用、失陷、損惡、違法不職，其幹涉季點官於監官下減一等科罪。諸買賣茶場年終比較，虧五釐以上罰俸半月，公人笞四十；滿一分，監官笞二十，幹繫公人杖六十；每一分，監官公人各加二等，三分各罪止管。幹當官以所管場務通比減正監官一等科罪。監官任滿通比一界内如及二分降一年名次，及三分降一等差遣，無等可降依差替人例施行課利一萬貫以下監官，每一分罰一月俸，三分罷止。諸轄下買賣茶場監官，如有不得力，并許量人材於事簡處封訖奏，乞各與正差。如闕正官，即依川峽四路轉運司差官例，於得替待闕官内權差，或指名牒轉運司依條差權。諸提舉司人吏、貼司、軍典及茶場專典、庫秤、牙人等因公事取與財物，依轉運司人吏法引領過度，首從皆用此法。諸買茶場量事務繁簡招置有物力保識牙人應收買起綱茶，依鄉例支牙錢，即收買食茶，亦依鄉例於合支價錢内克留牙錢，置歷分閑忙月分均給，有餘并不應給者，并入官。諸僱脚，州縣召有物力行之人充甲頭，準例收克保引錢，應所保脚户

帶官物腳錢等逃匿及有所欺隱、侵盜致失陷者，甲頭備償，即例外克取依倉法，州縣輒役使，杖一百，計庸重者，自從重。諸水陸般茶鹽所經州縣并推排腳户置薄籍、定姓名，準備隨時價和顧，如有損失毀敗，全數備償。諸茶鹽綱所經官司遇有給納故不躬親，若住滯經宿者，依常平法。諸腳户所般茶鹽遇陰雨，許就寺舍亭鋪及空閑官屋內安泊，其合僱腳交替州縣，并於要便處那并添兑官舍充綱院，仍令轉運司應副。諸見管錢物，其他官司輒支動者，以違制論，不以赦降去官、自首、原減。諸茶場及轉般庫後人并隨課利給納大小增損制禄，不得支動本息錢。諸幹運物貨所經税務依省定則例收納六分税錢，在成都府、利州路許以所幹物貨準折，如係陝西，令逐處税務批抄，理為年額，轉額運司，牒提舉司取撥。諸回幹物貨出入川界，量多寡關牒秦熙州差指使管押。諸茶鹽所經道路巡檢、縣尉、巡鋪使臣各遞相催驅出界。諸給公人賞，都專副四分，典吏、庫秤等共六分，闕、無所承者入官。諸給納并每貫收頭子錢五文足，應茶場監官添支驛料、運船，提舉司官屬及幹事官屬直吏禄、公使、什物、雜費并貼支諸場公人傭利食錢等，并以所收頭子市利錢充。【略】以上條貫乞賜施行。』詔令尚書省檢會疾速行下。

又《食貨四一・獻珠玉》 高宗建炎四年三月七日，宰執進呈宣撫處置使張浚奏：『大金國進奉佩玉、寶貝等物，已至熙州。』上曰：『大觀、宣和間，茶馬之政廢，川茶不以博馬，惟市佩玉，故馬政廢闕，武備不修，遂致胡虜亂華，危弱之甚。今若復捐數十萬緡貨易無用珠玉，曷若愛惜其財，以養戰士？不若以禮贈遺。』

又《職官二五・禮賓院》 真宗咸平元年十一月，詔：『蕃部進賣馬，請價錢外，所給馬絹茶每匹二斤，老弱騍馬一斤。令禮賓院每二千斤請赴院置庫收管，當面給散。』

十二月，詔禮賓院，賣馬蕃部朝辭茶酒錢等，于祗候庫支賜。

清 許廷銓《通商八策》《清經世文三编》卷三一 整絲茶以專其利也。中國出口貨以絲、茶兩項為最大，顧近來西洋之義大利、法國，東洋之日本並皆出絲，英之印度、錫蘭以及日本，其茶葉亦日新月異而歲不同，中國之業茶、絲者大有愈趨愈下之勢。近數年來，富商大賈之虧折倒閉者不可數計。不知天下之利權無定，人之貨物精於我則利為人奪，我之貨物精於人則利可以為我專也。考中國蠶力較各國為大，中國蠶性較各國為純。據法國格致家云：查得中國各種蠶身內具克柏司格，其病名為伯撇靈，凡蠶及蛾繭與子均沾此病，且查各種蛾繭內並有他病，如法拉斯利特其一耳。倘係西國之蠶染此病狀，斷難生子，即生子亦未必能成蠶，而中國送來之子竟能養出，且能挑得無病之蠶成蛾成子，可見中國之蠶其力較他國為大。又近有英國醫士安多羅驗得錫蘭、印度之茶飲之易生疾病，中國茶則飲之無疾，可見中國之茶其性較他國為純。中國苟能用奥國養蠶公院之法以育蠶，用巴斯陡之法以防伯撇靈，則出絲必佳，苟能用印度機器以焙茶，不使有過焦不及之弊，則茶味必佳，安有絲、茶之利遽為外人所奪也哉！

清 柯來泰《救商十議》《清經世文三编》卷三一 今之天下，一通商之天下也。然所謂通者，不僅以貨物之有無相交易也，必彼有以來，我有以往，始可謂之通也。中國自古重農而輕商，故視商務之盛衰漠然不加喜戚于其心。同治間創立招商局，以與洋商爭江海之利，以為中國轉貧為富、轉弱為強在此一舉。然限於一隅，未攬全局，焉能與環瀛各國並駕齊驅，爭雄海上？自中西互市以來，洋商之嬴中國銀錢者動以億兆計，而英國之商務尤為諸國之冠。夫英之所以能旺盛者，以英之局廠商舶多於各國，而英尤擅鴉片之利，次則洋布、羽呢、煤、鐵等物亦莫盛于英。此諸國之所以不能爭勝也。即以鴉片一宗而計之，每年銷數總在十萬箱之譜，可嬴中國銀六十兆。以土苴易我金銀，其害更甚於日用各貨，此為漏巵之最大者，久而不塞，將有竭澤而漁之慮。從前絲、茶銷路暢旺，尚可抵敵。今則日疲一日，漸形塞滯。茶則有印度、錫蘭、日本，出產漸多，香色俱美。洋茶日盛，華茶日衰。前次茶商英為多，近數年惟俄商爭購，稍可補救。不意今年華茶運至俄國，均有油氣，銷路不合。轉運至英，減價求售，折耗必多。恐明春俄商亦復裹足矣。查光緒七年印茶出四十八兆磅，運英者四十五兆。印度相去較近，茶價雖昂，水腳較省，故英商多舍中而就印。幸而印錫均產紅茶，中國綠茶之利不致盡奪。然日本則多產綠茶，倘日茶盛行，中國之茶勢必窒塞不銷。俄商之所以踴躍，由俄無產茶之地。倘將來印俄鐵路聯落，則運費輕便，恐俄惟向印錫購采，而中國茶務愈不可問矣。【略】統稽中國商務，入口以洋藥洋布為大宗，出口

以絲茶為大宗。絲茶為中國自然之大利，疲輭若此，可不寒心。今欲挽回，其大端有二。入口之貨紛至遝來，必思有以分之。出口之貨衰弱疲滯，必思有疏之。但能以中國之貨足抵洋人之貨，出入不甚懸殊，即挽救得其要領矣。惟中國商情渙散，往往勝不相讓、敗不相救，各謀其私而甘授洋人以壟斷之利，數十年前後一轍，遂為洋人窺見癥結，得以左之右之，操縱在手，而商務遂一敗而不可救。華商之受病在此，洋商之得利在此。此則非朝廷仿行洋法，特設專官統籌全局，妥立章程不可，今略擬一綱十目，條列于左，特備採擇。獻芹負曝，亦聊以效一得之愚焉耳。

清 項文瑞《絲茶烟布合論》《清經世文三编》卷三二　中國自海疆互市以來，雖往來貿易，百貨流通，而中國錢幣實因而日徙於外洋。蓋今之天下，一爭富之天下也，外邦之求通商者豫存爭富之見而來也，而中國當時許之通商者，則並不存爭富之心，且並不防外邦爭富至斯極也。一出無心，一本有意，而進口出口之貨利皆為所奪矣。出口之絲茶為大宗，進口以煙布為大宗。往時猶謂煙布之來華，可以絲茶暢銷收還其利。今外洋自出絲茶，製造選揀日益精矣。【略】茶之銷於外洋者，十數年前尚銷至十分之八，近則不得十之五。印度茶本銷十之二者，近銷至十之五六。中國之茶運於外洋者多而出售者少，每年必有存積。蓋印度紅茶甚多，印度外又有錫蘭出茶，日本又多出綠茶，皆售與西人，起而與華茶爭利，而茶業益不支，何怪近年鉅商每棄置而不為也。印度、錫蘭之茶，其出口稅全免完納，日本則每百斤不周完洋一圓。中國則不然，每茶百斤須納關稅庫平銀二兩五錢，又加釐捐及各項捐款甚巨，而價日益賤，奪利者不更得計乎？【略】議者謂絲茶煙布之利，或仿西法而踵行之，庶可挽回一二，如機器繅絲、機器織布之類均可以設局興工。不知事事步其後塵，斷難有益。蒙謂宜乘此無事之日，力開各省荒田，宜桑者桑，宜茶者茶，宜木棉者木棉，除鶯粟禁種之外，令民自廣其利。桑與木棉之利既廣，則絲與布必多，又為之薄其稅，則價廉而利之者必更甚於洋布，如是而洋布之利可奪。或更通融辦理，專指數州縣之荒田，令民墾之以種鶯粟，他荒田不得效。既可免川土浙土之偷種日廣，而更可令外洋之煙日漸減售，是雖遇五穀荒歉，而竭各省之力以濟數州縣，當不至有害，而洋煙之利或亦可稍奪。至絲茶之為彼自製，則不能使其不制也，姑聽之可也。夫西人與我有心爭富，我不可束手坐視也。就大處規畫之，庶幾略得駕馭遠人、杜塞漏卮之策也乎。

清 楊家禾《通商四大宗論》《清經世文三编》卷三二　中國自與泰西互市以來，銀錢之流外洋者不可數計。嘗就進出口各貨核之而得其要矣。出口以絲與茶為大宗，進口以煙布為大宗。今則絲布壞矣，而茶市之壞尤甚。洋藥旺矣，而洋布之銷更旺。關心商務者能不為之熟計哉！蠶桑之利，古惟中國，九州之地，無不宜蠶。近則浙江之嘉興、湖州、江蘇之溧陽、無錫獲利尤饒。泰西之來中國購絲也，始於康熙二十一年。其時海禁初開，番舶常取頭蠶湖絲運回外洋。乾隆年間，旋禁旋弛。迨道光之季，通商立約，出洋之貨，絲為一大進款，其利實與茶相終始。茶之出洋也，亦始于康熙初年，厥後輪舶踵至，華茶日興，由福建、浙江以及安徽、江西、湖廣等省產茶之區推行漸廣，業茶者大率粵人居多，無不利市三倍，以道咸年間為極盛。西人見絲茶之利為中國所獨有，垂涎已非一日，於是法蘭西、義大利諸國精究蠶務，出絲日多。法又巧於組織，遂為泰西諸國冠。美國所產之絲不亞歐洲，日本之絲近頗考究。各國之留心蠶務也如此。中國知之，英人亦知之矣。英於商務獨重，心計最工，自知印度出絲無多，不能於各國爭利，而茶又仰給於中國，未免相形見絀，因於印度之北境考得其地燥濕寒暑與茶相宜，廣為種植，復以重貲雇我皖人出洋為之教導，盡得其法，印度茶業遂盛。洋藥本產於印度，流入中國，銷行日廣，因之雲、貴、川、陜、晉、豫、蘇、皖、閩、浙等省爭種鶯粟，中國之土藥日增。亦知洋藥之利不可挽回，惟洋布之銷行有年，度非中國旦夕所辦。英國自保其利，不憚極意經營，添設機張，益加意紡織，以供中國之用。利權獨攬，英實有之。夫以煙布而論，煙之害人也，盡人知之，其病顯。布則咸以為適用，致使中國女紅之利盡失，而人亦漫不加察，其病隱。病之顯者入人已深，病之隱者更不可問。或謂利之所在，人爭趨之，煙之利厚，隨地皆可種植，其勢易。布之利較薄於煙，狃於目前之計者又往往忽之。向來織布，華人專恃人工，西人競尚機器，工半利倍。中國若欲仿而行之，動需巨款，其勢之難。故中國之種鶯粟者各行省蔓延殆遍，布則上海一局，如碩果之僅存。竊恐中國利權之失不僅

在絲茶而在洋藥，亦不僅在洋藥而尤在洋布。何則？絲茶之利尚可整頓，煙亦可以禁止，惟布則整頓無從，禁止不可，深足慮也。請申論之。整頓之法何在？絲茶兩項向為中國獨擅之利，今為中西共有之利，說者謂釐金太重，足以病商。此說誠是。然我之釐金可減，外洋之稅亦可增。出口稅輕，進口稅重，泰西常例。若我減釐一分，彼反增稅一分，亦無如彼何。是減釐之說尚不足以盡之。無已，其惟精物產乎？西人之於絲茶也，講求盡善。養蠶則有公院選蠶之法，以法人巴斯陡為最精。顯微鏡以察其形，知病蠶之宜去。寒暑表以測其熱，使冷暖之適中。蠶繭之成也，三日不繅，蛹自化蛾，齧繭而出，則烘繭一法能久藏以待繅。製用汽水，絲白而潔。繅用機器，縷細而勻。即破繭亂絲，一經繅出均可適用。凡此皆化學之功也，而華人略之。茶則色香味三者並重，外洋之茶遠遜中國，惟採摘及時烘焙得法而已。華人作事不如西人，惟作偽則過之。先是西人惟喜綠茶，華人並滲以乾靛諸物，而茶非真色矣。或以野柿之葉相混，恐其味苦，瀝而曬之，與茶無異。又或焙老葉使斂，一如嫩芽，甚有以柳葉攙雜者。茶之香味俱失，種種製偽舉不可枚舉。物產之不精，正坐此耳。他如放價爭買，跌盤賤售，皆自敗之道，於西人乎何尤。

《清實録·宣宗成皇帝實録》卷七一 〔道光四年閏七月〕又諭：那彥成等奏蒙古喇嘛出口，請酌定章程一摺。青海地方自上年驅逐野番後，恐有漢奸私販糧茶，經該督等奏定章程，沿邊各營卡嚴禁無票之人，不准出口。惟北口各部落蒙古喇嘛十人以下無票赴藏熬茶者甚多，若概令由原處請票，非所以示體恤。然現當立法嚴禁之時，亦未可令無票之人任意出入。著照所請，嗣後凡有北口各部落蒙古喇嘛赴藏熬茶，十人以上者仍留原處請票，十人以下無票出口者，由西寧何處營卡行走，即責令該營卡官弁詳細查驗人畜包物數目，報明青海衙門，核給執照，一面移諮駐藏大臣查照，將票繳銷。回時由駐藏大臣發給路票，在青海衙門查銷，以免繁擾而昭慎密。

又 甲辰，諭內閣：慶祥等議奏新疆運茶請仍循舊章一摺。前因新疆各城茶運，該將軍等請酌添行銷引張，經戶部奏令照陝西、甘肅之例添在新疆地方，令商人承領，照茶輸課。當即降旨交該將軍會同陝甘總督、各處大臣查明妥議。茲據慶祥等確核情形，酌籌具奏：新疆回夷口食，茶糧最關緊要。自乾隆年間通商以後，歷久相安，未便率更成例。且各城並無土著殷實之戶，遽令承充官商，必至運課兩誤。古城一處所駐官兵僅止二千，居民數亦無幾，斷不能銷售磚茶至七千餘箱。茶糧既不流通，商貨因而滯塞，殊於夷民日用有礙。著照所請，准令北路運售雜茶之商民照舊運售，嚴禁私行夾帶附茶，並在北路總口古城地方設立稅局，由陝甘總督派員前往抽分稅課、查驗茶箱，聽其售賣。所收稅銀責成鎮迪道于年終解歸甘肅蘭州，茶商彙報，以稅抵課。每箱以一百斤為率。俟試行三年，再行定額。其古城納稅若干，著戶部核定具奏。北商專行雜茶。至附茶，仍由甘司茶商照常運銷，以符定制，無庸另于新疆立商增引，致滋紛擾。該部知道。

清 張之洞《勸學篇·外篇·農工商學》 石田千里，謂之無地；愚民百萬，謂之無民。《韓詩外傳》語。不講農、工、商之學，則中國地雖廣、民雖眾，終無解於土滿人滿之譏矣。勸農之要如何？曰講化學。田穀之外，林木果實一切種植、畜牧、養魚，皆農屬也。生齒繁，百物貴，僅樹五穀，利薄不足以為養，故昔之農患惰，今之農患拙。惰則人有遺力，所遺者一二；拙則地有遺利，所遺者七八。欲盡地利，必自講化學始。《周禮》草人掌土化之法，實為農家古義。養土膏，辨穀種，儲肥料，留水澤，引陽光，無一不需化學。又須精造農具，凡取水、殺蟲、耕耘、磨礱，或用風力，或用水力，各有新法利器，可以省力而倍收，則又兼機器之學。西人謂一畝之地，種植最優之利可養三人，若中國一畝所產，能養一人，亦可謂至富矣。然化學非農夫所能解，機器非農家所能辦，宜設農務學堂，外縣士人各考其鄉之物產，以告於學堂，堂中為之考求新法、新器，而各縣鄉紳有望者、富室多田者試辦以為之倡，行而有效，民自從之。上海《農學報》多采西書，甚有新理新法，講農政者宜閱之。昔者英忌茶之仰給於華也，印度、錫蘭講求種茶，無微不至。自印茶盛行，茶市日衰，銷路僅恃俄商，大率俄銷十之八，英、美銷其一二。緣茶中含有一質，澀而兼香，西人名曰『膽念』，印茶惟膽念較華茶略少。故俄尚食華茶。若再數年，印茶日精，恐華茶無人過問矣。此茶戶種茶不培、摘芽不早，茶商不用機器、烘焙無法之弊也。光緒二十年，湖北、湖南兩省合力，以官款買茶三百二十箱，附俄公司船運赴俄境，自銷之。西路水運，銷阿疊薩，托出使許大臣交俄行

帶售；東路陸運，銷恰克圖，托俄商佘威羅福代售，除茶價、運費、關稅外，西路贏餘得息一分，東路贏餘得息五分。若使我自有公司在彼，其利必更饒餘可知也。絲之為利比茶尤多，十年以前，西洋各國用華絲者十之六；三年以內，日本絲銷十之六，意國絲十之三，華絲僅十之一，且本貴則價難減，價昂則銷愈滯。

清 張其勤《藏事輯要》卷三《邊茶》 〔康熙五十八年二月〕癸西，議政大臣等議覆：『都統法喇奏，蒙古地方及西藏人民皆藉茶養生，賊人即踞藏地，非茶斷難久居。我皇上憫念青海與裏塘、巴塘人眾，非茶難以度日，將作何定數，分晰禁止之處，令臣等詳議。臣等思唐古忒之人亦皆為賊所迫脅，難禁其養生之物。但松潘一路，茶價甚賤，青海一帶，積茶必多，應暫行嚴禁，俟其懇請時，再酌定數目，令其買運。至打箭爐外最近者為裏塘，遣官招撫，令營官造其所管番寨戶口清冊，酌量定數，許其買運。巴塘以外，亦照此例。其打箭爐一路，視番情之向背，分別通禁，應如所奏。』從之。

《清實録·宣統朝政紀》卷四七 伊犁將軍廣福奏：『伊塔茶務公司改歸商辦，遵章發給第一案茶票。惟部議飭將甘省所減湖商票額撥歸公司增認，查從前甘肅湖商運茶行銷蒙古、哈薩克各部落及俄國沿邊一帶，銷場尚旺。嗣光緒三十二年訂有俄商運茶假道伊塔回國新章，不獨俄境不能運銷華茶，且有俄商販運華茶在伊塔境內灑賣。此外影射偷運者更不知凡幾，私茶充斥，銷場疲滯。若再將所減票額撥歸公司增認，成本固難為繼，賠累尤屬堪虞。應請仍照原定票額辦理，仍俟下案體察情形，如果實有起色，再行酌量增加。』

《清史稿》卷四《世祖紀一》 〔順治七年〕冬十月辛巳朔，日有食之。己亥，定陝西茶馬例。

又卷一二四《食貨五·茶法》 順治初元，定茶馬事例。上馬給茶篦十二，中馬給九，下馬給七。二年，差御史轄五茶馬司。時商人多越境私販，番族利其值賤，趨之若鶩。兼番僧馳驛往來，夾帶私茶出關，吏不能詰。戶部奏言：『陝西以茶易馬，明有照給金牌勘合之例。今可勿用，但定價值。至番僧所至，如官吏縱容收買私茶，聽巡按御史參究。』茶馬御史廖攀龍又言：『茶馬舊額萬一千八十八匹，崇禎三年增解二千匹，請永行蠲免。』並從之。四年，命巡視茶馬滿、漢御史各一，直隸河寶營地當張家口之西，明時鄂爾多斯部落曾於此交易茶馬，旋封閉。至是，戶部差理事官履勘，以狀聞。諭仍准互市。七年，以甘肅舊例，大引篦茶，官商均分，小引納稅三分入官，七分給商。諭嗣後各引均由部發，照大引例，以爲中馬之用。又舊例大引附六十篦，小引附六十七斤。定爲每茶千斤，概准附百四十斤，聽商自賣。

十三年，以甘肅所中之馬既足，命陳茶變價充餉。十四年，復以廣寧、開成、黑水、安定、清安、萬安、武安七監馬蕃，命私馬私茶沒入變價。原留中馬支用者，悉改折充餉。十八年，從達賴喇嘛及根都台吉請，於雲南北勝州以馬易茶。康熙四年，遂裁陝西苑馬各監，開茶馬市於北勝州。七年，裁茶馬御史，歸甘肅巡撫管理。十九年，以軍需急，加福建茶課銀三百五十九兩，至二十六年豁免，並除湖廣新增茶稅銀。時四川產茶多，其用漸廣，戶部議增引，迄康熙末，天全土司、雅州、邛、滎經、名山、新繁、大邑、灌縣並有所增。

二十四年，刑科給事中裘元佩言洮、岷諸處額茶三十餘萬篦，可中馬萬匹。陳茶每年帶銷，又可中數萬匹。請遣員專管。三十六年，遂差部員督理茶馬事務。四十年，以陝西私茶充斥，令嚴查往來民人，凡攜帶私茶十斤以下勿問，其馱載十斤以上無官引者論罪。四十四年，以奸商恃有前例，皆分帶零運，私販轉多，飭照舊緝捕，停差部員，仍歸甘肅巡撫兼理。自康熙三十二年，因西寧五司所存茶篦年久浥爛，經部議准變賣。後又以蘭州無馬可中，將甘州舊積之茶，在五鎮俸餉內，銀七茶三，按成搭放。尋又定西寧等處停止易馬，每新茶一篦折銀四錢，陳茶折六錢，充餉。至六十一年，復增西寧、莊浪、岷州、河州茶引，各處所存舊茶，悉令變賣。

又卷一四一《兵志一二·馬政》 順治初，陝西設洮岷、河州、西寧、莊浪、甘州茶馬司，及開成、安定、廣寧、黑水、清平、萬安、武安七監，歲遣御史一人專理之。七年，喀爾喀、額魯特來市馬，諭令自章京監察之販客及賈人，與不係披甲者，概不許購，違者鞭一百，馬入官。蒙古攜馬來京，不許商販私買，胥役私購者罪之。康熙七年，裁茶馬御史，以馬政歸甘肅巡撫。

又卷二九四《憲德傳》 憲德撫四川七年，屢請更定州縣疆界，

有所省置，收天全土司改流設州，並升雅州爲府隸焉。憲德議開紫古鑛廠，會兒斯堡生番入邊殺掠商民，上令封閉。憲德以川省米貴，請暫停商販。逾年歲稔，上令弛禁毋遏糴。初上官，以四川驛、鹽、茶三政皆屬按察使兼領，未足司稽覈，請增設驛鹽道專司其事，從之。及清丈事將竟，奏言鹽、茶積弊，請令清查地畝，科道諸員兼司搜查。上諭曰：『川省鹽、茶既特設道員，自有責成，如不能勝任，當予參劾，別擇賢能。鹽、茶積弊，相沿已久，應從容清理，安可如此嚴急？奏請搜查，更屬謬妄。汝諸事料理過於促迫，不肯實心任事，於此奏畢見，後當深戒。』

著録

《明史》卷九七《藝文志二·故事類》 胡彥《茶馬類考》六卷。

陳講《茶馬志》四卷。

徐彥登《歷朝茶馬奏議》四卷。

藝文

宋 蘇軾《送周朝議守漢州》《蘇詩補注》卷三〇 茶為西南病，岷俗記二李。公自注：謂杞與稷也。何人折其鋒，矯矯六君子。公自注：謂思道與侄正孺、張永徽、吳醇翁、呂元鈞、宋文輔也。君家尤出力，流落初坐此。謂當收桑榆，華髮看劍履。胡為犯雨雪，歲晚行未已。念歸誠得計，顧自為謀耳。吾聞江漢間，瘡痏有未起。莫輕龔遂老，君王付尺箠。召還當有詔，挽袖謝隣里。猶堪作水衡，供張園林美。

周朝議名表臣，字思道。《職官分紀》寄祿文散官有朝議大夫。漢州《九域志》：成都府路漢州，德陽郡，軍事，治雒縣。《太平寰宇記》：漢州屬劍南西道，漢廣漢郡，唐垂拱二年分益州，立漢州。《蜀記》云：益州謂之三蜀，廣漢其一也。茶為西南病施氏原注殘脫不全，新本刪改尤多缺略，今不復補録。按《欒城集》子由論蜀茶本末云：『孟氏據蜀，始榷茶。及藝祖平蜀，遂無禁。淳化間，因民間販買，量行收租。近歲李杞初立茶法，禁民間私買，然所收之息止四十萬貫。至劉佐、蒲宗閔提舉茶事，取息太重，遠人尤病。時呂陶奏乞改行長引，令民自販茶，每一貫出錢一百，民間方有息肩。又卻差孫廻、李稷入川相度，始議茶價隨時增減，取息依舊，由是息錢、長引二說並行。稷等又益以販鹽布，增額可及六十萬。及引陸師閔等共事，又增額至一百萬貫。師閔又乞於額外以百萬貫為獻，于成都府路置都茶場，客無現錢買茶，許以金銀折博。拘攔民間物貨入場，賤買貴賣，其害過於市易。茶法至今凡四變，每變，取利益深。』折其鋒《後漢·桓帝紀贊》：屢折奸鋒。六君子洪容齋《三筆》：蜀道諸司，惟茶馬一台最為富盛。茶之課利多少與民間利病，他邦無由而知。予記東坡《送周朝議詩》注：六君子謂思道與侄正孺、張永徽、吳醇翁、呂元鈞、宋文輔也。初，熙寧七年遣三司幹當公事李杞經畫蜀茶，以蒲宗閔領其事。茶園不殖五穀，惟宜種茶，賦稅一例折輸，錢三百折絹一匹，三百二十折紬一疋，十錢折綿一兩，二錢折草一圍，稅額總三十萬。杞創建官場，歲增息為四十萬。杞以疾去，都官郎中劉佐體量，多其條畫，於是蒲宗閔乃議民茶息收十之三，盡賣於官場，蜀茶盡榷，民始病矣。知彭州呂陶言：『天下茶法既通，蜀獨禁榷，且盡榷民茶，隨買隨賣，今日買十千，明日即作十三千賣之，比至歲終，不可勝筭，豈止三分而已。』佐坐罷去，以李稷代之。陶亦得罪。侍御史周尹復極論榷茶為害，有知彭州呂陶、知蜀州吳師孟等奏可以參驗。時利路漕臣張宗諤、張升卿復建議廢茶場司，依舊通商。稷劾其疎繆，皆坐貶秩。茶場司行劄子督綿州，彰明知縣宋大章繳奏，以為非所當用。稷又詆其賣直鈞奇，坐沖替。一歲之間，通課利及息耗至七十六萬緡有奇。凡上所書，皆見國史。坡公所稱思道乃周尹，永徽乃二張之一，元鈞乃呂陶，文輔乃九（一作大）章也。正孺、醇翁之事不著云云。○慎按六君子，呂陶《東都事畧》有傳，再考周思道名表臣，周正孺名尹，張永徽名宗諤，吳醇翁即知蜀州之吳師孟，宋文輔即彰明知縣宋大章。容齊訛以周尹為思道，又不詳考吳師孟知蜀州時所奏，遂謂正孺、醇翁之事不著。今就東坡本集、雜記，合之施氏原注，六人中惟思道事蹟無可考。觀二蘇公詩，思道蓋曾任茶官，因事罷去者。

宋 黃庭堅撰，任淵注《山谷内集詩注》卷一一《叔父給事挽詞十首》其八 隴上千山漢節回，掃除民蝛不爲災。蜀茶揔入諸蕃市，胡馬常從萬里來。

廉爲吏部郎中，會御史論陸師閔榷茶六害，請通商復券馬如舊制。遣廉按其實。廉請熙河、秦鳳、涇原如故勿改，以制蕃市，而許東路通商；禁南茶無侵陝西，以利蜀賈；定撥馬歲以萬八千爲額。所奏皆可，即拜都大提舉茶馬公事。漢節見前注。《詩》曰『爲鬼爲蜮』。《左傳》曰『有蜚，不爲災』。

明 高啓《高太史大全集》卷一二《次韻過建平縣》 縣雖三戶小，地僻罷兵防。茶市逢山客，楓祠祭石郎。雲埋鳴澗斧，沙膠度溪航。應愛青山好，經過駐旅裝。

明 湯顯祖《玉茗堂集》卷一五《茶馬》 秦晉有茶賈，楚蜀多茶旗。金城洮河間，行引正參差。繡衣來漢中，烘作相追隨。以筐計分率，

半為軍國資。番馬直三十，酬篦二十餘。配軍與分牧，所望蕃其駒。月餘馬百錢，豈不足青芻。奈何令倒死，在者不能趨。倒死亦不聞，軍吏相爲漁。黑茶一何美，羌馬一何殊。有此不珍惜，倉卒非長驅。健兒猶餓死，安知我馬徂。羌馬與黄茶，胡馬求金珠。羌馬有權奇，胡馬皆駘駑。胡強掠我羌，不與兵驅除。羌馬亦不來，胡馬當何如！

明 陳獻章《陳白沙集》卷八《寄外史世卿玉臺》 兩崖樹石幾重銜，富貴人間未足誇。到寺客攜元亮酒，在山泉煑玉川茶。高軒倘許重過我，多病仍便久臥家。對月不禁秋思得，清吟分付一籬花。病領詞官不到銜，老慵無意向人誇。四時好景偏留句，兩腋清風每試茶。司馬雖稱題柱客，薛公猶在賣漿家。近來山寺多高興，更作詩豪對浣花。城扉半掩更休銜，客子山中句可誇。階下西風吹落葉，僧呼童子掃烹茶。著書歲晚堪投筆，見月宵來定憶家。記得西甄舊遊處，滿船秋雨木棉花。江城吹笛月斜銜，回首秋岩寂可誇。世外一眠那有夢，腹中三斗卻須茶。文衰東漢無高手，詩過中唐少作家。笑殺平原趙公子，當年毛薛眼全花。

近代茶葉外銷之路部

海上外銷之路

論説

清 趙翼《簷曝雜記》卷一《茶葉大黄》 中國隨地產茶，無足異也。而西北遊牧諸部，則恃以爲命。其所食羶酪甚肥膩，非此無以清榮衛也。自前明已設茶馬御史，以茶易馬，外番多款塞。我朝尤以是爲撫馭之資，喀爾喀及蒙古、回部無不仰給焉。太西洋距中國十萬里，其番舶來，所需中國之物，亦惟茶是急，滿船載歸，則其用且極於西海以外矣。俄羅斯則又以中國之大黄爲上藥，病者非此不治。舊嘗通貢使，許其市易，其入口處曰恰克圖。後有數事渝約，上命絶其互市，禁大黄，勿出口，俄羅斯遂懼而不敢生事，今又許其貿易焉。天若生此二物爲我朝控馭外夷之具也。

清 梁廷枏《粤海關志》卷一八《茶之禁》 嘉慶二十二年總督蔣攸銛奏稱：福建之武彝茶及由安徽入浙江之松蘿茶，爲西洋夷人必需之物，而各夷中又惟英吉利銷售更多。從前，商人悉由江西内地販運來粤。近因洋面平靖，希圖迅速，漸改爲海運。溯查嘉慶十八年，始有海運，進口之茶七十六萬四千七百九十餘斤，至二十一年，竟有六百七十二萬三千九十餘斤，所增之數已不啻十倍。茶葉爲夷人生命所關，實爲控制之要道，今若任聽商人慣由海運，難保無奸商串通黠夷，於海中偏僻島嶼隨處寄椗，私相買賣。又起運之時，裝綑堅密，多至盈千累萬，設有夾帶違禁之物，亦無從覺察。應請敕下閩浙安徽各督撫嚴行查禁，並出示曉諭，產茶之區及各海口自嘉慶二十三年爲始，概令仍歸内河過山販運，以收控馭之益。奉聖諭：閩皖商人販運武彝、松蘿茶赴粤省銷售，向由内河行走，自嘉慶十八年漸由海道販運，近則日益增多，洋面遼闊，漫無稽查，難保不夾帶違禁貨物私行售賣。從前該二省巡撫並不查禁，殊屬疏懈，念其事屬已往，姑免深究，嗣後著福建安徽及經由入粤之浙江三省巡撫嚴飭所屬，廣爲出示曉諭，所有販茶赴粤之商人，俱仍照舊例，令由内河過嶺行走，永禁出洋販運。儻有違禁私出海口者，一經拏獲，將該商人治罪，並將茶葉入官。若不實力禁止，仍聽私運出洋，別經發覺，查明係由何處海口偷漏，除將守口員弁嚴參外，並將該巡撫懲處不貸。漏税事小，通夷事大，不可不實心實力杜絶弊端也。

清 姚衡《寒秀草堂筆記》卷四《不知春》 柯易堂曾爲崇安令，言茶之至美，名爲不知春，在武夷天佑巖下，僅一樹。每歲，廣東洋商預以金定此樹，自春前至四月，皆有人守之，惟寺僧偶乞得一二兩，以餉富商大賈，求檀施。大致與粟米相類，色香俱絶，非他茶所能方駕。

清 毛鴻賓《毛尚書奏稿》卷五《湖南茶葉落地税請照通商條款征收子税摺同治元年二月十二日**》** 奏爲湖南茶葉落地税，礙難徵收，應請依照通商條款出口土貨由第一口徵收子税原案，通飭各省一例辦理，以昭簡便，恭摺奏祈聖鑒事。

竊照咸豐十一年十二月准戶部議覆廣東巡撫耆齡奏抽茶葉落地税一摺，飭臣等妥議章程，奏明辦理。臣查漢唐以來，用兵轉餉，其取之民者，名目不一，大抵弊多利少。近日東南各省用兵十年，竭蹶供支，全賴釐税一項，湖南窮僻省分，向與廣西、貴州同爲瘠壤，而用兵較劇，籌餉轉多。考其立法之旨，切實簡要，惟務便民，商賈懋遷有無，銀錢較便，按貨抽釐，所取無多，錙銖累積，以成巨款。凡地方土產，出自窮民耕植之力，未經買賣者，悉馳不問，是以軍餉有裨，民間尚無不便。而其所以能盡利者，又在用人不用法而已，所設釐局，體察情形，不拘一例，選派廉正員紳，分別委任收支，一歸實際，責成府縣以稽查彈壓之力，毫不假手丁胥，以清流弊。湖南財賦較廣東、浙江爭差百倍，而釐税一項所得反較多者，此其效也。

自咸豐六年辦理茶捐，洋莊紅茶除山戶釐金外，經茶商採做成箱者，每箱收銀六錢。咸豐十一年添設東征釐局，加收三錢，積年辦理無異，若復添設落地税名目，於商民俱有不便。且大箱徵銀一兩四錢，二五箱徵錢七錢，爲數參差，皆較浮於半税。而每處派員會同地方官經理，勢不能無煩擾，是所稱落地茶税名目，有斷難施之湖南者。

至於子口稅應歸湖南徵收，臣請畧盡其說。湖南辦理茶捐之始並未奉到徵收子口半稅明文，是以奏准每字號完稅至二百七十兩以上，給予從九職銜，以期商民之踴躍，此即仿照落地稅之法，變通辦理。咸豐十一年，英商保順德利等行赴聶家市採辦紅茶，持有蘇松道照會，內稱正雜各稅概歸上海徵收。其時內地商人多有假冒洋商希圖免稅者，當經該局紳員以奏准辦理。茶捐之案，非蘇松道所能遥制，仍令按照稅則完納，洋商允從無異。嗣奉欽命總理各國事務衙門咨照通商章程，臣因查咸豐十年頒刻三國通商條款，援引道光二十一年五口通商議定子口半稅，出洋土貨，由所經第一口完納。湖南紅茶赴漢鎮者，總匯聶家市，正符條款所載征收子稅之地。洋稅則例每紅茶百觔，徵銀二兩五錢，子口半稅徵銀一兩二錢五分，紅茶大箱向定七十七觔，子口半稅應徵銀九錢六分二釐五毫。湖南釐稅及東征釐稅兩項合徵銀九錢，比較條款所載徵收子稅之數，每箱尚短收銀六分二釐五毫，若仍准湖南辦理茶捐，則當於岳州一卡添收子口半稅，第揆之通商條款，恐有隔礙。若即以茶捐改充子稅，則當仍照半稅之例，每箱徵收子稅銀九錢六分二釐五毫，停止茶稅捐條。其湘潭等處茶莊，運赴粵海關出洋者，均照此辦理。聶家市等處無與洋人通商，明文仍須由內地商人裝箱運販，凡屬採辦紅茶運赴通商各口裝載出洋者，在採做裝箱地方徵收子口半稅後，經過口岸概不完納釐稅，以符通商條款。其運販內地不出洋者，仍照舊章，將應繳各口釐稅，照例完納，洋商亦不得私相包庇，以杜弊端。

總之，條款所載子稅歸起運地方徵收，實爲簡便要法。應請旨飭下總理衙門照會英國駐京大臣，轉飭各口領事，湖南出洋茶葉應徵子口半稅，歸併裝箱起運地方按照條款徵收。其閩、廣、江西、湖北等處能否一例辦理，臣不敢知，惟湖南出洋茶葉，經過地方應免完納釐稅，宜由各卡委員驗明茶票，依照條款辦理，以免重徵，庶使洋商及內地商人自行運販，兩有區別，免致多費唇舌，而於收釐籌餉章程亦不致有關礙。所有議覆落地稅名目，礙難舉行，應以茶捐改充子稅，按照通商條款辦理緣由，謹繕摺附驛具奏。伏乞皇上聖鑒訓示施行。謹奏。

又《征收聶家市茶箱子稅片》同治元年二月十二日**》** 再，湖南之聶家市、湖北之羊樓峒，運販茶葉赴漢鎮者，均應由島口經過湖北，茶釐歸併島口徵收，每箱收銀四錢。湖南聶家市茶箱經過島口亦一例收銀四錢，是聶家市茶箱，合計收至一兩三錢。而羊樓峒茶箱，僅祗四錢，多寡懸殊。

臣曾商督臣官文請照湖南章程辦理，並飭各口驗明茶票放行，以免重徵，而昭畫一。頃准督臣，咨奉總理衙門咨行英國駐京公使照會，足見該國辦事情形，剖析絲毫，具有條理。而各直省談及洋務無能知其窾要，以致辦理參差，使洋人在在據爲口實，機宜屢失，斡旋非易。即如島口重收聶家市茶釐二三百金，直欲照數領還，而羊樓峒茶箱赴漢鎮者，實祗收銀四錢，該商並未聞報明補繳，商人計較錙銖之利，偷漏者爲得計，增多者爲濫徵，洋商與內地商人情形，正自相同。全賴督辦各口稅務，按照條款準情酌理，期與該商等誠信相孚，庶不致生議論。

去歲保順、德利等行，徑持蘇松道照會，將湖南應徵各稅提歸上海辦理，一經反復開導，即便帖然，且云湖南辦理不錯，足見洋人未始不可理服。湖南軍餉萬分支絀，茶稅爲籌餉一大宗，若不於出產地方徵收，必難免影射偷漏情弊，兼恐本地商民有所藉口，實與湖南籌餉大局有礙。儻由上海徵收，轉解湖南，則往返徒滋周折。

總之，一稅之後不復重徵，於洋人毫無所損，既與條約不背，自能相安無事。所有湖南應行徵收茶箱子稅情形，謹附片陳明，伏乞皇上聖鑒。謹奏。

清 丁韙良《中西聞見録選編・輪船運茶考》 由蘇爾士運河，用輪船所載之茶，自同治九年七月，計七十一萬一千磅，每磅十二兩。十年七月計茶四百萬磅，十一年七月，計二千二百萬磅。九年之茶，合計置價銀十六萬八千兩。十年之茶，合計置價銀九十四萬五千兩。本年之茶，合計置價銀五百一十萬六千兩。緣蘇爾士新開河道，輪船易於裝載，中西倍覺相近也。

又《由海運茶》 近聞俄國新設公局製輪船，於長江、黑龍江兩間往來運貨，意在由漢口採辦茶葉，運入黑龍江，以達俄國，較之用駝隻馱運省費。查自武昌抵黑龍江，水程約六千里，由黑龍江西上，計水程又約五六千里，然後登岸，更以車馬船隻，水陸分運各省鎮鄉，實為便捷。又於黑龍江迤南沿東海口岸一帶，增設埠頭數處，係輪船往來必經之所，

從此貿易日增，而居民亦漸繁盛矣。

清 佚名《核定茶末減稅章程》《通商約章類纂》卷六　總理衙門咨，案查同治七年十月初三日，據赫總稅司將茶末減稅擬定《簡明新章》四條申送到本衙門，當經本衙門於十月十四日鈔録，照會布、俄、英、法、美、日各國駐京大臣。去後，除日國未據照復外，茲據美、法、英、俄、布各國駐京大臣先後照復，允飭各口領事遵辦等因前來，除劄知赫總稅司遵照外，相應抄録各國照會五件，赫總稅司新定章程四條，咨行查照轉行各該關，即將新定《茶末減稅章程》飭令遵照辦理。同治七年十一月咨南洋。

附録俄國照會：

爲照復事，本年十月十四日，接准貴親王照會，附録《茶末納稅章程》前來，查閱未見另有難允之處，即請將開辦之期先行知會，以便轉飭各口領事官遵照。惟查貴國每逢擬改稅則，或變通章程等事，皆應預定開辦日期方妥。其增稅一事，定期宜從寬展，以免商人照舊則謀算經營，致虧資本，其更改他章或限期少促，亦無甚妨，似此辦理，則商人預知改則，庶不致因突然更變紛紛置辯矣。相應照復。

附録美國照會：

爲照復事，本月十四日准貴親王來文，内開茶末一項，止議及正稅，並未言及内地稅如何辦法。現據總稅司擬定《簡明新章》四條，以免一切影射朦混之弊，於茶末未到口岸、未曾裝載之先，均應照茶葉完納各項内地稅餉。照録新章四條，第二條内言，茶末在江口裝船者，完正稅外亦應取其復進口半稅之保單，請飭各口領事遵照等因前來，本大臣擬即將新章四條行知各口領事，以便開辦。

附録英國照會：

爲照復事，十月十四日接到貴親王來文，並照録赫總稅司申送改定茶末章程以示區别，及茶末自内地販運通商口岸，暨在各口裝船，謹防影射朦混之弊等因，本大臣希請轉飭各口監督，將所定章程之漢英各文抄録，照會各領事官，本大臣一面劄飭各口領事官曉諭各商一體遵照。

附録布國照會：

爲照覆事，同治七年十月十四日，接准貴親王照會，内開茶末一項以後如何征稅一切事宜。本大臣查茶末征稅一事，一載之間，屢有更改，以致常有爲此虧本，而稟請賠補者，此中是非，殊爲難定。本大臣以爲新定茶末章程一事，經此次再改之後，此事即可不必再行更張。爲此，本大臣應允暫照本年十月十四日所定章程試行辦理可也。惟查今如欲免商人稟請賠補之處，必須將此章程預先明示限期，係從何日開辦，以便商人販賣茶末，以及定立合同均能按照情形定擬，惟祈將所定日期復知爲要。

附録法國照會：

爲照覆事，本年十月十四日，准貴親王照會，内開以茶末一項，前經二次分别減稅，均已知照在案。現又擬定新章四條，益昭妥善，本大臣閱悉之下，並無不合，並聞各國駐京大臣均各允從，按照辦理，是以本大臣即將此新章四條轉飭各口領事官一體遵照。所有此次既經定明，嗣後可以毋庸再議矣。

附録赫總稅司申呈並章程四條：

爲申復事，奉到同治七年九月二十六日劄，知以九江英商英茂茶末納稅一事，因該領事李蔚海以每担茶末值不出十兩外者，運往通商各口完銀一兩二錢五分，謂爲半稅，於稅司康發達另征之復進口半稅，誤爲半稅之半，稅司暫照茶葉稅例，取具半稅保單辦理等情，經兩江總督咨請核覆，並溯引土貨出口之例，揭問半稅保單之所指及販買茶末之來由，飭爲詳敘聲覆，以便通照其阿化威茶末之事，應分案詳明等語。本總稅司詳閱劄文，内開有已交過内地稅餉，則在長江下貨時，均不必在長江各口完稅之語。按此語意乃咸豐十一年通共章程第五款之例，是究查此案所引證者，係據舊章而言，現在長江辦理稅務，則係照同治元年更訂長江通商通共章程辦理。查同治元年訂章第五款，内載凡有江照之輪船裝載土貨，須由該商在裝貨之口，先將出口正稅復進口半稅兩項稅餉一併完清。且同治三年，又有茶葉一項准暫時不納復進口半稅，祗取半稅保單之章。劄文内開何以茶葉一項只完出口正稅，取具保單，此半稅之保單係指何項半稅而言？查茶葉一項，係先行完納内地稅餉，内地稅餉完清後，即行完納出口正稅，取具保單。是保單所指之半稅，即係指復進口半稅而言也。至劄文内開此項茶末，是否該洋商由内地自販之貨，抑係在本江口所買之貨，如係由内地自販，應令按章在該關完一末後子口

稅，再交長江出口正稅，方准出洋。查保單內之半稅，既係指復進口之半稅而言，其內地稅餉，即係在未完出口正稅之先已經完納，所飭查明之處，自可無庸議矣。咸豐年間定章，除內地稅項外，其出口正稅復進口半稅，均俟進上海口時交納。其同治元年更訂新章，凡有江照之輪船，土貨須在裝貨之口，先將出口正稅復進口半稅兩稅一併完清。而四年正月間，於土貨中，特將茶葉一項變通辦理，因茶葉係出洋運往外國之貨，除按章完出口正稅外，衹需取具復進口半稅之保單。所以如此變通者，一免洋商日久空存現銀，一免發給存票之累。至茶末一項，若係往外洋之貨，自應照茶葉一律辦理；若不往外洋者，其值在十兩以內，例准減半納收。惟既非往外洋之貨，即與出洋之茶葉有別，自應照各項土貨例一併完出口正稅復進口半稅，不應按茶葉取具保單，似爲平允。茶末稅項，嗣後各口應如何一體遵辦，不致有轇轕之處，特爲開擬定章於後。

一、凡有茶末自內地販運通商口岸者，各項內地稅，均應照茶葉一律完稅，以免影射朦混之弊。

一、凡有茶末裝船往外洋者，無論江口海口均應照茶葉例，一律完納出口正稅銀二兩五錢。惟江口裝船者，完正稅之外，亦應取具復進口半稅之保單。

一、凡有茶末前往通商別口者，其每百斤值銀不出十兩外，無論在江口海口裝船，均應照減半之新章完出口正稅銀一兩二錢五分。惟江口裝船者，於出口正稅外，亦應一併完清復進口半稅銀六錢二分五釐，與各項土貨一律辦理。

一、凡有茶末減半新章納稅者，若在海口裝船，僅納出口正稅銀一兩二錢五分，復進口時，再完復進口半稅銀六錢二分五釐。若係在江口裝船，自係已經一併完清出口正稅復進口半稅者，日後再行裝船運往外洋時，無論來自江口海口，均應補納出口稅銀六錢二分五釐，以符茶末往外洋與茶葉往外洋一律之意。

以上所擬之章四條，其第一條，茶末與茶葉一律完各項內地稅。查《善後條約》第七款內載有內地稅餉之議，現定出入稅則照納一半爲斷之語，若依此而論，其由內地往通商各口之茶末，每百斤值銀不出十兩外者，既准減半完出口正稅，似亦應減半完內地之稅。然茶末未到各口之先，仍在內地之時，往外洋與不往外洋者，並值在十兩內、值在十兩外者，均難預分則，一切影射朦混之弊，勢必層出不窮。前者兩次更定茶末新章，止議及出口稅減半納收，並未言及內地稅銀如何辦理，且復進口之後，若洋商運入內地，須照華商逢關納稅一體辦理，則是以不出洋減半納稅之茶末，即復進口後，須照各項土貨完內地稅之例辦理。因思在未到口岸，未曾裝貨之先，不如照茶葉例完納各項內地稅餉之爲是。此案英茂茶末之稅，確係該領事並該商之誤會，稅司按照新章辦理之處，與例甚合，現奉前因，合行申復，即希查照可也。

清 楊楷《光緒通商列表·茶葉出洋分國表》 中外通商之國，自英而外，日本貨價出入之數，歲贏中國銀二三百萬。日本小國，物產之盛，不逮中國遠甚，然其風氣早闢，獨能經營商務，與各國抗衡，故所產不豐，而其利常倍。近者總稅務司赫德行文各海關，以中國茶商日見耗折，日本、印度等國產茶漸盛，運銷各國者日益多，亟宜整頓，茶利毋爲外人所奪。斯言也，可爲有益於中國矣。然不明乎洋商壟斷之故，而徒咎稅釐之過重，是欲中國上虧國帑，輕減以從之乎？且英之商務，歲贏中國銀三四千萬，中國耗損至鉅，何以赫德噤不一言？此亦袒護彼國之實證矣。非赫德之不可用，實英人之不爲我用耳。考茶葉出洋之始，在康熙二年，英商自荷蘭購歸百斤，國人飲者，歲增一歲，其與洋藥盛行，皆在乾隆以後，至道光咸豐之間而大盛，兩者價值亦適足相抵。英國商務既廣，每歲運茶常至一百餘萬石，間有轉運他國貿易，取利亦不過十分之一。就今日論之，我以茶葉益彼，而彼轉以洋藥耗我，其損益懸殊，不可以道里計。然我之洋藥可禁，而彼之茶葉不可禁。何也？洋藥之毒，中國天下皆知，其害中國，誠禁洋藥，各國不以爲非也。茶葉之利，足以盪滌邪穢，消除喝熱，洋人嗜之，久爲日用所必需。數十年來，各國無有議禁茶葉者，非惟不能禁抑，亦勢不可禁也。若洋藥既絕，則茶葉一項，可爲中國獨擅之利。奚以知其然也？日本所產盡係綠茶，其味薄劣，遜中國遠甚，且幅員狹小，若多植茶樹，必礙他物之利，揆其情勢，必不能過爲推廣。印度茶味過苦，稍似雲南普洱茶，而色味不逮。又採摘茶苗不能用機器，洋人傭值昂貴，成本過重，皆不足奪中國之利。近年印茶盛出，而英商所運中國之茶末嘗稍減，而俄國運茶之數且溢於前者三之二，是

其明證，可無慮也。中國產茶之區，東南各省方萬餘里，植茶多在山谷之間，不妨五穀，若相其土宜，勤爲勸導，講求製造之術，務合於西人所嗜而止。貨物既精，銷路日暢，籠天下之財利源源而來，中國日富且強，雖雄長歐洲何不可之有？

清 鍾琦《清瑣屑録》卷三一《鹽政附茶課四十六則·中國茶外銷之利》　中國茶以俄羅斯所銷爲最，荷蘭次之定例荷蘭販茶在澳門，藏衛又次之藏衛販茶在打箭爐，光緒甲午，遣人至峩洪夾犍等處收買，不論苦澀麤惡。因該處食青稞，其性熱滯，非茶不能滌也。道光十年，俄羅斯在北徼喀爾喀地界買中國黑茶五十六萬四百四十棒洋銀五員爲一棒。道光十二年，在恰克圖買黑茶至六百四十六萬一千棒之多。見《澳門月報》又俄羅斯祇准陸路帶茶，謂曆風霜，其味反佳。若海運恐其蒸溼霉蹼。見《俄羅斯總記》同治間統計，歐洲各國買茶，歲入銀三千五百萬有奇。今意大利、法蘭西、英吉黎各地種茶，且芃茂。自光緒以來，買茶僅入銀一千三百萬有奇。見《盛世危言》案：二十年後，歐洲不賴中國之茶亦自足。可見中國之利藪，歐洲無不攘奪，而通商大臣，於中國自有之物產，何以坐視其逐漸消耗，竟不培植挽救乎？夫培植者，不過減稅釐以輕成本耳。挽救者，不過令充斥以廣銷路耳。此其權操之在我，亦不必期之於人者也。乃爲戚爲休，不問不聞，如秦人視越人之肥瘠，漠然無所動其心。自是異域人員見其技止黔驢，舞如病鶴，妄圖鵷鷺之服，有玷麒麟之楦，安得不遺其笑柄，受其陵侮者哉！

清 薛福成《商政》《清經世文三编》卷二九　昔商君之論富強也，以耕戰為務，而西人之謀富強也，以工商為先。耕戰植其基，工商擴其用也。然論西人致富之術，非工不足以開商之源，則工又為其基，而商為其用。邇者英人經營國事，上下一心，殫精竭慮，工商之務蒸蒸日上，其富強甲於地球諸國。諸國從而效之，迭起爭雄，泰西强盛之勢，遂為亘古所未有。夫商務未興之時，各國閉關而治，享其地利而有餘。及天下既以此為務，設或此衰彼旺，則此國之利源源而往，彼國之利不能源源而來，無久而不貧之理。所以地球各國居今日而競事通商，亦勢有不得已也。今以各國商船論，其於中國每歲進出口貨價銀在二萬萬兩上下，約計洋商所贏之利，當不下三千萬，以十年計之，則三萬萬。此皆中國之利有往而無來者也，無怪近日民窮財盡，有岌岌不終日之勢矣。然則為中國計者，既不能禁各國之通商，惟有自理其商務而已。商務之興，厥要有三：一曰販運之利。自各口通商，而洋人以輪船運華貨，不特擅中西交易之利，抑且奪內地懋遷之利。自中國設輪船招商局，而洋商與我爭衡，始則減價以求勝，繼因折閱而改圖，彼之占我利權者，雖尚有十之四，我之收回利權者，已不啻五之三，通計七八年間，所得運費將二千萬。雖局中商息未見贏餘，而利之未入於外洋者，已二千萬矣。所慮者，一局之政，主持不過數人，控制二十七埠之遥，精力已難徧及；又自歸併旗昌之後，官本較多，萬一稍有蹉跌，其勢難圖再舉。夫事之難於謀始者，理也；而人之篤於私計者，情也。今夫市廛之內，商旅非無折閱，而挾貲而往者踵相接，何也？以人人之欲濟其私也。惟人人欲濟其私，則無損公家之帑項，而終為公家之大利。為今之計，雖難用眾建少力之法，驟分數局，他日如必有變通之勢，或即用局中任事之商，兼招殷實明練者，量其才力資本，俾各分任若干埠，無論盈虧得失，公家不過而問焉。此外商人有能租置輪船一二號，或十餘號，或數十號者，均聽其報名於官，自成一局。又恐商情之相軋也，則督以大員而齊其政令，恐商利之未饒也，則酌撥漕糧，而彌其闕乏。但使商船漸多，然後由中國口岸，推之東、南洋各島，又推之西洋諸國，經商之術日益精，始步西人後塵，終必與西人抗衡矣，其利豈不溥哉？二曰藝植之利。今華貨出洋者，以絲茶兩欵為大宗，而日本、印度、義大利等國，起而爭利，徧植桑茶。印度茶品，幾勝於中國。意大利售絲之數，亦幾埒於中國。數年以來，華貨滯而不流，統計外洋所用絲茶，出於各國者，幾及三分之二，若并此利源而盡為所奪，中國將奚以自立？是不可不亟為整理者也。

整理之道，宜令郡縣有司勸民栽植桑茶。葢種桑必在高亢之地，而種茶恒在山谷之中，非若嬰粟之有妨稼穡也，是在相其土宜，善為倡導而已。其繅絲之法，製茶之法，有能刻意講求者，宜激勸而奬進之。至於絲茶出口，十數年前，以加稅為中國之利，今則各國起而相軋，一加稅則價必昂，價昂則運貨者必去中國而適他國，而稅額必為之大減。夫西洋諸邦，往重稅外來之貨，而減免本國貨稅，以暢其銷路。今中國絲茶兩宗，雖不必減稅，亦不宜加稅，但使地無閒曠，則產之者日益豐，而其價

日益廉，即出口之貨日益多，不特於稅務有裨，亦為民興利之一大端也。一曰製造之利。英人用機器織造洋布，一夫可抵百夫之力，故工省價廉，雖棉花必購之他國，而獲利固已不貲，每歲貨價之出中國者數千萬兩。中國海隅多種棉花，必購備機器，紡紗織布，既省往返運費，亦獲利宜勝於洋人。然中國雖有此議而尚無成效者，何也？創造一事，人情每多疑沮，其才足以辦此者，苦於資本難集，而一二股商，又非所素習而不為，此大利所以盡歸洋人也。竊謂經始之際，有能招商股自成公司者，宜察其才而假以事權，課其效而加之優獎，創辦三年之內，酌減稅額以示招徠。商民知有利可獲，則相率而競趨之，迨其事漸熟，利漸興，再為釐定稅章，則於國課必有所裨。推之織氈、織絨、織呢羽，莫不皆然。夫用機器以代工作，嫌於奪小民之利。若洋布以及氈絨、呢羽，本非出自中國，中國多出一分之貨，則外洋少獲一分之利，而吾民得自食一分之力。奪外洋而潤吾民，無踰於此者矣。是故中國之於商政也，彼此可共獲之利，則從而分之，中國所自有之利，則從而擴之；外洋所獨擅之利，則從而奪之。三要既得，而中國之富可期。中國富而後諸務可次第修舉。如是而猶受制於鄰敵者，未之有也。

清 許廷銓《通商八策》《清經世文三编》卷三一 中國重農，泰西重商。道光時海禁大開，泰西諸國連檣而至，其中若英、若法、若美、若俄、若德、若奧，皆大國也。然核稽歷年通商冊，英必贏，俄美必絀。至光緒十六年，英贏銀至六千八十萬之多，而俄美等國各補入中國銀八九百萬，其故何歟？蓋俄美等國之心思才力，雖未必有遜於英，而經營東方，則以英人為最早。英人自據印度之後，即設有東方貿易公司，故中國各口貿易之利，英獨得十之七八，而其餘各國僅能籠統共得其一二而已。又英人來貨，以鴉片為一大宗，鴉片出於印度，俄美不能種植，以分其利，且與立條約，均有不准販運洋藥明文，而於中國所產之絲茶，則不能不運以歸。此英之所以贏，俄美之所以絀歟。然中國雖歲得八九百萬於俄美，而以贏補絀，尚歲有四千餘萬之多，苟不力為整頓，將國日益困，民日益窮，江河日下，恐有不堪設想者。然風氣既開，而欲閉關謝客，使泰西諸國返旆改轅，其勢不能。故今日而欲塞漏卮，攬利權，立富強之基，不可不以振興為要圖也。夫振興之術，約計有八，試詳論之。

又 一整絲茶以專其利也。中國出口貨，以絲茶兩項為最大。顧近來西洋之意大利、法國，東洋之日本，並皆出絲。英之印度、錫蘭，以及日本，其茶葉亦日新月異，而歲不同中國之業茶絲者，大有愈趨愈下之勢。近數年來，富商大賈之虧折倒閉者，不可數計。不知天下之利權無定，人之貨物精於我，則利為人奪，我之貨物精於人，則利仍可以為我專也。攷中國蠶，力較各國為大，中國蠶，性較各國為純。據法國格致家云，查得中國各種蠶，身內具克柏司格，其病名為伯撇靈，凡蠶及蛾繭與子，均佔此病，且各種繭內並有他病，如法拉斯利特其一耳。倘係西國之蠶，染此病狀斷難生子，即生子亦未必能成蠶，而中國送來之子，竟能養出且能挑得，無病之蠶成蛾成子，可見中國之蠶，其力較他國為大。又近有英國醫士安多羅，驗得錫蘭、印度之茶，飲之易生疾病，中國茶則飲之無疾，可見中國之茶，其性較他國為純。中國苟能用奧國養蠶公院之法以育蠶，用巴斯陡之法以防伯撇靈，則出絲必佳。苟能用印度機器以焙茶，不使有過焦不及之弊，則茶味必佳。安有絲茶之利遽為他國所奪也哉？

清 柯來泰《救商十議》《清經世文三编》卷三一 今之天下，一通商之天下也。然所謂通者，不僅以貨物之有無相交易也，必彼有以來我有以往，始可謂之通商也。中國自古重農而輕商，故視商務之盛衰，漠然不加喜戚於其心。同治間創立招商局，以與洋商爭江海之利，以為中國轉貧為富，轉弱為強，在此一舉。然限於一限，未攬全局，焉能與環瀛各國並駕齊驅，爭雄海上？自中西互市以來，洋商之贏中國銀錢者，動以億兆計，而英國商務尤為諸國之冠。夫英之所以能旺盛者，以英之局廠商舶多於各國，而英尤擅鴉片之利，次則洋布、羽呢、煤鐵等物，亦莫盛於英，此諸國之所以不能爭勝也。即以鴉片一宗，而計之每年銷數，總在十萬箱之譜，可贏中國利六十兆。以土苴易我金銀，其害更甚於日用各貨，此為漏卮之最大者，久而不塞，將有竭澤而漁之慮。從前絲茶銷路暢旺，尚可抵敵，今則日疲一日，漸形塞滯。茶則有印度、錫蘭、日本，出產漸多，香色俱美。洋茶日盛，華茶日衰，前次茶商英為多，近數年惟俄商爭購稍可補救，不意今年華茶運至俄國，均有油氣，銷路不合，轉運至英，減價求售折耗必多，恐明春俄商亦復裹足矣。查光緒七年，印茶出四十

八兆磅，運英者四十五兆，印英相去較近，茶價雖昂水脚較省，故英商多舍中而就印，幸而印錫均產紅茶，中國綠茶之利不致盡奪，然日本輪船產綠茶，倘日茶盛行，中國之茶勢必窒塞不銷。俄商之所以踴躍，由俄無產茶之地，倘將來印俄鐵路聯落，則運費輕便，恐俄惟向印錫購採，而中國茶務愈不可問矣。絲則有意大利、法蘭西、日本，加意剔選，繅製極精，已駸駸乎。效中國之長，奪中國之利，核之海關總冊，銷數雖不致大減，而商家歲歲虧耗，人人折閱，幾有一蹶不振之勢。光緒九年，日本因絲商生意不旺，農桑務省即設法整頓，頒發聯合章程。不十年，蠶絲頓盛，查出洋絲數，同治八年祇七十三萬斤，光緒十四年驟增至四百六十八萬斤，商業日隆，利益頗厚，而中國絲業遂為之傾擠。統稽中國商務入口，以洋藥、洋布為大宗，出口以絲茶為大宗，絲茶為中國自然之大利，疲輭若此可不寒心，今欲挽回其大端有二，入口之貨紛至沓來，必思有以分之，出口之貨衰弱疲滯，必思有以疏之，但能以中國之貨足抵洋人之貨，出入不甚懸殊，即挽救得其要領矣。惟中國商情渙散，往往勝不相讓，敗不相救，各謀其私而甘授洋人以壟斷之利，數十年來，前後一轍，遂為洋人窺見癥結，得以左之右之操縱在手，而商務遂一敗而不可救，華商之受病在此，洋商之得利在此。此則非朝廷仿行洋法，特設專官統籌全局，妥立章程不可。今略擬一綱十目條，列於左，特備採擇，獻芹負曝，亦聊以效一得之愚焉耳。

又　一、絲茶宜聯合一氣也。中國商務以絲茶為最鉅，其所以連年虧折者，以不能齊心協力耳。洋商則反能一氣聯絡，如茶市英商照會俄商，不許放價搶盤，俄商即允照辦理。今既知受病之由，則必思所以救之之方，救之何如？亦惟有聯絡之一法。華商資本既薄，又放膽多做，揭借莊欵，為息制縛。洋商抬價則儘力多囤，一旦跌價則又急思脫手，又有奸商作偽攙雜，故授洋人以口實，任意挑剔，顛之倒之，一任洋人之所為，播弄華商，血本不竭不止，此皆華商心志不齊之故也。今宜於上海、漢口各立公會，推一公正幹練之人為會董，另選數人輔之，逢茶絲開市，嚴定劃一章程，各商皆遵守，不准輕本多積，不准跌盤賤售，不准增價購貨，不准攙雜作偽，違者罰之。中國但能於絲茶兩宗振頓得法，其餘各貨雖有蹉跌，不至牽動大局，而其源又在精製作如絲，則講求育蠶必須仿巴斯徒揀擇無病蠶蛾方法，繅，製茶則講求培植烘焙。苟能事事攷究，則物產精良，洋人自能出價願購，又何患不獲厚利也哉？

又　一、商貨宜自運也。西洋商局如此之大，皆非一人一家之財力所能為，大都皆創立公司，故資雄而力厚，其獲利者無論已即至虧本，各股所失甚微，自能再振旗鼓。各公司皆自製輪船往來運載，今欲振興商務，非自運出洋不可。自運必先造船，造船必先立公司，庶使洋商捆載來華，華商亦捆載出洋，利權不致為洋人獨操。今日之華商，祇能運至口岸而止，如絲茶，亦祇在上海、漢口兩埠銷售，皆不能自運出洋。緣中土商務初興，如嬰兒學步，倘國家不能護持商人，膽怯恐受洋人之欺。故宜飭駐洋使臣與彼外部酌議妥協，重訂約章，查明各國稅則，開棧立埠，并設保險公司，輔以兵輪，然後可興商務。既興，國勢亦振，惟籌畫經營頗不容易，然今日之商政，將與地球相終始，卒不能畏難而退處，否則徒仰洋人之鼻息，而華商終無自伸之一日也。

清　項文瑞《絲茶布合論》《清經世文三編》卷三一　中國自海疆互市以來，雖往來貿易百貨流通，而中國錢幣，實因而日徙於外洋。蓋今之天下，一爭富之天下也。外邦之求通商者，豫存爭富之見而來也。而中國當時許之通商者，則并不存爭富之心，且并不防外邦爭富至斯極也。一出無心，一本有意，而進口出口之貨利皆為所奪矣。出口以絲茶為大宗，進口以烟布為大宗，往時猶謂烟布之來華，可以絲茶暢銷，收還其利。今外洋自出絲茶製造，選揀日益精美，上海則自創繅絲公司，又設立公平繅絲局，收買蠶繭。聞繅絲機器每日每架約可出絲十兩以外，倘推而廣之，多至百架千架，每日出絲神速，且多通年所積更難數計。而外洋自出之絲尚不在其內，他日絲出愈多，西人用之有餘，不特出口之絲無利可獲，恐西人反將售絲於華矣。茶之銷於外洋者，十數年前，尚銷至十分之八，近則不得十之五。印度茶本銷十之二者，近銷至十之五六。中國之茶運於外洋者多而出售者少，每年必有存積。蓋印度出紅茶甚多，印度外又有錫蘭出茶，日本又多出綠茶，皆售與西人。羣起而與華茶爭利，而茶業益不支，何怪近年鉅商每棄置而不為也。印度錫蘭之茶，其出口稅全免完納，日本則每百斤不周完洋一圓。中國則不然，每茶百斤須納關稅庫平銀二兩五錢，又加釐捐及各項捐欵，甚鉅。而價日益賤，奪利者不更得

計乎？若烟為外洋之利藪，更難一言罄，中國收其稅即不能禁其來，來者愈多，吸者愈盛。外洋絲茶可以種而得，中國若弛罌粟之禁，一遇五穀荒歉，恐多轉於溝壑。欲不任其獲利，而不能更可歎者。烟之外又有洋布，外洋本不產木棉也。西人購中國之棉，製之為布，復售之於中國，是取中國之利，一轉手間而為外洋之利也。不特此也，西人運布於華，每值銀百兩之布，完進口稅銀五兩。而中國自織之布，每值百兩正稅五兩之外，又加半稅二兩五錢。則雖自用機器紡織洋布，仍不能與西人爭利，況外洋近亦產棉，益有可操之利券哉。然則必如何而後可也，曰內地自出之貨行與內地者，一一薄其稅。稅薄而不足於用，則力刪大小衙門，無益之繁費以補之。烟稅不可增也，進口布稅可增則增之。議者謂絲茶烟布之利，或仿西法而踵行之，庶可挽回一二。如機器繅絲、機器織布之類，均可以設局興工，不知事事步其後塵，斷難有益。蒙謂宜乘此無事之日，力開各省荒田，宜桑者桑，宜茶者茶，宜木棉者木棉，除罌粟禁種之外令民自廣其利。桑與木棉之利既廣，則絲與布必多，又為之薄其稅，則價廉而利之者必更甚於洋布，如是而洋布之利可奪。或更通融辦理，專指數州縣之荒田，令民墾之以種罌粟，他荒田不得效。既可免川土、浙土之偷種日廣，而更可令外洋之烟日漸減售。是雖遇五穀荒歉，而竭各省之力以濟數州縣，當不至有害，而洋烟之利或亦可稍奪。至絲茶之為彼自製，則不能使其不製也，姑聽之可也。夫西人與我有心爭富，我不可束手坐視也，就大處規畫之，庶幾畧得，駕馭遠人杜塞漏卮之策也乎。

清 楊家禾《通商四大宗論》《清經世文三編》卷三一 中國自與泰西互市以來，銀錢之流外洋者不可數計。嘗就進出口各貨核之而得其要矣。出口以絲與茶為大宗，進口以烟、布為大宗，今則絲市壞矣，而茶市之壞尤甚，洋藥旺矣，而洋布之銷更旺，關心商務者能不為之熟計哉？蠶桑之利，古惟中國九州之地無不宜蠶，近則浙江之嘉興、湖州，江蘇之溧陽、無錫，獲利尤饒。泰西之來中國購絲也，始於康熙二十一年。其時海禁初開，番舶常取頭蠶湖絲，運回外洋。乾隆年間，旋禁旋弛迨。道光之季，通商立約，出洋之貨，絲為大進欸，其利實與茶相終始。茶之出洋也，亦始於康熙初年。厥後輪舶踵至，華茶日興。由福建、浙江以及安徽、江西、湖廣等省，產茶之區，推行漸廣。業茶者大率粵人居多，無不利市三倍，以道咸年間為極盛。西人見絲茶之利為中國所獨有，垂涎已非一日。於是法蘭西、意大利諸國精究蠶務，出絲日多。法又巧於組織，遂為泰西諸國冠。美國所產之絲，不亞歐洲日本之絲，近頗考究。各國之留心蠶務也如此，中國知之，英人亦知之。英於商務獨重心計，最工自知。印度出絲無多，不能與各國爭利，而茶又仰給於中國，未免相形見絀。因於印度之北境，考得其地燥濕寒暑與茶相宜，廣為種植。復以重資雇我皖人出洋為之教導，盡得其法，印茶遂盛。洋藥本產於印度，流入中國銷行日廣，因之雲貴川陝晉豫蘇皖閩浙等省爭種罌粟，中國之土藥日增。英亦知洋藥之利不可挽回，惟洋布之銷行有年，度非中國旦夕所辦，英國自保其利，不憚極意經營，添設機張，益加意紡織，以供中國之用。利權獨攬英實有之，夫以烟布而論烟之害人也盡人知之其病。顯布則咸以為適用。致使中國女紅之利盡失，而人亦漫不加察。其病隱，病之顯者人人已深，病之隱者更不可問。或謂利之所在，人爭趨之。烟之利厚，隨地皆可種植。其勢易布之利，較薄於烟狃。於目前之計者，又往往忽之。向來織布，華人專恃人工，西人競尚機器，工半利倍。中國若欲仿而行之，動需巨欵，其勢難，故中國之種罌粟者，各行省蔓延殆遍。布則上海一局，如碩果之僅存。竊恐中國利權之失，不僅在絲茶而在洋藥，亦不僅在洋藥而尤在洋布。何則絲茶之利尚可整頓，烟亦可以禁止，惟布則整頓無從禁止，不可深足慮也。請申論之整頓之法何在，絲茶兩項向為中國獨擅之利，今為中西共有之利。說者謂釐金太重足以病商，此說誠是。然我之釐金可減，外洋之稅亦可增出口稅，輕進口稅，重泰西常例。若我減釐一分，彼反增稅一分，亦無如彼何。是減釐之說尚不足以盡之，無已其惟精物產乎西人之於絲茶也。【略】茶則色香味三者並重，外洋之茶遠遜中國，惟採摘及時、烘焙得法而已。華人作事不如西人，惟作偽則過之。先是西人惟喜綠茶，華人並滲以乾靛諸物，而茶非真色矣。或以野柿之葉相混，恐其味苦澀而曬之，與茶無異。又或焙老葉使斂，一如嫩芽，甚有以柳葉攙雜者，茶之香味俱失。種種偽製不可枚舉。物產之不精，正坐此耳。

清 俞贊《恤商论》《清經世文三編》卷三一 夫木棉產於中國，西人往

返四萬里，加以關稅水脚，織成尚可獲利。豈中國自為之，反至虧折，雖愚人亦知其非。而終不逮者，一則實事求是，一則徒騖虛名。天下惟似是而非者最為誤事。況委托甫下，薦書紛來，用人若干，薪水若干，花紅若干，姑勿論事之成否，而出款已不可數計矣。無底之壑，終必匱乏，不待智者而知其必敗也。且今之所以興辦者，在挽回利權耳。欲見我之長，必先制彼之短。知洋布之不能久，必思所以經久之法。如織布之用機器，軋花之用機器，用力少而成功速，其法誠善。惟紗棉仍須民間自紡，萬不可用藥水泡製，則花質現在中土自織者無異，雖價值稍貴，人咸樂得而趨之。或謂此局若成，江浙億萬女紅無乃坐食。不知近來布價甚賤，民間無利可圖，倘紡紗令下，將織布者改而紡紗豈不甚善？在織局無乏紗之慮，而民間有餘利可沾，非兩全其美乎？況扣門堅固，毫無欺飾，從此洋綢、洋縐，推廣行之，彼外觀有耀而不久即敝者，豈能與之頡頏。蓋挽回利權，全在細心參究，非虛憍浮滑者所能勝任也。夫洋貨之來也雖多，烟與布其大宗。中國之出口雖夥，絲與茶其大較。從前出入之數，不甚懸殊，猶謂以有用之財，易無用之貨。近更入多出少，年復一年，伊於胡底。查光緒十五年粵海關進出貨，總進口洋布洋線三千六百餘萬，洋葯三千餘萬，金銀銅鐵六百餘萬，大米六百餘萬，洋絨洋紗三百餘萬，魚介各類二百餘萬，煤二百餘萬，煤油二百餘萬，共八千七百餘萬，出口湖絲三千六百餘萬，茶葉二千餘萬，棉花五百餘萬，皮貨二百餘萬，草辮一百八十萬，又衣服二百七十萬，紙貨一百四十萬，鞭炮一百二十萬，共七千零十萬，以入抵出，計虧一千七百餘萬。此僅就貿易言也。至於軍器、火葯、鐵甲、輪船，每年輪出者又不下數百萬。幾若無事不藉洋人，中國之貧，能無日甚。況近年東洋興蠶桑矣，繅絲一切較中土更為精美。印度學種茶矣，自採摘至焙炒，無一不格外求工，故色味俱佳，反出吾上。西人每舍此而就彼，當局深抱隱憂。前曾發策下問，大約中國商人衹顧目前之利，而乏深思遠慮之謀。加之銀根日緊，雖虧折亦所勿顧。是以西人深知其弊，往往乘危壟斷，玩之股掌之上。且浮費過多，大半冶游淫蕩，揮金如土。就滬上一隅而論，倒閉時聞，莫可救葯。昔所稱殷實者，今盡赤貧。然則自強之策，能不加意於理財耶。查蠶桑之利，以浙江之杭嘉湖等處為最。自經兵燹，大半流亡，即使朝夕勤劬，猶遜從前十倍。乃復層層剝削，覓利甚難。是以削平大難已三十年，地方元氣未復，職是之由。江蘇故無其利，屢經勸辦，習俗難移。惟太湖接壤之區，利沾利益耳。產茶之鄉，地面較廣，兩湖浙閩皖到處皆茶，宜獲利較厚矣。然洋人多方挑剔，銷售者僅俄國居多。若英美法各國，則喜用印茶，就近購取，既省水脚，又免風波。業此者亦有江河日下之勢。推原其弊，皆由茶商貪心所至。其始也，故昂其值，以示招徠，若利可操券得者。而洋人遷延不發，一若無意於此，迨至相率求沽，則又故絀其價，以期必售。彼商人資本有限，勢難旋轉，不得不貶價而沽，千手雷同，歷年一轍。其狡黠者復攙雜偽茶，以低貨混充，冀圖保本，一經發覺，轉相詰責，獄訟繁興。此辦茶者之頻年折閱，皆由貪心以肇禍者此也。夫絲茶為中國利源，洋人能效吾法以行之，致銷路日窒。鴉片雖害人之物，中國獨不可廣種以攘彼之利乎。蓋同一土也，禁洋土則西人必至齟齬，禁中土則西人無從置喙。故中國而不禁烟也則已，中國而禁烟也，必胥天下之人，盡吸中土，然後權自我操，禁令可以畫一。諺所謂欲擒先以之其道，舍是別無良策。至江防海防，雖王公設險，原不容稍緩，而論今日之勢，則不必亟亟也。何則，西人所貪我者富耳，兵端斷不輕開。萬一有急，仿昔年林文忠公法，粵之法撤沿海三十里之民以避之，吾恐一心於陸戰，主客之勢顯然，其困可立待。況船堅砲利，尤須有樸實堅忍之人以統之，方足制勝，否則有器與無器同，轉不若無器之為愈也。昔有子之言曰：『百姓足，君孰與不足？』管子曰：『倉廩實而民知禮義。』然則從古治天下之道，其能外於足用哉？嗚呼，言之匪艱，行之惟艱，是在枋國者之默為補救爾。

清 陳忠倚《茶絲聯合之法》《清經世文三編》卷三一　絲茶宜聯合一氣也。中國商務以絲茶為最鉅，其所以連年虧折者，以不能齊心協力耳。洋商則反能一氣聯絡，如茶絲，英商照會俄商，不許放價搶盤，俄商即允照辦理。今既知受病之由，則必思所以救之之方。救之何如？亦惟有聯絡之一法。華商資本既薄，又放膽多做，揭借莊欵，為息制縛，洋商抬價，則儘力多囤，一旦跌價，則又急思脫手。又有奸商作偽攙雜，故受洋人以口實，任意挑剔，顛之倒之，一任洋人之所為。播弄華商，血本不竭不止。此皆華商心志不齊之故也。今宜於上海、漢口各立公會，推一公正幹

練之人為會董，另選數人輔之，逢茶絲開市，嚴定劃一章程，各商皆遵守，不准輕本多積，不准跌盤賤售，不准增價購貨，不准摻雜作偽，違者罰之。中國但能於絲茶兩宗振頓得法，其餘各貨雖有跌蹉，不至牽動大局，而其源又在精製作，如絲則講求育蠶必須仿巴斯徒揀擇無病蠶蛾方法。繅製茶則講求培植烘焙，苟能事事攷究，則物產精良，洋人自能出價願購，又何患不獲厚利哉？

清 王佐才《出洋茶利防弊策》《清經世文三編》卷三二　間嘗觀於流水，而得通商之道焉。通商之理，以我之所有易彼之所無，期於兩國無缺，流水之為物，以此坎之盈補彼坎之絀，期於彼此相平，水性之自然而亦商務盈虛消長之機也。中國與外洋各國通商互市垂百年餘，自五口通商、長江開埠，凡外國所進口之貨物，我幾無所不有。中國之土產，苟可銷者亦無一不銷於外國。彼此往來貿易，亦彼此互相仿效。竊料數百年後，凡我之土產，外國必無一不自產之。外國之貨物，中國無一不自造之。彼此通工易事，如流水之兩坎相平，不復再有流動之性，則貿易必歸清淡，而通商之局將衰。此亦天地自然之理也。中國土產除湖絲外，實以茶葉為大宗，每年售出外洋價值銀二千九百五萬有奇，可謂中國極大之進矣。物極必返，盛極必衰，即無印度起而相爭，亦知其非久持之局矣。人情於他人之獲厚利者，無不起相爭。英人嗜茶成癖，英商貪利如命，羨極生妒，日夜營謀，必欲專取中國之利而後已。其處心積慮，則句踐沼吳之心，其百折不回，又愚公移山之計。於是遂聘請中國茶師，教以藝茶之法、焙茶之方，就印度天時和暖之地、土脈膏腴之區廣種茶子，不及十年，居然製茶出售。近年產數尤旺，銷數愈增，幾及中十分之九。不出十年，必更駕乎中國之上矣。猶幸其茶價雖賤而茶味不良，終不及華產之味厚，是以銷數猶未甚廣。近聞印商心計更工，即買中國之茶攙入印茶，以冀暢銷。其始華多而印少，繼則華少而印多，則洋人慣飲印茶，嗜華茶之癖漸淡矣。以勢度之，中國茶利必漸為所奪。非奪也，不過彼自產茶，不須問中國購買耳。是則有國家者應有之利權，天地盈虛往復之正理，無足怪也。所可怪者，他國知保護本國之利，雖非本國之所產者，猶且欲奪為己有。而中國則視出口之銀滔滔不返，任其自然，每歲漏入英之銀不下三四千萬兩，絕不思挽回之術，為可異耳。猶幸天誘其衷，山陝滇蜀之民亦知遍種罌粟以奪洋人鴉片之利，是以洋土僅銷於沿海各直省，而不能越雷池一步，浸灌中國土漿之銷界，此亦可謂天道持平之理矣。誠能將外洋所獲利於我之物，一一如其道以施之，如用機器紡織綿花，則洋布羽紗之貨入口自少矣。如用機器組織羊毛，則毳呢氈之類銷場自滯矣。開礦產以出煤鐵五金，則洋鐵洋煤無人顧問矣。精製造以成機器，則船械炮火無待他求矣。推之廣種加非可子等，則洋茶之利反為我侵。多養牛羊牲畜，則洋人食物惟我是資。他若種葡萄以釀酒，仿雪茄而製煙，無一非可奪洋人之利。苟使洋人不能以貨來，我亦不以茶往，則雖盡失絲茶之大利，猶為保全實多，無礙於保邦之治理。此其為救時之一策與？

清 李培禧《問中國近年絲茶出口之貨核通商總冊較光緒初年有增無減而絲茶各商日見耗折其故何與今議整頓之法其策安在》《清經世文三編》卷三二　世之侈談洋務者，每謂洋人來華通商，大有益於中國。每年絲茶出口價逾六千餘萬兩，徵收洋稅亦不下數百萬金。嗚呼！抑何其近於中餌而昧於遠害也。殊不知中國出口之土產不敵入口之漏卮，彼以鴉片、洋布、羽呢、鐘錶、煤鐵五金等物易我絲茶，彼尚能贏餘二千餘萬兩。無貨可買，即捆載金銀以去，以致中國五十年來歲輸外洋金錢百倍於洋稅之所入，雖天地為爐，陰陽為炭，亦不足鼓鑄以供其朘削。然則通商者，實為中國無窮之巨壑。倘並此絲茶之利而亦失之，則國無與立，民不聊生，其勢將尋緬甸、越南之覆轍。此則有心世道者所當於絲茶消長之機，默為體察也。顧洋人於我中國絲茶，久已垂涎其利。近則日本、印度、錫蘭、西班牙、意大里各處均廣植桑茶，講求育蠶焙茶之法，思奪我利源。據《泰西新報》載，印度絲茶之法日益加增，彼有所贏，自然此有所絀，遂疑中國絲茶銷數日疲。然核諸中國海關之通商總冊，則固年年有增無減也。可見洋人用絲茶之數歲益加增，故雖一分於印度、錫蘭，再分於日本、意大里，而仍不能奪我中國絲茶之利。所可異者，絲茶既消數如常，而華人則大為虧耗，其故何與？吾謂此虧耗之故，一、由於商販太多。商販多，則勝不相讓，敗不相救，各謀其生計，而甘授洋人以利權。每遇絲茶之價稍昂，則爭思捷足先登，如虎狼之奪食。稍落，則爭思脫手免累，如蛇螯之入懷。彼此互傾互軋，一唱百和，而市面皆為擾亂。

此其故一。二、由於釐金太重。釐金重則成本愈昂，洋稅則值百抽五，華商則抽釐數成，而且層層設卡，處處抽釐，任意增加，毫無定額，不顧商人之血本，不顧市價之輕重，徒令貿易皆為洋商所奪，是驅魚叢爵之故智也。此其故二。三、則由於折息太昂也。近來商本愈耗，不得不借莊，顧泰西國債利僅二三釐，而中國莊息總在三分之譜。每屆絲茶上市，銀根愈緊，銀折尤昂，以萬金之資本而負萬十之息全是責萬金以十倍之息也，其勢曷以支持而不倒？此其故三。四、由於市面太靈。洋人絲茶之市，向以英京倫敦為總匯之區，洋商皆於此聽命焉。顧其始得信猶遲，放膽經營，無所顧忌。近則電信甚靈，朝發夕至，通國皆知價昂，則山戶居奇。價貶則洋商挑剔，所苦者皆中間之商販、肩客，而又業在其中，不能改圖他事，則虧折伊於胡底矣。此其故四。五、由於洋商把持。洋商之業絲茶者，不過寥寥數十家，彼此可以聯為一氣，壟斷把持。如今歲茶市開盤之際，英商預邀同業會議，不准放價搶盤。照會俄商，俄人亦如約。至今歲茶市又蹈覆轍，而絲市之弊亦如是。加以華商心志不齊，資本不裕，安能與洋商抗衡乎？此其故五。六、由於洋價日低，外洋絲茶近年漸廣，論銷數雖無損絲毫，論價值則大為減色。蓋彼之出產日豐，價值日賤，絲茶之市面即為之掣動。譬如洋絲售銀百兩，則華絲便不能價逾一部。洋茶售至十金，則華茶即不能售到廿兩以外。何則？銷場以相爭而淡，則價值自因牽制而平。試觀近日絲價茶價大不及前五十年，即為明證。此其故六。七、由於洋貨代用也。外國用機器而製造日精明，化學而物產愈廣，如絲之外，臬羊毛皆可織布，則絲之貿易漸為之減矣。如茶之外，加非可可子亦足代茶，則茶之功用為所奪矣。就歐洲觀之，洋人穿綢者十之一，服呢者十之九，飲茶者十之三，飲加非者十之七，宜絲茶之市面終不能旺也。此其故七。八、由於洋稅繁苛也。外洋於客貨進口必加重稅，賴以保護其本國之貨。其視中國絲茶，非貧富必需之物，故徵稅與酒略同，值百有抽至六十者。洋稅既重，則縱中國盡免其征，亦仍無解於成本之重。洋商完稅既重，則購價不能不廉。此其故八。以上數條，有病在中國者，如前陳四條是也。有病在外國者，如後四條是也。外國之政，我既不能操其權，而中國之事，要當有以祛其弊。說者乃因洋人把持壟斷，議令華商自運絲茶出洋，不知洋人徵稅煩苛，尤不以最優之禮待中國，如前年和眾輪船可為一證。

倘托洋商寄往外，洋則鮮有不折閱者，甚至萬金之貨不名一錢，反須找賠水，此不可行之策也。或謂商販傾軋，不如仿淮鹽之例，指定絲茶引地以限之，如有貲本萬金者始准報名投充，頒領部帖，不知洋人入內地可自行採買，本無須華商。如用鹽商派引之法，情同抑勒，與粵東十三行無異，洋人豈肯失其約內之權，亦不可行也。或又謂赫稅務司曾議立關棧，凡貨物之未銷者可准其寄棧堆存，暫不取稅，俟銷售時再行完納。不知此法雖免受洋人之挾制，但外洋土產既饒，仍不能得其要領。倘久囤不售而價值日低，必致步阜康莊之後塵，亦非計也。無已，有整頓之策在，請詳陳之。一曰育蠶。夫育蠶之道，首重選種，種若不佳則吐絲力薄，成繭亦輕，必須參用日本繭紙，俟化蛾時配以中國之蛾，牝牡相合則生子更為繁碩。此化學之法也。次重飼桑。蠶卵初生，飼以嫩桑，日易數箔。漸壯漸增。倘一日失飼，則饑飽不勻而蠶有受病者矣。三重察病。蠶有病瘟，比戶傳染，生子亦蔓不絕，宜用顯微鏡以細察其形，寒暑表以測其熱，則寒燠適中而蠶病鮮矣。四重接眠。蠶之吐絲，三眠不及次眠，次眠不及初眠，何也？因天氣有不同，蠶種有早晚。如建造蠶室，寒暖調勻，則三眠皆可一律矣。以上皆育蠶之宜整頓者也。一曰種桑。鄉間不能多出蠶絲，半因桑葉不足之故。蘇松太栽種桑尤稀，農家隙地半畝荒棄，殊可惜也。然栽桑先須買秧，昔沈仲復中丞觀察吳淞，頒發種桑十二說，由浙買秧，勸地方布種，似宜仿照，則種者廣矣。次在辟地。隴畔溪灘，每多雜樹，不如盡栽桑秧。每桑一株，歲可獲利數百文，俟蠶事既畢，猶可采以飼羊或售諸藥肆，則地無餘地矣。三在接枝。桑以愈接而愈浮，葉亦以愈接而愈肥，若未經接者即為野桑，葉厚而小，蠶食無益。此亦當講求者也。四在採桑。蠶桑之鄉固樹無留葉，若東鄉一帶養蠶尚稀，每屆蠶時准人採取，販賣所過關津，援魚花船例不准片刻留難，則桑販愈遠也。此皆種桑之宜整頓者也。一曰焙繭之法。焙繭有數善焉。將繭內之蛹烘死，則不致化蛾鑽繭而出，令好絲變為亂絲矣。一、令其繭烘乾則繭內之蛹雖僵不腐，不致淨絲變為爛絲矣。若是者能久藏以待繅，能販遠以售客，能免爛以壞絲。在鄉間宜家家造一小烘房，如東鄉焙綿花之缸相似。此則烘繭之宜整頓者也。一曰繅絲。顧繅絲首重繅車，鄉間繅車無多，每

村僅有一二家。成繭之際繅絲不及，三日後即破繭出蛾，是以每家僅能育數觔。如用機器繅絲，則每村可合購一具，即顧上海絲廠女工為師傅教婦女。所繅之絲經汽水泡製以後，則色白而絲柔，經女手繅絡，則縷細而質淨，其價逾平常一半。如中國絲經皆如此講求，則洋人無不樂買矣。此則繅絲之宜整頓者也。

至於整頓茶市之法，亦有四端。一曰聘茶師。洋商之業茶者，每歲新茶初上市，必延老於品茶之洋人為茶師，一市聽其指揮。華商亦宜仿照辦理，數家公請一茶師品評茶之優劣、價之低昂，凡茶之火候不齊、顏色不一者，聽其指揮挑剔。如有攙奪買賣、違犯市規，許秉公議罰。數茶師合為一局，則華商心志齊而規撫肅，足與洋商頡頏矣。以挑選貨色為詞，洋商決無異議。此則茶市之宜整頓者也。一曰限茶額。每歲洋莊銷茶只有此數，而茶之來者不啻十倍其數，則人思爭先售而跌價搶盤之弊起矣。如每口茶市，向銷洋莊五萬擔者准華商屯茶六萬擔為定額，以到埠之先後為開盤之次序，輪流出售，其茶子茶根均改作華莊，銷於本國，則來源銷數不甚懸殊，令人安心，待價而沽矣。此茶額之宜整頓者也。一曰禁樣盤。洋人狡猾性成，凡割價跌盤之事，其弊皆起於小樣。如茶市看漲，則洋商樂受，毫無異言。倘價稍低，則吹毛求疵，百般挑剔。嗣後宜概禁樣盤而用大樣，凡商欲看樣，即任其於中抽十箱，逐箱看驗。但一洋商開看一次，則不勝其煩，似宜定期邀齊中外茶師茶商會同開驗，每字提取茶樣，用玻罐存儲，各加封識，嗣後即不必開看矣。此茶樣之宜整頓者也。一曰杜偽茶。中國之茶，秉山川清淑之氣，味濃力厚，性亦和平，非印度、日本茶所能及。洋人雖百喙謠諑，終不能絕中國之貿易。惟近年始有一種偽茶攙雜其中，遂啟讒說之口，有稱平水茶者，有名再焙茶者，甚或攙藥料以染色，不烘乾以增觔，是宜延精於化學之人為茶師，庶能鑒別真偽，逐箱開驗。凡茶商犯此弊，除重罰外，立即注銷刑兵部照，永不許再作茶商。其製造偽茶之人，宜援私鑄律治罪，庶中國之茶常為地球之冠，則洋商樂購，不待招徠矣。此茶質之宜整頓者也。然統觀中國大勢，受絲茶侵奪之害猶淺，而受鴉片鴆毒之害最深。彼以土苴易我脂膏，歲輸二十餘萬兩，縱加重稅釐，仍於吸食者無損，亦可謂兩窮之術矣。惟有擴充商務，一切製造工藝百倍講求，苟於洋人之貨堵塞一分，則我之利即奪回一分。如用機器紡織綿花，則洋布綿紗之入口自少矣。如用機器組織羊毛，則毳呢之銷場自滯矣。開礦產以出煤鐵五金，則洋鐵洋煤無人顧問矣。精製造以造火器船械，則洋船洋炮無待外求矣。推之廣種加非可可子等，則洋茶之利反為我侵。多養牛羊畜牲，則洋人食物惟我是資。他若種葡萄以釀酒，仿雪茄而製煙，無一非可奪洋人之利。苟使出口入口之貨價值相準，則富強之道已獨得驪珠，斯亦可謂獨得再造之功矣。吾是以深有望於當世之君子。

清 商霖《整頓絲茶策》《清經世文三编》卷三二 嘗考五大洲產絲產茶之國，終推中國為巨擘。自通商以來，久已獨擅其利，每年出口之貨，全賴絲茶為一大宗；歲獲外洋之貲不可以數計，實為地球各國所無。乃近年印度、錫蘭、日本均已種茶，聘請中國徽皖茶師，教以焙茶之法，而意大里、法蘭西等國亦買中國蠶種、桑秧，講求育蠶繅絲之方。甚至加以機器，巧奪人工。不數年，中國絲茶之利必致盡為西人所奪，而民生與國計兩窮，此亦時勢之大可憂也。顧就海關所造通商總冊核之，則如光緒二年為西曆一千八百七十七年，距光緒十二年為西曆一千八百八十六年，其間相去十年耳，而較其絲茶之銷數，雖年有參差，而大數則有增無減焉。如光緒十二年，其絲數為十三萬九千四百五十八，價值二千八百五十八萬六千四百六十九兩。茶數為二百二十一萬七千二百九十，價值三千三百五十萬四千八百二十兩。溯之光緒之初，則固無盛此也。而說者乃謂絲茶之產銷數日疲，幾及強弩之末，其亦耳食之談與。然而業絲茶之商家，則固歲歲報虧，人人折閱，其間倒閉時聞。就絲業一行言之，自金嘉記首先作俑，接連傾倒銀號多家，如阜康等莊一敗塗地，亦因囤絲之故。近年市面尚未復元。就茶業一行言之，則前年虧折最巨，十室九空，至今創深痛巨，未有轉機。然察之產茶之戶與養蠶之農，則固家給人足。而事畜有資，較稼穡與紡織獲利尤饒。然則所不利者，特中間之商販耳。夫以貿易如此之大，而虧折如此之巨，此其盈虛消長之間當非無故矣。間嘗與闤闠中人游，博考詳諮，備聞梗概。一由於商本之支絀也，二由於商情之傾軋也，三由於洋商之狡獪也，四由於土戶之居奇也，而關稅釐金之重與外洋出產之饒猶不與焉。請並陳之。華商之業絲茶者，有貲本一萬，斷不肯僅作萬金之貿易，往往挪移莊，甘認折息，為長袖善舞

之計。有借至數倍者，有借至十倍者，全賴市面流通支持貿易。而錢賈之工心計、權子母者，每屆絲茶上市之時，或囤積洋元，或高抬折息，為把持壟斷之計。每月統核常利，有四分三分者。夫以萬金之本而負萬金之息，其勢本已岌岌。加以貨滯不銷，債戶交催，票期一至，或轉移乏術，傾倒隨之。是以置貨者其勢難以久待，有力者勉為支持，為剜肉補瘡之計，無力者情現勢露，有潰敗決裂之虞。此則商本之短也。中國與洋人通商，准洋商自入內地採買土貨，遂開無數厲階，從此反客為主，洋人得操絲市茶市之權。華商之業絲茶者，反仰洋人之鼻息，釐毫不能主持。加以商販眾多則心志不齊，互相傾軋則勢益散渙，其不肖者祇逞一己之私謀，不顧通商之大局，事事委曲遷就，俯受洋人範圍。雖虧折血本，亦所不顧。一家跌盤賤售則大眾披靡，市面即隨之而倒。此則商情之渙也。洋人洞知華商貲本之不足，華人心志之不齊，每屆絲茶上市，為欲取先予之計，視來貨之不旺，故抬價值。迨貨已聚，則又故作觀望相持。久之則華商之心虛胆怯者急思脫手，必有自願跌價者矣。迨市貨既空，則又故抬其價以招之。如此幾經播弄，華商悉墮其術中。洋商心計本工，加以通事買辦之嗾導，不肖市儈之輸情，深識華人之情偽，故張弛操縱之間，不至盡傾華人之血本不止，此則洋人之毒也。

內地採茶之戶與貿絲之氓，其利應速售，惟絲茶掮客之入內地者，思捷足以先登，互相爭買，彼既放盤，此即增價，而土戶之人反受田[戶]（父）之利。加以電音迅速，城鄉皆知。如漢口茶市每售銀十兩，則大冶、興國等處反有價至十一二兩者矣。上海絲價每包價值百金，則湖州、南潯等處價反昂貴一二金矣。迨大埠絲茶之價已跌，而內地市面一時究難驟移，所買之貨成本既昂，則商獨受其虧折之累。土戶之獲利既饒，則情非更樂急售，一遇商販至，即更為居奇。此則土戶之利也。至於關稅釐金之重，誠為病商之一大端，然我謂與外人爭絲茶之利，不在乎減釐金，而在乎精物產，不在乎減中國之釐，而在乎輕外國之稅。蓋外洋於入口貨之有益者，必減稅以招徠。其無益者，必重稅以相拒。今洋人於中國絲茶入口，有較成本加至一半者，如美國茶稅，值價百金，抽稅六十，絲稅則每重一磅，稅半喜林，見環遊地球録。若不能請外國之輕稅，縱盡弛中國之關征，亦且無益。且洋人徵稅甚苛，亦因中國稅重無可再加耳。若我減稅一分，彼反增稅銀一分，亦無如彼何，是徒為他人藉手而已。今洋人於中國情形無不了如指掌，亦知完納中國絲茶釐稅成本甚重，始肯出如許之價。譬如向值百金之貨，洋商知中國免稅一成，則彼必以九十相酬。而凡不肖之華商又必與之委曲成交，則仍為洋商之利而已。若夫印度、錫蘭、日本所產之絲茶日旺，能奪我貿易者，正坐中國之絲茶未盡講求耳。我欲阻他人之暢旺，固無其權，然欲振中國之商務，則固非無術。誠能將所出絲茶精益求精，駕乎日本、錫蘭、意大里之上則洋人喜用上品，不貪賤值，勢必商販爭來，推之不去矣。故我謂不在乎減釐稅，而在乎精物產也。至於整頓之法，其道約有數端。第一在講製作。如絲之飼桑剝繭雖必出於人工，而繅絲烘繭不妨仿照西法也。如用汽水熏泡，則色白而軟，質尤光亮。用機器紡製，則絲細而匀，尤能受染，價值約增十之三四。如用烘房烘死繭內之蛹，則不致齧破繭頭，而每家育蠶可增多數倍。蓋鄉間育蠶之多寡每以絲計，平常八口之家僅能產絲數斤，一苦於桑葉之不敷，一苦於繅車之不足。苟新收之繭三日不繅，則蛹化為蛾，破繭而出，而好絲變為亂絲矣。而繅絲之戶，每村祇有一二家。每屆絲蠶上山，俗稱成繭為上山。爭相延致。如每村建一烘房，則繭可以久藏以待繅車，再用汽水繅絲，則價值倍增，可抵煤火機器之費。而匹夫匹婦向僅育蠶絲五斤者，今可出絲十斤。至於茶，則種值採摘雖不廢人工，而焙炒製作不妨添用機器，則火候足而顏色匀，不至因茶師人少而製茶不多矣。此則整頓之大端也。其次則在乎充商本。中國商務之衰，半由私利太重之故。同一公司，同一礦產，在洋人則欣為有利，在華人則嘩為大虧，正坐中西利息懸殊耳。今絲茶之商亦坐此弊。如能國家開設銀行，頒發鈔票，鼓鑄銀幣，則天下藏鏹盡出。官帑流通，官利僅取數釐，私利亦不准一分以外。則絲茶之商雖借客本，亦不致受重利盤剝而倒矣。富戶開設絲茶質棧，專做押。凡有絲茶因洋商抑勒未能售出者，准以其貨抵銀，值百抽五十，寬其限期，輕以利息，以待善價而沽，則洋商不能抑勒賤售矣。此亦整頓之一法也。第三在精化學。蠶有受病者，有人以六倍之顯微鏡窺之，見蠶身蒙有細黑點，形如椒末，法人乃名之為粒瘟，又名椒末瘟。凡蠶患此病，則生卵相傳蔓延不已，或死於吐絲之先，或殭於成繭之際。非工本盡拋，即產絲甚弱，耗折非輕。必須將此種瘟蠶揀去，而另易佳蠶之種，則產絲必

佳矣。其破繭亂絲，向皆視為棄物，近有人造機器，專收腐繭，繅成佳絲，並織成繒絹，鮮豔絶倫。其腐物用以肥田蒔花，極為繁茂，斯真能化朽腐為神奇矣。至於茶之作偽者，或取已漉之茶加製，而成名為還魂茶，又加靛青等料，染為鮮豔之色。有攙水者稱為平水茶，此皆宜延化學之士，細為究驗，科以毒藥害人之律。如海關驗有此種茶，立即焚毁，不准出洋，則中國茶之名聲可保矣。此又整頓之一法也。

清　何潤生《徽屬茶務條陳》《清經世文三编》卷三二

謹將前在歙縣署任內遵飭查復徽屬茶務詳細情形及完納釐稅章程究明利弊原委節録呈鈞鑒

計開：

一、徽屬種茶者名曰山戶，出茶之盛衰關乎人工之勤惰者半，關乎天時之呵護者亦半。縱人工培植維勤，設遇冬令天氣大寒，樹木受傷，來年茶葉即難茂盛。摘茶之時若逢陰雨過多，茶質亦損。山戶零星其茶，賣於螺司，聚有成數，然後賣於行號。螺司者，山中販戶之俗稱也。

一、徽屬產茶，以婺源為最，每年約銷洋莊三萬數千引，歙、休、黟次之，績溪又次之。該四縣每年共計約銷洋莊四五萬引，均係綠茶。祁門每年可銷洋莊一萬餘引，專做紅茶。各該縣中，又以北鄉、婺源所產者為上品。紅茶祇有一色，綠茶內分三總名曰珠茶，曰雨前，曰熙春。熙春內分四等，曰眉正，曰眉熙，曰副熙，曰熙春。雨前內分五等，曰珍眉，曰鳳眉，曰蛾眉，曰副蛾，曰芽雨。珠茶內分五等，曰蝦目，曰麻珠，曰珍珠，曰寶珠，曰芝珠。各名色中，以蝦目、珍眉為品之最上，鳳眉、麻珠次之，眉熙、珍珠、蛾眉又次之，寶珠、副蛾、副熙更次之，最下乘者芝珠、芽雨、熙春三等。皆為洋莊均內用錫罐，外裝彩畫板箱。箱分三名，曰二五雙箱，連罐計重不過十一觔有奇。曰三七箱，連罐計重不過十二觔有奇。曰大方箱，連罐計重不過十五觔有奇。三七箱高一尺四寸，二五箱比三七箱小一碼，大方箱比三方箱加一碼，胥有准式，闊一尺二寸。每箱可裝細茶四十餘觔，粗茶三十餘斤。徽茶內銷不及十分之一二，專用簍袋盛儲，茶樸、茶、梗茶子、茶末居多也。一茶以一百二十觔成引，每引完正課銀三錢，公費銀三分，釐捐銀九錢，又公費銀五分，另捐輸銀六錢，共銀一兩八錢八分，現名之為落地稅。上年因日事需餉，每引暫加捐銀三錢六分，悉由皖南茶局統收，分解至公費八分內。以三分歸各分卡收濟局用，以一分解歸徽府作彈壓辦公經費，其餘四分悉歸總局一切開支公用。歙、休、黟之茶均由新安江行運抵浙境之威坪，首卡每引抽收釐捐二錢，光緒二十一年為始加抽銀八分，又另抽稅關稅銀一錢。杭引課銀三分四釐，再由威坪運過浙江紹興府界，始達寧波。逢卡驗票，不復重抽。抵後即在波新關每百觔預完出口全稅銀二兩五錢。設運至杭州過塘，徑由嘉興內河直抵上海，又須每引加納浙江塘工捐銀五錢。以故各商舍過杭之快捷方式，而繞行紹之遠途□為此耳。婺源洋莊綠茶、祁門洋莊紅茶均由鄱陽湖行運抵江西之姑塘關，每百觔完常關稅銀二錢六釐，規費銀七分，抵九江新關仍須預完出口全稅銀二兩五錢，此洋莊茶現在完納課釐稅捐之章程也。至內銷如茶樸、茶末、茶子、茶梗等類，不完落地總稅，惟逢卡抽釐而已。過屯溪釐卡每百觔抽釐錢一百文，街口釐卡抽釐錢一百文，浙之威坪釐卡抽釐錢三百餘文，嚴東館釐卡抽釐錢一百五十餘文，杭屬釐卡抽釐錢三百餘文，嘉屬釐卡抽釐錢一百五十餘文，此內地本銷茶抽收釐金之定章也。

一、光緒十七年分徽屬紅、綠茶共銷八萬五千四百餘引，十八年分銷八萬六千三百餘引，十九年分銷八萬九千四百餘引，二十年分銷八萬七千五百餘引，二十一年分銷十一萬引，此近年來銷洋莊茶之實數也。

一、前三四年中，各茶商稍沾微利，如上品之蝦目、珍珠等茶，每百觔向可售銀八十餘兩，近亦售銀四十餘兩，而去年僅售銀四十餘兩。如下乘之芝珠、芽雨、熙春等茶，每百觔向可售銀十五六兩及十二三兩不等，而去年僅售銀八九兩及六七兩而已。山價廉而售價高，則獲利較豐。去年山價不廉，行號開設太多，炮製未能純美，爭先售買又復不少，因而百無一人可沾餘潤，甚有坐本全虧者。果能同心協力，認真揀選販運，一切均有定規，即可獲利。此近來茶商盈絀利鈍獲利之原委也。

一、遵查粘鈔內開劉中書、陳外郎條陳各利弊及補救之方，語語皆真，條條可法，若必飭商議妥而後行，決無創行之日，緣商人中深明大義者十不獲一。茶務非鹽務可比，銷無定地，商無定人，有利則趨之，失利則避之，往往各圖私便，各吝己貲，主議大局者祇知大公而與議者每執己見，非官為主持、力全大體不為功也。

一、徽地素產綠茶，綠茶名色不一，機器能否製造，茫無把握。招商購製，力多不及，承辦無人。僅聞漢口現有置備機器製造茶者，大都宜於紅茶。若能派令茶師密赴印度，得其製法，果於綠茶相宜，再行試辦。至機器專為焙炒壓置之用，於山戶采揀人工，兩不相關，自無彼此不安之理也。

一、設立茶政局，事權歸一，明定章程，用得其人，眾商自願，商務振興可拭目以待，第恐局自為局，商自為商，則無益矣。若能舉熟諳茶情，實心任事，掃卻官場習氣，洞知利弊者為之局員，庶乎其可。或上海立一分局，必須招致現在開設茶棧四人為司事，優給辛資，予以勸懲始妥。查徽茶運抵春申，素投由茶棧轉售於西商，此棧並不存儲茶箱，專為代客賣買。緣該棧東夥人等素識西商，兼曉茶務，又能賙付水借濟資本，故售得百元，抽洋二分以充棧費。又上海另有茶業公所，不問茶，事每百觔專收洋一分充為所用。今既立局，則該公所可裁。各商運茶到滬，責令赴局掛號，由局酌派司事代售。如須賙付水借濟資本，由局籌應，將來即在商售茶價內計利扣還。至素出之棧費二分、所費一分，仍照舊收，以二分充局，用以一分獎犒各司事。設局用不敷，可於茶局四分費內均勻撥用。局員辦公薪水宜從豐厚，功過宜嚴，司事不可濫用私人，胥役只供驅叱，不准稍加事權也。

一、頒行茶引，折衷定數，不准溢額，以運到之先後按批挨銷各節，命意在保護茶務，恐各商浸無限制，任意爭設跌價搶先，有虧血本，事固可行。第其中不無窒礙，如鹽之能定額請引者，因煎有定灶，產有定例，商有定名，銷有定岸，計口授食，不難按滋生之冊約略概其大數，又權自我操，而茶則非是。山戶之種植不一其人，年歲之豐歉決難預計。倘茶豐而引少，茶將無可銷之路。或引多而茶歉，引又為廢棄之端。斯殆小焉者也。緣產茶之區非僅中國，而銷茶之處又屬外洋，既不能逆料出處之多少，又不能計彼營銷之滯暢，此所以難於頒引定額。論者謂一經改引，即須按年認課，又須完納釐捐，商力不支，決不能行等議，以為無須請引之詞，要皆皮毛其說耳。至於按批挨銷，原為跌價爭售而設，遵而行之，誰云非善。第其中亦多未便。因綠茶名目不一，人之嗜好不同，西商有喜購此種花式者，有喜購彼種花式者，有先到之花色尚未利營銷者，有後到之花色已有暢銷者，既不能強令照購，即斷難責令挨銷也。就其不可遵行之中而擬一可以保全之策，莫若仿泰西准商專利章程為便。查徽地茶商率多散漫無稽，世守其業者固有之，而逐年更易其人者亦復不少。如商本重大，開號已久，尚知顧全大局，認真揀製，冀保本號聲名。西商以信為主，往往見素有聲名之牌號茶箱運到，逆知其貨不甚駁雜，即願高價受買。彼素無聲名者則不能，故同一花色而價判低昂，足見各商急宜自修自保。惟商情不一，人心莫測，每有微本新商，一見本棧牌號不利營銷，每詭其所謀，暗盜他人牌號，標判茶箱，妄存布冀，減跌爭售，不一而足，敗壞市面，莫此為甚。亟宜飭局查明各產茶之地，額定商棧之數，由官給發印照，定其牌號，始准開設。自此次招定以後，只准報歇，不准私添。該商等所立牌號准其專利若干年，如在專利年限內有他人盜其牌號者，准稟官比例治罪。似此則各商等知無他人可與爭衡，亦無他人可以添設，必能各自振作，各保聲名，各加講究，各圖利益，庶可挽回於萬一。既額定商棧，必須舉一總商，或隨局辦公，或住公所經營規條，兼以聯絡官商聲氣，稽查各商製茶優劣，則官與商無隔閡之情，商與商有爭自琢礪之意。欲杜盜牌號之弊，又應仿照鎮江抽收桐油捐，按桶粘貼印花一法。若茶已成箱，由各商報由總商向局請發印花，填定本商牌號，不准預請空白，不經局書之手，不准局使需索朱費，違即稟究。將所請印花粘貼各本號茶箱箱面，運抵上海，由局對驗印花捐照是否相符。設有冒名，一望便知，立予懲治，自無盜人牌號之慮，可期各自認真交易，未始非補救之一得也。

一、添設小輪拖帶茶船，以免風雨阻滯，誠為茶商趕行運之要策。查徽府所屬六縣，惟婺、祁兩邑地接江西，所銷洋莊茶船必取道於鄱陽。今既由該省紳士稟請援照內河成案，分設小輪行駛，該茶船自可一律拖帶，無容更議行。見該二縣茶商又占利涉，永無望塵不及之虞。其餘四縣毗連浙省，洋莊茶船必須取道於徽之新安、浙之嚴陵、富春等江，再達錢江。新安至嚴陵計程四百餘里內，不下百餘灘，小輪萬難創設。惟所幸灘雖多，尚無更舟起駁之勞。由嚴陵而抵錢江計程二百餘里，乘風即速，無風猶可托纖，亦無十分阻滯之虞。惟行走內河紹興，則必須抵義橋搬運過塘，及到曹娥仍須過壩，不數里又過百官壩，數易其船。由百官抵余姚

縣屬，復有河清、橫山馬、車陡馬等壩堰，不一而足，由是始達波。及到上棧下棧，裝入海輪，甫入滬瀆，下輪存棧，種種煩難，因而茶箱每多破損，不獨修整需工，抑且易啟西商起挑剔之隙。似此徽茶成本較重於他處，而獲利良不易易。苟准徽茶由杭嘉內河載運抵申，則前項苦境胥於是免。仍照寧、紹各卡章程驗票放行，洵為體恤徽商之根本。其不敢徑由杭嘉行運者，實為過杭必須加納塘工捐銀，以故各商舍所易而就所難。商之較及錙銖，出於不得已耳。伏思塘工捐固為正用，第現在海塘大工早經告竣，所有歲修月修等費亦復無多，該省前有議定，的可以挹注。此項塘捐雖有征茶之虛名，而無抽收之實濟，諮請停止，應無不可之理。何則？方今朝廷亟以振興商務、垂念商艱為第一要義，凡食毛踐土者又當仰體宵旰焦勞之至意，為業茶黎庶一洗積習而空之，庶幾保此項利源，孰云非是。論者謂，一准徽商徑由杭嘉內河用小火輪拖帶則申則之新關即少出口洋稅，議由改歸皖局代收撥解關等語，恐未盡妥。查出口洋稅雖歸關督經理，實則稅務司主之，非通商口岸不能派設稅司。且出口洋稅單非由稅司簽字，不能照驗放行，因難代收其稅。至洋關稅單西語曰拍司。論者又謂恐徽茶准由杭嘉行運，難免奸商夾帶內銷之茶混雜其間。然內銷之茶與外銷之茶判若天淵，外銷洋莊箱罐裝潢，成本極重，色味又屬兩途，內銷裝儲盡用簍袋，炮製異宜。洋莊在徽起運，即須完納落地總稅。內地各茶逢卡抽釐，若舍釐之輕而就稅之重，愚者弗為。兼之茶船過卡，例須查驗，驗明果係洋莊，與落地茶引相符，始准放行。設有夾帶，仍可令其照章完釐，雖有夾帶亦奚也。總之，洋莊茶非完出口全稅，執有拍司，稅司不准裝運出口，法至嚴也。今准徽茶改行杭嘉內河，徑達申江，該茶商到申，必須在江海新關完納出口洋稅，得有拍司，方能售賣，何容慮及洋稅之偷漏也。各關出口稅則向無重輕，亦無趨避。洋稅係［盡征］盡解之，又非若本關常稅，各關督有包征賠累之責可比。且茶之出口，洋稅不完於海關，即須完於江海關，毫無區別也。

一、徽屬產茶各縣向無山捐箱捐名目，現在亦無善堂、書院各項外銷捐，惟婺源縣書院每年膏火銀四百兩，屯溪嬰堂每月經費銀六十兩係由茶局於所收落地總稅內提撥，分給院堂，充作公用，歷經遵辦在案。遵查部議飭將茶捐外銷目立予全裁，俟此次查照條陳，切實核議，分別舉行試辦一二年。如果難有把握，即將各該省所收茶釐數目奏請核減，以成興復茶務之盛舉等因。在大部統籌兼顧，洞知華茶非減輕成本，不利營銷，因而先准全裁外銷捐以試其端，若果行無把握，仍准奏減捐釐，原不欲過事累商，致廢茶務，仰見苦心孤詣，足令中外商民歡情雷動，一齊俯首。但徽茶現無外銷捐，莫可議減，與其俟試辦一二年，難有把握，再行核減，勢必衰敗更甚，所謂臨渴掘井，何如未雨綢繆。第今當公支絀之時，又烏可妄議求減。應否先將上年每引暫加之捐銀三錢六分一及浙省之威坪卡每引續增捐銀八分一，或予量減，或予全裁，使各商暫蘇喘息，責令精研採製，暢其銷路，奪回利源，將來不再核減，亦屬曲突徙薪之請。能紓一分商力，即暢一分銷路。疏銷之法不外減輕成本，裕課之方不外體念商艱也。抑更有說者。如茶朴一項，本係內銷之物，前經茶局仿照洋莊茶式提捐落地總稅一二年，每引計引無多，論者謂恐奸商偷運，充作洋莊，意固周矣。第洋莊與內銷裝潢迥別，必難混淆。查茶樸係茶中渣滓，所值無多，能揀淨，茶即純品。各商因揀出茶樸，仍須提完一二成總稅，貪利小商往往怠於提揀，茶品未能提美，茶價即難增色。亟應減免茶樸提引之稅，俾可責令認真挑選之工，未始非精益求精、整頓之一策也。

一、查各商將茶裝箱後赴局報捐，局中必提出一箱，令其折口去茶，稱驗箱罐輕重。如一箱有若干觔，則眾箱准此為法，名曰去皮。凡行過關卡，均如斯辦法。在當局以為簡便，實則各商已苦煩苛。須知洋莊茶箱本有定式，無所高下。此後各箱須遵定式，頒行各關卡，箱凡三等，曰二五雙箱，去皮若干觔，曰三七箱，去皮若干觔，曰大方箱，去皮若干觔，永為去皮定章。即有提箱過稱之煩，較更簡便。至應完出口洋稅之關，仍循舊提箱去皮。事既無礙於大局，而隱便商民自非淺鮮。如江西姑塘關運皮收稅及沿途各常局卡司巡需索等弊，迭經該商等控，奉督憲批飭，查禁有案。無如日久難免玩生，且更換一員，則後來各司巡茫然不知前禁，率多故態復萌。莫若將禁令勒石各關卡處所，則人人得觸目警心，從此百弊永除，是亦曲體下情之一道也。果能悉遵部議之可行者，實力而行之，局員又用當其職，何患有病於茶者病不去，有利於茶者利不興？以上各層，或得之於諮訪，或察之於商情，或參之於愚見，未知當否，伏乞

採擇核議施行。

清 姚文棟《論天津宜設官牙茶行》《清經世文續編》卷一一六 俄商來天津貿易，攜帶皮貨等物，皆中國所自有，牟利甚微。窺其意不在求售土貨，以購買茶葉爲主。彼國之嗜茶葉，每日必需，不可間缺。從前中國大黄茶葉出口，稽查極爲認真。乾隆時，因俄國收納我叛人，兩次閉關，並嚴禁私販出界，俄即畏服乞恩。是此兩物，實有馭俄之微權。其時中俄交易，只有恰克圖一處，華商裝茶出口，易於檢查。今俄人自來天津購買，捆載北還，既入其手，而欲於出口時分別放留，必多支節。天津茶商，大小不一，皆與俄人自相交易，散漫無可稽察。上年中俄幾致釁端，而俄商照常在天津買茶，彼意無所顧懾，故愈益縱恣。蒙謂宜於天津嘉峪關等通商地方，分設牙行數家，選立行首，經理賣茶，令於年終各將一年售出數目報官存查，無牙帖者不得私賣，將來遇有俄人要挾尋釁之時，一面戒嚴防邊，一面傳諭各牙行停止貿易。如此則操縱在官，而仍不病商，似亦中俄交涉一大關紐。或疑中國即無茶葉出口，俄可向泰西轉買，不知泰西路遠，不如中國之近，且價則中國廉而泰西昂，貨則中國多而泰西少，俄必大有不便也。

清 佚名《論中國茶務》《清經世文新編》卷一〇下 中國茶務銷售出外者，日加衰微，恐不久全失其利矣。本報登録印度之卡路吉打與錫蘭山二處產茶，遞年增多，曾苦諫中國急免釐金之害，以挽回茶利。惟華人不以為意，若饕餮之徒寧殺肥鵝而烹食之，不肯寬待而常拾其所產之卵也。英商之集於中華茶市者，由眾而寡，顯為此事之証。華人豈不知之，然全不介意者，豈反以英商不來而快於心乎？中國茶務之將亡，必矣。不特華人不以茶務漸衰為慮，而征税之員明知茶税昔多而今少，亦不以為意也。此輩但知教茶農考求種茶製茶之法，而不思茶税之重為第一弊也。試取華之銷於英市者論之。

光緒二十二年由中國直往英國者，祇得二十一萬九千四百零九擔，其上一年則有一百萬擔，相去幾至五倍。今年春九月，漢口兩處出茶較上年為盛，第一稔所收者約得五十五兆磅，前英商買茶遞年減少者，俄商增多而補之。惟聞俄國尚存茶葉太多，今年能自中國添買者，不數上過之半，尚餘二十七兆五十萬磅，須銷流於英美二國。然上年兩國共銷華茶不過一十八兆五十萬磅，今年出茶過限十兆餘磅，若不大減其價，則難脱手矣。但茶價賤則釐税又不稍減，茶農之不傷本者鮮矣。

又厦門英領事官傅冷英卡士君嘗將該處茶務詳覆英廷，其言足令聞者感傷。彼云：『光緒二十二年，厦門之烏龍茶共得一兆二億磅，比其上一年減少百分之五十五，猶恐今年減少更甚焉。過今年之後，更恐不復成茶市矣。該處種茶之郡縣多已拋荒，而茶田更有全壞也。』

卡士君又指出：『其弊之由，蓋謂製出一兆餘磅之茶，值銀不過一十三萬六千圓，釐金抽其二萬圓，出口税抽其三萬五千圓，二共抽銀五萬五千圓，已居茶價三分之一。至其鄰國日本明於先見，去年將臺灣之茶税減作每石抽税一圓一毫二仙，而中國仍固執其五圓八毫二仙之税，此為中國之失策。夫閱歷深則知識進，鄰國強，當自發奮。而中國獨不然，將來茶利俱亡，悔將何及矣。十年前，厦門共產茶二十七兆二億餘磅，距今二十餘年，例當增多十數倍，不料反減十數倍。』

卡士君又述：『識時務者之意曰，中國茶務之弊，非天下最巧之機器所能救，除是將釐税全免又兼用機器或始有濟耳。』

清 陳熾《振興商務條陳》《東華續録》卷一三〇 中國之茶務，昔盛而今衰。以出口之數多寡較之，而了然可睹矣。嘉慶、道光以前，每歲出口之茶，約值銀五千餘萬兩。其時通商僅廣東一口，各省茶務均須販運粵東，由總商與西人定價。總商氣焰熏灼，不惟華商趨承恐後，即西商亦惟命是從，所謂『十三行』者是也。然而商務日興，税收日旺，茶葉出口之數日益增多，此極盛之時也。既而諸行倒閉，五口通商。各省之茶，分由各口販賣。中國種茶之地、運茶之商，其數日增；而中國出口之茶，所值之數乃日少。至光緒二十年，出口總數僅值二千二百餘廳金，較之嘉、道以前，頓減大半；税釐之項，亦隨之而并減。

昔則茶少而值多，今則茶多而所值反少者，其故有三：

一則印度、日本之仿種太多也。英國當日銷中國之茶，歲約三千餘萬，恐利源外溢，鋭意收回，遂於印度亞山地方，以重價雇募中國茶師，教土人以栽種製焙之法。綿亘二千里，茶樹成林。近復推廣於錫蘭一島，參用新機製焙，無製茶多少，色香味一律無殊。出口之時，不徵税鈔，專以賤值與中國爭衡，上年出口之數較中國多至一半。泰西自俄羅斯外，

英、法、德、奧、意、比諸國，皆銷印度之茶，無復飲中國茶者，以其價廉而物美也。當日美國銷茶尤廣，自日本廣行訪種，亦減收出口稅，以機器製成，美國之利盡爲所奪。僉謂守此不變，再逾十年，中國茶葉必至無一箱出口而後已。此其攘奪利權者一也。

一則中國皆散商，洋商之抑勒太甚也。今中國之茶止銷俄國，購茶者皆俄商，即英、德各國商人，皆與俄商辦運者耳。自各國通商而後，中國富商大賈尚能顧全大局，力與維持。惟千金、數百金之小商，資本無多，只求速賣。於是攙雜僞質、跌價爭售之事起。洋商欺其愚懦，因而始則放價，繼則故意挑剔，低盤割磅之弊生，每以一人掣動全域。今年茶葉萬不能留至明年，洋商不買，即無銷路。資本半由揭借，至期不得不還。遂相率以至賤之價哀求洋商購買，而折閱難堪矣。然應交之捐釐稅課如故也。因而傾家敗產，捲逃虧閉，無所不有，彼此視爲畏途。通十年計之，幾無一年獲利者；通十人計之，幾無一人獲利者。茶市敗壞至於此極，尚忍言哉。此其把持商務者二也。

一則山戶與商人互相嫉忌，動輒抬價居奇也。茶自穀雨抽芽，采摘製焙而成，爲時不過半月，粵商當日入山采買，知其急欲求售，勒價聯幫，在所不免。山戶日久知商人以賤價買之而高價賣之也，遂故抬其價，任意居奇。山戶固不能不售，商人携銀入山，亦復不能不買，比年遂多以高價買之山戶，以賤價賣之洋商者。山戶偶然獲利，而茶商無一不虧。他日必致有貨不能售，或皆洋人自行入山采買而後已。除一子口半稅外，捐釐盡付東流矣。此其敗壞市面者三也。

噫！茶務之江河日下至於今日，譬之敝衣破屋，自上至下，自表至裏，皆糟朽敗壞，補救無從。似此絕大利源，惟有如秋空浮雲，聽其自生自滅而已矣。雖然，當無可設法之中，有四法焉，可以噓枯吹生，使萬象頓回春意者，則在國家洞悉本源，以維持保護之而已。請質言之：

一曰參用機器。印茶濃厚，略如雲南之普洱茶，然色味雖濃而馨香遠遜。西醫之考求飲食各品者，咸謂華茶性味和平，於人身有益無損；印茶燥烈，利少害多。雖積習難變，然此一語，即華茶由衰復盛之機。惟印度日本之茶雖居次等，而機器製焙，精潔無論。中國製茶之時，最畏陰雨。若連雨十日，茶芽將老，不能不摘。葉含水氣，則以火烘之，甚則烟氣熏人，色香俱變。且人工炒焙，不能無優劣粗細之殊。洋商於百箱中檢出一箱劣茶，餘均以劣茶定價。欲整頓一律，則時日迫促。天時既不能定，人力實不能齊，此必窮之道也。惟參用機器烘焙製炒。火候均匀，物皆精美。雖欲藉口挑剔，其道無由。而一人可作十人之工，所出之茶亦愈廣矣。且西商載茶回國，船行赤道之下，天氣蒸郁，時閱二旬，茶之稍次者往往黴變。西人喜用印茶者，由印度至泰西計時減十日，則黴變亦稍稀也。近日俄商在漢口、九江以機壓茶末製作茶磚，如古者『龍團』『鳳團』之類，運至英、法各國，群喜購用，視若珍奇。因磚茶堅實，可儲數年，雖由赤道經行，色香味絲毫不變也。茶末爲中國下乘，視同弃物，而西國珍之，俄商利之。設以佳茶製造，西人之貴重何如？此由華茶性質本佳，亦中國收回利權之樞紐也。宜飭各關道酌提款項，選募中外茶師各一人，密赴印度考驗製茶之法，購買機器，入山製造。壓磚機器，潯、漢已有十家，亦購一分入山，以佳茶試辦，仿『小龍團』舊式，精益求精。試辦有成，然後酌提官款以爲之倡。令富商大賈廣集公司，多購機器，遍置出茶之地。馴至華茶皆機器所製，則性質之美過於彼，製焙之精同於彼。而茶商山戶一氣呵成，當日勒價抬價諸弊端，亦不禁而自絕矣。

二曰准設小輪。華茶之美者，以安徽之婺源、江西之寧州、福建之武彝、湖南北之羊樓峒等處爲大宗。而婺源、寧州茶船均須度鄱陽，湖南北之茶大半須度洞庭。往往茶市屆期，阻風一二十日，後到之貨多受西人抑勒，虧折不支；亦有日久茶味已變者。四省茶商屢請自置小輪，在湖拖帶，以免逗留。而地方輒以無據之言横相阻撓。其實捐釐一切已在山內徵收，出茶賣茶均有定地，何從偷越？徒苦商民而已。宜准令各商在鄱陽、洞庭兩湖置輪拖帶，或由官設立，酌收其資。惟四省茶船將及萬號，每湖必有小輪船十號，梭織往來，然後茶市不致後期，行旅咸占利涉。保我商賈，即所以保此捐釐耳。由武彝至厦門，水陸程途亦多艱險，如能修一鐵路，則運費日省。商務日興，其所關均非淺鮮也。

三曰創立公棧。西商雇輪挾資，買茶中國，決無空回之理。華商之茶固不能不賣，彼西商不能不買也。而西商之敢於抑勒者，皆由中國散商太多、跌價搶售之故也。欲合散爲總，自非官爲聯絡、增立引票不爲功。

然目下諸商皆無遠慮，況官商隔膜已久，驟興此議，不以爲體恤之而以爲魚肉之也。日後假手吏胥，則魚肉亦意中事耳。上年湘撫吳大澂備悉商艱，擬集商股爲總行。西商抑勒，即由總行購買，自運外洋。而不知其諸多窒礙也。衆商稟覆，請抽小費，立公棧，散商各圖自便，議亦無成。由官不悉商情，不能主持定議。夫此公棧之説，即潛移默轉、合散爲總之根也。今日茶商運茶至埠，中國茶棧皆逼窄不能容。惟洋行高大寬深，可以堆放，各就其素曾交易者運而入之。貨已入行，價仍未定。嗣後欲移售他處，百倍艱難。如有小商同在一行，以賤價先賣，則不得不吞聲忍氣，苟且成交，暗受西商之抑勒矣。其故由於中國茶棧無地可容。故先入行再行議價，種種不便，從此而生。宜令江漢關道曉諭諸商，設立公棧，務極寬廣，可容數十萬箱。每埠酌借官款十萬金，即能成事。賣茶之後，按箱扣還。令茶船至埠之時，皆運存公棧，不准一箱先入洋行。議價時可東可西，由吾操縱。散商搶售不顧大局者，公棧得而罰之。如劄盤割鎊放價勒價諸弊端，皆不去而自去。然後九江、上海、厦門等處仿照辦理，華商氣象爲之一新，大局有轉移之望矣。

四曰暫減捐釐。西人喜用印茶者，豈不知印茶之不若華茶哉？貪其價廉耳。印茶之廉，由於參用機器者半，由於不徵稅鈔者亦半。華茶則稅鈔不能議減，捐釐方且議增，是驅之用印茶也。刻華茶銷路已減其半，及今不急思補救，日後將無茶商。既已無商，稅從何出？前赫德條陳其事，請減稅釐，無如督撫關道僅顧目前，動以款項支絀爲言，置諸膜外。夫稅釐之短絀，由於商務之積疲。商務日興，稅務日旺。天下事固有多取之而不足、寡取之而轉見有餘者，莫切於今日之茶務矣。今出口稅及子口半稅關係洋息，未敢輕議減收。至於內地釐金及各項山捐箱捐善堂捐外銷款項，均請一律暫減三成。俟他日茶務復元，再行規復，由部定議，請旨飭行。要之，捐釐減一分，華商多一分之生氣，即增一分之利源。洋商買一分之便宜，即廣一分之銷路。果使日漸振興，每歲仍銷至五千餘萬兩，即不必規復舊額，而已多收一半之捐銀矣。明爲恤商，暗實裕國。亦何苦刻舟求劍，病商病國，爲叢驅爵，爲淵驅魚，致中國茶利盡爲印茶所奪哉。

此四者如能本末幷舉，則華茶銷路必年廣一年。期以十年，不復道光以前之舊額者，無是理也。即有一二端見諸施行，當此積疲積困、水深火熱之時，亦必成效之可見。惜中國官商情形隔膜，動以崇本抑末之説，視商人之盈虧成敗，漠然不加喜戚於其心。持此以與泰西各國通商，如下駟駑駘追踪騏驥，必使中國盈天下無一富商，所有利權皆歸彼族，上下交困，仰人鼻息以爲生，如今日之緬、暹羅、越南諸國。言及此，其可憂可懼可危者，又豈僅茶務一端而已哉！

清 朱采《清芬閣集》卷八《稟關道論土茶冒充東洋茶請照約查辦一》 敬稟者，本月十六日，有英國商人怡和行持稅單來局掛號，查看單填東洋磚茶五百簍，五萬三千五百斤，販運歸化城。其內地稅業已完清七十三兩五錢六分三釐。卑府以東洋向無磚茶來津，疑有影射冒充情弊，飭令取茶樣呈驗。

十七日早，該英商之船戶李姓來局取單，大肆咆哮，口中謬妄之語不一而足，而茶樣堅不肯呈驗。卑府知其恃强妄作，深恐闖卡而去，無據可憑，當派委員試用巡檢姚福鈞會同紅橋卡委員王前彰前往查驗，該商船果已越卡而過，泊於西沽地方。當即查驗明確，其單開之東洋磚茶五百簍，果係內地茶磚，並非外洋之貨。經卑府面稟憲臺，並呈茶樣，蒙憲諭此等串通情弊，自應懲辦在案。

竊思稅單盛行，洋貨收釐已成弩末，所恃者土貨耳。若任奸商串通洋人包攬土貨，冒充洋貨磚茶開其端，百貨隨其後，內地釐捐所存幾何，不但大損餉原，抑且深傷政體。查英國條欵，如查有影射夾帶情事，貨罰入官。又善後條約若進出有違此例，各貨均罰入官，倘有匿單少報，將單內同類之貨全數入官，稅例綦嚴如此。應請憲臺，查照約章盡法嚴懲，以保釐務而杜弊端。除船戶李姓業送天津府，宜守懲辦外，謹瀝情稟陳，伏惟核奪施行。

又《稟關道論土茶冒充東洋茶請覆詰英國寶領事二》 敬稟者，二十三日接奉憲札，內敍寶領事來函，據稱此茶確由東洋運來，且謂釐局委員並未詳愼查察，何謬誤若是云云。

查關卡查驗百貨，是洋是土以目覩貨物爲斷，而不以口舌爲憑。此次英商怡和之貨，釐局之指爲內地茶磚，係實在查驗，的確是湖南省安化縣芙蓉名山之茶，每塊有招牌三紙，經委員提出一簍分存各處，以備

證據，並將茶樣稟呈督憲，復經憲臺驗明，收存在案。

實領事謂來自東洋，能指爲産自日本某縣某處乎？不過信口妄譚，有何憑據？將謂自上海出口，經行東洋卽名爲東洋耶？則凡貨自上海放洋，皆可名之曰東洋貨。英法各國之貨，自蘇彝士新開河而來，經過埃及各國之境，卽可名埃及貨。再過廣東、江蘇之境，卽可名廣東、江蘇貨。不意堂堂領事，出語支離若是，謬誤兩字，轉以奉贈。

日昨奉憲諭，以此貨業經由漢口完税，税務司之函曰：『向來辦法，凡由外國運進口者，皆按洋貨征税，概不究其何地出産。』語意顯然，非東洋之茶，實領事與税務司業已兩歧，更覺無從置喙。若但以來自東洋四字强詞支架，更屬謬誤之至。

實領事又謂：『東洋磚茶在本署涉訟，領事署之事，領事自知之，外人不得而知也。』豈能作爲憑證。至磚茶已運送張家口，夫張家口爲磚茶聚會之地，遠在數百里以外，悠謬之譚，説他何益。

總之，英商怡和之茶總以現在驗過爲斷，明明是安化茶，影射冒充已成鐵案。釐局自當遵照總署核定，紅戳扣留，憲臺自當遵總署核定，紅戳辦理。

實領事之函末云：『嗣後如未查明的有冒充影射情事，不應擅行扣留。』是實領事猶知冒充影射之當扣留也，與税務司概不究其何地出産等語，竟將影射冒充視爲向章舊例，下語有別。

實領事之函，憲臺酌覆可也。

又《稟關道論土茶冒充東洋茶查請詰責德税務司三》　敬稟者，竊卑府於本月二十二日接奉憲批，二十三日復奉憲轅同封二札，其粘抄實領事來函之憲札，憲函末句結束，卽希飭諭該行，將因何以中國茶充東洋茶緣由稟，由貴領事見覆，以憑核辦等諭，與二十日之鈞批語氣一貫，仰見憲臺洞屬刁商情僞，片言扼要，欽佩莫名。其粘抄德税務司覆函之鈞札，雖與前札同日同封，而語氣各別，似照德税務司來函鋪敍成文，有不能不畧爲辨論者，伏希聰聽及之。

税司來函有云，查各關向來辦法，凡由外國運進口者，皆按洋貨征税，概不究其何地出産。斯言也，如南洋各國之貨則可，若明明中國湖南所産之貨，一經出口，卽名之曰洋貨，此條約所無。總署核定之紅戳，查有土貨冒充洋貨，均將單貨扣留，行查原關，分別辦理。税務司不閱運洋貨入内地之税單乎？不遵總署核定之紅戳乎？夫海關者，中國之海關，自當遵照中國之憲章，按照中外之條欵。税務司豈能袒護英商，不遵條例，且其所謂由外國運進口一語，尤屬笑譚。將以湖南之安化爲外國耶？抑以出江海關以後至津沽爲外國耶？土貨既可作洋貨，則洋貨之存儲天津棧房者，作爲土貨完釐，亦無不可。

應請憲臺嚴詰税務司，明明土貨，何以冒充洋貨，並何以不遵善後條約第一欵徵税？是否如斯，敬求鈞裁酌奪。

再稟者，二十二日奉憲札，内開同一磚茶在新關則爲洋貨，經釐局則成土貨，洋土毫無一定，關局頓涉兩歧，中國辦事不能一氣呵成，事關釐務，究應如何辦理？令卽體察妥籌等因。

竊以新關係税司代辦，不免洋土通融，釐局係確守定章，難任洋土混冒。似只應辨其貨物，是洋是土，乃爲一定不移之辦法。此事卑府等查辦之始，亦慮關局兩歧，迨再四躊躇，兩歧之説於事無妨，冒充之弊，所關實大。蓋自洋貨盛行，華洋商人准領子口税單運入内地，而各省釐金已去其半，所恃以敷衍要餉者，惟土貨一項，若再將土貨作爲洋貨，則此端一開，何人不思取巧，何貨不可冒充，釐金恐無可收，大局有礙匪淺。若果關税有益，猶可收之桑榆。今則從輕估價，計其所交正子兩税，不及約章十分之五，而他處税釐亦復無著，殊覺得不償失。所謂英商如此運茶，中國相較俄商多收一正税者，乃彼族之飾詞，非實事也。近因俄商運茶日多，華商生意大減，憲臺方擬輕華商之税，漸收中國利權，以裕華民生計。乃英商别出新法，攘臂而來，若遂其所欲，各國必踵而行之，恐俄商之運茶不少減，而所奪者皆華商之利，是更於民生有損也。

憲臺轉頒單式上有紅戳載明眞正洋貨驗明放行，如土貨冒充卽應查辦。委員等既於廣衆之間查出冒充實據，若仍含糊放行，不特顯違定章，且亦無以服中國商民，更啟洋人藐玩之漸。又慮前途各處局卡查出，轉相詰問，無詞以對，故不得不稟請懲創，以期將來斂跡，藉保餉源，非敢分外苛求，尤不因津局些微釐捐也。

至新關作爲洋貨，乃税務司之錯。若謂由外國運進口者，向皆按洋貨徵税，係指新關辦法而言。今既入内地，則應遵是否眞正洋貨之專章，

聽候驗明，分別辦理，未能一概而論，似不妨以此駁辨。若謂新關委員已經查過給單，則覆以向謂英商要好，可無弊混，故委員亦不拆驗，予以體面。孰知以土貨冒充洋貨，我更有詞以對，並可笑其荒唐，似不致因查辦認眞，反爲所笑。且定章於新關發給單之後，又須局卡查驗，是否眞正洋貨，原恐給單時或未分清，故必層層考察。此正關局一氣，相與有成，釐局查出，卽與稅關查出無異，似不必慮涉兩歧，爲所藉口也。

至土貨運至外國，復運中華，和約雖無禁止，專條亦無准作洋貨領單運入內地之例。定章又有驗明是否眞正洋貨特筆，自應照章辦理。況其並未言明本係土貨，乃竟冒充洋貨，其情更無可恕。洋人來華通商，只能照約而行，若非約中應行之事，卽屬違約。一予通融放過，後必援爲成例。

卑府等愚見，擬請憲臺據理駁斥，凡洋人遇理曲之事，其初必强詞爭辨，迨無理可說，亦自就我範圍。此茶爲湖南安化所產，確有字號牌記爲據，其勾串混冒亦眾所共知。和約既無土貨運至外國，原包復運入華，准其作爲洋貨領稅單入內地之章，則例以冒充實不爲過。我既理直氣壯，或無須委婉其詞，如能辦到入官，固屬幸事，卽或不然，亦應將貨退回，不許領稅單運入內地。並照違背各口章程之事，首次照例罰辦，以後不准冒充，否則重辦。庶我之藩籬不爲彼族撤去，稅釐皆可無妨。至船戶李姓兄弟，聞係地方棍徒，宜守責懲枷號，不僅爲咆哮一端，或先行釋放一名，亦無不可。

所有奉飭事宜，有正稟所未及者，謹加單縷晰議覆，是否有當，伏候鈞裁核辦示遵。

清 愛新覺羅·崑崗《茶課》《清會典事例》卷二四二　同治四年奏准，將甘省咸豐八年欠課，分三年帶征。其咸豐九年十一年茶引，仍令照舊行銷完課。同治元年後茶引，暫緩發商。五年奏准，甘省引滯課懸，議於陝西省城，設官茶總店，潼關、商州、漢中，分設茶店。商販無引之茶到陝，開具色樣斤數，呈報總店。上色茶百斤，收協濟茶課銀一兩，中色六錢，下色四錢，所收銀解甘彌補欠課。七年議准，歸化城商人販茶至恰克圖，假道俄邊，前赴西洋諸國通商，請領部票，比照張家口減半令交銀二十五兩，每票不得過一萬二千斤之數。十一年議准，甘省積欠之舊課，仍追舊商。召募之新商，試辦新課，其雜課，捐助、養廉、充公、官禮四項，暫准緩徵。十三年議准，甘省仿淮鹽之例，以票代引，不分各省商販，均令先納正課，始准給票，其雜課歸併釐稅項下徵收，各項名色，概予刪除。行銷內地者，照納正課銀三兩外，於行銷地面，仿釐局章程，均各一起一驗，完納釐稅。每引以收銀一兩數錢為度，多不得過二兩。出口之茶，則另於邊境所設局卡，加完釐一次，以示區別。又於東西兩櫃外，添設南櫃，以招徠商人。

清 何良棟《論茶》《清經世文四編》卷二六　近聞漢口有新創機器焙茶公司，中外茶商，均甚踴躍。查中國茶葉，近三十年以來，歲歲減色。究其故，全因中國茶商，不能因時置宜，時求精緻。現在焙茶仍用土法，不思改變，以致茶業日衰，竟成不可收拾之局。耶穌降生前二千二百年，中國打仗以弓矢見長，故至今考取武生，仍以弓矢評定甲乙，而西國鎗礮利害則不問矣。今茶亦然。印度年年爭奪中國茶業之利，雖茶葉香味，遠不及中國之純正，然焙製得法，大奪中國茶業利權。其所以致此之故有二：英國茶商，悉心講求，力圖制勝，一也；中國茶業，守舊不改，自取虧折之道，二也。西洋報章，屢次發揮中國宜如何力圖改變，否則西洋茶市不復能以重價購中國焙製不精之茶葉。無如誨之諄諄，聽之藐藐，而茶業一衰至此，且并非無救藥之勢，豈不可歎？

時雖已晚，倘若認真整頓，仍可挽回，惟是宜急為變通。西洋飲茶之人，非不喜華產之茶葉，如能焙製得法，必棄他國而取中國所產之茶葉。據醫士云：中國茶葉，因所產之土無惡性，多服不傷人身體；印度茶葉則有所不然。今漢口既有機器焙茶之舉，則中國茶業雖不能恢復舊業，然必能挽回衰局，是吾西人之有茶癖者所切盼也。

清 何良棟《論中國茶業亟宜整頓》《清經世文四編》卷二六《户政·絲茶》

中國茶業本為出口生意之大宗，而近年以來，日見其壞。滔滔者流而不返，大有江河日下之勢。本館於此事頗為關心，不時著為論說，以冀發聾振聵，俾得補救於將來，約計不下數十篇，亦幾幾乎舌敝唇焦，墨乾筆禿，而卒未聞有採及芻蕘以試鉛刀一割之用者。坐視此業之式微，年衰一年，無從挽救，良可慨也。

英國麥君問皋居中國也久，稔知中國之事，頗亦為中國之茶業寒心。

前者承惠一函，並以西國商務新聞見示，並印度茶業公司清單四紙。函内所云，無非欲中國之業此者力圖整頓，與本館先後所論大致仿佛。其四家公司清單，皆係去年之帳，此四家者，其總局皆在倫敦，生意頗盛。此外尚有業此者，則不及盡知。但就此四家而言之曰：大緝林公司，去年一年之中，除開銷一切而外，净餘英金一萬零二百四十四磅二先令八辨士；一曰查立赫公司，計去年净餘英金八千三百十二磅四先令九辨士；一曰外阿山，去年净餘英金一萬七千七百三十六鎊十四先令九辨士；一曰内阿山，去年净餘英金一萬一千一百十五磅七先令四辨士。

由此觀之，印度之茶業其興旺，蓋可知矣。且攷曆年生意而計之，亦覺年勝一年。揆其故，實由於印度做茶以機器，中國做茶用人工，人工則有精粗，機器自然勻净。且印茶出口無稅，而中國之茶則稅極重，夫是以中國之茶業日壞而外洋之茶業日隆也。夫中國之茶本係出處，歷年最久，外洋種茶為時未幾，而顧使後來居上，此實由於中國於此事不知早自整頓故也。

今年將次開辦茶市之時，上海有人以此信登諸商務新聞紙，并云目前茶市將開，而觀眾商之意不甚活動，有某大行本為著名碩賈，今年竟已停做。聞尚有數家，亦有欲停之意，恐今年茶業又將不佳。蓋漢口辦茶諸西人最踴躍者為俄國。俄人辦茶，但挑選其貨，倘其合意，不顧價之高下，儘量收買。迨俄商辦畢，則所餘之茶多係挑剩選餘，上等之貨已屬寥寥，因此他國商人莫不知難而退。然中國苟能於此事力為籌思，從新設法，亦必有可以挽回之機。

第一，做茶之時宜用機器，勿全賴人工，庶幾茶葉勻净。至於攙和偽物之弊，則尤宜亟除也。再者，中國茶稅太重，此業中人吃苦不少，此其故由於前此定稅則時，照粵關之例，定為每擔若干，而不問其每擔價值之高下。假如每擔收稅二兩五錢，若茶價每擔可售五十兩，則亦不過值百抽五之常例，不為多也。乃降至今日價則日賤，而稅則如故，假如每擔止售得銀價十兩，而亦抽稅銀二兩五錢，則是抽至四分之一矣，不太多乎？

為今之計，中國不思振整茶業則已，如欲整頓，則必須亦效外洋之作為公司，凡山頭有地種茶之户，合數家而成一公司，亦照外洋用機器製茶，而禀請改定稅則，必照價值之多寡以定稅之數目，勿拘定每擔若干。約略計算，由山頭至上海，每值百兩之貨，可以收稅銀三兩。由上海運至外洋，每值百兩之貨，又可收稅銀三兩。先之三兩，由販客輸之，後之三兩由洋商輸之，如此則每值百兩之貨，前後共收稅銀六兩，較之值百抽五已為稍勝，而於茶商大有裨益，於國課亦不甚短絀，即曰有所短絀，然為挽救商務，收回利權起見，當亦有所不惜也。

前日接有電報云，俄國商務大臣商諸英國商務大臣，欲辦西倫之茶，電音簡略，止此一語，然度其意，則俄國茶商亦有舍中而就英之勢。俄人若辦西倫之茶，較中國必更便宜，其載運必更便捷。如此則中國之茶業必且漸為西倫所奪，而疲敝益將不堪矣。夫以外洋商務新聞之所述者如此，電報之所傳者又如彼，吾乃愈為中國此業中人寒心。前者屢屢言及，不蒙採用，自知人微言輕，不足取信，今則外洋新聞，其在外洋電音又具在，而該業公司之清單復歷歷可據，麥君雖係英人，尚且深為中國遠慮，而謂業此者乃反視之漠然也乎！振筆書，蓋不禁大聲疾呼已。

清 何良棟《出洋茶利防弊策》《清經世文四编》卷二六 聞嘗觀於流水而得通商之理，以我之所有易彼之所無，期於兩國無缺。流水之為物，以此坎之盈補彼坎之絀，期於彼此相平，此水性之自然，而亦商務盈虛消長之機也。

中國與外洋各國通商互市垂百餘年，自五口通商，長江開埠，凡外國所進之貨物，我幾無所不有，中國之土產苟可銷者，亦無一不銷於外國，彼此往來貿易，亦彼此互相仿效。竊料數百年後，凡我之土產外國必無一不自產之，外國之貨物中國無一不自造之。彼此通功易事，如流水之兩坎相平，不復再有流動之性，則貿易必歸清淡，而通商之局將衰。此亦天地自然之理也。

中國中產除湖絲外，實以茶葉為大宗，每年售出外洋價值銀二千九百五萬有奇，可謂中國極大之進欵矣。物極必返，盛極必衰，即無印度起而相爭，亦知其非久持之局矣。人情於他人之獲厚利者，無不羣起相爭，況英人嗜茶成癖，英商貪利如命。羡極生妒，日夜營謀，必欲專取中國之利而後已，其處心積慮，則勾踐沼吳之心，其百折百回，又愚公移山之計。於是遂聘請中國茶師教以藝茶之法、焙茶之方，就印度天時和暖之

地，土脉膏腴之區，廣種茶子，不及十年，居然製茶出售。近年產數尤旺，銷數愈增，幾及中國十分之九。不出十年，必更駕乎中國之上矣。猶幸其茶價雖賤，茶味而不良，終不及華產之味厚，是以銷數猶未廣。近聞印商心計更工，即買中國之茶，攙入印茶以冀暢銷，其始華多而印少，繼則華少而英多，則洋人慣飲印茶嗜華茶之癖漸淡矣。以勢度之，中國茶則必漸為所奪。非奪也，不過彼自產茶，不須問中國購買耳。是則有國家者應有之利權，天地盈虛，往復之正理，無足怪也。所可怪者，他國知保護本國之利，產者猶且欲奪為己有。而國中則視出口之銀，滔滔不返，任其自然。每歲漏入英之銀不下三四十萬兩，絕不思挽回之術，為可異耳。

猶幸天誘其衷，山、陝、滇、蜀之民亦知遍種罌粟，以奪洋人鴉片之利，是以洋土僅銷於沿海各直省，而不能越雷池一步，侵灌中國土漿之銷界。此亦可謂天道持平之理矣。誠能外洋所獲利於我之物，一一如其道以施之，如用機器紡織棉花，則洋布羽紗之貨入口自少矣；如用機器組織羊毛，則氍毹呢氈之類銷場自滯矣；開礦產以出煤鐵五金，則洋鐵洋煤無人顧問矣；精製造以成機器，則船械炮火無待他求矣。推之廣種加非、可可子等，則洋茶之利反為我侵；多養牛羊牲畜，則洋人食物惟我是資。他若種葡萄以釀酒，仿雪茄而製烟，無一非可奪洋人之利。苟使洋人不能以貨來，我亦不必以茶往，則雖盡失絲茶之大利，猶為保全實多，無礙於保邦之治理。此其救時之一策與！

清鄧實《紅茶製法説略》《光緒癸卯政藝叢書》 中國土產出口，茶為一大宗。茶之出口多寡，為商務盛衰所系，此固夫人而知者也。查光緒十年以前，出口計有一百八十八萬九千餘擔，光緒二十年以後，出口則僅有一百二十八萬四千餘擔。外洋用茶固已日益加增，中國銷路則遞年見減，幾有江河日下之勢。其中致衰之故，或由印度、錫蘭產茶日多，產多銷分，實勢□然。或謂華商製法專籍人工，印錫製茶全用機器，外洋嗜好機器所製之茶，故華茶不敵印錫茶之暢銷。嘗考印度、錫蘭產茶之處，茶樹皆屬公司，自培養採摘以及製造裝箱無一而非公司之事，自可無一而不用機器。中國則園戶茶商截然分為兩途，產茶之園戶，既星散而無統率，業茶之商人，亦湊合而無恒業，園戶草率製成，而售于茶商，茶商亦遂倉猝販運，趕急求脱，微特不能仿用機器，即人工製法，亦並未講求。而尤大之病，在多作偽，如綠葉之染色，紅茶之攙土，甚至取雜樹之葉充茶出售，壞華商之名譽，滅華茶之銷路，莫此為最。華茶至今仍未斷絕於外洋者，幸賴物質之良實有大過於印錫者。若能改良製造，盡絕其從前之弊，西人自無不爭相購致。若徒恃質美，漫不加察，任窳工之作偽，年復一年，恐不知伊于胡底？今擬邀合同志，籌集資本，先於安徽產茶最優之處設立製造紅茶公司，並會通各茶商講求製法，選料精工，舍短用長，製成之後，直販出洋，與印錫之茶共相比賽，以期貨良品貴，聲價自增，亦收回固有權利之一道也。謹就愚昧所見製法，條呈于左，伏乞鈞鑒。

一、採摘中國產茶，自穀雨至立夏，旬日之間，為時匆促。園戶急忙從事，貪多務得，鮮能求精。無論其葉之大小，芽之強弱，悉行采捋，混雜錯間，鮮能純萃。不知採摘為第一要著，萬不能不謹擇其葉。採茶當有次第，過早則葉未足，稍遲則葉已老。先從向陽之枝，擇其葉之肥嫩者採取，但採其葉，勿損其芽，則芽又復次第發葉，葉齊而復採之。似此，則茶質既純，茶味亦厚，雖有先後，斷無參差，且能保茶樹不傷。

二、卷葉華茶向用手足揉搓，印錫均用機器碾壓，其所以能奪我華茶利權，即此之故。蓋機器碾壓之茶，純萃整齊，湯汁之中，濃潤可愛。數年前，溫州曾購此等機器製茶，已有明效。鄂督有鑒於斯，諄諄勸諭，卒無有應者。其緣因中國各省之茶均由園戶採茶，卷成售與商人，商人不管卷葉之事，園戶又迫于力薄，焉能購此重器。今既欲抵制印錫之茶，不得不急為改良。園戶但責以專司採摘，售揀淨青葉于茶商，凡製造之法，皆由茶商自行料理，則碾壓卷葉之機，不得不辦。每一次能出茶七八十斤者，需銀六百兩。其用法亦先將青葉暴曬棉軟，而後落機兩刻之久，自然條索緊圓。

三、變色茶葉有紅綠二種，其實皆出一種茶樹，止因製造不同。西人所最愛者烏龍，次則紅霞、紅梅，悉皆鮮紅光澤。製法當於碾壓之後，視其色之深淺，令其多受空氣，晴則置諸日中，陰則置諸爐側，以其色之合宜為度。

四、烘焙茶之香味，全恃烘焙之工，因其加熱時自有一種易散油生

出也。印錫之茶，均用機炙，其炙茶之機有二：一名狎皮杜拉符，一名党杜拉符，皆有抽氣管，故其味香不散失，而無灰塵。中國製茶，園戶只用爐焙，爐中或以乾柴燃火，或用不潔之炭，又不能立煙通，則煙貫入茶中，是以雜入煙爐，其味易飛散。今欲仿用印錫之機，產茶之地崇山峻嶺，轉運不易，為力但須將烘爐變通，設有抽氣管，則亦無殊。火力之熱度，宜實測度數，以求確實把握。

五、成分茶之美劣，以其中之齡類、香油二要質之分數為定。齡類名替以尼，即茶葉之精，能感人之腦筋，使人神清意適。香油名替哇尼，即茶中易散油，生葉中原無此物，全賴烘焙時由他質化成。熱大則隨汽耗散，熱小則化成無幾，即一人一時所烘焙之茶，含香之數亦不同。必須將每次所烘焙，隨時化分，得其各質之真數，則成色確有把握，然後標籤列號，可與各國之茶品確實比較，方得我貨之真價值，不致為外人所愚。

六、做淨烘透之後，即當做淨，而後裝箱。粗茶細做，細茶粗做，務使長短接續，節路整齊，無粗細不勻之弊，乃能入目可觀。其始也，用提篩徐徐然頓出，當順其自然之性，用腕力宜圓緩，而不宜過疾，過疾則碎，提篩之下者，付之細篩，提篩之上者，付之打袋手打過，又從而篩之，長短粗細由是分焉。使其中有大粃片，則用簸盤以簸之；有小粃片，則用風箱以扇之。至於最粗如頭號篩以上，極細如鐵板篩以下者，均須剔下，不得入堆。

七、成箱製成之茶，販運外國，越數萬里重洋，必須其味經久而不散，方足以爭勝。箱皮不嚴，箱板不堅，均足以壞全份之茶。裝箱之日，須將製成熟茶盛以竹籮，裹以鉛皮，然後釘入木箱，外加藤捆，遂層封緊，勿令洩氣，雖經年累月，香氣不失，可無變味之虞。

以上七條，粗陳崖略，系指紅茶而言，至於綠茶培製，大旨亦同，特採擇後，不令多受空氣耳。

清 鄧實《外務部議覆商約大臣請減茶稅摺》《光緒壬寅政藝從書》

奏為遵旨妥速議奏，恭摺仰祈聖鑒事。

據辦理商約大臣工部尚書呂海寰、工部左侍郎盛宣懷奏茶稅過重，銷數日少，籲懇減輕，以紓商困一折，於光緒二十八年三月十七日奉朱批，該部妥速議奏，欽此。欽遵。由軍機處抄交到部。

查原奏內稱，自中外互市以來，中國銀錢流入外洋不少，惟賴出口土貨藉以補漏卮，土貨之中，向推絲茶為大宗。外洋向不識種茶之法，彼時茶值甚昂，計算每石可售五六十兩至七八十兩不等，是以每石抽稅銀二兩五錢，按值百抽五之例，原屬相符。迨印度、錫蘭、日本產茶以後，華茶銷路逐年遞減，並探聞印度茶葉由雲南侵入內地者，不下一萬余石，若緬甸鐵路一成，來源既易，非但中國出口茶葉漸少，恐中國銷用印度之茶轉暢進。惟有減稅輕本，免絕生機。

接准英使馬凱開送商約大綱二十四款，內第九款即以輕茶稅為請，並據商董梁榮翰等呈稱，早年茶價甚貴，每石完出口稅銀二兩五錢，商力尚可支援，近銷滯價跌，每石售價不過四五十兩，其次低茶售不及二十兩外，懇准體恤商艱。當經飭令隨時商約之稅務司裴式楷等查明，洋茶日盛，華茶日減情形，亟應設法補救，已經具復。

臣等再四籌維，國計民生均關重要，當茲時局艱難，賠款無出，尚不敢輕言減稅，只以目擊茶銷壅滯，商力困疲，若再不亟圖維持，微獨華茶不能行銷於外洋，且恐洋茶得以充斥於中土，與其將來稅釐全失，計莫如暫為減稅輕本，使銷路漸旺，數年之內出口茶必加多，其稅自可相抵。籲懇聖鑒，飭下部臣，轉飭總稅務司，即將出口茶稅改為按照時價值百抽五，庶幾商困得以稍紓，商情必形鼓舞，目前暫少茶稅，容臣等與稅務司設法於別項出口稅貨酌量加增，藉以抵補，並請飭下湖北、湖南、江西、安徽、浙江、福建產茶各省，於茶業一項減稅之後，不可再行加釐，俾免滯銷而維大局等情前來。

臣等查茶葉一項為中國土貨出口大宗，從前外洋概不產茶，非向中國購食不可，茶商按則完稅，奉行已久，近來印度、錫蘭、日本以次產茶，洋茶漸多，華茶銷滯，既今昔之殊形，遂價值之頓減，此中盈虛消長，當不僅關乎稅釐。試以茶值昔昂而論，每石售銀五六十兩至七八十兩不等，價在五六十兩者每石納稅二兩五錢，適符值百抽五之例，如價在七八十兩者，衡以值百抽五之例，每石應不止納稅二兩五錢，而所徵稅數仍未加增，是體恤茶商之意已概可見。

今查該大臣原奏其中大概謂茶稅一項，按照海關稅則每百斤完稅二

兩五錢，從前茶值甚高，每石約售銀七八十兩，近來茶值遞減，每石售價不過四五十兩，其次低茶售不及二十兩外，而完稅仍然照舊，且從前銷路甚廣，每年出口不下百餘萬石，近則逐年遞減，每年出口僅有數十萬石，參觀互證，無不僉同。當茲於時局艱難，賠款無出，更何敢輕言減稅，只以目擊茶銷壅滯，商力困疲，再若不亟圖維持，微獨華茶不能行銷於外洋，轉恐洋茶得以充斥於中土，與其將來稅釐全失，計莫如暫為減稅，使成本稍輕，銷場漸旺，數年之內，出口茶必加多，其稅自可抵減征之數，懇將出口茶稅改為按照時價值百抽五，目前暫少茶稅，容臣等與稅務司設法于別項出口貨酌量加增，藉以抵補。

是該大臣等為體恤茶商，減稅輕本，俾銷路漸旺，並另籌補稅課起見，臣等公同商酌，擬請照該大臣等所奏，將出口茶稅改為按照時價值百抽五，以紓商困而維茶務。如蒙俞允，俟命下之日，即由臣部劄行總務司遵照辦理，並諮行湖北、湖南、江西、安徽、浙江、福建產茶各省，於茶稅議減之後，不可再行加釐。第該大臣等既知賠款無出，籌償維艱，於目前短少茶稅若干，亟應核明數目報部，應如何籌補抵制之法，現值修改商約，自當悉心妥籌，毋徒托空言，庶於國計民生兩有裨益。

抑臣等有請者，近來茶市減色，或由於焙製之未精，或由於攙和之射利，致被洋商挑剔，抑價滯銷，種種弊端在所不免。今既體恤商情，茶稅已從輕減，擬由臣等諮行產茶各省，分飭各該地方官加意整頓，務使該商等講求焙製之法，嚴除攙和之諸弊，則成本既輕，貨色又高，庶茶務自然暢旺，稅項日見豐盈矣。

所有遵旨速議緣由，理合恭折具陳，伏乞皇太后、皇上聖鑒訓示。再，折系戶部會同外務部辦理，合併聲明。謹奏。

清 劉坤一《劉忠誠公遺集·奏疏》卷一七《議覆華商運茶赴俄華船運貨出洋片》 再，王先謙片奏華商運茶赴俄，華船運貨出洋二事。查中國紅茶、磚茶、帽盒茶均爲俄人所需，運銷甚鉅。此三種茶湖南、湖北所產爲多。福建、江西較少，向係山西商人運由滿洲、蒙古所屬之東口西口，以達俄國，獲利甚厚。自江漢關通商以後，俄商在漢口開設洋行，將紅茶、磚茶裝入輪船，自漢運津，由津運俄，運費省儉，所運日多，遂將山西商人生意占去三分之二。而山西商人運茶赴西口者，仍走陸路赴東口者，於同治十二年稟請援照俄商之例，免天津復進口半稅，將向由陸路運俄之茶改由招商局船自漢運津，經李鴻章批准照辦。惟須仍完內地稅釐，不得再照俄商於完正半兩稅外，概不重徵，仍難獲利，是以止分二成由漢運津，其餘仍走陸路，以較俄商所運，則成本貴而得利微。深恐日後俄商運茶更多，而山西商人必致歇業。

茲據江海關道劉瑞芬等議，將華商運俄之茶，亦准照俄國通商稅則，止完正半兩稅，概不重徵稅釐。其紅茶、磚茶應照則完稅外，帽盒茶每擔僅值銀三四兩，向無稅則。准照各國通商章程估價完稅，值百抽五。臣察覈所議，華商運赴俄國之茶，亦照俄商完稅，免其重徵，無非欲使成本相同，不令俄商獨擅其利，自屬可行，第須明定限制。臣請仍如同治十二年東口華商所稟，凡由招商局船運茶自漢運津者，止完正半兩稅，以外概不重徵，庶幾有利可圖，商情自能踴躍矣。其帽盒茶改照值百抽五徵稅，前據江漢關詳稱，於關稅大有窒礙。蓋恐但論形似，倘有紅茶亦作帽盒之式，又將何以徵之？現應仍照舊章，毋庸另議。

至中國與泰西各國通商，商舶往來如織，而中國尚無商船運貨前赴泰西，以分洋人之利，現在中國已有使臣分駐英、法、俄、美、德、日、秘及日本等國，華商若往通商，自無慮其人地生疏，致受欺侮。惟創辦宏遠公司，另招商股，置船運貨，非有鉅資難於集事，似宜合股，就招商局現有輪船酌量試辦，以期事半功倍。招商局船前曾駛往新嘉坡、呂宋諸處，攬裝貨物，因各該處已有英法公司輪船順道經過，船大行速，生意悉被攬去。且該公司輪船均有國主津貼鉅款，資本充足，難以力爭。該局又擬駛赴日本，亦因該國自有公司輪船來往中國，並特減該船裝貨之稅，未能與抗，是以暫停。近年該局和眾輪船試走夏威仁國之檀香山及美國之舊金山，該兩處向無英法公司輪船，而華人雲集，裝貨甚旺，因又添派美富一船更番出洋。是往外國通商，招商局業經開辦，茲據劉瑞芬等籌議，與其創立公司，另起爐竈，不若從招商局逐漸推廣，較爲穩妥等語，頗爲有見。臣前商之船政大臣黎兆棠，亦以爲次策可行，招商局果能再增鉅資以厚成本，則攸往咸宜，固無施不可，正不必別開生面也。現在巴西、古巴兩路華人亦多，約章初定，如有招商局船前赴該處，不獨攬貨獲利，並可察看該處相待華人情形，而華人亦可藉此增長氣勢。故臣於招

商局出洋一節，不勝惓惓也。

理合附片陳明，伏乞聖鑒訓示，謹奏。

又卷一八《皖南續增茶捐邀請重減片》 再，皖南茶捐，前於同治元年經前督臣曾國藩明定章程，每引捐銀八錢，二年加捐四錢，每引共捐銀一兩二錢，准其按照籌餉例給獎。光緒五年奉旨停捐茶商稟減續加之捐銀四錢。前督臣沈葆楨准減二錢，奏明停給獎敘在案。

茲據該茶商等以情形困苦，成本虧折，稟求再減。經臣一再駁飭，仍復堅籲不已，飭據皖南茶釐總局確查稟覆前來。臣查皖南茶捐，曆辦已二十年，實爲軍需一大進款，本不容輕易議蠲。惟是近來東洋各國產茶日多，利分於外，而滬上銷路價值昂賤，操諸洋商，一經滯銷，動多虧折，且停獎以後，票銀已成廢紙，亦屬實在情形。

竊思商情重在招徠，但使該商等不視茶業爲畏途，便商正以裕餉。所以前督臣沈葆楨任內，業予減免二錢，今據該商等以艱苦情形，益非昔比。經臣查覈屬實，萬不得已，復將減賸續增之二錢，量予裁免，以廣皇仁而蘇商困。核與曾國藩前定每引捐銀八錢之原案，尚無所礙該商等報效有素，食毛踐土，具有天良，經此次重減二錢以後，非江海一律撤防，協餉一律停解，亦斷不敢任其再生希冀之心，謹附片陳明，伏乞聖鑒訓示，謹奏。

清 鄭祖庚《茶業》《閩縣鄉土志・商務雜述四》 運往外洋者，據海關報告，光緒二十六年，二十六萬五千九百擔，三十年，十七萬九千五百擔。又處商家報告，光緒二十三年，二十三萬零九百二十七擔，工夫十五萬八千七百六十擔，小種二萬九千五百八十擔，烏龍三萬六千三百八十擔，白毫二千二百三十二擔，花香三千九百七十五擔。得銀五百九十三萬圓。三十年、十六萬九千二百七十四擔，工夫九萬三千八百七十擔、小種三萬五千七百擔、烏龍三萬三千一百六十擔、白毫二千四百四十八擔、花香四千一百四十擔。得銀四百六十七萬圓。運往外省者，據海關報告，光緒二十六年，一萬九千三百擔。三十年，七萬六千四百擔，往外省者每年繼長增高，出洋反是。至三十一年僅得銀二百三十四萬兩有奇。因僞茶攙雜，以致滯銷。

清 王克敏《稅務處諮，漢口茶末運至九江，製造茶磚出口，應照茶磚之例納稅，並先具保單，限期報運出洋文》《光緒丁末處交涉要覽》卷一 為諮呈事。光緒三十三年四月十四日，據總稅務司申稱，據江漢關稅務司詳，據俄商順豐洋行稟稱，本行除在本口所設之茶廠外，另在江西九江口岸設有分廠一處，均系以茶末製造成磚。此項茶磚，系應運出洋之貨，但九江茶末甚鮮，擬將漢埠茶末隨時購運至潯制造。惟查茶末出口，每百斤應納稅銀一兩二錢五分，茶磚出口每百斤只納稅銀六錢，是以碎料比較製成之物，應徵之稅竟多至六錢五分之數。照此辦理，商力實有未逮。擬請酌將在漢埠所購茶末運至九江茶廠，於出口時照茶磚之例，每百斤只納稅銀六錢，下餘之六錢五分不納現銀，即照數若干，另具保單一紙存關，嗣後若製有九江關所發之執照，注明該茶末確系製成茶磚運出外洋，寄來漢關呈驗屬實，方能將保單撤銷等情到關，詳請核奪。

總稅務司查此案辦法，厥有三端：一系不准所請，則此項茶末實在不能出口，既損商情，又礙稅務；一系准照所請，於碎料出口時只征成物之稅數，並具保單，嗣後成物在九江出口，不再重征，其前在漢關所具之保單，應准撤銷，於商情稅務兩有便利；一系在漢埠出口時無庸完稅，俟在九江製成茶磚後，則于出口時只照茶磚之例完納出口正稅，亦與商情稅務兩得其益。所擬三端，未悉究以何項飭辦為宜，理合申請鑒核示覆，以便飭遵等因前來。

查茶磚之與茶末，出口稅則輕重懸殊，本不能混而為一，惟順豐洋行由漢購辦茶末運至九江，系專為製造茶磚，運銷外洋，自與尋常之販運茶末者不同，應准通融辦理。總稅務司所擬辦法三端，自以第二端較為允協，應即照第二端辦法辦理。惟此項茶末既照茶磚例，在漢口每百斤納稅銀六錢，下餘之六錢五分，及運至九江之應納復進口稅銀每百斤六錢二分五厘，統應令該洋行在各該關分別呈具保單，並限十二個月內，一律製造成磚，報運出洋，呈明撤銷保單，如逾限尚未運齊，即照章追完所欠各稅，以杜影射。此項章程暫為試辦一年，如試行後查有窒礙之處，再行妥訂章程辦理。除分諮並劄覆總稅務司外，相應諮呈貴部查照可也。

清 容閎《西學東漸記》卷九《產茶區域之初次調查》 既過南昌，航路則轉向西南趨湘潭。湘潭即予等最後之目的地。途中歷數城，以於歷史及商業上無大關係，故略之。湖南之省會曰長沙，予過長沙時適

在夜間，迨四月十五日之晨，乃抵湘潭。湘潭亦中國內地商埠之巨者，凡外國運來貨物，至廣東上岸後，必先集湘潭，由湘潭再分運至內地。又非獨進口貨為然，中國絲茶之運入外國者，必先在湘潭裝箱，然後再運廣東放洋。以故湘潭及廣州間，商務異常繁盛。交通皆以陸，勞動工人肩貨往來於南風嶺者，不下十萬人，南風嶺地處湘潭與廣州之中央，為往來必經之孔道。道旁居民，咸藉肩挑背負以為生，安居樂業，各得其所，迨後外洋機械輸入，復經國際戰爭及通商立約等事，而中國勞動界情勢，乃為之一變，此不僅擾亂中國工業制度，且於將來全國之經濟實業政治上，皆有莫大影響也。

清 張之洞《張文襄公全集》卷三〇《查明茶商捐助書院學堂經費商情樂從摺光緒十七年五月二十一日**》** 竊臣承准軍機大臣字寄：『光緒十七年三月初二日奉上諭：有人奏：風聞張之洞於上年四月間令湖南茶商分別輸捐，作爲創修兩湖書院經費，該商疊請邀免，批斥不准，近來茶商賠累，請飭一律撤銷等語。連年中國茶葉銷路不暢，由於成本太重，所奏茶商輸捐一節，如果屬實，自應裁撤，以恤商困。著張之洞查明覆奏，原片著鈔給閱看。將此諭令知之。欽此臣祗奉之餘，仰見聖主體恤商艱之至意，欽悚莫名，謹將修建書院緣起及籌捐辦法情形敬爲我皇上陳之。查湖北省城現在修建之兩湖書院，卽係舊日之經心書院，該書院係同治八年臣前任湖北學政時會商督臣李鴻章、撫臣郭柏蔭籌款建造，專課經史古學。其時因經費不充，規模草創，齋舍無多，其地適濱都司湖畔，地勢頗窪，湖身日淤，積水日阻，自光緒十三年、十五年湖北兩次大水，城內多被淹浸，經心書院內水深三尺有餘，院內諸生概行遷避他處。臣於光緒十五年冬間調任湖廣總督，抵省後閱視書院，積水甫退，壁間水痕宛然，諸生仍未返院，牆宇屢經淹浸，多就傾頹。至江漢書院屋宇尤少，膏火素薄，鄂省連歲災祲之後，寒士生計益覺蕭條。接見諸生，見其棲止無所，景況單寒，甚爲可憫。據該監院諸生等僉稱：「近二十年來湖北績學好古之士日增月盛，率皆經心書院肄業之人，科名尤盛，以故來學日多，課額屢廣，齋舍既不能容，膏火亦復無多，其曾經學臣札調咨送入院而不得住院者尚有二百數十人。」聞臣來鄂，僉以重修書院增加課額、膏火爲請，省內、省外耆紳儒士異口同聲。臣察其嚮學情殷，情詞懇切，自不可無以慰其企望，當經就其在院貧苦者捐廉量予資獎。至十六年夏間始建重修經心書院之議，墊高地基，疏消水道，添造齋舍，購置書籍，延訪名師，講求明體達用之學，而湖南人士游幕遊學僑寓鄂省者，向來最多，聞有重建書院之舉，皆願附入肄業。查臣前在兩廣總督任內所建廣雅書院，係合廣東、廣西兩省士子俱入其中，今湖南諸生援此爲詞，自亦未便歧視。當經酌定課額，徧及邊遠各府州，以示公溥。今春咨行兩省選調諸生，卽經聲明俟書院規模大定再行專案奏明立案。此創建兩湖書院之原委也。至書院兼括兩省，額數較多，用度較繁，當經與司道籌議，查湖北、湖南兩省各書院經費，大率皆出鹽務所捐，爲數已多，因查漢口商務以茶務爲大宗，向分湖南、湖北兩幫，每年貿易生理，核計約有一千餘萬兩，向來籌捐亦惟茶捐爲最鉅。自同治初年以來，南茶向抽餉捐每百斤捐銀二錢八分。至光緒五年每百斤減爲一錢四分，專充漢口鎮團防緝捕之用。嗣於光緒十二年因漢口團防等事漸少，甫行停收。業北茶者向係紅茶，每百斤捐銀七分，餘茶遞減至一二分不等，以充漢口堡工經費，行之已三十年，現仍照常抽收。上年二月因戶部咨查茶釐情形，當經據實咨覆在案。查北茶有稅有釐，南茶因在湘省完釐，到漢口後並不抽其釐，然北茶有捐，而南茶無捐，南北辦法兩歧，亦欠平允。當經飭令署江漢關道李壽蓉暨湖北候補道曹南英等，前往商之南茶各商，勸令捐助書院經費，並詳體商情，照舊案每百斤減爲抽銀一錢，該商等均各欣然樂從，毫無勉強，其北茶亦勸令每百斤捐助書院經費銀三分，連堡工捐合計亦係一錢，俾令南北捐數畫一，以昭平允。大約南茶捐數每年不過一萬餘金，僅敷甫省士子青獎盤費一切之用，北省經費係屬另籌，此係就該商多年舊案之捐，爲該省嘉惠士林之舉，而捐數又甚輕減，楚弓楚得，似不致有拂商情。此南茶縛捐之原委也。自開辦以後，抽收極爲踴躍，僅止去年秋間，有人具稟求免，當飭署江漢關道江麟瑞及原辦道員曹南英查詢各商，乃係湘省一二家素無資本好訟生事之人所爲，並非出於茶行公議，衆商均不以爲然。各商既輸捐如常，只可置之不論不議。此次欽奉寄諭後，當經派委江漢關道孔慶輔會同鹽法道瞿廷韶暨候補道曹南英等，查詢商情，切實籌議，查中國茶葉爲出口商貨之大宗，近來洋貨暢銷，財用外耗，全恃絲、茶兩項行銷外洋，藉資補救，事關大

局。臣到任後屢經檄飭江漢關道傳詢各商，並疊次商之各國領事，講求振興茶葉之法，籌議設公棧、開船港定公鎊、禁抑勒各章程，歷歷有案可稽。若果此捐於茶務稍有妨礙，及有商情不願之事，臣愚豈肯出此。惟查此項茶捐每年總共所收不過一萬數千金，合之價值千分取一，衆擎易舉，其於茶務去取均無所增損，是以商情樂從，嚮風慕義。並請設商籍課額，爲造就其子弟之計。當經允其所請，於湖南、北課額二百名外另立商籍課額四十名，羣情益深鼓舞。嗣臣復加考求，向來南北業茶各商不通外國語言文字，與洋商交易均另由洋行買辦爲之經紀，商情隔閡，弊竇叢生，南茶各商尤以爲病，復議於兩湖書院外另設方言、商務兩學堂專習泰西各國語言文字及講求整頓茶務種植製造之法，一切濬源塞漏通商惠工之事，其經費即就該商等所捐勻撥，不敷之數另行籌足，不令再捐。各商子弟願入書院與學堂者，均聽其自便。昨經甄別書院肄業各生，商籍申送及投考者至一百餘人之多，士論歡欣，羣情景附，毫無間言。至原奏所言茶商虧折各節，現經該道等詳悉諮訪，茶商獲利與否惟視乎資本之厚薄，茶色之美惡。茶務向以頭茶爲重，連年頭茶均屬得價，今年頭茶價值最昂，每百斤高者七八十兩，低者三四十兩。近年漢口洋人買茶專以俄商爲大幫，買數既多，價值亦尚公平。緣印度產茶澀而不香，別有一種氣味熏製，亦不能佳，故俄人概不食印度茶，專向中國購買，各省皆知。此次俄儲來華復向臣面言如此。英人雖食印度茶，仍須攙和中國茶食之，此英領事自言如此。實無洋商賤視中國茶之說。每年茶市貲本豐厚者類皆獲利，若零星商販資本微薄，不免揀焙粗率，攙和雜物，希圖朦售，以致洋商挑剔。以後惟有督飭產茶州縣董勸商民講求種植揀焙之法，嚴禁攙和朦混之弊，庶於商務可收實效。總之，商務之盈虧，全視乎出茶、製茶之佳否，實與此項捐輸無涉，該道等並傳集南茶各商面加詢問，僉以書院培植本省人才，各商輸捐甚微，收效甚大，且學堂講習洋文、商務，兼於茶務有益，願仍照舊抽捐，並無異議。臣仰體朝廷恤商至意，當飭該道等諭知各商，再加輕減，自本年四月起將湖南紅茶每百斤原議收銀一錢者減爲六分五釐，青茶每百斤原議收銀七分者減爲四分五釐，米觔茶每百斤原議收銀三分五釐者減爲二分三釐，黑茶、甎茶、東西口套簍等茶，每百斤原議收銀三分者減爲二分，茶頭、茶末、茶梗等項每百斤原議收銀一分五釐者減爲一分，北茶原議捐三分者改爲二分，以紓商力。各商益爲欣感。大率南、北茶價略分三等，每兩箱約將及一百斤，每百斤上等價值銀七十兩內外，中等四十兩內外，下等二十兩內外。姑即最少之價計之，每售價二十兩僅捐銀六分五釐，爲數極屬輕微，斷無因此賠累之理，況尚有售價六七十兩者乎？是此項捐數之有無，實無關茶務之盈絀，業據南茶各商等稟覆江漢關道，毫無異詞。現擬即照此酌減之數抽收辦理，臣仍當隨時體察情形，如稍有妨礙及商情不便之處，即行奏明裁撤。據江漢關道孔慶輔等會同查明，籌議詳請覆奏前來。除俟書院學堂規模悉定，再行將詳細章程分別奏明立案外，所有查明茶商捐助兩湖書院暨方言、商務學堂經費，於士林、商務均有裨益，衆商樂從，並酌減捐數緣由，理合恭摺據實覆陳，伏祈聖鑒訓示。』

硃批：『知道了。』欽此。

又卷三二一《裁撤茶商捐助書院經費摺光緒十八年六月二十六日**》**

竊臣承准軍機大臣字寄：光緒十八年五月十一日奉上諭：『有人奏《捐重累商懇恩飭免》一摺，據稱茶商捐助兩湖書院經費，傳聞督臣僅照原定捐章減去三分之一，約計各項茶捐每年猶須銀二萬兩內外，又有雜費及留難等事，種種擾害，茶市蕭條，國課日虧，請飭蠲除等語。前據張之洞覆奏酌減抽收茶捐，如稍有妨礙及商情不便之處，即行奏明裁撤，至今將及一年，若如所奏各情，茶商苦累如此，該督迄未據情入奏，仍著張之洞悉心妥籌，務須體恤商艱，如果實有不便，自應早爲裁撤，以蘇商困。原摺著鈔給閱看。將此諭令知之。欽此。』仰見朝廷體恤商艱之至意，臣伏查茶商捐助兩湖書院經費，係就該商多年舊案之捐，爲兩省培植士林之舉，捐數輕減，商情樂輸，於茶務毫無妨礙，臣前奏業經分晰陳明。上年奉旨飭查時，臣復將捐數奏明酌減，爲數極爲輕微，並陳明隨時體察情形，如稍有妨礙及商情不便之處，即行奏明裁撤。自上年覆奏以來，並無一呈一禀向臣及撫臣關道衙門投遞者。臣隨時博訪周諮，實無稍有妨礙及商情不便之處。惟今年春間雨水較多，茶市稍爲減色，究恐商人不免因此藉口，正在飭查核議，酌擬停收。欽奉前因，遵即悉心妥籌，檄飭江漢關道立將此項茶捐即日出示，遵旨裁撤，一面札飭湖北藩司、江漢

關道會同查照鈔奏各節，確切查明詳覆。去後。茲據湖北布政史王之春、江漢關道孔慶輔會詳稱遵查原奏所稱兩湖書院經費該茶商迭控求免未准，聞茶商具控關道督撫各衙門前後十有餘次，均有案卷可稽等語。查創建兩湖書院，所有兩省人士企望欣忭各情及南茶籌捐經費原委，前奏均經陳明在案。此項茶捐，各商均知所出甚微，收效甚大，且所成就者非其子弟，即其戚黨，楚弓楚得，衆情樂從，毫無勉強。惟辦運南茶商人，各省皆有，賢愚不等，間有不知大體、好訟生事之人，曾於光緒十六年開辦之時，兩次赴江漢關道衙門呈請邀免，當經前署江漢關道李壽蓉、江麟瑞先後批飭，曉以善舉大義，遂無異説，同時亦曾向臣及撫臣衙門具呈，前經奏明在案。自覆奏以後，即無一紙呈稟邀免者。至藩司衙門，則先後並無一商前來具呈。是茶商呈控督撫關道衙門，先後共只二次，均有案可稽。原奏所稱具控各衙門十有餘次等語，實爲傳聞無據之詞。現在此捐已停，有德豐、永聚、生和南北茶商十餘號向督撫藩臬兩司各衙門具控茶葉公所首事袁雲峯等勒抽私費、濫扣盤剝一案，詞内猶以創建兩湖書院爲三楚第一盛舉，茶商捐助經費，衆擎易舉，義所當輸，請革除該首事等向抽私費，專就書院捐款，免無益以成有益爲言。經臣批飭，以捐助書院經費業經出示裁撤，應勿庸議，但飭該司道等傳集各商，將該首事自行勒抽濫扣各節澈底查究，妥籌裁減濫費、整頓茶務之法，此足爲商情樂輸、毫無勉强之一證。又原奏所稱驗票、驗貨、給票、換票，雜費紛繁，藉故留難一節。查前收此捐時，係就關道署中派員經理，除筆墨紙張之費，其餘儘數歸公，每日按照茶稅所入，核計所售茶箱，抽取捐費，本無驗票、驗貨之煩，何至有留難擾累之苦？是又不待辯而自明者也。又原奏所稱國課日虧一節，查漢口茶稅，近年較前漸形短絀，已非一朝一夕之故。光緒十六年一年收稅銀九十五萬七千餘兩，十七年一年收稅銀一百零二萬四千餘兩。查十六年收捐書院經費之時，頭茶已過，所捐僅只數月，並未全收；而十七年全年抽取書院經費之時，稅課轉較前加增，尤足爲書院捐費無損於茶務國課之明證。至近年茶商虧本之由，洋商揹價之故，實因茶莊過多，每思僥倖朦混，製造粗率，煙薰水濕，氣味不佳，兼以劣茶攙雜；由於資本不足，重息借貸，更有全無資本，俟茶賣出以償借債者，洋商漸知其弊，於是買茶率多挑剔，故抑其價，茶商債期既迫，只求速銷償債，而成本之輕重不能復計，一經虧折，相率倒閉，其資本充足者勢不能不隨衆賤售，茶務之壞，多由於此，即如安化茶莊，上年甚少，安茶遂亨大利；今年長沙高橋驟開四十餘莊，遂致成本大折，是茶市之壞，正因小販過多，開莊搶售之故。原奏所稱開莊各情，適與現在情形相反，亟應力籌整頓之法，方足維持茶務於不敝等情，詳情覆奏前來。臣查該司道等詳覆各節，均係實在情形。至原奏稱初議開捐時，道員曹秉哲揑詞迎合等語，查湖北道員並無曹秉哲其人，原奏或即隱指前派會同江漢關道勸辦之道員曹南英而言。惟查此項捐款，係委該道會同歷任江漢關道勸辦，非該道一人所能主持。總之，此捐無累於商，無損於國，有稅課之可稽，有商情之足驗，非臣一人之私言。此捐本爲書院及方言、商務各學堂經費，而設不獨有益於士林，兼有裨於商務。惟現在茶市減色，恐論者不揣其本而齊其末，是以體察情形，亟議停收，以杜藉口，於奉到諭旨後即行裁撤，其兩湖書院及方言、商務學堂經費，自當另行妥籌辦理。

硃批：『知道了。欽此。』

又卷三五《購辦紅茶運俄試銷摺》光緒二十年七月二十六日　竊照漢口茶務，最爲兩湖商務大宗，關繫釐稅鉅款。近年湖北、湖南兩省茶商，頗多虧累，半由茶色不佳，或遇陰雨潮濕，或有攙和粗雜，以致不能得價；半由商務壓鎊退盤割價，多方刁難。而此項紅茶，除洋商之外，別無銷路，以致甘受抑勒。此事關繫兩湖商民生計，亟應設法維持。

臣等查紅茶銷路，以俄商購辦爲最多。惟有自行運赴俄國銷售，庶外洋茶市情形可以得其眞際，不致多一轉折，操縱由人。然茶商力量較薄，必須官爲提倡，方能開此風氣。

當經臣等往返函商，臣大澂前擬籌借款，設局收買督銷之議，既因借款未經議准，未能舉辦。擬即由南北兩省分籌官款，酌量購茶，運俄試銷。經此次試運一次，則俄國茶價高低、銷路廣狹、運程行棧、一切利弊，均已瞭然。以後各茶商便可仿照，自行斟酌辦理。

當經飭江漢關道惲祖翼選辦上等紅茶二百箱，南北兩省各半，與俄商設法婉商，即附其茶船運赴俄國阿疊薩海口，試行銷售。經臣之洞電商出使俄國大臣許景澄，託其代爲委員照料，其茶價、箱工、雜費、出口

關稅等項共洋例銀五千四百七十二兩零。復經臣大澂電商俄商余威羅福，擬再購紅茶若干箱分運俄境，水陸兩路試銷，即託該商照料，旋接復電商允，亦經飭江漢關道惲祖翼照辦。

旋據覆稱，頭茶早已銷畢，復經設法選購二茶中之最上紅茶一百二十箱，亦作爲南北兩省各半，發交順豐洋行分寄俄境，水運之謨斯科窪，陸運之恰克圖兩路試銷。計茶價、箱工、雜費、出口關稅等項共洋例銀一千八百一十六兩五錢零。所有應付運保行棧等項及俄國水路税項各銀，均照商人向章，俟茶到該處銷售後，即在茶價内扣除。

惟前後兩起，水陸三批各費數目多寡不一，應俟銷茶後由外洋詳開確數，始能核計。至恰克圖一路，入俄境時並無税項，兩次總共用過洋例銀七千二百八十九兩三錢二分，折合庫平銀六千八百四十二兩四錢六分五釐。湖北、湖南兩省均暫由茶釐項下借撥墊用，俟銷茶後歸款。此初次試辦，設有不敷，亦甚有限，擬由外間籌撥開款補足。

又卷四五《購茶運俄試銷有效擬仍相機酌辦摺光緒二十三年正月十二日**》** 竊照前因湖北、湖南兩省茶商爲洋商多方抑勒，以致虧累頗多，事關商民生計，必須設法維持。當查紅茶銷路以俄商購辦爲最多，惟有自行運赴俄國銷售，庶外洋茶市情形可以得其眞際，不致多一轉折，操縱由人。然商力較薄，須官爲提倡，以開風氣。

經臣於光緒二十年七月間會同湖北撫臣譚繼洵、前湖南撫臣吳大澂奏明，由南北兩省分借官款，飭令江漢關道選辦上等紅茶二百箱，運俄境之阿疊薩海口試銷，電商出使俄國大臣許景澄，託俄境茶行代銷，並委員照料，計茶價、箱工、雜費、出口關稅等項共洋例銀五千四百七十二兩零。復選購二茶中之最上紅茶一百二十箱，分運俄境之阿疊薩及恰克圖水陸兩路試銷，由前湖南撫臣吳大澂電託素識之俄商余威羅福照料，計茶價、箱工、雜費、出口關稅等項原奏共洋例銀一千八百十六兩零。嗣復據俄商開報加增水腳銀百餘兩，共一千九百二十七兩零在案。

茲查出使俄國大臣許景澄先後代銷茶價洋例銀五千八百九十七兩零，俄商余威羅福先後代銷茶價洋例銀一千八百二十一兩零，均經匯鄂撥還歸款，以利合本，均有盈餘。而余威羅福代銷茶價計本僅一千九百餘兩，現贏出八百餘兩，利息尤爲獨優。

查中外通商以絲茶爲大宗，湖南、北爲產茶之地，故漢口茶務又爲兩湖商務大宗，關繫釐稅巨款。近來茶市年遜一年，遠不及前，若不極力整頓，一聽江河之日下，則茶務之盈絀，實爲國計民生，利病所攸繫，前年運俄紅茶既查明確有厚息，以後自當擴充仿辦。官爲之倡，商爲之繼。馴至招商局可以自造茶船，自立公司，於俄境自設行棧銷售，收回利權，庶於商務釐稅不無裨益。

惟上次運茶赴俄，係託俄國茶船帶往，該船甚爲不願，再三婉商，勉强依允，言以後不能再帶。緣俄商專造茶船，兼程趨利，行駛最速，工費最多，故不欲中茶附裝以分其利。且以後俄商余威羅福能否再允代售，亦不可知。臣當設法相機與俄商俄船婉商，如肯代寄代銷，再當會商湖北、湖南兩撫臣酌量籌款，續行購運銷售，以究商情。

又卷九八《札南北藩司飭各屬講求製茶光緒十七年六月初三日**》** 案照承准總理各國事務衙門咨開，據税務司函稱，中國茶務，近閲上海申報新聞紙内，言及湖南安化一處於茶務已有振作之勢，該處之茶，前數年在漢口出售，每百斤可得價至四十二三兩，嗣漸低減，僅賣十餘兩。地方官以茶葉如此低價，實因種製未善，於光緒十五年時面諭鄉民，採茶務須趁早，鄉民頗知遵行。次年售至三十七兩，復於去歲又經示諭，勸令益加謹愼。今年新茶竟增至五十八兩之數。又聞安徽甯國府有一縣官親至鄉間，教民種茶之法，甯茶每擔先僅賣三十餘兩，去年增至四十餘兩，今年竟至六十兩。可見茶業並非不能整頓，總須辦理得人等語。查中國茶葉質味本佳，但因採摘不時，或種製未善，或攙雜不淨，以致銷數日少，價值日低。疊經本衙門咨請，轉飭產茶地方官剴切曉諭在案。今安化等縣，留心整頓，大著成效，相應咨行貴督，轉飭產茶州縣，剴切曉諭商民，實力講求，以期銷路日暢，生計日裕，是爲至要等因到本部堂。

承准此，查茶爲中國商務大宗，中茶味性最佳，遠勝印度所產。外洋需用甚多，亦極肯出善價，俄商給價尤優。然必須葉嫩味香，質無攙雜，製無煙氣者，洋商方肯高價售買，否則退盤壓價，徒貽虧累。本部堂到楚以來，熟察茶市情形，但患茶葉之不精，不患銷路之不暢，價值之不高。此次總理衙門來咨所云，中國茶葉質味本佳，但因採摘不時，或種製未善，或攙雜不淨，以致銷數日少，價值日低，洵爲扼要之論，亟應通飭，

實力講求，以裕民生。

查湖南、北産茶州縣，約共二十三處，疊經本部堂博采周諮，據湖北牙釐總局候補道曹道南英呈有條議，考究漢口銷路利病情形，講求製辦紅茶之法，尚屬簡括，應並抄發湖南、北産茶各州縣，體察情形，斟酌照辦。其有未盡事宜及應如何督勸，如何稽察，能令商民切實遵行，即飭各該州縣各就本處情形，迅速妥籌，稟明辦理。如各州縣有能實力講求，以致價高銷暢者，及有膜視民生，奉行不力，毫無成效者，必應分別勸懲。即飭南北布政司明定章程，詳候核辦。

查安化縣，光緒十五年一年係知縣李元善在任，十六年正月至七月係代理知縣程寶文在任，十七年三月二十四日以前，係代理知縣龔鶴疇在任，該縣等曾否有勸諭鄉民採茶趁早之事，究係何任勸導之功，及應如何給予獎勵之處，並飭南布政司查明，迅速詳辦，以昭獎勸，切勿輕忽，視爲具文。抄發曹南英條議：

一、採茶宜時早也。紅茶以葉小而嫩爲佳，必須穀雨前數日採折下山，則茶嫩。上有白毛乃爲佳品，洋商最愛此貨。若遲至穀雨以後，則葉老而色黃，茶粗而味淡，洋商不肯出價，推之子茶、秋茶，亦莫不然。

一、製茶宜趁天晴也。製茶若逢太陽，則茶身緊小而顏色光澤，洋商最愛。若遇陰雨，必有火炕，則一味煙氣，洋商最忌。不如趁天晴之日，早爲採製，一遇陰雨則改製黑茶，而黑茶又宜煙氣，實爲兩便。

一、開莊宜禁陳茶也。洋商售茶先看泡水，新茶泡出乃是黃嫩之色，陳茶泡出乃是黑片，洋商最忌陳茶，退盤割價多係此等，黑片自漢口開市以來，從未有僥倖混淆者。

一、揀茶宜精細也。粗枝老葉最宜揀盡，若稍有不盡，則黃片夾雜其中，而顏色不純，即嫩茶亦因而減色。

一、製茶宜視火候也。太過則氣味毫無，火不足則香味又少，且火太過，一經泡出，盡是燒邊黑片，洋商最忌。惟此掌焙炕之人最爲緊要，宜擇其老成而諳練茶性、勤慎而少貪睡酒者爲之。

一、茶箱宜較準也。洋商過磅以輕者爲憑，退皮以重者爲據，若輕重未能較準，每因之少磅，從未有多出磅者。

一、出箱宜防水濕也。箱面稍有水迹，則臨磅之時，洋樓將此水迹之箱盡行提出，即再爲裱飾，爲日久而價漸低，吃虧已屬不小。

一、出售宜勿做樣也，洋商看茶最確，每大堆與小樣不對，無不因之退盤割價，不如從大堆中取一小樣定價後，再從大伴中抽一大樣，庶無不對樣之弊。

又卷一〇二《札曹南英勸諭茶商於堡工捐外每銷捐銀三分充兩湖書院常年經費》光緒一七年三月初二日

為籌捐書院經費事。照得本部堂創建兩湖書院，前經派委湖北候補道曹道南英會同江漢關道，勸諭南茶各商，每茶百斤捐銀一錢，以充書院常年經費，並議定於兩湖肄業生課額二百名外，增設商籍課額四十名，以昭獎勸，通行遵照各在案。茲查兩湖書院常年經費，為款甚巨，尚有不敷。南茶、北茶各商，事同一律，自應通力合作，以襄盛舉。查北茶各商，向有堡工一捐，每茶百斤，僅捐銀七分，應即派委曹道，會同江漢關道，勸令該商等於堡工捐外，另捐銀三分，專充兩湖書院常年經費，立為定案，不作他項之用。如此則每茶百斤，與南茶同系捐銀一錢，于事理方為平允，所出甚微，眾擎易舉，而振興鄉里之人才，培養自家之子弟，收效甚大。南茶各商，慕義爭先，北茶各商，豈在人後？其北茶各商子弟，自亦應選入書院肄業。所有商籍課額四十名，即將南北備茶商一併匯同遴選，其應如何勻撥之處，即由曹道等妥議章程，詳請核定。除分行外，合亟劄委，劄到該道，即便遵照，會同署江漢關道江道，迅速傳集北茶各商，實力勸導，共成盛舉，是為至要。

又卷一〇五《札兩湖産茶各州縣講求製辦紅茶》光緒一七年六月初三日

為通飭遵辦事。案照承准總理各國事務衙門諮開，光緒十七年四月十九日據總稅務司函稱：『中國茶務，近閱上海《申報》新聞紙內，言及湖南安化一處，於茶務已有振作之勢。該處之茶，前數年在漢口出售，每百斤可得價至四十二三兩，嗣漸低減，僅賣十餘兩。地方官以茶葉如此低價，實因種制未善，於光緒十五年時，面諭鄉民採茶，務須趁早，鄉民頗知遵行，次年售至三十七兩，復於去歲又經示諭勸令，益加謹慎，今年新茶竟增至五十八兩之數。又聞安徽甯國府有一縣官，親至鄉間教民種茶之法，寧茶每擔先僅賣三十餘兩，去年增至四十餘兩，今年竟至六十兩，可見茶葉並非不能整頓，總須辦理得人，等語。查中國茶葉，質味

本佳，但因採摘不時，或種製未普，或摻雜不淨，以致銷數日少，價值日低。疊經本衙門諮請轉飭產茶地方官，剴切曉諭在案。今安化等縣留心整頓，大著成效，相應諮行貴督，轉飭產茶州縣剴切曉渝商民，實力講求，以期銷路日暢，生計日裕，是為至要』等因，到本部堂，承准此，又准北洋大臣直隸爵閣部堂李諮同前因。查茶葉為中國商務大宗，中茶味性最佳，遠勝印度所產，外洋需用甚多，亦極肯出善價，俄商給價尤優。然必須葉嫩味香、質無摻雜、製無煙氣者，洋商方肯高價售買。否則退盤壓價，徒貽虧累，本部堂到楚以來，熟察茶市情形，但患茶葉之不精，不患銷路之不暢，價值之不高。此次總理衙門來諮所云：『中國茶葉質味本佳，但因採摘不時，或種製未善，或摻雜不淨，以致銷數日少，價值日低，詢為扼要之論，亟應通飭實力講求，以裕民生，查湖南、北產茶州縣，約共二十三處，疊經本部堂博采周諮，據湖北牙釐總局候補道曹道南英，呈有條議考究漢口銷路利病情形，講求製辦紅茶之法，尚屬簡括，應並抄發湖南、北產茶各州縣，體察情形，斟酌照辦。其有未盡事宜及應如何督勸，如何稽察，能令商民切實遵行，即飭各該州縣，各就本處情形，迅速妥籌，稟明辦理。如各州縣有能實力講求，以致價高銷暢者及有膜視民生，奉行不力，毫無成效者，必應分別勸懲。即飭北、南布政司，明定章程，詳候核辦。查安化縣光緒十五年一年系知縣李元善在任。十六年正月至七月系代理知縣程寶文在任。十七年三月二十四日以前，系代理知縣龔鶴疇在任。該縣等曾否有勸諭鄉民採茶趁早之事，究系何任勸導之功，及應如何給予獎鰿之處，並飭南布政司查明，迅速詳辦，以昭獎勸除行南、北布政司，轉飭產茶州縣，剴切曉諭商民，實力講求，並會同南鹽茶釐金局、江漢關道、北牙釐總局，迅速籌議產茶各州縣勸懲章程，詳候核定，及查明安化縣系何任有勸諭鄉民採茶之事暨應如何給獎之處，一併詳辦。并通飭湖北興國、鶴峰、蒲圻、通山、通城、崇陽、咸寧、嘉魚等州縣，湖南長沙、善化、益陽、湘鄉、湘潭、瀏陽、醴陵、安化、巴陵、臨湘、平江、武陵、龍陽、桃源、沅陵等縣遵照，剴切曉諭商民，實力講求，按照粘抄事宜，各就本處情形，詢訪辦茶商人、種茶園戶，籌議如何督勸稽察切實辦法，及講求製辦紅茶未盡事宜，迅速妥議，票覆核辦外，合亟劄飭，劄到該司，即便遵照，轉飭產茶州縣，剴切曉諭商民，實力講求，會同江漢關道、北牙釐總局、南鹽茶釐金局，迅速籌議產茶各州縣勸懲章程，詳候核定，及查明安化縣系何任有勸諭鄉民採茶之事，暨應如何給獎之處，一併詳辦。特劄。

曹南英條議：

謹查湖北、湖南兩省產茶之區，茶樹滋長茂盛，無須再為教神，非比無茶之地，尤須教其種植。惟製茶之法甚多，必須善為製辦，始能自立於不敗之地，而可望茶務轉機。謹將採訪各茶商製辦之法，開具清折，備東憲鑒。

一、採茶宜時早也。紅茶以葉小而嫩為佳，必須穀雨前數日，果折下山，則茶嫩而上有白毛，乃為佳品，洋商最愛此貨，若遲至穀雨以後，則葉老而色黃，茶粗而味淡，所以洋商不肯出價。推之子茶、秋茶，亦莫不然。今年頭茶之價高者，皆穀雨以前之茶。此宜早采之明徵也。

一、製茶宜趁天晴也。製茶若逢太陽，則茶身緊小而顏色光澤，洋商最愛。若遇陰雨，必用火炕，則一味煙氣，洋商最忌。不如趁天晴之日，早為採製，一遇陰雨，則改製黑茶，而黑茶又宜煙氣，實為兩便。今年頭茶之價低折本者，皆有煙氣之茶。此宜趁天睛之明徵也。

一、開莊宜禁陳茶也。洋商售茶，先看泡水。新茶泡出，乃是黃嫩之色；陳茶泡出，乃是黑片。洋商最忌陳茶，退盤割價，多系此等黑片。自漢口開市以來，從來未有僥倖混淆者。此宜禁陳茶之明徵也。

一、揀茶宜精細也。粗枝老葉，最宜揀盡。若稍有不盡，則黃片夾雜其中，而顏色不純。即系嫩茶，亦因而減色。此揀茶宜精細之明徵也。

一、制茶宜視火候也。火太過，則氣味毫無；火不足，則香味又少，且火太過，一經淹出，盡是燒邊黑片，洋商最忌。惟此掌焙炕之人，最為緊要。宜擇其老成而諳練茶性、勤慎而少貪睡酒者，為之掌守焙航□其製茶鮮有不氣香而色譯。洋商退盤割價，多系黑邊不香之茶，此宜視火候之明徵也。

一、茶箱宜較准也。洋商過磅，以輕者為憑；洋商退皮，以重者為據。若輕重不能較准，每因之而大為少磅，從未有多出磅者。此宜自為較准之明徵也。

一、出箱宜謹防水濕也。倘偶有不慎，箱面稍有水跡，則臨磅之時洋

樓將此水跡之箱盡行提出，即再為裱飾，則為日久而價漸低，亦已大半折耗，其吃虧已屬不小。此宜謹防水濕之明徵也。

一、出售宜勿做樣也。洋商之看茶，最為的確。每大辨與小樣不對，無一不因之退盤而割價，是不如從大堆中取一小樣定價後，再從大件中抽一大樣，庶無不對樣之弊。從未有做樣之茶，而可僥倖以混得原價者。此宜勿做樣茶之明徵也。

又卷一〇九《札襄鄖宜施各屬查明地方土性試種茶樹是否相宜光緒十七年十二月十三日**》** 為通飭查覆事。據襄陽府穀城縣知縣瞿元燦稟稱，卑職上年曾將桑茶兼辦緣由稟奉批示在案。時以四鄉土性，尚未深悉，僅於卑署隙地試種，幸均成苗。嗣經考校其土性，宜於植桑者固多，而宜於種茶者亦復不少，且于農桑均無妨礙。現已捐廉赴嶽州多購茶子，一面出示曉諭，並將種采焙炙各法分條詳細刊發，俾眾鹹知，仍擇公正紳耆，總領分發，概不經書役之手，使小民不費分文，務使各盡其力，護惜滋培，無遊惰之民，無空曠之地，以副憲台為民興利、實是求事之至意等情并清折一扣，到本部堂。據此，查茶葉為出口商貨之大宗，湖南、北兩幫每年貿易價值約銀一千數百萬兩，外洋各國多仿照種植，只以土性不宜，香味遠遜中國，仍須向中國購買。湖南業此致富者，實繁有徒。湖北如崇陽、通山等州縣近年俱以種茶獲利。此外如襄、鄖、宜、施四府及荊門州所屬當陽、遠安等處人民素患貧乏，由於山多土瘠，專恃番薯、羊芋為生，一遇歉收，立形艱困。地方官果能講求察視地利、土脈、物性所宜，教民墾治種植，以補雜糧之不足，自可轉貧為富，起敝為隆。查種茶惟沙地不宜，其半沙半土之地皆可種植。如穀城邏令所陳種植採製之法，頗中竅要。亟應劄飭地方多山之各屬，查明地方土性，如果宜茶，即應仿照，勸民種植，以興地利而阜民財。除稟批發外，合亟通飭，為此劄，仰該府、州，即便遵照，轉飭所屬，查照粘抄事理，切實查明，地方如果土性宜茶，一面購買茶子試種，一面出示剴切曉諭，并籌議勸導倡辦之法，具稟察核。該府、州並即督率考察，實力勸諭興辦。如辦有成效，定當奏明，優予獎勵，萬勿視為具文，率以土性不宜，民情窳惰等語，一稟了事，是為至要。

穀城縣功民興種茶樹示稿

湖北襄陽府穀城縣謹許卑縣勸民興種茶樹示稿，及採種焙炙各條，開摺呈核。須至摺者。

計開：

廂得養民之道，在於為民興利。興利之法，固以農桑為本，而因地因時，可以並行不悖者，莫如種植茶樹。本縣籍隸湖南，各州縣產茶最廣，近年造作紅茶，運赴漢口等處發賣，因此致富者不一而足，即在本鄉肩挑負販，亦復獲利甚豐。其種植之地惟盡沙處不相宜，此外盡土及半沙半工，皆有樹必獲，無論山阜嶺坡，但擇向陽之處，並無紡于稻麥及桑樹等物。上年冬臘間，本縣捐購茶子，今正於署後陳地如法試種，均已發生。茲復捐廉，選派妥人，前赴嶽州一芾地方採購，一俟到縣，印分發各鄉紳耆，轉付該民等領種，不經差投之手，不取分文費用，除將種法詳細開示外，合行出示曉諭，為此示，仰軍民人等知悉。爾等務須遵照領種，雖采葉需五年之後，而一經成樹，即生息無窮，幸勿惜目前勞費，致負本縣為地方興利之至惠。其各傈遵，毋違。切切。特示：

一、擇向陽之地，無論層山疊阜、高嶺斜坡，先行開闢，便下肥類，領到茶子，即如法種植。

一、茶子種植之期，自九、十、冬、臘、正月均可，惟不可再遲。其發生總在立夏節前後。

一、種茶須分行，每行相離約三尺，其行中空地，仍可種春、秋兩季雜糧及佛花等物。

一、行內挖穴，亦須相離兩尺，免致成樹時彼此相礙。

一、每一穴種茶子五六顆。此樹本系叢生，不可單種。

一、種後只須間或下糞。知行中兼種他物，下有肥糞，便可滋長，無庸另糞。

一、成樹及一二尺高，便可采葉。湖南大茶山采葉，多系婦女，不致有廢男工。

茶樹長成，每年於穀雨節采頭次極細葉，即毛尖茶，是貴重之品。穀雨節後數日，采二次略粗葉，亦是好茶。至立夏節采三次葉，其味較遜，然亦可用。

一、采得茶葉，不可日曬，曬即有怪味。只須以鍋燒開水，將葉入水

蕩過，隨即取出，再用微火烤幹，攤冷入壇裝緊，謹防風吹入，吹即上黴，雖好茶亦不足貴矣。

一、九、十兩月採收茶子，或隨采隨種，或稍遲亦可，總以正月為止，若分種有餘，即留以打油，此油只可點燈，不可吃。

以上十條，務各留心，照法種植採製。毋忽。

又卷一一一《諮北撫院湖南茶商德豐永等呈控袁雲峰等一案光緒一八年六月十三日**》**　為録批諮會事。據湖南茶商德豐永等公呈：『盤踞茶業公所霸充首事之袁雲峰、陳敬軒，造揺生風，勒抽私費，請拿案訊究』等情一案，到本部堂。據此，除批『據呈：「盤踞茶業公所箱充首事之袁雲峰、陳敬軒二痞，逢謠生風，勒抽私費於公所舊斂工費外，反添局費、經費兩目，三共於紅茶每百斤估取銀七分，乘洋行兑價時，攔扣在握，有厚生祥清單： 茶業公所收條確據。本年到漢紅茶，雲、敬已扣得銀一萬六七千兩，累累飽秦，各號吞聲。至若茶業公所雲、敬同廣幫張寅賓、文虎卿等倡議，于每石紅茶取銀八分零起，減至本年猶抽一分七釐，積銀二三十萬，僅修公所一區，估費不過五萬，存項尚有巨數，從未核帳題單，自設此公所洋局陡變，交單，則紛紛退割，過磅，則件件欺壓，雲、敬等無所整頓，反卡制盤剝，斂費巨萬，毫無正用，稟懇拿訊徹究核追」等情。查茶務為楚省出口商貨大宗，若如所呈袁雲峰等盤踞招搖斂費巨萬，剝削群商，藉肥私囊，實為茶務大害，自應查追究辦，以儆奸儈。核閱粘抄清單，計一單貨價二千七百餘兩，除書院捐已經飭停外，竟坐扣各費六十一兩有奇，及九七扣八十四兩有奇，共扣銀一百四十餘兩之多，大半皆系無名之費，種種剝削，徒飽奸商。良懦商人其何以堪，且無粘取用尤幹例禁，亟應澈底查明。應減者，減，應裁者，裁。務將中飽服費慨行删除，定立妥善章程，以清茶務而紓商力。仰北布、按二司，會同江漢關道遵照迅速飭提袁雲峰等聲應訊商號人證到案，發交武昌府，調齊該商等所收各種清單、收條暨茶業公所帳據，查訊確情，核算明晰，分別押追究辦，並由該司等會同江漢關道將應行裁減各項，悉心查核，詳考商情。另籌整柬章程，妥議詳辦，毋稍含糊宕延。切切。粘抄併發』等因榜示印發外，相應録批諮會，為此合諮貴部院，請煩查照施行。

又卷一一六《札通山縣將俄商采辦茶樹被鄉民作壩措阻情形稟覆光緒十九年八月初九日**》**　為劄飭遵照事，據監督江漢關惲道詳稱：『《光緒十九年八月初三日准俄國王領事官函開：「查百昌商人在通山採辦之茶樹，因鄉民作壩阻措不准放行，曾經本領事兩次函請貴道查照，飭通山縣，趕緊究辦在案。因通山縣奉文後，任意玩延，並不趕緊辦理，以致採辦之茶樹耽延日久，現在均已枯死無用。該商虧耗甚大，且該處紳民勒索錢三百千文，理應賠償。現在尚未查明該商虧耗實數，俟查明實數後，再行函知。相應函請貴道煩為查照，希即飭通山縣，勒令該紳民將勒索之錢如數繳完。一面訪拿為首聚眾之人到岸，照例嚴辦。望切施行」各等因，准此。查此案本年五月二十九日准俄領事函：「據本國商人達尼祿夫稟稱：欲遣僕人黃絜如赴通山羊樓峭、聶家市等處，採辦茶樹，請填給護照，應徵稅銀由漢口呈繳」等因。職道當查同治二年英商寶順行欲赴內地購買茶子出洋一案，經福州將軍、福建撫部院諮准總理衙門核覆：「查例禁之物均載在稅則，茶子既未載在例禁之條，若必砍禁匣，徒費唇舌，應照善後條約第一條，按值百抽五徵稅，准其販運出口」等因。諮行在案。此次俄商採辦茶樹，事同一律，自應照準，並録案面稟憲台奉諭准辦。當即函復俄領事照洋商赴內地辦土貨章程，由領事備文聲明，該商請領赴某處採辦茶樹運照、報單若干套，以便填給。旋准俄領事函請，填給該商赴通山羊樓峒聶家市辦茶樹單照各一套，共三套，當經查照定章，如數填送給領去後。嗣於七月初七日，准俄領事函稱：「據百昌商人即達尼祿夫稟，該商在通山地方辦就茶樹裝船運漢，被該處鄉人作壩阻止，勒索重價，請飭辦」前來，經職道劄傷通山縣刻日剴切開導鄉民，迅將茶樹船隻放行，勿任阻撓生事，仍將實在情形先行稟核並行武昌府轉飭遵辦。七月二十日復准俄領事來函，以通山縣尚未奉文，該處鄉民仍行阻止，又經專差劄飭通山縣趕辦具復各在案。事經一月之久，兩次行文該令，竟無隻字稟覆。接准前因，除再由職道迅飭通山縣妥速查辦，據實稟報暨照復俄領事外，相應具文詳請憲台俯賜查核，嚴劄傷令武昌府、通山縣一體遵照，趕緊查明，妥辦速復，批示祗遵』等情，到本部堂。據此，查洋商詳領單照赴內地採辦茶樹販運出口，皆經總理衙門核准有案，各省通行已久，今俄商請照赴通山羊摟峒採辦茶樹，通山縣鄉民何得抗照阻撓，妄行生事。顯經江漢關道兩次劄行趕辦速復，

事經一月之久，竟無隻字禀覆，殊屬玩延已極。案關洋務交涉，全賴消息靈通，上下應手，方能弭患無跡。乃該縣率意澳視，漫不經心，如何措辦，久不襄覆，致茲外人藉口，大屬不合。亟應嚴劄申飭，劄到該縣，立即遵照趕緊查明，俄商領照販運茶樹，該處民人因何作壩阻撓，有無勒索重價情弊，務將此案刻日妥速辦結，如有勒索錢文情事，並即查明追繳，一面將滋事匪徒嚴拿懲辦，毋許片延，致幹未便。切切。

又卷一一六《札李謙查辦湖南臨湘縣民毀棄俄商茶樹案光緒十九年八月初九日**》** 為劄飭遵照事。據監督江漢關惲道詳稱：『光緒十九年八月初三日准俄國王領事官函開：「據百昌商人禀稱：商人前持關憲發給單照往聶家市採辦茶樹七百餘株，裝箱二百餘口，正在上船運漢。於七月二十五日五記鐘時，該處突來鄉民百餘人，不問錆由競將茶樹箱二百餘口，全行毀壞，連茶樹一併拋於河中『各等情前來。據此，本領事查該商領有單照辦貨，此貨是俄商輸稅之貨，該鄉民敢將商貨聚眾搶劫，商人虧耗資本甚多，且耽誤工夫，相應函請貴道煩為查照，希即飭臨湘縣訪拿搶劫之鄉民，並勒令賠償該商人虧耗，現在尚未查明該商虧耗實數，俟查明後，再行函知可也」等因，准此。查此案本年五月二十九日准俄領事函：「據本國商人達尼祿夫禀稱，欲遣僕人黃絜如赴通山羊摟蜎、聶家市等處採辦茶樹，請填給護照，應徵稅銀，由漢口呈繳」等因。職道當查同治二年英商寶順行欲赴內地購央茶子出洋一案，經福州將軍、福建撫部院諮准總理衙門核覆：「查例禁之物，均載在稅則，茶子既未載在例禁之條，若必欲禁阻，徒費唇舌，應照善後條約第一條按值百抽五徵稅，准其販運出口」等因，諮行在案。此次俄商採辦茶樹，事同一律，自應照準，並録案面禀憲台奉諭准辦。當即函復俄領事照洋商赴內地辦土貨聿程，由領事備文聲明，該商請領赴某處採辦茶樹運照報單若干套，以便填給。旋堆俄領事函請，填給該商赴通山羊樓峭、聶家市辦茶樹單照各一套，共三套。當經查照定聿如數填送給領去後，接准前因除照復鈮領事外，相應具文詳請憲台俯賜查核，嚴劄飭令湖南臨湘縣遵照趕緊查明妥辦速復，枇示祇遵』等情，到本部堂據此，查洋商請領單照赴內地採辦茶樹，販運出口，曾經總理衙門核准有案。各省通行已久，今俄商持照赴臨湘縣聶家市採辦茶樹，該處民人竟將茶樹箱二百餘口全行毀壞，拋棄河中，如果屬實，殊出情理之外，事關商務交涉，鄉民抗照殂撓，亟應飭派大員弛往查辦。查有湖北候補道李道謙，堪以派委。合就劄飭，劄到該道，即便遵照，刻日馳往湖南臨湘縣，會同嶽州府查明該處鄉民因何將洋商茶樹拋棄河中，有無別項起□情節，會同督飭臨湘縣徹底查究，秉公辦結，不准稍涉回護，並將為首抗照滋事匪徒嚴拿，務獲懲辦，以儆效尤。毋違。此劄。

又卷一一七《札委曹南英赴上海、福建訪查茶務光緒十九年九月二十二日**》** 為檄委查訪茶務事。照得湖南、北兩帑紅茶與外洋交易，為鄂省稅釐大宗，近年稍售不旺，茶商資本每多折閱，動以洋人退盤割價，致貽虧累為詞，前經承准總理各國事務衙門來諮：以中國茶葉質味本佳，但因採摘不時，或種製未善，或攙雜不淨，以致銷售日少，價值日低等因，當經本部堂、院轉飭產茶州縣曉諭商民，講求採摘焙制之法。查本年稅釐收數愈形短絀，於餉源大有關係，查中國茶葉出口，鄂省而外，閩省銷售最多，每年出產若干，與洋商交易是何情形？是否亦有退盤割價之事？中茶消滯是否因外洋屯儲過多？抑因印度出產漸旺所致？閩省商人與洋商交易有何妥善辦法？上海為各國茶船總匯之所，亟應派員前往上海及福建省城詳切訪查，參考互證，務得要領，據實禀陳，以資整頓。查湖北候補道曹道南英，督辦牙釐局有年，熟悉茶務，堪以派往。所需川資，由養後局核給。除諮行外，合亟劄委，為此劄仰該道，即便遵照，迅速束裝前往上海及福建省城，按照劄行事理，詳切訪查，務得要領分晰採辦，毋稍疏略。切切。

又卷一二八《札委稅務司籌畫種茶製茶良法、在漢集股設廠教導光緒二十三年十月十一日**》** 為劄委事。照得茶葉一項為中國出口之大宗，漢口一鎮又為各省茶市之樞紐，年來中國茶利逐漸衰落，各商累耗鉅資，殊堪憫惻。查中國茶種之佳，地球無匹，徒以旧説，不知變通，栽種既未合法，焙製又復失宜，遂為洋商所厭棄，若不亟圖變計，何以挽利源而維商本。惟是栽種必明化學，焙製又須機器，非合各富商之力糾股設廠，延請洋人督率教導，未克奏功。查江漢關稅務司穆和德，於茶務自擊情形，深明利弊，極願為中國茶利謀補救之術。本部堂實深嘉許。合行劄委，該稅司籌畫種茶、製茶之良法，在漢口或產茶地方設立廠所，延致洋人實

力教導，俾中國茶市日有起色。其如何訪覓明白事理之富商集股份，以及如何購機製茶以成佳茗，購地試種以期推廣，並延請洋人，酌雇印度工人以資教授各事宜，統歸該稅鈤一人主持，惟不得招附洋股，倘經查有冒附，惟該稅司是問，仍將辦理情形隨時稟報本部堂察核。其有干涉地方各事，如向民間購地及彈壓保護之類，應由江漢關道協助照料，無令掣肘，一俟辦有端緒，再行具奏立案含亟劄委，劄到該稅司，即便按照上項劄行事理次第趕速佈置。該稅司實心辦事，必不致有負委任。切切。特劄。

又卷一三五《札委何煊等馳往通山等縣會同地方官采購茶秧光緒二十五年正月初七日**》**為劄委事，照得鄂省創設農務局，延聘美國教習，講習西式種植、蓄牧之法，以興地利而裕民生。查茶葉為通商貨物大宗，種植亟須講習，湖北通山、通城、崇陽、蒲圻等縣向為產茶之區，前承准總理各國事務衙門諮行，令講求採摘種製之法，實力整頓，以期銷路日暢，業經通飭遵辦在案，茲省城農務局籌辦已有端倪，瞬值東作方興，亟應乘時購備茶秧，來省種植，以資宣導，茲特飭委辦楊芳林茶釐之試用通判何煊、委辦崇陽茶釐之候補知縣翦子功，前往通山、通城、崇陽、蒲圻等縣，不拘何縣，但擇其產地脈產茶最佳之區，酌量購辦茶秧五千株，務須挑選上等好袂，勿任商民以劣種攙雜滋弊。茶秧須取甫種一年者，株不高，根亦不大，移植可期易活，茶秧起土後濕以水，每株尤須多帶根土，以草繩束系，勿得散脱損壞。外購茶子約一兩萬顆，須上年已植入土者，或已萌芽，或未萌芽均可，務須連土起出，平放籃內，勿任顛倒，致損嫩芽，沿途妥為照料，陸續解運回省，呈交農務局查收，擇地分種。到該縣後，即會同該地方官出示曉諭，務限二十日內購齊回省，不准遲誤，應需價銀，由善後局先行核給銀五百兩，事竣核實開報。除分行外，合亟劄委，禮到該員，即便遵照上項劄飭事宜，迅速馳往照數選購，押運回省。勿稍刻延，切切。

又卷一三七《札江漢關道勸諭華商購機製茶光緒二十五年四月十四日**》**

照得中國出口土貨以茶葉為大宗，而漢口商務之盈絀，尤專視茶葉為盛衰。近年印度、歐美、東洋各處種茶漸多，銷流漸廣，雖茶質遠遜中國，而外國人究心培植，加工烘製，洋茶貨價日高一日，我茶出口年少一年，若不及早整頓，則必如他事終落人後，原有大利盡為外人奪去，豈不可痛可危。前經屢飭江漢關道，悉心考究，妥議詳奪，並劄委稅務司穆和德，勸令華商集股，仿照外洋烘製之法，購機試辦。旋據江漢關道詳，據武昌府崇陽、蒲圻、通山、咸甯、興國等州縣及茶釐委員易守學灝暨茶葉公所商董稟覆前來。大率皆以機器製茶水味若澀，香氣不清，只宜英國，以外則不能暢銷。機器價貴，成本難籌，不若仍循其舊為詞。查華商性情但以襲故套，圖小利為事，而憚於求精；官場積習，但以因循省事搪塞上司為能，而懶于振作。當經批駁，飭令再行悉心體察，妥議詳奪在案，茲日久未見詳覆，特再劄催。該商等須知中國茶葉所以至今仍勝於洋茶者，乃中國土性天氣使然，至於人工烘製則人事之不齊，斷不若機器之一律，若中國仍用舊法，洋商必藉口人工不能停勻，製法不能幹潔，極力傳播煽惑，務使各國盡銷洋茶而後已，恐各國銷路日久皆將窒塞，豈獨一英。我若改用機器，是製法與彼同，而茶質較彼勝，又何能與我爭衡乎？若謂機器製茶，香味全失，此説最謬。查洋人飲茶，專取濃厚，既為消食，又防傷胃，先用鐵鍋熬成濃汁，將飲之時，注於甌內，必加入洋糖兩塊，再摻入牛乳一勺，已別成一種風味。即使清芬雋永如浙之龍井、蘇之碧螺、閩之蘭蕊，配以中泠惠山之泉，一用西法煎熬調和，恐亦不能辨其為何味矣。西人所謂清香，豈中國詩人墨客品茶諸書所謂清香耶？況機器烘製，其經火成熟，與人工同，而迅速停勻，無煙氣，無黴氣、無馬糞氣則遠勝之，何反至有損香味，尤不可信。若謂機器製茶只銷于英，尤為無稽妄説。漢口煙筒林立者，即俄商以機器製茶之屋也。數年來俄人亦漸買印度茶，所買者即皆機器之所製也。近年溫州機器製茶，味美價善，洋報稱盛，該官商等獨未之聞耶？至漢口茶商連年虧折，大抵皆因零星小販太多，資本不足，重息假貸，減價爭售，致壞市面。若各大商能集股購機製茶，小販力薄不能購機，勢必不能與之爭利，是小販不禁自絕，既無小販，則華商不為洋商挾制，市面必日有起色矣。前據稅務司穆和德面稟，洋商之欲來漢試辦者甚多，而華商皆畏葸裹足，不肯集股，本部堂聞之，殊為華商惋惜。此事所需資本並不甚巨，多則十萬，少則六萬，再少則三萬，亦可試辦。以漢口茶商之盛，豈竟無一二有識有志之人為中國挽回利權耶？為此，劄仰該關道，趁此茶商雲集之時，務

速再為傳集各商，極力勸諭籌辦，以為明年之計，毋負本部堂勸導苦心，務期議有端倪。如有須官力維持保護之處，本部堂定必竭力扶持。倘商集股不足，本部堂亦可酌籌官款若干相助，以期成此盛舉。合就劄行，仰該關道即便遵照，傳集商人，切實勸諭稟覆。毋違。切切。

又卷一六一《批六幫茶商稟懇整頓茶務積弊光緒十六年十月二十一日**》** 紅茶為土貨大宗，關係兩湖商民生計，年來出產漸少，折閱愈多。本部堂蒞楚以來博訪周諮，頗知致弊之由，亟欲及時整頓，以維商務。現稟所陳十弊，自系實在情形。粘折所开章程八條，大致尚屬平允。惟事關華商與洋商交涉，其間果否一無窒礙，必須籌度周詳，仰江漢關道妥速覆議，詳候核奪。

又《批江漢關道詳核議茶商整頓茶務章程光緒十六年十二月十七日**》** 漢口茶市禁售樣箱，設立公磅，曆據該幫商棧公同議定章程，稟經該關各前道批准出示曉諭在案。近年茶務疲滯，華商急欲求售，不能堅守定章，以致弊竇叢生，日形虧累，而洋商亦因茶不對洋，藉端挑剔，若不及時整頓，實與中外商情均為未便，現在該商等眾謀僉同，創設公棧，既便查色樣攙雜之弊，並可免風濤停泊之虞，洵屬扼要良圖，維持商務至計，應即准行。惟建棧必籍鉅款，經理尤貴得人，仰江漢關道迅即選舉六幫公正殷實紳首數人以董其事。應如何籌墊建棧之款及按箱酌抽經費，分年歸還，大約抽費不宜過多，年限不妨稍久，務使茶價不至驟貴，致礙市面，飭令確切妥議，再呈該關道覆核，分別給諭出示，庶足以資經久而杜流弊。至落盤過晚轉箱交價各節，如何明定限期，系屬華洋貿易之事，應再按照條約妥籌辦法稟明辦理，其倉房司事、茶棧經紀人等果有播弄勒索情事，准其隨時稟官，究懲以儆刁倫，仰即轉飭遵照。

又卷一六二《批江漢關稟嗣後洋商雇用民船裝製錢運往內地辦茶驗照放行光緒十七年正月十八日**》** 據稟已悉，該洋商此次所運往江西義寧州買茶應用製錢，業已開行三船，已據該關道具詳批准，並劄飭通省牙釐總局，轉飭敗行在案。所有該商續運之錢，即如稟，由該關道查明確數，繕給護照，一面與英、俄兩國領事妥商。嗣後如確系運往內地買茶之錢，隨時知照該關道，核給護照。經過各局卡查驗，蓋戳放行。惟護照查驗後，務令計限繳案核銷，免致該船戶人等，假冒影射，以杜奸商而重圜法。除並行通省牙釐總局轉飭外，仰即遵照辦理。仍候撫部院批示。

又《批江漢關詳阜昌商人運制錢買茶被黃州釐局扣留光緒十七年正月十八日**》** 據詳已悉。該洋商此次所運制錢，系往義寧州買茶之用，尚非販運弁利，亦非運至九江通商口岸者可比，應准放行，以示體恤。除即劄行通省牙釐總局轉飭樊口、武穴各局卡一體遵照放行外，仰即遵照辦理。仍候撫部院批示。

又卷一六三《批穀城縣稟試種茶子另捐廉購給領種光緒十七年十一月二十六日**》** 據稟及清折均悉。所擬種茶及採製之法，頗中衰要，因地製宜，甚屬可嘉。仰北布政司轉飭遵照，一俟茶子購回到縣，即行分給領種，務須認真督率經理，以收實效，是為至要。仍候撫部院批示。

又《批湖北茶商籍廉生李慶恩等勢處兩難懇存體恤呈光緒十八年閏六月初五日**》** 查兩湖書院茶商箱課額，因茶商輸捐而增設，現以停捐而裁撤，乃事理之當然，何關榮辱。該生等應課如以文字見擯，乃覺可恥，此之裁撤，非戰之罪。且茶商籍應裁多人，豈止該生兩名。據呈『廉恥所在，不知何地自容』等語，措詞尤屬不倫，至所控之祝潤經等，飭查漢商籍內課實有其人，並非祝森畹等冒名。且應試諸生冒名頂替，自有考察杜弊之法，該生等勿庸多瀆。仰兩湖書院提調轉飭遵照。抄由批發。

又卷一六四《批嶽州府等會稟查聶市民人毀棄茶樹箱一案實在情形光緒十九年八月三十日**》** 據稟及另單均悉。俄國百昌商人托人採買茶樹，被鄉民毀棄一案，現經該道等查明，實因經手之人未將江漢關道所發單照呈縣請驗出示，致該處鄉民疑為私運茶樹出洋，恐絕生機，遂將茶樹毀棄，並無抗照別情。訊據吳松夫供稱，買辦茶樹以及雜用等項，共計錢四百八十餘串，既經該處紳耆籌賠銀三百一十四兩零，即可究此完結，應將繳到銀兩解交江漢關道，轉交俄領事發給百昌商人柢領。鄉民無知，實非有心違抗，情尚可原，惟予從寬發若，仰江漢關道即便逋照，摘録事詞廂會俄領事，轉傷百昌商人遵照。仍移行李道等知照。此繳。稟單抄發。

又《批道員莊賡良稟呈茶商條陳光緒二十年二月二十七日**》** 漢口茶務

連年疲累，自應力予維持。本部堂疊經劄飭湖南、湖北兩灌司、江漢關道考求茶務利弊，轉飭南北兩省產茶各屬曉示民間，講求種植烘製之法，酌議地方官勸懲章程各在案。現經南撫部院吳奏派該道來鄂籌辦茶務，力籌恤商之策，此舉關係南北兩省商務大局，自宜乘此等定良策，兩省通力合作，即日切實舉辦。今年頭茶之市將畢，正可及此部署周妥，豫為明年之計。近日疊據江漢關惲道襄呈與俄領事來往函牘各件，所有茶務事體該關道正在極力辯論維持，茲據該商等擬請籌修公棧，懇請借款三數萬兩，以資經始，一面按箱抽費，接濟成功，此舉徇為茶務要圖，應即准如所請，由官籌款三萬，借與該商等公所具結承領，分期抽還。南茶箱數較北茶多至一倍有餘，此項應由南省籌借二萬，北省籌借一萬。現已與南撫部院函商，意見相同，仰該道即傳知各商迅速籌議，一面議章抽費，一面購地舉辦。至其餘監餐過磅、柚提辦箱、限日交銀、剔除水漬、整飭經紀通事備條是否一律周妥可行，並候劄飭江漢關道會同該道詳考茶務利弊，體察華洋商情，迅速核議，稟覆本部堂並南北撫部院核奪。至茶商入山買茶多用大秤，往往有加至三十二兩以外者，園戶不堪抑勒賠本，不得不遲搞粗茶，並以攙雜水濕充數，希圖多壓斤兩。茶質不佳，茶價安得不賤？本源不清，具餘都是末節，是精茶色、恤園戶兩條尤為根本，該道等應一併妥議辦法稟覆。

又 卷一六六《批江漢關道詳覆勸諭茶商購用機器製造合股爲難，惟求仍照向章設立公棧公磅光緒二十五年十二月初一日**》** 據詳已悉，茶務不講求種植製造，已非探源之策，具餘俱屬末節矣。惟洋商壓磅割價，半由華商眾心不齊，互相爭競，甚或攙雜作偽，致為洋人所乘，亦為茶市之害。茲據詳擬申明舊章，定過磅交價之期，使不能任意反復。創設公棧，以免爭競，嚴禁作溈，以杜藉口，自亦屬維持茶務之要舉。仰該關道即派員督飭該商董等妥速籌議認真舉辦，勿得空言搪塞。仍一面督飭印委各員，以及眾商，隨時認真講求培植茶樹、製造茶葉之法，務使中國大利不致外溢，是為至要。仍候撫部院批示。

又 卷一六八《勸諭茶商講求采製各法示光緒十八年二月初六日**》** 照得茶葉為中國商務大宗，中茶味性最佳，外洋英、美各國所產皆不能及，洋商肯出善價，俄國商人給價尤優，湖南、北及江西等幫每年在漢口交易價銀至一千數百萬之多，然必須葉嫩味香、顏色光澤、製無煙氣、質無攙雜者。洋商方肯出高價購買，否則，退盤割價，徒貽虧累，本部堂蒞楚以來，專意培養兩湖商民生計，熟察每年茶市精形，但患茶葉之不佳，不患銷路之不暢，至茶葉之佳，尤以採摘趁早為第一要務。早則嫩，嫩則小，然葉愈小而價愈貴。紅茶以葉小而嫩、上有白毛者為佳，洋商最肯購買。此種繳茶，必須穀雨以前采晡，下山方為上品。若遲至穀雨以後則葉老而色黃，茶粗而味淡，洋商即不肯出價。上年頭茶最為得價，最優者遠勝向來頭茶，何也？此皆穀雨以前之茶也。總之，新茶上市成箱或在穀雨以後，採茶必須穀雨以前，時不可失，此誠茶戶茶商首宜講求者也，至製茶宜趁天晡，培茶最忌煙氣，該茶戶茶商等自悉其中竅要，惟製茶掌焙之人，須擇其諳練茶性、老成勤慎之人為之，不可吝惜工價。揀茶尤宜精細，若稍有黃片夾雜，顏色不純，嫩茶亦因之減色。他若開莊，宜禁陳茶出箱，宜防水濕出售，勿做樣茶，該茶商等均宜隨時考察，實事求是。大抵山戶之弊在於貪多倫備，商販之弊在於僥倖牟利，不知洋商看茶最為的確，買茶極為認真，只在茶葉之好，不在斤兩之多，試思漢口自開市以來因茶不對樣，貨不一色，退盤割價者比比皆是，從無以陳茶、樣茶及燒邊黑井之茶僥倖售其欺者。此皆本部堂晢飭江漢關道將歷年茶市行情詳查明確並向外國領事洋商反復考究而得者，故特明白剴切為商民等言之，果能採茶早，製茶精，揀茶細，售茶真實不欺，自然得價，斷無退盤荆價之事。至山戶人等如有採摘不精、攙雜陳茶、水氣及貨色不一、斤兩不符等弊者，備商販自當公立禁約，從重罰辦，儻不受罰者，泰官究治。除劄飭各該州縣認真稽察督勸外，合亟示諭各茶戶、茶商等知悉：爾等須知茶嫩則價自高，不必貪多，貨真則銷自暢，不必尤人，務須早采精製，必然獲利豐盈，有厚望焉。

又《曉諭產茶各處示光緒二十年五月初七日**》** 照得匿名揭帖，久幹例禁。迭經本部堂恭録光緒十七年五月初七日欽奉諭旨剴切出示曉諭，並通飭各屬州縣查拿造謠惑眾之匪徒懲辦在案。本年三月間，俄國百昌茶行商人達尼祿夫前赴羊樓峒辦茶，行至新店地方被該處閒人圍繞，內有無知頑童擲石致傷，並于羊樓垌地方出有匿名揭帖等事，當經嚴飭地方文武印委各員妥為彈壓查禁拿辦。查洋商赴內地買茶歷年已久，均極相

安。乃近有無知之人擲石滋事，並有游描匪徒妄造揭帖，謂『中國茶務向來稱盛，近因洋人來此以致虧累』等語，實屬誤會訛傳，愚謬已極。查中外通商以來，惟有絲、茶兩端為于中國最有益之事。試思咸豐以前，湖南、湖北兩省茶斤僅止售於西商或運赴上海，銷數甚屬有限。自同治年間，漢口通商以後，售者愈旺，種者愈多，年增一年，近來每年銷數將及銀一千萬兩，較之早年加至六七倍，而光緒六年至十五年銷數尤多，何得謂本來稱盛因洋商而虧累乎？所以光緒十五年以後銷數較少者，乃因英國近年多用印度茶，買中國茶獨俄國買茶日多，故銷數尚不甚懸遠。近年業茶者雖亦間有不盡獲利之時，乃因茶色有高下，外洋茶價亦有漲落。究之歷年以來，凡資本充足、茶色挑選極佳、毫無攙和潮濕者，無不得高價獲厚利。不肯自行講求種植烘製之法，而徒歸咎於人，有何益處？豈非大愚？假如真能禁絕洋人來買漢口之茶，試問每年所產值銀一千萬兩之茶銷與何人？但使茶船漸稀則銷路漸滯，安得善價？此皆由無業遊匪只圖造言惑眾擾亂地方，全不顧害及茶商害及園戶，實堪痛恨。此事關係中國商務、兩湖民間生計，均非淺鮮，合亟剴切明白曉諭，為此示仰軍民人等知悉：爾等須知洋商買茶於爾等一方生計有關，正宜和平交易，豈可懷疑滋擾？況匿名揭帖例禁綦嚴，爾等切勿誤聽奸匪訛言，無故生事，既蹈法阿，亦誤生業。自示之後，務宜平心熟思，各安生理，見有買茶洋人，不得懷疑生事，讕敢造謠感眾，滋生事端，定即嚴拿重懲。

《清史稿》卷一二四《茶法》　厥後泰西諸國通商，茶務因之一變。其市場大者有三：曰漢口，曰上海，曰福州。漢口之茶，來自湖南、江西、安徽，合本省所產，溯漢水以運於河南、陝西、青海、新疆。其輸至俄羅斯者，皆磚茶也。上海之茶尤盛，自本省所產外，多有湖廣、江西、安徽、浙江、福建諸茶。江西、安徽紅綠茶多售於歐美各國。浙江紹興茶輸至美利堅，寧波茶輸至日本。福州紅茶多輸至美洲及南洋羣島。此三市場外，又有廣州、天津、芝罘三所，洋商亦麕集焉。蓋茶之性，喜燠惡寒，喜濕惡燥，又必避慓烈之風，最適於中國。泰西商務雖盛，然非其土所宜，不能不仰給於我國，用此駸駸偏及全球矣。

又　同治元年，飭下湖南、湖北、江蘇、安徽、江西、浙江、福建各督撫，詳查本省產茶及設茶莊處所，妥議章程具奏。二年，兩江總督曾國藩疏略言：『江西自咸豐九年定章分別茶釐、茶捐。每百斤除境內抽釐銀二錢，出境又抽一錢五分有零外，向於產茶及設立茶莊處所，勸辦茶捐，每百斤捐銀一兩四錢或一兩二錢不等，塡給收單，准照籌餉事例彙齊請奬。臣仍照舊章辦理。本年據九江關署監督蔡錦青詳，請遵照戶部奏准，飭將鹽、茶、竹、木四項，統徵關稅，已於三月起徵。江西茶葉運至九江，有華商、洋商之分，洋商既完子口半稅，固不抽釐，華商既納潯關正稅，亦未便再令完釐。臣卽照部章，於義寧州開辦落地稅。惟原奏內大箱淨茶科則稍重，分別核減。參酌茶捐向章，每百斤，義寧州等處徵一兩四錢，河口鎮徵一兩二錢五分，概充臣營軍餉。由臣刊發稅單護票，委員經收，或業戶自行完納，或茶莊代爲完稅領單，至發販時，統由茶莊繳銷稅單，華商換給護票，洋商卽憑運照，販至各處銷售。除華商完納九江關稅，洋商完納子口半稅外，經過江西、安徽各釐卡，驗明放行。如此辦理，與戶部原奏、總理衙門條約，一一符合。稅單雖係茶莊經手，稅銀實爲業戶所出，洋商不得藉口於子口半稅而禁中國之業戶不完中國之地稅。華商既免逢卡抽釐，亦不至紛紛私買運照，冒充洋商。』得旨允行。五年，戶部奏准甘省引滯課懸，暫於陝西省城設官茶總店，潼關、商州、漢中設分店，商販無引之茶，到陝呈報，上色茶百斤收課銀一兩，中色六錢，下色四錢。所收解甘彌補欠課。七年，議准歸化城商人販茶至恰克圖，假道俄邊，前赴西洋各國通商，請領部照，比照張家口減半，令交銀二十五兩，每票不得過萬二千斤。十一年議准，甘省積欠舊課，仍追舊商，召募之新商試新課，其雜課、養廉、充公、官禮四項緩徵。十三年議准，甘省仿淮鹽之例，以票代引，不分各省商販，均令先納正課，始准給票。其雜課歸併釐稅項下徵收，各項名色概予刪除。行銷內地者，照納正課三兩外，於行銷地各完釐稅，每引以一兩數錢爲度，多不過二兩。出口之茶，則另於邊境局卡加完釐一次。以示區別。

光緒十年，戶部統籌財政，於茶法略言：『據總理衙門單開，光緒八、九等年出口茶數多至萬九千餘萬斤。查道光年間，英國所收茶稅，約每百斤收銀五十兩，而我之出口稅僅納二兩五錢，不及十一。擬照甘肅茶封之例，每五十斤就園戶徵銀三錢，增課既多，洋人無所藉口，或照寧

夏、延、榆、綏等處茶引每道徵銀三兩九錢之例，於產茶處所設局驗茶，發給部頒茶照，每照百斤，徵銀三兩九錢，經過內地關卡，另納釐稅，驗照蓋戳放行，不准重復影射。所有茶照，按年豫行赴督請領，原照一年後作廢。或於產茶處所驗茶，發給部照，既完課三兩，再倍收銀三兩九錢，前後共徵七兩八錢，一切雜費均予豁除。惟於各海關及邊卡，凡應納洋稅，仍照向章完納。若在內地行銷販運，無論經過何省何處，釐卡關榷，均免再徵。則改釐爲課，改散爲總，既便稽查，復免侵漁。惟園戶及販商若何防其走漏，應令各省參酌定章，覆奏辦理。」

十二年，以山西商人在理藩院領票，詭稱運銷蒙古地方，實私販湖茶侵銷新疆南北兩路，一票數年循環轉運，往往逃釐漏稅。經部奏准，嗣後領票，注明『不准販運私茶』字様。如欲辦官茶，即赴甘肅領票，繳課完釐，倘復運銷私茶，查出沒官。

是時泰西諸國嗜茶者衆，日本、印度、意大利豔其利厚，雖天時地質遜於我國，然精心講求種植之法，所產遂多。蓋印度種茶，在道光十四年，至光緒三十年乃大盛。錫蘭、意大利其繼起者也。法蘭西既得越南，亦令種茶，有東山、建吉、富華諸園。美利堅於咸豐八年購吾國茶秧萬株，發給農民，其後愈購愈多，歲發茶秧至十二萬株，足供其國之用。故我國光緒十年以前輸出之數甚巨，未幾漸爲所奪。印度茶往英國者，歲約七十三萬二千石，價約二千四萬兩。吾國茶往者八十九萬八千石，價約千八百六十八萬兩。印度茶少於華，而價反多。迨二十二年，我國運往乃止二十一萬九千四百餘石而已。日本之茶，多售於美國，亦有運至我國者。光緒十三年，我茶往日本者，萬二千餘石，而彼茶進口萬六千餘石。其專尚華茶，取用宏多者惟俄。蓋自哈薩克、浩罕諸部新屬於彼，地加廣，人加衆，需物加多，而茶尤爲所賴。光緒七年定約，允以嘉峪關爲通商口岸，而往來益盛。十年後，我國運往之茶居全數三之一。十三年，併雜貨計，出口價九百二萬兩有奇，而進口價僅十一萬八千餘兩，凡輸自我者八百九十萬兩。然十二年茶少價多，十三年茶多價少，華商已有受困之勢。厥後亦兼購於他國，用此華茶之利驟減。蓋我國自昔視茶爲農家餘事，惟以隙地營之，又採摘不時，焙製無術，其爲他人所傾，勢所必至。

三十三年，茶葉公會以狀陳於度支部，稅務司亦以茶稅減少爲言，於是命籌整理之策。宣統初，農工商部遂有酌免稅釐之議。漢口、福州皆自外國購入製茶機器，且由印度聘熟練教師。江西巡撫又籌欵貸與茶戶，自是銷入歐洲及北阿非利加洲者，乃稍暢旺。

夫吾國茶質本勝諸國，往往澀味中含有香氣，能使舌本回甘。泰西人名曰『贍念』，他國所產，鮮能及此。故日本雖有茶，必購於我，荷蘭使臣克羅伯亦言爪哇、印度、錫蘭茶皆不如華茶遠甚。然則獎勵保護，無使天然物產爲彼族人力所奪，是不能不有望於今之言商務者。

《清實録・宣統朝政紀》卷一〇　農工商部奏、遵奉限期。將本管事宜應辦各要政詳加釐訂，略分四類：曰調查，曰籌議，曰興辦，曰編製，約一百二十八條，分年列表。第一年，調查中外棉業，籌議各省設立農務總分會，籌辦自來水，籌辦京師工業試驗所，開辦京師農事試驗場，重建京師勸工陳列所，推廣內地及海外各埠商會，推廣各處船會，招致華僑創辦大宗實業，頒布農會章程，頒布劃一度量權衡制度。修訂商標章程。第二年，通飭清釐全國礦山區域，通飭各省照章檢留最通用之度量權衡舊器各一種，查明覈定報部，調查各國賽會章程辦法，通飭各省調查商品出入大概數目，商務衰旺大概情形，編成報告，籌議開墾事宜、林業事宜，通飭各省籌設漁業公司、水產學校，籌設化分礦質局，舉辦各省農務總會，設立蠶業講習所、茶務講習所，開辦京師工業試驗所、勸工陳列所，設立度量權衡官廠，製造新器，編輯棉業圖説，釐訂獎勵棉業章程，修訂礦務新章，編訂劃一度量權衡各種細章。第三年，調查內地絲業茶業情形，調查各省出產商品，飭各省調查商品出入詳細數目、商務衰旺實在原因，編成報告，通咨出使大臣，將各埠華商人數商業冊報，通飭各省籌設農林學堂、農事試驗場，推廣保險辦法，舉辦各省農務分會，推廣蠶業、茶務講習所，開辦化分礦質局，施行劃一度量權衡各種細章，頒行度量權衡新器，劃一京外官衙局所，各省城、各商埠，度量權衡。商務總會以次設齊，頒布棉業圖説、獎勵棉業章程、礦務新章、保險規則、運輸規則，編訂工會規則。第四年，調查絲市茶市情形，全國礦物品類產額銷場，編製統計。全國工藝及製造原料，編製統計。調查全國著名工藝品，通飭各省設立專門學堂工廠，研究改良，各州縣籌設習藝所，各省

會、各商埠籌設工藝局、勸工陳列所，各省籌設礦務學堂，組織各種工會，研究工業改良法，籌設各省商品陳列館，籌議獎勵海外貿易，通飭商民出洋貿易，海外大埠華商商會以次設齊，商船總會以次設齊，編定各處酌留度量權衡一種舊器與新器比較表，統計各省歷年商品出入、商務衰旺，分別列表，籌議改良辦法，頒布商業登記章程，監督交易行規則，整頓貨棧規則。第五年，通飭農會編輯農務統計、列表報部，調查森林區域，籌議改良棉業絲業茶業事宜，通飭籌議農事半日學堂、農事演説會場，籌設各省勸業會，為賽會之練習，劃一各府城度量權衡，各省會及通商口岸商品陳列館以次成立，彙齊各省商務報告，逐年比較，列表統計，釐定改良辦法，頒示商民。第六年，通飭各勸業道編輯畜牧統計、漁業統計，列表報部，籌議整理漁界，繪具圖説，籌設獸醫學堂，籌辦農林礦務警察，籌辦商團，籌辦國內賽會，通飭農會改良農具，開拓農業，增殖農產，實行開墾辦法，商務分會、商船分會、各省勸業會以次成立，釐訂振興絲業茶業辦法。第七年，通飭各勸業道查明水利事宜，繪具圖説報部，通飭各省籌設美術學堂，實行改良棉業、振興絲業茶業辦法，外埠商會、各府及大埠商品陳列館以次成立，編製歷年航業推廣比較表。第八年，考查農會、商會、船會辦理成績，籌議萬國賽會，設立商律講明所，開辦國內賽會，編製實業公司局廠逐年增進比較表。編製歷年海外貿易比較表。第九年，通飭報告歷年籌辦森林情形，列表統計，調查改良棉業、絲業、茶業、商業後，逐年進步，列表統計，劃一各廳縣度量權衡，各州縣商品陳列館以次成立，開辦萬國賽會，編製全國農產品、水利、森林、畜牧、漁業、礦產圖志，編訂全國工藝商業志，下憲政編查館知之。

又卷一一　外務部等奏、會議駐藏辦事大臣聯豫等奏：印藏商約既定，亞東江孜噶大克三處開埠設關，分別擬辦情形。查藏印通商，訂定約章，以五年為限，免納進出口稅。現在早已限滿，惟百貨一經徵稅，照約即應准印茶入藏，於川茶入藏之貿易殊有妨礙，此時應由駐藏大臣等先將開埠事宜妥為布置。噶大克一埠，既據稱印茶多由該處灌入藏境，亦應續籌設關派員，以資稽查，其各埠所設監督有管理商務之責任，應先行遴派妥員，俾資治理。該大臣等所擬派員兼充監督委員暨江孜、噶大克兩處監督委員，作為兼差之處，應如所請，先行試辦。至江孜、噶大克兩處，擬設分卡查驗委員，歸亞東關管轄一節，查噶大克在後藏迆西，南通印度新辣等處，地方尚為衝要，該處設關，擬作為亞東之分關，派副稅司一員，歸亞東稅務司管轄；其江孜一處與印度往來貿易，必經過亞東，本毋庸另設關卡，惟該處商務較盛，擬由亞東稅務司派一查驗委員，在該處設立分卡，料理稽徵事宜。至該大臣等奏請酌撥江孜、噶大克兩處商埠經費，每年每處銀三萬兩，按照單開各款，尚無浮冒，自應准予籌撥。又建造公署，購辦器具，每處三千兩，為數無多，自應一律籌撥。其噶大克須設塘站駐兵，裁判暫歸商務委員兼辦，及籌議巡警工程各節，應俟辦理就緒，妥定章程，再行覈議，如所請行。

清　宜今室主人《銷往英、俄、美之茶葉》《清經濟文新編·商務》卷四　此項貨物，以在英國所銷而言，頗有江河日下之勢，而俄國則愈辦愈多，否則，本年出口數目比上年必相去尤遠，茶務尚能支柱者賴有此耳。中國茶葉，美國仍喜食之，但所銷已不及往年之多，蓋亦年減一年。上年出口至美國者，計四萬三千一百九十六擔，本年不過三萬一千一百二十擔。廣東茶務幾已化為烏有，本年出口數目不過一萬擔有奇，上年尚有十二萬擔，但比前年每百分中已減五十分，而前年與九十二年比較又減一半矣。俄商在長江各口所辦之茶，以漢口所出最多，前年以來，出口數目大加，而所加之數，不在茶葉，而在茶磚、茶餅之類。此項茶磚，係漢口所製，專備西伯利亞及蒙古等處之用。

清　宜今室主人《茶釐與出口稅》《清經濟文新編·商務》卷四　中國茶業日壞一日，蓋釐金與出口稅重，實有以累之也。釐金與出口稅重，何以能為害於茶業？有明證焉。俄商購運茶磚，稅較輕減，而二十五年以來，出口之數日盛。觀此，不可知茶業之所由衰乎！故使茶稅與釐金不即整頓，則茶之出口者必日少。數年之後，恐歸於盡矣。今各國人之嗜華茶者，皆竊竊以為慮。因華茶之外，有印度與錫蘭茶，華茶細，印錫茶粗，一旦舍細而就粗，譬如人夙好雅樂而進之以巴人下里之曲，自格格而不相入也。

清　宜今室主人《海關茶稅》《清經濟文新編·稅則》　凡各國及中國輪船進出口貨，應由海關抽稅。所抽之稅，除茶葉外尚不甚重。查茶葉每擔

抽銀二兩五錢，當一千八百五十八年時，茶價每擔五十兩，原不過值百抽五，現在茶價減至十五兩，所抽之數已自值百抽五加至值百抽十六分有半矣。印度、西朗茶葉出口一概免稅，中國茶葉日壞，亦未始非重稅之所致也。

為移會事，本年九月二十三日，奉南洋大臣兩江督憲劉劄。光緒二十三年九月十二日，准兵部火票遞到總理各國事務衙門諮。光緒二十三年八月二十四日，准和國使臣克羅伯照稱，現接本國京城茶商來函，據云，刻下按新法所制之茶樣，惜未甚佳，若以舊法所制之茶，其品高於各處，若按新法製之，即與各處之茶無異，且將是茶原本之益處盡失。在爪哇、印度、錫蘭三處，雖皆精心植茶，然與中國之茶比之，則不及中國所產之物也。緣現在歐州欲購中國上品佳茶，無處可覓，疑系中國產茶所不知歐州等處均欲購買。按新製茶，無非較印度稍佳，實與中國所產者遜多矣。在英、和銷去上品茶之價值，比新製茶價昂三倍，且新製茶運往外國售賣，英國、印度茶亦運往他國售賣，彼此相爭。然喜吃中國茶者，不喜吃英國、印度茶。查此情形，未有勝於中國茶之佳美者也。並有俄、英、和等國茶商，亦云如是。時求於通曉茶務者，代白此意等因。本大臣憶及製茶一節，久在洞鑒之中，想貴大臣視該商所言，定必嘉悅等因前來。

查出口貨物，以茶為大宗，中國茶質之美，原為外國所必需，只以焙製漸不如法，致印度等茶得以競利銷行，於商業餉源虧損實巨。現據和使克羅伯照稱前因，是中國茶務雖敝，尚可設法挽回。相應諮行貴大臣查照，轉飭各該地方官，曉諭產茶處所及通曉茶務之商戶人等，嗣後於製茶一事，勿論舊法新法，總宜加意講求，但能製造精良，行銷自易。在茶務可資經久，而利權亦不至外溢，仍將如何辦理情形，隨時見復為要等因，到本大臣承准此。

查近來中國茶務之敝，固由外洋產茶日多，銷路漸分，華商力薄，自紊行規，實則由於採製之不精，商情之作偽，致使洋商有所藉口，退盤割價，種種刁難，過磅破箱，層層剝削，商本多遭虧折，茶務因而日壞。是以迭次通行整頓，首講採製，力戒攙雜。蓋華茶色香味均遠勝洋產，為西人所喜嗜，產地苟能採摘因時，炒製合法，販商貨色整齊，行規嚴肅，於茶務利源未嘗不可挽加。今閱和國克大臣照會，益足信而有徵。自應由產茶各屬，諄切董戒，力勸講求，以暢銷路，以固利源，茲准前因。除分行外，劄關遵照，飛飭產茶各屬及通曉茶務之商，實力籌辦。仍令將勸辦情形，詳細稟覆核諮等因到關。奉此，除諭茶業董事，轉飭通曉茶務之商戶人等遵照，加意講求，實力勸辦，以暢銷路外，合就移會。為此，合移貴道府請煩查照，一體轉飭勸辦施行。須至移者。

清 佚名《論臺灣府城及打狗地方通商馬頭貨額》（《臺灣番事物產與商務》）

帆船出口單：冬季出淡水往廈門二號，儎茶三百十四噸；又由奎隆往廈門一號，儎煤一百十四噸；又由淡水往福州一號，儎木板一百十四噸；又由奎隆往上海九號，共儎煤二千五百八十七噸；又由淡水往香港二號，儎樟腦五百一十噸；又由奎隆往香港一號，儎煤四百六十二噸。

一千八百六十九年春季由淡水往府城一號，儎米一百十六噸；又由奎隆往汕頭一號，儎煤二百五十三噸；又由淡水往廈門一號，儎茶一百七十一噸；又由奎隆往福州一號，儎煤一百十四噸；又由淡水往寧波一號，儎糖米二百七噸；又由奎隆往上海七號，共儎煤二千一百三十一噸；又由淡水往香港一號，儎樟腦三百三十五噸。

夏季由淡水往廈門二號，共儎茶米二百八十二噸；又由淡水往福州一號，儎煤一百九十二噸；又由奎隆往福州一號，儎煤三百三十九噸；又由奎隆往上海六號，共儎煤二千二百九十六噸；又由淡水往打狗一號，可裝儎一百二十六噸；又由淡水往香港一號，儎樟腦一百五十噸。

秋季由淡水往廈門四號，共儎茶七百三十五噸；又由奎隆往廈門五號，共儎煤一千八噸；又由淡水往寧波一號，儎糖二百十四噸；又由淡水往上海一號，儎樟腦一百三十七噸；又由奎隆往上海十號，共儎煤三千二百四十六噸；又由淡水往香港一號，儎樟腦二百三十八噸；又由淡水往紐約二號，共儎樟腦五百七十噸。

計四季淡水出口二十三號，共儎四千四百二十一噸；奎隆出口四十二號，共儎一萬二千五百五十噸。內淡水出口：英國十二號、法國一號、荷哇炎一號、北日耳曼十四號、挪耳同一號；奎隆出口：美國五號、英國十九號、璉國一號、法國一號、北日耳曼十三號、挪耳同三號、暹羅一

號。共計入口輪船七號，儎三千八百六十九噸；帆船六十五號，儎一千七百四十二噸；統算七十二號，計二萬九百一十一噸。出口輪船七號，儎三千八百六十九噸；帆船六十五號，儎一萬六千九百七十一噸；統算出口七十二號，計二萬零八百四十噸。

又一千八百六十九年十月三十日現在奎隆埠頭二號客儎六百四十七噸。

甲單所儎，係一千八百六十八年冬季至一千八百六十九年秋季止，與前年出口茶葉比較多寡單：一千八百六十八年十二月初十日，日耳曼國船名臺灣，運烏龍茶往紐約都城，計二百七十萬五千七百九十九磅；一千八百六十九年二月十九日，英國船名曼素，運烏龍茶往紐約都城，計六十九萬四千四百十六磅；一千八百六十九年二月廿一日，日耳曼船名西的南，運烏龍茶往紐約都城，計四十五萬八千零四十八磅；一千八百六十九年二月二十三日，花旂船勃士底，運烏龍茶往紐約都城，計六十七萬五千五百一十磅；一千八百六十九年三月初六日，日耳曼船名阿加弗理，運烏龍茶往紐約都城，計四十三萬一千六百六十六磅；一千八百六十九年三月初七日，日耳曼船名阿奴北，運烏龍茶往紐約都城，計三十四萬三千八百七十六磅；一千八百六十九年三月二十九日，花旂船名西蓬萊士，運烏龍茶往紐約都城，計三十五萬二千八百四十一磅；一千八百六十九年三月三十日，花旂船名太平洋，運烏龍茶往紐約都城，計四十三萬五千四百九十五磅；又日耳曼船名烏狸北茭，運烏龍茶往紐約都城，計八千零二十二磅；一千八百六十九年四月初二日，花旂船名北里色底，運烏龍茶往紐約都城，計四十二萬四千九百五十六磅；一千八百六十九年五月初五日，日耳曼船名花事得，運坑固茶往紐約都城，計二百磅；又運烏龍茶往紐約都城，計二十六萬二千七百六十一磅；一千八百六十九年八月十四日，花旂輪船名太平洋，運烏龍茶往紐約都城，計九萬一千五百三十八磅；一千八百六十九年八月二十七日，法國船名英守拏，運坑固茶往紐約都城，計一十四萬四千三百八十九磅；又運烏龍茶往紐約都城，計二十九萬五千一百二十二磅；又英國船名南直，運坑固茶往紐約都城，計一十萬八千二百五十磅；又運烏龍茶往紐約都城，計二十萬一千三百八十三磅；一千八百六十九年十月十八日，花旂輪船名太平洋，運烏龍茶往紐約都城，計二十三萬九千二百七十磅；全年計裝坑固茶二十五萬二千八百三十九磅；計裝烏龍茶四百九十七萬五千三百五十一磅；合共裝茶五百二十二萬八千一百九十磅。

一千八百六十七年至一千八百六十八年，計坑固茶二十三萬五千七百八十七磅，烏龍茶五百七十二萬八千一百九十四磅，統共裝茶六百二十七萬八千零八十九磅；計多坑固茶一萬七千五十二磅，計少烏龍茶七十五萬二千八百四十三磅，扯算少七十三萬五千七百九十一磅。

清 佚名《議定中俄新約內下等茶減稅章程》《通商約章類纂》卷六

總理衙門咨，本衙門現與俄國布使議定新約第十六條下等茶減稅一事相應抄録來往照會，並布使原信咨行。光緒八年十月初八日咨北洋。

附録給俄國照會：

爲照會事，照得新約第十六條，分別酌減下等茶進口之稅一事，迭經往返會商，尚未定議。前日貴大臣來署辭行，聲明此項茶葉均係粗梗，其品在茶末之下，迥非各種茶葉之比。本衙門因函請貴大臣將此項粗梗茶種類指出，並分別價值，以便酌核定議。昨准函開第十六條約內之意欲將形如根本而茶微薄者，免其完極貴之稅，此項茶與散葉及茶末毫不相涉，並開列內分各種茶之酌中價值，擬減稅數等因前來。本衙門視貴大臣所言極爲公允，逕擬就此定議。千兩一種，每百斤徵銀五錢；百兩內之貢尖，每百斤徵銀八錢；百兩之天尖，每百斤徵銀一兩；百兩之京尖，每百斤徵銀一兩二錢五分。均以貴大臣所稱形如根木並非正葉，即梗子者爲斷。其各種散葉及茶末，如有與以上名目相同者，不在此例，嗣後照此減定之數納稅。惟望轉行漢口領事官等，飭知俄商，自減定下等茶稅之後，切勿將上等茶攙入此等粗梗之內，以免牽混而滋爭執。仍望照復，以便行知各關口遵照辦理，以爲新約第十六條下等茶減稅定議之案，相應照會。

附録俄國照復：

爲照復事，本月初六日准，照開所有本大臣擬形爲根木之茶減稅數目，貴署視爲公允，隨定。嗣後此項形爲根木之茶，並非正葉，即梗子者，均照本大臣十月初五日函擬減定之數納稅。而各種散葉及茶末如有與以上名目相同者，不在此減稅之例等因，照復前來。本大臣與貴王大

臣聲明，本大臣所擬議者，視爲同意。故新約第十六條下等茶減税一事，以爲了局，所有彼此相定各節，本大臣自致漢口領事查照。

附録俄國布使來函：

日昨因本大臣在貴署相談，貴大臣致函，内以前函所稱曲沃裝茶，或在所謂藥茶之内，及大花簍亦名千兩，小花簍亦名百兩，並小花簍之内各茶，是否用茶梗而製，並非别項散葉之茶，其品亦在茶末之下各節，願由本大臣講明，並欲知本大臣擬定税數若干等因前來，茲如所願達知。以前函所稱形爲根木者，千兩、百兩在漢口總名爲曲沃裝茶，而稱其爲藥茶之名者，乃係自海關而啟也，惟其立新約第十六條之時，欲減税各條，而用此藥茶之名目而名之，此名未必能確當。原因藥茶之名目，凡所謂藥茶，皆涵入其中，至貴而不能歸入下等茶之内者，亦涵入其中。其第十六條所載，列入於約内之意欲在中亞細亞州所專用，形如根木而其内茶誠微薄，並非正葉，卽梗子者，免其完納極貴之税，是此項茶與散茶及茶末毫不相涉，似形如根木之茶，且内中藥草居中十成之七成五，乃係千兩百兩及百兩内之各茶也。至於議定税數之税則，本大臣同貴大臣所言之意，視爲逕定其税數，强於估價定税。茲據漢口所報，擬定千兩一種，酌中之價，每百斤銀三兩五錢，每百斤擬徵税五錢；百兩内之貢尖，酌中之價，每百斤銀五兩五錢，每百斤擬征税八錢；百兩之天尖，酌中之價，每百斤銀十兩，每百斤擬征税一兩二錢五分。惟望此項税數，貴大臣視爲公平，准於以前所稱形爲根木之茶照此而定。耑此佈復。光緒八年十月初五日。

清 佚名《細茶圓餅朦報磚茶查出嚴行罰辦》《通商約章類纂》卷六

總理衙門咨，同治六年十一月十五日准咨，稱茶磚分别收税一案，據江漢關道王文韶據駱税司查明方式者，實係茶末之磚，每八十餘斤約價六兩。另一種方式者係粗茶打成磚式，其圓筒者實係紅茶，粗梗因不能做成磚樣，用水團成圓餅，以爲陸路串中之用，其價均只四兩，請仍舊統照磚茶每担六錢收税，且朦混之弊不可不防。擬請嗣後倘有以紅茶作成磚式圓筒，朦報前項茶磚出口，一經查出，卽將全貨入官。再中國尚有普洱、安化等茶，均係細茶團成圓餅，其成本十倍於茶梗之筒，雖非外國銷場，誠恐朦混納税，應請載明，如有以普洱、安化等類細茶圓餅朦報茶磚者，查出將單内同類之貨一併入官，以杜影射而重税餉，並請附增税則，以示遵守等因前來。本衙門查俄國續增税則，内載磚茶每百斤六錢，註有别種茶葉，另有税則，不得援照此例。乃近來奸商影射，竟有將細茶團成圓餅朦報磚茶，希圖減税。並有以細報粗，謂式樣與磚茶雖異，成色與磚茶略同，擬請照磚茶納税。殊不知茶葉茶磚各有一定税則，不得互相牽混，致滋弊竇。查本衙門於十月間接據俄使照會，以漢口商人販運千兩、百兩茶，成色與磚茶一類，擬請減税等因，本衙門業已駁復，令仍照二兩五錢完税。嗣後磚茶報關，自應分别嚴查，如有以各種細茶冒充磚茶者，一經查出，准照來文所擬，嚴行罰辦，並將同類之貨一併入官。同治六年十二月咨南洋。

附録給俄國照會：

爲照復事，前接照會，内稱現有本國漢口商人擬販千兩、百兩等茶，關口徵税均每百斤二兩五錢，其成色均歸磚茶等項一類，但因式樣各異，而徵税似此懸殊，實未平允，請速飭酌定等因前來。查陸路通商章程第十一款内，載俄商販買土貨回國，均按照各國税則完一正税，查各國税則千兩、百兩等茶，並無專條，只有茶葉每百斤二兩五錢，又查俄國續增税則，内載磚茶每百斤六錢，註有别種茶葉不得援照此例等語，是除磚茶外，無論何項茶葉，均應按照二兩五錢徵税。且查千兩茶，卽係安化茶，係細茶團成圓餅，並非磚形，上年英商寶順行，曾有安化茶欲請減税，經本衙門與各海關議定，仍按二兩五錢收税。百兩茶與千兩茶大約相同。今漢口商人擬販之千兩、百兩茶，自不得與磚茶牽混，應仍照二兩五錢完納税餉。至磚茶一項，係專指茶末、茶梗團成磚形者而言，其式須方，始爲茶磚，其物須價本較輕之粗貨，始准照六錢納税。如有以茶葉及普洱、安化等細茶團成圓餅朦報磚茶者，自應由各海關嚴查罰辦。因茶葉茶磚大有分别，徵税均應按照定章。所有漢口商人販運之大花簍、小花簍、天尖、貢尖、芙蓉等茶，在中國品茶而言，均係上等細茶，萬難照磚茶税則一律辦理。相應照覆，十二月初五日。

清 佚名《洋商采辦茶葉免交復進口半税》《通商約章類纂》卷六

總理衙門咨，同治三年十月二十五日准咨，據江海關道等詳稱，准總理衙門咨，漢九兩關出口茶葉，洋商販運到滬後，是否均係運回本國銷售，此

項半稅應否仍在漢九兩關預行完納，如該商並無在中國各口販賣茶葉之事，此項保結應否飭令該商於運茶到滬時，在滬關呈具保結之處，統希督飭江海關道，並承辦通商委員妥議章程，迅即咨復本衙門，以憑核辦等因，合行抄單劄關，即便確細查明，釆議章程具復，以憑咨報。奉此，遵經函商稅務司狄妥瑪復稱，查此項茶葉均係運往外國之貨，所有不復出口之茶葉，係途中或因水溼，或有損壞之故。查咸豐十一年，由漢九兩關來滬茶葉十五萬六千三百十一担，復出口往外國者十萬零九十二担六十斤；同治元年，由漢九兩關來滬茶葉三十四萬七千一百六十三担，復出口往外國者三十四萬六千七百十四担；同治二年，由漢九兩關來滬茶葉四十二萬四千一百零四担二十斤，復出口往外國者四十三萬六千零五十四担九十斤，係轉運外國之數。其咸豐十一年，進口多而出口少，而同治二年，出口之數轉多於進口之數者，皆因每年進口之茶不能定於當年全數復出口，亦有年底進口之茶，須至開年方能出口者。至於半稅應否仍在漢九兩關預行完納，查暫存半稅章程，原爲免商人所報復出口之貨在口私銷，漏完半稅之弊，是思章程原意，係體查以上復出口實在情形，此項茶葉暫存之稅，實可不必徵收，所有呈具保結一節，應於交存半稅之口呈具。至於現在該茶已在漢九等關完出口正稅，應由該口發給出口正稅執照，由商人帶至本關呈繳，日後復出口時，本關即發轉運外國執照，回漢呈驗。至由鎮江照之船，或內地土船運來，照現在章程，係於原進之口完納暫存半稅。據本稅務司所見，此項鎮江照之船，及內地土船運來茶葉，將來到上海可不必徵收半稅，亦令呈具保結，緣皆係復出口茶葉，應一律辦理，免交暫存半稅各等語，函復前來。伏查狄稅務司所議各層，尚稱妥洽，應請嗣後洋商在漢九等關，由江照輪船裝運茶葉來滬，既係運往外國之貨，所有暫存半稅，免其預納，以順商情，飭令仍在原口呈具保結，發給出口正稅執照，由商人帶至江海關呈繳，日後復出上海口時，本關驗明實係原包原貨，並無拆動抽換情弊，並查明該貨果在一年限內轉運出口，即行發給轉運外國執照，並於照內填明，該貨前在某口某號出口。正稅執照內撥出之貨，該商持回原口呈驗，請將所具保結註銷。如該茶在長江各口呈具保結之日起，已逾一年限外，並無江海關轉運外國執照呈驗，即係未經復出口之貨，仍令裝貨各關隨時查明保結，飭令補完半稅。似此辦理，所有逾限出口之茶葉在原口既有稽考，於稅餉亦不致隱漏，核與向辦章程，仍相符合。至由鎮江照之船，及內地土船運來茶葉到上海時，亦免其徵收半稅，飭令呈具保結，以歸畫一，是否有當，理合詳祈鑒核，俯賜咨復總理衙門核示飭遵等情，據此相應咨請查核見復等因。本衙門查漢九兩關茶葉洋商販運出口，既貴大臣轉飭查明，每年均係運往外國，並無在口私行銷售偷漏等項情事，議請免其預交復進口半稅，並明定章程，使漢九兩關與江海關互相稽考，所議尚屬周妥，應准照辦。除照會英法國駐京公使外，相應咨覆轉飭江漢、九江、鎮江、上海各該關道，一體遵照辦理，並就近劄飭赫總稅務司查照。同治三年十一月咨南洋。

清佚名《論茶務》《清經世文統編》卷六一　中外通商以後，出口之貨以絲茶為大宗，誠以外邦地土不及中國之相宜，故中國之絲、中國之茶，西人所不能少者也。邇來洋貨銷場日旺，出口之貨不及進口之多，利權逐漸外溢，西人以機器繅絲，僅收中國之繭，中國之絲銷場遂滯，然猶謂有繭可抵也。現在西人養蠶種桑之法，反較華人為精，可以人力奪造化之巧，挽地利之宜。於是華人亦相率而仿西法，徧設繅絲廠，廣種蠶桑，以期相敵。近年來雖未必得利，而絲價日貴，可知出口之貨尚多，絲之利未必遂為外人所奪。若茶務一項，從前較絲為佳，自印度種茶而後，各國接踵而起，西人既自出茶，雖不能不買中國之茶，而已不能居為奇貨，以致上市之時，貨則由彼提高，價則由彼殺低。近年以來各處茶客之虧折者，無不盈千累萬。說者謂價由西人所定，而貨固我之貨也。不售由我，西人雖欲殺低而斷不能不辦此貨，則何妨稍緩，何必急於賤售，以致虧累。不知西人如急於購辦此貨，并此貨之果然高妙，西人亦斷不肯錯過，皆因現在印度出數既多，製法亦妙，而各國亦皆種植，不僅藉銷中國之貨，故西人有意為難，使居奇不售，不但折本，恐更失機。茶非絲比，絲不即售，棧中為日過多，尚恐有朽壞之貨，一時更難脫手。若茶則色香味三者缺一不可，今年之茶只能今年所用，過時則色香味雖未必皆變，而總不如新出之妙。故茶客急於脫手，而西人樂於殺價也。且西人並非專因茶客之急於脫手而為難，大半皆因挑剔。現在西人製茶愈製愈精，中國之貨未必皆能劃一，故不能盡信耳。

蒙意現在中國出口之貨，惟藉絲茶二種，絲則仿照西法可望起色，而茶則仍循舊製，終難望其暢銷。西人既以機器製者為佳，華商當購取西人茶樣，置辦機器，仿照製法，若果能盡如西人之意，吾知非但貨能暢銷西人，亦可以昂貴。不觀西人之以洋貨運來中國，其初不過以西人自用之物，華人以為罕見之物而購之，究竟未必盡合華人之用，盡如華人之意也。後來西人在華旅居日久，華之風土人情、喜怒愛惡，均為所悉，故所造之物皆揣摩華人之意而為之。每來一物，華人無不爭買，竟有日用之物，習為故常，非此不可者。西人商務又何怪其日興耶？華人無製造之物，足以動西人之目，合西人之用，謀西人之利。惟此茶之一項，本為華人自然之利，且為西人所必不可少之物，苟能日盛一日，雖不能盡抵來貨，尚可以保去利之少。而乃不自整頓，徒令西人藉口，不亦甚可惜耶！乃觀初二日報紀振興茶務一則，不禁心竊喜之，可見風氣將開，而中國茶務之衰，其可望轉機矣。

紀云泰西所造製茶機器，福州茶商已購而用之。茲聞各商欲聯為振興茶務，公司漸漸購機製造，已有將茶運往英國獲利而歸者。觀此情形，他日閩省之茶不難與印度西崙媲美矣。邇者泰西又新出西樂果焙茶機器，聞漢口茶商購以試用，即因雨沾濕之茶，亦可製以出售，不特色香味並美，而且其價可較人工所製者加昂。用此機以烘焙，其妙已如此，若採摘搓製，皆用此機，則其茶當更出色。泰西各國嗜茶者，莫不娓娓稱述。本年漢口俄商所購之茶少於往歲，因多購自西崙也；印度之茶如此之旺，無他，有機器以為之也；中國之茶如此之衰，亦無他，無機器以為之也。現在閩商已聯為一氣，成效有可覩，中國產茶之地，何勿各立公司，購機製造。大抵機器所出之貨，惟速惟勻，茶葉貴乎速者也，速則色香味不走，勻更不必言矣，并出貨可多，人工亦省，風氣漸開，不禁為茶商欣喜。可知中國之利權雖失於前，自不難挽回於將來，西人之有益於吾中國也，豈淺鮮哉！

或者謂，茶戶皆係窮民，安能自購機器，曰，猶之現在之繅絲廠耳。從前中國皆從民戶手工繅出，然後售於行家提挑之後，銷售洋商。現在行繅絲機器以來，民戶俟蠶成繭之後，行客即赴鄉收買，設灶烘乾，運至有絲廠之處存棧，一切皆歸廠中，民皆不得而知。儘有售繭之家，尚不知機器之若何，出絲之若何，絲之優劣若何，茶葉而以機器製造，亦猶是耳。機器當由茶商購設，當出茶之處，俟茶葉摘採之時收而製造之，與絲商之收鮮繭無異。在鄉人可省烘焙之勞，而茶商可得出貨之速，不亦一舉而兩善備耶。

然則茶葉一經機器製造，而茶務即可興旺乎？在西人之論中國茶務者，意猶未盡乎此也。初四日本報録西報論茶一則，爰紀其略云：

中國之茶銷售外洋者日衰，恐不久全失其利。曾苦諫中國急免釐金以挽回茶利，華人不以為意，現在英商之集於中華茶市者，由眾而寡，顯為此事之證。華人不以茶務為慮，而徵稅之員，明知茶稅昔多而今少，但知教農茶考求種茶製茶之法，而不思茶稅之重為第一弊。試取華茶之銷於英市者論之。光緒二十二年，由中國直往英國者，計茶二十一萬九千四百零九擔。其上一年，則有一百萬擔，相去幾至五倍。今年漢口、九江出茶，較上年為盛。第一稔所收者約得五十五兆磅，前英商遞年減少，俄商增多補之。惟聞俄國存茶太多，今年添買者不過上年之半，尚餘二十七兆五十萬磅，須銷於英美二國。然上年二國銷茶不過十八兆五十萬磅，今年多出十兆餘磅，若不大減其價，難於脫手，但茶價賤而釐稅不減，茶農之不傷本者鮮矣。又厦門英領事傅泠卡士君嘗將各處茶務詳覆英廷，云光緒二十二年厦門烏龍茶共得一兆二億磅，比上年減百分之五十五，猶恐今年減少更甚。此處種茶之處多已拋荒，而并有全壞者，又謂製出一兆餘磅之茶，值銀不過一十三萬六千圓，釐金抽至二萬圓，出口稅抽三萬五千圓，兩共已居茶價三分之一。日本明於先見，去年將臺灣之茶稅減作每擔抽稅一圓一角二分，而中國仍固執其五圓八角一分之稅，此為中國之失策，將來茶利俱亡，悔將何及。十年前厦門產茶二十七兆二億餘，距今例當增多十數倍，不料反少十數倍。又云中國茶務之弊，非天下最巧之機所能救，必將釐稅全免，又兼用機器始有濟耳。

以此觀之，西人之論中國茶務，可謂詳且盡矣。華人但知製茶不用機器以致茶務之衰，而西人乃謂即盡用機器尚不能挽其弊，更為探原之論。大抵商務之道，首在恤商，而尤在農人不虧種本，則種植自多。種植既多，則出數自旺，然後再籌銷售之計。統籌大局，使商家必有餘利之可沾，則商務自能起色，此不獨茶務為然也，惟茶務尤為最要之關鍵耳。說

者謂西人欲使中國茶務釐税盡免，雖為中國計，而亦不免有私意存乎其間。大抵税釐減則價必輕，價輕則銷場雖廣，而洋商之得利更厚，恐亦非中國之利也。曰不然，西人此論頗為正大，釐金一項，本為西國所無，西人之不直中國久矣。至於税項，西人重於進口，輕於出口，以為出口輕，則土貨之銷場廣，進口重，則客貨之來源少。西人之利不肯外溢，商務所以日旺。中國現在支絀之時，釐金斷不能免，更何能獨免茶釐。至於出口税，自不妨從減，既減出口之税，自當重加進口之税，以税抵税，當有餘而無不足。況西人本有此例，與之商訂，想西人亦無可置喙，況并有此論乎？若減出口之税，當不獨茶之一項，卽別項貨物，亦可望銷路之廣。中國商務關鍵在此，尚望當道者熟籌之，毋執成法而不更也，是則中國商民之幸也夫。

清 佚名《論中國整頓茶務》《清經世文統編》卷六一　粵自洋人叩關而立約，辟埠通商，大臣銜命以訂交，輸貨互市，歐美諸國莫不藉其奇技異物，購我貲財，每歲中國錢銀流出外洋，以數千萬計。而中華貨物運銷外洋者，惟茶與絲為大宗，其餘雖有帽草等物，亦為洋人所必需，而銷流無幾，奚關輕重。故出入之貨，兩相比較，中國吃虧實非鮮少。觀時勢者，深切杞人之憂。乃近二十年來，絲因蠶病，色身欠佳，銷路已漸形減色。茶則因奸商貪圖目前微利，罔計日後大害，潛將雜葉混行摻和，製造工人又不求甚解，得過且過，草率不精，色香味皆為失厥本來。至洋商嘖有煩言，而東洋、印度、美洲又相率仿種，不惜厚貲訂聘華工，教以培植、採擷、製焙諸法，留心講究，精益求精，而後來居上。中國之茶反瞠乎在後，為洋人所擯棄。且洋商居華既久，漸知華商利弊，以華商之辦茶貲本，多由挪措，訂期歸還。於是洋商暗持其柄而搖之，遲遲開盤，比銀期已到，華商為剜肉醫瘡計，減價求售。洋商故為抑勒，華商亦只得勉強允從，而茶市遂等江河日下矣。邇年袞袞諸公深知其弊，鹹欲扶掖而振興之，以保自有之利。迭經卓識之士，條陳是非，獻替可否，無如言之非艱，行之維艱，迄今多年，卒不聞創一議，布一策，相與挽既倒之狂瀾，而補亡羊之牢者，抑又何耶？

今春聞福州茶商有購用新機器以製茶者，茶味比前差勝一籌，以為八閩茶市從此當有起色，豈知以機器製茶者，系東嶺某洋行設公司以試辦，因經費頗巨，股份尚未招足。至於西北兩路華商，並未改用機器，仍由人工製造，但用新法使茶汁不能溢出，味更濃厚，土人有仿其法以製烏龍茶者，亦較前略佳，故本年業茶者可略沾微利，然市情尚形冷淡。以上月底行情而論，工夫二五箱，只沽廿七萬六千八百七十八件，存五萬六千六百廿二件；小中二五箱沽七萬三千六百零四件，存四千八百九十六件；烏龍二五箱沽三萬九千七百五十六件，存二萬七千五百四十四件；白毫大門箱沽五千六百二十七件，存三百七十三件；花香一五門箱沽二萬一千五百五十九件，存一千四百四十一件云云。噫！市中所沽僅得此數，比諸古昔盛時，不過十之二三耳。而居今時勢則沾沾自喜，謂有轉機，則中國茶市情形不可見一斑哉！今之論整頓茶務者，每欲設大員以董其事，不知中國仕途久已睥睨商人，且于市情多所未識，一旦大權獨攬，在賢良者尚不過委蛇公事，模棱兩可，商民雖未受其益，仍不致受其害。其在不肖之員，既威福之恣肆，復朋比以為奸，茶務之弊，因而叢生，而商民受害益深，是則茶務整頓，豈官場所能為力哉！然則整理全賴諸商乎？查各處辦茶華商，皆設有公所，以便同業有事相商。今莫若略予變通，將同業各店合成公司，由眾公舉精明幹練之人分當總理、協理，悉心講求，此中利弊設法興除。各號所辦之茶，皆交總理協理監製、存儲，定價發售，照本伸計，盈虧各沾。惟華商辦茶貲本鮮有充盈，仍須賴中國銀行為之扶持，凡有茶商需款接濟者，銀行准其將茶按揭，寬其期限，薄其利息，俾華商不致因銀根短絀，賤價出售，致為洋商所乘。如此則眾志成城，奸商無從攙雜舞弊，低價奪市。洋商亦無隙可伺，肆其要脅。而茶市有不蒸蒸日上者哉？

清 佚名《茶市》《清經世文統編》卷六一　茶之利非向為中國所獨擅哉？茶之出口非為中國生意之大宗哉？乃至近年而東西洋各國種植愈多，出產愈盛，而利乃半為之分奪。究其所以為外洋分奪者，仍中國人之有以自取而已。種植則不察其宜，採摘則不得其時，烘焙則不明夫法，以故茶之色香味三者，無一不為之褪減。西人因茶味之不佳，而不喜購買，因茶利之倍厚而效法栽種，利之所以被奪者，職是之故。

蓋中西之人雖異，好利之心則同，而謀利之術則於此迥別，高低每見。西人作事往往勤于華人，極深研，幾欲以人定者勝天。而華則多貪天

之功，凡事安於懶惰。其實人力所至，天固不得而限之，特患人之不能自勤耳。即如鴉片煙產自印度，而中國亦有鶯粟之種，印度之產近時亦不若從前之精美，而較之中國自製土漿，則香韻清而滋味濃，究屬高出數籌，為土漿之所不能及，而中國種植亦既有年，卒不得一善法以駕乎印度之上。此非華人之智不及乎西人，亦非西人之訣不傳于華人，實則不能如西人之處處留心，事事勤力故也。

今中國茶利之所以流入外洋者，第一在不明培植之法，往往視天時之美不美，以蔔出茶之多不多，設如今春雨水不時，亦止好聽天由命。不知茶亦猶之乎花草也，花草雖順時而生，而苟得有草種忘憂，愛花成癖者，悉心澆灌，加意栽培，遂愈覺欣欣向榮，別有一種勃勃蓬蓬之象。試觀本埠西商之花園類，皆修剪以時，不惜工力。草之叢雜者，則芟之使齊；木之拳曲者，則蟠之使直；花之名貴者，則更圍之以雕欄。非常珍護，使人一望而覺其清茜蔥蘢，心目為之一豁，精神為之一爽。可知花草等類，一加以愛惜滋培，即能不同於凡卉。推之業蠶者之于桑田，其植之也必疏，其培之也必厚，故樹樹齊整，而桑葉乃彌形暢茂。種木棉者亦然，其他豆麥稻穀，無不以糞多力勤者為上，本雖偶有水旱偏災，猶足以挽回天意。而況茶之為物，較他木尤為易長，倘得人工調護周至，自不難使成佳種。而乃中國於種茶製茶各法，任其廢而不一講，又何怪茶業之日衰、茶利之日奪也乎？

論者又謂中國之茶，動多著假，慮色不佳，不足以動洋人之目也，乃以綠礬靛青等物拌染之，則顏色能美，而可沽善價，迨至輪船運赴外洋，日久則顏色漸退，而香味亦因之減損，洋人既暗中受虧，而中茶遂為外洋所不信。不知茶之著假，因希獲厚利故也。苟其能培養得法，葉出繁多，山價必於此貶賤，山價賤而沽利既優，尚何肯從中作偽乎哉？

考外洋種茶之法，本得之于中華，而遠慮深思，精心體察，遂能出產日盛一日，年旺一年。曆觀所譯西書中，其於種植、烘製諸法精益求精，彌不勝愛護鄭重之意，故其產茶之盛，駸駸乎尚靡有止期。中國苟不及此時而力為研求，認真從事，竊恐以後茶利，勢必為外洋占盡無餘矣。即如日本一國，各處均設有製茶會社，平時推究考驗，不遺餘力，而茶業因得日增月盛。僅止橫濱一隅，而出口之茶箱即已盈千累百，不且與歐西並駕齊驅，同分中國之厚利也乎。

客歲嘗讀軍機章京陳君條陳『整頓茶業，挽回利權』一疏，其中刪中國之舊章，采外洋之新法，茶商則深加保護，茶樹則極意廣培，以及維持茶市，劃一茶價各情，要皆利害熟權，詳明洞澈，足挽已去之利源，开將來之利益。苟得當事者照此施行，將見中國之茶務安在其不能復振也？非然者，日本之茶既見其歲有所增，西洋之茶更覺其與年俱進，出茶繁而貨色甚佳，販運又極其便捷。而中茶則既嫌其著假，兼患其貨低，加以種植之不察其宜，採摘之不得其時，烘焙之不明夫法。如是而欲於此中覓蠅頭之利，吾尚虞其不得，而猶能誇為出口生意之大宗，其誰信之。

清 佚名《論保全茶業》《清經世文統編》卷六一　華商之贏虧，其權實為西人所操縱。西人同心協力，每屆新茶抵漢口看樣後，即會議行情，價若干則購之，否則不購。華商幫口不一，並不聚議，各懷私意，不顧大局之若何，在富而有餘者，雖虧本亦售，若資本不足，大半從錢莊、茶棧挪來，一聞茶市開盤，索償者紛紛爾集，繼知虧本則追呼愈急，即不夠本，亦不得不貶價以沽。

湖南巡撫吳清卿中丞熟悉此情，不忍華商受害，欲使西人不能挾製，特商諸督憲及湖北撫憲籌集巨欵，此後西商所償茶價，如不夠華商資本，一概不准售出。委員分投設局，凡值千兩者由局暫給銀四百兩，持去開銷一切，將茶屯積代售，售畢如數償銀。聞中丞已籌款百萬，委候補道莊觀察慶良來鄂辦理此事，觀察已於三月二十七日戾止，隨稟見製撫二憲，請張香帥出示曉諭華商矣。此一舉也，可謂盡心於民事，而欲以回天之力挽救時艱，其用心可謂苦已。

中國茶業疲至今日，竟有江湖日下之勢，凡蒿目時艱者，誰不欲力圖挽救？顧華商之所以累年虧本者，固由於西人之抑勒，而華商要亦有自取之咎。以前業此者之大獲其利，因業此者尚不多，其中弊端尚不深，而西人之受買者亦未若近來之精細。則中國人自獻地圖，而其所以自獻之故，則大都爲妒嫉積嫌而起，一經獻出，而西人乃愈想愈深，而華商之底蘊乃畢露。夫西人既已知之，則華商卽可改弦更張，力求去西人之疑，而投其所好，所謂失之東隅者，尚可收之桑榆也。不此之計，而仍率由舊

章，以致向來名望素著牌子極老家，亦且不爲西人所信，而拖人下水者，其咎大矣。

說者謂中國茶業之壞，壞於外洋，如印度西崙以及日本等處皆逐漸產茶，故至於此。然日本之茶味薄而不耐瀹，西人不甚嗜也。印度西崙竭力講求種植、採製之法，然有時據西報述及，西醫生言多食或足以致疾，則可知中國之茶，其質地實可以邁越他處，無如雜僞以亂其真，貪做以耗其息，爭賣以割其利，此而盡歸咎於西人不得也。西人之購茶於中國固爲利也，經營之道，有利則進，無利則退，是固人情之常，不特西人爲然，華人亦何獨不然。吾觀西人運來中國之貨售諸華人，何獨不可做西人購茶之法，故抑其價，必令其折本而後售，是則諺所謂貨到地頭死，西人亦無如何也。然而西人初不懼此，則以其貨爲華人所樂購故也。貨既爲人所樂購，則其價不但不能抑勒，而且立時飛漲，此洋人來華者之所以皆滿載而歸也。中國之茶本爲外洋所樂購，故前此華商亦因此而獲大利，近年業此者日益多，此爭彼奪，此忌彼嫉，以致輸其情於外洋，而華商又不改其舊習，致茶業日見其微。竊恐華商之業此者積習難除，官即爲之設局受寄，多籌款項，多費開銷，而茶商中之不肖者，反將以欺西人者轉而欺官，且局中人自委員以及司事，未必皆爲個中人，極易爲其所欺。而分局既多，又難保無不肖之員與乎其間，即曰遴選委員極爲慎重，又難保所用司事丁役一無私弊。上憲則一番好意，一片真誠，欲救之於水火之中，而置諸衽席之上，而商人等或不體憲意，不顧大局，藉此以售其欺，不且深負憲恩也乎！

夫欲保全茶業，必先自講求茶務始，何者爲優，何者爲劣，可以一望而知，不容一毫混入，而後一律，其價合則售，不合則不售，果其貨爲西人所必需，又何患其不出價。而做時必不可存貪多之心，苟有利可獲，雖少亦獲也。若其無利而折本，則多做者必至多折，此中利鈍，商人何嘗不知之甚悉，特無如當局者迷，則亦塊然如在雲霧中耳。總之，貨高招遠客，西人此時未嘗不欲購中國之茶，而華商之業此者，則從未思及救時之法，而徒忿西人之挾制，抑亦思求人不如求己之謂何耶。

清 佚名《論茶市》《清經世文統編》卷六一 行舟者不覆於逆風，而覆於順風，對仗者不挫於屢敗，而挫於驟勝，何也？順風則意縱，驟勝則氣驕，此其所以易致覆挫也。惟老成諳練之君子，為能合順逆勝敗，而總持之以一法，一法謂何？曰慎重是已。經商亦然，未有氣驕意縱而不遭損者，更未有慎重而不受益者。

今屆茶市承去歲極壞之後，開盤伊始，各幫多得善價，氣象甚佳。於是茶幫中人，爭擬進山以應其市，此固多財善賈之本色，見利必趨之恒情，機會難逢，交臂毋失，不得與氣驕意縱者並論。然老成者流或竊竊然慮之，誠以刻下為頭幫上市之初，貨到尚少，洋商踴躍爭買，故能人人如願，各得紅盤。若一經入山添辦，必致爾搶我奪，山價因之增高，山價愈高，成本愈貴。即汲汲然趕到漢口，而頭幫已過，洋商買興已衰，彼時貨色愈多，求售愈迫，匪獨不能得價，且使洋商見我如是，難保其不以壓盤打板諸故習相為箝製。然則洋商尚未愚弄華商，而華商反先弄自己也。其為失計不已多乎？

前數日曾見華商分致洋商之公啟，申明公道章程三條：第一條，磅茶鹹照光緒九年即英一千八百八十三年稟定照會章程辦理。第二條，向來買茶注簿，隨買隨磅，間或遲至一二日，亦無不可。近年竟有遲逾數禮拜始行過磅者，斯時茶價較注簿時相去懸殊，一旦退出，華商大受其虧，實屬不近情理。此後買茶過磅，至遲請以一禮拜為期，如逾一禮拜之外，須照原價受茶，不得言退言割。若因無寬餘之地，亦必須於一禮拜內先起十箱或數十箱過磅對水，以清界限。第三條，華商所收售茶銀兩，洋行既扣去九九五現息，自應過磅即行兌銀，方與先扣現銀名實符合。

公啟如是，想見諸華商懲前毖後，藻密慮周，茶務轉機，皆將於今屆。葡之不謂才得紅盤，即有入山添辦之舉，是自蹈於往年搶買之覆轍矣。前鑒不遠，而又令後車繼之，可乎哉？且公啟不云乎，初年洋商到漢買茶，誠信共守，彼此均沾利益，相得彌彰。迨後人心不一，漸致參差，所謂人心不一者，似系側注華商而言，惟因華商之人心不一，而後洋商之勝算可操。故為刻下華商計，只有齊心合力，共圖補救一法，庶幾失之東隅，猶可收之桑榆。若竟忘知足之戒，而效對仗者之驕於驟勝，行舟者之縱於順風，欲無覆挫，殆不可得。此有心人所以不忍緘默，直欲大聲而疾呼之也。或謂刻下入山添辦之舉，原出於年少氣盛、閱歷未深之人，若老成持重者，操縱得法，斷不為其所搖。余謂古人有言：先覺覺

後覺，先知覺後知。果如所云，則各幫之老手，正宜齊心合力，舉利害以為同業告，使其洞明此理，急行止辦，譬之懸崖勒馬，猶可免於一落千丈之憂。不然坐視不阻，為潔身自好計，固得之矣，如茶市大局何？

總而言之，天下貿易之道，不外乎居奇兩字，貨少則見珍，貨多則弗貴，贏虧損益胥判於此。即如今屆到漢各茶，多得紅盤，而尤推安化幫首奪錦標。查往年安化茶本有不及他幫之勢，其故由該處土著狃於早采葉少，遲采葉多之小見，致令茶身粗老，色香味俱形減退。洋商買茶，既考色味之優劣，復察葉子之粗細，稍有不足，即難列人上選，各商於此受虧不少，後因入山者不惜唇舌諄諄開導，而各土著亦自悟其失，議立善法，如期早采，於是安化茶之成色逐漸變好。今屆聞其採摘更早，挑剔益精，慘澹經營，克日趕到，用能首先入選，高占紅盤。據此以觀，愈知貨只貴美而不貴多，其貨一多，雖美弗貴，安化茶即為明證。縱論及之，冀刻下入山辦茶者之觸類引伸焉。

清 佚名《論整頓茶市》《清經世文統編》卷六一 中國商賈之道與西人異，西人之業經營者，或領本於國王，或請命於官長，商人之所為，官多知之，故上下一氣，而官之保護商人也，無微不至，設有違禁作偽，以及一切貨價輕重等事，莫不聞之於官。

中國則不然，商之與官本不相聯絡，其間惟經營大獲，納貲得官，乃得廁於縉紳之列。其有喜於攬事樂交官場者，或亦出入衙署，應酬於候補各公館中，詡詡然驕於人曰：『某司馬吾所素善也』，『某太守吾與周旋也』，『某觀察吾所朝夕相見者也』。即使果非虛語，而其所謂素善、周興，朝夕相見亦不過酒食遊戲相征逐，或以公事相請托，如是而已。其於經營中事，固不與聞也。何則？中國視商人素不甚重，即有擁貲巨萬，人爭趨之，而背地尚多微詞，以為彼雖勢焰薰灼，不過一市儈已耳。為官者存此心，故不能降以相從，為商者亦自存此心，故不敢仰求於官。如是而欲官與商之兩相浹洽，如西人之所為，烏可得哉！

然近來各省通商，中外交涉之件往往由於商人居多，則亦當思變通其道，不可執成見而泥故習也。前曰福州西商公所致信於領事，請為照會華官，飭知中國茶商，將大小茶箱務須一律堅固，華官接到照會後，聞已立即出示曉諭，即此一端，可見中國商務亦宜有變通之機矣。

夫中國之業茶者，為市面之大宗，與絲業不相上下。而近年之業此者，每多耗折而不能獲利，當其入山採辦，炒製裝箱，發往外洋，除出口關稅之外，官皆未嘗與知。而商人貪利心切，不顧利害，但欲以小本獲大利，故茶中或摻和末子，箱中鉛皮年年減少，在商人以為可以欺蒙西人，藉此得利，其先亦必有售其欺者，此行彼效，其弊滋甚，遂至西人窺破其隱，不肯接買，於是販茶出洋之商近來大虧厥本。蓋西人性情雖直，而其心多疑，一次受欺，則雖有仍前貨真價實之件，亦未免有所疑阻，而不敢遽受。故中國茶商常有折耗，西商亦大有不便，而急欲華官之力為整頓也。雖然華官苟欲認真整頓，亦非僅以一紙告示遂可以塞責也。

茶商之作偽，以為茶業之害，非但不利於西人，亦實不利於華人。華人以茶業為大宗，而至西商有所疑阻不敢接收，則茶市必無起色，華官既知此弊，宜傳集商人剴切勸諭，語以經營之道，以信義為先，貨物出洋必求銷售捷速，方可獲利，苟有作偽取巧，各商皆宜稽查屏斥，不准其鑄張為幻，如有不遵者，指明稟告，予以嚴懲。然後貨既高而銷路自廣，既不予西人以口實，而華商亦可得益，詎非兩全之道。如但以出示曉諭為整頓茶商之道，則空言無補，何足以止奸商之狡謀，而使中外商人兩無疑慮也乎？且吾之為此言，非創見也。《禮》有之：『用器不中度，不粥於市；兵車不中度，不粥於市；布帛精粗不中數，幅廣狹不中量，不粥於市；奸色亂正色，不粥於市。』可知古者市有市官，釐有釐法，即下至商賈未嘗不設官以涖之。自市官不設，釐法無聞，官與商不相聞問，而機械變詐，愈趨愈下，偶有議及，輒笑為多事，而指摘及之，而抑知官之與知商事，非謂與民爭利，實欲以法齊民，而弗貽外人之譏議。是亦通商之要務，所不容忽以視之者，非獨茶商一業，而茶業其見端也。

清 佚名《論漢口茶務》《清經世文統編》卷六一 漢口之茶市，莫壞於去年。統計安徽、江西、兩湖四大幫，無一不受虧折，其數多至三百餘萬，此真歷來所未有，雖旁觀猶為駭然，況在當局之人哉。故聞今歲茶商不欲大做，各幫莊口較往年須打七八折，懲前毖後，蓋亦善賈者不易之法也。然而天道迴圈，盛衰倚伏，凡事方盛時，人或習而安之，不甚措意也。於是乎因循玩愒，日復一日，以底於衰，既衰矣，且衰之甚矣，則必戰兢惕勵，共求所以挽回之道，若何救其弊，若何補其偏，眾人一心，而

衰者不難返盛，此為否極泰來之常理，即為今歲茶務之端倪，何待蓍龜始可預卜。顧或者猶嫌於空言無補也，吾請揭其要而論之。竊謂今歲正是絕好機會，約有四層：

一曰山價不至搶抬。查往年華商吃虧之處，皆在於山户之抬價，而其所以抬價者，則因莊口太多，彼此搶買，我欲壟斷，安能禁山户之居奇，由是成本愈重，賺利愈難。今歲莊口既少，將有貨浮於莊之勢，雖有狡黠山户，仍萌故智，而其事不能復行，將來進價定必便宜，此則體察情形而可於目前預料者也。

一曰壞茶可免濫收。查近年茶務之疲，皆歸咎於茶身之欠佳，或謂採摘不及時，或云焙製不得法，以致成色大減，美惡雜揉，而不知其所以夾雜者，實由於濫收之故。其所以濫收者，實由於搶買之故，今歲既不搶買，自不難盡我挑剔。而舊時成色可以不失中茶之色，香味本非日本、錫蘭諸茶所能及，誠得茶身復舊，則茶務定有振作之望。此又體察情形而於目前可預料者也。

一曰銀利可望便宜。

一曰金磅不至虧折。銀利便宜之益，華商受之，金磅不虧之益，西商受之。何也？往年各商辦茶之時，漢市之銀根必緊，銀根緊，則折息巨，茶商將本求利，不能不出重息以為進山買貨之資，一遭耗折，吃虧愈大。今歲各埠銀根俱有贏餘，莊號中人方廑無從折放之慮，勢不至因茶信之上市，而陡增折息。且銀根既寬，錢價亦因之而落平，非辦茶各商之大便宜乎！西商在華買茶則用銀，而至外洋出售則用金磅，近來金磅之價既如是，其增漲則進出之間，先可大佔便宜。譬如去年在華進價每擔五十兩之茶，今歲進價忽增至每擔七十兩，前後幾差四倍，及其運至外洋，按照金磅計算依然有贏無絀，並不吃虧。然則今歲買茶之西商，止在金磅一項上已較去年便宜四成，而茶價之利尚不在內，此更體察情形而可為目前之華商西商一併預料者也。

夫時不可失，昔人言之。今幸有此四層絕好之機會，吾知辦茶各華商必能振刷精神，不令錯過，誠不錯過機會，不但可以彌去年之缺憾，抑又可以挽日後之利源。轉移之關，速於旋磨，所望勿自餒其氣，勿自灰其心，斯得之矣。而吾尤有望者，漢上辦茶諸西商，無非洞明事理之人，遇此絕好機會，既可趁山內之挑剔，純購好茶，而將來成本較輕，又無慮茶價之貴，一得兩便。想茶市既上後，定然爭先購買，不至有觀望抑勒之事。語稱利人即自利，欲與華商分佔便宜，其道固不外乎此也。

或謂吾子之言，可云善頌善禱，豈惟華商願聞，即西商諒亦莫不願聞矣。應之曰唯唯否否，此論若發之於往年，則為諛詞，為虛語，而今歲非其比也。質諸中西明眼人，當有以教我。

清 佚名《論中國茶業之衰應如何設法補救》《清經世文新編》卷一〇

茶葉之利，向為中國所獨擅。而近年以來，華茶出口驟減，蓋強半為印度、錫蘭所奪，業於此者，遂考究其所以然之故。

查哀薩唔印地、錫蘭所產，價廉而美，華茶之色香味與之相勒者，售價不能賤如彼產。於是漢口洋商力求茶價之減，以圖與印茶爭售，而華人遂無利可沾。既無厚利，則不特無力講求藝之道，而舊茶樹之尚可培植者，亦廢棄矣。

清 佚名《論中國茶業之失以及補救之法》《清經世文新編續集》卷七《農政中》　中國茶業衰殘極矣，出口之數日差月減，其故何也？蓋以印度、錫蘭之茶製造新法，外觀有耀，價值合宜，中國之茶遂為所掩，中國之利遂為所奪。當此之時，若復仍守古風，聽自然於天命，因循致悞，弗思變計圖強，而所失之道，豈僅茶之一端已哉！

然即茶論茶，其勢亦難姑息者。今印錫所得之茶利，即中國從前所固有也，時易勢遷，使中國之茶即降價而求如前此之盛，亦不可得。曩者漢口、福州亦嘗減價爛賤出售，而歐人視之終不滿意，甚有原貨折回之事，其效驗可知矣。於是乎論者紛起，甚有謂中國之茶受病之原，係在於種植之始，農夫不知新法，以變舊習，致使舊種茶樹弱而無力，不足以敵印錫也。而不知其非也。

清 佚名《户部議覆奏整頓茶務摺》《清經世文新編續集》卷一〇　奏為遵旨議奏，恭摺仰祈聖鑒事。

光緒二十一年十一月初十日，內閣代奏中書劉鐸條陳茶政一摺，又是月二十九日，臣部代奏户部員外郎陳熾條陳茶政一摺，均經軍機大臣面奉諭旨，著戶部議奏，欽此。欽遵由軍機處先後抄交到部。

查內閣中書劉鐸原呈內，稱自洋人通商以來，海外悉索華茶，而華

人獲利者少，折本者多，何哉？產不一區，銷無定所，其弊一；茶品不佳，費本甚重，其弊二；公所雖設，並無市規，其弊三；華商不認真置貨，坐使其利盡失，其弊四。當茲積重之時，而圖挽回之策，斟酌損益，謹擬切要條分數端：一、頒茶照。浙江、安徽、江西、湖廣五省折衷照數，不准溢額。先由各省釐金總局交課給單辦茶，釐金局卡俟茶成箱驗單呈樣，酌本估值，抽收釐金。一、設茶政局。漢口為各省通衢，宜設茶政局。五省茶箱起運釐局，按月造冊咨送茶政局。凡茶到漢抽驗核價，合十字為一批，以到埠為先後，不得越銷。一、設茶葉公所。洋人愛磚茶，宜由局置定模式，頒商仿造。每歲孟春，由各省公所薈萃衆司整飭講求等語。

又查臣部員外郎陳熾原呈內稱，中國茶務昔盛今衰，其故有三，一則印度日本之仿種太多，一則洋商之抑勒太甚，一則出戶與商人互相忌嫉，擡價居奇，敗壞市面，茶務之江河日下，至於今日補救無從。雖然，有四法焉：一曰參用機器。人工炒焙不能無優劣粗細之殊，惟參用機器烘製，火候均勻，物皆精美。宜令各關道酌提款項，選募中國茶師密赴印度考驗製法，購機入山製造。壓磚機器潯漢已有十家，亦先購一分入山，以佳茶試辦。二曰准設小輪。婺源、甯州茶船須渡鄱陽，湖南之茶須渡洞庭，茶市屆期阻風，一二十日後到之貨，多受西商抑勒，宜令各商在鄱陽、洞庭置輪拖帶，或由官設立，酌收其資，然後茶船不致後期，行旅咸占利涉。三曰設立公棧。茶商運茶至埠，中國茶棧皆逼窄不能容，宜令江漢關道曉諭商棧，設立公棧，務極寬大，可容數十萬箱。茶船到埠，皆運存公棧，不准一箱先入洋所。議價時，可由吾操縱。四曰暫減釐捐。西人之喜用印茶者，貪其價廉耳。印茶之廉，由於參用機器者半，由於不征稅鈔者亦半。華茶則稅鈔不能議減，釐捐方且議增，是驅之用印茶也。今出口稅及子口半稅，關係洋息，未敢輕議減收。至於內地釐金及各項山捐、箱捐、善堂捐、外銷欵項，均請一律暫減三成等語。

臣等伏查中國出口茶數所以大減，於昔日固由印度、日本諸處大興茶務，有以分我之利也。茶務如何，探其本則在講求採製；握其要則在核減釐捐而已。臣部前於光緒十六年二月咨覆北洋大臣請減茶釐案內，行令各省，裁減外銷捐項，並令另行籌欵應用，以為酌減茶釐地步。十七年七月，又將江海關道所覆採茶製茶三事通行產茶省分，認真勸導，以冀共保利源。而各省迄未實力舉行，以致茶務日敝，茶商日困，此誠不可不急為補救也。

今內閣中書劉鐸及臣部員外郎陳熾縷陳茶務積弊，可謂深切著明，所擬辦法，亦多可採。如劉鐸之請設茶業公所，陳熾之請用機器、設小輪、立公棧、減捐釐，或為製造而設，或為運茶而設，或為鬻茶而設，或為保護茶商，減輕茶本而設，凡病於茶、病於商者皆去之，利於商者皆舉之，是茶務轉衰為盛一大關鍵也。雖茶釐一項關係京協各餉，本難議減。然各省果能整頓茶務，使採製精良，行銷暢旺，則出口之茶稅既可暫增，而內地之茶釐即可暫減。固有不待再計而決者。即劉鐸請頒茶照，設茶政局，所擬驗貨核價，分批挨售，並責成釐金局卡收課給單，估值抽釐，其事皆未免煩苛。而棄其所短，取其所長，則設一茶政局，以總司東南各省茶務，俾事權歸一，呼應靈通，亦未始非維持大局之一道也。惟茶業公所、茶商公棧究應如何設立，製茶機器、運茶小輪究應如何購製，以及茶照可否頒行，茶政局可否創設，事隸產茶各省，臣部未能遙度。

謹擬抄録該中書等原呈，請旨飭下湖廣、兩江、江西、安徽、浙江、福建、廣東各督撫，按照該中書等所陳，悉心核議，切實覆奏，分別舉行。俟試辦一二年，如果確有把握，即將各該省所收茶釐數目，奏請核減，以成興復茶務之盛舉。其各省茶捐外銷欵目，應令查照臣部前咨，立予全裁，毋許延玩。總之茶務為中國一大利源，東南數省商民生計所繫，各省督撫職司教養，固不得淡漠視之，任其敝壞而不一為整頓也。所有臣等遵議緣由，理合恭摺具陳，伏乞皇上聖鑒。謹奏。

清 佚名《商務大臣盛奏請減輕茶稅摺》《清經世文新編續集》卷一二

奏為茶稅過重，銷數日少，籲懇減輕，以紓商困而維大局，據實瀝陳，恭摺仰祈聖鑒事。

竊自中外互市以來，中國銀錢流出外洋不少，惟賴出口土貨，藉以稍補漏卮。土貨之中，向推絲茶為大宗，而茶葉則分紅綠兩種。紅茶在湖北之漢口行銷，綠茶在江蘇之上海出售。從前外洋不諳種茶之法，各國非向中國購食不可，彼時茶值甚昂，不論貨之高低，牽勻計算，每擔可售五六十兩至七八十兩不等，是以茶葉稅則亦不分別貨色，定為每擔抽稅

二兩五錢，按值百抽五之例，原屬相符。迨印度、錫蘭出產紅茶，日本出產綠茶以後，悉用機器製造，價本既輕，印度、日本又免徵稅銀，錫蘭不特免徵，每磅并津貼銀三分五厘，約合每擔津貼銀四兩之多，力使暢銷推廣。中國產茶業戶則蹈常襲故，於種植焙製各法未肯講求。商人因銷路日疲，或相率作偽，或貶價求售，茶盤遂至逐年遞減，漸成江河日下之勢。

臣宣懷前奉會辦商務大臣之命，即准原任大學士李鴻章咨，據駐滬考察商務委員洪冀昌稟報，茶業一項，年年減數，請認真整頓，設法挽回。並探聞印度茶葉由雲南浸入內地者，不下一萬餘擔，若緬甸鐵路一成，來源既易，非但中國出口茶葉漸少，恐中國銷用印度之茶反年暢一年。惟有減稅輕本，免絕生機。

正在核辦間，適奉旨議辦商稅事宜，接准英使馬凱開送商約大綱二十四欵，內第九欵，即以減輕茶稅為請。並據在滬茶商董事梁榮翰等聯名呈稱，咸豐同治年間所售紅綠茶價甚高，每擔完出口稅銀二兩五錢，商力尚可支持。近來銷滯價跌，紅茶最高者為祁門、甯州，綠茶最高者為婺源、平水，每擔售價不過四五十兩。其次之各種低茶，售不及二十兩，加以內地所完落地稅、釐金等項，幾於十取其二。際此重修稅則，懇請體恤商艱，當經飭令隨辦商約之稅務司裴式楷、賀璧理、戴樂爾查明核議去後。

茲據該稅司等先後查得該商董所呈均係實情，並以中國運英茶葉，同治十年尚有一萬三千九百萬磅，錫蘭茶僅一千五百萬磅，至上年中國茶祇有一千八百萬磅，錫蘭茶則增為二萬六千四百萬磅。又中國運俄茶葉，光緒二十四年尚有五千萬磅，錫蘭茶僅一百五十萬磅，至上年中國茶祇有三千一百五十萬磅，錫蘭茶則增為一千萬磅。即以中國近三年出口茶數而論，光緒二十五年尚有一百一十四萬九千餘擔，二十六年祇有一百零六萬三千餘擔，二十七年則僅有八十五萬四千餘擔，比例參觀，是洋茶日盛，華茶日減。恐四五年後，無人過問。亟應設法補救等情，具復前來。

臣等公同商酌，再四籌維，國計民生，均關重要，當茲時局艱難，賠欵無出，尚無敢輕言減稅，祇以目擊茶銷壅滯，商力困疲，若再不亟圖維持，微獨華茶不能行銷於外洋，轉恐洋茶得以充斥於中土。與其將來稅釐全失，計莫如暫為減稅，使成本稍輕，銷場漸旺。數年之內出口茶必加多，其稅自可抵減徵之數，尚期收效桑榆，誠屬兩益辦法。臣等本擬待商約定後，再行請減，惟洋茶鋭意攘奪，華茶年少一年，逾遲逾難補救。現值茶葉將次上市，若再不因時量減，坐使銷數日短，稅於何有？徒令茶葉商民俱失生計，無可挽回，此寔關係商務至大至急。臣等職司商稅，何敢默然相應，籲懇聖明飭下部臣，轉飭總稅司，即將出口茶稅改為按照時價值百抽五，於定章並無違碍。庶幾恩出自上，商困得以稍紓，商情必形鼓舞。目前暫少茶稅，容臣等與稅務司設法於別項出口貨稅酌量加增，籍以抵補，並請飭下湖北、湖南、江西、安徽、浙江、福建產茶各省，於茶葉一項減稅之後，不可再行加釐，俾免滯銷而維大局。

所有瀝陳減輕茶稅，以紓商困緣由，是否有當，伏乞皇太后、皇上聖鑒訓示。謹奏。

陸上外銷之路

論說

清 程昌齡《邊防禦俄策》《清經世文三編》卷五〇 嗚呼，今之論防務者，亦已極矣。中國自與泰西互市，無論我之洋面皆隐為彼所分據，即內地各口亦與彼有公共之勢。於是論防務者，皆謂宜重東南而輕西北。而經理防務者，亦遂急在彼而緩在此，此誠未統全局以籌之也。

又 至于張家口一路，或謂亦宜有重兵防守，昌則以為不然。查外國之入中國通商貿易為第一要事，俄人以買茶為性命，現僅恰克圖至張家口為運茶要道，即至失和，必無用兵，此路自絕生意之理。況外隔沙漠數千里，漢唐迄明皆以出塞為難，軍行食用諸多不便，我不便由此往，即彼亦不能由此來，可以揣測而知者。況張家口處懸崖絕澗之內，地形狹隘，中外輻輳，實不宜長駐。多嘗張皇耳目，前明置重鎮於宣化，但分零隊扼守邊墻，亦其形勢然也。然則張家口之防，緩耶？急耶？輕耶？

重耶？雖然，苟能得地，尤貴得人，試問北邊水陸各軍有一能禦俄者乎？

清 丁韙良《中西聞見録選編・印度種植茶葉》 英國採買内地茶葉，已有二百餘年，頻歲加多，屆今增至十餘千萬磅十二兩爲一磅，運往英京。英人早思於屬國擇選土地，宜於蓺茶者種之，以省費而利國。嗣遣人購覓茶種，於印度崑崙山相近處試種，更僱中國善於採取與燒煉者，教土人以採燒之法。試行以來，著有成效，所收茶品，頗不遜於中華。於同治二年，種茶已有一百萬磅，至同治十一年，迭增至二千萬磅之多，將來獲利自不可量云。

清 李鴻章《李文忠公全集・譯署函稿》卷一〇《論俄商歸化城買茶》光緒六年三月十二日 俄商置買土貨，由陸路回國，本有一定之路，即完税領照均有一定之章，向來辦法，從無歧異。此次俄商在歸化境内潛匿買茶，始則違約請照，繼復無照擅運，意在決我藩籬，以開牟利之源。此端一啟，從此陸路運茶，可勿完税，彼或漸圖推廣，多方包攬，其情弊尚難豫測。恰克圖部員以無執照扣留，自是照章辦理。凱署使照會於從前領照不允等情均置弗提，而引進口事例之第二款謂可隨意貿易，無須領照，強詞奪理，欲售其朦混之術。在該署使亦知俄商錯誤於前，但茶既運恰至六百八十餘箱之多，業經被扣，不得不出為曉瀆，希冀索回原貨。尊示謂若聽其闖越，則紊亂約章，效尤必衆，且於税項有損，若扣留不理，恐日久𡚒變，或又藉詞索利，枝節横生，洵屬老成持重之慮，鴻章竊思，此事如堅守約章，惟有扣留，照約罰辦，乃足杜後之效尤。雖至𡚒變，條約固無索賠之例，惟俄人重利好爭，被扣茶箱過多，必不甘休，不能不酌予轉圜，以期息事，仍須杜彼弊端，勿使再蹈前轍。因以此意商之津海關鄭道。頃據復稱，華商運茶由湖北出江入海、取道天津者，不及陸路所運三分之一，其由陸路所運者，若不往張家口而往歸化城，則過山西祁縣後，分路到歸化城，與赴張家口道里遠近相差無幾，但可避免直境税釐，或者成本較輕。若准俄商由歸化城買茶轉運，無須領照，將來華商即可以歸化城為賣茶處所，又開俄商漏税方便之路，流弊頗多。惟俄茶既販運到恰，入官一節，恐難辦到。或請暫予格外通融，准其放行，議明只准一次，不准兩次，嗣後若再赴歸化城買茶，必須按照各國總例采運土貨辦法，由津海關請領報單，將茶買齊後，仍運天津查驗給照，按陸路章程第三款之路而行，否則津關不能給照。恰克圖部員於無照之茶不惟不准出口，並應罰貨充公，似於防弊，稍有把握等語。前來查該道所籌，固屬周妥，惟俄人意存嘗試，若徑予放行，彼必將我所擬各節置之不理。日後運茶，轉得援前事以為例，若欲確存證據，議立專條，俄人堅韌性成，驟難就範。耽延稍久，茶貨終恐𡚒變。此中處置，頗難揣該使之意，必難中止。將來或有照復，或赴鈞署面商，似宜於理論之際，設法剖斷，一面堅持歸化城實系内地茶葉，非蒙古所產二語，與之辯駁，一面示以中國體恤遠商，但防後弊，如能訂定不運第二次，則以鄭道所擬各節與之議明，略為罰辦，仍准放行，且告以如不能從，中國為税務起見，斷難違約允放，日後該貨𡚒變，毋得再有異詞。如此則有言在前，彼知中國理直意堅，且究竟重貨被扣，未嘗不思了結，或當漸露轉圜之意，迎機善導，藉可杜絶後患。是否有當，伏候卓裁。

又卷一一《論恰克圖扣留俄茶》光緒六年四月三〇日 恰克圖扣留俄茶一案，凱署使函辯之詞，仍是一味狡強，明系以該商錯誤於前，不得不曲為迴護。惟俄茶被扣者，至六百八二餘箱之多，為數過巨。彼必以全力相爭，罰貨入官，既辦不到，若竟放行，則藩籬一決，將來即漫無限制，大有損於税務。尊示仿照陸路章程十三、十四款，通州張家口之例，完一正税，或完一子税，發給執照到恰驗放。苟能如此定議，自可將就了事。惟在何處交税，須查訪情形，再與訂定，此時若徑以此説與之商議，恐井辦不到耳。刻下緊要關鍵，在歸化城果屬内地與否，彼謂歸化城在長城以外，應屬蒙古。不知中國之例，設道廳等官者惟内地為然，歸化城有歸綏道與理事同知，均屬山西巡撫統轄，其為内地也明甚。若堅持此節與之理論，則廓米隆爾與布策認罰之説，或可酌置辦理。中國藉以收場，亦可稍防偷漏。但俄茶被扣已越半年，設有𡚒變跌價等事，俄人必不甘休。況恰克圖距京過遠，往返行查，動需時口，議論抽税罰款章程，尤非經年累月，不能就緒。邵小村來信述布策之意，擬請部員先將貨物發還商人，如查明該商並未納税，即允議罰，自系通融了事之法。劼剛來信，四月望前後即擬起程，計期現將抵俄，所議關係尤巨。中國不值因此等事件致礙全域，鈞意放貨出口，先賣一情面與布策，再為議罰，以結此案。仍聲

明只准一次，以後須照內地買土貨例辦理，權衡緩急，深協機宜，似可迅速施行。惟洋人向來善用延宕之法，此時急於索貨，故有認罰一說，一俟茶箱放行，或竟置之不理，則中國竟無把柄可執。此事應由鈞處體察情勢，若俄人決不食言，固不妨將全貨發還，以示落落大方。若罰辦尚無把握，似應飭恰克圖部員，先將大宗茶箱故令回國，仍酌扣一成，俟查明此茶實在已否完稅，或應酌辦若干，定議後再行發還。如此則操縱在我，茶貨被扣既少，彼心已慰，而氣已平，不至激而生變。力一偶有徽變，則成本既少，出入較輕。況該商本有味罰之款，亦尚可以相抵，是否有當，伏候卓裁。

又卷一二《論俄商運茶赴蒙古光緒七年六月一三日**》** 公函以津關道與稅務司所議，俄商運茶赴蒙古銷售，補訂稅章，顯與陸路章程相背。窮究利害，指陳弊端，並摘抄舊案覓示。仰見權衡至當，慮遠思深。竊查此議創自津關稅司，德璀琳先于各關新聞紙內痛詆俄商，近年借運茶赴恰為名，多在蒙古私售漁利，於是各國洋商，嘖有煩言，遂傳播於俄署使凱陽德之耳。凱使面斥赫德不應准德璀琳造言詆誣，德稅司確知此弊非同影響，力請赫德赴鈞署清查，歷年未銷執照。光緒元、二、三年約二百五十餘件，四、五年約一千一百餘件之多，不得謂非沿途私售之真實憑據，該總稅司因請鈞署諮行北洋，轉飭詳核，設法擬復一切。鴻章自冬徂春屢據德璀琳來轅稟述各情，謂須及時變通，以杜俄商壟斷網利之舉。其意頗動公憤，並非別有私見。是以一奉大諮，即飭鄭道會同稅苛妥擬辦法。旋據詳轉請核定，亦明知與陸路章程及歷來案卷不符，但念俄商狡謀專利已久，津關保結與恰克圖繳照均視為具文，悍然不顧，若仍因循不改，雖有防弊之條約，奚啻掩耳盜鈴。倘只准茶葉一宗加徵稅項，運銷蒙古，別貨別處不得援以為例，似未始非因時救弊，實事求是之一法，而於尊函所指五弊者，亦尚無甚窒礙。蓋陸路章程中抽出蒙古售茶一項，另立新章，即系同治九年科布多大臣請訂蒙古貿易稅則之意。其回國之茶與別項運恰之貨，仍可分別照章核辦。張、恰兩處由津關派洋杆手駐查，更可無慮牽混。惟鈞諭既以陸路章程無論如何更改，總不可出其範圍，只有仍舊辦理。第以後恰克圖依限繳照及鈞署照號查銷，必須格外認真，益加嚴密，與俄使重言申明，津關鄭道請仍派扡手赴張、恰兩處查驗，既無加徵稅項，又添許多耗費，恐總稅可等未必踴躍耳。至華商運茶赴蒙赴恰免釐稅一節，承商可否先辦。據鄭道稟覆請即照行，但前議到津後再交子稅三錢，運蒙稅銀七錢，原與洋商一律。茲不明開洋商運蒙之禁，即不便獨加華商運蒙之稅，而沿途如于津常關釐卡，通州東壩、張家口各稅捐為數不少，概須免收。若向來陸運者均歸海運，楚、豫釐捐亦減，並無絲毫抵補之處，未免失算。然欲加惠華商以敵俄人壟斷，則其計亦出於萬不容已。敬希酌奪施行。

清 楊楷《光緒通商列表・洋關進出口貨價分類表第七》

理天下之財與理一國之財異，戒泰侈，薄賦斂，綜核名實，務本節用，此理一國之財也。若夫理天下之財，則非籠天下之權利，劑其盈虛，窮其本末，長駕遠馭不爲功。前歲我駐日本使臣以日本紅銅價賤，奏准採辦，以資鼓鑄，此大不可貪一時之利而不知此數十萬金皆往而不返者也。中國銅鐵以成本過重，售運維艱，若洋貨盛行，則銷路愈滯，其源將竭。夫五金之用，國一日不可去，民一日不能無。以堂堂中國之大，而需用銅鐵等物盡仰給於外洋，其勢固不可以久，且設有緩急，將何以處之乎？中國五金礦產各省皆有，近風氣稍開，商民稟請集貲開採，無不允准，然而卒無效驗，是何也？開礦之利在取天地自然之利，流轉於無窮，然佳礦本不易得，尋常諸礦稍有糜費，卽易虧折，商民意在求利，不滿所欲，輒行中止，更有假開礦之名斂貲財以肥己者。一礦敗壞萬衆惶惑，後雖有實事求是，而人不敢信，是礦產之利又因此而愈窒也。宜下列省督撫集所有練軍舉行礦屯，查明礦苗，講求採鍊之法，工費既省，成本自輕，其事易集。更以開礦所獲作抵正餉，庶勇丁無坐食之虞，國家有節餉之實，較之官商開辦事半功倍。但有數省得著成效，必有聞風而起者。開採既廣，價必日賤，銷路愈暢，足與外洋相敵，與狃目前之利而不顧異日之害得失可同日語哉？西洋礮械、船艦之精，中國近常仿造，迄未盡其奧窔，故嘗不惜重貲至彼購買，所費甚鉅，宜行文德、美諸國，勸令彼國商民招集重貲至中國開設船礮、鍊鐵諸廠，聽其擇地建造，不稍限制。德國偪處强鄰，恆欲强中國以制英、法，美亦無弱中國之心，中國誠多與利益酬彼厚意，亦德、美之所樂從也。洋廠既開，中國易得其巧，各省立局製造，成功必易。或以重價購歸中國因其所創而更大之，則取效愈速，且令中外有事購取甚便利之所在，固非公法局外之例所能禁也。英、法之淩侮中國，天下無不知之矣，而獨於機器之巧不敢稍爲秘惜者何哉？以德、美諸國並立，恐己秘其巧而人收其利也，藉無德、美，必且挾其長技百計淩轢，必貧弱中國而後已，有不居爲奇貨者哉？中國宜深知其意，與德、美立約，凡中國購買軍火等事，專歸兩國辦理，不令他人干預，德、美亦宜擇利益中國之事互相酬答。此約既成，英、法日退，德、美日親，中國富强之機可以立效。詩有之：剛亦不吐，柔亦不茹。未有外此而可以立國者也，今東三省會勘分界議久不決，伊犂西境歸俄，俄之邊陲接於天山前後，藏地南界印度，滇、粵邊外淪爲異域，邊患日深，殷憂方大。竊謂宜割朝鮮慶源一府，開琿春，邊界由圖們江南岸達於海口，而別以地易之，屏蔽朝鮮，佔據形勢起邊防。自琿春以北接興安嶺、外蒙古，西盡科布多、伊犂之境，南包西藏阿里，西南至雲南、廣西諸省屬於南海，詳繪輿圖，擇險要可扼守之地建立碉堡，分發能鑄鎗礮之人就地鑄礮築臺聯絡其間，不過募礮兵數百人，而聲勢常與十萬屯守之軍相等，事簡而功廣，費省而效多，幅幀萬里，固於金湯，安於磐石，此亦籌邊者當及早圖之，無貽後悔者矣。

		光緒元年	二年	三年	四年	五年
進口	洋藥	二千五百二十五萬五千六十五兩	二千八百一萬八千九百九十四兩	三千二十七萬三千五百七十七兩	三千二百二十六萬二千九百五十七兩	三千六百五十三萬六千六百
	棉布	二千六萬一千一百四十三兩	二千二十一萬六千二百四十六兩	一千八百九十五萬五千七百九十五兩	一千六百二萬九千二百三十一兩	二千五百五十九萬九千六百
	絨毛布	四百五十六萬一千四百二十一兩	四百二十五萬九千二百八十一兩	四百八十三萬五百八十三兩	四百八十七萬五千五百九十四兩	四百九十五萬四千四百七十
	雜布	十七萬七千八百四十八兩	十萬二千二百六兩	十二萬八千六百三十兩	十六萬六千四百六十兩	十二萬四千三百五十九兩
	銅鐵	四百二十二萬六千九十九兩	三百六十九萬二千八百四兩	四百三十五萬四千七百九十九兩	四百十七萬八千三百七十六兩	四百十三萬二千六十七兩
	雜貨	一千三百四十二萬一千六百七十一兩	一千三百九十八萬四十三兩	一千四百九十五萬三千九百七十六兩	一千三百二十九萬一千四百九兩	一千三百八十八萬二百三十
出口	絲	二千四百八十九萬四千九十二兩	三千五百八十一萬九千三百三十六兩	二千二百七十五萬四千六百六十八兩	二千五百十二萬六千二百四兩	二千八百六十二萬一千三百
	茶	三千六百六十九萬七千五百十二兩	三千六百六十四萬七千九百二十六兩	三千三百三十四萬一百三十二兩	三千二百一萬三千一百八十四兩	三千三百二十七萬一千七百
	雜貨	七百三十二萬一千三百二十五兩	八百三十八萬三千二百五十兩	一千一百三十六萬二千七百九十七兩	一千三萬二千七百九十一兩	一千三十八萬八千一百九十

	六年	七年	八年	九年	十年
十七兩	兩二千四百三 十六萬三千 八百四十二	八千九百三 兩二萬五千 百二十七	兩七千四百二 十二萬七千 九百六十六	十千四百二 三六萬三千 兩百五十五	兩四萬百二 十二十千 一百五六
兩七十九	兩五千八百二 十九萬三千 七百二十三	六百五百二 兩三千四千 十八萬六	十七萬百二 四百六七千 兩八千十二	五百六百二 兩八千四千 十七萬二	十二萬百二 二百一十千 兩二千四二
二兩	十六十五 八百一百 兩八萬八	八百三十五 兩七千五百 十八萬八	三百六十四 兩六千九百 十二萬四	十三十三 九千九百 兩五萬八	兩七千十三 十六萬百 八百九七
	四百九十 兩八千六 十三萬	十四萬二 六百三十 兩二千五	十八萬二 五百六十 兩八千八	兩五千八 十一萬 六百五	四百三十 兩三千三 十四萬
	十一萬四 六百九百 兩九千七	兩百八十四 十千二百 二五萬八	二百十四 兩三萬百 十五七	八八十四 兩百七百 十萬六	十八萬四 兩百六百 七千九
兩	十五萬百一 九百六五千 兩九千十三	兩千三百一 十萬三千 七七十七	兩六千七百一 十四萬七千 六百八十八	兩七千二百一 十二萬五千 一百六十七	十千二百一 三三萬五千 兩百九十六
兩三十三	兩四千三百二 十四萬八千 四百一十九	兩千六百二 二萬八千 百八十六	兩五千三百二 十二萬八千 二百七十二	兩九千三百二 十八萬九千 六百七十三	十三萬百二 一百二十千 兩四千八三
兩三十九	兩六千二百三 十一萬七千 九百八十五	八百九百三 兩六萬八千 十二十二	七千三百三 兩二萬三千 百二十一	十萬百三 五四十千 兩千七二	二百五百二 兩四千五千 十一萬九
兩	兩七千二百一 十九萬三千 四百三十二	六千九百一 兩五萬六千 百四十一	十三萬百一 一百七十千 兩八千六三	二百五百一 兩八千八千 十七萬四	七百一百一 兩九萬九千 十一十四

又《洋藥茶絲分類表第八》　今之君子論洋務者必曰『謹守條約』，嗚呼！亦思此條約者果何時所立哉？當道光、咸豐之季，中國人才闃寂之時也，當事既無禦侮之方，更不諳外交之道，因應失當，啟難召釁。西人之視中國殆如嬰兒，恐之則啼，脅之則止，與之食則喜，詆娸狎侮，玩之股掌而聽其所欲爲，於是禁令盪然，利權盡失。彼所不能得於中國者天限之也，凡可以力爲之者既無不遂其欲矣，而其尤爲害者，莫如禁立公行名目與准洋商入內地置土貨一事。夫物產之鄉與市肆之地，其價恆相倍蓰者，此商賈之利也。今則不然，洋人得挾重貲至內地採買土貨，徑運出洋，於是商賈無權，而屯積販運之利盡失。往者胡光墉嘗以一夫之力廣積絲斤，與洋商爭一日之勝，故光緒初年絲利大贏，出口絲價嘗增至三千餘萬，市局因之大起。自胡光墉敗而絲市遂壞，計五年以後，每歲絲價約短至七八百萬不等。夫西洋各國常以全力維持商務，而國用即取給於商，故商富而國無不富。中國於物產之利聽其自盈自絀，雖外人之剝蝕侵奪而不稍顧惜。僅有一胡光墉力與相持，非特不能維持，而已逮其敗而復摧折之，以至於死。一商不足惜，是可爲國家大計慮也。中國設輪船招商局二十年來收回運載貨物之費不下三四千萬，洋商始嘗減價與我爭勝，繼因折閱不已，於是立議定價，不再減讓。論者謂中國若多撥漕米資招商局而令更減運價，數年之後洋商日敗，而招商局可獨擅運載之利。由此言之，招商局之幸能自立與胡光墉之一敗不振，非由國家能維持與不能維持之驗歟？今絲茶之利日減，當事嘗深憂之，而所以日減之故，至今未明於天下。有謂西洋各國多樹茶桑，講求製茶、繅絲之法，以致中國利源漸絀，其言似是而實非也。稽光緒九、十兩年絲茶出口之貨較之三、四年以前有增無減，則非銷運之不暢明矣。而核其價值，昔什而今不過六七，夫物價貴賤之權苟操於洋人，雖減折至盡，亦不能厭其欲而給其求。是安有底止乎？今宜籌撥公款招集散商仿照招商局章程設立官絲茶局，由官督辦，分設子局於產絲茶之地，按時採買。洋商內地置貨雖不能禁，宜照西洋稅則值百抽二十之數，凡茶葉、絲繭等貨，先於出產之地一律加重捐項，約如其額而密免官局加捐，特令昂價收貨以增洋商成本，而爲小民之利，厚集貲本，廣爲屯積，力與相持。華商出洋貿易，惟日本載在條約，而他國無之，宜行文英美等國推廣約章，指定口岸，各由駐洋公使查照西洋各國交涉通商一切章程，分別妥議辦理，務使輕重一例，以昭公允。遣人分至各國設立貨棧，自行運載絲茶等貨，出洋隨地售賣，庶可絕洋人壟斷之心而盡通商販運之利，此商務得失之關，國家强弱貧富之機，所當盡力圖之者也。變公行之名而得收其效，洋商進內地置貨而不得擅其利，未背條約而得復已失之權，爲今日計，誠無過於此者矣。

年　元　緒　光			
石五十九百六千八萬三 百二千五萬五百六千一	斤 價	藥洋小	進口
九石九十百四千五萬一 十八百二千七萬二百六	斤 價	藥洋大	
斤十八石十二百五千七 六百五千八萬十八百二	斤 價	藥洋新	
一十七石二十百三千一 十二百九千三萬六十四	斤 價	藥洋雜	
石三十八百一千四萬七 千九萬八十四百九千一	斤 價	斤絲經生土湖	出口
八十石三十八百五千八 十九百九千六萬四十三	斤 價	頭絲亂	
十六石一十三百七千五兩 三十五千八萬一十六	斤 價	絲粗野	
斤二十七石十七千三 兩五十千一萬四十二	斤 價	繭　蠶	
十八石七十六百四千六 十三百五千二萬二百四	斤 價	緞　綢	
斤三十二石十三百五 兩十七百二千六萬七十	斤 價	帶線絲	
	斤 價	子　蠶	
百六千八萬三十四百一 千九萬三十七百九千二	斤 價	茶　紅	
石一十八百二萬一十二 百四千五萬六十九百四	斤 價	茶　綠	
十三石百九千六萬六十 百四千六萬七十九百一	斤 價	茶　磚	
斤一石四十九百五千二 兩一十九百七千五萬一	斤 價	末　茶	

年　二	
斤九十九石八百九千三萬四 兩五十千六萬二百八千一	斤七十九 九十九兩
斤九十五石九十千六萬一 兩十二百九千三萬六十二百六	斤一十 兩
斤三十九石七十百六千八 兩七十八百一千二萬一十二百三	十六兩
斤四十三石四百三千 兩二十七百八千六萬 十五	斤 兩二
斤四石 十九百二千六萬七 兩六十千二萬四十五千三	斤三十二 兩五十二百二
斤七十四石 十三百三萬 兩六十三百七千三萬九十四	斤 兩一
斤五十九石四十九千三 兩三十八百一千六萬六十三	斤三
斤九十八石八十九百一千三 兩五十六百九千一萬五十二	
斤六十八石八十八百一千五 兩八十三千六萬八十九百三	斤二 兩八
斤一十九石十七百四 兩百四千二萬七十	
石八十 兩八十九百一千三	
石八十四百三千五萬一十四百一 兩三十八百九千九萬五十千三	斤七十石一十 兩三十九百七
斤九十石四十百七千九萬八十 兩一十九百六千一萬四十六百四	斤七十六 兩十八
斤六十六石十五百九千三萬五十 兩三十八百四千九萬一十八百一	斤一 兩八十四
斤二十九石八十九百七千三 兩九十六百七千六萬二	

	三年
	四萬一千七百三十一石九十九斤半 一千九百十五萬二千三百三十八兩
	一萬五千二百四十七石七十四斤 六百十四萬四千六百四十二兩
	一萬八百二十一石七十斤 四百八萬三千二百二十五兩
	二千四百十五石九斤半 八十九萬三千三百七十二兩
	五萬六千二百三十五石六十六斤 一千七百二十五萬七千八百八十三兩
	八千五百八十六石五十四斤 三十三萬三千七十六兩
	三千二十九石五十二斤 三十六萬五千一百九十兩
	二千三百五十五石八十三斤 二十萬八千二百二十三兩
	六千四百六十石七十斤半 四百四十三萬二千一百二十一兩
	五百二十石四十八斤 十八萬八千一百七十五兩
七十五斤	一百五十五萬二千四百三十八石七十 二千七百十五萬四千九百七十九兩
	十九萬七千五百二十一石五十斤 四百三十三萬八千一百七十五兩
	十四萬七千八百九石九十七斤 一百七十五萬九千二十八兩
	一萬二千一百五十七石七十二斤 八萬七千九百五十兩

	四年
	三萬七千四石七十四斤 一千九百三十萬一千六十二兩
	一萬八千五百八十七石八十八斤 六百九十四萬八千五百二十二兩
	一萬二千三百七十三石三斤 四百四十萬六千二百六十九兩
	四千四百五十七石八十二斤 一百六十萬七千一百四兩
	六萬三千一百四十三石六十一斤 一千九百四十一萬八千七百五十七兩
	一萬一千四百六十九石五十三斤 四十一萬六千九百十九兩
	四千二百石三十六斤 四十一萬九百四十二兩
	二千二百三石八十一斤 二十萬九千六百十九兩
	七千四百三十九石六十三斤 四百五十萬七千四十七兩
	六百九十石九十斤 二十四萬二千九百二十兩
	十八斤 九十兩
九斤	一百五十一萬七千六百十七石三十六斤 二千七百十三萬二千四百十七兩
	十七萬二千八百二十六石十一斤 一百三十五萬四千二百六十七兩
	十九萬四千二百七十七石四十二斤 一百三十五萬四千二百六十七兩
	一萬四千二百三十五石七十八斤 十萬四千二百七十三兩

五年	六年	七年
四萬一百三十九石五十四斤 二千七十七萬七千七十九兩	三萬二千八百九十二石二十五斤 一千七百三十六萬九千五百二十六兩	三萬六千四 二千三十二
二萬一千一百五十石八十八斤 七百八十九萬五千三十一兩	一萬六千五百三石七十六斤 六百五十六萬九千九十八兩	一萬七千九 七百三十四
一萬六千二百七十八石八十六斤 五百六十四萬四千六百二十兩	一萬七千二百九十七石四十二斤 六百三十五萬五千四百八十四兩	一萬八千六 七百十六萬
五千四百八十一石五十六斤 二百二十一萬九千八百八十七兩	四千九百六十一石四十斤 二百五萬五百二十兩	六千五百三 二百七十五
七萬六千二十八石九十九斤 二千二百五十九萬六千四百八十一兩	七萬八千一百石九斤 二千二百六十萬四千四百六十五兩	六萬四百八 一千九百六
一萬三千七百九十四石八十九斤 六十一萬六千一百八十四兩	一萬八千八百六十一石四十斤 九十四萬七千三百九十三兩	二萬七千八 一百五十九
四千七百六十石二十斤 四十萬九千四百六十六兩	四千一百一石五斤 三十八萬五千八百七十六兩	五千一百九 五十萬九千
三千八百八十九石二十八斤 二十五萬二百五十七兩	四千五百五十七石九十五斤 二十三萬八千二百二十二兩	四千五百五 二十九萬八
六千九百十九石五十八斤 四百四十九萬八千九百九十二兩	八千三百九十石三十八斤 五百四十二萬一千七百二十一兩	七千一百八 四百六十一
六百八十四石十斤 二十四萬九千九百五十三兩	七百十石六十五斤 二十三萬三千七百六十七兩	四百九十三 二十三萬八
一百五十二萬三千四百十八石七十四斤 二千七百五十二萬七百五十四兩	一百六十六萬一千三百二十五石二十八斤 二千九百二十九萬八千七百八十八兩	一百六十三 二千六百二
十八萬三千二百三十三石八十九斤 四百三十萬八千七百七十七兩	十八萬八千六百二十三石四十六斤 四百十九萬六千四百四十一兩	二十三萬八 五百十萬六
二十七萬五千五百四十石十五斤 一百三十九萬二千六百十六兩	二十三萬二千九百六十九石二十九斤 二百十三萬二千三百四兩	二十四萬七 一百四十六
五千二百六十九石五十三斤 四萬九千五百九十二兩	一萬四千二百石八十三斤 十萬六百三十六兩	一萬五千一 十一萬四千

年　八	
三百三千九萬二 九萬八百三千一	斤三十九石十八百 兩三十五百七千三萬
七百三千五萬一 七萬五十九百五	斤二石六十九百 兩七十三千八萬
石七十千五萬一 九萬九十四百五	斤二十三石七十 兩四十六百七
七十七百九千五 千九萬九十百二	斤七十石十 兩四十五百六千九萬
石九十百四萬六 八十九百六千一	斤五十二石三十 兩六十百七千四萬一十
五百六千八萬二 六萬五十三百一	斤四十三石七十百 兩六十四百三千四萬
三石九十八千四 七千四萬四十三	斤一十石九十 兩一十四百四
七十四百八千三 百五千七萬十二	斤八十二石一十 兩三百五千
八十九百五千六 六萬九十三百三	斤五十五石七十 兩三十七百二千二萬
七石一百七千二 九千一萬四十五	斤十九石 兩一十二百九千
斤九十 兩八十四	
一萬一十六百一 七十八百五千二	斤六十九石三十二百七千六萬 兩九十六百五萬十
百八十八萬七十 兩百九萬九百四	斤十二石四十六千 兩四十五百五千
二千九萬一十二 千三萬十三百一	斤六十三石八十九百四千 兩四十八百一千八萬
七十六百三千七 五百一千九萬五	斤一十四石六十八百 兩一十六百九

年　九	
十石八十百二千五萬三 千二萬二十五百三千一	斤八十八石五十 兩七十四百六千
石四十二百八千二萬一 百七千九萬八十九百四	斤四十二石九十 兩五十百九千
二石十五百九千三萬一 十九百一千三萬六百五	斤七十 兩八十百一千
四十八石一十百四千五 兩四十九萬七十七百一	斤一十三石 兩七十百六
石二十四百一千九萬五 千九萬五十九百六千一	斤四十七 兩一十八百八千九萬
石七十九百四千八萬二 六百三千五萬十六百一	斤七十七石七十 兩六十二百八千
十六石六十三百八千五 兩四十七百九萬一十五	斤八十 兩十二百
十二石二十六百六千二 兩十七百八千二萬八十	石 兩三十二
斤八石一十三百七千七 十四百七千二萬二百四	斤六十二石 兩四十七百三千
十七石六十八百二千三 十七百六千六萬五十六	斤三十 兩八十二百
十九千一萬七十五百一 百三萬三十七百六千二	斤二十八石六十百九千 兩八十三百二千八萬
石五十百一千一萬九十 七百四千二萬十九百三	斤二十五石九十三
十四百七千八萬一十二 兩五千一萬十五百一	斤十六石六十 兩四十六百九
十九石五十二百一千六 兩七十九百一萬四	斤十九石 兩

斤四	斤十二石二十二百二千四 兩一十七百四千一萬二
斤五十三石四	斤六石六十九百九千四萬四十二 兩五十七百五千二萬八十四百一
斤七十六 兩三十	二十五石六十五百五千二萬十二 兩十七百九千四萬十四百四
斤八十三石二 兩十四	石一十五百四千四萬六十五百一 六十二百一千六萬四十百三千二
	石四 兩十六百二
斤四 兩八	斤七十六石四十百二千二 兩六十四百五千九萬四十四
兩九	斤三十五石七百八千八 兩三十七百九千六萬二十四百四
斤九	斤四石八十百六千二 兩六百九千八萬一十
斤八	斤四十八石一十五百六千六 兩三十六百四千九萬十六
斤九十九 兩一十	斤十五石一千五萬三 兩一十四百二萬三十七百一
斤六十八 兩四十六百二	斤八十七石九十三百一千一萬六 二十百二千七萬四十八百五千一
斤	斤十七石四十六百三千四 兩八百七千一萬八十七百一
斤七十 兩一	斤四十六石四十七百三千二萬一 兩六百四千九萬六十四百四
斤三十九 兩二十八	斤四十七石五十四百六千三萬一 兩十四百三千四萬六十百五
斤 兩六十四百五	斤三十石六十九百七千六萬三 十八百七千四萬三十七百四千一
	十　年

又《茶葉出洋分國表第九》　中外通商之國，自英而外，日本貨價出入之數歲贏中國銀二三百萬。日本小國，物產之盛不逮中國遠甚，然其風氣早闢，獨能經營商務，與各國抗衡，故所產不豐而其利常倍。近者總稅務司赫德行文各海關，以中國茶商日見耗折，日本、印度等國產茶漸盛，運銷各國者日益多，亟宜整頓茶利，毋爲外人所奪，斯言也，可爲有益於中國矣。然不明乎洋商壟斷之故，而徒咎稅釐之過重，是欲中國上虧國帑輕減以從之乎？且英之商務歲贏中國銀三四千萬，中國耗損至鉅，何以赫德噤不一言，此亦袒護彼國之實證矣。非赫德之不可用，實英人之不爲我用耳。考茶葉出洋之始在康熙二年，英商自荷蘭購歸百斤，國人飲者歲增一歲，其與洋藥盛行，皆在乾隆以後，至道光、咸豐之間而大盛，兩者價值亦適足相抵英國。商務既廣，每歲運茶常至一百餘萬石，間有轉運他國，貿易取利亦不過十分之一。就今日論之，我以茶葉益彼，而彼轉以洋藥耗我，其損益懸殊不可以道里計。然我之洋藥可禁，而彼之茶葉不可禁，何也？洋藥之毒中國，天下皆知其害中國，誠禁洋藥，各國不以爲非也。茶葉之利足以盪滌邪穢，消除暍熱，洋人嗜之，久爲日用所必需。數十年來，各國無有議禁茶葉者，非惟不能禁，抑亦勢不可禁也。若洋藥既絕，則茶葉一項可爲中國獨擅之利，奚以知其然也，日本所產盡係綠茶，其味薄，劣遜中國遠甚，且幅幀狹小，若多植茶樹，必礙他物之利，揆其情勢，必不能過爲推廣，印度茶味過苦，稍似雲南普洱茶，而色味不逮，又採摘茶苗不能用機器，洋人傭值昂貴，成本過重，皆不足奪中國之利。近年印茶盛出，而英商所運中國之茶未嘗稍減，而俄國運茶之數且溢於前者三之二，是其明證，可無慮也。中國產茶之區，東南各省方萬餘里，植茶多在山谷之間，不妨五穀，若相其土宜，勸爲勸導，講求製造之術，務合於西人所嗜而止，貨物既精，銷路日暢，籠天下之財利源源而來，中國日富且強，雖雄長歐洲，何不可之有。

	光緒元年		二年	三
英	一百五萬五千九百十	石	一百三萬二千二百二十六石	一百
香港 轉運往來各國	二十萬三千九石		二十萬一千二百四十石	十九
印度	七千四百四十八石		三千八百三十五石	六千
新加坡 屬英	一千九百六十一石		一千一百八十九石	五千
新金山 屬英	十萬六千一百九十五	石	十一萬三千五百十二石	十萬
紐西蘭 在新金山東屬英	一萬三百五十七石		六千一百八十九石	八千
大浪山嘴 屬英	三千八百六十一石		三千三百八十三石	六千
幹阿達 屬英	三千四百二十八石		三百八十三石	
美	二十二萬一千七百九	十二石	二十一萬四千五百三十一石	二十
南美國			十五石	
歐羅巴 除英俄兩國外	一萬二千三百六十一石		一萬一千八百八石	二千
俄 由水道	五萬三千九十九石		三萬八千四百二十八石	
俄 由天津陸路經恰克圖	十九萬七千七百九十	六石	十九萬八千五百六十三石	二十
俄 圖們江北	六千五十三石		七千一百九十三石	四千
朝鮮				
日本	九百二十七石		七百六十五石	二百
小呂宋	三百十七石		一百六十三石	二百
安南	二千一百七十七石		一千九百二十五石	二千
暹羅	九百五十一石		二千二百三十四石	一千
爪哇 屬荷蘭	一萬六百六十四石		五千三百一石	一萬
埃及 蘇愛司暨阿拉比國愛登等地方			四石	二十
檀香山				

年	年四
石七十三百四千九萬七	九千二萬六百一
石十五百六萬	百八千四萬七十
石二十六百九	石八十百二千四
石八十五百一	二十五百八千三
石五十二百五千二	九百五千七萬九
石十四百二	石一百一千九
石四十四百六	九十九百九萬一
石八百七萬七	九千七萬二十二
	石九十六
石八十八百二	八十三百六千二
	石九十七百四
石九十二百二千四萬一	四千五萬七十二
石五十八百三	石十四百四千五
石三十二	七十四百六千一
石七	石九百二
石十七百六	三十六百三千四
石五十八百七	石九百五千一
石五十五百九千二	十百六千五萬一
石二	石七十八

	年五
石九十六百	石三十五百八千六萬八十九
石八十六	石八十七百五千二萬七十
	石六十四千九
石	石七十八百五千三
石	石六十百四千八萬九
	石五十七百四千六
石	石一十九百六千七
石八十八百	石三十五百九千六萬六十二
石	石八十四千二
	石八十四百六千三萬一
石百	石四萬十四
	石四十六百九萬一
石	石四十四百一
	石七十六百一
石	石十六百四千二
	石二十六百七
石一	石六十八百六千四
	石二十六百四
	石八十百五

六年	七年		八年
一百十一萬二千八百七十四石	一百四萬	三千三百二十六石	一百一萬五千七百四
十六萬八千四百九十七石	十七萬一	百八十二石	十六萬七千二十五石
一萬三千二百九十七石	八千四百	九十石	七千六百八十三石
三千七百二十九石	四千十八	石	四千七百三十二石
十四萬三千八百七十石	十五萬五	千二百七十一石	三十萬五千五十一石
八千六百六十九石	一萬二千	九百十九石	一萬三千五百九十二
二千九百八十七石	七千二百	四十石	五千九百三石
二千八百五十四石	八百五十	三石	九百二十四石
二十六萬九千七百四十石	三十三萬	七千九百四十二石	二十六萬一千二百八
五千七百十六石	七千五十	六石	三千六百三十四石
四萬一千二百十八石	五萬六千	二百五十七石	七萬九千七百二十九
二十九萬六千八百六十九石	二十九萬	四千九百八十五石	二十七萬四千六百石
一萬九千二百三十八石	二萬九千	四百七十二石	三萬二千五百八十五
一百七十石	二千九十	七石	三百七十六石
二百三十五石	三百四石		三百四十四石
一千五百七十四石	一石		三千三百五十二石
一千六百五十三石	八百三十	石	一千五百石
三千八百五十九石	六千一百	八十六石	九千八十石
七十四石	二十五石		三十石
二十五石	八十石		

	九年	十年		
十四石	一百萬九千四百九十九石	九十六	萬一千二百十六石	俄國運茶另有由漢口至樊城由陸路運往之數不在內
	十五萬六千五百八十七石	十三萬	九千七百六十二石	
	一萬三千六百二十七石	一萬八	千五百九十九石	
	四千一百七十一石	四千一	百九十三石	
	十萬二千七百八十六石	十二萬	六千七百三十五石	
石	一萬一千四百二十石	一萬二	千六百九十三石	
	八千三百八十一石	九千五	百五十一石	
	一千八百九十石	三千四	百七十八石	
十四石	二十五萬四千七十九石	二十七	萬三千二百五十五石	
		八百三	十九石	
	六千五百九石	三千五	百五十四石	
石	八萬五千四百十八石	八萬八	千六百七十九石	
	二十九萬二百三石	三十一	萬四千六百五石	
石	二萬八千八百五十七石	四萬四	千五十石	
		二石		
	一百七十八石	三百六	十九石	
	四百五十三石	三百六	十八石	
	二千二百十二石	三千四	百八十五石	
	一千二百五十九石	九百八	十七石	
	九千六百三十石	八千七	百二十一石	
	一百七十四石	七十七	石	

乙巳年進出貨價類要表

價值 類別	價　　貨
進口 洋貨	位爲位爲萬表 單兩首萬以
類藥洋	一二〇〇七〇四三〇
類貨棉	三五九二五四一八一
類貨棉絨	四三四三九一一〇〇
類貨絨	一五七〇四二四〇〇
類疋雜	〇〇〇六三〇二〇〇
類金五	八九九八二四五四〇
類貨雜	四三六八七六八七一
值價計共	一九七〇〇一七四四
出口 土貨	
類繭絲	二〇一四一六九五〇
類緞綢	一三七九七七〇一〇
類葉茶	二五六五四四五二〇
類花棉	六二三九二〇二一〇
類金礦	三五二九〇四四〇〇
類貨皮	六八二四八六九〇〇
類帽草	七八六〇一二六〇〇
類貨雜	九五一五一七九九〇
值價計共	七九一八八八七二二

又《乙巳年出口絲茶細數表》

兩七　兩　斤九十八兩　斤

各省內地釐金起驗分抽每值百兩約抽至八九兩之數洋關內地半稅不過釐金三之一其數相去懸絕近章土貨繞香港進口入內地作爲洋貨辦理照給半稅單侵佔釐金日甚一日惟絲茶等貨中國於出產之地先捐後售不背約章加重捐項尚能補救一二中國絲茶出洋英美等國收稅每值百取六十英於印度所産絲茶均行免稅惟日本絲茶出口抽稅較中國稍重其絲茶亦有運至中國銷售者

乙巳年出口絲茶細數表

按國擔數／類別	英吉利國	香港	印度
茶類	表以百萬爲首位擔爲單位如首行	紅茶爲三十二萬二千三百廿九擔	餘類推
紅茶	九二三二二三〇	四一〇二八〇〇	七四四一〇〇〇
綠茶	四二五四三〇〇	五四六一〇〇〇	一七四八〇〇〇
共計	三五八六五三〇	九五六三八〇〇	八一九九〇〇〇
絲類			
白絲	八八〇一〇〇〇	〇一四二〇〇〇	〇六七〇〇〇〇
黃絲	無	二一二〇〇〇〇	〇八六三〇〇〇
經絲	無		五七〇〇〇〇〇
纈絲	九〇〇〇〇〇〇	八七三二三〇〇	無
共計	七九〇一〇〇〇	〇〇〇五三〇〇	五一五四〇〇〇
附			
野蠶絲	五二二〇〇〇〇	六八九〇〇〇〇	四二〇〇〇〇〇
蘭蠶	八一〇〇〇〇〇	一五一四〇〇〇	無
亂絲頭	一四二八一〇〇	九四〇一三〇〇	四五一〇〇〇〇
亂蠶蘭	無	無	無
亂絲綿	無	無	無

按國擔數／類別	新加坡等處	新金山	大浪山嘴
茶類			
紅茶	九七二五〇〇〇	九五九一〇〇〇	七三二一〇〇〇
綠茶	三一四〇〇〇〇	無	無
共計	二九六五〇〇〇	九五九一〇〇〇	七三二一〇〇〇
絲類			
白絲	三三〇〇〇〇〇	以下無	以下無
黃絲	無		
經絲	無		
纈絲	無		
共計	三三〇〇〇〇〇		
附			
野蠶絲	無		
蘭蠶	無		
亂絲頭	無		
亂蠶蘭	無		
亂絲綿	無		

類別　按國數擔	英屬阿幹達	美利堅國	美屬飛利賓	中南美洲	歐洲（除英俄外）	俄國（由水道）
茶類						
紅茶	二九〇五〇〇〇	五三二五六〇〇	五三一〇〇〇〇	〇七七〇〇〇〇	六四二三五〇〇	五六七二九〇〇
綠茶	二三五四〇〇〇	四八八六一一〇	八〇〇〇〇〇〇	無	九二八六〇〇〇	七七四九五〇〇
共計	四二六九〇〇〇	三二一二八一〇	三四一〇〇〇〇	〇七七〇〇〇〇	五七〇〇六〇〇	二四二二五一〇
絲類						
白絲	無	六五〇〇〇〇〇	以下無	以下無	七六〇〇〇〇〇	以下無
黃絲	無	無			〇三〇〇〇〇〇	
經絲	〇三〇〇〇〇〇	四一〇六〇〇〇			五〇〇〇〇〇〇	
纊絲	無	五一三五〇〇〇			無	
共計	〇三〇〇〇〇〇	五八三一一〇〇			四五〇〇〇〇〇	
附						
野蠶絲	〇二〇〇〇〇〇	九五一四〇〇〇			三八六〇〇〇〇	
蠶繭	無	無			無	
亂絲頭	無	〇〇七〇〇〇〇			九七〇一〇〇〇	
亂蠶繭	無	無			二二七二〇〇〇	三〇〇〇〇〇〇
亂絲綿	無	二〇〇〇〇〇〇			一〇〇〇〇〇〇	無

按國擔數／類別	歐(由天津恰克圖)洲	俄(由圖們江)國	日本朝鮮
茶類			
紅茶	八九二五九三〇	六五九二五〇〇	九一四三〇〇〇
綠茶	無	三〇一〇〇〇〇	〇〇一五〇〇〇
共計	八九二五九三〇	九五〇三五〇〇	九一五八〇〇〇
絲類			
白絲	以下無	以下無	二〇〇〇〇〇〇
黃絲			無
經絲			一〇〇〇〇〇〇
繅絲			五八一〇〇〇〇
共計			八八一〇〇〇〇
附			
野蠶絲			四七三四〇〇〇
蠶繭			七〇九五〇〇〇
亂絲頭			七〇〇一〇〇〇
亂蠶繭			八〇〇〇〇〇〇
亂絲綿			〇五〇〇〇〇〇

按國擔數／類別	安南國	暹羅國	和屬爪哇
茶類			
紅茶	一二三五〇〇〇	七〇四三〇〇〇	五三三一〇〇〇
綠茶	一〇〇〇〇〇〇	八六〇〇〇〇〇	九〇〇〇〇〇〇
共計	二二三五〇〇〇	五七四三〇〇〇	四四三一〇〇〇
絲類			
白絲	以下無	無	以下無
黃絲		五〇〇〇〇〇〇	
經絲		無	
繅絲		無	
共計		五〇〇〇〇〇〇	
附			
野蠶絲	無	以下無	
蠶繭	九一一〇〇〇〇		
亂絲頭	無		
亂蠶繭	無		
亂絲綿	無		

按國數擔 / 類別	埃及國	法蘭西國	義大利國
茶類			
紅茶	三九二五二〇〇	併入歐洲	併入歐洲
綠茶	四四九三〇〇〇		
共計	七三二九二〇〇		
絲類			
白絲	八五二〇〇〇〇	八一一五〇〇〇	五六八四〇〇〇
黃絲	二〇七〇〇〇〇	八一二二〇〇〇	一五七一〇〇〇
經絲	三二〇〇〇〇〇	五五七一〇〇〇	四五九〇〇〇〇
纊絲	無	二四四六〇〇〇	八一〇一〇〇〇
共計	三八九〇〇〇〇	三三五五一〇〇	八八五九〇〇〇
附			
野蠶絲	一一〇〇〇〇〇	九四〇八〇〇〇	七四四三〇〇〇
蠶繭	以下無	三七七二〇〇〇	四一四〇〇〇〇
亂絲頭		九九四九二〇〇	五七〇五〇〇〇
亂蠶繭		五七九四一〇〇	八九〇三〇〇〇
亂絲綿		無	無

按國數擔 / 類別	土耳其國	其餘各處	統共總數
茶類			
紅茶	無	九二六八〇〇〇	〇七一七二一一
綠茶	無	〇二一〇〇〇〇	八二一二四二〇
共計	無	九四七八〇〇〇	八九二九六三一
絲類			
白絲	四一一〇〇〇〇	二四六〇〇〇〇	三一四五一〇〇
黃絲	六二六〇〇〇〇	四九四〇〇〇〇	八一七〇一〇〇
經絲	無	無	七五八八〇〇〇
纊絲	無	無	七四三五四〇〇
共計	〇四七〇〇〇〇	六三一一〇〇〇	五三三〇八〇〇
附			
野蠶絲	六一五〇〇〇〇	〇九〇三〇〇〇	四八五五二〇〇
蠶繭	無	五二八〇〇〇〇	七〇二四一〇〇
亂絲頭	無	〇一三〇〇〇〇	四一一七八〇〇
亂蠶繭	無	無	六〇八〇二〇〇
亂絲綿	無	無	三五〇〇〇〇〇

又《歷年出口絲茶比較表》

歷年出口絲茶比較表

類別／逐年擔數	光緒二十四年	光緒二十五年
茶類	表以百萬爲首位擔爲單位	
紅茶	一三五三二九四	一四一六九九七
綠茶	〇一八五三〇六	〇二一三七九八
共計	一五三八六〇〇	一六三〇七九五
絲類		
白絲	〇〇三二七三八	〇〇四二三九三
黃絲	〇〇〇七七四六	〇〇一四一四五
經絲	〇〇一〇七九九	〇〇一七四五二
纀絲	〇〇四一〇五〇	〇〇四九四三四
共計	〇〇九二三三三	〇一二三四二四
附		
野蠶絲	〇〇一六四八九	〇〇二四六二九
蠶繭	〇〇〇九〇五八	〇〇一二六五六
亂絲頭	〇〇六八七三七	〇〇八七九九三
亂蠶繭	〇〇〇九五二六	〇〇〇九二二一
亂絲綿	無	無

類別／逐年擔數	光緒二十六年	光緒二十七年
茶類	百萬爲首位擔爲單位	
紅茶	一一八三八九九	〇九六八五六三
綠茶	〇二〇〇四二五	〇一八九四三〇
共計	一三八四三二四	一一五七九九三
絲類		
白絲	〇〇二二二〇四	〇〇二九一八七
黃絲	〇〇一一二六七	〇〇一三六六九
經絲	〇〇〇九五一九	〇〇一五九〇三
纀絲	〇〇三五二七七	〇〇四九九三七
共計	〇〇七八二六七	〇一〇八六九六
附		
野蠶絲	〇〇一八八六七	〇〇二〇四九九
蠶繭	〇〇〇九一四八	〇〇〇八五八五
亂絲頭	〇〇五八三一二	〇〇六六〇四四
亂蠶繭	〇〇〇九六四三	〇〇一一七一〇
亂絲綿	〇〇〇〇〇六八	〇〇〇〇〇一二

類別 逐年擔數	光緒二十八年	光緒二十九年
茶類	百萬爲首位擔爲單位	
紅茶	一二六五四五四	一三七五九一〇
綠茶	〇二五三七五七	〇三〇一六二〇
共計	一五一九二一一	一六七七五三〇
絲類		
白絲	〇〇二二二八〇	〇〇一二七〇三
黃絲	〇〇一二五三六	〇〇〇九三七五
經絲	〇〇一五一四六	〇〇〇六六三八
纈絲	〇〇五〇五五七	〇〇四三九七九
共計	〇一〇〇五一九	〇〇七二六九五
附		
野蠶絲	〇〇一九一七九	〇〇二二一二七
蠶繭	〇〇一三四三六	〇〇一九四三〇
亂絲頭	〇〇七二四三六	〇〇七九八八二
亂蠶繭	〇〇一一九六二	〇〇一六八七九
亂絲綿	〇〇〇〇〇二三	〇〇〇〇二〇七

類別 逐年擔數	光緒三十年	光緒三十一年
茶類	百萬爲首位擔爲單位	
紅茶	一二一〇一〇三	一一二七一七〇
綠茶	〇二四一一四六	〇二四二一二八
共計	一四五一二四九	一三六九二九八
絲類		
白絲	〇〇二一二六〇	〇〇一五四一三
黃絲	〇〇一〇三七四	〇〇一〇七一八
經絲	〇〇一二九六四	〇〇〇八八五七
纈絲	〇〇四七二八七	〇〇四五三四七
共計	〇〇九一八八五	〇〇八〇三五
附		
野蠶絲	〇〇三三五二七	〇〇二五五八四
蠶繭	〇〇一一〇一五	〇〇一四二〇七
亂絲頭	〇〇六六七八一	〇〇八七一一四
亂蠶繭	〇〇一四七一九	〇〇二〇八〇六
亂絲綿	〇〇〇〇一六一	〇〇〇〇〇五三

清 王克敏、楊毓輝《光緒丙午年交涉要覽・丙午年通商徵稅總核表》

丙午年通商徵稅總核表

類二零七零萬價進單位萬表 推兩八萬二一爲口位兩爲以 餘十零十千四貨如爲首萬	貨價
二八〇〇七二〇一四	價貨口進
九三七六五四六三二	價貨口出
一二八六二七六四六	數總出進
數虧 三四三三一八三七一	虧贏出進
	貨稅
四五九〇〇一六一〇	稅正口道
六〇七五二八九〇〇	稅正口出
二九一八〇二二〇〇	稅半口進復
九一六六二三一〇〇	鈔　船
四三九一三八一〇〇	稅半地內入運
七六一五四四〇〇〇	稅半地內出運
三八〇〇三三四〇〇	金釐藥洋
五九五八六〇六三〇	數稅共統
	附
一八四二七二九二〇	項稅易貿洋
四一一六九七六〇〇	項稅易貿華

又 丙午年出口絲茶細數表

丙午年出口絲茶細數表

度　印	港　香	國利吉英	擔按數國 類別
推餘類	擔十百千萬爲紅 六六九七五茶	首位爲位爲百表 行如單擔首萬以	茶類
四八七〇〇〇〇	三一〇九八〇〇	六六九七五〇〇	茶　紅
三二〇六〇〇〇	〇六三二〇〇〇	四〇三九二〇〇	茶　綠
七〇八六〇〇〇	三七三一九〇〇	〇七二七八〇〇	計　共
			絲類
〇八一〇〇〇〇	四二五一〇〇〇	八四七〇〇〇〇	絲　白
八六八三〇〇〇	七八〇〇〇〇〇	無	絲　黃
五〇〇〇〇〇〇	無	無	絲　經
無	二二六三三〇〇	九〇〇〇〇〇〇	絲　繅
三五〇四〇〇〇	三三二五三〇〇	七五七〇〇〇〇	計　共
			附
無	一七三〇〇〇〇	九三一〇〇〇〇	絲蠶野
無	三四五二〇〇〇	無	繭　蠶
〇五〇〇〇〇〇	一七九三二〇〇	七一六九一〇〇	頭絲亂
無	無	無	繭蠶亂
無	無	無	綿絲亂

嘴山浪大	山　金　新	處等坡加新	擔按 數國 ／ 類別
			茶類
九一五一〇〇〇	五六一二〇〇〇	七〇八三〇〇〇	茶　紅
無	四一〇〇〇〇〇	六七三〇〇〇〇	茶　綠
九一五一〇〇〇	九七一二〇〇〇	三八一四〇〇〇	計　共
			絲類
無　下　以	無　下　以	一二〇〇〇〇〇	絲　白
		無	絲　黃
		無	絲　經
		無	絲　纏
		一二〇〇〇〇〇	計　共
			附
		無　下　以	絲蠶野
			繭　蠶
			頭絲亂
			繭蠶亂
			綿絲亂

賓利飛屬美	國堅利美	達阿幹屬英	擔按 數國 ／ 類別
			茶類
四七一〇〇〇〇	二二七〇七〇〇	二二九七〇〇〇	茶　紅
五二〇〇〇〇〇	七〇三一八〇〇	四〇二四〇〇〇	茶　綠
九九一〇〇〇〇	九二〇二五一〇	六二一二一〇〇	計　共
			絲類
無　下　以	〇六〇〇〇〇〇	無　下　以	絲　白
	無		絲　黃
	九三六七〇〇〇		絲　經
	一七九二〇〇〇		絲　纏
	〇七六〇一〇〇		計　共
			附
	五一八三〇〇〇		絲蠶野
	無		繭　蠶
	六九一〇〇〇〇		頭絲亂
	無		繭蠶亂
	無		綿絲亂

國 諸歐口洲 俄	洲 歐	洲美南中	擔按數國 類別
	內我茶 不惟 在英		茶類
四九〇一〇二〇	〇一三五五〇〇	三一四一〇〇〇	茶 紅
七三九七五〇〇	二三九三一〇〇	無	茶 綠
一三〇九五二〇	二四二九六〇〇	三一四一〇〇〇	計 共
	國瑞西往絲 之士班比係 數四牙奧運		絲類
無	六三〇〇〇〇〇	八〇一〇〇〇〇	絲 白
九〇〇〇〇〇〇	〇五〇〇〇〇〇	無	絲 黃
無	無	無	絲 經
無	無	無	絲 纈
九〇〇〇〇〇〇	六八〇〇〇〇〇	八〇一〇〇〇〇	計 共
			附
無下以	二二二〇〇〇〇	無下以	絲蠶野
	無		繭 蠶
	〇〇八一〇〇〇		頭絲亂
	四七九二〇〇〇		繭蠶亂
	無		綿絲亂

鮮朝本日	國 門由江圖 俄	國 克津由圖恰天 俄	擔按數國 類別
			茶類
一五三五〇〇〇	九五二八五四〇	六五八九一二〇	茶 紅
六七六六〇〇〇	五三〇二〇〇〇	無	茶 綠
七二〇二一〇〇	四九二〇六四〇	六五八九一二〇	計 共
			絲類
〇一〇〇〇〇〇	無下以	無下以	絲 白
一〇〇〇〇〇〇			絲 黃
〇一〇〇〇〇〇			絲 經
無			絲 纈
一二〇〇〇〇〇			計 共
			附
八〇一四〇〇〇			絲蠶野
九三三八〇〇〇			繭 蠶
七三五〇〇〇〇			頭絲亂
八九三〇〇〇〇			繭蠶亂
二四〇〇〇〇〇			綿絲亂

別類 數國 擔按	國南安	國羅暹	哇爪屬和
茶類			
紅茶	九〇四六〇〇〇	七四四四〇〇〇	六六三一〇〇〇
綠茶	無	無	二〇〇〇〇〇〇
共計	九〇四六〇〇〇	七四四四〇〇〇	八六三一〇〇〇
絲類			
白絲	以下無	以下無	以下無
黄絲			
經絲			
纈絲			
共計			
附			
野蠶絲			
蠶繭			
亂絲頭			
亂蠶繭			
亂絲綿			

別類 數國 擔按	國及埃	國西蘭法	國利大義
茶類			
紅茶	二七二〇〇〇〇	併入歐洲	併入歐洲
綠茶	〇三七二〇〇〇		
共計	二〇〇三〇〇〇		
絲類			
白絲	三一三〇〇〇〇	四四六五〇〇〇	六三四四〇〇〇
黄絲	〇三一二〇〇〇	九五二三〇〇〇	二八四二〇〇〇
經絲	四七〇〇〇〇〇	八八三四〇〇〇	〇八四一〇〇〇
纈絲	無	九五九七〇〇〇	〇六二一〇〇〇
共計	七一五二〇〇〇	〇五二一二〇〇	八五六九〇〇〇
附			
野蠶絲	九〇四〇〇〇〇	七〇七八〇〇〇	五一四四〇〇〇
蠶繭	以下無	九五二〇〇〇〇	八四〇〇〇〇〇
亂絲頭		二四四二二〇〇	四四八四〇〇〇
亂蠶繭		〇五五一一〇〇	七三〇二〇〇〇
亂絲綿		無	無

類別／按國擔數	德意志國	澳門及各處	統共總數
茶類			
紅茶	併入歐洲	〇〇〇〇〇〇一	一一九七二〇三
綠茶		無	〇二〇六九二五
共計		〇〇〇〇〇〇一	一四〇四一二八
絲類		絲係專往澳門之數	
白絲	〇〇〇〇〇三六	〇〇〇〇五一二	〇〇一三六二八
黃絲	無	無	〇〇一一八八六
經絲	無	無	〇〇一三五九六
纜絲	無	無	〇〇四五八二一
共計	〇〇〇〇〇三六	〇〇〇〇五一二	〇〇八四九三一
附			
野蠶絲	〇〇〇〇二八四	〇〇〇三〇八五	〇〇二五五五五
蠶繭	無	〇〇〇〇四一九	〇〇一一六〇八
亂絲頭	〇〇〇〇一八四	〇〇〇〇四四一	〇〇七四一八二
亂蠶繭	〇〇〇〇〇一一	無	〇〇一六九七〇
亂絲綿	無	無	〇〇〇〇〇四二

又《歷年出口絲茶比較表》

歷年出口絲茶比較表

類別／逐年擔數	光緒二十五年	光緒二十六年
茶類	表以百萬爲首位擔爲單位	
紅茶	一四一六九九七	一一八三八九九
綠茶	〇二一三七九八	〇二〇〇四二五
共計	一六三〇七九五	一三八四三二四
絲類		
白絲	〇〇四二三九三	〇〇二二二〇四
黃絲	〇〇一四一四五	〇〇一一二六七
經絲	〇〇一七四五二	〇〇〇九五一九
纜絲	〇〇四九四三四	〇〇三五二七七
共計	〇一二三四二四	〇〇七八二六七
附		
野蠶絲	〇〇二四六二九	〇〇一八八六七
蠶繭	〇〇一二六五六	〇〇〇九一四八
亂絲頭	〇〇八七九九三	〇〇五八三一二
亂蠶繭	〇〇〇九二二一	〇〇〇九六四三
亂絲綿	無	〇〇〇〇〇六八

年八十二緒光	年七十二緒光	擔逐數年 ／ 類別
	位爲位爲百 單擔首萬	茶類
四五四五六二一	三六五八六九〇	茶　紅
七五七三五二〇	〇三四九八一〇	茶　綠
一一二九一五一	三九九七五一一	計　共
		絲類
〇八二二二〇〇	七八一九二〇〇	絲　白
六三五二一〇〇	九六六三一〇〇	絲　黃
六四一五一〇〇	三〇九五一〇〇	絲　經
七五五〇五〇〇	七三九九四〇〇	絲　纈
九一五〇〇一〇	六九六八〇一〇	計　共
		附
九七一九一〇〇	九九四〇二〇〇	絲蠶野
六三四三一〇〇	五八五八〇〇〇	繭　蠶
六三四二七〇〇	四四〇六六〇〇	頭絲亂
二六九一一〇〇	〇一七一一〇〇	繭蠶亂
三二〇〇〇〇〇	二一〇〇〇〇〇	綿絲亂

年十三緒光	年九十二緒光	擔逐數年 ／ 類別
	位爲位爲百 單擔首萬	茶類
三〇一〇一二一	〇一九五七三一	茶　紅
六四一一四二〇	〇二六一〇三〇	茶　綠
九四二一五四一	〇三五七七六一	計　共
		絲類
〇六二一二〇〇	三〇七二一〇〇	絲　白
四七三〇一〇〇	五七三九〇〇〇	絲　黃
四六九二一〇〇	八三六六〇〇〇	絲　經
七八二七四〇〇	九七九三四〇〇	絲　纈
五八八一九〇〇	五九六二七〇〇	計　共
		附
七二五三三〇〇	七二一二二〇〇	絲蠶野
五一〇一一〇〇	〇三四九一〇〇	繭　蠶
一八七六六〇〇	二八八九七〇〇	頭絲亂
九一七四一〇〇	九七八六一〇〇	繭蠶亂
一六一〇〇〇〇	七〇二〇〇〇〇	綿絲亂

逐年擔數 / 類別	光緒三十一年	光緒三十二年
茶類	百萬爲首位擔爲單位	
紅茶	一一二七一七〇	一一九七二〇三
綠茶	〇二四二一二八	〇二〇六九二五
共計	一三六九二九八	一四〇四一二八
絲類		
白絲	〇〇一五四一三	〇〇一三六二八
黃絲	〇〇一〇七一八	〇〇一一八八六
經絲	〇〇〇八八五七	〇〇一三五九六
纊絲	〇〇四五三四七	〇〇四五八二一
共計	〇〇八〇三三五	〇〇八四九三一
附		
野蠶絲	〇〇二五五八四	〇〇二五五五五
蠶繭	〇〇一四二〇七	〇〇一一六〇八
亂絲頭	〇〇八七一一四	〇〇七四一八二
亂蠶繭	〇〇二〇八〇六	〇〇一六九七〇
亂絲綿	〇〇〇〇〇五三	〇〇〇〇〇四〇

清 王克敏、楊毓輝、孫乃炤《光緒丁未年交涉要覽·丁未年通商徵稅總核表》

丁未年通商徵稅總核表

貨價	表以萬萬爲首位，兩爲單位，如貨價進出贏虧欄內中國實虧銀一萬五千二百零二萬零六百七十二兩，餘類推
進口貨價	四一六四〇一三六九兩
出口貨價	二六四三八〇六九七兩
進出總數	六八〇七八二〇六六兩
進出贏虧	一五二〇二〇六七二兩數
貨稅	
進口正稅	〇一四八七九二四七兩
出口正稅	〇〇九四五四六四八兩
復進口半稅	〇〇一七六八九八二兩
船鈔	〇〇一三二一一九二兩
運入內地半稅	〇〇一六三一三八三兩
運出內地半稅	〇〇〇四三五〇一七兩
洋藥釐金	〇〇四三七〇八七七兩
統共稅數	〇三三八六一三四六兩
附	
洋貿易稅項	〇二八一四七四〇五兩
華貿易稅項	〇〇五七一三九四一兩

又《丁未年進出貨價類要表》

丁未年進出貨價類要表

類別 / 價值	貨價（表以萬萬爲首位兩爲單位）
進口洋貨	
洋藥類	〇二八六五三六五三兩
棉貨類	一一八九一六二六〇兩
絨棉貨類	〇〇二五五三八〇五兩
絨貨類	〇〇四三四五〇〇一兩
雜疋類	〇〇三二八八五八三兩
五金類	〇一九九四二二八五兩
雜貨類	二三八七〇二一一九兩
共計價值	四一六四〇一三六九兩
出口土貨	
絲繭類	〇七五二〇二九五五兩
綢緞類	〇一三八八一〇七九兩
茶葉類	〇三一七三六〇一一兩
棉花類	〇一七一一七三七三兩
礦金類	〇〇五〇九〇一一七兩
皮貨類	〇一五五二四七六七兩
草帽緶類	〇〇六八一九〇九二兩
雜貨類	〇九九〇〇九三〇三兩
共計價值	二六三四三八〇六九七兩

又《丁未年出口絲茶細數表》

丁未年出口絲茶細數表

類別 / 擔數	國利吉英	香港	印度
茶類（表以百萬爲首位擔爲單位）			
紅茶	〇一三九一五八擔	〇〇九七三四三擔	〇〇〇〇七八三擔
綠茶	〇〇一八二一四擔	〇〇〇一七九八擔	〇〇〇八五五九擔
共計	〇一五七三七二擔	〇〇九九一四一擔	〇〇〇九三四二擔

嘴山浪大	山金新	處等坡加新	擔按數國 ╲ 類別
			茶類
擔五二七一〇〇〇	擔五六一七〇〇〇	擔三九五三〇〇〇	茶紅
無	擔〇一〇〇〇〇〇	擔四四五〇〇〇〇	茶綠
擔五二七一〇〇〇	擔五七一七〇〇〇	擔七三一四〇〇〇	計共
			絲類
無下以	無下以	擔八五〇〇〇〇〇	絲白
		無	絲黃
		無	絲經
		無	絲纜
		擔八五〇〇〇〇〇	計共
			附
		無下以	絲蠶野
			繭蠶
			頭絲亂
			繭蠶亂
			綿絲亂

賓利飛屬美	國堅利美	達阿幹屬英	擔按數國 ╲ 類別
			茶類
擔四二一〇〇〇〇	擔五一一二七〇〇	擔二三五八〇〇〇	茶紅
擔四一〇〇〇〇〇	擔五二六九二一〇	擔〇五八四〇〇〇	茶綠
擔八三一〇〇〇〇	擔〇四七一〇二〇	擔二八三三一〇〇	計共
			絲類
無下以	擔一二〇〇〇〇〇	無	絲白
	擔二〇〇〇〇〇〇	無	絲黃
	擔四一二七〇〇〇	擔〇二〇〇〇〇〇	絲經
	擔九七〇四〇〇〇	無	絲纜
	擔六一三一一〇〇	擔〇二〇〇〇〇〇	計共
			附
	擔三五五三〇〇〇	無下以	絲蠶野
	無		繭蠶
	擔〇六〇〇〇〇〇		頭絲亂
	無		繭蠶亂
	無		綿絲亂

類別／按國數擔	中南美洲	歐洲	俄國歐洲諸口
茶類		茶惟英俄不在內	
紅茶	〇〇〇一三七二擔	〇〇七〇三八三擔	〇一一八七六一擔
綠茶	無	〇〇二一一二六擔	〇〇七〇二四一擔
共計	〇〇〇一三七二擔	〇〇九一五〇九擔	〇一八九〇〇二擔
絲類		絲係運往比輿西班牙瑞士四國之數	
白絲	〇〇〇〇一五七擔	〇〇〇〇〇三五擔	以下無
黃絲	無	〇〇〇〇〇六二擔	
經絲	〇〇〇〇〇〇一擔	無	
纓絲	無	無	
共計	〇〇〇〇一五八擔	〇〇〇〇〇九七擔	
附			
野蠶絲	以下無	〇〇〇〇一六四擔	
蠶繭		無	
亂絲頭		〇〇〇〇八二九擔	
亂蠶繭		〇〇〇二二〇一擔	
亂絲綿		無	

類別／按國數擔	俄國由天津恰克圖	俄國由圖們江	日本朝鮮
茶類			
紅茶	〇一九〇五四二擔	〇六〇七五〇五擔	〇〇〇五五九九擔
綠茶	無	〇〇〇一六六二擔	〇〇〇四七三三擔
共計	〇一九〇五四二擔	〇六〇九一六七擔	〇〇一〇三三二擔
絲類			
白絲	以下無	以下無	〇〇〇〇〇〇一擔
黃絲			〇〇〇〇〇〇三擔
經絲			〇〇〇〇〇一〇擔
纓絲			無
共計			〇〇〇〇〇一四擔
附			
野蠶絲			〇〇〇三五七二擔
蠶繭			〇〇〇七七一七擔
亂絲頭			〇〇〇〇二三五擔
亂蠶繭			〇〇〇〇六二一擔
亂絲綿			無

類別＼按國擔數	安南國	暹羅國	和屬爪哇
茶類			
紅茶	擔七八八六〇〇〇	擔一七五三〇〇〇	擔〇三九〇〇〇〇
綠茶	擔七一〇〇〇〇〇	無	擔三〇〇〇〇〇〇
共計	擔四〇九六〇〇〇	擔一七五三〇〇〇	擔三三九〇〇〇〇
絲類			
白絲	以下無	以下無	以下無
黃絲			
經絲			
纅絲			
共計			
附			
野蠶絲			
蠶繭			
亂絲頭			
亂蠶繭			
亂絲綿			

類別＼按國擔數	埃及國	法蘭西國	義大利國
茶類			
紅茶	擔七一六〇〇〇〇	併入歐洲	併入歐洲
綠茶	擔六〇四三〇〇〇		
共計	擔三二〇四〇〇〇		
絲類			
白絲	擔九七五〇〇〇〇	擔三五九五〇〇〇	擔一三三三〇〇〇
黃絲	擔六三九三〇〇〇	擔〇四一二〇〇〇	擔一〇四一〇〇〇
經絲	擔九三一〇〇〇〇	擔四六八五〇〇〇	擔五六三一〇〇〇
纅絲	無	擔一八二八〇〇〇	擔三八一一〇〇〇
共計	擔四五六四〇〇〇	擔八三二二二〇〇	擔一八二七〇〇〇
附			
野蠶絲	擔五七一〇〇〇〇	擔一七一九〇〇〇	擔二九八二〇〇〇
蠶繭	以下無	擔五九八一〇〇〇	擔四八四〇〇〇〇
亂絲頭		擔三四〇二四〇〇	擔四九七〇一〇〇
亂蠶繭		擔九〇九五一〇〇	擔八二三三〇〇〇
亂絲綿		擔八〇〇〇〇〇〇	無

類別 / 按國數擔	德意志國	澳門及別處	統共總數
茶類		內六十四擔係運往別處	
紅茶	併入歐洲	〇〇〇八六一八擔	一三四五三二三擔
綠茶		無	〇二六四八〇二擔
共計		〇〇〇八六一八擔	一六一〇一二五擔
絲類			
白絲	無	〇〇〇〇三四七擔	〇〇一三八二八擔
黃絲	無	〇〇〇〇〇一八擔	〇〇一三四六五擔
經絲	無	無	〇〇一四七二八擔
纊絲	無	無	〇〇五〇二九六擔
共計	無	〇〇〇〇三六五擔	〇〇九二三一七擔
附			
野蠶絲	〇〇〇〇四四一擔	〇〇〇三五八五擔	〇〇二三八九六擔
蠶繭	〇〇〇〇〇〇一擔	〇〇〇〇七五七擔	〇〇一四二六三擔
亂絲頭	〇〇〇〇六八九擔	〇〇〇〇三一五擔	〇一〇七七四九擔
亂蠶繭	無	無	〇〇二二一〇四擔
亂絲綿	無	無	〇〇〇〇一一〇擔

又《歷年出口絲茶比較表》

歷年出口絲茶比較表

類別 / 逐年擔數	光緒二十六年	光緒二十七年
茶類	表以百萬爲首位擔爲單位	
紅茶	一一八三八九九擔	〇九六八五六三擔
綠茶	〇二〇〇四二五擔	〇一八九四三〇擔
共計	一三八四三二四擔	一一五七九九三擔
絲類		
白絲	〇〇二二二〇四擔	〇〇二九一八七擔
黃絲	〇〇一一二六七擔	〇〇一三六六九擔
經絲	〇〇〇九五一九擔	〇〇一五九〇三擔
纊絲	〇〇三五二七七擔	〇〇四九九三七擔
共計	〇〇七八二六七擔	〇一〇八六九六擔
附		
野蠶絲	〇〇一八八六七擔	〇〇二〇四九九擔
蠶繭	〇〇〇九一四八擔	〇〇〇八五八五擔
亂絲頭	〇〇五八三一二擔	〇〇六六〇四四擔
亂蠶繭	〇〇〇九六四三擔	〇〇一一七一〇擔
亂絲綿	〇〇〇〇〇八六擔	〇〇〇〇〇一二擔

類別／逐年擔數	光緒二十八年	光緒二十九年	光緒三十年	光緒三十一年
茶類	百萬爲首位擔爲單位		百萬爲首位擔爲單位	
紅茶	一二六五四五四擔	一三七五九一○擔	一二一○一○三擔	一一二七一七○擔
綠茶	○二五三七五七擔	○三○一六二○擔	○二四一一四六擔	○二四二一二八擔
共計	一五一九二一一擔	一六七七五一○擔	一四五一二四九擔	一三六九二九八擔
絲類				
白絲	○○二二二八○擔	○○一二七○三擔	○○二一二六○擔	○○一五四一三擔
黃絲	○○一二五三六擔	○○○九三七五擔	○○一○三七四擔	○○一○七一八擔
經絲	○○一五一四六擔	○○○六六三八擔	○○一二九六四擔	○○○八八五七擔
纈絲	○○五○五五七擔	○○四三九七九擔	○○四七二八七擔	○○四五三四七擔
共計	○一○○五一九擔	○○七二六九五擔	○○九一八八五擔	○○八○三三五擔
附				
野蠶絲	○○一九一七九擔	○○二二一二七擔	○○三三五二七擔	○○二五五八四擔
蠶繭	○○一三四三六擔	○○一九四三○擔	○○一一○一五擔	○○一四二○七擔
亂絲頭	○○七二四三六擔	○○七九八八二擔	○○六六七八一擔	○○八七一一四擔
亂蠶繭	○○一一九六二擔	○○一六八七九擔	○○一四七一九擔	○○二○八○六擔
亂絲綿	○○○○○二三擔	○○○○二○七擔	○○○○一六一擔	○○○○○五三擔

逐年擔數 / 類別	光緒三十二年	光緒三十三年
茶類	百萬爲首位擔爲單位	

茶葉飲用總部

茶葉飲用總部説明

中國人飲茶已有數千年歷史，茶葉從飲用到入藥一步步發展爲最受歡迎的飲品之一，飲茶成爲一種風尚。茶品最終還要落實爲飲品，爲追求品質，對烹沏工具的要求愈加精細，對泡茶用水則多方挑選。茶葉飲用總部輯録了歷朝飲茶過程中的用具材料、取水煮茶、飲茶方式的發展及以茶入藥的歷史文獻資料。包括飲茶方式沿革、水品、茶具、茶療藥方等四個部分。

飲茶方式沿革部輯録了中國自飲茶開始，如何將茶葉變成茶水的過程演變。其中包括各個時期飲茶方式的相關論述和記載，如前唐時期飲茶習慣并未普及，隋唐時期飲茶之風遍及全國，已發展出十分精緻的煮茶方式，宋代創新的點茶法以及明代以後流行的冲泡法等。

器乃茶之父，水乃茶之母。飲茶進入日常生活，人們對飲茶水品的選擇有更高的要求。唐代陸羽《茶經》以較多篇幅論及煮茶所用之水。與此同時，出現了品茶用水的專書，宋代以後的茶葉專著中在論茶的同時兼論及水。明許次紓《茶疏》云：『精茗蘊香，借水而發，無水不可與論茶也。』無水便不可飲茶，水與茶的關係十分緊密，是飲茶過程中不可缺少的部分。水品部輯録了水質鑒别、名泉名水的文獻資料，如何貯水、藏水的相關論述和記載。

茶具的產生與發展，歷經從粗糙到精緻的過程，在使用時講究器具的配置組合。茶具部輯録了飲茶過程中所使用的各種器具的相關記載，包括貯茶、洗茶、燒水、飲茶等專用器具，收録了現存的部分茶具古圖，希望今人對古代茶具有一個直觀的認知。

茶葉的利用方式除品飲之外，藥用價值也被醫家認可。茶葉功效頗多，古人以茶入藥，留下了許多茶方。依據不同茶葉的功效，作爲茶方輔助治療。茶療藥方部輯録茶作爲藥材被納入中醫療法來應對不同病症的相關文獻記載，具體分爲外用藥方、内服藥方以及其他相關論述。

茶葉飲用總部

飲茶方式沿革部

前唐飲茶方式

題解

唐 陸羽《茶經》卷下《七之事》 《廣雅》云：荆、巴間採茶作餅，葉老者，餅成，以米膏出之。欲煮茗飲，先炙令赤色，擣末置瓷器中，以湯澆覆之，用葱、姜、橘子芼之。其飲醒酒，令人不眠。

論説

唐 虞世南《北堂書鈔》卷一四四《酒食部三·蜀嫗茶粥》 傳咸為司隸，教云：聞南市有蜀嫗作茶粥賣之，廉事打破其器物。

綜述

南朝梁 顾野王《玉篇》卷一三《艸部》 荈尺兖切。茶叶老者。

茗冥顶切。茗荈。

茶杜胡切。苦菜也。又《尔雅》曰：檟，苦茶。注云：树小似栀子。冬生叶，可煮作羹饮，又除加切。

宋 李昉《太平御覽》卷八六七《飲食部》 《廣志》曰：茶，叢生。直煮飲為茗茶；茱萸、檄子之屬，膏煎之，或以茱萸煮脯，冒汁為之曰茶；有赤色者，亦米和膏煎，曰無酒茶。

明 曹學佺《蜀中廣記》卷六五《方物記第七·茶譜》 《茶經》略云：巴峽川，有兩人合抱者，伐而掇之。其樹如瓜蘆，葉如梔子，花如白薔薇，實如栟櫚，莖如丁香，根如胡桃。其字或從草，或從木。其名一曰茶，二曰檟，三曰蔎，四曰茗，五曰荈。其具有名穿者，巴川峽山，紉穀皮為之。以百二十斤為上穿，八十斤為中穿，五十斤為小穿。其器有火筴者，一名筯，蜀以鐵或熟銅製之。在漢，揚雄、司馬相如之徒，皆飲焉；滂時浸俗，盛於兩都並荆、渝間矣。

紀事

《三国志》卷六五《吴志二〇·韋曜傳》 皓每饗宴，無不竟日，坐席無能否，率以七升為限，雖不悉入口，皆澆灌取盡。曜素飲酒不過二升，初見禮異時，常為裁減，或密賜茶荈以當酒，至於寵衰，更見偪彊，輒以為罪。

南朝宋 劉義慶《世説新語》卷下《紕漏》 任育長年少時，甚有令名。武帝崩，選百二十挽郎，一時之秀彥，育長亦在其中。王安豐選女壻，從挽郎搜其勝者，且擇取四人，任猶在其中。童少時神明可愛，時人謂育長影亦好。自過江，便失志。王丞相請先度時賢共至石頭迎之，猶作疇日相待，一見便覺有異。坐席竟，下飲，便問人云：『此爲茶？爲茗？』覺有異色，乃自申明云：『向問飲爲熱，爲冷耳。』嘗行從棺邸下度，流涕悲哀。王丞相聞之曰：『此是有情癡。』

藝文

晉 杜育《荈賦》《淵鑒類函》卷三九〇 靈山惟岳，奇產所鍾。厥生荈草，彌谷被岡。承豐壤之滋潤，受甘霖之霄降。月惟初秋，農功少休，結偶同旅，是采是求。水則岷方之注，挹彼清流；器擇陶簡，出自東隅；酌之以匏，取式公劉。惟茲初成，沫沈華浮，煥如積雪，曄若春敷。

雜録

北魏 楊衒之《洛陽伽藍記》卷二 景仁，會稽山陰人也。正光年初，從蕭寶夤歸化，拜羽林監，賜宅城南歸正里，民間號爲吳人坊，南來投化者多居其內。近伊洛二水，任其習御。里三千餘家，自立巷市。所賣口味，盡是水族，時人謂爲魚鱉市也。景仁住此以爲耻，遂徙居孝義里焉。

時朝廷方欲招懷荒服，待吳兒甚厚，褰裳渡於江者，皆居不次之位。景仁無汗馬之勞，高官通顯。永安二年，蕭衍遣主書陳慶之送北海入洛陽僭帝位。慶之爲侍中。景仁在南之日與慶之有舊，遂設酒引邀慶之過宅。司農卿蕭彪、尚書右丞張嵩并在其坐，彪亦是南人。唯有中大夫楊元慎、給事中大夫王眴是中原士族。慶之因醉謂蕭、張等曰：『魏朝甚盛，猶曰五胡，正朔相承，當在江左，秦朝玉璽，今在梁朝。』元慎正色曰：『江左假息，僻居一隅，地多濕蟄，攢育蟲蟻，疆土瘴癘，蛙黽共穴，人鳥同群。短髮之君，無杼首之貌；文身之民，稟蕞陋之質。浮於三江，棹於五湖。禮樂所不沾，憲章弗能革。雖復秦餘漢罪，雜以華音，復閩楚難言，不可變改。雖立君臣，上慢下暴。是以劉劭殺父於前，休龍淫母於後，見逆人倫，禽獸不異。加以山陰請婿賣夫，朋淫於家，不顧譏笑。卿沐其遺風，未沾禮化，所謂陽翟之民不知癭之爲醜。我魏膺籙受圖，定鼎嵩洛，五山爲鎮，四海爲家。移風易俗之典，與五帝而並迹，禮樂憲章之盛，淩百王而獨高。豈卿魚鱉之徒，慕義來朝，飲我池水，啄我稻粱，何爲不遜，以至于此？』慶之等見元慎清詞雅句，縱横奔發，杜口流汗，合聲不言。

於後數日，慶之遇病，心上急痛，訪人解治。元慎自云能解，慶之遂憑元慎。元慎即口含水噀慶之曰：『吳人之鬼，住居建康，小作冠帽，短製衣裳。自呼阿儂，語則阿傍。菰稗爲飰，茗飲作漿，呷啜蓴羹，唼嗍蟹黄，手把荳蔻，口嚼梹榔。乍至中土，思憶本鄉，急手速去，還爾丹陽。若其寒門之鬼，□頭猶修。網魚漉鱉，在河之洲。咀嚼菱藕，捃拾鷄頭。蛙羹蚌臛，以爲膳羞。布袍芒履，倒騎水牛。沅湘江漢，鼓棹遨游。隨波溯浪，噞喁沈浮，白苧起舞，揚波發謳。急急速去，還爾揚州。』慶之伏枕曰：『楊君見辱深矣。』自此後，吳兒更不敢解語。北海尋伏誅。其慶之還奔蕭衍，用爲司州刺史，欽重北人，特異於常。朱异怪而問之。曰：『自晉、宋以來，號洛陽爲荒土，此中謂長江以北，盡是代人。昨至洛陽，始知衣冠士族並在中原，禮儀富盛，人物殷阜，目所不識，口不能傳。所謂帝京翼翼，四方之則，如登泰山者卑培塿，涉江海者小湘、沅。北人安可不重？』慶之因此羽儀服式悉如魏法，江表士庶，競相模楷，褒衣博帶，被及秣陵。

又卷三 肅初入國，不食羊肉及酪漿等物，常飯鯽魚羹，渴飲茗汁。京師士子見肅一飲一斗，號為漏卮。經數年以後，肅與高祖殿會，食羊肉酪粥甚多，高祖怪之，謂肅曰：『卿中國之味也，羊肉何如魚羹，茗飲何如酪漿？』肅對曰：『羊者，是陸產之最；魚者，乃水族之長，所好不同，並各稱珍。以味言之，甚是優劣。羊比齊魯大邦，魚比邾莒小國，唯茗不中與酪作奴。』高祖大笑，因舉酒曰：『三三橫，兩兩縱，誰能辨之，賜金鍾。』御史中丞李彪曰：『沽酒老嫗瓮注坻，屠兒割肉與秤同。』尚書右丞甄琛曰：『吳人浮水自云工，妓兒擲在虛空。』彭城王勰曰：『臣始解此字是習字。』高祖即以金鍾賜彪。朝廷服彪聰明有智，甄琛和之亦速。彭城王謂肅曰：『卿不重齊魯大邦，而愛邾莒小國。』肅對曰：『鄉曲所美，不得不好。』彭城王復謂曰：『卿明日顧我，為卿設邾莒之食，亦有酪奴。』因此，復號茗飲為酪奴。時給事中劉縞慕肅之風，專習茗飲。彭城王謂縞曰：『卿不慕王侯八珍，好蒼頭水厄。海上有逐臭之夫，里內有學顰之婦，以卿言之，即是也。』其彭城王家有吳奴，以此言戲之。自是朝貴讌會雖設茗飲，皆耻不復食，惟江表殘民遠來降者好之。後蕭衍子西豐侯蕭正德歸降，時元乂欲為之設茗，先問：『卿於水厄多少？』正德不曉乂意，答曰：『下官生於水鄉，而立身以來，未遭陽侯之難。』元乂與舉坐之客皆笑焉。

唐五代飲茶方式

題解

唐　楊曄《膳夫經手録》　茶，古不聞食之。近晉、宋以降，吳人採其葉煮，是為茗粥。

綜述

唐　陸羽《茶經》卷下《五之煮》　凡炙茶，慎勿於風燼間炙，熛焰如鑽，使炎涼不均。持以逼火，屢翻正，候炮普教反出培塿，狀蝦蟆背，然後去火五寸。卷而舒，則本其始又炙之。若火乾者，以氣熟止；日乾者，以柔止。

其始，若茶之至嫩者，蒸罷熱搗，葉爛而牙笋存焉。假以力者，持千鈞杵亦不之爛。如漆科珠，壯士接之，不能駐其指。及就，則似無穰骨也。炙之，則其節若倪倪如嬰兒之臂耳。既而承熱用紙囊貯之，精華之氣無所散越，候寒末之。末之上者，其屑如細米。末之下者，其屑如菱角。

其火用炭，次用勁薪。謂桑、槐、桐、櫪之類也。其炭，曾經燔炙，為膻膩所及，及膏木、敗器不用之。膏木謂柏、桂、檜也。敗器，謂朽廢器也。古人有勞薪之味，信哉。

其水，用山水上，江水中，井水下。《荈賦》所謂：『水則岷方之注，揖彼清流。』其山水，揀乳泉、石池慢流者上；其瀑湧湍漱，勿食之，久食令人有頸疾。又多別流於山谷者，澄浸不泄，自火天至霜降以前，或潛龍蓄毒於其間，飲者可決之，以流其惡，使新泉涓涓然，酌之。其江水取去人遠者，井取汲多者。

其沸如魚目，微有聲，為一沸。緣邊如湧泉連珠，為二沸。騰波鼓浪，為三沸。已上水老，不可食也。初沸，則水合量調之以鹽味，謂棄其啜餘啜，嘗也，市税反，又市悦反。無乃而鍾其一味乎？上古暫反，下吐濫反，無味也。第二沸出水一瓢，以竹筴環激湯心，則量末當中心而下。有頃，勢若奔濤濺沫，以所出水止之，而育其華也。

凡酌，置諸碗，令沫餑均。《字書》並《本草》：餑，茗沫也，蒲笏反。沫餑，湯之華也。華之薄者曰沫，厚者曰餑。細輕者曰花，如棗花漂漂然於環池之上；又如迴潭曲渚青萍之始生；又如晴天爽朗有浮雲鱗然。其沫者，若綠錢浮於水渭，又如菊英墮於鐏俎之中。餑者，以滓煮之，及沸，則重華累沫，皤皤然若積雪耳，《荈賦》所謂『煥如積雪，燁若春』有之。

第一煮水沸，而棄其沫，之上有水膜，如黑雲母，飲之則其味不正。其第一者為雋永，徐縣、全縣二反。至美者，曰雋永。雋，味也，永，長也。味長曰雋永。《漢書》：蒯通著《雋永》二十篇也。或留熟盂以貯之，以備育華救沸之用。諸第一與第二、第三碗次之。第四、第五碗外，非渴甚莫之飲。凡煮水一升，酌分五碗。碗數少至三，多至五。若人多至十，加兩爐。乘熱連飲之，以重濁凝其下，精英浮其上。如冷，則精英隨氣而竭，飲啜不消亦然矣。

茶性儉，不宜廣，廣則其味黯澹。且如一滿碗，啜半而味寡，況其廣乎！其色緗也。其馨也。香至美曰，音使。其味甘，檟也；不甘而苦，荈也；啜苦咽甘，茶也。一本云：其味苦而不甘，檟也；甘而不苦，荈也。

又《六之飲》　翼而飛，毛而走，呿而言。此三者俱生於天地間，飲啄以活，飲之時義遠矣哉！至若救渴，飲之以漿；蠲憂忿，飲之以酒；蕩昏寐，飲之以茶。

茶之為飲，發乎神農氏，聞於魯周公。齊有晏嬰，漢有揚雄、司馬相如，吳有韋曜，晉有劉琨、張載、遠祖納、謝安、左思之徒，皆飲焉。滂時浸俗，盛於國朝，兩都並荊渝間，以為比屋之飲。

飲有觕茶、散茶、末茶、餅茶者，乃斫、乃熬、乃煬、乃舂，貯於瓶缶之中，以湯沃焉，謂之痷茶。或用蔥、薑、棗、橘皮、茱萸、薄荷之等，煮之百沸，或揚令滑，或煮去沫。斯溝渠間棄水耳，而習俗不已。

於戲！天育萬物，皆有至妙。人之所工，但獵淺易。所庇者屋，屋精極；所着者衣，衣精極；所飽者飲食，食與酒皆精極之。茶有九難：一曰造，二曰別，三曰器，四曰火，五曰水，六曰炙，七曰末，八曰煮，九曰飲。陰採夜焙，非造也；嚼味嗅香，非別也；羶鼎腥甌，非器也；膏薪庖炭，非火也；飛湍壅潦，非水也；外熟內生，非炙也；碧粉縹

塵，非末也；操艱攪遽，非煮也；夏興冬廢，非飲也。夫珍鮮馥烈者，其碗數三。次之者，碗數五。若坐客數至五，行三碗；至七，行五碗；若六人已下，不約碗數，但闕一人而已，其雋永補所闕人。

又《七之事》　《桐君録》：西陽、武昌、廬江、晉陵好茗，皆東人作清茗。茗有餑，飲之宜人。凡可飲之物，皆多取其葉。天門冬、拔揳取根，皆益人。又巴東別有真茗茶，煎飲令人不眠。俗中多煮檀葉並大皂李作茶，並冷。又南方有瓜蘆木，亦似茗，至苦澀，取為屑茶飲，亦可通夜不眠。煮鹽人但資此飲，而交、廣最重，客來先設，乃加以香芼輩。

又《九之略》　其造具，若方春禁火之時，於野寺山園，叢手而掇，乃蒸，乃舂，乃復，以火乾之，則又棨、撲、焙、貫、棚、穿、育等七事皆廢。

其煮器，若松間石上可坐，則具列廢。用槁薪、鼎櫪之屬，則風爐、灰承、炭檛、火筴、交床等廢。若瞰泉臨澗，則水方、滌方、漉水囊廢。若五人已下，茶可末而精者，則羅廢。若援藟躋巖，引絙入洞，於山口炙而末之，或紙包合貯，則碾、拂末等廢。既瓢、碗、筴、札、熟盂、鹺簋悉以一筥盛之，則都籃廢。

但城邑之中，王公之門，二十四器闕一，則茶廢矣。

唐 白居易《白孔六帖》卷一五《茶》　白：代酒《吳志》：韋曜飲不过三升，孫皓享燕，以七升為限，雖不悉入口，皆澆灌取盡。密賜曜茶以當酒，至寵衰，更偪之。供辦晉謝安常詣陸納，納供辦設茶果而已。寄信劉琨與兄弟群書：『吾體中憒悶，恒仰真茶，汝可寄信致之。』供御溫嶠表：遣取供御之調，條列真上茶千片、茗二百大薄。

孔：榷茶使鄭注：帝問富人術，以榷茶對。其法欲置茶官，籍名圃而給其直，工自擷暴，則利悉之官。帝始詔王涯爲榷茶使。官自治園令狐楚爲鹽鐵轉運使，先是鄭注建榷茶使，王涯又議官自治國植茶，人不便，楚請廢使，如舊法。從之。諫增茶賦李珏字待價，鹽鐵使王播增茶稅十之五，以佐用度。珏上疏謂：『榷率本濟軍興而稅茶，自貞元已來有之。方天下無事，忽厚斂以傷國體，一不可。茗爲人飲，與鹽粟同資，若重稅之，售必高，其弊先及貧下，二不可。山澤之産無定數，程斤論稅，以售多爲利，若價騰則市者稀，其稅幾何，三不可。陛下初即位詔懲聚斂，今反增茶賦，必失人心。』帝不納。著經三篇陸羽字鴻漸，嗜茶，著經三篇，言茶之原、之法、之具尤備，天下益知飲茶矣。祀爲茶神時鬻茶者至陶羽形置煬突間，祀爲茶神。善煑茶有常伯熊者，因羽論，復廣著茶之功。御史大夫李季卿宣慰江南，次臨淮，知伯熊善煮茶，召之。伯熊執器煎，季卿爲再舉杯。著《毀茶論》季卿至江南，又有薦羽者，召之。羽衣野服挈具而入，季卿不爲禮。羽愧之，更著《毀茶論》。其後尚茶成風。驅馬市茶時回紇入朝，始驅馬市茶。自判品第陸龜蒙字魯望，嗜茶，置園顧渚山下，歲取租茶，自判品第。張又新爲《水説》七種，其二惠山泉，三虎丘井，六松江。人助其好者，雖百里爲致之。榷取茶利何易于爲益昌令，鹽鐵官榷取茶利詔下，所在毋敢隱。易于視詔書，曰：『益昌人不征茶且不可活，矧厚賦毒之乎？』出鹽茗，俾民輸帛楊行密字化源，議出鹽茗，俾民輸帛。幕府高勗曰：『瘡破之餘，不可以加斂。且帑資何患不足？若悉我所有易四鄰所無，不積日，財有餘矣。』行密納之。八牀主人劉建鋒死，馬殷代。高郁又教殷：民得自摘山收茗，筭募高力，置邸閣居茗，號八牀主人。鬻朱桃椎嘗織十芒屩置道上，見者爲鬻茗易之。稅茶王紹遷倉部員外郎，是時兵旱無年，詔戶部收闕官俸、稅茶及無名錢以修荒政。自擷山爲茶藩鎮劉仁恭禁南方茶，自擷山爲茶，號山曰大恩，以邀利。變茶法王涯始變茶法，益其稅以濟用度，下益困。而鄭注亦議榷茶。天子命涯爲使，心知不可，不敢爭。李訓敗，乃及禍。初民怨茶禁苛急，涯就誅，皆群詬罵，抵以瓦礫。置邸務賣茶楚馬殷始修貢京師，然歲貢不過所産茶名而已。乃自京師至襄、唐、郢、復等州置邸務以賣茶，其利十倍。受茶一串陸贄字敬輿。張鎰餉錢百萬，止受茶一串，曰：『敢不承公之賜。』緑華紫英唐杜陽編：同昌公主，上每賜饌，其茶則有緑華紫英之號。六班茶蠻甌志：自樂天方齋，禹錫正病酒，禹錫乃饋菊苗虀、蘆菔鮓，換取樂天六班茶二囊，以自醒酒。成象殿茶《金鑾密記》：故例，翰林當直學士春晚人困，則日賜成象殿茶。練囊緘茶末唐李肇《國史補》：韓晉公滉聞奉天之難，以夾練囊緘茶末，遣使健步以進。滌煩《國史補》：党魯使西蕃，烹茶帳中。蕃使問何爲者，魯曰：『滌煩消渴，所謂茶也。』蕃使曰：『我亦有之。』命取出，以指曰：『此壽州者，此顧渚者，此蘄門者。』驚雷筴《覺林僧志》：崇收茶三等，待客以驚雷筴，自奉以萱草帶，供佛以紫茸香。赴茶者以油囊盛餘瀝歸。出《蠻甌志》。顧蘭露而慚芳豈蔗漿而齊味。劉禹錫爲武元衡謝新茶表。效參藥石芳越椒蘭。同上。驟雨飛聲入鼎來，白雲滿碗花徘徊劉禹錫《西山蘭若試茶歌》。顧渚貢焙唐制，湖州造茶最多，謂之顧渚貢焙。歲造一萬八千四百八斤。大歷五年已後始有進奉。至建中二年，袁高爲郡，進三千六百串并詩一章，刻互具貢。搴擷損絲枲而供搴擷。劉禹錫文。石花紫笋《國史補》：茶名：劍南有蒙頂石花，湖州有顧渚紫笋，峽州有碧澗明月。花乳欲知花乳清凉味，須是眠雲臥石人。劉禹錫詩。白泥赤印何況蒙山顧渚春，白泥赤印走風塵。茶治熱《國史補》：故老云：五十年前多患熱黃，近代悉無而病腰脚者多，乃飲茶所致也。

唐 封演《封氏聞見記》卷六《飲茶》　茶，早采者為茶，晚采者為茗。《本草》云：止渴，令人不眠。南人好飲之，北人初不多飲。開

元中，泰山靈巖寺有降魔師，大興禪教。學禪，務於不寐，又不夕食，皆許其飲茶，人自懷挾，到處煮飲。從此轉相倣效，遂成風俗。自鄒、齊、滄、棣，漸至京邑，城市多開店鋪，煎茶賣之，不問道俗，投錢取飲。其茶自江淮而來，舟車相繼，所在山積，色額甚多。楚人陸鴻漸為茶論，説茶之功效，并煎茶、炙茶之法，造茶具二十四事，以都統籠貯之。遠近傾慕，好事者家藏一副。有常伯熊者，又因鴻漸之論廣潤色之，於是茶道大行。王公朝士，無不飲者。御史大夫李季卿宣慰江南，至臨淮縣館，或言伯熊善茶者，李公請為之。伯熊著黄被衫，烏紗帽，手執茶器，口通茶名，區分指點，左右刮目。茶熟，李公為歠兩杯而止。既到江外，又言鴻漸能茶者，李公復請為之。鴻漸身衣野服，隨茶具而入。既坐，數攤如伯熊故事，李公心鄙之。茶畢，命奴子取錢三十文酬煎茶博士。鴻漸遊江介，通狎勝流，及此羞愧，復著《毀茶論》。伯熊飲茶過度，遂患風，晚節亦不勸人多飲也。吳主皓每宴羣臣，皆令盡醉。韋昭飲酒不多，皓密使茶茗以自代。晉時謝安詣陸納，納無所供辦，設茶果而已。按此古人亦飲茶耳，但不如今人溺之甚。窮日盡夜，殆成風俗。始自中地，流於塞外。往年回鶻入朝，大驅名馬，市茶而歸，亦足怪焉。《續搜神記》云：有人因病能飲茗一斛二斗，有客勸飲，過五升，遂吐一物，形如牛胰。置柈中，以茗澆之，容一斛二斗。客云此名茗瘕。

唐 温庭筠《采茶録・辨》 李約，字存博，汧公子也。一生不近粉黛，雅度簡遠，有山林之致。性辨茶，能自煎，嘗謂人曰：『茶須緩火炙，活火煎，活火謂炭之有焰者。當使湯無妄沸，庶可養茶。始則魚目散布，微微有聲；中則四邊泉湧，纍纍連珠；終則騰波鼓浪，水氣全消，謂之老湯。三沸之法，非活火不能成也。』客至不限甌數，竟日爇火，執持茶器弗倦。曾奉使行至陜州硤石縣東，愛其渠水清流，旬日忘發。

又《嗜》 甫里先生陸龜蒙，嗜茶荈，置小園於顧渚山下，歲入茶租，薄為甌蟻之費。自為《品第書》一篇，繼《茶經》、《茶訣》之後。

又《易》 白樂天方齋，禹錫正病酒，禹錫乃饋菊苗虀、蘆菔鮓，換取樂天六班茶二囊，以自醒酒。

唐 裴汶《茶述》 茶，起于東晉，盛于今朝。其性精清，其味浩潔，其用滌煩，其功致和。參百品而不混，越眾飲而獨高。烹之鼎水，和以虎形，人人服之，永永不厭。得之則安，不得則病。彼芝术黄精，徒云上藥，致效在數十年後，且多禁忌，非此倫也。或曰，多飲令人體虛病風。余曰不然。夫物能祛邪，必能輔正，安有蠲逐聚病而靡裨太和哉。今宇內為土貢實眾，而顧渚、蘄陽、蒙山為上，其次則壽陽、義興、碧澗、㴩湖、衡山，最下有鄱陽、浮梁。今者其精無以尚焉。得其粗者，則下里兆庶，甌碗粉糅。頃刻未得，則胃腑病生矣。人嗜之若此者，西晉以前無聞焉。至精之味或遺也。因作《茶述》。

唐 樊卓《蠻書》卷七《雲南管內物産》 茶出銀生城界諸山。散收，無采造法。蒙舍蠻以椒、姜、桂和烹而飲之。

傳記

《新唐書》卷一九六《陸羽傳》 陸羽字鴻漸，一名疾，字季疵，復州竟陵人。不知所生，或言有僧得諸水濱，畜之。既長，以易自筮，得蹇之漸，曰：『鴻漸于陸，其羽可用為儀。』乃以陸為氏，名而字之。

幼時，其師教以旁行書，答曰：『終鮮兄弟，而絕後嗣，得為孝乎？』師怒，使執糞除圬墁以苦之，又使牧牛三十，羽潛以竹畫牛背為字。得張衡《南都賦》，不能讀，危坐效羣兒囁嚅若成誦狀，師拘之，令薙草莽。當其記文字，懵懵若有遺，過日不作，主者鞭苦，因歎曰：『歲月往矣，奈何不知書！』嗚咽不自勝，因亡去，匿為優人，作詼諧數千言。

天寶中，州人酺，吏署羽伶師，太守李齊物見，異之，授以書，遂廬火門山。貌侻陋，口吃而辯。聞人善，若在己，見有過者，規切至忤人。朋友燕處，意有所行輒去，人疑其多嗔。與人期，雨雪虎狼不避也。上元初，更隱苕溪，自稱桑苧翁，闔門著書。或獨行野中，誦詩擊木，裴回不得意，或慟哭而歸，故時謂今接輿也。久之，詔拜羽太子文學，徙太常寺太祝，不就職。貞元末，卒。

羽嗜茶，著經三篇，言茶之原、之法、之具尤備，天下益知飲茶矣。

時鬻茶者，至陶羽形置煬突間，祀為茶神。有常伯熊者，因羽論復廣著茶之功。御史大夫李季卿宣慰江南，次臨淮，知伯熊善煮茶，召之，伯熊執器前，季卿為再舉杯。至江南，又有薦羽者，召之，羽衣野服，挈具而入，季卿不為禮，羽愧之，更著《毁茶論》。其後尚茶成風，時回紇入朝，始驅馬市茶。

紀事

宋王溥《五代會要》卷六　内中有公事商量，即降宣頭，付閤門，開延英。【略】皇帝宣安，又兩拜，三呼萬歲。各分班案前立，兩樞密使在御榻西面祇候，其餘臣寮並約近外。次奏事。訖，宣賜茶。又兩拜，三呼萬歲，賜坐吃茶。對訖，下殿兩拜，宣賜酒食，舞蹈謝恩。訖，宣徽使喝『好去』，就中書吃食。延英畢。

又卷一二　各令據官品等第指揮，文班左右常侍、諫議、給事、舍人、諸行尚書、太子賓客、諸寺太卿、國子監祭酒、詹事、左右丞、諸行侍郎，宜各賜蜀茶三斤。起居、拾遺、補闕、侍御史、殿中監察御史、左右庶子、諸寺少卿、國子監司業、河南少尹、左右諭德、諸行郎中、員外郎、太常博士，宜各賜蜀茶二斤、蠟面茶一斤、草豆蔻百枝、肉豆蔻五十枝、青木香一斤半。國子博士、五經博士、兩縣令、著作郎、太常、宗正、殿中丞、諸局奉御、大理正、太子中允、洗馬、左右贊善、太子中舍、司天五官正，宜各賜蜀茶二斤、蠟面茶一斤、草豆蔻五十枝、肉豆蔻五十枝、青木香一斤。武班左右金吾上將軍、左右諸衛上將軍，宜各賜蜀茶三斤、蠟面茶二斤、草豆蔻一百枝、肉豆蔻一百枝、青木香二斤。左右諸將大將軍、左右諸衛將軍，宜各賜蜀茶二斤、蠟面茶一斤，草豆蔻一百枝、肉豆蔻五十枝、青木香一斤半。左右率府副率，宜各賜蜀茶二斤、蠟面茶一斤、草豆蔻五十枝、肉豆蔻五十枝、青木香一斤。奉敕，今後或有臣僚請假覲省，其所賜茶藥，候辭朝之日，于閤門宣賜。至晉天福二年九月，度支奏：朝臣請假覲省，出入皆有支賜茶藥，今緣諸庫無見在，伏乞權罷。從之。至五年三月，敕朝臣請假覲省，依天成四年敕，支賜茶藥。

著録

唐皮日休《〈茶經〉序》　案《周禮》酒正之職辨四飲之物，其三曰漿，又漿人之職，供王之六飲，水、漿、醴、涼、醫、酏入於酒府。鄭司農云：以水和酒也。蓋當時人率以酒醴為飲，謂乎六漿，酒之醨者也，何得姬公製？《爾雅》云：『檟，苦荼。』即不擷而飲之，豈聖人純於用乎？抑草木之濟人，取捨有時也。自周以降及于國朝茶事，竟陵子陸季疵言之詳矣。然季疵以前，稱茗飲者，必渾以烹之，與夫瀹蔬而啜者無異也。季疵之始為經三卷，由是分其源，製其具，教其造，設其器，命其煮，俾飲之者，除痟而去癘，雖疾醫之，不若也。其為利也，於人豈小哉！余始得季疵書，以為備矣。後又獲其《顧渚山記》二篇，其中多茶事；後又太原溫從雲、武威段碣之各補茶事十數節，並存於方冊。茶之事，由周至於今，竟無纖遺矣。昔晉杜育有《荈賦》，季疵有《茶歌》，余缺然於懷者，謂有其具而不形於詩，亦季疵之餘恨也。遂為十詠，寄天隨子。

明陳文燭《〈茶經〉序》　夫茗久服，令人有力悦志，見《神農食經》，而曇濟道人與子尚設茗八公山中，以為甘露，是茶用於古，羽神而明之耳。人莫不飲食也，鮮能知味也。稷樹藝五穀而天下知食，羽辨水煮茶而天下知飲，羽之功不在稷下，雖與稷並祠可也。

藝文

唐白居易《白氏長慶集》卷七《食後》　食罷一覺睡，起來兩甌茶。舉頭看日影，已復西南斜。樂人惜日促，憂人厭年賒。無憂無樂者，長短任生涯。

又卷三〇《睡後茶興憶楊同州》　昨晚飲太多，嵬峨連宵醉。今朝餐又飽，爛漫移時睡。睡足摩挲眼，眼前無一事。信腳繞池行，偶然得幽致。婆娑綠陰樹，斑駁青苔地。此處置繩床，傍邊洗茶器。白瓷甌甚潔，紅爐炭方熾。沫下麴塵香，花浮魚眼沸。盛來有佳色，咽罷餘芳氣。

不見楊慕巢，誰人知此味。

又 卷三七《閑眠》 暖床斜臥日曛腰，一覺閑眠百病銷。盡日一餐茶兩碗，更無所要到明朝。

唐 白居易《白香山詩集》卷三九《招韜光禪師》 白屋炊香飯，葷膻不入家。濾泉澄葛粉，洗手摘藤花。

青芥除黄葉，紅薑帶紫芽。命師相伴食，齋罷一甌茶。

唐 劉禹錫《劉夢得文集》卷五《西山蘭若試茶歌》 山僧後簷茶數叢，春來映竹抽新茸。宛然為客振衣起，自傍芳叢摘鷹觜。斯須炒成滿室香，便酌砌下金沙水。驟雨松聲入鼎來，白雲滿碗花徘徊。悠揚噴鼻宿酲散，清峭徹骨煩襟開。陽崖陰嶺各殊氣，未若竹下莓苔地。炎帝雖嘗未解煎，桐君有籙那知味。新芽連拳半未舒，自摘至煎俄頃餘。木蘭霑露香微似，瑤草臨波色不如。僧言靈味宜幽寂，采采翹英為嘉客。不辭緘封寄郡齋，磚井銅爐損標格。何況蒙山顧渚春，白泥赤印走風塵。欲知花乳清泠味，須是眠雲跂石人。

唐 釋皎然《對陸迅飲天目山茶因寄元居士晟》（嘉慶）《於潛縣志》卷一五 喜見幽人會，初開野客茶。日成東井葉，露采北山芽。文火香偏勝，寒泉味轉嘉。投鐺湧作沫，著碗聚生花。稍與禪經近，聊將睡網賒。知君在天目，此意日無涯。

唐 張又新《煎茶水記》（《品茶要録補》） 元和九年春，予初成名，與同年生期於薦福寺。余與李德垂先至，憩西廂玄鑒室。會適有楚僧至，置囊有數篇書。余偶抽一通覽焉，文細密皆雜記，卷末又一題云《煮茶記》，云：代宗朝，李季卿刺湖州，至維揚，逢陸處士鴻漸。李素熟陸名，有傾蓋之歡，因之赴郡。揚子驛將食，李曰：『陸君善於茶，蓋天下聞名矣，況揚子南零水又殊絶。今日二妙千載一遇，可曠之乎？』命軍士謹信者挈瓶操舟深詣南零，陸利器以俟之。俄水至，陸以杓揚其水曰：『江則江矣，非南零者，似臨岸之水。』使曰：『某櫂舟深入，見者累百，敢虚紿乎？』陸不言。既而傾諸盆，至半，陸遽止之，又以杓揚之曰：『自此南零者矣。』使蹶然大駭，馳下曰：『某自南零齎至岸，舟蕩覆半，懼其尠，挹岸水增之。處士之鑒神鑒也，其敢隱焉。』李與賓從數十人皆大駭愕。李因問陸：『既如是，所經歷處之水優劣精可判矣。』陸曰：『楚水第一，晉水最下。』李因命筆口授而次第之，凡二十水，且曰：『此皆余嘗試之，非繫茶之精麤，過此不之知也。夫茶烹於所產處，無不佳也，蓋水土之宜。離其處，水功其半，然善烹潔器全其功也。』李賓諸笥焉，遇有言茶者即示之。

唐 武元衡《資聖寺賁法師晚春茶會》（《全唐詩》卷三一六） 虚室晝常掩，心源知悟空。禪庭一雨後，蓮界萬花中。時節流芳暮，人天此會同。不知方便理，何路出樊籠。

唐 鮑君徽《東亭茶宴》（《全唐詩》卷七） 閑朝向曉出簾櫳，茗宴東亭四望通。遠眺城池山色裡，俯聆弦管水聲中。幽篁引沼新抽翠，芳槿低簷欲吐紅。坐久此中無限興，更憐團扇起清風。

唐 裴度《涼風亭睡覺》（《宋稗類鈔》卷四） 飽食緩行初睡覺，一甌新茗侍兒煎。脱巾斜倚繩床坐，風送水聲來枕邊。

唐 儲光羲《儲光羲詩集》卷一《喫茗粥作》 當晝暑氣盛，鳥雀靜不飛。念君高梧陰，復解山中衣。數片遠雲度，曾不蔽炎暉。淹留膳茶粥，共我飯蕨薇。敝廬既不遠，日暮徐徐歸。

唐 盧仝《走筆謝孟諫議寄新茶》（《詩林廣記》卷八） 日高丈五睡正濃，軍將扣門驚周公。口云諫議送書信，白絹斜封三道印。開緘宛見諫議面，手閱月團三百片。聞道新年入山裏，蟄蟲驚動春風起。天子須嘗陽羨茶，百草不敢先開花。仁風暗結珠蓓蕾，先春抽出黄金芽。摘鮮焙芳旋封裹，至精至好且不奢。至尊之餘合王公，何事便到山人家。柴門反關無俗客，紗帽籠頭自煎吃。碧雲引風吹不斷，白花浮光凝碗面。一碗喉吻潤，兩碗破孤悶。三碗搜枯腸，唯有文字五千卷。四碗發輕汗，平生不平事，盡向毛孔散。五碗肌骨清，六碗通仙靈。七碗吃不得也，唯覺兩腋習習清風生。蓬萊山，在何處。玉川子，乘此清風欲歸去。山上群仙司下土，地位清高隔風雨。安得知百萬億蒼生，命墮巔崖受辛苦。便為諫議問蒼生，到頭合得蘇息否。

唐 釋齊己《白蓮集》卷四《謝人惠扇子及茶》 鎗旗封蜀茗，圓潔製鮫綃。好客分烹煮，青蠅避動搖。

陸生誇妙法，班女恨涼颸。多謝崔居士，相思寄寂寥。

又 卷九《過陸鴻漸舊居》 楚客西來過舊居，讀碑尋傳見終初。

佯狂未必輕儒業，高尚何妨誦佛書。種竹岸香連菡萏，煮茶泉影落蟾蜍。如今若更生來此，知有何人贈白驢。

唐 乾康《投謁齊己》《全唐詩》卷八四九　隔岸紅塵忙似火，當軒青嶂冷如冰。烹茶童子休相問，報導門前是衲僧。

唐 陸希聲《茗坡》《全唐詩》卷六八九　二月山家穀雨天，半坡芳茗露華鮮。春醒酒病兼消渴，惜取新芽旋摘煎。

唐 李洞《贈昭應沈少府》《全唐詩》卷七二三　行宮接縣判雲泉，袍色雖青骨且仙。鄠杜憶過梨栗墅，瀟湘曾棹雪霜天。華山僧別留茶鼎，渭水人來鎖釣船。東送西迎終幾考，新詩覓得兩三聯。

唐 李洞《寄淮海惠澤上人》《全唐詩》卷七二三　海濤痕滿舊征衣，長憶初程宿翠微。竹裏橋鳴知馬過，塔中燈露見鴻飛。眉毫別後應盈尺，岩木居來定幾圍。他日願師容一榻，煎茶掃地學忘機。

唐 鄭邀《茶詩》《詩話總龜後集》卷三〇　嫩芽香且靈，吾謂草中英。夜臼和煙搗，寒爐對雪烹。惟憂碧粉散，嘗見綠花生。最是堪珍重，能令睡思清。

唐 劉兼《從弟舍人惠茶》《全唐詩》卷七六六　曾求芳茗貢蕪詞，果沐頒霑味甚奇。龜背起紋輕炙處，雲頭翻液乍烹時。老丞倦悶偏宜矣，舊客過從別有之。珍重宗親相寄惠，水亭山閣自攜持。

唐 成彥雄《煎茶》《全唐詩》卷七五九　岳寺春深睡起時，虎跑泉畔思遲遲。蜀茶倩個雲僧碾，自拾枯松三四枝。

唐 章孝標《方山寺松下泉》《全唐詩》卷五〇六　石脈綻寒光，松根噴曉涼。注瓶雲母滑，漱齒茯苓香。野客偷煎茗，山僧惜淨床。三禪不要問，孤月在中央。

唐 路半千《賞春》《全唐詩逸》卷二　暖日當頭催展菜，和風次第遣開花。呼童遠取溪心水，待客來煎柳眼茶。

唐 王敷《茶酒論》　竊見神農曾嘗百草，五穀從此得分；軒轅製其衣服，流傳教示後人。倉頡致其文字，孔丘闡化儒因。不可從頭細說，撮其樞要之陳。暫問茶之與酒，兩個誰有功勳？阿誰即合卑小，阿誰即合稱尊？今日各須立理，強者光飾一門。

茶乃出來言曰：諸人莫鬧，聽說些些。百草之首，萬木之花，貴之取蕊，重之摘芽，呼之茗草，號之作茶。貢五侯宅，奉帝王家，時新獻入，一世榮華。自然尊貴，何用論誇？

酒乃出來曰：可笑詞說！自古至今，茶賤酒貴。簞醪投河，三軍告醉。君王飲之，賜卿無畏。群臣飲之，呼叫萬歲。和死定生，神明歆氣。酒食向人，終無惡意。有酒有令，仁義禮智。自合稱尊，何勞比類！

茶謂酒曰：阿你不聞道：浮梁歙州，萬國來求，蜀山蒙頂，騎山驀嶺。舒城太湖，買婢買奴。越郡餘杭，金帛為囊。素紫天子，人間亦少，商客來求，舡車塞紹。據此蹤由，阿誰合小？

酒謂茶曰：阿你不聞道：劑酒乾和，博錦博羅。蒲桃九醞，於身有潤。玉液瓊漿，仙人杯觴。菊花竹葉，君王交接。中山趙母，甘甜美苦。一醉三年，流傳今古。禮讓鄉閭，調和軍府。阿你頭腦，不須乾努。

茶謂酒曰：我之茗草，萬木之心，或白如玉，或黃似金。名僧大德，幽隱禪林。飲之語話，能去昏沉。供養彌勒，奉獻觀音。千劫萬劫，諸佛相欽。酒能破家敗宅，廣作邪淫，打卻三盞之後，令人只是罪深。

酒謂茶曰：三文一壺，何年得富？酒通貴人，公卿所慕。曾遣趙主彈琴，秦王擊缶。不可把茶請歌，不可為茶教舞。茶吃只是腰疼，多吃令人患肚，一日打卻十杯，腹脹又同衙鼓。若也服之三年，養蝦蟆得水病苦。

茶謂酒曰：我三十成名，束帶巾櫛，驀海騎江，來朝今室。將到市廛，安排未畢，人來買之，錢則盈溢。言下便得富饒，不在明朝後日。阿你酒能昏亂，吃了多饒啾唧，街中羅織平人，脊上少須十七。

酒謂茶曰：豈不見古人才子，吟詩盡道：渴來一盞，能生養命。又道：酒是消愁藥。又道：酒能養賢。古人糟粕，今乃流傳。茶賤三文五碗，酒賤盅半七錢。致酒謝坐，禮讓周旋，國家音樂，本為酒泉。終朝吃

你茶水，敢動些些管弦！

茶謂酒曰：阿你不見道：男兒十四五，莫與酒家親。君不見猩鳥，為酒喪其身？阿你即道：茶吃發病，酒吃養賢。即見道有酒癀酒病，不見道有茶瘋茶顛。阿闍世王為酒殺父害母，劉伶為酒一醉三年。吃了張眉豎眼，怒鬥宣拳，狀上只言粗豪酒醉，不曾有茶醉相言，不免求守杖子，本典索錢。大枷磕頂，背上抛椽。便即燒香斷酒，念佛求天，終身不吃，望免迍邅。

兩家正爭人我，不知水在旁邊。

水謂茶酒曰：阿你兩個，何用匆匆？阿誰許你，各擬論功！言辭相毀，道西説東。人生四大，地水火風。茶不得水，作何相貌？酒不得水，作甚形容？米麴乾吃，損人腸胃，茶片乾吃，礪破喉嚨。萬物須水，五穀之宗。上應乾象，下順吉凶。江河淮濟，有我即通。亦能漂蕩天地，亦能涸殺魚龍。堯時九年災跡，只緣我在其中。感得天下欽奉，萬姓依從。由自不能説聖，兩個何用爭功？從今以後，切須和同，酒店發富，茶坊不窮。長為兄弟，須得始終。若人讀之一本，永世不害酒顛茶瘋。

唐 呂温《三月三日茶宴序》《全唐文》卷六二八　三月三日，上巳禊飲之日也。諸子議以茶酌而代焉。乃撥花砌，憩庭陰，清風逐人，日色留興。卧指青靄，坐攀香枝。閑鶯近席而未飛，紅蕊拂衣而不散。乃命酌香沫，浮素杯，殷凝琥珀之色，不令人醉。微覺清思，雖五雲仙漿，無復加也。座右才子南陽鄒子、高陽許侯，與二三子頃為塵外之賞，而曷不言詩矣。

宋 李濤《春晝回文》《全五代詩》卷一二　茶餅嚼時香透齒，水沈燒處碧凝煙。紗窗避著猶慵起，極困新晴乍雨天。

宋 釋福全《湯戲》《宋詩紀事》卷九一　生成盞裡水丹青，巧畫工夫學不成。卻笑當時陸鴻漸，煎茶贏得好名聲。

宋 釋惠洪《偈》《詩話總龜》卷三〇　李氏詔居棲賢寺，未幾，一夕大雪，逃居舊隱。嘗煮茶延僧，起托岩扉立化，余作偈曰：

前朝詔住棲賢寺，雪夜逃居岩石間。
想見煮茶延客處，直緣生死不相關。

雜録

宋 葉廷珪《海録碎事》卷六　鄧刹云：『陸羽茶既為癖，酒亦稱狂。』

又　晉王濛好飲茶，賓客每欲往候，則云：『今日有水厄。』

元 陶宗儀《説郛》卷一一八　有僧在蒙山頂見一老父，云：『仙家有雷鳴茶井，候雷發聲，井中採擷，一兩卻宿疾，二兩當眼前無疾，三兩換骨，四兩為地仙矣』。

唐 顔真卿《浪迹先生元真子張志和碑銘》《全唐文》卷三四〇　常以豹皮爲屐，騣皮爲屩，隱素木几，酌斑螺杯，鳴榔杖拏，隨意取適，垂釣去餌，不在得魚。肅宗嘗賜奴婢各一，元真配爲夫婦，名夫曰『漁僮』，妻曰『樵青』。人問其故，曰：『漁童使捧釣收綸，蘆中鼓枻；樵青使蘇蘭薪桂，竹裏煎茶。』竟陵子陸羽、校書郎裴修嘗問有何人往來，答曰：『太虛作室而共居，夜月爲燈以同照，與四海諸公未嘗離別，有何往來？』

唐 趙璘《因話録》卷二《商部上》　李司徒汧公鎮宣武，戎事之隙，以琴書為娱。自造琴，聚新舊桐材，扣之合律者則裁而膠綴，不中者棄之，故所蓄二琴殊絶。所謂『響泉』、『韻磬』者也。性不喜琴兼箏聲，惟二寵妓曰秀奴、七七，皆聰慧善琴，兼箏與歌，時令奏之，自撰琴譜。兵部員外郎約，汧公之子也。以近屬宰相子，而雅度玄機，蕭蕭冲遠，德行既優，又有山林之致。琴道、酒德、詩調皆高絶，一生不近粉黛，性喜接引人物，不好俗譚。晨起草裹頭，對客蹙融，便過一日。多蓄古器，在湖州嘗得古鐵一片，擊之清越。又養一猿，名山公，嘗以之隨逐。月夜泛江，登金山，擊鐵鼓琴，猿必嘯和。傾壺達旦，不俟外賓。與璘先君同在浙西使府，居處相接，慕先君家行及詩韻，契分最深。伯父高陵府君夫人韋氏，即兵部之姨妹也。余雖不及見，每聞長屬説其風格容儀，真神仙也。又傳聞汧公徐夫人雖生二子，中年於徐夫人琴瑟小乖，及兵部在母之後，情好加重。夫人情性益善於初。既得君，於諸子之中寶愛懸隔，天人降謫，信不誣矣。在官所得俸禄，付與從子，一不問數，惟給奉崔氏、

元氏二孀姨，事事禮厚。元氏夫人有操行，祭酒弘農公既為傳，此不復書。君初至金陵，於府主庶人錡坐屢讚招隱寺標致。一日庶人燕于寺中。明日，謂君曰：『十郎嘗誇招隱寺，昨遊宴細看，何殊州中？』君笑曰：『某所賞者，疏野耳。若遠山將翠幕遮，古松用綵物裹，腥羶涴鹿掊泉，音樂亂山鳥聲，此則實不如在叔父大廳也。』庶人大笑。約天性惟嗜茶，能自煎。謂人曰：『茶須緩火炙，活火煎。』活火謂炭火之焰者也。客至不限甌數，竟日執持茶器不倦。曾奉使行至陝州硤石縣東，愛渠水清流，旬日忘發。

又 卷三《商部下》 太子陸文學鴻漸名羽。其先不知何許人，竟陵龍興寺僧姓陸，於堤上得一初生兒，收育之，遂以陸為氏。及長，聰俊多能，學贍辭逸，詼諧縱辯，蓋東方曼倩之儔與。與余外祖戶曹府君外族柳氏外祖洪府戶曹諱澹，字中庸，別有傳交契深至，外祖有牋事狀，陸君所撰。性嗜茶，始創煮茶法。至今鬻茶之家，陶為其像，置於煬器之間，云宜茶足利。其歌云：『不羨黃金罍，不羨白玉杯，不羨朝入省，不羨暮入台。千羨萬羨西江水，曾向竟陵城下來。』又有追感陸僧詩至多。

唐 馮贄《雲仙雜記》卷二《換茶醒酒》 樂天方入關齋，禹錫正病酒。禹錫乃饋菊苗虀、蘆菔鮓，換取樂天六班茶二囊以醒酒。《蠻甌志》

又 卷六 覺林院志崇收茶三等，待客以驚雷莢，自奉以萱草帶，供佛以紫茸香，蓋最上以供佛而最下以自奉也。客赴茶者皆以油囊盛餘瀝以歸。《蠻甌志》

又 卷一〇 建人謂鬭茶爲茗戰。

唐 王仁裕《開元天寶遺事》卷一 逸人王休居太白山下，日與僧道異人往還。每至冬時，取溪冰敲其晶瑩者煮建茗，共賓客飲之。

清 厲鶚《宋詩紀事》卷九一 饌茶而幻出物象於湯面者，茶匠通神之藝也。沙門福全生於金鄉，長於茶海，能注湯幻茶成一句詩，並點四甌，共一絕句，泛乎湯表。小小物類，唾手辨耳。檀越日造門求觀湯戲。全自詠曰：生成盞裡水丹青，巧畫工夫學不成。卻笑當時陸鴻漸，煎茶贏得好名聲。

宋 王讜《唐語林》卷四《棲逸》 白居易少傅分司東都，以詩酒自娛，著《醉吟先生傳》以自敘。盧尚書簡辭有別墅近伊水，亭榭清峻。方冬，與群從子侄同登眺嵩洛，既而霰雪微下，說鎮金陵時江南山水，每見居人以葉舟浮泛，就食菰米鱸魚，思之不忘。逡巡忽有二人，衣蓑笠循岸而來，牽引篷艇，船頭覆青幕，中有白衣人，與衲僧偶坐，船後有小竈，安銅甑而炊，丱角僕烹魚煮茗，溯流過於檻前。聞舟中吟笑方甚，盧歎其高逸，不知何人。從而問之，乃白居易與僧佛光自建春門往香山精舍。

又 卷五《補遺》 張巡之守睢陽，明皇已幸蜀，賊氛方熾，孤城勢蹙，人困食竭，以紙布煮而食之，時以茶汁和之，而意自如。

又 卷六《補遺》 郎士元詩句清絕，輕薄好為劇語，每云：『郭令公不入琴，馬鎮西不入茶，田承嗣不入朝。』馬知此，語之曰：『郎中言燧不入茶，請左顧，為設也。』郎依期而往。時豪家食次，起羊肉一斤，層布于巨胡餅，隔中以椒豉，潤以酥，入爐迫之，候肉半熟食之，呼為『古樓子』。馬晨起啖古樓子以佇。士元至，馬喉乾如窯，即命急烹茶，各啜二十餘甌。士元已老，虛冷腹脹，屢辭，馬輒曰：『馬鎮西不入茶，何遽辭也？』如此又七甌。士元固辭而起，及馬，氣液俱下，因病數旬，馬乃遺絹二百匹。

又 李汧公鎮宣武，好琴书。【略】兵部員外郎約，汧公之子也。【略】性又嗜茶，能自煎，曰：『茶須緩火炙，活火煎。』活火，謂炭火之有焰者也。客至，不限甌數，竟日執茶器不倦，嘗奉使行至陝州石硤縣東，愛渠水，留旬日，忘發。

又 卷七《補遺》 李衛公性簡儉，不好聲妓。往往經旬不飲酒，但好奇功名，在中書不飲京城水，茶湯悉用常州惠山泉，時謂之水遞。有相知僧允躬白公曰：『公跡並伊皋，但有末節尚損盛德：萬里汲水，無乃勞乎？』公曰：『大凡末世淺俗，安有不嗜不欲者，捨此即物外世網，豈可縈繫，然弟子于世，無常人嗜欲，不求貨殖，不邇聲色，無長夜之歡，未嘗大醉，和尚又不許飲水，無乃虐乎？若敬從上人之命，即止水後，誅求聚斂，廣畜姬侍，坐於鐘鼓之間，使家敗而身疾，又如之何？』允躬曰：『公不曉此意。公博識多聞，止知常州有惠山寺，不知腳下有惠山寺井泉。』公曰：『何也？』曰：『公見極南物極北有，即此義也。

蘇州所産與汧、雍同，隴豈無吳縣耶？所出蒲魚菰鱉既同，彼人又能效蘇之織紝，其他不可遍舉。京中吴天觀廚後井，俗傳與惠山泉脈相通。』因取諸流水，與吴天水、惠山水稱量，唯惠山與吴天等。公遂罷取惠山水。

又卷八《補遺》 禮察廳謂之松廳，南有古松也。刑察廳謂之魘廳，寢於此多魘。兵察常主院中茶，必市蜀之佳者，貯於陶器，以防暑濕。御史躬親緘啟，故謂之茶瓶廳。

又《輯佚》 御史大夫李季卿宣慰江南，至臨淮。或言常伯熊善茶者，李公請之。伯熊著黄衫、烏紗帽，手執茶器，口誦茶名，區別指點，左右刮目。茶熟，李公爲啜兩杯。至江外，又召陸鴻漸。漸身衣野服，隨茶具而入，既坐，敷攤如伯熊故事。公心鄙之。茶畢，令奴子取錢三十文酬煎茶博士。鴻漸久游江介，通狎勝流，至此羞愧，復著《毁茶論》。

宋遼元飲茶方式

論説

宋 蔡襄《茶録》卷上《論茶》 色 茶色貴白，而餅茶多以珍膏油其面，故有青、黄、紫、黑之異。善別茶者，正如相工之視人氣色也，隱然察之於內，以肉理實潤者為上。既已末之，黄白者受水昏重，青白者受水鮮明，故建安人鬭試，以青白勝黄白。

香 茶有真香，而入貢者微以龍腦和膏，欲助其香。建安民間試茶，皆不入香，恐奪其真。若烹點之際，又雜珍果香草，其奪益甚，正當不用。

味 茶味主於甘滑，唯北苑鳳凰山連屬諸焙所産者味佳。隔谿諸山，雖及時加意製作，色、味皆重，莫能及也。又有水泉不甘，能損茶味，前世之論水品者以此。

藏茶 茶宜蒻葉而畏香藥，喜溫燥而忌濕冷，故收藏之家，以蒻葉封裹入焙中，兩三日一次，用火常如人體溫，溫則禦濕潤。若火多，則茶焦不可食。

炙茶 茶或經年，則香、色、味皆陳。於淨器中以沸湯漬之，刮去膏油一兩重乃止，以鈐箝之，微火炙乾，然後碎碾。若當年新茶，則不用此説。

碾茶 碾茶，先以淨紙密裹椎碎，然後熟碾。其大要，旋碾則色白，或經宿，則色已昏矣。

羅茶 羅細則茶浮，粗則水浮。

候湯 候湯最難，未熟則沫浮，過熟則茶沈。前世謂之『蟹眼』者，過熟湯也。況瓶中煮之，不可辨，故曰候湯最難。

熁盞 凡欲點茶，先須熁盞令熱，冷則茶不浮。

點茶 茶少湯多，則雲腳散；湯少茶多，則粥面聚。建人謂之雲腳粥面。鈔茶一錢匕，先注湯，調令極勻，又添注之，環回擊拂。湯上盞可四分則止，視其面色鮮白，著盞無水痕為絶佳。建安鬭試以水痕先者為負，耐久者為勝；故較勝負之説，曰相去一水、兩水。

宋 黄儒《品茶要録・總論》 説者常怪陸羽《茶經》不第建安之品，蓋前此茶事未甚興，靈芽真筍，往往委翳消腐，而人不知惜。自國初以來，士大夫沐浴膏澤，詠歌昇平之日久矣。夫體勢灑落，神觀沖淡，惟茲茗飲為可喜。園林亦相與摘英夸異，製捲鬻新而趨時之好，故殊絶之品始得自出於蓁莽之間，而其名遂冠天下。借使陸羽復起，閲其金餅，味其雲腴，當爽然自失矣。

因念草木之材，一有負瑰偉絶特者，未嘗不遇時而後興，況於人乎！然士大夫間為珍藏精試之具，非會雅好真，未嘗輒出。其好事者，又嘗論其采製之出入，器用之宜否，較試之湯火，圖於縑素，傳玩於時，獨未有補於賞鑒之明爾。蓋園民射利，膏油其面，色、品、味易辨而難評。予因收閲之暇，為原采造之得失，較試之低昂，次為十説，以中其病，題曰《品茶要録》云。

一、采造過時

茶事起於驚蟄前，其采芽如鷹爪，初造曰試焙，又曰一火，次曰二火。二火之茶，已次一火矣。故市茶芽者，惟同出於三火前者為最佳。尤喜薄寒氣候，陰不至於凍，芽茶尤畏霜，有造於一火、二火皆遇霜，而三火霜霽，則三

火之茶勝矣。時不至於暄，則穀芽含養約勒而滋長有漸，采工亦優為矣。凡試時泛色鮮白，隱於薄霧者，得於佳時而然也；有造於積雨者，其色昏黃；或氣候暴暄，茶芽蒸發，采工汗手薰漬，揀摘不給，則製造雖多，皆為常品矣。試時色非鮮白、水腳微紅者，過時之病也。

二、白合盜葉

茶之精絕者曰斗，曰亞斗，其次揀芽。茶芽，斗品雖最上，園戶或止一株，蓋天材間有特異，非能皆然也。且物之變勢無窮，而人之耳目有盡，故造斗品之家，有昔優而今劣、前負而後勝者。雖人工有至有不至，亦造化推移，不可得而擅也。其造，一火曰斗，二火曰亞斗，不過十數銙而已。揀芽則不然，遍園隴中擇其精英者爾。其或貪多務得，又滋色澤，往往以白合盜葉間之。試時色雖鮮白，其味澀淡者，間白合盜葉之病也。一鷹爪之芽，有兩小葉抱而生者，白合也。新條葉之抱生而色白者，盜葉也。造揀芽常剔取鷹爪，而白合不用，況盜葉乎。

三、入雜

物固不可以容偽，況飲食之物，尤不可也。故茶有入他葉者，建人號為『入雜』。銙列入柿葉，常品入桴檻葉。二葉易致，又滋色澤，園民欺售直而為之。試時無粟紋甘香，盞面浮散，隱如微毛，或星星如纖絮者，入雜之病也。善茶品者，側盞視之，所入之多寡，從可知矣。嚮上下品有之，近雖銙列，亦或勾使。

四、蒸不熟

穀芽初采，不過盈箱而已，趣時爭新之勢然也。既采而蒸，既蒸而研。蒸有不熟之病，有過熟之病。蒸不熟，則雖精芽，所損已多。試時色青易沉，味為桃仁之氣者，不蒸熟之病也。唯正熟者，味甘香。

五、過熟

茶芽方蒸，以氣為候，視之不可以不謹也。試時色黃而粟紋大者，過熟之病也。然雖過熟，愈於不熟，甘香之味勝也。故君謨論色，則以青白勝黃白；余論味，則以黃白勝青白。

六、焦釜

茶蒸不可以逾久，久而過熟，又久則湯乾，而焦釜之氣上。茶工有泛新湯以益之，是致熏損茶黃。試時色多昏紅，氣焦味惡者，焦釜之病也。建人號為熱鍋氣。

七、壓黃

茶已蒸者為黃，黃細，則已入捲模製之矣。蓋清潔鮮明，則香色如之。故采佳品者，常於半曉間衝蒙雲霧，或以罐汲新泉懸胸間，得必投其中，蓋欲鮮也。其或日氣烘爍，茶芽暴長，工力不給，其采芽已陳而不及蒸，蒸而不及研，研或出宿而後製，試時色不鮮明，薄如壞卵氣者，壓黃之謂也。

八、漬膏

茶餅光黃，又如蔭潤者，榨不乾也。榨欲盡去其膏，膏盡則有如乾竹葉之色。惟飾首面者，故榨不欲乾，以利易售。試時色雖鮮白，其味帶苦者，漬膏之病也。

九、傷焙

夫茶本以芽葉之物就之捲模，既出捲，上笪焙之，用火務令通徹。即以灰覆之，虛其中，以熱火氣。然茶民不喜用實炭，號為冷火，以茶餅新濕，欲速乾以見售，故用火常帶煙焰。煙焰既多，稍失看候，以故熏損茶餅。試時其色昏紅，氣味帶焦者，傷焙之病也。

十、辨壑源、沙溪

壑源、沙溪，其地相背，而中隔一嶺，其勢無數里之遠，然茶產頓殊。有能出力移栽植之，亦為土氣所化。竊嘗怪茶之為草，一物爾，其勢必由得地而後異。豈水絡地脈，偏鍾粹於壑源？抑御焙占此大岡巍隴，神物伏護，得其餘蔭耶？何其甘芳精至而獨擅天下也。觀夫春雷一驚，筠籠纔起，售者已擔簦挈橐於其門，或先期而散留金錢，或茶纔入笪而爭酬所直，故壑源之茶常不足客所求。其有桀猾之園民，陰取沙溪茶黃，雜就家捲而製之，人徒趣其名，睨其規模之相若，不能原其實者，蓋有之矣。凡壑源之茶售以十，則沙溪之茶售以五，其直大率仿此。然沙溪之園民，亦勇於為利，或雜以松黃，飾其首面。凡肉理怯薄，體輕而色黃，試時雖鮮白，不能久泛，香薄而味短者，沙溪之品也。凡肉理實厚，體堅而色紫，試時泛盞凝久，香滑而味長者，壑源之品也。

又《後論》　余嘗論茶之精絕者，其白合未開，其細如麥，蓋得青陽之輕清者也。又其山多帶砂石而號嘉品者，皆在山南，蓋得朝陽之和

者也。余嘗事閒，乘晷景之明淨，適軒亭之瀟灑，一取佳品嘗試，既而神水生於華池，愈甘而清，其有助乎！然建安之茶，散天下者不為少，而得建安之精品不為多，蓋有得之者，亦不能辨，能辨矣，或不善於烹試，善烹試矣，或非其時，猶不善也，況非其賓乎？然未有主賢而賓愚者也。夫惟知此，然後盡茶之事。昔者陸羽號為知茶，然羽之所知者，皆今所謂草茶。何哉？如鴻漸所論『蒸筍並葉，畏流其膏』，蓋草茶味短而淡，故常恐去膏；建茶力厚而甘，故惟欲去膏。又論福建為『未詳，往往得之，其味極佳』，由是觀之，鴻漸未嘗到建安歟？

宋 趙佶《大觀茶論・鑒辨》 茶之範度不同，如人之有面首也。膏稀者，其膚蹙以文；膏稠者，其理斂以實。即日成者，其色則青紫；越宿製造者，其色則慘黑。有肥凝如赤蠟者，末雖白，受湯則黃；有縝密如蒼玉者，末雖灰，受湯愈白。有光華外暴而中暗者，有明白內備而表質者，其首面之異同，難以概論。要之色瑩徹而不駁，質縝繹而不浮，舉之則凝然，碾之則鏗然，可驗其為精品也。有得於言意之表者，可以心解。

比又有食利之民，購求外焙已采之芽，假以製造，研碎已成之餅，易以範模，雖名氏采製似之，其膚理色澤，何所逃於鑑賞哉。

宋 陳純臣《薦白雲泉書與范文正公》《全宋文》卷四二 惟胥台古郡直西不三十里，有山曰天平，山之中有泉曰白雲，山高而深，泉潔而清。倘逍遙中人覽寂寞外景，忽焉而來，灑然忘懷，碾北苑之一旗，煮並州之新火，可以醉陸羽之心，激盧仝之思，然後知康谷之英，惠山之靈，不足多尚。

宋 張舜民《畫墁録・茶墨》 司馬溫公云：『茶墨正相反。茶欲白，墨欲黑；茶欲新，墨欲陳；茶欲重，墨欲輕。如君子、小人不同。至如喜乾而惡濕，襲之以囊，水之以色，皆君子所好玩，則同也。』

宋 蘇軾《東坡志林》卷一〇 近時世人好蓄茶與墨，閒暇輒出二物校勝負，云：茶以白為尚，墨以黑為勝。予既不能校，則以茶校墨，以墨較茶，未嘗不勝也。

眞松煤遠煙，馥然自有龍麝氣，初不假二物也。世之嗜者如滕達道、蘇浩然、呂行甫，暇日晴煖，研墨水數合，弄筆之餘，少啜飲之。蔡君謨嗜茶，老病不能復飲，則把玩而已。看茶而啜墨，亦事之可笑者也。

慈湖陳氏草堂，瀑流出兩山間，落於堂後，如懸布崩雪，如風中雲，如羣鶴舞。參寥子問主人乞此地養老，主人許之。東坡居士投名作供養主，龍丘子欲作庫頭，參寥子不納，云：『待汝一口吸盡此水，令汝作。』

浮玉老師元公欲為吾買田京口，要與浮玉之田相近者。此意殆不可忘。吾昔有詩云：『江山如此不歸山，山神見恠驚我頑。我謝江神豈得已，有田不歸如江水。』今有田矣，不歸無乃食言於神也耶。

元豐七年二月一日，東坡居士與徐得之、參寥子步自雪堂，並柯池，入乾明寺觀竹林，謁乳姥任氏墳，鋤治茶圃，遂造趙氏園探梅堂，至尚氏第觀老枳，偃蹇如龍虵形，憩定惠僧舍，飲茶任公亭師中庵，乃歸，且約後日攜酒尋春於此。

溫嶠問郭文曰：『人皆有六親相容，先生棄之何樂？』文曰：『本行學道，不謂遭世亂，欲歸無路耳。』又曰：『饑思食，壯思室，自然之理。先生獨無情乎？』曰：『情由憶生，不憶故無情。』又問：『先生獨處窮山，死為烏鳶所食奈何？』曰：『埋藏者食於螻蟻，復何異？』又問：『猛虎害人，先生獨不畏耶？』曰：『人無害獸心，則獸亦不害人。』又問：『世不寧則身不安，先生不出濟世乎？』曰：『非野人之所知也。』予嘗監錢塘郡，遊餘杭九鎖山，訪大滌洞天，即郭生之舊隱。洞天有巨壑，深不可測，蓋嘗有勑使投龍簡云。戊寅九月七日東坡居士夜半録此。

顏回簞食瓢飲，其為造物者費亦省矣，然且不免於夭折。使回更吃得兩簞食、半瓢飲，當更不活得二十九歲。然造物者輒支盜跖兩日祿料，足為回七十年糧矣，但恐回不要耳。

世言竹紙可試墨，誤矣，當於不宜墨紙上。竹紙蓋宜墨。若池歙精白玉版乃真可試墨。若於此紙黑，無所不黑矣。褪墨硯上研，精白玉版上書，凡墨皆敗矣。

元祐三年十二月二十一日，駙馬都尉王晉卿致墨二十六丸，凡十餘品。予雜研之，作數十字以觀其色之淺深，若果佳，當擣合為一品，亦當為佳墨。予昔在黃州，鄰近四五郡皆送酒。予合置一器中，為雪堂義尊；

今又當為雪堂義墨耶？

己卯臘月二十二日夜，墨竈火大發，幾焚屋。救滅，遂罷作墨。得佳墨大小五百丸，入漆者幾百丸，足以了一世著書，仍以遺所不知何人也。餘松明一車，留以照夜。二十八日二鼓作此紙。

司馬溫公曰：『茶與墨正相反。茶欲白，墨欲黑；茶欲重，墨欲輕；茶欲新，墨欲陳。』予曰：『二物之質誠然矣，然亦有同者。』公曰：『何謂？』予曰：『奇茶妙墨皆香，是其德同也；皆堅，是其操同也。譬如賢人君子妍醜黔皙之不同，其德操蘊藏實無以異。』公笑以為是。

又 唐人煎茶用薑，故薛能詩云『鹽損添常戒，薑宜煮更誇』。據此，則又有用鹽者矣。近世有用此二物者，輒大笑之，然茶之中等者，若用薑煎信佳也。鹽則不可。

宋 蘇軾《東坡題跋》卷六《題萬松嶺惠明院壁》 予去此十七年，復與彭城張聖途、丹陽陳輔之同來。院僧梵英葺治堂宇，比舊加嚴潔。茗飲芳烈，問：『此新茶耶？』英曰：『茶性新舊交，則香味復。』予嘗見知琴者，言琴不百年，則桐之生意不盡，緩急清濁，常與雨暘寒暑相應。此理與茶相近，故並記之。

宋 蘇軾《東坡先生全集》卷七三《雜記・漱茶説》 除煩去膩，世不可闕茶。然暗中損人，殆不少。昔人云：『自茗飲盛後，人多患氣，不復病黄，雖損益相半，而消陽助陰，益不償損也。』吾有一法，常自珍之。每食已，輒以濃茶漱口，煩膩既去，而脾胃不知。凡肉之在齒間者，得茶浸漱之，乃消縮不覺脱去，不煩挑刺也。而齒便漱濯，緣此漸堅密，蠹病自已。然率皆用中下茶，其上者自不常有，間數日一啜，亦不為害也。此大是有理，而人罕知者。故詳述云。元豐六年八月二十三日。

明 曹學佺《蜀中廣記》卷六五 此邦茶乃可飲，但去城或數日，土人不善製度，焙多帶煙耳，不然亦殊佳。今往黔州都濡月兔兩餅，施州八香六餅，試將焙碾嘗之。都濡在劉氏時貢炮也，味殊厚，恨此方難得真好事者耳。

宋 黄庭堅《山谷别集》卷一三《答王子厚書》 所寄歐陽文忠《雙井詩》，詞意未當雙井之價，或恐非文忠所作。今分上去年雙井，可精洗石磑，曬乾，頻轉少下，茶白如飛羅麵乃善。煮湯烹試之，然後知此詩未稱雙井風味耳。

又 雙井法，當以蘆布作巾，裹厚坩盞一隻，置茶其中，每用手頓之，盡篩去白毛，並揀去茶子，乃磑之，則茶色味皆勝也。點時，淨濯瓶，注甘冷泉，熟火煮盤熁盞，令熱湯才沸即點。草茶劣，不比建溪須用熟沸湯也。往嘗作建溪茶曲，不審見之否？或未見，後當寄也。

又卷一五《與逢興文判官貼》 比江南寄新茶來，味殊佳，恨未得同一烹。欲寄牙子去，恐邑中無善磑，不久磑成，來便寄上矣。

又卷一九《與敦禮秘校貼》 生瓢承見惠，亦好，但恨折時太嫩。相茶瓢與相筇竹同法，不欲肥而欲瘦，但須飽霜露耳。

宋 黄庭堅《山谷老人刀筆》卷一〇《答瀘州安撫王補之》 雙井今歲製作似勝常年，今分上白芽等各五囊，雖在社後數日，味殊勝也。磨時須洗去舊茶曬乾，乃不敗其香味，懲江安之水敗，故以陶器往，到便可略見火也。

宋 黄庭堅《豫章黄先生文集》卷二〇《黔南道中行記》 壬子之夕，宿黄牛峽。【略】陸羽《茶經》記黄牛峽茶可飲，因令舟人求之，有嫗賣新茶一籠，與草葉無異，山中無好事者故耳。【略】

初余在峽州，問士大夫夷陵茶，皆云粗澀不可飲，試問小吏，云唯僧茶味善。試令求之，得十餅，價甚平也。攜至黄牛峽，置風爐清樾間，身候湯，手擷，得味，既以享黄牛神，且酌元明、堯夫，云不減江南茶味也。乃知夷陵士大夫但以貌取之耳。

宋 胡仔《苕溪漁隱叢話・前集》卷二二《西昆體》 《西清詩話》云：『《義山雜纂》，品目數十，蓋以文滑稽者。其一曰殺風景，謂清泉濯足，花上曬褌，背山起樓，燒琴煮鶴，對花啜茶，松下喝道。晏元獻慶曆中罷相，守潁，以惠山泉烹日注，從容置酒，賦詩曰：「稽山新茗綠如煙，靜挈都藍煮惠泉。未向人間殺風景，更持醪醑醉花前。」王荊公元豐末居金陵，蔣大漕之奇夜謁公于蔣山，騶唱甚都。公取「松下喝道」語作詩戲之，云：「扶衰南陌望長楸，燈火如星滿地流。但怪傳呼殺風景，豈知禪客夜相投。」自此殺風景之語，頗著於世。』

《三山老人語録》云：『唐人以對花啜茶，謂之殺風景，故荊公《寄

茶與平甫》詩有「金谷看花莫謾煎」之句。』

又卷二三《熟食清明》 《緗素雜記》云：『劉夢得《嘉話》云：「為詩用僻字，須有來處。宋考功詩云：馬上逢寒食，春來不見餳。嘗疑此字。因讀《毛詩鄭箋》説吹簫處，云即今賣餳人家物。《六經》惟此注中有餳字。後輩業詩，即須有據，不可學常人率爾而道也。」至宋朝宋子京《寒食》詩云：「草色引開盤馬路，簫聲吹暖賣餳天。亦用《鄭箋》「吹簫賣餳」之義，然詞致騷雅，勝考功遠矣。余比因閱沈雲卿《詠驩州不作寒食》詩云：「海外無寒食，春來不見餳。洛陽新甲子，何日是清明？花柳爭朝發，軒車滿路迎。帝鄉遙可念，腸斷報親情。」是時，沈謫驩州，故有是詩。但未見宋考功全篇耳。考其詞意，似是雲卿之詩。蓋沈、宋同仕武后朝，故所傳容有訛謬，所未詳也。寒食清明，多用餳粥事。如李義山詩云：「粥香餳白杏花天。」宋子京《途中清明》詩云：「漠漠輕花著早桐，客甌餳粥對禺中。」』茗溪漁隱曰：『六一居士詩云：「杯盤餳粥春風冷，池館榆錢夜雨新。」又云：「多病正愁餳粥冷。」東坡詩云：「新火發茶乳，溫風散粥餳。」皆清明寒食詩也。』

又卷二四《秘色》 《侯鯖録》云：『今之秘色磁器，世言錢氏有國，越州燒進，不得臣庶用之，故云秘色。比見陸龜蒙《進越器》詩云：「九秋風露越窯開，奪得千峰翠色來。好向中霄盛沆瀣，共嵇中散鬥遺杯。」乃知唐已有秘色，非錢氏為始。』

又卷四六《東坡九》 《三山老人語録》云：『五代時，鄭遨《茶詩》云：「嫩芽香且靈，吾謂草中英。夜臼和煙搗，寒爐對雪烹。羅憂碧粉散，嘗見綠花生。最是堪珍重，能令睡思清。」范文正公詩云：「黃金碾畔綠塵飛，碧玉甌中翠濤起。」茶色以白為貴。二公皆以碧綠言之，何邪？』

又 《學林新編》云：『茶之佳品，造在社前；其次則火前，謂寒食前也；其下則雨前，謂穀雨前也。佳品其色白，若碧綠者，乃常品也。茶之佳品，芽蘖細微，不可多得；若取數多者，皆常品也。茶之佳品，皆點啜之；其煎啜之者，皆常品也。齊己《茶詩》曰：「甘傳天下口，貴占火前名。」又曰：「高人愛惜藏岩裏，白甀封題寄火前。」丁謂《茶詩》曰：「開緘試新火，須汲遠山泉。」凡此皆言火前，蓋未知社前之品為佳也。鄭谷《茶詩》曰：「入坐半甌輕泛綠，開緘數片淺含香。」鄭雲叟《茶詩》曰：「羅憂碧粉散，嘗見綠花生。」沈存中論茶，謂「黃金碾畔綠塵飛，碧玉甌中翠濤起」，宜改「綠」為「玉」，「翠」為「素」，此論可也，而舉「一夜風吹一寸長」之句，以為茶之精美，不必以雀舌鳥嘴為貴。今案，茶至於一寸長，則其芽蘖大矣，非佳品也，存中此論曲矣。盧仝《茶詩》曰：「開緘宛見諫議面，手閲月團三百片。」薛能《謝劉相公寄茶》詩曰：「兩串春團敵夜光，名題天柱印維揚。」茶之佳品，珍逾金玉，未易多得，而以三百片惠盧仝，以兩串寄薛能者，皆下品可知也。齊己詩：「角開香滿室，爐動綠凝鐺。」丁謂詩曰：「末細烹還好，鐺新味更全。」此皆煎啜之也。煎啜之者，非佳品矣。唐人於茶，雖有陸羽為之説，而持論未精。至本朝蔡君謨《茶録》既行，則持論精矣。以《茶録》而核前賢之詩，皆未知佳味者也。』

又 《蔡寬夫詩話》云：『唐以前茶，惟貴蜀中所產，孫楚歌云：「茶出巴蜀。」張孟陽《登成都樓》詩云：「芳茶冠六情，溢味播九區。」他處未見稱者。唐茶品雖多，亦以蜀茶為重。然惟湖州紫筍入貢，每歲以清明日貢到，先薦宗廟，然後分賜近臣。紫筍生顧渚，在湖、常二境之間。嘗採茶時，兩郡守畢至，最為盛會。杜牧詩所謂：「溪盡停蠻棹，旗張卓翠苔。柳村穿窈窕，松澗渡喧豗。」劉禹錫：「何處人間似仙境，春山攜妓採茶時。」皆以此。建茶絕亡貴者，僅得掛一名爾。至江南李氏時漸見貴。始有團圈之製，而造作之精，經丁晉公始大備。自建茶出，天下所產皆不復可數。今出處壑源、沙溪，土地相去丈尺之間，品味已不同，謂之外焙，況他處乎？則知雖草木之微，其顯晦亦自有時。然唐自常袞以前，閩中有未讀書者，自袞教之，而歐陽詹之徒始出，而終唐世亦不甚盛。今閩中舉子常數倍天下，而朝廷將相公卿，每居十四五，人物尚爾，況草木微物也。顧渚湧金泉，每造茶時，太守先祭拜，然後水漸出，造貢茶畢，水稍減，至貢堂茶畢，已減半，太守茶畢，遂涸。蓋常時無水也。或聞今龍焙泉亦然。』茗溪漁隱曰：『北苑，官焙也，漕司歲以入貢，茶為上，壑源，私焙也，土人亦入貢，茶為次。二焙相去三四里間。若沙溪，外焙也，與二焙相去絕遠，自隔一溪，茶為下。山谷詩云：「莫遺沙溪來亂真。」正謂此也。官焙造茶，常在驚蟄後一二日興工採摘，

是時茶芽已皆一槍，蓋閩中地暖如此。舊讀歐公詩有喊山之說，亦傳聞之訛耳。龍焙泉，即御泉也，水之增減亦隨水旱，初無漸出遂涸之異；但泉味極甘，正宜造茶耳。』

《東齋記事》云：『蜀中數處產茶，雅州蒙頂最佳，其生最晚，在春夏之交，其地即《書》所謂「蔡蒙旅平」者也。方茶之生，雲霧覆其上，若有神物護持之。』《遁齋閑覽》云：『茶古不著所出，《本草》云：「出益州。」唐以蒙山、顧渚、蘄門者為上品，尚雜以蘇椒之類，故李泌詩云：「旋沫翻成碧玉池，添蘇散出琉璃眼。」遂以碧色為貴，止曰煎茶，不知點試之妙，大率皆草茶也。陸羽《茶經》，統言福、建、泉、韶等十州所出者其味極佳而已。今建安為天下第一。』

又 茗溪漁隱曰：『《詩》云：「誰謂荼苦。」《爾雅》云：「檟，苦荼。」注：「樹似梔子。今呼早采者為荼，晚采者為茗，一名荈，蜀人名之苦荼。」故東坡《乞茶栽》詩云：「周詩記苦荼，茗飲出近世，初緣厭粱肉，假此雪昏滯。」蓋謂是也。六一居士《嘗新茶》詩云：「泉甘器潔天色好，坐中揀擇客亦佳。」東坡守維揚，於石塔寺試茶，詩云：「禪窗麗午景，蜀井出冰雪。坐客皆可人，鼎器手自潔。」正謂諺云「三不點」也。』

宋 胡仔《茗溪漁隱叢話·後集》卷一一《玉川子》 茗溪漁隱曰：『東坡《汲江水煎茶》詩云：「活水還須活火烹，自臨釣石取深清。大瓢貯月歸春甕，小杓分江入夜瓶。」此詩奇甚，道盡烹茶之要；且茶非活水，則不能發其鮮馥，東坡深知此理矣。余頃在富沙，常汲溪水烹茶，色香味俱成三絕，又況其地產茶，為天下第一，宜其水異於他處，用以烹茶，水功倍之。至於浣衣，尤更潔白，則水之輕清，益可知矣。近城山間有陸羽井，水亦清甘，實好事者為名之。羽著《茶經》，言建州茶未詳，則知羽不曾至富沙也。』

又 茗溪漁隱曰：『東坡詩：「春濃睡足午窗明，想見新茶如潑乳。」又云：「新火發茶乳。」此論皆得茶之正色矣。至《贈謙師點茶》則云：「忽驚午盞兔毫斑，打作春甕鵝兒酒。」蓋用老杜詩「鵝兒黃似酒，對酒愛鵝兒」，若是，則其色黃，烏得為佳茗矣。今《東坡前集》不載此詩，想自知其非，故刪去之。』

又 卷二八《東坡三》 東坡云：『爛蒸同州羔，灌以杏酪，食之以匕，不以箸；南都撥心麵，作槐芽溫淘，糝以襄邑抹豬，炊共城香稻，薦以蒸子鵝，吳興庖人所斫松江鱸膾；繼以廬山康王谷水，烹曾坑鬥品茶；少焉，解衣仰臥，使人誦東坡《赤壁前後賦》，亦足以一笑也。』茗溪漁隱曰：『東坡於飲食，作詩賦以寫之，往往皆臻其妙，如《老饕賦》、《豆粥》詩是也。』

宋 陸游《入蜀記》卷一 十九日，金山長老寶印來，字坦叔，嘉州人。言自峽州以西，灘不可勝計，白傅詩所謂「白狗到黃牛，灘如竹節稠」是也。赴蔡守飯于丹陽樓，熱特甚，堆冰滿坐，了無涼意。蔡自點茶頗工，而茶殊下，同坐熊教授，建寧人，云：『建茶舊雜以米粉，復更以薯蕷，兩年來又更以楮芽，與茶味頗相入，且多乳，惟過梅則無復氣味矣。非精識者未易察也。』

宋 趙希鵠《調燮類編》卷一《乾棟》 雪水甘寒，收藏能解天行時疫一切熱毒，烹茶最佳，或疑太冷，實不然也。

宋 唐庚《唐先生文集》卷五《鬥茶記》 政和二年三月壬戌，二三君子相與鬥茶於寄傲齋，予為取龍塘水烹之而第其品，以某為上，某次之。某閩人，其所齎宜尤高，而又次之。然大較皆精絕。

蓋嘗以為天下之物有宜得而不得，不宜得而得之者。富貴有力之人，或有所不能致，而貧賤窮厄，流離遷徙之中，或偶然獲焉。所謂『尺有所短，寸有所長』，良不虛也。唐相李衛公好飲惠山泉，置驛傳送，不遠數千里。而近世歐陽少師作《龍茶録序》，稱嘉祐七年親享明堂，致齋之夕，始以小團分賜二府，人給一餅，不敢碾試，至今藏之。時熙寧元年也。吾聞茶不問團銙，要之貴新，水不問江井，要之貴活。千里致水，真僞固不可知，就令識真，已非活水。自嘉祐七年壬寅至熙寧元年戊申，首尾七年，更閱三朝而賜茶猶在，此豈復有茶也哉！

今吾提瓶走龍塘，無數十步，此水宜茶，昔人以為不減清遠峽。而海道趨建安，不數日可至，故每歲新茶不過三月至矣。罪戾之餘，上寬不誅，得與諸公從容談笑於此，汲泉煮茗，取一時之適，雖在田野，孰與烹數千里之泉，澆七年之賜茗也哉？此非吾君之力歟？夫耕鑿食息，終日蒙福而不知為之者，直愚民爾，豈我輩謂耶！是宜有所紀述，以無忘

在上者之澤云。

宋 羅大經《鶴林玉露・丙編》卷三《茶瓶湯候》 余同年李南金云：『《茶經》以魚目、湧泉連珠為煮水之節。然近世瀹茶，鮮以鼎鑊，用瓶煮水，難以候視，則當以聲辨一沸、二沸、三沸之節。又陸氏之法，以末就茶鑊，故以第二沸為合量，而下末若以今湯就茶甌瀹之，則當用背二涉三之際為合量。乃為聲辨之詩云：「砌蟲唧唧萬蟬催，忽有千車梱載來。聽得松風並澗水，急呼縹色綠瓷杯。」』其論固已精矣。然瀹茶之法，湯欲嫩而不欲老，蓋湯嫩則茶味甘，老則過苦矣。若聲如松風澗水而遽瀹之，豈不過於老而苦哉！惟移瓶去火，少待其沸止而瀹之，然後湯適中而茶味甘，此南金之所未講者也。因補以一詩云：『松風檜雨到來初，急引銅瓶離竹爐。待得聲聞俱寂後，一甌春雪勝醍醐。』

宋 陳鵠《耆舊續聞》卷八 臘茶出於福建，草茶盛於兩浙。兩浙之品，日鑄為上。自景祐已後，洪之雙井白芽漸盛。近歲製作尤精，囊紅紗，不過一二兩。以常茶十數斤養之，用避暑濕之氣。其品遠出日鑄。魯直《與陳季常帖》云：『雙井前所選，乃家園第一。如所論不可解，竊意似南方士人觀國爾。昔有南方一士人，初入都，見縣巷燕支鋪群婢，即歎息以為燕趙之絕色，及其遊界南北，真見妖麗之姝，遂復尋常爾。豈曩時所見長鷹爪者，初至縣巷者乎？今漫寄數兩大爪，然其味乃不甚良也。』自山谷品題之後，雙井之名益著。東坡雖欲臣雙井，其可得哉。

東坡云：『唐人煎茶用薑，故薛能詩云：「鹽損添常戒，薑宜著更誇。」』據此，則又有用鹽者矣。近世有用此二物者，必大笑之。然茶之中等者，用薑煎信佳也。鹽則不可。』東坡之說如此。不知今吳門毘陵、京口，煎點茶用鹽，其來已久，卻不曾有用薑者。風土嗜好，各有不同。

范文正公茶詩云：『黃金碾畔綠塵飛，碧玉甌中翠濤起。』蔡君謨謂公曰：『今茶絕品者甚白，翠綠乃下者爾。欲改為玉塵飛、素濤起。』君謨之說固然。然今自頭綱貢茶之外，次綱者味亦不甚長，不若正焙茶之真者色帶微綠為佳。近日士大夫多重安國茶，以此遺朝貴，而夸茶不為重矣。唐李泌茶詩：『旋沫翻成碧玉池。』亦以碧色為貴。今諸郡產茶去處，上品者亦多碧色。又不可以概論。

元 王禎《王禎農書》卷一〇《茶》 茶之為物，釋滯去垢，破睡除煩，功則著矣。其或采造藏貯之無法，碾焙煎試之失宜，則雖建芽浙茗，只為常品。故采之宜早，率以清明、穀雨前者為佳，過此不及。然茶之美者，質良而植茂，新芽一發，便長寸餘，其細如針，斯為上品。如雀舌、麥顆，特次材耳。采訖，以甑微蒸，生熟得所。生則味澀，熟則味減。蒸已，用筐箔薄攤，乘濕略揉之，入焙，勻布火，烘令乾，勿使焦。編竹為焙，裹箬覆之，以收火氣。茶性畏濕，故宜箬。收藏者必以箬籠，剪箬雜貯之，則久而不浥。宜置頓高處，令常近火為佳。凡煎試須用活水活火烹之，故東坡云『活水仍將活火烹』者，是也。活水謂山泉水為上，江水次之，井水為下；活火謂炭火之有焰者。當使湯無妄沸，始則蟹眼，中則魚目累然如珠，終則泉湧鼓浪。此候湯之法，非活火不能爾。東坡云：『蟹眼已過魚眼生，颼颼欲作松風聲。』盡之矣。

茶之用有三，曰茗茶，曰末茶，曰蠟茶。凡茗煎者擇嫩芽，先以湯泡去熏氣，以湯煎飲之。今南方多效此。然末子茶尤妙，先焙芽令燥，入磨細碾，以供點試。凡點，湯多茶少則雲腳散，湯少茶多則粥面聚。鈔茶一錢匕，先注湯調極勻，又添注入，回環擊拂，視其色鮮白，著盞無水痕為度。其茶既甘而滑。南方雖產茶，而識此法者甚少。蠟茶最貴，而製作亦不凡。擇上等嫩芽，細碾入羅，雜腦子諸香膏油，調劑如法，印作餅子，製樣任巧。候乾，仍以香膏油潤飾之。其製有大小龍團、帶胯之異。此品惟充貢獻，民間罕見之。始于宋丁晉公，成于蔡端明。間有他造者，色香味俱不及蠟茶。珍藏既久，點時先用溫水微漬，去膏油，以紙裹捶碎，用茶鈐微炙，旋入碾羅。旋碾則色白，經宿則色昏，新者不用漬。茶鈐屈金鐵為之。砧用石，碓用木，碾餘石皆可。茶之用芼，胡桃、松實、脂麻、杏仁、栗任用，雖失正味，亦供咀嚼。然茶性冷，多飲則能消陽，山谷益以薑鹽煎飲，其亦以是歟，因並及之。

夫茶，靈草也，種之則利博，飲之則神清。上而王公貴人之所尚，下而小夫賤隸之所不可缺，誠民生日用之所資，國家課利之一助也。

綜述

宋 王禹偁《谷簾泉水煮茶序》《全宋文》卷一五〇 水之來，計程且一

月矣，而其味不敗。取茶煮之，浮雲散雪之狀，與井泉絕殊。

宋 趙鼎臣《七進篇》 世有靈荈，產夫甌閩。厥包祇貢，貴於上春。其始至也，天子先嘗之，而後頒於六宮，旁及四鄰，遺緘餘篚，暨茲庶臣。則有翔龍之品，密雲之珍，圜不方寸，價兼百金。隱以金椎，碾如玉塵。薦以建安之盞。烹以惠山之泉。蟹眼初泛，浪茶已翻。可以析酲，可以除煩。可以輕身，可以延年。劉伶嘗之而削酒德之頌，武皇啜之而棄承露之盤。此固高士之所宜耽也。

宋 李昭玘《樂靜集》卷五《記白鶴泉》 惠山當二浙之沖，士大夫往來者貯以罌瓶，以籜封竹絡，漬小石其中，犯重江，涉千里，而達京師。公候之家，華堂錦案，招一二貴人，出龍團鳳餅，次第而烹之，雖醴泉甘露，不足比名。

宋 楊萬里《誠齋集》卷一〇六《答傅尚書》 遠餉新茶，所謂元豐至今人未識者。老夫是已，敢不重拜，當自攜大瓢，走汲溪泉，束澗底之散薪，燃折腳之石鼎，烹玉塵，啜雲乳，以享天上故人之意，愧無胸中之書傳，但一味攪破菜園耳。荷荷。

宋 李石《續博物志》卷五 南人好飲茶，孫皓以茶與韋昭代酒，謝安詣陸納，設茶果而已。北人初不識，開元中，泰山靈巖寺有降魔師，教禪者以不寐，人多作茶飲，因以成俗。

又 楚人陸鴻漸為《茶論》，並煎炙之法，造茶具二十四事，以都統籠貯之。常伯熊者，因廣鴻漸之法，伯熊飲茶過度，遂患風氣，或云北人未有茶，多黃病，後飲，病多腰疾偏死。

宋 楊伯嵒《臆乘・茶名》 茶之所產，陸《經》載之詳矣，獨異美之名未備。謝氏論茶曰：『此丹丘之仙茶，勝烏程之御荈，不止味同露液，白況霜華，豈可為酪蒼頭，便應代酒從事。』楊衒之作《洛陽伽藍記》曰『食有酪奴』，指茶為酪粥之奴也。杜牧之詩：『山實東南秀，茶稱瑞草魁。』皮曰休詩：『十盆前皋盧。』曹鄴詩：『劍外尤華美。』施肩吾詩：『茶為滌煩子，酒為忘憂君。』此見於詩文者。若《南越志》『茗苦澀，謂之果羅。』北苑曰葉布絕品。豫章曰白露，曰白茅。南劍曰石花，曰錢芽。東川曰獸目。湖常俱曰紫筍。壽州曰黃芽。福閩曰生芽，曰露牙。岳陽曰含膏。外此無多，頗疑似者不書。若蟾背、蝦鬚、鵲舌、蟹眼、瑟瑟塵、霏霏靄、鼓浪、湧泉、琉璃眼、碧玉池，又皆茶事中天然偶字也。

宋 王觀國《學林》卷八《茶詩》 茶之佳品，摘造在社前。其次則火前，謂寒食前也。其下則雨前，謂穀雨前也。茶之佳品，其色白。若碧綠色者，乃常品也。茶之佳品，芽蘖微細，不可多得。若取數多者，皆常品也。茶之佳品，皆點啜之。其煎啜之者，皆常品也。齊己《茶詩》曰：『甘傳天下口，貴占火前名。』又曰：『高人愛惜藏岩裏，白硾封題寄火前。』丁謂《茶詩》曰：『開緘試火前，須汲遠山泉。』凡此言火前，蓋未知社前之品為佳也。鄭谷《嘗茶》詩曰：『入坐半甌輕泛綠，開緘數片淺含黃。』鄭雲叟《茶詩》曰：『羅憂碧粉散，嘗見綠花生。』沈存中論茶，謂『黃金碾畔綠塵飛，碧玉甌中翠濤起』，宜改『綠』為『玉』，改『翠』為『素』。此論可也。而舉『一夜風吹一寸長』之句，以為茶之精華發越，不必以雀舌鳥觜為貴。今按茶至於一寸長，則其芽蘖大矣，非佳品也。存中以此論曲矣。盧仝《茶歌》曰：『開緘宛見諫議面，手閱月團三百片。』薛能《謝劉相公寄茶》詩曰：『兩串春團敵夜光，名題天柱即維揚。』茶之佳品，珍逾金玉，未易多得。而以三百片惠盧仝，以兩串寄薛能者，皆下品，可知也。齊己《茶詩》曰：『角開香滿室，爐動綠凝鐺。』丁謂《茶詩》曰：『末細烹還好，鐺新味更全。』此皆煎茶啜之也。煎茶啜之者，非佳品矣。唐人於茶，雖有陸羽為之說而持論未精。至本朝蔡君謨《茶録》既行，則持論精矣。以《茶録》而核前賢之詩，皆未有知佳味者也。

宋 袁文《甕牖閑評》卷六《畾茶》 余生漢東，最喜啜畾茶，閒時常過一二北人，知余喜啜此，則往往煮以相餉，未嘗不欣然也。其法以茶芽盞許，入少脂麻，沙盆中爛研，量水多少煮之，其味極甘腴可愛。蘇東坡詩云『柘羅銅碾棄不用，脂麻白土須盆研』者是矣。而東坡詩又云：『前人初用茗飲時，煮之無問葉與骨。』《茶録》中亦載：『茶古不聞食，晉以降，吳人采葉煮之，號茗粥。』則知畾茶者，自晉蓋有之矣，非復今之人始食也。東坡詩又云『食罷茶甌未要深』，後人便謂食罷未可啜茶，引東坡此詩以為證，而不知東坡且欲睡耳，故其詩下句云『春風一榻值千金』也。

宋 程大昌《演繁露續集》卷五《蠟茶》 建茶名蠟茶，為其乳泛湯面，與鎔蠟相似，故名蠟面茶也。楊文公《談苑》曰『江左方有蠟面之號』是也。今人多書蠟為臘，云取先春為義，失其本矣。

宋 周去非《嶺外代答》卷六《茶》 靜江府修仁縣產茶，土人製為方銙，方二寸許而差厚。有供神仙三字者上也，方五六寸而差薄者次也，大而粗且薄者下矣。修仁其名乃甚彰。煮而飲之，其色慘黑。其味嚴重，能愈頭風。古縣亦產茶，味與修仁不殊。

宋 陶穀《清異録》卷下《茗荈門・湯社》 和凝在朝，率同列遞日以茶相飲，味劣者有罰，號為『湯社』。

又《乳妖》 吳僧文了善烹茶。游荆南，高保勉白於季興，延置紫雲庵，日試其藝。保勉父子呼為湯神，奏授華定水大師上人，目曰『乳妖』。

又《生成盞》 饌茶而幻出物象於湯面者，茶匠通神之藝也。沙門福全生於金鄉，長於茶海，能注湯幻茶，成一句詩，並點四甌，共一絕句，泛乎湯表。小小物類，唾手辦耳。檀越日造門求觀湯戲，全自詠曰：『生成盞裏水丹青，巧畫工夫學不成。卻笑當時陸鴻漸，煎茶贏得好名聲。』

又《茶百戲》 茶至唐始盛。近世有下湯運匕，別施妙訣，使湯紋水脈成物象者，禽獸蟲魚花草之屬，纖巧如畫，但須臾即就散滅。此茶之變也，時人謂之『茶百戲』。

宋 高似孫《剡録》卷一〇《茶品》 會稽茶以日鑄名天下。余行日鑄嶺，入日鑄寺，緶日鑄泉，瀹日鑄茶。茶與水味，深入理窟。茶生蒼石之陽，碧澗穿注，茲乃水石之靈，豈茶哉。山中僧言，吾左右岩塢能幾何，茶入京都奉台府，供好事者何可給，蓋取諸近峰，剡居半。然則世之烹日鑄者，多剡茶也。日鑄以水勝耳。建溪、顧渚，溪以茶名者，水也。剡，清流碧湍，與山脈絡，茶胡不奇。余留剡幾年，山中巨井清甘深潔，宜茶。方外交以茶至者，皆精絕。篋中小龍幺鳳，至鐍不擘。唐僧清晝詩：『越人遺我剡溪茗，采得金芽爨金鼎。』剡茶聲，唐已著。李易剡山詩『雲谷移佳茗，風潭繞古松』，栽種也。『趁時務擷茗，餘力工搗楮』，採擷也。『丹鼎山頭氣，茶爐竹外煙』，烹試也。仲皎《贈剡僧秀蘊點茶成梅花》詩『未飛三白雪，卻報一枝春』，皆風流人也。作《茶品》：瀑嶺仙茶，五龍茶，真如茶，紫岩茶，鹿苑茶，大崑茶，小崑茶，焙坑茶，細坑茶。

宋 邢凱《坦齋通編》 茶取其味，以爽神思。山谷云：『或濟以鹽，鉤賊破家，滑竅走水，又況雞蘇之與胡麻。』言不容雜以他物也。坡詩：『脂麻白玉須盆研，一半已入薑鹽煎。』故陳後山詩：『愧無一縷破雙團，慣下薑鹽枉肺肝。』俗尚不同如此。夔門有曲蟮瘴，以茱萸煎茶，飲之良愈，謂之辣茶，又一異也。

宋 林洪《山家清供》卷上《茶供》 茶即藥也，煎服則去滯而化食。以湯點之，則反滯膈而損脾胃。蓋市利者多取他葉，雜以為末，人多怠於煎服，宜有害也。今法：採芽或用碎夸，以活水火煎之，飯後必少頃乃服。坡公詩云：『活水須將活火烹。』又云：『飯後茶甌未要深。』此煎之法也。陸羽經亦以江水為上，山與井俱次之。今世不惟不擇水，且入鹽及茶果，殊失正味。不知唯蔥去昏，梅去倦，如不昏不倦，亦何必用。古之嗜茶者無如玉川子，惟聞煎吃。如以湯點，則安能及七碗乎？山谷詞云：『湯響松風，早減了七分酒病。』倘知此，則『口不能言，心下快活自省』之禪參透矣。

宋 周密《武林舊事》卷二《進茶》 仲春上旬，福建漕司進第一綱茶，名北苑試新，皆方寸小夸，進御止百夸。護以黃羅軟盝，藉以青篛，裹以黃羅夾複，臣封朱印，外用朱漆小匣，鍍金鎖，又以細竹絲織笈貯之，凡數重。此乃雀舌水芽所造，一夸之直四十萬，僅可供數甌之啜耳。或以一二賜外邸，則以生線分解，轉遺好事以為奇玩。茶之初進御也，翰林司例有品嘗之費，皆漕司邸吏賂之，間不滿欲，則入鹽少許，茗花為之散漫，而味亦漓矣。禁中大慶會，則用大鍍金甃，以五色韻果簇飣龍鳳，謂之繡茶，不過悅目，亦有專工者。外人罕知，因附見於此。

元 倪瓚《清閟閣全集》卷一一《蓮花茶》 蓮花茶：就池沼中，早飯前日初出時擇取蓮花蕊略破者，以手指撥開，入茶滿其中，用麻絲縛紮定，經一宿，明早摘蓮花，取茶，紙包曬。如此三次，錫罐盛，紮口收藏。

著録

宋　蔡襄《茶録·自序》　朝奉郎、右正言、同修起居注臣蔡襄上進：臣前因奏事，伏蒙陛下諭，臣先任福建轉運使，日所進上品龍茶最為精好。臣退念草木之微，首辱陛下知鑒，若處之得地，則能盡其材。昔陸羽《茶經》，不第建安之品；丁謂《茶圖》，獨論採造之本。至於烹試，曾未有聞。臣輒條數事，簡而易明，勒成二篇，名曰《茶録》。伏惟清閒之宴，或賜觀采，臣不勝惶懼榮幸之至。謹敘。

藝文

宋　范仲淹《范文正集》卷二《和章岷從事鬥茶歌》　年年春自東南來，建溪春暖冰微開。溪邊奇茗冠天下，武夷仙人從古栽。新雷昨夜發何處，家家喜笑穿雲去。露芽錯落一番榮，綴玉含珠散嘉樹。終朝采掇未盈襜，唯求精粹不敢貪。研膏焙乳有雅製，方中圭兮圓中蟾。北苑將期獻天子，林下英豪先鬥美。鼎磨雲外首山銅，瓶攜江上中泠水。黄金碾畔緑塵飛，紫玉甌心雪濤起。鬥餘味兮輕醍醐，鬥餘香兮薄蘭芷。其間品第胡能欺，十目視而十手指。勝若登仙不可攀，輸同降將無窮恥。于嗟天産石上英，論功不愧階前蓂。衆人之濁我可清，千日之醉我可醒。屈原試與招魂魄，劉伶卻得聞雷霆。盧仝敢不歌，陸羽須作經。森然萬象中，焉知無茶星。商山丈人休茹芝，首陽先生休采薇。長安酒價減千萬，成都藥市無光輝。不如仙人一啜好，泠然便欲乘風飛。君莫羨花間女郎只鬥草，贏得珠璣滿頭歸。

宋　吴淑《茶賦》《茶譜外集》　夫其滌煩療渴，《唐書》曰：常魯使西蕃，烹茶帳中，謂蕃人曰：「滌煩療渴，所謂茶也。」蕃人曰：「我此亦有。」命取以出。指曰：「此壽州者，此顧渚者，此蘄門者。」換骨輕身，陶弘景《雜録》曰：苦茶，輕身換骨，昔丹丘子、黄山君服之。茶荈之利，其功若神。《説文》曰：茶，苦茶也，即今之茶荈。則有渠江薄片，《茶譜》曰：渠江薄片，一斤八十枚。西山白露，《茶譜》曰：洪州西山之白露。雲垂緑腳，《茶譜》曰：袁州之界橋，其名甚著，不若湖州之研膏紫筍，烹之有緑腳垂。香浮碧乳，《茶譜》曰：婺州有舉岩茶，斤片方細，所出雖少，味極甘芳，煎如碧乳也。挹此霜華，《茶譜》曰：傅巽《七誨》云：蒲桃、宛柰、齊柿、燕栗、常陽黄梨、巫山朱橘、南中茶子、西極石蜜，寒溫既畢，應下霜華之茗。卻茲煩暑。《茶譜》曰：長沙之石橘，採芽為茶，湘人以四月四日摘楊桐草，搗其汁，拌米而蒸，猶糕糜之類，必啜此茶，乃去風也。暑月飲尤好。清文既傳於杜育，育《荈賦》曰：調神和內，倦懈康除。精思亦聞於陸羽。唐陸羽著《茶經》三卷。若夫撷此皐盧，《廣州記》曰：皐盧，茗之别名。葉大而澀，南人以為飲。烹茲苦茶。《爾雅》曰：檟，苦茶。樹小似梔子，早採者為茶，晚採者為茗。荈，蜀人名為苦茶。桐君之録尤重，《桐君録》曰：巴東有真香茗，煎飲令人不眠。仙人之掌難踰。當陽縣有溪山仙人掌茶，李白有詩。豫章之嘉甘露，《宋録》曰：豫章王子尚，詣曇濟道人於八公山，濟設茶茗。尚味之曰：「此甘露也，何言茶茗。」王肅之貪酪奴。《伽藍記》曰：王肅好魚，彭城王勰嘗戲謂肅曰：「卿不重齊魯大邦，而愛邾莒小國。」肅對曰：「鄉曲所美，不得不好。」勰復謂曰：「卿明日顧我，為卿設邾莒之飧，亦有酪奴。」故號茗飲為酪奴。待槍旗而採摘，《茶譜》曰：團黄有一旗二槍之號，言一葉二芽也。對鼎鑩以吹噓。左思《嬌女》詩曰：吾家有好女，皎皎常白皙。小字為紈素，口齒自清歷。貪走風雨中，倏忽數百適。心為茶荈劇，吹噓對鼎鑩。則有療彼斛瘕，《續搜神記》曰：桓宣武有一督將，因時行病，後虚熱，便能飲復茗，必一斛二斗乃飽。裁減升合，便以為大不足。後有客造之，更進五升，乃大吐。有一物出，如升大，有口。形質縮縐，狀如牛肚。客乃令置之於盆中，以斛二斗復茗澆之，此物吸之都盡而止，覺小脹，又增五升，便悉混然從口中湧出。既吐此物，病遂瘥。或問之：「此何病？」答曰：「此病名為斛茗瘕也。」困茲水厄。《世説》曰：晉王濛好飲茶，人至輒命飲之。士大夫皆患之，每欲往候，必云「今日有水厄」。擢彼陰林，見前。得於爛石。《茶經》曰：上者生爛石，中者生櫟壤，下者生黄土。先火而造，乘雷以摘。《茶譜》曰：蜀之雅州有蒙山，山有五頂，頂有茶園。其中頂曰上清峯，昔有僧病冷且久，嘗遇一老父，謂曰：蒙之中頂茶，常以春分之先後，多搆人力，俟雷之發聲，併手採摘，三日而止。若獲一兩，以本處水煎服，即能祛宿疾。二兩，當限前無疾；三兩，固以換骨；四兩，即為地仙矣。是僧因之中頂築室以俟。及期，獲一兩餘，服未竟而病瘥。時到城市，人見容貌常若年三十餘，眉髮緑色，其後入青城訪道，不知所終。今四頂採摘不廢，惟中頂草太繁密，雲霧蔽障，鷙獸時出，人跡稀到矣。今蒙頂茶有霧鋑牙、籛牙，皆云火前；言造於禁火之前也。吴主之憂韋曜，初沐殊恩。《吴志》曰：孫皓每宴席，飲後必服茗，每以七升為限，雖不悉入口，澆灌取盡。韋曜飲酒不過二升，初見禮異，密賜茶茗以當酒。至於寵衰，更見逼強，輒以為罪。陸納之待謝安，誠彰儉德。《晉書》曰：陸納為吴興太守時，謝安欲詣納。納兄子俶，怪納無所備，不敢請，乃私為具。安既至，納所設唯茶果而已，俶遂陳盛饌，珍羞畢具。安去，納杖俶四十。

云：『汝既不能光益叔父，奈何穢吾素業。』別有產於玉壘，造彼金沙。《茶譜》曰：玉壘關外寶唐山，有茶樹，產於懸崖。筍長三寸、五寸，方有一葉、兩葉。湖州長興縣啄木嶺金沙泉，即每歲造茶之所，湖、常二郡接界於此。厥土有境會亭，每茶節，二牧皆至焉。斯泉也，處沙之中，居常無水。待造茶，太守具儀往拜敕祭泉，頃之發源，其夕清溢。造供御者畢，水微減；供堂者畢，水已半之；太守造畢，即涸矣。太守或還旆稽期，則示風雷之變，或見鷙獸、毒蛇、木魅焉。三等為號，《茶譜》曰：邛州之臨邛、臨溪、思安、火井，有早春、火前、火後、嫩綠等上、中、下茶。五出成花。茶之別者，枳殼牙、枸杞牙、枇杷牙，皆治風疾。又有皂莢牙、槐牙、柳牙，乃上春摘其牙和茶作之。五花茶者，其片作五出花也。早春之來賓化，《茶譜》曰：涪州出三般茶，賓化最上，製於早春；其次白馬，最下涪陵。橫紋之出陽坡。《茶譜》曰：宣城縣有丫山小方餅，橫鋪茗牙裝面。其山東為朝日所燭，號曰陽坡；其茶最勝者也。復聞滊湖含膏之作，《茶譜》曰：義興有滊湖之含膏。龍安騎火之名。《茶譜》曰：龍安有騎火茶，最上。言不在火前，不在火後作也。柏巖兮鶴嶺，《茶譜》曰：福州柏巖極佳，又洪州西山白露及鶴嶺茶尤佳。鳩阬兮鳳亭。鳩阬在穆州，出佳茶。《茶經》曰：生鳳亭山飛雲、曲水二寺，青峴、啄木二嶺者，與壽州同。嘉雀舌之纖嫩，翫蟬翼之輕盈。《茶譜》曰：蜀州雀舌、鳥嘴、麥顆，蓋取其嫩牙所造，以其牙似之也。又有片甲者，牙葉相抱如片甲也；蟬翼者，其葉嫩薄如蟬翼也。冬牙早秀，冬牙，言隆冬甲坼也。麥顆先成。見上。或重西園之價，《汪氏傳》曰：統遷愍懷太子洗馬，上疏諫曰：今西園賣醯、麪、茶、菜、藍子之屬，虧敗國體。或侔團月之形。《茶譜》曰：衡州之衡山，封州之西鄉茶，研膏為之。皆片團如月。並明目而益思，見前。豈瘠氣而侵精。唐《新語》曰：右補闕梅景，博學有著述才。性不飲茶，著《茶飲序》曰：釋滯消壅，一日之利暫佳，瘠氣侵精，終身之累斯大。獲益則功歸茶力，貽患則不謂茶災；豈非福近易知，禍遠難見者乎。又有蜀岡、牛嶺，《茶譜》曰：揚州禪智寺，隋之故宮。寺枕蜀岡，有茶園，其味甘香如蒙頂也。又歙州牛栖嶺者，尤好。洪雅烏程，《茶譜》曰：眉州洪雅、丹陵、昌合，亦製餅茶，法如蒙頂。《吳興記》曰：烏程縣西二十里，有溫山，出御荈。碧澗紀號，《茶譜》曰：有水江園、明月簝、碧澗簝、茱萸簝之名。紫筍為稱。《茶譜》曰：蒙頂有研膏茶，作片進之，亦作紫筍。陟仙涯而花墜，《茶譜》曰：彭州蒲村堋口，其園有仙涯、石花等號。服丹丘而翼生。《天台記》曰：丹丘出大茗，服之生羽翼。至於飛自獄中，《廣陵耆老傳》曰：晉元帝時，有老姥每旦擎一器茗往市鬻之。市人競買，自旦至暮，其器不減。所得錢與道旁孤貧乞人。或執而繫之於獄，夜擎所賣茗器，飛出獄去。煎於竹裏。唐肅宗嘗賜高士張志和奴婢各一人，志和配為夫妻，名之曰漁童、樵青。人問其故，答曰：『漁童使捧釣收綸，蘆中鼓枻。樵青使蘇蘭薪桂，竹裏煎茶。』效在不眠，《博物志》曰：飲真茶，令人少眠睡。功存悅志。《神農》曰：茶茗宜久服，令人有力悅志。或言詩為報，《茶譜》曰：胡生以釘鉸為業，居近白蘋洲，旁有古墳。每因茶飲，必奠酹之。忽夢一人謂之曰：『吾姓柳，平生善為詩而嗜茗。感子茶茗之惠，無以為報，欲教子為詩。』胡生辭以不能。柳強之，曰：『但率子意言之，當有致矣。』生後遂工詩焉，時人謂之胡釘鉸詩。柳當是柳惲也。或以錢見遺。《異苑》曰：剡縣陳務妻，少寡，與二子同居。好飲茶，家有古塚，每飲輒先祠之。二子欲掘之，母止之。夜夢人致感云：『吾雖潛朽壤，豈忘翳桑之報。』及曉，於庭中獲錢十萬，似久埋者，惟貫新耳。復云葉如梔子，花若薔薇。見前。輕飈浮雲之美，霜笴竹籜之差。《茶經》曰：茶千類萬狀，略而言之，有如胡人靴者，蹙縮然；犎牛臆者，廉襜然；浮雲出山者，輪菌然；輕飈拂水者，涵澹然。此茶之精好者也。有竹籜者，枝榦堅實，堅於蒸搗，故其形粗簁然；如霜笴者，莖葉凋沮，易其狀貌，故其形萎萃然。此茶之瘠老者也。自采至於封七經，自胡靴至霜笴凡六等。唯芳茗之為用，蓋飲食之所資。

宋 王禹偁《龍鳳茶》《宋詩鈔・小畜詩鈔》　樣標龍鳳號題新，賜得還因作近臣。烹處豈期商嶺水，碾時空想建溪春。香于九畹芳蘭氣，圓似三秋皓月輪。愛惜不嘗惟恐盡，除將供養白頭親。

宋 王禹偁《茶園十二韻》《宋詩鈔・小畜詩鈔》　勤王修歲貢，晚駕過郊原。蔽芾餘千本，青葱共一園。芽新撐老葉，土軟迸深根。舌小侔黃雀，毛獰摘綠猿。出蒸香更別，入焙火微溫。采近桐華節，生無穀雨痕。緘縢防遠道，進獻趁頭番。待破華胥夢，先經閶闔門。汲泉鳴玉甃，開宴壓瑤罇。茂育知天意，甄收荷主恩。沃心同直諫，苦口類嘉言。未復金鑾召，年年奉至尊。

宋 崔端《游虎丘》（康熙）《虎丘山志》卷八　入寺山光峭倚天，劍池寒色鎖危巔。蒼苔自老生公石，新茗誰烹陸羽泉。樓閣下窺溟海浪，松篁遙接洞庭煙。二難選勝真奇絕，留得芳名萬古傳。

宋 李仲殊《玉乳泉》（光緒）《丹陽縣志》卷三四　玉液煎瓊甃，泓澄一脈泉。張生題品異，丞相與名傳。薦客流霞勝，煎茶掇乳鮮。秖園終古在，長對白衣仙。

宋 李虛己《建茶呈使君學士》《瀛奎律髓》卷一八　石乳標奇品，瓊英碾細文。試將梁苑雪，煎動建溪雲。清味通宵在，餘香隔坐聞。遙思摘山

月，龍焙未春分。

宋 魏野《東觀集》卷三《謝長安孫舍人寄惠蜀箋牋并茶二首》

彩箋一軸敵瓊瑰，喜見親題手自開。遠勝浣花人寄到，貴從視草客分來。

百張重疊霞初卷，千色參差錦乍裁。紅藥篇章方雅稱，老夫無用擬封回。

誰將新茗寄柴扉，京兆孫家小紫微。鼎是舒州烹始稱，甌除越國貯皆非。

盧仝詩裏功堪比，陸羽經中法可依。不敢頻嘗無別意，卻嫌睡少夢君稀。

宋 魏野《詩一首》《塵史》卷中 城裏爭看城外花，獨來城裏訪僧家。辛勤旋覓新鑽火，為我親烹岳麓茶。

宋 魏野《東觀集》卷六《書逸人俞太中屋壁》 羨君還似我，居處傍林泉。洗硯魚吞墨，烹茶鶴避煙。閑惟歌聖代，老不恨流年。每到論詩外，慵多對榻眠。

宋 丁謂《茶》《詩淵》 真上堪修貢，甘泉代飲醇。劉崑求愈疾，陸納用延賓。顧渚傳芳久，灉湖擅價新。唐賢經譜內，未識建溪春。

宋 丁謂《以詩送宣賜進奉紅綃封龍字茶與璉禪師》《宋詩紀事》卷六 密緘龍焙火前春，翠字紅綃熨眼新。名品至高誰合得，雙林樹下上乘人。

宋 丁謂《煎茶》《宋詩紀事》卷六 開緘試雨前，須汲遠山泉。自遶風爐立，誰聽石碾眠。輕微緣入麝，猛沸卻如蟬。羅細烹還好，鐺新味更全。花隨僧箸破，雲逐客甌圓。痛惜藏書篋，堅留待雪天。睡醒思滿啜，吟困憶重煎。只此消塵慮，何須作酒仙。

宋 丁謂《北苑焙新茶》《苕溪漁隱叢話·後集》卷一一 序云：天下產茶者將七十郡半，每歲入貢，皆以社前、火前為名，悉無其實。惟建州出茶有焙，焙有三十六，三十六中惟北苑發早而味尤佳。社前十五日即采其芽，日數千工，聚而造之，逼社入貢。工甚大，造甚精，皆載於所撰《建陽茶録》，仍作詩以大其事云：

北苑龍茶者，甘鮮的是珍。四方惟數此，萬物更無新。才吐微茫綠，初沾少許春。散尋縈樹遍，急采上山頻。宿葉寒猶在，芳芽冷未伸。茅茨溪口焙，籃籠雨中民。長疾勾萌並，開齊分兩均。帶煙蒸雀舌，和露疊龍鱗。作貢勝諸道，先嘗祇一人。緘封瞻闕下，郵傳渡江濱。特旨留丹禁，殊恩賜近臣。啜為靈藥助，用與上樽親。頭進英華盡，初烹氣味醇。細香勝卻麝，淺色過於筠。顧渚慚投木，宜都愧積薪。年年號供御，天產壯甌閩。

宋 林逋《林和靖集·嘗茶次寄越僧靈皎》 白雲峰下兩槍新，膩綠長鮮穀雨春。靜試卻如湖上雪，對嘗兼憶剡中人。

瓶懸金粉師應有，筯點瓊花我自珍。清話幾時搔首後，願與松色勸三巡。

又《監郡吴殿丞惠以筆墨建茶各吟一絶謝之·茶》 石輾輕飛瑟瑟塵，乳花烹出建溪春。世間絶品人難識，閑對茶經憶古人。

宋 釋智圓《閑居編》卷四六《謝仁上人惠茶》 寄我山茶號雨前，齋餘閒試僕夫泉。自注：予止山居有之。睡魔遣得雖相感，翻引詩魔來眼前。

宋 釋重顯《祖英集·謝郎給事送建茗》 陸羽仙經不易誇，詩家珍重寄禪家。松根石上春光裏，瀑水烹來鬥百花。

宋 蔣堂《新井歌》《宋詩紀事》卷八 堯峰顥暹禪師，有道行，居常遊吾門。一日且曰：『山鑿石造井，逾歲僅成。既冽而甘，大為叢林之利。願得紀述，以永其傳。』因作歌云：白雲莽莽青山頭，一穴四面飛泉流。其初山間舊井涸，枯腸燥吻海衆羞。于時大士寶雲者，頤指土脈智慮周。山靈所感道心爽，檀施聿來工力鳩。雲鍤齊下遠雷動，石光內擊飛星稠。百尺虛空廓地表，一泓清冽呀深幽。人疑從天墮月窟，或問何處移龍湫。次則其徒駭殊勝，競持應器嘗甘柔。饑狖連臂喜跳擲，渴烏引喙鳴鉤輈。碧甃光中轆轤曉，銀床側畔梧桐秋。寶坊金地互相映，谷鮒坎蛙難此留。傍睨江形小衣帶，下窺湖面卑浮漚。何茲鑿飲有功利，一掬入口醍醐優。熱者濯之昏鈍決，病者沃之沈痼瘳。而我時邀墨客去，松澗遠挈都籃遊。淨瓶汲引試香荈，雅具羅列無腥甌。比之玉乳不差別，誚彼練月多謬悠。今茲泉眼在魯塢，所喜雲液鄰菟裘。苧翁既往乏鑒者，水記未載予

將修。此山此井永不廢，此歌其庶傳南州。

宋 晏殊《煮茶》《宋詩紀事》卷七　稽山新茗綠如煙，靜挈都籃煮惠泉。未向人間殺風景，更持醪醑醉花前。

宋 宋庠《元憲集》卷六《自寶應逾嶺至潛溪臨水煎茶》　闗塞雲西路，僧廬左右開。過巖逢石坐，尋水到源回。天籟吟松塢，雲腴溢茗杯。宮城才十里，導騎莫相催。

又 卷一五《謝答吴侍郎惠茶二絶句》　其一：　貢焙僧岩各有名，手封奇品更丁寧。衰翁劇飲雖無分，且喜雲腴伴獨醒。

其二：

一奩真茗慰鈴齋，更伴仙卿逸藻來。夜啜曉吟俱絶品，心源何處著塵埃。

宋 宋祁《景文集》卷一五《答天台梵才吉公寄茶幷長句》　山中啼鳥報春歸，陰閬陽墟翠已滋。初筍一槍知探候，亂花三沸記烹時。自注：陸氏烹茶，每以三沸為法。佛天甘露流珍遠，帝輦仙漿待汲遲。自注：上都惟乏嘉泉，故茶味差。飫罷翛然誦清句，赤城霞外想幽期。

又 卷一八《貴溪周懿文寄遺建茶偶成長句代謝》　茗篋緘香自武夷，陸生家果最相宜。烹憐晝鼎花浮柵，採憶春山露滿旗。品絶未甘奴視酪，啜清須要玉為瓷。茂陵渴肺消無幾，爭奈還書苦思遲。

又 卷二〇《答朱彭州惠茶長句》　芳茗標圖舊，靈芽薦味新。摘侵雲崦曉，收盡露腴春。焙暖烘蒼爪，羅香弄縹塵。鐺浮湯目徧，甌漲乳花勻。和要瓊為屑，烹須月取津。飲萸聞藥録，奴酪笑傖人。雪沫清吟肺，冰瓷爽醉唇。嗅香殊太粗，瘠氣定非真。坐憶丹丘伴，堂思陸納賓。由來撤膩鼎，詎合燎勞薪。得句班條暇，分甘捉麈晨。二珍同一餉，嘉惠愧良鄰。

宋 余靖《武溪集》卷二《贺孙抗员外春昼端居》　萬事皆從適意休，何須快馬騁長楸。高人鼓吹鳴哇地，當世神仙笑躃樓。燕到捲簾如舊分，花開逢雨最閒愁。僧來便學嘗茶訣，白乳槍旗帶露收。

又《和伯恭自造新茶》　郡庭無事即仙家，野圃栽成紫筍茶。疏雨半晴回暖氣，輕雷初過得新芽。烘褫精謹松齋靜，採擷縈迂澗路斜。江水對煎萍仿佛，越甌新試雪交加。一槍試焙春尤早，三盞搜腸句更嘉。多謝彩箋貽雅貺，想資詩筆思無涯！

宋 梅堯臣《宛陵集》卷一《茶竈》　山寺碧溪頭，幽人綠岩畔。夜火竹聲乾，春甌茗花亂。茲無雅趣兼，薪桂煩燃爨。

又 卷八《金山芷芝二僧攜茗見訪》　一游江山上，日日吟不足。雙錫忽來過，衣霜帶初旭。況能持茗具，向此烹新綠。中泠水若飴，北焙花如粟。還將塵慮滌，自愧冠纓束。何以報勤勤，馳奴扣雲谷。

又 卷一二《嘗惠山泉》　吳楚千萬山，山泉莫知數。其以甘味傳，幾何若飴露。大禹書不載，陸生品嘗著。昔唯廬谷亞，久與茶經附。相襲好事人，砂缾和月注。持參萬錢鼎，豈足調羹助。彼哉一勺微，唐突為霖澍。疏濃既不同，物用誠有處。空林癯面僧，安比侯王趣。

又 卷一二《謝人惠茶》　山色已驚溪上雷，火前那及兩旗開。采芽幾日始能就，碾月一罌初寄來。以酪為奴名價重，將雲比腳味甘回。更勞誰致中泠水，況復顏生不解杯。

又 卷二〇《和范景仁王景彝殿中雜題三十八首並次韻·七寶茶》

七物甘香雜蕊茶，浮花泛綠亂於霞。啜之始覺君恩重，休作尋常一等誇。

又 卷三一《李國博遺浙薑建茗》　吳薑漬吳糟，越茗苞越籜。咀辛聊案杯，啜味可奴酪。但拜故人貺，何言為物薄。我心易厭足，不比填溝壑。

又 卷三七《李仲求寄建溪洪井茶七品云愈少愈佳未知嘗何如耳因條而答之》　忽有西山使，始遺七品茶。末品無水暈，六品無沉柤。五品散雲腳，四品浮粟花。三品若瓊乳，二品罕所加。絶品不可議，甘香焉等差。一日嘗一甌，六腑無昏邪。夜枕不得寐，月樹聞啼鴉。憂來唯覺衰，可驗唯齒牙。動搖有三四，妨咀連左車。髮亦足驚疏，疏疏點霜華。乃思平生遊，但恨江路賒。安得一見之，煮泉相與誇。

又 卷四一《吳正仲遺新茶》　十片建溪春，乾雲碾作塵。天王初受貢，楚客已烹新。漏泄關山吏，悲哀草土臣。捧之何敢啜，聊跪北堂親。

又 卷五〇《平山堂留題》 蜀岡莽蒼臨大邦，雄雄太守駐旌幢。相基樹楹氣勢厖，千山飛影橫過江。峰嶠俯仰如奔降，雷塘坡小瀰鶬雙。陸羽井苔黏瓦缸，煎鐺瀉鼎聲淙淙。雨牙鳥爪不易得，碾雪恨無居士龐。已見宣城謝公陋，吟看遠岫通高窗。

又 卷五一《嘗茶和公儀》 都藍攜具向都堂，碾破雲團北焙香。湯嫩水輕花不散，口甘神爽味偏長。莫誇李白仙人掌，且作盧仝走筆章。亦欲清風生兩腋，從教吹去月輪傍。

又 卷五四《得福州蔡君謨密學書并茶》 薛老大字留山峰，百尺倒插非人蹤。其下長樂太守書，矯然變怪神淵龍。薛老誰何果有意，千古乃與奇筆逢。太守姓出東漢邕，名齊晉魏王與鍾。尺題寄我憐衰翁，刮青茗籠藤纏封。紙中七十有一字，丹砂鐵顆攢芙蓉。光照陋室恐飛去，鎖以漆篋緘重重。茶開片銙碾葉白，亭午一啜驅昏慵。顏生枕肱飲瓢水，韓子飯齏居辟雍。雖窮且老不媿昔，遠荷好事紓情悰。

又 卷五五《得雷太簡自製蒙頂茶》 陸羽舊茶經，一意重蒙頂。比來唯建溪，團片敵金餅。顧渚及陽羨，又復下越茗。近來江國人，鷹爪誇雙井。凡今天下品，非此不覽省。蜀荈久無味，聲名謾馳騁。因雷與改造，帶露摘牙穎。自煮至揉焙，入碾只俄頃。湯嫩乳花浮，香新舌甘永。初分翰林公，豈數博士冷。醉來不知惜，悔許已向醒。重思朋友義，果決在勇猛。倏然乃以贈，蠟囊收細梗。吁嗟茗與鞭，二物誠不幸。我貧事事無，得之似贅癭。

又 卷五六《次韻和永叔嘗新茶雜言》 自從陸羽生人間，人間相學事春茶。當時採摘未甚盛，或有高士燒竹煮泉為世誇。入山乘露掇嫩觜，林下不畏虎與蛇。近年建安所出勝，天下貴賤求呀呀。東溪北苑供御餘，王家葉家長白牙。造成小餅若帶銙，鬥浮鬥色傾夷華。味甘回甘竟日在，不比苦硬令舌窊。此等莫與北俗道，只解白土和脂麻。歐陽翰林最別識，品第高下無欹斜。晴明開軒碾雪末，衆客共賞皆稱嘉。建安太守置書角，青蒻包封來海涯。清明纔過已到此，正見洛陽人寄花。兔毛紫盞自相稱，清泉不必求蝦蟆。石缾煎湯銀梗打，粟粒鋪面人驚嗟。詩腸久饑不禁力，一啜入腹鳴咿哇。

又《次韻再和》 建溪茗株成大樹，頗殊楚越所種茶。先春喊山掐白蕚，亦異鳥嘴蜀客誇。烹新鬥硬要咬盞，不同飲酒爭畫蛇。從揉至碾用盡力，只取勝負相笑呀。誰傳雙井與日注，終是品格稱草芽。歐陽翰林百事得精妙，官職況已登清華。昔得隴西大銅碾，碾多歲久深且窊。昨日寄來新䙙片，包以篛箬纏以麻。唯能膸啜任腹冷，倖免酩酊冠弁斜。人言飲多頭顫挑，自欲清醒氣味嘉。此病雖得優醉者，醉來顛踣禍莫涯。不願清風生兩腋，但願對竹兼對花。還思退之在南方，嘗說稍稍能啗蟆。古之賢人尚若此，我今貧陋休相嗟。公不遺舊許頻往，何必絲管喧咬哇。

又 卷三五《答宣城張主簿遺鴉山茶次其韻》 昔觀唐人詩，茶詠鴉山嘉。鴉銜茶子生，遂同山名鴉。重以初槍旗，采之穿煙霞。江南雖盛產，處處無此茶。纖嫩如雀舌，煎烹比露芽。競收青篛焙，不重漉酒紗。顧渚亦頗近，蒙頂來以遐。雙井鷹掇爪，建溪春剝葩。日鑄弄香美，天目猶稻麻。吳人與越人，各各相鬥誇。傳買費金帛，愛貪無夷華。甘苦不一致，精麤還有差。至珍非貴多，為贈勿言些。如何煩縣僚，忽遺及我家。雪貯雙砂罌，詩琢無玉瑕。文字捜怪奇，難於抱長蛇。明珠滿紙上，剩畜不為奢。玩久手生胝，窺久眼生花。嘗聞茗消肉，應亦可破瘕。飲啜氣覺清，賞重歎復嗟。歎嗟既不足，吟誦又豈加。我今實強為，君莫笑我耶。

宋 梅堯臣《南有佳茗賦》《歷代賦匯·補遺》卷一三 南有山原兮不鑿不營，乃產嘉茗兮囂此衆氓。土膏脈動兮雷始發聲，萬木之氣未通兮此已吐乎纖萌。一之日雀舌露，掇而製之，以奉乎王庭。二之日烏喙長，擷而焙之，以備乎公卿。三之日槍旗聳，搴而炕之，將求乎利贏。四之日嫩莖茂，團而範之，來充乎賦征。當此時也，女廢蠶織，男廢農耕，夜不得息，晝不得停。取之由一葉而至一掬，輸之若百谷之赴巨溟。華夷蠻貊固日飲而無厭，富貴貧賤不時啜而不寧。所以小民冒險而競鬻，孰謂峻法之與嚴刑？嗚呼！古者聖人為之絲枲絺綌而民始衣，播之禾𪎊菽粟而民不饑，畜之牛羊犬豕而甘脆不遺，調之辛酸鹹苦而五味適宜，造之酒醴而宴饗之，樹之果蔬而薦羞之，於茲可謂備矣。何彼茗無一勝焉，而競進於今之時？抑非近世之人，體惰不勤，飽食粱肉，坐以生疾，藉以靈荈，而消腑胃之宿陳？若然，則斯茗也，不得不謂之無益於爾身，無功於爾民也哉！

宋 歐陽修《歐陽文忠公集·居士集》卷七《嘗新茶呈聖俞》

建安三千里，京師三月嘗新茶。人情好先務取勝，百物貴早相矜誇。年窮臘盡春欲動，蟄雷未起驅龍蛇。夜聞擊鼓滿山谷，千人助叫聲喊呀。萬木寒癡睡不醒，惟有此樹先萌芽。乃知此為最靈物，宜其獨得天地之英華。終朝採摘不盈掬，通犀銙小圓復窊。鄙哉穀雨槍與旗，多不足貴如刈麻。建安太守急寄我，香蒻包裹封題斜。泉甘器潔天色好，坐中揀擇客亦嘉。新香嫩色如始造，不似來遠從天涯。停匙側盞試水路，拭目向空看乳花。可憐俗夫把金錠，猛火炙背如蝦蟆。由來真物有真賞，坐逢詩老頻諮嗟。須臾共起索酒飲，何異奏雅終淫哇。

又《次韻再作》 吾年向老世味薄，所好未衰惟飲茶。建溪苦遠雖不到，自少嘗見閩人誇。每嗤江浙凡茗草，叢生狼藉惟藏蛇。豈如含膏入香作金餅，蜿蜒兩龍戲以呀。其餘品第亦奇絕，愈小愈精皆露芽。泛之白花如粉乳，乍見紫面生光華。手持心愛不欲碾，有類弄印幾成窊。論功可以療百疾，輕身久服勝胡麻。我謂斯言頗過矣，其實最能祛睡邪！茶官貢餘偶分寄，地遠物新來意嘉。親烹屢酌不知厭，自謂此樂真無涯。未言久食成手顫，已覺疾饑生眼花。客遭水厄疲捧碗，口腹無異蝕月蟆。僮奴傍視疑復笑，嗜好乖僻誠堪嗟！更蒙酬句怪可駭，兒曹助噪聲哇哇。

又卷九《送龍茶與許道人》 潁陽道士青霞客，來似浮雲去無跡。夜朝北斗太清壇，不道姓名人不識。我有龍團古蒼璧，九龍泉深一百尺。憑君汲井試烹之，不是人間香味色。

又卷一二《和梅公儀嘗茶》 溪山擊鼓助雷驚，逗曉靈芽發翠莖。摘處兩旗香可愛，貢來雙鳳品尤精。寒侵病骨惟思睡，花落春愁未解醒。喜共紫甌吟且酌，羨君蕭灑有餘清。

宋 歐陽修《歐陽文忠公集·外集》卷一三《大明水記》 世傳陸羽《茶經》，其論水云：山水上，江水次，井水下。又云：山水乳泉石池漫流者上，瀑湧湍漱勿食，食久令人有頸疾。江水取去人遠者，井取汲多者。其説止於此，而未嘗品第天下之水味也。至張又新爲《煎茶水記》，始云劉伯芻謂水之宜茶者有七等，又載羽爲李秀卿論水次第有二十種。今考二説與羽《茶經》皆不合，謂山水上，乳泉石池又上，江水次，而井水下。伯芻以揚子江爲第一，惠山石泉爲第二，虎丘石井為第三，丹陽寺井第四，揚州大明寺井第五，而松江第六，淮水第七，與羽説皆相反。秀卿所説二十水，廬山康王谷水第一，無錫惠山石泉第二，蘄州蘭谿石下水第三，扇子峽蝦蟆口水第四，虎丘寺井水第五，廬山招賢寺下方橋潭水第六，揚子江南零水第七，洪州西山瀑布第八，桐栢淮源第九，廬山龍池山頂水第十，丹陽寺井第十一，揚州大明寺井第十二，漢江中零水第十三，玉虛洞香谿水第十四，武關西水第十五，松江水第十六，天台千丈瀑布水第十七，郴州圓泉第十八，嚴陵灘水第十九，雪水第二十。如蝦蟆口水、西山瀑布、天台千丈瀑布皆戒人勿食，食之生疾。其餘江水居山水上、井水居江水上皆與羽經相反，疑羽不當二説以自異。使誠羽説，何足信也，得非又新妄附益之邪？其述羽辨南零岸時，怪誕甚妄也。水味有美惡而已，欲求天下之水一二而次第之者，妄説也。故其爲説前後不同如此。然此井爲水之美者也，羽之論水惡渟浸而喜泉源，故井取汲多者；江雖長流，然衆水雜聚，故次山水。惟此説近物理云。

宋 蘇舜元《釣鰲石》乾隆《福州府志》卷六 未窮雙佛刹，先到一漁家。山雨已殘葉，溪風猶落花。汲泉沙脈動，敲火石痕斜。應是任公子，竹間曾煮茶。

宋 文彦博《潞公文集》卷四《和公儀湖上烹蒙頂新茶作》 蒙頂露芽春味美，湖頭月館夜吟清。煩酲滌盡沖襟爽，暫適蕭然物外情。

又卷七《家園花開與陳大師飲茶同賞呈劉伯壽楚正叔張昌言》 今朝自賞家園花，濃豔繁英粗可誇。外監上坡俱不至，紫團仙客共烹茶。

宋 祖无择《龍學文集》卷六《袁州慶豐堂十閑詠》 曉案三杯後，閑烹北苑茶。色香俱絕品，雪放滿甌花。

宋 赵抃《次谢许少卿寄卧龙山茶》《清獻詩鈔》 越芽遠寄入都時，酬唱珍誇互見詩。紫玉叢中觀雨脚，翠峰頂上摘雲旗。啜多思爽都忘寐，吟苦更長了不知。想到明年公進用，臥龍春色自遲遲。

宋 邵雍《伊川擊壤集》卷七《代書謝王勝之學士寄萊石茶酒器》 東山有石若瓊玖，匠者追琢可盛酒。君子得之惜不用，殷勤遠寄林下叟。林叟從來用瓦盞，驚惶不敢擎上手。重誡兒童無損傷，緘藏復以

待賢友。未知賢友何時歸，男子功名未成就。朝廷先從憂者言，方今莫如二虜醜。漢之六郡限遼西，唐之八州隔山後。自餘瓜沙甘與涼，中原外而不能有。奈何更餌以金帛，重困吾民猶掣肘。若非堂上出奇兵，安得閫外拉餘朽。直可逐去此腥膻，西出玉門北逾口。城下狐狸既不存，路上豺狼自無走。太陽烜赫耀天衢，氛妖接變匿塵垢。功成不肯受上賞，印解黄金大於斗。乞洛辭君出國門，歸鞍暖拂天街柳。千官如壁遮道留，仰面弄鞭不回首。鄉人夾路迎大尹，醉擁旌幢錦光溜。下車拜墓還政餘，不訪公門訪親舊。始知此器用有時，吾當為君獻眉壽。

又 卷八《和王平甫教授賞花處惠茶韻》 太學先生善識花，得花精處卻因茶。萬紅香里烹餘後，分送天津第一家。

宋 王益柔《萊石茶酒器寄邵先生作詩代書》《伊川擊壤集》卷七 寶刀切石如春泥，雕剜成器青玻璃。吾嘗閱視得而有，惜不自用長提攜。前時過君銅駝陌，門巷深僻無輪蹄。呼兒烹茶酌白酒，陶器自稱藿與藜。愛君居貧趣閑放，一語不涉青雲梯。嗟予都城走塵土，日遠樽杓愁鹽齏。緘封不啟置牆角，頓撼時作瓊瑤嘶。爭如特寄邵高士，書帙几杖同幽棲。荷鋤剩治田間穢，抱甕勤灌園蔬畦。明年春酒或共酌，為我掃石臨清溪。

宋 陳襄《古靈集》卷二二《古靈山試茶歌》 乳源淺淺交寒石，松花墜粉愁無色。明星玉女跨神雲，鬥剪輕羅縷殘碧。我聞巒山二月春方歸，苦霧迷天新雪飛。仙鼠潭邊蘭草齊，露牙吸盡香龍脂。轆轤繩細井花暖，香塵散碧琉璃碗。玉川冰骨照人寒，瑟瑟祥風滿眼前。紫屏冷落沈水煙，山月堂軒金鴨眠。麻姑癡煮丹巒泉，不識人間有地仙。

又 卷二四《和東玉少卿謝春卿防禦新茗》 嘗陪星使歎高芽，三月欣逢試早茶。綠絹封來溪上印，紫甌浮出社前花。休將潔白評雙井，自有清甘薦五華。帥府詩翁真好事，春團持作夜光誇。

宋 曾鞏《元豐類稿》卷八《蹇磻翁寄新茶二首》 龍焙嘗茶第一人，最憐溪岸兩旗新。肯分方胯醒衰思，應恐慵眠過一春。貢時天上雙龍去，鬥處人間一水爭。分得餘甘慰憔悴，碾嘗終夜骨毛清。

宋 王珪《華陽集》卷二《和公儀飲茶》 北焙和香飲最真，綠芽未雨帶旗新。煎須卧石無塵客，摘是臨溪欲曉人。雲疊亂花爭一水，鳳團雙影負先春。清風未到蓬萊路，且把吟甌伴醉巾。

宋 王安石《王文公文集》卷五九《寄茶與平甫》 碧月團團墮九天，封題寄與洛中仙。石樓試水宜頻啜，金谷看花莫漫煎。

宋 文同《丹淵集》卷八《謝人寄蒙頂新茶》 蜀土茶稱盛，蒙山味獨珍。靈根托高頂，勝地發先春。幾樹初驚暖，群籃競摘新。蒼條尋暗粒，紫萼落輕鱗。的皪香瓊碎，䯼鬖綠蕙勻。慢烘防熾炭，重碾敵輕塵。無錫泉來蜀，乾崤盞自秦。十分調雪粉，一啜咽雲津。沃睡迷無鬼，清吟健有神。冰霜疑入骨，羽翼要騰身。磊磊真賢宰，堂堂作主人。玉川喉吻澀，莫惜寄來頻。

宋 强至《祠部集》卷三《謝通判國博惠建茶》 建溪春早地未暖，建俗巧計催春陽。茶傍萬口噪地烈，驚破芽英不得藏。猶嫌旂槍已老硬，獨愛鳥嘴嫩未長。擷而焙之一朝就，更範圭璧為圓方。南州尚珍北固重，自非富貴寧預嘗。浦陽賤官性怯酒，素許茶味為最良。日分牒訴費齒舌，口吻鎮燥喉無漿。建溪奇品遠莫致，日夕夢想馳閩鄉。塵埃填心渴欲死，忽拜公賜喜可量。拆封碾破蒼玉片，雲腳浮動甌生光。愚知公賜豈徒爾，欲俾下吏蠲俗腸。滌除詩冗起清思，驅逐睡興窮縑緗。玉川不暇盡七碗，已覺兩腋清風翔。

又 卷四《惠山泉》 封寄晉陵船，東南第一泉。出瓶雲液碎，落鼎月波圓。正味云誰別，繁聲只自憐。要須茶品對，合煮建溪先。

又 卷一一《謝元功惠茶》 長卿病肺渴欲死，宰予寢興晝復濃。綠雲杯面呷未盡，已覺清液生心胸。

又 卷一一《謹和答惠茶之什》 綠雲浮面味回長，每飲疑兼盛德香。不獨蠲煩優下吏，更容歸遺細君嘗。

宋 劉攽《彭城集》卷四《郫園水閣煎茶》 溪梅已爛漫，溪水方綠淨。惜春聊插花，愧花還照影。淹留待烹茶，初覺晝日永。

宋 沈與求《龜溪集》卷二《曾宏父將往霅川見内相葉公以詩為別次其韻以自見》 野店山茶亦可口，試敲松火煮石泉。相逢故人如問訊，但道老去多煩煎。

又 卷三《戲酬嘗草茶》 慣看留客費瓜茶，政羨多藏不示誇。要使睡魔能偃草，肯慚歡伯能迷花。一旗但覺烹殊品，雙鳳何須覓瑞芽。待

摘家山供茗飲，與君盟約去驕奢。

宋 呂陶《凈德集》卷三八《答岳山蓮惠茶》 春芽不染焙中煙，山客勤勤惠至前。洗滌肺肝時一啜，恐如雲露得超仙。

宋 劉摯《忠肅集》卷一五《煎茶》 飯後開都籃，旋烹今歲茶。雙龍碾圓餅，一槍磨新芽。石鼎沸蟹眼，玉甌浮乳花。詩思一坐爽，睡魔千里遐。茂陵病解渴，頓覺肺氣嘉。玉川風腋興。直欲淩煙霞。論功著為經，宜得鴻漸誇。豪梁麴蘖士，此物無與賒。

又《石生煎茶》 石生蘭溪來，手提溪泉瓶。謂言長官政，如此泉水清。歡然展北焙，小鼎親煎烹。一杯酌官壽，雲腴浮乳英。慚非百壺餞，真意不自輕。澗沼蘋藻細，王公享其誠。冠蓋豈不至，紛紛空涕橫。珍重石子者，端有古人情。

宋 沈括《夢溪筆談》卷二四《嘗茶》 誰把嫩香名雀舌，定來北客未曾嘗；不知靈草天然異，一夜風吹一寸長。

宋 王令《廣陵先生文集》卷一一《謝張和仲惠寶雲茶》 故人有意真憐我，靈荈封題寄蓽門。與療文園消渴病，還招楚客獨醒魂。烹來似帶吳雲腳，摘處應無穀雨痕。果肯同嘗竹林下，寒泉猶有惠山存。先有詩云：「寶雲更許同嘗否，擬待重烹第一泉。」故有是句。

宋 釋了元《游雲門》《宋詩紀事》卷九二 一陣若邪溪上雨，雨過荷花香滿路。拖笻縱步入松門，寺在白雲堆裏住。老僧卻笑尋茶具，旋汲寒泉煮玉乳。睡魔驚散毛骨清，坐看秦峰秋月午。月明山鳥亂相呼，松杉竹影半窗戶。令人徹曉憶匡廬，作詩先寄江南去。

宋 沈遼《雲巢編》卷四《德相惠新茶復次前韻奉謝》 暑雨闇窮山，道滑不可躡。隱几念投老，葛衣坐搖箑。
林端使者至，乃得德相帖。佳惠致新茗，遠來自閩笈。
吾聞北苑勝，不與群山接。山下幾千家，以此為生業。
新陽一日至，東風方獵獵。百草尚勾甲，靈芽已先捷。
所采僅毛髮，厥工巧烹燮。甘泉列盎釜，熾炭浩旁疊。
修竹為之規，黃金為之梜。形摹各臻妙，製作易妥帖。
至尊所虛佇，守臣方惕懾。其上為虯龍，婉蜒奮鱗鬣。
稍降乃交鳳，文翼相盤跕。函封趣北道，驛使互防挾。
四方老金玉，擬議誰敢輒！屹屹健士儋，飄飄迅溪艓。
穀雨不及潤，權門已盈篋。帶銙體正方，葵華角仍擫。
始傳盛王鄭，後來止游葉。大為權勢迫，小或盜賊劫。
其間起鬥奪，亦數冒刑槢。南夷出重購，不憚浮海楫。
北虜比尤好，喜笑開胡睫。豈不產邛蜀，豈不生楚葉。
厥品乃大戾，固難一理攝。朱門厭酒肉，辯士厲舌頰。
儒生備夜誦，農夫困朝饁。禪翁過工煮，老獲空腹喋。
綺席夢騰騰，玉山頭㯳㯳。無餘乃尚可，非此意不厭。
一泛舌已潤，載啜心更愜。不唯豁神觀，亦足暢煩惵。
清泠生肺肝，爽快勝抓鑷。孰不恃薏苡，伏波煩謗囁。
孰不飲醇酎，伯仁憂腐脅。祖逖敦雅尚，鴻漸未博涉。
君謨號精鑒，才翁亦相躐。玉川七碗興，令人解頤靨。
奇章兩串賜，遺芳在圖諜。余昔喜賓客，為世困書牒。
輕重必酬酢，往來煩蹻蹀。自從竄夷裔，所藏多敗浥。
亦幸衰老年，數病脾氣怯。棄置在高閣，魂夢昏多魘。
拘病出湘漢，餘生若蟬蝶。希夷有幽臥，刀劍銷鋩鋏。
一榻就空曠，百骸得和協。久已廢翰墨，況復道遊俠。
有味養元和，無物累吾噌。臨風欲占謝，遙企山西惵！

宋 韋驤《錢塘集》卷四《又借前韻謝惠茶》 靈芽產自越岩限，精製須調焙下煤。隱士寄題緘且密，使君分惠重其開。點疑白雪盈甌泛，啜恐清風兩腋來。御和短章酬雅貺，畫墁何以謝瓊瑰。

又卷五《和山行回坐臨清桥啜茶》 雲軿回處引笙簫，疑向春宵度鵲橋。橋上茗杯烹白雪，枯腸搜遍俗緣消。

又卷六《謝岩起寄鳳團茶》 北苑先春雲鳳團，封題分寄墨初乾。未甘金碾消磨了，且作瓊枝愛惜看。水異康王烹莫稱，才非盧子詠應難。強抽鄙句慚瑤報，佳惠輕酬豈自安。

宋 李之儀《姑溪居士前集》卷一一《訪瑫上人值吃蔥茶》 軟火明窗紙帳低，一聲初報午來雞。蔥茶未必能留坐，為愛高人手自提。

又《滿庭芳》有碾龍團為供求詩者，作長短句報之 花陌千條，珠簾十里，夢中還是揚州。月斜河漢，曾記醉歌樓。誰賦紅綾小研，因飛絮、天與風

流。春常在，仙源路隔，空自泛漁舟。新秋。初雨過，龍團細碾，雪乳浮甌。問殷勤何處，特地相留。應念長門賦罷，消渴甚、無物堪酬。情無盡，金扉玉牓，何日許重遊。

宋 李之儀《姑溪居士後集》卷一一《餉茶不容少待二絕》 玉骨冰肌體自輕，非關茗飲覺神清。無端墮落紅塵裏，碾就雲腴不許烹。

厭厭酒病結春陰，鄰笛傳來恨更深。擬借春風連袂去，遏雲佳處托知音。

宋 蘇軾《東坡全集》卷五《和錢安道寄惠建茶》 我官于南今幾時，嘗盡溪茶與山茗。胸中似記故人面，口不能言心自省。為君細說我未暇，試評其略差可聽。建溪所產雖不同，一一天與君子性。森然可愛不可慢，骨清肉膩和且正。雪花雨腳何足道，啜過始知真味永。縱復苦硬終可録，汲黯少戇寬饒猛。草茶無賴空有名，高者妖邪次頑懭。體輕雖復強浮泛，性滯偏工嘔酸冷。其間絕品豈不佳，張禹縱賢非骨鯁。葵花玉銙不易致，道路幽險隔雲嶺。誰知使者來自西，開緘磊落收百餅。嗅香嚼味本非別，透紙自覺光炯炯。粃糠團鳳友小龍，奴隸日注臣雙井。收藏愛惜待佳客，不敢包裹鑽權幸。此詩有味君勿傳，空使時人怒生癭。

又 卷七《和蔣夔寄茶》 我生百事常隨緣，四方水陸無不便。扁舟渡江適吳越，三年飲食窮芳鮮。金虀玉膾飯炊雪，海螯江柱初脫泉。臨風飽食甘寢罷，一甌花乳浮輕圓。自從舍舟入東武，沃野便到桑麻川。翦毛胡羊大如馬，誰記鹿角腥盤筵。廚中蒸粟埋飯甕，大杓更取酸生涎。柘羅銅碾棄不用，脂麻白土須盆研。故人猶作舊眼看，謂我好尚如當年。沙溪北苑強分別，水腳一線爭誰先。清詩兩幅寄千里，紫金百餅費萬錢。吟哦烹嚥兩奇絕，只恐偷乞煩封纏。老妻稚子不知愛，一半已入薑鹽煎。人生所遇無不可，南北嗜好知誰賢。死生禍福久不擇，更論甘苦爭蚩妍。知君窮旅不自釋，因詩寄謝聊相鐫。

又 卷一八《怡然以垂雲新茶見餉報以大龍團仍戲作小詩》 妙供來香積，珍烹具大官。揀芽分雀舌，賜茗出龍團。曉日雲庵暖，春風浴殿寒。聊將試道眼，莫作兩般看。

又《新茶送簽判程朝奉以饋其母有詩相謝次韻答之》 縫衣付與溧陽尉，捨肉懷歸穎谷封。聞道平反供一笑，會須難老待千鍾。火前試焙分新胯，雪裏頭綱輟賜龍。從此升堂是兄弟，一甌林下記相逢。

又 卷二〇《到官病倦未嘗會客毛正仲惠茶乃以端午小集石塔戲作一詩爲謝》 我生亦何須，一飽萬想滅。胡為設方丈，養此膚寸舌。爾來又衰病，過午食輒噎。繆為淮海帥，每愧廚傳缺。爨無欲清人，奉使免內熱。空煩赤泥印，遠致紫玉玦。為君伐羔豚，歌舞菰黍節。禪窗麗午景，蜀井出冰雪。坐客皆可人，鼎器手自潔。金釵候湯眼，魚蟹亦應訣。遂令色香味，一日備三絕。報君不虛授，知我非輕啜。

又 卷二五《汲江煎茶》 活水還須活火烹，自臨釣石取深清。大瓢貯月歸春甕，小杓分江入夜瓶。茶雨已翻煎處腳，松風忽作瀉時聲。枯腸未易禁三碗，坐數荒城長短更。

又 卷二六《蛤蟆培》 蟆背似覆盂，蟆頤如偃月。謂是月中蟆，開口吐月液。根源來甚遠，百尺蒼崖裂。當時龍破山，此水隨龍出。入江江水濁，猶作深碧色。稟受苦潔清，獨與凡水隔。豈惟煮茶好，釀酒應無敵。

又 卷二七《寄周安孺茶》 大哉天宇內，植物知幾族。靈品獨標奇，迥超凡草木。名從姬旦始，漸播桐君録。賦詠誰最先，厥傳惟杜育。唐人未知好，論著始于陸。常李亦清流，當年慕高躅。遂使天下士，嗜此偶於俗。豈但中土珍，兼之異邦鬻。鹿門有佳士，博覽無不矚。邂逅天隨翁，篇章互賡續。開園頤山下，屏跡松江曲。有興即揮毫，燦然存簡牘。伊予素寡愛，嗜好本不篤。粤自少年時，低回客京轂。雖非曳裾者，庇蔭或華屋。頗見綺紈中，齒牙厭粱肉。小龍得屢試，糞土視珠玉。團鳳與葵花，碔砆雜魚目。貴人自矜惜，捧玩且緘櫝。未數日注卑，定知雙井辱。於茲自研討，至味識五六。自爾入江湖，尋僧訪幽獨。高人固多暇，探究亦頗熟。聞道早春時，攜籯赴初旭。驚雷未破蕾，采采不盈掬。旋洗玉泉蒸，芳馨豈停宿。須臾布輕縷，火候謹盈縮。不憚頃間勞，經時廢藏蓄。髹筒淨無染，箬籠匀且複。苦畏梅潤侵，暖須人氣燠。

有如剛耿性，不受纖芥觸。又若廉夫心，難將微穢瀆。晴天敞虛府，石碾破輕綠。永日遇閑賓，乳泉發新馥。香濃奪蘭露，色嫩欺秋菊。閩俗競傳誇，豐腴面如粥。自雲葉家白，頗勝中山醁。好是一杯深，午窗春睡足。清風擊兩腋，去欲淩鴻鵠。嗟我樂何深，水經亦屢讀。陸子吒中冷，次乃康王谷。蟆培頃曾嘗，瓶罌走僮僕。如今老且懶，細事百不欲。美惡兩俱忘，誰能强追逐。姜鹽拌白土，稍稍從吾蜀。尚欲外形體，安能徇心腹。由來薄滋味，日飯止脱粟。外慕既已矣，胡為此羈束。昨日散幽步，偶上天峰麓。山圃正春風，蒙茸萬旗簇。呼兒為佳客，採製聊亦復。地僻誰我從，包藏置廚簏。何嘗較優劣，但喜破睡速。況此夏日長，人間正炎毒。幽人無一事，午飯飽蔬菽。困臥北窗風，風微動窗竹。乳甌十分滿，人世真局促。意爽飄欲仙，頭輕快如沐。昔人固多癖，我癖良可贖。為問劉伯倫，胡然枕糟麴。

宋 蘇軾《雪詩》《詩話總龜》卷二〇 兒童軀手握輕明，漸碾槍旗入鼎烹。擬欲為之修水記，惠山泉冷釀泉清。

宋 蘇轍《欒城集》卷二《和子瞻調水符》 子瞻令人取玉女洞水，恐其見欺，破竹為契，使寺僧藏其一，以為往來之信，故云。 多防出多欲，欲少防自簡。君看山中人，老死竟誰讁。渴飲吾井泉，饑食甑中飯。何用費卒徒，取水負瓢罐。置符未免欺，反覆慮多變。授君無憂符，階下泉可咽。

又 卷三《游净因院寄璉禪師》 歲月潛消日裏冰，依然來見佛堂燈。此身已自非前我，問法何妨似舊僧？灑面飛泉時點點，壓池蒼石尚層層。遙知近愛金山好，江水煎茶日幾升？

又 卷四《和子瞻煎茶》 年來病懶百不堪，未廢飲食求芳甘。煎茶舊法出西蜀，水聲火候猶能諳。相傳煎茶只煎水，茶性仍存偏有味。君不見，閩中茶品天下高，傾身事茶不知勞。又不見、北方俚人茗飲無不有，鹽酪椒姜誇滿口。我今倦遊思故鄉，不學南方與北方。銅鐺得火蚯蚓叫，匙腳旋轉秋螢光。何時茅簷歸去炙背讀文字，遣兒折取枯竹女煎湯？

宋 舒亶《醉花陰・試茶》《樂府雅詞》卷三 露芽初破雲腴細，玉纖纖親試。香雪透金瓶，無限仙風，月下人微醉。 相如消渴無佳思，了知君此意。不信老盧郎，花底春寒，贏得空無睡。

宋 釋道潛《參寥子詩集》卷九《琅琊山茶仙亭呈曾子開侍郎》

滁山雖僻左，謫宦皆名臣。後先聞數公，卓然皆鳳麟。憶昨紹聖初，讒公俾省循。盛德忘怨悱，虛懷隨屈信。政成思覽眺，興與煙霞親。後車載鄒枚，主客驚路人。逶迤度山谷，導從屏所陳。漁樵許爭席，解后全天真。泠泠庶子泉，味壓康王珍。團團小圓月，色冠閩山春。白足相與飯，溪毛擷青芹。熊魚得兼美，樂事無涯津。花瓷勸引滿，疏瀹貫百神。危亭倚巖阿，榜額獨未新。牧之擅風流，茶仙詩絕倫。相望三百載，公能嗣芳塵。

宋 呂南公《灌園集》卷四《和得茶雜韻》 衰翁脾病怯飲食，不但嗜酒成雄詩。夜長書短讀書苦，停待雞鳴愁日斜。

秋蔬搜腸酒正惡，踏爐火慢煎雙腳。偶然接得西安角，險欲沖塵送高閣。

沉吟卻憶陳公子，慣在京華看貢篚。蒙山顧渚建溪春，花乳清泠偏知味。

今來下國深秋景，酒厚花稀心未醒。盱水中泠亦試烹，豈須奔走揚州井。

又 卷六《茶鐺》 賓榻蕭蕭午戶開，松枝火盡半寒灰。主人欲就游仙夢，休願煎茶醒睡來。

宋 孔平仲《清江三孔集》卷二一《夢錫惠墨答以蜀茶》 墨者色自黑，黑者墨之宜。所以陳玄號，聞之於退之。近世工頗拙，所巧惟見欺。摹成古鼎篆，團作革靴皮。揮毫自慘淡，色比突中煤。誰最畜佳品，鄭君真好奇。贈我以所貴，有不讓金犀。堅如雷公石，端若大禹圭。研磨出深黝，落紙光陸離。較之囊中舊，相去乃雲泥。辱君此賜固已厚，何以報之乏瓊玖。不如投君以嗜好，君性嗜茶人罕有。建溪龍鳳想厭多，越上槍旗不禁久。我收蜀茗亦可飲，得我峨眉高太守。人情或以少爲珍，心若喜之當適口。更憐此物來處遠，三峽驚波如雹卷。江湖重覆千萬里，淮海浩蕩漣漪淺。舍舟登陸尚相隨，今以答君非不腆。開緘碾潑試一嘗，尤稱

君家銅葉盞。

宋 郭祥正《青山集》卷一八《元輿試北苑新茗》 建溪雖接壤，春末始嘗茶。旋汲鄰僧水，同烹北苑芽。月圓龍隱鬣，雲散乳成花。貢入明光殿，分來王謝家。

又卷一九《招孜祐二長老賞茶二首》 無物滋禪味，來烹北苑茶。碾成雲母粉，香濺碧松花。消渴梅何俗，安神術謾誇。清談嘗數碗，莫笑老盧家。昔人多嗜酒，今我酷憐茶。軟玉裁成餅，輕雲散作花。石泉助甘滑，腸胃滌煩邪。卻怪少陵客，曾無新句誇。

又卷二七《君儀惠玳瑁冠犀簪並分泉守茶六餅》 分送泉州太守茶，團團紫餅社前芽。從今不復憂煩渴，時取甘泉煮雪華。

宋 郭祥正《白沙泉》《兩宋明賢小集》卷八一 幽泉出白沙，流傍野僧家。欲試甘香味，須烹石鼎茶。

宋 黃庭堅《山谷集》卷一《煎茶賦》 洶洶乎如澗松之發清吹，皓皓乎如春空之行白雲。賓主欲眠而同味，水茗相投而不渾。苦口利病，解膠滌昏，未嘗一日不放箸而策茗椀之勳者也。余嘗為嗣直瀹茗，因其滌煩破睡之功，為之甲乙。建溪如割，雙井如撻，日鑄如絜，其餘苦則辛螫，甘則底滯。嘔酸寒胃，令人失睡，亦未足與議。或曰無甚高論，敢問其次。涪翁曰：味江之羅山，嚴道之蒙頂，黔陽之都濡高株，瀘州之納溪梅嶺，夷陵之壓磚，臨邛之火井，不得已而去於三，則六者亦可酌兔褐之甌，瀹魚眼之鼎者也。或者又曰：寒中瘠氣，莫甚於茶。或濟之鹽，勾賊破家，滑竅走水，又況雞蘇之與胡麻。涪翁於是酌岐雷之醪醴，參伊聖之湯液。斮附子如博投，以熬葛仙之堊。去藙而用鹽，去橘而用薑。不奪茗味，而佐以草石之良，所以固太倉而堅作強。於是有胡桃、松實、庵摩、鴨腳、勃賀、蘼蕪、水蘇、甘菊。既加臭味，亦厚賓客。前四後四，各用其一。少則美，多則惡，發揮其精神，又益於咀嚼。蓋大匠無可棄之材，太平非一士之略。厥初貪味雋永，速化湯餅。乃至中夜，不眠耿耿。既作溫劑，殊可屢歃。如以六經，濟三尺法，雖有除治，與人安樂。賓至則煎，去則就榻，不游軒后之華胥，則化莊周之蝴蝶。

宋 王洋《東牟集》卷一二《謝鄭監惠龍團茶啓》 魚腹得書，光動五雲之體；龍芽出焙，香浮十襲之緘。拜賜知榮，撫躬增感。竊以草魁稱瑞，山谷呈祥。方東君尚困於寒威，肇將迎氣，而北苑已偷於春色，助發喊山。英蘗地靈，範模天巧。蟾背候清芬之裂，鳳團誇門品之高。故黃芽紫筍之嘉名，競標物產；而赤印白泥之健足，已走京塵。若其玳席綸閫，瑣窗棐几，猊炷篆沉煙之碧，虯簷瞰朝日之紅。揮玉塵而唾落珠璣，灑錦箋而文摛組繡。是宜鏗鏑碾月，颼颯煎風。石鼎煮蚯蚓方鳴，磁甌焙鷓鴣微暖。漚花泛滿，雲腳橫斜。研玉川七碗之清，味顧渚兩旗之號。代酒聖者，固非美事。謂酪奴者，尤非知音。念睿賜下頒，唯富蓄于戚里侯家之第。然餘波所及，乃下沾于華門圭竇之人。某也，才謝好蒙，性非顛陸。尚昧候湯於魚目，豈能品水於虎跑。枕石眠雲，未清神觀。和鉛舐筆，多滯實搜。今也啟篋分香，揮輪碎璧。瀹奇芬而破悶，漱浮滓以生春。顧一榻清風，不復昏迷於蝶夢。雖三杯軟飽，未妨搜攪於蔬腸。賜重兼金，光生蓽屋。茲蓋伏遇提舉殿撰，功名餘事，閥閱冠時。韋平繼相種之芳，王謝振家聲之盛。便蕃天錫，久藏閩貢之珍。璀璨德輝，轉及吳儂之賤。驀然瑣質，泳乃深恩。某遂得澡瀹精神，篆雕心府，遺之孫子，後世豈無傳焉？味在齒牙，流風猶有存者。其為感愧，曷易敷殫。

宋 王十朋撰，明 南逢吉注《會稽三賦》 日鑄雪芽，臥龍瑞草。瀑嶺稱仙，茗山門好。顧渚爭先，建溪同蚤。碾塵飛玉，甌濤翻皓。生兩腋之清風，興飄飄於蓬島。

日鑄雪芽者，日鑄嶺在會稽縣東南五十五里，歐冶鑄劍之處，地產茶最佳，其芽纖白而長。歐陽公《歸田録》曰：草茶盛於兩浙。兩浙之品，日鑄為第一。雪言其白也。臥龍瑞草者，臥龍山即府治之所據者。《會稽志》曰：會稽產茶極多，佳品惟臥龍一種，得名亦盛，與日鑄相亞。瑞言其異如祥瑞也。杜牧之詩曰：山實東吳地，茶稱瑞草魁。瀑嶺，瀑布嶺也。《茶經》曰：餘姚縣茶生瀑布嶺者號仙茗，大者殊異。茗山在蕭山縣西二里，其上多奇茗。顧渚在湖、常二境之間，出紫筍茶，色如膩粉，最難得。蔡寬夫詩：紫筍生顧渚。唐制，湖州造茶最多，謂之顧渚。當採茶時，兩郡守畢至。歲以清明日入貢。建溪，今建寧府也。丁謂《北苑新茶詩序》曰：惟建州出茶有焙。焙有三十六，三十六中，惟北苑發早，而味尤佳。社前十五日，即采其芽。碾塵飛玉、甌濤翻皓者，言茶之色也。《青瑣高議》：蔡君謨謂范文正曰：公採茶歌曰：黃金碾畔綠塵飛，碧玉甌中翠濤起。今茶絕品，其色甚白，翠綠乃下者爾。欲改為玉塵飛，素濤起，如何？希文曰善。生兩腋之清風、興飄飄於蓬島者，言茶之趣也。盧仝《謝孟諫議茶歌》曰：七碗吃不得也，惟覺兩腋習習清風生。蓬萊山在何處，玉川子乘此清風欲歸去。

宋 釋居簡《北磵集》卷八《請印鐵牛住靈隱茶湯榜》 玉虎何知，先動山中消息。雲龍早貢，首膺天上平章。價雖重于連城，產獨珍於

雙璧。恭惟某寵光五葉，一杯分萬象之甘。彈壓群英，數水劣諸方之勝。方圓制度，清白華滋。笑溈源春夢，不到池塘。眷老圃秋容，尤高節操。頰牙騰馥，四河衮衮無邊。襟袖生涼，兩腋颼颼未已。洞庭君子封下邳，箕裘不墜。洛誦孫父事副墨，文采難藏。試從師友淵源，欲起煙霞沉痼。恭惟某攬雜毒海，設醴奚為？開甘露門，飲河而止。直指單傳，其來有自。俱收並蓄，待用無遺。薦醍醐一味之醇，擷芝朮眾芳之助。行精進定，是上藥草，起一生成佛于膏肓。見善知識，如優曇花，慰千載得賢于季孟。

又《妙湛月巖中茶湯榜》 枝槁不春，此外如何採摘。樹空無影，是中特地婆娑。小團破新錫之珍，方諸勺初修之月。恭惟某圓頓培壅，山林品題。正其味于森嚴，舌須具眼。回餘甘於苦釅，甌已翻雲。要驗同盟，更無別味。肆辯河之衮衮，疏瀹道腴。導正派之滔滔，洗空禪病。耆婆死而百草皆泣，世豈無醫？良遂徹而諸人不知，禪寧負教？不須染指，只貴點頭。恭惟某會獵玄中，笑守株而自苦。獨漁言外，如課蜜以分甘。可無一施？具有眾毒。飲者若諳此味，瞑眩膏肓。學人未達其源，肝膽楚越。

又《梅屏茶湯榜》 攙春小摘，不孤培壅工夫。亭午新烹，要驗平章手段。欲破一規玄璧，如珍萬選青錢。長恐暗投，直須明破。恭惟某轆轤汲曉，露冷銀床。杵臼策勳，香浮鐵磨。與萬象平分秋色，提折鐺自煮松聲。腋涼生可御之風，湯老卻未佳之客。被渠搜攪五千卷，何以當之？喚爾懵騰二三子，何濡滯也。鼷鼠飲河，弗信醍醐海闊。黃蜂分釀，放教薑杏杯深。尋他海上同盟，嚥我山中餘瀝。恭惟某是上藥草，雨露惟新。視小根莖，雲泥有異。舐鼎快昇騰而去，折肱須諳煉而知。笑諸方五味，不療人饞。試三昧單傳，反攻他毒。非時不食，或送客，或拒客，法固如斯。入手便知，能殺人，能活人，吾無別味。

宋 劉宰《漫塘集》卷一九《茶說贈九江王子順》 王子順將歸九江，須別語。某衰病，無以云也。猶記子順來時，餉茶甚佳。敢問：今人一日無茶不可，而茶之用不見於三代之前，何也？豈非以古先治化清明，人無昏濁，無所事此故耶？近世此利，衣被天下，而仙郡所產特盛。夫黿食氣而壽，麝食柏而香，則飲茶於仙郡者，可知矣。竊怪近年佩二千石印章而來，如曹寘輩，一任二三年，閒所飲茶，不知幾千百碗，而昏濁略不少差，何也？豈玉川子所謂七碗之後，清風自生，殆虛語耶？或曰：是其土性固然，非茶所及。則生於地者可知勉矣。記曰：人莫不飲食也，鮮能知味也。故某願子歸而與鄉之同志者共學焉，毋使九江之茶有愧於西山之薇、商山之芝，幸甚！

宋 劉克莊《後村集》卷三〇《接茶疏》 薤歌淒咽，浮生如露之晞；茗事莊嚴，散聖乘雲而至。憑此妙果，撥彼沉魂。共攜曹溪缽來，吃取趙州茶去。一旗試水，豈獨中泠之泉甘；六碗通靈，未覺五台之路遠。

宋 方岳《秋崖集》卷三六《茶僧賦》 林子仁名茶瓢曰『茶僧』，予為之賦。

秋崖人問茶僧曰：『諮爾佛子，多生糾纏，今者得度，以何因緣？豈其能重譯陸羽之《經》，飽參趙州之禪也？與累彼灌莽，翳于原田。扶種族之匏落，行苗裔之蔓延。繫有尼父之歎，磊若壺公所懸。彼軀體之擁腫而猥大者，君子雖器之，而未知其孰賢。或刳而中，或剖而邊。士操取飲於夜澗，鳥勸行沽於春煙。曾未若爾，出家在許瓢之後，而成佛在魏瓠之先也。試嘗為掃除霜茁，提攜出山，衣以駝尼之淺褐，喜其梵相之緊圓。與之轉法輪於午寂，戰魔事於春眠。山中敲雲外之臼，野老掬雪中之泉。瞬木上座其少休，與竹尊者而留連。嗽冰玉之一再，搜文字之五千。然後掛維摩拂，臥溈山瓶，未嘗不歎曰：『奇哉！此僧之精研也。』

宋 何夢桂《潛齋集》卷一一《狀元坊施茶疏》 暑中三伏，熱豈堪大，驛路往來，渴時一盞茶，勝似恒河沙。布施況有竟陵老僧，解事更從鳩坑道地。分香不妨運水搬柴，便好煽爐燴盞。大家門發歡喜意，便是結千人萬人緣；小比丘無遮礙心，任他吃七碗五碗去。

宋 徐鉉《騎省集》卷四《和門下殷侍郎新茶十二韻》 暖吹入春園，新芽競粲然。才教鷹觜拆，未放雪花妍。荷杖青林下，携筐旭景前。孕靈資雨露，鍾秀自山川。碾後香彌遠，烹來色更鮮。名隨土地貴，味逐水泉遷。力藉流黃暖，形模紫笋圓。正當鑽柳火，遙想湧金泉。任道時新物，須依古法煎。輕甌浮綠乳，孤灶散餘烟。甘薺非予匹，宮槐讓我先。竹孤空冉冉，荷弱謾田田。解渴消殘酒，清神感夜眠。十漿何足饋，

百榼盡堪捐。采擷唯憂晚，營求不計錢。任公因焙顯，陸氏有經傳。愛甚真成癖，嘗多合得仙。亭台虛靜處，風月艷陽天。自可臨泉石，何妨雜管弦。東山似蒙頂，願得從諸賢。

宋 宋白《宋文安公宮詞》其四九　龍焙中春進乳茶，金瓶湯沃越甌花。玉堂宣賜元承旨，明日登庸降白麻。

宋 鄭文寶《寒食日經秀上人房》《全閩詩話》卷一　花時懶看花，來訪野僧家。勞師擊新火，勸我雨前茶。

宋 蔡廷秀《茶竈石》《四朝詩・元詩》卷七五　仙人應愛武夷茶，旋汲新泉煮嫩芽。啜罷驂鸞歸洞府，空餘石竈鎖煙霞。

金 高士談《好事近》《堯山堂外紀》卷六四　誰打玉川門，白絹斜封團月。晴日小窗活火，響一壺春雪。可憐桑苧一生顛，文字更清絕。直擬駕風歸去，把三山登徹。

金 蔡松年《蕭閑老人明秀集注》卷二《西江月》　己酉四月暇日，冒暑游太平寺，古松陰間，聞破茶聲，意頗欣愜。晚歸對月小酌，賦《西江月》記之。古殿蒼松偃蹇，孤雲丈室清深。茶聲破睡午風陰。不用涼泉石枕。

枯木人忘獨坐，白蓮意可相尋。歸時團月印天心。更作逃禪小飲。

金 馬鈺《漸悟集》卷上《西江月・贈任守一》　江畔溪邊雪裏，陰陽造化希奇。黃芽瑞草出幽微，別是一般香美。

用玉輕輕研細，烹煎神水相宜。山侗啜罷赴瑤池，不讓盧仝知味。

又《萬年春》　冬至陽生，迎春撥雪黃芽好。人驚早。香如芝草，玉碾勝磨搗。

神水烹煎，自是除陰耗。金童報。絕品珍寶，輟罷雲遊蓬島。

又《瑞鷓鴣・詠茶》　盧仝七碗已升天。撥雪黃芽傲睡仙。雖是旗槍為絕品，亦憑水火結良緣。

兔毫盞熱鋪金蕊，蟹眼湯煎瀉玉泉。昨日一杯醒宿酒，至今神爽不能眠。

金 元好問《遺山集》卷一三《茗飲》　宿酲未破厭觥船，紫筍分封入曉煎。槐火石泉寒食後，鬢絲禪榻落花前。一甌春露香能永，萬里清風意已便。邂逅華胥猶可到，蓬萊未擬問群仙。

元 耶律楚材《湛然居士文集》卷五《西域從王君玉乞茶因其韻七首》

其一

積年不啜建溪茶，心竅黃塵塞五車。碧玉甌中思雪浪，黃金碾畔憶雷芽。

盧仝七碗詩難得，諗老三甌夢亦賒。敢乞君侯分數餅，暫教清興繞煙霞。

其二

厚意江洪絕品茶，先生分出蒲輪車。雪花灩灩浮金蕊，玉屑紛紛碎白芽。

破夢一杯非易得，搜腸三碗不能賒。瓊甌啜罷酬平昔，飽看西山插翠霞。

其三

高人惠我嶺南茶，爛賞飛花雪沒車。玉屑三甌烹嫩蕊，青旗一葉碾新芽。

頓令衰叟詩魂爽，便覺紅塵客夢賒。兩腋清風生坐榻，幽歡遠勝泛流霞。

其四

酒仙飄逸不知茶，可笑流涎見麴車。玉杵和雲舂素月，金刀帶雨剪黃芽。

試將綺語求茶飲，特勝春衫把酒賒。啜罷神清淡無寐，塵囂身世便雲霞。

其五

長笑劉伶不識茶，胡為買鍤謾隨車。蕭蕭暮雨雲千頃，隱隱春雷玉一芽。

建郡深甌吳地遠，金山佳水楚江賒。紅爐石鼎烹團月，一碗和香吸碧霞。

其六

枯腸搜盡數杯茶，千卷胸中到幾車。湯響松風三昧手，雪香雷震一槍芽。

滿囊垂賜情何厚，萬里攜來路更賒。清興無涯騰八表，騎鯨踏破赤城霞。

其七

啜罷江南一碗茶，枯腸歷歷走雷車。黃金小碾飛瓊屑，碧玉深甌點雪芽。

筆陣陳兵詩思勇，睡魔卷甲夢魂賒。精神爽逸無餘事，卧看殘陽補斷霞。

又 卷一一《夜坐彈離騷》 一曲離騷一碗茶，個中真味更何加。香銷燭燼穹廬冷，星斗闌干山月斜。

又 卷一二《從國才索閑閑煎茶賦》 聞國才近得閑閑手書煎茶賦，以詩索之。聞君久得煎茶賦，故我先吟投李詩。為報君侯休吝惜，照人瓊玖算多時。

又 卷一三《茶榜》 今辰齋退，特為新堂頭奧公長老設茶一鍾，聊表住持開堂陳謝之儀，仍請知事大眾同垂光降者。

竊以個中滋味，誰是知音？向上封題，罕逢藻鑒。伏惟新堂頭長老名超絕品，價重諸方。黃金碾畔枅微塵，輸他三昧手；碧玉甌中轟白浪，別是一家春。睡鬼潛奔，便使至人無夢；湯聲微發，解教醉眼先醒。諗老三盃，莫作道理會；盧公七碗，且是仁義中。雖然櫳桶新陳，不得顢頇甘苦；便請大家下口，且圖一眾開懷。幸甚。

元 王惲《秋澗先生大全文集》卷二五《煮茶》 枯腸拍塞貯春雲，洗盡囂煩六府昏。山木策勳存夜氣，大河流潤下昆侖。胸中宿酒鬨殘兵，一碗澆來陣敵平。蒙頂得仙疑妄語，月波千丈與詩清。瀟瀟風雪薄虛窗，細貯槍旗煮夜缸。若論廓清真武事，一天幽思為詩降。

元 尹廷高《玉井樵唱》卷中《堂成而方外芥室和尚玉溪道士訪予玉井峰相對嗓茶一笑忘言真會一也》 攜手孤峰躡紫霞，船來陸到總無差。從教廬阜傳三笑，要學雙林會一家。格物隱然參柏子，養心即是煉丹車。莫將門戶論分別，鼎踞蒲團且啜茶。

元 袁桷《清容居士集》卷七《煮茶圖並序**》** 《煮茶圖》一卷，仿石窗史處州燕居故事所作也。石窗諱文卿，字景賢，外高祖忠定王曾孫。儀觀清朗，超然綺紈之習。聚四方奇石，築室曰山澤居，而自號曰石窗山樵。此圖左列圖卷，比束如玉筍，錦繡間錯。旁有一童出囊琴、拂塵以俟命。右橫重屏，石窗手執烏絲蘭書展玩，疑有所構思。屏後一几，設茶器數十，一童傴背運碾，綠塵滿巾。一童篝火候湯，蹙眉望鼎口，若懼主人將索者。如意麈尾，巾壺研紙，皆纖悉整具。羽衣烏巾，玉色絢起，望之真飛仙人。余意永和諸賢，放浪泉石，當不過是。而其泊然宦意，翰墨清灑，誠足以方駕而無愧。甲午冬十月，其孫公疇出以相示，因記而賦之，以發千古之遠想云。

石窗山樵晉公子，獨鶴蕭蕭煙竹裏。月湖一頃碧琉璃，高築虛堂水中址。堂深六月生涼秋，萬柄風搖紅旖旎。遵南更有山澤居，四面晴峰插天倚。憶昔王門豪盛時，甲族丁黃總朱紫。曉趨黃閣袖香塵，俯首脂韋希雋美。一官遠去長安門，德色欣欣對妻子。豈如高懷脫榮辱，妙出清言洗紈綺。郡符一試不掛意，岸幘看雲卧林墅。平生嗜茗茗有癖，古井汲泉和石髓。風回翠碾落晴花，湯響雲鐺滾珠蕊。齒寒意冷復三咽，萬事無言歸坎止。何人丹青悟天巧，落筆毫芒研妙理。黃粱初炊夢未古，舊事淒零誰復記。展圖縹渺憶遺蹤，玉珮珊珊響秋水。

元 劉詵《桂隱詩集》卷一《蕭孚有以左耳陶瓶對客煎茶名快媳婦坐間為賦十六韻》 南中土埴堅，妙器出陶火。控摶雅以靜，整削平不頗。渾淪象瓜團，短小類橘顆。粤椰實盡刳，蜀芋膚未剝。啄如柄揭西，耳若柳生左。油滋飾外鍛，灰坌增下裹。高齋奉煎烹，湯勢疾軒簸。狹束蟹眼高，薄逼車聲播。俄頃潤渴喉，巧婦愧其惰。乃知轉旋工，政要傾酌妥。主翁嗜吟詩，佳客時滿座。呼童汲清深，瀹雪澆磊砢。急需既能應，閒棄不可。東家重函鼎，菌蠢腹徒果。美人預為虀，常恐遲及禍。何如且小用，慎勿誚么麽。

又 卷三《雪鼎烹茶》 六花漫空羔兒傳，夜酣擲簷茗可煎。人誇江南谷簾水，我酌天上白玉泉。石鐺龍頭三足穩，松風蕭颼起濤煙。人生口腹亦隨分，陶党風味無媸妍。

元 薩都剌《雁門集》卷一《送鶴林長老胡桃一裹茶三角》 胡桃殼堅乳肉肥，香茶雀舌細葉奇。枯腸無物不可用，寄與說法談禪師。竹龍吐雪澗水活，茅屋煙炊樹雲薄。竹院深沉有客過，碎桃點茶亦不惡。

元 楊載《楊仲弘集》卷六《惠山泉》 此泉甘冽冠吳中，舉世咸稱煮茗功。路轉山腰開鹿苑，池攢石骨閟龍宮。聲喧夜雨聞幽谷，彩發朝霞炫太空。萬古長流那有盡，探源疑與海相通。

元　**揭傒斯《揭傒斯全集》卷三《題四清圖》**　三清曰玉川子，忍窮吟月蝕，天高叫欲死。

獨對烹茶婢，白頭赤腳老無齒。吁嗟乎，玉川子。

元　**周德清《賞雪偶成》**《朝野新聲太平樂府》卷四　共妾圍爐說話，呼童掃雪烹茶。休說羊羔味偏佳，調情須酒興壓。逆索茶芽，酒和茶都俊煞。

元　**王嚞《重陽全真集》卷七《解佩令·茶肆茶無絕品至真》**

茶無絕品，至真為上。相邀命，貴賓來往。盞熱瓶煎，水沸時，雲翻雪浪。輕輕吸，氣清神爽。

盧仝七碗，吃來豁暢。知滋味，趙州和尚。解佩新詞，王害風，新成同唱。月明中，四人分朗。

元　**王嚞《重陽教化集》卷一《無夢令》**　啜盡盧仝七碗，方把趙州呼喚。烹碎這機關，明月清風堪玩。光燦，光燦，此日同超彼岸。

元　**陳泰《所安遺集·茶竈歌》**時寓興隆，為蕭蘭雪賦　長安食肉多虎頭，大鼎六尺誇函牛。撾鐘考鼓燕未足，鼎折還驚覆公餗。

山中儒生守蠹魚，一朝射策升天衢。居官廩祿不及口，釜甑長年滿塵垢。

一貧一富俱可傷，一饑一飽俱亡羊。今我閉門學祀竈，祀竈何用神仙方。

敬為告曰：竈兮竈兮，但使我生不富不貧，適飽適饑。朝從爾餐，夕從爾糜，

時時得佳茗，與爾同襟期。君不見青原山紫芝客，獨立清風灑蘭雪。

蘭雪堂中一事無，茶竈筆床相媚悅。方其煮茶時，自撫一曲琴。

琴聲落茶鼎，宛若鸞鳳鳴。客來固自佳，客去情亦適。坐看茶煙靜，仙鶴飛相及。

烹茶得趣惟此君，傲睨鍾鼎如浮雲。名章俊語出肝肺，白雪璀燦蘭芳芬。

蘭芳芬，雪菡萏，瀉入磁甌碧香滿。更從龐老吸西江，卻笑玉川論七碗。

元　**孫淑《綠窗詩》**《元詩選·初集》卷六八　小閣烹香茗，疏簾下玉鉤。燈光翻出鼎，釵影倒沉甌。婢捧消春困，親嘗散莫愁。吟詩因坐久，月轉晚妝樓。

元　**徐再思《龍廟甘泉》**《朝野新聲太平樂府》卷四　養萍實，分桃浪。源通虎跑，味勝蜂糖。可煮茶，堪供釀。第四橋邊冰輪上，浸一泓碧玉流香。香消酒容，芳腴齒牙，冷滲詩腸。

元　**洪希文《續軒渠集》卷三《煮土茶歌》**龜山、石梯、蟹井各有土產，龜山味香而淡，石梯味清而微苦　論茶自古稱壑源，品水無出中泠泉。莆中苦茶出土產，鄉味自汲井水煎。器新火活清味永，且從平地休登仙。王侯第宅鬥絕品，揣分不到山翁前。臨風一啜心自省，此意莫與他人傳。

又　**《阮郎歸·焙茶》**　養茶火候不須忙，溫溫深蓋藏。不寒不暖要如常，酒醒聞箬香。

除冷濕，煦春陽，茶家方法良。斯言所可得而詳，前頭道路長。

又　**《浣溪沙·試茶》**　獨坐書齋日正中，平生三昧試茶功，起看水火自爭雄。

勢挾怒濤翻急雪，韻勝甘露透香風，晚涼月色照孤松。

又　**《品令·試茶》**　旋碾龍團試，要著盞無留膩。矞雲獻瑞，乳花鬥巧，松風飄沸。為致中情，多謝故人千里。泉香品異，迥休把尋常比。啜過惟有，自知不帶，人間火氣。心許云誰，太尉黨家有妓。

元　**張雨《句曲外史集》卷中《李寧之煮茶亭》**　桐君山下一區宅，木茂土肥泉水香。槎頭釣魚秋雨足，亭子煮茶春日長。兩山徒為盤谷隱，一水尚係平泉莊。莫厭身名俱隱約，會見輶軒來晦岡。

元　**謝宗可《詠物詩·茶筅》**　此君一節瑩無瑕，夜聽松聲漱玉華。萬縷引風歸蟹眼，半瓶飛雪起龍牙。香凝翠髮雲生腳，濕滿蒼髯浪捲花。到手纖毫皆盡力，多應不負玉川家。

又　**《茶煙》**　玉川爐畔影沉沉，淡碧縈空杳隔林。蚓竅聲微松火暗，鳳團香暖竹窗陰。詩成禪床風初起，夢破僧房雪未深。老鶴歸遲無俗侶，白雲一縷在遙岑。

又　**《雪煎茶》**　夜掃寒英煮綠塵，松風入鼎更清新。月團影落銀河水，雲腳香融玉樹春。陸井有泉應近俗，陶家無酒未為貧。詩脾奪盡豐年

瑞，分付蓬萊頂上人。

又《煮茶聲》　龍芽香暖火初紅，曲几薄團聽未終。瑞雪浮江喧玉浪，白雲迷洞響松風。蠅飛蚓竅詩懷醒，車繞羊腸醉夢空。如訴蒼生辛苦事，蓬萊好問玉川翁。

元　陳德和《陶穀烹茶》（《類聚名賢樂府群玉》卷三）　龍團細，蟹眼肥。竹爐紅小窗清致。試烹來是覺風韻美，比羊羔較爭些滋味。

元　葉顒《樵雲獨唱》卷四《雪水煎茶》　枯枝旋拾帶冰燒，雪水茶香滚夜濤。黨氏豈知風韻美，向人猶説飲羊羔。

又　卷五《雪水煎茶》　雪水烹佳茗，寒江滚暮濤。春風和凍煮，霜葉帶冰燒。陶穀聲名舊，盧仝氣味高。黨家寧辦此，羔酒醉清宵。

元　李謙亨《土銼茶煙》（《四朝詩·元詩》卷二五）　熒熒石火新，湛湛山泉冽。汲水煮春芽，清煙半如滅。香浮石鼎花，淡鎖松窗月。隨風自悠揚，縹渺林梢雪。

元　陳高《不繫舟漁集》卷三《題高士煮茶圖》　古皇嘗草木，肫肫惠我氓。百藥濟夭死，五穀養其生。維茶亦地產，青青柯葉榮。諒非急世用，以茲遺芳馨。後來競採摘，紛紛事煎烹。鬥品俗所尚，輸貢官有程。竭資困民力，権貨為國經。何人繪高士，別味試鼎鐺。細觀摹畫工，令我感慨並。口腹豈足貴，思古心怦怦。

元　陳基《夷白齋稿》卷六《煮雪窩為玉山作》　草堂之仙人，隱居玉山陲。平生盜泉不肯飲，惡木不肯棲。就山為窩煮山雪，雪勝玉泉茶勝芝。煮以菌蠢彭亨之石鼎，然以緘縮擁腫之樹枝。

恍聞松風洶湧出澗壑，化作雲氣爛漫干虹霓。匡廬道士來會稽，嬉笑怒罵皆成詩。

尋常一飲即一石，蹋破甕中天地皆醯雞。不厭陶家滋味薄，卻愛玉山文字奇。

舉碗猛吸如鯨鯢，悠然相對孰賓主，窩中自來無町畦。

乃知混沌鑿不破，縱使先天之子亦莫窺端倪。笑殺逍遙南華老，夢與蝴蝶隨春迷。

又　卷二六《煉雪軒記》　人嗜五穀以生，而世之嗜茶如五穀者，豈以其能觸昏滯，釋煩壅，亦養生者之助乎？昔陸羽既著《茶經》，張又新之徒復祖述羽，論水之品第有二十，而雪水則其殿也。吳郡因了堂上人，少游四方，學出世間法而嗜茶，則不啻如羽焉。既歸老其鄉，而其鄉之水宜茶，且勝又新所記者。若虎丘、松江，殆與南陵惠山相伯仲。上人顧舍之不取，而獨切切焉有事於品題之殿者，以自名其軒曰煉雪，且上人嗜茶如五穀，蓋不可一日廢者也。然而必有雪而後煉之，豈命名之意乎？蓋嘗從上人而論茶矣，井焉而汲，薪焉而火活。始也爽朗乎若晴空之行浮雲，終也輕盈乎如白花之曜陽春。或薄者為沫，厚者為餑，紛綸洶郟，與雪同物。故茶之祛煩滌滯，猶雪之淩弭毒害也。煩滯消，而後五穀之功收，猶毒害弭，而後萬物之天遂也。故不必虎丘、松江，而水之品存，斯善乎水者也。不待涸陰沍寒，而雪之用足，斯善乎雪者也。而其所以疏靈源，溉舌本，浸淫乎禪悅之味，策勳於養生之外，斯善助五穀者也。

元　劉仁本《羽庭集》卷一《建寧芝山取陸羽泉煎茶次卓習之教授韻》　建城南五里，芝峰特清麗。頗聞此山中，有泉出雲際。昔逢老茶仙，烹嘗殊品第。寥寥百載下，幽尋竟誰繼？客從三山來，顧茲若神契。清風忽我招，脫巾坐林翳。金芽芝髓滑，石鼎松風細。一飲詩脾清，再啜凡骨蛻。清談各盡歡，悠悠成久憩。何當起羽仙，飄飄遠塵世。

元　呂成《來鶴亭集》卷四《煮茶》　暫徹貝書窗下讀，旋烹松鼎雨前茶。未研顧渚金沙餅，謾試洪都露井芽。陸子煮經非所貴，黨家風味不余誇。何當滿貯中泠水，滌我胸中寸縷瑕。

元　韓奕《白雲泉煮茶》（《列朝詩集·甲集》卷一六）　白雲在天不作雨，石罅出泉如五乳。追尋能自遠師來，題詠初因白公語。山中知味有高禪，采得新芽社雨前。欲試點茶三昧手，上山親汲雲間泉。物品猶來貴同性，骨清肉膩味方永。客來如解吃茶去，何但令人塵夢醒。

元　韓奕《竹爐》（《列朝詩集·甲集》卷一六）　綠玉裁成偃月形，偏宜煮雪向岩扃。虛心未許如灰死，古色人看似汗青。偶免樵柯供土銼，尚疑清籟和陶瓶。達人曾擬同天地，上有秋蟲為篆銘。

元　姬志真《雲山集》卷五《詞·東風第一枝·咏茶》　坼封緘，

龍團劈破，柏樹機關先見。玉童製，香霧輕飛，銀瓶引，靈泉新薦。成風手段蚪髯奮，擊碎鯨波仗此君。些子功夫，瓊花細浮甌面。這一則，全提公案。宜受用，不煩寵勸。滌塵襟，靜盡無餘，開心月，清涼一片。群魔電掃螢中外，獨露元真會玉川。攜手蓬瀛，留連水晶宮殿。

元 徐再思《惠山泉》《朝野新聲太平樂府》卷二《小令二》　自天飛下九龍涎，走地流為一股泉，帶風吹作千尋練。問山僧，不記年，任松梢鶴避青煙。濕雲亭上，涵碧洞前，自採茶煎。

元 佚名《瑤台第一層·咏茶》《鳴鶴餘音》卷一　一氣才交，雷震動，一聲吐黃芽。玉人采得，收歸鼎內，製造無差。鐵輪萬轉，羅撼漸急，千遍無查。妙如法，用工夫了畢，隨處生涯。

堪誇。仙童手巧，泛甌春雪妙難加。睡魔趕退，分開道眼，識破浮華。趙州知味，盧仝達此，總到仙家。這盞茶，願人人早悟，同赴煙霞。

元 佚名《沁園春》《鳴鶴餘音》卷三　絕品龍團，製造幽微，建溪路賒。向南山采的，蟾酥烏血，和合北海，七寶靈芽。時遇陽春，收歸瓊室，碾磨搗、香塵膩水加。玉甌內，仗仙童手巧，烹出金花。

奇茶堪獻仙家。但啜罷香生兩腋，僥倖趙州難遇，盧仝不見，苦中甘味，意與誰誇。滌盡凡心，洗開道眼，返老還童鬢似鴉。真奇瑞，願人人解飲，同赴煙霞。

雜録

宋 彭乘《墨客揮犀》卷四　蔡君謨善別茶，後人莫及。建安能仁院有茶生石縫間，寺僧採造得茶八餅，號石巖白。以四餅遺君謨，以四餅密遣人走京師，遺王內翰禹玉。歲餘，君謨被召還闕，訪禹玉。禹玉命子弟於茶笥中選取茶之精品者，碾待君謨。君謨捧甌未嘗，輒曰：『此茶極似能仁石巖白，公何從得之？』禹玉未信，索茶貼驗之，乃服。

王荆公為小學士時，嘗訪君謨。君謨聞公至喜甚，自取絕品茶，親滌器烹點以待公，冀公稱賞。公于夾袋中取消風散一撮，投茶甌中，併食之。君謨失色，公徐曰：『大好茶味。』君謨大笑，且歎公之真率也。

宋 圓悟克勤《碧巖録》卷五　舉王太傅入招慶煎茶，時朗上座與明招把銚，朗翻卻茶銚。太傅見，問：『上座，茶爐下是什麼？』朗云：『捧爐神。』太傅云：『既是捧爐神，為什麼翻卻茶銚？』朗云：『仕官千日，失在一朝。』太傅拂袖便去。明招云：『朗上座吃卻招慶飯了，卻去江外打野榸。』朗云：『和尚作麼生？』招云：『非人得其便。』

欲知佛性義，當觀時節因緣。王太傅知泉州，久參招慶。一日因入寺，時朗上座煎茶次，翻卻茶銚。太傅也是個作家，纔見他翻卻茶銚，便問上座：『茶爐下是什麼？』朗云『捧爐神』，不妨言中有響。爭奈首尾相違，失卻宗旨，傷鋒犯手，不惟辜負自己，亦且觸忤他人。

【略】

王太傅與朗上座，如此話會不一，雪竇末後却道：『當時但與踏倒茶爐。』明招雖是如此，終不如雪竇。雪峰在洞山會下作飯頭，一日淘米次，山問：『作什麼？』峰云：『淘米。』山云：『淘米去沙，淘沙去米？』峰云：『沙米一時去。』山云：『大衆吃個什麼？』峰便覆却盆。山云：『子因緣不在此。』雖然恁麼，爭似雪竇云『當時但踏倒茶爐』，一等是什麼時節，到他用處，自然騰今煥古，有活脫處。頌云：

來問若成風，應機非善巧。堪悲獨眼龍，曾未呈牙爪。牙爪開，生雲雷，逆水之波經幾回。

『來問若成風，應機非善巧。』太傅問處，似運斤成風，此出《莊子》。郢人泥壁，餘一小竅，遂圓泥擲補之，時有少泥，落在鼻端，傍有匠者云：『公補竅甚巧，我運斤爲爾取鼻端泥。』其鼻端泥若蠅子翼，使匠者斫之。匠者運斤成風而斫之，盡其泥而不傷鼻，郢人立不失容，所謂二俱巧妙。朗上座雖應其機，語無善巧，所以雪竇道：『來問若成風，應機非善巧，堪悲獨眼龍，曾未呈牙爪。』明招道得也太奇特，爭奈未有拿雲攫霧底爪牙。雪竇傍不肯，忍俊不禁，代他出氣。雪竇暗去合他意，自頌他『踏倒茶爐』語，『牙爪開，生雲雷，逆水之波經幾回。』雲門道：『不望爾有逆水之波，但有順水之意亦得。』所以道：『活句下薦得，永劫不妄。』朗上座與明招語句似死，若要見活處，但看雪竇『踏倒茶爐』。

宋 蘇軾《東坡全集》卷七八《與姜唐佐秀才》　今日霽色尤可

喜，食已，當取天慶觀乳泉潑建茶之精者，念非君莫與共之。然早來市無肉，當相與啖菜飯耳，不嫌可只今相過。某啟上。

又　適寫此簡，得來示，知巡檢有會，更不敢邀請。會若散早，可來啜茗否？酒麵等承佳惠，感愧感愧！來早飯必如諾。十月十五日白。

宋 朱弁《曲洧舊聞》卷五《東坡論食》　東坡與客論食次，取紙一幅，書以示客云：「爛蒸同州羊羔，灌以杏酪，食之以匕不以箸。南都麥心麵，作槐芽溫淘，糝以襄邑抹豬；炊共城香粳，薦以蒸子鵝。吳興庖人斫松江膾。既飽，以廬山康王谷簾泉烹曾坑鬥品茶。少焉，解衣仰臥，使人誦東坡先生《赤壁前後賦》，亦足以一笑也。」東坡在儋耳，獨有二賦而已。

宋 鄭剛中《北山集》卷五《石磨記》　鄰有叟置石磨一小枚於壁角灰壤之下，余偶見之，其形製雖甚拙，然石理溫細可喜。問叟何以棄之，則曰：「大不堪用，每受茶，磨傍所吐如屑。」余假而歸，洗塵拂土。翌日，用磨建茶，則其細過於羅碾所出者。又取上品草茶試之，亦細。獨磨粗茶則如叟言也。蓋石細而利，茶之老硬者不與磨紋相可，故吐而不受材。叟無佳品付之，遂以為不堪用，而與瓦甓同委。嗚呼，器用之不幸，亦如是耶。有德之士，蘊藉和粹，不幸汩沒於簿書鹽米之間，責以棰楚會計之能，一不見效，遂以為鈍拙不才者，世固多矣。洗拂塵土，付以所長，亦當自有識者云。並書於記之末。

宋 葉適《水心集》卷一七《徐道暉墓志銘》　徐照字道暉，永嘉人，自號山民。嗜苦茗甚於飴蜜，手烹口啜無時。上下山水，穿幽透深，棄日留夜，拾其勝會，向人鋪說，無異好美色也。

宋 江少虞《宋朝事實類苑》卷六四　尹師魯為渭帥，與劉滬、董士廉輩議水邏城事，既矛盾，朝旨召尹至闕，送中書給紙劄供析。昭文呂申公因聚廳啜茶，令堂吏置甌於尹曰：「傳語龍圖，不及攀請，只令送茶去。」時集賢相幸師魯之議將屈，笑謂諸公曰：「尹龍圖莫道建茶磨去磨平，漿水亦咽不下。」師魯之喔去政堂切近，聞之，擲筆於案，厲聲曰：「是何委巷猥語，輒入廟堂？真治世之不幸也！」集賢愧而銜之，後致身於禍辱，根於此也。

又 卷六七　龍圖劉燁，亦滑稽辨捷，嘗與內相劉筠聚會飲茗，問左右湯滾也未？左右皆應曰：「已滾。」筠曰：「僉曰鯀哉。」燁應聲曰：「吾與點也。」

又 卷七〇　張杲卿丞相致政，居陽翟，於少室山下造庵，為養性存神之地。間或乘肩輿而往，從者不過五六人，處庵中，往往逾月方歸。一日，有道人形神瀟灑，野冠山服來謁，公與之語，頗達道要，亦究佛理，待之甚喜。既夕，道人曰：「某新自浙中回，得茗芽少許，欲請相公一啜。」公欣然可之。道人乃躬自滌器，進火烹茶以進。公頗稱善，良久，又取茶飲從者各一甌，少時，從者皆昏瞑顛僕且睡，道人即白公曰：「某欲往羅浮煉丹，乏藥劑鼎竈之資，行從多金器，原賜數事。」公遽呼從者，皆不應，亦無可奈何，任其所取，幾十餘斤，悉持去。迨曉，從者始醒。

宋 呂居仁《軒渠録》　強淵明字隱季，帥長安，辭蔡太史，蔡戲云：「公今吃冷茶去也。」強不曉而不敢發問。親戚間有熟知長安風物者，因以此語訪之，乃笑曰：「長安妓女，步武極小，行皆遲緩，故有吃冷茶之戲。」

宋 陳元靚《歲時廣記》卷一七《汲新泉》　《東坡詩話》：僕在黃州，參寥師自武陵來訪，館之。後東坡一日夢參寥誦所作新詩，覺而記兩句云：「寒石清明都過了，石泉槐火一時新。」夢中問：「火固新矣，泉何故新？」答曰：「俗以清明日淘井。」後七年，出守錢塘，而參寥始卜居湖上智果院，有泉石出石縫間，清泠宜作茶。寒食之明日，僕與客泛舟自孤山來謁。參寥汲泉鑽火，烹黃蘗茶。忽悟所夢詩兆於七年之前，衆客驚歎。知傳記所載蓋不妄也。

又　白樂天《清明詩》云「出火煮新茶」，東坡詩云「已改煎茶火」，又云「且將新火試新茶」，又云「紅焙淺甌新活火，龍團小碾鬥晴窗」，又云「新火發茶乳」。

又 卷二九《請茶會》　《歲時雜記》：解夏受歲，事見諸經，不可備舉。近世唯禪家解結二會最盛，禮信畢集，施物豐夥。解結齋畢，長少番次召諸僧茶會，諸寮互會茶十餘日乃畢。

又 卷三七《賜茶酒》　《皇朝歲時雜記》：朝堂諸位，自十月朔設火，每起居退，賜茶酒，盡正月終。每遇大寒陰雪，就漏舍賜酒肉。

宋 戴埴《鼠璞》卷上《餛飩》　《酉陽雜俎》云：『今衣冠家有蕭家，餛飩漉去湯肥，可以瀹茗。』

宋 吴自牧《夢粱録》卷一一《井泉》　參寥泉，元祐年間此僧住上智果寺，寺有泉，東坡以僧之名為泉名。蓋東坡《應夢記》云：『僕在黄州日，參寥自吴中來訪。一日，夢此僧賦詩，覺而記兩句云：「寒食清明都過了，石泉槐火一時新。」後七年，僕出守錢塘，此僧始卜居西湖智果院。院有泉出石縫間。寒食之明日，僕與客泛湖，自孤山來謁，參寥子汲泉鑽火，烹黄蘗茶。忽悟予夢詩兆於七年前，眾客皆歎。遂書始末並題之，非虚語也。』

又　湧泉在霍山行宫西清心院前山坡下，高廟日遣人汲水入内瀹茗。寺中以朱欄護之，味極清甘，亢旱不竭。

又　安平泉在仁和安仁西鄉安隱院，有池扁曰安平泉。池邊有亭，東坡詩曰：『策杖徐徐步此山，撥雲尋徑興飄然。鑿開海眼知何代，種由菱花不記年。烹茗僧誇甌泛雪，煉丹人化骨成仙。當年陸羽空收拾，遺卻安平一片泉。』

又卷一六《茶肆》　汴京熟食店張掛名畫，所以勾引觀者，留連食客。今杭城茶肆亦如之，插四時花，掛名人畫，裝點店面。四時賣奇茶異湯，冬月添賣七寶擂茶、饊子、蔥茶，或賣鹽豉湯，暑天添賣雪泡梅花酒，或縮脾飲暑藥之屬。向紹興年間，賣梅茶酒之肆以鼓樂吹《梅花引》曲破賣之，用銀盂杓盞子，亦如酒肆論一角二角。今之茶肆列花架，安頓奇杉異檜等物於其上，裝飾店面，敲打響盞歌賣，止用瓷盞漆托供賣，則無銀盂物也。夜市于大街有車擔，設浮鋪點茶湯，以便遊觀之人。大凡茶樓，多有富室子弟、諸司下直等人會聚，習學樂器、上教曲賺之類，謂之掛牌兒。人情茶肆，本非以點茶湯為業，但將此為由，多覓茶金耳。又有茶肆專是五奴打聚處，亦有諸行借工賣伎人會聚，行老謂之市頭。大街有三五家開茶肆，樓上專安著妓女，名曰花茶坊，如市西坊南潘節幹俞七郎茶坊，保佑坊北朱骷髏茶坊，太平坊郭四郎茶坊，太平坊北首張七相幹茶坊。蓋此五處多有炒鬧，非君子駐足之地也。更有張賣麵店隔壁黄尖嘴蹴球茶坊，又中瓦内王媽媽家茶肆名一窟鬼茶坊，大街車兒茶肆，蔣檢閱茶肆，皆士大夫期朋約友會聚之處。巷陌街坊自有提茶瓶沿門點茶，或朔望日，如遇凶吉二事，點送鄰里茶水，倩其往來傳語。又有一等街司衙兵百司人，以茶水點送門面鋪席，乞覓錢物，謂之齪茶。僧道頭佗欲行題注，先以茶水沿門點送，以為進身之階。

宋 委心子《新編分門古今類事》卷六《奚陟推案》　奚侍郎陟少年未從宦時，夢與朝客二十餘人就一廳吃茶。時方甚熱，陟東行首坐，茶起西行，自南而去，二碗徐行，不可得。奚渴甚，不堪久忍。俄有一吏走入，肥大，抱簿書近千餘紙，以案置筆硯請判。陟方熱，又渴，兼惡其肥，忿之，乘高推其案曰：『且將去！』濃墨滿硯，正中文書之上，並吏人之面，手足衣服無不沾汙。及覺録之，藏於巾笥。後十五年，為吏部侍郎。時方以茶為上味，日加修潔。陟性素奢，先為茶器一副，餘人未之有也。時正熱，餐罷，請同舍外郎就廳茶會。陟為主人，西面首坐，坐者二十餘人，兩甌緩行，又茶至揖客，自西南面始，雜以笑語，其茶益遲。陟先有痟疾，加之熱甚，茶不可待，躁悶頗極。逡巡，一吏肥黑，抱大文書兼筆硯，滿面瀝汗，陟忿惡之，乃於階上推曰：『且將去！』案倒正中令史面上，及簿書盡汙。座客大笑，陟方悟昔年之夢，取記事驗之，更無分毫之差。嗟乎！陟之貴為吏侍已先定於十五年前，固無足怪，而茶甌之行，文案之推，吏書之沾汙，亦復皆有定數，豈偶然哉！因備録之，以為世戒。

元 倪瓚《清閟阁全集》卷一一　元鎮素好飲茶，在惠山中用核桃松子肉和真粉成小塊，如石狀，置茶中，名曰清泉白石茶。有趙行恕者，宋宗室也。慕元鎮清致，訪之。坐定，童子供茶，行恕連啖如常，元鎮艴然曰：『吾以子為王孫，故出此品，乃略不知風味，真俗物也。』自是絕交。

元 佚名《雪水烹茶》《氏族大全》卷七　陶穀字秀實，自謂頭骨當珥貂冠。宋建隆中，為翰林承旨，文冠一時。子炳登第，上曰：『穀不能訓子。』命中書覆試始此。納黨太尉家姬為妾，一夕，取雪水烹茶，問曰：『黨家有此風味否？』曰：『彼粗人，安識此風味！』

元 忽思慧《飲膳正要》卷二《諸般湯煎》

清茶

先用水滾過濾淨，下茶芽，少時煎成。

炒茶

用鐵鍋燒赤，以馬思哥油、牛奶子、茶芽同炒成。

蘭膏

玉磨末茶三匙頭，麵、酥油同攪成膏，沸湯點之。

酥簽

金字末茶兩匙頭，入酥油同攪，沸湯點之。

建湯

玉磨末茶一匙，入碗內研勻，百沸湯點之。

香茶

白茶一袋、龍腦成片者三錢、百藥煎半錢、麝香二錢，同研細，用香粳米熬成粥，和成劑，印作餅。

明 王世貞《艷異編》卷一四《宮掖部・蔡京保和延福二記》 蔡元長所述《太清樓侍宴記》列於前，又得《保和殿曲宴》、《延福宮曲宴》二記，今復載于左方。

宣和元年九月十二日，皇帝召臣蔡京、臣王黼、臣越王俁、臣燕王似、臣嘉王楷、臣童貫、臣嗣濮王仲忽、臣馮熙載、臣蔡攸宴保和殿。【略】過翠翹燕閣諸處。賜茶全真殿，上親御擊注湯，出乳花盈面。臣等惶恐前曰：『陛下略君臣夷等，為臣下烹調，震悸惶怖，豈敢啜。』頓首拜。上曰：『可。』

又 宣和二年十二月癸巳，召宰執、親王等曲宴于延福宮，特召學士承旨臣李邦彥、學士臣宇文粹中，與示異恩也。【略】上語保和殿學士蔡儵曰：『引二翰苑子細看，一一說與。』諄諭再三。次詣成平殿，鳳竹龍燈，燦然如畫，奇偉萬狀，不可名言。上命近侍取茶具，親手注湯擊沸。少頃，白乳浮盞面，如疏星淡月。顧諸臣曰：『此是布茶。』飲畢，皆頓首謝。

元 楊維楨《東維子文集》卷三〇《鬻茶夢》 鐵龍道人臥石床，二更，月微明，及紙帳，梅影亦及半窗，鶴孤立不鳴。命小芸童汲白蓮泉，燃槁湘竹，授以凌霄芽，為飲供。道人乃游心太虛，雍雍凉凉，若鴻蒙，若皇芒，會人地之未生，適陰陽之若亡。恍兮勿知入夢，遂坐于清圓銀暉之堂。堂上香雲連拂地，中著紫桂榻、綠瓊几，有《太初易》一集。集內悉星斗文，煥煒燴熠，金流玉錯，莫別爻畫，若煙雲日月交麗乎中天，欻玉露涼，月冷如冰，入齒者易刻，因作《太虛吟》，吟曰：『道無形兮兆無聲，妙無心兮一以貞，百象斯融兮太乙以清。』歌已，光飆起林，末激華氛，郁郁霏霏，絢爛淫豔。乃有扈綠衣若仙子者從容來謁，云：『名淡香，小字綠華。』乃捧太玄杯，酌太清神明之髓以壽余，侑以辭曰：『心不形，神不行，無而為，萬化清。』壽畢，紓徐而退，復令小玉環侍筆牘，遂書歌遺之曰：『道可受兮不可傳，天不刑兮四時以言，眇乎天兮天之先，天之先復何仙。』移間，白雲微銷，綠衣化煙，月反明余內間。余亦悟矣，遂冥神合玄，月光尚隱于梅花間也。小雲呼曰：『凌霄芽熟矣！』

元 謝應芳《龜巢稿》卷一二《答惠子及送泉書》 一別兩年，將謂假館華莊，優遊蔗境，未聞移席縣庠也，故昨於學齋書中有失問訊。茲承賜詩與惠山泉偕至，不勝感激，遂即刻奉和，以抒謝忱。曰：『龍山只在片雲間，不到山中四十年。多謝故人知渴想，瓦瓶封寄煮茶泉。』一笑，一笑。學齋回，更煩尋水符之盟，毋使山靈笑人寂寂也。竹山詞久為烏有，弗克奉命。歲晏，未由晤言，惟善保為斯文壽。

明清飲茶方式

題解

唐 陸羽《茶經》卷上《一之源》 茶者，南方之嘉木也，一尺、二尺迺至數十尺。其巴山峽川有兩人合抱者，伐而掇之。其樹如瓜蘆，葉如梔子，花如白薔薇，實如栟櫚，（葉）［莖］如丁香，根如胡桃。瓜蘆木出廣州，似茶，至苦澀。栟櫚，蒲葵之屬，其子似茶。胡桃與茶根皆下孕兆至瓦礫苗木上抽。其字或從草，或從木，或草木並。從草當作『茶』，其字《開元文字》者，義從木當作『𣘻』，其字出《本草》。草木並作『茶』，其字出《爾雅》。其名一曰茶，二曰檟，三曰蔎，四曰茗，五曰荈。周公云：檟，苦茶。楊執戟云：西蜀人謂茶曰蔎。郭弘農云：早取為茶，晚取為茗。或一曰蔎耳。

明羅廩《茶解・原》 《經》云一茶、二檟、三蔎、四茗、五荈，精粗不同，總之皆茶也。而至如嶺南之苦登，玄嶽之騫林葉，蒙陰之石蘚，又各為一類，不堪入口。《研北志》云「交趾登茶如綠苔，味辛烈」，而不言其苦惡，要非知茶者。

茶，六書作「荼」；《爾雅》、《本草》、《漢書》荼陵俱作「荼」。《爾雅》註云「樹如梔子」是已；而謂冬生葉，可煮作羹飲，其故難曉。

明鄧志謨《茶酒爭奇》卷一《敘述茶酒争奇》 皇道煥炳，帝載緝熙。教清於雲官之世，治穆於鳥紀之時。王猷允塞，函夏謐寧，萬物絪緼，地天交泰。功與造化爭流，德與二儀比大。鳳凰鳴矣，黃河清矣。在在絃歌擊壤，家家詩禮文章。鐘鼓鏗鏘，寫羲皇之皞皞；玄黃稠疊，追文質之彬彬。禮儀三百，威儀三千，至浩至繁，不可勝紀。今特舉禮中二物極小者言之：曰茶曰酒。

自春夏以至秋冬，何時不用茶用酒？自朝廷以及閭巷，何人不用茶用酒？試言其日用飲食之常，民間往來之禮：或冠而三加，或婚而合巹，或弄璋而為湯餅會，開筵呼客；或即景賦詩，或坐上姻朋，賽有華裾織翠；或門前車馬，時來結駟高軒；追賞惠連，壓倒元白，何事而不用茶用酒？如所云用之以時者，玉律元旦傳佳節，綵勝七日倍風光。九陌元宵聯燈影，改火寒食待清明。燧火開新焰清明，傾都祓禊辰上巳。舡登先後渡端午，萬鏤慶停梭七夕。照耀超諸夜，漢武賜茱囊重陽。刺繡五紋添弱線冬至，四氣除夜推遷往復還。何節而不用茶用酒？

明黃履道輯，清佚名增補《茶苑》卷一《釋名》 茶者，南方之嘉木。早採者為茶，晚採者為茗。郭璞註《爾雅》

茶初採者謂之茶，老則謂之茗。今人將茶無論早晚概稱春茗，是為錯用。《正字編》

茶，宅加切，茗也。葉可煎飲，能消渴、下痰、清頭目，久服不寐。《唐韻會》

茗，莫迥切，茶晚取者。《韻林》

茶即古荼字，周詩「誰謂荼苦，其甘如薺」是也。《茶志》

六經無茶字，惟《周禮》有荼字，即茶字也。古人不尚茗飲，故無此字。後人省文，往往未究，深為可笑。《九清齋雜誌》

《春秋》書「齊荼」，《漢志》書「荼陵」，至唐陸羽遂以「茶」易「荼」。故羽有《茶經》，玉川子有《茶歌》，趙贊有「茶禁」，遂奕世相承不改焉。《茶說》

檟，苦茶，葉似梔子，今呼早採者為茶，晚採者為茗，蜀人名為苦茶。《爾雅》

周公曰：檟，苦茶。蜀人謂曰蔎音設。高似孫《緯略》

檟，古馬切，一作榎，楸也。楸小而散曰檟，一曰苦茶，亦作夏，《記》：「夏楚貳物。」《韻林》

茶，老葉謂之荈，細葉謂之茗。《魏王花木志》

履道按：《茶經》及諸家《茶譜》、《茶論》等書惟有茶、荈、茗、蔎、檟字，而無所謂茆者，當是荈字之訛耳。須俟博雅正之。

論說

明田藝蘅《煮泉小品・宜茶》 茶如佳人，此論雖妙，但恐不宜山林間耳。昔蘇子瞻詩「從來佳茗似佳人」，曾茶山詩「移人尤物眾談誇」，是也。若欲稱之山林，當如毛女、麻姑，自然仙風道骨，不涴煙霞可也。必若桃臉柳腰，宜亟屏之銷金帳中，無俗我泉石。

鴻漸有云：「烹茶於所產處無不佳，蓋水土之宜也。」此誠妙論，況旋摘旋瀹，兩及其新邪。故《茶譜》亦云：「蒙之中頂茶，若獲一兩，以本處水煎服，即能祛宿疾。」是也。今武林諸泉，惟龍泓入品，而茶亦惟龍泓山為最。蓋茲山深厚高大，佳麗秀越，為兩山之主，故其泉清寒甘香，雅宜煮茶。虞伯生詩：「但見瓢中清，翠影落羣岫。烹煎黃金芽，不取穀雨後。」姚公綬詩：「品嘗顧渚風斯下，零落茶經奈爾何。」則風味可知矣，又況為葛仙翁煉丹之所哉？又其上為老龍泓，寒碧倍之，其地產茶，為南北山絕品。鴻漸第錢唐天竺、靈隱者為下品，當未識此耳。而郡志亦只稱寶雲、香林、白雲諸茶，皆未若龍泓之清馥雋永也。余嘗一一試之，求其茶泉雙絕，兩浙罕伍云。

龍泓今稱龍井，因其深也。郡志稱有龍居之，非也。蓋武林之山，皆發源天目，以龍飛鳳舞之讖，故西湖之山，多以龍名，非真有龍居之也。

有龍，則泉不可食矣。泓上之閣，亟宜去之；浣花諸池，尤所當浚。

鴻漸品茶，又云杭州下，而臨安、於潛生於天目山，與舒州同，固次品也。葉清臣則云：茂錢唐者，以徑山稀，今天目遠勝徑山，而泉亦天淵也。洞霄次徑山。

嚴子瀨，一名七里灘。蓋沙石上曰瀨、曰灘也，總謂之漸江，但潮汐不及而且深澄，故入陸品耳。余嘗清秋泊釣臺下，取囊中武夷、金華二茶試之，固一水也，武夷則黄而燥冽，金華則碧而清香，乃知擇水當擇茶也。鴻漸以婺州為次，而清臣以白乳為武夷之右，今優劣頓反矣。意者所謂離其處，水功其半者邪。

茶自浙以北皆較勝，惟閩、廣以南，不惟水不可輕飲，而茶亦當慎之。昔鴻漸未詳嶺南諸茶，仍云『往往得之，其味極佳。』余見其地多瘴癘之氣，染著草木，北人食之，多致成疾，故謂人當慎之。要須採摘得宜，待其日出，山霽露收嵐淨可也。茶之團者、片者，皆出於碾磑之末，既損真味，復加油垢，即非佳品，總不若今之芽茶也，蓋天然者自勝耳。曾茶山《日鑄茶》詩『寶銙自不乏，山芽安可無』、蘇子瞻《壑源試焙新茶》詩『要知玉雪心腸好，不是膏油首面新』是也。且末茶瀹之有屑，滯而不爽，知味者當自辨之。

芽茶以火作者為次，生曬者為上，亦更近自然，且斷煙火氣耳。況作人手器不潔，火候失宜，皆能損其香色也。生曬茶，瀹之甌中，則旗鎗舒暢，清翠鮮明，尤為可愛。

唐人煎茶多用薑鹽，故鴻漸云：『初沸水，合量調之以鹽味。』薛能詩：『鹽損添常戒，薑宜著更誇。』蘇子瞻以為茶之中等用薑煎信佳，鹽則不可。余則以為二物皆水厄也。若山居飲水，少下二物以減嵐氣，或可耳。而有茶，則此固無須也。

今人薦茶，類下茶果，此尤近俗。縱是佳者，能損真味，亦宜去之。且下果則必用匙，若金銀，大非山居之器，而銅又生腥，皆不可也。若舊稱北人和以酥酪，蜀人入以白鹽，此皆蠻飲，固不足責耳。

人有以梅花、菊花、茉莉花薦茶者，雖風韻可賞，亦損茶味，如有佳茶，亦無事此。

有水有茶，不可無火。非無火也，有所宜也。李約云：『茶須緩火炙，活火煎。』活火謂炭火之有焰者，蘇軾詩『活水仍須活火烹』是也。余則以為山中不常得炭，且死火耳，不若枯松枝為妙。若寒月，多拾松實，畜為煮茶之具，更雅。

人但知湯候，而不知火候。火然則水乾，是試火先於試水也。《呂氏春秋》：伊尹說湯，『五味三材，九沸九變，火為之紀』。

湯嫩則茶味不出，過沸則水老而茶乏，惟有花而無衣，乃得點瀹之候耳。

唐人以對花啜茶為殺風景，故王介甫詩：『金谷千花莫漫煎』；其意在花，非在茶也。余則以為金谷花前，信不宜矣。若把一甌，對山花啜之，當更助風景，又何必羔兒酒也。

煮茶得宜，而飲非其人，猶汲乳泉以灌蒿蕕，罪莫大焉。飲之者一吸而盡，不暇辨味，俗莫甚焉。

明 張萱《疑耀》卷六《茶》 古人冬則飲湯，夏則飲水，未有茶也。李文正《資暇録》謂：茶始於唐崔寧，黄伯思已辨其非。伯思嘗見北齊楊子華作《邢子才魏收勘書圖》已有煎茶者。《南窗紀談》謂：飲茶始於梁天監中，事見《洛陽伽藍記》。及閱《吳志·韋曜傳》『賜茶荈以當酒』，則茶又非始於梁矣。余謂飲茶亦非始於吳也。《爾雅》曰『檟，苦茶』，郭璞註：可以為羹飲，早采為茶，晚采為茗，一名荈，則吳之前亦以茶作飲矣。第未必如後世之日用不離也。蓋自陸羽出，茶之法始講。自呂惠卿、蔡君謨輩出，茶之法始精，而茶之利國家且藉之矣。此古人所不及詳者也。

明 顧起元《説略》卷二五《食憲》 古人以飲茶始於三國時。《吳志·韋昭傳》：『孫皓每飲羣臣酒，率以七升為限。昭飲不過二升，或為裁減，或密賜茶茗以當酒。』據此為飲茶之證。按《趙飛燕別傳》『成帝崩後，后一夕寢中驚啼甚久，侍者呼問方覺。乃言曰：「吾夢中見帝，帝賜吾坐，命進茶。左右奏帝云：向者侍帝不謹，不合啜此茶。」』云云。然則西漢時已嘗有啜茶之説矣。

建州之北苑先春龍焙，洪州之西山白露，鶴嶺雙井白芽，穆州之鳩坑，東川之獸目，綿州之松嶺，福州之柏巖，方山生芽，雅州之露芽，南康之雲居，婺州之舉巖碧乳，宣城之陽坡橫紋，饒池之仙芝、福合、祿

合、蓮合、慶合，蜀州之雀舌、鳥嘴、片甲、蟬翼，潭州之獨行靈草，彭州之仙崖石苍，臨江之玉津，袁州之金片綠英，龍安之騎火，涪州之賓化，建安之青鳳髓，岳州之黄翎毛，建安之石巖白，岳陽之金膏冷，南劍之蒙頂石花，湖州之顧渚紫筍，峽州之碧澗明月，壽州之霍山黄芽，越州之日注，此唐宋時産茶地及名也。

《南部新書》云：湖州造茶最多，謂之顧渚貢焙，歲造一萬八千餘斤。按此則唐茶不重建，以建未有奇産也。至南唐初造研膏，繼造蠟面，既又佳者號曰京挺。宋初置龍鳳模，號石乳，又有的乳、白乳，而蠟面始下矣。丁晉公進龍鳳團，至蔡君謨又進小龍團。神宗時復製密雲龍，哲宗改為瑞雲翔龍，則益精，而小龍團下矣。徽宗品茶，以白茶第一，又製三色細芽，而瑞雲翔龍下矣。宣和庚子，漕臣鄭可聞始創為銀絲水芽，蓋將已揀熟芽再剔去，祗取其心一縷，用清泉漬之，光瑩如銀絲。方寸新胯，小龍蜿蜒其上，號龍團勝雪，去龍腦諸香，遂為諸品之冠。今建茶碾造雖精，不去龍腦，以為奩閤中味，亦不用入瀹。而茶品獨貴者虎丘，其次天池，又其次陽羡；羡之佳者岕，而龍井、六安之類皆下矣。

蜀蒙山頂茶，多不能數斤，極重於唐，以為仙品。今之蒙茶乃青州蒙陰山產石上，若地衣，然味苦而性涼，亦不難得也。

明 鄧志謨《茶酒争奇》卷一《茶叙述源流》 茶有五名：一曰茶、二曰檟、三曰蔎、四曰茗、五曰荈，此載之《茶經》也。早采者為茶，晚采者為茗，此記之《爾雅》也。且製茶、煎茶各有法，須緩火炙，活火煎，始則魚目散布，微微有聲；中則四際泉湧，纍纍若貫珠；終則騰波鼓浪，水氣全消，謂老湯。三沸之法，非活火不能成也，此李存博之論，真有山林之致矣。若唐子西《鬥茶説》：『茶不問團銙，要之貴新；水不問江井，要之貴活。』顧逋翁《論茶》：『煎以文火細煙，小鼎長泉。』其意亦略同。陸羽不嘗論茶有九難乎？『陰采夜焙，非造也；嚼味嗅香，非别也；膏薪炮炭，非火也；飛湍壅潦，非水也；外熟內生，非炙也；碧粉縹塵，非末也；操艱攪遽，非煮也，夏興冬廢，非飲也，膩鼎腥甌，非器也。』《茶録》不詳載製茶之病乎？『土肥而芽澤乳，則甘香而粥面著盞而不散；土脊而芽短，則雲腳渙亂去盞而易散。葉梗半，則受水鮮白；葉梗短，則色黄而泛。鳥蒂、白合，茶之大病，不去鳥蒂，則色黄黑而惡；不去白合，則茶苦澀。蒸芽必熟，去膏必盡。蒸芽未熟，則草木氣存；去膏未盡，則色濁而味重。受煙則香奪，壓黄則味失。此皆茶病也。』誠貴重也歟哉！

又《茶四書文章》 湯者甘飲，是人之所欲也。夫禮儀三百，始吾於人也，民以為大，不其然乎？今夫山，草木暢茂，為巨室，梓匠輪輿，鑽燧改火，材木不可勝用也，則人賤之矣。吾之於人也，人人有貴於己者。維石茶生于山中石岩者最佳岩岩，日月之所照，雨露之所潤起股，其生也榮。飲食之人，遠之則有望，近之則不厭，與民同之。苟有用我者，求水火，湯執中。其有成功也，禮之用，和為貴。冬日則飲湯，夏日則飲水，食之以時。我則異於是，日日新，不可須臾離也。不如是，人猶有所憾。君子敬而無失，與人恭而有禮，酌則誰先，可使與賓客言，惟我在，無貴賤一也。姑舍是，則不敬莫大乎是。行道末股之人，勞者弗息，一瓢飲，如時雨降，於人心獨無恔乎？芒芒然歸，謂其人曰：『此天之所與我也，善夫！』隱几而臥，既醉以酒，一勺之多，使人昭昭，吾何慊乎哉！舉欣欣然有喜色而相告曰：『吾不復夢見周公也，益矣。』生乎今之世，人莫不飲食也。兼所愛則兼所養，何可廢也。辭讓之心，天下之達道也，或相十百，或相千萬，君子多乎哉！此其大略也。為王誦之。王如善之，請嘗試之。

水官批：文肖其人，清光可掬。

火官批：以己清明之思，印千古聖賢之旨，得在意外，會在象先。

明 黄履道輯，清 佚名增補《茶苑》卷一三《茗飲》 飲茶之始：飲茶或云始於梁天監中，事見《洛陽伽藍記》，非也。按《吳志・韋曜傳》，孫皓每宴饗，無不竟日，在席無論能否，率以飲酒七升為限，雖不悉入口，皆澆灌取盡。曜素飲不過二升，初見禮異，或為裁減，或賜茶荈以當酒。如此言則三國時已知飲茶，但未能如後世之盛耳。逮唐中世，榷利遂與煮酒相抗，迄今國計賴此為多。《南窗紀談》

《雲谷雜記》云：飲茶不知起於何時，歐陽公《集古録》跋：茶之見於前史者，蓋自漢魏已來有之。余按《晏子春秋》，嬰相齊景公時，食脱粟之飯，炙三戈五卵，茗菜而已。又漢王褒《僮約》有『武陽買茶』之語，則魏晉之前已有之矣。但當時雖知飲茶，未若後世之盛耳。郭璞註

《爾雅》云：樹似梔子，冬生葉，可煮作羹飲，然茶至冬味苦，豈復可作羹飲耶？飲之令人少睡，張華得之以為異聞，遂載之《博物志》。當時非但飲茶者鮮，而識茶者亦鮮。至唐陸羽著《茶經》三卷，言茶事甚備，天下益知飲茶，其後尚茶成風。回紇入朝，始驅馬市茶。德宗建中間，趙贊始興茶税。興元初雖詔罷，貞元九年張滂復奏請，歲得緡錢四十萬，今乃與鹽鐵同佐國用，所入不知幾倍於唐矣。

又卷一五《鑒賞》 李卓吾《疑耀》云：古人冬則飲湯，夏則飲水，未有茶也。李文正《資暇録》云茶始於唐崔寧，黄伯思已辨其非。伯思常見北齊楊子華作《刑子才魏收勘書圖》已有煎茶者。《南磵紀譚》謂飲茶始於梁天監中，事見《洛陽伽藍記》，及閲《吴紀・韋曜傳》賜茶荈以當酒，則茶又非始於梁矣。余謂飲茶亦非始於吴也。《爾雅》曰『檟，苦荼』，郭璞註曰：以為羹飲，早採為荼，晚採為茗，一名荈，則吴之前亦以茶作飲矣，第不如後世之日用不離也。蓋自陸羽出，而茶之法始備。自吕惠卿、蔡君謨輩出，而茶法始精，且茶之利國家已籍之矣。此古人所不及詳也。

清 陸廷燦《續茶經》卷上《茶之源》 王象晉《茶譜小序》：茶，喜木也，一植不再移，故婚禮用茶，從一之義也。

又 野航道人朱存理云：飲之用，必先茶，而茶不見於《禹貢》，蓋全民用而不為利。後世榷茶，立為制，非古聖意也。陸鴻漸著《茶經》，蔡君謨著《茶録》，孟諫議寄盧玉川三百月團，後侈至龍鳳之飾，責當備於君謨；然清逸高遠，上通王公，下逮林野，亦雅道也。

清 顧蘅《湘皋茶説・序》 吴主禮賢，方聞置茗；晉人愛客，纔有分茶。讀韓翃啟，則知茶之開創，絕不自季疵始，而説者竟以陸羽飲茶，比於后稷樹穀，誤矣。第開創之功，雖不始於桑苧，而製茶自出，實大備於季疵。嗣後名山所産，靈草漸繁，人巧之功，佳茗日著。羅君有言，茶酒二事，可云前無古人，而我獨怪夫世之卮談名酒者甚多，清談佳茗者實少也。不寧惟是，一切世味，葷膻甘脆，爭染指垂涎，獨此物面孔嚴冷，絕無和氣，稍稍霑唇漬口，輒便唾去，疇則嗜之，非幽人閒士，披雲漱石之流，其孰可與語此者乎？

清 劉源長《茶史》卷一《茶之原始》 《茶經》云：《神農食經》：茶茗久服，有力悦志。

又 華佗字元化《食論》云：苦茶久食，益意思。

又云：茶之為飲，發乎神農氏，聞於魯周公，齊有晏嬰，漢有揚雄、司馬相如，吴有韋曜，晉有劉琨、張載、遠祖納、謝安、左思之徒，皆飲焉。據《茶經》，則是神農有茶矣。茶其藥品乎？

茶之名，始見於王褒《僮約》，盛著於陸羽《茶經》。

清 黄遵憲《日本國志》卷三五《禮俗志二・茶》 宏仁中得茶于唐，詔令畿内及諸州植茶，其時煎茶而飲，和鹽用姜，一同唐人。其後僧榮西歸自宋，植於築前脊振山，將軍源實朝有疾，榮西獻茶及《吃茶養生記》，將軍飲之而愈。榮西又贈茶實于釋明惠，明惠種於梅尾山後，分種之宇治，至今宇治實稱茶海。自足利義政始尚點茶，於是茗宴盛行。詳《游燕》類中。人無貴賤，無不嗜茶。邇年種植益盛，每歲西人購買值銀約四百餘萬圓。

綜述

明 高濂《遵生八箋》卷一一《飲饌服食箋・煎茶四要》

一擇水

凡水泉不甘，能損茶味，故古人擇水最為切要。山水上，江水次，井水下。山水乳泉漫流者為上，瀑湧湍激勿食，食久令人有頸疾。江水取去人遠者，井水取汲多者，如蟹黄混濁鹹苦者皆勿用。若杭湖心水、吴山第一泉、郭璞井、虎跑泉、龍井、葛仙翁井俱佳。

二洗茶

凡烹茶，先以熱湯洗茶葉，去其塵垢冷氣，烹之則美。

三候湯

凡茶須緩火炙，活火煎，活火謂炭火之有焰者，當使湯無妄沸，庶可養茶。始則魚目散布，微微有聲；中則四邊泉湧，纍纍連珠；終則騰波鼓浪，水氣全消，謂之老湯。三沸之法，非活火不能成也。最忌柴葉煙熏。煎茶為此，《清異録》云五賊六魔湯也。

四擇品

凡瓶，要小者，易候湯，又點茶注湯相應。若瓶大，啜存停久，味過則不佳矣。茶銚、茶瓶，磁砂為上，銅錫次之。磁壺注茶，砂銚煮水為上。《清異録》云：富貴湯，當以銀銚煮湯佳甚，銅銚煮水、錫壺注茶次之。

茶盞惟宣窯壇盞為最，質厚白瑩，樣式古雅有等。宣窯印花白甌，式樣得中，而瑩然如玉；次則嘉窯心内茶字小盞為美。欲試茶色黄白，豈容青花亂之。注酒亦然，惟純白色器皿為最上乘品，餘皆不取。

又《試茶三要》

一滌器

茶瓶、茶盞、茶匙生鉎，致損茶味，必須先時洗潔則美。

二熁盞

凡點茶，先須熁盞令熱，則茶面聚乳，冷則茶色不浮。

三擇果

茶有真香，有佳味，有正色，烹點之際，不宜以珍果香草雜之。奪其香者，松子、柑橙、蓮心、木瓜、梅花、茉莉、薔薇、木樨之類是也。奪其味者，牛乳、番桃、荔枝、圓眼、枇杷之類是也。奪其色者，柿餅、膠棗、火桃、楊梅、橙橘之類是也。凡飲佳茶，去果方覺清絶，雜之則無辨矣。若欲用之所宜，核桃、榛子、瓜仁、杏仁、欖仁、栗子、雞頭、銀杏之類，或可用也。

明 陳師《茶考》《茶書》 世以山東蒙陰縣山所生石蘚謂之蒙茶，士夫亦珍重之，味亦頗佳。殊不知形已非茶，不可煮，又乏香氣，《茶經》所不載也。蒙頂茶出四川雅州，即古蒙山郡。其《圖經》云：蒙頂有茶，受陽氣之全，故茶芳香。《方輿》、《一統志》『土產』俱載之。《晁氏客話》亦言『出自雅州』。李德裕丞相入蜀，得蒙餅，沃於湯瓶之上，移時盡化，以驗其真。文彥博《謝人惠蒙茶》云：『舊譜最稱蒙頂味，露芽雲液勝醍醐。』蔡襄有歌曰：『露芽錯落一番新。』吳中復亦有詩云：『我聞蒙頂之巔多秀嶺，惡草不生生淑茗。』今少有者，蓋地既遠，而蒙山有五峯，其最高曰上清，方產此茶。且時有瑞雲影見，虎豹龍蛇居之，人跡罕到，不易取。《茶經》品之於次者蓋東蒙山，非此也。

世傳烹茶有一横一豎而細嫩於湯中者，謂之旗槍茶。《麈史》謂之始生而嫩者為一槍，浸大而展為一旗，過此則不堪矣。葉清臣著《茶述》曰『粉槍末旗』，蓋以初生如針而有白毫，故曰粉槍，後大則如旗矣。此與世傳之説不同，亦如《麈史》之意，皆在取列也。不知歐陽公《新茶》詩曰『鄙哉穀雨槍與旗』，王荆公又曰『新茗齋中試一旗』，則似不取也。或者二公以雀舌為旗槍耳，不知雀舌乃茶之下品，今人認作旗槍，非是。故沈存中詩云：『誰把嫩香名雀舌，定應北客未曾嘗。不知靈草天然異，一夜春風一寸長。』或二公又有別論。又觀東坡詩云：『揀芽分雀舌，賜茗出龍團。』終未若前詩評品之當也。

予性喜飲酒，而不能多，不過五七行，性終便嗜茶，隨地咀其味，且有知予而見貽者。大較天池為上，性香軟而色青可愛，與龍井亦不相下。雅州蒙茶不可易致矣，若東甌之雁山次之，赤城之大磐次之。毘陵之羅楷又次之，味雖可而葉粗，非萌芽倫也。宣城陽坡茶，杜牧稱為佳品，恐不能出天池、龍井之右。古睦茶葉粗而味苦，閩茶香細而性硬。蓋茶隨處有之，擅名即魁也。

烹茶之法，唯蘇吳得之。以佳茗入磁瓶火煎，酌量火候，以數沸蟹眼為節，如淡金黄色，香味清馥，過此而色赤，不佳矣。故前人詩云：『採時須是雨前品，煎處當來肘後方。』古人重煎法如此。若貯茶之法，收時用淨布鋪薫籠内，置茗於布上，覆籠蓋，以微火焙之，火烈則燥。俟極乾，晾冷，以新磁罐，又以新箬葉剪寸半許，雜茶葉實其中，封固。五月、八月濕潤時，仍如前法烘焙一次，則香色永不變。然此須清齋自料理，非不解事蒼頭、婢子可塞責也。

杭俗，烹茶用細茗置茶甌，以沸湯點之，名為『撮泡』。北客多哂之，予亦不滿。一則味不盡出，一則泡一次而不用，亦費而可惜，殊失古人蟹眼、鷓鴣斑之意。況雜以他菓，亦有不相入者。味平淡者差可，如燻梅、鹹筍、醃桂、櫻桃之類，尤不相宜。蓋鹹能入腎，引茶入腎經，消腎，此《本草》所載，又豈獨失茶真味哉？予每至山寺，有解事僧烹茶如吳中，置磁壺二小甌於案，全不用菓奉客，隨意啜之，可謂知味而雅緻者矣。

明 張源《茶録》《茶書》

火候

烹茶旨要，火候為先。爐火通紅，茶瓢始上。扇起要輕疾，待有聲，稍稍重疾，斯文武之候也。過於文則水性柔，柔則水為茶降；過於武則火性烈，烈則茶為水制，皆不足於中和，非茶家要旨也。

湯辨

湯有三大辨、十五小辨：一曰形辨，二曰聲辨，三曰氣辨。形為內辨，聲為外辨，氣為捷辨。如蝦眼、蟹眼、魚眼、連珠，皆為萌湯，直至湧沸如騰波鼓浪，水氣全消，方是純熟。如初聲、轉聲、振聲、驟聲，皆為萌湯，直至無聲，方是純熟。如氣浮一縷、二縷、三四縷及縷亂不分，氤氳亂繞，皆為萌湯，直至氣直沖貫，方是純熟。

湯用老嫩

蔡君謨湯用嫩而不用老，蓋因古人製茶，造則必碾，碾則必磨，磨則必羅，則茶為飄塵飛粉矣。於是和劑，印作龍鳳團，則見湯而茶神便浮，此用嫩而不用老也。今時製茶不假羅磨，全具元體，此湯須純熟，元神始發也。故曰湯須五沸，茶奏三奇。

泡法

探湯純熟便取起，先注少許壺中，祛蕩冷氣，傾出，然後投茶。茶多寡宜酌，不可過中失正。茶重則味苦香沉，水勝則色清氣寡。兩壺後，又用冷水蕩滌，使壺涼潔。不則減茶香矣。確熟則茶神不健，壺清則水性常靈。稍俟茶水沖和，然後分釃布飲。釃不宜早，飲不宜遲。早則茶神未發，遲則妙馥先消。

投茶

投茶有序，毋失其宜。先茶後湯，曰下投；湯半下茶，復以湯滿，曰中投；先湯後茶，曰上投。春、秋中投，夏上投，冬下投。

飲茶

飲茶以客少為貴，客眾則喧，喧則雅趣乏矣。獨啜曰神，二客曰勝，三四曰趣，五六曰泛，七八曰施。

香

茶有真香，有蘭香，有清香，有純香。表裏如一曰純香，不生不熟曰清香，火候均停曰蘭香，雨前神具曰真香。更有含香、漏香、浮香、問香，此皆不正之氣。

色

茶以青翠為勝，濤以藍白為佳，黃黑紅昏俱不入品。雪濤為上，翠濤為中，黃濤為下。新泉活火，煮茗玄工，玉茗冰濤，當杯絕技。

味

味以甘潤為上，苦澀為下。

點染失真

茶自有真香，有真色，有真味。一經點染，便失其真。如水中著鹹，茶中著料，碗中著果，皆失真也。

茶變不可用

茶始造則青翠，收藏不法，一變至綠，再變至黃，三變至黑，四變至白。食之則寒胃，甚至瘠氣成積。

明 張謙德《茶經》卷上《論茶》

茶色

茶色貴白，青白為上，黃白次之。青白者受水鮮明，黃白者受水昏重故耳。徐眡其面色鮮白，著盞無水痕者為嘉絕。緣鬥試家以水痕先者為負，耐久者為勝。故較勝負之說，曰相去壹水兩水。

茶香

茶有真香，好事者入以龍腦諸香，欲助其香，反奪其真，正當不用。

茶味

茶味主於甘滑，然欲發其味，必資乎水。蓋水泉不甘，損茶真味，前世之論水品者以此。甘滑謂輕而不滯也。

又 卷中《論烹》

擇水

烹茶擇水，最為切要。唐陸鴻漸品水云：山水上，江水中，井水下。山水乳泉石池慢流者上，瀑湧湍漱勿食之，久食令人有頸疾。江水取去人遠者，井水取汲多者。其言雖簡，而於論水盡矣。吾家又新著《煎茶水記》，專一品水，其論比鴻漸精而加詳，第余不得一一試之，以驗其說。據已嘗者言之，定以惠山寺石泉為第一，梅天雨水次之。南零水難真者，真者可與惠山等。吳淞江水、虎丘寺石泉，凡水耳，雖然，或可用。不可用者，井水也。

候湯

蔡君謨云：烹試之法，候湯最難，故茶須緩火炙，活火煎活火謂炭火之有餤者，當使湯無妄沸，庶可養茶。始則魚目散布，微微有聲；既則四邊泉湧，纍纍連珠；終則騰波鼓浪，水氣全消，謂之老湯。三沸之法，非活火不能成也。

點茶

茶少湯多則雲腳散，湯少茶多則乳面聚。

用炭

茶宜炭火。茶寮中當別貯淨炭聽用，其曾經燔炙為膻膩所及者不用之。唐陸羽《茶經》曰：膏薪庖炭，非火也。

洗茶

凡烹蒸熟茶，先以熱湯洗一兩次，去其塵垢冷氣而烹之，則美。

熁盞

凡欲點茶，先須熁盞令熱，則雲腳方聚。冷則茶色不浮。

滌器

一切茶器，每日必時時洗滌始善，若膻鼎腥甌非器矣。

明　許次紓《茶疏》 喻政《茶書》

火候

火必以堅木炭為上，然木性未盡，尚有餘煙，煙氣入湯，湯必無用。故先燒令紅，去其煙焰，兼取性力猛熾，水乃易沸。既紅之後，乃授水器，仍急扇之，愈速愈妙，毋令停手。停過之湯，寧棄而再烹。

烹點

未曾汲水，先備茶具，必潔必燥，開口以待。蓋或仰放，或置瓷盂，勿竟覆之案上，漆氣、食氣皆能敗茶。先握茶手中，俟湯既入壺，隨手投茶湯，以蓋覆定三呼吸時次，滿傾盂內，重投壺內，用以動盪香韻，兼色不沉滯。更三呼吸頃以定其浮薄，然後瀉以供客，則乳嫩清滑，馥郁鼻端。病可令起，疲可令爽，吟壇發其逸思，談席滌其玄襟。

秤量

茶注宜小，不宜甚大。小則香氣氤氳，大則易於散漫。大約及半升，是為適可。獨自斟酌，愈小愈佳。容水半升者，量茶五分，其餘以是增減。

湯候

水一入銚，便須急煮。候有松聲，即去蓋，以消息其老嫩。蟹眼之後，水有微濤，是為當時。大濤鼎沸，旋至無聲，是為過時。過則湯老而香散，決不堪用。

【略】

飲啜

一壺之茶，只堪再巡。初巡鮮美，再則甘醇，三巡意欲盡矣。余嘗與馮開之戲論茶候，以初巡為停停嫋嫋十三餘，再巡為碧玉破瓜年，三巡以來綠葉成陰矣，開之大以為然。所以茶注欲小，小則再巡已終。寧使餘芬剩馥尚留葉中，猶堪飯後供啜嗽之用，未遂棄之可也。若巨器屢巡，滿中瀉飲，待停少溫，或求濃苦，何異農匠作勞，但需涓滴，何論品賞，何知風味乎。

洗茶

【略】

岕茶摘自山麓，山多浮沙，隨雨輒下，即着於葉中。烹時不洗去沙土，最能敗茶。必先盥手令潔，次用半沸水扇揚稍和洗之。水不沸，則水氣不盡，反能敗茶，毋得過勞以損其力。沙土既去，急於手中擠令極乾，另以深口瓷合貯之，抖散待用。洗必躬親，非可攝代。凡湯之冷熱，茶之燥濕，緩急之節，頓置之宜，以意消息，他人未必解事。

童子

煎茶燒香，總是清事，不妨躬自執勞。然對客談諧，豈能親蒞，宜教兩童司之。器必晨滌，手令時盥，爪可淨剔，火宜常宿，量宜飲之時，為舉火之候。又當先白主人，然後修事。酌過數行，亦宜少輟。果餌間供，別進濃瀋，不妨中品充之。蓋食飲相須，不可偏廢。甘醲雜陳，又誰能鑑賞也。舉酒命觴，理宜停罷，或鼻中出火，耳後生風，亦宜以甘露澆之，各取大盂，撮點雨前細玉，正自不俗。

飲時

心手閒適、披詠疲倦、意緒棼亂、聽歌聞曲、歌罷曲終、杜門避事、鼓琴看畫、夜深共語、明窗淨几、洞房阿閣、賓主款狎、佳客小姬、訪友

初歸、風日晴和、輕陰微雨、小橋畫舫、茂林修竹、課花責鳥、荷亭避暑、小院焚香、酒闌人散、兒輩齋舘、清幽寺觀、名泉怪石。

宜輟

作字、觀劇、發書柬、大雨雪、長筵大席、繙閱卷帙、人事忙迫、及與上宜飲時相反事。

不宜用

惡水、敝器、銅匙、銅銚、木桶、柴薪、麩炭、粗童、惡婢、不潔巾帨、各色果實香藥。

不宜近

陰室、廚房、市喧、小兒啼、野性人、童奴相閧、酷熱齋舍。

【略】

宜節

茶宜常飲，不宜多飲。常飲則心肺清涼，煩鬱頓釋；多飲則微傷脾腎，或泄或寒。蓋脾土原潤，腎又水鄉，宜燥宜溫，多或非利也。古人飲水飲湯，後人始易以茶，即飲湯之意。但令色香味備，意已獨至，何必過多，反失清洌乎。且茶葉過多，亦損脾腎，與過飲同病。俗人知戒多飲而不知慎多費，余故備論之。

明　程用賓《茶録》

分用

貯茶時發，多受氛氣，不若間開，分數兩於茶盒置之。用之多寡，當準中平。茶重則味苦香沉，水勝則氣薄味淡。如水一觔，約茶八分可矣。此其大略也。若茶有厚薄，水有輕重，調劑工巧，存乎其人。

煮湯

湯之得失，火其樞機，宜用活火。徹鼎通紅，潔瓶上水，揮扇輕疾，聞聲加重，此火候之文武也。蓋過文則水性柔，茶神不吐；過武則火性烈，水抑茶靈。候湯有三辨，辨形、辨聲、辨氣。辨形者，如蟹眼，如魚目，如湧泉，如聚珠，此萌湯形也；至騰波鼓濤，是為形熟。辨聲者，聽噫聲，聽轉聲，聽驟聲，聽亂聲，此萌湯聲也；至急流灘聲，是為聲熟。辨氣者，若輕霧，若淡煙，若凝雲，若布露，此萌湯氣也；至氤氳貫盈，是為氣熟。已上則老矣。

治壺

伺湯純熟，注盃許于壺中，命曰浴壺，以袪寒冷宿氣也。傾去交茶，用拭具布乘熱拂拭，則壺垢易遁，而磁質漸蜕。飲訖，以清水微蕩，覆淨再拭藏之，令常潔洌，不染風塵。

潔盞

飲茶先後，皆以清泉滌盞，以拭具布拂淨，不奪茶香，不損茶色，不失茶味，而元神自在。

投交

湯茶協交，與時偕宜。茶先湯後，曰早交。湯半茶入，茶入湯足，曰中交。湯先茶後，曰晚交。交茶，冬早夏晚，中交行於春秋。

釃啜

協交中和，分釃布飲，釃不當早，啜不宜遲，釃早元神未逞，啜遲妙馥先消。毋貴客多，溷傷雅趣。獨啜曰神，對啜曰勝，三四曰趣，五六曰泛，七八曰施。毋雜味，毋嗅香。腮頤連握，舌齒嘖嚼，既吞且嘖，載玩載哦，方覺雋永。

品真

茶有真乎？曰有。為香、為色、為味，是本來之真也。抖擻精神，病魔斂跡，曰真香。清馥逼人，沁入肌髓，曰奇香。不生不熟，聞者不置，曰新香。恬澹自得，無臭可倫，曰清香。論乾葩，則色如霜臉菱荷；論釃湯，則色如蕉盛新露；始終惟一，雖久不渝，是為嘉耳。丹黃昏暗，均非可以言佳。甘潤為至味，淡清為常味，苦澀味斯下矣。乃茶中著料，盞中投菓，譬如玉貌加脂，蛾眉施黛，翻為本色累也。

明　屠隆《茶箋》

洗茶

凡烹茶，先以熟湯洗茶，去其塵垢冷氣，烹之則美。

候湯

凡茶，須緩火炙，活火煎。活火，謂炭火之有焰者。以其去餘薪之煙，雜穢之氣，且使湯無妄沸，庶可養茶。始如魚目微有聲，為一沸；緣邊湧泉連珠，為二沸；奔濤濺沫，為三沸。三沸之法，非活火不成。如坡翁云『蟹眼已過魚眼生，颼颼欲作松風聲』盡之矣。若薪火方交，

水釜纔熾，急取旋傾，水氣未消，謂之嫩。若人過百息，水踰十沸，或以話阻事廢，始取用之，湯已失性，謂之老。老與嫩，皆非也。

注湯

茶已就膏，宜以造化成其形。若手顫臂亸，惟恐其深。瓶嘴之端，若存若亡，湯不順通，則茶不匀粹，是謂緩注。一甌之茗，不過二錢。茗盞量合宜，下湯不過六分。萬一快瀉而深積之，則茶少湯多，是謂急注。緩與急，皆非中湯。欲湯之中，臂任其責。

擇器

凡瓶，要小者，易候湯；又點茶、注湯有應。若瓶大，啜存停久，味過則不佳矣。所以策功建湯業者，金銀為優；貧賤者不能具，則瓷石有足取焉。瓷瓶不奪茶氣，幽人逸士，品色尤宜。石凝結天地秀氣而賦形，琢以為器，秀猶在焉。其湯不良，未之有也。然勿與誇珍衒豪臭公子道。銅、鐵、鉛、錫，腥苦且澀；無油瓦瓶，滲水而有土氣，用以煉水，飲之逾時，惡氣纏口而不得去。亦不必與猥人俗輩言也。

宣廟時有茶盞，料精式雅，質厚難冷，瑩白如玉，可試茶色，最為要用。蔡君謨取建盞，其色紺黑，似不宜用。

滌器

茶瓶、茶盞、茶匙生鉎，致損茶味，必須先時洗潔則美。

熁盞

凡點茶，必須熁盞令熱，則茶面聚乳；冷則茶色不浮。

擇薪

凡木可以煮湯，不獨炭也；惟調茶在湯之淑慝，而湯最惡煙，非炭不可。若暴炭膏薪，濃煙蔽室，實為茶魔。或柴中之麩火，焚餘之虛炭，風乾之竹篠樹梢，燃鼎附瓶，頗甚快意，然體性浮薄，無中和之氣，亦非湯友。

擇果

茶有真香，有佳味，有正色，烹點之際，不宜以珍果、香草奪之。奪其香者，松子、柑橙、木香、梅花、茉莉、薔薇、木樨之類是也。奪其味者，番桃、楊梅之類是也。凡飲佳茶，去果方覺清絕，雜之則無辨矣。若必曰所宜，核桃、榛子、杏仁、欖仁、菱米、栗子、雞豆、銀杏、新筍、蓮肉之類精製或可用也。

人品

【略】

茶之為飲，最宜精行修德之人，兼以白石清泉，烹煮如法，不時廢而或興，能熟習而深味，神融心醉，覺與醍醐、甘露抗衡，斯善賞鑒者矣。使佳茗而飲非其人，猶汲泉以灌蒿萊，罪莫大焉。有其人而未識其趣，一吸而盡，不暇辨味，俗莫甚焉。司馬溫公與蘇子瞻嗜茶墨，公云：『茶與墨正相友，茶欲白，墨欲黑；茶欲重，墨欲輕；茶欲新，墨欲陳。』蘇曰：『奇茶妙墨俱香，公以為然。』

唐武曌，博學，有著述才，性惡茶，因以詆之。其略曰：『釋滯銷壅，一日之利暫佳；瘠氣侵精，終身之害斯大。獲益則收功茶力，貽患則不為茶災，豈非福近易知，禍遠難見。』

李德裕奢侈過求，在中書時，不飲京城水，悉用惠山泉，時謂之水遞。清致可嘉，有損盛德。

傳稱陸鴻漸闔門著書，誦詩擊木，性甘茗荈，味辨淄澠，清風雅趣，膾炙古今，鬻茶者至陶其形置煬突間，祀為茶神，可謂尊崇之極矣。嘗考《蠻甌志》云：陸羽採越江茶，使小奴子看焙，奴失睡，茶燋爍不可食，羽怒，以鐵索縛奴而投火中，殘忍若此，其餘不足觀也已矣。

明 龍膺《蒙史》卷下《茶品述》

《爾雅》曰：檟，苦茶。早採者為茶，晚採者為茗。

建州北苑先春龍焙，洪州西山白露、雙井白茅、鶴頂，吉安州顧渚紫筍，常州義興紫筍、陽羨、春池、陽鳳嶺，睦州鳩坑，宣州陽坑，南劍蒙頂石花、露鋑、籛牙，南康雲居，峽州碧澗明月，東川獸目，福州方山露芽，壽州霍山黃芽。蜀雅州蒙山頂有露芽、穀芽，皆云火前者，言採造於禁火前。蘄門團黃，有一旗二槍之號，言一葉三芽也。潭州鐵色茶，色如鐵。湖州紫筍，湖州金沙泉，州當二郡界，茶時一收，畢至泉處拜祭，乃得水。

《夢溪筆談》曰：茶芽，古人謂之雀舌、麥顆，言至嫩也。今茶之美者，其質素良，而所植之土又美，則新芽一發，便長寸餘，其細如針。唯芽長為上品，以其質幹、土力皆有餘故也。如雀舌、麥粒，極下材耳。

建茶勝處曰郝源、曾坑，其間又坌根、山頂二品尤勝。李氏時，號為北苑，置使領之。

焦坑產庾嶺下，味苦硬，久方回甘。『浮石已乾霜後火，焦坑新試雨前茶』，坡南遷回，至章貢顯聖寺詩也。然非精品。

熙寧後，始貴密雲龍。每歲頭綱修貢，奉宗廟、供玉食也。賚臣下無幾，戚里貴近丐賜尤繁。宣仁一日慨歎曰：『令建州今後不得造密雲龍，受他人煎炒不得。』由是密雲龍名益著。

建茶盛於江南，龍團茶最上，一斤八餅。慶曆中，蔡君謨為福建運使，始造小團充貢，一斤二十餅，所謂上品龍茶也。仁宗尤所珍惜，惟郊祀致齋之夕，兩府各四人共賜一餅，宮人鏤金為龍鳳花貼其上。歐陽公詩『揀芽名雀舌，賜茗出龍團』是也。餅製碾法，今廢不用。

鴻漸有云：『烹茶於所產處無不佳，蓋水土之宜也。』況旋摘旋瀹，兩及其新耶？今武陵諸泉，惟龍泓入品，而茶亦惟龍泓山為最。茲山深厚高秀，為兩山主，故其泉清寒甘香，雅宜煮茶。又其上為老龍泓，寒碧倍之，其地產茶為難。北山絕頂，鴻漸第錢塘、天竺、靈隱者品下，當未識此。郡志亦只稱寶雲、香林、白雲諸茶，皆弗能及龍泓也。

名山屬雅州，魏蒙山也。其頂產茶，《圖經》云：『受陽氣全，故香。』今四頂園茶不廢，惟中頂草木繁，重雲積霧，蟄獸時出，人罕到者。青州有蒙山，產茶味苦，亦名蒙頂茶。

南昌西山鶴嶺，產茶亦佳。

武夷山茶，佳品也。泰寧亦產茶。蔡襄有《茶譜》。

六安茶，用大溫水洗淨去末，用罐浸鹵，亢好沸水用，可消夙酲。瀘州茶，可療風疾。

今時茶法甚精，虎丘、羅岕、天池、顧渚、松蘿、龍井、雁蕩、武夷、靈山、大盤、日鑄諸茶為最勝，皆陸經所不載者。乃知靈草在在有之，但人不知培植，或疏於製法耳。

楚地如桃源、安化，多產茶，第土人止知蒸法，如羅岕耳。若能製如天池、松蘿，香味更美。吾孝廉兄君超，置有茶山，園在桃源鄭家驛西南二十里。巖谷奇峭，澗壑幽靚，居人以茶為業，耕石田而茶味濃厚。近稍稍知炒焙法。

松蘿茶，出休寧松蘿山，僧大方所創造。予理新安時，入松蘿親見之，為書《茶僧卷》。其製法，用鐺磨擦光淨，以乾松枝為薪，炊熱候微炙手，將嫩茶一握置鐺中，札札有聲，急手炒勻，出之箕上。箕用細篾為之，薄攤箕內，用扇搧冷，略加揉挼。再略炒，另入文火鐺焙乾，色如翡翠。

湯太嫩則茶味不出，過沸則水老而茶乏。惟有花而無衣，乃得點瀹之候。子瞻詩云：『蟹眼已過魚眼生，颼颼欲作松風鳴。』山谷詩云：『曲几蒲團聽煮湯，煎成車聲遶羊腸。』二公得此解矣。

李約云：『茶須緩火炙、活火煎。』活火，謂炭火之有焰者。蘇公詩『活水仍須活火烹』是也。山中不常得炭，且死火耳，不若枯松枝為妙。若寒月，多拾松實，蓄為煮茶之具更雅。北方多石炭，南方多木炭，而蜀又有竹炭，燒巨竹為之，易燃無煙耐久，亦奇物。

《清波雜志》曰：長沙匠者，造茶器極精緻，工直之厚，等所用白金之數。士夫家多有之，置几案間，但以侈靡相夸，初不常用。司馬溫公偕范蜀公游嵩山，各攜茶往。溫公以紙為貼，蜀公盛以小黑合。溫公見之，驚曰：『景仁乃有茶器。』蜀公遂留合與寺僧。

又曰：饒州景德鎮，陶器所自出，於大觀間窯變，色紅如硃砂，謂熒惑躔度臨照而然。物反常為妖，窯戶亟碎之。時有玉牒防禦使仲揖，年八十餘，居饒，得數種，出以相示，云比之定州紅瓷器尤鮮明。越上秘色器，錢氏有國日供奉之物，不得臣下用，故曰秘色。

又汝窯，宮中禁燒，由有瑪瑙末為釉。唯供御，揀退方許出賣，近尤難得。

昭代宣、成、靖窯器精良，亦足珍玩。

茶有九難，陰採夜焙，非造也；嚼味嗅香，非別也；膏薪庖炭，非火也；飛湍壅潦，非水也；外熟內生，非炙也；碧粉縹塵，非末也；操艱攪遽，非煮也；夏興冬廢，非飲也；膩鼎腥甌，非器也。

王肅初入魏，不食酪漿，唯渴飲茗汁，一飲一斗，人號為漏卮。後與高祖會，乃食酪粥。高祖怪之。肅言唯茗不中與酪作奴，因此又號茗飲為酪奴。

和凝在朝，率同列遞日以茶相飲，味劣者有罰，號為湯社。建人亦以

門茶為茗戰。

陸羽，沔人。字鴻漸，號桑苧翁，詔拜太常不就，寓居廣信郡北茶山中。一號東岡子。嗜茶，環植數畝。善品泉味，稱歠茗者宗焉。羽著《茶經》，常伯熊復著論推廣之。

李季卿宣慰江南，至臨淮，知伯熊善茶，乃請伯熊。伯熊著黄帔衫烏紗幘，手執茶器，口通茶名，區分指點，左右括目。茶熟，李為歠兩杯。既到江外，復請陸。陸衣野服，隨茶具而入，如伯熊故事。茶畢，季卿命取錢三十文酬博士。鴻漸夙遊江介，通狎勝流，遂收茶錢、茶具雀躍而出，旁若無人。

覺林院僧志崇收茶為三等，待客以驚雷莢，自奉以萱草帶，供佛以紫茸香。紫茸，其最上也。客赴茶者，皆以油囊盛餘瀝而歸。

王濛好茶，人過輒飲之，士大夫甚以為苦。每欲候濛，必云今日有水厄。

學士陶穀得黨太尉家姬。取雪水煎茶，曰：『黨家應不識此。』姬曰：『彼武人，但能於銷金帳下飲羊羔酒爾。』

唐肅宗賜張志和奴婢各一，志和配之，號漁童、樵青。漁童捧釣收綸，蘆中鼓枻。樵青蘇蘭薪桂、竹裏煎茶。

《避暑録》：裴晉公詩云：『飽食緩行初睡覺，一甌新茗侍兒煎。脱巾斜倚繩床坐，風送水聲來耳邊。』公自得志，吾山居亨此多矣。今歲新茶適佳，夏初作小池，導安樂泉注之，亦澄徹可喜。

雅州山曰中頂。有僧病冷，遇老父曰仙家有雷鳴茶，候雷發聲，於中頂採摘一兩。服未竟，病瘥，精健至八十餘，入青城山，不知所之。李德裕入蜀，得蒙餅沃湯，移時盡化者乃真。

盧仝居東都，韓昌黎喜其詩。性嗜茶，有《謝孟諫議茶歌》，曰『紗帽籠頭自煎喫』。

歐陽文忠公《嘗新茶》詩：『泉甘器潔天色好，未中揀擇客亦佳。停匙側盞試水路，拭目向空看乳花。』又詩有云：『吾年向老世味薄，所好未衰惟飲茶。』『泛泛白花如粉乳，乍見紫面生光華。』『論功可以療百疾，輕身久服勝胡麻。』又《雙井茶詩》：『西江水清江石老，石上生茶如鳳爪。窮臘不寒春氣早，雙井芽生先百草。』又《送龍茶與許道士》絕句：『我有龍團古蒼璧，九龍泉深一百尺。憑君汲井試烹之，不是人間香味色。』

東坡《種茶》詩略曰：『松間旋生茶，已與松俱瘦。』『紫筍雖不長，孤根乃獨壽。移栽白鶴嶺，土軟春雨後。彌旬得連陰，似許晚遂茂。』『未任供臼磨，且作資摘嗅。千團輸大官，百餅炫私門。何如此一啜，有味出吾囿。』膺亦有種茶詩。公《汲江煎茶》詩：『活水還須活火烹，自臨釣石取深清。大瓢貯月歸春瓮，小杓分江入夜瓶。茶雨已翻煎處脚，松風忽作瀉時聲。枯腸未易禁三碗，坐數荒村長短更。』又《謝毛正仲惠茶》詩：『繆為淮海帥，每愧廚傳缺。空煩火泥印，遠致紫玉玦。坐客皆可人，鼎器手自潔。金釵候湯眼，魚蟹亦應訣。遂令色香味，一日備三絕。』

東坡云：到杭一遊龍井，謁辨才遺像，持密雲團為獻龍井。孤山下有石室，前有六一泉，白而甘。湖上壽星院，竹極偉。其傍智果院，有參寥泉、及新泉，皆甘冷異常，當時往一酌。

建安能仁院，有茶生石巖間，僧採造得茶八餅，號曰石巖白。以四餅遺蔡襄，以四餅遺王內翰禹玉。歲餘，蔡被召還闕，過禹玉。禹玉命子弟於茶筒中選精品碾以待蔡。蔡捧茶未嘗，輒曰，『此極似能仁石巖白，公何以得之？』禹玉未信，索帖驗之，果然。

周煇《清波雜志》曰：煇家惠山，泉石皆為几案物。親舊東來，數聞松竹平安信，且時致陸子泉，茗碗殊不落莫。頃歲亦可致於汴都，但未免瓶盎氣，用細沙淋過，則如新汲時，號折洗惠山泉。天台竹瀝水，斷竹稍屈而取之盈瓮，若雜以他水，則亟敗。蘇才翁與蔡君謨比茶，蔡茶精，用惠山泉；蘇劣，用竹瀝水煎，遂能取勝。此説見江鄰幾所著《嘉祐雜志》。雙井因山谷迺重。蘇魏公嘗云：『平生薦舉不知幾何人，唯孟安序朝奉歲以雙井一瓮為餉。』蓋公不納苞苴，顧獨受此，其亦珍之耳。

羅高君《茶解》云：山堂夜坐，手烹香茗，至水火相戰，儼聽松濤，傾瀉入甌，雲光縹緲，一段幽趣，故難與俗人言。

明 黄龍德《茶説》

三之色

茶色以白、以綠為佳，或黄或黑，失其神韻者，芽葉受奄之病也。善

別茶者，若相士之視人氣色，輕清者上，重濁者下，瞭然在目，無容逃匿。若唐宋之茶，既經碾羅，復經蒸模，其色雖佳，決無今時之美。

四之香

茶有真香，無容矯揉。炒造時，草氣既去，香氣方全，在炒造得法耳。烹點之時，所謂『坐久不知香在室，開窗時有蝶飛來』。如是光景，此茶之真香也。少加造作，便失本真。遐想龍團金餅，雖極靡麗，安有如是清美？

五之味

茶貴甘潤，不貴苦澀，惟松蘿、虎丘所產者極佳，他產皆不及也。亦須烹點得應，若初烹輒飲，其味未出，而有水氣；泛久後嘗，其味失鮮，而有湯氣。試者先以水半注器中，次投茶入，然後滿注。視其茶湯相合，雲腳漸開，乳花滿面。少啜則清香芬美，稍益潤滑而味長，不覺甘露頓生於華池。或水火失候，器具不潔，真味因之而損，雖松蘿諸佳品，既遭此厄，亦不能獨全其天。至若一飲而盡，不可與言味矣。

六之湯

湯者，茶之司命，故候湯最難。未熟，則茶浮於上，謂之嬰兒湯，而香則不能出。過熟，則茶沉於下，謂之百壽湯，而味則多滯。善候湯者，必活火急扇，水面若乳珠，其聲若松濤，此正湯候也。余友吳潤卿，隱居秦淮，適情茶政，品泉有又新之奇，候湯得鴻漸之妙，可謂當今之絕技者也。

【略】

九之飲

飲不以時為廢興，亦不以候為可否，無往而不得其應。若明窗淨几，花噴柳舒，飲於春也；涼亭水閣，松風蘿月，飲於夏也；金風玉露，蕉畔桐陰，飲於秋也；暖閣紅爐，梅開雪積，飲於冬也。僧房道院，飲何清也；山林泉石，飲何幽也；焚香鼓琴，飲何雅也；試水斗茗，飲何雄也；夢迴卷把，飲何美也。古鼎金甌，飲之富貴者也；瓷瓶窯盞，飲之清高者也。較之呼盧浮白之飲，更勝一籌。即有『瓮中百斛金陵春，當不易吾爐頭七碗松蘿茗』。若夏興冬廢，醒棄醉索，此不知茗事者，不可與言飲也。

明　萬邦寧《茗史》卷上

收茶三等

覺林院志崇，收茶三等。待客以驚雷莢，自奉以萱草帶，供佛以紫茸香。蓋最上以供佛，而最下以自奉也。客赴茶者，皆以油囊盛餘瀝而歸。

換茶醒酒

樂天方入關，劉禹錫正病酒。禹錫乃餽菊苗虀、蘆菔鮓，取樂天六斑茶二囊，炙以醒酒。

縛奴投火

陸鴻漸採越江茶，使小奴子看焙。奴失睡，茶燋爍。鴻漸怒，以鐵繩縛奴，投火中。

都統籠

陸鴻漸嘗為茶論，說茶之功效並煎炙之法；造茶具二十四事，以都統籠貯之。遠近傾慕，好事者家藏一副。

漏卮

王肅初入魏，不食羊肉酪漿，常飯鯽魚羹，渴飲茶汁。京師士子見肅一飲一斗，號為漏卮。後與高祖會，食羊肉酪粥，高祖怪問之。對曰：『羊是陸產之最，魚是水族之長，所好不同，並各稱珍。羊比齊魯大邦，魚比邾莒小國，惟茗與酪作奴。』高祖大笑，因此號茗飲為酪奴。

載茗一車

隋文帝微時，夢神人易其腦骨，自爾腦痛。忽遇一僧云：『山中有茗草，煮而飲之，當愈。』服之有效。由是人競採掇，讚其略曰：『窮《春秋》，演河圖，不如載茗一車。』

湯社

五代時，魯公和凝，字成績，率同列遞日以茶相飲，味劣者有罰，號為湯社。

石巖白

蔡襄善別茶。建安能仁院有茶，生石縫間，僧採造得茶八餅，號石巖白。以四餅遺蔡，以四餅密遣人走京師，遺王內翰禹玉。歲餘，蔡被召還闕，訪禹玉。禹玉命子弟於茶笥中選精品者以待蔡。蔡捧甌未嘗，輒曰：『此極似能仁石巖白，公何以得之？』禹玉未信，索貼驗之，乃服。

斛茗瘕

桓宣武有一督將，因時行病後虛熱，便能飲復茗，必一斛二斗乃飽，裁減升合，便以為大不足。後有客造之，更進五升，乃大吐。有一物出，如斗大，有口形，質縮縐，狀似牛肚。客乃令置之於盆中，以斛二斗復茗澆之，此物噏之都盡，而止覺小脹，又增五升，便悉混然從口中湧出。既吐此物，病遂瘥。或問之此何病？答曰：此病名斛茗瘕。

老姥鬻茗

晉元帝時，有老姥每日擎一器茗往市鬻之，市人競買，自旦至暮，其器不減，所得錢散路傍孤貧乞人。人或執而繫之於獄，夜擎所賣茗器，自牖飛出。

漁童樵青

唐肅宗賜高士張志和奴、婢各一人，志和配為夫婦，名之曰漁童、樵青。人問其故，答曰：『漁童使捧釣收綸，蘆中鼓枻；樵青使蘇蘭薪桂，竹裏煎茶。』

胡鉸釘

胡生者以鉸釘為業，居近白蘋洲，傍有古墳，每因茶飲，必奠酹之。忽夢一人謂之曰：『吾姓柳，平生善為詩而嗜茗，感子茶茗之惠，無以為報，欲教子為詩。』胡生辭以不能，柳強之曰：『但率子意言之，當有致矣。』生後遂工詩焉，時人謂之胡鉸釘詩。柳當是柳惲也。

茶茗甘露

新安王子鸞、豫章王子尚詣曇濟上人於八公山。濟設茶茗，尚味之曰：『此甘露也，何言茶茗。』

三弋五卵

《晏子春秋》：嬰相齊景公時，食脫粟之飯，炙三弋五卵茗菜而已。

【略】

真茶

劉琨字越石，與兄子南兗州刺史演書云：『吾體中潰悶，常仰真茶，汝可致之。』

大茗

餘姚人虞洪，入山採茗。遇一道士，牽三青牛，引洪至瀑布山，曰：『吾丹丘子也，聞子善具飲，常思見惠，山中有大茗可以相給，祈子他日有甌犧之餘，乞相遺也。』洪因祀之，獲大茗焉。

療風

瀘州有茶樹，夷獠常攜瓢置側，登樹採摘。芽葉必先啣於口中，其味極佳，辛而性熱。彼人云：飲之療風。

益蠶

江浙間養蠶，皆以鹽藏其繭而繰絲，恐蠶蛾之生也。每繰畢，煎茶葉為汁，搗米粉搜之，篩於茶汁中，煮為粥，謂之洗甌粥，聚族以啜之，謂益明年之蠶。

【略】

甌犧之費

陸龜蒙魯望，嗜茶荈，置小苑於顧渚山下。歲嗜茶入薄為甌犧之費，自為品第書一篇，繼《茶經》、《茶訣》。

雪水烹茶

陶穀買得党太尉故妓，取雪水烹團茶，謂妓曰：『党家應不識此。』妓曰：『彼粗人安得有此。但能銷金帳中淺斟低唱，飲羊羔兒酒。』陶愧其言。

【略】

七奠

桓溫為揚州牧，性儉，每讌飲，唯下七奠拌茶果而已。

好慕水厄

晉時給事中劉縞，慕王肅之風，專習茗飲。彭城王謂縞曰：『卿不慕王侯八珍，好蒼頭水厄，海上有逐臭之夫，里內有學顰之婦，卿即是也。』

官焙香

黃魯直一日以小龍團半鋌，題詩贈晁無咎：『曲几蒲團聽煮湯，煎成車聲繞羊腸。雞蘇胡麻留渴羌，不應亂我官焙香。』東坡見之曰：『黃九怎得不窮。』

蘇蔡鬥茶

蘇才翁與蔡君謨鬥茶，蔡用惠山泉，蘇茶小劣，用竹瀝水煎，遂能取勝。竹瀝水，天台泉名。

品題風味

杭妓周韶有詩名，好畜奇茗，嘗與蔡君謨鬥勝，品題風味，君謨屈焉。

嗽茗孤吟

宋僧文瑩，博學攻詩，多與達人墨士相賓。主堂前種竹數竿，畜鶴一隻，遇月明風清，則倚竹調鶴，嗽茗孤吟。

吾與點也

劉曄嘗與劉筠飲茶。問左右：『湯滾也未？』衆曰：『已滾。』筠曰：『僉曰鯀哉。』曄應聲曰：『吾與點也。』

清泉白石

倪元鎮，性好潔，閣前置梧石，日令人洗拭。又好飲茶，在惠山中用核桃、松子肉和真粉成小塊如石狀，置茶中，名曰清泉白石茶。

茶庵

盧廷璧嗜茶成癖，號曰茶庵。嘗畜元僧詎可庭茶具十事，時具衣冠拜之。

香茶

江參，字貫道，江南人，形貌清癯，嗜香茶以為生。

殺風景

唐李義府，以對花啜茶為殺風景。

陽侯難

侍中元乂為蕭正德設茗，先問：『卿於水厄多少？』正德不曉乂意，答：『下官雖生水鄉，立身以來，未遭陽侯之難。』舉座大笑。

清香滑熱

李白云：荆州玉泉寺近青溪諸山，山洞往往有乳窟，窟中多玉泉交流，其水邊處處有茗草羅生，枝葉如碧玉。惟玉泉真公常采而飲之，年八十餘歲，颜色如桃花。而此茗清香滑熱，異於他所，所以能還童振枯，扶人壽也。

仙人掌茶

李白遊金陵，見宗僧中孚示以茶數十片，狀如手掌，號仙人掌茶。

敲冰煮茶

逸人王休，居太白山下，日與僧道異人往還。每至冬時，取溪冰敲其精瑩者，煮建茗共賓客飲之。

鋌子茶

顯德初，大理徐恪嘗以龍團鋌子茶貽陶穀，茶面印文曰『玉蟬膏』。又一種曰『清風使』。

他人煎炒

熙寧中，賈青字春卿，為福建轉運使，取小龍團之精者，為密雲龍。自玉食外，戚里貴近丐賜尤繁。宣仁一日慨嘆曰：『建州今後不得造密雲龍，受他人之煎炒不得也。』此語頗傳播縉紳。

又卷下 滌煩療渴

常魯使西蕃，烹茶帳中，謂蕃人曰：『滌煩療渴，所謂茶也。』蕃人曰：『我此亦有。』命取以出，指曰：『此壽州者，此顧渚者，此蘄門者。』

水厄

晉王濛好飲茶，人至輒命飲之，士大夫皆患之。每欲往，必云『今日有水厄』。

伯熊善茶

陸羽著《茶經》，常伯熊復著論而推廣之。李季卿宣慰江南，至臨淮，知伯熊善茶，乃請伯熊。伯熊著黄帔衫、烏紗幘，手執茶器，口通茶名，區分指點，左右刮目。茶熟，李為歠兩杯。既到江外，復請鴻漸。鴻漸衣野服，隨茶具而入，如伯熊故事。茶畢，季卿命取錢三十文酬博士。鴻漸夙遊江介，通狎勝流，遂收茶錢、茶具，雀躍而出，旁若無人。

玩茗

茶可於口，墨可於目。蔡君謨老病不能飲，則烹而玩之。

素業

陸納為吴興太守時，衛將軍謝安嘗欲詣納。納兄子俶怪納無所備，不敢問，乃私為具。安既至，納所設唯茶果而已，俶遂陳盛饌，珍羞畢具。及安去，納杖俶四十，云：『汝既不能光益叔父，奈何穢吾素業。』

密賜茶茗

孫皓每宴席，飲無能否，每率以七升為限，雖不悉入口，澆灌取盡。

韋曜飲酒不過二升，初見禮異，密賜茶茗以當酒。至於寵衰，更見逼強，輒以為罪。

獲錢十萬

剡縣陳務妻少寡，與二子同居。好飲茶，家有古塚，每飲必先祀之。二子欲掘之，母止之。但夢人致感云：『吾雖潛朽壤，豈忘翳桑之報。』及曉，於庭中獲錢十萬，似久埋者，惟貫新耳。

南零水

御史李季卿刺湖州，至維揚，逢陸處士。李素熟陸名，即有傾蓋之雅。因之赴郡，抵揚子驛，將飲，李曰：『陸君善於茶，蓋天下聞名矣，況揚子南零水又殊絕，可命軍士深詣南零取水。』俄而水至，陸曰：『非南零者。』既而傾諸盆，至半，遽曰：『止，是南零矣。』使者大駭曰：『某自南零齎至岸，舟蕩覆半，挹岸水增之，處士神鑒，其敢隱焉。』李與賓從皆大駭愕，李因問歷處之水。陸曰：『楚水第一，晉水最下。』因命筆口授而次第之。

德宗煎茶

唐德宗好煎茶加酥、椒之類。

金地茶

西域僧金地藏所植名金地茶，出煙霞雲霧之中，與地上產者，其味敻絕。

殿茶

翰林學士春晚人困，則日賜成象殿茶。

大小龍茶

大小龍茶始於丁晉公而成於蔡君謨。歐陽永叔聞君謨進龍團，驚歎曰：『君謨士人也，何至作此事。』今年閩中監司乞進鬥茶，許之，故其詩云：『武夷谿邊粟粒芽，前丁後蔡相籠加。爭買龍團各出意，今年鬥品充官茶。』則知始作俑者，大可罪也。

【略】

為熱為冷

任瞻，字育長。少時有令名，自過江失志，既下飲，問人云：『此為茶、為茗？』覺人有怪色，乃自申明曰：『向問飲為熱為冷耳。』

【略】

玉茸

偽唐徐履掌建陽茶局，弟復治海陵鹽政，鹽檢烹煉之亭榜曰金鹵。履聞之，潔敞焙舍，命曰玉茸。

【略】

苦口師

皮光業字文通，最耽茗飲。中表請嘗新柑，筵具甚豐，簪紱叢集。纔至，未顧樽罍而呼茶甚急，竟進一巨觥，題詩曰：『未見甘心氏，先迎苦口師。』衆噱曰：『此師固清高，難以療饑也』。

【略】

攪破菜園

楊誠齋《謝傅尚書茶》：遠餉新茗，當自攜大瓢，走汲溪泉，束澗底之散薪，然折腳之石鼎，烹玉塵，啜香乳，以享天上故人之意。愧無胸中之書傳，但一味攪破菜園耳。

御史茶瓶

會昌初，監察御史鄭路有兵察廳掌茶。茶必市蜀之佳者，貯於陶器，以防暑濕。御史躬親監啟，謂之『御史茶瓶』。

湯戲

饌茶而幻出物象於湯面者，茶匠通神之藝也。沙門福全長於茶海，能注湯幻茶成將詩一句。並點四甌，共一絕句，泛乎湯表。檀越日造其門，求觀湯戲。

百碗不厭

唐大中三年，東都進一僧，年一百三十歲。宣宗問：『服何藥致然？』對曰：『臣少也賤，不知藥，性本好茶，至處惟茶是求，或飲百碗不厭。』因賜茶五十斤，令居保壽寺。

恨帝未嘗

杜鴻漸字子巽，《與楊祭酒書》云：顧渚山中紫筍茶兩片，一片上太夫人，一片充昆弟同歠。此物但恨帝未得嘗，實所歎息。

天柱峯茶

有人授舒州牧，李德裕遺書曰：到郡日，天柱峰茶可與數角。其人

獻數十斤，李不受。明年罷郡，用意精求，獲數角投李，李閔而受之，曰：『此茶可以消酒肉。』因命烹一甌沃於肉食內，以銀合閉之。詰旦視其肉，已化為水矣。眾服其廣識。

進茶萬兩

御史大夫李栖筠字貞一，按義興。山僧有獻佳茗者，會客嘗之，芬香甘辣冠於他境，以為可薦於上，始進茶萬兩。

練囊

韓晉公滉字太沖，聞奉天之難，以夾練囊緘茶末，遣使健步以進。

漸兒所為

竟陵大師積公嗜茶，非羽供事不鄉口。羽出遊江湖四五載，師絕於茶味。代宗聞之，召入供奉，命宮人善茶者餉師，師一啜而罷。帝疑其詐，私訪羽召入。翼日，賜師齋，密令羽煎茶。師捧甌，喜動顏色，且賞且啜，曰：『有若漸兒所為也。』帝由是歎師知茶，出羽見之。

【略】

白蛇啣子

義興南岳寺有真珠泉，稠錫禪師嘗飲之，曰：『此泉烹桐廬茶，不亦可乎！』未幾，有白蛇銜子墮寺前，由此滋蔓，茶味倍佳。土人重之。

山號大恩

藩鎮潘仁恭禁南方茶，自擷山為茶，號山曰大恩，以邀利。

自潑湯茶

杜豳公悰位極人臣，嘗與同列言平生不稱意有三：其一為澧州刺史；其二貶司農卿；其三自西川移鎮廣陵，舟次瞿唐，為駭浪所驚，左右呼喚不至，渴甚，自潑湯茶喫也。

明 高元濬《茶乘》卷一

煮法

茶有三美：色欲其白，種愈佳則愈皙；香欲其烈，製愈工則愈[illegible]；味欲其雋，水愈高則愈發，而摠其成於煮。煮須活火，最忌煙薰，非炭不可。凡經燔炙，為膻膩所及，及膏水敗器，俱不用之。火績已成，水性乃定。始則魚目散布，微微有聲，為一沸；中則四邊泉湧，纍纍連珠，為二沸；終則騰波鼓浪，水氣全消，為三沸。然後引瓶啟蓋，離火投茶。如水石相搏，喧豗震掉者，以所出水止之，而育其華也。少頃，如空潭度溜，竹篠鳴風者，葉以舒而湯猶旋也。又頃，如澄潭之下，水波不驚，荇藻交橫，色香味俱足，而茶成矣。若薪火方交，水釜纔熾，急取旋傾，水氣未盡，謂之嫩湯，品中謂之嬰湯。若人過百息，水踰十沸，或以話阻事廢，始取用之，湯已失性，謂之老湯，品中謂之百壽湯。老與嫩皆非也。

茶少湯多，則雲腳散，湯少茶多，則乳面聚。蔡《録》釃不宜早，早則茶神未發；飲不宜遲，遲則妙馥先消。張《録》

投茶有序，無失其宜，先茶後湯，曰下投；湯半下茶，復以湯滿，曰中投；先湯後茶，曰上投。春、秋中投，夏上投，冬下投。《茶疏》

凡酌茶置諸碗，令沫餑均。沫餑，湯之華也。華之薄者曰沫，厚者曰餑，輕細者曰花。《茶經》

【略】

凡烹茶，先以熱湯洗茶葉，去其塵垢冷氣，烹之則美。《茶譜》

茶宜

茶候宜涼臺靜室，明窗曲几，僧寮道院，松風竹月，花時雪夜，晏坐行吟，清譚把卷。茶侶宜翰卿墨客，緇流羽士，逸老散人，或軒冕之徒超軼世味，俱有雲霞泉石磊塊胸次間者。飲茶宜客少為貴，客眾則喧，喧則雅趣乏矣。獨啜曰幽，二客曰勝，三四曰趣，五六曰汎，七八曰施。

茶飲防濫，厥戒惟嚴，其或客乍傾蓋，朋偶消煩，賓待解酲，則玄賞之外，別有攸施矣。屠本畯《茗笈》

明 徐光啓《農政全書》卷三九《種植·茶》 茶：《爾雅》曰檟，苦荼。《茶經》云：一曰茶，二曰檟，三曰蔎，四曰茗，五曰荈。早採曰茶，次曰檟，又其次曰蔎，晚曰茗，至荈則老葉矣。蓋以早為貴也。六經中無茶，蓋茶即荼也。《詩》云：『誰謂荼苦，其甘如薺。』以其苦而甘味也。《南越志》云：茗苦澀，亦謂之過羅。有高一尺者，有二尺者，有數丈者，有兩人合抱者，出巴山峽川。有建州大小龍團，始于丁謂，成于蔡君謨。熙寧末，有旨下建州製蜜雲龍一品，尤為奇絕。蜀州雀舌、鳥嘴、麥顆蓋嫩芽，取形似之。又有片甲者，早春黃芽葉相抱如片甲也；蟬翼，葉軟薄如蟬翼也。《清異録》云：開寶中，竇儀以新茶飲予，味極美，奩面標云『龍陂山子茶』，龍陂是顧渚山之別境。洪州鶴嶺茶，其味極妙。蜀之雅州蒙山頂，有露芽、穀芽，皆云火前者，言採造於禁火之前也，火後者次之。一云，雅州蒙頂茶，其生最晚，在春夏之交。常有雲霧覆其上，若有神物護持之。又有五花茶者，其片作五出花。雲脚出袁州界橋，其名甚著，不若湖州之研膏、紫筍，烹之有綠脚垂下。吳淑賦

云：雲垂緑脚。有紫筍者，其色紫而似筍。唐德宗每賜同昌公主饌，其茶有緑花紫英之號。草茶盛于兩浙，日注第一。自景祐以來，洪州雙井白芽製作尤精，遠在日注之上，遂為草茶第一。

清 王夫之《讀通鑒論》卷二八《五代上》 茶者，古所無也，無茶而何稅也？《周禮》僅有六飲之制。《孟子》亦曰『冬則飲湯，夏則飲水』而已。至漢王褒《僮約》，始有『武都買茶』之文，亦僅產於蜀，唯蜀飲之也。六代始行於江南，而河北猶斥之曰『酪奴』。唐乃偏天下以為濟渴之用，而不能隨地而有，唯蜀、楚、閩、粵依山之民畦種而厚得其利，其利也，有十倍於耕桑之所獲者矣。古之取民也，耕者十一，漆林之稅則二十而五，以漆林者非飢寒待命之需也。均為王民，不耕不桑，而逸獲不貲之利，則天下將舍耕桑而競於場圃；故厚征之，以抑末務、濟國用，而寬吾南畝之氓。則使古而有茶，其必厚征之以視漆林，明矣。

清 顧炎武《日知録》卷七《茶》 『茶』字自中唐始變作『茶』，其説已詳之《唐韻正》。按《困學紀聞》，茶有三：『誰謂茶苦』，苦菜也。『有女如茶』，茅秀也。『以薅茶蓼』，陸草也。今按《爾雅》『茶』、『蒤』字凡五見，而各不同。《釋草》曰：『茶，苦菜。』注引《詩》：『誰謂茶苦，其甘如薺。』疏云：『此味苦可食之菜，《本草》一名選，一名游冬。《易緯通卦驗玄圖》云：「苦菜生於寒秋，經冬歷春乃成」，《月令》「孟夏苦菜秀」是也。葉似苦苣而細，斷之有白汁，花黃似菊，堪食，但苦耳。』又曰：『蕢、蒡、茶。』注云：『即芀。』疏云：『按《周禮·掌茶》及《詩》「有女如茶」皆云：茶，茅秀也；蕢也，蒡也，其別名。此二字皆从草，从余。』又曰：『蒤，虎杖。』注云：『似紅草而粗大，有細刺，可以染赤。』疏云：『蒤，一名虎杖。陶注《本草》云：田野甚多，壯如大馬蓼，莖斑而葉圓是也。』又曰：『蒤，委葉。』注引《詩》『以茠蒤蓼』。疏云：『蒤，一名委葉。王肅説《詩》云：蒤，陸穢草。然則蒤者原田蕪穢之草，非苦菜也。』今《詩》本『茠』作『薅』。此二字皆从草从涂。《釋木》曰：『檟，苦茶。』注云：『樹小如梔子，冬生葉，可煮作羹飲。今呼早采者爲茶，晚取者為茗。一名荈，蜀人名之苦茶。』此一字亦从草从余。今以《詩》考之，《邶·谷風》之『茶苦』，《七月》之『采茶』，《緜》之『堇茶』皆苦菜之茶也。《詩》：『采苦采苦』，《傳》：『苦，苦菜。』《正義》曰：『此茶也。陸機云：「苦菜生山田及澤中，得霜恬脆而美，所謂「堇茶如飴」。《內則》云：「濡豚包苦」，用苦菜是也。」』又借而爲『茶毒』之茶。《桑柔》、《湯誥》皆苦菜之茶也。《夏小正》『取茶莠』，《周禮·地官》『掌茶』，《儀禮·既夕禮》『茵著用茶，實綏澤焉』，《詩·鴟鴞》『捋茶』，《傳》曰：『茶，萑苕也。』《正義》曰：『謂蒮之秀穗，茅蒮之秀，其物相類，故皆名茶也。』茅秀之茶也，以其白也而象之。《出其東門》『有女如茶』，《國語》『吳王夫差萬人爲方陳，白常、白旗、素甲、白羽之矰，望之如茶』。《考工記》『望而眂之，欲其茶白』，亦茅秀之茶也。《良耜》之『茶蓼』，委葉之蒤也。唯虎杖之蒤與檟之苦茶，不見於《詩》、《禮》，而王褒《僮約》云：『陽武買茶。』張載《登成都白菟樓詩》云：『芳茶冠六清。』孫楚詩云：『薑桂茶荈出巴蜀。』《本草衍義》：『晉温嶠上表，貢茶千斤，茗三百斤。』是知自秦人取蜀而後始有茗飲之事。

王褒《僮約》前云『炰鼈烹茶』，後云『陽武買茶』，注以前爲苦菜，後為茗。

《唐書·陸羽傳》：『羽嗜茶自此後茶字減一畫為茶，著經三篇，言茶之原、之法、之具尤備。天下益知飲茶矣。有常伯熊者，因羽論，復廣著茶之功，其後尚茶成風。時回紇入朝，始驅馬市茶。』至明代，設茶馬御史。而《大唐新語》言：『右補闕綦毋煚，性不飲茶。』著《茶飲》，序曰：『釋滯消壅，一日之利暫佳；瘠氣侵精，終身之害斯大。獲益則功歸茶力，貽患則不謂茶災。豈非福近易知，害遠難見？』宋黃庭堅《茶賦》亦曰：『寒中瘠氣，莫甚於茶。或濟之塩，勾賊破家。』今南人往往有茶癖，而不知其害，此亦攝生者之所宜戒也。

清 劉源長《茶史》卷一《茶之原始》 茶之為飲，發乎神農氏，聞於魯周公，齊有晏嬰，漢有揚雄、司馬相如，吳有韋曜，晉有劉琨、張載、遠祖納、謝安、左思之徒，皆飲焉。據《茶經》，則是神農有茶矣。茶其藥品乎？

清 陸廷燦《續茶經》卷上《茶之源》 王褒《僮約》前云『炰鼈烹茶』，後云『陽武買茶』。注：前為苦菜，後為茗。張華《博物志》：飲真茶，令人少眠。

又 《唐書·陸羽傳》：羽嗜茶，著《經》三篇，言茶之源、之

具、之造、之器、之煮、之飲、之事、之出、之略、之圖尤備，天下益知飲茶矣。

又 《封氏聞見記》：茶，南人好飲之，北人初不多飲。開元中，太山靈巖寺有降魔師，大興禪教。學禪，務於不寐，又不夕食，皆許飲茶，人自懷挾，到處煮飲。從此轉相倣傚，遂成風俗。起自鄒、齊、滄、棣，漸至京邑，城市多開店舖，煎茶賣之，不問道俗，投錢取飲。其茶自江淮而來，色額甚多。

又 包衡《清賞録》：昔人以陸羽飲茶比於后稷樹穀，及觀韓翃《謝賜茶啟》云『吳主禮賢，方聞置茗，晉人愛客，纔有分茶』，則知開創之功，非關桑苧老翁也。若云在昔茶勳未普，則比時賜茶已一千五百串矣。

清 張潮《岕茶彙鈔小引》（岕茶彙鈔） 茶之為類不一，岕茶為最；岕之為類亦不一，廟後為佳。其採擷之宜，烹啜之政，巢民已詳之矣，予復何言。然有所不可解者，不在今之茶，而在古之茶也。古人屑茶為末，蒸而範之成餅，已失其本來之味矣。至其烹也，又復點之以鹽，亦何鄙俗乃爾耶。夫茶之妙在香，苟製而為餅，其香定不復存；茶之妙在淡，點之以鹽，是且與淡相反；吾不知玉川之所歌、鴻漸之所嗜，其妙果安在也？善茗飲者每度率不過三四甌，徐徐啜之，始盡其妙。玉川子于俄頃之間頓傾七碗，此其鯨吞虹吸之狀與壯夫飲酒夫復何殊？陸氏《茶經》所載與今人異者不一而足，使陸羽當時茶已如今世之製，吾知其沉酣傾倒於此中者當更加十百於前矣。昔人謂飲茶為水厄，元魏人至以為恥，甚且謂不堪與酪作奴，苟得羅岕飲之，有不自悔其言之謬耶。吾鄉三天子都有抹山茶，茶生石間，非人力所能培植，味淡香清，足稱仙品，採之甚難，不可多得。惜巢民已歿，不能與之共賞也。心齋張潮撰。

明 黃履道輯，清 佚名增補《茶苑》卷八 涪州彰明縣綠昌明茶

彰明縣產綠昌明茶，香清味美，冠絕兩川諸茗。故《李太白集》有詩云『渴飲一醆綠昌明』云云，即詠此茶也。

紀事

明 夏樹芳《茶董》卷上 王仲祖

晉司徒長史王濛好飲茶。客至，輒飲之，士大夫甚以為苦，每欲候濛，必云：『今日有水厄。』

又 王肅

瑯琊王肅喜茗，一飲一斗，人因號為漏卮。肅初入魏，不食羊肉酪漿，常飯鯽魚羹，渴飲茗汁。高帝曰：『羊肉何如魚羹，茗飲何如酪漿？』肅對曰：『羊是陸產之最，魚是水族之長，羊比齊魯大邦，魚比邾莒小國，惟茗不中與酪作奴。』彭城王勰顧謂曰：『明日為卿設邾莒之會，亦有酪奴。』

清 陸廷燦《續茶經》卷下《茶之事》 《洛陽伽藍記》：王肅初入魏，不食羊肉及酪漿等物，常飯鯽魚羹，渴飲茗汁。京師士子道肅一飲一斗，號為漏卮。後數年，高祖見其食羊肉、酪粥甚多，謂肅曰：『羊肉何如魚羹，茗飲何如酪漿？』肅對曰：『羊者，是陸產之最；魚者，乃水族之長，所好不同，並各稱珍。以味言之，甚是優劣。羊比齊魯大邦，魚比邾莒小國，唯茗不中與酪作奴。』高祖大笑。彭城王勰謂肅曰：『卿不重齊魯大邦，而愛邾莒小國，何也？』肅對曰：『鄉曲所美，不得不好。』彭城王復謂曰：『卿明日顧我，為卿設邾莒之食，亦有酪奴。』因此，呼茗飲為『酪奴』。時給事中劉縞，慕肅之風，專習茗飲。彭城王謂縞曰：『卿不慕王侯八珍，而好蒼頭水厄，海上有逐臭之夫，里內有學顰之婦，以卿言之，即是也。』蓋彭城王家有吳奴，故以此言戲之。後梁武帝子西豐侯蕭正德歸降時，元乂欲為設茗，先問：『卿於水厄多少？』正德不曉乂意，答曰：『下官生於水鄉，而立身以來，未遭陽侯之難。』元乂與舉坐之客皆笑焉。

著録

明 張楫琴《〈茶苑〉序》 張子曰：『凡物之英華卓絕者，必秉

至清之質。在天為湛露，在地為醴泉；在人倫為賢哲，在草木為茗荈，皆感造化沖和清粹之氣孕毓而成。故露之能濡，泉之能潤，賢哲之能掄才康濟，茗荈之能蠲渴除煩，是皆有功於造物，非徒生者也。』客曰：『不然。草木之類，動以萬計，毛舉實繁。昔人云：「適口者，莫過於芻豢；果腹者，莫過於稻粱。」今黃子噇口腹而事純漓，廢甘肥而趨雋永，獨譜茗荈，何哉？』張子曰：『否。夫黃子者，目窮萬卷，氣概千秋，其品流才調，誠可用世匡時。惜其棲遲不偶，落拓善愁，故其胸次牢騷，心懷塊壘，但以飲量不勝蕉葉，日借茗汁澆之。吾知其非所深嗜也；不爾，則干霄壯氣何以消？而《茶苑》之輯，有自來矣。昔者洛花以永叔譜之而傳，建茗以君謨録之而著。二公皆宋高士，勳名碩望，俱足儀型百代，猶復假柔翰以寓閒情，士林傳為佳事。而黃子《茶苑》，亦何不可追蹤先哲耶？』黃子聞之，囅然笑曰：『有是哉！皆非所知也。吾少也賤，病而廢業，抱皇甫之書淫，嬰相如之消渴。及壯，復耽茗事，名品必搜，左泉右竈，惟日不足。鄉閭誚為漏巵，親朋畏其水厄，尚復徵求探討，篤嗜不休。及今年逾中境，衰疾日增，襟懷牢落，棲托鮮歡，每聞泉響爐鳴，輒躍躍自喜。又以疝□作楚，甌蟻懼沾，欲罷未能，徒增抑鬱。偶讀陸子《茶經》，有會於心者，恨其未備，亟取篋中羣籍，輯録一通，聊以寄志。昔呂行甫嗜茶，老而病不飲，烹而把玩。余之譜茶，亦此意也，何敢與歐蔡較優劣哉！』張子曰：『雖然，吾子之志余知之矣，吾子具清流之望，有湛露之濡、醴泉之潤、康濟之用、蠲渴之才，不妨尚友古人，與玉川、桑苧諸公共挹清芬也。凡讀斯編者，宜以蕤香薰袂、薇露瀚手，然後開帙，庶幾不穢斯編耳。』

時弘治二年新秋，邗江年友弟張榿琴題於蘭陵舟次。

明李維楨《〈茶經〉序》　蓋茶名見《爾雅》，而《神農食經》、華佗《食論》、壺居士《食忌》、桐君及陶弘景録、魏王《花木志》胥載之，然不專茶也。晉杜育《荈賦》、唐顧況《茶論》，然不稱經也。韓翃《謝茶啟》云：吳主禮賢置茗，晉人愛客分茶，其時賜已千五百串；常魯使西番，番人以諸方產示之，茶之用已廣，然不居功也。其筆諸書而尊為經，而人又以功歸之，實自鴻漸始。夫揚子雲、王文中一代大儒，《法言》、《中說》，自可鼓吹六經，而以擬經之故，為世詬病。鴻漸品茶小技，與經相提而論，人安得無異議？故溺其好者，謂窮《春秋》，演河圖，不如載茗一車，稱引並於禹稷，而鄙其事者，使與傭保雜作，不具賓主禮。《氾論訓》曰：伯成子高辭諸侯而耕，天下高之，今之時辭官而隱處鄉邑下，於古為義，於今為笑，豈可同哉。鴻漸混跡牧豎、優伶，不就文學、太祝之拜，自以為高，此難為俗人言也。所著《君臣契》三卷、《源解》三十卷、《江表四姓譜》十卷、《南北人物志》十卷、《占夢》三卷不盡傳，而獨傳《茶經》，豈以他書人所時有，此為觭長，易於取名如承蜩、養雞、解牛、飛鳶、弄丸、削鐻之屬驚世駭俗耶？李季卿直技視之，能無辱乎哉！無論季卿，曾明仲《隱逸傳》且不收矣。費袞云：鞏有瓷偶人，號陸鴻漸，市沽茗不利，輒灌注之，以為偏好者戒。李石云鴻漸為茶論並煎炙法，常伯熊廣之，飲茶過度，遂患風氣，北人飲者，多腰疾偏死，是無論儒流，即小人且求多矣！後鴻漸而同姓魯望嗜茶，置園顧渚山下，歲收租，自判品第，不聞以技取辱。

明馮時可《〈茶董〉序》　酒自三王時，天下已尤物視焉，爭腆於茲，致煩候邦誥也。茶最後出，至唐始遇知者。然惟清流素德始相酬酢，而傖父俗物或望之而卻走，則所謂時為帝而遞相雌雄者乎？余嘗著論，酒德為春，茗德為秋；酒類狂，茗類狷；酒為通人，茗為節士，夙以此平章之。而夏茂卿集酒曰《酒顛》，集茶曰《茶董》，蓋因昔人有『酒家南董』之稱，而移其董酒者董茶。其降心折節，固有所獨先，與夫酒有酒禍，波及者大，茶特小損，即稱水阨，亦薄乎云爾。立監佐史之不須，何以董哉？無乃愛茶重茶而虞其辱，故稱董，以董其辱茶者非與？余家姑蘇，虎丘之茶為天下冠。又近長興地，名洞山廟後所產岕，風格亦相絜焉。泉取惠山，甘過楊子，二妙相配，茗事始絕。當夫新雷既過，眾壑初晴，余與二三子親採露芽於山址，命僮如法焙製烹點。迨夫素濤翻雪，幽韻生雲，而余嘗之，如餐霞，如挹露，欲習仙舉，則歎夫茂卿之同好，真我枕漱之侶也。夫茶有四宜焉：宜其地，則竹林松澗，蓮沼梅嶺。宜其景，則朗月飛雪，晴晝疏雨。宜其事，則開卷手談，操琴草聖。宜其人，則名僧騷客，文士淑姬。否則與茶韻調大不相偕，不亦辱乎？是茶史氏之所必摻霜鉞而砭之者也。有右酒者曰：是四宜者，酒獨不宜乎？余曰：酒神之性炎如，而茶神之性溫如。是四宜者，得酒則或馳驟而殺

景，得茶始馴伏而增趣。夫酒不能為茶弼士，而茶能為酒功臣久矣。妹邦禍流，天下濡首。天地若覆，日月若昏，清之重奠，滌之重明，唯茶之以。昔人所謂不減策勳淩煙，其斯之謂與？故酒有董，而茶尤不可無董。

明 謝肇淛《〈茶書〉序》 夫世競市朝，則煙霞者賞矣；人耽粱肉，則薇蕨者貴矣。飲食者，君子之所不道也。麴蘗沈心，淳母爽口，古之作者，猶或譜之。矧於茶，其色香風味，既迥出塵俗之表，而消壅釋滯，解煩滌燥之功，特與芝朮頡頏。故自桑苧翁作《經》以來，高人墨客，轉相紹述，互有拓充，至於今日，十有七種。其於栽培、製造之法，煎烹取舍之宜，亦既搜括無漏矣。

蓋嘗論之，三代之上，民炊藜而羹藿，七十食肉，口腹之欲未侈，故茶之功用隱而弗章，然谷風之婦已歌之矣：『誰謂茶苦，其甘如薺。』而『堇茶如飴』，周原所以紀膴也。近世鼎食之家，效尤淫靡，庖宰之手，窮極滋味。一切胾炙之珍奇，皆伐腸裂胃之斧斤，若非雲鈎露芽之液沃其炎熾而滋其清涼，疾癘夭札踵踵相望矣。故茶之晦於古，著於今，非好事也，勢使然也。

明 顧起元《説略》卷二五《食憲》 陸羽《茶經》三卷，《茶記》一卷，周絳《補茶經》一卷，皎然《茶訣》一卷，又《茶苑雜録》一卷不知名，陸魯望《茶品》一篇，溫庭筠《採茶録》三卷，張又新《煎茶水記》一卷，蜀毛文錫《茶譜》一卷，丁謂《北苑茶録》三卷，劉異《北苑拾遺》一卷，蔡宗顏《茶山接對》一卷，又《茶譜遺事》一卷，又《北苑煎茶法》一卷，曾伉《茶苑總録》十四卷，《茶法易覽》十卷，蔡襄有《進茶録》一卷，建安黃儒有《茶品要録》，熊蕃有《宣和北苑貢茶録》一卷，熊客有《北苑別録》，呂惠卿有《建安茶用記》二卷，章炳文有《壑源茶録》一卷，宋子安有《東溪試茶録》一卷，徐獻忠有《水品》二卷，又不知名氏有《湯品》一卷，田藝蘅有《煮泉小品》一卷。

明 張燮《茶乘品藻・品一》《茶乘》 嗜茶，非自茶博士始也，王仲祖不先登乎？彼日與賓朋窮吸啜之致，但無復撰述以行。故陸氏之甘草癖獨顯，當是以《經》得名耳。宋以茶著者，無如吾閩蔡君謨。今龍鳳團法且永廢，而《茶録》尚播傳誦。信乎，文之行遠也。余向見友人屠田叔作《茗笈》而樂之，高君鼎復合諸家，刪纂而作《茶乘》，古來茗竈間之點綴，可謂備嘗矣。每讀一過，使人滌盡塵土腸胃。後世有嗜茶者，尊《經》為茶素王，《録》為素臣。君鼎是編，尚未甘向鄭康成車後也。

明 王志道《茶乘品藻・品二》《茶乘》 茗之初興，曾比於酪，邾莒之盟，猶有異議。其後乃隱然與醉鄉敵國云。精於唐，侈於宋，然其制莫不輾之、範之、膏之、蠟之。罩焙之法，起自明時，可謂竟陵、建安後無作者哉！君鼎見之矣，今之好事，湯社、麴部，事事中分藝苑，抑有一焉：敘記之可以伯倫、無功作對者，近體之可與葡萄美酒、飲中八仙作對者，尚覺寥寥。有明以來，鼓吹唐風，得無有頗可採者乎？君鼎暇日將廣搜之。

明 陈正学《茶乘品藻・品三》《茶乘》 予園居，以茶為諫友，君鼎道岸先登，其竟陵之法胤、苕溪之石交乎？誌公懼法乘銷毁，刻石而硲之，君鼎為《乘》之意良然。

明 章載道《茶乘品藻・品四》《茶乘》 余嘗謂：嗜茶而不窮其致，僅與玉川角勝於碗杓間，此陸、蔡諸君所竊笑也。君鼎嗜茶，直肩隨陸、蔡，故所著《茶乘》，雖述倍於創，要於疏原引類，各極其致，不翅三昧人矣。因戲謂君鼎：『相與定交於茶臼間，如何？』君鼎笑曰：『子能出龍鳳團相餉不？』余曰：『《乘》中唯不詳此，差勝耳。』君鼎曰：『味長輿此言，嗜乃更進。』

明 黃以陞《茶乘品藻・品五》《茶乘》 春雨中烹新芽，讀君鼎《茶乘》，肺腑皆香，恍如惠山對啜時也。《茶經》、《茶述》至矣，昔人猶病其略，建安迨蔡《録》始備。今得君鼎撰述，而嘉木名泉，點綴無憾，是亦皋盧之大成，吾閩之赤幟也。予好麴部，恐汚湯神，然知己過從，頻罄驚雷之筴，以為麈尾；藉其玄液，鼠鬚于焉膏潤。種種幽韻，惟可與君鼎道耳。若品與法并，事與詞該，尤《經》、《録》所尠。渴以當飲，不知世間有仙掌、醍醐也。

清 張廷玉《〈茶史〉序》 世稱茶之名起於晉宋以後，而《神農食經》、周公《爾雅》已先及之。蓋自貢之尚方，下逮眠雲臥石之夫，胥得為茗飲。至若鴻漸、伯熊之品味，玉川子、江湖散人之嗜好，紀於傳策

者，今古數人而已。

清 陸廷燦《續茶經》卷下《茶之略》

茶事著述名目：

《茶經》三卷，唐太子文學陸羽撰。《茶記》三卷，前人。見《國史經籍志》《顧渚山記》二卷，前人。《煎茶水記》一卷，江州刺史張又新撰。《採茶録》三卷，溫庭筠撰。《補茶事》太原溫從雲、武威段碣之《茶訣》三卷，釋皎然撰。《茶述》，裴汶。《茶譜》一卷，僞蜀毛文錫。《大觀茶論》二十篇，宋徽宗撰。《建安茶録》三卷，丁謂撰。《試茶録》二卷，蔡襄撰。《進茶録》一卷，前人。《品茶要録》一卷，建安黃儒撰。《建安茶記》一卷，呂惠卿撰。《北苑拾遺》一卷，劉异撰。《北苑煎茶法》，前人。《東溪試茶録》，宋子安集，一作朱子安。《補茶經》一卷，周絳撰。又一卷，前人。《北苑總録》十二卷，曾伉録。《茶山節對》一卷，攝衢州長史蔡宗顔撰。《茶譜遺事》一卷，前人。《宣和北苑貢茶録》，建陽熊蕃撰。《宋朝茶法》，沈括。《茶論》，前人。《北苑別録》一卷，趙汝礪撰。《北苑別録》，無名氏。《造茶雜録》，張文規。《茶雜文》一卷，集古今詩文及茶者。《壑源茶録》一卷，章炳文。《北苑別録》，熊克。《龍焙美成茶録》，范逵。《茶法易覽》十卷，沈立。《建茶論》，羅大經。《煮茶泉品》，葉清臣。《十友譜茶譜》，失名。《品茶》一篇，陸魯山。《續茶譜》，桑莊茹芝。《茶録》，張源。《煎茶七類》，徐渭。《茶寮記》。陸樹聲。《茶譜》，顧元慶。《茶具圖》一卷，前人。《茗笈》，屠本畯。《茶録》，馮時可。《岕山茶記》，熊明遇。《茶疏》，許次（杼）[紓]。《八箋茶譜》，高濂。《煮泉小品》，田藝衡。《茶箋》，屠隆。《岕茶箋》，馮可賓。《峒山茶系》，周高起伯高。《水品》，徐獻忠。《竹嬾茶衡》，李日華。《茶解》，羅廩。《松寮茗政》，卜萬祺。《茶譜》，錢友蘭翁。《茶集》一卷，胡文煥。《茶記》，呂仲吉。《茶箋》，聞龍。《岕茶別論》，周慶叔。《茶董》，夏茂卿。《茶説》，邢士襄。《茶史》，趙長白。《茶説》，吳從先。《武夷茶説》，袁仲儒。《茶譜》，朱碩儒。《見黃與堅集》《岕茶彙鈔》，冒襄。《茶考》，徐𤊹。《羣芳譜茶譜》，王象晉。

《佩文齋廣羣芳譜茶譜》

詩文名目：

杜毓《荈賦》、顧況《茶賦》、吳淑《茶賦》、李文簡《茗賦》、梅堯臣《南有佳茗賦》、黃庭堅《煎茶賦》、程宣子《茶銘》、曹暉《茶銘》、蘇廙《仙芽傳》、湯悦《森伯傳》、蘇軾《葉嘉傳》、支廷訓《湯蘊之傳》、徐巖泉《六安州茶居士傳》、呂溫《三月三日茶晏序》、熊禾《北苑茶焙記》、趙孟㒞《武夷山茶場記》、暗都剌《喊山臺記》、文德翼《廬山免給茶引記》、茅一相《〈茶譜〉序》、清虛子《茶論》、何恭《茶議》、汪可立《〈茶經〉後序》、吳旦《〈茶經〉跋》、童承敘《論茶經書》、趙觀《〈煮泉小品〉序》

藝文

明 高啟《高青丘集》卷四《茶軒》 摘芳試新泉，手滌林下器。一榻鬢絲傍，輕煙散遥吹。不用醒吟魂，幽人自無睡。

又《題倪雲林所畫義興山水圖》 嘗啜陽羨茗，不遊陽羨山。銅官結秀色，都在畫圖間。樊川醉遊處，水榭依沙樹。雲入縣城來，谿流太湖去。我愛雲林生，高歌無俗情。石庭梅欲發，須放酒船行。

又卷一二《城西客舍送周著作砥》 客中寒食後，惆悵送君違。花隱歸城旆，風吹渡水衣。夜窗炊黍散，春苑鬬茶稀。誰念西齋雨，相思獨掩扉。

又卷一五《賦得惠山泉送客遊越》 雲液流甘漱石牙，潤通錫麓樹增華。汲來曉冷和山雨，飲處春香帶澗花。合契老僧煩每護，修經幽客記曾誇。送行一斛還堪贈，往試雲門日注茶。

明 貝瓊《清江詩集》卷五《題火龍烹茶圖并引**》** 右火龍烹茶圖，蓋寫古帝王事，而斷縑落粉，半为好事者裂去，獨有茶具及黃衣中使拱而立者二人，烹茶者一人。曲江錢惟善定爲唐之玄宗，豈嘗見其全軼？然所謂玄宗者，不知當勵精圖治、與張説一二大臣共樂集仙時耶？抑其既耄而妮于妃子時也？特人物位置，要非院工所及，未暇考譜以實之，姑爲題其左云。

松聲忽作秋濤雄，銅龍吐火麟甲紅。黃衣中使備玉食，泉出金沙甘露濃。春風一旗色尚活，建溪山人雨前掇。蓬萊殿裏沃焦餘，玉碗分沾侍

臣渴。名花喚起海棠魂，細葉未數丁香根。宮中一日歌舞散，世上千秋圖畫存。開元盛事何人省，書生亦解誇雙井。空山埽葉燒破鐺，閉門讀書秋夜永。

明王洪《毅齋集》卷四《西湖飲游書贈沈茶博》 百斛美醪終日醺，碧甌偏喜試先春。烟生石鼎飛青靄，香滿金盤起綠塵。詩社已無孤悶客，醉鄉還有獨醒人。因思儤直鑾坡夜，特賜龍團出紫宸。

明于謙《忠肅集》卷一一《寒夜煮茶歌》 老夫不得寐，無奈更漏長。霜痕月影與雪色，爲我庭戶增輝光。直廬數椽少鄰並，苦空寂寞如僧房。蕭條厨傳無長物，地爐爇火烹茶湯。初如清波露蟹眼，次若輕車轉羊腸。須臾騰波鼓浪不可遏，展開雀舌浮甘香。一甌啜罷塵慮淨，頓覺唇吻皆清涼。胸中雖無文字五千卷，新詩亦足追晚唐。玉川子，貧更狂，書生本無富貴相，得意何必誇膏粱。

明程敏政《篁墩文集》卷六三《病中夜試新茶簡二弟戲用建除體》 建溪新茗如環鉤，土人食之除百憂。呼童滿注雪乳脚，使我坐失平生愁。朝來定與兩難弟，執手共瀹青甆甌。腹藁已破五千卷，舉身恨不登危樓。玉川成仙幾百載，清氣渺渺散不收。典衣開懷只沽酒，閉門却笑長安游。

又卷七四《竹茶爐卷》 惠山聽松庵有王舍人孟端竹茶爐，既亡而復，秦太守廷韶嘗求予詩。後予過惠山庵，僧因出此爐，吟賞竟日，蓋十餘年矣。觀吳同寅原博及虞舜臣倡和卷，慨然興懷，輒繼聲其後，得二章。

新茶曾試惠山泉，拂拭筠爐手自煎。擬置水符千里外，忽驚詩案十年前。野僧暫挽孤帆住，詞客遙分半榻眠。回首舊游如昨日，山中清樂羨君全。

細結湘筠煮石泉，虛心寧復畏相煎。巧形自出今人上，清供曾當古佛前。可配瓦盆甆玉注，絶勝金鼎護砂眠。長安詩社如相續，得似軒轅句渾全。

又卷七七《齋所謝定西侯惠巴茶》 元戎齋祓近青坊，分得新茶帶酪香。雪乳味調金鼎厚，松濤聲瀉玉壺長。甘於馬湩疑通譜，清讓龍團別製方。吟吻渴消春晝永，愧無裁答付奚囊。

明吳寬《家藏集》卷二四《飲陽羨茶》 今年陽羨山中品，此日傾來始滿甌。穀雨向前知苦雨，麥秋以後欲迎秋。莫誇酒醴清還濁，試看旗槍沉載浮。自得山人傳妙訣，一時風味壓南州。吳大本《嘗論煎茶法》

又卷二八《謝朱懋恭同年寄龍井茶》 諫議書来印不斜，忽驚入手是春芽。惜無一斛虎丘水，煑盡二斤龍井茶。顧渚品高知已退，建溪名重恐難加。飲餘為比公清苦，風味依然在齒牙。

又卷二九《謝馮副郎送惠山泉》 何處泉滿腹，惠山橫翠屏。山遠不能移，誰移此泓渟。客從山下来，遺我泉兩瓶。磊磊石子在，中涵數峯青。宛如清曉汲，尚帶魚龍腥。煎茶水有記，陸羽著《茶經》。舌端辨清濁，豈但如渭涇。玆泉列第二，不甘讓中泠。幸蒙蘇子詠，將詩作泉銘。至今山游者，爭仰漪瀾亭。遠餉踰千里，瓿甎載吳舲。後人不好事，此事久已停。大甕封泥頭，所重惟醽醁。一朝俄得此，高屋驚建瓴。陽羨茶適至，新品攢寸莛。雖非龍鳳團，勝出蔡與丁。二物偶相值，活火仍熒熒。蟹眼泡漸起，羊陽車可聽。煎烹既如法，傾瀉散蘭馨。連飲渴頓解，更使塵目醒。缾底有餘瀝，照見髮星星。嗟此一段奇，何意當衰齡。不湏茶始飲。飲水心常惺。未足酬雅意，聊用報山靈。

明李東陽《懷麓堂集》卷五三《東坡煎茶圖次坡韻》 君不見玉川兩腋清風生，又不見黃家竹几車聲鳴。東坡別有煎茶法，一勺解使千金輕。江南雷鳴二月二，已識山人采芳意。東京貢院試一煎，汴中那有中泠泉。翰林老仙出西蜀，醉掃蠻烟寫珠玉。詩成吻渴腸亦飢，長鬚拂紙揚修眉。知公此興不獨樂，蘇門六子長相隨。請看畫策題詩手，猶似當爐運筆時。

明吳儼《吳文肅摘稿》卷二《和國賢謝茶》 雨拆靈芽我發船，北風吹斷碧山煙。一杯未鮮文園渴，七碗何能到玉川。

品茶世獨推陽羨，評水人多説慧山。今日相從調衆口，莫教騰沸鼎鐺間。

明夏良勝《東洲初稿》卷八《啜茶》 故鄉茶葉異鄉烹，添得吟腸一味清。水鑿冰崖凝碧椀，火翻雪浪覆青瓶。含鎗謾説呈新品，帶脚從今減舊聲。愧我相知無諫議，也須三椀坐嚴更。

又卷一一《侍泉齋先生教感而賦此》 惠泉瀹茗幾貪嘗，一碗嚴更百慮忘。文墨傳來空眼界，道腴真處緒頭長。床前甕在還開閣，壁上錢

荒數探囊。桃李春深漸佳境，宣公窮索在醫方。

明 邵寶《容春堂續集》卷一《煎茶寄吴封君》 濁醪有妙理，清茶尤苦心。采茶陽羨陽，汲泉惠山陰。秋水碧如玉，百沸成黄金。此中亦何味，請聽希聲琴。陸羽久仙去，千載空遺音。盧仝不言法，七碗最獨深。吴翁二子流，清風起山林。陶匏介鑪竹，煎竟還自斟。京師一飲我，再飲荆溪潯。邇來雖裹寄，烹事吾誰任。報君一罌水，擕石仍中沈。臨發更致語，新火君當尋。

又《次王郡公煎茶行》 今之詩伯溪上翁，六年爲郡聲隆崇。一清如水比泉德，餘興却慕茶仙風。貪夫見公不自省，公眼白兮心非瞢。詩來遣吏問茶法，茶法酒法將無同。酒成麴櫱過乃敝，酒之甘苦茶淡濃。竹爐石鼎文具耳，妙手只在調和中。大才于物無不可，豈以一藝稱詩工？何時鼎鼐入公手，漢室行徵黄次公。惠山泉上節屢駐，甘棠勿伐何叢叢，公雖愛酒不如晋，茶乎誰許唐人仝。二泉山人愛泉者，欲茶每與山僧假。芝歌未已復茶歌，共喜山中得風雅。飲公醇者西坡篤，讀書茶經猶不足。烹煎未解吾何言，願乞吴翁爲君告。吾泉上人不欲多，西推山瀑東江波。仲尼飲水別無法，此味不知今若何？

明 顧清《東江家藏集》卷一二《冬夜四清次孚若韻·煮茶》 未有金犀辟夜寒，每蒙龍鳳賜宫團。（玉牒所月有官茶）自分玉嶺千尋潤，小試春旗一葉單。屋裏松濤從地起，窓前梅月幾時看。飄然便欲淩風去，清淺蓬萊水又寬。

又《十二月一日寄書天彝有感用煮茶韻》 一冬今夕始知寒，起斲清冰試小團。水品無勞問鴻漸，火攻聊欲效田單。腸間古字搜應遍，灰裏仙書黙自看。好辦百株供歲晚，歸期報與客心寬。

又《惠泉試茗》 擕將雙鳳團，來試九龍脉。臨流啜花磁，更憶長安客。

明 顧璘《息園存稿詩》卷六《陽羨山歌贈吴隱君》 東臨具區水，西見峨眉青。誰將陽羨山，倒景浮重溟。此山上應須女星，雕琢雲霧開仙庭。桃花洞戶列千室，夫容旌旗朝百靈。神人種藥留巖崖，化為苦草黄金芽。水品流傳逸士譜，月團飛上天皇家。山南今有樵漁客，八十鬚眉未全白。日飲茶漿茹紫芝，塵胎暗脱雙瞳碧。鶴鹿呼名任驅使，龍鸞整駕當朝夕。曾聞至人言此翁，千秋自會生毛翮。我厭塵寰思玉舄，名山相去況咫尺。鼓楫何時罨畫溪，稱觴一訪煙霞宅。

又卷七《賦煮茶圖》 朱門酒肉如山海，沉湎徒云性靈改。松關冥坐真天人，朗如玉樹生華采。澗阿霽雪新泉清，風吹石鼎茶煙横。悠然對語白日晚，俯聽萬井蒼蠅聲。

明 顧璘《山中集》卷一《幽居十二咏和魯南·煮茗》 為有餘酲在，還牽睡思繁。汲泉敲石火，先試小龍團。

明 王九思《渼陂續集》卷上《周守寄穀雨茶及大扇謝答二首》 山中穀雨後，采采碧瑶枝。露葉香猶濕，筠籠寄不遲。一瓢還自煮，七碗是吾師。却笑相如渴，金莖浪爾思。酷暑愁衰叟，清風來故人。漢江雲一片，鄠杜月如輪。力借山童健，凉生草閣新。此時仍啜茗，瀟灑絶囂塵。

又《送白貞夫八首（其四）》 君携陽羨茶，來烹渼陂水。二物各一域，氣味似且美。欻然乘風回，翱翔青雲裏。迢遞鳳凰城，道阻不可跂。嗟哉傷我心，綣戀那能已。

明 文徵明《文氏五家集》卷五《煮茶》 絹封陽羨月，瓦缶惠山泉。至味心難忘，閑情手自煎。地罏殘雪後，禪榻晚風前。為問貧陶穀，何如病玉川。

又卷六《鄭太吉送慧泉試吴大本寄茶》 醉思雪乳不能眠，活火砂瓶夜自煎。白絹旋開陽羨月，竹符新汲慧山泉。地罏殘雪貧陶穀，破屋清風病玉川。莫道年來塵滿腹，小窗寒夢已醒然。

又《煎茶贈履約》 嫩湯自發魚生眼，新茗還誇翠展旗。穀雨江頭佳節近，惠泉山下小船歸。山人紗帽籠頭處，禪榻風花繞鬢飛。酒客不通塵夢醒，卧看春日下松扉。

又《袁與之送新茶薦以滎夫新笋賦謝二君》 揀芽駢笋薦新泉，石鼎沙鐺手自煎。一笑月團欣見面，百年玉板更參禪。錦舒風籜春雷後，翠展雲旗穀雨前。珍重故人披拂意，盡驅塵俗破昏眠。

又《三月晦徐少宰同游虎丘》 海湧峯頭宿霧開，王珣祠畔少風埃。林花落盡春猶在，巖壑無窮客又來。水嚙滄池消劍氣，雲封白日護經

臺。一樽不負探幽興，更試三泉覆茗杯。

又《奉陪吕太常沈石田游虎丘次韻》 高賢尋壑共經丘，偶得追從續舊遊。陸羽泉甘春試茗，王珣祠古暮維舟。風簷落落鈴相語，雨徑登登屐似油。怪是酣吟留不去，水雲千頃正當樓。

明 鄧志謨《茶酒争奇》卷一《茶集曲牌名》 我茶產花沁園春，二月宜春令，纔有急三鎗，便叫虞美人，去取江兒水；叫麻婆子，去砍啄木兒；叫奴姐姐，拿寶鼎現，煎到衮第一，聲似泣顔回；衮第二，混江龍，聲似大砑鼓；中衮第三，聲似風入松，大家駐馬聽；聽到五韻美，四邊靜，打開看，香味滿庭芳，賽過紅芍藥、金錢花、桂枝香。拿去五供養，一到鳳凰閣，送與三學士；二到三仙橋，送與大和佛；三到謁金門，送與太師引，食待歸朝歡；四叫粉孩兒，送與父母孝順哥；五送醉翁子，食了解三醒，真箇稱人心。齊天樂，個個如臨江仙，爭奈意難忘。只道我園林好，又寫一封書，把香羅帶一付，金瓏璁一對，皂羅袍一件，紅衲襖一件送我；與我求去玩花燈，賞宮花，好事近，天下樂。

清 錢謙益《牧齋初學集》卷四《謝于昭遠寄廟後茶次東坡和錢安道韻》 昔人苦作有情癡，下飲不知茶與茗。我今懵懂百不解，獨有啜茶能記省。感君寄惠手自煎，洗杓停匙坐傾聽。活火新泉沸石銚，潑觸乳花發香性。森然茶星知有無，但覺芒寒與色正。睡魔迸散暑氣退，松風蕭颼白日永。搜腸潤吻如有靈，破悶祛煩不須猛。此茶先春出顧渚，宛如金苗引石礦。山崖高寒初日溫，受氣中和離炎冷。輕身療病比服食，醫國豈必用骨鯁。我生愛茶復愛仙，近日初來積金嶺。世事突兀看槍旗，富貴紛紜詫團餅。長腰米飽午夢足，捫腹但餘光炯炯。行買山田入陽羨，更置水遞近石井。東坡老人太苦硬，剌剌品茶剌貴倖。我詩漫浪聊戲耳，只愁湍泉飲生癭。

又 卷九《戲題徐元歎所藏鍾伯敬茶訊詩卷》 鍾生品詩如品茶，龍團月片百不愛，但愛幽香餘滋留齒牙。徐郎嗜茶又嗜鍾生詩，微吟短咏爬癢處，恰是盧仝飲到搜腸破悶時。鍾生逝矣徐郎慟，吟詩啜茶誰與共？生平臭味阿堵中，生作茶郵死茶供。今年徐郎示我茶訊篇，兼携好茗穀雨前。坐聽松風沸石鼎，手汲雲浪烹新泉。茶罷還枕石磵眠，沉吟茶詩欲泫然。高山流水在何許？但見風輕花落縈茶煙。我不解茶，又不知詩。一碗兩碗天池六安茗，一首兩首黃金白雪詞。懵騰茗艼良足樂，清吟韻事非所宜。還君此卷成一笑，何異屠門大嚼眼飽胸中饑。

清 魏裔介《兼濟堂文集》卷一八《汪雲礎過訪惠六安茶》 十年探藻縹緗庫，射策彤廷稱獨步。種就河陽一縣花，五斗忽念折腰誤。俠氣翩翩貌二豪，一官輕視等鴻毛。掉頭東去廬江側，拍浮酒船持蟹螯。邇來壯志悲拓落，暫典荷衣別猿鶴。一劍孤懸走柏人，叩門傾倒開寂寞。寄我新茗汲水烹，乳花浮面嗅清英。高譚四座珠璣錯，暑炎全消涼颷生。君不見古人縱橫有舌在，為虎為鼠多變改。明朝馬首向燕臺，人言公才大如海。

清 沈龍《煎茶賦并序》《茶史》 酒鄉香國，時時有人往還。香國如桃花源，時開時合；而酒鄉自劉將軍開後，便通中國；獨茶天未有開闢手。茶天在青微西，或云青微天即茶天也。酒有劍俠氣，香有美人氣、文士氣；獨茶如禪，未許常人問津。顧況有《茶賦》，黃庭堅有《煎茶賦》，已是數百年一傳，此後絕無聞焉，正如六祖去後，衣鉢竟絕。至如盧仝，牛飲耳。偶有客至横雲山茶，而惠山汲水船適至，遂作小賦：

汲新泉於樹杪，採新茗於雨前。合命花灶，松頂濤翻，掃石徑之秋雲，乞活火於坡仙。雪意消而山空，微香散而鶴還。亂花中之藥氣，捲深竹之晴煙。於是開別館，揭風簾，事供奉，命短鬟紅袖，窄窄素手春寒，矜弓彎之絕小，又欲進而詎前。其甘如薺，其氣勝蘭。其味也甘露雨，其白也秋空天。花點波動，月印杯穿。杏樹桃花之深洞，奇種不到；竹林草堂之古寺，無此幽閒。於焉昏睡竟失，繁憂畢殫，神空而道可學，味淡而禪獨參。忽疑義之盡晰，俄欲辨而忘言。如白玉蟾拈花而三嗅，如江貫道撫琴而不彈。此味無令人之可共，何不攷古人而就班。乃問詩人誰識其玄，或云子厚，或云青蓮，乃浩然摩詰之皆不可，而獨分一餅於陶潛。若夫晝中三昧，誰得其傳，曰有同味，恕先在焉。偕倪迂而漱齒，分黃癡以餘甘。猶一人之未降，則庶幾乎巨然，其餘者人莫不飲，而知味之竟鮮，至如美人，孰媸孰妍，分一杯於道蘊，乃羣議之貼然，更賜綠珠以餘瀝，而以供奉命易安。雖文君之妖艷，不能一滴之破慳也。若夫藤花紫筍，味鮮蕨肥，苦荳新甘，就茲妍景，結社峯顛。高衲韻士，松風滿龕，就陰陰之疏影，聽活活之流泉，暝煙合池上，孤月出東山。人靜無籟，山

空不喧。名理爛熟，古道羣諳。任微言而比投水，縱高論之若河懸。於斯時也，松火怒發，石瀨渟涵，雲漿浸舌，瞠眼青天。心清涼而若雪，胸空闊而無粘。渺若輕雲之歸海，淨若片月之還山。誰知此者，我當與之讀茶賦，而續涪翁之嫡傳。《雪初堂集》

雜録

明 屠本畯《茗笈·第八定湯章》 贊曰：茶之殿最，待湯建勳，誰其秉衡，跂石眠雲。

其沸如魚目，微有聲為一沸；緣邊如湧泉連珠，為二沸；騰波鼓浪，為三沸。已上水老，不可食也。凡酌，置諸碗，令沫餑均。沫餑，湯之華也；華之薄者曰沫，厚者曰餑。細輕者曰華，如棗花漂漂然於環池之上，又如迴潭曲渚青萍之始生，又如晴天爽朗有浮雲鱗然。其沫者，若綠錢浮於渭水，又如菊英墮於尊俎之中；餑者，以滓煮之，及沸則重華累沫，皓皓然若積雪耳。《茶經》

水入銚便須急煮，候有松聲即去蓋，以消息其老嫩。蟹眼之後，水有微濤，是為當時。大濤鼎沸，旋至無聲，是為過時。過時老湯決不堪用。《茶疏》

沸速，則鮮嫩風逸；沸遲，則老熟昏鈍。《茶疏》

湯有三大辨：一曰形辨，二曰聲辨，三曰捷辨。形為內辨，聲為外辨，氣為捷辨。如蝦眼、蟹眼、魚目、連珠，皆為萌湯，直至湧沸如騰波鼓浪，水氣全消，方是純熟。如初聲、轉聲、振聲、駭聲，皆為萌湯，直至無聲，方為純熟。如氣浮一縷、二縷、三縷及縷亂不分，氤氳亂繞，皆為萌湯，直至氣直沖貫，方是純熟。蔡君謨因古人製茶碾磨作餅，則見沸而茶神便發，此用嫩而不用老也。今時製茶，不假羅碾，全具元體，湯須純熟，元神始發也。《茶録》

余友李南金云：《茶經》以魚目、湧泉、連珠為煮水之節，然近世瀹茶鮮以鼎鍑，用瓶煮水，難以候視，則當以聲辨一沸、二沸、三沸之節。又陸氏之法，以未就茶鍑，故以第二沸為合量而下，未若以今湯就茶甌瀹之，則當用背二涉三之際為合量。乃為聲辨之詩云：『砌蟲唧唧萬蟬催，忽有千車捆載來。聽得松風並澗水，急呼縹色綠瓷杯。』其論固已精矣。然瀹茶之法，湯欲嫩而不欲老，蓋湯嫩則茶味甘，老則過苦矣。若聲如松風澗水而遽瀹之，豈不過於老而苦哉。惟移瓶去火，少待其沸止而瀹之，然後湯適中而茶味甘，此南金之所未講者也。因補一詩云：『松風桂雨到來初，急引銅瓶離竹爐。待得聲聞俱寂後，一瓶春雪勝醍醐。』羅大經《鶴林玉露》

李南金謂『當用背二涉三之際為合量』，此真賞鑑家言。而羅鶴林懼湯老，欲於松風澗水後移瓶去火，少待沸止而瀹之，此語亦未中窾。殊不知湯既老矣，雖去火何救哉！《茶解》

評曰：《茶經》定湯三沸，而貴當時。《茶録》定沸三辨，而畏萌湯。夫湯貴適中，萌之與熟皆在所棄，初無關於茶之芽餅也。今通人所論尚嫩，《茶録》所貴在老，無乃闊於事情耶。羅鶴林之談，又別出兩家外矣。羅高君因而駁之，今姑存諸説。

又《第九點瀹章》 贊曰：伊公作羹，陸氏製茶，天錫甘露，媚我仙芽。

未曾汲水，先備茶具，必潔必燥。瀹時壺蓋必仰置瓷盂，勿覆案上，漆氣、食氣皆能敗茶。《茶疏》

茶注宜小不宜大，小則香氣氤氳，大則易於散漫。若自斟酌，愈小愈佳。容水半升者，量投茶五分；其餘以是增減。《茶疏》

投茶有序，無失其宜。先茶後湯曰下投；湯半下茶，復以湯滿，曰中投；先湯後投曰上投。春秋中投，夏上投，冬下投。《茶録》

握茶手中，俟湯入壺，隨手投茶，定其浮沉，然後瀉以供客，則乳嫩清滑，馥郁鼻端，病可令起，疲可令爽。《茶疏》

釃不宜早，飲不宜遲。釃早則茶神未發，飲遲則妙馥先消。《茶録》

一壺之茶只堪再巡。初巡鮮美，再巡甘醇，三巡意欲盡矣。余嘗與客戲論：初巡為婷婷嫋嫋十三餘，再巡為碧玉破瓜年；三巡以來，綠葉成陰矣。所以茶注宜小，小則再巡已終，寧使餘芬剩馥尚留葉中，猶堪飯後供啜嗽之用。《茶疏》

終南僧亮公從天池來，餉余佳茗，授余烹點法甚細。予嘗受法於陽羨士人，大率先火候，次候湯，所謂蟹眼、魚目，參沸沫浮沉，法皆同。

而僧所烹點絕味清，乳面不黟，是具入清淨味中三昧者。要之，此一味非眠雲跂石人未易領略。余方避俗，雅意棲禪，安知不因是悟入趙州耶？陸樹聲《茶寮記》

評曰：凡事俱可委人，第責成效而已，惟瀹茗須躬自執勞。瀹茗而不躬執，欲湯之良，無有是處。

明 熊明遇《羅岕茶記》 烹茶，水之功居大。無泉則用天水，秋雨為上，梅雨次之。秋雨冽而白，梅雨醇而白。雪水，五穀之精也，色不能白。養水須置石子於甕，不惟益水，而白石清泉，會心亦不在遠。

茶之色重、味重、香重者，俱非上品。松羅香重，六安味苦而香與松羅同；天池亦有草萊氣，龍井如之；至雲霧，則色重而味濃矣。嘗啜虎丘茶，色白而香，似嬰兒肉，真精絕。

茶色貴白，然白亦不難。泉清瓶潔，葉少水洗，旋烹旋啜，其色自白。然真味抑鬱，徒為目食耳。若取青綠，則天池、松蘿及岕之最下者雖冬月色亦如苔衣，何足為妙。莫若余所收洞山茶，自穀雨後五日者，以湯薄浣，貯壺良久，其色如玉；至冬則嫩綠，味甘色淡，韻清氣醇，亦作嬰兒肉香，而芝芬浮蕩，則虎丘所無也。

明 劉元卿《賢弈編》卷一 范蜀公與溫公同遊嵩山，各攜茶以行。溫公以紙為貼，蜀公用小黑木合子盛之。溫公見之驚曰：『景仁乃有茶具。』蜀公聞其言，留合與寺僧而去。

明 夏樹芳《茶董》卷上

陶通明輕身換骨

陶弘景《雜錄》：芳茶輕身換骨，丹丘子、黃山君嘗服之。

李青蓮還童振枯

李白《茶述》：『余聞荊州玉泉寺近青溪諸山，山洞往往有乳窟，窟中多玉泉交流，其水邊處處有茗草羅生，枝葉如碧玉。惟玉泉真公常采而飲之，年八十餘歲，顏色如桃花。而此茗清香滑熱，異於他所，所以能還童振枯，扶人壽也。余游金陵，見宗僧中孚示余茶數十片，拳然重疊，其狀如手掌，號仙人掌茶，兼贈以詩，要余答之。後之高僧大隱知仙人掌茶發於中孚衲子及青蓮居士李白也。』

顏清臣素瓷芳氣

顏魯公《月夜啜茶聯句》：『流華淨肌骨，疏瀹滌心源。素瓷傳靜夜，芳氣滿閑軒。』

謝宗丹丘仙品

謝宗《論茶》曰：『此丹丘之仙茶，勝烏程之御荈。首閱碧澗明月，醉向霜華，豈可以酪蒼頭，便應代酒從事。』

劉越石潰悶常仰

劉琨《與兄子南兗州刺史演書》曰：『吾體中潰悶，常仰真茶，汝可置之。』

劉夢得樂天六班

白樂天方齋，劉禹錫正病酒，乃饋菊苗齏、蘆菔鮓，換取樂天六班茶二囊以醒酒。禹錫有《西山蘭若試茶歌》：『何況蒙山顧渚春，白泥赤印走風塵。欲知花乳清冷味，須是眠雲臥石人。』

釋覺林志崇三等

覺林院志崇收茶三等，待客以驚雷莢，自奉以萱草帶，供佛以紫茸香。

周韶好奇鬥勝

周韶好蓄奇茗，嘗與蔡君謨鬥勝，題品風味，君謨屈焉。

林和靖靜試對賞

林君復《試茶》詩：『白雲峯下兩槍新，膩綠長鮮穀雨春。靜試恰如湖上雪，對嘗兼憶剡中人。』

陸魯望顧渚取租

甫里先生陸龜蒙嗜茶荈，置小園於顧渚山下，歲取租茶，自判品第。

朱桃椎芒屩為易

朱桃椎嘗織芒屩置道上，見者為鬻米茗易之。

張孟陽詩稱芳冠

張載詩：『芳茶冠六清，溢味播九區。』

權紓腦痛服愈

隋文帝微時，夢神人易其腦骨，自爾腦痛。忽遇一僧云：『山中有茗草，服之當愈。』進士權紓讚曰：『窮《春秋》，演河圖，不如載茗一車。』

顧逋翁顧況論

顧況論茶：『煎以文火細煙，小鼎長泉。』

薛大拙薛能詩

唐薛能詩：『偷嫌曼倩桃無味，擣覺嫦娥藥不香。』

王肅人號漏巵

瑯琊王肅喜茗，一飲一斗，人因號為漏巵。肅初入魏，不食羊肉酪漿，常飯鯽魚羹，渴飲茗汁。高帝曰：『羊肉何如魚羹，茗飲何如酪漿？』肅對曰：『羊是陸產之最，魚是水族之長，羊比齊魯大邦，魚比邾莒小國，惟茗不中與酪作奴。』彭城王勰顧謂曰：『明日為卿設邾莒之會，亦有酪奴。』

僧齊己高人愛惜

龍安有騎火茶。唐僧齊己詩：『高人愛惜藏巖裏，白甀封題寄火前。』

鮑令暉鮑姊著賦

鮑昭姊令暉著《香茗賦》。

左太沖嬌女心劇

左思《嬌女詩》：『吾家有嬌女，皎皎頗白皙。小字爲紈素，口齒自清歷。有姊字惠芳，眉目燦如畫。馳鶩翔園林，菓下皆生摘。貪華風雨中，倏忽數百適。心爲茶菽劇，吹噓對鼎鑩。』

李存博山林性嗜

李約雅度簡遠，有山林之致，一生不近粉黛。性嗜茶，嘗曰：『茶須緩火炙，活火煎。始則魚目散布，微微有聲；中則四際泉湧，纍纍若貫珠；終則騰波鼓浪，水氣全消，此謂老湯。三沸之法，非活火不能成也。』客至不限甌數，竟日爇火執器不倦。曾奉使行至陜州硤石縣東，愛渠水清流，旬日忘發。

胡嵩姓餘甘氏

胡嵩《飛龍澗飲茶》詩：『沾牙舊姓餘甘氏，破睡當封不夜侯』。陶穀愛其新奇，令猶子彝和之，應聲曰：『生涼好喚雞蘇佛，回味宜稱橄欖仙。』彝時年十二。

桓宣武名斛二瘕

桓征西步將，喜飲茶，至一斛二斗。一日過量，吐如牛肺一物，以茗澆之，容一斛二斗。客云：『此名斛二瘕。』

孫樵茗戰

孫可之《送茶與焦刑部》：『建陽丹山碧水之鄉，月澗雲龕之品，慎勿賤用之。』時以鬥茶為茗戰。

錢起茶宴

錢仲文與趙莒茶宴，又嘗過長孫宅，與郎上人作茶會。

曹業之碧沉香泛

曹鄴《謝故人寄新茶》詩：『劍外九華英，緘題下玉京。開時微月上，碾處亂泉聲。半夜招僧至，孤吟對月烹。碧沉雲腳碎，香泛乳花輕。六腑睡神去，數朝詩思清。月餘不敢費，留伴肘書行。』

和成績湯社

五代時，魯公和凝率同列遞日以茶相飲，味劣者有罰，號為湯社。

李鄴侯翻玉添酥

唐奉節王好詩，嘗煎茶就鄴侯題詩。鄴侯戲題云：『旋沫翻成碧玉池，添酥散出琉璃眼。』

陸鴻漸茶品

陸羽品茶，千類萬狀，有如胡人靴者，蹙縮然；犎牛臆者，廉襜然；浮雲出山者，輪菌然；輕飆出水者，涵澹然。此茶之精腴者也。有如竹籜者，籭簁然；如霜荷者，萎萃然；此茶之瘠老者也。又論茶有九難：陰採夜焙，非造也；嚼味嗅香，非別也；膏薪庖炭，非火也；飛湍壅潦，非水也；外熟內生，非炙也；碧粉縹塵，非末也；操艱攪遽，非煮也；夏興冬廢，非飲也；膩鼎腥甌，非器也。造茶具二十四事，以都統籠貯之，遠近傾慕，好事者家藏一副。

白少傅慕巢知味

白樂天《睡後煎茶》詩：『婆娑綠陰樹，斑駁青苔地。此處置繩牀，旁邊洗茶器。白瓷甌甚潔，紅罏炭方熾。末下麴塵香，花浮魚眼沸。盛來有佳色，嚥罷餘芳氣。不見楊慕巢，誰人知此味。』楊同州亦當時之善茶者也。

竇儀龍陂山子

開寶初，竇儀以新茶餉客，奩面標曰『龍陂山子茶』。

皮日休襲美雜詠

皮襲美《茶中雜詠序》云：『國朝茶事，竟陵陸季疵始為《經》三卷，後又有太原溫從雲、武威段碣之各補茶事十數節，並存方冊。昔晉杜育有《荈賦》，季疵有《茶歌》，遂為《茶具十詠》寄天隨子。』

張文規明月始生

明月峽在顧渚側，二山相對，石壁峭立，大澗中流，乳石飛走。茶生其間，尤為絶品。張文規所謂『明月峽前茶始生』是也。文規好學，有文藻。蘇子由、孔武仲、何正臣皆與之游。

盧仝盧仝自煎

孟諫議寄新茶，盧仝走筆作歌云：『柴門反關無俗客，紗帽籠頭自煎喫。』今洛陽有盧仝煮茶泉。

張志和樵青竹裏煎

顏清臣作志和傳碑：『漁童捧釣收綸，蘆中鼓枻；樵青蘇蘭薪桂，竹裏煎茶。』

皮文通甘心苦口

皮光業最耽茗飲。中表請嘗新柑，筵具甚豐，簪紱叢集。纔至，未顧樽罍而呼茶甚急。徑進一巨觥，題詩曰：『未見甘心氏，先迎苦口師。』眾噱曰：『此師固清高，難以療饑也。』

王仲祖王濛水厄

晉司徒長史王濛好飲茶，客至輒飲之，士大夫甚以為苦，每欲候濛，必云：『今日有水厄。』

蔡端明能仁石縫生

蔡君謨善別茶。建安能仁院，有茶生石縫間，僧採造得茶八餅，號石巖白。以四餅遺蔡，四餅遺王內翰禹玉。歲除，蔡被召還闕。禹玉碾以待蔡，蔡捧甌未嘗，輒曰：『此極似能仁石巖白。』禹玉未信，索帖驗之，乃服。

梅聖俞吐雪堆雲

梅堯臣在楚斫茶磨，題詩有：『吐雪誇新茗，堆雲憶舊溪。北歸惟此急，藥臼不須齎。』可謂嗜茶之極矣。聖俞茶詩甚多，吳正仲餉新茶、沙門穎公遺碧霄峯茗，俱有吟詠。

歐陽永叔珍賜一餅

歐陽文忠《歸田録》：『茶之品，莫貴於龍鳳團。』小龍團仁宗尤所珍惜，雖輔臣未嘗輒賜，惟南郊大禮致齋之夕，中書、樞密院各四人共賜一餅。宮人翦金為龍鳳花草綴其上。嘉祐七年，親享明堂，始人賜一餅，余亦恭與，至今藏之。因君謨著録，輒附於後，庶知小龍團自君謨始，其可貴如此。

蘇廙仙芽

蘇廙作《仙芽傳》，載《作湯十六法》：『以老嫩言者，凡三品；以緩急言者，凡三品；以器標者，共五品；以薪論者，共五品。』陶穀謂『湯者，茶之司命』，此言最得三昧。

何子華甘草癖

宣城何子華，邀客於剖金堂，酒半，出嘉陽嚴峻畫陸羽像。子華因言：『前代惑駿逸者為馬癖，泥貫索者為錢癖，愛子者有譽兒癖，耽書者有《左傳》癖。若此叟溺於茗事，何以名其癖？』楊粹仲曰：『茶雖珍，未離草也，宜追目陸氏為甘草癖。』一坐稱佳。

王子尚甘露

新安王子鸞、豫章王子尚詣曇濟道人於八公山。道人設茶茗，子尚味之曰：『此甘露也，何言茶茗？』

傅玄風聖陽花

雙林大士自往蒙頂結庵種茶，凡三年，得絶佳者，號聖陽花，持歸供獻。

又 卷下

楊誠齋玉塵香乳

楊廷秀《謝傅尚書茶》：『遠餉新茗，當自攜大瓢，走汲溪泉，束澗底之散薪，燃折腳之石鼎，烹玉塵，啜香乳，以享天上故人之意。愧無胸中之書傳，但一味攪破菜園耳。』

鄭路御史瓶

會昌初，監察御史鄭路有兵察廳掌茶。茶必市蜀之佳者，貯於陶器，以防暑濕。御史躬親監啟，謂之『御史茶瓶』。

唐子西貴新貴活

子西《鬥茶說》：『茶不問團銙，要之貴新；水不問江井，要之貴活。』唐相李衛公好飲惠山泉，置驛傳送，不遠數千里。近世歐陽少師得內賜小龍團，更閱三朝，賜茶尚在，此豈復有茶也哉！今吾提汲走龍塘，無數千步。此水宜茶，昔人以為不減清遠峽。而海道趨建安，茶數日可至，故每歲新茶不過三月，頗得其勝。

劉言史滌盡昏渴

劉言史《與孟郊洛北野泉上煎茶》：『敲石取鮮火，撇泉避腥鱗。熒熒爨風鐺，拾得墜巢薪。恐乖靈草性，觸事皆手親。宛如摘山時，自歠指下春。湘瓷泛輕花，滌盡昏渴神。茲遊愜醒趣，可以話高人。』

單道開不畏寒暑

燉煌單道開不畏寒暑，常服小石子。藥有松、蜜、薑、桂、茯苓之氣，時復飲茶蘇一二升而已。

僧文了乳妖

吳僧文了善烹茶。游荊南，高保勉子季興延置紫雲庵，日試其藝，奏授華亭水大師，目曰乳妖。

東都僧百碗不厭

唐大中三年，東都進一僧，年一百三十歲。宣宗問：『服何藥致然？』對曰：『臣少也賤，不知藥，性本好茶，至處惟茶是求，或飲百碗不厭。』因賜茶五十斤，令居保壽寺。

呂居仁魚眼針芒

呂文清詩：『春陰養芽鍼鋒芒，沆瀣養膏冰雪香。玉斧運風寶月滿，密雲候雨蒼龍翔。惠山寒泉第二品，武定烏瓷紅錦囊。浮花元屬三味手，竹齋自試魚眼湯。』

李文饒天柱峯數角

有人授舒州牧，李德裕遺書曰：『到郡日，天柱峯茶可惠三數角。』其人獻數十斤，李不受。明年罷郡，用意精求，獲數角投李。李閔而受之，曰：『此茶可以消酒毒。』因命烹一甌沃於肉食內，以銀合閉之。詰旦視其肉，已化為水矣。眾服其廣識。

丁晉公草木仙骨

丁公言：『嘗謂石乳出壑嶺、斷崖、缺石之間，蓋草木之仙骨。』又謂鳳山高不百丈，無危峯絕巘，而岡阜環抱，氣勢柔秀，宜乎嘉植靈卉之所發也。

蘇才翁竹瀝水取勝

蘇才翁嘗與蔡君謨鬥茶，蔡茶用惠山泉，蘇茶小劣，改用竹瀝水煎，遂能取勝。天台竹瀝水為佳，若以他水雜之，則亟敗。

鄭若愚鴉山鳥嘴

鄭谷《峽中煎茶》詩：『簇簇新芽摘露光，小江園裏火煎嘗。吳僧謾說鴉山好，蜀叟休誇鳥嘴香。合坐滿甌輕泛綠，開緘數片淺含黃。鹿門病客不歸去，酒渴更知春味長。』

華元化久食益意思

華佗《食論》：『苦茶久食，益意思。』又《神農食經》：『茶茗宜久服，令人有力悅志。』

陶穀党家應不識

陶學士買得党太尉故妓。取雪水烹團茶，謂妓曰：『党家應不識此？』妓曰：『彼粗人安得有此？但能向銷金帳下淺斟低唱，飲羊羔兒酒耳。』陶愧其言。

李貞一義興山萬兩

御史大夫李栖筠按義興。山僧有獻佳茗者，會客嘗之，芬香甘辣冠於他境，以為可薦於上，始進茶萬兩。

曾茶山眉白眼青

茶家碾茶，須碾著眉上白乃為佳。曾茶山詩：『碾處曾看眉上白，分時為見眼中青。』茶山詩極清峭，如『誰分金掌露，來作玉溪涼』、『喚起南柯夢，持來北焙春』、『子能來日鑄，吾得具風罏』，用字著語，俱有鍛鍊。

虞洪瀑布山大獲

虞洪入山採茗，遇一道士牽三青牛，引洪至瀑布山，曰：『山中有茗，可以給餉，祈子他日有甌蟻之餘，乞相遺也。』洪因設奠祀之，後常令家人入山，獲大茗焉。

劉子儀鯀哉點也

劉曄嘗與劉筠飲茶，問左右：『湯滾也未？』衆曰：『已滾。』筠曰：『僉曰鯀哉。』曄應聲曰：『吾與點也。』

杜子巽一片同歡

杜鴻漸《與楊祭酒書》云：『顧渚山中紫筍茶兩片，一片上太夫人，一片充昆弟同歡。此物但恨帝未得嘗，實所歎息。』

黄儒山川真筍

黄儒《品茶要録》云：『陸羽《茶經》不第建安之品，蓋前此茶事未興，山川尚閟，露牙真筍委翳消腐而人不知耳。』宣和中，復有白茶勝雪。熊蕃曰：『使黄君閲今日，則前乎此者，未足詫也。』

韓太沖練囊末以進

韓晉公滉聞奉天之難，以夾練囊緘茶末，遣使健步以進。

王休冰敲其晶瑩

王休居太白山下，每至冬時，取溪冰，敲其晶瑩者，煮建茗待客。

陸祖言奈何穢吾素業

陸納為吳興太守時，衛將軍謝安常欲詣納。納兄子俶怪納無所備，乃私蓄十數人饌具。既至，所設惟茶茗而已。俶遂陳盛饌，珍饈畢集。及安去，納杖俶四十，云：『汝既不能光益叔父，奈何穢吾素業。』

秦精武昌山大藂

《續搜神記》：『晉孝武時，宣城秦精嘗入武昌山採茗，遇一毛人長丈餘，引精至山曲大藂茗處便去。須臾復來，乃探懷中橘與精。精怖，負茗而歸。』

溫嶠列貢上茶

溫太真條列貢上茶千片，茗三百大薄。

常魯蕃使亦有之

常魯使西蕃，烹茶帳中。蕃使問：『何為？』魯曰：『滌煩消渴，所謂茶也。』蕃使曰：『我亦有之。』命取出以示，曰此壽州者、此顧渚者、此蘄門者。

李肇白鶴僧園本

《岳陽風土記》載：『灉湖茶，李肇所謂灉湖之含膏也。今惟白鶴僧園有千餘本，一歲不過一二十兩，土人謂之白鶴茶，味極甘香。』

郭弘農茗别茶荈

郭璞云：『茶者，南方佳木，早取為茶，晚取為荈。』

王禹偁嘗味少知音

王元之《過陸羽茶井》：『甃石苔封百尺深，試令嘗味少知音。惟餘半夜泉中月，留得先生一片心。』

李季卿博士錢

常伯熊善茶。李季卿宣慰江南，至臨淮，乃召伯熊。伯熊著黄帔衫、烏紗幘，手執茶器，口通茶名，區分指點，左右刮目。茶熟，李為歠兩杯。既至江外，復召陸羽。羽衣野服，隨茶具而入，如伯熊故事。茶畢，季卿命取錢三十文酬煎茶博士。鴻漸夙游江介，通狎勝流，遂收茶錢、茶具，雀躍而出，旁若無人。

晏子時食茗菜

晏子相齊時，食脱粟之飯，炙三戈、五卵，茗菜而已。

陸宣公止受一串

陸贄字敬輿，張鎰餉錢百萬，止受茶一串，曰：『敢不承公之賜。』

李南金味勝醍醐

瀹茶當以聲為辨。李南金詩：『砌蟲唧唧萬蟬催，忽有千車捆載來。聽得松風並澗水，急呼縹色緑瓷杯。』後《鶴林玉露》復補一詩：『松風檜雨到來初，急引銅瓶離竹罏。待得聲聞俱寂後，一甌春雪勝醍醐。』蓋湯不欲老，老則過苦。聲如澗水松風，不宜遽瀹，惟移瓶去火，少待其沸止而瀹之，方為合節。此南金之所未講者也。

韋曜密賜代酒

《韋曜傳》：『孫皓每饗宴，坐席率以七升為限，雖不盡入口，皆澆灌取盡。曜飲酒不過二升，皓初禮異，密賜茶荈以代酒。』

葉少蘊地各數畝

葉夢得《避暑録》：『北苑茶有曾坑、沙溪二地，而沙溪色白過於曾坑，但味短而微澀。草茶極品惟雙井、顧渚。雙井在分寧縣，其地屬黄氏魯直家。顧渚在長興吉祥寺，其半為今劉侍郎希范所有。兩地各數畝，歲産茶不過五六觔，所以為難。』

山謙之溫山御荈

山謙之《吳興記》：『烏程有溫山，出御荈。』

沈存中雀舌

沈括《夢溪筆談》：『茶芽謂雀舌、麥顆，言至嫩也。茶之美者，其質素良，而所植之土又美，新芽一發，便長寸餘，其細如鍼。如雀舌、麥顆者，極下材耳，乃北人不識，誤為品題。予山居有《茶論》，復口占一絕：誰把嫩香名雀舌，定來北客未曾嘗。不知靈草天然異，一夜風吹一寸長。』

毛文錫蟬翼

毛文錫《茶譜》：『有片甲、蟬翼之異。』

張芸叟以為上供

張舜民云：『有唐茶品，以陽羨為上供，建溪北苑未著也。貞元中，常袞為建州刺史，始蒸焙而研之，謂研膏茶。』

司馬端明景仁乃有茶器

司馬溫公偕范蜀公游嵩山，各攜茶往。溫公以紙為貼，蜀公盛以小黑合。溫公見之驚曰：『景仁乃有茶器。』蜀公聞其言，遂留合與寺僧。《邵氏聞見錄》云：『溫公與范景仁共登嵩頂，由轘轅道至龍門，涉伊水，坐香山憩石，臨八節灘，多有詩什。攜茶登覽，當在此時。』

黃涪翁恁地怎得不窮

黃魯直論茶：『建溪如割，雙井如撻，日鑄如絕。所著《煎茶賦》：「洶洶乎如澗松之發清吹，皓皓乎如春空之行白雲。」一日以小龍團半鋌題詩贈晁無咎：「曲几蒲團聽煮湯，煎成車聲繞羊腸。雞蘇胡麻留渴羌，不應亂我官焙香。」東坡見之曰：「黃九恁地怎得不窮？」』

蘇長公龍團鳳髓

東坡嘗問大冶長老乞桃花茶，有《水調歌頭》一首：『已過幾番雨，前夜一聲雷，鎗旗爭戰建溪，春色占先魁。採取枝頭雀舌，帶露和煙擣碎，結就紫雲堆。輕動黃金碾，飛起綠塵埃。老龍團，真鳳髓，點將來。兔毫盞裏，霎時滋味舌頭回。喚醒青州從事，戰退睡魔百萬，夢不到陽臺。兩腋清風起，我欲上蓬萊。』坡嘗游杭州諸寺，一日飲釅茶七碗，戲書云：『示病維摩原不病，在家靈運已忘家。何須魏帝一丸藥，且盡盧仝七碗茶。』

賈春卿丐賜受煎炒

葉石林云：『熙寧中，賈青為福建轉運使，取小龍團之精者為密雲龍。自玉食外，戚里貴近丐賜尤繁。』宣仁一日慨歎曰：『建州今後不得造密雲龍，受他人煎炒不得也。』此語頗傳播縉紳間。

張晉彥包裹鑽權倖

周淮海《清波雜志》云：『先人嘗從張晉彥覓茶，張口占二首：「內家新賜密雲龍，只到調元六七公。賴有家山供小草，猶堪詩老薦春風。」「仇池詩裏識焦坑，風味官焙可抗衡。鑽餘權倖亦及我，十輩遺前公試烹。」焦坑產庾嶺下，味苦硬，久方回甘。』包裹鑽權倖，亦豈能望建溪之勝耶？

金地藏金地藏所植

西域僧金地藏所植名金地茶，出煙霞雲霧之中，與地上產者其味夐絕。

張孔昭水半是南零

江州刺史張又新《煎茶水記》曰：『李季卿刺湖州，至維揚，逢陸處士，即有傾蓋之雅。因過揚子驛，曰：「陸君茶天下莫不聞，揚子南零水又殊絕，今者二妙千載一遇，何可輕失？」乃命軍士深詣南零取水。俄而水至，陸曰：「非南零者。」傾至半，遽曰：「止，是南零矣。」使者乃吐實。李與賓從皆大駭。李因問歷處之水，陸曰：「楚水第一，晉水最下。」因命筆口授而次第之。』

高季默午碗春風

高士談仕金為翰林學士，以詞賦擅長。蔡伯堅有詠茶詞：『天上賜金奩，不減壑源三月。午碗春風纖手，看一時如雪。幽人只慣茂林前，松風聽清絕。無奈十年黃卷，向枯腸搜徹。』士談和云：『誰扣玉川門，白絹斜風團月。晴日小窗活火，響一壺春雪。可憐桑苧一生顛，文字更清絕。直擬駕風歸去，把三山登徹。』

夏侯愷見鬼覓茶

夏侯愷因疾死。宗人字苟奴，察見鬼神，見愷岸幘單衣，坐生時西壁大牀，就人覓茶飲。

元乂未遭陽侯之難

蕭衍子西封侯蕭正德歸降，時元乂欲為設茗，先問：『卿於水厄多少？』正德不曉乂意，答曰：『下官生於水鄉，立身以來，未遭陽侯之難。』坐客大笑。

范仲淹香薄蘭芷

范希文《和章岷從事鬥茶歌》：『新雷昨夜發何處，家家嬉笑穿雲去。露芽錯落一番新，綴玉含珠散嘉樹。北苑將期獻天子，林下雄豪先鬥美。鼎磨雲外首山銅，瓶攜江上中泠水。黃金碾畔綠塵飛，碧玉甌中翠濤起，鬥茶味兮輕醍醐，鬥茶香兮薄蘭芷。勝若登仙不可攀，輸同降將無窮恥。』

王介甫一旗一槍

王荊公《送元厚之詩》：『新茗齋中試一旗。』世謂茶之始生而嫩者為一槍，寢大而開謂之旗，過此則不堪矣。

福全湯戲

饌茶而幻出物象於湯面者，茶匠通神之藝也。沙門福全長於茶海，能注湯幻茶成將詩一句，並點四甌，共一絕句，泛乎湯表。檀越日造其門，求觀湯戲。全自詠詩曰：『生成盞裏水丹青，巧畫工夫學不成。卻笑當年陸鴻漸，煎茶贏得好名聲。』

党竹溪一甌月露

學士党懷英詠茶調《青玉案》：『紅莎綠蒻春風餅，趁梅驛，來雲嶺。紫柱崖空瓊竇冷，佳人卻恨，等閒分破，縹緲雙鸞影。一甌月露心魂醒，更送清歌助幽興。痛飲休辭今夕永，與君洗盡、滿襟煩暑，別作高寒境。』

明 徐𤊹《茗譚》《茶書》 品茶最是清事，若無好香在爐，遂乏一段幽趣。焚香雅有逸韻，若無名茶浮碗，終少一番勝緣。是故茶、香兩相為用，缺一不可。饗清福者，能有幾人？

王佛大常言：『三日不飲酒，覺形神不復相親。』余謂一日不飲茶，不獨形神不親，且語言亦覺無味矣。

幽竹山窗，鳥啼花落，獨坐展書，新茶初熟，鼻觀生香，睡魔頓卻，此樂正索解人不得也。

飲茶，須擇清癯韻士為侶，始與茶理相契。若腯漢肥傖，滿身垢氣，大損香味，不可與作緣。

茶事極清，烹點必假姣童、季女之手，故自有致。若付虬髯蒼頭，景色便自作惡，縱有名產，頓減聲價。

名茶每於酒筵間遞進，以解醉翁煩渴，亦是一厄。

古人煎茶詩摹寫湯候，各有精妙。皮日休云：『時看蟹目濺，乍見魚鱗起。』蘇子瞻云：『蟹眼已過魚眼生，颼颼欲作松風鳴。』蘇子由云：『銅鐺得火蚯蚓叫。』李南金云：『砌蟲唧唧萬蟬催。』想像此景，習習風生。

溫陵蔡元履《茶事詠》云：『煎水不煎茶，水高發茶味。大都瓶杓間，要有山林氣。』又云：『酒德泛然親，茶風必擇友。所以湯社事，須經我輩手。』真名言也。

《茶經》所載閩方山產茶，今間有之，不如鼓山者佳。侯官有九峯、壽山，福清有靈石，永福有名山室，皆與鼓山伯仲。然製焙有巧拙，聲價因之低昂。

余欲搆一室，中祀陸桑苧翁，左右以盧玉川、蔡君謨配饗，春秋祭用奇茗。是日約通茗事數人為鬥茗會，畏水厄者不與焉。

錢唐許然明著《茶疏》，四明屠豳叟著《茗笈》，聞隱鱗著《茶箋》，羅高君著《茶解》，南昌喻正之著《茶書》，數君子皆與予善，真臭味也。

注茶莫美於饒州瓷甌，藏茶莫美於泉州沙瓶。若用饒器藏茶，易於生潤。屠豳叟曰：『茶有遷德，幾微見防，如保赤子，云胡不臧。』宜三復之。

茶味最甘，烹之過苦，飲者遭良藥之厄。羅景綸《山靜日長》一篇，雅有幽致，但兩云『烹苦茗』，似未得玄賞耳。

名茶難得，名泉尤不易尋。有茶而不瀹以名泉，猶無茶也。

吳中顧元慶《茶譜》取諸花和茶藏之，殊奪真味。閩人多以茉莉之屬浸水瀹茶，雖一時香氣浮碗，而於茶理大舛。但斟酌時移建蘭、素馨、薔薇、越橘諸花於几案前，茶香與花香相雜，尤助清況。

徐獻忠《水品》載福州南臺山泉『清泠可愛』，然不如東山聖泉、鼓山喝水巖泉，北龍腰山苔泉尤佳。

新安詹東圖孔目嘗謂人曰：『吾嗜茶，一啜能百五十碗，如人之於

酒，真醉耳。』名其軒曰《醉茶》，其語頗不經。王元美、沈嘉則俱作歌贈之。王云：『酒耶茶耶俱我有，醉更名茶醒名酒。』沈云：『嘗聞西楚賣茶商，範瓷作羽沃沸湯。寄言今莫範陸羽，只鑄新安詹太史。』雖不能無嘲謔之意，而風致足羨。

孫太白詩云：『瓦鐺然野竹，石瓮瀉秋江。水火聲初戰，旗槍勢已降。』得煮茶三昧。

吳門文子悱，壽承仲子也。詩題云『午睡初足，侍兒烹天池茶至。爐宿餘香，花影在簾，意頗閒暢。適馮正伯來借玉壺冰，因而作詩』，數語足資飲茶譚柄。

高季迪云：『流水聲中響緯車，板橋春暗樹無花。風前何處香來近，隔崦人家午焙茶。』雅有山林風味，余喜誦之。

泉州清源山產茶絕佳，又同安有一種英茶，較清泉尤勝，實七閩之第一品也。然《泉郡志》獨不稱此邦有茶，何耶？

余嘗至休寧，聞松蘿山以松多得名，無種茶者。《休志》云：『遠麓有地名榔源，產茶。山僧偶得製法，托松蘿之名，大噪一時，茶因湧貴。僧既還俗，客索茗於松蘿，司牧無以應，往往贋售。』然世之所傳松蘿，豈皆榔源產歟？

人但知皇甫曾有《送陸羽採茶》詩，而不知皇甫冉亦有送羽詩云：『採茶非採菉，遠遠上層崖。布葉春風暖，盈筐白日斜。舊知山寺路，時宿野人家。借問王孫草，何時泛碗花？』

吳興顧渚山唐置貢茶院傍有金沙泉，汲造紫筍茶。有司具禮祭，始得水，事迄即涸。武夷山宋置御茶園中有喊山泉。仲春，縣官詣茶場致祭，井水漸滿，造茶畢，水遂渾涸。以一草木之微，能使水泉盈涸，茶通仙靈，信非虛語。

蘇子瞻愛玉女河水烹茶，破竹為契，使寺僧藏其一，以為往來之信，謂之調水符。吾鄉亦多名泉，而監司郡邑取以瀹茗，汲者往往雜他水以進，有司竟售其欺。蘇公竹符之設，自不可少耳。

文徵明云：『白絹旋開陽羨月，竹符新調惠山泉。』用蘇事也。

柳惲墳吳興白蘋洲，唐有胡生以釘鉸為業，所居與墳近，每奠以茶。忽夢惲告曰：『吾柳姓，平生善詩嗜茗，感子茶茗之惠，無以為報，願子為詩。』生悟而學詩，時有胡釘鉸之稱。與《茶經》所載剡縣陳務妻獲錢事相類。噫！以惲之死數百年，猶托英靈如此，不知生前之嗜，又當何如也？

陸魯望嘗乘小舟，置筆牀、茶竈、釣具，往來江湖。性嗜茶，買園於顧渚山下，自為品第書，繼《茶經》、《茶訣》之後。有詩云：『泱泱春泉出洞霞，石罏封寄野人家。草堂盡日留僧坐，自向前溪摘茗芽。』可以想其風致矣。

種茶易，採茶難；採茶易，焙茶難；焙茶易，藏茶難；藏茶易，烹茶難。稍失法律，便減茶勳。

穀雨乍晴，柳風初暖，齋居燕坐，澹然寡營。適武夷道士寄新茗至，呼童烹點，而鼓山方廣九峰僧各以所產見餉，乃盡試之。又思眠雲跂石人了不可得，遂筆之於書，以貽同好。萬曆癸丑暮春，徐𤊹興公書於荔奴軒。

明 程百二《品茶要録補》 是録為宋黄道輔所輯，澹園焦夫子已鑑定之，又何庸於補也？邇者目董玄宰、陳眉公讚夏茂卿為茶之董狐，不揣撮諸致之勝者，以公亟賞，如兀坐高齋、遊心羲皇時披閱之，不惟清風生兩腋，端可洗盡塵土腸胃矣。

鄣郡程百二幼輿氏識。

山川異産

劍南有蒙頂石花，或小方，或散芽，號為第一。湖州有顧渚之紫笋，東川有神泉小團、昌明獸目，硤州有碧澗明月、芳蕊、茱萸簝，福州有方山之生芽，夔州有香山，江陵有楠木，湖南有衡山，岳州有㴩湖之含膏，常州有義興之紫笋，婺州有東白，睦州有鳩坑，洪州有西山之白露，壽州有霍山之黄芽，蘄州有蘄門團黄，而浮梁商貨不在焉。《國史補》

建州之北苑先春龍焙，東川之獸目，綿州之松嶺，福州之柏崖，雅州之露芽，南康之雲居，婺州之舉崖碧貌，宣城之陽坡橫紋，饒池之仙芝、福合、祿合、運合、慶合，蜀州之雀舌、鳥嘴、麥顆、片甲、蟬翼，潭州之獨行靈草，彭州之仙崖石花，臨江之玉津，袁州之金片，龍安之騎火，涪州之賓化，建安之青鳳髓，岳州之黄翎毛，建安之石崖白，岳陽之含膏冷。見《茶論》、《臆乘》及《茶譜》、《通考》

【略】

片散二類

凡茶有二類，曰片、曰散。片茶蒸造實捲模中串之，惟劍建則既蒸而研，編竹為格置焙室中，最為精潔，他處不能造。其名有龍、鳳、石乳、的乳、白乳、頭金、蠟面、頭骨、次骨、末骨、麤骨、山挺十二等，以充國貢及邦國之用，洎本路食茶。餘州片茶有進寶雙勝、寶山兩府，出興國軍；仙芝嫩蘂、福合、禄合、連合、慶合、指合出饒、池州；泥片出虔州；綠英金片出袁州；玉津出臨江軍；靈川，福州；先春、早春華英、來泉勝金出歙州；獨行靈草、綠芽片金、金茗出潭州；大拓枕出江陵；大小巴陵、開勝、開捲、小捲、生黃翎毛出岳州；雙上綠芽、大小方出岳、辰、澧州；東首、淺山薄側出光州；總二十六名。兩浙及宣、江等州以上中下或第一至第五為號。散茶有太湖、龍溪、次號、末號出淮南；岳麓、草子、楊樹、雨前、雨後出荊湖；清口出歸州；茗子出江南。總十一名。《文獻通考》

御用茗目

上林第一、乙夜清供、承平雅玩、宜年寶玉、萬春銀葉、延年石乳、瓊林南金、雲英、雪葉、金錢、玉華、玉葉、長春、蜀葵、寸金，政和曰『太平嘉瑞』，紹聖曰『南山應瑞』。

至性不移

凡種茶樹必下子，移植則不復生，故俗聘婦必以茶為禮，義固有所取也。《天中記》

畏香宜溫

藏茶宜箬葉而畏香藥，喜溫燥而忌濕冷，故收藏之家以蒻葉封裹入焙，三兩日一次。用火常如人體溫溫然，以禦濕潤；若火多，則茶焦不可食。蔡襄《茶録》

味辨浮沉

候湯最難，未熟則味浮，過熟則味沉。前世謂之蟹眼者，過熟湯也。況瓶中煮之不可辨，故曰候湯最難。同上

輕身換骨

陶弘景《雜録》：『芳茶輕身換骨，丹丘子、黃山君嘗服之。』

潰悶常仰

劉琨字越石，《與兄子南兗州刺史演書》曰：『吾體中潰悶，常仰真茶，汝可置之。』

腦痛服愈

隋文帝微時夢神人易其腦骨，自爾腦痛。忽遇一僧云：『山中有茗草，服之當愈。』進士權紓讚曰：『窮《春秋》，演河圖，不如載茗一車。』

志崇三等

覺林院釋志崇收茶三等，待客以驚雷莢，自奉以萱草帶，供佛以紫茸香。

高人愛惜

龍安有騎火茶，唐僧齊己詩：『高人愛惜藏崖裏，白甀封題寄火前。』

芳茶可娛

張孟陽《登成都樓》詩云：『借問楊子舍，想見長卿廬。程卓累千金，驕侈擬五侯。門有連騎客，翠帶腰吳鉤。鼎食隨時進，百和妙且殊。披林採秋橘，臨江釣春魚。黑子過龍醢，果饌踰蟹蝑。芳茶冠六清，溢味播九區。人生苟安樂，茲土聊可娛。』

甘露

新安王子鸞、豫章王子尚詣曇濟道人於八公山。道人設茶茗，子尚味之曰：『此甘露也，何言茶茗？』

聖陽花

雙林大士為自往蒙頂結庵種茶凡三年，得絕佳者，號聖陽花，持歸供獻。

龍團鳳髓

蘇東坡嘗問大冶長老乞桃花茶，有《水調歌頭》一首：『已過幾番雨，前夜一聲雷。槍旗爭戰建溪，春色占先魁。採取枝頭雀舌，帶露和烟擣碎，結就紫雲堆。輕動黃金碾，飛起綠塵埃。老龍團，真鳳髓，點將來，兔毫盞裏，霎時滋味舌頭回。喚醒青州從事，戰退睡魔百萬，夢不到陽臺。兩腋清風起，我欲上蓬萊。東坡嘗游杭州諸寺，一日飲釅茶七碗，

戲書云：『示病維摩原不病，在家靈運已忘家。何須魏帝一丸藥，且盡盧仝七碗茶。』

久食益意思

華佗字元化，《食論》云：『苦茶久食益意思。』又《神農食經》：『茶茗宜久服，令人有力悅志。』

嘗味少知音

王禹偁字元之，《過陸羽茶井》詩云：『甃石苔封百尺深，試令嘗味少知音。惟餘半夜泉中月，留得先生一片心。』

蕃使亦有之

常魯使西蕃，烹茶帳中。蕃使問：『何為？』魯曰：『滌煩消渴，所謂茶也。』蕃使曰：『我亦有之。』命取出以示曰：『此壽州者，此顧渚者，此蘄門者。』

未遭陽侯之難

蕭衍子西豐侯蕭正德歸降。時元乂欲為設茗，先問卿於水厄多少，正德不曉乂意，答曰：『下官生於水鄉，立身以來，未遭陽侯之難。』坐客大笑。

王濛水厄

晉司徒長史王濛字仲祖，好飲茶，客至輒飲之。士大夫甚以為苦，每欲候濛，必云：『今日有水厄。』

瀹茗必用山泉，次梅水。梅雨如膏，萬物滋生，其味獨甘。《仇池筆記》云：『時雨甘，潑煮茶美而有益，梅後便劣。至雷雨最毒，令人霍亂。秋雨、冬雨俱能損人。雪水尤不宜，令肌肉消鑠。黃河水自西北建瓴而東，支流雜聚，何所不有。舟次無名泉，取之充用可耳。』謂其源從天上來，不減惠泉，未是定論。

余少侍家漢陽大夫，聆許文穆、汪司馬過談溪上，謂新安江水以潁上為最，味超惠泉，令汲煮茶，毋雜烹點，慮奪水茶之韻。

近過考功趙高邑，值時雨如注，令銀鹿向荷池取蓮花葉上水烹茶飲客，味品殊勝。

李大司徒當玫瑰盛開時令豎子清晨收花上露水煮茶，味似歐邏巴國人利西泰所製薔薇露。

蘇才翁與蔡君謨鬥茶，蔡用惠泉，蘇以天台竹瀝水勝之。不知對今日二公之水孰佳。

陶穀學士謂：『湯者，茶之司命，水為急務。』漫紀見聞數則，果為水厄耶？抑為茶知己耶？試參之。

【略】

冰茶

逸人王休每至冬時取冰，敲其精瑩者煮建茶以奉客。《開元遺事》

素瓷芳氣

顏魯公《月夜啜茶聯句》：『流華淨肌骨，疏瀹滌心源。素瓷傳靜夜，芳氣滿閒軒。』

玉塵香乳

楊萬里號誠齋，《謝傅尚書茶》：『遠餉新茗，當自攜大瓢，走汲溪泉，束澗底之散薪，燃折腳之石鼎，烹玉塵，啜香乳，以享天上故人之意。愧無胸中之書傳，但一味攪破菜園耳。』

名別茶荈

郭璞云：『茶者，南方佳木，早取為茶，晚取為荈。』

茶須色、香、味三美具備：色以白為上，青綠次之，黃為下；香如蘭為上，如蠶豆花次之；味以甘為上，苦澀斯下矣。

怎得黃九不窮

黃魯直論茶：『建溪如割，雙井如撻，日鑄如絸。所著《煎茶賦》：『洶洶乎如澗松之發清吹，皓皓乎如春空之行白雲。』一日以小龍團半鋌題詩贈晁無咎：『曲几蒲團聽煮湯，煎成車聲繞羊腸。雞蘇胡麻留渴羌，不應亂我官焙香。』東坡見之曰：『黃九怎得不窮？』

以為上供

張舜民號芸叟，云：『有唐茶品，以陽羨為上供，建溪北苑未著也。』貞元中，常衮為建州刺史，始蒸焙而研之，謂研膏茶。

白鶴茶

《岳陽風土記》：『李肇所謂灉湖之含膏也，今惟白鶴僧園有千餘本，一歲不過一二十兩。』

乳妖

吳僧文了善烹茶，遊荊南，高保勉子季興延置紫雲庵，日試其藝，奏授華亭水大師，目曰乳妖。

百碗不厭

唐大中三年，東都進一僧，年一百三十歲。宣宗問：『服何藥致然？』對曰：『臣少也賤，不知藥，性本好茶，至處惟茶是求，或飲百碗不厭。』因賜茶五十斤，令居保壽寺。

草木仙骨

丁晉公言：『嘗謂石乳出壑嶺斷崖缺石之間，蓋草木之仙骨。』又謂：『鳳山高不百丈，無危峯絕崦，而岡阜環抱，氣勢柔秀，宜乎嘉植靈卉之所發也。』

茗飲酪奴

王肅仕南朝，好茗飲蓴羹。及還北地，又好羊肉酪漿。人或問之：『茗何如酪？』肅曰：『茗不堪與酪為奴。』

茶果素業

陸納為吳興太守時，衛將軍謝安常欲詣納。納兄子俶怪納無所備，不敢問之，乃私蓄十數人饌。安既至，所設唯茶果而已。俶遂陳盛饌，珍羞必具。及安去，納杖俶四十，云：『汝既不能光益叔父，奈何穢吾素業？』

以茶代酒

吳韋曜飲酒不過二升，孫皓初禮異，密賜茶荈以代酒。

嬌女

左思《嬌女詩》：『吾家有嬌女，皎皎頗白皙。小字為紈素，口齒自清歷。有姊字惠芳，眉目粲如畫。馳騖翔園林，果下皆生摘。貪華風雨中，倏忽數百適。心為茶荈劇，吹噓對鼎鑠。』

茗賦

鮑昭妹令暉著《香茗賦》。

老姥鬻茗

晉元帝時，有老姥每旦獨提一器茗往市鬻之，市人競買，自旦至夕，其器不減。所得錢散路傍孤貧乞人。

綠葉紫莖

同昌公主，上每賜饌，其茶有綠葉、紫莖之號。

瓦盂盛茶

晉四王起事，惠帝蒙塵，還洛陽，黃門以瓦盂盛茶上至尊。

茗祀獲錢

剡縣陳務妻少與二子寡居，好飲茶茗。以宅中有古塚，每飲輒先祀之。二子患之，曰：『古塚何知？徒以勞意。』欲掘去之，母苦禁而止。其夜夢一人云：『吾止此塚三百餘年，卿二子恒欲見毀，賴相保護，又享吾佳茗。雖潛壤朽骨，豈忘翳桑之報？』及曉，于庭中獲錢十萬似久埋者，但貫新耳。母告，二子慚之。從是禱饋愈甚。

苦茶羽化

壺居士《食忌》：『苦茶久食羽化，與韭同食令人體重。』

苦口師

謝氏論茶曰：『此丹丘之仙茶，勝烏程之御荈。不止味同露液，白況霜華，豈可為酪蒼頭，便應代酒從事。』杜牧之詩：『山實東南秀，茶稱瑞草魁。』皮日休詩：『石盆煎皋盧。』曹鄴詩：『劍外九華美。』施肩吾詩：『茶為滌煩子，酒為忘憂君。』胡嶠詩：『沾牙舊姓餘甘氏，破睡當封不夜侯。』陶彝詩：『生涼好喚雞蘇佛，回味宜稱橄欖仙。』皮光業詩：『未見甘心氏，先迎苦口師。』《清異録》名森伯，又名晚甘侯。《焦氏說楛》

松風檜雨

李南金云：『《茶經》以魚目、湧泉、連珠為為候，未若辨聲之易也。故為詩曰：砌蟲唧唧萬蟬催，忽有千車捆載來。聽得松風並澗水，急呼縹色綠瓷杯。』羅景綸為詩補之云：『松風檜雨到來初，急引銅瓶離竹爐。待得聲聞俱寂後，一甌春雪勝醍醐。』《焦氏說楛》

在茶助風景

唐人以對花啜茶為殺風景，故王介甫詩『金谷千花莫漫煎』，其意在花非在茶也。余則以金谷花前信不宜矣，若把一甌對山花啜之，當更助風景，又信何必羔兒酒也。《清紀》

好相

山谷云：『相茶瓢與相邛竹同法，不欲肥而欲瘦，但須飽風霜耳。』

《清紀》

茶夾銘

李卓吾曰：『我老無朋，朝夕惟汝。世間清苦，誰能及予。逐日子飯，不辨幾鍾。每夕子酌，不問幾許。夙興夜寐，我願與子終始。子不姓湯，我不姓李。總之一味，清苦到底。』

從來談誇

茶如佳人，此論雖妙，但恐不宜山林間耳。昔蘇子瞻詩云『從來佳茗似佳人』、曾茶山詩『移人尤物眾談誇』是也。若欲稱之山林，當如毛女麻姑，自然仙風道骨，不浼煙霞可也。必若桃臉柳腰，宜亟屏之銷金帳中，無俗我泉石。《清紀》

可喜

茶熟香清，有客到門可喜；鳥啼花落，無人亦是悠然。《清紀》

茗戰

和凝在朝，率同列遞日以茶相飲，味劣者有罰，號為湯社。建人亦以鬥茶為茗戰。

《清紀》曰：『則何益矣，茗戰有如酒兵；試妄言之，談空不若說鬼。』

茶政

馮祭酒精於茶政，手自料滌，然後飲客，不經茶童之手。袁吏部謂：『茶有真味，非甘苦也。』二公調同，欲空凡俗之味，一精賞論，一快躬操，俱有世外趣。適園云：『煎茶非漫浪，須要其人與茶品相得，故其法每傳於高流隱逸、有雲霞泉石磊塊胸次間者。』

茶竈疏煙

竹風一陣，飄颺茶竈疏煙。梅月半彎，掩映書窗殘雪。真使人心骨俱冷，體氣欲仙。

祭酒湯睡庵詠：『閒尋鹿跡偶遊此，乍聽松風亦爽然。』

樂天六班

白樂天入關，劉禹錫正病酒。禹錫乃饋菊苗虀、蘆菔鮓，換樂天六班茶二囊，煮以醒酒。

蘇廙十六湯品入夫品之佳者

第一得一湯：火績已除，水性乃盡。如斗中米，如秤上魚，高低隨平，無過不及為度，蓋一而不雜者也。天得一以清，地得一以寧，湯得一可建湯勛。

第七富貴湯：以金銀為湯器，惟富貴者具焉，所以策功建湯業，貧賤者有不能遂也。湯器之不可捨金銀，猶琴之不可捨桐、墨之不可捨膠。

第八秀碧湯：石，凝結天地秀氣而賦形者也。琢以為器，秀猶在焉。其湯不良，未之有也。

第九壓一湯：貴欠金銀，賤惡銅鐵，則瓷瓶有足取焉。幽士逸夫，品色尤宜。豈不為瓶中之壓一乎！然勿與誇珍衒豪臭公子道。

諺曰：茶瓶用瓦，如乘折腳駿登高，好事者幸志之。不入湯品具於左：嬰湯二；百壽湯三；中湯四；斷脈湯五；大壯湯六；纏口湯十；減價湯十一；法律湯十二；一面湯十三；宵人湯十四；賊湯十五，一名賤湯；魔湯十六。

茗香

豆花棚下嗅雨，清矣茗香。蘆荻岸中御風，冷然挾纊。

水遞

唐李德裕任中書，愛飲無錫惠山泉，自錫至京置遞鋪，號水遞。有一僧謁見曰：『相公欲飲惠山泉，為當在京師昊天觀常住庫後取。』德裕大笑其荒唐，乃以惠山一罌、昊天一罌，雜以他水一罌暗記之，遣僧辨析。僧因啜嚐，止取惠山、昊天二罌。德裕大奇之，即停水遞。《鴻書》

茶名

紫筍顧渚，黃芽霍山，神泉東川，碧澗峽山，綠昌明劍南，明月芳、茱萸寮峽州。

以上為昔日之佳品。垂今則珍賞虎丘、松蘿、天池、龍井、羅岕、雲霧諸品勝也。

茶經要事

苦節君湘竹風爐，建城藏茶箬籠，湘筠焙焙茶箱，雲屯泉缶，烏府盛炭籃，水曹滌器桶，鳴泉煮茶罐，品司編竹為撞，收貯各品葉茶，沉垢古茶洗，盆盈水勺，執權準茶秤，合香藏日支茶瓶以貯司品者，歸潔竹筅帚，用以滌壺，漉塵洗茶籃，商象古石鼎，遞火相火斗，降紅銅火筯，不用連索，國風湘竹扇，注春茶壺，靜沸竹架，即

《茶經》支腹，運鋒鑱果刀，啜香茶甌，受污拭抹布，都統籠。陸羽置，盛以上茶具。《王十嶽山人集》

茶有九難

陸羽《茶經》言茶有九難：陰採夜焙，非造也；嚼味嗅香，非別也；膏薪庖炭，非火也；飛湍壅潦，非水也；外熟內生，非炙也；碧粉縹塵，非末也；摻艱為遽，非煮也；夏興冬廢，非飲也；膩鼎腥甌，非器也。《升庵先生集》

茶訣

陸龜蒙自云嗜茶，作《品茶》一書，繼《茶經》、《茶訣》之後，龜蒙置茶園顧渚山下，歲取租茶，自判品第。自註云：《茶經》，陸季疵撰，《茶訣》，釋皎然撰。疵即陸羽也；羽字鴻漸，季疵或其別字也。《茶訣》今不傳。予又見《事類賦》注多引《茶譜》，今不見其書。《升庵先生集》

茶夾銘

程宣子曰：「石筋山脈，鍾異於茶。馨含雪尺，秀起雷車。採之擷之，收英斂華。蘇蘭薪桂，雲液露芽。清風兩腋，玄浦盈涯。」

《茶譜》

毛文錫《茶譜》云：「茶樹如瓜蘆，葉如梔子，花如薔薇，實如栟櫚，蒂如丁香，根如胡桃。」

酒龍於茶何關，韻殊勝

陸龜蒙《詠茶》詩：「思量北海徐劉輩，枉向人間號酒龍。」北海謂孔融、徐邈及劉伶也。

張陸奇語

張又新《煎茶水記》「粉槍末旗，蘇蘭薪桂」、陸羽《茶經》「育華救沸」，皆奇俊語。

茶茶

茶即古茶字也。周《詩》記茶苦，《春秋》書齊茶，《漢志》書茶陵；至陸羽《茶經》、玉川《茶歌》、趙贊「茶禁」以後，遂以茶易茶。

澄碧似中泠

郡丞淩元孚紀遊黃山云：「芙蓉駐車，一望天都而下諸峯盡在襟帶間。青龍潭巨石橫亙，其後水潺潺出石罅中，下注潭底。其中積翠可摘，璀璨奪目，欲染人衣。視之一蹄涔耳，以綆約之，深且倍尋，予乃新其名曰澄碧。水際盤石延袤數丈許，平衍如席，依然跏趺坐。亟取囊中松蘿茶烹潭水共啜，味沖甘，酷似揚子中泠，或謂過之。」《黃海》

甘草癖

宣城何子華邀客於剖金堂，慶新橙。酒半，出嘉陽嚴峻畫陸鴻漸像。子華因言：「前世惑駿逸者為馬癖，泥貫索者為錢癖，耽於子息者為譽兒癖，耽於褒貶者為《左傳》癖。若此叟者溺於茗事，將何以名其癖？」楊粹仲曰：「茶至珍，蓋未離乎草也。草中之甘，無出茶上者。宜追目陸氏為甘草癖。」

生成盞

沙門福全生於金鄉，長於茶海，能注湯幻茶成一句詩，並點四甌，共一絕句，泛乎湯表。小小物類，唾手辦耳。檀越日造門求觀湯戲，全自詠曰：「生成盞裏水丹青，巧盡工夫學不成。卻笑當時陸鴻漸，煎茶贏得好名聲。」

水豹囊

豹革為囊，風神呼吸之具也。煮茶啜之，可以滌滯思而起清風。每引此義，稱茶為「水豹囊」。《清異録》

採茗遇仙

《神異記》：餘姚人虞洪入山採茗，遇一道士牽三青牛，引洪至瀑布山曰：「予丹丘子也。聞子善飲，常思見惠。山中有大茗可以相給。祈子他日甌犧之餘，乞相遺也。」因立奠祀。

食脫粟飯茗

《晏子春秋》：「嬰相齊景公時，食脫粟之飯，炙三戈、五卵，茗菜而已。」

茶子

傅巽《七誨》：「峘陽黃梨，巫山朱橘，南中茶子，西極石蜜。」茶子觸處有之，而永昌者味佳。乃知古人已入文字品題矣。

所餘茶蘇

《藝術傳》：「燉煌人單道開不畏寒暑，常服小石子。所服藥有松、桂、蜜之氣，所餘茶蘇而已。」

療瘦

《枕中方》：『療積年瘻，苦茶、蜈蚣並炙令香熟，等分搗篩，煮甘草湯洗，以末傅之。』

小兒驚蹶

《孺子方》：『療小兒無故驚蹶，以苦茶、葱鬚煮服之。』

【略】

文火

顧況論茶云：『煎以文火細煙，小鼎長泉。』《茶録》

茶神

竟陵僧有於水濱得嬰兒者，育為弟子。稍長，自筮遇蹇之漸，繇曰：『鴻漸於陸，羽可用為儀。』乃姓陸，字鴻漸，名羽。嗜茶，注《茶經》三篇，言茶之原、之法、之具尤備，天下益知為茶矣。時鬻茶者陶瓷羽以為茶神。《陸羽傳》

茶品上中下

《茶經》云：『茶，上者生爛石，中者生礫壤，下者生黄土。』

縷金

茶之品莫貴於龍鳳團，凡八餅重一斤。慶曆間，蔡君謨為福建運使，始造小片龍茶，其品絶精，謂之小龍團，凡二十餅重一斤，其價直金二兩，然金可有而茶不可得。每因南郊致齋，中書樞密院各賜一餅，四人分之。宫人往往縷金其上，其貴重如此。《歸田録》龍團始於丁晉公，成於蔡君謨。歐陽永叔嘆曰：『君謨士人也，何至作此事？』

寒爐烹雪

五代鄭愚茶詩：『嫩芽香且靈，吾謂草中英。夜臼和煙搗，寒爐對雪烹。惟憂碧粉散，嘗見緑花生。』

破樹驚雷

文書滿案惟生睡，夢裏鳴鳩唤雨來。乞得降魔大員鏡，真成破樹作驚雷。

茗粥

《茶録》云：『茶古不聞，晉宋以降，吴人採葉煮之，謂之茶茗粥。』

仙人掌

李白詩集序云：『荆州玉泉寺玉泉邊有茗香滑，枝葉如碧玉。僧中孚示十數片，狀如仙人掌。』

雲覆濛嶺《東齋紀事》：『蜀雅州濛嶺產茶最佳，其生最晚，常在春夏之交方茶生。常有雲霧覆其上，若有神物護持之。』

盧仝走筆

莫誇李白仙人掌，且作盧仝走筆章。梅聖俞

《毀茶論》

常伯熊因陸羽論復廣煮茶之功。李季卿宣諭江西，知伯熊善煮茶，召伯熊執器，季卿為再舉杯。至江南，有薦羽者，召之。羽衣野服挈具入，季卿不為禮。茶畢，命取錢三十文酬煎茶博士。羽愧之，更著《毀茶論》。《陸羽傳》

斛二瘕

有人喜飲茶，飲至一斛二斗。一日過量，吐如牛肺一物。以茗澆之，容一斛二斗。客云：此名斛二瘕。《太平御覽》

茗飲

汲澗供煮茗，浣我雞黍腸。蕭然緑陰下，復此甘露嘗。慨彼俗中士，噂喈聲利場。高情屬吾黨，茗飲安可忘。謝幼槃

辯煎茶水

贊皇公李德裕居廟廊日，有親知奉使於京口。李曰：『還日，金山下揚子江南零水與取一壺來。』其人舉棹日醉而忘之，泛舟上石城方憶，乃汲一瓶於江中，歸京獻之。李公飲後嘆訝非常，曰：『江表水味有異於頃歲矣，此水頗似建業石頭城下水。』其人謝過不隱。

煎茶辯候湯

李約，汧公子也，一生不近粉黛。性嗜茶，嘗曰：『茶須緩火炙，活火煎，謂炭火之有焰者。當使湯無妄沸，庶可養茶。始則魚目散布，微微有聲，中則四邊泉湧，纍纍連珠，終則騰波鼓浪，水氣全消，謂之老湯。三沸之法，非活火不能成也。』《因話録》

清人樹

偽閩甘露堂前有茶樹兩株婆娑，宫人呼清人樹。

明 曹學佺《蜀中廣記》卷六五《方物记七・茶譜》

《茶經》略云：巴峽川有兩人合抱者，伐而掇之。其樹如瓜蘆，葉如梔子，花如白薔薇，實如栟櫚，蒂如丁香，根如胡桃。其字或從草，或從木。其名一曰茶，二曰檟，三曰蔎，四曰茗，五曰荈。其具有名穿者，巴川峽山紉穀皮為之。以百二十斤為上穿，八十斤為中穿，五十斤為小穿。其器有火筴者，一名筯，蜀以鐵或熟銅製之。在漢，揚雄、司馬相如之徒皆飲焉；滂時浸俗，盛於兩都並荊、渝間矣。《爾雅》云：檟，苦茶也。郭璞注：早取為茶，晚取為茗，或曰荈，蜀人名之為苦茶。故弘君舉《食檄》有『茶荈出蜀』之文，而揚子雲《方言》謂蜀西南呼茶為蔎也。

《本草經》曰：茗生益州川谷，一名游冬，凌冬不死。味苦，微寒，無毒。治五臟邪氣，益意思，令人少臥。毛文錫《茶譜》云：蜀州晉源、洞口、橫源、味江、青城俱產。橫源有雀舌、鳥嘴，用麥顆嫩芽造成，蓋取形似。又云：彭州有蒲村、堋口、灌口、茶園，名仙崖石花等。其茶餅小而布嫩芽如六出花者尤妙。又云：綿州龍安縣生松嶺關者與荊州同。西昌、昌明、神泉等縣連西山生者並佳，生獨松嶺者不堪采擷。吳曾《漫録》云：茶之貴白，東坡能言之，獨綿州彰明縣茶色綠。白樂天詩云『渴嘗一盞綠昌明』。今彰明即唐昌明也。《彰明志》：『治北有獸目山出茶，品格亦高，謂之獸目茶。山下有百匯龍潭凡三，長流不竭。』予詢諸安縣令，則以此地上下四旁俱屬彰明，獨中間一寺屬安縣，出茶名香水茶。晉劉琨《與兄子群書》曰：『前得安州乾茶二斤，吾患體中煩悶，恆仰真茶，汝可信致之。』即此茶也。

《華陽國志》云：什邡出好茶。《茶經》云：漢州綿竹縣生竹山者與潤州同。生蜀州青城縣丈人山者與綿州同。又云：劍南以彭州為上，生九隴縣馬鞍山至德寺、堋口鎮者與襄州同味。又云：青城縣有散茶，末茶尤好。《遊梁雜記》云：玉壘關寶唐山有茶樹懸崖而生，芽茁長三寸或五寸始得一葉或兩葉而肥厚，名曰沙坪，乃蜀茶之極品者。

《文選注》：峨山多藥草，茶尤好，異於天下。《華陽國志》：犍為郡南安、武陽皆出名茶。《茶經》云：眉州丹稜縣生鐵山者與潤州同。又云：眉州洪雅、昌闔、丹稜之茶用蒙頂製餅茶法，其散者葉大而黃，味頗甘苦，亦片甲、蟬翼之次也。

《茶經》云：臨邛數邑茶有火前、火後、嫩綠黃等號。又有火蕃餅，每餅重四十兩，黨項重之，如中國名山者，其味甘苦。《大邑志》：霧中山出茶，縣號霧邑，茶號霧中茶。

《茶經》云：雅州百丈山、名山者與金州同。《雅安志》云：蒙頂茶在名山縣西北一十五里蒙山之上，白樂天詩『茶中故舊是蒙山』是也。今按：此茶在上清峯甘露井側，葉厚而圓，色紫赤，味略苦。發於三月，成於四月間，苔蘚庇之。漢時僧理真所植，歲久不枯。《九州記》云：蒙者，沐也。言雨露常沐，因以為名。山頂受全陽氣，其茶香芳。按：《茶譜》云：山有五峯，頂有茶園。中頂曰上清峯，所謂蒙頂茶也，為天下所稱。《晁氏客話》：李德裕丞相入蜀得蒙餅，沃於湯瓶之上，移時盡化，以驗其真。《方輿勝覽》：蒙頂茶常有瑞雲影相現。故文潞公詩云：『舊譜最稱蒙頂味，露芽雲液勝醍醐。』《志》云，蒙山有僧病冷且久，遇老父曰：『仙家有雷鳴茶，俟雷發聲乃茁，可併手於中頂採摘，用以祛疾。』僧如法採，服未竟，病瘥，精健至八十餘，入青城山，不知所之。今四頂園茶不廢，惟中頂草木繁茂，人跡稀到云。

山谷《戎州與人啟》云：庭堅再拜，喜承起居。清安閣中小閣皆佳勝，東樓碾茶，豈作堰閘處耶？尚阻參承，千萬珍重。

《茶經》云：瀘州夷獠採茶常攜瓢，穴其側。每登樹採摘，茶芽含於口中，待葉展放，然後置瓢中，旋塞其竅，還置暖處。其味極佳。又有粗者，味辛性熱，飲之療風，通呼為瀘茶。

馮時行云：銅梁山有茶，色白甘腴，俗謂之水茶，甲於巴蜀。山之北趾即巴子故城也，在石照縣南五里。《茶譜》云：南平縣狼猱山茶黃黑色，渝人重之，十月採貢。黃山谷《答聖從使君》云：此邦茶乃可飲，但去城或數日，土人不善製度，焙多帶煙耳，不然亦殊佳。今往黔州都濡月兔兩餅，施州八香六餅，試將焙碾嘗之。都濡在劉氏時貢炮，味殊厚，恨此方難得真好事者耳。又作《茶詞》云：『黔中桃李可尋芳，摘茶人自忙。月團犀胯鬥圓方，研膏入焙香。青箬裹，絳紗囊，品高聞外江。酒闌傳碗舞紅裳，都濡春味長。』都濡縣今入彭水。

《開縣志》云：茶嶺在縣北三十里，不生雜卉，純是茶樹，味甚佳。《劍州志》云：劍門山頂有梁山寺產茶，為蜀中奇品。

《南江志》：縣北百五十里味坡山產茶。《方輿勝覽》詩『鎗旗爭勝味坡春』即此。

《廣雅》云『荆巴間採茶作餅成，以米膏和之。欲煮飲，先炙令色赤，擣末置瓷器中，以湯澆覆之，用蔥薑芼之』，即茶之始說也。按：今蜀人飲擂茶，是其遺制。

《唐書》：吳蜀供新茶，皆於冬中作法為之。太和中，上務恭儉，不欲逆物性，詔所貢新茶宜於立春後造。

曾公《類説》云：蘇才翁與蔡君謨鬥茶，君謨用惠山泉，蘇茶小劣，用竹瀝水煎遂能取勝。才翁，舜元字。

偽蜀時，毛文錫撰《茶譜》，記茶事甚悉，末以唐人為茶詩文附之。晉張載《成都樓》詩：『芳茶冠六清，溢味播九區。』杜育《荈賦》曰：『靈山惟嶽，奇產所鍾。厥生荈草，彌谷被岡，承豐壤之滋潤，受甘露之宵降。月惟初秋，農功少休；結偶同旅，是采是求？水則岷方之注，挹彼清流。器澤陶簡，出自東隅。酌之以匏，取式公劉。惟茲初成，沫沈華浮。煥如積雪，燦若春敷。

唐孟郊《憑周況先輩於朝賢乞茶》詩：『道意忽乏味，心緒病無悰。蒙茗玉花盡，越甌荷葉空。錦水有鮮色，蜀山饒芳藂。雲根纔剪綠，印縫已霏紅。曾向貴人得，最將詩叟同。幸為乞寄來，救此病劣躬。』白傅《謝李六郎中寄新蜀茶》詩：『故情周匝向交親，新茗分張及病身。紅紙一封書後信，綠芽十片火前春。湯添勺水煎魚眼，末下刀圭攪麴塵。不寄他人先寄我，應緣我是別茶人。』又《謝蕭員外寄新蜀茶》詩：『蜀茶寄到但驚新，渭水煎來始覺珍。滿甌似乳堪持玩，況是春深酒渴人。』薛能《謝蜀州鄭使君寄鳥嘴茶八韻》：『鳥嘴擷渾芽，精靈勝鏌鋣。烹嘗方帶酒，滋味更無茶。拒碾乾聲細，撐封利穎斜。銜蘆齊勁實，啄木聚菁華。鹽損添常誡，薑宜著更誇。得來抛道藥，攜去就僧家。旋覺前甌淺，還愁後信賒。千慚故人意，此物敵丹砂。』鄭谷《蜀中嘗茶》詩：『簇簇新英摘露光，小江園裏火煎嘗。吳僧謾説鴉山好，蜀叟休誇鳥嘴香。合座半甌輕泛綠，開緘數片淺含黃。鹿門病客不歸去，酒渴更知春味長。』施肩吾《蜀茗詞》：『越碗初盛蜀茗新，薄煙輕處攪來勻。山僧問我將何比，欲道瓊漿卻畏嗔。』成文幹《煎茶》詩：『岳寺春深睡起時，虎跑泉畔思遲遲。蜀茶倩箇雲僧碾，自拾枯松三四枝。』

宋文與可《謝人寄蒙頂新茶》詩：『蜀土茶稱盛，蒙山味獨珍。靈根托高頂，勝地發先春。幾樹初驚暖，羣籃競摘新。蒼條尋暗粒，紫萼落輕鱗。的皪香瓊碎，藍鬖綠薑勻。慢烘防熾炭，重碾敵輕塵。無錫泉來蜀，乾崤盞自秦。十分調雪粉，一啜嚥雲津。沃睡迷無鬼，清吟健有神。冰霜疑入骨，羽翼要騰身。磊磊真賢宰，堂堂作主人。玉川喉吻澀，莫惜寄來頻。』

魏鶴山《邛州先茶記》曰：昔先王敬共明神，教民報本反始。雖農嗇坊庸之蜡、門行戶竈之享、伯侯祖纛之靈，有開厥先，無不宗也。至始為飲食，所以為祭祀賓客之奉者，雖一飯一飲必祭，必見其所祭然，況其大者乎？眉山李君鏗為臨邛茶官，吏以故事三日謁先茶告。君詰其故，則曰是韓氏，而王號相傳為然，實未嘗請命於朝也。君於是撤舊祠而增廣焉，且請於郡，上神之功狀於朝，宣錫號榮，以侈神賜，而馳書於予，命記成役。予於事物之變必跡其所自來，獨於茶未知所始。蓋古者賓客相敬之禮，自饗燕食飲之外，有間食，有稍事，有歠涪，有設梁，有擩醬，有食已而酳，有坐久而葷，有六清以致飲，有瓠葉以嘗酒，有旨蓄以御冬，有流荇以為豆菹，有湘苹以為鉶芼。見於《禮》，見於《詩》，則有挾菜、副瓜、烹葵、叔苴之等。雖蔥、芥、韮、蓼、堇、枌、滫瀡、深蒲、落、筍，無不備也，而獨無所謂茶者。徒以時異事殊，字亦差誤。且今所謂韻書，自二漢以前，上溯六經，凡聲御、暮之同，是音本無它訓。乃自音韻分於孫、沈，反切盛於羌胡，然後別為麻馬等音，於是魚歌二音併入於麻，而魚麻二韻一字二音，以至上去二聲亦莫不然。其不可通，則更易字文以成其說。且茶之始，其字為茶。《春秋》書『齊茶』、《漢志》書『茶陵』之類，陸、顔諸人雖已轉入茶音，而未敢輒易字文也。若《爾雅》、若《本草》猶從艸、從余，而徐鼎臣訓『茶』猶曰『即今之茶也』。惟自陸羽《茶經》、盧仝《茶歌》、趙贊《茶禁》以後，則遂易茶為茶，其字為艸、為人、為木。陸璣謂椒，似茱萸，吳人作茗，蜀人作茶，皆煮為香。椒與茶既不相入，且據此文，又若茶與茗異。此已為可疑，而《山有樗》之疏則又引璣説，以樗葉為茗，蓋使讀者瞀亂，莫知所據。至蘇文忠始為『周詩記苦茶，茗飲出近世』，其義亦既著明，然而

終無有命茶為茶者；蓋傳注例謂茶為茅秀、為苦菜。予雖言之，誰實信之。雖然此特書名之誤耳，而予於是重有感於世變焉。先王之時，山澤之利與民共之，飲食之物無征也。自齊人賦鹽、漢武榷酒、唐德宗稅茶，民之日用飲食而皆無遺筭，則幾於陰復田賦，潛奪民產者矣。其端既啟，其禍無窮，鹽酒之入，遂埒田賦。而茶之為利，始也歲不過得錢四十萬緡。自王涯置使勾榷，由是歲增月益，塌地剩茶之名、三說貼射之法、招商收稅之令紛紛見於史冊，極於蔡京之引法，假託元豐以盡更仁祖之舊，王黼又附益之。嘉祐以前，歲課均賦茶戶，歲輸不過三十八萬有奇，謂之茶租錢。至熙寧以後，歲入之息驟至二百萬緡，視嘉祐益五倍矣。中興以後盡鑒政、宣之誤，而茶法尚仍京、黼之舊，國雖賴是以濟，民亦因是而窮，是安得不思所以變通之乎？李君字叔立，文簡公之孫。文簡嘗為《茗賦》者。

熙寧七年始遣三司幹當公事李杞入蜀經畫買茶，於秦鳳、熙河博馬，以著作佐郎蒲宗閔同領其事，諸州創設官場，歲增息為四十萬，而重禁榷之令，自是蜀茶盡榷。至李稷加息為五十萬，陸師閔又加為百萬。元祐元年，侍御史劉摯奏疏曰：『蜀茶之出不過數十州，人賴以為生，茶司盡榷而市之。園戶有茶一本，而官市之額至數十斤。所給錢靡耗於公者名色不一。給借、保任、輸入、視驗皆牙儈主之，故費於牙儈者又不知幾何。是官於園戶名為平市，而實奪之。園戶有逃而免者，有投水而免者，而其害猶及鄰伍。欲伐茶則存禁，欲增植則加市，故其俗論謂：「地非生茶也，實生禍也。」願選使者考茶法之弊，以蘇蜀民。』右司諫蘇轍繼言『造立茶法皆傾險小人，不識事體』，且備陳五害。呂陶亦條上利害。既而摯又言陸師閔恣為不法，不宜仍任事。師閔坐罷，未幾，蒲宗孟亦以附會李稷罷。稷，邛州人，以父絢蔭歷管庫。提舉蜀部茶場，甫兩歲，羨課七十六萬緡，與李察皆以苛暴著。時人為之語曰：『寧逢黑煞，莫逢稷察。』

紹聖元年，復以陸師閔都大提舉成都等路茶事，凡茶法並用元豐舊條。初神宗時，熙河運司以歲計不足，乞以官茶博糴，每茶三斤易粟一斛。朝廷謂茶馬司本以博馬，不可以博糴，於茶馬司歲額外增買川茶兩倍茶，朝廷別出錢二百萬給之，令提刑司封樁。又令茶馬司兼領轉運使，由是數歲邊用粗足。

建炎元年，成都轉運判官趙開言榷茶買馬五害，請用嘉祐故事，盡罷榷茶，而令漕司買馬。或未能然，亦當減額以蘇園戶，輕價以惠行商，如此則私販衰而盜賊息。遂以開主管秦川茶馬。二年，開大更茶法。按《中興小曆》：建炎軍興，令商旅園戶自行買賣，官給茶引，自取息錢。所賣茶引，一百斤計取息錢六貫五百文。改成都茶場為合同場，仍置茶市。交易者必由市，引與茶相隨，此即開之法也。

明 高元濬《茶乘》卷二《志林》　周公《爾雅》：『檟，苦茶。』《廣雅》云：『荊巴間採葉作餅，葉老者，餅成以米膏出之。欲煮茗飲，先炙令赤色，搗末置瓷器中，以湯澆覆之，用蔥、薑、橘子芼之。其飲醒酒，令人不眠。』

又　有客過茅君，時當大暑。茅君於手巾內解茶，人與一葉，客食之，五內清涼。詰所從來，茅君曰：『此蓬萊山穆陀樹葉，眾仙食之以當飲。』

又　孫皓每饗宴，坐席無能否，每率以七升為限。雖不悉入口，皆澆灌取盡。韋曜飲酒不過二升，初見禮異時，常為裁減，或密賜茶茗以當酒。《吳志》

劉曄字子儀，嘗與劉筠飲茶，問左右：『湯滾也未？』眾曰：『已滾。』筠曰：『僉曰鯀哉。』曄應聲曰：『吾與點也。』

又　傅巽《七誨》：蒲桃、宛柰、齊柿、燕栗、峘陽黃梨、巫山朱橘、南中茶子、西極石密。

弘君舉《食檄》：『寒溫既畢，應下霜華之茗。三爵而終，應下諸蔗、木瓜、元李、楊梅、五味、橄欖、懸豹、葵羹各一杯。』

郭璞《爾雅注》云：茶，樹小似梔子，冬生葉，可煮羹飲。今呼早取為茶，晚取為茗，或一曰荈，蜀人名之苦茶。

任瞻字育長，少時有令名，自過江失志。既下飲，問人云：『此為荈為茗？』覺人有怪色，乃自申明云：『向問飲為熱為冷耳。』《世說》

溫嶠表遣取供御之調，條列真上茶千片，茗三百大薄。《晉書》

桓溫為揚州牧，性儉。每讌飲，唯下七奠柈茶果而已。《晉書》

桓宣武有一督將喜飲茶，至一斛二斗。一日過量，吐如牛肺一物，以

茗澆之，容一斛二斗。客云：『此名斛二瘕。』《續搜神記》

陸納為吳興太守時，謝安欲詣納。納兄子俶怪納無所備，不敢請，乃私為具。既至，納所設惟茶果而已，俶遂陳盛饌，珍羞畢具。安去，納杖俶四十。云：『汝不能光益叔父，奈何穢吾素業。』《晉中興書》

夏侯愷因疾死，宗人字苟奴，察見鬼神，見愷來收馬，並病其妻。著平上幘、單衣入，坐生時西壁大牀，就人覓茶飲。《搜神記》

餘姚人虞洪入山採茗，遇一道士牽三青牛，引洪至瀑布山。曰：『予丹丘子也，聞子善具飲，常思見惠。山中有大茗，可以相給，祈子他日有甌犧之餘，乞相遺也。』因立奠祀。後常令家人入山，獲大茗焉。《神異記》

剡縣陳務妻少與二子寡居。好飲茶茗，以宅中有古塚，每飲輒先祀之。二子患之，曰：『古塚何知？徒以勞意。』欲掘去，母苦禁而止。其夜夢一人云：『吾止此塚三百餘年，卿二子恆欲見毀，賴相保護，又享吾佳茗，雖潛壤朽骨，豈忘翳桑之報。』及曉，於庭中獲錢十萬，似久埋者，但貫新耳。母告，二子慚之。從是禱饋愈甚。《異苑》

燉煌人單道開，不畏寒暑，常服小石子。所服藥有松、蜜、薑、桂、茯苓之氣，所餘茶蘇而已。《藝術傳》

晉司徒長史王濛好飲茶，客至輒飲之，士大夫甚以為苦，每欲候濛，必云：『今日有水厄。』《世說》

王肅初入魏，不食羊肉、酪漿，嘗飯鯽魚羹，渴飲茗汁。京師士子見肅一飯一斗，號為漏卮。後與孝文會，食羊肉酪粥。文帝怪問之，對曰：『羊是陸產之最，魚是水族之長，所好不同，並各稱珍。羊比齊魯大邦，魚比邾莒小國，惟茗不中與酪作奴。』彭城王勰顧謂曰：『明日為卿設邾莒之會，亦有酪奴。』《後魏録》

劉縞慕王肅之風，專習茗飲。彭城王謂縞曰：『卿不慕王侯八珍，好蒼頭水厄。海上有逐臭之夫，里內有學顰之婦，卿即是也。』《伽藍記》

宋新安王子鸞、豫章王子尚詣曇濟道人於八公山，道人設茗，子尚味之曰：『此甘露也，何言茶茗。』《宋録》

又　陶弘景《雜録》：苦茶輕身換骨，昔丹丘子、黃山君嘗服之。

又　肅宗嘗賜張志和奴、婢各一人，志和配為夫婦，名曰漁童、樵青。人問其故，答曰：『漁童使捧釣收綸，蘆中鼓枻；樵青使蘇蘭薪桂，竹裏煎茶。』

竟陵龍蓋寺僧於水濱得嬰兒，育為弟子。稍長自筮，遇蹇之漸，繇曰：『鴻漸於陸，其羽可用為儀。』乃姓陸氏，字鴻漸，名羽。博學多能，性嗜茶，著《茶經》三篇，言茶之源、之法。造茶具二十四事，以都統籠貯之，遠近傾慕，好事者家藏一副。至今鬻茶之家陶其像置於煬器之間，祀為茶神。《因話録》

有積禪師者，嗜茶久，非羽供事不鄉口。會羽出遊江湖四五載，師絕於茶味。代宗召入內供奉，命宮人善茶者烹以餉師，師一啜而罷。上疑其詐，私訪羽召入。翌日賜師齋，俾羽煎茗。師捧甌，喜動顏色，且啜且賞曰：『此茶有若漸兒所為也。』帝由是歎師知茶，出羽見之。《紀異録》

御史大夫李栖筠按義興，山僧有獻佳茗者，會客嘗之。陸羽以為芬香甘辣，冠於他境，可薦於上。栖筠從之。

李季卿宣慰江南，至臨淮，知常伯熊善茶，乃詣伯熊。伯熊著黃帔衫、烏紗幘，手執茶器，口通茶名，區分指點，左右刮目。茶熟，李為啜兩杯。《語林》

又　李約雅度簡遠，有山林之致，一生不近粉黛。性嗜茶，謂人曰：『茶須緩火炙，活火煎。』客至不限碗數，竟日執持茶具不倦。曾奉使至陝州硤石縣東，愛渠水清流，旬日忘發。《因話録》

陸宣公贄，張鎰餉錢百萬，止受茶一串，曰：『敢不承公之賜。』

金鑾故例，翰林當直學士春晚困，則日賜成象殿茶果。《金鑾密記》

元和時館閣湯飲待學士者：煎麒麟草。《鳳翔退耕傳》

又　同昌公主，上每賜饌，其茶有『綠葉紫莖』之號。《杜陽雜編》

吳僧梵川誓願然頂供養雙林傅大士，自往蒙山頂結菴種茶，凡三年，味方全美。得絕佳者，名為聖揚花、吉祥蕊，共不踰五斤，持歸供獻。

白樂天方齋，劉禹錫正病酒，乃饋菊苗虀、蘆菔鮓，換取樂天六班茶二囊以醒酒。

有人授舒州牧，以茶數十斤獻李德裕，李悉不受。明年罷郡，用意精求天柱峯數角投李，李閱而受之，曰：『此茶可以消酒肉。』因命烹一甌沃於肉食內，以銀合閉之。詰旦視其肉，已化為水矣。眾服其廣識。《中朝

故事》

太和七年正月，吳蜀貢新茶，皆於冬中作法為之。上務恭儉，不欲逆其物性，詔所貢新茶宜於立春後作。《唐史》

湖州長洲縣啄木嶺金沙泉，每歲造茶之所也。湖、常二縣接界於此，厥土有境會亭，每茶時，二牧畢至。斯泉也，處沙之中，居常無水。將造茶，太守具儀注，拜敕祭泉，頃之發源，其夕清溢。供御者畢，水即微減；供堂者畢，水已半之；太守造畢，水即涸矣。太守或還旆稽留，則示風雷之變，或見鷙獸、毒蛇、木魅之類。商旅即以顧渚造之，無沾金沙者。《茶譜》

會昌初，監察御史鄭路有兵察廳事茶。茶必市蜀之佳者，貯於陶器，以防暑濕。御史躬親監啟，謂之御史茶瓶。

大中三年，東都進一僧，年一百三十歲。宣宗問服何藥致然？對曰：『臣少也賤，不知藥，性本好茶，至處惟茶是求，或飲百碗不厭。』因賜五十斤，令居保壽寺。《南部新書》

柳惲墳在吳興白蘋洲，有胡生以釘鉸為業，所居與墳近，每飲必奠以茶。忽夢惲告之曰：『吾姓柳，生平善為詩而嗜茗，感子茶茗之惠，無以為報，願教子為詩。』胡生辭以不能。柳強之曰：『但率子意言之，當有致矣。』生後遂工詩焉。《南部新書》

陸龜蒙嗜茶，置園顧渚山中，歲取租茶，自判品第，書繼《茶經》、《茶訣》之後。

皮光業最耽茗飲，一日中表請嘗新柑，筵具甚豐，簪綬叢集。纔至，未顧尊罍而呼茶甚急，徑進一巨觥，題詩曰：『未見甘心氏，先迎苦口師。』衆噱曰：『此師固清高，而難以療饑也。』

趙州禪師問新到：『曾到此間麼？』曰：『曾到。』師曰：『喫茶去。』又問僧，僧曰：『不曾到。』師曰：『喫茶去。』後院主問曰：『為甚麼曾到也云喫茶去，不曾到也云喫茶去。』師召院主，主應諾。師曰：『喫茶去。』

蜀雅州蒙山中頂有茶園。一僧病冷且久，嘗遇老父詢其病，僧具告之。父曰：『何不飲茶？』僧曰：『本以茶冷，豈能止此？』父曰：『仙家有雷鳴茶，亦聞乎？蒙之中頂，以春分先後，俟雷發聲，多搆人力採摘，三日乃止。若獲一兩，以本處水煎服，能祛宿疾；二兩眼前無疾；三兩換骨；四兩成地仙。』僧因之中頂築室以俟。及期，獲一兩，服未竟而病瘥，至八十餘。時到城市，貌若年三十餘，眉髮紺綠。後入青城山，不知所終。《茶譜》

義興南嶽寺有真珠泉，稠錫禪師嘗飲之，清甘可口，曰：『得此泉烹桐廬茶，不亦稱乎？』未幾，有白蛇啣茶子墮寺前，由此滋蔓，茶倍佳。《義興舊志》

唐常魯使西番，烹茶帳中。魯曰：『滌煩療渴，所謂茶也。』番人曰：『我亦有之。』乃出數品，曰此壽春者，此顧渚者，此蘄門者。《唐書》

覺林院僧志崇，收茶為三等：待客以驚雷莢，自奉以萱草帶，供佛以紫茸香，蓋最工以供佛，而最下以自奉也。客赴茶者，皆以油囊盛餘瀝而歸。

僧文了善烹茶，遊荊南，高保勉子季興延置紫雲菴，日試其茶，呼為湯神。奏授華亭水大師。目曰乳妖。

饌茶而幻出物象於湯面者，茶匠通神之藝也。沙門福全長於茶法，能注湯幻茶成將詩一句，並點四甌，共一絕句，泛乎湯表。檀越日造其門，求觀湯戲，全自詠詩曰：『生成盞裏水丹青，巧畫工夫學不成，卻笑當年陸鴻漸，煎茶贏得好名聲。』

岳陽灉湖舊出茶，李肇所謂灉湖之含膏也。今惟白鶴僧園有千餘本，一歲不過一二十兩；土人謂之白鶴茶，味極甘香。《岳陽風土記》

西域僧金地藏所植，名金地茶，出煙霞雲霧之中，與地上產者其味敻絕。《九華山志》

五代時魯公和凝在朝，率同列遞日以茶相飲，味劣者有罰，號為湯社。

陶穀買得黨太尉故妓，命取雪水烹團茶，謂妓曰：『黨家應不識此？』妓曰：『彼粗人安得有此？但能銷金帳中淺斟低唱，飲羊羔美酒耳。』陶愧其言。《類苑》

開寶初，竇儀以新茶餉客，奩面標曰『龍陂山子茶』。

建安能仁院有茶生石縫間，僧採造得八餅，號石巖白，以四餅遺蔡襄，以四餅遺王內翰禹玉。歲餘，襄被召還闕，過禹玉。禹玉命子弟於茶

筍中選精品碾餉蔡。蔡捧茶未嚐，即曰：『此極似能仁石巖白，公何以得之？』禹玉未信，索帖驗之，果然。

盧廷璧見僧詎可庭茶具十事，具衣冠拜之。

蘇廙作《仙芽傳》，載作湯十六法：以老嫩言者，凡三品；以緩急言者，凡三品；以器標者，共五品；以薪論者，共五品。陶穀謂：湯者，茶之司命。此言最得三昧。

宣城何子華邀客於剖金堂，酒半，出嘉陽嚴峻畫陸羽像。子華因言：『前代惑駿逸者為馬癖，泥貫索者為錢癖，愛子者有譽兒癖，耽書者有《左傳》癖。若此叟溺於茗事，何以名其癖？』楊粹仲曰：『茶雖珍，未離草也，宜追目陸氏為甘草癖。』一坐稱佳。

宋大小龍團始於丁晉公，成於蔡君謨。歐陽公聞而歎曰：『君謨士人也，何至作此事。』《茗溪詩話》

熙寧中，賈青為福建轉運使，取小龍團之精者為密雲龍。自玉食外，戚里貴近丐賜尤繁。宣仁一日慨歎曰：『建州今後不得造密雲龍，受他人煎炒不得也。』此語頗傳播縉紳間。

蘇才翁嘗與蔡君謨鬥茶，蔡茶用惠山泉，蘇茶少劣，改用竹瀝水煎，遂能取勝。《江鄰幾雜志》

杭州營籍周韶常蓄奇茗，與君謨鬥勝，題品風味，君謨屈焉。

蔡君謨老病不能啜，但烹而玩之。

黄實為發運使，大暑泊清淮樓，見米元章衣犢鼻自滌研於淮口，索篋中無所有，獨得小龍團二餅，亟遣人送入。

司馬溫公偕范蜀公遊嵩山，各攜茶往。溫公以紙為貼，蜀公盛以小黑合。溫公見之，驚曰：『景仁乃有茶器！』蜀公聞其言，遂留合與寺僧。

蘇長公愛玉女河水烹茶，破竹為券，使寺僧藏其一，以為往來之信，謂之調水符。

廖明略晚登蘇門，子瞻大奇之。時黄、秦、晁、張，號蘇門四學士，子瞻待之厚，每來，必令朝雲取密雲龍。一日又命取，家人謂是四學士。窺之，乃明略也。

李易安，趙明誠妻也。與趙每飯罷，坐歸來堂烹茶，指堆積書史，言某事在某書卷第幾葉第幾行，以中否勝負飲茶先後。中則舉杯大笑，或至茶覆懷中不得飲而起。

王休居太白山下，每至冬時，取溪冰敲其晶瑩者，煮建茗待客。

清 劉源長《茶史》卷一《茶之原始》 宋唐裴汶《茶述》云：茶起於東晉，盛於本朝。

又 隋文帝微時夢神人易其腦骨，自爾腦痛。後遇一僧云：『山中有茗草，煮而飲之，當愈。』服之有效，由是人競採掇。進士權紓文為之讚，其略云：窮《春秋》，演河圖，不如載茗一車。據此則是晉唐時始有茶也。

又 《負暄雜録》云：『唐時製茶不第建安品。』五代之季，建屬南唐，諸縣採茶，北苑初造研膏，繼造蠟面，既而又製佳者曰京珽。宋太平興國二年始置龍鳳模，遣使即北苑團龍鳳茶，以別庶飲。又一種叢生石崖，枝葉尤茂，至道初有詔造之，別號石乳。又一種號的乳。又一種號白乳。自四種出而蠟面斯下矣。

真宗咸平中，丁謂為福建漕監御茶，進龍鳳團，始載之《茶録》。仁宗慶曆中，蔡襄為漕，始改造小龍團以進。旨令歲貢，而龍鳳遂為次矣。

神宗元豐間有旨造密雲龍，其品更在小團上。

哲宗紹聖中又改為瑞雲翔龍，而密雲龍又次矣。

徽宗大觀初親製《茶論》二十篇，以白茶自為一種，與他茶不同，其條敷闡，其葉瑩薄，崖林之間偶然生出，非人力可致。正焙之有者不過四五家，家不過四五株，所造止於一二銙而已。淺焙亦有之，但品格不及，於是白茶遂為第一。既而又製三色細芽及試新銙、貢新銙。自三色細芽出而瑞雲翔龍又下矣。

宣和庚子，漕臣鄭可簡始創為銀絲冰芽，蓋將已揀熟芽再令剔去，止取其心一縷，用珍器貯清泉漬之，光瑩如銀絲然。又製方寸新銙，有小龍蜿蜒其上，號龍團勝雪。又廢白、的、石三鼎乳，造銙凡二十餘色。初貢茶皆入龍腦，至是慮奪其味，始不用焉。蓋茶之妙至勝雪極矣，合為首冠，然在白茶之下者，白茶上所好也。其茶歲分十餘綱，惟白茶與勝雪驚蟄前興役，浹日乃成，飛騎仲春至京師，號為綱頭玉芽。

又《唐宋諸家品茶》 茶之產於天下，繁且多矣。品第之，則劍南之蒙頂石花為最上，湖州之顧渚紫筍次之，又次則峽州之碧澗簝、明月

簝之類是也。惜皆不可致矣。

浙西湖州為上，常州次之。湖州出長興顧渚山中，常州出義興君山懸腳嶺北崖下。論茶以湖、常為冠。御史大夫李栖筠典郡日，陸羽以為冠於他境，栖筠始進。故事，湖州紫筍以清明日到，先薦宗廟，後分賜近臣。

袁州之界橋茶，其名甚著，不若湖州之研膏紫筍，烹之有綠腳垂。故韓公賦云：雲垂綠腳。

葉夢得《避暑録》：『北苑茶有曾坑、沙溪二地，而沙溪色白過於曾坑，但短而微澀。草茶極品惟雙井、顧渚。雙井在分寧縣，其地屬黄魯直家。顧渚在長興吉祥寺，其半為劉侍郎希范所有。兩地各數畝，歲產茶不過五六觔，所以為難。』

宇內土貢實眾，而顧渚、蘄陽、蒙山為上，其次則壽陽、義興、碧澗、㴩湖、衡山，最下有鄱陽、浮梁。人嗜之如此者，晉西以前無聞焉，至精之味或遺也。

唐茶品最重陽羨。

陸羽《茶經》、裴汶《茶述》皆不載建品。唐末，然後北苑出焉。

黄儒《茶論》云：『陸羽《茶經》不第建安之品，蓋前此茶事未興，山川尚閟，露芽真筍委翳消腐而人不知爾。宣和中復有白茶、勝雪，使黄君閱今日，則前乎此者，又未足詫也。』

陸鴻漸以嶺南茶味極佳，近世又以嶺南多瘴癘，染著草木，不惟水不可輕飲，而茶亦宜慎擇。大抵瑞草以時出，時地遞變，有不同耳。按：茶正以山頂雲霧，採時以日未出為佳。

黄魯直論茶：建溪如割，雙井如霆，日鑄如㔕。㔕，音最，斷物也。又音血，拽也。

近如吳郡之虎丘、錢塘之龍井，香氣芬郁，與岕山並可雁行，惜不多得，往往以天目混龍井，以天池混虎丘。但天池多飲則腹脹，今多下之。

又 卷二《茶之高致》 唐盧仝七碗歌云：『柴門反關無俗客，紗帽籠頭自煎吃。』

溫公與范景仁共登高嶺，由轘轅道至龍門，涉伊水，坐香山憩，臨八節灘，多有詩什，各攜茶登覽。

楊東山致仕家居，年八十，曾雲巢年尤高，攜茶看東山。其詩云：『知道華山方睡覺，打門聊伴茗奴來。』東山和詩有云：『錦心繡口垂金蓮，月露天漿貯玉杯。月露天漿，茶之精好也。』

古人高致，每攜茶尋友，如趙紫芝詩云：『一瓶茶外無祇待，同上西樓看晚山。』

和凝在朝，率同列遞日以茶相飲，味劣者有罰，號為湯社。

錢起字仲文，與趙莒為茶宴，又嘗過長孫宅與朗上人作茶會。

周韶好蓄奇茗，嘗與蔡君謨鬥勝，品題風味，君謨屈焉。

陸龜蒙字魯望，嗜茶荈，置小園顧渚山下，歲取租茶，自判品第。

唐肅宗賜張志和奴、婢各一人，張志和配為夫婦，號漁童、樵青。漁童捧釣收綸，蘆中鼓枻；樵青蘇蘭薪桂，竹裏煎茶。

梅聖俞名堯臣，在楚斫茶磨，題詩有『吐雪誇新茗，堆雲憶舊溪。北歸惟此急，藥臼不須齎』。可謂嗜茶之極矣。聖俞茶詩甚多，沙門穎公遺碧霄峯茗，俱有吟詠。

學士陶穀得黨太尉家姬，取雪水煎茶，曰：『黨家應不識此？』姬曰：『彼粗人，但於銷金帳下飲羊羔兒酒爾。』

嘉興《南湖誌》：蘇軾與文長老嘗三過湖上汲水煮茶，後人建煮茶亭以識其勝。

陸贄字敬輿，張益餉錢百萬、茶一串，陸止受茶一串，曰：『敢不承公之賜。』

仙人石室高三十餘丈，室外蔓藤聯絡，登者攀緣而入，即泐溪福地，有陸羽題名。屬廣東韶州府樂昌縣。

饒州府餘干縣冠山，羽嘗鑿石為竈，取越溪水煎茶於此。迄今名陸羽竈。

懷慶府濟源內有盧仝別業，有烹茶館。

僧文瑩堂前種竹數竿，蓄鶴一隻。每月白風清，則倚竹調鶴，瀹茗孤吟。

馮開之精於茶政，手自料滌，客有笑者，吳寧野戲解之曰：此政美人，猶如古法書、名畫，度可著俗漢之手否？

倪雲林性嗜茶，在惠山中，用核桃、松子肉和粉與糖霜共成小塊如石子，置茶中，出以啖客，名曰清泉白石。

趙行恕，宋宗室也。慕雲林清致，訪之。坐定，童子供茶，行恕連啜如常，雲林悒然曰：吾以子為王孫，故出此品，乃略不知風味，真俗物也。

高濂曰：『西湖之泉以虎跑為貴，兩山之茶以龍井為佳。穀雨前採茶旋焙，時汲虎跑泉烹啜，香清味洌，涼沁詩脾。每春當高臥山中，沉酣新茗一月。』

李約，唐司徒汧公子，雅度玄機，蕭蕭沖遠，有山林之致。在湖州嘗得古鐵一片，擊之清越。又養猿名山公，嘗以隨逐。月夜泛江登金山，擊鐵鼓琴，猿必嘯和，傾壺達旦，不俟外賞。

清 張潮《岕茶彙鈔小引》（岕茶彙鈔） 茶之為類不一，岕茶為最；岕之為類亦不一，廟後為佳。其採擷之宜，烹啜之政，巢民已詳之矣，予復何言。然有所不可解者，不在今之茶，而在古之茶也。古人屑茶為末，蒸而範之成餅，已失其本來之味矣。至其烹也，又復點之以鹽，亦何鄙俗乃爾耶。夫茶之妙在香，苟製而為餅，其香定不復存；茶之妙在淡，點之以鹽，是且與淡相反；吾不知玉川之所歌、鴻漸之所嗜，其妙果安在也？善茗飲者每度率不過三四甌，徐徐啜之，始盡其妙。玉川子于俄頃之間頓傾七碗，此其鯨吞虹吸之狀與壯夫飲酒夫復何殊？陸氏《茶經》所載與今人異者不一而足，使陸羽當時茶已如今世之製，吾知其沉酣傾倒於此中者當更加十百於前矣。

清 潘永因《宋稗類鈔》卷四 劉貢父知長安，妓有茶嬌者，以色慧稱。貢父惑之，事傳一時。貢父被召造朝，茶嬌遠送之，貢父為夜宴痛飲，有別詩曰：『畫堂銀燭徹宵明，白玉佳人唱渭城。唱盡一杯須起舞，關河風月不勝情。』至闋，永叔直出道者院，去城四十五里迓貢父。貢父適病酒未起。永叔曰：『何故未起？』貢父曰：『自長安路中親識留飲，頗為酒病。』永叔戲之曰：『貢父，非獨酒能病人，茶亦能病人多矣。』

明 黃履道輯，清 佚名增補《茶苑》卷一《茶別名》 皋盧：皋盧，茶之別名，大葉而澀，南人以之為茗飲。（廣州志）

《西平縣志》云：『廣州西平縣有皋盧樹，採葉可為茗飲。』《松林唱和集》云：『皮日休詩云「石盆煎皋盧」云云，因知皋盧之名在唐時已著。』

瑞草魁： 山實東南秀，茶稱瑞草魁。【略】杜牧《茶山》詩

酪奴： 瑯琊王肅字恭懿，齊雍州刺史奐之子也，贍學多通，才辭茂美。于太和十八年入魏，高祖甚重之，常呼王生而不名，尋以公主尚之。肅在魏，不食羊肉及酪漿等，常飯鯽魚羹，渴飲茗汁。京邑士子見肅一飲一斗，號為漏卮。經數年已後，肅與高祖殿中會食，食羊肉酪粥甚多。高祖怪之，謂肅曰：『卿中國之味也，羊肉何如魚羹，茗飲何如酪漿？』肅對曰：『羊是陸產之珍，魚是水族之最，所產不同，並各稱佳。若以味言，似應有優劣。羊比齊魯大邦，魚比邾莒小國，惟茗不中與酪作奴。』高祖大笑。後彭城王謂肅曰：『卿不重齊魯大邦，而愛邾莒小國？』肅對曰：『鄉曲所美，不得不好。』彭城王重謂肅曰：『明日卿顧我，為卿設邾莒之食，亦有酪奴。』（洛陽伽藍記）

酪蒼頭、酒從事： 魏給事劉鎬慕王肅之風，專習尚茗飲。彭城王謂鎬曰：『卿不慕王侯八珍，而愛蒼頭水厄。海上有逐臭之夫，里內有效顰之婦，以卿言之，即是也。』（洛陽伽藍記）

焦氏《說楛》云：『此丹丘之仙茶，勝烏程之御荈。不止味同露液，白況霜華，豈可為酪蒼頭，便應代酒從事。』

滌煩子 『茶為滌煩子，酒是忘憂君。』施肩吾詩

餘甘子、不夜侯 胡嶠《飛龍磵飲茶》詩云『沾牙舊姓餘甘氏，破睡宜封不夜侯』，新奇哉！嶠宿學雄才，為耶律德光所虜，後間道復歸。（清異録）

雞蘇佛、橄欖仙 猶子彝年十二歲，余讀胡嶠茶詩，愛其清拔，因命倣法之，近晚成篇，有云：『生涼好喚雞蘇佛，回味宜稱橄欖仙。』然彝者亦文詞之有基址也。（清異録）

苦口師 皮光業最耽茗事。一日中表請嘗新柑，筵具殊豐，簪紱萃集。光業至，未顧尊罍而呼茶甚急，徑進一巨甌。題詩云：『未見甘心氏，先迎苦口師。』眾噱曰：此師固清高，而難以療飢也。（清異録）

晚甘侯 孫樵送茶與焦刑部書云：晚甘侯十五人遣侍齋閣，此徒皆請雷而摘，拜水而和。蓋建陽丹山碧水之鄉，月澗雲龕之侶，慎勿賤用

之。《清異録》

森伯　湯悦有《森伯頌》，蓋茶也，方飲而森然嚴乎齒牙，既久而四肢森然。二義一名，非熟夫湯甌境界者，誰能目之？《清異録》

玉蟬膏清風使　顯德中，大理徐恪以鄉信鋌子貽余茶，茶面印文曰『玉蟬膏』。一種曰『清風使』。恪，建安人也。《清異録》

清人樹　偽蜀甘露堂前兩株茶鬱茂婆娑，宮人呼為清人樹。每春初，嬪嬙戲摘新芽，設傾筐會。《清異録》

冷面草　符昭遠不喜茶，嘗爲御史，同列會茶，嘆曰：『此物面目嚴冷，了無和氣之美，可謂冷面草也。』飯餘嚼佛眼芎，以甘菊湯下之，亦可爽神。《清異録》

水豹囊　豹革為囊，風神呼吸之具也。煮茶者啜之，可以滌滯導引而起清風。每引此義，故稱茶為水豹囊。《清異録》

火前春　紅帋裏封書後信，綠芽十片火前春。湯添勺水煎魚目，未下刀圭攪麯塵。白樂天《謝送茶》詩

不遷　凡藝茶必以子種，若移植它所，則不能復生，故俗聘親必以茶為禮，義固有所取也。故名茶曰『不遷』。《天中記》

登　交趾茶如綠苔，味辛烈，名之曰登。《研北雜志》

水品部

水質鑒別与名泉名水

題解

明 田艺蘅《煮泉小品·源泉》 積陰之氣爲水。水本曰源，源曰泉。水，本作，象衆水竝流，中有微陽之氣也，省作水。源，本作原，亦作；从泉，出厂下。厂，山岩之可居者，省作原，今作源。泉，本作，象水流出成川形也。知三字之義，而泉之品思過半矣。

山下出泉曰蒙。蒙，穉也。物穉則天全；水穉則味全。故鴻漸曰『山水上』。其曰乳泉石池漫流者，蒙之謂也，其曰瀑湧湍激者，則非蒙矣，故戒人勿食。

混混不舍，皆有神以主之，故天神引出萬物。而《漢書》『三神』，山嶽其一也。

源泉必重，而泉之佳者尤重。餘杭徐隱翁嘗爲余言，以鳳皇山泉較阿姥墩百花泉，便不及五錢，可見仙源之勝矣。

山厚者泉厚，山奇者泉奇，山清者泉清，山幽者泉幽，皆佳品也。不厚則薄，不奇則蠢，不清則濁，不幽則喧，必無佳泉。

山不亭處，水必不亭。若亭，即無源者矣，旱必易涸。

又《石流》 石，山骨也；流，水行也。山宣氣以產萬物，氣宣則脉長，故曰『山水上』。《博物志》：『石者，金之根甲。石流精以生水。』又曰：『山泉者，引地氣也。』

泉非石出者，必不佳。故《楚詞》云：『飲石泉兮蔭松栢。』皇甫曾《送陸羽》詩：『幽期山寺遠，野飯石泉清。』梅堯臣《碧霄峰茗》詩：『烹處石泉嘉。』又云：『小石泠泉留早味。』誠可謂賞鑑者矣。

咸，感也。山無澤，則必崩；澤感而山不應，則將怒而爲洪。

泉，往往有伏流沙土中者，挹之不竭，即可食。不然，則滲瀦之潦耳，雖清勿食。

流遠則味淡，須深潭渟畜，以復其味，乃可食。

泉不流者，食之有害。《博物志》：『山居之民，多癭腫疾，由於飲泉之不流者。』

泉湧出曰濆，在在所稱『珍珠泉』者，皆氣盛而脉湧耳，切不可食，取以釀酒或有力。

泉有或湧而忽涸者，氣之鬼神也，劉禹錫詩『沸井今無湧』是也。否則徒泉喝水，果有幻術邪？

泉懸出曰沃，暴溜曰瀑，皆不可食。而廬山水簾，洪州天台瀑布，皆入水品，與陸經背矣。故張曲江《廬山瀑布》詩：『吾聞山下蒙，今乃林巒表。物性有詭激，坤元曷紛矯。默然置此去，變化誰能了。』則識者固不食也。然瀑布實山居之珠箔錦幙也，以供耳目，誰曰不宜。

又《清寒》 清，朗也，靜也，澂水之貌。寒，冽也，凍也，覆水之貌。泉，不難於清而難於寒。其瀨峻流駛而清，岩奥陰積而寒者，亦非佳品。

石少土多、沙膩泥凝者，必不清寒。

蒙之象曰果行，井之象曰寒泉。不果，則氣滯而光；不澄，不寒，則性燥而味必嗇。

冰，堅水也。窮谷陰氣所聚，不洩則結而爲伏陰也。在地英明者惟水，而冰則精而且冷，是固清寒之極也。謝康樂詩：『鑿冰煑朝飧。』《拾遺記》：『蓬萊山氷水，飲者千歲。』

下有石硫黄者，發爲溫泉，在在有之。又有共出一壑半溫半冷者，亦在在有之，皆非食品。特新安黄山朱砂湯泉可食。《圖經》云：『黄山舊名黟山，東峰下有朱砂湯泉可點茗，春色微紅，此則自然之丹液也。』《拾遺記》：『蓬萊山沸水，飲者千歲。』此又仙飲。

有黄金處，水必清；有明珠處，水必媚；有子鮒處，水必腥腐；有蛟龍處，水必洞黑。媺惡不可不辨也。

又《甘香》 甘，美也；香，芳也。《尚書》『稼穡作甘黍。』甘爲香黍，惟甘香，故能養人。泉惟甘香，故亦能養人。然甘易而香難，未有

香而不甘者也。

味美者曰甘泉，氣芳者曰香泉，所在間有之。泉上有惡水，則葉滋根潤，皆能損其甘香，甚者能釀毒液，尤宜去之。

甜水，以甘稱也。《拾遺記》：『員嶠山北，甜水遶之，味甜如蜜。』《十洲記》：『元洲玄澗，水如蜜漿，飲之與天地相畢。』又曰：『生洲之水，味如飴酪。』

水中有丹者，不惟其味異常，而能延年卻疾；須名山大川諸仙翁脩煉之所有之。葛玄少時，爲臨沅令。此縣廖氏家世壽，疑其井水殊赤，乃試掘井左右，得古人埋丹砂數十斛。西湖葛井，乃稚川煉所。在馬家園後淘井，出石匣，中有丹數枚，如芡實，啖之無味，棄之。有施漁翁者，拾一粒食之，壽一百六歲。此丹水尤不易得，凡不淨之器，切不可汲。

又《靈水》　靈，神也。天一生水，而精明不淆，故上天自降之澤，實靈水也。古稱『上池之水者非與』。要之皆仙飲也。

露者，陽氣勝而所散也。色濃爲甘露，凝如脂，美如飴，一名膏露，一名天酒。《十洲記》『黃帝寶露』，《洞冥記》『五色露』，皆靈露也。莊子曰：『姑射山神人，不食五穀，吸風飲露。』《山海經》『仙丘絳露，仙人常飲之。』《博物志》：『沃渚之野，民飲甘露。』《拾遺記》：『含明之國，承露而飲。』《神異經》：『西北海外人，長二千里，日飲天酒五斗。』《楚詞》：『朝飲木蘭之墜露。』是露可飲也。

雪者，天地之積寒也。《氾勝書》：『雪爲五穀之精。』《拾遺記》：『穆王東至大㡚之谷，西王母來進嵰州甜雪，是靈雪也。』陶穀取雪水烹團茶，而丁謂《煎茶》詩：『痛惜藏書篋，堅留待雪天。』李虛己《建茶呈學士》詩：『試將梁苑雪，煎動建溪春。』是雪尤宜茶飲也。處士列諸末品，何邪？意者以其味之燥乎？若言太冷，則不然矣。

雨者，陰陽之和，天地之施，水從雲下，輔時生養者也。和風順雨，明雲甘雨，《拾遺記》：『香雲遍潤，則成香雨。』皆靈雨也，固可食。若夫龍所行者，暴而霪者，旱而凍者，腥而墨者及檐溜者，皆不可食。

《文子》曰：水之道，上天爲雨露，下地爲江河，均一水也。故特表靈品。

又《異泉》　異，奇也。水出地中，與常不同，皆異泉也，亦仙飲也。

醴泉：醴，一宿酒也；泉，味甜如酒也。聖王在上，德普天地，刑賞得宜，則醴泉出，食之令人壽考。

玉泉：玉石之精液也。《山海經》：『密山出丹水，中多玉膏；其源沸湯，黃帝是食。』《十洲記》：『瀛洲玉石，高千丈，出泉如酒。味甘，名玉醴泉，食之長生。』又，方丈洲有玉石泉；崑崙山有玉水。尹子曰：『凡水方折者有玉』。

乳泉：石鍾乳，山骨之膏髓也。其泉色白而體重，極甘而香，若甘露也。

朱砂泉：下產朱砂，其色紅，其性溫，食之延年卻疾。

雲母泉：下產雲母，明而澤，可煉爲膏，泉滑而甘。

茯苓泉：山有古松者，多產茯苓。《神仙傳》：『松脂淪入地中，千歲爲茯苓也。』其泉或赤或白，而甘香倍常。又朮泉，亦如之。非若杞菊之產於泉上者也。

金石之精，草木之英，不可殫述，與瓊漿並美，非凡泉比也，故爲異品。

又《江水》　江，公也，眾水共入其中也。水共則味雜，故鴻漸曰江水中，其曰：『取去人遠者。』蓋去人遠，則澄清而無盪瀁之漓耳。

泉自谷而溪、而江、而海，力以漸而弱，氣以漸而薄，味以漸而鹹，故曰『水曰潤下』。潤下作鹹旨哉。又《十洲記》：『扶桑碧海，水既不鹹苦，正作碧色，甘香味美，此固神仙之所食也。』

潮汐近地，必無佳泉，蓋斥鹵誘之也。天下潮汐，惟武林最盛，故無佳泉。西湖山中則有之。

楊子，固江也，其南泠，則夾石渟淵，特入首品。余嘗試之，誠與山泉無異。若吳淞江，則水之最下者也，亦復入品，甚不可解。

又《井水》　井，清也，泉之清潔者也；通也，物所通用者也；法也、節也，法制居人，令節飲食無窮竭也。其清出於陰，其通入於淆，其法節由於不得已，脉暗而味滯。故鴻漸曰『井水下』。其曰『井取汲多者』，蓋汲多，則氣通而流活耳。終非佳品，勿食可也。

市廛民居之井，烟爨稠密，汙穢滲漏，特潢潦耳，在郊原者庶幾。

深井多有毒氣。葛洪方五月五日，以雞毛試投井中，毛直下，無毒；若迴四邊，不可食。淘法，以竹篩下水，方可下浚。

若山居無泉，鑿井得水者，亦可食。

井味鹹色綠者，其源通海。舊云『東風時鑿井，則通海脉』，理或然也。

井有異常者，若火井、粉井、雲井、風井、鹽井、膠井，不可枚舉。而水井則又純陰之寒也，皆宜知之。

明 高元濬《茶乘》卷一《品水》 雨者，陰陽之和，天地之施。水從雲下，輔時生養者也。秋水爲上，梅水次之。秋水白而洌，梅水白而甘。甘則茶味稍奪，洌則茶味獨全，故秋水較勝春、冬二水。春勝於冬，皆以和風明雲，得天地之正施者爲妙。惟夏月暴雨，或因風雷所致，實天之流怒也，食之令人霍亂。其龍行之水，暴而霪者，旱而凍者，腥而墨者，及簷溜者，皆不可食。

山下出泉爲蒙，稺也。物稺則天全，水稺則味全，故鴻漸曰『山水上』。其曰：乳泉，石池慢流者，蒙之謂也。一取清寒，泉不難於清而難於寒。石少土多、沙膩泥凝者，必不清寒。或瀨峻流駛而清，巖奧陰積而寒者，亦非佳品。一取香甘：味美者曰甘泉；氣芳者曰香泉。泉惟甘香，故能養人。然甘易而香難，未有香而不甘者也。一取石流：石，山骨也；流，水行也。《博物志》曰：『石者，金之精甲。石流精，以生水。』又曰：『山泉者，引地氣也。』泉非石出者，必不佳。一取山脉逶迤，山不停處，水必不停；若停，則無源者矣，旱必易涸。大率山頂泉，清而輕；山下泉，清而重；石中泉，清而甘；沙中泉，清而洌；土中泉，清而厚。有下生硫黄，發爲溫泉者；有同出一壑，半溫半冷者，皆非食品。有流遠者，遠則味薄；取深潭停蓄，其味乃復。有不流者，食之有害。《博物志》曰：『山居之民多癭腫，由於飲泉之不流者。』若泉上有惡木，則葉滋根潤，能損甘香，甚者能釀毒液，尤宜去之。

江，公也，衆水共入其中也。水共則味雜，故曰『江水次之』。其取去人遠者，蓋去人遠，則澄深而無蕩漾之漓耳。田崇衡《賁泉小品》

明 程用賓《茶録・正集・酌泉》 茶之氣味，以水爲因，故擇水要焉。矧天下名泉，載於諸水記者，亦多不合。故昔人有言，舉天下之水，一一而次第之者，妄説也。大抵流動者，愈於安靜；負陰者，勝於向陽。鴻漸氏曰：山水上，江水中，井水下。山水揀乳泉石池漫流者上，瀑湧湍漱勿食。江水取去人遠者，井水取汲多者。言雖簡而意則盡該矣。

清 劉源長《茶史》卷二《品水》 陶學士穀謂：『湯者，茶之司命。』水爲急務。

茶者水之神，水者茶之體；非眞水莫顯其神，非精茶曷窺其體。

《禮記》：『水曰清滌。』

《文子》曰：『水之性清，沙石穢之。』

蔡君謨曰：『水泉不甘，能損茶味。』

《荈賦》：『水則岷山之注，挹彼清流。』

陸鴻漸曰：山水上，江水次，井水下。又云：山水、乳泉、石池漫流者上，其瀑湧湍漱者，勿食。食之有頸疾。

山下出泉，爲蒙稺也。物稺，則天全；水稺，則味全。

其曰：乳泉石池漫流者，蒙之謂也，故曰山水上。其云瀑湧湍漱，則非蒙矣，故戒人勿食。

山厚者泉厚，山奇者泉奇，山清者泉清，山幽者泉幽，皆佳水也。

山宣氣以產萬物，氣宣則脉長。故曰山水上。

《博物志》云：『石者，金之根甲。石流精以生水。』又曰：『水泉者，引地氣也。』

泉非石出者，必不佳。故《楚詞》云：『飲石泉兮蔭松柏。』

皇甫曾《送陸羽詩》：『幽期山寺遠，野飯石泉清。』

梅堯臣《碧霄峰茗》詩：『烹處石泉嘉。』又云：『小石冷泉留早味。』

山泉，獨能發諸茗顔色、滋味。』

洞庭張山人云：『山頂泉輕而清，山下泉清而重，石中泉清而甘，沙中泉清而洌，土中泉清而厚。流動者良於安靜，負陰者勝於向陽，山削者泉寡，山秀者有神。』

江水。取去人遠者。去人遠，則流浄而水活。

楊子固江也，其南冷則夾石渟淵，特入首品。若吳淞江則水之最下者，亦復入品，何也？

井水。取汲多者，汲則氣通而流活，然脉暗味滯，終非佳品。

靈水。天一生水而精，不淆上天自降之澤也。古稱上池之水，非與。

雨水。陰陽之和，天地之施，水從雲降，輔時生養者也。

《拾遺記》：『香雲遍潤，則成香雨，皆靈雨也，俱可茶。』

和風順雨，明雲甘雨。

龍所行暴而霪者，旱而凍，腥而墨者，及簷瀝者，皆不可食。

雪水。雪者，天地之積寒也。《汜勝書》：雪爲五穀之精。取以煎茶，幽人清況。陶穀取雪水烹團茶。丁謂《煎茶》詩：『痛惜藏書篋，堅留待雪天。』李虛己《建茶呈學士》詩：『試將梁苑雪，煎動建溪春。』是雪尤宜茶也。又云：『雪水雖清，性感重陰，不宜多積。』吳瑞云：『雪水煎茶，解熱止渴。』陸羽品雪水第二十，又云：『雪水煎茶，滯而太冷。臘雪解一切毒，春雪有蟲易敗。』

冰水。冰，窮谷陰氣所聚結而爲，伏陰也。在地英明者惟水，而冰則精而且冷，是固清寒之極也。謝康樂詩：『鑿冰煮朝飡。』逸人王休居太白山，每冬取溪冰，琢其精瑩者，煮建茗供賓客。

梅水。山水、江水佳矣，如不近江、山，惟多積梅雨，其味甘和，乃長養萬物之水也。《茶譜》云：『梅雨時，署大缸收水，煎茶甚美。經宿不變色，易貯瓶中，可以經久。』芒種後逢壬或庚或丙日進梅，天道自南而北，凡物候先於南方，故閩粵萬物早熟半月，始及吳楚。今江南梅雨將罷，而淮上方梅雨，踰河北至七月少有黴氣，而不之覺矣。固宜易地而論之。一作黴，一作霉。芒種後逢壬爲入梅，小暑後逢壬爲出梅。先時爲迎梅雨，後之爲送梅雨，及時爲梅雨。《埤雅》云：『今江、湘、二浙，四五月梅欲黃，落雨謂之梅雨。梅水雪水久貯澄徹，烹茶甘鮮。』

秋水。候爽氣晶，淵潭清冷，雨亦澄徹，宜茶。陳眉公：『烹茶以秋水爲上，梅水次之。』

竹瀝水。天台者佳，若以他水雜之，則亟敗。蘇才翁嘗與蔡君謨鬭茶，蔡茶用惠山泉，蘇茶用竹瀝水煎，遂能取勝。

泉貴清寒。泉不難於清，而難於寒。其瀨峻流駛而清，岩奧陰積而寒，亦非佳品。

石少土多，沙膩泥凝者，必不清寒。

泉貴甘香。《尚書》：『稼穡作甘黍，甘爲香黍，惟甘香能養人。泉惟甘香，故亦能養人。然甘易而香難，未有香而不甘者也。』

凡泉上有惡木，則葉滋根潤，皆能損其甘香，甚者能釀毒液。

洞庭山人又云：『眞源無味，眞水無香。』

唐子西《鬭茶說》：『水不問江井，要之貴活。』

有黃金處，水必清；有明珠處，水必媚；有子鮒處，水必腥腐；有蛟龍處，水必洞黑嫐惡。不可不辨。

論説

唐 陸羽《茶經》卷下《五之煮》 凡炙茶，愼勿於風燼間炙，熛焰如鑽，使炎涼不均。持以逼火，屢其飜正，候炮出培塿，狀蝦蟇背，然後去火五寸。卷而舒，則本其始又炙之。若火乾者，以氣熟止；日乾者，以柔止。

其始，若茶之至嫩者，茶罷熱搗，葉爛而牙笋存焉。假以力者，持千鈞杵亦不之爛。如漆科珠，壯士接之，不能駐其指。及就，則似無穰骨也。炙之，則其節若倪倪如嬰兒之臂耳。既而承熱用紙囊貯之，精華之氣無所散越，候寒末之。末之上者，其屑如細米。末之下者，其屑如菱角。

其火用炭，次用勁薪。謂桑、槐、桐、櫪之類也。其炭，曾經燔炙，爲膻膩所及，及膏木、敗器不用之。膏木爲柏、桂、檜也。敗器，謂朽廢器也。古人有勞薪之味，信哉。

其水，用山水上，江水中，井水下。《荈賦》所謂：『水則岷方之注，挹彼清流。』其山水，揀乳泉、石地慢流者上；其瀑湧湍漱，勿食之，久食令人有頸疾。又多別流於山谷者，澄浸不洩，自火天至霜郊以前，或潛龍畜毒於其間，飲者可決之，以流其惡，使新泉涓涓然，酌之。其江水取去人遠者，井取汲多者。

其沸如魚目，微有聲，爲一沸。緣邊如湧泉連珠，爲二沸。騰波鼓浪，爲三沸。已上水老，不可食也。初沸，則水合量調之以鹽味，謂弃其啜餘啜，嘗也，市税反，又市悅反。無迺䶃䶣而鍾其一味乎？上古暫反，下吐濫反，無味也。第二沸出水一瓢，以竹筴環激湯心，則量末當中心而下。有頃，勢若奔濤濺沫，以所出水止之，而育其華也。

凡酌，置諸盌，令沫餑均。《字書》并《本草》：餑，均茗沫也，蒲笏反。沫餑，湯之華也。華之薄者曰沫，厚者曰餑。細輕者曰花，如棗花漂漂然於環池之上，又如迴潭曲渚青萍之始生，又如晴天爽朗有浮雲鱗然。其沫者，若綠錢浮於水渭，又如菊英墮於鐏俎之中。餑者，以滓煑之，及沸，則重華累沫，皤皤然若積雪耳。《荈賦》所謂「煥如積雪，燁若春藪」有之。

第一煑水沸，而弃其沫，之上有水膜，如黑雲母，飲之則其味不正。其第一者爲雋永，徐縣、全縣二反。至美者，曰雋永。雋，味也，永，長也。史長曰雋永。《漢書》：蒯通著《雋永》二十篇也。或留熟以貯之，以備育華救沸之用。諸第一與第二、第三盌次之。第四、第五盌外，非渴甚莫之飲。凡煑水一升，酌分五盌。盌數少至三，多至五。若人多至十，加兩爐。乘熱連飲之，以重濁凝其下，精英浮其上。如冷，則精英隨氣而竭，飲啜不消亦然矣。

茶性儉，不宜廣，則其味黯澹。且如一滿盌，啜半而味寡，況其廣乎！其色緗也。其馨欽也。香至美曰欽，欽音使。其味甘，檟也；不甘而苦，荈也；啜苦咽甘，茶也。

唐 張又新《煎茶水記》 故刑部侍郎劉公諱伯芻，於又新丈人行也。爲學精博，頗有風鑒，稱較水之與茶宜者，凡七等：

揚子江南零水第一；無錫惠山寺石水第二；蘇州虎丘寺石水第三；丹陽縣觀音寺水第四；揚州大明寺水第五；吳松江水第六；淮水最下，第七。

斯七水，余嘗俱瓶於舟中，親揖而比之，誠如其說也。客有熟於兩浙者，言搜訪未盡，余嘗志之。及刺永嘉，過桐廬江，至嚴子瀨，溪色至清，水味甚冷。家人輩用陳黑壞茶潑之，皆至芳香。又以煎佳茶，不可名其鮮馥也，又愈於揚子南零殊遠。及至永嘉，取仙巖瀑布用之，亦不下南零，以是知客之說誠哉信矣。夫顯理鑒物，今之人信不迨於古人，蓋亦有古人所未知，而今人能知之者。

元和九年春，予初成名，與同年生期於薦福寺。余與李德垂先至，憩西廂玄鑒室，會適有楚僧至，置囊有數編書。余偶抽一通覽焉，文細密，皆雜記。卷末又一題云《煑茶記》，云代宗朝李季卿刺湖州，至維揚，逢陸處士鴻漸。李素熟陸名，有傾蓋之懽，因之赴郡。抵揚子驛，將食，李曰：「陸君善於茶，蓋天下聞名矣。況揚子南零水又殊絕。今者二妙千載一遇，何曠之乎！」命軍士謹信者挈瓶操舟，深詣南零，陸利器以俟之。俄水至，陸以杓揚其水曰：「江則江矣，非南零者，似臨岸之水。」使曰：「某擢舟深入，見者累百，敢虛紿乎？」陸不言，既而傾諸盆，至半，陸遽止之，又以杓揚之曰：「自此南零者矣。」使蹶然大駭，馳下曰：「某自南零齎至岸，舟蕩覆半，懼其尠，挹岸水增之。處士之鑒，神鑒也，其敢隱焉！」李與賓從數十人皆大駭愕。李因問陸：「既如是，所經歷處之水，優劣精可判矣。」陸曰：「楚水第一，晉水最下。」李因命筆，口授而次第之：

廬山康王谷水簾水第一；無錫縣惠山寺石泉水第二；蘄州蘭溪石下水第三；峽州扇子山下有石突然，洩水獨清冷，狀如龜形，俗云蝦蟆口水，第四；蘇州虎丘寺石泉水第五；廬山招賢寺下方橋潭水第六；揚子江南零水第七；洪州西山西東瀑布水第八；唐州柏巖縣淮水源第九淮水亦佳；廬州龍池山頂水第十；丹陽縣觀音寺水第十一；揚州大明寺水第十二；漢江金州上游中零水第十三水苦；歸州玉虛洞下香溪水第十四；商州武關西洛水第十五未嘗泥；吳松江水第十六；天台山西南峰千丈瀑布水第十七；郴州圓泉水第十八；桐廬嚴陵灘水第十九；雪水第二十用雪不可太冷。

此二十水，余嘗試之，非繫茶之精麤，過此不之知也。夫茶烹於所產處，無不佳也，蓋水土之宜。離其處，水功其半，然善烹潔器，全其功也。李寘諸笥焉，遇有言茶者，即示之。

又新刺九江，有客李滂、門生劉魯封，言嘗見說茶，余醒然思往歲僧室獲是書，因盡篋，書在焉。古人云：「瀉水置瓶中，焉能辨淄澠。」此言必不可判也，萬古以爲信然，蓋不疑矣。豈知天下之理，未可言至。古人研精，固有未盡，強學君子，孜孜不懈，豈止思齊而已哉。此言亦有裨於勸勉，故記之。

宋 歐陽修《居士外集》卷一四《大明水記》慶曆八年 世傳陸羽《茶經》其論水云山水上，江水次，井水下。又云山水乳泉石池漫流者上，瀑湧湍漱勿食，食久令人有頸疾；江水取去人遠者，井取汲多者。其說止於此，而未嘗品第天下之水味也。至張又新爲《煎茶水記》，始云

劉伯芻謂水之宜茶者有七等。又載羽爲李季卿論水次第有二十種。今考二說，與陸羽《茶經》皆不合。羽謂山水上，而乳泉石池又上，江水次，而井水下。伯芻以揚子江爲第一，惠山石泉爲第二，虎丘石井第三，丹陽寺井第四，揚州大明寺井第五，而松江第六，淮水第七。與羽說皆相反。季卿所說二十水：廬山康王谷水第一，無錫惠山石泉第二，蘄州蘭溪石下水第三，峽州扇子峽蝦蟆口水第四，虎丘寺井水第五，廬山招賢寺下方橋潭水第六，揚子江南零水第七，洪州西山瀑布第八，桐柏淮源第九，廬山龍池山頂水第十，丹陽寺井第十一，揚州大明寺井第十二，漢江中零水第十三，歸州玉虛洞香溪水第十四，商州武關西水第十五，吳松江水第十六，天台千丈瀑布水第十七，郴州圓泉第十八，嚴陵灘水第十九，雪水第二十。如蝦蟆口水、西山瀑布、天台千丈瀑布，皆羽戒人勿食，食之生疾。其餘江水居山水上，井水居江水上。皆與陸羽經相反。疑羽不當二說以自異，使誠羽說，何足信也？得非又新妄附益之邪？其述羽辨南零岸水，特怪誕甚妄也。水味有美惡而已。欲求天下之水一一而次第之者。妄說也。故其爲說前後不同如此。然此井爲水之美者也。羽之論水，惡渟浸而喜泉源，故井取多汲者；江雖長流，然衆水雜聚，故次山水。惟此說近物理云。

宋 蘇軾《東坡全集》卷一〇〇《雜文一八首・錫杖泉》 予昔自汴入淮，泛江泝漢歸蜀。飲江淮水蓋彌年，既至，覺井水腥澁，百餘日然後安之，以此知江水之甘於井也審矣。予來嶺外，自揚子江始飲江水，及至南康，江益清駛，水益甘，則又知南江賢於北江也。近度嶺入清遠峽，水色如碧玉，味亦益勝。今日游羅浮，酌景泰禪師錫杖泉，則清遠水又在下矣。嶺外惟惠人喜鬭茶，此水不虛出也。紹聖元年九月二十六日書。

又 卷一〇一《志林五十五條・修養》 時雨降，多置器廣庭中，所得甘滑不可名，以潑茶煑藥，皆美而有益，正爾食之不輟，可以長生。其次井泉甘冷者，皆良藥也。乾以九二化，坤之六二為坎，故天一為水。吾聞之道士，人能服井花水，其熱與石硫黃鍾乳等，非其人而服之，亦能發背腦為疽，蓋嘗觀之。又分、至日取井水，儲之有方，後七日，輙生物如雲母狀，道士謂『水中金』，可養煉為丹，此固常見之者。此至淺近，世獨不能為，況所謂玄者乎！

宋 唐庚《唐先生文集》卷五《鬥茶記》 政和二年三月壬戌，二三君子相與鬭茶於寄傲齋，予爲取龍塘水烹之而第其品，以某爲上，某次之。某閩人，其所賫宜尤高，而又次之。然大較皆精絕。

蓋嘗以爲天下之物有宜得而不得，不宜得而得之者。富貴有力之人，或有所不能致，而貧賤窮厄，流離遷徙之中，或偶然獲焉。所謂『尺有所短，寸有所長』，良不虛也。唐相李衛公好飲惠山泉，置驛傳送，不遠數千里。而近世歐陽少師作《龍茶録序》，稱嘉祐七年親享明堂，致齋之夕，始以小團分賜二府，人給一餅，不敢碾試，至今藏之。時熙寧元年也。吾聞茶不問團銙，要之貴新，水不問江井，要之貴活。千里致水，眞偽固不可知，就令識眞，已非活水。自嘉祐七年壬寅至熙寧元年戊申，首尾七年，更閱三朝而賜茶猶在，此豈復有茶也哉！

今吾提瓶走龍塘，無數十步，此水宜茶，昔人以爲不減清遠峽。而海道趨建安，不數日可至，故每歲新茶不過三月至矣。罪戾之餘，上寬不誅，得與諸公從容談笑於此，汲泉煑茗，取一時之適，雖在田野，孰與烹數千里之泉，澆七年之賜茗也哉？此非吾君之力歟？夫耕鑿食息，終日蒙福而不知爲之者，直愚民爾，豈我輩謂耶！是宜有所紀述，以無忘在上者之澤云。

宋 趙汝礪《北苑別録・研茶》 研茶之具，以柯爲杵，以瓦爲盆。分團酌水，亦皆有數，上而勝雪、白茶，以十六水，下而揀芽之水六，小龍、鳳四，大龍、鳳二，其餘皆以十二焉。自十二水以上，日研一團，自六水而下，日研三團至七團。每水研之，必至於水乾茶熟而後已。水不乾則茶不熟，茶不熟則首面不勻，煎試易沈，故研夫猶貴於強而有力者也。

嘗謂天下之理，未有不相須而成者。有北苑之芽，而後有龍井之水。其深不以丈尺，清而且甘，晝夜酌之而不竭，凡茶自北苑上者皆資焉。亦猶錦之於蜀江，膠之於阿井，詎不信然？

宋 趙佶《大觀茶論・水》 水以清輕甘潔爲美，輕甘乃水之自然，獨爲難得。古人品水雖曰中泠、惠山爲上，然人相去之遠近，似不常得。但當取山泉之清潔者，其次，則井水之常汲者爲可用。若江河之水，則魚鱉之腥，泥濘之汚，雖輕甘無取。

元 陳基《夷白齋藁》卷二六《鍊雪軒記》 人恃五穀以生，而世之嗜茶如五穀者，豈以其能蠲昏滯，釋煩壅，亦養生者之助乎？昔陸羽既著《茶經》，張又新之徒復祖述羽論水之品第有二十，而雪水則其殿也。吳郡因了堂上人少游四方，學出世間法，而嗜茶則不啻如羽焉。既歸老其鄉，而其鄉之水宜茶，且麗又新所記有若虎丘、松江者，殆與南零、惠山相伯仲。上人顧舍不取，而獨竊竊焉有事於品第之殿者，以自名其軒曰鍊雪。且上人嗜茶如五穀，蓋不可一日輟者也。然猶必待有雪而後鍊之，豈命軒之意乎？蓋嘗從上人而論茶矣。井焉而水新，薪焉而火活。始也爽朗乎若晴空之行浮雲，終也輕盈乎如白花之耀陽春。或薄者為沫，厚者為餑，紛綸洶欻，與雪同物。故茶之蠲煩釋滯，猶雪之陵弭毒害也。煩滯釋而後五穀之功全，猶毒害弭而後萬物之天遂也。故不必虎丘、松江，而水之品存，斯善乎水者也。不待涸陰冱寒而雪之用足，斯善乎雪者也。而其所以疏靈源，溉舌本，浸淫乎禪悅之味，策勳乎養生之外，斯善助五穀者也。正使世復有羽，將旨焉而心味之不暇，尚奚品第之殿云乎哉！然此亦自有色香味者而言之尔。當其未始有色香味也，真妄冥合，名實交丧，果孰為雪孰為非雪乎？故即是軒而觀，謂上人所鍊為雪固不可，謂之非雪亦不可。噫！顧安得六根互用舌頭具眼者，與上人言之。至正十二年十二月廿有一日韋羌山人。

明 張源《茶録》 品泉茶者水之神，水者茶之體。非真水莫顯其神，非精茶曷窺其體。山頂泉清而輕，山下泉清而重，石中泉清而甘，砂中泉清而冽，土中泉淡而白。流於黃石為佳，瀉出青石無用。流動者愈於安靜，負陰者勝於向陽。真源無味，真水無香。

井水不宜茶。《茶經》云：山水上，江水次，井水最下矣。第一方不近江，山卒無泉水。惟當多積梅雨，其味甘和，乃長養萬物之水。雪水雖清，性感重陰，寒人脾胃，不宜多積。

明 何孟春《餘冬序録》卷二《外篇》 圓泉水，在郴州城南二十里會勝寺側。張又新《煎茶記》自述於僧室得一書，見陸羽與李季卿論水之目二十，而此其第十八者也。又新《記》始云劉伯芻稱水之宜茶有七等，楊子江南零水第一，挹而試之，誠如其說。及刺永嘉，過桐廬嚴陵瀨，家人用水潑陳黑壞茶，皆芳香，以煎佳茶，鮮馥不可名，愈於楊子南零殊遠。至永嘉，取仙巖瀑布用之，亦不下南零。今考又新僧室所得書，水品次第，以廬山康王谷水簾水爲冠，而桐廬嚴陵瀨水第十九，又在圓泉之後，所謂仙巖瀑布弗與焉。然則，吾郡是水者，容可以其品目稍下而遽輕視耶。張舜民謫郴時，求是水不得，而以永慶寺泉當之，是水既出永慶寺，雖美，不足復稱。後人特緣張愛，名浮休泉。永慶寺基，今入學宮；浮休泉已就湮圓泉水。春親斞其上，信有異脈。茶記不虛著也。獨念盛洪之《荊州記》云，桂陽縣有圓水，一邊冷，一邊暖。冷處清且綠，暖處白且濁。吾郡圓泉水外，別無圓水。水今無此異，豈水脉今與昔不同耶？意者，昔人好奇，耳目僻遠地得鑿空言之，以詫駭，常情耳。此等記録，天下往往而有，事非驗之聞見，弗信可也。

燕泉，春別號也。郴城之西南，有燕泉者，在桂林坊東，而春先人故居之西，相去數十步耳。泉仰噴沙石間，寒洌而甘，四時不涸，傍泉居人取汲焉。謂之燕者，春燕來時，汎濫東流，合三川水，過遊魚案，入通波堰，有灌田之利。燕去則否，南天秋雨多，燕之去，泉與農無功矣。宋折樞密彥質謫郴時所居，考郡志，殆即春所居之地。折寓郴，號葆光居士，嘗作引春亭於泉上，爲流觴曲水。又作春和堂，日遊宴其間。今遺址具存。春頃就故居之南隙，展鑿一塘，得青石數段，合之則昔人之所爲流觴者，其折之遺物。數塘引泉流，種荷養魚，自春徂秋，弗盈弗縮。方茲泉之急田利，春不敢專，及其剩於農也，春獨有之，而人不以爲嫌，春故於茲泉託是號焉。昔人所有亭塘觴詠之樂，宛然在目。第欲效其所爲，而媿其力之弗能舉，且弗暇也。家山別後，重懷丘首，簡諸知己，各著文詩，庶以名泉有永云爾。

明 田藝蘅《煮泉小品・宜茶》 茶，南方嘉木，日用之不可少者。品固有媺惡，若不得其水，且煑之不得其宜，雖佳弗佳也。

茶如佳人，此論雖妙，但恐不宜山林間耳。昔蘇子瞻詩『從來佳茗似佳人』，曾茶山詩『移人尤物衆談誇』，是也。若欲稱之山林，當如毛女、麻姑，自然仙風道骨，不浼烟霞可也。必若桃臉柳腰，宜亟屏之銷金帳中，無俗我泉石。

鴻漸有云：『烹茶於所產處無不佳，蓋水土之宜也。』此誠妙論，況旋摘旋瀹，兩及其新邪。故《茶譜》亦云：『蒙之中頂茶，若獲一兩，

以本處水煎服，即能祛宿疾。』是也。今武林諸泉，惟龍泓入品，而茶亦惟龍泓山爲最。蓋茲山深厚高大，佳麗秀越，爲兩山之主，故其泉清寒甘香，雅宜煑茶。虞伯生詩：『但見瓢中清，翠影落群岫。烹煎黄金芽，不取穀雨後。』姚公綬詩：『品嘗顧渚風斯下，零落茶經奈爾何。』則風味可知矣，又況爲葛仙翁煉丹之所哉？又其上爲老龍泓，寒碧倍之，其地産茶，爲南北山絶品。鴻漸第錢唐天竺、靈隱者爲下品，當未識此耳。而郡志亦只稱寶雲、香林、白雲諸茶，皆未若龍泓之清馥雋永也。余嘗一一試之，求其茶泉雙絶，兩浙罕伍云。

龍泓今稱龍井，因其深也。郡志稱有龍居之，非也。蓋武林之山，皆發源天目，以龍飛鳳舞之讖，故西湖之山，多以龍名，非真有龍居之也。有龍，則泉不可食矣。泓上之閣，亟宜去之；浣花諸池，尤所當浚。

鴻漸品茶，又云杭州下，而臨安、於潛生於天目山，與舒州同，固次品也。葉清臣則云：『茂錢唐者，以徑山稀，今天目遠勝徑山，而泉亦天淵也。洞霄次徑山。』

嚴子瀨，一名七里灘。盖砂石上，曰瀨、曰灘也，總謂之漸江，但潮汐不及而且深澄，故入陸品耳。余嘗清秋泊釣臺下，取囊中武夷、金華二茶試之，固一水也，武夷則黄而燥冽，金華則碧而清香，乃知擇水當擇茶也。鴻漸以婺州爲次，而清臣以白乳爲武夷之右，今優劣頓反矣。意者所謂離其處，水功其半者邪。

茶自淛以北皆較勝，惟閩、廣以南，不惟水不可輕飲，而茶亦當慎之。昔鴻漸未詳嶺南諸茶，仍云『往往得之，其味極佳』。余見其地多瘴癘之氣，染着草木，北人食之，多致成疾，故謂人當慎之。要須采摘得宜，待其日出山霽，露收嵐静可也。茶之團者、片者，皆出於碾磑之末，既損眞味，復加油垢，即非佳品，總不若今之芽茶也，盖天然者自勝耳。曾茶山《日鑄茶》詩：『寶銙自不乏，山芽安可無。』蘇子瞻《壑源試焙新茶》詩：『要知玉雪心腸好，不是膏油首面新。』是也。且末茶瀹之有屑，滯而不爽，知味者當自辨之。

芽茶以火作者爲次，生曬者爲上，亦更近自然，且斷烟火氣耳。況作人手器不潔，火候失宜，皆能損其香色也。生曬茶，瀹之甌中，則旗鎗舒暢，清翠鮮明，尤爲可愛。

唐人煎茶多用薑鹽，故鴻漸云：『初沸水，合量調之以鹽味。』薛能詩：『鹽損添常戒，薑宜着更誇。』蘇子瞻以爲茶之中等，用薑煎信佳，鹽則不可。余則以爲二物皆水厄也。若山居飲水，少下二物以減嵐氣或可耳。而有茶，則此固無須也。

今人薦茶，類下茶果，此尤近俗。縱是佳者，能損眞味，亦宜去之。且下果則必用匙，若金銀，大非山居之器，而銅又生腥，皆不可也。若舊稱北人和以酥酪，蜀人入以白鹽，此皆蠻飲，固不足責耳。

人有以梅花、菊花、茉莉花薦茶者，雖風韻可賞，亦損茶味，如有佳茶，亦無事此。

有水有茶，不可無火。非無火也，有所宜也。李約云：『茶須緩火炙，活火煎。』活火，謂炭火之有焰者。蘇軾詩：『活火仍須活水烹。』是也。余則以爲山中不常得炭，且死火耳，不若枯松枝爲妙。若寒月，多拾松實，畜爲煑茶之具，更雅。

人但知湯候，而不知火候。火然則水乾，是試火先於試水也。《呂氏春秋》：伊尹説湯五味，九沸九變，火爲之紀。

湯嫩則茶味不出，過沸則水老而茶乏，惟有花而無衣，乃得點瀹之候耳。

唐人以對花啜茶爲殺風景，故王介甫詩：『金谷千花莫漫煎。』其意在花，非在茶也。余則以爲金谷花前，信不宜矣。若把一甌，對山花啜之，當更助風景，又何必羔兒酒也。

煑茶得宜，而飲非其人，猶汲乳泉以灌蒿蕕，罪莫大焉。飲之者一吸而盡，不暇辨味，俗莫甚焉。

又《緒談》 凡臨佳泉，不可容易漱濯，犯者每爲山靈所憎。

泉坎須越月淘之，革故鼎新，妙運當然也。

山木固欲其秀而蔭，若叢惡，則傷泉。今雖未能使瑤草瓊花披拂其上，而脩竹幽蘭自不可少也。

作屋覆泉，不惟殺盡風景，亦且陽氣不入，能致陰損，戒之戒之。若其小者，作竹罩以籠之，防其不潔之侵，勝屋多矣。

泉中有鰕蟹、孑蟲，極能腥味，亟宜淘淨之。僧家以羅濾水而飲，雖恐傷生，亦取其潔也。包幼嗣《淨律院》詩：『濾水澆新長。』馬戴《禪

院》詩：『濾泉侵月起。』僧簡長詩：『花壺濾水添。』是也。於鵠《過張老園林》詩：『濾水夜澆花。』則不惟僧家戒律爲然，而脩道者，亦所當爾也。

泉稍遠而欲其自入於山厨，可接竹引之，承之以奇石，貯之以浄缸，其聲尤琤琮可愛。駱賓王詩：『刳木取泉遥。』亦接竹之意。

去泉再遠者，不能自汲，須遣誠實山童取之，以免石頭城下之僞。蘇子瞻愛玉女河水，付僧調水符取之，亦惜其不得枕流焉耳。故曾茶山《謝送惠山泉》詩：『舊時水遞費經營。』

移水而以石洗之，亦可以去其摇盪之濁滓，若其味，則愈揚愈減矣。

移水取石子置瓶中，雖養其味，亦可澄水，令之不淆。黄魯直《惠山泉》詩：『錫谷寒泉撱石俱。』是也。擇水中潔淨白石，帶泉煑之，尤妙尤妙。

汲泉道遠，必失原味。唐子西云：『茶不問團銙，要之貴新；水不問江井，要之貴活。』又云：『提瓶走龍塘，無數千步，此水宜茶，不減清遠峽。』而海道趨建安，不數日可至，故新茶不過三月至矣。今據所稱，已非嘉賞。蓋建安皆碾磑茶，且必三月而始得，不若今之芽茶，於清明、穀雨之前陟采而降煑也。數千步取塘水，較之石泉新汲，左杓右鐺，又何如哉？余嘗謂二難具享，誠山居之福者也。

山居之人，固當惜水，況佳泉更不易得，尤當惜之，亦作福事也。章孝標《松泉》詩：『注瓶雲母滑，漱齒茯苓香。野客偷煎茗，山僧惜淨牀。』夫言偷，則誠貴矣；言惜，則不賤用矣。安得斯客斯僧也，而與之爲鄰邪？

山居有泉數處，若冷泉、午月泉、一勺泉，皆可入品。其視虎丘石水，殆主僕矣，惜未爲名流所賞也，泉亦有幸有不幸邪？要之，隱於小山僻野，故不彰耳。竟陵子可作，便當煑一盃水，相與蔭青松、坐白石，而仰視浮雲之飛也。

明 徐獻忠《水品》卷上

一源

或問山下出泉曰艮，一陽在上，二陰在下，陽騰爲雲氣，陰注液爲泉，此理也。二陰本空洞處，空洞出泉，亦理也。山中本自有水脉，洞壑通貫而無水脉，則通氣爲風。

山深厚者若大者，氣盛麗者，必出佳泉水。山雖雄大而氣不清越，山觀不秀，雖有流泉，不佳也。

源泉實關氣候之盈縮，故其發有時而不常、常而不涸者，必雄長於群崒而深源之發也。

泉可食者，不但山觀清華，而草木亦秀美，僊靈之都薄也。

瀑布，水雖盛，至不可食。汛激摵盪，水味已大變，失眞性矣。瀑字，從水、從暴，蓋有深義也。予嘗攬瀑水上源，皆派流會合處，出口有峻壁，始垂挂爲瀑，未有單源隻流如此者。源多則流雜，非佳品可知。

瀑水垂洞口者，其名曰簾，指其狀也。如康王谷水是也。

瀑水雖不可食，流至下潭渟匯久者，復與瀑處不類。

深山窮谷，類有蛟蛇毒沫，凡流來遠者，須察之。

春夏之交，蛟蛇相感，其精沫多在流中，食其清源或可爾，不食更穩。

泉出沙土中者，其氣盛湧，或其下空洞通海脉，此非佳水。

山東諸泉，類多出沙土中，有湧激吼怒，如趵突泉是也。趵突水，久食生頸癭，其氣大濁。

汝州水泉，食之多生癭。驗其水底，凝濁如膠，氣不清越乃至此。聞蘭州亦然。

濟南王府有名珍珠泉者，不待拊掌振足，自浮爲珠。然氣太盛，恐亦不可食。

山東諸泉，海氣太盛，漕河之利，取給於此。然可食者少，故有聞名甘露，淘米茶泉者，指其可食也。若洗鉢，不過賤用爾。其臭泉、皂泥泉、濁河等泉太甚，不可食矣。

傳記論泉源有杞菊，能壽人。今山中松苓、雲母、流脂、伏液，與流泉同宫，豈下杞菊？浮世以厚味奪眞氣，日用之不自覺爾。昔之飲杞水而壽，蜀道漸通，外取醯鹽食之，其壽漸減，此可証。

水泉初發處，甚澹；發於山之外麓者，以漸而甘；流至海，則自甘而作鹹矣。故汲者持久，水味亦變。

閩廣山嵐有熱毒，多發於花草水石之間。如南靖沄水坑，多斷腸草，

落英在溪，十里內無魚鰕之類。黃岩人顧永主簿，立石水次，戒人勿飲。天台蔡霞山爲省叅時有語云：『大雨勿飲溪，道傍休嗅草。』此皆仁人用心也。

水以乳液爲上，乳液必甘，稱之，獨重於他水。凡稱之重厚者，必乳泉也。丙穴魚以食乳液，特佳。煮茶稍久，上生衣，而釀酒大益。水流千里者，其性亦重。其能煉雲母爲膏，靈長下注之流也。

水源有龍處，水中時有赤脉，蓋其涎也，不可犯。晉溫嶠燃犀照水，爲神所怒，可證。

二清

泉有滯流積垢，或霧翳雲蓊，有不見底者，大惡。

若泠谷澄華，性氣清潤，必涵內光澄物影，斯上品爾。

山氣幽寂，不近人村落，泉源必清潤可食。

骨石巉巖而外觀青葱，此泉之上母也。若上多而石少者，無泉，或有泉而不清，無不然者。

春夏之交，其水盛至，不但蛟蛇毒沫可慮，山墟積腐經冬月者，多流出其間，不能無毒。雨後澄寂久，斯可言水也。

泉上不宜有木，吐葉落英，悉爲腐積，其幻爲滾水蟲，旋轉吐納，亦能敗泉。

泉有滓濁，須滌去之。但爲覆屋作人巧者，非丘壑本意。

《湘中記》曰：『湘水至清，雖深五六丈，見底了了。石子如樗蒲矢，五色鮮明。白沙如霜雪，赤岸如朝霞。此異境，又別有說。』

三流

水泉雖清映甘寒可愛，不出流者，非源泉也。雨澤滲積，久而澄寂爾。

《易》謂『山澤通氣』。山之氣，待澤而通；澤之氣，待流而通。《老子》『谷神不死』，殊有深義。源泉發處，亦有谷神，而混混不舍晝夜，所謂不死者也。

源氣盛大，則注液不窮。陸處士品『山水上，江水中，井水下』，其謂中理。然井水渟泓，地中陰脉，非若山泉天然出也，服之中聚易滿，煮藥物不能發散流通，忌之可也。《異苑》載句容縣季子廟前井，水常沸湧。此當是泉源，止深鑿爲井爾。

《水記》第虎丘石水居三。石水雖泓渟，皆雨澤之積，滲竇之潢也。虎丘爲闔閭墓隧，當時石工多閟死，山僧衆多，家常不能無穢濁滲入，雖名陸羽泉，與此脉通，非天然水脉也。道家服食，忌與尸氣近，若暑月憑臨其上，解滌煩襟可也。

四甘

泉品以甘爲上，幽谷紺寒清越者，類出甘泉，又必山林深厚盛麗，外流雖近而內源遠者。

泉甘者，試稱之必重厚。其所由來者，遠大使然也。江中南零水，自岷江發流，數千里始澄於兩石間，其性亦重厚，故甘也。

古稱醴泉，非常出者，一時和氣所發，與甘露、芝草同爲瑞應。《禮緯》云：『王者刑殺當罪，賞錫當功，得禮之宜，則醴泉出於闕庭。』《鶡冠子》曰：『聖王子德，上薄太清，下及太寧，中及萬靈，則醴泉出。』光武中元元年，醴泉出京師。唐文皇貞觀初，出西域之陰。醴泉食之令人壽考，和氣暢達，宜有所然。

泉上不宜有惡木，木受雨露，傳氣下注，善變泉味。況根株近泉，傳氣尤速，雖有甘泉不能自美。猶童蒙之性，係於所習養也。

五寒

泉水不紺寒，俱下品。《易》謂『井冽寒泉食』，可見井泉以寒爲上。金山在華亭海上，有寒穴，諸詠其勝者，見郡誌。廣中新城縣，泠泉如冰，此皆其尤也。然凡稱泉者，未有舍寒冽而著者。

溫湯在處有之。《博物志》：『水源有石硫黃，其泉溫，可療瘡痍。』此非食品也。《黃庭內景》湯谷神王，乃內景自然之陽神，與地道溫湯相耀列爾。

予嘗有《水頌》云：『景丹霄之浩露，眷幽谷之浮華。瓊醴庶以消憂，玄津抱而終老。』蓋指甘寒也。

泉水甘寒者多香，其氣類相從爾。凡草木敗泉味者，不可求其香也。

六品

陸處士品水，據其所嘗試者二十水爾，非謂天下佳泉水盡於此也，然其論故有失得。自予所至者，如虎丘石水及二瀑水，皆非至品；其論

雪水，亦自至地者，不知長桑君上池品，故在凡水上。其取吳松江水，故惘惘非可信。吳松潮汐上下，故無瀦泓。若南泠在二石間也。潮海性滓濁，豈待試哉？或謂是吳江第四橋水，茲又震澤東注，非吳松江水也。予嘗就長橋試之，雖清激處亦腐梗作土氣，全不入品，皆過言也。

張又新記淮水，亦在品列。淮故湍悍滓濁，通海氣，自昔不可食，今與河合泒，又水之大幻也。李記以唐州栢岩縣，淮水源庶矣。

陸處士能辨近岸水非南零，非無旨也。南零洄洑淵渟，清激重厚；臨岸故常流水爾，且混濁迥異，嘗以二器貯之自見。昔人且能辨建業城下水，況零岸故清濁易辨，此非誕也。歐陽脩《大明水記》直病之，不甚詳悟爾。

處士云：『山水上，江水中，井水下。其山水，揀乳泉、石池慢流者上，其瀑湧湍漱勿食之，久食令人頸疾。又多別流，於山谷者，澄浸不洩，自火天至霜郊以前，或潛龍蓄毒其間，飲者可決之，以流其惡，使新泉涓涓酌之。』此論至確，但瀑水不但頸疾，故多毒沫可慮。其云：『澄寂不洩，是龍潭水。』此雖出其惡，亦不可食。

論『江水取去人遠者』，亦確。『井取汲多者』，止自乏泉處可爾。并故非品。

處士所品可據及不能盡試者，並列：蘄州蘭溪石下水；峽州扇子山下，有石突，然洩水獨清泠，狀如龜形，俗云蝦蟆口水；廬山招賢寺下方橋潭水；洪州西山東瀑布水；廬州龍池山水；漢江金州上游中零水；歸州玉虛洞下香溪水；商州武關西洛水；郴州圓泉水。

七雜説

移泉水遠去，信宿之後，便非佳液。法取泉中子石養之，味可無變。

移泉須用常汲舊器，無火氣變味者，更須有容量，外氣不乾。

東坡洗水法，直戲論爾，豈有汲泉持久，可以子石淋數過還味者？暑中取淨子石壘盆盂，以清泉養之，此齋閣中天然妙相也，能清暑、長目力。東坡有怪石供此，殆泉石供也。

處士《茶經》，不但擇水，其火用炭或勁薪，其炭曾經燔，爲腥氣所及，及膏木敗器不用之。古人辨勞薪之味，殆有旨也。

處士論煮茶法，初沸水合量，調之以鹽味。是又厄水也。

明 徐渭《煎茶七類》 一、人品。煎茶雖凝清小雅，然要須其人與茶品相得。故其法每傳於高流大隱、雲霞泉石之輩，魚蝦麋鹿之儔。

二、品泉。山水爲上，江水次之，井水又次之。井貴汲多，又貴旋汲。汲多水活，味倍清新；汲久貯陳，味減鮮冽。

三、烹點。烹用活火，候湯眼鱗鱗起，沫渤鼓泛，投茗器中。初入湯少許，候湯茗相浹，卻復滿注。頃間雲脚漸開，浮花浮面，味奏全功矣。蓋古茶用碾屑團餅，味則易出之。葉茶是尚，驟則味虧；過熟則味昏底滯。

四、嘗茶。先滌漱，既乃徐啜，甘津潮舌，孤清自縈，設雜以他果，香味俱奪。

五、茶宜。涼臺靜室，明窗曲几，僧寮道院，松風竹月，晏坐行吟，清譚把卷。

六、茶侶。翰卿墨客，緇流羽士，逸老散人，或軒冕之徒，超然世味者。

七、茶勛。除煩雪滯，滌醒破睡，譚渴書倦，此際策勳，不減凌烟。

是七類乃盧仝作也，中夥甚疾，余臨書稍改定之。時壬辰秋仲青藤道士徐渭書於石帆山下朱氏之宜園。

明 屠隆《茶箋·人品》 茶之爲飲，最宜精行修德之人，兼以白石清泉，烹煮如法，不時廢而或興，能熟習而深味，神融心醉，覺與醍醐、甘露抗衡，斯善貴鑒者矣。使佳茗而飲非其人，猶汲乳泉以灌蒿萊，罪莫大焉。有其人而未識其趣，一吸而盡，不暇辨味，俗莫甚焉。司馬溫公與蘇子瞻嗜茶魯公云：『茶與墨正相反，茶欲白，墨欲黑；茶欲重，墨欲輕；茶欲新，墨欲陳。』蘇曰：『奇茶妙墨俱香。』公以爲然。

明 高濂《遵生八箋》卷一一《飲饌服食箋上·茶泉類·論茶品》 如杭之龍泓即龍井也，茶真者，天池不能及也。山中僅有一二家炒法甚精，近有山僧焙者亦妙，但出龍井者方妙。而龍井之山不過十數畝，外此有茶，似皆不及。附近假充尤之可也，至於北山西溪，俱充龍井，即杭人識龍井茶味者亦少，以亂真多耳。意者，天開龍井美泉，山靈特生佳茗以副之耳。不得其遠者，當以天池龍井爲最，外此天竺、靈隱爲龍井之次，臨安、於潛生於天目山者，與舒州同，亦次品也。

又《煎茶四要》

一擇水

凡水泉，不甘能損茶味，故古人擇水，最爲切要。山水上，江水次，井水下。山水、乳泉漫流者爲上，瀑湧湍激勿食，食久令人有頸疾。江水取去人遠者，井水取汲多者，如蟹黃混濁、鹹苦者，皆勿用。

又《論泉水》　田子藝曰：『山下出泉爲蒙。穉也，物穉則天全，水穉則味全。』故鴻漸曰：『山水上。』其曰乳泉石池漫流者，蒙之謂也；其曰瀑湧湍激者，則非蒙矣，故戒人勿食。

混混不舍，皆有神以主之，故天神引出萬物。而《漢書》三神，山嶽其一也。

源泉必重，而泉之佳者尤重。餘杭徐隱翁嘗爲余言，以鳳皇山泉較阿姥墩百花泉，便不及五泉，可見仙源之勝矣。

山厚者泉厚，山奇者泉奇，山清者泉清，山幽者泉幽，皆佳品也。不厚則薄，不奇則蠢，不清則濁，不幽則喧，必無佳泉。

山不停處，水必不停。若停，即無源者矣，旱必易涸。

石流

石，山骨也；流，水行也。山宣氣以產萬物，氣宣則脉長，故曰『山水上。』《博物志》曰：『石者，金之根甲。石流精以生水。』又曰：『山泉者，引地氣也。』

泉非石出者，必不佳。故《楚詞》云：『飲石泉兮蔭松栢。』皇甫曾《送陸羽》詩：『幽期山寺遠，野飯石泉清。』梅堯臣《碧霄峰茗》詩：『烹處石泉嘉。』又云：『小石冷泉留早味。』誠可爲賞鑑者矣。

泉，往往有伏流沙土中者，挹之不竭，即可食。不然，則滲瀦之潦耳，雖清勿食。

流遠則味淡，須深潭停蓄，以復其味，乃可食。

泉不流者，食之有害。《博物志》曰：『山居之民，多癭腫疾，由於飲泉之不流者。』

泉湧出曰濆，在在所稱『珎珠泉』者，皆氣盛而脉湧耳，切不可食，取以釀酒或有力。

泉懸出曰沃，暴溜曰瀑，皆不可食。而廬山水簾，洪州天台瀑布，皆入水品，與陸經背矣。故張曲江《廬山瀑布》詩：『吾聞山下蒙，今乃林巒表。物性有詭激，坤元曷紛矯。默然置此去，變化誰能了。』則識者固不食也。然瀑布實山居之珠箔錦幙也，以供耳目，誰曰不宜。

清寒

清，朗也，靜也，澂水之貌。寒，洌也，凍也，覆水之貌。泉，不難於清而難於寒。其瀨峻流駛而清，岩奧陰積而寒者，亦非佳品。

石少土多、沙膩泥凝者，必不清寒。

蒙之象曰果行，井之象曰寒泉。不果，則氣滯而光；不澄寒，則性燥而味必嗇。

冰，堅水也。窮谷陰氣所聚，不洩則結而爲伏陰也。在地英明者惟水，而冰則精而且冷，是固清寒之極也。謝康樂詩：『鑿冰煑朝飡。』《拾遺記》：『蓬萊山氷水，飲者千歲。』

有黃金處，水必清；有明珠處，水必媚；有子鮒處，水必腥腐；有蛟龍處，水必洞黑。媺惡不可不辨也。

甘香

甘，美也；香，芳也。《尚書》：『稼穡作甘黍。』甘爲香黍，惟甘香，故能養人。泉惟甘香，故亦能養人。然甘易而香難，未有香而不甘者也。

味美者曰甘泉，氣芳者曰香泉，所在間有之。泉上有惡木，則葉滋根潤，皆能損其甘香，甚者能釀毒液，尤宜去之。

甜水，以甘稱也。《拾遺記》：『員嶠山北，甜水遶之，味甜如蜜。』《十洲記》：『元洲玄澗，水如蜜漿，飲之與天地相畢。』又曰：『生洲之水，味如飴酪。』

水中有丹者，不惟其味異常，而能延年卻疾；須名山大川諸仙翁脩煉之所有之。葛玄少時，爲臨沅令。此縣廖氏家世壽，疑其井水殊赤，乃試掘井左右，得古人埋丹砂數十斛。西湖葛井，乃稚川煉丹所。在馬家園後淘井，出石瓮，中有丹數枚，如芡實，啖之無味，弃之。有施漁翁者，拾一粒食之，壽一百六歲。此丹水尤不易得，凡不凈之器，切不可汲。

煑茶得宜，而飲非其人，猶汲乳泉以灌蒿萊，罪莫大焉。飲之者一吸而盡，不暇辨味，俗莫甚焉。

靈水

靈，神也。天一生水，而精明不淆，故上天自降之澤，實靈水也。古稱「上池之水者非歟」。要之皆仙飲也。

靈者，陽氣勝而所散也。色濃爲甘露，凝如脂，美如飴，一名膏露，一名天酒是也。

雪者，天地之積寒也。《氾勝書》：『雪爲五穀之精。』《拾遺記》：『穆王東至大攕之谷，西王母來進嵰州甜雪，是靈雪也。』陶穀取雪水烹團茶，而丁謂《煎茶》詩：『痛惜藏書篋，堅留待雪天。』李虛己《建茶呈學士》詩：『試將梁苑雪，煎動建溪春。』是雪尤宜茶飲也。處士列諸末品，何邪？意者以其味之燥乎？若言太冷，則不然矣。

雨者，陰陽之和，天地之施，水從雲下，輔時生養者也。和風順雨，明雲甘雨，《拾遺記》：『香雲遍潤，則成香雨。』皆靈雨也，固可食。若夫龍所行者，暴而霪者，旱而凍者，腥而墨者及簷溜者，皆不可食。

潮汐近地，必無佳泉，蓋斥鹵誘之也。天下潮汐，惟武林最盛，故無佳泉。西湖山中則存之。

楊子，固江也，其南泠，則夾石渟淵，特入首品。余嘗試之，誠與山泉無異。若吴淞江，則水之最下者也，亦復入品，甚不可解。

井水

井，清也，泉之清潔者也；通也，物所通用者也；法也，節也，法制居人，令節飲食無窮竭也。其清出於陰，其通入於淆，其法節由於不得已，脉暗而味滯。故鴻漸曰：『井水下。』其曰『井取汲多者』，蓋汲多，則氣通而流活耳。終非佳品。養水取白石子入瓮中，雖養其味，亦可澄水不淆。

高子曰：『井水美者，天下知鍾泠泉矣。然而焦山一泉，余曾味過數四，不減鍾泠。惠山之水，味淡而清，允爲上品。吾杭之水，山泉以虎跑爲最，老龍井、眞珠寺二泉亦甘。』

北山葛僊翁井水，食之味厚。城中之水，以吴山第一泉首稱，予品不若施公井、郭婆井二水清冽可茶。若湖南近二橋中水，清晨取之，烹茶妙甚，無伺他求。

明 陳繼儒《茶話》 山頂泉輕而清，山下泉清而重，石中泉清而甘，沙中泉清而冽，土中泉清而厚。流動者良於安靜，負陰者勝於向陽。山削者泉寡，山秀者有神。真源無味，真水無香。

明 高元濬《茶乘》卷一《品水》 谿水，春夏泛漫不宜用，秋最上，冬次之，必須汲貯俟其澄徹，可食。

井水，脉暗而性滯，味鹹而色濁，有妨茗氣，故鴻漸曰：『井水下。』其曰『汲多者，可食』，蓋汲多，則氣通而流活耳。終非佳品。或平地偶穿一井，適通泉穴，味甘而澹，大旱不涸，與山泉無異，非可以井水例觀也。若海濱之井，必無佳泉，蓋潮汐近，地斥鹵故耳。

貯水甕，須置陰庭，覆以紗帛，使承星露，則英華不散，靈氣常存。假令壓以木石，封以紙箬，暴於日中，則外耗其神，內閉其氣，水神敝矣。

明 高元濬《茶乘拾遺》卷下 《茶記》言：『養水置石子於甕，不惟益水，而白石清泉，會心不遠。夫石子須取其水中表裏瑩徹者佳，白如截肪，赤如雞冠，藍如螺黛，黄如蒸栗，黑如玄漆，錦紋五色輝映甕中，徙倚其側，應接不暇，非但益水，亦且娱神。』

陸處士品水，據其所嘗試者，二十水耳，非謂天下佳泉水盡於此也。

陸處士能辨近岸水非南零，非無旨也。南零洄洑淵停，清激重厚。臨岸故常流水耳，且混濁迥異。嘗以二器貯之自見。昔人能辨建業城下水，況零岸？故清濁易辨，此非妄也。

昔時之南零，即今之中泠，往時金山屬之南岸，江中惟二泠，蓋指石簰山南流、北流也。自金山淪入江中，則有三流水。故昔之南泠，乃列爲中泠爾。中泠有石骨，能停水不流，澄凝而味厚。今山僧憚汲險，鑿西麓一井代之，輒指爲中泠水，非也。

山厚者泉厚，山奇者泉奇，山清者泉清，山幽者泉幽，皆佳品也。不厚則薄，不奇則蠢，不清則濁，不幽則喧，必無佳泉。

八功德水，在鍾山靈谷寺。八功德者：一清、二冷、三香、四柔、五甘、六淨、七不噎、八除痾。昔山僧法喜，以所居乏泉，精心求西域阿耨池水。七日掘地得之。後有西僧至云：本域八池，已失其一。

國初遷寶誌塔，水自從之，而舊池遂涸，人以爲靈異，謂之靈谷者。自琵琶街鼓掌相應若彈絲聲，且志其徙水之靈也。陸處士足跡未至，此

水尚遺品録。

鍾山故有靈氣。鍾陰有梅花水，手掬弄之，滴下皆成梅花。此石乳重厚之故，又一異景也。

《括地圖》曰負丘之山，上有赤泉，飲之不老。神宮有英泉，飲之眠三百歲乃覺，不知死。

梁景泰禪師居惠州寶積寺，無水，師卓錫於地，泉湧數尺，名卓錫泉。東坡至羅浮，入寺飲之，品其味，出江水遠甚。

柳州融縣靈巖上有白石巍然如列仙，靈壽溪貫巖下，清響作環佩聲。

武夷御茶園中，有喊山泉。仲春，縣官詣茶場，致祭，水漸滿。造茶畢，水遂涸。此與金沙泉事相類。名泉有難殫述，上數條偶舉靈異耳。

山木固欲其秀，而蔭若叢惡則傷泉。今雖未能使瑤草瓊花披拂其上，而脩竹幽蘭自不可少也。

山居接竹引水，承之以奇石，貯之以淨缸，其聲尤琮琮可愛，眞清課事也。駱賓王詩：『刳木取泉遙。』亦接竹之意。

雪爲五穀之精，故宜茗飲。陶穀嘗取雪水烹團茶。又丁謂詩：『痛惜藏書篋，堅留待雪天。』李虚己詩：『試將梁苑雪，煎動建溪雲。』是古人煮茶多用雪也。但其色不甚白，故處士置諸末品。

泉中有鰕蟹、孑蟲，極能腥味，亟宜淘淨之。僧家以羅濾水而飲，雖恐傷生，亦取其潔也。包幼嗣詩：『濾水澆新長。』馬戴詩：『濾泉侵月起。』僧簡長詩：『花壺濾水添。』是也。

山居之人，水不難致，但佳泉尤當愛惜，亦作福事。章孝標《松泉詩》：『注瓶雲母滑，漱齒茯苓香。野客偷煎茗，山僧惜淨牀。』夫言『偷』言『惜』，皆爲泉重也，安得斯客、斯僧而與之爲鄰耶。

徐獻忠《水品》一書，窮究天下源泉，載福州南臺山泉，清冷可愛，而不知東山聖泉、鼓山喝水巖泉、北龍腰泉尤佳。龍腰泉，在北郊城隅，無沙石氣。端明爲郡日，試茶必汲此泉。側有『苔泉』二字，爲公手書。

吾郡四陲，惟東南稍通朝汐，餘皆依山，無斥鹵之患。天寶以來，諸峰蒼蔚，林木與石溜交加，在處清越。郡内泉佳者，曰東井，其源深厚而紺冽，在紫芝峰麓，其下禪宇奠焉，出叢林，稍拆而西，又有泉曰巖壇，郡人多汲取。甘鮮溫美，似勝東井。余謂得此以佐龍山新茗，足稱雙絕。

明 程用賓《茶録・正集・積水》 世傳水仙遺人鮫綃可以積水。此語數幻。江流山泉，或限於地，梅雨，天地化育萬物，最所宜留。雪水，性感重陰，不必多貯，久食，寒損胃氣。凡水以甕置負陰燥潔簷間穩地，單帛掩口，時加拂塵，則星露之氣常交而元神不爽。如泥固紙封，曝日臨火，塵朦擊動，則與溝渠棄水何異。

明 馮時可《茶録》 《茶經》用水，以山爲上，江爲中，井爲下。山勿太高，勿多石，勿太荒遠，蓋潛龍、巨虺所蓄毒多於斯也。又其瀑湧湍激者，氣最悍，食之令頸疾。惠泉最宜人，無前患耳。江水取去人遠者，井取汲多者。其沸如魚目，微有聲，爲一沸；緣邊如湧泉連珠，爲二沸；騰波鼓浪，爲三沸。過此，水老不可食也。沫餑，湯之華也。華之薄者曰沫，厚者曰餑，皆《茶經》中語。大抵蓄水惡其停，煮水惡其老，皆於陰陽不適，故不宜人耳。

明 熊明遇《羅岕茶記》 烹茶，水之功居大。無泉則用天水，秋雨爲上，梅雨次之。秋雨冽而白，梅雨醇而白。雪水，五穀之精也，色不能白。養水須置石子於甕，不惟益水，而白石清泉，會心亦不在遠。

明 羅廩《茶解・品》 茶須色、香、味三美具備。色以白為上，青綠次之，黃為下。香如蘭為上，如蠶豆花次之。味以甘為上，苦澀斯下矣。

茶色貴白。白而味覺甘鮮，香氣撲鼻，乃為精品。蓋茶之精者，淡固白，濃亦白，初潑白，久貯亦白。味足而色白，其香自溢，三者得則俱得也。近好事家，或慮其色重，一注之水，投茶數片，味既不足，香亦杳然，終不免水厄之誚耳。雖然，尤貴擇水。

又《烹》 名茶宜瀹以名泉。先令火熾，始置湯壺，急扇令湧沸，則湯嫩而茶色亦嫩。《茶經》云：如魚目微有聲，為一沸，沿邊如湧泉連珠，為二沸；騰波鼓浪，為三沸；過此則湯老，不堪用。李南金謂當用背二涉三之際為合量。此真賞鑒家言。而羅大經懼湯過老，欲於松濤澗水後移瓶去火，少待沸止而瀹之。不知湯既老矣，雖去火何救耶？此語亦未中竅。

又《水》 古人品水，不特烹時所須，先用以製團餅，即古人亦非遍歷宇內，盡嘗諸水，品其次第，亦據所習見者耳。甘泉偶出於窮鄉僻

境，土人或藉以飲牛滌器，誰能省識。即余所歷地，甘泉往往有之。如象川蓬萊院後有丹井焉，晶瑩甘厚，不必瀹茶，亦堪飲酌。蓋水不難於甘，而難於厚，亦猶之酒不難於清香美冽，而難於淡。水厚酒淡，亦不易解。若余中隱山泉，止可與虎跑甘露作對，較之惠泉，不免徑庭。大凡名泉，多從石中迸出，得石髓故佳。沙潭為次，出於泥者多不中用。宋人取井水，不知井水止可炊飯作羹，瀹茗必不妙，抑山井耳。

瀹茗必用山泉，次梅水。梅雨如膏，萬物賴以滋長，其味獨甘。《仇池筆記》云：『時雨甘滑，潑茶煮藥，美而有益。梅後便劣。至雷雨最毒，令人霍亂，秋雨冬雨，俱能損人。雪水尤不宜，令肌肉銷鑠。』

梅水，須多置器於空庭中取之，並入大甕，投伏龍肝兩許包，藏月餘汲用，至益人。伏龍肝，竈心中乾土也。

武林南高峯下，有三泉。虎跑居最，甘露亞之，真珠不失下劣，亦龍井之匹耳。許然明，武林人，品水不言甘露，何耶？甘露寺在虎跑左，泉居寺殿角，山徑甚僻，遊人罕至。豈然明未經其地乎？

黄河水，自西北建瓶而東，支流雜聚，何所不有舟次，無名泉，聊取充用可耳。謂其源從天來，不減惠泉，未是定論。

明 屠本畯《茗笈》卷上《第六品泉章》 贊曰：仁智之性，山水樂深，載斞清泚，以滌煩襟。

山水上，江水中，井水下。山水擇乳泉石池漫流者上，其瀑湧湍漱勿食。久食，令人有頸疾。又多別流於山谷者，澄浸不洩，自火天至霜郊以前，或潛龍蓄毒於其間，飲者可決之以流其惡，使新泉涓涓然。酌之其江水，取去人遠者。《茶經》

山宣氣以養萬物，氣宣則脉長，故曰山水上。泉水不難於清而難於寒，其瀨峻流駛而清，巖奥積陰而寒者，亦非佳品。田藝衡《煮泉小品》

江，公也，衆水共入其中也。水共則味雜，故曰江水次之。其水取去人遠者，蓋去人遠，則澄深而無蕩漾之漓耳。《小品》

余少得溫氏所著《茶説》，嘗識其水泉之目，有二十焉。會西走巴峽，經蝦蟆窟；北憩蕪城，汲蜀岡井；東遊故都，絕楊子江；留丹陽，酌觀音泉；過無錫斞惠山水。粉槍末旂，蘇蘭薪桂，且鼎且缶，以飲以啜，莫不瀹氣滌慮，蠲病折酲，祛鄙吝之生心，招神明而還觀，信乎？物類之得宜，臭味之所感，幽人之嘉尚，前賢之精鑒，不可及矣。《煮茶泉品》

山頂泉清而輕，山下泉清而重，石中泉清而甘，砂中泉清而洌，土中泉清而白。流於黄石爲佳，瀉出青石無用。流動愈於安靜，負陰勝於向陽。《茶録》

山厚者泉厚，山奇者泉奇，山清者泉清，山幽者泉幽，皆佳品也。不厚則薄，不奇則蠢，不清則濁，不幽則喧，必無用矣。《小品》

泉不甘，能損茶味。前代之論水品者以此。蔡襄《茶録》

吾鄉四陲皆山，泉水在在有之，然皆淡而不甘，獨所謂它泉者，其源出自四明潺湲洞，歷大闌、小皎諸名岫，迴溪百折，幽澗千支，沿洄漫衍，不舍晝夜。唐鄮令王公元偉，築埭它山，以分注江河，自洞抵埭，不下三數百里。水色蔚藍，素砂白石，粼粼見底，清寒甘滑，甲於郡中。余愧不能爲浮家泛宅，送老於斯，每一臨泛，浹旬忘返。攜茗就烹，珍鮮特甚，洵源泉之最，勝甌犧之上味矣。以僻在海陬，圖、經是漏，故又新之記罔聞，季疵之杓莫及，遂不得與谷簾諸泉齒，譬猶飛遁吉人，滅影貞士，直將逃名世外，亦且永托知稀矣。《茶箋》

山泉稍遠，接竹引之，承之以奇石，貯之以淨缸，其聲琮琮可愛。移水取石子，雖養其味，亦可澄水。《小品》

甘泉，旋汲用之斯良。丙舍在城，夫豈易得，故宜多汲貯以大甕。但忌新器，爲其火氣未退，易於敗水，亦易生蟲。久用則善，最嫌他用。水性忌木，松杉爲甚。木桶貯水，其害滋甚，挈瓶爲佳耳。《茶疏》

烹茶須甘泉，次梅水。梅雨如膏，萬物賴以滋養，其味獨甘。梅後便不堪飲。大甕滿貯，投伏龍肝一塊，即竈中心乾土也，乘熱投之。《茶解》

烹茶，水之功居六。無泉則用天水，秋雨爲上，梅雨次之。秋雨洌而白，梅雨醇而白。雪水，五穀之精也，色不能白。養水須置石子於甕，不惟益水，而白石清泉，會心亦不在遠。《岕茶記》

貯水甕須置陰庭，覆以沙帛，使承星露，則英華不散，靈氣常存。假令壓以木石，封以紙箬，暴於日中，則外耗其神，內閉其氣，水神敝矣。《茶解》

評曰：《茶記》言養水置石子於甕，不惟益水，而白石清泉，會心

不遠。夫石子須取其水中表裏瑩澈者佳，白如截肪，赤如雞冠，藍如螺黛，黄如蒸栗，黑如玄漆，錦紋五色，輝映甕中，徙倚其側，應接不暇。非但益水，亦且娱神。

明 徐𤊹《茗譚》 名茶難得，名泉尤不易尋。有茶而不淪以名泉，猶無茶也。

明 屠隆《考槃餘事》卷四《擇水》 天泉秋水爲上，梅水次之。秋水白而冽，梅水白而甘，甘則茶味稍奪，冽則茶味獨全。故秋水較差勝之。春冬二水，春勝於冬，皆以和風甘雨，得天地之正施者爲妙。惟夏月暴雨不宜，或因風雷所致，實天之流怒也。

龍行之水暴而霪者，旱而凍者，腥而墨者，皆不可食。雲爲五穀之精，取以煎茶，幽人清況。

地泉取乳泉漫流者，如梁溪之惠山泉爲最勝。

取清寒者，泉不難於清，而難於寒。石少土多，沙膩泥凝者，必不清寒。且瀨峻流駛，而清岩奥陰，積而寒者，亦非佳品。

取山脉逶迤者。山不停處，水必不停，若停，即無源者矣。旱必易涸，往往有伏流沙土中者，挹之不竭，即可食。不然，則滲瀦之潦耳，雖清勿食。

有瀑湧湍急者勿食，食久令人有頭疾。如廬山水簾、洪州天台瀑布，誠山居之珠箔錦幙，以供耳目則可，入水品則不宜矣。

有溫泉，下生硫黄，故然。有同出一壑，半溫半冷者，皆非食品。

有流遠者，遠則味薄，取深潭停蓄，其味迺復。

有不流者，食之有害。《博物志》曰：山居之民多瘻腫，由於飲泉之不流者。泉上有惡木，則葉滋根潤，能損甘香，甚者能釀毒液，尤宜去之。如南陽菊潭，損益可驗。

江水取去人遠者。揚子南泠夾石渟淵，特入首品。

長流亦有通泉竇者。必須汲貯，候其澄徹可食。

井水脉暗而性滯，味鹹而色濁，有妨茗氣。試煎茶一甌，隔宿視之，則結浮膩一層，他水則無此，其明驗矣。雖然，汲多者可食，終非佳品。或平地偶穿一井，適通泉穴，味甘而澹，大旱不涸，與山泉無異，非可以井水例觀也。若海濱之井，必無佳泉，蓋潮汐近地斥鹵故也。

靈水上天自降之澤，如上池、天酒、甜雪、香雨之類，世或希覯，人亦罕識，迺僊飲也。

丹泉名山大川，仙翁修煉之處，水中有丹，其味異常，能延年卻病，尤不易得。凡不淨之器，甚不可汲。如新安黄山東峯下，有硃砂泉可點茗。春色微紅，此自然之丹液也。臨沅廖氏，家世壽，後掘井左右得丹砂數十。淘西湖葛洪井中，有石瓮，陶出丹數枚，如芡實，啖之無味，棄之。有施漁翁者，拾一粒食之，壽一百六歲。

明 黄履道《茶苑》卷一《論泉品》 山水上，江水中，井水下。山水擇乳泉石池漫流者上，其瀑湧湍漱勿食，久食令人有頸疾。又多别流於山谷者，澄浸不洩，自火天至霜郊已前，或潛龍畜毒於其間，飲者可決之，以流其惡。使新泉涓涓然，酌之。其江水須取去人遠者。《茶經》

山頂泉輕而清，山下泉清而重。石中泉清而甘，砂中泉清而冽，土中泉淡而白。流於黄石者爲佳，瀉出青石者無用。流動愈於安靜，負陰勝於向陽。《茶録》

田子藝曰：山下出泉曰蒙。蒙，穉也。物穉則天全；水穉則味全。故鴻漸曰：山水上。其曰乳泉石池漫流者，蒙之謂也，其曰瀑湧湍激者，則非蒙矣，故戒人勿食。《遵生八牋》

《遵生八牋》云：山厚者泉厚，山奇者泉奇，山清者泉清，山幽者泉幽，皆佳品也。不厚則薄，不奇則蠢，不清則濁，不幽則喧，必無佳泉。

又云：出不停處，水必不停；若停即無源矣。旱必易涸。

又云：石，山骨也；流，水行也。山宣氣以産萬物，氣宣則脉長，故曰：山水上。《博物志》：『石者，金之根甲。石流精以生水。』又曰：『山泉者，引地氣也。』

又云：泉非石出者，必不佳。故《楚詞》云：『飲石泉兮蔭松栢。』皇甫曾《送陸羽》詩：『幽期山寺遠，野飯石泉清。』梅堯臣《碧霄峰茗》詩：『烹處石泉嘉。』又云：『小石泠泉留早味。』誠可謂賞鑑者矣。

又云：源泉必重，而泉之佳者尤重。餘杭徐隱翁嘗爲余言，以鳳皇山泉較阿姥墩百花泉，便不及五錢，可見僊源之勝矣。

又《論伏流瀑泉》 泉往往有伏流沙土中者，挹之不竭即可食，不

然則滲瀦之潦耳，雖清勿食。《煮泉小品》

《煮泉小品》云：『流遠則味淡，須深潭停蓄，以復其味，乃可食。』又云：泉不流者，食之有害。《博物志》曰：『山居之民多癭腫之疾，由於飲泉之不流者。』

又曰：『泉湧者曰濆，在在所稱珎珠泉者，皆氣盛而脉湧耳，切不可食，取以釀酒或有力。』

泉懸出曰沃，暴溜曰瀑，皆不可食。而廬山水簾，洪州天台瀑布，皆入水品，與陸經背矣。故張曲江《廬山瀑布》詩：『吾聞山下蒙，今乃林巒表。物性有詭激，坤元曷紛矯。默然置此去，變化誰能了。』則識者固不食也。然瀑布實山居之珠箔錦幕也，以供耳目，誰曰不宜。《遵生八牋》

又《論清寒泉品》 清，朗也，靜也，澂水之貌。寒，冽也、凍也，覆水之貌。泉不難於清而難於寒；其瀨峻流駛而清，巖奧陰積而寒者，亦非佳品。《煮泉小品》

《茶録》云：『石少土多，沙膩泥凝者，必不清寒。』

又云：蒙之象曰果行，井之象曰寒泉。不果則氣滯而光，不澄寒則性燥而味必嗇。

又云：冰，堅水也，窮谷陰氣所聚不洩，則結而爲伏陰也。在地英明者惟冰，而冰則精而且冷，是固清寒之極也。謝康樂詩云：『鑿冰煮朝飡。』

又《拾遺記》云：『蓬萊山冰水，得飲之者壽千歲。』

《九清齋雜志》云：『鑿冰煮茗，古稱韻事；必須深山幽磵塵跡不至、清瑩如銀晶水玉方可從事。若風塵闤闠、污渠穢壑之所，凝結渾濁如魚腦、獸脂，何者可以登茗飲，非特有玷茶箴，飲者亦嬰寒厥矣，鑒家尤宜戒之。』

《遵生八牋》云：『下有石硫黃者，發爲溫泉，在在有之。又有共出一壑半溫半冷者，亦在在有之，皆非食品。惟新安黃山朱砂泉可食。』《圖經》云：『黃山舊名黟山，東峰下有硃砂泉，可點茗。春色微紅，此則自然之丹液也。』《拾遺記》云：『蓬萊山沸水，飲者壽千歲，此又是僊飲矣。』

又云：有黃金處，水必清；有明珠處，水必媚；有子鮒處，水必腥腐，有蛟龍處，水必洞黑嬍惡，不可不辨也。

又《論甘泉》 甘，美也，香芳也。《尚書》稼穡作甘黍，甘爲香。黍惟甘香，故能養人；泉惟甘香，故亦能養人。然甘易而香難，未有香而不甘者也。《遵生八牋》

味美者曰甘泉，氣芳者曰香泉，所在有之。泉上有惡木，則葉滋根潤，皆能損其甘香，甚者能釀毒液，尤宜去之。《遵生八牋》

《茶譜》云：『泉不甘者，能損茶味。前代之論，水品者以此。』

《煮泉小品》云：『甜水以甘稱也。』《拾遺記》云：『員嶠山北，甜水繞之，味甜如蜜。』

《十洲記》云：『元洲玄澗水如蜜漿，飲之與天地相畢。』又曰：『生洲之水，味如飴酪。』

《述異記》云：『甜溪之水，其味如蜜，東方朔得之，以獻武帝。帝乃投於陰井中，井水遂甜而寒，以之洗沐，則肌理柔滑。』

《列子》云：『壺頂有口，名曰滋穴，其水湧出，名曰神瀵，臭過椒蘭，味逾醪醴。』

《長沙府名勝志》云：『長沙府湘鄉縣薌泉井，在縣城内。泉香如椒蘭，釀酒瀹茶殊勝，若參以它水則變。南齊時有水貢。』

《酉陽雜俎》云：『石陽縣有井，井水半青半黃。黃者如灰汁，以之瀹茗烹粥，悉作金色，氣甚芳馥。』

又《論丹泉》 水中有丹者，不惟其味異常，而能延年卻疾，須名山大川諸僊翁脩煉之所有之。葛玄少時爲臨沅令，此縣廖氏家世多壽，疑。其井水殊赤，乃試掘井左右，得古人埋丹砂數十斛。西湖葛井，乃稚川煉丹所在馬園，後淘井出石瓮，中有丹數粒，如芡實，啖之無味，棄之。有施漁翁者，拾一粒食之，壽一百六歲。此丹泉尤不易得。凡不淨之器，切不可汲。《遵生八牋》

《廣州府名勝志》云：『廣州府番禺縣白龍山安期井，云安期生於此山脩煉。井中藏丹，井泉味極甘美，烹茶有金石之氣，飲之者延年益壽。』

又《論靈泉即雨露霜雪是也**》** 靈，神也，天一生水而精明不淆，故上天自降之澤，實靈水也。古稱上池之水者，非歟。要之，皆僊飲也。《遵生

八牋》

靈者，陽氣勝而所散也，色濃爲甘露，凝如脂，美如飴。一名膏露，一名天酒也。《遵生八牋》雨者，陰陽之和，天地之施，水從雲下，輔時生養者也。和風順雨，明雲甘雨。《拾遺記》云：『香雲遍潤，則成香雨。皆靈泉也，固皆可食。若夫龍所行者，暴而霆者，旱而凍者夏月暴雨曰凍雨，腥而墨者及簷溜者，皆不可食。潮汐近地，必無佳泉，蓋斥鹵誘之也。天下潮汐，惟武林最盛，故無佳泉。惟西湖山中則有之。《遵生八牋》

《羅岕茶記》云：『烹茶之水功居六：無泉則用天雨水，秋雨爲上，梅雨次之。秋雨則冽而白，梅雨則醇而白。雪水五穀之精也，色不能白，養水須置石子於甕，盛能益水。』

《湧幢小品》云：『俗語「芒種逢壬便是梅」，霉後積雨水，烹茶可愛，甚香冽，可久藏。一交夏至，則水味迥別矣。』

雪者，天地之積寒也。《氾勝書》：『雪爲五穀之精。』《拾遺記》穆王東至大攕之谷，西王母來進嵰州甜雪，是靈雪也。陶穀取雪水烹團茶，而丁謂《煎茶》詩：『痛惜藏書篋，堅留待雪天。』李虛己《建茶呈學士》詩：『試將梁苑雪，煎動建溪春。』是雪尤宜茶飲也。處士列諸末品，何耶？意者以其味之燥乎？若言太冷，則不然矣。《遵生八牋》

《述異記》云：『嵰州去玉門三千里，地寒多雪，著草木土石之上，皆凝結而甘，可以爲菓。西王母獻穆王嵰州甜雪者，即產於此地也。』

又《論井泉》　井，清也，泉之清潔者也；通也，物之通用者也；法也、節也，法制居人，令節飲食，無窮竭也。其清出於陰，其通入於淆，其法節由於得已脉暗而味滯。故鴻漸曰『井水下』，其曰井取多汲者，蓋汲多則氣通而流活耳，終非佳品。養水，取白石子數百枚，納甕中，雖養其味，亦可澄水不淆。《遵生八牋》

《湧幢小品》云：『家居苦泉水難得，自以意取尋常井水，煮滾，總入大磁缸，置庭中避日色，俟夜，天色皎潔，開缸受露，凡三夕，其水即清澈，缸底積垢二三寸，亟取出，以罈盛之。烹茶與惠泉無二。蓋井水經火煅煉一番，又經浥露取眞氣，則返本還原，依然可用，此亦修煉遺意，而余創爲爲之，未必非品泉之一助也。』

又《收藏泉水法》　甘泉旋汲用之斯良。丙舍在城，故宜多汲，貯以大甕，但忌新器，火氣未退，易於敗水，亦易生蟲。久用貯水者益善，最嫌它用。水性忌木，松杉爲甚，挈瓶爲佳耳。《茶疏》

《茶解》云：『貯水甕須置陰庭，覆以紗帛，使承星露。若壓以木石，封以紙箬，曝於日中，水斯敝矣。』

《茶譜》云：『泉水初入淨甕，一二日俟澄定，用燒紅櫟木勁炭一二莖投入甕內，久之則水不淆而不易敗。』

《煮茶録》云：『泉水收貯上罈，宜列於陰廊幽廉有風露無日色處爲佳。』

《煮茶録》云：『昔人折洗惠泉法：惠泉汲久，則味澹與常水無異。每一罈用常水半罈，紗帛隔幕空缸，將惠泉從罈中傾入缸內，用寒水石一塊，夾於小竹竿上，線縛定，不住手將缸中惠泉水細攪，久之，候水澄定，然後用常水半罈攙入，露一二宿，仍入罈收之，與新汲者無異。

《今坐編》云：『泉水久貯，色必敗味，用通河中流之水，與泉各半置缸中，久攪使勻，待其澄清，河水上浮，割去上半，泉性自復，無異新汲。』

又云：泉貯缶中，稍近火氣或觸人手，便至生蟲，色味亦損，然未至大敗，只須以兩器騰注數十過，其泉便活。

明 程百二《品茶要録補·王濛水厄》　瀹茗必用山泉，次梅水。梅雨如膏，萬物滋生，其味獨甘。《仇池筆記》云：『時雨甘，潑煮茶，美而有益，梅後便劣。至雷雨最毒，令人霍亂。秋雨、冬雨俱能損人。雪水尤不宜，令肌肉消鑠。黄河水自西北建瓶而東，支流雜聚，何所不有。舟次無名泉，取之充用可耳。謂其源，從天上來，不減惠泉，未是定論。』

余少侍家漢陽大夫，聆許文穆、汪司馬過談溪上。謂新安江水，以頴上爲最，味超惠泉，令汲煮茶，毋雜烹點，慮奪水茶之韻。

近過考功趙高邑，值時雨如注。令銀鹿向荷池取蓮花葉上水，烹茶飲客，味品殊勝。

李大司徒，當玫瑰盛開時，令豎子清晨收花上露水煮茶，味似歐邏巴國人利西泰所製薔薇露。

蘇才翁與蔡君謨鬭茶，蔡用惠泉，蘇以天臺竹瀝水勝之。不知對今

日二公之水孰佳。

陶穀學士謂：『湯者，茶之司命，水爲急務。』《漫紀見聞》數則，果爲水厄耶？抑爲茶知己耶？試參之。

又《論水》 田子藝曰：『山下出泉，爲蒙稺也。物稺則天全，水稺則味全。』

故鴻漸曰：『山水上。』其曰乳泉，石池慢流者，蒙之謂也。其曰瀑湧湍激者，則非蒙矣。故戒人勿食。

混混不舍，皆有神以主之，故天神引出萬物。而《漢書》三神，山岳其一也。

源泉必重，而泉之佳者尤重。餘杭徐隱翁嘗言，以鳳皇爲泉，較阿姥墩百花泉，便不及五泉，可見仙源之勝矣。

山厚者泉厚，山奇者泉奇，山清者泉清，山幽者泉幽，皆佳品也。不厚則薄，不奇則蠢，不清則濁，不幽則喧，必無佳泉。

泉非石出者，必不佳。故《楚詞》云：『飲石泉兮蔭松柏。』皇甫曾《送陸羽》詩：『幽期山寺遠，野飯石泉清。』梅堯臣《碧霄峰茗》詩：『蒸處石泉嘉。』又云：『小石冷泉留早味』。誠可爲賞鑑者矣。

流遠則味淡，須深潭停蓄，以復其味，乃可食。

泉不流者，食之有害。《博物志》曰：『山居之民多癭腫疾，由於飲泉之不流者。』

《拾遺記》：『蓬萊山冰水，飲者千歲。』

《拾遺記》：『蓬萊山沸水，飲者千歲，此又仙飲。』《圖經》云：『黄山舊名黟山，東峰下有朱砂湯泉，可點茗。春色微紅，此則自然之丹液也。』

有黄金處，水必清；有明珠處，水必媚；有子鮒處，水必腥腐；有蛟龍處，水必洞黑。微惡不可不辯也。

味美者曰甘泉，氣芳者曰香泉。所在間有之，亦能養人。然甘易而香難，未有香而不甘者也。

《拾遺記》：『員嶠山北，甜水遶之，味甜如蜜。』《十洲記》：『元洲玄澗，水如蜜漿，飲之與天地相異。』又曰：『生洲之水，味如飴酪。』

水中有丹者，不惟其味異常，而能延年卻疾。葛玄少時爲臨沅令，此縣廖氏家世壽，疑其井水殊赤，乃試掘井左右，得古人埋丹砂數十斛。

露者，陽氣勝而所散也。色濃爲甘露，凝如脂，美如飴，一名膏露，一名天酒是也。

雪者，天地之積寒也。《氾勝書》：雪爲五穀之精。《拾遺記》：穆王東至大攕之谷，西王母來進嵰州甜雪，是靈雪也。

雨者，陰陽之和，天地之施，水從雲下輔時生養者也。和風順雨，明雲甘雨。《拾遺記》：『香雲遍潤，則成香雨。』皆靈雨也，固可食。若夫秋之暴雨，及簷霤者，皆不可食。

揚子，固江也，其南零則夾石渟淵，特入首品。若吳淞江，則水之最下者也，亦復入品，甚不可解。若杭之水，山泉以虎跑爲最，龍井、眞珠寺二泉亦甘。北山葛仙翁井水，食之味厚。城中之水，以吳山第一泉首稱。品之不若施公井、郭婆井，二水清洌可茶。若湖南近二橋中水，清晨取之，烹茶妙甚，無伺他求。養水取白石子入甕，雖養其味，亦可澄水不淆。

煮茶得宜而飲非其人，猶汲乳泉以灌蒿萊，罪莫大焉。飲之者一吸而盡，不暇辨味，俗莫甚焉。

明 張謙德《茶經·擇水》 烹茶擇水，最爲切要。唐陸鴻漸品水云：山水上，江水中，井水下。山水乳泉石池漫流者上，瀑湧湍漱勿食之，久食令人有頸疾。江水取去人遠者，井水取汲多者。其言雖簡，而於論水盡矣。吾家又新著《煎茶水記》，專一品水，其論比鴻漸精，而加詳第。余不得一一試之，以驗其說。據已嘗者言之，定以惠山寺石泉爲第一，梅天雨水次之。南零水難真者，真者可與惠山等。吳淞江水、虎丘寺石泉，凡水耳，雖然，或可用。不可用者，井水也。

明 張大復《梅花草堂筆談》卷二《試茶》 茶性必發於水，八分之茶，遇水十分，茶亦十分矣。八分之水，試茶十分，茶只八分耳。貧人不易致茶，尤難得水。歐文忠公之故人有饋中泠泉者，公訝曰：『某故貧士，何得致此奇貺？』其人謙謝，泠解所謂。公熟視所饋器，徐曰：『然則水味盡矣！』蓋泉冽性駛，非局以金銀，未必破器而走，故曰貧士不能致此奇貺也。然予聞中泠泉故在郭璞墓，墓上有石穴罅，取竹作筒，鉤之乃得。郭墓故當急流間，難爲力矣，況必金銀器而後味不走乎？貧

人之不能得水亦審矣。予性蠢拙，茶與水皆無揀擇，而云然者，今日試茶，聊爲茶語耳。

明 李日華《竹懶茶衡》《續茶經》卷下　處處茶皆有，然勝處未暇悉品，姑據近道日御者：虎丘氣芳而味薄，乍入盎，菁英浮動，鼻端拂拂，如蘭初析，經喉吻亦快然，然必惠麓水，甘醇足佐其寡。龍井味極腆厚，色如淡金，氣亦沉寂，而咀嚥之久，鮮腴潮舌，又必藉虎跑，空寒熨齒之泉發之，然後飲者領雋永之滋，而無昏滯之恨耳。

明 許次紓《茶疏・擇水》　精茗蘊香，借水而發，無水不可與論茶也。古人品水，以金山中泠爲第一泉。第二或曰廬山康王谷。第一廬山，余未之到，金山頂上井亦恐非中泠古泉。陵谷變遷，已當湮沒，不然，何其漓薄不堪酌也？今時品水，必首惠泉，甘鮮膏腴，至足貴也。往日渡黃河，始憂其濁，舟人以法澄過，飲而甘之，尤宜煮茶，不下惠泉。黃河之水，來自天上，濁者，土色也。澄之既淨，香味自發。余嘗言有名山則有佳茶，茲又言有名山必有佳泉，相提而論，恐非臆說。余所經行，吾兩浙、兩都、齊、魯、楚、粵、豫章、滇、黔，皆嘗稍涉其山川，味其水泉，發源長遠，而潭沚澄澈者，水必甘美。即江河溪澗之水，遇澄潭大澤，味咸甘冽。唯波濤湍急，瀑布飛泉，或舟楫多處，則若濁不堪。蓋云傷勞，豈其恒性。凡春夏水漲則減，秋冬水落則美。

明 謝肇淛《五雜組・地部一》　劉伯芻之論水，以揚子、中泠爲第一，次之慧山、虎丘、丹陽、大明、淞江、淮水爲七。陸竟陵之品泉，則以康王谷爲第一，次之濂水、慧山、蘭溪以至於雪水，凡二十，而揚子、中冷屈居第七矣。此果銖稱尺量不易之論耶？而所品之外，天下又果無泉可以勝此者耶？吾以爲二子之論，但據生平耳目之所及者而品第之耳。天下中川一百三十有五，小川一千二百五十有一，水泉三億三萬三千五百一十有九，而遐荒絕域者不與焉。今以一人之聞見意識，遂欲遍第天下之水，何異井蛙管豹之見也。

《茶經》云：『水品山水爲上，江水次之，井水爲下。』此自是定論。然山水須乳泉緩流者，又須近人村落者。若深山窮谷之中，恐有瘴霧毒蛇，不利於人。即無毒者，亦能令人發瘧。蓋其氣味與五臟不相習也。奔湍急瀨，久飲，能令人癭。井水亦有絕佳者，不亞山泉。大約江水以甘勝，井水以冽勝，山水則兼甘與冽而有之者也。

閩地近海，井泉多鹹，人家惟用雨水烹茶，蓋取其易致而不臭腐，然須梅雨者佳。江北之雨水不堪用者，屋瓦多糞土也。

以余耳目所及之泉，若中冷、錫山等泉，人所共賞者不載，若濟南之趵突泉，臨淄之孝婦泉，青州之范公泉，吳興之半月泉，碧浪湖水，杭州西湖龍井水，新安天都之九龍潭水，鉛山之石井寺水，觀音洞水，武夷之珠簾泉，太姥之龍井水，支提之龍潭水，閩中鼓山之喝水巖泉，冶山之龍腰水，東山之聖泉，金陵蔣山之八功德泉，攝山之珍珠泉，皆甘冽異常，其它難以枚舉；但在窮鄉遐僻，無人鑑賞耳。

客中若遇無甘泉去處，但以苦水烹之，數沸後澄至冷，去其泥滓，復烹之，即甘矣，此亦古人煉炭之法也。北方每霪雨時，取棐几滑淨者，於空中盛，倒入罌中，亦與南方雨水氣味無別也。

人生飯麤糲，衣氈毳，皆可耐，惟無水烹茶，殊不可耐。無山水即江水，無雨水即河水；但不苦鹹，即不失正味矣。冰水雖寒，不堪烹者，不淨也。雪水易腐，雨水藏久，即生孑孓，飲之有河魚之疾，而閩人重之，蓋不甚別茶也。

凡出師遇深山無泉之處，掘井一二丈不得水者，可束蘊火薰之，而密覆其上，火烟不得出，必尋泉脈隙處潛通，即它山數里外泉皆能引而致之，烟通則泉流矣。

凡古坑有水處曰膽水，無水處曰膽土。膽水可以浸銅，膽土可以煎銅。

天下泉有一勺而不枯不溢者。夫不枯易耳，其不溢也，何故？此理之不可曉者。余在蔣山，見一人，泉僅盛椀許，吸盡復出。閩雪峯有應潮泉，亦僅如盌，東山聖泉可尺許，松根環之，千年如一日也。然此數者，猶泉脈在地中，不可見也。鼓山鳳尾亭泉初瀉巖下，後爲神晏喝，從山背而下承一石，池方廣不逾七尺，水終日奔注其中，而不見其溢也，愈令人不可解矣。

明 華淑《品茶八要・二品泉》　泉品以山水爲上，次梅水，次江水，次井水。井取汲多者，汲多則水活。然須旋汲旋烹，汲久宿貯者，味減鮮冽。

又《四茶器》　茶器須宜興粗沙小料者爲佳。入銅錫器，泉味便失。

明　吴從先《小窗自記》　劉伯芻論水有七品：揚子江第一，惠山石泉第二，虎丘井第三，丹陽寺井第四，揚州大明寺第五，松江水第六，淮水第七。余往來南國，無不備嘗，昏暮之給，可謂暴殄。視之運水爲業，惠山之泉，貴於若下之酒，余直受享如風月，不用錢買，真清福也。獨異於揚子江之人，而復需惠泉如仙露，則揚子江又何以稱第一？

清　文震亨《長物志》卷三《天泉》　秋水爲上，梅水次之。秋水白而冽，梅水白而甘。春冬二水，春勝於冬，蓋以和風甘雨。故夏月暴雨不宜，或因風雷蛟龍所致，最足傷人。雪爲五穀之精，取以煎茶，最爲幽况。然新者有土氣，稍陳乃佳。承水用布，於中庭受之，不可用簷溜。

又《地泉》　乳泉漫流，如惠山泉爲最勝，次取清寒者。泉不難於清，而難於寒。土多沙膩泥凝者，必不清寒。又有香而甘者，然甘易而香難，未有香而不甘者也。瀑湧湍急者勿食，食久令人有頭疾。如廬山水簾，天臺瀑布，以供耳目則可，入水品則不宜。溫泉下生硫黄，亦非食品。

清　陳鑒《虎丘茶經注補·四之水》　經：泉水上，天雨次，井水下。虎丘石泉，自唐而後，漸以填塞，不得爲上，而憨憨之井水，反有名。

補：劉伯芻《水記》：陸鴻漸爲李季卿品虎丘劍池石泉水，第三；張又新品劍池石泉水，第五。《夷門廣牘》謂：虎丘石泉，舊居第三，漸品第五。以石泉泓渟，皆雨澤之積，滲竇之潢也。況闔廬墓隧，當時石工多閟死，僧衆上棲，不能無穢濁滲入。雖名陸羽泉，非天然水，道家服食，禁屍氣也。

鑑：欲濬劍池之水，鑿小渠流入鶴澗。則泉得流而活矣。李習之謂，『劍池之水，不流爲恨事』。然哉。

清　顧祖禹《讀史方輿紀要》卷二四《江南六》　蘇州洋在縣東南。《志》云：東沙之外曰蘇州洋，卽大海也，北接大江口，南入嘉興府境内，江浙間有事，此爲戍守要衝。又淡水洋，在東沙東北，海水皆鹹，此水獨淡，可以烹茶。又有鹹水洋，在東洲東南，至夜水沸若星，光映如火，其水至鹹，卽滷水矣。

又卷九七《福建三》　鳳凰山府東北二十五里。一名茶山。石晉天福三年，王延政據建州，福州兵來攻，延政敗之於茶山。宋紹興二年，韓世忠聞賊帥范汝爲入建州，水陸並進，直抵鳳凰山，大破之，建州平。山上有鳳凰泉，一名龍焙泉，又名御茶泉，宋以來上供茶取此水濯之。山之麓名北苑，廣三十里。舊《經》云：僞閩龍啟中，里人張廷暉以所居北苑地宜茶，悉獻之官，其名始著。又有龍山，與鳳山對峙，有泉。宋咸平間，丁謂監茶，嘗於御茶亭前引二山之泉爲龍鳳池。又壑源山，在鳳凰山南，山之茶爲外焙冠，俗名提火山，又名望州山。

清　程作舟《茶社便覽·煮茶水》　酌彼流泉，留清去濁，水清茶善，水濁茶惡。

山水上，江水中，井水下。山水擇乳泉石池漫流者上，其瀑湧湍漱者不可食。見《茶經》

山厚者泉厚，山奇者泉奇，山清者泉清，山幽者泉幽。見《煮泉小品》

山頂泉清而輕，山下泉清而重。石中泉清而甘，砂中泉清而冽，土中泉清而白。瀉黄石者爲佳，出青石者無用。見《茶録》

烹茶，水之功居多。無泉則用天水，秋雨爲上，梅雨次之。秋雨冽而白，梅雨醇而白。見《芥山茶記》

貯水以大瓮，瓮中宜置一小石，忌新器，亦忌他用。見《茶疏》

清　葉雋《煎茶訣·擇水》　煎茶，水功居半。陸氏所謂『山水上，江水中，井水下』。山水，揀乳泉，石池涓涓流出者；江水，取去人遠者；井，取汲多者是也。然互有上下，品可辨也。有一種水，至澄而性惡，不可不擇。若取水於遠欲宿之，須以白石橢而澤者四五，沈著或以同煮之，能利清潔。黄山谷詩：錫穀、寒泉、橢石俱是也石之在湖上爲波濤摩圜者爲佳，海石不可用。或曰汲長流水爲湯，上裝蒸露罐，取其露煮以用茶，尤妙。余未嘗試，但恐軟弱不適。有用瀑泉者，頗激烈不應；然則激烈、軟弱，俱不可不擇。

清　朱濂《茶譜》卷二　山頂泉清而輕，山下泉清而重，石中泉清而甘，砂中泉清而冽，土中泉清而厚。流動者良於安靜，負陰者勝於向陽。山削者泉寡，山秀者有神。真原無味，真水無香。

清　陳元輔《枕山樓茶略·辨水》　天一生水，水者所以潤萬物也，

但不能無清濁之異焉。今夫性之最清者，莫如茶。使清與清合，自然相宜。若清與濁混，豈不相反？蓋水不清，能損茶味，故古人擇之最嚴。然則當以何者為上？曰：唯雨水最佳，山泉次之，江流又次之，井水其最下者也。蓋雨水自天而降，其味冰冽，其性清涼，絕無一毫渣滓。泉流雖出於地，然泉為山之液，流為江之津，皆得地之動氣而生，故水性醇厚不滯。天旱苦雨之時，捨泉流之水，又安所取哉？至井水出於污泥之中，味鹹且苦，若用以烹茶，茶遭劫運矣。

又《用水》 雨水泉流，予既辨明之矣，至於用之之時，又不無分別。蓋天時亢旱，屋瓦如焚，驟雨初臨，日氣未散，若概目為雨水而用之，恐暑熱之毒傷人尤速。山泉雖佳，須擇乳泉漫流，遠近所好，日取不絕者為宜。如窮谷中，人跡罕至，夏秋旱潦之時，能保無蛇蠍之毒？尤所當慎也。又考：山水瀑湧湍激者勿食，食久，令人有頸疾。至於江流，流行不息，水之最有生氣者也。然取潮而不取汐，有消長之義焉；取上而不取下，有濃淡之異焉。若井水，則當置之不議不論之列。

清 佚名《茶史》 《茶經》用水以山為上，江為中，井為下。山勿太高，勿多石，忽太荒遠，蓋潛龍巨虺所蓄毒多於斯也。又其瀑湧湍漱者氣最悍，食之令頸疾。惠泉最宜人，無前患耳。

江水取去人遠者，井取汲多者，其沸如魚目，微有聲為一沸，緣邊如湧泉連珠為二沸，騰波鼓浪為三沸。過此水老不可食也。沫餑，湯之華也，華之薄者曰沫，厚者曰餑，皆《茶經》中語，大抵蓄水惡其停，煮水惡其老，皆於陰陽不適，故不宜人耳。《稗談》

又 張元長大復云：松蘿茶有性而無韻，正不堪與天池作奴，況岕山之良者哉！但初瀹時，嗅之勃勃有香氣耳。然茶之佳處，故不在香，故曰虎丘作荳氣，天池作花氣，岕山似金石氣，又似無氣，嗟乎。此岕之所以為妙也。

茶性必發於水，八分之茶，遇水十分，茶亦十分矣。八分之水，試茶十分，茶只八分耳。貧人不易致茶，尤難得水。歐文忠公之故人有饋中泠泉者，公訝曰：『某故貧士，何得致此奇貺？』其人謙謝，不解所謂。公熟視所饋器，徐曰：『然則水味盡矣。』蓋泉冽性駛，非扃以金銀，味必破器而走。故曰『貧士不能致此奇貺』也。然予聞中泠泉故在郭璞墓，墓上有石穴罅，取竹作筒釣之，乃得。郭墓故當急流間，難為力矣，況必金銀器而後味不走乎？貧人之不能得水亦審矣。予性蠢拙，茶與水皆無揀擇而云然者，今日試茶聊為茶語耳。

洞十從天臺來，以雲霧茶見投，亟煮惠水瀹之，勃勃有荳花氣而力韻微怯，若不勝水者，故是天池之兄，虎丘之仲耳。然世莫能知，豈山深地迴，絕無好事者嘗識耶。洞十云：他山培茶多夾襍此，獨無有。果然，即不見知何患乎？夫使有好事者一日露，其聲價若他山，山僧競起雜之矣。是故實衰於知名物敝於長價。

又 茶既就筐，其性必發於日，而遇知己於水。然非煮之茶竈、茶爐，則亦不佳，故曰飲茶富貴之事也。趙長白自言『吾生平無他幸，但不曾飲井水尹』。此老於茶可謂能盡其性者，今亦老矣也。甚窮，大都不能如襄時事，猶摹挲萬卷中，作茶史，故是天壤間多情人也。

【略】

料理息庵，方有頭緒，便擁爐靜坐其中，不覺午睡昏昏也。偶聞兒子書聲，心樂之，而爐間翏翏如松風響，則茶且熟矣。三月不雨，井水若甘露，競扃其戶而以瓶罌相遺，何來惠泉，乃獻張生之，饞口，訊之家人輩，云舊藏得惠水二器，寶雲泉一器，亟取二味，品之而令兒子快讀李禿翁焚書，惟其極醒，極健者，因憶壬寅五月中，著屐燒燈，品泉於吳城王弘之第，謂壬寅第一夜，今日豈減此耶。上並《聞雁齋筆談》

清 卢之颐《本草乘雅半偈》卷七《茗・六品泉》 山水上，江水中，井水下。山水擇乳泉、石池漫流者上，其瀑湧湍漱勿食，久食令人有頸疾。又多別流於山谷者，澄浸不洩，自火天至霜郊以前，或潛龍蓄毒於其間，飲者可決之以流其惡，使新泉涓涓然酌之。其江水，取去人遠者。《茶傳》

山宣氣以養萬物，氣宣則脈長，故曰山水上。泉不難於清，而難於寒，其瀨峻流駛而清，嵒奧積陰而寒者，亦非佳品。《煮泉小品》，田崇衡，字子蓺著。

江，公也。衆水共入其中也。水共則味雜，故曰江水次之：其水取去人遠者，蓋去人遠，則澄深而無蕩漾之漓耳。《小品》

余少得溫氏所著《茶説》，嘗試其水泉之目，有二十焉。會西走巴

峽，經蝦蟆窟，北憩燕城，汲蜀岡井，東遊故都，絶揚子江，留丹陽，酌觀音泉，過無錫，㪺惠山泉水，粉槍末旂，蘇蘭薪桂，且鼎且缶，以飲以啜，莫不瀹氣滌慮，蠲病析酲，祛鄙吝之生心，招神明而還觀，信乎！物類之得宜，臭味之所感，幽人之嘉尚，前賢之精鑒不可及矣。《煮茶泉品》

山頂泉清而輕，山下泉清而重，石中泉清而甘，砂中泉清而冽，土中泉清而白。流於黄石、紫石爲佳。瀉出青石、黑石無用。流動愈於安靜，負陰勝於向陽。《茶録》

山厚者泉厚，山奇者泉奇，山清者泉清，山幽者泉幽，皆佳品也。不厚則薄，不奇則蠢，不清則濁，不幽則喧，必無用矣。《小品》

泉不甘，則損茶味。前代之論水品者以此。《茶譜》，蔡襄，字君謨著。

吾鄉四陲皆山，泉水在在有之。然皆淡而不甘，獨所謂它泉者。其源出自四明潺湲洞，歷大蘭小皎諸名岫，迴溪百折，幽澗千支，沿洄漫衍，不舍晝夜。唐鄮令王公元偉，築埭它山，以分注江河，自洞抵埭，不下三數里。水色蔚藍，素砂白石，粼粼見底。清寒甘滑，甲於郡中。余愧不能爲浮家泛宅，送老於斯。每一臨泛，浹旬忘返，携茗就烹，珍鮮特甚。洵源泉之最勝，甌犧之上味矣。以僻在海陬，圖經是漏，故又新之記罔聞。季疵之杓莫及，遂不得與谷簾諸泉齒，譬猶飛遁吉人，滅影貞士，直將逃名世外，亦且永托知稀矣。《茶箋》

山泉稍遠，接竹引之，承之以奇石，貯之以浄缸，其聲琮琮可愛，移水取石子，雖養其味，亦可澄水。《小品》

甘泉旋汲，用之斯良。丙舍在城，夫豈易得。故宜多汲，貯以大甕，但忌新器，爲其火氣未退，易於敗水，亦易生蟲，久用則善。最嫌他用，水性忌木，松杉爲甚，木桶貯水，其害滋甚，挈瓶爲佳耳。《茶疏》

烹茶須甘泉，次梅水。梅雨如膏，萬物賴以滋養，其味獨甘，梅後便不堪飲。大甕滿貯，投伏龍肝一塊，即竈中心赤土也，乘熱收之。《茶解》

烹茶水之功居六，無泉則用天水，秋雨爲上，梅雨次之。秋雨冽而白，梅雨醇而白，雪水五穀之精也，但色不能白，養水須置石子於甕，不唯益水，而白石清泉，會心亦不在遠。

壬寅臘八，過南屏，僧碧婆煮茶，不拘老嫩，皆可入口。又不在茶具，雖飯鑊中，亦稱其旨，時與之遊，遂成茶癖。每令長鬚遠汲虎跑泉、葛仙翁井，或索友人携來惠山泉水，以茶之妙在水發也。每值梅雨，托布承接，或荷葉，或磁盤，或以錫作板，溜積甕中，試烹都有霧氣，遠不及泉水之清且潔也。一日偶取所蓄梅雨，見孑孓烏蟲數十百，跳躍盌内，遂棄之，擬傾未果，月餘後，好水喫盡，奴子誤取前水就烹，色味俱全，氣香特盛，乃知天水都好，但未可就用，須置器日久，俟其色變蟲去，色香味始妙，不似山泉但可留數日，久即味變也。此後不煩遠役奴子，亦不顓取梅雨，唯待久雨時，向急溜中，大缸承貯。月餘後，另移甕内，百日始佳，半年更妙。四時皆用此法。春雨味更鮮厚，雪色尤爲潔白，居鹵斥之地，闤闠之東，日日天泉作供，不但自受用，亦不但供賓客，併及其妻孥，真無量快活也。《芷園日記》

天氣上爲雲，地氣下爲雨，雨出天氣，雲出地氣，色變蟲生，正所以攘地濁，以現天清也。諸泉日久作變，變則化，化則去泥純水，本色本味，和盤托出，毋自傾棄，以失性真。《月樞筆記》

貯水甕，須置陰庭，覆以紗帛，使承星露，則英華不散，靈氣常存。假令壓以木石，封以紙箬，暴以日中，則外耗其神，内閉其氣，水神敝矣。《茶解》

《茶記》言養水，置石子於甕，不惟益水，而白石清泉，會心不遠。然石子須取深溪水中，表裏瑩徹者佳。要白如截肪，赤石雞冠，青如螺黛，黄如蒸栗，黑如重漆，錦紋五彩，輝映甕中，徙倚其側，應接不暇，非但益水，亦且娱神。《茗笈》

仁智者性，山水樂深，載㪺清泚，以滌煩襟。《茗笈》

評曰：得泉尋茗，得茗尋泉，如選儔覓偶，事主相夫，兩家仔細，萬一失所，此身已矣。

綜述

唐 楊曄《膳夫經手録》 岳州灉湖所出亦少，其好者，可企於茱萸簝。此種茶，惟有異，唯宜江水煎得，井水煎即赤色而無味。

宋 葉清臣《述煮茶泉品》 夫渭黍汾麻，泉源之異稟；江橘淮枳，土地之或遷，誠物類之有宜，亦臭味之相感也。

若乃擷華掇秀，多識草木之名；激濁揚清，能辨淄澠之品，斯固好事之嘉尚，博識之精鑒。自非嘯傲塵表，逍遙林下，樂追王濛之約，不敗陸納之風，其孰能與於此乎？吳楚山谷間，氣清地靈，草木穎挺，多孕茶荈，為人採拾。大率右於武夷者，為『白乳』；甲於吳興者，為『紫筍』；產禹穴者，以『天章』顯；茂錢塘者，以『徑山』稀。至於續廬之巖、雲衡之麓，『鴉山』著於無歙，『蒙頂』傳於岷蜀，角立差勝，毛舉實繁。然而天賦尤異，性靡受和，苟製非其妙，烹失於術，雖先雷而嬴，未雨而檐，蒸焙以圖，造作以經，而泉不香、水不甘，爨之、揚之，若淤若滓。

予少得溫氏所著《茶說》，嘗識其水泉之目，有二十焉。會西走巴峽，經蝦蟆窟，北憩蕪城，汲蜀崗井，東遊故都，絕揚子江，留丹陽酌觀音泉，過無錫㪺惠山水，粉槍末旗，蘇蘭薪桂，且鼎且缶，以飲以歠，莫不淪氣滌慮，蠲病析酲，祛鄙吝之生心，招神明而還觀。信乎！物類之得宜，臭味之所感，幽人之佳尚，前賢之精鑒，不可及已！

噫！紫華綠英，均一草也；清瀾素波，均一水也。皆忘情於庶彙，或求伸於知己。不然者，叢薄之莽、溝瀆之流，亦奚以異哉！游鹿故宮，依蓮盛府，一命受職，再期服勞，而虎丘之觱沸，淞江之清泚，復在封畛。居然挹注，是嘗所得於鴻漸之目，二十而七也。昔酈元善於《水經》，而未嘗知茶；王肅癖於茗飲，而言不及水表，是二美吾無愧焉。凡泉品二十，列於右幅。且使盡神方之四兩，遂成奇功。代酒限於七升，無忘真賞云爾。南陽葉清臣述。

宋 李昭玘《樂靜集》卷五《記白鶴泉》 臨角門外折行而西二十步，有石井曰白鶴泉。野老云：昔有兩白鶴翔唳而下，因以名焉。泉舊在老子祠。咸平中侍御史趙及築新城，限於其外，自是泉與祠異處，人或不知也。昝陽蘇公來守此邦，治公之餘，抉奇摘古，以寓吟嘯。初得泉焉，味甘色白，於茶尤宜，以謂雖不及惠山，而不失為第三水，人始稱之。世傳陸羽、張又新《水記》次第二十種，多出東南。北州之水，棄而不載。一旦蘇公獨為詮賞，而北人不甚喜茶，雖知之弗貴也。惠山當二浙之衝，士大夫往來者貯以罌瓶，以籜封竹絡，漬小石其中，犯重江，涉千里，而達京師。公侯之家，華堂錦案，招一二貴人，出龍團鳳餅，次第而烹之，雖醴泉甘露，不足比名。斯泉也，棄於路隅，人足罕至。雨潦浸灌，牧兒、餉婦驅牛馬負饔盎飲濯其旁。七月、八月之間，草深苔滑，蝸螺鮪鮒，曳泗自得。道上行旅，渴不得嘗。歲時遊人過者，既乏瓶綆，一照眚髮而去。蒙煙墜露，涵沙浮梗，以寒冽自持，而不能爭名於甌鼎之間，良可悲也。天下之物，貴於近人，而賤於遠俗。人之常情，多隨少執，競於羣眾之所趨，而不察君子之獨好，此幸不幸所從來，而其致不能一也。嗚呼，物固無求於世，為士則有義命者也。

宋 歐陽修《居士集》卷四〇《浮槎山水記》 浮槎山，在慎縣南三十五里，或曰浮闍山，或曰浮巢二山，其事出於浮圖、老子之徒荒怪誕幻之說。其上有泉，自前世論水者皆弗道。

余嘗讀《茶經》，愛陸羽善言水。後得張又新《水記》，載劉伯芻、李季卿所列水次第，以爲得之於羽，然以《茶經》考之，皆不合。又新妄狂險譎之士，其言難信，頗疑非羽之說。及得浮槎山水，然後益以羽爲知水者。浮槎與龍池山，皆在廬州界中，較其水味，不及浮槎遠甚。而又新所記，以龍池爲第十，浮槎之水，棄而不錄，以此知其所失多矣。羽則不然，其論曰：『山水上，江次之，井爲下。山水，乳泉、石池漫流者上。』其言雖簡，而於論水盡矣。

浮槎之水，發自李侯。嘉祐二年，李侯以鎮東軍留後出守廬州，因游金陵，登蔣山，飲其水。既又登浮槎，至其山，上有石池，涓涓可愛，蓋羽所謂乳泉、石池漫流者也。飲之而甘，乃考圖記，問於故老，得其事迹，因以其水遺余於京師。予報之曰：『李侯可謂賢矣。』

夫窮天下之物無不得其欲者，富貴者之樂也。至於蔭長松，藉豐草，聽山流之潺湲，飲石泉之滴瀝，此山林者之樂也。而山林之士視天下之樂，不一動其心。或有欲於心，顧力不可得而止者，乃能退而獲樂於斯。彼富貴者之能致物矣，而其不可兼者，惟山林之樂爾。惟富貴者而不可得兼，然後貧賤之士有以自足而高世。其不能兩得，亦其理與勢之然歟。今李侯生長富貴，厭於耳目，又知山林之樂，至於攀緣上下，幽隱窮絕，人所不及者皆能得之，其兼取於物者可謂多矣。

李侯折節好學，喜交賢士，敏於爲政，所至有能名。凡物不能自見而待人以彰者，有矣；凡物未必可貴而因人以重者，亦有矣。故予爲志其

事，俾世知斯泉發自李侯始也。

宋 朱長文《吳郡圖經續記》卷下　張又新品天下之水，其二慧山泉，三虎丘井，六松江。陸魯望好之，高僧逸人時致以助。松江水或以謂第四橋者最佳，蓋差遠井邑，宜更清耳，以江水醞酒，特佳於他處。昔人重若下酒，亦以溪水爲美耳。

宋 寇宗奭《本草衍義》卷六《菊花水》　本條見南陽酈縣北潭水，其源悉芳。菊生被崖，水爲菊味，此説甚怪。且菊生於浮土上，根深者不過尺，百花之中，此特淺露，水泉莫非深遠而來，況菊根亦無香，其花當九月、十月間，止三兩旬中，焉得香入水也？若因花而香，其無花之月合如何也？殊不詳。水自有甘、淡、鹹、苦，焉知無有菊味者？嘗官於永、耀間，沿幹至洪門北山下古石渠中，泉水清徹，衆官酌而飲，其味與惠山泉水等，亦微香。世皆未知之，烹茶無相宜。由是知泉脈如此，非緣浮土上所生菊能變泉味。博識之士，宜細詳之。

宋 江少虞《宋朝事實類苑》卷六一《風俗雜志·泉水》　皇祐中，范文正公鎮青，龍興僧舍西南洋溪中有醴泉湧出，公創亭泉上，刻石記之。其後青人思公之德，目之曰范公泉。環泉古木蒙密，塵迹不到，去市鄽纔數百步，而若在深山中。自是幽人逋客，往往賦詩鳴琴，烹茶其上，日光玲瓏，珍禽上下，眞物外之遊，似非人間世也。歐陽文忠公、劉翰林貢父及諸名公，多賦詩刻石，而文忠公乃囑武公蘇唐卿篆石榜之亭中，最爲營丘佳處。元祐中，青守以其地與王氏爲水磑，稍復完葺。

齊州城西，張意諫議園亭，有金線泉，石甃方池，廣袤丈餘，泉亂發其下，東注城壕中，澄徹見底。池心南北有金線一道，隱起水面，以油滴一隅，則線紋遠去，或以杖亂之，則線輒不見，水止如故，天陰亦不見。齊爲東方名郡，而張氏濟南盛族，園池乃郡之勝遊，泉之出百年矣。士大夫過濟南，至泉上者，不可勝數，而無能究其所以然，亦無一人題詠者。獨蘇子瞻有詩曰：『檜旗攙到齊西境，更試城南金線奇。』然亦不辨泉之所以有金線也。

宋 林洪《山家清供》卷上《茶供》　茶即藥也，煎服則去滯而化食。以湯點之，則反滯膈而損脾胃。蓋世之利者多採葉，雜以爲末。既又怠於煎煮，宜有害也。今法採芽，或用碎夸，以活水火煎之，飯後必少頃乃服。東坡詩云『活水須將活火烹』，又云『飯後茶甌未要深』。此煎法也。陸羽經亦以江水爲上，山與井俱次之。今世不惟不擇水，且入鹽及茶果殊失正味。不知唯葱去昏，梅去倦，如不昏不倦，亦何必用。古之嗜茶者。無如玉川子，惟聞煎喫。如以湯點，則安能及也七碗乎。山谷詞云：『湯響松風，早減了七分酒病。』倘知此，則口不能言，心下快活，自省知禪叅透。

宋 胡仔《苕溪漁隱叢話·後集》卷一一《玉川子》　苕溪漁隱曰：『東坡《汲江水煎茶詩》云：「活水還須活火烹，自臨釣石取深清。大瓢貯月歸春甕，小杓分江入夜瓶。」此詩奇甚，道盡烹茶之要；且茶非活水則不能發其鮮馥，東坡深知此理矣。余頃在富沙，常汲溪水烹茶，色香味俱成三絕，又況其地產茶，爲天下第一，宜其水異於他處，用以烹茶，水功倍之。至於浣衣，尤更潔白，則水之輕清，益可知矣。近城山間有陸羽井，水亦清甘，實好事者爲名之。羽著《茶經》，言建州茶未詳，則知羽不曾至富沙也。』

六一居士云：『陸羽《茶經》其論水云：「山水上，江水次，井水下。」又云：「山水乳泉、石池漫流者上，瀑湧湍漱勿食，食久令人有頸疾。江水取去人遠者，井取汲多者。」其説止於此，而未嘗品第天下之水味也。至張又新《煎茶水記》，始云：「劉伯芻謂水之宜茶者有七等。」又載羽爲李秀卿論水次第有二十種，余考二説与羽《茶經》皆不合，謂山水上，乳泉石池又上，江水次，而井水下。伯芻以揚子江南零水爲第一，惠山石泉爲第二，虎丘石井第三，丹陽寺井第四，揚州大明寺井第五，而松江第六，淮水第七，与羽説皆相反。秀卿所説二十水：廬山康王谷水第一，無錫惠山石泉水第二，蘄州蘭溪石下水第三，扇子峽蝦蟇口水第四，虎丘寺井水第五，廬山招賢寺下方橋潭水第六，揚子江南零水第七，洪州西山瀑布水第八，桐柏淮源第九，廬山龍池山頂水第十，丹陽寺井第十一，揚州大明寺井第十二，漢江中零水第十三，五虛洞香溪水第十四，武關西水第十五，松江水第十六，天台千丈瀑布水第十七，郴州圓泉第十八，嚴陵灘水第十九，雪水第二十。如蝦蟇口水，西山瀑布，天台千丈瀑布，皆戒人勿食，食之生疾。其餘江水居山水上，井水居江水上，皆与羽經相反，疑羽不當二説以自异，使誠羽説，何足信也，得非又

新妄附益之邪？其述羽辨南零岸水特怪誕，妄甚也。』

苕溪漁隱曰：『張又新《煎茶水記》云：代宗朝，李秀卿刺湖州，至維揚，逢陸處士鴻漸，李素熟陸名，有傾蓋之懽，因之赴郡，抵揚子驛，將食，李曰：「陸君善於茶，蓋天下聞名矣，况揚子南零水又殊絕，今者二妙，千載一遇，可曠之乎！」命軍士謹信者挈瓶操舟，深詣南零，陸執器以俟之。俄水至，陸以杓揚其水曰：「江則江矣，非南零者，似臨岸之水。」使曰：「某櫂舟深入，見者累百，敢虛紿乎？」陸不言，既而傾諸盆，至半，陸遽止之，乃以杓揚之曰：「自此南零者矣。」使蹶然大駭，馳下曰：「某自南零賫至岸，舟蕩覆半，愧其少，挹岸水增之，處士之鑒，神鑒也，其敢隱焉。」李與賓從數十人，皆大駭愕。』又蘇長公《惠通井記》云：『《禹貢》濟水入於河，溢爲滎。河南曰滎陽，河北曰滎驛。沱潛本梁州二水，亦見於荆州，水行地中，出沒數千里外，雖河海不能絕也。』唐相李文饒好飲惠山泉，置驛以取水。有僧言長安昊天觀井水，与惠山泉通，雜以他水十餘缶試之，僧獨指其二缶曰：『此惠山泉水也。』文饒爲罷水驛。二事頗相類，故併録之。

又　卷二九《龍鳳茶與味潭水》　苕溪漁隱曰：『予爲閩中漕幕，常被檄於北苑修貢，蓋熟知其地矣。造茶堂之後，鳳凰山之麓，有一泉，覆以華屋，榜曰御泉，其廣三四尺，深五六尺，石甃其底，止留泉眼，特一小井耳。泉之東西二十餘步間，兩山回抱，各有小淺澗水流出，其水皆可造茶，即無深水瀦蓄，滙以爲潭者。子由所言味潭，其地初無之，又安得「潭中石蒼黑堅緻如玉，以爲研」乎？又云：「歲貢龍鳳團，不得鳳凰山味潭水，則不成。」此言愈誤也。』

宋　楊萬里《誠齋詩話》　東坡《煎茶》詩云：『活水還將活火烹，自臨釣石汲深清。』第二句七字而具五意：水清，一也；深處清，二也；石下之水，非有泥土，三也；石乃釣石，非尋常之石，四也；東坡自汲，非遣卒奴，五也。『大瓢貯月歸春甕，小杓分江入夜瓶。』其狀水之清美極矣。分江二字，此尤難下。『雪乳已翻煎處脚，松風仍作瀉時聲。』此倒語也，尤爲詩家妙法，即少陵『紅稻啄餘鸚鵡粒，碧梧棲老鳳凰枝』也。

宋　潘自牧《記纂淵海》卷一《水》　傳記：水者，天地之包幕，五行之始焉《元命苞》。水之為言，陰化沾濡《白虎通》。玄洲澗水如蜜，服之長生《河圖》。浮天載地，高下經無不至，萬物無不潤《玄中記》。高前之山，有水甚寒。而清帝臺之漿水也《山海經》。非水無以準萬里之平，非水無以通遠任重也《尚書大傳》。臨淄牛山下有女水，齊人諺曰：世治則女水流，世亂則女水竭《述征記》。【略】楚水第一，晉水最下《水記》。灕渙水，其波文皆五色，名文章水，又曰續水《述異記》。唐祕書省中水最佳，名祕水《茶録》。谷簾水在廬山，披嵓而下。陸鴻漸第其水為天下第一同上。山水上，江水次，井水下陸羽《茶經》。劉伯芻以揚子江為第一，惠山石泉第二，虎丘寺井第三，丹陽寺井第四，揚州大明寺井第五，松江第六，淮水第七。李秀卿以廬山康王谷水第一，惠山石泉第二，蘄州蘭溪石下水第三，扇子峽蝦蟇口水第四，虎丘寺井第五，廬山招賢寺方橋潭第六，揚子江南零水第七，洪州西南瀑布第八，桐栢淮源第九，廬山龍池山頂水第十，丹陽寺井第十一，揚州大明寺井第十二，漢江中零水第十三，玉虛洞香溪水第十四，武關西水第十五，松江水第十六，天台千丈瀑布第十七，柳州圓泉第十八，嚴陵灘水第十九，雪水第二十張又新《煎茶水記》。

宋　聶厚載《惠山泉记》（弘治）《無錫縣志》卷四　水之甘苦，猶人之賢愚。人生禀氣清則賢，濁則愚；水流因地潔則甘，穢則苦。石脉至潔山泉悉甘，而斯泉勝諸泉者，以其感錫之氣也。苦井投黑錫於其中，久而則甘。査梅、橙、李和鉛霜食之，則美，葢錫能變味致甘也。茲山當周秦間大産鉛、錫，豈非假其餘味乎？或云：『苟錫能致甘，則山下諸泉味當一矣，而獨美者何也？』曰：『山一而源異也。佗泉脉淺發於山表，斯泉源深出於山骨，故積霖而不溢，久旱而不竭。承平之代，錫乃深藏，故源深而得其液焉。不然，則何以滑於衆泉，重於於諸水。』或云：『古時錫産東峰，非泉脉矣。』惠山本也，東峯枝也，未有本亡而枝有者也。利物之外，尤資茗荈。陸先生嘗奇之，美名始振。夫食味別聲，人之常也；甘辛爽口，嬰耋一致。至若水之淡薄，其味各別，能於淡薄之中，紀其優劣，峻其等級，非奇人不能臻乎妙。亦猶金絲睦耳，清濁易辨，其或審興衰，察治亂，非賢者罕極其奧。審聲之奧，夔季而下，世有能者；別味之妙，生民以來，先生一人耳。且夔季於於樂，聽於心而不聽於耳；先生於水，別於心而不別於口。後之慕先生名、悅水之味者，又不別於

口，別於耳也。噫！別於耳者衆矣，非獨水之難別也。先生未生，泉味非苦；先生生後，泉方有譽，信乎！蔡邕辨薪而爨，伯樂顧駿而增價。天下之山，珠聯櫛比，山中之泉，絲棼發委，先生不登之山、未嘗之泉多矣。其間揖康洞而抗蘭谷者有之，不偶奇識，滔滔於汙潦之間，惜夫！且以無情之水，遇至鑒汲引，尚能紀名於簡冊，分甘於郡國；矧有道之士，遇知己振發，豈不能澤潤生民，道濟天下，焕令名於今古哉！前所謂水猶賢者，言非過也。感物而動，與泉作序。

宋 施宿《嘉泰會稽志》卷一一 泉品《輿地志》云：『若耶，鄭弘所居之側有鄭公泉。弘雖居台輔，常思故居。曾病困思得泉水，家人馳取，飲少許便差。泉有二脈，滴瀝出石罅，味極甘，宜茶。石之上爲行路，而泉注溪中，非山僧野叟不能知其處。』

苦竹泉在秦望山側曾文清墓，林多苦竹，泉出其下，泓潔宜茶。

傅公泉在射的山。給事中傅公崧卿先墓，因地坎窪，鑿池瀦水。每上塚以煎茗浣祭器。池縱五尺、衡六尺、深半衡之數，泓潔甘美，遇旱不涸。士夫咸謂可以方公清德，遂目之曰傅公泉。

宋 高似孫《緯略》卷一 陸羽水品：一廬山康王谷簾水；二無錫惠山石泉水東坡詩：『閒携天上小團月，來試人間第二泉』；三蘄州蘭溪石下水；四峽州扇子峽蝦蟆口水；五武丘寺井水；六廬山招賢寺下方橋潭水；七揚子江南零水；八洪州西山瀑布水；九桐栢淮源水；十廬山龍池山頂水；十一丹陽觀音寺井水；十二揚州大明寺井水；十三漢江中零水；十四歸州玉虛洞香谿水；十五商州武關西洛水；十六吴松江水；十七天台千丈瀑布水；十八郴州圓泉水；十九嚴陵灘水；二十雪水。

劉伯芻水品張又新《煎茶水記》曰劉伯芻謂水之宜茶者有七，較之陸氏品，固有異同也：一揚子江南零水；二惠山石泉水；三武丘石井水；四丹陽觀音寺井水；五揚州大明寺井水；六吴松江水；七淮水最下。

六一居士曰：『陸羽《茶經》，其論水曰：「山水為上，江水次之，井水為下。」又曰：「山水、乳泉石池漫流者上，瀑湧湍漱勿食，食之令人有癭疾。江水，取去人遠者；井水，取汲多者。」其説止於此，未嘗品第天下之水也。』張又新《煎茶水記》曰：『代宗朝李季卿，刺湖州，至維揚逢陸處士，命謹信者操舟取南零水。至，陸以杓揚水曰：「非南零者。」既傾而半，陸曰：「此南零矣。」使大駭曰：「至岸舟蕩覆半，挹岸水增之。」』李德裕嘗令所親取揚子江中零水，其人醉忘，乃汲石頭城水以給之。德裕能辨其非是，蓋不止羽能辨也。德裕好惠山泉，置驛取水。有僧言長安昊天觀井水，與惠山泉通，雜他水十餘缶試之，僧獨指其一曰：『此惠山泉水也。』文饒為罷水驛。東坡愛玉女洞泉，日致兩瓶。恐爲使者所紿，因破竹為契，使寺僧藏其一為信，謂之調水符。洞在大秦寺。按《蒲元傳》曰：『元性多奇思，於斜谷為諸葛亮鑄刀三千口。刀成，以漢水鈍弱不任淬，乃取水蜀江。水至，元曰：「水雜涪水不中用。」取水者捍言不雜，元以刀畫水，言雜水八升。取水者叩頭云：「于涪津覆水，以涪水八升益之。」』然則別水固有此事。淄澠之辨，蓋始於易牙也易牙名巫，牙其字也。見孔穎達《左傳疏》。如東坡《汲江水煎茶》詩：『活水還須活火烹，自臨釣石取深清。』此二句直入茶泉理窟。夫天下名泉不知有幾，豈止如二公所品而已哉！歐公《汝陰》詩：『水味甘于大明井。』山谷《省中烹茶》詩：『閤門井不落第二，竟陵谷簾空誤書。』謂此也。

又卷七《雪茶》 陸羽第水，雪水品二十，以雪水滯而太冷也。晉羊孚《雪贊》曰：『資清以化，乘氣以霏，遇象能鮮，即潔成輝。』雪蓋取其精潔也，安可謂之冷滯耶？喻鳧詩：『煮雪問茶味，當風看鴈門。』白居易詩：『吟詠霜毛筆，閒嘗雪水茶。』丁晉公茶詩：『痛惜留書篋，堅藏待雪天。』胡文恭詩：『雪溜雲腴試早芽。』皆是雪水瀹茶也。曹松詩：『讀易明高燭，煎茶取折冰。』姚合詩：『研露題詩潔，銷冰煮茗香。』則又以冰瀹茶也。逸人王休居太白山下，冬至取溪冰，敲其精瑩者，煮茗共客飲之。王仁裕《開元天寶遺事》無非取其潔清也。

宋 高似孫《剡録》卷一〇《草木禽魚下·泉品》 陸羽水品二十，劉伯蒭水品七，品藻天下名泉也。余盡取剡中潭谷水入茶，三歎茶非水不可，水得茶方神耳。盧天驥《玉虹亭試茶》詩：『纔見飛泉眼卽明，玉虹垂地半天聲。何時蕭散無公事，洗鉢重來汲淺清。』又：『航湖未逐鴟夷子，得水今同桑苧翁。試遣茶甌作花乳，從教兩腋起清風。』斯人殊有風度。作泉品。

葛仙翁井泉

瀑布泉，縣西太白山。

五龍潭，縣西北。

簟山三潭，縣東四明山。

石門潭，縣西。

響巖潭，縣西。

動石潭，縣北。

三懸潭，縣西南之北。

紫巖潭，縣西。

槖潭，縣西北。

亞父潭，縣西。

雪潭泉，上乘寺。

偃公泉

龍藏大井

明覺大井

竹山大井

謝巖潭

獅子巖大井

元 忽思慧《飲膳正要》卷二《諸水》

玉泉水

甘，平，無毒。治消渴，反胃，熱痢。今西山有玉泉水，甘美味勝諸泉。

井華水

甘平，無毒。主人九竅大驚出血，以水噀面即住。及洗人目翳。投酒醋中，令人損敗，平旦汲者是也。今內府御用之水，常於於鄒店取之。緣自至大初武宗皇帝幸柳林飛放，請皇太后同往觀焉。由是道經鄒店，因渴思茶，遂命普蘭奚國公金界奴朶兒只煎造。公親詣諸井選水，唯一井水，味頗清甘。汲取煎茶以進，上稱其茶味特異。內府常進之茶，味色兩絶。乃命國公於井所建觀音堂，蓋亭井上，以欄翼之，刻石紀其事。自後御用之水，日必取焉。所造湯茶，比諸水殊勝，鄰左有井，皆不及也。此水煎熬過，澄瑩如一。常較其分兩與別水增重。

明 朱權《茶譜・品水》 臞仙曰：青城山老人村杞泉水第一，鍾山八功德水第二，洪崖丹潭水第三，竹根泉水第四。

或云：『山水上，江水次，井水下。』伯芻以揚子江心水第一，惠山石泉第二，虎丘石泉第三，丹陽井第四，大明井第五，松江第六，淮水第七。

又曰：廬山康王洞簾水第一，常州無錫惠山石泉第二，蘄州蘭溪石下水第三，硤州扇子硤下石窟洩水第四，蘇州虎丘山下水第五，廬山石橋潭水第六，揚子江中泠水第七，洪州西山瀑布第八，唐州桐柏山淮水源第九，廬山頂天池之水第十，潤州丹陽井第十一，揚州大明井第十二，漢江金州上流中泠水第十三，歸州玉虛洞香溪第十四，商州武關西谷水第十五，蘇州吳松江第十六，天台西南峰瀑布水第十七，彬州圓泉第十八，嚴州桐盧江嚴陵灘水第十九，雪水第二十。

明 李時珍《本草綱目》卷五《水部・臘雪》 釋名：時珍曰：按劉熙《釋名》云：雪，洗也。洗除瘴癘蟲蝗也。凡花五出，雪花六出，陰之成數也。冬至後第三戊爲臘。臘前三雪，大宜菜麥，又殺蟲蝗。臘雪密封陰處，數十年亦不壞；用水浸五穀種，則耐旱不生蟲；灑几席間，則蠅自去；淹藏一切果食，不蛀蠹，豈非除蟲蝗之驗乎。藏器曰：春雪有蟲，水亦易敗，所以不收。氣味：甘，冷，無毒。主治：解一切毒，治天行時氣溫疫，小兒熱癇狂啼，大人丹石發動，酒後暴熱，黄疸，仍小温服之藏器。洗目，退赤張從正。煎茶煮粥，解熱止渴吳瑞。宜煎傷寒火暍之藥，抹痱亦良時珍。發明：宗奭曰：臘雪水，大寒之水也，故治以上諸病。

又《流水》

《拾遺》集解：時珍曰：流水者，大而江河，小而溪澗，皆流水也。其外動而性静，其質柔而氣剛，與湖澤陂塘之止水不同。然江河之水濁，而溪澗之水清，復有不同焉。觀濁水流水之魚，與清水止水之魚，性色迥別；淬劍染帛，各色不同；煮粥烹茶，味亦有異。則其入藥豈可無辨乎。

又《井泉水》 釋名：時珍曰：井字象井形，泉字象水流穴中之形。集解：穎曰：井水新汲，療病利人。平旦第一汲，爲井華水，其功極廣，又與諸水不同。凡井水有遠從地脉來者，爲上；有從近處江湖滲來者，次之；其城市近溝渠污水雜入者，成鹼，用須煎滾，停一時，候鹼澄乃用之，否則氣味俱惡，不堪入藥、食、茶、酒也。雨後水渾，須擂入桃、杏仁澄之。

又《阿井泉》

綱目氣味：甘、鹹，平，無毒。主治：下膈，疏痰，止吐時珍。發明：時珍曰：阿井在今兗州陽穀縣，即古東阿縣也。沈括《筆談》云：『古說濟水伏流地中，今歷下凡發地下皆是流水。東阿亦濟水所經，取井水煮膠謂之阿膠。其性趣下，清而且重，用攪濁水則清，故以治淤濁及逆上之痰也。』又青州范公泉，亦濟水所注，其水用造白丸子，利膈化痰。《管子》云：『齊之水，其泉青白，其人堅勁，寡有疥瘙，終無痟酲。』水性之不同如此。陸羽烹茶，辨天下之水性美惡，烹藥者反不知辨此，豈不戾哉！

明 錢椿年《茶譜·煎茶四要》 一擇水

凡水泉，不甘能損茶味之嚴，故古人擇水，最爲切要。山水上，江水次，井水下。山水、乳泉漫流者爲上，瀑湧湍激勿食，食久令人有頸疾。江水取去人遠者，井水取汲多者，如蟹黃混濁、鹹苦者，皆勿用。

又《附竹爐并分封六事》 苦節君銘

肖形天地，匪冶匪陶。心存活火，聲帶湘濤。一滴甘露，滌我詩腸。清風兩腋，洞然八荒。

戊戌秋八月望日錫山盛顒著。

茶具六事，分封悉貯於此，侍從苦節君於泉石山齋亭館間。執事者故以行省名之。按：《茶經》有一源、二具、三造、四器、五煮、六飲、七事、八出、九略、十圖之說，夫器雖居四，不可以不備，闕之則九者皆荒而茶廢矣。得是，以管攝眾。器固無一闕，況兼以惠麓之泉，陽羨之茶，烏乎廢哉。陸鴻漸所謂都籃者，此其是與款識。以湘筠編製，因見圖譜，故不暇論。

庚申春三月穀雨日，惠麓茶仙盛虞識。六事分封見後。

【略】

泉汲於雲根，取其潔也。欲全香液之腴，故以石子同貯瓶缶中，用供烹煮。水泉不甘者，能損茶味，前世之論，必以惠山泉宜之。今名雲屯，蓋雲即泉也，得貯其所，雖與列職諸君同事，而獨屯於斯，豈不清高絕俗而自貴哉。

【略】

茶之真味，蘊諸鎗旗之中，必浣之以水而後發也。既復加之以火，投之以泉，則陽噓陰翕，自然交姤而馨香之氣溢於鼎矣。故凡苦節君器物用事之餘，未免有殘瀝微垢，皆賴水沃盥，名其器曰水曹，如人之濯於盤水，則垢除體潔，而有日新之功，豈不有關於世教也耶。

明 楊慎《楊升庵集》卷七二《煎茶》 張又新《煎茶水記》：『粉槍末旗，蘇蘭薪桂。』陸羽《茶經》：『育華救沸。』皆奇俊語。

明 王士性《廣志繹》卷二《兩都》 虎丘天池茶今爲海內第一。余觀茶品固佳，然以人事勝，其採揉焙封法度，錙兩不爽，即吾台大盤不在天池下，而爲作手不佳，真汁皆揉而去，故焙出色味不及彼，又多用紙封，而蘇人又謂紙收茶氣，咸盛以磁礶，其貴重之如此。余入滇，飲太華茶，亦天池亞，又啜蜀淩雲，清馥不減也。然鴻漸《茶經》乃云：『浙西以湖州上，常州次，宣州、杭州、睦州、歙州下，潤州、蘇州又下；浙東以越州上，明州、婺州次，台州下；劍南以彭州上，綿州、蜀州次，邛州次，雅州、瀘州下，眉州、漢州又下，而不及嘉與滇。』豈山川清淑之氣鍾之物者故與時異耶？

明 徐獻忠《水品》卷下《上池水》 湖守李季卿與陸處士論水精劣，得二十種，以雪水品在末後，是非知水者。昔者秦越人遇長桑君，飲以上池之水，三十日當見物。上池水者，水未至地，承取露華水也。《漢武志》慕神僊，以露盤取金莖飲之。此上池眞水也，《丹經》以方諸取太陰眞水，亦此義。予謂露雪雨冰，皆上池品，而露爲上。朝露未晞時，取之栢葉及百花上佳，服之可長年不饑。《續齊諧記》：『司農鄧沼，八月朝，入華山，見一童子以五色囊承取承葉下露，露皆如珠，云：「赤松先生取以明目。」』《呂氏春秋》云：『水之美者，有三危之露。』爲水即味重於水也。《本草》載：『六天氣，令人不饑，長年美顏色，人有急難阻絕之處，用之如龜蛇服氣不死。』陵陽子明《經》言：『春食朝露，秋食飛泉，冬食沆瀣，夏食正陽，并天玄地黃，是爲六氣。』亦言『平明爲朝露，日中爲正陽。日入爲飛泉，夜半爲沆瀣。』此又服氣之精者。

玉井水

玉井者，諸產有玉處，其泉流澤潤，久服令人僊。《異類》云：『崑崙山有一石柱，柱上露盤，盤上有玉水溜下，土人得一合服之，與天地同年。』又太華山有玉水，人得服之長生。』今人山居者多壽考，豈非玉石之津乎。

《十洲記》：『瀛洲，有玉膏泉如酒，令人長生。』

南陽酈縣北潭水

酈縣北潭水，其源悉芳菊生被岍，水爲菊味。盛洪之《荆州記》：『太尉胡廣久患風羸，常汲飲此水，遂瘳。』《抱朴子》云『酈縣山中有甘谷水』，其居民悉食之，無不壽考。故司空王暢、太尉劉寬、太傅袁隗，皆爲南陽太守，常使酈縣，月送甘谷水四十斛，以爲飲食，諸公多患風痺及眩，皆得愈。

按：寇宗奭《衍義》，菊水之説甚怪，水自有甘澹，焉知無有菊味者？嘗官於永耀間，沿幹至洪門北山下古石渠中，泉水清徹，其味與惠山泉水等。亦微香，烹茶尤相宜。由是知泉脉如此。

金陵八功德水

八功德水，在鍾山靈谷寺。八功德者：一清、二冷、三香、四柔、五甘、六淨、七不噎、八除痾。昔山僧法喜，以所居乏泉，精心求西域阿耨池水，七日掘地得之。梁以前，常以供御池，故在峭壁。國初遷寶誌塔，水自從之，而舊池遂涸，人以爲異。謂之靈谷者，自琵琶街鼓掌相應，若彈絲聲，且志其徙水之靈也。陸處士足迹未至此水，尚遺品録。予以次上池玉水及菊水者，蓋不但譜諸草木之英而已。

鍾陰有梅花水，手掬弄之，滴下皆成梅花。此石乳重厚之故，又一異景也。鍾山故有靈氣，而泉液之佳，無過此二水。

句曲山喜客泉

大茅峰東北，有喜客泉，人鼓掌卽湧沸，津津散珠。昭明讀書臺下拊掌泉，亦同此類。茅峰故有丹金，所產多靈木，其泉液宜勝。按：陶隱居《眞誥》云：茅山『左右有泉水，皆金玉之津氣』。又云：『水味是清源洞遠沾爾，水色白，都不學道，居其土，飲其水，亦令人壽考。是金津潤液之所溉耶。』今之好遊者，多紀岩壑之勝，鮮及此也。

王屋山玉泉聖水

王屋山，道家小有洞天。蓋濟水之源，源於天壇之巔，伏流至濟瀆祠，復見合流，至溫縣虢公臺，入於河，其流汛疾。在醫家去痾，如東阿之膠，青州之白藥，皆其伏流所製也。其半山有紫微宮，宮之西，至望僊坡北折一里，有玉泉，名玉泉聖水。《眞誥》云：『王屋山，僊之別天，所謂陽臺是也。諸始得道者，皆詣陽臺。陽臺是清虛之宮。下生鮑濟之水，水中有石精，得而服之可長生』。

泰山諸泉

玉女泉，在岳頂之上，水甘美，四時不竭，一名聖水池。白鶴泉，在昇元觀後，水洌而美。王母池，一名瑤池，在泰山之下，水極清，味甘美。崇寧間，道士劉崇甃石。

此外有白龍池，在岳西南，其出爲渿河。僊臺嶺南一池，出爲汶河。桃花峪，出爲泮河。天神泉懸流如練，皆非三水北也。

天書觀傍，有醴泉。

華山涼水泉

華山第二關卽不可登越，鑿石竅，插木攀援若猿猱，始得上。其涼水泉，出竇間，芳列甘美，稍以憩息，固天設神水也。自此至青牛，平入通僊觀，可五里爾。

終南山澂源池

終南山之陰太乙宮者，漢武因山有靈氣，立太乙元君祠於澂源池之側。宮南三里，入山谷中，有泉出奔，聲如擊筑、如轟雷，卽澂源派也。池在石鏡之上，一名太乙湫，環以羣山，雄偉秀特，勢逼霄漢。神靈降遊之所，止可飲勺取甘，不可穢褻，蓋靈山之脉絡也。杜陵、韋曲列居其北，降生名世有自爾。

京師西山玉泉

玉泉山在西山大功德寺西數百步，山之北麓，鑿石爲螭頭，泉自口出，瀦而爲池。瑩徹照暎，其水甘潔，上品也。東流入大內，注都城出大通河，爲京師八景之一。京師所艱得惟佳泉，且北地暑毒，得少憩泉上，便可忘世味爾。

又西香山寺有甘露泉，更佳。道險遠，人鮮至，非內人建功德院，幾不聞人間矣。

偃師甘露泉

甘泉在偃師東南，瑩徹如練，飲之若飴。又緱山浮丘塚，建祠於庭下，出一泉，澄澈甘美，病者飲之卽愈，名浮丘靈泉。

林慮山水簾

大行之奇秀，至林慮之水簾爲最。水聲出亂石中，懸而爲練，湍而爲

漱，飛花旋碧，喧豗飄洒。其瀦而爲泓者，清澈如空，纖芥可見。坐數十人，蓋天下之奇觀也。

蘇門山百泉

蘇門山百泉者，衛源也。《毖彼泉水》詩，今尚可誦。其地山岡勝麗，林樾幽好，自古幽寂之士，卜築嘯詠，可以洗心漱爾。晉孫登、嵇康，宋邵雍皆有陳迹可尋。討其光寒沕穆之象，聞之且可悍心，況下上其間耶？

濟南諸泉

濟南名泉七十有二，論者以瀑流爲上，金線次之，珎珠又次之；若玉環、金虎、柳絮、皇華、無憂及水晶簟，皆出其下。所謂瀑流者，又名趵突，在城之西南濼水源也。其水湧瀑而起，久食多生頸疾。金線泉，有紋如金線；珎珠泉，今王府中，不待振足拊掌，自然湧出珠泡，恐皆山氣太盛，故作此異狀也。然昔人以三泉品，居上者，以山川景象秀朗而言爾；未必果在七十二泉之上也。有杜康泉者，在舜祠西廡，云杜康取此釀酒。昔人稱揚子中泠水，每升重二十四銖，此泉止減中泠一銖。今爲覆屋而堙，或去廡屋受雨露，則靈氣宣發也。又大明湖，發源於舜泉，爲城府特秀處。繡江發源長白山下，二處皆有芰荷洲渚之勝，其流皆與濟水合。恐濟水隱伏其間，故泉池之多如此。

廬山康王谷水

陸處士云：瀑湧湍漱，勿食之，康王谷水簾上下，故瀑水也，至下潭澄寂處，始復其眞性。李季卿序次有瀑水，恐托之處士。

楊子中泠水

徃時江中惟稱南零水，陸處士辨其異於岸水，以其清澈而味厚也，今稱中泠。徃時金山屬之南岸，江中惟二泠，蓋指石簰山南北流也。今金山淪入江中，則有三流水，故昔之南泠，乃列爲中泠爾。中泠有石骨，能渟水不流，澄凝而味厚。今山僧憚汲險，鑿西麓一井代之，輒指爲中泠，非也。

無錫惠山寺水

何子叔皮一日汲惠水遺予，時九月就涼，水無變味，對其使烹食之，大佳也。明年，予走惠山，汲煑陽羨鬭品，乃知是石乳。就寺僧再宿而歸。

州噴霧崖瀑

在蟠龍山，飛瀑傾注，噴薄如霧，宋張商英遊此題云：『水味甘腴，偏宜煑茗。』范成大亦以爲天下瀑布第一。

萬縣西山包泉

宋元符間，太守方澤爲銘，以其品與惠山泉相上下。轉運張縯詩：『更挹岩泉分茗碗，舊遊彷彿記孤山。』

雲陽縣有天師泉，止自五月江漲時溢出，九月卽止。雖甘潔清冽，不貴也；多喜山雌雄泉，分陰陽盈竭，斯異源爾。

潼川

鹽亭縣西，自劍門南來四百里爲負戴山。山有飛龍泉，極甘美。

遂寧縣東十里，數峰壁立，有泉自岩滴下成穴，深尺餘。紺碧甘美，流注不竭，因名靈泉。宋楊大淵等守靈泉山卽此。

鴈蕩龍鼻水浙東名山，自古稱天台，而鴈蕩不著，今東南勝地輒稱之。其上有二龍湫：大湫數百頃，小湫亦不下百頃。勝處有石屏、龍鼻水。屏有五色異景，石乳自龍鼻滲出，下有石渦承之，作金石聲，皆自然景象，非人巧也。小湫今爲遊僧開瀉成田，郡內養蔭龍氣，在術家爲龍樓眞氣，今泄之，山川之秀頓減矣。

天目山潭水

浙西名勝必推天目。天目者，東西各一湫如目也。高巔與層霄北近，靈景超絕，下發清泠，與瑤池同勝。山多雲母、金沙，所產吳朮、附子、靈壽藤，皆異頴，何下於杞菊水。南北皆有六潭，道險不可盡歷，且多異獸，雖好遊者不能遍。出深氣早寒，九月卽閉關，春三月方可出入。其迹靈異，晴空稍起雲一縷，雨輒大至，蓋神龍之窟宅也。山居谷汲，予有夙慕云。

吳興白雲泉

吳興金蓋山，故多雲氣。乙未三月，與沈生子內曉入山。觀望四山，繚遶如垣，中間田叚平衍，環視如在甑中受蒸潤也。少焉日出，雲氣漸散，惟金蓋獨遲，越不易解。予謂氣盛必有佳泉水，乃南陟坡陁，見大楊梅樹下，汩汩有聲，清泠可愛，急移茶具就之，茶不能變其色。主人言，

十里內蠶絲俱汲此衮之，輒光白大售。下注田叚，可百畝，因名白雲泉云。

吳興更有杼山珎珠泉，如錢唐玉泉，可拊掌出珠泡。玉泉多餌五色魚，穢垢山靈爾。杼山因僧皎然夙著。

顧渚金沙泉

顧渚每歲採貢茶時，金沙泉卽涌出。茶事畢，泉亦隨涸，人以爲異。元末時，乃常流不竭矣。

碧林池在吳興弁山太陽塢

《避暑録》云：『吾居東西兩泉，匯而爲沼，纔盈丈，溢其餘於外不竭。東泉決爲澗，經碧林池，然後匯大澗而出。兩泉皆極甘，不減惠山，而東泉尤洌。』

四明山雪竇上岩水

四明山巔出泉甘洌，名四明泉上矣。南有雪竇，在四明山南極處，千丈岩瀑水殊不佳，至上岩約十許里，名隱潭，其瀑在險壁中，甚奇怪。心弱者，不能一置足其下，此天下奇洞房也。至第三潭水，清沚芳潔，視天台千丈瀑殊絕爾。天台康王谷，人跡易至，雪竇甚闕，潭又雪竇之闕者。世間高人自晦於蓬藋間，若此水者，豈堪算計耶。

天台桐柏宮水

宮前千仞石壁，下發一源，方丈許，其水自下湧起如珠，溉灌甚多，水甘冽入品。

黃岩靈谷寺香泉

寺在黃岩、太平之間，寺後石罅中，出泉甘冽而香，人有名爲聖泉者。

麻姑山神功泉

其水清冽甘美，石中乳液也。土人取以釀酒，稱麻姑者，非釀法，乃水味佳也。

黃岩鐵篩泉

方山下出泉甚甘，古人欲辟其泛沙，置鐵篩其內，因名。士大夫煎茶，必買此水，境內無異者。有宋人潘愚谷詩黃岩八景之意也。

樂清縣沐簫泉

沐簫是王子晉遺迹，山上有簫臺，其水闔境，用之，佳品也。

福州閩越王南臺山泉

泉上有白石壁，中有二鯉形，陰雨鱗目粲然。貧者汲賣泉水，水清冷可愛。土人以南山有白石，又有鯉魚，似甯戚歌中語，因傅會戚飯牛於此。

桐廬嚴瀬水

張君過桐廬江，見嚴子瀨溪水清泠，取煎佳茶，以爲愈於南泠水。予嘗過瀨，其清湛芳鮮，誠在南泠上。而南泠性味俱重，非瀨水及也。瀨流瀉處，亦殊不佳。臺下灣窈廻洑澄渟，始是佳品。必緣陟上下方得之，若舟行捷取，亦常然波爾。

姑蘇七寶泉

光禄寺左鄧尉山東三里有七寶泉，發石間，環甃以石，形如滿月。庵僧接竹引之，甚甘。吳門故乏泉，雖虎丘名陸羽泉，予尚以非源水下之。顧此水不録，以地僻隱，人迹罕至故也。

宜興洞水

善權寺前有湧金泉，發於寺後小水洞，有竇形如偃月，深不可測。李司空碑謂微時親見白龍騰出洞中，蓋龍穴也，恐不可食。今人有飲者，云無害。西南至大水洞，其前湧泉奔赴石上，濺沫如銀，注入洞中。出小水洞，蓋一源也。

張公洞東南至會僊岩，其下空洞，有泉出焉。自右而趨，有聲潺潺可聽。

南岳銅官山麓有寺，寺有卓錫泉，其地卽古之陽羨，產茶獨佳。每季春，縣官祀神泉上，然後入貢。

寺左三百步，有飛瀑千尺，如白龍下飲，匯而爲池。相傳稠錫禪師卓錫出泉於寺，而剖腹洗腸於此，今名洗腸池。此或巢由洗耳之意，或飲此水可以滌腸中穢迹，因而得名爾。其側有善行洞，庵後有泉出石間，涓涓不息。僧引竹入厨煎茶，甚佳。天下山川，奇怪幽寂，莫逾此三洞。近溧陽史君恭甫，更於玉女潭搜剔水石，搆結精廬，其名勝殆冠絕，雖降僊眞可也，況好遊人士耶？

華亭五色泉

松治西南數百步，相傳五色泉，士子見之，輒得高第。今其地無泉，止有八角井，云是海眼。禱雨時，以魚負鐵符下其中，後漁人得之。白龍潭井水，甘而冽，不下泉水。所謂五色泉，當是此，非別有泉也。丹陽觀音寺、楊州大明寺水，俱入處士品，予嘗之與八角無異。

金山寒穴泉

松江治南海中金山上有寒穴泉。按：宋毛滂《寒穴泉銘序》云：『寒穴泉甚甘，取惠山泉並嘗，至三四反覆，略不覺異。』王荆公《和唐令寒穴泉》詩有云：『山風吹更寒，山月相與清。』今金山淪入海中，汲者不至，他日桑海變遷，或仍爲岸谷，未可知也。

明　蔣灼《〈水品〉跋》《水品》　徐子伯臣，往時曾作唐詩品，今又品水，豈水之與詩，其泠然之聲、沖然之味有同流邪？予嘗語田子曰：『吾三人者，何時登崑崙、探河源，聽奏鈞天之洋洋，還涉三湘，過燕秦諸川，相與飲水賦詩，以盡品咸池、韶濩之樂，徐子能復有以許之乎！』餘杭蔣灼跋。

明　許次紓《茶疏・虎林水》　杭兩山之水，以虎跑泉爲上。芳冽甘腴，極可貴重。佳者乃在香積廚中土泉，故其土氣，人不能辨其次。若龍井、珍珠、錫丈、韜光、幽淙、靈峰，皆有佳泉，堪供汲煮。及諸山溪澗澄流，併可斟酌，獨水樂一洞，跌蕩過勞，味遂漓薄。玉泉往時頗佳，近以紙局壞之矣。

明　高元濬《茶乘》卷一《品水》　劉伯芻品揚子江南零水第一；無錫惠山泉水第二；蘇州虎丘寺石泉水第三；丹陽縣觀音寺水第四；揚州大明寺水第五；吴淞江水第六；淮水最下。

陸鴻漸品廬山康王谷水第一，無錫縣惠山寺石泉水第二，蕲州蘭溪石下水第三，峽州扇子峽蝦蟇口水第四，蘇州虎丘寺石泉水第五，廬山招賢寺下方橋潭下水第六，揚子江南零水第七，洪州西山瀑布第八，唐州淮水源第九，廬州龍池山頂水第十，丹陽縣觀音寺水第十一，揚州大明寺水第十二，漢江金州上游中零水第十三，歸州玉虚洞香溪水第十四，商州武關西洛橋水第十五，吴淞江水第十六，天台山西南峰千丈瀑布水第十七，郴州員泉水第十八，桐江嚴陵灘水第十九，雪水二十。

明　高元濬《茶乘拾遺》卷上　多置器以藏梅水，投伏龍肝兩許，月餘取用，至益人。龍肝，竈心乾土也，或云乘熱投之。

明　龍膺《蒙史》卷上《泉品述》　醴泉，泉味甜如酒也。聖王在上，德普天地，刑賞得宜，則醴泉出。食之，令人壽考。

玉泉，玉石之精液也。《山海經》：『蜜山出丹水中，多玉膏，其源沸湯，黄帝自食。』《十洲記》：『瀛洲玉石，高千丈。出泉如酒，味甘，名玉醴泉，食之長生。』又方丈洲有玉石泉，崑崙山有玉水。元洲玄澗，水如蜜漿，飲之與天地相畢。又曰：『生洲之水，味如飴酪。』

《淮南子》曰：『崑崙四水者，帝之神泉，以和百藥，以潤萬物。』

《括地圖》曰：『負丘之山，上有赤泉，飲之不老。神宫有英泉，飲之眠三百歲，乃覺，不知死。』

《瑞應經》曰：『佛持鉢到迦葉家受飯，而還於屏處。食已，欲澡漱。天帝知佛意，即下以手指地，水出成池，令佛得用，名為指地池。』

如來八功德水：一清、二冷、三香、四柔、五甘、六淨、七不咽、八蠲痾。梁胡僧曇隱寓鍾山，值旱，有眉叟語曰：『予山龍也，措之何難？』俄而一沼沸出。後有西僧至，云：『本域八池，已失其一。』

梁天監初，有天竺僧智藥，泛舶曹溪口，聞異香，掬嘗其味，曰：『上流必有勝地。』遂開山立石，乃云：『百七十年後，當遇無上法師在此演法。』今六祖南華寺是也。

梁景泰禪師，居惠州寶積寺，無水，師卓錫於地，泉湧數尺，名卓錫泉。東坡至羅浮，入寺飲之，品其味，出江水遠甚。

大庾嶺雲封寺東泉，自石穴湧出，甘冽可愛。大鑑禪師傳鉢南歸，卓錫於此。

《武陵廖氏譜》云：『廖平以丹砂三十斛，冥所居井中，飲是水以祈壽。』《抱朴子》曰：『余祖鴻臚，為臨沅令。有民家飲丹井，世壽考，或百歲，或八九十歲。』即廖氏云。又西湖葛井，乃稚州煉所，在馬家園。役淘井，出石匣，中有丹數枚，如芡實，啖之無味，棄之。有施漁翁者，拾一粒食之，壽一百六歲。此丹水尤難得。

翁源山頂石池，有泉八，曰涌泉、香泉、甘泉、溫泉、震泉、龍泉、乳泉、玉泉。相傳一龐眉叟時見池中，因名翁水。居人飲此多壽。

柳州融縣靈巖上，有白石，巍然如列仙。靈壽溪貫入巖下，清響作環

佩聲。舊傳仙史投丹於中，飲者多壽。

《列居傳》曰：負局先生止吳山絕崖，世世懸藥與人，曰：『吾欲還蓬萊山，為汝曹下神水，涯頭一旦有水，白色從石間來下，服之多所愈。』以上皆靈泉。

《爾雅》曰：『河出崑崙墟，色白。』又曰：『泉，一見一否為瀸。』又濫泉：正出，正湧出也；沃泉，懸出，懸下出也；泛泉，仄出，仄旁出也。湟中北石泉，自仄出。

石，山骨也；流，水行也。山宣氣以產萬物；氣宣則脈長，故陸鴻漸曰：『山水上。』

江，公也；眾水共入其中，則味雜，故曰『江水中』。惟揚子江金山寺之中泠，則夾石渟淵，特入首品，為天下第一泉。

御史李季卿至維揚，逢陸鴻漸，命軍士入江赴南泠取水。及至，陸以杓揚水嘗之，俄曰：『非南泠，臨岸者乎！』傾至半，遽曰：『止，是南泠矣！』使者乃吐實。李與賓從皆大駭，因問歷處之水。陸曰：『楚水第一，晉水最下。』因命筆口授而次第之。南泠即仲泠也。

慧山源出石穴，陸羽品為第二泉，又名陸子泉。李德裕在中書，自毘陵至京，置驛遞，名水遞。人甚苦之。有僧詣曰：『京都一眼井與惠泉脈通。』公笑曰：『真荒唐也，井在何坊曲？』僧曰：『昊天觀常住庫後是也。』公因取惠山一罌，昊天一罌，雜他水八罌，遣僧辨析。僧啜之，止取惠山、昊天二水，公大奇歎，水遞遂停。

李贊皇有親知奉使金陵者，命置中泠水一壺。其人舉棹忘之，至石頭城，乃汲一瓶歸獻。李飲之曰：『江南水味變矣，此何似建業城下水也！』其人謝過。膺令軍吏取湟之北泉，吏乃近取南泉以代。予嘗而別之曰：『非北泉也。』吏不敢隱。

王仲至謂嘗奉使至仇池，有九十九泉，萬山環之，可以避世如桃源。有龍泉出允街谷，泉眼之中水文成蛟龍。或試撓破之，尋平成龍。牛馬諸獸將飲者，皆畏辟而走，謂之龍泉。

白樂天《廬山草堂》記云：『堂北五步處，層崖積石，綠陰蒙蒙，又有飛泉，植茗就以烹燀，好事者見可以永日。』

東坡知揚州時，與發運使晁端彥、吳倅、晁無咎大明寺汲塔院西廊井與下院蜀井二水校高下，以塔院水為勝。

東坡云：『惠州之佛院東湯泉、西冷泉，雪如也。杭州靈隱寺亦有冷泉亭。』

瓊州三山庵下，有泉味類惠山。東坡名之曰『惠通井』，而為之記。

廬州東有浮槎山，梵僧過而指曰：『此耆闍一峯也，頂有泉，極甘。』歐陽公作記。

廬城官宅，井苦。李錫為令，變為甘泉。張掖南城亦有泉，甚甘，因名。

范文正公鎮青，興龍僧舍西南洋溪中，有醴泉湧出。公構一亭泉上，刻石記之。青人思公之德，目曰『范公泉』。環古木蒙密，塵跡不到，去市廛纔數百步，如在青山中。自是幽人逋客，往往賦詩鳴琴，烹茶其上，日光玲瓏，珍禽上下，真物外遊也。歐陽文忠、劉翰林貢父賦詩刻石，及張禹功、蘇唐卿篆石榜之。亭中最為營丘佳處。

承天紫蓋山，當陽道書三十三洞天。林石皆紺色，下出綵水，香甘異常。

荊門兩峯，對起如娥眉，上有浮香、漱玉諸亭，為游憩之所。山麓二泉，北曰蒙，南曰惠。泉以陸象山守是州而重，至今州人德之，祠貌陸公於池上。膺飲湟之北泉，甚洌，合名曰『蒙惠』。以泉自山下出，故曰『蒙』；味如惠泉，故曰『惠』。

河中府舜泉坊，二井相通。祥符中，真宗祠汾駐驛蒲中，車駕臨觀，賜名『孝廣泉』，並以名其坊，御製贊紀之。蒲濱河，地鹵泉鹹，獨此井甘美，世以為異。

濟南水泉清冷，凡七十二。如舜泉、瀑流、真珠、洗鉢、孝感、玉環之類，皆奇。曾子固詩，以瀑流為趵突泉為上。又杜康泉，康汲此釀酒，或以中泠及惠泉稱之，一升重二十四銖，是泉較輕一銖。

南康城西有谷簾泉，水如簾，布巖而下者三十餘派，陸羽品其味第一。

王禹偁云：『康王谷為天下第一水，簾高三百五十丈，計程一月，其味不變。』

泉州城北泉山，一名齊雲，巖洞奇秀，上有石乳，泉清洌甘美。又泰

寧石門有飛泉，垂巖而下，甚甘，名甘露巖。

建寧城中鳳皇山下，有龍焙泉，一名御泉，宋時取此水造茶入貢。

福寧龍首山西麓，有泉曰聖泉，甘洌，可愈疾。

彬州城南有香泉，味甘洌。屬邑興寧有程鄉水，亦美。

蘄水鳳棲山下，有陸羽泉。《經》謂天下第三泉。

夔州梁山、蟠龍山中，崖高數十丈，飛濤噴薄如霧。張育英游此題云：『泉味甘洌，非陸羽莫能辨。』

衛郡蘇門山下有百門泉，泉上噴如珠，下有瑤草。先君玄扈公理輝，有惠政，輝人祠貌先君子泉石之上。

內鄉天池山上有池，《山海經》云：『帝臺之漿也，可愈心疾。』又有菊潭，崖旁產甘菊，飲此水多壽。《風俗通》云：『內鄉山磵有大菊，磵水從山流，得其花味，甚甘美。』

盩厔玉女洞有飛泉，甘且洌。蘇軾過此，汲兩瓶去，恐後復取為從者所給，乃破竹作券，使寺僧藏之，以為往來之信，戲曰調水符。

嚴陵釣臺下，水甚清激，陸羽品居第十九。

《寰宇記》南劍州天階山乳泉，飲之登山嶺如飛。乳泉、石鍾乳，山骨之膏髓也。色白體重，極甘而香若甘露。

武陵郡卓刀泉，在仙婆井傍。漢壽亭侯過此渴甚，以刀卓地出泉。下有奇石，脈與武陵溪通，即洚水不溢，大旱不竭也。後人嘉其甘洌，又名『清勝泉』。予恆酌之，與南泠等。沅湘間故多佳水，此其一焉。

泉非石出者，必不佳。故《楚詞》云：『飲石泉兮蔭松柏。』皇甫曾《送陸羽》詩：『幽期山寺遠，野飲石泉清。』

東坡白鶴山新居，鑿井四十尺，遇盤石，石盡，乃得泉。有『一勺亦天賜，曲肱有飲歡』之句。

東坡《洞酌亭》詩引：『瓊山郡東，眾泉觱發，然皆洌而不食。』軾南遷過瓊，始得雙泉之甘於城之東北隅，以告其人，自是汲者常滿。泉相去咫尺而異味。庚辰歲，遷於合浦，復過之，太守陸公求泉上亭名，與詩，名曰『洞酌』。又《廉泉詩》：『水性故自清，不清或撓之。君看此廉泉，五色爛摩尼。廉者為我廉，我以此名為。有廉則有貪，有慧則有癡。誰為柳宗元，孰是吳隱之。漁父足豈潔，許由耳何淄。紛然立名字，此水了不知。毀譽有時盡，不知無盡時。朅來廉泉上，將須看鬚眉。好在水中人，到處相娛嬉。』

古法鑿井者，先貯盆水數十，置所鑿之地，夜視盆中有大星異眾星者，必得甘泉。范文正公所居宅，必先浚井，納青木數斤於其中，以辟瘟氣。

山木欲秀，蔭若叢惡則傷泉，雖未能使瑤草瓊花披拂其上，而修竹幽蘭自不可少。

作屋覆泉，不惟殺風景，亦且陽氣不入，能致陰損。若其小者，作竹罩籠之，以防不潔可也。

移水取石子置瓶中，雖養泉味，亦可澄水，令之不淆。黃魯直《惠山泉》詩：『錫谷寒泉撱石俱。』是也。撱音妥。擇水中潔淨白石帶泉煮之，尤妙。

凡臨佳泉，不可容易漱濯，犯者每為山靈所憎。尤忌以不潔之器汲之。

泉最忌為婦女所厭。予除治北泉，設祭躬禱，泉脈益甚，若有神物護之。數日後，聞亦有婦往汲，見巨蛇入坎中。婦大悸還，及舍死。自是村婦相誡，罔敢汲焉。張參戎希孟、沈參戎應蛟於坐間言之，亦大異事也，併識於後。

泉坎須越月淘之，庶無陰穢之積。尤宜時以雄黃下墜坎中，或塗坎上，去蛇毒也。

予讀《甫里先生傳》曰先生嗜荈，置園於顧渚山下，歲入茶租十許薄，自為《品第書》一篇，繼《茶經》、《茶訣》之後。《茶經》陸羽撰，《茶訣》皎然撰。南陽張又新嘗為《水説》，凡七等：其一曰惠山寺石泉，其三曰虎丘寺石井，其六曰吳淞江。是三水距先生遠不百里，高僧逸人時致之，以助其好。先生始以喜酒得疾，血敗氣索者二年，而後能起。有客生亦潔鐔置觶，但不服引滿向口爾。膺嗜荈、嗜泉，有如甫里，而近以飲傷肺，亦誓不引滿向口，自命醒翁，更為同病。至若所云寒暑得中，體性無事，乘小舟，設蓬席，賫一束書、茶竈、筆宝、釣具而已。自稱江湖散人，則竊有志而欣慕焉。甫里先生者，唐吳松陸魯望也。

又卷下《茶品述》　鴻漸有云：『烹茶於所產處無不佳，蓋水土

之宜也。況旋摘旋瀹，兩及其新耶？』今武陵諸泉，惟龍泓入品，而茶亦惟龍泓山為最。茲山深厚高秀，為兩山主，故其泉清寒甘香，雅宜煮茶。又其上為老龍泓，寒碧倍之，其地產茶為難。北山絕頂，鴻漸第錢塘、天竺、靈隱者品下，當未識此。郡志亦只稱寶雲、香林、白雲諸茶，皆弗能及龍泓也。

又　李約云：『茶須緩火炙、活火煎。』活火，謂炭火之有焰者。蘇公詩：『活火仍須活水烹。』是也。山中不常得炭，且死火耳，不若枯松枝為妙。若寒月，多拾松實，蓄為煮茶之具更雅。北方多石炭，南方多木炭，而蜀又有竹炭；燒巨竹為之，易燃無煙耐久，亦奇物。

又　學士陶穀，得党太尉家姬。取雪水煎茶，曰：『党家應不識此。』姬曰：『彼武人，但能於銷金帳下，飲羊羔酒爾。』

又　歐陽文忠公《嘗新茶》詩：『泉甘器潔天色好，未中揀擇客亦佳。停匙側盞試水路，拭目向空看乳花。』又詩有云：『吾年向老世味薄，所好未衰惟飲茶。』『泛泛白花如粉乳，乍見紫面生光華。』『論功可以療百疾，輕身久服勝胡麻。』又《雙井茶詩》：『西江水清江石老，石上生茶如鳳爪。窮臘不寒春氣早，雙井芽生先百草。』又《送龍茶與許道士》絕句：『我有龍團古蒼璧，九龍泉深一百尺。憑君汲井試烹之，不是人間香味色。』

又　東坡云：『到杭一遊龍井，謁辨才遺像，持密雲團為獻龍井。孤山下有石室，前有六一泉，白而甘。湖上壽星院，竹極偉。其傍智果院，有參寥泉、及新泉，皆甘冷異常，當時往一酌。』

又　周煇《清波雜志》曰：『煇家惠山，泉石皆為几案物。親舊東來，數聞松竹平安信，且時致陸子泉，茗碗殊不落莫。然頃歲亦可致於汴都，但未免瓶盎氣，用細沙淋過，則如新汲時，號折洗惠山泉。天台竹瀝水，斷竹稍屈而取之盈瓮，若雜以他水，則亟敗。蘇才翁與蔡君謨比茶，蔡茶精，用惠山泉；蘇茶少劣，用竹瀝水煎，遂能取勝。此說見江鄰幾所著《嘉祐雜志》。雙井因山谷而重。蘇魏公嘗云：『平生薦舉不知幾何人，唯孟安序朝奉，歲以雙井一瓮為餉。』蓋公不納苞苴，顧獨受此，其亦珍之耶？

明　徐𤊹《茗譚》　徐獻忠《水品》載，福州南台山泉，清冷可愛，然不如東山聖泉，鼓山喝水巖泉，北龍腰山苔泉尤佳。

又　泉州清源山產茶絕佳，又同安有一種英茶，較清泉尤勝，實七閩之第一品也。然《泉郡志》獨不稱此邦有茶，何耶？

又　吳興顧渚山，唐置貢茶院，傍有金沙泉，汲造紫筍茶。有司具禮祭，始得水，事迄即涸。武夷山，宋置御茶園，中有喊山泉。仲春，縣官詣茶場致祭，井水漸滿，造茶畢，水遂渾涸。以一草木之微，能使水泉盈涸，茶通仙靈，信非虛語。

又　蘇子瞻愛玉女河水烹茶，破竹為契，使寺僧藏其一，以為往來之信，謂之調水符。吾鄉亦多名泉，而監司郡邑取以瀹茗，汲者往往雜他水以進，有司竟售其欺。蘇公竹符之設，自不可少耳。

又　文徵明云：『白絹旋開陽羨月，竹符新調惠山泉。』用蘇事也。

又　陸魯望嘗乘小舟，置筆床、茶竈、釣具往來江湖。性嗜茶，買園於顧渚山下，自為品第，書繼《茶經》、《茶訣》之後。有詩云：『決決春泉出洞霞，石壇封寄野人家。草堂盡日留僧坐，自向前溪摘茗芽。』可以想其風致矣。

明　聞龍《茶箋》　吾鄉四陲皆山，泉水在在有之，然皆淡而不甘，獨所謂它泉者，其源出自四明潺湲洞，歷大闌、小皎諸名岫，迴溪百折，幽澗千支，沿洄漫衍，不舍晝夜。唐鄞令王公元偉，築埭它山，以分注江河，自洞抵埭，不下三數百里。水色蔚藍，素砂白石，粼粼見底，清寒甘滑，甲於郡中。余愧不能為浮家泛宅，送老於斯，每一臨泛，浹旬忘返。攜茗就烹，珍鮮特甚，洵源泉之最，勝甌犧之上味矣。以僻在海陬，圖、經是漏，故又新之記罔聞，季疵之杓莫及，遂不得與谷簾諸泉齒，譬猶飛遁吉人，滅影貞士，直將逃名世外，亦且永托知稀矣。

明《雞樹館集・中泠泉考》　中泠泉，一曰零，一曰⿰氵靈，故有南零、北⿰氵靈，州志云，江水至金山，分為三泠是也。昔張又新、劉伯芻皆品以第一泉，迄陸鴻漸後，乃謂廬山康王谷水第一，而屈南零居第七。今金山僧豈不知中泠泉所在，漫以金山井當之，且藉泉為市，而輦泉及豉於舴艋中，羣執手版，逆諸貴人樓船，逼取勞貲，其實味同斥鹵，大為中泠短氣，毋惑乎許次紓之著茶錄曰金山頂上井，恐已非中泠古泉，或陵谷

變遷，當必湮沒，不然，何其醨薄不堪酌也，而不知真中泠泉故在石排山，米元章賦云『浮玉掩露，石簰落潮，蓋排亦謂之簰云，山畔有郭璞墓，墓畔其石皆嶮岈硿礲，色深黝，類太湖靈壁，然山體短而悍，夏日江漲，則石沒於濤，濤色渾濁，中有一泓泠然者最當湍流險處，上湧而出，毫不爲渾濁所掩，凡深三十餘丈，故命之曰中泠，惟秋日水落石出，從金山以扁舟渡郭墓，以一足趾點石稜，摭於中泠泉之石骨而汲焉。視故石上水痕，殆減丈許，視鸕鷀祭魚，蛟鼉吐沫，亦歷歷有遺跡，始知古人造語之確。曰：江心夾石渟淵，僅六言耳，而爲中泠泉寫照殆盡。僧苦汲者險，遂別鑿井以篡之，此不可以欺李贊皇，而況陸鴻漸乎，善乎鴻漸之鑒水也。唐代宗朝，李季卿剌湖州，至維揚，逢鴻漸，索其試茶，且言揚子南零水更殊絕，命一謹信者，挈瓶操舟，詣南零汲水，至，陸以杓揚其水曰：『江則江矣，非南零者，似臨岸之水』，既而傾諸盆，至半遽止之，而更以杓揚之，曰：『自此南零者矣。』使大駭服，曰：『某至南零賫至岸，舟蕩覆半，懼其尠，挹岸水益之，處士之鑒，神鑒也。』此一公案也。迄我明而有田藝蘅煮茶小品，亦曰，揚子固江也，其南泠則夾石渟淵，特入首品，余嘗試之，果與山泉無異，此又一公案也。所謂與山泉無異者，正用鴻漸茶經『山水上，江水次』而核之者也。蘇眉山嘗有三江味別之論，而蔡氏非之，乃古有五行之官，水官得職，始能辨其性味，合中有分，重中有輕，濁中有清，皆剖若犀劃，故有師曠、易牙、王邵、張華以及張劉陸李諸君子品天下水，性味不同，真妙得古水官之遺法，不直爲舌本設也。夫天下清濁真贋之當辨者，獨一水品也歟哉，余乃用前人六言足之以紀其事曰：江心夾石渟淵，中有泠然一泉，秋老始窺濯濯，漲余悵憶涓涓，蘇家符竹晨汲，郭墓菱花夜懸，自我尋源勒史，山僧載月空旋。倘山僧以厲己而去其籍乎，則有余文及詩之三尺在。

明 朱國禎《湧幢小品》卷一五《品水》 黃諫，字廷臣，臨洮蘭州人。正統壬戌及第三人，使安南却餽，陞翰林學士。作《金城》、《黃河》二賦，李賢、劉定之皆稱美之。好品評泉水，自郊畿論之，玉泉爲第一；自京城論之，文華殿東大庖廚井爲第一，作《京師水記》。每進講，退食內府，必啜廚井水所烹茶，比衆過多。或寒暑罷講，則連飲數杯曰：『暫與汝辭。』衆皆譁然一笑。石亨敗，以鄉人有連，謫廣東通判。評廣州諸水，以雞爬井爲第一，更名『學士泉』。諫博學多藝，工隸篆行草而尤長八分。後詔還，卒於南雄。

禁城中外海子，卽古燕市積水潭也。源出西山一畝、馬眼諸泉，繞出甕山後，匯爲七里濼，紆迴向西南行數十里，稱高梁河。將近城，分爲二，外繞都城開水門，內注潭中，入爲內海子。繞禁城，出巽方，流玉河橋，合外隍入於大通河。其水甘冽。余在京三年，取汲德勝門外，烹茶最佳。人未之知，語之亦不信。大內御用井亦此泉所灌，眞天漢第一品，陸羽所不及載。至京師常用甜水，俱近西北，想亦此泉一脈所注，而其不及遠矣。黃學士之言眞先得我心。

南中井泉凡數十餘處，余嘗之，皆不佳。因憶古有稱石頭城下水者，取之，亦欠佳。乃令役自以錢雇小舟，對石城，棹至江心汲歸。澄之微有沙，烹茶可與慧泉等。凡在南二十一月，再月一汲，用錢三百。以此自韻，人或笑之，不恤也。

俗語：芒種逢壬便立霉。霉後積水，烹茶甚香冽，可久藏。一交夏至，便迥別矣。試之良驗，細思其理，有不可曉者。或者夏至一陰初生，前數日陰正潛伏。水，陰物也。當其伏時極淨，一切草木飛潛之氣不能雜，故獨存本色爲佳。但取法極難，須以磁盆最潔者，布空野盛之，霑一物卽變。貯之尤難，非地清潔，且埶高不可。某年無雨，挑河水貯之，亦與常水異，而香冽不及遠矣。

又雪水、臘水、清明水，俱可用。但雪水太澹，取不能多，惟貯以醮熱毒有效。

明 馮可賓《茶箋·品泉水》 錫山惠泉、武林虎跑泉上矣；顧渚金沙泉、德清半月泉、長興光竹潭皆可。

明 周高起《洞山岕茶系》 唐李栖筠守常州日，山僧進陽羨茶，陸羽品爲『芬芳冠世，產可供上方』，遂置茶舍於罨畫谿，去湖汊一里所，歲供萬兩。許有穀詩云：『陸羽名荒舊茶舍，却教陽羨置郵忙。』是也。其山名茶山，亦曰貢山，東臨罨畫谿。修貢時，山中湧出金沙泉，杜牧詩所謂『山實東南秀，茶稱瑞草魁。泉嫩黃金湧，芽香紫璧裁』者是也。山在均山鄉，縣東南三十五里。又茗山，在縣西南五十里永豐鄉。皇甫曾有《送陸羽南山采茶詩》：『千峰待逋客，香茗復叢生。采摘知深

處，烟霞羡獨行。幽期山寺遠，野飯石泉清。寂寂燃燈夜，相思磬一聲。』見時貢茶在茗山矣。又唐天寶中，稠錫禪師名清晏，卓錫南岳，磵上泉忽迸石窟間，字曰『眞珠泉』。師曰『宜瀹吾鄉桐廬茶』，爰有白蛇銜種菴側之異。南岳產茶，不絶修貢。迨今方春采茶，清明日，縣令躬享白蛇於卓錫泉亭，隆厥典也。後來檄取，山農苦之。故袁高有『陰嶺茶未吐，使者牒已頻』之句。郭三益題南岳寺壁云：『古木陰森梵帝家，寒泉一勺試新茶。官符星火催春焙，却使山僧怨白蛇。』盧仝《茶歌》亦云：『天子須嘗陽羡茶，百草不敢先開花。』又云：『安知百萬億蒼生，命墜顛厓受辛苦。』可見貢茶之苦。民亦自古然矣。至岕茶之尚於高流，雖近數十年中事，而厥產伊始，則自盧仝隱居洞山，種於陰嶺，遂有茗嶺之目。相傳古有漢王者，栖遲茗嶺之陽，課童藝茶。踵盧仝幽致，陽山所產，香味倍勝茗嶺，所以老廟後一帶，茶猶唐宋根株也。貢山茶今已絶種。

羅岕去宜興而南踰八九十里，浙直分界，只一山岡，岡南即長興山。兩峰相阻，介就夷曠者，人呼爲岕；履其地，始知古人制字有意。今字書『岕』字，但注云山名耳云有八十八處。前横大磵，水泉清駛，漱潤茶根，洩山土之肥澤，故洞山爲諸岕之最。自西氿溯張渚而入，取道茗嶺，甚險惡；縣西南八十里自東氿溯湖汊而入，取道纏嶺，稍夷才通車騎。

明 黃履道《茶苑》卷九 劉伯芻水品

張又新云：揚子江南零水第一；無錫惠山寺石水第二；蘇州虎丘寺石水第三；丹陽縣觀音寺水第四；揚州大明寺水第五；吳松江水第六；淮水最下，第七。

陸羽水品

元和九年春，予初成名，與同年生期於薦福寺。余與李德垂先至，憩西廂玄鑒室，會適有楚僧至，置囊有數編書。余偶抽一通覽焉，文細密，皆雜記。卷末又一題云《煮茶記》，云代宗朝李季卿刺湖州，至維揚，逢陸處士鴻漸。李素熟陸名，有傾蓋之懽，因之赴郡。抵揚子驛，將食，李曰：『陸君善於茶，蓋天下聞名矣。況揚子南零水又殊絶。今日二妙千載一遇，何曠之乎！』命軍士謹信者挈瓶操舟，深詣南零，陸利器以俟之。俄水至，陸以杓揚其水曰：『江則江矣，非南零者，似臨岸之水。』使曰：『某櫂舟深入，見者累百，敢虚紿乎？』陸不言，既而傾諸盆，至半，陸遽止之，又以杓揚之曰：『自此南零者矣。』使蹶然大駭，馳下曰：『某自南零齎至岸，舟蕩覆半，懼其尠，挹岸水增之。處士之鑒，神鑒也，其敢隱焉！』李與賓從數十人皆大駭愕。李因問陸：『既如是，所經歷處之水，優劣精可判矣。』陸曰：『楚水第一，晉水最下。』李因命筆，口授而次第之：盧山康王谷水簾水第一；無錫縣惠山寺石泉水第二；蘄州蘭溪石下水第三；峽州扇子山下有石突然，洩水獨清冷，狀如龜形，俗云蝦蟆口水，第四；蘇州虎丘寺石泉水第五；盧山招賢寺下方橋潭水第六；揚子江南零水第七；洪州西山西東瀑布水第八；唐州柏巖縣淮水源第九；廬州龍池山顧水第十；丹陽縣觀音寺水第十一；揚州大明寺水第十二；漢江金州上游中零水第十三；歸州玉虛洞下香溪水第十四；商州武關西洛水第十五；吳松江水第十六；天台山西南峰千丈瀑布水第十七；郴州圓泉水第十八；桐廬嚴陵灘水第十九；雪水第二十。

序天下名泉

泉爲茶之司命，必資清泠甘洌之品，方可從事。即有佳茗，而以苦鹹斥鹵烹之，其色香滋味頓絶，迨爲溝壑之棄水耳，何可以登茗飲？故爾，鑒賞名家品評甌蟻者，務擇名泉。如唐之劉伯芻、陸季疵輩，夙稱精於茗事，各著泉品。然宇宙之大，傳記之廣，泉之宜於茗者，指不勝屈，不特如伯芻、季疵所論而已。暇日檢閲群書，有干泉品者，輒筆録之，因第次分，疏題曰《泉品》，列於《茶品》之後，以貽好事者，非欲與田子藝煮茶小品較優劣也。

北京順天泉品

順天府玉泉　玉泉，在順天府西北玉泉山上，泉出石罅，因鑿石爲螭頭，泉從螭口出，鳴若雜佩，色若素練，味極甘美，瀦而爲池，廣三丈許。池徵東跨小石橋，水經橋下東流入西湖，爲京師八景之一。名曰玉泉垂虹。《廣皇輿記》

順天府大內文華殿東大庖厨泉井　黃諫，字廷臣，臨洮蘭州人。正統壬戌進士及第第三人，使安南却饋，陞學士，作《金城》、《黄河》二賦，李賢、列定時人皆稱美之。好品評泉水，自郊畿論之，以玉泉爲第

一；自京城論之，以文華殿東大庖厨井爲第一，作《京師水記》。每進講，退食內府，必啜厨井水所烹茶，比衆獨多。或寒暑罷講，則連飲數杯，曰：『與汝暫辭。』衆皆譁然一笑。石亭敗，謫以鄉人詞連，爲謫廣東通判，評廣州諸水，以雞爬井爲第一，更名學士泉。《湧幢小品》

順天府德勝門外烹茶水　禁城中外海子卽古燕市，積水潭也。源出西山一畝、馬眼諸泉，繞出甕山後，匯爲七里濼，迂迴向西南行數十里，稱高梁河。將近城，分爲二脈：外繞都城開水門，內注潭中，入爲內海子，繞禁城；出巽方流玉河橋，合於城隍入於大通河。其水味甘，余在京三年，取汲德勝門外，烹茶水最佳，人未之知，語之亦不信。大內御用井，亦此泉所灌；眞天漢第一品，陸羽所不及載。嘗且京師常用甜水，俱近西北，想亦此泉一脈所注；而其它諸泉不及遠矣。黃學士之言，眞先得我心矣。《湧幢小品》

永平府灤州扶蘇泉　泉出永平府灤州，泉甚甘洌，宜於烹茗。昔秦太子扶蘇憩此，因名。《廣輿記》

延慶州玉液泉　玉液泉，在延慶州城西南，水清味淡，烹茗造酒甚佳。《輿圖備考》

江南泉品二

應天府石頭城下水　南中井泉凡數十處，余皆嘗之，俱不佳。因憶古有名石頭城水者，取之亦欠佳。乃令役自以錢雇小舟，對頭石城，棹至江心汲歸。澄之微有沙，烹茶可與惠泉等。凡在南二十一月，再月一汲，用錢三百。以此自韻，人或笑之不恤也。《湧幢小品》

《清賞録》云：李贊皇作相日，有人出使京口，贊皇囑曰：『回時幸置中泠泉一器。』使者至京口，事畢遄歸，醉而忘之。迨至金陵始憶，因以石頭城下水貯器遺之。贊皇發器揚栝曰：『異哉，此非中泠者，有似建業石頭城下水。』使者駭愕，首陳所以。

應天府白乳泉　白乳泉，在應天府攝山千佛嶺。昔人因伐木見石壁上刻隸書六字：『白乳泉試茶亭。』《廣輿記》

應天府泉品　萬曆甲戌季冬朔日，盛時泰、仲交踏雪過余尚白齋，偶有佳茗，遂取雪煎飲，又汲鳳皇、瓦官二泉飲之。仲交喜甚，因歷舉城內外之泉可烹茗者。余慫恿之曰：『何不紀而傳？』仲交遂取雞鳴山泉、國學泉、城隍廟泉、府學泉、玉兔泉、鳳皇泉、驍騎衛倉泉、冶城忠孝泉、祈澤寺龍泉、攝山白乳泉、品外泉、珎珠泉、牛首山龍王泉、虎跑泉、太初泉、雨花臺甘露泉、高座寺茶泉、八功德水、淨名寺玉華泉、崇化寺梅花水、方山八卦泉、靜海寺獅子水、上莊宮氏泉、衡陽寺龍女泉、德恩寺義井、方山葛僊翁丹井，共二十六處，皆敍而讚之，名曰《金陵泉品》。余近日又訪出：謝公墩鐵庫泉、鐵塔寺倉百丈泉、鐵作坊金沙井、武學井、石頭城下水、清涼寺對門蓮花井、鳳皇臺門外焦婆井、留守左衛倉井鹿苑寺井，已上諸泉，皆一一攜茗就試，惜不得仲交讚之耳。《金陵瑣事》

《戒庵漫筆》云：『崇化寺梅花水甃池一方，僅大如席，泉出自巖谷石間，相傳水泛起泡皆成梅花，泉甘宜茗，後爲僧人葬侵地脉，今則無矣。』

鎮江府中泠泉一名中澪《太平廣記》云：『李德裕使人取金山中泠水，蘇軾、蔡肇並有中泠泉諸作。』《雜記》云：『石排山北謂之北澪，釣者餘三十丈則中澪，之外似又有南澪、北澪者。』《潤州類集》云：『江水至金山，分爲三澪，今寺中亦有井，其水味各別，疑似三澪之說也。』《群碎録》

《遊宦記聞》云：『揚子江心水，號中泠泉，在金山寺旁郭璞墓側之下，最當波流險處。汲取甚難，士大夫慕中泠之名，求以瀹茗，汲者多遭淪溺。寺僧苦之，於水陸堂中鑿井以紿遊者。往歲連州太守張順監京口鎮日，常取二水較之，味之甘洌，水之輕重，萬萬不侔。乾道初，中泠別擁一小峰，今高數丈，每歲加長，鶻巢其上，峰下水益湍急，泉之不可汲，更倍昔時矣。』

《清暑筆談》云：『隆慶己巳，余被召北上，滯疾淮陽，疏再上乞休未得報，移舟瓜步閘下會天氣乍暄，運艘大集，河流淤濁，每旦舟子棹江濤中汲中澪泉。一日舟觸罌破，索它器承餘瀝以候瀹茗。聞金山飲食盥漱皆取給於此，何異秦割十五城以易趙璧。而荆山之人，用以抵鵲。

《無夢園集》云：『中泠水比它泉水每甌重數錢，腹瀉者寒飲一甌頓止。煮茶無宿垢。』

《九清齋雜志》云：『中泠及惠山泉，一升俱重二十四銖，山東濟寧府杜康泉，重二十三銖。』

常州府金斗泉　金斗泉在常州府樵樓左側。樵樓卽古之金斗門也。泉味甘冽，宜於瀹茗，而釀酒尤佳，宋時充貢，稱『金斗泉』是也。《南蘭事紀》

常州府無錫縣惠泉　陸鴻漸著《茶經》，別天下之水，而惠山之品最高。山距無錫縣治之西五里，而寺據山之麓。蒼崖翠阜，水行隙間，溢流爲池，味甘寒，最宜茶，於是茗飲盛天下，而缾罌負擔之所出通四海矣。建炎末，羣盜嘯其中，洿壞之餘，龍淵泉遂涸。會今鎮潼軍節度使開府、儀同三司、信安郡王、會稽尹孟公，以丘墓所在，疏請於朝，追助冥福，詔從之，賜名精忠薦福，始命寺僧法皡主其院。法皡氣質不凡，以有爲法作佛事，糞除灌莽，疏治泉石，會其徒數百，築堂居之，積十年之勤，大廈穹墉，負崖四出，而一山之勝復完。泉舊有亭覆其上，歲久腐敗，又斥其羸撤而大之，廣深袤丈，廓焉四遞，遂與泉稱。法皡請余文記之，余曰：『一亭無足言，而余於法皡獨有感也。』建炎南渡，天下州縣殘爲盜區，官吏寄民閻藏錢廩粟，分寓浮圖、老子之宮，市門日旰無行跡，遊客暮夜無托宿之地，藩垣缺壞，野鳥入室，如逃人家，士夫如寓公、寄客，屈指計歸日，襲常蹈故，相師成風，未有特立獨行，破苟且之格，奮然以功名自立於世，故積亂十六七年，視今猶視昔也。法皡者，不惟精悍過人，而寺之廢興本末與古今詩人名章後語刻留山中者，皆能歷歷爲余道之。至其追營香火，奉佛齋衆，興頹起僕，潔除垢汙，於戎馬蹂賤之後。又置屋泉上，以待四方往來冠蓋之遊。凡昔所有皆具，而壯麗過之，可謂不欺其意者矣。而吾黨之士，又以不耕不織訾謷其徒，姑置勿異焉。是宜淬礪其材，振飭蠱壞，以趍於成，無以毀。凡畫墁，食其上，其庶矣乎？故書之以寓一嘆焉。《鴻慶堂集》

獨孤及《惠山新泉記》云：『此寺居吳西神山之足，山小多泉，其高可憑而上。山下有靈池異苑，載在方志。山上有真僧隱客遺事故蹟，而披勝録異者淺近不書。無錫令敬澄，字源深，以割鷄之餘，考古按圖，葺而築之，乃飾乃圬。有客竟陵陸羽，多識名山大川之名，與此峰白雲相爲賓主，乃厥稽創始之，所以而志之，談者然後知此山之方廣勝掩它境。其泉伏湧潛泄，潗潯舍下，無沚無竇，蓄而不注。源深因地勢以順水性，始雙墾袤丈之沼，疏爲懸流，使瀑布下流鍾甘溜山，激若醴灑乳湧。及於禪牀，周於僧房，灌注於德池，經營於法堂。潺潺有聆之耳，清濯其源，飲其泉，使貪者、躁者靜勸道道者，堅固境靜故也。夫物不自美，因人美之。泉出於山，發於自然，非夫人疏之鑿之之功，則水之時用不廣，亦猶無錫之政煩民貧。源深導之，則千室襦袴仁智之所及，功用之所格，動若響答其揆一也。余飲其泉而悦之，乃志美於石。

《惠山泉記》云：『泉在漪瀾堂後，甃石作池。池近內者，往來汲取，外池僅供浣濯，不堪烹飪，二池相隔不能以寸，而泉味之不同如此。』

又卷一〇

江南泉品三

蘇州府虎丘山石泉　泉出虎丘山西南隅，泉上有亭，駕以飛梁，綆汲轆轤遞繼。下爲劍池，相傳闔閭於此藏湛盧之處。泉味清冽，宜於茗飲，瀹以本山茶尤佳，唐劉伯芻《水品》列之第三，陸鴻漸《水品》列之第五。山下有憨憨泉，泉味亦佳。《虎丘別志》

蘇州府楞伽第四泉　蘇州府楞伽上方山治平寺，天下第四泉，有六角石井闌，刻字於上。《戒庵漫筆》

《鎮江府丹陽玉乳泉記》云：『唐劉伯芻《水品》，列此泉爲第四，而陸羽又列此泉爲第十一，則楞伽泉第四之名，又誰定耶？』

安慶府龍井泉　安慶府望江縣菩提寺北冬溫夏冷，其味甘冽，可以愈疾而宜烹茗。相傳常有紫沫浮井上，累日始散。識者云『此龍涎也』。《皇輿圖考》

滁州六一泉　泉在滁州瑯琊山醉翁亭側，泉味甘芳，所謂『釀泉』是也。《名勝志》

浙江泉品四

杭州府孤山金沙泉　泉在孤山下，唐白居易常酌此泉，甘美可愛。視其地，沙光燦然如金，因名。《孤山志》

杭州府孤山六一泉　泉在孤山，與金沙泉相近，味甘冽勝之。《孤山志》

杭州府參寥泉　參寥泉在西湖上智果寺前，泉清冽甘芳，東坡有詩銘稱美之。《西湖志餘》

杭州府泉品

高子曰：『井水美者，天下知鍾泠泉矣。然而焦山一泉，余曾味過數四，不減中泠、惠山之水，味淡而清，允爲上品。吾杭之水，山泉以虎跑爲最，老龍井、真珠寺二泉亦甘，北山葛僊翁井水，食之時厚。城中之水，以吳山第一泉首稱，餘品不若施公井、郭婆井二水清冽可茶。若湖南近二橋中水，清晨取之烹茶妙甚，無伺它求。』《遵生八牋》

杭州府昌化縣東坡泉　泉在昌化縣，東坡始尋溪源得之，人因鑿石爲泓。石刻『東坡泉』三字。《昌化縣志》

嘉興府南湖泉　泉在嘉興府南湖中，蘇軾與文長老常三過湖上汲水煮茶，後人建亭以識其勝，址尚存。《嘉興名勝志》

嘉興府景德寺幽瀾泉　嘉興府景德寺西北隅，有泉一泓，相傳有異僧入定，月下見一女子趨過，僧曰：『窗外誰家？』女即應聲曰：『堂中何處僧？』僧即持錫杖逐之。至隅而沒，遂誌其處。詰旦掘之，得一石刻曰『幽瀾』。啟石得泉，遂以名焉。記稱泉有三異：大旱不竭，瀹茗無滓，夏月經宿不變。余每過，輒汲取試之，其味頗似惠山泉，然『幽瀾』二字亦奇。《閱耕餘録》

紹興府菲飲泉　泉在紹興府城東南大禹寺，以禹菲飲食而名。宋王十朋詩云：『梵王宮近禹王宮，一水清涵節儉風。』《紹興府名勝志》

紹興府餘姚縣清華泉　紹興府餘姚縣客星山，又名陳山，嚴子陵故里，山半有清華泉。《餘姚縣志》

紹興府餘姚縣龍泉　紹興府餘姚縣龍泉山，舊名靈緒山。山上有龍泉，宋高宗常登此，飲泉而甘，因汲以歸。《餘姚縣志》

台州府紫凝山瀑布泉　天台山瀑布水，陸羽品爲天下第十七泉。《天台山志》

嚴州府十九泉　嚴州府釣臺下，陸羽品泉天下，泉味謂此泉當居十九。《釣臺記》

江西泉品五

南昌府西山瀑布泉　源出西山之麓，歐陽修論水品，以洪州瀑布爲第八。《南昌府名勝志》

南昌府寧州雙井泉　南昌府甯州，黃山谷所居之南，汲以造茶絶勝它處。山谷有《寄雙井茶與東坡》詩。《南昌府名勝志》

南康府谷簾泉　南康府城西，泉水如簾，布巖而下三十餘脈。陸羽品其味爲天下第一。《南康府志勝》

九江府康王谷泉　九江府城西南，楚康王常憩此。王禹偁云：『康王谷爲天下第一水，簾高三百五十餘丈，其味甘美，經宿不變。』《九江府名勝志》

臨江府新喻縣醴泉　泉出臨江府新喻縣，黃山谷常至此品泉，嘆曰『惜陸羽輩不及知也』，因題曰『醴泉』。《臨江府志》

贛州府廉泉　贛州府府治東南。蘇軾詩云：『水性故自清，不清或撓之。廉者謂我廉，何以此爲名。』

南安府大庾嶺卓錫泉　南安府大庾嶺，唐僧盧能自黃梅縣得傳衣鉢，住曹溪，五百僧追奪之。至大庾嶺渴甚，能以錫卓石，泉湧出，清甘，衆駭而退。泉之右有放鉢石。《南安府志》

湖廣泉品六

黃州府煮茶泉　黃州府鳳棲山，在蘄水縣，有陸羽煮茶泉。鳳棲山泉，陸羽《茶經》泉品爲天下第三泉。《黃州府志》

襄陽府均州參斗泉　襄陽府均州，其泉汲之，雖千人不竭不減，不汲亦不盈。相傳參、斗二星下臨，因以名之。《均州志》

襄陽府南漳縣一椀泉　泉出襄陽府南漳縣石坎中，僅容水一椀。味最甘冷，取之不竭。《南漳縣志》

安陸府沔陽縣陸子泉　泉在安陸府沔陽縣，一名文學泉。陸羽嗜茶，得泉以試茗，故名。《沔陽縣志》

常德府丹砂井泉　常德府府治之北，泉赤如絳，武陵寥氏譜云：『廖平以丹砂三十斛填所居井中，飲是水者以祈壽。』抱朴子曰『余祖鴻臚爲臨沅，有民家世壽考，或百歲或八九十歲。後徙去，子孫夭折』，即此。《常德府志》

常德府萊公泉　泉在常德府甘泉寺，寇準南遷日，來此試品題於東楹，曰：『平仲酌泉經此，回望北闕，黯然而去。』未幾，丁謂過之，題於西楹，曰：『謂之酌泉，禮佛而去。』後范諷留詩寺中，末句云：『煙巒翠鎖門前寺，轉使高僧厭寵榮。』南軒張栻榜曰『萊公泉』。《常德府名勝

志》

郴州惠泉　郴州惠泉，在惠泉坊。其泉甘冷清冽甚美，舊名甘泉。人患疾者飲之立愈。唐天寶間，改名曰『愈泉』。《郴州志》

山東泉品七

濟南金線泉　濟南城西張意諫議園亭，有金線泉，石甃方池，廣袤丈餘，泉亂發其下，東注城濠中，澄澈見底。池心南北有金線一道，隱起水面，以油滴之卽散，或滴一隅，則線紋遠去，或以紋亂之，則線輒不見，水止如故；天陰亦不見。濟南爲東南名郡，而張氏濟南盛族園池，乃郡之勝遊。泉之出百年矣，士大夫過濟南至泉上者，不可勝數，而無能究其所以然，亦無人題詠，獨蘇子瞻有詩云：『旗槍擕到齊西境，更試城南金線泉。』然亦不能辨泉之所以有金線也。曾南豐亦有《金線泉》詩云：『玉甃嘗浮灝氣鮮，金絲不定路南泉。雲依美藻爭成縷，月炤寒漪巧上弦。已繞渚花紅灼灼，更縈沙竹翠娟娟。無風到底塵埃淨，界破冰綃百丈天。』又范諷自給事中謫官，數年方歸。游張氏園亭，飲泉上，有『金線真珠』之目，水木環合，乃歷下之勝景。園亭主人乃張寺丞聰也，常邀范宴飲於亭上。范題一絶於壁曰：『園林再到身猶健，官職全抛夢乍醒。惟有南山與君眼，相逢不改舊時青。』《宋稗史》

兖州府東阿縣白雁泉　泉在兖州府東阿縣。相傳漢王伐楚經此，士卒渴甚，忽有白雁飛起，遂得清泉，故名。《兖州府名勝志》

青州府范公泉　青州府府城西，范仲淹知青州有惠政，溪側忽湧醴泉，遂以范公名之。今醫家取此泉丸藥，號青州白丸子藥。《青州府志》

河南泉品八

南陽府内鄉縣菊潭泉　南陽府内鄉縣岸旁產甘菊，飲此泉者無疾而多壽。《内鄉縣志》

河南府登封縣一斗泉　河南府登封縣穎陽城西南十五里，有泉甘美，宜瀹茗，汲與不汲，泉長惟一斗，故名。《登封縣志》

陝西泉品九

西安府盩厔縣玉女洞泉　西安府盩厔縣玉女洞，洞有飛泉，清泠甘冽。蘇軾過此汲兩缾去，恐後復取爲從者所給，乃破竹作券，使寺僧守藏之，以爲往來之信，戲名調水符。《東坡全集》

四川泉品十

重慶府江津縣金釵泉　重慶府江津縣有金釵泉。在昔天旱，水泉皆竭，有姑氏病渴，思得甘泉。其婦徬徨至周陽山下，遇一老叟曰：『能與吾金釵，則泉可得。』婦因拔釵與之，釵墜於地而泉出，至今磧中餘淺水一泓，周五六尺，味甘而寒冽，泉底有金釵影一雙爲異焉。《異物志》

福建泉品十一

建寧府龍焙泉　建寧府府城東鳳皇山下，一名御茶泉。宋時將此泉造龍鳳團茶入貢。《建寧府志》

興化府僊遊縣九僊山泉　興化府僊遊縣九僊山石穴，湧泉色白，味甘美。山因何氏兄弟得名。《仙遊縣志》

泉州府石乳泉　泉在泉州府泉山，山在府城北，一名齊雲山，巖洞奇秀，郡之鎮也。上有石乳泉，清冽甘美。《泉州府志》

漳州府天慶觀井泉　漳州府府城中，世傳漳南水土惡，初至者飲其水卽病，惟此井泉極甘冽，可辟瘴癘。宦遊者入境，多汲飲之。《漳州府志》

廣東泉品十二

韶州府靈池八泉　韶州翁源縣翁源山頂石池有泉八：曰湧泉、香泉、甘泉、溫泉、震泉、龍泉、乳泉、玉泉，相傳時有龎眉叟見池，因名翁源，居人飲此者多壽。《韶州府志》

韶州府大湧泉　韶州府府城南纂溪，宋余靖作亭其上。朱仲新記云：『自有天地，便有此泉。振高僧之錫，而蠟騷人之屐者多矣。若據石臨流，舉白盡醉，則自我輩始。』《韶州府志》

瓊州府惠通泉　瓊州府府城東三山庵下。蘇軾過此品泉曰『有似惠山泉』，因名。《瓊州府志》

瓊州府臨高縣澹庵泉　泉在瓊州府臨高縣，胡澹庵謫崖州過此，遇旱覓之，味甘且冽。《瓊州府志》

廣西泉品十三

南寧府永淳縣古辣泉　南寧府永淳縣志稱：古辣泉，乃賔横間墟名，以墟中泉釀酒，既煮不煮，埋地中日足取出，色淺紅，味甘不易敗，亦可烹茗。《廣志》

雲南泉品十四

武定軍民府香水泉　香水泉在武定軍民府府城南，其泉至春時則香，土人於二三月祭之，然後烹茗試嘗，味最甘美，或和酒而飲，能祛諸疾。《武定志》

貴州泉品十五

貴陽府靈泉　靈泉在貴陽府府城西北，泉穴通可六尺，不盈不涸，清而且甘。《貴陽府志》

鎮遠府味泉　味泉在鎮遠府治西南，一名味井。水極甘美，尤宜瀹茗。《鎮遠府志》

畢節衛福泉　福泉在畢節衛城内，甘冽異常。《畢節衛志》

安南衛白麓泉　白麓泉在安南衛城南山中，味甘冽。《安南衛志》

遼東泉品十六

錦州府廣寧縣甘泉　甘泉在錦州府廣寧縣城北，泉有二：都御史漆昭刻其石，東曰長春，西曰泰惠，味甘如飴蜜，故名。《輿圖詳考》

又卷二〇《補遺》　秘水補茶泉　唐時秘書省中有水極佳，清甘異常，尤宜瀹茗，時稱秘水。《茶録》

樂音泉　强村有水方寸許，人欲飲者，唱《浪淘沙》一曲即得一杯，味大甘冷，村人名曰樂音泉。《玄山記》

白泉　泉色白如乳，自出山澤，王者得禮制，則澤谷之白泉出。人得飲之，無疾長年。《玉符瑞圖》

墨竹茶泉　黄州府蘄水縣鳳棲山下，有王羲之洗筆池，崖邊小竹俱成墨色。又有茶泉，唐陸羽烹茶所汲，李季卿品天下泉，以蘭溪石下泉爲第三，謂得陸羽口授即此泉也。《名勝志》

七絃泉　武彝山有石如立，壁顛隱一泉，分七派，味極清甘，山僧顛堅名爲七絃水。《清異録》

明　佚名《茗笈》《六合縣志》

附泰西熊三拔試水法：

試水美惡，辨水高下，其法有五，凡江河井泉雨雪之水，試法並同。

第一煮試：取清水置淨器煮熟，傾入白磁器中，候澄清。下有沙土者，此水質惡也；水之良者無滓。又水之良者，以煮物則易熟。

第二日試：清水置白磁器中，向日下令日光正射水，視日光中若有塵埃絪緼如遊氣者，此水質惡也。水之良者，其澄澈底。

第三味試：水元行也，元行無味，無味者真水。凡味皆從外合之，故試水以淡爲主，味甘者次之，味惡爲下。

第四秤試：冬種水欲辨美惡，以一器更酌而秤之，輕者爲上。

第五絲綿試：又法用紙或絹帛之類，其色瑩白者，以水蘸候乾，無跡者爲上也。

（康熙）《湖廣通志》卷二《輿圖志》　桃花尖山州南五十里上有泉水，甚甘洁，里人以造茶，味胜他方，名其茶曰桃花絶品。

清　陳鑒《虎丘茶經注補·五之煮》　經　山水、乳泉，石泓漫流者，可以煮茶。陸羽來吳時，劍池未塞，想其涓涓之流；今不堪煮。湯之候，初曰蝦眼，次曰蟹眼，次曰魚眼，若松風鳴，漸至無聲。蝦、蟹、魚眼，言鍑内水沸之狀也。聲如松濤，漸緩，則火候到矣，過此則老。勿用膏薪爆炭。乾炭爲宜，乾松煲尤妙。

又《九之撰》　陳鑒《補陸羽採茶詩并序》：『陸羽有泉井，在虎丘，其旁産茶。地僅畝許，而品冠乎羅岕、松蘿之上。暇日游觀，憶羽當日必有茶詩，今無傳焉。因爲補作云。物奇必有偶，泉茗一齊生。蟹眼聞煎水，雀芽見鬭萌。石梁苔齒滑，竹院月魂清。後爾風流盡，松濤夜夜聲。』

鍾惺《虎丘品茶》詩：『水爲茶之神，飲水意良足。但問品泉人，茶是水何物。』

陳鑒《虎丘試茶口號》：『蟹眼正翻魚眼連，拾燒松子一條烟。攜將第一虎丘品，來試惠山第二泉。』

吳士權《虎丘試茶》詩：『虎丘雪穎細如針，荳莢雲腴價倍金。後蔡前丁渾未識，空從此苑霧中尋。響停唧唧砌蟲餘，□□吹雲繞竹廬。泉是第三茶第一，仙芽傳裏未曾書。』

清　劉源長《茶史》卷二《名泉》　慧山　源出石穴，陸羽品爲第二泉，又名陸子泉。慧山又有別石泉，在惠山松竹之下，甘爽，乃人間靈液，清澄鑒肌骨，含漱開神慮。茶得此水，皆盡芳味。慧山，亦作惠山。惠山之水，味淡而清，允爲上品。唐李紳詩云：『素沙見底空無色，青石潛流暗有聲。微渡竹風涵淅瀝，細浮松月透輕明。桂凝秋露添靈液，茗折香芽泛玉英。應是梵宮連洞府，浴池今化醒泉清。』

鍾泠泉一作中泠。泠平聲。一作灃，一作零。　金山中泠泉，又名龍井。《水經》品爲第一。舊當波險中，汲者患之，僧於山西北下穴一井，以汲游客。又不徹堂下一井，與今中泠相去數十步，而水味迥劣。《雜記》云：『石牌山北謂之北零，釣者餘三十丈則中泠，之外似又有南零、北零者。』《潤州類集》云：『江水至金山，分爲三泠。今寺中亦有三井，其水味各別，疑似三泠之説也。李德裕居廊廟日，有親知奉使於京口，李曰：『還日，南零水與取一壺來。』其人醉而忘之，泛舟上石城方憶，乃汲江水一瓶，歸京獻之。李公飲後，歎訝非常，曰：『江表水味有異於頃歲矣，此水頗似建業石頭城下水。』其人謝過不隱。李季卿至維揚，逢陸鴻漸，命一卒入江取南泠水。及至，陸鴻漸揚水曰：『江則江矣，非南泠臨岸者乎。』既而傾水及半，陸又以杓揚之曰：『此似南泠矣。』使者蹶然曰：『南泠持至岸，偶覆其半，取水增之也。』

八功德水　水在江寧，一清、二泠、三香、四柔、五甘、六淨、七不埃、八蠲痾，梁以前御用取給焉。

豐樂泉　在滁州城西，卽紫薇泉也，亦名六一泉。歐公既得釀泉，有以新茶獻者，公敕汲泉瀹之。汲者道仆覆水，僞汲他泉代，公知其非，詰之。乃得其泉於幽谷山下，因名豐樂泉。釀泉在瑯琊山下。江南之虎丘石井、丹陽井、揚州大明寺井、桐柏淮源廬江龍池山頂水、松江水，皆列品論。今按：虎丘井沉黑，竟不可飲。

參寥泉　泉在西湖上智果寺。東坡云：『僕在黃州，夢與參寥子賦詩，有「寒食清明都過了，石泉槐火一時新」之句。後七年守錢塘，而參寥子卜居智果院，有泉出石罅，甘泠宜茶。寒食之明日，自孤山來謁參寥子，汲泉鑽火烹茶，而所夢兆於七年之前，因名參寥泉。』

天慶觀乳泉　蘇東坡與姜唐佐秀才云：『今日霽色，可喜食已，當取天慶觀乳泉，潑茶之精者，念非君莫與其之。』

六一泉　在杭州孤山。蘇軾以歐陽名也。

金沙泉卽湧金泉：　泉在湖州長興啄木嶺，卽唐人造茶之所，湖、常二郡交界上。有境會亭，居恒無水，將造茶，二郡守畢至設牲祭之，水始發。斯泉也，處沙之中，太守具儀注拜敕祭，泉頃之發源，其夕清溢。造貢茶畢，水卽微減；供堂茶畢，已減半矣。太守茶畢，水遂涸，或還旆稽留，則示風雷之變，或見鷙獸毒蛇木魅之類。商旅造茶，則以顧渚，無沾金沙者。

餘不溪　前明太祖幸宜興，士人以餘不溪水煮顧渚茶，飲太祖而甘之，詔每歲貢茶三十觔。餘不溪屬湖州府德清縣，其水清澈宜茶，餘溪則不，故名。卽孔愉放白龜處也。浙江若杭之虎跑泉、老龍井、眞珠泉、葛仙翁井、吳山第一泉，又如施公井、郭婆井，皆清冽可茶。

甘乳巖泉　屬福建延平府永安縣，有乳泉洞，中一石突出如蓮花，泉自石中送出，味甚甘冽，可茶。或以穢器盛之，泉卽不流。

鳳凰泉卽龍焙泉，又名御泉　在建寧府甌寧縣，宋以來，上貢茶取此泉濯之。泉從渠出，日夜不竭。

鳳栖山下泉　卽蘭溪石下水，其側多蘭，故名。蘭溪在黃州府蘄水縣。陸羽烹茶所汲，《經》謂天下第三泉，亦名陸羽泉。王禹偁元之《過陸井詩》：惟餘半夜泉中月，留得先生一片心。

西江水　屬承天府景陵縣。漢竟陵，隋復州，五代景陵。陸羽《六羨歌》：『不羨黃金罍，不羨白玉盃。不羨朝入省，不羨暮入臺。千羨萬羨西江水，曾向景陵城下來。』

谷簾泉　在南康府城西，水如簾布，巖而下者三十餘泒。陸羽品此爲天下第一。又謂康王谷水爲第一，在九江府城西南，楚康王嘗憩此，故名。水簾高三百五十丈。王禹偁云：『康王谷爲天下第一水簾，汲之逾月，其味不敗。』王元之序谷簾泉云：『泉爲石厓所束，湍怒噴湧，散落紛紜數千百縷，班布如瓊簾，懸注三百五十丈。』志謂谷中有水簾洞，云廬山之泉多，循厓而瀉，此則由五峰北厓口懸注而下，凡三級。上級落大盤山上，裊裊如飄雲垂練；中級如碎玉摧冰；下級如玉龍翔舞，又名三疊泉，又名三級泉。

醴泉　屬臨江新喻。黃庭堅嘗飲此歎曰：『惜陸鴻漸輩不及知也。』題曰『醴泉』。

杜康泉　山東濟南府城內舜祠東廡下，世傳康汲此釀酒。中泠水及慧山泉稱之一升重二十四銖，是泉較輕一銖。

趵突泉　濟南府城西，名泉七十二，以趵突爲上。趙孟頫詩：『濼水發源天下無，平地湧出白玉壺。谷虛久恐元氣泄，歲旱不知東海枯。雲

霧潤蒸華不注，波濤聲震大明湖。時來泉上濯塵土，冰雪滿懷清興孤。』

硤石渠水　李約，字存博，曾奉使行至陝州硤石縣東，愛渠水清流，竟旬忘發。

玉女洞泉　屬西安盩厔縣。洞有飛泉，甘且冽。蘇軾過此汲兩瓶去，恐後復取爲從者所給，乃破竹作券，使寺僧藏之，以爲往來之信，戲曰調水符。

惠通泉　瓊州府城東三山菴之下有泉，東坡過此，品之曰：『味頗類惠山。』因名惠通泉。

噴霧崖泉　屬四川夔州府梁山縣，蟠龍山中崖高數十丈，飛濤噴薄如霧。張商英游此，題云：『泉味甘冽，非陸羽莫能辨。』范成大謂天下瀑布第一。

靈泉　屬貴州貴陽府城西北。泉穴寬可六尺許，不盈不涸，清且甘。

飛泉　新添衛城東北。其水清且甘。

又《古今名家品水》　陸羽品天下二十水，以廬山谷簾泉爲第一，以慧山泉居第二，蘄水之鳳栖山下泉居第三，楊子中泠水第七，睦州釣臺下泉第十九。全載歐陽修《大明水記》中，所稱康王谷水第一，不同。陸羽又云：『楚水第一，晉水最下。』

陳眉公云：『余嘗酌中泠，劣於惠山，殊不可解。後考之，乃知陸羽原以廬山谷簾泉爲第一。』《山疏》云：『陸羽《茶經》言瀑瀉湍急者勿食，今此水瀑瀉湍急無如矣，乃以爲第一，何也？又雲液泉，在谷簾泉側。山多雲母，泉其液也，洪纖如指，清冽甘寒，遠出谷簾之上，乃不得第一，何也？』

《經》言瀑瀉湍急者，皆不可食，而廬山水簾、洪州天台瀑布，皆入《水品》，又與其《經》背。故張曲江《廬山瀑布》詩：『吾聞山下蒙，今乃林巒表。物性有詭激，坤元曷紛矯。默然置此去，變化誰能了。』則有識者，固不食也。』

《煎茶水記》云：『李季卿刺湖州，至維揚，逢陸處士，卽有傾蓋之雅。因過楊子驛，曰：「陸君茶，天下莫不聞，楊子南零水，又殊絕；今者二妙千載一遇，何可輕失？」因問歷處之水，陸因命筆口授而次第之。』

井之美者，天下知鍾泠泉矣。然焦山一泉，亦不減鍾泠。

歐陽修論水，以洪州瀑布水爲第八。瀑布在開先寺。李白詩：『掛流三百丈，噴壑數十里。』劉伯芻論水，以楊子江水爲第一，惠山石泉爲第二，虎丘石井爲第三，丹陽井第四，揚州大明寺井第五，松江第六，淮水第七。松江一名吳淞江，爲青浦地。淮水，潁上壽州懷遠界。

李季卿品天下泉，以廬山康王谷水爲第一，無錫惠山泉第二，蘭溪石下泉第三，虎丘泉第五，楊子江第七，松江水第十六，雪水二十。

清　余懷《茶史補》　玉女泉，在丹陽。有人污之，則水黑，潔清，則水又變白。蓋靈泉也。

盧山三疊泉，從來未有以瀹茗。紹興丁巳年，湯制幹仲能主白鹿教席，始品題以爲不讓谷簾。以泉水寄張宗瑞，侑之以詩，有云『幾人競賞飛流勝，今日方知至味全』。

《抱朴子》云：『水性絕冷，而有溫谷之湯泉；火體宜炎，而有蕭丘之寒燄。』

又　建州龍焙面北，謂之北苑。有一泉，極清淡，謂之御泉，用其水造茶。

又　白香山《草堂記》云：『又有飛泉，植茗就以烹燀。』

又　鼎州北百里有甘泉寺，在道左。其泉清美，最宜瀹茗。寇萊公謫守雷州經此，酌泉烹茗，誌壁而去。未幾，丁謂竄朱崖復經此，禮佛留題以行。

又　王梅溪《臥龍遊紀》云：『寺有茶蘼，羅絡松上如積雪。東榮牡丹，大叢雨前已開。飲罷縱步泉上，汲泉瀹茗賦詩而歸。』

（乾隆）《重修江南通志》卷一四　第五泉在府西北大明寺前，唐張又新所品。附宋歐陽修《大明水記》世傳陸羽《茶經》，其論水云：『山水上，江水次，井水下。』又云：『山水，乳泉石池漫流者上，瀑湧湍漱勿食，食久令人有頸疾。江水取去人遠者。井取汲多者。』其說止於此，而未嘗品第天下之水味也。至張又新爲《煎茶水記》，始云劉伯芻謂水之宜茶者有七等，又載羽爲李秀卿論水次第有二十種。今考二說，與羽《茶經》皆不合。謂山水上，乳泉石池又上，江水次而井水下。伯芻以楊子江爲第一，惠山石泉爲第二，虎邱石井第三，丹陽寺井第四，揚州大明寺井第五而松江第六，淮水第七，與羽說皆相反。秀卿所說二十水，廬山康王谷水第一，無錫惠山石泉第二，蘄州蘭溪石下水第三，扇子峽蝦蟆口水第四，虎邱寺井第五，廬山招賢寺下方橋潭水第六，楊子江南零水第七，洪州西山瀑布第八，

桐柏淮源第九，廬山龍池山頂水第十，丹陽寺井第十一，楊州大明寺井第十二，漢江中澪水第十三，玉虛洞香溪水第十四，武關西水第十五，松江水第十六，天台千丈瀑布水第十七，郴州圓泉第十八，嚴陵灘水第十九，雪水第二十。如蝦螟口水、西山瀑布、天台千丈瀑，皆戒人勿食，食之生疾。其餘江水居山水上，井水居江水上，皆與羽經相反。疑羽不尚二説以自異。使誠羽説，何足信也。得非又新妄附益之耶？其述羽辨南澪岸時怪誕，甚妄也。水味有美惡而已，欲水天下之水一二而次第之者，妄説也。故其爲説前後不同如此。然此井爲水之美者也。羽之論水，惡渟浸而喜泉源，故井取汲者。江雖長，然衆水雜聚，故次山水。惟此説近物理云。

清 陳元龍《格致鏡原》卷八 諸水

《淮南子》：孟春之月，天子服八風水。取銅露盤中露水，八方風所吹也。又云八方風至，浚井取新泉，四時皆服之，非獨春也。陸深《玉堂漫筆》：《扁鵲傳》：飲以上池之水。上池水，竹木上未到地水。《四時纂要》：立春貯水，謂之神水，釀酒不壞。《漢書·溝洫志》來春桃華水盛。師古注《月令》：仲春之月，始雨水，桃華。蓋桃方華時既有雨水，山谷冰泮，泉流猥集，波瀾盛長，故謂之桃華水。陸羽《茶經》：凡水品，山水上，江水次，井水下。山水，乳泉石池漫流者上，瀑湧湍瀨食久令人頸疾；江水取去人遠者，井取汲多者。張又新《煎茶水記》：故刑部侍郎劉伯芻較水之與茶宜者，凡七等。楊子江南零水第一，無錫惠山寺石水第二，蘇州虎邱寺石水第三，丹陽縣觀音寺水第四；揚州大明寺水第五，吳松江水第六；淮水最下第七。又陸鴻漸曰：楚水第一，晉水最下。李季卿因命筆口授而次第之。廬山康王谷水簾水第一；無錫惠山寺石泉第二；蘄州蘭溪石下水第三；峽州扇子山下有石突然，洩水獨清泠，狀如甌形，俗云蝦蟇口水，第四；廬山招賢寺下方橋潭水第六；揚子江南零水第七；洪州西山西東瀑布水第八；唐州栢巖縣淮水源第九淮水亦佳；廬州龍池山顱水第十；丹陽縣觀音寺水第十一；揚州大明寺水第十二；漢江金州上游中零水第十三水苦；歸州玉虛洞下香溪水第十四；商州武關西洛水第十五未嘗泥；吳松江水第十六；天台山西南峯千丈瀑布水第十七；郴州圓泉水第十八；桐廬嚴陵灘水第十九；雪水第二十用雪不可太冷。《國史補》：凡物有水，水由土地，故江東宜綾紗、宜紙鏡，水故也。蜀人織錦初成，必濯於江水，然後文彩煥發。鄭人滎水釀酒，近邑水重，斤兩與遠郊數倍。《淮南子》：汾水蒙濁而宜麻，濟水通和而宜麥，河水中濁而宜菽，雒水輕利而宜禾，渭水多力而宜黍，漢水重安而宜竹，江水肥仁而宜稻。

《山海經》：汜天之山，赤水窮焉。不姜之山，黑水窮焉。杅塗之山，青水窮焉。白水之山，白水窮焉。不庭之山，滎水窮焉。成山，甘水窮焉。《淮南子》：白水宜玉，黑水宜砥砥，卓石，青水宜碧，赤水宜丹，黄水宜金，清水宜龜。《楚辭》：遵赤水而容與赤水出崑崙山。《名山記》：僧權道人居晉安霍山，見白水異常，飲之，甘如醴。《山堂肆考》：白水源出肅州衛城西南二十里，下流與紅水、黑水合。紅水源出肅州衛城東南山谷中，下流與黑、白水合。《唐書》：高麗國有馬訾水，出靺鞨之白山，色若鴨頭，號鴨綠水。《筆談》：南荒有黑溪水，鄣州界有烏腳溪，涉者足皆如墨。《珍玩續考》：解州鹽澤方百二十里。久雨，西山之水悉注其中，未嘗溢。大旱，未嘗涸。滷色正赤，在版泉之下，俚俗謂之蚩尤血。《山海經》：高前之山，其上有水焉，甚寒而清，帝臺之漿也，飲之者不心痛。《水經注》：鹽道山孤標秀出，清泉灌頂，世所謂瓊漿也，發於上而潛於下矣。《列子》：禹治水土，迷之一國，無風雨霧露，不生鳥獸，有山名壺領，頂有口若圓環，名曰滋穴，有水湧出，名曰神瀵，臭過椒蘭，味過醪醴。《述異記》：甜水：去虞淵八十里有甜溪水，味如蜜。東方朔遊此，得水數斛以獻，帝投水於井，井水常甜而寒，洗沐則肌理柔滑。《述異記》：灘、渙二水波若五色，有文章，故名繪水。《南雍州記》：築陽縣粉水源出房陵，取其水爲粉，鮮潔異於於餘水，或云蕭何夫人漬粉處也。《述異記》：吳故宮有香水溪，俗云西施浴處，人呼爲脂粉塘。吳王宮人濯粧於此溪，上源至今猶香。《高僧傳》：四月八日以五香水灌佛頂，都梁香爲青色水，鬱金香爲赤色水，邱隆香爲白色水，附子香爲黄色水，安息香爲黑色水。《方輿勝覽》：梁天監中，有胡僧曇隱寓錫於於蔣山，山中乏水，時有龐眉叟相謂曰：『予山龍也，知師渴飲，措之無難。』俄而沼沸出。後有西僧繼至，云本西域八池，已失其一，似竭彼盈此也。其泉一清、二冷、三香、四柔、五甘、六淨、七不饐、八蠲痾，名八功德水。自梁以來，皆取給御府，曰飲之可以愈疾。《方輿記》：蜀青城有延慶宮，西有常道觀，其南有六時水，六時灑水，以代刻漏。於陽時卽灑然而下，陰時無。晝夜凡六時灑水，故名六時水也。《水經注》：魯國卞縣東南有姚虛，虛東有漏澤水，有盈漏。漏則數夕之中，傾陂竭澤矣。左右民居識其將漏，預以木爲曲牀，約鄣穴口，魚鼈異

鱗不可勝載。《博物志》：庭州灞水，以金銀鐵器盛之皆漏，惟瓠葉則不漏。《路史》：西海島間水如脂而黑，他物盛之皆滴漏，惟牛角可貯。

清 陸廷燦《續茶經》卷下《五之煮》 唐陸羽《六羡歌》：不羡黄金罍，不羡白玉盃，不羡朝入省，不羡暮入臺。千羡萬羡西江水，曾向竟陵城下來。

唐張又新《水記》：故刑部侍郎劉公諱伯芻，於又新丈人行也。爲學精博，有風鑒，稱較水之與茶宜者，凡七等：揚子江南零水第一；無錫惠山寺石水第二；蘇州虎邱寺石水第三；丹陽縣觀音寺井水第四；大明寺井水第五；吴淞江水第六；淮水最下，第七。余嘗具瓶於舟中，親挹而比之，誠如其説也。客有熟於兩浙者，言搜訪未盡，余嘗志之。及刺永嘉，過桐廬江，至嚴子瀨，溪色至清，水味甚冷。煎以佳茶，不可名其鮮馥也，愈於揚子南零殊遠。及至永嘉，取仙巖瀑布用之，亦不下南零，以是知客之説信矣。

陸羽論水，次第凡二十種：廬山康王谷水簾水第一，無錫惠山寺石泉水第二，蘄州蘭溪石下水第三，峽州扇子山下蝦蟆口水第四，蘇州虎邱寺石泉水第五，廬山招賢寺下方橋潭水第六，揚子江南零水第七，洪州西山瀑布泉第八，唐州桐柏縣淮水源第九，廬州龍池山嶺水第十，丹陽縣觀音寺水井第十一，揚州大明寺水第十二，漢江金州上游中零水第十三水苦，歸州玉虚洞下香溪水第十四，商州武關西洛水第十五，吴淞江水第十六，天台山西南峰千丈瀑布水第十七，柳州圓泉水第十八，桐廬嚴陵灘水第十九，雪水第二十用雪不可太冷。

唐顧況《論茶》：煎以文火細烟，煮以小鼎長泉。

蘇廙《仙芽傳》第九卷載《作湯十六法》謂：湯者，茶之司命。若名茶而濫湯，則與凡味同調矣。煎以老嫩，言凡三品，注以緩急。言凡三品，以器標者，共五品，以薪論者，共五品。一得一湯，二嬰湯，三百壽湯，四中湯，五斷脈湯，六大壯湯，七富貴湯，八秀碧湯，九壓一湯，十纏口湯，十一減價湯，十二法律湯，十三一面湯，十四宵人湯，十五賤湯，十六魔湯。

丁用晦《芝田録》：唐李衛公德裕，喜惠山泉，取以烹茗，自常州到京，置驛騎傳送，號曰水遞。後有僧某曰：『請爲相公通水脉。』盖京師有一眼井，與惠山泉脉相通，汲以烹茗，味殊不異。公問井在何坊曲？曰：『昊天觀常住庫後是也。』因取惠山、昊天各一瓶，雜以他水八瓶，令僧辨晰。僧止取二瓶井泉，德裕大加奇嘆。

《事文類聚》：贊黄公李德裕，居廊廟日，有親知奉使於京口。公曰：『還日，金山下揚子江南零水，與取一壺來。』其人敬諾。及使回，舉棹日，因醉而忘之。汎舟至石城下，方憶，乃汲一瓶於江中，歸京獻之。公飲後歎訝非常，曰：『江表水味，有異於頃歲矣。此水頗似建業石頭城下水也。』其人即謝過不敢隱。

《河南通志》：盧仝茶泉，在濟源縣。仝有莊在濟源之通濟橋二里餘，茶泉存焉。其詩曰：『買得一片田，濟源花洞前。』自號玉川子。有寺名玉泉，汲此寺之泉煎茶。有《玉川子飲茶歌》，句多奇警。

《黄州志》：陸羽泉，在蘄水縣鳳棲山下，一名蘭溪泉，羽品爲天下第三泉也。嘗汲以烹茗，宋王元之有詩。

無盡法師《天台志》：陸羽品水，以此山瀑布泉爲天下第十七水。余嘗試飲，比余豳溪蒙泉殊劣，余疑鴻漸但得至瀑布泉耳，苟偏歷天台？當不取金山爲第一也。

《海録》：陸羽品水，以雪水第二十，以煎茶滯而太冷也。

陸平泉《茶寮記》：唐秘書省中水最佳，故名秘水。

《檀几叢書》：唐天寶中，稠錫禪師名清晏，卓錫南嶽磵上，泉忽迸，石窟間字曰『真珠泉』。師飲之，清甘可口，曰：『得此瀹吾鄉桐廬茶，不亦稱乎。』

《大觀茶論》：水以輕清甘潔爲美，用湯以魚蟹眼連絡迸躍爲度。

咸淳《臨安志》：棲霞洞内有水洞，深不可測，水極甘冽。魏公嘗調以瀹茗。又蓮花院有三井，露井最良，取以烹茗，清甘寒冽，品爲小林第一。

《王氏談録》：公言茶品高而年多者，必稍陳。遇有茶處，春初取新芽，輕炙雜而烹之，氣味自復。在襄陽試作。甚佳嘗語君謨，亦以爲然。

歐陽修《浮槎水記》：浮槎與龍池山皆在廬州界中，較其味，不及浮槎遠甚，而又新所記，以龍池爲第十，浮槎之水棄而不録，以此知又新所失多矣。陸羽則不然，其論曰：山水上，江次之，井爲下。山水，乳

泉石池漫流者。上其言雖简而於論水盡矣。

蔡襄《茶録》：茶或經年，則香、色、味皆陳。煑時先於淨器中以沸湯漬之，刮去膏油，一兩重卽止，乃以鈐拑之，用微火炙乾，然後碎碾。若當年新茶，則不用此說。碾時先以淨紙密裹搥碎，然後熟碾。其大要，旋碾則色白，或經宿，則色昏矣。碾畢卽羅，羅細則茶浮，麤則沫浮。候湯最難，未熟則沫浮，過熟則茶沉。前世謂之『蟹眼』者，過熟湯也。沉瓶中煑之，不可辨，故曰候湯最難。茶少湯多則雲脚散，湯少茶多則粥面聚。建人謂之雲脚粥面。鈔茶一錢匕，先注湯，調令極勻，又添注入，環迴擊拂。湯上盞，可四分則止，眡其面色鮮白，著盞無水痕爲絶佳。建安鬬試以水痕先退者爲負，耐久者爲勝，故校勝負之說，曰相去一水兩水。

茶有真香，而入貢者微以龍腦和膏，欲助其香。建安民間試茶皆不入香，恐奪其真也。若烹點之際又雜以珍果香草，其奪益甚，正當不用。

【略】

《煑茶泉品》：予少得温氏所著《茶說》，嘗識其水泉之目，有二十焉。會西走巴峽，經蝦蟇窟，北憩燕城，汲蜀岡井，東遊故都，絶揚子江，留丹陽酌觀音泉，過無錫㪺惠山水，粉槍末旗，蘇蘭薪桂，且鼎且缶，以飲以歠，莫不瀹氣滌慮，蠲病析酲，祛鄙悋之生心，招神明而還觀。信乎物類之得宜，臭味之所感，幽人之佳尚，前賢之精鑒，不可及已。昔酈元善於《水經》，而未嘗知茶；王肅癖於茗飲，而言不及水表。是二美，吾無愧焉。

魏泰《東軒筆録》：鼎州北百里有甘泉寺，在道左，其泉清美，最宜瀹茗。林麓迴抱，境亦幽勝。寇萊公謫守雷州，經此酌泉，誌壁而去。未幾，丁晉公竄朱崖，復經此，禮佛留題而行。天聖中，范諷以殿中丞安撫湖外至此寺，覩二相留題，徘徊慨嘆，作詩以誌其旁曰：『平仲酌泉方頓轡，謂之禮佛繼南行。層巒下瞰嵐烟路，轉使高僧薄寵榮。』

張邦基《墨莊漫録》：元祐六年七夕日，東坡時知揚州，與發運使晁端彦、吳倅、晁无咎，大明寺汲塔院西廊井與下院蜀井二水校其高下，以塔院水爲勝。

華亭縣有寒穴泉，與無錫惠山泉味相同，並嘗之，不覺有異，邑人知之者少。王荆公嘗有詩云：『神震冽冰霜，高穴雪與平。空山渟千秋，不出嗚咽聲。山風吹更寒，山月相與清。北客不到此，如何洗煩醒。』

羅大經《鶴林玉露》：余同年友李南金云：『《茶經》以魚目、湧泉、連珠爲煮水之節，然近世瀹茶，鮮以鼎鑊，用瓶煑水，難以候視，則當以聲辨一沸、二沸、三沸之節。又陸氏之法，以未就茶鑊，故以第二沸爲合量；而下未若今以湯就茶甌瀹之，則當用背二涉三之際爲合量也，乃爲聲辨之。』詩曰：『砌蟲唧唧萬蟬催，忽有千車捆載來。聽得松風并澗水，急呼縹色緑磁盃。』其論固已精矣。然瀹茶之法，湯欲嫩而不欲老，蓋湯嫩則茶味甘，老則過苦矣。若聲如松風澗水，而遽瀹之，豈不過於老而苦哉。惟移瓶去火，少待其沸，止而瀹之，然後湯適中而茶味甘，此南金之所未講也。因補一詩云：『松風桂雨到來初，急引銅瓶離竹爐。待得聲聞俱寂後，一甌春雪勝醍醐。』

趙彦衛《雲麓漫抄》：陸羽別天下水味，各立名品，有石刻行於世。《列子》云，孔子：『淄澠之合，易牙能辨之。』易牙，齊威公大夫。淄澠二水，易牙知其味。威公不信，數試皆驗。陸羽豈得其遺意乎？

《黄山谷集》：瀘州大雲寺西偏崖石上，有泉滴瀝，一州泉味，皆不及也。

林逋《烹北苑茶有懷》：石碾輕飛瑟瑟塵，乳花烹出建溪春。人間絶品應難識，閑對茶經憶故人。

《東坡集》：予頃自汴入淮，泛江泝峽歸蜀。飲江淮水蓋彌年，既至，覺井水腥澀，百餘日然後安之，以此知江水之甘於井也審矣。今來嶺外，自揚子始飲江水，及至南康，江益清駛，水益甘，則又知南江賢於北江也。近度嶺入清遠峽，水色如碧玉，味益勝。今游羅浮，酌泰禪師錫杖泉，則清遠峽水，又在其下矣。嶺外惟惠州人喜鬬茶，此水不虛出也。

惠山寺，東爲觀泉亭，堂曰漪瀾。泉在亭中，二井石甃相去咫尺，方圓異形。汲者多由圓井，蓋方動圓靜，靜清而動濁也。流過漪瀾，從石龍口中出，下赴大池者，有土氣，不可汲。泉流冬夏不涸，張又新品爲天下第二泉。

《避暑録話》：裴晉公詩云：『飽食緩行初睡覺，一甌新茗侍兒煎。脱巾斜倚繩床坐，風送水聲來耳邊。』公爲此詩必自以爲得意，然吾山居

七年，享此多矣。

馮璧《東坡海南烹茶圖詩》：講筵分賜密雲龍，春夢分明覺亦空。地惡九鑽黎火洞，天游兩腋玉川風。

《萬花谷》：黄山谷有《井水帖》云：『取井傍十數小石，置瓶中，令水不濁。故詠《慧山泉》詩云錫谷寒泉擶石俱是也。石圓而長，曰擶，所以澄水。』

茶家碾茶，須碾着眉上白乃爲佳。會茶山詩云：『碾處須看眉上白，分時爲見眼中青。』

《輿地紀勝》：竹泉，在荆州府松滋縣南。宋至和初，苦竹寺僧浚井得筆，後黄庭堅謫黔過之，視筆曰：『此吾蝦蟇碚所墜。』因知此泉與之相通。其詩曰：『松滋縣西竹林寺，苦竹林中甘井泉。巴人謾説蝦蟇碚，試裹春茶來就煎。』

周輝《清波雜志》：余家惠山泉石，皆爲几案間物。親舊東來，數問松竹平安信，且時致陸子泉，茗椀殊不落寞。然頃歲亦可致於汴都，但未免瓶盎氣。用細砂淋過，則如新汲時，號拆洗惠山泉。天台竹瀝水，彼地人斵竹稍，屈而取之盈甕；若雜以他水，則亟敗。蘇才翁與蔡君謨比茶，蔡茶精，用惠山泉煑，蘇茶劣，用竹瀝水煎，便能取勝。此説見江鄰幾所著《嘉祐雜志》。果爾，今喜擊拂者，曾無一語及之，何也？雙井因山谷乃重。蘇魏公嘗云，平生薦舉不知幾何人，唯孟安序朝奉歲以雙井一瓮爲餉。蓋公不納苞苴，顧獨受此，其亦珍之耶。

《東京記》：文德殿兩掖，有東西上閤門，故杜詩云：『東上閤之東，有井泉絶佳。』山谷《憶東坡烹茶詩》云：『閤門井不落第二，竟陵谷簾空誤書。』

陳舜俞《廬山記》：康王谷有水簾飛泉，破巖而下者二三十派，其廣七十餘尺，其高不可計。山谷詩云『谷簾煑甘露』是也。

孫月峰《坡仙食飲録》：唐人煎茶多用薑。故薛能詩云：『鹽損添常戒，薑宜着更誇。』據此，則又有用鹽者矣。近世有此二物者，輒大笑之。然茶之中等者，用薑煎信佳，鹽則不可。

馮可賓《岕茶牋》：茶雖均出於岕，有如蘭花香而味甘，過霉歷秋，開罎烹之，其香愈烈，味若新。沃以湯，色尚白者，真洞山也。他嶰初時亦香，秋則索然矣。

《羣芳譜》：世人情性嗜好各殊，而茶事則十人而九。竹爐火候，茗椀清緣，煑引風之碧雲，傾浮花之雪乳。非藉湯勳，何昭茶德。略而言之，其法有五：一曰擇水，二曰簡器，三曰忌溷，四曰慎煑，五曰辨色。

《吴興掌故録》：湖州金沙泉，至元中，中書省遣官致祭。一夕水溢，溉田千畝，賜名『瑞應泉』。

《職方志》：廣陵蜀岡上有井，曰蜀井，言水與西蜀相通。茶品天下，水有二十種，而蜀岡水爲第七。

《遵生八牋》：凡點茶，先須熁盞令熱，則茶面聚乳，冷則茶色不浮。熁音脅，火迫也。

陳眉公《太平清話》：余嘗酌中泠，劣於惠山，殊不可解。後攷之，乃知陸羽原以廬山谷簾泉爲第一。《山疏》云：陸羽《茶經》言，瀑瀉湍激者勿食，今此水瀑瀉湍激無如矣，乃以爲第一，何也？又雲液泉，在谷簾側，山多雲母，泉其液也，洪纖如指，清冽甘寒，遠出谷簾之上，乃不得第一，又何也？又碧琳池東西兩泉，皆極甘香，其味不減惠山，而東泉尤冽。

蔡君謨『湯取嫩而不取老』，蓋爲團餅茶言耳。今旗芽鎗甲，湯不足則茶神不透，茶色不明，故茗戰之捷，尤在五沸。

徐渭《煎茶七類》：煑茶非漫浪，要須其人與茶品相得，故其法每傳於高流隱逸，有烟霞泉石磊磈於胸次間者。品泉以井水爲下，井取汲多者，汲多則水活。

候湯眼鱗鱗起，沫餑鼓泛，投茗器中。初入湯少許，俟湯茗相投，即滿注。雲腳漸開，乳花浮面，則味全。蓋古茶用團餅碾屑，味易出。葉茶驟則乏味，過熟則味昏底滯。

張源《茶録》：山頂泉清而輕，山下泉清而重，石中泉清而甘，砂中泉清而冽，土中泉清而厚。流動者良於安靜，負陰者勝於向陽。山削者泉寡，山秀者有神。真源無味，真水無香。流於黄石爲佳，瀉出青石無用。

【略】

閩人苦山泉難得，多用雨水。其味甘不及山泉，而清過之。然自淮而

北，則雨水苦黑，不堪煑茗矣。惟雪水，冬月藏之，入夏用乃絶佳。夫雪固雨所凝也，宜雪而不宜雨，何哉？或曰北方瓦屋不淨，多用穢泥塗塞故耳。

古時之茶，曰煑、曰烹、曰煎，須湯如蟹眼，茶味方中。今之茶，惟用沸湯投之；稍著火，即色黄而味澀不中飲矣。迺知古今煑法，亦自不同也。

蘇才翁鬬茶用天台竹瀝水，乃竹露，非竹瀝也。若今醫家用火逼竹取瀝，斷不宜茶矣。

顧元慶《茶譜》煎茶四要：一擇水，二洗茶，三候湯，四擇品。點茶三要：一滌器，二熁盞，三擇果。

熊明遇《岕山茶記》：烹茶，水之功居六。無山泉則用天水，秋雨爲上，梅雨次之，秋雨冽而白，梅雨醇而白。雪水，五穀之精也。色不能白，養水須置石子於甕，不惟益水，而白石清泉。會心亦不在遠。

《雪庵清史》：余性好清苦，獨與茶宜。幸近茶鄉，恣我飲啜。乃友人不辨三火三沸法，余每過飲，非失過老，則失之太嫩，致令甘香之味蕩然無存，蓋誤於李南金之説耳。如羅玉露之論，乃爲得火候也。友曰：『吾性惟好讀書，玩佳山水，作佛事，或時醉花前，不愛水厄，故不精於火候。』昔人有言：釋滯消壅，一日之利暫佳；瘠氣耗精，終身之害斯大。獲益則歸功茶力，貽害則不謂茶災。甘受俗名，緣此之故。噫！茶冤甚矣。不聞禿翁之言：釋滯消壅，清苦之益實多；瘠氣耗精，情慾之害最大。獲益則不謂茶力，自害則反謂茶殃。且無火候，不獨一茶。讀書而不得其趣，玩山水而不會其情，學佛而不破其宗，好色而不飲其韻，皆無火候者也。豈余愛茶而故爲茶吐氣哉？亦欲以此清苦之味，與故人共之耳。

煑茗之法有六要：一曰別，二曰水，三曰火，四曰湯，五曰器，六曰飲。有觕茶，有散茶，有末茶，有餅茶。有研者，有熬者，有煬者，有春者。余幸得產茶方，又兼得烹茶六要，每遇好朋，便手自煎烹。但願一甌常及真，不用撐腸拄腹文字五千卷也。故曰飲之時義遠矣哉。

田藝蘅《煑泉小品》：茶，南方嘉木，日用之不可少者。品固有媺惡，若不得其水，且煑之不得其宜，雖佳弗佳也。但飲泉覺爽，啜茗忘喧，謂非膏粱紈袴可語，爰著煑泉小品，與枕石漱流者商焉。

陸羽嘗謂：『烹茶於所產處無不佳，蓋水土之宜也。』此論誠妙，況旋摘旋瀹，兩及其新耶。故《茶譜》亦云：『蒙之中頂茶，若獲一兩，以本處水煎服，即能祛宿疾。』是也。今武林諸泉，惟龍泓入品，而茶亦惟龍泓山爲最。蓋茲山深厚高大，佳麗秀越，爲兩山之主，故其泉清寒甘香，雅宜煑茶。虞伯生詩：『但見瓢中清，翠影落羣岫。烹煎黄金芽，不取穀雨後。』姚公綬詩：『品嘗顧渚風斯下，零落茶經奈爾何。』則風味可知矣，又況爲葛仙翁煉丹之所哉？又其上爲老龍泓，寒碧倍之，其地產茶，爲南北兩山絶品。鴻漸第錢塘天竺、靈隱者爲下品，當未識此耳。而郡志亦只稱寶雲、香林、白雲諸茶，皆有水有茶，不可以無火。非謂其真無火也，失所宜也。李約云『茶須活火煎』，蓋謂炭火之有焰者。東坡詩云『活火仍將活水烹』，是也。余則以爲山中不常得炭，且死火耳，不若枯松枝爲妙。遇寒月，多拾松實，房蓄爲煑茶之具，更雅。

人但知湯候，而不知火候。火然則水乾，是試火當先於試水也。《呂氏春秋》伊尹説湯五味，九沸九變，火爲之紀。

許次杼《茶疏》：甘泉旋汲用之斯良。丙舍在城，夫豈易得，故宜多汲，貯以大甕，但忌新器，為其火氣未退，易於敗水，亦易生蟲。久用則善，最嫌他用。水性忌木，松杉爲甚，木桶貯水其害易滋甚，挈瓶爲佳耳。

沸速則鮮嫩風逸，沸遲則老熟昏鈍。故水入銚，便須急煑。候有松聲，即去蓋，以息其老鈍。蟹眼之後，水有微濤，是爲當時。大濤鼎沸，旋至無聲，是爲過時。過時老湯，決不堪用。

【略】

《夷門廣牘》：虎邱石泉，舊居第三，漸品第五。以石泉渟泓，皆雨澤之積，滲竇之潢也。況闔廬墓隧，當時石工多閟死，僧衆上棲，不能無穢濁滲入；雖名陸羽泉，非天然水，道家服食，禁屍氣也。

《六硯齋筆記》：武林西湖水，取貯大缸，澄淀六七日。有風雨則覆，晴則露之，使受日月星之氣。用以烹茶，甘淳有味，不遜慧麓。以其溪谷奔注，涵浸凝渟，非復一水，取精多而味自足耳。以是知凡有湖陂大浸處，皆可貯以取澄，絶勝淺流。陰井昏滯腥薄，不堪點試也。

古人好奇，飲中作百花，熟水又作五色，飲及冰蜜糖藥種種各殊。余以爲皆不足尚。如值精茗適乏，細劚松枝瀹湯漱嚥而已。

《竹嬾茶衡》：處處茶皆有然勝處，未暇悉品，姑據近道日御者。虎邱氣芳而味薄，乍入盎，菁英浮動，鼻端拂拂，如蘭初析，經喉吻亦快然，然必惠麓水，甘醇足佐其寡薄。龍井味極腆厚，色如淡金，氣亦沉寂，而咀嚥之久，鮮腴潮舌，又必藉虎跑，空寒熨齒之泉發之，然後飲者領雋永之滋，無昏滯之恨耳。

【略】

《岕茶彙鈔》：烹時，先以上品泉水滌烹器，務鮮務潔。次以熱水滌茶葉，水若太滾，恐一滌味損。當以竹筯夾茶於滌器中反覆洗蕩，去塵土、黄葉、老梗。既盡，乃以手搦乾，置滌器内蓋定。少刻開眎，色青香冽，急取沸水潑之。夏先貯水入茶，冬先貯茶入水。

【略】

《洞山茶系》：岕茶德全，策勳惟歸洗控。沸湯潑葉即起，洗鬲斂其出液，候湯可下指，即下洗鬲排蕩沙沫；復起，併指控乾，閉之茶藏候投。蓋他茶欲按時分投，惟岕既經洗控，神理綿綿，止須上投耳。

《天下名勝志》：宜興縣湖汶鎮，有於潛泉。竇穴闊二尺許，狀如井。其源泚流潛通，味頗甘冽。唐修茶貢，此泉亦遞進。

洞庭縹緲峰西北，有水月寺。寺東入小青塢，有泉瑩澈甘涼，冬夏不涸。宋李彌大名之曰『無礙泉』。

安吉州，碧玉泉爲冠，清可鑒髮，香可瀹茗。

徐獻忠《水品》：泉甘者，試稱之必厚重。其所由來者，遠大使然也。江中南零水，自岷江發源，數千里始澄於兩石間，其性亦重厚，故甘也。

處士《茶經》，不但擇水，其火用炭或勁薪，其炭曾經燔，爲腥氣所及，及膏木敗器不用之。古人辨勞薪之味，殆有旨也。

山深厚者、雄大者氣盛，麗者必出佳泉。

張大復《梅花筆談》：茶性必發於水，八分之茶，遇十分之水，茶亦十分矣。八分之水，試十分之茶，茶只八分耳。

《巖棲幽事》：黄山谷賦：洶洶乎，如澗松之發清吹；浩浩乎，如春空之行白雲。可謂得煎茶三昧。

《劍掃》：煎茶乃韻事，須人品與茶相得。故其法往往傳於高流隱逸，有烟霞泉石、磊塊胸次者。

《湧幢小品》：天下第四泉，在上饒縣北茶山寺。唐陸鴻漸寓其地，即山種茶，酌以烹之，品其等爲第四。邑人尚書楊麒讀書於此，因取以爲號。

余在京三年，取汲德勝門外水烹茶，最佳。

大内御用井，亦西山泉脉所灌，真天漢第一品，陸羽所不及載。

俗語『芒種逢壬便立霉』，霉後積水烹茶，甚香冽，可久藏。一交夏至，便迥别矣。試之良驗。

家居苦泉水難得，自以意取尋常水煮滚，入大磁缸置庭中，避日色。俟夜，天色皎潔，開缸受露。凡三夕，其清澈底，積垢二三寸。亟取出，以罈盛之烹茶，與惠泉無異。

聞龍《它泉記》：吾鄉四郵皆山，泉水在在有之，然皆淡而不甘。獨所謂『它泉』者，其源出自四明，自洞抵埭，不下三數百里。水色蔚藍，素砂白石粼粼見底，清寒甘滑，甲於郡中。

《玉堂叢語》：黄諫常作《京師泉品》：『郊原，玉泉第一；京城，文華殿東大庖井第一。』後謫廣州，評泉以『雞爬井』爲第一，更名學士泉。

吴栻云：武夷泉出南山者，皆潔冽味短，北山泉味迴别，蓋兩山形似而脉不同也。予攜茶具共訪得三十九處，其最下者，亦無硬冽氣質。

王新城《隴蜀餘聞》：百花潭，有巨石三，水流其中，汲之煎茶，清冽異於他水。

《居易録》：濟源縣段少司空園，是玉川子煎茶處。中有二泉，或曰玉泉。去盤谷不十里，門外一水，曰漭水，出王屋山。按：《通志》『玉泉在瀧水上，盧仝煎茶於此。今《水經注》不載。』

《分甘餘話》：一水，水名也。酈元《水經注·渭水》：又東，會一水，發源吳山。《地里志》：吳山，古汧山也。山下石穴，水溢石空，懸波側注。按：此即『一水』之源。在靈應峰下，所謂『西鎮靈湫』是也。余丙子祭告西鎮，常品茶於此，味與西山玉泉極相似。

《古夫於亭雜録》：唐劉伯芻品水，以中泠爲第一，惠山、虎邱次之。陸羽則以康王谷爲第一，而次以惠山，古今耳食者遂以爲不易之論。其實二子所見，不過江南數百里内之水，遠如峽中蝦蟇碚，纔一見耳；不知大江以北，如吾郡發地皆泉，其著名者七十有二，以之烹茶，皆不在惠泉之下。宋李文叔格非，郡人也，嘗作《濟南水記》，與《洛陽名園記》並傳，惜《水記》不存，無以正二子之陋耳。謝在杭品平生所見之水，首濟南趵突，次以益都孝婦泉在顔神鎮、青州范公泉，而尚未見章邱之百脉泉。右皆吾郡之水，二子何嘗多見。予嘗題王秋史苹二十四泉草堂云：『翻憐陸鴻漸，跬步限江東。』正此意也。

陸次雲《湖壖雜記》：龍井，泉從龍口中瀉出，水在池内，其氣恬然。若遊人注視久之，忽波瀾湧起，如欲雨之狀。

張鵬翮《奉使日記》：葱嶺乾澗側，有舊二井。從旁掘地七八尺，得水甘冽，可煮茗。字之曰『塞外第一泉』。

《廣輿記》：永平灤州，有扶蘇泉，甚甘冽。秦太子扶蘇，嘗憩此。

江寧攝山千佛嶺下，石壁上刻隸書六字，曰『白乳泉試茶亭』。

鍾山八功德水：一清、二冷、三香、四柔、五甘、六淨、七不饐，八蠲痾。

丹陽玉乳泉，唐劉伯芻論此水爲『天下第四』。

寧州雙井，在黄山谷所居之南，汲以造茶，絶勝他處。

杭州孤山下，有金沙泉。唐白居易嘗酌此泉，甘美可愛，視其地沙，光燦如金，因名。

安陸府沔陽有陸子泉，一名文學泉。唐陸羽嗜茶，得泉以試，故名。

《增訂廣輿記》：玉泉山，泉出石罅間，因鑿石爲螭頭，泉從口出，味極甘美。瀦爲池，廣三丈，東跨小石橋，名曰玉泉垂虹。

《武夷山志》：山南虎嘯巖語兒泉，濃若停膏，瀉杯中，鑑毛髮，味甘而博，啜之有軟順意。次則天柱三敲泉，而茶園喊泉，又可伯仲矣。北山泉味迥別，小桃源一泉，高地尺許，汲不可竭，謂之高泉。純遠而逸，致韻雙發，愈啜愈想愈深，不可以味名也。次則接筍之仙掌露，其最下者，亦無硬冽氣質。

【略】

《隨見録》：安慶府宿松縣東門外，孚玉山下福昌寺旁井，曰龍井。水味清甘，瀹茗甚佳，質與溪泉較重。

清 宫夢仁《讀書紀數略》卷五二《飲食》 水三等。陸羽《茶經》水患渟浸而喜泉源，故井取汲多者。江水雖長，然合衆水則雜，亦次於山水。山水上，江水次，井水下。

水七品。劉伯芻論水

揚子江第一，惠山石泉第二，虎丘石井第三，丹陽寺井第四，揚州大明寺井第五，松江第六，淮水第七。

水二十種。歐公集李秀卿説水次第

廬江王谷水第一，無錫惠山石泉第二，蘄州蘭溪石下水第三，扇子峽蝦蟆口水第四，虎丘寺井水第五，廬山方橋潭水第六，揚子江南冷水第七，洪州西山瀑布泉第八，桐柏淮源第九，廬山龍池頂水第十，丹陽寺井水第十一，揚州大明寺井水第十二，漢江中泠水第十三，玉虚洞香溪水第十四，武關西水第十五，松江水第十六，天台千丈瀑布泉第十七，柳州圓泉第十八，嚴陵灘水第十九，雪水第二十。

辨水味，四人

易牙知淄澠之合，李德裕知石頭城下水非金山泉，陸羽知揚子江水非南泠，蒲元知涪水與江水之雜。

清 顧蘅《湘皋茶説·品泉》 温氏所著《茶説》所識水泉之目凡二十。寒士遠莫能致，惟有無錫惠泉，杭之虎跑、白沙，近猶易得。有則宜貯大瓮。所忌器新，爲其火氣未退，易於敗水，亦易生蟲；久用則善。

《茶解》：烹茶須甘泉，次梅水。梅雨如膏，萬物賴以滋養，其味獨甘。梅後便不堪飲。大甕滿貯，投伏龍肝一塊，須乘熱投之。

《芥茶記》：烹茶，水之功居六。無泉則用天水，秋雨爲上，梅雨次之。秋雨冽而白，梅雨醇而白。雪水，五穀之精也。埽雪烹茶，古今韻事。惜水不能白。養水須置石子於甕，非惟益水，而白石清泉，會心亦不在遠。

《茶録》：貯水甕須置陰庭，覆以沙帛。使承星露，則英華不散，靈氣常存。假令壓以木石，封以紙箬，暴於日中，則外耗其神，内閉其氣，水神敝矣。

又《候火》　《茶經》云：其火用炭，曾經燔炙，爲脂膩所及，及膏木、敗器不用。古人識勞薪之味，信哉。

《茶疏》：火必以堅木炭爲上。然本性未盡，尚有餘煙，煙氣入湯，湯必無用。故先燒令紅，去其煙焰，兼取性力猛熾，水乃易沸。既紅之後，方授水器，乃急扇之，愈速愈妙，毋令手停。停過之湯，寧棄再烹。

《茶録》：爐火通紅，茶銚始上。扇起要輕疾，待湯有聲，稍稍重疾，斯文武火之候也。若過於文，則水性柔，柔則水爲茶降；過於武，則火性烈，烈則茶爲水制，皆不足於中和，非茶家之要旨。

蘇廙《仙芽傳》載：《湯十六》云：調茶在湯之淑慝，而湯最忌煙。燃柴一枝，濃煙滿室，安有湯耶？又安有茶耶？可謂確論。田子蓺以松寔、松枝爲雅者，乃一時興到之言，不知大謬茶理。

又《唐宋茗考》　《試茶録》稱：芽擇肥乳，則甘香而粥面著盞不散。土瘠而芽短，則雲腳涣亂，去盞而易散。葉梗豐，則受水鮮白；葉梗短，則色黄而汎。予以爲即此一説，與今世之品茶，大不相侔矣。夫茶取萌芽，葉猶嫌老，何有於梗？況茶地專取其脊，則清芬芳潔，故每以峰頂野茶爲上，安以肥爲？但當時所貴之色，曰勝雪，曰玉芽，則有取乎白，乃與今同。顧茶之白也，不專在葉，當佐以水。天泉，山泉，其色分外白也。

清 朱濂《茶譜》卷一　《唐語林》：李贊皇作相日，有親知奉使京口，贊皇曰：『金山泉、揚子江中泠水各置一壺。』其人舉棹醉而忘之，至石頭城方憶，乃汲一瓶歸獻。李飲之曰：『江南水味大異頃歲，此頗似建業石頭城下水。』其人謝過，不敢隱。

《芝田録》：唐李德裕任中書，愛飲無錫惠山泉。自錫至京，置遞鋪，號水遞。有一僧謁見曰：『所謁相公者，爲相公通無錫水脈耳。京師一眼泉，與惠山寺泉脈相通。』德裕大笑其荒唐。僧曰：『相公欲飲惠山泉，當在昊天觀常住庫後取。』德裕乃以惠山一甖，昊天一甖，雜以他水入甖，暗記之，遣僧辨析。僧因啜嘗，止取惠山、昊天二甖。德裕大奇之，即停水遞，得免遞者之勞，浮議遂息。

《山堂肆考》：張又新：唐季卿刺湖州，至維揚，遇陸鴻漸。謂曰：『陸君善茶，天下所聞，揚子南泠水又奇絶，今者二絶千載一遇，何可輕失？』乃命軍士謹信者，挈瓶操舟深詣南泠。陸潔器以待。俄水至，陸以杓揚水曰：『江則江矣，非南泠者，似臨岸水。』使者稱不敢。既而傾諸盆，至半遽止，又以杓揚之曰：『此南泠者矣。』使者蹶然駭曰：『某自南泠齎水至岸，舟蕩去其半，懼其少，取岸水增之，處士之鑒也。』李大驚。

《筆談》：王荆公當國，蘇東坡出知杭州，餞别。荆公囑其大計入京，過揚子江乞攜江心水一瓶見惠。東坡諾之。至期，經金山，令人汲水一瓶攜送荆公。荆公云：『此必空瓶也。』啟視之，果然。蓋揚子江心水，非銀瓶不注，古有是言也。

【略】

田崇衡《煮泉小品》：山厚者泉厚，山奇者泉奇，山清者泉清，山幽者泉幽，皆佳品也。不厚則薄，不奇則蠢，不清則濁，不幽則喧，必無用矣。

《茶解》：烹茶須甘泉，次梅水。梅雨如膏，萬物賴以滋養。其味獨甘，梅後便不堪飲。大瓮滿貯，投伏龍肝一塊，即竈中心乾土也，乘熱投之。

熊明遇《岕茶記》：烹茶水之功居六。無泉則用天水，秋雨爲上，梅雨次之。秋雨冽而白，梅雨醇而白。雪水，五穀之精也，色不能白。養水須置石子於甕，不惟益水，而白石清水，會心亦不在遠。

《太平清話》：余嘗酌中泠，劣於惠山，殊不可解。後考之，乃知，陸羽原以廬山谷簾泉爲第一。《山疏》云：陸羽《茶經》言瀑瀉湍急者勿食，今此水瀑瀉湍急無如矣，乃以爲第一，何也？又雲液泉，在谷簾泉側。山多雲母，泉其液也，洪纖如指，清冽甘寒，遠出谷簾之上，乃不得第一，何也？

《平江記事》：虎丘井泉，味極清冽。陸羽嘗取此水烹啜，世呼爲『陸羽泉』。張又新作《水品》，以中泠爲第一、無錫惠山泉第二、虎丘井第三。惠山泉煮羊，變爲黑色，作酒味苦。虎丘泉則不然，以之釀酒，其味甚佳。又新第之次於惠山，其然否乎？

《湧幢小品》：黄諫，字廷臣，臨洮蘭州人。正統壬戌及第三人，使安南，卻餽陞翰林學士，作《金城》、《黄河》二賦。李賢、劉定之皆稱

美之。好品評泉水，自郊畿論之，玉泉爲第一；自京城論之，文華殿東大庖廚井爲第一。作《京師水記》，每進講退食內府，必啜廚井水所烹茶，比眾過多。或寒暑罷講，則連飲數杯，曰『暫與汝辭』；眾皆譁然一笑。石亭敗，以鄉人有連，謫廣東通判。評廣州諸水，以雞爬井爲第一，更名學士泉。諫博學多藝，工隸篆行草，而尤長八分。後詔還，卒於南雄。

禁城中外海子，卽古燕市積水潭也，源出西山。一畝、馬眼諸泉，統出甕山後，匯爲七里濼，紆迴向西南行數十里，稱高梁河。將近城，分爲二，外繞都城，開水門；內注潭中，入爲內海子。繞禁城出巽方，流玉河橋，合外隍入於大通河。其水甘冽。余在京三年，取汲德勝門外，烹茶最佳，人未之知，語之亦不信。大內御用井，亦此泉所灌，真天漢第一品，陸羽所不及載。至京師常用甜水，俱近西北；想亦此泉一脈所注，而其不及遠矣。黃學士之言，真先得我心。

南中井泉，凡數十餘處，余嘗之皆不佳。因憶古有稱石頭城下水者，取之亦欠佳，乃令役自以錢雇小舟，對石頭棹至江心，汲歸澄之，微有沙，烹茶可與慧泉等。凡在南二十一月，再月一汲，用錢三百，以此自韻。人或笑之，不恤也。

俗語：芒種逢壬，便立霉。霉後積水，烹茶甚香冽，可久藏；一交夏至，便迥別矣。試之良晳。細思其理，有不可曉者，或者夏至一陰初生，前數日陰正潛伏，水，陰物也。當其伏時極淨，一切草木飛潛之氣不能雜，故獨存本色爲佳。但取法極難，須以磁盆最潔者，布空野盛之。霑一物卽變。貯之尤難，非地清潔且墊高不可。某年無雨，挑河水貯之，亦與常水異，而香冽不及遠矣。

又雪水、臘水、清明水俱可用。但雪水天淡，取不能多，惟貯以醮熱毒有效。家居若泉水難得，自以意取尋常水煮滾，總入大瓷缸，置庭中，避日色；俟夜，天色皎潔，開缸受露凡三夕，其清徹底，積垢二三寸，亟取出，以罈盛之，烹茶與慧泉無異。蓋經火煅煉一番，又浥露取真氣，則返本還元，依然可用。此亦修煉遺意而余創爲之，未必非《水經》一助也。他則令節或吉日，雨後承取用之亦可。

【略】

秘水：唐秘書省中水最佳，故名秘水。

清　佚名《茶史》　張元長云：洞十從天臺目來，以雲霧茶見投，亟煮惠水潑之，勃勃有荳花氣，而力韻微怯，若不勝水者，故是天池之兄，虎丘之仲耳。然世莫能知，豈山深地迴，絕無好事者嘗識耶？洞十云：他山焙茶多夾雜，此獨無有，果然，卽不見知，何患乎？夫使有好事者一日露其聲價，若他山，山僧競起雜之矣。是故實衰於知名，物敝於長價。雲霧乃天目之東嶺，曰天臺當誤。

【略】

吳江第四橋水，陸羽、劉伯芻俱品爲第六，以其匯天目諸泉，釀味不薄，橋左右有溝道深五丈，乃龍卧處，將取時須幕瓶口，垂綆至深，方得之，不然，水面常流耳。《紫桃軒又綴》

武林西湖水，取貯五石大缸，澄淀六七日。有風雨則覆，晴則露之，使受日月星之氣。用以烹茶，甘醇有味，不遜慧麓。以其溪谷奔注，涵浸凝渟，非復一水，取精多而味自足耳。以是知，凡有湖陂大浸處，皆可貯以取澄，絕勝淺流。陰井昏滯腥薄，不堪點試也。《六研齋筆記》

洞庭張山人云：山頂泉輕而清，山下泉清而重，石中泉清而甘，沙中泉清冽，土中泉清而厚，流動者良於安靜，負陰者勝於向陽，山削者泉寡，山秀者有神，真源無味，真水無香。陳繼儒《巖棲幽事》

陳眉公云：金山中泠泉，又曰龍井，水經品爲第一。舊嘗波險中汲，汲者患之。僧於山西北下穴一井以給游客，又不徹堂前一井，與今中泠相去又數十步，而水味迥劣。按泠一作零，又作⿰氵靈，《太平廣記》李德裕使人取金山中泠水，蘇軾、蔡肇並有中泠之句。雜記云：『石碑山北謂之北泠，釣者余三十丈，則中泠之外，似有南泠、北泠者』《潤州類集》云：『江水至金山，分爲三泠。』今寺中亦有三井，其水味各別，疑似三泠之說也。《偃曝餘談》

【略】

蔡君謨云：辛卯秋，汴渠涸於宿州界上，岸旁得一泉，甘美清涼，絕異常水，其鄉人言水漲則不見，冬涸則其泉涓涓，深可愛，余以水品中不在第三，然出沒不常，不可以定論也。《陸友研北雜志》

【略】

張世南云，谷簾三疊，廬阜勝處，惟三疊，於紹熙辛亥歲，始爲世人覽。宣和初，有徐長老，棄官修淨業，名動天聽，被旨祝髮，住圓通，號青谷止禪師。當時已觀此泉，圖於勝果寺之壁。蓋未出之先，緇黃輩已見，特秘而不發耳。從來未有以瀹茗者。紹定癸巳，湯制幹仲能主白鹿教席，始品題，以爲不讓谷簾。嘗有詩寄二泉於張宗瑞曰：『九疊峯頭一道泉，分明來處與雲連。幾人竟嘗飛流勝，今日方知至味全。鴻漸但嘗唐代水，涪翁不到紹熙年。從茲康谷宜居二，試問真岩老詠仙。』張賡之曰：『寒碧朋尊勝酒泉，松聲遠壑憶留連。詩於水品進三疊，名與谷簾真兩全。畫壁煙霞醒作夢，茶經日月著新年。山靈似語湯夫子，恨殺屏風李謫仙。』九疊屏風之下，舊有太白書堂，及有詩云『吾非濟代人，且隱屏風疊』之句。

揚子江心水，號中泠泉，在金山寺傍，郭璞墓下。最當波流險處，汲取甚艱，士大夫慕名求以瀹茗，操舟者多淪溺。寺僧苦之，於水陸堂中，穴井以給游者。往歲連州太守張思順，鹽江口鎮日，嘗取二水較之，味之甘冽，水之輕重，萬萬不侔。乾道初，中泠別湧一小峯，今高數丈，每歲加長。鶻棲其上，峯下水益湍，泉之不可汲，更倍昔時矣。玉女泉，在丹陽縣練湖上觀音寺中。本一小井，舊傳水潔如玉。思順以淳熙十三年，沿檄經由，專往訪索。僧慼頞而言：『此泉變爲昏墨，已數十年矣！』初疑其始，乃就往驗視，果爲墨汁。嗟愴不足，因賦詩題壁曰：『觀音寺裡泉經品，今日唯存玉乳名。定是年來無陸子，甘香收入柳枝瓶。』明年攝邑，六月出迎客，復至寺，再汲，泉又變白。置器中，若雲行水影中。雖不極清，而味絕勝。詰其故，蓋紹興初，宗室攢祖母柩於井左，泉遂壞，改遷不旬日，泉如故，異哉！事物之廢興，雖莫不有時，亦由所遭於人如何耳。宗瑞，思順之子也。《游宦紀聞》

【略】

蘇東坡云：時雨降，多置器廣庭中，所得甘滑不可名，以潑茶、煮藥皆美而有益，正爾食之不輟，可以長生。其次井泉，甘冷者皆良藥也，乾以九二化離坤以六二化坎，故天一爲水。吾聞之道士人能服井花水者，其熱與石硫黃鐘乳等，非其人而服之，亦能發背腦爲疽。蓋嘗觀之，又分至日取井水，儲之有方，後七日輒生物如雲母，故道士謂水中金，可養煉爲丹，此固嘗見之者，此至淺近世獨不能爲，況所玄者乎？《志林》

周煇云：煇家惠山，泉石皆爲几案物。親舊東來，數聞松竹平安信，且時致陸子泉茗碗。殊不落莫。然頃歲亦可致於汴都，但未免瓶盎氣。用細砂淋過，則如新汲時，號拆洗惠山泉。天台竹瀝水，斷竹稍屈而取之，盈甕。若雜以他水，則亟敗。蘇才翁與蔡君謨比茶，蔡茶精，用惠山泉，蘇劣，用竹瀝水煎，遂能取勝。此說見江鄰幾所著《嘉祐雜志》。果爾，今喜擊弗者，曾無一語及之，何也。《清波雜志》

【略】

禁城中外海子，卽古燕市積水潭也，源出西山。一畝、馬眼諸泉，統出甕山後，匯爲七里濼，紆迴向西南行數十里，稱高梁河。將近城，分爲二，外繞都城，開水門；內注潭中，入爲內海子。繞禁城出巽方，流玉河橋，合外隍入於大通河。其水甘冽。余在京三年，取汲德勝門外，烹茶最佳，人未之知，語之亦不信。大內御用井，亦此泉所灌，真天漢第一品，陸羽所不及載。至京師常用甜水，俱近西北；想亦此泉一脈所注，而其不及遠矣。黃學士之言，真先得我心。

南中井泉，凡數十餘處，余嘗之皆不佳。因憶古有稱石頭城下水者，取之亦欠佳，乃令役自以錢雇小舟，對石頭棹至江心，汲歸澄之，微有沙，烹茶可與慧泉等。凡在南二十一月，再月一汲，用錢三百，以此自韻。人或笑之，不恤也。

俗語：芒種逢壬，便立霉。霉後積水，烹茶甚香冽，可久藏；一交夏至，便迴別矣。試之良皙。細思其理，有不可曉者，或者夏至一陰生，前數日陰正潛伏，水，陰物也。當其伏時極淨，一切草木飛潛之氣不能雜，故獨存本色爲佳。但取法極難，須以磁盆最潔者，布空野盛之。霑一物卽變。貯之尤難，非地清潔且埶高不可。某年無雨，挑河水貯之，亦與常水異，而香冽不及遠矣。

又雪水、臘水、清明水俱可用。但雪水天淡，取不能多，惟貯以蘸熱毒有效。家居若泉水難得，自以意取尋常水煮滾，總入大瓷缸，置庭中避日色；俟夜，天色皎潔，開缸受露凡三夕，其清徹底，積垢二三寸，亟取出，以罈盛之，烹茶與慧泉無異。蓋經火煅煉一番，又浥露取真氣，則返本還元，依然可用。此亦修煉遺意而余創爲之，未必非《水經》一

助也。他則令節或吉日，雨後承取用之亦可。

天下第四泉，在上饒縣北茶山寺。唐陸鴻漸寓其地，卽山中茶，酌以烹之，品其等爲第四。邑人尚書楊麟讀書於此，因取以爲號。一曰胭脂井，以土赤名。上七條並《湧幢小品》

周暉吉父云：萬曆甲戌季冬朔日盛時，泰仲交踏雪過余尚白齋中，偶有佳茗，遂取雪煎飲。又汲鳳皇瓦官二泉飲之，仲交喜甚。因歷舉城內外泉之可烹者。余慫恿之曰：『何不紀而傳之？』仲交遂取雞鳴山泉、國學泉、城隍廟泉、府學玉兔泉、鳳皇泉、驍馬衛倉泉、冶城忠孝泉、祈澤寺龍泉、攝山白乳泉、品外泉。珍珠泉、牛首山龍王泉、虎跑泉、太初泉、雨花台甘露泉、高座寺茶泉、淨明寺玉華泉、崇化寺梅花水、方山八卦泉、靜海寺獅子泉、上莊宫氏泉、德恩寺義井、方山葛仙翁丹井、衡陽寺龍女泉，共二十四處，皆序而贊之，名曰《金陵泉品》。余近日又訪出謝公墩鐵庫井，鐵塔寺倉百丈泉、鐵作坊金沙井、武學井、石頭城下水、清涼寺對山蓮花井、鳳台門外焦婆井、留守左衛倉井、卽鹿苑寺井也，皆攜茗一一試過，惜不得仲交試之耳。《金陵瑣事》

李君實《日華》云，光福西三里鄧尉山，有七寶泉，甘冽踰惠山遠甚，倪雲林汲後，無復有垂綆者。《紫桃軒雜綴》

周煇以惠泉餉人，患瓶盎氣，用細沙淋之，謂之拆洗惠泉。

五台山冬夏積雪，山泉凍合，冰珠玉溜，晶瑩逼人，然遇融釋時，亦可勺以煮茗，其味清极，元遺山詩云：『石罅飛泉冰齒牙，一杯龍焙雪生花。車塵馬足長橋水，汲得中泠未要誇。』信絕境境未易到也。

【略】

閩

姚園客旅云：井水多碱，去余家數步，曰孝武井，雖在人居之間，而水獨甜洌，可與惠泉爭價。取以烹茶，色味俱佳，汲者無虛日。

草堂前爲百花潭，潭實在錦江中，潭水稍深於上下。上下水比潭中水皆輕四兩，想潭底有湧泉，味獨醇濃耳。成都烹茶者皆取水於玆。

庚子除夜，泊舟白帝城下，縱飲口渴，命童子汲江水，飲之，味甚醇甜，中泠惠水，頓減聲價，豈以雪消日暖，釀玆神品邪？

餘不溪，在德清城東門內，孔愉放龜餘不溪，卽其地，今有祠溪干。不音拊，花蒂也。六朝沈氏沿溪種桃，花落溪中，故云餘不。一說不音浮，謂此水清，別處則否。至今土人繅絲者，皆操舟至此，載水濯絲，獨白，蜀稱錦水，此可稱絲水。

半月泉，在德清城北，水甘而味佳，蘇長公倅武林，請假來游，題詩其上云：『請得半日假，來游半月泉。何人施大手，劈破水中天。』余亦有詩云：『半規禪定水，七尺珊瑚竿，欲釣水中月，來從松杪看。』一僧求書，書此與之。書未竟，范東生曰：此半月泉詩乎？《露書》

烏程閔康侯元衢貯梅水法云：徐長谷先生水品搜羅甘冽，庶幾盡矣，然必取之殊鄉異地，不免煩勞，卽不憚其勞，而假手遠求，未必無欺僞也。矧陵谷變遷，中泠之泉，已非其舊荊谿之井，直在深淵，取必於地，不若求諸天時而已。如清明本日之水，黃梅時節之雨，又十月上旬，名棄落水，及臘中之水，並此時雪水，俱爲可啜，貯之日用，真取之左右逢源者也。然梅水尤佳，收貯之法，以三甕貯滿，列於坐隅，如今日在首列者，取出幾何，卽注他水幾何封固，次取他甕，亦如前法，三甕既畢，越信宿矣。則首取者隨已釀丹如舊，周而復始，用之不窮，非若他時所貯者，挹之而易竭也。然甕愈多愈妙，但以三爲率耳。偶閱坡翁《志林》，亦論此水之美，余因道其詳，以爲煮茗者之一助，又收藏欲密，不可投入塵埃，尤不可飛入蚊蚋，一入卽生倒頭蟲而水敗矣。《歐餘漫録》

《四川總志》：金魚井，敘州府城南，黃庭堅酷喜茶，令人遍汲水泉試之，惟此水品爲第一。月岩井，在淩雲山下，清冷芳洌，煮茗尤佳，凌雲山在富順治西。

袁小修中道云須日華至園，取所攜惠泉點茶。日華云，泉水貯之已久將壞，時以甕數注之，則復鮮，雖彌年亦如新，此泉所以貴也。《珂雪齋居柿録》

徐子擴充云：中泠泉，舊在揚子江心金山郭璞墓之中流，聞常有水泡泛起，光瑩如珠者是也，以舟方可接得，今寺僧鑿井於山，加石欄，建亭於上，誑人曰『此中泠泉也』，免官府取水，操舟遠汲之危，此市僧之巧計。余嘗其水，絕淡無味，其實非也，不稱品題之目，潮溪陳子兼捫虱新話云，凡所在古跡近僧處，必經改易，意恐過客尋訪，憚於陪接耳。歐陽公嘗嘆庶子泉昔爲流溪，今山僧填爲平地，起屋其上。問其泉，則指一

井曰：『此庶子泉也。』以此知山僧不好古，其來尚矣。《媛姝由筆》

薛千仞岡云，嘗取黃河水瀹茗，妙甚，因將河水及揚子江心水，與吾鄉它山泉較輕重，不爽毫厘，惟惠泉獨重二兩，若張秋之阿井水更重於惠泉，雖味劣不可瀹茗，而以之煎膠能療疾病，乃知水以體重者爲佳。《天爵堂筆餘》

何宇度云，百花潭水，較江水差重，取以烹茶，其味自別。《益部談資》

【略】

《記登惠山》云：瓊州三山庵有泉味類惠山，蘇子瞻過之，名曰惠通，其説云：水行地中，出沒數千里外，雖河海不能絕也。二年前有餉惠水者，淡惡如土，心疑之，聞之客云，有富者子亂決上流，幾害泉脈，久乃復之，味如故矣。泉力能通數千里之外，乃不相渾於咫尺之間，此惠之所以常貴也歟。李文饒置水驛，以汲惠泉，而不知脈在長安昊天觀下，鮮能知味，大抵然耳。今日與鄒公履茹紫房陳元瑜登惠山酌泉，飲之，因話其事，顧謂桐曰：『凡物行遠者必不雜，豈惟水哉？』時丙午萬曆冬仲十二日月印粱溪風謖謖著聽松上，公履再命酒數酌，頹然別去。

《記喜泉》云：早起發惠泉，將熱火烹之，味且敗，意殊悶悶，而王辰生來告朱方黯，所得近業小有花木可觀，清泉滃然出屋下，甘冷異常，石甃其古，聞之喜甚，當遣奴子乞之，名曰喜泉。它日過方黯齋中，當作一泉銘以貽好事者，我之心淨，安往不得歡喜哉？病居士記。

又曰：朱方黯宅有喜泉，每齋中惠水竭輒取之，其味故在季孟間，而炊者不知惜，以供盥濯，貴耳賤目，古今智愚一也。《聞雁齋筆談》

唐 蘇廙《十六湯品》　湯者，茶之司命。若名茶而濫湯，則與凡末同調矣。煎以老嫩言者凡三品，自第一至第三。注以緩急言者凡三品，自第四至第六。以器類標者共五品，自第七至第十一。以薪火論者共五品，自十二至十六。

得一湯：火績已儲，水性乃盡，如斗中米，如稱上魚，高低適平，無過不及爲度，蓋一而偏雜者也。天得一以清，地得一以寧，湯得一可建湯勛。

嬰湯：薪火方交，水釜才識，急取旋傾，若嬰兒之未孩，欲責以壯夫之事，難矣哉！

百壽湯：一名白髮湯。人過百息墨水逾十沸，或以話阻，或以事廢，始取用之，湯已失性矣。敢問鬢蒼顏之大老，還可執弓抹矢以取中乎？還可雄登闊步以邁遠乎？

中湯：亦見夫鼓琴者也，聲合中則妙；亦見磨墨者也，力合中則濃。聲有緩急則琴亡，力有緩急則墨喪，注湯有緩急則茶敗。欲湯之中，臂任其責。

斷脈湯：茶已就膏，宜以造化成其形。若手顫臂亸，惟恐其深，瓶嘴之端，若存若亡，湯不順通，故茶不勻粹。是猶人之百脈，氣血斷續，欲壽奚苟，惡斃宜逃。

大壯湯：力士之把針，耕夫之握管，所以不能成功者，傷於粗也。且一甌之茗，多不二錢，若盞量合宜，下湯不過六分。萬一快瀉而深積之，茶安在哉？

富貴湯：以金銀爲湯器，惟富貴者具焉，所以策功建湯業，貧賤者有不能遂也。湯器之不可舍金銀，猶琴之不可舍桐，墨之不可舍膠。

秀碧湯：石，凝結天地秀氣而賦形者也，琢以爲器，秀猶在焉。其湯不良，未之有也。

壓一湯：貴厭金銀，賤惡銅鐵，則瓷瓶有足取焉。幽士逸夫，品色尤宜。豈不爲瓶中之壓一乎？然勿與誇珍炫豪臭公子道。

纏口湯：猥人俗輩，煉水之器，豈暇深擇銅鐵鉛錫，取熱而已矣。是湯也，腥苦且澀。飲之逾時，惡氣纏口而不得去。

減價湯：無油之瓦，滲水而有土氣。雖御胯宸緘，且將敗德銷聲。諺曰：『茶瓶用瓦，如乘折腳駿登高。』好事者幸志之。

法律湯：凡木可以煮湯，不獨炭也。惟沃茶之湯非炭不可。在茶家亦有法律：水忌停，薪忌熏。犯律逾法，湯乖，則茶殆矣。

一面湯：或柴中之麩火，或焚餘之虛炭，木體雖盡而性且浮，性浮則湯有終嫩之嫌。炭則不然，實湯之友。

宵人湯：茶本靈草，觸之則敗。糞火雖熱，惡性未盡。作湯泛茶，減耗香味。

賊湯：一名賤湯。竹筱樹梢，風日乾之，燃鼎附瓶，頗甚快意。然體性虛薄，無中和之氣，爲茶之殘賊也。

大魔湯：調茶在湯之淑慝，而湯最惡煙。燃柴一枝，濃煙蔽室，又安有湯耶？苟用此湯，又安有茶耶？所以爲大魔。

傳記

明 龍膺《蒙史》卷下《茶品述》　陸羽，沔人。字鴻漸，號桑苧翁，詔拜太常不就，寓居廣信郡北茶山中。一號東岡子。嗜茶，環植數畝。善品泉味，稱歠茗者宗焉。羽著《茶經》，常伯熊復著論推廣之。

清 佚名《茶史》　朱平涵國禎云：黄諫，字廷臣，臨洮蘭州人。正統壬戌及第三人，使安南，卻餽陞翰林學士，作《金城》、《黄河》二賦。李賢、劉定之皆稱美之。好品評泉水，自郊畿論之，玉泉爲第一；自京城論之，文華殿東大庖廚井爲第一。作《京師水記》，每進講退食内府，必啜廚井水所烹茶，比衆過多。或寒暑罷講，則連飲數杯，曰『暫與汝辭』，衆皆譁然一笑。石亨敗，以鄉人有連，謫廣東通判。評廣州諸水，以雞爬井爲第一，更名學士泉。

紀事

唐 佚名《玉泉子》　李德裕在中書，嘗飲惠山泉，自毗陵至京置遞鋪。有僧人詣謁，德裕好奇，凡有遊其門者，雖布素皆接引。僧白德裕曰：『相公在中書，昆蟲遂性，萬彙得所。水遞一事，亦日月之薄蝕，微僧竊有惑也，敢以上謁，欲沮此可乎？』德裕頷之曰：『大凡爲人，未有無嗜者，至於燒汞，亦是所短。況三惑、博塞、弋弈之事，弟子悉無所染，而和尚不許弟子飲水，無乃虐乎？爲上人停之，即三惑馳騁，怠慢必生焉。』僧人曰：『貧道所謁相公者，爲足下通常州水脈。京都一眼井，與惠山泉脈相通。』德裕大笑曰：『真荒唐也。』曰：『相公但取此泉脈。』德裕曰：『井在何坊曲？』曰：『昊天觀常住庫後是也。』因以惠山一罌，昊天一罌，雜以八罌，一類十罌，暗記出處，遣僧辨析。僧因啜嘗，取惠山、昊天，餘八瓶同味。德裕大加奇嘆。當時停水遞，人不告勞，浮議乃弭。

宋 李昉《太平廣記》卷三九九《水類》　元和九年春，張又新始成名，與同恩生期於薦福寺。又新與李德裕先至，憩西廊僧玄鑒室。會適有楚僧至，置囊而息。囊有數編書。又新偶抽一通覽焉，文細密皆雜記，卷末又題云《煮水記》，云代宗朝，李季卿刺湖州，至維揚，遇陸處士鴻漸。李素熟陸名，有傾蓋之歡，因赴郡。抵揚子驛中，將食，李曰：『陸君善茶，蓋天下聞，揚子江南零水又殊絶。今者二妙，千載一遇，何曠之乎。』命軍士信謹者，挈缾操舟，深詣南零取水。陸潔器以俟。俄水至，陸以杓揚水，曰：『江則江矣，非南零者，似臨岸者。』使曰：『某棹舟深入，見者累百人，敢紿乎？』陸不言，既而傾諸盆至半，陸遽止。又以杓揚之，曰：『自此南零者矣。』使蹶然大駭，跪下曰：『某自南零齎至津，舟蕩覆半，懼其尠，挹岸水以增之，處士之鑒神鑒也，其敢隱欺乎。』李大驚賞，從者數十輩，皆大駭愕。李因問陸：『既如此，所經歷之處，水之優劣可判矣。』陸曰：『楚水第一，晉水最下。』李因命口占而次第之。

宋 曾慥《茶録·秘水》　唐秘書省中水最佳，名秘水。

宋 趙汝礪《北苑别録·揀茶》　《西溪叢語》：『建州龍焙，有一泉極清澹，謂之御泉。用其池水造茶，即壞茶味。惟龍園勝雪、白茶二種，謂之水芽，先蒸後揀，每一芽先去外兩小葉，謂之烏蔕，又次去兩嫩葉，謂之白合，留小心芽置於水中，呼爲水芽，聚之稍多即研焙爲二品，即龍園勝雪、白茶也。茶之極精好者，無出於此，每胯計工價近三十千。其他茶雖好，皆先揀而後蒸研，其味次第減也。』

明 陳耀文《天中記》卷四四《雪水滯》　陸羽品第水，以雪水第廿，云煎茶滯而太冷也。《海録》

又　雪水團茶：陶穀買得党太尉故妓，取雪水烹團茶，謂妓曰：『党家應不識此？』妓曰：『彼麄人，安得有此？但能銷金帳下淺斟低唱，飲羊羔兒酒耳。』陶愧其言。《類苑》

又　鬭茶：蘇才翁嘗與蔡君謨鬭茶，蔡茶水用惠山泉，蘇茶水劣，改用竹瀝水煎，遂能取勝。天台竹瀝水，彼人欲竹稍屈而取之盈瓮，若以他水雜之，則亟敗。《江隣幾雜志》

明 屠隆《茶箋·人品》　李德裕奢侈過求，在中書時，不飲京城

水，悉用惠山泉，時謂之水遞。清致可嘉，有損盛德。

明陳繼儒《茶話》 徐長谷《品惠泉賦序》云：『叔皮何子遠遊來歸，汲惠山泉一罌，遺予東皋之上。予方靜掩竹門，消詳鶴夢，奇事忽來，逸興橫發，乃乞新火煮而品之，使童子歸謝叔皮焉。』

又 琉球亦曉烹茶，設古鼎於几上，水將沸時，投茶末一匙，以湯沃之，少頃捧飲，味甚清。

明高元濬《茶乘》卷二《志林》 李約，雅度簡遠，有山林之致，一生不近粉黛，性嗜茶。謂人曰：『茶須緩火炙，活火煎。』客至，不限椀數，竟日執持茶具不倦。曾奉使至陝州硤石縣東，愛渠水清流，旬日忘發。《因話録》

湖州長洲縣啄木嶺金沙泉，每歲造茶之所也。湖、長二縣，接界於此。厥土有境會亭，每茶時，二牧畢至。斯泉也，處沙之中，居常無水。將造茶，太守具儀注犧牲拜勅祭泉，頃之發源，其夕清溢。供御者畢，水即微減；供堂者畢，水已半之；太守造畢，水即涸矣。太守或還旆稽留，則示風雷之變，或見鷙獸、毒蛇、木魅之類。商旅即以顧渚造之，無沾金沙者。《茶譜》

義興南嶽寺，有眞珠泉。稠錫禪師嘗飲之，清甘可口。曰：『得此泉，烹桐廬茶，不亦稱乎？』未幾，有白蛇啣茶子墮寺前，由此滋蔓，茶倍佳。《義興舊志》

明夏樹芳《茶董》卷下《唐子西貴新貴活》 子西《鬭茶説》：『茶不問團銙，要之貴新；水不問江井，要之貴活。』唐相李衛公好飲惠山泉，置驛傳送，不遠數千里。近世歐陽少師，得内賜小龍團，更閱三朝，賜茶尚在此，豈復有茶也哉！今吾提汲走龍塘，無數千步。此水宜茶，昔人以爲不減清遠峽。而海道趨建安，茶數日可至，故每歲新茶，不過三月，頗得其勝。

又卷下《張孔昭水半是南零》 江州刺史張又新《煎茶水記》曰：李季卿刺湖州，至維揚，逢陸處士，即有傾蓋之雅。因過揚子驛，曰：『陸君茶天下莫不聞，揚子南零水又殊絶，今者二妙千載一遇，何可輕失？』乃命軍士深詣南零取水。俄而水至，陸曰：『非南零者』。傾至半，遽曰：『止，是南零矣』。使者乃吐實。李與賓從皆大駭。李因問歷處之水，陸曰：『楚水第一，晉水最下。』因命筆口授而次第之。

明陳繼儒《茶董補》卷上《白蛇銜子》 義興南岳寺，有眞珠泉。稠錫禪師嘗飲之，曰此泉烹桐廬茶，不亦可乎！未幾，有白蛇銜子墜寺前，由此滋蔓，茶味倍佳。士人重之，爭先餉遺，官司需索不絶，寺僧苦之。《義興舊志》

又《如針如乳》 龍焙泉，即御泉也，北苑造貢茶、社前茶，細如針，用御水研造。每片計工直錢四萬文。試其色如乳，乃最精也。《天中記》

明程百二《品茶要録補·水遞》 唐李德裕任中書，愛飲無錫惠山泉。自錫至京，置遞鋪，號水遞。有一僧謁見曰：『相公欲飲惠山泉當在京師昊天觀常住庫後取。』德裕大笑其荒唐，乃以惠山一甖，昊天一甖，雜以他水一甖，暗記之，遣僧辨析。僧因啜嘗，止取惠山、昊天二甖。德裕大奇之，即停水遞。《鴻書》

又《澄碧似中泠》 郡丞凌元孚，紀遊黄山云：『芙蓉駐車，一望天都而下，諸峯盡在襟帶間。青龍潭巨石横亘，其後爲水潺潺出石罅中，下注潭底。其中積翠可摘，璀璨奪目，欲染人衣。視之一蹄涔耳，以綆約之，深且倍尋。予乃新其名曰澄碧水際。盤石延袤數丈許，平衍如席，依然跏趺坐。亟取囊中松蘿茶，烹潭水共啜。味沖甘，酷似揚子中泠，或謂過之。』《黄海》

又《辯煎茶水》 贊皇公李德裕居廟廊，日有親知奉使於京口。李曰：『還日，金山下揚子江南零水，與取一壺來。』其人舉棹，日醉而忘之。泛舟上石城方憶，乃汲一瓶於江中，歸京獻之。李公飲後歎訝非常，曰：『江表水味，有異於頃歲矣，此水頗似建業石頭城下水。』其人謝過不隱。

明萬邦寧《茗史》卷下《南零水》 御史李季卿刺湖州，至維揚，逢陸處士。李素熟陸名，即有傾蓋之雅。因之，赴郡抵揚子驛，將飲，李曰：『陸君善於茶，蓋天下聞名矣，況揚子南零水又殊絶，可命軍士深詣南零取水。』俄而水至，陸曰：『非南零者。』既而傾諸盆，至半，遽曰：『止，是南零矣。』使者大駭曰：『某自南零齎至岸，舟蕩覆半，挹岸水增之，處士神鑒，其敢隱焉。』李與賓從皆大駭愕，李因問歷

處之水。陸曰：『楚水第一，晉水最下。』因命筆口授而次第之。

又《李約嗜茶》 李約性嗜茶，客至不限甌數，竟日爇火執器不倦。曾奉使至陜州硤石縣東，愛渠水清流，旬日忘發。

又《攪破菜園》 楊誠齋《謝傅尚書茶》：遠餉新茗，當自携大瓢，走汲溪泉，束澗底之散薪，然折脚之石鼎。烹玉塵，啜香乳，以享天上故人之意。媿無胸中之書傳，但一味攪破菜園耳。

又《白蛇銜子》 義興南岳寺，有真珠泉。稠錫禪師嘗飲之，曰此泉烹桐廬茶，不亦可乎！未幾，有白蛇銜子墮寺前，由此滋蔓，茶味倍佳。土人重之。

明 曹學佺《茶譜》 曾公《類説》云：蘇才翁與蔡君謨鬭茶，君謨用惠山泉；蘇茶小劣，用竹瀝水煎，遂能取勝。才翁，舜元字。

清 劉獻廷《廣陽雜記》卷五 昔人謂『揚子江心水，蒙山頂上茶。』蒙山在蜀雅州，其中峰頂尤極險穢，蛇虺虎狼所居，得采其茶，可蠲百疾。今山東人以蒙陰山下石衣爲茶當之，非矣。然蒙陰茶性亦涼，可除胃熱之病。

清 王士禛《古夫於亭雜録》卷三《山東泉水》 唐劉伯芻品水，以中泠爲第一，惠山、虎丘次之。陸羽則以康王谷爲第一，而次以谷簾、惠山。古今耳食者遂以爲不易之論，其實二子所見不過江南數百里內之水，遠如峽中蝦蟇碚，纔一見耳，不知大江以北，如吾郡發地皆泉，其著名者七十有二，以之烹茶，皆不在惠泉之下。宋李文叔格非，郡人也，嘗作《濟南水記》，與《洛陽名園記》並傳，惜《水記》不存，無以正二子之陋耳。謝在杭品平生所見之水，首濟南趵突泉，次以益都孝婦泉在顔神鎮、青州范公泉，而尚未見章丘之白脉泉。右皆吾郡之水，二子何嘗夢見。予嘗題王秋史苹二十四泉草堂云：『翻憐陸鴻漸，跬步限江東。』正此意也。

清 佚名《茶史》 李德裕居廟廊日，有親知奉使於京口，李曰：『還日，金山下揚子江泠水與取一壺來。』其人舉棹日醉而忘之，泛舟上石城下方憶，及汲一瓶於江中，歸京獻之。李公飲後，嘆訝非常，曰：『江表水味有異於頃歲矣，此水頗似建業石頭城下水。』其人謝過不敢隱也。有親知授舒州牧，李謂之曰：『到彼郡日，天柱峯茶，可惠三數角。』其人獻之數十斤，李不受，退還。明年罷郡，用意精求，獲數角投之，賛皇閲之而受，曰：『此茶可消酒肉毒。』乃命烹一甌，沃於肉食，以銀盒閉之，詰旦同開視其肉，已化爲水矣，衆伏其廣識也。《中朝故事》

又 代宗時李季卿刺湖州，至維揚，逢陸鴻漸。抵揚子峯，將食，李曰：『陸君別茶聞，揚子南零水又殊絶，今者二妙千載一遇。』命軍士往取之。水至，陸以勺揚之曰：『江則江矣，非南零，似臨岸者。』使者曰：『某棹舟深入，見者累百，敢有紿乎？』陸傾之至半，又以勺揚之曰：『自此南零者矣。』使者蹶然曰：『某自南零賫至岸，舟蕩，覆過半，因挹岸水增之。』處士之鑒，神鑒也。温庭筠《採茶録》

又 陸龜蒙魯望自著甫里先生傳曰：先生嗜荈，置園於顧渚山下，歲入茶租十許，薄爲甌犧之實。自爲品第書一篇。繼《茶經》陸羽撰、《茶訣》皎然撰之後，南陽張又新嘗爲《水説》，凡七等，其二曰惠山寺石泉，三曰虎丘寺石井，其六曰吳松江。是三水距先生遠不百里，高僧逸人時致之，以助其好。性不喜與俗人交。或寒暑得中，體性無事時，乘小舟，設篷席，賫一束書、茶竈、筆床、釣具，櫂頭郎而已。《甫里先生集》

又 湖州長興州金沙泉，唐時用此水造紫筍茶，進貢，泉不常出，有司具牲牢祭之，始得水，事訖卽涸，宋季屢加浚治，泉迄不出，至元十五年，歲戊寅，中書省遣官致祭，一夕水溢，可溉田千畝，遂賜名瑞應泉。陶宗儀《南村輟耕録》

又 無錫惠山泉水，久留不敗，政和甲子歲，趙霆始貢水於上方，月進百樽，先是以十二樽爲水式，泥卵置泉亭中，每貢發以之爲則。靖康丙午罷貢，至是開之，水味不變，與他水異也，寺僧法皡言之。《墨莊漫録》

又 元祐六年七夕日，東坡時知揚州，與發運使晁端彦、吳倅、晁無咎，大明寺汲塔院西廊井，與下院蜀井二水較其高下，以塔院水爲勝。《墨莊漫録》

著録

明 張楫琴《〈茶苑〉序》《茶苑》 張子曰：『凡物之英華卓絶者，

必秉至清之質。在天爲湛露，在地爲醴泉；在人倫爲賢哲，在草木爲茗荈，皆感造化沖和清粹之氣孕毓而成。故露之能濡，泉之能潤，賢哲之能掄才康濟，茗荈之能蠲渴除煩，是皆有功於造物，非徒生者也。』客曰：『不然。草木之類，動以萬計，毛舉實繁。昔人云：「適口者，莫過於芻豢；果腹者，莫過於稻粱。」今黄子墮口腹而事純漓，廢甘肥而趨雋永，獨譜茗荈，何哉？』張子曰：『否。夫黄子者，目窮萬卷，氣概千秋，其品流才調，誠可用世匡時。惜其棲遲不偶，落拓善愁，故其胸次牢騷，心懷塊壘，但以飲量不勝蕉葉，日借茗汁澆之。吾知其非所深嗜也；不爾，則干霄壯氣何以消？而《茶苑》之輯，有自來矣。昔者洛花以永叔譜之而傳，建茗以君謨録之而著。二公皆宋高士，勳名碩望，俱足儀型百代，猶復假柔翰以寓閒情，士林傳爲佳事。而黄子《茶苑》，亦何不可追蹤先哲耶？』黄子聞之，囅然笑曰：『有是哉！皆非所知也。吾少也賤，病而廢業，抱皇甫之書，淫嬰、相如之消渴。及壯，復耽茗事，名品必搜，左泉右竈，惟日不足。鄉閭誚爲漏巵，親朋畏其水厄，尚漫徵求探討，篤嗜不休。及今年逾中境，衰疾日增，襟懷牢落，棲托鮮歡，每聞泉響爐鳴，輒躍躍自喜。又以痁癲作楚，甌蟻懼沾，欲罷未能，徒增抑鬱。偶讀陸子《茶經》，有會於心者，恨其未備，亟取篋中羣籍，輯録一通，聊以寄志。昔呂行甫嗜茶，老而病不飲，烹而把玩。余之譜茶，亦此意也，何敢與歐蔡較優劣哉！』張子曰：『雖然吾子之志余知之矣，吾子具清流之望，有湛露之濡，醴泉之潤，康濟之用，蠲渴之才，不妨尚友古人，與玉川、桑苧諸公共挹清芬也。凡讀斯編者，宜以薞香薰袂薇露滌手，然後開帙，庶幾不穢斯編耳。』

時弘治二年新秋邗江年友弟張楫琴題於蘭陵舟次。

明 田藝蘅《煮泉小品・引》 昔我田隱翁嘗自委曰：『泉石膏肓。』噫！夫以膏肓之病，固神醫之所不治者也，而在於泉石，則其病亦甚奇矣。余少患此病，心已忘之，而人皆咎余之不治，然徧檢方書，苦無對病之藥。偶居山中，遇淡若叟，向余曰：『此病固無恙也。子欲治之，即當煑清泉白石，加以苦茗，服之久久，雖辟穀可也，又何患於膏肓之病邪！』余敬頓首受之，遂依法調飲，自覺其效日著，因廣其意，條輯成編，以付司鼎山童。俾遇有同病之客來，便以此薦之，若有如煎金玉湯者來，慎弗出之，以取彼之鄙笑。

時嘉靖甲寅秋孟中元日，錢塘田藝衡序。

明 蔣灼《〈煮泉小品〉跋》《煮泉小品》 子藝作泉品，品天下之泉也。予問之曰：『盡乎？』子藝曰：『未也。夫泉之名，有甘、有醴、有冷、有溫、有廉、有讓、有君子焉，皆榮也。在廣有貪，在柳有愚，在狂國有狂，在安豐軍有咄，在日南有淫，雖孔子亦不飲者有盜，皆辱也。』子聞之曰：『有是哉，亦存乎其人爾。天下之泉一也，惟和士飲之，則爲甘；祥士飲之，則爲醴；清士飲之，則爲冷；厚士飲之，則爲溫；飲之於伯夷，則爲廉；飲之於虞舜，則爲讓；飲之於孔門諸賢，則爲君子。使泉雖惡，亦不得而汙之也，惡乎辱。泉遇伯封，可名爲貪；遇宋人，可名爲愚；遇謝奕，可名爲狂；遇楚項羽，可名爲咄；遇鄭衛之俗，可名爲淫；其遇蹠也，又不得不名爲盜。使泉雖美，亦不得而自濯也，惡乎榮？』子藝曰：『噫！予品泉矣，子將兼品其人乎。』予山中泉數種，請附其語於集，且以貽同志者，毋混飲以辱吾泉。餘杭蔣灼題。

明 趙觀《〈煮泉小品〉敘》《煮泉小品》 田子藝夙厭塵囂，歷覽名勝，竊慕司馬子長之爲人，窮搜遐討。固嘗飲泉覺爽，啜茶忘喧，謂非膏粱紈綺可語。爰著《煑泉小品》，與漱流枕石者商焉。考據該洽，評品允當，寔泉茗之信史也。予惟贊皇公之鑒水，竟陵子之品茶，躭以成癖，罕有儷者。洎丁公言茶圖，顓論採造而未備；蔡君謨《茶録》，詳於烹試而弗精；劉伯芻、李季卿論水之宜茶者，則又互有同異，與陸鴻漸相背馳，甚可疑笑。近雲間徐伯臣氏作《水品》，茶復畧矣。粵若子藝所品，蓋兼昔人之所長，得川原之雋味；其器宏以深，其思沖以淡，其才清以越，具可想也。殆與泉茗相渾化者矣，不足以洗塵囂而謝膏綺乎！重違嘉懇，勉綴首簡。嘉靖甲寅冬十月既望，仁和趙觀撰。

明 田藝蘅《〈水品〉序》《水品》 余嘗著《煮泉小品》，其取裁於鴻漸《茶經》者，十有三。每閱一過，則塵吻生津，自謂可以忘渴也。近遊吴興，會徐伯臣示《水品》，其旨契余者，十有三。緬視又新、永叔諸篇，更入神矣。蓋水之美惡，固不待易牙之口而自可辨。若必欲一一第其甲乙，則非盡聚天下之水而品之，亦不能無爽也。況斯地也，茶泉雙

絶；且桑苧翁作之於前，長谷翁述之於後，豈偶然耶？攜歸并梓之，以完泉史。

嘉靖甲寅秋七月七日錢唐田藝蘅題。

明 朱之蕃《蒙史・題辭》 壺觴、茗碗，世俗不啻分道背馳，自知味者，視之則如左右手，兩相爲用，缺一不可。頌酒德，贊酒功，著茶經，稱《水品》，合之雙美，離之兩傷。從所好而溺焉，孰若因時而迭爲政也。吾師龍夫子，與舒州白力士鐺，夙有深契，而於瀹茗品泉，不廢淨緣。頃治兵湟中，夷虜款塞，政有餘閒，縱觀泉石，扶剔幽隱。得北泉，甚甘烈，取所攜松蘿、天池、顧渚、羅岕、龍井、蒙頂諸名茗嘗試之，且著《醒鄉記》，以與王無功。千古競爽，文囿頡頏，破絶塞之顓蒙，增清境之勝事。乃知天地有真味，不在羶酪、薑椒、羶腥、鹽豉間。而雅供清風，且推而與擐甲、闟弧、荷氈披毳者共之矣。不肖蕃曩侍宴歡，輒困憊於師之觴政。所幸量過七碗，不畏水厄耳。恨不能縮地南國，覽勝湟中，聽松風，觀蟹眼，引滿醉茶於函丈之前，以蕩滌塵情，消除雜念也。日奉斯編，用爲指南，輒不自諒小巫之索然，敬綴數語，以就正焉。

萬曆壬子歲春正月，江左門人朱之蕃書於七椀齋

明 顧起元《說略》卷二五《茶略》 陸羽《茶經》三卷，《茶記》一卷，周絳《補茶經》一卷，皎然《茶訣》一卷，又《茶苑雜録》一卷不知名，陸魯望《茶品》一篇，溫庭筠《採茶録》三卷，張又新《煎茶水記》一卷，蜀毛文錫《茶譜》一卷，丁謂《北苑茶録》三卷，劉異《北苑拾遺》一卷，蔡宗顔《茶山節對》一卷，又《茶譜遺事》一卷，又《北苑煎茶法》一卷，曾伉《茶苑總録》十四卷，《茶法易覽》十卷，蔡襄有《進茶録》一卷，建安黃儒有《茶品要録》，熊蕃有《宣和北苑貢茶録》一卷，熊客有《北苑別録》，呂惠卿有《建安茶用記》二卷，章炳文有《壑源茶録》一卷，宋子安有《東溪試茶録》一卷，徐獻忠有《水品》二卷，又不知名氏有《湯品》一卷，田藝蘅有《煮泉小品》一卷。

明 萬邦寧《茗史・小引》 鬌頭陀邦寧，諦觀陸季疵《茶經》、蔡君謨《茶譜》，而采擇收製之法、品泉嗜水之方咸備矣。後之高人韻士相繼而説茗者，更加詳焉。蘇子瞻云『從來佳茗似佳人』，言其媚也；程宣子云『香衈雪尺，秀起雷車』，美其清也；蘇廙著『十六湯』，造其玄也。然媚不如清，清不如玄，而茗之旨亦大矣哉。黃庭堅云『不慣腐儒湯餅腸』，則又不可與學究語也。余癖嗜茗，嘗艤舟接它泉，或抱甕貯梅水。二三朋儕，羽客緇流，剝擊竹戶，聚話無生，余必躬治茗盌，以佐幽韻。固有『烟起茶鐺我自炊』之句。

時辛酉春，積雨凝寒，偃然無事，偶讀架上殘編一二品，凡及茗事而有奇致者，輒采焉，題曰《茗史》，以紀異也。此亦一種閒情，固成一種閒書。若令世間忙人見之，必攢眉俯首，擲地而去矣。誰知清涼散，止點得熱腸漢子，醍醐汁，止灌得有緑頂門，豈能盡怕河衆而皆度耶？但願蔡、陸兩先生千載有知，起而曰：『此子能閒，此子知茗。』或授我以博士錢三十文，未可知也。復願世間好心人，共證《茗史》，并下三十棒喝，使鬌頭陀無媿。

天啟元年閏二月望日萬邦寧惟咸撰。

明 僧圓後《〈茗史〉小引》《茗史》 惟咸著《茗史》，羽翼陸《經》，鼓吹蔡《譜》，發揚幽韻，流播異聞，可謂善得水交茗戰之趣矣。浸假而鴻漸再來，必稱千古知己；君謨重遘，詎非一代陽秋乎？

明 董大晟《〈茗史〉評》《茗史》 惟咸有茗好，繞涉蒐蔎嘉話，輒裒綴成編。腹中無塵，吻中有味，腕中能採，遂足情致。置一部几上，取佐清談，不待乳浮鐺沸，已兩腋習習生風，何復須縹醪酒水晶鹽。

明 李德述《〈茗史〉評》《茗史》 茗，仙品也，品品者亦自有品。固雲林市朝，品殊不齊，醲鮮清苦，品品政自有別。惟咸鍾傲煙蘿，寄情篇什，饒度世輕，舉志深知茗理，精於點瀹世外品也。爰製《茗史》，摭其奇而抉其奧，用為枕石漱流者助。余謂即等鴻漸之《經》、君謨之《譜》，奚其軒輊。

明 全天駿《〈茗史〉評》《茗史》 《茗史》之作，千古餘清，不第為鴻漸功臣已也。且韻語正不在多，可無求備，佳敘閒情，逸韻飄然雲霞間，想使史中諸公讀一過，沁發茶腸，當不第七甌而止。

明 蔡起白《〈茗史〉評》《茗史》 茗品代不乏人，茗書家自有製。吾友惟咸，既文既博，亦玄亦史，常令茶煙繞竹，龍團泛甌，一啜清談，以助玄賞，深得茗中三昧者也。因築古之諸茗家，或精或幻，或癖或奇，彙成一編。俾風人韻士，了然寓目，不逮於今懼濫觴也。君其泠泠仙骨，

翩翩俊雅，非品之高，烏為書之潔也哉。屠豳叟著《茗笈》，更不可無《茗史》。披閱並陳，允矣雙璧。

明 李桐、封若甫《〈茗史〉評》《茗史》 夫史以紀載實事，補綴缺遺。茗何以有史也？蓋惟咸嗜好幽潔，尤愛煮茗，故彙集茗話，靡事不載，靡缺不補，實寫自己沖襟，表前人逸韻耳。名之曰史有以哉。昔仙人掌茶一事，述自青蓮居士，發自中孚衲子，以故得傳，今惟咸著史於茲鼎足矣。

《文獻通考》卷二一八《經籍考四五》 《茶經》三卷

鼂氏曰：唐太子文學陸羽鴻漸撰。載產茶之地、造作器具、古今故事，分十門。

陳氏曰：羽自號竟陵子，又號桑苧翁。

又 《煎茶水記》一卷

鼂氏曰：唐張又新撰。其所嘗水凡二十種，因第其味之優劣。

陳氏曰：唐涪州刺史張又新撰。本刑部侍郎劉伯芻，稱水之與茶，宜者凡七等。又新復言得李季卿所筆録陸鴻漸《水品》凡二十。歐公《大明水記》嘗辨之，今亦載卷末。余足迹所至不廣，於《水品》僅嘗三四，若惠山泉甘美，置之第二不忝，特未知康王谷水何如爾。其次，吳松第四橋水亦不惡，虎邱劍池殊未佳，而在第四，已不可曉。至於雪水，清甘絶佳，而居其末，尤不可曉也。大抵水活而後宜茶，活而不清潔猶不宜，故浮泉石池漫流者爲上，爲其活且潔也。若夫天一生水，烝爲雲雨，水之活且潔者，何以過此？余嘗用浄器承雨水，試以烹煎，不減雪水，故知又新之説妄也。

清 冒襄《岕茶彙鈔·跋》 吾鄉既富茗柯，復饒泉水，以泉烹茶，其味尤勝，計可與羅岕敵者，唯松蘿耳。予曾以詩寄巢民云：『君爲羅岕傳神，我代松蘿叫屈。同此一樣清芬，忍令獨向隅曲。』迄今思之殊深，我以黄公酒壚之感也。心齋居士題。

《四庫全書總目提要》卷一一五《子部二五·譜録類·附録》

《茶經》三卷浙江鮑士恭家藏本

唐陸羽撰。羽字鴻漸，一名疾，字季疵，號桑苧翁，復州竟陵人。上元初，隱於苕溪。徵拜太子文學，又徙太常寺太祝，並不就職。貞元初卒。事迹具《唐書·隱逸傳》。傳稱羽嗜茶，著經三篇。《藝文志》載之小説家，作三卷，與今本同。陳師道《後山集》有《茶經》序曰：陸羽《茶經》，《家書》一卷，畢氏、王氏書三卷，張氏書四卷，内、外書十有一卷，其文繁簡不同。王、畢氏書繁雜，意其舊本。張書簡明，與家書合，而多脱誤。家書近古，可考正。曰七之事以下，其文乃合三書以成之，録爲二篇，藏於家。此本三卷，其王氏、畢氏之書歟？抑《後山集》傳寫多訛，誤三篇爲二篇也。其書分十類，曰一之源，二之具，三之造，四之器，五之煮，六之飲，七之事，八之出，九之略，十之圖。其曰具者，皆采製之用；其曰器者，皆煎飲之用，故二者異部。其曰圖者，乃謂統上九類，寫以絹素張之，非別有圖。其類十，其文實九也。言茶者莫精於羽，其文亦朴雅有古意。七之事所引多古書，如司馬相如《凡將篇》一條三十八字，爲他書所無，亦旁資考辨之一端矣。

又 《續茶經》三卷、《附録》一卷江蘇巡撫採進本

國朝陸廷燦撰。廷燦字秩昭，嘉定人。官崇安縣知縣候補主事。自唐以來，茶品推武夷。武夷山即在崇安境，故廷燦官是縣時習知其説，創爲草藁，歸田後，訂輯成編，冠以陸羽《茶經》原本，而從其原目採摭諸書以續之。上卷續其一之源、二之具、三之造，中卷續其四之器，下卷自分三子卷：下之上續其五之煮、六之飲，下之中續其七之事、八之出，下之下續其九之略、十之圖。而以歷代茶法附爲末卷，則原目所無，廷燦補之也。自唐以來閲數百載，凡產茶之地，製茶之法，業已歷代不同，即烹煮器具亦古今多異，故陸羽所述，其書雖古，而其法多不可行於今。廷燦一一訂定補葺，頗切實用，所作《南村隨筆》，引李日華《紫桃軒雜綴》『五臺山凍泉』一條，自稱此書失載，補録於彼，其搜採可謂勤矣。録而存之，亦足以資考訂。至於陸羽舊本，廷燦雖用以弁首，而其書久已別行，未可以續補之書掩其原目，故今刊去不載，惟録廷燦之書焉。

又 《煎茶水記》一卷内府藏本

唐張又新撰。又新字孔昭，深州陸澤人。司門員外郎薦之曾孫，工部侍郎薦之子也。元和九年進士第一。案：本傳但稱元和中及進士高第，知爲九年者據此書中所述，知爲第一者，據元人所編《氏族大全》稱其狀元及第也。歷官右補闕。黨附李逢吉，爲入關十六子之一。逢吉出爲山南東道節度使，以又新爲行

軍司馬，坐田伾事，貶江州刺史。案：新、舊唐書皆云汀州刺史，而書中自稱刺九江，則爲江州無疑以二字形近而訛也。《書録解題》作涪州，則更誤矣。後又夤緣李訓，遷刑部郎中，爲申州刺史。訓死，復坐貶，終於左司郎中。事蹟具《新唐書》本傳。其書前列刑部侍郎劉伯芻所品七水，次列陸羽所品二十水。云元和九年初成名時，在薦福寺得於楚僧，本題曰《煮茶記》，乃代宗時湖州刺史李季卿得於陸羽口授。後有葉清臣《述煮茶泉品》一篇，歐陽修《大明水記》一篇，《浮槎山水記》一篇。考《書録解題》載此書，已稱《大明水記》載卷末，則宋人所附入也。清臣所記，稱又新此書爲《水經》。案《太平廣記》三百九十九卷引此書，亦稱《水經》。或初名《水經》，後來改題，以別酈道元之所誌歟？修所記極詆又新之妄，謂與陸羽所説皆不合。今以《茶經》校之，信然。又《唐書》羽本傳稱，李季卿宣慰江南，有薦羽者，召之。羽野服挈具而入，季卿不爲禮。羽愧之，更著《毀茶論》。則羽與季卿大相齟齬，又安有口授《水經》之理？殆以羽號善茶，當代所重，故又新託名歟。然陸遊《入蜀記》曰：史志道餉谷簾水數器，眞絶品也。甘腴清冷，具備諸美。前輩或斥水品以爲不可信，水品固不必盡當。至谷簾泉，卓然非惠山所及，則亦不可誣也。是游亦有取於是書矣。

又卷一一六《子部二五・譜録類存目》

《茶約》一卷兩淮鹽政採進本

明何彬然撰。彬然字文長，一字寧野，蘄州人。是書成於萬歷己未。略倣陸羽《茶經》之例，分種法、審候、採摘、就製、收貯、擇水、候湯、器具、釃飲九則，後又附《茶九難》一則。

又《別本茶經》三卷浙江鮑士恭家藏本

舊本題曰玉茗堂主人閲。玉茗堂主人，湯顯祖之別號也。顯祖有《五侯鯖》，《字海》已著録。是編取陸羽之書合爲一卷，後附《水辨》、《外集》各一卷，然編次無法，疎舛頗多。如皇甫冉送陸鴻漸山人採茶詩，訛爲皇甫曾。歐陽修大明水、浮槎山水二記，列東坡《志林》之後。雀舌下材一條出沈括《夢溪筆談》，題下失注書名，連於唐人張又新《煎茶水記》之後，遂似又新之作。皮日休《茶中雜詠》序刪詩存序，以冠篇首，改名《茶經序》。《陸羽傳》刪去《唐書》舊贊，別加童史氏承敘贊語。冗雜顛倒，毫無體例，顯祖似不至此，殆坊賈託名歟。

又《茗笈》二卷安徽巡撫採進本

明屠本畯撰。本畯有《閩中海錯疏》，已著録。是編録論茗事。上卷分溯源、得地、乘時、揆制、藏茗、品泉、候火、定湯八章，下卷分點瀹、辨器、申忌、防濫、戒淆、相宜、衡鑒、元賞八章，每章多引諸書論茶之語，而前引以贊，後系以評。又取陸羽《茶經》分冠各篇，頂格書之，其他諸書皆亞一格書之。然割裂餖飣，已非《茶經》之全文。點瀹二章，併無《茶經》可引，則竟闕之。核其體例，似疏解《茶經》，又不似疏解《茶經》，似增刪《茶經》，又不似增刪《茶經》，紛紜錯亂，殊不解其何意也。

又《茶疏》一卷内府藏本

明許次紓撰。次紓字然明，錢塘人。是書凡三十九則，論採摘收貯烹點之法頗詳。中間擇水一條，誤以金山頂上井爲中泠泉，考証殊爲疎舛。

又《水品》二卷浙江巡撫採進本

明徐獻忠撰。獻忠有《吳興掌故集》，已著録。是編皆品煎茶之水。上卷爲總論，一曰源，二曰清，三曰流，四曰甘，五曰寒，六曰品，七曰雜説。下卷詳記諸水，自上池水至金山寒穴泉，目録列三十四名，而書中多噴霧崖瀑，萬縣西山包泉、雲陽縣天師泉、潼川鹽亭縣飛龍泉、遂寧縣靈泉五名，蓋目録偶脱。又麻姑山神功泉，目録在鐵篩泉後，而書則居前，亦誤倒也。其上卷第六篇中駁陸羽所品虎邱石水及二瀑水、吳淞江水、張又新所品淮水，第七篇中駁羽煮水初沸調以鹽味之説，亦自有見。然時有自相矛盾者。如上卷論瀑水不可飲，下卷乃列噴霧崖瀑，引張商英之説以爲偏宜煮茗。下卷濟南諸泉條中，論珍珠泉湧出珠泡爲山氣太盛，不可飲，天台桐栢宮水條，又謂湧起如珠，甘冽入品。恐亦一時興到之言，不必盡爲典要也。舊本題曰《水品全帙》，立名殊不可解。考田崇衡、蔣灼二跋皆稱《水品》，無『全帙』字，疑書僅一冊，藏弆家插架題籤，於《水品》下寫『全帙』字，傳寫者誤連爲書名也。今從舊本，仍題曰《水品》焉。

又《煮泉小品》一卷内府藏本

明田藝衡撰。藝衡有《大明同文集》，已著録。是書凡分十類，一源

泉，二石流，三清寒，四甘香，五宜茶，六靈水，七異泉，八江水，九井水，十緒談。大抵原本舊文，未能標異於《水品》、《茶經》之外。

又《湯品》無卷數，副都御史黄登賢家藏本

不著撰人名氏。分十六品。首爲煎法，以老嫩言者凡三品。次爲注法，以緩急言者凡三品。次以器標者凡五品。次以薪論者凡五品。大抵飯飣成書，不足以資觀覽。

藝文

唐 常達《山居八咏》《全唐詩》卷八二三　身閒依祖寺，志僻性多慵。少室遺眞旨，層樓起暮鐘。啜茶思好水，對月數諸峯。有問山中趣，庭前是古松。晚望虛庭物，心心見祖情。煙開分嶽色，雨霧減泉聲。遠樹猿長嘯，層巖日乍明。更堪論的意，林下筍新生。一室塵埃外，脩然祇麼常。睡來開寢帳，鐘動下禪牀。溪浸山光冷，秋凋木葉黄。時提祖師意，敧石看斜陽。西來眞祖意，祇在見聞中。寒雁一聲過，疏林幾葉空。心閒憐水石，身老怯霜風。爲報參玄者，山山月色同。眞性寂無機，塵塵祖佛師。日明庭砌暖，霜苦藥苗衰。汲水和煙酌，栽松帶雪移。好聽玄旨處，猿嘯嶺南枝。古寺憑欄危，時聞舉妙機。庭空月色淨，夜迥磬聲移。漏轉寒更急，燈殘冷焰微。太虛同萬象，相謂話玄微。胡僧論的旨，物物唱圓成。疏柳春來翠，幽窗日漸明。禪心清石室，蝶翅覆花英。好聽談玄處，喬松鶴數聲。祖祖唯心旨，春融日正長。霜輕莎草綠，風細藥苗香。月滿眞如淨，花開覺樹芳。庭前鶯囀處，時聽語圓常。

唐 裴迪《西塔寺陸羽茶泉》《全唐詩》卷一二九　竟陵西塔寺，蹤跡尚空虛。不獨支公住，曾經陸羽居。草堂荒産蛤，茶井冷生魚。一汲清泠水，高風味有餘。

唐 戴叔倫《南野》《全唐詩》卷二七三　治田長山下，引流坦溪曲。東山有遺塋，南野起新築。家世素業儒，子孫鄙食祿。披雲朝出耕，帶月夜歸讀。身勤竟亡疲，團團欣在目。野芳綠可採，泉美清可掬。茂樹延晚涼，早田候秋熟。茶烹松火紅，酒吸荷杯綠。解佩臨清池，撫琴看修竹。此懷誰與同，此樂君所獨。

唐 戴叔倫《春日訪山人》《全唐詩》卷二七三　遠訪山中客，分泉謾煮茶。相攜林下坐，共惜鬢邊華。歸路逢殘雨，沿溪見落花。候門童子問，遊樂到誰家。

唐 釋皎然《對陸迅飲天目山茶因寄元居士晟》（嘉慶）《於潛縣志》卷一五　喜見幽人會，初開野客茶。日成東井葉，露採北山芽。文火香偏勝，寒泉味轉嘉。投鐺湧作沫，著椀聚生花。稍與禪經近，聊將睡網賒。知君在天目，此意日無涯。

唐 權德輿《權文公集》卷三《伏蒙十六叔寄示喜慶感懷三十韻因獻之》　受氏自有殷，樹功緬前秦。圭田接土宇，侯籍相紛綸。道義集天爵，菁華極人文。握蘭中臺並，折桂東堂春。祖德蹈前哲，家風播清芬。先公秉明義，大節逢艱屯。獨立挺忠孝，至誠感神人。命書備追錫，跡遠道不伸。小生諒無似，積慶遭昌辰。九年西掖忝，五轉南宫頻。司理因曠職，曲臺仍禮神。愧非夔龍姿，忽佐堯舜君。內惟負且乘，徒以弱似仁。豈足議大政，所憂玷彝倫。叔父貞素履，含章窮典墳。百氏若珠貫，九流皆輩分。黄鍾蘊聲調，白玉那緇磷。清論坐虛室，長謠宜幅巾。開關接人祠，支策無俗賓。種杏當暑熱，烹茶含露新。井徑交碧蘚，軒窗棲白雲。飛沈禽魚樂，芬馥蘭桂薰。經術弘義訓，息男茂嘉聞。筮仕就色養，宴居忘食貧。四方有翹車，上國有蒲輪。行當反招隱，豈得常退身。秦吳路杳杳，朔海望沄沄。侍坐馳夢寐，結懷積昏昕。發函捧新詩，慈誨情殷勤。省躬日三復，拜首書諸紳。

唐 羊士諤《南池晨望》《全唐詩》卷三三二　起來林上月，瀟灑故人情。鈴閣人何事，蓮塘曉獨行。衣沾竹露爽，茶對石泉清。鼓吹前賢薄，羣蛙試一鳴。

唐 周賀《同朱慶餘宿翊西上人房》《全唐詩》卷五〇三　溪僧還共謁，相與坐寒天。屋雪凌高燭，山茶稱遠泉。夜清更徹寺，空闊雁衝煙。莫怪多時話，重來又隔年。

唐 姚合《姚少監詩集》卷九《和元八郎中秋居》　聖代無爲化，郎中似散仙。晚眠隨客醉，夜坐學僧禪。酒用林花釀，茶將野水煎。人生知此味，獨恨少因緣。

又《尋僧不遇》　入門愁自散，不假見僧翁。花落煎茶水，松生醒酒風。拂牀尋古畫，拔刺看新叢。別有遊人見，多疑住此中。

唐　白居易《白香山詩集》卷一四《蕭員外寄新蜀茶》　蜀茶寄到但驚新，渭水煎來始覺珍。滿甌似乳堪持玩，況是春深酒渴人。

又卷一九《吟元郎中白鬚詩兼飲雪水茶因題壁上》　吟詠霜毛句，閒嘗雪水茶。城中展眉處，只是有元家。

又卷二〇《山泉煎茶有懷》　坐酌泠泠水，看煎瑟瑟塵。無由持一盌，寄與愛茶人。

唐　喻鳧《送潘咸》《全唐詩》卷五四三　時時賫破囊，訪我息閒坊。煮雪問茶味，當風看雁行。心齊山鹿逸，句敵柳花狂。堅苦今如此，前程豈渺茫。

唐　皮日休、陸龜蒙《松陵集》卷四《茶中雜咏·煮茶》　香泉一合乳，煎作連珠沸。時看蟹目濺，乍見魚鱗起。聲疑松帶雨，餑恐生煙翠。尚把瀝中山，必無千日醉。

又卷一〇《寂上人院聯句》　瘦牀空默坐，清景不知斜。暗數菩提子，閒看薜荔花。皮日休

有情惟墨客，無語是禪家。背日聊依桂，嘗泉欲試茶。陸龜蒙

石形蹲玉虎，池影閃金蛇。經笥安巖匼，缾囊挂樹椏。皮日休

書傳滄海外，龕寄白雲涯。竹色寒凌箔，燈光靜隔紗。陸龜蒙

趁幽翻小品，逐勝講南華。莎彩融黃露，蓮衣染素霞。皮日休

水堪傷聚沫，風合落天葩。若許傳心印，何辭古堞賒。陸龜蒙

唐　李咸用《唐李推官披沙集》卷二《謝僧寄茶》　空門少年初志堅，摘芳爲藥除睡眠。匡山茗樹朝陽偏，暖萌如爪拏飛鳶。枝枝膏露凝滴圓，參差失向兜羅綿。傾筐短甑蒸新鮮，白紵眼細勻於研。甎排古砌春苔乾，殷勤寄我清明前。金槽無聲飛碧煙，赤獸呵冰急鐵喧。林風夕和眞珠泉，半匙青粉攪潺湲。綠雲輕綰湘娥鬟，嘗來縱使重支枕，胡蝶寂寥空掩關。

又卷四《雪十二韻》　六出凝陰氣，同雲指上天。結時風乍急，集處霰長先。草穗翹祥燕，陂椿吐白蓮。犬狂南陌上，竹醉小池前。樵徑花黏屨，漁舟玉帖舷。陣經暘谷薄，勢想朔方偏。樓面光搖錫，籬頭曉列錢。石苔青鹿臥，殿網素蛾穿。嘶馬應思塞，蹲烏似爲燕。童癡爲獸捏，僧愛用茶煎。念物希周穆，含毫愧惠連。吟闌餘興逸，還憶剡溪船。

唐　李洞《宿長安蘇雍主簿廳》《全唐詩》卷七二一　縣對數峯雲，官清主簿貧。聽更池上鶴，伴值岳陽人。井鎖煎茶水，廳關擣藥塵。往來多屐步，同舍即諸鄰。

唐　釋子蘭《夜直》《全唐詩》卷八二四　大内隔重牆，多聞樂未央。燈明宮樹色，茶煮禁泉香。鳳輦通門靜，雞歌入漏長。宴榮陪御席，話密近龍章。吟步彤庭月，眠分玉署涼。欲黏朱紱重，頻草白麻忙。筆力將羣吏，人情在致唐。萬方瞻仰處，晨夕面吾皇。

唐　唐彥謙《游南明山》《全唐詩》卷六七一　久聞南明山，共慕南明寺。幾度欲登臨，日逐擾人事。於焉偶閒暇，鳴轡忽相聚。乘興樂遨遊，聊此托佳趣。涉水渡溪南，迢遙翠微裏。石磴千疊斜，峭壁半空起。白雲鎖峯腰，紅葉暗溪嘴。長藤絡虛巖，疏花映寒水。金銀拱梵刹，丹青照廊宇。石櫟臥秋溟，風鈴作簷語。深洞結苔陰，嵐氣滴晴雨。羊腸轉咫尺，鳥道轉千里。屈曲到禪房，上人喜延佇。香分宿火薰，茶汲清泉煮。投閒息萬機，三生有宿契。行廚出盤飧，擔甕倒芳醑。脫冠掛長松，白石藉憑倚。宦途勞營營，暫此滌塵慮。鬮令促傳觴，投壺更聯句。興來較勝負，醉後忘爾汝。忽聞吼蒲牢，落日下雲嶼。長嘯出煙蘿，揚鞭賦歸去。

唐　曹松《山中寒夜呈進士許棠》《全唐詩》卷七一六　山寒草堂暖，寂夜有良朋。讀易分高燭，煎茶取折冰。庭垂河半角，窗露月微稜。俱入論心地，爭無俗者憎。

唐　釋齊己《白蓮集》卷九《過陸鴻漸舊居》　楚客西來過舊居，讀碑尋傳見終初。佯狂未必輕儒業，高尚何妨誦佛書。種竹岸香連菡萏，煮茶泉影落蟾蜍。如今若更生來此，知有何人贈白驢。

又《聞道林諸友嘗茶因有寄》　槍旗冉冉綠叢園，穀雨初晴叫杜鵑。摘帶嶽華蒸曉露，碾和松粉煮春泉。高人夢惜藏巖裏，白硾封題寄火前。應念苦吟耽睡起，不堪無過夕陽天。

唐　鄭遨《茶詩》《全唐詩》卷八五五　嫩芽香且靈，吾謂草中英。夜臼

和煙搗，寒爐對雪烹。惟憂碧粉散，常見綠花生。最是堪珍重，能令睡思清。

五代 釋貫休《禪月集》卷一五《贈靈鷲山道潤禪師院》 常恨煙波隔，聞名二十年。結爲清氣引，來到法堂前。薪拾紛紛葉，茶烹滴滴泉。莫嫌來又去，天道本泠然。

五代 王建《七泉寺上方》《全唐詩》卷二九七 長年好名山，本性今得從。回看塵蹟遙，稍見麋鹿蹤。老僧雲中居，石門青重重。陰泉養成龜，古壁飛卻龍。掃石禮新經，懸幡上高峯。日夕猿鳥合，覓食聽山鐘。將火尋遠泉，煮茶傍寒松。晚隨收藥人，便宿南澗中。晨起衝露行，溼花枝茸茸。歸依向禪師，願作香火翁。

南唐 成彦雄《煎茶》《全唐詩》卷七五九 岳寺春深睡起時，虎跑泉畔思遲遲。蜀茶倩箇雲僧碾，自拾枯松三四枝。

南唐 徐鉉《騎省集》卷四《和門下殷侍郎新茶二十韻》 暖吹入春園，新芽競粲然。才教鷹觜拆，未放雪花妍。荷杖青林下，攜筐旭景前。孕靈資雨露，鍾秀自山川。碾後香彌遠，烹來色更鮮。名隨土地貴，味逐水泉遷。力藉流黃暖，形模紫筍圓。正當鑽柳火，遥想湧金泉。任道時新物，須依古法煎。輕甌浮綠乳，孤竈散餘煙。甘薺非予匹，宮槐讓我先。竹孤空冉冉，荷弱謾田田。解渴消殘酒，清神感夜眠。十漿何足饋，百榼盡堪捐。采擷唯憂晚，營求不計錢。任公因焙顯，陸氏有經傳。愛甚眞成癖，嘗多合得仙。亭臺虛靜處，風月豔陽天。自可臨泉石，何妨雜管弦。東山似蒙頂，願得從諸賢。

宋 王禹偁《小畜集》卷七《投迤殿院》 南面修文德，東吳納土疆。蒼生思撫育，丹詔擇循良。烏府官新轉，龍頭桂舊香。渡江驄馬瘦，垂地繡衣長。綸閣材知屈，蘇臺俗必康。恩流一車雨，威凜栢臺霜。休假尋山寺，行春泊野塘。白公是前政，魯望有維桑。求瘼心雖切，頤神道豈妨。煎茶虎丘井，搗藥木蘭堂。筍蕨供家饌，園林著道裝。擊筇教鶴舞，牧橘待僧嘗。迎使朝衣穩，娛賓綺席張。犬聲銷巷陌，鶯舌動笙簧。冷句題秋葉，孤琴貯夜囊。歌樓寒月白，飲舫晚波涼。官業除苛法，家風襲雅章。豸冠危肅物，象簡醉橫床。熊軾淹寧久，鼇頭譽轉芳。南園休命侶，北闕卽徵黃。清貴容誰見，遭逢合自強。字人叨屬邑，畏德每循牆。名品知懸隔，孤危俟薦揚。折腰休太息，青眼異尋常。岱岳容拳石，滄溟納濫觴。扶搖如借便，羽翼必高翔。從事員多闕，徒勞跡可傷。金臺雖載築，珠履未成行。始隗前言任，依劉後進光。免教青史上，徒美一燕王。

宋 蔡襄《端明集》卷二《北苑十詠・試茶》 兔毫紫甌新，蟹眼青泉煮。雪凍作成花，雲閒未垂縷。願爾池中波，去作人間雨。

又 卷三《即惠山煮茶》 此泉何以珍，適與真茶遇。在物兩稱絕，於予獨得趣。鮮香筯下雲，甘滑杯中露。當能變俗骨，豈特湔塵慮。晝靜清風生，飄蕭入庭樹。中含古人意，來者庶冥悟。

宋 强至《祠部集》卷一《公立煎茶之絶品以待諸友退皆作詩因附衆篇之末》 造化於草木，所與有薄厚。茶生天地間，建溪獨爲首。南土衆富兒，一餅千金售。公立須南官，好居衆富右。俸錢未到門，已入園夫手。買藏惟恐遲，秘之逾瓊玖。前日發箱篋，出以奉賓友。蒼玉碾底碎，浮雲碗面走。一飲睡魔竄，空腸作雷吼。茶品衆所知，茶德予前剖。烹須清泠泉，性若不容垢。味回始有甘，苦言驗終久。吁茶特不幸，而出三代後。不及餘草木，盡掛詩人口。禹貢籍九州，瑣細登橘柚。古若有此茶，商紂不酣酒。

宋 陳襄《古靈集》卷二二《古靈山試茶歌》 乳源淺淺交寒石，松花墜粉愁無色。明星玉女跨神雲，鬭剪輕羅縷殘碧。我聞巒山二月春方歸，苦霧迷天新雪飛。仙鼠潭邊蘭草齊，露牙吸盡香龍脂。轆轤繩細井花暖，香塵散碧琉璃碗。玉川冰骨照人寒，瑟瑟祥風滿眼前。紫屏冷落沈水煙，山月堂軒金鴨眠。麻姑癡煮丹巒泉，不識人間有地仙。

宋 敖邁《臨溪樓》《宋詩紀事補遺》卷八八 花溪老子昔喜花，紅雲紫霞香滿家。竹溪逸士昔愛竹，翠靄蒼煙陰繞屋。羌茲偉人臨溪樓，唐相之裔來溪頭。奄有花竹著樓所，日與溪山作賓主。手抉銀漢地上流，仰送飛鴻俯盟鷗。滄浪濯纓塵化雪，清泉烹茶團碎月。曾似元龍意氣豪，湖海偃臥百尺高。又似仲宣銷憂賦，客居江左非吾土。不如祝翁畫欄前，梯身此樓近青天。湔心此溪赴滄海，樓名溪聲可千載。

宋 蘇軾《東坡全集》卷二五《汲江煎茶》 活水還須活火烹，自臨釣石取深清。大瓢貯月歸春甕，小杓分江入夜瓶。茶雨已翻煎處腳，松

風忽作瀉時聲。枯腸未易禁三碗，坐數荒城長短更。

又卷二九《元翰少卿寵惠谷簾水一器、龍團二枚，仍以新詩為貺，歎味不已，次韻奉和》 岩垂匹練千絲落，雷起雙龍萬物春。此水此茶俱第一，共成三絕景中人。

宋 黃庭堅《山谷外集》卷一二《贈李彥深》 瓊枝雖療渴，萱草忘人憂。李君氣蕭蕭，翠竹搖清秋。步竹來過門，日色在簾鉤。開雲覩白雉，臨水對虛舟。言少常造極，色夷似無求。醉尉廳索寞，寒泉沃茶甌。四坐愁水厄，並餅猶屢投。蘄錫碎玉札，間薦當眾羞。微物不足貴，且延君少留。行役阻相見，心如旆悠悠。春魚出清涔，社酒欲勝篘。時來得晤語，呼客盡更籌。

宋 陳瓘《瑞泉庵》《輿地紀勝》卷一三五 飛棟逼天象，疏櫺逗岩煙。烹茶引高士，汲此石罅泉。泉深不盈尺，潤物無頗偏。百川有盈涸，是坎常泓然。

宋 陳岩《九華詩集・上下華池》 聽鐘喫飯東西寺，就水烹茶上下池。二百年來陳跡在，摩挲苔蘚日西時。

宋 陳造《江湖長翁集》卷二〇《又次銛朴翁韻四首》 婪酣貴宦鮫綃帳，贔屭功名泊浪沙。誰似朴翁隨分過，曹溪水煮趙州茶。

宋 黃庚《月屋漫稿・雪》 片片隨風整復斜，飄來老鬢覺添華。江山不夜月千里，天地無私玉萬家。遠岸未春飛柳絮，前邨破曉壓梅花。羔羊金帳應粗俗，自掬冰泉煮石茶。

又《贈大禪寺昉上人》 佛屋參差傍水涯，天然富貴屬僧家。油幢碧立當軒竹，步障紅圍繞檻花。隱隱磬聲春晝永，停停塔影夕陽斜。白頭道者留連客，自汲山泉煮石茶。

宋 蒲國寶《金堂南山泉銘並序》《全蜀藝文志》卷四四 蘭陵錢治嘗作《南山泉記》，實仁宗天聖四年，距今蓋一百二十有一年也。錢又誇大其言，以謂陸羽作《茶經》，第水之品三十，張又新《煎茶記》又增其七，毛文錫作《茶譜》，又增至二十有八。金堂南山泉當不在蘭溪第二水下，然前之三人足跡曾不一履此地，宜皆不為所賞鑑，故此泉淹沒而無聞焉，可嘆也！先朝時家恬戶嬉，一時人士往往多以卜泉試茗相誇為樂事。至靖康後，天下騷然，苦兵生民困於征徭，邑中之黔惴然，方以貨泉供億縣官不給為恐，泉之甘否，何暇議耶？黃君才叔，此方之修整士也。紹興辛巳，於南山之南手披荊棘，鋤其荒穢，卓江山景物之會，作室十數楹，極幽居之勝。而嵓竇之間，泉之湮者復達，引之庭除，其聲涓涓。遇暇日，余率二三賓朋，登君之堂，洗心滌慮，便覺煩暑坐變清涼，酌為茗飲，則又芬甘可愛，誠如治之言者，余是以知物之廢興通塞亦自有時，何獨一泉耶？是不可不銘，銘曰：

峽水東注，鶴峯北峙。幽幽南山，為國之紀。有洌彼泉，出於嵓底。清新香潔，酌之如醴。吾儕小人，豈曰知味。宜茶而甘，即為佳水。近世錢治，蓋嘗品第方之蘭溪，不在第二，陸羽既遠，無復為紀，日新文錫茲亦已矣。今之易牙，未知孰是。一泉小物，隱而弗示。不有獎鑑，孰發其閟。勒銘山阿，以告吾類。

宋 陸游《劍南詩稿》卷五一《夏初湖村雜題》 寒泉自換菖蒲水，活火閒煎橄欖茶。自是閒人足閒趣，本無心學野僧家。

又卷五二《閑詠》 身似地行僊，心非欲界天。輿竿聲軋軋，巾角影翩翩。買菊穿苔種，懷茶就井煎。歸來書遶坐，隨處一欣然。

又卷六八《出游》 行路迢迢入谷斜，繫驢來憩野人家。山童負擔賣紅果，村女緣籬采碧花。篝火就炊朝甑飯，汲泉自煮午甌茶。閒遊本自無程數，邂逅何妨一笑譁。

又卷八〇《雪後煎茶》 雪液清甘漲井泉，自攜茶竈就烹煎。一毫無復關心事，不枉人間住百年。

又卷三五《雨中作》 三日雨頻作，昏昏饒睡眠。泥深散酒市，風惡惱燈天。茅屋松明照，茶鐺雪水煎。山家自成趣，撫枕寄悠然。

宋 敖陶孫《再用晨吐字韻寄潘德久》《江湖小集》卷四五 舍人賓日姿，起居庭燎晨，豈惟瑞朝廷，薦紳目多聞。麗如田甲謝，死灰果不然。那知碩果剝，中有一念仁。稽古得微酬，楅具峨進賢。琴爲悲風彈，茶必活水煎。平生轉庵詩，小當壽千年。忽聞朔方騷，更欲腰黃間。向來撲朔豪，日者今華顛。

宋 方岳《秋崖集》卷九《趙龍學寄陽羨茶爲汲蜀井對瓊花烹

之》 三印誰分陽羨茶，自煎蜀井瀹瓊花。數間明月玉川屋，兩腋清風銀漢槎。團鳳烹來奴僕等，老龍畢竟當行家。相思幾夢山陰雪，搜攪平生書五車。

宋 白玉蟾《新刻瓊琯白先生集》卷三《詠雪於清虛堂》 長空慘慘晝如夜，嚴風括得雲片下。寒猿傍樹不敢聲，江梅羞開恐易謝。萬山無限落葉愁，處處凝煙纏草舍。枯槎凍僵不復活，飛廉截住陽春赦。餓虎呼雛入岩臥，過鳥如梭鑽樹罅。園林蕭索無一物，幾夜霜威煞無藉。欲雨不雨數點霰，雪意沉吟天似詐。滿空飛起楊花絮，三日兩日凍不化。眼前幻出白玉樓，誰敢登陟空嗟訝。肌膚生粟鼻流水，前村新醅復增價。漁翁溪畔笑收網，魚亦不知鉤有麝。洗鐺簇火煎雪茶，垂簾疊足説清話。呼童鑿泮硯中冰，呵手團欒結詩社。詩成此景尚自爾，安得王維收入畫。

又 卷六《茶歌》 柳眼偷看梅花飛，百花頭上東風吹。壑源春到不知時，霹靂一聲驚曉枝。枝頭未敢展鎗旗，吐玉綴金先獻奇。雀舌含春不解語，只有曉露晨煙知。帶露和煙摘歸去，蒸來細搗幾千杵。捏作月團三百片，火候調勻文與武。碾邊飛絮捲玉塵，磨下落珠散金縷。首山黃銅鑄小鐺，活火新泉自烹煮。蟹眼已沒魚眼浮，飇飇松聲送風雨。定州紅玉琢花甆，瑞雪滿甌浮白乳。綠雲入口生香風，滿口蘭芷香無窮。兩腋颼颼毛竅通，洗盡枯腸萬事空。君不見孟諫議，送茶驚起盧仝睡。又不見白居易，饋茶喚醒禹錫醉。陸羽作《茶經》，曹暉作《茶銘》。文正范公對茶笑，紗帽龍頭煎石銚。素虛見雨如丹砂，點作滿盞菖蒲花。東坡深得煎水法，酒闌往往覓一呷。趙州夢裏見南泉，愛結焚香瀹茗緣。吾儕烹茶有滋味，華池神水先調試。丹田一畝自栽培，金翁姹女採歸來。天爐地鼎依時節，煉作黃芽烹白雪。味如甘露勝醍醐，服之頓覺沉痾甦。身輕便欲登天衢，不知天上有茶無。

宋 趙汝鐩《野谷詩稿》卷六《題萊公泉》 馬鞍山下倚吟鞭，慨想前賢古道邊。健筆南軒三大字，高風相國一泓泉。征途著句雖無暇，詩版留名自可傳。寺主相邀觀石刻，呼童汲水取茶煎。

宋 曹汝弼《喜友人過隱居》《石倉歷代詩選》卷一三七 忽向新春裏，閒過隱士家。旋收松上雪，來煮雨前茶。禽換新歌曲，梅粧隔歲花。應慚非遁者，難久在煙霞。

宋 陳觀《天壺道院》《武夷山志·曲詩文》卷一三 山徑崎嶇紫翠連，白雲深處是壺天。客來無物供吟笑，旋摘新茶煮石泉。

宋 徐集孫《休日招李山房杜北山訪渭濱秋浦於孤山即席用韻》《江湖小集》卷一六 凜凜仙風匝葑田，徘徊懷古事茫然。眼空湖海無塵累，身在蓬萊有宿緣。孤策遍尋儲鶴地，偏提自汲煮茶泉。詩家眷屬通詩譜，不枉微官客日邊。

宋 楊公遠《野趣有聲畫》卷上《四用韻十首》 卷起黃紬被，何消道放衙。瓦盆常貯酒，雪水旋煎茶。但得詩聯穩，從教竹屋斜。助儂高興處，索笑共梅花。

又《除夜》 簷溜聲中送舊年，團圞笑語不成眠。忽驚雷吼三更後，始悟春回半月前。桃板欲題詩未穩，燈花頻結兆開先。明朝賀客無祇待，汲水煎茶當酒傳。

又《雪》 徹夜陰風恣怒號，誰家帳底飲羊羔。何如榾柮爐邊坐，雪水煎茶興味高。

又 卷下《龍金庵借張山長韻》 道人結屋萬山阿，趺坐焚香意味多。塵事不干心已寂，年華易度髮難皤。薇烹石銚供常饌，茶煮山泉當太和。我亦非貪名利者，擬來入社許儂麼。

又《邊日雪次典仲宣韻二首》 連朝飛雪滿山城，恰負人言雪易晴。梅頓添肥香不減，竹雖暫屈節還清。閉門殭臥嗟寒士，煮水烹茶任巨卿。但喜遺蝗深入地，休誇李愬把吳平。

又《次劉曉窗九日韻十首》 人皆九日醉流霞，君汲山泉自煮茶。可是詩成無點俗，只應吟筆燦生花。

宋 陳文蔚《克齋集》卷一四《廬山雜咏·棲賢三峽橋》 我來未試烹茶水，且讀石上涪翁詩。上臥百盡晴蝃蝀，下貯一匣青玻璃。淵深知是蛟龍宅，風怒似挾熊虎威。自古賢棲知幾許，今有精藍藏翠微。

又 卷一六《上巳游惠泉和趙國興韻》 閒倚欄杆覓句時，此身如在浣花溪。草迷芳徑王孫醉，花滿春山杜宇啼。酒罷啜茶留石井，興餘隨月步江堤。清泉白石平生約，未有工夫爲品題。

元 周權《此山詩集》卷八《懶菴講主得九江餅茶鄧同知分餉其

半汲泉試之因次韻》 解組歸來萬事輕，日長門巷淡無營。團香小餅分僧供，折足寒鐺對客烹。

色卷空雲春雪湧，影流江月夜潮生。一甌洗卻紅塵夢，坐愛風前晚笛橫。

元 洪希文《續軒渠集》卷三《煮土茶歌》 論茶自古稱壑源，品水無出中濡泉。莆中苦茶出土產，鄉味自汲井水煎。器新火活清味永，且從平地休登仙。王侯第宅門絕品，揣分不到山翁前。臨風一啜心自省，此意莫與他人傳。

明 胡文煥《茶集·茶歌》 醉翁朝起不成立，東風無情吹鬢急。小舟撐向錫山來，野鷺閒鷗相對集。呼童旋把二泉汲，瓦瓶津津雪氣濕。自從分得虎丘芽，到此燃松自煎喫。莫言七碗喫不得，長鯨猶將百川吸。我今安知非盧仝，祗恐盧仝未相及。豈但自解宿酒醒，要使蒼生盡蘇息。君莫學前丁後蔡相鬥貢，忘卻蒼生無米粒。

明 高啓《高青丘集》卷二《采茶詞》 雷過溪山碧雲暖，幽叢半吐槍旗短。銀釵女兒相應歌，筐中摘得誰最多。歸來清香猶在手，高品先將呈太守。竹爐新焙未得嘗，籠盛販與湖南商。山家不解種禾黍，衣食年年在春雨。

又 卷一五《煮雪齋為貢文學賦禁言茶》 自埽瓊瑤試曉烹，石爐松火兩同清。旋渦尚作飛花舞，沸響還疑灑竹鳴。不信秦山經歲積，俄驚蜀浪向春生。一甌細啜真天味，卻笑中泠妄得名。

又 卷一五《賦得惠山泉送客游越》 雲液流甘漱石芽，潤通錫麓樹增華。汲來曉冷和山雨，飲處春香帶澗花。合契老僧煩每護，修經幽客記曾誇。送行一斛還堪贈，往試雲門日注茶。

明 文徵明《文氏五家集》卷六《鄭太吉送慧泉試吳大本寄茶》

醉思雪乳不能眠，活火砂瓶夜自煎。白絹旋開陽羨月，竹符新汲慧山泉。地鑪殘雪貧陶穀，破屋清風病玉川。莫道年來塵滿腹，小窗寒夢已醒然。

明 文徵明《甫田集》卷二《雪夜鄭太吉送慧山泉》 有客遙分第二泉，分明身在慧山前。兩年不挹松風面，百里初回雪夜船。青箬小壺冰共裹，寒燈新茗月同煎。洛陽空說曾馳傳，未必緘來味尚全。

明 徐渭《某伯子惠虎丘茗謝之》《廣群芳譜》卷二〇 虎丘春茗妙烘蒸，七碗何愁不上升。青箬舊封題穀雨，紫砂新罐買宜興。卻從梅月橫三弄，細攪松風炧一燈。合向吳儂彤管說，好將書上玉壺冰。

明 王穉登《題唐伯虎烹茶圖爲喻正之太守》《佩文齋咏物詩選》卷二四 太守風流嗜酪奴，行春常帶煮茶圖。圖中傲吏依稀似，紗帽籠頭對竹爐。

靈源洞口採旗槍，五馬來乘穀雨嘗。從此端明茶譜上，又添新品綠雲香。

伏龍十里盡香風，正近吾家別墅東。他日干旌能見訪，休將水厄笑王濛。

雜録

唐 王敷《茶酒論》 竊見神農曾嘗百草，五穀從此得分；軒轅製其衣服，流傳教示後人。倉頡致其文字，孔丘闡化儒倫。不可從頭細說，撮其樞要之陳。暫問茶之與酒，兩個誰有功勳？阿誰即合卑小，阿誰即合稱尊？今日各須立理，強者光飾一門。

茶乃出來言曰：諸人莫鬧，聽說些些。百草之首，萬木之花，貴之取蕊，重之摘芽，呼之茗草，號之作茶。貢五侯宅，奉帝王家，時新獻入，一世榮華。自然尊貴，何用論誇？

酒乃出來曰：可笑詞說！自古至今，茶賤酒貴。單醪投河，三軍告醉。君王飲之，賜卿無畏，群臣飲之，呼叫萬歲。和死定生，神明歆氣。酒食向人，終無惡意，有酒有令，禮智仁義。自合稱尊，何勞比類！

茶謂酒曰：阿你不聞道：浮梁歙州，萬國來求，蜀山蒙頂，騎山驀嶺。舒城太湖，買婢買奴。越郡余杭，金帛爲囊。素紫天子，人間亦少，商客來求，舡車塞紹。據此蹤由，阿誰合小？

酒謂茶曰：阿你不聞道：劑酒乾和，博錦博羅。蒲桃九醞，於身有潤。玉液瓊漿，仙人杯觴。菊花竹葉，君王交接。中山趙母，甘甜美苦。一醉三年，流傳千古。禮讓鄉閭，調和軍府。阿你頭惱，不須乾努。

茶謂酒曰：我之茗草，萬木之心，或白如玉，或黃似金。名僧大德，幽隱禪林。飲之語話，能去昏沉。供養彌勒，奉獻觀音。千劫萬劫，諸佛相欽。酒能破家敗宅，廣作邪淫，打卻三盞之後，令人只是罪深。

酒謂茶曰：三文一壺，何年得富？酒通貴人，公卿所慕。曾遣趙主彈琴，秦王擊缶。不可把茶請歌，不可爲茶教舞。茶吃只是腰疼，多吃令人患肚，一日打卻十杯，腹脹又同衙鼓。若也服之三年，養蝦蟆得水病苦。

茶謂酒曰：我三十成名，束帶巾櫛，驀海騎江，來朝今室。將到市廛，安排未畢，人來買之，錢則盈溢。言下便得富饒，不在後日明朝。阿你酒能昏亂，吃了多饒啾唧，街中羅織平人，脊上少須十七。

酒謂茶曰：豈不見古人才子，吟詩盡道：渴來一盞，能生養命。又道：酒是消愁藥。又道：酒能養賢。古人糟粕，今乃流傳。茶賤三文五碗，酒賤盅半七錢。致酒謝坐，禮讓周旋，國家音樂，本爲酒泉。終朝吃你茶水，敢動些些管弦！

茶謂酒曰：阿你不見道：男兒十四五，莫與酒家親。君不見猩猩，爲酒喪其身？阿你卽道：茶吃發病，酒吃養賢。卽見道有酒癀酒病，不見道有茶瘋茶顛？阿闍世王爲酒殺父害母，劉伶爲酒一醉三年。吃了張眉豎眼，怒鬥宣拳，狀上只言粗豪酒醉，不曾有茶醉相言，不免求守杖子，本典索錢。大枷磕頂，背上抛椽。便卽燒香斷酒，念佛求天，終身不吃，望免迍邅。

兩家正爭人我，不知水在旁邊。

水謂茶酒曰：阿你兩個，何用匆匆？阿誰許你，各擬論功！言辭相毁，道西說東。人生四大，地水火風。茶不得水，作何相貌？酒不得水，作甚形容？米曲乾吃，損人腸胃，茶片乾吃，礪破喉嚨。萬物須水，五穀之宗。上應乾象，下順吉凶。江河淮濟，有我卽通。亦能漂蕩天地，亦能涸殺魚龍。堯時九年災跡，只緣我在其中。感得天下欽奉，萬姓依從。由自不能說聖，兩個何用爭功？從今以後，切須和同，酒店發富，茶坊不窮。長爲兄弟，須得始終。若人讀之一本，永世不害酒顛茶瘋。

宋 羅大經《鶴林玉露・丙编》卷三《茶瓶湯候》 余同年李南金云：『《茶經》以魚目湧泉連珠爲煮水之節。然近世瀹茶，鮮以鼎鑊，用瓶煮水，難以候視，則當以聲辨一沸、二沸、三沸之節。又陸氏之法，以未就茶鑊，故以第二沸爲合量而下，未若以今湯就茶甌瀹之，則當用背二涉三之際爲合量。乃爲聲辨之詩云：「砌蟲唧唧萬蟬催，忽有千車捆載來。聽得松風并澗水，急呼縹色綠瓷杯。」』其論固已精矣。然瀹茶之法，湯欲嫩而不欲老，蓋湯嫩則茶味甘，老則過苦矣。若聲如松風澗水而遽瀹之，豈不過於老而苦哉！惟移瓶去火，少待其沸止而瀹之，然後湯適中而茶味甘，此南金之所未講者也。因補以一詩云：『松風檜雨到來初，急引銅瓶離竹爐。待得聲聞俱寂後，一甌春雪勝醍醐。』

宋 丘荷《北苑御泉亭記》 夫珠璣珣玕，龜龍四靈，珍寶之殊特，飛游之至瑞，布諸載籍，非可遽數。至於水草之奇，金芝醴泉之類，而一時之焜燿，祥經之攸記。若迺蘊堪輿之真粹，占土石之秀脈，自然之應，可以奉乎至尊而能悠永者，則有聖宋南方之貢茶禁泉焉。《爾雅・釋木》曰：『檟，苦茶。』說者以爲早採者爲茶，晚採者爲茗；荈，蜀人名之苦茶。而許叔重亦云。由是知茶者，自古有之。兩漢雖無聞，魏晉以下，或著於録，迄後天下郡國所產，愈益眾，百姓頗蒙其利。

唐建中中，趙贊抗言，舉行天下茶，什一稅之。於是縣官始斡焉。然或不名地理息耗所在，先儒所志，岷蜀、勾吳、南粵舉有，而閩中不言建安，獨次候官、柏巖。云：『唐季敕福建罷贄橄欖，但供臘面茶。』按：所謂柏巖，今無稱焉，卽臘面；產於建安明矣。且今俗號猶然，蓋先儒失其傳耳。不爾，識會有所未盡，遊玩之所不至也；抑山澤之精，神祇之靈，五代相以摘造尚矣。而其味弗振者，得非以其德之無加乎？

國朝龍興，惠風醇化，率被人面。九府庭貢，歲時輻奏，而閩荈寢以珍異。太平興國中，遂置龍鳳模，以表其嘉應而別於他所也。先是鄉老傳其山形，謂若張翼飛者，故名之曰鳳凰山。山麓有泉，直鳳之口，卽以其山名名之。蓋建之產茶，地以百數，而鳳凰山莩岸常先月餘日，其左右澗濫，交併不越丈尺，而鳳凰穴獨甘美有殊。及茶用是泉，齊和益以無類，識者遂爲章程，第共製羞御者，而以太平興國故事，更曰龍鳳泉。

龍鳳泉當所汲或日百斛，亡減。工罷，主者封完，逮期而闓，亦亡餘。異哉！所謂山澤之精，神祇之靈，感於有德者，不特於茶，蓋泉亦有之。故曰有南方之貢茶禁泉焉。泉所舊有亭宇，歷歲彌久，風雨弗蔽，

臣子攸職，懷不暇安，遂命工度材易之，以其非品庶所得擅用，故名曰御泉亭。因論次陸羽等所闕，及採耆舊傳聞，實録存之，以諭來者，庶其知聖德之至，厥貢之美若此。景祐三年丙子七月五日，朝奉郎試大理司直兼監察御史權南劍州軍事判官監建州造買納茶務丘荷記。

元 楊維禎《清苦先生傳》《茶乘》卷六　先生名⿰木荼，字荈之，姓賈氏，別號茗仙。其先陽羨人也，世系綿遠，散處之中州者不一。先生幼而穎異，於諸眷族中，最其風致。卜居隱於姑蘇之虎丘，與陸羽、盧仝輩相友善，號勾吴三雋。每二人遊，必挾先生隨之，以故情謚日殷，眾咸目之爲死生交。然先生之爲人，芬馥而爽朗，磊落而疏豁，不媚於世，不阿於俗。凡有請求，則必攝緘縢固扃鐍，假人提攜而往。四方之士多親炙之，雖窮簷蔀屋，足跡未嘗少絕。偶乘月大江泛舟，取金山中泠之水而瀹之，因品爲第一泉，遂遨遊不輟。尤喜僧室道院，貪愛其花竹繁茂，水石清奇，倘徉容與，逌然不忍去。構小軒一所，扁曰『松風深處』，中設鼎彝甀好之物，壚燒榾柮，煨芋栗而食之。因賦詩有『松風乍響匙翻雪，梅影初横月到窗』之句。或琴奕之間，樽俎之上，先生無不价焉。又性惡旨酒，每對醉客，必攘袂而剖析之。客醉，亦因之而少解。少嗜詩書百家之學，誦至夜分，終不告倦。所至高其風味，樂其真率，而無詆評之者。而世之枯吻者，仰之如甘露；昏瞑者，飫之若醍醐。或譬之以嘉名，而先生亦不以爲華；或咈之非義，而先生亦不與之較。其清苦狷介之操類如此，或者比倫之，以爲伯夷之亞。其標格，具於黄太史魯直之賦，其顛末，詳諸蔡司諫君謨之性，茲故弗及贅也。

太史公曰：賈氏有二出，其一，晉文公舅子犯之子狐射姑食采於賈，後世因以爲姓。至漢文時，洛陽少年誼，挾經濟之才，上治安之策。帝以其深達國體，欲位之以卿相。絳灌之徒扼之，遂疏出之爲梁王太傅，弗伸厥志，雖其子孫蕃衍，終亦不振。有僭擬龍鳳團爲號者，又其疏逖之屬，各以驕貴夸侈，日思競以旗鎗。宗人咸相戒曰：彼稔惡不悛，懼就烹於鼎鑊，盍逃之。或隱於蒙山，或遁於建溪，居無何而禍作，後竟泯泯無聞，惟先生以清風苦節高之。故沒齒而無怨言，其亦庶幾乎篤志君子矣。

明 高濂《遵生八箋》卷三《虎跑泉試新茶》　西湖之泉以虎跑爲最，兩山之茶以龍井爲佳，穀雨前採茶旋焙，時激虎跑泉烹享，香清味冽，凉沁詩脾。每春當高卧山中，沈酣新茗一月。

明 王嗣奭《茗笈品藻・品一》《茗笈》　昔人精茗事，自蓺而採、而製、而藏、而瀹、而泉，必躬爲料理。又得家童潔慎者專司之，則可。余家食指繁，不能給饔飧，赤腳蒼頭，僅供薪水。性雖嗜茶，精則無暇，偶得佳者，又泉品中下，火候多舛，雖胡韡與霜荷等。余貧不足道，即貴顯家力能製佳茗，而委之僮婢烹瀹，不盡如法。故知非幽人閒士、披雲漱石者，未易了此。

明 屠玉衡《茗笈品藻・品四》《茗笈》　幽叟著《茗笈》，自陸季疵《茶經》而外，採輯定品，快人心目，如坐玉壺冰啗哀仲梨也者。幽叟吐納風流，似張緒；終日無鄙言，似溫太眞。跡罥區中，心超物外。而余臭味偶同，不覺針水契耳。夫贊皇辯水，積師辯茶，精心奇鑒，足傳千古，幽叟庶乎近之。試相與松間竹下，置烏皮几，焚博山爐，爇惠山泉，挹諸茗荈而飲之，便自羲皇上人不遠。

明 李日華《運泉約》《說郛續》卷二九　吾輩竹雪神期，松風齒頰，暫隨飲啄人間，終擬逍遥物外。名山未卽，塵海何辭。然而搜奇煉句，液瀝易枯；滌滯洗蒙，茗泉不廢。月團百片，喜拆魚緘。槐火一篝，驚翻蟹眼。陸季疵之著述，既奉典刑；張又新之編摩，能無鼓吹。昔衛公宦達中書，頗煩遞水。杜老潛居夔峽，險叫濕雲。今者環處惠麓，踰二百里而遥；問渡淞陵，不三四日而致。登新捐舊，轉手妙若轆轤；取便費廉，用力省於桔槔。凡吾清士，咸赴嘉盟。

竹嬾居士題

運惠水，每罈償舟力費銀三分。

罈精者，每個價三分，稍粗者，二分。罈蓋或三厘或四厘，自備不計。

水至，走報各友，令人自擡。

每月上旬斂銀，中旬運水。月運一次，以致清新。

願者書號於左，以便登冊，併開罈數，如數付銀。

尊號　用水　罈　月　日付

松雨齋主人謹訂

明 鄧志謨《茶酒争奇·茶酒共争辯》

麴生曰：『李衛公唐相好飲惠山泉，置驛傳送；李季卿命軍士深詣南零取水；唐子西提壺走龍潭，楊城齋攜大瓢走汲溪泉。昔人由海道趨建安，何等勞碌？』

又《茶酒私奏本》 酪奴受辱，抱忿不平，自修一本，奏水火二官：『茶中小臣酪奴，誠惶誠恐，稽首頓首，爲豪強酗醉，逞兇傷命事：臣産於玉壘，孰若生翼丹丘？造於金沙，何異紀名碧澗？禹錫表餽菊之意，劉琨作求茗之書。蘇子唱歌於松風，因想李生好客；陶公調詠於雪水，遂誇董家待人。李約喋珠累之泉，二沸成於活火；德裕憶金山之水，一壺汲於石城。陸羽三篇，更異酒中賢聖；盧仝七碗，何殊茶內神仙？』

明 徐巖泉《六安州茶居士傳》《茶集》 居士茶姓，族氏衆多，枝葉繁衍遍天下。其在六安一枝最著，爲大宗，陽羨、羅岕、武夷、匡廬之類，皆小宗。若蒙山，又其別枝也。巖泉徐子嬪者，味古今士也。嘉靖中，以使事至六安，欲過居士訪之。偶讀書，宵分倦隱几，夢神人告曰：『先生含英咀華，余侍有年矣。昔者陸先生不鄙世族，爲作譜及雜引爲經。每枉士大夫，余輒出其文章表見之。陸先生名愈長，余亦與有揚之之力焉。先生其肯傳我乎？余當以揚陸先生者揚先生。』徐子忽寤，睜目視之，無所見。適童子盥雙手，捧茶至，乃知所夢者，即茶居士之先也，遂作傳。

按：茶氏苗裔最遠。洪濛初，上帝憫庶類非所，開形、性二局，各有司存焉。茶氏列木品，凡木材，大者千尋，其最小，須十尺。又與之性，爲清、爲香、爲甘。茶氏喜曰：庶矣，庶矣！未也，吾性叩當益我。乃伏闕訴曰：『臣荷恩重，願世授首報，然爲子若孫計，請乞藩封。』上帝怒曰：『小臣多欲，罪當誅。』時帝方好生，不卽誅，下二局議。司形者曰：『罪當貶其處深巖幽谷，其材二尺許。』性者曰：『與之苦。』疏請上裁，詔可之。茶氏伏罪而出，於是其處、其材，世守之，歷數百年，皆山澤叟也，無顯者。

三代以下，國制漸備，間有識者，然遇山人，輒仇仇不適，類戕賊焉。其少者最苦之，長者曰：『吾以旗鎗衛若。』山人聞之怒，深春率女士噪呼菁莽中，大擄之，俘斬無筭，並旗鎗騫奪焉。有死者相枕籍者，偃者，仆者，有孑立者，有傾且倚者，有髡者，茶氏愈出首愈敗。然偵之，則間諜挑釁多吳中人，乃謀諸老者曰：『吾聞吳，強國也。昔齊景公泣涕女女矣。吾如景公何？春秋求成之義盍修？』諸衆皆曰：『然。』於是長者自唧縛，就山人俯伏曰：『吾不敵矣，君特爲吳人獻我耳。勿信，君衛吾，吾當令吳人歲歲貢金幣。』山人曰：『有是哉，有是哉。』於是徙其衆，咸就山人，山人始爲通好。然亦無甚顯者。

嗣後，有楚狂裔孫陸羽先生者，博物洽聞。聞茶氏名，就山中訪之。登其堂，直入其室，寂無纖塵，躊躇四顧，北窗間僅石榻一，設山水畫一幅，蒲團數枚，香一爐，棋一枰，古琴一張。案上有《周易》、《羲皇》、《墳典》、古詩書若干卷。茶氏不出，戒諸子曰：『先生識者，若等次第往見之，以月日爲序，少者最尾。』先生擊筑而歌乃出迎。披蒙茸裘，衣朴古之衣，或蒼蘚跡尚存。蓋茶氏山中習云。乃延先生坐，先生問弟子，弟子以次第見之。獨少女，誕穀雨前，故名雨前，最嬌不出。先生不知，每一見者，咸嘖嘖歎賞爲品題，深有味乎其言也。時茶氏以獨居不成味，無以款先生，出而呼其相狎友數十輩，共聚一室焉，願各獻其能，共成大美悦先生。有第一泉氏、第二泉氏、第三泉氏，有筐氏、籠氏、瓦壺氏、爐氏、火氏、盂氏、筯氏、其果氏、匙氏，列階下，聽先生召始往，不召，不敢往。於時，先生張口舌，傾腸腹，締交茶氏，咸慶知己。卽命雨前出行酒。先生一見，大異之，謂曰：『此子標格氣味不凡，仙品也，他日當近王者，大貴，第寶藏之，勿輕以許人。然造物忌盈，汝子姓當世世顯榮，發在少年，汝長老宜讓之。當澹泊隨時，高下不問類，可保長貴。若雨前，勿輕許人。』茶氏曰：『諾。』命雨前入，遂入。乃呼端溪氏、玄圭氏、楮氏、中山氏咸就見。中山氏免冠，曰：『願乞先生言，用旌主人。』先生命盂氏來，連啜之，一揮而就，《譜》成《經》亦成。茶氏再拜曰：『吾得此，後世當有顯者，先生賜遠矣。』遂別去。今茶氏之《譜》與其《經》，大散見文章家，茶氏名益重。

茶氏世好修潔，與文人騷客、高僧隱逸輩最親昵。有毒侮於酒正者，輒入底裏勸之，酒正盡退舍，不敢角立。又能破人悶，好吟詠。吟詠者援之共席，神氣灑灑，腸不枯，驚人句迭出焉。故茶氏風韻絕俗，不與凡品

等，特頗遠市井。或召之，老者亦往，士人由此益重茶氏，凡延上賓，修婚禮，必邀茶氏與焉。山人者流，知士人重咸重。由是益廣其資生，爲之去濕就燥，護侵伐，防觸抵，千百爲計，雖烈日積雪，大風雨，山人視之益篤。然所居率無垣牆之制，上帝不賜藩封也。吳中人知之，更爲餌山人，山人不從，果貢金帛，歲歲如初言。山人遂德之，與茶氏通，世世好不絕。

一日，有乘高軒者過其門，詠老杜炙背採芹之句，茶氏聞之驚曰：『得無知我雨前哉？』不數日，果有疏雨前名上者。上走中使，持璽書，命有司賫黄金色幣聘往。金色幣者，上御赭袍，示親寵也。有司如命捧帛聘。茶氏不得已，命雨前拜賜。有司促上馬，雨前上馬，盛陳仙樂，設旗幟，擇良使從之，計偕以上。雨前馬上歌曰：『妾本山中質、山中身，蚤辭母兮多苦辛。黄金爲幣兮色鱗鱗；今日清林，明朝紫宸，何以報君王恩。』又歌曰：『金幣纏頭兮百花帶，鼓䴙䴙，旗旆旆，苦居中，香在外。紅塵百騎荔枝來，太真太真兮今安在。』一時聞者，皆泣下。至京師，直排帝閽，入時上御便殿。雨前叩首曰：『臣所謂苦盡甘來者，蒙恩及草茅，願赴湯火。』上憐之，以手援之至就口焉。上厚賞賜使者。遂封爲龍團夫人，命納諸後宮。宮中一后、三嬪、六妃、九貴人、十二夫人，一時見者，皆大悦，即延上座，寵冠掖庭。雨前性恬淡不驕，雖羣娥，亦狎且就之。自后妃以下，無少長，少頃不見輒索。其隆眷若此，然雨前不能自行，往必藉相託，乞恩於上。上命玉容貴人與之俱。玉容者，其量有容，故以容名。玉容謝曰：『臣今得所矣！昔上命黄封力士入宮禁，力士性傲而氣雄，且粗豪，慣恃上恩，至有擠臣傾仆。時者臣嘗苦之不自禁，懼無以完晚節。臣今得所矣。』雨前亦以玉容同出身山家，甚宜之。上謂雨前曰：『吾欲汝世世受國恩，汝有家法否？』雨前曰：『臣微賤，無家法。臣侍奉中國，不通外夷，然族有善醫者，西番人多重賂之，君王幸爲保全，使世守清苦之節，以免赤族。當關須鐵面。』上曰：『然。』以雨前請，著爲令，至今西羌之域，尚有巡茶憲使云。茶氏由此，世通藉王家，益顯且遠矣。

贊曰：草木之生，皆得天地之精之先也，五穀尚矣。然華者多不足於目，實者多不足於口，類皆可得於見聞，而下通於樵夫、牧豎，不爲貴。神仙家以松柏、芝苓，服之可長生，吾又未聞見其術，借有之，其功用亦弗廣，皆不足貴也。若茶氏者，樵夫、牧豎所共知，而知之者，鮮能達其精。其精通於神仙家，而功用之廣則過之，且世寵於王者，而器之不少衰焉。吁，最貴哉，最貴哉！

明 盛時泰《茶藪後記》《石鼎聯句》 往歲與吳客在蒼潤軒燒枯蘭煎茶，各賦一詩。時廣陵朱子价爲主客，次日過官舍，道及子价，笑曰：『事雖戲題，卻甚新也，須直得一詠。』乃出金山瀾公所寄中泠泉，煮之燈下，酌酒載爲賦壁上蘭影。一時羣公並傳以爲奇異，云：『比年讀書大城山，山遠近多名泉，如祈澤寺龍池水，上莊宮氏方池水，雲居寺澗中水，凌霄寺祠橋下水及雲穴山流水，龍泉菴石窟水，皆遠勝城市諸名泉。而予山顛有泉一小泓，曾甃亂石，名以雲瑤，故道藏經中古仙芝之名，自爲作記，然以少僻，不時取，獨戊辰年試燈日，同客攜爐一至其下，時磐石上老梅盛開，相與醉臥竟日夕。今年春來讀書，邵生仲高從之游。予與仲高父子修甫有世契，喜仲高俊逸穎敏，因時爲講解。暇時，仲高焚香煎茶啜予，予爲道曩昔事，因次十題，將各賦一詩以紀之。未能也。今日仲高再爲敲石火拾山荊，予從旁觀之，引筆伸紙，次第其事。茶熟而詩成，遂録爲一帙，以祈同調者和之。庶知空山中一段閒興，不甚寂寞云爾。盛時泰記。

明 張岱《陶庵夢憶》卷三《禊泉》 惠山泉不渡錢唐，西興腳子挑水過江，喃喃作怪事。有縉紳先生造大父，飲茗大佳，問曰：『何地水？』大父曰：『惠泉水。』縉紳先生顧其價曰：『我家逼近衛前，而不知打水喫，切記之。』董日鑄先生常曰：『濃、熱、滿三字盡茶理，陸羽《經》可燒也。』兩先生之言，足見紹興人之村之樸。余不能飲瀉鹵，又無力遞惠山水。甲寅夏，過斑竹庵，取水啜之，磷磷有圭角，異之。走看其色，如秋月霜空，噀天爲白；又如輕嵐出岫，繚松迷石，淡淡欲散。余倉卒見井口有字畫，用帚刷之，『禊泉』字出，書法大似右軍，益異之。試茶，茶香發。新汲少有石腥，宿三日氣方盡。辨禊泉者無他法，取水入口，第橋舌舐齶，過頰即空，若無水可嚥者，是爲禊泉。好事者信之。汲日至，或取以釀酒，或開禊泉茶館，或瓮而賣，及饋送有司。董方伯守越，飲其水，甘之，恐不給，封鎖禊泉，禊泉名日益重。會稽陶谿、

蕭山北幹、杭州虎跑，皆非其伍，惠山差堪伯仲。在蠡城，惠泉亦勞而微熱，此方鮮磊，亦勝一籌矣。長年鹵莽，水遞不至其地，易他水，余笞之，詈同伴，謂發其私。及余辨是某地某井水，方信服。昔人水辨淄、澠，侈爲異事。諸水到口，實實易辨，何待易牙？余友趙介臣亦不余信，同事久，別余去，曰：『家下水實進口不得，須還我口去。』

又《蘭雪茶》 日鑄者，越王鑄劍地也。茶味稜稜，有金石之氣。歐陽永叔曰：『兩浙之茶，日鑄第一。』王龜齡曰：『龍山瑞草，日鑄雪芽。』日鑄名起此。京師茶客，有茶則至，意不在雪芽也。

而雪芽利之，一如京茶式，不敢獨異。三峨叔知松蘿焙法，取瑞草試之，香撲冽。余曰：『瑞草固佳，漢武帝食露盤，無補多欲；日鑄茶藪，「牛雖瘠僨於豚上」也。』遂募歙人入日鑄。

扚法、掐法、挪法、撒法、扇法、炒法、焙法、藏法，一如松蘿。他泉瀹之，香氣不出，煮禊泉，投以小罐，則香太濃郁。雜入茉莉，再三較量，用敞口瓷甌淡放之，候其冷；以旋滾湯衝瀉之，色如竹籜方解，綠粉初匀；又如山窗初曙，透紙黎光。取清妃白，傾向素瓷，真如百莖素蘭同雪濤並瀉也。

雪芽得其色矣，未得其氣，余戲呼之『蘭雪』。四五年後，『蘭雪茶』一閧如市焉。越之好事者不食松蘿，止食蘭雪。蘭雪則食，以松蘿而纂蘭雪者亦食，蓋松蘿貶聲價俯就蘭雪，從俗也。乃近日徽歙間松蘿亦名蘭雪，向以松蘿名者，封面係換，則又奇矣。

又《閔老子茶》 周墨農向余道閔汶水茶不置口。戊寅九月至留都，抵岸，即訪閔汶水於桃葉渡。日晡，汶水他出，遲其歸，乃婆娑一老。方敘話，遽起曰：『杖忘某所。』又去。余曰：『今日豈可空去？』遲之又久，汶水返，更定矣。睨余曰：『客尚在耶！客在奚爲者？』余曰：『慕汶老久，今日不暢飲汶老茶，決不去。』

汶水喜，自起當爐。茶旋煮，速如風雨。導至一室，明窗淨几，荊溪壺、成宣窑瓷甌十餘種，皆精絕。燈下視茶色，與瓷甌無別，而香氣逼人，余叫絕。余問汶水曰：『此茶何產？』汶水曰：『閬苑茶也。』余再啜之，曰：『莫紿余！是閬苑製法，而味不似。』汶水匿笑曰：『客知是何產？』余再啜之，曰：『何其似羅岕甚也？』汶水吐舌曰：『奇，奇！』余問：『水何水？』曰：『惠泉。』余又曰：『莫紿余！惠泉走千里，水勞而圭角不動，何也？』

汶水曰：『不復敢隱。其取惠水，必淘井，靜夜候新泉至，旋汲之。山石磊磊藉瓮底，舟非風則勿行，故水之生磊。即尋常惠水猶遜一頭地，況他水邪！』又吐舌曰：『奇，奇！』言未畢，汶水去。少頃，持一壺滿斟余曰：『客啜此。』余曰：『香撲烈，味甚渾厚，此春茶耶？向瀹者的是秋採。』汶水大笑曰：『予年七十，精賞鑒者，無客比。』遂定交。

又卷八《露兄》 崇禎癸酉，有好事者開茶館，泉實玉帶，茶實蘭雪，湯以旋煮，無老湯，器以時滌，無穢器，其火候、湯候，亦時有天合之者。余喜之，名其館曰『露兄』，取米顛『茶甘露有兄』句也。爲之作《鬥茶檄》，曰：『水淫茶癖，爰有古風；瑞草雪芽，素稱越絕。特以烹煮非法，向來葛竈生塵；更兼賞鑒無人，致使羽《經》積蠹。邇者擇有勝地，復舉湯盟，水符遞自玉泉，茗戰爭來蘭雪。瓜子炒豆，何須瑞草橋邊；橘柚查梨，出自仲山圃內。八功德水，無過甘滑香潔清涼；七家常事，不管柴米油鹽醬醋。一日何可少此，子猷竹庶可齊名；七碗吃不得了，盧仝茶不算知味。一壺揮麈，用暢清談；半榻焚香，共期白醉。』

貯水、藏水

題解

明 高元濬《茶乘》卷一《品水》 谿水，春夏泛漫不宜用，秋最上，冬次之，必須汲貯俟其澄徹，可食。

論說

明 張源《茶錄》 貯水甕須置陰庭中，覆以紗帛，使承星露之氣，則英靈不散，神氣常存。假令壓以木石，封以紙箬，曝於日下，則外耗其神，內閉其氣，水神敝矣。飲茶惟貴乎茶鮮水靈，茶失其鮮，水失其靈，

則與溝渠水何異。

明 盛顒《苦節君銘》《茶譜》 肖形天地，匪冶匪陶。心存活火，聲帶湘濤。一滴甘露，滌我詩腸。清風兩腋，洞然八荒。

明 錢椿年《茶譜・附竹爐並分封六事》

茶具六事，分封悉貯於此，侍從苦節君於泉石山齋亭館間。執事者故以行省名之。按：《茶經》有一源、二具、三造、四器、五煮、六飲、七事、八出、九略、十圖之說，夫器雖居四，不可以不備，闕之則九者皆荒而茶廢矣。得是，以管攝眾。器固無一闕，況兼以惠麓之泉，陽羨之茶，烏乎廢哉。陸鴻漸所謂都籃者，此其是與款識。以湘筠編製，因見圖譜，故不暇論。

庚申春三月穀雨日，惠麓茶仙盛虞識。六事分封見後。

【略】

泉汲於雲根，取其潔也。欲全香液之腴，故以石子同貯瓶缶中，用供烹煮。水泉不甘者，能損茶味，前世之論，必以惠山泉宜之。今名雲屯，蓋雲即泉也，得貯其所，雖與列職諸君同事，而獨屯於斯，豈不清高絕俗而自貴哉。

【略】

茶之真味，蘊諸鎗旗之中，必浣之以水而後發也。既復加之以火，投之以泉，則陽噓陰翕，自然交姤而馨香之氣溢於鼎矣。故凡苦節君器物用事之餘，未免有殘瀝微垢，皆賴水沃盥，名其器曰水曹，如人之濯於盤水，則垢除體潔，而有日新之功，豈不有關於世教也耶。

明 許次紓《茶疏・貯水》 甘泉旋汲用之斯良，丙舍在城，夫豈易得，理宜多汲，貯大甕中。但忌新器，爲其火氣未退，易於敗水，亦易生蟲。久用則善，最嫌他用。水性忌木，松杉爲甚。木桶貯水，其害滋甚，挈瓶爲佳耳。貯水，甕口厚箬泥固，用時旋開。泉水不易，以梅雨水代之。

又《舀水》 舀水必用瓷甌，輕輕出甕，緩傾銚中，勿令淋漓甕內，致敗水味，切須記之。

又《煮水器》 金乃水母，錫備柔剛，味不鹹澀，作銚最良。銚中必穿其心，令透火氣。沸速則鮮嫩風逸，沸遲則老熟昏鈍，兼有湯氣，慎之慎之。茶滋於水，水藉乎器，湯成於火，四者相須，缺一則廢。

清 劉源長《茶史》卷二《貯水附濾水惜水**》** 貯水甕須置陰庭中，覆以紗帛，使承星露之氣，絕不可曬於日下。

飲茶惟貴茶鮮水靈。失鮮失靈，與溝渠何異？

取白石子甕中，能養味，亦可澄水。

擇水中潔淨白石，帶泉煮之，尤妙。

取水必用磁甌，輕輕出甕，緩傾銚中，勿令淋漓甕內，以致敗水。

按：好泉放久色味變，以新水洗之其法甚妙。

蓄水忌新器，火氣未退，易敗水，亦易生虫。

甕口蓋宜謹固，防渴鼠竊水而溺。

泉中有蝦蟹孑虫，極能腥味，亟宜淘淨。

又有一等極微細之虫，凡眼視不能見，宜用極細夏布製如杓樣，以瓷盌從缸中取水濾之，再用細帛製一小樣如杓，就銚口注水，濾後仍振入缸中水內。

僧家以羅水而飲，雖恐傷生，亦取其潔。此不惟僧家戒律，修道者亦所當爾。

僧簡長詩：『花壺濾水添。』

於鵠詩：『濾水夜澆花。』以上五則濾水。

凡臨佳泉，不可輕易漱濯。犯者爲山林所憎。佳泉不易得，惜之亦作福事也。

章孝標《松泉》詩：『注瓶雲母滑，漱齒茯苓香。野客偷煎茗，山僧惜淨牀。言偷則誠貴，言惜則不賤用。』以上惜水。

綜述

明 許次紓《茶疏・出游》 士人登山臨水，必命壺觴。乃茗椀薰爐，置而不問，是徒游於豪舉，未託素交也。余欲特製游裝，備諸器具，精茗名香，同行異室。茶罌一，注二，銚一，小甌四，洗一，瓷合一，銅爐一，小面洗一，巾副之，附以香奩、小爐、香囊、七筯，此爲半肩。薄甕貯水三十斤，爲半肩足矣。

明 高元濬《茶乘拾遺》卷上　多置器以藏梅水，投伏龍肝兩許，月餘取用至益人。龍肝，竈心乾土也，或云乘熱投之。

明 黄履道《茶苑》卷一一《收藏泉水法》　甘泉旋汲用之斯良。丙舍在城，故宜多汲，貯以大甕，但忌新器，火氣未退，易於敗水，亦易生虫。久用貯水者益善，最嫌它用。水性忌木，松杉爲甚，挈瓶爲佳耳。《茶疏》

《茶解》云：貯水甕須置陰庭，覆以紗帛，使承星露。若壓以木石，封以紙箬，曝於日中，水斯敝矣。

《茶譜》云：泉水初入淨甕，一二日俟澄定，用燒紅櫟木劲炭一二莖投入甕內，久之則水不淆而不易敗。

《煮茶録》云：泉水收貯上罈，宜列於陰廊，幽廉有風露無日色處爲佳。

《煮茶録》云：昔人折洗惠泉法：惠泉汲久，則味澹，與常水無異。每一罈用常水半罈紗帛隔幕空缸，將惠泉從罈中傾入缸內，用寒水石一塊，夾於小竹竿上，線縛定，不住手將缸中惠泉水細攪，久之，候水澄定，然後用常水半罈攙入，露一二宿，仍入罈收之，與新汲者無異。

《今坐編》云：泉水久貯，色必敗味，用通河中流之水，與泉各半置缸中，久攪使勻，待其澄清，河水上浮，割去上半，泉性自復，無異新汲。

又云：泉貯缶中，稍近火氣，或觸人手，便至生虫，色味亦損，然未至大敗，只須以兩器騰注數十過，其泉便活。

明 朱國禎《湧幢小品》卷一五　家居苦泉水難得，自以意取尋常水，煮滚，總入大磁缸，置庭中，避日色。俟夜，天色皎潔，開缸受露。凡三夕，其清澈底，積垢二三寸，亟取出，以罈盛之。烹茶與慧泉無異。蓋經火鍛煉一番，又浥露取眞氣，則返本還元，依然可用。此亦修煉遺意，而余創爲之，未必非水經一助也。他則令節或吉日、雨後承取，用之亦可。

明 楊慎《楊升庵集》卷七二《取水》　時雨降，多置器廣庭中，所得水甘滑不可名，潑茶煮藥皆美。又，二分二至，至日取水儲之，後七日輒生物如雲母狀。

清 程作舟《茶社便覽·煮茶水》　貯水以大瓮，瓮中宜置一小石，忌新器，亦忌他用。見《茶疏》

清 陸廷燦《續茶經》卷下《五之煮》　《萬花谷》：黄山谷有《井水帖》云：『取井傍十數小石，置瓶中，令水不濁。故詠《慧山泉》詩云「錫谷寒泉撱音妥石俱是也。石圓而長，曰撱，所以澄水。」』

又　熊明遇《岕山茶記》：烹茶，水之功居六。無山泉則用天水，秋雨爲上，梅雨次之，秋雨冽而白，梅雨醇而白。雪水，五穀之精也。色不能白，養水須置石子於甕，不惟益水，而白石清泉。會心亦不在遠。

又　許次紓《茶疏》：甘泉旋汲用之斯良。丙舍在城，夫豈易得，故宜多汲，貯以大甕，但忌新器，為其火氣未退，易於敗水，亦易生蟲。久用則善，最嫌他用。水性忌木，松杉爲甚，木桶貯水其害易滋甚，挈瓶爲佳耳。

沸速則鮮嫩風逸，沸遲則老熟昏鈍。故水入銚，便須急煮。候有松聲，即去蓋，以息其老鈍。蟹眼之後，水有微濤，是爲當時。大濤鼎沸，旋至無聲，是爲過時。過時老湯，決不堪用。

又　《六硯齋筆記》：武林西湖水，取貯大缸，澄淀六七日。有風雨則覆，晴則露之，使受日月星之氣。用以烹茶，甘淳有味，不遜慧麓。以其溪谷奔注，涵浸凝渟，非復一水，取精多而味自足耳。以是知凡有湖陂大浸處，皆可貯以取澄，絶勝淺流。陰井昏滯腥薄，不堪點試也。

又　俗話『芒種逢壬便立霉』，霉後積水烹茶，甚香冽，可久藏。一交夏至，便迥別矣。試之良驗。

又　家居苦泉水難得，自以意取尋常水煮滚，入大磁缸置庭中，避日色。俟夜，天色皎潔，開缸受露。凡三夕，其清澈底，積垢二三寸。亟取出，以罈盛之烹茶，與惠泉無異。

清 佚名《茶史》　蘇東坡云：時雨降，多置器廣庭中，所得甘滑不可名，以潑茶、煮藥皆美而有益，正爾食之不輟，可以長生。其次井泉，甘冷者皆良藥也，乾以九二化離坤以六二化坎，故天一爲水。吾聞之道士人能服井花水者，其熱與石硫黄、鍾乳等，非其人而服之，亦能發背腦爲疽。蓋嘗觀之，又分至日取井水，儲之有方，後七日輒生物如雲母，

故道士謂水中金，可養煉爲丹，此固嘗見之者，此至淺近世獨不能爲，況所玄者乎？《志林》

傳記

明 高元濬《茶乘》卷二《志林》 李約，雅度簡遠，有山林之致，一生不近粉黛，性嗜茶。謂人曰：『茶須緩火炙，活火煎。』客至，不限椀數，竟日執持茶具不倦。曾奉使至陝州硤石縣東，愛渠水清流，旬日忘發。《因話録》

著録

明 萬邦寧《茗史·小引》 鬘頭陀邦寧，諦觀陸季疵《茶經》、蔡君謨《茶譜》，而采擇收製之法、品泉嗜水之方咸備矣。後之高人韻士相繼而説茗者，更加詳焉。蘇子瞻云『從來佳茗似佳人』，言其媚也，程宣子云『香啣雪尺，秀起雷車』，美其清也，蘇廙著『十六湯』，造其玄也。然媚不如清，清不如玄，而茗之旨亦大矣哉。黃庭堅云『不慣腐儒湯餅腸』，則又不可與學究語也。余癖嗜茗，嘗艤舟接它泉，或抱甕貯梅水。二三朋儕，羽客緇流，剝擊竹戶，聚話無生，余必躬治茗盌，以佐幽韻。固有『烟起茶鐺我自炊』之句。

茶具部

題解

漢 王褒《西漢文紀》卷一三《僮約》 烹茶盡具，餔已盖藏。

明 錢椿年編，顧元慶刪校《茶譜・苦節君行省》 茶具六事分封悉貯于此。侍從苦節君于泉石、山齋、亭館間執事者，故以行省名之。按《茶經》有一源、二具、三造、四器、五煮、六飲、七事、八出、九略、十圖之説，夫器雖居四，不可以不備，闕之，則九者皆荒而茶廢矣。得是以管攝衆器，固無一闕。況兼以惠麓之泉，陽羨之茶，烏乎廢哉？陸鴻漸所謂都籃者，此其足與款識。以湘筠編製，因見圖譜，故不暇論。惠麓茶仙盛虞識。六事分封見後。

論説

三國魏 張揖《廣雅》 荊巴間采葉作餅，葉老者，餅成，以米膏出之。欲煮茗飲，先炙令赤色，搗末置瓷器中，以湯澆覆之，用蔥、薑、橘子芼之，其飲醒酒，令人不眠。

宋 羅大經《鶴林玉露・丙篇》卷三 余同年李南金云：『《茶經》以魚目湧泉連珠為煮水之節。然近世瀹茶，鮮以鼎鑊，用瓶煮水，難以候視，則當以聲辨一沸、二沸、三沸之節。又陸氏之法，以末就茶鑊，故以第二沸為合量而下末，若今以湯就茶甌瀹之，則當用背二涉三之際為合量。乃為聲辨之詩云：「砌蟲唧唧萬蟬催，忽有千車捆載來。聽得松風並澗水，急呼縹色綠瓷杯。」』其論固已精矣。然瀹茶之法，湯欲嫩而不欲老，蓋湯嫩則茶味甘，老則過苦矣。若聲如松風澗水而遽瀹之，豈不過於老而苦哉！惟移瓶去火，少待其沸止而瀹之，然後湯適中而茶味甘。此南金之所未講者也。因補以一詩云：『松風檜雨到來初，急引銅瓶離竹爐。待得聲聞俱寂後，一甌春雪勝醍醐。』

明 許次紓《茶疏・烹點》 未曾汲水，先備茶具。必潔必燥，開口以待。蓋或仰放，或置瓷盂，勿竟覆之案上，漆氣食氣皆能敗茶。先握茶手中，俟湯既入壺，隨手投茶湯，以蓋覆定。三呼吸時次，滿傾盂內，重投壺內，用以動盪香韻，兼色不沉滯。更三呼吸頃以定其浮薄，然後瀉以供客，則乳嫩清滑，馥鬱鼻端，病可令起，疲可令爽，吟壇發其逸思，談席滌其玄衿。

綜述

唐 陸羽《茶經・二之具》 籯，一曰籃，一曰籠，一曰筥。以竹織之，受五升，或一斗、二斗、三斗者，茶人負以采茶也。

竈無用突者，釜用脣口者。

甑，或木或瓦，匪腰而泥，籃以箄之，篾以系之。始其蒸也，入乎箄；既其熟也，出乎箄。釜涸注於甑中，又以穀木枝三亞者制之，散所蒸牙笋幷葉，畏流其膏。

杵臼，一曰碓，惟恒用者佳。

規，一曰模，一曰棬。以鐵制之，或圓，或方，或花。

承，一曰臺，一曰砧。以石爲之，不然以槐、桑木半埋地中，遣無所搖動。

檐，一曰衣。以油絹或雨衫、單服敗者爲之，以檐置承上，又以規置檐上，以造茶也。茶成，舉而易之。

芘莉，一曰嬴子，一曰篣筤。以二小竹，長三尺，軀二尺五寸，柄五寸，以篾織方眼，如圃人土羅，闊二尺，以列茶也。

棨，一曰錐刀，柄以堅木爲之，用穿茶也。

撲，一曰鞭。以竹爲之，穿茶以解茶也。

焙，鑿地深二尺，闊二尺五寸，長一丈，上作短墻，高二尺，泥之。

貫，削竹爲之，長二尺五寸，以貫茶焙之。

棚，一曰棧，以木構於焙上，編木兩層，高一尺，以焙茶也。茶之半乾昇下棚，全乾昇上棚。

穿，江東、淮南剖竹爲之，巴川、峽山紉穀皮爲之。江東以一斤爲上穿，半斤爲中穿，四兩、五兩爲小穿。峽中以一百二十斤爲上穿，八十斤

爲中穿，五十斤爲小穿。字舊作釵釧之『釧』字，或作貫串，今則不然。如磨、扇、彈、鑽、縫五字，文以平聲書之，義以去聲呼之，其字以穿名之。

育，以木制之，以竹編之，以紙糊之，中有隔，上有覆，下有床，傍有門，掩一扇，中置一器，貯塘煨火，令煴煴然，江南梅雨時焚之以火。

又《四之器》 風爐：風爐以銅鐵鑄之，如古鼎形，厚三分，緣闊九分，令六分虛中，致其圬墁，凡三足。古文書二十一字，一足云『坎上巽下離于中』，一足云『體均五行去百疾』，一足云『聖唐滅胡明年鑄』。其三足之間設三窗，底一窗，以爲通飈漏燼之所，上并古文書六字：一窗之上書『伊公』二字，一窗之上書『羹陸』二字，一窗之上書『氏茶』二字，所謂『伊公羹陸氏茶』也。置墆埭於其內，設三格：其一格有翟焉，翟者，火禽也，畫一卦曰離；其一格有彪焉，彪者，風獸也，畫一卦曰巽，其一格有魚焉，魚者，水蟲也，畫一卦曰坎。巽主風，離主火，坎主水。風能興火，火能熟水，故備其三卦焉。其飾以連葩、垂蔓、曲水、方文之類。其爐或鍛鐵爲之，或運泥爲之，其灰承作三足，鐵柈擡之。

筥：筥以竹織之，高一尺二寸，徑闊七寸，或用藤，作木楦如筥形，織之，六出圓眼，其底蓋若利篋，口鑠之。

炭檛：炭檛以鐵六棱制之，長一尺，銳上豐中，執細頭系一小鋠，以飾檛也，若今之河隴軍人木吾也。或作鎚，或作斧，隨其便也。

火筴：火筴一名箸，若常用者，圓直一尺三寸，頂平截，無葱臺勾鎖之屬，以鐵或熟銅製之。

鍑：鍑以生鐵爲之，今人有業冶者所謂急鐵。其鐵以耕刀之趄煉而鑄之，內摸土而外摸沙。土滑於內，易其摩滌；沙澀於外，吸其炎焰。方其耳，以正令也；廣其緣，以務遠也；長其臍，以守中也。臍長則沸中，沸中則末易揚，末易揚則其味淳也。洪州以瓷爲之，萊州以石爲之，瓷與石皆雅器也，性非堅實，難可持久。用銀爲之，至潔，但涉於侈麗。雅則雅矣，潔亦潔矣，若用之恒，而卒歸於鐵也。

交床：交床以十字交之，剜中令虛，以支鍑也

夾：夾以小青竹爲之，長一尺二寸，令一寸有節，節已上剖之，以炙茶也。彼竹之筱，津潤於火，假其香潔以益茶味，恐非林谷間莫之致。或用精鐵熟銅之類，取其久也。

紙囊：紙囊以剡藤紙白厚者夾縫之，以貯所炙茶，使不泄其香也。

碾：碾以橘木爲之，次以梨、桑、桐、柘爲之，內圓而外方。內圓備于運行也，外方制其傾危也。內容墮而外無餘木，墮形如車輪，不輻而軸焉，長九寸，闊一寸七分，墮徑三寸八分，中厚一寸，邊厚半寸，軸中方而執圓，其拂末以鳥羽製之。

羅合：羅末以合蓋貯之，以則置合中，用巨竹剖而屈之，以紗絹衣之，其合以竹節爲之，或屈杉以漆之。高三寸，蓋一寸，底二寸，口徑四寸。

則：則以海貝、蠣蛤之屬，或以銅、鐵、竹匕策之類。則者，量也，准也，度也。凡煮水一升，用末方寸匕。若好薄者減之，嗜濃者增之，故云則也。

水方：水方以椆木、槐、楸、梓等合之，其裏并外縫漆之，受一斗。

漉水囊：漉水囊若常用者，其格以生銅鑄之，以備水濕，無有苔穢腥澀之意，以熟銅苔穢、鐵腥澀也。林栖谷隱者或用之竹木，木與竹非持久涉遠之具，故用之生銅。其囊織青竹以捲之，裁碧縑以縫之，細翠鈿以綴之，又作綠油囊以貯之，圓徑五寸，柄一寸五分。

瓢：瓢一曰犧杓，剖瓠爲之，或刊木爲之。晉舍人杜毓《荈賦》云：『酌之以匏。』匏，瓢也，口闊，脛薄，柄短。永嘉中，餘姚人虞洪入瀑布山采茗，遇一道士云：『吾丹丘子，祈子他日甌犧之餘，乞相遺也。』犧，木杓也，今常用以梨木爲之。

竹筴：竹筴或以桃、柳、蒲葵木爲之，或以柿心木爲之，長一尺，銀裹兩頭。

鹾簋：鹾簋以瓷爲之，圓徑四寸，若合形，或瓶或罍，貯鹽花也。其揭竹制，長四寸一分，闊九分。揭，策也。

熟盂：熟盂以貯熟水，或瓷或沙，受二升。

碗：碗，越州上，鼎州次，婺州次，岳州次，壽州、洪州次。或者以邢州處越州上，殊爲不然。若邢瓷類銀，越瓷類玉，邢不如越一也；若邢瓷類雪，則越瓷類冰，邢不如越二也；邢瓷白而茶色丹，越瓷青而

茶色綠，邢不如越三也。晉杜毓《荈賦》所謂「器擇陶揀，出自東甌」，甌，越州也。甌，越州上，口唇不卷，底卷而淺，受半升已下。越州瓷、岳瓷皆青，青則益茶，茶作白紅之色。邢州瓷白，茶色紅；壽州瓷黃，茶色紫；洪州瓷褐，茶色黑，悉不宜茶。

畚：畚以白蒲捲而編之，可貯碗十枚，或用筥。其紙帕以剡紙夾縫令方，亦十之也。

札：札緝栟櫚皮，以茱萸木夾而縛之。或截竹束而管之，若巨筆形。

滌方：滌方以貯滌洗之餘，用楸木合之，製如水方，受八升。

滓方：滓方以集諸滓，製如滌方，處五升。

巾：巾以絁布爲之，長二尺，作二枚，互用之，以潔諸器。

具列：具列或作床，或作架，或純木、純竹而製之，或木、或竹黃黑可局而漆者，長三尺，闊二尺，高六寸。具列者，悉斂諸器物，悉以陳列也。

都籃：都籃以悉設諸器而名之。以竹篾內作三角方眼，外以雙篾闊者經之，以單篾纖者縛之，遞壓雙經作方眼，使玲瓏。高一尺五寸，底闊一尺，高二寸，長二尺四寸，闊二尺。

又《九之略》 其造具，若方春禁火之時，于野寺山園叢手而掇，乃蒸乃舂，乃復以火乾之，則又棨、撲、焙、貫、棚、穿、育等七事皆廢。其煮器，若松間石上可坐，則具列廢。用槁薪、鼎櫪之屬，則風爐、灰承、炭檛、火筴、交床等廢。若瞰泉臨澗，則水方、滌方、漉水囊廢。若五人已下，茶可末而精者，則羅廢。若援藟躋嵒，引絙入洞，于山口炙而末之，或紙包合貯，則碾、拂末等廢。既瓢、碗、筴、札、熟盂、醝簋悉以一筥盛之，則都籃廢。但城邑之中，王公之門，二十四器闕一則茶廢矣！

唐 馮鑒《續事始》

注子偏提

元和初酌酒用奠杓，無何改為注子，其形如罃而蓋嘴，柄其背。元和中貴人仇士良惡其名同鄭注，乃去其柄，安系若茗瓶而小異之，目曰偏提。

茶托子

建中初，蜀相崔寧之女以金茶杯無儲，病其熨指，取碟子盛之，既啜而杯傾，乃以蠟環碟子，使其杯遂定。即遣匠以漆環代蠟，進於相國，相國奇之，為製名「托子」，是後傳者更環其底。

唐 李匡乂《資暇集》卷下 茶托子始建中蜀相崔寧之女，以茶杯無襯，病其熨指，取碟子承之，既啜而杯傾，乃以蠟環碟子之央，其杯遂定，即命匠以漆環代蠟，進於蜀相。蜀相奇之，為製名而話於賓親，人人為便用於代。是後傳者更環其底，愈新其製，以至百狀焉。貞元初，青鄆油繒為荷葉形，以襯茶碗，別為一家之碟。今人多云托子始此，非也。蜀相即今昇平崔家，訊則知矣。

宋 王讜《唐語林》卷八《補遺》 茶拓子始建中蜀相崔寧之女，以茶杯無襯，病其熨手，取碟子承之。既啜杯傾，乃以蠟環碟中央，其杯遂定。即命工以漆環代蠟，寧善之，為製名，遂行於世。其後傳者更環其底，以為百狀焉。

宋 李昭玘《樂靜集》卷五《記白鶴泉》 惠山當二浙之沖，士大夫往來者貯以罃瓶，以籜封竹絡，漬小石其中，犯重江，涉千里，而達京師。公候之家，華堂錦案，招一二貴人，出龍團鳳餅，次第而烹之，雖醴泉甘露，不足比名。斯泉也，棄於路隅，人足罕至。雨潦浸灌，牧兒、餉婦驅牛馬負甕盎飲濯其旁。七月、八月之間，草深苔滑，蝸螺鰍鮒，曳泅自得。道上行旅，渴不得嘗。歲時遊人過者，既乏瓶綆，一照眉發而去。蒙煙墜露，涵沙浮梗，以寒洌自持，而不能爭名於甌鼎之間，良可悲也。天下之物，貴於近人，而賤於遠俗。

宋 蔡襄《茶録·論茶器》 茶焙 茶焙編竹爲之，裹以箬葉，蓋其上，以收火也。隔其中，以有容也。納火其下，去茶尺許，常溫溫然，所以養茶色香味也。

茶籠 茶不入焙者宜密封裹，以箬籠盛之，置高處，不近濕氣。

砧椎 砧椎蓋以砧茶。砧以木爲之，椎或金或鐵，取于便用。

茶鈐 茶鈐屈金鐵爲之，用以炙茶。

茶碾 茶碾以銀或鐵爲之。黃金性柔，銅及喻石皆能生鉎，不入用。

茶羅 茶羅以絕細爲佳。羅底用蜀東川鵝溪畫絹之密者，投湯中揉

洗以羃之。

茶盞　茶色白，宜黑盞。建安所造者紺黑，紋如兔毫，其坯微厚，熁之久熱難冷，最爲要用。出他處者或薄或色紫，皆不及也。其青白盞斗試家自不用。

茶匙　茶匙要重，擊拂有力。黄金爲上，人間以銀、鐵爲之。竹者輕，建茶不取。

湯瓶　瓶要小者易候湯，又點茶注湯有准。黄金爲上，人間以銀、鐵或瓷、石爲之。

宋 審安老人《茶具圖贊》　茶具十二先生姓名字號

韋鴻臚：文鼎；景暘；四窗閑叟

木待制：利濟；忘機；隔竹居人

金法曹：研古、轢古；元鍇、仲鏗；雍之舊民、和琴先生

石轉運：鑿齒；遄行；香屋隱君

胡員外：惟一；宗許；貯月仙翁

羅樞密：若藥；傳師；思隱寮長

宗從事：子弗；不遺；掃雲溪友

漆雕秘閣：承之；易持；古台老人

陶寶文：去越；自厚；兔園上客

湯提點：發新；一鳴；溫谷遺老

竺副帥：善調；希點；雪濤公子

司職方：成式；如素；潔齋居士

咸淳己巳五月夏至後五日，審安老人書。

韋鴻臚贊曰：祝融司夏，萬物焦爍，火炎昆崗，玉石俱焚，爾無與焉。乃若不使山谷之英墮於塗炭，子與有力矣。上卿之號，頗著微稱。

木待制贊曰：上應列宿，萬民以濟，稟性剛直，摧折強梗，使隨方逐圓之徒不能保其身。善則善矣，然非佐以法曹、資之樞密，亦莫能成厥功。

金法曹贊曰：柔亦不茹，剛亦不吐，圓機運用，一皆有法，使強梗者不得殊軌亂轍，豈不韙歟。

石轉運贊曰：抱堅質，懷直心，啖嚅英華，周行不怠，斡摘山之利，操漕權之重，循環自常，不捨正而適他，雖沒齒無怨言。

胡員外贊曰：周旋中規而不逾其閑，動靜有常而性苦其卓，鬱結之患悉能破之，雖中無所有而外能研究，其精微不足以望圓機之士。

羅樞密贊曰：幾事不密則害成，今高者抑之，下者揚之，使精粗不致於混淆，人其難諸！奈何矜細行而事喧嘩，惜之。

宗從事贊曰：孔門高弟，當灑掃應對，事之末者，亦所不棄，又況能萃其既散、拾其已遺，運寸毫而使邊塵不飛，功亦善哉。

漆雕秘閣贊曰：危而不持，顛而不扶，則吾斯之未能信。以其弭執熱之患，無坳堂之覆，故宜輔以寶文而親近君子。

陶寶文贊曰：出河濱而無苦窳，經緯之象，剛柔之理，炳其弸中，虛己待物，不飾外貌，位高秘閣，宜無愧焉。

湯提點贊曰：養浩然之氣，發沸騰之聲，以執中之能，輔成湯之德，斟酌賓主間，功邁仲叔圉，然未免外爍之憂，復有內熱之患，奈何。

竺副帥贊曰：首陽餓夫毅諫於兵沸之時，方金鼎揚湯，能探其沸者幾希！子之清節，獨以身試，非臨難不顧者疇見爾。

司職方贊曰：互鄉童子聖人猶且與其進，況端方質素，經緯有理，終身涅而不緇者，此孔子之所以潔也。

宋 趙佶《大觀茶論》　羅碾：碾以銀爲上，熟鐵次之，生鐵者非掏揀捶磨所成，間有黑屑藏于隙穴，害茶之色尤甚。凡碾爲製，槽欲深而峻，輪欲銳而薄。槽深而峻，則底有准而茶常聚。輪銳而薄，則運邊中而槽不戛。羅欲細而面緊，則絹不泥而常透。碾必力而速，不欲久，恐鐵之害色。羅必輕而平，不厭數，庶已細者不耗。惟再羅則入湯輕泛，粥面光凝，盡茶之色。

盞：盞色貴青黑，玉毫條達者爲上，取其煥發茶采色也。底必差深而微寬，底深則茶宜立而易于取乳，寬則運筅旋徹，不礙擊拂。然須度茶之多少用盞之大小，盞高茶少則掩蔽茶色，茶多盞小則受湯不盡。盞惟熱則茶發立耐久。

筅：茶筅以觔竹老者爲之。身欲厚重，筅欲疎勁，本欲壯而末必眇，當如劍瘠之狀。蓋身厚重，則操之有力而易于運用；筅疎勁如劍瘠，則擊拂雖過而浮沫不生。

瓶：瓶宜金銀，小大之制，惟所裁給。注湯害利，獨瓶之口嘴而已。嘴之口差大而宛直，則注湯力緊而不散；嘴之末欲圓小而峻削，則用湯有節而不滴瀝。蓋湯力緊則發速有節，不滴瀝則茶面不破。

杓：杓之大小，當以可受一盞茶爲量，過一盞則必歸其餘，不及則必取其不足。傾勺煩數，茶必冰矣。

宋 徐兢《宣和奉使高麗圖經》卷三一《器皿二・湯壺》 湯壺之形如花壺而差匾，上蓋下座，不使洩氣，亦古溫器之屬也。麗人烹茶多設此壺。通高一尺八寸，腹徑一尺，量容一斗。

又 卷三二《器皿三・茶俎》 土產茶味苦澁不可入口，惟貴中國臘茶並龍鳳賜團。自錫賚之外，商賈亦通販，故邇來頗喜飲茶，益治茶具，金花烏盞、翡色小甌、銀爐、湯鼎皆竊效中國制度。凡宴則烹於廷中，覆以銀荷，徐步而進，候贊者云『茶遍』乃得飲，未嘗不飲冷茶矣。館中以紅俎布列茶具於其中，而以紅紗巾羃之。日嘗三供茶，而繼之以湯。麗人謂湯為藥，每見使人飲盡必喜，或不能盡，以為慢己，必怏怏而去，故常勉強為之啜也。

宋 趙汝礪《北苑別録・研茶》 研茶之具，以柯為杵，以瓦為盆，分團酌水，亦皆有數。

宋 周去非《嶺外代答》卷六《茶具》 雷州鐵工甚巧，製茶碾、湯甌、湯匱之屬，皆若鑄就。余以比之建寧所出，不能相上下也。夫建寧名茶所出，俗亦雅尚，無不善分茶者。雷州方蕟茶，奚以茶器為哉。

明 朱權《茶譜》 茶爐：與煉丹神鼎同制。通高七寸，徑四寸，脚高三寸，風穴高一寸。上用鐵隔。腹深三寸五分，瀉銅為之，近世罕得。予以瀉銀坩鍋瓷為之，尤妙。欂高一尺七寸半。把手用藤紥，兩傍用鉤，掛以茶帚、茶筅、炊筒、水濾於上。

茶竈：古無此製，予于林下置之。燒成瓦器如竈樣，下層高尺五為竈臺，上層高九寸，長尺五，寬一尺，傍刊以詩詞詠茶之語。前開二火門，竈面開二穴以置瓶。頑石置前，便炊者之坐。予得一翁，年八十猶童，疾憨奇古，不知其姓名，亦不知何許人也。衣以鶴氅，繫以麻條，履以草履，背駝而頸蜷，有雙髻於頂，其形類一『菊』字，遂以菊翁名之。每令炊竈以供茶，其清致倍宜。

茶磨：磨以青礞石為之，取其化痰去熱故也。其他石則無益於茶。

茶碾：茶碾古以金、銀、銅、鐵為之，皆能生鉎。今以青礞石最佳。

茶羅：茶羅徑五寸，以紗為之。細則茶浮，粗則水浮。

茶架：茶架今人多用木，雕鏤藻飾，尚于華麗。予製以斑竹、紫竹，最清。

茶匙：茶匙要用擊拂有力，古人以黃金為上，今人以銀、銅為之。竹者輕，予嘗以椰殼為之，最佳。後得一瞽者，無雙目，善能以竹為匙，凡數百枚，其大小則一，可以為奇。特取其異於凡匙，雖黃金亦不為貴也。

茶筅：茶筅截竹為之，廣、贛製作最佳。長五寸許。匙茶入甌，注湯筅之，候浪花浮成雲頭、雨脚乃止。

茶甌：茶甌古人多用建安所出者，取其松紋兔毫為奇。今淦窯所出者與建盞同，但注茶色不清亮，莫若饒瓷為上，注茶則清白可愛。

茶瓶：瓶要小者，易候湯，又點茶湯有准。古人多用鐵，謂之罌。罌宋人惡其生鉎，以黃金為上，以銀次之，今予以瓷石為之。通高五寸，腹高三寸，項長二寸，嘴長七寸。凡候湯不可太過，未熟則沫浮，過熟則茶沉。

明 顧元慶删校，錢椿年編《茶譜》 擇品：凡瓶要小者，易候湯，又點茶注湯有應。若瓶大，啜存停久味過，則不佳矣。茶銚、茶瓶，銀錫為上，瓷石次之。

茶色白，宜黑盞。建安所造者紺黑，紋如兔毫，其坯微厚，熁之久熱難冷，最為要用。出他處者或薄或色異，皆不及也。

又 滌器：茶瓶、茶盞、茶匙生鉎致損茶味，必須先時洗潔則美。

熁盞：凡點茶先須熁盞令熱，則茶面聚乳，冷則茶色不浮。

又 建城：茶宜密裹，故以葉籠盛之，宜於高閣，不宜濕氣，恐失真味也。

又 水曹：茶之真味蘊諸槍旗之中，必浣之以水而後發也。既復加之以水、投之以泉，則陽噓陰噏，自然交姤而馨香之氣溢於鼎矣。故凡苦節君器物用事之餘未免有殘瀝微垢，皆賴水沃盥，名其器曰水曹，如人之濯于盤水，則垢除體潔而有日新之功，豈不有關於世教也耶。

又 器局：商象古石鼎也、歸潔竹筅帚也、分盈勺也，即《茶經》水則，每二升計茶一兩、遞火銅火斗也、降紅銅火箸也、執權准茶秤也，每茶一兩計水二升、團風湘竹扇也、漉塵洗茶籃也、靜沸竹架，即《茶經》支腹也、注春磁壺也、運鋒鑱果刀也、甘鈍木砧墩也、啜香建盞也、撩雲竹茶匙也、納敬竹茶橐也、受汙拭抹布也。

右茶具十六事收貯於器局、供役苦節君者，故立名管之。蓋欲統歸於一，以其素有貞雅操而自能守之也。

明 屠隆《考槃餘事》卷三《茶箋》

擇器

凡瓶要小者，易候湯，又點茶注湯相應。若瓶大，啜存停久味過，則不佳矣。所以策功建湯業者，金銀為優；貧賤者不能具，則瓷石有足取焉。瓷瓶不奪茶氣，幽人逸士，品色尤宜；石凝結天地秀氣而賦形，琢以為器，秀猶在焉，其湯不良，未之有也；然勿與誇珍衒豪臭公子道。銅、鐵、鉛、錫腥苦且澀；無油瓦瓶滲水而有土氣，用以煉水飲之，逾時惡氣纏口而不得去；亦不必與猥人俗輩言也。

宣廟時有茶盞，料精式雅，質厚難冷，瑩白如玉，可試茶色，最為要用。蔡君謨取建盞，其色紺黑，似不宜用。

滌器

茶瓶、茶盞、茶匙生鉎致損茶味，必須先時洗潔則美。

熁盞

凡點茶必須熁盞令熱，則茶面聚乳，冷則茶色不浮。

擇薪

凡木可以煮湯，不獨炭也，惟調茶在湯之淑慝，而湯最惡煙，非炭不可。若暴炭膏薪，濃煙蔽室，實為茶魔。或柴中之麩火、焚餘之虛炭、風乾之竹篠樹稍，燃鼎附瓶，頗甚快意，然體性浮薄無中和之氣，亦非湯友。

茶具

苦節君湘竹風罏、建城藏茶箬籠、湘筠焙焙茶箱。蓋其上，以收火氣也；隔其中，以有容也；納火其下，去茶尺許，所以養茶色香味也、雲屯泉缶、烏府盛炭籃、水曹滌器桶、鳴泉煮茶罐、品司編竹為撞，收貯各品葉茶、沉垢古茶洗、分盈木杓，即《茶經》水則。每兩升用茶一兩、執權準茶秤。每茶一兩，用水二斤、合香藏日支茶瓶以貯司品者、歸潔竹筅箒，用以滌壺、漉塵洗茶籃、商象古石鼎、遞火銅火斗、降紅銅火筯，不用聯索、團風湘竹扇、注春茶壺、靜沸竹架，即《茶經》支腹、運鋒鑱果刀、啜香茶甌、撩雲竹茶匙、甘鈍木碪墩、納敬湘竹茶橐、易持納茶漆雕秘閣、受污拭抹布。

明 黄龍德《茶説・七之具》 器具精潔，茶愈為之生色。用以金銀，雖云美麗，然貧賤之士未必能具也。若今時姑蘇之錫注、時大彬之砂壺、汴梁之湯銚、湘妃竹之茶竈、宜成窯之茶盞，高人詞客、賢士大夫莫不為之珍重，即唐宋以來，茶具之精未必有如斯之雅致。

又《十之藏》 茶性喜燥而惡濕，最難收藏。藏茶之家每遇梅時即以箬裹之，其色未有不變者，由濕氣入于内而藏之不得法也。雖用火時時溫焙，而免於失色者鮮矣。是善藏者亦茶之急務，不可忽也。今藏茶當于未入梅時將瓶預先烘暖，貯茶於中，加箬於上，仍用厚紙封固於外。次將大甕一隻，下鋪穀灰一層，將瓶倒列於上，再用穀灰埋之。層灰層瓶，甕口封固，貯於樓閣，濕氣不能入内。雖經黄梅，取出泛之，其色香味猶如新茗而色不變。藏茶之法，無愈於此。

明 高濂《遵生八箋》卷七《茶寮》 側室一斗，相傍書齋，内設茶竈一，茶盞六，茶注二，餘一以注熟水，茶臼一，拂刷、淨布各一，炭箱一，火鉗一，火箸一，火扇一，火斗一，可燒香餅，茶盤一，茶橐二。當教童子專主茶役，以供長日清談、寒宵兀坐。煎法另具。

又卷八《提爐》 式如提盒，亦余製也。高一尺八寸，闊一尺，長一尺二寸，作三撞。下層一格如方匣，内用銅造水火爐身如匣方，坐嵌匣内。中分二孔，左孔炷火，置茶壺以供茶。右孔注湯，置一桶子，小鑊有蓋頓湯中煮酒。長日午餘，此鑊可煮粥供客。傍鑿一小孔，出灰進風。其壺鑊迴出爐格上，太露不雅，外作如下格方匣一格，但不用底以罩之，便壺鑊不外見也。一虚一實共二格，上加一格，置底蓋以裝炭，總三格成一架，上可箱關，與提盒作一副也。

又卷一一《煎茶四要》

四擇品

凡瓶要小者，易候湯，又點茶注湯相應。若瓶大，啜存停久味過，則不佳矣。茶銚、茶瓶，磁砂為上，銅錫次之。磁壺注茶，砂銚煮水為上。《清異録》云『富貴湯』，當以銀銚煮湯佳甚，銅銚煮水、錫壺注茶次之。

茶盞惟宣窯壇盞為最，質厚白瑩，樣式古雅，有等宣窯印花白甌，式樣得中而瑩然如玉。次則嘉窯心內茶字小盞為美。欲試茶色黃白，豈容青花亂之？注酒亦然。惟純白色器皿為最上乘品，餘皆不取。

又《試茶三要》

一滌器

茶瓶、茶盞、茶匙生鉎至損茶味，必須先時洗潔則美。

二熁盞

凡點茶先須熁盞令熱，則茶面聚乳，冷則茶色不浮。

又 茶具十六器收貯於器局，供役苦節君者，故立名管之，蓋欲歸統於一，以其素有貞心雅操而自能守之也。

商象古石鼎也，用以煎茶、歸潔竹筅帚也，用以滌壺、分盈杓也，用以量水斤兩、遞火銅火斗也，用以搬火、降紅銅火箸也，用以簇火、執權准茶秤也，每杓水二斤，用茶一兩、團風素竹扇也，用以發火、漉塵茶洗也，用以洗茶、靜沸竹架，即《茶經》支腹也、注春磁瓦壺也，用以注茶、運鋒劖果刀也，用以切果、甘鈍木砧墩也、啜香磁瓦甌也，用以啜茶、撩雲竹茶匙也，用以取果、納敬竹茶橐也，用以放盞、受汙拭抹布也，用以潔甌。

又《總貯茶器七具》 苦節君煮茶作爐也，用以煎茶，更有行省收藏、建城以箬為籠，封茶以貯高閣、雲屯磁瓶，用以杓泉以供煮也、烏府以竹為籃，用以盛炭為煎茶之資、水曹即磁缸瓦缶，用以貯泉以供火鼎、器局竹編為方箱，用以收茶具者、外有品司竹編圓橦提盒，用以收貯各品茶葉以待烹品者也。

明 張源《茶録》

茶具

桑苧翁煮茶用銀瓢，謂過於奢侈，後用瓷器，又不能持久，卒歸於銀。愚意銀者宜貯朱樓華屋，若山齋茅舍，惟用錫瓢，亦無損於香、色、味也。但銅、鐵忌之。

又 茶盞

盞以雪白者為上，藍白者不損茶色，次之。

又 拭盞布

飲茶前後俱用細麻布拭盞，其他易穢，不宜用。

又 分茶盒

以錫為之。從大壇中分用，用盡再取。

明 張謙德《茶經》下篇《論器》

茶焙

茶焙編竹為之，裹以箬葉。蓋其上，以收火也；隔其中，以有容也；納火其下，去茶尺許，常溫溫然，所以養茶色、香、味也。

又 茶籠

茶不入焙者宜密封裹，以箬籠盛之，置高處，不近溼氣。

又 湯瓶

瓶要小者，易候湯，又點茶注湯有準。瓷器為上，好事家以金、銀為之。銅、錫生鉎，不入用。

又 茶壺

茶性狹，壺過大則香不聚，容一兩升足矣。官、哥、宣、定為上，黃金、白銀次，銅、錫者門試家自不用。

又 茶盞

蔡君謨《茶録》云：茶色白，宜黑盞。建安所造者紺黑，紋如兔毫，其坯微厚，熁之久熱難冷，最為要用。出他處者或薄，或色紫，皆不及也。其青白盞門試家自不用。此語就彼時言耳，今烹點之法與君謨不同，取色莫如宣定，取久熱難冷莫如官哥，向之建安黑盞，收一兩枚以備一種略可。

又 紙囊

紙囊用剡溪藤紙白厚者夾縫之，以貯所炙茶，使不洩其香也。

又 茶洗

茶洗以銀為之，製如碗式而底穿數孔，用洗茶葉，凡沙垢皆從孔中流出，亦烹試家不可缺者。

又 茶瓶

瓶或杭州或宜興所出寬大而厚實者，貯芽茶乃久久如新而不減香氣。

又 茶爐

茶爐用銅鑄如古鼎形，四周飾以獸面饕餮紋，置茶寮中乃不俗。

明 李時珍《本草綱目》卷二八《菜部三·壺蘆》 釋名：瓠瓜

《說文》、匏瓜《論語》。時珍曰：【略】瓠之一頭有腹長柄者為懸瓠。【略】懸瓠，今人所謂茶酒瓢者是也。

明 程用賓《茶録・正集》

器具

昔東岡子以銀鍑煮茶，謂涉於侈，瓷與石難可持久，卒歸於銀。此近李衛公煎汁調羹，不可為常，惟以錫瓶煮湯為得。壺或用瓷可也，恐損茶真，故戒銅鐵器耳。以頗小者，易候湯，況啜存停久則不佳矣。茶盞不宜太巨，致走元氣。宜黑青瓷，則益茶、茶作白紅之色，體可稍厚，不烙手而久熱。拭具布用細麻布，有三妙：曰耐穢，曰避臭，曰易乾。又以錫為小茶盒，徑可四寸許。

又 治壺

伺湯純熟，注盃許于壺中，命曰浴壺，以袪寒冷宿氣也。傾去，交茶，用拭具布乘熱拂拭，則壺垢易遁，而磁質漸蜕。飲訖，以清水微蕩，覆淨，再拭藏之，令常潔冽，不染風塵。

又 潔盞

飲茶先後皆以清泉滌盞，以拭具布拂淨，不奪茶香、不損茶色、不失茶味而元神自在。

又《末集・茶具十二執事名説》 鼎：擬經之風爐也，以銅、鐵鑄之。

都籃：按經以總攝諸器而名之，製以竹篾。今擬攜遊山齋、亭館、泉石之具。

盒：以錫為之，徑三寸，高四寸，以貯茶時用也。

壺：宜瓷為之，茶交於此。今儀興時氏多雅製。

盞：《經》言越州上，鼎州次，婺州次，岳州次，壽州、洪州次。越、岳瓷皆青，青則益茶，茶作白紅之色。邢瓷白，茶色紅；壽瓷黃，茶色紫；洪瓷褐，茶色黑，悉不宜茶。

罐：以錫為之，煮湯者也。

瓢：按經剖瓠或刊木為之，今用汲也。

具列：按《經》或作床，或作架，或純木、純竹而製之。長三尺，闊二尺，高六寸，以列器。

火筴：按《經》以鐵或熟銅製之。

籃：擬經之漉水囊也，以支盥器，用竹為之。

水方：按《經》以稠木、槐、楸、梓等合之，受一斗，今以之沃盥。

巾：按《經》作二枚互用，以潔諸器。

明 羅廩《茶解・器》

箄

以竹篾為之，用以採茶。須緊密不令透風。

竈

置鐺二，一炒、一焙，火分文武。

箕

大小各數箇。小者盈尺，用以出茶；大者二尺，用以攤茶揉挼其上。並細篾為之。

扇

茶出箕中，用以扇冷。或藤，或箬，或蒲。

籠

茶從鐺中焙燥，復於此中再總焙入甕。勿用紙襯。

幔

用新麻布洗至潔，懸之茶室，時時拭手。

甕

用以藏茶，須內外有油水者。預滌淨曬乾以待。

爐

用以烹泉，或瓦或竹，大小要與湯壺稱。

注

以時大彬手製粗沙燒缸色者為妙，其次錫。

壺

內所受多寡要與注子稱。或錫或瓦，或汴梁擺錫銚。

甌

以小為佳，不必求古，只宣、成、靖窯足矣。

梜

以竹為之，長六寸，如食筯而尖其末。注中潑過茶葉用此梜出。

明周高起《陽羨茗壺系》 壺於茶具用處一耳，而瑞草、名泉，性情攸寄，實仙子之洞天福地、梵王之香海蓮邦。審厥尚焉，非曰好事已也。故茶至明代不復碾屑和香藥、製團餅，此已遠過古人。近百年中，壺黜銀錫及閩豫瓷而尚宜興陶，又近人遠過前人處也。陶曷取諸？取諸其製以本山土砂，能發真茶之色、香、味；不但杜工部云『傾金注玉驚人眼』，高流務以免俗也。至名手所作，一壺重不數兩，價重每一二十金，能使土與黃金爭價。世日趨華，抑足感矣。因考陶工、陶土而為之系。

又 創始

金沙寺僧，久而逸其名矣。聞之陶家，云僧閒靜有致，習與陶缸瓮者處，摶其細土，加以澄練，捏築為胎，規而圓之，刳使中空，踵傅口、柄、蓋、的，附陶穴燒成，人遂傳用。

又 正始

供春，學憲吳頤山公青衣也。頤山讀書金沙寺中，供春於給役之暇，竊仿老僧心匠，亦淘細土摶胚，茶匙穴中，指掠內外，指螺文隱起可按。胎必累按，故腹半尚現節腠，視以辨真。今傳世者栗色闇闇如古金鐵，敦龐周正，允稱神明垂則矣。世以其孫龔姓，亦書為『龔春』。人皆證為龔，予於吳冏卿家見時大彬所仿，則刻『供春』二字，足折聚訟云。

董翰，號後谿，始造菱花式，已殫工巧。

趙梁，多提梁式，亦有傳為名良者。

袁錫。按袁姓，據《秋園雜佩》更正。

時朋，即大彬父。是為四名家，萬曆間人，皆供春之後勁也。董文巧而三家多古拙。

李茂林，行四，名養心。製小圓式，妍在樸緻中，允屬名玩。

自此以往，壺乃另作瓦缶囊閉入陶穴，故前此名壺不免沾缸罈油淚。

又 大家

時大彬，號少山，或淘土，或雜碙砂土，諸款具足，諸土色亦具足。不務妍媚而樸雅堅栗，妙不可思。初自仿供春得手，喜作大壺。後游婁東，聞陳眉公與琅琊、太原諸公品茶施茶之論，乃作小壺。几案有一具，生人閑遠之思，前後諸名家並不能及，遂於陶人標大雅之遺，擅空羣之目矣。

又 名家

李仲芳，行大，茂林子。及時大彬門，為高足第一，製度漸趨文巧。其父督以敦古，仲芳嘗手一壺視其父曰：『老兄，這個何如？』俗因呼其所作為『老兄壺』。後入金壇，卒以文巧相競。今世所傳大彬壺亦有仲芳作之、大彬見賞而自署款識者。時人語曰：『李大瓶，時大名。』

徐友泉，名士衡。故非陶人也。其父好時大彬壺，延致家塾。一日強大彬作泥牛為戲，不即從，友泉奪其壺土出門去，適見樹下眠牛將起，尚屈一足，注視捏塑，曲盡厥狀。攜以視大彬，一見驚歎曰：『如子智能，異日必出吾上。』因學為壺。變化式土，仿古尊罍諸器配合土色所宜，畢智窮工，移人心目。予嘗博考厥製，有漢方扁觶、小雲雷提梁卣、蕉葉、蓮方、菱花、鵝蛋、分襠、索耳、美人、垂蓮、大頂蓮、一回角、六子諸款；泥色有海棠紅、硃砂紫、定窯白、冷金黃、淡墨、沉香、水碧、榴皮、葵黃、閃色、梨皮諸名；種種變異，妙出心裁。然晚年恆自歎曰：『吾之精終不及時之粗。』

又 雅流

歐正春，多規花卉果物，式度精妍。

邵文金，仿時大彬漢方獨絕，今尚壽。

邵文銀。

蔣伯荂，名時英。四人並大彬弟子。蔣後客於吳，陳眉公為改其字之『敷』為『荂』。因附高流，諱言本業，然其所作堅緻不俗也。

陳用卿，與時同工，而年伎俱後。負力尚氣，嘗掛吏議，在縲絏中。俗名陳三獃子。式尚工緻，如蓮子、湯婆、缽盂、圓珠諸製不規而圓，已極妍飭。款仿鍾太傅帖意，落墨拙，落刀工。

陳信卿，仿時、李諸傳器，具有優孟叔敖處，故非用卿族。品其所作，雖豐美遜之，而堅瘦工整，雅自不羣。貌寢意率，自誇洪飲，逐貴游間，不務壹志盡技，間多伺弟子造成，修削署款而已。所謂心計轉粗，不復唱《渭城》時也。

閔魯生，名賢，製仿諸家，漸入佳境。人頗醇謹，見傳器則虛心企

擬，不憚改為，技也進乎道矣。

陳光甫，仿供春、時大為入室。天奪其能，蚤眚一目，相視口的，不極端緻；然經其手摹，亦具體而微矣。

又 神品

陳仲美，婺源人，初造瓷於景德鎮，以業之者多，不足成其名，棄之而來。好配壺土，意造諸玩，如香盒、花杯、狻猊鑪、辟邪、鎮紙，重鏤疊刻，細極鬼工。壺象花果，綴以草蟲，或龍戲海濤，伸爪出目。至塑大士像，莊嚴慈憫，神采欲生，瓔珞花鬘，不可思議。智兼龍眠、道子，心思殫竭，以夭天年。

沈君用，名士良，踵仲美之智，而妍巧悉敵。壺式上接歐正春一派，至尚象諸物，製為器用，不尚正方圓而筍縫不苟絲髮。配土之妙，色象天錯，金石同堅。自幼知名，人呼之曰『沈多梳』。宜興垂髫之稱。巧殫厥心，亦以甲申四月夭。

又 別派

諸人見汪大心《葉語》附記中。休寧人，字體兹，號古靈。

邵蓋、周後谿、邵二孫，並萬曆間人。

陳俊卿，亦時大彬弟子。

周季山、陳和之、陳挺生、承雲從、沈君盛，善仿友泉、君用，並天啟、崇禎間人。

沈子澈，崇禎時人，所製壺古雅渾樸。嘗為人製菱花壺，銘之曰：『石根泉，蒙頂葉，漱齒鮮，滌塵熱。』按此條據宜興舊志增入。

陳辰，字共之，工鐫壺款，近人多假手焉，亦陶家之中書君也。

鐫壺款識，即時大彬初倩能書者落墨，用竹刀畫之，或以印記，後竟運刀成字。書法閒雅，在黃庭、樂毅帖間，人不能仿，賞鑒家用以為別。次則李仲芳，亦合書法。若李茂林，硃書號記而已。仲芳亦時代大彬刻款，手法自遜。

規仿名壺曰『臨』，比於書畫家入門時。

陶肆謠曰『壺家妙手稱三大』，謂時大彬、李大仲芳、徐大友泉也。予為轉一語曰：明代良陶讓一時。獨尊大彬，固自匪佞。

相傳壺土初出用時，先有異僧經行村落，日呼曰：『賣富貴！』土人羣嗤之。僧曰：『貴不要買，買富何如？』因引村叟，指山中產土之穴，去。及發之，果備五色，爛若披錦。

嫩泥，出趙莊山，以和一切色土，乃黏脜可築，蓋陶壺之丞弼也。

石黃泥，出趙莊山，即未觸風日之石骨也，陶之乃變硃砂色。

天青泥，出蠡墅，陶之變黯肝色。又其夾支有梨皮泥，陶現梨凍色；淡紅泥，陶現松花色；淺黃泥，陶現豆碧色；蜜□泥，陶現輕赭色；梨皮和白砂，陶現淡墨色。山靈腠絡，陶冶變化，尚露種種光怪云。

老泥，出團山，陶則白砂星星，按若珠琲。以天青、石黃和之，成淺深古色。

白泥，出大潮山，陶瓶盎缸缶用之。此山未經發用，載自吾鄉白石山。江陰秦望山之東北支峯。

出土諸山，為穴往往善徙。有素產於此，忽又他穴得之者，實山靈有以司之，然皆深入數十丈乃得。

造壺之家，各穴門外一方地，取色土篩擣部署訖，弇窖其中，名曰『養土』。取用配合，各有心法，秘不相授。壺成，幽之以候極燥，乃以陶瓮庋五六器，封閉不隙，始鮮欠裂射油之患。過火則老，老不美觀；欠火則稚，稚沙土氣。若窯有變相，匪夷所思，傾湯貯茶，雲霞綺閃，直是神之所為，億千或一見耳。

陶穴環蜀山。山原名獨，東坡先生乞居陽羨時，以似蜀中風景改名此山也。祠祀先生於山椒，陶煙飛染，祠宇盡墨。按《爾雅·釋山》云：『獨者，蜀。』則先生之銳改厥名，不徒桑梓殷懷，抑亦考古自喜云爾。

壺供真茶，正在新泉活火，旋瀹旋啜，以盡色、聲、香、味之蘊，故壺宜小不宜大，宜淺不宜深，壺蓋宜盎不宜砥。湯力茗香，俾得團結氤氳。宜傾渴即滌，去厥渟滓，乃俗夫強作解事，謂時壺質地堅潔，注茶越宿，暑月不醙，不知越數刻而茶敗矣，安俟越宿哉！況真茶如蓴脂，採即宜羹，如筍味觸風隨劣。悠悠之論，俗不可醫。

壺入用久，滌拭日加，自發闇然之光，入手可鑒，此為書房雅供。若膩滓爛斑，油光爍爍，是曰『和尚光』，最為賤相。每見好事家藏列頗多名製，而愛護垢染，舒袖摩挲，惟恐拭去，曰：『吾以寶其舊色爾。』不

知西子蒙不潔，堪充下陳否耶？以注真茶，是藐姑射山之神人安置煙瘴地面矣，豈不舛哉！

壺之土色，自供春而下及時大初年皆細土淡墨色，上有銀沙閃點，迨硇砂和製，縠縐周身，珠粒隱隱，更自奪目。

或問予以聲論茶，是有説乎？予曰：『竹爐幽討，松火怒飛，蟹眼徐窺，鯨波乍起，耳根圓通為不遠矣。』然爐頭風雨聲銅瓶易作，不免湯腥；砂銚亦嫌土氣，惟純錫為五金之母，以製茶銚，能益水德，沸亦聲清。白金尤妙，第非山林所辦爾。

壺宿雜氣，滿貯沸湯，傾即沒冷水中，亦急出水寫之，元氣復矣。

品茶用甌，白瓷為良，所謂『素瓷傳靜夜，芳氣滿閒軒』也。製宜弇口邃腸，色浮浮而香味不散。

茶洗，式如扁壺，中加一盎鬲而細竅其底，便過水漉沙。茶藏，以閉洗過茶者。仲美、君用各有奇製，皆壺史之從事也。水杓、湯銚亦有製之盡美者，要以椰匏、錫器為用之恆。

清 吴騫《陽羨名陶録》卷上

原始

相傳壺土所出，有異僧經行村落，日呼曰『賣富貴』，土人群嗤之，僧曰：『貴不欲買，買富何如？』因引村叟，指山中產土之穴。及去發之，果備五色，爛若披錦。

陶穴環蜀山，山原名獨，東坡先生乞居陽羨時，以似蜀中風景改名此山也。祠祀先生于山椒，陶煙飛染，祠宇晝墨。按《爾雅·釋山》云：獨者蜀，則先生之鋭改厥名，不徒桑梓殷懷，抑亦考古自喜云爾。

吴騫曰：明王升《宜興縣誌》引陸希聲《頤山録》云：頤山東連洞靈諸峰，屬於蜀山，蜀山之麓有東坡書院。然則蜀山蓋頤山之支脈也。今東坡畫院前有石坊，宋牧仲中丞題曰『東坡先生買田處』。

又 選材

嫩黄泥出趙莊山，以和一切色土，乃黏脜可采築，蓋陶壺之丞弼也。

石黄泥出趙莊山，即未觸風曰之石骨也，陶之乃變硃砂色。

天青泥出蠡墅，陶之變黯肝色。又其夾支有梨皮泥，陶現涷梨色；淡紅泥，陶現松花色；淺黄泥，陶現豆碧色；密口泥，陶現輕赭色；梨皮和白砂，陶現淡墨色。山靈腠絡，陶冶變化，尚露種種光怪云。

老泥出團山，陶則白砂星星，宛若珠琲，以天青、石黄和之，成淡深古色。

白泥出大潮山，陶瓶盎缸缶用之。此山未經發用，載自江陰白石山。即江陰泰望山東北支峰。

吴騫曰：按大潮山一名南山，在宜興縣南，距丁、蜀二山甚近，故陶家取土便之。山有洞，可容數十人，又張公、善權二洞石乳下垂，五色陸離，陶家作釉悉於是采之。

出土諸山，其穴往往善徙，有素產於此，忽又他穴得之者，實山靈有以司之。然皆深入數十丈乃得。

又 本藝

造壺之家各穴門外一方地，取色土篩搗部署訖，弇窖其中，名曰養土。取用配合各有心法，秘不相授。壺成，幽之以候極燥，乃以陶甕俗謂之缸掇。庋五六器，封閉不隙，始鮮欠裂射油之患。過火則老，老不美觀，欠火則穉，穉沙土氣。若窯有變相，匪夷所思，傾湯貯茶，雲霞綺閃，直是神之所為，億千或一見耳。

規仿名壺曰『臨』，比於書畫家入門時。

壺供真茶，正在新泉活火，旋瀹旋啜，以盡色聲香味之蘊。故壺宜小不宜大，宜淺不宜深，壺蓋宜盎不宜砥，湯力茗香俾得團結氤氳。宜傾竭即滌去渟滓，乃俗夫強作解事，謂時壺質地堅結，注茶越宿，暑月不餿，不知越數刻而茶敗矣，安俟越宿哉。況真茶如蓴脂，采即宜羹，如筍味觸風隨劣。悠悠之論，俗不可醫。

壺宿雜氣，滿貯沸湯，傾即沒冷水中，亦急出冷水寫之，元氣復矣。

品茶用甌，白瓷為良，所謂『素瓷傳靜夜，芳氣滿閑軒』也。製宜弇口邃腹，色澤浮浮而香味不散。

茶洗式如扁壺，中加一項鬲，而細竅其底，便過水漉沙。茶藏以閉洗過茶者。仲美、君用各有奇製，皆壺使之從事也。水杓、湯銚亦有製之盡美者，要以椰匏、錫器為用之恒。

壺之土色，自供春而下及時大初年皆細土淡墨色，上有銀沙閃點，迨硇砂和製，縠縐周身，珠粒隱隱，更自奪目。

壺入用久，滌拭日加，自發闇然之光，入手可鑒，此為文房雅供。若膩滓爛斑，油光爍爍，是曰和尚光，最為賤相。每見好事家藏列頗多名製，而愛護垢染，舒袖摩娑，惟恐拭去，曰：『吾以寶其舊色爾。』不知西子蒙不潔，堪充下陳否耶？以注真茶，是藐姑射山之神人安置煙瘴地面矣，豈不舛哉。

周高起曰：或問，以聲論茶，是有説乎？答曰：竹罏幽討，松火怒飛，蟹眼徐窺，鯨波乍起，耳根圓通為不遠矣。然爐頭風雨聲銅瓶易作，不免湯腥；砂銚能益水德，沸亦聲清。白金尤妙，第非山林所辦爾。

又　家溯

金沙寺僧，久而逸其名矣。聞之陶家云，僧閒靜有致，習與陶缸甕者處，摶其細土，加以澄練，捏築為胎，規而圓之，刳使中空，踵傅口、柄、蓋、的，附陶穴燒成，人遂傳用。

吴騫曰：金沙寺在宜興縣東南四十里，唐相陸希聲之山房也。宋孫覿詩云：『説是鴻磐讀書處，試尋幽伴拄孤藤。』

建炎間岳武穆曾提兵過此，留題。

供春，學憲吴頤山家僮也。頤山讀書金沙寺中，春給使之暇，竊仿老僧心匠，亦淘細土摶坯，茶匙穴中，指掠內外，指螺文隱起可按。胎必累按，故腹半尚現節腠，視以辨真。今傳世者栗色闇闇，如古金鐵，敦龐周正，允稱神明垂則矣。世以其係龔姓，亦書為『龔春』。

周高起曰：『供春』，人皆證為『龔春』，予于吴冏卿家見大彬所仿，則刻『供春』二字，足折聚訟云。吴騫曰：頤山名仕，字克學，宜興人，正德甲戌進士，以提學副使擢四川參政。供春實頤山家僮，而周系曰青衣，或以為婢，並誤。今不從之。

董翰，號後溪，始造菱花式，已殫工巧。

趙梁，多提梁式。『梁』亦作『良』。

元暢《茗壺系》作元錫，《秋園雜佩》作袁錫，《茗壺譜》作元暢。

時朋，一作鵬，亦作朋。朋大彬之父，與董、趙、元是為四名家，並萬曆間人，乃供春之後勁也。董文巧，而三家多古拙。

李茂林行四，名養心。製小圓式，妍在樸緻中，允屬名玩。案春至茂林，《茗壺系》作正始。

周高起曰：自此以往，壺乃另作瓦缶囊閉入陶穴，故前此名壺不免沾缸壇油淚。

時大彬號少山，或陶土，或雜砂碙土，諸款具足，諸土色亦具足，不務妍媚而樸雅堅栗，妙不可思。初自仿供春得手，喜作大壺。後游婁東，聞陳眉公與琅琊太原諸公品茶試茶之論，乃作小壺。几案有一具，生人閑遠之思，前後諸名家並不能及，遂于陶人標大雅之遺，擅空群之目矣。案大彬，《茗壺系》作大家。

周高起曰：陶肆謠云『壺家妙手稱三大』，蓋謂時大彬及李大仲芳、徐大友泉也。予為轉一語曰：明代良陶讓一時。獨尊少山，故自匪佞。

李仲芳，茂林子，及大彬之門，為高足第一，製漸趨文巧。其父督以敦古，芳嘗手一壺，視其父曰：『老兄，這個何如？』俗因呼其所作為老兄壺。亦入金壇，卒以文巧相競。今世所傳大彬壺亦有仲芳作之，大彬見賞而自署款識者，時人語曰『李大瓶，時大名』。

徐友泉，名士衡，故非陶人也。其父好時大彬壺，延致家塾。一日強大彬作泥牛為戲，不即從，友泉奪其壺土出門而去，適見樹下眠牛將起，尚屈一足，注視捏塑，曲盡厥形狀。攜以視大彬，一見驚歎曰：『如子智能，異日必出吾上。』因學為壺，變化式土，仿古尊罍諸器配合土色所宜，畢智窮工，移人心目。厥制有漢方扁觶、小雲雷提梁卣、蕉葉、蓮芳、菱花、鵝蛋、分襠、索耳、美人、垂蓮、大頂蓮、一回角、六子諸款，泥色有海棠紅、硃砂紫、定窯白、冷金黃、淡墨、沉香、水碧、榴皮、葵黃、閃色、梨皮諸名，種種變異，妙出心裁。然晚年恒自歎曰：『吾之精終不及時之粗。』友泉有子亦工是技，人至今有大徐、小徐之目，未詳其名。案仲芳、友泉二人，《茗壺系》作名家。

歐正春，多規花卉果物，式度精妍。

邵文金，仿時漢方獨絕。

邵文銀。

蔣伯荂，名時英。此四人並大彬弟子，蔣後客于吴，陳眉公為改其字之敷為荂，因附高流，諱言本業，然其所作堅致不俗也。

陳用卿，與時英同工而年技俱後，負力尚氣，嘗以事在縲絏中，俗名陳三騃子。式尚工緻，如蓮子、湯婆、缽盂、圓珠諸製，不規而圓，已極

妍飾。款仿锺太傅筆意，落墨拙，用刀工。

陳信卿，仿時李諸傳器，具有優孟叔敖處，故非用卿族。品其所難作，雖豐美遜之而堅瘦工整，雅自不群。貌寢意率，自誇洪飲，遂貴遊間，不復壹志盡技，間多伺弟子造成，傖削署款而已，所謂心計轉粗，不復唱《渭城》時也。

閔魯生，名賢，規仿諸家，漸入佳境。人頗醇謹，見傳器則虛心企擬，不憚改為，技也進乎道矣。

陳光甫，仿供春、時大為入室。天奪其能，蚤眚一目，相視口的不極端致，然經其手摹，亦具體而微矣。案正春至光甫，《茗壺系》作雅流。

陳仲美，婺源人也，造瓷於景德鎮，以業之者多，不足成其名，棄之而來。好配壺土，意造諸玩，如香盒、花杯、狻猊鑪、辟邪、鎮紙，重鏤疊刻，細極鬼工，壺象花果，綴以草蟲，或龍戲海濤，伸爪出目，至塑大士象，莊嚴慈憐，神采欲生，瓔珞花鬘，不可思議，智兼龍眠、道子，心思殫竭，以夭天年。

沈君用，名士良，踵仲美之智而妍巧悉敵。壺式上接歐正春一派，至尚象諸物，製為器用，不尚正方圓，而准縫不苟絲髮，配土之妙，色象天錯，金石同堅。自幼知名，人呼之曰沈多梳。宜興垂髫之稱。巧殫厥心，亦以甲申四月夭。案仲美、君用，《茗壺系》作神品。

邵蓋。

周後溪。

邵二孫。並萬曆間人。

吳騫曰：按周嘉胄《陽羨茗壺譜》以董翰、趙梁、元暢、時朋、時大彬、李茂林、李仲芳、徐友泉、歐正、邵春、文金、蔣伯荂皆萬曆時人。

陳俊卿，亦時大彬弟子。

周季山。

陳和之。

陳挺生。

承雲從。

沈君盛，善仿友泉、君用。以上並天啓、崇正間人。

陳辰，字共之，工鐫壺款，近人多假手焉，亦陶之中書君也。

周高起曰：自趙蓋至陳辰俱見汪大心《葉語》附記中。大心字體茲，號古靈，休寧人。鐫壺款識，即時大彬初倩能書者落墨，用竹刀畫之，或以印記，後竟運刀成字，書法閒雅，在黃庭、樂毅帖間，人不能仿，賞鑒家用以為別。次則李仲芳亦合書法，若李茂林朱書號記而已，仲芳亦時代大彬刻欵，手法自遜。案趙蓋至陳辰《茗壺系》入別派。

徐令音，未詳其字，見《宜興縣誌》，豈即世所稱小徐者耶？

項不損，名真，檇李人，襄毅公之裔也，以諸生貢入國子監。吳騫曰：不損故非陶人也。嘗見吾友陳君仲魚藏茗壺一，底有『硯北齋』三字，旁署項不損款。此殆文人偶爾寄興所在，然壺製樸而雅，字法晉唐，雖時、李諸家何多讓焉？不損詩文深為李檀園、聞子將所賞，頗以門才自豪，人目為狂。後入傖門，坐事死於獄。《靜志居詩話》載其《題閨人梳奩銘》云：『人之有髮，旦旦思理。有身有心，奚不如是？』此銘雖出於前人，然不損亦非一於狂者。或云人之有髮云云乃唐盧仝《鏡奩銘》。

沈子澈，崇正朝人。吳騫曰：仁和魏叔子禹新為余購得菱花壺一，底有銘云云，後署『子澈為密先兄製』。又桐鄉金雲莊比部舊藏一壺，摹其式寄余，底有銘云『崇正癸未沈子澈製』。二壺款制極古雅渾朴，蓋子澈實明季一名手也。

陳子畦，仿徐最佳，為時所珍。或云即鳴遠父。

陳鳴遠，名遠，號鶴峰，亦號壺隱，詳見《宜興縣志》。吳騫曰：鳴遠一技之能間世特出，自百餘年來，諸家傳器日少，故其名尤噪。足跡所至，文人學士爭相延攬。常至海鹽，館張氏之涉園。桐鄉則汪柯庭家，海甯則陳氏、曹氏、馬氏，多有其手作，而與楊中允晚研交尤厚。予嘗得鳴遠天雞壺一，細砂作紫棠色，上鋟庾子山詩，為曹廉讓先生手書，製作精雅，真可與三代古器並列。竊謂就使與大彬諸子周旋，恐未甘退就邾莒之列耳。

徐次京。

惠孟臣。

葭軒。

鄭甯侯。皆不詳何時人，並善摹仿古器，書法亦工。

張燕昌曰：王汭山長子翼之燕書齋一壺，底有八分書『雪庵珍賞』四字，又楷書『徐氏次京』四字在蓋之外口，啟蓋方見。筆法古雅，惟蓋之合口處揔不若大彬之元妙也。余不及見供春手製，見大彬壺歎觀止矣，宜周伯起有『明代良陶讓一時』之論耳。又余少年得一壺，底有真書『文杏館孟臣製』六字，筆法亦不俗，而製作遠不逮大彬，等之自檜以下可也。

吳騫曰：海甯安國寺每歲六月廿九日香市最盛，俗稱齋豐宿山。于時百貨駢集，余得一壺，底有唐詩『雲入西津一片明』，句旁署『孟臣製』，十字皆行書，制渾朴而筆法絕類褚河南，知孟臣亦大彬後一名手也。葭軒工作瓷章，詳《談叢》。又聞湖汊質庫中有一壺，欵署『鄭甯侯製』，式極精雅，惜未寓目。

又 卷下

談叢

蜀山黃黑二土皆可陶。陶者穴火負山而居，纍纍如兔窟，以黃土爲胚，黑土傅之，作沽瓴、藥罏、釜鬲、盤盂、敦缶之屬粥于四方，利最博。近復出一種似均州者，獲直稍高，故土價踴貴，畝逾三十千。高原峻阪半鑿爲陂，可種魚。山木皆童然矣。陶者甬東人，非土著也。王穉登《荊溪疏》。

往時龔春茶壺、近日時大彬所製大爲時人寶惜，蓋皆以粗砂製之，正取砂無土氣耳。許次紓《茶疏》

茶壺陶器爲上，錫次之。馮可賓《茶箋》

茶壺以小爲貴，每一客壺一把，任其自斟自飲，方爲得趣。何也？壺小則香不渙散，味不耽閣。同上。

茶壺以砂者爲上，蓋既不奪香，又無熟湯氣。供春最貴，第形不雅，亦無差小者。時大彬所製又太小。若得受水半升而形製古潔者，取以注茶，更爲適用。其提梁、卧瓜、雙桃、扇面、八棱、細花、夾錫茶替、青花白地諸俗式者俱不可用。文震亨《長物志》

宜興罐以龔春爲上，時大彬次之，陳用卿又次之。錫注以黃元吉爲上，歸懋德次之。夫砂罐砂也，錫注錫也，器方脫手而一罐一注價五六金，則是砂與錫之價，其輕重正相等焉，豈非怪事？然一砂罐、一錫注，直躋之商彝周鼎之列而毫無慚色，則是其品地也。張岱《夢憶》。

茗注莫妙于砂壺之精者，又莫過于陽羨，是人而知之矣。然寶之過情，使與金玉比值，毋乃仲尼不爲已甚乎？置物但取其適，何必幽渺其說，必至殫精竭慮而後止哉！凡製砂壺，其嘴務直，購者亦然。一曲便可憂，再曲則稱弃物矣。蓋貯茶之物與貯酒不同。酒無渣滓，一斟即出，其嘴之曲直可以不論。茶則有體之物也，星星之葉，入水即成大片，斟瀉時纖毫入嘴，則塞而不流。噏茗快事，斟之不出，大覺悶人，直則保無是患矣。《李漁雜説》

時壺名遠甚，即遐陬絕域猶知之。其製始于供春壺，式古朴風雅，茗具中得幽野之趣者。後則如陳壺、徐壺皆不能髣髴大彬萬一矣。一云，供春之後四家董翰、趙良、袁錫疑即元暢，其一即大彬父時鵬也。彬弟子李仲芳，芳父小圓壺李四老官號養心，在大彬之上，爲供春勁敵，今罕有見者或淪鼠菌，或重鷄彝，壺亦有幸不幸哉！陳貞慧《秋園雜佩》。

宜興時大彬，製砂壺名手也，嘗挾其術以游公卿之門。其子後補諸生，或爲四書文以獻嘲，破題云：『時子之入學，以一貫得之。』蓋俗稱壺爲罐也。《先進録》

均州窑器，凡猪肝色、火裏紅、青綠錯雜若垂涎，皆上三色之燒不足者，非別有此樣。此窑惟種菖蒲盆底佳，其他坐墩、罏、合、方瓶、罐子俱黃砂泥坯，故器質不足。近年新燒皆宜興砂土爲骨，釉水微似，製有佳者，但不耐用。《博物要覽》

宜興砂壺創于吳氏之僕曰供春，及久而有名，人稱龔春。其弟子所製更工，聲聞益廣，京口談長益爲之作傳。《五石瓠》

近日一技之長如雕竹則濮仲謙，螺甸則薑千里，嘉興銅器則張鳴岐，宜興茶壺則時大彬，浮梁流霞盞則吳十九，皆知名海內。王士正《池北偶談》

供春製茶壺款式不一，雖屬瓷器，海內珍之。用以盛茶，不失元味，故名公巨卿、高人墨士恒不惜重價購之。繼如時大彬益加精巧，價愈騰。若徐友泉、陳用卿、沈君用、徐令音，皆製壺之名手也。徐喈鳳《宜興縣志》

陳遠工製壺杯瓶盒，手法在徐、沈之間，而所製款識書法雅健，勝于徐、沈，故其年雖未老而特爲表之。同上

毗陵器用之屬如筆箋、扇箸、梳枕及竹木器皿之類皆與他郡無異，

惟燈則武進有料絲燈，壺則宜興有茶壺，澄泥爲之，始于供春，而時大彬、陳仲美、陳用卿、徐友泉輩踵事增華，并製爲花樽、菊合、香盤、十錦杯之等，物精美絕倫，四方皆爭購之。于琨《重修常州府志》

明時宜興有歐姓者造瓷器，曰歐窑，有仿哥窑紋片者，有仿官、均窑色者，采色甚多，皆花盆、奩架，諸器者頗佳。朱炎《陶説》

供春壺式，茗具中逸品。其後復有四家，董翰、趙良、袁錫，其一則時鵬，大彬父也。大彬益擅長，其後有彭君實、龔春、陳用卿、徐氏壺，皆不及大彬。彬弟子李仲芳小圓壺製精絕，又在大彬之右，今不可得。近時宜興沙壺復加饒州之鎏，光彩射人，却失本來面目。陳其年詩云：『宜興作者稱供春，同時高手時大彬。碧山銀槎濮謙竹，世間一藝皆通神。』高江村詩云：『規製古樸復細膩，輕便可入筠籠携。山家雅供稱第一，清泉好瀹三春荑。』昔杜茶村稱澄江周伯高著茶茗二系，表淵源支派甚悉。阮葵生《茶餘客話》

臺灣郡人茗皆自煮，必先以手嗅其香，最重供春小壺。供春者，吴頤山婢名，製宜興茶壺者。或作龔春者誤。一具用之數十年，則值金一笏。周澍《臺陽百咏注》

昔在松陵王汋山楠話雨樓，出示宜興蔣伯荂手製壺，相傳項墨林所定式，呼爲天籟閣壺。墨林以貴介公子，不樂仕進，肆其力于法書名畫及一切文房雅玩，所見流傳器具無不精美，如張鳴岐之交梅手爐、閻望雲之香几及小盆等製皆有墨林字，則一名物之賴天籟以傳，莫非子京精意所萃也。張燕昌《陽羨陶説》

先府君性嗜茶，所購茶具皆極精。嘗得時大彬小壺，如菱花八角，側有款字。府君云：『壺製之妙，即一蓋可驗。試隨手合上，舉之能吸起全壺。所見黄元吉、沈鷺雝錫壺亦如是，陳鳴遠便不能到此。』既以贈一方外，事在小子未生以前。迄今五十餘年，猶珍藏無恙也。余以先人手澤所存，每欲繪圖勒石，其事未果也。同上

往梧桐鄉汪次遷安曾贈余陳鳴遠所製研屏一，高六寸弱，闊四寸一分强，一面臨米元章《垂虹亭》詩，一面柯庭雙鈎蘭，惜乎久作碎玉聲矣。柯庭名文柏，次遷之曾大父，鳴遠曾主其家。同上

汪小海淮藏宜興瓷花尊一，若蓮子而平底，上作數孔，周束以銅，如提梁卣，質樸渾，氣尤静雅。余每見必詢及。無款，不知爲誰氏作，然非供春、少山後作者所能措手也。同上

余于禾中骨董肆得一瓷印，盤螭鈕，文曰『太平之世多長壽人』，白文切玉法，側有款曰『葭軒製』。葭軒不知何許人，此必百年來精于刻印。昔時少山、陳共之工鎸款字，特真書耳。若刻印則有篆法、刀法、摹印之學，非有數十年功者不能到也。吴兔牀著《陽羡名陶録》，鑒别精審，遂以爲贈，時丙午夏日。同上

陳鳴遠手製茶具雅玩，余所見不下數十種。如梅根筆架之類，亦不免纖巧，然余獨賞其款字有晋唐風格。蓋鳴遠游踪所至，多主名公巨族，在吾鄉與楊晚研太史最契。嘗于吾師樊桐山房見一壺，款題『丁卯上元爲專木先生製』，書法似晚研，殆太史爲之捉刀耳。又于王芍山家見一壺，底有銘曰『汲甘泉，瀹芳茗，孔顔之樂在瓢飲』，閱此則鳴遠吐屬亦不俗，豈隱于壺者與。同上

吾友沙上九人龍藏時大彬一壺，款題『甲辰秋八月時大彬手製』。近于王芍山季子齋頭見一壺，泠金紫，製樸而小，所謂游婁東見弇州諸公後作也。底有楷書款云『時大彬製』，内有紋一綫，殆未曾陶鑄以前所裂，然不足爲此壺病。同上

余少年得一壺，失其蓋，色紫而形扁，底有真書『友泉』二字，殆徐友泉也。筆法類大彬，雖小道，洵有師承矣。同上

客耕武原，見茗壺一于倪氏六十四研齋，底有銘曰『一杯清茗可沁詩脾大彬』，凡十字，其製樸而稚，砂質溫潤，色如猪肝。其蓋雖不能起全壺，然以手撥之則不能動，始知名下無虚士也。既手摹其圖，復系以詩云。陳鱣《松研齋隨筆》

明 周容《宜興瓷壺記》《陽羡名陶録》卷下 今吴中較茶者，壺必言宜興瓷云。始萬曆間，大朝山寺僧當作金沙寺僧。傳供春，供春者吴氏小史也。至時大彬，以寺僧始止削竹如刃，刳山土爲之，供春更斲木爲模，時悟其法，則又弃模，而所謂削竹如刃者，器類增至今日不啻數十事。用木重首作椎，椎唯鍊土。作掌，厚一薄一，分聽土力。土稡不耐指，用木作月，阜其背，虚緣易運，代土左右，是意與終始。用鐳，長視筆，闊視薙。次减者二，廉首齊尾。廉用割，用薙，用剔。齊用抑，用趁，用撫，用推。

凡接文深淺，位置高下，齊廉幷用。壺事此獨勤。用角闊寸，長倍五，或圭或笏，俱前薄後勁，可以服我屈伸爲輕重。用竹木如貝，竅其中納柄，凡轉而藏暗者藉是。至于中豐兩殺者，則有木如臂，補規萬所困。外用竹若釵之股，用石如碓，爲荔核形，用金作蝎尾。意至器生，因窮得變，不能爲名。土色五，膩密不招客土，招則火知之。時乃故入以砂，鍊土克諧，審其燥濕，展之名曰土氊，割而登諸月。有序，先腹，兩端相見，廉用媒土，土濕曰媒。次面與足，足面先後以制之豐約定。足約則先面，足豐則先足。初渾然虛含，爲壺先天，次開頸，次冒，次耳，次觜，觜後著戒也。體成，于是侵者薙之，驕者抑之，順者撫之，限者趁之，避者剔之，闇者推之，肥者割之，內外等。時後起數家，有徐友泉、李茂林，有沈君用。甲午春，余寓陽羡，主人致工于園，見且悉。工曰僧草創，供春得華，于土發聲光，尚已。時爲人敦雅古穆，壺如之，波瀾安閑，令人喜敬。其下俱因瑕就瑜矣。今器用日煩巧不自耻，嗟乎！似亦感運升降焉。二旬成壺凡十，聚就窑火，予搆文祝窑。文略曰：『器爲水而成，火先明德。功繇土以立，木亦見材。』又曰：『氣必足夫陰陽，候乃持夫晝夜。欲全體以致用，庶含光以守時。』云云。是日主人出時壺二，一提梁卣，一漢觶，俱不失工所言。衡懶仙云：『良工雖巧，不能徒手而就，必先器具修而後制度精。』瓷壺以大彬傳，幾使旗人攤指，此則詳言本末，曲盡物情，文更峭健，可補考工之逸篇。

明 沈子澈《茗壺銘》《陽羡名陶録》卷下

石根泉，蒙頂葉，漱齒鮮，滌塵熱。

陶硯銘 朱彝尊

陶之始，渾渾爾。

清 汪森《茶壺銘》《陽羡名陶録》卷下

茶山之英，含土之精，飲其德者，心恬神寧。

酌中冷，汲蒙項，誰其貯之古彝鼎，資之汲古得修綆。

清 吳騫《陳遠天鷄酒壺贊》《陽羡名陶録》卷下 媧兮煉色，春也審畋，宛爾和風，弄是天鷄，月明花開，左挈右提，浮生杯酒，函谷丸泥。

清 吳騫《陽羡名陶續録》

家溯

明時江南常州府宜興縣歐姓者造瓷器，曰歐窑，有仿哥窑紋片者，有仿官、均窑色者，采色甚多，皆花盤奩架諸器，舊者頗佳。朱炎《陶説》

吳騫曰：歐窑疑即歐正春，今丁蜀二山尚多規之者。器作淡綠色，如蘋婆果，然精巧遠不逮矣。

檇李文後山鼎工詩善畫，收藏名迹古器甚多。有宜磁茗壺三具，皆極精雅，其署款曰『壬戌秋日陳正明製』，曰『龍文』，曰『山中一杯水可清天地心亮彩』。三人名皆未見于前載，亦未詳何地人。陳敬璋《餐霞軒雜録》

又 本藝

香雪居在十三房，所粥皆宜興土產砂壺。茶壺始于碧山冶金，呂愛冶銀。泉駛茗膩，非扃以金銀，必破器染味。砂壺創于金砂寺僧，團紫砂泥作壺具，以指羅紋爲標識。有吳學使者讀書寺中，待童供春見之，遂習其技成名工，以無指羅紋爲標識。宋尚書時彥裔孫名大彬，得供春之傳，毀甓以杵舂之，使還爲土，範爲壺，燂以熠火，審候以出。雅自矜重，遇不愜意碎之，至碎十留一。皆不愜意，即一弗留。彬技指，以柄上拇痕爲標識。大彬之後則陳仲美、李仲芳、徐友泉、沈君用、陳用卿、蔣志雯諸人。友泉有雲疊、蟬觶、漢瓶、僧帽、提梁卣、苦節君、扇面、美人肩、西施乳、束腰、菱花、平肩、蓮子、合菊、荷花、竹節、橄欖、六方、冬瓜麗、分蕉、蟬翼、柄雲、索耳、番象鼻、沙魚皮、天雞、篆耳諸式。仲美另製鸚鵡杯，吳天篆《磁壺賦》云『翎毛璀璨，鏤爲嬰武之杯』謂此。後吳人趙璧變彬之所爲，而易以錫。近時則歸復所制錫壺爲貴。李斗《揚州畫舫録》

吳騫曰：長洲陸貫夫紹曾，博古士也，當爲予言：大彬壺有分四旁、底、蓋爲一壺者，合之注茶，滲屑無漏，名『六合一家壺』，離之仍爲六。其藝之神妙如是。然此壺予實未見，姑識于此，以廣異聞。

又 談叢

前卷言一藝之工足以成名，而嘆土人有不能及。偶觀《袁中郎集・時尚》一篇，與予説略同，并録之。云：古來薄技小器皆可成名，鑄銅如王吉、姜娘子，琢琴如雷文、張越，磁器如哥窑、董窑，漆器如張成、楊茂、彭君寶，士大夫寶玩欣賞，與詩疑作書，畫并重。當時文人墨士、名公鉅卿不知湮沒多少，而諸匠之名顧得不朽，所謂五穀不熟不如稊稗

者也。近日小技著名者尤多，皆吳人。瓦壺如龔春、時大彬，價至二三千錢。銅爐稱胡四，扇面稱何得之，錫器稱趙良璧，好事家爭購之。然其器實精良非他工所及，其得名不虛也。云云。予又曾見《顧東江集》，宏正間舊京製扇骨最貴。李昭《七修類稿》稱天順開有楊塤，妙于倭漆其漂霞山水人物，神氣飛動，圖畫不如賞上疏明李賢袁彬者也。王正《居士易録》

韓奕字仙李，揚州人。買園湖上，名曰韓園。工詩，善鼓板，蓄砂壺，爲徐氏客。《揚州畫舫録》

問得板橋道人小幀梅花一枝，傍列時壺一器，題云：『峒山秋片茶，烹以惠泉，貯沙壺中，色香乃勝。光福梅花盛開，折得一枝，歸啜數杯，便覺眼耳鼻舌身意直入清涼世界，非烟火人所能夢見也。』系一絶云：『因尋陸羽幽栖處，傾倒山中烟雨春。幸有梅花同點綴，一枝和露帶清芬。』此幀詩畫皆有清致，要不在元章、文長之亞。魏鉽蜩《寄生隨筆》

清 陳瀏《匋雅》卷上三 琖托，謂之茶船。

又 卷上六 人物之太纖細者，往往面貌模糊，無所可觀。新瓷釉汁較麤，尤易剝落。道光間有一精於畫瓷之良工，能將名人書畫摹入瓷茶杯之上，一方寸間輒畫五六人，眉目如生，工筆殊絶，較之《秋聲賦》諸圖彌復精妙，亦異寶也。杯底篆有作者別號，惜余忘之矣。今則不能輒見也。

又 卷上九 庚子後所出五彩過枝之盤盌甚夥。有桃實八枚綴於枝上者，索價亦甚鉅。過枝云者，自此面以達於彼面，枝幹相連，花葉相屬之謂，皆雍正官窯也。桃實雖華腴而究少風趣，較之癩葡萄之茗盌、抹紅纓桃之杯碟三者道光窯之過枝者也，又有霄垠之殊。持比紅梅鶺鴒雍正過枝盌，則又自慚形穢矣。

又 卷上一四 康窯有瓜皮綠一種，滿開小片，以大罐形如西瓜，蓋上有瓜藤者為佳，其它瓶類轉無足貴也。道光窯喜於茶杯或鼻煙壺上畫極小之人物、樹木、樓臺、船隻、旗幟，頗參用泰西畫法。人大如蚊，樹小於薺，纖毫畢現，亦奇品也。

又 卷上一七 康雍蛋黃器皿顔色俱極鮮明。康窯小酒杯皆有雙耳，款字精細，凹雕龍螭，亦有凸雕者。茶葉罐甚精，然頗罕見。

又 卷上一八 吾華瓷品尚矣，而今不古若者，原因甚繁複也。曰胚胎，昔之土質細膩，今則麤劣矣。曰手工，昔之模範精整，今則苦窳矣。曰釉質，昔之堊澤瑩潤，今則枯燥矣。曰彩色，昔之顔料鮮明，今則黯敗矣。曰式樣，昔之古意深厚，今則俗惡矣。曰畫手，昔之寫生雅緻，今則蠢謬矣。曰火侯，昔之出窯完美，今則薜暴矣。居今稽古，度越前修，要其大恉，厥有二端。康雍兩朝瓷業空前絶後，乾隆雕繡最工，獨於瓷器退化。唐英著説，朱琰述文，或詳當時之制度，或考往代之流傳。彩繪弗彰，惟矜樸素。非其文字之不工，亦時世有以限之也。先乎康雍而生者，不知有康雍之昌明。後乎康雍而生者，不能臻康雍之絶詣。不先不後而生於康雍之朝者，雖文美之可觀，而又無古雅之足言。瓷猶園也，富人潤屋、廣廈萬間，終不若舊家池館、衰柳殘荷之別饒野趣也，又況佳山勝水，岩壑萬千，異草奇葩，珍禽怪獸，如游艮嶽，如入山陰，絶非經營拳石、拂拭盆松者所能夢見也耶！積三百餘載之菁華，一旦大暴於世，先朝美術，觸手如新，斯其難得者歟？華瓷冠絶全球，而華人初不知其可寶，殆真所謂聖不自聖，民無能名者也。列強交通，東西角騰，而吾華獨佔最優之名譽。于是歐美斐澳恐後爭先，一金之值，騰湧千百。茗甌酒盞，歎為不世之珍。尺瓶寸盂，視為無上之品。且又為之辨別妍媸，區分色目，探賾索隱，造精詣微。豇紅蘋綠，則析及豪芒。御窯客貨，則嚴其等第。浣紗貧女一入吳宮，射鉤賤士遂為齊相。容光煥發，熏沐有加。吹噓判其菀枯，顧盼增其聲價。波斯碧眼，隔重譯而輸將。虀飯酸儒，擲重金而弗吝。椎理發塚之子，弓玉盜庫之夫，鑿險縋幽，以真換贋。或豪奪虞劍，或巧賺《蘭亭》。《教子升天》之杯，實為禍苗。《清明上河》之圖，且興大獄。己亥、丙午，輦致避暑山莊法物於都下凡數十萬件，以每件三五百金計之，至謂可抵甲午、庚子兩次大賠款。其較為蘊藉者，亦謂創設一大博物院，足以輝映五洲。萬口同聲，有由來矣。其難得者又一也。嗟嗟寂翁，平生已矣。緇塵憔悴，雪刺盈顛。遠念故邱，百無可說，獨此區區眼福，在現在世界中亦幾幾乎登峯造極，斯亦京華二十載之薄有所得也。偶憶宗伯船娘事，母亦啞然失笑也耶。

又 卷上二四 康熙款之天青雲罍尊，雕紋精細而古雅，惜其兩耳帶有銅環也。銅鑲盌口，宋明御用物始有之。粉定也，明之祭紅也，數見不怪。但去其銅片，直如磨口，為可惜耳。而順治官窯之淡描大茶盌亦有磨

口，似曾經銅鑲者。

又卷上二五　宋哥茗具，盌上各有蓋，滿身皆褐色細斑，盌邊作老黃色，或即所謂紫口者歟？

又卷上二九　乾隆豆青花鼓式之茶罐，雙耳作獸頭，亦尋常式樣也。六字篆款，價不甚貴。近亦不能多見。

又卷下一四　塵星之暈成黃色，自為片段，若炒米釉者，或亦謂之鷓斑，不獨兔毫琖可與媲美。近出建窯鳥泥甆盌。類多有兔毫者。

又卷下二一　道光窯墨床每畫一人牽懶驢過橋，極有神態。若茗盌所畫騎驢少年，類拖辮髮，則康雍所未有也。康雍所畫風雪尋梅之一翁一僮，又非道光窯所能幾及者矣。

又卷下三二　朱《說》所載隆慶藏器。美不勝收。今則青花琖托一枚，好事者亦珍同拱璧。

兔毫琖即鷓鴣斑。第鷓斑痕寬，兔毫針瘦，亦微有不同。或稱近有閩人掘地所得古琖頗多，質厚色紫黑。茶盌較大，山谷詩以之鬥茶者也。酒杯較小，東坡詩以之盛酒者也。證以蔡襄《茶録》，其為宋器無疑。曰甌寗產，曰建安所造，皆閩窯也。底上偶刻有陰文『供御』楷書二字。《格古要論》謂琖多甆口，則不折腰之壓手杯也。

又卷下三七　建窯原係建寧，乃黑色兔毫琖也。後以屬之德化，則皆白瓷矣。

又卷下三八　時大彬所製砂壺，紫泥中有白點，若花生果也。陳曼生壺式樣較為小巧，所刻書畫亦精。壺嘴不淋茶汁，一美也。壺蓋轉之而緊閉，拈蓋而壺不脫落。二美也。

又卷下四二　『洪福齊天』茶盌亦有彩繪人物者。

又卷下四四　嘉道間，鴉片煙館始設於廣東，館中所用茗具皆畫以洋彩，工細殊絕，並於盌上題字曰『粵東省城十三行』，門曰『靖遠』、曰『荳欄』，又題字曰『粵東海珠』，凡十有五字。其盌蓋之上別題句曰『美味徧招雲外客，清香可引洞中仙』。或曰廣窯也，非景德鎮所製。

又卷下五一　甆托者，琖托也，宋官窯之仿剔紅者也。剔紅漆托始于宋。

【略】

卵幕茗盌，蓋有圈式影青之細紋，較尋常式樣為尤小，銖兩最輕，光色如良玉。近亦贋本孔多矣。

清　朱琰《陶說》卷一《說今·饒州窰》　皇朝順治十一年，造龍缸、欄板等器。未成輒止，恐累民也。康熙十九年，始遣內務府官駐廠監督，向有上工夫派饒州屬邑者，悉罷之。每開窯，鳩工庀材，動支內府。按時給直，與市賈適均。運器亦不預地方，一切不妨吏政事。官民稱便，所造益精。

邇年以來，古禮器尊、罍、彝、鼎、卣、爵之款製，文房硯屏、墨床、書滴、畫軸、秘閣鎮紙、司直，各適其用。而于中山毛穎，先為之管，既為之洗，臥則有床，架則有格，立則有筒。彷漢人雙鉤碾玉之印章，其紐法為駝為龜，為龍為虎，為連環，為瓦。印色之池，或方，或圓，或稜，可助翰藻。養花之室，二寸、三寸至五六寸。圓如壺，圜而下垂如膽，圓而侈口庳下如尊，廉之成角如觚，直如筒，方如斗。而口或弇，形或扁，截方、圓、稜之半而平其背，可掛壁。為式不一，書畫清防之版，有枕屏，有床屏，爪杖、缽塞、黑白子閑適之具。百摺、分檔、鰍耳、索耳、戟耳、六稜、四方、直腳、石榴足、橘囊諸款，蠟茶、鎏金、藏經諸色。慎香之爐，可備燕賞。飯匕、茶匙、齋筋之器，蠟斗、醋滴、澡盤、鐙錠、方圓之枕、盆盎、甕缽、柈案，可充日用。【略】至于鬭茶、曹飲、饋食之所需，壺尊碗碟，爲類更繁，難以枚舉。其規範則定、汝、官、哥、宣德、成化、嘉靖、佛郎之好樣萃于一窑，其彩色則霽紅、礬紅、霽青、粉青、冬青、紫、綠、金、銀、漆黑、雜彩隨宜而施，其器品則規之、萬之、廉之、挫之，或崇、或卑、或侈、或弇、或素、或彩、或堆、或錐，又有瓜瓠花果象生之作，其畫染則山水、人物、花鳥、寫意之筆，青綠渲染之製，四時遠近之景，規橅名家，各有元本。於是乎戧金、鏤銀、琢石、髹漆、螺甸、竹木、匏蠡諸作，無不以陶為之，仿效而肖。近代一技之工，如陸子岡治玉，呂愛山治金，朱碧山治銀，鮑天成治犀，趙良壁治錫，王小溪治瑪瑙，蔣抱雲治銅，濮仲謙雕竹，姜千里螺甸，楊塤倭漆，今皆聚于陶之一工。以之泄造化之秘，以之佐文明之瑞。有陶以來，于茲極盛！此無他，人心優裕，人力寬閒，地產物華，應運

而起，有必然矣。

著録

宋 蔡襄《茶録·序》 朝奉郎、右正言、同修起居注臣蔡襄上進：臣前因奏事，伏蒙陛下諭，臣先任福建轉運使日所進上品龍茶最爲精好。臣退念草木之微，首辱陛下知鑒，若處之得地，則能盡其材。昔陸羽《茶經》，不第建安之品；丁謂《茶圖》，獨論采造之本。至于烹試，曾未有聞。臣輒條數事，簡而易明，勒成二篇，名曰《茶録》。伏惟清閑之宴，或賜觀采，臣不勝惶懼榮幸之至。謹序。

又《後序》 臣皇祐中修起居注，奏事仁宗皇帝，屢承天問以建安貢茶并所以試茶之狀。臣謂論茶雖禁中語，無事于密，造《茶録》二篇上進。後知福州，爲掌書記竊去藏槁，不復能記。知懷安縣樊紀購得之，遂以刊勒，行于好事者，然多舛謬。臣追念先帝顧遇之恩，攬本流涕，輒加正定，書之于石，以永其傳。治平元年五月二十六日，三司使、給事中臣蔡襄謹記。

明 顧元慶《茶譜·序》 余性嗜茗。弱冠時，識吳心遠於陽羨，識過養拙於琴川，二公極於茗事者也，授余收、焙、烹、點法，頗為簡易。及閱唐宋《茶譜》、《茶録》諸書，法用熟碾細羅，為末為餅，所謂小龍團，尤為珍重，故當時有『金易得而龍餅不易得』之語。嗚呼，豈士人而能為此哉。頃見友蘭翁所集《茶譜》，其法於二公頗合，但收采古今篇什太繁，甚失譜意。余暇日刪校，仍附王友石竹爐並分封六事於後，重梓於大石山房，當與有玉川之癖者共之也。

明 茅一相《〈茶譜〉後序》《茶譜》 大石山人顧元慶，不知何許人也，久之，知為吾郡王天雨社中友。王固博雅好古士也，其所交盡當世賢豪，非其人，雖軒冕黼黻不欲掛眉睫間。天雨至晚歲，益厭棄市俗，乃築室于陽山之陰，日惟與顧、岳二山人結泉石之盟。顧即元慶，岳名岱，別號漳餘，尤善繪事，而書法頗出入米南宮，吳之隱君子也。三人者吾知其二，可以卜其一矣。今觀所述《茶譜》，苟非泥淖一世者，必不能勉強措一詞。吾讀其書，亦可以想見其為人矣。用置案頭，以備嘉賞。

清 吳騫《陽羨名陶録》卷上《序》 上古器用陶匏，尚其質也。史稱虞舜陶於河濱，器皆不苦窳，苦讀如盬。苦窳者何？蓋髻墾薜暴之等也，然則苦窳之陶宜為重瞳所弗顧已。厥後閼父作周陶正，武王賴其利器用也，以大姬妻其子而封之陳，《春秋》述之。三代以降，官失其職，象犀珠玉金碧焜耀而陶之道益微。今覆穴所在皆有，不過以為瓴甋罌缶之須，其去苦窳者幾何？惟義興之陶製度精而取法古，迄乎勝國諸名流出，凡一壺一卣，幾與商彝周鼎並為賞鑒家所珍，斯亢善於復古者與？予竭來荊南，雅慕諸人之名，欲訪求數器，破數十年之功而所得蓋寥寥焉。慮歲月滋久，並作者姓氏且弗章，擬綴輯所聞以傳好事。暨陽周伯高氏嘗著《茗壺系》述之，間多漏略，茲復稍加增潤，釐為二卷，曰《陽羨名陶録》。超覽君子，更有以匡予不逮，實厚願焉。

乾隆丙午春仲月吉兔牀吳騫書於桃溪墨陽樓。

藝文

《玉臺新咏·左思〈嬌女詩〉》 心爲茶菽劇，吹噓對鼎鑩。

晉 杜育《荈賦》《北堂書鈔》卷一四四 靈山惟嶽，奇產所鍾。瞻彼卷阿，實曰夕陽。厥生荈草，彌谷被崗。承豐壤之滋潤，受甘露之霄降。月惟初秋，農功少休；結偶同旅，是采是求。水則岷方之注，挹彼清流；器擇陶簡，出自東隅；酌之以匏，取式公劉。

唐 皮日休《松陵集》卷四《茶中雜咏·茶籯》 筤篣曉攜去，驀箇山桑塢。開時送紫茗，負處沾清露。歇把傍雲泉，歸將掛煙樹。滿此是生涯，黃金何足數。

又《茶鼎》 龍舒有良匠，鑄此佳樣成。立作菌蠢勢，煎為潺湲聲。草堂暮雲陰，松窗殘雪明。此時勺複茗，野語知逾清。

又《茶甌》 邢客與越人，皆能造茲器。圓似月魂墮，輕如雲魄起。棗花勢旋眼，蘋沫香沾齒。松下時一看，支公亦如此。

宋 蔡襄《端明集》卷二《造茶》 屑玉寸陰間，摶金新範裏。規呈月正圓，勢動龍初起。焙出色香全，爭誇火候是。

又《試茶》 兔毫紫甌新，蟹眼清泉煮。雪凍作成花，雲間未垂縷。願爾池中波，去作人間雨。

宋 范仲淹《范文正集》卷二《和章岷從事鬥茶歌》 年年春自東南來，建溪先暖冰微開。溪邊奇茗冠天下，武夷仙人從古栽。新雷昨夜發何處，家家嬉笑穿雲去。露牙錯落一番榮，綴玉含珠散嘉樹。終朝采掇未盈襜，唯求精粹不敢貪。研膏焙乳有雅製，方中圭兮圓中蟾。北苑將期獻天子，林下雄豪先鬥美。鼎磨雲外首山銅，瓶攜江上中泠水。黄金碾畔綠塵飛，紫玉甌心雪濤起。鬥餘味兮輕醍醐，鬥餘香兮蒲蘭芷。其間品第胡能欺，十目視而十手指。勝若登仙不可攀，輸同降將無窮恥。于嗟天產石上英，論功不愧階前蓂。衆人之濁我可清，千日之醉我可醒。屈原試與招魂魄，劉伶卻得聞雷霆。盧仝敢不歌，陸羽須作經。森然萬象中，焉知無茶星。商山丈人休茹芝，首陽先生休采薇。長安酒價減千萬，成都藥市無光輝。不如仙山一啜好，泠然便欲乘風飛。君莫羨花間女郎祇鬥草，贏得珠璣滿斗歸。

宋 蘇軾《蘇東坡全集》卷二七《寄周安孺茶》 自爾入江湖，尋僧訪幽獨。高人固多暇，探究亦頗熟。聞道早春時，攜籯赴初旭。驚雷未破蕾，采采不盈掬。旋洗玉泉蒸，芳馨豈停宿。須臾布輕縷，火候謹盈縮。不憚頃間勞，經時廢藏蓄。髹筒淨無染，箬籠勻且複。苦畏梅潤侵，暖須人氣燠。有如剛耿性，不受纖芥觸。又若廉夫心，難將微穢瀆。晴天敞虛府，石碾破輕綠。永日遇閑賓，乳泉發新馥。香濃奪蘭露，色嫩欺秋菊。閩俗競傳誇，豐腴面如粥。

又 卷三《試院煎茶》 蟹眼已過魚眼生，颼颼欲作松風鳴。蒙茸出磨細珠落，眩轉繞甌飛雪輕。銀瓶瀉湯誇第二，未識古人煎水意。君不見昔時李生好客手自煎，貴從活火發新泉。又不見今時潞公煎茶學西蜀，定州花瓷琢紅玉。我今貧病長苦饑，分無玉碗捧蛾眉。且學公家作茗飲，磚爐石銚行相隨。不用撐腸拄腹文字五千卷，但願一甌常及睡足日高時。

宋 羅願《羅鄂州小集》卷一《茶巖》 巖下纔經昨夜雷，風爐瓦鼎一時來。便將槐火煎嵓溜，聽作松風萬壑迴。

宋 陸遊《劍南詩稿·試茶》 蒼爪初驚鷹脫韝，得湯已見玉花浮。睡魔何止避三舍，歡伯直知輸一籌。日鑄焙香懷舊隱，谷簾試水憶西遊。銀餅銅碾俱官樣，恨欠纖纖為捧甌。

宋 李南金《茶瓶湯候》《鶴林玉露·丙篇》卷三 砌蟲唧唧萬蟬催，忽有千車捆載來。聽得松風並澗水，急呼縹色綠瓷杯。

宋 羅大經《補》《鶴林玉露·丙篇》卷三 松風檜雨到來初，急引銅瓶離竹爐。待得聲聞俱寂後，一甌春雪勝醍醐。

宋 周密《癸辛雜識·前集·長沙茶具》 長沙茶具精妙甲天下，每副用白金三百星或五百星，凡茶之具悉備，外則以大縷銀合貯之。趙南仲丞相帥潭日，嘗以黄金千兩為之，以進上方，穆陵大喜。蓋內院之工所不能為也。因記司馬公與范蜀公遊嵩山，各攜茶以往。溫公以紙為貼，蜀公盛以小黑合。溫公見之曰：『景仁乃有茶具耶？』蜀公聞之，因留合與寺僧而歸。向使二公見此，當驚倒矣。

宋 黄庭堅《茶碾烹煎》《古今事文類聚》卷一二 風爐小鼎不須催，魚眼長隨蟹眼來。深注寒泉收第一，亦防枵腹爆乾雷。

宋 林逋《烹北苑茶有懷》《續茶經》卷下 石碾輕飛瑟瑟塵，乳花烹出建溪春。世間絕品人難識，閑對《茶經》憶古人。

元 袁桷《清容居士集》卷七《煮茶圖並序》 《煮茶圖》一卷，仿石窗史處州燕居故事所作也。石窗諱文卿，字景賢，外高祖忠定王曾孫。儀觀清朗，超然綺紈之習。聚四方奇石，築堂曰『山澤居』，而自號曰『石窗山樵』。此圖左列圖卷，比束如玉筍，錦繡間錯。旁有一童，出囊琴拂塵以俟命。右橫重屏，石窗手執烏絲闌書展玩，疑有所構思。屏後一幾，設茶器數十。一童傴揹運碾，綠塵滿巾。一童篝火候湯，蹙唇望鼎口，若懼主人將索者。如意、麈尾、巾壺、研紙，皆纖悉整具。羽衣烏巾，玉色絢起，望之真飛仙人。予意永和諸賢，放浪泉石，當不過是。而其泊然宦意，翰墨清灑，誠足以方駕而無愧。甲午冬十月，其孫公疇出以相示，因記而賦之，以發千古之遠想云。

石窗山樵昔公子，獨鶴蕭蕭煙竹裏。月湖一頃碧琉璃，高築虛堂水中沚。

堂深六月生涼秋，萬柄風搖紅旖旎。遵南更有山澤居，四面晴峰插天倚。

憶昔王門豪盛時，甲族丁黄總朱紫。曉趁黄閣袖香塵，俯首脂韋希雋美。
一官遠去長安門，德色欣欣對妻子。豈如高懷脱榮辱，妙出清言洗紈綺。
郡符一試不掛意，岸幘看雲臥林墅。平生嗜茗茗有癖，古井汲泉和石髓。
風回翠碾落晴花，湯響雲鐺衮珠蕊。齒寒意冷復三咽，萬事無言歸坎止。
何人丹青悟天巧，落筆毫芒研妙理。黄粱初炊夢未古，舊事淒零誰複紀？
展圖縹眇憶遺蹤，玉佩珊珊響秋水。

明王世貞《弇州續稿》卷一一《醉茶軒歌爲詹翰林作》　糟丘欲頹酒池涸，嵇家小兒厭狂藥。自言欲絶歡伯交，亦不願受華胥樂。
陸郎手著茶七經，卻薦此物甘沈冥。先焙顧渚之紫筍，次及楊子之中泠。
徐聞蟹眼吐清響，陡覺雀舌流芳馨。定州紅瓷玉堪妒，釀作蒙山頂頭露。
已令學士誇党家，復遣嬌娃字紈素。一杯一杯殊未已，狂來忽鞭玄鶴起。
七碗初移糟粕腸，五絃更淨琵琶耳。吾宗舊事君記無，此醉轉覺知音孤。
朝賢處處罵水厄，傖父時時呼酪奴。酒邪茶邪俱我友，醉更名茶醒名酒。
一身原是太和鄉，莫放真空落凡有。

明周高起《陽羨茗壺系·過吴迪美朱萼堂看壺歌兼呈貳公》

新夏新晴新緑焕，茶式初開花信亂。羈愁共語賴吴郎，曲巷通人每相唤。
伊予真氣合奇懷，閒中今古資評斷。荊南土俗雅尚陶，茗壺奔走天下半。
吴郎鑒器有淵心，曾聽壺工能事判。源流裁别字字矜，收貯將同彝鼎玩。
再三請出豁雙眸，今朝乃許花前看。高盤捧列朱萼堂，匣未開時先置贊。
捲袖摩挲笑向人，次第標題陳几案。每壺署以古茶星，科使前賢參静觀。
指摇蓋作金石聲，款識稱堪法書按。某為壺祖某云孫，形製敦龐古光燦。
長橋陶肆紛斷奇，心眼欷歔多暗换。寂寞無言意其深，人知俗手真風散。
始信黄金瓦價高，作者展也天工竄。技道曾何彼此分，空堂日晚滋三歎。

又《供春大彬諸名壺價高不易辨予但别其真而旁蒐殘缺於好事家用自怡悦詩以解嘲》　陽羨名壺集，周郎不棄瑕。尚陶延古意，排悶仰真茶。燕市曾酬駿，齊師亦載車。也知無用用，攜對欲殘花。

吴迪美曰：用涓人買駿骨、孫臏刖足事，以喻殘壺之好。伯高乃真賞鑒家，風雅又不必言矣。

明林茂之《陶寶肖像歌》為馮本卿金吾作　《陽羨茗壺系》

昔賢製器巧含樸，規倣樽壺從古博。我明龔春時大彬，量齊水火摶埴作。
作者已往嗟濫觴，不循月令仲冬良。荊谿陶正司陶復，泥沙貴重如珩璜。
世間茶具稱為首，玩賞揩摩在人手。粉錫型模莫與爭，素磁斟酌長相偶。
義取炎涼無變更，能使茶湯氣永清。動則禁持慎捧執，久且色澤生光明。
近聞復有友泉子，雅式精工仍繼美。嘗教春茗注山泉，不比瓶罍罄時恥。
以兹珍賞向東吴，勝卻方平衆玉壺。癖好收藏阮光禄，割愛舉贈馮金吾。
金吾得之喜絶倒，寫圖錫名曰陶寶。一時詠贊如勒銘，直似千年鼎彝好。

明俞仲茅《贈馮本卿都護陶寶肖像歌》《陽羨茗壺系》

何人霾向陶家側，千年化作土赭色。捄來擣治水火齊，義興好手誇埏埴。
春濤沸後春旗濡，彭亨豕腹正所須。吴兒寶若金服匿，眞緣先入步兵廚。
於今東海小馮君，清賞風流天下聞。主人會意卻投贈，媵以長句縹緗文。

陳君雅欲酣茗戰，得此摩挲日千遍。尺幅鵝溪綴剡藤，更教摩詰開生面。

一時佳話傾璠璵，堪備他年班管書。月筍即今書畫舫，硯山同伴玉蟾蜍。

明 熊飛《坐懷蘇亭焚北鑄鑪以陳壺徐壺烹洞山岕片歌》《陽羨名陶録》卷下

顯皇垂拱昇平季，文盛兵銷遍恬喜。是時朝士多韻人，競仿吳儂作清事。書齋蘊藉快沈燎，湯社精微重茶器。景陵銅鼎半百沽，荊溪瓦注十千餘。宣工衣缽有施叟，時大後勁橅陳徐。凝神昵古得古意，甯與秦漢官哥殊。余生有癖嘗涎覬，竊恐尤物難兼圖。昔年挾策上公車，長安米價貴如珠。輟食典衣酬夙好，鑄得大小兩施爐。今年陽羨理蓿駕，懷蘇亭畔樂名壺。蘇公癖王予梓里，此地買田貽手書。焉知我癖非公癖，臭味豈必分賢愚。閑煮惠泉燒柏子，梧風習習引輕裾。吁嗟洞山岕片不多得，任教茗戰難相克。亭中長日三摩挲，猶如辨香茶話隨公側。

顧智跋：偶檢殘編，得熊公懷蘇亭歌詞，想見往時風流暇逸。今亭既湮沒，故附梓於誌以志學宮昔有此亭，亦見陽羨名壺固甲天下也。

清 周春《七绝四首》《陽羨名陶録·題辭》

其一

博物胸儲七録豪，閑窗餘事付名陶。開函紙墨生香處，篆入熏爐波律膏。

其二

瓷壺小樣最宜茶，甘歆濃浮碧乳花。三大一時傳舊系，長教管領小心芽。

其三

間説陶形祀季疵，玉川風腋手煎時。何當喚取松陵客，補賦荊南茶具時。

清 吳梅鼎《陽羨茗壺賦并序》《陽羨名陶録》卷下

六尊有壺，或方或圓，或大或小。方者腹圓，圓者腹方，口金琢玉，彌甚其侈。獨陽羨以陶為之，有虞之遺意也。然粗而不精，與窳等。余從祖拳石公讀書南山，攜一童子名供春，見土人以泥為缶，即澄其泥以為壺，極古秀可愛，世所稱供春壺是也。嗣是時子大彬師之，曲盡厥妙。數十年中，仲美、仲芳之倫，用卿、君用之屬接踵騁伎，而友泉徐子集大成焉。一瓷罌耳，價埒金玉，不幾異乎？顧其壺為四方好事者收藏殆盡。先子以蕃公嗜之，所藏頗夥，乃以甲乙兵焚，盡歸瓦礫。精者不堅，良足歎也。有客過陽羨，詢壺之所自來，因溯其源流、狀其體製、臚其名目，並使後之為之者考而師之。是為賦。

惟宏陶之肇造，實運巧于姚虞。爰前民以利用，能製器而無窳。在漢秦而為甄，寶厥美曰康瓠。類瓦缶之太朴，肖鼎鼐以成區。雜瓷瓴與瓿甎，同鍛煉以無殊。然而藝匪匠心，制不師古。聊抱甕以團砂，欲挈瓶而口土。形每儕乎欹器，用豈侔夫周簠。名山未鑿，陶甒無五采之文。巧匠不生，鏤畫昧百工之譜。爰有供春，侍我從祖。在髫齡而穎異，寓目成能。借小伎以娛閑，因心挈矩。過土人之陶穴，變瓦瓿以為壺。信異僧而琢山，斸陰凝以求土。時有異僧繞白碭、青龍、黃龍諸山，指示士人曰『賣富貴』，土人異之，鑿山得五色土，因以為壺。於是砠白碭，鑿黃龍。宛掘井兮千尋，攻岩有骨。若入淵兮百仞，采玉成峰。春風花浪之濱地有畫溪花浪之勝，分畦茹濾。秋月玉潭之上地近玉女潭，並杵椎舂。合以丹青之色，圖尊規矩之宗。停椅梓之槌，酌剪裁于成片。握文犀之刮，施刓掠以為容。稽三代以博古，考秦漢以程功。圓者如丸，體稍縱為龍蛋壺名龍蛋。方兮若印壺名印方，皆供春式，角偶刻以秦琮又有刻角印方。脱手則光能照面，出冶則資比凝銅。彼新奇兮萬變，師造化兮元功。信陶壺之鼻祖，亦天下之良工。過此則有大彬之典重時大彬，價擬璆琳。仲美之雕鎪陳仲美，巧窮毫髮。仲芳骨勝而秀出刀鑴李仲芳，正春肉好而工疑刻畫歐正春。求其美麗，爭稱君用離奇沈君用。尚彼渾成，僉曰用卿醇飭陳用卿。若夫綜古今而合度，極變化以從心，技而進乎道者，其友泉徐子乎？緬稽先子，與彼同時。爰開尊而設館，令效技以呈奇。每窮年而累月，期竭智以殫思。潤果符乎球璧，巧實媲乎班倕。盈什百以韞櫝，時閲玩以遐思。若夫燃彼竹鑪，汲夫春潮，浥此茗碗，爛於瓊瑤。對煒煌而意騋，瞻詭厲以魂銷。方匪一名，圜不一相。文豈傳形，賦難為狀。爾其為制也，象雲罍兮作鼎壺名雲罍，陳螭觶兮揚杯螭觶名。仿漢室之瓶漢瓶，則丹砂沁采。刻桑門之帽僧帽，則蓮葉擎臺。卣號提梁提梁卣，膩於雕漆。君名苦節苦節君，蓋已霞堆。裁扇面之形扇面方，觚棱峭厲。卷席

方之角蘆席方，宛轉瀠洄。誥寶臨函誥實，恍紫庭之賓現。圓珠在掌圓珠，如合浦之珠回。至於摹形象體，殫精畢異。韻敵美人美人肩，格高西子西施乳。腰洵約素，照青鏡之菱花束腰菱花。肩果削成，採金塘之蓮蒂平肩蓮子。菊入手而疑芳合菊，荷無心而出水荷花。芝蘭之秀芝蘭，秀色可餐。竹節之清竹節，清貞莫比。銳欖核兮幽芳橄欖六方，實瓜瓠兮渾麗冬瓜麗。或盈尺兮豐隆，或徑寸而平砥。或分蕉而蟬翼，或柄雲而索耳。或番象與鯊皮，或天雞與篆珥分蕉、蟬翼、柄雲、索耳、番象鼻、鯊魚皮、天雞、篆珥，皆壺款式。匪先朝之法物，皆刀尺所不擬。若夫泥色之變，乍陰乍陽。忽葡萄而紺紫，倏橘柚而蒼黃。搖嫩綠於新桐，曉滴琅玕之翠。積流黃於葵露，暗飄金粟之香。或黃白堆沙，結哀梨兮可啖。或青堅在骨，塗髹汁兮生光。彼瑰琦之窯變，匪一色之可名。如鐵如石，胡玉胡金。備五文於一器，具百美於三停。遠而望之，黝若鐘鼎陳明廷。追而察之，燦若琬琰浮精英。豈隨珠之與趙璧可比異而稱珍者哉！乃有廣厥器類，出乎新裁。花蕊婀娜，雕作海棠之盒沈君用海棠香盒。翎毛璀璨，鏤為鸚鵡之杯陳仲美製鸚鵡杯。捧香奩而刻鳳沈君用香奩，翻茶洗以傾葵徐友泉葵花茶洗。瓶織回文之錦陳六如仿古花尊，爐横古幹之梅沈君用梅花爐。卮分十錦陳六如十錦杯，菊合三台沈君用菊合。凡皆用寫生之筆墨，工切琢於刀圭。倘季倫見之，必且珊瑚粉碎。使棠溪觀此，定教白玉塵灰。用濡毫而染翰，志所見而徘徊。

清 陳維崧《贈高待讀澹人以宜壺二器並系以詩》《陽羨名陶録》卷下

宜壺作者推龔春，同時高手時大彬。碧山銀槎濮謙竹，世間一藝俱通神。

彬也沉鬱並老健，沙粗質古肌理勻。有如香盦乍脱蘚，其上刻畫蜼彝蹲。

又如北宋没骨畫，幅幅硬作麻皮皴。百餘年來迭兵燹，萬寶告竭珠犀貧。

皇天劫運有波及，此物亦復遭荊榛。清狂録事偶弃得，一具尚值三千緡。

後來往者或間出，巉削怪巧徒紛綸。臘茶褐色好規製，軟媚詎入山齋珍。

我家舊住國山下，穀雨已過芽茶新。一壺滿貯碧山岕，摩挲便覺勝飲醇。

邇來都下鮮好事，碗嵌瑪瑙車渠銀。時壺市縱有人賣，往往贗物非其真。

高家供奉最淡宕，羊腔詎屑膏吾唇。每年官焙打急遞，第一分賜書堂臣。

頭綱八餅那足道，葵花玉銙寧等倫。定煩雅器瀹精茗，忍使茅屋埋佳人。

家山此種不難致，卓犖只怕車轔轔。未經處仲口已缺，豈亦龍性愁難馴。

昨搜敗簏賸二器，函走長鬣逾城闉。是其姿首僅中駟，敢冀拂拭充綦巾。

家書已發定續致，會見荔子衝埃塵。

清 陳維崧《滿庭芳》吾邑茶具俱出蜀山暮春泊舟山下賦此詞《陽羨名陶録》卷下

白甄生涯，紅泥作活，亂煙細嫋孤村。春山腳下，流水浴柴門。紫筍碧鱸時候，溪橋上、市販爭喧。推蓬望、高吟杜句，旭日散雞豚。田園淳樸處，牽車粥畚，壘石支垣。看鴟彝撲滿，磊磊邱樊。而我偏憐茗器，溫而栗，濕翠難捫。掀髯笑，盈崖緑雪，茶事正堪論。

清 高士奇《宜壺歌荅陳其年檢討》《陽羨名陶録》卷下

荊南山下罨畫溪，溪光瀲灩澄沙泥。土人取沙作茶器，大彬名與龔春齊。

規製古樸復細膩，輕便堪入筠籠攜。山家雅供第一稱，清泉好瀹三春荑。

未經穀雨焙嫩緑，養花天氣黃鶯啼。旗槍初試瀉蟹眼，年年韻事宜幽棲。

柴磁漢玉價高貴，商彝周鼎難考稽。長安人家尚奢靡，鏤工巧矜象犀。

詞曹官冷性淡泊，叨恩賜住蓬池西。朝朝僂直趨殿陛，夜衝街鼓晨聽雞。

日間幼子面不見，糟妻守分甘鹹虀。縱有小軒列圖史，那能退食閑品題。

近向漁陽歷邊徼，春夏時扈八駿蹄。秋來獨坐北窗下，玉川興發思山溪。致劄元龍乞佳器，遂煩持贈走小奚。兩壺圓方各異狀，隔城鄭重裹錦綈。長篇更題數百字，敘述歷落同遠賫。拂拭經時不釋手，童心愛玩仍孩提。湘簾夜捲銀漢直，竹牀醉臥寒蟾低。紙窗木几本精粲，翻憎瑪瑙兼玻璃。瓦瓶插花香爇缶，小物自可同琰圭。龍井新茶虎跑水，惠泉廟岕爭鼓鼙。他年揚帆得恩請，我將攜之歸故畦。

清 馬思贊《希文以時少山砂壺易吾方氏核桃墨》《陽羨名陶録》卷下 漢武袖中核，去今三千年。其半為酒池，半化為墨船。磨休訢骨髓，流出成元鉛。曾落盆池中，數歲膏愈堅。質勝大還丹，䑛者能昇天。贈我良友生，如與我周旋。豈敢計施報，報亦非戔戔。譬彼十五城，難易趙璧然。有明時山人，搦砂成方圓。彼視祖李輩，意欲相後先。我謂韓齊王，羞與噲等肩。青娥易贏馬，文枕換玉鞭。投贈古有之，何必論媸妍。以多量取寡，差覺勝前賢。

清 汪文柏《陶器行贈陳鳴遠》《陽羨名陶録》卷下 荊溪陶器古所無，問誰作者時與徐。泥沙入手經摶埴，光色便與尋常殊。後來多眾工，摹仿皆雷同。陳生一出發巧思，遠與二子相爭雄。茶具方圓新製作，石泉槐火鑒松風。我初不識生，阿髯尺素來相通。贈我雙巵頗殊狀，宛似紅梅嶺頭放。平生嗜酒兼好奇，以此飲之神益王。傾銀注玉徒紛紛，斷木豈意青黃文。廠盒宣爐留款識，香奩藥碗生氤氳。吁嗟乎！人間珠玉安足取，豈如陽羨溪頭一丸土。君不見輪扁當年老斫輪，又不見梓慶削鐻如有神。古來技巧能幾人，陳生陳生今絕倫。

清 周澍《臺陽百咏》《陽羨名陶録》卷下 寒榕垂蔭日初晴，自瀉供春蟹眼生。疑是閉門風雨候，竹梢露重瓦溝鳴。

清 吳省欽《諭瓷絕句》《陽羨名陶録》卷下 宜興妙手數龔春，後輩還推時大彬。一種粗砂無土氣，竹爐讒煞鬪茶人。

清 吳省欽《周梅圃送宜壺》《陽羨名陶録》卷下 春彬好手嗟難見，質古砂粗法尚傳。攜個竹爐蕭寺底，紅囊須瀹惠山泉。

清 陳鱣《觀六十四研齋所藏時壺率成一絕》《陽羨名陶録》卷下 陶家雖欲數供春，能事終推時大彬。安得攜來偕硯北，注將勺水活波臣。予嘗自號東海波臣。

清 馮念祖《無錫買宜興茶具二首》《陽羨名陶録》卷下 陶出玲瓏碗，供春舊擅長。團圞雙日月，刻劃五文章。直並摶砂妙，還誇肖物良。清閒供茗事。珍重比流黃。

敢云一器小，利用仰前賢。陶正由三古，茶經第二泉。卻聽魚眼沸，移就竹爐邊。妙製思良手，官哥應並傳。

清 吳騫《陽羨名陶録》卷下《陶山明府仿古製茗壺以詒好事五首》 洞靈巖口庀精材，百遍臨橅倚釣臺。傅出河濱千古意，大家低首莫驚猜。

金沙泉畔金沙寺，白足禪僧去不還。此日蜀岡千萬穴，別傳薪火祀眉山。

百和丹砂百煉陶，印牀深鎖篆煙消。奇觚不數宣和譜，石鼎聯吟任尉繚。明府曾夢見「尉繚了事」四字，因以自號，茗壺並署之。

翛翛琴鶴志清虛，金注何能瓦注如。玉鑒亭前人吏散，一甌春露一牀書。

陶泓已拜竹鴻臚，玉女釵頭日未晡。多謝東坡老居士，如今調水要新符。東坡調水符事在鳳翔玉女洞，舊《宜興縣志》移于玉女潭，辨詳《桃溪客語》。

又《芑堂明經以尊甫瓜圃翁舊藏時少山茗壺見視製作醇雅形類僧帽爲賦詩而返之》 蜀岡陶覆蘇祠鄰，天生時大神通神。千奇萬狀信手出，巧奪坡詩百態新。清河視我千金寶，云有當年手澤好。想見礪砂百煉精，傳衣夜半金沙老。一行銘字昆吾刻，歲紀丙申明萬曆。彈指流光二百秋，真人久化蓮臺錫。吳梅鼎《茗壺賦》云：刻桑門之帽，則蓮葉擎臺。昨暫留之三歸亭，篋中常作笙磬聲。跋然起視了無睹，惟見竹爐湯沸海月松風清。乃知神物多靈閃，不獨君家雙寶劍。願今且作合浦歸，免使龍光斗牛占。噫嘻公子慎勿嗟，世間萬事猶摶沙。他日來尋丙舍帖，春風還啜趙州茶。

清 吳騫《陽羨名陶續録・張季勤藏石林中人茗壺屬銘以鋟之匣》

渾渾者，陶之始，舍則藏，吾與爾。石林人傳季勤得，子孫寶之永無忒。

清 任安上《少山壺》《陽羨名陶續録》 洞山茶，少山壺，玉骨冰膚，雖欲不傳，其可得乎？壺一把，千金價，我筆我墨空有神，誰來投我以一緡。袁枚曰：可慨亦復可恨，然自古如斯，何見之晚也。

清 汪士慎《葦村以時大彬所製梅花沙壺見贈漫賦茲篇志謝雅貺》《陽羨名陶録》卷下 陽羨茶壺紫雲色，渾然製作梅花式。寒沙出冶百年餘，妙手時郎誰得如？感君持贈白頭客，知我平生清苦癖。清愛梅花苦愛茶，好逢花候貯靈芽。他年倘得南帆便，隨我名山佐茶宴。

清 陳夢星《味諫壺》《陽羨名陶録》卷下 天門唐南軒館丈齋中多砂壺，有形如橄欖者，或憎其拙，子獨謂拙乃近古，遂枉贈焉，名曰味諫。 義興誇名手，巧製妙圓整。茲壺獨臃腫，贅若木之癭。一盞回餘甘，清味托山茗。

清 張廷濟《得時少山方壺于隱泉王氏乃國初進士幼扶先生舊物率賦四律》《陽羨名陶録》卷下

添得蕭齋一茗壺，少山佳製果精殊。從來器樸原團土，且喜形方未破觚。

生面別開宜入畫，詩腸借潤漫愁枯。金沙僧寂供春杳，此是荊南舊範模。

削竹鐫留廿字銘，居然楷法本黃庭。雲痕斷處筆三折，雪點披來砂幾星。

便道千金輸瓦注，從教七碗補《茶經》。延陵著録徽君說，好寄郵筒問大寧。

琅琊世族溯蟬聯，老物傳來二百年。過眼風燈增舊感，知心膠桼話新緣。

未妨會飲過詩屋，大好重攜品隱泉。聞說休文曾有句，可能載筆賦新篇？

活火新泉逸興賖，年年愛鬥雨前茶。從欽法物齊三代，便載都籃總一家。

竹裡水清雲起液，祇園軒古雪飛花。與君到處堪煎啜，珍重寒窗伴歲華。

清 葛澂《時大彬方壺一家王氏藏之百數十年矣辛酉秋日過隱泉訪安期表弟出此瀹茗並示沈竹岑詩即席次韻》《陽羨名陶録》卷下 隱泉故事話高人，況有名陶舊絕倫。酒渴肯辭甘草癖，詩清底買玉壺春。賓朋聚散空多感，書卷飄零此重珍。記取年年來一呷，未妨桑苧目茶神。

清 葛澂《叔未解元得時大彬方壺於隱泉王氏賦四詩見示即疊辛酉舊作韻》《陽羨名陶録》卷下 移向牆東舊主人，竹田位置更超倫。瓦全果勝千金注，時好平分滿座春。

石乳石林真繼美，寶尊寶敦合同珍。從今聲價應逾重，試誦新詩句有神。

清 徐熊飛《觀叔未時大彬壺》《陽羨名陶録》卷下 少山方茗壺，其口強半升。名陶出天秀，止水涵春冰。良工舉手見圭角，那能便學蘇模棱。凜然若對端正士。性情温克神堅凝。風塵淪落復見此，真書廿字銘厥底。削竹契刻妙入神，不信蘆刀能刻髓。王濛故物藤篋封，歲久竟歸張長公。八磚精舍水雲靜，我來正值梅花風。攜壺對客不釋手，形模大似提梁卣。春雷行空蜀岡破，亂點磵砂燦星斗。幾經兵火完不缺，臨危應有神靈守。薄技真堪一代師，姓名獨冠陶人首。吾聞美壺如美人，氣韻幽潔肌理勻。珍珠結網得西子，便應掃卻蛾眉群。又聞相壺如相馬，風骨權奇勢矜雅。孫揚一顧獲龍媒，十萬驪黃皆在下。多君好古鑒別精，搜羅彝器陳縱橫。紙窗啜茗志金石，烟篁繞舍泉清泠。東南風急片帆直，我今遙指防風國。他日重攜顧渚茶，提壺相對同煎吃。

清 張上林《叔未叔出示時壺命作圖並賦》《陽羨名陶録》卷下 曾閱滄桑二百年，一時千載姓名鐫。從今位置清儀閣，活火新泉話夙緣。

清 沈銘彝《時壺歌爲叔未解元賦》《陽羨名陶録》卷下

少山作器不窳，罨畫溪邊劚輕土。後來作者十數輩，遜此形模更奇古。

此壺本自琅玕藏，鬱林之石青浦裝。情親童稚摩挲慣，賦詩共酌春茗香。

蓺林勝事洵非偶，一朝恰落茂先手。清儀閣下檇李亭，羃茶煙浮竹牖。

廬陵妙句清通神，細書深刻藏顏筋。我今對之感舊雨，君方得以張新軍。

商周吉金案頭列，殿以瓦注光磷彬。壺兮壺兮為君賀，曲終正要雅樂佐。

清 周汝珍《和叔未時壺原韻》《陽羨名陶録》卷下　入室芝蘭臭味聯，松風竹火自年年。尋盟研北虛前諾，得寶牆東憧昔賢。門處元知茗是玉，傾來不數酒如泉。徐陵沈約俱名士，寫偏張為主客篇。

清 吴騫《陽羨名陶録》卷下《叔解元得時大彬漢方壺詩來屬和》　春雷蜀山尖，飛棟煤煙綠。燭龍繞蜂穴，日夜鏖百谷。開荒藉瞿曇，煉石補天角。中流抱千金，孰若一壺逐。繼美邦美孫，智燈遞相續。兩儀始胚胎，萬象供摶掬。視以火齊良，寧棄薛與暴。名貴走公卿，價重埒金玉。商周寶尊彝，秦漢古卮盉。丹碧固焜燿，好尚殊華樸。迄今二百祀，瞥若鳥過目。遺器君有之，喜甚獲郢璞。折柬招朋儕，剖符規玉局。松風一以瀉，素濤翻雪瀑。恍凝大寧堂，移置八磚屋。摹形更流詠，箋冊裝金粟。顧謂牛馬走，名陶蓋補録。嗟君負奇嗜，探索窮崖隩。求壺不求官，干水甚干祿。三時我未饜，一夔君已足。譬如壺九華，氣可吞五嶽。何嘗載烏篷，其泛罨溪淥。廟前之廟後，遍聽茶娘曲。勇喚邵文金，渠師在吾握。

雜録

晉 佚名《廣陵耆老傳》《茶經·七之事》　晉元帝時有老姥，每旦獨提一器茗，往市鬻之，市人競買，自旦至夕，其器不減，所得錢散路傍孤貧乞人。人或異之，州法曹縶之獄中，至夜，老姥執所鬻茗器，從獄牖中飛出。

唐 陸羽《茶經·七之事》　晉四王起事，惠帝蒙塵，還洛陽，黄門以瓦盂盛茶上至尊。

唐 蘇廙《十六湯品·斷脈湯》　茶已就膏，宜以造化成其形。若手顫臂彈，惟恐其深，缾觜之端，若存若忘，湯不順通，故茶不勻粹。是猶人之百脈氣血斷續，欲壽奚苟，惡斃宜逃。

又《大壯湯》　力士之把針，耕夫之握管，所以不能成功者，傷於麄也。且一甌之茗，多不二錢，茗盞量合宜，下湯不過六分，萬一快瀉而深積之，茶安在哉？

又《富貴湯》　以金銀為湯器，惟富貴者具焉，所以策功建湯業，貧賤者有不能遂也。湯器之不可捨金銀，猶琴之不可捨桐，墨之不可捨膠。

又《秀碧湯》　石，凝結天地秀氣而賦形者也，琢以為器，秀猶在焉。其湯不良，未之有也。

又《壓一湯》　貴厭金銀，賤惡銅鐵，則瓷瓶有足取焉。幽士逸夫，品色尤宜。豈不為瓶中之壓一乎？然勿與誇珍炫豪臭公子道。

又《纏口湯》　猥人俗輩，煉水之器，豈暇深擇銅、鐵、鉛、錫，取熱而已。夫是湯也，腥苦且澀。飲之逾時，惡氣纏口而不得去。

又《減價湯》　無油之瓦，滲水而有土氣。雖御胯宸緘，且將敗德銷聲。諺曰：『茶瓶用瓦，如乘折腳駿登高。』好事者幸誌之。

又《賊湯》　一名賤湯。竹筱樹梢，風日乾之，燃鼎附瓶，頗甚快意。然體性虛薄，無中和之氣，為茶之殘賊也。

宋 蔡襄《茶録·論茶》

藏茶

茶宜蒻葉而畏香藥，喜溫燥而忌濕冷。故收藏之家，以蒻葉封裹入焙中，兩三日一次，用火常如人體溫溫，以禦濕潤。若火多，則茶焦不可食。

炙茶

茶或經年，則香、色、味皆陳。於淨器中以沸湯漬之，刮去膏油一兩重乃止，以鈐箝之，微火炙乾，然後碎碾。若當年新茶，則不用此說。

碾茶

碾茶，先以淨紙密裹椎碎，然後熟碾。其大要，旋碾則色白，或經宿，則色已昏矣。

羅茶

羅細則茶浮，粗則水浮。

候湯

候湯最難，未熟則沫浮，過熟則茶沈。前世謂之『蟹眼』者，過熟湯也。沈瓶中煮之，不可辨，故曰候湯最難。

宋 趙佶《大觀茶論》

藏焙

【略】焙畢，即以用久竹漆器中緘藏之，陰潤勿開，如此終年再焙，色常如新。

明 高濂《遵生八箋》卷八《備具匣》 余製以輕木為之，外加皮，包厚漆如拜匣，高七寸，闊八寸，長一尺四寸。中作一替，上淺下深，置小梳匣一，茶盞四，骰盆一，香爐一，香盒一，茶盒一，匙箸瓶一。上替內小硯一，墨一，筆二，小水注子，水洗一，圖書小匣一，骨牌匣一，骰子枚馬盒一，香炭餅盒一，途利文具匣一，內藏裁刀、錐子、挖耳、挑牙、消息、肉叉、修指甲刀銼、髮刡等件，酒牌一，詩韻牌一，詩筒一，內藏紅葉各箋以錄詩，下藏梳具匣者，以便山宿，外用關鎖以啟閉。攜之山遊，似亦甚備。

又卷一四《論官哥窑器》 桶爐、六棱瓶、盤口紙槌瓶、大蓍草瓶、鼓爐、菱花壁瓶、多嘴花罐、肥腹漢壺、大碗、中碗、茶盞、茶託、茶洗、提包茶壺、六棱酒壺、瓜壺、蓮子壺、方圓八角酒甑、酒杯、各製勸杯、大小圓碟、河西碟、荷葉盤淺碟、桶子箍碟、絲環水池、中大酒海、方圓花盆、菖蒲盆底、龜背絲環六角長盆、觀音、彌勒、洞賓神像、雞頭罐、楂斗、圓硯、箸搠、二色文篆隸書象棋子、齊箸小碟、螭虎鎮紙，凡此皆二窯之中乘品也。

又《論饒器新窑古窑》 又等細白茶盞，較壇盞少低，而甕肚、釜底、線足，光瑩如玉，內有絕細龍鳳暗花，底有『大明宣德年製』暗款，隱隱橘皮紋起，雖定磁何能比方，真一代絕品，惜乎外不多見。

又《論剔紅倭漆雕刻鑲嵌器皿》 宣德時製同永樂，而紅則鮮妍過之。器底亦光黑漆，刀刻『大明宣德年製』六字，以金屑填之。其盤盒大小，製同宋元。然多丫髻瓶、茶橐、勸杯、茶甌、穿心盒、拄杖、扇柄、硯匣等物。

又卷一一《藏茶》 又云：以中罈盛茶，十斤一瓶，每年燒稻草灰入大桶，茶瓶座桶中，以灰四面填桶，瓶上覆灰築實。每用，撥灰開瓶，取茶些少，仍復覆灰，再無蒸壞。次年換灰為之。

明 聞龍《茶箋》 《經》云：『焙，鑿地深二尺，闊二尺五寸，長一丈。上作短牆，高二尺，泥之。以木構於焙上，編木兩層，高一尺，以焙茶。茶之半乾，升下棚。全乾，升上棚。』愚謂今人不必全用此法。予嘗構一焙，室高不逾尋，方不及丈，縱廣正等，四圍及頂綿紙密糊，無小罅隙。置三四火缸于中，安新竹篩於缸內，預洗新麻布一片以襯之。散所炒茶於篩上，闔戶而焙，上面不可覆蓋。蓋茶葉尚潤，一覆則氣悶罨黃，須焙二三時，俟潤氣盡，然後覆以竹箕。焙極乾，出缸待冷，入器收藏。後再焙，亦用此法。色香與味，不致大減。

山林隱逸，水銚用銀尚不易得，何況鍑乎。若用之恒，而卒歸於鐵也。

茶具滌畢，覆於竹架，俟其自乾為佳。其拭巾只宜拭外，切忌拭內。蓋布帨雖潔，一經人手，極易作氣。縱器不乾，亦無大害。

明 高濂《遵生八箋》卷七《袖爐》 焚香攜爐，當製有蓋透香，如倭人所製漏空罩蓋漆鼓熏爐，似便清齋焚香，炙手熏衣，作烹茶對客常談之具。今有新鑄紫銅有罩蓋方圓爐，式甚佳，以之為袖爐，雅稱清賞。

明 陳師《茶考》 烹茶之法，唯蘇吳得之。以佳茗入磁瓶火煎，酌量火候，以數沸蟹眼為節。如淡金黃色，香味清馥，過此而色赤不佳矣。故前人詩云：『采時須是雨前品，煎處當來肘後方。』古人重煎法如此。若貯茶之法，收時用淨布鋪熏籠內，置茗於布上，覆籠蓋，以微火焙之。火烈則燥，俟極乾，晾冷。以新磁罐，又以新箬葉剪寸半許，雜茶葉實其中封固。五月八月濕潤時，仍如前法烘焙一次，則香色永不變。然此須清齋自料理，非不解事蒼頭婢子可塞責也。

明 許次紓《茶疏·收藏》 收藏宜用瓷瓮，大容一二十斤，四圍厚箬，中則貯茶。須極燥極新，專供此事。久乃愈佳，不必歲易。茶須築實，仍用厚箬填緊，瓮口再加以箬，以真皮紙包之，以苧麻緊紮，壓以大新磚，勿令微風得入，可以接新。

又《置頓》 茶惡濕而喜燥，畏寒而喜溫，忌蒸鬱而喜清涼，置頓

之所，須在時時坐臥之處，逼近人氣，則常溫不寒。必在板房，不宜土室，板房則燥，土室則蒸。又要透風，勿置幽隱，幽隱之處，尤易蒸濕，兼恐有失點檢。其閣庋之方，宜磚底數層，四圍磚砌，形若火爐，愈大愈善，勿近土牆；頓瓮其上，隨時取竈下火灰，候冷，簇於瓮傍半尺以外；仍隨時取灰火簇之，令裹灰常燥。一以避風，一以避濕；卻忌火氣，入瓮則能黃茶。世人多用竹器貯茶，雖復多用箬護，然箬性峭勁，不甚伏帖，最難緊實，能無滲罅？風濕易侵多，故無益也。且不堪地爐中頓，萬萬不可。人有以竹器盛茶，置被籠中，用火即黃，除火即潤，忌之，忌之。

又《包裹》 茶性畏紙，紙於水中成，受水氣多也。紙裹一夕，隨紙作氣盡矣。雖火中焙出，少頃即潤。雁宕諸山，首坐此病。每以紙帖寄遠，安得復佳。

又《日用頓置》 日用所需，貯小罌中，箬包苧紮，亦勿見風。宜即置之案頭，勿頓巾箱書簏，尤忌與食器同處；並香藥則染香藥，並海味則染海味，其他以類而推。不過一夕，黃矣變矣。

又《煮水器》 金乃水母，錫備柔剛，味不鹹澀，作銚最良。銚中必穿其心，令透火氣。沸速則鮮嫩風逸，沸遲則老熟昏鈍，兼有湯氣，慎之慎之。茶滋於水，水藉乎器；湯成於火，四者相須，缺一則廢。

又《甌注》 茶甌，古取建窯兔毛花者，亦鬥碾茶用之宜耳。其在今日，純白為佳，兼貴於小。定窯最貴，不易得矣。宣、成、嘉靖，俱有名窯。近日倣造，間亦可用。次用真正回青，必揀圓整，勿用呰窳。茶注以不受他氣者為良，故首銀次錫。上品真錫，力大不減，慎勿雜以黑鉛。雖可清水，卻能奪味。其次內外有油瓷壺亦可，必如柴、汝、宣、成之類，然後為佳。然滾水驟澆，舊瓷易裂，可惜也。近日饒州所造，極不堪用。往時龔春茶壺，近日時彬所製，大為時人寶惜。蓋皆以粗砂製之，正取砂無土氣耳。隨手造作，頗極精工，顧燒時必須火力極足，方可出窯。然火候少過，壺又多碎壞者，以是益加貴重。火力不到者，如以生砂注水，土氣滿鼻，不中用也。較之錫器，尚減三分。砂性微滲，又不用油，香不竄發，易冷易餿，僅堪供玩耳。其餘細砂及造自他匠手者，質惡製劣，尤有土氣，絕能敗味，勿用勿用。

又《蕩滌》 湯銚甌注，最宜燥潔。每日晨興，必以沸湯蕩滌，用極熟黃麻巾帨向內拭乾，以竹編架覆而求之燥處，烹時隨意取用。修事既畢，湯銚拭去餘瀝，仍覆原處。每注茶甫盡，隨以竹筯盡去殘葉，以需次用。甌中殘瀋，必傾去之，以俟再斟。如或存之，奪香敗味。人必一盃，毋勞傳遞，再巡之後，清水滌之為佳。

明 屠隆《考槃餘事・茶箋》卷三《藏茶》 茶宜箬葉而畏香藥，喜溫燥而忌冷濕。故收藏之家，先於清明時收買箬葉，揀其最青者，預焙極燥，以竹絲編之，每四片編為一塊聽用。又買宜興新堅大罌，可容茶十斤以上者，洗淨焙乾聽用。山中焙茶回，復焙一番。去其茶子、老葉、枯焦者及梗屑，以大盆埋伏生炭，覆以竈中敲細赤火，既不坐煙，又不易過。置茶焙下焙之，約以二斤作一焙。別用炭火入大爐內，將罌懸其架上，至燥極而止。以編箬襯於罌底，茶燥者扇冷，方先入罌。茶之燥，以拈起即成末為驗。隨焙隨入，既滿，又以箬葉覆於罌上。每茶一斤，約用箬二兩。口用尺八紙焙燥封固，約六七層，摁以方厚白木板一塊，亦取焙燥者，然後於向明淨室高閣之。用時以新燥宜興小瓶取出，約可受四五兩，隨即包整。夏至後三日，再焙一次。秋分後三日，又焙一次。一陽後三日，又焙之。連山中共五焙直至交新，色味如一。罌中用淺，更以燥箬葉貯滿之，則久而不浥。

又法

以中罈盛茶，十斤一瓶，每瓶燒稻草灰入於大桶，將茶瓶座桶中。以灰四面填桶，瓶上覆灰築實。每用，撥開瓶，取茶些少，仍復覆灰，再無蒸壞。次年換灰。

又法

空樓中懸架，將茶瓶口朝下放，不蒸。緣蒸氣自天而下也。

清 錢泳《履園叢話》卷一二《畫學》 陳鴻壽號曼生，錢塘人。以選拔得縣令，官至海防司馬，引疾歸。花卉宗王酉室，山水近李檀園。嘗官宜興，用時大彬法自製砂壺百枚，各題銘款，人稱之曰『曼壺』，於是競相效法，幾遍海內。余謂曼生詩文、書畫、印章無所不精，不意竟傳於『曼壺』，亦奇事也。

又卷一二《藝能》

製砂壺

宜興砂壺以時大彬製者為佳，其餘如陳仲美、李仲芳、徐友泉、沈君用、陳用卿、蔣志雯諸人亦藉藉人口者。近則以陳曼生司馬所製為重矣，咸呼之曰『曼壺』。

圖表

明茅一相《茶具圖贊·韋鴻臚》

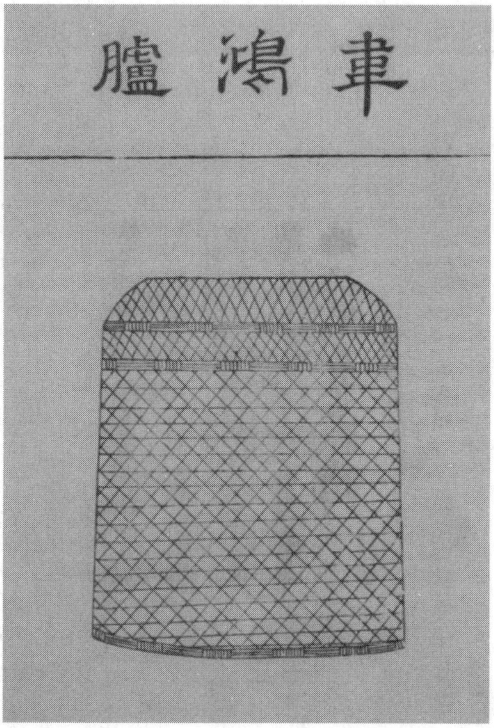

又《木待制》

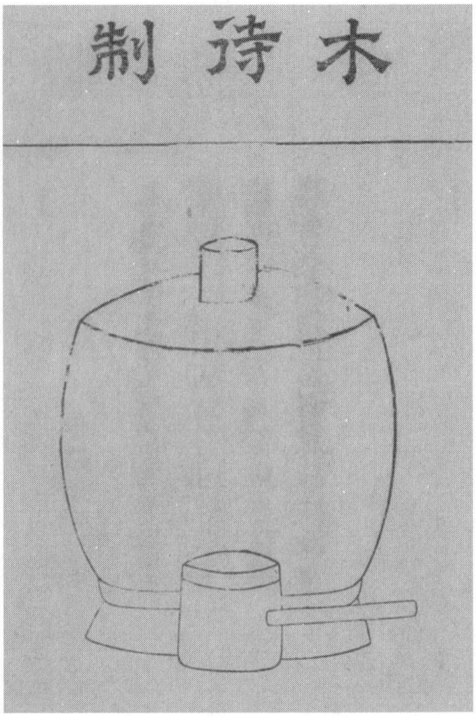

又《金灋曹》

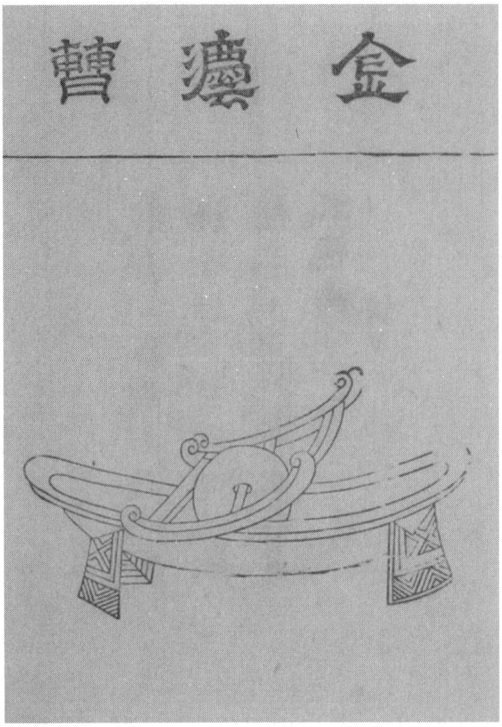

又《石轉運》

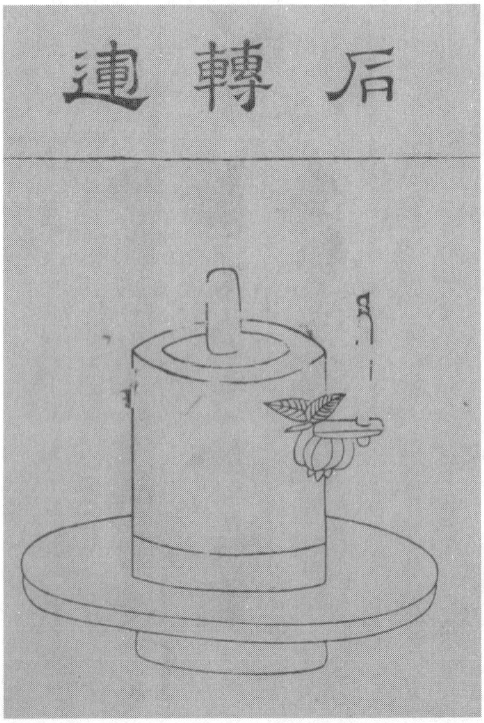

又《胡員外》

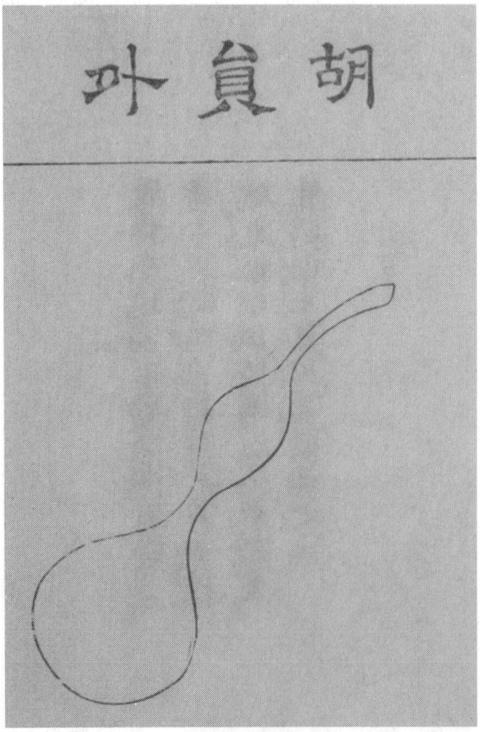

又《羅樞密》

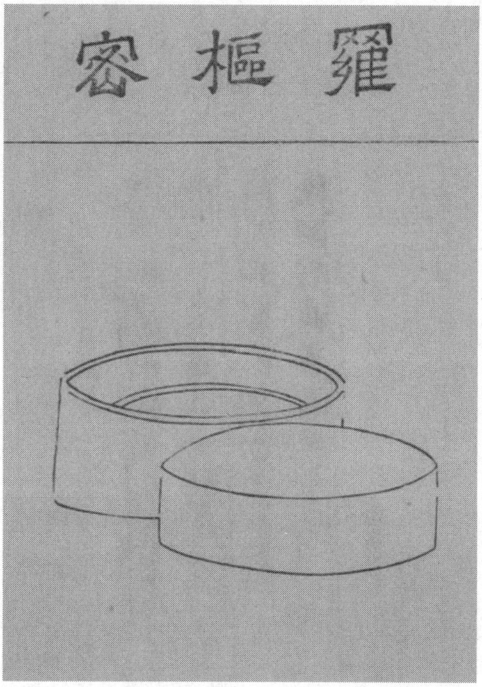

又《宗從事》

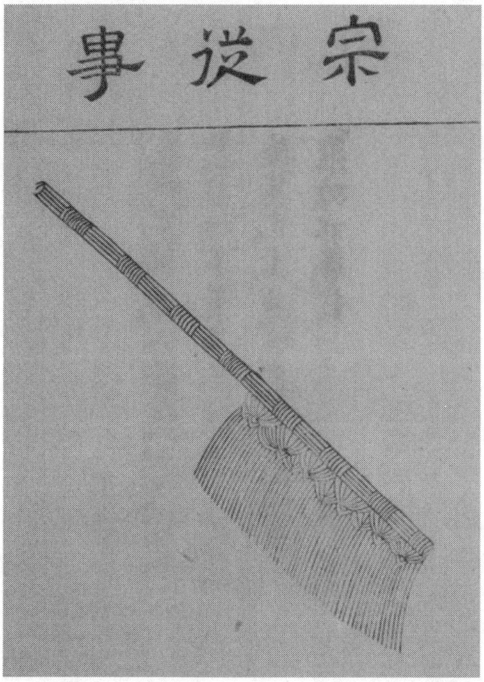

又《漆雕秘閣》

又《陶寶文》

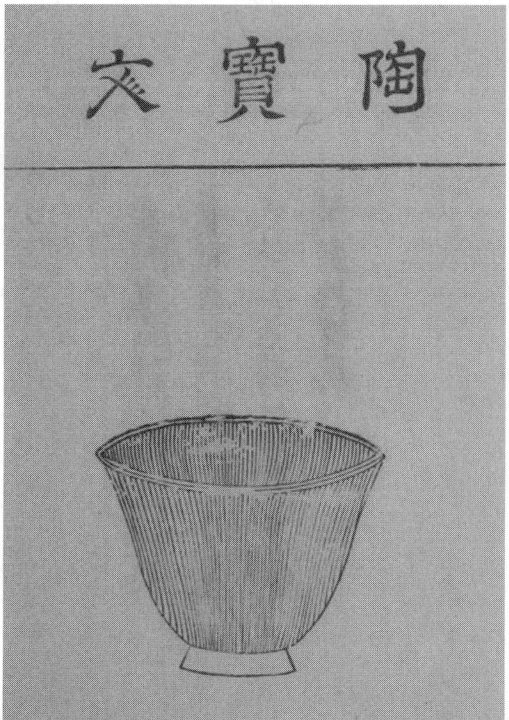

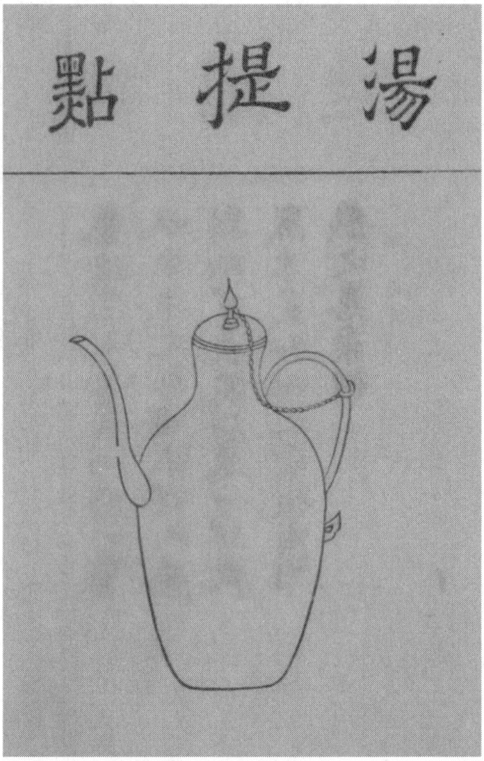

又《湯提點》

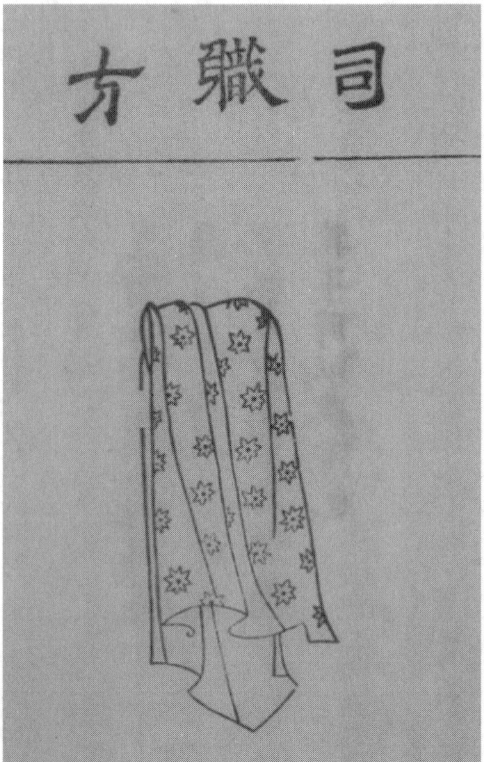

又《司職方》

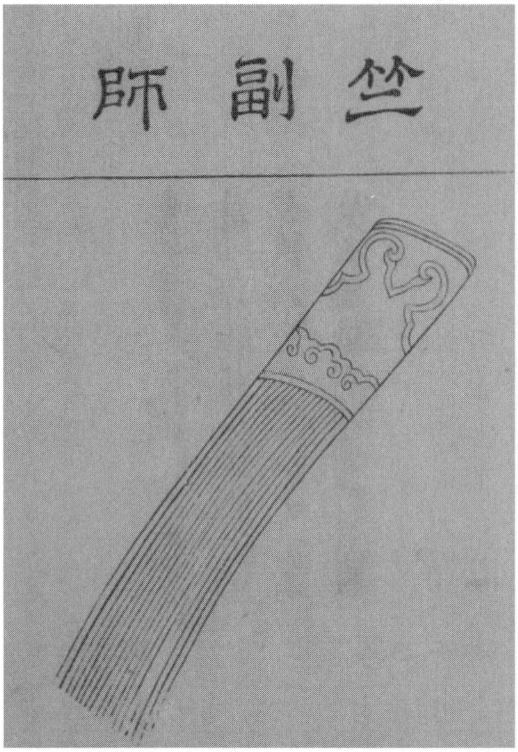

又《竺副師》

茶療藥方部

外用

論説

宋 趙令時《侯鯖録》卷四 東坡論茶云：除煩去膩，世固不可無茶。然闇中損人不少。昔人云：『自茗飲盛後，人多患氣不患黃，雖損益相半，而消陽助陰，不償損也。』吾有一法，常自脩之。每食已，輒以濃茶瀨口，煩膩既去，而脾胃不知。凡肉之在齒間者，得茶浸漱之，乃不覺脱去，不煩刺挑也。而齒性便苦緣此漸堅密，蠹病自已。然率用中下茶，其上者亦不常有，間數日一啜，亦不為害也。此大是有理，而人罕知者。故詳述云。大唐新語曰：右補闕母景博學，有著述才，性不飲茶。著茶飲序云，釋滯消壅一日之利暫佳，瘠氣侵精終身之累。則大獲益則功歸茶力，貽禍則不謂茶災，豈非福近易知、禍遠難見者乎？

明 钱椿年輯，顧元慶删校《茶譜・茶效》 人飲真茶，能止渴、消食，除痰、少睡，利水道，明目、益思出《本草拾遺》，除煩去膩。人固不可一日無茶，然或有忌而不飲，每食已，輒以濃茶漱口，煩膩既去而脾胃清適。凡肉之在齒間者，得茶漱滌之，乃盡消縮，不覺脱去，不煩刺挑也。而齒性便苦，緣此漸堅密，蠹毒自已矣。然率用中下茶。出蘇文

綜述

元 沙圖穆秀克《瑞竹堂經驗方・髮齒門・丁砂散》 掠髭髮。大訶子一個、母丁香一十五個、百藥煎一錢、針砂少許，醋炒七次、高茶末上為極細末，用水一大碗，熬數沸，不去滓，收於淨瓷器內，每夜臨臥，溫漿洗淨髭髮，用。

明 朱橚《普濟方》卷四〇《大臟腑門・脱肛論・治肛出糞門三五寸者出德生堂方》 用陳茶熬水，温洗去穢垢。却用田螺大者二三枚，水中養一日。去浄泥，用黃連末少許，揭起螺靨，入藥末田螺内，候化成水。却用雞翎蘸藥掃上。再以軟帛托入肛門内，自然再不舉發。

又 卷四五《頭門・風頭痛附論・川芎茶調散》 治頭風上攻、頭目昏重、偏正頭疼，鼻塞聲重、傷風壯熱、肢體疼煩、肌肉瞤動、膈熱痰盛、婦人血氣攻疰太陽穴痛，但是感風並宜服之，常服清頭目。川芎、荆芥穗各二兩，白芷、羌活、甘草各一兩，防風七錢半，細辛去土半兩，龍腦、薄荷、香附子各四兩。右為細末，每服二錢，食後茶清調服。一方無香附子，用葱涎調貼兩太陽穴。

又 卷四九《頭門・眉髯髭總論・丁砂散出瑞竹堂》 掠髭髮。大訶子一箇、母丁香十五箇、百藥煎一錢、針砂少許，醋炒七次、高茶末一錢。

又 卷五一《面門・面䵟論・七香嫩容散》 去風刺䵟黯。黑牽牛一十二兩、香白芷、零陵香、甘松、括蔞根各二兩、茶子四兩、皂角末四兩。右件為細末，如常用之。

又《五参圓》 治去酒刺面瘡。人参、丹参各一錢、苦参、羅参各一兩。右為末，用胡桃仁五錢重杵碎為丸，如梧桐子大，每服三十丸，茶湯送下，日進三服，食後服。

又 卷七〇《牙齒門・牙齒不生論・訶子散》 訶子、金絲礬、川芎、細辛、砂仁、人參各二錢，膽礬、麝香、江茶。右為細末。臨臥刷牙。

又《牙藥方》 砂仁二錢、華陰細辛、滑石、香白芷、百藥煎、川芎、膽礬各二錢、金絲礬、麝香少許。右為極細末，加上好茶相和，早辰刷牙縫，黑齒如白玉。一方無川芎、百藥煎。

又《細辛散》 生地黃、地骨皮、石膏、白芷、寒水石、茯苓、當

歸、川芎、細辛、丁香、附子、何首烏、甘草、甘松、茶末、升麻、青鹽各等分。

右為細末，用庚子日為頭刷牙，每日二次，用津嚥之。以餘掠鬓，白者變黑，黑者不白。明目暖水藏補下元。

又《七寶牢牙散》　細辛、川芎、砂仁、膽礬、滑石、緑礬各等分、麝香少許。

右為極細末，臨刷時以茶旋和勻。刷罷用温漿水漱之。一方不用滑石，以龍骨代之尤妙。

又《仙人散》　地骨皮、青鹽、黍粘、細辛。

右為末，入麝香少許，每用一字臨臥含之，茶酒漱口吐出。

又卷一〇六《諸風門・風痱附論》　治膽風毒氣，虚實不調，昏沉睡多。

酸棗仁一兩生用、金挺蠟茶二兩，以生薑汁塗炙令焦。

右㕮咀，每服二錢，水七分，煎六分，無時温服。

又卷二六七《諸方香煎門・諸香・芬積香》　沉香剉二十五兩、箋香剉二十兩、檀香剉二十兩，茶清浸炒黄、丁香十兩、甲香二十兩，用炭火煑兩日，洗浄以蜜酒煑熟用、藿葉十兩、牙硝研十兩、麝香研十兩、梅花腦研三兩、沙木炭二十兩、零陵香用葉十兩。

右除研藥外，為細末，用蜜十兩錬，同研藥一併，搜和令勻，如常法燒。

又《衙香》　甲香六兩，炭火煑兩日洗浄，再以酒和蜜同煑，令乾、檀香剉十二斤，臘茶清炒、牙硝、沉香剉六兩、箋香剉六兩、腦子研九兩、麝香研九兩、蜜比香秤兩加倍用，煉和香。

右為末，入研藥用蜜，搜和令勻，如常法燒。

又《降真香》　紫檀香剉三十兩，以建茶細末一兩湯調兩碗濕香，令勻，慢火燒兩三時，勿令焦木氣盡為度、白茅香細剉三十兩、青州棗二十斤劈破，水二升同煑變色，炒令色變。揀去棗及黒不用，用好者十五兩、紫潤降真香剉四十兩、黄熟香剉三十兩、焰硝湯化飛淘去粗，熬霜半斤、丁香皮十兩、瓶香二十兩、麝香十五兩、甘松揀淨十兩、粉草剉五兩、藿香十兩、龍腦二兩。

右為末，入研藥煉蜜搜和，如常法燒。

又卷二六八《雜録門・製茶法・臘茶》　檀香、甘松、丁香、縮砂、木香、石榴皮、明礬、白豆蔻以上各三錢，薄荷五分。

右為末，篩過入上等春茶一斤，以粉草三兩重熬膏，入窠陰乾，不令過火，後入麝香合子薫過。

又《治虱子方》　凡人多虱者，將及冬市水銀百文、臘茶一大錢於手掌内，以津唾調開，將綿作繩挼勻，外以絹作袋，裹之繫於腰間，隔一二重帶之甚妙，須年年易之。

又卷二七二《諸瘡腫門・諸瘡腫附論・殺蟲方出危氏方》　鷄心檳榔一兩、黄連、穿山甲十個，燒存性、麝香五分。

右為末，用蠟茶末調塗，三五日後用葱湯洗。

又《治瘡出百一選方》　紅茶、大黄一分焙乾、小粉焙之，炒令青黄色。

右為細末，乾者冷水調，濕者乾摻。

又卷二七四《諸瘡腫門・諸疔瘡・冷露瘡出應驗方》　用細茶同藿葉一處煑，一般燒灰，油調，照瘡大小攤在葉上貼之。

又《赤石脂散出聖惠方》　治痱子磨破成瘡。宜止痛生肌。

赤石脂細研一兩、黄蘗去粗皮剉、臘茶末各半兩、白麵二兩、龍腦半錢。右擣研為細末，每用時綿揾撲之。

又卷二七六《諸瘡腫門・瘑瘡附論・治臁瘡方》　用鱔魚數條，黄色者尤好，打死。先用油塗其腹，置瘡上，盤屈令偏，帛子繫定。食頃，覺瘡痛不可忍，然後取鱔魚，看腹下有針眼大竅子，皆蟲也。如未盡，再以數條依上再縛。蟲去盡，却用死人脛骨燒灰，麻油調敷瘡上，或以骨灰一兩，入好茶末，皆用二錢，同藥調亦可。

又卷二七七《諸瘡腫門・漆瘡附論・治漆瘡》　以五月五日採苦芙微曝，乾作灰，可敷面目。通身漆瘡，亦取莖生食之，但不可多食之爾。

又方出直指方，以臘茶用麻油調塗之。

又《湯火瘡附論・神效散出楊氏家藏方》　治頭面湯潑、火傷，肌肉雖已平復，遂成瘢痕，鬢髮不生。

江茶、生麪各等分。

右研勻，用生麻油調塗患處，一日易之。

又《湯火瘡附論・如神散出危氏方》 治湯火傷。

以裏陳江茶著葉燒灰，碾細羅過用。生油輕粉調敷，若濕者乾摻。止痛無痕，陳待制桷奉道甚謹，各日澡浴，偶坐榥倒，不敢以手捺地，遂墜身火爐邊，有傷人傳此方，用之愈。

又卷二八〇《諸瘡腫門・論疥附論・治癩頭疥瘡》 硫黃二錢半、黃丹、黃連、藜蘆、蕪荑、五倍子各二分半、黃柏一錢半、穀雨前茶五錢。

右為末，先將患處摩擦，用芝麻油調敷之。

又《水黃膏出德生堂》 治一切瘡疥，不用臭硫黃者有効。

真狼毒五錢、倭黃三錢、輕粉二錢、水銀三錢、末茶先研如泥。

右與前仲藥三味俱為末，入水銀內再碾為膏，用少許於手心搓捏，時聞藥氣則瘡愈矣。

又《治積年疥瘡不愈者名胡粉散》 水銀三錢、又茶末少許。於瓦器用津液擦化作末、輕粉三錢、狼毒一兩，置水中沉者取為末，一半生用一半炒。

右用清油調生鐵衣，名鐵鏽油。摩塗疥癩若蜘蛛蟲等毒，磨蒜兼傅之。或清油浸藥，出藥面一寸高，過夜不見燈火，只點清油塗瘡上，仍以口鼻於藥盞上吸入藥氣。

又《蕳茹散出濟生拔粹方》 治疥經年不瘥。

水銀一錢、好茶二錢、蕳茹三錢、輕粉少許。

右為細末，每用不拘多少，小油調搽。

又卷二九〇《諸瘡腫門・諸瘡生肌肉附論・茶蠟丸》 治諸瘡潰後。

以鎔蠟和好茶，捏尖丸塞其孔中，又以牛角內粉屑夾天花粉、真蚌粉，乾摻消毒生肌。

又卷二九三《瘰癧門・諸瘻附論・治漏瘡》 胭脂、血竭、輕粉各一錢，麝香半錢。

右碾為末，乾敷之。

又方，五倍子一兩，青黛、臘茶各半兩，麝香隨用。

右為細末，於漏瘡上乾摻，或用生油調敷之，輕粉少許尤妙。

又《治久瘻移易三數處皆生瘡孔者出聖惠方》 蝙蝠糞一兩半、白殭蠶半兩、雄蠶蛾半兩、乳頭香半兩、蜀茶末半兩。

右為細末，敷瘡上以瘥為度。

又卷二九四《瘰癧門・瘤附論・生肌青龍散》 訶子皮、高茶、龍骨。

右等分為細末，乾摻上。

又卷二九五《痔漏門・諸痔附論・治痔蓮子散》 呂子厚朴，此累年用之立效。

蓮子十四个、草芽茶十四个、乳香隨意入。

右擣了，以紙裹煨透，先以黃連湯洗患處，然後以藥生貼之。

又卷二九八《痔漏門・諸痔附論・治血痔疾》 黃柏皮、龍腦、薄荷各一兩、芽茶一兩半。

右內將茶五錢，炒焦黃色並和勻。用瓦器盛，先將枳殼槐枝湯熏洗，拭乾用前藥末挼傅，一日七次。

又《烏金散》 治久患痔瘡，疼痛不可忍。

烏驢乳屋上陳煤是也，細研、陳臘茶末各一分、膩粉一字。

右細末，傅痔上，乾者以油調塗之，一兩次即消。

又卷三〇一《下部瘡門・下部瘡總論・黃白散》 治近穀道四畔，時復生泡痒而生痛，無非風毒流行，去風乾水足矣。

黃柏皮、黃連去須、白礬煅過、白蛇皮燒灰各等分。

右為細末，重篩入麝香、臘茶末各少許，和勻，津唾調塗。過痒爪破水出即塗，如水多，即乾搽。

又《蠟茶湯》 治陰囊上瘡。

右用臘面茶為末，先以甘草煎水，洗後用貼妙。

又《臘茶散》 治陰瘡痒、瘡出黃水久不瘥者一名五信散。

臘茶、五倍子各等分、膩粉少許。

右為細末，先以漿水葱湯洗之，頻傅椒湯尤佳，一方不用臘茶。

又《鷄礬散出聖惠方》 治陰蝕瘡。

鷄糞一分、礬、火煎茶一分。

右擣更細，研如粉，先用桑枝葱白豉湯洗，後貼藥，日三度貼之。

又《**黃連粉散**》　療陰瘡有二種，一者作臼膿出，名曰陰蝕瘡，二者但赤作瘡，名為熱瘡，若是熱瘡，此方。

右以黃連和胡粉末傅之必效。一方用胡粉傅之大驗。

又方，治如前。

右取黃栢黃芩各一兩，切作湯洗用，黃連黃栢末傅之。

又方　紫笋茶末一分、荷葉一片燒灰。

右為末以塩漿水調傅之，三五度即愈。

又《**歛肌散**出楊氏家藏方》　治下疳瘡。

牡蠣火炙、蜜陀僧研、橄欖核燒灰，蠟茶四味各等分。

右件為末，乾摻瘡上，如乾摻不止，即以油調傅之。

又卷三〇三《**金瘡門・金瘡血不止**附論・**治刀斧傷**出衛生家寶方》

黃連一兩去鬚、檳榔一分、石灰一分細羅、臈茶末一分。

右為細末，凡傷者不拘深淺，乾傅用，綿纏之血立止。三日瘡口合，不得用水與湯洗。

又卷三〇六《**諸蟲獸傷門・猘犬嚙**附論・**治癲狗傷**》　用真茶末、桐油濃調，塗傷處。

又《**治風顛狗咬人方**出德生堂方》　用班猫七箇，去頭足翅，研為細末，溫酒調服。其毒亦從小便中出，膏膜形如狗狀，如小便雖出不見狗形，須服七次方可。如大小便俱澁不下，却用火麻燒灰存性，同没藥、末茶各少許，用溫湯調服引導，其毒即下。

又《**諸蟲獸傷門・諸蟲傷**附論・**治蚰蚓咬**》　治蚰蚓咬，用老茶研末調塗之立愈。

又卷三〇八《**諸蟲獸傷門・蠼螋尿瘡**附論・**治蠼螋尿人成瘡**》

治蠼螋尿人成瘡，初如粉粟，漸大如豆，更大如火烙浆疱，疼痛至甚。出《肘後方》。

用草茶并汁茶俱可，生油調傅瘡，其痛藥至立止，妙。一方用燈盞內油調塗。

又《**沙虱毒**附論・**辟虱方**》　水銀不拘多少。

右以茶末拌在手心，以津唾研和，令不見星，擦在綿帶子上，繫於有虱處，每一條帶約三箇月無虱。

又卷三九八《**嬰兒下痢門・脱肛**附論・**治小兒久痢後大腸頭脱出不進**》　訶子炮、赤石脂、龍骨各等分。

右為末，臘茶少許和藥糝腸頭上，絹帛挼入甚妙。又治痢，米湯送下。

又《**抵聖散**》　治小兒腹中虛痛，肛門脱出。

用五倍子不計多少，為末。煉蜜調入如膏，攤油紙上，貼之托入。一方入茶少許糝腸頭上，絹帛挼入。一方糝患處一物襯手揉入，切忌喫發風毒物。

明李時珍《本草綱目》卷四《百病主治藥二・瘍癜風》　蜈蚣炙，同茶末塗。

又《**癧、疽**》　藿香冷瘡敗爛，同茶燒敷。

又，茶末荆芥葉擣，或燒灰。

又，苦參同蠟茶、蛤粉、密陀僧、豬脂塗。

又《**痘瘡**》　茶葉燒熏痘癢。

又《**諸蟲傷**》　米醋、豆豉、茶葉、梨葉、雞腸草、魚腥草、馬鞭草、大黃、蒺藜、巴豆、敗醬草、故蓑衣灰。

又，胡瓜根、灰葉、馬鞭草、乾薑、葱汁、韭汁、茶葉、杏仁、巴豆、桑灰、雄黃、丹砂、蟻蛭、蜜蠟、頭垢並敷狐尿瘡。

又卷八《**金部・鉛丹**》　遠近瘡：黃丹飛炒、黃柏酒浸七日，焙各一兩，輕粉半兩。研細。以苦茶洗淨，輕粉填滿，次用黃丹護之，外以柏末攤膏貼之，勿揭動，一七見效。孫氏《集效方》

又卷九《**石部一・銀朱**》　頭上生虱：銀朱浸醋，日日梳頭。包銀朱紙，以碗覆燒之，茶清洗下煙子揉之。包頭一夜，至旦虱盡死。《積德堂方》

又《**滑石**》　杖瘡腫痛：滑石、赤石脂、大黃等分，為末。茶湯洗淨，貼。趙氏《經驗方》

又《**爐甘石**》　爛弦風眼：劉長春方：治風眼流淚，爛弦。白爐

甘石四兩，火童尿淬七次，地上出毒三日，細研。每用椒湯洗目後，臨臥點三四次，次早以茶湯洗去，甚妙。

又《鍛石》　血風瘡：船上舊油灰，將泥作釜，火過研末，入輕粉少許，苦茶洗淨，敷之。忌食發物。鄧真人《經驗方》

又卷一〇《石部二・石胆》　挑生蛊毒，胸口痛者：胆礬二钱，茶清泡服，即吐出。《岭南卫生方》

又卷一三《草部二・胡黃連》　嬰兒赤目：茶調胡黃連末，塗手足心，即愈。《濟急仙方》

又卷一四《草部三・藿香》　冷露瘡爛：藿香葉、細茶等分，燒灰，油調塗葉上，貼之。《應驗方》

又卷一八《草部七・木鱉子》　肺虛久嗽：木鱉子、款冬花各一兩，為末。每用三錢，焚之吸煙。良久吐涎，以茶潤喉。如此五六次，後服補肺藥。

又卷二〇《草部九・石胡荽》　濕毒脛瘡：磚縫中生出野園荽，夏月採取，曬收為末。每以五錢，汞粉五分，桐油調作隔紙膏，周遭縫定。以茶洗淨，縛上膏藥，黃水出，五六日愈。此吳竹卿方也。《簡便方》

又卷三五《木部二・槐花》　發背散血：槐花、綠豆粉各一升，同炒作象牙色，研末。用細茶一兩，煎一碗，露一夜，調末三錢敷之，留頭。勿犯婦女手。《攝生眾妙方》

又卷四一《蟲部三・竹蠹蟲》　濕毒瘡：枯竹蛀屑、黃柏末等分。先以蔥、椒、茶湯洗淨，搽之，日一上。

又卷四六《介部二・田螺》　大腸脫肛：脫下三五寸者。用大田螺二三枚，將井水養三四日，去泥。用雞爪黃連研細末，入厴內，待化成水。以濃茶洗淨肛門，將雞翎蘸掃之。以軟帛托上，自然不再復發也。《德生堂經驗方》

又卷五一《獸部二・鼠》　多年老聾：《衛生家寶》方：勝金透關散：用活鼠一枚繫定，熱湯浸死，破喉取膽，真紅色者是也；用川烏頭一個炮去皮，華陰、細辛各二錢，膽礬半錢，為末，以膽和勻，再焙乾研細，入麝香半字。用鵝翎管吹入耳中，口含茶水，日二次。十日見效，永除根本。

清　鮑相璈《驗方新編》卷一《唇部・口舌生瘡》　又方：輕粉三分，硃砂、明雄各七厘半，冰片四分，為細末。先用薄荷水或茶漱口，將藥吹入，應驗如神。或用人中白散見齒部治之亦可。

又卷三《噎膈・欲嘔而不嘔，面發紅，眼流淚》　又方：桑樹皮、茶葉、四季蔥，共搗爛，炒熱，貼心窩。如二便不通，加皂角灰、黃糖，水調，貼肚臍。

又卷六《前陰・陰囊忽然腫大》　又方：雄黃、枯礬，茶調敷，隨敷隨效。

又卷八《腿部・腿面臁瘡》　生小腿面。此瘡多因濕熱而起，又被手甲風毒抓傷，破爛淋漓，纏綿不已，欲求速愈，切忌手抓，自易痊也。初起者用濃茶洗淨，再用好幹茶葉嚼融將口漱淨再嚼敷之。

又卷一〇《小兒科雜治・保嬰各法》　小兒初生，每日用茶加鹽少許，蘸拭其口二三次。此法至穩至妙，世多忽之。不知兒之胎毒，從粘涎中抹去，可免痄腮、馬牙、鵝口、重舌、木舌等症，至簡至易之良方也。倘兒面唇色淡，以淡姜湯代茶鹽湯可也。

又《口腫並生馬牙》　小兒口中腫起如菌，名乳菌。牙齦生白泡子，名馬牙疳，致小兒不能吃乳。以指摘去其頭，倘有血出，以綿拭去，輕者京墨搽之即愈。重者急以僵蠶三條去絲嘴，人中白四分，冰片一分，共研細，搽患處，略停片刻，用絹蘸茶洗淨再擦，一日三四次，自愈。

又《小兒胎毒搽藥方》　其症有小兒生下數月即患者，有幾歲才患者，早遲不一。宜內外合治則無後患，若僅外搽藥內不服藥，一吃發物即又發出，則難治之。倘才生數月小兒即患此症，不能服藥，須令其母服乳過極妥。初服荊防敗毒散一二劑後，多服袪風涼血、敗毒清解之藥，服至瘡愈止服，永無後患先用陳茶、艾葉煎洗患處，隨以舊棉花、軟綿紙揩乾，即以真麻油調後藥，鴨毛掃患處，每日早晚洗搽二次，數日即愈。

又《小兒科痘症・二十四項方》　肝經出痘，大便下血，眼紅氣粗，丹痧滿面，紫黑不起，白頸蚯蚓七條焙乾，栝蔞仁三十粒去油，杏仁十五粒去皮尖，共研末，陳茶調勻，作餅貼臍，一炷香久為度，連換數次，各症俱退。

又《眼中生痘》 又方：細茶，口咀敷眼外。

又《出痘眼目紅腫》 細茶葉、綠豆、淨銀花，口嚼敷之。或以有膏黃紙塗雞蛋白貼之，自退。最忌食雞。

又《舌上有痘》 又方：先用茶洗淨，將京墨磨水粉調塗之。

又方：先用鹽茶洗淨，用黃柏、黃連、元參、苦參，共為末，蜜調塗之。

又《出痘腎腫》 桑樹皮、細茶、生薑、槐樹皮，共搗，清油拌炒，包之。

又《痘症小便不通》 細茶嚼融，紙包敷臍上。

又《痘後牙齦口舌破爛出血或成走馬牙疳》 人中白一錢，銅綠一分半，麝香一分，共研末，先將濃茶洗淨口牙後，用指頭蘸藥敷，立愈。或照卷一齒部各方治之。

又《痘後遍身無皮膿水不絕》 茶葉去梗，熱水泡透鋪床上，睡上一夜，膿水自乾。

又卷一一《癰毒諸症·疥瘡》 又方：松香三錢，枯礬、五倍子各一錢，以上共研末，加頭髮三錢，生豬板油五錢，用青布包好，向燈火上燒之有油，用碗接住候冷；用針挑破疥瘡，將膿擠出，用茶洗淨，勿沾生水，候乾取油搽抹，不過三日全愈。永不再發。

又《癰毒雜治·癰毒諸方》 二味拔毒散：治一切毒蟲咬傷，無論腫痛瘙癢，敷之立止，其效神速。雄黃、枯礬，各等分為末，先用薑汁洗淨，用茶調敷。

又卷一三《人畜蛇蟲咬傷·癲犬咬傷》 隨於無風處，以冷茶洗淨污血，用杏仁搗融敷之，內服韭菜汁一碗，隔七日再服一碗，四十九日共服七碗。傷口上再煮熟雞蛋白蓋上，用艾絨在上燒數十次。百日內忌鹽醋，一年內忌豬肉、魚腥、酒色，終身忌食狗肉、蠶繭、紅飯豆，方得保生。否則，十有九死。此係葛仙妙方。有癲犬一日咬三人，止一人用此方得活，親見有效，切不可誤吃斑蝥毒藥，以致小便疼痛難忍。欲解斑蝥之毒，查解救諸毒門本方治之。

又《湯火傷·湯泡火傷》 又方：茶葉嚼爛（將口漱淨再嚼），敷之，立愈。

又卷一七《眼部·治眼起雲翳方》 用茶葉梗（須青葉茶）燒灰，臨睡時點入眼內，次日雲翳即退。

又《齒部·擦牙藥方》 又方：蓽茇、細辛、潮腦，三味共為細末擦牙，立刻滿口清涼，低頭流盡清涎，溫茶漱口，切莫咽下。一切牙痛多擦數次即愈。

又卷一九《足部·腳背潰爛經年不愈》 先用鹽茶水洗淨，再用煅過綠礬研細末濃敷之，即日濕止，十日脫痂全愈。

又《足部·多年爛腳》 又方：龜板一斤研末，黃蠟三錢，蔥頭七個，麻油搗餅攤貼，一日一換。先以濃茶洗淨再攤貼。

又卷二一《引痘略·出痘後須知》 遇有抓破者，系在第七日以前，仍必灌復漿水。如在八九日以後，則不能灌復，然其毒已引動，泄破亦無妨礙。或有隨而結痂者。倘成膿不乾，用武夷茶煎濃洗之，或黃豆皮煎水洗之，或胭脂膏、鯽魚膏、蠟梅油貼之，皆可。若成膿而不能合口，用生肌散糝之，外洋原有藥水、藥膏治此立效，因不能常得，故不錄。

又《引痘略·方藥》 卷舒散：綠豆一兩，茶葉五錢，雄黃三分，冰片二分，共為細末，如痘乾，用芙蓉花油，或臘梅花油，調搽。若痘濕，則用末糝之。

又方：用武夷茶煎濃水，洗清膿拭乾，以京都胭脂膏貼之。或用鯽魚膏貼之，或用蠟梅花油潤紙貼之亦可。

又卷二二《痧症·六十四方第十六》 革四：痧後牙疳，革四牙疳中白主，官硼粉黛共肩差。二茶荷草黃連等，冰片珠牛拭腐吹（原歌缺雨前茶）。人中白三錢，官硼、花粉、青黛各一錢，兒茶、雨前茶、薄荷、甘草、黃連各五分，冰片一分，珠子、牛黃各半分，研無聲，濃茶拭淨，去腐，吹。

又卷二三《跌打損傷·整骨接骨夾縛手法》 夫腦者，諸陽所聚，其太陽、囟門、腦蓋等處，一有破傷，即宜分開髮尋傷處，剪去近傷之髮，方好用藥。若血湧出，用燈心嚼成團，蘸桃花散塞之，無不止矣。小則不必。若或臭爛，先煎消風散服之，又煎辛香散洗之，洗時切忌當風

處，猶恐寒熱增重難醫。若頭面皆腫，此風入里也，宜服消風散。患處有腫，用蜜調聖神散，或薑汁、醇酒調貼亦可。若髓出，用安髓散，清茶調敷，二藥合用尤妙。若腦骨沉陷，用白金散加淮烏散貼之，即時吸起，服藥取效。

又 卷二四《癰毒門·清涼膏》 治癰疽發背，一切無名疔腫惡瘡皆效。芙蓉花，不拘多少，看瘡大小，搗爛敷患處周遭，留一頭出膿。如未成形並敷之，收小即消。如無花之時，乾者亦可。或葉、根皮皆妙。加赤小豆少許為末，蜜、茶調敷極效。術家不肯傳方，多以此珍秘之。

又《疔瘡部·發背對口及一切癰疽潰爛》 宮粉一兩，輕粉、銀朱、雄黃、製乳香、制沒藥各二分半，共研極細末，用豬腰子一個切開，摻藥末五分於腰子上，蓋貼患處，待藥如蒸，良久取去，一日一次，拔毒減痛，潰出膿穢不可手擠，每貼先用茶葉煎濃湯，洗淨患處，輕者貼兩三次，得者七八次可愈。

又《疔瘡部·天瘡》 又方：小麥一合，炒黑研末，加冰片少許，以清茶調敷。

內用

題解

唐 孫思邈《千金食治》卷三《菜蔬》 茗葉：味苦鹹、酸，冷，無毒。可久食，令人有力，悅志，微動氣。黃帝云：『不可共韭食，令人身重。』

《太平御覽》卷八六七《飲食部·茗》 《廣雅》曰：荊、巴間採茶作餅成，以米膏出之。若飲先炙，令色赤，搗末置瓷器中，以湯澆覆之，用蔥、薑芼之。其飲醒酒，令人不眠。

《博物志》曰：飲真茶，令少眠睡。

《神農食經》曰：茶茗宜久服，令人有力悅志。

又曰：茗，苦茶，味甘苦，微寒，無毒，主瘺瘡，利小便，少睡，去痰渴，消宿食。冬生益州川谷山陵道傍，淩冬不死。三月二日采幹。

華佗《食論》曰：苦茶，久食益意思。

壺居士《食忌》曰：苦茶，久食羽化。與韭冊食，令人身重。

陶弘景《新錄》曰：茗茶輕身換骨，丹丘子、黃山君服之。

宋 林洪《山家清供》卷下《茶供》 茶，即藥也。煎服，則去滯而化食。以湯點之，則反滯膈而損脾胃。蓋世之利者，多採葉雜以為末，既又怠於煎煮，宜有害也。

論說

唐 陸羽《茶經》卷上《一之源》 茶之為用，味至寒，為飲，最宜精行儉德之人。若熱渴、凝悶，腦疼、目澀，四支煩、百節不舒，聊四五啜，與醍醐、甘露抗衡也。

採不時，造不精，雜以卉莽，飲之成疾。茶為累也，亦猶人參。上者生上黨，中者生百濟、新羅，下者生高麗。有生澤州、易州、幽州、檀州者為藥無效，況非此者？設服薺苨，使六疾不瘳，知人參為累，則茶累盡矣。

唐 裴汶《茶述》《續茶經》卷上 茶，起於東晉，盛於今朝。其性精清，其味浩潔，其用滌煩，其功致和。參百品而不混，越眾飲而獨高。烹之鼎水，和以虎形，過此皆不得。千人服之，永永不厭。與粗食爭衡，得之則安，不得則病。彼芝朮、黃精，徒云上藥，至效在數十年後，且多禁忌，非此倫也。或曰：多飲令人體虛病風。余曰：不然。夫物能祛邪，必能輔正，安有蠲逐叢病，而靡保太和哉。今宇內為土貢實眾，而顧渚、蘄陽、蒙山為上，其次則壽陽、義興、碧澗、㴩湖、衡山，最下有鄱陽、浮梁。今其精者無以尚焉，得其粗者，則下里兆庶，瓶盎紛揉。苟未得，則胃府病生矣。人嗜之如此者，兩晉已前無聞焉。至精之味或遺也。作茶述。

宋 唐慎微《證類本草》卷一三《茗、苦搽》 《圖經》曰：【略】又曰茶之別者，有枳殼芽、枸杞芽、枇杷芽，皆治風疾。又有皂莢芽、槐芽、柳芽，乃上春摘其芽和茶作之。故今南人輸官茶，往往雜以眾

葉。唯茅蘆、竹箬之類不可入，自餘山中草木芽葉，皆可和合，椿、柿尤奇。真茶性極冷，惟雅州蒙山出者，溫而主疾。《茶譜》云：蒙山有五頂，頂有茶園，其中頂曰上清峯。昔有僧人病冷且久，遇一老父謂曰：蒙之中頂茶，當以春分之先後，多構人力，俟雷之發聲，併手採摘，三日而止。若獲一兩，以本處水煎服，即能祛宿疾，二兩當限前無疾，三兩固以筋骨，四兩即為地仙矣。其僧如說，獲一兩餘，服未盡而疾瘥。其四頂茶園，採摘不廢。唯中峯草木繁密，雲霧蔽虧，鷙獸時出，故人跡不到矣。近歲稍貴此品，製作亦精於他處。其性以不甚冷，大都飲茶少，則醒神思，過多則致疾病。故唐母景茶飲序云：釋滯消壅，一日之利暫佳；瘠氣侵精，終身之累斯大是也。

明 李時珍《本草綱目》卷二六《菜部一・乾生薑》　頌曰：崔元亮《集驗方》載：敕賜薑茶治痢方：以生薑切細，和好茶一兩碗，任意呷之，便瘥。若是熱痢，留姜皮；冷痢，去皮，大妙。楊士瀛曰：姜能助陽，茶能助陰，二物皆消散惡氣，調和陰陽，且解濕熱及酒食暑氣之毒，不問赤、白，通宜用之。蘇東坡治文潞公有效。

又 卷二九《果部一・白梅》　《醫說》載：曾魯公痢血百餘日，國醫不能療。陳應之用鹽水梅肉一枚研爛，合臘茶，入醋服之，一啜而安。大丞梁莊肅公亦痢血，應之用烏梅、胡黃連、竈下土等分為末，茶調服，亦效。蓋血得酸則斂，得寒則止，得苦則澀故也。其蝕惡瘡肉，雖是酸收，卻有物理之妙。

又 卷三二《果部四・茗・葉》　**【氣味】**苦、甘，微寒，無毒。藏器曰：苦寒，久食，令人瘦，去人脂，使人不睡。飲之宜熱，冷則聚痰。胡治曰：與榧同食，令人身重。李鵬飛曰：大渴及酒後飲茶，水入腎經，令人腰、腳、膀胱冷痛，兼患水腫、攣痹諸疾。大抵飲茶宜熱、宜少，不飲尤佳，空腹最忌之。時珍曰：服威靈仙、土茯苓者，忌飲茶。

【主治】瘡，利小便，去痰熱，止渴，令人少睡，有力悅志《神農食經》。下氣消食。作飲，加茱萸清頭目，治中風昏憒，多睡不醒好古。治傷暑。合醋，治泄痢，甚效陳承。炒煎飲，治熱毒赤白痢。同芎、蔥白煎飲，止頭痛。

【發明】好古曰：茗茶氣寒味苦，入手、足厥陰經。治陰證湯藥內入此，去格拒之寒，及治伏陽，大意相機曰：頭目不清，熱熏上也。以苦泄其熱，則上清矣。且茶體輕浮，採摘之時，芽初萌，正得春升之氣，味雖苦而氣則薄，乃陰中之陽，可升可降。利頭目，蓋本諸此。汪穎曰：一人好燒鵝炙爆，日常不缺。人鹹防其生癰疽，後卒不病。訪知其人每夜必啜涼茶一碗，乃知茶能解炙爆之毒也。楊士瀛曰：薑茶治痢。姜助陽，茶助陰，並能消暑、解酒食毒。且一寒一熱，調平陰陽，不問赤、白、冷、熱，用之皆良。生薑細切，與真茶等分，新水濃煎服之。蘇東坡以此治文潞公有效。時珍曰：茶苦而寒，陰中之陰，沉也，降也，最能降火。火為百病，火降則上清矣。然火有五，火有虛實。若少壯胃健之人，心肺脾胃之火多盛，故與茶相宜。溫飲則火因寒氣而下降，熱飲則茶借火氣而升散，又兼解酒食之毒，使人神思爽，不昏不睡，此茶之功也。若虛寒及血弱之人，飲之既久，則脾胃惡寒，元氣暗損，土不制水，精血潛虛；成痰飲，成痞脹，成痿痹，成黃瘦，成嘔逆，成洞瀉，成腹痛，成疝瘕，種種內傷，此茶之害也。民生日用，蹈其弊者，往往皆是，而婦嫗受害更多，習俗移人，自不覺爾。況真茶既少，雜茶更多，其為患也，又可勝言哉？人有嗜茶成癖者，時時咀啜不止，久而傷營傷精，血不華色，黃瘁痿弱，抱病不悔，尤可歎惋。晉干寶《搜神記》載：武官因時病後，啜茗一斛二升乃止。才減升合，便為不足。有客令更進五升，忽吐一物，狀如牛脾而有口。澆之以茗，盡一斛二升。再澆五升，即溢出矣。人遂謂之斛茗瘕。嗜茶者觀此可以戒矣。陶隱居《雜錄》言：丹丘子、黃山君服茶輕身換骨，《壺公食忌》言：苦茶久食羽化者，皆方士謬言誤世者也。按：唐右補闕母炅代茶飲序云：釋滯消擁，一日之利暫佳；瘠氣侵精，終身之累斯大。獲益則功歸茶力，貽患則不謂茶災。豈非福近易知，禍遠難見乎？又宋學士蘇軾《茶說》云：除煩去膩，世故不可無茶，然暗中損人不少。空心飲茶入鹽，直入腎經，且冷脾胃，乃引賊入室也。惟飲食後濃茶漱口，既去煩膩，而脾胃不知，且苦能堅齒消蠹，深得飲茶之妙。古人呼茗為酪奴，亦賤之也。時珍早年氣盛，每飲新茗必至數碗，輕汗發而肌骨清，頗覺痛快。中年胃氣稍損，飲之即覺為害，不痞悶嘔惡，即腹冷洞泄。故備述諸說，以警同好焉。又濃茶能令人吐，乃酸苦湧泄為陰之義，非其性能升也。

又　卷三六《木部三・石南》　時珍曰：生於石間向陽之處，故名石南。桂陽呼為風藥，充茗及浸酒飲能愈頭風，故名。按：《范石湖集》云：修江出欒茶，治頭風。今南人無所謂欒茶者，豈即此物耶？【略】毛文錫《茶譜》云：湘人四月采楊桐草，擣汁浸水蒸，作為飯食，必採石南芽為茶飲，乃去風也。暑月尤宜。楊桐即南燭也。

明　許次紓《茶疏・宜節》　茶宜常飲，不宜多飲。常飲則心肺清涼，煩鬱頓釋；多飲則微傷脾腎，或泄或寒。蓋脾土原潤，腎又水鄉，宜燥宜溫，多或非利也。古人飲水飲湯，後人始易以茶，即飲湯之意。但令色香味備，意已獨至，何必過多，反失清洌乎。且茶葉過多，亦損脾腎，與過飲同病。俗人知戒多飲，而不知慎多費，余故備論之。

清　汪昂《增訂本草備要》卷三《木部・茶》　瀉熱，清神，消食　苦甘微寒，下氣消食，去痰熱，除煩渴，清頭目得春初生發之氣，故多肅清上膈之功。《湯液》云：茶苦寒下行，如何是清頭目？《蒙鑒》曰：熱下降，則上自清矣。醒昏睡清神，解酒食、油膩、燒炙之毒，利大小便。多飲消脂最能去油，寒胃故濃茶能引吐。《千金》：療卒頭痛如破，非中冷、中風。由痰厥氣上沖所致，名厥頭痛，單煮茶恣飲取吐，直吐出胆汁乃已，渴而即瘥。酒後飲茶，引入膀胱、腎經，患瘕疝水腫，空心亦忌之與薑等分濃煎，名薑茶飲，治赤白痢。茶助陰，姜助陽，使寒熱平調。並能消暑，解酒食毒。陳細者良，粗者損人。

綜述

唐　陸羽《茶經・七之事》　《神農食經》：「茶茗久服，令人有力、悦志。」

周公《爾雅》：「檟，苦茶。」《廣雅》云：「荊、巴間採葉作餅，葉老者，餅成，以米膏出之。欲煮茗飲，先炙令赤色，擣末置瓷器中，以湯澆覆之，用蔥、薑、橘子芼之。其飲醒酒，令人不眠。」

《晏子春秋》：「嬰相齊景公時，食脱粟之飯，炙三弋、五卵，茗菜而已。」

司馬相如《凡將篇》：「烏喙、桔梗、芫華、款冬、貝母、木蘗、蔞、芩草、芍藥、桂、漏蘆、蜚廉、雚菌、荈詫、白斂、白芷、菖蒲、芒硝、莞椒、茱萸。」

又　《華佗食論》：「苦茶久食，益意思。」

壺居士《食忌》：「苦茶久食，羽化，與韭同食，令人體重。」

郭璞《爾雅注》云：「樹小似梔子，冬生，葉可煮羹飲。今呼早取為茶，晚取為茗，或一曰荈，蜀人名之苦茶。」

又　《本草・木部》：「茗，苦茶。味甘苦，微寒，無毒。主瘻瘡，利小便，去痰渴熱，令人少睡。秋採之苦，主下氣消食。注云：『春採之。』」

《本草・菜部》：「苦菜，一名茶，一名選，一名游冬，生益州川谷，山陵道傍，淩冬不死。三月三日採，乾。注云：『疑此即是今茶，一名茶，令人不眠。』」《本草注》：「『按《詩》云「誰謂茶苦」又云「堇茶如飴」，皆苦菜也。陶謂之苦茶，木類，非菜流。茗春採，謂之苦梌途遐反。』」

《枕中方》：「療積年瘻，苦茶、蜈蚣並炙，令香熟，等分，擣篩，煮甘草湯洗，以末傅之。」

《孺子方》：「療小兒無故驚蹶，以苦茶、蔥鬚煮服之。」

宋　唐慎微《證類本草》卷一三《茗、苦茶》　茗味甘苦，微寒，無毒，主瘻瘡，利小便，去痰熱渴，令人少睡，春採之。

苦梌主下氣，消宿食，作飲加茱萸、蔥薑等良。

又　《食療》云：茗葉，利大腸，去熱解痰。煮取汁，用煮粥良。又，茶主下氣，除好睡，消宿食，當日成者良。蒸、搗經宿。用陳故者，即動風發氣。市人有用槐、柳初生嫩芽雜之。

《外臺秘要》：治卒頭痛如破，非中冷，非中風，其病是胸膈有痰，厥氣上衝所致，名為救頭痛，吐之即差。單著茗作飲二三升適，冷煖飲一二升，須臾吐。吐畢又飲，能如此數。過劇者須吐噲汁乃止，不損人，待渴即差。

《食醫心鏡》：主赤白痢及熱毒痢，好茶一斤，炙，擣末，濃煎一二盞，喫差。如久患痢，亦宜服，又主氣壅暨腰痛轉動不得，煎茶五合，投醋二合，頓服。

《經驗方》：治陰囊上瘡。用臘面茶為末，先以甘草煎水，洗後用貼，妙。

《兵部手集》：治心痛不可忍十年五年者，煎湖州茶以頭醋和，服之良。

《勝金方》：治蠼螋尿人成瘡，初如糝粟，漸大如豆，更大如火烙，漿皰疼痛至甚，速用草茶并蠟茶俱可以生油調傅止其痛，藥至立止，妙。

《別說》云：謹按唐本注引《爾雅》云：葉可作羹，恐非此也。其嫩者是今之茶芽，經年者又老鞭，二者安可作羹，是知恐非此。《圖經》：今閩浙、蜀荊、江湖、淮南山中皆有之，然則性類各異。近世蔡襄蜜學所述極備。閩中唯建州北苑數處產此，性味獨與諸方畧不同。今亦獨名臘茶，研治作餅，日得火愈良。其他者或為芽、葉，或為末收貯，微若見火，便更不可久收，其色味皆敗。唯鼎州一種芽茶，其性味畧類建州，今京師及河北、京西等處磨為末，亦冒臘茶名者是也。近人以建茶治傷暑，合醋治泄瀉，甚效。則餘者皆可比用，信之。其不同者多矣。今建州上供品第，備見《茶經》。

《衍義》曰：茗、苦𣘻，今茶也。其文有陸羽《茶經》、丁謂《北苑茶録》、毛文錫《茶譜》、蔡宗顏《茶山節對》，其說甚詳。然古人謂其芽為雀舌、麥顆，言其至嫩也。又有新芽一發，便長寸餘，微麄如針。唯芽長為上品，其根乾、水土力皆有餘故也。如雀舌、麥顆又下品，前人未盡識，誤為品題。唐人有言曰：釋滯消壅，一日之利暫佳，斯言甚當，飲茶者宜原其始終。又晉溫嶠上表，貢茶千斤，茗三百斤。郭璞曰：早採為茶，晚採為茗。或曰荈尺兗切，葉老者也。

宋 錢乙《小兒藥證直訣・銀砂圓》 治涎盛，膈熱實，痰嗽，驚風，積，潮熱。

水銀結砂子三皂子大，辰砂研二錢，蠍尾去毒為末，硼砂、粉霜各研，輕粉，郁李仁去皮焙秤為末，白牽牛、鐵粉、好臘茶各三錢。

右同為細末，熬梨汁為膏，圓如菉豆大。龍腦水化下一圓至三圓。亦名梨汁餅子，及治大人風涎，並食後。

學海案：聚珍本『好臘茶』作『好蠟』，恐誤。又蝎尾、硼砂、郁李仁、粉霜、牽牛、輕粉作各一錢，鐵粉、好蠟作各三錢。

元 王好古《湯液本草》卷五《木部・茗、苦茶》 氣微寒，味苦甘。無毒。入手足厥陰經。

《液》云：臘茶是也。清頭目，利小便，消熱渴，下氣消食，令人少睡。中風昏憒，多睡不醒宜用此。入手足厥陰。茗苦茶，苦甘微寒。無毒。主瘻瘡，利小便，去痰熱渴，治陰證湯藥內用此去格拒之寒。及治伏陽，大意相似。茶苦，經云：苦以泄之，其體下行，如何是清頭目。

元 忽思慧《飲膳正要》卷一《養生避忌》 避色如避箭，避風如避讎。莫喫空心茶，少食申後粥。

又 卷二《諸般湯煎》 凡諸茶，味甘苦，微寒，無毒。去痰熱，止渴，利小便，消食下氣，清神少睡。

清茶：先用水滾過。濾淨，下茶芽，少時煎成。

炒茶：用鐵鍋燒赤。以馬思哥油、牛奶子、茶芽同炒成。

蘭膏：玉磨末茶三匙頭，麵酥油同攪成膏，沸湯點之。

酥簽：金字末茶兩匙頭，入酥油同攪，沸湯點之。

建湯：玉磨末茶一匙，入碗內研勻，百沸湯點之。

香茶：白茶一袋，龍腦成片者三錢，百藥煎半錢，麝香二錢，同研細，用香粳米熬成粥，和成劑印作餅。

又《枸杞茶》 枸杞五斗，水淘洗淨，去浮麥，焙乾，用白布筒淨，去蒂萼、黑色，選揀紅熟者，先用雀舌茶展溲碾子，茶芽不用，次碾枸杞為細末。每日空心用一匙頭，入酥油攪勻，溫酒調下，白湯亦可。忌與酪同食。

又《玉磨茶》 上等紫筍五十斤，篩筒淨，蘇門炒米五十斤，篩筒淨，一同拌和勻，入玉磨內，磨之成茶。

元 沙圖穆秀克《瑞竹堂經驗方》卷二《喘嗽・僵蠶湯》 治喘嗽，喉中如鋸，不能睡臥。好末茶一兩，白僵蠶一兩。

右為細末，放碗內，傾沸湯一小盞，用盞蓋定，臨臥，再添湯點服。

又《痰飲・化痰丸》 快脾順氣，化痰消食。

半夏洗、南星去皮臍、白礬、皂角切碎、生薑。

右各一斤，用水同煮，至南星無白點為度。揀去皂角不用，將生薑切片，同半夏、南星晒乾，無日色火焙。再加青皮去瓤、陳皮去白、紫蘇子炒、蘿蔔子炒，別研、杏仁去皮尖，炒，另研、乾葛、神麯炒、麥蘖炒、糖毬子、

香附子炒，去毛。

右加藥共半斤，與前藥合和一處，碾為細末。生薑自然汁浸蒸餅，打糊為丸，如梧桐子大。每服五七十丸，臨睡食後，茶酒送下。

又《腳氣・治風濕腳氣方》 好川烏一兩生用，無名異二兩研，石亭指一兩生用研。

右為細末，用葱白搗爛。紐自然汁為丸，如梧桐子大。每服只一錢重，空心生薑淡茶吞下，一日一服。

又卷四《幼科・磨積丸》 專治小兒疳積、泄瀉等疾。

荆三棱、蓬莪蒁、陳皮去白、青皮去白、神曲炒、麥芽炒、川鬱金、胡黄連、雷丸白者、香附子炒，去毛，與三棱、莪蒁、陳皮、青皮五件一處，用好米醋煮一晝夜，焙乾、使君子切焙、蘆會各等分。

右為細末，米醋糊為丸，如豌豆大，每服三十丸，糯米湯下，茶湯亦可，虚弱加木香；虚極加癩蝦蟆肉。

明 朱橚《普濟方》卷一八《心臟門・心狂附論・治心風出百一選方》

張德明閤中失心數年，服此而愈。再作，服第二方，得安。并治受邪狂言妄語不定。

水銀半兩、生薄荷一大握，和水銀如泥，細研、建茶好者研一錢、麝香一錢、半夏一兩，以生薑汁煮至五十沸取出，作塊子切，更煮令熟。焙乾搗為細末。

右藥都在薄荷泥內，更研千百轉，丸如芥子大，金銀湯下十五丸，臨臥時服。三日再進。

又卷二四《脾臟門・飲食勞倦附論・當歸臘茶散》 治榮衛氣虚，風邪冷氣進襲臟腑之內，或食生冷，或啖炙煿，或飲食過度、積熱腸間，致使腸胃虚弱，糟粕不聚、大便不利、解血臍腹疼痛、裏急後重、久患酒毒、便血諸疾，一切大便下血證並皆治之。

細芽茶半斤、川百藥煎五箇，燒存性。

右為細末，每服二錢，用米飲湯調下，或烏梅湯亦可。

又卷三八《大腸腑門・茶箬胭脂散》 治腸風下血。

茶箬一握、綿胭脂十箇、白梅四十九枚。

右件共燒灰和勻，米飲調下二錢，空心服。

又卷四〇《大臟腑門・大便不禁論・石硫黄湯》

治虚冷大便不禁，氣脱神昏。

石硫黄明者細研、紫笋茶焙乾研末，各一兩。

右水一盞下，硫黄末半錢匕、茶一錢匕，煎六分去滓，温服不拘時，日三。

又卷四四《頭門・頭痛附論・麝香茶芽散》

治頭疼不已，諸藥不效者。

茶芽一兩，川芎、細辛、荆芥、川烏、甘草已上各半兩，麝香少許。

右為粗末，每服三錢，水一盞，半煎至八分，去滓温服，食後。

又《芎辛湯出三因方》 治一切頭疼，但發熱者不宜服。其餘痰厥、飲厥、腎氣氣厥等證，偏正頭疼痛不可忍者，只以此藥并如聖餅子服之，不拘病退，但多服自能作效。若氣虚年高之人，仍服養正丹、黑錫丹并用此藥調，鍾乳粉間服。諸證頭疼緊健之法，無以踰此。但頭疼多用石膏，蓋取其能墜痰飲。然恐性寒。故以鍾乳粉代之。腎厥頭疼尤得其治，或疑鍾乳粉煅煉之藥，則凡軟石膏煅過為末服之，亦驗。

生附子、生烏頭、天南星、乾薑、細辛、川芎各一兩，甘草三分。

右㕮咀，每服四錢水二盞、薑七片、茶芽少許。煎至六分，去滓，食前服。中脘素寒者不用茶芽。若氣壅盛，只用川芎一兩、細辛半兩、甘草二錢煎如前法。

一方治頭風，以細辛二錢、川芎、白芷減半，為細末，搐入鼻中。

一方用高良薑晒乾，不見火，碾為細末，口含冷水，以少許搐入鼻中。如此數搐即愈，久患頭疼尤能作效。

一方治氣虚人頭疼。以附子一隻生去皮，切作數片，用生薑自然汁一盞，浸一宿，漫炙，乾再炙，再蘸。候滲薑汁為度。高良薑等分為末，臘茶調服。名必效散。

一方用白芷四錢、生烏頭一錢為末。每服一字許茶調服。有人患眼晴痛者，先令含水，次用此藥搐入鼻中，其效尤驗。

又卷四五《頭門・偏正頭痛附論・千金散》

治偏正頭疼諸證。

川芎、細辛、防風、甘菊花、甘草、石菖蒲、青藤根、全蝎、細茶芽、藁本。

右㕮咀。每服五錢水一盞半，葱白一根，同煎至七分，去滓。食後臨卧服，滓再煎一方。如眼目疼痛加貫仲一兩。

又《川芎茶調散》 治頭風上攻、頭目昏重、偏正頭疼、鼻塞聲重、傷風壯熱、肢體疼煩、肌肉瞤動、膈熱痰盛、婦人血氣攻疰太陽穴痛，但是感風並宜服之，常服清頭目。

川芎、荆芥穗各二兩，白芷、羌活、甘草各一兩，防風七錢半，細辛去土半兩，龍腦、薄荷、香附子各四兩。

右為細末，每服二錢。食後茶清調服。一方無香附子，用葱涎調貼兩太陽穴。

又卷四六《頭門・風頭痛附論**・神效散**出衛生寶鑑**》** 專治頭風。

江茶二兩、香白芷半兩，為細末。

右一處，水調成膏子，攤在盞内，用巴豆十四箇槌碎。逐箇燒，煙薰盡為度。陰乾為末，每服一大錢，薄荷七葉，白梅一箇，水一盞煎至六分，臨發時服，七服立效。

又《腦風論**・小芎辛湯**出濟生方**》** 治風寒在腦，或感濕頭重、頭痛眩暈欲倒，嘔吐不定。

川芎一兩、細辛去蘆、白术去蘆炒、甘草炙，各半兩。

右剉散，每服四錢，水一盞半，薑五片，茶芽少許，煎至七分，不拘時候，温服。一方以川芎一兩、細辛半兩、甘草二錢、防風、半夏、川白芷各半兩煎同上，治風濕頭疼立效。

又卷四七《頭門・膈痰風厥頭痛論**・治痰厥頭痛宜吐之方**出聖惠方**》** 茶末四錢、人參蘆頭一分、燈心一大束。

右以水一盞煎至五分，去滓温服，如人行五里未吐，再服。

又卷五七《鼻門・鼻淵論**・川芎茶調散**出如宜方**》** 治其病由腎氣虚、腦髓不固，亦有名鼻淵。

薄荷八兩，川芎四兩，羌活、甘草炙、白芷各三兩，防風一兩半，細辛一兩，荆芥四兩。

右為末，茶清調服，如鼻淵，加辛夷。

又卷六〇《咽喉門・喉痺論**・如聖勝金鋌**出和濟方**》** 治證服餌與後如聖勝金鋌同，品味少異。

朴硝四兩，川芎一兩，硫黄細研一兩半，貫衆二兩，薄荷葉、荆芥穗、嫩茶各半兩。

右為末，裂生葱自然汁攪和為鋌服藥湯，使如後方同，簡易如聖勝金鋌法同。

又《如聖勝金鋌出和濟方**》** 治急喉閉、纏喉風、飛颺、單蛾雙蛾結喉、重舌、木舌、腮頷腫痛，屢經用藥不能吞水粥又方見前。

硫黄研、川芎、薄荷葉去枝梗、臘茶、川烏炮、硝石研、生地黄各二兩。

右為細末，以生葱汁搜和為鋌，每服先用新汲水灌漱吐出，次嚼生薄荷五七葉微爛，用一鋌同嚼極爛，以井水嚥下。甚者連進三服即愈。重舌腮腫，先服一鋌，次以一鋌安患處便消。冒暑伏熱不省人事，生薄荷水調研一鋌，灌下即甦。行路常噙一鋌，即無暑熱之患。口舌生瘡不能合口，并食熱物，如上法服訖，用水灌漱。嚼薄荷十葉如泥，吐出，再以水灌漱。嚼藥一鋌，噙口内聚涎裹之，如涎滿方吐出。如此服三鋌，便能食。遇食酒、醋、鹹、酸、酢脯、炙煿、喉中生炮，須掐破吐血。方着薄荷數葉，以一鋌同嚼，井花水吞下。沙淋小便出血，用車前草七葉、生薑小塊研爛，水調去滓，嚼藥一鋌，以水送下。分陰陽、去風熱，化血為涎，化涎為水。常带随身備急，一鋌可活一人。小兒只服半鋌。一方去川烏、貫衆，以嫩茶代臘茶。

又《治喉閉方》 猪牙皂角二錢燒存性、葛根粉一錢、末茶二錢、乾荷葉一錢半。

右為細末，吹入喉中即愈。

又卷七三《眼目門・目赤痛論**・救苦汤**出東垣蘭室方**》**

治目暴赤發腫、瞼高苦痛不可忍。

羌活、防風、藁本、升麻、柴胡各一錢，川芎三錢，黄連一錢，黄芩一錢半，黄蘗一錢半，知母一錢，生地黄一錢半，甘草炙半錢，蒼术七分，當歸半錢，夏月則減，桔梗、連翹、紅花、草龍膽七分，細辛一分。

右㕮咀，每服一兩。煎法如常，若苦痛則多用。苦寒者兼本經之藥行加減。如睛脹加知母黄蘗一倍。

又卷七五《眼目門・目赤痛論**・甘菊花丸**出聖惠方**》** 治風毒衝

目、虛熱赤痛。

甘菊花一兩，決明子一兩半，車前子二兩，防風二兩，去蘆頭，黃連、川升、麻子茶各一兩，蕤仁一兩半，湯浸去赤皮，川大黃三兩，剉炒，玄参一兩，萎蕤二兩。

右為末，煉蜜和下三二百杵，丸如梧桐子大，每服食後温漿水下一十丸。日三。

又卷八五《眼目門·目瞼生風粟論·川芎散出德生堂方》 治初患發眼風頭疼。

甘菊花、川芎、荆子各一兩，薄荷二兩。

右為細末，以生葱三寸，熬黑豆水，入茶末少許，每服二錢，食後調服。

又卷八八《諸風門·中風·水銀丸出聖濟總録》 治中風仆地、口眼喎斜、涎潮語澁、手足不遂及非時胷膈痰涎。

水銀一兩、臘茶末半兩、青州棗十枚，取肉煮。

右將棗肉同水銀研，令星盡，然後入臘茶末一處研匀，旋滴糯米飲，丸如皂子大，每服一丸，温酒下不計時候磨下。

又卷九九《諸風門·癲癇論·瓜蔕散出直指方》 治風癲，宜服此藥，吐之保命集。

集用瓜蔕末一錢，熟水調下吐痰。如吐不止者，以真麝香少許，温水服之。

一方獨聖散，治諸風隔實諸癇，痰涎津液湧溢，雜病亦然。瓜蔕一兩。

右剉如麻豆大，炒令黃色，為細末，每服量虛實久新。或三錢藥末，茶一錢，酸虀汁一盞調下。

若用吐法，天氣晴明，陰晦勿用。如病卒暴者不拘於此法，吐時辰午已前，故内經曰，平旦至日中天之陽，陽中之陽也。論四時之氣。仲景曰，大法春宜吐，是天氣在上，人氣亦在上。一日之氣，卯辰寅候也，故宜早不宜夜也。先令病人隔夜不食，服藥不吐，再用熟虀水投之。如吐，風癲病者加全蝎，半錢微炒，如有虫者，加狗油五七點末一錢。甚者，加芫花末半錢，立吐其虫，如濕腫滿者，加赤小豆末一錢。故此不可常用，大要辨其虛實，實則瓜蔕散，虛則梔子豉湯，滿加厚朴，不可一槩用之。吐罷可服降火利氣、安神定志之劑。

又卷一〇〇《諸風門·癇論·神應丸出危氏方》 治風癇暗風。

好臈茶半兩、白礬一兩生用。

右為細末蜜丸，如梧桐子大，每服三十丸，臈茶湯下，取涎自大便出，極妙。

又卷一〇四《諸風門·風冷論·硫黄茶出如宣方》 治風冷頭冷妙。

用硫黄水煎，去滓熬乾，研極細茶一盞，生絹篩，下硫黄于茶面，頓呷服。嚼生葱白半寸妙。

又《治膈上風熱常覺有痰方一名風痰散，出十便良方》 皂角二挺半，不蛀者。湯浸剥去皮子晒乾。一挺燒作黑灰，一挺燒作白灰，半挺塗酥炙令黃，擣羅為末，蠟面茶半觔，生碾為末。附子半兩，炮製去皮臍擣羅為末。

右都研令匀，不計時候，以生薑湯調下半錢。

又卷一〇七《諸風門·勞風論·草烏頭湯出指南方》 治勞風。

草烏頭去皮尖生用，細辛去苗，茶牙等分。

右為散，每服三錢，水三盞煎一盞，去滓服，不拘時候。

又卷一一一《諸風門·白癩論·白殭蠶散一名地龍散，出聖惠方》 治白虎風痛不可忍。

白殭蠶炒，臈茶炙各一兩，甘草炙三分，地龍白色少泥者，微炒一兩。

右為散，每發時空心服二錢，午後服一錢，臨卧服兩錢，並用熱酒調下。又先取藥一兩銚子中鎔成水，投桂末半兩攪匀，攤於紙上，炙令熱服。第一服藥了，即貼向痛處，用熱綿裹之。一方無甘草，每服温酒調下二錢，不拘時。

又《阿魏散出聖惠方》 治白虎風，身體疼痛不可忍，轉動不得。

阿魏半錢、乳香研、好茶末各一錢、地龍白色十五條，少泥者佳，微炒。

右為散，分二服，空心夜食後並用熱酒調下。服藥後，更喫熱豆淋酒後，乃喫熱薑稀粥，以布被覆取後汗，通體當瘥。一方不用酒，止用好茶調下亦可。

又卷一一三《諸風門·破傷風論·茴香丸》 治破傷風。

八角茴香半兩，川楝子五個，川獨活半兩，甘草半兩，已上酒炙，穀精草半兩，末茶一兩半，半兩為衣半兩入藥，蒼朮一兩酒炙。

右為末，酒糊為丸，每服十丸温酒送下，不拘時。

又 卷一一七《寒暑濕門・中暑論・治暑渴方出海上名方**》** 用百藥煎蠟茶為末，烏梅肉丸如雞頭大，含化，名為水瓢丸。

又《治傷暑出本草**》** 以建茶煎飲之。

又 卷一二〇《積熱痼冷門・痼冷論・雄硃丹出百一選方**》** 治宿寒痼冷，飲食嘔逆，久則羸弱變成勞瘵。

硃砂、雄黄各二兩，以上用沙盒一箇，先以牡丹皮二兩内外薰黄，入藥於内，以酸醋和臈茶作餅，蓋定盒口，以赤石脂固濟合縫。又用赤石脂泥裹盒子一重，再用黄泥紙筋又裹一重，先以草火燒令赤，次以灰火五斤漸漸添至一秤。候火力稍消，取出，掘坑一尺埋一宿去火毒。取出研入後藥附子炮別為末，胡椒、肉桂、赤石脂、木香、沈香、蓽撥、丁香、白朮、乳香半兩，同赤石脂共研細。

右為末，入前藥研勻，以青酒二升三分熬去，二分入附子末煮糊，丸桐子大，每服一十丸，空心温酒鹽湯任下。

又 卷一三〇《傷寒門・治傷寒四日候論**・松羅散**出聖人方**》** 治傷寒四日，寒熱不退，頭痛百節煩疼，此毒在胸中。

松羅半兩、川升麻一兩、甘草一兩，生用、恒山半兩。

右為散，每服五錢，水一大盞煎取七分，入茶末二錢，更煎一兩沸出滓，空腹温服。如未吐，相去如人行三里，再服，以吐為度。

又 卷一三一《傷寒門・可吐論**・人參湯**出圣濟總録**》** 治傷寒出汗、後心胷煩悶、煩熱未通。

人參半兩、燈心一小束、枳殼去穰麩，炒，一分、大腹皮一枚，剉、茶末二錢、生甘草半兩。

右除茶末，各細剉。用淡浆水二大盞煎至一盞，去滓，入茶末攪勻，分温二服。以紙撚子於咽喉中引取吐為度。

又 卷一三四《傷寒門・傷寒鼻衄論**・刺薊散**出聖惠方**》** 治傷寒毒熱盛，鼻衄不止。

刺薊半兩、土根半兩、子芩半兩、蠟面茶一分、麝香半錢研。

右件藥為細散，入麝香研令勻。每服不計時，以冷蜜水調下二錢，以瘥為度。

又 卷一三五《傷寒門・陰陽毒論**・霹靂散**一名黒散子**》** 治陰隔陽煩躁，不飲水。

右用附子一枚，炮熱取出，用冷灰焙細，研入真臈茶二大錢和勻，為細末。每服分作二服，水一盞煎至六分，臨熟入蜜半匙，取温或冷服之，須臾躁止得睡，汗出即差。

又 卷一三六《傷寒門・傷寒頭疼・芎藭飲出肘後方**》** 治傷寒頭疼不止。

芎藭半兩、馬牙硝研、石膏研各一兩。

右粗搗篩，每服二錢，以水一盞入生薑三片、好茶一錢同煎，至六分去滓，温服，不拘時。

又 卷一四五《傷寒門・傷寒後虛驚悸附論**・人參常山湯》** 治傷寒後變成瘧疾，痰壅脾肺，面色浮腫。

人參、常山各半兩、生甘草、陳橘皮湯，浸去白焙，各一分，燈心十莖。

右細剉拌勻，用水二盞，酒一盞同煎至兩盞去滓，入好茶末二錢匕，分作兩服，取吐即瘥。

又 卷一四七《傷寒門・傷寒雜治附論**・火焰散**出永類鈐方**》** 治傷寒惡候。

舶上硫黄、附子去皮，剉用、新臘茶各一錢。

右為細末，先將好酒一升調藥入大新碗口中，加火攤蕩令乾，合於瓦上。每一碗下燒熱艾一拳大，以瓦撑起，無令火著，直至烟盡，冷即刮取，細研入磁合盛。

每服二錢，酒一盞，共煎七分。有火焰起勿訝，傷寒陰毒者四肢冷、脉沉細，或吐瀉惡心煩燥、胷中結鞕，或轉作伏陽在内，湯水不下，先喫一服，如吐，却更進一服。服後心中熱，其病已瘥，如表未鮮，渾身壯熱脉氣洪大宜，用發表藥或表解者，更不發熱，便得眠卧，渾身有汗，若少有痞結脉實，方可下之，漸用調和脾胃補治元氣之藥也。

又 卷一五一《時氣門・時氣令不相染易論**・禮百拜汗出自解**出神效方**》** 葱白爛研，二兩、生薑細切，一兩、豉一合，搗碎、細茶末二錢。

右先以水二盞煎葱并薑，至一盞半，次下豉，煎少時，即入茶末，去

滓頓服，厚衣蓋覆取汗。

又卷一五二《熱病門·熱病一日論**·治疫毒在表發汗方**萬金護命方》　麻黃去根，三分，牡丹皮去心，桔梗、羌活、獨活、細辛、荆芥穗各一分。

右細杵羅為末，每服五錢，水一椀，椒五十粒。茶末半錢煎，取濃汁用，調下藥末，非時和滓喫，厚蓋衣被發大汗，一服安効。

又卷一五五《身體門·五種腰痛論**·治腎腰疼痛不可忍方**出聖惠方》　宿砂一兩，去皮為末。

右入釅醋，二合攪令勻，熬令稠，次入茶末，酌量拌和，得所丸如梧桐子大，每服於空腹，以醋湯下三十丸，晚食前再服。

又卷一六三《喘門·總論·定喘飲子》　訶子肉三兩、麻黃四兩，不去節。

右為麁末，每服四錢，水二盞煎至一盞二分，去滓，入好臘茶一錢，再同研至七分通口，不拘時候，臨卧服之尤佳，立如神効，老幼可服，一方加人參二兩，名訶參散，本方只兩味。

又《三分茶出儒門事親**》**　茶二錢、蜜二兩、蕎麥麪四兩。

右以新水一大碗，約打千餘數，連飲之，飲畢良久下氣不可停，人喘自止，妙矣。

又《殭蠶湯出瑞竹堂**》**　治嗽喘，喉中如鋸，不能睡卧。

好茶末一兩、白殭蠶一兩。

右為細末，放碗内用盞蓋定，傾沸湯一小盞，臨卧再添湯點。

又卷一六五《痰飲門·一切痰飲·硝礬丸出衛生家寶方**》**　治痰涎壅結，咳嗽咽痛。

白礬、焰硝各等分。

右為細末，鉄鍋子内按實，以生茶葉數片蓋之，火煆通紅，伏火為度。茶葉旋添，直待伏火，却連鍋子入地坑一宿，取出為細末，糯米粥為丸，如梧桐子大，硃砂為衣，每服三丸，薑湯送下，食後臨卧服。

又卷一七二《積聚門·聚宿食不消附論**·祛宿疾**出本草**》**　蒙頂茶煎服，《茶譜》云：蒙山有五頂有茶園，其中頂名上清峰者，昔僧人病冷且久，遇一老父，謂曰：『蒙中頂茶當以春分之先後，多搆人力，同雷之發聲，併手採摘，三日而止。若獲一兩，以本處水煎服，即能祛宿疾，二兩當現前無疾，三兩因以換骨，四兩即為地仙矣。』其僧如説獲一兩餘服，未盡而病瘥。

又卷一七九《痟渴門·久渴附論**·黃連散》**　治痟渴，飲水過多，不知足限。

蜜陀僧細研、蠟面茶、黃連去鬚、滑石、栝樓根各半兩。

右為散，每服一錢，不計時候，以清粥調下。

又卷一八〇《痟渴門·渴利附論·黃耆丸出聖惠方**》**　治痟腎小便白濁，四肢羸瘦，漸至困乏宜服。

黃耆剉、黃連去鬚，熟乾地黃，牡礪燒為粉，鹿茸去毛，茶酥炙，微黃各一兩，白茯苓，土瓜根，龍骨，元參，五味子，人參去蘆頭，桑螵蛸微炒，各三兩，麥門冬二兩，去心焙，菝葜半兩，剉。

右為細末，煉蜜和搗五七百杵，丸如梧桐子大，每於食前以清粥飲下三十丸。

又卷一八三《諸氣門·久上氣附論**·治氣消宿食**出本草**》**　以苦茶加茱萸、葱薑作飲食。

又卷一九七《諸瘧門·諸瘧附論**·紅散子》**　治瘧滇，當發日早晨服。

黃丹炒，色變、建茶各等分。

右各和二錢，白湯調下，或温酒調下入茶。

又《瘧丹出朱氏集驗方**》**　治瘧疾。

茶一錢，或臘茶、硫黃一錢。

右發日早起服，或寒多加硫黃少許，熱多加臘茶少。臨發時冷水調下，甚者兩服即愈。用之屢驗。

又卷一九九《諸瘧門·山嵐瘴氣瘧附論**·香椿散》**　治瘴氣惡心、四肢疼痛、口吐酸水、不思飲食、憎寒壯熱發過引飲。二廣七閩多山嵐煙霧，蛇虺鬱毒之氣，當秋七八月之間，芒華發時，此疾大作，謂之黃芒瘴，又謂黃茅瘴是也。蓋人或因饑飽，或因虛怯，或衝煙霧，或涉溪澗，遂得此疾，謂之黑脚瘴、啞瘴、蝦蟇瘴，其名不一並皆療之。

香椿嫩酒浸焙三兩，甘草炙，南壁土向日者，臘茶各一兩。

右為散，每服二錢，用酒調下，如患久者，更加甘遂、柴胡各半兩，空心臨卧服。

又《烏梅湯出聖惠方**》** 治痰實瘧盛、攻作寒熱。

烏梅肉微炒、常山各半兩，松蘿三分，鼈甲生用，川升麻各一兩。

右細剉以水三大盞煎取一盞半，下茶末二錢更煎，三兩沸去滓，空腹分為二服。如人行五里當吐，如未吐，再一服，以吐惡痰為度。

又 卷二〇〇《諸瘧門・寒熱往來附論**・人參湯**出聖惠方**》** 治瘧寒熱作、時面色黄。

人參、常山各半兩，甘草生三分，陳橘皮湯浸，去白，焼乾一分。

右麄擣篩為末，每服五錢，水一盞半，入茶末半錢，燈心五莖，煎至七分，去滓入酒半盞和匀候温，未發前頓服，取吐，如未吐再服，以痰出盡為度。

又 卷二〇三《霍亂門・霍亂心煩附論**・薑茶散**出聖濟總錄**》** 治霍亂後煩躁卧不安。

乾薑炮為末，炒二錢、好茶末一錢。

右以水一盞，先煎茶末令熟，即調乾薑末服之。

又 卷二〇四《膈噎門・膈氣咽喉噎塞附論**・木香丸**出聖濟總録**》** 治膈氣痞悶、痰飲、惡心嘔逆、不下飲食。

木香炮半兩，莎草根炒、京三稜煨剉、白术各一兩，剉，沉香剉、硇砂别研、好茶末、益智仁去皮，炒，各半兩，桂去粗皮、丁香炒各一分，烏梅肉炒，一兩，肉豆蔻去殻，三枚。

右除巴豆外，擣羅為末，醋煑，麵糊丸如菉豆大，每服三丸至五丸，食後生薑湯下。

又 卷二〇九《嘔吐門・寒嘔附論**・治熱吐**出海上方**》** 用臘茶末一錢，生腦子少許，研匀沸湯點。

又《泄痢門・諸痢附論**・秘方養臟湯》** 治五色痢經驗。

陳皮去白、枳殻去穰、黄連去鬚、南木香、烏梅去核各五錢，罌粟殻去蒂膜，蜜炙，一兩，厚朴去粗皮，薑汁炙、杏仁去皮尖、甘草各五錢。

右剉散五色黒豆，棗子煎，紅痢、生地黄、春茶、甘草節煎服五色。久不效加龍骨、赤石脂、人參、楊芍藥一兩為末，蜜丸烏梅甘草湯下，粟米飲亦可。

又《治痢方》 用蠟茶細末，不拘多少，白梅和丸，赤甘草湯下，白痢烏梅湯下。泄瀉不止陳米飲下。每服二十丸，團茶尤佳。大凡痢疾不問赤白，當先辨冷熱之異，若手足和暖，則為陽，當先服五苓散，粟米飲調下，次服感應丸，二十粒即愈。若手足厥冷，則為陰，當服暖藥如已寒丸，附子之類，如此治痢無不效，有人夏月患痢，一日六七十行，用五苓散立效。

又《沙調散出經驗良方**》** 用臘茶不拘多少、新舊細研，如赤痢用蜜同水煎，白痢用連皮薑，研自然汁同水煎，每水一盞煎半盞，空心服，二服即愈。

又《薑茶治痢法出危氏方**》** 治赤白冷熱諸痢及暑毒食毒，治痢下腹痛，肚皮熱手不可近用老生薑，切如豆許，與茶葉等分，用新水煎一服。一方如白痢用蜜、赤痢用薑末，効。服真人養臟湯再加芍藥當歸立止。若熱痢即留薑皮，冷即去皮大炒。薑能助陽，茶能助陰，二者能調陰陽失宜。

又 卷二一二《泄痢門・血痢附論**・葵子散》** 治血痢及婦人産後血痢。

右用冬葵子不拘多少，擣羅為散，每服二錢入蠟茶一錢，以沸湯七分一盞調服，併兩三服瘥。

又《斂紅丸》 治伏熱下血裏急後重。

蠟茶不拘多少。

右為細末，以上等釅醋和丸，每兩作十五丸，每服一丸，濃煎烏梅湯下。

又《紫笋茶散》 治久赤白痢不瘥。

紫笋茶一兩、臘月狗頭骨一兩半。

右藥同細研令匀，每服不計時候，以粥飲調下二錢。

又 卷二一三《泄痢門・腸滑下腸垢附論**・止休息痢》** 乾薑、建茶各一兩。

右以烏梅取肉，丸如梧桐子大，每服三十丸，食前米飲下。

又 卷二一六《小便淋秘門·小便不通附論**·治小便不通**十便良方**》**

莪茂剉、炒蘹香子、炒茶葉各半兩。

右為散，每服三錢，水一盞，鹽二錢，葱白二寸煎六分，和滓空心服。

又《海金沙散》 治小便不通，臍下滿悶。

海金沙一兩、臘茶半兩。

右為散，每服三錢，煎。生薑甘草湯調下，不拘時，未通再服。

又《治小便不通》 用江浙末茶、赤小豆等分為末，水調下。

又 卷二一九《諸虚門·補虚益血附論**·神應參丹**出簡易方**》** 治丈夫、婦人、童男、室女心腎虧盈，神氣欲脱，咳嗽痰喘，咯血氣急，寒熱往來，形容瘦弱，風痰潮厥，腸滑泄利，一切諸証并主之。

煉硃砂末半斤、靈砂末代赭石末各二兩。

右研極細，無聲為度，用糯米末半兩、人參末半兩拌勻，用熟白湯和作餅二箇。於湯内煮，令浮熱取出，斟酌搜和，令稀稠得如小麻子大，頓在桑柴炭灰盤内，候三日去灰，用新麻布袋打，令光色，每服五粒，人參北棗湯下，病重者可服二十粒。

煉硃砂法。辰廣二州硃砂塊，夥如黑豆大者八兩，分為三處，人參三十兩，亦分為三處，却用銀鍋或年深古鐵鍋注溪水或湖水，令滿，安頓蒸籠於上，籠内用細密竹篩為磾，先將人參在内，次入硃砂三重間之。然後用炭一百五十斤，分作三處，每日夜用炭五十斤，水五桶，水乾漸添，至天明取人參、硃砂出，揀其硃砂，每粒用木搥擊為三二片，再用人參十兩，仍舊如前安頓，蒸自午至天明，如此三日，滿足取出，用水澄洗砂令净却，用硫黄一兩、草茶一兩，各為細末，先用硫黄末頓在熟鐵鍋内，用炭火慢慢熔成汁，次以蒸子硃砂擻在汁内炒，停候。硫黄為烟，却用草茶末分三次摻在硃砂内炒，令停存硫黄性為度。去茶焦末净揀硃砂為末，其所擇爛人參日中曬乾了，再火焙，別為細末，棗湯調下。

又 卷二三一《虚勞門·虚勞咳嗽附論**·京墨散》** 治損内吐血。

右用飛羅麵，不以多少，微炒，過濃磨細，墨山茶脚調下二錢，服立效。

又 卷二四二《脚氣門·風濕脚氣附論**·玉净瓶**出朱氏集驗方**》** 紫雲根長葉成叢者。

是右生採等分，細切，入好茶末二三錢同擂爛，每用一圓如三錢重，用瓦器盌盛水化開，同煮数沸，候冷如前法，此藥専治赤腫熱痛者，神效。

又 卷二四七《癩疝門·諸疝附論**·神聖代針散》** 治一切厥心痛，小腸疝氣痛不可忍，及心驚欲死，及小腸氣搐得如弓角，膀胱腫硬，一切氣刺虚痛，婦人血刺衝心，阻一切痛楚，服之大有神效，孕婦勿服。

蚖蜻一兩，即班猫虫，用糯米一兩，水洗净，即取出，侯乾，用蚖蜻一處微火炒米黄色，去蚖蜻，将糯米製，去屑為末，乳香別研、沒藥別研、當歸、白芷、川芎各半兩。

右為極細末和勻。每服一字，甚者二字，藥如小錢一字上多，先點好茶一盞，次糝藥末在茶上，不得吹攪，立地細細呷之，又治胎衣不下難産。

又 卷二四九《癩疝門·陰腫痛附論**·雞糞礬散**出聖惠方**》** 治陰腫。

雞糞礬、火前茶、龍牙草各三分。

右為散，雞子清調，塗腫處，日三易之。

又 卷二五一《諸毒門·解諸毒附論**·解諸藥毒蟲蛇及諸蠱毒》**

又方： 生茶葉焙、生甘草焙、生白礬乳鉢研為末。

右等分為細末，每服一大錢，以新汲水調下，若中毒，一月其毒自大便下，若中蠱毒即吐出肉塊。次服補藥，生糯圓用糯米粉，以烏猪膽汁為丸，如梧桐子大，每服三十粒，熟水吞下。

又《歸魂散一名礬茶散，出廣南衛生方**》** 耑鮮中藥毒煩躁吐血、腹内口内如錐針刺。

白礬、草茶各一兩一錢。

右擣研為散，分作三服，用新汲水調下，連服之立解。此藥入口其味甘甜不覺苦味者，是中藥毒也，得吐即效，不吐再服。一方用白礬、臘茶末水調下，治菌毒。

又 卷二五二《諸毒門·蠱毒附論**·礬茶散**出濟生方**》** 治中諸毒及挑生毒，亦鮮藥蕈毒，嚼黑豆不腥，礬味甘，乃中毒之候。

晉礬，建茶各等分。

右為末，每服三錢，新汲水調下，得吐即效，未吐再服。若欲驗知是中蠱，當令病人唾水中，沉者是蠱，不見非也。

又卷二五九《食治門・葱豉茶方出聖惠方**》** 治傷寒頭痛壯熱。

葱白三莖去鬚、豉半兩、荊芥一分、薄荷三十葉、梔子仁五枚、石膏三兩，擣碎、茶末三錢，紫笋茶上。

右以水二大盞，煎取一大盞，去滓，下茶末，更煎四五沸，分二度服。

又《薄荷茶方出聖惠方**》** 治傷寒鼻塞、頭痛煩燥。

薄荷三十葉、生薑一分、人參半兩，去蘆頭、石膏一兩，擣碎、麻黄半兩，去根。

右剉先以水一大盞煎至六分，去滓，分二服。

又《硫黄茶方出聖濟總録**》** 治宿滯冷氣及止瀉痢。

硫黄三錢，細研、紫笋茶三錢，末、訶梨勒皮三錢。

右相和令勻，以水依常法煎茶，稍熱服之。

又《石膏茶方出聖惠方**》** 治傷寒頭疼煩熱。

石膏二兩擣末、紫笋茶碾為末。

右以水一中盞，先煎，石膏末三錢，煎至五分，去滓點茶服之。

又《槐芽茶方》 治腸風。

右用嫩槐芽，採取蒸過火焙，如作茶法，每旋取碾為細末，一依前茶法，不計時候，服一小盞，兼療諸風極有效。

又《蘿摩茶方出聖惠方**》** 治風及氣補暖。

右用蘿摩葉夏採蒸熟，如造茶法，火焙乾，每旋取碾之為末，一依前茶法不計時候服。

又《皂莢芽茶方出聖惠方**》** 治腸風兼去臟腑風澀。

右用嫩皂莢芽，採蒸過火焙乾。如造茶法，每旋碾為細末，一依前茶法，不計時候，服入鹽花亦佳。

又《石楠芽茶方出聖惠方**》** 治風補暖。

右用嫩石楠芽採蒸熟火焙，如造茶法，每旋取碾為細末，煎潑如茶服。

又卷二六二《乳石門・乳石發下痢附論**・解乳石痢方**聖濟總錄**》**

用紫笋茶二兩，擣羅為末，每服三錢，以水一盞，煎至七分，和滓服之，早晨日午晚後食前各一。

又卷三一七《婦人諸疾門・風眩頭痛附論**・芎辛湯**出大全良方**》**

治狀如前症，但發熱者不可服。

生附子、生烏頭去皮尖、南星、乾薑炮、北細辛、川芎各一兩，甘草三兩。

右㕮咀，每服四錢，水二鍾、薑七片、芽茶少許，煎至七分，去滓，食前温服，中脘素有寒者不用芽茶。

又《四神散出大全良方**》** 治婦人血氣眩暈頭痛。

菊花、當歸、旋覆花、荊芥穗各等分。

右為末，每服一錢水一鍾半，葱白三寸，茶末一錢，煎至七分通口調服，良久，去枕仰臥少時。

又卷三五八《嬰孩門・瘡疹輕重候》 凡未出而發者，是謂感風寒之邪，內發心熱之所作也，當用茶粉下鮮毒湯、犀角地黄湯主之。一發便密如針頭，形勢重者，合輕其表而涼其內，連翹升麻湯。若斑已發密重，微喘飲水者有熱證，用去風藥微下之，若出不快，清便自調。知其在表不在裏，當微發，用升麻葛根湯、下宣風散。若身表大熱者，表證未罷，不可下。若青乾黑點、身不大熱，大小便澁，則是熱在內，煎大黄湯下宣風散，若斑疹已出見小熱，小便不利，當利小便，已發後有餘毒未散，復有身熱瘡腫之類，當用茶粉下鮮毒丸。瘡疹已出，後有聲音者，乃形病氣不病也，若瘡疹出而聲音不出者，是形氣俱病也，當清其肺氣，當用八風湯并涼膈散去硝大黄亦可。

又卷三六八《嬰孩傷寒門・夾驚傷寒附論**・梨漿餅子》** 治小兒傷寒驚搐治風下涎。

輕粉半兩，鐵粉、荊芥穗、辰砂、臘茶各一錢，郁李仁七箇，出油，粉霜半錢，牽牛二十七箇，微炒，腦麝少許。

右為末，鍊蜜為餅子加減，用梨汁薄荷湯化下。

又卷三六九《嬰孩傷寒門・温病附論**・防己湯》** 治傷寒喘促及

多年喘急。

防己一兩，訶子炮用肉，麻黃不去節，杏仁去皮尖，麩炒，各一兩。

右為㕮咀，水煎，臨熟入臘茶少許，再沸去渣，量兒大小加減服之。

又 卷三七二《嬰孩驚風門・驚悸附論・九龍控心散》 治天瘹、七竅壅聚、痰塞經絡、關膈不通、潮涎灌心、眼目翻騰、頭項仰强。

赤蜈蚣一條，酒炙、滴乳香一錢，別研、天竺黃二錢半、臘茶二錢、雄黃二錢，別研、甘草二錢，炙、荆芥穗一錢，炒、白礬一錢，煆、菉豆半生半炒。

右為末，每服半錢，每一歲一錢，煎人參薄荷湯調下。

又 卷三七四《嬰孩驚風門・一切驚風・龍腦膏》出《幼幼新書》 治小兒驚風、搐搦痰壅、用在瞪目直視或眼不開、口噤、四肢或冷或熱、大便或秘或洩等證。

腦子一錢、石腦油半兩、南星二錢、輕粉一錢、水銀半兩、臘茶一錢，酥一塊如棗大，同研無星。

右為末，研和為丸，如小兒一歲一丸，乳香湯下，如不得化破，取下惡物後愈。

又《小蛜蝌丸》 治一切驚風、手足摇動、心神恐悸、卧睡不安。

蛜蝌蝎雄是。

白附子、米粉、硃砂、青黛、香墨、金箔、青柳條、細茶、麝香、防風、羌活、白礬、天麻、茯神、遠志、山藥各等分。

右為末，棗肉木瓜同搗爛飯為丸，煎作錠子，硃砂為衣，周歲一二粒，金銀薄荷湯下，或麝香湯下。

又 卷三七六《嬰孩一切癎門・蛜蝌丸》 治四十八候癎。

全蝎、半夏、京墨煆各半錢、辰砂、鐵粉、人參、真珠末各一錢，好茶半錢，春柳芽半錢，乾者或一錢。

右為末酒糊，丸如菜子大，每服七粒至十粒，薄荷湯下，一日三服，一月見效。

又 卷三七七《嬰孩一切癎門・癲癎附論・磨刀散》 治一切風癎。

木賊半兩，為末、臘茶一錢半。

右為末拌勻，每服半錢，以磨刀清水調下，不拘時候，服罷喫少人參。

又 卷三七八《嬰孩一切癎門・癲癎附論・歸魂丸》 治小兒驚癎搐搦，涎潮昏塞。

史君子兩枚，以麵裹於慢火中煨，候麵黃為度，去皮不用、水銀結沙子、香墨、蘆薈、熊膽研、臘茶研、乳香研、龍腦各一錢，研、蝎稍三十枚，炒、天竺黃、青黛研、丹砂研，各半錢、輕粉二錢、寒食麵一錢半。

右同研，令勻細，滴水丸如菉豆大，每服一丸，薄荷蜜水化下，如小兒稍覺驚者，化半丸與喫，若能常服永無驚疾，量兒大小加減。

又 卷三八一《嬰孩諸疳門・鼻疳附論・桃花散》出聖惠方 治小兒食疳腹脹。

桃花一分、乾蟾塗酥，炙，令黃、青黛細研、赤芍藥、肉豆蔻去殼、紫笋茶已上各半兩。

右為末，每服以温粥飲調下半錢，看兒大小臨時加減。

又 卷三八三《嬰孩諸疳門・疳瀉附論・沒石子丸》 治疳痢及治瀼瀉血痢、滑腸腹痛。

木香、黃連各二錢半、沒子一個、肉豆蔻一個，煨、訶子三個，煨、蠟茶半兩。

右為細末，爛飯丸如黍米大，白湯下，量兒大小服之。日進二三服，食前米飲湯送下亦可，一方無蠟茶。

又 卷三九〇《嬰孩心腹痛等疾門・瘧疾附論・南斗散》 又方：

上等臘茶、硫黃別研末。

右各頓一處，寒多倍硫黃，熱多倍蠟茶，發日五更米飲調一錢，或引飲宜服五苓散。

又 卷三九四《嬰孩吐瀉門・嘔吐附論・丁香膏》 治小兒吐逆，兼治大人。

丁香、藿香各一分、硫黃二分、柿蔕十個、水銀、木香各一錢、槐花、蠟茶各半兩。

右先研，水銀、硫黃令勻入在衆藥末內，煉蜜和成膏，以蠟裹大人一杏核大，煎桑葉湯，甚者三服，小兒量大小加減一皂子，大薄荷湯下。

又 卷三九五《嬰孩吐瀉門・毒氣吐附論・桑葉膏》 治小兒伏熱吐瀉渴、腹疼肢冷。

水銀、硫黃各一錢，同研，黑丁香、槐花蜜炙炒、藿香葉、蠟茶各一錢，滑石三錢。

右為末，煉蜜和丸，如雞頭大，三歲一丸，煎桑葉湯食前化下。

又 卷三九七《嬰兒下痢門・熱痢附論・八味丸》 治赤白痢。

枳殼半兩、杏仁一百二十粒，去皮尖、鹽梅七箇、巴豆二十粒，去油、好茶末四錢、黃連一兩、黃蠟五錢、百草霜二兩、蓮蓬一兩。

右為細末，溶黃蠟為丸，赤白甘草湯下，白痢白薑湯送下。

又《妙應膏一名黃丹丸》 治久痢赤白，諸藥未效。

蜜陀僧末、黃丹研、定粉研，各半兩，已上研細，用醋淬，鉄銚内炒茶褐色，訶子肉、木香各一兩，搗為細末，真砒霜一錢，巴豆十粒，去皮心膜出油，麝香一錢。

右都研勻細，用黃蠟四兩慢火鎔，同諸藥熬成膏，如黍米大，每服未週歲小兒一粒，二三歲四五歲三粒，六七歲五粒，十歲以上七粒，若血多，甘草湯放冷。下膿多艾葉湯下，臨卧服。一方無木香，用生薑自然汁濃研，香墨浸蒸餅和丸，以冷甘草湯下，量大小加減。

又《樗根湯》 治小兒瀉血不定。

樗根白皮炙三分，無食子、肉豆蔻去殼一兩，茜根半兩，茶末一分。

右㕮咀，每一錢水七分煎至四分，去滓分温二服，早晨晚後各一，量大小加減。

明 李時珍《本草綱目》卷三《百病主治藥一・諸風》 附子尖研末，茶服。

苦茗茶探吐。

又《癲癇》 礬石同細茶丸服。

又《傷寒病熱》 茗茶並發汗。

胡桃同葱、薑、擂茶服，發汗。

又《瘟疫》 茶鹽、麩子、檳榔、烏梅、大腹皮、安息香、蘇合香、阿魏、相思子吐。

又 卷四《百病主治藥二・頭痛》 黃芩一味，酒浸曬研，茶服，治風濕、濕熱、相火，偏、正諸般頭痛。

大黃熱厥頭痛，酒炒三次，為末，茶服。

楊梅頭痛，為末茶服。

石膏陽明頭痛如裂，壯熱如火。並風熱，同竹葉煎；風寒，同葱、茶煎；風痰，同川芎、甘草煎。

芎風入腦戶頭痛，行氣開鬱，必用之藥。風熱及氣虛，為末茶服；偏頭風，浸酒服；卒厥，同烏藥末服。

烏藥氣厥頭痛，及產後頭痛，同川芎末，茶服。

又《眩暈》 大黃濕熱眩暈，炒末茶服。

又《眼目》 香附子肝虛睛痛羞明，同夏枯草末、沙糖水服；頭風睛痛，同川芎末，茶服。

兔屎去浮翳、痘後翳，日乾，茶服一錢，或加檳榔末。

又《面》 枇杷葉茶服，治面上風瘡。

又《鼻》 蒼耳子末，日服二錢，能通頂門。同白芷、辛夷、薄荷為末，葱、茶服。

又《口舌》 細茶同甘草。

又《咽喉》 黃顙魚頰骨燒灰，茶或灌鼻，取吐；或盛石膽，陰乾，吹。

又《音聲》 東家雞棲木失音不語，喑不能言，茶服一匙，平肝去怯也。

又《瘍癩風》 牡蠣以茶引之，消項下結核；以柴胡引之，去脅下堅。

又《癧、疽》 杏仁、細茶、木瓜、槐花四兩，炒，煎酒熱服。

又《諸毒》 鏡面草、豇豆汁、黑豆汁、烏根、明礬入少茶水服。

又《婦人經水》 茶湯入沙糖少許，閉，煩熱，生地黃汁服。

又《崩中漏下》 石花同細茶、漆器末，酒服。

又 卷五《水部・諸水有毒》 酒後飲茶水，成酒癖。

又 卷六《火部・燈火》 楊梅毒瘡：方廣《心法附餘》：用鉛汞結砂、銀朱各二錢，白花蛇一錢。為末，作紙撚七條。初日用三條，自後日用一條，香油點燈於烘爐中，放被内蓋臥，勿透風。須食飽口含椒茶，熱則吐去，再含。神燈熏法：用銀朱二錢，孩兒茶、龍掛香、皂角子各一錢，為末，以紙卷作燈心大，長三寸。每用一條，安燈盞內，香油浸點，置水桶中，以被圍坐，用鼻吸煙咽之，口含冷茶，熱則吐去。日熏二次。三日後口中破皮，以陳醬水漱之。神燈照法：治楊梅瘡，年久破爛坑陷者。用銀朱、水粉、線香各三錢，乳香、沒藥各五分，片腦二分。為末，以紙卷作撚，浸油點燈照瘡，日三次，七日見效。須先服通聖散數

帖，臨時口含椒茶，以防毒瓦斯入齒也。年深疥癬，遍身延蔓者：硫黄、艾葉研勻作撚，浸油點燈，於被中熏之。以油塗口鼻耳目，露之。《集玄方》

又卷七《土部・梁上塵》 經血不止：烏龍尾炒煙盡、荊芥穗各半兩。為末。每服二錢，茶下。《聖濟錄》

又卷八《金部・鉛丹》 《三因方》：用黄丹炒、建茶等分。為末。溫酒服二錢。又黄丹飛焙，麵糊丸芡子大。每棗子一枚，去核，包一丸，紙裹煨熟食之。溫瘧不止：黄丹炒半兩，青蒿童尿浸二兩，為末。每服二錢，寒多酒服，熱多茶服。《仁存堂方》

又《密陀僧》 時珍曰：密陀僧感鉛銀之氣，其性重墜下沉，直走下焦，故能墜痰、止吐、消積，定驚癇，治瘧痢，止消渴，療瘡腫。洪邁《夷堅志》云：驚氣入心絡，瘖不能言語者，用密陀僧末一匕，茶調服，即愈。昔有人伐薪，為野狼所逐，而得是疾，或授此方而愈。又一軍校采藤逢惡蛇病此，亦用之而愈。此乃驚則氣亂，密陀僧之重以去怯而平肝也。其功力與鉛丹同，故膏藥中用代鉛丹云。

又 赤白下痢：密陀僧三兩，燒黄色研粉。每服一錢，醋、茶下，日三服。《聖惠方》

又卷九《石部一・水銀粉》 楊梅毒瘡：《醫學統旨》：用輕粉一錢，雄黄、丹砂各二錢半，槐花炒、龜板炙各一兩。為末，糊丸梧子大。每服一錢，冷茶下，日二服，七日愈。

又《銀朱》 痰氣結胸：鶴頂丹：不問陰陽虛實，炒過陷胸、瀉心等藥。用銀朱半兩，明礬一兩，同碾。以熨斗盛火，瓦盞盛藥，熔化，急刮搓丸。每服一錢，真茶入薑汁少許服之。心上隱隱有聲，結胸自散。不動臟腑，不傷真氣，明礬化痰，銀朱破積，故也。曾世榮《活幼全書》

又《石膏》 風邪眼寒，乃風入頭系，敗血凝滯，不能上下流通，故風寒客之而眼寒也。石膏二兩，川芎二兩，甘草炙半兩。為末。每服一錢，蔥白、茶湯調下，日二服。《宣明方》

又 治傷寒頭痛如裂，壯熱皮如火燥。和蔥煎茶，去頭痛甄權

又卷一〇《石部二・禹餘糧》 大風癘疾，眉髮墮落，遍身頑痹。禹餘糧二斤，白礬一斤，青鹽一斤。為末。罐子固濟，炭火一秤之，從辰至戌。候冷研粉，埋土中，三日取出。每一兩，入九蒸九曝炒熟胡麻末三兩。每服二錢，荊芥茶下，日二服。《聖惠方》

又《砒石》 李樓《奇方》云：一婦病心痛數年不愈。一醫用人言半分，茶末一分，白湯調下，吐瘀血一塊而愈。得《日華子》治婦人血氣心痛之旨乎？

又 寒熱疾：孫真宗《秘寶方》：用信砒二兩研粉，寒水石三兩別搗末。用生鐵銚一個，鋪石末，後鋪砒在上，又以石末蓋之。濃盞覆定，醋糊紙條密封十餘重，炭火一斤之。待紙條黑時取出，候冷，刮盞上砒末乳細，粟米飯丸綠豆大，辰砂為衣。每用三四丸，小兒一二丸，發日早以臘茶清下，一日不得食熱物。男人患，女人著藥入口中；女人患，男人著藥入口中。

又 《本草權度》不二散：用砒一錢，麵二兩，和勻，香油一斤煎黄色，以草紙壓去油，入茶三兩，為末。每服一錢，發日早冷茶下。

又《花乳石》 多年障翳：花蕊石水飛焙、防風、川芎、甘菊花、白附子、牛蒡子各一兩，甘草炙半兩。為末。每服半錢，臘茶下。《衛生家寶方》

又卷一一《石部三・食鹽》 煉鹽黑丸：崔中丞煉鹽黑丸方：鹽末一升納粗瓷瓶中，實築泥頭。初以糖火燒，漸漸加炭火，勿令瓶破，候赤徹，鹽如水汁，即去火，待凝，破瓶取出，豉一升熬煎，桃仁一兩和麩炒熟，巴豆二兩去心膜，紙中炒令油出，須生熟得所，熟即少力，生又損人。四物搗勻，入蜜和丸梧子大。每服三丸，平旦時服。天行時氣，豉汁及茶下；心痛，酒下，入口便止；血痢，飲下，初變水痢，後便止；鬼瘧，茶飲下；骨蒸，蜜湯下。忌久冷漿水。合藥久則稍加之。凡服藥後吐利，勿怪。吐利若多，服黄連汁止之。或遇殺藥人藥久不動者，更服一兩丸。藥後忌口二三日。其藥臘月合之，瓷瓶密封，勿令洩氣。一劑可救百人。或在道途，或在村落，無藥可求，但用此藥一刀圭，即敵大黄、樸硝數兩，曾用有效。小兒、女子不可服，被攬作也。劉禹錫《傳信方》

又《食鹽》 赤目失明，內外障翳：太陰玄精石陰陽火、石決明各一兩，蕤仁、黄連各二兩，羊子肝七個竹刀切曬。為末，粟米飯丸梧子大。每臥時茶服二十丸。服至七日，烙頂心以助藥力，一月見效。宋丞相言：

黃典史病此，夢神傳此方，愈。《朱氏集驗方》

又《玄明粉》 杲曰：玄明粉，沉也，陰也。【略】其藥初服時，每日空腹，酒飲茶湯任下二錢匕，良久更下三錢匕。七日內常微泄利黃黑水涎沫等，此是搜淘諸疾根本出去，勿用畏之。

又《石硫黃》 久瘧不止：鮑氏方：用硫黃、硃砂等分為末。每服二錢，臘茶清，發日五更服。當日或大作或不作，皆其效也。寒多，倍硫；熱多倍砂。朱氏方：用硫黃、臘茶等分為末。發日早冷水服二錢，二服效。寒多加硫；熱多，加茶。酒鱉氣鱉：嗜酒任氣，血凝於氣，則為氣鱉。嗜酒痼冷，敗血入酒，則為血鱉。搖頭掉尾，大者如鱉，小者如錢。上侵人喉，下蝕人肛，或附脅背，或隱腸腹。用生硫黃末，老酒調下，常服之。《直指方》

又 頭痛頭風：如神丹：光明硫黃、硝石各一兩，細研，水丸芡子大。空心嚼一丸，茶下。《普濟方》

又 《普濟方》：用生硫黃六錢，烏藥四錢，為末，蒸餅丸梧子大。每服三、五丸，食後茶清下。鼻上作痛：上品硫黃末，冷水調搽。

又 風濕香港腳：石亭脂生用一兩，川烏頭生一兩，無名異二兩。為末，蔥白自然汁和丸梧子大。每服一錢，空心淡茶、生蔥吞下，日一服。《瑞竹堂方》

又《礬石》 風痰癇病：化痰丸：生白礬一兩，細茶五錢，為末，煉蜜丸如梧子大。一歲十丸，茶湯下；大人，五十丸。久服，痰自大便中出，斷病根。鄧筆峰《雜興》

又 化痰治嗽：明礬二兩，生參末一兩，苦醋二升。熬為膏子，以油紙包收，旋丸豌豆大。每用一丸，放舌下，其嗽立止，痰即消。《定西侯方》：只用明礬末，醋糊丸梧子大。每睡時茶下二三十丸。

又《綠礬》 喉風腫閉：皂礬一斤，米醋三斤拌，曬乾末，吹之。痰涎出盡，用良薑末少許，入茶內漱口，咽之即愈。孫氏《集效方》

又 卷一三《草部二・胡黃連》 血痢不止：胡黃連、烏梅肉、竈下土等分，為末，臘茶清下。《普濟方》

又 癰疽瘡腫，已潰、未潰皆可用之。胡黃連、穿山甲燒存性等分為末，以茶或雞子清調塗。《簡易方》

又《黃芩》 少陽頭痛，亦治太陽頭痛，不拘偏正。小清空膏：用片黃芩酒浸透，曬乾為末。每服一錢，茶、酒任下。東垣《蘭室秘藏》

又 眉眶作痛，風熱有痰。黃芩酒浸、白芷等分，為末。每服二錢，茶下。《潔古家珍》

又《防風》 偏正頭風：防風、白芷等分。為末，煉蜜丸彈子大。每嚼一丸，茶清下。《普濟方》

又《苦參》 張子和《儒門事親》：用苦參末二兩，以豬肚盛之，縫合煮熟，取出去藥。先餓一日，次早先飲新水一盞，將豬肚食之，如吐再食。待一二時，以肉湯調無憂散五七錢服，取出大、小蟲一二萬為效。後以不蛀皂角一斤，去皮子，煮汁，入苦參末調糊。下何首烏末二兩，防風末一兩半，當歸末一兩，芍藥末五錢，人參末三錢，丸梧子大。每服三五十丸，溫酒或茶下，日三服。仍用麻黃、苦參、荊芥煎水洗之。《聖濟總錄》苦參丸：治大風癩及熱毒風瘡疥癬。苦參九月末掘取，去皮曝乾，取粉一斤，枳殼麩炒六兩。為末，蜜丸。每溫酒下三十丸，日二夜一服。一方：去枳殼。腎臟風毒及心肺積熱，皮膚生疥癩，瘙癢時出黃水，及大風手足壞爛，一切風疾。苦參三十二兩，荊芥穗一十六兩。為末，水糊丸梧子大。每服三十丸，茶下。《和劑局方》

又《山慈菇》 風痰癇疾：金燈花根似蒜者一個，以茶清研如泥，日中時以茶調下，即臥日中，良久，吐出雞子大物，永不發。如不吐，以熱茶投之。《奇效良方》

又《杜衡》 風寒頭痛：傷風傷寒，頭痛發熱，初覺者。馬蹄香為末，每服一錢，熱酒調下，少頃飲熱茶一碗，催之出汗即愈，名香汗散。王英《杏林摘要》

又 卷一四《草部三・芎》 生犀丸：宋真宗賜高相國，去痰清目，進飲食。生犀丸：用川芎十兩，緊小者，粟米泔浸二日換，切片子，曬乾為末，分作兩料。每料入麝、腦各一分，生犀半兩，重湯煮，蜜和丸小彈子大。茶、酒嚼下一丸。

又 氣虛頭痛：真川芎為末，臘茶調服二錢，甚捷。曾有婦人產後頭痛，一服即愈。《集簡方》氣厥頭痛：婦人氣盛頭痛，及產後頭痛。川芎、天臺烏藥等分，為末。每服二錢，蔥茶調下。《御藥院方》加白術，水

煎服。風熱頭痛：川芎一錢，茶葉二錢，水一鍾，煎五分，食前熱服。《簡便方》頭風化痰：川芎洗切，曬乾為末，煉蜜丸如小彈子大。不拘時嚼一丸，茶清下。《經驗後方》【略】風熱上沖：頭目運眩，或胸中不利。川芎、槐子各一兩，為末。每服三錢，用茶清調下。胸中不利，以水煎服。張潔古《保命集》首風旋運及偏正頭疼，多汗惡風，胸膈痰飲。川芎一斤，天麻四兩，為末，煉蜜丸如彈子大。每嚼一丸，茶清下。劉河間《宣明方》

又《白芷》　按王《百一選方》云：王定國病風頭痛，至都梁求名醫楊介治之，連進三丸，即時病失。懇求其方，則用香白芷一味，洗曬為末，煉蜜丸彈子大。每嚼一丸，以茶清或荊芥湯化下。遂命名都梁丸。其藥治頭風眩運，女人胎前產後，傷風頭痛，血風頭痛，皆效。

又　風寒流涕：香白芷一兩，荊芥穗一錢。為末，蠟茶點服二錢。《百一選方》小兒流涕，是風寒也。白芷末、葱白。搗丸小豆大。每茶下二十丸。仍以白芷末，薑汁調，塗太陽穴，乃食熱葱粥取汗。【略】偏正頭風，百藥不治，一服便可，天下第一方也。香白芷炒二兩五錢，川芎炒、甘草炒、川烏頭半生半熟各一兩，為末。每服一錢，細茶、薄荷湯調下。《談野翁試效方》頭風眩運：都梁丸，見發明下。眉棱骨痛：屬風熱與痰。白芷、片芩酒炒等分，為末。每服二錢，茶清調下。《丹溪纂要》【略】一切眼疾：白芷、雄黃為末，煉蜜丸龍眼大，硃砂為衣。每服一丸，食後茶下，日二服。名還睛丸。《普濟方》

又《豆蔻》　時珍曰：按揚雄《方言》云：凡物盛多曰蔻。豆蔻之名，或取此義。豆象形也。《南方異物志》作漏蔻，蓋南人字無正音也。今雖不專為果，猶入茶食料用，尚有草果之稱焉。

又《苗及花》　青囊丸乃邵應節真人禱母病，感方士所授者。方用香附略炒一斤，烏藥略炮五兩三錢，為末，水醋煮麵糊為丸。隨證用引，如頭痛，茶下；痰氣，姜湯下；多用酒下，為妙。

又　頭風：香附子炒一斤，烏頭炒一兩，甘草二兩，為末，煉蜜丸彈子大。每服一丸，葱茶嚼下。《本事方》氣鬱頭痛：《澹寮方》：用香附子炒四兩，川芎二兩。為末。每服二錢，臘茶清調下【略】女人頭痛：香附子末，茶服三錢，日三五服。《經驗良方》肝虛睛痛，冷淚羞明。補肝散：用香附子一兩，夏枯草半兩，為末。每服一錢，茶清下。

又《藿香》　冷露瘡爛：藿香葉、細茶等分，燒灰，油調塗葉上，貼之。《應驗方》

又《薰草》　頭風旋運，痰逆噁心懶食。真零陵香、藿香葉、莎草根炒等分，為末。每服二錢，茶下，日三服。《本事方》

又《假蘇》　洪邁《夷堅志》云：吳人魏幾道，啖黃顙魚羹，後采荊芥和茶飲。少頃足癢，上徹心肺，狂走，足皮欲裂。急服藥，兩日乃解。

又　用荊芥二兩，槐花一兩，同炒紫為末。每服三錢，清茶送下。小兒脫肛：荊芥、皂角等分，煎湯洗之，以鐵漿塗上。亦治子宮脫出。《經驗方》

又　風熱頭痛：荊芥穗、石膏等分，為末。每服二錢，茶調下。《永類鈐方》

又　一切瘡疥：荊芥末，以地黃自然汁熬膏，和丸梧子大。每服三五十丸，茶酒任下。《普濟方》

又卷一五《草部四·菊》　風熱頭痛：菊花、石膏、川芎各三錢，為末。每服一錢半，茶調下。《簡便方》

又《茵陳蒿》　眼熱赤腫：山茵陳、車前子等分。煎湯調茶調散，服數服。《直指方》

又《夏枯草》　一男子至夜目珠疼，連眉棱骨，及頭半邊腫痛。用黃連膏點之反甚，諸藥不效。灸厥陰、少陽，疼隨止，半日又作，月餘。以夏枯草二兩，香附二兩，甘草四錢，為末。每服一錢半，清茶調服。下嚥則疼減半，至四五服良愈矣。

又《劉寄奴草》　大小便血：劉寄奴為末，茶調空心服二錢，即止。《集簡方》

又《旋復花》　中風壅滯：旋複花，洗淨焙研，煉蜜丸梧子大。夜臥以茶湯下五丸至七丸、十丸。《經驗後方》

又《惡實》　痰厥頭痛：牛蒡子炒、旋複花等分，為末。臘茶清服一錢，日二服。頭痛連睛：鼠粘子、石膏等分，為末，茶清調服。《醫方摘要》

又《蒼耳》 大風癘疾：《袖珍方》：用嫩蒼耳、荷葉等分，為末。每服二錢，溫酒下，日二服。《乾坤生意》：用蒼耳葉為末，以大楓子油和丸梧子大。每服三四十丸，以茶湯下，日二服。

又《木賊》 目昏多淚：木賊去節、蒼术泔浸各一兩。為末。每服二錢，茶調下。或蜜丸亦可。

又卷一六《草部五・熟地黃》 婦人勞熱心忪：地黃煎：用生，乾地黃、熟乾地黃等分，為末，生薑自然汁，入水相和，打糊丸梧子大。每服三十丸，用地黃湯下，或酒醋茶湯下亦可，日二服。覺臟腑虛冷，則晨服八味丸，地黃性冷壞脾。陰虛則發熱，地黃補陰血故也。《婦人良方》

又《冬葵子》 血痢產痢：冬葵子為末。每服二錢，入蠟茶一錢，沸湯調服，日三。《聖惠方》

又《決明子》 目赤腫痛：決明子炒研，茶調敷兩太陽穴，乾則易之，一夜即愈。《醫方摘玄》

又《馬鞭草》 赤白下痢：龍牙草五錢，陳茶一撮，水煎服，神效。《醫方摘要》

又《蒺藜子》 大便風秘：蒺藜子炒一兩，豬牙皂莢去皮，酥炙五錢。為末。每服一錢，鹽茶湯下。《普濟方》

又《穀精草》 小兒雀盲，至晚忽不見物：用羯羊肝一具不用水洗，竹刀剖開，入穀精草一撮，瓦罐煮熟，日食之。屢效。忌鐵器。如不肯食，炙熟，搗作丸綠豆大。每服三十丸，茶下。《衛生家寶方》

又《海金沙》 小便不通，臍下滿悶：海金沙一兩，蠟面茶半兩，搗碎。每服三錢，生薑甘草煎湯下，日二服。亦可末服。《圖經本草》

又《熟地黃》 婦人勞熱心忪：地黃煎：用生，乾地黃、熟乾地黃等分，為末，生薑自然汁，入水相和，打糊丸梧子大。每服三十丸，用地黃湯下，或酒醋茶湯下亦可，日二服。覺臟腑虛冷，則晨服八味丸，地黃性冷壞脾。陰虛則發熱，地黃補陰血故也。《婦人良方》

又卷一八《草部七・五味子》 用五味子一兩，真茶四錢。曬研為末。以甘草五錢煎膏，丸綠豆大。每服三錢。

又《牽牛子》 《簡要濟眾方》：用牽牛子半生半熟，為末。每服二錢，姜湯下。未通，再以茶服。一方：加大黃等分。一方：加生檳榔等分。

又 小便血淋：牽牛子二兩半生半炒。為末。每服二錢，姜湯下。良久，熱茶服之。《經驗良方》

又《紫葳》 鼻上酒渣：王《百一選方》：用淩霄花、山梔子等分，為末。每茶服二數日除根。臨川曾子仁用之有效。

又《栝蔞》 熱咳不止：用濃茶湯一鍾，蜜一鍾，大熟栝蔞一個去皮，將瓤入茶蜜湯洗去子，以碗盛，於飯上蒸，至飯熟取出。時時挑三四匙咽之。《摘玄方》

又《王瓜》 痰熱頭風：懸栝蔞一個，赤雹兒七個焙，大力子即牛蒡子，焙四兩。為末。每食後茶或酒服三錢。忌動風發熱之物。

又《天門冬》 陰虛火動有痰，不堪用燥劑者：天門冬一斤水浸洗去心，取肉十二兩，石臼搗爛，五味子水洗去核，取肉四兩，曬乾，不見火。共搗丸梧子大。每服二十丸，茶下，日三服。《簡便方》

又《何首烏》 寬筋治損：何首烏十斤，生黑豆半斤同煎熟，皂莢一斤燒存性，牽牛十兩炒取頭末，薄荷十兩，木香、牛膝各五兩，川烏頭炮二兩，為末，酒糊丸梧子大。每服三十丸，茶湯下。《永類方》

又《菝》 下痢赤白：金剛根、蠟茶等分。為末，白梅肉搗丸芡子大。每服五、七丸，小兒三丸，白痢甘草湯下；赤痢烏梅湯下。

又《威靈仙》 《乾坤生意》：用威靈仙米醋浸二日，曬研末，醋糊丸梧子大。每服二三丸，半茶半湯下。如欲吐，以銅青末半匙，入油一二點，茶服，探吐。

又卷二一《草部一〇・石蕊》 《拾遺》【校正】併入有名未用《別錄》石濡。【釋名】石濡《別錄》、石芥同、雲茶《綱目》、蒙頂茶。時珍曰：其狀如花蕊，其味如茶，故名。石芥乃茶字之誤。【集解】藏器曰：石蕊生太山石上，如花蕊，為丸散服之。今時無復有此也，王隱《晉書》：庾褒入林慮山，食木實，餌石蕊，遂得長年，即此也。又曰：石濡生石之陰，如屋遊、垣衣之類，得雨即展，故名石濡。早春青翠，端開四葉。山人名石芥。時珍曰：《別錄》石濡，具其功用，不言形狀。

陳藏器言是屋遊之類，複出石蕊一條，功同石濡。蓋不知其即一物也。此物惟諸高山石上者為良。今人謂之蒙頂茶，生兗州蒙山石上，乃煙霧薰染，日久結成，蓋苔衣類也，彼人春初刮取曝乾饋人，謂之雲茶。其狀白色輕薄如花蕊，其氣香如蕈，其味甘澀如茗。不可煎飲，止宜咀嚼及浸湯啜，清涼有味。庾褒入山餌此，以代茗而已。長年之道，未必盡緣此物也。【氣味】甘，溫，無毒。時珍曰：甘，澀，涼。【主治】石濡：明目益精氣。令人不饑渴，輕身延年《別錄》。石蕊：主長年不饑藏器。生津潤咽，解熱化痰時珍。

又《烏韭》 婦人血崩：石花、細茶焙為末、舊漆碟燒存性各一匙。以碗盛酒，放鍋內煮一滾。

又卷二二《穀部一·麻仁》 治瘧不止：火麻葉，不問榮枯，鍋內容武火慢炒香，連鍋取下，以紙蓋之，令出汗盡，為臨發前用茶或酒下。移病患原睡處，其狀如醉，醒即愈。又方：火麻葉如上法為末一兩，加縮砂、丁香、陳皮、木香各半兩，酒糊丸梧子大。每酒、茶任下五七丸。能治諸瘧，壯元氣。《普濟方》

又《蕎麥》 咳嗽上氣：蕎麥粉四兩，茶末二錢，生蜜二兩，水一碗，順手攪千下。飲之，良久下氣不十水腫喘：生大戟一錢，蕎麥麵二錢，水和作餅，炙熟為末。空心茶服，以大小便利為度。

又卷二三《穀部二·阿芙蓉》 赤白痢下：鴉片、木香、黃連、白朮各一分，研末，飯丸小豆大。壯者一分，老幼半分，空心米飲下。忌酸物、生冷、油膩、茶、酒、麵，無不止者。口渴，略飲米湯。

又卷二五《穀部四·米酒》 酒後飲茶，傷腎臟，腰腳重墜，膀胱冷痛，兼患痰飲水腫、消渴攣痛之疾。

又《燒酒》 寒痰咳嗽：燒酒四兩，豬脂、蜜、香油、茶末各四兩，同浸酒內，以茶下之，取效。

又卷二九《果部一·核仁》 補肺丸，治咳嗽。用杏仁二大升山中者不用，去雙仁者，以童子小便二斗浸之，春夏七日，秋冬二七日，連皮尖於砂盆中研濾取汁，煮令魚眼沸，候軟如麵糊即成。以粗布攤曝之，可丸即丸服之。食前後總須服三五十丸，茶、酒任下。忌白水粥。劉禹錫《傳信方》

又《烏梅》 和建茶、乾薑為丸服，止休息痢，大驗大明。

又《白梅》 赤痢腹痛《直指》：用陳白梅同真茶、蜜水各半，煎飲之。【略】久痢不止，腸垢已出：《肘後》：用烏梅肉二十個，水一盞，煎六分，食前分二服。《袖珍》：用烏梅肉、白梅肉各七個搗爛，入乳香末少許，杵丸梧桐子大。每服二三十丸，茶湯下，日三。

又卷三〇《果部二·青橘皮》 快膈湯治冷膈氣及酒食後飽滿：用青橘皮一斤，作四分：四兩用鹽湯浸，四兩用百沸湯浸，四兩用醋浸，四兩用酒浸。各三日取出，去白切絲，以鹽一兩炒微焦，研末。每用二錢，以茶末五分，水煎溫服。亦可點服。

又《枇杷》 衄血不止：枇杷葉去毛，焙研末。茶服一二錢，日二。

又《油胡桃》 風寒無汗，發熱頭痛：核桃肉、蔥白、細茶、生薑等分。搗爛，水一鍾，煎七分，熱服。覆衣取汗。《談野翁方》

又卷三二《果部四·椒紅》 食茶面黃：川椒紅，炒碾末，糊丸梧桐子大。每服十丸，茶湯下。《勝金方》

又《茗》 【附方】舊六，新十四。氣虛頭痛：用上春茶末調成膏，置瓦盞內覆轉，以巴豆四十粒，作二次燒煙熏之，曬乾乳細。每服一字，別入好茶末，食後煎服，立效。《醫方大成》熱毒下痢：《食醫心鏡》：赤白下痢。以好茶一斤，炙搗末，濃煎一二盞服。久患痢者，亦宜服之。《直指》：用蠟茶，赤痢以蜜水煎服，白痢以連皮自然姜汁同水煎服。二三服即愈。《經驗良方》：用蠟茶二錢，湯點七分，入麻油一蜆殼和服，須臾腹痛大下即止。一少年用之有效。一方：蠟茶末，以白梅肉和丸。赤痢甘草湯下白痢烏梅湯下，各百丸。一方：建茶合醋煎，熱服，即止。大便下血：營衛氣虛，或受風邪，或食生冷，或啖炙爆，或飲食過度，積熱腸間，使脾胃受傷，糟粕不聚，大便下利清血，臍腹作痛，裡急後重，及酒毒一切下血，並皆治之。用細茶半斤碾末，川百藥煎五個燒存性。每服二錢，米飲下，日二服。產後秘塞：以蔥涎調蠟茶末，丸百丸，茶服自通。不可用大黃利藥，利者百無一生。郭稽中《婦人方》久年心痛十年、五年者：煎湖茶，以頭醋和勻，服之良腰痛難轉：煎茶五合，投醋二合，頓服。《食醫心鏡》嗜茶成癖：一人病此，一方士令以新鞋

盛茶令滿，任意食盡，再盛一鞋，如此三度，自不吃也。男用女鞋，女用男鞋，用之果愈也。解諸中毒：芽茶、白礬等分，碾末，冷水調下。《簡便方》痘瘡作癢：房中宜燒茶煙恒熏之。陰囊生瘡：用蠟面茶，為末。先以甘草湯洗，後貼之妙。《經驗方》腳丫濕爛：茶葉嚼爛敷之，有效。《攝生方》蠼尿瘡：初如糝粟，漸大如豆，更大如火烙漿，疼痛至甚者。速以草茶，並蠟茶俱可，以生油調敷。藥至，痛立止。《勝金方》風痰顛疾：茶芽、梔子各一兩。煎濃汁一碗服。良久探吐。霍亂煩悶：茶末一錢煎水，調乾薑末一錢，服之即安。《聖濟總錄》月水不通：茶清一瓶，入沙糖少許，露一夜服。雖三個月胎亦通，不可輕視。鮑氏痰喘咳嗽，不能睡臥：好末茶一兩，白僵蠶一兩，為末，放碗內蓋定，傾沸湯一小盞。臨臥，再添湯點服。《瑞竹堂方》

又《茶子》　【氣味】苦，寒，有毒。【主治】喘急咳嗽，去痰垢。搗仁洗衣，除油膩時珍。【附方】新三。上氣喘急，時有咳嗽：茶子、百合等分。為末，蜜丸梧桐子大。每服七丸，新汲水下。喘嗽，不拘大人、小兒：用糯米泔少許磨茶子，滴入鼻中，令吸入口服之。口咬竹筒，少頃涎出如線。不過二三次絕根，屢驗。《經驗良方》頭腦鳴響，狀如蟲蛀，名大白蟻：以茶子為末，吹入鼻中，取效。楊拱《醫方摘要》

又卷三四《木部一·松》　腸風下血：松木皮，去粗皮，取裏白者，切、曬，焙研為末。每服一錢，臘茶湯下。《楊氏家藏方》

又《烏藥》　氣厥頭痛：不拘多少，及產後頭痛。天臺烏藥、川芎等分，為末。每服二錢，臘茶清調下。產後，鐵錘燒紅淬酒調下。《濟生方》

又《薰陸香》　心氣疼痛不可忍：用乳香三兩，真茶四兩，為末，以臘月鹿血和，丸彈子大。每溫醋化一丸冷心氣痛：乳香一粒，胡椒四十九粒。研，入薑汁，熱酒調服。潘氏《經驗方》

又卷三五《木部二·皂莢》　下痢不止，諸藥不效：服此三服，宿垢去盡，即變黃色，屢驗。皂角子，瓦焙為末，米糊丸梧桐子大。每服四、五十丸，陳茶下。

又《烏木》　鹽痰喘：樹皮，去粗搗汁，和飛麵作餅，烙熟。早晨與兒吃三四個，待吐下鹽涎乃佳。如不行，熱茶催之。《摘玄方》

又卷三六《木部三·桑葚》　吐血不止：晚桑葉焙研，涼茶服三錢。只一服止，後用補肝肺藥。《聖濟總錄》

又《枸橘》　【主治】下痢膿血後重，同萆等分炒存性研，每茶調二錢服。又治喉，消腫導毒時珍。

又《酸棗》　膽風沉睡：膽風毒瓦斯，虛實不調，昏沉多睡。用酸棗仁一兩生用，金挺蠟茶二兩以生薑汁塗，炙微焦，為散。每服二錢，水七分，煎六分，溫服。《簡要濟眾方》。

又卷三八《服器部·錦》　上氣喘急：故錦一寸燒灰，茶服神效。《普濟方》

又卷三九《蟲部一·五倍子》　一二日生陰囊濕瘡出水不瘥：用五倍子、臘茶各五錢，膩粉少許，研末。先以蔥椒湯洗過，香油調搽，以瘥為度。《太平聖惠方》

又方：五倍子一斤，生糯米一兩滾水浸過，細茶一兩，上共研末，入罐內封固，六月要一七，取開配合用。又方五倍子一斤研末，酒麴半斤，細茶一把研末。上用小蓼汁調勻，入鉢中按緊，上以長稻草封固。另用籮一個，多著稻草，將藥鉢坐草中，上以稻草蓋，置淨處。過一七後，看藥上長起長霜，藥則已成矣。或捏作丸，或作餅，曬乾才可收用。【略】清氣化痰：百藥煎、細茶各一兩，荊芥穗五錢，海螵蛸一錢，蜜丸芡子大。每服噙一丸，妙。《筆峰雜興》【略】消暑止渴：百藥煎、臘茶等分為末，烏梅肉搗和，丸芡子大。每含一丸。名水瓢丸。《事林廣記》

又《蠶》　酒後咳嗽：白僵蠶焙研末，每茶服一錢。《怪證奇方》【略】偏正頭風並夾腦風，連兩太陽穴痛：《聖惠方》：用白僵蠶為末，蔥茶調服方寸匕。葉椿治頭風：用白僵蠶、高良薑等分，為末。每服一錢，臨臥時茶服，日二服。

又卷四〇《蟲部二·斑蝥》　時珍曰：斑蝥、芫青、亭長、地膽之毒，靛汁、黃連、黑豆、蔥、茶，皆能解之。

又卷四二《蟲部四·蚯蚓》　口噙冷風赤眼痛：地龍十條，炙為末，茶服三錢。《聖惠方》

又卷四四《鱗部二·鯽魚》　消渴飲水：用鯽魚一枚，去腸留

鱗，以茶葉填滿，紙包煨熟食之。不過數枚即愈。

又 卷四五《介部一·鱉》 吐血不止：鱉甲、蛤粉各一兩同炒色黃，熟地黃一兩半曬乾。為末。每服二錢，食後茶下。《聖濟錄》

又 卷四六《介部二·牡蠣》 好古曰：牡蠣入足少陰，為軟堅之劑。以柴胡引之，能去脅下硬。以茶引之，能消項上結核。【略】初虞世云：瘰不拘已破未破。用牡蠣四兩，甘草一兩，為末。每食後，用臘茶湯調服一錢。其效如神。

又 卷四八《禽部二·天鼠屎》 五瘧不止：《簡要濟眾》：用夜明砂末，每冷茶服一錢，立效。

又 卷五〇《獸部一·狗》 赤白久痢：臘月狗頭骨一兩半燒灰，紫筍茶末一兩，為末。每服二錢，米飲下。《聖惠方》

又 卷五一《獸部二·象》 內障目翳：如偃月，或如棗花。用象膽半兩，鯉魚膽七枚，熊膽一分，牛膽半兩，麝香一錢，石決明末一兩，為末，糊丸綠豆大。每茶下十

又 卷五一《獸部二·兔》 心氣痛：《瑞竹堂方》：用臘兔血和茶末四兩，乳香末二兩，搗丸芡子大。每溫醋化服一丸。

又

痘瘡入目生翳：用兔屎日乾，為末。每服一錢，茶下即安。《普濟方》

清 汪昂《增訂本草備要》卷一《草部·白芷》 治陽明頭目昏痛楊吉老方，白芷湯泡四五遍，蜜丸彈子大，名都梁丸。每服一丸，荊芥點醋茶嚼下，眉棱骨痛風熱與痰，同酒浸黃芩為末，茶下。

又《穀精草》 葉似嫩秧，花如白星小兒雀盲者，羯羊肝一具，不洗，竹刀割開，入穀精煮熟食之。或作丸，茶下。

又 卷三《果部·烏梅》 治久咳瀉痢梁莊肅公血痢，陳應之用烏梅、胡黃連、竈下土等分為末，茶調服而愈。曾魯公血痢百餘日，國醫不能療，應之用鹽梅肉研爛，合臘茶入醋服，一啜而安。

又 卷五《金石水土部·白礬》 多服損心、肺，傷骨寇宗奭曰：劫水故也。書紙上，水不能濡，故知其性劫水也。李迅曰：凡發背，當服蠟礬丸以護膜，防毒氣內攻。礬一兩，黃蠟七錢，溶化和丸。每服十丸，漸加至二十丸，日服百丸則有力。此藥護膜托裡、解毒化膿之功甚大。以白礬、芽茶搗末冷水服，解一切毒。

清 鮑相璈《驗方新編》卷一《頭部·偏正頭風》 都梁丸：昔王定國病頭風，至都梁求名醫楊介治之，連進三丸，即時病去。其方用白芷酒洗為末，蜜丸彈子大，清茶或荊芥湯化下，食後服。忌食各色魚。

又《氣虛頭痛》 春茶葉末，水調成膏，攤碗內覆轉，用巴豆四十粒作兩次燒煙熏之，曝乾研細。每服二分，滾水沖下，食後服。

又《頭腦鳴響》 狀如蟲蛀，名天白蟻。以春茶子為末別樣茶子亦可，惟打油之茶子則不用，吹入鼻中取效。如不見效，即照頭風各方治之。

又方：土茯苓煮豬肉食之，神效。前後忌茶十日。

又《目部·肝熱目痛》 又方：夏枯草二兩炒，香附二兩醋炒，生甘草四錢炒，共為末，每服錢半，清茶調下，數日即愈，屢試如神，夜間痛甚者更效。此觀音夢授方也。

又《咽喉·驚嚇失音不語》 有人因受驚嚇，失音不語，用陀僧七分，茶調服即愈。屢試如神。

又 卷二《乳部·無子食乳腫痛難消》 又方：麥芽一兩炒，煎水當茶服，即止。

又 卷三《咳嗽·諸般咳嗽》 又方：細茶葉加紅沙糖拌炒乾，冷透，每服三四點，神效。

又 卷四《痰疾·中痰氣絕》 下痰丸：治一切風痰眩暈癲癡久不愈者。白礬一兩，細茶葉五錢，為末，煉蜜丸梧子大。食遠姜湯下五十丸，久服痰自大便出。

又《飲食積滯·食茶成癖》 花椒、芝麻，等分為末，以蒸麵餅為丸如梧桐子大。每服十丸，茶送下，百日遂愈。

又《噎膈·嘔物不化》 此大腸經嘔也。黃糖、酒藥、陳壁土，共煎湯服。外用酒藥二個半生半煨，細茶三錢，艾葉二錢，共搗爛，茶炒，貼心窩。

又 卷七《大便·大便熱閉》 又方：芝麻二兩，大黃二錢，好茶葉五錢，共研末，溫水沖服。

又《痢疾·微理妙論》 又方：陳細茶葉、山楂炭、紅砂糖、白砂糖各三錢，老姜一錢，煎服，一日服盡即愈，甚效。

又《紅痢不止》　鹽梅一個，胡黃連一錢，竈下土一錢，共為末，茶調服。或單用鹽梅、好醋調服，亦妙。有人血痢百餘日，用此而愈，屢試神驗。

又　卷九《婦人科調經門・老婦血崩》　凡婦人老年，驟然血海大崩不止，名曰倒經。速投此方，一劑其崩立止。如仍發熱，以六安州茶葉三錢如無，即用別項茶葉亦可，煎服一次，身熱即退。再用六君子東加當歸、白芍調理而安。陳阿膠一兩米粉拌炒成珠，無則以陳黃明膠代之，總不如阿膠之妙，全當歸一兩，西紅花八錢，冬瓜子五錢。用天泉水煎服，其渣再煎服之。方名膠紅飲，此方傳自異人，每治老婦血崩，屢試如神。

又　卷一〇《小兒科驚風・急驚》　又方：龍眼殼十二個又名泡圓，以帶栗色為佳，深黃者忌用，細茶三錢，陳皮三錢，姜皮三分，白鹽三分，用水一碗煎至五六分，灌入口內，忽然發戰，其兒必生。此方平常，其功甚速，雖已死可活，方名開棺斧。

又《小兒科痘症・痘後口角流涎》　細茶葉末，白沙糖調服。

又方：鹽薑、細茶葉，同嚼食。

又　卷一一《癰毒諸症・大麻風》　五服方：玄參、枳殼、白芷各二兩，赤芍、銀花各一兩，火麻仁、蒺藜、大楓子各一斤，獨活二錢，製川烏一個，北防風十兩，以上共研細末。蘄蛇十二兩去頭尾，用熱酒浸二三日，秋冬浸五六日，浸松後去骨蒸熟，焙乾，研末和前藥蜜為丸。每日早午晚三次，各服四錢，茶送下。

又　丸藥方：大胡麻、小胡麻、白蒺藜各一斤四兩，苦參一斤，防風、荊芥各八兩，當歸、蒼朮各六兩，苡米、續斷、牛膝各四兩，共研細末，水疊為丸。每日早、午、晚三服，每服三錢或二錢。照數加楓子捻丸攪和，以細茶送服。

又　卷一二《急救・解隔夜茶水毒》　服雄黃或地漿均可解。

又《誤吞諸物・水旱煙醉傷》　胡黃連一錢，煎水兌茶服，即解。

又　卷一五《霍亂・霍亂腹痛兩腿轉筋》　藿香、蒼朮、柴胡、羌活各二錢，澤瀉、木通各一錢，神曲、陳茶葉各三錢，老蔥連根兩條，水煎服。此四川呂祖廟內碑刻神方。輕者服一二劑，至重四劑全愈。活人無算，屢試如神。

又　卷一七《眼部・眼科七十二症問答症因丸散》　通血散：草決明、防風、荊芥、赤芍、當歸、大黃、山梔、羌活、木賊、白蒺藜，甘草等分，共為細末，每服茶湯調服三錢。

又　蠶紙丸：晚蠶蛾、蟬蛻、菊花、羌活、穀精草、甘草，各等分為細末，蜜丸。每服三十丸，茶下。

又　茶調散：防風、羌活、柴胡、甘草、當歸、黃芩、生地、川芎、天花粉，各等分為細末，砂糖水調茶湯送下。

又　地黃丸：熟地黃、川芎、人參、當歸、白蒺藜，共為細末，蜜丸，食後茶下。

又《眼目昏花》　白菊花一斤，開口川椒六兩，共研末，地黃汁為丸如梧桐子大。臨臥時服五十丸，清茶送下。

又《頭面部・諸風上攻頭目昏重風痛》　雞蘇薄荷葉四兩，荊芥二兩，羌活、防風、香白芷、炙草各一兩，細辛五錢，共為細末，蒸餅糊為丸。每服二錢，清茶送下。

又《尋常頭痛奇方》　又方：川芎、茶葉各一錢，水煎服。

又　卷一八《胸膈部・百疾消散》　無論胸膈飽悶，肚腹疼痛，傷風發熱，俱可治。蔥頭七根，生薑五大片，陳茶葉三錢，砂糖半酒杯，水二碗，共煎熱服，加陳酒隨量飲，蓋被出汗，諸病消散。惟暑熱天氣不宜多用生薑，天氣寒冷生薑加重。

又《咳嗽部・咳嗽諸方》　又方，痰喘咳嗽方：好茶葉末，白僵蠶各一兩，共研末，臨臥開水沖服。

又方，消痰止嗽膏：白米糖一斤，豬板油四兩，穀雨前茶葉二兩，水四碗，先將茶葉煎至二碗半，再將板油去膜切碎，連茶葉、米糖同熬化收貯，每以白滾湯沖數匙服。

又方，咳嗽氣喘方：杏仁去皮尖、胡桃肉等分，研如膏，入蜜少許和丸如彈子大。每服一二丸，臨臥細嚼，薑湯送下。

又方，蕎麥粉四兩、茶葉末二錢，白蜜二兩，水一碗，順手攪千下，必須一順攪去，不可倒逆，飲之良久，氣下即愈。

又方，哮吼氣急方：核桃肉一兩、細茶末五錢、入蜜三四匙，搗成丸如彈子大。不拘時含入口中，噙化咽下。

又 卷二二《痧症·絞腸痧》 婦絞痛危急，刮放不愈，右手脈伏，放痧三十針，用石二末，金八丸，清茶飲之，並用石三方服下，熟睡愈。

又 卷二三《跌打損傷·整骨接骨夾縛手法》 安髓散：川芎、香附、白附子、甘草、白芷、相草、牡蠣各一兩，共為細末。每服兩錢，清茶調服。

傳記

《晉書》卷九五《藝術傳·單道開》 單道開，敦煌人也。常衣粗褐，或贈以繒服，皆不著，不畏寒暑，晝夜不臥。恒服細石子，一吞數枚，日一服，或多或少。好山居，而山樹諸神見異形試之，初無懼色。石季龍時，從西平來，一日行七百里，其一沙彌年十四，行亦及之。至秦州，表送到鄴，季龍令佛圖澄與語，不能屈也。初止鄴城西沙門法綝祠中，後徙臨漳昭德寺。于房內造重閣，高八九尺，于上編管為禪室，常坐其中。季龍資給甚厚，道開皆以施人。人或來諮問者，道開都不荅。日服鎮守藥數丸，大如梧子，藥有松蜜姜桂伏苓之氣，時復飲茶蘇一二升而已。自云能療目疾，就療者頗驗。視其行動，狀若有神。佛圖澄曰：『此道士觀國興衰，若去者，當有大亂。』及季龍末，道開南渡許昌，尋而鄴中大亂。

紀事

唐 李肇《唐國史補》卷中 故老言：五十年前，多患熱黃，坊曲必有大署其門，以烙黃為業者。灞滻水中，常有晝至暮去者，謂之『浸黃』。近代悉無，而患腰腳者眾耳，疑其茶為之也。

又 卷下 常魯公使西蕃，烹茶帳中，贊普問曰：『此為何物？』魯公曰：『滌煩療渴，所謂茶也。』贊普曰：『我此亦有。』遂命出之，以指曰：『此壽州者，此舒州者，此顧渚者，此蘄門者，此昌明者，此浥湖者。』

藝文

晉 杜宇《荈賦》《北堂書鈔》卷一四四 靈山惟嶽，奇產所鍾。厥生荈草，彌谷被岡。承豐壤之滋潤，受甘露之霄降。月惟初秋，農功少休；結偶同旅，是采是求。水則岷方之注，挹彼清流；器擇陶簡，出自東隅；酌之以匏，取式公劉。惟茲初成，沫沉華浮。煥如積雪，曄若春敷。調神和內，倦解慵除。

唐 鄭谷《宗人惠四藥》《全唐文》卷六七七 宗人忽惠西山藥，四味清新香助茶。爽得心神便騎鶴，何須燒得白砵砂。

宋 劉跂《學易集》卷三《舍弟寄茶》 吾弟餉人真不惡，建芽來自禁煙前。一杯未易陽侯厄，四兩應為蒙頂仙。病子頭風如得藥，酒家中聖殆忘眠。平頭奴子堪瓶碗，可帶樵青竹葉煎。

雜録

宋 孫升《孫公談圃》卷二 張文定嘗苦腳疾，無藥可療。一日游相國寺，有賣藥者，得菉豆兩粒服之遂愈。曾魯公七十餘，苦痢疾，鄉人陳應之用水梅花臘茶服之，遂愈。

宋 呂陶《净德集》卷一《奏具置場買茶旋行出賣遠方不便事狀》 其蕃部別無現錢交易，只將到椒蠟、草藥之類，于鋪戶處換易茶貨，歸去喫用，謂之茶米。或有疾病，用此療治，旦暮不可暫闕。今來官中須要現錢出賣，則蕃部難更將椒蠟等物入場博買，若于鋪戶處博易，則鋪戶價例自然增長。

宋 蘇軾、沈括《蘇沈良方》卷六《憲宗賜馬總治泄痢腹痛方》 生薑和皮切碎，如粟米，用一大盞，並草茶相對煎服。元祐二年，歐陽文忠公得此疾，百藥不效。予傳此方而愈。

宋 蘇軾《泄痢腹痛方》《東坡養生集》卷二 憲宗賜馬總治泄痢腹痛

方，以生薑和皮切碎，如粟米。用一大盞，并草茶相等煎服之。元祐二年，文潞公得此疾，百藥不效。而余傳此方得愈。肉荳蔻刳作甕子，入通明乳香少許，復以末塞之。不盡，即用麵少許，裹荳蔻煨，焦黃為度。三物皆碾末，仍以茶末對烹之。比前方益奇。

宋 蘇軾《東坡志林》卷一〇《雜記一三一首・服生薑法》 予嘗監郡錢塘，遊淨慈寺，眾中有僧號聰藥王，年八十余，顏如渥丹，目光炯然。問其所能，蓋診脈知吉凶如智緣者。自言服生薑四十年，故不老云。姜能健脾溫腎，活血益氣。其法取生薑之無筋滓者，然不用子薑，錯之，並皮裂，取汁貯器中，久之，澄去其上黃而清者，取其下白而濃者，陰於刮取，如面，謂之薑乳。以蒸餅或飯搜和丸如桐子，以酒或鹽米湯吞數十粒，或取末置酒食茶飲中食之，皆可。聰云：山僧孤貧，無力治此，正爾和皮嚼爛，以溫水咽之耳。初固辣，稍久則否，今但覺甘美而已。

宋 唐慎微《證類本草》卷四《食鹽》 劉禹錫《傳信方》著崔中丞煉鹽黑丸方：鹽一升搗末，納粗瓷瓶中實，築泥頭訖，初以火燒，漸漸加炭火，勿令瓶破，候赤徹，鹽如水汁，即去火，其鹽冷即凝，破瓶取之。豉一升熬焦，桃仁一大兩和麩熬令熟，巴豆二大兩，去心膜，紙中熬令油出，須生熟得所，即少力，生又損人，四物各用研搗成熟藥，秤量蜜和丸如梧子，每服三丸，皆平旦時服。天行時氣，豉汁及茶下並得。服後多吃茶汁行藥力。心痛，酒下，入口便止。血痢，飲下，初變水痢，後便止。鬼瘧，茶飲下。

又《石膏》 臣禹錫謹按藥性論云：石膏，使，惡巴豆，畏鐵。能治傷寒頭痛如裂，壯熱皮如火燥，煩渴，解肌，出毒汗。主通胃中結，煩悶，心下急，煩躁。治唇口乾焦。和蔥煎茶去頭痛。

又《密陀僧》 又方，赤白痢，所下不多，遍數不減。用密陀僧三兩，燒令黃色，研如粉。每服醋、茶調下一錢匕，日三服。

又卷七《芎》 經驗後方：治頭風，化痰。川芎不計分量，用淨水洗浸，薄切片子。日乾或焙，杵為末，煉蜜為丸如小彈子大。不拘時，茶、酒嚼下一丸。

又 生犀丸：川芎十兩緊小者，粟米泔浸三日換，切片子，日乾，為末作兩料。每料入麝、腦各一分，生犀半兩，重湯煮，蜜杵為丸小彈子大。茶、酒嚼下一丸。

又卷八《生薑》 崔元亮《集驗方》載：敕賜姜茶治痢方，以生薑切如麻粒大，和好茶一兩碗，呷，任意，便瘥。

又卷九《茴香子》 經驗後方：治脾胃進食。茴香二兩，生薑四兩，同搗令勻，淨器內濕紙蓋一宿。次以銀、石器中，文武火炒令黃焦為末，酒丸如梧子大。每服十丸至十五丸，茶酒下。

又卷一〇《大黃》 經驗後方：解風熱疏積熱風壅，消食，化氣導血，大解壅滯。大黃四兩，牽牛子四兩，半生半熟，為末，煉蜜丸如梧子大。每服茶下一十丸，如要微動，吃十五丸。冬月中最宜服，並不搜攪人。

又卷一〇《旋複花》 經驗後方：治中風及壅滯。以旋複花洗塵令淨，搗末，煉蜜丸如桐子大。夜臥以茶湯下五丸至七丸、十丸。

又卷一一《牽牛子》 《簡要濟眾》：治大便澀不通。牽牛子半生半熟，搗為散。每服二錢，煎姜湯調下。如未通再服，改以熱茶調下，量虛實，無時候，加減服。

又卷一一《夏枯草》 《簡要濟眾》：治肝虛目睛疼，冷淚不止，筋脈痛及眼羞明怕日。補肝散：夏枯草半兩，香附子一兩，共為末。每服一錢，臘茶調下。無時候服。

又卷一一《海金沙》 今醫治小便不通，臍下滿悶方：海金沙一兩，臘面茶半兩，二味搗碾令細。每服三錢，煎生薑甘。

又卷一二《酸棗》 《簡要濟眾》：治膽風毒瓦斯，虛實不調，昏沉睡多。酸棗仁一兩生用，金挺臘茶二兩，以生薑汁塗，炙令微焦，搗羅為散。每服二錢，水七分，煎六分，無時溫服。

又卷一九《天鼠屎》 《簡要濟眾》治五瘧方：夜明砂，搗為散，每服一大錢，用冷茶調下，立瘥。

又卷二二《白頸蚯蚓》 聖惠方治風赤眼。以地龍十條，炙乾為末，夜臥以冷茶調下二錢匕。

又卷二三《桔柚》 經驗後方：治膈下冷氣及酒食穰，又用鹽三

分，一處拌和勻，候良久，銚子內炒微焦，為末。每服一錢半，茶末半錢，水一盞，煎至七分，放溫常服，不用入茶，煎沸湯點亦妙。

又《梅食》 又云烏梅，暖，無毒。除勞，治骨蒸，去煩悶。澀腸止痢，消酒毒。治偏枯、皮膚麻痹。去黑點。令人得睡。又入建茶、乾薑為丸，止休息痢，大驗也。

又《杏核仁》 劉禹錫《傳信方》治嗽補肺丸，杏仁二大升，山者不中，揀卻雙仁及陳臭，以童子小便一斗浸之，春夏七日，秋冬二七日，並皮、尖，於砂盆子中，研細濾取汁，煮令魚眼沸，候軟如麵糊即成。仍時以柳篦攪，勿令著底，後即以馬尾羅或粗布下之。日暴通丸即丸，服之時食前後總須服三十丸、五十丸。任意茶、酒下。忌白水粥，只是為米泔耳。

又卷二七《苦菜》 味苦，寒，無毒。主五臟邪氣，厭於協切伏也穀胃痹，腸，渴熱中疾，惡瘡。久服安心益氣，聰察，少臥，輕身耐老，耐饑寒，高氣不老。一名荼草，一名選，一名遊冬。

生益州川谷，山陵道旁，淩冬不死。三月三日采，陰乾。

陶隱居云：疑此即是今茗。茗一名荼，又令人不眠，亦淩冬不凋，而嫌其只生益州。益州乃有苦菜，正是苦音式爾。上卷上品白英下已注之。《桐君錄》云：苦菜，三月生扶疏，六月花從葉出，莖直黃，八月實黑；實落根復生，冬不枯。今茗極似此，西陽、武昌及廬江、晉熙皆好，東人正作青茗。茗皆有，飲之宜人。凡所飲物，有茗及木葉、天門冬苗，並菝，皆益人，餘物並冷利。又巴東間別有真茶，火作卷結，為飲亦令人不眠，恐或者此。俗中多煮檀葉及大皂李作茶，並冷。又南方：有瓜蘆木，亦似茗，苦澀。取其葉作屑，煮飲汁，即通夜不睡。煮鹽人唯資此飲，而交、廣最所重，客來先設，乃加以香音耄輩。

唐本注云：苦菜，《詩》云：誰謂荼苦。又云：菫荼如飴，皆苦菜異名也。陶謂之茗，茗乃木類，殊非菜流。茗，春采為苦荼。音遲遐反，非途音也。按：《爾雅》釋草云：荼，苦菜。釋木云：荼，苦荼，二物全別，不得為例。

又卷二八《假蘇》 日華子云：荊芥，利五臟，消食下氣，醒酒。作菜生、熟食。並煎茶，治頭風並出汗。豉汁煎，治暴傷寒。

元 王好古《湯液本草》卷五《木部·酸棗》 《濟眾方》：膽實多睡，熱也。酸棗仁生用，末，茶、薑汁調服。

又卷六《蟲部·牡蠣》 《本草》云：主傷寒寒熱，溫瘧灑灑，驚恚怒氣。除拘緩，鼠，女子帶下赤白。除留熱在關節，榮衛虛熱，往來不定，煩滿。止汗，心痛氣結。止渴，除老血。澀大小腸，止大小便。療泄精，喉痹咳嗽，心脅下痞熱。能去瘰，一切瘡腫。入足少陰。鹹為軟堅之劑，以柴胡引之，故能去脅下之硬；以茶引之，能消結核；以大黃引之，能除股間腫；地黃為之使，能益精收澀，止小便，本腎經之藥也。久服，強骨節，殺鬼延年。貝母為之使。得甘草、牛膝、遠志、蛇床子，良。惡麻黃、吳茱萸、辛夷。

其他

題解

元 楊維楨《東維子集》卷一二《常湖等處茶園都提舉司記》

禹貢九州方物而茶不在列，蓋古之茶在藥品，而未為食品也。

論說

唐 陸羽《茶經》卷上《一之源》 凡藝而不實，植而罕茂，法如種瓜，三歲可采。野者上，園者次；陽崖陰林紫者上，綠者次；筍者上，牙者次；葉卷上，葉舒次。陰山坡穀者不堪采掇，性凝滯，結瘕疾。

宋 趙令時《侯鯖錄》卷四 《大唐新語》曰：右補闕毋煚，博學有著述才。性不飲茶，著《茶飲序》云：釋滯消壅，一日之利暫佳；瘠氣侵精，終身之累則大。獲益則功歸茶力，貽禍則不謂茶災。豈非福近易知，禍遠難見者乎？

明 李贄《焚書》卷五《讀史·茶夾銘》 唐右補闕綦毋旻著《代茶飲序》云：『釋滯消壅，一日之利暫佳；瘠氣耗精，終身之害斯大。

獲益則歸功茶力，貽害則不謂茶災。』予讀而笑曰：『釋滯消壅，清苦之益實多，瘠氣耗精，情慾之害最大。獲益則不謂茶力，自害則反謂茶殃。』吁！是恕己責人之論也。乃銘曰：我老無朋，朝夕唯汝。世間清苦，誰能及子？逐日子飯，不辯幾鍾，每夕予酌，不問幾許。夙興夜寐，我願與子終始。子不姓湯，我不姓李，總之一味清苦到底。

明 李時珍《本草綱目》卷一五《草部四・麻黄》 一錦衣夏月飲酒達旦，病水泄，數日不止，水穀直出。服分利消導升提諸藥則反劇。時珍診之，脈浮而緩，大腸下弩，復發痔血。此因肉食生冷茶水過雜，抑遏陽氣在下，木盛土衰，《素問》所謂久風成飧泄也。法當升之揚之。遂以小續命湯投之，一服而愈。

綜述

唐 蘇敬《新修本草》卷一三《木部中品・茗、苦茶》 茗，味甘、苦，微寒，無毒。主瘡，利小便，去痰、熱渴，令人少睡，秋採之。苦茶，主下氣，消宿食，作飲加茱萸、蔥、薑等，良。《爾雅・釋木》云：苦茶注：樹小如梔子，冬生葉，可煮作羹飲。今呼早采者為茶，晚取者為茗，一名，蜀人名之苦茶，生山南漢中山谷。新附

唐 楊曄《膳夫經手録》殘卷《茶》 建州大團，狀類紫笋，又若今之大膠片。每一軸十斤餘，將取之，必以刀刮，然後能破。味極苦，唯廣陵、山陽兩地人好尚之，不知其所以然也，或曰療頭痛未詳，已上以多爲貴。

明 朱橚《救荒本草》卷五《木部・茶樹》 本草有茗、苦𣘻與茶字同。《圖經》云：生山南，漢中山谷，閩、浙、蜀、荊、江、湖、淮南山中皆有之。惟建州北苑數處產者，性味獨與諸方不同。今密縣梁家衝山谷間亦有之，其樹大小皆類梔子。春初生芽為雀舌麥顆，又有新芽一發便長寸餘。微麄如針，漸至環腳軟枝條之類，葉老則似水茶，白葉而長，又似初生青岡橡葉而少光澤。又云冬生葉可作羹飲，世呼早採者為𣘻與茶字同，晚取者為茗，一名荈音喘，蜀今謂之苦𣘻，今通謂之茶。茶、茶聲近，故呼之。又有研治作餅，名為臘茶者，皆味甘苦、性微寒、無毒。加茱萸、蔥、薑等良。又別有一種蒙山中頂上清峰茶，云春分前後多聚人力，雷初發聲併手齊採。若得四兩，服之即為地仙。救飢，採嫩葉或冬生葉可煮作羹食，或蒸焙作茶皆可。

明 李时珍《本草纲目》卷一八《草部七・五味子》 凡大人小儿有虫病，但每月上旬侵晨空腹食使君子仁数枚，或以壳煎汤咽下，次日七生七煨食亦良。忌饮热茶，犯之即泻。

又 卷三二《果部四・茗》《唐本草》 【校正】自木部移入此。【釋名】苦茶。頌曰：郭璞云：早采為茶，晚采為茗，一名，蜀人謂之苦茶。陸羽云：其名有五：一茶，二檟，三蔎，四茗。時珍曰：楊慎《丹鉛錄》云：茶，即古茶字。《詩》云『誰謂茶苦，其甘如薺』是也。顏師古云：漢時茶陵，始轉途音為宅加切，或言六經無茶字，未深考耳。【集解】《神農食經》曰：茶茗生益州及山陵道旁。凌冬不死，三恭曰：茗生山南，漢中山谷。《爾雅》云：檟，苦茶。郭璞注云：樹小似梔子。冬生葉，可頌曰：今閩、浙、蜀荊、江湖、淮南山中皆有之，通謂之茶。春中始生嫩葉，蒸焙去苦水，末之乃可飲。與古所食，殊不同也。陸羽《茶經》云：茶者，南方嘉木。自一尺、二尺至數十尺，其巴川峽山有兩人合抱者，伐而掇之。木如瓜蘆，葉如梔子，花如白薔薇，實如櫚，蒂如丁香，根如胡桃。其上者生爛石，中者生礫壤，下者生黃土。藝法如種瓜，三歲可采。陽崖陰林。紫者上，綠者次；筍者上，芽者次；葉卷者上，舒者次。在二月、三月、四月之間，茶之筍者，生於爛石之間，長四五寸，若蕨之始抽，淩露采之。茶之芽者，發于叢薄之上，有三枝、四枝、五枝，於枝顛采之。采得蒸焙封乾，有千類萬狀也。略而言之：如胡人靴者蹙縮然，如牛臆者廉然，浮雲出山者輪然，飆風拂水者涵澹然，皆茶之精好者也。如竹籜，如霜荷，皆茶之瘠老者也。其別者，有石楠芽、枸杞芽、枇杷芽，皆治風疾。又有皂莢芽、槐芽、柳芽，乃上春摘其芽和茶作之。故今南人輸官茶，往往雜以眾葉。惟茅蘆竹箬之類不可入，自餘山中草木芽葉，皆可和合，椿、柿尤奇。真茶性冷，惟雅州蒙山出者溫而主疾。毛文錫《茶譜》云：蒙山有五頂，上有茶園，其中頂曰上清峰。昔有僧人病冷且久，遇一老父謂曰：蒙之中頂茶，當以春分之先後，多構人力，俟雷發聲，並手採擇，三日而止。若獲一兩，以本

處水煎服，即能祛宿疾；二兩當眼前無疾，三兩能固肌骨，四兩即為地仙矣。其僧如說，獲一兩餘服之，未盡而疾瘳。其四頂茶園，採摘不廢。惟中峰草木繁密，雲霧蔽虧，鷙獸時出，故人跡不到矣。近歲稍貴此品，製作亦精於他處。陳承曰：近世蔡襄述閩茶極備。惟建州北苑數處產者，性味與諸方略不同。今亦獨名蠟茶，上供御用。碾治作餅，日曬得火愈良。其他者或為芽，或為末收貯，若微見火便硬，不可久收，色味俱敗。惟鼎州一種芽茶，性味略類建茶，今汴中及河北、京西等處磨為末，亦冒臘茶者，是也。宗曰：苦茶即今茶也。陸羽有《茶經》，丁謂有《北苑茶錄》，毛文錫有《茶譜》，蔡宗顔有《茶對》，皆甚詳。然古人謂茶為雀舌、麥顆，言其至嫩也。又有新芽一發，便長寸餘，其粗如針，最為上品，其根幹、水土力皆有餘故也。雀舌、麥顆又在下品，前人未知爾。時珍曰：茶有野生、種生，種者用子。其子大如指頂，正圓黑色。其仁入口，初甘後苦，最戟人喉，而閩人以榨油食用。二月下種，一坎須百顆乃生一株，蓋空殼者多故也。畏水與日，最宜坡地蔭處。清明前采者上，穀雨前者次之，此後皆老茗爾。采、蒸、揉、焙、修造皆有法，詳見《茶譜》。茶之稅始于唐德宗，盛于宋、元，及於我朝，乃與西番互市易馬。夫茶一木爾，下為民生日用之資，上為朝廷賦稅之助，其利博哉。昔賢所稱，大約謂唐人尚茶，茶品益眾。有雅州之蒙頂、石花、露芽、穀芽為第一，建甯之北苑龍鳳團為上供。蜀之茶，則有東川之神泉獸目，硤州之碧澗明月，夔州之真香，邛州之火井，思安黔陽之都濡，嘉定之峨眉，瀘州之納溪，玉壘之沙坪。楚之茶，則有荊州之仙人掌，湖南之白露，長沙之鐵色，蘄州蘄門之團面，壽州霍山之黃芽，廬州之六安英山，武昌之樊山，岳州之巴陵，辰州之漵浦，湖南之寶慶、茶陵。吳越之茶，則有湖州顧渚之紫筍，福州方山之生芽，洪州之白露，雙井之白毛，廬山之雲霧，常州之陽羨，池州之九華，丫山之陽坡，袁州之界橋，睦州之鳩坑，宣州之陽坑，金華之舉岩，會稽之日鑄。皆產茶有名者。其他猶多，而猥雜更甚。按：陶隱居注苦茶云：西陽、武昌、廬江、晉陵皆有好茗，飲之宜人。凡所飲物，有茗及木葉、天門冬苗、菝葜，皆益人。余物並冷利。又巴東縣有真茶，火焙作卷結，為飲亦令人不眠。俗中多煮檀葉及大皂李葉作茶飲，並冷利。南方有瓜蘆木，亦似茗也。今人采櫧、櫟、山礬、南燭、烏藥諸葉，皆可為飲，以亂茶云。

紀事

宋 錢易《南部新書・東都僧飲茶長壽》 大中三年，東都進一僧，年一百二十歲。宣皇問服何藥而至此。僧對曰：『臣少也賤，素不知藥。性本好茶，至處唯茶是求。或出亦日遇百餘碗。如常日亦不下四五十碗。』因賜茶五十斤，令居保壽寺。

著録

明 田藝蘅《煮泉小品・引》 昔我田隱翁，嘗自委曰泉石膏肓。噫！夫以膏肓之病，固神醫之所不治者也，而在於泉石，則其病亦甚奇矣。余少患此病，心已忘之，而人皆咎餘之不治。然遍檢方書，苦無對病之藥。偶居山中，遇淡若叟，向余曰：『此病固無恙也。子欲治之，即當煮清泉白石，加以苦茗，服之久久，雖辟穀可也，又何患於膏肓病邪！』余敬頓首受之，遂依法調飲，自覺其效日著。因廣其意，條輯成編。以付司鼎山童，俾遇有同病之客來，便以此薦之。若有如煎金玉湯者來，慎弗出之。以取彼之鄙笑。時嘉靖甲寅秋孟中元日也。錢塘田藝蘅序。

藝文

唐 王敷《茶酒論》 竊見神農曾嘗百草，五穀從此得分；軒轅製其衣服，流傳教示後人。倉頡致其文字，孔丘闡化儒倫。不可從頭細說，撮其樞要之陳。暫問茶之與酒，兩個誰有功勳？阿誰即合卑小，阿誰即合稱尊？今日各須立理，強者光飾一門。

茶乃出來言曰：諸人莫鬧，聽說些些。百草之首，萬木之花，貴之取蕊，重之摘芽，呼之茗草，號之作茶。貢五侯宅，奉帝王家，時新獻入，一世榮華。自然尊貴，何用論誇？

酒乃出來曰：可笑詞說！自古至今，茶賤酒貴。單醪投河，三軍告醉。君王飲之，賜卿無畏，群臣飲之，呼叫萬歲。和死定生，神明歆氣。酒食向人，終無惡意，有酒有令，禮智仁義。自合稱尊，何勞比類！

茶謂酒曰：阿你不聞道：浮梁歙州，萬國來求，蜀山蒙頂，騎山驀嶺。舒城太湖，買婢買奴。越郡餘杭，金帛為囊。素紫天子，人間亦少，商客來求，舡車塞紹。據此蹤由，阿誰合小？

酒謂茶曰：阿你不聞道：劑酒乾和，博錦博羅。蒲桃九醞，於身有潤。玉液瓊漿，仙人杯觴。菊花竹葉，君王交接。中山趙母，甘甜美苦。一醉三年，流傳千古。禮讓鄉閭，調和軍府。阿你頭惱，不須乾努。

茶謂酒曰：我之茗草，萬木之心，或白如玉，或黃似金。名僧大德，幽隱禪林。飲之語話，能去昏沉。供養彌勒，奉獻觀音。千劫萬劫，諸佛相欽。酒能破家敗宅，廣作邪淫，打卻三盞之後，令人只是罪深。

酒謂茶曰：三文一壺，何年得富？酒通貴人，公卿所慕。曾遣趙主彈琴，秦王擊缶。不可把茶請歌，不可為茶教舞。茶吃只是腰疼，多吃令人患肚，一日打卻十杯，腹脹又同衙鼓。若也服之三年，養蝦蟆得水病苦。

茶謂酒曰：我三十成名，束帶巾櫛，驀海騎江，來朝今室。將到市廛，安排未畢，人來買之，錢則盈溢。言下便得富饒，不在後日明朝。阿你酒能昏亂，吃了多饒啾唧，街中羅織平人，脊上少須十七。

酒謂茶曰：豈不見古人才子，吟詩盡道：渴來一盞，能生養命。又道：酒是消愁藥。又道：酒能養賢。古人糟粕，今乃流傳。茶賤三文五碗，酒賤盅半七錢。致酒謝坐，禮讓周旋，國家音樂，本為酒泉。終朝吃你茶水，敢動些些管弦！

茶謂酒曰：阿你不見道：男兒十四五，莫與酒家親。君不見猩猩，為酒喪其身？阿你即道：茶吃發病，酒吃養賢。即見道有酒癀酒病，不見道有茶瘋茶顛？阿闍世王為酒殺父害母，劉伶為酒一醉三年。吃了張眉豎眼，怒鬥宣拳，狀上只言粗豪酒醉，不曾有茶醉相言，不免求守杖子，本典索錢。大枷磕頂，背上抛椽。便即燒香斷酒，念佛求天，終身不吃，望免迍邅。

兩家正爭人我，不知水在旁邊。

水謂茶酒曰：阿你兩個，何用匆匆？阿誰許你，各擬論功！言辭相毀，道西說東。人生四大，地水火風。茶不得水，作何相貌？酒不得水，作甚形容？米曲乾吃，損人腸胃，茶片乾吃，礪破喉嚨。萬物須水，五穀之宗。上應乾象，下順吉凶。江河淮濟，有我即通。亦能漂蕩天地，亦能涸殺魚龍。堯時九年災跡，只緣我在其中。感得天下欽奉，萬姓依從。由自不能說聖，兩個何用爭功？從今以後，切須和同，酒店發富，茶坊不窮。長為兄弟，須得始終。若人讀之一本，永世不害酒顛茶瘋。

唐 劉禹錫《劉賓客文集》卷一三《武中丞再謝新茶表》 臣某言：中使某乙奉宣聖旨，賜臣新茶一斤。猥沐深恩，再沾殊錫。承旨慶忭，省躬慚惶。臣某中謝。伏以貢自外方，名殊眾品。效參藥石，芳越椒蘭。出自仙廚，俯頒私室。義同推食，空荷於曲成；責在素餐，實慚於虛受。

雜録

唐 蘇敬《新修本草》卷一八《菜部・苦菜》 味苦，寒，無毒。主五臟邪氣，厭穀胃痹，腸，渴熱中疾，惡瘡。久服安心益氣，聰察，少臥，輕身耐老，耐饑寒，高氣不老。一名荼草，一名選，一名遊冬。生益州川谷，生山陵道旁，淩冬不死。三月三日采，陰乾。疑此則是今茗。茗一名茶，又令人不眠，亦淩冬不凋，而嫌其止生益州。益州乃有苦菜，正英下，以注之。《桐君藥錄》云：苦菜葉三月生扶疏，六月華從葉出，莖直花黃，八月實黑；實落根復生，冬不枯。今茗極似此，西陽武昌及廬江晉熙茗皆好，東人止作青茗。茗皆有，飲之宜人。凡所飲物，有茗及木葉天門冬苗，並菝，皆益人，余物並冷利。又巴東間別有真茶，火作卷結，為飲亦令人不眠，恐或者此。俗中多煮檀葉及大皂李作茶飲，並冷。又南方有瓜蘆木，亦似茗，至苦澀。取其葉作屑，煮飲汁，即通夜不眠；煮鹽人唯資此飲爾，交廣最所重，客來先設，乃加以香輩耳。謹案：苦菜，《詩》云：誰謂荼苦；又云：堇荼如飴，皆苦菜異名也。陶謂之茗，茗乃木類，殊非菜流。茗，春采為苦。音遲遐反，非途音也。案《爾雅・釋草》云：荼，苦菜。《釋木》云：口苦。二物全別，不得為例。又《顏氏家訓》案《易統通卦驗玄圖》曰：苦菜生於寒秋，經冬歷春，得夏乃成。一名遊冬。葉似苦苣而細，斷之而有白汁，花黃似菊。此則與桐君略同，今所在有之也。苦乃龍葵耳，俗亦名苦菜，非荼也。

宋 寇宗奭《本草衍義》卷一四《龍腦香》 此物大通利關膈熱塞，其清香為百藥之先。大人、小兒風涎閉壅及暴得驚熱，甚濟用。然非

常服之藥，獨行則勢弱，佐使則有功。于茶亦相宜，多則掩茶氣味，萬物中香無出其右者。西方抹羅矩吒國，在南印度境，有羯布羅香。幹如松株，葉異，濕時無香。采，幹之後折之，中有香，狀類雲母，色如冰雪，此龍腦香也。蓋西方亦有。

明　李時珍《本草綱目》卷三四《木部一·龍腦香》　宗曰：此物大通利關隔熱塞，大人、小兒風涎閉塞，及暴得驚熱，甚為濟用。然非常服之藥，獨行則勢弱，佐使則有功。于茶亦相宜，多則掩茶氣。味甚清香，為百藥之先，萬物中香無出其右者。

茶政茶法茶税總部

茶政茶法茶税總部説明

據唐陸羽《茶經》記載：『茶之爲飲，發乎神農氏，聞于魯周公。……滂時浸俗，盛于國朝，兩都并荆渝間，以爲比屋之飲。』古代中國以農業經濟爲主，當茶葉逐漸成爲人們生活中不可或缺的消費品時，有關茶葉的法規與政策也就被推向歷史舞臺。《新唐書·食貨志》載：『初，德宗納户部侍郎趙贊議，税天下茶、漆、竹、木，十取一，以爲常平本錢。』茶政茶法茶税，自此而始。

茶政茶法茶税總部輯録了自唐以後歷代的茶葉政策與茶葉法規的文獻資料，包括了歷代茶事管理機構、歷代茶事管理職官、茶馬互市、榷茶、貢茶、遼金時期的限茶和禁茶、引制及其演變、嚴禁私茶、歷代茶税、茶釐興廢、茶民起義、歷代茶葉法規，共十二個部。

歷代茶事管理機構部與歷代茶事管理職官部，主要收録了歷代政府爲茶事管理所設立的機構與職官。歷代所設立的茶事管理機構及職官不斷更替變換，從『榷茶場』到『茶馬司』，從『提舉茶場司』到『批驗茶引所』以及『總茶店』『官茶總店』，等等。隨茶葉事務的增多發展，茶事職官變化不斷，由早期的『榷茶使』『提舉茶事』到中期的『合同場監官』『茶鹽都轉運使』『茶馬大使』，直到後期的『巡茶禦史』『茶馬禦史』『茶引批驗大使』以及特殊的『皇商』，等等。

茶馬互市部輯録的主要是茶馬互市政策的相關資料。茶馬互市政策作爲古代王朝的一項重大邊防政策，深刻影響宋、明時期的邊務和經濟生産，爲當時維護邊疆穩定和增强國防力量作出了突出的貢獻。

榷茶部輯録的是榷茶政策的相關文獻。

貢茶部輯録的是古代中國皇權至上這一背景下産生的特殊的貢茶制度的歷史資料。

遼金時期的限茶和禁茶部，輯録的是遼、金對茶進行特殊限制措施的相關資料。

引制及其演變部輯録的主要是關于『茶引制』這一特殊制度的起因及其演變的相關資料。

嚴禁私茶部輯録的主要是歷代政府關于嚴禁私茶所實行的一系列舉措的資料。

歷代茶税部主要輯録了歷代關于茶葉税收的相關歷史資料。

茶釐興廢部輯録的是關于清朝中晚期面對茶葉大量出口而推行的特殊政策的記載。

茶民起義部輯録的是在官方施行的嚴厲茶法下茶民起義事件的相關記載。

歷代茶葉法規部輯録了自唐至清末歷朝歷代所實行的茶葉法規以及茶葉政策等相關資料，既有行之全國的茶法大典，也有專題性的法規、條例、律令。其中著名的有唐宣宗時期的『茶法十二條』，宋代的『三説法』『入中』『貼射法』『見錢法』『通商法』等；此外，還收録了歷代大臣關于茶法的上疏與奏議等。

茶政茶法茶稅總部

歷代茶事管理機構部

論説

《元史》卷九七《食貨志五・茶法》 至正二年，李宏陳言内一節，言江州茶司據引不便事云：『榷茶之制，古所未有，自唐以來，其法始備。國朝既於江州設立榷茶都轉運司，仍於各路出茶之地設立提舉司七處，專任散據賣引，規辦國課，莫敢誰何。每至十二月初，差人勾集各處提舉司官吏，關領次年據引。及其到司，旬月之間，司官不能偕聚。吏貼需求，各滿所欲，方能給付據引。此時春月已過，乃還本司，方欲點對給散，又有分司官吏，到各處驗户散據賣引。每引十張，除正納官課一百二十五兩外，又取要中統鈔二十五兩，名爲搭頭事例錢，以爲分司官吏饋饍之資。提舉司雖以榷茶爲名，其實不能專散據賣引之任，不過爲運司官吏營辦資財而已。上行下效，勢所必然。提舉司既見分司官吏所爲若是，亦復倣效遷延。及茶户得據還家，已及五六月矣。中間又存留茶引二三千本，以茶户消乏爲名，轉賣與新興之户。每據又多取中統鈔二十五兩，上下分派，各爲己私。不知此等之錢，自何而出，其爲茶户之苦，有不可言。至如得據在手，碾磨方興，吏卒踵門，催併初限。不知茶未發賣，何從得錢。間有充裕之家，必須别行措辦。其力薄者，例被拘監，無非典鬻家私，以應官限。及終限不能足備，上司緊併，重復勾追，非法苦楚。此皆由運司給引之遲，分司苛取之過。茶户本圖求利，反受其害，日見消乏逃亡，情實堪憫。今若申明舊制，每歲正月，須要運司盡將據引給付提舉司，隨時派散，無得停留在庫，多收分例，妨誤造茶時月；如有過期，別行定罪。仍不許運司似前分司自行散賣據引，違者從肅政廉訪司依例糾治。如此，庶茶司少革貪黷之風，茶户免損乏之害。』中書省以其言送户部定擬，復移咨江西行省，委官與茶運司講究，如果便益，如所言行之。

《宋會要輯稿・職官四三・提舉常平倉農田水利差役》 〔紹興〕五年閏二月十二日，詔諸路提舉常平併入茶鹽司，仍以提舉茶鹽常平等公事為名。内無茶鹽去處，依舊令提刑兼領。先是，臣僚言財用利源，有旨令户部講究，條具申尚書省。内一項，欲以常平、茶鹽合為一官，稍重其選。故有是詔。

又 〔紹興五年〕七月二日，都省言：『諸路提舉常平已降指揮併入茶鹽司，無茶鹽司去處依舊提刑兼領，專置幹辦官。今訪聞逐司為係併入兼領職事，並不逐一講究，致他司妄用，失陷錢物，有悞朝廷緩急支用。』詔令諸路提舉常平官將常平事務恪意奉行，無得苟簡，致有失陷錢物。如敢少有滅裂，户部按劾，申尚書省取旨，重行典憲。

又《提舉茶鹽司》 〔淳熙〕十二年六月二十三日，詔：『廣東西鹽事並為一司，應合得事件，令吏、户部長貳同共條具聞奏。』已而吏部尚書蕭燧等言：『罷廣東提舉一司，改置提舉廣南路鹽事司，照昨來廣西帥臣詹儀之陳請，且就梧州置司，專管兩路賣鹽，序位在兩路轉運判官之下。所有常平茶事，廣西依舊係提刑兼管，廣東乞委運司兼管。其廣東路鹽事司幹辦公事一員，廣西路鹽事司主管官一員，並改作廣南路提舉鹽事司幹辦公事。今來並司，委是利便，若只置幹官兩員，慮檢察不及，乞更添置準備差遣一員。』詔並從之。

又《都大提舉茶馬司》 《哲宗正史・職官志》：都大提舉茶馬司，掌收摘山之利以佐調度，凡市馬於蕃夷者，率以茶易之。產茶及市馬州郡，官屬得自辟置，視其數之登耗以詔賞罰。

又 〔元豐六年六月〕二十二日，提舉成都府等路茶場郭茂恂言：『昨準詔專提舉買馬，兼提領茶事，而茶場司不兼買馬，既不任責，遂立法以害馬價，每駝有增十餘千者，恐蕃馬歲不入，上悞國事。乞並茶場、買馬為一司，庶幾茶司同任買馬之責。』降旨闕。

又 〔元豐六年〕閏六月十二日，吏部狀：『準都省送下提舉成都府利州陝西等路茶場司奏：「乞秦、熙、河、岷、階州，通遠軍，永寧寨茶場，並乞令本司不拘常制踏逐諳曉事法、有心力京朝官、選人、小使

臣，奏乞差充監官。」本部檢會聖旨，內外官司舉行悉罷，今來係是本處創有陳請，合取自朝廷指揮。』詔特依。

又　［元豐六年閏六月］十三日，提舉茶場公事陸師閔劄子奏：『竊見新修《茶場司敕》尚未全備，擇出合行通用條貫三十八件，內有於新法干礙者，略加删正下項：諸提舉官於轄下官吏，事局相干同按察，部內有犯同監司。諸提舉官點檢職務公事，杖已下罪就司理斷，事合推究者送所司，徒已下依編敕監司點檢法。諸路茶法、職務、措置、詞訟、刑名、錢穀等公事，除州縣施行外，合申明者申取提舉司指揮施行，他司不得干與。雖於法合取索文字，並關牒提舉司施行，不得專輒行下諸處，亦不得供報。如已經處置，尚有抑屈者，許以次經轉運、提刑司申理。諸幹當公事官，川路二年、陝西二年半為一任，選人願三考者聽從便。供給依廨宇所在州簽判例，州無簽判依職官例。京官以上及大小使臣各隨本資添支，本資無添支者，依監一萬貫場務例給。諸幹當公事官闕無所承，許不拘常制選差轄下官權充。其餘應合差官幹事，並依編敕差官條施行。諸紙筆、朱墨、油燭、皮角，以係省錢收買，在京申省支給。諸文字往還並入急腳遞。』從之。全文見茶門。

又　［元豐八年］十月十七日，都大提舉成都府等路榷茶兼陝西等路買馬黃廉言：『按元豐六年閏六月十三日并八年十二月七日朝旨，應緣茶事於他司非相干者不得關與，設使緣茶事有侵損違法或措置未當，即未有許令他司受理關送明文，深恐民間屈抑無由申訴。乞止依海行元豐令，監司巡歷所至，明見違法及有詞訟事在本司者，聽關送。應緣馬事亦乞依此。』從之。

又　［建中靖國元年］九月十七日，茶事司狀：『今相度綿州羅江、巴西縣界八茶鋪，令巡轄綿、利州界茶鋪使臣移赴綿州置廨宇，巡轄邛、雅州，成都府路茶鋪使臣兼催撥黎州博馬茶綱。所有逐官稱呼、窠闕，一員以「巡轄綿州羅江至利州昭化縣界茶鋪」稱呼，於綿州置廨宇，一員以「巡轄漢州成都府至邛雅州界茶鋪兼催發黎州博馬茶綱」稱呼，依舊只於成都府置廨宇，委是地里、職事均當。』從之。

又　崇寧元年五月二日，都大提舉茶馬事程之邵申：『茶事並買馬監牧司雖在川、秦兩處置司，緣所領職事並係通管，自來為相去遙遠，行移申請文字往往不相照應。今乞應緣川、秦兩司茶馬職事，凡有獨銜申請及雖係同狀不曾同簽，並須互下兩司勘當。如所見不同，亦令各具利害開陳，免致利害不得詳盡。』詔令茶馬司提舉官，今後除常程文字依條外，應合更改措置事件，並須連書申奏。如有所見異同，仰各具利害開陳。

又　［崇寧三年］五月二十日，都大提舉茶事司狀：『本司係移運錢物買賣收趁課利司分，即與諸司錢物事法不同。兼每年買茶收穫課息，除年例支使外，將所餘年分外增羨息錢，已逐旋具數申納朝廷，以助支用。近年以來，多為諸司及臣僚申請，承受朝廷指揮，許於諸司錢物內取撥支用，遂將本司茶錢一例作諸司錢取撥。今來若令他司並作諸司錢物一例取撥支用，便見本錢妨闕，寖壞事法。欲乞今後他司及臣僚申請乞支用諸司錢，除茶馬司錢物不許作諸司錢一例支使，如朝廷非泛支用，乞下本司契勘有寬剩錢處劃刷應副。』從之。

又　［崇寧五年］六月二十三日【略】樞密院奏：『都大提舉成都府利州陝西等路茶事司申，勘會川茶始自熙寧七年置司，推行迄今三十餘年，從來計置般赴秦鳳、熙河等路應副博馬，有餘出賣。【略】』

又　欽宗靖康元年五月十五日，詔：『川陝所起歲額綱馬，全藉茶貨博買。訪聞自近年以來，買馬司不切用心，預行措置椿備，及將茶貨等輒以他用，是致收買馬不能敷額，緣此積年闕馬數多。雖已降處分，不得以茶及本息錢博買珠玉等並收羨餘，尚慮不為遵奉，巧幸侵欺，轉易他用。可令本司今後將合博易茶貨等預行椿備，不得轉易他用，專充買馬。仍令買馬路分走馬承受，每年取索所得茶貨等，子細驅磨支使有無侵欺、轉易他用。若有違戾，其買馬司應幹當職官吏並以違制論。』以上《續會要》。

又　［乾道］四年三月十七日，四川宣撫使虞允文奏：『照得祖宗朝都大提舉買馬官於秦州、成都各置司居治，各半年排撥月分。居秦司訖事，即歸川司措置發茶並買馬監申之類。今欲依仿舊制，於鳳州河池縣置秦司，既近宕昌，買馬之弊可以稽察，又措置收養最為便利。』從之。

又　［乾道九年］十一月十九日，詔：『恭奉太上皇帝聖旨，每年

進奉天申節馬，除四川宣撫司、茶馬司、文州許進外，其餘殿前、馬、步司並諸路都統制，並可自乾道十年為始免進。』

綜述

《舊唐書》卷一七下《文宗紀下》〔大和九年冬十月乙亥〕王涯獻榷茶之利，乃以涯爲榷茶使。茶之有榷稅，自涯始也。

《文獻通考》卷一八《征榷考五・榷茶》 宋制，榷貨務六：江陵府、真州、海州、漢陽軍、無為軍、蘄州之蘄口。乾德二年八月，始令京師及建安、漢陽等軍、蘄口置務。太平興國二年，又於江陵府、襄複州、無為軍增置務。端拱二年，又於海州置務。淳化四年，廢建安、襄複州務。其後京城務但會給交鈔往還，而不積茶貨。又有場十三：蘄州曰王祺、石橋、洗馬，又有黃梅場，景德二年廢。黃州曰麻城，廬州曰王同，舒州曰太湖、羅源，壽州曰霍山、麻步、開順口，光州曰商城、子安。又買茶之處：江南則宣、歙、江、池、饒、信、洪、撫、筠、袁州，廣德、興國、臨江、建昌、南康軍；兩浙則杭、蘇、明、越、婺、處、溫、台、湖、常、衢；湖南則江陵府，潭、澧、鼎、岳、鄂、鎮、歸、峽州，荊門軍；福建則劍南、建州。虔、吉、郴、辰州，南安軍，皆折稅課，本州買給民用。山場之制，領園戶，受其租，餘悉官市之。又別有民戶折稅課者，其出鬻皆在本場。諸州所買茶，折稅受租同山場，悉送六榷務鬻之。江陵府受本府及潭、鼎、澧、嶽、歸、峽州茶；真州務受潭、袁、池、吉、饒、撫、洪、歙、江、宣、嶽州，臨江、興國軍茶；海州務受杭、湖、常、睦、越、明、溫、台、衢、婺州茶；漢陽軍務受鄂州茶；無為軍務撫、吉州，臨江軍，而增南康軍茶；蘄口務受潭州、興國軍茶。

《宋史》卷一八三《食貨志下五・茶上》 宋榷茶之制，擇要會之地，曰江陵府，曰真州，曰海州，曰漢陽軍，曰無為軍，曰蘄州之蘄口，為榷貨務六。初，京城、建安、襄複州皆置務，後建安、襄複州務廢，京城務雖存，但會給交鈔往還，而不積茶貨。在淮南則蘄、黃、廬、舒、光、壽六州，官自爲場，置吏總之，謂之山場者十三；六州採茶之民皆隸焉，謂之園戶。歲課作茶輸租，餘則官悉市之。其售於官者，皆先受錢而後入茶，謂之本錢；又民歲輸稅願折茶者，謂之折稅茶。總為歲課八百六十五萬餘斤，其出鬻皆就本場。在江南則宣、歙、江、池、饒、信、洪、撫、筠、袁十州，廣德、興國、臨江、建昌、南康五軍；兩浙則杭、蘇、明、越、婺、處、溫、台、湖、常、衢、睦十二州；荊湖則江陵府、潭澧鼎鄂嶽歸峽七州、荊門軍；福建則建、劍二州，歲如山場輸租折稅。總為歲課江南千二十七萬餘斤，兩浙百二十七萬九千餘斤，荊湖二百四十七萬餘斤，福建三十九萬三千餘斤，悉送六榷務鬻之。

《元史》卷九四《食貨志二・茶法》 榷茶始于唐德宗，至宋遂爲國賦，額與鹽等矣。元之茶課，由約而博，大率因宋之舊而爲之制焉。

《明會典》卷二《官制一・順天府》 批驗茶引所【舊有大使一員，萬曆十一年革】

又 卷三《官制二・南京官・應天府》 批驗茶引所，大使一員

又 卷四《官制三・外官・各承宣布政使司》 陝西茶馬司，大使一員，副使一員

又 四川茶課司、廣西裕民司、雲南滇池魚課局【舊有大使、副使各一員，後革】

又《各州》 各處稅課局茶課司，大使各一員，副使各一員

又 各處鐵冶、批驗茶引所，大使各一員【久住補】

又 卷七《在京衙門・順天府》 批驗茶引所【舊有攢典一名，革】

又《南京・應天府》 批驗茶引所

又 卷一〇《資格・正九品》 茶鹽馬司大使

又《從九品》 茶鹽馬司副使

茶馬司倉庫局大使

又《未入流》 茶鹽課司大使副使

茶鹽批驗所大使副使

又 茶倉大使副使

又 卷一四《十三司職掌》 貴州清吏司

分管

貴州布政司　貴州都司

帶管在京各衙門、各倉、及各邊鎮鈔關

會州衛　富峪衛
濟州衛　會州衛倉
富峪衛倉　濟州衛倉
寶鈔提舉司　上林苑監
崇文門分司　正陽門宣課司
安定門税課司　德勝門税課司
都税司　批驗茶引所

又 卷三二《倉庾二・各司府州縣衛所倉》　四川布政使司
建昌倉　大印堡倉
鹽井倉　寧番倉
小河倉　越嶲倉
會川倉　鎮平倉
永寧倉　三舍倉
歸化倉　冕山橋倉
疊溪倉　松潘倉
永豐倉　瀘州衛倉
鎮西倉　澧州倉
打沖河倉　壩底堡倉
德昌倉
成都府
廣豐倉　廣寧倉
茶倉
灌縣　永積倉
威州　安遠倉
茂州
廣備倉　長寧倉
重慶府
廣濟倉　茶倉

又 卷三二《課程一・鹽法一》　兩淮
兩淮都轉運鹽使司【洪武初置】
泰州分司
富安場鹽課司　栟茶場鹽課司

又 卷三七《課程六・茶課》　國初招商中茶，上引五千斤，中引四千斤，下引三千斤。每七斤蒸曬一篦。運至茶司，官商對分。官茶易馬，商茶給賣。每上引仍給附茶一百篦，中引八十篦，下引六十篦，名曰酬勞。經過地方，責令掌印官盤驗，佐貳官催運。若陝之漢中、川之夔保，私茶之禁甚嚴。凡中茶有引由，出茶地方有税，貯放有茶倉，巡茶有御史，分理有茶馬司、茶課司，驗茶有批驗所。其例具後。

又　茶馬司
陝西【舊有鞏昌府駱駝巷梢子堡、高橋火鑽峪、臨洮府伏羌、寧遠四茶運所，嘉靖十四年革】
河州【洪武七年建】洮州【永樂元年建】
西寧【洪武三十年自秦州改建】甘州【正統八年裁，嘉靖四十二年復建】
四川
碉門
批驗茶引所
陝西
徽州【永樂六年設於火鑽峪，嘉靖三十六年改移白水江，就近管轄】

又　茶課數
陝西茶課，初二萬六千八百六十二斤一十五兩五錢。弘治十八年，新增二萬四千一百六十四斤，共五萬一千二十六斤一十五兩五錢。見今茶課五萬一千三百八十四斤一十三兩四錢。【係漢中府屬金州、紫陽、石泉、漢陰、西鄉、五州縣歲辦，分解各茶馬司】

四川茶課，初一百萬斤。後減為八十四萬三千六十斤。正統九年減半價運。景泰二年停止。成化十九年奏准，每歲運十萬斤。見今茶課，本色一十五萬八千八百五十九斤零。存彼處衙門聽候支用。【係石泉、建始、長寧等縣，並建昌、天全、烏蒙、鎮雄、永寧九姓土司辦納】折色三十三萬六千九百六十三斤。共徵銀四千七百二兩八分。內三千一百五兩五錢五分存本省賞番。實解陝西巡茶衙門易馬銀一千五百九十六兩五

錢三分【係保寧府屬巴州、通江、廣元、南江四州縣解納。萬曆六年巡茶御史冊報，新收銀一千六百九十四兩六錢九分五釐】

又 各處茶課鈔數

應天府江東瓜埠巡檢司鈔一十萬貫。

蘇州府鈔二千九百一十五貫一百五十文。

常州府鈔四千一百二十九貫銅錢八千二百五十八文。

鎮江府鈔一千六百二貫六百二十文。

徽州府鈔七萬五百六十八貫七百五十文。

廣德州鈔五十萬三千二百八十貫九百六十文。

浙江鈔二千一百三十四貫二十文。

河南鈔一千二百八十貫。

廣西鈔一千一百八十三錠一十五貫五百九十二文。

雲南銀一十七兩三錢一分四釐。

貴州鈔八十一貫三百七十一文。

又 凡引由。洪武初議定，官給茶引，付産茶府州縣。凡商人買茶，具數赴官，納錢給引。方許出境貨賣。每引照茶一百斤。茶不及引者，謂之畸零，別置由帖付之。仍量地遠近，定以程限，於經過地方執照。若茶無由引及茶引相離者，聽人告捕。其有茶引不相當，或有餘茶者，並聽拏問。賣茶畢、即以原給引由，赴住賣官司告繳。該府州縣俱各委官一員管理。

又 凡徵課，洪武初定，凡賣茶去處，赴宣課司依例三十分抽一分。芽茶葉茶，各驗價直納課。販茶不拘地方。

又 卷四二《南京户部·十三司職掌》 江西清吏司

南京都察院　南京尚寶司

南京通政使司　南京吏科等六科

應天府　龍潭税課局

龍江裏外河泊所　批驗茶引所

又 卷一〇七《朝貢三·西戎上》 自陝西蘭州渡河千五百里，至肅州。肅州西七十里，為嘉峪關。嘉峪關外，並稱西域。而陝西以南，並四川，抵雲南外徼，並稱西番。西域七衛，曰哈密，曰安定，曰阿端，曰赤斤蒙古，曰曲先，曰罕東，曰罕東左，皆在關西，而哈密又最西。永樂十三年，遣使往諭西域，歷十有七國。其後土魯番強佔據哈密，關西諸衛皆為所侵擾。西番地為都指揮司二、指揮使司一、宣慰使司三、招討司六、萬户府四、千户所十七，又於洮河、西寧各置茶馬司，以通貿易。

又 卷一〇八《朝貢四·朝貢通例》 計有敕符勘合土官衙門

車里、木邦、緬甸、麓川平緬、八百大甸、老撾六宣慰司

干崖、大候、里馬、茶馬四長官司

又 卷一四七《驛運三·遞運所》 四川

成都府　成都遞運所

保寧府　柏林遞運所

閬中縣　五路遞運所

蒼谿縣　蒼谿遞運所【嘉靖二十四年添設】

廣元縣　神宣遞運所

寧茶遞運所

又 卷一六四《律例五·匿税》 若買頭匹不税契者罪亦如之，仍於買主名下，追徵價錢一半入官。

一在京在外税課司局、批驗茶引所，但係納税去處，省令客商人等自納。若權豪無藉之徒，結黨把持，攔截生事，攪擾商税者，徒罪以上，枷號二箇月，發附近充軍。杖罪以下，照前枷號發落。

又 人户虧兑課程

若茶鹽運司、鹽場茶局及税務河泊所等官，不行用心辦課，年終比附上年課額虧兑者，亦以十分論。一分笞五十，每一分加一等，罪止杖一百。所虧課程，著落追補還官。

又 卷二一六《順天府》 凡所屬都税宣課等司、批驗茶引等所，每年收到商税等鈔，按季解本府，類解户部交納。取具批收，附卷備照。

《明史》卷七一《选举志三》 ［洪武］十四年，其法稍定。在京六部五品以下，聽本衙門正官察其行能，驗其勤怠。其四品以上，及一切近侍官與御史爲耳目風紀之司，及太醫院、欽天監、王府官不在常選者，任滿黜陟，取自上裁。直隸有司首領官及屬官，從本司正官考覈，任滿從監察御史覆考。各布政使司首領官，俱從按察司考覈。其茶馬、鹽馬、鹽

運、鹽課提舉司、軍職首領官，俱從布政司考覈，仍送按察司覆考。其布政司四品以上，按察司、鹽運司五品以上，任滿黜陟，取自上裁。內外入流并雜職官，九年任滿，給由赴吏部考覈，依例黜陟。果有殊勳異能、超邁等倫者，取自上裁。

又卷七三《職官志二》　十三道監察御史，主察糾內外百司之官邪，或露章面劾，或封章奏劾。在內兩京刷卷，巡視京營，監臨鄉、會試及武舉，巡視光祿，巡視倉場，巡視內庫、皇城、五城，輪值登聞鼓。後改科員。在外巡按，北直隸二人，南直隸三人，宣大一人，遼東一人，甘肅一人，十三省各一人。清軍，提督學校，兩京各一人，萬曆末，南京增設一人。巡鹽，兩淮一人，兩浙一人，長蘆一人，河東一人。茶馬，陝西。巡漕，巡關，宣德四年設立鈔關御史，至正統十年始遣主事。儹運，印馬，屯田。師行則監軍紀功，各以其事專監察。而巡按則代天子巡狩，所按藩服大臣、府州縣官諸考察，舉劾尤專，大事奏裁，小事立斷。按臨所至，必先審録罪囚，弔刷案卷，有故出入者理辯之。諸祭祀壇場，省其牆宇祭器。存恤孤老，巡視倉庫，查算錢糧，勉勵學校，表揚善類，翦除豪蠹，以正風俗，振綱紀。凡朝會糾儀，祭祀監禮。凡政事得失，軍民利病，皆得直言無避。有大政，集闕廷預議焉。蓋六部至重，然有專司，而都察院總憲綱，惟所見聞得糾察。諸御史糾劾，務明著實跡，開寫年月，毋虛文泛詆，訐拾細瑣。出按復命，都御史覆劾其稱職不稱職以聞。凡御史犯罪，加三等，有贓從重論。

又卷七五《職官志四》　明初，置都轉運司於兩淮。吴元年置兩浙都轉運司於杭州，定都轉運使秩正三品，設同知，正四品，副使，正五品，運判，正六品，經歷，正七品，知事，正八品，照磨、綱官，正九品。鹽場設司令，從七品，司丞，從八品，百夫長，省注。洪武二年置長蘆、河東二都轉運司，及廣東海北鹽課提舉司，尋又置山東、福建二都轉運司。三年又於陝西察罕腦兒之地，置鹽課提舉司，後漸增置各處。建文中，改廣東提舉爲都轉運司。永樂初復故。十四年初命御史巡鹽。景泰三年罷長蘆、兩淮巡鹽御史，命撫、按官兼理。已復遣御史，其無御史者，分按察司理之。又洪武中，於四川置茶鹽都轉運司，洪武五年置，設官如都轉運鹽使司。十年罷。納溪、白渡二鹽馬司，洪武五年置，以常選官爲司令，內使爲司丞。十三年罷，尋復置。十五年改設大使、副使各一人。後並革。又有順龍鹽馬司，亦革。

又　茶馬司。大使一人，正九品，副使一人，從九品。掌市馬之事。洪武中，置洮州、秦州、河州三茶馬司，設司令、司丞。十五年改設大使、副使各一人，尋罷洮州茶馬司，以河州茶馬司兼領之。三十年改秦州茶馬司爲西寧茶馬司。又洪武中，置四川永寧茶馬司，後革，復置雅州碉門茶馬司。又於廣西置慶遠裕民司，洪武七年置，設大使一人，從八品，副使一人，正九品。市八番溪洞之馬，後亦革。

又　批驗所。大使一人，副使一人，掌驗茶鹽引。

《清史稿》卷五九《地理志六・安徽》　徽州府：繁，疲，難。隸徽寧池太廣道。明，徽州府，屬江南。順治初因之，屬江南左布政使司。康熙六年，分隸安徽省。西北距省治五百七十里。廣三百九十里，袤二百二十里。北極高二十九度五十七分。京師偏東二度四分。領縣六。【略】休寧繁，疲。府西六十里。北：松蘿。東：萬安山。西：白嶽。西北：率山。率水出其陽，水南下而西流者會於彭蠡。其北水分二支：一出梅溪口入祁門，合孚溪水；一出彭沍阬口，會流至縣西江潭，合浙溪水，流逕南港、東港，會於率口，入歙浦，其下流爲新安江。南：汊水出白際山，與佩瑯水、璜源水合流，繞縣南岐陽山下，因名汊水，又北流入浙溪。西：白鶴溪，源出黟縣吉陽山，合夾源、夾溪二水，逕縣南，與南港、東港合流入屯溪。屯溪，縣東南，爲茶務都會，鹽捕同知駐此。太廈鎮巡司。一驛：休寧。

又卷一〇四《輿服志三》　京府照磨所、司獄司、各府照磨所、司獄司、各府儒學、衞儒學、布政司庫大使、府庫大使、巡檢司、稅課司、茶馬司銅印，方一寸九分，厚四分。

又卷一一四《職官志一・禮部》　尚書掌五禮秩敍，典領學校貢舉，以布邦教。侍郎貳之。典制掌嘉禮、軍禮。稽彝章，辨名數，頒式諸司。三歲大比，司其名籍。四方忠孝貞義，訪懋旌閭。祠祭掌吉禮、凶禮。凡大祀、中祀、羣祀，以歲時辨其序事與其用等。日月交食，內外諸司救護；有災異即奏聞。凡喪葬、祭祀，貴賤有等，皆定程式而頒行之。勳戚、文武大臣請葬祭、贈謚，必移所司覈行。並籍領史祝、醫巫、音樂、僧道，司其禁令，有妖妄者罪無赦。主客掌賓禮。凡蕃使朝貢，館餼賜予，辨其貢道遠邇、貢使多寡、貢物豐約以定。頒實録、玉牒告成褒賞。稽霍茶歲額。精膳掌五禮燕饗與其牲牷。賜百官禮食，視品秩以爲差，光祿供膳羞，會計其數而程其出納，彙覈各司。鑄印局題銷鑄印，掌鑄寶璽，凡內外諸司印信，並範冶之。用銀質直鈕三臺者：宗人府、衍聖公，清、

漢文尚方大篆，方三寸三分，厚一寸；六部、户部鹽茶、都察院、行在部院，清、漢、蒙三體字，清、漢文尚方大篆，蒙文不篆，方三寸三分，厚九分。【略】京府照磨、司獄、布政使司庫，按察使司照磨、司獄、府照磨、司獄、庫大使、府衛儒學、巡檢司、都税司、税課司、茶馬司，清、漢文垂露篆，並方一寸九分，厚四分。

又卷一二四《食貨志五・茶法》 司茶之官，初沿明制。陝西設巡視茶馬御史五：西寧司駐西寧，洮州司駐岷州，河州司駐河州，莊浪司駐平番，甘州司駐蘭州。尋改差部員，又令甘肅巡撫兼轄，後歸陝甘總督管理。四川設鹽茶道。江西設茶引批驗大使，隸江寧府。

傳記

《舊唐書・卷一六九・王涯傳》 王涯字廣津，太原人。父晃。涯，貞元八年進士擢第，登宏辭科。釋褐藍田尉。二十年十一月，召充翰林學士，拜右拾遺、左補闕、起居舍人，皆充内職。元和三年，爲宰相李吉甫所怒，罷學士，守都官員外郎，再貶虢州司馬。五年，入爲吏部員外。七年，改兵部員外郎、知制誥。九年八月，正拜舍人。十年，轉工部侍郎、知制誥，加通議大夫、清源縣開國男，學士如故。十一年十二月，加中書侍郎、同平章事。十三年八月，罷相，守兵部侍郎，尋遷吏部。**【略】**

［長慶］九年五月，正拜司空，仍令所司册命，加開府儀同三司，仍兼領江南榷茶使。

十一月二十一日，李訓事敗，文宗入内，涯與同列歸中書會食，未下筯，吏報有兵自閤門出，逢人即殺。涯等蒼惶步出，至永昌里茶肆，爲禁兵所擒，并其家屬奴婢，皆繫於獄。仇士良鞫涯反狀，涯實不知其故，械縛既急，搒笞不勝其酷，乃令手書反狀，自誣與訓同謀。獄具，左軍兵馬三百人領涯與王璠、羅立言，右軍兵馬三百人領賈餗、舒元輿、李孝本，先赴郊廟，徇兩市，乃腰斬於子城西南隅獨柳樹下。涯以榷茶事，百姓怨恨，詬罵之，投瓦礫以擊之。中書房吏焦寓焦璿、臺吏李楚等十餘人，吏卒爭取殺之，籍沒其家。涯子工部郎中、集賢殿學士孟堅，太常博士仲翔，其餘稚小妻女，連襟係頸，送入兩軍，無少長盡誅之。自涯已下十一家，資貨悉爲軍卒所分。涯積家財鉅萬計，兩軍士卒及市人亂取之，竟日不盡。

又卷一八七下《忠義傳下・庚敬休》 庚敬休，字順之，其先南陽新野人。祖光烈，與仲弟光先，祿山迫以僞官，皆潛伏奔竄。光烈爲大理少卿，光先爲吏部侍郎。父河，當賊泚盜據宫闕，與季弟倬逃竄山谷。河終兵部郎中。

敬休舉進士，以宏詞登科，授祕書省校書郎，從事宣州。旋授渭南尉、集賢校理。遷右拾遺、集賢學士。歷右補闕，稱職，轉起居舍人，俄遷禮部員外郎。入爲翰林學士，遷禮部郎中，罷職歸官。又遷兵部郎中、知制誥。丁憂，服闋，改工部侍郎，權知吏部選事，遷吏部侍郎。

上將立魯王爲太子，慎選師傅，改工部侍郎兼魯王傅。奏：『劍南西川、山南西道每年税茶及除陌錢，舊例委度支巡院勾當榷税，當司於上都召商人便换。大和元年，户部侍郎崔元略與西川節度使商量，取其穩便，遂奏請茶税事使司自勾當，每年出錢四萬貫送省。近年已來，不依元奏，三道諸色錢物，州府逗留，多不送省。請取江西例，於歸州置巡院一所，自勾當收管諸色錢物送省，所冀免有逋懸。欲令巡官李濆專往與德裕、遵古商量制置，續具奏聞。』從之。又奏：『兩川米價騰踊，百姓流亡。請糶兩川闕官職田祿米，以救貧人。』從之。再爲尚書左丞。大和九年三月，卒于家。敬休姿容溫雅，襟抱夷曠，不飲酒茹葷，不邇聲色。著《諭善録》七卷。贈吏部尚書。

《新唐書》卷一八二《裴休傳》 裴休字公美，孟州濟源人。父肅，貞元時爲浙東觀察使，劇賊栗鍠誘山越爲亂，陷州縣，肅引州兵破禽之，自記平賊一篇上之，德宗嘉美。生三子，休，仲子也，操守嚴正。方兒童時，兄弟偕隱家墅，晝講經，夜著書，終年不出户。有饋鹿者，諸生共薦之，休不食，曰：『疏食猶不足，今一啖肉，後何以繼？』

擢進士第，舉賢良方正異等。歷諸府辟署，入爲監察御史，更内外任。至大中時，以兵部侍郎領諸道鹽鐵轉運使。六年，進同中書門下平章事，即奏言：『宰相論政上前，知印者次爲時政記，所論非一，詳己辭，略它議，事有所缺，史氏莫得詳。請宰相人自爲記，合付史官。』詔可。進中書侍郎。

大和後，歲漕江、淮米四十萬斛，至渭河倉者纔十三，舟檝僨敗，吏乘爲姦，冒沒百端，劉晏之法盡廢。休分遣官詢按其弊，乃命在所令長兼董漕，褒能者，謫怠者。由江抵渭，舊歲率雇緡二十八萬，休悉歸諸吏，敕巡院不得輒侵牟。著新法十條，又立税茶十二法，人以爲便。居三年，粟至渭倉者百二十萬斛，無留壅。時方鎮設邸閣居茶取直，因視商人它貨横賦之，道路苛擾。休建言：『許收邸直，毋擅賦商人』又：『收山澤寶冶，悉歸鹽鐵。』

秉政凡五歲，罷爲宣武軍節度使，封河東縣子。久之，由太子少保分司東都，復起歷昭義、河東、鳳翔、荊南四節度。卒，年七十四，贈太尉。

休不爲皦察行，所治吏下畏信。能文章，書楷遒媚有體法。爲人醞藉，進止雍閑。宣宗嘗曰：『休真儒者。』然嗜浮屠法，居常不御酒肉，講求其説，演繹附著數萬言，習歌唄以爲樂。與紇干臮素善，至爲桑門號以相字，當世嘲薄之，而所好不衰。

又卷三四七《游棟雲傳》　道光初，署鹽茶都司，乞病歸，卒。

紀事

《舊唐書》卷四八《食貨上》　［元和］十三年，鹽鐵使程异奏：『應諸州府先請置茶鹽店收税。伏準今年正月一日赦文，其諸州府因用兵已來，或慮有權置職名，及擅加科配，事非常制，一切禁斷者。伏以榷税茶鹽，本資財賦，贍濟軍鎮，蓋是從權。昨兵罷，自合便停，事久實爲重斂。其諸道先所置店及收諸色錢物等，雖非擅加，且異常制，伏請準赦文勒停。』從之。

又卷四九《食貨下》　［建中］三年九月，户部侍郎趙贊上言曰：『伏以舊制，置倉儲粟，名曰常平。軍興已來，此事闕廢，或因凶荒流散，餓死相食者，不可勝紀。古者平準之法，使萬室之邑，必有萬鍾之藏，千室之邑，必有千鍾之藏，春以奉耕，夏以奉耘，雖有大賈富家，不得豪奪吾人者，蓋謂能行輕重之法也。自陛下登極以來，許京城兩市置常平，官糴鹽米，雖經頻年少雨，米價未騰貴，此乃即目明驗，實要推而廣之。當軍興之時，與承平或異，事須兼儲布帛，以備時須。臣今商量，請於兩都并江陵、成都、揚、汴、蘇、洪等州府，各置常平，輕重本錢，上至百萬貫，下至數十萬貫，隨其所宜，量定多少。唯貯斛斗疋段絲麻等，候物貴則下價出賣，物賤則加價收糴，權其輕重，以利疲人。』從之。贊於是條奏諸道津要都會之所，皆置吏，閲商人財貨。計錢每貫税二十，天下所出竹、木、茶、漆，皆十一税之，以充常平本。時國用稍廣，常賦不足，所税亦隨時而盡，終不能爲常平本。

又　九年十二月，左僕射令狐楚奏新置榷茶使額：『伏以江淮間數年以來，水旱疾疫，凋傷頗甚，愁歎未平。今夏及秋，稍較豐稔。方須惠恤，各使安存。昨者忽奏榷茶，實爲蠹政。蓋是王涯破滅將至，怨怒合歸。豈有令百姓移茶樹就官場中栽，摘茶葉於官場中造，有同兒戲，不近人情。方有恩權，無敢沮議，朝班相顧而失色，道路以目而吞聲。今宗社降靈，姦兇盡戮，聖明垂佑，黎庶各安。微臣伏蒙天恩，兼授使務，官銜之内，猶帶此名，俯仰若驚，夙宵知愧。伏乞特迴聖聽，下鑒愚誠，速委宰臣，除此使額。緣國家之用或闕，山澤之利有遺，許臣條流，續具奏聞。採造欲及，妨廢爲虞。前月二十一日内殿奏對之次，鄭覃與臣同陳論訖。伏望聖慈早賜處分，一依舊法，不用新條。惟納榷之時，須節級加價，商人轉擡，必較稍貴，即是錢出萬國，利歸有司，既無害茶商，又不擾茶户，上以彰陛下愛人之德，下以竭微臣憂國之心，遠近傳聞，必當咸悦。』詔可之。先是，鹽鐵使王涯表請使茶山之人，移植根本，舊有貯積，皆使焚棄，天下怨之。及是楚主之，故奏罷焉。

又　開成二年十二月，武寧軍節度使薛元賞奏：『泗口税場，應是經過衣冠商客金銀、羊馬、斛斗、見錢、茶鹽、綾絹等，一物已上並税。今商量，其雜税並請停絶。』詔許之。

又卷一八七下《忠義傳下·庾敬休》　上將立魯王爲太子，慎選師傅，改工部侍郎兼魯王傅。奏：『劍南西川、山南西道每年税茶及除陌錢，舊例委度支巡院勾當榷税，當司於上都召商人便换。大和元年，户部侍郎崔元略與西川節度使商量，取其穩便，遂奏請茶税事使司自勾當，每年出錢四萬貫送省。近年已來，不依元奏，三道諸色錢物，州府逗留，多不送省。請取江西例，於歸州置巡院一所，自勾當收管諸色錢物送省，

所冀免有逋懸。欲令巡官李瀆專往與德裕、遵古商量制置，續具奏聞。』從之。又奏：『兩川米價騰踊，百姓流亡。請糶兩川闕官職田祿米，以救貧人。』從之。

《舊五代史》卷一《梁書十·末帝紀下》［龍德元年二月壬申］鹽鐵轉運使敬翔奏：『請於雍州、河陽、徐州三處重置場院稅茶。』從之。

《新唐書》卷五二《食貨志二》 自太宗時置義倉及常平倉以備凶荒，高宗以後，稍假義倉以給他費，至神龍中略盡。玄宗即位，復置之。其後第五琦請天下常平倉皆置庫，以畜本錢。至是趙贊又言：『自軍興，常平倉廢垂三十年，凶荒潰散，餧死相食，不可勝紀。陛下即位，京城兩市置常平官，雖頻年少雨，米不騰貴，可推而廣之，宜兼儲布帛。請於兩都、江陵、成都、揚、汴、蘇、洪置常平輕重本錢，上至百萬緡，下至十萬，積米、粟、布、帛、絲、麻，貴則下價而出之，賤則加估而收之。諸道津會置吏，閱商賈錢，每緡稅二十，竹、木、茶、漆稅十之一，以贍常平本錢。』德宗納其策。屬軍用迫蹙，亦隨而耗竭，不能備常平之積。

是時，諸道討賊，兵在外者，度支給出界糧。每軍以臺省官一人爲糧料使，主供億。士卒出境，則給酒肉。一卒出境，兼三人之費。將士利之，逾境而屯。

趙贊復請稅間架，算除陌。其法：屋二架爲間，上間錢二千，中間一千，下間五百；匿一間，杖六十，告者賞錢五萬。除陌法：公私貿易，千錢舊算二十，加爲五十；物兩相易者，約直爲率。而民益愁怨。及涇原兵反，大譟長安市中曰：『不奪爾商户僦質，不稅爾間架、除陌矣。』於是間架、除陌、竹、木、茶、漆、鐵之稅皆罷。

又卷一八二《裴休傳》 大和後，歲漕江、淮米四十萬斛，至渭河倉者纔十三，舟檝僨敗，吏乘爲姦，冒没百端，劉晏之法盡廢。休分遣官詢按其弊，乃命在所令長兼董漕，褒能者，謫怠者。由江抵渭，舊歲率雇緡二十八萬，休悉歸諸吏，敕巡院不得輒侵牟。著新法十條，又立稅茶十二法，人以爲便。居三年，粟至渭倉者百二十萬斛，無留壅。時方鎮設邸閣居茶取直，因視商人它貨横賦之，道路苛擾。休建言：『許收邸直，毋擅賦商人』又：『收山澤寶冶，悉歸鹽鐵。』

又卷一九〇《劉建鋒傳》 建鋒已得志，即嗜酒不事事。新息小史陳贍爲建鋒御者，妻美且豔，乃私之。贍怒，袖鐵檛擊建鋒死，斷其喉。衆推張佶爲帥，佶固辭，馬踶傷佶左髀，下令曰：『吾非而主。』時馬殷攻邵州未克，於是遣人迎殷。磔贍于市。

殷至，佶坐受其謁。既而率將吏推殷爲留後。詔即除檢校太傅、潭州刺史。殷以成汭、楊行密、劉隱皆養士以圖王霸，謂其屬高郁曰：『吾欲重幣以奉四鄰而固吾境，計安出？』郁曰：『荊南闇弱，焉能患我？淮南，我讎也，固不吾援。公若置邸京師，歸天子職貢，王人來錫命，四方畏服，然後按兵討不廷，霸業成矣。』殷悟，厚結宣武朱全忠以請于朝，乃拜湖南節度兵馬留後。郁又教殷鑄鉛鐵錢，十當銅錢一；民得自摘山，收茗算，募高户置邸閣居茗，號『八牀主人』。歲入算數十萬，用度遂饒。

《新五代史》卷六六《楚世家第六·馬殷傳》 殷初兵力尚寡，與楊行密、成汭、劉龑等爲敵國，殷患之，問策於其將高郁，郁曰：『成汭地狹兵寡，不足爲吾患，而劉龑志在五管而已，楊行密，孫儒之仇，雖以萬金交之，不能得其懽心。然尊王仗順，霸者之業也，今宜内奉朝廷以求封爵而外誇隣敵，然後退脩兵農，畜力而有待爾。』於是殷始脩貢京師，然歲貢不過所產茶茗而已。乃自京師至襄、唐、郢、復等州置邸務以賣茶，其利十倍。郁又諷殷鑄鉛鐵錢，以十當銅錢一。又令民自造茶以通商旅，而收其算，歲入萬計。由是地大力完，數邀封爵。

宋 文瑩《玉壺清話》卷二 乾德初，國用未豐。蘇曉為淮漕，議盡榷舒、廬、蘄、黄、壽五州茶貨，置四十四場。一萌一蘖，盡搜其利，歲衍百餘萬緡。淮俗苦之。後曉舟敗溺，淮民比屋相賀。

宋 李心傳《建炎以來朝野雜記·甲集》卷一七《財賦四·榷貨務都茶場》 榷貨務都茶場，舊東京有之，建炎二年春，始置于揚州，正月壬辰。是年又置于江寧。二月乙丑。紹興三年，又置於鎮江及吉州。五年冬，省吉州務而行在務場隨移臨安，以都司提領，其始歲收茶鹽香息錢六百九萬餘緡。紹興元年。六年九月，詔歲收及一千三百萬緡，許推賞，時以為極盛矣。休兵寖久，歲課倍增。二十四年收二千六十六萬緡，三十二年收二千一百六十五萬緡，皆有奇。乾道三年三月，詔以二千四百萬緡為額，建康千二百

萬緡，臨安八百萬緡，鎮江四百萬緡，於是淮東總領所實在鎮江目指榷貨錢三十萬緡，為贍軍之用。淳熙中，三務場官吏互爭課賞，始禁鎮江務，鈔引不得至臨安。十年夏，朱少卿佺為淮東總領，遣屬吏劉荀訴諸朝。時黄德潤為中執法，率臺諫上言：鎮江務場，軍食所係，倘有不售，其害非輕。臨安務場年額未始有虧，萬一無有羨財，不過官吏不該泛賞而已。請令提領官總三務場增虧有無，以為殿最，而鎮江鈔引復如著令，許至臨安，從之。六月戊申。自是鎮江務場始給矣。

《續資治通鑑長編》卷五《乾德二年》 ［八月］辛酉，初令京師、建安、漢陽、蘄口並置場榷茶。自唐武宗始禁民私賣茶，自十斤至三百斤，定納錢決杖之法。於是令民茶折稅外悉官買，民敢藏匿而不送官及私販鬻者，沒入之。計其直百錢以上者，杖七十，八貫加役流。主吏以官茶貿易者，計其直五百錢，流二千里，一貫五百及持仗販易私茶為官司擒捕者，皆死。自唐武宗以下至皆死，並據本志，當在此年，今附見榷茶後。

又 卷一一《開寶三年》 ［二月］庚寅，幸西茶庫，遂幸建隆觀。

又 卷四七《咸平三年》 ［秋七月］丙申，江南轉運使任中正言：『準詔，以饒州置場買納浮梁、婺源、祁門縣茶，不便於民，令臣與三班借職胡澄審行計度。今臣等親到饒、歙二州茶倉，詢問逐處民俗，皆言溪灘險惡，轉輸艱阻，願各復往日倉牓，就便輸納，及浮梁縣民李思堯等各願自備材木，起創倉牓。』從之。仍降詔曰：『山澤之征，所宜公共，苟便於民，豈圖羨贏。而言事之臣，不明大體，務為改革，罔恤蒸黔。特命使車往詢疾苦，用循舊制，式遂輿情。已令制置茶鹽、江南轉運司並依任中正所奏。』

又 卷七七《大中祥符五年》 ［夏四月］辛酉，詔饒、信州買銅場壤稅錢，海州榷貨務請茶開裹功錢，並除之。又饒州往例，集民為甲，令就官場買茶，自今聽從便收市。

又 卷八〇《大中祥符六年》 ［夏四月］甲子，三司定監買茶場官賞罰之式，凡買到入算茶及租額，遞年送榷務，交足而有羨餘者，即理為課績。其不入算者，雖多不在此限。

又 卷八一《大中祥符六年》 ［秋七月］辛亥，詔：『茶鹽酒稅及諸物場務，自今總一歲之課合為一，以祖額較之，有虧損，則計分數。其知州軍、通判，減監臨官一等區斷，大臣及武臣知州軍者，止罰通判以下。』時上封者言諸路歲課增羨，知州、通判皆書歷為最，有虧則無罰，請行條約故也。

又 卷八九《天禧元年》 ［二月甲戌］曹瑋言陝商人入中糧草交引愈賤，總虛實錢百千，鬻之才得十二千，請於永興、鳳翔、河中府官出錢市之，奏可。本志云鬻于市才八九千，今從《實録》。曹瑋言《會要》在五月甲戌。既而詳定茶鹽司又言：『交鈔總虛實錢五千者，向來官給十三千至十九千市之，今鬻於市，止獲八九千，恐豪商乘其賤價，不於官場入中，復虞西鄙軍食闕乏，請官自收市，以九千為準。』從之。《實録》在二月癸巳，今移見此。曹瑋於去年十一月已改授秦州部署，命李及知秦州，而《實録》於此又云知秦州曹瑋，蓋瑋知秦州日所言也。交引愈賤，蓋所給茶多不精，商人罕有饒益故也。此據本志。

又 卷九二《天禧二年》 ［十二月］丙辰，賜宣州學究徐晝出身。晝上涇縣茶場利便，歲增課千萬故也。

又 卷九三《天禧三年》 ［三月］己卯，工部郎中陳堯佐、右正言陳執中，並奪一官。堯佐為起居郎，依前直史館，監鄂州茶場。執中衛尉寺丞，監岳州酒稅。

又 卷九五《天禧四年》 ［夏四月］壬辰，詔茶場、榷務，自今令三司副使、判官、轉運使副、制置茶鹽司舉歷任無贓私罪者，監榷務以京朝官、殿直以上使臣充，茶場以幕職、令録充。

又 卷九七《天禧五年》 ［冬十月乙卯］發運使周實言，陝西入中芻糧甚少，淮南茶貨停積，望令三司再定商旅算買交引，以便公私，從之。實又言監當場務官得替，須批書一界課利增損畢，方聽發遣赴闕，從之。

又 卷一〇〇《天聖元年》 ［春正月壬午］國朝惟川峽、廣南茶聽民自買賣，禁其出境，餘悉榷，犯者有刑。在淮南則蘄、黄、廬、舒、壽、光六州，官自為場，置吏總之，謂之山場者十三，六州採茶之民皆隸焉，謂之園户，歲課作茶，輸其租，餘官悉市之。其售於官，皆先受錢而後入茶，謂之本錢。又有百姓歲輸稅者，亦折為茶，謂之折稅茶。總為歲課八百六十五萬餘斤，其出鬻皆就本場。在江南則宣、歙、江、池、饒、

信、洪、撫、筠、袁十州，廣德、興國、臨江、建昌、南康五軍，兩浙則杭、蘇、明、越、婺、處、溫、台、湖、常、衢、睦十二州，荊湖則荊、潭、澧、鼎、鄂、岳、歸、峽八州，荊門軍，福建則建、劍二州，歲如山場輸租折稅，餘則官悉市而斂之。總為歲課，江南千二十七萬餘斤，兩浙百二十七萬九千餘斤，荊湖二百四十七萬餘斤，福建三十九萬三千餘斤，皆轉輸要會之地，曰江陵府，曰真州，曰海州，曰漢陽軍，曰無為軍，曰蘄州蘄口，為六榷貨務。凡民鬻茶者皆售于官，其以給日用者，謂之食茶，出境則給券。商賈之欲貿易者，入錢若金帛京師榷貨務，以射六務、十三場茶，給券，隨所射與之，謂之交引。願就東南入錢若金帛者，聽入金帛者計直予茶如京師。凡茶入官以輕估，其出以重估，縣官之利甚溥，而商賈轉賣於西北以至散於夷狄，其利又特厚焉。縣官鬻茶，歲課緡錢，雖贏縮不常，景德中至三百六十萬餘，此其最厚者也。

又 丁亥，詔曰：『三路軍儲，出於山澤之利。比聞移用不足，二府大臣，其經度之。』乃命三司使李諮、御史中丞劉筠、入內副都知周文質、提舉諸司庫務王臻、薛貽廓及三部副使較茶、鹽、礬稅歲入登耗，更定其法。遂置計置司，《實録》丁亥日同。以樞密副使張士遜、參知政事呂夷簡、魯宗道總之。

計置司首考茶法利害，奏言：『十三場茶，歲課緡錢五十萬，天禧五年纔及緡錢二十三萬。每券直錢十萬，鬻之，售錢五萬五千，總為緡錢實十三萬，除九萬緡為本錢，歲纔得息錢三萬餘緡，而官吏廩給不與焉。是則虛數雖多，實用殊寡。』因請罷三稅，行貼射之法。其法以十三場茶買賣本息併計其數，罷官給本錢，使商人與園户自相交易，一切定為中估，而官收其息。如鬻舒州羅源場茶，斤售錢五十有六，其本二十有五，官不復給，但使商人輸息錢三十有一而已。《實録》三月辛卯，《會要》同。然必輦茶入官，隨商人所指而予之，給券為驗，以防私售，故有貼射之名。若歲課貼射不盡，則官市之如舊。園户過期而輸不足者，計所負數如商人入息。會要。舊輸茶百斤，益以二十斤至三十五斤，謂之耗茶，亦皆罷之。《實録》二月。其入錢以射六務茶者，如舊制。

先是，天禧中，詔京師入錢八萬給海州、荊南茶，入錢七萬四千有奇給真州、無為、蘄口、漢陽，并十三場茶，皆直十萬，所以饒裕商人；而海州、荊南茶善而易售，商人願得之，故入錢之數厚於他州。其入錢者，聽輸金帛十之六。至是，既更十三場法，又募入錢六務，而海州、荊南增為八萬六千，真州、無為、蘄口、漢陽增為八萬。會要三年五月。商人入芻粟塞下者，隨所在實估，度地里遠近增其直。以錢一萬為率，遠者增至七百，近者三百，給券，至京師，一切以緡錢償之，謂之見錢法；願得金帛若他州錢，或茶鹽、香藥之類者聽。《實録》五月甲子。大率使茶與邊糴，各以實錢出納，不得相為輕重，以絕虛估之弊。朝廷皆用其說。李諮等新立見錢法，《實録》分載數處，今悉從本志，就正月癸未初命官日并書之。朝廷用其說，乃三月辛卯，今亦并書。《實録》分載，有詳有略，今參以《會要》，則本志所去取蓋得之，不可不從也。

又 ［三月］辛卯，始行淮南十三山場貼射茶法。茶法已具正月癸未初命官時，今從本紀特書此，以表事始。

又卷一〇二《天聖二年》 ［秋七月］壬辰，遣殿中侍御史王碩、內殿承制朱緒點檢山場所積茶。

又卷一〇三《天聖三年》 ［十一月］己卯朔，禁定州嘉山樵采。孫奭等言：『十三場茶積未售六百一十三萬餘斤，蓋許商人貼射，則善茶皆入商人，其入官者皆粗惡不時，故人莫肯售。又園户輸歲課不足者，使如商人入息，而園户皆細民貧弱，力不能給，煩擾益甚。又姦人倚貼射為名，彊市盜販，侵奪官利。其弊如此，不可不革。請罷貼射法，官復給本錢市茶，而商人入錢以售茶者，宜優之。請凡入錢京師售海州、荊南茶者，損為七萬七千，售真州等四務、十三場茶者，損為七萬一千，皆有奇數。入錢六務、十三場者，又第損之，給茶皆直十萬。』庚辰，詔從奭等議。自是，河北入中復用三説法，舊給東南緡錢者，以京師榷貨務錢償之。

初，計置司議茶鹽利害，因言：『解州安邑兩池舊募商人售京西諸州鹽者，入錢京師榷貨務。乾興元年，歲入才二十三萬緡，視天禧三年數損十四萬。請一切罷之，專令入中並邊芻粟，及為之增約束防禁，以絕私販之弊。』於是，復詔入錢京師，從京師所便。

又卷一〇四《天聖四年》 ［閏五月戊申］初，李諮等變法，使茶園户負歲課者如商人入息，後不能償。至是，太湖等九場凡逋息錢十

三萬緡，詔悉蠲之。

又卷一二二《寶元元年》〔秋七月〕丁酉，詳定茶法所張觀等請入錢京師，以售真州等四務十三場茶。直十萬者，又視景祐三年數損之，為錢六萬七千。入中河北願售茶者又損一千，而詔又第損二千。於是入錢京師止為錢六萬五千，入中河北為錢六萬四千而已。

又卷一三二《慶曆元年》〔六月〕甲午，詔近制在京庫務及諸處榷務、茶鹽等場，並舉官監當，如聞多涉干請，自今審官、三班院、流內銓選差人。

又卷一四〇《慶曆三年》〔夏四月癸卯〕先是，良佐與賀從勖詣闕，館於都亭西驛，承受使臣取元昊書至中書、樞密院，諭從勖以『所齎來文字，名體未正，名上一字又犯聖祖諱，不敢進，卻令齎回。其稱男，情意雖見恭順，然父子亦無不稱臣之禮。自今上表，只稱舊名，朝廷當行封冊為夏國主，賜詔不名，許自置官屬。其燕使人，坐朶殿之上，或遣使往彼，一如接見契丹使人禮。如欲差人於界上承領所賜，亦聽之。置榷場於保安軍，歲賜絹十萬匹、茶三萬斤，生日與十月一日賜賚之。許進奉乾元節及賀正。其緣邊興復寨柵，並如舊。』仍命良佐與從勖等同往議定以聞。

又卷一五四《慶曆五年》〔二月乙卯〕歐陽修奏疏曰：

臣竊詳臣寮上言，悉涉虛妄，蓋由近日陛下進退大臣，改更庶事，小人希合，欺罔天聰，臣請試辨之。據上言者云：『若令兩制以上保舉，則下長奔競之路。』方今上自朝廷，下至州縣，保舉之法多矣，只如臺官，亦是兩制以上舉。以至大理詳斷、審刑詳議、刑部詳覆等官，三路知州、知縣、通判，選人改京官，學官入國學，班行遷閤職，武臣充將領，選人入縣令，下至天下茶鹽、場務、榷場及課利多處酒務，凡要切差遣，無小大盡用保舉之法，皆不聞以奔競而廢之，豈獨於省府等官偏長奔競而可廢？此其欺妄可知也。

又卷一七〇《皇祐三年》〔二月己亥〕初，用鹽鐵判官董沔議，河北便糴，沿邊行三税法，內郡行四税法，國子博士、監榷貨務薛向言：『祖宗之法，塞下入粟，三司出茶、鹽、香藥、象牙、雜物稱其直，號三税法。內郡則轉運司以常賦充。今改用四税，是歲常倍出中都錢，而茶、鹽、香藥、象牙之物出多而用有極，則價賤而不售，官私兩失其利。』尋下其議，而議者共主沔議。向又作編年書，述祖宗以來河北三税及見錢利害。書奏，不報。不三歲，榷貨務積交引錢七百萬貫，未有以償，而山場榷務茶、江淮鹽、中都香藥等物，富商爭以財算，而三邊之糴不行。朝廷始命王堯臣等詳定，向為檢閱文字。乃黜沔補外郡，而復見錢法。且委向置場，支榷貨務積交引錢以救其弊。詔擢向大藩。此據范育所為《薛向行狀》及呂大防墓銘并向附傳。王堯臣等詳定，見皇祐二年正月。薛向用見錢和糴，在嘉祐元年十月。

又卷一七三《皇祐四年》〔十二月〕乙酉，詔諸州衙前在沿邊應役者，止令主管官物，毋得管勾公用厨及茶酒帳設司，違者以違制坐之。

又卷一七五《皇祐五年》〔冬十月〕壬子，詔三司自今京師百萬倉、左藏庫、都商税務、榷貨務、東西八作司、文思院、事材場、南北作坊、店宅、麴院、內香藥庫、裁造院、作坊料物庫、西染院，陝西折博務、解州鹽池、緣邊便糴糧草、諸茶場、榷貨務、轉般倉、米倉、銀銅坑冶場、鹽井監，仍舊舉官監當，其餘場務課利不及七萬貫者悉罷之，令司選差人。

又卷二四五《熙寧六年》〔六月〕丁丑，詔徙秦州茶場於熙州，以便新附諸羌市易故也。

又卷二五〇《熙寧七年》〔二月己卯〕又詔熙河路經略司相度買馬停支折鹽鈔，其馬價止以茶銀、物帛計折賞之。

又卷二五一《熙寧七年》〔三月辛丑〕都提舉市易司言，近遣試將作監主簿劉默相度置市易務於成都府路，乞借司銀十萬買茶。從之。

又卷二五二《熙寧七年》〔夏四月〕壬申，詔三司勾當公事李杞等罷相度成都府置市易務，止具經畫買茶，于秦鳳、熙河路博買利害以聞。其後成都府轉運司同議，亦以為便，從之。五月二十五日差杞相度，又三月十六日云云，可考。

又卷二五四《熙寧七年》〔六月丁丑〕王韶言：『奉詔募買蕃馬，今黑城夷人頗以良馬至邊，乞指揮買茶司速應副。』從之，仍令李杞據見茶計步乘、船運，具已發數以聞。六月一日，委韶及鄭民憲提舉買

馬。

又卷二五七《熙寧七年》［冬十月］辛巳，詔成都府路茶本錢令轉運司應副，如不足，即借兑提舉司坊場剩錢；又不足，即借常平錢，令司農寺拘轄撥還。

又卷二五八《熙寧七年》［十二月甲申］詔河南府、河北監牧司見在錢、帛、糧等並隸都提舉市易司，充買茶本錢。

又 祕書丞、提舉成都府利州路買茶公事蒲宗閔奏：『伏見成都府轉運司每年應副熙河路交子十萬貫，客人於熙河入納錢四百五十或五百，支得交子一紙，卻將回川中交子務，請鐵錢一貫文足見錢。今來川中創置茶場，乞回本錢買銀及交子、鹽鈔等，卻充茶本。臣欲乞候茶場將來般運茶到熙河永寧寨等處日，將合買迴貨本錢便於成都府交子務兑支，上件交子十萬貫卻勘會本處合買交子時價，留充熙河路支用，關報川中茶場，其茶場只理會鐵錢為課利數目。所貴兩路更不差人往來管押、般運交子等，兼熙河交子遲緩無人收買間，不積壓在彼，虚占錢數。』從之。此據茶馬司《編録冊》七年十二月一日中書劄子云云。崇寧元年九月二十三日，蔡京云云可考。

又卷二六二《熙寧八年》［夏四月甲子］詔熙河路市易及茶場隸經略司，鹽酒稅、坑冶等隸秦鳳路都轉運司，都轉運司關錢，聽於經略司輟市易淨利錢應副。從知熙州高遵裕等請也。

又 庚辰，提舉成都府等路茶場司言：『雅州名山縣發往秦、熙州等處茶，乞聽官場盡買，不許商販。』詔商人就官場買者聽之，每馱納長引錢千，指定州軍貨易。

又 ［丁亥］詔杜常取熙河路經略安撫司去年隨軍、蕃部兩庫及帖助公使錢給用名件，與高遵裕密具當用及當裁損數以聞。以遵裕乞權罷永興等處、熙州、通遠軍市易，且令經略司主之，及以去年市易茶場淨利歸經略司，如不可，即乞詔有司據本路一年合用錢數明支撥封樁故也。

又 ［己丑］詔沙苑監隸羣牧司，餘八監及河南北兩監牧司並廢。以中書、樞密院言：『河南北十二監，自熙寧二年至五年，歲出馬千六百四十匹，可給騎兵者二百六十四，餘止堪給馬鋪。兩監牧歲費及所占牧地約租錢總五十三萬九千六百三十八緡，計所得馬為錢三萬六千四百九十六緡而已，得不稱失。』故廢之，以牧地租給市易務茶本錢外，餘寄常平籍出息，以給售馬之直。六年四月二十五日，文彥博、蔡挺云云。吳沖卿、蔡子正等為樞密副使，上言請廢河南北監牧司，文潞公為樞密使，以為不可。元厚之為翰林學士，與曾孝寬受詔詳定，厚之計其吏兵之禄及牧田可耕種，所以奏稱兩監歲費錢五十六萬，所息之馬，用三萬緡可買。詔盡廢天下馬監，止留沙苑一監，選其馬可充軍用者悉送沙苑監，其次給傳置，其次斥賣之，牧田聽民租佃，儘令轉運司輸每歲所省五十三萬緡於市易務。馬既給諸軍，則當給芻粟及傔衣糧，所費甚廣；監馬送沙苑止四千餘匹，在道羸瘠死者殆半，國馬盡於此矣。時熙寧八年冬也。此據司馬光《記聞》，當考。《兵志》第六卷：六年四月二十五日，羣牧制置使文彥博言：『議者欲賦牧地與民而斂租課，散國馬於編户而責孳息，不便。』乃詔元絳、蔡確比校利害上之。於是，中書、樞密院言：『河南北十二監，起熙寧二年至五年，歲出馬千六百四十四，可給騎兵者二百六十四，餘止堪給郵傳。而兩監牧歲費及所占地租總五十三萬九千六百三十餘緡，而所出馬為錢三萬六千四百九十六緡而已。其九監馬三萬餘匹，倘不更制，則日有死耗。』於是詔以沙苑監隸羣牧司，廢八監，并兩監牧司善馬分隸諸監，餘鬻之，收其租之入，以給市易茶本錢，餘寓常平籍，取子錢以市馬；馬監兵五千，以為廣固、保忠指揮，修完京城焉。初，欲廢監牧，樞密院文彥博、吳充固爭，以為：『監牧不當廢，若外敵旅拒，馬不可買，則中國如何得馬？恐法不善，但當變法。』王安石曰：『向令劉航變法初，人固知其無後效，非今而後可知也。密院委人立法牧養，諸司不得關預，行之一年，乃費五十三萬緡，得三萬貫。今欲變法，恐復如劉航。且今所校利害，止公家費省而已，民之利害，尚不備言。如馬之害稼，田之廢耕，此乃民之利害也。』上曰：『雖如此，牧馬亦無補。』于是卒廢之。按：廢監牧實在八年四月二十八日，雖中書、密院奏稱二年至五年，蓋以五年馬數比較耳。本志便于六年係此事，誤也。既書六年卒廢監牧，繼書七年又廢鄆州東平監，以其地賦民，後遂廢高陽、真定、太原、大名、定州五監，如東平故事。八年，以廢監財充市易本錢外，以給熙河歲計。十二月云云，序事失次如此，今不取。紹聖三年七月六日，張赴等云云可考。沙苑監隸羣牧司，餘八監及河南北兩監牧司並廢。以中書、樞密院言：『河南北十二監，自熙寧二年至五年，歲出馬千六百四十匹，可給騎兵者二百六十四，餘止堪給馬鋪。兩監牧歲費及所占牧地約租錢總五十三萬九千六百三十八緡，計所得馬為錢三萬六千四百九十六緡其九監馬三萬餘匹，倘不更制，則日有死耗。』於是詔以沙苑監隸羣牧司，廢八監，并兩監牧司善馬分隸諸監，餘鬻之，收其租之入，以給市易茶本錢，餘寓常平籍，取子錢以市馬；馬監兵五千，以為廣固、保忠指揮，修完京城焉。初，欲廢監牧，樞密院文彥博、吳充固爭，以為：『監牧不當廢，若外敵旅拒，馬不可買，則中國如何得馬？恐法不善，但當變法。』王安石曰：『向令劉航變法初，人固知其無後效，非今而後可知也。密院委人立法牧養，諸司不得關預，行之一年，乃費五十三萬緡，得三萬貫。今欲變法，恐復如劉航。且今所校利害，止公家費省而已，民之利害，尚不備言。如馬之害稼，田之廢耕，此乃民之利害也。』上曰：『雖如此，牧馬亦無補。』于是卒廢之。按：廢監牧實在八年四月二十八日，雖中書、密院奏稱二年至五年，蓋以五年馬數比較耳。本志便于六年係此事，誤也。既書六年卒廢監牧，繼書七年又廢鄆州東平監，以其地賦民，後遂

廢高陽、真定、太原、大名、定州五監，如東平故事。八年，以廢監財充市易本錢外，以給熙河歲計。十二月云云，序事失次如此，今不取。紹聖三年七月六日，張赴等云云可考。

又　卷二六三《熙寧八年》［閏四月丙申］又詔三司，具未置熙河路買馬場以前，買馬錢物歲支若干，於何官司出辦，自用茶博買後如何封樁，申中書取旨。後不見如何指揮。

又　卷二六五《熙寧八年》［六月戊申］都提舉市易司言，漢州積滯茶至千五百七十七馬犬，不如雇步乘，乞選官體量。詔遣都官郎中劉佐，維州團練推官、都水監句當公事杜常往究利害以聞。王安石初欲遣佐，以韓絳所惡，乃乞用常。既而上令佐與常同往。

又　卷二六七《熙寧八年》［八月壬子］權發遣鹽鐵判官、提舉成都府、利州、秦鳳、熙河等路茶場李杞言，賣茶、博馬，乃是一事，乞同提舉買馬，歲以萬千匹為額。詔杞兼提舉買馬，且以二萬匹為額，二年取旨。

又　卷二六八《熙寧八年》［九月甲申］中書言：『已廢河南北兩監牧司、河北十一監、河東太原監、京東東平監，其廢監錢物等，除給都提舉市易司茶本外，令三司歲具合應副熙河路年計錢數，申中書取旨支撥。』從之。廢東平監在七年二月四日，廢太原等監在今年閏四月十六日。

又　卷二七〇《熙寧八年》［十一月甲戌］中書言：『川茶元法於茶稅并息錢內，歲認定應副熙河博馬及糴買糧草。乞令提舉買茶官歲給熙州、岷州大竹并洋、蜀州茶各三百馬犬，復於茶場司應副糧草數內除豁。』從之。

又　卷二七一《熙寧八年》［十二月庚寅］太子中舍、提舉成都等路茶場、兼熙河路市易司同提舉買馬李杞管勾鳳翔府太平宮。杞以疾自陳也。

又　權發遣熙河路經略司高遵裕言：『本路新復，未有租稅之助，而所在倉廩空虛，商人絕跡，轉運司計置不行。乞權停買馬，以川茶付轉運司變錢計置芻束。』上批：『熙、河二州及外城寨，糧草缺乏已極，萬一別有事變，於邊計所繫不輕。中書、樞密院可速議權宜措置。』遂詔秦鳳等路都轉運使，發義勇運近裏州軍芻粟應付，所支口食薪菜錢，依已降指揮。

又　［十二月丙申］都提舉市易司言：『宗室賒請物，乞三人以上同保，經大宗正司出歷赴務約度，并息不得過兩月料錢之數，如輸納違限，取料錢歷批上剋折，限半年輸足。』又言：『歲買商人茶，從本司貿易，乞以三百萬斤為額，庶使商人預知定數，不雜粗惡草木，務令中賣數多。』並從之。《實録》於此丙申已書：『詔李公義用鐵龍爪、范子淵用濬川杷疏濬黃河，自河陰下至海口。』《新紀》因書：『丙申浚黃河。』復云此書當在五月。據《實録》明年九月丙辰所書與時《政記合》，今繫之十二月九日，誤也，合削去，仍附註此。

又　是月，復雲安軍雲安監，置舒州同安監，京兆府、華耀陝州鑄錢監及置河州閻精堡，興元府茶場。《實録》於八年十二月末載，置『辰州會溪城、黔安寨』，此八字合除去。城寨賜名在明年二月十七日。改秦州床穰寨為堡，廢真定府靈壽縣、延州延水縣、隴州隴西寨並為鎮。實録於此月末又書：『廢錦州寨及招諭縣入沅州麻陽縣。』已於二月末書訖，此削去。

又　卷二七四《熙寧九年》［夏四月］丁未，體量成都府等路茶場利害劉佐言：『商人販解鹽入川買茶至陝西，獲利甚厚，欲依商人例，歲以鹽十萬席易茶六萬馬犬，約用本錢二百一萬緡，比商賈取利皆酌中之數，禁商人私販。』從之。仍以佐提舉成都府、利州、秦鳳、熙河等路茶場，兼熙河路市易司，尋又以佐兼提舉買馬。兼買馬乃二十五日事，今并書。

又　戊申，都提舉熙河路買馬司言：『監牧司闕乏，見欠市易司錢物，而市易司欲俟還足方肯應副買馬，遞相推倚，實誤博馬日用。欲乞馬價盡用茶貨折之，若馬客願貼錢就整請茶者亦聽，候所貼見錢數多，即許與茶兼支，庶幾公私兩便。其年額博馬茶貨，乞令茶場相度合用數支撥與四場，候數足，然後以剩數撥與轉運司糴買糧草。』從之。仍指揮以川路應付京西綢絹綱內所截留充本路買馬十萬匹支費，盡撥與熙河路添助買馬，如川路闕錢買馬，卻令支成都府路坊場剩錢添助。

又　罷比部員外郎汲逢提舉熙河路蕃部，依舊同提舉成都府、利州、秦鳳、熙河等路茶場。

又　［己酉］措置熙河財利孫迥乞移通遠軍市易務于秦州，罷秦州、通遠軍、永寧寨市易三外場，熙河、通遠三茶場，可省官吏五十餘人。詔劉佐相度以聞。

又　卷二七八《熙寧九年》［冬十月辛亥］詔提舉成都府路茶場

劉佐、提舉熙河市易司汲逢，各減磨勘二年。大理寺丞沈百之等三人，各指射差遣一次。並賞熙河入中糧草，及計置河北澶、定州斛岗，收息錢及格也。

又 卷二八〇《熙寧十年》 ［春正月壬子朔］秦鳳路轉運司言：『茶場司歲供熙河糴買，近雖折以茶而價高不售，今屯聚兵馬，用度極廣，欲借次年數，聽減價變易。』上批：『轉運司急於得錢，多減茶價，則一時售者既衆，蕃漢積茶猥多，必壞茶利，兼妨買馬。如不得已，可與一限數。』乃借支茶場司茶，為錢十萬緡付之。

又 卷二八一《熙寧十年》 ［夏四月］甲申，詔罷茶場司官賣解鹽。此蓋從周尹之言。尹言在九年十一月二十六日。

又 卷二八二《熙寧十年》 ［五月庚午］同提舉成都府等路茶場公事蒲宗閔言：『本司般賣解鹽，已蒙改法依舊通商外，有茶法事亦相關，須至更改。每年欲起發茶四萬馱赴秦州、熙河路依市價賣，仍認定稅息錢，應副博馬糴買糧草；并川峽路民間食茶，許逐場依市價添減收買，每貫收息錢一分出賣，仍沿貫納長引錢。鳳州、鳳翔、永興軍、環慶路州軍，亦依舊為通商地分，許客人于川中茶場算請興販。』知彭州呂陶亦言官場買茶虧損園户，有致詞訴及生喧鬧。詔：『川中茶場今後不得虧損官私，其取淨利三分指揮更不施行。彭州堋口茶場園户作鬧，仰本路轉運司根究施行。餘令提刑司等同共相度體量利害奏聞。官司如有不實，亦一面取勘施行。』已上並從朱本，已下並增入。

又 先是，陶言：『臣竊見朝廷初遣李杞及蒲宗閔等入川相度買茶、往熙河博馬等事，當時奉使者急于進用，不察事體，遂認定逐年息錢四十萬貫，應副熙河。後來運茶積滯，歲課不足，即便擘畫卻于彭、漢二州逐年收買狹布各十萬匹，名為折當腳錢，其實將布上所得之息充入茶利。自後又恐買布亦難敷及元數，則乞卻雇回腳船車般解鹽入川。洎至鹽法難行，則又乞將川中有茶去處並行收買。前後乖錯，非止一事。國家富有四海，山澤之利多與民共。自仁祖臨御以來，深知東南數路茶法之害，制詔有司一切弛放，任令通商。貨法流行，德澤深厚，聖時盛事，高出前世。今天下茶法既通，而蜀中獨行禁榷，此蓋言利之臣不知本末，苟于勞賞而妄為之，非所以綏靜遠方之意。況川峽四路所出茶貨，比方東南諸處十不及一，日月所照，文軌混同，法無二門，仁不異遠，豈可諸路既許通商，兩川卻為禁地？虧損治體，莫甚于兹。大凡官中元有之物，民間私侵其利，方是犯禁。只如解州有鹽池，民間煎者乃是私鹽，晉州有礬山，民間煉者乃是私礬。今川蜀茶園本是百姓兩稅田地，不出五穀只種茶，賦稅一例折科，茶園稅每三百文折納絹一匹，三百二十折納紬一匹，十文折納綿一兩，二文折納禾草一束。役錢亦須均出，自來採茶貨賣，以充衣食。伏緣此茶本非官地所產，乃是百姓己物，顯與解鹽、晉礬事體不同。一旦立法，須令中賣與官，或敢私相交易，便成犯禁，斤數稍重，乃至徒刑，仍沒納隨行物色理賞錢，恭惟仁聖卹物之心必不如此。』

又言：『國家置市易司籠制百貨，歲出息錢不過二分，須以一年為率。蓋為今年支出官本一百萬貫，至年終要見息錢二十萬貫，即不是早買一百貫物，晚賣一百二十貫錢。今來茶場司卻不以一年為率，務重行立法，盡榷民間茶貨入官，旋買旋賣，取利三分。或今日買十貫之茶，明日便作十三貫賣與客旅，或朝買一貫，暮作一貫三百文出賣。日逐將官本變轉，殊不休已。其公牒行下州縣，乃云務令買賣通快，無致妨滯錢本，則所出利息，比至歲終，不可勝算，豈止三分而已。此于市易元條自相違越。據本州堋口鎮茶場申，六日之間，買到茶八百八十六斤，計本錢一百六貫三百二十文，隨日出賣，收到息錢三十一貫八百九十六文，別無見在。臣固疑其買賣之際，必有侵損官司，尋行體訪，乃是客旅並牙子等為見榷茶不許衷私買賣，一向邀難園户，或稱官中高擡斤兩，或言多方退難，遂使于外面預先商量減價。其園户各為畏法懼罪，且欲變貨營生，窮迫之間，勢不獲已，情願與客旅商量，每斤止收七分實錢，中賣與官，所餘三分，留在客人體上，用充買茶之息。纔投場中賣了當，即時卻是客人明立姓名正行請買，所以隨日賣盡。假如茶一百斤，每斤合賣一百三十文，計價錢十三貫，其園户既被邀難恐動，情願只作十貫賣與官場，即時卻是客人納錢一十三貫請買。文歷雖正，情弊則深。如此，則是園户只得七分價錢，暗折三分，官中雖得三分之息，自是園户本錢，客人元不出備。逐處買茶官司多是畏懼茶場司威勢，務欲買賣通快，出得息錢，始可免罪，以此互相欺誕，不敢申陳。臣伏謂園户是國家兩稅土著之民，今來被好利之臣設此弊法，要出息錢，卻令商旅生姦，侵損兩稅人户，最于遠方不便。又況隨日計利，

殊無分限，顯是違越市易元條。伏乞聖慈檢會臣前奏，特降指揮，下本路安撫、轉運、提刑司體量指實，早賜更改，使王澤不壅，可救大弊。』

又 陶累奏未報，而堋口茶園三百餘户凡五千人賫茶赴場。監官以本錢支盡，續于茶場司關請未至，會雨作，不即秤收。衆積忿恚，遂徑陞廳事，圍遶監官，欲令牙人先出錢與買。監官起避之，衆隨詬詈，或毆擊從者，或褫裂監官衣袖，牙人等皆散去。陶知衆不可犯，但令約束，不復究治，仍別差官赴場相度增價及依次秤收，并申茶場司多支本錢，復具奏曰：『劉佐、李杞、蒲宗閔等苟希進用，妄陳愚見，必欲出息三分，致令茶户被害。若逐場盡數收買之後，商旅將來計算不成，不願興販，則積壞茶貨，監官必被責罰，干連人必着陪填，勢須順承茶場司風旨，減價收買。所貴客人願來興販，變轉得行，或令園户自納三分息錢，請引出外。情弊如此，上下通知。恭惟陛下仁民愛物，與天地等，夙夜孜孜，講求治要，惟恐一夫未得其所，必不容此刻薄小人苟希勞效，作為弊法，以困西南生聚，有累聖政，衆所不平。臣愚欲望早賜宸斷，特降指揮，下本路監司或帥臣采訪利害。如臣所言稍涉虚誕，甘俟誅戮，若萬分有一可以採用，即乞更張茶禁，以便遠民，或限數收買，或量減息錢，則山鄉茶户不勝至幸！』及是，始詔罷取息三分指揮，宗閔等所措置亦微有更張，而陶尋得罪矣。七月四日，陶衝替。

又 卷二八三《熙寧十年》 〔秋七月壬子〕 詔提舉成都府等路茶場、都官郎中劉佐，知彭州、屯田員外郎呂陶並衝替，令轉運司劾罪。佐坐買茶措置乖方，陶不即聽受堋口茶園户訟也。五月二十一日可考。

又 〔甲寅〕 國子博士李稷提舉成都府等路茶場、熙河路市易事，代劉佐也。

又 卷二八四《熙寧十年》 〔八月丙戌〕 上批手詔：『川茶一司創置雖久，未能就緒。倘非得材智詳敏之人，益以事權，延引歲月，不惟坐失厚利，兼恐必無所成。昨自一二姦回造意傾搖，其法愈更隉杌，賴朝廷隨事懲艾，得就小安。覼方今在彼人情，亦未肯服職退聽，苟不大為考察措置，經久必壞。近雖差李稷代劉佐領其事，風力強果，固已可仗，然權勢輕小，必未能勝為邪害公之朋。可依李杞例，兼三司判官，仍委權不限員舉劾違法、奉法官吏，俟一二年課入登羨，事有條理，卻與裁節，庶一方邊費有以取辦，每歲不假度支供億。』

又 九月己酉，提舉成都府等路茶場司李稷乞應干本司職務措置、申請、辭訟等事，他司毋得干預，如處置有屈抑，許經監司申理。從之，仍不隸都提舉市易司，其茶場司亦罷兼秦鳳路市易司。

又 癸亥，以屯田郎中、侍御史周尹提點荊湖北路刑獄。先是，尹上言：『成都府路置場榷買諸州茶，盡以入官，最為公私之害。初，李杞行敝法，奪民利未甚多，故為患稍淺，及劉佐攘代其任，增息錢至倍，無他方術，惟割剝於下，而人不聊生矣。大抵在蜀則園户所苦，壓其斤兩，支錢侵其價直；在熙、秦州則官價太高，而民間犯法不可禁止，又搬運不速，糜費步乘，堆積日久，風雨損爛，棄置道左，同於糞壤。兼所至不通客旅，惟資無賴小民結連羣黨，持仗私販，虧失征稅。茶司認虚額，又侵盗相繼，刑罰日滋，致數千里之害，可為深慮。臣頃在京師，傳聞其事，既未詳盡，安敢輕議。今受命入蜀，所至體問，乃知買茶為害甚鉅，有知彭州呂陶、知蜀州吴師孟等論奏可以參驗。往者，杞、佐繼陳苛法，即信用其言，曾不略加參考。今議者條其利蠹，悉皆明白，未即采聽，何勇於興利而怯於除害乎？臣願敕有司速究榷茶之弊，俯徇衆論，寬西南之慮。』

又 〔己巳〕 利州路轉運司言：『乞廢罷茶場司，許依舊通商。令四路封樁每年茶稅并客人貼納歇駄錢，年終具數，依茶場司所收息錢變轉金帛，助熙河路博馬。』詔提舉茶場李稷比較以聞。元豐元年五月甲戌，張宗諤、張升卿坐責。朱本并入明年五月甲戌，今依新本復存之。

又 卷二八五《熙寧十年》 〔冬十月乙未〕 詔秦鳳路轉運判官孫迥，應承受茶法文字及所聞利害，並關提舉茶場司。以迥言茶法有未便事，乞赴闕奏稟，上曰：『朝廷已委李稷總領其事，若從迥奏，恐議論乖異，責任不一。』故有是詔。

又 乙巳，詔茶場司許不依常制舉辟勾當公事官三員。

又 卷二八七《元豐元年》 〔春正月癸亥〕 詔提舉成都府等路茶場司李稷相度置場買茶，聽商人於熙河路入錢及糧草，定價給引，指射請販利害以聞。

又 〔丁卯〕 成都府等路茶場司言：『應賣茶官如非其人，許本司

選擇，於事簡處對移。如闕正官，即於得替待闕官內差權，或指名牒轉運司差。』從之。

又 ［辛未］詔成都府路轉運司，劾成都府官司越職受理茶場司事者，茶園户等如有罪，亦劾之；已决者具析以聞。以李稷言，知成都府劉庠受名山知縣楊少逸越訴事，不可提舉茶場司故也。初，少逸因民訟，以狀白庠，願聞於朝，督茶吏路玠盗傳郵而藏之。庠具奏其事，且言榷茶害遠方，請重黜玠。而稷方主玠，論庠越職，故有是詔。此據呂陶誌庠墓。

又 卷二八八《元豐元年》［二月］辛亥，提舉成都府路茶場司請自今應支撥與諸司錢並支見錢、金帛，勿以茶折，所貴不致諸司增損茶價，有害茶法。從之。

又 ［己巳］詔提舉成都府等路茶場司，應置場賣茶州軍知州、通判，並兼提舉；經略使所在，即專委通判兼之。

又 卷二八九《元豐元年》［夏四月丙午］提舉成都府路茶場司言，秦鳳路副總管夏元幾用禁軍回易私茶，侵壞茶法。詔轉運司劾之。

又 ［丁未］提舉成都府等路茶場李稷奏請賣茶以買馬，而所賣茶價高下不一，或能增不能減，或知減不知增。欲裁立中價，聽隨市色增損，仍定歲入課額及設酬賞格。又言蕃部無錢，止以米及銀、絹、雜物賣錢買茶。乞許博易銀、米等物，立限半年易錢。從之。《時政記》甚詳，今止從實録。

又 ［五月甲戌朔］詔權利州路轉運使、司封郎中張宗諤，轉運判官、太子中舍張升卿，各降兩官勒停。初，宗諤等乞廢茶場司，止委轉運司收茶税歇馱錢，而提舉茶場李稷言其所陳皆疏謬不實，罪當無赦。上批：『宗諤、升卿疏遠小臣，敢為欺罔如此。犯雖該赦，可特追兩官。』故有是命。宗諤等以去年九月庚午建請，朱本并入此，今仍兩見。

又 ［庚辰］提舉茶場司言：『採茶及般輦州縣，乞同轉運司選差知州、通判、知縣、令及排岸官一次。其彭、漢知州或通判，許本司權奏辟，如能協力，保明留再任。』從之。

又 ［壬辰］提舉茶場司言：『歲運官茶四萬馱饋邊，常患輦送不繼。欲以本司頭子錢置百料船三十隻，差操舟兵士六人、軍大將一人管押。歲終比較，如年課辦比陸運省便，即計所赢，以十之三賞軍大將等；有損壞遺闕，以賞錢、請受備償。』從之。

又 乙未，提舉茶場李稷言，三路三十六場，大小使臣殆及百員，乞不限員，候三年茶法就緒取裁。

又 卷二九〇《元豐元年》［六月］辛亥，詔提舉茶場司，于闐進奉使人買茶與免税，於歲額錢内除之。

又 ［癸丑］同提舉成都府等路茶場蒲宗閔言，乞依李稷劾官吏。詔宗閔與理轉運判官資序，所舉京官、縣令及使臣陞陟，比稷所舉人三分聽舉其一分，其州縣官吏於茶場司職務有違，亦許案劾。

又 甲子，同提舉成都府等路茶場蒲宗閔言：『本司元依客例買解鹽入川變轉茶本，不禁私販。後劉佐榷賣，遂致人言，及因解鹽司申陳，盡從廢罷。伏詳朝廷止絕本司賣鹽之意，慮妨商賈而害鈔。緣解鹽法弊在出鈔過多，乞除劉佐榷法不行外，許依舊施行。』詔李稷相度以聞。

又 乙丑，李稷乞定成都府、利州路茶場監官買茶無雜偽粗惡，替罷委提舉官保明，滿五千馬犬與第五等酬，一萬馬犬與第四等酬，每一萬馬犬第加一等。若買粗惡偽濫雜茶，估剗計所虧坐贓論。同監官賞罰聽減一等，即徒罪不至追官者並衝替，其賣買食茶依收息給賞。從之。

又 卷二九一《元豐元年》［八月］乙丑，利州路轉運使言：『興州濟衆監每歲舊鑄錢四萬一千緡，計支本錢二萬四千緡，得息萬七千緡，應副茶場司。今依蒲宗閔奏請增鑄常使錢三萬一千餘緡，通舊鑄及額錢總七萬二千餘緡，共支本錢四萬二千三百餘緡，可得息錢三萬緡。其宗閔所乞鑄一半大錢，欲並鑄折二大錢，不惟便於行用，兼省工費，得收息入茶場司足用，及乞限一年撥還本錢。』從之，仍令止鑄本路見使錢。

又 卷二九二《元豐元年》九月壬申朔，提舉成都府等路茶場李稷言：『近者，蒲宗閔乞於鳳翔府民間買鹽，限一萬席，運轉錢本入川中市易，遲疾不同，難足此數。乞令本司如商人例，買鹽入川，變易本錢，歲無過萬席。』從之，仍不得令州縣出賣及有抑配。

又 ［壬午］提舉成都府等路茶場司請出茶州軍，每歲曉示園户，如敢采造黄老秋茶中賣，不以多寡並沒官，仍乞每歲別委官驗視，已有

納到如此色樣，並令燒毀。從之。

又　丙戌，環慶路計議措置邊防徐禧言，陝西路至並邊，豐稔異常，物價至賤，乞以百萬緡分借逐路經略司計置，異時復令轉運司償納。詔提舉成都府等路茶場司，撥錢十萬緡賜環慶路，四十萬緡分賜秦鳳、涇原路，並令經略司市糧封樁；仍令三司支解鹽鈔五十萬緡，付陝西路轉運司市糧草。

又卷二一九三《元豐元年》　［冬十月壬寅朔］提舉成都府等路茶場司，乞與轉運司同狀奏舉朝臣一員，充興元府通判，如資序未合入者帶『權』字。從之。此據中書《時政記》。

又　甲辰，詔大理寺丞、知綿州彰明縣宋大章差替。先是，提舉茶場司行劄子督本縣茶場買茶，大章繳奏，以為中書、樞密院奉行聖旨乃有此式。中書批送茶場司具析，而茶場司言：『本司置局在鳳翔府，依本路轉運、提舉司，於諸軍州行牒，諸縣行帖，本轄場務行劄子，皆用久例。兼在外官司，若經略總管安撫司、經制司、羣牧司，皆行劄子，非轉運、提舉司獨敢僭越。今大章賣直釣奇，得本司劄子，若得異貨，即具聞奏，用此排擊官長，於理未順。況茶場兼監官本非奏事官司，其意蓋謂本司茶法愉人不便，與敵者衆，皆有致螫之意，因此指摘，必欲中傷以取媚姦黨，望特賜彈壓。』故有是命。

又卷二一九四《元豐元年》　［十一月乙酉］又詔：『聞熙河路商貨所至州軍，並市易司權買，令提舉成都府等路茶場司李稷體量。』後稷言熙、河、岷州、通遠軍等處商販匹帛等，經制司實令市易務拘買。乃詔李憲具析以聞。

又　衛尉寺丞、知三泉縣莊黄裳言：『本縣當益、梓、利、夔四路之衝，昨議者請廢北路，復褒斜故道，以減程驛，且寬漢中輸納之勞，今日較之，為害乃甚於前日。其川茶自行法以後，興、利般運不行，幾二萬馱，望下陝西及利州路轉運司並提舉茶場司相度。』詔委劉忱、李稷同比較利害以聞。初，三泉縣之金牛鎮有東、北兩路，北通陝西秦鳳熙河、京西諸州，東通梁、洋。熙寧七年，提點刑獄范百祿建言廢北路，復褒斜路。久之，鳳州以為往來迂險，官私受弊，乞裁省河池、兩當二里三驛，復河池舊路，而陝西路都轉運司、秦鳳路經略安撫司亦皆以為言，至是黄裳又疏其利害甚悉，迺委忱等比校。後忱等言：『新路視舊路雖名減兩程，其鋪兵遞馬皆增於舊，又卒亡馬死相尋，官吏驛券給請亦倍。舊路雖號十程，比新路纔遠八里，且多平易，新路雖減科發洋州稅米四千餘石，乃移撥興元府、鳳州稅米二萬餘石。今若行河池舊路，遷復馬遞鋪，官舍亭驛，略加完整，即自如故，兼可減河池、兩當二里三驛。』詔三驛不減，餘並從之。詔知揚州鮮于侁、知滁州蔡延慶、權知戎州呂開、權廣西轉運副使苗時中、右贊善大夫蔡滕各罰銅二十斤，權知唐州范百祿、知寧州盧洪、洋州興道縣令安漸各罰銅十斤。並坐嘗建此議故也。元豐三年八月二十五日，鮮于侁等乃罰銅，朱本并入此，今從之。

又　［丙戌］提舉成都府等路茶場司言：『欲割永寧寨額茶一千五百馱，立為河州茶場額，仍分年額酬賞與河州監官。及本司近分官茶往諸州所總縣鎮出賣，其酬賞亦乞準此。所有階州、水洛城其餘未曾立額賣茶場務監官，乞候年終，並以熙寧十年課利比較。』從之。

又卷二一九六《元豐二年》　［二月戊辰］經制熙河路邊防財用司言十事：乞收熙河岷州、通遠軍官員職田以募弓箭手，視逐官元給頃畝，每頃歲給本司錢十千，一也。已拘收三州一軍公使醋坊歸本司資助，請以逐處月收課利約定監官三等食錢，月終紐計，於醋坊淨利錢內納給，二也。岷州鹽官鎮、通遠軍鹽川寨兩鹽場，近撥屬本司，歲入增羨，乞自今年別立界，歲終較其登耗，以施賞罰，三也。鳳翔府增置市易務，與秦、熙等五市易務相為表裏，移用變易，四也。本路州軍歲遣官置場和糴，遇穀價貴即出糶收息，乞視所收息錢萬緡以上與減磨勘一年，內選人免試與優便差遣，每二萬緡循一資，五也。四市易務各增監官一員兼領市糴，可減罷本司準備差使四人，六也。通遠軍威遠寨錢監改鑄銅錢，罷鳳翔府郿縣創置錢監，七也。秦鳳路坑冶如不許本司經制，乞令轉運司撥還已興置本錢；如許經制，乞發遣陳述坑冶選人楊徽赴本司，其坑冶如係本司創置，並乞隸屬本司，八也。岷州床川、荔川、閭川寨，通遠熟羊寨乞置牧養十監，募兵為監牧指揮，其營田乞依官莊例募永濟卒二百人，其永濟卒通以千人為額，以十六官莊四營田工役，其請給並從本司自辦，九也。遇急乞依茶場司例，許權差待闕得替官勾當，十也。又言乞築河州西原北河堡。並從之。

又 卷二九七《元豐二年》 ［夏四月癸卯］權發遣鹽鐵判官、提舉成都府等路茶場、國子博士李稷言：『自熙寧十年冬推行茶法，至元豐元年秋，凡一年，通計課利及舊界息稅并已支、見在錢七十六萬七千六十六緡。』上批：『蜀茶變法，又前後奉行使者失指，議論紛紜，恐動羣聽。稷能推原法意，日就事功，宜速遷擢，以勸在位。』遂落權發遣。詔編茶場一司敕。

又 乙巳，提舉成都府等路茶場李稷言：『經制司擅榷買熙河岷州、通遠軍商人貨。』詔經制司具析以聞。後李憲言：『自置司以來，除蕃商水銀及鹽川寨、鹽官鎮兩場依法禁私販外，市易賣買，並取情願交易，未嘗拘攔。臣以淺疏，終恐難逃吏議，乞獨坐臣罪。』乃詔憲赴闕，令轉運使蔣之奇根治，劾有罪之人。又詔之奇宜以朝廷所降事目推治虛實，無令支蔓。詔之奇事在七月辛未。及獄成，憲與馬甲、趙濟、霍翔坐奏事不實，徒二年。詔憲等所坐緣公，宜依德音釋之。獄成，據朱本在六月戊戌朔，今并入此。《御集》在十一月二十六日。是年九月十八日、十月十五日皆有德音。九月十八日止及潁州，當是十月十五日。朱本必誤，當從《御集》。

又 辛酉，鹽鐵判官、提舉成都府等路茶場、國子博士李稷權陝西轉運使，兼制置解鹽使、都大提舉茶場。稷在長安州軍縣鎮創增侵街錢，一路騷然，與李察皆苛暴，時人為之語曰：『寧逢黑殺，莫逢稷、察。』

又 ［壬戌］提舉成都府等路茶場司請：『自今歲課茶息稅錢，已定十五萬緡，歲以五萬緡給轉運司，餘以待詔用。』從之。

又 ［癸亥］提舉成都府等路茶場司乞留銅錢百萬緡為本。從之。

又 ［丙寅］提舉成都府茶場李稷言：『洋州西鄉縣茶，舊與熙河、秦鳳路蕃漢為市，而商人私販，南入巴、達州，東北入金州，永興軍、鳳翔府官未置場以前，于州界仙遊、少府、雞雄、歸仁、洋口等鎮鋪差牙校編攔抄發，指州縣輸稅。熙寧十年廢罷四場牙校，止留洋口一處，州縣慢令，私販公行，西鄉茶歲比舊減少。乞雞雄等場令州縣督責買撲人編攔，歸仁鋪乞依舊輪差稅務牙校編閱抄發。園户中官茶數，歲以三十萬斤為額，增及萬斤，賞錢一千，如虧少，量事決罰。』從之。

又 卷二九八《元豐二年》 ［五月］戊寅，詔成都府等路茶場司勾當公事官六人並遷一官，以歲課增羡也。

又 提舉成都府等路茶場司上《茶法敕式》，詔行之。仍歲增茶場司公使錢二百千。

又 ［庚辰］詔右贊善大夫、同提舉成都府等路茶場范純粹，序官、廩給、人從視提舉常平官，薦舉官分李稷之半，別給『都大提舉茶場印』付稷，聽稷、純粹同轉運司舉官知洋州。並從稷請也。

又 卷二九九《元豐二年》 ［八月］己亥，權陝西轉運使、都大提舉成都府等路茶場李稷乞徙提舉茶場司於秦州。從之。

又 ［壬子］權陝西轉運使、都大提舉成都府等路茶場李稷言，陝西路有茶場司，本息錢帛至多，不能運動，乞遇穀賤別司不糴處，許茶場接糴轉徙。從之。仍詔本息錢毋過二十萬緡。

又 卷三〇三《元豐三年》 ［夏四月］丙午，同提舉成都府等路茶場、屯田員外郎蒲宗閔及勾當官遷官循資有差。

又 錄故提舉茶場李杞子珏試將作監主簿。以陝西轉運司言，茶場司自熙寧七年置場，至十年，總入息稅錢百二十二萬九千餘緡，而杞已死故也。

又 ［戊申］提舉茶場范純粹兼三司勾當公事。以李稷言純粹任右贊善大夫，官卑恐不能彈壓州縣故也。

又 卷三〇四《元豐三年》 ［五月辛未］又詔官司違慢應面奏者，令御史臺中丞、知雜同本察官上殿，或具聞奏，餘申中書。初，御史臺請非應奏者從臺官所屬鞫罰吏人或改正，不許也。又請諸路提舉官、提點刑獄已隸臺檢察。開封府界提點提舉司，發運、輦運、撥發、提點鹽事、糴便糧草、市易、鹽稅、坑冶、鑄錢、茶場、淤田、營田司，及河北屯田司、陝西制置解鹽司、經制熙河路邊防財用司、措置陝西緣邊四路邊防公事司、外都水監丞司、提舉買馬監牧司、麟府路軍馬司、諸路經略總管安撫鈐轄司，亦合隸臺檢察。從之。

又 卷三〇五《元豐三年》 ［六月乙卯］提舉成都府等路茶場司言：『本司比歲積錢鉅萬，累詔已給賜別司外，欲以所有金帛為錢三十萬緡，輸內藏庫。』詔就近經略使所在州封樁，委茶場司管勾，如封樁錢物法。自今有羡錢準此，歲終具數以聞。

又 卷三〇六《元豐三年》［秋七月甲戌］經制熙河財用司奏：『自元豐元年次第推行至今，已及一年，具到所收息數以聞。』上批：『可速比附茶場司近例，計課入多寡，優與推賞。庶事初鼓，激當職官悉力經營，資助大費，經久不煩朝廷供億。』遂下保明其實，仍詔轉運使王欽臣驅磨以聞。

又 卷三〇八《元豐三年》［九月辛酉］經制熙河路邊防財用司奏，乞以年額川交子一十萬貫并支赴本司移用，更不兑賣與茶場司，及乞減約立定熙河路四色錢鈔等事。詔四色錢鈔依奏撥充經制司年計，並以熙河路所收諸色稅賦課利，相兼支用，其每年合用紬、絹、布、絲，令陝西轉運司依例應副。

又 詔賜茶場司錢二十萬緡，付涇原路安撫使，糴買糧草封樁。

又 卷三一二《元豐四年》［夏四月丙子］詔：『茶場司條，令中書別立抵當法。』先是，特旨市易司罷賒請官錢，令民用金帛抵當，公私以為便，故欲推廣之。

又 ［戊戌］陝西轉運使、都大提舉茶場李稷言：『臣典領茶法三年，選辟官屬，同心一力，奉宣條詔。今所差諸州官罷滿及期，乞本司自今奏辟雅、漢州知州，邛、彭、利州通判，名山、永康、綿谷、順政知縣。所貴維持法度，久益不懈。』詔：如轄下官弛慢，止令茶場司奏易劾罪以聞。

又 卷三一三《元豐四年》［六月］辛巳，手詔：『應熙河路及朝廷所遣四將漢蕃軍馬，並付都大經制并同經制李憲、苗授，依階級法總領，照應董氊出兵，俟得蕃中要約時日，斟酌機會調發，隨處駐劄。如董氊欲得兵馬過界共力攻賊，選官部分本路蕃弓箭手，量所用人數以往。若夏國母親來，或止遣大兵，即候董氊人馬交鋒，夏人有退敗之勢，見隙可乘，相度機便與本路諸將出界，共力殺逐。如董氊以夏人方顧內難，別無侵虞，敢逾前請，猶豫不肯如期出兵，致誤朝廷虛有調發，即相度機便移兵討除。其臨敵利害，事干機速，中覆不及者，隨宜措置施行。其錢帛糧草，並委經制管勾官馬申、胡宗哲計度應副，先以支計案充；如不足，以封樁闕額禁軍衣糧并封樁錢帛充；若猶不足，以經制司本息充；又不足，以茶場司錢穀充。』

又 卷三一四《元豐四年》［秋七月己丑］權發遣羣牧判官郭茂恂言：『準詔以陝西博買蕃部馬并糧草，所用錢物不一，不如蕃部所欲，致所買數不多，欲專以茶博買馬，以綵帛博買糧穀，及以茶馬并為一司，令臣具經久利害。臣竊聞昔時亦是以茶折馬價，雖兼用金帛等，亦從其便。自事局既分，近歲始專用銀絹及錢鈔等。況賣茶買馬，事實相須，令提舉買馬官通管茶場，實為職務相濟。』從之。仍以茂恂專提舉買馬監牧兼同提舉茶場，其雅州名山茶，令專用博馬，候年額馬數足，方許雜買。六年六月二十一日可考。本志云：自是蕃部馬至者稍衆。

又 卷三二三《元豐五年》［二月乙卯］詔借撥茶場司錢四十萬緡，付秦鳳經略司市糧草。

又 卷三二六《元豐五年》［五月辛丑］同提舉成都府等路茶場蒲宗閔言：『成都府路產茶縣及利州路興元府、洋州已有榷法，今相度巴州等產茶處亦乞用榷法。』從之。

又 ［丙午］同提舉成都府等路茶場蒲宗閔乞自秦州至熙州量地里遠近險易，置事車子鋪二十八，招刺兵士。從之。

又 卷三三〇《元豐五年》［冬十月丙辰］詔奉議郎郭茂恂計會陝西買馬司，揀馬五千匹赴鄜延經略司。四年七月四日，茂恂以羣牧判官專提舉買馬兼茶場；六年六月二十一日，亦以兼茶馬見，不知何故此但稱奉議郎。

又 ［壬申］同提舉茶場蒲宗閔言：『諸茶場立額出賣，比較申奏，每收息二萬緡，監官減磨勘一年，餘數更比類酬獎；不滿二萬緡及不願就減年者，每息錢百緡支賞錢二千；選人依第四等酬獎，與免遣、免試，無可免者陞一年名次。』從之。

又 卷三三四《元豐六年》［三月］乙未，旬休，特御延和殿，引同提點成都路茶場陸師閔、奉議郎徐發已下八員進對，師閔賜緋章服。兩紀並書。

又 ［夏四月戊申］同提舉成都府等路茶場陸師閔言：『李稷歿於王事。按：稷領治茶事，於五年間，除百費外，收獲淨利四百二十八萬餘貫。伏望以稷成就茶法之功，賜之土田。』又言：『文州與階州接界，而兩路茶法不同。階州係禁地，見有博馬及賣茶場；文州係通商地分，兼龍州界亦係相連。乞以文、龍二州並為禁地，依秦鳳等路條法施行，仍

下轉運司，除博馬外，不得將所買茶於文、龍州別有支用。』又言：『秦州支用錢物有侵過本錢，收付尚未齊足。乞下秦州本司，令差官一員攢造支錢文帳。』又言：『永興等路，惟是金州所出，及影帶透漏山南私茶或南方雜偽末茶，其價高貴，陝西之民良以為苦。乞計置川路餘羨茶貨徧入陝西路諸州軍出賣，並依秦鳳等路禁茶地分條貫施行。』又言：『成都府據川陸之會，茶商為多，常患物貨留滯，不免賤入居停之家。乞於成都府置博賣茶都場，許隨宜增價出賣及博易諸般物貨，卻行變轉，其所增利息，並依川路賣食茶及陝西博易條施行。』又言：『本司昨奏依客例買鹽入川變轉，每年不得過一萬席。準朝旨，不得令州縣出賣及有抑配。竊緣官物浩瀚，若不令州縣干與，則其間情弊何所不至？乞許本司就委逐處稅務監專管勾，依市價增減出賣，並不妨客旅興販。』詔並依師閔所奏，李稷賜潁川官田十頃。初，蜀茶額歲三十萬，至稷加為五十萬，及師閔代稷，為百萬云。《食貨志》：『自熙寧七年至元豐八年增廣茶法，蜀道茶場四十一，京西路金州為場六，陝西賣茶為場三百三十二。熙寧七年，稅息錢四十萬緡；元豐五年，五十萬；七年，增羨至一百六十萬緡。詔定以百萬緡為歲額，除充他官經費外，並儲陝西，以待詔用。』

師閔又言：『自買馬司兼領茶場，而茶法不能自立。伏望如買馬司用茶，並以錢帛對交，不許別司取撥。』詔蒲宗閔與師閔同具利害以聞。六月辛亥可考。

又 〔壬子〕熙河蘭會路經略安撫制置使司乞每歲下茶場司，就熙、河州椿管茶萬馱，於經制司年額見錢內除豁，充蘭州博糴。從之。

又 卷三三五《元豐六年》 〔六月〕辛亥，詔：『提舉陝西買馬司更不兼茶場司，其博馬茶每馱減價二千，更不撥還，許為茶場司課息。其買馬司所用茶價，限歲終還足。』四月戊申可考。

又 〔乙丑〕兼同提舉成都府等路茶場郭茂恂言：『昨準詔專提舉買馬兼領茶事，而茶場司不兼買馬，既不任責，遂立法以害馬，茶價每馱有增十餘千者，恐蕃馬歲不入，上誤國事。乞併茶場、買馬為一司，庶幾茶司同任買馬之責。』四年七月四日，茂恂專提舉買馬兼茶場。五年十月丙辰，但稱奉議郎，不稱職任。朱本貼簽此云：『取到户部文字，不見茂恂此奏。緣見今茶場、買馬各為一司，即是元不曾施行，合刪去。』新本復存之。

又 卷三四〇《元豐六年》 〔冬十月戊子〕茶場司言：『準敕，每歲下本司於熙州椿管茶一萬馱，於經制司年額見錢內除豁，充蘭州博糴糧斛，仍依市價計錢。今乞分四料，每季支茶二千五百馱。』從之。

又 〔癸巳〕手詔同提舉茶場陸師閔：『昨付以推廣禁地，施行蜀茶，今據面陳，稍見次序。可召問大槩及所請職事，速議施行。』

又 提舉茶場陸師閔言：『每歲所收息稅，以百萬緡為額，除應副別司年額外，並於陝西等路封椿，以待詔用。』從之。師閔又言：『運鹽入蜀，見計置萬三千席，約賣盡得二分五釐之息。』又言：『準朝旨增廣茶法，自措置以來，以所起茶數及見賣價約息稅錢，無慮四十萬緡，而金州所置三場，收息亦當不下六七十萬緡。』詔候及一年奏取指揮。

又 〔庚子〕利州路提點刑獄司言：『茶場司運茶入諸場所歷郡縣，多不依法和雇脚乘。本司訪問知利、興州實曾截客人騾綱雇發，其興州更籍定四等以上人户般運；興元府、洋州等處，除應募人外，亦如興州兩處，並曾支雇錢。諸處見各如此施行。』詔茶場司改正，仍根究不當處行遣。

又 卷三四一《元豐六年》 〔十一月〕己酉，上批：『都大提舉成都府等路茶場：朝廷特以增廣榷賣路分，所以改置司名，其將事之人資任雖淺，不可不隨，宜令與轉運使敘官。』後詔：『都大提舉視轉運使，同管勾視轉運判官。經制熙河蘭會邊防財用官準此。』

又 都大提舉成都府、永興軍等路榷茶公事陸師閔言：『欲乞於兩處各置管勾文字官一員，許不依常制奏差承務郎以上或選人充。其勾當公事官見七員，內二員係奏差，五員選於吏部，今乞並許本司不依常制奏差。指使五員，內有吏部所差不得力之人，今乞指名奏易。每年舉選人改官，今以舊條通計，當舉九人，欲乞特添三人。外有縣令、小使臣陞陟數，止依舊條併舉。本司舊支頭子錢七百緡充公使，今乞特添三百緡。公使合用酒，欲乞隨所至州郡兑那支用，以米麴工價算還。』並從之。

又 〔乙丑〕通直郎、都大提舉成都府等路茶場陸師閔言：『比者，賈種民重立茶場法，並用年終額外增剩，依江、湖、淮、浙六路賣鹽條支賞，其立額并其餘增虧比較賞罰，並依課利場務法，茶場司專條更不用。管勾官賞罰減監官之半，而不給賞之法。切詳本司與天下課利場務不同，如鹽、酒之類皆以本息通立額，而本司但以淨利為額。今用種民之法，須

當用本息別立祖額。如用本多，收息薄，通比祖額增則受賞；用本少，收息多，以息填本，通比不及祖額，則受罰。深害茶法，不可施行。』詔：『茶場司並用舊條。其户部議法不當，尚書李承之、侍郎蹇周輔各罰銅六斤，金部郎中晁端彦、員外郎井亮采各罰銅八斤，户部及都省吏各罰銅有差。』師閔云買種民立法，而種民獨免罰，當考。

又 〔十二月癸未〕提舉茶場陸師閔乞川路買茶起綱場監官十員，並許不依常制指名奏差。從之。

又 〔丙戌〕都大提舉成都府等路茶場陸師閔乞依舊許人買在京臘茶入陝西，計所得淨利立額，本司於息錢認還户部，乞令榷茶司歲認淨利錢萬四千一百緡。詔户部依所申數除之。

又 卷三四五《元豐七年》 〔五月丙寅〕熙河蘭會路經略安撫制置使李憲奏：『勘會熙、河、岷、通遠四州軍百物踴貴，米斛四百七十足。今幸二麥有十分之望，經制司全無糴本。臣欲乞於賞功不盡絹内支撥絹二十五萬匹，剗刷借支錢五萬貫，并采買木植司借支錢五萬貫，及乞下榷茶司於熙州借撥見錢一十五萬貫，通以五十萬貫、匹，趁時收積軍實。』從之。《御集》。

又 卷三四八《元豐七年》 〔八月丙申〕都提舉汴河隄岸司乞：『歲買建州臘茶十七萬斤，依官綱例免税至京，抽十分之一送都茶庫。都茶庫所賣茶，本司乞歲買三萬斤，隨新陳作價。』並從之，其市易務茶，令商議定價。如不售，即申所屬，出開封府界變易。

又 〔九月〕辛丑，經制熙河蘭會路邊防財用司上歲計合用錢帛糧草。詔：『歲給錢二百萬緡，以本司十案息錢、川路苗役積剩錢、續起常平積剩錢各二十萬，榷茶司錢六十萬，川路計置物帛赴鳳翔府封樁坊場錢三十五萬，陝西三銅錢監銅錫本腳錢二十四萬八千，在京封樁券馬錢十萬，裁減汴綱錢十萬二千充。自來年始，户部歲給公據關送，候元豐十年終，令經制司具支存數以聞。』

又 癸卯，都大提舉茶場陸師閔乞除放民户賒欠茶罰息錢。户部言，罰錢七萬緡乃朝廷封樁錢數。詔本息正數並給限理納，罰息錢除之。

又 〔己酉〕詔：『都大提舉茶場陸師閔近以奏課登羨，户部已下本路驅磨保明。可止令比部取師閔隨行帳案驅磨，限滿月保明取旨。其緣事有勞官吏，宜令師閔等上司勳擬賞。』

又 卷三五〇《元豐七年》 〔十一月甲辰〕中書省言：『元豐二年，提舉茶場李稷以息税五十萬緡為額，後陸師閔奏，自立額後，連歲增羨，迄今七年以百萬緡為額，未知虚實。』詔榷茶司具自二年立額後，至六年所收息税有無增剩及支費數以聞。本司具數上，乃下刑部驅磨。其舊封樁及見在錢，並令交割與陝西逐路常平司封樁。

又 〔十二月〕夔州路轉運判官宋構言，本路鹽井未嘗榷課，利不均及，乞榷買達州茶，許商人出引行梓州路。詔轉運及榷茶司詳度。朱史簽貼云元祐元年，逐司相度到別無利息，進呈訖不行，合刪去。今復存之。

又 卷三五六《元豐八年》 〔五月乙未〕户部侍郎李定奏：『先奉旨，令臣取索都提舉汴河隄岸司所管事件聞奏，又奉旨，專切提舉京城所管課利事件，令臣一就取索。今具到都提舉汴河隄岸司專切提舉京城所管課利事件。』詔：『汴河隄岸及房廊水磨、茶場，京東西沿汴船渡，京岸朝陵船，廣濟河船渡，京城諸處房廊四壁花果、水池、冰雪窖、菜園，並依舊。萬木場、天漢橋及四壁果市、京城豬羊圈、東西麵市、牛圈、垛麻場、肉行、西塌場，各廢罷。令賈種民等依罷物貨場已得指揮，堆垛般運。東南及西河客人物貨亦廢罷。其見管官吏人等并京東西牧力勝殘，並仰賈種民等一就相度，措置聞奏。洛口兩岸灘地，令提舉京西北路常平張綎相度，措置聞奏。其依舊去處已前并向去及廢罷窠名所收課利，並於内藏庫送納，別作帳椿管，以備朝廷支用。』此據《密疏》增入。四月八日辛未，初令李定條析。

又 卷三五七《元豐八年》 〔六月乙丑〕又詔水磨、茶場隸太府寺，仍屬户部右曹。九月四日詔，元祐元年閏二月二十八日罷。

又 卷三五九《元豐八年》 〔九月乙未〕尚書省言：『汴河堤岸司所管房廊、水磨、茶場及京城所所管房廊，歲入錢數，除代還免行錢，指定合支數外，並充户部左曹年計支用。按在京諸色行户，總六千四百有奇免輪差官中祗應，一年共出緡錢四萬三千三百有奇。數内約支二萬六千九百有奇充和雇諸色行人祗應等錢外，餘一萬六千四百有奇，榷貨務送納，準備户部取撥，充還支過吏祿錢。其在京免行錢，盡行放罷。自

來以免行錢充吏祿食及料錢等，並以所撥汴河堤岸司及京城所房廊錢內給，其諸色行人自來差付官中祇應人數，下開封府，並依舊條。』從之。《政目》九月十四日云：在京諸行共六千四百餘户免輪應，一年共出錢四萬三千餘貫。內二萬六千餘貫雇人祇應外，一萬六千餘貫納官。並罷。即此月四日所行也。

又 中書省言：『在京免行錢既與放免，并汴河堤岸司、京城所房廊，並撥隸户部左曹，及歲收課利除代還免行錢、吏祿外，餘並充本曹年計。所有水磨、茶場，乞令左曹疾速措置經久利害以聞。』從之。元祐元年閏二月二十八日，罷水磨茶場。六月三日、九月四日，可考。

又 卷三六五《元祐元年》 ［二月乙丑］先是，司馬光言：【略】數內惟衙前一役，最號重難，向者差役之時，有因重難破家產者，朝廷為此，始議作助役法。然自後條貫優假衙前，諸公庫設廚酒庫、茶酒司，並差將校勾當；諸上京綱運，召得替官員或差使臣殿侍軍大將管押；其麤色及畸零之物，差將校或節級管押。

又 ［庚午］都大提舉成都府，永興軍路榷茶公事陸師閔言：先準廟旨，每年支撥茶一萬馬犬與熙河路經制司，充折歲額錢，乞施行。詔：『依舊每歲應副經制司錢三十萬貫，所有支茶充折不行。其別應副經制司錢六十萬貫，即依元豐七年九月四日指揮。歲支錢二百萬貫，以本司十案息錢二十萬貫，提舉榷茶司熙河路歲收息并應副經制司茶折剩錢共六十萬，川路計置物帛赴鳳翔府椿坊場錢三十五萬，川路常平、免役積剩錢二十萬，仍依坊場錢例計置物帛，及陝西三銅錢監銅錫本脚錢二十四萬八千貫，在京封椿錢、券馬縻費錢一十萬貫，裁減錢一十萬二千貫，續起常平等積剩錢二十萬充。自元豐八年為始，內茶及物帛以熙河路價理數。其從京所支錢，仰户部每年依例印給公據，關差使臣齎送，候至元豐十年終，令經制司具逐年實支見在數目奏取指揮。』正月一日已改元，不應更稱元豐十年，恐誤編入此，當在未改元前，可移入元豐八年末。

又 卷三六六《元祐元年》 ［二月癸酉］先是，劉摯言：【略】臣竊嘗博訪於知其事者，槩得其說曰，蜀地陋而陿，茶之所出不過數十州而已。始時人賴以為生，今茶司盡榷而市之。大約園户有茶一本，而官市之額，已至數十斤矣。官所給錢，糜耗於公者，名色不一，如預借息錢、驗引頭子錢、稅錢之類，費用常以過半。每歲春，官司預以券給借錢糧，必以牙儈保任之，及輸入之日，驗引交稱，又牙儈主之，故其費於牙儈者，又不知幾何。則是於園户，名為平市而實奪之也。園户有逃以免者，有投死以免者，已而，其害猶及鄰伍。欲伐茶則有禁，欲增植則加市，故其俗論謂地非生茶也，地實生禍也。茶場司以茶為息，始者息一出於茶也，其後市之價愈下，取之息愈多，園户不勝為之也，故作茶日少，裁足以應官額而已。於是主茶息者議不獨賴茶，而又為博易以充之也。博易之事，他貨百物，貿販苛刻，錐刀瑣屑，無不為者，依茶為名，通曰『茶息』。商稅務坐視漏失歲課，而不敢有所論也。至於商賈請算者，平時便私散之州郡茶地，今則一集於成都一都場，高其估以與之，又總計平時所之州郡遠近道里之費入之。故都場之取息又如此，商旅之所以難行也。官吏以息為功，以功第賞，既進官減年矣，又以息額之餘錢，使與胥吏牙儈分取入己，曰用市易法也。市易之賞，固非法也，然其取息猶曰『與民和市』。而茶之取息，一用嚴刑重禁網羅致之，亦為功異矣，奈何均用一法賞之也？今一任有分錢，少者至數千緡，而減年磨勘至有三十餘年者，此何理哉？法亦可謂敝矣！而朝廷遣使未之及者，豈非以蜀之茶法與熙河蘭會之經制相為用者歟？蜀茶之利，以給熙河蘭會者天下十之三。熙河蘭會之費不止，而蜀茶之害未可息也。然熙河蘭會之費，今昔宜有不同。昔者事邊之外，前有王韶，後有李憲，提兵革財用之大權，朝廷捐金帛市租，莫知紀極，聽其自用，不領於有司，無所會計。非徒私二家也，於是依倚苟合之客，圖功興事，以利相市之徒，公取公予，莫見其跡。則熙河蘭會大費外，又有以泄之者如此也。今既制之於有司，無二人者之橫蠹，若又於邊計外，凡冗名濫費，一切大為之節約，則蜀之茶雖未可以弛其禁，而所謂十之三者殆必可損矣。伏望聖慈選遣使者，考茶法之敝欺者，會計緣茶公家之所費與實息之數，大減歲市之額；稍增斤直之價，削納茶無名之錢，以完養園户；裁官吏之員、牙儈之數，以省冗給；罷息賞之濫、分錢之敝，以革欺倖，而以其事與轉運司通治之：如此，則蜀民之困苦庶乎可以蘇也。臣待罪言路，既有得於人之言，敢不亟以聞？然此其大略，至於利害纖悉，則願敕使者詳究焉！《黃廉行狀》。可增入六月二十八日陸師閔罷時，四月二十五日蘇轍云云，五月四日差杜紘，六月二十八日陸師閔罷。

又〔癸未〕右司諫蘇轍言：臣伏見朝廷近罷市易事，不與商賈爭利，四民各得其業，欣戴聖德，無有窮已。惟有益、利、鳳、熙河等路茶場司，以買賣茶虐四路生靈。又茶法影蔽市易販賣百物，州縣監司不敢顧問，為害不細，而朝廷未加禁止。臣聞五代之際，孟氏竊據蜀土，國用褊狹，始有榷茶之法。及藝祖平蜀之後，放罷一切橫斂，茶遂無禁，民間便之。其後，淳化間侔利之臣始議掊取，大盜王小波、李順等因販茶失職，窮為剽劫，凶燄一扇，而蜀之民肝腦塗地，久而後定。自後朝廷始因民間販賣，量行收稅，所取雖不甚多，而商賈流行，為利自廣。近歲李杞初立茶法，一切禁止民間私買，然猶所收之息止以四十萬貫為額，供億熙河。至劉佐、蒲宗閔提舉茶事，取息太重，立法太嚴，遠人始病，是時知彭州呂陶奏乞改法，只行長引，令民自販茶，每茶一貫長引錢一百，更不得取息。得旨依奏，民間聞之，方有息肩之望。又卻差孫迥、李稷入川相度，始擬極力掊取。因建言乞許茶價隨時增減，茶法既有增減之文，則取息依舊。由是息錢、長引二說並行，而民間轉不易矣！而稷等又益以販鹽布，乃能增額及六十萬貫。及李稷引陸師閔共事，又增額至一百萬貫。師閔近歲又乞於額外以一百萬貫為獻，朝廷許之。於是，奏乞於成都府置場，客旅無見錢買茶，許以金銀諸貨折博，遂以折博為名，多遣公人牙人公行拘攔民間物貨，入場賤買貴賣，其害過於市易。又以本錢質典諸物，公違條法，欺罔朝廷。蓋茶法始行至今，法度凡四變矣！每變取利益深，民益困敝。然供億熙河止於四十萬貫，其餘以供給官吏及非理進獻，希求恩賞。而害民之餘，辱國傷教，又有甚者？夫逐州通判，本以按察吏民，諸縣令佐亦以撫字百姓，而計算息錢，均與牙儈分利，至於監茶之官，發茶萬馬犬即轉一官，知縣減三年磨勘。國之名器輕以與人，遂使貪冒滋彰，廉恥不立，深可痛惜。又案盜賊之法，贓及二貫，止徒一年，出賞五貫。今民有以錢八百私買茶四十斤者，輒徒一年，出賞三十貫。又遞鋪文字，事干軍機及非常盜賊，急脚遞日行四百里，馬遞日行三百里，違二日者止徒一年。今茶遞往還日行四百里，違一日輒徒一年。立法太深，苟以自便，不顧輕重之宜。蓋造立茶法皆傾險小人，不識事體，但以遠民無由申訴，而他司畏憚，不敢辨理，是以公行不道，自始至今十餘年矣。臣竊聞朝廷近日察知其弊，差官體量，然猶恐未知其詳，臣今訪聞稍得其實，謹具條件五害如左：其一曰：利、益路所在有茶，其間邛蜀彭漢綿雅洋等州、興元府三泉縣人户種茶為生，自官榷茶以來，以重法脅制，不許私賣，抑勒等第，高稱低估，遞年減價，見今止得舊價之半。乞委所差官取榷茶至今遞年所估價例對定，即見的實。茶官又於每歲秋成糴米，高估米價，強俵茶户，謂之茶本。假令米直八百錢，即依一貫支俵，仍勒出息二分。春茶既發，茶户納茶，又例抑半價，兼壓以大稱，所損有半，謂之青苗茶。元條園户茶一百斤許收十斤市例，內用一半入官，一半用饒潤客旅。今逐場一百斤收至二十餘斤，出利者往往卻偽作園户中茶，虛旁支出官錢入己，近者邛州嘗有此獄。又有數多陰與客旅商量，納賂不貲，指放出賣者。及至賣茶，本法止許收息二分，今多作名目，如牙錢、打角錢之類，至收五分以上，買茶商旅其勢必不肯多出價錢，皆是減價錢損園户，以求易售。又昔日官未榷茶，園户例收晚茶，謂之『秋老黃茶』，不限早晚，隨時出賣。榷茶之後，官賣止於六月，晚茶入官，依條毀棄，官既不收，園户須至私賣以陷重禁，此園户之害，一也。其二曰：川茶本法止於官自販，其茶法已陋，今官吏緣法為姦，遂又販布、販大寧鹽、販甆器等，并因販茶還脚販解鹽入蜀，所販解鹽仍分配州縣多方變賣，及折博雜物貨，為害不一，及近歲立都茶場，緣折博之法，拘攔百貨，出賣收息。其間紗羅皆販入陝西，奪商賈之利。至於買賣之餘，則又加以質當。去年八九月間，為成都買撲酒坊人李安典糯米一萬貫，每斗出息八錢，半年未贖，仍更出息二分。其他非法，類皆如此。今四方蒙賴聖恩，罷去市易抵當之弊，而蜀中茶官，獨因緣茶法潛行二事，使西南之民獨不蒙惠澤，此平民之害，二也。其三曰：昔官未榷茶，陝西商旅皆以解鹽及藥物等入蜀販茶，所過州軍已出一重稅錢，及販茶出蜀，兼帶蜀貨，沿路又復納稅，以此省稅增羨。今官自販茶，所至雖量出稅錢，比舊十不及一，縱有商旅興販，諸處稅務畏憚茶官，又利於分息取錢，例多欺詐，以稅為息，由此省稅益耗，假有作稅錢上曆，歲終又不撥還轉運司，但添作茶官歲課，公行欺罔。訪聞元豐七年八月陸師閔劄子奏，茶司今年課利內有一項係茶稅錢。又茶官違法販賣百物，商旅不行，非惟稅虧，兼害酒課。蜀中舊使交子，惟有茶山交易最為浩瀚，今官自買茶，交子因此價賤，舊日蜀人利交子之輕便，一貫有賣一貫一百者，近歲止賣九百以上。此省課之害，三也。其四曰：蜀道行於溪山之間，最號險惡，般茶

至陝西，人力最苦。元豐之初，始於成都府路廂軍數百人貼鋪般運，不一二年死亡略盡，茶官遂令州縣和雇人夫，和雇不行，即差稅户，其為騷擾，不可勝言。劉庠知永興日，有洋州般茶人，以疲勞不堪告訴，庠令取狀，在案判云：『候本府雇人般茶日呈。』後來永興即不曾雇人。後遂添置遞鋪，十五里輒立一鋪，招兵五十人，起屋六十間，官破錢一百五十六貫，益以民力，僅乃得成。今置百餘鋪矣。若二百餘鋪皆成，則是添兵萬人，衣糧歲費二十萬貫，見招填不足，旋貼諸州廂軍，逐州闕人，百事不集。又茶遞一人，日般運四馱，計四百斤餘，回車卻載解鹽，往還山行六十里，稍遇泥潦，人力不支，逃匿求死，嗟怨滿道。至去年八九月間，劍州劍陽一鋪人全然走盡，沿路號茶鋪為『納命場』，此遞鋪之害，四也。其五曰：陝西民間所用食茶，蓋有定數，茶官貪求羨息，般運過多，出賣不盡，逐州多虧歲額，遂於每斤增價俵賣與人。元豐八年，鳳州準茶官指揮，每茶一斤添一百錢，其餘州郡，準此可見。又茶法初行，賣茶地分於鳳、秦、熙、河，今遂東至陝府，侵奪蠶茶地分，所損必多，此陝西之害，五也。五害不除，蜀人泣血無所控告。臣乞朝廷哀憐遠民，罷放榷法，令細民自作交易，但收稅錢，不出長引，止令所在場務，據數抽買博馬茶，勿失朝廷武備而已。如此則救民於網羅之中，使得再生，以養父母妻子，不勝幸甚。如朝廷以為陝西邊事未寧，不欲頓罷茶事，即乞先弛榷禁，因民販茶正稅之外，仍收長引錢，一歲之入，不下數十萬貫。以見今長引錢數計之可見。而商旅通行，東西諸貨日夜流轉，所得茶稅、雜稅錢及酒課增羨，又可得數十萬貫。以未榷茶以前及榷茶後來年分，自蜀至陝西沿路酒稅務歲課較之可見。而罷置茶遞，無養兵衣糧及官吏緣茶所費息錢、食錢之類，其數亦自不少，則榷茶可罷，灼然易見。若異日西邊無事，然後更罷長引錢，如舊稅而止。然臣再詳師閔所營茶利，雖使之裒斂一一如數，止於二百萬貫，無復贏餘矣，若以前件茶引、茶稅、雜稅、酒課等錢約七八十萬貫折除，即止約有利一百二十餘萬貫，若更除茶遞，養兵衣糧及官吏緣茶所費約三四十萬貫，即是師閔百端非理淩虐細民，止得八十萬貫。前件兩項錢並且從小約計，故師閔所得利有八十萬貫，若依實計之，恐不得及此數矣。假令蜀中萬一稍有饑饉之災，民不堪命，起為盜賊，或如淳化之比，臣不知朝廷用兵幾何，費錢幾何，殺人幾何，可得平定？今但得七八十萬貫錢，置此不慮，臣竊惑也。兼臣訪聞陸師閔去年自成都府移治永興，仍取成都供給。有本府衙前楊日新者，為之賣酒，至十一月中，師閔自覺非法，始移牒永興、成都，止就用永興供給。其違法差衙前賣酒及多請過成都供給，即不曾舉覺，其貪冒無恥，一至如此，亦乞令所差官便行體量。如是情實，乞重行黜謫，以慰遠方積年之憤。

又 卷三六七《元祐元年》［二月丁亥］先是，知樞密院章惇言：【略】一、稱：『向日差役之時，有因重難破家產者，朝廷為此，始議作助役法。然自後條貫優假衙前，應公使庫設廚酒庫、茶酒司，並差將校勾當。又上京綱運，召得替官員，或以殿侍軍大將管押，其粗色及畸零之物，差將校或節級管押，衙前苦無差遣。』臣看詳此一節，自行免役法後來，凡所差將校勾當廚庫等處，各有月給食錢。其召募官員使臣差弁、使臣將校、節級，管押綱運官物，並各有路費等錢，皆是支破役錢。今既差役，則無錢可支，何由更差將校管勾及召募官員等管押？

又 詔諸路轉運司：河北路管勾文字，勾當公事，準備勾當公事，準備押綱管勾帳司，河東路管勾文字，勾當公事，準備差使，本司催綱管勾帳司，陝西路管勾文字，勾當公事，管勾帳司：逐路各留管勾文字、勾當公事、管勾帳司官各一員。京東路管勾文字，點檢、計置鹽事，準備管押綱運諸般勾當差使，勾當鹽事管勾帳司，京西路管勾文字，準備差使勾當公事，管勾買鈔請鹽兼催促般運、監鹽場管勾帳司，廣南東西路、江南東西路、荊湖南北路、淮南路、兩浙路、福建路、成都府路、利州路、梓州路、夔州路管勾文字，管勾帳司：逐路各留管勾文字、管勾帳司官各一員。淮南發運司勾當公事，管勾文字，糶糴官，準備差遣點勘文字：留勾當公事、管勾文字、糶糴官各一員。府界提點司勾當公事，管勾文字，管勾帳司兼驅磨簿歷：留管勾文字、管勾帳司官各一員。提舉陝西買馬監牧司準備差使勾當公事留勾當公事一員。都大提舉成都府、永興軍等路榷茶司勾當公事，管勾文字：留勾當公事二員，管勾文字一員。措置河北糴司勾當公事，管勾文字：留勾當公事一員。經制熙河蘭會路邊防財用司勾當公事，管勾帳司：留勾當公事二員，管勾帳司一員。大名府路安撫都總管司管勾機宜文字，安撫司準備差遣：留勾當機宜文字、準備差遣各一員。河東路經略安撫都總管司管勾機宜文字，書

寫機宜文字，經略安撫司勾當公事，準備差遣，環慶路都總管經略安撫司管勾機宜文字，書寫機宜文字，經略安撫司勾當公事，涇原路都總管經略安撫司管勾機宜文字，書寫機宜文字，經略安撫司勾當公事，秦鳳路經略安撫都總管司管勾機宜文字，書寫機宜文字，經略安撫司勾當公事，經略安撫司準備差使，定州路都總管安撫司、真定府路都總管安撫司、高陽關路都總管安撫司管勾機宜文字，勾當公事，逐司各留管勾機宜文字、勾當公事各一員，其係奏差到親戚管勾書寫機宜文字，依舊。府界提舉司，左軍管勾官，右軍管勾提舉出賣解鹽司勾當公事，催促和雇脚乘，兼裝發鹽場勾當，成都府、利州路經制買馬司勾當公事，準備差使，提舉河北鹽稅司勾當公事，陝西鑄錢司勾當公事，提舉熙河等路弓箭手，營田蕃部司勾當公事，並罷。元豐八年十一月十四日政目，諸州管勾官更不奏差。元祐元年閏二月二十九日，户部乞罷諸州管勾官，從之。

又 卷三六八《元祐元年》　［閏二月甲午］司門郎中呂陶言：

『初，熙寧十年，朝廷依李杞、蒲宗閔、劉佐等起請，盡數榷買川茶，收息出賣，遠方不便。本州茶户累有陳訴，及堋口茶場減價虧損園户，臣嘗三具論列，已蒙施行。後來李稷貪功急利，欺罔滋甚，皆臣論奏。後來寖生弊害，歲月愈久，為害愈深。近聞遣使入川按察，所有臣昔年奏狀并今來條析利害，伏乞詳酌指揮。』詔劄與黃廉。呂陶所論茶事，大抵不過蘇轍二月二十四日所論五害，疑轍得之陶也，今不復重出。

又 卷三六九《元祐元年》　［閏二月癸卯］蘇轍言：

臣近奏罷免役錢行差役事，大綱已得允當，其間小節疏略差誤，乞令諸處審議，候的確可行，然後行下。近日已蒙聖旨，差韓維等四人置局看詳。臣前所謂疏略差誤，其事有五：

其一，衙前之害，自熙寧以前，破敗人家，甚如兵火，天下同苦之久矣。先帝知之，故創立免役法，勾收坊場，官自出賣，以免役錢雇投名人，以坊場錢為重難酬獎，及以召募官員、軍員押綱，自是天下不復知有衙前之患。而近歲所以民日貧困，天下共苦免役法者，乃是莊農之家，歲出役錢不易，及出賣坊場，許人添價爭劃，致送納不前之弊也。向使先帝只行官自出賣坊場一事，自可了卻衙前色役。其餘役人且依舊法，則天下之利較然無疑。獨有一弊，所雇衙前或是浮浪，不如鄉差稅户可以委信。然行之十餘年，浮浪之害無大敗闕，不足以易鄉差衙前騷擾之患。今來略計天下坊場錢，一歲所得，共四百二十餘萬貫。若立定酌中價例，不許添價劃買，亦不過三分減一，尚有二百八十餘萬貫。而衙前支費，及召募非泛綱運，一歲共不過一百五十餘萬貫。雖諸路多少不齊，或足或否，而折長補短，移用可足。由此言之，將坊場錢了衙前一役，灼然有餘，何用更差鄉户？今年二月六日所降指揮，但諸公使庫設厨酒庫、茶酒司并差將校勾當，諸綱運並召得替官員或差使臣、軍大將、將校管押，衙前若無差遣，不聞有破產之家，以此欲差鄉户。至於坊場，元無明文處置，不知官自出賣，抑復依舊法酬獎衙前。若官自出賣，即如川、蜀、京東、淮、浙等路，舊來坊場優厚，人人願為長名，元不差鄉户去處，今來卻須創差，民情必是大段驚擾。若依舊法用坊場酬獎衙前，即未知合召募官員、軍員、將校等押綱，用何錢支遣。若無錢支遣，即諸般重難，還是鄉户衙前管認，為害不小。

又 卷三七〇《元祐元年》　［閏二月辛亥］先是，劉摯言：

『伏見京師所置水磨茶場，前後累有臣僚論列，乞行寢罷，尚未蒙指揮。臣契勘，官自磨茶之初，猶許公私交易，故商販之茶，或不中官，則賣之鋪户。自去年二月，遂禁鋪户不得置磨。然都下雖禁，猶有府界縣、鎮可以交易，故客人不避重出脚費，津置出入。至當年七月，遂并府界一切禁其私易。於是商賈以茶至者，觸藩抵禁，須至盡賣入官，而又使牙儈制之，不量茶之色品，一切痛裁其價，留滯邀遏，其狀百端，此商旅之所以不敢行。商旅不行，故沿路征商之數，其虧額已多。又磨河之水，下流壅散，浸瀦民田，被害者數邑。聞去年已被省稅矣，臣疑所得未必能當所失，而民間食貴茶，場户常失業，抵冒刑罪，又備賞錢，利害細瑣，其狀不一。至於傷國大體，則臣未暇論之。竊聞臣僚所言，多送户部，户部送太府，太府送本場，本場次第上之。蓋所司知奉法取利而已，安有肯為朝廷論義理哉！臣亦聞議者云：「歲可得息錢僅二十萬緡，以助經費，何可廢也。」此以利言之者也。苟以謂有助於用而不廢，則何事不可為哉？亦有道而已矣。宋用臣未建此策以前，不聞國用闕此二十萬緡也。譬夫為人之子，日攘竊於人，取財以養其親，為之親者知其如此，顧利其奉養而聽其為盜賊，可乎？伏望聖慈早賜出自睿斷，罷水磨茶場，以通商賈，

以養細民，以寬州、縣税額，以免農民水害，而上以副仁聖惠綏天下之意。』摯此章蓋以八年上，不得其月日。元祐元年閏二月二十九日，乃罷水磨茶場，從侍御史劉摯、右司諫蘇轍、殿中侍御史黄降、劉次莊所奏也。

又 ［丁巳］詔：『在京水磨茶場廢罷，其結絕官物等，令户部措置施行。』從侍御史劉摯、右司諫蘇轍、殿中侍御史黄降劉次莊所奏也。《政目》云從劉摯等奏，摯、轍奏在二十三日，黄降、劉次莊所奏當考。元豐八年六月三日、九月四日，皆合參照。

又 張璪之為人柔邪猥佞，善能窺人主之意，隨勢所在而依附之，往往以危機中人。熙寧初，擢在條例司，講議役法，遂置儒館，預諫列，唯諾備位，無所發明，常持兩端。先帝聖慮高遠，察見反覆，斥逐於外，復為王珪出力援引，試知制誥兼知諫院。珪實欲使之在言路，以杜塞内外耳目，天下有志之士，無不扼腕憤疾。後為翰林學士，同舒亶判國子監，深交於亶，以至株連大獄，璪有力焉。尋判司農寺，詳定官制，遂忝執政。及先帝升遐，陛下即位，太母垂簾保佑，而璪貪天之功，自謂顧託之重，立黨市恩，為持寵固禄之計，每差一官，除一局，則以簡札諭人，掠美收惠而後降。其命成都路榷茶司勾當公事張同者，乃隨州簽判王經臣之甥也。同之姊當嫁故益王向經，而璪之姊乃嫁經臣，璪之與張同固非近親，今乃與同書問往還，甚於骨肉，交通問遺，財賄公行。原其所以結張同之心，則姦邪可知矣。璪事先帝不為不久，謂天下利害不知耶？則嘗兩次在言路矣！謂土木之役不知耶？則嘗判將作監矣！謂苗、役之法不干預耶？則嘗判司農寺矣！謂官品迂滯不見本末耶？則嘗充詳定官矣！謂刑獄羅織非其責耶？則嘗以蘇軾事，欲置於死，逮張方平、韓維、范鎮、司馬光矣。

又 卷三七一《元祐元年》 ［三月］戊辰，户部言：『成都府路轉運判官蔡朦奏：鑄錢三監以椿榷茶司本錢。比年坑冶興廢，鑄錢有限，鐵貨積滯，而人户坑冶淨利並輸見錢，過限則罰，迫於罰限，則必賤售。乞令以合納淨利錢折納鐵，應副鑄錢，願輸見錢者聽。』從之。

又 卷三七六《元祐元年》 ［夏四月］壬子，右司諫蘇轍言：『臣近曾奏言，益、利等路茶事司，以買賣茶虐害四路生靈，朝廷已差黄廉體量利害，乞先罷茶官陸師閔職任，使四路官吏不憂後患，敢以實害盡告黄廉。今聞朝廷卻差黄廉就領茶事，臣竊以為黄廉若以專使按榷茶之弊，則身無利害，茶事巨細，勢必具陳。若身自領茶事，有課利增損、邊計盈虚之責，則茶之為害，勢必不肯盡言。兼朝廷本為遠民無告，特遣此使，使事未達，而就除外官，小民無知，必謂朝廷安於虐民，重於改法。此事體大，宜速有以救之。朝廷必謂陸師閔蠹害四路為日已久，不欲別差替人，淹延歲月，因黄廉在彼，即行替罷。事雖稍便，容有未盡。臣欲乞選差清強官一員，與黄廉同共體量，候了日赴闕面奏利害。所貴不敢隱蔽茶弊，四路之人，終被德澤。』二月十四日差黄廉，五月四日差杜紘同黄廉按察。據《茶馬司題名》，黄以元祐元年八月十四日到任，不記初除時。蘇轍上言，在四月二十五日，則是月固已有除命，不知何故八月乃到任。或是因轍言，已除復罷，至八月乃申命乎？六月廿八日可考。

又 ［癸丑］按察成都府路茶事司言：『續準朝旨，令一就按察河州通判章諷乞罷陝西零出賣芽茶等事。今先次按察得州縣賣茶場，除已令鋪户收賣外，逐務又自變磨零細出賣，雖云招誘，其實抑配。欲望指揮，應榷茶路分變磨芽茶貨賣處，先次住罷。』從之。

又 卷三七七《元祐元年》 ［五月庚申］詔刑部郎中杜紘同黄廉按察成都府等路茶事。四月二十五日蘇轍有議。

又 卷三七九《元祐元年》 ［六月己丑］措置熙河蘭會路經制財用言榷茶司買馬場并綱馬上京，及支過本路糧草等，請歲計數，令榷茶買馬司以頭子錢撥還。從之。

又 卷三八一《元祐元年》 ［六月甲寅］先是，御史中丞劉摯言：『臣嘗於去年論列川茶利害，乞遣使考察措置，近蒙朝旨，已差户部郎中黄廉前去。竊以川茶之害，臣於前奏，略已詳悉，又聞言者繼多，今不復再有陳説。然事之首尾，干涉者數路，從來提舉榷茶馬所行職事，他司皆不得與聞，至於索取茶事公案文字，亦不許州、縣供報。以此提舉司官吏事權震灼，恣為不法，倚茶為名，興販百貨，掊克苛細，奪民衣食，其於患害，根株深牢，若非周咨博訪，難見底裏。今雖遣使者，而提舉官陸師閔尚在本任，深恐上下吏民畏其權燄，不敢盡以疾苦告於使者，有所蔽隱，卻致所聞滅裂。兼慮師閔護匿其事，議論懷私，不肯協心公共措置，無以副聖明惠綏遠方之意。臣欲乞指揮，先罷陸師閔職任，所貴人

情稍安，可以究詢利害。』

又 卷三八三《元祐元年》 ［秋七月癸未］措置熙河蘭會路經制財用司言：『本路五州、軍，皆極邊，難於和糴，常患客旅邀價。請詔茶場司，毋得於並邊州、軍博糴斛斗，及茶場司應副熙河路錢九十萬貫，聽於本路五州支撥。』從之。

又 卷三八四《元祐元年》 ［八月辛卯］户部言：按察成都府等路茶事司奏乞先次廢罷成都府在城博賣都茶場，止令産茶州縣元置場處，依未置都茶場日前任便販賣。從之。

又 卷三九〇《元祐元年》 ［冬十月］辛丑，都大提舉成都府等路榷茶兼陝西等路買馬黄廉言：『按元豐六年閏六月十三日并八年十二月七日朝旨，應緣茶事，於他司非相干者，不得關預。設使緣茶事有侵損違法或措置未當，即未有許令他司受理關送明文，深恐民間屈抑無由申訴。乞止依海行元豐令，監司巡歷所至，明見違法及有辭訟事在本司者，聽關送。應緣馬事，亦乞依此。』從之。

又 卷三九六《元祐二年》 ［三月戊寅］都大提舉成都府、永興軍等路榷茶司言：『準敕熙河、秦鳳、涇原三路合用茶，依舊官為計置；永興、鄜延、環慶三路，許商旅通販。今欲乞仍以永興、鄜延、環慶為所部，及以都大提舉成都府、利州、陝西等路茶事司為名，并措置畫一。』並從之。《編類册》三月二十六日聖旨。

又 卷三九八《元祐二年》 ［夏四月乙酉］都大提舉成都府、永興軍等路榷茶司言：『乞依舊許以茶易穀，毋得過轉運司和糴價。其博到斛斗更不取息變糴，只依元價撥與轉運司充軍糧，仍計價錢，於本司合應副額錢内豁除。』從之。《新》無。

又 卷三九九《元祐二年》 ［夏四月丁未］權發遣都大提舉成都府等路茶事黄廉言：『茶法初立，地分闊遠，推行措置，猶須詳悉，以臣獨任，實恐不逮。欲望詳酌，差提舉官一員協力經畫，不致闕誤。』詔：『黄廉特落「發遣」字，閻令差權發遣同管勾成都府、利州、陝西等路茶事。』據《茶馬司題名》，閻令以朝請同管勾，不知前為何官。

又 卷四一三《元祐三年》 ［八月丁酉］以西蕃大首領鬼章為陪戎校尉。朝廷初有此議，范純仁言：『鬼章自先朝作過，陷沒將卒最多，近日南川之圍，殺害邊人亦衆，百里之地，為之一空。邊人素重怨讎，發憤往報，偶得擒獲，昭告裕陵。阿里骨失其彊臣，亦便納款，既釋先朝宿憤，以快天下人心。陛下曲示至慈，特貸其死，足使族類懷感，已是國家權宜。今更命之以官，於事卻恐過當。伏惟陛下視民如子，賞罰至公，今殺匹夫者必就大刑，殺衆人者乃獲爵位，不惟刑賞倒置，有紊典常，兼恐被害之家，冤憤難訴。人情天道，兩皆有違。伏望聖慈特以臣言子細詳察。』又言：『鬼章曾授團練使，仍賜金帶，尚自不顧恩義，謀叛殺害邊人，今一校尉，何足以收其子心？若朝廷久遠要與一官，可俟它日，不必太速，以違人心。兼已具劄子進入，昨日同樞密院進呈，依已得旨與官，則恐臣言未能上動天聽。臣以備位宰執，國之刑賞，尤當盡心。竊緣鬼章俘獻之日，親受聖旨，令招喚其子歸漢或納質之時，與貸生命。後來鬼章并不曾肯依詔旨寫蕃字招喚，口稱「我惟一死」，如此悖慢違命，朝廷尚貸其死，已是優恩，今更與官，恐傷信令。所有樞密院關到聖旨，未敢施行。兼劉舜卿回報溫溪心文字，正月鬼章曾陷邊將，及昨來犯邊且歸罪鬼章圖得，不見阿里骨罪過為解。今卻與鬼章官爵，即是今來朝廷不以為鬼章之罪，不惟赦阿里骨無名，兼使邊臣失辭，今後難為應答。又欲使阿里骨人使略見鬼章，止欲使知生存審實，今既有文字來乞，則是彼國已知鬼章之存，今來人使自亦不消使見，卻恐誘引別生覬望。勘會捉到西蕃大首領鬼章昨引見日，奉聖旨候親書蕃字招喚得結呃齪等歸漢或納質時，與貸生命，仍免囚禁，令於茶場安下。其鬼章後來雖寫蕃字到熙州，及阿里骨亦遣使詣闕謝罪，兼朝廷已降回詔訖。乞賜詳察。』不從。

又 卷四一五《元祐三年》 ［冬十月］乙亥，詔發運使、副兼制置茶事。既而發運司言：『熙寧八年五月，初以江、淮、荊、浙等路制置鹽、礬為專職，而發運使、副為兼領，輕重頓異。乞仍以江、淮、荊、浙等路發運使、副兼制置鹽、礬、茶事繫銜。』從之。崇寧三年九月二十一日，尚書省言：『熙寧八年五月發運使、副兼制置茶、鹽、礬等事繫銜，當年八月發運使罷制置茶事，乃以江、淮、荊、浙等路制置鹽、礬兼發運使、副繫銜。元祐三年十月發運使兼制置茶事，當年十一月發運司申請，以制置鹽、礬為專職，而發運使、副為兼領，輕重頓異，乞卻以江、

淮、荊、浙等路發運使兼制置鹽、礬、茶事繫銜。緣發運司見今帶制置鹽、礬、茶事，勘會茶、鹽事已專差官提舉，發運司更不兼領。」從之。

又卷四四二《元祐五年》［五月］辛未，都大提舉成都府、利州、陝西等路茶事司言：『應雅州管下盧山、滎經縣碉門、靈關寨，威、茂、龍州，綿州石泉縣界并為禁茶地分，如敢侵犯，并依秦、熙等路法施行。』從之。

又卷四七六《元祐七年》［八月癸酉］户部言，成都府等路茶事司奏，先被旨於本司錢內撥二百萬貫充額定本錢，太少。詔令撥三百萬貫充，其餘剩錢物，除年例合該支使應副外，餘並以金銀見錢，關本路提刑司拘收封樁，每季依條具帳供申。

又卷四八五《紹聖四年》［夏四月］戊戌，吏部、户部言：水磨茶場監官錢景逢，任內收到息錢等一十六萬餘貫，呂安中收到息錢二十萬餘貫。詔錢景逢與轉一官，呂安中候任滿日，保明以聞。

又卷四九〇《紹聖四年》［八月庚子］是日，章惇為曾布言，中書又放過內批行導洛事，並不經三省商量。及對，遂以內批進呈，言先朝法度可復者皆已復，惟此不可復。上未諾。布再對罷，惇問布曰：『上詢及此否？』布曰：『否。』惇率布至都堂，出藍從熙提舉京城所奏乞復行導洛司事：『官員商賈等物貨，皆載以官舟，官員物貨不及百千者，許以所乘舟載，免納脚錢之半；百千以上以違制論。餘皆徙官舟，於泗州及京師洛口各置垛場，歲收課利二十萬緡。又乞麪市歲課三萬，又復牛羊圈歲課七萬，內批付尚書依奏，蓋未嘗與執政議也。又京城所奏，乞就差買修城木植內臣於溫、明州等處，起發船三百隻赴本所支撥使用，付中書，中書遂畫旨，依已得指揮送門下，而門下留不遣，遂并論之。布謂惇曰：『此事何可不與執政議？如此則失職矣。』惇曰：『何止失職，喫棒、罰銅皆可也。』布曰：『四海之富，二十萬不難辦，歲供此數可矣。』惇及蔡卞皆以為然。惇又曰：『水磨茶場自足供此費。』布曰：『先朝經營財利，志在邊鄙，子孫承之，敢忘厥志？故闊略細故以就大事。今幸無此圖，何必爾。』惇曰：『亦不須如此言，要之是先朝不好事，當時行之，固終身以為恨，今豈可為？』布曰：『如此即太逆耳。』惇曰：『逆耳多矣。』布曰：『志在邊事且以為不可，況非邊事乎！』布因語黄履曰：『此乃正論，盍助之？』履曰：『固當如此。』坐中惟惇、卞與反復，許將甚愧，他皆默然。履曰：『且當徐徐開陳，庶可回爾。』已而將在告不出，履勸惇俟將出同呈，布曰：『但持之不下，緩無害也。』後三日，三省奏事，上遂詢三省云：『導洛文字，何為久不呈？』惇曰：『見更取索文字進呈次。』上曰：『聞此事誠不便，但繳進來。』惇曰：『不須，只今日進入可也。』上曰：『來日取旨。』三省退以語西府。後四日，布白上曰：『近者竊聞議導洛事，初聞聖意未從，臣因言陛下聖質高明，言必中節，事有未便必不肯為。遂以先帝用宋守約事語三省。已而聖意遂回，不俟開陳而罷，臣等鼓舞稱誦不能自已。』上曰：『且說不便。』布曰：『肉市麪市皆與細民爭利，汴渠初引黄河水，湍悍可畏，公私舟船多覆溺者，惟清汴無復此患。然商賈之物悉載以官舟，私船不得入汴，人實患之。』上曰：『內臣亦多云不便，云麪市雖泥雨，亦須船載來官場中。』布曰：『一日有一日課利，不可不來，宜其不能避風雨也。今天下税務，剸羊凡屠宰者，皆須日負載入務收税，與此一般，至於禁榷鹽酒亦此類，然此事行之既久，衆人安之兼歲課數百千萬，軍國之費，有賴於此，理不可罷。若導洛之類，所得不多，國用無所賴於此，兼廢罷十年，一旦復行，則都邑之人鼎沸矣。先帝經營四方，蓄財利有所待，故闊略細故而行之。陛下既無此費，誠無用此，然大臣未及詳陳而已中罷，陛下獨理畏義，敬信大臣，從善納諫如此，天下之事何患也！兼聖意遽回，正與宋守約事等，蓋聖質睿明，與先帝無少異者。臣等以事未施行，不敢漏露，惟二府執政知之，然此事必書之時政記，陛下聖明聽納如此，萬古不朽矣，天下幸甚！』

又卷四九三《紹聖五年》［十一月丙子］都大提舉成都府、利州、陝西茶事司言：『應雙員處監官，本場每年所收息，各分半受賞，至減三年磨勘。』上從之。

又卷五〇〇《元符元年》［秋七月甲子］是日，布又言鄧棐論事不當。上曰：『然。』布遂言：『臣久尸素於此，日思引去以避賢路，昨以王府事，義當待罪，以聖諭丁寧，不敢遽去。竊聞棐亦嘗有言，臣於去就之際，粗知義理，亦不待棐等如此逼逐去。然棐與蹇序辰交通唱和，如此略不避嫌疑，如臣孤拙，何敢安位。臣於王府事，不敢以為無罪，若

其他果有罪，序辰輩必不為臣掩覆，其他大臣徇私玩法者不少，臣愚直自守，未嘗能窺伺人短長，嘗與林希道其一二，臣不敢悉陳，但有序辰所知者一二事，願陛下試加采察，必知臣言不虛。呂安中乃嘉問之子，王雱之壻，序辰之妻弟，昨朝廷復水磨茶場，理當差使臣勾當，乃降旨令不依常例舉官，遂舉安中為監茶場。既而以職事非使臣不可辦，又降旨，今後只舉使臣見任文官，候界滿日罷。又以安中界滿方五考，未可改官，卻降聖旨特許滿三年。京師場務皆二年為一界，未有許滿三年者，安中滿三年改官，又以茶場酬獎改一官，遂升朝，然尋以病卒。』上云：『如何卻令滿三年？』布曰：『州縣幕職官少一日亦磨勘不得，今特許滿三年，無非降聖旨。』上頗有不平之色，布曰：『此事不容不知，必不肯為陛下道。又如史院人吏，自來多以館閣書庫官及久在史局知次第人充，臣亦曾在史院，凡檢閱文字，即時檢見，昨盡黜元祐所差舊人，止留一人知次第者在院，卻以王安石隨行指使及章惇門下使令人充，皆不知次第。林希云於職事極有妨廢。序辰為史官，日夕所見，必亦不肯為陛下言，安石指使乃侍禁向希顏。昨章惇一子在此欲見蔡卞，乃以簡先干希顏求通名，云「啟上修史侍禁明公」，臣有子壻向子莘在臣家，持簡者乃誤送子莘處。』上再審問，云：『修史侍禁。』深哂之。『如此事皆徇私變法及妨廢職事，皆臣所不敢為。史院中有押班、御藥等勾當，乞一詢之，可知虛實。其他非序辰所知者，臣亦不敢悉陳。』上云：『更有甚事？』布曰：『近日向綍引伴高麗，當得舉一指使。惇隨行指使張廉往干綍云：「相公已許。」綍欲白丞相，廉云不須，遂舉上。惇尋判收，卻令都司官押貼子告示向綍云：「已放歸吏部，仰一面申吏部施行。」綍訴於臣云：「高麗一行，舟船事務極多，豈敢更望他管勾，但照管得他無言語，已為幸事。」』上曰：『向綍后族，宰相何以私事干之。』又云：『莫是得錢否？』布曰：『元豐中得五六百千，元祐才一二百千爾。然宰相舉措如此，取笑中外。綍云：「押班御藥輩亦多知之。」願試詢問，仍乞不漏臣語。』上云：『甚好，甚好！』

又 卷五〇一《元符元年》 〔八月甲申〕曾布言：『閤令乞空天都一帶為牧地事，且言券馬不便。』上問：『如何？』布曰：『令亦曉事，然此二者皆非是。今欲閉茶卻馬，令邊外知中國無所資於彼，然茶場歲課二百萬，可遽閉乎？天都一帶，正欲召民兵馬戍守，可但養馬乎？券馬與綱馬價等，而券馬病者不售，死者不算草料。昨比較一年，綱馬已到寺而死者一分二釐，券馬不及釐，而綱馬在路死並已支而死者皆不在此分數，其利害不待議論而可知也。』上深然之。

又 卷五〇二《元符元年》 〔九月癸亥〕都大提舉成都等路茶事司言：『請應買茶及以物貨博易，而官司拘攔或抑勒者，並徒二年。茶價如合增減，而官司不切體訪市價，行遣失時，並科杖一百。客旅以物貨赴場博茶，如不及擔數，並許隨斤重博易。若物價多，茶價少，許貼給物價；物價少，茶價多，許貼給茶價。內貼給錢不得過一分。』從之。新削。

《宋史》卷四《太宗紀一》 〔太平興国二年春正月辛卯〕幸講武池。置江南榷茶場。

又 卷九《仁宗紀一》 〔天聖元年〕三月甲戌，奉安真宗御容于西京應天院。丙子，詔減西京囚罪一等，徒以下釋之。賜城中民八十以上者茶帛，仍復其家。甲申，詔自今營造，三司度實給用。辛卯，司天監上《崇天曆》。行淮南十三山場貼射茶法。

又 卷二〇《徽宗紀二》 〔大觀三年〕秋七月丁未，詔：謫籍人除元祐姦黨及得罪宗廟外，餘並録用。丙辰，詔罷都提舉茶事司，在京令户部、在外令轉運司主之。

又 卷二五《高宗紀二》 〔建炎三年二月乙丑〕置江寧府榷貨務都茶場。

又 〔建炎三年三月庚寅〕置行在都茶場。

又 卷二六《高宗紀三》 〔建炎四年秋七月戊辰〕罷提領措置茶鹽司。

又 卷二六《高宗紀三》 〔紹興元年十二月〕辛巳，復置廣西提舉茶鹽司。知海州薛安靖殺偽都巡檢使王企中，率軍民以城來歸。增諸路酒錢，以備軍費。

又 卷二七《高宗紀四》 〔紹興二年〕秋七月辛酉，悉蠲福建諸州被兵之家田稅。壬戌，復置湖北提舉茶鹽司。甲子，罷福建提舉市舶司。己巳，起復翟琮爲河南府、孟汝唐州鎮撫使。甲戌，罷淮東路提點刑

獄司。

又〔紹興四年夏四月〕甲午，罷廣西提舉茶鹽司。

又〔秋七月丙寅〕罷建州臘茶綱。

又〔紹興五年春正月〕乙丑，罷淮南茶鹽提刑司，置提點兩路公事官一員，兼領刑獄、茶鹽、漕運、市易事。淮西要會州軍並置市易務。

又〔閏二月〕丙辰，併諸路提舉常平入茶鹽司。

又卷二八《高宗紀五》〔紹興七年夏四月庚申〕罷淮南提點司，東西兩路各置轉運兼提點刑獄、提舉茶鹽常平事。

又卷二九《高宗紀六》〔紹興九年〕五月庚寅，奉迎東京欽先、孝思殿累朝御容赴臨安。辛卯，復命江、淮守臣二年爲任。乙未，復置淮東提舉茶鹽司。癸卯，復召募耆長法。丙午，鄜延副將李世輔部兵三千自鳳翔來歸，賜名顯忠。

又卷三〇《高宗紀七》〔紹興十二年冬十月〕丁亥，置福建路提舉茶事司。

又卷三一《高宗紀八》〔紹興二十四年秋七月〕己未，復置黎、雅二州博易場三所。壬戌，詔捐四川茶馬司羨餘錢給軍費，以寬民力。甲子，復落蕭振職，池州居住。乙丑，以總領財賦符行中爲四川制置使。

又〔紹興二十六年〕九月乙巳，以翰林學士陳誠之同知樞密院事。丙午，立互易薦舉坐罪法。壬子，詔成都、潼川兩路漕臣同制置、總領、茶馬司審度四川財賦利害，其實惠得以及民、調度可以經久者，條具以聞。

又冬十月己巳朔，罷浙東常平司平準務。乙亥，詔四川監司、帥臣、制置、總領、茶馬司，各舉可守郡者。

又〔紹興二十八年〕三月己巳，命京局改官人先除知縣。乙酉，赤氣出紫微垣。丙戌，賜禮部進士王十朋以下四百二十六人及第、出身。丁亥，詔焚交趾所貢翠羽于通衢，仍禁宮人服用銷金翠羽。己丑，減三川對糴米歲十六萬九千石，夔路激賞絹五萬匹，兩川絹估錢二十八萬緡及茶司引息虛額錢歲九十五萬緡。辛卯，万俟卨卒。壬辰，以符行中前在蜀恣横，南雄州安置。甲午，除耕牛税。

又〔紹興三十年〕三月辛巳，復館職召試，然後除擢。免湖北、京西宣撫司諸庫未輸錢八十九萬緡。癸未，以淮東茶鹽司錢十萬緡充募民墾田費。乙酉，加吴益少保，趙密開府儀同三司，以賞欑宮之勞。丁酉，初置金州御前諸軍都統制，以知金州王彦爲之。癸卯，賜禮部進士梁克家以下四百一十二人及第、出身。甲辰，置牧馬監于潮、惠二州。丙午，加恩平郡王璩開府儀同三司、判大宗正事，始稱皇姪。

又卷九七《河渠志七・東南諸水下》淳熙三年四月，詔築泰州月堰，以遏潮水。從守臣張子正請也。八年，提舉淮南東路常平茶鹽趙伯昌言：「通州、楚州沿海，舊有捍海堰，東距大海，北接鹽城，袤一百四十二里。始自唐黜陟使李承實所建，遮護民田，屏蔽鹽竈，其功甚大。歷時既久，頹圮不存。至本朝天聖改元，范仲淹爲泰州西溪鹽官日，風潮泛溢，渰没田產，毁壞亭竈，有請于朝，調四萬餘夫修築，三旬畢工。遂使海瀕沮洳瀉鹵之地，化爲良田，民得奠居，至今賴之。自後寖失修治，纔遇風潮怒盛，即有衝決之患。自宣和、紹興以來，屢被其害。阡陌洗蕩，廬舍漂流，人畜喪亡，不可勝數。每一修築，必請朝廷大興工役，然後可辦。望令淮東常平茶鹽司：今後捍海堰如有塌損，隨時修葺，務要堅固，可以經久。」從之。

又卷一三〇《樂志五》〔紹興〕十四年，太常寺言：「將來大禮，見闕玉磬十六枚。其所定聲律，係於玉分厚薄，取聲高下。正聲凡十有二，黄鍾厚八分，進而爲大吕、太簇、夾鍾、姑洗、仲吕、蕤賓、林鍾、夷則、南吕、無射、應鍾，每律增一分，至應鍾一寸九分而止；清聲夾鍾厚二寸三分，退而爲太簇、大吕、黄鍾，共四清聲，各減一分，至黄鍾二寸而止。」乃下之四川茶馬司，寬數增分，市易以供用。太常博士張晟又言：「大樂所用武舞之飾，以干配刀，《周禮・司兵》『祭祀，授舞者兵』，先儒謂『授以朱干、玉戚』，《郊特牲》『朱干、玉戚，冕而舞大武』。」乃從所請，倣三禮圖，令造玉戚，以配舞干。

又卷一六〇《選舉志六》吏部請：「武舉軍班武藝特奏名出身，并任巡檢、駐泊、監押、知砦，比附《文臣關升條令》，並實曆六考，有舉主四人，內監司一人，聽關升親民。正副將，兩任，有舉主二人，內一人監司，亦與關升。凡升副將，視文臣初任通判資序；再關升正將，視

文臣次任通判資序；　闕升路分副都監，視文臣初任知州資序；　小郡州鈐轄，視文臣次任知州資序。』孝宗以歲舉京官數濫，於是內外薦舉改官員數，六部、寺、監長貳，戶部右曹郎官等，三分減一；　禮部、國子監長貳，如上條外又減半；　前宰執，歲各減二員；　諸道轉運、提刑、提舉常平茶鹽學事司，總領茶馬、鑄錢司，安撫、制置司，及諸路州軍，並四分減一。通籍之數彌省矣。

又卷一六一《職官志一》　乾道六年，詔榷貨務都茶場依建炎三年指揮，委都司官提領措置。

又　榷貨務都茶場都司提領。提轄官一員，京朝官充。監場官二員，京選通差。掌鹺、茗、香、礬鈔引之政令，以通商賈、佐國用。舊制，置務以通榷易。建炎中興，又置都茶場，給賣茶引，隨行在所榷貨務置場。雖分兩司，而提轄官、監官並通銜管幹。外置建康、鎮江務場，並冠以行在爲名，以都司提領，不係戶部經費。建康、鎮江續分隸總領所。開禧初，以總領所侵用儲積錢，令徑隸提領所。乾道七年，提領所置幹辦官一員。

又卷一七三《食貨志上一・农田》　建炎元年，籍蔡京、王黼等莊以爲官田，詔見佃者就耕，歲減租二分。三年，凡天下官田，令民依鄉例自陳輸租。紹興元年，以軍興用度不足，詔盡鬻諸路官田。五年，詔諸官田比鄰田租，召人請買，佃人願買者聽，佃及三十年以上者減價十之二。六年，詔諸路總領諭民投買戶絕、沒官、賊徒田舍投買戶絕沒官及江漲沙田、海退泥田。七年，以賊徒田舍及逃田充官莊，其沒官田依舊出賣。二十年，凡沒官田、城空田、戶絕房廊及田，並撥隸常平司；　轉運、提刑、茶鹽司沒入田亦如之。

又卷一八二《食貨志下四・鹽中》　寶慶二年，監察御史趙至道言：『夫産鹽固藉於鹽戶，鬻鹽實賴於鹽商，故鹽戶所當存恤，鹽商所當優潤。慶元之初，歲爲錢九百九十萬八千有奇，寶慶元年，止七百四十九萬九千有奇，乃知鹽課之虧，實鹽商之無所贏利。爲今之計，莫若寬商旅，減征稅，庶幾慶元鹽課之盛，復見於今日矣。』從之。紹定元年，以侍御史李知孝言，罷上虞、餘姚海塗地創立鹽竈。端平二年，都省言：『淮、浙歲額鹽九十七萬四千餘袋，近二三年積虧一百餘萬袋，民食貴鹽，公私俱病。』有旨，三路提舉茶鹽司各置主管文字一員，專以興復鹽額、收買散鹽爲務，歲終尚書省課其殿最。淳祐元年，臣僚奏：『南渡立國，專仰鹽鈔，紹興、淳熙，率享其利。嘉定以來，二三十年之間，鈔法或行或罷，而浮鹽之説牢不可破，其害有不可勝言者。望付有司集議，孰爲可行，孰爲可罷，天地之藏與官民共之，豈不甚盛？』從之。五年，申嚴私販苛征之禁。

又　寶祐元年，都省言：『行在榷貨務都茶場上本務場淳祐十二年收趁到茶鹽等錢一萬一千八百一十五萬六千八百三十三貫有奇，比今新額四千萬貫增一倍以上，合視淳祐九年、十年、十一年例倍賞之，以勵其後。』有旨依所上推賞。四年五月，以行在務場比新額增九千一百七十三萬五千九百一十二貫有奇，本務場并三省、戶部、太府寺、交引庫，凡通管三務場職事之人，視例推賞，後以爲常。十有二月，殿中侍御史朱熠言：『近者課額頓虧，日甚一日，姑以真州分司言之，見虧二千餘萬，皆由臺閫及諸軍帥興販規利之由。』於是復申嚴私販之禁。

又卷一八三《食貨志下五・茶上》　寶慶二年，監察御史梁成大言：『福建州縣半係瀕海産鹽之地，利權專屬漕臣，乃其職也。鹽産於福州、興化，而運於劍、建、汀、邵，四郡二十二縣之民食焉。福建提舉司主常平茶事而鹽不預，漕司與認淨鏹以助用，近來越職營利，多取綱運，分委屬縣。縣邑既爲漕司措辦鹽課，今又增提舉司之額，其勢必盡斂於民，殆甚於青苗之害。望將運鹽盡歸漕司，提舉司不得越職，庶幾事權歸一，民瘼少蘇矣。』從之。

又　紹興元年三月，南恩州陽江縣土生鹹，募民墾之，置竈六十七，産鹽七十萬八千四百斤，收息錢三萬餘緡。十有二月，復置廣西茶鹽司。八年，詔廣西鹽歲以十分爲率，二分令欽、廉、雷、化、高五州官賣，餘八分行鈔法。尋又詔廣東鹽九分行鈔法，一分産鹽州縣出賣。廣南去中州絕遠，土曠民貧，賦入不給，故漕司鬻鹽，以其息什四爲州用，可以粗給，而民無加賦。昭州歲收買鹽錢三萬六千緡，以七千緡代潯、貴州上供赴經略司買馬，餘爲州用。及罷官賣，遂科七千緡於民戶，謂之縻費錢焉。九年，罷廣東官賣，行客鈔法，以其錢助鄂兵之費。

又　民之欲茶者售於官，其給日用者，謂之食茶，出境則給券。商賈貿易，入錢若金帛京師榷貨務，以射六務、十三場茶，給券隨所射與

之，願就東南入錢若金帛者聽，計直予茶如京師。至道末，鬻錢二百八十五萬二千九百餘貫，天禧末，增四十五萬餘貫。天下茶皆禁，唯川峽、廣南聽民自買賣，禁其出境。

又 茶之爲利甚博，商賈轉致於西北，利嘗至數倍。雍熙後用兵，切於饋餉，多令商人入芻糧塞下，酌地之遠近而爲其直，取市價而厚增之，授以要券，謂之交引，至京師給以緡錢，又移文江、淮、荊湖給以茶及顆、末鹽。端拱二年，置折中倉，聽商人輸粟京師，優其直，給茶鹽于江、淮。

又 淳化三年，監察禦史薛映、秘書丞劉式等請罷諸榷務，令商人就出茶州軍官場算買，既大省輦運，又商人皆得新茶。詔以三司鹽鐵副使雷有終爲諸路茶鹽制置使，左司諫張觀與映副之。四年二月，廢沿江八務，大減茶價。詔下，商人頗以江路回遠非便，有司又以損直虧課爲言。七月，復置八務，罷制置使、副。至道初，劉式猶固執前議，西京作坊使楊允恭言商人市諸州茶，新陳相糅，兩河、陝西諸州，風土各有所宜，非參以多品則少利，罷榷務令就茶山買茶不可行。太宗欲究其利害之説，命宰相召鹽鐵使陳恕等與式、允恭定議，召問商人，皆願如淳化所減之價，不然，即望仍舊。有司職出納，難於減損，皆同允恭之説，式議遂寢。即以允恭爲江南、淮南、兩浙發運兼制置茶鹽使。二年，從允恭等請，禁淮南十二州軍鹽，官鬻之，商人先入金帛京師及揚州折博務者，悉償以茶。自是鬻鹽得實錢，茶無滯積，歲課增五十萬八千餘貫，允恭等皆被賞。

又 景德二年，命鹽鐵副使林特、崇儀副使李溥等就三司悉索舊制詳定，而召茶商論議，別爲新法：其於京師入金銀、綿帛實直錢五十千者，給百貫實茶，若須海州茶者，入見緡五十五千；河北緣邊入金帛、芻粟，如京師之制，而茶增十千，次邊增五千；河東緣邊次邊亦然，而所增有八千、六千之差；陝西緣邊亦如之，而增十五千，須海州茶者，納物實直五十二千，次邊所增如河北緣邊之制。其三路近地所入所給，皆如京師。河北次邊、河東緣邊次邊，皆不得射海州茶。茶商所過，當輸算，令記録，候至京師併輸之。仍約束山場，謹其出納。議奏，三司皆以爲便。五月，以溥為淮南制置發運副使，委成其事。行之一年，真宗慮未盡其要，三年，命樞密直學士李濬等比較新舊法利害。時新法方行，商人頗眩惑，特等請罷比較，從之。

又 自新法之行，舊有交引而未給者，已給而未至京師者，已至而未磨者，悉差定分數，折納入官。大約商人有舊引千貫者，令依新法歲入二百千，候五歲則新舊皆給足。官府有茶充公費者，慮其價賤亂法，悉改以他物。山場節其出耗，所過商稅嚴其覺舉。諸榷務所受茶，皆均第配給場務，以交引至先後為次。大商刺知精好之處，日夜走僮使賫券詣官，率多先焉。初，禁淮南鹽，小商已困，至是，益不能行。

又 天聖元年，命三司使李諮等較茶、鹽、礬稅歲入登耗，更定其法。遂置計置司，以樞密副使張士遜、參知政事呂夷簡、魯宗道總之。首考茶法利害，奏言：『十三場茶歲課緡錢五十萬，天禧五年才及緡錢二十三萬，每券直錢十萬，鬻之售錢五萬五千，總為緡錢實十三萬，除九萬餘緡爲本錢，歲纔得息錢三萬餘緡，而官吏廩給雜費不預，是則虛數多而實利寡，請罷三説，行貼射法。』其法以十三場茶買賣本息併計其數，罷官給本錢，使商人與園户自相交易，一切定爲中估，而官收其息。如鬻舒州羅源場茶，斤售錢五十有六，其本錢二十有五，官不復給，但使商人輸息錢三十有一而已。然必輦茶入官，隨商人所指予之，給券為驗，以防私害，故有貼射之名。若歲課貼射不盡，或無人貼射，則官市之如舊。園户過期而輸不足者，計所負數如商人入息。舊輸茶百斤，益以二十斤至三十五斤，謂之耗茶，亦皆罷之。其入錢以射六務茶者如舊制。

先是，天禧中，詔京師入錢八萬，給海州、荊南茶；入錢七萬四千有奇，給真州、無為、蘄口、漢陽并十三場茶，皆直十萬，所以饒裕商人；而海州、荊南茶善而易售，商人願得之，故入錢之數厚於他州。其入錢者，聽輸金帛十之六。至是，既更為十三場法，又募入錢六務，而海州、荊南增為八萬六千，真州、無為、蘄口、漢陽增為八萬。商人入芻粟塞下者，隨所在實估，度地里遠近，量增其直。以錢一萬為率，遠者增至七百，近者三百，給券至京，一切以緡錢償之，謂之見錢法；願得金帛、若他州錢、或茶鹽、香藥之類者聽。大率使茶與邊羅，各以實錢出納，不得相為輕重，以絕虛估之敝。朝廷皆用其説。

又 卷一八四《食貨志下六・茶下》 天聖三年八月，詔翰林侍講

學士孫奭等同究利害，奭等言：『十三場茶積而未售者六百一十三萬余有餘斤，蓋許商人貼射，則善者皆入商人，其入官者皆粗惡不時，故人莫肯售。又園户輸歲課不足者，使如商人入息，而園户皆細民，貧弱力不能給，煩擾益甚。又姦人倚貼射爲名，強市盜販，侵奪官利，其弊不可不革。』十月，遂罷貼射法，官複給本錢市茶。商人入錢以售茶者，奭等又欲優之，請凡入錢京師售海州、荊南茶者，損爲七萬七千，售真州等四務十三場茶者，又第損之，給茶皆直十萬。自是，河北入中複用三説法，舊給東南緡錢者，以京師榷貨務錢償之。

奭等議既用，益以李諮等變法爲非。明年，摭計置司所上天聖二年比視增虧數差謬，詔令嘗典議官張士遜等條析。夷簡言：『天聖初，環慶等路數奏芻糧不給，京師府藏常闕緡錢，吏兵月奉僅能取足。自變法以來，京師積錢多，邊計不聞告乏，中間蕃部作亂，調發兵馬，仰給有司，無不足之患。以此推之，頗有成效。三司比視數目差互不同，非執政所能親自較計。』然士遜等猶被罰，詔罷三司使。初，園户負歲課者如商人入息，後不能償。至四年，太湖等九場凡逋息錢十三萬緡，詔悉蠲之。然自奭等改制，而茶法寖壞。

又 康定元年，葉清臣為三司使，是歲河北穀賤，因請內地諸州行三説法，募人入中，且以東南鹽代京師實錢。詔糴止二百萬石。慶曆二年，又請募人入芻粟如康定元年法，數足而止，自是三説稍複用矣。八年，三司鹽鐵判官董沔亦請複三説法，三司以為然，因言：『自見錢法行，京師錢入少出多，慶曆七年，榷貨務緡錢入百十九萬，出二百七十六萬。以此較之，恐無以贍給，請如沔議，以茶、鹽、香藥、緡錢四物予之。』於是有四説之法。初，詔止行于並邊諸州，而內地諸州有司蓋未嘗請，即以康定元年詔書從事。自是三説、四説二法並行于河北，不數年間，茶法複壞。芻粟之直，大約虛估居十之八，米斗七百，甚者千錢。券至京師，爲南商所抑，茶每直十萬，止售錢三千，富人乘時收蓄，轉取厚利。三司患之，請行貼買之法，每券直十萬，比市估三千，倍為六千，復入錢四萬四千，貼為五萬，給茶直十萬。詔又損錢一萬，然亦不足以平其直。久之，券比售錢三千者，才得二千，往往不售，北商無利，入中者寡，公私大弊。

又 至和三年，河北提舉糴便糧草薛向建議：『並邊十七州軍，歲計粟百八十萬石，爲錢百六十萬緡，豆六十五萬石，芻三百七十萬圍，並邊租賦歲可得粟、豆、芻五十萬，其餘皆商人入中。請罷並邊入粟，自京輦錢帛至河北，專以見錢和糴。』時楊察爲三司使，請用其説。因輦絹四十萬匹當緡錢七十萬，又蓄見錢及擇上等茶場八，總爲緡錢百五十萬，儲之京師，而募商人入錢並邊，計其道里遠近，優增其直，以是償之，且省輦運之費，唯入中芻豆計直償以茶如舊。行未數年，論者謂輦運科折，煩擾居民，且商人入錢者少，芻豆虛估益高，茶益賤。詔翰林學士韓絳等即三司經度。絳等言：『自改法以來，邊儲有備，商旅頗通，未宜輕變。唯輦運之費，悉從官給，而本路舊輸稅絹者，毋得折爲見錢，入中芻豆罷勿給茶，所在平其市估，至京償以銀、紬、絹。』自是茶法不復爲邊糴所須，而通商之議起矣。

又 景祐中，葉清臣上疏曰：『【略】建國以來，法敝輒改，載詳改法之由，非有爲國之實，皆商吏協計，倒持利權，幸在更張，倍求奇羨。富人豪族，坐以賈贏，薄販下估，日皆朘削，官私之際，俱非遠策。臣竊嘗校計茶利所入，以景祐元年爲率，除本錢外，實收息錢五十九萬餘緡，又天下所售食茶，并本息歲課亦祇及三十四萬緡，而茶商見通行六十五州軍，所收稅錢已及五十七萬緡。若令天下通商，祇收稅錢，自及數倍，即榷務、山場及食茶之利，盡可籠取。又況不費度支之本，不置榷易之官，不興輦運之勞，不濫徒黥之辟。【略】』

又 熙寧四年，神宗與大臣論昔茶法之弊，文彥博、吳充、王安石各論其故，然於茶法未有所變。及王韶建開湟之策，委以經略。七年，始遣三司幹當公事李杞入蜀經畫買茶，於秦鳳、熙河博馬。而韶言西人頗以善馬至邊，所嗜唯茶，乏茶與市。即詔趣杞據見茶計水陸運致，又以銀十萬兩、帛二萬五千、度僧牒五百付之，假常平及坊場餘錢，以著作佐郎蒲宗閔同領其事。初，蜀之茶園，皆民兩稅地，不殖五穀，唯宜種茶。賦稅一例折輸，蓋爲錢三百，折輸紬絹皆一匹；若爲錢十，則折輸綿一兩；爲錢二，則折輸草一圍。役錢亦視其賦。民賣茶資衣食，與農夫業田無異，而稅額總三十萬。杞被命經度，又詔得調舉官屬，迺即蜀諸州創設官場，歲增息爲四十萬，而重禁榷之令。其輸受之際，往往壓其斤重，

侵其價直，法既加急矣。八年，杞以疾去。

先是，杞等歲增十萬之息，既而運茶積滯，歲課不給，即建畫於彭、漢二州歲買布各十萬匹，以折脚費，實以布息助茶利，然茶亦未免積滯。都官郎中劉佐復議歲易解鹽十萬席，雇運回車船載入蜀，而禁商販，蓋恐布亦難敷也。詔既以佐代杞，未幾，鹽法復難行，遂罷佐。而宗閔乃議川陝路民茶息收十之三，盡賣於官場，更嚴私交易之令，稍重至徒刑，仍没緣身所有物，以待賞給。於是蜀茶盡榷，民始病焉。

又　［熙寧］十年，知彭州呂陶言：『川峽四路所出茶，比東南十不及一，諸路既許通商，兩川却爲禁地，虧損治體。如解州有鹽池，民間煎者乃是私鹽，晉州有礬山，民間煉者乃是私礬，今川蜀茶園，皆百姓己物，與解鹽、晉礬不同。又市易司籠制百貨，歲出息錢不過十之二，然必以一年爲率；今茶場司務重立法，盡榷民茶，隨買隨賣，取息十之三，或今日買十千之茶，明日即作十三千賣之，變轉不休，比至歲終，豈止三分？』因奏劉佐、李杞、蒲宗閔等苟希進用，必欲出息三分，致茶户被害。始詔息止收十之一，佐坐措置乖方罷，以國子博士李稷代之，而陶亦得罪。稷依李杞例兼三司判官，仍委權不限員舉劾。

侍御史周尹論蜀中榷茶爲民害，罷爲提點湖北刑獄。利州路漕臣張宗諤、張升卿議廢茶場司，依舊通商，詔付稷，稷方以茶利要功，言宗諤等所陳皆疏謬，罪當無赦。雖會赦，猶皆坐貶秩二等。於是稷建議賣茶官非材，許對易，如闕員，於前資待闕官差；茶場司事，州郡毋得越職聽治。又以茶價增減或不一，裁立中價，定歲入課額，及設酬賞以待官吏，而三路三十六場大小使臣並不限員。重園户採造黄老秋葉茶之禁，犯者没官。蒲宗閔亦援稷比，許舉劾官吏，以重其權，二人皆務浚利刻急。茶場監官買茶精良及滿五千馱以及萬馱，第賞有差，而所買粗惡僞濫者，計虧坐贓論。凡茶場州軍知州、通判並兼提舉，經略使所在，即委通判。又禁南茶入熙河、秦鳳、涇原路，如私販臘茶法。

又　自熙寧十年冬推行茶法，至元豐元年秋，凡一年，通課利及舊界息税七十六萬七千六十餘緡。帝謂稷能推原法意，日就事功，宜速遷擢，以勸在位，遂落權發遣，以爲都大提舉茶場，而用永興軍等路提舉常平范純粹同提舉。久之，用稷言徙司秦州，而録李杞前勞，以子珏試將作監主簿。蒲宗閔更請巴州等處産茶並用榷法。

五年，李稷死永樂城，詔以陸師閔代之。師閔言稷治茶五年，百費外獲淨息四百二十八萬餘緡，詔賜田十頃。而師閔榷利，尤刻於前，建言：『文、階州接連，而茶法不同，階爲禁地，有博馬、賣茶場，文獨爲通商地。乞文、龍二州並禁榷；仍許川路餘羡茶貨入陝西變賣，於成都府置博賣都茶場。』事皆施行。初，羣牧判官郭茂恂言，賣茶買馬，事實相須，詔茂恂同提舉茶場。至是，師閔以買馬司兼領茶場，茶法不能自立，詔罷買馬司兼領；令茶場都大提舉視轉運使，同管幹視轉運判官，以重其任。賈種民更立茶法，師閔論奏茶場與他場務不同，詔並用舊條。初，李杞增諸州茶場，自熙寧七年至元豐八年，蜀道茶場四十一，京西路金州爲場六，陝西賣茶爲場三百三十二，税息至稷加爲五十萬，及師閔爲百萬。

又　元祐元年，侍御史劉摯奏疏曰：『蜀茶之出，不過數十州，人賴以爲生，茶司盡榷而市之。園户有茶一本，而官市之，額至數十斤。官所給錢，靡耗於公者，名色不一，給借保任，輸入視驗，皆牙儈主之，故費於牙儈者又不知幾何。是官於園户名爲平市，而實奪之。園户有逃而免者，有投死以免者，而其害猶及鄰伍。欲伐茶則有禁，欲增植則加市，故其俗論謂地非生茶也，實生禍也。願選使者，考茶法之敝，以蘇蜀民。』右司諫蘇轍繼言：『呂陶嘗奏改茶法，止行長引，令民自販，每緡長引錢百，詔從其請，民方有息肩之望。孫迥、李稷入蜀商度，盡力掊取，息錢、長引並行，民間始不易矣。且盜賊贓及二貫，止徒一年，出賞五千，今民有以錢八百私買茶四十斤者，輒徒一年，賞三十千，立法苟以自便，不顧輕重之宜。蓋造立茶法，皆傾險小人，不識事體。』且備陳五害。呂陶亦條上利害，詔付黄廉體量；未至，摯又言陸師閔恣爲不法，不宜仍任事。詔即罷之。先是，師閔提舉榷茶，所行職務，他司皆不得預聞，事權震灼，爲患深密。及黄廉就領茶事，乃請凡緣茶事有侵損戾法，或措置未當及有訴訟，依元豐令，聽他司關送。十一月，蒲宗閔亦以附會李稷賣茶罷。

明年，熙河、秦鳳、涇原三路茶仍官爲計置，永興、鄜延、環慶許通商，凡以茶易穀者聽仍舊，毋得踰轉運司和糴價，其所博斛斗勿取息。七

年，詔成都等路茶事司，以三百萬緡爲額本。

又 茶之在諸路者，神宗、哲宗朝無大更革。熙寧八年，嘗詔都提舉市易司歲買商茶，以三百萬斤爲額。元祐五年，立六路茶税租錢諸州通判轉運司月暨歲終比較都數之法。七年，以茶隸提刑司，稅務毋得更易爲雜稅收受。紹聖四年，户部言：『商旅茶稅五分，治平條立輸送之限既寬，復慮課入無準，故定以限約，毋得更展。元祐中，輒展以季，課入漏失。且茶稅歲計七十萬緡，積十年未嘗檢察，請内外委官，期一年驅算以聞。』詔聽其議，展限令出一時，毋承用。

又 崇寧元年，右僕射蔡京言：『祖宗立禁榷法，歲收淨利凡三百二十餘萬貫，而諸州商稅七十五萬貫有奇，食茶之算不在焉，其盛時幾五百餘萬緡。慶曆之後，法制寖壞，私販公行，遂罷禁榷，行通商之法。自後商旅所至，與官爲市，四十餘年，利源寖失。謂宜荊湖、江、淮、兩浙、福建七路所產茶，仍舊禁榷官買，勿復科民，即產茶州郡隨所置場，申商人園户私易之禁，凡置場地園户租折稅仍舊。產茶州軍許其民赴場輸息，量限斤數，給短引，於旁近郡縣便鬻；餘悉聽商人於榷貨務入納金銀、緡錢或並邊糧草，即本務給鈔，取便算請於場，別給長引，從所指州軍鬻之。商稅自場給長引，沿道登時批發，至所指地，然後計稅盡輸，則在道無苛留。買茶本錢以度牒、末鹽鈔、諸色封樁、坊場常平剩錢通三百萬緡爲率，給諸路，諸路措置，各分命官。』詔悉聽焉。

俄定諸路措置茶事官置司：湖南於潭州，湖北於荊南，淮南於揚州，兩浙於蘇州，江東於江寧府，江西於洪州。其置場所在：蘄州即其州及蘄水縣，壽州以霍山、開順，光州以光山、固始，舒州即其州及羅源、太湖，黄州以麻城，廬州以舒城，常州以宜興，湖州即其州及長興、德清、安吉、武康，睦州即其州及青溪、分水、桐廬、遂安，婺州即其州及東陽、永康、浦江，處州即其州及遂昌、青田，蘇、杭、越各即其州，而越之上虞、餘姚、諸暨、新昌、剡縣皆置焉，衢、台各即其州，而溫州以平陽。大法既定，其制置節目，不可毛舉。四年，京復議更革，遂罷官置場，商旅並即所在州縣或京師給長短引，自買於園户。茶貯以籠篰，官爲抽盤，循第敍輸息訖，批引販賣，茶事益加密矣。

又 大觀元年，議提舉茶事司須保驗一路所產茶色高下、價直低昂，而請茶短引以地遠近程以三等之期。復慮商旅影挾舊引，冒詐規利，官吏因得擾動，以御筆申飭之。又以諸路再定茶息，多寡或不等，令斤各增錢十。三年，計七路一歲之息一百二十五萬一千九百餘緡，榷貨務再歲一百十有八萬五千餘緡。京專用是以舞智固權，自是歲以百萬緡輸京師所供私奉，掊息益厚，盜販公行，民滋病矣。

又 政和二年，大增損茶法。凡請長引再行者，輸錢百緡，即往陝西，加二十，茶以百二十斤；短引輸緡錢二十，茶以二十五斤。私造引者如川錢引法。歲春茶出，集民户約三歲實直及今價上户部。茶籠篰並皆官製，聽客買，定大小式，嚴封印之法。長短引輒竄改增減及新舊對帶、繳納申展、住賣轉鬻科條悉具。初，客販茶用舊引者，未嚴斤重之限，影帶者衆。於是又詔凡販長引斤重及三千斤者，須更買新引對賣，不及三千斤者，即用新引以一斤帶二斤鬻之，而合同場之法出矣。場置於產茶州軍，而簿給於都茶場。凡不限斤重茶，委官司秤製，毋得止憑批引爲定，有贏數即沒官，別定新引限程及重商旅規避秤製之禁，凡十八條，若避匿抄劄及擅賣，皆坐以徒。復慮茶法猶輕，課入不羨，定園户私賣及有引而所賣踰數，保内有犯不告，並如煎鹽亭户法。短引及食茶關子輒出本路，坐以二千里流，賞錢百萬。

又 元豐中，宋用臣都提舉汴河隄岸，創奏修置水磨，凡在京茶户擅磨末茶者有禁，並許赴官請買，而茶鋪入米豆雜物揉和者募人告，一兩賞三千，及一斤十千，至五十千止。商賈販茶應往府界及在京，須令產茶山場州軍給引，並赴京場中賣，犯者依私販臘茶法。諸路末茶入府界者，復嚴爲之禁。訖元豐末，歲獲息不過二十萬，商旅病焉。

又 元祐初，寬茶法，議者欲罷水磨。户部侍郎李定以失歲課，持不可廢，侍御史劉摯、右司諫蘇轍等相繼論奏，遂罷。紹聖初，章惇等用事，首議修復水磨。乃詔即京、索、天源等河爲之，以孫迥提舉，復命兼提舉汴河隄岸。四年，場官錢景逢獲息十六萬餘緡，呂安中二十一萬餘緡，以差議賞。元符元年，户部上凡獲私末茶幷雜和者，即犯者未獲，估價給賞，並如私臘茶獲犯人法。雜和茶宜棄者，斤特給二十錢，至十緡止。

又 初，元豐中修置水磨，止於在京及開封府界諸縣，未始行於外

路。及紹聖復置，其後遂於京西鄭、滑、穎昌府，河北澶州皆行之，又將即濟州山口營置。崇寧二年，提舉京城茶場所奏：『紹聖初，興復水磨，歲收二十六萬餘緡。四年，於長葛等處京、索、溴水河增修磨二百六十餘所，自輔郡榷法罷，遂失其利，請復舉行。』從之。尋詔商販臘茶入京城者，本場盡買之，其翻引出外者，收堆垛錢。裁元豐制更立新額，歲買山場草茶以五百萬斤爲率。客茶至京者，許官場買十之三，即索價故高，驗元引買價量增。三年，詔罷之。

明年，改令磨户承歲課視酒户納麴錢法。五年，復罷民户磨茶，官用水磨仍依元豐法，應緣茶事併隸都提舉汴河堤岸司。大觀元年，改以提舉茶事司爲名，尋命茶場、茶事通爲一司。三年，復撥隸京城所，一用舊法。政和元年，京城所請商旅販茶起引定入京住賣者，即許借江入汴，如元豐舊制；其借江入汴却指他路住賣者禁，已請引者並令赴京。二年，以課入不登，商賈留滯，詔以其事歸尚書省。於是尚書省言：『水磨茶自元豐創立，止行於近畿，昨乃分配諸路，以故致弊，欲止行於京城，仍通行客販，餘路水磨並罷。』從之。四年，收息四百萬貫有奇，比舊三倍，遂創月進。

又 高宗建炎初，於真州印鈔，給賣東南茶鹽。當是時，茶之産於東南者，浙東西、江東西、湖南北、福建、淮南、廣東西，路十，州六十有六，縣二百四十有二。霅川顧渚生石上者謂之紫筍，毗陵之陽羨，紹興之日鑄，婺源之謝源，隆興之黄龍、雙井，皆絶品也。建炎三年，置行在都茶場，罷合同場十有八，惟洪、江、興國、潭、建各置場一，監官一。罷食茶小引，捕私茶法視捕私鹽。二十一年，秦檜等始進茶鹽法。先是，臣僚或因事建明，朝廷亦因時損益，至是審訂成書，上之。

又 孝宗隆興二年，淮東宣諭錢端禮言：『商販長引茶，水路不許過高郵，陸路不許過天長，如願往楚州及盱眙界，引貼輸翻引錢十貫五百文，如又過淮北，貼輸亦如之。』當是時，商販自榷場轉入虜中，其利至博，幾禁雖嚴，而民之犯法者自若也。乾道二年，户部言：『商販至淮北榷場折博，除輸翻引錢，更輸通貨儈息錢十一緡五百文。』八年，減輸翻引錢止七緡，通貨儈息錢止八緡。淳熙二年，以長短茶引權以半依元引斤重錢數，分作四緡小引印給，而翻引貼輸錢隨小引輸送。光宗紹熙初，漳州守臣朱熹奏除屬邑科茶七千餘緡。臣僚申明長短小引相兼，從人之便。户部言給賣小引，除金銀、會子分數入輸，餘願專以會子算請者聽。

又 建寧臘茶，北苑爲第一，其最佳者曰社前，次曰火前，又曰雨前，所以供玉食，備賜予。太平興國始置，大觀以後製愈精，數愈多，胯式屢變，而品不一，歲貢片茶二十一萬六千斤。建炎以來，葉濃、楊勍等相因爲亂，園丁亡散，遂罷之。紹興二年，蠲未起大龍鳳茶一千七百二十八斤。五年，復減大龍鳳及京鋌之半。十二年，興榷場，遂取臘茶爲榷場本，凡胯、截、片、鋌，不以高下多少，官盡榷之，申嚴私販入海之禁。議者請鬻建茶於臨安，移茶事司於建州買發，明年，以失陷引錢，復令通商。自是上供龍鳳、京鋌茶料，凡製作之費、篚笥之式，令漕司專之。

又 蜀茶之細者，其品視南方已下，惟廣漢之趙坡，合州之水南，峨眉之白牙，雅安之蒙頂，土人亦珍之，但所産甚微，非江、建比也。舊無榷禁，熙寧間，始置提舉司，收歲課三十萬；至元豐中，累增至百萬。建炎元年，成都轉運判官趙開言榷茶、買馬五害，請『用嘉祐故事盡罷榷茶，而令漕司買馬。或未能然，亦當減額以蘇園户，輕價以惠行商，如此則私販衰而盜賊息』。遂以開同主管川、秦茶馬。二年，開至成都，大更茶法，倣蔡京都茶場法，以引給茶商，即園户市茶，百斤爲一大引，除其十勿算。置合同場以譏其出入，重私商之禁，爲茶市以通交易。每斤引錢春七十、夏五十，市利頭子錢不預焉。所過征一錢，所止一錢五分。自後引息錢至一百五萬緡。至十七年，都大茶馬韓球盡取園户加饒之茶爲額，茶司歲收二百萬，而買馬之數不加多。

又 乾道末年，青羌作亂，茶司增長細馬名色等錢歲三十萬。淳熙六年以後，累減園户重額錢十六萬，又減引息錢十六萬。至紹熙初，楊輔爲使，遂定爲法。成都府、利州路二十三場，歲産茶二千一百二萬斤，通博馬物帛歲收錢二百四十九萬三千餘緡。朝廷歲以一百一十三萬緡隸總領所贍軍，然茶馬司率多難之；乾道以後，歲撥止一二十萬緡，至淳熙十年，遂以五十萬緡爲準。

又 自熙、豐以來，茶司官榷出諸司之上。初，元豐開川、秦茶場，園户既輸二稅，又輸土産，隆安縣園户二稅、土産兼輸外，又催理茶課估

錢，建炎元年立爲額，至寧宗慶元初，始除之。六年，詔四川產茶處歲輸經總制頭子錢五千四十一道有奇，又科租錢三千一百四十道有奇。

又 宋初，經理蜀茶，置互市于原、渭、德順三郡，以市蕃夷之馬；熙寧間，又置場于熙河。南渡以來，文、黎、珍、敘、南平、長寧、階、和凡八場，其間盧甘蕃馬歲一至焉，洮州蕃馬或一月或兩月一至焉，疊州蕃馬或半年或三月一至焉，皆良馬也。其他諸蕃馬多駑，大率皆以互市爲利，宋朝曲示懷遠之恩，亦以是羈縻之。紹興二十四年，復黎州及雅州碉門靈西砦易馬場，乾道初，川、秦八場馬額九千餘匹，淳熙以來，爲額萬二千九百九十四匹，自後所市未嘗及焉。

又 卷一八六《食貨志下八》 宋初，循周制，與江南通市。乾德二年，禁商旅毋得渡江，於建安、漢陽、蘄口置三榷署，通其交易；內外羣臣輒遣人往江、浙販易者，沒入其貨。緣江百姓及煎鹽亭户，恣其樵漁，所造履席之類，榷署給券，聽渡江販易。開寶三年，徙建安榷署於揚州。江南平，榷署雖存，止掌茶貨。四年，置市舶司于廣州，後又於杭、明州置司。凡大食、古邏、闍婆、占城、勃泥、麻逸、三佛齊諸蕃並通貨易，以金銀、緡錢、鉛錫、雜色帛、瓷器，市香藥、犀象、珊瑚、琥珀、珠琲、鑌鐵、鼊皮、瑇瑁、瑪瑙、車渠、水精、蕃布、烏樠、蘇木等物。

又 契丹在太祖時，雖聽緣邊市易，而未有官署。太平興國二年，始令鎮、易、雄、霸、滄州各置榷務，輦香藥、犀象及茶與交易。後有范陽之師，罷不與通。雍熙三年，禁河北商民與之貿易。時累年興師，千里饋糧，居民疲乏，太宗亦頗有厭兵之意。端拱元年，詔曰：『朕受命上穹，居尊中土，惟思禁暴，豈欲窮兵？至於幽薊之民，皆吾赤子，宜許邊疆互相市易。自今緣邊戍兵，不得輒恣侵略。』未幾復禁，違者抵死，北界商旅輒入內地販易，所在捕斬之。淳化二年，令雄霸州、靜戎軍、代州鴈門砦置榷署如舊制，所鬻物增蘇木，尋復罷。

又 卷一九〇《兵志四》 熙寧三年，熙河運司以歲計不足，乞以官茶博糴，每茶三斤易粟一斛，其利甚博。朝廷謂茶馬司本以博馬，不可以博糴，於茶馬司歲額外，增買川茶兩倍茶，朝廷別出錢二百萬給之，令提刑司封樁。又令茶馬官程之邵兼領轉運使，由是數歲邊用粗足。及挺之再相，熙河漕司屢申以軍糧不足爲急，乃令會去年拋降錢數共一千一百萬馱，一馱價直三千至四十千，二百馱所轉不可勝計，今年已降撥銀、錢、絹等共九百萬，乃令更支兩倍茶一百萬馱。張康國同進呈，得旨，乃密檢元豐以來茶惟用博馬指揮以進。然康國不知兩倍茶自非博馬之數，而何執中、鄧洵武雜然和之。由是兩倍茶更不支給，而鄯、湟兵費不給矣。

又 卷一九八《兵志十二・馬政》 〔熙寧〕八年，提舉茶場李杞言：『賣茶買馬，固爲一事。乞同提舉買馬。』詔如其請。十年，又置羣牧行司，以往來督市馬者。

又 元豐三年，復罷爲提舉買馬監牧司。四年，羣牧判官郭茂恂言：『承詔議專以茶市馬，以物帛市穀，而併茶馬爲一司。臣聞頃時以茶易馬，兼用金帛，亦聽其便。近歲事局既分，專用銀絹、錢鈔，非蕃部所欲。且茶馬二者，事實相須。請如詔便。』奏可。仍詔專以雅州名山茶爲易馬用。自是蕃馬至者稍衆。六年，買馬司復罷兼茶事。七年，更詔以買馬隸經制熙河財用司。經制司罷，乃復故。

又 自李杞建議，始於提舉茶事兼買馬，其後二職分合不一。崇寧四年，詔曰：『神宗皇帝厲精庶政，經營熙河路茶馬司以致國馬，法制大備。其後監司欲侵奪其利以助糴買，故茶利不專，而馬不敷額。近雖更立條約，令茶馬司總運茶博馬之職，猶慮有司苟於目前近利，不顧悠久深害。三省其謹守已行，毋輒變亂元豐成法。』自是職任始一。

又 卷二七〇《蘇晓传》 宋初，詔與竇儀、奚嶼、張希讓等同詳定刑統爲三十卷及編敕四卷。建隆四年，權大理少卿事，遷度支郎中。乾德三年，出爲淮南轉運使，建議榷蘄、黃、舒、廬、壽五州茶，置十四場，規其利，歲入百餘萬緡。開寶三年，遷司勳郎中，改西川轉運使，仍掌京城市征。

又 卷二七三《何承矩傳》 〔咸平〕三年，召還，拜引進使。州民百餘詣闕貢馬，乞借留承矩，詔書嘉獎，復遣之。承矩上言曰：【略】又如榷場之設，蓋先朝從權立制，以惠契丹，縱其渝信犯盟，亦不之廢，似全大體。今緣邊榷場，因其犯塞，尋即停罷。去歲以臣上言，於雄州置場賣茶，雖貲貨並行，而邊氓未有所濟。乞延訪大臣，議其可否，或

文武中有抗執獨議，是必別有良謀。請委之邊任，使施方略，責以成功。苟空陳浮議，上惑聖聰，秖如靈州，足爲證驗，況茲契丹又非夏州之比也。

又 四年十月，建議選鋭兵於乾寧軍，挽刀魚船自界河直趣平州境，以牽西面之勢。五年，詔兼領制置屯田使。始建榷場，或者謂承矩意在繼好，然契丹無厭，未足誠信，徒使公行窺伺。會契丹有殺斥候卒者，復罷之。

又 卷二七七《索湘傳》 湘少文而長於吏事，歷邊部，所至必廣儲蓄爲備豫計，出入軍旅間，頗著能名。先是，邊州置榷場，與蕃夷互市，而自京輦物貨以充之，其中茶茗最爲煩擾，復道遠多損敗。湘建議請許商賈緣江載茶詣邊郡入中，既免道途之耗，復有征算之益。又威虜、靜戎軍歲燒緣邊草地以虞南牧，言事者又請於北砦山麓中興置銀冶，湘以爲召寇，亦奏罷之。

又 卷三〇〇《李虛己傳》 李虛己字公受，五世祖盈，自光州從王潮徙閩，遂家建安。父寅，有清節，仕江南李氏，至諸司使。江南國除，授殿前承旨，辭不拜。時僞官皆入留京師，而寅母獨在江南，乃遣其長子歸養。舉進士，起家爲衢州司理參軍。母老，棄官以歸。虛己亦中進士第，歷沈丘縣尉，知城固縣，改大理評事，累遷殿中丞，提舉淮南茶場。召知榮州，未行，改遂州。

又 卷三〇一《高覿傳》 高覿字會之，宿州蘄人。進士起家，爲嘉興縣主簿。後以孫奭薦，改秘書省著作佐郎，累遷尚書屯田員外郎、通判泗州。詔定淮南場茶法，覿陳説利害，不報。

又 卷三三三《沈立傳》 沈立字立之，歷陽人。舉進士，簽書益州判官，提舉商胡埽。采摭大河事迹、古今利病，爲書曰河防通議，治河者悉守爲法。遷兩浙轉運使。蘇、湖水，民艱食，縣戒強豪民發粟以振，立亟命還之，而勸使自稱貸，須歲稔，官爲責償。茶禁害民，山場、榷場多在部內，歲抵罪者輒數萬，而官僅得錢四萬。立著茶法要覽，乞行通商法，三司使張方平上其議。後罷榷法，如所請。立召爲户部判官。

又 卷三九五《王阮傳》 調南康都昌主簿，以廉聲聞，移永州教授。獻書闕下，請罷吴、楚牧馬之政，而積馬於蜀茶馬司，以省往來綱驛之費，歲時分牧之資，凡數千言。紹熙中，知濠州，請復曹瑋方田，修种世衡射法，日講守備，與邊民親訪北境事宜。終阮在濠，金不敢南侵。改知撫州。

又 卷四一六《吴淵傳》 丁母憂，服除，進龍圖閣學士、江西安撫使兼知江州，尋爲沿江制置副使兼提舉南康軍兵甲公事、節制蘄黄州、安慶府屯田使。湖南峒寇蔓入江右之境，破數縣，袁、洪大震，淵命將調兵，生禽其渠魁，亂遂平。遷兵部尚書、知平江府兼浙西兩淮發運使。尋兼知平江府，歲亦大侵，因淵全活者四十二萬三千五百餘人。兼浙西提點刑獄、知太平州兼提領兩淮茶鹽所，以功進端明殿學士、沿江制置使、江東安撫使兼知建康府、兼行宫留守、節制和州無爲軍安慶府兼三郡屯田使。

又 御史劉元龍劾淵，帝寢其奏，改知寧國府。累具辭免，且匄祠，以本官提舉洞霄宫。起知潭州、湖南安撫使，不赴。改知太平兼提領江、淮茶鹽所，轉荊湖制置大使、知江陵府兼夔路策應大使，兼京湖屯田大使，帶行京湖安撫制置大使。

又 卷四一九《林略傳》 林略字孔英，温州永嘉人。慶元五年，舉進士。歷饒州大寧監教授，辟幹辦四川茶馬司公事。

又 卷四二一《常楙傳》 常楙字長孺，顯謨閣直學士同之曾孫。入太學。淳祐七年，舉進士。調常熟尉。公廉自持，不畏彊禦，部使者交薦之。調婺州推官。疏决滯訟，以剸繁裁劇稱。臨安府尹馬光祖又薦於朝，辟差平江府百萬倉檢察，不受和糴事例，戢吏卒苛取。發運使趙與湮兼提點刑獄，屬楙檢覆，雪無錫翟氏冤獄。監江淮茶鹽所蕪湖局，不受商税贏，光祖益敬之。

又 卷四四三《章望之傳》 章望之字表民，建州浦城人。少孤，喜問學，志氣宏放。爲文辯博，長於議論。初由伯父得象廕爲祕書省校書郎，監杭州茶庫。

又 卷四七四《奸臣傳四・丁大全》 丁大全字子萬，鎮江人。面藍色。嘉熙二年舉進士，調蕭山尉。上謁帥閫，安撫使史巖之俟衆賓退，獨留大全，款曲甚至，期以他日必大用。大全爲戚里婢壻，寅緣以取寵位。事内侍盧允昇、董宋臣。累官爲大理司直、添差通判饒州。入爲太府

寺簿，調尚書茶鹽所檢閱江州分司，復兼樞密院編修官。拜右正言兼侍講，辭。改右司諫，拜殿中侍御史。

《文獻通考》卷一八《征榷考五·榷茶》 端拱二年，置折中倉，听商人输粟京师，优其直，给江、淮茶鹽。

又 止斋陈氏曰：『乾德时，东南六路、闽、浙归職方，馀尚未平。太祖榷法盖禁南商擅有中州之利，故置场以买之，自江以北皆为禁地。【略】』

《金史》卷七《世宗紀中》 ［大定十六年十二月］庚寅，定榷場香、茶罪賞法。

又 卷四九《食貨四·茶法》 茶。自宋人歲供之外，皆貿易於宋界之榷場。世宗大定十六年，以多私販，乃更定香茶罪賞格。章宗承安三年八月，以謂費國用而資敵，遂命設官製之。以尚書省令史承德郎劉成往河南視官造者，以不親嘗其味，但採民言謂爲溫桑，實非茶也，還即白上。上以爲不幹，杖七十，罷之。

四年三月，於淄、密、寧海、蔡州各置一坊，造新茶，依南方例每斤爲袋，直六百文。以商旅卒未販運，命山東、河北四路轉運司以各路户口均其袋數，付各司縣鬻之。買引者，納錢及折物，各從其便。

《元史》卷一〇《世祖紀七》 ［至元十五年六月甲戌］罷茶運司及營田司，以其事隸本道宣慰司。

又 ［至元十六年］夏四月己卯，立江西榷茶運司及諸路轉運鹽使司、宣課提舉司。

又 卷一二《世祖紀九》 ［至元十九年五月］己巳，遣浙西道宣慰司同知劉宣等理算各鹽運司及財賦府茶場都轉運司出納之數。

又 卷一四《世祖紀一一》 ［至元二十三年］二月己亥【略】復立岳、鄂、常德、潭州、靜江榷茶提舉司。

又 卷一五《世祖紀一二》 ［至元二十五年二月丙寅］改江西茶運司爲都轉運使司，并榷酒醋稅。

又 ［至元二十五年八月］甲戌，詔兩淮、兩浙都轉運使司及江西榷茶都轉運司諸人，毋得沮辦課。

又 卷一六《世祖紀十三》 ［至元二十七年］二月乙亥朔，立全羅州道萬户府。【略】辛卯，復立南康、興國榷茶提舉司，秩從五品。

又 ［至元二十八年九月］壬子，酒醋課不兼隸茶鹽運司，仍隸各府縣。

又 卷一八《成宗紀一》 ［元貞元年二月］壬午，罷江南茶稅，以其數三千錠添入江西榷茶都轉運司歲額。

又 卷一九《成宗紀二》 ［元貞二年秋七月］癸酉，詔茶鹽轉運司、印鈔提舉司、運糧漕運司官，仍舊以三年爲代；雲南、福建官吏滿任者，給驛以歸。

又 卷二一《成宗紀四》 ［元貞八年三月］庚辰，陞分寧縣爲寧州。罷廬州路榷茶提舉司。

又 卷二四《仁宗一》 ［至大四年九月］丙寅，敕省部官，勿托以宿衛廢職。罷西番茶提舉司。是月，江陵路水漂民居，溺死十有八人。

又 ［皇慶元年秋七月］甲午，置榷茶批驗所并茶由局官。

又 卷二六《仁宗三》 ［延祐五年十一月］癸未，敕江西茶運司歲課以二十五萬錠爲額。

又 卷三八《順帝一》 ［至順四年十一月］辛亥，江西、湖廣、江浙、河南復立榷茶運司。

又 卷四三《順帝六》 ［至正十四年十二月丁酉］罷庸田、茶運、寶泉等司。

又 卷八五《百官志一》 印造鹽茶等引局，大使一員，副使一員。至元二十四年置。掌印造腹裏、行省鹽、茶、礬、鐵等引。仍置攢典、庫子各一人。

又 卷八七《百官志三》 常湖等處茶園都提舉司，秩正四品。掌常、湖二路茶園户二萬三千有奇，採摘茶芽，以貢内府。至元十三年置司，統提領所凡十有三處。十六年，陞都提舉司。又別置平江等處榷茶提舉司，掌歲貢御茶。二十四年，罷平江提舉司，併掌其職。定置達魯花赤一員，提舉一員，俱從五品；同提舉一員，從六品；副提舉一員，從七品；提控案牘一員，都目一員。

又 建寧北苑武夷茶場提領所，提領一員，受宣徽院劄。掌歲貢茶芽。直隸宣徽。

又 卷九一《百官志七》 廣東鹽課提舉司。至元十三年，始從廣州煎辦鹽課。十六年，隸江西鹽鐵茶都轉運司。二十二年，併入宣慰司。

又 四川茶鹽轉運司。成都鹽井九十五處，散在諸郡山中。至元二年，置興元四川轉運司，專掌煎熬辦課之事。八年罷之。十六年，復立轉運司。十八年，併入四道宣慰司。十九年，復立陝西四川轉運司，通轄諸課程事。二十二年，置四川茶鹽運司，秩從三品。使一員，同知、副使、運判各一員，經歷、知事、照磨各一員。

又 卷九二《百官志八》 茶運司。元統元年十一月，復置湖廣江西榷茶都轉運司。

又《食貨志二・歲課》 至元二年，立興元四川鹽運司，修理鹽井，仍禁解鹽不許過界。八年，罷四川茶鹽運司。十六年，復立之。十八年，併鹽課入四川道宣慰司。十九年，復立陝西四川轉運司，通辦鹽課。二十二年，改立四川鹽茶運司，分京兆運司爲二，歲煎鹽一萬四百五十一引。二十六年，一萬七千一百五十二引。皇慶元年，以竈户艱辛，減煎餘鹽五千引。天曆二年，辦鹽二萬八千九百一十引，計鈔八萬六千七百三十錠。

又 至元十三年，克廣州，因宋之舊，立提舉司，從實辦課。十六年，立江西鹽鐵茶都轉運司，所轄鹽使司六，各場立管勾。

又《茶法》 世祖至元五年，用運使白賡言，榷成都茶，於京兆、鞏昌置局發賣，私自採賣者，其罪與私鹽法同。六年，始立西蜀四川監榷茶場使司掌之。十三年，既平宋，復用左丞呂文煥言，榷江西茶，以宋會五十貫準中統鈔一貫。十三年，定長引短引之法，以三分取一。長引每引計茶一百二十斤，收鈔五錢四分二釐八毫。短引計茶九十斤，收鈔四錢二分八毫。是歲，徵一千二百餘錠。十四年，取三分之半，增至二千三百餘錠。十五年，又增至六千六百餘錠。十七年，置榷茶都轉運司于江州，總江淮、荊湖、福廣之稅，而遂除長引，專用短引。每引收鈔二兩四錢五分，草茶每引收鈔二兩二錢四分。十八年，增額至二萬四千錠。十九年，以江南茶課官爲置局，令客買引，通行貨賣。歲終，增二萬錠。二十一年，廉運使言：『各處食茶課程，抑配于民，非便。』於是革之。而以其所革之數，於正課每引增一兩五分，通爲三兩五錢。二十三年，又以李起南言，增爲五貫。是年徵四萬錠。二十五年，改立江西等處都轉運司。二十六年，丞相桑哥增引稅爲一十貫。三十年，又改江南茶法。凡管茶提舉司一十六所，罷其課少者五所，併入附近提舉司。每茶商貨茶，必令賫引，無引者與私茶同。引之外，又有茶由，以給賣零茶者。初，每由茶九斤，收鈔一兩，至是自三斤至三十斤分爲十等，隨處批引局同，每引收鈔一錢。

又 元貞元年有獻利者言：『舊法江南茶商至江北者又税之，其在江南賣者，亦宜更稅，如江北之制。』於是朝議復增江南課三千錠，而弗税。是年凡征八萬三千錠。至大元年，以龍興、瑞州爲皇太后湯沐邑，其課入徽政院。四年，增額至一十七萬一千一百三十一錠。皇慶二年，更定江南茶法，又增至一十九萬二千八百六十六錠。延祐元年，改設批驗茶由局官。五年，用江西茶副法忽魯丁言，立減引添課之法，每引增稅爲一十二兩五錢，通辦鈔二十五萬錠。七年，遂增至二十八萬九千二百一十一錠。

又 天曆二年，始罷榷司而歸諸州縣，其歲征之數，蓋與延祐同。至順之後，無籍可考。他如范殿帥茶、西番大葉茶、建寧胯茶，亦無從知其始末，故皆不著。

又 卷九七《食貨志五・鹽法》 元統三年，四川行省據鹽茶轉運使司申：『至順四年，中書坐到添辦餘鹽一萬引外，又帶辦兩浙運司五千引，與正額鹽通行煎辦，已後支用不闕，再行議擬。卑司爲各場別無煎出餘鹽，不免勒令竈户承認規劃，幸已足備。以後年分，若不申覆，誠恐竈户逃竄，有妨正課。如蒙憐憫，備咨中書省，於所辦餘鹽一萬引內，量減帶辦兩浙之數。』又准分司運官所言云：『四川鹽井，俱在萬山之間，比之腹裏、兩淮，優苦不同，又行帶辦餘鹽，竈民由此而疲矣。』行省咨呈中書省，上奏得旨，權以帶辦餘鹽五千引倚閣之。

又《茶法》 至元二年，江西、湖廣兩行省具以茶運司同知萬家閭所言添印茶由事，咨呈中書省云：『本司歲辦額課二十八萬九千二百餘

錠。除門攤批驗鈔外，數內茶引一百萬張，每引十二兩五錢，共爲鈔二十五萬錠。末茶自有官印筒袋關防，其零斤草茶由帖，每年印造一千三百八萬五千二百八十九斤，該鈔二萬九千八十餘錠。茶引一張，照茶九十斤，客商興販。其小民買食及江南產茶去處零斤採賣，皆須由帖爲照。春首發賣茶由，至於夏秋，茶由盡絶，民間闕用。以此考之，茶由數少課輕，便於民用而不敷，茶引課重數多，止於商旅興販，年終尚有停閑未賣者。每歲合印茶由，以十分爲率，量添二分，計二百六十一萬七千五十八斤。算依引目內官茶，每斤收鈔一錢三分八釐八毫八絲，計增鈔七千二百六十九錠七兩，比驗減去引目二萬九千七十六張，庶幾引不停閑，茶無私積。中書户部定擬，江西茶運司歲辦公據十萬道，引一百萬，計鈔二十八萬九千二百餘錠。茶引便於商販，而山場小民全憑茶由爲照，歲辦茶由一千三百八萬五千二百八十九斤，每斤一錢一分一釐一毫二絲，計鈔五千八百一十六錠七兩四錢一分，減引二萬三千二百六十四張。茶引一張，造茶九十斤，納官課十二兩五錢。如於茶由量添二分，計二百六十一萬七千五十八斤，每斤添收鈔一錢三分八釐八毫八絲，計鈔七千二百六十九錠七兩，積出餘零鈔數，官課無虧，而便於民用。』合准本省所擬，具呈中書省，移咨行省，如所擬行之。

又 卷一七二《鄧文原傳》 至治二年，召爲集賢直學士，地震，詔議弭災之道。文原請決滯囚，置倉廪河北，儲羨粟以賑饑；復申前議，請罷榷茶轉運司，又不報。明年，兼國子祭酒，江浙省臣趙簡請開經筵。泰定元年，文原兼經筵官，以疾乞致仕歸。二年，召拜翰林侍講學士，以疾辭。四年，拜嶺北湖南道肅政廉訪使，以疾不赴。天曆元年卒，年七十一。

又 卷二〇五《奸臣傳・阿合馬》 十六年四月，中書奏立江西榷茶運司，及諸路轉運鹽使司、宣課提舉司。未幾，以忽辛爲中書右丞。明年，中書省奏：『阿塔海、阿里言，今立宣課提舉司，官吏至五百餘員。左丞陳巖、范文虎等言其擾民，且侵盜官錢。乞罷之。』阿合馬奏：『昨有言旨籍江南糧數，屢移文取索，不以實上。遂與樞密院、御史臺及廷臣諸老集議，謂設立運司，官多俸重，宜諸路立提舉司，都省、行省各委一人任其事。今行省未嘗委人，即請罷之，乃歸咎臣等。然臣所委人，有至者僅兩月，計其侵用凡千一百錠，以彼所管四年較之，又當幾何？今立提舉司，未及三月而罷，豈非恐彼姦弊呈露，故先自言以絶迹耶？宜令御史臺遣能臣同往，凡有非法，具以實聞。』世祖曰：『阿合馬所言是，其令臺中選人以往。若已能自白，方可責人。』

《明會典》卷一二《雜職官、入流倉官》 正統三年奏准，在外河泊、庫官、鹽稅局、鹽倉、茶鹽批驗所等官，三年六年考滿，係北直隸者，赴吏部考覈，引奏復職；係南京者，赴南京吏部；係布政司者，赴各布政司。查理明白，就令復職。各布政司仍將各官牌冊、具本差人類繳，候九年通考，以憑查考。多歷、少歷、違限、錯歷，俱送問。九年無過，陞一級；有過，本等用。

又考覈通例

永樂四年奏准，各都司衛所、布政司、按察司、行太僕寺、鹽運司、鹽課提舉司、煎鹽提舉司、市舶提舉司、茶馬司考覈俱從繁例。宣慰、宣撫、安撫、招討、長官司俱係土官衙門，從簡例。

又 卷一三《朝覲考察》 弘治十六年奏准，陝西洮河、西寧茶馬司大使等官，俱免，止令該吏賫冊應朝。

又 卷三五《課程四・商稅》 ［弘治］十三年奏准，在京在外稅課司局、批驗茶引所，但一應稅納錢鈔去處，省令客商人等自納。若權豪無藉之徒，結黨把持，攔截生事，及將爛鈔低錢搪塞，攪擾商稅者，問罪。枷號三箇月發落。

又 卷三七《課程六・茶課》 景泰五年，令將引由照茶，依例批驗截角。賣畢，隨赴住賣所在官司告繳，封送各該批驗所，類解本部查銷。若有過期不繳者，批驗茶引所每季查出商名貫址、引由數目，開報合干上司，轉行各該巡按監察御史、按察司提問追繳。仍行各府州，查勘前項茶商原領未繳引由，照例送銷。其批驗茶引所今後給散引由，務籍記茶商姓名籍貫、茶斤引數，每引由一道納鈔一貫，中夾紙一張，送部。鈔送庫交收，紙存印引。

又 嘉靖三十一年，令凡商人報中四川茶引、茶法道取具年甲籍貫，並文引字號，一樣關帖六本。印鈐關送重夔等道，帖下各地方委官收掌。候各商至日，查審相同，如數驗放，秤盤番易。各將截角茶引類繳，各道

查明，即轉關茶法道驗。如或繳到截角不及數，並盤放不及時者，悉聽茶法道舉正，依律查究。

又 四年奏准，陝西漢中府金州、石泉、漢陰、平利、西鄉縣茶園，每十株官取一分。其民所收茶，官給價買。無主者令守城軍士薅培，及時採取。以十分為率，官取八分，軍收二分。每五十斤為一包，二包為一引。令有司收貯於西蕃易馬。

又 五年，令四川產茶地方，照例每十株官取一分，徵茶二兩。其無主者，令人薅種。以十分為率，官取八分。有司收貯。

又 又令四川碉門永寧筠連諸處，所產剪刀粗葉茶，立局徵稅。易換紅纓、氈衫、米、布、椒、蠟，以備官用。其民所收茶，照江南茶法，於所在官司給引販賣。

又 二十一年，令差人鬧辦四川天全六蕃招討司茶課，以為定額。

又 正統四年，革四川播州宣慰司茶倉，其茶折鈔，貯本司永豐倉。

又 景泰二年，仍令筠連高珙三縣茶課，折辦本色，於本府倉收烏蒙軍民府茶課，運納於敘州府收。每斤折鈔一貫。准給各衛官軍俸糧。

五年，令各處批驗茶引所，秤掣餘茶，年終類解該府，運赴本部，轉送光祿寺收用。

又 成化三年奏准，西寧洮河茶馬司，積多餘茶，年久濕爛，今後粗茶，每百斤收銀五錢。芽茶三十五斤，亦量收五錢，無銀收絲絹等項，俱解本省有司收候，以補收買茶課支用。

又 五年，令陝西布政司，將金州等處茶課，自成化六年為始，仍收本色。其原折收銀布，候豐年收買茶斤，送各茶馬司收貯，以備易馬。

又 正德元年議准，勘處漢中所屬金州、西鄉、石泉、漢陰等處，舊額歲辦茶課二萬六千八百餘斤，新收茶課二萬四千一百六十四斤。俱照數歲辦，永為定例。

十五年奏准，養龍坑長官司每年應辦茶課，三年一次，通計該茶三十三斤七兩二錢七分五釐，一併差人解納。

又 嘉靖十二年奏准，陝西金州、西鄉、石泉、漢陰、紫陽五州縣茶户，巡茶御史每十年一次清審，量為增減均平茶課。

十三年奏准，陝西金西等五州縣課茶，責令大户，徑解茶馬司交納。其經過州縣原設茶户二千餘名，止派百名。徵銀，以給大户腳價。

又 正統元年，命罷運茶支鹽事例。

又 弘治三年，令陝西巡撫并布政司出榜召商報中。給引赴巡茶御史處掛號，於產茶地方收買茶斤，運赴原定茶馬司。以十分為率，六分聽其貨賣，四分驗收入官。【略】

十七年，令召商收買茶五六十萬斤，依原擬給銀定限。聽其自買、自運至各該茶司，取實收查驗。仍委官於西寧、河州二衛發賣價銀，官庫收候給商。

又 〔隆慶〕五年議准，近年姦商，假以附茶為由，任意夾帶，恣情短販。甚至漢中盤過，有二三年不到茶司者。鞏昌招中，有十數年不銷原引者。今後招商引內註定，一年完者厚賞；二年量賞；三年免究；四年問罪，仍抽附茶一半入官；五年問罪，附茶盡數入官，不准再報；六年以上，即係老引興販，照例問遣。其經過漢中、鞏昌，專責理刑推官，查照引內篦斤，著實盤驗。

又定買茶中馬事宜。各商自備資本，執引前去各該衙門比號相同。收買真細好茶，毋分黑黃正附，一例蒸曬。每篦重不過七斤。完日，原住買茶所在官司催發起程，仍填註發行年月日期印鈐，運至漢中府辨驗真假。黑黃斤篦，各另秤盤。經過畧口巡檢司、火鑽批驗所、鞏昌府，查驗篦數。稽考夾帶。蘇谿關遵照題准事例，每正茶一千斤，許照散茶一千五百斤。數外若有多餘，方准抽稅。各照格填註，印鈐、截角，依限運赴洮岷參將，轉發洮州茶司，照例對分貯庫。取實收赴院銷繳。如有夾帶數多、偽造低假、正附篦斤不同，即從重問罪。夾帶與斤重者，入官；低假者，砍焚；引過五年之上不銷者，究問。

又 又令甘州茶司，批照洮河西寧三茶司事例，定以六月開中，聽該道會同將領撫調番族，依期前來。不拘兒騍扇馬，堪以騎征者，方許中納。每年大約以八百匹為止。務限兩月以裏通完。

萬曆十三年題准，陝西腹裏地方、西安等三府，因無官茶，私販横行。議行巡茶御史招商，印給引目。每引定為一百斤。收買園户餘茶運發漢中府，驗明發賣。每百斤量抽三十斤入官。大約在西安，不過六萬斤；

鳳翔、漢中，多各不過二萬斤。引内明坐地方，隨路截角。如無印記及越境者，以私茶論。

凡易馬，洪武初令陝西洮州、河州、西寧各該茶馬司收貯官茶，每三年一次。差在京官，選調邊軍，齎捧金牌信符，往附近蕃族將運去茶易馬。原額牌四十一面。上號藏内府，下號降各蕃。篆文曰：皇帝聖旨。【左曰，合當差發；右曰，不信者斬。】洮州火把藏思囊日等族，牌六面，納馬三千五十匹；河州必理衛二州七站西蕃二十九族，牌二十一面，納馬七千七百五匹；西寧曲先阿端罕東安定四衛巴哇申中申藏等族，一十六面，納馬三千五十匹。先期於四川徵茶一百萬斤，官軍轉運各茶馬司。

又 弘治三年，以各邊缺馬，令招商報茶。西寧河州各四十萬斤，洮州二十萬斤。運赴原撥茶馬司，以茶百斤易上馬一匹，八十斤易中馬一匹。

又 正統八年奏准，金州芽茶一斤，收葉茶二斤，運西寧茶馬司，收貯易馬。

又 成化十九年，令四川保寧等府茶課每歲運十萬斤，至陝西接界交收，轉運各茶司支用。

又 嘉靖十四年題准，四川夔州、東鄉、保寧、利江一帶，附近陝西通茶地方。不論軍衛有司，凡事干茶法者，悉聽陝西巡茶禦史管理。各該分巡兵備等官，務嚴禁私茶。按季將捉提人犯數目，開報查考，俱聽本官舉劾。

十五年題准，今後陝西三茶馬司積茶，止留二年之用，每年易馬、計該正茶外，分毫不許夾帶。【略】

二十六年議准，各處茶商有原無資本，混報茶批入山，通同園户蒸造假茶，及將驗過真茶盜賣，沿途採取草茶納官，各至五百斤以上者，商人、園户及知情轉賣之人，民發附近衛分，軍發邊衛，各充軍，止終本身，茶價入官。不及前數者，依私鹽法論罪，仍枷號兩箇月發落。窩頓店户，知情者從重論。至一千斤以上，本犯發極邊衛分，永遠充軍。店户不問知與不知，一體治罪。其官司開報茶引，令各商互相保結。中間若有前項之徒，聽其首發。通同妄保者，一併治罪。不知者，不坐。各處行茶地方，但有豪強茶徒，出本雇覓十人以上，挑販私茶者，事發審實，悉照弘治十八年題准事例問發。若拏獲雇覓之人，隱護首惡及妄攀平人者，不分茶斤多少，問發煙瘴地面。在邊者永遠，在内者止終本身，各充軍。巡捕官兵，通同茶徒，賣放首惡及挾詐良民者，事發，官參問降一級。應捕人役，枷號兩箇月。有贓者，各從重論。

又 景泰五年，令四川界首茶課司，於南京户部印給茶引，收貯在庫。遇有官軍折支俸糧茶課，給與引由執照，依例易賣。

又 弘治九年，令經該茶馬司官吏，遇有考滿事故，申巡茶禦史，委官盤點見數，方離職役。若有侵欺及雖不侵欺，收置無法，致有損折原數者，依律究治追陪。

又 卷四二《南京户部·十三司職掌》 隆慶三年題准，南京甲字等九庫大使任滿交代。先申該部委官，將在庫錢糧交盤明白，方許起送。見在管事者，於各庫舊鎖之下，另置一鎖。封識匙鑰各另收執。凡遇收放錢糧，會同檢閱。

凡五城房鈔。【略】應天府批驗茶引所，一十萬貫。

《明史》卷八〇《食貨志四·茶法》 初，太祖令商人於產茶地買茶，納錢請引。引茶百斤，輸錢二百，不及引曰畸零，別置由帖給之。無由、引及茶引相離者，人得告捕。置茶局批驗所，稱較茶引不相當，即爲私茶。凡犯私茶者，與私鹽同罪。私茶出境，與關隘不譏者，並論死。後又定茶引一道，輸錢千，照茶百斤；茶由一道，輸錢六百，照茶六十斤。既，又令納鈔，每引由一道，納鈔一貫。

又 洪武初，定令：凡賣茶之地，令宣課司三十取一。四年，户部言：『陝西漢中、金州、石泉、漢陰、平利、西鄉諸縣，茶園四十五頃，茶八十六萬餘株。四川巴茶三百十五户，四川巴茶三百十五户，户，原作『頃』，據《太祖實録》卷七二洪武五年二月乙巳條、嵇璜《續文獻通考》卷二二改。茶二百三十八萬餘株。宜定令每十株官取其一。無主茶園，令軍士薅采，十取其八，十取其八，八，原作『二』，據《明史稿》志六三《食貨志》、《太祖實録》卷七〇洪武四年十二月庚寅條改。以易番馬。』從之。於是諸產茶地設茶課司，定稅額，陝西二萬六千斤有奇，四川一百萬斤。設茶馬司於秦、洮、河、雅諸州，自碉門、黎、雅抵朵甘、烏思藏，行茶之地五千餘里。山後歸德諸州，西方諸

部落，無不以馬售者。

又 碉門、永寧、筠、連所產茶，名曰剪刀麄葉，惟西番用之，而商販未嘗出境。四川茶鹽都轉運使言：『宜別立茶局，徵其稅，易紅纓、氈衫、米、布、椒、蠟以資國用。而居民所收之茶，依江南給引販賣法，公私兩便。』於是永寧、成都、筠、連皆設茶局矣。

又 初制，長河西等番商以馬入雅州易茶，由四川巖州衛入黎州始達。茶馬司定價，馬一匹，茶千八百斤，於碉門茶課司給之。番商往復迂遠，而給茶太多。巖州衛以爲言，請置茶馬司於巖州，而改貯碉門茶於其地，且驗馬高下以爲茶數。詔茶馬司仍舊，而定上馬一匹，給茶百二十斤，中七十斤，駒五十斤。

三十年改設秦州茶馬司於西寧，敕右軍都督曰：『近者私茶出境，互市者少，馬日貴而茶日賤，啟番人玩侮之心。檄秦、蜀二府，發都司官軍於松潘、碉門、黎、雅、河州、臨洮及入西番關口外，巡禁私茶之出境者。』又遣駙馬都尉謝達諭蜀王椿曰：『國家榷茶，本資易馬。邊吏失譏，私販出境，惟易紅纓雜物。使番人坐收其利，而馬入中國者少，豈所以制戎狄哉！爾其諭布政司、都司，嚴爲防禁，毋致失利。』

又 永樂中，帝懷柔遠人，遞增茶斤。由是市馬者多，而茶不足。茶禁亦稍弛，多私出境。碉門茶馬司至用茶八萬餘斤，僅易馬七十匹，又多瘦損。乃申嚴茶禁，設洮州茶馬司，又設甘肅茶馬司於陝西行都司地。十三年特遣三御史巡督陝西茶馬。

又 先是，洪武末，置成都、重慶、保寧、播州茶倉四所，令商人納米中茶。宣德中，定官茶百斤，加耗什一。中茶者，自遣人赴甘州、西寧，而支鹽於淮、浙以償費。商人恃文憑恣私販，官課數年不完。正統初，都御史羅亨信言其弊，乃罷運茶支鹽例，令官運如故，以京官總理之。

又 弘治三年，御史李鸞言：『茶馬司所積漸少，各邊馬耗，而陝西諸郡歲稔，無事易粟。請於西寧、河西、洮州三茶馬司召商中茶，每引不過百斤，每商不過三十引，官收其十之四，餘者始令貨賣，可得茶四十萬斤，易馬四千匹，數足而止。』從之。十二年，御史王憲又言：『自中茶禁開，遂令私茶莫遏，而易馬不利。請停糧茶之例。異時，或兵荒，乃更圖之。』部覆從其請。四川茶課司舊徵數十萬斤易馬。永樂以後，番馬悉由陝西道，川茶多浥爛。乃令以三分爲率，一分收本色，二分折銀，糧茶停二年。延綏饑，復召商納糧草，中四百萬斤。尋以御史王紹言，復禁止，并罷正額外召商開中之例。

又 〔嘉靖〕十五年，御史劉良卿言：『律例：「私茶出境與關隘失察者，並凌遲處死。」蓋西陲籓籬，莫切於諸番。番人恃茶以生，故嚴法以禁之，易馬以酬之，以制番人之死命，壯中國之籓籬，斷匈奴之右臂，非可以常法論也。洪武初例，民間蓄茶不得過一月之用。弘治中，召商中茶，或以備振，或以儲邊，然未嘗禁內地之民使不得食茶也。今減通番之罪，止於充軍，禁內地之茶，使不得食，又使商私課茶，悉聚於三茶馬司。夫茶司與番爲鄰，私販易通，而禁復嚴於內郡，是毆民爲私販而授之資也。以故大姦闌出而漏網，小民負升斗而罹法。今計三茶馬司所貯，洮河足三年，西寧足二年，而商、私、課茶又日益增，積久腐爛而無所用。茶法之弊如此。番地多馬而無所市，吾茶有禁而不得通，其勢必相求，而制之之機在我。今茶司居民，竊易番馬以待商販，歲無虛日，及官易時，而馬反耗矣。請敕三茶馬司，止留二年之用，每年易馬當發若干。正茶之外，分毫毋得夾帶。令茶價踴貴，番人受制，良馬將不可勝用。且多開商茶，通行內地，官榷其半以備軍餉，而河、蘭、階、岷諸近番地，禁賣如故，更重通番之刑如律例。洮、岷、河責邊備道，臨洮、蘭州責隴右分巡，西寧責兵備，各選官防守。失察者以罷軟論。』奏上，報可。於是茶法稍飭矣。

又 〔萬曆〕二十九年，陝西巡按御史畢三才言：『課茶徵輸，歲有定額。先因茶多餘積，園户解納艱難，以此改折。今商人絕跡，五司茶空。請令漢中五州縣仍輸本色，每歲招商中五百引，可得馬萬一千九百餘匹。』部議，西寧、河、洮、岷、甘、莊浪六茶司共易馬九千六百匹，著爲令。天啟時，增中馬二千四百匹。

又 明初嚴禁私販，久而姦弊日生。洎乎末造，商人正引之外，多給賞由票，使得私行。番人上駟盡入姦商，茶司所市者乃其中下也。番得茶，叛服自由；而將吏又以私馬竄番馬，冒支上茶。茶法、馬政、邊防於是俱壞矣。

其他產茶之地，南直隸常、廬、池、徽，浙江湖、嚴、衢、紹，江西南昌、饒州、南康、九江、吉安，湖廣武昌、荊州、長沙、寶慶，四川成都、重慶、嘉定、夔、瀘，商人中引則於應天、宜興、杭州三批驗所，徵茶課則於應天之江東瓜埠。自蘇、常、鎮、徽、廣德及浙江、河南、廣西、貴州皆徵鈔，雲南則徵銀。

又 **卷三一一《四川土司傳一·天全六番招討司》** 宣德五年，六番招討司奏：「舊額歲辦烏茶五萬斤，二年一次，運付碉門茶馬司易馬。今户部令再辦芽茶二千二百斤，山深地瘠，艱於采辦，乞減其數。」帝令免烏茶只辦芽茶。十年命高鳳署天全六番招討司事。先是，敬讓以罪下獄死。至是，其子鳳乞襲父職。帝念其祖有撫綏功，命暫理招討事。正統四年命鳳襲。

又 初，天全招討司治碉門城，元之碉門安撫司也，在雅州境。明初，宣慰余思聰、王德貴歸附，始降司爲州，設雅州千户所，而設碉門百户，近天全六番之界。又置茶課司以平互市。蓋其地爲南詔咽喉，三十六番朝貢出入之路。

《宋會要輯稿·食貨三六·榷易》 三年十一月，詔遷南劍州榷貨場於福州。

又《食貨五六·户部》 〔元豐二年〕四月五日，權發遣三司鹽鐵判官、提舉成都府等路茶場、國子博士李稷言：「自熙寧十年盡推行茶法，至元豐元年秋，凡一年，通計課利及舊界息税並已支見在錢七十六萬七千六十六緡。」上批：「蜀茶變法，又前後奉行使者失指，議論紛紜，恐動郡聽。稷能推原法意，日就事功，宜速選權，以勸在位，遂落權發遣。」

又 〔乾道五年〕十二月二十三日，詔：「榷貨務都茶場，依建炎三年指揮，委都司官提領措置，户部長、貳更不兼領。」

又《職官四二·發運使》 成都府等路有提舉茶馬司，專掌摘山之利以佐調度，凡市馬於蕃夷者，率以茶易之。凡產茶及市馬州郡，官屬得自辟置，視其數之登耗以詔賞罰。

又 〔宣和〕六年正月二十六日，發運判官盧宗原奏：「奉詔措置興復轉般倉，欲於淮、浙、江、湖、廣、福九路官司，除淮、浙、江、湖、福建七路茶鹽司外，應出納錢物每錢百文別收頭子錢一文，應副修船、招至人兵、糴本支用。」從之。

又 〔宣和六年〕六月五日，尚書省〔言〕：「檢會宣和六年正月二十七日：「發運判官盧宗原奏：依奉御筆，措置興復轉搬，所有轉般舟船，招置人兵，支費浩瀚，欲於淮、浙、江、湖、廣、福九路官司應出納錢物一百文別收頭子錢一文足。」度支供到政和四年四月二十六日：「荊湖南〔路〕轉運司狀，欲乞應給納係省錢物，並許令每貫、石、匹、斤、兩、束各收頭子錢五文足。內物價如直錢一貫，即收五文足；若一貫以上或不及一貫者，並紐計收納；或舊收多處，自依舊收。專充裨助直達糧綱水夫工錢等。詔依所申，其應行直達路分依此。」正月二十六日，詔：「東南九路除茶事司並六路鹽事司外，應諸司出納錢物，每貫收頭子錢一十文省，物以實直價紐計收納。餘依政和四年四月二十六日指揮，應諸司、二廣、福建、淮、浙、江、湖等路收到錢，並令發運司拘收，充轉般糴本、修置汴綱、招置人兵使用。江湖四路見收係省頭子錢，係緣直達綱收納，候行轉般日依此拘收。」五月三日，詔：「盧宗原拘收糴本，興復轉般，並係御〔筆〕措畫，親筆處分，無損漕計，亦無取斂於民。訪聞諸路漕司輒敢觀望指准補欠，更不以上供歲額為意，發運司官又欲以補欠為己功，不復督責，舉此以廢彼。盧宗原所拘收錢本，可令不住於秋夏豐熟去處廣行收糴，其已糴到並去歲均糴斛斗，並行樁管，以御前措置封樁斛斗為名。所有諸路上供額斛，除已代發過數合行截還外，且令依舊徑發上京。如違，以大不恭論。」」

又《職官四三·提點司》 〔大觀〕七年八月二十五日，詔陝西、河東、京畿、京西提舉香茶礬事司並罷，令逐路提舉常平司兼。

又《都大提舉茶馬》 〔熙寧八年〕閏四月二十六日，中書門下言：「提舉熙河路市易司申明，與提舉成都府利州秦鳳熙河等路茶場司有無統轄。勘會成都府買茶，於熙河路博馬，元係都提舉市易司擘畫。昨差李杞、蒲宗閔前去相度，遂就差提舉買茶，即是熙河路市易司一事。今相度，具茶場司合併入熙河路市易司，為買茶稅場，李杞、蒲宗閔合兼提舉熙河路市易司，仍各依舊分頭幹當，並隸都提舉市易司統轄。」從之。

又　八月六日，提舉成都府利州秦鳳熙河等路茶場公事、兼提舉熙河路市易司奏：『茶場司已併入熙河路市易司，所有市易司已與比部員外郎汲逢等同共幹當，及連銜申發文字，其諸州茶場亦合令汲逢於銜位內添入「同提舉成都府利州秦鳳熙河等路茶場公事」，並隸都提舉市易司，協力幹當。』從之。

又　［熙寧］十年九月二日，詔提舉成都府等路茶場司李稷乞應干本司職務措置、申請、辭訟等事，他司毋得干與，如處置有屈抑，許經監司申理。從之。

又　［熙寧十年九月］四日，詔提舉成都府利州秦鳳熙河等路茶場司更不隸都提舉市易司，亦罷兼秦鳳路市易司。

又　［熙寧十年］十月二十八日，詔茶場司許不依常制舉辟勾當公事官三員。

又　［元豐六年］十一月八日，詔：『都大提舉成都府等路茶場，朝廷特以增廣榷賣路分，所以改置司名。其將事之人資任雖淺，不可不隨宜假借事權，宜令與轉運使敘官。』後詔都大提舉視轉運使，同主管視轉運判官。經制熙河蘭會路邊防財用司准此。

又　［紹興］二十七年二月十一日，樞密院言：『茶馬司歲額收買西馬，西和州三千六百餘匹，除二分七百二十匹應副四川制置司外，餘數並階州五百匹，迴圈撥付殿前、馬、步軍司。』詔令茶馬司於西和州、階州歲額外，更措置增添博買，先具每歲添買數目申樞密院。

《清史稿》卷二五《宣統皇帝紀》　［宣統二年八月］改四川鹽茶道爲鹽運使，茶務歸勸業道管理。

又卷一二三《食貨志四・鹽法》　初，鹽政屬户部山東司。宣統二年，乃命户部尚書兼任督辦鹽政大臣，外遣御史巡視。後裁歸總督、巡撫管理。其專司曰都轉運使司。無運司各省，或以鹽法道、鹽糧道、驛鹽道、茶鹽道兼理。

又　雍正三年，遂議自康熙六十一年始，五年內全徵本色，五年後即將舊茶變賣。嗣是出陳易新，總以五年爲率。四年，定陝西行茶，改令産茶地方官給發船票，照商人引目茶數開明，如於部引外搭行印票，及附茶不遵定額者，照私鹽律論，查驗失察故縱，均加處分。八年，命陝西商運官茶，於舊例每百斤准附帶十四斤外，再加耗茶十四斤。又諭：『四川茶稅皆論園論樹，夫樹有大小，園有寬狹，豈能一致？若據以爲額，未得其平。應照斤兩收納，著該撫詳議。』尋議：『舊例每斤徵課二釐五毫，今但徵四絲九忽有奇，前後懸絶，應酌減其半，無論邊、土、腹引，俱納銀一釐二毫五絲。』時川茶行銷，引尚不敷，於是復增，各府、州、縣再行給發。九年，命西寧五司復行中馬法。十年，又命中馬應見發茶。時安徽亦增引，照四川例，以餘引暫存司庫，遇不敷時，配給行運。十三年，復停甘肅中馬。始定雲南茶法，以七斤爲一筒，三十二筒爲一引，照例收稅。

又　乾隆元年，令甘肅官茶改徵折色，每篦輸銀五錢。時西寧五司陳茶充牣，令每封減價二錢，刻期變賣。二年，以江西南昌等三十二州縣地不産茶，四川成都、彭、灌等縣滯銷，其引或停或減，並豁除課銀。七年，免甘肅地震處之課，乃命西寧五司徵本色。八年，免四川天全所欠乾隆七年前之羨餘截角，成都、彭、灌等縣之未完銀兩。十一年，甘肅巡撫黄廷桂奏言：『西寧、河州、莊浪三司，番、民錯處，惟茶是賴。邇年以糧易茶，計用茶六萬五千五百餘封，易雜糧三萬八千一百餘石，請著爲例。』報可。十三年，定甘肅應徵茶封，每年收二成本色、八成折色，並申明水陸各路運商驗引截角法，推行安徽、浙江、四川、雲南、貴州。二十四年，從甘肅巡撫吴達善言，命西寧五司茶封，照康熙三十七年例，搭放各營俸餉。二十五年，吴達善又言：『甘省茶課向爲中馬設。今其制已停，在甘、莊二司地處衝衢，西河二司附近青海，猶有銷路，惟洮司偏僻，商銷茶斤，歷年俱改別司售賣，而交官茶封，仍歸洮庫，往往積至數十萬封，始請疏銷。應將洮司額頒茶引，改歸甘、莊二司給商徵課，俟洮司庫貯搭餉完日，即行裁汰。』

又　同治元年，飭下湖南、湖北、江蘇、安徽、江西、浙江、福建各督撫，詳查本省産茶及設茶莊處所，妥議章程具奏。二年，兩江總督曾國藩疏，略言：『江西自咸豐九年，定章分別茶釐、茶捐。每百斤除境內抽釐銀二錢，出境又抽一錢五分有零外，向於産茶及設立茶莊處所勸辦茶捐，每百斤捐銀一兩四錢或一兩二錢不等，填給收單，准照籌餉事

例彙齊請獎。

臣仍照舊章辦理。本年據九江關署監督蔡錦青詳，請遵照户部奏准，飭將鹽、茶、竹、木四項統徵關稅，已於三月起徵。江西茶葉運至九江，有華商、洋商之分。洋商既完子口半稅，固不抽釐，華商既納潯關正稅，亦未便再令完釐。臣即照部章，於義寧州開辦落地稅。惟原奏内大箱淨茶科則稍重，分别核減。參酌茶捐向章，每百斤，義寧州等處徵一兩四錢，河口鎮徵一兩二錢五分，概充臣營軍餉，由臣刊發稅單護票，委員經收。或業户自行完納，或茶莊代爲完稅領單，至發販時，統由茶莊繳銷稅單。華商换給護票，洋商即憑運照，販至各處銷售。除華商完納九江關稅、洋商完納子口半稅外，經過江西、安徽各釐卡，驗明放行。如此辦理，與户部原奏、總理衙門條約，一一符合。稅單雖係茶莊經手，稅銀實爲業户所出。洋商不得藉口於子口半稅，而禁中國之業户不完中國之地稅。華商既免逢卡抽釐，亦不至紛紛私買運照，冒充洋商。』得旨允行。

又 ［同治］五年，户部奏准甘省引滯課懸，暫於陝西省城設官茶總店，潼關、商州、漢中設分店。商販無引之茶，到陝呈報。上色茶百斤收課銀一兩，中色六錢，下色四錢。所收解甘彌補欠課。七年，議准歸化城商人販茶至恰克圖，假道俄邊，前赴西洋各國通商，請領部照，比照張家口減半，令交銀二十五兩，每票不得過萬二千斤。十一年，議准甘省積欠舊課，仍追舊商。召募之新商試新課。其雜課、養廉、充公、官禮四項緩徵。十三年，議准甘省仿淮鹽之例，以票代引，不分各省商販，均令先納正課，始准給票。其雜課歸併釐稅項下徵收。各項名色概予删除。行銷内地者，照納正課三兩外，於行銷地各完釐稅，每引以一兩數錢爲度，多不過二兩。出口之茶，則另於邊境局卡加完釐一次，以示區别。

又 光緒十年，户部統籌財政，於茶法略言：『據總理衙門單開，光緒八、九等年出口茶數多至萬九千餘萬斤。查道光年間英國所收茶稅，約每百斤收銀五十兩，而我之出口稅僅納二兩五錢，不及十一。擬照甘肅茶封之例，每五十斤就園户徵銀三錢。增課既多，洋人無所藉口。或照寧夏、延、榆、綏等處茶引每道徵銀三兩九錢之例，於產茶處所設局驗茶，發給部頒茶照，每照百斤，徵銀三兩九錢，經過内地關卡，另納釐稅，驗照蓋戳放行，不准重複影射。所有茶照，按年豫行赴督請領，原照一年後作廢。或於產茶處所驗茶發給部照，既完課三兩，再倍收銀三兩九錢，前後共徵七兩八錢，一切雜費均予豁除。惟於各海關及邊卡，凡應納洋稅，仍照向章完納。若在内地行銷販運，無論經過何省何處釐卡關榷，均免再徵。則改釐爲課，改散爲總，既便稽查，復免侵漁。惟園户及販商若何防其走漏，應令各省參酌定章，覆奏辦理。』

又卷一二五《食貨志六·征榷會計》 三年，直隸設天津雙廟卡。淮南亦設卡抽收鄰私釐金。浙江定絲斤捐。河南以捻匪肆擾，停止禹州釐捐，尋復之。時湖廣總督官文言：『直隸、山東、山西、河南、陝、甘、雲、貴、廣西等省釐金不多，軍務告竣，即可議撤。其餘東南各省釐金，不可驟裁，留作善後之費。』曾國藩則以江寧克復，請停廣東釐金。上恐餉項不繼，未之許也。四年，撤湖南東征局，改江北總局爲金陵釐捐總局。福建設稅釐總局，徵收百貨及茶釐。六年，湖北裁存釐局分卡八十六。湖南合併分局，統名釐金鹽茶總局。七年，定釐金報部，照兩淮鹽釐排式，年分兩次。時軍務漸平，督撫、臺諫屢以裁撤釐金爲言。上飭各省酌留大宗，裁去零星分局。於是湖北又裁去五十四局卡，浙江裁併十六卡。

又卷一四一《兵志十二·馬政》 順治初，陝西設洮岷、河州、西寧、莊浪、甘州茶馬司，及開成、安定、廣寧、黑水、清平、萬安、武安七監，歲遣御史一人專理之。七年，喀爾喀、額魯特來市馬，諭令自章京監察之販客及買人，與不係披甲者，概不許購，違者鞭一百，馬入官。蒙古攜馬來京，不許商販私買，胥役私購者罪之。康熙七年，裁茶馬御史，以馬政歸甘肅巡撫。三十四年，諭遣師中等往蒙古諸旗購馬，歸化城、科爾沁各二千匹，餘定額有差。乾隆十二年，禁朝鮮買馬。二十五年，敕烏魯木齊市易哈薩克馬百三十餘匹歸巴里坤。旋以五吉等言，選哈薩克所易馬撥往巴里坤，遂停購買。阿桂言伊犂易來哈薩克馬漸成大羣，敕書嘉予。二十八年，定江寧、浙江、福建駐防馬匹出口採買例。三十二年，以伊犂易哈薩克馬累積至多，擇巴里坤善地牧放。尋烏里雅蘇臺馬缺，亦以哈薩克馬换易之。陝、甘營馬，例調自伊犂轉補，道遠耗時。咸豐四年，用賡福請，由伊犂、塔爾巴哈臺隨地變價，令各營自購。

七年，並敕山東缺額馬，亦就近買補云。

藝文

宋 華鎮《雲溪居士集》卷二六《湖南轉運司申明茶事札子》

某嘗謂天下之事，有存之無補於公家而有害於細民，去之無損於公家而有德於細民者，理之所當必去者也。某幸賴朝廷，職擢備位部使者，部有弊事，不敢不言，而使朝省聞焉。湖南一二歲以來，年穀登稔，盜賊衰息，蠻徭妥安，邊境不驚，上賴朝廷威德，鎮撫賢相，燮調之賜甚厚，百姓幸甚幸甚。惟歲科本色大方茶一十五萬斤，民猶受其弊，輒條具利害，上浼鈞聽。潭民有茶園者十無二三，每歲納茶，則凡在稅籍，例皆納。無茶園者迫于期會，既以高價買茶。受納之所，茶商舟子諸色公人復多方邀阻，乞覓錢物，不與則毀壞退換，與之則資陪無藝。每茶一斤嘗費數百錢，民力不便，深苦其弊。唯停塌攬納之家，與茶場公人市廛遊手之民，以此為便。元祐初，朝省以京庫茶數有餘，權住科納三四年。只令送納價錢，每斤三百七十二文，省人户，欣然咸以為便。遂有茶場角子安慶往京師，計構舊日市易司買茶，勾當人户陳介，令弟陳愈詐為潭州人户，投狀乞納本色。省部不知，遂下潭州依舊科納。元祐八年，湘陰縣人户陳講探知上件情節，經州陳論，潭州備録，申本司前任轉運判官張琬，遂具劄子乞依舊折納價錢。尋奉聖旨，聽從人户情願。推行以來，一二年間，人盡納錢，無有一户情願納本色茶貨者。以此觀之，民間便於納錢，不便於納茶，灼然可見矣。昨來本司遂申乞，今後京庫過缺茶貨，即令預降數目下本司，于採造時月置場收買。去年四月間，雖准省部令科納一十五萬斤，如過采造時月，即限至今年秋季納畢。緣至去年十二月間，卻准省部指揮稱，京庫茶已有一年及一次大禮支給准備，所有紹聖二年茶貨權住科納，令本司封樁起發折茶價錢並縻費錢，本司遂便不科納。至四月間，雖卻准省部指揮令科本色茶貨，本司為已過採造時月，遂再具京庫有備及本路續起去茶數，因依申省。至六月間，省部專委轉運副使柯述催督科納。是時民間所有茶貨散賣已盡，人户送納價錢亦已過大半矣，雖欲科納，茶貨已無，徒為騷擾。已申省部，乞限來春科納。今來省部奏劾本司官吏，故違敕旨不肯科納稅茶，緣有上項情節，理合申請，非敢故違敕旨。庶蒙聽納，則有利細民耳。茶場公人，官司非不鈐束。小人趨利，不顧憲禁，僥倖苟免，肆為欺弊，剝刻細民，置場和買，非無勾當諸般公人。緣買納兩端，事體不類。投官中賣者，不售，則持而之他，與私為市矣。何所繫累，復有求於公人？小人知其然，自亦不敢故為阻節。一行科納，則理勢相遼。科之有數，納之有限，缺數違限，追呼督責，費用百出，雖有良貨，或遭黜退，則門户之事未得了足，納茶人户豈容無求於茶場公人？小人知可以乘事勢而邀厚利，則肆為姦巧，無復顧忌。此本司所以欲人户納錢，而官自買茶也。茶數不缺與科納無異，折價有數與納茶不同，此前所謂無損于公家，而有德於細民者也。伏惟經國之餘，少留神慮，倘蒙採録，畫為定論，則一方之民，豈特身受其賜，世世子孫，蒙被德澤，幸甚幸甚。

小貼子

況潭州方茶，每一大斤，權以省秤，得九斤之重。歲科一十五萬斤，則為茶一百三十五萬斤矣。水磨茶所，歲得增賣一百三十五斤，為利不貲。伏乞照會本路，今歲起發過上供，見錢六十六萬七千五百餘貫，米七十餘萬石，銀、錫、絁、布、茶、蠟、雜物共二十一萬九千三百六十斤兩條匹。任職所在，敢不自勵。更乞鈞嚴，少賜寬假，庶效尺寸，圖報萬一。幸甚，幸甚！

宋 周應合《提領江淮茶鹽所》（景定）《建康志》卷二六　嘉熙四年八月，創制置茶鹽使，以户部尚書岳珂為之。御筆賜珂曰：『朕以邊事未息，國計告匱，思為變通之策，遂稽先朝故實，畀卿以制置茶鹽使。意欲絕私販以收利權，通浮鹽以豐邦課，去苛征以惠商賈。卿其竭心體國，毋弛法毋徇情，使用足於上，而擾不及民，以副委任責成之意，則予汝嘉。』此司存之所由始也。淳祐元年五月，珂被召，省制置茶鹽使，置提領，以江東麾節兼。徐公鹿卿、孟公點、鄧公泳、何公元壽、丘公岳、陳公塏、舒公滋，皆以太平守臣、江東轉運兼。吳公淵，以太平守臣兼。淳祐、寶祐凡再至。馬公光祖，淳祐間，以江東轉運淮西總領兼。寶祐中，復以沿江制置使兼。其後倪公垕、印公應雷，皆以轉運總領兼。陳公綺，則以轉運副使兼。由珂而後凡以太平守臣兼領者，則置司本州。不為太

平守臣者，置司皆在建康。淳祐四年四月，給奉使印，始正提領江淮茶鹽所之名。此司存之所由定也。其初，客販正鹽浮鹽每一袋收錢二十貫六百文，真州賣鹽不理資。次者每袋收錢十一貫三百文，皆名曰助軍錢。客販茶，每一長引收錢十二貫三百六十文，每一短引收錢一十貫三百文，皆名曰審驗錢。內有分隸，曰吏祿錢。凡所收錢並用三分十八界會，七分十七界會，又置秤盤局於采石。鹽以三百二十斤為一袋。草茶以百二十斤為一長引，百斤為一短引。末茶百二十斤為一長引，九十斤為一短引。剩數拘沒坐罪。此則岳尚書制置之時也。其後因之，又添置鄧步、梅渚二局拘浙鹽助軍錢，則孟運判之時也。罷採石秤盤，加收鹽袋助軍錢，省鄧步、梅渚二局，則何運副之時也。印給出山由子，雁汊添局拘権，則吳尚書之時也。淳祐中兼領財用分司，遂撥鎮江権貨務併歸本所。又創采石分司，復秤盤局。又創池口局及常州丹陽上下局，拘徽嚴處等州草茶之過淮者，皆使納錢。又創宜興、溧陽二局，拘浙鹽，搭買香引。又創江州分司。凡上江茶，每一長引收錢二百貫，以三十貫入分司，百七十貫入本所。每一短引，收錢百七十貫，以二十貫歸分司，百五十貫歸本所。皆名曰貼納錢。江東草茶，審驗錢如舊，仍不問長短引，每引並收貼納錢一百貫。於是茶鹽所歲入倍于常時。財用所之入，亦與本所等。此則舒運判之時也。此後申請六事：一曰禁止權攝。照對前政任內，率以鄉曲新故，分任諸局月日，應副人情。甚者白占借補，縱橫其間。既不以榮進自期，又非以職業自見。朝營暮度，惟務攫拿。如蟻慕羶，如蠅見血。入於公者不一二，而入於私者已什百。局務既不可為，而商旅亦重困矣。今自光祖到官為始，諸局並差見任文武官，雖未能盡必其廉謹無玷，然按察之所及，謫罰之所加，其有盡瘁急公，洗手奉職，為官辦事者，當行剡薦。或有違戾，定當按劾。所有以前權攝之弊，並行止絕。二曰省併諸局。照對上江之茶下江之鹽，緊要幕節去處，誠不可不置立局分。前此所創子局，星羅棋布，不分緊慢，月益日增。被差之官，下逮吏卒，欲飽溪壑，必不徒行，抉剔搜羅，無所不至，而商旅始有罹其患者矣。今就中逐項斟酌，除采石秤制鹽袋，蕪湖貼納搭引香斤撿視批發，不可廢外，其建康池州池口鎮江府丹陽常州並無錫江陰諸局。並就委各處州縣佐官拘権，本所更不差官置局。外有宜興溧陽，原係秤盤浙鹽搭賣茶引乳香去處，今浙鹽既未打發，上件局權且停止，卻候續作區處。其鎮江一局，止是檢察下江草茶，在官既無所收，亦合省併。三曰訂正權衡。照對本所秤盤客人袋鹽，正要輕重適平，公私兩便。前此局官不能潔己奉公，貪風相扇。每遇客船到岸，先行打話，以賄賂之多少，為斤兩之低昂。秤子等人，全用手法，秤盤之際，暗號多端。或摸領捫巾，或搖頭瞬目。但知逐鹿，不見泰山。傳笑邇遐，貽害商旅。今光祖躬親前去采石，喚上客人對面，是正權衡，刻定印押。將前來所用私秤，當官劈毀。務在公私兩不相虧，僉曰公平。已雕板榜為照。四曰禁戢苛取。照對各局事例，本是贍給官吏并一行人，所以防其苛取。前政任內已嘗具申朝省，自有成例。近年以來，又於此外創立名色，層見迭出。有所謂到岸錢，有所謂住賣錢，又有所謂過局錢，甚至批引以號有錢，客買鋪買有錢，判狀請印之類亦皆有錢。其他誅求，未易枚舉。茶以引計，鹽以袋計，積而言之，不知其幾。自光祖領事以來，已戒飭官吏，將前件弊竇一切蠲革。如有違戾，官員按劾，吏卒決配。已出榜在局張掛，約束去訖。五曰住給茶由。照得江西產茶州郡，客人起茶，既有大府寺所給茶引，又有分司入山公據及筒袋印紙，關防已為嚴密。昨因審驗窠名，又給出山由子，委是重疊，徒資通判廳官吏邀阻，乞覓擾人之弊。今朝廷新降指揮，已並審驗，而為貼納，所有上件由子，並行住給已施行去訖。六曰約束牙儈。照得茶船到岸，例係牙人保稅，牙儈無狀，兆收騰倒，以客人之財本，為私家之營運，將新壓舊挪後換前動步，歲時不還這本。又有攬下客人納官之錢，歸己侵用，卻待賣出客貨，逐旋補納，公私兩受其害。光祖自到官即貼局官，喚上係官牙責立罪狀，不許循習舊弊，如違，定作施行。此則寫總領之時也。罷采石分司，併歸本所，則陳運副之時也。其規模之因革如此。主管文字一員或二員，以院轄差充，或從本所於已作縣人選辟，於辦公事一員，準備差遣二員，蕪湖采石屬官三員，或選辟，或堂差，其官職之建置如此，課入有殿，最有勸賞，著于令。

雜録

《元史》卷九六《食貨志四·俸秩》 成宗大德三年，詔益小吏俸米。六年，又定各處行省、宣慰司、致用院、宣撫司、茶鹽運司、鐵冶都提舉司、淘金總管府、銀場提舉司等官循行俸例。七年，始加給內外官吏俸米。凡俸一十兩以下人員，依小吏例，每一兩給米一斗。[一] 十兩以上至二十五兩，每員給米一石。餘上之數，每俸一兩給米一升。無米，則驗其時直給價，雖貴每石不過二十兩。上都、大同、隆興、甘肅等處，素非產米之地，每石權給中統鈔二十五兩，俸三錠以上者不給。至大二年，詔隨朝官員及軍官等俸改給至元鈔，而罷其俸米。延祐七年，又命隨朝官吏俸以十分爲率，給米三分。

《明史》卷七四《職官志三》 洪武十七年鑄鐵牌，文曰，『內臣不得干預政事，犯者斬』，置宮門中。又敕諸司毋得與內官監文移往來。然二十五年命聶慶童往河州敕諭茶馬，中官奉使行事已自此始。

《宋會要輯稿·職官四三·都大提舉茶馬司》［大觀］三年八月二十五日，詔茶馬司餘剩錢物支撥與陳敦復，充熙河路糴買糧草。

又［大觀四年］十一月二十五日，詔秦州場見封樁結罷宣撫司布二萬匹，可盡數撥赴提舉川陝茶馬司支用，疾速行下。

又［政和］二年六月二十五日，權發遣提舉成都府利州陝西等路茶事、兼提舉陝西等路買馬監牧公事張翬劄子：『契勘洋州茶場歲買茶貨浩瀚，其品搭、催督、般發茶貨，盡係西鄉知縣，欲乞依名山知縣例，許本司舉辟，比監官減半酬獎。』從之。

歷代茶事管理職官部

題解

論說

《舊唐書》卷一七《文宗紀下》 ［大和九年冬十月乙亥］王涯獻榷茶之利，乃以涯爲榷茶使。茶之有榷稅，自涯始也。

《續資治通鑑長編》卷二八四《熙寧十年》 ［八月丙戌］上批手詔：『川茶一司創置雖久，未能就緒。倘非得材智詳敏之人，益以事權，延引歲月，不惟坐失厚利，兼恐必無所成。昨自一二姦回造意傾搖，其法愈更隉杌，賴朝廷隨事懲艾，得就小安。觀方今在彼人情，亦未肯服職退聽，苟不大為考察措置，經久必壞。近雖差李稷代劉佐領其事，風力強果，固已可仗，然權勢輕小，必未能勝爲邪害公之朋。可依李杞例，兼三司判官，仍委權不限員舉劾違法、奉法官吏，俟一二年課入登羡，事有條理，卻與裁節，庶一方邊費有以取辦，每歲不假度支供億。』

又 九月己酉，提舉成都府等路茶場司李稷乞應干本司職務措置、申請、辭訟等事，他司毋得干預，如處置有屈抑，許經監司申理。從之，仍不隸都提舉市易司，其茶場司亦罷兼秦鳳路市易司。

又 卷二八五《熙寧十年》 ［冬十月乙未］詔秦鳳路轉運判官孫迥，應承受茶法文字及所聞利害，並關提舉茶場司。以迥言茶法有未便事，乞赴闕奏稟，上曰：『朝廷已委李稷總領其事，若從迥奏，恐議論乖異，責任不一。』故有是詔。

又 卷二八八《元豐元年》 ［二月己巳］詔提舉成都府等路茶場司，應置場賣茶州軍知州、通判，並兼提舉；經略使所在，即專委通判兼之。

又 卷三四一《元豐六年》 ［十一月己酉］都大提舉成都府、永興軍等路榷茶公事陸師閔言：『欲乞於兩處各置管勾文字官一員，許不依常制奏差承務郎以上或選人充。其勾當公事官見七員，內二員係奏差，五員選於吏部，今乞並許本司不依常制奏差。指使五員，內有吏部所差不得力之人，今乞指名奏易。每年舉選人改官，今以舊條通計，當舉九人，欲乞特添三人。外有縣令、小使臣陞陟數，止依舊條併舉。本司舊支頭子錢七百緡充公使，今乞特添三百緡。公使合用酒，欲乞隨所至州郡兑那支用，以米麴工價算還。』並從之。

又 卷三八一《元祐元年》 ［六月］先是，御史中丞劉摯言：『臣嘗於去年論列川茶利害，乞遣使考察措置，近蒙朝旨，已差戶部郎中黃廉前去。竊以川茶之害，臣於前奏，略已詳悉，又聞言者繼多，今不復再有陳說。然事之首尾，干涉者數路，從來提舉榷茶馬所行職事，他司皆不得與聞，至於索取茶事公案文字，亦不許州、縣供報。以此提舉司官吏事權震灼，恣爲不法，倚茶爲名，興販百貨，掊克苛細，奪民衣食，其於患害，根株深牢，若非周諮博訪，難見底裏。今雖遣使者，而提舉官陸師閔尚在本任，深恐上下吏民畏其權燄，不敢盡以疾苦告於使者，有所蔽隱，卻致所聞滅裂。兼慮師閔護匿其事，議論懷私，不肯協心公共措置，無以副聖明惠綏遠方之意。臣欲乞指揮，先罷陸師閔職任，所貴人情稍安，可以究詢利害。』

《宋史》卷三七六《張致遠傳》 金人與劉豫分道入寇，宰相趙鼎勸高宗親征，朝士尚以爲疑，白鼎審處。致遠入對，獨贊其決。遷侍御史。言：『聚財養兵，皆出民力，善理財者，宜固邦本。請罷榷福建鹽，精擇三司使、副，以常平茶鹽合爲一官，令計經常，量入爲出，先務省節，次及經理。』詔戶部講究。

《明史》卷八〇《食貨志四》 先是，洪武末，置成都、重慶、保寧、播州茶倉四所，令商人納米中茶。宣德中，定官茶百斤，加耗什一。中茶者，自遣人赴甘州、西寧，而支鹽於淮、浙以償費。商人恃文憑恣私販，官課數年不完。正統初，都御史羅亨信言其弊，乃罷運茶支鹽例，令官運如故，以京官總理之。

《宋會要輯稿・選舉二八・舉官二》 ［崇寧］二年二月二十六日，吏部言：『詔內外舉官員闕，可令吏部講求元豐所修格。尚書左選今來將內外舉官員闕講求，內有緣近蠻夷知州及諸路、諸司屬官，并在

京課利浩大場務及係干刑獄，并事務繁難去處，及協律郎理須奏舉通曉音律之人，難以議罷。內威、茂、黎、瓊州知州、平準務、戶部勾當公事、麴院、榷貨務、開封府諸曹官、左右軍巡使、判官、新舊城裏左右厢公事、御史臺主簿、檢法官、太常寺協律郎、諸路諸司勾當公事、管勾文字并機宜、府界常平管勾官、水磨、買賣茶場、雅州名山知縣、將作監勾當公事、左右厢店宅務、黃汴河都大、諸州軍茶稅場，欲乞依舊舉官。』從之。

又 三月二日，臣僚言：『爵位相先，儒生之常也。侍從官初除，三日內舉自代者，恐英俊沉於下僚耳。若名已聞於朝廷，位將逼於侍從，何以薦爲 乞詔薦自代者，勿以左右史、國子祭酒、大卿監已上人。』從之。

同日，吏部言：『準崇寧元年閏六月八日勑，內外舉官員闕，可令吏部講求元豐所修格，酌以時宜，删成經久可行彝格，申三省裁議聞奏。侍郎左選除西安州、會州職官、録參、司理、司法，會州會川城、新泉寨、懷戎堡主簿，河州安鄉關、來羌城、懷羌城主簿，蘭州金城關、京玉關、西關堡主簿，西安州臨羌寨、征逋堡主簿，通峡寨、盪羌寨主簿，定戎寨兼管天都寨主簿，平夏城、靈平寨主簿，並係緣邊及新置城寨，並沅州黔陽、麻陽縣令亦係正接蠻界緣邊縣分，并經略、安撫、都總管司掌管機宜文字及河北路轉運司勾當公事官，職事繁難，今相度，欲並依舊奏舉外，餘闕並依元豐四年七月二十八日朝旨罷舉施行。內端州節推、資州內江縣令止係一時舉官一次，元非選闕，自合依常法差注。雅州名山縣產茶浩瀚去處，合依舊舉官外，罷舉縣令。茶場監官并諸勾當公事、茶事司催發茶鹽綱運官，全要得人，合依舊舉官。帳司官舊法選差舉職官、縣令人，今來罷舉，依奏舉法，卻合選差常調職官，次令録人充。』從之。

又《職官四三·提點司》 ［宣和七年］五月六日，詔曰：『諸路提舉常平茶鹽官近已之任，尚慮因朝廷黜陟之際，觀望畏避，懷不自安，遂致曠廢。自今各安爾職，究心奉行，修舉職事，毋致滅裂，當議較其功罪而俟以賞刑。播告四方，明聽毋惑。』

又 ［紹興］五年閏二月十二日，詔：『諸路提舉常平併入茶鹽司，仍以提舉茶鹽常平等公事爲名。內無茶鹽去處，依舊令提刑兼領。』先是，臣僚言財用利源，有旨令戶部講究，條具申尚書省。內一項，欲以常平、茶鹽合為一官，稍重其選。故有是詔。

又 ［紹興五年］四月三日，總領司言：『據兩浙東路提舉茶鹽常平等公事司申，據紹興府申，契勘有管義倉米貳萬一千三百餘石，雖依條唯充賑給，其米經年陳次，欲比街市價例量減錢出糶。近緣明州申請，米價踴貴，細民闕食，乞將義倉米出糶。已承朝旨，特令明州于上件米內借支一萬石，候秋成日卻行依數收糴撥還，不得拖欠。仍令常平司拘催樁管，仍免執奏。及再得旨，奏知不行。今看詳，欲乞於收到義倉米內借支一萬石，令紹興府置場出糶，餘並依明州已得指揮。』詔依，即不得糶與公吏之家，務要實惠細民。

七月二日，都省言：『諸路提舉常平已降指揮併入茶鹽司，無茶鹽司去處依舊提刑兼領，專置幹辦官。今訪聞逐司爲係併入兼領職事，並不逐一講究，致他司妄用，失陷錢物，有朝廷緩急支用。』詔令諸路提舉常平官將常平事務恪意奉行，無得苟簡，致有失陷錢物。如敢少有滅裂，戶部按劾，申尚書省取旨，重行典憲。

又 ［紹興］六年五月一日，詔：『自今諸路提舉茶鹽常平官有闕，並取資歷已深、誠實素著之人，或於郎官以上選擇任用。』從殿中侍御史周祕言也。詳見提舉茶鹽司門。

又 ［紹興十五年］八月二十六日，詔諸路提舉茶鹽官改充提舉常平茶鹽公事。先是，戶部侍郎王鈇言：『常平法始于漢宣帝，用耿壽昌之疏，施於邊郡，以致中興。國朝行之，大郡錢穀有至百萬，其下猶不減五六十萬。建炎初，罷提舉官，兼以他司。初不以爲不惠於民、不利於國也，徒以追咎改作，遂並其官廢，事關法令，無復修舉。故紹興六年，復置主管官，然權輕不能振職，名存實亡，無補於事，非祖宗利國惠民之旨也。夫常平之設，上以收開闔斂散之權，下以抑兼併豪強之家，備水旱而救札瘥，視豐凶而平物價，科條實繁，其利不一，有義倉和糴之儲，坊場河渡之入。以產制役，欲使平均；以陳易新，俾無紅腐。一有饑饉，則開發倉廩以濟艱食，豈一主管能勝其任哉！建言者將欲省官而主管復，將欲省吏而胥徒如故，獨罷一提舉官而奸弊百出。州縣苟且，無所畏憚，

封椿錢物借貸移易，多致陷失，凶年饑歲賑濟之法，漫不加省。蓋以主管官威令既不能有制，而職事又不得自專，勢使然也。今雖隸于憲司，而獄訟繁多，不能究心，其能責以利國惠民之實效乎！欲乞復置常平提舉官，以主管官爲幹辦公事，其它無所損益而積弊可除，庶幾良法美意不為虛文。』故有是詔。

又 九月八日，權戶部侍郎王鈇等言：『已降指揮，諸路提舉茶鹽官改充提舉常平茶鹽公事。緣成都、潼川府、利夔州路即無提舉茶鹽官，及淮西、京西路提舉茶鹽見係逐路轉運、提刑兼管，廣西路提舉茶鹽見係提刑兼管，及諸路常平司主管官所掌職事，並合取自朝廷指揮。』詔四川、廣西令提刑，淮西、京西令見兼提舉茶鹽官兼領，主管改充常平司幹辦公事，依轉運、提刑司屬官體例。

又 十二月二十八日，吏部言：『常平官今來改充提舉常平茶鹽公事，合依舊法為監司，與轉運判官序官，及歲舉改官五員，縣令三員，大、小使臣陞陟八員，承務郎以上五員，試刑法官七人，合依舊盡還本司。』從之。

又《提舉茶鹽司》 〔淳熙〕六年八月十八日，詔：『提舉常平茶鹽官遇闕，如文武臣提刑兩員去處，令以官序兼權。』

八年九月十四日，詔：『自今諸路提舉官毋得輕授，雖差替人不得過一政，須履歷有政績之人。』

又《都大提舉茶馬司》 〔熙寧七年〕十二月十二日，權發遣三司使公事章惇奏：『已差李杞等提舉收買川茶，省司已應副本錢，今更有事節。今來乞於職位內稱「提舉成都府利州秦鳳熙河等路茶場公事」。如向去事務繁多，更合要官員幹當，乞許本司奏差。今來初創置茶場，官中本息錢數有限，慮恐熙河路輒有侵使，乞於茶稅息錢內每年認定四十萬貫，應副熙河博馬并糴買糧草，餘外錢物並本司樁管。』從之。

又 〔熙寧十年〕十月二十八日，詔茶場司許不依常制舉辟勾當公事官三員。

又 〔元豐元年〕五月二十一日，提舉茶場李稷言：『三路三十六場，大、小使臣殆及百員，乞不限員數，舉三班使臣。』詔從之。內歲舉官十員，候三年茶法成序取裁。

又 〔元豐三年七月〕十八日，中書門下奏：『據提舉成都府利州秦鳳熙河等路茶場司幹當公事官五員未有印記，乞下少府監先次鑄造銅記五面，並以「提舉茶場司幹當公事朱記」一十一字為文，如降送本司，責憑給付逐官行使。』從之。

又 〔元豐六年十一月〕九日，都大提舉永興軍等路榷茶公事陸師閔奏請事件於後：『一、本司舊于成都府、秦州兩處置司，各有廨宇、人吏等，今並乞依舊，仍於兩處各置管幹文字官一員，許不依常制奏差承務郎以上或選人充，仍並依幹當公事官條。一、幹當公事官見管七員，內二員係奏差，五員係吏部選差。今乞許本司不依常制奏差，所有吏部已差下未到任交割者，亦乞別指名奏差替換。其接送、當直、兵級及不許赴妓樂筵會等事，並乞依轉運司管幹文字官條。一、每年奏舉選人改官舊條，通計合舉九人，欲乞特添三人外，有縣令、小使臣陞陟員數，只依舊條併舉。一、本司舊支頭子錢七百貫充公使，今乞特添三百貫，每年共支一千貫文。一、公使合用酒欲乞隨所至州縣那兌支用，以米麴、工價算還，通計不得過合造酒數。一、本司今來赴闕，依例添差等分三人，各使遞馬及擔擎文字兵士五人，遞鋪七人。乞今後遇赴闕及出巡，並依此施行。一、本司舊條，提舉官與提點刑獄序官，同提舉官與轉運判官，惟都大提舉官元係陝西路轉運使兼領，未有明文。』詔特令與轉運使序官，餘並從之。

又 〔建中靖國元年〕五月三日，吏部狀：『都大提舉成都府利州陝西等路茶事司乞將準備差使臣二員，許舉小使臣差使，借差殿侍、軍大將，充都官闕。契勘所乞差軍大將充，委是闕人應副，難議施行。殿前司申，若依條奏舉殿侍，如朝廷許差，別無諸般違礙。本部今勘當，欲依本司所乞及逐處申到事理施行。』從之。

又 〔崇寧五年〕十一月十日，提舉陝西等路買馬監牧司奏：『陝西路轉運司幹當公事官近依朝旨許存留一員，其合差官幹當，尋於轄下選差，其間拘礙不許差出者不少，雖有職官及司戶可差，卻兼充買馬等同管幹，本司全然差那不行。欲乞將逐司管幹官並就委本州依條不許差出官、不妨本職差委幹當。奉詔每州委見任官一員管幹，除州界時暫差使外，不許差出。又《買馬司敕》，諸買馬及有牧地處，委茶事司所差管

幹應報本司文字，不許他司差出州界。契勘本司差定逐州軍管幹官，茶馬司自來依條選擇通判或職官幹當，今若止於不得差出官內就委，竊慮合差官有限，艱得可以倚辦之人。兼録事、司理、司法體輕，緩急難以集事。今來陝西牧馬地撥隸馬司，所總錢斛不少，全藉管幹官往來點檢，兼茶司地方闊遠，職司不一，今欲乞將逐州軍茶馬司管幹官許令本司依舊選差。』從之。

又 十二月六日，詔：『神考修立馬政，於川陝市茶博馬，及以茶息應副邊計，行之甚久，已見成効。其屬官等全藉能吏幹集，故舊制盡從逐司奏舉。近緣臣僚陳請，復行差注。除馬司屬官並買馬官已復奏舉外，其茶司元豐年應奏舉并同轉運司選差員闕，並依元豐舊法施行。』

又 ［政和］五年五月七日，詔：『茶事司循法舊制，特許辟官。訪聞比來不顧公議，多引四川士人。今後辟官，不許奏辟士人，已辟官並罷。仍著為令，違者奏舉官并被舉人並降名。』

又 ［宣和三年］八月十二日，何漸又奏：『竊惟神宗皇帝肇建茶、馬兩司，吏員多寡，稱事繁簡。後來因事增員，不無冗濫。乞應添置員闕，悉遵熙豐成憲。』從之。

又 十一月十二日，吏部奏：『檢會提舉成都府等路茶馬、兼買馬監牧公事宇文常狀：准敕陞充提舉，即不帶「都大」及「同」字，所有序官取指揮。勘會宇文常係同管勾茶事，准敕陞作提舉，其《榷茶司令》文內即無立定提舉茶事序位之文。本部今勘會，欲將宇文常序位在陝西熙河蘭廓路轉運副使、諸路轉運使之下，諸路轉運副使、提刑之上。今年四月四日，詔依吏部申。勘會張有極元受敕內亦不帶「都大」及「同」字，與提舉宇文常事體一般，所有序官，未審合與不合依宇文常已得指揮。』詔依宇文常所得指揮施行，今後準此。

［紹興］三十二年五月四日，總領四川財賦軍馬錢糧、專一報發御前軍馬文字、兼權提舉秦司買馬監牧公事王之望言：『承成都府都大提舉茶馬司牒，分撥利州以東至陝西州軍並興元府、洋、興州等處榷茶買馬職事。照得被受前項指揮，止是兼權提舉秦司買馬監牧公事，所有茶事，未曾承準指揮，未審今來如何繫階。』詔依見今川司提舉王弗繫階，帶茶馬職事。以上《中興會要》

又 孝宗隆興元年四月七日，四川安撫制置、都大提舉茶馬、成都府路提舉轉運司奏：『黎州歲額買馬三千匹，全藉知、通同共措置。通判闕，元係茶馬司奏辟，昨緣一時申請，併歸銓選，憑不得人，難以責辦。乞從茶馬司依舊法選官奏辟。』吏部勘當：『欲依逐司所乞。』從之。

又 乾道元年二月十四日，四川茶馬陳彌作奏：『臣契勘本司舊管幹辦公事三員，準備差使二員，緣近降指揮，止存幹辦公事二員，竊恐本司管四路，事繁地遠，全藉屬官分責，與他司事體不同，欲乞復置幹辦公事一員，仍乞許臣選才辟差，免致闕悞。』從之。

同日，又奏：『馬政爲今日要務，比年官屬曠職，寖成隳壞。欲乞將茶馬司元辟差闕依祖宗舊法，內除守臣係朝廷選授，如有貪懦不職，按劾以聞。其餘許從本司辟置，或已在任待闕人，亦許臣銓量，庶幾人知勸沮，悉皆激厲。』詔買馬州軍通判，令茶馬司依舊法奏辟。

又 ［乾道二年］九月一日，吏部狀：『準都省批下四川茶馬司奏，檢察買馬非祖宗舊制，緣本司一時添置，初無毫髮之補，月費俸給三百餘千，占役吏卒四十餘人，無以支給，不免侵移博馬錢帛，致欠蕃蠻馬價，爲害非輕。欲乞依法省罷，所有買馬職事乞依舊法，令知、通、監押協力任責。』從之。

又 十月三十日，戶部准都省批下四川茶馬契勘，階州知、通係堂除，非本部闕，准乾道元年指揮，買馬州軍通判許令茶馬司依舊法奏辟。從之。

又 十四日，四川宣撫使司奏：『據茶馬司申：「川、秦二司元管屬官八員，因併秦司歸川司，裁減三員，後來又減罷川司兩員，見存三員，各分一員專一主管成都、興元、遂寧府簽廳。今於鳳州河池縣置司，所有簿書、倉庫、儲積之類，必藉屬官管幹。欲乞于減罷秦司屬官三員內再行辟置秦司幹辦公事兩員，一管幹宕昌買馬事務，一管幹河池縣秦司簽廳，令本司於京官內踏逐諳曉馬事之人奏辟，乞賜敷奏。」契勘未軍興以前，陝西岷、階州並川路歲額買馬共八千七百四十六匹，今每年買馬一萬九百六十六匹，比之元立歲額委是歲多，闕官分幹，欲乞許令辟幹辦公事、準備差遣各一員。』詔特許添置准備差遣一員，令本司辟差。

又 ［乾道］四年三月十七日【略】四川宣撫使虞允文言：『都大

茶馬司應副三衙歲額馬共三千五百五十五疋，累年常是拖欠一千匹上下。自張松到任，於去年八月開場，至今年正月終，買發數足，望於松職名上特加陞進，以爲方來之勸。』詔特與轉一官。

又 五月十五日，四川茶馬司奏：『檢准令節文，文州買馬通判奏舉知縣以上資序人。又準隆興元年本司奏乞，將文州通判從本司奏辟，吏部行下，令同本路提刑、轉運司審度，連書保奏。今逐司奏，文州買馬係與化外蕃交易，全藉通判措置招誘。舊係茶馬司奏差，後緣一時申請，令本路運司銓注，竊慮不得其人，難以責辦職事。若從茶馬司依舊選官奏差，委是經久利便。』吏部再勘當：『依逐司審度到事理施行。』從之。

又 七月十二日，茶馬司奏：『川、秦馬司互市之地，惟西和、階州並是西馬，比諸州爲最上。歲管四千二百七十疋，應副三衙并四川宣撫使司。本司津致茶帛，應副博買，歲費壹百餘萬，全藉所屬州郡禁戢私販，招誘蕃商，協力趁辦。今文、黎等六州軍知、通並帶主管買馬事，西和、階州舊法止是提舉買馬，並不帶主管買馬事。兼兩州通判未係本司奏辟，馬之增損既無賞罰，全不介意。照得宕昌等處即非無馬，止緣知、通不識，縱容盜販，減尅茶帛，若不控告朝廷，無緣革弊。欲乞將西和、階州通判依幹道元年指揮從本司奏辟，仍一依文、黎等州知、通，專一主管買馬事，賞典亦比類文、黎州見行條法。如買馬不及九分已上，展磨勘三年，知、通並令赴本司批書，候馬額足日放行。庶幾州郡有所懲勸，不致有悞馬政。』批送兵、吏部勘會申奏。兵部：『契勘岷州買馬，自來係專委都監，其知、通止是提舉。今令知、通專一主管買馬，不須更差都監，庶事權歸一。』吏部：『兼通判可以督責本州界內蕃兵，防護馬客，及措置應辦草料，禁止私販，委爲利便，乞從本司選辟諳曉馬政之人。若買馬充額，除依關外四州合得邊賞外，仍依已得指揮，將通判買馬酬賞推給。又有西和州茶場監官一員，緣極邊無賞，文臣不願就，本司止差小使臣權攝，多不辦事。契勘本處收支買馬錢、銀、茶、絹動計數百萬，全藉廉勤、諳曉錢穀官管幹，欲乞從本司於文武四選通辟，許依關外四州合得邊賞外，如任滿錢物無欺弊，乞減二年磨勘，選人循一資。庶幾有以激勸，率皆效職。』從之。

又 〔乾道九年三月〕十七日，四川宣撫使虞允文奏：『據都大茶馬司申，自減罷提點綱馬驛程官後，所發馬綱在路弊端百出，委于馬政有害。不敢盡復，內乞差二員，一員自成都府至興元府，一員自興元府至漢陽軍，令提點驛程。仍乞許從本司踏逐，申宣撫司差辟，欲望降旨施行。』從之。

又《食貨三〇·茶法雜録上》 〔元豐〕六年四月三日，同提舉成都府等路茶場陸師閔言：『文州與階州接境，有博馬及賣茶場，龍州舊許通商。乞以文、龍二州爲禁地，其秦州本司差官一員造帳，計置川路羨茶徧入陝西路出賣，仍於成都府置博買都茶場。』從之。

又 閏六月十三日，同提舉茶場公事陸師閔劄子奏：『竊見新修《茶場司敕》尚未全備，臣今擇出合行通用條貫三十八件，內有於新法干礙者，畧加删正下項：一、諸成都府、利州路、金州產茶處，各就近置場，盡數買園戶茶，許客人於官場收買，販入川峽四路並金州界，充民間食用。私輒買賣、博易、興販及入陝西地分者，並許人告捕，依犯私臘茶法施行。諸陝府西路並爲官茶禁地，諸路客販川茶、南茶、臘茶無引、雜茶犯禁界者，許人告捕，並依犯私臘茶法施行。諸園戶賫茶往不置場處，并用有引茶及空引影帶私茶，並未經販賣及諸色人販茶偷謾商稅者，皆許人告捕，依漏稅法斷罪外，一斤以上賞錢三貫文，每十斤加三貫，至三十貫止。禁地官茶偷稅准此。諸產茶州縣每歲於民間闕乏之時，預先計置見錢、斛斗，召園戶情願結保借請，每貫出息二分。至茶出時曉示，令以茶赴官折納，過夏季不納，即追催秋季，不足，量分數科校。諸產茶州縣買茶，正斤外依市例量加耗茶。非理責加耗者，許賣茶園戶告，計所剩坐贓論罪，止杖一百。即官庫漏底，雖有出剩，不得理爲勞績。諸產茶州縣出賣食茶，並隨時價高下增息，仍準價別收長引錢一分訖，給引放行。諸產茶州縣出賣食茶，各以元豐元年爲額，提舉司歲終比較不虧，每收息一百貫文，支賞錢五貫文，充監官公人添給。監官四分，公人六分，其開場在元豐元年以後者，並以第一年全年爲額。賣鹽準此。諸茶場官舍有闕，牒轉運司應付，其合占那民地者，令指射官地對換；係樓店務官舍地基及稅地者，以茶息錢輸納稅租。諸禁地賣茶場年額敷辦，歲終比較，每收息錢二萬貫，監官減一年磨勘，提舉司保明聞奏，選人比類奏裁；不滿二萬貫，每息錢一百貫文，支賞錢二貫文，以上願留次年併賞者聽。

仍將博馬茶通比。秦、熙、階、岷、河州、通遠軍、永寧寨七處分茶與外鎮城寨出賣者，亦通比。諸處出賣官茶，令提舉司立定中價，仍隨市色增減。應增者，本州本場體訪詣實，增訖申提舉司覆按。應減者申提舉司待報。賣鹽準此。諸陝西不立額賣茶場，並以元豐元年課利爲額，歲終比較賞罰。其開場在元豐元年以後者，以第一年全年爲額。諸買賣茶，每州委見任官一員管幹，通計所管課利敷辦者，比監官減半推賞。賣鹽準此。諸官場以茶、鹽博易到銀、帛、斛斗、雜物，限半年變轉見錢，除元價外，所增息錢十分中給一分與主轄官吏充賞。官員四分，專典六分。過半年，不得變轉，不支賞錢。虧元價者，監、專均償。如博下滯貨，雖已解替，候變轉訖離任。諸成都府、利州、陝府西等路縣鎮城寨買賣茶場，無正監官處，就差稅務官吏；無稅務處，委餘官不妨本職監轄。金州及賣鹽場准此。諸買賣茶州軍知州、通判兼提舉，經畧使所在，通判兼提舉茶場，所在州委都監、縣委令佐兼監。賣鹽准此。諸轄下州軍每季輪當職官點檢未批文曆，如提舉司覆較得官物有侵欺盜用，失陷損惡，違法不職，其干涉季點官於監官下減一等科罪。諸買賣茶場年終比較，虧五釐以上，罰俸半月，公人笞四十；滿一分，監官笞二十，干繫公人杖六十；每一分，監官、公人各加二等，三分各罪止。管幹當官以所管場務通比，減正監官一等科罪。監官任滿通比，一界內如及二分，降一年名次，及三分，降一等差遣，無等可降，依差替人例施行。課利一萬貫以下，監官每一分罰一月俸，三分罪止。諸轄下買賣茶場監官如有不得力，並許量人材于事簡處對訖，奏乞各與正差，如闕正官，即依川峽四路轉運司差官例，於得替待闕官內權差，或指名牒轉運司依條差權。諸提舉司人吏、貼司、軍典及茶場專典、庫秤、牙人等，因公事取與財物，依轉運司人吏法。引領過度，首、從皆用此法。諸買茶場量事務繁簡，招置有物力、保識牙人，應收買起綱茶，依鄉例支牙錢，即收買食茶，亦依鄉例，於合支價錢內剋留。牙錢置曆，分閑忙月分均給，有餘並不應給者，並入官。諸顧脚，州縣召有物力行止人充甲頭，準例收剋保引錢，應所保脚戶帶官物、脚錢等逃匿，及有所欺隱侵盜致失陷者，甲頭備償；即例外剋取，依倉法；州縣輒役使，杖一百，計庸重者，自從重。諸水陸般茶、鹽所經州縣並推排脚戶，置簿籍定姓名，準備隨時價和顧。如有損失毀敗，全數備償。諸茶、鹽綱所經官司遇有給納，託故不躬親若住滯經宿者，依常平法。諸脚戶所般茶鹽遇陰雨，許就寺舍、亭鋪及空閒官屋內安泊。其合顧脚交替州縣，並於要便處那併添兌官舍充綱院，仍令轉運司應副。諸見管錢物，其它官司輒支動者，以違制論，不以赦降、去官、自首原減。諸茶場及轉般庫役人，並隨課利給納大小增損制祿，不得支動本息錢。諸幹運物貨所經稅務，依省定則例收納六分稅錢。在成都府、利州路，許以所幹物貨準折，如係陝西，令逐處稅務批抄，理爲年額，轉運司牒提舉司取撥。諸回幹物貨出入川界，量多寡關牒秦、熙州，差指使管押，諸茶、鹽所經道路巡檢、縣尉、巡鋪、使臣，各遞相催驅出界。諸給公人賞者，專副四分，典吏、庫秤等共六分，闕無所承者入官。諸給納，並每貫收頭子錢五文足，應茶場監官添支驛料、運船，提舉司官屬及幹事官屬直吏祿，公使什物雜費，并貼支諸場公人傭食錢等，並以所收頭子市利錢充。諸提舉官于轄下官吏事局相干，同按察；部內有犯，同監司；諸提舉官點檢職務公事，杖以下罪就司理斷；事合推究者，送所司；徒以上，依編勑監司點檢法。諸沿茶法職務措置詞訟、刑名、錢穀等公事，除州縣施行外，合申明者，申取提舉司指揮施行，他司不得干預，雖於法合取索文字，並關牒提刑司施行，不得專輒行下，諸處，亦不得供報。如所經處置尚有抑屈者，許以次經轉運、提刑司申理。諸幹當公事官，川路二年、陝西二年半爲一任，選人願就三考者，聽從便。供給依廨宇所在州簽判例，州無簽判，依職官例。京官以上及大小使臣，各隨本資給添支；本資無添支者，依舉監一萬貫場務例給。諸幹當公事官闕無所承，許不拘常制選差轄下官權充，其餘應合差官幹事，並依編敕差官條施行。諸紙筆、朱墨、油燭、皮角，以係省錢收買，在京申省支給。諸文字往還，並入急脚遞。看詳熙河蘭會路見今不隸陝府西路，竊慮今來條貫內凡稱陝府西路者，須合添入「熙河蘭會」四字，又第十四項於「縣鎮」字上合添入「州軍」二字。以上條貫，乞賜施行。』詔令尚書省檢會，疾速行下。

《舊唐書》卷一三《德宗紀下》 ［貞元］九年春正月庚辰朔，朝賀畢，上賦《退朝觀仗歸營》詩。乙酉，劍南東川節度使王叔邕來朝。癸卯，初稅茶，歲得錢四十萬貫，從鹽鐵使張滂所奏。茶之有稅，自此始也。甲辰，禁賣劍銅器。天下有銅山，任人採取，其銅官買，除鑄鏡外，不得鑄造。

又卷一七《文宗紀下》 ［大和九年］冬十月癸酉朔。乙亥，杜悰復爲陳許節度使，李聽爲太子太保分司。內出曲江新造紫雲樓彩霞亭額，左軍中尉仇士良以百戲於銀臺門迎之。時鄭注言秦中有災，宜興土功厭之，乃濬昆明、曲江二池。上好爲詩，每誦杜甫《曲江行》云：『江頭宮殿鎖千門，細柳新蒲爲誰綠？』乃知天寶已前，曲江四岸皆有行宮臺殿、百司廨署，思復昇平故事，故爲樓殿以壯之。王涯獻榷茶之利，乃以涯爲榷茶使。茶之有榷稅，自涯始也。

又卷一六九《鄭注傳》 訓、注天資狂妄，偷合苟容，至於經略謀猷，無可稱者。初浴堂召對，上訪以富人之術，乃以榷茶爲對。其法，欲以江湖百姓茶園，官自造作，量給直分，命使者主之。帝惑其言，乃命王涯兼榷茶使。又言秦中有災，宜興工役以禳之。文宗能詩，嘗吟杜甫江頭篇云：『江頭宮殿鎖千門，細柳新蒲爲誰綠？』始知天寶已前，環曲江四岸有樓臺行宮廨署，心切慕之。既得注言，即命左右神策軍差人淘曲江、昆明二池，仍許公卿士大夫之家於江頭立亭館，以時追賞。時兩軍造紫雲樓、彩霞亭，內出樓額以賜之。注言無不從，皆此類也。

《新唐書》卷一七九《鄭注傳》 帝問富人術，以榷茶對。其法：欲置茶官，籍民圃而給其直，工自擷暴，則利悉之官。帝始詔王涯爲榷茶使。又言秦、雍災，當興役厭之。帝嘗詠杜甫曲江辭，有『宮殿千門』語，意天寶時環江有觀榭宮室，聞注言，即詔兩神策治曲江、昆明，作紫雲樓、采霞亭，詔公卿得列舍隄上。

《續資治通鑑長編》卷三九九《元祐二年》 ［四月］權發遣都大提舉成都府等路茶事黃廉言：『茶法初立，地分闊遠，推行措置，猶須詳悉，以臣獨任，實恐不逮。欲望詳酌，差提舉官一員協力經畫，不致闕誤。』詔：『黃廉特落發遣字，閤令差權發遣同管勾成都府、利州、陝西等路茶事。』據茶馬司題名，閤令以朝請同管勾，不知前爲何官。

又卷五〇〇《元符元年》 ［七月甲子］是日，布又言鄧棐論事不當。上曰：『然。』布遂言：『臣久尸素於此，日思引去以避賢路，昨以王府事，義當待罪，以聖諭丁寧，不敢遽去。竊聞棐亦嘗有言，臣於去就之際，粗知義理，亦不待棐等如此逼逐去。然棐與蹇序辰交通唱和，如此略不避嫌疑，如臣孤拙，何敢安位。臣於王府事，不敢以爲無罪，若其他果有罪，序辰輩必不爲臣掩覆，其他大臣徇私玩法者不少，臣愚直自守，未嘗能窺伺人短長，嘗與林希道其一二，臣不敢悉陳，但有序辰所知者一二事，願陛下試加采察，必知臣言不虛。呂安中乃嘉問之子，王雱之壻，序辰之妻弟，昨朝廷復水磨茶場，理當差使臣勾當，乃降旨令不依常例舉官，遂舉安中爲監茶場。既而以職事非使臣不可辦，又降旨，今後只舉使臣見任文官，候界滿日罷。又以安中界滿方五考，未可改官，卻降聖旨特許滿三年。京師場務皆二年爲一界，未有許滿三年者，安中滿三年改官，又以茶場酬獎改一官，遂升朝，然尋以病卒。』

《明史》卷七一《選舉志三》 三十六年，科止數人，道止二人。南科以一人攝九篆者二歲，南道亦止一人。內臺既空，外差亦缺，淮、揚、蘇、松、江西、陝西、廣東西、宣大、甘肅、遼東巡按及陝西之茶馬，河東之鹽課，缺差至數年。

又 洪武十一年命吏部課朝覲官殿最。稱職而無過者爲上，賜坐而宴。有過而稱職者爲中，宴而不坐。有過而不稱職者爲下，不預宴，序立於門，宴者出，然後退。此朝覲考覈之始也。

十四年，其法稍定。在京六部五品以下，聽本衙門正官察其行能，驗其勤怠。其四品以上，及一切近侍官與御史爲耳目風紀之司，及太醫院、欽天監、王府官不在常選者，任滿黜陟，取自上裁。直隸有司首領官及屬官，從本司正官考覈，任滿從監察御史覆考。各布政使司首領官，俱從按察司考覈。其茶馬、鹽馬、鹽運、鹽課提舉司、軍職首領官，俱從布政司考覈，仍送按察司覆考。

《明史》卷七五《職官志四》 又洪武中，於四川置茶鹽都轉運

司，洪武五年置，設官如都轉運鹽使司。十年罷。納溪、白渡二鹽馬司，洪武五年置，以常選官爲司令，內使爲司丞。十三年罷，尋復置。十五年改設大使、副使各一人。後並革。又有順龍鹽馬司，亦革。

又 茶馬司。大使一人正九品，副使一人從九品，掌市馬之事。洪武中，置洮州、秦州、河州三茶馬司，設司令、司丞。十五年改設大使、副使各一人，尋罷洮州茶馬司，以河州茶馬司兼領之。三十年改秦州茶馬司爲西寧茶馬司。又洪武中，置四川永寧茶馬司，後革，復置雅州碉門茶馬司。又於廣西置慶遠裕民司，洪武七年置，設大使一人，從八品，副使一人，正九品。市八番溪洞之馬，後亦革。

又 批驗所。大使一人，副使一人，掌驗茶鹽引。

《宋會要輯稿・職官四三・提舉茶鹽司》 嘉定十七年三月二十三日，淮東總領所言：『經費一月何啻陸拾萬緡，鎮江務場認發幾半，全藉發賣茶鹽鈔引以應供億。其兩浙鹽司確意措置，不患課入不登。今來臨安、平江、紹興三鹽倉積壓鈔引壹拾柒萬餘袋，無鹽可支，安得客人復來請買，是致本所支遣不給。』詔令三府帶行浙西、江東、淮東總領所主管茶鹽官入銜，到罷從本所批書，庶得專意督辦。以上《永樂大典》卷一一一五

又《都大提舉茶馬司》 ［崇寧］四年六月三日，都大提舉茶事司、買馬監牧司奏：『茶馬司管幹文字、幹當公事第一等將仕郎張察、文林郎楊達、將仕郎張庭玉、黄瑜，第二等登仕郎高成章、將仕郎王易、朝奉郎孫俞、朝請郎路康國及逐司點檢文字等，自承朝旨後來，首尾管幹、催促、撥發茶貨有勞。』詔第一等張察特改宣德郎，楊逵、張庭玉、黄瑜各循兩資；第二等王易、孫俞、路康國各減三年磨勘，高成章循資占射差遣一次。內選人如無資可循，或已官，即比類推恩。人吏第一等各轉一資，如無資可轉及有違礙，或不願轉資，即支賜絹二十匹；第二等各支賜一十五匹，第三等各賜一十匹。

又 ［大觀元年］二月三日，同管幹成都府利州陝西等路茶事、兼提舉陝西等路買馬監牧公事龐寅孫奏：『昨准朝旨「提舉陝西成都府等路茶馬司屬官六員叁分中減罷一分，止支與合入資序請給等」，已依朝旨裁減外，檢會《茶司令》，諸提舉官所請係省請給，歲終以息錢計還。《轉運司令》節文：幹當公事官、指使添給，並以本司雜收錢給；如不足，即以茶司頭子錢充。勘會茶、馬兩司屬官並係熙寧、元豐年差置，即非後來緣事創添。兼逐員添給並于本司雜收茶息錢等內支給，即無侵耗轉運司歲計財用。除裁減外，見存員數輪定兩川及沿邊以來，分頭催促，應副秦鳳、熙河等路博馬綱茶及買戰騎，委是緊切事務。乞將茶、馬兩司減定屬官，許依本司元豐舊法支破請給，內馬司屬官並依茶司屬官條法，本司管認撥還。』詔依。

又 ［政和元年］七月九日，樞密院奏：『尚書兵部申，準政和元年正月二十四日聖旨：「川陝茶馬司自昨降處分，罷添給引博馬及住泛抛買馬，悉依元豐法後來，自八月至年終計買馬八千餘疋赴闕，仍用茶數少，減省錢緡八十餘萬。所有兩司官吏奉法勤恪，協濟事功，可取索當職人姓名，分定等第，取旨推恩。」本部勘會兩司當職官吏職位、姓名，今據買馬司申，勘會到今年正月至二月十日終，又買過馬二千五百八十二疋上京，減省茶計銅錢二十六萬九千餘貫，乞施行。提舉官張翬、李稷，特各與轉一官；管幹文字第一等陳損、王易，特與減三年磨勘，內王易特與循一資，仍占射差遣一次；第二等魏允中、高世祚、彭儀、許廡，特各與減二年磨勘；第三等魏超、王運，特各與減一年磨勘。吏人第一等特各支賜絹一十五匹，第二等特各支賜絹十匹，第三等特各支賜絹五匹。』詔依逐項指揮，內使臣減年磨勘，仍依四年法比折。

又 ［宣和］四年四月十一日，樞密院奏：『勘會提舉陝西等路買馬監牧司恭承聖訓，遵依元豐成法，減茶買馬。宣和二年八月至三年十月，買獲馬二萬二千八百三十四匹，計減省錢二百八十五萬六千五百餘貫有畸，今具秦、川兩司合推賞官吏職位、姓名下項：提舉官郭思、張翬、宇文常、何漸，內張翬、宇文常各特與轉一官，宇文常轉行，郭思、何漸所歷月日不多，更不推恩；屬官優等管幹文字夏思忠、幹當公事馬沖各減三年磨勘，進義副尉張佾減一年半磨勘；第一等管幹文字李仲道，幹當公事趙子游、劉瞉、韓洪，各減一年半磨勘；第二等管幹文字程敦臨，幹當公事范洪、張錢、劉子明，各減二年磨勘；第三等幹當公事萬俟詠、李與同，各減二年半磨勘。本司人吏優等減二年磨勘，候出職日收使；第一等各支賜絹八匹，第二等各支賜絹六匹，第三等各支賜絹

五匹。』詔特依逐項指揮，內磨勘年限不同人，依四年法比折，選人依條施行。

又　五年十二月十五日，樞密院奏：『勘會提舉陝西等路買馬監牧司恭依聖訓，遵守元豐成法，減茶買馬。宣和四年九月至宣和五年九月，買到二萬一千九百四十匹，減省錢三百二萬六千五百六十貫文，今具秦、川兩司合推賞官吏職位、姓名下項：提舉官何漸、韓昭，各特與轉一官；屬官優等管幹文字晁公邁、幹當公事范洪，各減三年磨勘；第一等管幹文字劉黻、侯箎，幹當公事何掄，各減二年半磨勘；第二等管幹文字程敦臨、幹當公事張籛，各減二年磨勘；第三等幹當公事王城，減一年半磨勘。人吏優等各支賜絹十疋，第一等各支賜絹八匹，第二等各支賜絹六匹，第三等各支賜絹五匹。』詔特依逐項指揮，內選人令吏部依條施行。

又　六年八月十九日，都大管幹成都府等路茶事王蕃狀：『伏見前提舉官何漸昨具奏，「爲闕官逐急擇人權攝，欲乞將本司熙豐以來不拘常制許辟員闕，依元豐舊法，不得並差川人。及依近降指揮，不得奏差知州外，餘並許臣踏逐，選擇公廉練達之人，不拘常制，指名奏差。」奉御筆依所奏，許辟一次。後來何漸除奏外，見餘未曾奏辟去處，欲乞依已降御筆指揮，許蕃依何漸申請，不拘常制，指名奏辟一次。』從之。

《元史》卷四二《順帝紀五》　［至正十二年三月癸丑］中書省臣請行納粟補官之令：『凡各處士庶，果能爲國宣力，自備糧米供給軍儲者，照依定擬地方實授常選流官，依例陞轉、封廕；及已除茶鹽錢穀官有能再備錢糧供給軍儲者，驗見授品級，改授常流。』從之。

《清史稿》卷一二四《食貨志五》　司茶之官，初沿明制。陝西設巡視茶馬御史五：西寧司駐西寧，洮州司駐岷州，河州司駐河州，莊浪司駐平番，甘州司駐蘭州。尋改差部員，又令甘肅巡撫兼轄，後歸陝甘總督管理。四川設鹽茶道。江西設茶引批驗大使，隸江寧府。

紀事

《舊唐書》卷一七《文宗下》　［大和九年］十二月壬申朔，諸道鹽鐵轉運榷茶使令狐楚奏榷茶不便於民，請停，從之。

又卷一六九《王涯傳》　［大和］七年七月，以本官同平章事，進封代國公，食邑二千戶。八年正月，加檢校司空、門下侍郎、弘文館大學士、太清宮使。九年五月，正拜司空，仍令所司冊命，加開府儀同三司，仍兼領江南榷茶使。

又卷一七二《令狐楚傳》　先是，鄭注上封置榷茶使額，鹽鐵使兼領之，楚奏罷之，曰：

伏以江、淮數年已來，水旱疾疫，凋傷頗甚，愁歎未平。今夏及秋，稍校豐稔，方須惠卹，各使安存。昨者忽奏榷茶，實爲蠹政。蓋是王涯破滅將至，怨怒合歸，豈有令百姓移茶樹於官場中栽植，摘茶葉於官場中造作，有同兒戲，不近人情。方在恩權，孰敢沮議？朝班相顧而失色，道路以目而吞聲。今宗社降靈，奸兇盡戮，聖明垂祐，黎庶合安。微臣蒙恩，兼領使務，官銜之內，猶帶此名。俯仰若驚，夙宵知懼。伏乞特回聖聽，下鑒愚誠，速委宰臣，除此使額。緣軍國之用或闕，山澤之利有遺，許臣條疏，續具聞奏。採造將及，妨廢爲虞。前月二十一日，內殿奏對之次，鄭覃與臣同陳論訖。伏望聖慈早賜處分，一依舊法，不用新條。唯納榷之時，須節級加價，商人轉賣，必校稍貴，即是錢出萬國，利歸有司。既不害茶商，又不擾茶戶，上以彰陛下愛人之德，下以竭微臣憂國之心。遠近傳聞，必當感悅。

從之。

又卷一八七《忠義傳下・庾敬休》　上將立魯王爲太子，慎選師傅，改工部侍郎兼魯王傅。奏：『劍南西川、山南西道每年稅茶及除陌錢，舊例委度支巡院勾當榷稅，當司於上都召商人便換。大和元年，戶部侍郎崔元略與西川節度使商量，取其穩便，遂奏請茶稅事使司自勾當，每年出錢四萬貫送省。近年已來，不依元奏，三道諸色錢物，州府逗留，多不送省。請取江西例，於歸州置巡院一所，自勾當收管諸色錢物送省，所冀免有逋懸。欲令巡官李濆專往與德裕、遵古商量制置，續具奏聞。』從之。又奏：『兩川米價騰踊，百姓流亡。請糶兩川闕官職田祿米，以救貧人。』從之。再爲尚書左丞。大和九年三月，卒于家。

《新唐書》卷一七九《王涯傳》　自李師道平，三道十二州皆有銅

鐵官，歲取治賦百萬，觀察使擅有之，不入公上。涯始建白：『如建中元年九月戊辰詔書，收隸天子鹽鐵。』詔可。久之，以本官同中書門下平章事，合度支、鹽鐵爲一使，兼領之。乃奏罷京畿榷酒錢以悦衆。俄檢校司空，兼門下侍郎。罷度支，真拜司空。始變茶法，益其稅以濟用度，下益困，而鄭注亦議榷茶，天子命涯爲使，心知不可，不敢爭。李訓敗，乃及禍。初，民怨茶禁苛急，涯就誅，皆羣詬詈，抵以瓦礫。

又 卷一八二《裴休傳》 大和後，歲漕江、淮米四十萬斛，至渭河倉者纔十三，舟檝僨敗，吏乘爲姦，冒没百端，劉晏之法盡廢。休分遣官詢按其弊，乃命在所令長兼董漕，褒能者，謫怠者。由江抵渭，舊歲率雇緡二十八萬，休悉歸諸吏，敕巡院不得輒侵牟。著新法十條，又立税茶十二法，人以爲便。居三年，粟至渭倉者百二十萬斛，無留壅。時方鎮設邸閣居茶取直，因視商人它貨横賦之，道路苛擾。休建言：『許收邸直，毋擅賦商人。』又：『收山澤寶冶，悉歸鹽鐵。』

《新五代史》卷三〇《漢臣傳・郭允明》 郭允明，少爲漢高祖廝養，高祖愛之，以爲翰林茶酒使。隱帝尤狎愛之，允明益驕横無顧避，大臣不能禁。

《資治通鑒》卷二七九《後唐紀八》 ［清泰元年九月戊寅］蜀捧聖控鶴都指揮使張公鐸與醫官使韓繼勳、豐德庫使韓保貞、茶酒庫使安思謙等皆事蜀主於藩邸，素怨李仁罕，共譖之，云仁罕有異志；蜀主令繼勳等與趙季良、趙廷隱謀，因仁罕入朝，命武士執而殺之。【略】癸未，下詔暴其罪，并其子繼宏及宋從會等數人皆伏誅。是日，李肇釋杖而拜。

又 卷二八八《後漢紀三》 ［乾祐元年七月］蜀主欲以普豐庫使高延昭、茶酒庫使王昭遠爲樞密使【略】以其名位素輕，乃授通奏使，知樞密院事。【略】昭遠，成都人，幼以僧童從其師入府，蜀高祖愛其敏慧，令給事蜀主左右；至是，委以機務，府庫金帛，恣其取與，不復會計。

又 ［乾祐二年七月］三叛既平【略】帝浸驕縱，與左右狎暱。飛龍使瑕丘後匡贊、茶酒使太原郭允明以諂媚得幸，帝好與之爲廋辭、醜語，太后屢戒之，帝不以爲意。癸亥，太常卿張昭上言：『宜親近儒臣，講習經訓。』不聽。昭，即昭遠，避高祖諱改之。

《續資治通鑒長編》卷三《建隆三年》 ［春正月］丁亥，以監察御史劉湛爲膳部郎中。湛奉詔榷茶于蘄春，歲入增倍。遷拜越級，非舊典也。

又 卷一九《太平興國三年》 冬十月癸丑朔，契丹遣太僕卿耶律諧裡、茶酒庫副使王琛來賀乾明節。

又 卷三三《淳化三年》 ［二月］鹽鐵使魏羽等，言諸州茶鹽主吏，多負官課，請行決罰。上曰：『當案問其實。若水旱災沴，致官課虧失者，非可加刑也。帝王者，爲天下主財爾。卿等司計，當以公正爲心，無事割削，勿令害民而傷和氣焉。』

又 卷四八《咸平四年》 ［五月］戊子，以殿中侍御史卞衮爲淮南轉運使，仍命衮與本路轉運副使劉師道領淮南、江、浙、荊湖制置茶鹽礬税都大發運事。時王子輿上表求代，詔令自擇其人，子輿以衮及師道名聞，故有是命。衮，震之子也。至道末罷發運使，及子輿兼淮南轉運使，尋加都大，而不立使名。發運使自後並淮南轉運使兼領其務。省發運使在至道三年四月，子輿以制置茶鹽兼淮南漕，在咸平三年八月，其加都大發運，不見於實録，據會要在四年，今附此。景德三年二月仍復使名。

又 卷六二《景德三年》 ［二月］虞部員外郎馮亮爲度支員外郎、淮南江浙荊湖制置茶鹽兼都大發運使。都大發運使自至道末省之，及是復置。

又 卷六六《景德四年》 ［八月］己酉，以三司鹽鐵副使、司封員外郎林特爲祠部郎中，依前充職；皇城使、勝州刺史劉承珪領昭州團練使；崇儀副使、江淮都大制置茶鹽發運副使李溥爲西京作坊使，充發運使，並以議茶法歲課增溢故也。時馮亮爲使，十月丙申乃遷官。

又 卷八〇《大中祥符六年》 ［二月］前泉州觀察推官公孫簡監茶場代還，引對便殿，上閲其所試判辭荒謬，止命加階。簡自陳有勞，乞改京秩。上令以判辭示之，左右揮使退，簡聲色愈厲。詔付御史鞫問，責授房州文學。

又 卷八七《大中祥符九年》 ［五月］淮南、江、浙、荆湖制置發運使李溥以歲滿再任。溥自言江、淮歲入茶，視舊額增五百七十餘萬

斤。又言漕舟舊以使臣或軍大將，人掌一綱，多侵盜。自溥併三綱爲一，以三人共主之，使更相伺察。是年初，運米一百二十五萬石，才失二百石云。

又卷九三《天禧三年》［三月］己卯，工部郎中陳堯佐、右正言陳執中，並奪一官。堯佐爲起居郎，依前直史館，監鄂州茶場。

又卷九五《天禧四年》［三月］壬辰，詔茶場、榷務，自今令三司副使、判官、轉運使副、制置茶鹽司舉歷任無贓私罪者，監榷務以京朝官、殿直以上使臣充，茶場以幕職、令録充。

又卷九七《天禧五年》［冬十月乙卯］發運使周實言，陝西入中芻糧甚少，淮南茶貨停積，望令三司再定商旅算買交引，以便公私，從之。實又言監當場務官得替，須批書一界課利增損畢，方聽發遣赴闕，從之。

又卷一〇〇《天聖元年》［春正月］丁亥，詔曰：『三路軍儲，出於山澤之利。比聞移用不足，二府大臣，其經度之。』乃命三司使李諮、御史中丞劉筠、入内副都知周文質、提舉諸司庫務王臻薛貽廓及三部副使較茶、鹽、礬税歲入登耗，更定其法。遂置計置司，實録丁亥日同。以樞密副使張士遜、參知政事呂夷簡魯宗道總之。

又卷一一五《景祐元年》冬十月庚申，罷淮南、江、浙、荆湖制置發運使，仍詔淮南轉運使兼領發運使司事，其制置茶鹽礬税，各歸逐路轉運使司。此必有獻議者，當考。蔣堂亦其一人也，見明年正月。

又卷一三二《慶曆元年》［六月］甲午，詔近制在京庫務及諸處榷務、茶鹽等場，並舉官監當，如聞多涉干請，自今審官、三班院、流内銓選差人。

又卷一五八《慶曆六年》［春正月］庚戌，録湖南捉蠻賊胡元兄子定塞軍士澄爲十將，妻劉氏及女並加封邑，仍賜絹三百匹；郭正子扆爲三班借職，褒爲三班差使殿侍；趙鼎子良卿、良臣並爲三班差使殿侍；王孝先子永隆爲茶酒班殿侍。

又卷一七五《皇祐五年》［十二月］乙巳，録忠效指揮使周忠子陳留爲茶酒班殿侍、三班差使，忠與蠻賊戰死故也。

又卷一七六《至和元年》［三月］癸酉，録永興軍清遠弩手指揮使李遂子安、昇並爲茶酒班殿侍，遂與蕃賊戰死故也。

又卷一八五《嘉祐二年》［二月］丙寅，雄州言北界幽州地大震，大壞城郭，覆壓死者數萬人。詔河北密爲備禦之計。以契丹歸明人趙二南爲蔡州司士參軍，馬錫爲茶酒班殿侍、京東安撫司指使，仍各賜田二頃。

又卷二一五《熙寧三年》［九月］詔應武舉右侍禁康大同等三人各遷一官，餘進士二十二人隨試等補奉職、借職、茶酒班殿侍、三班借差、差使，仍並與三路緣邊差遣。

又卷二一六《熙寧三年》［十月］贈環慶路都監、東頭供奉官、閤門祇候高敏嘉州刺史，封其妻旌德縣君，録其子二人爲左、右侍禁，一人爲左班殿直。鈐轄、皇城使郭慶子二人，並爲右侍禁。指使魏慶宗、秦渤子各一人，爲茶酒殿侍。

又卷二二七《熙寧四年》［十月］詔：『内侍省内臣非禁中祗應，及入内省人數寖多，自今前後省内侍官至承制、崇班内常侍，許進一子，與下班殿直、三班差使；内侍省東西頭供奉官、殿頭許進一子，與茶酒班殿侍；高品、高班、黄門許進一子，與下班殿侍。

又卷二五一《熙寧七年》［三月］都提舉市易司言，近遣試將作監主簿劉默相度置市易務於成都府路，乞借司銀十萬買茶。從之。

又卷二五八《熙寧七年》［十一月］戊申，提舉成都府、利州路買茶李杞等言：『乞舉京朝官或班行、選人五員勾當公事。』從之。

又［十二月］祕書丞、提舉成都府利州路買茶公事蒲宗閔奏：『伏見成都府轉運司每年應副熙河路交子十萬貫，客人於熙河入納錢四百五十或五百，支得交子一紙，卻將回川中交子務，請鐵錢一貫文足見錢。今來川中創置茶場，乞回本錢買銀及交子、鹽鈔等，卻充茶本。臣欲乞候茶場將來般運茶到熙河永寧寨等處日，將合買迴貨本錢便於成都府交子務兑支，上件交子十萬貫卻勘會本處合買交子時價，留充熙河路支用，關報川中茶場，其茶場只理會鐵錢爲課利數目。所貴兩路更不差人往來管押、般運交子等，兼熙河交子遲緩無人收買間，不積壓在彼，虛占錢

數。』從之。此據茶馬司編録册七年十二月一日中書劄子云云。崇寧元年九月二十三日，蔡京云云可考。

又 卷二六七《熙寧八年》　［八月］中書言：『江、淮等路發運使副並兼制置茶、鹽、礬、酒税，提舉逐路巡檢兵甲賊盜，都大提舉江、浙、荆湖、福建、廣南路銀銅鉛錫坑冶、市舶、鑄錢等事，職務至衆，無繇辦集。請以江、淮、荆、浙等路制置鹽礬，兼發運使副結銜，餘事毋得管句。』從之。《會要》繫之九月，又略不同，今從實録。《會要》云：熙寧八年九月，中書門下言：『欲乞發運使副除所管錢物、斛㪷，就賤處入買，貴處糶賣，或就近便計置點檢綱運鹽礬事，及諸官吏因本司事有違法者許糾舉外，其餘事並不得管句。仍只以江、淮、荆、浙等路制置鹽礬，兼發運使結銜。』從之。元祐三年十月三日、崇寧三年九月二十日，可考。

又　權發遣鹽鐵判官、提舉成都府、利州、秦鳳、熙河等路茶場李杞言，賣茶、博馬，乃是一事，乞同提舉買馬，歲以萬千匹爲額。詔杞兼提舉買馬，且以二萬匹爲額，二年取旨。

又 卷二七〇《熙寧八年》　［十一月］中書言：『川茶元法於茶税並息錢内，歲認定應副熙河博馬及糴買糧草。乞令提舉買茶官歲給熙州、岷州大竹并洋、蜀州茶各三百䭾，復於茶場司應副糧草數内除豁。』從之。

又 卷二七四《熙寧九年》　［四月］中書言：『川路買馬既少且弱，兼據諸路官司言，榷茶、修路等事，於邊計蠻情皆不便，欲罷提舉買馬官，其累降買馬、榷茶指揮更不行。』從之。八年正月十二日余延慶云云，八月一日詔云云。

又 卷二八一《熙寧十年》　［三月］詔故蕃部巡檢趙餘德子三班奉職宗彦、殿侍宗傑宗彦等並特給俸，仍録其幼子宗祐爲茶酒班殿侍。以環慶路經略司言餘德蕃官，嘗有戰功，子孫貧弱故也。

又　［四月］同提舉成都府等路茶場公事蒲宗閔言：『本司般賣解鹽，已蒙改法依舊通商外，有茶法事亦相關，須至更改。每年欲起發茶四萬䭾赴秦州、熙河路依市價賣，仍認定税息錢，應副博馬糴買糧草；并川峽路民間食茶，許逐場依市價添減收買，每貫收息錢一分出賣，仍沿貫納長引錢。鳳州、鳳翔、永興軍、環慶路州軍，亦依舊爲通商地分，許客人于川中茶場算請興販。』知彭州呂陶亦言官場買茶虧損園户，有致詞訴及生喧鬧。詔：『川中茶場今後不得虧損官私，其取淨利三分指揮更不施行。彭州堋口茶場園户作鬧，仰本路轉運司根究施行。餘令提刑司等同共相度體量利害奏聞。官司如有不實，亦一面取勘施行。』已上並從朱本，已下並增入。

又 卷二八三《熙寧十年》　［七月壬子］詔提舉成都府等路茶場、都官郎中劉佐，知彭州、屯田員外郎呂陶並衝替，令轉運司劾罪。佐坐買茶措置乖方，陶不即聽受堋口茶園户訟也。五月二十一日可考。

又　［秋七月甲寅］國子博士李稷提舉成都府等路茶場、熙河路市易事，代劉佐也。

又 卷二八五《熙寧十年》　［冬十月］乙巳，詔茶場司許不依常制舉辟勾當公事官三員。

又 卷二八九《元豐元年》　［五月］提舉成都府路茶場司言，秦鳳路副總管夏元幾用禁軍回易私茶，侵壞茶法。詔轉運司劾之。

又　［五月］乙未，提舉茶場李稷言，三路三十六場，大小使臣殆及百員，乞不限員，候三年茶法就緒取裁。

又 卷二九〇《元豐元年》　［六月］乙丑，李稷乞定成都府、利州路茶場監官買茶無雜僞粗惡，替罷委提舉官保明，滿五千䭾與第五等酬，一萬䭾與第四等酬，每一萬䭾第加一等。若買粗惡僞濫雜茶，估剥計所虧坐贓論。同監官賞罰聽減一等，卽徒罪不至追官者並衝替，其賣買食茶依收息給賞。從之。

又 卷二九七《元豐二年》　［三月］權發遣鹽鐵判官、提舉成都府等路茶場、國子博士李稷言：『自熙寧十年冬推行茶法，至元豐元年秋，凡一年，通計課利及舊界息税并已支、見在錢七十六萬七千六十十六緡。』上批：『蜀茶變法，又前後奉行使者失指，議論紛紜，恐動羣聽。稷能推原法意，日就事功，宜速遷擢，以勸在位。』遂落權發遣。

又 卷二九九《元豐二年》　［七月］己亥，權陝西轉運使、都大提舉成都府等路茶場李稷乞徙提舉茶場司於秦州。從之。

又 卷三〇三《元豐三年》　［四月］丙午，同提舉成都府等路茶場、屯田員外郎蒲宗閔及勾當官遷官循資有差。

又　録故提舉茶場李杞子珏試將作監主簿。以陝西轉運司言，茶場

司自熙寧七年置場，至十年，總入息稅錢百二十二萬九千餘緡，而杞已死故也。

又　提舉茶場范純粹兼三司勾當公事。以李稷言純粹任右贊善大夫，官卑恐不能彈壓州縣故也。

又　卷三一二《元豐四年》［夏四月］陝西轉運使、都大提舉茶場李稷言：『臣典領茶法三年，選辟官屬，同心一力，奉宣條詔。今所差諸州官罷滿及期，乞本司自今奏辟雅、漢州知州，邛、彭、利州通判，名山、永康、綿谷、順政知縣。所貴維持法度，久益不懈。』詔：『如轄下官弛慢，止令茶場司奏易劾罪以聞。』

又　卷三一四《元豐四年》［七月］權發遣羣牧判官郭茂恂言：『準詔以陝西博買蕃部馬並糧草，所用錢物不一，不如蕃部所欲，致所買數不多，欲專以茶博買馬，以綵帛博買糧糓，及以茶馬並爲一司，令臣具經久利害。臣竊聞昔時亦是以茶折馬價，雖兼用金帛等，亦從其便。自事局既分，近歲始專用銀絹及錢鈔等。況賣茶買馬，事實相須，令提舉買馬官通管茶場，實爲職務相濟。』從之。仍以茂恂專提舉買馬監牧兼同提舉茶場，其雅州名山茶，令專用博馬，候年額馬數足，方許雜買。六年六月二十一日可考。本志云：自是蕃部馬至者稍衆。

又　卷三三〇《元豐五年》［十月］詔奉議郎郭茂恂計會陝西買馬司，揀馬五千匹赴鄜延經略司。四年七月四日，茂恂以羣牧判官專提舉買馬兼茶場；六年六月二十一日，亦以兼茶馬見，不知何故此但稱奉議郎。

又　卷三三五《元豐六年》［五月］戊戌，三班借職王恩普等六人差監在京閑慢庫務門，及舊城門西第一、第二班蕃敢勇三十六人與茶酒新班殿侍，皆種諤破米脂寨所納降蕃樂人，召見奏樂於崇政殿故也。

又　卷三四〇《元豐六年》［十月］承事郎、監饒州商稅茶務餘舜臣言：『臣兄堯臣獻饒州景德鎮甆窑博易務，蒙朝廷付以使事，推行其法，方且就緒，以勤官而死，乞委臣勾當。』詔令赴闕，中書審其人材可否以聞。已而舜臣至，乞上殿，乃復詔令歸本任。

又　卷三四一《元豐六年》［冬十一月］己酉，上批：『都大提舉成都府等路茶場：朝廷特以增廣榷賣路分，所以改置司名，其將事之人資任雖淺，不可不隨，宜令與轉運使敘官。』後詔：『都大提舉視轉運使，同管勾視轉運判官。經制熙河蘭會邊防財用官準此。』

又　都大提舉成都府、永興軍等路榷茶公事陸師閔言：『欲乞於兩處各置管勾文字官一員，許不依常制奏差承務郎以上或選人充。其勾當公事官見七員，內二員係奏差，五員選於吏部，今乞並許本司不依常制奏差。指使五員，內有吏部所差不得力之人，今乞指名奏易。每年舉選人改官，今以舊條通計，當舉九人，欲乞特添三人。外有縣令、小使臣陞陟數，止依舊條併舉。本司舊支頭子錢七百緡充公使，今乞特添三百緡。公使合用酒，欲乞隨所至州郡兌那支用，以米麴工價算還。』並從之。

又　［十二月癸未］提舉茶場陸師閔乞川路買茶起綱場監官十員，並許不依常制指名奏差。從之。

又　卷三五九《元豐八年》［八月］詔：『陝西提舉買馬監牧司及成都府利州路買馬司，並令提舉成都府永興軍等路榷茶公事陸師閔兼提舉。仍就用茶貨隨宜增減價直，相度穩便置場去處，計置博買。候及一年，具馬實數奏聞。應有合買措置事件，令詳具畫一聞奏。所有先降陝西監牧事，撥令陝西路轉運司管勾指揮，及陝西買馬，撥隸經制熙河、蘭會路邊防財用司，并成都府利州路買馬指揮，並更不施行。』

又　卷三六〇《元豐八年》［十月］前京東路轉運使吳居厚責授成州團練副使，黃州安置；副使呂孝廉添差監彬州茶鹽酒稅。以御史言其苛刻故也。五月十二日取勘。政目云：並坐違法掊刻，以希進用。

又　卷三六四《元祐元年》［正月］己酉，詔太皇太后出入儀衛，可添御龍骨朵子直三十六人，御龍弓箭直四十五人，御龍弩直四十五人，皇城司禁衛五十人，馬隊三百五十人，東西班、茶酒班殿侍共一百人，快行增至二十人。軍頭引見司監官二員，并將帶承局、等子，依隨駕例祗應；鈞容直并動樂殿侍，候將來開樂日取旨。

又　卷三六九《元祐元年》［閏二月］戶部言：『廣南西路桂州修仁縣等處茶貨，昨劉何逐年遣官置場收買出賣，收息止及一萬餘貫。竊慮遠方因此茶價增長，有妨民間食用。乞依舊放令通商，所有元豐七年十月二十九日廣西路榷茶指揮，更不施行。』從之。元豐七年十月二十八日甲午。

又　卷三七六《元祐元年》［四月］壬子，右司諫蘇轍言：『臣

近曾奏言，益、利等路茶事司，以買賣茶虐害四路生靈，朝廷已差黄廉體量利害，乞先罷茶官陸師閔職任，使四路官吏不憂後患，敢以實害盡告黄廉。今聞朝廷卻差黄廉就領茶事，臣竊以爲黄廉若以專使按榷茶之弊，則身無利害，茶事巨細，勢必具陳。若身自領茶事，有課利增損、邊計盈虚之責，則茶之爲害，勢必不肯盡言。兼朝廷本爲遠民無告，特遣此使，使事未達，而就除外官，小民無知，必謂朝廷安於虐民，重於改法。此事體大，宜速有以救之。朝廷必謂陸師閔蠹害四路爲日已久，不欲別差替人，淹延歲月，因黄廉在彼，即行替罷。事雖稍便，容有未盡。臣欲乞選差清强官一員，與黄廉同共體量，候了日赴闕面奏利害。所貴不敢隱蔽茶弊，四路之人，終被德澤。』二月十四日差黄廉，五月四日差杜紘同黄廉按察。據茶馬司題名，黄以元祐元年八月十四日到任，不記初除時。蘇轍上言，在四月二十五日，則是月固已有除命，不知何故八月乃到任。或是因轍言，已除復罷，至八月乃申命乎？六月廿八日可考。

又 卷三八一《元祐元年》［六月］承議郎、都大提舉成都府永興軍等路榷茶、買馬、監牧公事陸師閔，降授奉議郎，主管東嶽廟。

又 朝奉大夫、户部郎中黄廉直祕閣，都大提舉榷茶買馬監牧公事。始，言者論榷茶六害，請通商復券馬如舊制。蜀人疾茶官之專，在位者亦多主罷榷，朝廷遣廉按實。廉奏：『榷茶如前使者所爲，誠有害。若悉以予民，則邊計不集，蜀貨不通，而園户將有受其弊者。請熙河、秦鳳、涇原如故勿改，以制蕃市，而許東路通商。南茶無侵陝西，以利蜀貨。定博馬以萬八千匹爲額。』所奏皆可，即有是命，使推其法行之。此據廉本傳，廉除茶馬，不得其月日。據題名記以元祐元年八月十四日到任，當是代陸師閔也。今附師閔罷後。

又 卷三八八《元祐元年》［九月］定州路安撫司言：『北人田文等告獲姦細人翟安歸明，乞推恩。』詔：『特與茶酒班殿侍，添差充淮南指使，仍依條給賞。』

又 卷三九〇《元祐元年》［十月］辛丑，都大提舉成都府等路榷茶兼陝西等路買馬黄廉言：『按元豐六年閏六月十三日并八年十二月七日朝旨，應緣茶事，於他司非相干者，不得關預。設使緣茶事有侵損違法或措置未當，即未有許令他司受理關送明文，深恐民間屈抑無由申訴。乞止依海行元豐令，監司巡歷所至，明見違法及有辭訟事在本司者，聽關送。應緣馬事，亦乞依此。』從之。

又 卷三九三《元祐元年》［十二月］詔：『六曹員外郎就除郎中，改易曹部。轉運判官就除使副，轉運副使就除使，府推就除判官，並令通理爲任。堂除知州、通判，並成資爲任。廣濟河都大管勾催遣輦運、提舉三門白波輦運、提舉蔡河撥發、提舉河北糴便糧草、提舉榷茶，並三十月爲任。』三月二十二日、四月十二日。

又 卷四〇二《元祐二年》［六月］權知桂州兼管勾廣南西路經略司苗時中奏：『儂順清占奪任峒，與梁賢智父子互相賊害。請將順清并家屬就湖南近裏州軍編管，依例給田土令耕。』樞密院言：『任峒元係儂順清父子管勾，雖因梁賢智父子占奪，不當私相讎殺，及與廣源州楊景通交通。已該登極大赦，請特依歸明人例，與茶酒班殿侍，其家屬令廣南西路經略司差人押送道州，給賜田土羈縻，無令出入。』從之。

又 卷四〇七《元祐二年》［十二月庚子］朝奉大夫、直祕閣黄廉爲左司郎中。廉嘗語其子弟：『昨按察川、陝茶政，隨事制宜。便於公者，不苟去以爲名；害於民者，不苟存以爲利。論者未以爲然。是歲，遂代前官領茶馬事，前日所以繩治人者，皆身當之。在職歲餘，法無壼閡不可行者，士大夫乃頗見信。故知無成心以制事，利害則姑聽之，在人在己，無間然矣。』初，陸師閔時，歲計茶息以一百二十萬緡，掊克斂怨，無所不至，歲乃得二百萬緡。及廉將使事，盡除公私之病，比數年，亦得百二十萬緡也。

工部郎中盛陶爲右司郎中。朝奉郎宋匪躬爲正字。匪躬，敏求子，文彦博薦之也。彦博薦，從政目。朝奉郎仇伯玉權同管勾陝西等路茶馬事兼提舉買馬。

又 卷四一二《元祐三年》［秋七月丙辰］皇城使、漢州刺史、廣西路鈐轄張整，内殿承制、閤門祗候、知融州溫暠，各降三官，張整就添差監江州税，溫暠就差監歙州茶鹽酒税。右侍禁、權邵州臨口寨主鍾仲仁，左侍禁、管勾融州臨溪堡事兼地分同巡檢杜震各降兩官衝替，仍今後各不得差充廣南、荆湖路差遣。整、暠坐擅斬蠻人楊進新等十有九人，仲仁、震坐誘致進新等，以邊事未寧，特免究治。

又　卷四一五《元祐三年》　［九月］乙亥，詔發運使、副兼制置茶事。既而發運司言：『熙寧八年五月，初以江、淮、荆、浙等路制置鹽、礬爲專職，而發運使、副爲兼領，輕重頓異。乞仍以江、淮、荆、浙等路發運使、副兼制置鹽、礬、茶事繫銜。』從之。崇寧三年九月二十一日，尚書省言：『熙寧八年五月發運使、副兼制置茶、鹽、礬等事繫銜，當年八月發運使罷制置茶事，乃以江、淮、荆、浙等路制置鹽、礬兼發運使、副繫銜。元祐三年十月發運使兼制置茶事，當年十一月發運司申請，以制置鹽、礬爲專職，而發運使、副爲兼領，輕重頓異，乞卻以江、淮、荆、浙等路發運使兼制置鹽、礬、茶事繫銜。緣發運司見今帶制置鹽、礬、茶事，勘會茶、鹽事已專差官提舉，發運司更不兼領。』從之。

又　卷四四八《元祐五年》　［九月］又詔責授成州團練副使、黄州安置吴居厚爲左朝奉郎、少府少監、分司南京，左朝奉大夫、監常州茶税賈青管勾洞霄宫，右朝奉大夫、監泰州酒税呂孝廉管勾僊源縣景靈宫太極觀，右朝請大夫、監宿州酒税呂公雅管勾鴻慶宫。

又　卷四六八《元祐六年》　［十二月］庚申，左朝奉郎、知兖州翟思爲國子司業。夔州路轉運判官程之邵爲都大管勾成都府、利州路茶事。八年五月十六日黄慶基云云。

又　卷四八五《紹聖四年》　［四月］戊戌，吏部、戶部言：水磨茶場監官錢景逢，任内收到息錢等一十六萬餘貫，呂安中收到息錢二十萬餘貫。詔錢景逢與轉一官，呂安中候任滿日，保明以聞。

又　卷四八九《紹聖四年》　［六月］乙未，直祕閣呂溫卿爲鴻臚卿，集賢殿修撰、權知秦州陸師閔兼都大提舉成都府利州陝西路茶事兼提舉陝西等路買馬公事。已見三月四日，當存一去一。

又　卷四九〇《紹聖四年》　［八月］丁亥，朝請大夫邵材爲刑部員外郎。九月末李深云云。朝請郎黄敏用同管勾成都府、利州、陝西等路茶事兼提舉陝西等路買馬公事。

又　卷四九三《紹聖五年》　［十一月］丁酉，詔祕閣校理劉唐老落職，添差監桂陽監鹽茶酒税、賣礬務。以唐老元祐姦黨，時出險言，故有是命。新録改云：以唐老元祐黨人，故有是命。蓋不知險言曲折也。曲折已具八月十三日甲午，今附。用舊録。元符二年十月十二日庚戌，文及甫落職，仍知均州，不知所坐，當考。王鞏甲申雜記云。

又　卷四九九《元符元年》　［六月］丙戌，樞密院言，鄜延、河東、涇原、熙河蘭岷路進築城寨各已畢工，乞依環慶路委官按視。詔鄜延路差陝西路轉運判官李譓，涇原路差同管勾成都府、利州、陝西等路茶事黄敏用，河東路差權河東路轉運判官李延嗣，熙河路差提舉秦鳳路常平張行，親詣逐處詳檢驗，詣實保明以聞。十一月曾布云云。

又　五〇一《元符元年》　［八月］甲辰，朝請大夫、集賢殿修撰、新知秦州胡宗回權知慶州，陸師閔依舊知秦州，兼提舉茶馬，罷新除戶部侍郎之命。

又　五〇六《元符二年》　［二月］二月甲戌朔，權提舉開封府界常平孫軫爲陝西路轉運判官，尋兼權同管勾成都府、利州、陝西等路茶馬事。兼管茶馬在三月十日，今并此。

又　御史鄧棐言：『之邵頃在元豐，常爲監司，至元祐初年，臣僚言之邵緣鹽法進用，尋送吏部，不數月除知祥符，未幾除知泗州，遂擢監司提舉茶事。臣聞之邵與蘇軾、蘇轍是親表兄弟。初爲元豐監司，與軾、轍異趣，則以私忿交惡；及軾、轍用事，而之邵卑辭厚賂以事軾、轍。初見惡於軾、轍，則言者交攻；及爲軾、轍所喜，累有進擢，則言者緘口。大抵元祐臣僚，觀望用事者喜怒以爲語默，朝廷是非出於頃刻，而榮辱無復公論，故之邵得以纖巧附勢而不失其進取。伏望聖慈察之邵前後蹤跡，特賜放罷。』從之。之邵除茶馬在正月九日，今并書。

又　卷五一六《元符二年》　［閏九月］癸酉，降充寶文閣待制、新知瀛州陸師閔爲陝西都轉運使兼都大提舉茶馬。

又　［丙子］寶文閣待制陸師閔知永興軍、兼都大提舉茶馬事；其新除陝西都轉運使告納繳。

又　［乙未］詔宣義郎、起居舍人、崇政殿說書周常特降兩官，添差監郴州茶鹽酒税。先是，常以狀申御史臺自劾送黄履，又鄧洵武等分析常言黄右丞之出爲餞行者，及言鄒浩復還，志在合俗，廢法取名，故有是命。

又　卷五二〇《元符三年》　［春正月］壬午，詔增崇皇太后儀物，並如宣仁聖烈皇后故事，唯不鳴鞭，不用馬隊及茶酒班，殿侍奏薦及度僧等不限人數，臨時取旨。

《宋史》卷五《太宗紀二》 ［淳化四年］七月丁酉，大雨。戊戌，復沿江務，置諸路茶鹽制置使。

又卷一一《仁宗紀三》 ［慶曆三年］六月甲辰，詔諸路漕臣令所部官吏條茶、鹽、礬及坑冶利害以聞。

又卷二四《高宗紀一》 ［建炎元年五月壬寅］封后宮潘氏爲賢妃。以江、淮發運使梁揚祖提領東南茶鹽事。

又卷二五《高宗紀二》 ［建炎三年冬十月辛丑］張浚以同主管川、陝茶馬趙開爲隨軍轉運使，專總四川財賦。

又卷二七《高宗紀四》 ［紹興二年九月］庚辰，命福建提舉茶鹽官兼領市舶司。

又卷二八《高宗五》 ［紹興五年春正月］乙丑，罷淮南茶鹽提刑司，置提點兩路公事官一員，兼領刑獄、茶鹽、漕運、市易事。淮西要會州軍並置市易務。

又 ［夏四月］庚申，以信陽軍隸京西路。罷淮南提點司，東西兩路各置轉運兼提點刑獄、提舉茶鹽常平事。

又 十二月庚辰，復置都大提舉四川茶馬監牧官。

又卷三〇《高宗紀七》 ［紹興十二年］八月甲戌朔，禁收折帛合零錢，止輸實數。乙亥，蠲京西路請佃田租及州縣場務税錢二年。己亥，改諸路提舉茶鹽官爲提舉常平茶鹽公事，川、廣以憲臣兼領。

又卷三五《孝宗紀三》 ［淳熙七年六月］甲午，制置司益兵，遣都大提舉茶馬吴總往平之。

又卷三六《光宗紀》 ［紹熙三年三月］庚子，監察御史郭德麟以察事失體，出爲湖北提舉常平茶鹽。

又卷三七《寧宗紀一》 ［慶元二年閏六月］甲午，詔留正分司西京，邵州居住。是夏，廣東提舉茶鹽徐安國遣人捕私鹽于大奚山，島民遂作亂。

又卷三八《寧宗紀二》 ［嘉泰三年］八月壬寅，增置襄陽騎軍。戊申，置四川提舉茶馬二員，分治茶馬事。丙辰，陳自強等上皇帝會要。甲子，詔刑部歲終比較諸路瘐死之數，以爲殿最。

又 十二月丙辰，命四川提舉茶馬通治茶馬事。辛酉，下詔戒敕將帥捂克。金遣獨吉思忠來賀明年正旦。是冬，金國多難，懼朝廷乘其隙，沿邊聚粮增戍，且禁襄陽榷場。邊釁之開，蓋自此始。

又卷九七《河渠志七・東南諸水下》 淳熙三年四月，詔築泰州月堰，以遏潮水。從守臣張子正請也。八年，提舉淮南東路常平茶鹽趙伯昌言：『通州、楚州沿海，舊有捍海堰，東距大海，北接鹽城，袤一百四十二里。始自唐黜陟使李承實所建，遮護民田，遮罩鹽竈，其功甚大。歷時既久，頹圮不存。至本朝天聖改元，范仲淹爲泰州西溪鹽官日，風潮泛溢，渰没田産，毁壞亭竈，有請於朝，調四萬餘夫修築，三旬畢工。遂使海瀕沮洳瀉鹵之地，化爲良田，民得奠居，至今賴之。自後浸失修治，才遇風潮怒盛，即有沖决之患。自宣和、紹興以來，屢被其害。阡陌洗蕩，廬舍漂流，人畜喪亡，不可勝數。每一修築，必請朝廷大興工役，然後可辦。望令淮東常平茶鹽司：今後捍海堰如有塌損，隨時修葺，務要堅固，可以經久。』從之。

淳熙三年四月，詔築泰州月堰，以遏潮水。從守臣張子正請也。八年，提舉淮南東路常平茶鹽趙伯昌言：『通州、楚州沿海，舊有捍海堰，東距大海，北接鹽城，袤一百四十二里。始自唐黜陟使李承實所建，遮護民田，屏蔽鹽竈，其功甚大。歷時既久，頹圮不存。至本朝天聖改元，范仲淹爲泰州西溪鹽官日，風潮泛溢，渰没田産，毁壞亭竈，有請于朝，調四萬餘夫修築，三旬畢工。遂使海瀕沮洳瀉鹵之地，化爲良田，民得奠居，至今賴之。自後寖失修治，纔遇風潮怒盛，即有衝决之患。自宣和、紹興以來，屢被其害。阡陌洗蕩，廬舍漂流，人畜喪亡，不可勝數。每一修築，必請朝廷大興工役，然後可辦。望令淮東常平茶鹽司：今後捍海堰如有塌損，隨時修葺，務要堅固，可以經久。』從之。

又卷一五八《選舉志四・銓法上》 崇寧元年，詔吏部講求元豐本制，酌以時宜，刪成彝格，使才能、閥閱兩當其實。吏部言：『堂選窠名及舉官員闕，内外共約三千餘目。元祐法，選人得升資以上賞，及參選射闕，不許遣人代注，今皆罷從元豐法。所當損益者，其知邊近蠻夷州如威、茂、黎、瓊等，及開封府曹掾，平准務，諸路屬官，在京重課場務，京城内外廂官，戶部幹官，麴院，榷貨務，將作監管幹公事，黄河都

大，內外榷茶官，凡干刑獄及莞庫繁劇，皆不可罷舉。若御史臺主簿、檢法官、協律郎，豈可泛以格授？諸如此類，仍舊辟舉。』從之。惟諸路毋得直牒差待闕得替官權攝。

又卷一六一《職官志一》 乾道六年，詔榷貨務都茶場依建炎三年指揮，委都司官提領措置。乾道七年，復添置右司郎官二人。

又 榷貨務都茶場都司提領提轄官一員京朝官充，監場官二員，京選通差，掌鹺、茗、香、礬鈔引之政令，以通商賈、佐國用。舊制，置務以通榷易。建炎中興，又置都茶場，給賣茶引，隨行在所榷貨務置場。雖分兩司，而提轄官、監官並通銜管幹。外置建康、鎮江務場，並冠以行在爲名，以都司提領，不係戶部經費。建康、鎮江續分隸總領所。開禧初，以總領所侵用儲積錢，令徑隸提領所。乾道七年，提領所置幹辦官一員。

又卷一六五《職官志五·太府寺》 建炎詔罷太府寺，以其所掌職務撥隸金部。紹興元年，復以章億守太府寺丞，措置印給茶鹽鈔引，續添置丞二員。四年，復置卿、少各一員。十年，復置主簿。十一年，詔交引庫書押鈔引寺丞兩員，遇合推賞，各與減磨勘二年。尋詔三丞一體行之。隆興元年，併省主簿一員，明年如舊制。設案七，以序次分管。監交案，隨逐丞簿赴左藏庫監交看驗綱運錢物。中興後，所隸惟有糧料院、審計司、左藏東西庫、交引庫、祗候庫、和劑局、惠民局如前制所置。左藏南庫，係椿管御前激賞庫改。以侍從官提領，又置提轄檢察官一員。編估局、打套局，二局係揀選市舶香藥雜物等第，會其直以待貿易。寄椿庫，掌發賣香藥、匹帛，拘其直歸于左藏南庫。置監官提領二人。

又卷一六七《職官志七》 總領：四人。掌措置移運應辦諸軍錢糧，以朝臣充，仍帶幹階、戶部等官。朝廷科撥州軍上供錢米，則以時拘催，歲較諸州所納之盈虧，以聞于上而賞罰之。初，建炎間，張浚出使川、陝，用趙開總領四川財賦，置所繫銜，總領名官自此始。其後大軍在江上，間遣版曹或太府、司農卿少卿調其錢糧，皆以總領爲名。

紹興十一年，收諸帥之兵改爲御前軍，分屯諸處，乃置三總領，以朝臣爲之，仍帶專一報發御前軍馬文字。蓋又使之預聞軍政，不獨職餉餽而已。其序位在轉運副使之上。鎮江諸軍錢糧，淮東總領掌之；鄂州、荊南、江州諸軍錢糧，湖廣總領掌之；建康、池州諸軍錢糧，淮西總領掌之。十五年，復置四川總領，凡興元、興州、金州諸軍錢糧，四川總領掌之。其官屬有幹辦公事、準備差遣準備差遣原作『準備差使』，據宋會要職官四一之四四、合璧事類後集卷六七改。。四川又有主管文字二員。淮東西有分差糧料院、審計司，審計以通判權。榷貨務、都茶場，御前封椿甲仗庫、大軍倉、大軍庫、贍軍酒庫、市易抵當庫、惠民藥局。湖廣有給納場，屬官兼。分差糧料院、審計院、通判兼。御前封椿甲仗庫、大軍倉庫、贍軍酒庫。四川有分差糧料院、審計院、屬官兼。大軍倉庫、撥發船運官、贖藥庫、糴買場。

淳熙元年，詔委諸路州軍通判，專一主管拘催逐州錢米，起發赴所，本所每半年比較，以行賞罰。紹熙二年，以淮西總領所言，定知州、通判展減磨勘法：十分欠二展一年，數足減二年。吏額：淮東九人，淮西、湖廣十人，四川二十人。

又 發運使副判官：掌經度山澤財貨之源，漕淮、浙、江、湖六路儲廩以輸中都，而兼制茶鹽、泉寶之政，及專舉刺官吏之事。熙寧初，輔臣陳升之、王安石領制置三司條例，建言：『發運使實總六路之出入，宜假以錢貨，繼其用之不給，使周知六路之有無而移用之。凡上供之物，皆得徙貴就賤，用近易遠，令預知在京倉庫之數所當辦者，得以便宜蓄買以待上令，稍收輕重斂散之權歸於公上，則國用可足，民財不匱矣。』從之。既又詔六路轉運使弗協力者宜改擇，且許發運使薛向自辟其屬。又令舉真、楚、泗守臣及兼提舉九路坑冶、市舶之事。元祐中，詔發運使兼制置茶事。至崇寧三年，始別差官提舉茶鹽。

又 提點刑獄公事：掌察所部之獄訟而平其曲直，所至審問囚徒，詳覆案牘，凡禁繫淹延而不決，盜竊逋竄而不獲，皆劾以聞，及舉刺官吏之事。舊制，參用武臣。熙寧初，神宗以武臣不足以察所部人材，罷之。六年，置諸路提刑司檢法官。紹聖初，以提刑兼坑冶事。宣和初，詔江西、廣東增置武提刑一員，然遇闕帥，不許武憲兼攝。中興，以盜賊未衰，諸路無武臣提刑處，權添置一員；建炎四年罷。紹興初，兩浙路以疆封闊遠，差提刑二員，淮南東路罷提刑，令提舉茶鹽官兼領，蓋因事之煩簡而損益焉。乾道六年，詔諸路分置武臣提刑一員，須選差公廉曉習法令、民事之人，如無聽闕。其後稍横，遂不復除。八年，用臣僚言，諸

路經總制錢併委提點刑獄官督責。嘉定十五年，臣僚言：『廣西所部州軍最多，提刑合照元降指揮，分上下半年，就鬱林州與靜江府兩處置司，無使僻地貧民有冤莫吐。』從之。其屬有檢法官、幹辦官。

又 提舉茶鹽司：掌摘山煮海之利，以佐國用。皆有鈔法，視其歲額之登損，以詔賞罰。凡給之不如期，鬻之不如式，與州縣之不加恤者，皆劾以聞。政和改元，詔江、淮、荊、浙六路共置一員，既而諸路皆置。中興後，通置提舉常平茶鹽司，掌常平、義倉、免役之政令。凡官田產及坊場、河渡之人，按額拘納；收糴儲積，時其斂散以便民；視產高下以平其役。建炎元年，常平職事併歸提刑司，錢歸行在。二年，始復置常平官，還其糴本，未幾復罷。紹興二年，復置主管。係提刑司，委通判或幕職官充。其後，置經制司，改常平官爲經制某路幹辦常平等公事。未幾，經制司罷，復爲常平官。十五年，戶部侍郎王鈇言：『常平之設，科條實繁，其利不一，豈一主管官能勝其任？』乃詔諸路提舉茶鹽官改充提舉常平茶鹽公事。如四川無茶鹽去處，仍以提刑兼充，主管官改充常平司幹辦公事。是年冬，詔提舉官依舊法爲監司，與轉運判官敍官，歲舉升改，官員有不職，則按以聞。其後，常平錢多取以贍軍，所掌特義倉、水利、役法、振濟之事。茶鹽司置官提舉，本以給賣鈔引，通商阜財，時詣所部州縣巡歷覺察，禁止私販，按劾不法。其屬有幹辦官，既與常平合一，遂並行兩司之事焉。

又 都大提舉茶馬司：掌榷茶之利，以佐邦用。凡市馬於四夷，率以茶易之。應產茶及市馬之處，官屬許自辟置，視其數之登耗，以詔賞罰。舊制，於原、渭、德順三郡市馬。熙寧七年，初復熙、河，經略使王韶言：『西人頗以善馬至邊，其所嗜唯茶，而乏茶與之爲市，請趣買茶司買之。』乃命三司幹當公事李杞運蜀茶至熙、河，置買馬場六，而原、渭、德順更不買馬，於是杞言：『買茶買馬，一事也，乞同提舉買馬。』杞遂兼馬政，然分合不常。至元豐六年，羣牧判官提舉買馬郭茂恂又言：『茶司既不兼買馬，遂立法以害馬政，恐悞國事，乞併茶場買馬爲一司。』從之。先是，市馬于邊，有司倖賞，率以駑充數。紹聖中，都大茶馬程之邵始精揀汰，仍以八月至四月爲限，又以羡茶轉入熙、秦市戰騎，故馬多而茶息厚，二法著爲令。元符末，程之邵召對，徽宗詢以馬政，之邵言：『戎俗食肉飲酪，故貴茶，而病於難得，願禁沿邊鬻茶，專以蜀產易上乘。』詔可。未幾，獲馬萬匹。宣和中，以茶馬兩司吏員猥衆，於是朝奉大夫何漸請遵豐、熙成憲，稱其事之繁簡而定以員數，從之。紹興四年，初命四川宣撫司支茶博馬。七年，復置茶馬官，凡買馬州縣黎、文、敍、長寧、南平、珍皆與知州、通判同措置任責。通判許茶馬司辟置，視買馬額數之盈虧而賞罰之。歲發馬綱應副屯駐諸軍及三衙之用。舊有主管茶馬、同提舉茶馬、都大提舉茶馬，皆考其資歷授之。乾道初，用臣僚言省罷，委各郡知州、通判、監押任責；尋復置。紹熙三年，茶馬司拖欠馬數過多，詔將本年分馬綱錢價，責茶馬司撥付湖廣總領所，勞付軍官自買土馬。嘉泰三年，以所發綱馬不及格式，詔茶馬官各差一員，遂分爲兩司。文臣成都主茶，武臣興元主馬。其屬共有幹辦公事四員、準備差使二員。

又 監當官：掌茶、鹽、酒稅場務征輸及冶鑄之事。諸州軍隨事置官，其征榷場務歲有定額，歲終課其額之登耗以爲舉刺。凡課利所入，日具數以申于州。建炎初，詔監當官闕，許轉運司具名奏辟一次，以二年爲任，實有六考，方許闕升。煩劇去處，許添差一員。凡交割必置曆以稽其剩欠，合選差文臣處，更不差武臣。淳熙二年，詔二萬貫以下庫分，選有才幹存留一員，指揮、諸班直、親從親事官、保義郎以下差充。建炎四年，詔每州每以五員爲額。

又卷一七二《職官志一二・奉祿制下》 三路轉運使，淮南、江浙、荊湖制置茶鹽等稅都大發運使，諫議、待制、大卿監以下，太中、中散以上，三十千。

又卷一七三《食貨志上一・農田》 〔淳熙〕六年五月，提舉浙西常平茶鹽顔師魯奏：『設勸課之法，欲重農桑、廣種植也。今鄉民於己田連接閒曠磽确之地，墾成田園，用力甚勤。或以未陳起稅，爲人所訟，即以盜耕罪之，何以勸力田哉？止宜實田起稅，非特可戢告訐之風，亦見盛世重農之意。』詔可。

又卷一八三《食貨志下五・茶上》 淳化三年，監察御史薛映、祕書丞劉式等請罷諸榷務，令商人就出茶州軍官場算買，既大省輦運，又商人皆得新茶。詔以三司鹽鐵副使雷有終爲諸路茶鹽制置使，左司諫

張觀與映副之。四年二月，廢沿江八務，大減茶價。詔下，商人頗以江路回遠非便，有司又以損直虧課爲言。七月，復置八務，罷制置使、副。至道初，劉式猶固執前議，西京作坊使楊允恭言商人市諸州茶，新陳相糅，兩河、陝西諸州，風土各有所宜，非參以多品則少利，罷榷務令就茶山買茶不可行。太宗欲究其利害之説，命宰相召鹽鐵使陳恕等與式、允恭定議，召問商人，皆願如淳化所減之價，不然，即望仍舊。有司職出納，難於減損，皆同允恭之説，式議遂寢。即以允恭爲江南、淮南、兩浙發運兼制置茶鹽使。二年，從允恭等請，禁淮南十二州軍鹽，官鬻之，商人先入金帛京師及揚州折博務者，悉償以茶。自是鬻鹽得實錢，茶無滯積，歲課增五十萬八千餘貫，允恭等皆被賞。

又　景德二年，命鹽鐵副使林特、崇儀副使李溥等就三司悉索舊制詳定，而召茶商論議，別爲新法：其於京師入金銀、綿帛實直錢五十千者，給百貫實茶，若須海州茶者，入見緡五十五千；河北緣邊入金帛、芻粟，如京師之制，而茶增十千，次邊增五千；河東緣邊次邊亦然，而所增有八千六千之差；陝西緣邊亦如之，而增十五千，須海州茶者，納物實直五十二千，次邊所增如河北緣邊之制。其三路近地所入所給，皆如京師。河北次邊、河東緣邊次邊，皆不得射海州茶。茶商所過，當輸算，令記録，候至京師併輸之。仍約束山場，僅其出納。議奏，三司皆以爲便。五月，以溥爲淮南制置發運副使，委成其事。行之一年，真宗慮未盡其要，三年，命樞密直學士李濬等比較新舊法利害。時新法方行，商人頗眩惑，特等請罷比較，從之。

又　天聖元年，命三司使李諮等較茶、鹽、礬稅歲入登耗，更定其法。遂置計置司，以樞密副使張士遜、參知政事呂夷簡、魯宗道總之。

又卷一八六《食貨志下八》　熙寧二年，制置三司條例司言：『天下財用無餘，典領之官拘於弊法，内外不相知，盈虛不相補。諸路上供，歲有常數。豐年便道，可以多致而不能贏；年儉物貴，難於供億而不敢不足。遠方有倍徙之輸，中都有半價之鬻，徒使富商大賈乘公私之急，以擅輕重斂散之權。今發運使實總六路賦入，其職以制置茶、鹽、礬、酒稅爲事，軍儲國用，多所仰給。

又卷一九〇《兵志四·河東、陝西弓箭手》　熙寧三年，熙河運司以歲計不足，乞以官茶博糴，每茶三斤易粟一斛，其利甚博。朝廷謂茶馬司本以博馬，不可以博糴，於茶馬司歲額外，增買川茶兩倍茶，朝廷別出錢二百萬給之，令提刑司封樁。又令茶馬官程之邵兼領轉運使，由是數歲邊用粗足。及挺之再相，熙河漕司屢申以軍糧不足爲急，乃令會去年拋降錢數共一千一百萬馱，一馱價直三千至四十千，二百馱所轉不可勝計，今年已降撥銀、錢、絹等共九百萬，乃令更支兩倍茶一百萬馱。張康國同進呈，得旨，乃密檢元豐以來茶惟用博馬指揮以進。然康國不知兩倍茶自非博馬之數，而何執中、鄧洵武雜然和之。由是兩倍茶更不支給，而鄯、湟兵費不給矣。

又卷一九八《兵志一二·馬政》　元豐三年，復罷爲提舉買馬監牧司。四年，羣牧判官郭茂恂言：『承詔議專以茶市馬，以物帛市穀，而併茶馬爲一司。臣聞頃時以茶易馬，兼用金帛，亦聽其便。近歲事局既分，專用銀絹、錢鈔，非蕃部所欲。且茶馬二者，事實相須。請如詔便。』奏可。仍詔專以雅州名山茶爲易馬用。自是蕃馬至者稍衆。六年，買馬司復罷兼茶事。七年，更詔以買馬隸經制熙河財用司。經制司罷，乃復故。

又　自李杞建議，始於提舉茶事兼買馬，其後二職分合不一。崇寧四年，詔曰：『神宗皇帝厲精庶政，經營熙河路茶馬司以致國馬，法制大備。其後監司欲侵奪其利以助糴買，故茶利不專，而馬不敷額。近雖更立條約，令茶馬司總運茶博馬之職，猶慮有司苟於目前近利，不顧悠久深害。三省其謹守已行，毋輒變亂元豐成法。』自是職任始一。

又卷二四七《子晝傳》　建炎四年，遷吏部員外郎。尋用大宗正士㒟薦，遷尚書左司員外郎，兼權貨務，歲收茶、鹽、香錢六百九萬餘緡，以功進秩一階。試太常少卿，集太常因革禮八十篇，爲二十七卷。上言復春分祀高禖禮。除權禮部侍郎，遷徽猷待制、樞密都承旨。以公族爲侍從，及改官制後都承旨用文臣，皆自子晝始。

又《希懌傳》　遷江西茶鹽提舉。

又《善譽傳》　改常州添差通判。史浩言其賢，詔赴部堂審察，累遷大理丞、湖北常平茶鹽提舉。會大旱，善譽通融諸郡常平，計戸振貸，嗣歲麥禾倍收，民爭負以償。奏罷稅場十餘、渡四十五，民便之。俾諸郡

售田，委郡文學董其入，以給計偕者。

又卷二七〇《蘇曉傳》 建隆四年，權大理少卿事，遷度支郎中。乾德三年，出爲淮南轉運使，建議榷蘄、黄、舒、廬、壽五州茶，置十四場，規其利，歲入百餘萬緡。開寶三年，遷司勳郎中，改西川轉運使，仍掌京城市征。

又卷二九九《胡則傳》 後以太常博士提舉兩浙榷茶，就知睦州，徙溫州。歲餘，提舉江南路銀銅場、鑄錢監，得吏所匿銅數萬斤，吏懼且死，則曰：『馬伏波哀重囚而縱之，吾豈重貨而輕數人之生乎？』籍爲羨餘，不之罪。改江、淮制置發運使，累遷尚書户部員外郎。真宗幸亳還，擢三司度支副使。

又卷三〇一《張秉傳》 張秉字孟節，歙州新安人。父諤，字昌言，南唐秘書丞。通判鄂州。宋師南伐，與州將許昌裔叶議歸款，太祖召見，勞賜良厚，授右贊善大夫。蜀平，選知閬州。太平興國中，即除西川轉運副使。先是，士人罕習舟楫，取峽江中競渡者給漕運役，覆溺常十四五。諤建議置威棹軍分隸管勾，自是無覆舟之患。累遷荊湖、江、浙等道制置茶鹽副使，卒。

又卷三〇五《薛映傳》 薛映字景陽，唐中書令元超八世孫，後家於蜀。父允中，事孟氏爲給事中。歸朝，爲尚書都官郎中。映進士及第，授大理評事，歷通判綿、宋、昇州，累遷太常丞。王化基薦爲監察御史、知開封縣。太宗召對，爲江南轉運使，改左正言、直昭文館，爲江、淮、兩浙茶鹽制置副使。改京東轉運使，徙河東，兼河西隨軍。求便親，知相州。再領漕京東，積遷尚書禮部郎中，擢知制誥，權判吏部流内銓兼制置羣牧使。同梁顥安撫河北，還，權判度支。

又卷三五三《宇文昌齡傳》 尋提舉成都路茶馬。自熙、豐以來，歲入馬蕃多；至崇、觀間，其法始壞。提舉官歲以所入進羨餘，吏緣爲姦，市馬裁十一二，且負其直，夷人皆怨。常盡革其弊，馬遂溢額，加直祕閣，改知夔州，進祕閣修撰。官累中大夫，卒。

又卷三六五《岳震傳》 震，朝奉大夫、提舉江南東路茶鹽公事。

又卷三七二《王之望傳》 王之望字瞻叔，襄陽穀城人，後寓居台州。父綱，登元符進士第，至通判徽州而卒。之望初以蔭補，紹興八年，登進士第。教授處州，入爲太學録，遷博士。久之，出知荊門軍，提舉湖南茶鹽，改潼川府路轉運判官，尋改成都府路計度轉運副使、提舉四川茶馬。

又卷三七四《廖剛傳》 時朝廷推究章惇、蔡卞誤國之罪，追貶其身，仍詔子孫毋得官中朝。至是章傑自崇道觀知婺州，章僅自太府丞提舉江東茶鹽事。剛封還詔書，謂即如此，何以示懲，乃並與祠。權户部侍郎，尋遷刑部侍郎。求補外，除徽猷閣直學士、知漳州。

又《李迨傳》 五年十月，以舊職除兩浙路轉運使，言：『祖宗都大梁，歲漕東南六百餘萬斛，而六路之民無飛挽之擾，蓋所運者官舟，所役者兵卒故也。今駐蹕浙右，漕運地里不若中都之遠，而公私苦之，何也？以所用之舟太半取於民間，往往鑿井沉船以避其役。如溫、明、虔、吉州等處所置造船場，乞委逐州守臣措置，募兵卒牽挽，使臣管押，庶幾害不及民，可以漸復漕運舊制。』詔工部措置。尋加徽猷閣直學士，升龍圖閣直學士，爲四川都轉運使兼提舉成都等路茶事，并提舉陝西等路買馬。

又《趙開傳》 嘗言：『財利之源當出於一，祖宗朝天下財計盡歸三司，諸道利源各歸漕計，故官省事理。併廢以還，漕司則利害可以參究，而無牽掣窒礙之患矣。』因指陳榷茶、買馬五害，大略謂：『黎州買馬，嘉祐歲額纔二千一百餘。自置司榷茶，歲額四千，且獲馬兵踰千人，猶不足用，多費衣糧，爲一害。嘉祐以銀絹博馬，價皆有定。今長吏旁緣爲姦，不時歸貨，以空券給夷人，使待資次，夷人怨恨，必生邊患，爲二害。初置司榷茶，借本錢於轉運司五十二萬緡，於常平司二十餘萬緡。自熙寧至今幾六十年，舊所借不償一文，而歲借乃準初數，爲三害。榷茶之初，預俵茶户本錢，尋於數外更增和買，或遂抑預俵錢充和買，茶户坐是破産，而官買歲增。茶日濫雜，官茶既不堪食，則私販公行，刑不能禁，爲四害。承平時，蜀茶之入秦者十幾八九，猶患積壓難售。今關、隴悉遭焚蕩，仍拘舊額，竟何所用？茶兵官吏坐縻衣糧，未免科配州縣，爲五害。請依嘉祐故事，盡罷榷茶，仍令轉運司買馬，即五害並去，而邊患不生。如謂榷茶未可遽罷，亦宜併歸轉運司，痛減額以蘇茶户，輕立價以惠

茶商，如此則私販必衰，盜賊消弭，本錢既常在，而息錢自足。』朝廷是其言，即擢開都大提舉川、陝茶馬事，使推行之。時建炎二年也。於是大更茶馬之法，官買官賣茶並罷，參酌政和二年東京都茶務所創條約，印給茶引，使茶商執引與茶戶自相貿易。改成都舊買賣茶場爲合同場買引所，仍於合同場置茶市，交易者必由市，引與茶必相隨。茶戶十或十五共爲一保，并籍定茶鋪姓名，互察影帶販鬻者。凡買茶引，每一斤春爲錢七十，夏五十，舊所輸市例頭子錢並依舊。茶所過每一斤征一錢，往征一錢半。其合同場監官除驗引、秤茶、封記、發放外，無得干預茶商、茶戶交易事。

又 卷三七五《馮康國傳》 浚去相位，康國乞補外。趙鼎言於高宗曰：『自張浚罷，蜀士不自安，今留者十餘人，臣恐臺諫以浚故有論列，望陛下察之。』高宗曰：『朝廷用人，止當論其才與否耳。頃臺諫好以朋黨論士大夫，如罷一宰相，則凡所薦引，不問才否一時罷黜，乃朝廷使之爲朋黨，非所以愛人才、厚風俗也。』遷右司員外郎，除直顯謨閣、知夔州。丁母憂，起復，撫諭吴玠軍，除都大主管川陝茶馬，卒。

又 卷三八一《范如圭傳》 以直祕閣提舉江西常平茶鹽移利州路提點刑獄，以病請祠。

又 卷三八二《曾幾傳》 靖康初，提舉淮東茶鹽。

又 卷三八四《陳康伯傳》 建炎末，爲敕令删定官，預脩《紹興敕令》。尋通判衢州，攝郡事。盜發白馬原，康伯督州兵濟王師進討，克之。除太常博士，改提舉江東常平茶鹽。高宗進蹕建康，康伯以職事過闕，得對，因請擇將，上開納。

又 卷三八七《汪應辰傳》 邛之安仁年饑，挺起爲盜，害及旁郡，即具奏，且檄茶馬使招捕。

劉珙拜同知樞密院事，進言曰：『汪應辰、陳良翰、張栻學行才能，臣所不及。』已，得旨召還。邛之安仁年饑，挺起爲盜，害及旁郡，即具奏，且檄茶馬使招捕。旬月間，誅其渠魁，餘悉撫定。或白之虞允文曰：『汪帥得無掩盜事不上聞乎？』宣司乃密奏，使人紿應辰曰：『邛寇事未敢奏，不審制司如何？』應辰以奏檢報之，允文内愧。將行，代納成都一府激賞絹估三萬三千九百八十四匹。

又 卷三八九《袁樞傳》 遷軍器少監，除提舉江東常平茶鹽，改知處州，赴闕奏事。

又 卷三九三《黄黼傳》 行太常丞，進祕書郎、提舉江東常平茶鹽，召爲戶部員外郎。尋除直祕閣、兩浙路轉運判官，進直龍圖閣，升副使，辭，改直顯謨閣。

又 卷四〇〇《李祥傳》 主管戶部架閣文字、太學博士、國子博士、司農寺丞、樞密院編脩官兼刑部郎官、大宗正丞、軍器少監。言：『忝朝蹟八年，在外賢才不勝衆，願更出迭入由臣始。』出提舉淮東常平茶鹽、淮西運判。兩淮鐵錢比不定，祥疏乞官賜錢米銷濫惡者，廢定城、興國、漢陽監，更鑄紹熙新錢，從之，淮人以安。

又 卷四〇四《商飛卿傳》 時韓侂胄柄國，氣焰薰灼，飛卿既至，未嘗輒一造請，踰月即丐去，提舉福建路常平茶鹽事。

又《劉穎傳》 提舉浙西常平茶鹽，還澱山湖，以泄吴松江，二水禁民侵築，毋使逼塞大流，民田賴之，就遷提刑，以洗冤澤物爲任，間詣獄，察不應繫者縱遣之。

又 卷四〇六《劉漢弼傳》 曆江西安撫司幹官，監南嶽廟、浙西提舉茶鹽司幹官。

劉漢弼字正甫，上虞人。生二歲而孤，母謝氏撫而教之。嘉定九年舉進士，授吉州教授。歷江西安撫司幹官，監南嶽廟、浙西提舉茶鹽司幹官。

又 卷四一六《吴淵傳》 丁父憂，詔以前職起復，力辭，弗許，再辭，且貽書政府曰：『人道莫大於事親，事親莫大於送死，苟冒哀求榮，則平生大節已掃地矣，他日何以事君？』時丞相史嵩之方起復，或曰：『得無礙時宰乎？』淵弗顧，詔從之。服除，差浙東提舉茶鹽司幹辦公事，尋改鎮江府節制司、沿江制置使司幹辦公事。皆不就。

又 卷四一八《江萬里傳》 知吉州，創白鷺洲書院，兼提舉江西常平茶鹽。

又 後二年，知太平州兼提領江淮茶鹽兼江東轉運使，召拜參知政事，進封南康郡公。既至，拜左丞相兼樞密使。

又　明年，大元兵渡江，萬里隱草野間，爲遊騎所執，大訴，欲自戕，既而脫歸。先是，萬里聞襄樊失守，鑿池芝山後圃，扁其亭曰『止水』，人莫諭其意，及聞警，執門人陳偉器手，曰：『大勢不可支，余雖不在位，當與國爲存亡。』及饒州城破，軍士執萬頃，索金銀不得，支解之。萬里竟赴止水死。左右及子鎬相繼投沼中，積屍如疊。翼日，萬里尸獨浮出水上，從者草斂之。萬里無子，以蜀人王橚子爲後，即鎬也。事聞，贈太傅、益國公，後加贈太師，謚文忠。萬頃歷守大郡，爲提舉江西常平茶鹽，官至正郎。城破時，郴州守趙崇㯖寓居城中，亦死之。

又　卷四一九《林略傳》　林略字孔英，溫州永嘉人。慶元五年，舉進士。歷饒州大寧監教授，辟幹辦四川茶馬司公事。

又　卷四二二《牛大年傳》　遷軍器監主簿、大宗正丞、四川提舉茶馬兼權總領、知黎州兼管內安撫司公事、節制黎雅州屯戍軍馬，加直寶章閣，爲工部郎官。

又　卷四二四《徐鹿卿傳》　會岳珂守當塗，制置茶鹽，自詭興利，橫斂百出，商旅不行，國計反屈於初。命鹿卿覈之，吏爭竄匿。鹿卿寬其期限，躬自鉤考，盡得其實。珂辟置貪刻吏，開告訐以罔民，沒其財，民李士賢有稻二千石，囚之半歲。鹿卿悉縱舍而勸以其餘分，皆感泣奉命。珂罷，以鹿卿兼領太平，仍暫提舉茶鹽事。

又《孫子秀傳》　時嬖倖朱熠凡三劾子秀。開慶元年，爲浙西提舉常平。先是，大全以私人爲之，盡奪亭民鹽本錢，充獻羨之數；不足，則估籍虛攤。一路騷動，亭民多流亡。子秀還前政鹽本錢五十餘萬貫，奏省華亭茶鹽分司官，定衡量之非法多取者，於是流徙復業。

又　卷四二九《道學傳三・朱熹》　陳俊卿以舊相守金陵，過闕入見，薦熹甚力。宰相趙雄言於上曰：『士之好名，陛下疾之愈甚，則人之譽之愈衆，無乃適所以高之。不若因其長而用之，彼漸當事任，能否自見矣。』上以爲然，乃除熹提舉江西常平茶鹽公事。

又　會浙東大饑，宰相王淮奏改熹提舉浙東常平茶鹽公事，即日單車就道，復以納粟人未推賞，辭職名。納粟賞行，遂受職名。

又　卷四三六《儒林傳六・李道傳》　時薛拯、胡榘等皆以新進用事，賄賂成風，道傳言：『今名優儒臣，實取材吏，刻剝殘忍，誕謾傾危之人進矣。』遂求補郡，於是出知真州。城圮弗治，道傳甓之，築兩石壩以護並江居民，益浚二壕，又堤陳公塘，有警則決之以爲阻，人心始固。除提舉江東路常平茶鹽公事。

又　卷四三八《王應麟傳》　王應麟字伯厚，慶元府人。九歲通六經，淳祐元年舉進士，從王埜受學。

調西安主簿，民以年少易視之，輸賦後時。應麟白郡守，繩以法，遂立辦。諸校欲爲亂，知縣事翁甫倉皇計不知所出，應麟以禮諭服之。差監平江百萬東倉。調浙西提舉常平茶鹽主管帳司，部使者鄭霖異待之。丁父憂，服除，調揚州教授。

又　卷四四九《忠義傳四・林冲之》　郁字襲休，宣和三年進士，再調福建茶司幹官。建州勤王卒自京師還，求卸甲錢，郡守逃匿，卒鼓譟取庫兵爲亂，殺轉運使毛奎、轉運判官曾仔、主管文字沈昇。郁聞變急入諭卒，遇害。事聞，詔各與一子官。

《遼史》卷四《太宗紀下》　〔會同五年〕三月乙卯朔，晉遣齊州防禦使宋暉業、翰林茶酒使張言來問起居。

《元史》卷一二《世祖紀九》　〔至元十九年〕二月辛卯朔，車駕幸柳林。饒州總管姚文龍言，江南財賦歲可辦鈔五十萬錠，詔以文龍爲江西道宣慰使，兼措置茶法。

又　卷一三《世祖紀十》　〔至元二十一年十一月〕辛丑，和禮霍孫、麥朮丁、張雄飛、溫迪罕皆罷。前右丞相安童復爲右丞相，前江西榷茶運使盧世榮爲右丞，前御史中丞史樞爲左丞，不魯迷失海牙、撒的迷失並參知政事，前戶部尚書拜降參議中書省事。

又　卷一四《世祖紀十一》　〔至元二十三年三月己巳〕以榷茶提舉李起南爲江西榷茶轉運使。起南嘗言：『江南茶每引價三貫六百文，今宜增每引五貫。』事下中書議，因令起南爲運使，置達魯花赤處其上。

又　卷一九《成宗紀二》　〔元貞二年〕秋七月庚午，肇州萬戶府立屯田，給以農具、種、食。辛未，以鈔十一萬八千錠治西蕃諸驛。甘、肅兩州驛戶饑，給糧有差。賜諸王完澤印。癸酉，詔茶鹽轉運司、印鈔提

舉司、運糧漕運司官，仍舊以三年爲代；雲南、福建官吏滿任者，給驛以歸。

又卷八二《選舉二・銓法上》 腹裏諸路行用鈔庫，至元十九年，部擬：『州縣民官內選充，係八品、九品人員，三十月爲滿，任回驗元資品，減一資歷，通理遷敘。庫使，受都省劄付，任滿從優遷敘。庫副，受本路劄付，二十月爲滿，於本處上戶內公選交替。陝西、四川、西夏中興等路提舉司鈔庫，俱係行省管領，合就令依上選擬庫官，移文都省，給降敕牒劄付。』省議：『除鈔庫使副咨各省選擬外，提領省部選注。』腹裏官員，二十六年，定選充倉庫等官，擬於應得資品上陞一等，通理月日陞轉。江南官員，若曾腹裏歷仕，前資相應依例陞轉。遷去江淮歷仕人員，所歷月日一考之上者，除一考准爲根脚，餘有月日，後任通理；不及考者，添一資。若選充倉庫等官，擬於應得資品上，例陞一等，任回依上於腹裏陞轉。接連官員選充倉庫等官，應本地面從七品者，准算腹裏從七資品。歷過一考者，爲始理算月日，後任通理；一考之上，餘有月日，後任通理；不及考者，添一資陞轉。福建、兩廣官員選充倉庫等官，應得本地面從七品者，准算江南從七資品。歷過一考者，爲始理算月日；一考之上，餘有月日，後任通理；不及考者，添一資陞轉。元係流官，任回，止於流官內任用。雜職者，雜職內遷敘。萬億庫、寶鈔總庫、八作司，以一年滿代，錢物甚多，未易交割。宜以二年爲滿，少者以一年爲滿。上都稅務官，止依上例遷轉。【略】行省所轄去處，二周歲爲滿者：各處都轉運使司官、司屬官、首領官，各處都漕運使司官、首領官，行諸路寶鈔都提舉司官，腹裏、江南隨路平準行用庫官，甘州、寧夏府等處都轉運使司官，市舶提舉司官、首領官，榷茶提舉司官、首領官。

又 凡入粟補官：天曆三年，河南、陝西等處民饑。省臣議：『江南、陝西、河南等處富實之家願納粟補官者，驗糧數等第，從納粟人運至被災處所，隨即出給勘合朱鈔，實授茶鹽流官，咨申省部除授。凡錢穀官隸行省者行省銓注，腹裏省者吏部注擬，考滿依例陞轉。其願折納價鈔者，並以中統鈔爲則。江南三省每石四十兩，陝西省每石八十兩，河南并腹裏每石六十兩。其實授茶鹽流官，如不願仕而讓封父母者聽。【略】凡先嘗入粟遙授虛名者，今再入粟，則依驗糧數，照依資品，今實授茶鹽流官。【略】先嘗入粟實授茶鹽流官者，今再入粟，則依驗糧數，加等陞職。

又卷八七《百官志三》 常、湖等處茶園都提舉司，秩正四品。掌常、湖二路茶園戶二萬三千有奇，採摘茶芽，以貢內府。至元十三年置司，統提領所凡十有三處。十六年，陞都提舉司。又別置平江等處榷茶提舉司，掌歲貢御茶。二十四年，罷平江提舉司，併掌其職。定置達魯花赤一員，提舉一員，俱從五品；同提舉一員，從六品；副提舉一員，從七品；提控案牘一員，都目一員。

又 建寧北苑武夷茶場提領所，提領一員，受宣徽院劄。掌歲貢茶芽。直隸宣徽。

又卷九一《百官志七》 四川茶鹽轉運司。成都鹽井九十五處，散在諸郡山中。至元二年，置興元四川轉運司，專掌煎熬辦課之事。八年罷之。十六年，復立轉運司。十八年，併入四道宣慰司。十九年，復立陝西四川轉運司，通轄諸課程事。二十二年，置四川茶鹽運司，秩從三品。使一員，同知、副使、運判各一員，經歷、知事、照磨各一員。

又一三〇《徹里傳》 ［至元］二十一年，召參議中書省事。時榷茶轉運使盧世榮阿附宣政使桑哥，言能用己，則國賦可十倍於舊。帝以問不忽木，對曰：『自昔聚斂之臣，如桑弘羊、宇文融之徒，操利術以惑時君，始者莫不謂之忠，及其罪稔惡著，國與民俱困，雖悔何及。臣願陛下無納其說。』帝不聽，以世榮爲右丞，不忽木遂辭參議不拜。

又卷一五三《賈鈞傳》 鈞字元播，幼讀書，淵默有容。由榷茶提舉，拜監察御史，僉淮東廉訪司事、行臺都事，入爲刑部郎中，改右司郎中、參議中書省事。

又卷一五四《鄭鉦傳》 鉦，榷茶都運使。

又卷一六一《劉均傳》 均，榷茶提舉。

又卷一六八《陳天祥傳》 ［至元］二十二年四月，天祥上疏，極言世榮姦惡，其略曰：

盧世榮素無文藝，亦無武功，惟以商販所獲之貲，趨附權臣，營求入

仕，輿贓輦賄，輸送權門，所獻不充，又別立欠少文券銀一千錠，由白身擢江西榷茶轉運使。於其任，專務貪饕，所犯贓私，動以萬計。其隱祕者固難悉舉，惟發露者乃可明言，凡其掊取於人，及所盜官物，略計：鈔以錠計者二萬五千一百一十九，金以錠計者二十五，銀以錠計者一百六十八，茶以引計者一萬二千四百五十有八，馬以匹計者十五，玉器七事，其餘繁雜物件稱是。已經追納及未納見追者，人所共知。

又 卷一九三《忠義傳一・耶律世柮》 孫世柮，朝列大夫、江西榷茶都轉運使。

又 卷二〇五《奸臣傳・盧世榮》 盧世榮，大名人也。阿合馬專政，世榮以賄進，爲江西榷茶運使，後以罪廢。

《大明會典》卷三七《課程六・茶課》 凡差官。洪武三十年，令自三月至九月，每月差行人一員。於陝西河州、臨洮，四川碉門、黎雅等處，省諭把隘關口頭目，禁約私茶出境。

又 景泰二年，令陝西、四川二布政司。各委官巡視關隘，禁約私茶出境。暫罷差行人。

又 ［景泰］四年，復差行人於陝西、四川，禁約私茶。

又 成化三年，令差御史一員，於陝西巡茶，一年更代。

又 ［成化］七年，罷差行人四川巡茶。令按察司分巡官，往來禁約。【略】十一年，令取回陝西巡茶御史，仍差行人。

又 ［成化］十四年，仍差御史於陝西巡茶。

又 弘治九年，令經該茶馬司官吏，遇有考滿事故，申巡茶御史、委官盤點見數、方離職役。若有侵欺，及雖不侵欺，收置無法，致有損折原數者。依律究治追陪。

又 十六年，令取回巡茶御史。凡一應茶法。悉聽督理馬政都御史兼理。

又 十七年，令陝西每年於按察司揀憲臣一員，駐劄臨洮府，巡禁私茶。一年滿日，擇一員交代。

又將建昌、松潘、碉門、黎雅、遠處，行撫按稽查。夔州、東鄉、保寧、利州，附近陝西。聽督理馬政都御史帶管。

又 正德二年，仍設巡茶御史一員，請敕兼理馬政茶法二事。

又 嘉靖三十一年奏准，四川茶法，併入水利道兼理。令重夔兵備道，禁湖茶監收買。下川南安綿兵備道，監秤驗。建昌松潘兵備道監督各該委官，悉聽茶法道選差。

又 卷一五三《馬政四》 ［嘉靖］三十一年題准，陝西苑馬寺，令巡茶御史督理各監苑倒失馬匹，虧欠馬駒。將寺卿丞，并監苑各官查參。陝西巡茶一年一次。遼東巡撫都御史，三年一次。各題參到部，復行原參衙門，照例提問罰俸。

又 成化十四年奏准，定差御史一員，領敕專理茶馬，每歲一代，遂為定例。

又 正德十年議准，領馬官軍，每年冊，限三月以裏、齎赴巡茶御史驗撥。軍限八月以裏到彼交兑。違者，行該衛徑申巡撫都御史究治。限外，冊過兩月，軍一月不到。聽巡茶御史，參究各經該官吏。其洮河延寧馬匹，亦要隨時斟酌，通融派撥。

《明史》卷八〇《食貨志四》 ［弘治］十六年取回御史，以督理馬政都御史楊一清兼理之。一清覆議開中，言：『召商買茶，官貿其三之一，每歲茶五六十萬斤，可得馬萬匹。』帝從所請。正德元年，一清又建議，商人不願領價者，以半與商，令自賣。遂著爲例永行焉。一清又言金牌信符之制當復，且請複設巡茶御史兼理馬政。乃復遣御史，而金牌以久廢。卒不能復。後武宗寵番僧，許西域人例外帶私茶。自是茶法遂壞。

又 番人之市馬也，不能辯權衡，止訂篦中馬。篦大，則官虧其直；小，則商病其繁。十年巡茶御史王汝舟酌爲中制，每千斤爲三百三十篦。

又 卷九二《兵志四》 茶馬司，洪武中，立於川、陝，聽西番納馬易茶，賜金牌信符，以防詐僞。每三歲，遣廷臣召諸番合符交易，上馬茶百二十觔，中馬七十觔，下馬五十觔。以私茶出者罪死，雖勳戚無貸。末年，易馬至萬三千五百餘匹。永樂中，禁稍弛，易馬少。乃命嚴邊關茶禁，遣御史巡督。正統末，罷金牌，歲遣行人巡察，邊氓冒禁私販者多。

成化間，定差御史一員，領敕專理。弘治間，大學士李東陽言：『金牌制廢，私茶盛，有司又屢以敝茶給番族，番人抱憾，往往以羸馬應。宜嚴敕陝西官司揭榜招諭，復金牌之制，嚴收良茶，頗增馬直，則得馬必蕃。』及楊一清督理苑馬，遂命并理鹽、茶。一清申舊制，禁私販，種官茶。四年間易馬九千餘匹，而茶尚積四十餘萬觔。靈州鹽池增課五萬九千，貯慶陽、固原庫，以買馬給邊。又懼後無專官，制終廢也，於正德初，請令巡茶御史兼理馬政，行太僕、苑馬寺官聽其提調，報可。御史翟唐歲收茶七十八萬餘觔，易馬九千有奇。後法復弛。嘉靖初，戶部請揭榜禁私茶，凡引俱南戶部印發，府州縣不得擅印。三十年詔給番族勘合，然初制訖不能復矣。

又卷一六七《丁鉉傳》 丁鉉，字用濟，豐城人。永樂中進士。授太常博士。歷工、刑、吏三部員外郎，進刑部郎中。正統三年超拜刑部侍郎。九年出理四川茶課，奏減其常數，以佚豐歲。振饑江、淮及山東、河南，民咸賴之。平居恂恂若無能，臨事悉治辦。

又卷一八六《熊繡傳》 熊繡，字汝明，道州人，其先以戍籍自豐城徙焉。繡舉成化二年進士，授行人。奉使楚府，巡茶四川，力拒餽遺。

又卷一九八《楊一清傳》 弘治十五年用劉大夏薦，擢都察院左副都御史，督理陝西馬政。西番故饒馬，而仰給中國茶飲以去疾。太祖著令，以蜀茶易番馬資軍中用。久而寖弛，奸人多挾私茶闌出爲利，番馬不時至。一清嚴爲禁，盡籠茶利於官，以服致諸番，番馬大集。會寇大入花馬池，帝命一清巡撫陝西，仍督馬政。甫受事，寇已退。乃選卒練兵，創平虜、紅古二城以援固原，築垣瀕河以捍靖虜，劾罷貪庸總兵武安侯鄭宏，裁鎮守中官冗費，軍紀肅然。

又卷二〇二《王杲傳》 王杲，字景初，汶上人。正德九年進士。授臨汾知縣。擢御史，巡視陝西茶馬。帝遣中官分守蘭、靖。杲言窮邊饑歲，不宜設官累民，不報。

又卷二二七《蕭廩傳》 蕭廩，字可發，萬安人。祖乾元以御史劾劉瑾，廷杖下獄，終雲南副使。廩舉嘉靖末進士，授行人。隆慶三年擢御史。因地震，請加禮中宮。已，出覈陝西四鎮兵食。斥將吏隱占卒數萬人歸伍。固原州海剌都之地，密邇松山，爲楚府牧地。廩言楚府封武昌，牧地在塞下，與寇接，王所收四五百金，而奸宄窟穴，弊甚大，宜諭使獻之朝廷。詔可。已，改巡茶馬。七苑牧地，養馬八千七百餘匹，而占地五萬五千三百頃有奇。廩但給萬二千二百餘頃，歲益課二萬。

又《鍾化民傳》 鍾化民，字維新，仁和人。萬曆八年進士。授惠安知縣，多異政。御史安九域薦於朝，以俸未及期，移知樂平，治復最。徵授御史。與同官何卓、王慎德交章請建儲，不報。出視陝西茶馬，言：『邊塞土寒，獨畜馬爲業。今慮其闌出爲厲禁，於是民間孳息與境內貿易俱廢，公私緩急亦無所資。請聽踰境販鬻，特不得入番中。又曩寧夏乏餉，歲發萬金易米二萬七千石，後所司乾沒，濫征之民。請以墾田粟補之。永停徵派。』俱報可。巡按山東，歲旱請蠲振先發後聞。坐寧夏時取官銀交際，爲尚寶丞周弘禴所劾，調行人司正。

又卷二三四《馮經綸》 經綸既獲譴，工科都給事中海陽林熙春等上疏曰：『陛下怒言官緘默，斥逐三十餘人，臣等不勝悚懼。今御史經綸慷慨陳言，竊意必溫旨褒嘉，顧亦從貶斥。是以建言罪邪，抑以不言罪邪？臣等不能解也。前所罪者，既以不言之故，今所罪者又以敢言之故，今臣等安所適從哉。陛下誠以不言爲溺職，則臣等不難進憂危之苦詞；誠以直言爲忤旨，則臣等不難効喑默之成習。但恐廟堂之上，率謟佞取容，非君上之福也。臣等富貴榮辱之念豈與人殊。然寧爲此不爲彼者，毋亦沐二百餘年養士之恩，不負君父，且不負此生耳。陛下奈何深怒痛疾，而折辱至是哉！』帝益怒，謫熙春茶鹽判官，加貶經綸爲典史。熙春遂引疾去。是日，御史定興鹿久徵等亦上疏，請與諸臣同罪，貶澤州判官。二疏列名凡數十人，悉奪俸。

又卷二四五《黄尊素傳》 ［天啟四年］八月，河南進玉璽。忠賢欲侈其事，命由大明門進，行受璽禮，百僚表賀。尊素上言：『昔宋哲宗得璽，蔡確等競言祥瑞，改年元符，宋祚卒不競。本朝弘治時，陝西獻玉璽，止令取進，給賞五金。此祖宗故事，宜從。』事獲中止。五年春，遣視陝西茶馬。甫出都，逆黨曹欽程劾其專擊善類，助高攀龍、魏大中虐焰，遂削籍。

又卷二五八《李曰輔傳》 曰輔，字元卿，亦南昌人也，與胡良

機同里閈。萬曆中舉於鄉，爲成都推官。與巡撫朱燮元計兵事，偕諸將攻復重慶。崇禎四年擢南京御史。時中官四出，張彝憲總理戶、工錢糧，唐文征提督京營戎政，王坤監餉宣府，劉文忠監餉大同，劉允中監餉山西。又命王應朝監軍關、寧，張國元監軍東協，王之心監軍中協，鄧希詔監軍西協。又命吴直監餉登島，李奇茂監茶馬陜西。

又卷二九一《張銓傳》　張銓，字宇衡，沁水人。萬曆三十二年進士。授保定推官，擢御史，巡視陜西茶馬。以憂歸，起按江西。

《清文獻通考》卷三〇《征考五》　順治二年，定陜西茶馬事例。先是，元年定與西番易馬，每茶一篦重十觔，上馬給茶篦十二，中馬給九，下馬給七。至是，差御史轄五茶馬司。戶部言：『陜西召商茶以易番馬，向有照給金牌勘合之制，查前明詔諭通接西番關隘處所撥官軍巡守，不許私茶出境，凡進貢番僧應賞食茶頒給勘合行，令四川布政司撥發庫茶，照數支放。不許於湖廣等處收買私茶，違者盡數入官，仍將伴送人員治罪，此舊例之可行者。若金牌一項系明初事例，永樂十四年已經停止。我朝定鼎各番慕義馳貢金牌可以不用，但以茶易馬務須酌量價值，兩得其平無失柔遠之義。從之三年，免茶馬增解額數，茶馬舊額一萬一千八十八匹。自故明崇禎三年增解二千匹，所增馬匹究竟年年虛額無濟軍需。茶馬御史廖攀龍奏請永行蠲免，從之。

七年，定陜西茶引，從部頒發例巡視茶馬御史吴達疏言：陜西茶引，明季係茶馬御史自行印發，故引有大小之分，又有大引官商平分，小引納税三分入官七分給商之例，今引從部發，俱應照大引例官商平分，以爲中馬之用。報可。

《宋會要輯稿・職官四二・發運使》　景德二年五月，以崇儀副使李溥制置淮南江浙荆湖茶鹽礬税，兼都大發運使。時新易榷茶法，故專任溥以集其事。

又　〔景德〕三年二月，以虞部員外郎馮亮爲度支員外郎、淮南江浙荆湖制置茶鹽，兼都大發運使，賜金紫。

又　景祐元年十月五日，詔罷江淮發運使，以其使黄總爲淮南發運使，與吴遵路同兼發運司事。所有制置茶鹽礬税，令逐路轉運使、副兼領之。

又　〔景祐〕五年八月，詔復置江淮發運，以兵部郎中、直史館楊日嚴爲淮南轉運使，度支郎中楊告爲淮南江浙荆湖制置茶鹽礬税、都大發運使、提點鑄錢事，其提點鑄錢兼轉運判官周陵令赴闕。合行事件，三司限十日擘畫條奏以聞。先是，詔罷制置發運，鑄錢事令淮南轉運兼領，發運、茶鹽礬税各歸逐路轉運，復置判官一員，鑄錢亦别設官。上言者屢稱不便，故復置焉。

又　崇寧三年九月二十一日，都省言：『檢會熙寧八年五月發運使副兼制置茶鹽礬等事繫銜，當年八月發運使罷制置茶事，乃以江淮荆浙等路制置鹽礬兼發運使副系銜。元祐三年十月，發運使兼制置茶事。當年十一月，發運司申請，以制置鹽礬爲專職，而發運使、副爲兼領，輕重顛異，乞卻以江淮、荆、浙等路發運使兼制置鹽茶事繫銜。緣發運司見今帶制置鹽礬茶事，勘會茶鹽事已專差官提舉，發運司更不令兼領。』從之。

又　哲宗元祐三年十月三日，詔發運使、副兼制置茶事。

又《職官四三・提舉常平倉農田水利差役》　〔淳熙〕三年四月二十九日，詔：『廣東提舉依已降指揮，作「提舉廣南東路常平茶鹽公事」繫銜。』

八月十八日，詔：『提舉常平茶鹽官遇闕，如文武臣提刑有兩員去處，令以官序兼權。』從江西提刑趙燁請也。

又《提舉茶鹽司》　淳熙元年五月十六日，詔：『浙西茶鹽司幹辦公事二員，内減罷一員可令復置，專一往來諸場，措置催督鹽課，及復置海鹽縣砂腰催煎官一員。』從提舉葉謨請也。

三年四月二十九日，詔提舉廣東常平茶事改作『提舉廣南東路常平茶鹽公事』繫銜。

又　〔淳熙〕十二年六月二十三日，詔：『廣東西鹽事併爲一司，應合行事件，令吏、戶部長貳同共條具聞奏。』已而吏部尚書蕭燧等言：『罷廣東提舉一司，改置提舉廣南路鹽事司，照昨來廣西帥臣詹儀之陳請，且就梧州置司，專管兩路賣鹽，序位在兩路轉運判官之下。所有常平茶事，廣西依舊係提刑兼管，廣東乞委運司兼管。其廣東路鹽事司幹辦公事一員，廣西路鹽事司主管官一員，並改作廣南路提舉鹽事司幹辦公

事。今來並司，委是利便，若只置幹官兩員，慮檢察不及，乞更添置準備差遣一員。』詔並從之。

又《都大提舉茶馬司》 自熙寧七年四月，差太子中舍、三司幹當公事李杞，著作佐郎梓夔路察訪司准備差遣蒲宗閔相度成都市易務，得旨令市易司經畫收買茶貨，專充秦鳳熙河路博馬，更不相度市易。當年十一月，權發遣三司鹽鐵判官公事、提舉成都府利州路買茶公事李杞，同提舉成都府利州路買茶公事蒲宗閔，應買茶博馬州軍，並令杞等提舉。謂秦鳳、階成、熙河等路。遂命杞與提點刑獄序官，蒲宗閔與提舉常平序官，後又令與轉運判官序官，自後因之。置都大提舉及主管、同主管，各因其資品高下除授云。

又 ［熙寧七年］十月十四日，太子中舍、三司幹當公事、經畫成都府利州路茶貨李杞等奏，與成都府路轉運司同共相度到於雅州名山縣、蜀州永康縣、邛州在城等處置場買茶，般往秦鳳路、熙河路出賣博馬。

又 ［崇寧二年］九月十六日，以朝請大夫、直龍圖閣、提舉成都府利州陝西等路茶事、兼陝西買馬監牧程之邵爲集賢殿修撰、熙河路都轉運使、兼川陝茶馬。

又 ［崇寧三年］四月十一日，殿前司申：『承樞密院批下都大提舉成都府利州陝西等路茶事司狀，殿侍、本司指使王鑑狀：竊見馬司指使、殿侍程佾先有狀乞立磨勘年限，尋申明已奉聖旨，與理八年磨勘，改轉三班差使外，有茶事司指使、殿侍未有立定磨勘年限，乞施行。勘會本司指使、殿侍與馬司指使、殿侍窠闕資任並同，及差赴川陝，往來取送官物，應副茶本并諸般差使幹當，委是事務一般。本司契勘，欲乞將都大提舉成都府、利州、陝西等路茶事司指使、殿侍比附，依提舉陝西等路監牧司指使理八年磨勘，改轉三班差使。』從之。

又 宣和三年四月二十四日，朝奉大夫何漸奏：『臣竊惟川陝榷茶之法，本以市駿實邊，使茶無滯貨，則馬來數多，邊備充足。臣頃承乏使事，措置雇發沿路積滯茶馱，悉至邊場，頗見其利。比宣和元年茶司奏計，在臣替罷數年之後，提舉官程唐具奏，尚稱用臣計置茶貨博馬，減省錢緡，此有以見雇發之利其博如此。今任適當川陝茶馬之衝，伏見利州昭化、興州順政、長舉三縣，雇發最爲衝要，累年縣令悉係權攝，深恐檢察不專，復有積壓之患。臣愚欲望［聖］慈特加訓敕，應雇發地分闕官，令茶司遵依元豐成憲，以時選舉，庶幾得人任職，利源增廣。』吏部供到川陝榷茶雇發地分知縣，見今依元豐法，榷茶司與本路轉運司同共選差永康軍青城知縣、蜀州永康知縣、雅州名山知縣、漢州德陽知縣、利州昭化知縣見闕、漢州雒縣知縣、邛州依政知縣、利州綿谷縣令、興州順政縣令見闕、興州長舉縣令。詔依元豐法。

又 ［宣和］七年五月二日，詔茶馬司辟官，並依元豐法。

又 十月三日，吏部奏：『權提舉成都府等路茶馬公事韓昭奏：「契勘本司窠闕，遵奉元豐成法，合從本司不依常制奏差。今踏逐到宣教郎王滋，乞差通判興元府；承事郎安郊，乞差充都大提舉榷茶司勾當公事；忠翊郎王義夫，乞差充階州買馬監押。」勘會王滋前任清州司戶曹事，三考得替，磨勘改官，合入初任知縣資序，其興元府通判依熙寧格係注通判人，即不係應入窠闕，兼有礙元豐令，雖不拘常制，不得奏差。茶馬司勾當公事雖許本司奏差，緣提舉茶馬係二員，依政和令連書，或一就奏舉。今來韓昭獨銜奏差，礙前條法。階州兵馬監押係提舉陝西等路買馬監牧司闕，今來本官稱本司窠闕，合從本司不依常制奏辟，緣即無許舉買馬監押之文，兼王義夫不應材武，見係監當資序，依條不許舉辟。』詔令吏部行下。

又 ［紹興］五年十月四日，樞密院言：『已降指揮，于永康軍、威、茂州置場，以茶博馬，并文州等處買馬。其當職官如博買到馬數多，乞與推賞。』詔每歲各博買到四尺三寸以上堪披帶馬，每一千匹與轉一官；如買到出格堪好馬，更優異推恩。仍令宣撫副使邵溥同提舉買馬官趙開措置，疾速廣行博買，及於宣撫司選差諳曉馬事屬官一員，專一在諸州軍催促博買。候見就緒，亦當推恩。【略】七年閏十月二十七日，宰臣趙鼎言：『得旨復置茶馬官，舊有主管茶馬、同提舉茶馬、都大提舉茶馬凡三等。』上曰：『此猶轉運使、副、判官之比也，若擇得人，當考其資歷命之。茶本以博馬，而近來猶聞博珠玉及紅髮之類。珠玉今日固無用，紅髮特爲馬之飾而已，亦何所用，須一切禁止。』【略】十三年八月三日，詔：『敘州通判依崇寧三年指揮，許行辟差才幹官管當買馬職事。』從都大提舉茶馬所請也。【略】十月三日，都大主管成都府利州熙

河蘭鞏秦鳳等路茶事、兼提舉陝西等路買馬監牧公事賈思誠言：『茶馬司措置般運茶貨，博買西馬，所有茶事，通判、縣令、合同場監官及買馬都監，全藉有材幹官究心職事，廼能辦集。自軍興後，其轉運司多不照應條法，却將本司合專辟并同共奏差窠闕，更不選擇人材，止以名次高下，一例出闕注擬，多致非材，曠廢職事。乞下逐路轉運司，遵依敕條施行。』吏部勘當：『欲將洋州西鄉知縣，興州通判，長舉、順政知縣，階州都監，興元府監税兼合同場官，並令本司依敕條辟差施行。』從之。【略】十四年二月十一日，都大提舉茶馬司言：『諸買馬司幹辦公事官任滿，催督諸場買馬歲額敷辦，提舉司保明，與減二年磨勘；不及八分，展二年磨勘。契勘川路歲額，黎州三千匹，文州一千匹，敘州八百五十匹，長寧軍三百九十五匹。內敘州、長寧軍並係羈縻遠人，除敘州及額外，其長寧軍累年不敷歲額，所屬官合得酬賞保明未得。欲乞許令本路將諸處通計，若敷及歲額，即依條保明推賞。』詔許權將黎、文、敘州三處溢額馬數通計推恩，仍戒約長寧軍不得因而廢弛。

又［紹興十八年］八月十六日，都大主管成都府、利州等路茶事兼提舉四川等路買馬監牧公事韓球言：『川路諸場買馬，內南平軍所買到並係出格良馬，堪充披帶。昨點檢得本軍遞年買馬比元初措置年分並各虧少，緣本軍僻在一隅，難以檢察。照得敘州年額買馬專委知、通主管，內通判從本司依文州條例奏舉，其本州所買馬十無一二堪充起綱。今相度，欲將敘州通判員闕兑易南平軍通判，從本司依條奏舉。其敘州通判員闕，依舊歸還轉運司使闕。』從之。【略】二十年十一月一日，詔：『都大提舉四川茶馬司幹辦公事官一員，依舊於遂寧府置司。』從本路諸司請也。【略】二十二年二十一日，詔：『四川都大提舉茶馬司起發綱馬，所差管押使臣往往不識馬性，飲餧失時，致損斃數多，虛費財計。可令吴璘、楊政，每綱選差慣熟有心力諳曉養馬使臣二人，將校一名，醫獸一名，兵士二人，添破本等驛券錢米，專充管押。其牽馬人兵，令茶馬司依例差撥，賞罰依見行條例。』

又《提點綱馬驛程》 孝宗乾道二年四月十二日，臣僚言：『四川茶馬司提點綱馬驛程官，每至州縣，以點檢爲名，百端搔擾，虛費生事，有損無益。已得旨，將見任並差下人並罷，專委逐州通判，無通判委以次官，銜內帶入「提轄綱馬驛程」六字。欲（爲）望特降睿旨，將廣南西路自靜江府至行在二員，亦依今來指揮施行。』從之。

又［乾道］九年三月十四日，四川宣撫使虞允文言：『勘會四川茶馬司至行在提點綱馬驛程三員，已降指揮復置成都府至興元府、興元至漢陽軍二員，令茶馬司辟差。所有漢陽軍至行在一員，亦合差置。』詔復置漢陽軍至行在提點綱馬驛程官一員，令樞密院選差大使臣以上諳曉馬政人充。以上《永樂大典》卷一一六八四

又《選舉二八・舉官二》［元豐元年］五月二十一日，提舉茶場李稷言：『三路三十六場大小使臣殆及百員，乞不限員數，舉三班使臣。』從之。內歲許舉官十員，候三年茶法成序取裁。

又［六月］十一日，提舉成都府等路茶場蒲宗閔言，乞依李稷舉劾官吏。詔宗閔與理轉運判官資序，所舉京官、縣令及使臣陞陟，比李稷所舉人三分之一。其州縣官吏于茶場司職務有違，亦許按劾。

又［元豐］二年五月十三日，詔右贊善大夫、同提舉成都府等路茶場范純粹薦舉官，分李稷之半，聽稷、純粹同轉運司舉官知洋州。並從稷請也。

又［元豐六年］十一月八日，都大提舉成都府、永興軍等路榷茶公事陸師閔言：『每年舉選人改官，今乞依舊條通計，當舉九人，欲乞特添三人外，有縣令、小使臣陞陟數，止依舊條並舉。』從之。

十二月十三日，提舉茶場陸師閔言：『乞川路買茶起綱場監官十員，並許不依常制指名奏差。』從之。

又《食貨三〇・茶法雜録一》［咸平二年］九月二十三日，江淮制置茶鹽、度支員外郎王子輿言：『江、淮、兩浙賣茶鹽，都收錢三百九十七萬餘貫，比高額增五十萬八千餘貫。』

又［咸平三年七月］二十三日，作坊副使、制置茶鹽楊允恭言：『產茶之地，民輸賦者悉計其直而官售之，精粗不校，咸輸榷務。商人弗肯，計久而不鬻，官即焚之。今請均其色號、以年次給之。』從之。

又［景德二年］八月十七日，通判鳳翔府王爲實請於興元府置榷茶務，帝以擾民，不許。【略】三年正月，遣虞部員外郎張令圖、太常博

士胡則、殿中丞王庸、太子中舍袁成務提點江、浙、荊湖，買納茶貨。【略】四年八月十六日，三司鹽鐵副使、司封員外郎林特爲祠部郎中，依前充職皇城使，勝州刺史劉承珪領昭州團練使，崇儀副使、江南都大制置茶鹽發運副使李溥爲西京作坊使，充發運使，並以議茶法、歲課增溢故也。詔曰：『茶榷之法，抗弊寖深，釐改已來，利課豐羨。既規畫之斯定，歸職分以攸宜。其定奪司公事，宜令三司行遣，不得輒有更改。』

又　［天禧］四年四月十一日，詔：『茶場、榷務，自今令三司副使、判官、轉運使副、制置茶鹽司舉官監莅。六榷務以在京朝官殿直以上使臣充，茶場以幕職、令録充。』

《宦鄉要則》卷七《文官品級》　未入流：翰林院孔目、兵馬司吏目、河泊所官、崇文門分司副使、各府檢校、各縣典史、州陰陽典術縣醫學訓科、府庫大使川州庫大使、長官司吏目茶引批驗大使。

《清史稿》卷二五《宣統皇帝紀》　［宣統二年］八月甲戌，置奉天鎮東縣。乙亥，清銳免，以鐵良爲江寧將軍。癸未，命沈家本充資政院副總裁。甲申，以外務部右丞劉玉麟充出使英國大臣。丁亥，理藩部奏變通禁止出邊開墾地畝、民人聘娶蒙古婦女、內外蒙古不准延用內地書吏教讀、公牘不得擅用漢文，蒙古人不得用漢字命名等舊例，許之。增置四川昭覺縣。己丑，聯芳免，以鳳山爲荊州將軍。命廕昌兼訓練近畿各鎮大臣。甲子，命近畿陸軍各鎮俱歸陸軍部管轄。裁近畿督練公所。增置奉天鹽運使。改四川鹽茶道爲鹽運使，茶務歸勸業道管理。

又卷一一五《職官志二》　順治初，又有巡按御史，省各一人。十七年省。巡鹽御史，兩淮、兩浙、長蘆、河東各一人。十年停，十二年復故。康熙十一年停，尋復置。三十年復差福建、兩廣各一人。五十九年停兩廣鹽差。雍正元年停福建鹽差。明年停長蘆、河東鹽差。四年停兩浙鹽差。　巡漕御史一人。十四年停。雍正七年定差淮安、通州各二人。乾隆二十年改差淮安、濟寧、天津、通州各一人。十七年增差通州四人。二十三年停差天津一人。二十六年復差天津一人。嘉慶十三年定科、道並差。道光二年俱停。　巡視京、通各倉御史一人。七年停，八年復故。康熙七年又停。二十年定差滿、漢各一人，二十六年再停。雍正元年置巡察御史一人，總查倉弊。五年改京、通倉各差一人。乾隆十七年定科、道並差。四十三年增差內倉一人。五十九年改令科、道監放，停差查倉官。嘉慶四年復故。光緒二十八年又停。　巡視江南上下兩江御史二人六年省。　巡視屯田御史一人四年省。　督理陝甘洮宣等處茶馬御史一人。康熙七年省，三十四年復故，四十二年又省。雍正間，置巡察各省御史，江寧、安徽一人，湖北、湖南一人，山東、河南一人。巡視吉林、黑龍江科道，滿洲二人。稽察奉天文武衙門御史一人。巡視山東、河南工務御史一人。直隸巡查御史：順天、永平、宣化二人，保定、正定、河間二人，順德、廣平、大名二人。巡農御史一人。先後俱省。

又卷一一六《職官志三・外官》　總督陝、甘等處地方提督軍務、糧饟、管理茶馬兼巡撫事一人。

又　巡撫新疆等處地方提督軍務兼理糧饟一人。順治元年，置甘肅巡撫，駐甘州衛。雍正二年改衛爲府。五年，徙蘭州。康熙元年，移駐涼州衛。後亦改府。五年，還駐蘭州，尋改駐鞏昌。十九年，仍回蘭州。四十四年，兼管茶馬事。乾隆十九年省，移陝甘總督來駐，兼巡撫事。光緒十年，新疆建行省，置甘肅新疆巡撫，駐烏魯木齊。初置有延綏巡撫、寧夏巡撫各一人，康熙間俱省。

又　宣統二年，增置奉天運使一人，復改四川鹽茶道爲運使。

又　庫大使一人。隸布政使者正八品，運使、鹽法道、各道從九品，鹽茶道及各所俱未入流。掌主庫藏。

又卷一四一《兵志十二・馬政》　順治初，陝西設洮岷、河州、西寧、莊浪、甘州茶馬司，及開成、安定、廣寧、黑水、清平、萬安、武安七監，歲遣御史一人專理之。七年，喀爾喀、額魯特來市馬，諭令自章京監察之販客及買人，與不係披甲者，概不許購，違者鞭一百，馬入官。蒙古攜馬來京，不許商販私買，胥役私購者罪之。康熙七年，裁茶馬御史，以馬政歸甘肅巡撫。

又卷二九四《田文鏡傳》　憲德撫四川七年，屢請更定州縣疆界，有所省置，收天全土司改流設州，並升雅州爲府隸焉。憲德議開紫古鑛廠，會兒斯堡生番入邊殺掠商民，上令封閉。憲德以川省米貴，請暫停商販。逾年歲稔，上令弛禁毋遏糴。初上官，以四川驛、鹽、茶三政皆屬按察使兼領，未足司稽覈，請增設驛鹽道專司其事，從之。及清丈事將竟，奏言鹽、茶積弊，請令清查地畝科道諸員兼司搜查。上諭曰：『川省鹽、茶既特設道員，自有責成，如不能勝任，當予參劾，別擇賢能。鹽、茶積

弊，相沿已久，應從容清理，安可如此嚴急？奏請搜查，更屬謬妄。汝諸事料理過於促迫，不肯實心任事，於此奏畢見，後當深戒。』

又卷三二四《方觀承傳》 觀承督陝、甘，董理儲糈，送駝馬，運糧茶，上敕以妥速爲要。

著録

清《四庫全書・茶馬類考・提要》 明胡彥撰。彥，沔陽人。嘉靖辛丑進士，官巡察茶馬御史。因歷考典故及時事利弊，作爲此書。明制，茶馬御史兼理寧夏鹽務，故第三卷並記鹽政云。

雜録

《新唐書》卷一九七《循吏・何易于傳》 何易于，不詳何所人及所以進。爲益昌令。縣距州四十里，刺史崔朴常乘春與賓屬泝舟出益昌旁，索民挽紼，易于身引舟，朴驚問狀，易于曰：『方春，百姓耕且蠶，惟令不事，可任其勞。』朴愧，與賓客疾驅去。鹽鐵官榷取茶利，詔下，所在毋敢隱。易于視詔書曰：『益昌人不征茶且不可活，矧厚賦毒之乎？』命吏閣詔，吏曰：『天子詔何敢拒？吏坐死，公得免竄邪？』對曰：『吾敢愛一身，移暴于民乎？亦不使罪爾曹。』即自焚之。觀察使素賢之，不劾也。民有死喪不能具葬者，以俸敕吏爲辦。召高年坐，以問政得失。凡鬬民在廷，易于丁寧指曉枉直，杖楚遣之，不以付吏，獄三年無囚。督賦役不忍迫下戶，或以俸代輸。饋給往來，傳符外一無所進，故無異稱。以中上考，遷羅江令。刺史裴休嘗至其邑，導侍不過三人，廉約蓋資性云。

《宋史》卷一八四《食貨志下六・茶下》 侍御史周尹論蜀中榷茶爲民害，罷爲提點湖北刑獄。利州路漕臣張宗諤、張升卿議廢茶場司，依舊通商，詔付稷，稷方以茶利要功，言宗諤等所陳皆疏謬，罪當無赦。雖會赦，猶皆坐貶秩二等。於是稷建議賣茶官非材，許對易，如闕員，於前資待闕官差；茶場司事，州郡毋得越職聽治。又以茶價增減或不一，裁立中價，定歲入課額，及設酬賞以待官吏，而三路三十六場大小使臣並不限員。重園戶採造黃老秋葉茶之禁，犯者沒官。蒲宗閔亦援稷比，許舉劾官吏，以重其權，二人皆務浚利刻急。茶場監官買茶精良及滿五千馱以及萬馱，第賞有差，而所買粗惡僞濫者，計虧坐贓論。凡茶場州軍知州、通判並兼提舉，經略使所在，即委通判。又禁南茶入熙河、秦鳳、涇原路，如私販臘茶法。

《續資治通鑑長編》卷二八七《元豐元年》 〔正月〕詔成都府路轉運司，劾成都府官司越職受理茶場司事者，茶園戶等如有罪，亦劾之；已決者具析以聞。以李稷言，知成都府劉庠受名山知縣楊少逸越訴事，不可提舉茶場司故也。初，少逸因民訟，以狀白庠，願聞於朝，督茶吏路玠盜傳郵而藏之。庠具奏其事，且言榷茶害遠方，請重黜玠。而稷方主玠，論庠越職，故有是詔。此據呂陶誌庠墓。

又卷二八九《元豐元年》 〔五月〕詔權利州路轉運使、司封郎中張宗諤，轉運判官、太子中舍張升卿，各降兩官勒停。初，宗諤等乞廢茶場司，止委轉運司收茶稅歇馱錢，而提舉茶場李稷言其所陳皆疏謬不實，罪當無赦。上批：『宗諤、升卿疏遠小臣，敢爲欺罔如此。犯雖該赦，可特追兩官。』故有是命。宗諤等以去年九月庚午建請，朱本并入此，今仍兩見。

又 〔五月〕提舉茶場司言：『採茶及般輦州縣，乞同轉運司選差知州、通判、知縣、令及排岸官一次。其彭、漢知州或通判，許本司權奏辟，如能協力，保明留再任。』從之。

又卷二九〇《元豐元年》 〔六月〕同提舉成都府等路茶場蒲宗閔言，乞依李稷劾官吏。詔宗閔與理轉運判官資序，所舉京官、縣令及使臣陞陟，比稷所舉人三分聽舉其一分，其州縣官吏於茶場司職務有違，亦許案劾。

又卷二九四《元豐元年》 〔十一月〕提舉成都府等路茶場司言：『欲割永寧寨額茶一千五百馱，立爲河州茶場額，仍分年額酬賞與河州監官。及本司近分官茶往諸州所總縣鎮出賣，其酬賞亦乞準此。所有階州、水洛城其餘未曾立額賣茶場務監官，乞候年終，並以熙寧十年課利比較。』從之。

又卷二九七《元豐二年》 〔夏四月〕辛酉，鹽鐵判官、提舉成

都府等路茶場、國子博士李稷權陝西轉運使，兼制置解鹽使、都大提舉茶場。稷在長安州軍縣鎮創增侵街錢，一路騷然，與李察皆苛暴，時人爲之語曰：『寧逢黑殺，莫逢稷、察。』

又 卷二九八《元豐二年》 ［五月］戊寅，詔成都府等路茶場司勾當公事官六人並遷一官，以歲課增羨也。【略】詔右贊善大夫、同提舉成都府等路茶場范純粹，序官、廪給、人從視提舉常平官，薦舉官分李稷之半，別給『都大提舉茶場印』付稷，聽稷、純粹同轉運司舉官知洋州。並從稷請也。

又 卷三四一《元豐六年》 ［十一月］朝請郎蒲宗閔爲都官郎中。以上批『張汝賢定奪宗閔與郭茂恂互奏事多不當。以茶法推行之初，宗閔能協力職事，不爲異論所摇，可免劾，特除郎官』故也。

又 卷三六九《元祐元年》 ［閏二月］右司諫蘇轍言：

臣竊見，朝廷近日察知蜀中賣鹽、榷茶及市易比較收息，爲遠人所苦，委成都提點刑獄郭槩體量事實。臣觀此三事，利害易見，甚于黑白，凡有耳目，莫不聞知。而郭槩觀望阿附，公行欺罔。其所奏聞，並不指言實弊。見今西川數州，賣邛州蒲江井官鹽，每斤一百二十文，爲近年鹹泉減耗，多夾雜沙土，而梓、夔諸路客鹽及民間小井白鹽販入邛州，其價止七八十，以官中須至抑配，深爲民害。槩不念民間朝夕食此貴鹽，出錢不易，卻言限内難以報應，只此一事，已見情弊。至于榷茶之法，以賤價大秤，侵損園戶；以重輦峻限，虐害遞鋪；以折博興販，攪擾平民。其餘百端非理，難以遍舉，臣近已一一奏聞。元委所差官體量詣實，槩畏憚茶官陸師閔事勢，不敢依限體量，此又足以見其意在拖延，觀望附會。

至于市易比較收息，始因提舉官韓玠以靈泉小縣收息增羨，遂督責諸縣以靈泉爲比，務令多得息錢。槩以韓玠叔祖縝見任右僕射，意欲趨附，不敢體量實狀，妄言韓玠不曾以戶口比較息錢，又代韓玠巧説詞理，言諸路推行市易之法，不獨成都，不可獨治一路，及事已在三赦前。槩以監司被命相度逐事利害，朝廷元不令槩定奪韓玠罪名，槩之職分，但當具的確事實奏聞。

至于韓玠，或行遣，或釋放，或原赦，或不原赦，自出臨時聖旨指揮，非槩人臣所當預定。今既不依朝旨相度，卻于職分之外，擅引三赦，意謂朝廷不合相度赦前之事，附下罔上，肆行胸臆，情理難恕。槩資品鄙陋，嘗通判鳳翔，坐失入死罪去官，係監當資序。因緣權幸，致位監司，而附會欺謾，略無顧憚。其韓縝，係韓玠有服之親，顯有妨礙。臣未識縝如何進呈，作何行遣，臣乞降聖旨，先行罷黜郭槩所有賣鹽、榷茶、市易等事，伏乞委官體量施行。

詔郭槩特差替，其賣鹽市易之事，令黄廉先次體量詣實以聞。新録依舊録，止略載轍言，今詳出之。舊録云：先帝立均輸以平物價，抑兼并以利小民，榷茶鹽以走商賈，轍謂爲民疾苦。新録辨曰：均輸茶鹽之政，已見當時指揮，及前後臣僚章疏論之詳矣。不當於此言，直書其事可也。自『先帝均輸』至『爲民疾苦』二十九字，並刪去。

又 卷三七〇《元祐元年》 ［閏二月］張璪之爲人柔邪猥佞，善能窺人主之意，隨勢所在而依附之，往往以危機中人。熙寧初，擢在條例司，講議役法，遂置儒館，預諫列，唯諾備位，無所發明，常持兩端。先帝聖慮高遠，察見反覆，斥逐於外，復爲王珪出力援引，試知制誥兼知諫院。珪實欲使之在言路，以杜塞内外耳目，天下有志之士，無不扼腕憤疾。後爲翰林學士，同舒亶判國子監，深交於亶，以至株連大獄，璪有力焉。尋判司農寺，詳定官制，遂忝執政。及先帝升遐，陛下即位，太母垂簾保佑，而璪貪天之功，自謂顧託之重，立黨市恩，爲持寵固禄之計，每差一官，除一局，則以簡劄諭人，掠美收惠而後降。其命成都路榷茶司勾當公事張同者，乃隨州簽判王經臣之甥也。同之姊嘗嫁故益王向經，而璪之姊乃嫁經臣，璪之與張同固非近親，今乃與同書問往還，甚於骨肉，交通問遺，財賄公行。原其所以結張同之心，則姦邪可知矣。璪事先帝不爲不久，謂天下利害不知耶？則兩次在言路矣！謂土木之役不知耶？則嘗判將作監矣！謂苗、役之法不干預耶？則嘗判司農寺矣！謂官品迂滯不見本末耶？則嘗充詳定官矣！謂刑獄羅織非其責耶？則嘗以蘇軾事，欲置於死，逮張方平、韓維、范鎮、司馬光矣。

又 卷四七四《元祐七年》 ［六月］乙卯，詔：『諸路茶稅並專委提刑司管其稅務，毋得以茶稅錢更易作雜稅收附。其令本州通判及發運、轉運、提刑司覺察，仍許人告首。監官、專攔坐違制分故失定罪。若事由監官而專攔自能告首者免罪，外支賞錢三百貫文，以賣酒場錢充。』

又卷四七六《元祐七年》［八月］管勾成都府等路茶事閻令言：『熙州獲人戶趙世亨造假名山茶二千餘斤，從不應爲重斷罪，不足懲艾。欲乞應於禁茶地分造僞濫茶，許人告捕，除依治平陸行路通商茶法斷罪理賞外，其犯人送禁茶地分鄰州編管。』從之。新無。

又卷四九三《紹聖五年》［十一月］都大提舉成都府、利州、陝西茶事司言：『應雙員處監官，本場每年所收息，各分半受賞，至減三年磨勘。』上從之。

又卷五〇三《元符元年》［十月］詔：『諸路新附蕃官，逐月各特支與月糧。借職已下，依下班殿侍例；奉職以上至供奉官，依茶酒班殿侍例，候轉至崇班日住支。』

《元史》卷一七〇《申屠致遠傳》江西行省平章馬合謀於商税外横加徵取，忽辛籍鄉民爲匠戶，轉運使盧世榮榷茶牟利，致遠并劾之。

又卷一八三《王守誠傳》初，四川廉訪使某與行省平章某不相能，誣宣使蘇伯延行賄於平章某，瘐死獄中。至是，伯延親屬有愬。會茶鹽轉運司官亦訟廉訪使累受金，廉訪使倉皇去官，至揚州死。副使而下，皆以事罷。

《明史》卷七三《職官志二》十三道監察御史，主察糾內外百司之官邪，或露章面劾，或封章奏劾。在內兩京刷卷，巡視京營，監臨鄉、會試及武舉，巡視光祿，巡視倉場，巡視內庫、皇城、五城，輪值登聞鼓。後改科員。在外巡按，北直隸二人，南直隸三人，宣大一人，遼東一人，甘肅一人，十三省各一人。清軍，提督學校，兩京各一人，萬曆末，南京增設一人。巡鹽，兩淮一人，兩浙一人，長蘆一人，河東一人。茶馬，陝西。巡漕，巡關，宣德四年設立鈔關御史，至正統十年始遣主事。儹運，印馬，屯田。師行則監軍紀功，各以其事監察。

又卷八〇《食貨志四》當是時，帝綢繆邊防，用茶易馬，固番人心，且以強中國。嘗謂戶部尚書郁新：『用陝西漢中茶三百萬斤，可得馬三萬匹，四川松、茂茶如之。販鬻之禁，不可不嚴。』以故遣僉都御史鄧文鏗等察川、陝私茶；駙馬都尉歐陽倫以私茶坐死。

又永樂中，帝懷柔遠人，遞增茶斤。由是市馬者多，而茶不足。茶禁亦稍弛，多私出境。碉門茶馬司至用茶八萬餘斤，僅易馬七十四，又多瘦損。乃申嚴茶禁，設洮州茶馬司，又設甘肅茶馬司於陝西行都司地。十三年特遣三御史巡督陝西茶馬。

又景泰中，罷遣行人。成化三年命御史巡茶陝西。番人不樂御史，馬至日少。乃取回御史，仍遣行人，且令按察司巡察。已而巡察不專，兵部言其害，乃復遣御史，歲一更，著爲令。又以歲饑待振，復令商納粟中茶，且令茶百斤折銀五錢。商課折色自此始。

《宋會要輯稿·職官四三·都大提舉茶馬司》［元豐七年］十一月二十二日，都大提舉成都府永興軍等路榷茶公事陸師閔劄子：『諸巡轄般茶鋪使臣請受、當直兵士並依巡轄馬遞鋪例，出巡給遞馬一匹。每歲比較，如無住滯工限及逃死兵士不及五釐，任滿與減一年磨勘，先次指射家便差遣。』從之。

又六年二月十九日，樞密院言：『同管勾成都陝西等路茶馬監牧公事程唐奏：勘會本司遵奉聖旨，依元豐舊法減茶買馬。臣到任，措置陝西買獲馬四萬五千二十一匹，收税息錢四百八十三萬五千餘貫。契勘陝西自承朝旨復行錫錢，物價已平，是致鬻茶通快。今且以熙、秦路共收到税息四百七十萬三千四百餘貫，比類增羡，委是本司官吏協力，粗有成效，乞等第推恩。』

詔程唐除直秘閣外，餘分優等及第一、第二、第三等。優等轉一官，選人循兩資；第一等減三年磨勘，選人循一資，占射差遣；第二等減二年磨勘。人吏支賜絹，優等二十匹，第一等十五匹，第二等一十匹，第三等五匹。

又［政和］七年三月十五日，詔：『管勾川陝茶事程唐應副陝西運司年額有勞，可特除右文殿修撰。其合用收買四色綱茶本，仰尚書省每歲給降度牒三百道付程唐，自政和六年下半年爲始。』

又四月二十五日，提舉成都府等路茶事郭思奏：『政和五年分，川陝收到茶息錢三百七十一萬一千一百七十二貫，其支用外見在一十一萬一千九十八貫七百五十文省。取到諸州收附年帳申尚書省外，別有三十五萬貫糴到斛㪷，爲秦州本司取會未足，附次年帳供申。』詔郭思賜紫章服。

又［紹興二十六年］十二月十二日，樞密院言：『黎、文、敘州，長寧軍、南平軍等處互市買馬，以銀、絹、錦、綵折博，近年茶馬官韓球等或拘收正色銀、絹，輒將他用，卻以積欠物數兑博馬，致欠少客人馬價，或大估銀絹價充數，或先給關子，銀、絹後時方到。及諸州知、通、買馬官不法，又借那支用，或巧作從物等，或賤買所博馬銀絹關子，以致蕃客不肯將馬出賣。』詔令茶馬司將博馬銀絹等並預期排辦，即不得依前大估價錢及擅將他用，留滯客人。如諸州有違戾去處，按劾聞奏。仍令四川制置司常切覺察。

又 樞密院言：『茶馬司所差廂禁軍牽馬，近年分差不公。如潼川府、夔州路轄下州軍廂兵不足，科僱人錢引，卻於附近州軍越數科差，前期追集雜役。馬務官吏雪令於秋冬間打生草餧馬，却收所破草料入己，人疲馬瘠，以故起綱多有倒損之數。』詔令茶馬司今後遇起馬日依數差撥，即不得前期科差雜役。其偷盜草料官吏，令本司常切覺察，如有違戾，按劾聞奏。

又《職官六六·黜降官三》［元祐元年正月］二十八日，成都府提點刑獄郭槩特差替，以右司諫蘇轍言：『近以蜀中賣鹽、搉茶及市易比較爲人疾苦，槩體量事實，畏憚茶官陸師閔、提舉韓玠權勢，不依限體量，乞罷黜。』故有是命。

又［元祐元年六月二十七日］承議郎、都大提舉成都府、永興軍等路搉茶事陸師閔降授奉議郎，主管兗州東嶽廟。以御史中丞劉摯言，師閔領數路，與爲奸者衆也。

藝文

唐 李昂《授王涯開府儀同三司充諸道榷茶使制》《全唐文》卷六九

門下：王者峻其禮秩，所以報殊庸；崇其職業，所以歸碩望。其竭股肱以宣力，抱誠明而戴君，調四氣以統和天人，貞百度以鎮安夷夏，勤彰於山澤，德冠於巖廊，不舉寵章，曷示褒勸。金紫光祿大夫、守司空、兼門下侍郎、同中書門下平章事、兼充宏文館大學士、太清宮使及諸道鹽鐵轉運等使、上柱國、代郡開國公、食邑二千戶王涯，誠貫金石，行通神明，氣含元精，識洞蓍蔡。窮聖賢旨奧之學，擅邦國經緯之文。爲時而生，作予良弼，長才推於精敏，雅量得其寬和。乃者重外帥壇所至必理，載踐臺席，楙昭休勳。當險夷之途，貞白無染；在風雨之晦，操尚不衰。蒞事秉明哲之心，臨難有大臣之節，執萬機之政柄，統四海之利權。處劇而神慮益閒，在貴而家法愈儉。憂國盡瘁，罄其訏謨。爰自累年，江淮水旱：煮海之利，日用而不虧；佐賦之功，歲杪而後顯。轉輸之利相繼，牢籠之資無遺，經費有餘，時乃之力。況邦計之務，總領尤難，付之均節，克有饒羨。朕今以茶法稍弊，理須變更，凡斯重難，悉以資委。禮當優異，式表至公，俾進級於三司，仍策勳於八命，予皆仰成，汝其欽哉！往踐厥位。可開府儀同三司、充諸道鹽鐵轉運榷茶等使，餘並如故。

宋 宋祁《景文集》卷一四《送張司勳福建轉運使》 晚花吹酒送行人，迢遞風烟上七閩。江海身孤雖戀闕，豺狼路靜不埋輪。陽林擷露茶腴早，側樹烘霞荔子新。毛竹乾魚仙祀古，請君尋徧武夷春。

宋 文同《丹淵集》卷一六《送提刑司勳》 同昔分符守興元，公始仗節來武信。因而出入在門下，未有三日不親近。

臺移希疏獄讞少，凜凜清風滿牆仞。乘閑每許陪後乘，好寺名園遍遊盡。

惟携茶具賞幽絕，新牓珍團曾不吝。或因議事閱書畫，止用小肴并淺醖。

清歡雅興自無厭，妓樂喧煩誰願進。開張胸懷脫羈檢，顏色何嘗形喜慍。

使威斂霽官況樂，瞥過二年如一瞬。後同先滿去涪上，數月復來爲屬郡。

再將厚蔭蒙舊物，掩蔽不才寬責問。同常自念性偏僻，凡取交游最精慎。

雖然衆中事汎愛，仁者與親餘不認。生平所得無幾人，既已得之心自信。

公家兄弟何磊落，一一光華如美瑾。顧同質狀似頑石，輒篚其間襲溫潤。

令昆强季沒已久，公獨康莊馳駔駿。朝廷要人辨繁劇，昨下詔書催

入覲。

連城衆口惜公去，不問鯢鮐與髫齔。烟開漢沔曉光薄，雪下褒斜寒力峻。

嗟同不得送行旆，回視腰間綰雙印。瀼城西北有危樓，徒望高鴻寄長韵。

宋 葉適《水心集》卷七《送林退思四川分司茶馬幹官》 棄繻詆關吏，廣殿射高名。方從媢子引，豈料讒夫傾。

京師恩暮降，蜀道險朝升。執手郭西門，惻愴難爲情。有山擎空雪，有谷匝底冰。烏樂謾後噪，猿孤定先鳴。漢中王霸地，從古鋒鏑爭。崩摧韓信壇，闕落張魯營。感子奮衣去，客猛意自輕。笑我老何怯。萬里今横行。

宋 袁説友《東塘集》卷四《饋春茶于制司屬官》 戊午新芽上蜀江，表情未有敢先嘗。幾年爭鬬無雙品，萬里書來第一綱。

水截龍章浮碾玉，爐煎蟹眼試憑湯。知君文字五千卷，正欲冥搜錦繡腸。

茶馬互市部

題解

清 李鵬年《六部成語・茶馬》 甘肅、四川兩省邊界地方通商以中國之茶易外藩之馬總名曰茶馬市。

論説

唐 封演《封氏見聞記》卷六《飲茶》 往年回鶻入朝，大驅名馬，市茶而歸，亦足怪焉。

宋 吴泳《鶴林集》卷三七《互市》 互市博買之權，當使操之在中國；不當使專之在四夷。夫中國者，夷狄之主也。使蕃夷仰我之心常重，而漢人籍彼之力常輕，則置場市易，以質劑相往來，亦在所不問。今也，彼以騎兵爲彊，常有易我之心，我以茶利爲貴，不能動彼之欲，甚至闕市之不譏，山林之無禁，私商貿易之路，蕩如通逵。甌脱飲酪之區，俱食細茗。彼見吾土産之珍可以易致，而西産之乘卒難必得，則往往厚其資給，以誘我之商人，以其羨茶而博馬於蕃族。金人之置場於洮者，率用此術，則是中國所操之柄，彼蓋得而執之矣。爲公家忠計者，豈不慮及於此乎？今夫秦司之馬取於西道，强壯闊大，可備戰陳者謂之戰馬，宕昌、峰貼峽、文南三場所買是也；川司之馬，取於西南諸蕃，格尺短小不堪披帶者，謂之羈縻之馬，黎敘、長寧、南平等六州所出是也。戰陣之馬隸於三衙，歲凡百二十綱；羈縻之馬撥于江上，僅五十八綱而止。夫較博買之額，則秦司爲重，而川司爲輕；論排發之綱，則三衙爲多，而江上諸軍爲少。又有，在邊之馬軍隨帳之後，乘率皆取給於西邊之産。萬一北兵乘破竹之勢而掃蕩諸蕃孳生之種，未蕃牧養之駒殆盡，則又將何所博買乎？欲聽百姓自蓄而陰損敵騎之强，則其敝也，未免抑配于齊民；欲縱官兵招誘而深入蠻夷之腹，則其久也，未免引動邊釁；欲用市馬于六胡州之策，率三十疋酬一將軍，則其所以爲賞格也，亦未免有時而窮。權衡于經久之可行，而斟酌於公私之兩利，則莫若嚴鬻茶之禁，而高估馬之直。茶禁嚴，則商人重于犯法，不敢越國而私販；估直厚，則蕃人動於微利，亦將捐馬而爭賣。歷觀前代馬政之修，無出於此二策之善。若司榷牧者，更得廉潔愿實之人經理宕昌一帶，推此策而行之，則不惟可補國馬之乏，雖以是壯軍聲而空敵資可也。

綜述

明 歸有光《震川先生集》卷四《馬政志》 元豐四年，詔專以雅州名山茶爲易馬用，自是蕃馬至者稍衆。崇寧四年，詔曰：『神宗皇帝厲精庶政，經營熙河路茶馬司，以致國馬，法制大備。其後監司欲侵奪其利，以助糴買，故茶利不專，而馬不敷額。近雖更立條約，令茶馬司總運茶博馬之職，猶慮有司苟於目前近利，不顧悠久深害，三省其謹守已行，毋輒變亂元豐成法。』自是提舉茶事兼買馬，其職任始一。

又 上又以朵甘烏思藏、長河西一帶西蕃，自昔以馬入中國易茶，邇因私茶出境，馬之入互市者少，於是彼馬日貴，中國之茶日賤。命秦、蜀二王，發都司官軍，於松潘、碉門、黎雅、河州、臨洮及入西蕃關口巡禁私茶之出境者。入遣駙馬都尉謝達往諭蜀王曰：『秦、蜀之茶自碉門、黎雅抵朵甘烏思藏，五千餘里皆用之。彼地之人，不可一日無茶。邇因邊吏譏察不嚴，以致私販出境，爲夷人所賤。夫物有至薄而用之則重者，茶是也。始于唐而盛于宋，至宋而其利博矣。前代非以此專利，蓋制夷狄之道，當賤其所有而貴其所無耳。國家榷茶，本資易馬以備國用，今惟易財物，使蕃夷坐收其利，而馬入中國者少，豈所以制夷狄哉？』又命曹國公李景隆賫金牌勘合，直抵諸蕃，令其酋領受牌爲符，以絶姦欺。敕兵部諭川、陝守邊衛所，巡禁私茶出境，仍遣僧官著藏卜等往西番申諭之。

《明會典》卷一五三《馬政四・收買・貢馬附》 國初各處土官衙門秋糧，各依原認數目，折納馬匹。有糧二十五石有餘，折馬一匹者。有五十餘石，折馬一匹者。起解到部，令醫獸辨驗明白具奏，送御馬監交收。馬或不堪，責令差來土官陪納。後土官糧馬，多就近輸納。或以折

色，無復解京者。其四夷進貢馬匹，即於各衛所俵給缺馬官軍騎操。此外惟取給於收買。收買之法，或以茶，或以鹽，或以互市，或以價銀。洪武間，官給價鈔，於各處收買，并茶易到馬匹。或就彼給軍，或解京交納，令駕部知其數。及永樂初，乃開市於遼東。正統初，又中鹽於靈州。其流漸廣。今茶法通行，而互市亦不止遼東矣。

凡西番茶易。洪武中，立茶馬司於陝西、四川等處。聽西番納馬易茶，降金牌信符，賜番族，以防詐偽。洮河西寧三衛番族，金牌四十一面，該納差發馬一萬四千五十一匹。上號在内府收貯。易時齎驗。每三年一遣廷臣，召各番合符。以應納差發馬交納易茶。有以私茶出境者，斬。關隘不覺察者，處極刑。民間蓄茶，不得過一月之用。茶户私鬻者，籍其園入官。

二十三年，定茶易馬例。上等馬，每匹一百二十斤。中等馬，每匹七十斤。下等馬，每匹五十斤。

三十年令，朶干烏思藏長河西一帶西番，依舊將馬出來換茶，仍出榜禁約。通接西番經行關隘，偏僻小路，著都司差撥官軍三四層，嚴謹把守巡視。但有將茶私出外境，就便拏解赴官治罪，不許受財放過。必須窮究何處官軍地方放過，治以重罪。

永樂十三年，遣御史三員，巡督陝西茶馬。

正統十四年，停止茶馬金牌。後每歲遣行人四員，巡察私販。自潼關以西，至甘肅等處，通行禁革。

成化十四年奏准，定差御史一員，領敕專理茶馬，每歲一代，遂為定例。其易馬須四歲以上，六歲以下，高大堪中者，方准收買。兒騸馬就彼給各邊騎操。騍馬送苑馬寺孳牧。如有縱容軍民，通同中賣老病馬匹者，御史，同兵備，及苑馬寺官，驗視退回，仍指實參究。

十五年，令巡茶御史，招番易馬。不拘年例，願來者，聽。

弘治五年奏准，每年招易，毋多增馬數，坐派軍衛，逼令漢人代納，及收買不堪，以致倒死。累解送官捨補陪。

八年議准，招易馬匹，兒騸馬要四歲以上，不必解寺，就給與各衛領養。騍馬亦要高大，發苑馬寺作種。瘦損倒失者，比較追陪。

十年奏准，茶易馬，除就彼給軍外，其餘，差官陸續解赴苑馬寺，交割俵養。

正德十年議准，領馬官軍，每年冊，限三月以裏，齎赴巡茶御史驗撥。軍限八月以裏到彼交兑。違者，行該衛徑申巡撫都御史究治。限外，冊過兩月，軍一月不到，聽巡茶御史，參究各經該官吏。其洮河延寧馬匹，亦要隨時斟酌，通融派撥。

嘉靖十一年議准，西寧洮河三茶馬司，貯庫商課茶斤，及西安等衛，并徽、階等州，收貯私茶，俱送三茶馬司。不拘常例，麤細搭配，招易騸壯馬匹，開送總制衙門，給軍騎操。事完造冊奏繳，仍造青冊送部查考。

三十年題准，改造勘合，分給諸番。每歲依期齎執前來，比號納馬，酬以茶斤。如有背違，調軍征勦。又題准，年例馬完，番有餘馬，司有餘茶，許其增中解牧。洮州增至一千二百五十匹。河州增至一千七百四十匹。西寧增至二千四百三十匹。

三十一年題准，馬政茶法，二事相須，准令巡茶御史兼管馬政，督理二寺事務。

三十七年，議令茶商收買民馬，抽税給票，許其販賣，禁其夾帶。至四十年，仍禁止茶商販賣。民間馬匹，官為買用。

四十一年議准，甘州建置茶馬司一所，照例招商中茶，招番易馬。仍將西寧舊額茶馬，甘州新開茶馬，俱招中。酌量地方遠近，通融給軍騎操。仍將四川折色課茶，改徵本色運用。

四十三年題准，以後每年開茶，仍止五六十萬斤。商人以一百五十名為上，勒限買茶報中。

又題准，禁約洮岷私馬，臨鞏馬，暫許通賣。

隆慶三年題准，將四川課茶，改徵折色，解苑馬寺，易買種馬，於蘭州招商中茶，運赴甘州茶馬司，招陝西各茶馬司，中納官茶。

又題准，四川巴州、通江、南江、廣元、四州縣茶課，節年拖欠，及未徵者，以後照例改折，無分芽葉，每斤通徵銀一分八釐，類解陝西鞏昌府貯庫，聽甘肅巡撫衙門，差官支取，買馬騎操。

四年議准，以後各茶司中馬，除年例馬數外。儘其調到番族好馬，以茶司見在茶篦，通融招易。毋拘定數，以病商番。

又題准，將洮河西寧三茶司商人，照舊令其圖分完報，於内擇節年完茶之多者，不拘名數，各報甘州茶一引，運至蘭州，責令税課局官吏，

帶管經收。就令管河臨洮府同知監收盤驗，查照三茶司事例，釐分貯庫，立簿登報。其茶篦應該易馬者，量助脚價，遞運甘州茶司交割。應該給商者，令本商運至西寧等茶司貨賣，不許越境。

《宋會要輯稿・職官四三・都大提舉茶馬司》 自熙寧七年四月，差太子中舍、三司幹當公事李杞，著作佐郎、梓夔路察訪司准備差遣蒲宗閔相度成都市易務，得旨令市易司經畫收買茶貨，專充秦鳳熙河路博馬，更不相度市易。當年十一月，權發遣三司鹽鐵判官公事、提舉成都府利州路買茶公事李杞，同提舉成都府利州路買茶公事蒲宗閔，應買茶博馬州軍，並令杞等提舉。謂秦鳳、階成、熙河等路。遂命杞與提點刑獄序官，蒲宗閔與提舉常平序官，後又令與轉運判官序官，自後因之。置都大提舉及主管、同主管，各因其資品高下除授云。

《哲宗正史・職官志》：都大提舉茶馬司，掌收摘山之利以佐調度，凡市馬於蕃夷者，率以茶易之。產茶及市馬州郡，官屬得自辟置，視其數之登耗以詔賞罰。

神宗熙寧七年六月二十五日，熙河路經畧使王韶言：『奉詔募買馬，今黑城夷人頗以良馬至邊，乞指揮買馬司速應付。』從之。仍令李杞據見茶計步乘般運，具已撥數以聞。

七月八日，中書奏，勘會達、涪州稅到客茶不少。詔：『宜令相度成都府等處收買茶貨李杞等，相度此兩州茶色額，如可以應副秦州博馬，即合如何擘畫津般到得本處應副支用，速具的確事狀以聞。』

九月十六日，詔：『經畫成都府利州茶貨李杞買物帛應副熙河路博買馬，仍具所博買茶數以聞。』

十月十四日，太子中舍、三司幹當公事、經畫成都府利州路茶貨李杞等奏，與成都府路轉運司同共相度到於雅州名山縣、蜀州永康縣、邛州在城等處置場買茶，般往秦鳳路、熙河路出賣博馬。

十一月二日，又奏：『准朝旨于本路出產茶州軍相度計置買茶，津般往熙河、秦鳳路出賣。勘會洋州、集州、興元府出產茶貨，內集州近已廢罷，本處產茶不多，難以置場收買外，有興元府、洋州廣產茶貨，自來通商興販。乞與轉運司同共相度，於興元府、洋州置場收買，津般往熙河、秦鳳路出賣。』從之。

三日，詔：『李杞、蒲宗閔並專令提舉買茶等事，更不管幹三司職事。李杞於秦州，蒲宗閔於成都府，踏逐空閑廨宇居住。杞與提點刑獄序官，宗閔與提舉常平倉序官。』

十一日，詔：『戎州軍事推官張昌宜令流內銓就注充本司幹當公事，其戎州推官員闕勘會施行。仍令本司候將來任滿無過犯，具勞績保明聞奏。』從李杞請也。

十［二］月十二日，權發遣三司使公事章惇奏：『已差李杞等提舉收買川茶，省司已應副本錢，今更有事節。今來乞於職位內稱「提舉成都府利州秦鳳熙河等路茶場公事」。如向去事務繁多，更合要官員幹當，乞許本司奏差。今來初創置茶場，官中本息錢數有限，慮恐熙河路輒有侵使，乞於茶稅息錢內每年認定四十萬貫，應副熙河博馬並糴買糧草，餘外錢物並本司椿管。』從之。

八年正月十九日，李杞、蒲宗閔奏：『準詔許同罪保舉無贓罪京朝官、班行、選人五員，充本司幹當公事，今乞差新授秀州司法參軍孫龍抃充本司幹當公事。本司差出諸路州軍幹當，亦乞令乘遞馬，支驛券。』從之。仍令流內銓差注。

二月二十日，又奏，乞差右班殿直段絨充本司幹當公事。從之。

閏四月二十六日，中書門下言：『提舉熙河路市易司申明，與提舉成都府利州秦鳳熙河等路茶場司有無統轄。勘會成都府買茶，於熙河路博馬，元係都提舉市易司擘畫。昨差李杞、蒲宗閔前去相度，遂就差提舉買茶，即是熙河路市易司一事。今相度，其茶場司合併入熙河路市易司，爲買茶稅場，李杞、蒲宗閔合兼提舉熙河路市易司，仍各依舊分頭幹當，並隸都提舉市易司統轄。』從之。

六月，詔：『三司具未置熙河路買馬場以前買馬錢物歲支若干，於是何官司出辦，自用茶博馬後如何封樁，申中書取旨。』

八月六日，提舉成都府利州秦鳳熙河等路茶場公事、兼提舉熙河路市易司奏：『茶場司已併入熙河路市易司，所有市易司已與比部員外郎汲逢等同共幹當，及連銜申發文字，其諸州茶場亦合令汲逢於銜位內添入「同提舉成都府利州秦鳳熙河等路茶場公事」，並隸都提舉市易司，協力幹當。』從之。

二十三日，權發遣三司鹽鐵判官、提舉成都府利州秦鳳熙河等路茶場李杞言：『賣茶博馬，乃是一事，乞同提舉買馬，歲以萬五千匹爲額。』詔杞兼提舉買馬，且以二萬匹爲額，候二年取旨。杞以爲數多，再詔以萬五千匹爲額。

十一月十六日，中書言：『川茶元法於茶稅並息錢內，歲認定應副熙河博馬及糴買糧草。乞令提舉買茶官歲給熙州、岷州大竹並洋、蜀州茶各三百馱，以爲應副市糴，於茶場應副糧草數內除豁。』從之。

九年四月二十三日，都提舉熙河路買馬司言：『監牧司闕乏，見欠市易司錢物，而市易司欲倏還足，方肯應副買馬，遞相推倚，實誤博馬日用。欲乞馬價盡用茶貨折之，若馬客願貼錢就整請茶者亦聽。候所貼見錢數多，即許與茶兼支，庶幾公私兩利。其年額博買茶貨，乞令茶場相度合用數支撥與四場，候數足，然後以剩數撥與轉運司糴買糧草。』從之。

十年九月二日，詔提舉成都府等路茶場司李稷乞應干本司職務措置、申請、辭訟等事，他司毋得干與，如處置有屈抑，許經監司申理從之。

四日，詔：『提舉成都府利州秦鳳熙河等路茶場司更不隸都提舉市易司，亦罷兼秦鳳路市易司。』

十月二十八日，詔茶場司許不依常制，舉辟勾當公事官三員。

元豐元年四月七日，提舉成都府利州秦鳳熙河等路茶場公事李稷奏：『議者常言茶價高大，國馬遏絕，臣以謂博馬官司既不用貴茶，自當以銀帛和市。往時劉佐定熙河，名山茶每馱直三十七貫省；呂大防用慕容允滋，價減爲二十五貫一百六十省。然去冬民間且二十七貫足。由是觀之，劉佐知增而不知減，呂大防知減而不知增，是皆立法不能變通。今且畫一起請：一、諸出賣官茶，令提舉茶場司立定中價，仍隨市色增減。應增減者，本州本場體訪詣實，增訖申茶場司，本司爲覆按，若後時及妄謬不實，並隨事大小奏劾施行。應減者，申茶場司待報。一、臣竊詳茶法官利在價高以得厚利，處之無術而並與法壞者，劉佐是也。買馬官司利在茶價低，價低則蕃部利厚而馬有可擇。近蒙朝廷已立對行交易法，銷去買馬官司爭價之弊，臣不復論列。臣以謂既許隨市色增，竊恐逐州止務添價，却致賣茶數少。須立定每歲課額及酬賞格法，使人人赴功，則事務不勞而辦。今勘會熙寧十年賣茶倍于常年，欲立條下項：諸博馬場所用茶，秦州額熙寧十年支賣茶五千九百二十四馱，今定六千五百馱；熙州額熙寧十年支賣並博馬共一萬三百七十九馱，今定一萬九百馱；通遠軍熙寧十年支賣並博馬共六千九百六十馱，今定七千六百馱；永寧寨熙寧十年支賣並博馬共七千九十一馱，今定七千五百馱；岷州熙寧九年［支］賣並博馬共三千九百四十六馱，熙寧十年［支］賣並博馬共三千三百八十六馱，今定賣並博馬共四千馱。』並從之。

五月二十一日，提舉茶場李稷言：『三路三十六場，大、小使臣殆及百員，乞不限員數，舉三班使臣。』詔從之。內歲舉官十員，候三年茶法成序取裁。

六月十一日，提舉成都府等路茶場蒲宗閔言，乞依李稷舉劾官吏。詔宗閔與理轉運判官資序，比李稷所舉人三分之一，其州縣官吏於茶場司職務有違，亦許按劾。

九月十六日，李稷又奏：『已降指揮，般茶鋪令提舉茶場司選三班使臣一員具名奏差，今選到三班奉職楊廣，乞差充巡轄秦鳳興利般茶鋪，填創置闕。』從之。

二年四月二十五日，三司鹽鐵判官、國子博士李稷奏：『臣檢會茶法元條，每年收息稅四十萬貫，應副博馬及糴買糧草。續准朝旨，盡數應副博馬，以其餘助轉運司。往時所收息稅不能敷辦元額，止隨手支充博馬，本息罄盡。近準條與買馬司對行交易，以此本司錢物出納分明。緣前後條貫各經衝改，更無合應副轉運等司年額定數。臣竊計三路官茶稅錢，茶場司既以通認十五萬貫，即諸州出入所得盡係茶場司年額。往時轉運司亦曾應急申請支過茶稅錢，致本司所認歲入頗成散落，竊恐因循，寖越常守。欲乞自今後於年額息稅內，歲以五萬貫給轉運司，餘悉待公上詔用。取進止，合入提舉成都府利州秦鳳熙河等路茶場司敕。』從之。

五月十三日，詔：『右贊善大夫、同提舉成都府等路茶場范純粹序官、廩給、人從視提舉常平官，薦舉官分李稷之半。別給都大提舉茶場印付稷，聽稷、純粹同轉運司舉官知洋州。』並從稷請也。

三年十二月二十五日，詔：『提舉成都府利州秦鳳熙河等路茶場公事官，每年合舉官三分減一。李稷、蒲宗閔每年合舉京官三人，縣令一

人，使臣陞陟三人，同提舉陸師閔舉京官一人，縣令一人，使臣升陟三人。』

四年五月十二日，陝西府路轉運使、都大提舉茶場李稷言：『臣典領茶法五年，選辟官屬同心一力，奉宣條詔。今所差諸州官罷滿及期，乞本司自今奏辟雅州、漢州知州，邛、彭、利州通判，名山、永康、綿谷、順政知縣，所貴維持法度，久益不懈。』詔如轄下官弛慢，令茶場司奏易，劾罪以聞。

七月九日，奉議郎、權發遣羣牧判官公事郭茂恂奏恂：『臣近準詔，訪聞陝西轉買蕃部馬並斛斗所用錢物，不如蕃部所欲，致收買數目不多，差臣相度，若專以茶博馬，以綵帛博糴斛㪷，及將茶場買馬並爲一司，如何措置可以經久施行，詳具畫一聞奏。臣于本路體訪得，蕃部所欲大抵惟茶爲急，自來將馬中官，請到折價銀絹等，只是將三二分歸蕃，其餘往往却赴茶場博買茶貨。其買馬司所支銀、紬、絹等，又例各折價高大，茶場却只依市價量添些小錢數博易。其鈔亦隨時各有虧損，約計一匹馬價虧蕃部錢多者至四貫以上，少者亦三貫以上。是以不如所欲，致買數不多，及少肯將好馬入塞。臣今相度，若專以茶博馬，委是利便。兼勘會舊日亦是用茶充折馬價，雖兼用金帛等，亦從其便。自事局既分，祇於近歲已來，專用銀絹及錢鈔等，不復用茶。況賣茶、買馬，事實相須，今若將提舉買馬官通管茶場，不惟職務相濟，兼蕃部得茶，如其所欲，中國可致多馬以充戰騎，實爲兩便。所有博糴斛㪷，勘會見今熙河等路諸司各置場博糴，或用見錢，或用茶，或用鹽鈔等，各從蕃部之便。今若專以綵帛博糴，緣其間亦自有願要見錢或茶之類者，臣今相度，欲乞兼用綵帛博糴。謹具逐項措置經久可以施行，畫一如後：一、蕃部將馬中官，其價錢並以茶充折，約計每馬一匹支茶一馱。如馬價高，茶價少，即將餘數以銀、紬、絹及見錢貼支。內銀、紬、絹並依逐處在市見賣實價紐折，不得有虧官私。其見錢仍計每匹價直，不得過十分之一。如不願請銀、絹等，只願以餘數算請零茶，亦聽從便。如馬價少，茶價高，即許貼錢請茶，或合併就整請領，或據錢數算請零茶。［貼黄］稱：以上件馬價若支一分見錢，每年約用五萬餘貫，提舉買馬司逐年有收到雜支、租課、內贓等錢約六萬餘貫，可以應副支用。一、蕃部牽馬赴場，候揀中，據合請茶數，限當日出給關子，赴場請茶，晝時支給。所有願貼請銀、紬、絹及見錢等，只就買馬場，亦限當日支給。已上如稍稽滯，干繫官吏並從嚴斷。一、今來所支博馬茶，並須取蕃部情願，不得抑勒。一、今來買馬額數，乞立定每年二萬匹，委提舉司抛降與逐場認數收買，仍於額外廣謀收市，候至歲終，會計賞罰。其額外買到數，仍比額內合該賞典優與推恩，每年具數比較聞奏。［貼黄］稱：臣近與提舉買馬司同共會計到，每年本息錢共五十五萬六千八百八十八貫六百一十八文省，計合買馬二萬一千三百二十八匹。今來既不用鹽鈔，其紬絹又依市價從蕃部，即更無合收息錢，只有本錢並收地租課等共四十九萬六千三百三十五貫五百八十七文，紐算只合買得馬一萬九千三百六十五匹。今定二萬匹爲額，少着錢二萬三千餘貫，乞據數於賣茶息錢內除破。其自來所收息錢，只是有賣出字馬等合收息錢，數亦不多。一、自來德順軍、階州所買馬不係年額數內，見今支折馬價，亦用銀、紬、絹等。臣今體訪得階州賣馬蕃部，亦是多願要茶。今乞並依熙州等場定到新例外，德順軍多是側近淺蕃將馬中官，不願請茶，兼本軍亦無賣茶場，只是於稅務寄賣，數目不多，今只及時將本軍見支折馬價除見錢依見行則例更不增損外，其紬、絹、銀等並依市價紐算支折，仍聽從便請領。內階州貼支紬絹，自依舊以川小紬絹充之。［貼黄］稱：德順軍買馬，係於陝西年計一萬五千匹外添買。今來既將買馬錢本盡數會計，立定新額，其德順軍亦係支用買馬司錢，合將本軍所買馬收入年額，令提舉司給與熙州等場一處抛買，仍令廣謀收市。一、以「提舉陝西買馬監牧兼同提舉成都府利州秦鳳熙河等路茶場司」爲名。一、茶場司息錢年額萬數浩瀚，買馬錢本數亦不少，各存舊額以備鉤考。今欲乞將朝廷所給買馬紬絹，除蕃部願請外，並鹽鈔、租課，並委本司同共擘畫，變轉移用。候歲終，將實收到錢數與見錢並支過博買茶數各行計會。如支過茶數多，買馬錢數少，補償不足，即於茶場司事，提舉買馬監牧官並通管。一、提舉茶場買馬官資任、坐次、相壓及諸般請給、當直人等事，並各依舊條施行。一、臣今體度得自來蕃部將斛㪷入漢界，見今沿邊州軍諸官司收糴，所支錢物不一。如轉運、提舉常平倉司多用見錢，茶場只是用茶，經制司多用鹽鈔，已是各從蕃部之便。臣今相度，乞將紬絹與茶相兼博糴斛㪷。』並從之。

十二日，詔：『雅州名山茶今專用博馬，候年額馬數足，方許雜賣。』

十八日，中書門下奏：『據提舉成都府利州秦鳳熙河等路茶場司幹當公事官五員未有印記，乞下少府監先次鑄造銅記五面，並以「提舉茶場司幹當公事朱記」一十一字爲文，如降送本司，責憑給付逐官行使。』從之。

八月二十一日，奉議郎、新差專切提舉陝西買馬監牧、兼同提舉成都府利州秦鳳熙河等路茶場公事郭茂恂奏下項事：『一、臣近相度，茶場、買馬並爲一司，元奏請畫一條件内一項，乞將朝廷所給買馬紬絹等除蕃部願請外，並鹽鈔、租課並委本司同共擘畫，變轉移用。今既蒙朝廷專以馬事付臣，兼領茶司，緣提舉茶場官不兼買馬之職，故條約事件尤須明具。今來雖專以茶博馬，其錢帛等亦須寬作計置應付。臣昨會計每年馬價内支一分見錢約數，只是將買馬司合得錢紐算，自可應副得足。租課收歛有時，内臟錢散在陝西諸州軍，或後用未至，即恐須要鹽鈔就買馬變轉見錢應副支用。其紬絹既許將馬價零數取情願貼請，亦未能便見的實合用數目。兼朝廷改法，本要致馬之多，已將紬絹依市價折算，若蕃部有願要多請紬絹者，須其所欲如此，則一歲所支未易預計。臣今欲將買馬錢帛等先委買馬司移用，逐旋約度餘剩之數，節次關報茶場司，同共變轉。兼昨會計立到買馬年額二萬匹，盡計馬司錢物實數，已有不足。若至歲終會計，除本色支用外，見在之數並合撥歸茶司充茶價錢，即於歲初川路紬絹未到及收積支撥鈔錢未備、新陳不相因之際買，必致闕用。欲乞每歲終會計後，許馬司却於茶司支撥過錢物内借撥應副支使，於年内據數撥還。所有昨會計到每年買馬少著錢二萬三千餘貫，乞於賣茶息錢内除破，只是約度計算到數，緣逐年收買馬數不足，如向去支過價錢多，並合據數除豁。一、臣竊聞朝廷已降指揮，名山茶專用博馬，候年額馬數足，方許雜賣。此有以見陛下留意馬政之切至也。今蕃部所欲茶大抵多欲名山一色，然亦時有願得其它色額，如大竹、洋州之類者。竊恐茶場司爲有今來朝旨，不敢兼用別色，臣今欲乞特賜指揮，除名山茶依前降朝旨外，如蕃部有願請其餘色額茶者，亦聽從便。』並從之。

十月二十七日，提舉陝西買馬監牧同提舉成都府、利州、秦鳳、熙河等路茶場司奏：『準詔，買馬價錢仰依條畫時支給。又詔，令經制熙河邊防財用司指揮，許令弓箭手依官價自買及格堪披帶馬，赴本司呈印訖給付買馬場，當日支給價錢，仍充買馬司年額之數。本司歲額所入見錢不多，欲乞今後弓箭手自買到馬價錢，許以茶及銀、紬、絹、見錢相兼支給，所貴易爲應副支用。』從之。

十一月二十五日，中書劄子：『提舉成都府、利州、秦鳳、熙河等路茶場司奏：準朝旨，名山茶專用博馬，候年額馬數足，方許雜賣。又餘色茶如蕃部願請，亦聽博馬支用，即不妨茶場司出賣。竊緣本司年額課利浩大，只熙河一路逐年樁認應副錢二十萬貫，及非泛支撥在外，諸雜色茶變轉絶少，全藉出賣名山茶趁辦。若伺候馬足雜賣，監牧司買馬必是年終數方足備，纔及歲首，又須却止住出賣，應副博馬。如此則本司無有貨賣名山茶之期。今來雜色茶亦博馬，即本司買賣，左右爲法所拘，竊慮收趁課利不足，有悞支用。兼蕃部出漢買賣，非只將馬一色興販，亦有將到金銀、斛㪷、水銀、麝香、茸褐、牛羊之類，博買茶貨，轉販入蕃。若不令本司旋行出賣，即蕃客別買物貨，不惟大段虧失本司財利，兼名山茶却有積壓，買馬蕃部未必盡皆要茶，次下等一匹馬價自不及茶一馱之直，大約每歲不過用茶一萬五六千馱。乞賜指揮，除依今來朝旨，諸色茶亦聽博馬不妨出賣外，名山茶亦乞責辦本司應副博馬年額管足，所有餘數並許出賣，貴得兩司各不妨闕。』詔從之。以上《續國朝會要》

元豐五年二月十八日，提舉陝西買馬監牧兼同提舉成都府、利州、秦鳳、熙河等路茶場公事郭茂恂奏：『奉聖旨，陝西逐路諸軍闕馬至多，仰臣具合如何擘畫可以招誘蕃部，廣行收買，支填得足，速具事理聞奏。一、勘會熙河路州軍各有蕃官，如包順、包誠、趙純忠之類，並是近上首領，蕃部素所信服，其勢力足以招致蕃客。乞賜敕書，令各官誘蕃部販馬入塞，每人且令結買五七百或一千匹，仍乞委自逐處守臣丁寧慰諭之。或要預借茶、綵，仍乞應副支借，約定期限。如能招置數足，即乞量賜恩獎。歲月之間，必有成。一、體問得舊日券馬上京馬價甚高，每匹大約不下三十貫，而茶價其初頗賤，每馱不過十二貫。今則馬價減於舊日，茶價倍貴於前。緣蕃客往來販易，須有所得，乃肯趨利而來。臣今相度，若將博馬茶比之用錢及別物貨博買者，別爲兩等，其博馬茶量減錢一貫已

來，如此則蕃部自然多販馬入塞矣。若以謂稍虧茶價，緣賣茶之息甚大，馬來既衆，則售茶亦多，茶價高即馬來者少，不若稍減以致多馬，是其實無損也。一、自來買馬自四赤七寸至四赤一寸七等中，各以一寸爲差，而價錢自三十二貫至十六貫，其等第差降少者衹一貫三百文，多者至五貫一二百。等量之際，蕃部以爭較等第分寸，不肯中賣。謂如四赤四寸馬二十七貫三百文，如有虧分數，須作四赤三寸收買，價直二十二貫二百文，即纔爭一寸，便較錢五貫二百文。價直相遠，往往不肯作四赤三寸中賣。臣今相度，欲乞將諸等價衮合，重行均定，使相較不致絶遠，如此則易於收市。兼勘會熙、岷、秦州馬價並合一般，其蕃部就秦州中賣，比熙、岷州遠七八程，有芻秣裹糧之費。欲乞因今來均定馬價，於逐等内將熙、岷州各減五百文，秦州各添五百文，所貴稍得均當。一、勘會自來依條每月將門户蕃部勾招到中官馬數比較，最多者支與綵一疋，銀椀一隻重半兩。自來不計馬數多少，只取最多者一名支與。臣今相度，乞重別立定，每月勾招蕃馬中官及一百匹已上者，不限人數，並各支與上項例物。如月各不及百匹，即取一名最多者支與綵一疋，銀楪子一片重二錢。所費錢物不多而有所別異，可以激勸蕃部。兼舊條蕃部中馬，其賣馬蕃部並給酒二升，自來只是紐計價錢支給。相兼既久，祇與馬價一衮請領，不復知有犒設之食。今乞除依自來條例外，委逐州長吏每旬于中馬稍多日分，量給酒食，犒設賣馬蕃部，亦足以使遠人知朝廷之意，樂於致馬入塞。』詔所乞預借茶、絹恐致失陷外，餘並從之。

五月二十四日，朝散郎、同提舉茶場公事蒲宗閔奏：『臣伏見今來新開拓蘭州定西城，與通遠軍、熙州鄰近。蕃部所嗜畧同，體問得川茶亦可博賣。近經制司奏，新添城寨費用增廣，令添助歲額錢十萬貫。今欲擘畫津般茶貨往蘭州定西城，委監酒税官兼管，漸次貨賣，就近添助，不得公私興販往彼。候見次第，即依熙州、通遠軍等處先得指揮例，擘畫差官置場。其餘約束，並依本司條貫施行。』從之。

同日，同提舉成都府等路茶場蒲宗閔言：『成都府路産茶縣及利州路、興元府、洋州已有榷法，今相度巴州等産茶處，亦乞用榷法。』從之。

六年正月十七日，同提舉茶場公事蒲宗閔奏：『監牧司新條，乞買馬錢帛等先委買馬司移用等事，欲乞將博馬茶價錢物不須先令馬司移用，其馬司若額外更要錢物，乞令申奏，本司于息錢内正行支借。』批送兵部，檢准元豐元年正月九日指揮：『仰羣牧司關牒行司，據所要茶以錢帛對數交易，不得預行指占，致妨滯茶場司歲額。』又元豐四年八月二十一日郭茂恂奏：『乞將買馬錢帛先委買馬司移用，逐旋約度餘剩之數，節次關報茶場司，同共變轉。每歲終會計後，許馬司却於茶司支撥過錢物内借撥應副支使，於年内據數還。』本部看詳，乞依元豐元年正月九日指揮，所有元豐四年八月二十一日條例更不施行。從之。

四月三日，同提舉茶場公事陸師閔奏：『伏自買馬司兼領茶場而茶法不能自立，蓋有所職既專以多馬爲務，而又得與茶事，則其勢不免於取此以益彼。如買馬司用茶買，並乞依舊條以錢帛對數交易，仍不許別司取撥茶貨。』詔令蒲宗閔、陸師閔共同詳具利害奏聞。

同日，提舉成都等路茶場陸師閔言：『文州與階州接境，有博馬及賣茶場，龍州舊許通商，乞以文、龍二州並爲禁地。其秦州本司差官一員造帳，計置川路羨茶，徧入陝西路出賣，仍于成都置博買都茶場。』從之。

五月三日，提舉陝西買馬監牧司奏：『據階州申，元買馬蕃部請大竹茶，每馳一十四貫六百四十文，所有近茶場司每馳添錢五貫三百六十文，近累申上衙，只每馳減錢一貫文。爲茶價高大，買馬不行。本司看詳，階州茶價添起錢數，其馬價若只依舊，恐蕃部不肯將馬中賣，須致量增馬價。』詔只依舊價，如蕃部不願請茶，並以見錢物帛收買。

六月七日，兵部狀：『勘會提舉陝西買馬司郭茂恂奏内一項節文：「臣昨於去年中奏乞將博馬茶比見錢及物貨博買者，每馳減錢一貫文，即蒙施行。緣今來茶價比之日前增數至多，又添長不已，而買馬價如舊。所較數日，相遠殊甚。臣今相度，若欲稍添馬價，緣一增之後難復減損，而日後它物價平，脚費稍少，則茶固應可減，不若只將茶價減數博買，所貴他日易於裁損，可復如舊。臣今欲乞權將應係博馬茶每馳量添色高下及馬等第參酌，於見折價上更與減一二貫以來。仍從本司相度，隨時增損，候向去脚費漸少，茶價稍減，即依舊每馳衹減錢一貫文。所貴蕃部可販，易於招誘。」竊恐茶場司以減錢數多，仍乞從依先降朝旨減價錢外，今來

所減茶價錢，本司管認別作項次撥還，如此則自不虧損茶司財利。』詔提舉買馬司更不兼茶場司，其博馬茶每馱比見賣價更與減二貫文，所減價更不撥還，許理茶場司課息。所有買馬司用過茶價，限歲終撥還取足，不得拖欠。

二十二日，提舉成都府等路茶場郭茂恂言：『昨準詔專提舉買馬，兼提領茶事，而茶場司不兼買馬，既不任責，遂立法以害馬，茶價每馱有增十餘千者，恐蕃馬歲不入，上誤國事。乞併茶場、買馬爲一司，庶幾茶司同任買馬之責。』降旨闕。

閏六月十二日，吏部狀：『準都省送下提舉成都府、利州、陝西等路茶場司奏：「乞秦、熙、河、岷、階州、通遠軍、永寧寨茶場，並乞令本司不拘常制踏逐諳曉事法、有心力京朝官、選人、小使臣，奏乞差充監官。」本部檢會聖旨，內外官司舉行悉罷，今來係是本處創有陳請，合取自朝廷指揮。』詔特依。

十三日，提舉茶場公事陸師閔劄子奏：『竊見新修茶場司敕尚未全備，擇出合行通用條貫三十八件，內有於新法干礙者，畧加刪正下項：諸提舉官於轄下官吏，事局相干同按察，部內有犯同監司。諸提舉官點檢職務公事，杖已下罪就司理斷，事合推究者送所司，徒已下依編敕監司點檢法。諸路茶法、職務、措置、詞訟、刑名、錢穀等公事，除州縣施行外，合申明者申取提舉司指揮施行，他司不得干與。雖於法合取索文字，並關牒提舉司施行，不得專輒行下諸處，亦不得供報。如已經處置，尚有抑屈者，許以次經轉運、提刑司申理。諸幹當公事官，川路二年、陝西二年半爲一任，選人願三考者聽從便。供給依廨宇所在州簽判例，州無簽判依職官例。京官以上及大小使臣各隨本資添支，本資無添支者，依監一萬貫場務例給。諸幹當公事官闕無所承，許不拘常制選差轄下官權充。其餘應合差官幹事，並依編敕差官條施行。諸紙筆、朱墨、油燭、皮角，以係省錢收買，在京申省支給。諸文字往還並入急腳遞。』從之。全文見茶門。

十月八日，户部狀：『提舉成都府、利州、陝西等路茶場司奏：「檢準元豐五年二月十八日朝旨，郭茂恂奏，博馬茶量減錢一貫已來。竊詳元無指定減過錢數，合令是何司分管認明文。今來未審令買馬司據減過茶價錢數撥還本司，或只亦依今降朝旨指揮于本司課息錢內豁除。」本部今勘當，欲將元豐五年二月十八日後來至今年二月終已前減過茶價錢，並依今年六月七日朝旨，更不令提舉買馬司撥還，許理爲茶場司課息。』從之。

十一月八日，詔：『都大提舉成都府等路茶場，朝廷特以增廣榷賣路分，所以改置司名。其將事之人資任雖淺，不可不隨宜假借事權，宜令與轉運使叙官。』後詔都大提舉視轉運使，同主管視轉運判官。經制熙河蘭會路邊防財用司準此。

九日，都大提舉永興軍等路榷茶公事陸師閔奏請事件於後：『一、本司舊于成都府、秦州兩處置司，各有廨宇、人吏等，今並乞依舊，仍於兩處各置管幹文字官一員，許不依常制奏差承務郎以上或選人充，仍並依幹當公事官條。一、幹當公事官見管七員，內二員係奏差，五員係吏[部]選差。今乞許本司不依常制奏差，所有吏部已差下未到任交割者，亦乞別指名奏差替換。其接送、當直、兵級及不許赴妓樂筵會等事，並乞依轉運司管幹文字官條。一、每年奏舉選人改官舊條，通計合舉九人，欲乞特添三人外，有縣令、小使臣陞陟員數，只依舊條併舉。一、本司舊支頭子錢七百貫充公使，今乞特添三百貫，每年共支一千貫文。一、公使合用酒欲乞隨所至州縣那兑支用，以米麴、工價算還，通計不得過合造酒數。一、本司今來赴闕，依例添差等分三人，各使遞馬及擔擎文字兵士五人，遞鋪七人。乞今後遇赴闕及出巡，並依此施行。一、本司舊條，提舉官與提點刑獄序官，同提舉官與轉運判官，惟都大提舉官元係陝西路轉運使兼領，未有明文。』詔特令與轉運使序官，餘並從之。

十二月十二日，守監察御史張汝賢奏：『近定奪郭茂恂、蒲宗閔互論公事，因兩司執議椿茶價之法至今未定，遂相度立爲酌中之法，以息紛紜。今準朝旨，送陸師閔相度聞奏。臣勘會師閔今年中嘗具劄子上殿，奏乞馬司用茶依舊條以錢帛對數交易。令與蒲宗閔同具利害聞奏，亦用前說同狀奏聞。此二人之議固已符合。臣詳究兩司利害，博馬之利實仰於茶，而茶司運致茶貨，自秦隴以西惟以顧賃腳乘爲患，不以出賣不行爲患。借令馬司不爲支用，蕃部亦必以他物博易，實無損於歲課。此茶司之利所以無仰于馬司。然欲其法度相濟，可以經久，實在朝廷參酌而行

之。今止令師閔相度，試恐尚執前議，祇求自便，不顧馬司之害，則行之將來，未免牽制。臣契勘遞年買馬，冬季常多，夏季常少，春季多少不常。蓋馬性宜寒而畏熱，其來多寡不常，待用之茶宜亦有別。臣愚見竊謂可令逐季首樁定名山茶馳，春秋各三千，冬各加一千，夏減一千，餘茶量數樁留。若買到馬多，更要支用，仍委茶司畫時應副，所支茶價並限次季還足。庶爲酌中之法，兩得順便。』中書省勘會：『蒲宗閔據張汝賢定奪到與郭茂恂互奏公事，多有不當。以茶法推行之初，宗閔能協力主辦職事，不爲異論所搖，特免勘除都官郎中。今年十一月二十五日，得旨：郭茂恂依赦放，其張汝賢相度到樁定博馬茶數等事，令陸師閔相度聞奏。』詔張汝賢前奏先次施行，其今年十一月二十五日令陸師閔相度聞奏指揮更不施行。

七年五月十七日，户部言：『都大提舉成都府、永興軍等路榷茶司奏：「利州路買馬事件内一項，有今來添額買馬合用茶貨，乞指揮茶場司于洋州、興元府應副。本司勘會，若洋州、興元府額外應副買馬司茶般赴文州支用，則是通商低價茶侵入禁地，有害茶法。今相度，乞許令本司就近於文州茶場見賣茶内支撥應副買馬，除轉運司舊額茶只用洋州、興元府元價並雇脚錢數計算歸還本司外，有添額買馬合用茶並舊額茶内虧少錢，並乞依例計算，理爲本場課額。」本部看詳，欲乞依本司所奏。』從之。

十一月二十二日，都大提舉成都府、永興軍等路榷茶公事陸師閔劄子：『諸巡轄般茶鋪使臣請受、當直兵士並依巡轄馬遞鋪例，出巡給遞馬一匹。每歲比較，如無住滯工限及逃死兵士不及五釐，任滿與減一年磨勘，先次指射家便差遣。』從之。

十二月十一日，兵部奏：『陝西買馬司自熙寧十年差官買馬，歲以一萬五千匹爲額，至元豐三年，每歲常買及數。其時馬價聽用茶並雜物，從蕃部所便，相兼折還。唯茶依市價外，其雜物各有量增息錢，歲收六七萬貫。至元豐四年，郭茂恂乞蕃部中馬專以茶充，其餘數仍許見錢、物帛，内物帛止依市賣實價紐折，並不收息，遂增立年額爲二萬匹。至五年八月滿一年，止買及一萬四千七百餘匹。又至六年八月並閏月，計一年有餘，又止買及一萬六千一百餘匹。至今年八月又滿一年，合行比較，約僅買到一萬二千匹，比之前二年其數愈少，各不增及新額。本司累奏，稱收市不行，乞差官詢採，參酌裁定，並乞前來奏稟。蒙朝旨令具到利害，大抵皆以茶價高及別司買馬價高爲説。本部看詳，自元豐四年後，雜物既用實估，及折馬茶比見賣市價每馳又減錢三貫，已是暗增馬直。然其所買馬不惟不及新額，亦不能過舊額所買之數，乃是每歲陡失利入不少，又買馬額數漸虧。望賜詳酌指揮，參考新舊應干買馬事件利害，措置施行。』詔陝西買馬撥隸經制熙河蘭會路邊防財用司，仰本司先具合行事件畫一聞奏，候至來年下半年，交割管幹。

八年二月二日，户部狀：『都大提舉成都府、永興軍等路榷茶公事陸師閔奏：「近準朝旨，許令本司于文州茶場見賣茶内支撥應副買馬。竊緣本司應副買馬茶既已理爲課額，即轉運司所還舊額茶價及顧脚錢並在定本之外，難以逐時增添收繫。乞據逐年還到錢數，依川路食茶錢條限分數，於陝西路封樁，委是允當。』本部欲下榷茶司同所屬轉運司相度聞奏，奉詔依。今送下榷茶司奏，具其錢係屬本司所管，即與利州路轉運司別無干預，難以同共相度。本部乞依本司元奏事理施行。』從之。

十一日，户部狀：『都大提舉成都府、永興軍等路榷茶司奏：「准敕，陝西買馬監牧司相度到文州買馬利害：一、乞將買馬紬、絹、絞、茶之類，令買馬官專管。本司看詳，欲乞令買馬官親管折博支給外，依舊令職官兼管幹折博場文曆、倉庫支收出入等事，于本司茶法別無妨礙。一、乞今後茶場司合應副本路博馬茶數，並令文州茶場以洋州等處茶應副。如買馬數多，額外更合銷物色，並乞許令本司預行計度，下應副官司依數即時應副。看詳買馬司所乞文州茶場應副茶事，已準朝廷令本司就近於文州茶場見賣茶内支撥應副買馬，除轉運司舊額茶只用洋州、興元府元價並雇脚錢數計算還本司外，有添額買馬合用茶并舊額茶内虧少錢數，並依例計算，理爲本場課額。」本部欲依相度到事理施行。』從之。

七月十日，兵部狀：『成都府利州路經制買馬司奏：今相度黎、雅、嘉州買馬博馬合用茶數，除舊額買馬茶令於雅州官場收買外，有新額買馬合用茶數，欲乞依利州路已得朝旨體例，令榷茶司於就近場務支撥應副，仍理爲榷茶司課額。尋下榷茶司相度，如朝廷許令本司應副，並須於春初指定的實合用斤數，關本司支撥。如支用不盡，即不許減退。本

部欲依所乞施行。』從之。

九月十八日，詔：『陝西提舉買馬監牧司及成都府、利州路買馬司，並令提舉成都府、永興軍等路榷茶公事陸師閔兼提舉，仍舊用茶貨隨宜增減價直，相度穩便置場去處，計置博馬。候及一年，具買到馬實數並應有合措置事件，令詳具畫一聞奏。所有先降陝西監牧公事撥令陝西路轉運司管幹指揮，及陝西買馬撥隸經制熙河蘭會路邊防財用司並成都府利州路買馬指揮，並更不施行。』

哲宗元祐元年六月九日，相度措置熙河、蘭會路經制財用司事所奏：『提舉榷茶司於本路買馬歲額萬數不少，其買馬場並綱馬上京所歷州塞，支過經制司支計案草料，並係輟郡邊計應副。緣本路與內地州軍不同，經費既多。芻粟倍貴，豈任他司侵用！緣榷茶司以茶博馬，每茶一馱收頭子錢三百文，係專庫均分。竊詳買馬場所用博馬茶場專庫於此無功，輒享其利，實出僥倖。乞應副買馬場并綱馬上京支過本路糧草等，歲終計數，令榷茶買馬司以上項頭子錢撥還。如不足，更以茶頭子錢貼支。』從之。

十月十七日，都大提舉成都府等路榷茶兼陝西等路買馬黃廉言：『按元豐六年閏六月十三日並八年十二月七日朝旨，應緣茶事於他司非相干者不得關與，設使緣茶事有侵損違法或措置未當，即未有許令他司受理關送明文，深恐民間屈抑無由申訴。乞止依海行元豐令，監司巡歷所至，明見違法及有詞訟事在本司者，聽關送。應緣馬事亦乞依此。』從之。

四年二月四日，吏部狀：『都大提舉成都府、利州、陝西等路茶事司狀：遞年於雅州名山縣買茶，數目浩瀚，應副沿邊博賣。其知縣並昭化、依政、德陽、巴西、雒縣，各係裝卸雇腳去處，若省部依名次差人前來，萬一不至得力，無由改易。乞許本司奏舉名山、依政、利州昭化等緊切處知縣三員外。有巴西、德陽、雒縣職事差少，只乞許本司舉官一次。』詔雅州名山、邛州依政、利州昭化知縣許奏舉外，餘從吏部差注。

紹聖元年閏四月九日，樞密院言：『買馬歲額錢約五十餘萬貫，自開拓熙河，運川茶易戰馬，其後官司務在收息趁賞，不以國馬爲急，至高增茶價，盡折馬司錢鈔、疋帛以充本司之息。緣運茶、市馬共是一司，均爲朝廷之物，請自今一切官爲收市，上駟不過用茶三兩馱，而聽民以錢請買於官，則實息自倍。甸外無賣，盡令計綱上京，以供良馬之用。』詔太僕寺相度。

六月十日，都大管幹陝西等路茶事〔陸〕師閔奏：『伏見買馬用茶博易，每以茶價增長侵費買錢物爲害。竊緣茶事司歲課浩大，其費茶之數多，而博馬之用少，不可以博馬之數減損賣茶價直，捐棄厚利。乞應用茶博馬，並依見今所行條法外，每歲將未增茶價以前一年內買馬逐等實價立爲定額，會計支破買馬司錢物外，有增起茶價，並令茶事司於所收稅息錢內支破。』從之。

二年四月二十二日，都大提舉成都府、利州、陝西等路茶事，兼提舉陝西等路買馬公事陸師閔奏：『陝西賣茶、買馬，比較賞罰，素有成法。今來券馬初行，已見得沿邊州軍買賣各與前日事體不同，蓋販馬客人多是就便入錢買茶結券。如前日沿邊入納見錢十餘萬貫，並于秦州茶場算請。又如熙、岷、通遠馬場歲額不少，今來客人多就秦州結券，則諸場必虧舊額。凡此之類，並因改法使然，即不係於官吏能否，竊慮歲終比較賞罰，有所不均。乞應今年茶場、馬場比較課額，並委都大提舉茶事司及提舉買馬司詳具逐處增虧因依奏裁，仍候法行就緒，別立條貫聞奏。』從之。續通鑑長編：宋哲宗紹聖二年八月辛卯，朝散郎、直秘閣、都大提舉成都府、利州、陝西等路茶馬陸師閔權陝西路轉運使，仍兼領茶馬事。

三年八月八日，樞密院言：『太僕寺考會紹聖元年、二年綱、券馬死損分數，綱馬死者不止十倍。今復行券馬，係陸師閔建議，其効已見。』陸師閔特賜銀、絹各一百匹、兩，仍令學士院降敕書。

元符元年九月二十八日，都大提舉成都府利州陝西等〔路〕茶事司申：『準批下利州路轉運司申：「檢準元豐元年二月十二日敕，文州年額買馬五百一十一疋。又準元豐八年十二月十五日敕，成都府、利州路買馬錢並依未置司以前舊額疋數，合用錢物令逐路轉運司應副外，有不足，並於榷茶司稅息錢內支破。後準元祐七年八月二日敕，管幹茶事閻令奏，準敕買馬錢本舊額，令轉運司應副外，有不足，並於茶事司息錢支破。今來川路已罷榷，除收致錢外，更無諸般課息，恐應副買馬闕悮，以前額外買馬支過錢數，今茶司更不撥還。今後逐年買馬錢，仰成都府利

州路轉運司均敷。又準紹聖元年八月二十七日敕，文州添額買馬合用茶，令轉運司算還元買茶價並雇腳錢。近準紹聖四年二月二十五日敕，提舉茶事陸師閔奏，復行榷買川茶，依元豐法不許通商。』本司勘會，文州舊額買馬逐年額外合用錢數目，並係茶事司於稅息錢內應副，後來閻令奏請，爲罷榷川茶後來闕少課息，所以令轉運司均認。本司自承準上件指揮後來，至紹聖三年終，買過額外馬，支過馬價並生料等，見取會元價撥還。本路財稅歲入有限，應副不足，自均認後來，拖欠萬數不少，尚未有錢撥還。今來已准敕依舊禁榷川茶，其茶司歲入課息等錢，自可敷足舊額應副買馬之費，所有元祐七年八月二日並紹聖元年八月二十七日指揮，理合更不施行。自紹聖四年二月二十五日指揮後來，合依舊令茶司管認外，有未降復榷川茶日前均認過數目，乞漸次撥還，送都大提舉茶馬司相度，申樞密院。勘會昨準朝旨，永興、鄜延、環慶三路復爲禁茶地分後來，出賣川茶倍多，並於興元、洋州收市應副，即目大段闕少錢本支使。本司今相度，欲將未準紹聖四年二月二十五日復禁川茶日前合還本司茶錢，乞嚴責日限撥還，應副茶本急闕支用。所有自復行禁榷川茶日以後利州路買馬錢本，並從逐司依元豐年條法應副申聞事。小貼子稱：所有成都府路、黎州買馬錢本，亦乞依此施行。從之。其去年二月二十五日以前轉運司錢，限一年撥還。

三年九月二十七日徽宗即位未改元，都大提舉成都府、利州、陝西等路茶事、兼提舉陝西等路買馬公事程之邵申：『自來蕃商唯是將馬入塞博易茶貨，今訪聞得近因熙州邊事後來，並不將馬入漢，只用水銀、麝香、毛段之類博易茶貨，是致馬額虧少。今相度，今後許蕃商將馬並物貨各中半赴官，折請名山一色茶貨。仍令支茶場分明於茶驗上印號，出給公據，付蕃部收執前去。及委經過近邊城寨、關堡子細點檢，若有公據印號茶驗，方得放行，其公據拘收毀抹，繳赴元給茶場照會。如無公據印號茶貨，即不得放入蕃界。仍乞差本司勾當公事及準備差使官員更互前去邊塞點檢，無令透漏茶貨入蕃，所貴招誘蕃馬入漢中賣。』從之。

十二月十七日，提舉陝西等路買馬監牧司奏：『檢準詔：「今後許蕃商將馬並物貨各中半赴官，折請名山茶貨。」今有合申請事件：一、今來未有明文指定告賞刑名，欲乞應將不係博馬茶、無公據夾帶透漏入蕃，並許人告，依匿稅條格施行。一、蕃部博馬，給公據入蕃茶經過城塞堡鎮，有合收稅去處，雖即目不多，緣公人上下因此邀阻，乞權免收稅。所有免過稅錢，歲終計算，於茶事司年額稅息錢內除豁。其稅務監官許將免過稅錢通入課額比較，候將來買馬通快，依舊例施行。』並從之。

二十七日，詔：『訪聞涉冬已來，熙河、蘭會路漸有蕃商赴近邊博易，令都大提舉成都府利州陝西等路茶事司，應茶貨除胡宗回合要打誓支用，量行應副本色外，其餘入蕃茶惟博易馬方許交易，即不得將茶折博蕃中雜貨，務要茶馬懋遷漸通。仍每月終會聚月內博到馬匹數，具狀聞奏。』

徽宗建中靖國元年四月三日，户部狀：『茶事司奏：「蕃戎性嗜名山茶，日不可闕。累年以來，買馬大段稀少，蓋因官司及客旅收買名山茶，與蕃商以雜貨貿易，規取厚利。其茶入蕃，既已充足，緣此遂不將馬入漢中賣，有害馬政。今乞將名山茶立爲永法，專用博馬。如諸官司、客旅等輒敢支賣與興販，其買賣之人、官吏等，並乞以不應爲從重科罪。如有計囑情弊，自依本法。」本部看詳，所乞專用博易馬，已有今年十二月二十七日朝旨外，有官司、客旅興販，並依本司奏乞事理施行。』從之。

五月三日，吏部狀：『都大提舉成都府利州陝西等路茶事司乞將準備差使臣二員，許舉小使臣差使，借差殿侍、軍大將充都官闕。契勘所乞差軍大將充，委是闕人應副，難議施行。殿前司申，若依條奏舉殿侍，如朝廷許差，別無諸般違礙。本部今勘當，欲依本司所乞及逐處申到事理施行。』從之。

九月十七日，茶事司狀：『今相度綿州羅江、巴西縣界八茶鋪，令巡轄綿、利州界茶鋪使臣移赴綿州置廨宇，巡轄邛、雅州、成都府路茶鋪使臣兼催撥黎州博馬茶綱。所有逐官稱呼、窠闕，一員以「巡轄綿州羅江至利州昭化縣界茶鋪」〔稱〕呼，於綿州置廨宇，一員以「巡轄漢州成都府至邛雅州界茶鋪兼催發黎州博馬茶綱」稱呼，依舊只於成都府置廨宇，委是地里、職事均當。』從之。

十二月十一日，户部狀：准茶司奏：「黎州合用博馬茶，自來隔年拋數，行下雅州在城並名山、百丈、盧山縣茶場收買應副，雖嚴加督責收市，常是不足。伏緣逐場買茶出賣，收息比額增剩，及買秦、熙等路綱茶

及八分，各有賞典，管勾官減監官之半，唯收市黎州博馬茶別無賞罰，逐年常是收買不敷元抛數目，因而黎州支遣不接，遞有積欠蕃人馬價，於邊防不便。今相度，雅州在城、名山、百丈、盧山縣茶場收買黎州博馬茶，比元抛不及八分及雇發積滯，即監專公人並管勾官買賣食茶收息，雖比額增剩，並收買起綱茶雖及八分，不在推賞之限。及名山茶場買秦、熙等路綱茶，今年分抛買一百二十綱茶，近又秦州更添買二十一綱，本司已一面行下本場，且依元抛數收買一百二十綱，仍收買黎州博馬茶，候足數接續收買。」本部欲依本司所乞事理施行。』從之。

崇寧元年五月二日，都大提舉茶馬事程之邵申：『茶事並買馬監牧司雖在川、秦兩處置司，緣所領職事並係通管，自來爲相去遙遠，行移申請文字往往不相照應。今乞應緣川、秦兩司茶馬職事，凡有獨銜申請及雖係同狀不曾同簽，並須互下兩司勘當。如所見不同，亦令各具利害開陳，免致利害不得詳盡。』詔令茶馬司提舉官，今後除常程文字依條外，應合更改措置事件，並須連書申奏。如有所見異同，仰各具利害開陳。

二年三月二十四日，都大提舉程之邵狀：『自元符三年九月二十七日申請，專用名山茶博馬並貼賣與中馬人逐年買馬，七州軍茶場賣過茶，收穫税息錢數比遞年收穫税息錢外，建中靖國元年二月内增剩收到税息錢二百五十三萬二千九百九十七貫一百三文省。内建中靖國元年收到增剩税息錢，已赴闕奏計日，已將錢六十六萬八百四十三貫八百六十七文省申納朝廷封樁外，餘並崇寧元年收到增剩税息錢，共一百八十七萬二千一百五十三貫一百三十六文省，係專用名山茶博馬並貼賣，比遞年分外收致税息錢數目。』詔據上件增剩息錢，並令提刑司封樁，聽候朝廷支用，仍依條具帳供申都省。

七月二十二日，尚書省劄子：『勘會收復湟州，除已降指揮用茶博馬，並移出措置糴便司、買馬司往湟州置司及支勘本錢交子等外，程之邵稱所管茶數共約四萬餘馱，數内名山茶約一半以上，依條專用博馬，不許出賣，若盡數取撥往湟州，委是闕悞今來馬額。令程之邵今年馬額權住博買，其茶依已降指揮盡數支撥前去。若是久來蕃户將馬中官，已計置到馬，恐有悞蕃客自來入中之人，兼慮諸邊萬一闕戰馬，既相度移都大買馬司往湟州，令就近於湟州量數支撥三五千馱博馬，以備急用。今來支降去茶鈔、銀絹，准元博買糧草並馬爲軍須支用外，不得別將支使。仍置簿拘管，逐一抄上所糴買到及支用過數，每季申尚書省檢點勾考。如違，並徒三年，吏人決配千里。』從之。

八月九日，樞密院劄子：『爲程之邵令巡歷熙河，竊見收復湟州故地，部族甚衆，商賈通行，竊謂非茶馬無以招集漢蕃人族。蓋蕃部恃茶馬爲命，本州又當青唐一帶蕃馬來路，乞朝廷指揮，就本州添置茶馬場，實爲要便。如蒙俞允，乞依條令本司選舉大小使臣二員，充茶馬場監官，内馬場監官內馬場監官依例兼本州兵馬都監。候舉到官，令逐官各計會本處當職官，同共修蓋場庫驛舍、般運茶貨、計備芻秣等了日，開場博糴。所有茶馬場合行事件，並依逐司見行條貫施行。候及一年，見得茶馬課息，從本司申請立額。貼黄稱：勘會茶馬場監官依條係本司奏舉，内買馬都監近准朝旨罷舉。今來事初，欲乞令買馬監牧司舉官一次。右檢會已降朝旨，今相度都大茶馬司移往湟州置司，其本州茶馬場自合添置。』詔依，其茶馬場監官今後並特令奏舉。

九月十六日，以朝請大夫、直龍圖閣、提舉成都府利州陝西等路茶事、兼陝西買馬監牧程之邵爲集賢殿修撰、熙河路都轉運使、兼川陝茶馬。

十月二十三日，同管幹成都府等路茶事孫鼇奏：『今年輪當臣赴闕奏計，方欲起發間，承朝旨，比年例增兩倍茶應副新邊支用。續又令臣量添價錢，速行收買川馬。赴闕奏計，不免往迴數月，顯妨收市茶馬，乞特免今年奏計一次。』從之。

三年二月二十九日，户部狀：『提舉陝西等路買馬監牧司申：「黎州所買馬類多不堪披帶，自來止爲羈縻遠人。又慮買數過多，有損無益，遂立條，從八月一日開務，至三月一日住買。後來官司有失體究本意，不限月分收買，却於成都府馬務經夏養喂，比至起綱時月，積留死損極多，枉費官錢芻粟不少。馬務監官每歲例該責罰，遂累次檢會舊條，乞本州每年自八月一日開務買馬，至三月一日閉務住買，蒙朝廷施行，自後免得積留在成都府馬務養喂病生，枉死物命。今會算黎州見買四歲至十三歲四赤四寸大馬，每匹用名山茶三百五十斤，每斤折價錢三十文；銀六

兩，每兩止折一貫二百五十文；絹六匹，每匹止折一貫二百文；絮六張，每張止折五十文；青布一匹，止折五百文。約本處價例，僅是半價支折與賣馬蕃部。自黎州至鳳翔府汧陽監四十八程，沿路倒死數目不少，其馬多充雜支。今會計，秦州買四歲至十歲四赤四寸大馬一匹，用名山茶一百一十二斤，每斤折價錢七百六十九文七百六十九文，比黎州減得茶二百三十八斤，又減省銀、絹等不少，衮比馬價錢，止四分之一。黎州歲買馬二千匹，元符二年買五千二百八十餘匹，元符三年買四千一百餘匹，費用茶萬數浩瀚。雅州至黎州，道路盡是山嶮，人夫負擔，委是不易。近準建中靖國元年十二月十一日敕，茶事司奏，乞雅州在城、名山、百丈、盧山縣茶場收買黎州博馬茶不及八分及雇發積滯，即收買起綱茶雖及八分，不在推賞之限。契勘收買陝西、名山茶一百二十綱，買及九十六綱，已及八分該賞。其黎州收買博馬茶自來不限定分數，今若候黎州收買足茶數及雇發無積滯方賞，其陝西綱茶必是減少留滯，有妨博買戰騎，兼於陝西貴價出賣茶處虧損課額。欲乞黎州買馬，且依元條收買三千匹，其博馬茶比舊減半支折，所有一半茶却依價折與銀、絹等。合用錢物，除轉運司年例撥到外，有餘少錢物，並依舊茶事司應副，即蕃部尚爲優幸，不失撫納遠人之意。所有雅州名山買陝西綱茶並黎州博馬茶，且依舊條收買。」送户部，符茶事司連舊書申奏。今據提舉官孫鼇抃狀：「黎州南蠻及吐蕃部落惟仰賣馬爲生，久來不以配軍爲限，盡行收市，招懷遠人。今若止以三千匹爲額，更除豁不理賞之數，必致減損買馬官賞格，無以激勸，又恐因此阻節遠人，於蕃情未順。兼茶事司額外買馬銀帛，自來轉運司計置支還，茶事〔司〕止是應副茶貨，年終計算撥還。成都府轉運司見申乞令茶事司撥還用過銀絹虧損價例，若減半支茶，却以銀帛支折，轉運司豈肯更行應副？若依舊不限數買馬，又緣欠蕃部茶八千餘擔，亦非經久之法。所有買發黎州年額並額外馬，通數歲買不得過四千匹，賞罰並收市合用茶及支折茶、綵，且依見行條法施行。其四赤以下馬更不收買。」本部看詳，若止三千匹爲額，不惟減損買馬官賞格，兼恐阻節遠人。若不限定分數及比舊減半支折茶收買，緣今來應副湟州博羅萬數浩大，比常年加兩倍買茶，亦恐闕悮。除賞罰並收市合用茶依見行條法施行，欲將黎州年額並額外馬通歲額不得過四千匹，其博馬茶比舊減半支折，所有一半茶却依價折與銀、絹等。所是合用買馬錢物，除轉運司年例撥到外，有餘少錢物，並依舊茶事司應副。其四赤已下馬更不收買。』兵部看詳，除所乞將年額並額外馬數通不得過四千匹，合係年額馬三千匹依舊、一千匹額外收買外，即無未盡未便事。從之。

四月十一日，殿前司申：『承樞密院批下都大提舉成都府利州陝西等路茶事司狀，殿侍、本司指使王鑑狀：竊見馬司指使、殿侍程佾先有狀乞立磨勘年限，尋申明已奉聖旨，與理八年磨勘，改轉三班差使外，有茶事司指使、殿侍未有立定磨勘年限，乞施行。勘會本司指使、殿侍與馬司指使、殿侍窠闕資任並同，及差赴川陝，往來取送官物、應副茶本並諸般差使幹當，委是事務一般。本司契勘，欲乞將都大提舉成都府利州陝西等路茶事司指使、殿侍比附，依提舉陝西等路監牧司指使理八年磨勘，改轉三班差使。』從之。

五月二十日，都大提舉茶事司狀：『本司係移運錢物買賣收趁課利司分，即與諸司錢物事法不同。兼每年買茶收穫課息，除年例支使外，將所餘年分外增羨息錢，已逐旋具數申納朝廷，以助支用。近年以來，多爲諸司及臣僚申請，承受朝廷指揮，許於諸司錢物内取撥支用，遂將本司茶錢一例作諸司錢取撥。今來若令他司並作諸司錢物一取撥支用，便見本錢妨闕，寖壞事法。欲乞今後他司及臣僚申請乞支用諸司錢，除茶馬司錢物不許作諸司錢一例支使，如朝廷非泛支用，乞下本司契勘有寬剩錢處劄刷應副。』從之。

十二月二十五日，提舉陝西路買馬監牧司狀：『黎州年額並額外馬通歲額不得過四千匹，其博馬茶比舊減半支折，所有一半茶却依價折與銀、絹。自八月一日開場至九月終，共買到三百五十匹，比遞年一般月分大段虧少。契勘賣馬蕃蠻以茶爲本，即目正當買馬之際，若比舊減半支茶，不唯買馬稀少，兼恐悮事。欲申候朝旨，深慮有妨趁辦歲額，已逐急下黎州，將四赤二寸以上馬每匹合得茶，依已降朝旨比舊減半支折外，各與量添茶一擔，招誘收市。所有來年已後合用博馬茶，欲乞依舊收買應副，其減半支折指揮乞更不施行。』從之。

四年六月三日，都大提舉茶事司、買馬監牧司奏：『茶馬司管幹文字、幹當公事第一等將仕郎張察、文林郎楊達、將仕郎張庭玉、黄瑜，第

二等登仕郎高成章、將仕郎王易、朝奉郎孫俞、朝請郎路康國及逐司點檢文字等，自承朝旨後來，首尾管幹、催促、撥發茶貨有勞。』詔第一等張察特改宣德郎，楊逵、張庭玉、黄瑜各循兩資；第二等王易、孫俞、路康國各減三年磨勘，高成章循資占射差遣一次。内選人如無資可循，或已官，即比類推恩。人吏第一等各轉一資，如無資可轉及有違礙，或不願轉資，即支賜絹二十匹；第二等各支賜一十五匹，第三等各賜一十匹。

七月二日，熙河蘭湟、秦鳳路，經略、安撫、制置使司奏：『奉詔處分相度措置馬政事，尋先次指揮岷州計置收買馬一萬匹，作制置司支用，候足日奏取處分，已令知岷州馮瓘措置。今據馮瓘申，已牒提舉買馬司逐急借撥名山茶貼作三萬馱支與岷州，候見得的確數目申朝廷，却行撥還。及已牒茶事司依馮瓘所申，並下秦、鞏、熙、河、岷州，依所乞應副去訖。一、於買馬場勘會到良綱馬，並係支一色名山茶下項：良馬三等，並［四赤］四寸已寸已上，上等見支茶二馱一頭，中等見支茶二馱二十斤一十五兩半，下等見支茶二馱二十斤七兩半；綱馬四赤七寸，見支茶一馱一頭二十六斤半，四赤（四）［六］寸見支茶一馱一頭一十九斤一十二兩，四赤五寸見支茶一馱一頭壹十四斤一兩半，四赤四寸見支茶一馱一頭四斤一十一兩，四赤三寸見支茶一馱四十九斤二兩，四赤二寸見支茶一馱三十二斤一十二兩。一、勘會日近蕃客稀少，即今買馬場全然收買不得，若不添展茶數，竊恐卒難收買。乞候蕃客牽馬到場，相驗好弱，臨時添搭。良馬權添茶三十斤，綱馬權添茶二十斤。相度欲依馮瓘所乞，權添上件茶數博馬，只作添搭支馬牙人，即不得礙買馬司博馬體例，候今來數足依舊。一、契勘若只買良馬一萬匹，約用名山茶三萬馱。今來本州見管有三千餘馱，止買得一千餘匹。一、欲將秦州、廟州鋪分擘合應副，秦、鞏、熙、河州名山茶，以三分中且截撥二分赴岷州，準備支用。一、今來茶數既多，即沿路不免擁併，欲乞將秦、鞏、熙、河大路榷茶鋪權行差那於本州沿路地分貼鋪，及下經由縣、鎮、堡、寨，和雇人夫，併工推般，庶得辦集。』從之。

十月十二日，樞密院奏：『熙河蘭湟路經畧司申，熙、河、蘭、岷、鞏州舊管蕃兵，近年出入頻數，死過戰馬不少，雖督蕃官首領緊行收買添填，其蕃兵例各闕乏，兼無貨博買。今相度，乞將熙、河、蘭、岷、鞏州闕馬蕃兵於逐州茶場各量借茶添助收買五千匹，每匹借茶一馱，共借茶五千馱。仍許蕃兵將斛㪷折納元價，其斛㪷可充茶事司應副支給逐處茶場監官、巡鋪使臣、權茶鋪兵請受。如有剩數無支遣處，許令別司椿錢兑糴。』從之。

十二月三日，中書省、尚書省［言］：『檢會元豐六年閏六月十三日條：「諸出賣官茶，提舉司立定中價，仍隨市色增減。應增者本場體訪詣實增訖，申提舉司覆按，應減者申提舉司待報。」今立到熙河路博馬、貼賣、出賣茶名色酌中價例下項：博馬茶：名山茶每馱七十八貫五百三十三文，瑞金茶每馱一百二十九貫四百一十三文，洋州茶每馱七十貫五百四十二文，萬春茶每馱八十七貫三十六文。貼賣茶：名山茶每馱八十一貫六百五十一文，瑞金茶每馱一百七十三貫三百四十八文，萬春茶每馱一百七十三貫三百四十八文，洋州茶每馱一百七十三貫三百四十八文。出賣食茶：油麻（垻）［壩］茶每馱九十三貫九百九十八文，洋州茶每馱八十六貫二百三十文，崇寧茶每馱八十一貫八百六十六文，楊村茶每馱一百一貫九百七十三文，興元府茶每馱一百二十二貫五百七十一文，永康軍茶每馱九十八貫七百二十四文，味江茶每馱九十三貫四百一十四文，堋口茶每馱一百三十貫四百五十三文。』詔川茶專充博馬，更不出賣。舊出賣數，令洪中孚相度博糴斛㪷。

十一日，中書省、尚書［省］檢會：『熙寧、元豐川茶惟以博馬，不將他用，蓋欲因羌人必用之物，使之中賣，不至艱阻國馬，不乏騎兵之用。竊慮淺見官司趨一時之急，陳乞別將支費，有害熙豐馬政，失今日繼述之意。修立下條：諸川茶非博馬輒陳請乞他用者，以違制論。』從之。

以上《國朝會要》

徽宗崇寧五年二月六日，户部狀：『同提舉成都府等路茶事孫鼇抃奏：「准尚書省劄子，洪中孚奏乞會茶司見在之數，如未用折博蕃馬，即盡將博糴斛㪷，所有茶價增減，臨時視斛㪷多寡計定。詔令鼇抃同共措置，即不得有妨博馬支用。契勘茶司計名山等綱茶，有條專用博馬，不許出賣。其逐色茶價，係茶司依條以川路產茶場元買茶本縻費等錢，立定逐州價例，比其餘雜茶例各低賤，所以優潤蕃商，鈎致國馬。今來若依洪

中孚陳請，必恐將漕司減損茶價，虧失歲課。欲乞除斛㪷價許臨時隨市勢增損外，其茶依本司已定價例折博，不許減損。」又稱：「乞用提刑司封椿加買到兩倍茶交撥，與洪中孚同共措置博糴斛㪷。」本部看詳，欲依所乞。」從之。

十六日，户部奏：『熙河蘭岷路轉運使洪中孚等狀：「乞令茶司與臣同共措置茶博糴，奉詔依奏，令孫鼇抃同共措置。契勘得所管茶貨除可以移那般運應副博糴外，今相度，乞令西寧、湟、廓州召客人先將斛㪷赴本處入中，其價錢出給合同會子，給付客人，令自齎前來河州茶場出外變轉。仍支與每馳腳錢，西寧、廓州比河州至湟州腳錢，量加饒潤。如本場闕錢，即以茶依價添搭紐折。」本部欲依崇寧四年十二月二十八日朝旨，於加置到兩倍茶內支還，不得有妨博馬支用。』從之。

五月二十三日，都大提舉成都府、利州、陝西等路茶事司、提舉陝西等路買馬監牧司奏：『本司轄下見有員闕去處不少，雖依本司條權差罷任待闕官承攝，爲無法與理在任月日，往往不願權攝，差委不行。乞應茶馬職事員闕去處，見差權官權攝月日，依陝西轉運、提刑司法，與理爲考任。』從之。

六月二十三日，詔：『將加買兩倍茶並撥與茶馬司，應副博馬支用，更不博糴斛㪷。』

同日，樞密院奏：『都大提舉成都府、利州、陝西等路茶事司申，勘會川茶始自熙寧七年置司，推行迄今三十餘年，從來計置般赴秦鳳、熙河等路應副博馬，有餘出賣。元豐中立法，雅州名山茶專用博馬，候年終馬數足，方許雜賣。自建中靖國元年後來，爲買馬數多，名山茶數少，又以興元府萬春、瑞金、大竹、洋州四色綱茶相兼應副博馬，僅能足辦。緣孫鼇抃與洪中孚同共措置茶博糴斛㪷，即不得有妨博馬支用。尋契勘，若更將茶博糴，委是有妨博馬。望賜指揮，除將已椿加買到兩倍四色綱茶應副博糴斛㪷外，將名山茶依累降指揮專充應副買馬支用。餘依崇寧四年十二月十一日指揮。』

十一月十日，提舉陝西等路買馬監牧司奏：『陝西路轉運司幹當公事官近依朝旨許存留一員，其合差官幹當，尋於轄下選差，其間拘礙不許差出者不少，雖有職官及司户可差，却兼充買馬等同管幹，本司全然差那不行。欲乞將逐司管幹官並就委本州依條不許差出官、不妨本職差委幹當。奉詔每州委見任官一員管幹，除州界時暫差使外，不許差出。又買馬司勑，諸買馬及有牧地處，委茶事司所差管幹應報本司文字，不許他司差出州界。契勘本司差定逐州軍管幹官，茶馬司自來依條選擇通判或職官幹當，今若止於不得差出官內就委，竊慮合差官有限，艱得可以倚辦之人。兼録事、司理、司法體輕，緩急難以集事。今來陝西牧馬地撥隸馬司，所總錢斛不少，全藉管幹官往來點檢，兼茶司地方闊遠，職司不一，今欲乞將逐州軍茶馬司管幹官許令本司依舊選差。』從之。

十二月六日，詔：『神考修立馬政，於川陝市茶博馬，及以茶息應副邊計，行之甚久，已見成効。其屬官等全藉能吏幹集，故舊制盡從逐司奏舉。近緣臣僚陳請，復行差注。除馬司屬官並買馬官已復奏舉外，其茶司元豐年應奏舉並同轉運司選差員闕，並依元豐舊法施行。』

大觀元年正月十九日，尚書省言：『熙河蘭湟路都轉運使洪中孚奏：「蕃地許官以茶、綵博買，募人種佃，以諸司並折博務見在綵兩路通融應副外，不足，許本司約數奏聞，從朝廷給降，其茶並令茶事司應副取足。」奉詔依奏，其茶於兩倍茶內支撥應副，仍具合用數奏聞。契勘今來若許令熙河蘭湟轉運司取撥茶貨博買蕃地，不唯違戾已降指揮，兼壞敗本司成法。蕃部以馬易茶，元非本意，必恐因此隳壞馬政。伏望遵依已得指揮，應係茶專充博馬，不得他用。』從之。

二月三日，同管幹成都府、利州、陝西等路茶事，兼提舉陝西等路買馬監牧公事龐寅孫奏：『昨准朝旨「提舉陝西、成都府等路茶馬司屬官六員三分中減罷一分，止支與合入資序、請給等」，已依朝旨裁減外，檢會茶司令，諸提舉官所請係省請給，歲終以息錢計還。轉運司令節文：幹當公事官、指使添給，並以本司雜收錢給；如不足，即以茶司頭子錢充。勘會茶、馬兩司屬官並係熙寧、元豐年差置，即非後來緣事創添。兼逐員添給並于本司雜收茶息錢等内支給，即無侵耗轉運司歲計財用。除裁減外，見存員數輪定兩川及沿邊以來，分頭催促，應副秦鳳、熙河等路博馬綱茶及買戰騎，委是緊切事務。乞將茶、馬兩司減定屬官，許依本司元豐舊法支破請給，内馬司屬官並依茶司屬官條法，本司管認撥還。』詔依。

三月二十四日，龐寅孫又奏：『伏見元豐立法，川茶博馬有剩，並許出賣。除名山茶外，有萬春、瑞金、大竹、洋州茶，自來措置招誘買馬，許中馬蕃部依合得馬價對買外，更許貼買四色綱茶一馳。近承朝旨，川茶專用博馬，即未有許對賣、貼賣明文。欲望除名山茶外，將萬春等四色綱茶並依舊例，從本司約度蕃馬中賣，並貼賣、對賣與中馬蕃商。余依元豐舊法施行。』從之。

九月十三日，户部狀：『都大提舉成都府等路榷茶司狀，檢準敕：諸都大管幹成都府等路茶事兼買馬公事支賜、添支，依諸路提點刑獄官則例支破。本部看詳，本司大觀令内已有立定提舉官請給，都大提舉依轉運副使，添支依陝西例，同提舉依提點刑獄，同管幹依轉運判官例。今勘當，添支自合依本司令文施行。其支賜，都大提舉欲依支賜令内陝西轉運副使例，同提舉依諸路提刑例，同管幹依諸路轉運判官例支賜。』從之。

十一月二十六日，提舉陝西等路買馬監牧公事孫鼇抃奏：『契勘自崇寧四年六月後來，承熙河蘭湟路制置司牒，準御前處分收買良馬，所買數並足，係本司官吏協力措置，應副茶帛，催督收市。今來除臣不敢僥求恩賞外，本司官吏乞依崇寧五年十二月九日例推恩。』詔孫鼇抃特與轉行一官，餘依奏。

二年三月二十七日，都大提舉榷茶司狀：『名山茶準條專用博馬，近年額外汎抛馬數浩瀚，本司逐〔旋〕擘畫，將自來出賣萬春等四色綱茶相兼支折，方能充足。緣博馬茶依條不理年額，不住據諸場申陳，稱自將博馬後來，賣茶年額例各虧失。本司今相度，除名山茶準條專充博馬不理年額外，欲將萬春等四色綱茶與理爲茶場歲額，不預推賞之數。仍自大觀元年爲始。』從之。

十月七日，詔：『川茶有數品，惟雅州名山茶爲羌人貴重，可令熙河蘭湟路以名山茶易馬，恪遵神考之訓，不得他用。餘茶博糴，量度茶數，勿使過多。可委陳敦禮措置聞奏。』

二十三日，熙河蘭湟秦鳳路宣撫使童貫奏：『奉詔：「國馬所賴非輕，比聞馬數出少，川茶價低，其弊安在？可體訪目今因依，講究悠久利害、可以救正之方。」臣講究得川茶如初榷買，般赴秦鳳、熙河等路應副博馬，係以元買本錢添搭腳稅，隨市增減，價例不定。其熙豐間馬賤，茶價亦賤；即今馬貴，茶價隨市亦貴。近年以來，諸場買馬比熙豐間雖逐等量有增添茶數，緣元降指揮每歲買馬以一萬五千疋爲額，今來係以二萬疋爲額，除添五千匹外，逐時又有泛抛疋數甚多，若不量行添搭，深慮無以招誘蕃客收買。伏望且依目今收買。』又稱：『元豐四年，郭茂恂奏請以茶充折外，其餘數支見錢、物帛，增立年額爲二萬疋，比舊額常買不足。』詔且依見今斤馱收買。

三年八月二十五日，詔：『茶馬司餘剩錢物支撥與陳敦復，充熙河路羅買糧草。』

四年五月七日，詔：『熙河秦鳳等路茶馬事，應今日以前泛抛買馬、添茶給引博馬等指揮並罷，一切遵依元豐法，仍令提舉茶事司措置施行。』

十一月二十五日，詔：『秦州場見封樁結罷宣撫司布二萬匹，可盡數撥赴提舉川陝茶馬司支用，疾速行下。』

政和元年二月十一日，户部狀：『提舉陝西等路買馬監牧司狀，今來若令買馬司依舊博買蕃蠻物貨移用相兼買馬，委是元豐舊法。尋關駕部勘當，欲依元豐年朝旨施行。看詳提舉黎雅州博易司稱，黎、雅州熙寧年即不曾置博易，始自崇寧元年置場博易，至五年正月二十八日朝旨住罷。本部今勘當，欲依所乞住罷崇寧年所置黎、雅州博易場，並依買馬司檢具元豐舊法施行。』從之。

七月九日，樞密院奏：『尚書兵部申，準政和元年正月二十四日聖旨：「川陝茶馬司自昨降處分，罷添給引博馬及住泛抛買馬，悉依元豐法後來，自八月至年終計買馬八千疋赴闕，仍用茶數少，減省錢緡八十萬。所有兩司官吏奉法勤恪，協濟事功，可取索當職人姓名，分定等第，取旨推恩。」本部勘會兩司當職官吏職位、姓名，今據買馬司申，勘會到今年正月至二月十日終，又買過馬二千五百八十二疋上京，減省茶計銅錢二十六萬九千餘貫，乞施行。提舉官張翬、李稷，特各與轉一官；管幹文字第一等陳損、王易，特與減三年磨勘，内王易特與循一資，仍占射差遣一次；第二等魏允中、高世祚、彭曦、許廡，特各與減二年磨勘；第三等魏超、王運，特各與減一年磨勘。吏人第一等特各支賜絹一十五

四，第二等特各支賜絹十匹，第三等特各支賜絹五匹。』詔依逐項指揮，內使臣減年磨勘仍依四年法比折。

十月二日，户部言：『提舉陝西等路買馬監牧公事李稷奏：勘會陝西買馬，以茶斤重立定價例。舊法上等良馬最貴不過一馱一頭，比因泛抛數多，增添茶數及倍，昨蒙依元豐舊法，其馬價比泛抛頓減茶數，蕃商故生邀勒，尚未肯多將馬出漢。竊緣戎人不可闕茶，欲乞將熙河、秦鳳路諸場四色綱茶權住出賣，每蕃部中馬一疋，除依條支還馬價外，如願買茶者，仍許依見賣價收買四色綱茶一馱，引領門户買一頭。俟三二年間馬來往通快，即依舊例施行。』從之。

二年六月二十五日，權發遣提舉成都府、利州、陝西等路茶事，兼提舉陝西等路買馬監牧公事張翬劄子：『契勘洋州茶場歲買茶貨浩瀚，其品搭、催督、般發茶貨，盡係西鄉知縣，欲乞依名山知縣例，許本司舉辟，比監官減半酬獎。』從之。

三年七月二十七日，都大提舉成都府熙河蘭湟秦鳳等路榷茶司幹當公事何漸奏：『契勘雅州名山綱茶專用博馬，山南四色綱茶通賣漢蕃。自大觀四年後來，依元豐法減茶買馬，歲常有儹剩之數。又爲減茶之初，蕃商中馬未致通快，本司措置權住買四色綱茶，立賣與中馬蕃商，其名山茶除博馬外，不許他用，是致川陝諸場庫各有儹積下茶萬數不少。且以興州長舉縣等兩庫見管名山茶已及五萬餘馱，竊慮所買既多，所用有限，不免陳積。今相度，欲乞將名山茶依條專用博馬，如有剩數，許中馬人依見買四色茶體例，用市價支賣，却將四色茶依舊出賣收息。勘會除儹剩名山茶已降指揮添博收馬外，契勘四色綱茶貼賣與中馬蕃部等，昨指揮俟三二年買馬通快依舊，今來將及二年。』詔每年將四色綱茶並專充博糴漢蕃斛㪷封椿，不得别將支用，仍逐旋具糴到斛㪷數目申尚書省。

八月十三日，朝請郎、直龍圖閣、權發遣都大提舉成都府利州陝西等路買馬監牧公事張等路買馬監牧公事張翬劄子：『準御前劄子、臣僚上言同何漸劄子，令相度措置可否利害，保明聞奏。今檢具前後手詔、敕令及依應相度，措置到下項：一、準元豐四年七月十八日中書劄子，奉詔：雅州名山茶專用博馬，候年額馬數足，方許雜賣。一、準馬司格，應熙、秦、岷、階州、通遠軍，各依逐等所定茶馱數，以新茶支折。謂如有見在元佑三年四月新茶，即支四年分茶之數。如蕃部願要銀、紬、絹、洋州茶、大竹茶之類，並許各依見賣實直價例算請，更不限定分數。一、準崇寧四年十二月十二日奉聖旨，諸川茶非博馬輒陳請乞他用者，以違制論。一、準崇寧五年六月二十四日聖旨，應係茶並專充博馬支用，余依崇寧四年十二月十一日朝旨施行。一、準大觀元年三月二十五日敕，中書省、尚書省送到龐寅孫劄子，奉聖旨依所申，他司不得侵用。一、準大觀四年正月七日樞密院劄子，三省、樞密院同奉聖旨，熙河、秦鳳等路茶馬事，應今日以前泛抛買馬、添茶給引博馬等指揮並罷，一切遵依元豐舊法，仍令提舉茶事司措置施行。一、準大觀榷茶司令節文，諸名山茶依舊椿留博馬外，如買馬司闕博馬數多闕支用，委提舉司即時應副，有剩，從本司相度貼賣與中馬人。又準敕，諸名山茶博馬外剩數，非中馬人輒支賣者杖一百。一、準政和元年十月二日敕，中書省、尚書省送到户部狀，準都省劄子，奉聖旨，提舉陝西等路買馬監牧公事李稷奏，奉聖旨依。臣契勘名山茶自熙寧榷茶之初，本以博馬，至元豐四年，計其馬足積羨，聽以出賣，實爲通法。繼復有並用大竹、洋州茶博馬之議。建中靖國年，始有許將名山茶餘數止對賣與蕃商之論。大觀中，又有權住賣四色綱茶、令對賣門户蕃商之請。然臣考利害之實，元豐之制最爲要準，而後人之請或趨一時之利，不可爲典要，或川、秦首尾相戾，不達利害之實，姑以職事陳請而已。蓋除馬司博馬外，茶司自有歲額，必待售茶而辦，其四色綱茶實爲茶額根本。秦、熙兩路漢民，所售食茶不多，而淺蕃熟户並煎四色綱茶。遠蕃多嗜名山茶，間有姦商詭用綱茶、粗硬食茶罔之者，亦能區别。若將名山、四色綱茶一切禁之不賣，必致茶額不敷，出茶無藝，顯難屬饜而害馬政。惟斟酌非實馬足茶羨則貨之者，是通法也。其對賣尤非利害，徒益門户蕃人，乃熟户蕃族之爲駔儈者與官場吏卒乘便爲慝，贏取官息，其利不及生蕃，於馬未始加益。若將名山茶、四色綱茶依元豐舊制從本司參量，合用博馬茶外，剩數轉易，回本入川，惟不得害馬政、妨茶額。元豐時雖曰兩司，而提舉官一以任責，苟其才下，亦能約量，不致乖戾，自取譴責。今相度，欲乞應名山茶、四色綱茶專用博馬，餘數聽本司量度，轉易回本入川，不許輒將他用。臣契勘昭化、順政、長舉庫積茶，以今年五月中旬狀考之，僅有五萬九千四百馱。蓋昨緣大觀四年前，利州路凶歉，

至今居民事力未能如舊，故其昔日甲頭腳户流莩之餘，存者逋負夥甚，雇召不行。臣比欲草具建明，乞將興元府至永興軍一帶減下舊額茶鋪兵士七百人，並聽本司於洋州至興元府添立鋪，其餘添隸長舉至秦州諸鋪運茶，則永遠不致積壓。其廩給自係本司錢内支給，一切不預別司調度。又應川界轉般茶諸邑，今辟舉有經三年礙吏部格，雖辟書數上，終無一人得注授者。攝承之吏，玩習歲月，寖以隳弛。又臣嘗建議，乞應本司辟官，乞破格差注一次，已蒙朝廷聽行，而吏部終以合注承務郎以上者，不許降用選人。今五年，竟未有差注。臣又嘗建議，乞將發茶場庫監官、縣令，如成都府排岸司、興州長舉縣裝卸庫、興元府西縣轉般庫監官，綿州巴西，利州昭化、三泉，興州順政、長舉，興元府南鄭、西縣知縣，計十處，每撥發茶及四萬馱無闕失，與減二年磨勘。以其諸縣如長舉、昭化之類，多是僻小去處，既難得人肯就，及專任茶司事務而有責無賞，誠非勸沮之道，至今未奉指揮。積是三年，茶或滯留，滯而通之，可久無弊。臣今相度，欲乞應興元府至永興軍一帶，減下舊額茶鋪兵士七百人，並令榷茶司措置，於洋州至興元府西縣添置茶鋪，各請兵級人數外，將其餘數分添入長舉縣乾渠鋪至秦州赤谷鋪，並依茶司自來例施行。應熙、秦州路榷〔茶〕司所辟官，承務郎以上、選人、大小使臣，並許互換通舉。謂如承務郎以上知縣處亦許奏舉選人，〔選人〕知縣處亦許奏舉承務郎以上，不以有無拘礙，並行注差。應撥川茶路地分，成都府排岸司、興州長舉縣裝卸庫、興元府西縣轉般庫監官，綿州巴西縣，利州昭化、三泉，興州順政、長舉，興元府南鄭、西縣知、令，每撥茶及四萬馱無違闕，與減二年磨勘。』〔貼黄〕稱：契勘臣僚上言，儹積茶五萬餘馱，約計每馱二百七十三貫文省，係鐵錢舊價。緣自今年奉行夾錫錢寶後來，每馱一百貫文省，以見茶數約計錢五百九十萬貫文。又稱：『契勘吏部及八路差官法，無本等人亦聽破格差注。檢會下項：一、政和三年七月三日敕，榷茶司狀，朝旨令買馬司每年添買二萬匹，合用茶令計置茶本，從朝廷應副取到狀。自減茶博馬後，每年約儹剩茶一萬四千餘馱，内利州昭化庫見在名山茶四萬二千一百六十五馱，興州長舉庫見在名山茶八千六百一馱，其餘場庫未在其數。奉聖旨，據今來合添買收馬二萬匹，所用茶於儹剩名山茶内支撥應副博馬。仍令榷茶司今後每年寬剩計置茶一萬馱，盡數充添買牧馬之用，其合用茶價，仰具數申尚書省。所有歲額博馬茶如有剩數，亦仰衮同應副添買牧馬之用。一、政和三年七月二十八日敕，何漸劄子：「乞將名山茶依條專用博馬，如有剩數，許中馬人依見買四色茶體例，用市價支賣，却將四色茶依舊出賣收息。契勘四色綱茶貼賣與中馬蕃部等，昨降指揮俟三二年買馬通快依舊，今來將及二年。」奉聖旨，每年將四色綱茶並專充博糴漢蕃斛斗封樁，不得別將支用，仍逐旋具糴到斛□數目申尚書省。一、政和三年六月七日敕，户部狀：「榷茶司申，乞立定成都府排岸司、興州長舉縣裝卸庫、鳳州轉般庫，綿州巴西縣，利州昭化、三泉，興州順政、長舉縣，興元府南鄭、西縣，任滿收發過茶無失陷欺弊，提舉司保明，每四萬馱與減磨勘二年，如不獲抄附失陷，一萬馱展磨勘二年。其承直郎已下賞罰並各比類施行，二分以上依差替人例。本部看詳，本司申乞即係累賞，竊恐太重。今勘當，欲依巡轄般茶鋪使臣任滿去減磨勘一年，先次指射家便差遣，餘並依本司所申事理施行。」』詔除名山茶博馬、四色綱茶博糴，並撥發官等賞罰，並依近降指揮外，其措置鋪兵依奏，餘不行。

五年五月七日，詔：『茶事司循法舊制，特許辟官。訪聞比來不顧公議，多引四川土人。今後辟官，不許奏辟土人，已辟官並罷。仍著爲令，違者奏舉官並被舉人並降名。』

六年二月十九日，樞密院言：『同管勾成都陝西等路茶馬監牧公事程唐奏：勘會本司遵奉聖旨，依元豐舊法減茶買馬。臣到任，措置陝西買獲馬四萬五千二十一匹，收税息錢四百八十三萬五千餘貫。契勘陝西自承朝旨復行錫錢，物價已平，是致鬻茶通快。今且以熙、秦路共收到税息四百七十萬三千四百餘貫，比類增羨，委是本司官吏協力，粗有成效，乞等第推恩。』詔程唐除直秘閣外，餘分優等及第一、第二、第三等。優等轉一官，選人循兩資；第一等減三年磨勘，選人循一資，占射差遣；第二等減二年磨勘。疑有闕文，今檢未獲。人吏支賜絹，優等二十匹，第一等十五匹，第二等一十匹，第三等五匹。

七年三月十五日，詔：『管勾川、陝茶事程唐應副陝西運司年額有勞，可特除右文殿修撰。其合用收買四色綱茶本，仰尚書省每歲給降度牒三百道付程唐，自政和六年下半年爲始。』

四月二十五日，提舉成都府等路茶事郭思奏：『政和五年分，川、陝收到茶息錢三百七十一萬一千一百七十二貫，其支用外見在一十一萬一千九十八貫七百五十文省。取到諸州收附年帳申尚書省外，別有三十五萬貫糴到斛㪷，爲秦州本司取會未足，附次年帳供申。』詔郭思賜紫章服。

宣和三年四月二十四日，朝奉大夫何漸奏：『臣竊惟川、陝榷茶之法，本以市駿實邊，使茶無滯貨，則馬來數多，邊備充足。臣頃承乏使事，措置雇發沿路積滯茶馱，悉至邊場，頗見其利。比宣和元年茶司奏計，在臣替罷數年之後，提舉官程唐具奏，尚稱用臣計置茶貨博馬，減省錢緡，此有以見雇發之利其博如此。今任適當川陝茶馬之衝，伏見利州昭化、興州順政、長舉三縣，雇發最爲衝要，累年縣令悉係權攝，深恐檢察不專，復有積壓之患。臣愚欲望〔聖〕慈特加訓敕，應雇發地分闕官，令茶司遵依元豐成憲，以時選舉，庶幾得人任職，利源增廣。』吏部供到川陝榷茶雇發地分知縣，見今依元豐法，榷茶司與本路轉運司同共選差永康軍青城知縣、蜀州永康知縣、雅州名山知縣、漢州德陽知縣、利州昭化知縣見闕、漢州雒縣知縣、邛州依政知縣、利州綿谷縣令，興州順政縣令見闕、興州長舉縣令。詔依元豐法。

八月十二日，何漸又奏：『竊惟神宗皇帝肇建茶、馬兩司，吏員多寡，稱事繁簡。後來因事增員，不無冗濫。乞應添置員闕，悉遵熙豐成憲。』從之。

十一月十二日，吏部奏：『檢會提舉成都府等路茶馬、兼買馬監牧公事宇文常狀：準敕陞充提舉，即不帶「都大」及「同」字，所有序官取指揮。勘會宇文常係同管勾茶事，準敕陞作提舉，其榷茶司令文内即無立定提舉茶事序位之文。本部今勘會，欲將宇文常序位在陝西熙河蘭廓路轉運副使、諸路轉運使之下，諸路轉運副使、提刑之上。今年四月四日，詔依吏部申。勘會張有極元受敕内亦不帶「都大」及「同」字，與提舉宇文常事體一般，所有序官，未審合與不合，依宇文常已得指揮。』詔依宇文常所得指揮施行，今後準此。

十二月十八日，詔川陝買馬萬匹，提舉茶馬司郭思、張有極及官屬等升職進官有差。

四年四月十一日，樞密院奏：『勘會提舉陝西等路買馬監牧司恭承聖訓，遵依元豐成法，減茶買馬。宣和二年八月至三年十月，買獲馬二萬二千八百三十四匹，計減省錢二百八十五萬六千五百餘貫有畸，今具秦、川兩司合推賞官吏職位、姓名下項：提舉官郭思、張翚、宇文常、何漸，内張翚、宇文常各特與轉一官，宇文常轉行，郭思、何漸所歷月日不多，更不推恩；屬官優等管幹文字夏思忠、幹當公事馬冲各減三年磨勘，進義副尉張佾減一年半磨勘；第一等管幹文字李伸道，幹當公事趙子游、劉瀫、韓洪，各減一年半磨勘；第二等管幹文字程敦臨，幹當公事范洪、張籛、劉子明，各減二年磨勘；第三等幹當公事萬俟詠、李與同，各減二年半磨勘。本司人吏優等減二年磨勘，候出職日收使；第一等各支賜絹八匹，第二等各支賜絹六匹，第三等各支賜絹五匹。』詔特依逐項指揮，内磨勘年限不同人，依四年法比折，選人依條施行。

五年十二月十五日，樞密院奏：『勘會提舉陝西等路買馬監牧司恭依聖訓，遵守元豐成法，減茶買馬。宣和四年九月至宣和五年九月，買到二萬一千九百四十匹，減省錢三百二萬六千五百六十貫文，今具秦、川兩司合推賞官吏職位、姓名下項：提舉官何漸、韓昭，各特與轉一官；屬官優等管幹文字晁公邁、幹當公事范洪，各減三年磨勘；第一等管幹文字劉瀫、侯箎，幹當公事何掄，各減二年半磨勘；第二等管幹文字程敦臨、幹當公事張籛，各減二年磨勘；第三等幹當公事王城，減一年半磨勘。人吏優等各支賜絹十疋，第一等各支賜絹八匹，第二等各支賜絹六匹，第三等各支賜絹五匹。』詔特依逐項指揮，内選人令吏部依條施行。

六年八月十九日，都大管幹成都府等路茶事王蕃狀：『伏見前提舉官何漸昨具奏，爲闕官逐急擇人權攝，欲乞將本司熙豐以來不拘常制許辟員闕，依元豐舊法，不得並差川人。及依近降指揮，不得奏差知州外，餘並許臣踏逐，選擇公廉練達之人，不拘常制，指名奏差。奉御筆依所奏，許辟一次。後來何漸除奏外，見餘未曾奏辟去處，欲乞依已降御筆指揮，許蕃依何漸申請，不拘常制，指名奏辟一次。』從之。

七年五月二日，詔茶馬司辟官，並依元豐法。

十月三日，吏部奏：『權提舉成都府等路茶馬公事韓昭奏：「契勘

本司窠闕，遵奉元豐成法，合從本司不依常制奏差。今踏逐到宣教郎王滋，乞差通判興元府；承事郎安邠，乞差充都大提舉榷茶司勾當公事；忠翊郎王義夫，乞差充階州買馬監押。」勘會王滋前任清州司户曹事，三考得替，磨勘改官，合入初任知縣資序，其興元府通判依熙寧格係注通判人，即不係應入窠闕，兼有礙元豐令，雖不拘常制，不得奏差。茶馬司勾當公事雖許本司奏差，緣提舉茶馬係二員，依政和令連書，或一就奏舉。今來韓昭獨銜奏差，礙前條法。階州兵馬監押係提舉陝西等路買馬監牧司闕，今來本官稱本司窠闕，合從本司不依常制奏辟，緣即無許舉買馬監押之文，兼王義夫不應材武，見係監當資序，依條不許舉辟。」詔令吏部行下。

欽宗靖康元年五月十五日，詔：『川陝所起歲額綱馬，全藉茶貨博買。訪聞自近年以來，買馬司不切用心，預行措置樁備，及將茶貨等輒以他用，是致收買馬不能敷額，緣此積年闕馬數多。雖已降處分，不得以茶及本息錢博買珠玉等並收羨餘，尚慮不爲遵奉，巧幸侵欺，轉易他用。可令本司今後將合博易茶貨等預行樁備，不得轉易他用，專充買馬。仍令買馬路分走馬承受，每年取索所得茶貨等，子細驅磨支使有無侵欺、轉易他用。若有違戾，其買馬司應干當職官吏並以違制論。』以上《續會要》

高宗紹興四年七月二十九日，熙河蘭廓路經略、統制熙秦兩路軍馬關師古言：『本軍所管戰馬不多，乞支撥川茶於洮、岷州界博換，應副使用。』詔令宣撫司支茶博馬，亦令本司別作相度，多方應副。

五年十月四日，樞密院言：『已降指揮，于永康軍、威、茂州置場，以茶博馬，並文州等處買馬。其當職官如博買到馬數多，乞與推賞。』詔每歲各博買到四尺三寸以上堪披帶馬，每一千匹與轉一官；如買到出格堪好馬，更優異推恩。仍令宣撫副使邵溥同提舉買馬官趙開措置，疾速廣行博買，及於宣撫司選差諳曉馬事屬官一員，專一在諸州軍催促博買。候見就緒，亦當推恩。

七年閏十月二十七日，宰臣趙鼎言：『得旨復置茶馬官，舊有主管茶馬、同提舉茶馬、都大提舉茶馬凡三等。』上曰：『此猶轉運使、副、判官之比也，若擇得人，當考其資歷命之。茶本以博馬，而近來猶聞博珠玉及紅發之類。珠玉今日固無用，紅發特爲馬之飾而已，亦何所用，須一切禁止。』

十三年八月三日，詔敘州通判依崇寧三年指揮，許行辟差才幹官管當買馬職事，從都大提舉茶馬所請也。

十月三日，都大主管成都府、利州、熙河、蘭鞏、秦鳳等路茶事，兼提舉陝西等路買馬監牧公事賈思誠言：『茶馬司措置般運茶貨，博買西馬，所有茶事，通判、縣令、合同場監官及買馬都監，全藉有材幹官究心職事，乃能辦集。自軍興後，其轉運司多不照應條法，却將本司合專辟並同共奏差窠闕，更不選擇人材，止以名次高下，一例出闕注擬，多致非材，曠廢職事。乞下逐路轉運司，遵依敕條施行。』吏部勘當：『欲將洋州西鄉知縣，興州通判，長舉、順政知縣，階州都監，興元府監税兼合同場官，並令本司依敕條辟差施行。』從之。

十四年二月十一日，都大提舉茶馬司言：『諸買馬司幹辦公事官任滿，催督諸場買馬歲額敷辦，提舉司保明，與減二年磨勘；不及八分，展二年磨勘。契勘川路歲額，黎州三千匹，文州一千匹，敘州八百五十匹，長寧軍三百九十五匹。內敘州、長寧軍並係羈縻遠人，除敘州及額外，其長寧軍累年不敷歲額，所屬官合得酬賞保明未得。欲乞許令本路將諸處通計，若敷及歲額，即依條保明推賞。』詔許權將黎、文、敘州三處溢額馬數通計推恩，仍戒約長寧軍不得因而廢。

十六年四月二十七日，御史中丞何若言：『四川茶馬司逐年起發馬數，差人管押赴行在交納，緣所差牽押兵士别無交替，道路遙遠，經涉月日，人力既自疲乏，加之在路草料間有不時，其馬多至死損，甚者十之四五。牽押兵士恐坐罪責，往往逋逃。況馬綱所至，州縣懼怕羸馬在界倒死，却乃支折價錢，遣促起離，人雖受錢，馬不得食，適以爲害。欲乞將四川茶馬司綱馬赴行在交納者，並依廣西路已得指揮，自起發州軍差使臣、將校等外，其牽押兵士逐州軍交替。遇有起發綱馬，預行關牒前路州縣。仍乞申敕提舉綱馬及檢官司，嚴行督察所屬州縣，遇綱馬到驛，即時支給本色草料，並不得折支價錢。其合差承替牽押兵士去處，前期差定。如敢違戾，重作施行。如此，則人不致於涉遠逃亡，馬不至於闕食倒斃。』詔令四川茶馬司參照已降指揮措置，申樞密院。

十八年七月一日，詔南平軍買馬每歲權以三百匹爲額，候及三年，

取酌中之數立定歲額，令茶馬司比類諸場條格賞罰施行。從兵部所請也。

八月十六日，都大主管成都府、利州等路茶事，兼提舉四川等路買馬監牧公事韓球言：『川路諸場買馬，內南平軍所買到並係出格良馬，堪充披帶。昨點檢得本軍遞年買馬比元初措置年分並各虧少，緣本軍僻在一隅，難以檢察。照得敘州年額買馬專委知、通主管，內通判從本司依文州條例奏舉，其本州所買馬十無一二堪充起綱。今相度，欲將敘州通判員闕兌易南平軍通判，從本司依條奏舉。其敘州通判員闕，依舊歸還轉運司使闕。』從之。

十一月二十四日，韓球又言：『買馬州軍官員、諸色人違法與蕃蠻夷私博馬，本司已立賞出榜禁止。訪聞尚有窮乏之人不顧條法，却販茶綿等前去買馬附近沿邊州軍，誘引蕃蠻將馬前來中賣。如威、茂州後蕃係接連熙河，亦嘗有蕃蠻將馬前來與諸色人博易，不唯寖久有壞馬政，兼恐引惹踏開生路，於邊防不便。欲望將本司見管巡捉私茶使臣並買馬州軍管下巡尉，許令巡捉諸色人私與蕃蠻博馬。內有透漏去處，以匹數比附透漏私茶條法斷罪施行。』從之。

二十年十一月一日，詔：『都大提舉四川茶馬司幹辦公事官一員，依舊于遂寧府置司。』從本路諸司請也。

二十二年二十一日，詔：『四川都大提舉茶馬司起發綱馬，所差管押使臣往往不識馬性，飲餧失時，致損斃數多，虛費財計。可令吴璘、楊政，每綱選差慣熟有心力諳曉養馬使臣二人，將校一名，醫獸一名，兵士二人，添破本等驛券錢米，專充管押。其牽馬人兵，令茶馬司依例差撥，賞罰依見行條例。』

二十三年五月一日，樞密院言：『茶馬司差使臣等押到馬綱，內有瘡疥瘦瘠馬數，依近降指揮更不推恩。若本綱馬內有瘡疥瘦瘠，依寄留倒斃馬數除豁，及依得見行條法，不礙推賞。』詔依舊格推賞施行。

二十五年三月十四日，詔：『西和州宕昌買馬，自來用茶博買，緣客人艱于般運，却將茶於私下博絹前去。可令茶馬司措置，自後兼用茶、絹，聽客人從便博買。』

二十六年六月三日，利州西路安撫使、御前諸軍都統制吴璘言：『宕昌馬場年額買到馬十分爲率，內撥二分應副支使，其茶馬司自紹興二十一年至二十五年分，應副二分馬共三千六百餘匹，未曾支撥。緣璘見管入隊馬七千餘匹，皆齒歲過大，若三五年之間，盡不堪乘騎，不惟虧損馬額，亦恐緩急有妨使喚。乞下茶馬司，將紹興二十六年合撥二分馬，依元降指揮早賜支撥。所有拖欠以前年分未撥馬數，恐難一併支撥，欲乞作五年帶發，支赴本司，所貴緩急不致闕事。』詔令茶馬司將二十六年已後合撥二分馬，依已降指揮應副，不得拖欠。其積下馬逐旋收買補發。

十二月十二日，樞密院言：『黎、文、敘州，長寧軍，南平軍等處互市買馬，以銀、絹、錦、綵折博，近年茶馬官韓球等或拘收正色銀、絹，輒將他用，却以積欠物數兌博馬，致欠少客人馬價，或大估銀絹價充數，或先給關子，銀、絹後時方到。及諸州知、通、買馬官不法，又借那支用，或巧作從物等，或賤買所博馬銀絹關子，以致蕃客不肯將馬出賣。』詔令茶馬司將博馬銀絹等並預期排辦，即不得依前大估價錢及擅將他用，留滯客人。如諸州有違戾去處，按劾聞奏。仍令四川制置司常切覺察。

同日，樞密院言：『茶馬司所差厢禁軍牽馬，近年分差不公。如潼川府、夔州路轄下州軍厢兵不足，科僱人錢引，却於附近州軍越數科差，前期追集雜役。馬務官吏雪令於秋冬間打生草餧馬，却收所破草料入己，人疲馬瘠，以故起綱多有倒損之數。』詔令茶馬司今後遇起馬日依數差撥，即不得前期科差雜役。其偷盜草料官吏，令本司常切覺察，如有違戾，按劾聞奏。

二十七年二月十一日，樞密院言：『茶馬司歲額收買西馬，西和州三千六百餘匹，除二分七百二十匹應副四川制置司外，餘數並階州五百匹，循環撥付殿前、馬、步軍司。』詔令茶馬司於西和州、階州歲額外，更措置增添博買，先具每歲添買數目申樞密院。

三十二年五月四日，總領四川財賦軍馬錢糧、專一報發御前軍馬文字、兼權提舉秦司買馬監牧公事王之望言：『承成都府都大提舉茶馬司牒，分撥利州以東至陝西州軍並興元府、洋、興州等處榷茶買馬職事。照得被受前項指揮，止是兼權提舉秦司買馬監牧公事，所有茶事，未曾承準指揮，未審今來如何繫階。』詔依見今川司提舉王弗繫階，帶茶馬職事。以上《中興會要》

孝宗隆興元年四月七日，四川安撫制置、都大提舉茶馬、成都府路提舉轉運司奏：『黎州歲額買馬三千匹，全藉知、通同共措置。通判闕，元係茶馬司奏辟，昨緣一時申請，併歸銓選，憑不得人，難以責辦。乞從茶馬司依舊法選官奏辟。』吏部勘當：『欲依逐司所乞。』從之。

乾道元年二月十四日，四川茶馬陳彌作奏：『臣契勘本司舊管幹辦公事三員，準備差使二員，緣近降指揮，止存幹辦公事二員，竊恐本司管四路，事繁地遠，全藉屬官分責，與他司事體不同，欲乞復置幹辦公事一員，仍乞許臣選才辟差，免致闕。』從之。

同日，又奏：『馬政爲今日要務，比年官屬曠職，寖成隳壞。欲乞將茶馬司元辟差闕依祖宗舊法，內除守臣係朝廷選授，如有貪懦不職，按劾以聞。其餘許從本司辟置，或已在任待闕人，亦許臣銓量，庶幾人知勸沮，悉皆激厲。』詔買馬州軍通判，令茶馬司依舊法奏辟。

七月八日，四川宣撫使吳璘奏：『準樞密院乾道二年四月五日劄子，提舉四川茶馬陳彌作奏：「本司買馬係川秦兩司文、黎、珍、敘、南平、長寧軍六州軍年額。川馬五千六百九十六匹，係應副江上諸軍；階之峰貼峽、西和之宕昌兩處年額，共買馬四千一百五十匹，係輪年應副三衙。緣秦司去本司二千餘里，專委本司屬官前去措置收買，自八月開場以來，只買過馬二十八綱。近據屬官趙永申，自十月十五日以後將及一月，無匹馬到場。續得宕昌買馬官王德俊申，準宣撫司分委屯駐將官收買進馬，不限數目。竊見宕昌、峰貼峽雖係兩處置場，地里相距不遠，只洮、疊州一路蕃客前來入中，自置市以來止有此數。若是本司與宣撫司爭買，不惟蕃客觀望，重有所激，又兩司各不相照，致有私販，實爲未便。欲乞將秦司馬併於宣司買發，本司依年例應副茶帛，庶幾事權歸一，共濟國事。」詔依。臣今契勘宣撫司自隆興元年被旨收買進馬，節次發過馬四千匹，並係續鬻任內，兩司各無相妨。自陳彌作到任，本司又得旨買發進馬五百匹，每疋價錢止是二百餘貫。茶馬司價錢比本司非不高大，止緣茶馬司拖欠蕃客價錢，致馬來少，今却稱臣高價攙買。緣臣所買進馬並係續鬻任內，自有年月可考，即與陳彌作到任後買馬並無相干。兼照祖宗成法，專置茶馬司措置買馬，他司不得干預。況宣撫司事務繁冗，難以更與茶馬司任買馬之責，乞下茶馬司遵守成法。』從之。

九月一日，吏部狀：『準都省批下四川茶馬司奏，檢察買馬非祖宗舊制，緣本司一時添置，初無毫髪之補，月費俸給三百餘千，占役吏卒四十餘人，無以支給，不免侵移博馬錢帛，致欠蕃蠻馬價，爲害非輕。欲乞依法省罷，所有買馬職事乞依舊法，令知、通、監押協力任責。』從之。

十月三十日，户部準都省批下四川茶馬契勘，階州知、通係堂除，非本部闕，準乾道元年指揮，買馬州軍通判許令茶馬司依舊法奏辟。從之。

乾道二年十月三十日，户部言：『四川茶馬司申：「園户收販茶子入蕃界，已有申獲罪賞指揮，近有將茶苗公然入蕃博賣，深屬不便。欲望行下，並依茶子罪賞施行。」事送部勘當，本部檢照紹興十二年指揮，園户輒將茶子轉賣入蕃及買之者，並流三千里，不以赦降原免。告捉賞錢五百貫，園户籍沒入官。州縣失覺察，並透漏當職官，並徒二年科罪。照得茶苗栽種不過二年便可採摘，比茶子爲害尤重，今欲下刑寺審覆，行下本司遵守施行。』從之。

三年二月六日，執政進呈陳彌作言，乞免四川茶馬司積欠綱馬，却從日下年分催促。上曰：『可依所陳行下，自此立罪賞，苟或違戾，必重作行遣。』詳見此門茶馬。

四年三月十七日，四川宣撫使虞允文奏：『照得祖宗朝都大提舉買馬官於秦州、成都各置司，居治各半年，排撥马月分居秦司，訖事即歸川司措置發茶並買馬監申之類。今欲依倣舊制，於鳳州河池縣置秦司，既近宕昌，買馬之弊可以稽察，又措置收養最爲便利。』從之。

同日，四川宣撫使虞允文言：『都大茶馬司應副三衙歲額馬共三千五百五十五匹，累年常是拖欠一千匹上下。自張松到任，於去年八月開場，至今年正月終，買發數足，望於松職名上特加陞進，以爲方來之勸。』詔特與轉一官。

五月十五日，四川茶馬司奏：『檢準令節文，文州買馬通判奏舉知縣以上資序人。又準隆興元年本司奏乞，將文州通判從本司奏辟，吏部行下，令同本路提刑、轉運司審度，連書保奏。今逐司奏，文州買馬係與化外蕃交易，全藉通判措置招誘。舊係茶馬司奏差，後緣一時申請，令本路運司銓注，竊慮不得其人，難以責辦職事。若從茶馬司依舊選官奏差，

委是經久利便。』吏部再勘當：『依逐司審度到事理施行。』從之。

七月十二日，茶馬司奏：『川、秦馬司互市之地，惟西和、階州並是西馬，比諸州爲最上。歲管四千二百七十四匹，應副三衙並四川宣撫使司。本司津致茶帛，應副博買，歲費壹百萬，全藉所屬州郡禁戢私販，招誘蕃商，協力趁辦。今文、黎等六州軍知、通並帶主管買馬事，西和、階州舊法止是提舉買馬，並不帶主管買馬事。兼兩州通判未係本司奏辟，馬之增損既無賞罰，全不介意。照得宕昌等處即非無馬，止緣知、通不識，縱容盜販，減尅茶帛，若不控告朝廷，無緣革弊。欲乞將西和、階州通判依乾道元年指揮從本司奏辟，仍一依文、黎等州知、通，專一主管買馬事，賞典亦比類文、黎州見行條法。如買馬不及九分已上，展磨勘三年，知、通並令赴本司批書，候馬額足日放行。庶幾州郡有所懲勸，不致有悮馬政。』批送兵、吏部勘會申奏。兵部：『契勘岷州買馬，自來係專委都監，其知、通止是提舉。今令知、通專一主管買馬，不須更差都監，庶事權歸一。』吏部：『兼通判可以督責本州界内蕃兵，防護馬客，及措置應辦草料，禁止私販，委爲利便，乞從本司選辟諳曉馬政之人。若買馬充額，除依關外四州合得邊賞外，仍依已得指揮，將通判買馬酬賞推給。又有西和州茶場監官一員，緣極邊無賞，文臣不願就，本司止差小使臣權攝，多不辦事。契勘本處收支買馬錢、銀、茶、絹動計數百萬，全藉廉勤、諳曉錢穀官管幹，欲乞從本司於文武四選通辟，許依關外四州合得邊賞外，如任滿錢物無欺弊，乞減二年磨勘，選人循一資。庶幾有以激勸，率皆效職。』從之。

十四日，四川宣撫使司奏：『據茶馬司申：「川、秦二司元管屬官八員，因併秦司歸川司，裁減三員，後來又減罷川司兩員，見存三員，各分一員專一主管成都、興元、遂寧府簽廳。今於鳳州河池縣置司，所有簿書、倉庫、儲積之類，必藉屬官管幹。欲乞於減罷秦司屬官三員内再行辟置秦司幹辦公事兩員，一管幹宕昌買馬事務，一管幹河池縣秦司簽廳，令本司於京官内踏逐諳曉馬事之人奏辟，乞賜敷奏。」契勘未軍興以前，陝西岷、階州並川路歲額買馬共八千七百四十六匹，今每年買馬一萬九百六十六匹，比之元立歲額委是歲多，闕官分幹，欲乞許令辟幹辦公事、準備差遣各一員。』詔特許添置準備差遣一員，令本司辟差。

五年二月二日，四川茶馬司奏：『準隆興元年續觱申獲降指揮，將諸處捉到私茶，依龍安縣體例，如園户犯私茶及十斤以上，其户下茶園估價召人承買五分，沒官五分，還犯人田價。竊詳申請本意，止謂禁絕園户不得私賣與販人，虧損官課。今來園户或有批曆違限，或有曆不隨茶，或有借曆批賣，或有茶數與曆内不同之類甚多，州縣一例拘沒茶園，致窮民破家失業。欲望特降指揮，若不係正犯私茶，只乞照應見行條法斷罪理賞，免行拘沒茶園。』得旨，今後茶園户私販茶，並依舊法，其續觱申請指揮更不施行。

四月十四日，兵部申：『茶馬司差使臣自成都府及興元府押馬至漢陽軍馬監，全綱至倒斃不及二分，減半年磨勘；倒斃至留及二分至不及三分，展二年磨勘；倒斃寄留及三分，降一官資。每增及一分，更展一年磨勘，餘分數準此遞展。若綱内看驗得瘡疥瘦瘠，合依寄留倒斃馬數除豁。今來茶馬司所發綱馬到監寄留，倒斃數多，取旨。』詔今後茶馬司所發綱馬到監，將寄留倒斃及四分已上押馬使臣並所押綱馬，令趙樽差人管押赴樞密院聽候指揮。

七年五月十二日，四川茶馬司奏：『照對本司黎、文、敘州，南平軍等處互市綱馬，專用錦綵折支。本司自置錦院一所，盡拘織機户就院居止，專一織造，不許在外私織。昨奉朝廷下成都路轉運司織禮物錦一千匹，緣提舉官在秦司，其轉運司徑行勾差本司錦院機户就近織造，致機户夾帶私織販賣，竊慮事妨馬政。今後如要織禮物錦，欲乞行下諸司，將合用官錢付本司，就錦場織就，撥赴諸司起發，庶可革私販，免害馬政。』從之。

二十七日，四川茶馬司奏：『宕昌隸西和州通判，係本司辟官，專一措置買馬。緣知西和州係武臣，通判職事非一，不容專往宕昌，今欲添差通判一員，不敢創置，止於本司屬官内差京朝官幹辦公事，兼知主管宕昌簽廳職事，請給、人從依舊，非唯職任專一。』

六月五日，宰執進呈殿前司使臣李師績押馬倒斃之數。虞允文奏曰：『自蜀至漢陽止寄留二疋，自漢陽至此皆平路，却死損幾半，見存者皆瘦瘠不堪，乞重作行遣。』上曰：『宜從重典，仍先令殿前司取問因依。』梁克家因奏：『李舜舉昨有劄子，取馬軍兵多東南新募之人，不諳

馬性，今後取馬乞于效用內選差。臣未以爲然。蓋取馬類有賞，舜舉所殆爲效用轉資之地。』上曰：『然。』允文奏曰：『臣昨與舜舉言，今後取馬不如差闕馬官兵自往，馬既着腳，自然護惜，不致損斃。舜舉亦以爲然。』上曰：『極是，前未有講論及此者。部押使臣亦須差訓練官以上，庶幾軍校有所畏憚，則沿路不敢怠於芻秣矣。』允文奏曰：『俟招三衙與之議定，別議指揮進呈。』上曰：『甚善。』

九年二月二十一日，樞密院奏：『勘會四川茶馬司起發到三衙綱馬赴行在，並經由承旨司審驗，所有江上諸軍理宜措置。』詔令總領所遇綱馬到，並須審驗格尺、齒歲，具有無齒老、病患、低小數目申奏。

二十三日，樞密院奏：『所置漢陽軍收發馬監，遇茶馬司發到綱馬，並許歇泊一月，將肥壯無病者排發，其病患瘦瘠者責令看養醫治。今到監日久，病患瘦瘠者甚多，未堪發，却有續到者各有臕分，亦無病患，顯是本監提轄有失督責。已降指揮，委鄂州都統、漢陽知軍同行提點，竊恐都統制軍務繁重，漢陽知軍權頗輕，難以責辦，理宜措置。』詔更令湖北漕臣每旬輪次到監提督，依立定格式，每旬與見今提領、提點、提轄官連銜具申樞密院，仍關牒茶馬司照會施行。

三月十四日，樞密院奏：『勘會四川茶馬司近來排發綱馬到監，比之每歲，其斃數多，竊〔恐〕所差使臣不行精選，理宜措置。』詔令三衙並江上諸軍取馬使臣並差七人，衙官軍兵十將以上人充，令茶馬司先次排定綱分，預行關報諸軍，指期差人取押，無致擁併積壓留滯，各具知稟聞奏。

十七日，四川宣撫使虞允文奏：『據都大茶馬司申，自減罷提點綱馬驛程官後，所發馬綱在路弊端百出，委於馬政有害。不敢盡復，內乞差二員，一員自成都府至興元府，一員自興元府至漢陽軍，令提點驛程。仍乞許從本司踏逐，申宣撫司差辟，欲望降旨施行。』從之。

十一月十九日，詔：『恭奉太上皇帝聖旨，每年進奉天申節馬，除四川宣撫司、茶馬司、文州許進外，其餘殿前、馬、步司並諸路都統制，並可自乾道十年爲始免進。』

（乾隆）《甘肅通志》卷一九《茶馬》 自唐回紇入貢以馬易茶，宋熙寧間相繼行之，所謂摘山之利而易充厩之良。有明定制，金牌差發假市易以羈縻控馭爲制番上策。夫茶，運於商，督銷有官，權其輕重緝私便商茶司，各官之專責也志茶馬。

本朝茶法，陝西差茶馬御史一員，轄洮岷、河州、西寧、莊浪、甘州五茶馬司各廳員內甘州一司隸蘭州同知。苑馬寺卿一員，領監七。每歲御史招商，領引納課報部。所中馬牡者給各邊兵，牝者發苑馬寺喂養孳息。歲額茶課折色銀六千二百六十六兩二錢二分六釐，本色茶十三萬六千四百八十篦，舊額新增共茶引二萬八千七百六十六道。內甘省五司舊額新增共引二萬七千二百九十六道。茶商領引赴產茶地方辦運，每引徵茶五篦，每篦二封，每封五斤，共徵茶一十三萬六千四百八十篦。又，寧夏道額引二百七十道，納茶價銀一千五十三兩餘，均係西安所屬。

順治初易馬例，每茶一篦重一十斤，上馬給茶一十二篦，中馬給茶九篦，下馬給茶七篦。

凡通接西番關隘處所撥官軍巡守，遇有夾帶私茶出境者，拿解治罪。其番僧夾帶奸人並私茶，許沿途官司盤檢，茶貨入官，伴送夾帶人送官治罪。若番僧所到處，該衙門官縱容私買茶貨及私受餽送增改關文者，聽巡按察究。又，進貢番僧應賞食茶，須給勘合，付四川布政司撥發，有茶倉所照數支放，不許於湖廣等處買私茶。甘鎮以茶易馬各番，許於開市處所互市，不容濫入邊內。

四年，差滿漢巡茶御史筆帖式通事各一員。

五年，議准。茶篦止供中馬，不許開銷賞番。

七年，題准。舊例，大引篦茶官商均分，大引採茶九千三百斤，為九百三十篦，商領部引輸價買茶交茶馬司，一半入官易馬，一半給商發賣，例不抽稅。小引包茶稅分差等，每五斤爲一包，每二百包一引，發賣民用。每引漢中稅銀九兩四錢，西安鳳翔稅銀一十四兩，今定大小引一例平分。

十年，覆准。茶商舊例，大引附茶六十篦，小引附茶六十七斤零。今定，每茶一千斤概准附茶一百四十斤。如有夾帶私茶，嚴查治罪。茶篦先由潼關漢中二處盤查，運至鞏昌再經通判察驗，然後分赴各司交納。官茶貯庫，商茶聽商人在本司貿易。延寧二處商稅，每引百斤量入官茶三

十斤，折銀一錢三分，交庫彙報。凡鎮將發銀市馬查核的確，准令購買，若有載茶易馬者，概行禁止。各番交易茶馬，量齎煙酒，以示撫綏。

十三年，覆准。新茶中馬既足，陳茶變價充餉。如新茶不足，陳茶兩篦折一中馬。

十四年，覆准。私茶私馬變價及贖罪銀，原留中馬支用，今七監馬匹蕃庶改解充餉。

康熙二年，題准。茶九萬篦作十分考核，欠不及半分者，罰俸六個月；欠半分以上，罰俸一年；一分以上，降一級；二分以上，降三級；三分以上，降四級；調用四分以上，革職溢額。每分以上紀録一次，至四分以上加一級，五分以上加一級、紀録一次。茶引不完者，雖多得茶斤不准議叙。

四年，裁陝西苑馬各監。

七年，裁茶馬御史，歸甘肅巡撫兼理。

十四年，題准。茶馬事宜每年八月攢造彙報。

三十二年，題准。西寧五司收貯茶篦年久，難免浥爛，每篦十斤變價銀六錢。

三十六年，仍差部員管理茶馬事務。

又，陝西黃甫堡原額茶引一百三十四道，今口外蒙古在殺虎口就近易鹽，以致黃甫堡茶引不行，嗣後將額引停其頒發。

又，以蘭城無馬可中，將甘州司積貯茶篦在五鎮俸餉之內，銀七茶三，每銀一兩搭放值三錢茶一封。

四十二年，題准。陝西茶引共額二萬七百九十六道，發西莊洮河四司通番中馬，內有小引八百餘道，售西鳳漢中三府人民供食。自康熙二十三年後，被大引漸次侵更，現今止留小引一百道。西鳳漢中三府地方人民不足食用，以致私販横行。今于小引原額內頒茶引五百道，給商行茶，每引徵茶五篦，每篦折銀四錢，共徵銀一千兩。

四十三年，覆准。嗣後陝境交界處盤查茶斤，行人攜帶十斤以下者，停其搜捕。如有驢馱車載無官引者，即係私茶，照私鹽律治罪，失察官員俱照私鹽例議處。

四十四年，茶馬事務停止差官，仍歸甘肅巡撫兼管料理。

西寧等處所徵茶篦，停止易馬。將茶變價折銀，每新茶一篦折銀四錢，陳茶一篦折銀六錢，充餉。

巡察私茶十斤以下停其搜捕，恐沿途行人分帶零運，仍照舊例緝拿處分。

五十七年，議准。陝西西寧地方為通番大路，原額茶引九千二百四十八道不敷民番食用，今加增茶引二千道，每引照例徵茶五篦，每篦折銀四錢，共徵銀四千兩。

六十一年，覆准。陝西西寧、莊浪、岷州、河州界連口外增茶引四千道，交與總督辦理。一年定例之後，仍照舊交與巡撫辦理。

又，議准。西寧等處行茶原照例易換馬駝牛羊并買粟穀，今將舊茶悉出變賣，以作兵餉。

雍正三年，河西廳改爲府，衛所改爲州縣，案內西寧廳改爲西寧府，西司茶務歸西寧府管理。

又，覆准。甘肅四司茶篦自康熙六十一年為始，五年之內總收本色，五年之後即將五年以前之茶發出變價，挨次出陳易新，將變價銀兩按年題報，嗣後總以五年為率。

又，覆准。陝省茶改，令產茶地方官給發船票，照依該商引目茶數一一開明，不得另給印票，其應行盤查之處，照依引目及正茶附茶斤兩盤查驗放，不得勒措留難。如於部引之外有搭行印票及附茶，不依所定斤數，多帶私茶者，查拿，照私鹽律治罪。如查驗官故縱失察者，照失察私鹽例處分。如有地僻引多茶斤壅滯不能行銷者，該商具呈該司，該司詳報甘撫，行令往別司分通融發賣辦課。

雍正八年，題准。改岷廳為州，洮岷司茶務歸洮岷道管理。又，題准。五司茶價，西司每封九錢五分，莊司七錢五分，洮司七錢五分，河司九錢四分，甘司七錢二分，各司總在前議價值以上發賣，按季具結報部。

九年，奏准。令五司復行中馬之法，每上馬一匹給茶十二篦，中馬一匹給茶九篦，下馬一匹給茶七篦，俟一年之後計收馬之數，如所得一二千匹，即留甘省軍營之用，或馬數甚多，分撥於河南山西相近之各營汛餵養。

十年，奏准。中馬之法應見馬給茶，并於收喂之第一個月支料二京

升草一束，第二個月再加料一京升草半束，至第三個月支料四京升草二束，仍於五月初一日出廠，九月初一日收槽，其槽鍘喂夫棚廠燈油等項，俱照例開銷。

又，咨准茶商船票仍由甘肅巡撫衙門給發。

附歷代茶馬：

唐德宗納户部侍郎趙贊議稅，天下茶漆竹木十取其一，以為常平本錢，後罷之。《舊志》謂：茶之有稅始此。貞元九年，從鹽鐵使張滂奏令出茶。州縣若山及商人要路，以三等定估十稅其一，自是歲得錢四十萬緡。穆宗從王播奏，增天下茶稅率百錢增五十。其後，王涯判二使置榷茶，徙民茶樹於官場，焚其舊植者，天下大怨。令狐楚代為鹽鐵使後，令納榷加價而已。李石為相，以茶稅皆歸鹽鐵，復貞元之制。武宗增茶稅，時諸道置邸以收稅。大中初，鹽鐵轉運使裴休著條約，其法益峻，同於私鹽私商，給自首之帖，天下稅茶增倍。

宋置榷茶務，官自為場，置吏總之，曰山場。凡園户歲課作茶輸其租，餘則官悉市之，先受錢而後入茶曰本錢。又，民歲輸茶折稅賦者曰折稅，此收茶之法。凡民鬻茶者，皆售於官。官給其日用，曰食茶。商賈之欲貿易者，入錢若金帛於京師榷貨務，以射六務，十三場茶，給券隨所射予之，謂之交引，此鬻茶之法。雍熙後用兵乏餉，令商人芻粟塞下，酌地遠近增其虛估給券，以茶償之。天聖初行見錢法，商人入芻粟塞下者，度地里遠近使茶與邊糴，各以實錢禁納色虛估之。弊：豪商大賈不能為重，輕而煩費頃省。嘉祐中，弛舊禁通商茶法。弊：園户困於征取，何鬲王應麟俱言其不便。時韓琦富弼主行之歲，收租三十三萬八千有奇，與諸路本錢悉儲以給邊。神宗熙寧中，置提舉熙河路買馬，命知熙州王韶為之，而以提點刑獄為同提舉。八年，提舉茶場李杞言，賣茶買馬固為一事，乞同提舉買馬，詔如其請。十年，又置羣牧行司，以往來督市馬者，此茶馬所由始也。

元豐三年，復罷為提舉買馬監牧司。四年，羣牧判官郭茂恂言：承詔，專以茶市馬以物帛市穀而併茶馬為一司。臣聞：頃時，以茶易馬兼用金帛，以聽其便。近歲司局既分專用銀絹錢鈔，非羌部所欲。且茶馬二者，事實相須，請如詔便奏可。六年，買馬司復罷兼茶事者。七年，更詔以買馬隸經制熙河財用司，經制司罷，乃復。故自李杞建議始于提舉茶事兼買馬，其後二職分合不一。元豐八年，陝西賣茶為場三百三十二，金州為場六。元祐二，熙河秦鳳三路茶仍官為計，置永興、鄜延、環慶，許通商。

崇寧四年，詔令茶馬司總運茶博馬之職，復元豐成法，自是職任始一。

元世祖至元五年，用運使白賡言，榷成都茶于於京兆、鞏昌置局發賣，私自採賣者其罪與私鹽法同。明，陝西置茶馬司四，河州、洮州、西寧、甘州，各府並赴徽州茶引所批驗。洪武初，上引五千斤，中引四千斤，下引三千斤，每七斤蒸曬一篦，運至茶司，官商對分。官茶易馬，商茶給賣。每上引仍給附茶七百斤，中引五百六十斤，下引四百二十斤，名曰酬勞。經過地方，責令掌印官盤驗，佐貳官催運。凡中茶有引由，出茶地方有稅，貯放有茶倉，巡茶有史，分理有茶馬司、茶課司，驗茶有批驗所，歲遣行人齎榜文於行茶所在，懸示禁約，私茶出境撥官軍把守巡視，但有私茶即拿解治罪。茶課初二萬六千八百六十二斤零。弘治十八年，新增二萬四千一百六十四斤，并舊五萬一千二十六斤零，見今茶課五萬一千三百八十四斤零。係漢中府屬西鄉、石泉、漢陰及興安、紫陽五州縣，歲辦分解各茶馬司。

又設陝西行太僕寺，寺有卿有少卿及寺丞主簿各一人，甘肅行太僕寺亦如之。

又設陝西苑馬寺卿少卿主簿各一人，後裁少卿寺丞領監二。長樂靈武監有正置苑七，廣寧、開城、黑水、安定、清平、萬安、武安，苑有圉長二，監易七，苑為七監，圉長為監正。甘肅苑馬司設官如陝西，領監六苑二十四。

洪武初，令陝西河州、洮州、西寧各設茶馬司，每三年一次差，在京官選調，邊軍齎捧金牌四十一面降此三衞附近羌族，令納馬萬有三千八百五匹，收馬給茶，名曰差發。先期於四川徵茶一百萬斤，官軍轉運各茶司分貯給用。二十三年定易馬茶數，上等每疋一百二十斤，中等七十斤，下等五十斤。

洪武四年，奏准。陝西漢中府金州、石泉、漢陰、平利、西鄉縣民，

茶十株官取一分。民所收茶官給價。買無主者令官軍薅培及時採取，官取八分，軍收二分。每五十斤為一包，二包為一引，令有司收貯，與西番易馬。永樂初遣御史巡督洮河等處茶馬。

正統八年，奏准金州芽茶一斤收葉茶二斤，運西寧易馬。十四年，停止金牌，每歲遣行人一員巡察潼關以西至甘肅等處私販。

景泰二年，令陝西布政司委官巡視，罷遣行人。四年，復遣行人。

成化三年，定麤茶每百斤收銀五錢，芽茶三十五斤亦量收五錢，無銀收絲絹等項，俱解本省有司買茶支用。十四年，差史一員領勑專理茶馬，每歲一代遂為定例。定制易馬，自四歲至六歲高大中度者方准收買，牡騸馬給各邊兵，牝馬送苑馬寺孳牧。

十五年，令巡茶史招羌易馬不拘年例。

十八年，令販私茶五百斤者，照私鹽例充軍。

弘治三年，令陝西布政司招商給引，赴產茶地方買茶，運赴茶馬司。六分聽其貨賣，四分驗收入官。

十六年，取回巡茶史，凡茶法聽馬政都史兼理。

十七年，令陝西每年揀憲臣駐劄臨洮府，巡禁私茶一年滿日交代。又，召商收買茶五六十萬斤，依原擬給銀定限。聽其自買自運至各該茶司，仍委官於西寧、河州二衛，發賣價銀官庫收候給商。

十八年，題准。各處行茶地方但有興販私茶在邊境交易及在腹裏賣與進貢遠人者，不拘斤數，事發并歇家、牙保俱發問煙瘴衛所，永遠充軍。其在西寧、甘肅、河州、洮州販賣者，一百斤以上者，分別附近邊衛充軍，不及數者，俱依律枷號、擺站、守哨。若軍官縱容子弟伴當興販及守備把關巡捕官知情故縱者，事發參問。若官自出資本販私茶通番者，發邊衛充軍，在西寧、洮河、甘肅地方發賣者，三百斤以上近衛充軍。

十八年，都史楊一清及巡按李璣言：國初金牌僉發之功，請復其制。以查檢不出，事寢，疏載藝文中。

正德元年，舊額茶課二萬六千八百餘斤，新收茶課二萬四千一百六十四斤，俱照歲辦，永為定例。商人不願領價者，對分官茶貯庫，商茶巡自貨賣，遂為常例。

二年，仍差巡茶史一員，請勑兼理馬政、茶法二事。

十五年，以每年招易，羌人不辨秤衡，止訂篦中馬，篦大則官虧，小則商病，令酌為中制，每一千斤定三百三十篦，以六斤四兩為准，作正茶三斤篦繩三斤。

嘉靖十五年，題准。陝西三茶馬司積茶止留二年之用，每年易馬計該正茶外，分毫不許夾帶。

四十三年，題准。以後每年開茶，仍止五六十萬斤，商人以一百五十名為止，勒限買茶報中。

又定買茶中馬事宜。各商自備資本執引前去收買真細好茶，正附一例蒸曬，每篦重七斤，鞏昌府查驗篦數，稽考夾帶。每正茶一千斤許照散茶一千五百斤數外，若有多餘方准抽稅，各照格填註印鈐截角，依限運赴洮岷參將轉洮岷茶司，照例對分，貯庫取實收，赴院銷繳。如有夾帶、數多、偽造、低假、正附篦斤不同，即從重問罪，夾帶與斤重者入官，低假者砍焚，引過五年不銷者究問。

三十年，以年例馬完，羌有餘馬，司有餘茶，許其增中解牧，洮州增至一千二百五十匹，河州增至一千七百四十匹，西寧二千四百三十匹。

隆慶三年，以四川課茶改征，折色解苑馬寺易買種馬。五年冬，令甘州茶司比照洮河西寧三茶司例，定以六月該道會同將領撫調羌族馬堪騎征者方許中納，每年約以八百匹為止。

萬曆二年，陝西苑馬寺缺少種馬，將該寺貯庫茶課等銀，歲解固原鎮二千兩，給軍自買於年例應解該鎮馬二千匹，內扣留二百匹在苑作種。

傳記

《新唐書》卷一九六《陸羽傳》 陸羽字鴻漸，一名疾，字季疵，復州竟陵人。不知所生，或言有僧得諸水濱，畜之。既長，以易自筮，得蹇之漸，曰：『鴻漸于陸，其羽可用爲儀。』乃以陸爲氏，名而字之。

幼時，其師教以旁行書，答曰：『終鮮兄弟，而絕後嗣，得爲孝乎？』師怒，使執糞除圬塓以苦之，又使牧牛三十，羽潛以竹畫牛背爲字。得張衡南都賦，不能讀，危坐效羣兒囁嚅若成誦狀，師拘之，令薙草莽。當其記文字，懵懵若有遺，過日不作，主者鞭苦，因歎曰：『歲月

往矣，奈何不知書！』嗚咽不自勝，因亡去，匿爲優人，作詼諧數千言。

天寶中，州人酺，吏署羽伶師，太守李齊物見，異之，授以書，遂廬火門山。貌侻陋，口吃而辯。聞人善，若在己，見有過者，規切至忤人。朋友燕處，意有所行輒去，人疑其多嗔。與人期，雨雪虎狼不避也。上元初，更隱苕溪，自稱桑苧翁，闔門著書。或獨行野中，誦詩擊木，裴回不得意，或慟哭而歸，故時謂今接輿也。久之，詔拜羽太子文學，徙太常寺太祝，不就職。貞元末，卒。

羽嗜茶，著經三篇，言茶之原、之法、之具尤備，天下益知飲茶矣。時鬻茶者，至陶羽形置煬突間，祀爲茶神。有常伯熊者，因羽論復廣著茶之功。御史大夫李季卿宣慰江南，次臨淮，知伯熊善煮茶，召之，伯熊執器前，季卿爲再舉杯。至江南，又有薦羽者，召之，羽衣野服，挈具而入，季卿不爲禮，羽愧之，更著《毀茶論》。其後尚茶成風，時回紇入朝，始驅馬市茶。

《宋史》卷三七二《王之望傳》 王之望字瞻叔，襄陽穀城人，後寓居台州。父綱，登元符進士第，至通判徽州而卒。之望初以蔭補，紹興八年，登進士第。教授處州，入爲太學録，遷博士。久之，出知荊門軍，提舉湖南茶鹽，改潼川府路轉運判官，尋改成都府路計度轉運副使、提舉四川茶馬。

朝臣薦其才，召赴行在，除太府少卿，總領四川財賦。金人渝盟，軍書旁午，調度百出，之望區畫無遺事。第括民質劑未税者，搜抉隱匿，得錢爲緡四百六十八萬，衆咸怨之。後陞太府卿。

孝宗即位，除户部侍郎，充川、陜宣諭使。先是，敵帥合喜寇鳳州之黄牛堡，吴璘擊走之，遂取秦州，連復商、陜、原、環等十七郡。敵以璘精兵皆在德順，力攻之。時陳康伯秉政，方議罷德順戍，虞允文爲宣諭使，力爭不從，上以手札命璘退師。之望既代允文宣諭使，贊璘命諸將棄德順，倉卒引退。敵乘其後，正兵三萬，還者僅七千人，將校所存無幾，連營慟哭，聲震原野。上聞而悔之。

隆興初，右諫議大夫王大寶疏之望罪，除集英殿修撰、提舉江州太平興國宫。未幾，權户部侍郎、江淮都督府參贊軍事。之望雅不欲戰，請朝，因奏：『人主論兵與臣下不同，惟奉天意而已。竊觀天意，南北之形已成，未易相兼，我之不可絶淮而北，猶敵之不可越江而南也。移攻戰之力以自守，自守既固，然後隨機制變，擇利而應之。』有旨留中。俄兼直學士院。

湯思退力主息兵，奏除之望吏部侍郎、通問使。尋議先遣小使覘敵，召之望還。之望首以守備不足恃爲告，上亟罷都督府，以之望爲淮西宣諭使，甫拜命，又擢右諫議大夫。之望因上章極言廷臣執偏見爲身謀，乞明詔在庭，平其心於議論之際。時思退主和議，浚主恢復，之望言似善，實陰爲思退地也。

既而視師江上。金復犯邊，遂上和、戰二策，且言措置守禦之備，疏奏未達，拜參知政事。既入，俄兼同知樞密院事。敵兵交至，濠、楚守將或棄城遁，上命湯思退督江、淮師；未行，復令之望督視，改同都督。力辭不行。會太學諸生上書，上怒，欲加罪，之望救解之。遂以參知政事勞師江、淮。

之望先嘗貽書敵帥。至是，王抃使敵軍，并割商、秦地；許歸被俘人，惟叛亡不預；世爲叔姪之國。敵皆聽許，講解而罷。上聞敵師退，令督府擇利擊之，之望下令諸將不得妄進。朝廷趣行，之望言：『王抃既還，不可冒小利，害大計。』言者論罷爲端明殿學士、提舉江州太平興國宫，居天臺。乾道元年，起知福州、福建路安撫使。捕海賊王大老，捷聞，加資政殿大學士，移知溫州，尋復罷。六年冬，卒。

之望有文藝幹略，當秦檜時，落落不合，或謂其有守。紹興末年，力附和議，與思退相表裏，專以割地啖敵爲得計，地割而敵勢益張，之望迄以此廢焉。

又 卷三七四《趙開傳》 趙開字應祥，普州安居人。登元符三年進士第。大觀二年，權辟廱正。用舉者改秩，即盡室如京師，買田尉氏，與四方賢俊遊，因詗知天下利病所當罷行者。如是七年，慨然有通變救弊志。

宣和初，除禮制局校正檢閲官。數月局罷，出知鄢陵縣。七年，除講議司檢詳官。開善心計，自檢詳罷，除成都路轉運判官，遂奏罷宣和六年所增上供認額綢布十萬匹，減綿州下户支移利州水脚錢十分之三，又減蒲江六井元符至宣和所增鹽額，列其次第，謂之『鼠尾帳』，揭示鄉户歲

時所當輸折科等實數，俾人人具曉，鄉胥不得隱匿竄寄。

嘗言：『財利之源當出於一，祖宗朝天下財計盡歸三司，諸道利源各歸漕計，故官省事理。併廢以還，漕司則利害可以參究，而無牽掣窒礙之患矣。』因指陳榷茶、買馬五害，大略謂：『黎州買馬，嘉祐歲額纔二千一百餘。自置司榷茶，歲額四千，且獲馬兵踰千人猶不足用，多費衣糧，爲一害。嘉祐以銀絹博馬，價皆有定。今長吏旁緣爲姦，不時歸貨，以空券給夷人，使待資次，夷人怨恨，必生邊患，爲二害。初置司榷茶，借本錢於轉運司五十二萬緡，於常平司二十餘萬緡。自熙寧至今幾六十年，舊所借不償一文，而歲借乃準初數，爲三害。榷茶之初，預俵茶户本錢，尋於數外更增和買，或遂抑預俵錢充和買，茶户坐是破產，而官買歲增。茶日濫雜，官茶既不堪食，則私販公行，刑不能禁，爲四害。承平時，蜀茶之入秦者十幾八九，猶患積壓難售。今關、隴悉遭焚蕩，仍拘舊額，竟何所用？茶兵官吏坐縻衣糧，未免科配州縣，爲五害。請依嘉祐故事，盡罷榷茶，仍令轉運司買馬，即五害並去，而邊患不生。如謂榷茶未可遽罷，亦宜併歸轉運司，痛減額以蘇茶户，輕立價以惠茶商，如此則私販必衰，盜賊消弭，本錢既常在，而息錢自足。』

朝廷是其言，即擢開都大提舉川、陝茶馬事，使推行之。時建炎二年也。於是大更茶馬之法，官買官賣茶並罷，參酌政和二年東京都茶務所創條約，印給茶引，使茶商執引與茶户自相貿易。改成都舊買賣茶場爲合同場買引所，仍於合同場置茶市，交易者必由市，引與茶必相隨。茶户十或十五共爲一保，并籍定茶鋪姓名，互察影帶販鬻者。凡買茶引，每一斤春爲錢七十，夏五十，舊所輸市例頭子錢並依舊。茶所過每一斤征一錢，往征一錢半。其合同場監官除驗引、秤茶、封記、發放外，無得干預茶商、茶户交易事。

舊制買馬及三千匹者轉一官，比但以所買數推賞，往往有一任轉數官者。開奏：『請推賞必以馬到京實收數爲格，或死於道，黜降有差。』比及四年冬，茶引收息至一百七十餘萬緡，買馬乃踰二萬匹。

張浚以知樞密院宣撫川蜀，素知開善理財，即承制以開兼宣撫處置使司隨軍轉運使，專一總領四川財賦。開見浚曰：『蜀之民力盡矣，錙銖不可加，獨榷貨稍存贏餘，而貪猾認爲己有，互相隱匿。惟不恤怨詈，斷而敢行，庶可救一時之急。』

浚鋭意興復，委任不疑，於是大變酒法，自成都始。先罷公使賣供給酒，即舊撲買坊場所置隔槽，設官主之，麴與釀具官悉自買，聽釀户各以米赴官場自釀，凡一石米輸三千，并頭子雜用等二十二。其釀之多寡，惟錢是視，不限數也。明年，遂徧四路行其法。又法成都府法，於秦州置錢引務，興州鼓鑄銅錢，官賣銀絹，聽民以錢引或銅錢買之。凡民錢當入官者，並聽用引折納，官支出亦如之。民私用引爲市，於一千并五百上許從便增高其直，惟不得減削。法既流通，民以爲便。

初，錢引兩料通行纔二百五十萬有奇，至是添印至四千一百九十餘萬，人亦不厭其多，價亦不削。

宣司獲僞引三十萬，盜五十人，浚欲從有司議當以死，開白浚曰：『相君誤矣。使引僞，加宣撫使印其上即爲真。黥其徒使治幣，是相君一日獲三十萬之錢，而起五十人之死也。』浚稱善，悉如開言。

最後又變鹽法，其法實視大觀東南、東北鹽鈔條約，置合同場鹽市，與茶法大抵相類。鹽引每一斤納錢二十五，土產稅及增添等共納九錢四分，所過每斤征錢七分，住征一錢五分，若以錢引折納，別輸稱提勘合錢共六十。初變榷法，怨詈四起，至是開復議更鹽法，言者遂奏其不便，乞罷之以安遠民，且曰：『如謂大臣建請，務全事體，必須更制，即乞劄與張浚照會。』詔以其章示浚，浚不爲變。

時浚荷重寄，治兵秦川，經營兩河，旬犒月賞，期得士死力，費用不貲，盡取辦於開。開悉知慮於食貨，算無遺策，雖支費不可計，而贏貲若有餘。

吴玠爲四川宣撫副使，專治戰守，於財計盈虛未嘗問，惟一切以軍期趣辦，與開異趣。玠數以餉饋不繼訴于朝，開亦自劾老憊，丐去。朝廷未許，乃特置四川安撫制置大使之名，命席益爲之。益前執政，詔位宣撫司上，朝論恐未安，仍詔張浚視師荊、襄、川、陝。

六年，罷綿州宣撫司，玠仍以宣撫治兵事，軍馬聽玠移撥，錢物則委開拘收。尋除開徽猷閣待制，加玠兩鎮節鉞。復降旨，都轉運使不當與四路漕臣同繫銜，成都、潼川兩路漕臣與都轉運使坐應副軍支錢物愆期，各貶二秩。朝廷故抑揚之，使之交解間隙、趣辦餉饋也。而開復與席益不

和，抗疏乞將舊來宣撫司年計應副軍期，不許他司分擘支用。又指陳宣撫司截都漕運司錢，就果、閬糴米非是。又言應副吴玠軍須，紹興四年總爲錢一千九百五十五萬七千餘緡，五年視四年又增四百二十萬五千餘緡。蜀今公私俱困，四向無所取給，事屬危急，實甚可憂，乞許以茶馬司奏計詣闕下，盡所欲言。

朝廷既知開與玠及席益有隙，乃詔開赴行在，以李迨代之。會疾作不行，提舉江州太平觀。七年，復右文殿修撰、都大主管川陝茶馬。開已病，累疏丐去，詔從所乞，提舉太平觀。十一年卒。

論曰：秦檜執國柄，其誤宋大計，固無以議爲也。張九成之策，胡銓之疏，忠義凛然。廖剛請復用德望之人，豈苟阿時好者哉？李迨、趙開所謂可使治其賦也歟？

又 卷三八八《李燾傳》 李燾字仁甫，眉州丹稜人，唐宗室曹王之後也。父中登第，知仙井監。燾甫冠，憤金讎未報，著反正議十四篇，皆救時大務。紹興八年，擢進士第。調華陽簿，再調雅州推官。改秩，知雙流縣。仕族張氏子居喪而爭產，燾曰：『若忍墜先訓乎？盍歸思之。』三日復來，迄悔艾無訟。又有不白其母而鬻產者，燾置之理，豪强斂迹。於是以餘暇力學。

燾恥讀王氏書，獨博極載籍，搜羅百氏，慨然以史自任，本朝典故尤悉力研覈。倣司馬光《資治通鑑》例，斷自建隆，迄于靖康，爲編年一書，名曰《長編》，浩大未畢，仍效光體爲百官公卿表。史官以聞，詔給札來上。制置王剛中辟幹辦公事。

知榮州。榮因溪爲隍，夏秋率苦水潦，燾築防捍之。除潼川府路轉運判官，入境，劾守令不職者四人。縣多聚斂，燾括一路財賦額，通有無，酌三年中數，定爲科約，上之朝，頒之州縣。

乾道三年，召對，首舉藝祖治身、治家、治官、治吏典故，以爲恢復之法，乞增置諫官，許六察言事，請練兵，毋增兵，杜諸將私獻，覈軍中虚籍。

除兵部員外郎兼禮部郎中。會慶節上壽，在郊禮散齋內，議權作樂，燾言：『漢、唐祀天地，散齋四日，致齋三日，建隆初郊亦然。自崇寧、大觀法周禮祭天地，故前十日受誓戒。今既合祭，宜復漢、唐及建隆舊制，庶幾兩得。』詔垂拱上壽止樂，正殿爲北使權用。正除禮部郎中，言中興祭禮未備，請以開寶通禮、嘉祐因革禮、政和新儀令太常寺參校同異，修成祭法。

四年，上《續通鑑長編》，自建隆至治平，凡一百八卷。時乾道新曆成，燾言：『曆不差不改，不驗不用。未差無以知其失，未驗無以知其是。舊曆多差，不容不改，而新曆亦未有大驗，乞申飭曆官討論。』五年，遷祕書少監兼權起居舍人，尋兼實録院檢討官。

子垕試賢良方正直言極諫科。燾素謂唐三百年不愧此科者惟劉去華，心慕之，嘗以所著通論五十篇見蜀帥張燾，欲應詔，不偶而止。其友晁公遡以書勉之，燾答以當修此學，必不從此舉。既不克躬試，於是命二子垕、塾習焉，至是，吏部尚書汪應辰薦垕文行可應詔，故有是命。

左相陳俊卿出知福州，右相虞允文任恢復事，更張舊典。宰相以燾數言事，不樂，燾遂請去。除直顯謨閣、湖北轉運副使，陛辭，以欲速變古爲戒。

又奏：『《禹貢》九州，荊田第八，賦乃在三，人功既修，遂超五等。今田多荒蕪，賦虧十八。』上命之條畫。既至，奏：『京湖之民結茅而廬，築土而坊，傭牛而犂，糴種而殖，穀苗未立，睥睨已多，有横加科斂者。今宜寬侵冒之禁，依乾德詔書止輸舊税，廣收募之術，如咸平、元豐故事，勸課有勞者推恩。』詔從之。總餉呂游問入奏燾擿其事。

歲饑，發鄂州大軍倉振之，僚屬爭執不可，燾曰：『吾自任，不以累諸君。』尋如數償之。游問返。果劾燾專，上止令具析，不之罪也。

八年，直寶文閣，帥潼川兼知瀘州，首葺石門堡以扼夷人，奏乞戒茶馬司市敍州羈縻馬毋溢額，戒官民毋於夷、漢禁山伐木造舟，奏移鎖水於開邊舊池，皆報可。

淳熙改元，被召，適城中火，上章自劾。提刑何熙志奏焚數不實，且言長編記魏王食肥彘，語涉誣謗，上曰：『憲臣按奏火數失實，職也，何預國史？』命成都提刑李蘩究火事，詔熙志貶二秩罷，燾止貶一秩。

燾及都門，乞祠，除江西運副，且許臨遣。或勸以方被譏，無及時事，燾曰：『聖主全度如此，竭忠所以爲報。』遂奏：『日食、地震皆陰盛，主敵國小人，不可不慮。』且申『無變古、無欲速』兩言，又上快

箴，引太祖罷朝悔乘快決事以諫，上曰：『朕當揭之座右。』進祕閣修撰、權同修國史、權實録院同修撰。

燾爲左史時，嘗乞復行明堂禮，謂『南郊、明堂初無隆殺，合視圜壇，特免出郊浮費。』至是申言之，詔集議，嬖幸沮止。其後周必大爲禮部尚書，申其説，始克行。權禮部侍郎。

七月壬戌，雷震太祖廟柱，壞鴟尾，有司旋加修繕。燾奏非所以畏天變，當應以實。上諭大臣：『燾愛朕，屢進讜言。』賜金紫。嘗請正太祖東向之位。

四年，駕幸太學，以執經特轉一官。燾論兩學釋奠：從祀孔子，當升范仲淹、歐陽脩、司馬光、蘇軾，黜王安石父子；從祀武成王，當黜李勣。衆議不叶，止黜王雱而已。真拜侍郎，仍兼工部。

徽宗實録置院已久，趣上奏篇，燾薦呂祖謙學識之明，召爲祕書郎兼檢討官。夜直宣引，奏：『近者蒙氣蔽日，厥占不肖者禄，股肱耳目宜謹厥與。』賜坐。欲起，又留賜飲、賜茶。尋詔監視太史測驗天文。

九月丁酉，日當夜食，燾爲社壇祭告官，伐鼓禮廢，特舉行。垕既中制科，爲祕書省正字，尋遷著作郎兼國史實録院編修檢討官。父子同主史事，搢紳榮之。

燾感上知遇，論事益切，每集議，衆莫敢發言，獨條陳可否無所避。近臣復舉其次子塾應制科，以閣試不中程黜。垕偶考上舍試卷，發策問制科，爲御史所劾，語連及燾，垕罷，燾亦知常德府。

初，政和末，澧、辰、沅、靖四州置營田刀弩手，募人開邊，范世雄等附會擾民，建炎罷之。乾道間，有建請復置者，燾爲轉運使，嘗奏不當復，已而提刑尹機迫郡縣行之，田不能給。燾至是又申言之，請度田立額，且約帥臣張栻列奏，詔從之。境多茶園，異時禁切商賈，率至交兵，燾曰：『官捕茶賊，豈禁茶商？』聽其自如，訖無警。

累表乞閑，提舉興國宮。秋，明堂大禮成，以其首議，復除敷文閣待制。頃之，垕、塾繼亡，上欲以吏事紓燾憂，起知遂寧府。

七年，《長編》全書成，上之，詔藏祕閣。燾自謂此書寧失之繁，無失之略，故一祖八宗之事凡九百七十八卷，卷第總目五卷。依熙寧修三經例，損益修換四千四百餘事，上謂其書無愧司馬遷。燾嘗舉漢石渠、白虎故事，請上稱制臨決，又請冠序，上許之，竟不克就。

又奏：『陛下即位二十餘年，志在富強，而兵弱財匱，與「教民七年可以即戎者」異矣。』一日，召對延和殿，講臣方讀陸贄奏議，燾因言：『贄雖相德宗，其實不遇。今遇陛下，可謂千載一時。』遂舉贄所言切於今可舉而行者數十事，勸上力行之。上有功業不足之歎，燾曰：『功業見乎變通，人事既修，天應乃至。』進敷文閣直學士敷文閣直學士『直』字原脱，據周必大《周益國文忠公集・平園續稾》卷二六《李燾神道碑》、《南宋館閣續録》卷九補。提舉佑神觀兼侍講、同修國史。薦尤袤、劉清之十人爲史官。

十年七月，久旱，進祖宗避殿減膳求言故事，上亟施行。丁丑雨。一日宣對，燾言：『外議陛下多服藥，罕御殿，宮嬪無時進見，浮費頗多。』上曰：『卿可謂忠愛，顧朕老矣，安得此聲。近惟葬李婕妤用三萬緡，他無費也。』遂因轉對，乞用祖宗故事故召宰執赴經筵。

太史言十一月朔，日當食心八分。燾復條上古今日食是月者三十四事，因奏之曰：『心，天王位，其分爲宋。十一月於卦爲復，方潛陽時，陰氣乘之，故比他食爲重，非小人害政，即敵人窺中國。』明日對延和殿，又及晉何曾譏武帝無經國遠圖。

十一年春，乞致仕，優詔不允。上數問其疾增損，給事中宇文价傳上旨，燾曰：『臣子戀闕，非老病，忍乞骸骨。』因叩价時事，勉以忠藎。又聞四川乞減酒課額，猶手劄贊廟堂行之。

病革，除敷文閣學士，致仕。命下，喜曰：『事了矣。』口占遺表云：『臣年七十，死不爲夭，所恨報國缺然。願陛下經遠以藝祖爲師，用人以昭陵爲則。』辭氣舒徐，乃卒，年七十。

上聞嗟悼，贈光祿大夫。他日謂宇文价曰：『朕嘗許燾大書「續資治通鑑長編」七字，且用神宗賜司馬光故事，爲序冠篇，不謂其止此。』

燾性剛大，特立獨行。早書，檜尚當路，檜死始聞于朝。暨在從列，每正色以訂國論。張栻嘗曰：『李仁甫如霜松雪柏。』無嗜好，無姬侍，不殖產。平生生死文字間，《長編》一書用力四十年，葉適以爲春秋以後纔有此書。

有《易學》五卷，《春秋學》十卷，《五經傳授》、《尚書百篇圖》、《大傳雜説》、《七十二子名籍》各一卷，《文集》五十卷，《奏議》三十

卷，《四朝史藁》五十卷，《通論》十卷，《南北攻守録》三十卷，《七十二候圖》、《陶潛新傳》并《詩譜》各三卷，《歷代宰相年表》、《唐宰相譜》、《江左方鎮年表》、《晉司馬氏本支》、《齊梁本支》、《王謝世表》、《五代將帥年表》合爲四十一卷。

謚文簡，累贈太師、溫國公。子垕、垩、塾、壁、埴。垕著作郎，垩夔州路提點刑獄，壁、埴皆執政，別有傳。

論曰：執羔宿德雅度，在經筵，忠忱啟沃，以口舌相高爲戒。希呂剛直懇切，有古引裾風。良祐力止汎使，懼開釁端，忤旨竄斥而甘心焉。李浩獨不造秦熺，陳槖以呈身爲恥，文若譏休兵，胡沂斥閹宦，其清風苦節，終始弗渝。高、孝之世，李燾恥讀王氏書，掇拾禮文殘缺之餘，粲然有則，《長編》之作，咸稱史才，然所掇拾，或出野史，《春秋》傳疑傳信之法然歟！

又卷四〇六《崔與之傳》 崔與之字正子，廣州人。父世明，試有司連黜，每曰『不爲宰相則爲良醫』，遂究心岐、黃之書，貧者療之不受直。與之少卓犖有奇節，不遠數千里遊太學。紹熙四年舉進士，廣之士繇太學取科第自與之始。

授潯州司法參軍。常平倉久弗葺，慮雨壞米，撤居廨瓦覆之。郡守欲移兑常平之積，堅不可，守敬服，更薦之。調淮西提刑司檢法官。民有窘於豪民逋負，毆死其子誣之者，其長欲流之，與之曰：『小民計出倉猝，忍使一家轉徙乎？況故殺子孫，罪止徒。』卒從之。知建昌之新城，歲適大歉，有彊發民廩者，執其首，折手足以徇，盜爲止，勸分有法，貧富安之。開禧用兵，軍旅所需，天下騷然，與之獨買以係省錢。吏告月解不登，曰：『寧罷去。』和糴令下，與之獨以時賈糴，令民自槩。通判邕州，守武人，苛刻，衣賜不時給，諸卒大閧。漕司檄與之攝守，叛者帖然，乃密訪其首事一人斬之，闔郡以寧。擢發遣賓州軍事，郡政清簡。

尋特授廣西提點刑獄，偏歷所部，至浮海巡朱崖，秋毫無擾州縣，而停車裁決，獎廉劾貪，風采凜然。朱崖地產苦䔲，民或取葉以代茗，州郡征之，歲五百緡。瓊人以吉貝織爲衣衾，工作皆婦人，役之有至期年者，棄稚違老，民尤苦之。與之皆爲榜免。其他利病，罷行甚衆。瓊之人次其事爲海上澄清録。嶺海去天萬里，用刑慘酷，貪吏厲民，迺疏爲十事，申論而痛懲之。高惟肖嘗刻之，號嶺海便民榜。廣右僻縣多右選攝事者，類多貪黷，與之請援廣東循、梅諸邑，減舉員賞格，以勸選人。熙寧免役之法，獨不及海外四州，民破家相望。與之議舉行未果，以語顏戣，戣守瓊，遂行之。

召爲金部員外郎，時郎官多養資望，不省事，與之鉅細必親省決，吏爲欺者必杖之，莫不震栗。金南遷于汴，朝議疑其進迫，特授直寶謨閣、權發遣揚州事、主管淮東安撫司公事。寧宗宣引入內，親遣之，奏選守將、集民兵爲邊防第一事。既至，浚濠廣十有二丈，深二丈。西城濠勢低，因疏塘水以限戎馬。開月河，置釣橋。州城與堡砦城不相屬，舊築夾土城往來，爲易以甓。因滁有山林之阻，創五砦，結忠義民兵，金人犯淮西，沿邊之民得附山自固，金人亦疑設伏，自是不敢深入。

揚州兵久不練，分彊勇、鎮淮兩軍，月以三、八日習馬射，令所部兵皆倣行之。淮民多畜馬善射，欲依萬弩手法創萬馬社，募民爲之，宰相不果行。浙東饑，流民渡江，與之開門撫納，所活萬餘。楚州工役繁夥，士卒苦之，叛入射陽湖，亡命多從之者。與之給旗帖招之，衆聞呼皆至，首謀者獨遲疑不前，禽戮之，分其餘隸諸軍。

山東李全以衆來歸，與之移書宰相，謂：『自昔召外兵以集事者，必有後憂。』宰相欲圖邊功，諸將皆懷僥倖，都統劉琸承密劄取泗州，兵渡淮而後牒報。琸全軍覆沒，與之憂憤，馳書宰相，言：『與之乘鄣五年，子養士卒，今以萬人之命，壞於一夫之手，敵將乘勝襲我。』金人入境，宰相連遺與之三書，俾議和。與之答曰：『彼方得勢，而我與之和，必遭屈辱。今山砦相望，邊民米麥已盡輸藏，野無可掠，諸軍與山砦併力勦逐，勢必不能久駐。況東海、漣水已爲我有，山東歸順之徒已爲我用，一旦議和，則漣、海二邑若爲區處？山東諸酋若爲措置？望別選通才，以任和議。』與之自劉琸敗，亟修守戰備，遣精鋭，布要害。金人深入無功，而和議亦寢。

時議將姑闕兩淮制置，命兩淮帥臣互相爲援，與之啟廟堂曰：『兩淮分任其責，而無制閫總其權，則東淮有警，西帥果能疾馳往救乎？東帥亦果能疾馳往救西淮乎？制閫俯瞰兩淮，特一水之隔，文移往來，朝發夕至，無制閫則事事稟命朝廷，必稽緩誤事矣。』議遂寢。

召爲祕書少監，軍民遮道垂涕。與之力辭召命，竟還。將度嶺，趣召不已，行次池口，聞金人至邊，乃造朝奏：『今邊聲可慮者非一，惟山東忠義區處要不容緩。』前後累疏數千言，每歎養虎將自遺患。

升祕書監兼太子侍講，權工部侍郎。未幾，成都帥董居誼以黷貨爲叛卒所逐，總領楊九鼎遇害，蜀大擾。與之以選爲煥章閣待制、知成都府、本路安撫使，至即帖然。時安丙握蜀重兵久，每忌蜀帥之自東南來者，至是獨推誠相與。丙卒，詔盡護四蜀之師，開誠布公，兼用吳、蜀之士，拊循將士，人心悅服。先是，軍政不立，戎帥多不協和，劉昌祖在西和，王大才在沔州，大才之兵屢衄，昌祖不救，遂棄皁郊。吳政屯鳳州，張威屯西和，金人自白還堡突入黑谷，威不尾襲，而迂路由七方關上青野原，金人遂得入鳳州。與之戒以同心體國之大義，於是戎帥協和，而軍政始立。

先是，丙嘗納夏人合從之請，會師攻秦、鞏，而夏人不至，遂有皁郊之敗。與之至是飭邊將不得輕納。踰年，夏人復攻金人，遣百騎入鳳州，邀守將求援兵。與之使都統李冲來言曰：『通問當遣介持書，不當遣兵徑入。若邊民不相悉，或有相傷，則失兩國之好，宜斂兵退屯。』夏人知不可動，不復有言。初，金人既弊，率衆南歸者所在而有，或疑不敢納。與之優加爵賞以來之。未幾，金萬户呼延棫等扣洋州以歸，與之察其誠，納之，籍其兵千餘人，皆精悍善戰，金人自是不敢窺興元。既復鏤榜邊關，開諭招納，金人諜得之，自是上下相疑，多所屠戮，人無固志，以至於亡。

蜀盛時，四戎司馬萬五千有奇，開禧後，安丙裁去三之一，嘉定損耗過半，比與之至，馬僅五千。與之移檄茶馬司，許戎司自於關外收市如舊，嚴私商之禁，給細茶，增馬價，使無爲金人所邀。總司之給料不足者，亦移檄增給之。乞移大帥於興元，雖不果行，而凡關外林木厚加封殖，以防金人突至。隔第關盤車嶺皆極邊，號天險，因厚間探者賞，使覘之，動息悉知，邊防益密。總計告匱，首撥成都府等錢百五十萬緡助糴本。又慮關外歲糴不多，運米三十萬石積沔州倉，以備不測。初至，府庫錢僅萬餘，其後至千餘萬，金帛稱是。蜀知名士若家大酉、游似、李性傳、李心傳、度正之徒皆薦達之，其有名浮於實、用過其才者，亦歷歷以爲言。沔帥趙彥吶方有時名，與之獨察其大言亡實，它日誤事者必此人，移書廟堂，欲因乞祠而從之，不可付以邊藩之寄。後果如其言。與之以疾丐歸，朝廷以鄭損代，既受代，金諜知之，大入，與之再爲臨邊，金人乃退。召爲禮部尚書，不拜，便道還廣。蜀人思之，肖其像於成都仙遊閣，以配張詠、趙抃，名三賢祠。

理宗即位，授充顯謨閣直學士、知潭州、湖南安撫使，辭，提舉西京嵩山崇福宮。遷煥章閣學士、知隆興府、江西安撫使，又辭，授徽猷閣學士、提舉南京鴻慶宮。端平初，帝既親政，召爲吏部尚書，數以御筆起之，皆力辭。金亡，朝廷議取三京，聞之頓足浩歎。繼而授端明殿學士、提舉嵩山崇福宮，亦辭，俄授廣東經略安撫使兼知廣州。

先是，廣州摧鋒軍遠戍建康，留四年，比撤戍歸，未踰嶺，就留戍江西，又四年，轉戰所向皆捷，而上功幕府，不報，求撤戍，又不報，遂相率倡亂，縱火惠陽郡，長驅至廣州城，聲言欲得連帥洎幕屬甘心焉。與之家居，肩輿登城，叛兵望之，俯伏聽命，曉以逆順禍福，其徒皆釋甲，而首謀數人，懼事定獨受禍，遂率之遁去，入古端州以自固。至是，與之聞命亟拜，即家治事，屬提刑彭鉉討捕，潛移密運，人無知者。俄而新調諸軍畢集，賊戰敗請降，桀黠不悛者戮之，其餘分隸諸州。

帝於是注想彌切，拜參知政事，拜右丞相，皆力辭。乃訪以政事之孰當罷行，人才之孰當用舍？與之力疾奏：『天生人才，自足以供一代之用，惟辨其君子小人而已。忠實而有才者，上也；才雖不高，而忠實有守者，次也。用人之道，無越於此。蓋忠實之才，謂之有德而有才者也。若以君子爲無才，必欲求有才者用之，意嚮或差，名實無別，君子、小人消長之勢，基於此矣。陛下勵精更始，擢用老成，然以正人爲迂闊而疑其難以集事，以忠言爲矯激而疑其近於好名，任之不專，信之不篤。或謂世數將衰，則人才先已凋謝，如真德秀、洪咨夔、魏了翁，方此柄用，相繼而去，天意固不可曉。至於敢諫之臣，忠於爲國，言未脫口，斥逐隨之，一去而不可復留，人才豈易得，而輕棄如此。陛下悟已往而圖方來，昨以直言去位者亟加峻擢，補外者蚤與召還，使天下明知陛下非疏遠正人，非厭惡忠言，一轉移力耳。陛下收攬大權，悉歸獨斷。謂之獨斷者，必是非利害，胸中卓然有定見，而後獨斷以行之。比聞獨斷以來，朝廷之事體

愈輕，宰相進擬多沮格不行，或除命中出，而宰相不與知，立政造命之原，失其要矣。大抵獨斷當以兼聽爲先，儻不兼聽而斷，其勢必至於偏聽，實爲亂階，威令雖行於上，而權柄潛移於下矣。』

又曰：『邊臣主和，朝廷雖知，而未嘗明有施行。憂邊之士，剴切而言，一鳴輒斥，得非朝廷亦陰主之乎？假使和而可保，亦當議而行之可也。』又曰：『比年以變故層出，盜賊跳梁，雷雹震驚，星辰乖異，皆非細故。京城之災，七年而兩見，豈數萬户生靈皆獲罪於天者？百姓有過，在予一人，此陛下所當凜凜，惟有求直言可以裨助君德，感格天心。』又曰：『戚畹、舊僚，凡有絲髮夤緣者，孰不乘間伺隙以求其所大欲，近習之臣，朝夕在側，易於親昵，而難於防閑。司馬光謂「内臣不可令其采訪外事，及問以羣臣能否」，蓋干預之門自此始也。若謂其所言出於無心，豈知愛惡之私，因此而入，其於聖德，寧無玷乎？』帝覽奏嘉歎，趣召愈力，控辭至十有三疏。

嘉熙三年，乃得致仕，以觀文殿大學士提舉洞霄宮。自領鄉郡，不受廩祿之入，凡奉餘皆以均親黨。薨時年八十有二，遺戒不得作佛事。累封至南海郡公，謚清獻。

又 卷四九〇《外國傳六・大食》 大食國本波斯之別種。隋大業中，波斯有桀黠者探穴得文石，以爲瑞，乃糾合其衆，剽略資貨，聚徒浸盛，遂自立爲王，據有波斯國之西境。唐永徽以後，屢來朝貢。其王盆泥末換之前謂之白衣大食，阿蒲羅拔之後謂之黑衣大食。

乾德四年，僧行勤遊西域，因賜其王書以招懷之。開寶元年，遣使來朝貢。四年，又貢方物，以其使李訶末爲懷化將軍，特以金花五色綾紙寫官告以賜。是年，本國及占城、闍婆又致禮物于李煜，煜不敢受，遣使來上，因詔自今勿以爲獻。六年，遣使來貢方物。七年，國王訶黎佛又遣使不囉海，九年又遣使蒲希密，皆以方物來貢。

太平興國二年，遣使蒲思那、副使摩訶末、判官蒲囉等貢方物。其從者目深體黑，謂之崑崙奴。詔賜其使襲衣、器幣，從者縑帛有差。四年，復有朝貢使至。雍熙元年，國人花茶來獻花錦、越諾、揀香、白龍腦、白沙糖、薔薇水、琉璃器。

淳化四年，又遣其副酋長李亞勿來貢。其國舶主蒲希密至南海，以老病不能詣闕，乃以方物附亞勿來獻。其表曰：

大食舶主臣蒲希密上言，衆星垂象，回拱於北辰；百谷疏源，委輸於東海。屬有道之柔遠，罄無外以宅心。伏惟皇帝陛下德合二儀，明齊七政，仁宥萬國，光被四夷。賡歌洽擊壤之民，重譯走奉珍之貢。臣顧惟殊俗，景慕中區，早傾向日之心，頗鬱朝天之願。

昨在本國，曾得廣州蕃長寄書招諭，令入京貢奉，盛稱皇帝聖德，布寬大之澤，詔下廣南，寵綏蕃商，阜通遠物。臣遂乘海舶，爰率土毛，涉歷龍王之宫，瞻望天帝之境，庶遵玄化，以慰宿心。今則雖届五羊之城，猶賒雙鳳之闕。自念衰老，病不能興，遐想金門，心目俱斷。今遇李亞勿來貢，謹備蕃錦藥物附以上獻。臣希密凡進象牙五十株，乳香千八百斤，賓鐵七百斤，紅絲吉貝一段，五色雜花蕃錦四段，白越諾二段，都爹一琉璃瓶，無名異一塊，薔薇水百瓶。

詔賜希密敕書、錦袍、銀器、束帛等以答之。

至道元年，其國舶主蒲押陁黎賫蒲希密表來獻白龍腦一百兩，膃肭臍五十對，龍鹽一銀合，眼藥二十小琉璃瓶，白沙糖三琉璃甕，千年棗、舶上五味子各六琉璃瓶，舶上褊桃一琉璃瓶，薔薇水二十琉璃瓶，乳香山子一坐，蕃錦二段，駝毛褥面三段，白越諾三段。引對於崇政殿，譯者代奏云：『父蒲希密因緣射利，泛舶至廣州，迨今五稔未歸。母令臣遠來尋訪，昉至廣州見之。具言前歲蒙皇帝聖恩降敕書，賜以法錦袍、紫綾纏頭、間塗金銀鳳瓶一對、綾絹二十疋。今令臣奉章來謝，以方物致貢。』

太宗因問其國，對云：『與大秦國相鄰，爲其統屬。今本國所管之民纔及數千，有都城介山海間。』又問其山澤所出，對云：『惟犀象香藥。』問犀象以何法可取，對云：『象用象媒誘至，漸以大繩羈縻之耳；犀則使人升大樹操弓矢，伺其至射而殺之，其小者不用弓矢可以捕獲。』上賜以襲衣、冠帶、被褥等物，令閤門宴犒訖，就館，延留數月遣回；降詔答賜蒲希密黄金，準其所貢之直。三年二月，又與賓同隴國使來朝。

咸平二年，又遣判官文戊至。三年，舶主陁婆離遣使穆吉鼻來貢。吉鼻還，賜陁婆離詔書并器服鞍馬。六年，又遣使婆羅欽三摩尼等來貢方物。摩尼等對於崇政殿，持真珠以進，自云離國日誠願得瞻威顏即獻此，

乞不給回賜。真宗不欲違其意，俟其還，優加恩賚。

景德元年，又遣使來。時與三佛齊、蒲端國使並在京師，會上元觀燈，皆賜錢縱其宴飲。其秋，蕃客蒲加心至。四年，又遣使同占城使來，優加館餼之禮，許徧至苑囿寺觀遊覽。

大中祥符元年十月，車駕東封，舶主陁婆離上言願執方物赴泰山，從之。又舶主李亞勿遣使麻勿來獻玉圭。並優賜器幣、袍帶，并賜國主銀飾繩床、水罐、器械、旗幟、鞍勒馬等。四年祀汾陰，又遣歸德將軍陁羅離進甌香、象牙、琥珀、無名異、繡絲、紅絲、碧黃綿、細越諾、紅駝毛、間金線璧衣、碧白琉璃酒器、薔薇水、千年棗等。詔令陪位，禮成，並賜冠帶服物。五年，廣州言大食國人無西忽盧華百三十歲，耳有重輪，貌甚偉異。自言遠慕皇化，附古邏國舶船而來。詔就賜錦袍、銀帶加束帛。

天禧三年，遣使蒲麻勿陁婆離、副使蒲加心等來貢。先是，其入貢路繇沙州，涉夏國，抵秦州。乾興初，趙德明請道其國中，不許。至天聖元年來貢，恐爲西人鈔略，乃詔自今取海路繇廣州至京師。至和、嘉祐間，四貢方物。最後以其首領蒲沙乙爲武寧司階。

熙寧中，其使辛押陁羅乞統察蕃長司公事，詔廣州裁度。又進錢銀助修廣州城，不許。六年，都蕃首保順郎將蒲陀婆離慈表令男麻勿奉貢物，乞以自代，而求爲將軍，詔但授麻勿郎將。其國部屬各異名，故有勿巡，有陁婆離，有俞盧和地，有麻囉跋等國，然皆冠以大食。勿巡所貢，又有龍腦、兜羅錦、毬錦襈、蕃花簟，陁婆有金飾壽帶、連環臂鉤、數珠之屬。

政和中，『橫州士曹』（『橫州士曹』《通考》卷三三九《四裔考》同。《宋會要·蕃夷》四之九三作『廣州司户曹事』。按上下文，天聖元年有令大食人取海道由廣州至京師詔；本書卷一六七《職官志》，諸曹官有户曹參軍，掌户籍、賦税、倉庫受納之事，疑以《會要》爲是。）蔡蒙休押伴其使入都，沿道故滯留，彊市其香藥不償直。事聞，詔提點刑獄置獄淮治，因詔自今蕃夷入貢，並選承務郎以上清幹官押伴，按程而行，無故不得過一日，乞取買市者論以自盜云。

其國在泉州西北，舟行四十餘日至藍里，次年乘風颿，又六十餘日始達其國。地雄壯廣袤，民俗侈麗，甲於諸蕃。天氣多寒。其王錦衣玉帶，躡金履，朔望冠百寶純金冠。其居以碼碯爲柱，綠甘爲壁，水晶爲瓦，碌石爲磚，活石爲灰，帷幕用百花錦。官有丞相、太尉，各領兵馬二萬餘人。馬高七尺，士卒驍勇。民居屋宇略與中國同。市肆多金銀綾錦。工匠技術，咸精其能。

建炎三年，遣使奉寶玉珠貝入貢。帝謂侍臣曰：『大觀、宣和間，茶馬之政廢，故武備不修，致金人亂華，危亡不絕如綫。今復捐數十萬緡以易無用之珠玉，曷若惜財以養戰士？』詔張浚却之，優賜以答遠人之意。紹興元年，復遣使貢文犀、象齒，朝廷亦厚加賜與，而不貪其利。故遠人懷之，而貢賦不絕。

《明史》卷二九一《張銓傳》 張銓，字宇衡，沁水人。萬曆三十二年進士。授保定推官，擢御史，巡視陝西茶馬。以憂歸，起按江西。

時遼東總兵官張承蔭敗歿，而經略楊鎬方議四道出師。銓馳奏言：『敵山川險易，我未能悉知，懸軍深入，保無抄絕？且突騎野戰，敵所長，我所短。以短擊長，以勞赴逸，以客當主，非計也。昔臚朐河之戰，五將不還，奈何輕出塞。爲今計，不必徵兵四方，但當就近調募，屯集要害以固吾圉，厚撫北關以樹其敵，多行間諜以攜其黨，然後伺隙而動。若加賦選丁，騷擾天下，恐識者之憂不在遼東。』因請發帑金，補大僚，宥直言，開儲講，先爲自治之本。又言：『李如柏、杜松、劉綎以宿將並起，宜責鎬約束，以一事權。唐九節度相州之潰，可爲明鑑。』又言：『廷議將恤承蔭，夫承蔭不知敵誘，輕進取敗，是謂無謀。猝與敵遇，行列錯亂，是謂無法。率萬餘之衆，不能死戰，是謂無勇。臣以爲不宜恤。』又論鎬非大帥才，而力薦熊廷弼。

四十八年夏復上疏言：『自軍興以來，所司創議加賦，畝增銀三釐，未幾至七釐，又未幾至九釐。辟之一身，遼東，肩背也，天下，腹心也。肩背有患，猶藉腹心之血脈滋灌。若腹心先潰，危亡可立待。竭天下以救遼，遼未必安，而天下已危。今宜聯人心以固根本，豈可朘削無已，驅之使亂。且陛下內廷積金如山，以有用之物，置無用之地，與瓦礫糞土何異。乃發帑之請，叫閽不應，加派之議，朝奏夕可。臣殊不得其解。』銓疏皆關軍國安危，而帝與當軸卒不省。綎、松敗，時謂銓有先見云。

熹宗即位，出按遼東，經略袁應泰下納降令，銓力爭，不聽，曰：

『禍始此矣。』天啟元年三月，瀋陽破，銓請令遼東巡撫薛國用帥河西兵駐海州，薊遼總督文球帥山海兵駐廣寧，以壯聲援。疏甫上，遼陽被圍，軍大潰。銓與應泰分城守，應泰令銓退保河西，以圖再舉，不從。守三日，城破，被執不屈，欲殺之，引頸待刃，乃送歸署。銓衣冠向闕拜，又遥拜父母，遂自經。事聞，贈大理卿，再贈兵部尚書，謚忠烈。官其子道濬錦衣指揮僉事。

銓父五典，歷官南京大理卿，時侍養家居。詔以銓所贈官加之，及卒，贈太子太保。

初，五典度海内將亂，築所居竇莊爲堡，堅甚。崇禎四年，流賊至，五典已歿，獨銓妻霍氏在，衆請避之。曰：『避賊而出，家不保。出而遇賊，身更不保。等死耳，盍死於家。』乃率僮僕堅守。賊環攻四晝夜，不克而去。副使王肇生名其堡曰『夫人城』。鄉人避賊者多賴以免。

又 卷三一一《四川土司傳一·天全六番招討司》 天全，古氏羌地。五代孟蜀時，置碉門、黎、雅、長河西、魚通、寧遠六軍安撫司。宋因之，隸雅州。元置六安撫司，屬土番等處宣慰司，後改六番招討，又分置天全招討司。明初并爲天全六番招討司，隸四川都司。

洪武六年，天全六番招討使高英遣子敬嚴等來朝，貢方物。帝賜以文綺龍衣。以英爲正招討，楊藏卜爲副招討，秩從五品，每三歲入貢，賜予甚厚。二十一年，楊藏卜來朝，言茶户向與西番貿易，歲收其課。近在官收買，額遂虧，乞從民便，許之。先是，高敬嚴襲招討使，偕楊藏卜奏請簡土民爲兵，以守邊境，詔許之。敬嚴等遂招選土民，教以戰陣，得馬步卒千餘人。至是藏卜來朝，奏其事，詔更天全六番招討司爲武職，令戍守邊界，控制西番。三十一年，帝諭左都督徐增壽曰：『曩因碉門拒長河西口，道路險隘，以致往來跋涉艱難，市馬數少。今聞有路自碉門出枯木任場徑抵長河西口，通雜道長官司，道路平坦，往來徑直，可即檄所司開拓，以便往來。』

永樂二年，高敬讓來朝，并賀立皇太子，且遣其子虎入國子學，賜虎衣衾等物。十年，敬讓遣子虎貢馬。初，虎入國學讀書，以丁母憂去，至是服闋還監，皇太子命禮部賜予如例。

宣德五年，六番招討司奏：『舊額歲辦烏茶五萬斤，二年一次，運付碉門茶馬司易馬。今户部令再辦芽茶二千二百斤，山深地瘠，艱於采辦，乞減其數。』帝令免烏茶只辦芽茶。十年命高鳳署天全六番招討司事。先是，敬讓以罪下獄死。至是，其子鳳乞襲父職。帝念其祖有撫綏功，命暫理招討事。正統四年命鳳襲。

正德十五年，招討高文林父子稱兵亂，副招討楊世仁亦助惡。命四川撫按官討之。初，文林等與蘆山縣民爭田搆釁，知縣處置失宜，致叛亂。踰年，討斬文林，擒其子繼恩，擇其宗人承襲。

初，天全招討司治碉門城，元之碉門安撫司也，在雅州境。明初，宣慰余思聰、王德貴歸附，始降司爲州，設雅州千户所，而設碉門百户，近天全六番之界。又置茶課司以平互市。蓋其地爲南詔咽喉，三十六番朝貢出入之路。

三十六番者，皆西南諸部落，洪武初，先後至京，授職賜印。立都指揮使二：曰烏斯藏，曰朵甘。爲宣慰司者三：曰朵甘，曰董卜韓胡，曰長河西魚通寧遠。爲招討司者六，爲萬户府者四，爲千户所者十七，是爲三十六種。或三年，或五年一朝貢，其道皆由雅州入，詳西番傳。

紀事

宋 吴曾《能改齋漫録》卷七《事實·蜀運茶馬利害》 『蜀茶總入諸蕃市，胡馬常從萬里來。』蓋元豐末，陸師閔提舉川陝茶馬，運茶抵陝，蜀人苦之，中丞蘇轍、御史呂陶以爲言，司馬丞相建遣户部郎官黄廉往察視。同省皆云：『一筆勾斷，歸來作從官。』既堂辭，黄云：『容到彼親看利害，方敢奏陳。』既至，知得馬爲利，運茶爲害。乃奏乞置鋪兵官運茶，以寬民力。大忤宰執之意，就委措置行之。未幾，公私果以爲便。故詩云：『兩猾論兵幾敗國。』蓋此爲王中正俞允作也。

《文獻通考》卷一八《征榷考五·榷茶》 按《陸羽傳》：『羽嗜茶，著經三篇，言茶之原、之法、之具尤備，天下益知飲茶矣。時鬻茶者至畫羽形置煬突間，祀爲茶神。有常伯熊者，因羽論復廣著茶之功。其後尚茶成風，回紇入朝，始驅馬市茶。』

又 神宗熙寧七年，始建三司幹當公事李杞入蜀經畫買茶，於秦鳳、

熙河博馬，與成都路漕司議合。事方有端，而王韶言西人頗以善馬至邊，所嗜惟茶，乏茶與市。

又 卷六二《職官考十六・都大提舉茶馬》 宋熙寧七年，始三司鹽鐵判官李杞、三司句當公事蒲宗閔經畫川、蜀買茶，充秦鳳、熙河路博馬，就除提舉成都府路買茶公事。杞於秦川、宗閔於成都置司，後改名都大提舉茶馬事。熙寧七年，差李杞、蒲宗閔成都府買茶、熙河路博馬，並令杞等提舉，置都大提舉及主管、同主管，各因其資品高下除授云。元豐四年，羣牧判官郭茂恂又言：『茶司既不兼買馬，遂立法以害馬政，恐誤國事，乞並茶場、買馬爲一司。』從之。蓋茶馬司始合於此時也舊制，於源、渭、德順三郡市蕃馬。熙寧七年，初復熙河，經略使王韶言：『西人頗以善馬至邊，其所嗜唯乏茶，與之爲市，請趣茶馬辦之。』乃命三司句當公事李杞運蜀茶至熙河，置買馬場六，而源、渭、德順更不買馬，於是杞言：『賣茶、市馬，一事也。乞同提舉買馬。』杞遂兼馬政，然合分不常。至元豐四年，羣牧判官、提舉買馬郭茂恂又言：『茶司既不兼買馬，遂立法以害馬政，乞並爲一司。』從之。掌收摘山之利，以佐邦用。凡市馬於蕃夷，以茶易之。大觀以來，茶馬之政廢，川茶不以博馬，唯市珠玉，故馬政廢缺建炎四年，張浚奏大石進奉珠玉，高宗諭曰云云。紹興四年，從關師古之請，以乏戰馬，始令四川宣撫司支茶博馬。五年，密院言已於永康軍、威茂州置場。七年，宰臣趙鼎言：『得旨復置茶馬官，舊有主管茶馬、同提舉茶馬、都大提舉茶馬凡三等。』上曰：『考其資歷命之。』乾道元年，川、秦兩司馬額共九千餘匹茶馬陳彌作言：『本司買馬，川、秦兩司，文、黎、珍、敘、南平、長寧軍、本州軍年額川馬五千餘匹，係應副江上諸軍。階州之峰帖、陝西和州之宕昌兩處，年額共西馬四千餘匹，係輪年應副三衙。』

川、秦兩司者，祖宗舊制，至今不廢四年，四川宣撫使虞允文奏：『照得祖宗朝都大茶馬官於秦州、成都各置司，居治各半府，排發馬月分居秦司，訖事即歸川司，措置發茶並買馬物帛之類。今欲依舊制，於鳳州河池縣置秦司，既近宕昌，買馬之弊可以稽察。』從之。川、秦馬舊二萬匹，乾道川、秦買馬之額，歲爲萬有一千九百匹有奇，川司六千，秦司五千九百。益、梓、利三路漕司歲應副博馬綢絹十萬四千匹，成都、利州路十一州產茶二千一百二萬斤，茶馬司所收大較若此。其後文州改隸秦司，而川司增珍州之額，共爲四千八百九十六，秦司六千一百二十，合兩司爲萬有一千十有六匹，此慶元之額也。嘉泰末，川司五場又增爲五千一百九十六匹，秦司三場增爲七千七百九十八匹，合兩司爲萬有二千九百九十四匹。然累歲所市，多不及額焉。

又 卷一六〇《兵考十二・馬政》 〔元豐〕八年，提舉茶場李杞言：『賣茶易馬，固爲一事，乞同提舉買馬。』詔如其請。其後羣牧判官郭茂恂言：『承詔議專以茶市馬，以金帛市穀，而並茶馬爲一司。臣聞頃時以茶市馬，兼用金帛者，亦聽其便。近歲事局既分，始專用銀絹錢鈔。非蕃部所欲，且茶馬二事，事實相須。』乃詔專以雅州之名山茶爲易馬之用。

自是蕃馬之至者稍衆。久之，買馬司復罷兼茶事。自李紀建議，始於提舉茶事兼買馬，其後二職分合不一。

哲宗嗣位，議者爭言新法保馬之不便，乃下詔以兩路保馬分配諸軍，餘數發赴太僕寺，不堪支配者斥還民户而責官給元價。翔、公雅皆得罪，保馬遂罷。

又 卷三三九《四裔考十六》 建炎三年，張浚奏大食國遣使進奉珠玉寶貝等物，已至熙州，上宣諭曰：『大觀、宣和間，茶馬之政廢，川茶不以博馬，惟市珠玉，故馬政浸缺，武備不脩，致胡虜亂華，危弱之甚。今若復捐數十萬緡貿易無用珠玉，曷若惜財以養戰士？宜以禮贈賄而謝遣之。』乃詔張浚，並不得受，量度支賜以答遠人之意。紹興元年、六年，俱以船舶入貢。

《宋史》卷二五《高宗紀二》 〔建炎二年十一月〕四川茶馬趙開罷官買賣茶，給引通商如政和法。

又 〔建炎三年冬十月〕辛丑，張浚以同主管川、陝茶馬趙開爲隨軍轉運使，專總四川財賦。

又 卷二八《高宗紀五》 〔紹興七年〕十二月庚辰，復置都大提舉四川茶馬監牧官。

又 卷三一《高宗紀八》 〔紹興二十四年秋七月〕壬戌，詔捐四川茶馬司羨餘錢給軍費，以寬民力。

又 〔紹興二十六年九月〕壬子，詔成都、潼川兩路漕臣同制置、總領、茶馬司審度四川財賦利害，其實惠得以及民、調度可以經久者，條具以聞。

又卷三五《孝宗紀三》 ［淳熙七年六月］甲午，制置司益兵，遣都大提舉茶馬吳總往平之。

又卷三八《寧宗紀二》 ［嘉泰三年八月］戊申，置四川提舉茶馬二員，分治茶馬事。

又 ［嘉泰三年］十二月丙辰，命四川提舉茶馬通治茶馬事。

又卷一六七《職官七》 都大提舉茶馬司：掌榷茶之利，以佐邦用。凡市馬於四夷，率以茶易之。應產茶及市馬之處，官屬許自辟置，視其數之登耗，以詔賞罰。舊制，於原、渭、德順三郡市馬。熙寧七年，初復熙、河，經略使王韶言：『西人頗以善馬至邊，其所嗜唯茶，而乏茶與之爲市，請趣買茶司買之。』乃命三司幹當公事李杞運蜀茶至熙、河，置買馬場六，而原、渭、德順更不買馬，於是杞言：『買茶買馬，一事也，乞同提舉買馬。』杞遂兼馬政，然分合不常。至元豐六年，羣牧判官提舉買馬郭茂恂又言：『茶司既不兼買馬，遂立法以害馬政，恐悮國事，乞併茶場買馬爲一司。』從之。先是，市馬于邊，有司侔賞，率以駑充數。紹聖中，都大茶馬程之邵始精揀汰，仍以八月至四月爲限，又以羨茶轉入熙、秦市戰騎，故馬多而茶息厚，二法著爲令。元符末，程之邵召對，徽宗詢以馬政，之邵言：『戎俗食肉飲酪，故貴茶，而病於難得，願禁沿邊鬻茶，專以蜀產易上乘。』詔可。未幾，獲馬萬匹。宣和中，以茶馬兩司吏員猥衆，於是朝奉大夫何漸請遵豐、熙成憲，稱其事之繁簡而定以員數，從之。紹興四年，初命四川宣撫司支茶博馬。七年，復置茶馬官，凡買馬州縣黎、文、敘、長寧、南平珍皆與知州、通判同措置任責。通判許茶馬司辟置，視買馬額數之盈虧而賞罰之。歲發馬綱應副屯駐諸軍及三衙之用。舊有主管茶馬、同提舉茶馬、都大提舉茶馬，皆考其資歷授之。乾道初，用臣僚言省罷，委各郡知州、通判、監押任責；尋復置。紹熙三年，茶馬司拖欠馬數過多，詔將本年分馬綱錢價，責茶馬司撥付湖廣總領所，劵付軍官自買土馬。嘉泰三年以所發綱馬不及格式，詔茶馬官各差一員，遂分爲兩司。文臣成都主茶，武臣興元主馬。其屬共有幹辦公事四員、準備差使二員。

又卷一八四《食貨下六》 熙寧四年，神宗與大臣論昔茶法之弊，文彥博、吳充、王安石各論其故，然於茶法未有所變。及王韶建開湟之策，委以經略。七年，始遣三司幹當公事李杞入蜀經畫買茶，於秦鳳、熙河博馬。而韶言西人頗以善馬至邊，所嗜唯茶，乏茶與市。

又 ［元豐］五年，李稷死永樂城，詔以陸師閔代之。師閔言稷治茶五年，百費外獲淨息四百二十八萬餘緡，詔賜田十頃。而師閔榷利，尤刻於前，建言：『文、階州接連，而茶法不同，階爲禁地，有博馬、賣茶場，文獨爲通商地。乞文、龍二州並禁榷，仍許川路餘羨茶貨入陝西變賣，於成都府置博賣都茶場。』事皆施行。初，羣牧判官郭茂恂言，賣茶買馬，事實相須，詔茂恂同提舉茶場。至是，師閔以買馬司兼領茶場，茶法不能自立，詔罷買馬司兼領；令茶場都大提舉視轉運使，同管幹視轉運判官，以重其任。賈種民更立茶法，師閔論奏茶場與他場務不同，詔並用舊條。初，李杞增諸州茶場，自熙寧七年至元豐八年，蜀道茶場四十一，京西路金州爲場六，陝西賣茶爲場三百三十二，稅息至稷加爲五十萬，及師閔爲百萬。

又 蜀茶之細者，其品視南方已下，惟廣漢之趙坡，合州之水南，峨眉之白牙，雅安之蒙頂，土人亦珍之，但所產甚微，非江、建比也。舊無榷禁，熙寧間，始置提舉司，收歲課三十萬，至元豐中，累增至百萬。建炎元年，成都轉運判官趙開言榷茶、買馬五害，請『用嘉祐故事盡罷榷茶，而令漕司買馬。或未能然，亦當減額以蘇園户，輕價以惠行商，如此則私販衰而盜賊息』。遂以開同主管川、秦茶馬。二年，開至成都，大更茶法，倣蔡京都茶場法，以引給茶商，即園户市茶，百斤爲一大引，除其十勿算。置合同場以譏其出入，重私商之禁，爲茶市以通交易。每斤引錢春七十、夏五十，市利頭子錢不預焉。所過征一錢，所止一錢五分。自後引息錢至一百五萬緡。至十七年，都大茶馬韓球盡取園户加饒之茶爲額，茶司歲收二百萬，而買馬之數不加多。

乾道末年，青羌作亂，茶司增長細馬名色等錢歲三十萬。淳熙六年以後，累減園户重額錢十六萬，又減引息錢十六萬。至紹熙初，楊輔爲使，遂定爲法。成都府、利州路二十三場，歲產茶二千一百二萬斤，通博馬物帛歲收錢二百四十九萬三千餘緡。朝廷歲以一百一十三萬緡隸總領所贍軍，然茶馬司率多難之；乾道以後，歲撥止一二十萬緡，至淳熙十年，遂以五十萬緡爲準。

自熙、豐以來，茶司官權出諸司之上。初，元豐開川、秦茶場，園户

既輸二稅，又輸土產，隆安縣園户二稅、土產兼輸外，又催理茶課估錢，建炎元年立爲額，至寧宗慶元初，始除之。六年，詔四川產茶處歲輸經總制頭子錢五千四十一道有奇，又科租錢三千一百四十道有奇。

宋初，經理蜀茶，置互市于原、渭、德順三郡，以市蕃夷之馬；熙寧間，又置場于熙河。南渡以來，文、黎、珍、敘、南平、長寧、階、和凡八場，其間盧甘蕃馬歲一至焉，洮州蕃馬或一月或兩月一至焉，疊州蕃馬或半年或三月一至焉，皆良馬也。其他諸蕃馬多駑，大率皆以互市爲利，宋朝曲示懷遠之恩，亦以是羈縻之。紹興二十四年，復黎州及雅州碉門靈西砦易馬場，乾道初，川、秦八場馬額九千餘匹，淳熙以來，爲額萬二千九百九十四匹，自後所市未嘗及焉。

又卷一九八《兵志十二·馬政》　熙寧七年，熙河用兵，馬道梗絕。乃詔知成都府蔡延慶兼提舉戎、黎州買馬，以經度其事。明年，延慶言：『威、雅、嘉、瀘、文、龍州，地接烏蠻、西羌，皆產善馬。請委知州、砦主，以錦綵、茶絹招市。』未及施行，會威、茂州夷人盜邊，及西邊馬已至，八月，遂詔罷提舉戎、黎買馬。

元豐中，軍興乏馬。六年，復命知成都呂大防同成都府、利州路轉運司，經制邊郡之可市馬者，遂制嘉州中鎮砦、雅州靈關等買馬場，而馬皆不至。元祐初，乃罷之。

元祐中，嘗詔以蜀馬給陝西軍，以陝西馬赴京師。崇寧五年，增黎州市馬至四千疋。然凡云蜀馬者，惟沈黎所市爲多，其他如戎、瀘等州，歲與蠻人爲市，第存優恤，數馬以給其直。大觀初，又詔播州夷界巡檢楊榮，許歲市馬五十疋於南平軍，其給賜視戎州之數。

熙寧中，罷券馬而專於招市，歲省三司錢二十萬緡。自馬不下槽出牧，三司復給芻秣之費，更相補除，而三司歲償羣牧者，爲緡錢十萬，以增市馬。券馬之罷已久，紹聖初，提舉買馬陸師閔奏復行之，令蕃漢商人願以馬結券進賣者，先從諸場驗印，各具其直給券，送太僕寺償之。其說以爲券馬既盛行，則綱馬可罷。行之三年，樞密院言券馬死不及羸而綱馬之死十倍。乃賜師閔金帛，加集賢修撰，以賞其功。時議既不以券馬爲是，主管買馬閻令亦言其枉費。然曾布力行之。崇寧中，乃詔買馬一遵元豐法。

市馬之官，自嘉祐中，始以陝西轉運使兼本路監牧買馬事，後又以制置陝西解鹽官同主之。熙寧中，始置提舉熙河路買馬，命知熙州王韶爲之，而以提點刑獄爲同提舉。

八年，提舉茶場李杞言：『賣茶買馬，固爲一事。乞同提舉買馬。』詔如其請。十年，又置羣牧行司，以往來督市馬者。

元豐三年，復罷爲提舉買馬監牧司。四年，羣牧判官郭茂恂言：『承詔議專以茶市馬，以物帛市穀，而併茶馬爲一司。臣聞頃時以茶易馬，兼用金帛，亦聽其便。近歲事局既分，專用銀絹、錢鈔，非蕃部所欲。且茶馬二者，事實相須。請如詔便。』奏可。仍詔專以雅州名山茶爲易馬用。自是蕃馬至者稍衆。六年，買馬司復罷兼茶事。七年，更詔以買馬隸經制熙河財用司。經制司罷，乃復故。

自李杞建議，始於提舉茶事兼買馬，其後二職分合不一。崇寧四年，詔曰：『宗皇帝厲精庶政，經營熙河路茶馬司以致國馬，法制大備。其後監司欲侵奪其利以助糴買，故茶利不專，而馬不敷額。近雖更立條約，令茶馬司總運茶博馬之職，猶慮有司苟於目前近利，不顧悠久深害。三省其謹守已行，毋輒變亂元豐成法。』自是職任始一。

《明史》卷二三《莊烈帝紀一》　［崇禎四年］十一月丙戌，太監李奇茂監視陝西茶馬，吴直監視登島兵糧、海禁，吴直監視登島兵糧海禁羣臣合疏諫，不聽。

又卷七五《職官志四·茶馬司》　茶馬司。大使一人，正九品，副使一人，從九品，掌市馬之事。洪武中，置洮州、秦州、河州三茶馬司，設司令、司丞。十五年改設大使、副使各一人，尋罷洮州茶馬司，以河州茶馬司兼領之。三十年改秦州茶馬司爲西寧茶馬司。又洪武中，置四川永寧茶馬司，後革，復置雅州碉門茶馬司。又於廣西置慶遠裕民司，洪武七年置，設大使一人，從八品，副使一人，正九品。市八番溪洞之馬，後亦革。

又卷八〇《食貨四·茶法》　番人嗜乳酪，不得茶，則困以病。故唐、宋以來，行以茶易馬法，用製羌、戎，而明制尤密。有官茶，有商茶，皆貯邊易馬。官茶間徵課鈔，商茶輸課略如鹽制。

初，太祖令商人於產茶地買茶，納錢請引。引茶百斤，輸錢二百，不及引曰畸零，別置由帖給之。無由、引及茶引相離者，人得告捕，置茶局

批驗所，稱較茶引不相當，即爲私茶。凡犯私茶者，與私鹽同罪。私茶出境，與關隘不譏者，並論死。後又定茶引一道，輸錢千，照茶百斤；茶由一道，輸錢六百，照茶六十斤。既，又令納鈔，每引由一道，納鈔一貫。

洪武初，定令：凡賣茶之地，令宣課司三十取一。四年，户部言：『陝西漢中、金州、石泉、漢陰、平利、西鄉諸縣，茶園四十五頃，茶八十六萬餘株。四川巴茶三百十五户，茶二百三十八萬餘株。宜定令每十株官取其一。無主茶園，令軍士薅采，十取其八，以易番馬。』從之。於是諸產茶地設茶課司，定稅額，陝西二萬六千斤有奇，四川一百萬斤。設茶馬司於秦、洮、河、雅諸州，自碉門、黎、雅抵朵甘、烏思藏，行茶之地五千餘里。山後歸德諸州，西方諸部落，無不以馬售者。

碉門、永寧、筠、連所產茶，名曰剪刀麄葉，惟西番用之，而商販未嘗出境。四川茶鹽都轉運使言：『宜別立茶局，徵其稅，易紅纓、氈衫、米、布、椒、蠟以資國用。而居民所收之茶，依江南給引販賣法，公私兩便。』於是永寧、成都、筠、連皆設茶局矣。

川人故以茶易毛布、毛纓諸物以償茶課。自定課額，立倉收貯，專用以市馬，民不敢私採，課額每虧，民多賠納。四川布政司以爲言，乃聽民採摘，與番易貨。又詔天全六番司民，免其徭役，專令蒸烏茶易馬。

初制，長河西等番商以馬入雅州易茶，由四川巖州衛入黎州始達。茶馬司定價，馬一匹，茶千八百斤，於碉門茶課司給之。番商往復迂遠，而給茶太多。巖州衛以爲言，請置茶馬司於巖州，而改貯碉門茶於其地，且驗馬高下以爲茶數。詔茶馬司仍舊，而定上馬一匹，給茶百二十斤，中七十斤，駒五十斤。

三十年改設秦州茶馬司於西寧，敕右軍都督曰：『近者私茶出境，互市者少，馬日貴而茶日賤，啟番人玩侮之心。檄秦、蜀二府，發都司官軍於松潘、碉門、黎、雅、河州、臨洮及入西番關口外，巡禁私茶之出境者。』又遣駙馬都尉謝達諭蜀王椿曰：『國家榷茶，本資易馬。邊吏失譏，私販出境，惟易紅纓雜物。使番人坐收其利，而馬入中國者少，豈所以制戎狄哉！爾其諭布政司、都司，嚴爲防禁，毋致失利。』

當是時，帝綢繆邊防，用茶易馬，固番人心，且以強中國。嘗謂户部尚書郁新：『用陝西漢中茶三百萬斤，可得馬三萬匹，四川松、茂茶如之。販鬻之禁，不可不嚴。』以故遣僉都御史鄧文鏗等察川、陝私茶；駙馬都尉歐陽倫以私茶坐死。又製金牌信符，命曹國公李景隆齎入番，與諸番要約，篆文上曰『皇帝聖旨』，左曰『合當差發』，右曰『不信者斬』。凡四十一面：洮州火把藏思囊日等族，牌四面，納馬三千五十匹；河州必里衛西番二十九族，牌二十一面，納馬七千七百五匹；西寧曲先、阿端、罕東、安定四衛，巴哇、申中、申藏等族，牌十六面，納馬三千五十匹。下號金牌降諸番，上號藏內府以爲契，三歲一遣官合符。其通道有二，一出河州，一出碉門，運茶五十餘萬斤，獲馬萬三千八百匹。太祖之馭番如此。

永樂中，帝懷柔遠人，遞增茶斤。由是市馬者多，而茶不足。茶禁亦稍弛，多私出境。碉門茶馬司至用茶八萬餘斤，僅易馬七十匹，又多瘦損。乃申嚴茶禁，設洮州茶馬司，又設甘肅茶馬司於陝西行都司地。十三年特遣三御史巡督陝西茶馬。

太祖之禁私茶也，自三月至九月，月遣行人四員，巡視河州、臨洮、碉門、黎、雅。半年以內，遣二十四員，往來旁午。宣德十年，乃定三月一遣。自永樂時停止金牌信符，至是復給。未幾，番人爲北狄所侵掠，徙居內地，金牌散失。而茶司亦以茶少，止以漢中茶易馬，且不給金牌，聽其以馬入貢而已。

先是，洪武末，置成都、重慶、保寧、播州茶倉四所，令商人納米中茶。宣德中，定官茶百斤，加耗什一。中茶者，自遣人赴甘州、西寧，而支鹽於淮、浙以償費。商人恃文憑恣私販，官課數年不完。正統初，都御史羅亨信言其弊，乃罷運茶支鹽例，令官運如故，以京官總理之。

景泰中，罷遣行人。成化三年命御史巡茶陝西。番人不樂御史，馬至日少。乃取回御史，仍遣行人，且令按察司巡察。已而巡察不專，兵部言其害，乃復遣御史，歲一更，著爲令。又以歲饑待振，復令商納粟中茶，且令茶百斤折銀五錢。商課折色自此始。

弘治三年，御史李鸞言：『茶馬司所積漸少，各邊馬耗，而陝西諸郡歲稔，無事易粟。請於西寧、河西、洮州三茶馬司召商中茶，每引不過百斤，每商不過三十引，官收其十之四，餘者始令貨賣，可得茶四十萬

斤，易馬四千匹，數足而止。』從之。十二年，御史王憲又言：『自中茶禁開，遂令私茶莫遏，而易馬不利。請停糧茶之例。異時，或兵荒，乃更圖之。』部覆從其請。四川茶課司舊徵數十萬斤易馬。永樂以後，番馬悉由陝西道，川茶多浥爛。乃令以三分爲率，一分收本色，二分折銀，糧茶停二年。延綏饑，復召商納糧草，中四百萬斤。尋以御史王紹言，復禁止，并罷正額外召商開中之例。

十六年取回御史，以督理馬政都御史楊一清兼理之。一清復議開中，言：『召商買茶，官貿其三之一，每歲茶五六十萬斤，可得馬萬匹。』帝從所請。正德元年，一清又建議，商人不願領價者，以半與商，令自賣。遂著爲例永行焉。一清又言金牌信符之制當復，且請復設巡茶御史兼理馬政。乃復遣御史，而金牌以久廢，卒不能復。後武宗寵番僧，許西域人例外帶私茶。自是茶法遂壞。

番人之市馬也，不能辨權衡，止訂篦中馬。篦大，則官虧其直；小，則商病其繁。十年，巡茶御史王汝舟酌爲中制，每千斤爲三百三十篦。

嘉靖三年，御史陳講以商茶低僞，悉徵黑茶，地產有限，乃第茶爲上中二品，印烙篦上，書商名而考之。旋定四川茶引五萬道，二萬六千道爲腹引，二萬四千道爲邊引。芽茶引三錢，葉茶引二錢。中茶至八十萬斤而止，不得太濫。

十五年，御史劉良卿言：『律例：「私茶出境與關隘失察者，並凌遲處死。」蓋西陲藩籬，莫切於諸番。番人恃茶以生，故嚴法以禁之，易馬以酬之，以制番人之死命，壯中國之藩籬，斷匈奴之右臂，非可以常法論也。洪武初例，民間蓄茶不得過一月之用。弘治中，召商中茶，或以備振，或以儲邊，然未嘗禁內地之民使不得食茶也。今減通番之罪，止於充軍，禁內地之茶，使不得食，又使商私課茶，悉聚於三茶馬司。夫茶司與番爲鄰，私販易通，而禁復嚴於內郡，是毆民爲私販而授之資也。以故大姦闌出而漏網，小民負升斗而罹法。今計三茶馬司所貯，洮河足三年，西寧足二年，而商、私、課茶又日益增，積久腐爛而無所用。茶法之弊如此。番地多馬而無所市，吾茶有禁而不得通，其勢必相求，而制之之機在我。今茶司居民，竊易番馬以待商販，歲無虛日，及官易時，而馬反耗矣。請敕三茶馬司，止留二年之用，每年易馬當發若干。正茶之外，分毫毋得夾帶。令茶價踴貴，番人受制，良馬將不可勝用。且多開商茶，通行內地，官榷其半以備軍餉，而河、蘭、階、岷諸近番地，禁賣如故，更重通番之刑如律例。洮、岷、河責邊備道，臨洮、蘭州責隴右分巡，西寧責兵備，各選官防守。失察者以罷軟論。』奏上，報可。於是茶法稍飭矣。

御史劉崙、總督尚書王以旂等，請復給諸番金牌信符。兵部議，番族變詐不常，北狄抄掠無已，金牌亟給亟失，殊損國體。番人納馬，意在得茶，嚴私販之禁，則番人自順，雖不給金牌，馬可集也。若私販盛行，吾無以繫其心制其命，雖給金牌，馬亦不至。乃定議發勘合予之。

其後陝西歲饑，茶户無所資，頗逋課額。三十六年，户部以全陝災震，邊餉告急，國用大絀，上言：『先時，正額茶易馬之外，多開中以佐公家，有至五百萬斤者。近者御史劉良卿亦開百萬，後止開正額八十萬斤，并課茶、私茶通計僅九十餘萬。宜下巡茶御史議，召商多中。』御史楊美益言：『歲祲民貧，即正額尚多虧損，安有贏羨。今第宜守每年九十萬斤招番易馬之規。凡通內地以息私販，增開中以備振荒，悉從停罷，毋使與馬分利。』户部以帑藏方匱，請如弘治六年例，易馬外仍開百萬斤，召納邊鎮以備軍餉。詔從之。末年，御史潘一桂言：『增中商茶，頗壅滯，宜裁減十四五。』又言：『松潘與洮、河近，私茶往往闌出，宜停松潘引目，申嚴入番之禁。』皆報可。

四川茶引之分邊腹也，邊茶少而易行，腹茶多而常滯。隆慶三年裁引萬二千，以三萬引屬黎、雅，四千引屬松潘諸邊，四千引留內地，稅銀共萬四千餘兩，解部濟邊以爲常。

五年令甘州倣洮、河、西寧事例，歲以六月開中，兩月內中馬八百匹。立賞罰例，商引一二年銷完者賞有差，踰三年者罪之，沒其附帶茶。

萬曆五年，俺答欵塞，請開茶市。御史李時成言：『番以茶爲命。北狄若得，藉以制番，番必從狄，貽患匪細。』部議給百餘篦，而勿許其市易。自劉良卿弛內地之禁，楊美益以爲非，其後復禁止。十三年，以西安、鳳翔、漢中不與番鄰，開其禁，招商給引，抽十三入官，餘聽自賣。御史鍾化民以私茶之闌出多也，請分任責成。陝之漢中，關南道督之，府佐一人專駐魚渡垻；川之保寧，川北道督之，府佐一人專駐雞猴垻。率

州、縣官兵防守。』從之。

中茶易馬，惟漢中、保寧，而湖南產茶，其直賤，商人率越境私販，中漢中、保寧者，僅一二十引。茶户欲辦本課，輒私販出邊，番族利私茶之賤，因不肯納馬。二十三年，御史李楠請禁湖茶，言：『湖茶行，茶法、馬政兩弊，宜令巡茶御史召商給引，願報漢、興、保、夔者，準中。越境下湖南者，禁止。且湖南多假茶，食之刺口破腹，番人亦受其害。』既而御史徐僑言：『漢、川茶少而直高，湖南茶多而直下。湖茶之行，無妨漢中。漢茶味甘而薄，湖茶味苦，於酥酪爲宜，亦利番也。但宜立法嚴覈，以遏假茶。』户部折衷其議，以漢茶爲主，湖茶佐之。各商中引，先給漢、川畢，乃給湖南。如漢引不足，則補以湖引。報可。

二十九年，陝西巡按御史畢三才言：『課茶徵輸，歲有定額。先因茶多餘積，園户解納艱難，以此改折。今商人絶跡，五司茶空。請令漢中五州縣仍輸本色，每歲招商中五百引，可得馬萬一千九百餘匹。』部議，西寧、河、洮、岷、甘、莊浪六茶司共易馬九千六百匹，著爲令。天啟時，增中馬二千四百匹。

又 卷九二《兵志四・馬政》 茶馬司，洪武中，立於川、陝，聽西番納馬易茶，賜金牌信符，以防詐僞。每三歲，遣廷臣召諸番合符交易，上馬茶百二十觔，中馬七十觔，下馬五十觔。以私茶出者罪死，雖勳戚無貸。末年，易馬至萬三千五百餘匹。永樂中，禁稍弛，易馬少。乃命嚴邊關茶禁，遣御史巡督。正統末，罷金牌，歲遣行人巡察，邊氓冒禁私販者多。成化間，定差御史一員，領敕專理。弘治間，大學士李東陽言：『金牌制廢，私茶盛，有司又屢以敝茶給番族，番人抱憾，往往以羸馬應。宜嚴敕陝西官司揭榜招諭，復金牌之制，嚴收良茶，頗增馬直，則得馬必蕃。』及楊一清督理苑馬，遂命并理鹽、茶。一清申舊制，禁私販，種官茶。四年間易馬九千餘匹，而茶尚積四十餘萬觔。靈州鹽池增課五萬九千，貯慶陽、固原庫，以買馬給邊。又懼後無專官，制終廢也，於正德初，請令巡茶御史兼理馬政，行太僕、苑馬寺官聽其提調，報可。御史翟唐歲收茶七十八萬餘觔，易馬九千有奇。後法復弛。嘉靖初，户部請揭榜禁私茶，凡引俱南户部印發，府州縣不得擅印。三十年詔給番族勘合，然初制訖不能復矣。

《明會典》卷三七《茶課六・茶課》 國初招商中茶。上引五千斤，中引四千斤，下引三千斤。每七斤蒸曬一篦，運至茶司。官商對分，官茶易馬。商茶給賣，每上引仍給附茶一百篦；中引八十篦；下引六十篦。名曰酬勞。經過地方責令掌印官盤驗，佐貳官催運。若陝之漢中、川之夔保，私茶之禁甚嚴。凡中茶有引由。出茶地方有税。貯放有茶倉。巡茶有御史。分理有茶馬司、茶課司。驗茶有批驗所。其例具後。

茶馬司：

陝西 舊有鞏昌府駱駝巷梢子堡、高橋火鑽峪、臨洮府伏羌、寧遠四茶運所，嘉靖十四年革、 河州 洪武七年建、 洮州 永樂元年建、 西寧 洪武三十年自秦州改建、 甘州 正統八年裁，嘉靖四十二年復建、 四川碉門。

批驗茶引所： 陝西、 徽州 永樂六年設於火鑽峪。嘉靖三十六年改移白水江，就近管轄。

又 卷二一〇《巡茶馬》 永樂十三年，差御史三員，巡督陝西洮州、河州、西寧、茶馬司三處。收貯官茶，易換番馬。

成化三年奏准，每年定差御史一員，陝西巡茶。

十一年，令取回。

十四年，復差御史一員，請敕專理茶馬，提督都布按三司，并守備把隘等官。不許官豪勢要，及軍民之家，興販私茶、潛入番境交易。

弘治十六年，取回。令馬政都御史兼理。

正德二年，復奏差。

明 余繼登《典故紀聞》卷一四 陝西茶馬司，舊制每歲再遣行人巡視。成化三年，巡撫陝西都御史項忠言：『近日勢家及射利之徒，往往交通守備官，私販入番，茶馬之政遂壞。行人職卑言輕，難以禁治。乞依巡鹽事例，暫遣風力御史一員，往督其事。』陝西茶馬之差始此。

《宋會要輯稿・兵二三・買馬下》 三月二十二日，户部言：『茶馬司申，宕昌峰貼峽買馬以前立定賞罰，止是該説順政、長舉兩縣收發茶數外，餘將利、福津兩縣不係茶運經過地，所以未有賞罰。今來本司自紹興初運茶博馬，係於西和州管下宕昌寨、階州管下峰貼峽置場，其茶運却從興州置口以去擺鋪運發，係經由興州順政、長舉縣，階州將利、福津縣，前去臨江茶場交納，應副博馬支用。其逐縣知縣若不申明，一例立

定賞罰，竊慮無以激勸。乞參照政和三年六月七日旨揮推行榷茶賞罰行下，庶幾有以責辦。本部尋下都茶場指定。今勘當，欲依指定到事理施行。』從之。時户部下都茶場指定，檢准政和三年六月七日旨揮。户部狀：『都大榷茶司申：「乞應成都府排岸司，興州長舉縣裝卸庫，鳳州轉般庫監官，綿州巴西，利州昭化、三泉，興州順政、長舉、西縣，興元府南鄭知縣任滿，收發過茶無失陷欺弊，提舉司保明，每四萬馱與減磨勘二年。如不獲收附，失陷一分，展磨勘二年。其承直郎以下賞罰，並各比類施行。二分以上，依舊差替人例。」本部勘當依，巡轄般茶鋪使臣任滿，減磨勘一年，先次旨射家便差遣。』

八月一日，兵部侍郎陳彌作言：『祖宗設互市之法，本以羈縻遠人，初不藉馬之爲用。故駑駘下乘，一切許之入中。蕃蠻久恃聖朝寬大，一拂其意，必起紛爭。官吏亦懼生事，無敢誰何。黎、敘、南平軍等州，每買綱馬五十匹内，良細馬不過三四匹，中等馬不上二十匹，餘皆下下，不可服乘。發以充數，則必倒斃。蓋緣博馬茶錦所入有限，公吏旁緣爲奸，寧取下乘，以敷綱額，不鬻上駟，以虧茶錦。望約束川馬州軍，每綱以五分爲率，一分良細馬，餘四分依舊收買。仍令茶馬司汰其不中發綱者就賣，拘錢增置茶錦，以貼支諸州良馬之直。不惟上不失祖宗羈縻之德，下不誤諸軍緩急之須矣。』詔令茶馬司從長相度，申樞密院。

又《兵二四・馬政雜録》 ［崇寧四年十一月］二十五日，詔：『神宗皇帝勵精庶政，經營熙河路茶馬司，爲勾致國馬之源，其法大備。後來監司意欲侵漁茶利，以助漕司糴買，故茶利不專，馬難敷額。近雖衝改吴擇仁所乞條約，令茶馬司專總運茶博馬職事，猶慮轉運司苟求目前近利，不顧悠久深害。三省可慎守已完法度，不得變亂元豐成法。』

十二月十一日，尚書省劄子：『檢會熙甯、元豐川茶惟以博馬，不將他用。蓋欲因羌人必用之物，使國馬不乏，騎兵足用。竊慮淺見官司，趨一時之急，陳乞別將支費，有害熙寧馬政。欲修立下條：諸川茶非博馬，輒陳請乞他用者，以違制論。』從之。

又《食貨志四一・獻玉》 高宗建炎四年三月七日，宰執進呈宣撫處置使張浚奏：『大金國進奉佩玉、寶貝等物，已至熙州。』上曰：『大觀、宣和間，茶馬之政廢，川茶不以博馬，惟市佩玉，故馬政廢闕，武備不修，遂致胡虜亂華，危弱之甚。今若復捐數十萬緡貨易無用佩玉，曷若愛惜其財，以養戰士？不若以禮贈遺。』

又《職官二五・禮賓院》 真宗咸平元年十一月，詔：『蕃部進賣馬，請價錢外，所給馬絹茶每匹二斤，老弱騍馬一斤。令禮賓院每二千斤請赴院置庫收管，當面給散。』

十二月，詔禮賓院，賣馬蕃部朝辭茶酒錢等，于祗候庫支賜。

《清史稿》卷四《世祖紀一》 ［順治七年］冬十月辛巳朔，日有食之。己亥，定陝西茶馬例。

又卷一二四《食貨五・茶法》 順治初元，定茶馬事例。上馬給茶篦十二，中馬給九，下馬給七。二年，差御史轄五茶馬司。時商人多越境私販，番族利其值賤，趨之若騖。兼番僧馳驛往來，夾帶私茶出關，吏不能詰。户部奏言：『陝西以茶易馬，明有照給金牌勘合之例。今可勿用，但定價值。至番僧所至，如官吏縱容收買私茶，聽巡按御史參究。』茶馬御史廖攀龍又言：『茶馬舊額萬一千八十八匹，崇禎三年增解二千匹，請永行蠲免。』並從之。四年，命巡視茶馬滿、漢御史各一，直隸河寶營地當張家口之西，明時鄂爾多斯部落曾於此交易茶馬，旋封閉。至是，户部差理事官履勘，以狀聞。諭仍准互市。七年，以甘肅舊例，大引篦茶，官商均分，小引納税三分入官，七分給商。諭嗣後各引均由部發，照大引例，以爲中馬之用。又舊例大引附六十篦，小引附六十七斤。定爲每茶千斤，概准附百四十斤，聽商自賣。

十三年，以甘肅所中之馬既足，命陳茶變價充餉。十四年，復以廣寧、開成、黑水、安定、清安、萬安、武安七監馬蕃，命私馬私茶沒入變價。原留中馬支用者，悉改折充餉。十八年，從達賴喇嘛及根都台吉請，於雲南北勝州以馬易茶。康熙四年，遂裁陝西苑馬各監，開茶馬市於北勝州。七年，裁茶馬御史，歸甘肅巡撫管理。十九年，以軍需急，加福建茶課銀三百五十九兩，至二十六年豁免，並除湖廣新增茶税銀。時四川産茶多，其用漸廣，户部議增引，迄康熙末，天全土司、雅州、邛、榮經、名山、新繁、大邑、灌縣並有所增。

二十四年，刑科給事中裘元佩言洮、岷諸處額茶三十餘萬篦，可中馬萬匹。陳茶每年帶銷，又可中數萬匹。請遣員專管。三十六年，遂差部員督理茶馬事務。四十年，以陝西私茶充斥，令嚴查往來民人，凡攜帶私

茶十斤以下勿問，其馱載十斤以上無官引者論罪。四十四年，以奸商恃有前例，皆分帶零運，私販轉多，飭照舊緝捕，停差部員，仍歸甘肅巡撫兼理。自康熙三十二年，因西寧五司所存茶篦年久浥爛，經部議准變賣。後又以蘭州無馬可中，將甘州舊積之茶，在五鎮俸餉內，銀七茶三，按成搭放。尋又定西寧等處停止易馬，每新茶一篦折銀四錢，陳茶折六錢，充餉。至六十一年，復增西寧、莊浪、岷州、河州茶引，各處所存舊茶，悉令變賣。

宋 李劉《梅亭先生四六標準》卷一《見趙茶馬》

彥綰。全篇用茶馬事。茶馬沿革見都大門，按職源併茶馬爲一司，始于元豐四年。此蓋成都等路提舉，故通篇兼用蜀事。訪火井於臨邛，偶逃水厄。《一統志》：火井在伏龍山下，地窪若池，以水引之，隱隱出地中，少頃炎熾。夏月積雨停水，則焰生水上，水爲沸而寒如故。冬月水涸則上，上有焰，觀者至焚衣裾。《異苑》：臨邛縣有火井，漢室之隆則炎赫彌熾；桓靈之際，火勢漸微；諸葛孔明一瞰而更盛；至景曜元年，人以燭投，即滅，其年蜀並于魏。《博物志》：臨邛有火井，縱廣五尺，深二三丈，在縣南百里。昔時，有以竹木投之以取火。諸葛丞相往視之後，火轉盛熱。以盆著井上，煑鹽得鹽，入以家火即滅。迄今不復燃也。《文選》：火井沉熒于幽泉，高爓飛煽於天垂。注：蜀都有火井，欲出其火，先以家火投之。隆隆如雷聲，爓出爛然。以竹筒盛之，接其光而無灰。杜詩：斬木火井羣猿呼。又，煙塵侵火井。注：蜀有火井，在邛州，故邛有火井縣。《世説》：王濛好茶，人至輒飲之。士大夫甚以爲苦，每欲候濛，必曰：今日有水厄。《洛陽伽藍記》：給事中劉縞慕王肅之風，專習茗飲。彭城王謂縞曰：卿不慕王侯八珍，專好蒼頭水厄。海上有逐臭之夫，里內有效顰之婦，子其是也。自是朝貴不復設茗。惟江表殘民遠來降者，侍中元乂欲爲設茗，先問：卿于水厄多少？蕭正德不曉意，曰：下官雖生水鄉，立身以來，不遭陽侯之厄。舉座皆笑。山谷詩：不嫌水厄幸來辱，寒泉湯鼎聽松風。按：火井亦出茶。山谷《煎茶賦》云：夷陵之壓磚，臨邛之火井是也。望星槎於仙漢，行拜月題。《博物志》：舊説云天河與海通。有人居海渚者，年年八月有浮槎去來，不失期。人有奇志，立飛閣于查上，多齎糧，乘槎而去。十日中猶觀星斗日辰，自後茫茫然亦不覺晝夜。去十餘月，奄至一處，有城郭狀，屋舍甚嚴。遙望宮中多織婦，見一丈夫牽牛渚次飲之。牽牛人乃驚問曰：何由至此？此人具説來意，并問此是何處。答曰：君還至蜀郡，訪嚴君平則知之。後至蜀訪君平，曰：某年月日有客星犯牽牛宿。計年月，正是此人到天河時也。周密《癸辛雜誌》云：自唐諸詩人皆以乘槎爲張騫事，雖老杜用事不苟，亦有『乘槎消息近，無處問張騫』之句。按：騫本傳止云漢使窮河源而已。至張華《博物志》乃云云，然未嘗指爲張騫也。及宗懔作《荊楚歲時記》，乃言武帝使騫使大夏，尋河源，乘槎見牛女，不知何據。又王子年《拾遺記》云：堯時有巨槎浮于西海，查上有光若星月，二月一周天，名曰貫月查，則堯時已有此查矣。《莊子》加之以衡扼，齊之以月題。月題，馬額，上當顱如月形者。東坡詩：門外青驄響月題。慰江湖渴夢之深，山谷《以雙井茶送孔常甫詩》：校經同省竝門居，無日不聞公讀書。故將茗椀澆舌本，要聽六經如貫珠。心知韻勝舌知腴，何似寶雲與真如。湯餅作魔應不寢，慰君渴夢吞江湖。唐何諷《夢渴賦》云：奔九江走五湖，手不暇於斡運，心不息於躊躕，見波漸竭而百川如淺，岸益高而低淤將枯。腹慊爾而不覺，肺燥然而不濡。又云：以吾此夕之一夢，見自古不足者之心。瞻原隰華鑣之沃。《詩》：皇皇者華，于彼原隰。鑣，悲交切。《説文》：馬銜也。《爾雅》：鑣謂之钀。《釋名》：包也，在旁包斂其口。韓詩：清塗振華鑣。《詩》：六轡沃若。《詩詁》：潤澤也。伏念某地寒而根淺，劉向《別錄》：鄒衍在燕有谷地，美而寒，不生五穀。《晉書·列女傳》：王渾妻琰生子濟，女亦有才淑，爲求賢夫。時有兵家子甚俊，濟欲妻之。白琰，琰曰：要令我見之。謂濟曰：此人才足拔萃，然地寒壽促，不足展其器用。《楊方傳》：縉紳之徒咸厚遇之，自以地寒，不願久留京華，求補遠郡。《北史·陳元康傳》：元康地寒，時以爲殊賞。《新唐書·李揆傳》：苗晉卿數薦元載，揆輕載地寒，載銜之。《舒元輿傳》：地寒不與士齒。《韓詩外傳》：草木根荄淺，未必撅也。飄風興，暮雨墜，則撅必先矣。此以茶喻。年運而骨高，《莊子》：予年運而往矣。杜陵《瘦馬行》：東郊瘦馬使我傷，骨骼硉兀如堵牆。韓駒父詩：官清馬骨高。此以馬喻。斟酌胷中，固乏可人之風味。《漢書·敘傳》：斟酌六經。《蔡邕傳》：斟酌羣書。《李固傳》：斟酌元氣。《左慈傳》：手自斟酌，莫不醉飽。山谷《以團茶贈晁無咎詩》：贈君越侯所貢蒼玉璧，可以烹玉塵試春色，澆君胷中過秦論，斟酌古今來活國。《禮記》：孔子曰：管仲遇盜，取二人焉，上以爲公臣，曰：其所與遊辟也，可人也。《蜀志·費禕傳》：君信可人。《晉書·桓溫傳》：常行經王敦墓，望之曰：可人，可人。可人或作可兒，兒與人通用。《梁書·范雲傳》：沈攸之召與語，聲色甚厲。雲貌不變，徐自陳説。攸之乃笑曰：卿定可兒。山谷詩：十年擇對無可人。又：平生心賞建溪春，一邱風雨極可人。《穀梁傳》：僖元年注，江熙曰：雖千載之事難明，然風味之所期，古猶今也。《世説注》，高逸沙門傳：支遁居會稽，晉哀帝欽其風味。杜詩：西河共風味。山谷詩：風味窺大雅。又：風味極不淺。喻茶。局促轅下，粗知範我之馳驅。《灌夫傳》：局趣效轅下駒。應劭曰：駒者駕著轅下，局趣，蹙小之貌。張晏曰：俛頭於車轅下，隨母而已。師古曰：張説非也，駕車不以牝馬，皇皇者華曰：我馬維駒，非隨母也。按，《説文》：局促也，從口在尺下，局之趣，亦作促音，趨玉切。《廣韻》：短也，蹙也。喻馬。與其包裹而供權幸之鑽，東坡《和錢安道寄思建茶》詩：收藏愛惜待佳客，不敢包裹鑽權幸。烏臺詩案云：此詩譏世之小人。喻茶。不若蹭蹬而任風塵之老。杜詩：蒼茫風塵際，蹭蹬騏驥老。志士懷感傷，心胷已傾倒。蹬音鄧。喻馬。況乏揮毫之百斛，山谷《雙井茶送子瞻》詩：人間風日不到處，天下玉堂森寶書。想見東坡舊居士，揮毫百斛瀉明珠。喻茶。固應病顙之十年，柳文《起廢答》：中廄病顙之駒，顙之病，且十年，色玄，不厖，無異技，硿然大耳。喻馬。懶問蓬萊羣仙之司，盧仝《謝孟諫議寄新茶》詩：蓬萊山，在何處？玉川子，乘此清風欲歸去。山上羣仙司下土，地位清高隔

風雨。喻茶。遂叱邛徠九折之馭。《王尊傳》：先是，琅琊王陽為益州刺史，行部至邛徠九折阪。歎曰：奉先人遺體，奈何數乘此險。後以病去。及尊為刺史，至其阪問吏曰：此非王陽所畏道耶？吏對曰：是。尊叱其馭，曰：驅之。王陽為孝子，王尊為忠臣。《山海經》：崍山，江水出焉。《華陽國志》：嚴道縣南有邛郲山，山上凝冰夏結，縈回九折，王陽去官之所。喻馬。其甘如薺，豈必衆嘗。《詩》：誰謂荼苦，其甘如薺。荼音徒，薺音泚。《說文》：荼，苦荼也。徐曰：即今之茶字。薺，《廣韻》云：甘菜。《淮南子》云：薺，水也。冬水王而生，仲夏土王而死。又：其枝葉細靡，通謂之靡草。師曠占以薺爲甘草，稼穡作甘，故以爲歲豐之候。王應麟《玉海》：周詩記苦荼，茗飲出近世，春秋書齊荼，漢書志荼陵。陸顔諸人雖已轉入茶音，而未易字文也。自陸羽《茶經》、盧仝《茶歌》、趙贊《茶禁》以後，遂易荼爲茶。丁謂《進新茶表》：右件產異金沙，名非紫筍。江邊地暖，方呈彼茁之形，闕下春寒，已發其甘之味。有以少爲貴者，焉敢韞而藏諸。無名氏詩：甘薺非子敵，宮槐讓我先。陳後山詩：君如雙井茶，衆口願一嘗。顧我如麥飯，猶足塡饑腸。喻茶。言刈其蔞，願爲君御。《詩》：翹翹錯薪，言刈其蔞。之子於歸，言秣其駒。蔞，龍殊切。《爾雅翼》云：蔞，古今以爲珍菜。《大招》云：吳酸蒿蔞。王逸曰：蔞，香草也。郭氏云：江東用以羹魚。《李膺傳》：荀爽嘗就謁膺，因爲其御，既還，喜曰：今日得御李君矣。喻馬。恭惟某官，雲龍氣局，張舜民小說：熙寧中，有旨下建州，製密雲龍，其品尤高。《東都事略》：廖正一，字明略。晚登蘇門，子瞻大奇之。時黃、秦、晁、張，號蘇門四學士，每來必令侍者朝雲取密雲龍。一日又命取雲龍，家人謂是四學士。窺之，乃明略也。山谷《密雲龍》詩：亂雲蒼璧小盤龍，貢包新樣出元豐。午窻欲眠視濛濛，喜君開包碾春風。按，宋龍鳳團，今人徒聞名，而不識其形製。宋建安人黃儒作《品茶要錄》，列四十餘色，細色三十六品，麤色五品。近世江陰徐子擴《暖姝由筆》云：嘉靖十六年正月，丹陽孫曲水於留都得團茶一餅，形如象棋子。厚三四分，面有戲珠盤龍，中一方圍楷書『萬壽龍芽』四字，真宋物也。雲翼按，此即《茶錄》中細色第五號，宋大觀二年與貢新銙御苑玉芽同造，蓋高品也，曲水先大父別號，即此可想其形製云。天驥風標顔延年《赭白馬賦》：漢道亨而天驥呈材。任昉《追封衡陽王詔》：風標秀特，器體淹弘。《南史・柳惲傳》：柳惲風標才氣，恐不能為少主臣。山谷詩：遺編想風標。架屋桃源，三椀澆五千之卷。昌黎《桃源圖》詩：架岩鑿谷開宮室，接屋連牆千萬日。盧仝詩：一椀喉吻潤，二椀破孤悶。三椀搜枯腸，我有文字五千卷。乘軺僰道，一雄將十萬之雌。軺，市昭切，使車也。僰，蒲北切。《說文》：犍為蠻夷，從人，棘聲。《司馬相如傳》：略通夜郎僰中，注：駹筰邛僰四種，皆夷名。山谷《詠李伯時摹韓幹三馬》詩：緬懷胡沙英妙質，一雄可將十萬雌。卻笑前丁後蔡之籠加，東坡詩：君不見武夷溪邊粒粟芽，前丁後蔡相籠加。爭新買寵各出意，今年鬬品充官茶。《建州郡志》：建州大小龍團，始於丁晉公，而成於蔡君謨。國朝太平興國二年，始置龍焙，造龍鳳茶。咸平中，丁晉公為福建漕監，造御茶進龍鳳團。慶歷間，蔡公端明為漕，始改造小龍團茶，仁廟尤所珍惜。是後，最精者曰龍團勝雪，外有蜜雲龍一品，號為奇絕。方靈芽敷折之初，常先民焙十餘日進發，飛騎疾馳，不出中春，頭綱已至京師。歐陽永叔聞君謨進小龍團，驚歎曰：君謨士人也，何至作此事？安得超范軒欒之繳繞。柳文《晉問》：晉國多馬，屈焉是產。四散惝怳，開合萬狀。其小者則連牽繳繞，仰乳俯齕。其材之可者，收斂攻教，棹手飛縻，指毛命物，百步就羈，牽以荀息，御以王良，超以范鞅，軒以欒鍼。《左傳》：范鞅超乘，欒鍼為右軒，公出於淖。加臭味而厚賔客，漫令策免褐之功。山谷《煎茶賦》云：苦口利病，解膠滌昏，未嘗一日不放而策茗椀之勳者也。又云：酌兔褐之甌，瀹魚眼之鼎，既加臭味，而厚賔客，前四後四，各用其一。蔡襄《茶錄》：茶色白，宜黑盞。建安所造者，紺黑紋如兔毫。其坏微厚熁之，久熱難冷，為要用出他處者，或薄或紫，皆不及也。畫骨相而遺毛皮，諒必察驪黃之外。山谷詩：曹霸弟子沙苑丞，喜作肥馬人笑之。李侯論幹獨不爾，妙畫骨相遺毛皮。《列子》：秦穆公謂伯樂曰：子之年長矣，子姓有可使求馬者乎？伯樂對曰：臣有所共與擔纆束薪者，有九方皋，此其於馬非臣之下也。穆公見之，使行求馬。三月而反，曰：已得之矣，牝而黃。使人往取之，牡而驪。穆公不悅，曰：敗矣，子之所使求馬者，色物牝牡尚不能知，又何馬之能知也？伯樂喟然歎息曰：一至於此乎！是乃其千萬臣而無數者也。若皋之所觀者，天機也。得其精而忘其粗，見其內而忘其外。若皋之相馬，乃有貴於馬者也。馬至果天下之馬也。如某者不持圭璧，山谷《以小龍團及半挺贈晁無咎》詩：我持玄圭與蒼璧，以暗投人渠不識。城南窮巷有佳人，不索賔郎常晏食。未洗袴袍。山谷《題李伯時頓塵馬》詩：竹頭搶地風不舉，文書堆案睡自語。忽看高馬頓風塵，亦思歸家洗袍袴。特窘城南晏食之謀，見上文。遂入冀北暮取之數。韓文：伯樂一過冀北之野，而馬羣遂空。又：朝取一人焉拔其尤。暮取一人焉拔其尤。味已輸於第一，東坡詩注：草茶盛於兩浙，日注第一。自景祐以來，洪州雙井白芽製作尤精，遂爲草茶第一。價敢望於倍三。韓文：昔人有鬻馬不售於市者，知伯樂之善相也，從而求之。伯樂一顧，價增三倍。草茶無賴空有名，敢妄希於湔祓？東坡詩：草茶無賴空有名，高者妖邪次頑礦。湔，將先切，滌也灑也。祓，敷勿切。《說文》：除惡祭也。又，絜也，除也。《戰國策》：汗明說春申君曰，君獨無湔祓我也。山谷《煎雙井茶》詩：能洗茗椀湔祓我，風袂欲挹浮邱翁。塞翁未必不爲福，或可備於走趨。《淮南子》：塞上之人，其馬亡入胡中，人皆吊之。其父曰：此何遽不爲福？居數月，其馬將胡駿馬而歸。人皆賀之，其父曰：此何遽不爲禍？家富，馬良，其子好騎，墮而折其髀，人皆吊之。其父曰：此何不遽爲福？居一年，胡人大入塞，丁壯皆引弦而戰，近塞之人死者十九，此獨以跛之故，父子相保。韓文：佩玉長裾，不利走趨。

明 楊一清《楊石淙文集二・爲修復茶馬舊制以撫馭番夷安靖地方事茶馬》《明經世文編》卷一一五

臣受命督理茶馬，親詣西寧、洮州等衛地方，選差撫夷官員，帶領通事，分撫調各族番夷，中納茶馬，各族番官，

偕其國師禪師，各齎捧原降金牌信符而至臣得拜觀焉，其額上篆文曰：皇帝聖旨，其下左曰合當差發，右曰不信者死，臣奉宣。皇上恩威，撫且諭之，責其近年不肯輸納茶馬之罪，彼皆北向稽首云，這是我西番認定的差發，合當辦納，近年並不曾齎金牌來調。止是一年一次着我每將馬來換茶。今後來調時。天皇帝大法度在，我西番每怎敢違了，臣于是乃知我聖祖神宗，睿謀英略，度越前代遠矣。攷之前代，自唐世回紇入貢，已以馬易茶。至宋熙寧間，乃有以茶易虜馬之制。所謂以摘山之利，而易充廄之良，戎人得茶，不能爲我害，中國得馬，足以爲我利。計之得者，宜無出此。至我朝納馬，謂之差發如田之有賦，身之有庸，必不可少。彼既納馬而酬以茶斤，我體既尊彼欲亦遂。較之前代曰互市，曰交易。輕重得失，較然可知。夫王者不治夷狄，今責番夷以差發，非若秦漢喜功好大勤遠略者之所爲也，亦非中國果無良馬而必有待乎番夷也，蓋西番之爲中國藩籬久矣。漢武帝圖制匈奴，乃表河曲，列肆郡，開玉門，通西域，以斷匈奴右臂。而幕南無王庭。今金城之西，綿亘數千里。北有狄，南有番，狄終不敢越番而南。以番人爲之世讐，恐議其後。此天所以限別區域，绝内外者也。不然則犬羊長驅，宁河岷隴之區，鮮不爲其蹂踐，欲晏然無事得乎。國初散處降夷，各分部落，隨所指撥地方安置住劄。授之官秩，聯絡相承以馬爲科差，以茶爲價，使知雖遠外小夷，皆王官王民，志向中國，不敢背叛。且如一背中國則不得茶，無茶則病且死。以是羈縻之賢於數萬甲兵矣，此制西番以控北虜之上策，前代略之，而我朝獨得之者也。頃自金牌制廢，私販盛行，雖有撫諭巡察之官，卒莫之能禁，坐失茶馬之利，垂六十年。豈徒邊方缺馬騎征，將來遠夷既不仰給我茶，敢謂與中國不相干涉，意外之憂，或從此生。藩籬之固，何所于托。其所關係，誠非細故。臣始至陝西，行據守備河州指揮蔣昂呈稱，河州衛每年招番易馬，止是臨近川卜陸族乞台撒剌，并歸德中左所西番達子二十七站，及腹裏老鴉乩藏等族熟番，調來中馬給茶，其黑章咂上下哈如阿劄爾朶工遠行等族番人，遞年累撫老番俱故，後生不知法度，強硬生拗，不肯前來中馬，又被黑章咂朶工等族番人糾引番賊，專一伏路搶殺過山王官軍，粮賞財物，雖經呈稟上司，差官量帶軍馬通事出境，不過追撫，止照番俗事理發落，因循年久，未蒙天威加兵，各番輕視國法，愈加恣肆爲惡，搶擾地方，以爲得計，若不早爲處置，慮恐餘族番夷，一槩仿效。不惟廢弛馬政，抑且有損國威，合無具奏，差委謀略公廉官員，動調軍馬通事，統領前去，務將前項累撫不來中馬爲惡黑章咂朶工遠竹等族番人，量勦一二族，庶使餘族番夷寒心知懼，等因到臣。看得本官父祖以來，守備河州，熟知番情，必有所見，但興師動衆，勞費不貲，前項事情，難以輕議，況禦戎上策，莫如自治，各番雖不中馬。此言私茶之當嚴未嘗一日無茶。彼既坐得之，何求於我。且中國之人，明知禁例，肆行無忌，於番夷乎何誅。臣乃申嚴禁令，嚴督所司緝捕私販，根究株引，不少假借。茶徒稍稍斂跡，茶價頓增。已而招調番人，遠近畢集，稔惡如朶工黑章咂者，亦如期而至。乃知中國之茶，真足以繫番人之心而制其命，誠使私茶商販一切禁絶，不得通番。不一二年，番族無茶，不撫亦將自來，調之，寧敢不至。臣仰承任使，恒懼無補，以速罪尤，深慮郤顧。輒罄一得之愚如此，至于興廢補敝之宜，此係兵部題覆内二件，係户部題覆另自一疏，謹條陳五事于後，伏惟聖明省覽。

計開：

一、復金牌之制。切照洪武年間，欽降金牌數目，部覆請行移印綬監清查上號金牌面數及番族名目，行本官知會，各衛典籍磨滅，多無的據。查得河州地方，原設必里衛二州、七站，西番二十九族，原額金牌二十一面，認納差發馬七千七百五匹。西寧衛地方曲先、阿端、罕東、安定四衛，巴哇、申沖、申藏等族金牌一十六面，該納差發馬三千二百九十六匹。洮州衛地方火把哈藏、思曩日等族金牌四面，該納差發馬三千五十匹。上號在于内府收貯。每三年一次，欽遣近臣賚捧前來，公同鎮守三司等官，統領官軍，深入番境劄營，調聚番夷，比對金牌字號，收納差發馬匹，給與價茶。如有拖欠之數，次年催收。後因邊方多事，止以缺軍轉輸，廢此良法，前此因循之失大矣。陝西軍民轉輸軍餉，無暇運茶，腹裏衛分官軍又各調去甘凉、寧夏等處征操，別無官軍可調，茶馬因是停止。歷年滋久，如曲先、阿端諸衛邈不相通，誠恐數十年之後，雖近番亦不復知有茶馬矣。今欲照舊例，調軍入番征收，非惟病於供億，且恐激擾番夷。乞敕該衙門將金牌舊額查出，申明昭示各衛，預先行令應納差發馬匹番族，使知朝廷修復舊制，各當本等差發，不許生拗違背。然招番必先運茶，不然調來番馬，無

價可償，失番人之望，虧中國之體。合無嚴禁私販，廣積官茶。其番官指揮千百户鎮撫、驛丞等官久不襲替，亦令兵備守備官查出，奏請就彼各襲原職，以爲統領。以弘治二十年爲招番之期，乞遣廷臣賫捧上號金牌前來，會同臣及陝西、甘肅二處巡撫官，不須動官軍深入番族，止在三衛住劄，差委撫夷官員、通事分投調取各番。各賫原降下號金牌，牽趕馬匹，前來上納。分別上、中、下三等，給與價茶，厚加賞勞，遣回本族。如不敷原數，聽次年徵收補還。以後三年一次舉行，中間二年，仍照常差官，賫番字文書前去各族曉諭。有情願者，聽其自來，將馬換茶，不願者不拘。敢有不受約束，招調不來者，再三撫諭，量調漢番官兵，問罪誅剿，以警其餘。

一、專巡禁之官。查得先准兵部諮，爲一事權以修邦政事。該本部題稱：茶馬自先年停止大臣之後，止是行人撫諭巡禁。成化年間，因是行人職輕，難以革弊，該巡撫奏准，暫差御史前去整理，今既有都御史兼理，若又差御史在彼，不無事權不一，合無將巡茶御史行取回京，一應首尾，悉皆責成於今去都御史楊一清。臣本闒劣，猥承任使，分當犇走職業，不敢辭勞。但陝西禁茶地方，東自潼關，西極甘肅，南抵漢中，綿亘數千里，伏奸廋慝，無處無之。臣始至陝城，拏獲積年交通進貢經過番夷代買私茶犯人三十餘名。比至鞏昌，節次拏獲百餘名。然惡草難去而易生，奇疾難攻而易動。且茶禁愈嚴，則茶利愈厚。利之所在，趨者瀾倒，伺便而發，乘隙而動者，難保必無。此私茶所以難禁。其間多干碍官豪勢要之人，非軍衛有司之力所能鈐制。禁防稍疏，則絃轍如故。臣之職業，重在孳牧，一歲之間，大半住劄平涼、固原等處。又有提調三邊騎操馬匹之任，前項行茶地方，實難遍歷。雖例該提督都、布、按三司官，及督令守、巡官行事，各官俱有本等職務，委任不專，難以責其成效。臣到平涼，已及一年，未嘗一見分守官。在隴西數月，未嘗一見分巡官。此事勢使然，亦不足異。所據巡禁私茶，必得按察司官一員專理，乃能濟事。但陝西按察司額設、添設副使、僉事等官已多，合無自弘治十八年爲始，聽臣於各官內，自擇有風力才幹一員，常川於臨洮府住劄，不許別項差占，專一往來巡視，嚴禁私茶，痛革通番積弊。部覆聽委按察司官一員專一巡視一年而更。一年滿日，仍擇委一員交代。

一、嚴私販之禁。查得律內，凡犯私茶者，同私鹽法論罪，及查見行事例，私茶有興販五百斤的照見行私鹽例，押發充軍陝西等處。但有漢人結交夷人，互相買賣，借代誆騙財物，引惹邊釁者，問發邊衛，永遠充軍。近准兵部諮，爲從宜處置邊務事，該巡按陝西監察御史李璣奏前事，內一件止通番。訪得西寧、河州、洮州地方土民，切鄰番族，多會番語。各省軍民流聚巨萬，通番買馬。雇倩土民傳譯導引，羣附黨援，深入番境，潛住不出。不特軍民而已。軍職自將官以下，少有不令家人伴當通番。番人受其恐嚇，馬牛任其計取，變詐漸萌，含憤未發。誠恐一旦不受約束，患可勝言？且通番之人，明知事例犯該充軍，乃互相嘻謂：『無故亦要投軍，有甚打緊。』似此欺玩，若不重加法典，則通番起釁，茲其漸也。又一件，禁約私茶。國初曾以販私茶戮一駙馬，則其嚴禁可知。查得洪武、永樂年間，興販私茶者處死，以故當時少有蹈之者。間有一二私販者，包藏裹挾，不過四五斤十斤而止。行則狼顧鼠探，畏人訐捕，豈如今之販者，横行恣肆，畧不知憚。沿邊鎮店，積聚如丘。外境夷方，載行如蟻。明知禁輕，相謂興販私茶與興販私鹽同律，事發，止理見在，此言法輕之弊，使奸人得以恣行。不許攀指。例則五百斤以上，方纔充軍。計使一人出本，百人爲夥，每人止負五十斤，百人總負五千斤。各執兵器，晝止夜行，遇捕並力。萬一捉去一人，只是一人認罪，數不及五百斤以上，不過充徒，餘茶總收其利，以此得計。羣聚勢兇，莫之敢捕。乞將興販私茶者，合無照永樂年間舊例處死，通番并把隘賣放之人，亦如之。如聖慈不忍寘之重典，合無將私茶十斤以上，與一應通番并把隘縱放之人，俱發兩廣烟瘴地面充軍。等因。臣參詳御史李璣所言，曲盡陝西官舍軍民販茶通番情狀，非身履其地、職任其責者，不能及此。查得洪武三十年，户部節該欽奉太祖皇帝聖旨：『近年以來，茶賤馬貴，不止國課有虧，致使戎羌放肆，蓋是守邊者不以防禦爲重，出榜以後，守把人員，若不嚴守，縱放私茶出境，處以極刑，家遷化外，説事人同罪，販茶人處斬，妻小入官。』欽此。永樂六年十二月十九日，節該欽奉太宗皇帝聖旨：『陝西、四川地方，多有通接生番，經行關隘與偏僻小路，洪武年間，十分守把嚴謹，不許放過段疋、布絹、私茶、青紙出境，違者處死。恁户部再出榜曉諭禁約，各關上省會把關頭目、軍士用心守把，若有私販出境，拿獲到

官，定將犯人與本處不用心把關頭目，俱各淩遲處，家遷化外，貨物入官。』欽此。仰惟我祖宗不嗜殺人，獨於販茶通番之境，致嚴如此。承平之餘，政玩法弛，已非一日。充軍下死罪一等，而販茶之人，其視充軍甘如飯食。罪至於徒，已非輕典，而陝西軍民寧從三年之徒，不肯出杖罪之贖。蓋各處充發軍人，及擺站哨瞭囚徒，隨到隨逃，以爲常事。上司亦嘗立法查攷，卒莫能革。其逃回者又復販茶，屢犯不悛，玩法至此，可謂極矣。死刑至重，非人臣所敢輕議，然例以輔律，因旹救弊，似宜加嚴，以整齊之。但腹裏之與各邊，事體有異，而販茶之與通番，情罪或殊。合無今後但有將私茶潛山往邊境興販交易，及在腹裏販賣，與進貢回還夷人者，不拘斤數，事發，并知情歇家牙保，俱問發南方烟瘴地方衛分，永遠充軍。其在西寧、甘肅、河州、洮州販賣者，雖不入番，即有通番之漸。一百斤以上，問發附近衛分充軍。三百斤以上，發邊衛永遠充軍。若在腹裏各府、衛、州、縣興販者，照見行事例。五百斤以上，押發附近衛分充軍，止終本身。不及前數者，俱依律擬斷。腹裏仍枷號一箇月，在邊方者枷號兩箇月。有力，納米贖罪。如果無力，解五百里之外，擺站守哨。但有逃回仍前興販，事發不拘多寡，問發附近衛分充軍。及照近年各邊販茶通番，多係將官軍官子弟，見今甘肅總兵劉勝事發，其它未發者不止劉勝一人，以此守備把關巡捕官員，不能禁治，合無今後軍官、將官知情縱容弟男子侄伴當興販，及守備把關巡捕官知而故縱，事發參問，降一級原衛帶俸差操。有贓者，從重論。失於不知者，照常發落。若守備把關巡捕官，自出資本興販私茶，但通番者問發邊衛充軍。在西寧、洮河、甘肅地方發賣者，三百斤以上，發附近衛分充軍。不及數及在腹裏發賣者，降一級調邊衛帶俸差操。如此則法令一新，積習之弊可祛。不然，將來貽患，臣不知何所紀極也。

明 楊一清《楊石淙文集・爲修復茶馬舊制第二疏茶馬**》**《明 经世文编》卷一一五 戶部覆都御史楊一清所奏事件，除復金牌之制、專巡禁之官、嚴私販之禁三事，係隸兵部掌行覆奏外，所據處茶園之課、廣價茶之積二事，伏乞聖明裁處。

計開：

一、處茶園之課。行據延安府綏德州知州洪平呈稱：親詣漢中府金州并西鄉、石泉、漢陰三縣，督同各該里老，將該管茶園人戶，查審得金州七鋪一里定額課茶六千二百二十斤四兩，西鄉縣雲停、歸仁、遊仙三里定額課茶一萬八千五百六十八斤六兩五錢，漢陰縣在廓一里定額課茶一千三百七斤一十一兩五錢，石泉縣石泉一里定額課茶一百九十二斤二兩九錢，共二萬六千二百八十九斤一十四兩九錢。成化等年，奉例各增添里分，人民佃買老戶茶園地土，各人開墾不等，仍舊幫納前項茶課，會同各官親詣茶園，逐一踏勘得，金州該增課茶三千八百七十二斤一十二兩，西鄉縣該增課茶五千六百五十一斤，漢陰縣該增課茶七百二十三斤，石泉縣該增課茶六百六十斤，共增課茶一萬九百六斤一十一兩，造冊申送到臣。案照先據陝西按察司僉事唐希介呈稱：漢中府金州西鄉、石泉、漢陰三縣，俱係產茶地方，如漢陰一縣，原設在廓新安二里，後因招撫流民，增添九里，近因大造黃冊，又添一里。今以十里之民，止納二里之課。況自招撫之後，其延安、慶陽、西安等府人民流移到彼，不可勝紀。見今開墾日繁，栽種日盛。其沿江一帶茶園多不起課，乞行嚴督官員查理等因。看得漢中府前項產茶州、縣，國初人民戶口不多，茶園亦少，所以額課止於如此。成化年間以來，各省逃移人民聚集栽植，茶株數多，已經節次編入版籍。州、縣里分俱各增添，戶口日繁。茶園加增不知幾處，而茶課仍舊，致令各處奸頑官舍軍民，逓年在山收買私茶，通番交易覓利。以此，番人不樂官市，沮壞馬政，相應查理，按察司分巡關南道官覆勘未報。訪得前項州、縣所產茶斤，不假種植，隨田而出，荒山茂林耕治燔灼之餘，茶從而萌蘖焉，民獲其利。一家茶園有三五日程歷不遍者。有百餘戶所佃茶園，止幫一戶茶課。其甚少者亦多贏餘。較之農夫，終歲勤動而恐不贍，又稱貸以輸官者，難易不同。故漢中一府，歲課不及三萬，而商販私鬻至百餘萬以爲常，是其明驗也。況先年茶園，亦有消乏，未蒙除豁，新開茶園日新月盛，漫無稽攷，致使一園一畦者課程已多。連山接隴者，課程顧少。非惟細民有不均之歎。抑且奸民遂玩法之私，深爲不便。合無行委陝西布、按二司，督同漢中府掌印官，親詣前項州、縣，遍歷園山界畔，再行踏勘丈量，斟酌地里遠近、佃戶多寡，不必拘定知州洪平前數，但要有益於官，不病於民，勘處停當，部覆茶園額課行，本官另行查據增損，造冊奏聞。備開舊管新收，開除實在數目，造冊奏繳，永爲遵行，如

此，則茶課均平，其於茶馬，不爲無助。

一、廣儥茶之積。查得洪武、永樂年間舊例，三年一次，番人該納差發馬一萬四千五十一匹。儥茶先期於四川保寧等府，約運一百萬斤，赴西寧寺茶馬司收貯。內西寧茶馬司收三十一萬六千九百七十斤，河州茶馬司收四十五萬四千三十斤，洮河茶馬司收二十二萬九千斤，合用運茶軍夫，四川、陝西都布二司各委堂上官管運，四川軍民運赴陝西接界去處，交與陝西軍夫，轉運各茶馬司交收。户部請旨，於在京堂上官內點差二員，賫勑前來，會同陝西守鎮官員整理。事體重大，供億浩繁，後因邊方有事，停止不行。近年巡茶御史招番易馬，止憑漢中府歲辦課茶二萬六千二百餘斤，兼以巡獲私茶，數亦不多，每歲約用不過茶四五萬斤，以此易馬多不過數百匹至千匹而止。補輳抑勒，往往良駑相參。招易未久，倒傷相繼。番人既病於儥虧，軍士復不得實用。要其事勢，亦有由然。今邊方在在缺馬騎征，官帑有限，收買不敷，月追歲併，士卒告困。近雖修舉監、苑馬政，然方收買種馬孳牧，求用於數年之後，惟茶馬可濟目前之急。顧茶司無數萬之儲，縱然招致番馬，何所取給。欲查照舊例征運，四州課茶，緣川、陝軍民兵荒之後，創殘已甚，寧能增此運茶之役。查得洪武三十年，欽依禁茶榜文內一欵：『本地茶園人家，除約量本家歲用外，其餘盡數官爲收買，若賣與人者，茶園入官。』欽此。照得漢中府産茶州縣，遞年所出茶斤百數十萬，官課歲用不過十之一二，其餘俱爲商販私鬻之資。若商販停革，私茶嚴禁，設法收買餘茶，既使官茶贏積，又令私販減少，誠一舉而兩得也。在山茶斤無從售賣，茶園人户仰事俯育，何所資藉？彼見茶園無利，不復葺理，將來茶課亦虧。夫在茶司則病於不足，既無以副番人之望。在茶園則積於無用，又恐終失小民之業。若不從宜處置，深爲不便。臣今年正月間，量發官銀一千五百七十餘兩，委官前去收買茶七萬八千八百二十斤。計易過兒扇騍馬九百餘匹。若用銀買，須得七千餘兩，其利如此，但猶未免用官夫運送。止如前數，固可支持，必欲廣爲收易。漢中、鞏昌、河西一帶人民將不勝其勞擾。又恐行之既久，官司處置乖方，虧價損民，似非經常之計。此法可以常行。如欲官民兩便，必須招商買運，給價相應。臣於今年閏四月內，又經出給告示，招諭陝西等處商人買官茶五十萬斤，以備明年招番之用。憑衆議定，每茶一千斤，用價銀二十五兩。連蒸曬、裝篦、雇脚等項，從寬共計，價銀五十兩，令其自出資本，前去收買，自行運送各茶司交收明白，聽給價銀去後。且官銀一萬兩，買戰馬不過一千匹。如前所擬，買茶二十萬斤，分別三等馬匹，斟酌收買，可得馬幾三千匹。買一馬者。將買三馬，給一軍者，可給三軍。但所給茶價出自公家，歲歲支給，亦非可繼之道。若運到官茶，量將三分之一官爲發賣，以償商價，尤爲便益。此與開中商茶不同。開中商茶，其利在商，未免阻壞茶馬；招商買茶，其利在官，專爲易馬之資。借曰官賣，不過十之二三，較之商茶歲百餘萬，以通番境者，何如？合無自弘治十八年爲始，聽臣出榜招諭山、陝等處富實商人，收買官茶五六十萬斤，其價依原定每一千斤給銀五十兩之數。每商所買，不得過一萬斤，給與批文，每一千斤給小票一紙，掛號定限，聽其自出資本，收買真細茶斤，自行雇脚轉運，照商茶事例，行令沿途官司，秤盤截角，如有多餘夾帶茶斤，照私茶擬斷，運至各該茶馬司，取獲實收，赴臣查驗明白，聽給價銀。仍行委廉幹官員，分投於西寧、河州二衛，官爲發賣，每處七八萬斤至十萬斤爲止，價銀官庫收候，儘勾給商，如有贏餘，下年輳給，行之數年，茶可不賣。夫如是，茶出於山而運於商，民不及知；以茶易茶，官不及知。不傷府庫之財，不失商民之業。部覆依擬施行，永爲定制。而我可以坐收茶馬之利，長久利便之策，宜無出此。

著録

《明史》卷九七《藝文志二・故事類》　胡彦《茶馬類考》六卷，陳講《茶馬志》四卷。

徐彦登《歷朝茶馬奏議》四卷。

藝文

元　湯顯祖《玉茗堂集》卷一五《茶馬》

秦晉有茶賈，楚蜀多茶旗。金城洮河間，行引正參差。
繡衣來漢中，烘作相追隨。以篚計分率，半為軍國資。

番馬直三十，酬篦二十餘。配軍與分牧，所望蕃其駒。月餘馬百錢，豈不足青芻。奈何令倒死，在者不能趨。倒死亦不聞，軍吏相爲漁。黑茶一何美，羌馬一何殊。有此不珍惜，倉卒非長驅。健兒猶餓死，安知我馬徂。羌馬與黄茶，胡馬求金珠。羌馬有權奇，胡馬皆駘駑。胡強掠我羌，不與兵驅除。羌馬亦不來，胡馬當何如！

明 解縉《文毅集》卷七《送習賢良赴河州序》 國朝初置陝西行都司於河州，控西夷數萬里，跨崑崙，通天竺，西南巨川，入于南海。元勳大臣先後至其處軍衛，既肅夷戎，率服通道置驛，烟火相望，迺罷行都司。革河州、寧河等府縣，設軍民指揮司治之，與中原郡縣等，而善馬之出，布于天下。先是民商夷虜利相售易，或相殺害，而外夷之貨馬貴中國之貨，以荈茗爲上。葢夷人肥羶湩，則羣聚穹廬中，置金煮荈茗，調以童酪，而濟其肉食，如中國之用酒，視酒醴反若荈茗者，其俗非一日矣。予前年謫居，履其山川，訪其誌，神禹之導河積石，寔自此始。而積石西去河州數千里。宋立積石軍，固唐虞三代之舊治，周衰而擯于夷，至今數千年，而復其舊，則其飲食嗜欲宜稍近于中國而先太祖高皇帝因其利而利之也。置茶馬司河州，歲運巴、陝之茶于司，官茶而民得以馬易之。夷人亦知有法禁忌畏，殺害之風帖息，而茶之繆惡亦少。數年之間，河州之馬如雞豚之畜，而夷人亦往來慕知識，效信義，有仕爲臣者，不但茶馬之供而已。習若寅賓，新金之玉笥人，初爲廣得倉曹，滿陞茶馬使於河州也，故備述其事以送之，且知是司也。夷夏之交，義利之辨，寅賓尚忠信而篤敬，河州固唐虞三代之邦也。且以告予兄高君焉。

榷茶部

論説

唐 李珏《論王播增榷茶疏》《全唐文》卷七二 伏以榷率救弊，起自干戈，天下無虞，所宜蠲省。況税茶之事，尤出近代。貞元中不得不爾，今四海鏡静，八方砥平，厚歛於人，殊傷國體。其不可一也。而又茶爲食物，無異米鹽，人之所資，遠近同俗，既蠲渴乏，難舍斯須。至於田閭之間，嗜好尤切。今收税既重，時估必增，流弊於人，先及貧弱。其不可二也。且山澤之饒，出無定數，量斤論税，所冀售多。若價高則市者稀，價賤則市者廣，歲終上計，其利幾何？未見阜財，徒聞歛怨。其不可三也。臣不敢遠徵故事，直以目前所見陳之。伏惟陛下暫留聰明，稍垂念慮，特追成命，更賜商量。則嗷嗷萬姓，皆荷福利。臣又竊見陛下愛人育物，動感神明，即位之初，已懲聚歛，外官抽貫，旋有詔停。洋洋德音，千古不朽。今者榷茶加税，頗失人情。臣忝職諫司，豈敢緘默，塵黷旒扆，戰越伏深。

唐 令狐楚《請罷榷茶使奏》《全唐文》卷五四一 伏以江淮閒數年已來，水旱疾疫，凋傷頗甚，愁歎未平。今夏及秋，稍較豐稔，方須惠恤，各使安存。昨者忽奏榷茶，實爲蠹政。蓋是王涯破滅將至，怨怒合歸。豈有令百姓移茶樹就官場中栽植，摘茶葉於官場中造作？有同兒戲，不近人情。方在恩權，孰敢沮議？朝班相顧而失色，道路仄目而吞聲。今宗社降靈，奸凶盡戮，聖明垂祐，黎庶合安。微臣伏蒙天恩，兼領使務，官銜之内，猶帶此名。俯仰若驚，夙宵知愧。伏乞特回聖聽，下鑒愚誠，速委宰臣除此使額。緣軍國之用或闕，山澤之利有遺，許臣條疏，續具聞奏。採造將及，妨廢爲虞。前月二十一日内殿奏對之次，鄭覃與臣同陳論訖。伏望聖慈，早賜處分，一依舊法，不用新條。唯納榷之時，須節級加價。商人轉賣，必較稍貴。即是錢出萬國，利歸有司。既無害茶商，又不擾茶户。上以彰陛下愛人之德，下以竭微臣憂國之心。遠近傳聞，必當感悦。

《舊唐書》卷四九《食貨下·茶》［大和］九年十二月，左僕射令狐楚奏新置榷茶使額：『伏以江淮間數年以來，水旱疾疫，凋傷頗甚，愁歎未平。今夏及秋，稍較豐稔。方須惠恤，各使安存。昨者忽奏榷茶，實爲蠹政。蓋是王涯破滅將至，怨怒合歸。豈有令百姓移茶樹就官場中栽，摘茶葉於官場中造？有同兒戲，不近人情。方有恩權，無敢沮議，朝班相顧而失色，道路以目而吞聲。今宗社降靈，姦兇盡戮，聖明垂佑，黎庶各安。微臣伏蒙天恩，兼授使務，官銜之内，猶帶此名，俯仰若驚，夙宵知愧。伏乞特迴聖聽，下鑒愚誠，速委宰臣，除此使額。緣國家之用或闕，山澤之利有遺，許臣條流，續具奏聞。採造欲及，妨廢爲虞。前月二十一日内殿奏對之次，鄭覃與臣同陳論訖。伏望聖慈早賜處分，一依舊法，不用新條。惟納榷之時，須節級加價，商人轉擡，必較稍貴，即是錢出萬國，利歸有司，既無害茶商，又不擾茶户，上以彰陛下愛人之德，下以竭微臣憂國之心，遠近傳聞，必當咸悦。』詔可之。先是，鹽鐵使王涯表請使茶山之人，移植根本，舊有貯積，皆使焚棄，天下怨之。及是楚主之，故奏罷焉。

宋 王安石《臨川先生集》卷七〇《議茶法》 國家罷榷茶之法，而使民得自販，於方今實爲便，於古義實爲宜，而有非之者，蓋聚歛之臣，將盡財利於毫末之間，而不知與之爲取之過也。夫茶之爲民用，等於米鹽，不可一日以無。而今官場所出，皆麤惡不可食，故民之所食，大率皆私販者。夫奪民之所甘，而使不得食，則嚴刑峻法有不能止者，故鞭扑流徙之罪未常少弛，而私販私市者亦未嘗絶于道路也。既罷榷之法，則凡此之爲患，皆可以無矣。然則雖盡充歲入之利，亦爲國者之所當務也，況闤市之人，自足侔昔日之利乎。昔桑弘羊興榷酤之議，當時以爲財用待此而給，萬世不可易者，然至霍光不學無術之人，遂能屈其論而罷其法，蓋義之勝利久矣。今朝廷之治，方欲剗百代之弊而復堯、舜之功，而其爲法度，乃欲出於霍光之所羞爲者，則可乎？以今之勢，雖未能盡罷榷貨而能緩其一，亦所以示上之恤民之深而興治之漸也。彼區區聚歛之臣，務以求利爲功，而不知與之爲取，上之人亦當斷以義，豈可以人人合其私説然後行哉？揚雄曰：『爲人父而榷其子，縱利，如子何？』以雄之聰明，其講天下之利害宜可信。然則今雖國用甚不足，亦不可以復

易已行之法矣。是以國家之勢，苟修其法度，以使本盛而末衰，則天下之財不勝用，庸詎而必區區於此哉？

宋 蘇轍《欒城集》卷三六《論蜀茶五害狀》 右臣伏見朝廷近罷市易事，不與商賈爭利，四民各得其業，欣戴聖德無有窮已。唯有益、利、秦鳳、熙河等路茶場司以買賣茶虐害四路生靈，又以茶法影蔽市易，販賣百物。州縣監司不敢何問，爲害不細，而朝廷未加禁止。臣聞五代之際，孟氏竊據蜀土，國用褊狹，始有榷茶之法。及藝祖平蜀之後，放罷一切橫斂，茶遂無禁，民間便之。其後淳化之間，牟利之臣始議掊取。大盜王小波、李順等，因販茶失職，窮爲剽劫，凶燄一扇，兩蜀之民，肝腦塗地，久而後定。自後朝廷始因民間販賣，量行收稅，所取雖不甚多，而商賈流行，爲利自廣。近歲李杞初立茶法，一切禁止民間私買。然循所收之息，止以四十萬貫爲額，供億熙河。至劉佐、薄宗閔提舉茶事，取息太重，立法太嚴，遠人始病。是時知彭州呂陶奏乞改法，只行長引，令民自販茶，每茶一貫，出長引錢一百，更不得取息，得旨依奏。民間聞之，方有息肩之望。又却差孫迥、李稷入川相度，始議極力掊取，因建言乞許茶價隨時增減，茶法既有增減之文，則取息依舊，由是息錢、長引二說並行，而民間轉不易矣。而稷等又益以販鹽布，乃能增額及六十萬貫。及李稷引陸師閔共事，又增額至一百萬貫。師閔近歲又乞於額外以一百萬貫爲獻，朝廷許之。於是奏乞於成都府置都茶場，客旅無見錢買茶，許以金銀諸貨折博，遂以折博爲名，多遣公人、牙人公行拘攔民間物貨入場，賤買貴賣，其害過於市易。又以本錢質典諸物，公違條法，欺罔朝廷。蓋茶法始行至今，法度凡四變矣。每變取利益深，民益困弊。然供億熙河，止於四十萬貫，其餘以供給官吏及非理進獻，希求恩賞。而害民之餘，辱國傷教，又有甚者。夫遂州通判本以按察吏民，諸縣令佐亦以撫字百姓，而計筭息錢均與牙儈分利。至於監茶之官發茶萬馱，即轉一官，知縣亦減三年磨勘。國之名器輕以與人，遂使貪冒滋章，廉耻不立，深可痛惜。又案盜賊之法，贓及二貫，止徒一年，出賞五貫。今民有以錢八百私買茶四十斤者，輒徒一年，出賞三十貫。又遞鋪文字，事一軍機及非常盜賊，急腳遞日行四百里，馬遞日行三百里，違二日者，止徒一年，今茶遞往還，日行四百里，違一日，輒徒一年，立法太深，苟以自便，不顧輕重之宜。蓋造立茶法皆傾險小人，不識事體，但以遠民無由伸訴，而它司畏憚，不敢辯理，是以公行不道。自始至今，十餘年矣。臣竊聞朝廷近日察知其弊，差官體量，然猶恐未知其詳。臣今訪聞，稍得其實，謹具條件五害如左：

其一曰：益利路所在有茶，其間邛、蜀、彭、漢、綿、雅、洋等州、興元府三泉縣人户，以種茶爲生。自官榷茶以來，以重法脅制，不許私賣，抑勒等第，高秤低估，遞年減價，見今止得舊價之半。乞委所差官取榷茶至今遞年所估價例對定，即見的實。茶官又於每歲秋成糴米，高估米價，強俵茶户，謂之茶本。假令米石八百錢，即作一貫支俵，仍勒出息二分。春茶既發，茶户納茶，又例抑半價，兼壓以大秤，所損又半，謂之青苗茶。元條：園户茶一百斤，許收十斤市例，内一半入官，一半饒潤客旅。今逐場一百斤，有收至二十餘斤。出剩者往往却僞作園户中茶虚，旁支出官錢入己。近年邛州嘗有此獄，又有見出剩數多，陰與客旅商量，納賂不貲，指教出賣者。及至賣茶本法，止許收息二分，今多作名目，如『牙錢』、『打角錢』之類，至收五分以上。買茶商旅，其勢必不肯多出價錢，皆是減價，虧損園户，以求易售。又昔日官未榷茶，園户例收晚茶，謂之秋老黄茶，不限早晚，隨時即賣。榷茶之後，官買止於六月，晚茶入官，依條毀棄。官既不收，園户須至私賣，以陷重禁。此園户之害一也。

其二曰：川茶本法止於官自販茶，其法已陋。今官吏緣法爲姦，遂又販布，販大寧鹽，販瓷器等物，並因販茶還腳販解鹽入蜀。所販解鹽，仍分配州縣，多方變賣及折博雜物貨，爲害不一。及近歲立都茶場，緣折博之法，拘攔百貨，出賣收息。其間紗羅，皆販入陝西，奪商賈之利。至於買賣之餘，則又加以質當。去年八九月間，爲成都買撲酒坊人李安典糯米一萬貫，每斗出息八錢，半年未贖，仍更出息二分。其它非法，類皆如此。今四方蒙賴聖恩，罷去市易抵當之弊，而蜀中茶官，獨因緣茶法，潛行二事，使西南之民獨不蒙惠澤。此平民之害二也。

其三曰：昔官未榷茶，陝西商旅皆以解鹽及藥物等入蜀販茶，所過州軍，已出一重稅錢，及販茶出蜀，兼帶蜀貨，沿路又復納稅，以此省稅增羨。今官自販茶，所至雖量出稅錢，比舊十不及一，縱有商旅興販，諸處稅務畏憚茶官，又利於分取息錢，例多欺詐，以稅爲息，由此省稅益

耗。假有作稅錢上曆，歲終又不撥還轉運司，但添作茶官歲課，公行欺罔。訪聞元豐七年八月，陸師閔劄子奏，茶司全年課利，內有一項係茶稅錢。又茶官違法，販賣百物，商旅不行，非唯稅虧，兼害酒課。蜀中舊使交子，惟有茶山交易最爲浩瀚。今官自買茶，交子因此價賤。舊日蜀人利交子之輕便，一貫有賣一貫一百者，近歲止賣九百以上。此省課之害三也。

其四曰：蜀道行於溪山之間，最號險惡。般茶至陜西，人力最苦。元豐之初，始以成都府路廂軍數百人貼鋪般運。不一二年，死亡略盡。茶官遂令州縣和雇人夫。和雇不行，卽差稅户。其爲搔擾，不可勝言。劉庠知永興日，有澤州般茶人，以疲勞不堪告訴。庠令取狀在案，判云：候本府雇人般茶日呈，後來永興卽不曾雇人。後遂添置遞鋪，十五里輒立一鋪，招兵五十人，起屋六十間，官破錢一百五十六貫，益以民力，僅乃得成。今已置百餘鋪矣。若二百鋪皆成，則是添兵萬人，衣糧歲費二十萬貫。見招填不足，旋貼諸州廂軍。逐州闕人，百事不集。又茶遞一人，日般四䭾，計四百餘斤，回車却載解鹽，往還山行六十里，稍遇泥潦，人力不支，逃匿求死，嗟怨滿道。至去年八九月間，劍州劍陽一鋪人全然走盡，沿沿路號茶鋪爲『納命場』。此遞鋪之害四也。

其五曰：陜西民間所用食茶，蓋有定數。茶官貪求羨息，般運過多，出賣不盡，逐州多虧歲額，遂於每斤增價俵賣與人。元豐八年，鳳州准茶官指揮，每茶一斤添錢一百。其餘州郡，准此可見。又茶法初行，賣茶地分止于秦鳳、熙河，今遂東至陜府，侵奪蠟茶地分，所損必多。此陜西之害五也。

五害不除，蜀人泣血，無所控告。臣乞朝廷哀憐遠民，罷放榷法，令細民自作交易，但收稅錢，不出長引，止令所在場務據數抽買博馬茶，勿失朝廷武備而已。如此則救民於綱羅之中，使得再生，以養父母妻子，不勝幸甚。如朝廷以爲陜西邊事未寧，不欲頓罷茶事，卽乞先馳榷禁，因民販茶，正稅之外，仍收長引錢。一歲之入，不下數十萬貫。以見今長引錢數計之可見。而商旅通行，東西諸貨日夜流轉，所得茶稅、雜稅錢及酒課增羨，又可得數十萬貫。以未榷茶以前及榷茶後來年分，自蜀至陜西沿路酒稅務歲課較之可見。而罷置茶遞，無養兵衣糧及官吏緣茶所費息錢、食錢之類，其數亦自不少，則榷茶可罷，灼然易見。若異日西邊無事，然後更罷長引錢，如舊收稅而止。然臣再詳師閔所營茶利，雖使之裒斂一一如數，止於二百萬貫，無復贏餘矣。若以前件茶引、茶稅、雜稅、酒課等錢約七八十萬貫折除，卽止約有利一百二十餘萬貫。若更除茶遞養兵衣糧及官吏緣茶所費，約三四十萬貫，卽是師閔百端非理淩虐細民，止得八十萬貫。前件兩項錢，並且從小約計，故師閔所得利有八十萬貫，若依實計之，恐不得及此數。假令萬一蜀中稍有飢饉之災，民不堪命，起爲盜賊，或如淳化之比，臣不知朝廷用兵幾何，費錢幾何，殺人幾何，可得平定。今但得七八十萬貫錢，置此不慮，臣竊惑也。兼臣訪聞陸師閔，去年自成都移治永興，仍取成都供給，有本府衙前楊日新者爲之賣酒。至十一月中，師閔自覺非法，始移牒永興、成都，止就用永興供給。其違法差衙前賣酒及多請過成都供給，卽不曾舉覺，其貪冒無恥一至如此。亦乞令所差官，便行體量，如是詣實，乞重行黜謫，以慰遠方積年之憤。謹録奏聞，伏候敕旨。

貼黄：陸師閔久擅茶事，欺罔朝廷，奏請如意，爲吏民所畏憚。若留在本職，雖特遣使命，恐必難以體量實害。欲乞先罷師閔職任。及利州路轉運使蒲宗閔，昔同建議榷茶，曾竊冒恩賞，顯有妨礙，亦乞指揮，不得同簽書體量事。所貴官吏不憂後害，敢以實告。

又 卷四一《申本省論處置川茶未當狀》 朝廷若罷益、利路榷茶之法，只榷陜西沿邊諸郡，不許客旅私販，仍將沿邊每歲合用益、利諸場茶色及觔重配在諸場，令及時立限和買。隨每歲茶價高下，比民間價例微高，一如尋常和糴米粟之比可也。買茶之限，令茶場司立定，州縣不得低估茶價。令人户不肯申官，以致出限，如有事故須至展限者，具事由申本司，量展五日，仍不得過再展。每茶户入場中賣，須卽時揀選和買，不得輒有留滯。或更依客旅體例，秋冬先放茶價，令茶户結保請領，及時送納，以上並不得輒行抑勒。官買數足，方許私下交易。除沿邊所榷地分外，一任客人興販。如此摩畫，比之頃年全榷益、利及陜西諸州，其利有五：益、利茶户，不被官場以賤價大秤抑勒收買。一也。昔茶未有榷，民間採茶，凡有四色，牙茶、早茶、晚茶、秋茶是也。採茶既廣，茶利自倍。自榷茶以來，官中只要早茶，其餘三色茶遂棄不採，民失茶利過半。今既通商，則四色茶俱復採。二也。官所運茶，止于邊郡所須，比榷茶之日，所運減半，則茶遞役兵及州郡雇腳，皆得輕減。三也。陜西茶商既行，岐、雍之間，民皆食賤茶。四也。益、利諸州百貨通行，酒稅課利理當自倍。

五也。若比之今來有司所議，但榷名山、梁、洋三處，放行益、利諸場茶貨，其利有四：名山、梁、洋三處，榷法如舊，而不榷之地犬牙相錯。榷與不榷，茶户利害相遼。例皆王民，而咫尺之間，不宜頓有此異。一也。榷與不榷地分不遠，小人易以起動茶户，借如名山之西南出茶之地，尚有雅州、盧山、榮經等處。若放令此茶北出，道過名山，彼此相雜，不可辨認。若放令此茶，由水路入嘉、眉，則名山之茶，亦當從此走失，寬則榷法自廢，急則民遭誣罔，横被徒配。二也。官中所買，只用早茶，則牙茶、晚茶、秋茶亦爲棄物。民失厚利，與頃歲無異。三也。沿邊諸州蕃部所要茶色各別，今只將名山、梁、洋三色茶與之，彼既未諳茶性，必有不售。四也。若比之今來或人之説，兼榷陝西裹外諸州，據合用茶數，於益、利諸場和買，官自般賣，和買之餘，成都路客人販茶，不得過劍門，利州路客人販茶，不得過陝西。其害有三：盡奪茶利，商賈不行，百貨不通，酒税課利自減。一也。運茶既多，遞鋪役兵及州郡雇脚勞費與頃年無異。二也。岐、雍之民，仍食貴茶。三也。由此觀之，朝廷若但和買邊郡合用茶數，只于邊郡立榷法，其餘率皆通商。此法一行，則上件三説之弊自除，至於供給蕃部，收買戰馬之利，則與三説無異。以此較之，利害可見。謹録奏聞，伏候勑旨。

綜述

《文獻通考》卷一八《征榷考五・榷茶》 唐德宗建中元年，納户部侍郎趙贊議，税天下茶、漆、竹、木，十取一，以爲常平本錢。時軍用廣，常賦不足，所税亦隨盡，亦莫能充本儲，及出奉天乃悼悔，下詔亟罷之。

貞元九年，復税茶。先是，諸道鹽鐵使張滂奏：『去歲水災，詔令減税。今之國用，須有供儲。伏請於出茶州縣及茶山外商人要路，委所由定三等時估，每十税一，充所放兩税。其明年已後所得税錢外，若諸州遭水旱，賦税不辦，以此代之。』詔可，仍委張滂具處置條目。每歲得錢四十萬貫，茶之有税自此始。然税無虚歲，遭水旱處亦未嘗以税茶錢拯贍。

致堂胡氏曰：『茶者，生人之所日用也，其急甚於酒。然王鉷、楊慎矜、韋堅以及劉晏皆置而不征，猶爲忠厚。天地生物，凡以養人，取之不可悉也。張滂税茶，則悉矣。凡言利者，未嘗不假託美名，以奉人主私欲，滂以茶税錢代水旱田租是也。既以立額，則後莫肯蠲，非惟不蠲，從而增廣其數，其法嚴峻者有之矣，至於官盡榷之，商旅不得貿遷，而必與官爲市。在私，則終不能禁，而椎埋惡少竊販之害興，偶有敗獲，姦人猾吏相爲囊橐，獄迄不直，而治所由歷，株連枝蔓，致良民破産，接村比里，甚則盗賊出焉。在公，則收不虔，發泄不時，至於朽敗，與新斂相妨，或沒入竊販，無所售用，於是舉而焚之，或乃沈之，殃民害物，咸弗恤也。其原則在於得數十萬緡錢而已。夫弛山澤之禁以予民，王政也。必不得已，聽商旅貿遷而薄其征。茶也者，東南所有，西北所無，雖曰薄征，其入於王府者亦不貲矣。息盗奪，止訟獄，佐國用，其利亦大矣，張滂、王涯豈足效哉！

穆宗即位，兩鎮用兵，帑藏空虚，禁中起百尺樓，費不勝計。鹽鐵使王播乃增天下茶税，率百錢增五十。江淮、浙東西、嶺南、福建、荊襄茶，播自領之，兩川以户部領之。天下茶加斤至二十兩，播又奏加取焉。右拾遺李珏上疏諫曰：『榷茶起於養兵，今邊境無虞，而厚斂傷民，不可一也。茗飲，人之所資，重賦税則價必增，貧弱益困，不可二也。山澤之饒，其出不貲，論税以售多爲利，價騰踴則市者稀，不可三也。』

文宗時，王涯爲相，判二使，復置榷茶，自領之，使徙民茶樹於官場，榷其舊積者，天下大怨。令狐楚代爲鹽鐵使兼榷茶使，復令納榷，加價而已。李石爲相，以茶税皆歸鹽鐵，復貞元之舊。

武宗即位，鹽鐵轉運使崔珙又增江淮茶税。是時，茶商所過州縣有重税，或掠奪舟車，露積雨中，諸道置邸以收税，謂之『搨地錢』，故私犯益起。大中初，鹽鐵轉運使裴休請：『蠲革横税，以通舟船，商旅既安，課利自厚。又正税茶商，多被私販茶入侵奪其利，今請委强幹官吏，先於出茶山口及廬、壽、淮南界內，布置把捉，曉諭招收，量加半税，給陳首帖子，令所在公行，更無苛奪。所冀招懷窮困，下絕姦欺，使私販者免犯法之憂，正税者無失利之歎。』從之。

休著條約：私鬻三犯皆三百斤，乃論死；長行羣旅，茶雖少，亦

死；顧載三犯至五百斤，居舍儈保四犯至千斤，皆死；園户私鬻百斤以上，杖脊，三犯加重徭；伐園失業者，刺史、縣令以縱私鹽論。廬、壽、淮南皆加半稅，稅商給自首之帖，天下稅益增倍貞元。江淮茶爲大模，一斤至五十兩。諸道鹽鐵使于悰每斤增稅五錢，謂之『剩茶錢』，自是斤兩復舊。

按《陸羽傳》：『羽嗜茶，著經三篇，言茶之原、之法、之具尤備，天下益知飲茶矣。時鬻茶者至畫羽形置煬突間，爲茶神。有常伯熊者，因羽論復廣著茶之功。其後尚茶成風，回紇入朝，始驅馬市茶。』羽貞元末卒，然則嗜茶、榷茶，皆始於貞元閒矣。

宋制，榷貨務六：江陵府，眞州、海州、漢陽軍、無爲軍、蘄州之蘄口。乾德二年八月，始令京師及建安、漢陽等軍、蘄口置務。太平興國二年，又於江陵府、襄復州、無爲軍增置務。端拱二年，又於海州置務。淳化四年，廢襄復州務。其後京城務但會給交鈔往還，而不積茶貨。又有場十三：蘄州曰王祺、石橋、洗馬，黄州曰麻城，廬州曰王同，舒州曰太湖、羅源，壽州曰霍山、麻步、開順口，光州曰商城、子安。又買茶之處：江南則宣、歙、江、池、饒、信、洪、撫、筠、袁州，廣德、興國、臨江、建昌、南康軍；兩浙則杭、蘇、明、越、婺、處、溫、台；湖南則江陵府，潭、澧、鼎、岳、鄂、鎮、歸、峽州，荊門軍；福建則劍南、建州。虔、吉、郴、辰州，南安軍，皆折稅課，本州買給民用。山場之制，領園户，受其租，餘悉官市之。又別有民户折稅課者，其出鬻皆在本場。諸州所買茶，折稅受租同山場，悉送六榷務鬻之。江陵府受本府及潭、鼎、澧、岳、歸、峽州茶；眞州務受潭、袁、池、吉、饒、撫、洪、歙、江、宣、岳州，臨江、興國軍茶；海州務受杭、湖、常、睦、越、明、溫、台、衢、婺州茶；漢陽軍務受鄂州茶；無爲軍務，撫、吉州，臨江軍，而增南康軍茶；蘄口務受潭州、興國軍茶。凡茶有二類，曰片、曰散。片茶蒸造，實卷摸中串之，惟建、劍則既蒸而研，編竹爲格，置焙室中，最爲精潔，他處不能造。其名有龍、鳳、石乳、的乳、白乳、頭金、蠟面、頭骨、次骨、末骨、粗骨、山挺十二等，龍、鳳皆團片，石乳、頭乳皆狹片，名曰『京』。的乳亦有闊片者。乳以下皆闊片。以充歲貢及邦國之用，洎本路食茶。餘州片茶，有進寶、雙勝、寶山、兩府出興國軍，仙芝、嫩蘂、福合、祿合、運合、慶合、指合出饒、池州，泥片出虔州，綠英、金片出袁州，玉津出臨江軍，靈川福州，先春、早春、華英、來泉、勝金出歙州，獨行、靈草、綠芽、片金、金茗出潭州，大拓枕出江陵，大小巴陵、開勝、開捲、小捲、生黄、翎毛出岳州，雙上、綠芽、大小方出岳、辰、澧州，東首、淺山、薄側出光州，總二十六名。其兩浙及宣、江、鼎州止以上中下或第一至第五爲號。散茶有太湖、龍溪、次號、末號出淮南，岳麓、草子、楊樹、雨前、雨後出荊湖，清口出歸州，茗子出江南，總十一名。江、浙又有以上中下、第一至第五爲號者。凡買價：蠟茶，每斤自三十五錢至一百九十錢，有十六等；片茶，每大片自六十五錢至二百五錢，有五十五等；散茶，每一斤自十六錢至三十八錢五分，有五十九等。歲課山場八百六十五萬餘斤。和市：江南一千二十萬餘斤，兩浙一百二十七萬九千餘斤，荊湖二百四十七萬餘斤，福建三十九萬三千餘斤。其貿鬻：蠟茶，每斤自四十七錢至四百二十錢，有十二等；片茶，自十七錢至九百一十七錢，有六十五等；散茶，自十五錢至百二十一錢，有一百九等。至道末，賣錢二百八十五萬二千九百餘貫，天禧末，增四十五萬餘貫。天下茶皆禁，唯川陝、廣聽民自買賣，不得出境。

太祖皇帝乾德二年，詔民茶折稅外，悉官買，敢藏匿不送官及私販鬻者，沒入之，論罪；主吏私以官茶貿易及一貫五百，並持仗販易爲官私擒捕者，皆死。

太平興國二年，重定法，務輕減。主吏盜官茶販鬻錢三貫以上，黥面送闕下；茶園户輒毀敗其叢樹者，計所出茶論如法。

八年，詔禁僞茶。又詔民開舊茶園荒廢者蠲之，當以茶代稅而無茶者，許輸他物。

淳化三年，詔盜官茶販鬻十貫以上，黥面配本州牢城。雍熙後用兵，乏於饋餉，多令商人輸芻糧塞下，酌地之遠近不爲其直，取市價而後增之，授以要券，謂之交引，至京師給以緡錢，又移文江、淮、荊湖給以顆、末鹽及茶。

端拱二年，置折中倉，聽商人輸粟京師，優其直，給江、淮茶鹽。

三年八月，監察御史辥映、秘書丞劉式等上言：『向者，朝廷制置緣江榷貨八務，以南方之茶，便於商人貿易。今四海無外，諸務皆宜廢罷，令商人就出茶州府官場算買，既大省輦運，又商人皆得新茶。』詔從

之。遂以三司鹽鐵副使雷有終爲諸路茶鹽制置使，左司諫張觀與映副之，令商榷利害。次年四月，廢緣江榷貨八務，聽商人就出茶州軍買販，大減榷務茶價。詔既下，商人頗以江路回遠非便，有司以損其直，虧失歲計爲言。七月，復置緣江八務，罷制置使、副。至道初，劉式猶固執前議，西京作坊使楊允恭上言：『商人雜市諸州茶，新陳相糅，兩河、陝西諸州，風土各有所宜，非參以多品，則商旅少利，罷榷務令就茶山買茶不可行。』上欲究其利害之説，令宰相召鹽鐵使陳恕、副使、判官與式、允恭定議，召問商人，皆願如淳化所減之價，不然者，即望仍舊。有司職於出納，既難於減損，皆同允恭之説，式議遂寢。即以允恭爲江南、兩浙發運兼制置茶鹽使，西京作坊副使李廷遂、著作郎王子與副之。二年，遂允恭等請，禁淮南十二州軍鹽，官鬻之，商人先入金帛京師及揚州折博務者，悉償以茶。自是鬻鹽得實錢，茶無滯積，歲課增五十萬八千餘貫，允恭等皆被賞。

止齋陳氏曰：『乾德時，東南六路、閩、浙歸職方，餘尚未平。太祖榷法蓋禁南商擅有中州之利，故置場以買之，自江以北皆爲禁地。太平興國中，樊若水奏，江南諸州茶官市十分之八，其二分量稅聽自賣，逾江涉淮，乘時射利，紊亂國法，望嚴禁之，則謂乾德榷法也。自若水建議，其法始密。凡茶之利，一則官賣以實州縣；一則沿邊入中糧草，算請以省饋運；一則榷務入納金銀錢帛算請以贍京師。而河東、北互市，川陝折博，又以所有易所無，而其大者最在邊備。蓋祖宗以西北宿兵供億之費，重困民力，故以茶引走商賈，而虛估加擡以利之。其後理財之臣往往以遺利在民，數務更張，然大概無過李諮、林特二法，二法大概以抑茶商及邊民耳。故林特以見錢買入中賤價交鈔，而以實錢算茶，然猶以五十千或五十五千算茶百千，則是去虛估加擡未遠也。至李諮復祖劉式之意淳化三年，秘書丞劉式起請，令商旅自就園户買茶，於官場貼射，廢榷貨務，始斷然罷去買納茶本，使客自就山園買茶，而官場坐收貼納之利，行之三年而罷。然當時議者徒咎諮法不能惜留在京見錢，而不及其刻剝商賈之怨。景祐以後，西邊事興，始復行加擡法。嘉祐四年，天下無事，仁皇慨然一切弛禁。當時詔書曰：「上下征利垂二百年，江、湖之間，幅員數千里，爲陷穽以害吾民。尚慮幸於立異之人，因緣爲姦之黨，妄陳奏議，以惑官司。必寘明刑，用懲狂謬。」自此，茶不爲民害者六七十載矣。此韓琦相業也。至蔡京始復榷法，於是茶利自一錢以上皆歸京師。其子蔡絛自記之曰：「公始説上以茶務，若所入厚，專以奉人主。」此京本意，而西北邊糧草名曰便糴，而均糴、結糴、貼糴、括糴之名起。蓋以官告、度牒之類等第抑配，而邊民不聊生矣。京之誤國類如此。』

凡園户，歲課作茶輸其租，餘則官悉市之。其售於官者，皆先受錢而後入茶，謂之本錢。百姓歲輸稅願折茶者，亦折爲茶，謂之折稅。此收茶之法。

凡民鬻茶者，皆售於官，其以給日用者，謂之食茶，出境則給券。商賈之欲貿易者，入錢若金帛京師榷貨務，以射六務、十三場茶，給券隨所射予之，謂之交引；願就東南入錢若金帛者聽，計直予茶如京師。凡茶入官以輕估，其出以重估，縣官之利甚博，而商賈轉致於西北，以致散於夷狄，其利又特厚。此鬻茶之法。

自西北宿兵既多，饋餉不足，因募人入中芻粟，度地里遠近，增其虛估，給券，以茶償之。後又益以東南緡錢、香藥、象齒，謂之『三説』，而塞下急於兵食，欲廣儲峙，不愛虛估，入中者以虛錢得實利，人競趨焉。及其法既弊，則虛估日益高，茶日益賤，入實錢金帛日益寡。而入中者非盡行商，多其土人，既不知茶利厚薄，且急於售錢，得券則轉鬻於茶商或京師坐賈號交引鋪者，獲利無幾。茶商及交引鋪或以券取茶，或收畜貿易，以射厚利。繇是虛估之利皆入豪商巨賈，券之滯積，雖二三年茶不足以償，而入中者以利薄不趨，邊備日蹙，茶法大壞。

景德中，丁謂爲三司使，嘗計其得失，以謂邊糴才及五十萬，而東南三百六十餘萬茶利盡歸商賈。當時以爲至論，厥後雖屢變法以捄之，然不能亡弊。

天聖元年，有司請罷三説，行貼射之法即李諮所陳，見上文。

景祐中，葉清臣上疏言：『嘗計茶利歲入，以景祐元年爲率，實本錢外，實收息錢五十九萬餘緡，天下所售受食茶，及本息歲課亦衹及三十四萬緡，而茶商見行六十五州軍，所收稅錢已及五十七萬緡。若令天下通商，衹收稅錢，自是數倍，即榷務、山場及食茶之利，盡可籠取。又況不廢度支之本，不置榷場之官，不興輦運之勞，不濫徒黥之辟。臣意議

者謂榷賣有定率，徵税無彝準，通商之後，必虧歲計。臣按管氏鹽鐵法，計口受賦，茶爲人用，與鹽鐵均，必令天下通行，以口定賦，民獲善利，又去嚴刑，口出數錢，人不厭取。』時下其議，皆以爲不可行。至嘉祐中，何鬲、王嘉麟上書請罷給茶本錢，縱園户貿易，而官收租錢與所在征算，歸榷貨務以償邊糴之費。時韓琦、富弼等執政，力主其説，乃議弛禁，以三司歲課均賦茶户，謂之租錢，與諸路本錢悉儲以待邊糴。自是唯蠟茶禁如舊，餘茶肆行天下矣。論者尤謂朝廷志於便人，欲省刑罰，其意良善，然茶户困於輸錢，而商賈利薄，販鬻者少，州縣徵税日蹙，經費不充。學士劉敞、歐陽修等頗論其事，略言：『昔時百姓之摘山者，皆受錢於官，今也顧使納錢於官，受納之間，利害百倍；先時百姓冒法販茶者被罰耳，今悉均賦於民，賦不時刑，亦及之，是良民代冒法者受罪；先時大商賈爲國貿遷，而州郡收其税，今大商富賈不行，則税額不登，且乏國用。』時朝廷方排衆論而行之，敞等言不從。

民之種茶者，領本錢於官而盡納其茶，官自賣之，敢藏匿及私賣者有罪此國初之法。以十三場茶買賣本息並計其數，罷官給本錢，使商人與園户自相交易，一切定爲中估而官收其息，如茶一斤售錢五十有六，其本錢二十有五，官不復給，但使商人輸息錢三十有一，謂之貼射此天聖之法。園户之種茶者，官收租錢，商賈之販茶者，官收征算而盡罷禁榷，謂之通商此嘉祐之法。

治平中，歲入蠟茶四十八萬九千餘斤，散茶二十五萬五千餘斤，茶户租錢三十二萬九千八百五十五緡，又儲茶錢四十七萬四千三百二十一緡，而内外總入茶税錢四十九萬八千六百緡，推是可見茶法得失矣。

吴氏能改齋漫録曰：『建茶務，仁宗初，歲造小龍、小鳳各三百斤，大龍、大鳳各三百斤，入香、不入香、京挺共二百斤，蠟茶一萬五千斤。小龍、小鳳，初因蔡君謨爲建漕，造十斤獻之，朝廷以其額外免勘。明年，詔第一綱盡爲之，故東坡志林載溫公曰：「君謨亦爲此邪？」』

神宗熙寧七年，始建三司幹當公事李杞入蜀經畫買茶，於秦鳳、熙河博馬，與成都路漕司議合。事方有端，而王韶言西人頗以善馬至邊，所嗜惟茶，乏茶與市。即詔趣杞據見茶計水陸運至，又以銀十萬兩、帛二萬五千、度僧牒五百付之，假常平及坊場餘錢，以著作佐郎蒲宗閔同領其事。初，蜀之茶園皆民兩税地，不殖五穀，惟亦種茶。賦税一例折輸絹、紬、綿、草，各以其直折輸，役錢亦視其賦。民賣茶資衣食，與農夫業田無異，而税額總三十萬。杞被令經度，即諸州創設官場，歲增息爲四十萬，而重禁榷之令。其輸受之際，往往壓其斤重，侵其價直。既而運茶積滯，歲課不給，乃建議於彭、漢二州歲買布各十萬匹，以折脚費，實以布息助茶利，亦未免積滯。復建議歲易解鹽十萬席，顧運回東船載入蜀，而禁商販。未幾，鹽法復難行，宗閔乃議川陝略民茶息收十之三，盡賣於官場，更嚴私交易之令，稍重至徒刑，仍沒緣身所有物，以待給賞。於是蜀茶盡榷，民始病矣。

知彭州呂陶言：『川陝四路所出茶貨，北方東南諸處，十不及一，諸路既許通商，兩川却爲禁地，虧損治體，莫甚於斯。只如解州有鹽池，民間煎者乃是私鹽；晉州有礬山，民間煉者乃是私礬。今川、蜀茶園乃百姓己物，顯與解鹽、晉礬事體不同。恭惟仁聖恤民之心，必不如此。』又言：『國家置市易司籠制百貨，歲出息錢不過十之二，必以一年爲率。今茶場司不以一年爲率，務重立法，盡榷民茶，隨買隨賣，取息十之三，或今日買十千之茶，明日即作十三千賣之客旅，日以官本變轉，殊不休已，比至歲終，不可勝算，豈止三分而已？此於市易之條自相違戾。又客旅及儈人以榷茶，不許私交市，共邀難園户，於外預商計裁價，園户畏法懼罪，且欲變貨營生，窮迫之間，勢不獲已，則一聽客言，斤收實錢七分賣之官，餘三分留爲客人買茶之息。如此則園户有三分之虧，而官中名得其息，自是園户本錢，客人無所費也。乞下本路體量更改。』不報。

自熙寧七年至元豐八年，蜀道茶場四十一，京西路金州爲場六，陝西賣茶爲場三百三十二，税息至李稷加爲五十萬，及陸師閔爲百萬云。

五年，以福建茶陳積，乃詔福建茶在京、京東西、淮南、陝西、河東仍禁榷，餘路通商。王子京爲轉運副使，言：『建州蠟茶舊立榷法，自熙寧權聽通商，自此茶户售客人茶甚良，官中所得唯常茶，税錢極微，南方遺利無過於此，仍行榷法。』元祐初，罷子京事任，令福建禁榷州軍仍其舊。

元豐中，宋用臣都提舉汴河隄岸，創奏修置水磨，凡在京茶户擅磨末茶者有禁，並赴官請買，而茶鋪入米豆雜物拌和者有罰，募人告者有

賞。訖元豐末，歲獲息不過二十萬，商旅病焉。元豐修置水磨，止於在京及開封府界諸縣，未始行於外路。及紹聖復置，其後遂於京西鄭滑州、潁昌府，河州澶州皆行之。

哲宗元祐二年，熙河、秦鳳、涇原三路茶仍官爲計置，永興、鄜延、環慶許通商，凡以茶易穀者聽仍舊，毋得踰轉運司和糴價，其所博斗斛勿取息。

侍御史劉摯上言：『蜀地榷茶之害，園户有逃以免者，有投死以免者，而其害猶及鄰伍。欲伐茶則有禁，欲增植則加市，故其俗論謂地非生茶也，實生禍也。願選使者考茶法之弊欺，以蘇蜀民。』

右司諫蘇轍上言：『盜賊之法，贓及二貫，止徒一年，出賞五千，今民有以錢八百和買茶四十斤者，輒徒一年，賞三十千，立法苟以自便，不顧輕重之宜。蓋造立茶法，皆傾險小人，不識事件。』且備陳五害。詔遣黄廉等體量。

紹聖元年，陝西復行禁榷，凡茶法並用元豐舊條。

徽宗崇寧元年，右僕射蔡京議大改茶法，奏言：『自祖宗立額榷之法，歲收淨利凡三百二十餘萬，而諸州商稅七十五萬貫有奇，食茶之算不在焉，其盛時幾五百餘萬緡。慶曆之後，法制寖壞，私販公行，遂罷禁榷，行通商之法。自後商旅所至，與官爲市，四十餘年，利源寖失。謂宜荊湖、江、淮、兩浙、福建七路所產茶，仍舊禁榷官買，勿復科民，卽產茶州縣隨所置場，申商人園户私易之禁。凡置場地，園户皆籍名數，歲鬻於官吏，皆用倉法，園户自前茶租折稅仍舊。產茶州軍許其民赴場輸息，量限斤數，給短引，於旁近郡縣便鬻，餘悉聽商人於榷貨務入納金銀、緡錢或並邊糧草，卽本務給鈔，取便算請於場，別給長引，從所指州軍鬻之。商稅自場給長引，沿路登時批發，至所指地，然後計稅盡輸，則在道無苛留。買茶本錢以度牒及鹽鈔、諸色封樁、坊場、常平剩錢通三百萬緡爲率，給諸路，諸路措置，各分命官。』詔悉聽焉。俄定諸路措置茶事官置司：湖南於潭州，湖北於荊南，淮南於揚州，兩浙於蘇州，江東於江寧府，江西於洪州。其置場所在：蘄州卽其州及蘄水縣，壽州以霍山、開順，光州以光山、固始，舒州卽其州及羅源、太湖，黄州以麻城，廬州以舒城，常州以宜興，湖州卽其州及長興、德清、安吉、武康，睦州卽其州及清溪、分水、桐廬、遂安，婺州卽其州及東陽、永康、浦江，處州卽其州及遂昌、青田，蘇、杭、越各卽其州，而越之上虞、餘姚、諸暨、新昌、剡縣皆置焉，衢、台各卽其州，而溫州以平陽。大法既定，其制置節目，不可毛舉。

四年，京覆議更革，遂罷官置場，商旅並卽所在州縣或京師請長短引，自買於園户。茶以籠篰，官爲抽盤，循第敘輸息訖，批引販賣，茶事益加密矣。長引許往他路，限一年。短引止於本路，限一季。

按：京崇寧元年所行乃禁榷之法，是年所行乃通商之法，但請引抽盤商稅，苛於祖宗之時耳。

大觀三年，計七路一歲之息一百二十五萬一千九百餘緡，榷貨務再歲一百十有八萬五千餘緡。京專用是以舞智固權，自是歲以百萬緡輸京師所供私奉，掊息滋厚，盜販公行，民滋病矣。

政和二年，大增損茶法。凡請長引再行者，輸錢百緡，卽往陝西，加二萬，茶以百二十斤；短引輸緡錢二十，茶以二十五斤。私造引者如川錢引法。歲春茶出，集民户約三歲實直及今價上户部。茶籠篰並官製，聽客買，定大小式，嚴封印之法。長短引輒竄改增減及新舊對帶、繳納申展、住賣轉鬻科條悉具。初，客販茶用舊引者，未嚴斤重之限，影帶者衆。於是又詔凡販長引斤重及三千斤者，須更買新引對賣，不及三千斤者，卽用新引以一斤帶二斤鬻之，而合同場之法出矣。場置於產茶州軍，而簿給於都茶務。凡不限斤重茶，委官秤製，毋得止憑批引爲定，有贏數卽沒官，別定新引限程及重商旅規避秤製之禁，凡十八條，若避匿鈔割及擅賣，皆坐以徒。復慮茶法猶輕，課入不羨，定園户私賣及有引而所賣踰數，保內有犯不告，並如煎鹽亭户法。短引及食茶關子輒出本路，坐以二千里流，賞錢百萬。

大抵茶、鹽法主於蔡京，務巧掊利，變改法度，前後罷復不常，民聽眩惑。

高宗建炎初，於眞州印鈔，給賣東南茶、鹽，以提領眞州茶鹽爲名。三年，置行在都茶場，罷合同場一十八處，惟洪州、江州、興國軍、潭州、建州各置合同場，監官一員。罷食茶小引建炎三年九月旨，別印小引，每引五貫文，許販茶六十斤。比附短引，增添斤重，暗虧引錢，損害茶法，住罷。淳熙二年復置。

凡茶、鹽經從而把隘官軍以搜檢姦細爲名而騷擾者，依軍法施行。明年，以罰太重，減徒。

三年，捕私茶賞罰依鹽事指揮。祖宗應犯榷貨並不根究來歷，止以見在爲坐。嘉祐著令，今户部言，不係出產州軍捕獲私販茶、鹽，可以不究來歷其出產州軍私販者，並係亭、竈、園户爲之，一概不究，無以杜私販之弊。詔自茶、鹽外，其餘榷貨並不根究來歷。他日，都省又言，應犯私茶、鹽，不得信憑供指，妄有追呼。詔從之。

紹興二十七年，令凡商販淮南長引茶，令秤發官司先問客人所指住賣州縣，經由場務及合過官渡，並背批月日姓名，即時放行，如不行批引，縱放私茶，與正犯茶人一等犯罪。蓋自榷場轉入虜中，其利至博，淮河私渡譏禁甚嚴，然民觸犯法禁自若。

寧宗嘉泰四年，知隆興府韓邈奏：『户部茶引，歲有常額，隆興府惟分寧產茶，他縣並無，而豪民武斷者乃請引認租，借官引以窮索一鄉，無茶者使認茶，無食利者使認食利，所至驚擾。乞下省部，非產茶縣並不許人户擅自認租，他路亦比類施行。』從之。

又《四川茶》　建炎元年四月，成都路運判趙開言榷茶、買馬五害，請用嘉祐故事，盡罷榷茶，而令漕司買馬，或未能然，亦當減額以蘇園户，輕價以惠行商，如此則私販衰而盜賊息矣。朝廷遂擢開同主管川、陝茶馬。二年十一月，開至成都，大更茶法，倣蔡京都茶場法，印給茶引，使商人即園户市茶，百斤爲一大引，除其十勿算。置合同場以譏其出入，重私商之禁，爲茶市以通交易。每斤引錢春七十、夏五十，市利、頭子在外。所過征一錢所止一錢五分，引與茶隨，違者抵罪。自後引息錢至一百五萬緡。紹興復提舉官，又旋增引錢。至十四年，每引收十二道三百文，視開之初又增一倍矣。

自熙、豐來，蜀茶官事權出諸司之上，而其富亦甲天下，時以其歲剩者上供。舊博馬皆以粗茶，乾道末始以細茶遺之。然蜀茶之細者，其品視南方已下，惟廣漢之趙坡、合州之水南、峩眉之白芽、雅安之蒙頂，土人亦珍之。然所產甚微，非江、建比也。

乾道初，川、秦八場馬額共九千餘匹，川馬五千匹，秦馬四千匹。淳熙以後，爲額共萬二千九百九十四匹，自後所市未嘗及焉。

又《建茶》　建炎二年，葉濃之亂，園丁散亡，遂罷歲貢。紹興四年明堂，始命市五萬斤爲大禮賞。十二年興榷場，取蠟場爲榷場本，禁私販，官盡榷之，上供之餘許通商，官收息三倍。上供龍鳳及京鋌茶歲額，視承平纔半，蓋高宗以錫賚既少，懼傷民力，故裁損其數云。

傳記

《舊唐書》卷一六九《鄭注傳》　鄭注，絳州翼城人，始以藥術游長安權豪之門。本姓魚，冒姓鄭氏，故時號魚鄭，注用事時，人目之爲『水族』。

元和十三年，李愬爲襄陽節度使，注往依之，愬得其藥力，因厚遇之，署爲節度衙推。從愬移鎮徐州，又爲職事，軍政可否，愬與之參決。注詭辯陰狡，善探人意旨，與愬籌謀，未嘗不中其意。然挾邪任數，專作威福，軍府患之。時王守澄監徐軍，深怒注。一日，以軍情患注白于愬，愬曰：『彼雖如此，實奇才也。將軍試與之語，苟不如旨，去未爲晚。』愬即令謁監軍，守澄初有難色。及延坐與語，機辯縱衡，盡中其意，遂延于內室，促膝投分，恨相見之晚。翌日，守澄謂愬曰：『誠如公言，實奇士也。』自是出入守澄之門，都無限隔。愬署爲巡官，齒於賓席。

及守澄入知樞密，當長慶、寶曆之際，國政多專於守澄。注晝伏夜動，交通賂遺，初則讒邪姦巧之徒附之以圖進取，數年之後，達僚權臣，爭湊其門。累從山東、京西諸軍，歷衛佐、評事、御史，又檢校庫部郎中，爲昭義節度副使。既以陰事誣陷宋申錫，守道正人，始側目焉。

大和七年，罷邠寧行軍司馬，入京師，御史李款閤內彈之曰：『鄭注內通敕使，外結朝官，兩地往來，卜射財貨，晝伏夜動，干竊化權。人不敢言，道路以目。請付法司。』旬日內，諫章十數，文宗不納。尋授注通王府司馬，充右神策判官，中外駭歎。八年九月，注進藥方一卷，令守澄召注對浴堂門，賜錦綵。召對之夕，彗出東方，長三尺，光耀甚緊。其年十二月，拜太僕卿、兼御史大夫。

注起第善和里，通於永巷，長廊復壁，日聚京師輕薄子弟、方鎮將吏，以招權利。間日入禁軍，與守澄款密，語必移時，或通夕不寐。李訓

既附注以進，承間入謁，而輕浮躁進者，盈於注門。九年八月，遷工部尚書，充翰林侍講學士。召自九仙門，帝面賜告身。時李訓已在禁庭，二人相洽，日侍君側，講貫太平之術，以爲朝夕可致昇平。兩姦合從，天子益惑其説。是時，訓、注之權，赫於天下。既得行其志，生平恩讎，絲毫必報。因楊虞卿之獄，挾忌李宗閔、李德裕，心所惡者，目爲二人之黨。朝士相繼斥逐，班列爲之一空，人人惴慄，若崩厥角。帝微知之，下詔慰諭，人情稍安。

訓、注天資狂妄，偷合苟容，至於經略謀猷，無可稱者。初浴堂召對，上訪以富人之術，乃以榷茶爲對。其法，欲以江湖百姓茶園，官自造作，量給直分，命使者主之。帝惑其言，乃命王涯兼榷茶使。又言秦中有災，宜興工役以禳之。文宗能詩，嘗吟杜甫江頭篇云：『江頭宫殿鎖千門，細柳新蒲爲誰綠？』始知天寶已前，環曲江四岸有樓臺行宫廨署，心切慕之。既得注言，即命左右神策軍差人淘曲江、昆明二池，仍許公卿士大夫之家於江頭立亭館，以時追賞。時兩軍造紫雲樓、彩霞亭，内出樓額以賜之。注言無不從，皆此類也。

又卷一六九《王涯傳》 王涯字廣津，太原人。父晃。涯，貞元八年進士擢第，登宏辭科。釋褐藍田尉。二十年十一月，召充翰林學士，拜右拾遺、左補闕、起居舍人，皆充内職。元和三年，爲宰相李吉甫所怒，罷學士，守都官員外郎，再貶虢州司馬。五年，入爲吏部員外。七年，改兵部員外郎、知制誥。九年八月，正拜舍人。十年，轉工部侍郎、知制誥，加通議大夫、清源縣開國男，學士如故。十一年十二月，加中書侍郎、同平章事。十三年八月，罷相，守兵部侍郎，尋遷吏部。

穆宗即位，以檢校禮部尚書、梓州刺史、劍南東川節度使。其年十一月，吐蕃南北掎角入寇，西北邊騷動，詔兩川兵拒之。時蕃軍逼雅州，涯上疏曰：『臣當道出軍，徑入賊腹，有兩路：一路從龍州清川鎮入蕃界，徑抵故松州城，是吐蕃舊置節度之所；一路從綿州威蕃柵入蕃界，徑抵棲雞城，皆吐蕃險要之地。』又曰：『臣伏見方今天下無犬吠之警，海内同覆盂之安。每蕃戎一警，則中外咸震，致陛下有旰食軫懷之憂，斯乃臣等居大官、受重寄者之深責也。雖承詔發卒，心馳寇廷，期於爲國討除，使戎人芟翦。晝夜思忖，何補涓毫？所以慺慺愚心，願陳萬一。臣觀自古長策，昭然可徵。在於實邊兵，選良將，明斥候，廣資儲，杜其姦謀，險其走集，此立朝士大夫皆知，不獨微臣知之也，衹在舉行之耳。然臣愚見所及，猶欲布露者，誠願陛下不愛金帛之費，以釣北虜之心。臨遣信臣，與之定約曰，犬戎悖亂負恩，爲邊鄙患者數矣，能制而服之者，唯在北蕃。如能發兵深入，殺若干人，取若干地，則受若干之賞。開懷以示之，厚利以啗之，所以勸聳要約者異於他日，則匈奴之鋭，可得出矣。一戰之後，西戎之力衰矣。』穆宗不能用其謀。

長慶元年，幽、鎮復亂，王師征之，未聞克捷。涯在鎮上書論用兵曰：

伏以幽、鎮兩州，悖亂天紀，迷亭育之厚德，肆豺虎之非心。囚繫鼎臣，戕賊戎帥，毒流列郡，釁及賓僚。凡在有情，孰不扼腕？咸欲横戈荷戟，問罪賊廷。伏以國家文德誕敷，武功繼立，遠無不服，邇無不安。矧兹二方，敢逆天理？臣竊料詔書朝下，諸鎮夕驅，以貔貅問罪之師，當猖狂失節之寇，傾山壓卵，決海灌熒，勢之相懸，不是過也。

但以常山、燕郡，虞、虢相依，一時興師，恐費財力。且夫罪有輕重，事有後先，攻堅宜從易者。如聞范陽肇亂，出自一時，事非宿謀，情亦可驗。鎮州構禍，殊匪偶然，扇動屬城，以兵拒境。如此則幽、薊之衆，可示寬刑；鎮、冀之戎，必資先討。況廷湊闒茸，不席父祖之恩；成德分離，人多迫脅之勢。今以魏博思復讎之衆，昭義願盡敵之師，參之晉陽，輔以滄、易，掎角而進，易若建瓴，盡屠其城，然後北首燕路。在朝廷不爲失信，於軍勢實得機宜。臣之愚忠，輒在於此。

臣又聞用兵若鬭，先扼其喉。今瀛、莫、易、定，兩賊之咽喉也，誠宜假之威柄，戍以重兵。俾其死生不相知，間諜無所入，而以大軍先迫冀、趙，次下井陘，此百舉百全之勢也。臣受恩深至，無以上酬，輕冒陳聞，不勝戰越。

洎涯疏至，盧士玫已爲賊劫，陷瀛、莫州，凶勢不可遏。俄而二凶俱宥之。

三年，入爲御史大夫。敬宗即位，改户部侍郎、兼御史大夫，充鹽鐵轉運使，俄遷禮部尚書，充職。實曆二年，檢校尚書左僕射、興元尹、山南西道節度使，就加檢校司空。大和三年正月，入爲太常卿。文宗以樂府

之音，鄭衛太甚，欲聞古樂，命涯詢於舊工，取開元時雅樂，選樂童按之，名曰雲韶樂。樂曲成，涯與太常丞李廓、少府監庾承憲押樂工獻於梨園亭，帝按之於會昌殿。上悦，賜涯等錦綵。四年正月，守吏部尚書、檢校司空，復領鹽鐵轉運使。其年九月，守左僕射，領使。奏李師道前據河南十二州，其兖、鄆、淄、青、濮州界，舊有銅鐵冶，每年額利百餘萬，自收復，未定税額，請復係鹽鐵司，依建中元年九月敕例制置，從之。七年七月，以本官同平章事，進封代國公，食邑二千户。八年正月，加檢校司空、門下侍郎、弘文館大學士、太清宫使。九年五月，正拜司空，仍令所司冊命，加開府儀同三司，仍兼領江南榷茶使。

十一月二十一日，李訓事敗，文宗入内，涯與同列歸中書會食，未下筯，吏報有兵自閤門出，逢人即殺。涯等蒼惶步出，至永昌里茶肆，爲禁兵所擒，并其家屬奴婢，皆繫於獄。仇士良鞫涯反狀，涯實不知其故，械縛既急，搒笞不勝其酷，乃令手書反狀，自誣與訓同謀。獄具，左軍兵馬三百人領涯與王璠、羅立言，右軍兵馬三百人領賈餗、舒元輿、李孝本，先赴郊廟，徇兩市，乃腰斬於子城西南隅獨柳樹下。涯以榷茶事，百姓怨恨，詬駡之，投瓦礫以擊之。中書房吏焦寓焦璿、臺吏李楚等十餘人，吏卒爭取殺之，籍沒其家。涯子工部郎中、集賢殿學士孟堅，太常博士仲翔，其餘稚小妻女，連襟係頸，送入兩軍，無少長盡誅之。自涯已下十一家，資貨悉爲軍卒所分。涯積家財鉅萬計，兩軍士卒及市人亂取之，竟日不盡。

涯博學好古，能爲文，以辭藝登科，踐揚清峻，而貪權固寵，不遠邪佞之流，以至赤族。涯家書數萬卷，侔於秘府。前代法書名畫，人所保惜者，以厚貨致之；不受貨者，即以官爵致之。厚爲垣，竅而藏之復壁。至是，人破其垣取之，或剔取函奩金寶之飾與其玉軸而棄之。

涯之死也，人以爲冤。昭義節度使劉從諫三上章，求示涯等三相罪名，仇士良頗懷憂恐。初宦官縱毒，凌藉南司。及從諫奏論，凶焰稍息，人士賴之。

又卷一七二《令狐楚傳》 令狐楚字殼士，自言國初十八學士德棻之裔。祖崇亮，綿州昌明縣令。父承簡，太原府功曹。家世儒素。楚兒童時已學屬文，弱冠應進士，貞元七年登第。桂管觀察使王拱愛其才，欲以禮辟召，懼楚不從，乃先聞奏而後致聘。楚以父掾太原，有庭闈之戀，又感拱厚意，登第後徑往桂林謝拱。不預宴遊，乞歸奉養，即還太原，人皆義之。李説、嚴綬、鄭儋相繼鎮太原，高其行義，皆辟爲從事。自掌書記至節度判官，歷殿中侍御史。

楚才思俊麗，德宗好文，每太原奏至，能辨楚之所爲，頗稱之。鄭儋在鎮暴卒，不及處分後事，軍中喧譁，將有急變。中夜十數騎持刃迫楚至軍門，諸將環之，令草遺表。楚在白刃之中，搦管即成，讀示三軍，無不感泣，軍情乃安。自是聲名益重。丁父憂，以孝聞。免喪，徵拜右拾遺，改太常博士、禮部員外郎。母憂去官。服闋，以刑部員外郎徵，轉職方員外郎、知制誥。

楚與皇甫鎛、蕭俛同年登進士第。元和九年，鎛初以財賦得幸，薦俛、楚俱入翰林，充學士，遷職方郎中、中書舍人，皆居内職。時用兵淮西，言事者以師久無功，宜宥賊罷兵，唯裴度與憲宗志在殄寇。十二年夏，度自宰相兼彰義軍節度、淮西招撫宣慰處置使。宰相李逢吉與度不協，與楚相善。楚草度淮西招撫使制，不合度旨，度請改制内三數句語。憲宗方責度用兵，乃罷逢吉相任，亦罷楚内職，守中書舍人。元和十三年四月，出爲華州刺史。其年十月，皇甫鎛作相，其月以楚爲河陽懷節度使。十四年四月，裴度出鎮太原。七月，皇甫鎛薦楚入朝，自朝議郎授朝議大夫、中書侍郎、同平章事，與鎛同處台衡，深承顧待。

十五年正月，憲宗崩，詔楚爲山陵使，仍撰哀冊文。時天下怒皇甫鎛之奸邪，穆宗即位之四日，羣臣素服班於月華門外，宣詔貶鎛，將殺之。會蕭俛作相，託中官救解，方貶崖州。物議以楚因鎛作相而逐裴度，羣情共怒，以蕭俛之故，無敢措言。

其年六月，山陵畢，會有告楚親吏贓污事發，出爲宣歙觀察使。楚充奉山陵時，親吏韋正牧、奉天令于翬、翰林陰陽官等同隱官錢，不給工徒價錢，移爲羨餘十五萬貫上獻。怨訴盈路，正牧等下獄伏罪，皆誅，楚再貶衡州刺史。時元稹初得幸，爲學士，素惡楚與鎛膠固希寵，稹草楚衡州制，略曰：『楚早以文藝，得踐班資，憲宗念才，擢居禁近。異端斯害，獨見不明，密隳討伐之謀，潛附奸邪之黨。因緣得地，進取多門，遂忝台階，實妨賢路。』楚深恨稹。

長慶元年四月，量移郢州刺史，遷太子賓客，分司東都。二年十一月，授陝州大都督府長史，兼御史大夫、陝虢觀察使。制下旬日，諫官論奏，言楚所犯非輕，未合居廉察之任。上知之，遽令追制。時楚已至陝州，視事一日矣，復授賓客，歸東都。時李逢吉作相，極力援楚，以李紳在禁密沮之，未能擅柄。敬宗即位，逢吉逐李紳，尋用楚爲河南尹、兼御史大夫。

其年九月，檢校禮部尚書、汴州刺史、宣武軍節度、汴宋亳觀察等使。汴軍素驕，累逐主帥，前後韓弘兄弟，率以峻法繩之，人皆偷生，未能革志。楚長於撫理，前鎮河陽，代烏重胤移鎮滄州，以河陽軍三千人爲牙卒，卒咸不願從，中路叛歸，又不敢歸州，聚於境上。楚初赴任，聞之，乃疾驅赴懷州，潰卒亦至，楚單騎喻之，咸令橐弓解甲，用爲前驅，卒不敢亂。及莅汴州，解其酷法，以仁惠爲治，去其太甚，軍民咸悦，翕然從化，後竟爲善地。汴帥前例，始至率以錢二百萬實其私藏，楚獨不取，以其羨財治廨舍數百間。

大和二年九月，徵爲户部尚書。三年三月，檢校兵部尚書、東都留守、東畿汝都防禦使。其年十一月，進位檢校右僕射、鄆州刺史、天平軍節度、鄆曹濮觀察等使。奏故東平縣爲天平縣。屬歲旱儉，人至相食，楚均富贍貧，而無流亡者。

六年二月，改太原尹、北都留守、河東節度等使。楚久在并州，練其風俗，因人所利而利之，雖屬歲旱，人無轉徙。楚始自書生，隨計成名，皆在太原，實如故里。及是秉旄作鎮，邑老歡迎。楚綏撫有方，軍民胥悦。七年六月，入爲吏部尚書，仍檢校右僕射。故事，檢校高官者，便從其班。楚以正官三品不宜從二品之列，請從本班，優詔嘉之。

九年六月，轉太常卿。十月，守尚書左僕射，進封彭陽郡開國公。十一月，李訓兆亂，京師大擾。訓亂之夜，文宗召右僕射鄭覃與楚宿于禁中，商量制敕，上皆欲用爲宰相。楚以王涯、賈餗寃死，敍其罪狀浮泛，仇士良等不悦，故輔弼之命移於李石，乃以本官領鹽鐵轉運等使。

先是，鄭注上封置榷茶使額，鹽鐵使兼領之，楚奏罷之，曰：

伏以江、淮數年已來，水旱疾疫，凋傷頗甚，愁歎未平。今夏及秋，稍校豐稔，方須惠卹，各使安存。昨者忽奏榷茶，實爲蠹政。蓋是王涯破滅將至，怨怒合歸，豈有令百姓移茶樹於官場中栽植，摘茶葉於官場中造作，有同兒戲，不近人情。方在恩權，孰敢沮議？朝班相顧而失色，道路以目而吞聲。今宗社降靈，奸兇盡戮，聖明垂祐，黎庶合安。微臣蒙恩，兼領使務，官銜之内，猶帶此名。俯仰若驚，夙宵知懼。伏乞特回聖聽，下鑒愚誠，速委宰臣，除此使額。緣軍國之用或闕，山澤之利有遺，許臣條疏，續具聞奏。採造將及，妨廢爲虞。前月二十一日，内殿奏對之次，鄭覃與臣同陳論訖。伏望聖慈早賜處分，一依舊法，不用新條。唯納榷之時，須節級加價，商人轉賣，必校稍貴，即是錢出萬國，利歸有司。既不害茶商，又不擾茶户，上以彰陛下愛人之德，下以竭微臣憂國之心。遠近傳聞，必當感悦。

從之。

先是元和十年，出內庫弓箭、陌刀賜左右街使，充宰相入朝以爲翼衛，及建福門而止。至是，因訓、注之亂，悉罷之。楚又奏：『諸道新授方鎮節度使等，具帑抹，帶器仗，就尚書省兵部參辭。伏以軍國異容，古今定制，若不由舊，斯爲改常。未聞省閤之門，忽內弓刀之器。鄭注外蒙恩寵，內蓄兇狂，首創奸謀，將興亂兆。致王璠、郭行餘之輩，敢驅將吏，直詣闕庭。震驚乘輿，騷動京國，血濺朝路，尸僵禁街。史冊所書，人神共憤，既往不咎，其源尚開。前件事宜，伏乞速令停罷，如須參謝，即具公服。』從之。又奏請罷修曲江亭絹一萬三千七百匹，回修尚書省，從之。

開成元年上巳，賜百僚曲江亭宴。楚以新誅大臣，不宜賞宴，獨稱疾不赴，論者美之。以權在內官，累上疏乞解使務。其年四月，檢校左僕射、興元尹，充山南西道節度使。二年十一月，卒于鎮，年七十二，冊贈司空，謚曰文。

楚風儀嚴重，若不可犯，然寬厚有禮，門無雜賓。嘗與從事宴語方酣，有非類偶至，立命徹席，毅然色變。累居重任，貞操如初。未終前三日，猶吟詠自若。疾甚，諸子進藥，未嘗入口，曰：『修短之期，分以定矣，何須此物？』前一日，召從事李商隱曰：『吾氣魄已殫，情思俱盡，然所懷未已，強欲自寫聞天，恐辭語乖舛，子當助我成之。』即秉筆自書曰：

臣永惟際會，受國深恩。以祖以父，皆蒙褒贈；有弟有子，并列班行。全腰領以從先人，委體魄而事先帝，此不自達，誠爲甚愚。但以永去泉扃，長辭雲陛，更陳尸諫，猶進瞽言。雖號叫而不能，豈誠明之敢忘？今陛下春秋鼎盛，寰海鏡清，是修教化之初，當復理平之始。然自前年夏秋已來，貶譴者至多，誅戮者不少，望普加鴻造，稍霽皇威。歿者昭洗以雲雷，存者霑濡以雨露，使五穀嘉熟，兆人安康。納臣將盡之苦言，慰臣永蟄之幽魄。

書訖，謂其子緒、緺曰：『吾生無益於人，勿請謚號。葬日，勿請鼓吹，唯以布車一乘，餘勿加飾。銘誌但志宗門，秉筆者無擇高位。』當歿之夕，有大星隕於寢室之上，其光燭廷。楚端坐與家人告訣，言已而終。嗣子奉行遺旨。詔曰：『生爲名臣，歿有理命。終始之分，可謂兩全。鹵簿哀榮之末節，難違往意；誄謚國家之大典，須守彝章。鹵簿宜停，易名須準舊例。』後緺貴，累贈至太尉。有文集一百卷，行於時。所撰憲宗哀冊文，辭情典鬱，爲文士所重。

楚弟定，字履常，元和十一年進士及第，累辟使府。大和九年，累遷至職方員外郎、弘文館直學士、檢校右散騎常侍、桂州刺史、桂管都防禦觀察等使。卒，贈禮部尚書。

緒以蔭授官，歷隨、壽、汝三郡刺史。在汝州日，有能政，郡人請立碑頌德。緒以弟緺在輔弼，上言曰：『臣先父元和中特承恩顧，弟緺官不因人，出自宸衷。臣伏覩詔書，以臣刺汝州日，粗立政勞，吏民求立碑頌，尋乞追罷。臣任隨州日，郡人乞留，得上下考。及轉河南少尹，加金紫。此名已聞於日下，不必更立碑頌，乞賜寢停。』宣宗嘉其意，從之。

又卷一七三《李珏傳》 李珏字待價，趙郡人。父仲朝。珏進士擢第，又登書判拔萃科，累官至右拾遺。穆宗荒於酒色，纔終易月之制，即與勳臣飲宴，珏與同列上疏論之曰：

臣聞人臣之節，本於忠藎，苟有所見，即宜上陳。況爲陛下諫官，食陛下厚祿，豈敢腹誹巷議，辜負恩榮？臣等聞諸道路，不知信否，皆云有詔追李光顏、李愬，欲於重陽節日，合宴羣臣。倘誠有之，乃陛下念羣臣敷惠澤之慈旨也。然元朔未改，園陵尚新。雖陛下執易月之期，俯從人欲；而禮經著三年之制，猶服心喪。今遵同軌之會，適去於中邦；告遠夷之使，未復其來命。遏密弛禁，蓋爲齊人，合宴內廷，事將未可。夫明王之舉，動爲天下法，王言既降，其出如綸。苟玷皇猷，徒章直諫，臣等是以昧死上聞。且光顏、李愬，久立忠勞，今方盛秋，務拓邊境。如或召見，詔以謀猷，褒其宿勳，付以疆事，則與歌鐘合宴，酒食邀歡，不得同年而語也。陛下自纘嗣以來，發號施令，無非孝理因心，形于詔敕，固以感動於人倫。更在敬慎威儀，保持聖德而已。

上雖不用其言，慰勞遣之。

長慶元年，鹽鐵使王播增茶稅，初稅一百，增之五十，珏上疏論之曰：

榷率救弊，起自干戈，天下無事，即宜蠲省。況稅茶之事，尤出近年，在貞元元年中，不得不爾。今四海鏡清，八方砥平，厚斂於人，殊傷國體。其不可一也。茶爲食物，無異米鹽，於人所資，遠近同俗。既祛竭乏，難捨斯須，田閭之間，嗜好尤切。今增稅既重，時估必增，流弊於民，先及貧弱。其不可二也。且山澤之饒，出無定數，量斤論稅，所冀售多。價高則市者稀，價賤則市者廣，歲終上計，其利幾何？未見阜財，徒聞斂怨。其不可三也。臣不敢遠徵故事，直以目前所見陳之。伏望暫留聰明，稍垂念慮，特追成命，更賜商量。陛下即位之初，已懲聚斂，外官押貫，旋有詔停，洋洋德音，千古不朽。今若榷茶加稅，頗失人情。臣忝諫司，不敢緘默。

時禁中造百尺樓，國計不充。王播希恩增稅，奉帝嗜慾，疏奏不省。遷吏部員外郎，轉司勳員外郎、知制誥。

大和五年，李宗閔、牛僧孺在相，與珏親厚，改度支郎中、知制誥，遂入翰林充學士。七年三月，正拜中書舍人。九年五月，轉户部侍郎充職。七月，宗閔得罪，珏坐累，出爲江州刺史。開成元年四月，以太子賓客分司東都，遷河南尹。二年五月，李固言入相，召珏復爲户部侍郎，判本司事。三年，楊嗣復輔政，薦珏以本官同平章事。珏與固言、嗣復相善，自固言得位，相繼援引，居大政，以傾鄭覃、陳夷行、李德裕三人。凡有奏議，必以朋黨爲謀，屢爲覃所廷折之。珏自朝議郎進階正議大夫，其年十二月，上疏求罷，不許。

四年三月，文宗謂宰臣曰：『朕在位十四年，屬天下無事，雖未至

理，亦少有如今日之無事也。』珏對曰：『邦國安危，亦如人之身。當四體和平之時，長宜調適，以順寒暄之節。如恃安自忽，則疾患旋生。朝廷當無事之時，思省闕失而補之，則禍難不作矣。』

文宗以杜悰領度支稱職，欲加户部尚書，因紫宸言之。陳夷行曰：『一切恩權，合歸君上。陛下自看可否？』珏對曰：『太宗用宰臣，天下事皆先平章，謂之平章事。代天理物，上下無疑，所以致太平者也。若拜一官，命一職，事事皆決於君上，即焉用彼相？昔隋文帝一切自勞心力，臣下發論則疑，凡臣下用之則宰相，不用則常僚，豈可自保？陛下常語臣云：「竇易直勸我，宰相進擬，但五人留三人、兩人勾一人。渠即合勸我擇宰相，不合勸我疑宰相。」』帝曰：『易直此言甚鄙。』又曰：『韋處厚作相，三日薦六度師，亦大可怪。』珏曰：『處厚淫於奉佛，不悟其是非也。』

其年五月，上謂宰臣曰：『貞元政事，初年至好。』珏曰：『德宗中年好貨，方鎮進奉，即加恩澤。租賦出自百姓，更令貪吏剝削，聚貨以希恩，理道故不可也。』上曰：『人君聚斂，猶自不可。但輕賦節用可也。』珏又曰：『貞觀中，房、杜、王、魏啟告文皇，意祇在此，請不易初心。自古好事，克終實難。』上曰：『朕心終不改也。』尋封贊皇男，食邑三百户。

武宗即位之年九月，與楊嗣復俱罷相，出爲桂州刺史、桂管觀察使。三年，長流驩州。大中二年，崔鉉、白敏中逐李德裕，徵入朝爲户部尚書。出爲河陽節度使。入爲吏部尚書，累遷金紫光祿大夫、檢校尚書右僕射、揚州大都督府長史、淮南節度使、上柱國、贊皇郡開國公、食邑一千五百户。大中七年卒，贈司空。

紀事

《舊唐書》卷一七《文宗紀下・》［大和九年冬十月乙亥］王涯獻榷茶之利，乃以涯爲榷茶使。茶之有榷稅，自涯始也。

又 十二月壬申朔，諸道鹽鐵轉運榷茶使令狐楚奏榷茶不便於民，請停，從之。

《唐會要》卷八四《租稅下》 長慶元年，鹽鐵使王播奏茶稅一百，增之五十。左拾遺李珏上疏論之曰：榷率救弊，起自干戈。天下無虞，即宜蠲省。況稅茶之事，尤出近年。在貞元元年中，不得不爾。今四海鏡淨，八方砥平，厚斂於民，殊傷國體。其不可一也。又茶爲食物。**【略】**今若榷茶加稅，頗失人情。臣忝職諫司，不敢緘默。時禁中造百尺樓，因計不充，王播希恩增稅，疏奏不省。

又 卷八八《鹽鐵》［元和十三年］鹽鐵使程异奏，應諸州府先請置茶鹽店收稅，伏準今年正月一日赦文，其諸道州府，因用兵以來，或慮有權置職名，及擅加科配，事非常制，一切禁斷者，伏以榷稅茶鹽。本資財賦，贍濟軍鎮，蓋是從權，兵罷自合便停。事久實爲重斂，其諸道先所置店及收諸色錢物等，雖非擅加，且異常制。伏請准敕文勒停，從之。

《太平御覽》卷一一五《唐文宗昭獻皇帝》 王涯獻榷茶之利，乃以涯爲榷茶使。茶之有稅，自涯始。

又 卷八六七《飲食部二五・茗》 唐史曰：風俗貴茶，茶之名品益衆。

又 又曰：貞元九年春，初稅茶。先是，諸道鹽鐵使張滂奏曰：『伏以去秋水災，詔令減稅。今之國用須有供備。伏請出茶州縣及茶山外商人，要路委所由定三等，時估每十稅一，價錢充所放兩稅。其明年已後，所得稅外收貯。若諸州遭水旱，賦稅不辦，以此代之。』詔曰：『可。』仍委張滂具處置條奏。自是每歲得錢四十萬貫。茶之有稅，自此始也。然稅茶無虛歲，遭水旱處，未嘗以茶稅錢拯贍。

又曰：大和七年正月，吳、蜀貢新茶，皆於冬中作法爲之。上務恭儉，不欲逆其物性，詔所貢新茶宜於立春後造。

又曰：大和九年十月，王涯獻茶，以涯爲榷茶使。茶之有稅，自涯始。

又曰：大和九年十二月，諸道鹽鐵轉運榷茶使令狐楚奏：『榷茶不便於民，請停。』從之。

《册府元龜》卷三三六《宰輔部・識闇》 王涯，爲司空兼門下侍郎平章事。初，鄭注自謂有經濟之才，文宗問以安人富國之術，無以對，因請榷茶，涯知不可而不敢違。

又 卷四九三《邦計部·山澤》 〔長慶元年〕五月，鹽鐵使王播奏：『應諸道榷茶，約舊額一百文加税五十文。』詔從之。拾遺李珏上疏曰：『伏以榷率救弊，起自干戈，天下無虞，所宜蠲省。況税茶之事，尤出近代，貞元中不得不爾。今四海鏡静，八方砥平，厚斂於人，殊傷國體。其不可一也。而又茶爲食物，無異米鹽，人之所資，遠近同俗。既蠲渴乏，難舍斯須。至於田閭，嗜好尤切。今收税既重，時估必增，流弊於人，先及貧弱。其不可二也。且山澤之饒，出無定數，量斤論税，所貴集多。若價高則市者稀，價賤則市者廣。歲終上計，其利幾何？未見阜財，徒聞斂怨。其不可三也。臣不敢遠徵故事，直以目前所見陳之。伏惟陛下，暫留聰明，稍垂念慮，特追成命，更賜商量。則嗷嗷萬姓，皆荷福利。臣又竊見陛下愛人育物，動感神明，即位之初，已懲聚斂。外官抽貫，旋有詔停，洋洋德音，千古不朽。今者榷茶加税，頗失人情。臣忝職諫司，豈敢緘默，塵黷旒扆？戰越伏深。』疏奏，不報。

又 卷四九四《邦計部·山澤第二》 〔太和九年〕十二月，諸道鹽鐵轉運、榷茶等使、左僕射令狐楚奏：『新置榷茶使額，伏以江、淮間數年以來，水旱疾疫，凋傷頗甚，愁歎未平。今夏及秋，稍較豐稔，方須惠恤，各使安存。昨者忽奏榷茶，實爲蠹政，蓋是王涯破滅將至，怨怒合歸。豈有令百姓移茶樹就官場中栽，摘茶葉於官場中造？有同兒戲，不近人情。方有恩權，無敢沮議。朝班相顧而失色，道路以目而呑聲。今宗社降靈，姦凶盡戮，聖明垂祐，黎庶合安。微臣伏蒙天恩，兼授使務，官銜之內，猶帶此名，俯仰若驚，夙宵知愧。伏乞特回聖聽，下鑒愚誠，速委宰臣，除此使額。緣軍國之用或闕，山澤之利有遺。許臣條疏續具聞奏，採造欲及，妨廢爲虞。前月二十一日，內殿奏封之次，鄭覃與臣同陳論訖，伏望聖慈，早賜處分，一依舊法，不用新條。唯納榷之時，須節級加價，商人轉賣，必較稍貴。即是錢出萬國，利歸有司，既無害茶商，又不擾茶户。上以彰陛下愛人之德，下以竭微臣憂國之心，遠近傳聞，必當感悦。』詔可之。

又 〔開成四年二月〕是月，宣州觀察使崔鄲奏：『茶法非便於人，請兩税錢上，隨貫紐率。』詔曰：『榷茶本率商旅，紐貫涉於加税。東省曾有駁正，鹽鐵又經奏論，法貴大同，事難獨改。』

宋 張詠《張乖崖集附集》卷三《御製張詠惠民記》 張詠字復之，濮州人。中進士第，以大理評事知鄂州崇陽縣。民以茶爲業，詠曰：『茶利厚，官將榷之，不若早日自異也。』命拔茶植桑，民以爲苦。其後榷茶，他縣皆失業，而崇陽之桑皆已成，爲絹而比者歲百萬匹，民以殷富。

《新唐書》卷五四《食貨志四》 穆宗即位，兩鎮用兵，帑藏空虛，禁中起百尺樓，費不可勝計。鹽鐵使王播圖寵以自幸，乃增天下茶税，率百錢增五十。江淮、浙東西、嶺南、福建、荊襄茶，播自領之，兩川以户部領之。天下茶加斤至二十兩，播又奏加取焉。右拾遺李珏上疏諫曰：『榷率起於養兵，今邊境無虞，而厚斂傷民，不可一也；茗飲，人之所資，重税則價必增，貧弱益困，不可二也；山澤之饒，其出不訾，論税以售多爲利，價騰踴則市者稀，不可三也。』其後王涯判二使，置榷茶使，徙民茶樹於官場，焚其舊積者，天下大怨。令狐楚代爲鹽鐵使兼榷茶使，復令納榷，加價而已。李石爲相，以茶税皆歸鹽鐵，復貞元之制。

《資治通鑑》卷二四一《唐紀五七》 〔長慶元年五月〕壬子，鹽鐵使王播奏：約榷茶額，每百錢加税五十。右拾遺李珏等上疏，以爲：『榷茶近起貞元多事之際，今天下無虞，所宜寬横斂之目，而更增之，百姓何時當得息肩！』不從。

又 卷二四五《唐紀六十一》 〔太和九年〕鄭注每自負經濟之略，上問以富人之術，注無以對，乃請榷茶。於是以王涯兼榷茶使，涯知不可而不敢違，人甚苦之。

又 百姓觀者怨王涯榷茶，或詬詈，或投礫擊之。

又 榷茶使令狐楚奏罷榷茶，從之。

宋 龔鼎臣《東原録》 歐陽永叔與劉原甫言新定茶法不便，乞別立法。富鄭公上前言近罷榷茶，改二百餘年之弊法，不能無些小未適便處，須略齊整可矣。譬猶人大病方愈，須用粥食湯藥補理，即便平復矣。上頷之。

宋 陳師道《後山談叢》卷五《張詠命崇陽民拔茶種桑》 張忠定公令崇陽，民以茶爲業，公曰：『茶利厚，官將取之，不若早自異

也。』命拔茶而植桑，民以爲苦。其後榷茶，他縣皆失業，而崇陽之桑皆已成，其爲絹而北者歲百萬匹，其富至今。始，令下，惟通樂一鄉不變，其後別自爲縣，民亦貧至今也。

《續資治通鑑長編》卷三《建隆三年》［春正月］丁亥，以監察御史劉湛爲膳部郎中。湛奉詔榷茶於蘄春，歲入增倍。遷拜越級，非舊典也。湛，未見。

又卷五《乾德二年》［八月］辛酉，初令京師、建安、漢陽、蘄口並置場榷茶。

又卷一八《太平興國二年》［二月］有司言：『江南諸州榷茶，準敕於緣江置榷貨諸務。百姓有藏茶於私家者，差定其法，著於甲令，匿而不聞者，許鄰里告之，賞以金帛，咸有差品。仍於要害處縣法以示之。』詔從其請。凡出茶州縣，民輒留及賣鬻計直千貫以上，黥面送闕下，婦人配爲鐵工。民間私茶減本犯人罪之半。榷務主吏盜官茶販鬻，錢五百以下，徒三年；三貫以上，黥面送闕下。茶園戶輒毀敗其叢株者，案『叢株』，《文獻通考》作『叢樹』。計所出茶，論如法。

又卷六一《景德二年》［八月］通判鳳翔府王爲賓請於興元府置榷茶務，上以擾民，不許。

又卷六七《景德四年》［十月］前譙縣尉陳齊嘗獻封論榷茶利害，詔送江淮發運司指使。馮亮、李浦薦齊堪任京官，而判吏部銓、御史中丞王嗣宗言齊乃豪家子。以問中書，馮拯曰：『若選用有才，何必限貧富。』上曰：『卿言是也，比來選人，往往指言此某人親，某人故。必若有才，豈可以此不用？』丙辰，齊遂補初等幕職官。

又卷一一八《景祐三年》臣意生民之弊，有時而窮，盛德之事，俟聖不惑。議者謂榷賣有定率，征稅無規準，通商之後，必虧歲計。臣案管氏鹽鐵法，計口受賦，茶爲人用，與鹽鐵均，必令天下通行，以口定賦，民獲善利，又去嚴刑，口出數錢，人不厭取。景祐元年，天下戶千二十九萬六千五百六十五，丁二千六百二十萬五千四百四十一，三分其一爲產茶州軍，內外郭鄉又居五分之一，丁賦錢三十，村鄉丁賦二十；不產茶州軍郭鄉、村鄉如前計之，又第損十錢，歲計已及緡錢四十餘萬。榷茶之利，凡止五十餘萬緡，通商收稅，且以三倍舊稅爲率，可以得百七十餘萬緡，更加口賦之入，乃有二百一十餘萬緡，或更於收稅則例微加增益，即所增至尠，所聚愈厚，比於官自榷易，驅民就刑，利病相須，炳然可察。

又卷一八八《嘉祐三年》［九月］初，官既榷茶，民私蓄販皆有禁，臘茶之禁，尤嚴於他茶，犯者其罰倍，凡告捕私茶皆有賞。然約束愈密，而冒禁愈蕃，歲報刑辟，不可勝數。園戶困於征取，官司旁緣侵擾，因而陷於罪戾，以至破產逃匿者，歲比有之。又茶法屢變，歲課日削，至和中，歲市茶淮南纔四百二十二萬餘斤，江南三百七十五萬餘斤，兩浙二十三萬餘斤，荊湖二百六萬餘斤，惟福建天聖末增至五十萬斤，詔特損五萬，至是增至七十九萬餘斤，歲售錢並本息計之，纔百六十七萬二千餘緡。官茶所在陳積，縣官獲利無幾，論者皆謂宜弛禁便。

又卷一九一《嘉祐五年》［三月］臣竊聞議者謂茶之新法既行，而民無私販之罪，歲省刑人甚多，此一利也。然而爲害者五焉：民舊納茶稅，今變租錢，一害也；小商所販至少，大商絕不通行，二害也；茶稅不登，頓虧國用，三害也；往時官茶，容民入雜，故茶多而賤，今民自買賣，須要真茶，真茶不多，其價遂貴，四害也；河北和糴，實要見錢，不惟商旅得錢艱於移用，兼自京師歲歲輦錢於河北，理必不能，五害也。一利不足以補五害，今雖欲減放租錢以救其弊，此特寬民之一端爾，然未盡公私之利害也。

望詔主議之臣不護前失，深思今害，黜其遂非之心，無襲弭謗之迹，除去前令，許人獻說，亟加詳定，精求其當，庶幾不失祖宗之舊制。

是時，朝廷方排衆論而行之，敞等雖言，不聽也。及治平中，歲入臘茶四十八萬九千餘斤，散茶二十五萬五千餘斤，茶戶租錢三十二萬九千八百五十五緡，又儲本錢四十七萬四千三百二十一緡，而內外總入茶稅錢四十九萬八千六百緡。史臣曰：推是可見茶法得失矣。

又卷二二〇《熙寧四年》［二月戊辰］是日，上對輔臣言向來茶法之弊。文彥博曰：『非茶法弊，蓋昔年用兵西北，調邊食急，用茶償之，其數既多，茶不售則所在委積，故虛錢多而壞法也。』王安石曰：『榷茶所獲利無多。』

又卷二七四《熙寧九年》中書言：『川路買馬既少且弱，兼據

諸路官司言，榷茶、修路等事，於邊計蠻情皆不便，欲罷提舉買馬官，其累降買馬、榷茶指揮更不行。』從之。八年正月十二日余延慶云云，八月一日詔云云。

又卷二八二《熙寧十年》 臣固疑其買賣之際，必有侵損官司，尋行體訪，乃是客旅並牙子等爲見榷茶不許衷私買賣，一向邀難園户，或稱官中高擡斤兩，或言多方退難，遂使于外面預先商量減價。

又卷二八四《熙寧十年》 ［九月］癸亥，以屯田郎中、侍御史周尹提點荆湖北路刑獄。先是，尹上言：『成都府路置場榷買諸州茶，盡以入官，最爲公私之害。初，李杞倡行敝法，奪民利未甚多，故爲患稍淺，及劉佐攘代其任，增息錢至倍，無他方術，惟割剥於下，而人不聊生矣。大抵在蜀則園户所苦，壓其斤兩，支錢侵其價直；在熙、秦州則官價太高，而民間犯法不可禁止，又搬運不逮，糜費步乘，堆積日久，風雨損爛，棄置道左，同於糞壤。兼所至不通客旅，惟資無賴小民結連羣黨，持仗私販，虧失征税。茶司認虚額，又侵盗相繼，刑罰日滋，致數千里之害，可爲深慮。臣頃在京師，傳聞其事，既未詳盡，安敢輕議。今受命入蜀，所至體問，乃知買茶爲害甚鉅，有知彭州吕陶、知蜀州吴師孟等論奏可以參驗。往者，杞、佐繼陳苛法，即信用其言，曾不略加參考。今議者條其刓蠹，悉皆明白，未即采聽，何勇於興利而怯於除害乎？臣願敕有司速究榷茶之弊，俯徇衆論，寬西南之慮。』

又曰：『竊詳朝廷之意，未欲遽罷茶禁者，必以熙河路買馬年計，茶最爲急耳。但通商之後，舊來諸路茶税，年額錢總二十九萬餘緡，先已復故，即可委諸路轉運司一面管認赴熙河路外，有見今官茶，所在州縣堆積極多，足支數年買馬，自今商旅販秦州、熙河路茶，必能有備。臣體問廢罷改革事，皆商旅所願，望速下本路逐處根究，臣之所陳有實，即乞罷榷茶之法，許通商買賣，以安遠方。』尹還，未至都而有是命。吕陶奏已附五月二十一日，吴師孟奏當考。今師孟墓誌亦不載此。本志云：是時，蜀人侍御史周尹以非茶法，罷之。

又卷三四五《元豐七年》 ［五月丙寅］熙河蘭會路經略安撫制置使李憲奏：『勘會熙、河、岷、通遠四州軍百物踴貴，米斛四百七十足。今幸二麥有十分之望，經制司全無糴本。臣欲乞於賞功不盡絹內支撥絹二十五萬匹，剗刷借支錢五萬貫，并采買木植司借支錢五萬貫，及乞下榷茶司於熙州借撥見錢一十五萬貫，通以五十萬貫、匹，趁時收積軍實。』從之。《御集》

又卷三四八《元豐七年》 ［八月］乙未，都大提舉榷茶陸師閔言：『川茶之法，肇於熙寧甲寅，行之陝西，既有明效。以河北、河東生聚之衆，惟茶不可一日而闕。若視陝右成法，而歸利於公上，度兩路歲費之數，置官場於荊、楚間和市，歲計運至兩路，率用陝右禁地之法，本路俱積，以助邊費。』詔師閔條具以聞。尋下兩路，具到合用茶數。及進呈，詔寢之。

江、淮等路發運副使蔣之奇乞復行東南六路榷茶法。進呈不行。

又卷三四九《元豐七年》 ［冬十月癸未］福建路轉運副使王子京言：『建州臘茶舊立榷法，商賈冒販利甚厚。自熙寧三年官積陳茶，遂權聽通商，自此茶户售客之茶甚良，官中所得惟常茶，税錢極微。南方遺利，無過於此，乞仍舊行榷法。建州歲出不下三百萬斤，南劍州亦出二十餘萬斤，欲盡買入官，度逐州軍民户多少及約鄰路民用之數計置，即官場賣，嚴立告賞，禁建州賣私末茶。乞借豐國監錢十萬緡爲本。』並從之，所乞均入諸路榷賣，委轉運司官提舉：福建王子京，兩浙許懋，江東杜偉，江西朱彦博，廣東高鏄。《御集》載子京奏云：榷賣臘茶所收淨利，不減鹽課。當考。八年二月七日，并榷通商地分；元祐元年二月二日，依舊通商。《食貨志》第五卷，七年，福建路轉運副使王子京言：建州舊榷臘茶，而商賈冒販獲厚利。熙寧三年，官茶陳積，乃聽通商。自此茶户以善茶售賈人，官所得皆下，税錢爲耗，請榷之便。建州歲出茶不下三百萬斤，南劍州亦二十餘萬，官盡買之，度逐州及鄰路當用數爲多寡，均與榷賣，委轉運官一員領之，以助經費，園户亦便。假豐國監錢十萬緡爲本。並從之。如是兩浙、江東西、廣西路皆委官，而福建以委子京。其法盡索種茶民，使自占歲造茶數，悉賣於有司，而重禁福建、兩浙、江南東西、廣西之鬻建茶者。明年，户部言，子京又請禁兩浙、江南、廣東茶，詔惟畿南、陝西路通商，餘皆爲榷茶地云。

又卷三五〇《元豐七年》 ［十一月甲辰］中書省言：『元豐二年，提舉茶場李稷以息税五十萬緡爲額，後陸師閔奏，自立額後，連歲增羡，迄今七年以百萬緡爲額，未知虚實。』詔榷茶司具自二年立額後，至六年所收息税有無增剩及支費數以聞。本司具數上，乃下刑部驅磨。其舊封椿及見在錢，並令交割與陝西逐路常平司封椿。

又　夔州路轉運判官宋構言，本路鹽井未嘗榷課，利不均及，乞榷買達州茶，許商人出引行梓州路。詔轉運及榷茶司詳度。

又 卷三五一《元豐八年》　［二月］辛未，户部言福建路轉運副使王子京乞並鄰近兩浙、江南、廣東復禁茶，諸路仍通商，未有朝旨。詔在京及開封府界、陝西路通商之外，並爲榷茶地。七年十月十七日，可考。元祐元年二月二日改此。

又 卷三六五《元祐元年》　［二月庚午］都大提舉成都府，永興軍路榷茶公事陸師閔言：先準朝旨，每年支撥茶一萬馱與熙河路經制司，充折歲額錢，乞施行。詔：『依舊每歲應副經制司錢三十萬貫，所有支茶充折不行。其別應副經制司錢六十萬貫，即依元豐七年九月四日指揮。歲支錢二百萬貫，以本司十案息錢二十萬貫，提舉榷茶司熙河路歲收息並應副經制司茶折剩錢共六十萬，川路計置物帛赴鳳翔府椿坊場錢三十五萬，川路常平、免役積剩錢二十萬，仍依坊場錢例計置物帛，及陝西三銅錢監銅錫本腳錢二十四萬八千貫，在京封椿錢、券馬縻費錢一十萬貫，裁減錢一十萬二千貫，續起常平等積剩錢二十萬充。

又 卷三六六《元祐元年》　臣聞五代之際，孟氏竊據蜀土，國用褊狹，始有榷茶之法。及藝祖平蜀之後，放罷一切橫斂，茶遂無禁，民間便之。其後，淳化間倖利之臣始議掊取，大盜王小波、李順等因販茶失職，窮爲剽劫，凶燄一扇，而蜀之民肝腦塗地，久而後定。自後朝廷始因民間販賣，量行收税，所取雖不甚多，而商賈流行，爲利自廣。近歲李杞初立茶法，一切禁止民間私買，然猶所收之息止以四十萬貫爲額，供億熙河。至劉佐、蒲宗閔提舉茶事，取息太重，立法太嚴，遠人始病，是時知彭州呂陶奏乞改法，只行長引，令民自販茶，每茶一貫長引錢一百，更不得取息。得旨依奏，民間聞之，方有息肩之望。又却差孫迥、李稷入川相度，始擬極力掊取。因建言乞許茶價隨時增減，茶法既有增減之文，則取息依舊。由是息錢、長引二説並行，而民間轉不易矣！而稷等又益以販鹽布，乃能增額及六十萬貫。及李稷引陸師閔共事，又增額至一百萬貫。師閔近歲又乞於額外以一百萬貫爲獻，朝廷許之。於是，奏乞於成都府置場，客旅無見錢買茶，許以金銀諸貨折博，遂以折博爲名，多遣公人牙人公行拘攔民間物貨，入場賤買貴賣，其害過於市易。又以本錢質典諸物，公違條法，欺罔朝廷。蓋茶法始行至今，法度凡四變矣！每變取利益深，民益困敝。然供億熙河止於四十萬貫，其餘以供給官吏及非理進獻，希求恩賞。而害民之餘，辱國傷教，又有甚者？

夫逐州通判，本以按察吏民，諸縣令佐亦以撫字百姓，而計算息錢，均與牙儈分利，至於監茶之官，發茶萬馱即轉一官，知縣減三年磨勘。國之名器輕以與人，遂使貪冒滋彰，廉恥不立，深可痛惜。又案盜賊之法，贓及二貫，止徒一年，出賞五貫。今民有以錢八百私買茶四十斤者，輒徒一年，出賞三十貫。又遞鋪文字，事干軍機及非常盜賊，急脚遞日行四百里，馬遞日行三百里，違二日者止徒一年。今茶遞往還日行四百里，違一日輒徒一年。立法太深，苟以自便，不顧輕重之宜。蓋造立茶法皆傾險小人，不識事體，但以遠民無由申訴，而他司畏憚，不敢辨理，是以公行不道，自始至今十餘年矣。臣竊聞朝廷近日察知其弊，差官體量，然猶恐未知其詳，臣今訪聞稍得其實，謹具條件五害如左：

其一曰：利、益路所在有茶，其間邛、蜀、彭、漢、綿、雅、洋等州，興元府三泉縣人户種茶爲生，自官榷茶以來，以重法脅制，不許私賣，抑勒等第，高稱低估，遞年減價，見今止得舊價之半。乞委所差官取榷茶至今遞年所估價例對定，即見的實。茶官又於每歲秋成糴米，高估米價，強俵茶户，謂之茶本。假令米直八百錢，即依一貫支俵，仍勒出息二分。春茶既發，茶户納茶，又例抑半價，兼壓以大稱，所損有半，謂之青苗茶。元條園户茶一百斤許收十斤市例，內用一半入官，一半用饒潤客旅。今逐場一百斤收至二十餘斤，出利者往往却僞作園户中茶，虛旁支出官錢入已，近者邛州嘗有此獄。又有數多陰與客旅商量，納賂不貲，指放出賣者。及至賣茶，本法止許收息二分，今多作名目，如牙錢、打角錢之類，至收五分以上，買茶商旅其勢必不肯多出價錢，皆是減價錢損園户，以求易售。又昔日官未榷茶，園户例收晚茶，謂之『秋老黃茶』，不限早晚，隨時出賣。榷茶之後，官賣止於六月，晚茶入官，依條毀棄，官既不收，園户須至私賣以陷重禁，此園户之害，一也。

其二曰：川茶本法止於官自販，其茶法已陋，今官吏緣法爲姦，遂又販布、販大寧鹽、販甆器等，并因販茶還脚販解鹽入蜀，所販解鹽仍分配州縣多方變賣，及折博雜物貨，爲害不一，及近歲立都茶場，緣折博之法，拘攔百貨，出賣收息。其間紗羅皆販入陝西，奪商賈之利。至於買賣

之餘，則又加以質當。去年八九月間，爲成都買撲酒坊人李安典糯米一萬貫，每斗出息八錢，半年未贖，仍更出息二分。其他非法，類皆如此。今四方蒙賴聖恩，罷去市易抵當之弊，而蜀中茶官，獨因緣茶法潛行二事，使西南之民獨不蒙惠澤，此平民之害，二也。

其三曰：昔官未榷茶，陝西商旅皆以解鹽及藥物等入蜀販茶，所過州軍已出一重稅錢，及販茶出蜀，兼帶蜀貨，沿路又復納稅，以此省稅增羨。今官自販茶，所至雖量出稅錢，比舊十不及一，縱有商旅興販，諸處稅務畏憚茶官，又利於分息取錢，例多欺詐，以稅爲息，由此省稅益耗，假有作稅錢上曆，歲終又不撥還轉運司，但添作茶官歲課，公行欺罔。訪聞元豐七年八月陸師閔劄子奏，茶司今年課利内有一項係茶稅錢。又茶官違法販賣百物，商旅不行，非惟稅虧，兼害酒課。蜀中舊使交子，惟有茶山交易最爲浩瀚，今官自買茶，交子因此價賤，舊日蜀人利交子之輕便，一貫有賣一貫一百者，近歲止賣九百以上。此省課之害，三也。

其四曰：蜀道行於溪山之間，最號險惡，般茶至陝西，人力最苦。元豐之初，始於成都府路廂軍數百人貼鋪般運，不一二年死亡略盡，茶官遂令州縣和雇人夫，和雇不行，即差稅户，其爲騷擾，不可勝言。劉庠知永興日，有洋州般茶人，以疲勞不堪告訴，庠令取狀，在案判云：『候本府雇人般茶日呈。』後來永興即不曾雇人。後遂添置遞鋪，十五里輒立一鋪，招兵五十人，起屋六十間，官破錢一百五十六貫，益以民力，僅乃得成。今置百餘鋪矣。若二百餘鋪皆成，則是添兵萬人，衣糧歲費二十萬貫，見招填不足，旋貼諸州廂軍，逐州闕人，百事不集。又茶遞一人，日般運四馱，計四百斤餘，回車却載解鹽，往還山行六十里，稍遇泥潦，人力不支，逃匿求死，嗟怨滿道。至去年八九月間，劍州劍陽一鋪人全然走盡，沿路號茶鋪爲『納命場』，此遞鋪之害，四也。

其五曰：陝西民間所用食茶，蓋有定數，茶官貪求羨息，般運過多，出賣不盡，逐州多虧歲額，遂於每斤增價俵賣與人。元豐八年，鳳州準茶官指揮，每茶一斤添一百錢，其餘州郡，準此可見。又茶法初行，賣茶地分於秦鳳、熙河，今遂東至陝府，侵奪蠟茶地分，所損必多，此陝西之害，五也。

五害不除，蜀人泣血無所控告。臣乞朝廷哀憐遠民，罷放榷法，令細民自作交易，但收稅錢，不出長引，止令所在場務，據數抽買博馬茶，勿失朝廷武備而已。如此則救民於網羅之中，使得再生，以養父母妻子，不勝幸甚。如朝廷以爲陝西邊事未寧，不欲頓罷茶事，即乞先弛榷禁，因民販茶正稅之外，仍收長引錢，一歲之入，不下數十萬貫。以見今長引錢數計之可見。而商旅通行，東西諸貨日夜流轉，所得茶稅、雜稅錢及酒課增羨，又可得數十萬貫。以未榷茶以前及榷茶後來年分，自蜀至陝西沿路酒稅務歲課較之可見。而罷置茶遞，無養兵衣糧及官吏緣茶所費息錢、食錢之類，其數亦自不少，則榷茶可罷，灼然易見。若異日西邊無事，然後更罷長引錢，如舊稅而止。然臣再詳師閔所營茶利，雖使之裒斂一一如數，止於二百萬貫，無復贏餘矣，若以前件茶引、茶稅、雜稅、酒課等錢約七八十萬貫折除，即止約有利一百二十餘萬貫，若更除茶遞，養兵衣糧及官吏緣茶所費約三四十萬貫，即是師閔百端非理淩虐細民，止得八十萬貫。前件兩項錢並且從小約計，故師閔所得利有八十萬貫，若依實計之，恐不得及此數矣。假令蜀中萬一稍有饑饉之災，民不堪命，起爲盜賊，或如淳化之比，臣不知朝廷用兵幾何，費錢幾何，殺人幾何，可得平定？今但得七八十萬貫錢，置此不慮，臣竊惑也。兼臣訪聞陸師閔去年自成都府移治永興，仍取成都供給。有本府衙前楊日新者，爲之賣酒，至十一月中，師閔自覺非法，始移牒永興、成都，止就用永興供給。其違法差衙前賣酒及多請過成都供給，即不曾舉覺，其貪冒無恥，一至如此，亦乞令所差官便行體量。如是情實，乞重行黜謫，以慰遠方積年之憤。

貼黄稱：『陸師閔久擅茶事，欺罔朝廷，奏請如意，爲吏民所畏憚，若留在本職，雖特遣使命，恐必難以體量實害。欲乞先罷師閔職命。及利州路轉運使蒲宗閔昔同建議榷茶，曾竊冒恩賞，顯有妨礙，亦乞指揮不得同簽書體量事。所貴官吏不憂後害，敢以實告。舊録但於閏二月二日略載轍奏數語，新録因之，今具載此。

又 卷三六九《元祐元年》 右司諫蘇轍言：

臣竊見，朝廷近日察知蜀中賣鹽、榷茶及市易比較收息，爲遠人所苦，委成都提點刑獄郭槩體量事實。臣觀此三事，利害易見，甚于黑白，凡有耳目，莫不聞知。而郭槩觀望阿附，公行欺罔。其所奏聞，並不指言實弊。見今西川數州，賣卭州蒲江井官鹽，每斤一百二十文，爲近年鹹泉

減耗，多夾雜沙土，而梓、夔諸路客鹽及民間小井白鹽販入逐州，其價止七八十，以官中須至抑配，深爲民害。槩不念民間朝夕食此貴鹽，出錢不易，却言限内難以報應，只此一事，已見情弊。至於榷茶之法，以賤價大秤，侵損園户；以重輂峻限，虐害遞鋪；以折博興販，攪擾平民。其餘百端非理，難以遍舉，臣近已一一奏聞。元委所差官體量詣實，槩畏憚茶官陸師閔事勢，不敢依限體量，此又足以見其意在拖延，觀望附會。

又 户部言：『廣南西路桂州修仁縣等處茶貨，昨劉何逐年遣官置場收買出賣，收息止及一萬餘貫。竊慮遠方因此茶價增長，有妨民間食用。乞依舊放令通商，所有元豐七年十月二十九日廣西路榷茶指揮，更不施行。』從之。元豐七年十月二十八日甲午。

又 卷三七一《元祐元年》［三月］戊辰，户部言：『成都府路轉運判官蔡朦奏：鑄錢三監以椿榷茶司本錢。比年坑冶興廢，鑄錢有限，鐵貨積滯，而人户坑冶淨利並輸見錢，過限則罰，迫於罰限，則必賤售。乞令以合納淨利錢折納鐵，應副鑄錢，願輸見錢者聽。』從之。

又 卷三七六《元祐元年》［四月］壬子，右司諫蘇轍言：『臣近曾奏言，益、利等路茶事司，以買賣茶虐害四路生靈，朝廷已差黄廉體量利害，乞先罷茶官陸師閔職任，使四路官吏不憂後患，敢以實害盡告黄廉。今聞朝廷却差黄廉就領茶事，臣竊以爲黄廉若以專使按榷茶之弊，則身無利害，茶事巨細，勢必具陳。

又 卷三八一《元祐元年》 朝奉大夫、户部郎中黄廉直祕閣，都大提舉榷茶買馬監牧公事。始，言者論榷茶六害，請通商復券馬如舊制。蜀人疾茶官之專，在位者亦多主罷榷，朝廷遣廉按實。廉奏：『榷茶如前使者所爲，誠有害。若悉以予民，則邊計不集，蜀貨不通，而園户將有受其弊者。請熙河、秦鳳、涇原如故勿改，以制蕃市，而許東路通商。南茶無侵陝西，以利蜀貨。定博馬以萬八千匹爲額。』所奏皆可，即有是命，使推其法行之。此據廉本傳，廉除茶馬，不得其月日。據題名記以元祐元年八月十四日到任，當是代陸師閔也。今附師閔罷後。四月二十五日蘇轍上言，可考。二月十四日廉出使，四月二十五日、五月四日云云，當并考。黄庭堅作廉行狀云：元祐初，除户部郎中，治左曹。二月，差按察成都等路茶事，兼體量邛州蒲江鹽井利害。先奏罷陸師閔所行公私甚病者，乃具爲奏曰：『臣被使旨，所至訪求利害至熟，榷茶之法，實有害於川、陝之民，蓋官司不原朝廷立法本意，希功幸賞，以得息爲多，於是禁網滋繁，百姓受弊。陸師閔立法最虐，故取利最多，上累國體，下斂民怨，中外臣僚所言茶事害民之科，皆有事實。若遽論之，不若盡以予民，使園户自賣，商賈自販，官收税引及歇馱錢，並復熙寧以前博馬之策，無交易之煩，無腳乘之勞，抉去故弊，一從私便，無復可議。若致詳於公私之際，則先當議民，其次商賈，其次邊計，利害各有所在也。今蜀民通患幣輕錢重，商旅齎攜，息不償費。若捐榷茶，盡予商賈，則百貨未能通流，腳乘未能猝備，非惟園民之貨鬱滯，絶其資生之路，若蕃市交易萬一不繼，亦足以害經久之法。今若捐十一州之茶與商賈，仍以川、陝四路及關中諸路與之爲受茶之地，宜若可以盡泄川茶，以補蜀民久困。而官以善價取雅州、興元府所產，以贍熙、秦諸州，酌中法以爲邊備，於理爲可。』於是朝廷許同轉運使，盡公私之便，商度立法。公又奏曰：『產茶之地盡在川路，賣茶之地全占陝西，其發至陝西六路者爲綱茶，榷於川、陝四路者爲食茶。若產茶之地除榷買侵刻、取息太重、搜捕苛擾、差雇不和、配賣賒欠、預俵折納、濫賞諸弊則賣茶之地隨事制宜，其目有六：一曰路分全占陝西州縣，又榷取京西之金州。以東南望之，疑若專利；以天下觀之，阜通川、陝之利以備邊，而不病東南，則勢均矣。故以熙河、秦鳳、涇原爲禁茶舊路，以永興、鄜延、環慶爲通茶新路，不禁舊路無以制蕃市，不通新路無以便民，欲使通塞常相權，則公私可以共利。二曰賣茶給歷抑配及官賣未常。今除宿弊，又禁南茶無入陝西，使川茶不失中價，則民不知榷茶之害。三曰茶色不等。蓋漢茶色嫩，蕃茶色老，雅州之名山自蘭州入邈川，至于于闐。興元之大竹自階州入歐家，自河州入水波。洋州之西鄉茶自河州入水波，至于賽音隆和。今區別家品，以入趙路，則可遵漢、蕃所宜。四曰價直騰踴則害馬價。今以茶價、馬直，以斤對寸，高下適等矣。因宜增損，則可以制備邊之費。五曰博易奪市易之權。污吏撓法，不可爲污吏廢今邊市。博茶大者在馬，其次金帛，去貪者之害，乃可以通邊市之利。六曰腳乘不均。蓋緣軍興，腳乘踴貴，故高立雇直，遂以諸場所博污濫之物，高估折支。若斟酌高下，損其餘以資鋪兵，則可以均力使之任。并定博馬歲額以萬八千匹。』又蒲江鹽事云：『邛鹽舊價太高，以蒙朝廷權減斤爲八十五錢。然污褀涇惡，積弊未除，今欲止絶污淋、灰土，及煎贍水止用九井正水，煮一色鹽。用權減價爲定法，專用食邛州。禁外來官鹽及小井鹽。其污淋等鹽八百六十二斤，乞於正額除之，仍寬鹽户舊欠，十分除一分。』邛民數十年之病，於是悉除，所奏即皆施行。

宋 洪邁《容齋三筆》卷一四《蜀茶法》 初，熙寧七年，遣三司幹當公事李杞經畫買茶，以蒲宗閔同領其事。蜀之茶園不殖五穀，惟宜種茶，賦税一例折輸，錢三百折絹一匹，三百二十折紬一匹，十錢折綿一兩，二錢折草一圍，凡税額總三十萬。杞創設官場，歲增息爲四十萬。其輸受之際，往往壓其斤重，侵其加直。杞以疾去，都官郎中劉佐體量，多其條畫。於是宗閔乃議民茶息收十之三，盡賣於官場，蜀茶盡榷，民始病矣。知彭州呂陶言：『天下茶法既通，蜀中獨行禁榷。況川峽四路所出

茶貨，比方東南諸處，十不及一。諸路既許通商，兩川却爲禁地，虧損治體，莫甚於斯。且盡榷民茶，隨買隨賣，或今日買十千，明日即作十三千賣之，比至歲終，不可勝算，豈止三分而已。佐、杞、宗閔作爲敝法，以困西南生聚。』佐坐罷去，以國子博士李稷代之，陶亦得罪。侍御史周尹復極論榷茶爲害，罷爲湖北提點刑獄。

《玉海》卷一八一《食貨·茶法·乾德榷貨務》 乾德二年八月，辛酉置貨務京師及建安，漢陽、蘄口並置。開寶三年七月丁亥，移建安務於揚州，令客旅入金銀錢帛於揚州給憑就，建安請領茶貨交引始於此。十月甲申禁私販，河東及幽州蓋爲契丹北漢設也。開寶七年閏十月，有司欲請湖南新茶之估以出於民，上曰是不重困吾人耶，遂置其議。詔書屢下，弛鹽禁於河北實鹽價於海瀕，興國元年十月二十二日，詔茶鹽榷酤以開寶八年額爲定，不得復增，二年正月辛卯，江南漕臣樊若水奏，增茶價，二月敕於沿江置榷貨八務。五年八月禁私茶。淳化四年二月四日癸亥，廢八榷務自江之南悉免其算，先是秘丞劉式請廢榷務，許商人輸錢京師給券，就茶山給以新茶，縣官減轉漕之直，而商價獲利，從之。七月十二日，戊戌，詔仍舊貫復置八務，至道元年七月十九日，以楊允恭兼制置茶鹽使李廷遂王子輿副之，二年九月詔連州歲造龍鳳茶，咸平二年九月二十三日子輿言江淮浙茶鹽收錢三百九十七萬餘緡，增五十萬八千餘緡。自江淛納士山場榷務總四百餘萬緡，祥符已後歲及二百萬緡，六年、七年並及三百萬緡，八年務茶引錢一百五十萬緡，比新額虧十萬緡。惟川峽廣南茶聽民自賣買禁，其出境餘悉榷淮南則蘄黃廬舒壽光六州官置吏，總之謂之山場者十有三。蘄州四，黃州一，廬州一，舒州二，壽州五，六州採茶之民隸焉，謂之園戶先受本錢而後入茶，又有折稅茶，總爲歲課八百六十五萬餘斤。其江浙、荊湖、福建等州，歲如山場，輸租折稅，總歲課江南千二十七萬餘斤，兩浙、福建三十九萬三十餘斤，皆轉輸要會之地爲六榷貨務。江陵、真州、海州、蘄州蘄口、無爲、漢陽，凡六務受買納茶以給商人。景德二年八月癸巳，或請於興元府置榷茶務，上不許。《會要》：稅租之數，總二十二萬八千七百五十二斤，山澤之入總四十八萬二千一百七十九斤，租錢之數總二十二萬三千七百九十六貫，本錢之數總四十四萬七千一百四十四貫，榷易之利，總八萬貫。稅錢之數，銅錢四十五萬八千六百六十貫，鐵錢六萬五千七百七十一貫。咸平元年，茶利錢一百四十萬貫，爲額景德中歲課緡錢至三百六十餘萬。祥符中歲，收息五百餘萬緡。沈括云，六榷務十三山場鬻茶歲一千五十三萬三千七百四十七斤，咸平元年茶利錢以一百三十九萬二千一百十九貫三百十九爲額。

又《乾德榷茶》 乾德五年初，榷江、淮、湖、浙、福建路茶，蓋禁南商擅有中州之利，故置場以買之。自江以北皆爲禁地。興國中，樊若水奏：江南諸州茶官，市十分之八，其地分量，稅聽自賣，踰江涉淮，乘時射利，望嚴禁之，謂乾德榷法也。自若水建議，其法始密。凡茶之利，一則官賣以實州縣；一則沿邊入中糧草算請以省餽運；一則榷務入納金銀錢帛算請以贍京師，而河東、北互市，川陝折博，又以所有易所無，而其大者最在邊備。蓋祖宗以西北宿兵，供億之費，重困民力，故以茶引走商賈而虛估加擡以利之。其後理財之臣以遺利在民，數務更張，然大槩無過李諮、林特二法，大槩以折茶商及便邊民，特以實錢算茶。諮祖劉式之意，使自就山園買茶，而官場坐收貼納之利，行之三年而罷。景祐以後，西邊事興，始復行加擡法。嘉祐四年，一切弛禁，自此茶不爲民害者六七十載，至蔡京始復榷法。於是茶利自一錢以上，皆歸京師矣。

眞宗時，胡則提舉二浙榷茶法。紹興十二年十月丁亥，詔福建專置提舉茶事官，置司建州。先是歲貢片茶二十餘萬斤。建炎二年罷之，以市舶官兼茶事。紹興四年，市五萬斤爲大禮賞，及是將鬻建茶于臨安，始別置官。

元 胡炳文《純正蒙求》卷上 宋張忠定公令滎陽，時民以茶爲業，公曰：『茶利厚，官將榷之。』命拔茶植桑，民以爲苦，後果榷茶稅，諸縣皆失業，而滎陽桑已成，歲爲絹百萬。

《文獻通考》卷一六《征榷考三·鹽鐵礬》 鈔法既罷，歲令漕司認鈔錢二十萬緡納行在所榷茶務，自後或減或增，卒爲二十二萬緡。紹興三年，詔榷免五萬貫。五年，依舊認二十萬。十二年，詔添十萬，計三十萬。二十七年，特減八萬，爲二十二萬。

又卷二三《國用考一·歷代國用》 關市者，貨之所聚，故有賦，如後世商稅是也；山澤者，貨之所出，故有賦，如後世榷鹽、榷茶之類是也。

《宋史》卷一二《仁宗紀四》 ［嘉祐三年］九月癸酉，議罷榷茶法。己丑，契丹遣使來謝。

又 ［嘉祐四年］二月己巳，罷榷茶。庚午，廣南言交阯寇欽州。乙亥，以廣惠倉隸司農寺。戊子，白虹貫日。

又卷一八《哲宗紀二》 ［紹聖四年二月］己卯，復元豐榷茶法。

又卷三一《高宗紀八》 ［紹興三十年］二月甲寅，罷夔州路榷茶。

又卷一六七《職官七》 都大提舉茶馬司：掌榷茶之利，以佐邦用。凡市馬於四夷，率以茶易之。應產茶及市馬之處，官屬許自辟置，視其數之登耗，以詔賞罰。

又卷一八三《食貨下五・茶上》 宋榷茶之制，擇要會之地，曰江陵府，曰真州，曰海州，曰漢陽軍，曰無爲軍，曰蘄州之蘄口，爲榷貨務六。

又卷一八四《食貨下六・茶下》 初，官既榷茶，民私蓄盜販皆有禁，臘茶之禁又嚴於他茶，犯者其罪尤重，凡告捕私茶皆有賞。然約束愈密而冒禁愈繁，歲報刑辟，不可勝數。園户困於征取，官司並緣侵擾，因陷罪戾至破產逃匿者，歲比有之。又茶法屢變，歲課日削。至和中，歲市茶淮南纔四百二十二萬餘斤，江南三百七十五萬餘斤，兩浙二十三萬餘斤，荆湖二百六萬餘斤，唯福建天聖末增至五十萬斤，詔特損五萬，至是增至七十九萬餘斤，歲售錢并本息計之，纔百六十七萬二千餘緡。官茶所在陳積，縣官獲利無幾，論者皆謂宜弛禁便。

先是，天聖中，有上書者言茶、鹽課虧，帝謂執政曰：『茶鹽民所食，而強設法以禁之，致犯者衆。顧經費尚廣，未能弛禁爾！』景祐中，葉清臣上疏曰：

山澤有產，天資惠民。兵食不充，財臣兼利，草芽木葉，私不得專，封園置吏，隨處立筦。一切官禁，人犯則刑，既奪其資，又加之罪，黥流日報，踰冒不悛。誠有厚利重貲，能濟國用，聖仁恤隱，矜赦非辜，猶將弛禁緩刑，爲民除害。度支費用甚大，榷易所收甚薄，刳剝園户，資奉商人，使朝廷有聚斂之名，官曹滋虐濫之罰，虛張名數，刻蠹黎元。

建國以來，法敝輒改，載詳改法之由，非有爲國之實，皆商吏協計，倒持利權，幸在更張，倍求奇羨。富人豪族，坐以賈贏，薄販下估，日皆朘削，官私之際，俱非遠策。臣竊嘗校計茶利所入，以景祐元年爲率，除本錢外，實收息錢五十九萬餘緡，又天下所售食茶，并本息歲課亦祇及三十四萬緡，而茶商見通行六十五州軍，所收税錢已及五十七萬緡。若令天下通商，祇收税錢，自及數倍，即榷務、山場及食茶之利，盡可籠取。又況不費度支之本，不置榷易之官，不興輂運之勞，不濫徒黥之辟。

臣意生民之弊，有時而窮，盛德之事，俟聖不惑。議者謂榷賣有定率，征税無彝準，通商之後，必虧歲計。臣按管氏鹽鐵法，計口受賦，茶爲人用，與鹽鐵均，必令天下通行，以口定賦，民獲善利，又去嚴刑，口數出錢，人不厭取。景祐元年，天下户千二十九萬六千五百六十五，丁二千六百二十萬五千四百四十一，三分其一爲產茶州軍，內外郭鄉又居五分之一，丁賦錢三十，村鄉丁賦二十，不產茶州軍郭鄉村鄉如前計之，又第損十錢，歲計已及緡錢四十萬。榷茶之利，凡止九十餘萬緡，通商收税，且以三倍舊税爲率，可得一百七十餘萬緡，更加口賦之入，乃有二百一十餘萬緡，或更於收税則例，微加增益，即所增至寡，所聚逾厚，比於官自榷易，驅民就刑，利病相須，炳然可察。

時下三司議，皆以爲不可行。

至嘉祐中，著作佐郎何鬲、三班奉職王嘉麟又皆上書請罷給茶本錢，縱園户貿易，而官收租錢與所在征算，歸榷貨務以償邊糴之費，可以疏利源而寬民力。嘉麟爲登平致頌書十卷、隆衍視成策二卷上之，淮南轉運副使沈立亦集茶法利害爲十卷，陳通商之利。時富弼、韓琦、曾公亮執政，決意嚮之，力言於帝。三年九年，命韓絳、陳升之、呂景初即三司置局議之。十月，三司言：『茶課緡錢歲當入二百二十四萬八千，嘉祐二年纔及一百二十八萬，又募人入錢，皆有虛數，實爲八十六萬，而三十九萬有奇是爲本錢，纔得子錢四十六萬九千，而輂運糜耗喪失，與官吏、兵夫廩給雜費，又不預焉。至於園户輸納，侵擾日甚，小民趨利犯法，刑辟益繁，獲利至少，爲弊甚大。宜約至和以後一歲之數，以所得息錢均賦茶民，恣其買賣，所在收算，請遣官詢察利害以聞。』詔遣官分行六路，還言如三司使議便。

四年二月，詔曰：『古者山澤之利，與民共之，故民足於下，而君裕於上，國家無事，刑罰以清。自唐建中時，始有茶禁，上下規利，垂二百年。如聞比來爲患益甚，民被誅求之困，日惟咨嗟，官受濫惡之入，歲

以陳積，私藏盜販，犯者實繁，嚴刑重誅，情所不忍，是於江湖之間幅員數千里，爲陷穽以害吾民也。朕心惻然，念此久矣，間遣使者往就問之，而皆驩然願弛其禁，歲入之課以時上官。一二近臣，條析其狀，朕猶若慊然，又於歲輸裁減其數，使得饒阜，以相爲生，俾通商利。歷世之敝，一旦以除，著爲經常，弗復更制，損上益下，以休吾民。尚慮喜於立異之人、緣而爲姦之黨，妄陳奏議，以惑官司，必寘明刑，無或有貸。』

初，所遣官既議弛禁，因以三司歲課均賦茶户，凡爲緡錢六十八萬有奇，使歲輸縣官。比輸茶時，其出幾倍，朝廷難之，爲損其半，歲輸緡錢三十三萬八千有奇，謂之租錢，與諸路本錢悉儲以待邊糴。自是唯臘茶禁如舊，餘茶肆行天下矣。論者猶謂朝廷志於恤人，欲省刑罰，其意良善；然茶户困於輸錢，而商賈利薄，販鬻者少，州縣征稅日蹙，經費不充，學士劉敞、歐陽脩頗論其事。敞疏大要以謂先時百姓之摘山者，受錢於官，而今也顧使之納錢於官，受納之間，利害百倍；先時百姓冒法販茶者被罰耳，今悉均賦於民，賦不時入，刑亦及之，是良民代冒法者受罪；先時大商富賈爲國懋遷，而州郡收其稅，今大商富賈不行，則稅額不登，且乏國用。脩言新法之行，一利而有五害，大略與敞意同。時朝廷方排衆論而行之，敞等雖言，不聽也。

治平中，歲入臘茶四十八萬九千餘斤，散茶二十五萬五千餘斤，茶户租錢三十二萬九千八百五十五緡，又儲本錢四十七萬四千三百二十一緡，而內外總入茶稅錢四十九萬八千六百緡，推是可見茶法得失矣。自天聖以來，茶法屢易，嘉祐始行通商，雖議者或以爲不便，而更法之意則主於優民。

熙寧四年，神宗與大臣論昔茶法之弊，文彥博、吳充、王安石各論其故，然於茶法未有所變。及王韶建開湟之策，委以經略。七年，始遣三司幹當公事李杞入蜀經畫買茶，於秦鳳、熙河博馬。而韶言西人頗以善馬至邊，所嗜唯茶，乏茶與市。即詔趣杞據見茶計水陸運致，又以銀十萬兩、帛二萬五千、度僧牒五百付之，假常平及坊場餘錢，以著作佐郎蒲宗閔同領其事。初，蜀之茶園，皆民兩稅地，不殖五穀，唯宜種茶。賦稅一例折輸，蓋爲錢三百，折輸紬絹皆一匹；若爲錢十，則折輸綿一兩；爲錢二，則折輸草一圍。役錢亦視其賦。民賣茶資衣食，與農夫業田無異，而稅額總三十萬。杞被命經度，又詔得調舉官屬，迺即蜀諸州創設官場，歲增息爲四十萬，而重禁榷之令。其輸受之際，往往壓其斤重，侵其價直，法既加急矣。八年，杞以疾去。

先是，杞等歲增十萬之息，既而運茶積滯，歲課不給，即建畫於彭、漢二州歲買布各十萬匹，以折脚費，實以布息助茶利，然茶亦未免積滯。都官郎中劉佐復議歲易解鹽十萬席，雇運回車船載入蜀，而禁商販，蓋恐布亦難敷也。詔既以佐代杞，未幾，鹽法復難行，遂罷佐。而宗閔乃議川陜路民茶息收十之三，盡賣於官場，更嚴私交易之令，稍重至徒刑，仍沒緣身所有物，以待賞給。於是蜀茶盡榷，民始病焉。

十年，知彭州呂陶言：『川、陜四路所出茶，比東南十不及一，諸路既許通商，兩川却爲禁地，虧損治體。如解州有鹽池，民間煎者乃是私鹽，晉州有礬山，民間煉者乃是私礬，今川蜀茶園，皆百姓已物，與解鹽、晉礬不同。又市易司籠制百貨，歲出息錢不過十之二，然必以一年爲率；今茶場司務重立法，盡榷民茶，隨買隨賣，取息十之三，或今日買十千之茶，明日即作十三千賣之，變轉不休，比至歲終，豈止三分？』因奏劉佐、李杞、蒲宗閔等苟希進用，必欲出息三分，致茶户被害。始詔息止收十之一，佐坐措置乖方罷，以國子博士李稷代之，而陶亦得罪。稷依李杞例兼三司判官，仍委權不限員舉劾。

侍御史周尹論蜀中榷茶爲民害，罷爲提點湖北刑獄。利州路漕臣張宗諤、張升卿議廢茶場司，依舊通商，詔付稷，稷方以茶利要功，言宗諤等所陳皆疏謬，罪當無赦。雖會赦，猶皆坐貶秩二等。於是稷建議賣茶官非材，許對易，如闕員，於前資待闕官差；茶場司事，州郡毋得越職聽治。又以茶價增減或不一，裁立中價，定歲入課額，及設酬賞以待官吏，而三路三十六場大小使臣並不限員。重園户採造黃老秋葉茶之禁，犯者沒官。蒲宗閔亦援稷比，許舉劾官吏，以重其權，二人皆務浚利刻急。茶場監官買茶精良及滿五千馱以及萬馱，第賞有差，而所買粗惡僞濫者，計虧坐贓論。凡茶場州軍知州、通判並兼提舉，經略使所在，即委通判。又禁南茶入熙河、秦鳳、涇原路。如私販臘茶法。

自熙寧十年冬推行茶法，至元豐元年秋。凡一年，通課利及舊界息稅七十六萬七千六十餘緡。帝謂稷能推原法意，日就事功，宜速遷擢，以

勸在位，遂落權發遣，以爲都大提舉茶場，而用永興軍等路提舉常平范純粹同提舉。久之，用稷言徙司秦州，而録李杞前勞，以子珏試將作監主簿。蒲宗閔更請巴州等處産茶並用榷法。

五年，李稷死永樂城，詔以陸師閔代之。師閔言稷治茶五年，百費外獲淨息四百二十八萬餘緡，詔賜田十頃。而師閔榷利，尤刻於前，建言：『文、階州接連，而茶法不同，階爲禁地，有博馬、賣茶場，文獨爲通商地。乞文、龍二州並禁榷；仍許川路餘羨茶貨入陝西變賣，於成都府置博賣都茶場。』事皆施行。初，羣牧判官郭茂恂言，賣茶買馬，事實相須，詔茂恂同提舉茶場。至是，師閔以買馬司兼領茶場，茶法不能自立，詔罷買馬司兼領；令茶場都大提舉視轉運使，同管幹視轉運判官，以重其任。賈種民更立茶法，師閔論奏茶場與他場務不同，詔並用舊條。初，李杞增諸州茶場，自熙寧七年至元豐八年，蜀道茶場四十一，京西路金州爲場六，陝西賣茶爲場三百三十二，稅息至稷加爲五十萬，及師閔爲百萬。

元祐元年，侍御史劉摯奏疏曰：『蜀茶之出，不過數十州，人賴以爲生，茶司盡榷而市之。園户有茶一本，而官市之，額至數十斤。官所給錢，靡耗於公者，名色不一，給借保任，輸入視驗，皆牙儈主之，故費於牙儈者又不知幾何。是官於園户名爲平市，而實奪之。園户有逃而免者，有投死以免者，而其害猶及鄰伍。欲伐茶則有禁，欲增植則加市，故其俗論謂地非生茶也，實生禍也。願選使者，考茶法之敝，以蘇蜀民。』右司諫蘇轍繼言：『呂陶嘗奏改茶法，止行長引，令民自販，每緡長引錢百，詔從其請，民方有息肩之望。孫迥、李稷入蜀商度，盡力掊取，息錢、長引並行，民間始不易矣。且盜賊贓及二貫，止徒一年，出賞五千，今民有以錢八百私買茶四十斤者，輒徒一年，賞三十千，立法苟以自便，不顧輕重之宜。蓋造立茶法，皆傾險小人，不識事體。』且備陳五害。呂陶亦條上利害，詔付黄廉體量；未至，摯又言陸師閔恣爲不法，不宜仍任事。詔即罷之。先是，師閔提舉榷茶，所行職務，他司皆不得預聞，事權震灼，爲患深密。及黄廉就領茶事，乃請凡緣茶事有侵損戾法，或措置未當及有訴訟，依元豐令，聽他司關送。十一月，蒲宗閔亦以附會李稷賣茶罷。

明年，熙河、秦鳳、涇原三路茶仍官爲計置，永興、鄜延、環慶許通商，凡以茶易穀者聽仍舊，毋得踰轉運司和糴價，其所博斛斗勿取息。七年，詔成都等路茶事司，以三百萬緡爲額本。

紹聖元年，復以陸師閔都大提舉成都等路茶事，而陝西復行禁榷。師閔乃奏龍州仍爲禁茶地，凡茶法並用元豐舊條。師閔自復用，以訖哲宗之世，其掊克之迹，不若前日之著，故建明亦罕見焉。

茶之在諸路者，神宗、哲宗朝無大更革。熙寧八年，嘗詔都提舉市易司歲買商茶，以三百萬斤爲額。元祐五年，立六路茶稅租錢諸州通判轉運司月暨歲終比較都數之法。七年，以茶隸提刑司，稅務毋得更易爲雜稅收受。紹聖四年，户部言：『商旅茶稅五分，治平條立輸送之限既寬，復慮課入無準，故定以限約，毋得更展。元祐中，輒展以季，課入漏失。且茶稅歲計七十萬緡，積十年未嘗檢察，請内外委官，期一年驅算以聞。』詔聽其議，展限令出一時，毋承用。

崇寧元年，右僕射蔡京言：『祖宗立禁榷法，歲收淨利凡三百二十餘萬貫，而諸州商稅七十五萬貫有奇，食茶之算不在焉，其盛時幾五百餘萬緡。慶曆之後，法制寖壞，私販公行，遂罷禁榷，行通商之法。自後商旅所至，與官爲市，四十餘年，利源寖失。謂宜荊湖、江、淮、兩浙、福建七路所産茶，仍舊禁榷官買，勿復科民，即産茶州郡隨所置場，申商人園户私易之禁，凡置場地園户租折稅仍舊。産茶州軍許其民赴場輸息，量限斤數，給短引，於旁近郡縣便鬻；餘悉聽商人於榷貨務入納金銀、緡錢或並邊糧草，即本務給鈔，取便算請於場，别給長引，從所指州軍鬻之。商稅自場給長引，沿道登時批發，至所指地，然後計稅盡輸，則在道無苛留。買茶本錢以度牒、末鹽鈔、諸色封樁、坊場常平剩錢通三百萬緡爲率，給諸路，諸路措置，各分命官。』聽焉。

俄定諸路措置茶事官置司：湖南於潭州，湖北於荊南，淮南於揚州，兩浙於蘇州，江東於江寧府，江西於洪州。其置場所在：蘄州即其州及蘄水縣，壽州以霍山、開順，光州以光山、固始，舒州即其州及羅源、太湖，黄州以麻城，廬州以舒城，常州以宜興，湖州即其州及長興、德清、安吉、武康，睦州即其州及青溪、分水、桐廬、遂安，婺州即其州及東陽、永康、浦江，處州即其州及遂昌、青田，蘇、杭、越各即其州，

而越之上虞、餘姚、諸暨、新昌、剡縣皆置焉，衢、台各即其州，而溫州以平陽。大法既定，其制置節目，不可毛舉。四年，京復議更革，遂罷官置場，商旅並即所在州縣或京師給長短引，自買於園户。茶貯以籠篰，官爲抽盤，循第敘輸息訖，批引販賣，茶事益加密矣。

大觀元年，議提舉茶事司須保驗一路所產茶色高下、價直低昂，而請茶短引以地遠近程以三等之期。復慮商旅影挾舊引，冒詐規利，官吏因得擾動，以御筆申飭之。又以諸路再定茶息，多寡或不等，令斤各增錢十。三年，計七路一歲之息一百二十五萬一千九百餘緡，榷貨務再歲一百十有八萬五千餘緡。京專用是以舞智固權，自是歲以百萬緡輸京師所供私奉，掊息益厚，盜販公行，民滋病矣。

政和二年，大增損茶法。凡請長引再行者，輸錢百緡，即往陝西，加二十，茶以百二十斤；短引輸緡錢二十，茶以二十五斤。私造引者如川錢引法。歲春茶出，集民户約三歲實直及今價上户部。茶籠篰並皆官製，聽客買，定大小式，嚴封印之法。長短引輒竄改增減及新舊對帶、繳納申展、住賣轉鬻科條悉具。初，客販茶用舊引者，未嚴斤重之限，影帶者衆。於是又詔凡販長引斤重及三千斤者，須更買新引對賣，不及三千斤者，即用新引以一斤帶二斤鬻之，而合同場之法出矣。場置於產茶州軍，而簿給於都茶場。凡不限斤重茶，委官司秤製，毋得止憑批引爲定，有贏數即沒官，別定新引限程及重商旅規避秤製之禁，凡十八條，若避匿抄劄及擅賣，皆坐以徒。復慮茶法猶輕，課入不羨，定園户私賣及有引而所賣踰數，保内有犯不告，並如煎鹽亭户法。短引及食茶關子輒出本路，坐以二千里流，賞錢百萬。

重和元年，詔：『輸稅，檢括抵保，吏因擾民，其蠲之』。未幾，復輸稅如舊。大抵茶、鹽之法，主於蔡京，務巧掊利，變改法度，前後相踰，民聽眩惑。初，令茶户投狀籍於官，非在籍者，禁與商旅貿易，未幾即罷。初，限計斤重，令買新引，茶有贏者，即及一千五百斤，須用新引貼販，或止願販新茶帶賣者聽；未幾，以帶賣者多，又罷其令。

陝西舊通蜀茶，崇寧二年，始通東南茶。政和中，陝西沒官茶令估賣，繼以妨商旅，下令焚棄。俄令正茶沒官者聽興販，引外剩茶及私茶數以給告者。長引限以一年，短引限以半歲繳納。久之，令已買引而未得於園户者，期七年，許民間同見緡流轉，長引聽即本路住賣，以二浙鹽香司有言而止。其科條纖悉紛更，不可勝記，慮商旅疑豫，茶貨不通，迺重扇搖之令。於時掊克之吏，爭以贏羨爲功，朝廷亦嚴立比較之法。州郡樂賞畏刑，惟恐負課，優假商人，陵轢州郡，蓋莫有言者。獨邠州通判張益謙奏：『陝西非產茶地，奉行十年，未經立額，歲歲比較，第務增益，稍或虧少，程督如星。州縣懼殿，多前路招誘豪商，增價以幸其來，故陝西茶價，斤有至五六緡者，或稍裁之，則批改文引，轉之他郡。及配之鋪户，安能盡售？均及稅農，民實受害，徒令豪商坐享大利。』言竟不行。

然自茶法更張，至政和六年，收息一千萬緡，茶增一千二百八十一萬五千六百餘斤。及方臘竊發，乃詔權罷比較。臘誅，有司議招集園户，借貸優恤，止於文具，姦臣仍用事，蠹國害民，又慮人言，扇搖之令復出矣。靖康元年，詔川茶侵客茶地者，以多寡差定其罪。

初，熙寧五年，以福建茶陳積，乃詔福建茶在京、京東西、淮南、陝西、河東仍禁榷，餘路通商。元豐七年，王子京爲福建轉運副使，言『建州臘茶，舊立榷法，自熙寧權聽通商，自此茶户售客人茶甚良，官中所得惟常茶，稅錢極微，南方遺利，無過於此，乞仍舊行榷法。建州歲出茶不下三百萬斤，南劍州亦不下二十餘萬斤，欲盡買入官，度逐州軍民户多少及約鄰路民用之數計置，即官場賣，嚴立告賞禁。建州賣私末茶，借豐國監錢十萬緡爲本。』並從之；所請均入諸路榷賣，委轉運司官提舉：福建王子京，兩浙許懋，江東杜偉，江西朱彥博，廣東高鎛，然子京蓋未免抑配於民。

時遠方若桂州修仁諸縣、夔州路達州有司皆議榷茶，言利者踵相躡，然神宗聞鄂州失催茶稅，輒蠲之。建州園户等以茶粗濫當剝納，爲錢三萬六千餘緡，慮其不能償，令準輸茶。初，成都帥司蔡延慶言邛部川蠻主苴尅等願賣馬，即詔延慶以茶招來，後聞邊計蠻情非便，即罷之。哲宗嗣位，御史安惇首劾王子京買臘茶抑民，詔罷子京事任，令福建禁榷州軍視其舊，餘並通商。桂州修仁等縣禁榷及陝西碎賣芽茶皆罷。

崇寧二年，尚書省言：『建、劍二州茶額七十餘萬斤，近歲增盛，而本錢多不繼。』詔更給度牒四百，仍給以諸色封樁。繼詔商旅販臘茶蠲其稅，私販者治元售之家，如元豐之制。臘茶舊法免稅，大觀三年，措置

茶事，始收焉。四年，私販勿治元售之家，如元符令。政和初，復增損爲新法。三年，詔免輸短引，許依長引於諸路住賣，後末骨茶每長引增五百斤，短引倣此；諸路監司、州郡公使食茶禁私買，聽依商旅買引。六年，詔福建茶園如鹽田，量土地產茶多寡，依等第均稅。重和元年，以改給免稅新引，重定福建骨茶斤重，長引以六百斤爲率。

元豐中，宋用臣都提舉汴河隄岸，創奏修置水磨，凡在京茶户擅磨末茶者有禁，並許赴官請買，而茶鋪入米豆雜物揉和者募人告，一兩賞三千，及一斤十千，至五十千止。商賈販茶應往府界及在京，須令產茶山場州軍給引，並赴京場中賣，犯者依私販臘茶法。諸路末茶入府界者，復嚴爲之禁。訖元豐末，歲獲息不過二十萬，商旅病焉。

元祐初，寬茶法，議者欲罷水磨。户部侍郎李定以失歲課，持不可廢，侍御史劉摯、右司諫蘇轍等相繼論奏，遂罷。紹聖初，章惇等用事，首議修復水磨。乃詔即京、索、天源等河爲之，以孫迥提舉，復命兼提舉汴河隄岸。四年，場官錢景逢獲息十六萬餘緡，呂安中二十一萬餘緡，以差議賞。元符元年，户部上凡獲私末茶并雜和者，即犯者未獲，估價給賞，並如私臘茶獲犯人法。雜和茶宜棄者，斤特給二十錢，至十緡止。

初，元豐中修置水磨，止於在京及開封府界諸縣，未始行於外路。及紹聖復置，其後遂於京西鄭、滑、穎昌府，河北澶州皆行之，又將即濟州山口營置。崇寧二年，提舉京城茶場所奏：『紹聖初，興復水磨，歲收二十六萬餘緡。四年，於長葛等處京、索、潩水河增修磨二百六十餘所，自輔郡榷法罷，遂失其利，請復舉行。』從之。尋詔商販臘茶入京城者，本場盡買之，其翻引出外者，收堆垛錢。裁元豐制更立新額，歲買山場草茶以五百萬斤爲率。客茶至京者，許官場買十之三，即索價故高，驗元引買價量增。三年，詔罷之。

明年，改令磨户承歲課視酒户納麴錢法。五年，復罷民户磨茶，官用水磨仍依元豐法，應緣茶事併隸都提舉汴河堤岸司。大觀元年，改以提舉茶事司爲名，尋命茶場、茶事通爲一司。三年，復撥隸京城所，一用舊法。政和元年，京城所請商旅販茶起引定入京住賣者，即許借江入汴，如元豐舊制；其借江入汴却指他路住賣者禁，已請引者並令赴京。二年，以課入不登，商賈留滯，詔以其事歸尚書省。於是尚書省言：『水磨茶自元豐創立，止行於近畿，昨乃分配諸路，以故致弊，欲止行於京城，仍通行客販，餘路水磨並罷。』從之。四年，收息四百萬貫有奇，比舊三倍，遂創月進。

高宗建炎初，於真州印鈔，給賣東南茶鹽。當是時，茶之產於東南者，浙東西、江東西、湖南北、福建、淮南、廣東西，路十，州六十有六，縣二百四十有二。霅川顧渚生石上者謂之紫筍，毗陵之陽羨，紹興之日鑄，婺源之謝源，隆興之黃龍、雙井，皆絕品也。建炎三年，置行在都茶場，罷合同場十有八，惟洪、江、興國、潭、建各置場一，監官一。罷食茶小引，捕私茶法視捕私鹽。二十一年，秦檜等始進茶鹽法。先是，臣僚或因事建明，朝廷亦因時損益，至是審訂成書，上之。

孝宗隆興二年，淮東宣諭錢端禮言：『商販長引茶，水路不許過高郵，陸路不許過天長，如願往楚州及盱眙界，引貼輸翻引錢十貫五百文，如又過淮北，貼輸亦如之。』當是時，商販自榷場轉入虜中，其利至博，幾禁雖嚴，而民之犯法者自若也。乾道二年，户部言：『商販至淮北榷場折博，除輸翻引錢，更輸通貨儈息錢十一緡五百文。』八年，減輸翻引錢止七緡，通貨儈息錢止八緡。淳熙二年，以長短茶引權以半依元引斤重錢數，分作四緡小引印給，而翻引貼輸錢隨小引輸送。光宗紹熙初，漳州守臣朱熹奏除屬邑科茶七千餘緡。臣僚申明長短小引相兼，從人之便。户部言給賣小引，除金銀、會子分數入輸，餘願專以會子算請者聽。

寧宗嘉泰四年，知隆興府韓邈奏請：『隆興府惟分寧縣產茶，他縣無茶，而豪民武斷者乃請引，窮索一鄉，使認茶租，非便。』於是禁非產茶縣不許民擅認茶租。

建寧臘茶，北苑爲第一，其最佳者曰社前，次曰火前，又曰雨前，所以供玉食，備賜予。太平興國始置，大觀以後製愈精，數愈多，胯式屢變，而品不一，歲貢片茶二十一萬六千斤。建炎以來，葉濃、楊勍等相因爲亂，園丁亡散，遂罷之。紹興二年，蠲未起大龍鳳茶一千七百二十八斤。五年，復減大龍鳳及京鋌之半。十二年，興榷場，遂取臘茶爲榷場本，凡胯、截、片、鋌，不以高下多少，官盡榷之，申嚴私販入海之禁。議者請鬻建茶於臨安，移茶事司於建州買發。明年，以失陷引錢，復令通商。自是上供龍鳳、京鋌茶料，凡製作之費、篚笥之式，令漕司專之。

蜀茶之細者，其品視南方已下，惟廣漢之趙坡，合州之水南，峨眉之白牙，雅安之蒙頂，土人亦珍之，但所產甚微，非江、建比也。舊無榷禁，熙寧間，始置提舉司，收歲課三十萬；至元豐中，累增至百萬。建炎元年，成都轉運判官趙開言榷茶、買馬五害，請『用嘉祐故事盡罷榷茶，而令漕司買馬。或未能然，亦當減額以蘇園户，輕價以惠行商，如此則私販衰而盜賊息』。遂以開同主管川、秦茶馬。二年，開至成都，大更茶法，倣蔡京都茶場法，以引給茶商，即園户市茶，百斤爲一大引，除其十勿算。置合同場以譏其出入，重私商之禁，爲茶市以通交易。每斤引錢春七十、夏五十，市利頭子錢不預焉。所過征一錢，所止一錢五分。自後引息錢至一百五萬緡。至十七年，都大茶馬韓球盡取園户加饒之茶爲額，茶司歲收二百萬，而買馬之數不加多。

乾道末年，青羌作亂，茶司增長細馬名色等錢歲三十萬。淳熙六年以後，累減園户重額錢十六萬，又減引息錢十六萬。至紹熙初，楊輔爲使，遂定爲法。成都府、利州路二十三場，歲產茶二千一百二萬斤，通博馬物帛歲收錢二百四十九萬三千餘緡。朝廷歲以一百一十三萬緡隸總領所贍軍，然茶馬司率多難之；乾道以後，歲撥止一二十萬緡，至淳熙十年，遂以五十萬緡爲準。

自熙、豐以來，茶司官權出諸司之上。初，元豐開川、秦茶場，園户既輸二稅，又輸土產，隆安縣園户二稅、土產兼輸外，又催理茶課估錢，建炎元年立爲額，至寧宗慶元初，始除之。六年，詔四川產茶處歲輸經總制頭子錢五千四十一道有奇，又科租錢三千一百四十道有奇。

宋初，經理蜀茶，置互市于原、渭、德順三郡，以市蕃夷之馬；熙寧間，又置場于熙河。南渡以來，文、黎、珍、敘、南平、長寧、階、和凡八場，其間盧甘蕃馬歲一至焉，洮州蕃馬或一月或兩月一至焉，疊州蕃馬或半年或三月一至焉，皆良馬也。其他諸蕃馬多駑，大率皆以互市爲利，宋朝曲示懷遠之恩，亦以是羈縻之。紹興二十四年，復黎州及雅州碉門靈西砦易馬場，乾道初，川、秦八場馬額九千餘匹，淳熙以來，爲額萬二千九百九十四匹，自後所市未嘗及焉。

《元史》卷一〇《世祖紀七》　［至元十六年］夏四月己卯，立江西榷茶運司及諸路轉運鹽使司、宣課提舉司。

又卷一四《世祖紀十一》　［至元二十三年］三月己巳，御史臺臣言：『近奉旨按察司參用南人，非臣等所知，宜令侍御史、行御史臺事程文海與行臺官，行御史臺事程文海　從南監本天啟三年補刊頁改。博采公潔知名之士，具以名聞。』帝命齎詔以往。太陰犯婁。浚治中興路河渠。省雲和署入教坊司。辛未，降梅、循爲下州。甲戌，雄、霸二州及保定諸縣水泛溢，冒官民田，發軍民築河堤禦之。乙亥，以麥朮丁仍中書右丞，與郭佑並領錢穀，楊居寬典銓選。立欽察衛親軍都指揮使司。賜諸王脫忽帖木兒羊二萬。丙子，大駕幸上都。詔行御史臺按察司以八月巡行郡縣。中書省臣言：『阿合馬時諸王駙馬往來餉給之費，悉取於萬億庫。後徵百官俸入以償，最非便。』詔在籍者除之勿徵。以榷茶提舉李起南爲江西榷茶轉運使。起南嘗言：『江南茶每引價三貫六百文，今宜增每引五貫。』事下中書議，因令起南爲運使，置達魯花赤處其上。丁丑，徙東京行中書省于咸平府。癸巳，歲星犯壘壁陣。以臨江路爲北安王分邑。

又卷一五《世祖紀十二》　［至元二十五年］八月壬子，霸州大水，民乏食，下其估糶直沽倉米五千石。乙卯，郴之宜章縣爲廣東寇所掠，免今歲田租。辛酉，大都路霖雨害稼，免今歲租賦，仍減價糶諸路倉糧。壬戌，潞州饑，發河西務米二千石，減其價賑糶之。癸亥，諸王鐵失、孛羅帶所部皆饑，敕上都留守司、遼陽省發粟賑之。甲子，月的迷失以鍾明亮貢物來獻。辛未，歲星晝見。癸酉，以八番羅甸宣慰使司隸四川省。台、婺二州饑，免今歲田租。甲戌，詔兩淮、兩浙都轉運使司及江西榷茶都轉運司諸人，毋得沮辦課。改四川金竹寨爲金竹府。徙浙東道提刑按察司治婺州，河東山西道提刑按察司治太原，宣慰司治大同。

又卷一八《成宗紀一》　［元貞元年］壬午，罷江南茶稅，以其數三千錠添入江西榷茶都轉運司歲額。

又卷二一《成宗紀四》　［大德八年］罷廬州路榷茶提舉司。

又卷二四《仁宗紀一》　［皇慶二年秋七月］甲午，置榷茶批驗所並茶由局官。

又卷三八《順帝紀一》　［元統元年十一月］辛亥，江西、湖廣、江浙、河南復立榷茶運司。

又卷八七《百官三》　常湖等處茶園都提舉司，秩正四品。掌常、

湖二路茶園户二萬三千有奇，採摘茶芽，以貢内府。至元十三年置司，統提領所凡十有三處。十六年，陞都提舉司。又別置平江等處榷茶提舉司，掌歲貢御茶。二十四年，罷平江提舉司，併掌其職。定置達魯花赤一員，提舉一員，俱從五品；同提舉一員，從六品；副提舉一員，從七品；提控案牘一員，都目一員。

又卷九二《百官八》　元統元年十一月，復置湖廣江西榷茶都轉運司。

又卷九四《食貨志二》　榷茶始于唐德宗，至宋遂爲國賦，額與鹽等矣。元之茶課，由約而博，大率因宋之舊而爲之制焉。

世祖至元五年，用運使白賡言，榷成都茶，於京兆、鞏昌置局發賣，私自採賣者，其罪與私鹽法同。六年，始立西蜀四川監榷茶場使司掌之。十三年，既平宋，復用左丞呂文煥言，榷江西茶。按平宋在至元十三年。元文類卷四〇經世大典序録茶法有『十三年，江南平，左丞呂文煥首以主茶税爲言』。據改。以宋會五十貫準中統鈔一貫。十三年，定長引短引之法，以三分取一。長引每引計茶一百二十斤，收鈔五錢四分二釐八毫。短引計茶九十斤，收鈔四錢二分八毫。是歲，徵一千二百餘錠。十四年，取三分之半，增至二千三百餘錠。十五年，又增至六千六百餘錠。十七年，置榷茶都轉運司于江州，總江淮、荊湖、福廣之税，而遂除長引，專用短引。每引收鈔二兩四錢五分，草茶每引收鈔二兩二錢四分。十八年，增額至二萬四千錠。十九年，以江南茶課官爲置局，令客買引，通行貨賣。歲終，增二萬錠。二十一年，廉運使言：『各處食茶課程，抑配于民，非便。』於是革之。而以其所革之數，於正課每引增一兩五分，通爲三兩五錢。二十三年，又以李起南言，增爲五貫。是年徵四萬錠。二十五年，改立江西等處都轉運司。二十六年，丞相桑哥增引税爲一十貫。三十年，又改江南茶法。凡管茶提舉司一十六所，罷其課少者五所，併入附近提舉司。每茶商貨茶，必令賫引，無引者與私茶同。引之外，又有茶由，以給賣零茶者。初，每由茶九斤，收鈔一兩，至是自三斤至三十斤分爲十等，隨處批引局同，每引收鈔一錢。

元貞元年有獻利者言：『舊法江南茶商至江北者又税之，其在江南賣者，亦宜更税，如江北之制。』於是朝議復增江南課三千錠，而弗税。是年凡征八萬三千錠。至大元年，以龍興、瑞州爲皇太后湯沐邑，其課入徽政院。四年，增額至一十七萬一千一百三十一錠。皇慶二年，更定江南茶法，又增至一十九萬二千八百六十六錠。延祐元年，改設批驗茶由局官。五年，用江西茶副法忽魯丁言，立減引添課之法，每引增税爲一十二兩五錢，通辦鈔二十五萬錠。七年，遂增至二十八萬九千二百一十一錠。

天曆二年，始罷榷司而歸諸州縣，其歲征之數，蓋與延祐同。至順之後，無籍可考。他如范殿帥茶、西番大葉茶、建寧胯茶，亦無從知其始末，故皆不著。

又卷九七《食貨志五》　至正二年，李宏陳言内一節，言江州茶司據引不便事云：『榷茶之制，古所未有，自唐以來，其法始備。國朝既於江州設立榷茶都轉運司，仍於各路出茶之地設立提舉司七處，專任散據賣引，規辦國課，莫敢誰何。每至十二月初，差人勾集各處提舉司官吏，關領次年據引。及其到司，旬月之間，司官不能偕聚。吏貼需求，各滿所欲，方能給付據引。此時春月已過。乃還本司，方欲點對給散，又有分司官吏，到各處驗户散據賣引。每引十張，除正納官課一百二十五兩外，又取要中統鈔二十五兩，名爲搭頭事例錢，以爲分司官吏饋饍之資。提舉司雖以榷茶爲名，其實不能專散據賣引之任，不過爲運司官吏營辦資財而已。上行下效，勢所必然。提舉司既見分司官吏所爲若是，亦復倣效遷延。及茶户得據還家，已及五六月矣。中間又存留茶引二三千本，以茶户消乏爲名，轉賣與新興之户。每據又多取中統鈔二十五兩，上下分派，各爲己私。不知此等之錢，自何而出，其爲茶户之苦，有不可言。至如得據在手，碾磨方興，吏卒踵門，催併初限。不知茶未發賣，何從得錢。間有充裕之家，必須別行措辦。其力薄者，例被拘監，無非典鬻家私，以應官限。及終限不能足備，上司緊併，重復勾追，非法苦楚。此皆由運司給引之遲，分司苛取之過。茶户本圖求利，反受其害，日見消乏逃亡，情實堪憫。今若申明舊制，每歲正月，須要運司盡將據引給付提舉司，隨時派散，無得停留在庫，多收分例，妨誤造茶時月；如有過期，別行定罪。仍不許運司似前分司自行散賣據引，違者從肅政廉訪司依例糾治。如此，庶茶司少革貪黷之風，茶户免損乏之害。』中書省以其言送户部定擬，復移咨江西行省，委官與茶運司講究，如果便益，如所言行

之。

明 丘濬《大學衍義補》卷二九《山澤之利下》 李珏曰：『榷茶起於養兵，今邊境無虞而厚斂傷民，不可一也；茗飲人之所資重，賦稅則價必增，貧弱益困，不可二也；山澤之饒，其出不貲，論稅以售，多爲利，價騰踴則市者稀，不可三也。』

臣按：茶有稅始于趙贊，然尋卽亟罷，張滂所得其利尚微，至王播增稅而又置使以榷茶，遂爲天下生民無窮之害。

明 黄仲昭《八閩通志》卷七一《良吏・宋》 辟利和字天益。興化縣人。景祐中第進士。歷知春、潮、韶三州。熙寧初，王安石方行新法，欲擢利和提舉廣東茶事。先是，廣中未榷茶，利和謂此法一立，民受無窮之苦，作詩謝之曰：『一路生靈陡頓平，廟堂康濟豈無人？君侯若問茶租法，請把茶租乞與民。』峻拒不爲用。

明 陸深《燕閑録》 茶之用始於漢，著茶經始于陸羽，榷茶始于張滂。

明 萬邦寧《茗史・鄭注榷法》 鄭注爲榷茶法，詔王涯爲榷茶使，益變茶法，益其稅以濟用度，下益困。

又《榷茶》 張詠令崇陽，民以茶爲業。公曰：『茶利厚，官將榷之。』命拔茶以植桑，民以爲苦。其後榷茶，他縣皆失業，而崇陽之桑已成。其爲政知所先後如此。

明 沈德符《萬曆野獲編・補遺》卷二《户部》 宋榷茶之法最奇，徽州初利至五百萬緡，蓋始于唐之貞元，而極于宋之崇寧止矣。

明 張岱《夜航船》卷一一《日用部・茶》 王涯始獻茶，因命涯榷茶。

《淵鑒類函》卷一三四《政術部・榷茶》 增唐德宗建中元年，納戸部侍郎趙贊議，稅天下茶漆竹木十取一，以爲常平本錢。及出奉天乃悼悔，下詔亟罷之。貞元九年，復稅茶。先是，諸道鹽鐵使張滂奏：『去歲水災，詔令減稅。今之國用，須有供儲。伏請於出茶州縣及茶山商人要路，以三等定估，十稅其一，充所放兩稅。其明年已後所得稅錢，外貯若諸州遭水旱賦稅不辦，以此代之。』詔可，仍委張滂具處置條目。每歲得錢四十萬貫，茶之有稅，自此始然。稅無虛歲，遭水旱處亦未嘗以稅茶錢拯贍。按陸羽傳：『羽嗜茶，著三篇，言茶之原、之法、之具尤備，天下益知飲茶矣。時鬻茶者至陶羽形置煬突間，爲茶神。有常伯熊者，因羽論復廣著茶之功。其後尚茶成風，回紇入朝，始驅馬市。』茶羽貞元末卒，然則嗜茶、榷茶，皆始於貞元間矣。穆宗卽位，兩鎮用兵，帑藏空虛，禁中起百尺樓，費不勝計。鹽鐵使王播乃增天下茶稅，率百錢增五十。江淮、浙東西、嶺南、福建、荊襄茶，播自領之，兩川以戶部領之。天下茶加斤至二十兩，播又奏加取焉。文宗時，王涯爲相，判二使，復置榷茶，自領之，使徙民茶樹於官場，焚其舊積者，天下大怨，令狐楚代爲鹽鐵使兼榷茶使，復令納榷，加價而已。李石爲相，以茶稅皆歸鹽鐵，復貞元之舊。武宗卽位，鹽鐵轉運使崔珙又增江淮茶稅。是時茶商所過州縣有重稅，或掠奪舟車，露積雨中，諸道置邸以收稅，謂之搨地錢。故私販益起。大中初，鹽鐵轉運使裴休請：『釐革橫稅，以通舟船，商旅既安，課利自厚。又正稅茶商，多被私販茶人侵奪其利，今請委彊幹官吏，先於出茶山口及廬、壽、淮南界內，布置把捉，曉諭招收，量加半稅，給陳首帖子，令所在公行，更無苛奪。使私販者免犯法之，憂正稅者，無失利之欺従之。

宋乾德五年初，榷江、淮、湖、浙、福建路茶，蓋禁南商擅有中州之利，故置場以買之。自江以北皆爲禁地。興國中，樊若水奏：江南諸州茶官，市十分之八，其二分量，稅聽自賣，踰江涉淮，乘時射利，望嚴禁之，謂乾德榷法也。自若水建議，其法始密，凡茶之利，一則官賣以實州縣；一則沿邊入中糧草算請以省餽運；一則榷務入納金銀錢帛算請以贍京師，而河東、北互市，川、陝折博，又以所有易所無，而其大者最在邊備，蓋祖宗以西北宿兵，供億之費，重困民力，故以茶引走商賈而虛估加擡以利之。其後理財之臣以遺利在民，數務更張，然無過李諮、林特二法，大槩以折茶商及便邊民，特以實銀算茶。諮祖劉式之意，使自就山園買茶，而茶場坐收貼納之利，行之三年而罷。景祐以後，西邊事興，始復行加擡法。嘉祐四年，一切弛禁，自此茶不爲民害者六十七載，至蔡京始復榷法。於是茶利自一錢以上，皆歸京師。嘉祐三年，始命韓絳陳升之呂景初卽三司置局議弛茶禁，詔曰古者山澤之利，與民共之，自唐建中始有茶禁，上下規利垂二百年時聞比來爲患益，甚民被誅，求之困官受濫

惡之入私藏盜販犯者，實繁嚴刑重誅情所不忍，是於江湖之間幅數千里爲防穽以害吾民也。朕心惻然，念此久矣，間遣使往就問之，驩然皆願弛其禁，歲入之課以時上官。一二近臣條析其狀，朕猶若慊然，又於歲輸裁減其課，使得饒阜以相爲生，剗去禁條，俾通商利，歷世之弊，一旦以除，署爲常經，弗復更制，損上益下，以休吾民。尚慮喜於立異之人，緣而爲姦之黨妄陳議奏，以惑有司，必寘明刑，無或有貸。一本云四年二月己巳，詔開江淮茶禁，聽民自賣，通商收税，罷十三山場六務，歲輸不過三十三萬，有奇謂之茶租錢，以歲課均賦於茶戶。崇寧以後，歲入至二百萬緡，視嘉祐五倍矣。政和元年正月，始創引法，置都茶場歲收四百餘萬緡，中興循其法。《玉海》

金世宗大定間，更定香茶罪賞格，章宗時尚書省奏，茶飲食之餘，非必用之物，比歲上下競啜農民，尤甚市井茶肆相屬商旅多以絲絹易茶，歲費不下百萬，是以有用之物易無用之物也。若不禁，恐耗財彌甚。遂命七品以上官其家方許食茶，仍不得販賣及饋獻，不應留者以斤兩立罪，賞宣宗時制親王、公主及見任五品以上官，素蓄者聽存，禁不得賣餽，餘人並禁之犯者，徒五年。告者賞寶泉一萬貫。

元之茶課，大率因宋之舊而爲之制，世祖至元十三年，定長引短引之法，以三分取一，十七年置榷茶都轉運司於江州，總江淮、荊湖、福建之税，而遂除長引，專用短引，每引收鈔二兩四錢五分。三十年又改江南茶法，每茶商貨茶必令賫引，無引者，與私茶同。引之外，又有茶由，以給賣零茶者。

明初，招商中茶上引五千斤，中引四千斤，下引三千斤，每七斤蒸曬一篦，運至茶司官商對分，官茶易馬，商茶給賣，每上引仍給附茶一百篦，中引八十篦，下引六十篦，名曰：酬勞。經过地方責令掌印官盤验佐貳官催运，若陝之汉中、川之夔保，私茶之禁甚嚴，凡中茶有引，由出茶地方有税，貯放有茶倉，巡茶有御史，分理有茶馬司、茶课司，驗茶有批验所。洪武初，制官给茶引，付产茶府、州、縣。凡商人买茶，具数赴官，纳钱给引，方许出境货賣，每引照茶一百斤。茶不及引者，谓之畸零。别置由帖付之，仍量地遠近，定以程限，於经过地方執照。若茶无由引及茶引相離者，聽人告捕。其有茶不相當，或有餘茶者，并聽拿問。賣茶畢，即以原给引由赴住賣官司告繳。洪武初，令陝西洮州、河州、西寧各該茶馬司收貯官茶，每一年一次，差在京官選調邊軍，齎捧金牌、信符，往附近番族，將運去茶易馬。二十二年定茶易上等馬每匹一百二十斤，中等馬每匹七十斤，下等馬每匹五十斤，此易馬事例。宣德十年，准開中茶鹽，許於四川、成都、保寧等處，官倉關支官茶，每百斤與折耗茶十斤，自備腳力運赴甘州，支與淮浙官鹽八引，運赴西寧與鹽六引，治三年令陝西巡撫召商報中給引，赴巡茶御史挂號，於產茶地方收買茶斤赴原定茶馬司，以十分爲率，六分聽其貨賣，四分驗收入官。嘉靖十三年令開茶之期，商人報中，每歲至八十萬斤而止，不許開中太濫，致壞茶法，此開中事例。楊士奇茶法議曰：茶之出入，資引以照其批驗茶引，所則在應天、常州、浙江、杭州三府，今前項退引，累催不繳，其故蓋因批驗所不置簿籍，附寫茶商姓名貫址，或不照茶商路引，聽其冒名開報，或將引由賣與嗜利之徒，齎赴產茶地方轉相貿易。如欲得的確名籍追繳退引，難矣。又如南直隸之常州、廬州、池州、徽州、浙江之湖州、嚴州、衢州、紹興，江西之南昌、饒州、南康、九江、吉安，湖廣之武昌、寶慶、長沙、荊州，四川之成都、保寧、重慶、夔州、嘉定、瀘州、雅州等府俱係產茶地方，相去前三批驗所遠者數千里，近亦不下數百里。若照引內條例，聽茶商徑赴產茶府州納課買引照茶於人爲便，理必樂從，誰肯不買引由公犯茶禁？今卻令茶商皆來此，三所買引路途窵遠，往返不便，欲其一一遵依，不作前弊，亦難矣。楊一清請復金牌疏略曰：臣親詣西寧等衛，撫調番官指揮、千百户、鎮撫、驛丞偕其國師、禪師，各齎原降金牌、信符而至。臣奉宣皇上恩威，責其近年不肯輸納茶馬之罪，皆北面稽首，稱不敢違臣，於是乃知我聖祖神宗睿謀英略，度越前代。自唐世回紇入貢，已以馬易茶。至宋熙寧間，乃有以茶易馬之制，所謂以摘山之利，而易充廄之良，戎人得茶不能爲我害，中國得馬足以爲我利，計之得者，宜無出此。至我朝納馬，謂之差發，如田之有賦，身之有庸，必不可少。彼即納而酬，以茶斤較之前代曰互市，曰交易，輕重得失，較然可知。國初散處降夷，各分部落，隨所指撥地方安置，授之官秩，聯絡相承，以馬爲科差，以茶爲酬價，使知遠外小夷皆王官王民，志向中國，不敢背叛。且如一背，中國則不得茶，無茶則病且死，以是羈縻之賢於數萬甲兵矣。此制西番以控北敵之上策。前代略之，而我朝獨得之者也。頃自金牌制廢，私販盛行，雖有撫諭巡茶之官，卒莫之能禁，坐失茶馬之利，垂百六十年，豈徒邊方缺馬，將意外之憂或從此生。切照。洪武年間，頒降金牌數目，如洮河、西寧三衛番族，金牌四十一面。該納差發馬一萬四千五十一匹，一號在內府收貯。每三年一次，遣廷臣齎捧收馬給茶，後因邊方多事停止，歷年滋久，如曲先阿端諸衛邈不相通，誠恐數十年之後，雖近番，亦不復知有茶馬矣。乞敕該衙门將金牌旧額查出申明照示番族，使知朝廷脩復舊制，各當本等差發，其番官指揮、千百戶、鎮撫、驛丞等官久不襲替，亦令查出奏請就彼各襲原職，以爲統領，不必令其來京，以弘治二十年爲招易之期，乞遣廷臣齎捧上號金牌前來會同臣等，止在三衛住劄，調取原降下號金牌前來納馬給茶，原加賞勞事完，造冊隨金牌齎繳，以後三年一次，奉行中間二年，仍照常曉諭。有情願者，聽來將馬易茶，庶幾番人懷畏永爲藩籬之固矣。並《續文獻通考》。

《明史》卷八〇《食貨四・茶法》 洪武初，定令：凡賣茶之地，令宣課司三十取一。四年，户部言：『陝西漢中、金州、石泉、漢陰、平利、西鄉諸縣，茶園四十五頃，茶八十六萬餘株。四川巴茶三百十五户，茶二百三十八萬餘株。宜定令每十株官取其一。無主茶園，令軍士薅采，十取其八，以易番馬。』從之。於是諸產茶地設茶課司，定稅額，陝西二萬六千斤有奇，四川一百萬斤。設茶馬司於秦、洮、河、雅諸州，自碉門，黎、雅抵朵甘、烏思藏，行茶之地五千餘里。山後歸德諸州，西方諸部落，無不以馬售者。

碉門、永寧、筠、連所產茶，名曰剪刀粗葉，惟西番用之，而商販未嘗出境。四川茶鹽都轉運使言：『宜別立茶局，徵其稅，易紅纓、氈衫、米、布、椒、蠟以資國用。而居民所收之茶，依江南給引販賣法，公私兩便。』於是永甯、成都、筠、連皆設茶局矣。

川人故以茶易毛布、毛纓諸物以償茶課。自定課額，立倉收貯，專用以市馬，民不敢私採，課額每虧，民多賠納。四川布政司以爲言，乃聽民採摘，與番易貨。又詔天全六番司民，免其徭役，專令蒸烏茶易馬。

初制，長河西等番商以馬入雅州易茶，由四川嚴州衛入黎州始達。茶馬司定價，馬一匹，茶千八百斤，於碉門茶課司給之。番商往復迂遠，而給茶太多。嚴州衛以爲言，請置茶馬司於嚴州，而改貯碉門茶於其地，且驗馬高下以爲茶數。詔茶馬司仍舊，而定上馬一匹，給茶百二十斤，中七十斤，駒五十斤。

三十年改設秦州茶馬司於西寧，敕右軍都督曰：『近者私茶出境，互市者少，馬日貴而茶日賤，啟番人玩侮之心。檄秦、蜀二府，發都司官軍於松潘、碉門、黎、雅、河州、臨洮及入西番關口外，巡禁私茶之出境者。』又遣駙馬都尉謝達諭蜀王椿曰：『國家榷茶，本資易馬。邊吏失譏，私販出境，惟易紅纓雜物。使番人坐收其利，而馬入中國者少，豈所以制戎狄哉！爾其諭布政司、都司，嚴爲防禁，毋致失利。』

《續資治通鑑》卷二《宋紀二》 ［建隆三年春正月］丁亥，以監察御史劉湛爲膳部郎中。湛榷茶蘄春，歲入增倍，遷拜越級，非舊典也。

又卷五七《宋紀五七》 ［嘉祐三年八月］初，官既榷茶，民私蓄販皆有禁，臘茶之禁尤嚴，犯者其罰倍，凡告捕私茶皆有賞。然約束愈密而冒禁愈蕃，歲報刑辟，不可勝數。園户困於征取，官司旁緣侵擾，因而陷於罪戾以至破產、逃匿者，歲比有之。官茶所在陳積，縣官獲利無幾，論者皆謂宜弛禁便。景祐中，葉清臣嘗上疏乞弛禁，三司議皆以爲不可。至是著作佐郎何鬲、三班奉職王嘉麟又皆上書，請罷給茶本錢，縱園户貿易，而官收其租錢，與所在征算歸榷貨物，以償邊糴之費，可以疏利源而寬民力。嘉麟爲登平致頌書十卷，隆衍視成策二卷，上之。淮南轉運副使沈立，亦集茶法利害爲十卷，陳通商之利。宰相富弼、韓琦、曾公亮等決意嚮之，力言於帝。九月，癸酉，命翰林學士韓絳、知諫院陳旭及知雜御史呂景初卽三司置局議之。

又卷七二《宋紀七二》 ［熙寧十年九月］先是尹上言：『成都府路置場榷買諸州茶，盡以入官，最爲公私之害。初，李杞倡行敝法，奪民利未甚多，故爲患稍淺。及劉佐攘代其任，增息錢至倍，無他方術，惟割剝於下，而人不聊生矣。大抵在蜀，則園户所苦，壓其斤兩，支錢侵其價直；在熙、秦州，則官價太高，而民間犯法不可禁止。又，般運不逮，糜費步乘，推積日久，風雨損爛，棄置道左，同於糞壤。兼所至不通客旅，惟資無賴小民，結連羣黨，持伏私販，虧失徵稅。茶司認虛額，又侵盜相繼，刑罰日滋，致數千里之害，可爲深慮。臣頃在京師傳聞其事，既未詳盡，安敢輕議！今受命入蜀，所至體問，乃知買茶爲害甚巨，有知彭州呂陶、知蜀州吳師孟等論奏，可以參驗。往者杞、佐繼陳苛法，卽信用其言，曾不略加參考；今議者條其刓蠹，悉皆明白，未卽采聽；何勇於興利而怯於除害乎？願敕有司速究榷茶之弊，俯徇眾論，寬西南之慮。』又曰：『竊詳朝廷之意，未欲遽罷茶禁者，必以熙河路買馬年計茶最爲急耳。但通商之後，舊來諸路茶稅年額錢總二十九萬餘緡，先已復故，卽可委諸路轉運司一面管認赴熙河路外，有見今官茶所在州縣，堆積極多，足支數年買馬。自今商旅販秦州、熙河路茶，必能有備。臣體問廢罷改革事，皆商旅所願。望速下本路，逐處根究。臣之所陳有實，卽乞罷榷茶之法，許通商買賣以安遠方。』尹還，未至都而有是命。

又卷八五《宋紀八五》 ［紹聖四年二月］己卯，復元豐榷茶法。

又卷一〇二《宋紀一〇二》 ［建炎二年八月］茶法自政和以

來，許商人赴官買引，即園户市茶，赴合同場秤發。淮、浙鹽則官給亭户本錢，諸州置倉，令商人買鈔算請，每三百斤爲袋，輸鈔錢十八千。閩、廣鹽則隸本路漕司，官般官賣，以助歲計，公私便之。自揚祖即眞州置司，歲入錢六百萬緡。其後歷三十年，東南歲榷茶，以斤計者，浙東七州八萬，浙西五州四十八萬，江東八州三百七十五萬，江西十一州四百四十五萬，湖南八州一百一十三萬，湖北十州九十萬，福建五州九十八萬，淮西四州一萬，廣東二州二千，廣西五州八萬，皆有奇。合東南產茶之州六十五，總爲一千五百九十餘萬斤，通收茶引錢二百七十餘萬緡。鹽以石計者，浙西三州一百十三萬，浙東四州八十四萬，淮東三州二百六十八萬，廣東三州三十三萬，廣西五州三十三萬，率以五十斤爲一石，皆有奇。以斤計者，福建四州二千六百五十六萬。合東南產鹽之州二十二，總爲二萬七千八百一十六萬餘斤，通收鹽息錢一千七百三十餘萬緡，後增至二千四百萬緡。而四川三十州，歲產鹽約六千四百餘萬斤，隸總領財賦所贍軍；成都府路九州，利路二州，歲產茶二千一百二萬斤，隸提舉茶馬，皆不係版曹之經費焉。

又卷一九二《元紀十》［元貞元年二月］壬午，罷江南茶稅，以其數添入江西榷茶都轉運使歲額。

又卷一九八《元紀一六》［皇慶二年七月］甲午，置榷茶批驗所並茶田局官。

又卷一九九《元紀一七》［延祐五年十一月］初，世祖時，置榷茶都轉運司于江州，總江南及兩淮茶稅，尋改江西。其稅自二萬四千錠以漸增至一十九萬二千八百錠，至是又因江西茶副帕合哩鼎言，立減引增課之法，敕以二十五萬錠爲額，復增至二十八萬九千餘錠。

又卷二〇七《元紀二五》［元統元年十一月］江西、湖廣、江浙、河南復立榷茶運司。

清 法式善《陶廬雜録》卷六 初，德宗納户部侍郎趙贊議，稅天下茶、漆、竹、木，十取一以爲常平本錢。至貞元八年，鹽鐵使張滂奏，出茶州縣茶山及商人要路，以三等定估，什稅其一。自是歲得錢四十萬緡。然水旱亦未嘗拯之也。穆宗即位，兩鎮用兵，帑藏空虛。鹽鐵使王播增天下茶稅，率百錢增五十。及王涯判二使，置榷茶使，徙民茶樹於官場，焚其舊積。天下大怨。武宗即位，鹽鐵轉運崔珙增江淮茶稅。是時茶商所過州縣有重稅，或掠奪舟車，露積雨中。諸道置邸以收稅，謂之搨地錢，故私販益起。

《宋會要輯稿·兵二三·買馬下》［隆兴四年］三月二十二日，户部言：『茶馬司申，宕昌、峰貼峽買馬以前立定賞罰，止是該說順政、長舉兩縣收發茶數外，餘將利、福津兩縣不係茶運經過地，所以未有賞罰。今來本司自紹興初運茶博馬，係於西和州管下宕昌寨、階州管下峰貼峽置場，其茶運却從興州置口以去擺鋪運發，係經由興州順政、長舉縣，階州將利、福津縣，前去臨江茶場交納，應副博馬支用。其逐縣知縣若不申明，一例立定賞罰，竊慮無以激勸。乞參照政和三年六月七日旨揮推行榷茶賞罰行下，庶幾有以責辦。本部尋下都茶場指定。今勘當，欲依指定到事理施行。』從之。時户部下都茶場指定，檢准政和三年六月七日旨揮。户部狀：『都大榷茶司申：「乞應成都府排岸司，興州長舉縣裝卸庫，鳳州轉般庫監官，綿州巴西，利州昭化、三泉，興州順政、長舉、西縣，興元府南鄭知縣任滿，收發過茶無失陷欺弊，提舉司保明，每四萬馱與減磨勘二年。如不獲收附，失陷一分，展磨勘二年。其承直郎以下賞罰，並各比類施行。二分以上，依舊差替人例。」本部勘當依，巡轄般茶鋪使臣任滿，減磨勘一年，先次旨射家便差遣。』

又《食貨八·水利下》 元符三年十二月三日，詔以都水使者魯君貺專切應副茶場水磨。先是，閻守懃、李士京同領茶場，欲榷淮南茶，盡鬻之官，歲當三百萬緡，三省抑而不行。至是，三省因奏，神宗本以抑奪都城十數兼并之家，歲課至三十四萬緡，近賈種民遂增展及輔郡，人以爲病。詔增展輔郡榷茶指揮勿行，止依元豐舊法。

徽宗崇寧二年二月二十三日，提舉京城茶場所言：『紹聖初，興復元豐水磨，推［行］京畿茶法，歲收二十六萬餘緡。四年，於長葛、鄭州等處京、索、溴水河增磨二百六十所，借用汴水，極爲要便。自輔郡榷法之罷，遂失其利，今四磨不能給。其元符三年罷輔郡榷茶指揮乞勿行。』從之。

又《食貨三〇·茶法雜録上》 即今十三山場、四榷務茶交引每百斤止賣六十三千，比元定則例小十七千。看詳十三山場茶貨自來多有小客興販，今請以乾興元年已前茶兼帶支給，其六榷務並以天禧四年已前

茶支給，仍準例給耗。今日已前小客交引錢及一千貫已下者，許將天禧五年已前茶相兼支給。今日已後，陝西、河北虛寔錢交抄，於在京榷貨務筭買六榷務茶交別者別，每百千於在京別納見錢五十千，更無加擡，共支與天禧五年茶百五十千，仍給耗茶。所有自來貼納加饒則例，依舊施行。今後算射六榷務乾興元年並天聖元年已後茶者，如願請蘄口、眞州、無爲、漢陽軍四務茶，即於在京榷貨務入寔錢百千，內四十千見錢，六十千金、銀、紬、絹、小綾，共支百二十五千茶。願請荊南、海州兩務茶，即入寔錢百千，內四十五千現錢，五十五千金、銀、紬、絹、小綾，共支百三十五千，其茶只就逐處榷務入納錢物。如願請蘄口等四榷務茶，即入實錢百千，內四十千見錢，六十千金、銀、紬、絹、小綾等，共支百二十五千茶。願請荆南、海州两務茶，即入實錢百千，內四十五千見錢，五十五千金、銀、紬、絹、［小］綾等，共支與百二十五千茶。

又《食貨三六·榷易》［淳化］四年二月，詔在京榷貨務及諸道商旅等：『頃以向南州郡聲教未通，於沿江置立榷務，近聞積弊，多有邀難，抑配陳茶，虧損商客。今既混一，須議改更。已差使臣往彼就便指揮，其自來沿江榷務並令停廢，許客旅各就出茶處取便筭買新茶。兼已據地里遠近減下價錢，仍免放自江已南緣路商稅，及令嚴切鈐轄出茶處場務，不得住滯及有乞覓。其禁榷茶鹽條例並筭買交引，一切依舊施行。如有客旅已入交引筭買舊榷場茶貨者，亦許客旅取便。』先是，秘書丞劉式上言：『榷務茶陳惡，商賈少利，歲課不登，望盡廢之，許商人輸錢京師，給券就茶山給以新茶，縣官減轉漕之直，而商賈獲利矣。』帝從之，先遣雷有終等乘傳按視，因降此詔。

又 ［景德二年］七月二十日，三司鹽鐵副使林特、宮苑使劉承珪請罷比較茶法，仍乞不行酬賞。從之。國朝自乾德二年置榷茶務，諸州民有茶，除折稅錢外，官悉市之。許民于東京輸金、銀、錢、帛，官給券就榷務以茶償之。後以西北用兵，又募商人入粟麥、竹木于邊郡，給文券，謂之交引，許就沿江榷務自請射茶。邊郡所入直十五六千至二十千者，即給茶直百千，謂之加擡錢。然入粟、木者亦有不知茶利，至京多以交引鬻於茶商，百千裁得二十餘緡，謂之實錢。輦下坐賈逐蓄交引以射利，謂之交引鋪。

又 ［熙寧］十年九月十六日，尚書屯田郎中、侍御史周尹提點湖北路刑獄。先是，尹上言：『成都府路置場榷買諸州茶，盡以入官，最爲公私之害。初，李杞倡行敝法，奪民利未甚多，故爲患稍淺。及劉佐攘代其任，增息錢至倍，無他方術，惟割剥於下，而人不聊生矣。大抵在蜀則園户苦壓其斤兩，支錢侵其價直；在熙、秦則官價太高，而民間犯法不可禁止。又般運不逮，糜費步乘，堆積日久，風雨損爛，棄置道左，同於糞壤。兼所至不通客旅，惟資無賴小民結連群黨，持杖私販，虧失征稅，茶司認虛額，又侵盜相繼，刑罰日滋，爲數千里之害，可爲深慮。臣頃在京師，傳聞其事，既未詳盡，安敢輕議？今受命入蜀，所至體問，乃知買茶爲害甚鉅。有知彭州呂陶、知蜀州吴師孟等論奏可以參驗。往者杞、佐繼陳苛法，即信用其言，曾不畧功參考；今議者條其刓蠹，悉皆明白，未即采聽，何勇於興利，而怯於除害乎？臣願敕有司速究榷茶之弊，俯徇衆論，寬西南之慮。』又曰：『竊詳朝廷之意，未欲遽罷榷者原書榷茶者，必以熙河路買馬年計，茶最爲急耳。但通商之後，舊來諸路茶稅年額錢總二十九萬餘緡，先已復故，即可委逐路轉運司一面管認赴熙河路外，有見今官茶，所在州縣堆積極多，足支數年買馬，自今商旅販秦鳳、熙河路茶，必能接續有備。臣體問廢罷改革事，皆商旅所願，望速下本路逐處根究，臣之所陳有實，即乞罷榷茶之法，許通商買賣，以安遠方』。尹還，未至都而有是命。

元豐五年五月二十一日，同提舉成都府等路茶場蒲宗閔言：『成都府路產茶州縣及利州路興元府、洋州已有榷法，今相度巴州等產茶處，亦乞用榷法。』從之。

又《食貨四〇·市糴糧草》［政和］五年二月二十二日，熙河蘭會湟路經畧安撫使司言：『轉運司趙佺支到糴本錢物，並已逐旋糴買糧草，應付至去年十月終。自十一月已後，大段缺乏，將封樁糧斛借撥支用。本路十一州軍並管下關城堡寨歲用糧一百二十餘萬碩，合用本錢浩瀚，趙佺糴買止應付得去年十月終支用，今來糴買已是過時，物價漸增，許轉運司應付到錢物，不免亦隨即目價例計置。欲下榷茶司依元糴價兌撥所糴斛斗，付轉運司應付年計軍糧，却將榷茶司合應付轉運司額錢揩除，兼乞早令漕臣一員疾速前來本路專一應副，所貴辦集。』詔：

『茶馬司于封樁錢內支一百萬貫，仍令具糴到數目、支破本錢聞奏訖，委官點檢。所乞糧食依奏。』

又 五月十五日，陝西計度發運使吳亮言：『奉朝旨，於茶馬司封樁錢內支一百萬貫，應副熙河路糴買，仍令具糴到數目、支破錢本聞奏。準榷茶司支到商、號等處錢一十萬餘貫，散在諸處，難以收簇。兼其餘七十餘萬貫稱已關牒永興、秦鳳兩路，若等候兩路提舉司旋行劃刷，必恐後時。望特降睿旨下榷茶司，於近便熙河路去處逐急撥茶司諸般錢，依準指揮支降一百萬貫，趁時糴買，不致有悞邊用。』詔茶事司數不及，即令常平司貼足其數。

又《職官四二・發運使》 景德二年五月，以崇儀副使李溥制置淮南江浙荊湖茶鹽礬稅，兼都大發運使。時新易榷茶法，故專任溥以集其事。

又《職官四三・提點司》 〔元豐〕七年五月十七日，戶部言：都大提舉成都府永興軍等路榷茶司奏：利州路買馬事件內一項，有今來添額買馬合用茶貨，乞指揮茶場司于洋州、興元府應副。本司勘會，若洋州、興元府額外應副買馬司茶般赴文州支用，則是通商低價茶侵入禁地，有害茶法。

又 八年二月二日，戶部狀：『都大提舉成都府永興軍等路榷茶公事陸師閔奏：「近準朝旨，許令本司于文州茶場見賣茶內支撥應副買馬。竊緣本司應副買馬茶既已理爲課額，即轉運司所還舊額茶價及顧腳錢並在定本之外，難以逐時增添收繫。乞據逐年還到錢數，依川路食茶錢條限分數，於陝西路封樁，委是允當。」本部欲下榷茶司同所屬轉運司相度聞奏，奉詔依。今送下榷茶司奏，具其錢係屬本司所管，即與利州路轉運司別無干預，難以同共相度。本部乞依本司元奏事理施行。』從之。

著録

《文獻通考・自序》 善言利者，則曰山海天地之藏，而豪強擅之，關市貨物之聚，而商賈擅之，取之於豪強、商賈，以助國家之經費，而毋專仰給於百姓之賦稅，是崇本抑末之意，乃經國之遠圖也。自是說立，而後之加詳於征榷者，莫不以藉口，征之不已，則並其利源奪之，官自煮鹽、酤酒、採茶、鑄鐵，以至市易之屬。利源日廣，利額日重，官既不能自辦，而豪強商賈之徒又不可復擅，然既以立爲課額，則有司者不任其虧減，於是又爲均派之法。或計口而課鹽錢，或望戶而榷酒酤，或於民之有田者計其頃畝，令於賦稅之時帶納，以求及額，而征榷徧於天下矣。蓋昔之榷利，曰取之豪強、商賈之徒，以優農民，及其久也，則農民不獲豪強、商賈之利，而代受豪強、商賈之榷。有識者知其苛横，而國計所需，不可止也。作《征榷考》第五，首敘歷代征商之法，鹽鐵始於齊，則次之；榷酤始於漢，榷茶始於唐，則又次之；雜征斂者，若津渡、間架之屬，以至漢之告緡，唐之率貸，宋之經、總製錢，皆衰世一切之法也，又次之。凡六卷。

藝文

唐 白居易《白氏長慶集》卷三《昆明春水滿，思王澤之廣被也貞元中始漲泛》 昆明春，昆明春，春池岸古春流新。影浸南山青滉瀁，波沈西日紅奫淪。往年因旱靈池竭，龜尾曳塗魚呴沫。詔開八水注恩波，千介萬鱗同日活。今來淨綠水照天，游魚鱍鱍蓮田田。洲香杜若抽心短，沙暖鴛鴦鋪翅眠。動植飛沈皆遂性，皇澤如春無不被。漁者仍豐網罟資，貧人久獲菰蒲利。詔以昆明近帝城，官家不得收其征。菰蒲無租魚無稅，近水之人感君惠。感君惠，獨何人。吾聞率土皆王民，遠民何疎近何親。願推此惠及天下，無遠無近同欣欣。吴興山中罷榷茗，鄱陽坑裏休封銀。天涯地角無禁利，熙熙同似昆明春。

宋 張詠《张乖崖集》卷二《贈劉吉》 天地有至私，劉生與英氣。學必摘其真，文能取諸類。叫回堯舜天，聒破周孔耳。通寒不我知，要在歡生意。居危不苟全，憑艱立忠義。歸國有賢名，天子聞之喜。倒海塞横流，掀天建高議。冒死雪忠臣，讜言警貴侍。四海多壯夫，望風毛骨起。如今竟陵城，榷司茶菽利。鶴情終是孤，仁性困亦至。勞勞憂衆民，咄咄罵貪吏。方期與叫閽，此實不可棄。如何不自持，稍負纖人累。酣歌引酒徒，亂入垂楊市。狂來拔劍舞，踏破青苔地。羣口咤若奇，我心憂爾

碎。請料高陽徒，何如東山器。請料酒仙人，何如留侯志。去矣劉跋江，深心自爲計。

宋 王安石《臨川先生文集》卷五《酬王詹叔奉使江南訪茶法利害見寄》 余聞古之人，措法貽厥後。命官惟賢材，職事又習狃。止能權輕重，王府則多有。豈嘗摧其子，而爲民父母。當時所經營，今十已毁九。其一雖幸在，漂摇亦將朽。公卿患才難，州縣固多苟。詔令雖數下，紛紛誰與守。官居甚傳舍，位以聲勢受。既不責施爲，安能辨賢不。區區欲捄弊，萬謗不容口。天下大安危，誰當執其咎。勞心適有罪，養譽終天醜。豈惟祖子孫，教戒及朋友。貴者大其領，詩人歌四牡。至尊空獨憂，不敢樂飲酒。嗟矣富阡陌，哀哉此無粮。鄉閭人所懷，今或棄而走。豈無濟時術，使爾安畎畝。故今二三公，戮力思矯揉。永惟東南害，茶法蓋其首。私藏與竊販，犴獄常紛糾。輸將一不足，往往死鞭杻。販陳彼雜惡，强賣曾非誘。已云困闤市，且復搔林藪。將更百年弊，謂民知可否。出節付群材，詢謀欲經久。朝廷每若此，自可躋仁壽。因知從今始，漸欲人財阜。吾宗恢奇士，選使自朝右。聰明諒多得，爲上歸析剖。王程雖薄遽，邦法難鹵莽。願君博諮諏，無擇壯與耇。余知茶山民，不必生皆厚。獨當征求任，尚恐難措手。孔稱均無貧，此語今可取。譬欲輕萬鈞，當令衆人負。强言豈宜當，聊用報瓊玖。

宋 蘇轍《欒城集》卷九《送鮮于子駿還朝兼簡范景仁》 蜀中耆舊今無幾，相逢握手堪流涕。倦遊潦倒不還家，舊俗陵遲真委地。錢荒粟帛賤如土，榷峻茶鹽不成市。詩書鄉校變古法，節行故人安近利。欲歸長恐歸不得，歸去相歡定誰是。低徊有似羊觸藩，眷戀僅同鷄擇米。中山先生昔所愛，南都攝尹私相喜。窮冬夜長一事無，燈火相從夜深睡。讀書萬卷老不廢，感遇百篇深有意。俗吏惟知畏簡書，窮途豈意逢君子。春風歸騎忽西顧，平日高談應且止。朝騎疋馬事朝謁，莫就一床尋夢寐。猶有城西范蜀公，買地城東種桃李。花絮飛揚酒滿壺，談笑從容詩百紙。紅塵暗天獨不知，白首相看兩無愧。古人避世金馬門，何必柴車返田里。

宋 董嗣杲《廬山集》卷三《官廨凉夕醉成》 溢江城裏九江驛，今作分司主人宅。我脱富池榷茶責，借住寬閒忘主客。移栽廬山竹半百，障得西廂斜日赤。西風摇影失半壁，夢覺只疑泥土窄。呼酒當天聊復適，說詩正可凉風夕。銀河萬頃鎔瓊色，曠放莫名狂太白。留此亦好歸亦得，免使向人説離拆。月明酒醒塵絶迹，直欲騎鯨泛空碧。

又 卷二《客來得鄰人携酒共飲》 我無膚寸能，强顔榷茶課。若是玉川子，見之生饞唾。客來無可款，談空面壁坐。雷聲繞枯腸，啜茶寧忍餓。鄰翁好奇甚，携酒爲我過。醉我我客共，随覺詩膽大。雲烟燦盈幅，意遠不可和。客去忘羈愁，寒燈照高卧。

元 劉仁本《羽庭集》卷四《建寧北元㘚山造茶是日天大雷雨高奉御至》 建溪三十里，北苑擅茶名。地聳岩巒秀，川迴瀧瀨縈。溪山元藴瑞，草木亦敷榮。遠土職修貢，官曹任榷征。君恩濡澤降，天助震雷轟。鼓譟千軍勇，喧豗萬蟄驚。仙靈煩酒醴，使者引旗旌。白玉堂前客，紅雲島内行。靈根連夜發，凡草感春生。漸覺龍芽吐，先期鳳觜萌。邏巡分堠卒，掇拾課山丁。紫筍和煙採，金筐帶露盛。槍旂俄錯落，粟粒迸輕盈。散亂碧濤影，玲瓏玉杵聲。雪香金碾碎，雲冷石泉泓。軒翥鸞凰瑞，參差圭璧呈。團團明月起，隱隱翠蛟爍。包匭殊科第，封函致潔精。薦新誇絶品，馳貢入神京。上爲君王壽，下攄民物情。武夷同譜牒，禹貢孰稽程。陸羽千年夢，盧仝兩腋清。廟堂真燮理，黍稷享精誠。賦羡無遺物，科徵念遠氓。彤雲闞山谷，絢日隔蓬瀛。願以陽春德，千秋奉聖明。

貢茶部

題解

宋 蔡絛《鐵圍山叢談》卷六　建谿龍茶，始江南李氏，號『北苑龍焙』者，在一山之中間，其周遭則諸葉地也。居是山，號『正焙』，一出是山之外，則曰『外焙』。『正焙』、『外焙』，色香必迥殊，此亦山秀地靈所鍾之，有異色已。『龍焙』又號『官焙』，始但有龍鳳、大團二品而已。仁廟朝，伯父君謨名知茶，因進小龍團，為時珍貴，因有大團、小團之別。小龍團見於歐陽文忠公歸田録，至神祖時卽『龍焙』，又進『密雲龍』。『密雲龍』者，其雲紋細密，更精絶於小龍團也。及哲宗朝，益復進『瑞雲翔龍』者，御府歲止得十二餅焉。其後，祐陵雅好尚，故大觀初『龍焙』於歲貢色目外，乃進御苑玉芽、萬壽龍芽，政和間且增以長壽玉圭。玉圭凡廑盈寸，大抵北苑絶品曾不過是，歲但可十百餅。然名益新，品益出，而舊格遞降於凡劣爾。又茶茁其芽，貴在於社前則已進御。自是迤邐宣和間，皆占冬至而嘗新茗，是率人力為之，反不近自然矣。茶之尚，蓋自唐人始，至本朝為盛；而本朝又至祐陵時益窮極新出，而無以加矣。

明 張岱《夜航船》卷一一《日用部・飲食》　宋太宗始製龍鳳模，卽北苑時造團茶，以別庶飲，用茶碾，今炒製用茶芽廢團。王涯始獻茶，因命涯榷茶。【略】宋始稱絶品茶曰鬬，次亞鬬。始製貢茶，列粗細綱。

論説

宋 談鑰《嘉泰吴興志》卷一八《食用故事・茶》　《郡國志》云：『顧渚中者，與峽州同，生山桑、獳獅二塢、白苧山、懸腳嶺者，與襄、荊、申三州同；生鳳亭山、伏翼澗、飛雲曲水二寺、青峴啄木二嶺與壽州同。貞元五年，置合溪焙、喬衝焙，歲貢凡五等，第一陸遞，限清明到京，謂之『急程茶』。張文規有詩云：『牡丹花笑金鈿動，傳奏吴興紫筍來。』李郢詩曰：『十日王程路四千，到時須及清明宴。』其餘並水路進限，以四月到。貞元初，刺史袁高《茶山詩》曰：『黎甿輟耕農，采掇實苦辛。一夫且當役，盡室皆同臻。捫葛上欹壁，蓬頭入荒榛。終朝不盈掬，手足皆鱗皴。悲嗟遍空山，草木為不春。陰嶺芽未吐，使曹牒已頻。』可見當時之害民亦不少。又與毗陵交界，爭耀先期，或詭出柳車，或宵馳傳驛，爭先萬里，以要一時之澤。貞元八年，刺史于頔始貽書毘陵，請各緩數日，俾遂滋長。開成三年，刺史楊漢公表奏，乞於舊限特展三五日。敕從之。先是兩州析造時，供進五百串，稍加至二千串，會昌中，至一萬八千四百斤。每造茶時，兩州刺史親至其處。故白居易有詩曰：『盤上中分兩州界，燈前合作一家春。青娥遞舞應爭妙，紫筍齊嘗各鬥新。』《統記》云：『長興有貢茶院，在虎頭巖後，曰顧渚。右所射而左懸臼，或耕為園，或伐為炭，惟官山獨深秀。舊于顧渚源建草舍三十餘間，自大曆五年至正元十六年於此造茶，急程遞進，取清明到京。袁高、于頔、李吉甫各有述。至正元十七年，刺史李詞以院宇隘陋，造寺一所，移武康吉祥額置焉。以東廊三十間為貢茶院，兩行置茶碓，又焙百餘所，工匠千餘人，引顧渚泉。亙其間，烹蒸滌濯皆用之，非此水不能製也。

宋 趙彦衛《雲麓漫鈔》卷四　唐《重修茶舍記》：『貢茶御史大夫李栖筠典郡日，陸羽以為冠於他境，栖筠始進。』故事，湖州紫筍以清明日到，先薦宗廟，後分賜近臣。紫筍生顧渚，在湖、常間。當茶時，兩郡太守畢至，為盛集，見蔡寬夫《詩話》。玉川子謝孟諫議寄新茶，有『手閲月團三百片』，又云，『天子須嘗陽羨茶』，則孟所寄乃陽羨茶也。又湖守袁高詩云：『搗聲昏繫晨，眾功何枯櫨。』則陽羨又知是餅茶，不特始于李氏也。袁詩又云：『黎氓輟耕耘，采掇實苦辛。一夫且當役，盡室皆同臻。捫葛上欹壁，蓬頭入荒榛。終朝不盈掬，手足皆鱗皴。悲嗟遍空山，草木為不春。陰嶺茶未吐，使曹牒已頻。』今人不復為餅，豈坐是耶？

宋 胡仔《苕溪漁隱叢話・前集》卷四六《東坡九》　東坡云：『餘家有歙研，底有款識云：「吴順義元年處士汪少微銘之：松操凝煙，

楮英鋪雪，毫顯如飛，人間五絕。」所頌者三物耳，葢研與少微為五邪。』

苕溪漁隱曰：『東坡《鳳咮古研銘》云：「帝規武夷作茶囿，山為孤鳳翔且嗅。下集芝田啄瓊玖，玉乳金沙散虛竇。殘璋斷璧澤而黝，治為書研美無有。至珍驚世初莫售，黑眉黃眼爭妍陋。蘇子一見名鳳咮，坐令龍尾羞牛後。」余至富沙，按其地里，武夷在富沙之西，隷崇安縣，去城二百餘里，北苑在富沙之北，隷建安縣，去城二十五里，北苑乃龍焙，每歲造貢茶之處，卽與武夷相去遠甚，其言「帝規武夷作茶囿」者，非也。想當時傳聞不審，又以武夷山為鳳凰山，故有「山為孤鳳翔且嗅」之句。其實北苑茶山，乃名鳳凰山也。北苑土色膏腴，山宜植茶，石殊少，亦頑燥，非研材，余屢至北苑，詢之土人，初未嘗以此石為研，方悟東坡為人所誑耳。若劍浦黯淡有一種石，黑眉黃眼，自舊人以為研，余意鳳咮研必此灘之石，然亦與武夷相去遠矣。又《荔枝歎》云：「君不見武夷溪邊粟粒芽，前丁後蔡相籠加。」亦誤指其地，武夷未嘗有茶，茶之精絕者乃在北苑，自有一溪，南流至富沙城下，方與西來武夷溪水合流，東去劍浦，固亦不可雷同言之。』

又　建茶絕亡貴者，僅得掛一名爾。至江南李氏時漸見貴，始有團圈之製，而造作之精，經丁晉公始大備。自建茶出，天下所產皆不復可數。今出處壑源、沙溪，土地相去丈尺之間，品味已不同，謂之外焙，況他處乎？則知雖草木之微，其顯晦亦自有時。然唐自常袞以前，閩中有未讀書者，自袞教之，而歐陽詹之徒始出，而終唐世亦不甚盛。今閩中舉子常數倍天下，而朝廷將相公卿，每居十四五，人物尚爾，況草木微物也。顧渚湧金泉，每造茶時，太守先祭拜，然後水漸出，造貢茶畢，水稍減，至貢堂茶畢，已減半，太守茶畢，遂涸。葢常時無水也。或聞今龍焙泉亦然。』苕溪漁隱曰：『北苑，官焙也，漕司歲以入貢茶為上。壑源，私焙也，土人亦入貢茶為次。二焙相去三四里間。若沙溪，外焙也，與二焙相去絕遠，自隔一溪，茶為下。山谷詩云：「莫遣沙溪來亂真。」正謂此也。官焙造茶，常在驚蟄後一二日興工采摘，是時茶芽已皆一槍，葢閩中地暖如此。舊讀歐公詩有喊山之說，亦傳聞之訛耳。龍焙泉，即御泉也，水之增減亦隨水旱，初無漸出遂涸之異；但泉味極甘，正宜造茶耳。』

又　《高齋詩話》云：『鄭可簡以貢茶進用，累官職至右文殿修撰福建路轉運使，其姪千里于山谷間得朱草，可簡令其子待問進之，因此得官。好事者作詩云：「父貴因茶白，兒榮為草朱。」而千里以從父奪朱草以予子，譊譊不已。待問得官而歸，盛集為慶，親姻畢集，衆皆贊喜可簡云：「一門僥倖。」其姪遽云：「千里埋冤。」衆皆以為的對。是時貢茶，一方騷動故也。』苕溪漁隱曰：『余觀東坡《荔枝歎》注云：「大小龍茶始于丁晉公，而成于蔡君謨，歐陽永叔聞君謨進小龍團，驚歎曰：君謨士人也，何至作此事。」今年閩中監司乞進鬬茶，許之。故其詩云：「武夷谿邊粟粒芽，前丁後蔡相籠加。爭新買寵各出意，今年鬬品充官茶。」則知始作俑者，大可罪也。』

宋 胡仔《苕溪漁隱叢話·後集》卷一一　苕溪漁隱曰：『唐茶惟湖州紫筍入貢，每歲以清明日貢到，先薦宗廟，然後分賜近臣。紫筍生顧渚，在湖、常二境之間，當採茶時，兩郡守畢至，最為盛集。此蔡寬夫《詩話》之言也。蔡但知其一，而不知其二，按陸羽《茶經》云：「浙西以湖州上，常州次。湖州生長興縣顧渚山中；常州生義興縣君山懸腳嶺北峰下。」唐《義興縣重修茶舍記》云：「義興貢茶非舊也。前此故御史大夫李栖筠實典是邦，山僧有獻佳茗者，會客嘗之，野人陸羽以為芬香甘辣，冠於他境，可薦於上。栖筠從之，始進萬兩，此其濫觴也。厥後因之，徵獻浸廣，遂為任土之貢，與常賦之邦侔矣。」故玉川子詩云：「天子須嘗陽羨茶，百草不敢先開花。」正謂是也。當時顧渚、義興皆貢茶，又隣壤相接，白樂天守姑蘇，聞賈常州、崔湖州茶山境會，想羨歡宴，因寄詩云：「遙聞境會茶山夜，珠翠歌鐘俱遶身。盤下中分兩州界，燈前合作一家春。青娥遞舞應爭妙，紫筍齊嘗各鬬新。自歎花時北窗下，蒲黃對酒病眠人。」唐袁高為湖州刺史，因修貢顧渚茶山，作詩云：「《禹貢》通遠俗，始圖在安人。後王失其本，職吏不敢陳。亦有奸佞者，因茲欲求伸。動至千金費，日使萬姓貧。我來顧渚源，得與茶事親。黎甿輟耕農，采掇實苦辛。一夫且當役，盡室皆同臻。捫葛上欹壁，蓬頭入荒榛。終朝不盈掬，手足皆鱗皴。悲嗟遍空山，草木為不春。陰嶺芽未吐，使曹牒已頻。心爭造化先，走挺麋鹿均。選納無日夜，擣聲昏係晨。衆功何枯櫨，俯視彌傷神。皇帝尚巡狩，東郊路多堙。周廻繞天涯，所獻唯報勤。況減

兵革用，兼茲困疲民。未知供御餘，誰合分此珍。顧省忝邦守，有慚復因循。茫茫滄海間，丹憤何由申？」此詩古雅，得詩人諷諫之體，誠可尚也。」

又《談苑》云：『建州，陸羽《茶經》尚未知之，但言福建等十二州未詳；往往得之，其味極佳，江左近日方有蠟面之號，李氏別令取其乳作片，或號曰京挺、的乳及骨子等，每歲不過五六萬觔，迄今歲出三十餘萬觔，凡十品，曰：龍茶、鳳茶、京挺、的乳、石乳、頭金、白乳、蠟面、頭骨、次骨。龍茶以供乘輿，及賜執政親王、長主，餘皇族、學士、將帥皆鳳茶，舍人近臣賜京挺、的乳，館閣賜白乳。龍、鳳、石乳茶，皆太宗令造，江左有研膏茶供御，即龍茶之品也。丁謂為《北苑茶録》三卷，備載造茶之始末，行於世。』

苕溪漁隱曰：『建安北苑茶，始於太宗朝，太平興國二年，遣使造之，取像於龍鳳，以別庶飲，由此入貢。至道間，仍添造石乳。其後大小龍茶，又起于丁謂而成于蔡君謨。謂之將漕閩中，實董其事，賦《北苑焙新茶詩》，其序云：「天下產茶者，將七十郡半，每歲入貢，皆以社前火前為名，悉無其實；惟建州出茶有焙，焙有三十六，三十六中，惟北苑發早而味尤佳，社前十五日即採其芽，日數千工，聚而造之，逼社即入貢，工甚大，造甚精，皆載於所撰《建陽茶録》，仍作詩以大其事。」云：「北苑龍茶者，甘鮮的是珍，四方惟數此，萬物更無新。纔吐微茫綠，初沾少許春，散尋縈樹遍，急採上山頻。宿葉寒猶在，芳芽冷未伸，茅茨溪口焙，籃籠雨中民，長疾勾萌併，開齋分兩均，帶煙蒸雀舌，和露疊龍鱗。作貢勝諸道，先嘗祇一人，緘封瞻闕下，郵傳渡江濱，特旨留丹禁，殊恩賜近臣，啜為靈藥助，用與上罇親。頭進英華盡，初烹氣味醇，細香勝卻麝，淺色過於筠。顧渚慚投木，宜都愧積薪，年年號供御，天產壯甌閩。」此詩敘貢茶頗為詳盡，亦可見當時之事也。又君謨《〈茶録〉序》云：「臣前因奏事，伏蒙陛下諭臣，先任福建轉運使日，所進上品龍茶，最為精好。臣退念草木之微，首辱陛下知鑒，若處之得地，則能盡其材。昔陸羽茶經，不第建安之品，丁謂茶圖，獨論採造之本，至於烹試，曾未有聞，輒條數事，簡而易明，勒成二篇，名曰《茶録》。」至宣政間，鄭可簡以貢茶進用，久領漕計，創添續入，其數浸廣，今猶因之。細色茶五綱，凡四十三品，形制各異，共七千餘餅，其間貢新試新龍團、勝雪、白茶、御苑、玉芽，此五品乃水揀，為第一；餘乃生揀，次之；又有粗色茶七綱，凡五品，大小龍鳳，併揀芽，悉入龍腦，和膏為團餅茶，共四萬餘餅。東坡題文公詩卷云：「上人問我留連意，待賜頭綱八餅茶。」即今麄色紅綾袋餅八者是也。葢水揀茶即社前者，生揀茶即火前者，粗色茶即雨前者。閩中地暖，雨前茶已老而味加重矣。山谷和陽王休點密雲龍詩云：「小壁雲龍不入香，元豐龍焙承詔作。」今細色茶中，卻無此一品也。又有石門、乳吉、香口三外焙，亦隸于北苑，皆採摘茶芽，送官焙添造。每歲糜金共二萬餘緡，日役千夫，凡兩月方能迄事。第所造之茶不許過數，入貢之後市無貨者，人所罕得。惟壑源諸處私焙茶，其絕品亦可敵官焙，自昔至今，亦皆入貢，其流販四方，悉私焙茶耳。蘇黃皆有詩稱道壑源茶，葢壑源與北苑為鄰，山阜相接，纔二里餘。其茶甘香，特在諸私焙之上。』

明 何孟春《餘冬序録》卷五　天下茶貢，歲額止四千二十二觔，而福建二千三百五十觔，福建為多。天下貢茶，但以芽稱，而建寧有探春、先春、次春、紫筍，及薦新等號，則建寧為上。國初，建寧所進，必碾而揉之，壓以銀板，為大小龍團，如宋蔡謨所貢茶例。太祖以重勞民力，罷造龍團，一照各處採芽以進，復其户五百，俾專事焉。事責於有司，有司遣人督之，茶户不堪。於是，洪武二十四年，又有建寧上供茶，聽民采進之詔。只此一事，知祖宗愛民之盛心矣。

明 許次紓《茶疏・产茶》　江南之茶，唐人首稱陽羨，宋人最重建州，於今貢茶兩地獨多。陽羨僅有其名，建茶亦非最上，惟有武夷雨前最勝。近日所尚者，為長興之羅岕，疑即古人顧渚此筍也。

又《今古製法》　若漕司所進第一綱，名北苑試新者，乃雀舌、冰芽所造。一銙之直至四十萬錢，僅供數盂之啜，何其貴也。

明 羅廩《茶解》　即茶之一節，唐宋間研膏蠟面，京挺龍團，或至把握纖微，直錢數十萬，亦珍重哉。而碾造愈工，茶性愈失，矧雜以香物乎。

唐 陸羽《茶經·七之事》 山謙之《吴興記》：『烏程縣西二十里有溫山，出御荈。』

唐 裴汶《茶述》 今宇内為土貢實衆，而顧渚、蘄陽、蒙山為最。其次則壽陽、義興、碧澗、㴩湖、衡山。最下有鄱陽、浮梁。

五代 毛文錫《茶譜》 蒙頂有研膏茶，作片進之。亦作紫筍。

宋 歐陽修《歸田録》卷二 茶之品，莫貴於龍、鳳，謂之團茶，凡八餅重一斤。慶曆中蔡君謨為福建路轉運使，始造小片龍茶以進，其品絶精，謂之小團，凡二十餅重一斤，其價直金二兩。然金可有而茶不可得，每因南郊致齋，中書、樞密院各賜一餅，四人分之。宮人往往縷金花於其上，蓋其貴重如此。

宋 楊億《楊文公談苑·建州蠟茶》 江左日近方有蠟面之號，李氏別令取其乳作片，或號曰京挺的乳，及骨子等，每歲不過五六萬斤，訖今歲出三十餘萬斤。凡十品，曰龍茶、鳳茶、京挺的乳、石乳、白乳、頭金、蠟面、頭骨、次骨，龍茶以供乘輿及賜執政親王、長主，餘皇族、學士、將帥皆得鳳茶，舍人近臣賜京挺的乳，館閣白乳。龍、鳳、石乳茶皆太宗令造，江左乃有研膏茶供御，即龍茶之品也。丁謂為《北苑茶録》三卷，備載造茶之法，今行於世。

宋 宋子安《東溪試茶録》 舊記建安郡官焙三十有八，自南唐歲率六縣民採造，大為民間所苦。我宋建隆已來，環北苑近焙，歲取上供，外焙俱還民間而裁税之。至道年中，始分游坑、臨江、汾常、西濛洲、西小豐、大熟、六焙隸南劍，又免五縣茶民，專以建安一縣民力裁足之，而除其口率。泉慶曆中，取蘇口、曾坑、石坑、重院還屬北苑焉。又丁氏舊録云，官私之焙千三百三十有六，而獨記官焙三十二，東山之焙十有四；北苑龍焙一，乳橘内焙二，乳橘外焙三，重院四，壑嶺五，謂源六，範源七，蘇口八，東宮九，石坑十，建溪十一，香口十二，火梨十三，開山十四。南溪之焙十有二：下瞿一，濛東二，汾東三，南溪四，斯源五，小香六，際會七，謝坑八，沙龍九，南鄉十，中瞿十一，黄熟十二。西溪之焙四：慈善西一，慈善東二，慈惠三，船坑四。北山之焙二：慈善東一，豐樂二。

宋 張舜民《畫墁録》 有唐茶品以陽羨上供，建溪北苑未著也。貞元中，常衮為建州刺史，始蒸焙而研之，謂之研膏茶，其後稍為餅樣。【略】先丁晉公為福建轉運使，始製為鳳團，後又為龍團，貢不過四十餅，專擬上供。雖近臣之家，徒聞之而未嘗見也。天聖中又為小團，其品迥加於大團。賜兩府，然止於一觔。唯上大齊宿，八人兩府共賜小團一餅，縷之以金。八人折歸，以侈非常之賜，親知瞻玩，賡唱以詩。故歐陽永叔有《龍茶小録》，或以大團問者，輒方刲寸，以供佛供仙家廟已而。奉親並待客，享子弟之用。熙甯末，神宗有旨，建州製密雲龍，其品又加於小團矣。然密雲之出，則二團少粗，以不能兩好也。予元祐中詳定殿試，是年秋，為制舉考第官，各蒙賜三餅。然親知誅責，殆將不勝。宣仁一日歎曰：『指揮建州今後更不許造密雲龍，亦不要團茶，揀好茶吃了。生得甚好意？』智熙甯中，蘇子容使遼，姚麟為副。曰：『盍載些小團茶乎？』子容曰：『此乃上供之物，儔敢與北人？』未幾，有貴公子使遼，廣貯團茶，自爾北人非團茶不納也，非小團不貴也。

宋 王辟之《澠水燕談録》卷八《事志》 建茶盛於江南，近歲製作尤精，龍鳳團茶最為上品，一斤八餅。慶曆中，蔡君謨為福建運使，始造小團以充歲貢，一斤二十餅，所謂上品龍茶者也。仁宗尤所珍惜，雖宰臣未嘗輒賜，惟郊禮致齋之夕，兩府各四人，共賜一餅。宮人剪金為龍鳳花，貼其上。八人分蓄之，以為奇玩，不敢自試，有嘉客，出而傳玩。歐陽文忠公云：『茶為物之至精，而小團又其精者也。』

宋 葉夢得《避暑録話》卷下 北苑茶正所產為魯坑，謂之正焙。非魯坑為沙溪，謂之外焙。二地相去不遠而茶種懸絶，沙溪色白，過於魯坑，但味短而微澁，識茶者一啜如別涇渭也。余始疑地氣土宜不應頓異如此，及來山中，每開闢徑路，刳治岩竇，有尋丈之間土色各殊，肥瘠、緊緩、燥潤亦從而不同，並植兩木于數步之間，封培灌溉略等，而生死豐瘁如二物者，然後知事不經見不可必信也。草茶極品惟雙井、顧渚，亦不過各有數畝。

宋 趙佶《大觀茶論·茶論》 本朝之興，歲修建溪之貢，龍團鳳

餅，名冠天下，而婺源之品，亦自此而盛。延及於今，百廢俱興，海內晏然，垂拱密勿，幸致無為。

又《白茶》　白茶自爲一種，與常茶不同，其條敷闡，其葉瑩薄。崖林之間，偶然生出，雖非人力所可致。有者不過四五家，生者不過一二株，所造止於二三胯而已。芽英不多，尤難蒸培，湯火一失，則已變而為常品。須製造精微，運度得宜，則表裏昭徹，如玉之在璞，它無與倫也；淺焙亦有之，但品不及。

宋 蔡襄《茶録・論茶・香》　茶有真香。而入貢者微以龍腦和膏，欲助其香。建安民間試茶皆不入香，恐奪其真。

宋 周煇《清波雜志》卷四《密雲龍》　自熙寧後，始貴『密雲龍』，每歲頭綱修貢，奉宗廟及供玉食外，賚及臣下無幾。戚里貴近，丐賜尤繁。宣仁一日慨歎曰：『令建州今後不得造「密雲龍」，受他人煎炒不得也！出來道我要「密雲龍」，不要團茶，揀好茶喫了，生得甚意智。』此語既傳播於縉紳間，由是『密雲龍』之名益著。淳熙間，親黨許仲啟官麻沙，得北苑修貢録，序以刊行。其間載歲貢十有二綱，凡三等，四十有一名。第一綱曰『龍焙貢新』，止五十餘銙，貴重如此。獨無所謂『密雲龍』，豈以『貢新』易其名，或別為一種，又居『密雲龍』之上耶？葉石林雲：『熙寧中，賈青為福建轉運使，取小團之精者為「密雲龍」，以二十餅為斤，而雙袋，謂之「雙角」。大小團袋皆緋，通以為賜，「密雲龍」獨用黃』云。

宋 姚寬《西溪叢語》卷上　建州龍焙面北，謂之北苑。有一泉，極清澹，謂之御泉。用其池水造茶，卽壞茶味。唯龍園勝雪、白茶二種，謂之水芽。先蒸後揀，每一芽，先去外兩小葉，謂之烏蔕。又次取兩嫩葉，謂之白合。留小心芽置於水中，呼為水芽。聚之稍多，卽研焙為二品，即龍園勝雪、白茶也。茶之極精好者，無出於此。每胯計工價近三十千。其他茶雖好，皆先揀而後蒸研，其味次第減也。

茶有十綱。第一、第二綱太嫩，第三綱最妙，自六綱至十綱，小團至大團而止。第一名曰試新。第二名曰貢新。第三名有十六色：龍園勝雪、白茶、萬壽龍芽、御苑玉芽、上林第一、乙夜供清、龍鳳英華、玉除清賞、承平雅玩、啟沃承恩、雪葉、雪英、蜀葵、金錢、玉華、寸金。第四有十二色：無比壽芽、宜年寶玉、玉清慶雲、無疆壽龍、萬春銀葉、玉葉長春、瑞雪翔龍、長壽玉圭、香口焙、興國巖、上品揀芽、新收揀芽。第五次有十二色：太平嘉瑞、龍苑報春、南山應瑞、興國巖小龍、又小鳳、續入額、御苑玉芽、萬壽龍芽、無比壽芽、瑞雪翔龍、先春太平嘉瑞、長壽玉圭。已下五綱，皆大小團也。

宋 熊蕃撰，熊克增補，清 汪繼壕按校《宣和北苑貢茶録》　陸羽《茶經》、裴汶《茶述》，皆不第建品。說者但謂二子未嘗至閩，〔繼壕按〕《說郛》『閩』作『建』。曹學佺《輿地名勝志》：『甌寧縣雲際山在鐵獅山左，上有永慶寺，後有陸羽泉，相傳唐陸羽所鑿。宋楊億詩云「陸羽不到此，標名慕昔賢」是也。』而不知物之發也，固自有時。蓋昔者山川尚閟，靈芽未露。至於唐末，然後北苑出為之最。〔繼壕按〕張舜民《畫墁錄》云：『有唐茶品，以陽羨為上供，建溪北苑未著也。貞元中，常衮為建州刺史，始蒸焙而研之，謂研膏茶。』顧祖禹《方輿紀要》云：『鳳凰山之麓名北苑，廣二十里，舊經云，偽閩龍啟中，里人張廷暉以所居北苑地宜茶，獻之官，其地始著。』沈括《夢溪筆談》云：『建溪勝處曰郝源、曾坑，其間又岔根山頂二品尤勝，李氏時號為北苑，置使領之。』姚寬《西溪叢語》云：『建州龍焙面北，謂之北苑。』《宋史・地理志》：『建安有北苑茶焙、龍焙。』宋子安《試茶錄》云：『北苑西距建安之洄溪二十里，東至東宮百里。過洄溪，踰東宮，則僅能成餅耳。獨北苑連屬諸山者最勝。』蔡絛《鐵圍山叢談》云：『北苑龍焙者，在一山之中間，其周遭則諸葉地也，居是山號正焙。一出是山之外，則曰外焙。正焙、外焙，色香迥殊。此亦山秀地靈所鍾之有異色已。龍焙又號官焙。』是時，偽蜀詞臣毛文錫作《茶譜》，〔繼壕按〕吳任臣《十國春秋》：『毛文錫，字平珪，高陽人，唐進士，從蜀高祖，官文思殿大學士。拜司徒。貶茂州司馬。有《茶譜》一卷。』《說郛》作『王文錫』，《文獻通考》作『燕文錫』，《合壁事類》、《山堂肆考》作『毛文勝』；《天中記》『茶譜』作『茶品』，並誤。亦第言建有紫筍，〔繼壕按〕樂史《太平寰宇記》云：『建州土貢茶，引《茶經》云：「建州方山之芽及紫筍，片大極硬，須湯浸之，方可碾，極治頭痛，江東老人多味之。」』而臘面乃產於福。五代之季，建屬南唐。南唐保大三年，俘王延政，而得其地。歲率諸縣民，採茶北苑，初造研膏，繼造臘面。丁晉公《茶錄》載：泉南老僧清錫，年八十四，嘗示以所得李國主書寄研膏茶，隔兩歲方得臘面，此其實也。至景祐中，監察御史丘荷撰《御泉亭記》，乃云，『唐季敕福建罷貢橄欖，但贄臘面茶，即臘面產于建安明矣』。荷不知臘面之號始於福，其後建安始為之。按唐《地理志》：福州貢茶及橄欖，建州惟貢綀練，未嘗貢茶。前所謂『罷貢橄欖，惟贄臘面茶』，皆為福也。慶曆初，林世程作《閩中記》，言福茶所產在閩縣十里。且言往時建茶未盛，本土有之，今則土人皆食建茶。世程之說，蓋得其實。而晉公所記，臘面起於南唐，乃建茶也。既又〔繼壕按〕原本『又』作

『有』，據《説郛》、《天中記》、《廣羣芳譜》改。製其佳者，號曰京鋌。其狀如貢神金、白金之鋌。聖朝開寶末，下南唐。太平興國初，特置龍鳳模，遣使即北苑造團茶，以別庶飲，龍鳳茶蓋始於此。〔按〕《宋史·食貨志》載：『建寧臘茶，北苑為第一，其最佳者曰社前，次曰火前，又曰雨前，所以供玉食，備賜予，太平興國始置。大觀以後，製愈精，數愈多，胯式屢變，而品不一。歲貢片茶二十一萬六千斤。』又《建安志》：『太平興國二年，始置龍焙，造龍鳳茶，漕臣柯適為之記云。』又一種茶，叢生石崖，枝葉尤茂。至道初，有詔造之，別號石乳。〔繼壕按〕彭乘《墨客揮犀》云：『建安能仁院有茶生石縫間，寺僧采造，得茶八餅，號石巖白，當即此品。』《事文類聚續集》云：『至道間，仍添造石乳、臘面。』而此無臘面，稍異。又一種號的乳，〔按〕馬令《南唐書》：嗣主李璟『命建州茶製的乳茶，號曰京鋌。臘茶之貢自此始，罷貢陽羡茶。』〔繼壕按〕《南唐書》事在保大四年。又一種號白乳。蓋自龍鳳與京、〔繼壕按〕原本脱『京』字，據《説郛》補。石、的、白四種繼出，而臘面降為下矣。楊文公億《談苑》所記，龍茶以供乘輿及賜執政、親王、長主，其餘皇族、學士、將帥皆得鳳茶，舍人、近臣賜金鋌、的乳，而白乳賜館閣，惟臘面不在賜品。〔按〕《建安志》載《談苑》云：京鋌、的乳賜舍人、近臣，白乳、的乳賜館閣。疑京鋌誤金鋌，白乳下遺的乳。〔繼壕按〕《廣羣芳譜》引《談苑》與原注同。惟原注內『白茶賜館閣，惟臘面不在賜品』二句，作『館閣白乳』。龍鳳、石乳茶，皆太宗令罷。金鋌正作京鋌。王鞏《甲申雜記》云：『初貢團茶及白羊酒，惟見任兩府方賜之。仁宗朝及前宰臣，歲賜茶一斤、酒二壺，後以為例。』《文獻通考》『榷茶』條云：『凡茶有二類，曰片曰散，其名有龍、鳳、石乳、的乳、白乳、頭金、臘面、頭骨、次骨、末骨、粗骨、山挺十二等，以充歲貢及邦國之用。』注云：『龍、鳳皆團片，石乳、頭乳皆狹片，名曰京的。乳亦有闊片者。乳以下皆闊片。』

蓋龍鳳等茶，皆太宗朝所製。至咸平初，丁晉公漕閩，始載之於《茶錄》。人多言龍鳳團起於晉公，故張氏《畫墁錄》云，晉公漕閩，始創為龍鳳團。此説得於傳聞，非其實也。慶曆中，蔡君謨將漕，創造小龍團以進，被旨仍歲貢之。君謨《北苑造茶詩》自序云：『其年改造上品龍茶二十八片，纔一斤，尤極精妙，被旨仍歲貢之。』歐陽文忠公《歸田錄》云：『茶之品莫貴於龍鳳，謂之小團，凡二十八片，重一斤，其價直金二兩。然金可有，而茶不可得，嘗南郊致齋，兩府共賜一餅，四人分之。宮人往往鏤金花其上，蓋貴重如此。』〔繼壕按〕石刻蔡君謨《北苑十詠·采茶詩》自序云：『其年改作新茶十斤，尤甚精好，被旨號為上品龍茶，仍歲貢之。』又詩句注云：『龍鳳茶八片為一斤，上品龍茶每斤二十八片。』《澠水燕談》作『上品龍茶一斤二十餅。』葉夢得《石林燕語》云：『故事，建州歲貢大龍鳳團茶各二斤，以八餅為斤。仁宗時，蔡君謨知建州，始別擇茶之精者，為小龍團十斤以獻，斤為十餅。仁宗以非故事，命劾之，大臣為請，因留免劾，然自是遂為歲額。』王從謹《清虛雜著補闕》云：蔡君謨始作小團茶入貢，意以仁宗嗣未立，而悅上心也。又作曾坑小團，歲貢一斤，歐文忠所謂兩府共賜一餅者是也。『吳曾《能改齋漫錄》云：『小龍小鳳，初因君謨為建漕造十斤獻之，朝廷以其額外，免勘。明年詔第一綱盡為之。』自小團出，而龍鳳遂為次矣。元豐間，有旨造密雲龍，其品又加於小團之上。昔人詩云：『小璧雲龍不入香，元豐龍焙乘詔作』，蓋謂此也。〔按〕此乃山谷和楊王休點雲龍詩。〔繼壕按〕《山谷集·博士王揚休碾密雲龍同十三人飲之戲作》云：『矞雲蒼璧小般龍，貢包新樣出元豐。王郎坦腹飯床東，太官分賜來婦翁。』又山谷《謝送碾賜壑源揀芽詩》云：『矞雲從龍小蒼璧，元豐至今人未識。』俱與本注異。《石林燕語》云：『熙寧中，賈青為轉運使，又取小團之精者為密雲龍，以二十餅為斤而雙袋，謂之雙角團茶，大小團袋皆用緋，通以為賜也。密雲獨用黃，蓋專以奉玉食。其後又有為瑞雲翔龍者。』周輝《清波雜志》云：『自熙寧後，始貴密雲龍，每歲頭綱修貢，奉宗廟及供玉食外，賚及臣下無幾。戚里貴近，丐賜尤繁。宣仁一日慨歎曰：令建州今後不得造密雲龍，受他人煎炒。不得，也出來道，我要密雲龍，不要團茶，揀好茶吃了，生得甚意智？此語既傳播于縉紳間，由是密雲龍之名益著。』是密雲龍實始于熙寧也。《畫墁錄》亦云：『熙寧末，神宗有旨，建州製密雲龍，其品又加於小團矣。然密雲龍之出，則二團少粗，以不能兩好也。』惟《清虛雜著補闕》云：『元豐中，取揀芽不入香，作密雲龍茶，小於小團，而厚實過之。終元豐時，外臣未始識之。宣仁垂簾。始賜二府兩指許一小黃袋，其白如玉，上題曰揀芽，亦神宗所藏。』《鐵圍山叢談》云：『神祖時，即龍焙又進密雲龍。密雲龍者，其雲紋細密，更精絕于小龍團也。』紹聖間，改為瑞雲翔龍。〔繼壕按〕《清虛雜著補闕》：『元祐末，福建轉運司又取北苑鎗旗，建人所作鬥茶者也，以為瑞雲龍。請進，不納。紹聖初，方入貢，歲不過八團。其制與密雲龍等而差小也。』《鐵圍山叢談》云：『哲宗朝，益復進瑞雲翔龍者，御府歲止得十二餅焉。』至大觀初，今上親製《茶論》二十篇，以白茶與常茶不同，偶然生出，非人力可致，於是白茶遂為第一。慶曆初，吳興劉異為《北苑拾遺》云：官園中有白茶五六株，而壅焙不甚至。茶戶唯有王免者，家一巨株，向春常造浮屋以障風日。其後有宋子安者，作《東溪試茶錄》，亦言『白茶民間大重，出于近歲。芽葉如紙，建人以為茶瑞。』則知白茶可貴，自慶曆始，至大觀而盛也。〔繼壕按〕《蔡忠惠文集·茶記》云：『王家白茶，聞於天下。其人名大詔。白茶惟一株，歲可作五七餅，如五株錢大。方其盛時，高視茶山，莫敢與之角。一餅直錢一千，非其親故，不可得也。終為園家以計枯其株。予遇建安，大詔垂涕為予言其事。今年枯蘖輒生一枝，造成一餅，小於五銖。大詔越四千里，特攜以來京師見予，喜發顏面。予之好茶固深矣，而大詔不遠數千里之役，其勤如此，意謂非予莫之省也。可憐哉！己巳初月朔日書。』本注作『王免』，與此異。宋子安《試茶錄》、晁公武《郡齋讀書志》作『朱子安』。既又製三色細芽，〔繼壕按〕《説郛》、《廣羣芳譜》俱作『細茶』。及試新銙、大觀二年，造御苑玉芽、萬壽龍芽。四年，又造無比壽芽及試新銙。〔按〕《宋史·食貨志》『銙』作『胯』。〔繼壕按〕《石林燕語》作『䩨』，《清波雜志》作『夸』。貢新銙。政和三年造貢新銙式，新貢皆創為此，獻在歲額之外。自三色細芽出，而瑞雲翔龍顧居下矣。〔繼壕按〕《石林燕語》：『宣和後，團茶不復貴，皆

以為賜，亦不復如向日之精。後取其精者為銙茶，歲賜者不同，不可勝紀矣。』《鐵圍山叢談》云：『祐陵雅好尚，故大觀初，龍焙於歲貢色目外，乃進御苑玉芽、萬壽龍芽。政和間，且增以長壽玉圭。玉圭丸僅盈寸，大抵北苑絕品，曾不過是。歲但可十百餅。然名益新、品益出，而舊格遞降于凡劣爾。』

凡茶芽數品，最上曰小芽，如雀舌、鷹爪，以其勁直纖鋭，故號芽茶。次曰揀芽，〔繼壕按〕《説郛》、《廣羣芳譜》俱作『揀芽』。乃一芽帶一葉者，號一鎗一旗。次曰中芽，〔繼壕按〕《説郛》、《廣羣芳譜》俱作『中芽』。乃一芽帶兩葉者，號一鎗兩旗。其帶三葉四葉，皆漸老矣。芽茶早春極少。景德中，建守周絳〔繼壕按〕《文獻通考》云：『絳，祥符初，知建州。』《福建通志》作『天聖間任。』為《補茶經》，言：『芽茶只作早茶，馳奉萬乘嘗之可矣。如一鎗一旗，可謂奇茶也。』故一鎗一旗，號揀芽，最為挺特光正。舒王《送人官閩中詩》云：『新茗齋中試一旗』，謂揀芽也。或者乃謂茶芽未展為鎗，已展為旗，指舒王此詩為誤，蓋不知有所謂揀芽也。今上聖製《茶論》曰：『一旗一鎗為揀芽。』又見王岐公珪詩云：『北苑和香品最精，綠芽未雨帶旗新。』故相韓康公絳詩云：『一鎗已笑將成葉，百草皆羞未敢花。』此皆詠揀芽，與舒王之意同。〔繼壕按〕王荊公追封舒王，此乃荊公送福建張比部詩中句也。《事文類聚續集》作『送元厚之詩』，誤。夫揀芽猶貴重如此，而況芽茶以供天子之新嘗者乎！

芽茶絕矣，至於水芽，則曠古未之聞也。宣和庚子歲，漕臣鄭公可簡〔按〕《潛確類書》作『鄭可聞』。〔繼壕按〕《福建通志》作『鄭可簡』，宣和間，任福建路轉運司（使）。《説郛》作『鄭可問』。始創為銀線水芽。蓋將已揀熟芽再剔去，祇取其心一縷，用珍器貯清泉漬之，光明瑩潔，若銀線然。其製方寸新銙，有小龍蜿蜒其上，號龍園勝雪。〔按〕《建安志》云：『此茶蓋於白合中，取一嫩條如絲髮大者，用御泉水研造成。分試其色如乳，其味腴而美。』又『園』字，《潛確類書》作『團』。今仍從原本，而附識於此。〔繼壕按〕《説郛》、《廣羣芳譜》『園』俱作『團』，下同。唯姚寬《西溪叢語》作『園』。又廢白、的、石三乳，鼎造花銙二十餘色。初，貢茶皆入龍腦，蔡君謨《茶錄》云：茶有真香，而入貢者微以龍腦和膏，欲助其香。至是慮奪真味，始不用焉。

蓋茶之妙，至勝雪極矣，故合為首冠。然猶在白茶之次者，以白茶上之所好也。異時，郡人黃儒撰《品茶要錄》，極稱當時靈芽之富，謂使陸羽數子見之，必爽然自失。蕃亦謂使黃君而閱今日，則前乎此者，未足詫焉。

然龍焙初興，貢數殊少，太平興國初纔貢五十片。〔繼壕按〕《能改齋漫錄》云：『建茶務，仁宗初，歲造小龍、小鳳各三十斤，大龍、大鳳各三百斤，不入香京鋌共二百斤，臘茶一萬五千斤。』王存《元豐九域志》云：『建州土貢龍鳳茶八百二十斤。』累增至元符，以片〔繼壕按〕《説郛》作『斤』。計者一萬八千，視初已加數倍，而猶未盛。今則為四萬七千一百片〔繼壕按〕《説郛》作『斤』。有奇矣。此數皆見范逵所著《龍焙美成茶錄》。逵，茶官也。〔繼壕按〕《説郛》作『范達』。

自白茶、勝雪以次，厥名實繁，今列于左，使好事者得以觀焉。

貢新銙大觀二年造

試新銙政和二年造

白茶政和三年造〔繼壕按〕《説郛》作『二年』。

龍園勝雪宣和二年造

御苑玉芽大觀二年造

萬壽龍芽大觀二年造

上林第一宣和二年造

乙夜清供宣和二年造

承平雅玩宣和二年造

龍鳳英華宣和二年造

玉除清賞宣和二年造

啟沃承恩宣和二年造

雪英宣和三年造〔繼壕按〕《説郛》作『二年』，《天中記》『雪』作『雲』。

雲葉宣和三年造〔繼壕按〕《説郛》作『二年』。

蜀葵宣和三年造〔繼壕按〕《説郛》作『二年』。

金錢宣和三年造

玉華宣和三年造〔繼壕按〕《説郛》作『二年』。

寸金宣和三年造〔繼壕按〕《西溪叢語》作『千金』，誤。

無比壽芽大觀四年造

萬春銀葉宣和二年造

玉葉長春宣和四年造〔繼壕按〕《説郛》、《廣羣芳譜》此條俱在無疆壽龍下。

宜年寶玉宣和二年造〔繼壕按〕《説郛》作『三年』。

玉清慶雲宣和二年造

無疆壽龍宣和二年造

瑞雲翔龍紹聖二年造〔繼壕按〕《西溪叢語》及下圖目並作『瑞雪翔龍』，當誤。

長壽玉圭政和二年造

興國巖銙

香口焙銙

上品揀芽紹聖二年造〔繼壕按〕《説郛》『紹聖』誤『紹興』。

新收揀芽

太平嘉瑞政和二年造

龍苑報春宣和四年造

南山應瑞宣和四年造〔繼壕按〕《天中記》『宣和』作『紹聖』。

興國巖揀芽

興國巖小龍

興國巖小鳳已上號細色

揀芽

小龍

小鳳

大龍

大鳳已上號麤色

又有瓊林毓粹、浴雪呈祥、壑源拱秀、貢篚推先、價倍南金、暘谷先春、壽巖都〔繼壕按〕《説郛》、《廣羣芳譜》作『卻』。勝、延平石乳、清白可鑒、風韻甚高，凡十色，皆宣和二年所製，越五歲省去。

右歲分十餘綱。惟白茶與勝雪自驚蟄前興役，浹日乃成。飛騎疾馳，不出中春，已至京師，號為頭綱。玉芽以下，即先後以次發。逮貢足時，夏過半矣。歐陽文忠〔公〕詩曰：『建安三千五百里，京師三月嘗新茶。』蓋異時如此。〔繼壕按〕《鐵圍山叢談》云：『茶苗其芽，貴在社前，則已進御。自是迤邐宣和間，皆占冬至而嘗新茗，是率人力為之，反不近自然矣。』以今較昔，又為最早。

因念草木之微，有瓌奇卓異，亦必逢時而後出，而況為士者哉？昔昌黎先生感二鳥之蒙採擢，而自悼其不如，今蕃於是茶也，焉敢效昌黎之感賦，姑務自警，而堅其守，以待時而已。

宋 趙汝礪《北苑別録》 建安之東三十里，有山曰鳳凰。其下直北苑，旁聯諸焙。厥土赤壤，厥茶惟上上。太平興國中，初為御焙，歲模龍鳳，以羞貢篚，蓋表珍異。慶曆中，漕台益重其事，品數日增，制度日精。厥今茶自北苑上者，獨冠天下，非人間所可得也。方春蟲震蟄，千夫雷動，一時之盛，誠為偉觀。故建人謂『至建安而不詣北苑，與不至者同』。僕因攝事，遂得研究其始末。姑摭其大槩，條為十餘類目，曰北苑別録云。

御園：

九窠十二隴、麥窠、壤園、龍遊窠、小苦竹、苦竹裏、雞藪窠、苦竹、苦竹源、鼯鼠窠、教煉隴、鳳凰山、大小焊、橫坑、猿游隴、張坑、帶園、焙東、中歷、東際、西際、官平、石碎窠、上下官坑、虎膝窠、樓隴、蕉窠、新園、夫樓基、阮坑、曾坑、黃際、馬鞍山、林園、和尚園、黃淡窠、吴彦山、羅漢山、水桑窠、銅場、師姑園、靈滋、范馬園、高畬、大窠頭、小山。

右四十六所，方廣袤三十餘里。自官平而上為內園，官坑而下為外園。方春靈芽莩坼，常先民焙十餘日，如九窠十二隴、龍遊窠、小苦竹、張坑、西際，又為禁園之先也。

開焙：

驚蟄節萬物始萌，每歲常以前三日開焙。遇閏則反之，以其氣候少遲故也。

採茶：

採茶之法，須是侵晨，不可見日。侵晨則夜露未晞，茶芽肥潤。見日則為陽氣所薄，使芽之膏腴內耗，至受水而不鮮明。故每日常以五更撾鼓，集羣夫於鳳凰山。監採官人給一牌入山，至辰刻則復鳴鑼以聚之，恐其踰時貪多務得也。大抵採茶亦須習熟，募夫之際，必擇土著及諳曉之人。非特識茶發早晚所在，而於採摘各知其指要。蓋以指而不以甲，則多溫而易損；以甲而不以指，則速斷而不柔。故採夫欲其習熟，政為是耳。

揀茶：

茶有小芽，有中芽，有紫芽，有白合，有烏蔕，此不可不辨。小芽者，其小如鷹爪，初造龍園勝雪、白茶，以其芽先次蒸熟，置之水盆中，

剔取其精英，僅如鍼小，謂之水芽。是芽中之最精者也。中芽，古謂一槍一旗是也。紫芽，葉之紫者是也。白合，乃小芽有兩葉抱而生者是也。烏蔕，茶之蔕頭是也。凡茶以水芽為上，小芽次之，中芽又次之，紫芽、白合、烏蔕，皆所在不取。使其擇焉而精，則茶之色味無不佳。萬一雜之以所不取，則首面不勻，色濁而味重也。

蒸茶：

茶芽再四洗滌，取令潔淨。然後入甑，俟湯沸蒸之。然蒸有過熟之患，有不熟之患。過熟則色黃而味淡，不熟則色青易沈，而有草木之氣。唯在得中之為當也。

榨茶：

茶既熟，謂茶黃。須淋洗數過，方入小榨以去其水。又入大榨出其膏。先是包以布帛，束以竹皮，然後入大榨壓之，至中夜，取出，揉勻，復如前入榨，謂之翻榨。徹曉奮擊，必至于乾淨而後已。蓋建茶味遠而力厚，非江茶之比。江茶畏流其膏，建茶惟恐其膏之不盡，膏不盡，則色味重濁矣。

研茶：

研茶之具，以柯為杵，以瓦為盆，分團酌水，亦皆有數。上而勝雪、白茶以十六水，下而揀芽之水六，小龍鳳四，大龍鳳二，其餘皆十二焉。自十二水以上，日研一團。自六水而下，日研三團，至七團。每水研之，必至于水乾茶熟而後已。水不乾，則茶不熟，茶不熟，則首面不勻，煎試易沈。故研夫猶貴於強而有力者也。嘗謂天下之理，未有不相須而成者，有北苑之芽，而後有龍井之水。其深不以丈尺，清而且甘，晝夜酌之而不竭。凡茶自北苑上者，皆資焉。亦猶錦於于蜀江，膠之於阿井，詎不信然。

造茶：

造茶舊分四局。匠者，起好勝之心，彼此相誇，不能無弊，遂併而為二焉。故茶堂有東局西局之名，茶銙有東作西作之號。凡茶之初出研盆，盪之欲其勻，揉之欲其膩。然後入圈製銙，隨笪過黃。有方銙，有花銙，有大龍，有小龍。品色不同，其名亦異。故隨綱繫之於貢茶云。

過黃：

茶之過黃，初入烈火焙之，次過沸湯爁之。凡如是者三，而後宿一火，至翌日遂過煙焙焉。然煙焙之火，不欲烈，烈則面炮而色黑。又不欲煙，煙則香盡而味焦。但取其溫溫而已。凡火數之多寡，皆視其銙之厚薄。銙之厚者，有十火，至於十五火。銙之薄者亦八火。至于六火，火數既足，然後過湯上出色。出色之後，當置之密室，急以扇扇之，則色自然光瑩矣。

細色第一綱

龍焙貢新，水芽，十二水，十宿火，正貢三十銙，創添二十銙。

細色第二綱

龍焙試新，水芽，十二水，十宿火，正貢一百銙，創添五十銙。

細色第三綱

龍園勝雪，水芽，十六水，十二宿火，正貢三十銙，續添三十銙，創添六十銙。

白茶，水芽，十六水，七宿火，正貢三十銙，續添十五銙，創添八十銙。

御苑玉芽，小芽，十二水，八宿火，正貢一百片。

萬壽龍芽，小芽，十二水，八宿火，正貢一百片。

上林第一，小芽，十二水，十宿火，正貢一百銙。

乙夜清供，小芽，十二水，十宿火，正貢一百銙。

承平雅玩，小芽，十二水，十宿火，正貢一百銙。

龍鳳英華，小芽，十二水，十宿火，正貢一百銙。

玉除清賞，小芽，十二水，十宿火，正貢一百銙。

啟沃承恩，小芽，十二水，十宿火，正貢一百銙。

雪英，小芽，十二水，七宿火，正貢一百片。

雲葉，小芽，十二水，七宿火，正貢一百片。

蜀葵，小芽，十二水，七宿火，正貢一百片。

金錢，小芽，十二水，七宿火，正貢一百片。

玉葉，小芽，十二水，七宿火，正貢一百片。

寸金，小芽，十二水，九宿火，正貢一百片。

細色第四綱

龍園勝雪，正貢一百五十銙。

無比壽芽，小芽，十二水，十五宿火，正貢五十銙，創添五十銙。

萬壽銀芽，小芽，十二水，十宿火，正貢四十片，創添六十片。

宜年寶玉，小芽，十二水，十二宿火，正貢四十片，創添六十片。

玉清慶雲，小芽，十二水，九宿火，正貢四十片，創添六十片。

無疆壽龍，小芽，十二水，十五宿火，正貢四十片，創添六十片。

玉葉長春，小芽，十二水，七宿火，正貢一百片。

瑞雲翔龍，小芽，十二水，九宿火，正貢一百八片。

長壽玉圭，小芽，十二水，九宿火，正貢二百片。

興國巖銙，中芽，十二水，十宿火，正貢二百七十銙。

香口焙銙，中芽，十二水，十宿火，正貢五百銙。

上品揀芽，小芽，十二水，十宿火，正貢一百片。

新收揀芽，中芽，十二水，十宿火，正貢六百片。

細色第五綱

太平嘉瑞，小芽，十二水，九宿火，正貢三百片。

龍苑報春，小芽，十二水，九宿火，正貢六百片，創添六十片。

南山應瑞，小芽，十二水，十五宿火，正貢六十銙，創添六十銙。

興國巖揀芽，中芽，十二水，十宿火，正貢五百一十片。

興國巖小龍，中芽，十二水，十五宿火，正貢七百五十片。

興國巖小鳳，中芽，十二水，十五宿火，正貢五十片。

先春兩色

太平嘉瑞，正貢二百片。

長壽玉圭，正貢一百片。

續入額四色

御苑玉芽，正貢一百片。

萬壽龍芽，正貢一百片。

無比壽芽，正貢一百片。

瑞雲翔龍，正貢一百片。

麤色第一綱

正貢

不入腦子上品揀芽小龍一千二百片，六水，十六宿火。入腦子小龍七百片，四水，十五宿火。

增添

不入腦子上品揀芽小龍一千二百片，入腦子小龍七百片。

建寧府附發小龍茶八百四十片。

麤色第二綱

正貢

不入腦子上品揀芽小龍六百四十片，入腦子小龍六百四十二片，入腦子小鳳一千三百四十四片，四水，十五宿火。入腦子大龍七百二十片，二水，十五宿火。入腦子大鳳七百二十片，二水，十五宿火。

增添

不入腦子上品揀芽小龍一千二百片，入腦子小鳳七百片。

建寧府附發小鳳茶一千二百片。

麤色第三綱

正貢

不入腦子上品揀芽小龍六百四十片，入腦子小龍六百四十四片，入腦子小鳳六百七十二片，入腦子大龍一千八片，入腦子大鳳一千八片。

增添

不入腦子上品揀芽小龍一千二百片，入腦子小龍七百片。

建寧府附發大龍茶四百片，大鳳茶四百片

麤色第四綱

正貢

不入腦子上品揀芽小龍六百片，入腦子小龍三百三十六片，入腦子小鳳三百三十六片，入腦子大龍一千二百四十片，入腦子大鳳一千二百四十片。

建寧府附發

大龍茶四百片，大鳳茶四百片。

麤色第五綱

正貢

入腦子大龍一千三百六十八片，入腦子大鳳一千三百六十八片，京

鋌改造大龍一千六片。

建寧府附發大龍茶八百片，大鳳茶八百片。

麤色第六綱

正貢

入腦子大龍一千三百六十片，入腦子大鳳一千三百六十片，京鋌改造大龍一千六百片。

建寧府附發大龍茶八百片，大鳳茶八百片，京鋌改造大龍一千三百片。

麤色第七綱

正貢

入腦子大龍一千二百四十片，入腦子大鳳一千二百四十片，京鋌改造大龍二千三百五十二片。

建寧府附發大龍茶二百四十片，大鳳茶二百四十片，京鋌改造大龍四百八十片。

細色五綱

貢新為最上，後開焙十日入貢。龍園勝雪為最精，而建人有直四萬錢之語。夫茶之入貢，圈以箬葉，內以黄斗，盛以花箱，護以重篚，扃以銀鑰。花箱内外，又有黄羅幕之。可謂什襲之珍矣。

麤色七綱

揀芽以四十餅為角，小龍鳳以二十餅為角，大龍鳳以八餅為角。圈以箬地，束以紅縷，包以紅楮，緘以蒨綾。惟揀芽俱以黄焉。

開畬

草木至夏益盛，故欲導生長之氣，以滲雨露之澤。每歲六月興工，虚其本，培其土，滋蔓之草，遏鬱之木，悉用除之，政所以導生長之氣，而滲雨露之澤也。此之謂開畬。

惟桐木則留焉。桐木之性與茶相宜，而又茶至冬則畏寒，桐木望秋而先落，茶至夏而畏日，桐木至春而漸茂，理亦然也。

外焙

石門、乳吉、香口，右三焙，常後北苑五七日興工。每日採茶，蒸，榨以過黄，悉送北苑併造。

宋周密《武林舊事》卷二《進茶》　仲春上旬，福建漕司進第一綱蠟茶，名『北苑試新』。皆方寸小胯。進御止百胯，護以黄羅軟盝，藉以青箬，裹以黄羅夾複，臣封朱印，外用朱漆小匣，鍍金鎖，又以細竹絲織芨貯之，凡數重。此乃雀舌水芽所造，一胯之值四十萬，僅可供數甌之啜耳。或以一二賜外邸，則以生線分解，轉遺好事，以為奇玩。茶之初進御也，翰林司例有品嘗之費，皆漕司邸吏賂之。間不滿欲，則入鹽少許，茗花為之散漫，而味亦漓矣。禁中大慶賀，用大鍍金甗，以五色韻果簇飣龍鳳，謂之『繡茶』，不過悦目。亦有專其工者，外人罕知，因附見於此。

《宋史》卷一八三《食貨志下五・鹽下茶上》　茶有二類，曰片茶，曰散茶。片茶蒸造，實棬模中串之，唯建、劍則既蒸而研，編竹爲格，置焙室中，最爲精潔，他處不能造。有龍、鳳、石乳、白乳之類十二等，以充歲貢及邦國之用。其出虔袁饒池光歙潭岳辰澧州、江陵府、興國臨江軍，有仙芝、玉津、先春、綠芽之類二十六等，兩浙及宣、江、鼎州又以上中下或第一至第五爲號。散茶出淮南、歸州、江南、荊湖，有龍溪、雨前、雨後之類十一等，江、浙又有以上中下或第一至第五爲號者。買臘茶斤自二十錢至一百九十錢有十六等，片茶大片自六十五錢至二百五錢有五十五等，散茶斤自十六錢至三十八錢五分有五十九等；鬻臘茶斤自四十七錢至四百二十錢有十二等，片茶自十七錢至九百一十七錢有六十五等，散茶自十五錢至一百二十一錢有一百九等。

又卷一八四《食貨志下六・茶下》　建寧臘茶，北苑爲第一，其最佳者曰社前，次曰火前，又曰雨前，所以供玉食，備賜予。太平興國始置，大觀以後製愈精，數愈多，胯式屢變，而品不一，歲貢片茶二十一萬六千斤。建炎以來，葉濃、楊勍等相因爲亂，園丁亡散，遂罷之。紹興二年，蠲未起大龍鳳茶一千七百二十八斤。五年，復減大龍鳳及京鋌之半。十二年，興榷場，遂取臘茶爲榷場本，凡胯、截、片、鋌，不以高下多少，官盡榷之，申嚴私販入海之禁。議者請鬻建茶於臨安，移茶事司於建州買發。明年，以失陷引錢，復令通商。自是上供龍鳳、京鋌茶料，凡製作之費、篚笥之式，令漕司專之。

《文獻通考》卷一八《征榷考五・榷茶》　凡茶有二類，曰片、

曰散。片茶蒸造，實棬模中串之，惟建、劍則既蒸而研，編竹為格，置焙室中，最為精潔，他處不能造。其名有龍、鳳、石乳、的乳、白乳、頭金、蠟面、頭骨、次骨、末骨、麄骨、山梃十二等，以充歲貢及邦等之用，洎本路食茶。

又 吴氏《能改齋謾録》曰：『建茶務，仁宗初，歲造小龍、小鳳各三百斤，大龍、大鳳各三百斤，入香、不入香京挺共二百斤，蠟茶一萬五千斤。小龍、小鳳，初因蔡君謨為建漕，造十斤獻之，朝廷以其額外免勘。明年，詔第一綱盡為之，故東坡志林載溫公曰：「君謨亦為此耶？」』

元 王禎《農書》卷一〇《百穀譜一〇·雜類》 茶之用有三：曰茗茶，曰末茶，曰蠟茶。【略】蠟茶最貴，而製作亦不凡。擇上等嫩芽，細碾入羅，雜腦子諸香膏油，調劑如法，印作餅子，製樣任巧。候乾，仍以香膏油潤飾之。其製有大小龍團帶胯之異，此品惟充貢品，民間罕見之。始于宋丁晉公，成於蔡端明。間有他造者，色、香、味俱不及。

明 謝肇淛《五雜俎》卷一一《物部三》 宋初閩茶，北苑為之最初造研膏，繼造臘面；既又製其佳者為京挺，後造龍鳳團而臘面廢；及蔡君謨造小龍團，而龍鳳團又為次矣。當時上供者，非兩府禁近不得賜，而人家亦珍重愛惜。如王東城有茶囊，惟楊大年至，則取以具茶，它客莫敢望也。元豐間造密雲龍，其品又在小團之上。今造團之法皆不傳，而建茶之品亦遠出吴會諸品之下。其武夷、清源二種，雖與上國爭衡，而所產不多，十九饞鼎，故遂令聲價靡不復振。

《明會典》卷三〇《庫藏一·內府庫》 各庫所掌最大者，金花銀。即國初所折糧者，俱解南京，供武臣俸祿。而各邊或有緩急，間亦取足其中。正統元年，始自南京改解內庫，歲以百萬為額。嗣後除折放武俸之外，皆為御用。其粟、帛、茶、蠟、顔料，以需上供。雖本折不一，皆有規條。其本色，經驗糧廳委官驗過，會同科道官覆驗堪中，於六科領勘合，填數照進。其折色，召商買辦。戶部山東河南等司官，九門鹽法等委官，亦會同科道官，照時會估價直，辦納應用。

明 徐𤊹《茗譚》 吴興顧渚山，唐置貢茶院，傍有金沙泉，汲造紫筍茶，有司具禮祭始得水，事迄即涸。武夷山，宋置御茶園，中有喊山泉。仲春，縣官詣茶場致祭，井水漸滿，造茶畢，水遂渾涸。以一草木之微，能使水泉盈涸，茶通仙靈，信非虛語。

明 羅稟《茶解·原》 而紹興進茶自宋范文虎始。餘邑貢茶，亦自南宋季至今。南山有茶局、茶曹、茶園之名，不一而止。蓋古多園中植茶，沿至我朝，貢茶為累。茶園盡廢，第取山中野茶，聊且塞責，而茶品遂不得與陽羨、天池相抗矣。

（嘉慶）《六安直隸州志》卷七《戶口·茶貢》 天下產茶州縣數十，惟六安茶為宮庭常進之品。欲其新采速進，故他土貢儘自督撫，而六安知州則自拜表徑貢新茶達禮部，為上供也。明時，六安貢茶，製定于未分霍山縣之前，原額茶二百袋。弘治七年，分立霍山縣，產茶之山，屬霍山者十之八，於是六安辦茶二十五袋，霍山辦茶一百七十五袋。國朝因之。康熙二十三年，奉文增辦一百袋。於是六安辦三十七袋，霍山辦二百六十三袋。康熙五十九年，又增百袋。雍正七年，暫停。十年，復增。舊係茶戶各備茶交官起解，而色類錯雜，駁換遲誤。康熙三十年，知州王廷曾以士民之請，改為官征官買，茶戶但納稅銀。又因霍山茶勝六安之產，故知州將茶課之銀髮交霍山並辦一色芽茶。每歲，茶戶採擇雨前極品一槍一旗，依法焙製，官以黄絹為袋，袋盛茶一斤十二兩，共四百袋，分貯於箱，知州敬謹鈐封，恭繕貢本，限穀雨後十日起解。其解官以州縣巡檢遞年輪流詳委。

康熙十七年，御史蔣鳴龍疏請州縣芽茶，該省匯齊，總差官解進。經禮部議云：舊例，江南、浙江、江西、湖廣、福建等五省芽茶，每歲採摘裝封，鈐印封固，俱限穀雨後十日起解，程途遠近，各有限期，已經題定。嗣後浙江省芽茶，照江西省例起解，布政司匯齊，封固繕疏起解。又江南、湖廣、福建，此三省應解芽茶，向係各該州縣委員解進，今此三省亦應俱照江西省例匯齊起解。內有江南省六安州及霍山縣所進六安州茶，係該地方進到，隨即臣部會同光祿寺交送總管內務府內用，非與別樣芽茶可比，應將此六安州茶仍照前例，另委解進。奉旨：依議。

清 阮福《普洱茶記》 福久撿貢茶案冊，知每年進貢之茶，列于布政司庫銅息項下，動支銀一千兩，由思茅廳領去轉發採辦，並置辦收

茶錫瓶緞匣木箱等費。其茶在思茅。本地收取鮮葉時，須以三四斤鮮葉，方能折成一斤乾茶。每年備貢者，五斤重團茶，三斤重團茶，一斤重團茶，四兩重團茶，一兩五錢重團茶，又瓶盛芽茶、蕊茶，匣盛茶膏，共八色，思茅同知領銀承辦。

紀事

晋 常璩《華陽國志》卷一《巴志》 周武王伐紂，實得巴、蜀之師，著乎尚書。【略】其地東至魚復，西至僰道，北接漢中，南極黔涪。土植五穀，牲具六畜。桑、蠶、麻、苧，魚、鹽、銅、鐵、丹、漆、茶、蜜、靈龜、巨犀、山雞、白雉，黃潤、鮮粉，皆納貢之。

《通典》卷六《食貨典六・賦税下》 安康郡：貢麩金五兩、乾漆六斤、杜仲二十斤、椒目十斤、黃蘗六斤、枳實六斤、枳殼十四斤、茶芽一斤、椒子一石、雷丸五兩。今金州。

夷陵郡：貢茶二百五十斤、柑子二千顆、五加皮二斤、杜若二斤、芒硝四十斤、鬼臼二斤、蠟百斤。今峽州。

靈溪郡：貢硃砂十斤、茶芽一百斤。今溪州。

唐 李吉甫《元和郡縣志》 蒙山在縣南十里，今每歲貢茶為蜀之最。

宋 陶穀《荈茗録》 有得建州茶膏，取作耐重兒八枚，膠以金縷，獻于閩王曦。

《舊五代史》卷六《梁書・太祖紀六》 兩浙進大方茶二萬斤，琢畫宮衣五百副。

又 卷一一八《周書・世宗紀五》 ［顯德五年三月］丙申，江南李景遣其臣兵部侍郎陳覺奉表陳情，兼貢羅縠紬絹三千匹，乳茶三千斤，及香藥犀象等。【略】丙午，江南李景遣所署宰相馮延巳獻犒軍銀十萬兩，絹十萬匹，錢十萬貫，茶五十萬觔，米麥二十萬石。

《新唐書》卷三九《地理志三》 懷州河內郡，雄。武德二年沒王世充，僑治濟源之柏崖城。四年，世充平，還舊治。土貢：平紗、平紬、枳殼、茶、牛膝。

又 卷四〇《地理志四》 峽州夷陵郡，中。本治下牢戍，貞觀九年徙治步闡壘。土貢：紵葛、箭竹、柑、茶、蠟、芒硝、五加、杜若、鬼臼。

又 歸州巴東郡，下。武德二年析夔州之秭歸、巴東置。土貢：紵葛、茶、蜜、蠟。

又 夔州雲安郡，下都督府。本信州巴東郡，武德二年更州名，天寶元年更郡名。土貢：紵錫布、熊、羆、山雞、茶、柑、橘、蜜、蠟。

又 金州漢陰郡，上。本西城郡，天寶元年曰安康郡，至德二載更名。土貢：麩金、茶牙、椒、乾漆、椒實、白膠香、麝香、杜仲、雷丸、枳殼、枳實、黃蘗。有橘官。

又 興元府漢中郡，赤。本梁州漢川郡，開元十三年以『梁』、『涼』聲相近，更名褒州，二十年復曰梁州，天寶元年更郡名，興元元年爲府。土貢：穀、蠟、紅藍、燕脂、夏蒜、冬筍、糟瓜、柑、枇杷、茶。

又 卷四一《地理志五》 壽州壽春郡，中都督府。本淮南郡，天寶元年更名。土貢：絲布、絁、茶、生石斛。

又 廬州廬江郡，上。土貢：花紗、交梭絲布、茶、蠟、酥、鹿脯、生石斛。

又 蘄州蘄春郡，上。土貢：白紵、簟、鹿毛筆、茶、白花蛇、烏蛇脯。

又 申州義陽郡，中。土貢：緋葛、紵布、貲布、茶、蝱蟲。

又 常州晉陵郡，望。本毗陵郡，天寶元年更名。土貢：紬、絹、布、紵、紅紫綿巾、緊紗、兔褐、皂布、大小香杭、龍鳳席、紫筍茶、署預。

又 湖州吳興郡，上。武德四年，以吳郡之烏程縣置。土貢：御服、鳥眼綾、折皂布、綿紬、布、紵、糯米、黃豆、紫筍茶、木瓜、杬子、乳柑、蜜、金沙泉。

又 睦州新定郡，上。本遂安郡，治雉山。武德七年曰東睦州，八年復舊名。萬歲通天二年徙治建德。天寶元年更郡名。土貢：文綾、簟、

白石英、銀花、細茶。

又 福州長樂郡，中都督府。本泉州建安郡治，武德六年別置，景雲二年曰閩州，開元十三年更州名，天寶元年更郡名。土貢：蕉布、海蛤、文扇、茶、橄欖。

又 饒州鄱陽郡，上。土貢：麩金、銀、簟、茶。

又卷四二《地理志六》 雅州盧山郡，下都督府。本臨邛郡，天寶元年更名。土貢：麩金、茶、石菖蒲、落鴈木。

《册府元龜》卷一六九《帝王部·納貢獻》 〔同光二年〕三月，淮南楊溥遣其右威衛上將軍許確進賀郊天銀二千兩、錦綺羅一千二百疋、細茶五百斤、象牙四株、犀角十株。

又 〔同光三年〕五月吳越王錢鏐獻孔雀二。又淮南吳越國主遣使王浩獻重午物銀、錦、紗縠、細茶、簟扇、龍鳳紗紋廚。諸州府各貢端午物。

又 〔天成元年十一月〕是月，淮南偽吳主楊溥遣使魯思郾來賀帝登極，持銀千兩、金百兩、綾一千二百疋、茶三百觔。受之。

又 〔天成四年〕八月乙丑，兩浙錢鏐使袁韜進銀五千兩、茶二萬七千斤謝恩，加其諸子官。

十月戊戌，福建王延鈞進謝恩銀器六千五百兩、金器一百兩、錦綺羅共三千疋，并犀牙、玳瑁、真珠、龍腦、笏扇、白氎、紅氎、香藥等。又進謝恩進封母為魯國太夫人銀四千五百兩、茶、蕉、海蛤、通檊箭等。

又 〔長興〕二年九月甲寅，兩浙貢茶、香、綾絹三萬六千計。

又 〔天福二年十月〕是月，吳越王錢元瓘進銀五千兩，絹四千疋，吳越異紋綾一千疋，羅二百疋。又進金帶御衣、雜寶、茶器、金銀裝創并細紅甲寶裝、弓箭弩等。又進雜細香藥一千斤，牙五株，真珠二十斤，茶五萬斤。

又 〔天福二年十二月〕乙丑，又進金漆柏木、銀裝起突、龍鳳茶、床椅子、踏床子、紅羅、金銀、錦繡褥、紅絲網子。又進金銀、玳瑁、白檀、香器四及銀結條、假果、花樹、龍鳳鑾畫皷等物。又進含膏、桃源洞白茅、百靈藤、渠江南嶽紫蓋峰白雲洞清花等茶。

又 〔天福三年十月〕是月，王繼恭又進金器六事二百兩，金花細縷銀器三千兩，真珠二十斤，犀三十株，銀裝交床五十副，牙二十株。又進大茶八十斤，香藥一萬斤，朱笴銀纏槍二百條，通節箭笴三萬莖。

又 丙戌，兩浙錢元瓘進謝恩除天下兵馬副元帥，吳越國王金器五百兩，銀一萬兩，吳越異紋綾八千疋，金條紗三千疋，絹二萬疋，綿九萬兩，大茶、腦源茶共六萬四千斤。

又 〔天福六年〕十月己丑，吳越王錢元瓘進金帶一條，金器三百兩，銀八千兩，綾三千疋，絹二萬疋，金條紗五百疋，綿五萬兩，茶三萬斤，謝恩加守尚書令。

辛卯，又進象牙、諸色香藥、軍器、金裝茶床、金銀棱甆器、細茶、法酒事件萬餘。

甲午，湖南貢諸色香藥、蠟面、含膏茶。

又 〔天福七年〕少帝以天福七年七月即位。十一月，兩浙錢弘佐遣使進鋌銀五千兩，絹五千疋，絲一萬兩，謝恩封吳越國王。又貢細甲、弓弩箭、扇子等。又貢蘇木二萬斤，乾薑三萬斤，茶二萬五千斤及秘色甆器、鞋履、細酒、糟薑、細紙等。

又 〔開運三年〕十月，兩浙錢弘佐進謝恩授守太尉册命銀五千兩、綾五千疋、絹一萬疋。又茶一萬八百斤，腦源茶三萬四千斤。

又 〔乾祐元年〕十一月，兩浙貢茶三萬四千斤及香藥、兵仗。湖南貢茶五萬斤。

又 〔廣順二年〕五月，車駕親征兗州，次曹州。鄭孔璋獻銀射盌百雙，衣著三百疋。鄆、澶、宋、許四鎮各獻茶藥。

又 〔廣順三年正月〕丁卯，朗州獻茶二萬斤，宰臣、樞密、宣徽、內諸司使、禁軍將校、諸藩鎮皆進奉賀皇子嘉禮。

又 〔廣順三年十一月〕乙亥，兩浙錢弘俶貢謝恩綾絹二萬八千疋，銀器六千兩，綿五萬兩，茶三萬五千斤，御衣兩襲，通犀帶、戲龍金帶、香藥、甆器，銀裝甲仗、法酒、海味等。

又 〔顯德五年〕十一月，吳越王錢鏐進茶三萬四千八百斤，綿五萬兩及香藥、器甲等。

《資治通鑑》卷二六六《後梁紀一》［開平二年三月丁卯］湖南判官高郁請聽民自採茶賣於北客，收其征以贍軍，楚王殷從之。秋，七月，殷奏于汴、荊、襄、唐、郢、複州置回圖務，運茶于河南、北，賣之以易繒纊、戰馬而歸，仍歲貢茶二十五萬斤，詔許之。

宋 王存《元豐九域志》卷六　同下州，南康軍。【略】土貢。芽茶一十斤。

同下州，廣德軍。【略】土貢。茶芽一十斤

上，潭州，長沙郡，武安軍節度。【略】土貢。葛三十疋，茶末一百斤。

次府，江陵府，江陵郡，荊南節度。【略】土貢。綾、苧布各一十疋，碧澗芽茶六百斤。

又 卷九　上，建州，建安郡，建寧軍節度。【略】土貢。龍鳳等茶八百二十斤，練五十疋。

上，南劍州，劍浦郡，軍事。【略】土貢。茶一百一十斤。

宋 寇宗奭《本草衍義・茗苦》　又，晉溫嶠上表『貢茶千斤，茗三百斤。』

宋 尤袤《全唐詩話・袁高》　禹貢通遠俗，所圖在安人。后王失其本，職吏不敢陳。亦有奸佞者，因茲欲求身。動生千金費，日使萬姓貧。我來顧渚源，得與茶事親。甿輟耕農來，採採實苦辛。一夫且當役，盡室皆同臻。捫葛上欹壁，蓬頭入荒榛。終朝不盈掬，手足皆鱗皴。悲嗟遍空山，草木為不春。陰嶺芽未吐，使者牒已頻。心爭造化力，先走銀臺錡。選納無晝夜，搗聲昏繼晨。衆工何枯槁，俯視彌傷神。皇帝尚巡狩，東郊路多堙。周廻繞天涯，所獻愈艱勤。況值兵革困，重茲困疲民。未知供御餘，誰合分此珍。顧省忝邦守，又慚復因循。茫茫滄海間，丹憤何由伸！』右高所賦茶山詩也。案唐制，湖州造貢茶最多，謂之『顧渚貢焙』，歲造一萬八千四百斤。大曆後，始有進奉。建中二年，高刺郡，進三千六百串，并此詩一章。刻石在貢焙。故杜鴻漸與楊祭酒書云：『顧渚中山紫筍茶兩片，此物但恨帝未得嘗，實所嘆息。一片上太夫人，一片充昆弟同歠。』開成三年，以貢不如法，停刺史裴充官。

《宋史》卷二四二《后妃傳上・真宗章獻明肅劉皇后》　嘗賜大臣茶，有龍鳳飾，太后曰：『此豈人臣可得？』命有司別製入香京挺以賜之。

又 卷四八〇《世家三・吳越錢氏》［開寶九年］九年二月，俶與其妻孫氏、子惟濬、平江軍節度使孫承祐來朝，上遣皇子興元尹德昭至睢陽迎勞。俶將至，車駕先幸禮賢宅，按視供帳之具。及至，詔俶居之。對於崇德殿，貢白金四萬兩、絹五萬匹，賜襲衣、玉帶、金器千兩、白金器三千兩、羅綺三千段、玉勒馬。即日宴長春殿，俶又貢白金二萬兩、絹三萬匹、乳香二萬斤。賀平江左，貢白金五萬兩、錢十萬貫、綿百八十萬兩、茶八萬五千斤、犀角象牙二百株、香藥三百斤。

又［太平興國元年］太宗即位，加食邑五千户。俶貢御衣，通天犀帶，絹萬匹，金器、瑇瑁器百餘事，金銀釦器五百事，塗金銀香臺、龍腦檀香床、銀假果、水晶花凡數千計，價直鉅萬；又貢犀角象牙三十株、香藥萬斤、乾薑五萬斤、茶五萬斤。俶又請歲增常貢，詔不許。

又［太平興國三年三月］俶貢白金五萬兩、錢萬萬，絹十萬匹、綾二萬匹、綿十萬，屯茶十萬斤、建茶萬斤、乾薑萬斤，越器五萬事，錦緣席千，金銀畫舫三，銀飾龍舟四，金飾烏樠木御食案、御床各一，金樽罍醆斝各一，金飾瑇瑁器三十事，金釦藤盤二，金釦雕象俎十，銀假果樹十事，翠毛真珠花三叢，七寶飾食案十，銀樽罍十，醆斝副焉，金釦越器百五十事，雕銀俎五十，密假果、剪羅花各二十樹，銀釦大盤十，銀裝鼓二，七寶飾胡琴五絃箏各四，銀飾箜篌方響羯鼓各四，紅牙樂器二十二事，乳香萬斤，犀角象牙各一百株，香藥萬斤，蘇木萬斤。

《文獻通考》卷二二《土貢考一》　真宗咸平二年，内侍裴愈因事至交州，謂龍花蕊難得之物，宜充貢，本州遂以為獻。上怒黜愈，隸崖州，仍絕其貢。是歲，又減罷劍、隴、夔、賀等五十餘州土貢，又罷三十餘州歲貢茶。

《元史》卷一〇《世祖紀七》　金沙泉不常出。唐時用此水造紫筍茶進貢，有司具牲幣祭之，始得水，事訖輒涸。

又 卷八七《百官傳三》　常湖等處茶園都提舉司，秩正四品。掌常、湖二路茶園户二萬三千有奇，採摘茶芽，以貢内府。至元十三年置司，統提領所凡十有三處。十六年，陞都提舉司。又別置平江等處榷茶提

舉司，掌歲貢御茶。

又　建寧北苑武夷茶場提領所，提領一員，受宣徽院劄。掌歲貢茶芽。直隸宣徽。

明 郎瑛《七修類稿》卷九《國事類·茶法》　洪武二十四年，詔天下產茶之地歲有定額，以建寧為上，聽茶户採進，勿預有司。茶名有四，探春、先春、次春、紫筍，不得碾揉為大小龍團。

《明會典》卷三〇《庫藏一·內府庫》　凡浙江、湖廣、四川、福建、江西、廣東、山東、河南等布政司，直隸蘇、松、常、鎮寧、太、安慶、廬、鳳、淮、揚等府，歲解黃白蠟芽葉茶。并蘇、松、常三府，解到白熟糙粳糯米，俱送本庫收。【略】芽茶，四萬七千九百五十九斤一十一兩。葉茶，四萬九十三斤。

明 談遷《棗林雜俎·榮植·茶》　國家歲貢，宜興縣芽茶百斤，內二斤上南京禮部。

六安州芽茶三百斤。

廣德州芽茶七十五斤。

建平縣芽茶二十五斤。

浙江長興縣芽茶三十五斤。納南京茶，出顧渚，即岕茶也。近時僧大方製法，剪去尖末，號大方茶。

嵊縣芽茶十八斤。

會稽縣芽茶三十斤。

永嘉縣芽茶十斤。

臨安縣茶二十斤。

樂清縣茶十斤。

富陽縣茶二十斤。

慈溪縣茶二百六十斤。縣西南六十里，宋寶祐間丞相史嵩之治墓，建開壽普光禪寺。其山頗產茶，殿帥范文虎因置茶局進貢。元明皆仍之。

麗水縣芽茶二十斤。

金華縣茶二十二斤。

龍遊等縣芽茶二十斤。

臨海等縣芽茶十五斤。

建德縣芽茶五斤。

淳安縣茶五斤。

遂安、壽昌二縣各茶五斤。

桐廬縣茶二斤。

分水縣茶一斤。

江西南昌府芽茶七十五斤。

南康府芽茶二十五斤。

贛州府芽茶十一斤。

袁州府茶十八斤。

臨江府茶四十七斤。

九江府茶一百二十斤。

瑞州府茶三十斤。

建昌府茶二十三斤。

撫州府茶二十四斤。

吉安府茶十八斤。

廣信府茶二十二斤。

饒州府茶二十七斤。

南安府南康縣茶十斤。

湖廣武昌府芽茶六十斤。

岳州府湘陰縣茶六十斤。

寶慶府邵陽縣茶二十斤。

武岡州茶二十四斤。

新化縣茶十八斤。

長沙府安化縣芽茶二十二斤。

寧鄉縣茶二十斤。

益陽縣茶二十斤。

福建建甯府建安縣芽茶千三百六十斤。內探春二十一斤，先春六百四十三斤，次春六百六十二斤，紫筍二百二十七斤，薦新二百零一斤。按何喬遠閩書：建安縣鳳凰山之麓曰北苑，所焙茶最知名，曰『社前』，次曰『火前』，又次曰『雨前』。火前為寒食前，雨前謂穀雨也。鳳凰山

旁曰壑源，曰沙溪，皆產茶之地，而壑為冠。

崇安縣茶九百四十一斤。內探春三十三斤，先春三百八十斤，次春百五十斤，薦新四百二十八斤。

計天下貢茶共四千二十二斤，而建寧茶名為上。宋元時所貢，必碾而揉之，壓以銀板，為大小龍團。明初以重勞民，罷造龍團，惟採其芽以進。

自貢茶外，產茶之地各處不一，頗多名品。如吳縣之虎丘，錢塘之龍井最著。考南宋蘇州茶額六千五百斤，元無額，明納錢三百十九萬三千有奇，惟吳縣長洲有之。

成化三年，奏准南京供用庫歲用，芽茶坐派池州府二千斤，徽州府三千斤；葉茶徽州府二千斤，蘇州府二千斤，滁州二百斤，徐州二百斤，廣德州三百斤。

四川茶園，十株取一，徵茶三兩。茶四十斤，易番人馬一。李文忠以茶五十餘萬斤易馬萬三千五百十八匹。今茶課，本色十五萬八千八百五十九斤，系石泉、建始、長寧等縣，並建昌、天全、烏蒙、鎮雄、永甯九姓土司辦納。

陝西茶課，今五萬一千三百八十四斤，係興安、紫陽、石泉、漢陰、西鄉歲辦。

陸羽茶經曰：『杭州下，蘇州又下，建州未詳。』郭子章曰：『今三州名甲宇宙，豈山川清淑之氣，當竟陵時未茁為茶也耶？』

宋貢茶首稱北苑龍團，而武夷石乳之名未著。至元，設場於武夷，遂與北苑並稱。今但知武夷，不知北苑矣。明朝不貴閩茶，即貢亦備宮中浣濯瓶盞之需。貢使數賫金抵京買而納之，即間有採辦，皆延平產，非武夷也。延平人呼製茶者曰碧豎。新茶下，崇安令例致諸貴人。黃冠苦於追呼，盡斫所種，武夷真茶久絕。

《明史》卷八〇《食貨志四・茶法》 其上供茶，天下貢額四千有奇，福建建寧所貢最爲上品，有探春、先春、次春、紫筍及薦新等號。舊皆採而碾之，壓以銀板，爲大小龍團。太祖以其勞民，罷造，惟令採茶芽以進，復上供户五百家。凡貢茶，第按額以供，不具載。

又卷一九二《張翀傳》 世宗即位，詔罷天下額外貢獻。其明年，中都鎮守內官張陽復貢新茶。禮部請遵詔禁，不許。翀言：『陛下詔墨未乾，旋即反汗，人將窺測朝廷，玩侮政令。且陽名貢茶，實雜致他物。四方效尤，何所抵極。願守前詔，無墮奸謀。』不聽。

《宋會要輯稿・食貨二九・茶法一・茶色號》 凡片茶，龍、鳳二號止充貢。

又《食貨三〇・茶法二・茶法雜録一》 〔至道〕二年九月，詔：『建州歲造龍、鳳茶，先是研茶丁夫悉鬄去鬚髮，自今但幅巾，洗滌手爪，給新淨衣，吏敢違者，論其罪。』

又 慶曆七年三月二十一日，詔権停建州造龍鳳茶。

又 〔元豐〕五年正月二十三日，福建路轉運使賈青言：『準朝旨，相度年額外增造龍、鳳茶。今度地力可以增造龍、鳳茶五七百斤。』詔增額外五百斤，龍、鳳茶各半，別計綱進。又言：『乞所造揀芽茶別置小龍團，斤為四十餘餅，不入龍腦。』從之。

又《食貨三一・茶法三・茶法雜録二》 紹興五年六月十八日，詔：『福建路轉運司并建州每年合起大龍鳳并京鋌茶，並自來年為始，減半起發。』先是，上言福建歲有上供龍鳳團茶，數目甚多，今錫賚既少，無所用之，枉費民力，故有是詔。

又 孝宗隆興元年四月六日，上封事者言：『建州北苑焙所產臘茶，每歲漕司費錢四五萬緡，役夫一千餘人，往往以進貢為名，過數製造，顯是違法。』詔福建轉運司常切覺察，仍具每年造茶的實合用錢數聞奏。

又 〔紹興十二年九月〕二十八日，詔：『福建路轉運司將逐年供進京鋌茶料製造作大龍餅子，依數如法封角，依大龍茶題寫，充國信使用，令別作一項差人投進。』

乾隆《武夷山志》 茶起自元初。至元十六年，浙江行省平章高興過武夷，制石乳數斤入獻。十九年，乃令縣官蒞之，歲貢茶二十斤，採茶户凡八十。大德五年，興之子久住為邵武路總管，就近至武夷督造貢茶。明年，創焙局，稱為御茶園，有仁風門、第一春殿、清神堂諸景，又有通仙井，覆以龍亭，皆極丹艧之盛，設場官二員領其事。後歲額浸廣，增户至二百五十，茶三百六十斤，製龍團五千餅。

《續通典》卷八《食貨八・賦稅上・宋》 南康州貢茶芽。廣德

軍貢茶芽。隆興府貢葛。江州貢雲母、石斛。贛州貢白苎。吉州貢苎布。袁州貢纻布。撫州貢葛。瑞州貢纻。興國軍貢纻。南安軍貢纻。臨江軍貢絹。建昌軍貢絹。荊湖南北路江陵府貢綾纻、碧澗茶芽、柑橘。鄂州貢銀。德安府貢青纻。常德府貢纻布、練布。澧州貢五加皮、芒硝、杜若。峽州貢綾、竹簟。岳州貢纻。歸州貢纻。辰州貢朱砂、水銀。沅州貢硃砂、水銀。靖州貢白絹。潭州貢葛、茶。衡州貢麩、金犀。通州貢白苎、零陵香。永州貢葛、石燕。郴州貢纻。寶慶府貢犀角、銀。全州貢葛、零陵香。桂陽軍貢銀。福建路福州貢荔枝、鹿角菜、紫菜。建甯府貢火箭、石乳、龍茶。元豐貢龍鳳等茶。泉州貢松子。元豐貢綿、蕉、葛、橄欖。淳佑貢苎布。南劍州貢上茴香。元豐貢茶。

又 卷九《食貨九・賦稅下・明》 ［隆慶六年］南直隸宜興縣貢茶一百觔。廬州府六安州貢茶三百觔。廣德州貢茶七十五觔。建平縣貢茶二十五觔。浙江湖州府長興縣貢茶三十五觔。紹興府嵊縣貢茶八觔。會稽縣貢茶三十二觔。溫州府永嘉縣貢茶一十觔。樂清縣貢茶一十觔。杭州府臨安縣貢茶二十觔。富陽縣貢茶二十觔。寧波府慈溪縣貢茶二百六十觔。處州府麗水縣貢茶二十觔。金華縣貢茶二十二觔。衢州府龍遊等縣貢茶共二十觔。台州府臨海等縣貢茶一十五觔。嚴州府建德縣貢茶五觔。淳安縣貢茶五觔。遂安縣貢茶三觔。壽昌縣貢茶三觔。桐廬縣貢茶二觔。分水縣貢茶一觔。江西南昌府貢茶七十五觔。南康府貢茶二十五觔。贛州府貢茶一十一觔。袁州府貢茶一十八觔。臨江府貢茶四十七觔。九江府貢茶一百二十觔。瑞州府貢茶三十觔。建昌府貢茶二十三觔。撫州府貢茶二十四觔。吉安府貢茶一十八觔。廣信府貢茶二十二觔。饒州府貢茶二十七觔。南安府南康縣貢茶一十觔。湖廣武昌府貢茶六十觔。岳州府湘陰縣貢茶六十觔。寶慶府邵陽縣貢茶二十觔。武岡州貢茶二十四觔。新化縣貢茶十八觔。長沙府安化縣貢茶二十二觔。甯鄉縣貢茶二十觔。益陽縣貢茶二十觔。福建建寍府建安縣貢茶一千三百五十四觔。內探春二十一觔，先春六百四十三觔，次春二百六十二觔，紫筍二百二十七觔，薦新二百一觔。崇安縣貢茶九百九十一觔。內探春三十三觔，先春三百八十觔，次春一百五十觔，薦新四百二十八觔。又寍國府宣城縣貢木瓜三千三百枚。廣西思明府貢消毒藥五百三十四味。四川成都府貢藥材七味。又南京每年起運各物司禮監製帛一起，筆料一起，鮮梅四十杠或三十五杠，枇杷四十杠或三十五杠，楊梅四十杠或三十五杠，尚膳監筍四十五杠，鰣魚二起各四十四杠，守備處鮮橄欖等五十五杠，鮮茶十二杠。

《續通志》卷一四《唐紀十四・文宗紀》 ［太和］七年春，正月壬辰，罷吴蜀冬貢新茶。

又 卷二五《宋紀一・太祖紀》 ［開寶七年十月］癸亥，詔減湖南新製茶。

又 卷三四《宋紀十・高宗紀一》 ［紹興五年六月］戊午，減福建貢茶歲額之半。

著録

宋 蔡襄《茶録・自序》 朝奉郎右正言同修起居注臣蔡襄上進。臣前因奏事，伏蒙陛下諭臣先任福建轉運使日，所進上品龍茶，最為精好。臣退念草木之微，首辱陛下知鑒，若處之得地，則能盡其材。

宋 熊蕃《宣和北苑貢茶録・跋》 先人作《茶録》，當貢品極盛之時，凡有四十餘色。紹興戊寅歲，克攝事北苑，閱近所貢皆仍舊，其先後之序亦同。惟躋龍園勝雪于白茶之上，及無興國巖小龍、小鳳。蓋建炎南渡，有旨罷貢三之一而省去之也。先人但著其名號，克今更寫其形制，庶鑒之者無遺恨焉。先是，壬子春，漕司再葺茶政，越十三載，仍復舊額。且用政和故事，補種茶二萬株。次年益虔貢職，遂有創增之目。仍改京鋌為大龍團，由是大龍多於大鳳之數。凡此皆近事，或者猶未之知也。先人又嘗作貢茶歌十首，讀之可想見異時之事，故併取以附於末。三月初吉，男克北苑寓舍書。

北苑貢茶最盛，然前輩所録，止於慶曆以上。自元豐之密雲龍、紹聖之瑞雲龍相繼挺出，製精於舊，而未有好事者記焉，但見於詩人句中。及大觀以來，增創新銙，亦猶用揀芽。蓋水芽至宣和始有，故龍園勝雪與白茶角立，歲充首貢。復自御苑玉芽以下，厥名實繁。先子親見時事，悉能記之，成編具存。今閩中漕臺新刊茶録，未備此書。庶幾補其闕云。

淳熙九年冬十二月四日，朝散郎、行秘書郎、兼國史編修官、學士院權直熊克謹記。

宋 趙汝礪《北苑别録・序》 建安之東三十里，有山曰鳳凰，其下直北苑，旁聯諸焙，厥土赤壤，厥茶惟上上。太平興國中，初為御焙，歲模龍鳳，以羞貢篚，益表珍異。慶暦中，漕臺益重其事，品數日增，制度日精。厥今茶自北苑上者，獨冠天下，非人間所可得也。方其春蟲震蟄，千夫雷動，一時之盛，誠為偉觀。故建人謂至建安而不詣北苑，與不至者同。僕因攝事，遂得研究其始末。姑摭其大概，條為十餘類，目曰北苑别録云。

又《跋》 舍人熊公，博古洽聞，嘗於經史之暇，緝其先君所著北苑貢茶録，鋟諸木以垂後。漕使侍講王公，得其書而悦之，將命摹勒，以廣其傳。汝礪白之公曰：『是書紀貢事之源委，與製作之更沿，固要且備矣。惟水數有赢縮、火候有淹亟、綱次有後先、品色有多寡，亦不可以或闕。』公曰：『然。』遂摭書肆所刊修貢録曰幾水、曰火幾宿、曰某綱、曰某品若干云者條列之。又以所採擇製造諸説，併麗於編末，目曰北苑别録。俾開卷之頃，盡知其詳，亦不為無補。淳熙丙午孟夏望日，門生從政郎福建路轉運司主管帳司趙汝礪敬書。

藝文

唐 張文規《湖州貢焙新茶》（嘉靖）《浙江通志》卷七〇 鳳輦尋春半醉回，仙娥進水御簾開。牡丹花笑金鈿動，傳奏湖州紫筍來。

唐 盧仝《走筆謝孟諫議寄新茶》《詩林廣記・前集》卷八 日高丈五睡正濃，軍將打門驚周公。口云諫議送書信，白絹斜封三道印。開緘宛見諫議面，手閲月團三百片。聞道新年入山裡，蟄蟲驚動春風起。天子須嘗陽羡茶，百草不敢先開花。仁風暗結珠琲瓃，先春抽出黄金芽。摘鮮焙芳旋封裹，至精至好且不奢。至尊之餘合王公，何事便到山人家。柴門反關無俗客，紗帽籠頭自煎吃。碧雲引風吹不斷，白花浮光凝碗面。一碗喉吻潤，兩碗破孤悶。三碗搜枯腸，唯有文字五千卷。四碗發輕汗，平生不平事，盡向毛孔散。五碗肌骨清，六碗通仙靈。七碗吃不得也，唯覺兩腋習習清風生。蓬萊山，在何處。玉川子，乘此清風欲歸去。山上群仙司下土，地位清高隔風雨。安得知百萬億蒼生命，墮在巔崖受辛苦。便為諫議問蒼生，到頭還得蘇息否。

唐 袁高《茶山詩》《全唐詩》卷三一四 禹貢通遠俗，所圖在安人。后王失其本，職吏不敢陳。亦有奸佞者，因兹欲求身。動生千金費，日使萬姓貧。我來顧渚源，得與茶事親。甿輟耕農來，採採實苦辛。一夫且當役，盡室皆同臻。捫葛上欹壁，蓬頭入荒榛。終朝不盈掬，手足皆鱗皴。悲嗟遍空山，草木為不春。陰嶺芽未吐，使者牒已頻。心爭造化力，先走銀臺筠。選納無晝夜，搗聲昏繼晨。衆工何枯槁，俯視彌傷神。皇帝尚巡狩，東郊路多堙。周廻繞天涯，所獻愈艱勤。況值兵革困，重兹困疲民。未知供御餘，誰合分此珍。顧省忝邦守，又慚復因循。茫茫滄海間，丹憤何由伸！

唐 李郢《茶山貢焙歌》《唐百家詩選》卷一八 使君愛客情無已，客在金臺價無比。春風三月貢茶時，盡逐紅旌到山裏。焙中清曉朱門開，筐箱漸見新芽來。陵煙觸露不停探，官家赤印連帖催。朝饑暮匐誰興哀，喧闐競納不盈掬。一時一餉還成堆，蒸之馥之香勝梅。研膏架動轟如雷，茶成拜表貢天子。萬人爭啖春山摧，驛騎鞭聲砉流電。半夜驅夫誰復見，十日王程路四千。到時須及清明宴，吾君可謂納諫君。諫官不諫何由聞，九重城裡雖玉食。天涯吏役長紛紛，使君憂民慘容色。就焙嘗茶坐諸客，幾回到口重諮嗟。嫩綠鮮芳出何力，山中有酒亦有歌。樂營房户皆仙家，仙家十隊酒百斛。金絲宴饌隨經過，使君是日憂思多。客亦無言征綺羅，殷勤繞焙復長歎。官府例成期如何！吴民吴民莫憔悴，使君作相期蘇爾。

五代 釋齊己《白蓮集》卷三《謝灉湖茶》 灉湖唯上貢，何以惠尋常。還是詩心苦，堪消蠟面香。

碾聲通一室，烹色帶殘陽。若有新春者，西來信勿忘。

宋 王禹偁《龍鳳茶》《王黄州小畜集》卷八 樣標龍鳳號題新，賜得還因作近臣。烹處豈期商嶺水，碾時空想建溪春。香于九畹芳蘭氣，圓如三秋皓月輪。愛惜不嘗惟恐盡，除將供養白頭親。

宋 范仲淹《范文正集》卷二《和章岷從事鬥茶歌》 年年春自東南來，建溪春暖冰微開。溪邊奇茗冠天下，武夷仙人從古栽。新雷昨夜

發何處，家家喜笑穿雲去。露芽錯落一番榮，綴玉含珠散嘉樹。終朝采掇未盈，唯求精粹不敢貪。研膏焙乳有雅製，方中圭兮圓中蟾。北苑將期獻太子，林下英豪先鬥美。鼎磨雲外首山銅，瓶攜江上中泠水。黄金碾畔緑塵飛，紫玉甌心雪濤起。鬥餘味兮輕醍醐，鬥余香兮薄蘭芷。其間品第胡能欺，十目視而十手指。勝若登仙不可攀，輸同降將無窮恥。于嗟天産石上英，論功不愧階前蓂。衆人之濁我可清，千日之醉我可醒。屈原試與招魂魄，劉伶卻得聞雷霆。盧仝敢不歌，陸羽須作經。森然萬象中，焉知無茶星。商山丈人休茹芝，首陽先生休采薇。長安酒價減千萬，成都藥市無光輝。不如仙人一啜好，泠然便欲乘風飛。君莫羡，花間女郎只鬥草，贏得珠璣滿頭歸。

宋 丁渭《北苑焙新茶》《四朝詩・宋詩》卷五七　北苑龍茶者，甘鮮的是珍。四方惟數此，萬物更無新。才吐微茫緑，初沾少許春。散尋縈樹遍，急採上山頻。宿葉寒猶在，芳芽冷未伸。茅茨溪口焙，籃籠雨中民。長疾勾萌並，開齊分兩均。帶煙蒸雀舌，和露疊龍鱗。作貢勝諸道，先嘗祇一人。緘封瞻闕下，郵傳渡江濱。特旨留丹禁，殊恩賜近臣。啜為靈藥助，用與上樽親。頭進英華盡，初烹氣味醇。細香勝卻麝，淺色過於筠。顧渚慚投木，宜都愧積薪。年年號供御，天産壯甌閩。

宋 晏殊《建茶》《輿地紀勝》卷一二九　北苑中春岫幌開，里民清曉駕肩來。豐隆已助新芽出，更作歡聲動地摧。

宋 蔡襄《端明集》卷二《北苑十咏・試茶》　兔毫紫甌新，蟹眼青泉煮。雪凍作成化，雲閒未垂縷。願爾池中波，去作人間雨。

又《造茶》　屑玉寸陰間，摶金新範里。規呈月正圓，勢動龍初起。焙出香色全，爭誇火候是。

宋 蘇軾《东坡乐府・西江月・茶詞》　龍焙今年絕品，穀簾自古珍泉。雪芽雙井散神仙。苗裔來從北苑。

湯發雲腴釅白，盞浮花乳輕圓。人間誰敢更爭妍。鬥取紅窗粉面。

宋 蘇軾《荔枝歎》《宋元詩會》卷二〇　十里一置飛塵灰，五里一堠兵火催。顛坑僕穀相枕藉，知是荔枝龍眼來。飛車跨山鶻橫海，風枝露葉如新採。宮中美人一破顔，驚塵濺血流千載。永元荔枝來交州，天寶歲貢取之涪。至今欲食林甫肉，無人舉觴酹伯游。我願天公憐赤子，莫生尤物為瘡痏。雨順風調百穀登，民不饑寒為上瑞。君不見，武夷溪邊粟粒芽，前丁後蔡相寵加。爭新買寵各出意，今年鬥品充官茶。吾君所乏豈此物，致養口體何陋耶？洛陽相君忠孝家，可憐亦進姚黄花。

宋 蘇軾《蘇軾集》卷二一《七年九月自廣陵召還復館於浴室東堂八年六月》　乞郡三章字半斜，廟堂傳笑眼昏花。上人問我遲留意，待賜頭綱八餅茶。

宋 黄庭堅《山谷词・滿庭芳》　北苑春風，方圭圓壁，萬里名動京關。碎身粉骨，功合上淩煙。尊俎風流戰勝，降春睡，開拓愁邊。纖纖捧，研膏濺乳，金縷鷓鴣斑。相如，雖病渴，一觴一詠，賓有群賢。為扶起燈前，醉玉頽山，搜攪胸中萬卷，還傾動三峽詞源。歸來晚，文君未寢，相對小窗前。

宋 陸游《劍南詩稿》卷一一《建安雪》　建溪官茶天下絕，香味欲全須小雪。雪飛一片茶不憂，何況蔽空如舞鷗。銀瓶銅碾春風里，不枉年來行萬里。從渠荔子腴玉膚，自古難兼熊掌魚。

元 馬祖常《石田文集》卷五《和王左司竹枝詞十首其七**》**　紅藍染裙似榴花，盤蔬飣餖芍藥芽。大官湯羊厭肥膩，玉甌初進江南茶。

又《翰林故事莫盛於唐宋聊述舊擬宫詞十首其二**》**　御筆圓封草相麻。龍箋香透擁金花。儀鸞勅設庭前候，賜酒方終更賜茶。

元 林錫翁《詠貢茶》（乾隆）《武夷山志》卷一九　百草逢春未敢花，御茶蓓蕾拾瓊芽。武夷真是神仙境，已產靈芝又產茶。

明 邱雲霄《藍素軒遺茶謝之》（乾隆）《武夷山志》卷一九　御茶园裏春常早，辟穀年來喜独尝。筆陣戰酣青疊甲，騷壇雄助録沉槍。波驚魚眼聽濤細，煙暖鴟罌坐月長。欲訪踏歌雲外客，注烹仙掌露華香。

清 查慎行《敬業堂詩集》卷二四《御茶園歌》　先春次春遍採摘，一火二火長溫馨。緘題歲額五千餅，雞狗鼠盡山邊村。

清 何紹基《東洲草堂詩鈔》卷一五《名山蒙頂貢茶賦示陳新盤明府》　蜀茶蒙頂最珍重，三百六十瓣充貢。銀瓶價領布政司，禮事虔將郊廟用。旗槍初報穀雨前，縣官潔祀當春仲。正茶七株副者三，旋摘輕烘速馳送。仙人手植東京前，後來化身入蒙泉。古風古雨飽噓吮，高三尺

壽二千年。朱闌環之鎖紐貫，縣官來時一開看。我於茶品太疏略，喜陟高山到天半。夾江昨讀酒官碑，名山令謁甘露師。敢雲飲啜事瑣瑣，民生國典相綱緯。榷酤源流有通塞，當官桑孔要深思。

雜録

元 忽思慧《飲膳正要》卷二《井華水》 甘平，無毒。主人九竅大驚出血，以水噀面即住。及洗人目翳。投酒醋中，令人不損敗，平旦汲者是也。今內府御用之水，常於鄒店取之。緣自至大初武宗皇帝幸柳林飛放，請皇太后同往觀焉。由是道經鄒店，因渴思茶，遂命普蘭奚國公金界奴朵兒只煎造。公親詣諸井選水，唯一井水，味頗清甘。汲取煎茶以進，上稱其茶味特異，內府常進之。茶味色兩絕。乃命國公於井所建觀音堂，蓋亭井上，以欄翼之，刻石紀其事。自後御用之水，日必取焉。所造湯茶，比諸水殊勝，鄰左有井，皆不及也。此水煎熬過，澄瑩如一。常較其分兩與別水增重。

圖表

宋 熊蕃《宣和北苑貢茶録·試新銙》

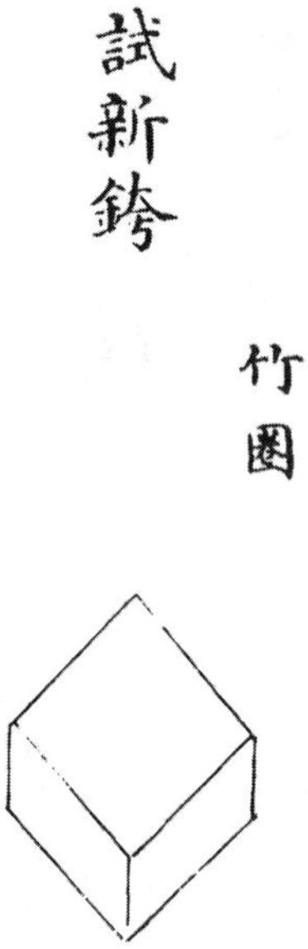

又《貢新銙》

又《萬壽龍芽》

又《御苑玉芽》

又《白茶》

白茶

竹圈

銀模

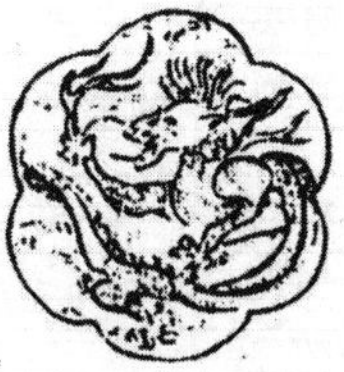

又《龍園勝雪》

龍園勝雪

竹圈

銀模

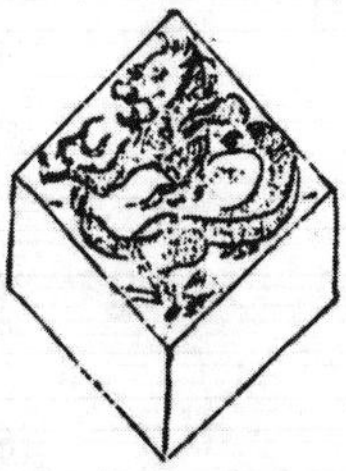

又《龍鳳英華》

龍鳳英華

按此條原本闕圈模

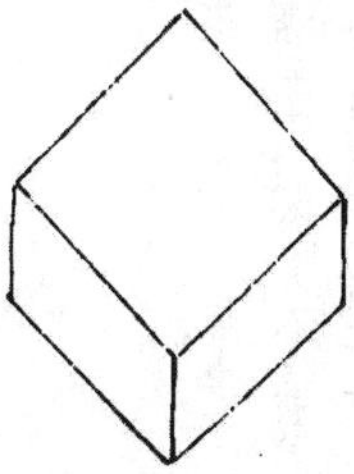

又《承平雅玩》

承平雅玩

竹圈

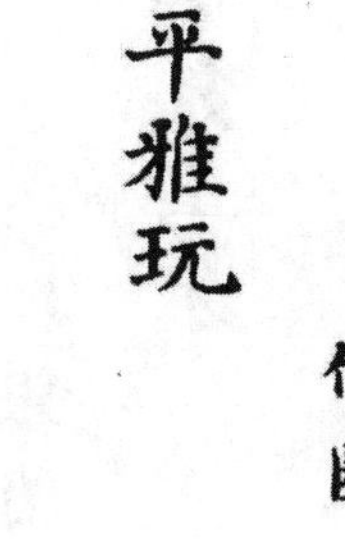

又《乙夜供清》

乙夜供清

竹圈

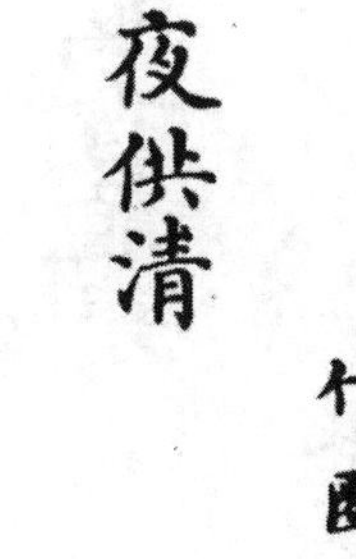

又《上林第一》

上林第一

按此條原本闕圈模

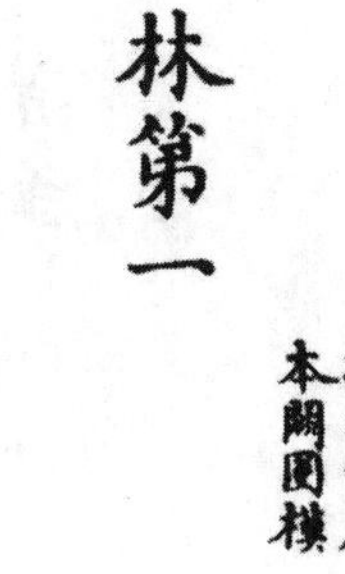

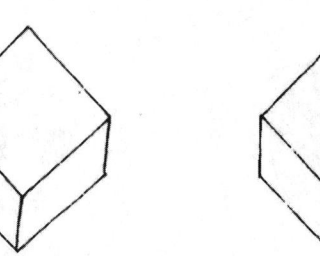

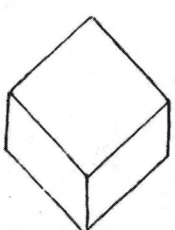

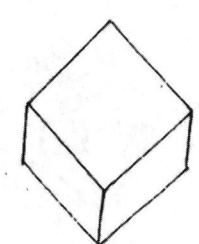

又《雲葉》

雲葉

銀模

銀圈

又《雪英》

雪英

銀模

銀圈

又《啓沃承恩》

啓沃承恩

竹圈

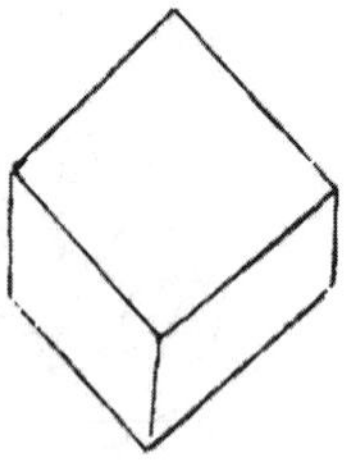

又《玉除清賞》

玉除清賞

按此條原本闕圈模

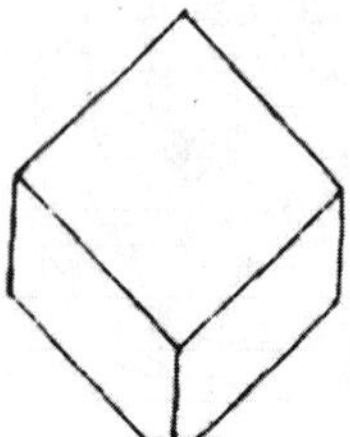

又《寸金》

寸金

銀模

竹圈

又《玉華》

玉華

銀模

銀圈

又《金錢》

金錢

銀模

銀圈

又《蜀葵》

蜀葵

銀模

銀圈

又《萬春銀葉》

萬春銀葉

銀模

銀圈

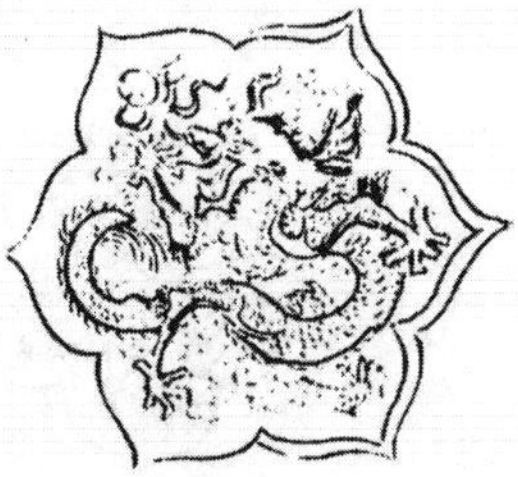

又《無比壽芽》

無比壽芽

銀模

竹圈

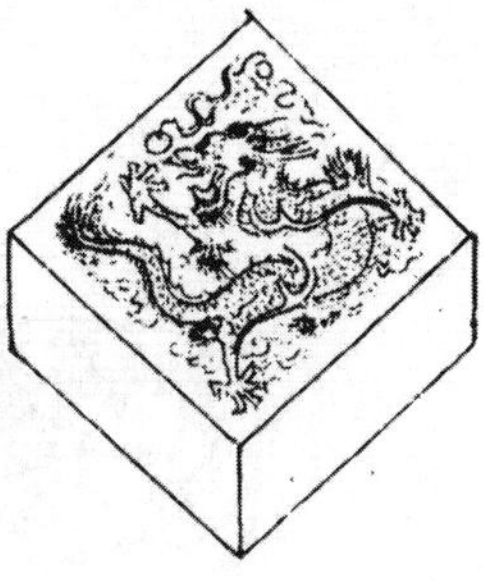

又《玉清慶雲》

玉清慶雲

銀模

銀圈

又《宜年寶玉》

宜年寶玉

銀模

銀圈

又《瑞雪翔龍》

瑞雪翔龍

銀模

銅圈

又《玉葉長春》

玉葉長春

竹圈

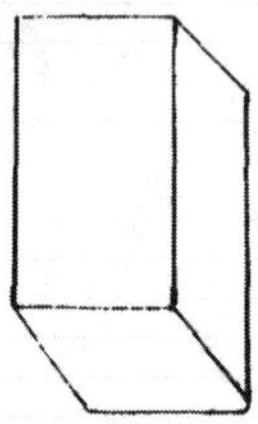

又《無疆壽龍》

無疆壽龍

銀模

竹圈

又《香口焙銙》

香口焙銙

竹圈

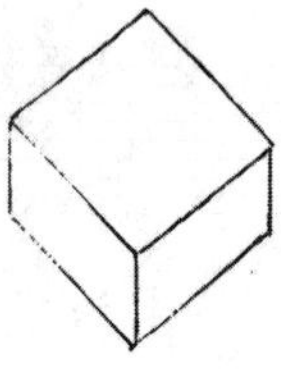

又《興國巖銙》

興國巖銙

竹圈

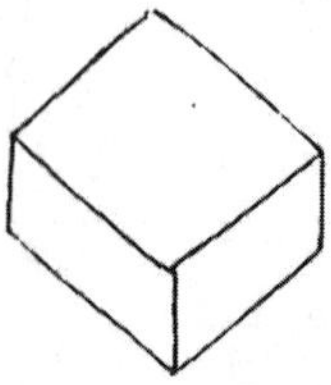

又《長壽玉圭》

長壽玉圭

銀模

銅圈

《新收揀芽》

新收揀芽

銀模

銅圈

又《上品揀芽》

上品揀芽

銀模

銅圈

又《南山應瑞》

南山應瑞

銀模

銀圈

又《龍苑報春》

龍苑報春

銀模

銅圈

又《太平嘉瑞》

太平嘉瑞

銀模

銅圈

又《小龍》

小龍

銀圈

銀模

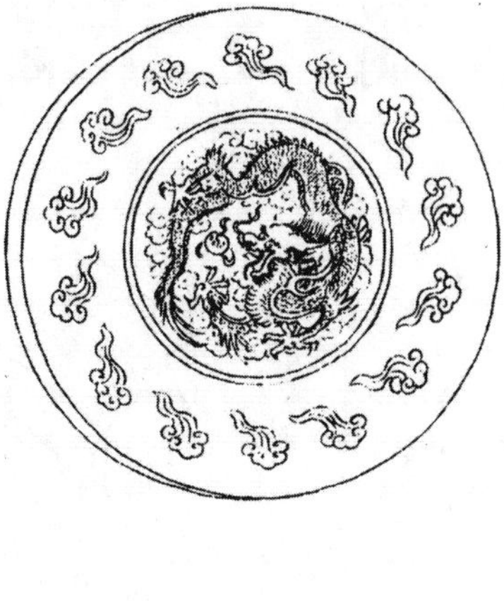

又《興國巖揀芽》

又《小鳳》

又《大龍》

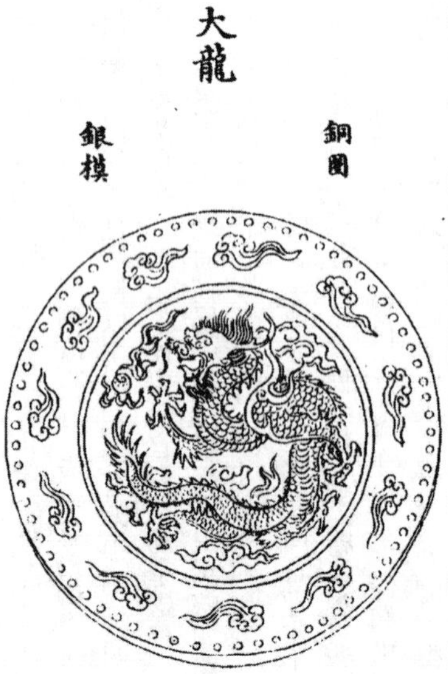

又《大鳳》

遼金時期的限茶和禁茶部

紀事

《金史》卷七《世宗中》 ［大定十六年十二月］庚寅，定榷場香、茶罪賞法。

又卷一二《章宗紀四》 ［泰和六年十一月庚子］初定茶禁。

又 ［泰和七年春正月］己亥，有司奏更定茶禁。

又卷一六《宣宗紀下》 ［元光二年三月］辛酉，禁茶。

又卷四九《食貨志四》 茶。自宋人歲供之外，皆貿易於宋界之榷場。世宗大定十六年，以多私販，乃更定香茶罪賞格。

又 章宗承安三年八月，以謂費國用而資敵，遂命設官製之。以尚書省令史承德郎劉成往河南視官造者，以不親嘗其味，但採民言謂爲溫桑，實非茶也，還即白上。上以爲不幹，杖七十，罷之。

又 ［承安］四年三月，於淄、密、寧海、蔡州各置一坊，造新茶，依南方例，每斤爲袋，直六百文。以商旅卒未販運，命山東、河北四路轉運司以各路戶口均其袋數，付各司縣鬻之。買引者，納錢及折物，各從其便。【略】五月，以山東人戶造賣私茶，侵侔榷貨，遂定比煎私礬例，罪徒二年。

又 泰和四年，上謂宰臣曰：『朕嘗新茶，味雖不嘉，亦豈不可食也。比令近侍察之，乃知山東、河北四路悉椿配於人。即曰強民，宜抵以罪。此舉未知運司與縣官孰爲之，所屬按察司亦當坐罪也。其閱實以聞。自今其令每袋價減三百文，至來年四月不售，雖腐敗無傷也。』

又 ［泰和］五年春，罷造茶之坊。三月，上諭省臣曰：『今雖不造茶，其勿伐其樹，其地則恣民耕樵。』六年，河南茶樹槁者，命補植之。十一月，尚書省奏：『茶，飲食之餘，非必用之物。比歲上下競啜，農民尤甚，市井茶肆相屬。商旅多以絲絹易茶，歲費不下百萬，是以有用之物而易無用之物也。若不禁，恐耗財彌甚。』遂命七品以上官，其家方許食茶，仍不得賣及饋獻。不應留者，以斤兩立罪賞。七年，更定食茶制。

又 ［泰和］八年七月，言事者以茶乃宋土草芽，而易中國絲綿錦絹有益之物，不可也。國家之鹽貨出於鹵水，歲取不竭，可令易茶。省臣以謂所易不廣，遂奏令兼以雜物博易。

又 宣宗元光二年三月，省臣以國蹙財竭，奏曰：『金幣錢穀，世不可一日闕者也。茶本出於宋地，非飲食之急，而自昔商賈以金帛易之，是徒耗也。泰和間，嘗禁止之，後以宋人求和，乃罷。兵興以來，復舉行之，然犯者不少衰，而邊民又窺利，越境私易，恐因泄軍情，或盜賊入境。今河南、陝西凡五十餘郡，郡日食茶率二十袋，袋直銀二兩，是一歲之中妄費民銀三十餘萬也。奈何以吾有用之貨而資敵乎。』乃制親王、公主及見任五品以上官，素蓄者存之，禁不得賣、饋，餘人並禁之。犯者徒五年，告者賞寶泉一萬貫。

宋 洪邁《容齋三筆》卷一《蜀茶法》 蜀道諸司，惟茶馬一台，最為富盛，茶之課利多寡，與夫民間利疚，他邦無由可知。予記《東坡集》有《送周朝議守漢州》詩云：『茶為西南病，甿俗記二李。何人折其鋒，矯矯六君子。』注：『二李，杞與稷也。六君子，謂思道與侄正孺、張永徽、吳醇翁、呂元鈞、宋文輔也。』初，熙寧七年，遣三司幹當公事李杞經畫買茶，以蒲宗閔同領其事。蜀之茶園不殖五穀，惟宜種茶，賦稅一例折輸，錢三百折絹一匹，三百二十折紬一匹，十錢折綿一兩，二錢折草一圍，凡稅額總三十萬。杞創設官場，歲增息為四十萬。其輸受之際，往往壓其斤重，侵其加直。杞以疾去，都官郎中劉佐體量，多其條畫。於是宗閔乃議民茶息收十之三，盡賣於官場，蜀茶盡榷，民始病矣。知彭州呂陶言：『天下茶法既通，蜀中獨行禁榷。況川峽四路所出茶貨，比方東南諸處，十不及一。諸路既許通商，兩川卻為禁地，虧損治體，莫甚於斯。且盡榷民茶，隨買隨賣，或今日買十千，明日即作十三千賣之，比至歲終，不可勝算，豈止三分而已。佐、杞、宗閔作為敝法，以困西南生聚。』佐坐罷去，以國子博士李稷代之，陶亦得罪。侍御史周尹復極論榷茶為害，罷為湖北提點刑獄。利路漕臣張宗諤、張升卿，復建議廢茶場司，依舊通商。稷劾其疏謬，皆坐貶秩。茶場司行劄子督綿州彰明縣，知

縣宋大章繳奏，以為非所當用。稷又詆其賣直釣奇，坐沖替。一歲之間，通課利及息耗至七十六萬緡有奇，詔錄李杞前勞而官其子。後稷死於永樂城，其代陸師閔言其治茶五年，獲淨息四百二十八萬緡，詔賜田十頃。凡上所書，皆見於國史。坡公所稱思道乃周尹，永徽乃二張之一，元鈞乃呂陶，文輔乃大章也，正孺、醇翁之事不著。

引制及其演變部

題解

宋 楊仲良《宋通鑒長編紀事本末》卷四五《仁宗皇帝·茶法》

［天聖元年正月］凡民鬻茶者皆售于官，其以給日用者，謂之食茶，出境則給券。商賈之欲貿易者，入錢若金帛，京師榷貨務以射六務十三場茶，給券，隨所射與之，謂之交引。

論說

宋 蘇轍《欒城集》卷三六《論蜀茶五害狀》 右臣伏見朝廷近罷市易事，不與商賈爭利，四民各得其業，欣戴聖德無有窮已。唯有益、利、秦鳳、熙河等路茶場司以買賣茶虐害四路生靈，又以茶法影蔽市易，販賣百物。州縣監司不敢何問，爲害不細，而朝廷未加禁止。臣聞五代之際，孟氏竊據蜀土，國用褊狹，始有榷茶之法。及藝祖平蜀之後，放罷一切橫斂，茶遂無禁，民間便之。其後淳化之間，牟利之臣始議掊取。大盜王小波、李順等，因販茶失職，窮爲剽劫，凶燄一扇，兩蜀之民，肝腦塗地，久而後定。自後朝廷始因民間販賣，量行收稅，所取雖不甚多，而商賈流行，爲利自廣。近歲李杞初立茶法，一切禁止民間私買。然循所收之息，止以四十萬貫爲額，供億熙河。至劉佐、蒲宗閔提舉茶事，取息太重，立法太嚴，遠人始病。是時知彭州呂陶奏乞改法，只行長引，令民自販茶，每茶一貫，出長引錢一百，更不得取息，得旨依奏。民間聞之，方有息肩之望。又卻差孫迥、李稷入川相度，始議極力掊取，因建言乞許茶價隨時增減，茶法既有增減之文，則取息依舊，由是息錢、長引二說並行，而民間轉不易矣。而稷等又益以販鹽布，乃能增額及六十萬貫。及李稷引陸師閔共事，又增額至一百萬貫。師閔近歲又乞於額外以一百萬貫爲獻，朝廷許之。於是奏乞於成都府置都茶場，客旅無見錢買茶，許以金銀諸貨折博，遂以折博爲名，多遣公人、牙人公行拘攔民間物貨入場，賤買貴賣，其害過於市易。又以本錢質典諸物，公違條法，欺罔朝廷。蓋茶法始行至今，法度凡四變矣。每變取利益深，民益困獘。然供億熙河，止於四十萬貫，其餘以供給官吏及非理進獻，希求恩賞。而害民之餘，辱國傷教，又有甚者。夫逐州通判本以按察吏民，諸縣令佐亦以撫字百姓，而計筭息錢均與牙儈分利。至於監茶之官發茶萬馱，即轉一官，知縣亦減三年磨勘。國之名器輕以與人，遂使貪冒滋章，廉恥不立，深可痛惜。又案盜賊之法，贓及二貫，止徒一年，出賞五貫。今民有以錢八百私買茶四十斤者，輒徒一年，出賞三十貫。又遞鋪文字，事一軍機及非常盜賊，急腳遞日行四百里，馬遞日行三百里，違二日者，止徒一年，今茶遞往還，日行四百里，違一日，輒徒一年，立法太深，苟以自便，不顧輕重之宜。蓋造立茶法皆傾險小人，不識事體，但以遠民無由伸訴，而他司畏憚，不敢辯理，是以公行不道。自始至今，十餘年矣。臣竊聞朝廷近日察知其弊，差官體量，然猶恐未知其詳。臣今訪聞，稍得其實，謹具條件五害如左：

其一曰：益利路所在有茶，其間邛、蜀、彭、漢、綿、雅、洋等州、興元府三泉縣人戶，以種茶爲生。自官榷茶以來，以重法脅制，不許私賣，抑勒等第，高秤低估，遞年減價，見今止得舊價之半。乞委所差官取榷茶至今遞年所估價例對定，即見的實。茶官又於每歲秋成糴米，高估米價，強俵茶戶，謂之茶本。假令米石八百錢，即作一貫支俵，仍勒出息二分。春茶既發，茶戶納茶，又例抑半價，兼壓以大秤，所損又半，謂之青苗茶。元條：園戶茶一百斤，許收十斤市例，内一半入官，一半用饒潤客旅。今逐場一百斤，有收至二十餘斤。出剩者往往卻僞作園戶中茶虛，旁支出官錢入己。近年邛州當有此獄，又有見出剩數多，陰與客旅商量，納賂不貲，指教出賣者。及至賣茶本法，止許收息二分，今多作名目，如『牙錢』、『打角錢』之類，至收五分以上。買茶商旅，其勢必不肯多出價錢，皆是減價，虧損園戶，以求易售。又昔日官未榷茶，園戶例收晚茶，謂之『秋老黄茶』，不限早晚，隨時即賣。榷茶之後，官買止於六月，晚茶入官，依條毁棄。官既不收，園戶須至和賣，以陷重禁。此園戶之害一也。

其二曰：川茶本法止於官自販茶，其法已陋。今官吏緣法爲姦，遂又販布，販大寧鹽，販瓷器等物，並因販茶還腳販解鹽入蜀。所販解鹽，

仍分配州縣，多方變賣及折博雜物貨，爲害不一。及近歲立都茶場，緣折博之法，拘攔百貨，出賣收息。其間紗羅，皆販入陝西，奪商賈之利。至於買賣之餘，則又加以質當。去年八九月間，爲成都買撲酒坊人李安典糯米一萬貫，每斗出息八錢，半年未贖，仍更出息二分。其它非法，類皆如此。今四方蒙賴聖恩，罷去市易抵當之弊，而蜀中茶官，獨因緣茶法，潛行二事，使西南之民獨不蒙惠澤。此平民之害二也。

其三曰：昔官未榷茶，陝西商旅皆以解鹽及藥物等入蜀販茶，所過州軍，已出一重稅錢，及販茶出蜀，兼帶蜀貨，沿路又復納稅，以此省稅增羨。今官自販茶，所至雖量出稅錢，比舊十不及一，縱有商旅興販，諸處稅務畏憚茶官，又利於分取息錢，例多欺詐，以稅爲息，由此省稅益耗。假有作稅錢上曆，歲終又不撥還轉運司，但添作茶官歲課，公行欺罔。訪聞元豐七年八月，陸師閔劄子奏，茶司全年課利，內有一項係茶稅錢。又茶官違法，販賣百物，商旅不行，非唯稅虧，兼害酒課。蜀中舊使交子，惟有茶山交易最爲浩瀚。今官自買茶，交子因此價賤。舊日蜀人利交子之輕便，一貫有賣一貫一百者，近歲止賣九百以上。此省課之害三也。

其四曰：蜀道行於溪山之間，最號險惡。般茶至陝西，人力最苦。元豐之初，始以成都府路廂軍數百人貼鋪般運。不一二年，死亡略盡。茶官遂令州縣和雇人夫。和雇不行，即差稅戶。其爲搔擾，不可勝言。劉庠知永興日，有澤州般茶人，以疲勞不堪告訴。庠令取狀在案，判云：候本府雇人般茶日呈，後來永興即不曾雇人。後遂添置遞鋪，十五里輒立一鋪，招兵五十人，起屋六十間，官破錢一百五十六貫，益以民力，僅乃得成。今已置百餘鋪矣。若二百鋪皆成，則是添兵萬人，衣糧歲費二十萬貫。見招填不足，旋貼諸州廂軍。逐州闕人，百事不集。又茶遞一人，日般四馱，計四百餘斤，回車卻載解鹽，往還山行六十里，稍遇泥潦，人力不支，逃匿求死，嗟怨滿道。至去年八九月間，劍州劍陽一鋪人全然走盡，沿路號茶鋪爲『納命場』。此遞鋪之害四也。

其五曰：陝西民間所用食茶，蓋有定數。茶官貪求羨息，般運過多，出賣不盡，逐州多虧歲額，遂於每斤增價俵賣與人。元豐八年，鳳州准茶官指揮，每茶一斤添錢一百。其餘州郡，准此可見。又茶法初行，賣茶地分止于秦、鳳、熙河，今遂東至陝府，侵奪蠟茶地分，所損必多。此陝西之害五也。

五害不除，蜀人泣血，無所控告。臣乞朝廷哀憐遠民，罷放榷法，令細民自作交易，但收稅錢，不出長引，止令所在場務據數抽買博馬茶，勿失朝廷武備而已。如此則救民於綱羅之中，使得再生，以養父母妻子，不勝幸甚。如朝廷以爲陝西邊事未寧，不欲頓罷茶事，即乞先馳榷禁，因民販茶，正稅之外，仍收長引錢。一歲之入，不下數十萬貫。以見今長引錢數計之可見。而商旅通行，東西諸貨日夜流轉，所得茶稅、雜稅錢及酒課增羨，又可得數十萬貫。以未榷茶以前及榷茶後來年分，自蜀至陝西沿路酒稅務歲課較之可見。而罷置茶遞，無養兵衣糧及官吏緣茶所費息錢、食錢之類，其數亦自不少，則榷茶可罷，灼然易見。若異日西邊無事，然後更罷長引錢，如舊收稅而止。然臣再詳師閔所營茶利，雖使之裒斂一一如數，止於二百萬貫，無復贏餘矣。若以前件茶引、茶稅、雜稅、酒課等錢約七八十萬貫折除，即止約有利一百二十餘萬貫。若更除茶遞養兵衣糧食及官吏緣茶所費，約三四十萬貫，即是師閔百端非理凌虐細民，止得八十萬貫。前件兩項錢，並且從小約計，故師閔所得利有八十萬貫，若依實計之，恐不得及此數。假令萬一蜀中稍有饑饉之災，民不堪命，起爲盜賊，或如淳化之比，臣不知朝廷用兵幾何、費錢幾何、殺人幾何，可得平定。今但得七八十萬貫錢，置此不慮，臣竊惑也。兼臣訪聞陸師閔，去年自成都移治永興，仍壬都供給，有本府衙前楊日新者爲之賣酒。至十一月中，師閔自覺非法，始移牒永興、成都，止就用永興供給。其違法差衙前賣酒及多請過成都供給，即不曾舉覺，其貪冒無耻一至如此。亦乞令所差官，便行體量，如是詣實，乞重行黜謫，以慰遠方積年之憤。謹録奏聞，伏候敕旨。

貼黃：陸師閔久擅茶事，欺罔朝廷，奏請如意，爲吏民所畏憚。若留在本職，雖特遣使命，恐必難以體量實害。欲乞先罷師閔職任。及利州路轉運使蒲宗閔，昔同建議榷茶，曾竊冒恩賞，顯有妨礙，亦乞指揮，不得同簽書體量事。所貴官吏不憂後害，敢以實告。

《文獻通考》卷九《錢幣考二・歷代錢币之制》 湖會孝宗隆興元年，湖廣餉臣王珏言：『襄陽、郢、復等處大軍支請，以錢銀品搭。令措置於大軍庫堆垛見錢，印造五百並一貫直便會子，發赴軍前，當見錢流轉，於京西、湖北路行使。乞鑄勘會子、覆印會子印，及下江西、湖

南漕司根刷舉人落卷，及已毀抹茶引故紙，應副抄造會子。』從之。及印造之權既專，則印造之數日增，且總所所給止行本路，而京南水陸要衝，商賈必由之地，流通不便。乃詔總所以印造銅板繳申尚書省，又撥茶引及行在會子收換焚毀。而總領所謂：『江陵、鄂州商旅輻輳之地，每年客販官鹽動以數百萬緡，自來難得回貨。又湖北會子不許出界，多將會子就買茶引，回往建康、鎮江等處興販。今既有行在會子可以通行，誰肯就買茶引？緣每年帖降引數多。若賣不行，軍食必闕。』朝廷遂寢其議，乃再印給湖北會子二百萬貫，收換舊會。至嘉定十四年，詔造湖廣會子三十萬，對換破損會。自後因仍行之。

按：錢幣之權當出於上，則造錢幣之司當歸於一。漢時，常令民自鑄錢，及武帝則專令上林三官鑄之，而天下非三官錢不得行，郡國前所鑄錢皆廢，銷輸其銅三官。然錢以銅、鐵、鉛、錫而成，而銅、鐵、鉛、錫搬運重難，是以歷代多即坑冶附近之所置監鑄錢；亦以錢之直日輕，其用日廣，不容不多置監冶，鑄以供用。中興以來，始轉而爲楮幣。夫錢重而直少，則多置監以鑄之可也；楮輕而直多，則就行都印造足矣。今既有行在會子，又有川引、淮引、湖會，各自印造，而其末也，收換不行，稱提無策，何哉？蓋置會子之初意，本非即以會爲錢，蓋以茶、鹽鈔引之屬視之，而暫以權錢耳。然鈔引則所直者重，承平時，解鹽場四貫八百售一鈔，請鹽二百斤，而會子則止於一貫，下至三百、二百。鈔引只令商人憑以取茶、鹽、香貨，故必須分路，如顆鹽鈔只可行於陝西，末鹽鈔只可行於江淮之類。會子則公私買賣支給無往而不用，且自一貫造至二百，則是明以之代見錢矣。又況以尺楮而代數斤之銅，齎輕用重，千里之遠、數萬之緡，一夫之力克日可到，則何必川自川，淮自淮，湖自湖，而使後來或廢或用，號令反覆，民聽疑惑乎？蓋兩淮、荊湖所造，朝廷初意欲暫用而即廢，而不知流落民間，便同見鏹，所以後來收換生受，只得再造，遂愈多而愈賤，亦是立法之初，講之不詳故也。

明 林德頌《榷茶論》 自唐陸羽隱於苕溪，性酷嗜茶，乃著《茶經》三篇，言茶之原、之法、之具尤備。【略】然嘗以國朝榷茶之法而觀之，曰榷務，曰貼射，曰交引，曰三分，曰三説，曰茶賦，紛紛不一。【略】乾德之榷務，淳化之交引，咸平之三分，景德之三説，此鬻之在官者。【略】商納芻薪於邊郡，官給文券於茶務，此交引之法爾，然鬻引之具一興，而所給之茶不充，此利復在商而不在官也。始以茶鈔與香藥、犀象，爲三分之法。

明 李椿《奏減茶引價錢疏》《歷代名臣奏議》卷二七一 臣竊見累年以來，茶寇滋盛，動輒百十爲羣。多至數百人，或相讎殺，或恣刧掠。前年鄂州武昌縣、黄州興國軍界，茶寇兩次讎殺，官司不能誰何。臣備員湖北漕臣日，曾具奏聞，去年湖南北界首，茶寇數百人，讎殺者數十人。帥司遣兵收捕，捉獲百餘人，方始稍戢至茶出之時，又復前來，臣赴四川任。至潭州益陽縣界，正是茶寇出没去處。因詢問士人，多稱自茶引增價以来，客旅艱於興販，所以私販公行。莫能制遏，或行刼掠居民，或奪取客人買下茶貨，或彊掠婦女，或押鐵匠打造器甲，以致民不奠居。臣契勘得長引，每道販茶一百二十斤，價錢二十四貫有奇。短引每道販茶百斤，價錢二十三貫有奇。長引又有兩淮京西路畨引錢，又有過淮錢，共十五貫有奇。臣累任湖南州縣差遣，備見官司抑勒牙鋪承買茶引，亦有違法科于税户者。提舉司亦嘗按發，可見茶引價高願買者少。竊緣榷茶與其他榷貨不同，如鹽、礬、乳、香、鉛、錫、酒皆有所之物。唯有榷茶，止是空引，客人自行買茶，置篰搬擔，費用固多計其每引，不下四五十千。委是引錢太重，商旅難於圖利，遂致私販日廣。本爲商賈，變而爲盗，至於民被其害，若不改革以救之，其患不可勝言。臣愚欲望出自宸斷，將茶引價錢，痛行裁減以救其弊。竊緣湖南北所產之茶，江浙不食，臣欲乞將湖南北路茶引每道販茶六十斤，引價錢三貫文。是長引元販一百二十斤，今減其半。價錢元係二十四貫其半當一十二貫，今減作三貫，是四分之一，却計每年兩路茶額科降引數以四倍給之。付逐處官司紙墨之費，不多招邀筭請，必不更有科抑之弊。游手失業之人有三千，便可興販官茶，況今来私販之多，百倍於有引販茶之數。今来茶引價輕，公販有利，則私販日消。將不止可補四分之數，臣愚謂因此可變盜賊爲商賈，化兇惡爲良善，若直待遣兵捕殺僅能勝之，所損多矣。其兩淮京西畨引，過淮貼納，更不增減，畨引錢於沿江税務送納，貼納錢於近榷場税務送納。其不經畨引欲過淮者，一併送納，沿淮關防，稍加緊密，則無透漏。其有江浙所產茶，乞從逐路監司相度。茶事雖隸舉司，緣臣備員職司，親見民間疾

苦，不敢緘默。

綜述

《建炎以來朝野雜記・甲集》卷一四《財賦一・總論東南茶法》

東南茶，舊法官買官賣。天禧三年，合六榷貨務、十三山場所收茶錢十二萬緡，除買茶本錢外，止有息錢三萬緡而已（六榷貨務乃荆南府、漢陽軍、蘄州、蘄口、無爲軍、真州、海州也。）天聖中，稍改其法，歲所得亦不過數十萬緡，人多盜販抵罪，上下苦之。嘉祐中，韓魏公當國，遂弛其禁，但收茶租淨利錢三十三萬八千餘緡，時以爲便。元豐復榷，輦致都下，即汴流爲水磨，官自鬻之。政和初，蔡京欲盡籠天下錢實中都，乃創引法，即汴京置都茶場，印賣茶引，許商人赴官算請，就園戶市茶赴所在合同場秤發，歲收息錢至四百餘萬緡。建炎渡江，不改其法，至紹興末年，東南十路六十州二百四十二縣，歲產茶一千五百九十餘萬斤（浙東紹興、慶元府、温、台、衢、婺、處州八萬三千二十一斤三兩。浙西臨安、平江府、湖、嚴、常州共四百四十八萬四千五百斤十三兩。江東寧國府、徽、饒、池、信、太平州、南康、廣德軍共三百七十五萬九千一百二十九斤四兩。江西隆興府、贛、吉、袁、撫、江、筠州、建昌、興國、臨江、南安軍共四百四十五萬三千一百九十七斤十四兩四錢。湖南路衡、潭、永、紹、全、郴州、桂陽、武岡軍共一百十三萬五千三百四十八斤七兩。湖北江陵、常德府、澧、辰、沅、歸、峽、鄂、岳州、荆門軍共九十萬五千七百四十一斤四兩。福建路建寧府、福、汀、南劍州、邵武軍共九十八萬一千六百六十九斤半。淮西廬、蘄、舒州、安豐軍共一萬九千三百五十八斤十兩。廣東南雄、循州二千六百斤。廣西静江府、融、潯、賓、昭、鬱林州共八萬九千七百九十六斤六兩。以上總計茶一千五百九十一萬四千三百七十九斤十兩四錢，係紹興三十二年數。，收鈔錢二百七十餘萬。淳熙初，歲收四百二十萬。）

《文獻通考》卷一八《征榷考五・榷茶》 淳化三年，詔盜官茶販鬻十貫以上，黥面配本州牢城。雍熙後用兵，乏於餽餉，多令商人輸芻糧塞下，酌地之遠近不爲其直，取市價而後增之，授以要券，謂之交引，至京師給以緡錢，又移文江、淮、荆湖給以顆、末鹽及茶。

又 凡園戶，歲課作茶輸其租，餘則官悉市之。其售於官者，皆先受錢而後入茶，謂之本錢。百姓歲輸稅願折茶者，亦折爲茶，謂之折稅。此收茶之法。

凡民鬻茶者，皆售於官，其以給日用者，謂之食茶，出境則給券。商賈之欲貿易者，入錢若金帛京師榷貨務，以射六務、十三場茶，給券隨所射予之，謂之交引；願就東南入錢若金帛者聽，計直予茶如京師。凡茶入官以輕估，其出以重估，縣官之利甚博，而商賈轉致於西北，以致散於夷狄，其利又特厚。此鬻茶之法。

自西北宿兵既多，餽餉不足，因募人入中芻粟，度地里遠近，增其虚估，給券，以茶償之。後又益以東南緡錢、香藥、象齒，謂之『三說』，而塞下急於兵食，欲廣儲峙，不愛虚估，入中者以虚錢得實利，人競趨焉。及其法既弊，則虚估日益高，茶日益賤，入實錢金帛日益寡。而入中者非盡行商，多其土人，既不知茶利厚薄，且急於售錢，得券則轉鬻於茶商或京師坐賈號交引鋪者，獲利無幾。茶商及交引鋪或以券取茶，或收畜貿易，以射厚利。繇是虚估之利皆入豪商鉅賈，券之滯積，雖二三年茶不足以償，而入中者以利薄不趨，邊備日蹙，茶法大壞。

《元史》卷九四《食貨志二・茶法》 榷茶始于唐德宗，至宋遂爲國賦，額與鹽等矣。元之茶課，由約而博，大率因宋之舊而爲之制焉。

世祖至元五年，用運使白賡言，榷成都茶，於京兆、鞏昌置局發賣，私自採賣者，其罪與私鹽法同。六年，始立西蜀四川監榷茶場使司掌之。十三年，既平宋，復用左丞呂文焕言，榷江西茶，十三年既平宋復用左丞呂文焕言榷江西茶，以宋會五十貫準中統鈔一貫。十三年，定長引短引之法，以三分取一。長引每引計茶一百二十斤，收鈔五錢四分二釐八毫。短引計茶九十斤，收鈔四錢二分八毫。是歲，徵一千二百餘錠。十四年，取三分之半，增至二千三百餘錠。十五年，又增至六千六百餘錠。十七年，置榷茶都轉運司于江州，總江淮、荆湖、福廣之稅，而遂除長引，專用短引。每引收鈔二兩四錢五分，草茶每引收鈔二兩二錢四分。十八年，增額至二萬四千錠。十九年，以江南茶課官爲置局，令客買引，通行貨賣。歲終，增二萬錠。二十一年，廉運使言：『各處食茶課程，抑配于民，非便。』於是革之。而以其所革之數，於正課每引增一兩五分，通爲三兩五錢。二十三年，又以李起南言，增爲五貫。是年徵四萬錠。二十五年，改立江西等處都轉運司。二十六年，丞相桑哥增引稅爲一十貫。三十年，又改江南茶法。凡管茶提舉司一十六所，罷其課少者五所，併入附近

提舉司。每茶商貨茶，必令齎引，無引者與私茶同。引之外，又有茶由，以給賣零茶者。初，每由茶九斤，收鈔一兩，至是自三斤至三十斤分爲十等，隨處批引局同，每引收鈔一錢。

元貞元年有獻利者言：『舊法江南茶商至江北者又稅之，其在江南賣者，亦宜更稅，如江北之制。』於是朝議復增江南課三千錠，而弗稅。是年凡征八萬三千錠。至大元年，以龍興、瑞州爲皇太后湯沐邑，其課入徽政院。四年，增額至一十七萬一千一百三十一錠。皇慶二年，更定江南茶法，又增至一十九萬二千八百六十六錠。延祐元年，改設批驗茶由局官。五年，用江西茶副法忽魯丁言，立減引添課之法，每引增稅爲一十二兩五錢，通辦鈔二十五萬錠。七年，遂增至二十八萬九千二百一十一錠。

天曆二年，始罷榷司而歸諸州縣，其歲征之數，蓋與延祐同。至順之後，無籍可考。他如范殿帥茶、西番大葉茶、建寧胯茶，亦無從知其始末，故皆不著。

《清史稿》卷一二四《食貨志五・茶法》 茶法我國產茶之地，惟江蘇、安徽、江西、浙江、福建、四川、兩湖、雲、貴爲最。明時茶法有三：曰官茶，儲邊易馬；曰商茶，給引徵課；曰貢茶，則上用也。清因之。於陝、甘易番馬。他省則召商發引納課，間有商人赴部領銷者，亦有小販領於本籍州縣者。又有州縣承引，無商可給，發種茶園戶經紀者。戶部寶泉局鑄刷引由，備書例欵，直省預期請領，年辦年銷。茶百斤爲一引，不及百斤謂之畸零，另給護帖。行過殘引皆繳部。凡僞造茶引，或作假茶興販，及私與外國人買賣者，皆按律科罪。

司茶之官，初沿明制。陝西設巡視茶馬御史五：西寧司駐西寧，洮州司駐岷州，河州司駐河州，莊浪司駐平番，甘州司駐蘭州。尋改差部員，又令甘肅巡撫兼轄，後歸陝甘總督管理。四川設鹽茶道。江西設茶引批驗大使，隸江寧府。

歲徵之課，江蘇發引江寧批發所及荊溪縣屬張渚、湖汊兩巡檢司。安徽發引潛山、太湖、歙、休寧、黟、宣城、寧國、太平、貴池、青陽、銅陵、建德、蕪湖、六安、霍山、廣德、建平十七州縣。江西發引徽商及各州縣小販。此三省稅課，均於經過各關按則徵收。浙江由布政使委員給商，每引徵銀一錢，北新關徵稅銀二分九釐二毫八絲，彙入關稅報解。又每歲辦上用及陵寢內廷黃茶共百一十餘簍，由辦引委員於所收茶引買價內辦解。湖北由咸寧、嘉魚、蒲圻、崇陽、通城、興國、通山七州縣領引，發種茶園戶經紀坐銷。建始縣給商行銷。坐銷者每引徵銀一兩，行銷者徵稅二錢五分，課一錢二分五釐，共額徵稅課銀二百三十兩有奇。行茶到關，仍行報稅。湖南發善化、湘陰、瀏陽、湘潭、益陽、攸、安化、邵陽、新化、武岡、巴陵、平江、臨湘、武陵、桃源、龍陽、沅江十七州縣行戶，共徵稅銀二百四十兩。陝、甘發西寧、甘州、莊浪三茶司，而西安、鳳翔、漢中、同州、榆林、延安、寧夏七府及神木廳亦分銷焉。每引納官茶五十斤，餘五十斤由商運售作本。每百斤爲十篦，每篦二封，共徵本色茶十三萬六千四百八十篦。改折之年，每封徵折銀三錢。其原不交茶者，則徵價銀共五千七百三十兩有奇。亦有不設引，止於本地行銷者，由各園戶納課，共徵銀五百三十兩有奇。四川有腹引、邊引、土引之分。腹引行內地，邊引行邊地，土引行土司。而邊引又分三道，其行銷打箭鑪者，曰南路邊引；行銷松潘廳者，曰西路邊引；行銷邛州者，曰邛州邊引。皆納課稅，共課銀萬四千三百四十兩，稅銀四萬九千一百七十兩，各有奇。雲南徵稅銀九百六十兩。貴州課稅銀六十餘兩。凡請引於部，例收紙價，每道以三釐三毫爲率。盛京、直隸、河南、山東、山西、福建、廣東、廣西均不頒引，故無課。惟茶商到境，由經過關口輸稅，或略收落地稅，附關稅造銷，或彙入雜稅報部。此嘉慶前行茶事例也。

其業此者，有總商，有散商。領引後，行銷各有定域。亦有兼行票法者，如四川自乾隆五十二年開辦堰工茶票後，名目甚繁，然第行於產多或銷暢之區，非遍及各州縣也。惟甘商舊分東、西二櫃，東櫃多籍隸山西、陝西，西櫃則回民充之。自咸豐中回匪滋事，繼以盜賊充斥，兩櫃均無人承課。總督左宗棠勘定全省，乃奏定章程，以票代引。遴選新商採運湖茶，是曰南櫃。時領票止八百餘張。嗣定爲三年一案，領票准加不准減。計自光緒十三年至二十七年，逐案加增。三十年，又於湖票外更行銷伊、塔之晉票。迄於宣統二年，茶務日盛。

茶之與鹽，辦法略相似。惟鹽爲歲入大宗，故掌國計者第附於鹽而總核之。其始但有課稅，除江、浙額引由各關徵收無定額外，他省每歲多

者千餘兩，少祇數百兩或數十兩。即陝、甘、四川號爲邊引，亦不滿十萬金。咸豐以來，各省次第行釐，光緒十二年，福建冊報至十九萬餘兩，他省欵亦漸多，未幾收數復絀。宣統三年豫算表所載，茶税特百三十餘萬而已。

傳記

《宋史》卷三七四《趙開傳》 趙開字應祥，普州安居人。登元符三年進士第。大觀二年，權辟廱正。用舉者改秩，即盡室如京師，買田尉氏，與四方賢俊遊，因詗知天下利病所當罷行者。如是七年，慨然有通變救弊志。

宣和初，除禮制局校正檢閲官。數月局罷，出知鄢陵縣。七年，除講議司檢詳官。開善心計，自檢詳罷，除成都路轉運判官，遂奏罷宣和六年所增上供認額綱布十萬匹，減綿州下戶支移利州水脚錢十分之三，又減蒲江六井元符至宣和所增鹽額，列其次第，謂之『鼠尾帳』，揭示鄉戶歲時所當輸折科等實數，俾人人具曉，鄉胥不得隱匿竄寄。

嘗言：『財利之源當出於一，祖宗朝天下財計盡歸三司，諸道利源各歸漕計，故官省事理。併廢以還，漕司則利害可以參究，而無牽掣窒礙之患矣。』因指陳榷茶、買馬五害，大略謂：『黎州買馬，嘉祐歲額纔二千一百餘。自置司榷茶，歲額四千，且獲馬兵踰千人且獲馬兵踰千人，猶不足用，多費衣糧，爲一害。嘉祐以銀絹博馬，價皆有定。今長吏旁緣爲姦，不時歸貨，以空券給夷人，使待資次，夷人怨恨，必生邊患，爲二害。初置司榷茶，借本錢於轉運司五十二萬緡，於常平司二十餘萬緡。自熙寧至今幾六十年，舊所借不償一文，而歲借乃準初數，爲三害。榷茶之初，預俵茶戶本錢，尋於數外更增和買，或遂抑預俵錢充和買，茶戶坐是破產，而官買歲增。茶日濫雜，官茶既不堪食，則私販公行，刑不能禁，爲四害。承平時，蜀茶之入秦者十幾八九，猶患積壓難售。今關、隴悉遭焚蕩，仍拘舊額，竟何所用？茶兵官吏坐縻衣糧，未免科配州縣，爲五害。請依嘉祐故事，盡罷榷茶，仍令轉運司買馬，即五害並去，而邊患不生。如謂榷茶未可遽罷，亦宜併歸轉運司，痛減額以蘇茶戶，輕立價以惠茶商，如此則私販必衰，盜賊消弭，本錢既常在，而息錢自足。』

朝廷是其言，即擢開都大提舉川、陝茶馬事，使推行之。時建炎二年也。於是大更茶馬之法，官買官賣茶並罷，參酌政和二年東京都茶務所創條約，印給茶引，使茶商執引與茶戶自相貿易。改成都舊買賣茶場爲合同場買引所，仍於合同場置茶市，交易者必由市，引與茶必相隨。茶戶十或十五共爲一保，并籍定茶鋪姓名，互察影帶販鬻者。凡買茶引，每一斤春爲錢七十，夏五十，舊所輸市例頭子錢並依舊。茶所過每一斤征一錢，住征一錢半。其合同場監官除驗引、秤茶、封記、發放外，無得干預茶商、茶戶交易事。

舊制買馬及三千匹者轉一官，比但以所買數推賞，往往有一任轉數官者。開奏：『請推賞必以馬到京實收數爲格，或死於道，黜降有差。』比及四年冬，茶引收息至一百七十餘萬緡，買馬乃踰二萬匹。

紀事

《續資治通鑑長編》卷五四《咸平六年》 春正月甲午，詔延州、保安軍自今有賊界投來人，並依石、隰州例給廩食，補其酋長。

丙申，免静戎軍漢陽等五鄉秋税，以其經戎寇侵略也。

契丹奚王知客陽勍來降。辛丑，以勍爲三班借職，賜冠帶、錢綵。

壬寅，以度支使、右諫議大夫梁鼎爲陝西制置使；屯田郎中楊覃爲陝西轉運使，左司諫張賀副之，賜覃、賀金紫。又以内殿崇班、閤門祇候杜承睿同制置陝西青白鹽事。

先是，鼎上言【略】又言：『中書换臣，令計度如何輦運科撥夏秋二税者。竊以陝西沿邊，除鎮戎、保安軍各近蕃界，不可大段儲積，所須糧草，止逐時輦運常及半年已上外，其渭、原、涇三州，即西路屯兵之所，請令永興、鳳翔、華、儀、隴五州人戶輦運糧草，仍支此五州二税，於涇、原、渭三州輸送，其三州二税，即令輦運鎮戎軍糧草。環、慶二州，即中途屯兵之處，請令同、耀、乾、邠、寧五州人戶輦運糧草，仍支此五州二税，於環、慶二州輸送，其二州二税，並於沿路鎮寨輸送。延

州，卽東路屯兵之處，請令解、河中、丹、坊、鄜五州人戶輦運糧草，仍支此五州二稅，於延州輸送，其延州二稅，卽令輦運保安軍糧草。其陝、虢、商三州，請令於永興軍輸送。其逐處本州軍所備年支糧草，則止令五等以下人戶供輸。秦、鳳、階、成四州，地理稍遙，其二稅請令輸於本州。如上件三路屯軍處，輦運科撥，不及一年已上儲備，卽且留緣江茶引，許商旅入中添填。』

又卷八六《大中祥符九年》　［二月］庚辰，上謂輔臣曰：『提舉諸司庫務藍繼宗言，榷貨務去年茶引錢一百五十萬緡，比新額殆虧十萬緡。』丁謂曰：『比遞年及新額雖少，比未改法則利且倍矣。自大中祥符已後，歲及二百萬緡，六年至三百萬緡，七年又增九十萬緡，故八年止有此數。然以今年正月比去年，已贏三十萬緡。由是校之，改法非不便也。』翌日，中書復以三司歲校茶利數聞，上曰：『從初歲利幾何？至於前代，與今孰多？』王旦等曰：『元和國計，茶稅歲不過四十萬緡。朝廷自克復江、浙，總山場榷務，共獲錢四百餘萬緡。太平興國初，並實錢也。自後，西北急於軍糧，入中之際，添估加耗，入粟之地，與出茶之區，不相應會，以是實直盡爲虛錢。舊法弊極，難於行用，故須改法。今若守而不變，則三百萬緡歲利可以不失。』本志以王旦對上語並出丁謂，今從實録。

又卷九二《天禧二年》　十一月，己未，翰林學士晁迥爲承旨。時朝廷數舉大禮，詔令每下，多出迥手。嘗夜召對，上令內侍持御前炬燭送歸院。他日曲宴宜聖殿，內出牡丹百餘盤，千葉者惟十餘蒂，以賜宰臣、親王。上顧迥與學士錢惟演，亦皆賜焉。

壬戌，詔諸州職田，先以三月、四月、九月內到任爲限，過其月、有閏者，勿理。

己巳，三司言：『陝西入中芻糧，請依河北例，每斗束量增直，計實錢給鈔，入京以見錢買之。如願受茶貨交引，卽依實錢數給之，令榷貨務並依時價納緡錢支茶，不得更用芻糧交鈔貼給茶貨。』詔每入百千，增五千茶引與之，餘從其請。

又卷一六五《慶曆八年》　［十一月］初，權發遣鹽鐵判官董沔言：『竊以今之天下，亦端拱、淳化之天下，今之賦稅，不加耗於前。方端拱、淳化時，祖宗北伐燕、薊，西討靈、夏，以至真宗朝，二邊未和，用兵數十年，然猶帑藏充實，人民富庶，何以至其然哉，行三稅入中之法爾。自西人擾邊，國用不足，民力大匱，得非廢三稅之法耶！語曰：「變而不如前，易而多所敗者，不可不復也。」請依舊行三稅以救財用困乏之弊。』乃下三司議，因言：『自見錢法行，京師之錢，入少出多。慶曆七年，榷貨務緡錢入百十九萬，出二百七十六萬。以此較之，恐無以贍給，請如沔議。』舊法，每一百貫支見錢三十貫，香藥、象牙三十貫，茶引四十貫。至是加以南末鹽爲四稅而行之。沔，平陰人也。按康定元年，河北入中已積用三稅法。慶曆二年，又復用康定元年法，而董沔乃建議如此，當考。皇祐二年正月并載慶曆二年事，不復別書康定元年事，則具之年末矣，皇祐三年二月方書。

又卷三六六《元祐元年》　［二月］臣竊嘗博訪於知其事者，槩得其說曰，蜀地陋而陿，茶之所出不過數十州而已。始時人賴以爲生，今茶司盡榷而市之。大約園戶有茶一本，而官市之額，已至數十斤矣。官所給錢，糜耗於公者，名色不一，如預借息錢、驗引頭子錢、稅錢之類，費用常以過半。每歲春，官司預以券給借錢糧，必以牙儈保任之，及輸入之日，驗引交稱，又牙儈主之，故其費於牙儈者，又不知幾何。則是於園戶，名爲平市而實奪之也。園戶有逃以免者，有投死以免者，已而，其害猶及鄰伍。欲伐茶則有禁，欲增植則加市，故其俗論謂地非生茶也，地實生禍也。茶場司以茶爲息，始者息一出於茶也，其後市之價愈下，取之息愈多，園戶不勝爲之也，故作茶日少，裁足以應官額而已。

又　自後朝廷始因民間販賣，量行收稅，所取雖不甚多，而商賈流行，爲利自廣。近歲李杞初立茶法，一切禁止民間私買，然猶所收之息止以四十萬貫爲額，供億熙河。至劉佐、蒲宗閔提舉茶事，取息太重，立法太嚴，遠人始病，是時知彭州呂陶奏乞改法，只行長引，令民自販茶，每茶一貫長引錢一百，更不得取息。得旨依奏，民間聞之，方有息肩之望。又卻差孫迥、李稷入川相度，始擬極力掊取。因建言乞許茶價隨時增減，茶法既有增減之文，則取息依舊。由是息錢、長引二說並行，而民間轉不易矣！而稷等又益以販鹽布，乃能增額及六十萬貫。及李稷引陸師閔共事，又增額至一百萬貫。師閔近歲又乞於額外以一百萬貫爲獻，朝廷許之。於是，奏乞於成都府置場，客旅無見錢買茶，許以金銀諸貨折博，遂以折博爲名，多遣公人牙人公行拘攔民間物貨，入場賤買貴賣，其害過

於市易。

又 元豐八年，鳳州準茶官指揮，每茶一斤添一百錢，其餘州郡，準此可見。又茶法初行，賣茶地分於秦鳳、熙河，今遂東至陜府，侵奪蠟茶地分，所損必多，此陜西之害，五也。

五害不除，蜀人泣血無所控告。臣乞朝廷哀憐遠民，罷放榷法，令細民自作交易，但收稅錢，不出長引，止令所在場務，據數抽買博馬茶，勿失朝廷武備而已。如此則救民於網羅之中，使得再生，以養父母妻子，不勝幸甚。如朝廷以爲陜西邊事未寧，不欲頓罷茶事，即乞先弛榷禁，因民販茶正稅之外，仍收長引錢，一歲之入，不下數十萬貫。以見今長引錢數計之可見。而商旅通行，東西諸貨日夜流轉，所得茶稅、雜稅錢及酒課增羡，又可得數十萬貫。以未榷茶以前及榷茶後來年分，自蜀至陜西沿路酒稅務歲課較之可見。而罷置茶遞，無養兵衣糧及官吏緣茶所費息錢、食錢之類，其數亦自不少，則榷茶可罷，灼然易見。若異日西邊無事，然後更罷長引錢，如舊稅而止。然臣再詳師閔所營茶利，雖使之裒斂一一如數，止於二百萬貫，無復贏餘矣，若以前件茶引、茶稅、雜稅、酒課等錢約七八十萬貫折除，止約有利一百二十餘萬貫，若更除茶遞，養兵衣糧及官吏緣茶所費約三四十萬貫，即是師閔百端非理淩虐細民，止得八十萬貫。前件兩項錢並且從小約計，故師閔所得利有八十萬貫，若依實計之，恐不得及此數矣。

《建炎以來朝野雜記・甲集》卷一四《財賦一・蜀茶》 蜀茶舊無榷禁，熙寧間始令官買官賣，置提舉司以專榷收之政。其始，歲課三十萬，李稷爲提舉，增至五十萬緡。其後，歲益多，至百萬緡。久之，不能敷其數，而蜀人以爲病。建炎初，趙應祥爲成都漕司，上言：『榷茶、買馬五害，請用嘉祐故事，盡罷榷茶，仍令漕司買馬。或未能然，亦當痛減額以蘇園戶，輕立價以惠行商，如此則私販衰而盜賊息矣。』朝廷然之，擢應祥同主管川、陜茶馬。二年十一月，應祥至官，遂大更茶法，官買官賣並罷，倣蔡京都茶場法，印給茶引，使商人卽園戶市茶，置合同場以稽其出入，重私商之禁。其法，每斤引錢，春七十，夏五十，市利、頭子在外。所過徵一錢，住徵一錢五分，每百斤增十斤勿算。自後引息錢乃復至一百五萬緡。紹興後，提舉官又旋增引錢。至十四年，每引收十二道三百文，比應祥初立法又增一倍。於是茶司一年遂收二百萬，而買馬之數復不加多，故當此時，茶馬司之富，甲於天下。時以其歲勝者上供，他司不敢問也。自乾道末，青羌作亂，茶司爲之增長細馬名色等錢，歲約三十萬。淳熙六年以後，又累減園戶重額錢，歲約十六萬。其四年，李正之爲提舉，以茶課稽滯，爲減引息錢十六萬。至紹熙初，楊嗣勳爲使，遂定以爲例焉紹熙元年減今成都府、利州路二十三處茶場，歲産二千一百二萬斤一千六百十七萬，係成都府路九州軍凡二十場。四百八十四萬，係利州路二州三場。

又 卷一六《財賦一・夔州茶》 夔路自祖宗以來不榷茶，政和中，有司請賣引者，議以民夷不便，罷之。紹興中，韓球美成同提舉茶馬，始榷忠達州茶，卽夔合廣安置合同場，歲收以八萬斤爲額，然商人以利薄不通，但以引錢敷民間耳，民甚苦之。二十七年冬，忠守董時敏以爲言，事下茶馬司。時許覺民侍郎爲主管官，不肯蠲，乃止。後三年，王瞻叔以漕副攝事，遂除之。先是美成在茶司，盡取園戶加饒之茶爲正額，有一場而增至二十萬斤者。韓以十七年十二月領茶事，十九年五月移夔。民知輸官不補所得，於是起爲私販。二十六年六月，秘書省正字張震真甫以爲言，遂命茶司裁損，今茶場每百斤加饒率過半，若茶官稍加裁抑，則商販者遂轉而之他，宜量減引錢，而禁其搭帶，又因地之遠近不同，而稍低昂之，則幾乎其可矣。

又《財賦三・湖北會子》 湖北會子者，隆興元年秋，總領王珏始創造，謂之直便會子，凡七百萬緡。乾道元年春，楊倓帥荆南，以爲不可通行於諸路，乞令戶部以五十萬緡兑換。其後遂收三百萬緡，止餘四百萬。淳熙五年冬，又令戶部印給三百萬緡，而總領周嗣武言：『自來鹽商無回貨，率以會子市茶引而東。今會子通行，則茶引不售，軍食必闕。』遂寢之。十一年，始通行於京西路。紹熙初，梁聰爲京湖總領，會其已出應換之數，得五百六十二萬緡，遂亦造兩界焉。每界二百七十萬緡，總爲五百四十萬。

又《乙集》卷一六《財賦・東南收兑會子》 自曾欽道爲版書，欲急見理財之效，始與提領會子庫官陳彌祚、李若本共議，依川錢引例立界，每界一千萬緡，兩界相沓，行之久矣。其後每界增爲千八百萬緡，至第七界又增爲二千三百二十三萬緡。開禧用兵，又依四川例，亦以三界通行。而第十三界累增至四千七百五十八萬九百餘緡，民間折閱滋甚。

嘉定庚午春，第十一界會子當滿，朝廷先期命刑部曾尚書煥等置局拘換。於是與其寮奏言：『第十一界會子爲三千六百三十二萬六千二百三十六貫八百文，乞以鬻爵及出賣沒官田等諸色名件【略】後又禁銅錢毋出都城，於是行在會子每千爲錢七百，諸路州縣纔得其半云。朝廷知其壅積，遂廢十一、十二兩界，而以十四界新會收之。壬申之冬，王釜爲湖廣總領，亦請以度牒、茶引兩色收兌第五界舊會，每度牒一道，價錢五百緡官賣價八百緡。又貼搭茶引一千五百緡，方許收買，仍限一月。然京湖二十一州相去遥遠，而止置三場收兌，小民聞知後時，人情洶洶，市皆扃肆，怨嗟盈路。劉德修爲制置使，以爲不便。會總所以第六界新會五萬緡，令江陵軍民之兌會者以舊楮二易其一。德修復自出府庫之藏，聽軍民以一楮半易其一，又懇于朝得新楮十萬緡。蜀中收兌舊會，凡用坐庫黄金二萬兩，白金九十七萬兩，故能收千六百七十萬緡，而民不甚病。湖廣則無之，此其所以用茶引也。余嘗考紹興之初，東南餉軍止用見緡。是時虜僞縱横，寇盜充斥，軍費多矣，然未聞有錢乏之患。自紹興末年，錢處和創行在會子，于時王珏亦用之於湖北諸州，今未六十年，而公私之見緡存者至少，蓋楮券盛行，而銅貨積而不用，是以日泄而日耗也。論其咎端，自兩人始。至于曾欽道沮孝宗收换之策，以貽後來不可救之患，尤可歎也。後生不知源流本末，故詳識之。

宋 沈括《本朝茶法》 本朝茶法：乾德二年，始詔在京、建州、漢、蘄口各置榷貨務。五年，始禁私賣茶，從不應為情理重。太平興國二年，删定禁法條貫，始立等科罪。

淳化二年，令商賈就園戶買茶，公於官場貼射，始行貼射法。淳化四年，初行交引，罷貼射法；西北入粟給交引，自通利軍始；是歲罷諸處榷貨務，尋復依舊。

至咸平元年，茶利錢以一百三十九萬二千一百一十九貫三百一十九為額。至嘉祐三年，凡六十一年用此額，官本雜費皆在內，中間時有增虧，歲入不常。咸平五年，三司使王嗣宗始立三分法，以十分茶價，四分給香藥，三分犀象，三分茶引。六年，又改支六分香藥、犀象，四分茶引。景德二年，許人入中錢帛金銀，謂之三説。

至祥符九年，茶引益輕，用知秦州曹瑋議，就永興、鳳翔以官錢收買客引，以救引價，前此累增加饒錢。

至天禧二年，鎮戎軍納大麥一斗，本價通加饒共支錢一貫二百五十四。

乾興元年，改三分法，支茶引三分，東南見錢二分半，香藥四分半。天聖元年，復行貼射法，行之三年，茶利盡歸大商，官場但得黄晚惡茶，乃詔孫奭重議，罷貼射法。明年，推治元議省吏計覆官、旬獻等皆決配沙門島，元詳定樞密副使張鄧公，參知政事呂許公、魯肅簡各罰俸一月，御使中丞劉筠、入内内侍省副都知周文質、西上閤門使薛昭廓、三部副使各罰銅二十斤，前三司使李諮落樞密直學士，依舊知洪州。

宋 章如愚《群書考索後集》卷一二《官制門·四轄》 榷貨務都茶場榷貨務，掌折博、斛斗、金帛之屬。《四朝志》以朝官諸司使副内侍二人監，太平興國中，以先平、嶺南及交趾諸國，入貢通關市議於京師，置榷易院。大中祥符中，併入榷貨務。會要建炎中興，又創都茶場給賣茶引。随行在所於榷貨務置場，雖分兩司，而提轄監官，並通銜管幹。

《玉海》卷一八一《食貨》 乾德五年，始禁私鬻茶。興國二年，删定禁法。淳化三年七月，行貼射法。四年，初行交引罷貼射是歲罷榷務，尋復。。

又 至道元年，鹽鐵使陳恕爲三説法自西北宿入芻粟，度遠近增其虚估，給券以茶償之，又益以東南緡錢、香藥、象齒，謂之三説。

又 咸平五年，三司使王嗣宗始立三分法六年改四分。

又 景德二年許人入中錢帛金銀，謂之三説。

又 ［大中祥符］九年，茶引益輕。乾興元年，改三分法茶引三分，東南見錢，二分半香藥四分半云。

宋 呂中《宋大事記講義》卷二一《徽宗皇帝·小人聚斂》 崇寧元年，蔡京爲僕射，倡豐亨豫大之説，視官爵財物如糞土。九月，陝西通行交子，蔡京請更茶法，令客人於在京榷貨物入納，請長短引，赴諸場交茶販易。四年，罷茶場入市易務，令客人赴官請引，自于園買茶赴官盤秤納息錢，批引販賣，又重加於初。御筆：賣茶引限滿，並令拘收。增私販法。二年，請更鹽法，盖欲括四方之錢實中都，以誇富盛而固寵，凡末鹽鈔，盡令商人絶私市。鈔法始行一日，務官申入納三百萬緡。四年，

詔以陝西舊鈔易東西末鹽，每百貫以見錢三分，舊鈔七分，方聽換易。然見行之法方通，輒復變之，舊鈔皆勿得用，富商巨賈或至流丐。政和二年，詔豐豫盛時毋得裁損計。宣和三年，置應奉司。初方臘亂，王黼成上意罷造作局，內侍復以言動黼，黼大懼失權，乃自領應奉司。

《宋史》卷三一《高宗紀二》 ［建炎二年十一月］庚戌，立士庶子弟習射補官法。是月，節制陝西軍馬王庶爲都統制曲端所拘，奪其印。四川茶馬趙開罷官買賣茶，給引通商如政和法。

又《高宗紀八》 ［紹興二十七年］三月己巳，命京局改官人先除知縣。乙酉，赤氣出紫微垣。丙戌，賜禮部進士王十朋以下四百二十六人及第、出身。丁亥，詔焚交趾所貢翠羽于通衢，仍禁宮人服用銷金翠羽。己丑，減三川對糴米歲十六萬九千石，夔路激賞絹五萬匹，兩川絹估錢二十八萬緡及茶司引息虛額錢歲九十五萬緡。辛卯，万俟卨卒。壬辰，以符行中前在蜀恣橫，南雄州安置。甲午，除耕牛稅。

又 ［紹興二十九年］八月甲子，募商人輸米行在諸倉，願以茶、鹽、礬鈔等償直者聽。丁卯，除南雄、英、連三州經界，復丁米舊額。甲戌，併史館歸秘書省，玉牒所歸宗正寺。

又 ［紹興三十年］六月庚戌，復出諸軍見錢關子三百萬緡，聽商賈以錢銀請買。庚午，王綸罷。辛未，以江西廣東湖南折帛、經總制錢合六十萬緡，江西米六萬石充江州軍費。後益以四川利路經總制、江西茶引合二十萬緡。

又卷一六一《職官志一》 榷貨務都茶場都司提領提轄官一員京朝官充，監場官二員京選通差，掌鹺、茗、香、礬鈔引之政令，以通商賈、佐國用。舊制，置務以通榷易。建炎中興，又置都茶場，給賣茶引，隨行在所榷貨務置場。雖分兩司，而提轄官、監官並通銜管幹。外置建康、鎮江務場，並冠以行在爲名，以都司提領，不係戶部經費。建康、鎮江續分隸總領所。開禧初，以總領所侵用儲積錢，令徑隸提領所。乾道七年，提領所置幹辦官一員。

又卷一八一《食貨志下三・會子》 嘉定五年，湖廣餉臣王釜，請以度牒、茶引兑第五界舊會，每度牒一道，價千五百緡，又貼搭茶引一千五百緡，方許收買，期以一月。然京湖二十一州止置三場，不便。制臣劉光祖乃會總所以第六界新會五萬緡，令軍民以舊楮二而易其一；繼又令軍民以一楮半而易其一；又請于朝添給新楮十萬，軍民賴之。十四年，造湖廣會子三十萬易破會。十七年，造湖廣第六界會子二百萬。嘉熙二年，撥第七界湖會九百萬付督視參政行府。寶祐二年，撥第八界湖會三百萬貫付湖廣總所，易兩界破會，自後因仍行之。

又卷一八四《食貨下六・茶下》 孝宗隆興二年，淮東宣諭錢端禮言：『商販長引茶，水路不許過高郵，陸路不許過天長，如願往楚州及盱眙界，引貼輸翻引錢十貫五百文，如又過淮北，貼輸亦如之。』當是時，商販自榷場轉入虜中，其利至博，幾禁雖嚴，而民之犯法者自若也。乾道二年，戶部言：『商販至淮北榷場折博，除輸翻引錢，更輸通貨儈息錢十一緡五百文。』八年，減輸翻引錢止七緡，通貨儈息錢止八緡。淳熙二年，以長短茶引權以半依元引斤重錢數，分作四緡小引印給，而翻引貼輸錢隨小引輸送。光宗紹熙初，漳州守臣朱熹奏除屬邑科茶七千餘緡。臣僚申明長短小引相兼，從人之便。戶部言給賣小引，除金銀、會子分數入輸，餘願專以會子算請者聽。

又卷三七〇《成閔傳》 成閔字居仁，邢州人。【略】紹興二十四年，拜慶遠軍節度使。尋丁母憂，詔起復，贈其母鄭國夫人。金主亮將敗盟，詔閔提禁旅三萬鎮武昌，命湖北守、漕創砦屋三萬間以待之，發折帛米錢茶引共百四十餘萬緡、義倉和糴米六十三萬石備軍用，仍賜金器、劍甲臨遣之。閔至鄂，未幾，進屯應城縣。

又卷三九二《趙汝愚傳》 請外，知江州。郡民歲苦和糴，崇憲疏于朝，永蠲之。且轉糴旁郡穀別廩儲之，以備歲儉。瑞昌民負茶引錢，新舊累積，爲緡十七萬有奇，皆困不能償，死則以責其子孫猶弗貸。會新券行，視舊價幾倍蓰，崇憲歎曰：『負茶之民愈困矣。』亟請以新券一償舊券二，詔從之。蓋受賜者千餘家，刻石以紀其事。修陂塘以廣溉灌，凡數千所。提舉江西常平兼權隆興府及帥漕司事，遷轉運判官仍兼帥事。

又卷四三四《儒林傳四・陳傅良傳》 陳傅良字君舉，溫州瑞安人。【略】傅良爲學，自三代、秦、漢以下靡不研究，一事一物必稽於極而後已。而於太祖開創本原，尤爲潛心。及是，因輪對，言曰：『太祖皇帝垂裕後人，以愛惜民力爲本。熙寧以來，用事者始取太祖約束，一切

紛更之。諸路上供歲額，增於祥符一倍；崇寧重修上供格，頒之天下，率增至十數倍。其它雜斂，則熙寧以常平寬剩、禁軍闕額之類別項封樁，而無額上供起於元豐，經制起於宣和，總制、月樁起於紹興，皆迄今爲額，折帛、和買之類又不與焉。茶引盡歸於都茶場，鹽鈔盡歸於榷貨務，秋苗斗斛十八九歸於綱運，皆不在州縣。州縣無以供，則豪奪於民，於是取之斛面、折變、科敷、抑配、贓罰，而民困極矣。方今之患，何但四夷？蓋天命之永不永，在民力之寬不寬耳，豈不甚可畏哉。陛下宜以救民窮爲己任，推行太祖未泯之澤，以爲萬世無疆之休。」

《文獻通考》卷一八《征榷考五》　紹聖元年，陝西復行禁榷，凡茶法並用元豐舊條。

徽宗崇寧元年，右僕射蔡京議大改茶法，奏言：「自祖宗立額榷之法，歲收淨利凡三百二十餘萬，而諸州商稅七十五萬貫有奇，食茶之算不在焉，其盛時幾五百餘萬緡。慶曆之後，法制浸壞，私販公行，遂罷禁榷，行通商之法。自後商旅所至，與官爲市，四十餘年，利源浸失。謂宜荊湖、江、淮、兩浙、福建七路所產茶，仍舊禁榷官買，勿復科民，即產茶州縣隨所置場，申商人園戶私易之禁。凡置場地，園戶皆籍名數，歲鬻於官吏，皆用倉法，園戶自前茶租折稅仍舊。產茶州軍許其民赴場輸息，量限斤數，給短引，於旁近郡縣便鬻，餘悉聽商人於榷貨務入納金銀、緡錢或並邊糧草，即本務給鈔，取便算請於場，別給長引，從所指州軍鬻之。商稅自場給長引，沿路登時批發，至所指地，然後計稅盡輸，則在道無苛留。買茶本錢以度牒及鹽鈔、諸色封樁、坊場、常平剩錢通三百萬緡爲率，給諸路，諸路措置，各分命官。」詔悉聽焉。俄定諸路措置茶事官置司：湖南於潭州，湖北於荊南，淮南於揚州，兩浙於蘇州，江東於江寧府，江西於洪州。

又　［崇寧］四年，京復議更革，遂罷官置場，商旅並即所在州縣或京師請長短引，自買於園戶。茶貯以籠篰，官爲抽盤，循第敘輸息訖，批引販賣，茶事益加密矣長引許往他路，限一年。短引止於本路，限一季。

按：京崇寧元年所行乃禁榷之法，是年所行乃通商之法，但請引抽盤商稅，苛於祖宗之時耳。

又　政和二年，大增損茶法。凡請長引再行者，輸錢百緡，即往陝西，加二萬，茶以百二十斤；短引輸緡錢二十，茶以二十五斤。私造引者如川錢引法。歲春茶出，集民戶約三歲實直及今價上戶部。茶籠篰並官制，聽客買，定大小式，嚴封印之法。長短引輒竄改增減及新舊對帶、繳納申展、住賣轉鬻科條悉具。初，客販茶用舊引者，未嚴斤重之限，影帶者衆。於是又詔凡販長引斤重及三千斤者，須更買新引對賣，不及三千斤者，即用新引以一斤帶二斤鬻之，而合同場之法出矣。場置於產茶州軍，而簿給於都茶務。凡不限斤重茶，委官秤制，毋得止憑批引爲定，有贏數即沒官，別定新引限程及重商旅規避秤制之禁，凡十八條，若避匿鈔劄及擅賣，皆坐以徒。復慮茶法猶輕，課入不羨，定園戶私賣及有引而所賣逾數，保內有犯不告，並如煎鹽亭戶法。短引及食茶關子輒出本路，坐以二千里流，賞錢百萬。

又　高宗建炎初，於真州印鈔，給賣東南茶、鹽，以提領真州茶鹽爲名。三年，置行在都茶場，罷合同場一十八處，惟洪州、江州、興國軍、潭州、建州各置合同場，監官一員。罷食茶小引建炎三年九月旨，別印小引，每引五貫文，許販茶六十斤。比附短引，增添斤重，暗虧引錢，損害茶法，住罷。淳熙二年復置。

又　紹興二十七年，令凡商販淮南長引茶，令秤發官司先問客人所指住賣州縣，經由場務及合過官渡，並背批月日姓名，即時放行；如不行批引，縱放私茶，與正犯茶人一等犯罪。蓋自榷場轉入虜中，其利至博，淮河私渡譏禁甚嚴，然民觸犯法禁自若。

又　寧宗嘉泰四年，知隆興府韓邈奏：「戶部茶引，歲有常額，隆興府惟分寧產茶，他縣並無，而豪民武斷者乃請引認租，借官引以窮索一鄉，無茶者使認茶，無食利者使認食利，所至驚擾。乞下省部，非產茶縣並不許人戶擅自認租，他路亦比類施行。」從之。

又　四川茶建炎元年四月，成都路運判趙開言榷茶、買馬五害，請用嘉祐故事，盡罷榷茶，而令漕司買馬；或未能然，亦當減額以蘇園戶，輕價以惠行商，如此則私販衰而盜賊息矣。朝廷遂擢開同主管川、陝茶馬。二年十一月，開至成都，大更茶法，倣蔡京都茶場法，印給茶引，使商人即園戶市茶，百斤爲一大引，除其十勿算。置合同場以譏其出入，重私商之禁，爲茶市以通交易。每斤引錢春七十、夏五十，市利、頭子在

外。所過征一錢所止一錢五分，引與茶隨，違者抵罪。自後引息錢至一百五萬緡。紹興復提舉官，又旋增引錢。至十四年，每引收十二道三百文，視開之初又增一倍矣。

又 政和間，臣僚言諸路産鐵多，民資以爲用而課息少，請仿茶、鹽法，榷而鬻之。於是戶部言：『詳度官置爐冶，收鐵給引，召人通市。苗脈微者令民出息承買，以所收中賣於官，毋得私相貿易。』從之。

又 卷六〇《职官考一四·榷貨務都茶場》 榷貨務掌折博斛米、金帛之屬，以朝官諸司使副、内侍二人監。太平興國中，以先平嶺南及交趾諸國人貢通關市，議於京師置榷易院。大中祥符中，並入榷貨務。建炎中興，又創都茶場，給賣茶引，隨行在所於榷貨務置場。雖分兩司，而提鎋、監官並通銜管幹建炎四年，詔：『榷貨務都茶場依舊隸左、右司，其提領措置並罷。其都茶場仍令提鎋榷貨務官兼行提鎋。』。尋徙越州一務場於建康，又並真州一務場歸建康。紹興五年，詔建康、鎮江兩務場，只是給賣鈔引。

又 榷貨務場掌醝、茗、香、礬、鈔引之政令。

明 曹學佺《茶譜》 建炎元年，成都轉運判官趙開言榷茶買馬五害，請用嘉祐故事，盡罷榷茶，而令漕司買馬。或未能然，亦當減額，以蘇園戶，輕價以惠行商。如此，則私販衰而盜賊息，遂以開主管秦川茶馬。二年，開大更茶法。按：中興小曆，建炎軍興，令商旅園戶自行買賣，官給茶引，自取息錢。所賣茶引，一百斤計取息錢六貫五百文。改成都茶場為合同場，仍置茶市。交易者必由市，引與茶相隨，此即開之法也。

《元史》卷一四《世祖紀一一》 ［至元二三年三月］丙子，大駕幸上都。詔行御史臺按察司以八月巡行郡縣。中書省臣言：『阿合馬時諸王駙馬往來餉給之費，悉取於萬億庫。後徵百官俸入以償，最非便。』詔在籍者除之勿徵。以榷茶提舉李起南爲江西榷茶轉運使。起南嘗言：『江南茶每引價三貫六百文，今宜增每引五貫。』事下中書議，因令起南爲運使，置達魯花赤處其上。

又 卷三三《文宗紀二》 ［天曆二年八月］乙未，賜護守大行皇帝山陵官、御史大夫孛羅等鈔有差。焚四川偽造鹽、茶引。

又 卷九七《食貨志五·茶法》 至元二年，江西、湖廣兩行省具以茶運司同知萬家閭所言添印茶由事，咨呈中書省云：『本司歲辦額課二十八萬九千二百餘錠。除門攤批驗鈔外，數内茶引一百萬張，每引十二兩五錢，共爲鈔二十五萬錠。末茶自有官印筒袋關防，其零斤草茶由帖，每年印造一千三百八萬五千二百八十九斤，該鈔二萬九千八十餘錠。茶引一張，照茶九十斤，客商興販。其小民買食及江南産茶去處零斤採賣，皆須由帖爲照。春首發賣茶由，至於夏秋，茶由盡絶，民間闕用。以此考之，茶由數少課輕，便於民用而不敷，茶引課重數多，止於商旅興販，年終尚有停閑未賣者。每歲合印茶由，以十分爲率，量添二分，計二百六十一萬七千五十八斤。算依引目内官茶，算依引目内官茶　據文義改。新元史已校。每斤收鈔一錢三分八釐八毫八絲，計增鈔七千二百六十九錠七兩，比驗減去引目二萬九千七十六張，庶幾引不停閑，茶無私積。中書戶部定擬，江西茶運司歲辦公據十萬道，引一百萬，計鈔二十八萬九千二百餘錠。茶引便於商販，而山場小民全憑茶由爲照，歲辦茶由一千三百八萬五千二百八十九斤，每斤一錢一分一釐一毫二絲，計鈔五千八百一十六錠七兩四錢一分，減引二萬三千二百六十四張。茶引一張，造茶九十斤，納官課十二兩五錢。如於茶由量添二分，計二百六十一萬七千五十八斤，每斤添收鈔一錢三分八釐八毫八絲，計鈔七千二百六十九錠七兩，積出餘零鈔數，官課無虧，而便於民用。』合准本省所擬，具呈中書省，移咨行省，如所擬行之。

又 至正二年，李宏陳言内一節，言江州茶司據引不便事云：『榷茶之制，古所未有，自唐以來，其法始備。國朝既於江州設立榷茶都轉運司，仍於各路出茶之地設立提舉司七處，專任散據賣引，規辦國課，莫敢誰何。每至十二月初，差人勾集各處提舉司官吏，關領次年據引。及其到司，旬月之間，司官不能偕聚。吏貼需求，各滿所欲，方能給付據引。此時春月已過。乃還本司，方欲點對給散，又有分司官吏，到各處驗戶散據賣引。每引十張，除正納官課一百二十五兩外，又取要中統鈔二十五兩，名爲搭頭事例錢，以爲分司官吏饋饉之資。提舉司雖以榷茶爲名，其實不能專散據賣引之任，不過爲運司官吏營辦資財而已。上行下效，勢所必然。提舉司既見分司官吏所爲若是，亦復倣效遷延。及茶戶得據還家，已及五六月矣。中間又存留茶引二三千本，以茶戶消乏爲名，轉賣與新

興之戶。每據又多取中統鈔二十五兩，上下分派，各爲己私。不知此等之錢，自何而出，其爲茶戶之苦，有不可言。至如得據在手，碾磨方興，吏卒踵門，催併初限。不知茶未發賣，何從得錢。間有充裕之家，必須別行措辦。其力薄者，例被拘監，無非典鬻家私，以應官限。及終限不能足備，上司緊併，重復勾追，非法苦楚。此皆由運司給引之遲，分司苛取之過。茶戶本圖求利，反受其害，日見消乏逃亡，情實堪憫。今若申明舊制，每歲正月，須要運司盡將據引給付提舉司，隨時派散，無得停留在庫，多收分例，妨誤造茶時月；如有過期，別行定罪。仍不許運司似前分司自行散賣據引，違者從肅政廉訪司依例糾治。如此，庶茶司少革貪黷之風，茶戶免損乏之害。』中書省以其言送戶部定擬，復移咨江西行省，委官與茶運司講究，如果便益，如所言行之。

又卷一四〇《刑法志三·食貨》 諸茶法，客旅納課買茶，隨處驗引發賣畢，三日內不赴所在官司批納引目者，杖六十；因而轉用，或改抹字號，或增添夾帶斤重，及引不隨茶者，並同私茶法。但犯私茶，杖七十，茶一半沒官，一半付告人充賞，應捕人同。若茶園磨戶犯者，及運茶船主知情夾帶，同罪。有司禁治不嚴，致有私茶生發，罪及官吏。茶過批驗去處，不批驗者，杖七十。其僞造茶引者斬，家產付告人充賞。諸私茶，非私自入山採者，不從斷沒法。

又卷一六七《張庭瑞傳》 〔中統二年〕蜀平，陞諸蠻夷部宣慰使，甚得蠻夷心。碉門羌與婦人老幼入市，爭價殺人，碉門魚通司繫其人。羌酋怒，斷繩橋，謀入劫之。魚通司來告急，左丞汪惟正問計，庭瑞曰：『羌俗暴悍，以鬭殺爲勇。今如蜂毒一人，而即以門牆之寇待之，不可。宜遣使往諭禍福，彼悟，當自回矣。』惟正曰：『使者無過於君。』遂從數騎，抵羌界。

羌陳兵以待，庭瑞進前語之曰：『殺人償死，羌與中國之法同，有司繫諸人，欲以爲見證耳。而汝即肆無禮，如行省聞于朝，召近郡兵空汝巢穴矣。』其酋長棄槍弩羅拜曰：『我近者生裂羊脾卜之，視肉之文理何如，則吉其兆，曰：「有白馬將軍來，可不勞兵而罷。」今公馬果白，敢不從命。』乃論殺人者，餘盡縱遣之。遂與約，自今交市者，以碉門爲界，無相出入。官買蜀茶，增價鬻於羌，人以爲患。庭瑞更變引法，使每引納二緡，而付文券與民，聽其自市於羌，羌、蜀便之。先時，運糧由楊山派江，往往覆陷，庭瑞始立屯田，人得免患。都掌蠻叛，蠻善飛鎗，聯松枝爲牌自蔽，行省命庭瑞討之。庭瑞所射矢，出其牌半幹，蠻驚曰：『何物弓矢如此之力！』即請服。惟斬其酋德蘭酉等十餘人，而招復其餘民。

《明會典》卷三七《課程六·茶課》 凡引由洪武初議定，官給茶引，付產茶府州縣。凡商人買茶具數赴官納錢給引。方許出境貨賣。每引照茶一百斤。茶不及引者，謂之畸零。別置由帖付之。仍量地遠近定以程限，於經過地方執照。若茶無由引，及茶引相離者，聽人告捕。其有茶引不相當，或有餘茶者，並聽拏問。賣茶畢，即以原給引由、赴住賣官司告繳。該府州縣俱各委官一員管理。

又 又定：一、凡茶引一道，納銅錢一千文。照茶一百斤，茶由一道，納銅錢六百文。照茶六十斤。諸人但犯私茶，與私鹽一體治罪。如將已批驗截角退引，入山影射照茶者，同私茶論。一、出園茶主，將茶賣與無引由客興販者，初犯笞三十，仍追原價沒官。再犯笞五十，三犯杖八十，倍追原價沒官。一、客商販到茶貨，經過批驗所，須要依例批驗。將引由截角，別無夾帶，方許放行。違越者，笞二十。一、僞造茶引者，處死。籍沒當房家產。告捉人賞銀二十兩。

又 景泰五年，令將引由照茶，依例批驗截角。賣畢，隨赴住賣所在官司告繳。封送各該批驗所，類解本部查銷。若有過期不繳者，批驗茶引所。每季查出商名貫址，引由數目，開報合干上司。轉行各該巡按監察御史，按察司，提問追繳。仍行各府州，查勘前項茶商原領未繳引由，照例送銷。其批驗茶引所，今後給散引由。務籍記茶商姓名籍貫，茶斤引數。每引由一道，納鈔一貫。中夾紙一張，送部。鈔送庫交收。紙存印引。

又卷一五三《兵部三十六·收買》 〔隆慶〕五年議准，招商茶引。定限一年完者厚賞。二年量賞。三年免究。四年問罪，抽附茶一半入官。五年問罪，附茶盡數入官，不准再報。六年老引，照例問遣凡各處銀易。

《明史》卷八〇《食貨志四·茶法》 番人嗜乳酪，不得茶，則困

以病。故唐、宋以來，行以茶易馬法，用制羌、戎，而明制尤密。有官茶，有商茶，皆貯邊易馬。官茶間徵課鈔，商茶輸課略如鹽制。

初，太祖令商人於產茶地買茶，納錢請引。引茶百斤，輸錢二百，不及引曰畸零，別置由帖給之。無由、引及茶引相離者，人得告捕，置茶局批驗所，稱較茶引不相當，即爲私茶。凡犯私茶者，與私鹽同罪。私茶出境，與關隘不譏者，並論死。後又定茶引一道，輸錢千，照茶百斤；茶由一道，輸錢六百，照茶六十斤。既，又令納鈔，每引由一道，納鈔一貫。

又 弘治三年，御史李鸞言：『茶馬司所積漸少，各邊馬耗，而陝西諸郡歲稔，無事易粟。請於西寧、河西、洮州三茶馬司召商中茶，每引不過百斤，每商不過三十引，官收其十之四，餘者始令貨賣，可得茶四十萬斤，易馬四千匹，數足而止。』從之。

又 ［弘治］十二年，御史王憲又言：『自中茶禁開，遂令私茶莫遏，而易馬不利。請停糧茶之例。異時，或兵荒，乃更圖之。』部覆從其請。四川茶課司舊徵數十萬斤易馬。永樂以後，番馬悉由陝西道，川茶多浥爛。乃令以三分爲率，一分收本色，二分折銀，糧茶停二年。延綏饑，復召商納糧草，中四百萬斤。尋以御史王紹言，復禁止，并罷正額外召商開中之例。

又 嘉靖三年，御史陳講以商茶低僞，悉徵黑茶，地產有限，乃第茶爲上中二品，印烙篦上，書商名而考之。旋定四川茶引五萬道，二萬六千道爲腹引，二萬四千道爲邊引。芽茶引三錢，葉茶引二錢。中茶至八十萬斤而止，不得太濫。

又 ［隆慶三年］四川茶引之分邊腹也，邊茶少而易行，腹茶多而常滯。隆慶三年裁引萬二千，以三萬引屬黎、雅，四千引屬松潘諸邊，四千引留內地，稅銀共萬四千餘兩，解部濟邊以爲常。

又 萬曆五年，俺答欵塞，請開茶市。御史李時成言：『番以茶爲命。北狄若得，藉以制番，番必從狄，貽患匪細。』部議給百餘篦，而勿許其市易。自劉良卿弛內地之禁，楊美益以爲非，其後復禁止。十三年，以西安、鳳翔、漢中不與番鄰，開其禁，招商給引，抽十三入官，餘聽自賣。御史鍾化民以私茶之闌出多也，請分任責成。陝之漢中，關南道督之，府佐一人專駐魚渡壩；川之保寧，川北道督之，府佐一人專駐雞猴壩。率州、縣官兵防守。』從之。

中茶易馬，惟漢中、保寧，而湖南產茶，其直賤，商人率越境私販，中漢中、保寧者，僅一二十引。茶戶欲辦本課，輒私販出邊，番族利私茶之賤，因不肯納馬。二十三年，御史李楠請禁湖茶，言：『湖茶行，茶法、馬政兩弊，宜令巡茶御史召商給引，願報漢、興、保、夔者，準中。越境下湖南者，禁止。且湖南多假茶，食之刺口破腹，番人亦受其害。』既而御史徐僑言：『漢、川茶少而直高，湖南茶多而直下。湖茶之行，無妨漢中。漢茶味甘而薄，湖茶味苦，於酥酪爲宜，亦利番也。但宜立法嚴覈，以遏假茶。』戶部折衷其議，以漢茶爲主，湖茶佐之。各商中引，先給漢、川畢，乃給湖南。如漢引不足，則補以湖引。報可。

又 ［萬曆］二十九年，陝西巡按御史畢三才言：『課茶徵輸，歲有定額。先因茶多餘積，園戶解納艱難，以此改折。今商人絕跡，五司茶空。請令漢中五州縣仍輸本色，每歲招商中五百引，可得馬萬一千九百餘匹。』部議，西寧、河、洮、岷、甘、莊浪六茶司共易馬九千六百匹，著爲令。天啟時，增中馬二千四百匹。

《宋會要輯稿・食貨三〇・茶法雜録上》 ［天禧］四年四月十一日，詔：『茶場榷務，自今令三司副使、判官、轉運使副、制置茶鹽司舉官監莅。六榷務以在京朝官殿直以上使臣充，茶場以幕職、令録充。』

又 ［天禧］五年十月十三日，淮南江浙荆湖發運使周寔言：『陝西入中芻糧甚少，淮南茶停積，望令三司再定商旅算買交引，以便公私。』從之。

又 仁宗天聖元年三月，詔：『據定奪茶鹽所上茶鹽課利，比附增虧數目，宜差樞密副使張士遜、參知政事呂夷簡、魯宗道與權三司使事李諮、御史中丞劉筠、入內內侍省副都知周文質、西上閤門使薛貽廓及三部副使同詳定經久利害聞奏。』『準內降劄子，淮南十三山場賣茶年額僅五十萬貫，天禧五年止收二十三萬餘貫，比祖額虧二十七萬貫。今將五年賣茶收錢折筭，每百貫交引，在京見賣價錢五十五貫，都計實錢十三萬餘貫，內除買茶本錢九萬餘貫外，有利錢三萬餘貫。若每年趁及元

額五十萬貫，裁得實利錢七萬餘貫，監官請給費用不在［其］數。以此折筭課額，虛數甚多，或交引價減，必轉陷失。欲望自天聖元年以後，更不知園戶本錢，並許大小客取便將錢帛斛斗於十三山場收買入場貼射，官中止收净利，給與公引放行。【略】其茶如要於沿路通商地分破賣亦聽，仍依例收稅。所有將河北、陝西交抄貼筭得茶交引，並給乾興元年以前茶；其今來全入錢物買到交引，即給天聖元年已後新茶。』並從之。又言：『所許客人取便於十三山場買茶，津搬入場貼射，官中只收净利，給與公引放行。』

又 ［天聖］三年八月二十二日，中書門下言：『累據臣僚上言茶法未便，及先令客旅於邊上入納糧草，支與交引，留得在京見錢，免致般運勞費。』詔差孫奭、夏竦等同共詳定以聞。

九月四日，翰林侍講學士孫奭等言：乞差三司使範雍同共詳定茶法，從之。

十一月一日，詔三司罷貼射茶法。初，上封者請募商旅入芻粟塞下，給江淮茶引，而不費京師見錢。乃命孫奭等與三司再詳定。遂令入中河北沿邊州軍糧草，而給以香、茶、見錢三色交引，住十三山場筭茶，而罷貼射法。

十二月【略】十三日，淮南江浙荆湖制置使方仲荀等言：『準至道三年、大中祥符六年敕，淮南十三山場買到茶，限至次年未買新茶已前賣盡。勘會山場所買茶自三月開場，至七月終住場，客人多是開場後方於在京入便錢物，博買交引，或有阻滯，不趁元限月分到場。望依至道三年敕限施行。』從之。

又 ［景祐］三年正月九日，命知樞密院事李諮、參知政事蔡齊、三司使程琳、御史中丞杜衍、知制誥丁度同議茶法，仍許召商人至三司，以訪利害。時三司吏孫居中等言：『今河北所納芻糧多虛估，而官給實錢及香茶交引，寖以虧官，請復用天聖元年所更法。』故詔更議之。

又 康定元年正月，三司請榷定商旅入見錢五分於榷貨務，市真州等處茶引，其半召保置（藉），限半年輸官，違者倍罰。從之。

又 ［熙寧］八年二月三日，都大提舉買馬司奏：『據提舉熙河路市易司狀申：準都大提舉買馬司劄子，坐準熙寧七年七月十六日中書劄子內聖旨指揮施行，內一項節文：客人興販川茶入秦鳳等路貨賣者，並令出產州縣出給長引，指定只得於熙、秦州、通遠軍及永寧寨茶場中賣入官。今來已有客人興販茶貨到岷州茶場中賣。竊慮頒行近降條貫，其產茶州縣不發長引赴岷州，却致客人枉路，茶貨不得通行。伏乞於上項條貫內「熙、秦州、通遠軍」字下及「永寧寨」字上添入「岷州」二字，所貴客人茶貨通行，不致阻節。本房檢會熙寧七年九月八日中書劄子，內一項：客人興販雅州名山、洋州、興元府大竹等處茶入秦鳳等路貨賣者，並令出產州縣出給長引，指定只得於熙、秦州、通遠軍及永寧寨茶場中賣入官，仍先具客人姓名、茶色、數目、起離月日關報逐處上簿，候客人到彼，畫時收買。【略】四月十九日，提舉成都府等路茶場司言：『雅州名山縣發往秦、熙州等處茶，乞聽官場盡買，不許商販。』詔商人就官場買者聽之，每馱納長引錢，令指定州軍貨易。

又 ［紹聖二年］四月七日，戶部言：『茶場自今收買客茶，並拘收長引、對定引，內合納稅錢，即於茶價錢內尅留歸官，報稅院銷會，以充稅課。』從之。

十三日，陸師閔劄子奏：『準朝旨，陝西路復爲禁茶地分，已於雅州名山、興元府、洋州等處計置食茶二十綱計六十餘萬觔，般運前來，候新置茶遞鋪就緒，即可至永興等處分佈出賣。今爲置鋪事務未能遽集，深慮民間乏茶食用，未敢先次止絕客販。欲乞候官茶到永興軍日，從本司行下川路諸茶場，更不發引過陝西界，其已發引前來者，各許依引於陝西路貨賣盡絕外，並依禁茶條貫施行。』從之。

又 ［政和］二年八月二十六日，尚書省黃牒：『【略】緣水磨茶先帝建立，不可廢罷，欲只行於京城，與客販兼行，餘路並令客人商販。可走商賈，實中都，惠小民。今具下項：【略】一、在京置都茶務，專管供進末茶及應干茶事，從朝廷差官四員管幹。供進官一員，專一管幹供進，闕樞密院選差人內內侍省官。專一供進等茶料，每年所闕約二十餘萬斤，除於官庫取撥外，若有少數，以合用茶所出處，取客願，賫引收買，附帶前來，如無人願依市價和買。其所附茶免稅，計茶本免引錢。一、諸路茶園戶，官不置場收買，許任便與客人買賣，仰赴所屬州縣投狀充茶戶，官爲籍記。非投狀充戶人，不得與客人買賣。一、客人許於茶務

買引，指定某州縣買，往所指處任便貨賣。一、客販茶，並於茶務請長、短二引，各指定所詣州縣住賣。長引許往他路、短引止於本路興販。其約束沿路阻節，給公據，並依鹽引法。一、客人請到文引，更不經由官司，許徑赴茶園戶處私下任便交易。一、長、短引令太府寺以厚紙立式印造書押，當職官置合同簿注籍訖，每三百道并籍送都茶場務。一、客請長引，每引納錢一百貫，若詣陝西路者加二十貫文，許販茶一百二十貫；短引二十貫，許販茶二十五貫。若於非指定出賣者，依私茶法罪，告賞亦如之。一、客販茶不請引而輒販者，加私茶法一等，告賞亦如之。若引外增數搭帶，或以一引兩次行用，若踰限不申繳者，罪賞準此。一、應茶引輒私造者，依川錢引法，賞錢三百貫；已成未行，用減一等，其賞如之。一、客請引販茶，許自陳乞限，長引不得過一年，短引一季，於引內批書所至州縣，賣訖批鑿，自赴茶務，或遣親人繳引，務官對簿銷落，抹訖申太府寺。一、客販長引茶至所指處，餘限未滿，願入別州縣住賣者，經所屬批引前去，賣訖，繳引如上法。』

又《**食貨三一・茶法雜録下**》〔紹興十二年〕六月二十七日，戶部言：『契勘福建臘茶長引，依法許販往產茶路分并淮南、京西等路州軍貨賣，緣淮南等路已置榷場，給降臘茶前去充本，折博支用，切慮客人冒法，私相交易。欲乞將福建臘茶長引並不許販往淮南、京西等路，止於江南州軍貨賣，仍令沿江州軍常切檢察施行。』從之。

又〔紹興二十八年〕十月七日，刑部言：『江東茶鹽司申：冒法之人請買茶引，般販茶貨，經由渡口，載往淮南私拆散賣，却收執元引曆面過江，私織籠篰，重疊影販私茶。乞今後客販淮南長引茶，令秤發官司先取問客人所指住賣州縣，於引背批鑿經由場務及添入合過沿江官渡，仰買撲渡人照引書鑿經由渡口、月日、姓名押字，即時放行。如渡口買撲人受倖，不行批引，縱放私茶，乞與正犯茶人一等科罪。本部契勘諸監臨主司受財枉法與不枉法，稅務故縱榷貨，及堰閘應搜檢人故縱，各有立定條法。今來申請沿江渡口買撲之人受倖，不行批引，縱放私茶，欲依堰閘故縱榷貨減犯人二等斷遣，如受財重者，即係有事在手爲監臨，合依監臨之例。若因而無故留難邀阻，自依本法斷罪施行。』從之。

又〔隆興〕二年七月二十二日，臣寮言：『自來茶、鹽同法，於請納外隨其所指，並不收稅。近日客人販茶過淮，遂開收稅之例。謂如盱眙軍一處茶到本軍，每引稅錢十貫，方許過淮，後來更於十貫上添收七貫，並無分文歸朝廷。乞行拘收。』詔令淮東西宣諭司同逐路提舉茶鹽司措置。於是淮東宣諭使錢端禮言：『契勘得客販長引，先降指揮：水路不許過高郵縣，陸路不得過天長縣，如願往楚州及盱眙軍界住賣，每二十三貫並二十六貫引各貼納翻引錢十貫五百，批引前去。如到楚州、盱眙軍麄改，欲淮北州縣每引更貼納錢十貫五百文，盱眙軍每引收回貨稅錢二貫，所收回貨稅錢，即非朝廷指揮，欲行住罷。所有客人販茶水路欲過高郵縣、陸路欲過天長縣，及批改至鹽城縣並滁州等處茶引合收錢，及從提舉司行下逐處，令項樁管，每季申提舉茶鹽司檢察。仍委淮東總領所專一稽考。』到日，盱眙軍胡堅常又言：『客人販茶，水路欲過，所納官錢已是太重，所有本軍稅錢委是重疊，乞免行收納。』並從之。

十月八日，江淮都督府準備差遣李椿言：『靜江府修仁縣及鬱林州兩處產茶，其味如藥，茶價不及買引之數，無人筭請。乞聽人戶從便興販出賣，經由州縣，每百斤收稅錢二百文。』詔依，仍令廣西轉運司將先降去茶引依見行條法指揮，依舊招誘客人筭請興販。

又乾道元年正月十九日，詔：『茶長引依紹興三十一年體例，限半年權於短引地分住賣，下提舉茶事司，令逐州軍主管拘收長引毀抹，令客人指定住賣州縣，給公據前去。其約束程限等，並依見行條法，仍關報沿路及住賣官司檢察放行。拘到茶引，依條發赴所屬收管。』

三月二十三日，淮南東路兵馬都監張藻言：『乞降茶鈔四千引，爲錢三萬六千貫，下出產茶處，委官裝發赴盱眙軍過界出賣，可準得銀四千錠，以助歲計。』從之。後藻措置，無折博到銀數，徒妨商販，有旨降三官放罷，所有隆興府、江州已發到博易茶，令淮東路茶鹽司拘收變賣。

又〔乾道〕二年三月二十五日，戶部侍郎李若川言：『客販草、末茶小引，元指淮南近裏州軍住賣者，却願改沿淮州軍住賣者，每引納麄引錢十貫五百文；改榷場折博者，每引再納翻引錢十貫五百文，其引榷場又合納通貨牙息錢十一貫五百。今聞客人規避，多私渡淮，不唯走失麄引錢，又失榷場所收之數。欲乞將兩淮州軍住賣茶引，並就買引處，每引只貼納翻引錢十五貫五百，許從便住賣及榷場折博。大引隨慣例紐納。

所有通貨牙息錢依舊，餘依見行條法指揮。』從之。

七月八日，戶部侍郎方滋等言：『自南北通和之後，茶引錢理合增羨。今三都茶場合賣茶引，愈更虧少，私賣盜販，侵奪國課。

又　三年十二月十二日，行在都茶場言：『準乾道二年三月二十五日指揮：應指兩浙州縣住賣者，並就買引去處貼納飜引錢十貫五百，許從便住賣及榷場折博。近來不住據所屬申明：客人於指揮之前已買引，乞依舊法，免貼納翻引錢。』詔將乾道二年以前請買到茶引未曾起茶，並就起茶去處貼納翻引錢訖，批上文引，方許批發放行。八年五月二十三日，詔：『行在、建康、鎮江府都茶場並應賣茶引官司，客旅筭請長引，截自今指揮到日筭請長引，每引止貼納翻引錢七貫；若再改往榷場折博，止納通貨牙息錢八貫，其餘錢數，與行免納。』

又　〔乾道〕六年三月一日，詔：『將三榷貨務都茶場收到茶鹽等錢，各行立定歲額，行在務場八百萬貫，建康務場一千二百萬貫，鎮江務場四百萬貫。如收趁及額，方得依例推賞。』

四月二十四日，戶部侍郎，江浙、荆湖、淮廣、福建等路都大發運使史正志言：『訪聞販茶客人避納飜引錢，往往私販過淮折博，暗失課入。今措置，其短引茶並依舊令客旅於江南任便興販。所有過江長引，並從禁戢。乞許本司於江西積壓未賣茶引内支請賣茶，於淮南、京西榷場折博。其客人已買過長引，將納過引價并貼納飜引錢紐計，於見賣茶引去處貼拘短引。』從之。【略】六月十八日，戶部侍郎、發運使史正志言：『淮南、京西州軍係住賣長引茶貨地分，近承指揮，令臣與張松措置禁戢私販茶貨，不得過大江。今照得湖北路係短引地分，其漢陽、信陽軍、復州等處，並在江北，連接淮西、京西榷場路分。乞下所屬契勘，如逐州軍未曾改作長引，理合一體。』從之。

七月二十五日，史正志言：『本司買茶一千六百餘引，見過兩淮折博，而兩淮總領所歲費長引過江翻引錢約一百餘萬貫，顯是相妨。切緣本司累月禁戢私販，絕無透漏，是致淮上茶價踴貴，每引可得息錢十五千以上。已同總漕兩司共議，今年且乞與商販並行，其江西見今有未曾過江茶貨尚多，欲每引量收息錢十千，賣與客人前去。』從之。其後七年四月二十三日，大理正、兼權度支郎官單夔言：『今來發運司已行住罷，所有長引茶貨合依舊法，許客旅興販，其發運司每引收息錢十貫。本司既不興販茶貨，自不令收納。欲下諸路提舉茶事司行下所部州縣遵守，無致阻滯商販。』從之。

又　淳熙元年正月二十七日，湖廣總領所言：『今年歲計茶引數，内江西長引一十五萬貫，乞改給湖南草茶長引二萬貫，其餘一十三萬貫依乾道八年、九年例盡行換給短引，降付本所品搭變賣轉，應接大軍支遣。』戶部勘當：『江西短引係行在指擬給賣之數，若盡行換給，有妨行在支遣。若不量行換給，恐本處却致妨闕。乞將已降江西茶長引一十五萬貫改降湖南草茶長引五萬貫，江西短引一十萬貫。』從之

二月十四日，詔：『自今建康務場歲終收趁茶、鹽等錢及額，總領與比附左右司減半推賞。』

又　〔淳熙〕二年五月二十七日，詔戶部：『將江西、湖南北長、短茶引各榷以一半，依每引元立斤重錢數，分作四貫小引印造給降，其翻引、貼納等錢，隨小引紐計送納，不得增減。』

六月十六日【略】詔：『今歲合降湖廣總領所江州長引，並改降短引，其價錢理充行在都茶場給賣之數。』以都茶場言：『湖廣總領所江州通判廳自來以長、短引品搭，近緣出賣不行，給換江西路短引，其短引係是都茶場合賣之數，恐侵損課入。』故有是命。

八月十三日，湖廣總領劉邦翰言：『給降到短引三十萬貫付本所變轉，充閏月支用，於本所委是快便。其間亦有客旅陳乞，願買湖南北快便州軍長引之人。今欲於合降本所歲計短引三十萬貫外，更行印降湖南、北近便州軍長引一十萬貫，下本所發賣，將所賣錢、會子別項樁管，聽候朝廷科使。』詔從之，仍令將賣到長引價錢發赴鄂州，別項樁管。

又　〔淳熙〕三年二月十三日，湖廣總領所言：『承給到淳熙三年歲計茶引七十五萬二千餘貫，又給降長引三十萬貫，委是數多，必致積壓。乞將江西路草茶長大小引一十萬貫并江西州軍長短小引二十萬貫，並行換給江西路二十二貫例茶短引。』從之。【略】四月二十七日，詔：『交引庫印造二十二貫例茶短引七萬五千貫，付江西安撫司，二十二貫例短引三萬貫付江州通判廳，仍令逐處將已降去四貫例茶小引依數兌換，却行繳赴行在都茶場送納。其總領所既稱四貫例小引客人不願請買，如

日後遇有給降到外路一半小引，更不給降。』先是，湖廣總領所乞給降江西安撫司茶引一十五萬貫，江州通判廳茶引六萬貫，内有小引數目，客人不願請買，乞行换給茶短引付逐處出賣，應副支遣。事下都茶場，指定來上，故有是詔。

又 〔淳熙〕四年九月二十六日，新知梁山軍錢盈言：『四川比較茶鹽增虧，乞將有餘以補虧數，不可以立爲增額。』從之。

又 〔淳熙〕五年正月二十九日，權戶部侍郎劉邦翰言：『被旨令擬定湖廣總領所出賣茶引。今相度總司除歲計外，更可發賣茶引二三十萬貫。近準省劄，内坐到茶引一項，係朝廷發賣樁管之數，今擬定，乞日下給降江西長引五萬貫、短引二十五萬貫，品搭給賣。』詔行在務場印造，限二月上旬起發前去，仍將賣到錢別項樁管，非奉朝廷指揮，不得擅支。【略】六月二十四日，四川制置使胡元質、都大提舉茶馬吴總言：『川蜀產茶，祖宗時並許通商，熙寧以後始從官榷，歲課不過四十萬。建炎軍興，改法賣引，一歲所取二百餘萬，比之熙寧，已增五倍。繼以聚斂之臣進獻羨餘，增立重額，每歲按額預俵茶引於合同場，甚者至徑將茶引分俵，以致園戶困敗，產去額存。臣等申請置局，委官審實糾決。涉歷兩年，推核增虧之數，合減放虛額一百四萬三百斤，其引息、土產稅錢共一十五萬二千九百九十四貫。』詔並與除放。先是，四川總領李蘩言：『茶馬司歲減馬七百疋，爲錢二十一萬，乞與茶戶對減重額。』詔四川制置司同茶馬司公共相度經久有無妨闕利害以聞，至是，元質總相度來上，故從其請。

七月七日，詔：『榷貨務都茶場印造茶小引三千道，給降湖北安撫及提舉司給賣，仍於引内令項分明開説，除合納管錢外，不得更收應干縻費。其賣到錢，並起赴湖廣總領所樁管，非奉朝廷指揮，不得擅支。』

六月六日，福建提舉周頡言：『福建一路茶引斤重，從來舊法銙截片鋌並以十六兩爲一斤。至乾道七年内措置，以販茶引錢太重，得茶數少，客旅艱於興販，遂使鄉源斤重，銙、截茶以五十兩爲一斤，片、鋌茶以一百兩爲一斤，比之舊法，遂增數倍，可謂優潤極矣。訪聞本府合同場每遇茶貨到場之時，更有額外加饒，增添斤重，委有情弊。乞下福建路提舉茶事司，仰照應前項已降指揮及長短引内合販鄉源斤重秤制，即不得仍前違法過數，妄有加饒。』從之。

又 〔淳熙〕十年二月十五日，湖廣總領所言：『歲計錢數内貼降江西茶長引一百三十五萬餘貫，發賣不敷，虛占經常錢數。乞照九年已降指揮給换江西短引五萬貫。』從之。

又 〔淳熙十一年〕十一月十八日，戶部言：『湖廣總領所乞將江西路淳熙十二年本所歲計茶引二十八萬貫，盡行印給末茶長引，付逐處發賣價錢，應副大軍支遣。本部勘當，舊例係以長引五萬餘貫，其餘並係短引，緣淳熙十年分總領所乞改降長引五萬貫，共計長引一十萬九千餘貫，比之舊例，已增一倍。今照得江西路長引係行在務場指準給賣之數，若從所乞盡降長引，愈見行在務場歲額虧少。今乞照淳熙十一年已給降體例，印造江西安撫司茶長引八萬九千九十貫九百六文，短引七萬貫；江州通判廳茶長引二萬貫，短引四萬貫；江西提舉司給降茶引一十五萬四千貫，内六萬一千二百餘貫應副本所支遣，照年例印造給降。』從之。

十二年六月四日，詔：『淮東總領所將未起飜引錢二十六萬八千餘貫盡數起赴封樁庫送納，日後每季依此。仍仰提領封樁庫候交收到前項錢，即報行在都茶場，理爲合收之數。』既而行在都茶場言：『鎮江務場收到客人就引貼納茶翻引錢，每歲不下十餘萬貫，依乾道三年三月内已降指揮，令赴行在都茶場交納。今照得截止淳熙十二年三月終，有未起發二十六萬八千六百四十九貫六百四十九貫六百四十一文。乞將鎮江務場收過前項客人就引貼納翻引錢行下鎮江府照數拘收，令項樁管。』

《清史稿》卷一二四《食貨志五·茶法》 順治初元，定茶馬事例。【略】七年，以甘肅舊例，大引篦茶，官商均分，小引納税三分入官，七分給商。諭嗣後各引均由部發，照大引例，以爲中馬之用。又舊例大引附六十篦，小引附六十七斤。定爲每茶千斤，概准附百四十斤，聽商自賣。【略】十九年，以軍需急，加福建茶課銀三百五十九兩，至二十六年豁免，並除湖廣新增茶税銀。時四川產茶多，其用漸廣，戶部議增引，迄康熙末，天全土司、雅州、邛、榮經、名山、新繁、大邑、灌縣並有所增。

又 自康熙三十二年，因西寧五司所存茶篦年久浥爛，經部議准變賣。後又以蘭州無馬可中，將甘州舊積之茶，在五鎮俸餉内，銀七茶三，

按成搭放。尋又定西寧等處停止易馬，每新茶一篦折銀四錢，陳茶折六錢，充餉。至六十一年，復增西寧、莊浪、岷州、河州茶引，各處所存舊茶，悉令變賣。

又　雍正三年，遂議自康熙六十一年始，五年内全徵本色，五年後即將舊茶變賣。嗣是出陳易新，總以五年爲率。四年，定陝西行茶，改令產茶地方官給發船票，照商人引目茶數開明，如於部引外搭行印票，及附茶不遵定額者，照私鹽律論，查驗失察故縱，均加處分。八年，命陝西商運官茶，於舊例每百斤准附帶十四斤外，再加耗茶十四斤。又諭：『四川茶税皆論園論樹，夫樹有大小，園有寬狹，豈能一致？若據以爲額，未得其平。應照斤兩收納，著該撫詳議。』尋議：『舊例每斤徵課二釐五毫，今但徵四絲九忽有奇，前後懸絕，應酌減其半，無論邊、土、腹引，俱納銀一釐二毫五絲。』時川茶行銷，引尚不敷，於是復增，各府、州、縣再行給發。九年，命西寧五司復行中馬法。十年，又命中馬應見發茶。時安徽亦增引，照四川例，以餘引暫存司庫，遇不敷時，配給行運。十三年，復停甘肅中馬。始定雲南茶法，以七斤爲一筒，三十二筒爲一引，照例收税。

又　乾隆元年，令甘肅官茶改徵折色，每篦輸銀五錢。時西寧五司陳茶充牣，令每封減價二錢，刻期變賣。二年，以江西南昌等三十二州縣地不產茶，四川成都、彭、灌等縣滯銷，其引或停或減，並豁除課銀。七年，免甘肅地震處之課，乃命西寧五司徵本色。八年，免四川天全所欠乾隆七年前之羨餘截角，成都、彭、灌等縣之未完銀兩。十一年，甘肅巡撫黄廷桂奏言：『西寧、河州、莊浪三司，番、民錯處，惟茶是賴。邇年以糧易茶，計用茶六萬五千五百餘封，易雜糧三萬八千一百餘石，請著爲例。』報可。十三年，定甘肅應徵茶封，每年收二成本色、八成折色，並申明水陸各路運商驗引截角法，推行安徽、浙江、四川、雲南、貴州。二十四年，從甘肅巡撫吴達善言，命西寧五司茶封，照康熙三十七年例，搭放各營俸餉。二十五年，吴達善又言：『甘省茶課向爲中馬設。今其制已停，在甘、莊二司地處衝衢，西河二司附近青海，猶有銷路，惟洮司偏僻，商銷茶斤，歷年俱改別司售賣，而交官茶封，仍歸洮庫，往往積至數十萬封，始請疏銷。應將洮司額頒茶引，改歸甘、莊二司給商徵課，俟洮司庫貯搭餉完日，即行裁汰。』二十七年，陝甘總督楊應琚復條上疏銷事宜四：『一，官茶應改徵折價也。查甘肅庫貯官茶，向例如存積過多，改徵折色。今五司庫内，自乾隆七年至二十四年，已存百五十餘萬封。經前撫臣吴達善奏准每封作價三錢，搭放兵餉，已搭放四十餘萬封。在市肆官茶日多，非十年之久，不能全數疏銷。且每年商人又增配二十四萬封，商茶既多，官茶益滯。莫若將商交二成官茶五萬四千餘封，照例每封徵折價三錢，俟陳茶銷售將完，再徵本色。一、商茶應准減配也。查甘肅茶法，商人每引交茶五十斤，無論本折，即係額課。外有充公銀三萬九千餘兩，亦係按年交納，無殊正供。至商人自賣茶封，每引止應配正茶五十斤，連附茶共配售三十餘萬封，商人即以配售之茶納課。經吴達善奏准增配以紓商力，並無課項。第茶封既增，又有搭放兵餉之官茶，勢致愈積愈多，難免停本虧折。今商人願每引止五封，内應減無課茶十五萬八千三百十六封，共止配茶四十萬九千四百四十封，二成本色茶封既議改徵折價，無庸配運。一、陳積茶封應召商減售也。查各司俱有陳茶，而洮司爲多。現每封四錢發售，商民裹足。請仍照原議，每封定價三錢，召商變賣。一、内地、新疆應一體搭放也。查乾隆二十四年吴達善奏准滿、漢各營以茶封搭餉。至新疆茶斤，向資内地。今官茶以沿途站車輓運，無庸脚費，其自肅州運至各處，將脚價攤入茶本之内，較之買自商賈，尚多減省。』疏入，議行。二十九年，裁甘肅巡撫，茶務歸陝甘總督兼理。三十四年，以甘省庫貯官茶漸少，復徵本色一成。三十六年，又以伊犁等處安插投誠土爾扈特等衆，賞給茶封，仍議照舊徵收二成。三十八年，四川總督劉秉恬奏准三雜谷等處土司買茶，以千斤爲率，使僅敷自食，不能私行轉售。四川設邊引，商人納税領運於松潘等處銷售，無論土司蠻商，俱准赴邊起票販運。

又　嘉慶七年，以陝西神木官銷茶引久經撥歸甘省商銷，令豁除舊存羨餘名目。四川教匪滋擾，蠲除大寧、廣元、太平、通江、南江五州縣茶税。十年，復免大寧、太平、通江、巫山四縣應税課。十七年，以甘肅庫茶充羨，定商納官茶，全徵折色。二十二年，諭：『閩、皖、浙商人販運武夷、松羅茶赴粤銷售，向由内河行走，近多由海道販運，夾帶違禁貨物私賣。飭令茶商仍由内河行走，永禁出洋販運，違者治罪、茶入

官。』

又 道光三年，諭：『那彥成奏定新疆行茶章程，經戶部議覆，烏里雅蘇台、科布多磚茶不得侵越新疆各城售賣。茲將軍果勒豐阿等奏，此項磚茶，由歸化城、張家口請領部票納稅而來，已六十餘年，未便遽行禁止。惟新疆既爲官茶引地，商茶究有礙官引，令嗣後商民每年馱載磚茶一千餘箱，前赴古城，仍照例給票，無許往他處售賣。』六年，諭：『前因新疆各城運茶，前將軍等請給引招商納課。茲據慶祥等奏稱，各城無殷實之戶，若遽令承充官商，必致運課兩誤。著北路商民專運售雜茶，並在古城設局抽稅，即以所收銀抵蘭州茶商課。俟試行三年，再行定額。至附茶仍由甘商運銷。』八年，欽差大臣那彥成言：『甘肅官茶，年例應出關二十餘萬封。近來行銷至四五十萬封，皆以無引私茶影射，價復遞加，每附茶一封，售銀七八兩至十餘兩不等。請嗣後每封定價，阿克蘇不得過四兩，喀什噶爾不得過五兩，並於嘉峪關外及阿克蘇等處設局稽查。』詔如所請。九年，命甘肅茶務責成鎮迪道總司稽查，奇臺縣就近經管。

又 〔同治〕五年，戶部奏准甘省引滯課懸，暫於陝西省城設官茶總店，潼關、商州、漢中設分店。商販無引之茶，到陝呈報。上色茶百斤收課銀一兩，中色六錢，下色四錢。所收解甘彌補欠課。七年，議准歸化城商人販茶至恰克圖，假道俄邊，前赴西洋各國通商，請領部照，比照張家口減半，令交銀二十五兩，每票不得過萬二千斤。十一年，議准甘省積欠舊課，仍追舊商。召募之新商試新課。其雜課、養廉、充公、官禮四項緩徵。十三年，議准甘省仿淮鹽之例，以票代引，不分各省商販，均令先納正課，始准給票。其雜課歸併釐稅項下徵收。各項名色概予刪除。行銷內地者，照納正課三兩外，於行銷地各完釐稅，每引以一兩數錢爲度，多不過二兩。出口之茶，則另於邊境局卡加完釐一次，以示區別。

又 光緒十年，戶部統籌財政，於茶法略言：『據總理衙門單開，光緒八、九等年出口茶數多至萬九千餘萬斤。查道光年間英國所收茶稅，約每百斤收銀五十兩，而我之出口稅僅納二兩五錢，不及十一。擬照甘肅茶封之例，每五十斤就園戶徵銀三錢。增課既多，洋人無所藉口。或照寧夏、延、榆、綏等處茶引每道徵銀三兩九錢之例，於產茶處所設局驗茶，發給部頒茶照，每照百斤，徵銀三兩九錢，經過內地關卡，另納釐稅，驗照蓋戳放行，不准重複影射。所有茶照，按年豫行赴督請領，原照一年後作廢。或於產茶處所驗茶發給部照，既完課三兩，再倍收銀三兩九錢，前後共徵七兩八錢，一切雜費均予豁除。惟於各海關及邊卡，凡應納洋稅，仍照向章完納。若在內地行銷販運，無論經過何省何處釐卡關榷，均免再徵。則改釐爲課，改散爲總，既便稽查，復免侵漁。惟園戶及販商若何防其走漏，應令各省參酌定章，覆奏辦理。』

藝文

宋 蘇洵《嘉祐集》卷一六《送陸權叔提舉茶稅》 君家本江湖，南行即鄰里。稅茶雖冗繁，漸喜官資美。嗟君本篤學，寤寐好文字。往年在巴蜀，憶見春秋始。名家亂如髮，棼錯費尋理。今來未五歲，新傳動盈几。又言欲治易，雜說書萬紙。君心不可測，日夜湧如水。何年重相逢，秖益使余畏。但恐茶事多，亂子易中意。茶易兩無妨，知君足才思。

嚴禁私茶部

題解

《明史》卷八〇《食貨志四・茶法》 初，太祖令商人於產茶地買茶，納錢請引。引茶百斤，輸錢二百，不及引曰畸零，別置由帖給之。無由、引及茶引相離者，人得告捕，置茶局批驗所，稱較茶引不相當，即爲私茶。凡犯私茶者，與私鹽同罪。私茶出境，與關隘不譏者，並論死。

論説

唐 杜牧《樊川文集》卷一一《上李太尉論江賊書》 縱賊不捉，事敗抵法，謂之賒死；與賊相拒，立見殺害，謂之就死。若或人少被捉，罪抵止於私茶，故賊云：『以茶壓身，始能行得。』言隨身有茶，即人不疑是賊。凡千萬輩，盡販私茶。

宋 蘇軾《蘇軾集》卷四九《永興軍秋試舉人策問》 是以頻年遣使冠蓋相望於道，以求民之所患苦。罷去茶禁，歸之於民，不以刑獄委任武吏，至於考功取士，皆有所損益。

宋 蘇轍《欒城集》卷二〇《私試進士策問二十八首》 凡所以備邊養兵者，皆出於榷。然江淮之間，以私茶死者，不可勝計。此則仁之所不忍為也，而何便於榷？

明 王恕《王端毅公文集・申明茶法奏狀》《明經世文编》卷三九 查得本部先於景泰五年，爲因各處茶商人等，多將舊引，影射私茶，不行銷繳。查照清理鹽法事例具奏。該戶部依擬奏准，出榜曉諭，及行各處巡按、巡鹽、巡河、巡江監察御史，監收船料提督，洪閘郎中等官禁治搜撿。各批驗所追繳退引等因，已經通行遵守外，今照前項退引，累催不繳。其故蓋因批驗所不置簿籍，附寫茶商姓名貫址，或不照茶商路引，聽其冒名開報，或將引繇賫產茶地方，轉賣與人。如此欲得的確名籍行追繳引，難矣。況茶貨出山，經過官司既不從公盤詰，又不依例批驗，縱有夾帶斤重，多是受財賣放。彼何畏憚而不停藏舊引，影射私茶。又如南直隸常州、廬州、池州、徽州，浙江湖州、嚴州、衢州、紹興，江西南昌、饒州、南康、九江、吉安，湖廣武昌、寶慶、長沙、荆州，四川成都、保寧、重慶、夔州、嘉定州、瀘州、雅州等處，俱係產茶地方，相去前項三批驗所，遠者數千里，近亦不下數百里。若照引內條例，聽茶商徑赴產茶府州納課買引照茶，于人爲便，理必樂從。誰肯不買引繇公犯茶禁。今却令茶商皆來此三所買引，路途窵遠，往返不便。欲其一一遵依，不作前弊亦難矣。況批驗所退引，該與截角。今前項三所，卻管賣引，不行批驗照退，名實不稱，有乖職掌。臣等切惟印造茶引、鹽引，禁治私茶私鹽，係是太祖高皇帝舊制。今官不修職，民不守法，茶禁廢弛，一至于斯。若不申明禁約，非惟虧國家之課程，抑恐壞祖宗之制度。合無請給聖旨榜文，通行天下曉諭。今後園戶賣茶，及茶商興販茶貨，造引給繇，與夫批驗納課等項，務要俱遵引繇內條例。數內惟買引一事，免其納錢，只照見行事例。每引一道，納鈔一貫，中夾紙一張。仍令前項產茶府州斟酌所管地方，每歲可出茶貨若干，合用引繇若干。預先具數，差人赴本部關領前引。回還收貯，出榜召商。中買仍要辨驗茶商路引，果無詐偽，即將其人姓名貫址附簿，將引給與。年終該府州各將賣過前引造冊。就將收過紙鈔，差人一同解繳本部，鈔送該庫交收。紙劄造引，仍具數領關，次年合用引繇。各批驗所如遇茶商經過，務依例逐一批驗，將引截角。如無夾帶，即便放行。若有夾帶，就連人茶拿送本處官司問理。年終將批驗過客商姓名貫址，并引數目，及盤獲私茶起數緣繇，造冊申達所轄轉繳本部查考。如有日前停藏舊引，未曾繳到者，榜文到日，限三箇月以裏，赴所在官司告繳，與免本罪。敢有不遵條件，興販私茶者，許巡按巡鹽巡河巡江監察御史監收船料提督洪閘郎中等官，及各該軍衛有司守把關隘人員拿問，挑擔馱載，及引領牙行停藏之家，俱依律治罪。盤獲私茶，并盤車船頭畜等物俱入官。如將引繇照茶依例批驗截角賣畢，隨將赴往賣所在官司告繳，封送原引衙門通類解部查銷。如此則職掌定而政務修。法令明而奸蠹息矣。

明 李東陽《李西涯文集・西北備邊事宜狀》《明經世文编》卷五四 自金牌制廢，私茶盛行。有司又屢以敝茶給番族。甚或有賊殺其人

者，蕃既憾於失信，又利於私易，亦往往以贏馬應故事，使蕃地多良馬，而西邊闕於用，甚為非便。

明 梁材《梁端肅公奏議五・議茶馬事宜疏》《明經世文編》卷一〇六

巡按陝西監察御史劉良卿題，切照國家設立三茶馬司收茶易馬，雖所以供邊軍征戰之用，寔所以繫番人歸向之心。考之茶法，在大明律曰：『凡販私茶者同私鹽法論罪。』蓋行於腹裏地方者然也。至於通番禁例在太祖高皇帝曰：『私茶出境者斬，關隘不覺察者處以極刑。』太宗文皇帝曰：『透漏私茶出境者，犯人與把關頭目俱各淩遲處死，家口遷化外。』國初一騎馬販私茶即處以極刑，蓋立法之嚴如此。蓋行於邊方者然也。祖宗好生之德，不嗜殺人之心。而私茶通番，輒以極刑淩遲論罪，其意之所在可知已。蓋西邊之藩籬，莫切於諸番，諸番之飲食，莫切於吾茶。得之則生，不得則死。故嚴法以禁之，易馬以酬之。禁之而使彼有所畏，酬之而使彼有所慕，此所以制番人之死命，壯中國之藩籬斷匈奴之右臂者。其所係誠重且大，而非可以尋常處之也。故在當時茶法通行，而無阻滯之患。番馬茂盛，歲至萬餘之多；又考之洪武初例，民間蓄茶不得過一月之用。嗣後至弘治年間，或召商中茶，以備賑濟；或召商中茶，以備邊儲。然未嘗禁腹裏之民，使不得食茶也。行之既久，此意浸失減通番之罪，而止於充軍，禁內郡之茶，而無所於食。遂使奸人窃肆，私茶盛行。番人一至，既要厚賞，復索高價。歲易馬匹不過數千，甚至驕傲抗違、招之不至、括民間之馬以充數者。夫豈祖宗立法之意，果如是哉。姑以今日茶法言之。每年三茶馬司，漢中府解納課茶，洮州一萬一百九十餘斤，河州一萬八千三百七十餘斤，西寧二萬五千六百餘斤。其各商茶亦赴三茶馬司抽分，又各數十萬斤，官茶貯庫、商茶就彼發賣。其各府衛州縣衙門捉獲私茶，又解各司貯庫，是商私課茶皆聚於三邊茶馬司矣。其在腹裏地方，凡有夾帶茶斤，不論多寡，即以私販論罪。是陝西一省皆不得食茶矣。夫茶聚於茶司，則通番之弊易滋，茶嚴於內郡，則私販之弊難究，何也？蓋陝西通番之路有三：一曰階岷，一曰臨洮，一曰蘭州。黃河爲限，關隘爲險，三路嚴守，則茶豈能飛入番境哉。今商私課茶，皆以文引渡河曆關而至茶司矣。茶司地方，則皆與番爲鄰者也。關隘少而岐路多，其相通固已易矣，而茶司周環地方幾何，人民幾何，商人之茶動至數萬，豈能盡賣而盡買哉？商人去家千里，既不得以速賣，勢復難於久守，不得已而賒寄居民。家積戶蓄，塞屋充棟，夫番人欲之而不可得，吾民積之而無所施。往來之路，雖有關河之限，交通之利，不止三倍之多。且通番之罪犯則止於充軍，又十不一犯焉，欲其不相通，豈可得乎。故近日拏獲通番人犯，若完忠則河州衛千戶，而茶則商人趙文華者、李仕英河州之民，而茶則商人張純者、黃欽、林森乃西寧之民，而茶則商人羅銘者，繇此觀之，則通番者皆茶司地方之民，皆商人抽分之茶，固非腹裏地方之民之茶也。蓋既遺之以通番之資，又減之以通番之罪云爾。夫詳於禁者猶有法外之遺奸，況疎其禁乎。此通番之弊易滋，而禁之之難也。茶鹽皆所日用而不可缺者，茶法與鹽法相同，然禁私鹽矣而未嘗不賣官鹽也。今禁私茶矣，而官茶止行於諸邊腹裏八府，皆不得行。以人所必用之物，而禁之使不得行。使不得食，欲其不私買，豈可得乎？山人治茶，猶農之治菽粟，勤力經理，俯仰所資。今商茶之外，嚴禁私賣，又以茶多阻滯，商人不得多中，則將使小民終歲收穫置於何地？而衣食之資取辦於何所耶？欲其不私賣，豈可得乎？食者欲買，中者欲賣，貧無生藝之民，欲其不乘機而私販，又可得乎？故凡拏獲茶徒，非饑寒困苦之窮民，則衣食無賴之園戶。夫事有大小，法有輕重，茶法之禁，其要在於通番，非切切爲吾民也。今使大奸巨惡，往往得以通番而漏網，閭閻小民，以數斤之茶囚禁囹圄，而致死者不可勝計焉。此不惟私販之弊難究，而輕重緩急之間，亦未有當於人情者焉。況以三茶馬司見貯之茶，計每歲易馬之費，洮河可足三年之用，西寧可足二年之用。其商私課茶，又日增而月益之，以至積久腐爛。如近日監察御史劉希龍所奏燒毀者三茶司共二千萬二千餘斤，以價計之，則不啻數萬兩之多。夫以民間有用之物，而禁民使不得用，積之以至於腐朽，而置之於烈焰之中，豈不誠可惜哉！茶法之弊有如此者，以今日馬政言之，番地所產多馬，吾之所易在馬。私茶既行則番人無所利於官茶，而馬亦不肯至矣。使番人有馬而無所於市，吾之茶有禁而無所於通，其勢必相求，而制之之機在我矣。今者商茶皆在茶司，茶司居民，陸續窃易馬匹，以待商人往來興販，歲無虛日。如臣上年四月至洮州，五月至西寧，差人訪拏，一日之間，即得馬六十餘匹、西寧四十餘匹，則尋常可知也。縱使番地多馬，要之生產有限，興販無窮，及

吾易馬之時則不能多得也。固宜此興販番馬之未禁也，每歲茶易馬匹領軍未至，皆寄派各衛軍餘餧養。夫邊境之軍，地方苦寒，生藝寡薄，平居之日，衣食固有所不贍，而復以養馬責之。一有瘦損倒死，重則追賠本色，輕則追納肉髒銀兩，家業不逮，鬻及男女，彼何辜哉！此寄養茶馬之未平也。【略】夫調不鼓之琴，必有更張之術，理大壞之政，必有變通之道。臣罄一得之愚，條爲六事，開坐於後，奉聖旨該部知道，抄出送司案呈到部，看得巡按陝西監察御史劉良卿，條陳六事，內除審處牧馬以便操牧一事，移咨兵部，逕自查議外，所據量積邊境之茶，以防私通等五事，相應議擬開立前件，伏乞聖裁：

一、量積邊境之茶以防私通。今後三茶馬司積茶，止留二年之用。每年易馬，計該若干。課茶之外，足以商茶。鞏昌府盤驗之時，扣除解司之數，收貯該府類總顧腳，給批差官，解至茶司交割。正茶之外，分毫不許夾帶。如此則非惟通番者無所資而自止。將茶價湧貴。番人受制而良馬亦有不可勝用者矣。前件查得問刑條例內一欵，欽奉憲宗皇帝聖旨，私茶有興販夾帶五百斤的，照見行私鹽例、押發充軍。又為陈愚見以裨茶馬以濟軍務事，該巡按御史劉希龍，題稱官茶易馬，先年招馬之易，于今招馬之難。蓋以開中太濫，商茶數多，番人坐以得茶，不仰給於茶之難故欲少開中以便招易。該本部議照積茶易馬，乃我朝備急防邊禦患之策。近年以來，法久弊生，私茶盛行，以致官茶阻滯，易馬甚難。誠有如本官所奏者，相應依擬，轉行接管巡茶御史，今後開茶之期，必先審有力商人方許報中，其樽節盈縮之數，并積新散舊之法，悉照本官所擬事理施行等因，已經通行欽遵去後，今御史劉良卿，題稱今後三茶馬司積茶，止留二年之用，每年易馬，計該若干，正茶之外，分毫不許夾帶，將來茶價湧貴，番人受制而良馬不可勝用一節，與前御史劉希龍所奏大略相同，相應議擬，欲候命下，轉行陝西巡茶御史，再加斟酌，徑自查照施行。

一、通行內郡之茶，以息私販。今後商人中茶，每年多開百萬斤，鞏昌府盤驗明除扣解茶司之外，其餘悉聽臣衙門酌量西鳳等府地方廣狹，分派各府對半抽分，照依時估，定以價值，商茶給商自賣，文引截角掛號，不得出所屬州縣之境。官茶并拏獲茶，俱出給印票，分散鋪行發賣，價銀呈臣衙門計算，除養馬解茶之費，餘開巡撫衙門，以備軍儲其臨洮所屬河蘭二州、鞏昌所屬階岷州衛係近番地方，仍舊禁賣。如此，則非惟私販者無所利而自息，將來茶價充溢軍儲可免匱乏之憂矣。前件，看得巡按御史劉良卿題稱一節，非無革弊裕邊之意，相應議擬，合候命下本部，移咨巡撫陝西都御史黃臣，及轉行陝西巡茶御史，再行會議，前項事宜，如果官商兩便，有益軍儲，悉照本官所議施行，若有窒碍，另奏請定奪。

一、嚴通番之刑以杜輕玩。今後通番道路，洮岷河州責之邊備道，臨洮蘭州責之分巡隴右道，西寧責之兵備道，務要選委勤慎官員，晝夜嚴加防守，拏獲私茶通番之徒，及防守官員不行覺察者，仍照祖宗舊例，處以極刑。邊備分巡等道，不行嚴謹，致有私通者，事發聽臣參劾，即以罷軟罷黜，雖有他美不得論贖。如此則刑重而防守嚴，其誰肯舍身家之重而覓通番之利也。前件大明律內一欵，凡犯私茶者，同私鹽法論罪。及查鹽法內一欵，凡犯私鹽者，杖一百徒三年。拒捕者斬。非應捕人告獲者，就將所獲私鹽給付告人充賞。有能自首者免罪，一體給賞。及查得先爲申明事例，禁約越境販賣私茶通番事，該督理馬政左僉都御史楊一清，奏稱查得洪武三十年三月初八日，欽奉太祖皇帝聖旨，陝西四川把截私茶處緊要，恁戶部便差行人去陝西河州，四川碉門、利雅等處，省諭把隘口的頭目，教他十分嚴加把截，不許私茶出境。如今這一遭説與他知道，以後每月一遭差人去説，直差到九月務要省諭他每把得停當，不致透漏。這等説與他了敢有放過私茶出口的拏來罪他。永樂六年十二月初九日，欽奉太宗皇帝聖旨，陝西、四川地方，多有通接生番徑行關隘與偏僻小路。洪武年間，十分守把嚴謹，不許放過叚疋、布絹、私茶、青紙出境，違者處死。如今關隘上頭目軍士，多不用心守把巡捕，往往透漏叚疋私茶出境，恁戶部再出榜去曉諭禁約，還差人説與都司布政司，着他勤勤的差的當人去各關上省會把關頭目軍士，今後務要用心守把，設法巡捕，不許私漏叚疋、布絹、私茶、青紙出境，若有不聽號令，仍前私販出境，拏獲到官，定將犯人與本處不用心把關頭目俱各凌遲處死，家口遷化外，貨物入官。如私販之人有能自首者免罪，給與重賞。俱經通行欽遵去後，但法久弊生，人心玩愒，所以本官具題前因，無非慎防守興茶利易馬籌

邊之意，相應申明，通行遵守，合候命下本部，轉行陝西巡茶御史督嚴各該邊備分巡兵備等道，悉如本官所擬，申明律例，嚴加防守，仍書大字告示，翻刊印刷。發仰各該把截地方，常川張掛，曉諭軍民人等，如有興販私茶出境，及守把關隘人員通同透漏者，俱從重問擬，干碍應人員，徑自奏請定奪。但云從重問擬，則亦未必許行成祖聖旨事例矣，難則申飭，不過虛文而已。

明 杨一清《楊石淙文集五・與内閣吏兵諸先生第四書》《明經世文编》卷一一八　茶馬論列已罄，其愚雖未敢自以爲是，要其事勢不得不然。其推原祖宗立法本意，恐是一段大議論，似不可少，所患私茶不易禁，官茶不易積耳。大抵茶是本，馬是利，無本則利將焉出？官買固順，以輸運之艱，故有招商之議，商買固便，以價出之難繼也。故復有官賣之議。文襄主意在此。行之數年，茶司各有數十萬之積，則金牌可復。然僕前所言差官一節，又不可不預爲之思也，至于四川東鄉、利州諸處，誠今日私販之淵藪。其地密邇漢中，宜附陝西巡茶提調，不然禁之於此，開之于彼，譬之治水不于源頭理會，而徒遏其流，恐奔放潰決之勢，終不可遏。

明 王廷相《王氏家藏文集・呈盛都憲公撫蜀七事・嚴茶》《明經世文编》卷一四九　近年以來，法弛人玩，雖有禁茶之名，而無禁茶之實，商旅滿於關隘，而茶船遍於江河。權要之人，每私主之以圖利。邇者巡按盧公，稍一盤詰，卽得十數餘萬，則其平日可知也。私鹽之行也，止於課額失利而已，私茶之行，乃使中國馭番之權無所復，施則是其患大於私鹽也。夫茶可以利朝廷也，今利歸私門矣。可制諸番之命也，今仰望于商人矣。以中御番之大權，而倒持以授之於商賈，不惟自失其利國之具，而反害之矣。爲今之計，莫於嚴私茶之禁，絶商賈之販，使茶利之權在官，則諸番可以坐制，何也？茶者，番人之所必欲得者也。私茶不行，番人仰於官矣。以茶易馬，雖不可據復，而使之輸青稞以復役，獨不可乎？或者曰：青稞之輸，彼之舊貫也。茶則我之實利也，彼來貢之，我以是賞之，不幾於相易乎？彼之利於我者微，而我之失其利者大，不幾於失倫乎，吁是皆以小利言之。不知彼輸於我，義也；我賞於彼，德也，我因以行其羈縻之道，彼亦以爲職分之常，久之邊防可以寧謐，而我兵亦無調度之費，戰伐之苦。以此較彼，所得孰大小哉！夫番仰茶於官，權在國也。邊鄙因之無虞，利在我也。一禁茶之間，使權歸於國，而利其民，較之縱禁通商，使利歸私室，而害及於邊者，所得又孰多寡哉？故曰至細之物，而有莫大之用，君子不可以輕視者此也。

明 张居正《張文忠公集四・答三邊總制論番情》《明經世文编》卷三二七　聞番人恃茶以爲命，須嚴土人通番之禁，使私茶不得出，則我得制其死命。

明 褚鈇《褚司農文集・條議茶馬事宜疏》《明經世文编》卷三八六

臣以綿力領兹重任，入境即遵奉敕諭，提督都布按三司，按月省諭，嚴禁把截。然多視為泛常，惟巡歷所至，官始留心，拏獲大夥茶徒、假茶、夾帶茶、私馬等項，俱照律例問擬。一時姦商積販，固畧儆省，其他未到去處，如臨洮衛經歷李崇儒、通渭縣巡捕李可大等，賣放私馬私茶，此類未經發覺者，不知幾何。臣叨任巡察，豈不欲私販盡絶，然以一身按兩省十一府四茶司七苑，東西南北，往返周旋一萬餘里，未免顧此失彼，掛一漏萬。若使所在司道就近督責州縣密緝嚴拏，則茶徒馬販，決不能逃。但恐賞罰不明，巨細不論，則小人邀功計利，未免賣放妄拿，合無以後茶馬出產經過去處，責令該道稽察，如陝西則關南隴右守巡四道，洮岷臨鞏西寧三兵備道，四川則川北守巡安綿兵備三道，敕書官銜，俱添兼理茶法，使之顧名思義。一應茶徒馬販，務要加意巡禁，臣出巡所在，照舊親自查比，如出巡別府，每季終守巡兵備各將所屬巡捕官兵查比一次，仍報臣知會，以觀用心與否。拏獲私馬私茶，每十匹給賞二匹，每百斤賞銀二兩，多者遞加，仍以大夥爲功，不許妄拏腹裏孳生馬匹。及些須食用茶斤，如違加等重治。每年終各將有無拏獲通番大夥茶徒馬販報臣，以憑具奏，則私茶不敢入番，番馬不得進境，而招中有裨矣。此又拔本塞源之論，人存政舉之要也。

明 鄭洛《鄭經略奏疏二・敬陳備禦海虜事宜以弭後患疏》《明經世文编》卷四〇五　六曰飭茶禁夫。海上番夷，有茶則生，無茶則死，其利非不息也。我中國之制番夷，熟番則易茶，生番則不許易茶，其禁非不嚴也。茶禁之詳在楊文襄疏中可查也。然惟禁於開中之時，而不禁於既開之後，生番托熟番以交通，海虜附番族以私貿。甚有一種奸商，私挾茶篦，深入番

地，利其貨殖；又有一種奸夷，私載茶篦，遠抵虜穴，收其厚利，則其歲月往來，交結貿易者，禁猶不禁。而虜之處於海上者居然無恙矣，是必嚴爲之禁，凡茶商賣茶，只許於城內本鋪開賣，敢有私挾出境者，按如律。又嚴爲之禁，凡番夷入城買賣，各給以印信執照，如無執照而故行買茶者，按如律。不拘番漢人等，但遇有私茶出境入虜，捉獲舉首者，則給以所獲之茶，仍賞銀若干。其本犯則加常律一等重治。夫嚴禁若此，則私茶不行，私茶不行，則海虜自困。安知其無有三日不茶，腹脹而死者乎？又安知無有如俺答中濕，腫足而歸者乎？是茶禁不可不嚴也。

综述

宋歐陽修《文忠集》卷八六《通商茶法詔》 自唐末流，始有茶禁，上下規利，垂二百年。邇聞比來，為患益甚。

《續資治通鑒長編》卷五《乾德二年》 ［八月辛酉］自唐武宗始禁民私賣茶，自十斤至三百斤，定納錢決杖之法。於是令民茶折稅外悉官買，民敢藏匿而不送官及私販鬻者，沒入之。計其直百錢以上者，杖七十，八貫加役流。主吏以官茶貿易者，計其直五百錢，流二千里，一貫五百及持仗販易私茶爲官司擒捕者，皆死。自唐武宗以下至皆死，並據本志，當在此年，今附見榷茶後。

又卷一八八《嘉祐三年》 ［九月辛未］初，官既榷茶，民私蓄販皆有禁，臘茶之禁，尤嚴於他茶，犯者其罰倍，凡告捕私茶皆有賞。然約束愈密，而冒禁愈蕃，歲報刑辟，不可勝數。

《宋史》卷一六七《官職志七・諸縣令丞簿尉》 中興，沿邊諸縣間以武臣爲尉，並帶兼巡捉私茶、鹽、礬，亦或文武通差。

又《巡檢司》 有沿邊溪峒都巡檢，或蕃漢都巡檢，或數州數縣管界、或一州一縣巡檢，掌訓治甲兵、巡邏州邑、擒捕盜賊事；又有刀魚船戰棹巡檢，江、河、淮、海置捉賊巡檢，及巡馬遞鋪、巡河、巡捉私茶鹽等，各視其名以修舉職業，皆掌巡邏幾察之事。

又卷一八三《食貨志下五・茶上》 民之欲茶者售於官，其給日用者，謂之食茶，出境則給券。商賈貿易，入錢若金帛京師榷貨務，以射六務、十三場茶，給券隨所射與之，願就東南入錢若金帛者聽，計直予茶如京師。至道末，鬻錢二百八十五萬二千九百餘貫，天禧末，增四十五萬餘貫。天下茶皆禁，唯川峽、廣南聽民自買賣，禁其出境。

凡民茶折稅外，匿不送官及私販鬻者沒入之，計其直論罪。園戶輒毀敗茶樹者，計所出茶論如法。舊茶園荒薄，采造不充其數者，蠲之。當以茶代稅而無茶者，許輸他物。主吏私以官茶貿易，及一貫五百者死。自後定法，務從輕減。太平興國二年，主吏盜官茶販鬻錢三貫以上，黥面送闕下；淳化三年，論直十貫以上，黥面配本州牢城，巡防卒私販茶，依本條加一等論。凡結徒持仗販易私茶、遇官司擒捕抵拒者，皆死。太平興國四年，詔鬻偽茶一斤杖一百，二十斤以上棄市。雍熙二年，民造溫桑偽茶，比犯真茶計直十分論二分之罪。淳化五年，有司以侵損官課言加犯私茶一等，非禁法州縣者，如太平興國詔條論決。

《元史》卷九四《食貨志二・茶法》 每茶商貨茶，必令賫引，無引者與私茶同。引之外，又有茶由，以給賣零茶者。

又卷一〇四《刑法志三・食貨》 諸茶法，客旅納課買茶，隨處驗引發賣畢，三日內不赴所在官司批納引目者，杖六十；因而轉用，或改抹字號，或增添夾帶斤重，及引不隨茶者，並同私茶法。但犯私茶，杖七十，茶一半沒官，一半付告人充賞，應捕人同。若茶園磨戶犯者，及運茶船主知情夾帶，同罪。有司禁治不嚴，致有私茶生發，罪及官吏。茶過批驗去處，不批驗者，杖七十。其偽造茶引者斬，家產付告人充賞。諸私茶，非私自入山採者，不從斷沒法。

《明會典》卷三七《課程六・茶課》 諸人但犯私茶，與私鹽一體治罪。如將已批驗截角退引，入山影射照茶者，同私茶論。一出園茶主，將茶賣與無引由客興販者，初犯笞三十，仍追原價沒官，再犯笞五十，三犯杖八十，倍追原價沒官。一客商販到茶貨，經過批驗所，須要依例批驗，將引由截角，別無夾帶，方許放行。違越者，笞二十。一偽造茶引者處死，籍沒當房家產，告捉人賞銀二十兩。

又 嘉靖五年題准，四川所屬稅畝課茶，照舊徵收。商販貨賣茶至百斤以上，俱赴管茶官處報中引目一道。每年課程，十分收一。凡中芽茶，每引定價三錢。葉茶，每引定價二錢。俱令赴管茶官處報中，價銀赴

司上納。其腹裏産茶地方，凡茶不上百斤，俱赴本州縣報數。每十斤上銀一分。給票照賣，立限完繳。其無引無票，俱係私茶，入官問罪。

又　萬曆十三年題准，陝西腹裏地方，西安等三府，因無官茶，私販橫行。議行巡茶御史招商，印給引目。每引定為一百斤，收買園戶。餘茶運發漢中府，驗明發賣，每百斤量抽三十斤入官。大約在西安，不過六萬斤。鳳翔、漢中多各不過二萬斤。引內明坐地方，隨路截角，如無印記及越境者，以私茶論。

又　洪武三十年詔：榜示通接西蕃經行關隘并偏僻處所，著撥官軍，嚴謹把守巡視。但有將私茶出境，即拏解赴官治罪，不許受財放過。仍究何處官軍地方放過者，治以重罪。

永樂六年，令諭各關把關頭目軍士，務設法巡捕，不許透漏叚疋、布絹、私茶、青紙出境。若有仍前私販，拏獲到官。將犯人與把關頭目，各淩遲處死，家遷化外，貨物入官。有能自首免罪。

景泰五年，令各處軍民人等，官民馬快等船，并車輛頭疋，挑擔馱載私茶者。各該官司盤獲，茶貨車船頭疋入官。引領牙行，及停藏之家，俱依律治罪。巡捕人員受財縱放者，一體究問。

天順二年奏准，凡蕃僧夾帶姦人，并軍器私茶違禁等物，許沿途官司盤檢，茶貨等物入官，伴送夾帶人，送所在官司問罪。若蕃僧所至之處，各該衙門不即應付，縱容收買茶貨，及私受饋送，增改關文者，聽巡按御史，按察司官，體察究治。

成化七年，令禁進貢回回蕃僧人等，於在京及沿途，收買私茶。

十八年，令私茶有興販夾帶五百斤者，照見行私鹽例，押發充軍。

弘治元年奏准，凡軍衛有司，果無私茶。不許分派下人，買納作數。

三年，令今後進貢蕃僧，該賞食茶。給領勘合，行令四川布政司，撥發有茶倉分，照數支放。不許於湖廣等處收買私茶，違者盡數入官。

十七年，令四川撫按官行碉門、黎州、雅州、建昌、松潘、夔州、保寧等處，各該兵備分巡，申明茶禁。利州衛選委指揮一員，專管巡茶。通江、巴縣、廣元、東鄉等處，就委巡捕官管理。各督應捕人等，把隘緝訪，軍民人等，敢有仍前私販，及該管官司，不行用心捕獲，一體重治。

十八年題准，各處行茶地方，但有將私茶潛住邊境，興販交易，及在腹裏，販賣與進貢回還夷人者。不拘斤數，事發，并知情歇家牙保，俱問發南方煙瘴地面衛所，永遠充軍。其在西寧、甘肅、河州、洮州販賣者，一百斤以上，問發附近衛分充軍。三百斤以上，發邊衛永遠充軍。若在腹裏興販者，照例五百斤以上，押發附近衛分充軍，止終本身。不及前數者，俱依律擬斷腹裏，仍枷號一箇月。在邊方、枷號兩箇月，有力納米贖罪。無力解五百里之外，擺站守哨。但有逃回，仍前興販者。事發，不拘多寡，問發附近衛分充軍。若軍官將官知情，縱容弟男子姪伴當興販，及守備把關巡捕官，知情故縱者，事發參問，降一級，原衛帶俸差操。有贓者，從重論。不知者，照常發落。若守備把關巡捕官，自出資本，興販私茶。但通蕃者，問發邊衛充軍。在西寧洮河甘肅地方發賣者，三百斤以上，發附近衛分充軍。不及數，及在腹裏發賣者，降一級，調邊衛帶俸差操。

嘉靖十四年題准，四川夔州、東鄉、保寧、利江一帶，附近陝西通茶地方，不論軍衛有司，凡事干茶法者，悉聽陝西巡茶御史管理。各該分巡兵備等官、務嚴禁私茶。按季將捉提人犯數目，開報查考，俱聽本官舉劾。

十五年題准，今後陝西三茶馬司積茶，止留二年之用。每年易馬，計該正茶外，分毫不許夾帶。

又題准，今後凡遇行茶道路，如有興販蕃馬入境者，拏獲馬匹入官。犯人以通蕃例論罪。

二十六年議准各處茶商有原無資本、混報茶批入山，通同園戶、蒸造假茶。及將驗過真茶盜賣、沿途采取草茶納官。各至五百斤以上者，商人園戶、及知情轉賣之人，民發附近衛分，軍發邊衛，各充軍，止終本身，茶價入官。不及前數者，依私鹽法論罪。仍枷號兩箇月發落。窩頓店戶、知情者從重論。至一千斤以上，本犯發極邊衛分，永遠充軍。店戶不問知與不知，一體治罪。其官司開報茶引，令各商互相保結。中間若有前項之徒，聽其首發。通同安保者，一併治罪。不知者，不坐。各處行茶地方，但有豪強茶徒，出本雇覓十人以上，挑販私茶者，事發審實，悉照弘治十八年題准事例，問發。若拏獲雇覓之人，隱護首惡，及妄攀平人者，不分茶斤多少，問發煙瘴地面，在邊者永遠，在內者止終本身，各充軍。

巡捕官兵，通同茶徒，賣放首惡，及挾詐良民者，事發，官參問，降一級。應捕人役，枷號兩箇月。有贓者，各從重論。

三十一年議准，今後進貢番僧，凡有援例陳乞順買茶斤者，一切據法通行查革。其有該賞食茶，照例撥給回還。經過關隘，一一盤驗。如有夾帶私茶，不拘多寡，即沒入官。仍將伴送人員通把，依律問罪。

又 卷一五三《馬政四·收買》 每三年一遣廷臣，召各番合符，以應納差發馬，交納易茶。有以私茶出境者，斬。關隘不覺察者，處極刑。民間蓄茶，不得過一月之用。茶戶私鬻者，籍其園入官。

又 卷一六四《律例五·私茶》 凡犯私茶者，同私鹽法論罪。如將已批驗截角退引，入山影射照茶者，以私茶論。

成化十八年，閏八月二十九日，節該欽奉憲宗皇帝聖旨，私茶有興販夾帶五百斤的，照見行私鹽例，押發充軍。欽此。

凡興販私茶，潛住邊境，與番夷交易，及在腹裏販賣，與進貢回還夷人者，不拘斤數，連知情歇家牙保，俱發煙瘴地面充軍。其在西寧、甘肅、河州、洮州、四川雅州販賣者，雖不入番，一百斤以上，發附近。三百斤以上，發邊衛，各充軍。不及前數者，依律擬斷，仍枷號兩箇月。軍官將官，縱容弟男子姪家人軍伴人等興販，及守備把關巡捕等官，知情故縱者，各降一級。原衛所帶俸差操失覺察者，照常發落。若守備把關巡捕等官，自行興販私茶通番者，發邊衛。在西寧、甘肅、洮河、雅州、販賣至三百斤以上者，發附近，各充軍。

又 做造假茶五百斤以上者，本商并轉賣之人，俱問發附近。原係腹裏衛所者，發邊衛，各充軍。店戶窩頓一千斤以上，亦照例發遣。不及前數者，問罪，照常發落。

明 黄瑜《雙槐歲鈔》卷五《馬政》 其與夷市易者，洪武初於陝西洮州、河州、西寧各設茶馬司，制金牌四十一，上曰『皇帝聖旨』，左曰『合當差發』，右曰『不信者斬』。上號藏內府，下號降各番族，三年一差官齎往對驗。以茶易馬，上馬八十斤，中馬六十斤，下馬四十斤。私茶出境，犯人與把關頭目俱凌遲處死，家遷化外，貨物入官。駙馬都尉歐陽倫，坐販私茶賜死，其爲厲禁可知也。永樂中，遣御史三員巡督茶馬，然增給茶數至百斤，而禁亦少弛。

明 嚴從簡《殊域周諮録》卷一〇《西戎·吐蕃》 〔洪武〕三十年，立茶馬司於陝西洮、河二州，聽吐蕃納馬易茶。令茶戶私鬻者籍其茶入官，私茶出境及關隘不覺察者皆斬。民間蓄茶不得過一月之用。上又以邊吏不獨縱放私茶出境，致茶賤馬貴，國課不充，或假朝旨橫索番馬，致其悖信侮慢朝廷，但謂羌戎不順，豈知激之有自。

又 〔正統〕十四年，詔停止西番金牌，每歲遣行人四員往陝西茶馬司巡察西番茶市。禁私茶出境。潼關以西至甘肅等處地方通行禁例。

明 張岱《夜航船》卷一一《日用部·茶》 宋太祖始禁私茶，太宗始官場貼射，徐改行交引。

清 何孟春《餘冬序録》卷五 西番之人，資生乳酪。然食久氣滯，非茗飲，則亦無以生之。番饒馬而無茶。故中國得以摘山之利，易彼乘黄。此中國之利，茶不可無禁也。若守邊者，不得其人，不通賂商賈，縱放私茶，即假名朝廷，橫科番馬，既虧國課，又啓戎心。洪武中，我太祖立茶馬司於陝西、四川等處，聽西番納馬易茶。因置金牌勘合，命曹國公李景隆，直抵西番，令各番酋領受，俾為符契，以絶奸偽。詔定三年一差官，召各番合符認納，差發馬匹，給與價茶。有以私茶出境者斬。關隘不覺察者，處極刑。民間畜茶，不得過一月之用。茶戶私鬻者，籍其園入官。三十年，敕兵部，遣人齎諭川陝守邊衛所，仍遣僧管著藏卜等，往西番，一體申飭。時駙馬都尉歐陽倫，奉命西使，以巴茶私出境貨鬻，倚勢横暴，所在不勝其擾。而藩關大臣，皆奉順不敢違。倫令陝西布政司，移文所屬，起車載茶，渡河州。倫家人周保者，索車至五十輛。蘭縣河橋巡檢司吏，被捶不堪，以其事聞。上怒，以布政司官不言，併倫賜死，保等皆伏誅。茶貨官、河橋吏，特嘉勞之。曹國公還自西番，凡用茶五十餘萬斤，得馬一萬三千五百一十八匹，分給京衛騎士，國初之法如此。永樂十三年，遣御史三員，巡督陝西茶馬。正統十四年，停止茶馬金牌。後每歲遣行人四員，巡察私販，自潼關以西，至甘肅等處，通行禁革。成化十四年，奏准定差御史一員，領敕專理。今法之行，非復國初，而所得之馬，歲益微矣。

紀事

《新唐書》卷五四《食貨志四》 武宗即位，鹽鐵轉運使崔珙又增江淮茶稅。是時茶商所過州縣有重稅，或掠奪舟車，露積雨中，諸道置邸以收稅，謂之『搨地錢』，故私販益起。大中初，鹽鐵轉運使裴休著條約：私鬻三犯皆三百斤，乃論死；長行羣旅，茶雖少皆死；雇載三犯至五百斤、居舍儈保四犯至千斤者，皆死；園戶私鬻百斤以上，杖背，三犯，加重徭；伐園失業者，刺史、縣令以縱私鹽論。廬、壽、淮南皆加半稅，私商給自首之帖，天下稅茶增倍貞元。江淮茶爲大摸，一斤至五十兩。諸道鹽鐵使于悰每斤增稅錢五，謂之『剩茶錢』，自是斤兩復舊。

又卷一七九《王涯傳》 初，民怨茶禁苛急，涯就誅，皆羣詬詈，抵以瓦礫。

宋 劉攽《彭城集》卷三八《故朝散大夫尚書虞部郎中致仕上騎都尉皇甫君墓志銘》 君以親在南方，辭不受，調通判録事參軍，三司舉君知光州光山縣兼買茶場事。吏市茶求以多贏爲最，常數倍取之，下戶益困至。君不以一毫過數，民皆樂輸，無逋負者。百姓販私茶犯法，君曰貧民以茶養生，亦何異於為農，不忍繩以重法。郡守以問，君對貧民不得販茶，且爲他盜罪辟益重，不如容之使有以自存。

宋 沈括《夢溪筆談》卷一三《權智》 予友人有任術者，嘗爲延州臨真尉，攜家出宜秋門。是時茶禁甚嚴。家人懷越茶數斤，稠人中馬驚，茶忽墜地。其人陽驚，回身以鞭指城門鴟尾。市人莫測，皆隨鞭所指望之，茶囊已碎於埃壤矣。

《續資治通鑑長編》卷一二《開寶四年》 〔三月〕甲寅，殿中丞桑塤責授司農寺丞，坐沿江巡檢私茶擅行廢買也。

又卷一八《太平興國二年》 〔二月丁未〕有司言：『江南諸州榷茶，準敕於緣江置榷貨諸務。百姓有藏茶於私家者，差定其法，著於甲令，匿而不聞者，許鄰里告之，賞以金帛，咸有差品。仍於要害處縣法以示之。』詔從其請。凡出茶州縣，民輒留及賣鬻計直千貫以上，黥面送闕下，婦人配爲鐵工。民間私茶減本犯人罪之半。榷務主吏盜官茶販鬻，錢五百以下，徒三年；三貫以上，黥面送闕下。茶園戶輒毀敗其叢株者，計所出茶，論如法。

又卷一七六《至和元年》 〔七月〕丙寅，前真定府藁城主簿陳昌期爲光祿寺丞。先是，閩人范士舉與其黨數百人盜販私茶，久不能獲，而昌期能往招降之也。

又卷一八九《嘉祐四年》 〔二月〕己巳，詔曰：『古者山澤之利，與民共之，故民足於下，而君裕於上，國家無事，刑法以清。自唐建中時始有茶禁，上下規利，垂二百年。如聞比來爲患益甚，民被誅求之困，日惟咨嗟；官受濫惡之入，歲以陳積。私藏盜販，犯者實繁，嚴刑重誅，情所不忍。是於江湖之間幅員數千里爲陷穽以害吾民也。朕心惻然，念此久矣。間遣使者往就問之，而皆驩然願弛其禁，歲入之課，以時上官。一二近臣，件析其狀，朕猶若慊然，又於歲輸裁減其課，使得饒阜，以相爲生，剗去禁條，俾通商利。歷世之弊，一旦以除，著爲經常，弗復更制，損上益下，以休吾民。尚慮喜於立異之人，緣而爲姦之黨，妄陳奏議，以惑官司，必寘明刑，無或有貸。』初，所遣官既議弛禁，因以三司歲課均賦茶戶，凡爲緡錢六十八萬有奇，使歲輸縣官。比輸茶時，其出幾倍。朝廷難之，爲損其半，歲輸緡錢三十三萬八千有奇，謂之租錢，與諸路本錢悉儲以待邊糴。自是唯臘茶禁如舊，餘茶肆行天下矣。

又卷二三〇《熙寧五年》 〔二月甲戌〕甲戌，復昭信軍節度副使王陶爲度支郎中致仕。陶前坐妄奏官吏及子履潔販私茶、銅、鹽敗官，雖會赦當敍，而年已七十，故令致仕也。

又卷二四三《熙寧六年》 〔三月壬申〕巡檢、堡寨都監、寨主、在州監當及催綱、撥發、巡捉私茶鹽賊盜、駐泊捉賊，並比幕職官。

又卷二八四《熙寧一〇年》 〔八月戊子〕權發遣兩浙轉運副使蘇澥言：『今往界首提舉防拓投首凶賊廖恩等，體問得正賊始初不多，後來旋添人數。若是自有家業田疇可以度日，即必願爲良民，皆緣日給不足，逋欠官私債負，或小竊、私鑄及興販私商違禁之物，常蹈此險途，所以搖足即入賊黨。一旦若出投降，不免卻作舊態。其販茶鹽、私鑄及小

盗，卽動罷禁綱，逋欠者例遭决撻枷錮，由此且在賊中，庶幾日得飽食。』

又卷二八九《元豐元年》 ［二月丙午］提舉成都府路茶場司言，秦鳳路副總管夏元幾用禁軍回易私茶，侵壞茶法。詔轉運司劾之。

又卷三三四《元豐六年》 ［四月戊申］同提舉成都府等路茶場陸師閔言：『李稷歿於王事。按：稷領治茶事，於五年間，除百費外，收獲淨利四百二十八萬餘貫。伏望以稷成就茶法之功，賜之土田。』又言：『文州與階州接界，而兩路茶法不同。階州係禁地，見有博馬及賣茶場；文州係通商地分，兼龍州界亦係相連。乞以文、龍二州並為禁地，依秦鳳等路條法施行，仍下轉運司，除博馬外，不得將所買茶於文、龍州別有支用。』【略】又言：『永興等路，惟是金州所出，及影帶透漏山南私茶或南方雜偽末茶，其價高貴，陝西之民良以爲苦。乞計置川路餘羨茶貨徧入陝西路諸州軍出賣，並依秦鳳等路禁茶地分條貫施行。』

又卷五〇三《元符元年》 ［十月戊子］户部言：『應獲到私末茶并伴和，如不獲元犯人，請並依私臘茶獲犯人法，估價給償。内伴和茶合毁棄者，每斤如有獲到抛棄隨行之物，準折充賞，剩數卽納官，無或不足，卽候獲犯人日，追理還官。』從之。

《玉海》卷一八一《食貨·乾德榷貨務》 五年八月禁私茶。

宋 王明清《揮麈後録》卷一〇 至雷州，太守王彦恭耀，雖不學而有識，適使臣者行囊中有私茶，彦恭遣人捕獲，送獄奏治，别差使臣護送，仍厚饋以濟其渡海之費，邦衡賴以少甦。

《宋史》卷一八四《食貨志下六·茶下》 初，官既榷茶，民私蓄盗販皆有禁，臘茶之禁又嚴於他茶，犯者其罪尤重，凡告捕私茶皆有賞。然約束愈密而冒禁愈繁，歲報刑辟，不可勝數。

又 先是，杞等歲增十萬之息，既而運茶積滯，歲課不給，卽建畫於彭、漢二州歲買布各十萬匹，以折脚費，實以布息助茶利，然茶亦未免積滯。都官郎中劉佐復議歲易解鹽十萬席，雇運回車船載入蜀，而禁商販，蓋恐布亦難數也。詔既以佐代杞，未幾，鹽法復難行，遂罷佐。而宗閔乃議川陝路民茶息收十之三，盡賣於官場，更嚴私交易之令，稍重至徒刑，仍没縁身所有物，以待賞給。於是蜀茶盡榷，民始病焉。

又 建炎三年，置行在都茶場，罷合同場十有八，惟洪、江、興國、潭、建各置場一，監官一。罷食茶小引，捕私茶法視捕私鹽。

又 ［紹興］十二年，興榷場，遂取臘茶爲榷場本，凡胯、截、片、鋌，不以高下多少，官盡榷之，申嚴私販入海之禁。

《金史》卷四九《食貨志四·茶》 ［承安四年］五月，以山東人戸造賣私茶，侵侔榷貨，遂定比煎私礬例，罪徒二年。

元 趙汸《東山存稿》卷三《黟令周侯政績記》 守疆卒報，有茶司吏止茶商境，上責赇吏去而商與茶在侯。使問商曰：『私茶以兩計，汝憚稱量，則毋入吾境。』俄有報巡茶卒十餘輩先後至者，商計窮，引避榖中，焚茶而去。卒至縣詬吏胥，索食飲。侯視其行橐曰：『此輩得毋侵掠吾民耶？設有言者，我必以法治之。』卒聞大懼，求茶商不可得，潛散去，各以所掠還民家而遁。自是私茶不復入境，吏卒亦罕來矣。

《明會典》卷一五三《馬政四·收買》 ［洪武］三十年令，朶干烏思藏長河西一帶西番，依舊將馬出來換茶，仍出榜禁約。通接西番經行關隘，偏僻小路，著都司差撥官軍三四層，嚴謹把守巡視。但有將茶私出外境，就便拏解，赴官治罪，不許受財放過。必須窮究何處官軍地方放過，治以重罪。

又 正統十四年，停止茶馬金牌。後每歲遣行人四員，巡察私販。自潼關以西，至甘肅等處，通行禁革。

又 ［嘉靖］三十七年，議令茶商收買民馬，抽税給票，許其販賣，禁其夾帶。至四十年，仍禁止茶商販賣。民間馬匹，官為買用。

明 歸有光《震川先生别集》卷四《馬政志》 ［洪武三十年］上又以朶甘烏思藏、長河西一帶西蕃，自昔以馬入中國易茶，邇因私茶出境，馬之入互市者少，於是彼馬日貴，中國之茶日賤。命秦、蜀二王，發都司官軍，于松潘、碉門、黎雅、河州、臨洮及入西蕃關口，巡禁私茶之出境者。

又 敕兵部諭川、陝守邊衛所，巡禁私茶出境，仍遣僧官著藏卜等往西番申諭之。

明 朱國禎《湧幢小品》卷二五《八卦獻地》 蕭霽，唐宰相復之後，家廬陵。楊行密割據稱吴王，用爲武寧令。時縣令握兵，故稱將軍。吴私茶禁嚴，過客袁八卦犯令當死，蕭釋之。乃獻墨潭、石牛潭，爲葬地。石獅潭以居。

《明史》卷八〇《食貨志四・茶法》 三十年改設秦州茶馬司於西寧，敕右軍都督曰：『近者私茶出境，互市者少，馬日貴而茶日賤，啟番人玩侮之心。檄秦、蜀二府，發都司官軍於松潘、碉門、黎、雅、河州、臨洮及入西番關口外，巡禁私茶之出境者。』又遣駙馬都尉謝達諭蜀王椿曰：『國家榷茶，本資易馬。邊吏失譏，私販出境，惟易紅纓雜物。使番人坐收其利，而馬入中國者少，豈所以制戎狄哉！爾其諭布政司、都司，嚴爲防禁，毋致失利。』

當是時，帝綢繆邊防，用茶易馬，固番人心，且以強中國。嘗謂戶部尚書郁新：『用陝西漢中茶三百萬斤，可得馬三萬匹，四川松、茂茶如之。販鬻之禁，不可不嚴。』以故遣僉都御史鄧文鏗等察川、陝私茶；駙馬都尉歐陽倫以私茶坐死。

又 永樂中，帝懷柔遠人，遞增茶斤。由是市馬者多，而茶不足。茶禁亦稍弛，多私出境。碉門茶馬司至用茶八萬餘斤，僅易馬七十匹，又多瘦損。乃申嚴茶禁，設洮州茶馬司，又設甘肅茶馬司於陝西行都司地。十三年特遣三御史巡督陝西茶馬。

太祖之禁私茶也，自三月至九月，月遣行人四員，巡視河州、臨洮、碉門、黎、雅。半年以內，遣二十四員，往來旁午。宣德十年，乃定三月一遣。

又 先是，洪武末，置成都、重慶、保寧、播州茶倉四所，令商人納米中茶。宣德中，定官茶百斤，加耗什一。中茶者，自遣人赴甘州、西寧，而支鹽於淮、浙以償費。商人恃文憑恣私販，官課數年不完。正統初，都御史羅亨信言其弊，乃罷運茶支鹽例，令官運如故，以京官總理之。

又 後武宗寵番僧，許西域人例外帶私茶。自是茶法遂壞。

又 十五年，御史劉良卿言：『律例：「私茶出境與關隘失察者，並凌遲處死。」蓋西陲藩籬，莫切於諸番。番人恃茶以生，故嚴法以禁之，易馬以酬之，以制番人之死命，壯中國之籓籬，斷匈奴之右臂，非可以常法論也。洪武初例，民間蓄茶不得過一月之用。弘治中，召商中茶，或以備振，或以儲邊，然未嘗禁內地之民使不得食茶也。今減通番之罪，止於充軍，禁內地之茶，使不得食，又使商私課茶，悉聚於三茶馬司。夫茶司與番爲鄰，私販易通，而禁復嚴於內郡，是毆民爲私販而授之資也。以故大姦闌出而漏網，小民負升斗而罹法。今計三茶馬司所貯，洮河足三年，西寧足二年，而商、私、課茶又日益增，積久腐爛而無所用。茶法之弊如此。番地多馬而無所市，吾茶有禁而不得通，其勢必相求，而制之之機在我。今茶司居民，竊易番馬以待商販，歲無虛日，及官易時，而馬反耗矣。請敕三茶馬司，止留二年之用，每年易馬當發若干。正茶之外，分毫毋得夾帶。令茶價踴貴，番人受制，良馬將不可勝用。且多開商茶，通行內地，官榷其半以備軍餉，而河、蘭、階、岷諸近番地，禁賣如故，更重通番之刑如律例。洮、岷、河責邊備道，臨洮、蘭州責隴右分巡，西寧責兵備，各選官防守。失察者以罷軟論。』奏上，報可。於是茶法稍飭矣。

又 末年，御史潘一桂言：『增中商茶，頗壅滯，宜裁減十四五。』又言：『松潘與洮、河近，私茶往往闌出，宜停松潘引目，申嚴入番之禁。』皆報可。

又 中茶易馬，惟漢中、保寧，而湖南產茶，其直賤，商人率越境私販，中漢中、保寧者，僅一二十引。茶戶欲辦本課，輒私販出邊，番族利私茶之賤，因不肯納馬。

又 明初嚴禁私販，久而姦弊日生。洎乎末造，商人正引之外，多給賞由票，使得私行。番人上駟盡入姦商，茶司所市者乃其中下也。番得茶，叛服自由；而將吏又以私馬竄番馬，冒支上茶。茶法、馬政、邊防於是俱壞矣。

又 卷九二《兵志四・馬政》 每三歲，遣廷臣召諸番合符交易，上馬茶百二十觔，中馬七十觔，下馬五十觔。以私茶出者罪死，雖勳戚無貸。末年，易馬至萬三千五百餘匹。永樂中，禁稍弛，易馬少。乃命嚴邊關茶禁，遣御史巡督。正統末，罷金牌，歲遣行人巡察，邊氓冒禁私販者

多。成化間，定差御史一員，領敕專理。弘治間，大學士李東陽言：『金牌制廢，私茶盛，有司又屢以敝茶給番族，番人抱憾，往往以羸馬應。宜嚴敕陝西官司揭榜招諭，復金牌之制，嚴收良茶，頗增馬直，則得馬必蕃。』及楊一清督理苑馬，遂命并理鹽、茶。

又 卷一二一《太祖十六女传》 安慶公主，寧國主母妹。洪武十四年下嫁歐陽倫。倫頗不法。洪武末，茶禁方嚴，數遣私人販茶出境，所至繹騷，雖大吏不敢問。有家奴周保者尤橫，輒呼有司科民車至數十輛。過河橋巡檢司，擅捶辱司吏。吏不堪，以聞。帝大怒，賜倫死，保等皆伏誅。

《宋會要輯稿・食貨三〇・茶法二・茶法雜録一》 ［太平興國二年］二月，有司言：『江南諸州榷茶，準敕於沿江置榷貨八務，民有私藏茶者，等第科罪；匿而不聞者，許鄰里論告，第賞金帛有差。仍於要害處張榜告示。』從之。

又 ［太平興國］五年八月，遣監察御史薛雄詣沿江諸州禁絶私茶。

又《食貨三一・茶法三・茶法雜録二》 ［紹興五年七月］既而户部言：『據榷貨務都茶場勘會不係出產州軍捕獲私販茶鹽之人，依法自不許根究來歷，其出產州軍捕獲私鹽，如係徒以上罪，及亭場禁界内杖罪及獲私茶，並合根究來歷。雖有《紹興令》稱犯榷貨者不得根問賣買經歷處，即係海行條法；緣《紹興勅》内該載：一司有別制者，從別制。又緣諸處私茶、鹽並係亭竈、園户賣與販人，今若一概不行根究來歷，深恐無以杜絶私販之弊，却致侵害官課。今欲乞遵依見行茶、鹽專法施行。』

又 ［紹興十二年］五月八日，刑部言：『湖北提舉茶鹽賈思誠劄子：「檢準紹興十年六月十九日敕節文：刑部看詳茶園户有違犯條禁依法合追賞者，如係二罪已上俱發，只從重賞追理。本司看詳，犯茶人情犯不一，假令初一日甲使乙擔私茶二十斤往州西販賣，初二日甲又使丙擔私茶五十斤往州東販賣。未賣過間，初三日，州西者爲弓手捉獲，州東者爲土軍捉獲，同日到官，即是二罪俱發。州東者爲重罪，若只據五十斤追賞，未審弓手合與不合與土軍均給賞錢，亦未審販茶客人二罪俱發，合與不合從重追賞。」下大理寺看詳。據本寺眾官參酌前項事理，緣依律，二罪以上俱發，以重者論；既斷罪從重，其賞亦合從所得重罪追理。若逐項告獲同日到官，難以止給告獲重罪之人，即欲乞比附「應賞而係二人以上者分受，功力不等者，量輕重給之」條法施行。其茶園户犯私茶二罪以上俱發，亦合從重追賞。本部尋行下都茶場去後，今據本場申：切慮追賞數輕，少肯告捕，使冒法規利之徒得以爲姦，侵害客販，有虧課入。今欲乞下法寺重別擬定立法施行。據本寺重別參詳上件因依，不須立法外，其私茶公事各被逐地分人告獲，同日到官，合行各追賞錢。如係一名或二人以上共告獲者，即合依紹興十年六月十九日指揮，從一重追賞，内二人以上均給施行。所有販茶客人二罪俱發，亦遵依今來所降指揮施行。』從之。

又 ［紹興］二十七年六月二十六日，尚書省言：『告捕私茶鹽雖有賞格，若不增重，無以激勸，兼次第保明，多有阻滯。』詔：『今後命官捕獲私茶鹽，依賞格各遞增一等，諸色人賞錢各增五分。應合得賞人，茶鹽司限三日勘驗，保明申奏，賞錢限當日支給。』

又 ［紹興二十八年］十月七日，刑部言：『江東茶鹽司申：「冒法之人請買茶引，般販茶貨，經由渡口，載往淮南私拆散賣，却收執元引騗面過江，私織籠篰，重叠影販私茶。乞今後客販淮南長引茶，令秤發官司先取問客人所指住賣州縣，於引背批鑿經由場務及添入合過沿江官渡，仰買撲渡人照引書鑿經由渡口、月日、姓名押字，即時放行。如渡口買撲人受倖，不行批引，縱放私茶，乞與正犯茶人一等科罪。」本部契勘諸監臨主司受財枉法與不枉法，稅務故縱榷貨，及堰閘應搜檢人故縱，各有立定條法。今來申請沿江渡口買撲之人受倖，不行批引，縱放私茶，欲依堰閘故縱榷貨減犯人二等斷遣；如受財重者，即係有事在手爲監臨，合依監臨之例。若因而無故留難邀阻，自依本法斷罪施行。』從之。

又 ［隆興元年四月］二十二日，詔：『今後捉到私茶，依龍安縣園户犯私茶體例，及十斤以上，將户下茶園估價，召人承買，將五分收沒入官，五分支還犯人填價。』

又《食貨三二・茶法四・茶法雜録三》 ［政和三年二月］詔諸寺觀每歲摘造到草、臘茶，如五百斤以下，聽從便喫用，即不得販賣。如違，依私茶法。若五百斤以上，並依園户法。

又 〔政和五年〕十二月二日，詔將仕郎、池州貴池縣尉徐海運特與循三資，其經鬬敵弓級、保正等，共支錢一千五百貫均給，內殺死人賜絹三十匹、米十碩。以淮南提舉鹽香茶礬司奏：『本縣有程益等公然興販私茶，殺傷捕人韓十等三人，海運躬親追獲益等九人。兼海運任內，獲私茶七千餘斤，顯是究心，委有勞効。』故有是命。

又 〔政和〕八年三月二十二日，監都茶務魏伯才奏：『訪聞得多有不顧條法浮浪之輩，專於私販，纔至敗獲禁勘，便妄攀園户，讎報私恨。或創造事端，故作私茶，却令徒中人告捉赴官，規圖賞錢。或雖有官引，却不畫時書寫所買之家斤重、姓名，稱一面自覓人書填。既得茶入手，更不書填所買茶斤重、園户姓名，又將其引就他園户再買茶，往來影帶，重疊私販。洎至敗獲，便虚指園户姓名。其承勘官司畧不子細詳察本案，利於追人，不以遠近，便行勾追，園戶無處伸訴。本司已行下兩路諸州，今後承勘犯茶公事，仰依公子細根勘，如通出園戶姓名委是詣實，係屬別州縣，即取責買茶日時、交付錢茶，將券或牙人等處逐一點證實情，關報所屬，就近依公子細勘問的實。如不曾賣茶與無引之人，即取責當時照證詣實結罪文狀，回報本處照會施行，無容更似日前縱令人吏信憑犯茶人讎報私恨，虚攀園户。』都茶務相度：『欲乞茶路分捕獲私茶，如元買園户係在一州，依元法勾追園户勘鞫；若係別州，依今來荊湖北路茶事司所申。仍委自茶事司每季取索斷過私茶公案逐一點檢，若稍涉不當，具事因按劾。若本司循情，亦許監司互按。』詔並從之。

又《兵三・廂巡》 〔熙寧〕十年正月十三日，詔：『諸巡捕人不覺察本地分內有停藏透漏貨易私茶、鹽、香、礬、銅、錫、鉛，被佗人告捕獲者，量予區分：本犯人罪至徒杖八十，至流杖一百；同保知情杖六十，不知情并保長不覺察者各不坐。』

又《兵一一・捕賊一》 〔至和元年〕七月五日，以前真定府藁城縣主簿陳昌期爲光禄寺丞。先是，閩人范二舉與其黨數百人盜販私茶，久不能獲，而昌期能往招降之。

雜録

宋 蘇軾《蘇軾集》卷八七《富鄭公神道碑》 公之為相，守格法，行故事，而附以公議，無心於其間，故百官任職，天下無事。以所在民力困弊，賦役不均，遣使分道相視裁減，謂之寬恤民力。又弛茶禁，以通商賈，省刑獄，天下便之。

歷代茶稅部

論說

《舊唐書》卷四九《食貨志下・茶》　貞元九年正月，初稅茶。先是，諸道鹽鐵使張滂奏曰：『伏以去歲水災，詔令減稅。今之國用，須有供儲。伏請於出茶州縣，及茶山外商人要路，委所由定三等時估，每十稅一，充所放兩稅。其明年以後所得稅，外貯之。若諸州遭水旱，賦稅不辦，以此代之。』詔可之，仍委滂具處置條奏。自此每歲得錢四十萬貫。然稅無虛歲，遭水旱處亦未嘗以錢拯贍。

大和七年，御史臺奏：『伏準大和三年十一月十八日赦文，天下除兩稅外，不得妄有科配，其擅加雜榷率，一切宜停，令御史臺嚴加察訪者。臣昨因嶺南道擅置竹練場，稅法至重，害人頗深。伏請起今已後，應諸道自大和三年準赦文所停兩稅外科配雜榷率等復却置者，仰敕至後十日內，具却置事由聞奏，仍申臺司。每有出使郎官御史，便令嚴加察訪，苟有此色，本判官重加懲責，長吏奏聽進止。』從之。

九年十二月，左僕射令狐楚奏新置榷茶使額：『伏以江淮間數年以來，水旱疾疫，凋傷頗甚，愁歎未平。今夏及秋，稍較豐稔。方須惠恤，各使安存。昨者忽奏榷茶，實爲蠹政。蓋是王涯破滅將至，怨怒合歸。豈有令百姓移茶樹就官場中栽，摘茶葉於官場中造，有同兒戲，不近人情。方有恩權，無敢沮議，朝班相顧而失色，道路以目而吞聲。今宗社降靈，姦兇盡戮，聖明垂佑，黎庶各安。微臣伏蒙天恩，兼授使務，官銜之內，猶帶此名，俯仰若驚，夙宵知愧。伏乞特迴聖聽，下鑒愚誠，速委宰臣，除此使額。緣國家之用或闕，山澤之利有遺，許臣條流，續具奏聞。採造欲及，妨廢爲虞。前月二十一日內殿奏對之次，鄭覃與臣同陳論訖。伏望聖慈早賜處分，一依舊法，不用新條。惟納榷之時，須節級加價，商人轉擡，必較稍貴，即是錢出萬國，利歸有司，既無害茶商，又不擾茶户，上以彰陛下愛人之德，下以竭微臣憂國之心，遠近傳聞，必當咸悅。』詔可之。先是，鹽鐵使王涯表請使茶山之人，移植根本，舊有貯積，皆使焚棄，天下怨之。及是楚主之，故奏罷焉。

開成二年十二月，武寧軍節度使薛元賞奏：『泗口稅場，應是經過衣冠商客金銀、羊馬、斛斗、見錢、茶鹽、綾絹等，一物已上並稅。今商量，其雜稅並請停絕。』詔許之。

大中六年正月，鹽鐵轉運使裴休奏：『諸道節度、觀察使，置店停上茶商，每斤收搨地錢，并稅經過商人，頗乖法理。今請釐革橫稅，以通舟船，商旅既安，課利自厚。今又正稅茶商，多被私販茶人侵奪其利。今請強幹官吏，先於出茶山口，及廬、壽、淮南界內，布置把捉，曉諭招收，量加半稅，給陳首帖子，令其所在公行，從此通流，更無苛奪。所冀招恤窮困，下絕姦欺，使私販者免犯法之憂，正稅者無失利之歎。欲尋究根本，須舉綱條。』敕旨依奏。其年四月，淮南及天平軍節度使并浙西觀察使，皆奏軍用困竭，伏乞且賜依舊稅茶。敕旨：『裴休條流茶法，事極精詳，制置之初，理須畫一，並宜準今年正月二十六日敕處分。』

《宋史》卷一八三《食貨志下五・茶上》　宋榷茶之制，擇要會之地，曰江陵府，曰真州，曰海州，曰漢陽軍，曰無爲軍，曰蘄州之蘄口，爲榷貨務六。初，京城、建安、襄復州皆置務，後建安、襄復州務廢，京城務雖存，但會給交鈔往還，而不積茶貨。在淮南則蘄、黃、廬、舒、光、壽六州，官自爲場，置吏總之，謂之山場者十三；六州采茶之民皆隸焉，謂之園户。歲課作茶輸租，餘則官悉市之。其售於官者，皆先受錢而後入茶，謂之本錢；又民歲輸稅願折茶者，謂之折稅茶。總爲歲課八百六十五萬餘斤，其出鬻皆就本場。在江南則宣、歙、江、池、饒、信、洪、撫、筠、袁十州，廣德、興國、臨江、建昌、南康五軍；兩浙則杭、蘇、明、越、婺、處、溫、台、湖、常、衢、睦十二州；荊湖則江陵府、潭澧鼎鄂岳歸峽七州、荊門軍；福建則建、劍二州，歲如山場輸租折稅。總爲歲課江南千二十七萬餘斤，兩浙百二十七萬九千餘斤，荊湖二百四十七萬餘斤，福建三十九萬三千餘斤，悉送六榷務鬻之。

茶有二類，曰片茶，曰散茶。片茶蒸造，實棬摸中串之，唯建、劍則既蒸而研，編竹爲格，置焙室中，最爲精潔，他處不能造。有龍、鳳、石乳、白乳之類十二等，以充歲貢及邦國之用。其出虔袁饒池光歙潭岳辰澧州、江陵府、興國臨江軍，有仙芝、玉津、先春、綠芽之類二十六等，

兩浙及宣、江、鼎州又以上中下或第一至第五爲號。散茶出淮南、歸州、江南、荊湖，有龍溪、雨前、雨後之類十一等，江、浙又有以上中下或第一至第五爲號者。買臘茶斤自二十錢至一百九十錢有十六等，片茶大片自六十五錢至二百五錢有五十五等，散茶斤自十六錢至三十八錢五分有五十九等；鬻臘茶斤自四十七錢至四百二十錢有十二等，片茶自十七錢至九百一十七錢有六十五等，散茶自十五錢至一百二十一錢有一百九等。

民之欲茶者售於官，其給日用者，謂之食茶，出境則給券。商賈貿易，入錢若金帛京師榷貨務，以射六務、十三場茶，給券隨所射與之，願就東南入錢若金帛者聽，計直予茶如京師。至道末，鬻錢二百八十五萬二千九百餘貫，天禧末，增四十五萬餘貫。天下茶皆禁，唯川峽、廣南聽民自買賣，禁其出境。

凡民茶折税外，匿不送官及私販鬻者没入之，計其直論罪。園户輒毁敗茶樹者，計所出茶論如法。舊茶園荒薄，采造不充其數者，蠲之。當以茶代税而無茶者，許輸他物。主吏私以官茶貿易，及一貫五百者死。自後定法，務從輕減。太平興國二年，主吏盗官茶販鬻錢三貫以上，黥面送闕下；淳化三年，論直十貫以上，黥面配本州牢城，巡防卒私販茶，依本條加一等論。凡結徒持仗販易私茶、遇官司擒捕抵拒者，皆死。太平興國四年，詔鬻僞茶一斤杖一百，二十斤以上棄市。雍熙二年，民造溫桑僞茶，比犯真茶計直十分論二分之罪。淳化五年，有司以侵損官課言加犯私茶一等，非禁法州縣者，如太平興國詔條論决。

茶之爲利甚博，商賈轉致於西北，利嘗至數倍。雍熙後用兵，切於餽餉，多令商人入芻糧塞下，酌地之遠近而爲其直，取市價而厚增之，授以要券，謂之交引，至京師給以緡錢，又移文江、淮、荊湖給以茶及顆、末鹽。端拱二年，置折中倉，聽商人輸粟京師，優其直，給茶鹽于江、淮。

淳化三年，監察御史薛映、祕書丞劉式等請罷諸榷務，令商人就出茶州軍官場算買，既大省輦運，又商人皆得新茶。詔以三司鹽鐵副使雷有終爲諸路茶鹽制置使，左司諫張觀與映副之。四年二月，廢沿江八務，大減茶價。詔下，商人頗以江路回遠非便，有司又以損直虧課爲言。七月，復置八務，罷制置使、副。至道初，劉式猶固執前議，西京作坊使楊允恭言商人市諸州茶，新陳相糅，兩河、陝西諸州，風土各有所宜，非參以多品則少利，罷榷務令就茶山買茶不可行。太宗欲究其利害之説，命宰相召鹽鐵使陳恕等與式、允恭定議，召問商人，皆願如淳化所減之價，不然，即望仍舊。有司職出納，難於減損，皆同允恭之説，式議遂寢。即以允恭爲江南、淮南、兩浙發運兼制置茶鹽使。二年，從允恭等請，禁淮南十二州軍鹽，官鬻之，商人先入金帛京師及揚州折博務者，悉償以茶。自是鬻鹽得實錢，茶無滯積，歲課增五十萬八千餘貫，允恭等皆被賞。

初，商人以鹽爲急，趨者甚衆，及禁江、淮鹽，又增用茶，如百千又有官耗，增十千場耗，隨所在饒益。其輸邊粟者，持交引詣京師，有坐賈置鋪，隸名榷貨務，懷交引者湊之。若行商，則鋪賈爲保任，詣京師榷務給錢，南州給茶；若非行商，則鋪賈自售之，轉鬻與茶賈。及南北和好罷兵，邊儲稍緩，物價差減，而交引虚錢未改。既以茶代鹽，而買茶所入不補其給，交引停積，故商旅所得茶，指期於數年之外，京師交引愈賤，至有裁得所入芻粟之實價，官私俱無利。是年，定監買官虧額自一釐以上罰奉、降差遣之制。

景德二年，命鹽鐵副使林特、崇儀副使李溥等就三司悉索舊制詳定，而召茶商論議，别爲新法：其於京師入金銀、綿帛實直錢五十千者，給百貫實茶，若須海州茶者，入見緡五十五千；河北緣邊入金帛、芻粟，如京師之制，而茶增十千，次邊增五千；河東緣邊次邊亦然，而所增有八千六千之差；陝西緣邊亦如之，而增十五千，須海州茶者，納物實直五十二千，次邊所增如河北緣邊之制。其三路近地所入所給，皆如京師。河北次邊、河東緣邊次邊，皆不得射海州茶。茶商所過，當輸算，令記録，候至京師并輸之。仍約束山場，僅其出納。議奏，三司皆以爲便。五月，以溥爲淮南制置發運副使，委成其事。行之一年，真宗慮未盡其要，三年，命樞密直學士李濬等比較新舊法利害。時新法方行，商人頗眩惑，特等請罷比較，從之。

有司上歲課：元年用舊法，得五百六十九萬貫。特言『所增益官本少而有利』，乃實課也，所虧虚錢耳。四年秋，特等皆遷官，仍詔三司行新法，不得輒有改更。大中祥符二年，特、溥等上編成茶法條貫并課利總數二十三策。

自新法之行，舊有交引而未給者，已給而未至京師者，已至而未磨者，悉差定分數，折納入官。大約商人有舊引千貫者，令依新法歲入二百千，候五歲則新舊皆給足。官府有以茶充公費者，慮其價賤亂法，悉改以他物。山場節其出耗，所過商稅嚴其覺舉。諸榷務所受茶，皆均第配給場務，以交引至先後爲次。大商刺知精好之處，日夜走僮使賫券詣官，率多先焉。初，禁淮南鹽，小商已困，至是，益不能行。

六年，申監買官賞罰之式，凡買到入算茶，及租額遞年送榷務交足而有羡餘者，即理爲課績，其不入算者，雖多不在此限。大中祥符五年，歲課二百餘萬貫，六年至三百萬貫，七年又增九十萬貫，八年纔百六十萬貫。

是時數年間，有司以京師切須錢，商人舊執交引至場務即付物，時或特給程限，踰限未至者，每十分復令別輸二分見緡，謂之貼納。豪商率能及限，小商或不即知，或無貼納，則賤鬻於豪商。有司徒知移用之便，至有一歲之內文移小改至十數者，商人惑之，顧望不進。乃詔刑部尚書馮拯、翰林學士王曾詳定，拯等深以慎重敦信爲言，而上封者猶競陳改法之弊。九年，乃命翰林學士李迪、權御史中丞凌策、侍御史知雜呂夷簡與三司同議條制。時以茶多不精，給商人罕有饒益，行商利薄，陝西交引愈賤，鬻於市纔八千。知秦州曹瑋請於永興、鳳翔、河中府官出錢市之，詔可。迪等以入中緡錢、金帛，舊從商人所有受之，至是請令十分輸緡錢四五，又定加饒貼納之差。然凡有條奏，多令李溥裁酌，溥務執前制，罕所變革。

天禧二年，太常博士李垂請放行茶貨，左諫議大夫孫奭言：『茶法屢改，商人不便，非示信之道，望重定經久之制。』即詔奭與三司詳定，務從寬簡。未幾，奭出知河陽，事遂止。三司言：『陝西入中芻糧，請依河北例，斗束量增其直，計實錢給鈔，入京以見錢買之，願受茶貨交引，給依實錢數，令榷貨務並依時價納緡錢支茶，不得更用芻糧文鈔貼納茶貨。』詔每入百千，增五千茶與之，餘從其請。時陝西交引益賤，京師裁直五千，有司惜其費茶。五年，出內庫錢五十萬貫，令閤門祗候李德明於京師市而毀之。

乾興以來，西北兵費不足，募商人入中芻粟如雍熙法給券，以茶償之。後又益以東南緡錢、香藥、犀齒，謂之三說；至塞下急於兵食，欲廣儲偫，不愛虛估，入中者以虛錢得實利，人競趨焉。及其法既敝，則虛估日益高，茶日益賤，入實錢金帛日益寡。而入中者非盡行商，多其土人，既不知茶利厚薄，且急於售錢，得券則轉鬻於茶商或京師交引鋪，獲利無幾；茶商及交引鋪或以券取茶，或收蓄貿易，以射厚利。由是虛估之利皆入豪商巨賈，券之滯積，雖二三年茶不足以償，而入中者以利薄不趨，邊備日蹙，茶法大壞。初，景德中丁謂爲三司使，嘗計其得失，以謂邊糴纔及五十萬，而東南三百六十餘萬茶利盡歸商賈。當時以爲至論，厥後雖屢變法以救之，然不能亡敝。

天聖元年，命三司使李諮等較茶、鹽、礬稅歲入登耗，更定其法。遂置計置司，以樞密副使張士遜、參知政事呂夷簡、魯宗道總之。首考茶法利害，奏言：『十三場茶歲課緡錢五十萬，天禧五年纔及緡錢二十三萬，每券直錢十萬，鬻之售錢五萬五千，總爲緡錢實十三萬，除九萬餘緡爲本錢，歲纔得息錢三萬餘緡，而官吏廩給雜費不預，是則虛數多而實利寡，請罷三說，行貼射法。』其法以十三場茶買賣本息併計其數，罷官給本錢，使商人與園户自相交易，一切定爲中估，而官收其息。如鬻舒州羅源場茶，斤售錢五十有六，其本錢二十有五，官不復給，但使商人輸息錢三十有一而已。然必輦茶入官，隨商人所指予之，給券爲驗，以防私售，故有貼射之名。若歲課貼射不盡，或無人貼射，則官市之如舊。園户過期而輸不足者，計所負數如商人入息。舊輸茶百斤，益以二十斤至三十五斤，謂之耗茶，亦皆罷之。其入錢以射六務茶者如舊制。

先是，天禧中，詔京師入錢八萬，給海州、荆南茶，入錢七萬四千有奇，給真州、無爲、蘄口、漢陽并十三場茶，皆直十萬，所以饒裕商人；而海州、荆南茶善而易售，商人願得之，故入錢之數厚於他州。其入錢者，聽輸金帛十之六。至是，既更爲十三場法，又募入錢六務，而海州、荆南增爲八萬六千，真州、無爲、蘄口、漢陽增爲八萬。商人入芻粟塞下者，隨所在實估，度地里遠近，量增其直。以錢一萬爲率，遠者增至七百，近者三百，給券至京，一切以緡錢償之，謂之見錢法；願得金帛、若他州錢，或茶鹽、香藥之類者聽。大率使茶與邊糴，各以實錢出納，不得相爲輕重，以絕虛估之敝。朝廷皆用其說。

行之期年，豪商大賈不能爲輕重，而論者謂邊糴償以見錢，恐京師府藏不足以繼，爭言其不便。會江、淮制置司。言茶有滯積壞敗者，請一切焚棄。朝廷疑變法之敝，下書責計置司，又遣官行視茶積。諮等因條上利害，且言：『嘗遣官視陝西、河北，以鎮戎軍、定州爲率，鎮戎軍入粟直二萬八千，定州入粟直四萬五千，給茶皆直十萬。以蘄州市茶本錢視鎮戎軍粟直，反亡本錢三之一，得不償失，敝在茶與邊糴相須爲用，故更今法。以新舊二法較之，乾興元年用三説法，每券十萬，茶售錢五萬一千至六萬二千，香藥、象齒售錢四萬一千有奇，東南緡錢售錢八萬三千，而京師實入緡錢五十七萬有奇，邊儲芻二百五萬餘圍，粟二百九十八萬石。天聖元年用新法，至二年，茶及香藥、東南緡錢每給直十萬，茶入實錢七萬四千有奇至八萬，香藥、象齒入錢七萬二千有奇，東南緡錢入錢十萬五百，而京師實入緡錢增一百四萬有奇，邊儲芻增一千一百六十九萬餘圍，粟增二百一十三萬餘石。舊以虛估給券者，至京師爲出錢售之，或折爲實錢給茶，貴賤從其市估。其先賤售於茶商者，券錢十萬，使別輸實錢五萬，共給天禧五年茶直十五萬，小商百萬以下免輸錢，每券十萬，給茶直七萬至七萬五千；天禧茶盡，則給乾興以後茶，仍增別輸錢五萬者爲七萬，並給耗如舊，俟舊券盡而止。如此又省合給茶及香藥、象齒、東南緡錢總直緡錢一百七十一萬。』二府大臣亦言：『所省及增收計爲緡錢六百五十餘萬。時邊儲有不足以給一歲者，至是，多者有四年，少者有二年之蓄，而東南茶亦無滯積之弊。其制置司。請焚棄者，特累年壞敗不可用者爾。推行新法，功緒已見。蓋積年侵蠹之源一朝閉塞，商賈利於復故，欲有以動搖，而論者不察其實，助爲游説。願力行之，毋爲流言所易。』於是詔有司牓諭商賈以推行不變之意，賜典吏銀絹有差，然論者猶不已。

又卷一八四《食貨志下六·茶下》 天聖三年八月，詔翰林侍講學士孫奭等同究利害，奭等言：『十三場茶積而未售者六百一十三萬餘斤，蓋許商人貼射，則善者皆入商人，其入官者皆粗惡不時，故人莫肯售。又園户輸歲課不足者，使如商人入息，而園户皆細民，貧弱力不能給，煩擾益甚。又姦人倚貼射爲名，強市盜販，侵奪官利，其弊不可不革。』十月，遂罷貼射法，官復給本錢市茶。商人入錢以售茶者，奭等又欲優之，請凡入錢京師售海州、荊南茶者，損爲七萬七千，售真州等四務十三場茶者，又第損之，給茶皆直十萬。自是，河北入中復用三説法，舊給東南緡錢者，以京師榷貨務錢償之。

奭等議既用，益以李諮等變法爲非。明年，摭計置司所上天聖二年比視增虧數差謬，詔令嘗典議官張士遜等條析。夷簡言：『天聖初，環慶等路數奏芻糧不給，京師府藏常闕緡錢，吏兵月奉僅能取足。自變法以來，京師積錢多，邊計不聞告乏，中間蕃部作亂，調發兵馬，仰給有司，無不足之患。以此推之，頗有成效。三司比視數目差互不同，非執政所能親自較計。』然士遜等猶被罰，諮罷三司使。初，園户負歲課者如商人入息，後不能償。至四年，太湖等九場凡逋息錢十三萬緡，詔悉蠲之。然自奭等改制，而茶法寖壞。

景祐中，三司吏孫居中等言：『自天聖三年變法，而河北入中虛估之敝，復類乾興以前，蠹耗縣官，請復行見錢法。』時諮已執政矣。三年，河北轉運使楊偕亦陳三説法十二害，見錢法十二利，以謂止用三説所支一分緡錢，足以贍一歲邊計。遂命諮與參知政事蔡齊等合議，且令詔商人訪其利害。是歲三月，諮等請罷河北入中虛估，以實錢償芻粟，實錢售茶，皆如天聖元年之制。又以北商持券至京師，舊必得交引鋪爲之保任，并得三司符驗，然後給錢，以是京師坐賈率多邀求，三司吏稽留爲姦，乃悉罷之，命商持券徑趣榷貨務驗實，立償之錢。初，奭等雖增商人入錢之數，而猶以爲利薄，故競市虛估之券，以射厚利，而入錢者寡，縣官日以侵削，京師少蓄藏。至是，諮等請視天聖三年入錢數第損一千有奇，入中增直亦視天聖元年數第加三百。詔皆可之。前已用虛估給券者，給茶如舊，仍給景祐二年已前茶。

既而諮等又言：『天聖四年，嘗許陝西入中願得茶者，每錢十萬，所在給券，徑趣東南受茶十一萬一千。茶商獲利，爭欲售陝西券，故不復入錢京師，請禁止之。』并言商人所不便者，其事甚悉，請爲更約束，重私販之禁，聽商人輸錢五分，餘爲置籍召保，期半年悉償，失期者倍其數。事皆施行。諮等復言：『自奭等變法，歲損財利不可勝計，且以天聖九年至景祐二年較之，五年之間，河北入中虛費緡錢五百六十八萬；今一旦復用舊法，恐豪商不便，依託權貴，以動朝廷，請先期申諭。』於

是帝爲下詔戒敕，而縣官濫費自此少矣。

久之，上書者復言：『自變法以來，歲輦京師金帛，易芻粟於河北，配擾居民，內虛府庫，外困商旅，非便。』寶元元年，命御史中丞張觀等與三司議之。觀等復請入錢京師以售真州等四務十三場茶，直十萬者，又視景祐三年數損之，爲錢六萬七千，入中河北願售茶者，又損一千。既而詔又第損二千，於是入錢京師止爲錢六萬五千，入中河北爲錢六萬四千而已。

康定元年，葉清臣爲三司使，是歲河北穀賤，因請內地諸州行三說法，募人入中，且以東南鹽代京師實錢。詔糴止二十萬石。慶曆二年，又請募人入芻粟如康定元年法，數足而止，自是三說稍復用矣。八年，三司鹽鐵判官董沔亦請復三說法，三司以爲然，因言：『自見錢法行，京師錢入少出多，慶曆七年，榷貨務緡錢入百十九萬，出二百七十六萬，以此較之，恐無以贍給，請如沔議，以茶、鹽、香藥、緡錢四物予之。』於是有四說之法。初，詔止行於並邊諸州，而內地諸州有司蓋未嘗請，即以康定元年詔書從事。自是三說、四說二法並行於河北，不數年間，茶法復壞。芻粟之直，大約虛估居十之八，米斗七百，甚者千錢。券至京師，爲南商所抑，茶每直十萬，止售錢三千，富人乘時收蓄，轉取厚利。三司患之，請行貼買之法，每券直十萬，比市估三千，倍爲六千，復入錢四萬四千，貼爲五萬，給茶直十萬。詔又損錢一萬，然亦不足以平其直。久之，券比售錢三千者，纔得二千，往往不售，北商無利，入中者寡，公私大弊。

皇祐二年，知定州韓琦及河北轉運司皆以爲言，下三司議。三司奏：『自改法至今，凡得穀二百二十八萬餘石，芻五十六萬餘圍，而費緡錢一百九十五萬有奇，茶、鹽、香藥又爲緡錢一千二百九十五萬有奇。茶、鹽、香藥，民用有限，榷貨務歲課不過五百萬緡，今散於民間者既多，所在積而不售，故券直亦從而賤。茶直十萬，舊售錢六萬五千，今止二千，以至香一斤，舊售錢三千八百，今止五六百，公私兩失其利。請復行見錢法，一用景祐三年約束。』乃下詔曰：『比食貨法壞，芻粟價益倍，縣官之費日長，商賈不行，豪富之家，乘時牟利，吏緣爲姦。自今有議者，須究厥理，審可施用，若事已上而驗問無狀者，寘之重罰。』

是時雖改見錢法，而京師積錢少，恐不足以支入中之費，帝又出內藏庫錢帛百萬以賜三司。久之，入中者寖多，京師帑藏益乏，商人持券以俟，動彌歲月，至損其直以售於蓄賈之家。言利者請出內藏庫錢稍增價售之，歲可得遺利五十萬緡。既行，而諫官范鎮謂內藏庫、榷貨務皆領縣官，豈有榷貨務故稽商人，而令內藏乘時射利？傷體壞法，莫斯爲甚。詔即罷之，然自此並邊虛估之弊復起。

至和三年，河北提舉糴便糧草薛向建議：『並邊十七州軍，歲計粟百八十萬石，爲錢百六十萬緡，豆六十五萬石，芻三百七十萬圍，並邊租賦歲可得粟、豆、芻五十萬，其餘皆商人入中。請罷並邊入粟，自京輦錢帛至河北，專以見錢和糴。』時楊察爲三司使，請用其說。因輦絹四十萬匹當緡錢七十萬，又蓄見錢及擇上等茶場八，總爲緡錢百五十萬，儲之京師，而募商人入錢並邊，計其道里遠近，優增其直，以是償之，且省輦運之費，唯入中芻豆計直償以茶如舊。行未數年，論者謂輦運科折，煩擾居民，且商人入錢者少，芻豆虛估益高，茶益賤。詔翰林學士韓絳等即三司經度。絳等言：『自改法以來，邊儲有備，商旅頗通，未宜輕變。唯輦運之費，悉從官給，而本路舊輸稅絹者，毋得折爲見錢，入中芻豆罷勿給茶，所在平其市估，至京償以銀、紬、絹。』自是茶法不復爲邊糴所須，而通商之議起矣。

初，官既榷茶，民私蓄盜販皆有禁，臘茶之禁又嚴於他茶，犯者其罪尤重，凡告捕私茶皆有賞。然約束愈密而冒禁愈繁，歲報刑辟，不可勝數。園户困於征取，官司並緣侵擾，因陷罪戾至破產逃匿者，歲比有之。又茶法屢變，歲課日削。至和中，歲市茶淮南纔四百二十二萬餘斤，江南三百七十五萬餘斤，兩浙二十三萬餘斤，荊湖二百六萬餘斤，唯福建天聖末增至五十萬斤，詔特損五萬，至是增至七十九萬餘斤，歲售錢并本息計之，纔百六十七萬二千餘緡。官茶所在陳積，縣官獲利無幾，論者皆謂宜弛禁便。

先是，天聖中，有上書者言茶、鹽課虧，帝謂執政曰：『茶鹽民所食，而強設法以禁之，致犯者衆。顧經費尚廣，未能弛禁爾！』景祐中，葉清臣上疏曰：

山澤有產，天資惠民。兵食不充，財臣兼利，草芽木葉，私不得專，

封園置吏，隨處立筦。一切官禁，人犯則刑，既奪其資，又加之罪，黥流日報，踰冒不悛。誠有厚利重貲，能濟國用，聖仁恤隱，矜赦非辜，猶將弛禁緩刑，爲民除害。度支費用甚大，榷易所收甚薄，刳剝園户，資奉商人，使朝廷有聚斂之名，官曹滋虐濫之罰，虚張名數，刻蠹黎元。

建國以來，法敝輒改，載詳改法之由，非有爲國之實，皆商吏協計，倒持利權，幸在更張，倍求奇羡。富人豪族，坐以賈贏，薄販下估，日皆朘削，官私之際，俱非遠策。臣竊嘗校計茶利所入，以景祐元年爲率，除本錢外，實收息錢五十九萬餘緡，又天下所售食茶，并本息歲課亦祇及三十四萬緡，而茶商見通行六十五州軍，所收税錢已及五十七萬緡。若令天下通商，祇收税錢，自及數倍，即榷務、山場及食茶之利，盡可籠取。又況不費度支之本，不置榷易之官，不興輦運之勞，不濫徒黥之辟。

臣意生民之弊，有時而窮，盛德之事，俟聖不惑。議者謂榷賣有定率，征税無彝準，通商之後，必虧歲計。臣按管氏鹽鐵法，計口受賦，茶爲人用，與鹽鐵均，必令天下通行，以口定賦，民獲善利，又去嚴刑，口數出錢，人不厭取。景祐元年，天下户千二十九萬六千五百六十五，丁二千六百二十萬五千四百四十一，三分其一爲産茶州軍，内外郭鄉又居五分之一，丁賦錢三十，村鄉丁賦二十，不産茶州軍郭鄉村鄉如前計之，又第損十錢，歲計已及緡錢四十萬。榷茶之利，凡止九十餘萬緡，通商收税，且以三倍舊税爲率，可得一百七十餘萬緡，更加口賦之入，乃有二百一十餘萬緡，或更於收税則例，微加增益，即所增至寡，所聚逾厚，比於官自榷易，驅民就刑，利病相須，炳然可察。

時下三司議，皆以爲不可行。

至嘉祐中，著作佐郎何鬲、三班奉職王嘉麟又皆上書請罷給茶本錢，縱園户貿易，而官收租錢與所在征算，歸榷貨務以償邊糴之費，可以疏利源而寬民力。嘉麟爲登平致頌書十卷、隆衍視成策二卷上之，淮南轉運副使沈立亦集茶法利害爲十卷，陳通商之利。時富弼、韓琦、曾公亮執政，決意嚮之，力言於帝。三年九年，命韓絳、陳升之、吕景初即三司置局議之。十月，三司言：『茶課緡錢歲當入二百二十四萬八千，嘉祐二年纔及一百二十八萬，又募人入錢，皆有虚數，實爲八十六萬，而三十九萬有奇是爲本錢，纔得子錢四十六萬九千，而輦運縻耗喪失，與官吏、兵夫廩給雜費，又不預焉。至於園户輸納，侵擾日甚，小民趨利犯法，刑辟益繁，獲利至少，爲弊甚大。宜約至和以後一歲之數，以所得息錢均賦茶民，恣其買賣，所在收算，請遣官詢察利害以聞。』詔遣官分行六路，還言如三司使議便。

四年二月，詔曰：『古者山澤之利，與民共之，故民足於下，而君裕於上，國家無事，刑罰以清。自唐建中時，始有茶禁，上下規利，垂二百年。如聞比來爲患益甚，民被誅求之困，日惟咨嗟，官受濫惡之入，歲以陳積，私藏盗販，犯者實繁，嚴刑重誅，情所不忍，是於江湖之間幅員數千里，爲陷穽以害吾民也。朕心惻然，念此久矣，間遣使者往就問之，而皆驩然願弛其禁，歲入之課以時上官。一二近臣，條析其狀，朕猶若慊然，又於歲輸裁減其數，使得饒阜，以相爲生，俾通商利。歷世之敝，一旦以除，著爲經常，弗復更制，損上益下，以休吾民。尚慮喜於立異之人，緣而爲姦之黨，妄陳奏議，以惑官司，必寘明刑，無或有貸。』

初，所遣官既議弛禁，因以三司歲課均賦茶户，凡爲緡錢六十八萬有奇，使歲輸縣官。比輸茶時，其出幾倍，朝廷難之，爲損其半，歲輸緡錢三十三萬八千有奇，謂之租錢，與諸路本錢悉儲以待邊糴。自是唯臘茶禁如舊，餘茶肆行天下矣。論者猶謂朝廷志於恤人，欲省刑罰，其意良善；然茶户困於輸錢，而商賈利薄，販鬻者少，州縣征税日蹙，經費不充。學士劉敞、歐陽修頗論其事。敞疏大要以謂先時百姓之摘山者，受錢於官，而今也顧使之納錢於官，受納之間，利害百倍；先時百姓冒法販茶者被罰耳，今悉均賦於民，賦不時入，刑亦及之，是良民代冒法者受罪；先時大商富賈爲國懋遷，而州郡收其税，今大商富賈不行，則税額不登，且乏國用。脩言新法之行，一利而有五害，大略與敞意同。時朝廷方排衆論而行之，敞等雖言，不聽也。

治平中，歲入臘茶四十八萬九千餘斤，散茶二十五萬五千餘斤，茶户租錢三十二萬九千八百五十五緡，又儲本錢四十七萬四千三百二十一緡，而内外總入茶税錢四十九萬八千六百緡，推是可見茶法得失矣。自天聖以來，茶法屢易，嘉祐始行通商，雖議者或以爲不便，而更法之意則主於優民。

熙寧四年，神宗與大臣論昔茶法之弊，文彦博、吴充、王安石各論其

故，然於茶法未有所變。及王韶建開湟之策，委以經略。七年，始遣三司幹當公事李杞入蜀經畫買茶，於秦鳳、熙河博馬。而韶言西人頗以善馬至邊，所嗜唯茶，乏茶與市。即詔趣杞據見茶計水陸運致，又以銀十萬兩、帛二萬五千、度僧牒五百付之，假常平及坊場餘錢，以著作佐郎蒲宗閔同領其事。初，蜀之茶園，皆民兩稅地，不殖五穀，唯宜種茶。賦稅一例折輸，蓋爲錢三百，折輸紬絹皆一匹；若爲錢十，則折輸綿一兩；爲錢二，則折輸草一圍。役錢亦視其賦。民賣茶資衣食，與農夫業田無異，而稅額總三十萬。杞被命經度，又詔得調舉官屬，迺即蜀諸州創設官場，歲增息爲四十萬，而重禁榷之令。其輸受之際，往往壓其斤重，侵其價直，法既加急矣。八年，杞以疾去。

先是，杞等歲增十萬之息，既而運茶積滯，歲課不給，即建畫於彭、漢二州歲買布各十萬匹，以折脚費，實以布息助茶利，然茶亦未免積滯。都官郎中劉佐復議歲易解鹽十萬席，雇運回車船載入蜀，而禁商販，蓋恐布亦難敷也。詔既以佐代杞，未幾，鹽法復難行，遂罷佐。而宗閔乃議川陝路民茶息收十之三，盡賣於官場，更嚴私交易之令，稍重至徒刑，仍沒緣身所有物，以待賞給。於是蜀茶盡榷，民始病焉。

十年，知彭州呂陶言：『川峽四路所出茶，比東南十不及一，諸路既許通商，兩川却爲禁地，虧損治體。如解州有鹽池，民間煎者乃是私鹽，晉州有礬山，民間煉者乃是私礬，今川蜀茶園，皆百姓己物，與解鹽、晉礬不同。又市易司籠制百貨，歲出息錢不過十之二，然必以一年爲率；今茶場司務重立法，盡榷民茶，隨買隨賣，取息十之三，或今日買十千之茶，明日即作十三千賣之，變轉不休，比至歲終，豈止三分？』因奏劉佐、李杞、蒲宗閔等苟希進用，必欲出息三分，致茶户被害。始詔息止收十之一，佐坐措置乖方罷，以國子博士李稷代之，而陶亦得罪。稷依李杞例兼三司判官，仍委權不限員舉劾。

侍御史周尹論蜀中榷茶爲民害，罷爲提點湖北刑獄。利州路漕臣張宗諤、張升卿議廢茶場司，依舊通商，詔付稷，稷方以茶利要功，言宗諤等所陳皆疏謬，罪當無赦。雖會赦，猶皆坐貶秩二等。於是稷建議賣茶官非材，許對易，如闕員，於前資待闕官差；茶場司事，州郡毋得越職聽治。又以茶價增減或不一，裁立中價，定歲入課額，及設酬賞以待官吏，而三路三十六場大小使臣並不限員。重園户採造黄老秋葉茶之禁，犯者沒官。蒲宗閔亦援稷比，許舉劾官吏，以重其權，二人皆務浚利刻急。茶場監官買茶精良及滿五千馱以及萬馱，第賞有差，而所買粗惡僞濫者，計虧坐贓論。凡茶場州軍知州、通判並兼提舉，經略使所在，即委通判。又禁南茶入熙河、秦鳳、涇原路，如私販臘茶法。

自熙寧十年冬推行茶法，至元豐元年秋，凡一年，通課利及舊界息稅七十六萬七千六十餘緡。帝謂稷能推原法意，日就事功，宜速遷擢，以勸在位，遂落權發遣，以爲都大提舉茶場，而用永興軍等路提舉常平范純粹同提舉。久之，用稷言徙司秦州，而録李杞前勞，以子珏試將作監主簿。蒲宗閔更請巴州等處產茶並用榷法。

五年，李稷死永樂城，詔以陸師閔代之。師閔言稷治茶五年，百費外獲淨息四百二十八萬餘緡，詔賜田十頃。而師閔榷利，尤刻於前，建言：『文、階州接連，而茶法不同，階爲禁地，有博馬、賣茶場，文獨爲通商地。乞文、龍二州並禁榷，仍許川路餘羨茶貨入陝西變賣，於成都府置博賣都茶場。』事皆施行。初，羣牧判官郭茂恂言，賣茶買馬，事實相須，詔茂恂同提舉茶場。至是，師閔以買馬司兼領茶場，茶法不能自立，詔罷買馬司兼領；令茶場都大提舉視轉運使，同管幹視轉運判官，以重其任。賈種民更立茶法，師閔論奏茶場與他場務不同，詔並用舊條。初，李杞增諸州茶場，自熙寧七年至元豐八年，蜀道茶場四十一，京西路金州爲場六，陝西賣茶爲場三百三十二，稅息至稷加爲五十萬，及師閔爲百萬。

元祐元年，侍御史劉摯奏疏曰：『蜀茶之出，不過數十州，人賴以爲生，茶司盡榷而市之。園户有茶一本，而官市之，額至數十斤。官所給錢，靡耗於公者，名色不一，給借保任，輸入視驗，皆牙儈主之，故費於牙儈者又不知幾何。是官於園户名爲平市，而實奪之。園户有逃而免者，有投死以免者，而其害猶及鄰伍。欲伐茶則有禁，欲增植則加市，故其俗論謂地非生茶也，實生禍也。願選使者，考茶法之敝，以蘇蜀民。』右司諫蘇轍繼言：『呂陶嘗奏改茶法，止行長引，令民自販，每緡長引錢百，詔從其請，民方有息肩之望。孫迥、李稷入蜀商度，盡力掊取，息錢、長引並行，民間始不易矣。且盜賊贓及二貫，止徒一年，出賞五千，今民有

以錢八百私買茶四十斤者，輒徒一年，賞三十千，立法苟以自便，不顧輕重之宜。蓋造立茶法，皆傾險小人，不識事體。』且備陳五害。呂陶亦條上利害，詔付黄廉體量；未至，摯又言陸師閔恣爲不法，不宜仍任事。詔即罷之。先是，師閔提舉榷茶，所行職務，他司皆不得預聞，事權震灼，爲患深密。及黄廉就領茶事，乃請凡緣茶事有侵損戾法，或措置未當及有訴訟，依元豐令，聽他司關送。十一月，蒲宗閔亦以附會李稷賣茶罷。

明年，熙河、秦鳳、涇原三路茶仍官爲計置，永興、鄜延、環慶許通商，凡以茶易穀者聽仍舊，毋得踰轉運司和糴價，其所博斛斗勿取息。七年，詔成都等路茶事司，以三百萬緡爲額本。

紹聖元年，復以陸師閔都大提舉成都等路茶事，而陝西復行禁榷。師閔乃奏龍州仍爲禁茶地，凡茶法並用元豐舊條。師閔自復用，以訖哲宗之世，其掊克之迹，不若前日之著，故建明亦罕見焉。

茶之在諸路者，神宗、哲宗朝無大更革。熙寧八年，嘗詔都提舉市易司歲買商茶，以三百萬斤爲額。元祐五年，立六路茶税租錢諸州通判轉運司月暨歲終比較都數之法。七年，以茶隸提刑司，税務毋得更易爲雜税收受。紹聖四年，户部言：『商旅茶税五分，治平條立輸送之限既寬，復慮課入無準，故定以限約，毋得更展。元祐中，輒展以季，課入漏失。且茶税歲計七十萬緡，積十年未嘗檢察，請内外委官，期一年驅算以聞。』詔聽其議，展限令出一時，毋承用。

崇寧元年，右僕射蔡京言：『祖宗立禁榷法，歲收淨利凡三百二十餘萬貫，而諸州商税七十五萬貫有奇，食茶之算不在焉，其盛時幾五百餘萬緡。慶曆之後，法制寖壞，私販公行，遂罷禁榷，行通商之法。自後商旅所至，與官爲市，四十餘年，利源寖失。謂宜荊湖、江、淮、兩浙、福建七路所產茶，仍舊禁榷官買，勿復科民，即產茶州郡隨所置場，申商人園户私易之禁，凡置場地園户租折税仍舊。產茶州軍許其民赴場輸息，量限斤數，給短引，於旁近郡縣便鬻；餘悉聽商人於榷貨務入納金銀、緡錢或並邊糧草，即本務給鈔，取便算請於場，別給長引，從所指州軍鬻之。商税自場給長引，沿道登時批發，至所指地，然後計税盡輸，則在道無苛留。買茶本錢以度牒、末鹽鈔、諸色封椿、坊場常平剩錢通三百萬緡爲率，給諸路，諸路措置，各分命官。』詔悉聽焉。

俄定諸路措置茶事官置司：湖南於潭州，湖北於荊南，淮南於揚州，兩浙於蘇州，江東於江寧府，江西於洪州。其置場所在：蘄州即其州及蘄水縣，壽州以霍山、開順，光州以光山、固始，舒州即其州及羅源、太湖，黄州以麻城，廬州以舒城，常州以宜興，湖州即其州及長興、德清、安吉、武康，睦州即其州及青溪、分水、桐廬、遂安，婺州即其州及東陽、永康、浦江，處州即其州及遂昌、青田，蘇、杭、越各即其州，而越之上虞、餘姚、諸暨、新昌、剡縣皆置焉，衢、台各即其州，而溫州以平陽。大法既定，其制置節目，不可毛舉。四年，京復議更革，遂罷官置場，商旅並即所在州縣或京師給長短引，自買於園户。茶貯以籠篰，官爲抽盤，循第敘輸息訖，批引販賣，茶事益加密矣。

大觀元年，議提舉茶事司須保驗一路所產茶色高下、價直低昂，而請茶短引以地遠近程以三等之期。復慮商旅影挾舊引，冒詐規利，官吏因得擾動，以御筆申飭之。又以諸路再定茶息，多寡或不等，令斤各增錢十。三年，計七路一歲之息一百二十五萬一千九百餘緡，榷貨務再歲一百十有八萬五千餘緡。京專用是以舞智固權，自是歲以百萬緡輸京師所供私奉，掊息益厚，盜販公行，民滋病矣。

政和二年，大增損茶法。凡請長引再行者，輸錢百緡，即往陝西，加二十，茶以百二十斤；短引輸緡錢二十，茶以二十五斤。私造引者如川錢引法。歲春茶出，集民户約三歲實直及今價上户部。茶籠篰並皆官製，聽客買，定大小式，嚴封印之法。長短引輒竄改增減及新舊對帶、繳納申展、住賣轉鬻科條悉具。初，客販茶用舊引者，未嚴斤重之限，影帶者衆。於是又詔凡販長引斤重及三千斤者，須更買新引對賣，不及三千斤者，即用新引以一斤帶二斤鬻之，而合同場之法出矣。場置於產茶州軍，而簿給於都茶場。凡不限斤重茶，委官司秤製，毋得止憑批引爲定，有贏數即沒官，別定新引限程及重商旅規避秤製之禁，凡十八條，若避匿抄劄及擅賣，皆坐以徒。復慮茶法猶輕，課入不羨，定園户私賣及有引而所賣踰數，保内有犯不告，並如煎鹽亭户法。短引及食茶關子輒出本路，坐以二千里流，賞錢百萬。

重和元年，詔：『客販輸税，檢括抵保，吏因擾民，其蠲之』。未幾，

復輸稅如舊。大抵茶、鹽之法，主於蔡京，務巧掊利，變改法度，前後相踰，民聽眩惑。初，令茶户投狀籍於官，非在籍者，禁與商旅貿易，未幾即罷。初，限計斤重，令買新引，茶有贏者，即及一千五百斤，須用新引貼販，或止願販新茶帶賣者聽；未幾，以帶賣者多，又罷其令。

陝西舊通蜀茶，崇寧二年，始通東南茶。政和中，陝西沒官茶令估賣，繼以妨商旅，下令焚棄。俄令正茶沒官者聽興販，引外剩茶及私茶數以給告者。長引限以一年，短引限以半歲繳納。久之，令已買引而未得於園户者，期七年，許民間同見緡流轉，長引聽即本路住賣，以二浙鹽香司有言而止。其科條纖悉紛更，不可勝記，慮商旅疑豫，茶貨不通，迺重扇搖之令。於時掊克之吏，爭以贏羨爲功，朝廷亦嚴立比較之法。州郡樂賞畏刑，惟恐負課，優假商人，陵轢州郡，蓋莫有言者。獨邠州通判張益謙奏：『陝西非產茶地，奉行十年，未經立額，歲歲比較，第務增益，稍或虧少，程督如星。州縣懼殿，多前路招誘豪商，增價以幸其來，故陝西茶價，斤有至五六緡者，或稍裁之，則批改文引，轉之他郡。及配之鋪户，安能盡售？均及稅農，民實受害，徒令豪商坐享大利。』言竟不行。

然自茶法更張，至政和六年，收息一千萬緡，茶增一千二百八十一萬五千六百餘斤。及方臘竊發，乃詔權罷比較。臘誅，有司議招集園户，借貸優恤，止於文具，姦臣仍用事，蠹國害民，又慮人言，扇搖之令復出矣。靖康元年，詔川茶侵客茶地者，以多寡差定其罪。

初，熙寧五年，以福建茶陳積，乃詔福建茶在京、京東西、淮南、陝西、河東仍禁榷，餘路通商。元豐七年，王子京爲福建轉運副使，言『建州臘茶，舊立榷法，自熙寧權聽通商，自此茶户售客人茶甚良，官中所得惟常茶，稅錢極微，南方遺利，無過於此，乞仍舊行榷法。建州歲出茶不下三百萬斤，南劍州亦不下二十餘萬斤，欲盡買入官，度逐州軍民户多少及約鄰路民用之數計置，即官場賣，嚴立告賞禁。建州賣私末茶，借豐國監錢十萬緡爲本。』並從之。所請均入諸路榷賣，委轉運司官提舉：福建王子京，兩浙許懋，江東杜偉，江西朱彥博，廣東高鎛，然子京蓋未免抑配於民。

時遠方若桂州修仁諸縣、夔州路達州有司皆議榷茶，言利者踵相躡，然神宗聞鄂州失催茶稅，輒黜之。建州園户等以茶粗濫當剝納，爲錢三萬六千餘緡，慮其不能償，令準輸茶。初，成都帥司蔡延慶言邛部川蠻主苴尅等願賣馬，即詔延慶以茶招來，後聞邊計蠻情非便，即罷之。哲宗嗣位，御史安惇首劾王子京買臘茶抑民，詔罷子京事任，令福建禁榷州軍視其舊，餘並通商。桂州修仁等縣禁榷及陝西碎賣芽茶皆罷。

崇寧二年，尚書省言：『建、劍二州茶額七十餘萬斤，近歲增盛，而本錢多不繼。』詔更給度牒四百，仍給以諸色封樁。繼詔商旅販臘茶蠲其稅，私販者治元售之家，如元豐之制。臘茶舊法免稅，大觀三年，措置茶事，始收焉。四年，私販勿治元售之家，如元符令。政和初，復增損爲新法。三年，詔免輸短引，許依長引於諸路住賣，後末骨茶每長引增五百斤，短引倣此；諸路監司、州郡公使食茶禁私買，聽依商旅買引。六年，詔福建茶園如鹽田，量土地產茶多寡，依等第均稅。重和元年，以改給免稅新引，重定福建骨茶斤重，長引以六百斤爲率。

元豐中，宋用臣都提舉汴河隄岸，創奏修置水磨，凡在京茶户擅磨末茶者有禁，並許赴官請買，而茶鋪入米豆雜物揉和者募人告，一兩賞三千，及一斤十千，至五十千止。商賈販茶應往府界及在京，須令產茶山場州軍給引，並赴京場中賣，犯者依私販臘茶法。諸路末茶入府界者，復嚴爲之禁。訖元豐末，歲獲息不過二十萬，商旅病焉。

元祐初，寬茶法，議者欲罷水磨。户部侍郎李定以失歲課，持不可廢，侍御史劉摯、右司諫蘇轍等相繼論奏，遂罷。紹聖初，章惇等用事，首議修復水磨。乃詔即京、索、天源等河爲之，以孫迥提舉，復命兼提舉汴河隄岸。四年，場官錢景逢獲息十六萬餘緡，呂安中二十一萬餘緡，以差議賞。元符元年，户部上凡獲私末茶并雜和者，即犯者未獲，估價給賞，並如私臘茶獲犯人法。雜和茶宜棄者，斤特給二十錢，至十緡止。

初，元豐中修置水磨，止於在京及開封府界諸縣，未始行於外路。及紹聖復置，其後遂於京西鄭、滑、潁昌府，河北澶州皆行之，又將即濟州山口營置。崇寧二年，提舉京城茶場所奏：『紹聖初，興復水磨，歲收二十六萬餘緡。四年，於長葛等處京、索、潩水河增修磨二百六十餘所，自輔郡榷法罷，遂失其利，請復舉行。』從之。尋詔商販臘茶入京城者，本場盡買之，其翻引出外者，收堆垛錢。裁元豐制更立新額，歲買山場草

茶以五百萬斤爲率。客茶至京者，許官場買十之三，即索價故高，驗元引買價量增。三年，詔罷之。

明年，改令磨户承歲課視酒户納麴錢法。五年，復罷民户磨茶，官用水磨仍依元豐法，應緣茶事併隸都提舉汴河堤岸司。大觀元年，改以提舉茶事司爲名，尋命茶場、茶事通爲一司。三年，復撥隸京城所，一用舊法。政和元年，京城所請商旅販茶起引定入京住賣者，即許借江入汴，如元豐舊制；其借江入汴却指他路住賣者禁，已請引者並令赴京。二年，以課入不登，商賈留滯，詔以其事歸尚書省。於是尚書省言：『水磨茶自元豐創立，止行於近畿，昨乃分配諸路，以故致弊，欲止行於京城，仍通行客販，餘路水磨並罷。』從之。四年，收息四百萬貫有奇，比舊三倍，遂創月進。

高宗建炎初，於真州印鈔，給賣東南茶鹽。當是時，茶之產於東南者，浙東西、江東西、湖南北、福建、淮南、廣東西，路十，州六十有六，縣二百四十有二。霅川顧渚生石上者謂之紫筍，毗陵之陽羨，紹興之日鑄，婺源之謝源，隆興之黃龍、雙井，皆絕品也。建炎三年，置行在都茶場，罷合同場十有八，惟洪、江、興國、潭、建各置場一，監官一。罷食茶小引，捕私茶法視捕私鹽。二十一年，秦檜等始進茶鹽法。先是，臣僚或因事建明，朝廷亦因時損益，至是審訂成書，上之。

孝宗隆興二年，淮東宣諭錢端禮言：『商販長引茶，水路不許過高郵，陸路不許過天長，如願往楚州及盱眙界，引貼輸翻引錢十貫五百文，如又過淮北，貼輸亦如之。』當是時，商販自榷場轉入虜中，其利至博，幾禁雖嚴，而民之犯法者自若也。乾道二年，户部言：『商販至淮北榷場折博，除輸翻引錢，更輸通貨儈息錢十一緡五百文。』八年，減輸翻引錢止七緡，通貨儈息錢止八緡。淳熙二年，以長短茶引權以半依元引斤重錢數，分作四緡小引印給，而翻引貼輸錢隨小引輸送。光宗紹熙初，漳州守臣朱熹奏除屬邑科茶七千餘緡。臣僚申明長短小引相兼，從人之便。户部言給賣小引，除金銀、會子分數入輸，餘願專以會子算請者聽。

寧宗嘉泰四年，知隆興府韓邈奏請：『隆興府惟分寧縣產茶，他縣無茶，而豪民武斷者乃請引，窮索一鄉，使認茶租，非便。』於是禁非產茶縣不許民擅認茶租。

建寧臘茶，北苑爲第一，其最佳者曰社前，次曰火前，又曰雨前，所以供玉食，備賜予。太平興國始置，大觀以後製愈精，數愈多，胯式屢變，而品不一，歲貢片茶二十一萬六千斤。建炎以來，葉濃、楊勍等相因爲亂，園丁亡散，遂罷之。紹興二年，蠲未起大龍鳳茶一千七百二十八斤。五年，復減大龍鳳及京鋌之半。十二年，興榷場，遂取臘茶爲榷場本，凡胯、截、片、鋌，不以高下多少，官盡榷之，申嚴私販入海之禁。議者請鬻建茶於臨安，移茶事司於建州買發，明年，以失陷引錢，復令通商。自是上供龍鳳、京鋌茶料，凡製作之費、篚笥之式，令漕司專之。

蜀茶之細者，其品視南方已下，惟廣漢之趙坡，合州之水南，峨眉之白牙，雅安之蒙頂，土人亦珍之，但所產甚微，非江、建比也。舊無榷禁，熙寧間，始置提舉司，收歲課三十萬，至元豐中，累增至百萬。建炎元年，成都轉運判官趙開言榷茶、買馬五害，請『用嘉祐故事盡罷榷茶，而令漕司買馬。或未能然，亦當減額以蘇園户，輕價以惠行商，如此則私販衰而盜賊息』。遂以開同主管川、秦茶馬。二年，開至成都，大更茶法，倣蔡京都茶場法，以引給茶商，即園户市茶，百斤爲一大引，除其十勿筭。置合同場以譏其出入，重私商之禁，爲茶市以通交易。每斤引錢春七十、夏五十，市利頭子錢不預焉。所過征一錢，所止一錢五分。自後引息錢至一百五萬緡。至十七年，都大茶馬韓球盡取園户加饒之茶爲額，茶司歲收二百萬，而買馬之數不加多。

乾道末年，青羌作亂，茶司增長細馬名色等錢歲三十萬。淳熙六年以後，累減園户重額錢十六萬，又減引息錢十六萬。至紹熙初，楊輔爲使，遂定爲法。成都府、利州路二十三場，歲產茶二千一百二萬斤，通博馬物帛歲收錢二百四十九萬三千餘緡。朝廷歲以一百一十三萬緡隸總領所贍軍，然茶馬司率多難之；乾道以後，歲撥止一二十萬緡，至淳熙十年，遂以五十萬緡爲準。

自熙、豐以來，茶司官權出諸司之上。初，元豐開川、秦茶場，園户既輸二稅，又輸土產，隆安縣園户二稅、土產兼輸外，又催理茶課估錢，建炎元年立爲額，至寧宗慶元初，始除之。六年，詔四川產茶處歲輸經總制頭子錢五千四十一道有奇，又科租錢三千一百四十道有奇。

宋初，經理蜀茶，置互市于原、渭、德順三郡，以市蕃夷之馬；熙

寧間，又置場于熙河。南渡以來，文、黎、珍、敘、南平、長寧、階、和凡八場，其間盧甘蕃馬歲一至焉，洮州蕃馬或一月或兩月一至焉，疊州蕃馬或半年或三月一至焉，皆良馬也。其他諸蕃馬多駑，大率皆以互市爲利，宋朝曲示懷遠之恩，亦以是羈縻之。紹興二十四年，復黎州及雅州碉門靈西砦易馬場，乾道初，川、秦八場馬額九千餘匹，淳熙以來，爲額萬二千九百九十四匹，自後所市未嘗及焉。

宋歐陽修《文忠集》卷一一二《論茶法奏狀》　右臣伏見朝廷近改茶法，本欲救其弊失，而為國誤計者，不能深思遠慮，究其本末，惟知圖利，而不圖其害。方一二大臣銳於改作之時，樂其合意，倉卒輕信，遂決而行之。令下之日，猶恐天下有以為非者，遂直詆好言之士，指為立異之人，峻設刑名，禁其論議。事既施行，而人知其不便者，十蓋八九。然君子知時方厭言而意殆不肯言，小人畏法懼罪而不敢言。今行之逾年，公私不便，為害既多。而一二大臣以前者行之太果，令之太峻，勢既難回，不能遽改。而士大夫能知其事者，但騰口於道路，而未敢顯言於朝廷。幽遠之民日被其患者，徒怨嗟於閭里，而無由得聞於天聽。陛下聰明仁聖，開廣言路，從前容納，補益尤多。今一旦下令改事，先為峻法，禁絕人言。中外聞之，莫不嗟駭。語曰：『防民之口，甚於防川，川壅而潰，傷人必多。』今壅民之口已逾年矣，民之被害者亦已眾矣，古不虛語，於今見焉。臣亦聞方改法之時，商議已定，猶選差官數人，分出諸路，訪求利害。然則一二大臣不惟初無害民之意，實亦未有自信之心。但所遣之人既見朝廷必欲更改，不敢沮議，又志在希合，以求功賞。傳聞所至州縣，不容吏民有所陳述，直云『朝廷意在必行，但來要一審狀爾』。果如所傳，則誤事者在此數人而已。蓋初以輕信於人，施行太果，今若明見其害，救失何遲？患莫大於遂非，過莫深乎不改。

臣於茶法，本不詳知，但外論既喧，聞聽漸熟。古之為國者，庶人得謗於道，商旅得議於市，而士得傳言於朝，正為此也。臣竊聞議者謂茶之新法既行，而民無私販之罪，歲省刑人甚多，此一利也。然而為害者五焉。江南、荆湖、兩浙數路之民，舊納茶稅，今變租錢，使民破產亡家，怨嗟愁苦，不可堪忍，或舉族而逃，或自經而死。此其為害一也。自新法既用，小商所販至少，大商絕不通行。前世為法以抑豪商，不使過侵國利與為僭侈而已，至於通流貨財，雖三代至治，猶分四民，以相利養。今乃斷絕商旅，此其為害二也。自新法之行，稅茶路分猶有舊茶之稅，而新茶之稅絕少。年歲之間，舊茶稅盡，新稅不登，則頓虧國用。此其為害三也。往時官茶容民入雜，故茶多而賤，遍行天下。今民自買賣，須要真茶，真茶不多，其價遂貴。小商不能多販，又不暇遠行，故近茶之處，頓食貴茶，遠茶之方，向去更無茶食。此其為害四也。近年河北軍糧用見錢之法，民入米於州縣，以鈔算茶于京師。三司為于諸場務中擇近上場分，特留八處，專應副河北入米之人飜鈔算請。今場務盡廢，然猶有舊茶可算，所以河北和糴，日下未妨。竊聞自明年以後，舊茶當盡，無可算請，則河北和糴，實要見錢。不惟客旅得錢，變轉不動，兼亦自京師歲歲輦錢于河北和糴，理必不能。此其為害五也。一利不足以補五害，今雖欲減放租錢以救其弊，此得寬民之一端爾，然未盡公私之利害也。伏望聖慈，特詔主議之臣，不獲前失，深思今害，黜其遂非之心，無襲弭謗之跡，除去前令，許人獻説，亟加詳定，精求其當，庶幾不失祖宗之舊制。臣冒禁有言，伏待罪責。謹具狀奏聞，伏候敕旨。

宋王安石《臨川先生文集》卷七〇《茶商十二説》　臣竊以須仰鉅賈有十二之損，為害甚廣，請試陳之。

既仰鉅賈，鉅賈數少，相率既易，邀賤遂繁，故有場饒明減暗減累累不已，歲數百萬，是饒減之損，一也。又既仰鉅賈，鉅賈稀少，積壓等候，陳損既多，或棄或焚，或充雜用，此稅既陷，正稅又饒，是陷稅之損，二也。又既仰鉅賈，饒豐價薄，園民困耗，逋欠歲程，至如石橋一場，祖額一百七萬，而近歲買納，才得十萬，而虧及累年，便乞減額，是退額之損，三也。又既仰鉅賈，須憑力禁，是以捕捉之旅，所在屯布，掩緝之眾，彌占川落，官員請俸，卒旅衣糧，擾民費財，總計不細，是力禁之損，四也。又既仰鉅賈，須置榷務，諸郡津置，或數千里，所載綱運，率自省破，船材兵費，風波盜竊，每歲之計，不為不甚，是遠萃之損，五也。又既仰鉅賈，必先多備，茶體輕怯，難掌易損，架閣利燥，封角利密，而官數浩瀚，堆積敖廩，風枯雨濕，氣味失奪，俟售待給，已反陳損，是堆積之損，六也。又凡物分輕則得眾，得眾則易竭。今仰鉅賈，本不及數千緡則不能行，是分重而不得眾也，故難竭而成積滯，分重之損，

七也。又凡貨利已則精心，精心則貨善，貨善則易售。今仰鉅賈，非己甚眾，始從小户，次輸主人，方納官場，復支商旅，是以小户偷竊，主人殽雜，姦吏容庇，皆以非己而致貨不善也，是非己之損，八也。又既仰鉅賈，遂為二等，新好者支算商旅，低陳者留賣南中，食用不堪，遂皆私易，故一縣大率每歲以茶被刑者往往百數，是煩刑之損，九也。又既仰鉅賈，茶多積壞，壞不堪賣，遂轉鬻茶，俵給户民，悉不堪食，虛納所直諸郡甚多，是剜本之損，十也。又鉅賈悉系通商南方，盡從官賣，官賣既不堪食，多配寺院、茶坊，茶多棄損，錢實虛斂，是削民之損，十一也。既仰鉅賈，貨終難盡，諸般折給，從是生焉。雖依元價，折錢變賣，雜收什一，請實虛損，官亦虛損，是刻士之損，十二也。其為害廣也如此，不可不去也。

宋 蘇轍《欒城集》卷三六《論蜀茶五害狀》 右臣伏見朝廷近罷市易事，不與商賈爭利，四民各得其業，欣戴聖德無有窮已。唯有益、利、秦、鳳、熙河等路茶場司以買賣茶虐害四路生靈，又以茶法影蔽市易，販賣百物。州縣監司不敢何問，為害不細，而朝廷未加禁止。臣聞五代之際，孟氏竊據蜀土，國用褊狹，始有榷茶之法。及藝祖平蜀之後，放罷一切横斂，茶遂無禁，民間便之。其後淳化之間，牟利之臣始議掊取。大盜王小波、李順等，因販茶失職，窮為剽劫，兇焰一扇，兩蜀之民，肝腦塗地，久而後定。自後朝廷始因民間販賣，量行收稅，所取雖不甚多，而商賈流行，為利自廣。近歲李杞初立茶法，一切禁止民間私買。然猶所收之息，止以四十萬貫為額，供億熙河。至劉佐、蒲宗閔提舉茶事，取息太重，立法太嚴，遠人始病。是時知彭州呂陶奏乞改法，只行長引，令民自販茶，每茶一貫，出長引錢一百，更不得取息，得旨依奏。民間聞之，方有息肩之望。又卻差孫回、李稷入川相度，始議極力掊取，因建言乞許茶價隨時增減，茶法既有增減之文，則取息依舊，由是息錢、長引二說並行，而民間轉不易矣。而稷等又益以販鹽布，乃能增額及六十萬貫。及李稷引陸師閔共事，又增額至一百萬貫。師閔近歲又乞於額外以一百萬貫為獻，朝廷許之。於是奏乞于成都府置都茶場，客旅無見錢買茶，許以金銀諸貨折博，遂以折博為名，多遣公人、牙人公行拘攔民間物貨入場，賤買貴賣，其害過於市易。又以本錢質典諸物，公違條法，欺罔朝廷。蓋茶法始行至今，法度凡四變矣。每變取利益深，民益困弊。然供億熙河，止於四十萬貫，其餘以供給官吏及非理進獻，希求恩賞。而害民之餘，辱國傷教，又有甚者。夫逐州通判本以按察吏民，諸縣令佐亦以撫字百姓，而計算息錢均與牙儈分利。至於監茶之官發茶萬馱，即轉一官，知縣亦減三年磨勘。國之名器輕以與人，遂使貪冒滋章，廉恥不立，深可痛惜。又案盜賊之法，贓及二貫，止徒一年，出賞五貫。今民有以錢八百私買茶四十斤者，輒徒一年，出賞三十貫。又遞鋪文字，事干軍機及非常盜賊，急腳遞日行四百里，馬遞日行三百里，違二日者，止徒一年，今茶遞往還，日行四百里，違一日，輒徒一年，立法太深，苟以自便，不顧輕重之宜。蓋造立茶法皆傾險小人，不識事體，但以遠民無由申訴，而他司畏憚，不敢辨理，是以公行不道。自始至今，十餘年矣。臣竊聞朝廷近日察知其弊，差官體量，然猶恐未知其詳。臣今訪聞，稍得其實，謹具條件五害如左：

其一曰：益、利路所在有茶，其間邛、蜀、彭、漢、綿、雅、洋等州、興元府三泉縣人户，以種茶為生。自官榷茶以來，以重法脅制，不許私賣，抑勒等第，高秤低估，遞年減價，見今止得舊價之半。乞委所差官取榷茶至今遞年所估價例對定，即見的實。茶官又於每歲秋成糴米，高估米價，強俵茶户，謂之茶本。假令米石八百錢，即作一貫支俵，仍勒出息二分。春茶既發，茶户納茶，又例抑半價，兼壓以大秤，所捐又半，謂之青苗茶。元條：園户茶一百斤，許收十斤市例，內一半入官，一半饒潤客旅。今逐場一百斤，有收至二十餘斤。出剩者往往卻偽作園户中茶，虛旁支出官錢入己。近年邛州常有此獄，又有見出剩數多，陰與客旅商量，納賂不貲，指教出賣者。及至賣茶本法，止許收息二分，今多作名目，如『牙錢』、『打角錢』之類，至收五分以上。買茶商旅，其勢必不肯多出價錢，皆是減價，虧損園户，以求易售。又昔日官未榷茶，園户例收晚茶，謂之『秋老黃茶』，不限早晚，隨時即賣。榷茶之後，官買止於六月，晚茶入官，依條毀棄。官既不收，園户須至私賣，以陷重禁。此園户之害一也。

其二曰：川茶本法止於官自販茶，其法已陋。今官吏緣法為姦，遂又販布，販大寧鹽，販瓷器等物，並因販茶還腳販解鹽入蜀。所販解鹽，仍分配州縣，多方變賣，及折博雜物貨，為害不一。及近歲立都茶場，緣

折博之法，拘攔百貨，出賣收息。其間紗羅，皆販入陝西，奪商賈之利。至於買賣之餘，則又加以質當。去年八九月間，為成都買撲酒坊人李安典糯米一萬貫，每斗出息八錢，半年未贖，仍更出息二分。其它非法，類皆如此。今四方蒙賴聖恩，罷去市易抵當之弊，而蜀中茶官，獨因緣茶法，潛行二事，使西南之民獨不蒙惠澤。此平民之害二也。

其三曰：昔官未榷茶，陝西商旅皆以解鹽及藥物等入蜀販茶，所過州軍，已出一重稅錢，及販茶出蜀，兼帶蜀貨，沿路又復納稅，以此省稅增羨。今官自販茶，所至雖量出稅錢，比舊十不及一，縱有商旅興販，諸處稅務畏憚茶司，又利於分取息錢，例多欺詐，以稅為息，由此省稅益耗。假有作稅錢上曆，歲終又不撥還轉運司，但添作茶官歲課，公行欺罔。訪聞元豐七年八月，陸師閔劄子奏，茶司全年課利，內有一項係茶稅錢。又茶官違法，販賣百物，商旅不行，非唯稅虧，兼害酒課。蜀中舊使交子，惟有茶山交易最為浩瀚。今官自買茶，交子因此價賤。舊日蜀人利交子之輕便，一貫有賣一貫一百者，近歲止賣九百以上。此省課之害三也。

其四曰：蜀道行於溪山之間，最號險惡。般茶至陝西，人力最苦。元豐之初，始以成都府路廂軍數百人貼鋪般運。不一二年，死亡略盡。茶官遂令州縣和雇人夫。和雇不行，即差稅户。其為搔擾，不可勝言。劉庠知永興日，有澤州般茶人，以疲勞不堪告訴。庠令取狀，在案判云：候本府雇人般茶日呈，後來永興即不曾雇人。後遂添置遞鋪，十五里輒立一鋪，招兵五十人，起屋六十間，官破錢一百五十六貫，益以民力，僅乃得成。今已置百餘鋪矣。若二百鋪皆成，則是添兵萬人，衣糧歲費二十萬貫。見招填不足，旋貼諸州廂軍。逐州闕人，百事不集。又茶遞一人，日般四馱，計四百餘斤，回車卻載解鹽，往還山行六十里，稍遇泥潦，人力不支，逃匿求死，嗟怨滿道。至去年八九月間，劍州劍陽一鋪人全然走盡，沿路號茶鋪為『納命場』。此遞鋪之害四也。

其五曰：陝西民間所用食茶，蓋有定數。茶官貪求羨息，般運過多，出賣不盡，逐州多虧歲額，遂於每斤增價俵賣與人。元豐八年，鳳州准茶官指揮，每茶一斤添錢一百。其餘州郡，准此可見。又茶法初行，賣茶地分止于秦、鳳、熙河，今遂東至陝府，侵奪蠟茶地分，所損必多。此陝西之害五也。

五害不除，蜀人泣血，無所控告。臣乞朝廷哀憐遠民，罷放榷法，令細民自作交易，但收稅錢，不出長引，止令所在場務據數抽買博馬茶，勿失朝廷武備而已。如此則救民于網羅之中，使得再生，以養父母妻子，不勝幸甚。如朝廷以為陝西邊事未寧，不欲頓罷茶事，即乞先馳榷禁，因民販茶，正稅之外，仍收長引錢。一歲之入，不下數十萬貫。以見今長引錢數計之可見。而商旅通行，東西諸貨日夜流轉，所得茶稅、雜稅錢及酒課增羨，又可得數十萬貫。以未榷茶以前及榷茶後來年分，自蜀至陝西沿路酒稅務歲課較之可見。而罷置茶遞，無養兵衣糧及官吏緣茶所費息錢、食錢之類，其數亦自不少，則榷茶可罷，灼然易見。若異日西邊無事，然後更罷長引錢，如舊收稅而止。然臣再詳師閔所營茶利，雖使之裒斂一一如數，止於二百萬貫，無復贏餘矣。若以前件茶引、茶稅、雜稅、酒課等錢約七八十萬貫折除，即止約有利一百二十餘萬貫。若更除茶遞養兵衣糧食及官吏緣茶所費，約三四十萬貫，即是師閔百端非理淩虐細民，止得八十萬貫。前件兩項錢，並且從小約計，故師閔所得利有八十萬貫，若依實計之，恐不得及此數。假令萬一蜀中稍有饑饉之災，民不堪命，起為盜賊，或如淳化之比，臣不知朝廷用兵幾何，費錢幾何，殺人幾何，可得平定。今但得七八十萬貫錢，置此不慮，臣竊惑也。兼臣訪聞陸師閔，去年自成都移治永興，仍壬都供給，有本府衙前楊日新者為之賣酒。至十一月中，師閔自覺非法，始移牒永興、成都，止就用永興供給。其違法差衙前賣酒及多請過成都供給，即不曾舉覺，其貪冒無恥一至如此。亦乞令所差官，便行體量，如是詣實，乞重行黜謫，以慰遠方積年之憤。謹錄奏聞，伏候敕旨。

貼黃：陸師閔久擅茶事，欺罔朝廷，奏請如意，為吏民所畏憚，若留在本職，雖特遣使命，恐必難以體量實害。欲乞先罷師閔職任。及利州路轉運使蒲宗閔，昔同建議榷茶，曾竊冒恩賞，顯有妨礙，亦乞指揮，不得同簽書體量事。所貴官吏不憂後害，敢以實告。

宋 林駉《古今源流至論續集》卷四《榷茶》 嘗觀《禹貢》任九州土地所宜，而無茶一字。《周禮》列祭祀賓客之名物，亦無茶一字。以至漢唐以來，史傳所載，皆不言之。夫茶，充於味而饒於利，何盛於今而不用於古乎？抑有說焉。按本草，茶本名茗，一名檟，一名蔎，今通謂之茶。蓋茶近，故呼之。末之乃可飲，與古所食殊不同。《本草》。而

《茶譜》云，雅州蒙山中頂之茶，獲一兩即能祛疾，二兩無疾，三兩固以換骨，四兩即為仙矣。其他頂茶園，採摘不廢。惟中峯雲霧蒙散，鷙獸時出，故人迹之所不到。是茶也，本藥品之至良也。《茶譜》雅州蒙山中有五頂，頂有茶園，其中頂曰上清峯。昔人有遇老父，謂曰：蒙之中頂茶，獲一兩即能祛疾，二兩無疾，三兩固以換骨，四兩即為仙矣。其四頂茶園，採摘不廢。惟中頂草木繁密，雲霧所蔽，鷙獸時出，人迹不至。至唐人《茶飲序》云：釋滯消壅，一日之利暫佳，瘠氣侵精，終身之累斯大。則知自蒙山之外，他土所産，其性極冷，故多雜以草木食之。是茶也，本草食之相混也。唐毋煚《茶飲序》云。及其後也，智者創物，製作愈精，亦可以少易其性。譬如易牙，先得口之於味，而俾天下之人皆知所嗜。而有國家者，因以為財賦之原焉。究其所由來，貴於唐而盛於我朝也。亦猶含桃薦廟而盛於漢，漢以含桃薦寢廟。荔子萬錢而重於唐。唐貴妃嗜荔子時至萬錢。蓋物之所尚，各有其時爾。自唐陸羽隱於茗溪，性酷嗜茶，乃著《茶經》三篇，言茶之原、之法、之具尤備。陸羽上元初更隱茗溪，自稱桑苧翁。性嗜茶，著經三篇，言茶之原、之法、之具尤備。天下益知飲茶矣、時鬻茶者至陶羽形置煬突間，祖為茶神。有常伯熊者因陸羽論，復廣煮茶之功。李卿知伯熊善煮茶，召之。如常伯熊嗜之，見上玉川子嗜之，盧仝性嗜茶，至飲七碗曰：覺兩腋生清風。江湖散人嗜之，陸龜蒙號江湖散人，嗜茶。置園顧渚山下，歲取租茶自判品第。故天下益知飲茶。回紇入朝，亦驅馬市之矣。《回紇傳》入朝驅馬市茶。習之既久，民之不可一日無茶猶一日而無食。故茶之有稅，始於趙贊。《唐志》德宗時，趙贊議稅天下茶、漆、竹、木，十取一以為常平本錢。行於張滂，《通典》上元九年初稅茶，凡州縣産茶山外要路，皆估其直什稅一。從張滂之請也。至王播則有增稅，《唐志》穆宗時，王播增天下茶稅率百錢增五十。至王涯則有榷法。同上，王涯置榷茶使，使徙民植茶於官場。迨至我朝，往往與鹽利相等，賔主設禮非茶不交，而私家之用皆仰於此。榷商市馬入銜置使而公家之利全辦於此，茶至是而始重矣。然嘗以國朝榷茶之法而觀之，曰榷務，曰貼射，曰交引，曰三分，曰三說，曰茶賦，紛紛不一，然論其大要，不過有三。鬻之在官，一也，通之商賈，二也，賦之茶戶，三也。乾德之榷務，《筆談》：太祖乾德二年，詔在京、建州、漢、蘄口，各置榷貨務，五年始禁私賣。淳化之交引，太宗淳化四年行交引法置榷務。咸平之三分，咸平五年，王嗣宗始立三分法。以十分茶價，四分給香藥，三分犀象，三分茶引。六年，又改支六分犀象，四分茶引。景德之三說，景德二年，許入中錢帛金銀，謂之三說。並《筆談》。此鬻之在官者。淳化二年貼射置法，淳化二年，令商賈就園戶置茶於官場貼射，始行貼射法，至四年行交引，罷貼射。同上。此通之商賈者。嘉祐三年均賦於民，嘉祐四年，韓絳及三司言，茶課歲二百四十四萬八千。嘉祐三年，才及一百二十八萬，又募人入錢，皆有虛數，實八十六萬，而三十九萬有奇是為本錢，才得子錢四十六萬九千而已，其贊運給費不與焉。宜納至和之後一歲之數，以所得息錢均賦茶戶，恣其買賣，詔弛茶禁，以三司歲課均賦茶戶。歲輸三十三萬八千有奇，謂之租錢。唯臘茶禁如舊，餘茶肆行天下矣。此賦之茶户者。然榷茶之法，官病則求之商，商病則求之官，二法之立，雖曰不能無弊，然彼此相權，公私相補，則亦無害也。惟夫均之於民，則民病始極。噫，豈惟民病哉？雖在官在商，亦因是而有弊爾。愚嘗推原其法，自乾德置榷茶之務，定私買之禁，然利額未甚多，場務未甚衆，而民之有茶猶得以自折其稅，是官鬻猶有遺利也。太祖乾德二年，諸州民有茶附折稅，外官悉市之。許民於京師輸金銀錢帛，官約券就榷務以茶償之。時在京、建州、漢、蘄口置務，他處皆未置，自後有十三場六榷務之立。至淳化，許商賈置鬻茶之場而行貼射之法。然大商之利多，而國家之課減，未幾復罷其制。是通商猶有遺法也。國初，許商賈就園戶置茶，於官場貼射，謂之貼射法。太宗淳化三年始行之，四年罷。仁宗天聖元年復行之，行之三年，利歸大商，又曰邊糴償以見錢，京師府藏不足以繼，爭言不便。孫奭言，商人貼射則善茶入商人，入官者皆粗惡。詔罷。行三稅法。商納芻粟於邊郡，官給文券於茶務，此交引之法爾。然鬻引之具一興，而所給之茶不充，此利復在商而不在官也。西北用兵，又募商人入中粟麥、材木於邊郡，給文券，謂之交引。許就沿江榷務自請射茶郡，所入直千五六千至三十千而給券百千，謂之加檯。然商人入中者不知茶利，至京皆以茶引鬻於茶商。百千才得二十餘緡，謂之實錢。輦下坐賈遂專交引以射利，謂之引鋪。歲月滋深，沿江茶務交引紛至，茶不充給，計歲入雜茶，三年不能償。其弊如此。始以茶錢與香藥、犀象為三分之法，邊糴未充，而商人為便。後以轉糴、便糴、直便為三說之法。邊粟雖足而商人折閱，此利徒在官而不在商也。熙寧四年，吴充曰：茶法初立，許商人入芻粟之郡，入交錢至京師，或使銀金紬絹，或香藥犀象，唯所欲商人便之。後以邊糴未定，遂以三分之法，定立分數，不許從便。又茶官多置茶之下者，苟足課額，商人得之，往往折閱，所以大壞。又《筆談》舊傳茶有三說，見錢為一說，犀牙、香藥為一說，茶為一說，此乃三分法。謂緣邊入納糧草，價折為三分，一分折見錢，一分折犀象雜貨，一分折茶爾。後又併折鹽為四分法。予在三司，求得三說。乃是轉糴為一說，便糴為一說，直便為一說。轉糴者，極邊糧草，歲入必欲足常額，三司先封樁見錢、緊便錢、緊茶錢，然後召人入中。便糴者，沿邊糧草，商人先入之，詣京師請慢便錢、慢茶鈔及雜貨。直便者，商人取便於沿邊入納見錢，於京師請領。轉糴數足，然後聽便糴、直便。

以此，商人就趁極邊轉糴。之二法者，官無全利，亦無全害，商無全得，亦無全失，蓋彼此迭相救矣。夫何韓絳以三司所得之息而均於茶戶之民？舊納茶稅，今變租錢，民甚困之。見上。甚者稅不多登而官有浸虧之課，販者日寡而商有不通之患，此官之與商，商之與民，交受其弊。歐陽言民舊納茶稅，今變租錢，一害也。小商所販至少，大商絶不通行，二害也。茶租不登，浸虧國用，三害也。往時官茶容民入雜，故茶多而賤，今民自賣，須要真茶，真茶不多，其價遂貴，四害也。河北和糴，實要見錢，京師歲輦於河北，五害也。歐陽五害之説豈欺我哉？見上。噫，此猶未至極病者，茶戶均賦固也，異日均賦之外，復有榷之之法。民堪之乎？靖康元年，楊時言：陛下復祖宗之舊，崇寧紛更，惟茶鹽二法，最為民害。仁宗會榷茶爭利，均為茶租戶輸之，弛其禁令，茶租錢輸如故而榷戶愈密，是榷之又榷也。茶地出租可也異日無茶之所亦例有租錢之輸，民堪之乎？王德用《麈史》嘗試攷之，其茶凡三名，一名供軍稅茶，蓋江南李氏所取以助軍也。二曰酒茶，乃景德之前，因撲賣縣酒，課其利計茶以納，後因敗欠，遂以數敷出於民。三曰市茶，景德三年歲荒，官許額外課茶以濟艱食，後不復減。湖北二路，淮安、復、漢陽三州軍無茶租，蓋民不種以資利耳。嘗按茶之起，謂之『根租』，以茶株均敷其多寡而已。今水湖田宅之地，無茶株而有茶稅。噫，民病矣。其可不為之慮耶？昔開寶中，有司請高茶價。我太祖曰：茶則善矣，無乃困吾民乎。詔勿增價。噫，是言也，將天地鬼神實聞矣。豈惟斯民感之哉。愚願今之聖天子法之。太祖開寶七年，有司以湖南新茶異於常歲，請高其價以鬻之。上曰：茶則善矣，無乃重困吾民乎。即詔第復舊制，勿增價直。《寶訓》。景德中，茶商俱條三等利害，宋太初曰：上等利取太深，惟從中等，公私皆濟。噫，是言也，將民生日用實賴之，豈惟國用利之哉。陳恕為三司使，將立茶法。召茶商數十人，俾條利害，第為三等。副使宋太初曰：吾觀上等之説，利取太深，此可行於商賈，不可行於朝廷。下等固滅裂無取，惟中等之説，公私皆濟，吾裁損之，可以經久行之。數年公用足而民富實。世言三司使，惟陳恕為稱首。愚願今之賢大夫法之。

宋 章如愚《羣書考索後集》卷五七《財賦門·茶鹽類·總論》

論榷山有三弊：夫南國土疆，山澤連接，遠民習俗，多事茶園，上則供億賦租，下則存活妻子。營生取給，更絶他門。及其官榷茶山，利歸公室，反食之源日削，採造之役歲增。課額既漸虧，刑罰又屢及，以至貼田賣屋，力辦課程，物産既空，死亡無救，所以出茶之處，郡縣凋殘，民不聊生，職由於此。其弊一也。禁榷之地，法令太嚴，銖兩之柔即該憲綱，公私追擾，獄訟繁興，大則破族亡家，小則身填牢獄。州縣公事，大半為茶。朝禁夕刑，係累相繼，戶口由茲減耗，田野為之蕪萊。蠹爾蒸民，墜於無告，獄連禍結，莫甚於斯。其弊二也。茶貨在山，同夫五穀，事特愛養，即獲滋豐。及夫朝廷榷山鄉，原失業茶户逼於寒餒，日有逃亡者，茶園陷於奸佞。歲有荒廢者，年華漸久，殘破益深。眷彼靈苗，鞠為茂草。追呼覺察，已失課程。雖欲改張，噬臍安及。其弊三也。張泊上太宗，端拱二年。

論放法有五利：夫先王創制，貴在通行。規利竭民，政斯濫矣。榷一弊法，舉而棄之，則委頓者獲全，流竄者盡復。東南郡縣，百萬遺甿，送死養生，得安舊業。其利一也。造茶之户，既專物産，必能經營地利，愛養茶園，封殖窠條，防護山澤，十年之内，茶貨大興，通商惠農，正賦增集。其利二也。榷山既放，密網咸除，愛人而義在必行，畫象而民將不犯，普天之下，實省刑章，利用厚生，莫先於此。其利三也。比來般運，盡出公家，涉歷江湖，按漕河洛，方舟巨艫，經途萬里，風濤没溺，官吏奸偷。陷失茶綱，比歲常有。若行放法，此患自除。其利四也。國家榷買茶貨，歲入無窮。堆貯倉場，充積州郡。及乎出賣之際，則大半塵腐。積年之後，又多至焚燒。今若許放榷山，任民貿易，則國中永無棄貨，天下咸喫新茶。惠潤公私，實為要道。其利五也。同上。

通商以收租：世之所貴，家之所蓄，則非有公茶。何者？公茶濫惡，不味於口故也。一歲之春芽者，既掇焙者既出，則吏呼而買之，民輓而輸之矣。民之淳或以利而姦也，吏之察或以賄而間也。於是乎行濫入焉，草邪木邪，唯恐器之不盈也。塵邪煤邪，唯恐行之不昂也。商算而行，或不售也，則敗者鮮矣。倉儲之久，或腐敗也，則水火乘之矣。是以邦之衆布竭於市估而積之，亡用之地，息未收而本或喪矣。若東南列郡，則吏自斤賣，課不甚多，時或不登焉，而民之自用，常數陪矣。來有甚遠，價有甚貴，而人争取之者，美味也。塗有甚險，法有甚重，而人争販之者，厚利也。巡按之使捕逐之卒日馳於野，黯顔之吏鞭背之人日滿於庭，愁怨愈多而姦不可禁，督責愈重而利不可阜。勢之所運末如之何也？已今日之宜，亦莫如一切通商。官勿賣買，聽其自為，而藉茶山之租，科商人之稅，以此較彼殊途一致耳。商人自市，則所擇必精，則價之必售價之售，則商人衆商，衆則入稅多矣。又昔之所以披草莽，懷兵刃，務私販者，禁嚴故也。既已通商，則當安行夷路，自實官府，亦入稅多

矣。況不滯本泉，不煩威獄，利用便人，莫善於此。李太伯文。

清 王夫之《讀通鑑論》卷二八《五代上》 高郁説馬殷置『回圖務』運茶於河南北，賣之于梁，易繒纊戰馬，而國以富，此後世茶馬之始也。古無茶稅，有之自唐德宗始。文宗時，王涯敗，矯改其政而罷之。然則茶稅非古，宜罷之乎？非也。古之所無，後不得而增，增則病民者，謂古所可有而不有者也。古不可以有，而今可有之，則通古人之意而推以立法，奚病哉？

茶者，古所無也，無茶而何稅也？《周禮》僅有六飲之制。孟子亦曰『冬則飲湯，夏則飲水』而已。至漢王褒僮約，始有武都買茶之文，亦僅產於蜀，唯蜀飲之也。六代始行於江南，而河北猶斥之曰『酪奴』。唐乃徧天下以為濟渴之用，而不能隨地而有，唯蜀、楚、閩、粤依山之民，畦種而厚得其利，其利也，有十倍於耕桑之所獲者矣。古之取民也，耕者十一，漆林之稅則二十而五，以漆林者，非飢寒待命之需也。均為王民，不耕不桑，而逸獲不貲之利，則天下將舍耕桑而競於場圃；故厚征之，以抑末務、濟國用，而寬吾南畝之氓。則使古而有茶，其必厚征之以視漆林，明矣。

府其利於僅有之鄉，而天下日輦金錢絲粟以歸之不稼不穡之家，其豪者籠山包阜而享封君之奉。乃天下固無茶，而民無凍餒之傷，非有大利於民，而何恤其病？誠病矣，廢茶畦而不采，弗能稅也；難稅之，而種者不休，采者不輟，何病之有哉？即其病也，亦病夫射利之黠民，而非病吾旦耕夕織、救死不贍之民也。則推漆林之法，重稅而以易繒馬於不產之鄉，使三代王者生飲茶之世，未有於此而沾沾以市恩也。

故善法三代者，法所有者，問其所以有，而或可革也；法所無者，問其何以無，而或可興也。跬遵而步效之，黠民乃驕，樸民乃困，治之者適以亂之。寬其所不可寬者，不恤其所可恤，惡足以與于先王之道乎？

《明史》卷一四七《解縉傳》 臣觀地有盛衰，物有盈虛，而商稅之征，率皆定額。是使其或盈也，姦黠得以侵欺；其歉也，良善困於補納。夏稅一也，而茶椒有糧，菓絲有稅。既稅於所產之地，又稅於所過之津，何其奪民之利至於如此之密也。且多貧下之家，不免拋荒之咎。

《續通典》卷一一六《刑十・贖刑・宋》 仁宗議立贖法，詔曰：『先王用法簡約，使人知禁而易從。後代設茶酒鹽稅之禁，奪民厚利，刑用滋章。今之編敕皆出律外，又數改更，官吏且不能曉，百姓安得聞之。』

《續通志》卷五四七《儒林傳十・宋八・陳傳良傳》 太祖皇帝垂裕後人，以愛惜民力為本。熙寧以來，用事者始取太祖約束，一切紛更之。諸路上供歲額增于祥符一倍。崇寧重修上供格，頒之率增至十數倍。其它雜斂，則熙寧以常平寬剩、禁軍闕額之類別項封樁。而無額上供起于元豐，經制起于宣和，總制月椿起於紹興，皆迄今為額，折帛、和買之類又不與焉。茶引盡歸於都茶場，鹽鈔盡歸於榷貨務，秋苗斗斛十八九歸於綱運，皆不在州縣。州縣無以供，則豪奪於民。於是取之斛面、折變、科敷、抑配、贓罰，而民困極矣。

又卷五四七《儒林傳十・宋八・蔡幼學傳》 自熙寧、元豐而始有免役錢，有常平積剩錢，有無額上供錢。自大觀、宣和而始有大禮進奉銀絹，有贍學糴本錢，有經製錢。自紹興而始有和買折帛錢，有總製錢，有月樁大軍錢。至於茶鹽酒榷，稅契，頭子之屬，積累增多，較之祖宗無慮數十倍民困極矣。

清 何潤生《徽屬茶務條陳》《清經世文三編》卷三二 茶以一百二十觔成引，每引完正課錢二錢，公費銀三分，釐捐銀九錢，又公費銀五分，另捐輸銀六錢，共銀一兩八錢八分，現名之為落地稅。上年因日事需餉，每引暫加捐銀三錢六分，悉由皖南茶局統收分解至公費。八分內以三分歸各分卡收濟局用，以一分解歸徽府作彈壓辦公經費，其餘四分悉歸總局。一切開支公用歙休黟之茶，均由新安江行運抵浙境之威坪首卡，每引抽收釐捐二錢。光緒二十一年為始，加抽銀八分，又另抽稅關稅銀一錢，杭引課銀三分四釐，再由威坪運過。浙江紹興府屬始達波逢卡驗票，不復重抽。抵後即在波新關每百觔預完出口全稅銀二兩五錢。設運至杭州，過塘徑由嘉興內河直抵上海，又須每引迦納浙江塘工捐銀五錢，以故各商舍過杭之捷徑，而繞行紹之遠途，蓋為此耳。婺源洋莊綠茶祁門洋莊紅茶均由鄱陽湖行運，抵江西之姑塘關，每百觔完常關稅銀二錢六釐，規費銀七分，抵九江新關。仍須預完出口全稅銀二兩五錢，此洋莊茶現在完納課釐稅捐之定章也。至內銷，如茶朴茶子茶梗茶末等類不完，落

地總稅惟逢卡抽釐而已。過屯溪釐卡每百觔抽釐錢一百文，街口釐卡抽釐錢一百文，浙之威坪釐卡抽釐錢三百餘文，嚴東館釐卡抽釐錢一百五十餘文，杭屬釐卡抽釐錢三百餘文，嘉屬釐卡抽釐錢一百五十餘文，此內銷本地茶抽收釐金之定章也。

又 一、設立茶政局，事權歸一，明定章程，用得其人。眾商自願商務振興，可拭目以待。第恐局自為局，而商自為商，則無益矣。若能舉熟諳商情、實心任事、掃卻官場習氣、洞知利弊者為之局員，庶乎其可？或上海立一分局，必須招致現在開設茶棧四人為司事，優給辛資，予以勸懲，始妥查徽茶運抵春申素投，由茶棧轉售于西商。此棧並不存儲茶箱，專為代客買賣。緣該棧東夥人等素識西商、兼曉茶務，又能贉付水借濟資本，故售得百元抽洋二分，以充棧費。又上海另有茶業公所，不問茶事，每百觔專收洋一分，充為所用。今既立局，則該公所可裁。各商運茶到滬責，令赴局掛號，由局酌派。司事代售如須贉付水借濟資本，由局籌應。將來即在售茶價內，計利扣還。至素出商之棧費二分所費一分，仍照舊收，以二分充局用，以一分獎犒各司事。設局用不敷可於茶局四分費內勻均，撥用局員辦公薪水宜從豐厚、功過宜嚴。司事不可濫用私人，胥役只供驅叱，不準稍加事權也。

又 洵為體徽商之根本，其不敢徑由杭嘉行運者，實為過杭必須迦納塘工捐銀，以故各商舍所易而就所難。商之較及錙銖，出於不得已耳。伏思塘工捐，固為正用，第現在海塘大工早經告竣，所有歲修月修等費亦復無多。該省前已議，有的可以挹注此項塘捐，雖有徽茶之虛名，久無抽收之實濟。諮請停止，應無不可之理。何則方今朝廷亟以振興商務，垂念商艱為第一要義。凡食毛踐土者，又當仰體宵旰焦勞之至，意為業茶黎庶一洗積習而空之。庶幾保此利，源孰云非是論者，謂一準徽商徑由杭嘉內河用小輪拖帶到申則之新關，卽少出口。洋稅議由改歸皖局代收，撥解關等語，恐未盡妥查。出口洋稅雖歸關督經理，實則稅務司主持之，非通商口岸不能派設稅司，且出口洋稅單非由稅司簽字不能照驗放行。因難代收，其稅至洋關稅單，西語曰拍司。論者又謂恐徽茶準由杭嘉行運，難免奸商夾帶內銷之茶，混雜其間，然內銷之茶與外銷之茶，叛若天壤。外銷洋莊箱罐裝潢，成本極重。色味又屬兩途；內銷裝儲盡屬簍袋炮製異宜。洋莊在徽起運，卽須完納落地總稅；內銷各茶逢卡抽釐，若舍釐之輕而就稅之重，愚者弗為兼之。茶船過卡例須查驗，驗明果係洋莊與落地茶引相符，始準放行。設有夾帶，仍可令其照章完釐，雖有夾帶亦奚裨也。總之洋莊茶非完出口全稅，執有拍司稅司不準裝載出口法至嚴矣。又准徽茶改行杭嘉內河徑達申江必須在江海新關完納出口。洋稅得有拍司該茶商到申方能售賣，何庸慮及洋稅之偷漏也。各關出口稅則向無重輕，亦無趨避，況洋稅係盡徵盡解之款，又非若本關常稅，各關督有包徵賠累之責可比。且茶之出口，洋稅不完於海關，卽須完于江海關，毫無區別也。

一、徽屬產茶各縣，向無山捐箱捐名目，現在亦無善堂書院各項外銷捐。惟婺源縣書院每年膏火銀四百兩，屯溪嬰堂。每月經費銀六十兩，係由茶局於所收落地總稅內提撥分給院堂，充作公用。歷經遵辦在案、遵查部議，飭將茶捐外銷目立予全裁，候此次查照，條陳切實，核議分別舉行試辦一二年。如果難有把握，卽將各該省所收茶釐數目奏請核減，以成興復茶務之盛舉。等因在大部統籌兼顧，洞知華茶非減輕成本不利行銷，因爾先準全裁外銷捐以試其端，若果行無把握，仍準奏減捐釐。原不欲過事累商，致廢茶務，仰見苦心孤詣，足令中外商民歡聲雷動，一齊俯首。但徽茶現無外銷捐，莫可議減，與其俟試辦一二年，難有把握再行核減，勢必衰敗。更甚所謂臨渴掘井，何如未雨綢繆。第今當公支絀之時，又烏可妄議求減，應否先將上年每引暫加之捐銀三錢六分一，及浙省威坪卡每引續增之捐銀八分一。或予量減，或予全裁，使各商暫蘇喘息。責令精研採製，暢其銷路，奪回利源。將來不再核減，亦屬曲突徙薪之請，能舒一分商力，卽暢一分銷路。疏銷之法，不外減輕成本；裕課之方，不外體念商艱也。抑更有請者，如茶朴一項本屬內銷之物，前經茶局仿照洋莊茶式提捐落地總稅一二成，每年計引，無多論者謂恐奸商偷運充作洋莊意固周矣。第洋莊與內銷裝潢別，斷難混淆。查茶朴係茶中渣滓，所值無多，能於揀淨茶卽純品。各商因揀出茶朴仍須提完一二成總稅。貪利小商怠於提揀，茶品未能純美，茶價卽難增色。亟應減免茶朴提引之稅，俾可責令認真挑選之工，未始非精益求精整頓之一策也。

一、查各商將茶裝箱，後赴局報捐。局中必提出一箱，令其折口去

茶，稱驗箱罐輕重。如一箱有若干觔，則衆箱準此為法，名曰去皮。凡行過關卡均如斯辦法，在當局以為簡便，實則各商已苦煩苛。須知洋莊茶箱本有定式，無所高下。此後各箱須遵定式，頒行各關卡箱，凡三等曰二五雙箱，去皮若干觔曰三七箱，去皮若干觔曰大方箱，去皮若干觔永為去皮定章，即免提箱過稱之煩，較更簡便。至應完出口洋稅之關，仍尋舊提箱去皮事，既無礙於大局而隱便商民，實非淺鮮。如江西姑塘常關連皮收稅及沿途各局卡司需索等弊，經該商等控奉督憲，批飭查禁，有案無如，日久難免玩生。且更換一員，則後來各司茫然不知前禁，率多故態復萌。莫若將禁令勒石各關卡處所，則人人得觸目警心，從此百弊悉除。是亦曲體下情之一道也，果能悉遵部議之可行者實力而行之，局員又用當其職，何患有病於茶者病不去、有利於茶者利不興？以上各層或得之於諮訪，或察之於商情，或參之於愚見，未知當否。伏乞採擇核議施行。

清 佚名《論中國財政》《清經世文新編》卷六　又於內地各所設稅關，通十八省有三十三處。一切貨物通經此關，以納課稅。其數額亦不少，亦與鹽稅相伯仲也。十八百八十九年，所徵課稅實為三百六十六萬六千八十兩。除此數者之外，亦無較著財源。其餘尚有商業稅，每年二十萬六千九百兩。制茶稅，每年十六萬二千百七十七兩。

清 佚名《論中國賦用》《清經世文新編》卷六　光緒二十年九月，各省督撫加抽當鋪及零沽鴉片之餉，又茶糖兩項加抽釐金二成。至於洋關之稅，則載諸通商盟約，須得各國允許，始能加抽。倘若各國允許而改之，則內關之稅則亦應更改，必一律相同。

清 佚名《烟臺英領事中國各口商務報》《清經世文新編》卷一〇下　南寧百色之間，如宜昌之于重慶，宜用華船輪船。祇能至南寧而止門。福州所病者，茶稅太重，約值百而抽五十。福州城作為租界，以外之地亦屬非是。

清 佚名《上海商務情形》《清經世文新編》卷一〇下　中國茶業日壞一日，釐金與出口稅重，實有以累之也。釐金與出口稅重，何以能為害於茶業？有明證焉。俄商購運茶磚稅較輕減，而二十五年以來出口之數日盛。觀此不可知茶業之所由衰乎。故使茶稅與釐金不即整頓，則茶之出口者必日少。數年之後恐歸於盡矣。今各國人之嗜華茶者，皆竊竊以為慮。因華茶之外有印度與錫蘭茶，華茶細，印、錫茶粗，一旦舍細而就粗，譬如人夙好雅樂，而進之以巴人下里之曲，自格格而不相入也。然我英人當引以為喜，華茶衰而印茶興，中國之患，英國之利也。

清 佚名《論中國茶務》《清經世文新編》卷一〇下　中國茶務銷售出外者，日加衰微，恐不久全失其利矣。本報登録印度之卡路吉打與錫蘭山二處產茶，遞年增多，曾苦諫中國急免釐金之害，以挽回茶利。惟華人不以為意，若饕餮之徒，寧殺肥鵝而烹食之，不肯寬待而常拾其所產之卵也。英商之集于中華茶市者由衆而寡，顯為此事之證，華人豈不知之。然全不介意者，豈反以英商不來而快於心乎，中國茶務之將亡必矣。不特華人不以茶務漸衰為慮，而徵稅之員明知茶稅昔多而今少，亦不以為意也。此輩但知教茶農考求種茶製茶之法，而不思茶稅之重，為第一弊也。試取華之銷于英市者論之。

光緒二十二年，由中國直英國者祇得二十一萬九千四百零九擔，其上一年則有一百萬擔，相去幾至五倍。今年春九月漢口二處出茶較上年為盛，第一稔所收者約得五十五兆磅，前英商買茶遞年減少者，俄商增多而補之。惟聞俄國尚存茶葉太多，今年能自中國添買者不過上數之半，尚餘二十七兆五十萬磅，須銷流于英美二國。然上年兩國共銷華茶不過一十八兆五十萬磅，今年出茶過限十兆餘磅。若不大減其價，則難脫手矣。但茶價賤則釐稅又不稍減，茶農之不傷本者鮮矣。

又厦門英領事官傅冷英卡士君嘗將該處茶務詳覆英廷，其言足令聞者感傷。彼云光緒二十二年，厦門之烏龍茶共得一兆二億磅，比其上一年減少百分之五十五猶，恐今年減少更甚焉。過今年之後更恐不復成茶市矣。該處種茶之郡縣多已拋荒，而茶田更有全壞也。

卡士君又指出其弊之由，蓋謂製出一兆餘磅之茶，值銀不過一十三萬六千圓，釐金抽其二萬圓，出口稅抽其三萬五千圓，二共抽銀五萬五千圓，已居茶價三分之一。至其鄰國日本明於先見，去年將臺灣之茶稅減作每擔抽稅一圓一毫二仙，而中國仍固執其五圓八毫二仙之稅，此為中國之失策。夫閱歷深則知識進，鄰國強，當自發奮。而中國獨不然，將來茶利俱亡，悔將何及矣。十年前厦門共產茶二十七兆二億餘磅，距今

二十餘年，例當增多十數倍，不料反減十數倍。

卡士君又述識時務者之意，曰中國茶務之弊，非天下最巧之機器所能救。除是將釐稅全免，又兼用機器，或始有濟耳。

清 佚名《論税則》《清經世文新編》卷一二 自唐德宗以來，始言茶利。其後回紇入朝，始驅馬市茶，乃稍取外人之財產以益中土矣。宋興茶法益備，大抵入錢京師，領茶於務，園户交納。先受官錢百姓輸將，又可以茶折税商，賈轉致西北，以致散夷狄，其利特厚。其後西北用兵餉乏，募人入中芻粟以茶償之，於是行商者多急於售錢，茶法始壞。天聖以降，乃不給本錢，但輸茶息。嘉佑乃盡罷茶户，但行關榷。然熙寧之際，尚有茶馬。及茶益不善，馬乃不來，而茶馬廢矣。然考之元豐中，宋用臣提舉河岸創修水磨，凡在京茶户擅磨末茶有禁，並赴官請買，而茶鋪入米豆雜物拌和者有罰。則是當日茶法最嚴，非如今制。獲利之厚，不由散商。今欲禁煙而不得，莫如復榷茶之法，盡籠其利於官，精選名種購辦機器。凡園户植茶，先領帑本出茶盡售於官，官為製造，令商請引行之。內地官自營運，輸之遠人，其製造不精、及拌和雜料者，罰之如宋制。英人輸鴉片於中土，以暗税吾民。我亦歲致中茶以暗税其國之民，二者出入相敵，則英人必自求禁煙。中茶既盛，則印茶亦必相爭，種煙之土變為茶園，植煙之民化為茶户，而禁煙之議從此起矣。不然雖請禁之，終以先請自禁為辭無益也。

綜述

《唐會要》卷八四《租税下・雜税》 建中元年九月，户部侍郎趙贊請置常平輕重本錢，從之。贊於是條奏諸道津要都會之所，皆置吏，閲商人財貨，計錢每貫税二十文。天下所出竹木茶漆，皆什一税之，充常平本錢。時軍用稍廣，常賦不足，所税亦隨盡。竟莫得充本儲積焉。

四年六月，判度支户部侍郎趙贊請置大田：天下田計其頃畝，官收十分之一。擇其上腴，樹桑環之。曰公田公桑。自王公至於匹庶，差借其力，得穀絲以給國用。詔從其説。贊熟計之，自以為非便，皆寢不下。請行常平税茶之法，又以軍須迫蹙，常平利不時集，乃請税屋間架等，除算陌錢，間架法，凡屋兩架為一間，屋有貴賤，約價三等，上價間出錢二千，中價一千，下價五百。所由吏秉算執籌，入人之廬舍，而計其數。衣冠士族，或貧無他財，獨守故業，坐多屋出算者，動數十萬，人不勝其苦。凡沒一間者，杖六十，告者賞錢五十貫，取於犯家。除陌法：天下公私給與貿易，率一貫舊算二十，益加算為五十。給與他物，或兩換者，約錢為率算之。市牙各給印紙，人有買賣，隨日署記，翌日合算之。有自貿易，不用市牙者，給其私簿，無私簿者，投狀自集。其有隱錢百者，沒入三千，杖六十，告者賞十千，出於犯罪人家。法既行，而主人、市牙，得專其柄，率多隱盜，公家所入，曾不得半，而怨讟之苦，囂然滿於天下。至興元二年正月一日赦，悉停罷。貞元九年正月，初税茶。先是，諸道鹽鐵使張滂奏曰：『伏以去歲水災，詔令減税，今之國用，須有供儲。伏請於出茶州縣，及茶山外商人要路，委所由定三等時估，每十税一，充所放兩税。其明年已後所得税錢，外貯之。若諸州遭水旱，賦税不辦，以此代之。』詔曰：『可。仍委張滂具處置條奏。』自此每歲得錢四十萬貫，茶之有税，自此始也。然税茶無虛歲，遭水旱處，亦未嘗以税茶錢拯贍。

元和三年十月，禁採銀。一兩已上者，笞二十，遞出本界，州縣官吏，節級科罰。

長慶元年，鹽鐵使王播奏茶税一百，增之五十。左拾遺李珏上疏論之曰：『設法救弊，起自干戈，天下無虞，即宜蠲省。況税茶之事，尤出近年，在貞元元年中，不得不爾。今四海鏡淨，八方砥平，厚斂於民，殊傷國體，其不可一也。又茶為食物，無異米鹽，人之所資，遠近同俗。既袪渴乏，難捨斯須，田閭之間，嗜好尤切。今增税既重，時估必增，流弊於民，先及貧弱。其不可二也。且山澤之饒，固無定數，量斤論税，所冀售多。價高則市者希，價賤則市者廣。歲終上計，其利幾何。未見阜財，徒聞斂怨，其不可三也。臣不可遠徵故事，直以目前所見陳之。伏望暫留聰明，少垂念慮，特追敕更賜商量。陛下即位之初，已懲聚斂，外官抽貫，旋有詔停。洋洋德音，千古不朽。今若榷茶加税，頗失人情。臣忝職諫司，不敢緘默。』時禁中造百尺樓，因計不充。王播希恩增税，疏奏不省。

太和七年四月，御史臺奏：『伏准太和三年十二月十八日赦文，天下除兩税外，不得妄有科配，其擅加雜榷率，一切宜停，令御史臺嚴加察

訪者。臣伏以方今天下無事，聖政日修，務去煩苛，與人蘇息。臣昨因嶺南道擅置竹練場，税法至重，害人頗深。博訪諸道，委知自太和三年准赦文兩税外停廢等事，旬月之內，或以督察不嚴，或以長吏更改，依前即置，重困齊民。伏望起今後，應諸道自太和三年准赦文所停税外。科配雜榷率等，復已卻置者，仰敕到十日內，具卻置事由聞奏。仍申報臺司。每有出使郎官御史，令嚴加察訪，苟有此色，本判官重加懲責，長吏奏聽進止。』敕旨：『宜依。』

開成二年十二月，武寧軍節度使薛元賞奏：『泗口税場，應是經過衣冠商客，金銀羊馬斛㪷見錢茶鹽綾絹等，一物已上並税。今商量，其雜税物請停絕。』敕旨：『淮泗通津，向來京國，自有率税，頗聞怨讟。薛元賞到鎮之初，首請除去，表章適至。謳詠已興。泗口税據元賞所奏並停，所置當官司所由並罷，委元賞當日榜示。其泗口税額，准徐泗觀察使今年前後兩度奏狀，內豎共得錢一萬八千五十五貫文，內十驛一萬一千三百貫文，委户部每年以實錢逐近支付。泗宿二州，以度支上供錢賜充本軍用。其他未贍，委任才臣，共息怨咨，以安行旅。』

大中六年正月，鹽鐵轉運使兵部侍郎裴休：『諸道節度使觀察使，置店停止茶商，每斤收搨地錢，並税經過商人，頗乖法理。今請釐革橫税，以通舟船，商旅既安，課利自厚。今又正税茶商，多被私販茶人侵奪其利，今請強幹官吏，先於出茶山口，及廬壽淮南界內，布置把捉，曉諭招收，量加半税。給陳首帖子，令其所在公行。從此通流，更無苛奪。所冀招懷窮困，下絕奸欺，使私販者免犯法之擾，正税者無失利之歎。尋究根本，須舉綱條。』敕旨：『宜依。』其年四月，淮南及天平軍節度使浙西觀察使，皆奏軍用困竭，伏乞且賜依舊税茶。敕旨：『裴休條疏茶法事極精詳。制置之初。理須畫一。並宜准今年正月二十六日敕處分。』

《新唐書》卷五二《食貨志二》 朱泚平，天下户口三耗其二。貞元四年，詔天下兩税審等第高下，三年一定户。自初定兩税，貨重錢輕，乃計錢而輸綾絹。既而物價愈下，所納愈多，絹匹爲錢三千二百，其後一匹爲錢一千六百，輸一者過二，雖賦不增舊，而民愈困矣。度支以税物頒諸司，皆增本價爲虛估給之，而繆以濫惡督州縣剝價，謂之折納。復有『進奉』、『宣索』之名，改科役曰『召雇』，率配曰『和市』，以巧避微文，比大曆之數再倍。又癘疫水旱，户口減耗，刺史析户，張虛數以寬責。逃死闕税，取於居者，一室空而四鄰亦盡。户版不緝，無浮游之禁，州縣行小惠以傾誘鄰境，新收者優假之，唯安居不遷之民，賦役日重。帝以問宰相陸贄，贄上疏請釐革其甚害者，大略有六：

其一曰：國家賦役之法，曰租、曰調、曰庸。其取法遠，其斂財均，其域人固。有田則有租，有家則有調，有身則有庸，天下法制均壹，雖轉徙莫容其姦，故人無搖心。天寶之季，海內波蕩，版圖隳於避地，賦法壞於奉軍。賦役舊法，行之百年，人以爲便。兵興，供億不常，誅求隳制，此時弊，非法弊也。時有弊而未理，法無弊而已更。兩税新制，竭耗編甿，日日滋甚。陛下初即位，宜損上益下，嗇用節財，而摘郡邑，驗簿書，州取大曆中一年科率多者爲兩税定法，此總無名之暴賦而立常規也。夫財之所生，必因人力。兩税以資產爲宗，不以丁身爲本，資產少者税輕，多者税重。不知有藏於襟懷囊篋，物貴而人莫窺者；有場圃、囷倉，直輕而衆以爲富者；有流通蕃息之貨，數寡而日收其贏者；有廬舍器用，價高而終歲利寡者。計估算緡，失平長僞，挾輕費轉徙者脫傜税，敦本業者困斂求。此誘之爲姦，敺之避役也。今傜賦輕重相百，而以舊爲準，重處流亡益多，輕處歸附益衆。有流亡則攤出，已重者愈重；有歸附則散出，已輕者愈輕。人嬰其弊。願詔有司與宰相量年支，有不急者罷之，廣費者節之。軍興加税，諸道權宜所增，皆可停。税物估價，宜視月平，至京與色樣符者，不得虛稱折估。有濫惡，罪官吏，勿督百姓。每道以知兩税判官一人與度支參計户數，量土地沃瘠、物產多少爲二等，州等下者配錢少，高者配錢多。不變法而逋逃漸息矣。

其二曰：播殖非力不成，故先王定賦以布、麻、繒、纊、百穀，勉人功也。又懼物失貴賤之平，交易難準，乃定貨泉以節輕重。蓋爲國之利權，守之在官，不以任下。然則穀帛，人所爲也；錢貨，官所爲也。人所爲者，租税取焉；官所爲者，賦斂捨焉。國朝著令，租出穀，庸出絹，調出繒、纊、布、麻，曷嘗禁人鑄錢而以錢爲賦？今兩税効算緡之末法，估資產爲差，以錢穀定税，折供雜物，歲目頗殊。所供非所業，所業非所供，增價以市所無，減價以貿所有，耕織之力有限，而物價貴錢無常。初定兩税，萬錢爲絹三匹，價貴而數不多。及給軍裝，計數不計價，此税少

國用不充也。近者萬錢爲絹六匹，價賤而數加。計口蠶織不殊，而所輸倍，此供稅多人力不給也。宜令有司覆初定兩稅之歲絹、布定估，爲布帛之數，復庸、調舊制，隨土所宜，各脩家技。物甚賤，所出不加；物甚貴，所入不減。且經費所資，在錢者獨月俸、資課，以錢數多少給布，廣鑄而禁用銅器，則錢不乏。有糴鹽以入直，有糴鹽以入直，榷酒以納資，何慮無所給哉！

其三曰：廉使奏吏之能者有四科，一曰戶口增加，二曰田野墾闢，三曰稅錢長數，四曰率辦先期。夫貴戶口增加，詭情以誘姦浮，苛法以析親族，所誘者將議薄征則遽散，所析者不勝重稅而亡，有州縣破傷之病。貴田野墾闢，率民殖荒田，限年免租，新畝雖闢，舊畬蕪矣。人以免租年滿，復爲污萊，有稼穡不增之病。貴稅錢長數，重困疲羸，捶骨瀝髓，苟媚聚斂之司，有不恤人之病。貴率辦先期，作威殘人，絲不容織，粟不暇舂，貧者奔迸，有不恕物之病。四病繇考覈不切事情之過。驗之以實，則租賦所加，固有受其損者，此州若增客戶，彼郡必減居人。增虛邀賞而稅數加，減虛懼罪而稅數不降。國家設考課之法，非欲崇聚斂也。宜命有司詳考課績，州稅有定，傜役有等，覆實然後報戶部。若人益阜實，稅額有餘，據戶均減十三爲上課，減二次之，減一又次之。若流亡多，加稅見戶者，殿亦如之。民納租以去歲輸數爲常，罷據額所率者。增闢勿益租，廢耕不降數。定戶之際，視雜產以校之。田既有常租，則不宜復入兩稅。如此，不督課而人人樂耕矣。

其四曰：明君不厚所資而害所養，故先人事而借其暇力，家給然後斂餘財。今督收迫促，蠶事方興而輸縑，農功未艾而斂穀。有者急賣而耗半直，無者求假費倍。定兩稅之初，期約未詳，屬征役多故，率先限以收。宜定稅期，隨風俗時候，務於紓人。

其五曰：頃師旅亟興，官司所儲，唯給軍食，凶荒不遑賑救。人小乏則取息利，大乏則鬻田廬。斂穫始畢，執契行貸，饑歲室家相棄，乞爲奴僕，猶莫之售，或縊死道途。天災流行，四方代有。稅茶錢積戶部者，宜計諸道戶口均之。穀麥熟則平糴，亦以義倉爲名，主以巡院。時稔傷農，則優價廣糴，穀貴而止；小歉則借貸。循環斂散，使聚穀幸災者無以牟大利。

其六曰：古者百畝地號一夫，蓋一夫授田不得過百畝，欲使人不廢業，田無曠耕。今富者萬畝，貧者無容足之居，依託彊家，爲其私屬，終歲服勞，常患不充。有田之家坐食租稅，京畿田畝稅五升，而私家收租畝一石，官取一，私取十，稼者安得足食？宜爲占田條限，裁租價，損有餘，優不足，此安富恤窮之善經，不可捨也。

贄言雖切，以讒逐，事無施行者。

宋 沈括《夢溪筆談》卷一二《官政二》 慶曆中，議弛茶鹽之禁及減商稅。范文正以為不可：茶鹽商稅之入，但分減商賈之利耳，行於商賈未甚有害也；今國用未減，歲入不可闕，既不取之於山澤及商賈，須取之於農。與其害農，孰若取之於商賈？今為計莫若先省國用；國用有餘，當先寬賦役；然後及商賈。弛禁非所當先也。其議遂寢。

又 國朝茶利，除官本及雜費外，淨入錢禁榷時取一年最中數，計一百九萬四千九十三貫八百八十五，內六十四萬九千六十九貫茶淨利。賣茶，嘉祐二年收十六萬四百三十一貫五百二十七，除元本及雜費外，得淨利十萬六千九百五十七貫六百八十五。客茶交引錢，嘉祐三年，除元本及雜費外，得淨利五十四萬二千一百一十貫五百二十四。四十四萬五千二十四貫六百七十茶稅錢。最中嘉祐元年所收數，除川茶錢在外。通商後來，取一年最中數，計一百一十七萬五千一百四貫五百二十四。四十四萬五千二十四貫九百一十九錢，內三十六萬九千七十二貫四百七十一錢茶租。嘉祐四年通商，立定茶交引錢六十八萬四千三百二十一貫三百八十，後累經減放，至治平二年，最中分收上數。八十萬六千三十二貫六百四十八錢茶稅。最中治平三年，除川茶稅錢外會此數。

本朝茶法：乾德二年，始詔在京、建州、漢、蘄口各置榷貨務。五年，始禁私賣茶，從不應為情理重。太平興國二年，刪定禁法條貫，始立等科罪。淳化二年，令商賈就園戶買茶，公於官場貼射，始行貼射法。淳化四年，初行交引，罷貼射法。西北入粟，給交引，自通利軍始。是歲，罷諸處榷貨務，尋復依舊。至咸平元年，茶利錢以一百三十九萬二千一百一十九貫三百一十九為額。至嘉祐三年，凡六十一年，用此額，官本雜費皆在內，中間時有增虧，歲入不常。咸平五年，三司使王嗣宗始立三分法，以十分茶價，四分給香藥，三分犀象，三分茶引。六年，又改支六分香藥犀象，四分茶引。景德二年，許人入中錢帛金銀，謂之三說。至祥符

九年，茶引益輕，用知秦州曹瑋議，就永興、鳳翔以官錢收買客引，以捄引價，前此累增加饒錢。至天禧二年，鎮戎軍納大麥一斗，本價通加饒，共支錢一貫二百五十四。乾興元年，改三分法，支茶引三分，東南見錢二分半，香藥四分半。天聖元年，復行貼射法，行之三年，茶利盡歸大商，官場但得黃晚惡茶，乃詔孫奭重議，罷貼射法。明年，推治元議省吏、計覆官、旬獻等，皆決配沙門島；元詳定樞密副使張鄧公、參知政事呂許公、魯肅簡各罰俸一月，御史中丞劉筠、入內內侍省副都知周文質、西上閤門使薛昭廓、三部副使，各罰銅二十斤；前三司使李諮落樞密直學士，依舊知洪州。皇祐三年，算茶依舊只用見錢。至嘉祐四年二月五日，降敕罷茶禁。

國朝六榷貨務，十三山場，都賣茶歲一千五十三萬三千七百四十七斤半，租額錢二百二十五萬四千四十七貫一十。其六榷貨務取最中，嘉祐六年抛占茶五百七十三萬六千七百八十六斤半，租額錢一百九十六萬四千六百四十七貫二百七十八：荊南府租額錢三十一萬五千一百四十八貫三百七十五，受納潭、鼎、澧、岳、歸、峽州、荊南府片散茶共八十七萬五千三百五十七斤；漢陽軍租額錢二十一萬八千三百二十一貫五十一，受納鄂州片茶二十三萬八千三百斤半；蘄州蘄口租額錢三十五萬九千八百三十九貫八百一十四，受納潭、建州、興國軍片茶五十萬斤；無為軍租額錢三十四萬八千六百二十貫四百三十，受納潭、筠、袁、池、饒、建、歙、江、洪州、南康、興國軍片散茶共八十四萬二千三百三十三斤；真州租額錢五十一萬四千二十二貫九百三十二，受納潭、袁、池、饒、歙、建、撫、筠、宣、江、吉、洪州、興國、臨江、南康軍片散茶共二百八十五萬六千二百六斤；海州租額錢三十萬八千七百三貫六百七十六，受納睦、湖、杭、越、衢、溫、婺、台、常、明、饒、歙州片散茶共四十二萬四千五百九十斤。十三山場租額錢共二十八萬九千三百九十九貫七百三十二，共買茶四百七十九萬六千九百六十一斤：光州光山場買茶三十萬七千二百十六斤，賣錢一萬二千四百五十六貫；子安場買茶二十二萬八千三十斤，賣錢一萬三千六百八十九貫三百四十八；商城場買茶四十萬五百五十三斤，賣錢二萬七千七十九貫四百四十六；壽州麻步場買茶三十三萬一千八百三十三斤，賣錢三萬四千八百一十一貫三百五十；霍山場買茶五十三萬二千三百九斤，賣錢三萬五千五百九十五貫四百八十九；開順場買茶二十六萬九千七十七斤，賣錢一萬七千一百三十貫；廬州王同場買茶二十九萬七千三百二十八斤，賣錢一萬四三百五十七貫六百四十二；黃州麻城場買茶二十八萬四千二百七十四斤，賣錢一萬二千五百四十貫；舒州羅源場買茶一十八萬五千八十二斤，賣錢一萬四百六十九貫七百八十五；大湖場買茶八十二萬九千三十二斤，賣錢三萬六千九十六貫六百八十；蘄州洗馬場買茶四十萬斤，賣錢二萬六千三百六十貫；王祺場買茶一十八萬二千二百二十七斤，賣錢一萬一千九百五十三貫九百九十二；石橋場買茶五十五萬斤，賣錢三萬六千八十貫。

宋 呂陶《净德集》卷一《奏狀・奏具置場買茶旋行出賣遠方不便事狀熙寧十年三月八日》

今具本路置場買茶往熙河博賣，并盡榷諸州茶貨入官，便收三分利息，旋行出賣，致令細民失業，枉陷刑憲，大于遠方不便，謹具畫一條列如後。

一、臣伏以國家富有四海，山澤之利多與民共。自仁祖臨御以來，深知東南數路茶法之害，制詔有司一切弛放，任令通商。貨法流行，德澤深厚，聖時盛事，高出前世。今天下茶法既通，而兩川獨行禁榷，此蓋言利之臣不知本末，苟貪勞賞而妄為之，非所以綏靜遠方之意。況乎兩川所出茶貨，較北方東南諸處十不及一。日月行照，文軌混同，法無二門，仁不異遠，豈可諸路既許通商，兩川却為禁地？虧損治體，莫甚于斯，乃為害之大者。故臣敢先言之，伏望聖慈，特寬茶禁，所貴法令平一以幸遠方。

一、本路既為置場買茶，將往熙河等處并逐，旋取利出賣之後，更不許民間衷私買賣，遂令諸色人告捕，依編敕禁榷茶法，斷罪州縣，承此指揮來。累有成都府、邛州百姓馬吉等為衷私賣茶，被人告捕，有至徒罪，各追賞錢。一路之民遂生怨誹，蓋緣立法太重，有害于人。大凡官中原有之物，民間私侵其利，方是犯禁。只如解州有鹽池，民間煎者乃是私鹽。晉州有礬山，民間煉者乃是私礬。今川蜀茶園本是百姓兩税田地，不出五穀只是種茶，賦税一例折科，原註：茶園税每三百文折納絹二疋，三百二十文折納紬一疋，十文折納綿一兩，二文折納禾草一束。役錢一例均出，自來採茶貨賣，以充衣食。伏緣此茶本非官地所產，乃是百姓己物，顯與解鹽、晉礬事體不

同。一旦立法，須令盡賣與官，或敢私相交易，便成犯禁。斤數稍重，乃至徒刑，仍沒納隨行物色別理賞錢，恭惟陛下仁聖卹物之心，必不如此。伏乞別立條約，以救苛刻之弊。免使刑辟滋彰，有傷和氣。

一、本州導江縣蒲村、堋口、小唐興木頭等鎮，各準茶場司指揮盡數收買茶貨入官，並已施行。民之受弊，大率均一。惟導江縣一處，尤為切害。蓋緣本處是西山八州軍隘口，自來通放部落入城，博易買賣。其蕃部別無現錢交易，只將到椒蠟、草藥之類，于鋪户處換易茶貨，歸去喫用，謂之茶米。或有疾病，用此療治，旦暮不可暫闕。今來官中須要現錢出賣，則蕃部難更將椒蠟等物入場博買，若于鋪户處博易，則鋪户價例自然增長。原註：官茶每斤先收三分息錢，官中每斤若用一百文買，即作一百三十文賣，若用五十文買即作六十五文賣。蕃部買賣便致阻節，沉茂州事宜之後，人情方始安帖。豈宜更使茶貨不通，別生邊事。

一、茶園人户多者，歲出三五萬斤，少者只及一二百斤。自來隔年留下客放定錢，或指當茶苗，舉取債負。準備糧米，雇召夫工。自上春以後，接續採取，乘時高下相度貨賣。中等每斤之利可得二十文，次者只有十文。以來累世相承，恃以為業。其鋪户收貯變易，却以白土拌和，每斤之息，不及十文。所以川中茶價不甚涌貴，民間日用充足。今來既被官中盡數收買，價直一定，若將銀色準折，每兩須高擡四五百文。原註：臣竊聞蜀州熙寧八年，銀每兩官折二貫三百文足，市價一貫六百文，九年銀每兩官折二貫二百文足，市價一貫四百文。或多支交子，少用現錢。原註：茶場司指揮成貫並支交子，餘零方支現錢。交子所支，既多錢陌，又須虧折。則園户所收茶貨，只得避罪納官，安敢更求餘利，一旦失業，何以為生。臣恐户口逃移，賦役失陷，漸由此起。原註：臣竊知，永康軍熙寧九年買獲並税過客人茶貨共一百三十二萬餘斤，比八年計虧九萬餘斤，比七年虧二十六萬餘斤，蓋是園户畏罪失業，造茶減少，是致税數有虧，以此推之，則失陷税賦，誠有其漸。又緣旋買旋賣，先抽三分之息。只此一事，極未為宜。日來州縣逐旬，各申時估，或增或減，官司據以為定，豈可朝買一貫之茶，暮收三百之利？一日之内，貴賤兩般，則州縣所供實直，遂成空文。有司出納之際，乃同聚斂。且鋪户既與官中出利，則民間豈有賤茶？日用之物，漸見不足，錐刀斂法，徒可斂怨，必非朝廷理財之本意。伏乞聖斷，特賜改更。

一、本州所準茶場司，今年二月二十四日，指揮限半月，令園户鋪户，盡數出賣舊茶，不得夾雜。中官如限滿更不施行，如有違犯，並依法施行。臣雖即時行下逐處，然計其日限令，至三月十日已滿。緣民間累年積貯茶貨，準備高價相度變賣，一旦偶因官中為買新茶，亦不預先曉示，忽然責立。近限令將舊茶疾出速賣，若出限未賣，被人告捉，斤數稍重，即至杖脊，安有數日之内，盡底變易得行。舊茶因此，大段減價，無賴小人，輒有告捕之心。臣尋具狀稱，若只限半月，令盡數出賣，則必是減落價例，變轉不行，消失錢本，便見失所，兼慮才出限日之後，被牙子或別人告捕送官，枉陷深刑，顯屬不便。又緣新茶與舊茶色目不同，若將舊茶投税出賣，則與官中收買新茶事不相妨，本州須至申明欲，令逐場一面收買新茶，民間出賣所有舊茶，乞限至今年八月終。曉示園户，并停塌之家，盡將赴場投税出賣，令税務公明聲説，給引前去破賣。仍乞指揮逐處官司，如有諸色人把捉到衷私買賣茶貨，切須辨認新舊，如是新茶，即乞依法施行，若是舊茶，只乞罪在捉事之人，所貴積貯舊茶之家破賣得行，不枉受罪兩次。申茶場司，未蒙指揮，若不許展限，則貯積舊茶之家，便見破蕩。如此措置，豈不害民。

一、官中買茶，明收三分利息，方行出賣。沿路税錢盡已批過，更無分毫僥倖，商旅興販，必是細算不行，難以盡數販賣。竊聞蜀州永康一處，現今積壓茶五十六萬餘斤在務，臣料將來出賣不盡之後，則必積壓損壞，虧折官錢。若般往熙何亦誤邊計或仍舊停貯，則歲課不登，難沽賞典，建議之臣，必須均勻配賣與販茶之家，如此則他日鋪户不勝其害。伏乞指揮茶場司，具去年終已買及已賣數目申奏，仍令分折現餘茶貨，若經隔年歲合如何變轉，即自然見得此法可與不可。經久施用，免令言利之臣有誤朝廷大體。

右謹具如前。所有茶禁不通，細民失業，刑辟太重，最于遠方不便。事理並已條折如前。臣竊見熙寧七年，朝廷遣李杞、蒲宗閔入川相度買茶，往熙河博馬等事。當時使者急于進用，不察事體，遂認定逐年息錢四十萬貫，應付熙河。後來運茶積滯，歲課不足，即便擘畫却于彭漢二州逐年收買狹布各十萬匹，名為折當脚錢。其實將市井所得之息充入茶利，自後又恐買布亦難敷及原數，則乞雇回脚船車船，解鹽入川，泊至鹽法

難行，則又乞將川中有茶去處，並行收買。前後乖錯，非止一事，只是切欲功賞，不卹民間弊病。臣愚，伏望聖慈，特賜采察，所貴遠方之俗被惠安身，至如官吏費耗，道塗阻節，稅額虧損，得不補失，則臣不敢喋喋開陳以瀆天聽。乞以臣此奏下本路安撫轉運提刑司，相度利害，特賜施行。

貼黄：若蒙朝廷垂察，即乞下本路，取索熙寧八年九月分永康縣銀價，比對茶場折銀貫陌，自見有無侵損園户，免令將來高價折銀，虧損本州賣茶之家。

又 臣所謂得不補失者，竊聞永康縣熙寧九年，發茶三百馱往熙河，除諸般費用及沿路批稅外，計算每斤已是一百九十四文，足其兵士請米，猶在數外，不知到熙河貨賣，所得幾何，如此事理，亦乞朝廷體察。

又《奏為茶園户暗折三分價錢，令客旅納官充息，乞檢會前奏早賜改更事狀熙寧十年三月十八日**》** 右。臣先為本路置買茶般往熙河，并明收三分利息，旋行出賣。大于遠方不便，尋具畫一條列申奏，去訖愚瞽之言，必已上浼天聽。臣伏見國家置市易司，籠制百貨，歲出息錢，不過二分，須以一年為率，蓋為今年支出官本一百萬貫，至年終要見息錢二十萬貫。即不是早買一百貫物，晚賣一百二十貫文。今來茶場司却不以一年為率，務將重刑立法，盡榷民間茶貨入官，旋買旋賣，取利三分。或今日買十貫之茶，明日便作十三貫賣于客。旋或朝買一貫，暮作一貫三百出賣。日逐將官本變轉，殊不休已。其公牒行下州縣，乃云務令買賣通快，無致妨滯錢本，則所出息，比至歲終，不可勝算，豈止三分而已。比于市易原條自相違越。竊緣茶是民間日用之物，有如水火。一旦忽被官司盡數收榷，獨專其利，仍以嚴刑過繩其罪，遠方細民，生長休息，在朝廷恩德之内，豈誠此事？兼據本州堋口鎮茶場申，自今月十日至十五日終，逐旋買到茶八百八十六斤，計本錢一百六貫三百二十文，隨日出賣，收到息錢三十一貫八百九十六文，別無現在，臣看詳上件申報竊疑本處首尾六日之中，買獲茶貨八百八十六斤，隨日便賣了，當並無現在存貯。慮恐買賣之際，別有侵損官私。尋行體訪，乃是客旅并牙子等，為見榷茶，不許衷私買賣，一向邀難園户，或稱官中高擡斤兩，或言多方退難，遂便于外面預先商量減價，其園户各為畏法懼罪，且欲變貨營生，窮迫之間，勢不獲已。情願與客旅商議，每斤只收七分實錢，中賣于官，所餘三分，留在客人體上，用充買茶之息才投場中賣了。當即時，却是客人明立姓名，正行請買，所以隨日賣盡。原註：假如茶一百斤，每斤合賣一百三十文，計價錢十三貫。其園户既被邀難，恐動情願，只作十貫賣與官場，即時却是客人納錢一十三貫請買，文歷雖正，情弊則深。如此，則是園户只得七分價錢，暗折三分。官中雖得三分之息，自是園户本錢客人未曾出息。竊緣山鄉人户，自來以採茶為業，輸納兩稅，折科最重。並出役錢，養生之計，並在其間。一旦既遭禁榷，遂被商旅并牙子等恐動邀難，頓減三分價直，行之日久，必見窮困，誠可嗟憫。其如逐處買茶官司多是畏懼茶場司威勢，務欲買賣通快，出得息錢，度可免罪。以此互相欺誕，不敢申陳。臣伏謂園户是國家兩稅土著之民，今來被好利之臣設此弊法，要出息錢，却令商旅生奸，侵損兩稅人户，最于遠方不便。又況隨日計利，殊無分限，顯是違越市易原條，伏乞聖慈檢會臣前奏，特降指揮，下本路安撫轉運提刑司，體量詣實，早賜改更，庶使王澤不壅，可救大弊。

貼黄：若官中實于客人體上收得息錢三分，則尚恐貨法不通，民受其弊。而況自是園户暗有賠折，其買茶之人原不出息，豈得穩便。

宋 江少虞《宋朝事實類苑》卷二一《官政治績·茶利》 國朝茶利，除官本及雜費外，淨入錢，禁榷時取一年最中數計一百九萬四千九十三貫八百八十五，内六十四萬九千六十九貫茶淨利。賣茶，嘉祐二年收十六萬四百三十一貫五百二十七，除元本及雜費外，得淨利十萬六千九百五十七貫六百八十五。客茶交引錢，嘉祐三年除元本及雜費外，得淨利五十四萬二千一百一十一貫五百二十四。四十四萬五千二十四貫六百七十茶稅錢。最中嘉祐元年所收數，除川茶錢在外。通商後來取一年最中數計一百一十七萬五千一百四貫九百一十九錢，内三十六萬九千七十二貫四百七十一錢茶租，嘉祐四年通商立定茶租錢六十八萬四千三百二十一貫三百八十緡，累經減放，至治平二年最中分收上數。八十萬六千三十二貫六百四十八錢茶稅。最中治平三年除川茶稅錢外，會此數。

又 本朝茶法，乾德二年始詔在京、建州、漢、蘄口各置榷貨務。五年始禁私賣茶，從不應為情理重。太平興國二年，刪定禁法條貫，始立等科罪。淳化二年，令商賈就園户買茶，公於官場貼射，始行貼射法。淳化四年，初行交引，罷貼射法。西北入粟給交引，自通利軍始。是歲罷諸處榷貨務，尋依舊。至咸平元年，茶利錢以一百三十九萬二千一百一十

九貫三百一十九為額。至嘉佑三年，凡六十一年，用此額，官本雜費皆在內。中間時有增虧，歲入不常。咸平五年，三司使王嗣宗始立三分法，以十分茶價，四分給香藥，三分犀象，二分茶引。六年又改支六分香藥犀象，四分茶引。景德二年許人入中錢帛金銀，謂之三說。至祥符九年，茶引益輕，用知秦州曹瑋議，就永興、鳳翔以官錢收買客引，以捄引價。前此累增加饒錢。至天禧二年，鎮戎軍納大麥一斗，本價通加饒共支錢一貫二百五十四。乾興元年，改三分法，支茶引三分，東南見錢二分半，香藥四分半。天聖元年，復行貼射法，行之三年，茶利盡歸大商，官場但得黄晚惡茶，乃詔孫奭重議罷貼射法。明年，推治元議省吏勾覆官句獻等，皆決配沙門島。元詳定樞密副使張鄧公、參知政事呂許公、魯肅簡各罰俸一月。御史中丞劉筠、入內內侍省副都知周文質、西上閤門使薛昭廓、三部副使各罰銅二十斤。前三司使李諮落樞密直學士，依舊知洪州。皇佑三年，算茶依舊，只用見錢。至嘉佑四年二月五日，降勅罷茶禁。國朝六榷貨務，十三山場都賣茶歲一千五十三萬三千七百四十七斤半，租額錢二百二十五萬四千四十七貫一十，其六榷貨務取最中。嘉佑六年，抛占茶五百七十三萬六千七百八十六斤半，租額錢一百九十六萬四千六百四十七貫二百七十八。荊南府租額錢三十一萬五千一百四十八貫三百七十五，受納潭、鼎、澧、岳、歸、峽州、荊南府片散茶共八十七萬五千三百五十七斤。漢陽軍租額錢二十一萬八千三百二十一貫五十一，受納鄂州片茶二十三萬八千三百斤半。蘄州蘄口租額錢三十五萬九千八百三十九貫八百一十四，受納潭、建州，興國軍片茶五十萬斤。無為軍租額錢三十四萬八千六百二十貫四百三十，受納潭、筠、袁、池、饒、建、歙、江、洪州，南康、興國軍片散茶共八十四萬二千三百三十三斤。真州租額錢五十一萬四千二十二貫九百三十二，受納潭、袁、池、饒、歙、建、撫、筠、宣、江、吉、洪州，興國、臨江、南康軍片散茶共二百八十五萬六千二百六斤。海州租額錢三十萬八千七百三貫六百七十六，受納睦、湖、杭、越、衢、溫、婺、台、常、明、饒、歙州片散茶共四十二萬四千五百九十斤。十三山場租額錢共二十八萬九千三百九十九貫七百三十二，共買茶四百七十九萬六千九百六十一斤。光州光山場買茶三十萬七千二百十六斤，賣錢一萬二千四百五十六貫。子安場買茶二十二萬八千三十斤，賣錢一萬三千六百八十九貫三百四十八。商城場買茶四十萬五百五十三斤，賣錢二萬七千七十九貫四百四十六。壽州麻步場買茶三十三萬一千八百三十三斤，賣錢三萬四千八百一十一貫三百五十。霍山場買茶五十三萬二千三百九斤，賣錢三萬五千五百九十五貫四百八十九。開順場買茶二十六萬九千七十七斤，賣錢一萬七千一百三十貫。廬州王同場買茶二十九萬七千三百二十八斤，賣錢一萬四千三百五十七貫六百四十二。黄州麻城場買茶二十八萬四千二百七十四斤，賣錢一萬二千五百四十貫。舒州羅源場買茶一十八萬五千八十二斤，賣錢一萬四百六十九貫七百八十五。太湖場買茶八十二萬九千三十二斤，賣錢三萬六千九十六貫六百八十。蘄州洗馬場買茶四十萬斤，賣錢二萬六千三百六十貫。王祺場買茶一十八萬二千二百二十七斤，賣錢一萬一千九百五十三貫九百九十二。石橋場買茶五十五萬斤，賣錢三萬二千八十貫。

又 世傳算茶有三說法最便。三說者，皆謂見錢為一說，犀牙、香藥為一說，茶為一說，深不然也，此乃三分法耳。謂緣邊入納糧草，其價折為三分，一分支見錢，一分折犀象雜貨，一分折茶。爾後又有並折鹽為四分法，更改不一，皆非三說也。予在三司，求得三說舊案。三說者，乃是三事，博糴為一說，便糴為一說，直便為一說。往謂之博糴者，極邊糧草歲入，必欲足常額，每歲自三司抛數下庫務，先封樁見錢、緊便錢、緊茶鈔。緊便錢謂水路緊便所便處。緊茶鈔謂上三山場榷務，然後召人入中。便糴者，次邊糧草。商人先入中糧草，乃詣京師算請慢便錢、慢茶鈔及雜貨。慢便錢謂道路貨易非便處，慢茶鈔謂下三山場榷務。直便者，商人取便於緣邊入納見錢，于京師請領。三說先博糴數足，然後聽便糴及直便。以此商人競趨爭先赴極邊博糴，故邊粟常先足，不為諸郡分裂，糧草之價不能翔湧，諸路稅課亦皆盈衍，此良法也。予在三司，方欲講求，會左遷，不果建議。《筆談》

又 世稱陳恕為三司使，改茶法，歲計幾增十倍。予為三司使時，考其籍，蓋自景德中，北戎入寇之後，河北糴便之法蕩盡，此後茶利十喪其九。恕在任，值北虜講解，商人頓復，歲課遂增。雖云十倍之多，考之尚未盈舊額，至今稱道，蓋不虞之譽也。楊文公《談苑》

宋 呂中《宋大事記講義》卷一一《稅茶法》 天聖元年三月，行

貼射茶法。初，茶法屢更，然不能無弊。上詔二府大臣經度，乃命李諮更定其法。請罷三說法，官不給本錢，使商人與園户自相交易，一切為中估，而官收其息。必輦茶入官，隨商人所指而予之。給券為驗，以防私售，故貼射之名始此。

五月，行邊郡入中芻糧見錢法。舊法商人入粟邊郡等，請茶與犀象、緡錢，虚實三倍，至用十四錢易官錢百。及諮變法，以實錢入粟，實錢售茶，二者不得相為輕重。既行而商人果失厚利，怨謗蠭起。

天聖三年，罷貼射，茶入中，復三說法。初，李諮貼射茶法，行之朞年，豪商大賈不能為輕重，而論者謂邊糴償以見錢，恐京師府藏不繼，爭言其不便。會江、淮計置司言茶有滯積壞敗者，請焚棄之。朝廷疑變法之弊。諮等因條上利害，謂計置司請焚棄者，特累年敗壞不可用者耳。然論者不已，乃命孫奭夏竦，同究利害。奭等因言：十三場茶積而未售者六百餘萬斤，蓋許商人貼射，則善茶皆入商人，其入官皆粗惡不時，故人莫肯售。又奸人倚貼射為名，強市盜販，而侵官利宜其弊。後有建議更茶法者，上問。三司使寇瑊曰：河北入中兵食，皆仰給于商人。若官盡其利，商人不能行，而邊民困于饋運矣。上然之。因詔輔臣曰：茶、鹽民所食，強設法以禁之，致犯法者衆。但緣濫費尚廣，未能弛之，安可數更其法。

慶歷八年十二月，行四說法，加以鹽為四說。每糧草一百貫，在京支見錢三十貫，香藥十五貫，在外支南鹽十五貫，茶四十貫。自是三說四說之法並行于河北。

皇祐二年正月，行入中對貼法。自慶歷末，河北行四說，鹽居其二，而並邊芻粟皆虚估數倍，券至京師，反為商所抑。鹽估稍賤，商人以錢付受券取鹽，不復入錢京師，帑藏益乏。王堯臣請令入錢于京師，乃聽兼給，謂之對貼。

景祐三年二月，復入中見錢法。令商旅入錢于京師者，給南方茶。入芻粟于邊者，給京師及諸州錢。從前樞密使李諮等請。

嘉祐四年二月，弛茶禁。請罷給本錢，縱園户貿易，而官收其租，從議臣之言也。

榷茶之法多矣，而其法有二：曰官鬻也，曰通商也。二法俱弊，始不得已而均其賦於茶户焉。貼射之法，始行於淳化，至李諮復請之，此通商法也。三說之法，始行于咸平，至孫奭復請之，皆官鬻法也。《筆談》曰：舊傳茶有三說：見錢為一說，犀角、香藥為一說，茶為一說，此乃三說法。予在三司求為三說，乃是博糴、便糴、直便為三說。博糴者，極邊糧草；便糴者，沿邊糧草；直便者，商人取便於沿邊入納見錢，于京師請領。自虚估之利入于商估，而後行貼射之法；自邊糴償以見錢，府藏不繼，而後復用三說之法。貼射之法雖通商，而官受其利；三說之法雖官鬻，而商受其利。二法均弊，而後以歲課均之茶户焉。夫一歲之賦均賦茶户，恣其買賣，所以均民力也，所以惠商賈也。官則無爛朽腐敗之弊，茶則無草木塵煤之雜。其法善矣。然向時摘山者受錢於官，今使之納錢于官；向時冒法販茶者被罰，今均賦於民不得入，刑亦及之。向時商賈貿易，州縣收其稅，今商賈不行則稅額不登，國用亦乏。夫其法行於嘉祐之四年，而其害已見於嘉祐五年，劉敞之疏又其後也。茶稅猶故，榷法復生，此楊中立所以痛心于崇寧之變法也。茶禁既弛，論者以茶户困于輸錢，商賈利薄，販鬻者少，劉敞請收前詔，擇其利害變而通之。

《玉海》卷一八一《唐稅茶法》 《紀》德宗建中三年九月丁亥，初稅商錢茶、漆、竹、木。興元元年正月，罷竹、木、茶、漆稅。貞元九年正月癸酉復稅茶。舊紀初稅茶

文宗太和七年正月壬辰，罷吳蜀冬貢茶。《食貨志》：德宗納户部侍郎趙贊議，稅天下茶、漆、竹、木，十取一，以為常平本錢。稅茶肇於此。及出奉天下，詔罷之。興元元年正月癸酉罷之。貞元八年，以水災減稅。明年，諸道鹽鐵使張滂奏出茶州縣若山及商人要路以三等定估，十稅其一。歲得錢四十萬緡。茶稅自滂始。然水旱未嘗征之也。十年，陸贄請以稅茶錢置義倉，云歲約得五十萬貫，勅令貯户部，救飢凶。穆宗即位，長慶元年五月壬子。王播增天下茶稅，率百錢增五十。右拾遺李玨諫。言不可有三，不從，《玨傳》曰，播增茶稅十之五。其後王涯判二使，太和九年，王涯判二使，改江淮嶺南茶法，增其稅。十月乙亥，涯兼榷茶使。徙民茶樹於官場，焚其舊，積天下大怨。令狐楚代為鹽鐵使，十二月。復令納榷加價而已。詔罷榷茶。李石為相，開成元年。以茶稅歸鹽鐵，復貞元之制。《會要》：太和五年九月，敕稅茶法起，來年付鹽鐵收管。九年令狐楚請付州縣而入其租於户部，人悅焉。開成元年，李石以中書侍郎判收茶法。武宗即位，

崔珙又增江淮茶稅，諸道置邸收稅，謂之搨地錢。私販益起。大中初，鹽鐵轉運使裴休著條約，天下稅茶增倍。大中六年正月二十六日，裴休奏厘革橫稅，招諭私販。四月，天平浙西請依舊稅茶。五月休又立稅茶之法，凡十二條。上大悅。貞元，江淮茶為大摸一斤至五十兩，鹽鐵使于悰每斤增稅錢五，謂之剩茶錢。咸通中。

《列傳》：庾敬休為户部侍郎，西川山南道歲征茶，募賈人入錢京師。敬休請置院，秭歸收度支錢。敬晦觀察浙西時，南方連饉。有詔，弛榷酒茗。裴休立稅茶十二法，人以為便。時方鎮設邸，閣居茶，建言許收邸直，毋擅賦商人。

陸羽著《茶經》三篇，常伯熊因羽論復廣著茶之功，其後尚茶成風。回紇入朝，始驅馬市茶。何易于為益昌令鹽鐵官，取茶利，詔下，所在毋敢隱。易于命吏閣詔。《地理志》湖州，長城、顧山有茶，以供貢。義興貢茶，自李棲筠始。

憲宗元和十四年八月乙亥，歸光州茶園于百姓。穆宗元和十五年三月，罷歲貢茶。丁謂曰：元和國計圖稅茶，歲不過四十萬緡。

又《乾德榷貨務》 乾德二年八月辛酉，置榷貨務。京師及建安、漢陽、蘄口並置。開寶三年七月丁亥，移建安務於揚州，令客旅入金銀錢帛於揚州，給憑就建安，請領茶貨交引始於此。十月甲申，禁私販。河東及幽州蓋為契丹、北漢設也。開寶七年閏十月，有司欲請湖南新茶之估，以出於民。上曰：是不重困吾人耶？遂置其議。詔書屢下。防鹽禁于河北。實鹽價於海瀕。興國元年十月二十二日。詔茶鹽榷酤，以開寶八年額為定，不得復增。二年正月辛夘，江南漕臣樊若水奏增茶價。二月敕於沿江置榷貨八務。五年八月禁私茶。淳化四年二月四日癸亥，廢八榷務，自江之南，悉免其算。先是秘丞劉式請廢榷務，許商人輸錢京師，給券就茶山給以新茶。縣官減轉漕之直而商賈獲利。從之。七月十二日戊戌，詔仍舊貫，復置八務。至道元年七月十九日，以楊允恭兼制置茶鹽使，李廷遂、王子輿副之，二年九月，詔連州，歲造龍鳳茶。咸平二年九月二十三日，子輿言：江淮浙茶鹽收錢三百九十七萬餘緡。增五十萬八千餘緡，自江淛納土。山場榷務總四百餘萬緡。祥符已後，歲及二百萬緡，六年，七年並及三百萬緡。八年榷務茶引錢一百五十萬緡。比新額虧十萬緡。惟川、峽、廣南茶聽民自賣買，禁其出境，餘悉榷。淮南則蘄、黃、廬、舒、壽、光六州官置吏總之。謂之山場者，十有三。蘄州四，黃州一，廬州一，舒州二，壽州五。六州採茶之民隸焉，謂之園户。先受本錢而後入茶，又有折稅茶，總為歲課八百六十五萬餘斤。其江、浙、荊、湖、福建等州。歲如山場。輸租折稅總歲課江南千二十七萬餘斤。兩浙、福建，三十九萬三十餘斤。皆轉輸要會之地，為六榷貨務。江陵、真州、海州、蘄州、蘄口、無為、漢陽凡六務，受買納茶以給商人。景德二年八月癸巳，或請於興元府置茶務，上不許。《會要》：稅租之數，總二十二萬八千七百五十二斤。山澤之入，總四十八萬二千一百七十九斤。租錢之數，總二十二萬三千七百九十六貫。本錢之數，總四十四萬七千一百四十四貫。榷易之利，總八萬貫。稅錢之數，銅錢四十五萬八千六百六十貫，鐵錢六萬五千七百七十一貫。咸平元年，茶利錢一百四十萬貫為額。景德中，歲課緡錢至三百六十餘萬。祥符中，歲收息五百餘萬緡。沈括云：六榷務、十三山場鬻茶歲一千五十三萬三千七百四十七斤。咸平元年，茶利錢以一百三十九萬二千一百十九貫三百十九為額。

又《乾德榷茶》 乾德五年初，榷江淮、湖、浙、福建路茶，蓋禁南商擅有中州之利，故置場以買之。自江以北，皆為禁地。興國中，樊若水奏江南諸州茶，官市十分之八，其地分量，稅聽自賣。逾江涉淮，乘時射利，望嚴禁之，謂乾德榷法也。自若水建議，其法始密。凡茶之利，一則官賣以實州縣，一則沿邊入中糧草，算請以省餽運，一則榷務入納金銀錢帛算請以贍京師。而河東北互市，川陝折博，又以所有易所無，而其大者，最在邊備。蓋祖宗以西北宿兵供億之費，重困民力，故以茶引，走商賈而虛估，加擡以利之。其後，理財之臣以遺利在民，數務更張。然大槩無過李諮林特二法。大槩以折茶商及便邊民，特以實錢算茶。諮祖劉式之意，使自就山園買茶，而官場坐收貼納之利，行之三年而罷。景祐以後，西邊事興，始復行加擡法。嘉祐四年，一切弛禁，自此茶不為民害者六七十載。至蔡京始復榷法，於是茶利自一錢以上，皆歸京師矣。

真宗時，胡則提舉二浙，榷茶法。紹興十二年十月丁亥，詔福建專置提舉茶事官，置司建州。先是歲貢片茶二十餘萬斤，建炎二年罷之，以市舶官兼茶事。紹興四年，市五萬斤為大禮貢，及是將鬻建茶于臨安，始別置官。

又《淳化制置茶鹽使》 建隆二年正月戊午，以解州刺史周訓兼兩

池鹽制置使。解鹽制置使始見此。淳化三年十月丙子，命雷有終為江淮兩浙制置茶鹽使，張觀、薛映副之。上欲更立新制，初以趙昌言為使。昌言力陳非便，以有終代之。至道元年七月癸亥，以楊允恭為都大發運使，改擘劃為制置茶鹽使。咸平二年制置使，王子輿言江淮浙收錢三百九十七萬餘貫，比舊額增五十萬八千餘貫。景德三年二月癸巳，馮亮制置茶鹽兼都大發運使。康定元年五月十七日，王滋為陝西河東制置青白鹽使。慶歷二年，以度支判官范宗傑為制置解鹽使，始詔復京師榷法。八年范祥制置解鹽。一切通商。嘉祐中，即發運司置官專領運鹽事。

又《祥符茶法》 祥符二年五月乙亥，二十一日。鹽鐵副使林特昭宣，使劉承珪、江淮制置發運使李溥等編《茶法條貫》上之。歲益課百餘萬。序曰：山澤之饒，茶茗居最。頃備邊費，許折緡錢，以入芻米給茗，便商，助軍國之用，歲乆弊多，公私俱耗。臣等訪利病，閱詔條，防酌遠猷，別議新式，歲序再周，課程增羡，其所定制，勑條貫共二百九十九道，内二百道出於權制，非可乆行，今止列事宜，不復備録。其法程及課利總數共成三十三冊，一云二十三策。宜為永制。八年閏六月庚寅，上謂輔臣曰：有言茶法不便於小商。丁謂曰：未改法日，歲虧茶本錢九千餘貫。改法後，歲入常二百餘萬貫。邊防有儲蓄，榷場無陳積。《會要》：茶利舊收七十三萬八百五十貫，自特改法，收七百九萬二千九百六十貫。十月九日，李溥言十二山場比元額增五百七十二萬八千餘斤。九年二月庚辰，上謂輔臣曰：榷務去年茶引錢一百五十萬緡，比新額僅虧十萬緡。丁謂曰：比來改法，利且倍矣。辛巳，三司上歲校茶利數。上問輔臣，王旦對：元和國計圖稅茶，歲不過四十萬緡，今若守改定之法，則歲利三百萬貫，不失矣。天禧二年十月二十八日，又詔諫議孫奭與三司同定茶法，務從寬簡。三年，合六榷務十三山場，所收十二萬緡。時言者愈多，不過欲惠小商，優市户。朝廷亦嘗優其直，饒其給。

祥符元年六月壬子，罷諸路貢茶。先是貢茶者三十餘州。

又《祥符議茶鹽制度》 九年十月二十六日丁酉，詔曰：山澤之禁，慮傷厚斂，令翰學李迪、中丞凌策十二月十一日改命侍御史呂夷簡。與三司同議茶鹽制度。俾園亭戸無失所，商旅便興販，百姓供用不匱，入中算射，一依往例。國家茶鹽之利兼唐數倍。

又《天聖茶法、景祐茶法》 乾德五年，始禁私鬻茶、興國二年，删定禁法。淳化三年七月，行貼射法。四年初，行交引罷貼射。是歲罷榷務，尋復。至道元年，鹽鐵使陳恕為三説法。自西北始入芻粟，度遠近增其虛估，給券以茶償之。又益以東南緡錢、香藥、象齒，謂之三説。咸平五年，三司使王嗣宗始立三分法。六年改四分。景德二年，許人入中錢帛金銀，謂之三説。祥符九年，茶引益輕。乾興元年，改三分法。茶引三分，東南見錢二分半，香藥四分半云。天聖元年正月丁亥詔曰：三路軍儲出山澤之利，比移用不足，命三司使李諮、侍御史王臻、中丞劉子儀較茶、鹽、礬課歲入登耗，更定其法。三司置計置司。二月庚申，命樞副張士遜、參政呂夷簡、魯宗道摠之。《紀》云，議茶鹽法。三月辛卯，諮等考茶法利害，請罷三説，行江淮十三山場貼射之法。論者言其未便。三年八月二十二日，命孫奭、夏竦再詳定。九月四日，命三司使范雍同定，十一月庚辰，從奭等議，復行三説法，香茶緡錢。詔三司罷貼射。景祐元年九月二十一日，樞副李諮請依天聖初改定。三年正月九日，命諮及參政蔡齊、三司使程琳、中丞杜衍、知制誥丁度更議茶法。三月十四日，復令商賈以見錢算請、五年正月二十九日丙寅，命王博文張觀等與三司以新舊茶法定酌中之制。六月，三司副使司馬池、侍御史程戡、司諫韓琦各上茶法利害。七月丁酉，損京師入錢，河北入中之直。康定元年十二月，詔三司以見行茶法裁定。慶歷八年十二月增以南鹽為四説。河北並邊入中芻粟改行四説法，内地以康定詔書從事，自是三説四説之法並行于河北。皇祐二年正月行入中對貼法。用見緡。

仁宗朝，茶利歲得九十餘萬緡，或云嘉祐初行通商法，歲入不過八千餘萬。

又《嘉祐弛茶禁》 嘉祐三年九月，始命韓絳、陳升之、呂景初即三司置局，議防茶禁。先是，著佐何鬲請通商，收浄利，以疏利源寬民力，故命絳等議。其十月，三司言宜約。至和之後，一歲之數，以息錢均賦茶，民恣其買賣，所在收算。詔遣王靖等分行六路，詢察利害，及還，皆言如三司議便。己巳，詔曰：古者山澤之利，與民共之。自唐建中，始有茶禁，上下規利，垂二百年。如聞比來，為患益甚，民被誅求之困官，受濫惡之入私藏，盜販犯者實繁，嚴刑重誅，情所不忍，是於江湖之間，幅員數千里為防穽，以害吾民也。朕心惻然，念此乆矣。間遣使往就問之，歡然皆願

弛其禁，歲入之課以時上官。一二近臣條析其狀，朕猶若慊然。又於歲輸裁減其課，使得饒阜以相為生，剗去禁條，俾通商利，歷世之弊一旦以除，著為常經，弗復更制，損上益下，以休吾民。尚慮喜於立異之人，緣而為奸之黨妄陳議奏，以惑有司，必寘明刑，無或有貸。一本云：四年二月己巳，詔開江淮茶禁，聽民自賣通商收稅，罷十三山場六榷務。歲輸不過三十三萬有，謂之茶租錢，以歲課均賦於茶户。初，慶歷三年六月甲辰，詔曰：議者多言茶鹽銀銅之有遺利，朕懼開掊克之政，抑而弗宣。按《長編》初所遣官議弛禁，比三司歲課均賦茶户，凡為緡六十八萬有奇。比輸茶時，其出幾倍，朝廷損其半，歲輸緡錢三十三萬八千有奇，謂之租錢。儲以待邊糴，唯臘茶禁如舊，餘肆行天下矣。崇寧以後，歲入至二百萬緡。視嘉祐五倍矣。政和元年正月始创引法，置都茶場，歲收四百餘萬緡。中興循其法，紹興末，東南十路六十州二百四十二縣，歲產茶一千五百九十餘萬斤。收鈔錢二百七十餘萬。紹興二十五年九月十七日辛亥，宰臣奏，三都茶場收鈔錢二百七十餘萬。淳熙初，收四百二十萬。政和以來不置場，不定價，茶商買引就園户交易，依引内之數，赴合同場秤發，至今不易，公私便之。

又《紹興茶鹽法》　紹興二十一年七月二十八日，一云八月四日。宰臣上鹽法，敕令格式並目録，續降指揮，共一百五十五卷。茶法敕令格式並目録，續降指揮，共一百四卷。詔以紹興編類茶鹽法為名。以元豐法並續降防八千七百三十條，並見行法，看詳編類。茶鹽二書共二百六十卷冊，先是八年七月七日，陳康伯請編成一書。

大觀四年閏八月十二日，修東南鹽法百三十條。沈立撰《茶法易覽》，述茶之利害，著為令。又著《鹽筴總類》，又論東南鹽利害，條亭户、倉、場漕運之弊。謂愛恤亭户，使不至困。休息漕卒，使有以為生。防制倉場，使不為掊。克率斂，絶私販，減官估。能行此五者，歲可增緡錢一二百萬。集《鹽防》二十卷以奏。言亭户之困尤甚。

《文獻通考》卷一八《征榷考五·榷茶》　唐德宗建中元年，納户部侍郎趙贊議，稅天下茶、漆、竹、木，十取一，以爲常平本錢。時軍用廣，常賦不足，所稅亦隨盡，亦莫能充本儲，及出奉天乃悼悔，下詔亟罷之。

貞元九年，復稅茶。先是，諸道鹽鐵使張滂奏：『去歲水災，詔令減稅。今之國用，須有供儲。伏請於出茶州縣及茶山外商人要路，委所由定三等時估，每十稅一，充所放兩稅。其明年已後所得稅錢外貯，若諸州遭水旱，賦稅不辦，以此代之。』詔可，仍委張滂具處置條目。每歲得錢四十萬貫，茶之有稅自此始。

然稅無虛歲，遭水旱處亦未嘗以稅茶錢拯贍。

致堂胡氏曰：『茶者，生人之所日用也，其急甚於酒。然王鉷、楊慎矜、韋堅以及劉晏皆置而不征，猶爲忠厚。天地生物，凡以養人，取之不可悉也。張滂稅茶，則悉矣。凡言利者，未嘗不假託美名，以奉人主私欲，滂以茶稅錢代水旱田租是也。既以立額，則後莫肯蠲，非惟不蠲，從而增廣其數，其法嚴峻者有之矣，或至於官盡榷之，商旅不得貿遷，而必與官爲市。在私，則終不能禁，而椎埋惡少竊販之害興，偶有敗獲，奸人猾吏相爲囊橐，獄迄不直，而治所由歷，株連枝蔓，致良民破産，接村比里，甚則盜賊出焉。在公，則收貯不虔，發泄不時，至於朽敗，與新斂相妨，或沒入竊販，無所售用，於是舉而焚之，或乃沈之，殃民害物，咸弗恤也。其原則在於得數十萬緡錢而已。夫弛山澤之禁以予民，王政也。必不得已，聽商旅貿遷而薄其征。茶也者，東南所有，西北所無，雖曰薄征，其入於王府者亦不貲矣。息盜奪，止訟獄，佐國用，其利亦大矣，張滂、王涯豈足效哉！

穆宗即位，兩鎮用兵，帑藏空虛，禁中起百尺樓，費不可勝計。鹽鐵使王播乃增天下茶稅，率百錢增五十。江淮、浙東西、嶺南、福建、荊襄茶，播自領之，兩川以戶部領之。天下茶加斤至二十兩，播又奏加取焉。右拾遺李珏上疏諫曰：『榷茶起於養兵，今邊境無虞，而厚斂傷民，不可一也。茗飲，人之所資，重賦稅則價必增，貧弱益困，不可二也。山澤之饒，其出不貲，論稅以售多爲利，價騰踴則市者稀，不可三也。』

文宗時，王涯爲相，判二使，復置榷茶使，自領之，徙民茶樹於官場，榷其舊積者，天下大怨。令狐楚代爲鹽鐵使兼榷茶使，復令納榷，加價而已。李石爲相，以茶稅皆歸鹽鐵，復貞元之舊。

武宗即位，鹽鐵轉運使崔珙又增江淮茶稅。是時，茶商所過州縣有重稅，或掠奪舟車，露積雨中，諸道置邸以收稅，謂之『搨地錢』，故私犯益起。大中初，鹽鐵轉運使裴休請：『釐革橫稅，以通舟船，商旅既安，課利自厚。又正稅茶商，多被私販茶人侵奪其利，今請委強幹官吏，先於出茶山口及廬、壽、淮南界內，布置把捉，曉諭招收，量加半稅，給

陳首帖子，令所在公行，更無苛奪。所冀招懷窮困，下絕奸欺，使私販者免犯法之憂，正稅者無失利之嘆。』從之。

休著條約：私鬻三犯皆三百斤，乃論死；長行羣旅，茶雖少亦死；顧載三犯至五百斤、居舍儈保四犯至千斤，皆死；園户私鬻百斤以上，杖脊，三犯加重徭；伐園失業者，刺史、縣令以縱私鹽論。廬、壽、淮南皆加半稅，稅商給自首之帖，天下稅益增倍貞元。江淮茶爲大模，一斤至五十兩。諸道鹽鐵使于悰每斤增稅五錢，謂之『剩茶錢』，自是斤兩復舊。

按《陸羽傳》：『羽嗜茶，著經三篇，言茶之原、之法、之具尤備，天下益知飲茶矣。時鬻茶者至畫羽形置煬突間，祀爲茶神。有常伯熊者，因羽論復廣著茶之功。其後尚茶成風，回紇入朝，始驅馬市茶。』羽貞元末卒，然則嗜茶、榷茶，皆始於貞元間矣。

宋制，榷貨務六：江陵府、真州、海州、漢陽軍、無爲軍、蘄州之蘄口。乾德二年八月，始令京師及建安、漢陽等軍、蘄口置務。太平興國二年，又於江陵府、襄復州、無爲軍增置務。端拱二年，又於海州置務。淳化四年，廢建安、襄復州務。其後京城務但會給交鈔往還，而不積茶貨。又有場十三：蘄州曰王祺、石橋、洗馬又有黄梅場，景德二年廢，黄州曰麻城，廬州曰王同，舒州曰太湖、羅源，壽州曰霍山、麻步、開順口，光州曰商城、子安。又買茶之處：江南則宣、歙、江、池、饒、信、洪、撫、筠、袁州，廣德、興國、臨江、建昌、南康軍；兩浙則杭、蘇、明、越、婺、處、溫、臺、湖、常、衢；湖南則江陵府、潭、澧、鼎、岳、鄂、鎮、歸、峽州，荊門軍；福建則劍南劍、建州。虔、吉、郴、辰州，南安軍，皆折稅課，本州買給民用。山場之制，領園户，受其租，餘悉官市之。又別有民户折稅課者，其出鬻皆在本場。諸州所買茶，折稅受租同山場，悉送六榷務鬻之。江陵府受本府及潭、鼎、澧、岳、歸、峽州茶；真州務受潭、袁、池、吉、饒、撫、洪、歙、江、宣、岳州，臨江、興國軍茶；海州務受杭、湖、常、睦、越、明、溫、臺、衢、婺州茶、漢陽軍務受鄂州茶；無爲軍務，撫、吉州，臨江軍，而增南康軍茶；蘄口務受潭州、興國軍茶。凡茶有二類，曰片、曰散。片茶烝造，實卷摸中串之，惟建、劍則既烝而研，編竹爲格，置焙室中，最爲精潔，他處不能造。其名有龍、鳳、石乳、的乳、白乳、頭金、蠟面、頭骨、次骨、末骨、粗骨、山挺十二等。龍、鳳皆團片，石乳、頭乳皆狹片，名曰『京』。的乳亦有闊片者。乳以下皆闊片，以充歲貢及邦等之用，洎本路食茶江、浙、荊湖舊貢新茶芽者三十餘州，有歲中再三至者。大中祥符元年，上憫其勞，詔罷之。餘州片茶，有進寶、雙勝、寶山、兩府出興國軍，仙芝、嫩蕊、福合、祿合、運合、慶合、指合出饒、池州，泥片出虔州，綠英、金片出袁州，玉津出臨江軍，靈川福州，先春、早春、華英、來泉、勝金出歙州，獨行、靈草、綠芽、片金、金茗出潭州，大拓枕出江陵，大小巴陵、開勝、開卷、小卷、生黄、翎毛出岳州，雙上、綠芽、大小方出岳、辰、澧州，東首、淺山、薄側出光州，總二十六名。其兩浙及宣、江、鼎州止以上中下或第一至第五爲號。散茶有太湖、龍溪、次號、末號出淮南，嶽麓、草子、楊樹、雨前、雨後出荊湖，清口出歸州，茗子出江南，總十一名。江、浙又有以上中下、第一至第五爲號者。

凡買價：蠟茶，每斤自三十五錢至一百九十錢，有十六等；片茶，每大片自六十五錢至二百五錢，有五十五等；散茶，每一斤自十六錢至三十八錢五分，有五十九等。歲課山場八百六十五萬餘斤。和市：江南一千二十萬餘斤，兩浙一百二十七萬九千餘斤，荊湖二百四十七萬餘斤，福建三十九萬三千餘斤。其貿鬻：蠟茶，每斤自四十七錢至四百二十錢，有十二等；片茶，自十七錢至九百一十七錢，有六十五等；散茶，自十五錢至百二十一錢，有一百九等。至道末，賣錢二百八十五萬二千九百餘貫，天禧末，增四十五萬餘貫。天下茶皆禁，唯川陝、廣聽民自買賣，不得出境。

太祖皇帝乾德二年，詔民茶折稅外，悉官買，敢藏匿不送官及私販鬻者，沒入之，論罪；主吏私以官茶貿易及一貫五百，並持仗販易爲官私擒捕者，皆死。

太平興國二年，重定法，務輕減。主吏盜官茶販鬻錢三貫以上，黥面送闕下；茶園户輒毀敗其叢樹者，計所出茶論如法。

八年，詔禁僞茶。又詔民間舊茶園荒廢者蠲之，當以茶代稅而無茶者，許輸他物。

淳化三年，詔盜官茶販鬻十貫以上，黥面配本州牢城。雍熙後用兵，乏於餽餉，多令商人輸芻糧塞下，酌地之遠近不爲其直，取市價而後增之，授以要券，謂之交引，至京師給以緡錢，又移文江、淮、荊湖給以

顆、末鹽及茶。

端拱二年，置折中倉，聽商人輸粟京師，優其直，給江、淮茶鹽。

三年八月，監察御史薛映、秘書丞劉式等上言：『向者，朝廷制置緣江榷貨八務，以貯南方之茶，便於商人貿易。今四海無外，諸務皆宜廢罷，令商人就出茶州府官場算買，既大省輦運，又商人皆得新茶。』詔從之。遂以三司鹽鐵副使雷有終爲諸路茶鹽制置使，左司諫張觀與映副之，令商榷利害。次年四月，廢緣江榷貨八務，聽商人就出茶州軍買販，大減榷務茶價。詔既下，商人頗以江路回遠非便，有司以損其直，虧失歲計爲言。七月，復置緣江八務，罷制置使、副。至道初，劉式猶固執前議，西京作坊使楊允恭上言：『商人雜市諸州茶，新陳相糅，兩河、陝西諸州，風土各有所宜，非參以多品，則商旅少利，罷榷務令就茶山買茶不可行。』上欲究其利害之説，令宰相召鹽鐵使陳恕、副使、判官與式、允恭定議，召問商人，皆願如淳化所減之價，不然者，即望仍舊。有司職於出納，既難於減損，皆同允恭之説，式議遂寢。即以允恭爲江南、淮南、兩浙發運兼制置茶鹽使，西京作坊副使李廷遂、著作郎王子與副之。二年，從允恭等請，禁淮南十二州軍鹽，官鬻之，商人先入金帛京師及揚州折博務者，悉償以茶。自是鬻鹽得實錢，茶無滯積，歲課增五十萬八千餘貫，允恭等皆被賞。

止齋陳氏曰：『乾德時，東南六路、閩、浙歸職方，餘尚未平。太祖榷法蓋禁南商擅有中州之利，故置場以買之，自江以北皆爲禁地。太平興國中，樊若水奏，江南諸州茶官市十分之八，其二分量稅聽自賣，逾江涉淮，乘時射利，紊亂國法，望嚴禁之，則謂乾德榷法也。自若水建議，其法始密。凡茶之利，一則官賣以實州縣；一則沿邊入中糧草，算請以省餽運；一則榷務入納金銀錢帛算請以贍京師。而河東、北互市，川陝折博，又以所有易所無，而其大者最在邊備。蓋祖宗以西北宿兵供億之費，重困民力，故以茶引走商賈，而虚估加擡以利之。其後理財之臣往往以遺利在民，數務更張，然大概無過李諮、林特二法，二法大概以抑茶商及邊民耳。故林特以見錢買入中賤價交鈔，而以實錢算茶，然猶以五十千或五十五千算茶百千，則是去虚估加擡未遠也。至李諮復祖劉式之意淳化三年，秘書丞劉式起請，令商旅自就園户買茶，於官場貼射，廢榷貨務，始斷然罷去買納茶本，使客自就山園買茶，而官場坐收貼納之利，行之三年而罷。然當時議者徒咎諮法不能惜留在京見錢，而不及其刻剝商賈之怨。景祐以後，西邊事興，始復行加擡法。嘉祐四年，天下無事，仁皇慨然一切弛禁。當時詔書曰：

『「上下征利垂二百年，江、湖之間，幅員數千里，爲陷穽以害吾民。尚慮幸於立異之人，因緣爲奸之黨，妄陳奏議，以惑官司。必寘明刑，用懲狂謬。」自此，茶不爲民害者六七十載矣。此韓琦相業也。至蔡京始復榷法，於是茶利自一錢以上皆歸京師。其子蔡絛自記之曰：「公始説上以茶務，若所入厚，專以奉人主。」此京本意，而西北邊糧草名曰便糴而均糴、結糴、貼糴、括糴之名起。蓋以官告、度牒之類等第抑配，而邊民不聊生矣。京之誤國類如此。』

凡園户，歲課作茶輸其租，餘則官悉市之。其售於官者，皆先受錢而後入茶，謂之本錢。百姓歲輸稅願折茶者，亦折爲茶，謂之折稅。此收茶之法。

凡民鬻茶者，皆售於官，其以給日用者，謂之食茶，出境則給券。商賈之欲貿易者，入錢若金帛京師榷貨務，以射六務、十三場茶，給券隨所射予之，謂之交引；願就東南入錢若金帛者聽，計直予茶如京師。凡茶入官以輕估，其出以重估，縣官之利甚博，而商賈轉致於西北，以致散於夷狄，其利又特厚。此鬻茶之法。

自西北宿兵既多，餽餉不足，因募人入中芻粟，度地里遠近，增其虚估，給券，以茶償之。後又益以東南緡錢、香藥、象齒，謂之『三説』，而塞下急於兵食，欲廣儲峙，不愛虚估，入中者以虚錢得實利，人競趨焉。及其法既弊，則虚估日益高，茶日益賤，入實錢金帛日益寡。而入中者非盡行商，多其土人，既不知茶利厚薄，且急於售錢，得券則轉鬻於茶商或京師坐賈號交引鋪者，獲利無幾。

茶商及交引鋪或以券取茶，或收畜貿易，以射厚利。繇是虚估之利皆入豪商鉅賈，券之滯積，雖二三年茶不足以償，而入中者以利薄不趨，邊備日蹙，茶法大壞。

景德中，丁謂爲三司使，嘗計其得失，以謂邊糴纔及五十萬，而東南三百六十餘萬茶利盡歸商賈。當時以爲至論，厥後雖屢變法以救之，然

不能亡弊。

天聖元年，有司請罷三説，行貼射之法即李諮所陳，見上文。

景祐中，葉清臣上疏言：『嘗計茶利歲入，以景祐元年爲率，除本錢外，實收息錢五十九萬餘緡，天下所售受食茶，及本息歲課亦祇及三十四萬緡，而茶商見行六十五州軍，所收稅錢已及五十七萬緡。若令天下通商，祇收稅錢，自是數倍，即榷務、山場及食茶之利，盡可籠取。又況不廢度支之本，不置榷場之官，不興輦運之勞，不濫徒黥之辟。臣意議者謂榷賣有定率，徵稅無彝準，通商之後，必虧歲計。臣按管氏鹽鐵法，計口受賦，茶爲人用，與鹽鐵均，必令天下通行，以口定賦，民獲善利，又去嚴刑，口出數錢，人不厭取。』時下其議，皆以爲不可行。至嘉祐中，何鬲、王嘉麟上書請罷給茶本錢，縱園户貿易，而官收租錢與所在征算，歸榷貨務以償邊糴之費。時韓琦、富弼等執政，力主其説，乃議弛禁，以三司歲課均賦茶户，謂之租錢，與諸路本錢悉儲以待邊糴。自是唯蠟茶禁如舊，餘茶肆行天下矣。論者尤謂朝廷志於便人，欲省刑罰，其意良善，然茶户困於輸錢，而商賈利薄，販鬻者少，州縣徵稅日蹙，給費不充。學士劉敞、歐陽修等頗論其事，略言：『昔時百姓之摘山者，皆受錢於官，今也顧使納錢於官，受納之間，利害百倍；先時百姓冒法販茶者被罰耳，今悉均賦於民，賦不時入，刑亦及之，是良民代冒法者受罪；先時大商賈爲國貿遷，而州郡收其稅，今大商富賈不行，則稅額不登，且乏國用。』時朝廷方排衆論而行之，敞等言不從。

民之種茶者，領本錢於官而盡納其茶，官自賣之，敢藏匿及私賣者有罪此國初之法。以十三場茶買賣本息並計其數，罷官給本錢，使商人與園户自相交易，一切定爲中估而官收其息，如茶一斤售錢五十有六，其本錢二十有五，官不復給，但使商人輸息錢三十有一，謂之貼射此天聖之法。園户之種茶者，官收租錢，商賈之販茶者，官收征算而盡罷禁榷，謂之通商。此嘉祐之法。

治平中，歲入蠟茶四十八萬九千餘斤，散茶二十五萬五千餘斤，茶户租錢三十二萬九千八百五十五緡，又儲茶錢四十七萬四千三百二十一緡，而内外總入茶稅錢四十九萬八千六百緡，推是可見茶法得失矣。

吳氏《能改齋漫録》曰：『建茶務，仁宗初，歲造小龍、小鳳各三百斤，大龍、大鳳各三百斤，入香、不入香、京挺共二百斤，蠟茶一萬五千斤。小龍、小鳳，初因蔡君謨爲建漕，造十斤獻之，朝廷以其額外免勘。明年，詔第一綱盡爲之，故《東坡志林》載温公曰：「君謨亦爲此邪？」』

神宗熙寧七年，始建三司幹當公事李杞入蜀經畫買茶，於秦鳳、熙河博馬，與成都路漕司議合。事方有端，而王韶言西人頗以善馬至邊，所嗜惟茶，乏茶與市。即詔趣杞據見茶計水陸運至，又以銀十萬兩、帛二萬五千、度僧牒五百付之，假常平及坊場餘錢，以著作佐郎蒲宗閔同領其事。初，蜀之茶園皆民兩稅地，不殖五穀，惟宜種茶。賦稅一例折輸絹、綢、綿、草，各以其直折輸，役錢亦視其賦。民賣茶資衣食，與農夫業田無異，而稅額總三十萬。杞被令經度，即諸州創設官場，歲增息爲四十萬，而重禁榷之令。其輸受之際，往往壓其斤重，侵其價直。既而運茶積滯，歲課不給，乃建議於彭、漢二州歲買布各十萬匹，以折腳費，實以布息助茶利，亦未免積滯。復建議歲易解鹽十萬席，顧運回東船載入蜀，而禁商販。未幾，鹽法復難行，宗閔乃議川陝略民茶息收十之三，盡賣於官場，更嚴私交易之令，稍重至徒刑，仍沒緣身所有物，以待給賞。於是蜀茶盡榷，民始病矣。

知彭州呂陶言：『川陝四路所出茶貨，北方東南諸處，十不及一，諸路既許通商，兩川却爲禁地，虧損治體，莫甚於斯。只如解州有鹽池，民間煎者乃是私鹽；晉州有礬山，民間煉者乃是私礬。今川蜀茶園乃百姓已物，顯與解鹽、晉礬事體不同。恭惟仁聖恤民之心，必不如此。』又言：『國家置市易司籠制百貨，歲出息錢不過十之二，必以一年爲率。今茶場司不以一年爲率，務重立法，盡榷民茶，隨買隨賣，取息十之三；或今日買十千之茶，明日即作十三千賣之客旅，日以官本變轉，殊不休已，比至歲終，不可勝算，豈止三分而已？此於市易之條自相違戾。又客旅及儈人以榷茶，不許私交市，共邀難園户，於外預商計裁價，園户畏法懼罪，且欲變貨營生，窮迫之間，勢不獲已，則一聽客言，斤收實錢七分賣之官，餘三分留爲客人買茶之息。如此則園户有三分之虧，而官中名得其息，自是園户本錢，客人無所費也。乞下本路體量更改。』不報。

自熙寧七年至元豐八年，蜀道茶場四十一，京西路金州爲場六，陝

西賣茶爲場三百三十二，稅息至李稷加爲五十萬，及陸師閔爲百萬云。

初，熙寧五年，以福建茶陳積，乃詔福建茶在京、京東西、淮南、陝西、河東仍禁榷，餘路通商。

王子京爲轉運副使，言：『建州蠟茶舊立榷法，自熙寧權聽通商，自此茶户售客人茶甚良，官中所得唯常茶，稅錢極微，南方遺利無過於此，乞仍行榷法。』元祐初，罷子京事任，令福建禁榷州軍仍其舊。

元豐中，宋用臣都提舉汴河堤岸，創奏修置水磨，凡在京茶户擅磨末茶者有禁，並赴官請買，而茶鋪入米豆雜物拌和者有罰，募人告者有賞。訖元豐末，歲獲息不過二十萬，商旅病焉。元豐修置水磨，止於在京及開封府界諸縣，未始行於外路。及紹聖復置，其後遂於京西鄭滑州、潁昌府，河州澶州皆行之。

哲宗元祐二年，熙河、秦鳳、涇原三路茶仍官爲計置，永興、鄜延、環慶許通商，凡以茶易穀者聽仍舊，毋得逾轉運司和糴價，其所博斗斛勿取息。

侍御史劉摯上言：『蜀地榷茶之害，園户有逃以免者，有投死以免者，而其害猶及鄰伍。欲伐茶則有禁，欲增植則加市，故其俗論謂地非生茶也，實生禍也。願選使者考茶法之弊欺，以蘇蜀民。』

右司諫蘇轍上言：『盜賊之法，贓及二貫，止徒一年，出賞五千，今民有以錢八百和買茶四十斤者，輒徒一年，賞三十千，立法苟以自便，不顧輕重之宜。蓋造立茶法，皆傾險小人，不識事件。』且備陳五害。詔遣黄廉等體量。

紹聖元年，陝西復行禁榷，凡茶法並用元豐舊條。

徽宗崇寧元年，右僕射蔡京議大改茶法，奏言：『自祖宗立額榷之法，歲收淨利凡三百二十餘萬，而諸州商稅七十五萬貫有奇，食茶之算不在焉，其盛時幾五百餘萬緡。慶曆之後，法制浸壞，私販公行，遂罷禁榷，行通商之法。自後商旅所至，與官爲市，四十餘年，利源浸失。謂宜荊湖、江、淮、兩浙、福建七路所產茶，仍舊禁榷官買，勿復科民，即產茶州縣隨所置場，申商人園户私易之禁。凡置場地，園户皆籍名數，歲鬻於官吏，皆用倉法，園户自前茶租折稅仍舊。產茶州軍許其民赴場輸息，量限斤數，給短引，於旁近郡縣便鬻，餘悉聽商人於榷貨務入納金銀、緡錢或並邊糧草，即本務給鈔，取便算請於場，別給長引，從所指州軍鬻之。商稅自場給長引，沿路登時批發，至所指地，然後計稅盡輸，則在道無苛留。買茶本錢以度牒及鹽鈔、諸色封樁、坊場、常平剩錢通三百萬緡爲率，給諸路，諸路措置，各分命官。』詔悉聽焉。俄定諸路措置茶事官置司：湖南於潭州，湖北於荊南，淮南於揚州，兩浙於蘇州，江東於江寧府，江西於洪州。

其置場所在：蘄州即其州及蘄水縣，壽州以霍山、開順，光州以光山、固始，舒州即其州及羅源、太湖，黄州以麻城，廬州以舒城，常州以宜興，湖州即其州及長興、德清、安吉、武康，睦州即其州及清溪、分水、桐廬、遂安，婺州即其州及東陽、永康、浦江，處州即其州及遂昌、青田，蘇、杭、越各即其州，而越之上虞、餘姚、諸暨、新昌、剡縣皆置焉，衢、台各即其州，而溫州以平陽。大法既定，其制置節目，不可毛舉。

四年，京復議更革，遂罷官置場，商旅並即所在州縣或京師請長短引，自買於園户。茶貯以籠篰，官爲抽盤，循第敘輸息訖，批引販賣，茶事益加密矣。長引許往他路，限一年。短引止於本路，限一季。

按：京崇寧元年所行乃禁榷之法，是年所行乃通商之法，但請引抽盤商稅，苛於祖宗之時耳。

大觀三年，計七路一歲之息一百二十五萬一千九百餘緡，榷貨務再歲一百十有八萬五千餘緡。京專用是以舞智固權，自是歲以百萬緡輸京師所供私奉，掊息滋厚，盜販公行，民滋病矣。

政和二年，大增損茶法。凡請長引再行者，輸錢百緡，即往陝西，加二萬，茶以百二十斤；短引輸緡錢二十，茶以二十五斤。私造引者如川錢引法。歲春茶出，集民户約三歲實直及今價上户部。茶籠篰並官制，聽客買，定大小式，嚴封印之法。長短引輒竄改增減及新舊對帶、繳納申展、住賣轉鬻科條悉具。初，客販茶用舊引者，未嚴斤重之限，影帶者衆。於是又詔凡販長引斤重及三千斤者，須更買新引對賣，不及三千斤者，即用新引以一斤帶二斤鬻之，而合同場之法出矣。場置於產茶州軍，而簿給於都茶務。凡不限斤重茶，委官秤製，毋得止憑批引爲定，有贏數即沒官，別定新引限程及重商旅規避秤製之禁，凡十八條，若避匿鈔劄

及擅賣，皆坐以徒。復慮茶法猶輕，課入不羡，定園户私賣及有引而所賣逾數，保内有犯不告，並如煎鹽亭户法。短引及食茶關子輒出本路，坐以二千里流，賞錢百萬。

大抵茶、鹽法主於蔡京，務巧掊利，變改法度，前後罷復不常，民聽眩惑。

高宗建炎初，於真州印鈔，給賣東南茶、鹽，以提領真州茶鹽爲名。三年，置行在都茶場，罷合同場一十八處，惟洪州、江州、興國軍、潭州、建州各置合同場，監官一員。罷食茶小引。建炎三年九月旨，别印小引，每引五貫文，許販茶六十斤。比附短引，增添斤重，暗虧引錢，損害茶法，住罷。淳熙二年復置。

凡茶、鹽經從而把隘官軍以搜檢奸細爲名而騷擾者，依軍法施行。明年，以罰太重，減徒。

三年，捕私茶賞罰依鹽事指揮。祖宗應犯榷貨並不根究來歷，止以見在爲坐。

嘉祐著令，今户部言，不係出産州軍捕獲私販茶、鹽，可以不究來歷其出産州軍私販者，並係亭、竈、園户爲之，一概不究，無以杜私販之弊。詔自茶、鹽外，其餘榷貨並不根究來歷。他日，都省又言，應犯私茶、鹽，不得信憑供指，妄有追呼。詔從之。

紹興二十七年，令凡商販淮南長引茶，令秤發官司先問客人所指住賣州縣，經由場務及合過官渡，並背批月日姓名，即時放行；如不行批引，縱放私茶，與正犯茶人一等犯罪。蓋自榷場轉入虜中，其利至博，淮河私渡譏禁甚嚴，然民觸犯法禁自若。

寧宗嘉泰四年，知隆興府韓邈奏：『户部茶引，歲有常額，隆興府惟分寧産茶，他縣並無，而豪民武斷者乃請引認租，借官引以窮索一鄉，無茶者使認茶，無食利者使認食利，所至驚擾。乞下省部，非産茶縣並不許人户擅自認租，他路亦比類施行。』從之。

四川茶建炎元年四月，成都路運判趙開言榷茶、買馬五害，請用嘉祐故事，盡罷榷茶，而令漕司買馬；或未能然，亦當減額以蘇園户，輕價以惠行商，如此則私販衰而盜賊息矣。朝廷遂擢開同主管川、陜茶馬。二年十一月，開至成都，大更茶法，仿蔡京都茶場法，印給茶引，使商人即園户市茶，百斤爲一大引，除其十勿算。置合同場以譏其出入，重私商之禁，爲茶市以通交易。每斤引錢春七十、夏五十，市利、頭子在外。所過征一錢所止一錢五分，引與茶隨，違者抵罪。

自後引息錢至一百五萬緡。紹興復提舉官，又旋增引錢。至十四年，每引收十二道三百文，視開之初又增一倍矣。

自熙、豐來，蜀茶官事權出諸司之上，而其富亦甲天下，時以其歲剩者上供。

舊博馬皆以粗茶，乾道末始以細茶遺之。然蜀茶之細者，其品視南方已下，惟廣漢之趙坡、合州之水南、峨眉之白芽、雅安之蒙頂，土人亦珍之。然所産甚微，非江、建比也。

乾道初，川、秦八場馬額共九千餘匹，川馬五千匹，秦馬四千匹。淳熙以後，爲額共萬二千九百九十四匹，自後所市未嘗及焉。

建茶建炎二年，葉濃之亂，園丁散亡，遂罷歲貢。紹興四年明堂，始命市五萬斤爲大禮賞。十二年興榷場，取蠟場爲榷場本，禁私販，官盡榷之，上供之餘許通商，官收息三倍。上供龍鳳及京鋌茶歲額，視承平纔半，蓋高宗以錫賚既少，懼傷民力，故裁損其數云。

《元史》卷九四《食貨志二・茶法》　榷茶始于唐德宗，至宋遂爲國賦，額與鹽等矣。元之茶課，由約而博，大率因宋之舊而爲之制焉。

《明會典》卷三〇《庫藏一・内府庫》　各庫所掌最大者，金花銀。卽國初所折糧者，俱解南京，供武臣俸祿。而各邊或有緩急，間亦取足其中。正統元年，始自南京改解内庫，歲以百萬為額。嗣後除折放武俸之外，皆為御用。其粟、帛、茶、蠟、顔料以需上供，雖本折不一，皆有規條。其本色，經驗糧廳委官驗過，會同科道官覆驗堪中，於六科領勘合，填數照進。其折色，召商買辦。户部山東河南等司官，九門鹽法等委官，亦會同科道官，照時會估價直，辦納應用。

《明史》卷七二《職官志一》　條爲四科：曰民科，主所屬省府州縣地理、人物、圖志、古今沿革、山川險易、土地肥瘠寬狹、户口物産多寡登耗之數；曰度支，主會計夏税、秋糧、存留、起運及賞賚、祿秩之經費；曰金科，主市舶、魚鹽、茶鈔税課，及贓罰之收折；曰倉科，主漕運、軍儲出納料糧。

《續通典》卷八《食貨八・賦税上・宋》　宋自南渡以後，川蜀

之賦最重。科斂繁多，有諸路常平司坊場錢，激賞絹奇零、絹估錢、布估錢。常平積年本息對糴米及他，酒、鹽諸名色錢大抵於常賦外，歲增錢二千六十八萬緡，而茶不預焉。軍儲稍充，蜀民始困。後雖屢經蠲減，而其弊不去。

又卷一五《食貨一五・榷茶・唐》　唐德宗建中元年，納户部侍郎趙贊議，稅天下茶、漆、竹、木，十取一以為常平本錢。時軍用廣常賦不足，所稅亦隨盡，亦莫能充本儲，詔罷之。貞元九年，復稅茶。先是諸道鹽鐵使張滂奏，去歲水災，詔令減稅。今之國用，須有供儲。伏請於出茶州縣及茶山外商人要路，委所司定三等時估，每十稅一充所放兩稅。其明年已後，所得稅前外貯。若諸州遭水旱賦稅不辦，以此代之。詔可。仍委張滂具處置條目，每歲得錢四十萬貫。茶之定稅自此始。

穆宗時，鹽鐵使王播增天下茶稅。江淮、浙東西、嶺南、福建、荊襄播自領之，兩川以户部領之。文宗時，王涯為相。徙民茶樹於官場，焚其舊積者。後令狐楚代為鹽鐵使，復令納榷加價。武宗即位，鹽鐵轉運使崔珙又增江淮茶稅。諸道置邸以收稅，謂之搨地錢。宣宗大中初，鹽鐵轉運使裴休請委彊幹官吏於出茶山口及各界內布置。把捉曉諭，招收量加半稅。從之。

又《宋》　宋榷茶之制，擇要會之地如江陵府、真州、海州、漢陽軍、無為軍、蘄州之蘄口，爲榷貨務。六官自爲場置吏總之，謂之山場。採茶之民，謂之園户。作茶輸租，悉官市之。其龍鳳、石乳、白乳之類十二等以充貢及邦國之用，民之飲茶者售於官，給其日用，謂之食茶。出境則給券，商賈貿易付錢或金帛于京師榷貨務，以射六務、十三場茶。給券，隨所射與之。願就東南付錢及金帛者，聽計直於茶，如京師之例。天下茶皆禁，唯川、陝、廣南聽民自買賣，禁其出境。凡民茶折稅外，匿不送官及私販鬻者，禁之茶園荒薄。采造不充其數者，蠲之。當以茶代稅而無茶者，許輸他物。其雍熙後，用兵切於饋餉，多令商人賦芻粟塞下，酌地之遠近，面爲其直，取市價而厚增之。授以要券，謂之交引。至京師，給以緡錢。又移文江淮、荊湖給以茶。

又卷三〇《職官八・諸卿中・太府卿》　凡四方貢賦之輸於京師者，辨其名物，視其多寡，別而受之。儲於內藏者以待非常之用，頒於左藏者以供經常之費。凡官吏軍兵奉祿賜予，以法式頒之。先給歷從有司檢察，書其名數鉤覆，而後給焉。供奉之物，則承旨以進。審奏得畫，乃聽除之。若春秋授軍衣，則前朝進樣，定其頒曰，畿內將校營兵支請，月具其數以聞。凡商賈之賦，小賈卽門征之，大賈則輸於務。貨之不售者，平其價鬻於平準，乘時賒貨，以濟民用。若質取於官，則給用多寡，各從其抵。歲以香、茶、鹽鈔募人入豆穀實邊。即京都闕用物，預報度支。凡課入，以盈虧定課最、行賞罰。

《續通志》卷一五五《食貨略四・鹽鐵茶・茶》　榷茶之法，唐宣宗大中初，鹽鐵轉運使裴休請正茶商之稅，委強幹官吏于出茶山口，佈置把捉，量加半稅。昭宗天佑末，盧龍節度使劉仁恭禁南方茶，自擷山為茶號，其山曰大恩以邀利。

宋太祖乾德五年，詔民茶折稅外，悉官員收藏。

太宗太平興國八年，乃詔禁偽茶。端拱二年，置折中倉，聽商人輸粟京師，給江淮茶與鹽法相同。其收茶之法，凡百姓所輸稅願折茶者，亦折為茶，謂之折稅。其鬻茶之法，凡民鬻茶者，皆售於官，其以給日用者，謂之食茶。出境則給券，商賈之願貿易者，入錢若金帛京師榷貨務，以射六務十三場茶。給券隨所射與之，謂之文引。然其後或官置場，或置捕私茶賞罰，榷法愈密矣。南宋紹興後，遂置榷場，貨茶于金。

金初，茶多貿易于宋界之榷場。至章宗承安四年，淄密寧海蔡州各置坊，造新茶，付各司縣鬻之。買引者納錢及折物各從其便。

元世祖至元六年，始立榷茶場使司。十七年，又置榷茶都轉運司於江州，總江淮、荊湖、福建之稅。十九年於江南官為置局，令客買引，然其法屢變。

成宗元貞元年，罷其稅。元統元年，江浙、湖南、江西、湖廣皆復立榷茶轉運使焉。

明制，有官茶，有商茶，皆貯邊易馬。官茶間徵課鈔，商茶輸課略如鹽制。初，太祖令商人于產茶地置茶納錢請引，茶局批驗所稱較茶引不相當，即為私茶。後諸產茶地設茶課司，定稅額。其禁私茶之法，自三月至九月，月遣行人四員巡視河州、臨洮、碉門、黎、雅，往來旁午。至宣宗宣德十年，乃定三月一遣。又設茶馬司于秦、洮、河、雅諸州，主以茶

易馬之政。又于成都諸處置茶倉，令商人納米中茶。後至專遣御史巡察竟與鹽法同云。世宗嘉靖三年，御史陳講以商茶低僞，悉徵黑茶。地產有限，乃第茶為上中二品。神宗萬曆以後，湖南產茶。其值甚賤，商人多越境私販，御史李楠請禁湖茶，言湖茶行茶法馬政兩弊。宜令巡茶御史召商給引，願報漢興保夔者準中，越境下湖南者禁止。

紀事

《舊唐書》卷一二《德宗紀上》［建中三年］九月丁亥，以李洧部將高承宗爲徐州刺史、徐海沂都團練使。判度支趙贊上言，請爲兩都、江陵、成都、揚、汴、蘇、洪等州署常平輕重本錢，上至百萬貫，下至十萬貫，收貯斛斗匹段絲麻，候貴則下價出賣，賤則加估收糴，權輕重以利民。從之。贊乃於諸道津要置吏稅商貨，每貫稅二十文，竹、木、茶、漆皆什一稅一，以充常平之本。

又 興元元年春正月癸酉朔，上在奉天行宮受朝賀，詔曰：

立政興化，必在推誠；忘己濟人，不吝改過。朕嗣服丕構，君臨萬邦，失守宗祧，越在草莽。不念率德，誠莫追於既往；永言思咎，期有復於將來。明徵其義，以示天下。小子懼德不嗣，罔敢怠荒。然以長於深宮之中，暗於經國之務，積習易溺，居安忘危，不知稼穡之艱難，不恤征戍之勞苦。致澤靡下究，情不上通，事既壅隔，人懷疑阻。猶昧省己，遂用興戎，徵師四方，轉餉千里。賦車籍馬，遠近騷然；行賫居送，眾庶勞止。力役不息，田萊多荒。暴令峻於誅求，疲民空於杼軸，轉死溝壑，離去鄉里，邑里丘墟，人煙斷絕。天譴于上而朕不寤，人怨于下而朕不知。馴致亂階，變起都邑，賊臣乘釁，肆逆滔天，曾莫愧畏，敢行凌逼。萬品失序，九廟震驚，上累於祖宗，下負于蒸庶。痛心靦面，罪實在予，永言愧悼，若墜泉谷。賴天地降祐，人祇協謀，將相竭誠，爪牙宣力，羣盜斯屏，皇維載張。將弘遠圖，必布新令。朕晨興夕惕，惟省前非。乃者公卿百僚用加虛美，以『聖神文武』之號，被蒙暗寡昧之躬，固辭不獲，俯遂羣議。昨因內省，良所瞿然。自今已後，中外書奏不得言『聖神文武』之號。

今上元統曆，獻歲發祥，宜革紀年之號，式敷在宥之澤，可大赦天下，改建中五年爲興元元年。李希烈、田悅、王武俊、李納，咸以勳舊，繼守藩維，朕撫馭乖方，致其疑懼，皆由上失其道而下罹其災。一切並與洗滌，復其爵位，待之如初，仍即遣使宣諭。朱滔以泚連坐，路遠必不同謀，永念舊勳，務存弘貸，如能効順，亦與惟新。朱泚反易天常，盜竊名器，暴犯陵寢，所不忍言，獲罪祖宗，朕不敢赦。除泚外，並從原宥。應赴奉天并進收京城將士，並賜名『奉天定難功臣』，身有過犯，減罪三等，子孫過犯，減罪二等。先稅除陌、間架等錢，竹、木、茶、漆等稅，並停。奉天升爲赤縣。

又 卷一三《德宗紀下》［貞元九年正月］癸卯，初稅茶，歲得錢四十萬貫，從鹽鐵使張滂所奏。茶之有稅，自此始也。甲辰，禁賣劍銅器。天下有銅山，任人採取，其銅官買，除鑄鏡外，不得鑄造。

又 卷一六《穆宗紀》［元和十五年］五月壬寅朔。癸卯，詔：『以國用不足，應天下兩稅、鹽利、榷酒、稅茶及户部闕官、除陌等錢，兼諸道雜榷稅等，應合送上都及留州、留使、諸道支用、諸司使職掌人課料等錢，並每貫除舊墊陌外，量抽五十文。仍委本道、本司、本使據數逐季收計。其諸道錢便差綱部送付度支收管，待國用稍充，即依舊制。其京百司俸料，文官已抽修國學，不可重有抽取；武官所給校薄，亦不在抽取之限。』

大中六年正月，鹽鐵轉運使裴休奏：『諸道節度、觀察使，置店停上茶商，每斤收搨地錢，並稅經過商人，頗乖法理。今請厘革橫稅，以通舟船，商旅既安，課利自厚。今又正稅茶商，多被私販茶人侵奪其利。今請強幹官吏，先于出茶山口，及廬、壽、淮南界內，佈置把捉，曉諭招收，量加半稅，給陳首帖子，令其所在公行，從此通流，更無苛奪。所冀招恤窮困，下絕奸欺，使私販者免犯法之憂，正稅者無失利之歎。欲尋究根本，須舉綱條。』敕旨依奏。其年四月，淮南及天平軍節度使並浙西觀察使，皆奏軍用困竭，伏乞且賜依舊稅茶。敕旨：『裴休條流茶法，事極精詳，制置之初，理須畫一。並宜准今年正月二十六日敕處分。』

又 卷一八《武宗紀上》［開成五年］十一月，鹽鐵轉運使奏江淮已南請復稅茶，從之。

又卷四八《食貨志上・鹽鐵》〔元和〕十三年，鹽鐵使程异奏：『應諸州府先請置茶鹽店收税。伏準今年正月一日赦文，其諸州府因用兵已來，或慮有權置職名，及擅加科配，事非常制，一切禁斷者。伏以榷税茶鹽，本資財賦，贍濟軍鎮，蓋是從權。昨兵罷，自合便停，事久實爲重斂。其諸道先所置店及收諸色錢物等，雖非擅加，且異常制，伏請準赦文勒停。』從之。

又卷四九《食貨志下・漕運》〔建中〕四年，度支侍郎趙贊議常平事，竹、木、茶、漆盡税之。茶之有税，肇於此矣。

又〔貞元〕九年，張滂奏立税茶法。自後裴延齡專判度支，與鹽鐵益殊途而理矣。

又長慶初，王播復代公綽。四年，王涯以户部侍郎代播。敬宗初，播復以鹽鐵使爲揚州節度使。文宗即位，入覲，以宰相判使。其後，王涯復判二使，表請使茶山之人移植根本，舊有貯積，皆使焚棄。天下怨之。九年，涯以事誅，而令狐楚以户部尚書右僕射主之，以是年茶法大壞，奏請付州縣而入其租于户部，人人悦焉。

開成元年，李石以中書侍郎判收茶法，復貞元之制也。

又大中五年二月，以户部侍郎裴休爲鹽鐵轉運使。明年八月，以本官平章事，依前判使。始者，漕米歲四十萬斛，其能至渭倉者，十不三四。漕吏狡蠹，敗溺百端，官舟之沉，多者歲至七十餘隻。緣河姦犯，大紊晏法。休使僚屬按之，委河次縣令董之。自江津達渭，以四十萬斛之傭，計緡二十八萬，悉使歸諸漕吏。巡院胥吏，無得侵牟。舉之爲法，凡十事，奏之。六年五月，又立税茶之法，凡十二條，陳奏，上大悦。詔曰：『裴休興利除害，深見奉公。』盡可其奏。由是三歲漕米至渭濱，積一百二十萬斛，無升合沉棄焉。

又《倉廩》〔建中〕三年九月，户部侍郎趙贊上言曰：『伏以舊制，置倉儲粟，名曰常平。軍興已來，此事闕廢，或因凶荒流散，餓死相食者，不可勝紀。古者平準之法，使萬室之邑，必有萬鍾之藏，千室之邑，必有千鍾之藏，春以奉耕，夏以奉耘，雖有大賈富家，不得豪奪吾人者，蓋謂能行輕重之法也。自陛下登極以來，許京城兩市置常平，官糴鹽米，雖經頻年少雨，米價未騰貴，此乃即目明驗，實要推而廣之。當軍興之時，與承平或異，事須兼儲布帛，以備時須。臣今商量，請於兩都并江陵、成都、揚、汴、蘇、洪等州府，各置常平，輕重本錢，上至百萬貫，下至數十萬貫，隨其所宜，量定多少。唯貯斛斗疋段絲麻等，候物貴則下價出賣，物賤則加價收糴，權其輕重，以利疲人。』從之。贊於是條奏諸道津要都會之所，皆置吏，閲商人財貨。計錢每貫税二十，天下所出竹、木、茶、漆，皆十一税之，以充常平本。時國用稍廣，常賦不足，所税亦隨時而盡，終不能爲常平本。

又建中四年六月，户部侍郎趙贊請置大田：天下田計其頃畝，官收十分之一。擇其上腴，樹桑環之，曰公桑。自王公至于匹庶，差借其力，得穀絲以給國用。詔從其説。贊熟計之，自以爲非便，皆寢不下。復請行常平税茶之法。又以軍須迫蹙，常平利不時集，乃請税屋間架、算除陌錢。間架法：凡屋兩架爲一間，屋有貴賤，約價三等，上價間出錢二千，中價一千，下價五百。所由吏秉算執籌，入人之廬舍而計其數。衣冠士族，或貧無他財，獨守故業，坐多屋出算者，動數十萬，人不勝其苦。凡没一間者，杖六十，告者賞錢五十貫，取於其家。除陌法：天下公私給與貨易，率一貫舊算二十，益加算爲五十。給與他物或兩換者，約錢爲率算之。市牙各給印紙，人有買賣，隨自署記，翌日合算之。有自貿易不用市牙者，驗其私簿，無私簿者，投狀自集。其有隱錢百者没入，二千杖六十，告者賞十千，取其家資。法既行，而主人市牙得專其柄，率多隱盜。公家所入，曾不得半，而怨讟之聲，囂然滿於天下。至興元二年正月一日赦，悉停罷。

《唐會要》卷八七《轉運鹽鐵總敘》〔建中四年〕度支侍郎趙贊議常平事，竹、木、茶、漆盡税。茶之有税，肇于此矣。

又〔貞元〕九年，張滂奏立税茶法：郡國有茶山及商賈以茶為利者，委院司分置諸場，立三等時估為價，為什一之税。是歲得緡四十一萬。茶之有税，自滂始也。

又大中五年二月，以户部侍郎裴休為鹽鐵轉運使。明年八月，以本官平章事，依前判使。始者，漕米歲四十萬斛。其能至渭倉者，十不三四。漕吏狡蠹，敗溺百端，官舟之沈，多者歲至七十餘隻。緣河奸犯，大紊晏法。休使寮屬按之，委河次縣令董之，自江津達渭，以四十萬斛之

傭，計緡二十八萬。悉使歸諸漕吏，巡院胥吏，無得侵牟，與之為法。凡十事奏之。六年五月，又立稅茶之法，凡十二條。陳奏。上大悅。詔曰：裴休興利除害，深見奉公，盡可其奏。由是三歲漕米至渭濱，積一百二十萬斛。無升合沈棄焉。

又 卷八八《鹽鐵》 ［元和］十三年，鹽鐵使程异奏，應諸州府先請置茶鹽店收稅。伏準今年正月一日赦文，其諸道州府，因用兵以來，或慮有權置職名，及擅加科配，事非常制，一切禁斷者，伏以榷稅茶鹽，本資財賦，贍濟軍鎮，蓋是從權。兵罷自合便停，事久實為重斂。其諸道先所置店及收諸色錢物等，雖非擅加，且異常制，伏請准敕文勒停。從之。

又 ［開成］五年九月，敕稅茶法。起來年，卻付鹽鐵使收管。

《新唐書》卷七《德宗紀》 ［建中三年］九月丁亥，初稅商錢、茶、漆、竹、木。

又 興元元年正月癸酉，大赦，改元。去『聖神文武』號。復李希烈、田悅、王武俊、李納官爵。赴奉天收京城將士有罪減三等，子孫減二等，在行營者賜勳五轉。賜文武官階、勳、爵。罷間架、竹木茶漆稅及除陌錢。給復奉天五年，城中十年。關播罷。

又 ［貞元］九年正月癸卯，復稅茶

又 卷五二《食貨志二》 自太宗時置義倉及常平倉以備凶荒，高宗以後，稍假義倉以給他費，至神龍中略盡。玄宗即位，復置之。其後第五琦請天下常平倉皆置庫，以畜本錢。至是趙贊又言：『自軍興，常平倉廢垂三十年，凶荒潰散，餧死相食，不可勝紀。陛下即位，京城兩市置常平官，雖頻年少雨，米不騰貴，可推而廣之，宜兼儲布帛。請於兩都、江陵、成都、揚、汴、蘇、洪置常平輕重本錢，上至百萬緡，下至十萬，積米、粟、布、帛、絲、麻，貴則下價而出之，賤則加估而收之。諸道津會置吏，閱商賈錢，每緡稅二十，竹、木、茶、漆稅十之一，以贍常平本錢。』德宗納其策。屬軍用迫蹙，亦隨而耗竭，不能備常平之積。

是時，諸道討賊，兵在外者，度支給出界糧。每軍以臺省官一人爲糧料使，主供億。士卒出境，則給酒肉。一卒出境，兼三人之費。將士利之，逾境而屯。趙贊復請稅間架，算除陌。其法：屋二架爲間，上間錢二千，中間一千，下間五百；匿一間，杖六十，告者賞錢五萬。除陌法：公私貿易，千錢舊算二十，加爲五十；物兩相易者，約直爲率。而民益愁怨。及涇原兵反，大譟長安市中曰：『不奪爾商户僦質，不稅爾間架、除陌矣。』於是間架、除陌、竹、木、茶、漆、鐵之稅皆罷。

又 宣宗既復河、湟，天下兩稅、榷酒茶鹽錢，歲入九百二十二萬緡，歲之常費率少三百餘萬，有司遠取後年乃濟。及羣盜起，諸鎮不復上計云。

又 卷五四《食貨志四》 順宗時始減江淮鹽價，每斗爲錢二百五十，河中兩池鹽，斗錢三百。增雲安、渙陽、塗濬三監。其後鹽鐵使李錡奏江淮鹽斗減錢十以便民，未幾復舊。方是時，錡盛貢獻以固寵，朝廷大臣，皆餌以厚貨，鹽鐵之利，積于私室，而國用耗屈，榷鹽法大壞，多爲虛估，率千錢不滿百三十而已。兵部侍郎李巽爲使，以鹽利皆歸度支，物無虛估，天下糶鹽稅茶，其贏六百六十五萬緡。初歲之利，如劉晏之季年，其後則三倍晏時矣。兩池鹽利，歲收百五十餘萬緡。四方豪商猾賈，雜處解縣，主以郎官，其佐貳皆御史。鹽民田園籍於縣，而令不得以縣民治之。

又 宣宗即位，茶、鹽之法益密，糶鹽少、私盜多者，謫觀察、判官，不計十犯。户部侍郎、判度支盧弘止以兩池鹽法敝，遣巡院官司空輿更立新法，其課倍入，遷榷鹽使。以壕籬者，鹽池之隄禁，有盜壞與鬻鹻皆死，鹽盜持弓矢者亦皆死刑。兵部侍郎、判度支周墀又言：『兩池鹽盜販者，迹其居處，保、社按罪。鬻五石，市二石，亭户盜糶二石，皆死。』是時江、吳羣盜，以所剽物易茶鹽，不受者焚其室廬，吏不敢枝梧，鎮戍、場鋪、堰埭以關通致富。宣宗乃擇嘗更兩畿輔望縣令者爲監院官。户部侍郎裴休爲鹽鐵使，上鹽法八事，其法皆施行，兩池榷課大增。

又 初，德宗納户部侍郎趙贊議，稅天下茶、漆、竹、木，十取一，以爲常平本錢。及出奉天，乃悼悔，下詔亟罷之。及朱泚平，佞臣希意興利者益進。貞元八年，以水災減稅，明年，諸道鹽鐵使張滂奏：出茶州縣若山及商人要路，以三等定估，十稅其一。自是歲得錢四十萬緡，然水旱亦未嘗拯之也。

穆宗即位，兩鎮用兵，帑藏空虛，禁中起百尺樓，費不可勝計。鹽鐵使王播圖寵以自幸，乃增天下茶税，率百錢增五十。江淮、浙東西、嶺南、福建、荊襄茶，播自領之，兩川以户部領之。天下茶加斤至二十兩，播又奏加取焉。右拾遺李珏上疏諫曰：『榷率起於養兵，今邊境無虞，而厚斂傷民，不可一也。茗飲，人之所資，重税則價必增，貧弱益困，不可二也。山澤之饒，其出不訾，論税以售多爲利，價騰踊則市者稀，不可三也。』其後王涯判二使，置榷茶使，徙民茶樹於官場，焚其舊積者，天下大怨。令狐楚代爲鹽鐵使兼榷茶使，復令納榷，加價而已。李石爲相，以茶税皆歸鹽鐵，復貞元之制。

武宗即位，鹽鐵轉運使崔珙又增江淮茶税。是時茶商所過州縣有重税，或掠奪舟車，露積雨中，諸道置邸以收税，謂之『搨地錢』，故私販益起。大中初，鹽鐵轉運使裴休著條約：私鬻三犯皆三百斤，乃論死；長行羣旅，茶雖少皆死；雇載三犯至五百斤、居舍儈保四犯至千斤者，皆死；園户私鬻百斤以上，杖背，三犯，加重徭；伐園失業者，刺史、縣令以縱私鹽論。廬、壽、淮南皆加半税，私商給自首之帖，天下税茶增倍貞元。江淮茶爲大摸，一斤至五十兩。諸道鹽鐵使于悰每斤增税錢五，謂之『剩茶錢』，自是斤兩復舊。

又　開成元年，復以山澤之利歸州縣，刺史選吏主之。其後諸州牟利以自殖，舉天下不過七萬餘緡，不能當一縣之茶税。及宣宗增河湟戍兵衣絹五十二萬餘匹，鹽鐵轉運使裴休請復歸鹽鐵使以供國用，增銀冶二、鐵山七十一，廢銅冶二十七、鉛山一。天下歲率銀二萬五千兩、銅六十五萬五千斤、鉛十一萬四千斤、錫萬七千斤、鐵五十三萬二千斤。

宋王得臣《麈史》卷一《惠政》　鄂州諸邑皆有茶税，民苦之。獨崇陽一縣不產茶，而民間率藝桑，而税以縑，人甚樂輸。蓋興國初，九河張公詠登進士第，以大理評事知縣事，禁民種茶，而教以植桑，易税以縑。

又《利疚》　六路租茶通商以來，蠲減外，歲計三十三萬八千六十八貫有奇。湖北獨當十萬二千五百三十一貫有奇，而鄂一州所斂無慮三萬九千緡。諸邑之中，咸寧乂獨太重。嘗試訪之，其茶凡三名：一曰供軍税茶，蓋江南李氏所取以助軍也；二曰酒茶，乃景德以前，因撲買縣酒，其課利計茶以納，後因敗欠，遂以其數敷出於民；三曰市茶，景德三年歲荒，官許額外貨茶以濟其艱食，所入既倍，而監場官因亦被賞，竟不復減。議者數乞均此無名之額以入諸邑，蓋非通論也。夫以一邑之患而欲困諸邑，尤無名矣。

又　湖北一路，唯安、復、漢陽三州軍無茶租，蓋民不種以資利耳。嘗按茶之起，謂之根税茶，蓋以茶株均敷其多寡而已。今水田湖澤之地，無茶株而有茶税矣。又茶園户，坐享厚息以自豐。議者欲以所重均於所輕之邑，以所有均於所無之州。是大不知為政者也。

宋江少虞《宋朝事實類苑》卷一六《文正》　慶曆中，議弛茶鹽之禁，及減商税，范文正以為不可：『茶鹽商税之入，但分減商賈之利耳，行於商賈，未甚有害也。今國用未減，歲入不可闕，既不取之於山澤及商賈，須取之于農。以其害農，孰若取之於商賈？今為計，莫若先省國用。國用有餘，當先寬賦役，然後及商賈。弛禁，非所當先也。』其議遂寢。已上出筆談。

宋蘇籀《欒城遺言》　公在諫垣論蜀茶，祖宗朝量收税，李杞、劉佑、蒲宗閔取息初輕，後益重，立法愈峻。李稷始議極力掊取，民間遂困。稷引陸師閔共事，額至一萬貫。陸師閔又乞額外以百萬貫為獻，成都置都茶場。公條陳五害，乞放榷法，令民自作交易，但收税錢。不出長引，止令所在場務據數抽買博馬茶，勿失武備而已。言師閔百端凌虐細民，除茶遞官吏養兵所費，所收錢七八十萬貫，蜀人泣血無所控告。公講畫纖悉，曲折利害昭炳，時小吕申公當軸，歎曰：只謂蘇子由儒學，不知吏事精詳至於如此。公論役法尤為詳盡，識者韙之。

《續資治通鑑長編》卷四《乾德元年》　［四月］丙午，以樞密直學士、户部侍郎薛居正權知朗州。賜湖南民今年茶税。禁峽州鹽井。

又卷五《乾德二年》　［秋八月］辛酉，初令京師、建安、漢陽、蘄口並置場榷茶。自唐武宗始禁民私賣茶，自十斤至三百斤，定納錢決杖之法。於是令民茶折税外悉官買，民敢藏匿而不送官及私販鬻者，沒入之。計其直百錢以上者，杖七十，八貫加役流。主吏以官茶貿易者，計其直五百錢，流二千里，一貫五百及持仗販易私茶為官司擒捕者，皆死。自唐武宗以下至皆死，並據本志，當在此年，今附見榷茶後。

又卷一七《開寶九年》 ［冬十月］先是，茶鹽榷酤課額少者，募豪民主之，民多增額求利，歲或荒歉，商旅不行，至虧失常課，乃籍其資產以備償。於是詔以開寶八年額為定，勿輒增其額。

又卷一八《太平興國二年》 ［春正月］初江南諸州官市茶十分之八，餘二分復稅其什一，然後給符，聽其貨鬻，商人旁緣為姦，踰江涉淮，頗紊國法。轉運使樊若冰請禁之，仍增所市之直以便民。

又 ［春二月］有司言：『江南諸州榷茶，準敕於緣江置榷貨諸務。百姓有藏茶於私家者，差定其法，著於甲令，匿而不聞者，許鄰里告之，賞以金帛，咸有差品。仍於要害處縣法以示之。』詔從其請。凡出茶州縣，民輒留及賣鬻計直千貫以上，黥面送闕下，婦人配為鐵工。民間私茶減本犯人罪之半。榷務主吏盜官茶販鬻，錢五百以下，徒三年；三貫以上，黥面送闕下。茶園戶輒毀敗其叢株者，計所出茶，論如法。

又卷四七《咸平三年》 ［夏四月］初，供備庫副使李允則知潭州，將行，上召謂曰：『朕在南衙，畢士安道卿家世，今以湖南屬卿。』允則始至州，大火，民無居舍，多凍死。允則亟取官竹假民為屋，及春而償，民無流徙，官用亦不乏。初，馬氏暴斂，州人歲出絹，謂之地稅。及潘美定湖南，計屋每間輸絹丈三尺，謂之屋稅。營田戶給牛，歲輸米四斛，牛死猶輸，謂之枯骨稅。民輸茶，初以九斤為一大斤，後益至三十五斤。允則請除三稅，茶以三十斤半為定制。又山田可以蒔禾，而民惰不耕，乃下令月給馬芻皆輸本色，由是山田悉墾。會歲饑，欲發官廩先賑而後奏，轉運使以為不可，允則曰：『須報必踰月，則飢者無及矣。』不聽。明年又饑，復欲先賑，轉運使固執不可，允則請以家貲為質，乃得發廩賤糶。因募饑民堪征役者隸軍籍，得萬人，轉運使請發所募兵禦邵州蠻，允則曰：『今蠻不擾，無名益戍，是長邊患也。且兵皆新募，飢瘠未任出戍。』遂奏罷之。於是，民列允則治狀，詣安撫使者請留，使者以聞，詔書嘉奬。及召還，連對三日，上曰：『畢士安不謬知人矣。』本傳謂安撫使乃陳堯叟，以咸平二年三月安撫廣東、西，不及湖南，或是往還經湖南耳。又今年正月，堯叟方如陝西體量，恐此奏或非堯叟也。又按實録但稱吏民請留允則及嵐州張允正，不云安撫使奏，今姑從允則傳，但沒使者姓名。蠲牛稅在四年八月丙午，今并書。允則召還，當考其年月。

又卷八〇《大中祥符六年》 ［春正月］庚子，詔自今凡更定刑名、邊防軍旅、茶鹽酒稅等事，並令中書、樞密院參詳施行，以上封者言二府命令互出，或有差異故也。

令審刑院、大理寺、三司詳定配隸法。既而取犯茶、鹽、礬、麴，私鑄錢，造軍器，市外蕃香藥，挾銅錢、誘漢口出界，主吏盜貨官物，夜聚為妖等十二條，悉減從輕焉。

又 夏四月甲子，三司定監買茶場官賞罰之式，凡買到入算茶及租額，遞年送榷務，交足而有羨餘者，即理為課績。其不入算者，雖多不在此限。

又卷八六《大中祥符九年》 ［春二月］庚辰，上謂輔臣曰：『提舉諸司庫務藍繼宗言，榷貨務去年茶引錢一百五十萬緡，比新額殆虧十萬緡。』丁謂曰：『比遞年及新額雖少，比未改法則利且倍矣。自大中祥符已後，歲及二百萬緡，六年至三百萬緡，七年又增九十萬緡，故八年止有此數。然以今年正月比去年，已贏三十萬緡。由是校之，改法非不便也。』翌日，中書復以三司歲校茶利數聞，上曰：『從初歲利幾何？至於前代，與今孰多？』王旦等曰：『元和國計，茶稅歲不過四十萬緡。朝廷自克復江、浙，總山場榷務，共獲錢四百餘萬緡。太平興國初，並實錢也。自後，西北急於軍糧，入中之際，添估加耗，入粟之地，與出茶之區，不相應會，以是實直盡為虛錢。舊法弊極，難於行用，故須改法。今若守而不變，則三百萬緡歲利可以不失。』本志以王旦對上語並出丁謂，今從實録。

又卷一〇〇《仁宗天聖元年》 ［春正月］丁亥，詔曰：『三路軍儲，出於山澤之利。比聞移用不足，二府大臣，其經度之。』乃命三司使李諮、御史中丞劉筠、入内副都知周文質、提舉諸司庫務王臻薛貽廓及三部副使較茶、鹽、礬稅歲入登耗，更定其法。遂置計置司，實録丁亥日同。以樞密副使張士遜、參知政事呂夷簡魯宗道總之。

計置司首考茶法利害，奏言：『十三場茶，歲課緡錢五十萬，天禧五年纔及緡錢二十三萬。每券直錢十萬，鬻之，售錢五萬五千，總為緡錢實十三萬，除九萬緡為本錢，歲纔得息錢三萬餘緡，而官吏廩給不與焉。是則虛數雖多，實用殊寡。』因請罷三稅，行貼射之法。其法以十三場茶買賣本息併計其數，罷官給本錢，使商人與園戶自相交易，一切定為中

估，而官收其息。如鬻舒州羅源場茶，斤售錢五十有六，其本二十有五，官不復給，但使商人輸息錢三十有一而已。《實録》三月辛卯，《會要》同。然必輦茶入官，隨商人所指而予之，給券為驗，以防私售，故有貼射之名。若歲課貼射不盡，則官市之如舊。園户過期而輸不足者，計所負數如商人入息。會要。舊輸茶百斤，益以二十斤至三十五斤，謂之耗茶，亦皆罷之。實録二月。其入錢以射六務茶者，如舊制。

先是，天禧中，詔京師入錢八萬給海州、荆南茶，入錢七萬四千有奇給真州、無為、蘄口、漢陽，并十三場茶，皆直十萬，所以饒裕商人；而海州、荆南茶善而易售，商人願得之，故入錢之數厚於他州。其入錢者，聽輸金帛十之六。至是，既更十三場法，又募入錢六務，而海州、荆南增為八萬六千，真州、無為、蘄口、漢陽增為八萬。會要三年五月。商人入芻粟塞下者，隨所在實估，度地里遠近增其直。以錢一萬為率，遠者增至七百，近者三百，給券，至京師，一切以緡錢償之，謂之見錢法；願得金帛若他州錢，或茶鹽、香藥之類者聽。實録五月甲子。大率使茶與邊糴，各以實錢出納，不得相為輕重，以絶虚估之弊。朝廷皆用其説。李諮等新立見錢法，實録分載數處，今悉從本志，就正月癸未初命官日并書之。朝廷用其説，乃三月辛卯，今亦并書。實録分載，有詳有略，今參以會要，則本志所去取蓋得之，不可不從也。

又　國朝惟川峽、廣南茶聽民自買賣，禁其出境，餘悉榷，犯者有刑。在淮南則蘄、黄、廬、舒、壽、光六州，官自為場，置吏總之，謂之山場者十三，六州採茶之民皆隸焉，謂之園户，歲課作茶，輸其租，餘官悉市之。其售於官，皆先受錢而後入茶，謂之本錢。又有百姓歲輸税者，亦折為茶，謂之折税茶。總為歲課八百六十五萬餘斤，其出鬻皆就本場。在江南則宣歙江池饒信洪撫筠袁十州、廣德興國臨江建昌南康五軍，兩浙則杭、蘇、明、越、婺、處、溫、台、湖、常、衢、睦十二州，荆湖則荆潭澧鼎鄂岳歸峽八州、荆門軍，福建則建、劍二州，歲如山場輸租折税，餘則官悉市而斂之。總為歲課，江南千二十七萬餘斤，兩浙百二十七萬九千餘斤，荆湖二百四十七萬餘斤，福建三十九萬三千餘斤，皆轉輸要會之地，曰江陵府，曰真州，曰海州，曰漢陽軍，曰無為軍，曰蘄州蘄口，為六榷貨務。凡民鬻茶者皆售于官，其以給日用者，謂之食茶，出境則給券。商賈之欲貿易者，入錢若金帛京師榷貨務，以射六務、十三場茶，給券，隨所射與之，謂之交引。願就東南入錢若金帛者聽，入金帛者計直予茶如京師。凡茶入官以輕估，其出以重估，縣官之利甚溥，而商賈轉賣於西北以至散於夷狄，其利又特厚焉。縣官鬻茶，歲課緡錢，雖贏縮不常，景德中至三百六十萬餘，此其最厚者也。

又　〔春三月〕辛卯，始行淮南十三山場貼射茶法。茶法已具正月癸未初命官時，今從本紀特書此，以表事始。

又卷一九一《嘉祐五年》　〔春三月〕甲午，詔三司：『河東路羅糧草，舊支一分見錢三分茶，自今並以見錢給之。』四年二月己巳弛茶禁，不應此時尚有茶以羅糧草，當考。

又　己巳詔書既弛茶禁，論者猶謂朝廷志於便人，欲省刑罰，其意良善。然茶户困於輸錢，而商賈利薄，販鬻者少，州縣征税日蹙，經費不充。知制誥劉敞、翰林學士歐陽修頗論其事，敞疏云：

古人有言：『利不百，不變法。』蓋言立事之難也。朝廷變更茶法，誠欲便百姓，阜國用而已。自變法以來，由東南來者，更言不便。徒以初詔不欲人立異，故一切緘默，莫敢正言。其大要以謂先時百姓之摘山者，受錢於官，而今也顧使之納錢於官，受納之間，利害百倍。先時百姓冒法販茶者被罰爾，今悉均賦於民，賦不時入，刑亦及之，是良民代冒法者受罪，子子孫孫未見其已。先時大商富賈為國貿遷，而州郡收其税，今大商富賈不行，則税額不登，且乏國用。此三者最其害也。或以謂法遂不變，則中家必困，小家必流，若因緣驅逼，起為盜賊，甚非國家之利也。臣愚欲乞申敕有司，益采輿議，且收格前詔，極論可否。若朝廷能槩然復三代之舊風，捐山澤之末禁，則乞一弛茶法，恣民勿問。設為國用尚繁，利源未可悉除，猶當擇其利害，變而通之，使公私兩濟，若求益反損，求利反害，臣恐東南數十州之民，由此而困，則所謂『利不百，不變法』者也，未知其可。

臣暗於時事，不足以商功利。然耳之所聞，心之所疑，不敢不陳。望朝廷因臣之言，以求便國惠民之策。至於細意委曲，臣亦不能盡也。修疏云：

朝廷近改茶法，欲救其弊失，而為國誤計者，不能深思遠慮，究見本

末，惟知圖利而不圖其害。方一二大臣鋭於改作之時，樂其合意，倉卒輕信，遂決而行之。令下之日，猶恐天下有以為非者，遂直詆好言之士，指為立異之人，峻設刑名，禁其論議。事既施行，而人知其不便者十蓋八九。然君子知時方厭言而不肯言，小人畏法懼罪而不敢言。今行之踰年，公私不便，為害既多，而一二大臣以前者行之太果，令之太峻，勢既難回，不能遽改。而士大夫能知其事者，但騰口於道路，而未敢顯言於朝廷。幽遠之民日被其患者，徒怨嗟於閭里，而無由得聞於天聽。陛下聰明仁聖，開廣言路，從前容納，補益尤多。今一旦下令改事，先為峻法，禁絶人言，中外聞之，莫不嗟駭。語曰：『防民之口，甚於防川，川壅而潰，傷人必多。』今壅民之口已踰年矣，民之被患者亦已眾矣，古不虚語，於今見焉。

臣亦聞方改法之時，商議已定，猶選差官數人，分出諸路，訪求利害。然則二三大臣不惟初無害民之意，實亦未有自信之心。但所使之人見朝廷必欲更改，不敢沮議，又志在希合，以求功賞，傳聞所至州縣，不容吏民有所陳述，直云：『朝廷意在必行，但要一審狀爾。』果如所傳，則誤事者在此數人。蓋初以輕信於人，施行太果，今若明見其害，救失何遲？患莫大於遂非，過莫深乎不改。臣於茶法本不詳知，但外論既喧，聞聽漸熟。古之為國者，庶人得傳言於朝，正為此也。

臣竊聞議者謂茶之新法既行，而民無私販之罪，歲省刑人甚多，此一利也。然而為害者五焉：民舊納茶税，今變租錢，一害也；小商所販至少，大商絶不通行，二害也；茶税不登，頓虧國用，三害也；往時官茶，容民入雜，故茶多而賤，今民自買賣，須要真茶，真茶不多，其價遂貴，四害也；河北和糴，實要見錢，不惟商旅得錢艱於移用，兼自京師歲歲輦錢於河北，理必不能，五害也。一利不足以補五害，今雖欲減放租錢以救其弊，此特寬民之一端爾，然未盡公私之利害也。

望詔主議之臣不護前失，深思今害，黜其遂非之心，無襲弭謗之跡，除去前令，許人獻説，亟加詳定，精求其當，庶幾不失祖宗之舊制。是時，朝廷方排眾論而行之，敞等雖言，不聽也。及治平中，歲入臘茶四十八萬九千餘斤，散茶二十五萬五千餘斤，茶户租錢三十二萬九千八百五十五緡，又儲本錢四十七萬四千三百二十一緡，而内外總入茶税錢四十九萬八千六百緡。史臣曰：推是可見茶法得失矣。『及治平』至『得失矣』並用本志修入，三項錢總一百三十萬二千七百八十六緡。龔鼎臣《東原録》云：歐陽永叔與劉原甫言新定茶法不便，乞别立法，富鄭公前上言：『近罷榷茶，改一百餘年之弊法，不能無些少未便處，須略整齊可矣。譬猶人大病方愈，須用粥食、湯藥補理，即漸平復矣。』上頷之。修、敞論改法非便，他書並不載，君、相當時不從之説，惟鼎臣記此，今附注云。

又卷二三六《熙寧五年》 先是，上批付王安石：『聞市易買賣極苛細，市人籍籍怨謗，以為官司浸淫盡收天下之貨自作經營。可指揮，令只依魏繼宗元擘畫施行。』於是，安石留身，白上曰：『陛下所聞必有事實，乞宣示。』上曰：『聞榷貨賣冰，致民賣雪都不售。』安石曰：『賣冰乃四園苑，非市易務。』上曰：『又聞買梳朴即梳朴貴，買脂麻即脂麻貴。』安石曰：『今年西京及南京等處水脂麻不熟，自當貴，豈可責市易司？若買即致物貴，即諸物當盡貴，何故脂麻獨貴？賣梳朴者，為兼并所抑，久留京師，乃至經待漏乞指揮，臣諭令自經市易務，此事非中所管。尋問呂嘉問，才買梳朴，兼并即欲依新法占買，嘉問乃悉俵與近下梳鋪，此所以通利商賈，抑兼并，榷估市井。元立法意政為此，不知更有何事？』上曰：『或云呂嘉問少年不練事，所置勾當人盡姦猾，嘉問不能檢察。』安石曰：『在京師官司，若寤寐飲食不忘職事，又能曉達事情如呂嘉問，即朝廷可以無事，所置勾當人如沈可道、孫用勤，若不收置務中，即必首為兼并害法，今置之務中，所謂御得其道，狙詐咸作使也。今兼并把持條貫，伺市易之隙者甚眾，若違法抑勒百姓，豈肯已？』上曰：『又聞立賞錢捉人不來市易司買賣。』安石曰：『此事尤可知其妄。呂嘉問連日或數日輒一至臣處為事。初，臣要見施行次第，若有牓如此，臣無容不知，若不出牓，如何脅得商賈？果有此事，則是臣欲以聚斂誤陛下，相與為蔽欺。陛下當知臣素行不至此汚下，若臣不如此，即無緣有此事。』上曰：『卿固不如此，但恐所使令未體朝廷意，更須審察。』安石曰：『此事皆有跡，容臣根究勘會，別具聞奏。呂嘉問見今買賣，亦輒取問客旅、牙行人，自來買賣與今來市易務買賣利害何如，各令供狀，即見行新法利害。既有文狀，即事皆可覆案。陛下未能昭然，即不妨覆

案。今為天下立法，固有不便之者。陛下初欲更法度，先措置宗室條貫，非但宗室所不便，前後兩省內臣以至大宗正司管勾所公人并官媒之類皆失職。既而修倉法，即自來說綱行財之人又皆失職。既而修左藏、內藏庫法，即說綱行財之人又皆失職，在掖門外僦舍幾為之空，以自來說綱行財人力不能復據要便處僦舍故也。既而又修三班、審官東西院、流內銓法，即自來書鋪計會差遣行財之人又皆失職。今修市易法，即兼并之家，以至自來開店停客之人并牙人，又皆失職。兼并之家，如茶一行，自來有十餘户，若客人將茶到京，即先饋獻設燕，乞為定價，此十餘户所買茶更不敢取利，但得為定高價，即於下户倍取利以償其費。今立市易法，即此十餘户與下户買賣均一，此十餘户所以不便新法造謗議也。臣昨但見取得茶行人狀如此，餘行户蓋皆如此。然問茶稅，兩月以來倍增，即商旅獲利可知。不知為天下立法，要均天下之利，立朝廷政事；要使兼并游惰姦人、侵牟食力之人以自利如故？若均天下之利，立朝廷政事，即凡因新法失職者皆不足恤也。又如保甲，誠足以除盜賊，便良民。前日曾進呈襄邑一縣未立保甲以前八月之間，強、竊盜各二三十火，強、竊盜其侵害驚恐良民，可謂甚矣。假令保甲未能無擾，當未如頻遇盜竊之苦，然此法行，即自來為盜及藏盜皆所不便，不便即架造扇搖，無所不至。天錫陛下聰明曠絕，如拔王韶於選人以治邊，韶材果可以治邊；拔程昉於近習以治河，昉果可以治河，乃天錫陛下聰明曠絕也。然韶屢見疑沮，幾為讒誣所廢；昉盡力公事，而陛下乃用讒說，謂其所舉人有私。此則陛下雖有曠絕之聰明，而每為小人所蔽，不能稱天所以錫陛下之資。』上笑。安石又曰：『陛下好惡不明，容長小人大過，若欺誣有狀終不治，此人所以敢為欺誣，無所畏憚也。陛下欲廣聰明，故博延人言，臣不知陛下以謂博延欺誣即能廣聰明，博延忠信然後能廣聰明？』上曰：『固欲其忠信也。』安石曰：『今忠信者極少，欺誣者極多，此事不可責人，陛下正當自反。欺誣既眾，而陛下不忍有所懲；忠信既少，而陛下每惑於欺誣而深求其失，則人臣自非本性篤於仁義，孰肯不相朋比為欺誣而欲獨為忠信？凡今欺誣眾而忠信少，乃是陛下致其如此，不可以責人臣也。』

又 卷二八四《熙寧十年》［秋九月］癸亥，以屯田郎中、侍御史周尹提點荊湖北路刑獄。先是，尹上言：『成都府路置場榷買諸州茶，盡以入官，最為公私之害。初，李杞行敝法，奪民利未甚多，故為患稍淺，及劉佐攘代其任，增息錢至倍，無他方術，惟割剝於下，而人不聊生矣。大抵在蜀則園户所苦，壓其斤兩，支錢侵其價直；在熙、秦州則官價太高，而民間犯法不可禁止，又搬運不逮，糜費步乘，堆積日久，風雨損爛，棄置道左，同於糞壤。兼所至不通客旅，惟資無賴小民結連羣黨，持仗私販，虧失征稅。茶司認虛額，又侵盜相繼，刑罰日滋，致數千里之害，可為深慮。臣頃在京師，傳聞其事，既未詳盡，安敢輕議。今受命入蜀，所至體問，乃知買茶為害甚鉅，有知彭州呂陶、知蜀州吳師孟等論奏可以參驗。往者，杞、佐繼陳苛法，即信用其言，曾不略加參考。今議者條其刓蠹，悉皆明白，未即采聽，何勇於興利而怯於除害乎？臣願敕有司速究榷茶之弊，俯徇眾論，寬西南之慮。』

又曰：『竊詳朝廷之意，未欲遽罷茶禁者，必以熙河路買馬年計，茶最為急耳。但通商之後，舊來諸路茶稅，年額錢總二十九萬餘緡，先已復故，即可委諸路轉運司一面管認赴熙河路外，有見今官茶，所在州縣堆積極多，足支數年買馬，自今商旅販秦州、熙河路茶，必能有備。臣體問廢罷改革事，皆商旅所願，望速下本路逐處根究，臣之所陳有實，即乞罷榷茶之法，許通商買賣，以安遠方。』尹還，未至都而有是命。呂陶奏已附五月二十一日，吳師孟奏當考。今師孟墓誌亦不載此。本志云：是時，蜀人侍御史周尹以非茶法，罷之。

又 利州路轉運司言：『乞廢罷茶場司，許依舊通商。令四路封樁每年茶稅并客人貼納歇駄錢，年終具數，依茶場司所收息錢變轉金帛，助熙河路博馬。』詔提舉茶場李稷比較以聞。元豐元年五月甲戌，張宗諤、張升卿坐責。朱本并入明年五月甲戌，今依新本復存之。

又 卷三六六《元祐元年》［春二月］詔户部郎中黃廉按察川路茶法，具利害以聞。兼體量蒲江鹽井利害，行狀有此，合增入。

先是，劉摯言：

臣伏睹陛下即位聽政以來，喜與天下休息於治安，凡法令之弗宜於民者，疏通損益之；官吏之弗良於政者，罷免放黜之。中外欣戴，人人如被大賚。然事猶有在遠方重地為害尤甚者，則河北、江、湖之鹽法，福

建川蜀之茶禁是也。數路之害同，而河北、江、湖、福建已蒙朝廷遣使廉治之，獨蜀之茶害，未聞詔旨。

臣竊嘗博訪於知其事者，槩得其説曰，蜀地陋而陿，茶之所出不過數十州而已。始時人賴以為生，今茶司盡榷而市之。大約園户有茶一本，而官市之額，已至數十斤矣。官所給錢，糜耗於公者，名色不一，如預借息錢、驗引頭子錢、稅錢之類，費用常以過半。每歲春，官司預以券給借錢糧，必以牙儈保任之，及輸入之日，驗引交稱，又牙儈主之，故其費於牙儈者，又不知幾何。則是於園户，名為平市而實奪之也。園户有逃以免者，有投死以免者，已而，其害猶及鄰伍。欲伐茶則有禁，欲增植則加市，故其俗論謂地非生茶也，地實生禍也。茶場司以茶為息，始者息一出於茶也，其後市之價愈下，取之息愈多，園户不勝為之也，故作茶日少，裁足以應官額而已。於是主茶息者議不獨賴茶，而又為博易以充之也。博易之事，他貨百物，貿販苛刻，錐刀瑣屑，無不為者，依茶為名，通曰『茶息』。商税務坐視漏失歲課，而不敢有所論也。至於商賈請算者，平時便私散之州郡茶地，今則一集於成都一都場，高其估以與之，又總計平時所之州郡遠近道里之費入之。故都場之取息又如此，商旅之所以難行也。官吏以息為功，以功第賞，既進官減年矣，又以息額之餘錢，使與胥吏牙儈分取入己，曰用市易法也。市易之賞，固非法也，然其取息猶曰『與民和市』。而茶之取息，一用嚴刑重禁網羅致之，亦為功異矣，奈何均用一法賞之也？今一任有分錢，少者至數千緡，而減年磨勘至有三十餘年者，此何理哉？法亦可謂敝矣！而朝廷遣使未之及者，豈非以蜀之茶法與熙河蘭會之經制相為用者歟？蜀茶之利，以給熙河蘭會者天下十之三。熙河蘭會之費不止，而蜀茶之害未可息也。然熙河蘭會之費，今昔宜有不同。昔者事邊之外，前有王韶，後有李憲，提兵革財用之大權，朝廷捐金帛市租，莫知紀極，聽其自用，不領於有司，無所會計。非徒私二家也，於是依倚苟合之客，圖功興事，以利相市之徒，公取公予，莫見其跡。則熙河蘭會大費外，又有以泄之者如此也。今既制之於有司，無二人者之横蠹，若又於邊計外，凡冗名濫費，一切大為之節約，則蜀之茶雖未可以弛其禁，而所謂十之三者殆必可損矣。伏望聖慈選遣使者，考茶法之敝欺者，會計緣茶公家之所費與實息之數，大減歲市之額；稍增斤直之價，削納茶無名之錢，以完養園户；裁官吏之員、牙儈之數，以省冗給；罷息賞之濫、分錢之敝，以革欺倖，而以其事與轉運司通治之：如此，則蜀民之困苦庶乎可以蘇也。臣待罪言路，既有得於人之言，敢不亟以聞？然此其大略，至於利害纖悉，則願敕使者詳究焉！黄廉行狀。可增入六月二十八日陸師閔罷時，四月二十五日蘇轍云云，五月四日差杜紘，六月二十八日陸師閔罷。

又　右司諫蘇轍言：臣伏見朝廷近罷市易事，不與商賈爭利，四民各得其業，欣戴聖德，無有窮已。惟有益、利、鳳、熙河等路茶場司，以買賣茶虐四路生靈。又茶法影蔽市易販賣百物，州縣監司不敢顧問，為害不細，而朝廷未加禁止。臣聞五代之際，孟氏竊據蜀土，國用褊狹，始有榷茶之法。及藝祖平蜀之後，放罷一切横斂，茶遂無禁，民間便之。其後，淳化間侔利之臣始議掊取，大盜王小波、李順等因販茶失職，窮為剽劫，凶燄一扇，而蜀之民肝腦塗地，久而後定。自後朝廷始因民間販賣，量行收税，所取雖不甚多，而商賈流行，為利自廣。近歲李杞初立茶法，一切禁止民間私買，然猶所收之息止以四十萬貫為額，供億熙河。至劉佐、蒲宗閔提舉茶事，取息太重，立法太嚴，遠人始病，是時知彭州呂陶奏乞改法，只行長引，令民自販茶，每茶一貫長引錢一百，更不得取息。得旨依奏，民間聞之，方有息肩之望。又卻差孫迥、李稷入川相度，始擬極力掊取。因建言乞許茶價隨時增減，茶法既有增減之文，則取息依舊。由是息錢、長引二説並行，而民間轉不易矣！而稷等又益以販鹽布，乃能增額及六十萬貫。及李稷引陸師閔共事，又增額至一百萬貫。師閔近歲又乞於額外以一百萬貫為獻，朝廷許之。於是，奏乞於成都府置場，客旅無見錢買茶，許以金銀諸貨折博，遂以折博為名，多遣公人牙人公行拘攔民間物貨，入場賤買貴賣，其害過於市易。又以本錢質典諸物，公違條法，欺罔朝廷。蓋茶法始行至今，法度凡四變矣！每變取利益深，民益困敝。然供億熙河止於四十萬貫，其餘以供給官吏及非理進獻，希求恩賞。而害民之餘，辱國傷教，又有甚者？夫逐州通判，本以按察吏民，諸縣令佐亦以撫字百姓，而計算息錢，均與牙儈分利，至於監茶之官，發茶萬馱即轉一官，知縣減三年磨勘。國之名器輕以與人，遂使貪冒滋彰，廉恥不立，深可痛惜。又案盜賊之法，贓及二貫，止徒一年，出賞五貫。

今民有以錢八百私買茶四十斤者，輒徒一年，出賞三十貫。又遞鋪文字，事干軍機及非常盜賊，急脚遞日行四百里，馬遞日行三百里，違二日者止徒一年。今茶遞往還日行四百里，違一日輒徒一年。立法太深，苟以自便，不顧輕重之宜。蓋造立茶法皆傾險小人，不識事體，但以遠民無由申訴，而他司畏憚，不敢辨理，是以公行不道，自始至今十餘年矣。臣竊聞朝廷近日察知其弊，差官體量，然猶恐未知其詳，臣今訪聞稍得其實，謹具條件五害如左：其一曰：利、益路所在有茶，其間邛蜀彭漢綿雅洋等州、興元府三泉縣人户種茶為生，自官榷茶以來，以重法脅制，不許私賣，抑勒等第，高稱低估，遞年減價，見今止得舊價之半。乞委所差官取榷茶至今遞年所估價例對定，即見的實。茶官又於每歲秋成糶米，高估米價，強俵茶户，謂之茶本。假令米直八百錢，即依一貫支俵，仍勒出息二分。春茶既發，茶户納茶，又例抑半價，兼壓以大稱，所損有半，謂之青苗茶。元條園户茶一百斤許收十斤市例，内用一半入官，一半用饒潤客旅。今逐場一百斤收至二十餘斤，出利者往往卻偽作園户中茶，虚旁支出官錢入己，近者邛州嘗有此獄。又有數多陰與客旅商量，納賂不貲，指放出賣者。及至賣茶，本法止許收息二分，今多作名目，如牙錢、打角錢之類，至收五分以上，買茶商旅其勢必不肯多出價錢，皆是減價錢損園户，以求易售。又昔日官未榷茶，園户例收晚茶，謂之『秋老黄茶』，不限早晚，隨時出賣。榷茶之後，官賣止於六月，晚茶入官，依條毁棄，官既不收，園户須至私賣以陷重禁，此園户之害，一也。其二曰：川茶本法止於官自販，其茶法已陋，今官吏緣法為姦，遂又販布、販大寧鹽、販甆器等，并因販茶還脚販解鹽入蜀，所販解鹽仍分配州縣多方變賣，及折博雜物貨，為害不一，及近歲立都茶場，緣折博之法，拘攔百貨，出賣收息。其間紗羅皆販入陝西，奪商賈之利。至於買賣之餘，則又加以質當。去年八九月間，為成都買撲酒坊人李安典糯米一萬貫，每斗出息八錢，半年未贖，仍更出息二分。其他非法，類皆如此。今四方蒙賴聖恩，罷去市易抵當之弊，而蜀中茶官，獨因緣茶法潛行二事，使西南之民獨不蒙惠澤，此平民之害，二也。其三曰：昔官未榷茶，陝西商旅皆以解鹽及藥物等入蜀販茶，所過州軍已出一重税錢，及販茶出蜀，兼帶蜀貨，沿路又復納税，以此省税增羨。今官自販茶，所至雖量出税錢，比舊十不及一，縱有商旅興販，諸處税務畏憚茶官，又利於分息取錢，例多欺詐，以税為息，由此省税益耗，假有作税錢上曆，歲終又不撥還轉運司，但添作茶官歲課，公行欺罔。訪聞元豐七年八月陸師閔劄子奏，茶司今年課利内有一項係茶税錢。又茶官違法販賣百物，商旅不行，非惟税虧，兼害酒課。蜀中舊使交子，惟有茶山交易最為浩瀚，今官自買茶，交子因此價賤，舊日蜀人利交子之輕便，一貫有賣一貫一百者，近歲止賣九百以上。此省課之害，三也。其四曰：蜀道行於溪山之間，最號險惡，般茶至陝西，人力最苦。元豐之初，始於成都府路廂軍數百人貼鋪般運，不一二年死亡略盡，茶官遂令州縣和雇人夫，和雇不行，即差税户，其為騷擾，不可勝言。劉庠知永興日，有洋州般茶人，以疲勞不堪告訴，庠令取狀，在案判云：『候本府雇人般茶日呈。』後來永興即不曾雇人。後遂添置遞鋪，十五里輒立一鋪，招兵五十人，起屋六十間，官破錢一百五十六貫，益以民力，僅乃得成。今置百餘鋪矣。若二百餘鋪皆成，則是添兵萬人，衣糧歲費二十萬貫，見招填不足，旋貼諸州廂軍，逐州闕人，百事不集。又茶遞一人，日般運四馱，計四百斤餘，回車卻載解鹽，往還山行六十里，稍遇泥潦，人力不支，逃匿求死，嗟怨滿道。至去年八九月間，劍州劍陽一鋪人全然走盡，沿路號茶鋪為『納命場』，此遞鋪之害，四也。其五曰：陝西民間所用食茶，蓋有定數，茶官貪求羨息，般運過多，出賣不盡，逐州多虧歲額，遂於每斤增價俵賣與人。元豐八年，鳳州準茶官指揮，每茶一斤添一百錢，其餘州郡，準此可見。又茶法初行，賣茶地分於秦鳳、熙河，今遂東至陝府，侵奪蠟茶地分，所損必多，此陝西之害，五也。五害不除，蜀人泣血無所控告。臣乞朝廷哀憐遠民，罷放榷法，令細民自作交易，但收税錢，不出長引，止令所在場務，據數抽買博馬茶，勿失朝廷武備而已。如此則救民於網羅之中，使得再生，以養父母妻子，不勝幸甚。如朝廷以為陝西邊事未寧，不欲頓罷茶事，即乞先弛榷禁，因民販茶正税之外，仍收長引錢，一歲之入，不下數十萬貫。以見今長引錢數計之可見。而商旅通行，東西諸貨日夜流轉，所得茶税、雜税錢及酒課增羨，又可得數十萬貫。以未榷茶以前及榷茶後來年分，自蜀至陝西沿路酒税務歲課較之可見。而罷置茶遞，無養兵衣糧及官吏緣茶所費息錢、食錢之類，其數亦自不少，則榷茶可罷，灼然易見。若異日西邊無事，然後更罷長引錢，如舊税而止。然臣再詳師閔所營茶利，雖使之裒斂一一如數，止於二百萬貫，無復贏餘矣，若以前件茶引、茶税、

雜稅、酒課等錢約七八十萬貫折除，即止約有利一百二十餘萬貫，若更除茶遞，養兵衣糧及官吏緣茶所費約三四十萬貫，即是師閔百端非理淩虐細民，止得八十萬貫。前件兩項錢並且從小約計，故師閔所得利有八十萬貫，若依實計之，恐不得及此數矣。假令蜀中萬一稍有饑饉之災，民不堪命，起為盜賊，或如淳化之比，臣不知朝廷用兵幾何，費錢幾何，殺人幾何，可得平定？今但得七八十萬貫錢，置此不慮，臣竊惑也。兼臣訪聞陸師閔去年自成都府移治永興，仍取成都供給。有本府衙前楊日新者，為之賣酒，至十一月中，師閔自覺非法，始移牒永興、成都，止就用永興供給。其違法差衙前賣酒及多請過成都供給，即不曾舉覺，其貪冒無恥，一至如此，亦乞令所差官便行體量。如是情實，乞重行黜謫，以慰遠方積年之憤。

貼黃稱：『陸師閔久擅茶事，欺罔朝廷，奏請如意，為吏民所畏憚，若留在本職，雖特遣使命，恐必難以體量實害。欲乞先罷師閔職命。及利州路轉運使蒲宗閔昔同建議榷茶，曾竊冒恩賞，顯有妨礙，亦乞指揮不得同簽書體量事。所貴官吏不憂後害，敢以實告。舊録但於閏二月二日略載轍奏數語，新録因之，今具載此。

又 卷四七四《元祐七年》〔夏六月〕乙卯，詔：『諸路茶稅並專委提刑司管其稅務，毋得以茶稅錢更易作雜稅收附。其令本州通判及發運、轉運、提刑司覺察，仍許人告首。監官、專攔坐違制分故失定罪。若事由監官而專攔自能告首者免罪，外支賞錢三百貫文，以賣酒場錢充。』

又 卷四八九《紹聖四年》〔夏六月〕户部狀：『檢準治平二年三月四日中書劄子節文：三司奏，「欲應今日已前及今後客人批鈔茶稅錢，五分依元指定住賣去處，內荊湖南路販茶限一年八箇月，荊湖北路限一年六箇月，江南東路、兩浙、淮南限一年四箇月送納了足；餘五分，並與展限半年。如更有客人陳乞展限，從省司勾追勘斷。」奉聖旨：依。』本部看詳治平元立法意，已寬商旅，又立定不詳展限刑名，故拘收課入有準，不誤國計。元祐中，王巖叟奏請，只憑商旅以罷水磨茶剩數為說，更要展限，奏請不用祖宗已來條約。既送户部，亦不檢引元條申明，遂降指揮展限一季，顯見日限大寬，走失課入。兼自元祐二年沿此後來內外茶稅錢，本部置簿，每年春季違限，倍罰稅錢。今點檢簿內白脚未勾銷者一千七百四十三件；并已有銷了，卻使元送納處文字到省、部月日銷到者一千三百四十八件，既無元送納月日，則無以勾考違限。竊緣每年茶稅錢約七十餘萬貫，經今十年，失於檢察，更元祐中非理展限，恐官司上下別有情弊。今欲乞外處委提刑司、府界委提舉司選官一員，在京於本部選郎官一員，各一年取索照證文字驅磨施行。』尚書省勘會：元祐二年六月權展朝旨，係一時指揮，今來自不合行用外詔依户部所申。

宋 董煟《救荒活民書》卷下　貞元九年，鹽鐵使張滂奏：去歲水災減稅，用度不足，請稅茶以足之。自明年以往，稅茶之錢，令所在別貯。俟有水旱，以代民田稅。自是歲収茶稅錢四十萬緡，未嘗以救水旱。

煟曰：張滂初請稅茶，本欲別貯其錢，俟有水旱，代民田租。其建議非不善，德宗収稅錢後已不能行故。當時陸贄亦謂：歲収五十萬緡，未嘗以救水旱。比年榷貨務上言：茶鹽稅錢額二千萬緡，今每遇水旱，盍亦推原鹽茶之本意，少捐數十萬緡以濟之，可乎？

宋 章如愚《羣書考索後集》卷五六《財賦門・役類》　德宗建中三年，趙贊言常平倉廢三十年，請置之時，國用促迫，不能備常平之積。又議稅天下茶、漆，十取一，為常平本錢。

德宗時，韋倫請為義倉，以捍荒年。陸贄亦請，以户部茶稅錢均之諸道，穀麥熟則平糴，以義倉為名，無牟大利。

初，德宗之時，趙贊議稅天下茶、漆、竹、木，十取一以為常平本錢。奉天之幸，旋即悔罷。及正元中，張滂復奏，行之。然十才稅一，歲得錢不過四十萬緡耳。至穆宗時，王播增天下茶稅，率百錢增五十，鹽鐵使、户部分領之。李珏已言其不可。其後王涯置榷茶使，徙民茶樹於官場，焚其舊積，天下大怨。令狐楚代之，納榷加。武宗時，又增江淮茶稅，是時茶商所過州縣重稅，或掠奪舟車。崔珙之榻地錢，于悰之剩茶錢，公稅加重，私販益起，而罪有論死者矣。迨五代晉天福中，以百姓犯鹽禁，乃以食鹽錢於諸道，計户配之，作五等，自一貫以至二百。乃令人逐便興販，其後鹽貨頓賤，斤不上二十，於是又重置稅焉。《五代會要》張方平言，周世宗以河北鹽課均之兩稅，有鹽產錢。及仁宗時，王拱辰請榷河北鹽，方平以為再榷鹽也。宋茶鹽之禁，承五代嚴酷之餘，迨太祖肇興，日從寬簡。建隆之初，

首寬鹽禁，私犯者或更以輕典，僞蜀鹽價既高，特命減之以優民。開寶七年，有司請高湖南茶價，上以困民而弗許也，太平興國中，罷昌州虚額鹽萬八千餘斤。淳化中，許茶商於出茶處市茶，自江之南悉免其算。景德中，有司條制茶事過為嚴急，帝諭之，使裁損。又臣僚請於興元置榷茶場，帝以擾民而弗許。天聖七年，上言者請更議茶鹽之法。帝謂輔臣曰：茶鹽，民所食而強設法以禁之，致犯法者衆。但以贍養兵，京師經費尚廣。未能弛之耳國朝會要。慶曆三年，詔：議者多言天下茶、鹽坑冶之有遺利，朕懼開掊克之政，常抑而弗宣，慮有過取而傷者皇朝編年。嘉祐四年，詔山澤之利，與民共之。遣使就問，皆驩然願弛茶禁。歲入之課，以時上官。又於歲輸裁減，其數剗去禁條，俾通商利。皇祐中，詔三司解鹽通商，因范祥之議也合在嘉祐缺並《會要》。宋陳執中在西府，乞寬茶鹽之利。富弼在諫垣，乞弛茶鹽之禁。歐陽修在舘職，乞通茶鹽之法。

又《榷茶》 茶之有税，起於趙贊。茶之有榷，起於王涯。如王播、裴休皆主榷茶之議者，國家百年茶法之變，不知其幾。始嘗榷筦矣，又嘗行射帖矣，又嘗罷射帖而行交引矣，又嘗正三分法矣，十分茶價，四分給香藥，三犀象，其茶引别以二十一色《四朝志》。云茶法《皇朝編年》。及天聖元年改茶法，官收浄利，錢聽人户興販。自天聖以來屢易，至嘉祐始行通商，雖議者以為不便，然更法之意則主於優民也。東南數路皆通商，惟蜀中獨禁榷。崇寧中，蔡京大改茶法，仍舊禁榷，園户歲鬻於官，商人於榷貨務入納給引。咸平元年，茶引錢百三十九萬餘貫，五年六榷務十三場收茶引之息百四十萬餘緡。王安石曰：仁宗時茶法極弊，歲猶得九十餘萬貫。政和中收息至四萬貫有奇。

今日閩廣於官鬻，淮、浙、江、湖則通商。然則茶自嘉祐收浄利，均之茶户，輸之使自興販矣。而蔡京又復榷茶，此榷之又榷者也。河北鹽自五代均之税户而通商矣，章子厚復行榷鹽之法，此亦榷之又榷者也。宣和時淮南鹽利自千五百萬緡，今淮南鹽利亦同。

又《再考宋朝茶》 宋之茶，唯川、陝、廣南，茶聽民自買賣，禁其出境，餘悉榷，犯者有刑。淮南六州官曰為場十三，置吏以總之。黄州麻城場、蘄州洗馬場、石橋場、王琪場、壽州霍山場、麻步場、開順場、舒州羅源場、大湖場、光州商城場、子安場、光山場。六州採茶之民皆隸焉，謂之『園户』，其茶皆課。園户輸賣，或折税以備榷貨務。商旅等請，也在江南十州宣、歙、江、池、饒、信、温、撫、筠、表。江西五軍廣德、興國、臨江、建昌、南康，兩浙十二州蘇、杭、越、明、婺、處、温、台、湖、常、衢、睦，荆湖八州荆、潭、鼎、澧、鄂、岳、歸、峽，福建二州建、劍，其茶皆轉輸要會之地。其六道州軍皆榷務，或買或折。太祖乾德二年，詔在京、建州、漢、蘄口，各置榷貨務。五年始禁私賣。《筆談》。太宗太平興國二年，刪定禁法。淳化二年，許商賈就園户買茶，於官場貼射。始行貼射法。四年行交引法。罷貼射，又罷榷務。仁宗天聖元年，改三分法，復行貼射法。改淮南山場茶法，官不收買，聽人户興販，收浄利錢。其客旅聽於在京便見錢於所在給之。同上

嘉祐三年時，臘茶之禁尤嚴於己，陷罪者衆。茶法屢更，歲課日削，宰相陳通商之法，命即三司置局議之。四年，韓絳及三司言，宜納至和之後一歲之數，以民得息錢均賦茶民，恣其買賣，所在無算。後以賦茶户錢謂之租錢，與諸路本錢悉儲以待邊糴。自是，唯臘茶禁如舊，餘茶四行天下矣《續通鑑》。神宗元豐七年，福建路轉運副使王子京言，建州臘茶舊立榷法，遂權聽通商，自此茶户售客之茶甚良，官中所得唯常茶，税錢極微。南劍州亦出二十餘萬，欲盡買入官，度逐州軍民户多少及約隣路民用之數計置，即官場賣，嚴立告賞，禁建州賣私末茶。乞借豐國監分十萬緡為本。並從之。《長編》。始自熙寧七年至元豐八年增廣茶法，蜀道茶場四十一。京西路金州為場六，陝西賣茶為場三百三十二。熙寧七年，税息分四十萬緡。元豐五年，五十萬。七年，增羡至一百六十萬緡。詔定以百萬緡為歲額，除充官經費外，並儲陝西，以待詔用。《食貨志》。高宗紹興二十五年，言者請於產茶地分差官置場收買，庶免私販之患。上問宰執曰：今天下一歲茶利所入幾何。秦檜曰，都茶場三處，共得二百七十餘萬貫。上曰：比承平少，陝西諸路，其數止如此。《小曆》

又《交引》 太祖乾德二年，諸州民有茶附折税，外官悉市之。許民於京師輸金銀錢帛，官給券就榷務以茶償之。後以西北用兵，又募商人入中粟麥、竹木於邊郡。給文券，謂之交引。許就沿江榷務自請射茶郡，所入直十五六千至二十千即給券百千，謂之加檯。然商人入中者不知茶利，至京皆以茶引鬻於茶商。百千纔得二十餘緡，謂之實錢。輦下坐

賈遂專蓄交引以射利，謂之引鋪。歲月滋深，沿江茶務交引坌至，茶錢充給，計歲入新茶，三年不能償。其弊如此。迨至景德三年，邊陲罷守言事者，多言榷務非便，乃命鹽鐵使林特議更其法。特請依時價，官收交引。每茶價及百千者，官收實錢五十千。其執見交引至務者量，抽十之二。行之一年，真宗又命三司同較利害，特等請罷比較。茶法、商旅無疑惑。四年，特等以課增遷官。

又《茶課》 宋茶利除本外，净入錢榷。時取一年最中數，計一百九萬四千餘貫。咸平元年，一百三十九餘萬貫。始行交引時，諸州產茶幾一千百萬斤，別以二十一色。六榷務十三場收息百四十七萬緡。又云景德三年前，歲收錢七十三萬餘貫。自林特改法，官收交引，後行之三年，共收七百九萬貫。

又 卷五七《財賦門·茶鹽類·貼射法》 宋初，許商賈就園户置茶，於官場貼射，謂之貼射法。太宗淳化三年始行之，四年罷。仁宗天聖元年復行之，行之三年，利歸大商，乃詔孫奭議罷。皇祐三年，算依舊只用見錢。

又《罷茶貢》 咸平二年，每歲進茶並停罷。初，貢茶者三十餘州，馳數千里。有歲中再至者，上憫其勞擾，故罷之。《續通鑑》立三等茶法。陳恕為三司使，將立茶法，召茶商數十人，俾條利害，第為三等。副使宋太初曰：吾觀上等之説，利取太深，此可行於商賈，不可行於朝廷。下等固減裂無取，惟中等之説，公私皆濟，吾裁損之，可以經久。於是為三法，行之數年，貨賄流通。公用足而民富實。世言三司使之材，唯恕為稱首。後李諮為使，改其法而茶法浸失。後雖屢變，非恕之舊法也。《筆談》

又《算茶三説》 世稱陳恕為三司使，改茶法，歲計幾增十倍。予為三司使，攷之尚未盈舊額。世傳算茶有三説法者，便三説者，見錢為一説，犀牙、香藥為一説，茶為一説，此乃三分法。其沿邊入納糧草，其價折為三分，一分支見錢，一分折犀象雜貨，一分折茶。後又有非折鹽為四分法，皆非三説。予在三司，求得舊三説。博糴為一説，便糴為一説，直便為一説。以此，商人競逐趨争先，赴邊博糴，故邊粟常足，此良法也。沈存中《筆談》

又《立法便民》 太祖開寶七年，有司以湖南新茶庫重異於常歲，請高其價以鬻之。上曰：茶則善矣，無乃重困吾民乎。即詔：第復舊制，勿增價值。《寶訓》太宗太平興國二年，初，江淮諸州官市茶十分之八，餘二分復税其什一。然後給符，聽其貨鬻，商人旁緣為姦，踰江涉淮，頗紊國法。轉運使樊若水請禁之，仍增所市之直以便民。同上寬禁便民。真宗祥符九年，謂王旦曰：茶鹽之利，要使國用不損，民心和悦，卿宜熟思之。乃詔御史中丞凌策與三司同共定奪，務要茶園、鹽亭户不至辛苦，客旅便於興販，百姓得存食用。《編年》仁宗天聖元年三月辛卯，改淮南十三山場茶法。官不收置，聽人户興販，收净利錢。其客旅聽於在京入便見錢於所在給之。三年十一月己酉朔，罷貼射茶法。令河北沿存入中糧草，而給以見錢香茶三色交勾往十三茶場算茶。《編年》嘉祐三年，韓絳等詳定板行茶法。初，何鬲上疏言：今榷茶刑頗煩而不能禁。户以久官為置場務，而諸費出其中。顧歲入官之初，今請一切通商，收諸處净利所過往之税歸榷貨務，以還沿邊入中糧草之直。誠足以疏利源，寬民力。韓琦相寬卹民力，弛茶禁以便東南之人，愚民得無陷大罪。《言行録》哲宗元祐元年，户部言：案成都路茶場，止令產茶州縣元置場處，依未置都茶場日前任便販賣。從之。《長編》高宗紹興二年、七年，進呈王師心《劄子荆湖南北路乞改茶引事》。上曰：茶鹽禁榷，本為利用取須。若財賦有餘，則摘山煮海之利，朕當與百姓共之。《聖政》

《文獻通考》卷一四《征榷考一·征商關市》 德宗時，趙贊請諸道津會置吏閲商賈錢，每緡税二十，竹木茶漆税十之一，以贍常平本錢。帝納其策。屬軍用迫蹙，亦隨而耗竭，不能備常平之積。

又 開成二年十二月，武寧軍節度使薛元賞奏：『泗口税場，應是經過衣冠商客，金銀、羊馬、斛斗、見錢、茶鹽、綾絹等，一物已上並税。今商量其雜税物請停絶。』敕旨：『淮、泗通津，向來京國自有率税，頗聞怨讟。今依元賞所奏，並停其所置官司，所由悉罷。所有泗口税額，準徐泗觀察使今年前後兩度奏狀，内暨共得錢一萬八千五十五貫文。内十驛一萬一千三百貫文，委户部每年以實錢逐近支付，泗、宿二州以度支上供錢賜充本軍用，其他未贍，委在才臣，共息怨咨，以泰行旅。』

又 卷一五《征榷考二》 兵部侍郎李巽爲使，以鹽利皆爲度支，物無虚估，天下糶鹽税茶，其贏六百六十五萬緡。初歲之利，如劉晏之季

年，其後則三倍晏時矣。

又 元和十三年，鹽鐵使程异奏：「應諸州府先請置茶鹽店收税。伏準今年正月赦文，諸州府因用兵以來，或慮有權置職名及擅加科配，事非常制，一切禁斷者。

伏以榷税茶鹽，本資財賦，贍濟軍鎮，蓋是從權，兵罷自合便停，事久實爲重斂。

其諸道先所置店及收諸色錢物等，雖非擅加，且異常制，伏請準赦文勒停。」從之。

《宋史》卷一《太祖紀一》 ［乾德元年四月］丙午，免湖南茶税，禁陜州鹽井。

又卷三五《孝宗紀三》 ［淳熙五年］六月庚午，飭百官及諸監司毋得請托。乙亥，范成大罷。癸未，詔京西、湖北商人以牛馬負茶出境者罪死。甲申，詔翰林學士、諫議大夫、給事中、中書舍人、侍御史各舉堪御史者二人。以給事中錢良臣簽書樞密院事。己丑，罷諸州私置税場。減四川茶課十五萬餘緡。庚寅，蠲大理寺贓錢三萬九千餘緡。

又卷三六《光宗紀》 ［紹熙四年］八月丙申，蠲紹興丁鹽、茶租錢八萬二千餘緡。丁酉，罷郡縣賣沒官田。癸丑，詔三省議振恤郡縣水旱。丁巳，贈吳挺少保；其子曦落階官，起復濠州團練使、帶御器械。戊午，振江東、浙西、淮西旱傷貧民。

又卷四一《理宗紀一》 ［紹定二年］冬十月壬戌，詔台州水災，除民田租及茶、鹽、酒酤諸雜税，郡縣抑納者監司察之。

又卷一六五《職官志五·太府寺》 元豐官制行，始正職掌，置卿、少卿各一人，丞、主簿各二人。卿掌邦國財貨之政令，及庫藏、出納、商税、平淮、貿易之事，少卿爲之貳，丞參領之。凡四方貢賦之輸於京師者，辨其名物，視其多寡，別而受之。【略】貨之不售者，平其價鬻於平淮，乘時賒貸，以濟民用；若質取於官，則給用多寡，各從其抵。歲以香、茶、鹽鈔募人入豆谷實邊。即京都闕用物，預報度支。凡課入，以盈虧定課最、行賞罰。

又 建炎詔罷太府寺，以其所掌職務撥隸金部。紹興元年，復以章億守太府寺丞，措置印給茶鹽鈔引，續添置丞二員。

又 ［紹興］十一年，詔交引庫書押鈔引寺丞兩員。遇合推賞。各與減磨勘二年。尋詔三丞一體行之。隆興元年，併省主簿一員，明年如舊制，設案七，以序次分管。監交案，隨逐丞簿赴左藏庫監交看驗綱運錢物。

又卷一七三《食貨志上一》 建炎元年五月，高宗即位，命有司招誘農民，歸業者振貸之，蠲欠租，免耕牛税。三年，廣州州學教授林勳獻本政書十三篇，大略謂：「【略】非蠶鄉則布六尺，麻二兩，所收視綿絹倍之。行之十年，則民之口算，官之酒酤，與凡茶、鹽、香、礬之榷，皆可弛以予民。」其説甚備。尋以勳爲桂州節度掌書記。

又卷一七四《食貨志上二》 政和三年，河北西路提舉常平司奏：「所在地色極多，不下百數，及至均税，不過十等。第一等雖出十分之税，地土肥沃，尚以爲輕；第十等只均一分，多是瘠鹵，出税雖少，猶以爲重。若不入等，則積多而至一頃，止以柴蒿之直，爲錢自一百而至五百，比次十等，全不受税；既收入等，但可耕之地便有一分之税，其間下色之地與柴蒿之地不相遠，乃一例每畝均税一分，上輕下重。欲乞土色十等如故外，既十等之地再分上、中、下三等，折畝均數。謂如第十等地每十畝合折第一等一畝，即十等之上，受税十一，不改元則；十等之中，數及十五畝，十等之下，數及二十畝，方比上等受一畝之税，庶幾上下輕重皆均。」詔諸路概行其法。五年，福建、利路茶户山園，如鹽田例免方量均税。

又 ［紹興］七年三月，迨以贍軍錢粮令四路漕臣分認，而榷茶錢不用，蜀人不以爲是。九月，浚罷，榷貨務都茶場趙鼎爲尚書左僕射。十有一月，以直秘閣張深主管四川茶馬，迨請祠。

又 ［紹興］十一年正月，趙開卒。自金人犯陝、蜀，開職饋餉者十年，軍用無乏，一時賴之。其後計臣屢易，於開經畫無敢變更。然茶、鹽、榷酤、奇零絹布之征，自是爲蜀之常賦，雖屢經蠲減而害不去，議者不能無咎開之作俑焉。

又 ［紹興］二十六年，上以蜀民久困供億，詔制置蕭振、總領湯允恭、主管茶馬李澗、成都轉運判官許尹、潼川轉運判官王之望措置寬

恤，於是之望奏減四川上供之半。二十七年，用蕭振等言，減三川對糴米十六萬九千餘石，夔路激賞絹五萬疋，兩川絹估錢二十八萬緡有奇，潼川、成都奇零折帛疋一千；又減韓球所增茶額四百六十二萬餘斤，茶司引息虛額錢歲九十五萬餘緡。

又卷一七六《食貨志上四》［咸平］四年，陝西轉運使劉綜亦言：『宜於古原州建鎮戎軍置屯田。今本軍一歲給芻粮四十餘萬石、束，約費茶鹽五十餘萬，儻更令遠民輸送，其費益多。』

又卷一七九《食貨志下一》［乾德三年］先是，茶鹽榷酤課額少者，募豪民主之。民多增額求利，歲更荒儉，商旅不行，至虧常課，乃籍其貲產以償。太宗始詔以開寶八年爲額，既又慮其未均，乃遣使分詣諸州，同長吏裁定。凡左藏及諸庫受納諸州上供均輸金銀、絲帛暨他物，令監臨官謹視之。欺而多取，主稱、藏吏皆斬，監臨官亦重眞其罪。罷三司大將及軍將主諸州榷課，命使臣分掌。掌務官吏虧課當罰，長吏以下分等連坐。雍熙二年，令三分勾院糾本部陷失官錢，及百千賞以十之一，至五千貫者遷其職。

又［咸平元年］眞宗嗣位，詔三司經度茶、鹽、酒税以充歲用，勿增賦斂以困黎元。是時條禁愈密，較課以租額前界遞年相參。景德初，榷務連歲增羡，三司即取多收者爲額。帝慮或致掊克，詔凡增額比奏。上封者言：『諸路歲課增羡，知州、通判皆書曆爲課最，有虧者則無罰。』乃令諸路茶、鹽、酒税及諸場務，自今總一歲之課，合爲一，以額較之。有虧則計分數，知州、通判減監官一等科罰，州司典吏減專典一等論，大臣及武臣知州軍者止罰通判以下。

又卷一八一《食貨志下三》高宗紹興元年，有司因婺州屯兵，請椿辦合用錢，而路不通舟，錢重難致。乃造關子付婺州，召商人入中，執關於榷貨務請錢，願得茶、鹽、香貨鈔引者聽。於是州縣以關子充糴本，未免抑配，而榷貨務又止以日輸三分之一償之，人皆嗟怨。六年，詔置行在交子務。臣僚言：『朝廷措置見錢關子，有司寖失本意，改爲交子。官無本錢，民何以信？』於是罷交子務，令榷貨務儲見錢印造關子。二十九年，印公據、關子，付三路總領所：淮西、湖廣關子各八十萬緡，淮東公據四十萬緡，皆自十千至百千，凡五等。內關子作三年行使，公據二年，許錢銀中半入納。

三十年，户部侍郎錢端禮被旨造會子，儲見錢，於城内外流轉；其合發官錢，並許兑會子輸左藏庫。明年，詔會子務隸都茶場。

又［隆興五年］令行在榷貨務、都茶場將請算茶、鹽、香、礬鈔引，權許收换第一界，自後每界收换如之。其州縣諸色綱錢，以七分收錢，三分收會。九年，定捕造僞會之賞。

又乾道三年，收其會子印板。四年，以淮西總所關子二十萬，都茶場鈔引八十萬，付湖北漕司收换，輸左藏庫，又命降銀錢收之。

又嘉定五年，湖廣餉臣王釜，請以度牒、茶引兑第五界舊會，每度牒一道，價千五百緡，又貼搭茶引一千五百緡，方許收買，期以一月。

又天聖初，計置司議茶鹽利害，因言：『兩池舊募商人售南鹽者，入錢京師榷貨務。乾興元年，歲入纔二十三萬緡，視天禧三年數損十四萬。請一切罷之，專令入中並邊芻粟，及爲之增約束、申防禁，以絶私販之弊。』久之，復詔入錢京師，從商人所便。

又卷一八二《食貨志下四》寶祐元年，都省言：『行在榷貨務都茶場上本務場淳祐十二年收趁到茶鹽等錢一十一千八百一十五萬六千八百三十三貫有奇，比今新額四千萬貫增一倍以上，合視淳祐九年、十年、十一年例倍償之，以勵其後。』有旨依所上推賞。四年五月，以行在務場比新額增九千一百七十三萬五千九百一十二貫有奇，本務場並三省、户部、太府寺、交引庫，凡通管三務場職事之人，視例推賞，後以爲常。十有二月，殿中侍御史朱熠言：『近者課額頓虧，日甚一日。姑以眞州分司言之，見虧二千餘萬，皆由臺閫及諸軍帥興販規利之由。』於是復申嚴私販之禁。

又卷一八五《食貨志下七》淳化元年，有司言：『慈礬滯積，小民多於山谷僻奥之地私鬻侵利，而緑礬價賤，不宜與晉礬均法。』詔同犯私茶罪賞。先是，建隆二年，命左諫議大夫左諫議大夫。劉熙古詣晉州制置礬，許商人輸金銀、布帛、絲綿、茶及緡錢，官償以礬，凡歲增課八十萬貫。太平興國初，歲博緡錢、金銀計一十二萬餘貫，茶計三萬餘貫。端拱初，銀、絹帛二萬餘貫，茶計十四萬貫。至是，言者謂：『礬直酬以見錢，商人以陳茶入博，有利豪商，無資國用。』詔今後惟聽金銀、見

錢入博。

又 卷一八六《食貨志下八·商税》 皇祐中，歲課緡錢七百八十六萬三千九百。嘉祐以後，弛茶禁，所歷州縣收算錢。至治平中，歲課增六十餘萬，而茶税錢居四十九萬八千六百。

又 熙寧二年，制置三司條例司言：『天下財用無餘，典領之官拘於弊法，内外不相知，盈虚不相補。諸路上供，歲有常數。豐年便道，可以多致而不能贏；年儉物貴，難於供億而不敢不足。遠方有倍蓰之輸，中都有半價之鬻，徒使富商大賈乘公私之急，以擅輕重斂散之權。今發運使實總六路賦入，其職以制置茶、鹽、礬、酒税爲事，軍儲國用，多所仰給。宜假以錢貨，資其用度，周知六路財賦之有無而移用之。凡糴買税斂上供之物，皆得徙貴就賤，用近易遠。

又 卷二四七《趙子晝傳》 建炎四年，遷吏部員外郎。尋用大宗正士㒟薦，遷尚書左司員外郎，兼權貨務，歲收茶、鹽、香錢六百九萬餘緡，以功進秩一階。

又 卷二六七《張洎傳》 淮南榷貨務賣岳茶，斤爲錢百五十。主吏言陳惡者二十六萬六千餘斤，惟清擅減斤五十錢，不以聞。滁泗濠楚州、漣水軍亦以岳茶陳惡，減價市之。計虧錢萬四千餘貫，爲勾院吏盧守仁所發，左授衛尉少卿，黜判官李瑄爲本曹員外郎，賜守仁錢十五萬。俄出知廣州。至道初，就拜右諫議大夫。太宗聞其廉平，詔奬之。

又 卷二七〇《蘇曉傳》 蘇曉，字表東，京兆武功人。【略】乾德三年，出爲淮南轉運使，建議榷蘄、黄、舒、廬、壽五州茶，置十四場，規其利，歲入百餘萬緡。

又 卷二八六《王曙傳》 王曙字晦叔，隋東皋子績之後。世居河汾，後爲河南人。中進士第，再調定國軍節度推官。【略】坐舉進士失實，降監廬州茶税，再遷尚書工部員外郎、龍圖閣待制。

又 卷二九一《李若谷傳》 李若谷字子淵，徐州豐人。少孤游學，依姻家趙況於洛下，遂葬父母緱氏。舉進士，補長社縣尉。【略】改大理寺丞、知宜興縣。官市湖洑茶，歲約户税爲多少，率取足貧下，若谷始置籍備勾檢。

又 卷二九三《王禹偁傳》 王禹偁字元之，濟州鉅野人。世爲農家，九歲能文，畢士安見而器之。太平興國八年擢進士，授成武主簿。徙知長洲縣，就改大理評事。【略】太平興國中，增置通判、副使、判官、推官，而監酒、榷税算又增四員。曹官之外，更益司理。問其租税，減於曩日也；問其人民，逃於昔時也。一州既爾，天下可知。冗吏耗于上，冗兵耗于下，此所以盡取山澤之利，而不能足也。夫山澤之利，與民共之。自漢以來，取爲國用，不可棄也；然亦不可盡也。只如茶法從古無税，唐元和中，以用兵齊、蔡，始税茶。唐史稱是歲得錢四十萬貫，今則數百萬矣，民何以堪？臣故曰減冗兵，併冗吏，使山澤之饒，稍流於下者此也。

又 卷三〇九《秦羲傳》 秦羲字致堯，江寧人。世仕江左。【略】淳化中，又督洛南採銅。雷有終稱其有心計，遣監興國軍茶務。會楊允恭改茶鹽法，薦羲掌真州榷務，尋提點淮南西路茶鹽，得羨餘十餘萬，遂與允恭同爲江、淮制置，擢授閤門祗候，兼制置礬税。

又 卷三一五《韓億傳》 韓億字宗魏，其先真定靈壽人，徙開封之雍丘。【略】三司更茶法，歲課不登，億承詔劾之，由丞相而下皆坐失當之罰，其不撓如此。自薛奎後，億獨掌臺務者踰年。

又 卷三三二《陸詵傳》 熙寧末，李稷提舉成都路茶場，辟幹當公事；不三年，提舉本路常平，遂居稷職。在蜀茶額三十萬，稷既增而五之，師閔又衍爲百萬。稷死，師閔訟其前功，乞賜之土田。詔賜稷十頃，進師閔都大提舉成都、永興路榷茶，位視轉運使。又兼買馬、監牧，事權震灼，建請無不遂志，所行職事，他司莫預聞。茶禍既被於秦、蜀，又欲延荊、楚、兩河，神宗不許。

又 卷三三三《沈立傳》 沈立字立之，歷陽人。舉進士，簽書益州判官，提舉商胡埽。采摭大河事迹、古今利病，爲書曰河防通議，治河者悉守爲法。遷兩浙轉運使。蘇、湖水，民艱食，縣戒强豪民發粟以振，立亟命還之，而勸使自稱貸，須歲稔，官爲責償。茶禁害民，山場、榷場多在部内，歲抵罪者輒數萬，而官僅得錢四萬。立著茶法要覽，乞行通商法，三司使張方平上其議。後罷榷法，如所請；立召爲户部判官。

又 卷三五三《程之邵傳》 程之邵，字懿叔，眉州眉山人。【略】

元符中復主管茶馬，市馬至萬匹，得茶課四百萬緡。童貫用師熙、岷，不俟報，運茶往博糴，發錢二十萬億佐用度。連加直龍圖閣、集賢殿修撰，三進秩，爲熙河都轉運使。秦鳳出師，命之經制，即言已備十萬騎可食三百日矣。徽宗喜，擢顯謨閣待制。敵犯熙河，之邵攝帥事，屯兵行邊境，解去。俄得疾卒。方録功轉太中大夫，不及拜，贈龍圖閣直學士，官護喪歸。子唐，至寶文閣學士。

又 卷三六三《許景衡傳》 許景衡字少伊，溫州瑞安人。登元祐九年進士第。【略睦寇平，江、浙郡縣殘燬，而茶鹽比較之法如故。景衡奏：『茶鹽之法，當以食之衆寡爲歲額之高下。今收復之後，户版半耗，民力蕭然，而茶鹽比較不減於昔。民欲無困得乎？』奏上，詔兩浙、江東路權免茶鹽比較，賦平日仍舊。

又 卷三八五《葛邲傳》 葛邲字楚輔，其先居丹陽，後徙吳興。【略】除正言，首疏言：『盈虚之理，隱於未然；治亂之分，生於所忽。宜專以畏天愛民爲先。』又論：『征榷歲增之害，如輦下都税務，紹興間所趁茶鹽歲以一千三百萬緡爲額，乾道六年後增至二千四百萬緡。成都府一務，初額四萬八千緡，今至四十餘萬緡，通四川酒額遂至五百餘萬緡，民力重困。至若租税有定數，而暗耗日增，折帛益多，民安得不窮乎？願明詔有司，茶鹽酒税比原額已增至一倍者，毋更立新額，官吏不增賞，庶少蘇疲甿。』上特召，復令條陳，邲以六事對，皆切中時病。除侍御史，論救荒三事，累遷中書舍人。

又 卷三九二《趙汝愚傳》 趙汝愚，字子直，漢恭憲王元佐七世孫，居饒之餘幹縣。【略】瑞昌民負茶引錢，新舊累積，爲緡十七萬有奇，皆困不能償，死則以責其子孫猶弗貸。會新券行，視舊價幾倍蓰，崇憲歎曰：『負茶之民愈困矣。』亟請以新券一償舊券二，詔從之。蓋受賜者千餘家，刻石以紀其事。

《元史》卷七《世祖紀四》 〔至元八年九月〕癸未，詔忙安倉失陷米五千餘石，特免徵，仍禁諸王非理需索。詔以四川民力困弊，免茶鹽等課税，以軍民田租給沿邊軍食。仍敕：『有司自今有言茶鹽之利者，以違制論。』冬十月癸巳，大司農臣言：『高唐州達魯花赤忽都納、州尹張廷瑞、同知陳思濟勸課有效，河南府陝縣尹王仔怠於勸課，宜加黜陟，以示勸懲。』

又 卷一四《世祖紀一一》 〔至元二十三年三月〕丙子，大駕幸上都。詔行御史臺按察司以八月巡行郡縣。中書省臣言：『阿合馬時諸王駙馬往來餉給之費，悉取於萬億庫。後徵百官俸入以償，最非便。』詔在籍者除之勿徵。以榷茶提舉李起南爲江西榷茶轉運使。起南嘗言：『江南茶每引價三貫六百文，今宜增每引五貫。』

又 卷一八《成宗紀一》 〔元貞元年二月〕壬午，罷江南茶税，以其數三千錠添入江西榷茶都轉運司歲額。

又 卷二二《武宗紀一》 〔大德十一年十一月〕丁丑，中書省臣言：『前爲江南大水，以茶、鹽課折收米，賑饑民。今商人輸米中鹽，以致米價騰湧，百姓雖獲小利，終爲無益。臣等議，茶、鹽之課當如舊。』

又 卷二六《仁宗紀三》 〔延祐元年十一月〕癸未，敕江西茶運司歲課以二十五萬錠爲額。

又 卷三四《文宗紀三》 〔至順元年秋七月〕丙子，敕中書省、御史臺遣官詣江浙、江西、湖廣、四川、雲南諸行省，遷調三品以下官。命四川行省於明年茶鹽引内給鈔八萬錠增軍需，以討雲南。

又 卷九四《食貨志二・茶法》 〔至元十三年〕定長引短引之法，以三分取一。長引每引計茶一百二十斤，收鈔五錢四分二釐八毫。短引計茶九十斤，收鈔四錢二分八毫。是歲，徵一千二百餘錠。十四年，取三分之半，增至二千三百餘錠。十五年，又增至六千六百餘錠。【略】十七年，置榷茶都轉運司于江州，總江淮、荊湖、福廣之税，而遂除長引，專用短引。每引收鈔二兩四錢五分，草茶每引收鈔二兩二錢四分。十八年，增額至二萬四千錠。十九年，以江南茶課官爲置局，令客買引，通行貨賣。歲終，增二萬錠。【略】二十一年，廉運使言：『各處食茶課程，抑配于民，非便。』於是革之。而以其所革之數，於正課每引增一兩五分，通爲三兩五錢。二十三年，又以李起南言，增爲五貫。是年徵四萬錠。【略】二十六年，丞相桑哥增引税爲一十貫。

又 〔至元三十年〕每茶商貨茶，必令賷引，無引者與私茶同。引

之外，又有茶由，以給賣零茶者。初，每由茶九斤，收鈔一兩，至是自三斤至三十斤分爲十等，隨處批引局同，每引收鈔一錢。

又　元貞元年有獻利者言：『舊法江南茶商至江北者又税之，其在江南賣者，亦宜更税，如江北之制。』於是朝議復增江南課三千錠，而弗税。是年凡征八萬三千錠。至大元年，以龍興、瑞州爲皇太后湯沐邑，其課入徽政院。四年，增額至一十七萬一千一百三十一錠。皇慶二年，更定江南茶法，又增至一十九萬二千八百六十六錠。延祐元年，改設批驗茶由局官。五年，用江西茶副法忽魯丁言，立減引添課之法，每引增税爲一十二兩五錢，通辦鈔二十五萬錠。七年，遂增至二十八萬九千二百一十一錠。

又　卷九七《食貨志五·茶法》　至元二年，江西、湖廣兩行省具以茶運司同知萬家閭所言添印茶由事，咨呈中書省云：『本司歲辦額課二十八萬九千二百餘錠。除門攤批驗鈔外，數内茶引一百萬張，每引十二兩五錢，共爲鈔二十五萬錠。末茶自有官印筒袋關防，其零斤草茶由帖，每年印造一千三百八萬五千二百八十九斤，該鈔二萬九千八十餘錠。【略】茶引一張，照茶九十斤，客商興販。其小民買食及江南産茶去處零斤採賣，皆須由帖爲照。春首發賣茶由，至於夏秋，茶由盡絶，民間闕用。以此考之，茶由數少課輕，便於民用而不敷，茶引課重數多，止於商旅興販，年終尚有停閑未賣者。每歲合印茶由，以十分爲率，量添二分，計二百六十一萬七千五十八斤。算依引目内官茶，每斤收鈔一錢三分八釐八毫八絲，計增鈔七千二百六十九錠七兩，比驗減去引目二萬九千七十六張，庶幾引不停閑，茶無私積。中書户部定擬，江西茶運司歲辦公據十萬道，引一百萬，計鈔二十八萬九千二百餘錠。茶引便於商販，而山場小民全憑茶由爲照，歲辦茶由一千三百八萬五千二百八十九斤，每斤一錢一分一釐一毫二絲，計鈔五千八百一十六錠七兩四錢一分，減引二萬三千二百六十四張。茶引一張，造茶九十斤，納官課十二兩五錢。如於茶由量添二分，計二百六十一萬七千五十八斤，每斤添收鈔一錢三分八釐八毫八絲，計鈔七千二百六十九錠七兩，積出餘零鈔數，官課無虧，而便於民用。』合准本省所擬，具呈中書省，移咨行省，如所擬行之。【略】至正二年，李宏陳言内一節，言江州茶司據引不便事云：『榷茶之制，古所未有，自唐以來，其法始備。國朝既於江州設立榷茶都轉運司，仍於各路出茶之地設立提舉司七處，專任散據賣引，規辦國課，莫敢誰何。每至十二月初，差人勾集各處提舉司官吏，關領次年據引。及其到司，旬月之間，司官不能偕聚。吏貼需求，各滿所欲，方能給付據引。此時春月已過。乃還本司，方欲點對給散，又有分司官吏，到各處驗户散據賣引。每引十張，除正納官課一百二十五兩外，又取要中統鈔二十五兩，名爲搭頭事例錢，以爲分司官吏饋饍之資。提舉司雖以榷茶爲名，其實不能專散據賣引之任，不過爲運司官吏營辦資財而已。

又　卷一六七《張庭瑞傳》　庭瑞字天表【略】官買蜀茶，增價鬻於羌，人以爲患。庭瑞更變引法，使每引納二緡，而付文券與民，聽其自市於羌，羌、蜀便之。

又　卷一七二《鄧文原傳》　鄧文原，字善之，一字匪石，綿州人。【略】延祐【略】六年，移江東道。徽、寧國、廣德三郡，歲入茶課鈔三千錠，後增至十八萬錠，竭山谷所産，不能充其半，餘皆鑿空取之民間，歲以爲常。

又　卷一九五《忠義傳三·劉耕孫傳》　劉耕孫，字存吾，茶陵州人。【略】邑有茶課，歲不過五錠，後增至五十錠，耕孫言于朝，除其額。

又　卷二〇五《奸臣傳·桑哥傳》　桑哥，膽巴國師之弟子也。【略】閏十月，桑哥輔政碑成，樹于省前，樓覆其上而丹雘之。桑哥言：『國家經費既廣，歲入恒不償所出，以往歲計之，不足者餘百萬錠。自尚書省鈎考天下財穀，賴陛下福，以所徵補之，未嘗斂及百姓。臣恐自今難用此法矣。何則？倉庫可徵者少，而盜者亦鮮矣，臣憂之。臣愚以爲鹽課每引今直中統鈔三十貫，宜增爲一錠；茶每引今直五貫，宜增爲十貫；酒醋税課，江南宜增額十萬錠。内地五萬錠。協濟户十八萬，自入籍至今十三年，止輸半賦，聞其力已完，宜增爲全賦。如此，則國用庶可支，臣等免於罪矣。』世祖曰：『如所議行之。』

明 唐順之《稗編》卷一一一《唐榷茶》　初，德宗納户部侍郎趙贊議，税天下茶、漆、竹、木，十取一，以爲常平本錢。及出奉天，乃悼悔，下詔亟罷之。及朱泚平，佞臣希意興利者益進。貞元九年，諸道鹽鐵

使張滂奏：出茶州縣若山及商人要路，以三等定估，十稅其一。自是歲得錢四十萬緡。

穆宗即位，兩鎮用兵，帑藏空虛，禁中起百尺樓，費不可勝計。鹽鐵使王播圖寵以自幸，乃增天下茶稅，率百錢增五十。江淮、浙東西、嶺南、福建、荊襄茶，播自領之，兩川以户部領之。天下茶加斤至二十兩，播又奏加取焉。右拾遺李珏上疏諫曰：『榷率起於養兵，今邊境無虞，而厚斂傷民，不可一也。茗飲，人之所資，重稅則價必增，貧弱益困，不可二也。山澤之饒，其出不訾，論稅以售多爲利，價騰踊則市者稀，不可三也。』其後王涯判二使，置榷茶使，徙民茶樹於官場，焚其舊積者，天下大怨。令狐楚代爲鹽鐵使兼榷茶使，復令納榷，加價而已。李石爲相，以茶稅皆歸鹽鐵，復貞元之制。

武宗即位，鹽鐵轉運使崔珙又增江淮茶稅。是時茶商所過州縣有重稅，或掠奪舟車，露積雨中，諸道置邸以收稅，謂之『搨地錢』，故私販益起。大中初，鹽鐵轉運使裴休著條約：私鬻三犯皆三百斤，乃論死；雇載三犯至五百斤、居舍儈保四犯至千斤者，皆死；園户私鬻百斤以上，杖背，三犯，加重傜；伐園失業者，刺史、縣令以縱私鹽論。廬、壽、淮南皆加半稅，私商給自首之帖，天下稅茶增倍貞元。

凡銀、銅、鐵、錫之冶一百六十八。陜、宣、潤、饒、衢、信五州，銀冶五十八，銅冶九十六，鐵山五，錫山二，鉛山四。汾州礬山七。德宗時户部侍郎韓洄建議，山澤之利宜歸王者，自是皆隸鹽鐵使。

元和初，天下歲采銀萬二千兩，銅二十六萬六千斤，鐵二百七萬斤，錫五萬斤，鉛無常數。

開成元年，復以山澤之利歸州縣，刺史選吏主之。其後諸州牟利以自殖，舉天下不過七萬餘緡，不能當一縣之茶稅。及宣宗增河湟戍兵衣絹五十二萬餘匹，鹽鐵轉運使裴休請復歸鹽鐵使以供國用，增銀冶二、鐵山七十一，廢銅冶二十七、鉛山一。天下歲率銀二萬五千兩、銅六十五萬五千斤、鉛十一萬四千斤、錫萬七千斤、鐵五十三萬二千斤。

又《宋茶法》 宋榷茶之制，擇要會之地，曰江陵府，曰真州，曰海州，曰漢陽軍，曰無爲軍，曰蘄州之蘄口，爲榷貨務六。初，京城、建安、襄復州皆置務，後建安、襄復州務廢，京城務雖存，但會給交鈔往還，而不積茶貨。產茶之州，官自爲場，置吏總之，謂之山場。采茶之民皆隸焉，謂之園户。歲課作茶輸租，餘則官悉市之。其售於官者，皆先受錢而後入茶，謂之本錢；又民歲輸稅願折茶者，謂之折稅茶。悉送六榷貨務鬻之。

民之欲茶者售於官，給其日用者，謂之食茶，出境則給券。商賈貿易，入錢若金帛京師榷貨務，以射六務、諸山場茶，給券隨所射與之，願就東南入錢若金帛者聽，計直與茶如京師。至道末，鬻錢二百八十五萬二千九百餘貫，天禧末，增四十五萬餘貫。天下茶皆禁，唯川峽、廣南聽民自買賣，禁其出境。

凡民茶折稅外，匿不送官及私販鬻者沒入之，計其直論罪。園户輒毀敗茶樹者，計所出茶論如法。舊茶園荒薄，采之不充其數者，蠲之。當以茶代稅而無茶者，許輸他物。主吏私以官茶貿易，及一貫五百者死。自後定法，務從輕減。

茶之爲利甚博，商賈轉致於西北，利嘗至數倍。雍熙後用兵，切於饋餉，多令商人入芻糧塞下，酌地之遠近而爲其直，取市價而厚增之，授以要券，謂之交引，至京師給以緡錢，又移文江、淮、荊湖給以茶及顆、末鹽。端拱二年，置折中倉，聽商人輸粟京師，優其直，給茶鹽于江、淮。

淳化三年，秘書丞劉式等請罷諸榷務，令商人就出茶州軍官場算買，既大省輦運，又商人皆得新茶。西京作坊使楊允恭言商人市諸州茶，新陳相糅，兩河、陜西諸州，風土各有所宜，非參以多品則少利，罷榷務令就茶山買茶不可行。太宗欲究其利害之説，命宰相召鹽鐵使陳恕等與式、允恭定議，召問商人，皆願仍舊。式議遂寢。二年，淮南十二州軍鹽，官鬻之，商人先入金帛京師及揚州折博務者，悉償以茶。自是鬻鹽得實錢，茶無滯積，歲課增五十萬餘貫。

及南北和好罷兵，邊儲稍緩，物價差減，而交引虛錢未改。既以茶代鹽，而買茶所入不補其給，交引停積，故商旅所得茶，指期於數年之外，京師交引愈賤，至有裁得所入芻粟之實價，官私俱無利。

仁宗時，交引益賤，京師裁直五千，有司惜其費茶。五年，出內庫錢五十萬貫，令閤門祗候李德明於京師市而毀之。

乾興以來，西北兵費不足，募商人入中芻粟如雍熙法給券，以茶償

之。後又益以東南緡錢、香藥、犀齒，謂之三稅；至塞下急於兵食，欲廣儲偫，不愛虛估，入中者以虛錢得實利，人競趨焉。及其法既敝，則虛估日益高，茶日益賤，入實錢金帛日益寡。而入中者非盡行商，多其土人，既不知茶利厚薄，且急於售錢，得券則轉鬻於茶商，獲利無幾；茶商或以券取茶，或收蓄貿易，以射厚利。由是虛估之利皆入豪商巨賈，券之滯積，雖二三年茶不足以償，而入中者以利薄不趨，邊備日蹙，茶法大壞。初，景德中丁謂爲三司使，嘗計其得失，以謂邊糴纔及五十萬，而東南三百六十餘萬茶利盡歸商賈。當時以爲至論，厥後雖屢變法以救之，然不能亡敝。

天聖元年，更定其法。呂夷簡、李諮，首考茶法利害，奏言：『十三場茶歲課緡錢五十萬，天禧五年纔及緡錢二十三萬，每券直錢十萬，鬻之售錢五萬五千，總爲緡錢實十三萬，除九萬餘緡爲本錢，歲纔得息錢三萬餘緡，而官吏廩給雜費不預，是則虛數多而實利寡，請罷三稅，行貼射法。』其法以十三場茶買賣本息併計其數，罷官給本錢，使商人與園户自相交易，一切定爲中估，而官收其息。如鬻舒州羅源場茶，斤售錢五十有六，其本錢二十有五，官不復給，但使商人輸息錢三十有一而已。然必輦茶入官，隨商人所指予之，給券辨驗，以防私害，故有貼射之名。若歲課貼射不盡，或無人貼射，則官市之如舊。園户過期而輸不足者，計所負數如商人入息。其入錢以射六務茶者如舊制。

商人入芻粟塞下者，隨所在實估，度地里遠近，量增其直。以錢一萬爲率，遠者增至七百，近者三百，給券至京，一切以緡錢償之，謂之見錢法；願得金帛，若他州錢，或茶鹽、香藥之類者聽。大率使茶與邊糴各以實錢出納，不得相爲輕重，以絶虛估之敝。朝廷皆用其說。

行之期年，豪商大賈不能爲輕重，而論者謂邊糴償以見錢，恐京師府藏不足以繼，爭言其不便。諮等因條上利害，且言：『嘗遣官視陝西、河北，以鎮戎軍、定州爲率，鎮戎軍入粟直二萬八千，定州入粟直四萬五千，納茶皆直十萬。以蘄州市茶本錢視鎮戎軍粟直，反亡本錢三之一，得不償失，敝在茶與邊糴相須爲用，故更今法。以新舊二法較之，舊用三稅法，京師實入緡錢五十七萬有奇，邊儲芻二百五萬餘圍，粟二百九十八萬石。用新法，京師實入緡錢增一百四萬有奇，邊儲芻增一千一百六十九萬餘圍，粟增二百一十三萬餘石。推行新法，功緒已見。蓋積年侵蠹之源一朝閉塞，商賈利於復故，欲有以動搖，而論者不察其實，助爲浮說。願力行之，毋爲流言所易。』於是詔有司牓諭商賈以推行不變之意，賜典吏銀絹有差，然論者猶不已。

天聖三年，詔翰林侍講學士孫奭等同究利害，奭等言：『十三場茶積而未售者六百一十三萬餘斤，蓋許商人貼射，則善者皆入商人，其入官者皆粗惡不時，故人莫肯售。又園户輸歲課不足者，使如商人入息，而園户皆細民，貧弱力不能給，煩擾益甚。又姦人倚貼射爲名，強市盜販，侵奪官利，其弊不可不革。』十月，遂罷貼射法，官復給本錢市茶。然自奭等改制，而茶法寖壞。

大約虛估居十之八，米斗七百，甚者千錢。券至京師，爲南商所抑，茶每直十萬，止售錢三千，富人乘時收蓄，轉取厚利。三司患之，請行貼買之法，每券直十萬，比市估三千，倍爲六千，復入錢四萬四千，貼爲五萬，給茶直十萬。詔又損錢一萬，然亦不足以平其直。久之，券比售錢三千者，纔得二千，往往不售，北商無利，入中者寡，公私大弊。

皇祐二年，知定州韓琦及河北轉運司皆以爲言，下三司議。三司奏：『自改法至今，凡得穀二百二十八萬餘石，芻五十六萬餘圍，而費緡錢一百九十五萬有奇，茶、鹽、香藥又爲緡錢一千二百九十五萬有奇。茶、鹽、香藥，民用有限，榷貨務歲課不過五百萬緡，今散於民間者既多，所在積而不售，故券直亦從而賤。茶直十萬，舊售錢六萬五千，今止二千，以至香一斤，舊售錢三千八百，今止五六百，公私兩失其利。請復行見錢法，一用景祐三年約束。』乃下詔曰：『比食貨法壞，芻粟價益倍，縣官之費日長，商賈不行，豪富之家，乘時牟利，吏緣爲姦。自今有議者，須究厥理，審可施用，若事已上而驗問無狀者，寘之重罰。』

是時雖改見錢法，而京師積錢少，恐不足以支入中之費，帝又出內藏庫錢帛百萬以賜三司。久之，入中者寖多，京師帑藏益乏，商人持券以俟，動彌歲月，至損其直以售於蓄賈之家。言利者請出內藏庫錢稍增價售之，歲可得遺利五十萬緡。既行，而諫官范鎮謂內藏庫、榷貨務皆領縣官，豈有榷貨務故稽商人，而令內藏乘時射利，傷體壞法，莫斯爲甚。詔即罷之，然自此並邊虛估之弊復起。

至和三年，河北提舉糴便糧草薛向建議：『並邊十七州軍，歲計粟百八十萬石，爲錢百六十萬緡，豆六十五萬石，芻三百七十萬圍，並邊租賦歲可得粟、豆、芻五十萬，其餘皆商人入中。請罷並邊入粟，自京輦錢帛至河北，專以見錢和糴。』時揚察爲三司使，請用其說。因輦絹四十萬匹當緡錢七十萬，又蓄見錢及擇上等茶【闕】八，總爲緡錢百五十萬，儲之京師，而募商人入錢並邊，計其道里遠近，優增其直，以是償之，且省輦運之費，唯入中芻豆計直償以茶如舊。行未數年，論者謂輦運科析，煩擾居民，且商人入錢者少，芻豆虛估益高，茶益賤。詔翰林學士韓絳等即三司經度。絳等言：『自改法以來，邊儲有備，商旅頗通，未宜輕變。唯輦運之費，悉從官給，而本路舊輸稅絹者，毋得折爲見錢，入中芻豆罷勿給茶，所在平其市估，至京償以銀、紬、絹。』自是茶法不復爲邊糴所須，而通商之議起矣。

初，官既榷茶，民私蓄盜販皆有禁，臘茶之禁又嚴於他茶，犯者其罪尤重，凡告捕私茶皆有賞。然約束愈密而冒禁愈繁，歲報刑辟，不可勝數。園户困於征取，官司並緣侵擾，因陷罪戾至破産逃匿者，歲比有之。又茶法屢變，歲課日削。官茶所在陳積，縣官獲利無幾，論者皆謂宜弛禁便。

先是，天聖中，有上書者言茶、鹽課虧，帝謂執政曰：『茶鹽民所食，而強設法以禁之，致犯者衆。顧經費尚廣，未能弛禁爾！』景祐中，葉清臣上疏曰：

山澤有産，天資惠民。兵食不充，財臣兼利，草芽木葉，私不得專，封園置吏，隨處立筦。一切官禁，人犯則刑，既奪其資，又加之罪，黥流日報，踰冒不悛。誠有厚利重貨，能濟國用，聖仁恤隱，矜赦非辜，猶將弛禁緩刑，爲民除害。度支費用甚大，榷易所收甚薄，刳剝園户，資奉商人，使朝廷有聚斂之名，官曹滋虐濫之罰，虛張名數，刻蠹黎元。

建國以來，法敝輒改，載詳改法之由，非有爲國之實，皆商吏協計，倒持利權，幸在更張，倍求其羨。富人豪族，坐以賈贏，薄販下估，日皆朘削，官私之際，俱非遠策。臣竊嘗校計茶利所入，以景祐元年爲率，除本錢外，實收息錢五十九萬餘緡，又天下所售食茶，并本息歲課亦衹及三十四萬緡，而茶商見通行六十五州軍，所收稅錢已及五十七萬緡。若令天下通商，衹收稅錢，自及數倍，即榷務、山場及食茶之利，盡可籠取。又況不費度支之本，不置榷易之官，不興輦運之勞，不濫徒黥之辟。

臣意生民之弊，有時而窮，盛德之事，俟聖不惑。議者謂榷賣有定率，征稅無彝準，通商之後，必虧歲計。臣按管氏鹽鐵法，計口受賦，茶爲人用，與鹽鐵均，必令天下通行，以口定賦，民獲善利，又去嚴刑，口數出錢，人不厭取。景祐元年，天下户千二十九萬六千五百六十五，丁二千六百二十萬五千四百四十一，三分其一爲産茶州軍，內外郭鄉又居五分之一，丁賦錢三十，村鄉丁賦二十，不産茶州軍郭鄉村鄉如前計之，又第損十錢，歲計已及緡錢四十萬。榷茶之利，凡止九十餘萬緡，通商收稅，且以三倍舊稅爲率，可得一百七十餘萬緡，更加口賦之入，乃有二百一十餘萬緡，或更於收稅則例，微加增益，即所增至寡，所聚逾厚，比於官自榷易，驅民就刑，利病相須，炳然可察。

時下三司議，皆以爲不可行。

至嘉祐中，著作佐郎何鬲、三班奉職王嘉麟又皆上書請罷給茶本錢，縱園户貿易，而官收租錢與所在征算，歸榷貨務以償邊糴之費，可以疏利源而寛民力。時富弼、韓琦、曾公亮執政，決意嚮之，力言於帝。命韓絳、陳升之即三司置局議之。三司言：『茶課緡錢歲當入二百二十四萬八千，嘉祐二年纔及一百二十八萬，又募人入錢，皆有虛數，實爲八十六萬，而三十九萬有奇是爲本錢，纔得子錢四十六萬九千，而輦運糜耗喪失，與官吏、兵夫廪給雜費，又不與焉。至於園户輸納，侵擾日甚，小民趨利犯法，刑辟益繁，獲利至少，爲弊甚大。宜約至和以後一歲之數，以所得息錢均賦茶民，恣其買賣，所在收算。』便詔從之。

初議弛禁，因以三司歲課均賦茶户，凡爲緡錢六十八萬有奇，使歲輸縣官。比輸茶時，其出幾倍，朝廷難之，爲損其半，歲輸緡錢三十三萬八千有奇，謂之租錢，與諸路本錢悉儲以待邊糴。自是唯臘茶禁如舊，餘茶肆行天下矣。論者猶謂朝廷志於恤人，欲省刑罰，其意良善；然茶户困於輸錢，而商賈利薄，販鬻者少，州縣征稅日蹙，經費不充，學士劉敞、歐陽修頗論其事。敞疏大要以謂先時百姓之摘山者，受錢於官，而今也顧使之納錢於官，受納之間，利害百倍；先時百姓冒法販茶者被罰耳，今悉均賦於民，賦不時入，刑亦及之，是良民代冒法者受罪；先時

大商富賈爲國懋遷，而州郡收其稅，今大商富賈不行，則稅額不登，且乏國用。修言新法之行，一利而有五害，大略與敞意同。時朝廷方排衆論而行之，敞等雖言，不聽也。

自天聖以來，茶法屢易，嘉祐始行通商，雖議者或以爲不便，而更法之意則主於優民。

熙寧四年，神宗與大臣論昔茶法之弊，文彦博、王安石各論其故，然於茶法未有所變。及王韶建開湟之策，委以經略。七年，始遣三司幹當公事李杞入蜀經畫買茶，於秦鳳、熙河博馬。而韶言西人頗以善馬至邊，所嗜唯茶，乏茶與市。即詔趣杞據見茶計水陸運致，又以銀十萬兩、帛二萬五千、度僧牒五百付之，假常平及坊場餘錢，以著作佐郎蒲宗閔同領其事。初，蜀之茶園，皆民兩稅地，不殖五穀，唯宜種茶。賦稅一例折輸，蓋爲錢三百，折輸紬絹皆一匹；若爲錢十，則折輸綿一兩；爲錢二，則折輸草一圍。役錢亦視其賦。民賣茶資衣食，與農夫業田無異，而稅額總三十萬。杞被命經度，迺即蜀諸州創設官場，歲增息爲四十萬，而重禁榷之令。於是蜀茶盡榷，民始病焉。

《明會典》卷二一《倉庾一》　嘉靖七年議准，內外總督及京通巡倉御史、坐糧監收官員，通行曉諭禁革。凡遇有指稱太監名目、勒要茶果等錢、各官攢斗級人等，索取常例銀物、生事刁難，聽各該官員，並并緝事衙門訪拏送問枷號，照例發遣。干礙職官，奏請處治。

又　卷二五《稅糧二・秋糧》　萬曆六年，十三布政司并直隸府州，實徵夏稅秋糧總數【略】茶課鈔，一千一百八十三錠一十五貫五百九十二文。

又《廣西布政司・秋糧》　［萬曆六年］茶課鈔，一千一百八十三錠一十五貫五百九十二文。

又　卷二八《會計四・京糧》　［嘉靖］八年議准，除內府白糧，照舊收本色。每石加耗一斗。蠟茶等料，每百斤加耗五斤。其餘糧料草束，每年科道官斟酌時估，悉令徵銀解部。送赴太倉支收。遇有缺乏，召商照依時估，納完領價。仍行順天府，將官較秤斛，給送各科道照样較收。其該司府州縣起解錢糧批文，務要明開某項糧，每石徵銀若干，草每束徵銀若干。違者行巡按御史究問。

又《邊糧》　［隆慶］三年，令四川撫按贓罰并稅契，開納事例。黎雅茶稅、鹽課、魚課等銀，通共一十萬四百三十五兩二錢零。應該起解太倉，改解陝西延、寧、甘、固、四鎮。將太倉遞年應發年例銀兩，照數扣留。

又令陝西撫按巡茶衙門，每年贓罰。與布政司開納事例銀兩，俱聽存留。轉解延綏鎮，准作本部應發年例。

又　卷三一《庫藏二・鈔法》　［正統］七年，定在京都稅、宣課二司收鈔例。每季塌子鋪，納鈔一百二十貫。油磨、糖機粉、茶食、木植、剪裁、繡作等鋪三十六貫。餘量貨物取息，及工藝受直多寡，取之。

又　卷三五《課程四・稅課數》　［洪武］十八年，令酒醋課、諸色課，若有布帛米穀等項，俱折收金銀錢鈔。除量存各司府州縣祭祀所用，餘令各該司局等官親賷具奏。有司帶辦者差吏管解，俱次年正月起程。直隸府州限正月以裏，各布政司限三月以裏到京。若金、銀、鉛、硃砂、膽礬、黄丹、青、綠、毛纓、碧甸子、鍾乳粉、棕毛、水銀，俱起解本色。其餘魚茶、酒、醋、礬、硝、鉛粉、黑錫、粉錫、石膏、商稅窯課等諸色課，俱折收金銀錢鈔。

又　［萬曆十二年］議准湖廣黄荆岳等府設有印信司局照舊外，其長、常二府并興、蘄等七十七州縣雜稅，辰、靖二府州鹽、木、油稅。常德府茶炭稅，俱仍舊抽收，每年扣銀解部，餘存備祿糧等用。

又　十二年題准，湖廣鄖、襄、承、衡四府、新化嘉魚六溪口鹽稅紙價；漢川縣劉家隔黄岡縣陽邏巡司與德安貴陽等一十九州縣雜稅、牙稅、河稅；并孝感、應城等一十四縣茶稅；盡數裁革。

又　卷四二《滁州》　南京御馬監黑豆五十石，菉豆五十石，葉茶二百斤。今俱無徵。

又　卷一五二《馬政三・買補》　［萬曆］二年議准，陝西苑馬寺缺少種馬。將該寺庫貯茶課等銀，歲解固原鎮二千兩，給軍自買。於年例，應解該鎮馬二千匹內，扣留二百匹，在苑作種。

又　卷一五三《馬政四・收買》　嘉靖十一年議准，西寧洮河三茶馬司，貯庫商課茶斤。及西安等衛，并徽、階等州，收貯私茶，俱送三茶

馬司。不拘常例，麤細搭配。招易膘壯馬匹，開送總制衙門，給軍騎操。事完造冊奏繳，仍造青冊送部查考。

三十年題准，改造勘合，分給諸番。每歲依期賫執前來，比號納馬，酬以茶斤。如有背違，調軍征勦。

又題准，年例馬完，番有餘馬，司有餘茶，許其增中解牧。洮州增至一千二百五十匹。河州增至一千七百四十匹。西寧增至二千四百三十匹

三十一年題准，馬政茶法，二事相須。准令巡茶御史兼管馬政，督理二寺事務。

三十七年，議令茶商收買民馬，抽稅給票，許其販賣，禁其夾帶。至四十年，仍禁止茶商販賣。民間馬匹，官為買用。

四十一年議准，甘州建置茶馬司一所，照例招商中茶，招番易馬。仍將西寧舊額茶馬，甘州新開茶馬，俱招中。酌量地方遠近，通融給軍騎操。仍將四川折色課茶，改徵本色運用。

四十三年題准，以後每年開茶，仍止五六十萬斤。商人以一百五十名為上，勒限買茶報中。【略】

隆慶三年題准，將四川課茶，改徵折色。解苑馬寺，易買種馬。於蘭州招商中茶，運赴甘州茶馬司。招陝西各茶馬司，中納官茶。

又題准，四川巴州、通江、南江、廣元、四州縣茶課，節年拖欠及未徵者，以後照例改折。無分芽葉，每斤通徵銀一分八釐，類解陝西鞏昌府貯庫。聽甘肅巡撫衙門，差官支取，買馬騎操。

四年議准，以後各茶司中馬，除年例馬數外，儘其調到番族好馬。以茶司見在茶篦，通融招易。毋拘定數，以病商番。

又題准，將洮河西寧三茶司商人，照舊令其鬮分完報。於內擇節年完茶之多者，不拘名數，各報甘州茶一引。運至蘭州，責令稅課局官吏，帶管經收。就令管河臨洮府同知監收盤驗，查照三茶司事例，鬮分貯庫，立簿登報。其茶篦應該易馬者，量助腳價，遞運甘州茶司交割。應該給商者，令本商運至西寧等茶司貨賣，不許越境。

五年議准，招商茶引，定限一年完者厚賞，二年量賞，三年免究。四年問罪，抽附茶一半入官。五年問罪，附茶盡數入官，不准再報。六年老引，照例問遣。

《明史》卷一《太祖紀一》〔至正〕二十一年春二月甲申，立鹽茶課。己亥，置寶源局。

又 卷八〇《食貨志四・茶法》 番人嗜乳酪，不得茶，則困以病。故唐、宋以來，行以茶易馬法，用制羌、戎，而明制尤密。有官茶，有商茶，皆貯邊易馬。官茶間徵課鈔，商茶輸課略如鹽制。

初，太祖令商人於產茶地買茶，納錢請引。引茶百斤，輸錢二百，不及引曰畸零，別置由帖給之。無由、引及茶引相離者，人得告捕，置茶局批驗所，稱較茶引不相當，即爲私茶。凡犯私茶者，與私鹽同罪。私茶出境，與關隘不譏者，並論死。後又定茶引一道，輸錢千，照茶百斤；茶由一道，輸錢六百，照茶六十斤。既，又令納鈔，每引由一道，納鈔一貫。

洪武初，定令：凡賣茶之地，令宣課司三十取一。四年，户部言：『陝西漢中、金州、石泉、漢陰、平利、西鄉諸縣，茶園四十五頃，茶八十六萬餘株。四川巴茶三百十五户，茶二百三十八萬餘株。宜定令每十株官取其一。無主茶園，令軍士薅采，十取其八，以易番馬。』從之。於是諸產茶地設茶課司，定稅額，陝西二萬六千斤有奇，四川一百萬斤。設茶馬司於秦、洮、河、雅諸州，自碉門、黎、雅抵朵甘、烏思藏，行茶之地五千餘里。山後歸德諸州，西方諸部落，無不以馬售者。

碉門、永寧、筠、連所產茶，名曰剪刀麓葉，惟西番用之，而商販未嘗出境。四川茶鹽都轉運使言：『宜別立茶局，徵其稅，易紅纓、氈衫、米、布、椒、蠟以資國用。而居民所收之茶，依江南給引販賣法，公私兩便。』於是永寧、成都、筠、連皆設茶局矣。

川人故以茶易毛布、毛纓諸物以償茶課。自定課額，立倉收貯，專用以市馬，民不敢私採，課額每虧，民多賠納。四川布政司以爲言，乃聽民採摘，與番易貨。又詔天全六番司民，免其徭役，專令蒸烏茶易馬。

又 先是，洪武末，置成都、重慶、保寧、播州茶倉四所，令商人納米中茶。宣德中，定官茶百斤，加耗什一。

又 永樂以後，番馬悉由陝西道，川茶多浥爛。乃令以三分爲率，一分收本色，二分折銀，糧茶停二年。延綏饑，復召商納糧草，中四百萬斤。尋以御史王紹言，復禁止，并罷正額外召商開中之例。

又 其他產茶之地，南直隸常、廬、池、徽，浙江湖、嚴、衢、紹，江西南昌、饒州、南康、九江、吉安，湖廣武昌、荊州、長沙、寶慶，四川成都、重慶、嘉定、夔、瀘，商人中引則於應天、宜興、杭州三批驗所，徵茶課則於應天之江東瓜埠。自蘇、常、鎮、徽、廣德及浙江、河南、廣西、貴州皆徵鈔，雲南則徵銀。

又 ［成化三年］又以歲饑待振，復令商納粟中茶，且令茶百斤折銀五錢。商課折色自此始。

又 ［萬曆］二十九年，陝西巡按御史畢三才言：『課茶徵輸，歲有定額。先因茶多餘積，園户解納艱難，以此改折。今商人絕跡，五司茶空。請令漢中五州縣仍輸本色，每歲招商中五百引，可得馬萬一千九百餘匹。』部議，西寧、河、洮、岷、甘、莊浪六茶司共易馬九千六百匹，著爲令。天啟時，增中馬二千四百匹。

又 卷一二〇《諸王傳四・神宗諸子・福王常洵》 中州腴土不足，取山東、湖廣田益之。又奏乞故大學士張居正所沒產，及江都至太平沿江荻洲雜稅，並四川鹽井榷茶銀以自益。

又 卷一六七《丁鉉傳》 丁鉉，字用濟，豐城人。永樂中進士。授太常博士。歷工、刑、吏三部員外郎，進刑部郎中。正統三年超拜刑部侍郎。九年出理四川茶課，奏減其常數，以俟豐歲。振饑江、淮及山東、河南，民咸賴之。

又 卷一八八《王鑾傳》 嘉靖初，遷武昌知府。鎮守中官李景儒歲進魚鮓多科率，鑾疏請罷之。楚府征稅，茶商重困。鑾謂稅當歸官，力與爭，王詆爲毀辱親王。鑾遂請終養，不待報竟歸。後吏部坐以擅離職守，奪官。

又 卷二五六《李長庚傳》 時議歲運米百八十萬石，豆九十萬石，草二千一百六十萬束，銀三百二十四萬兩。長庚請留金花，行改折，借稅課，言：『臣考會計録，每歲本色、折色通計千四百六十一萬有奇。入內府者六百餘萬，入太倉者，自本色外，折色四百餘萬。內府六百萬，自金花籽粒外，皆絲綿布帛蠟茶顏料之類，歲久皆朽敗。若改折一年，無損於上，有益於下。他若陝西羊羢，江、浙織造，亦當稍停一年，濟軍國急。』帝不悅，言：『金花籽粒本祖宗舊制，內供正額及軍官月俸，所費不貲，安得借留？其以今年天津、通州、江西、四川、廣西上供稅銀，盡充軍費。』

又 卷二五七《梁廷棟傳》 其秋，廷棟以兵食不足，將加賦，因言：『今日閭左雖窮，然不窮於遼餉也。一歲中，陰爲加派者，不知其數。如朝覲、考滿、行取、推陞，少者費五六千金。合海內計之，國家選一番守令，天下加派數百萬。巡按查盤、訪緝、餽遺、謝薦，多者至二三萬金，合天下計之，國家遣一番巡方，天下加派百餘萬。而曰民窮於遼餉何也？臣考九邊額設兵餉，兵不過五十萬，餉不過千五百三十餘萬，何憂不足。故今日民窮之故，惟在官貪。使貪風不除，即不加派，民愁苦自若。使貪風一息，即再加派，民歡忻亦自若。』疏入，帝俞其言，下户部協議。户部尚書畢自嚴阿廷棟意，即言今日之策，無踰加賦，請畝加九釐之外，再增三釐。於是增賦百六十五萬有奇，海內並咨怨。已陳釐弊五事：曰屯田，曰鹽法，曰錢法，曰茶馬，曰積粟。又極陳陝西致寇之由，請重懲將吏貪汙者以紓軍民之憤，塞叛亂之源。帝皆褒納。

又 卷三三〇《西域傳二・西番諸衛》 ［洪武二十五年］帝以諸衛將士有擅索番人馬者，遣官齎金、銅信符敕諭，往賜涼州、甘州、肅州、永昌、山丹、臨洮、鞏昌、西寧、洮州、河州、岷州諸番族。諭之曰：『往者朝廷有所需，必酬以茶貨，未許私徵。近聞邊將無狀，多假朝命擾害，俾爾等不獲寧居。今特製金、銅信符頒給，遇有徵發，必比對相符始行，否則偽，械至京，罪之。』自是，需求遂絕。

又 卷三三一《西域傳三・長河西魚通寧遠宣慰司》 巖州既立倉易馬，則番民運茶出境，倍收其稅，其餘物貨至者必多。又魚通、九枝蠻民所種水陸之田，遞年無征。若令歲輸租米，并令軍士開墾大渡河兩岸荒田，亦可供給戍守官軍。五也。

《續通典》卷一《食貨一・田制上》 ［政和］五年，福建利路茶户山園如鹽田例，兑方量均稅。

又 卷八《食貨八・賦稅上》 ［唐］宣宗既復河湟，天下兩稅，榷酒、茶、鹽錢。歲入九百二十二萬緡。歲之常用，率少三百餘萬。有司遠取後年乃濟，及群盜起，諸鎮不復上計云。

又《宋》〔紹興〕十五年，户部議准，法輸官物用四鈔，户鈔付民執憑；縣鈔關縣司銷簿；監鈔納官掌之；住鈔倉庫藏之。所以防冒僞、備毁失也。繼而，兩浙州縣合輸綿、綢、税絹、茶絹、雜錢、米六色，皆以市價折錢，卻別科米麥。有畝輸四五斗者，京西括田，租加於舊。湖南有土户錢、折絁錢、醋息錢、麴引錢名色不一。

又卷一二《食貨一二・錢幣中・宋二》〔乾道〕五年，令行在榷貨務都茶場將請算茶、鹽、香、礬鈔引。權許收換第一界會子後每界收換如之。其州縣諸色綱錢，以七分收錢，三分收會。六年，舒蘄黄各置監鑄，折二錢，令兩淮通行。九年，大江之西及湖廣間多毁錢，夾以泥沙重鑄，號尾錢。詔嚴禁之。淳熙二年，又併贛司歸饒州。三年，詔第三界、第四界會子各展限三年，令都茶場會子庫以第四界續印會子二百萬。貯南庫時，户部歲入一千二百萬，其半為會子南庫以金銀換收者四百萬，流行於界外者二百萬耳。

又卷一三《食貨一三・錢幣下・元》〔至大二年〕金銀私相買賣，及海舶興販金銀銅錢絲棉布帛下海者，併禁之。中統鈔到日，百日盡數赴庫，倒換茶鹽酒醋商税諸色課程。至大銀鈔與至元鈔一體收受，如收至大銀鈔，以一當五。

又卷一五《食貨一五・雜税・唐》文宗開成二年，武寧軍節度使辪元賞奏，泗口税場，應是經過衣冠商客金銀、羊馬、斛斗、見錢、茶鹽、綾絹等，一物已上並税。今量其雜税物請停絶，敕行之。

又 後唐莊宗同光二年，敕歷代以後，除桑田正税外，只有茶鹽銅鐵出山澤之利，有商税之名。其餘諸司並無税額。僞朝已來，通言雜税。有形之類，無税不加，爲弊頗深。今則軍需尚重，國力未充。猶且權宜，未能全去。仰所司速簡勘天下州府户口正額、墾田實數，待憑條理，以息煩苛。

又《宋》太宗端拱二年，置折中倉，聽商人輸粟京師，優其直，給茶於江淮。淳化三年，監察御史薛映秘書丞劉式等請罷諸榷務，令商人就出茶州軍官場算買。詔以三司鹽鐵副使雷有終爲諸路茶鹽制，置使廢沿江八務，大減茶價。詔下商人頗以江路回遠非便，有司又以損直虧課爲言，乃復置八務。後又以作坊使楊允恭言，禁淮南十二州軍鹽官鬻之商人。先賦金帛於京師者、及揚州折博務者，悉償以茶，自是茶無滯積。其後輸邊粟者持交引詣京師，有坐賈置鋪，隸名榷貨務，懷交引者湊之。若行商，則鋪賈爲保，任詣京師榷務給錢南州給茶；若非行商，則鋪賈自售之，轉鬻與茶賈行之，既久至交引愈賤，官私俱無利。

真宗景德二年，別爲定制，增減其價。天禧時左諫議大夫孫奭言，茶法屢改，商人不便，非示信之道。三司言，陝西所中芻糧，請量增其直，乃從其請。後以茶法日壞，樞密副使張士遜等請行貼射法。其法以十三場茶買賣，本息併計。其數罷官給本錢，使商人與園户自相交易，一切定爲中估。而官收其息，然必輦茶至，官隨商人所指予之，給券爲驗，以防利害，故有貼射之名。若無人貼射，則官市之。

仁宗天聖三年，翰林侍講學士孫奭等言，十三場茶積而未售者甚多，蓋因許商人貼射，則善者悉爲商人所得。其餘積於官者，皆粗惡不時。故人莫肯售，侵奪官利，其弊不可不革。乃罷貼射法，復令官給本錢，後復行見錢法。初，北商持券至京師，舊發交引，鋪爲之保任，並得三司符驗，然後給錢以是京師坐賈，率多邀求。三司吏稽留爲姦，乃悉罷之。令商持券徑趣榷貨務，驗實，立償其錢。其時茶禁甚嚴，蓋官既榷茶，民私蓄盜販皆有禁。乃下詔曰，古者山澤之利與民共之，故民足於下而君裕於上。自唐建中時，始有茶禁。如聞比來，爲患益甚。朕心惻然，念此久矣。間遣使者，往就問而皆驩然。願弛其禁，俾通商利。歷世之弊，一旦以除，著爲經常，勿復更制，損上益下，以休吾民。自是唯臘茶禁如舊，餘茶肆行天下矣。

南渡高宗建炎初，於真州印鈔，給賣東南鹽茶。三年，置行在都茶場，捕私茶法，視捕私鹽。

孝宗乾道二年，户部言商販至淮北榷場折博，除輸販引錢外，更輸通貨儈息錢，至蜀茶變制之法最多。宋初，經理蜀茶者置互市於原、渭、德順三郡以市夏人之馬。熙寧間，又置場於熙河。南渡以來，文黎珍敘南平長寧階和，凡八場率皆良馬以互市爲利。宋代曲示懷遠之意，亦以此羈縻之也。

又《金》章宗承安三年，以茶靡國用而資敵命，設官製之。以尚書省令史劉成往河南造茶，不親嘗其味，民言謂溫桑實非茶也。還白上，

上以爲不職，罷之。左諫議大夫賈鉉上書論山東采茶事大概，謂茶樹隨山皆有，一切邏護，已奪民利。因揀茶樹，執誣小民取其賄賂，宜嚴禁止，仍令按察司約束，上從之。

四年，淄密寧海蔡州各置一坊，造新茶。依南方例，每斤爲袋，以商旅未能販運，命山東、河北四路轉運司付各司縣鬻之。買引者納錢及折物，各從其便。

泰和四年，上謂宰臣曰，比令近侍察新茶，知山東河北四路悉椿配於人，未免強民。按察司當閱實以聞，并令每袋減價。

六年，尚書省奏茶飲食之餘，非必用之物。近來上下俱啜，農民尤甚，市井茶肆相屬。商旅多以絲絹易茶，所用不下百萬。是以有用之物，易無用之物也。若不禁止，恐消財彌甚。遂令七品以上官其家方許食茶，仍不得賣及饋獻。

八年，言事者以茶乃宋土草芽，而易中國絲綿錦絹有益之物，不可。國家之鹽貨出於鹵水，取之不竭，可令易茶。省臣議所易不廣，遂奏，令兼以雜物博易。

宣宗元光二年，省臣以國蹙財少，乃奏言，金幣錢穀世不可一日缺者也。茶本出於宋地，非飲食之急，而自昔商賈以金帛易之。泰和間，嘗禁止之。後以宋人求和，乃罷。兵興以來，復舉行之。然邊民又規利，越境私易。令河南、陝西凡五十餘郡，郡日食茶率二十袋，所用甚大，奈何以有用之或而資敵乎？乃制親王公主及現任五品以上官素蓄者存之禁，不得賣、饋，餘者並禁之。

又　元之茶課，大率因宋之舊而爲之制。世祖至元五年，用運使白賡言，榷成都茶於京兆、鞏昌，置局發賣。私自采賣者，其罪與私鹽法同。六年，始立西蜀四川監榷茶場。使司掌之。十二年，既平宋，復用左丞呂文煥言，榷江西茶繼。又定長引、短引之法，以三分取一。長引每引計茶一百二十斤，短引九十斤，皆收其鈔。十七年，置榷茶都轉運於江州，總江淮荊湖福廣之稅，遂除長引，專用短引，稅額遂增。十九年，以江南茶課官爲置局，令客買引，通引貨賣。至二十一年，轉運使言各處食茶課程抑配於民非便，於是革之。三十年，又改江南茶法，凡管茶提舉司一十六所，罷其課。每茶商貨茶，必令賫引。無引者與私茶同。引之外又有茶由，以給賣零茶者，其由以斤數多寡分爲十等。成宗元貞元年，有獻利者言舊法江南茶商至江北者又税之，其在江南買者亦宜更稅如江北之制。於是朝議復增江南課，是後制雖屢更，唯以增課為能。

文宗天曆二年，始罷榷司而歸諸州縣焉。

至順帝元統二年，復立榷茶運司，江浙河南江西湖廣皆置。

至正二年，李宏陳言榷茶之制，古所未有。自唐以來，其法始備。國朝既於江州設立榷茶都轉運使，仍於各路出茶之地設立提舉司七處，專任散據賣引，規辦國課。分司所發據引，不能隨期。又吏貼需求各滿所欲，方能給付。據引正課之外，又多要取，以爲分司官吏饋贐之資。提舉雖以榷茶為名，不過爲運司官吏營辦貲財，上行下效，勢所必至。提舉司既見分司官吏所爲，如是亦復仿效。茶户之苦，已不可言。至如得據在手，碾磨方興，吏胥踵門，催併初限，不知茶未發賣何從得課。間有充裕之家，別行措辦，其力薄者，無非典鬻家私以應官限，皆由運司給引之遲，分司苛取之過茶，户情實堪憫。宜申明舊制，運司宜將據引給付，提舉司隨時派散，無得停留。違者從肅政廉訪司糾治，命如所言行之。

又　明制有官茶、有商茶，皆貯邊易馬官茶。間徵課鈔，商茶輸課略如鹽制。

洪武初，定令凡賣茶之地，令宣課司三十取一。四年户部言，陝西漢中金州石泉漢陰平利西鄉諸縣，茶園四十五頃，茶八十六萬餘株。四川巴茶三百十五頃，茶二百三十八萬餘株。宜定令每十株官取其一，無主茶園令軍士薅采十取其一，以易番馬，從之。於是諸產茶地，設茶課司，定稅額。陝西二萬六千斤有奇，四川一百萬斤。設茶馬司於秦洮河雅諸州，自碉門黎雅抵朵甘烏斯藏，行茶之地凡五千餘里。山後歸德諸州，西方諸部落，無不以馬售者。後永寧成都筠連皆設茶局，川人故以茶易毛布毛纓諸物，以償茶課。自定課額，立倉收貯，專用以市馬，民不敢私採。課額不足，民多賠納。四川布政司以為言，乃聽民採摘與番易貨。又詔天全六番司民，免其徭役，專令蒸烏茶易馬。

又 宣宗宣德中，中茶者赴甘州西寧而支鹽於淮浙，商人持文憑、恣私販。官課數年不完。

英宗正統初，都御史羅亨信言其弊，乃罷運茶支鹽例。令官運如故，以京官總理之。初以行人巡茶。

憲宗成化中，改用御史。至民饑待賑時，仍令商人納粟中茶。後因開中茶私茶莫遏，易馬不利，遂停中茶之制。至都御史楊一清兼理馬政復議開中言，召商買茶，官貿其三之一，茶五六十萬斤，可得馬萬匹。帝從其請。

武宗正德元年，一清又建議商人不願領價者，以半與商，令自賣。遂著爲例永行焉。後户部又以全陝災震邊餉告急，國用大絀，上言：『先時，正額茶易馬之外多開中以佐公家，有至五百萬斤者。近者御史劉良卿亦開百萬，後止開正額八十萬斤，并課茶私茶通計僅九十餘萬。宜下巡茶御史議，召商多中。』御史楊美益言：『饑祲民貧，即正額尚多不足，安有贏羨。今宜守九十萬斤招番易馬之規，凡通內地以息私販增開中以備賑荒，悉宜停罷，毋使與馬分利。』户部以帑藏不足，請如弘治六年例，易馬外仍開百萬斤，召納邊鎮以備軍餉。詔從之。後陝西巡按御史畢三才言，課茶徵輸本有定額，先因茶多餘積，園户解納艱難，以此改折；今商人絕跡，五司茶空，請令漢中五州縣仍輸本色，招商中五百引，可得馬萬一千九百餘匹。部議西寧河洮岷甘莊浪六茶司共易馬九千六百匹，著爲令。

熹宗天啟時，增中馬二千四百匹。明初嚴禁私販，久而姦弊日生。洎乎末造，商人多給賞由票，使得私行。番人上駟盡併於姦商，茶司所市者乃其中下也。至產茶之地，南直隸常、廬、池、徽，浙江湖、嚴、衢、紹，江西南昌、饒州、南康、九江、吉安，湖廣武昌、荊州、長沙、寶慶，四川成都、重慶、嘉定、夔、瀘，商人中引則於應天、宜興杭州三批驗所，徵茶課則於應天之江東瓜埠。蘇、常、鎮、徽、廣德及浙江、河南、廣西、貴州皆徵鈔，雲南則徵銀。其上供茶，天下貢額四千有奇，凡供茶第按額以供焉。

又 卷一六《食貨一六・平准均輸・五代》 後唐明宗天成元年，詔省司及諸府置稅茶場院。自湖南至京，六七處納稅，以至商旅不通。及州使置雜稅務，交下煩碎，宜定合稅物色名目。商旅即許收稅不得邀難。二年，敕應三京諸道州府商稅等，多不係屬州府，皆是省司差置場官，特議改更貴除繁屑。自今已後，諸商稅並委逐處州府撲斷，依省司常年定額，句當辦集，冀除生事之端，不爽豐財之理。

又《宋》 神宗熙寧二年，立均輸市易之制。其時制置三司條例，言今天下財用無餘，典領之官拘於弊法，內外不相知，盈虛不相補。諸路上供本有常數，豐年便道可以多致而不能贏，儉年物貴難以供億而不敢不足。遠方有倍蓰之輸，中都有半價之鬻。徒使富商大賈乘公私之急，以擅輕重斂散之權。今發運使實總六路之賦，而其職以制置茶鹽礬酒稅爲事，軍儲國用多所仰給，宜假以錢貨，資其用度，周知六路財賦之有無而移用之。凡糴買稅斂上供之物，皆徙貴就賤，用近易遠。令預知中都帑藏年支見在之定數所當供辦者，得以從便變易蓄買，以待上令。稍收輕重斂散之權，歸之公上而制其有無，以便轉輸。庶幾國用可足，民財不匱。

《續通志》卷一〇《唐紀十・德宗一》 〔建中三年〕九月丁亥，初稅商錢、茶、漆、竹、木。

又 〔興元元年〕先稅除陌間架等錢，竹、木、茶、漆等稅並停。遣使分往諸道，宣諭關播罷。

又 卷一一《唐紀十一・德宗二》 〔貞元四年〕九年春正月癸卯，初稅茶。

又 卷一三《唐紀十三・穆宗》 〔元和十五年〕夏五月癸卯，以國用不足，詔兩稅鹽、酒、茶稅。及户部闕官除陌等錢兼諸道雜稅合送上都。及留州留使諸道支用諸司使職掌人課料等錢，並每貫除舊墊陌外，量抽五十文。

又 〔長慶元年四月〕壬子，王播奏加茶榷五十文，兼舊一百五十文。

又 卷二五《宋紀一・太祖》 〔乾德元年四月〕丙午，免湖南茶稅，禁陝州鹽井。

又 卷三五《宋紀一一・高宗二》 〔紹興十八年〕三月戊寅，罷汀州諸縣上供銀鑞茶鉛本錢之半。

又［紹興二十四年七月］壬戌，捐四川茶馬司羨餘錢給軍費。

又［紹興二十七年三月］己丑，減三川對糴米，夔路激賞絹、兩川絹估，及茶司引息虛額錢。

又卷三六《宋紀一二·孝宗》［淳熙五年六月］己丑，罷諸州私置稅場，減四川茶課。

又卷三七《宋紀一三·光宗》［紹熙四年］八月丙申，蠲紹興丁鹽茶租錢。

又卷三七《宋紀一三·寧宗》［嘉定二年五月］乙卯，釋大理三衙臨安府兩浙州縣杖以下囚。除茶鹽賞錢。

又［嘉定七年九月］庚寅，釋兩浙路杖以下囚。除茶鹽賞錢。

又［嘉定八年］三月丙子，蠲臨安府茶鹽賞錢。釋兩浙諸州系囚。

又［嘉定十年］五月辛巳，以久雨釋大理三衙臨安府杖以下囚。蠲茶鹽賞錢。

又卷三八《宋紀一四·理宗》［紹定二年］冬十月壬戌，振台州水災，除其租及茶鹽酒酤諸雜稅。是歲蒙古遣使來議夾攻金。

又卷五八《元紀二·世祖一》［至元元年三月］辛酉，以四川茶鹽商酒竹課充軍糧。

又卷五九《元紀三·世祖二》［至元八年九月］癸未，詔以四川民力困弊，免茶鹽等課稅。以軍民田租給沿邊軍食。仍敕有司自今有言茶鹽之利者，以違制論。

又卷六二《元紀六·成宗一》［元貞元年二月］壬午，罷江南茶稅，以其數三千錠，添入江西榷茶都轉運司歲額。

又卷六四《元紀八·仁宗一》［延祐五年十一月］癸未，敕江西茶運司歲課，以二十五萬錠為額。敕大永福寺創殿安奉順宗皇帝御容。

又卷一五三《食貨略二·賦稅·唐》後唐莊宗同光二年，敕歷代除桑田正賦外，祇有鹽茶銅鐵出山澤之利，有商稅之名。其餘諸司無稅額。偽朝已來，通言雜稅，有形之類，無稅不加。為弊頗深。今軍需尚重，國力未充。猶且權宜，未能全去。見簡天下桑田正稅，除三司上供既能無漏，則四方雜稅必可盡除。仰所司速簡勘天下州府户口正額、墾田實數。待憑條理以息煩苛。是時吏部尚書李琪上疏請兩稅，不以折納為事，不以紐配為名，止以正稅迦納。敕本朝徵科，唯有兩稅，至於折紐，比不施為宜。依李琪所論，應逐稅合納錢物斛斗及鹽錢等。宜令租庸司指揮，並准元徵本色輸納，不得更改。

又卷一八九《宗室傳九·善譽》通判史浩言其賢，詔赴部堂審察，累遷大理丞、湖北常平茶鹽提舉。奏罷稅場十餘，渡四十五，民便之。

又卷二四八《唐四十八·王紹傳》是時兵旱無年，詔户部收闕官俸稅茶及無名錢，以修荒政。紹由員外郎判務，遷户部兵部郎中。皆專領進户部侍郎，判度支。頃之，遷尚書主計。

又卷二五八《唐五十八·庚敬休傳》初，劍南西川、山南西道歲徵茶及除陌錢。户部自遣巡院主之，募賈人入錢京師。太和元年，崔元略奏責本道主當歲上度支四萬緡，久之，逗留多不至。敬休始請置院秭歸，收度支錢，乃無逋沒。又奏，兩川米價騰踴，百姓流亡。請糶本道闕官職田祿米，以救貧民。從之。再為尚書左丞。

又卷二七〇《唐七十·王涯傳》涯始建白，收隸天子鹽鐵，詔可。久之，以本官同中書門下平章事，合度支、鹽鐵為一使，兼領之。俄檢校司空，兼門下侍郎。罷度支，真拜司空。始變茶法，益其稅以濟用度，下益困。而鄭注亦議榷茶，天子命涯為使，心知不可，不敢爭。李訓敗，乃及禍，籍田宅入於官。

又卷二七一《唐七十一·李珏傳》鹽鐵使王播增茶稅十之五以佐用度，珏上疏謂：『榷率本濟軍興，而稅茶自貞元以來有之。方天下無事，忽厚斂以傷國體，一不可。茗為人飲，與鹽粟同資，若重稅之，售必高，其敝先及貧下，二不可。山澤之產無定數，程斤論稅，以售多為利，若價騰踴，則市者稀，其稅幾何，三不可。帝不納。方是時，禁中造百尺樓，土木費巨萬，故播亟斂，陰中帝欲。珏以數諫出為下邽令。

又卷二七二《唐七十二·裴休傳》太和後，歲漕江淮米四十萬斛，至渭河倉者纔十三。舟楫僨敗，吏乘為姦。冒沒百端，劉晏之法盡廢。休分遺官詢按其弊，乃命在所令長兼重漕，褒能者，謫怠者。舊歲率

雇緡二十八萬，休悉歸諸吏，敕巡院不得輒侵。牟著新法十條，又立稅茶十二法，人以為便。居三年，粟至渭倉者百二十萬斛，無留壅。時方鎮設邸閣居茶取直，因視商人他貨橫賦之，道路苛擾。休建言，許收邸直，毋擅賦商人；又收山澤寶冶，悉歸鹽鐵。

又卷三〇八《宋十二・陳恕傳》 恕將立茶法，召茶商數十人，俾各條利害。恕第為三等，語副使宋大初曰：『吾觀下等固滅裂無取，上等取利太深不可行，惟中等公私皆濟，吾裁損之，可以經久。』於是始為三法行之，貨財流通。

又卷三一一《宋十五・蘇曉傳》 建隆四年，權大理少卿，事還度支郎中。乾德三年，出為淮南轉運使，建議榷蘄黃舒廬壽五州茶，置十四場，規其利，歲入百餘萬緡。

又卷三一六《宋二〇・樊知古傳》 先是，江南諸州官市茶十分之八，復徵其餘分，然後給符，聽其所往，商人苦之。知古請蠲其稅，仍差增所市之直，以便於民。

又卷三二三《宋二七・王曙傳》 咸平中，舉賢良方正，入等遷秘書省著作佐郎，知定海縣，還為羣牧判官，遷太常丞、判三司憑由理欠司，坐舉進士失實，降監廬州茶稅，累遷右諫議大夫，為河北轉運使。

又卷三三三《宋三七・魏瓘傳》 瓘門人魏綱上疏詆天書，流海島，瓘亦坐是停官，復監鄧州稅鄂州茶。

又卷三三五《宋三九・楊允恭傳》 淳化五年，轉西京作坊使。初，產茶之地民輸賦者，悉計其直官售之，精粗不校，咸輸榷務。商人弗肯售，久卽焚之，允恭曰：『竭民利而取之，積腐而棄之，非善計也。』

又卷三四〇《宋四十四・韓億傳》 三司更茶法，歲課不登，億承詔劾之。由丞相而下，皆坐失當之罰，其不撓如此。

又卷三四五《宋四十九・李允則傳》 民輸茶稅以九斤為一大斤，後益至三十五斤。允則請除三稅茶，以十三斤半為定制，民皆便之。

又卷三七六《宋八十・洪適傳》 甫數月，皓歸，忤秦檜，出知饒州，適亦出為台州通判。垂滿，皓謫英州，適復論罷，往來嶺南省侍者九載，皓卒。服闋起知荊門軍應詔，上寬恤四事，輕茶額錢，蠲他州代貢禮物、辟試闈，以復舊額，官田不種者免輸租。改知徽州，尋提舉江東路常平茶鹽首，言役法不均之弊，會帝親徵，適覲金陵，言本路旱，百姓逐食于淮，復遭金兵，今各懷歸而田產為官鬻，請聽其估贖之。

又卷三七九《宋八十三・李璆傳》 時既榷官茶，復強民輸舊額，貧無所出被繫者數百人。璆至，即日盡釋之。

又卷三八四《宋八十八・葛邲傳》 輪對，論州縣受納及鬻爵之弊，除著作郎兼學士院權直。除正言論徵權，歲增之害如輦下，都稅務紹興間所趁茶鹽，歲以一千三百萬緡為額。乾道六年後，增至二千四百萬緡。成都府一務，初額四萬八千緡，今至四十餘萬緡，通四川酒額遂至五百餘萬緡，民力重困。至若租稅有定數而暗耗日增折帛益多，民安得不窮乎？願明詔有司，茶鹽酒稅比原額已增至一倍者，毋更立新額。官吏不增賞，庶少蘇疲甿。帝特召，復令條陳邲以六事對，皆切中。

又卷三八八《宋九十二・趙崇憲傳》 瑞昌民負茶引錢，新舊累積為一十七萬有奇，皆困不能償。死則以責其子孫，猶弗貸。會新券行，視舊價幾倍蓰。崇憲歎曰，負茶之民愈困矣，亟請以新券一償舊券二，詔從之。

又卷四八一《元三十五・張庭瑞傳》 官買蜀茶增價鬻於羌人以為患，庭瑞定每引納二緡而付文券與民，聽其自市，羌蜀便之。

又卷四八五《元三十九・鄧文原傳》 六年，移江東道徽甯國廣德三郡，歲入茶課鈔三千錠，後增至十八萬錠，竭山谷所產不能充其半，餘皆取之民間。時轉運司官得專制有司，凡五品以下聽杖決，州縣莫敢如何。文原請罷其專司，俾郡縣領之，不報。至治二年，召為集賢直學士，地震，詔議弭災之道，文原復申前議，請罷榷茶轉運使，又不報。

又卷四九〇《元四十四・劉正傳》 時議經理河南淮浙江西民田，增茶鹽課額，正極言不可，弗從。

又卷五九九《載記六・楚・馬殷傳》 然歲貢不過所產茶茗而已，殷自京師至襄唐郢复等州，置邸務賣茶，其利十倍。又鑄鉛鐵錢，以十當銅錢一。又令民自造茶通商，而收其算歲入萬計。由是地大力完，數邀封爵。

又卷六一一《貳臣傳六・元・劉整傳》 計三年，入朝，授行中書省于成都、潼川兩路，仍兼都元帥。同列嫉整功，將謀陷之。整懼，請分帥潼川，乃改潼川都元帥，宣課茶鹽以餉軍。

《清通典》卷八《食貨志八・賦税下・雜税附茶礦》 茶課。凡商販入山製茶，不論精粗，每擔給一引，每引額徵紙價銀三釐三毫，其徵收茶課，例於經過各關時，按照則例，驗引徵收，彙入關税項中解部。間亦有彙歸地丁款項内奏報者。

江蘇行萬五千引。以八千引發江寧茶引所大使，以七千引發産茶之吴縣荊溪縣。

安徽行六萬九千九百八十引。舊行萬五千，復增二萬四千九百八十。發産茶之潛山、太湖、歙縣、休寧縣、黟縣、宣城、寧國、太平、貴也、青陽、銅陵、建德、蕪湖、六安、霍山、廣德、建平十七州縣。雍正十年，增設休寧、黟、寧國、建德、霍山各縣，萬八千三百八十引。又加增六安、霍山、黟、建德、寧國五州縣萬五千五百引。開除懷寧、桐城、宿松、望江、南陵、涇、旌德、石埭、東流、當塗等地不産茶之十縣八千九百引。十三年，又以六安、歙、休寧、霍山四州縣，原引不敷行運，復於額引外預發萬引。

江西行二千四百三十八引。額徵銀三百六十五兩七錢。雍正九年，增寧州、武寧二縣百五十引，增課三十二兩五錢。開除南昌等地不産茶之三十二縣七百十二引。豁除課百有六兩八錢。

浙江行十四萬引。北新關每引徵税二分九釐三毫八絲。

湖北行二百三十引。額徵銀二百三十兩。謹按，湖北茶引繫咸寧、嘉魚、蒲圻、崇陽、通城、興國、通山七州縣請領，各州縣産茶無幾，不足本地日用，所有茶引，無商可給。向種茶園户經紀中，按每引紙價銀三釐三毫徵税銀一兩。又均州、荊門州鍾祥縣，本地舖户，肩販小簍粗茶，每引報税一釐八毫，儘收儘解。乾隆八年，四川建始縣改隸湖北施南府。舊行茶十八引，隨帶湖北。每引徵銀一錢五分課銀一錢二分五釐。

湖南行二百四十引。額徵銀二百四十兩。向例茶商皆自陝西帶引，湖南採買。本省所頒之引，並無客領。給發産茶之善化、湘陰、瀏陽等十七州縣。行户以為一年護帖，每引徵紙價三釐三毫納税銀一兩。

甘肅行二萬八千七百六十六引。額徵銀六千二百六十六兩三錢二分六釐。本色茶十三萬六千四百八十篦。榆林府千引，神木同知二百引，寧府二百七十引，三路共千四百七十引。每引徵銀三兩九錢，共徵銀五千七百三十三兩。又西商大引二萬七千九十六引。於西寧、莊浪、洮岷、河州、甘州各處地方行銷内小引百三十二。在西安、鳳翔、漢中、同州四府州縣售賣，每引行茶百斤，内交五十斤餘，五十斤即為商茶。令其售賣作本。每茶百斤，作為十篦。每篦二封，每封五斤。共徵茶十三萬六千四百八十篦。又漢中府屬西鄉、興安、漢陰、紫陽、石泉等州縣所産之茶，向不設引。止許本地行銷，每年徵税銀五百三十三兩三錢二分有奇。歸入地丁，奏銷案内。順治初年，定易馬例。每茶一篦重十斤，上馬給十二篦，中馬九篦，下馬七篦。十年，定延、寧二處商税，每引茶百斤，入官茶三十斤。每斤折銀一錢三分。十三年，准新茶中馬即足，陳茶變價充餉。如新茶不足，陳茶兩篦折一中馬。康熙三十三年，准西寧五司收貯茶篦，每斤變價六錢。三十六年，停發陝西黄甫堡茶引百三十四引。又准甘州司積貯茶篦。在五鎮奉餉之内，搭放三錢，值茶一封。四十四年，停止西寧等處易馬，將茶篦變價充餉。六十年，增陝西、西寧、莊浪、岷州、河州引四千。雍正三年，定甘肅四司茶篦。自康熙六十一年為始，五年内總收本色。五年後，即將五年前之茶變價例。乾隆元年，定甘肅應徵新茶，准每篦折銀五錢。又以新茶雖經改折，陳茶銷售猶難，再減陳茶價每封二錢。二年，令商茶入陝。後榆林茶令綏德州察驗，神木茶令府谷縣察驗。七年，仍徵本色。十三年。定二成徵收本色，八成徵收折色

四川行舊額新增共十萬六千百二十七引。邊引八萬四百二十七。每引徵四錢七分二釐，腹引九千二百有六，每引徵二錢五分，土引萬六千四百九十四，每引徵三錢六分一釐。按年造報奏銷。額徵銀萬三千一百二十八兩三錢七分五釐。税銀四萬五千九百四十二兩三錢七分八釐。康熙二十六年，增邊腹引萬有一百五引。二十九年，復增二千四百二十三引。四十一年，定四川天全土司增五千六百引，雅州增二千七十九引，邛州三百引。榮經縣三千五百有四引。四十四年，名山縣增邊引三千三百有十。四十五年，增新繁、大邑、灌縣千九百引。四十八年，又增天全土司一千三十引。四十九年，雅州邊引增一千九百八十引。五十八年，議准四川茶課，合邊引、土引共六萬四千九十八引，於松潘打箭鑪行銷，令行飭禁，將引繳部應徵税銀暫行停止，尋以二處土司相繼，歸誠仍發邊土二司行銷。雍正三年，增邛州邊引千三百。四年，增雅州、成都、大邑、榮經、灌縣邊引八千六百三十有五，又增天全土司土引七百七十，增安縣邊引二百。五年，增邛州邊引下有一百。六年，遵義府改屬貴州懷仁縣，茶引税銀正安州茶引税銀均令歸貴州交納。七年，增洪雅、嘉定二州縣腹引共三百，又天全土民願增土坲六千三百四十五，又以雅州、榮經二縣引撥新繁、峩眉等縣招商認銷，又增定徵銀數，每斤徵一釐二毫五絲為額。九年，增成都等六州縣三百六十九引，通江縣六百七十八引，灌縣等九縣邊腹共六百五十二引，羅江等四州縣腹引五十一，新都等四縣二百二十，邛州邊引千一百。

雲南行三千引，額徵銀九百六十兩。每引紙價三釐税銀三錢三分。入地丁冊内造報。康熙四年，永平府開茶馬市，每兩改税三分。雍正十三年，頒茶引三千。

盛京、山西、河南、廣西均無茶課，向不頒行。山東惟濟南府額徵茶税銀八兩。係牙行赴司領帖，每茶一馱收税銀三分。歷城縣額徵銀一兩四錢。壽張

縣茶行經紀一名，每年徵稅銀三兩六錢。又濟寧州有商運茶到州，每百斤收稅一錢，粗者五分。福建向不頒行，康熙十九年，因軍需議加茶課銀三百五十九兩二錢，至康熙二十六年豁免。惟崇安之武夷山產茶，聽商販運。於經過關口，照例徵收，彙入商稅項下奏銷。廣東地不產茶，向不頒行。所徵茶稅，惟樂昌縣十兩五錢，長寧縣六兩，每年附入雜稅。又潮州廣濟橋，每粗茶百斤稅銀五分，細茶百斤三錢四分，彙入橋稅內報解。貴州舊無茶引，雍正八年，四川仁懷縣改隸，隨帶二百五十引，共徵稅六十二兩五錢，課一兩六錢九分三釐八毫。

《續資治通鑒》卷五七《宋紀・仁宗》　初，官既榷茶，民私蓄販皆有禁，臘茶之禁尤嚴，犯者其罰倍，凡告捕私茶皆有賞。然約束愈密而冒禁愈蕃，歲報刑辟，不可勝數。園户困於征取，官司旁緣侵擾，因而陷於罪戾以至破產、逃匿者，歲比有之。官茶所在陳積，縣官獲利無幾，論者皆謂宜弛禁便。景祐中，葉清臣嘗上疏乞弛禁，三司議皆以爲不可。至是著作佐郎何鬲、三班奉職王嘉麟又皆上書，請罷給茶本錢，縱園户貿易，而官收其租錢，與所在征算歸榷貨物，以償邊糴之費，可以疏利源而寬民力。嘉麟爲登平致頌書十卷，隆衍視成策二卷，上之。淮南轉運副使沈立，亦集茶法利害爲十卷，陳通商之利。宰相富弼、韓琦、曾公亮等決意嚮之，力言於帝。九月，癸酉，命翰林學士韓絳、知諫院陳旭及知雜御史呂景初即三司置局議之。

又　始命韓絳、陳旭、呂景初即三司置局議弛茶禁。三司言：『宜約至和後一歲之數，以所得息錢均賦茶民，恣其買賣，所在收算。請遣官詢察利害以聞。』詔遣司封員外郎王靖等分行六路，及還，皆言如三司議便。二月，己巳，下詔弛茶禁。

初，所遣官既議弛禁，因以三司歲課均賦茶户，凡爲緡錢六十八萬有奇，使歲輸縣官，比輸茶時，其出幾倍。朝廷難之，爲損其半，歲輸緡錢三十三萬八千有奇，謂之租錢，與諸路本錢悉儲以待邊糴。自是唯臘茶禁如舊，餘茶肆行天下矣。

又卷五八《宋紀・仁宗》　［嘉祐五年三月甲寅］自詔弛茶禁，論者復言不便，知制誥劉敞、翰林學士歐陽修頗論其事。敞疏云：『朝廷變更茶法，由東南來者更言不便。大要謂先時百姓之摘山者，受錢於官，而今也顧使之納錢於官，受納之間，利害百倍。先時百姓冒法販茶者被罰耳，今悉均賦於民，賦不時入，刑亦及之，是良民代冒法者受罪，子子孫孫未見其已。先時大商富賈爲國貿遷，而州郡收其稅，今大商富賈不行，則稅額不登，且乏國用。望朝廷因臣言，求便國惠民之策。』修疏云：『臣聞議者謂茶之新法既行，而民無私販之罪，歲省刑人甚多，此一利也。然而爲害者五焉：民舊納茶稅，今變租錢，一害也。小商所販至少，大商絕不通行，二害也。茶稅不登，頓虧國用，三害也。往時官茶容民入糴，故茶多而賤；今民自買賣，須用真茶，真茶不多，其價遂貴，四害也。河北和糴，實要見錢，不惟商旅得錢艱於移用，兼自京師歲歲輦錢於河北，理必不能，五害也。一利不足以補五害，乞除前令，許人獻說，詳定精當，庶不失祖宗舊制。』不聽。

又卷七二《宋紀・神宗》　［熙寧十年九月癸亥］先是尹上言：『成都府路置場榷買諸州茶，盡以入官，最爲公私之害。初，李杞倡行敝法，奪民利未甚多，故爲患稍淺。及劉佐攘代其任，增息錢至倍，無它方術，惟割剝於下，而人不聊生矣。大抵在蜀，則園户所苦，壓其斤兩，支錢侵其價直；在熙、秦州，則官價太高，而民間犯法不可禁止。又，般運不逮，糜費步乘，推積日久，風雨損爛，棄置道左，同於糞壤。兼所至不通客旅，惟資無賴小民，結連群黨，持伏私販，虧失征稅。茶司認虛額，又侵盜相繼，刑罰日滋，致數千里之害，可爲深慮。臣頃在京師傳聞其事，既未詳盡，安敢輕議！今受命入蜀，所至體問，乃知買茶爲害甚鉅。有知彭州呂陶、知蜀州吳師孟等論奏，可以參驗。往者杞、佐繼陳苛法，即信用其言，曾不略加參考；今議者條其刓蠹，悉皆明白，未即采聽；何勇於興利而怯於除害乎？願敕有司速究榷茶之弊，俯徇衆論，寬西南之慮。』又曰：『竊詳朝廷之意，未欲遽罷茶禁者，必以熙河路買馬年計茶最爲急耳。但通商之後，舊來諸路茶稅年額錢總二十九萬餘緡，先已復故，即可委諸路轉運司一面管認赴熙河路外，有見今官茶所在州縣，堆積極多，足支數年買馬。自今商旅販秦州、熙河路茶，必能有備。臣體問廢罷改革事，皆商旅所願。望速下本路，逐處根究。臣之所陳有實，即乞罷榷茶之法，許通商買賣以安遠方。』尹還，未至都而有是命。

又卷一九九《元紀・仁宗》　［延祐五年十一月］癸未，敕增江

西茶運司茶課。

初，世祖時，置榷茶都轉運司于江州，總江南及兩淮茶稅，尋改江西。其稅自二萬四千錠以漸增至一十九萬二千八百錠，至是又因江西茶副帕命哩鼎舊作法忽魯丁言，立減引增課之法，敕以二十五萬錠爲額，復增至二十八萬九千餘錠。郡縣所輸，竭山谷之産，不能充其半，餘皆酷取民間，歲以爲常。時轉運使得以專制有司，凡五品以下官皆杖決，州縣莫敢誰何。江南僉事鄧文原請罷其司，俾郡縣領之，不報。

清 法式善《陶廬雜録》卷六 初，德宗納户部侍郎趙贊議，稅天下茶、漆、竹、木，十取一以為常平本錢。至貞元八年，鹽鐵使張滂奏：出茶州縣茶山及商人要路，以三等定估，什稅其一。自是歲得錢四十萬緡。然水旱亦未嘗拯之也。穆宗即位，兩鎮用兵，帑藏空虛。鹽鐵使王播增天下茶稅，率百錢增五十。及王涯判二使，置榷茶使，徙民茶樹於官場，焚其舊積，天下大怨。武宗即位，鹽鐵轉運崔珙增江淮茶稅。是時茶商所過州縣有重稅，或掠奪舟車，露積雨中。諸道置邸以收稅，謂之拓地錢，故私販益起。

《宋會要輯稿·蕃夷四·于闐》 元豐元年六月九日，詔提舉茶場司：『于闐進奉使人買茶，與免稅，於歲額錢内除之。』

又《兵五·屯戍》 紹興三年五月十八日，提舉江南西路茶鹽公事趙伯瑜言：『洪州分寧、武寧兩縣，歲趁茶課五百三十餘萬。』

又《食貨八·水利下》 徽宗崇寧二年二月二十三日，提舉京城茶場所言：『紹聖初，興復元豐水磨，推行京畿茶法，歲收二十六萬餘緡。【略】其元符三年罷輔郡榷茶指揮乞勿行。』

又《食貨一七·商稅四》 ［太平興國八年］八月，詔：桂州承前配納糖及茶葉並死傷牛租米，及四處稅場增添年額共八十餘貫，並與除罷。

又 ［大中祥符二年］六月七日，詔：『自今諸色人將帶片散茶出新城門，百錢已上，商稅院出引；百錢已下，只逐門收稅。村坊百姓買供家食茶末，五斤已下出門者，免稅。商賈茶貨并茶末依舊出引。』

又 仁宗天聖元年二月，詔：『商販客旅於山陽榷務筭請茶課，從起發地頭沿路經過禁榷地分合納稅錢。令在京榷貨務抄上文簿拘轄，召交引鋪户充保，給與公憑，沿路批鑿。合納稅錢自起離請茶場務月分爲始，立限半年，一併於在京榷貨務收納。每年不曾磨勘，常有積欠。本路分析，見有違限未納錢四萬九千六百餘貫，及限未滿錢二十二萬八千五百餘貫。自今每違限一月，係欠每十千罰納錢一千；違限三月，係欠每十千罰納錢一千；違限三月已上，除依月納錢外，差人監貨元通抵當家業陪填。如不足，即於連保鋪户下均攤收理。委都大提舉庫務每年終取索驅磨當年已納見欠數目以聞。』

又 ［天聖二年］七月，詔：『商旅筭射十三山場茶貨，沿路稅務驗認公引，如正茶與耗茶相隨，即免稅耗茶，到住賣處，不以正耗，並收稅。若或無正茶，只是耗茶，據數收稅。即不得將貼射一色中號茶秤出剩數，收納淨利倍稅，阻滯筭射。』

又 ［天聖四年］五月，詔：『客旅興販山場榷務茶貨，預先於在京榷貨務出給公憑，沿路批上稅錢。候到京，一併送納。所有禁榷地分合納稅錢，以起離向南場務月分爲始，立限半年送納。如違，令倍納。』

七月，詔：『山場榷務茶貨稅錢，展限一年上京送納，違限倍納之。』

又 ［天聖］五年六月，詔：『客人買請茶貨出離禁地，轉入清河，欲於京東淮陽軍路往河北住賣處送納稅錢，並依禁榷及通産地處正隔汴路河北入中茶貨批過稅錢體例，令於在京榷貨務請給公憑，沿路批稅，以指定住賣州軍稅錢日分爲始，於元限五十日上處襄四十日，作三月限内上京，於榷貨務送納。如違限，倍納。仰元指定州軍據合收稅，依則例抄上公憑，令依例貨賣。仍具挑過客人姓名、稅錢關報榷貨務拘管，依日限勾收催納。』

又 ［天聖］七年正月，淮南、江浙、荊湖制置司言：『真、楚州、高郵軍狀：客人執在京等貨務公憑並無爲軍榷貨務文帖筭買茶貨，借路不泗、真、揚等州稅錢，入汴上京，虧卻逐務課利。勘會客人筭買山場榷務茶貨，元無借條，始因大中祥符中，客人買販蘄口、洗馬、石橋、太湖茶貨到廬州，泥水阻滯車牛，權令轉江船般，借路取真、揚州、高郵軍、楚、泗州經過，只納舊路廬、壽等州一路稅錢。後來客人援例，借汴路上

京。乞下三司定奪，或與於真、揚州、高郵軍、楚河［州］、宿州、亳州、永城、南京税務合收税錢減放錢數，令客人正納經過場務税錢，更不立借路名目。』三司看詳：『欲乞自今客人販賣蘄口、太湖、洗馬、石橋、無爲軍等五處場務茶貨，如取西路廬、壽、正陽等州軍上京，並令依舊送納本路税錢。或若水路船般，轉江下來，取東路真、揚州、高郵軍、楚、泗州、宿、亳州、南京經過上京者，依販買漢陽榷務等處茶例，並依經過去處正收錢税，更不立借路名目。依元日限，於在京榷貨務送納。』從之。

又［景祐］四年八月四日，詔：『自今諸路外縣鹽茶酒税務除有正官專監，其比較虧少課額，令佐自來係兼監去處，所有賞罰一依都監、監押兼監賞罰條例，減專監一等。』

又《食貨二〇・酒麴雜録一》［太平興國元年］太宗太平興國元年十月，詔：『先是募民掌茶、鹽榷酤，民多增常數求掌以規利，歲或荒儉，商旅不行，至虧常課，多籍没家財以儻償，甚乖仁恕之道。自今並宜以開寶八年額爲定，不得復增。』

又紹聖元年六月十四日，權發遣淮南路轉運副使呂溫卿言：『監司所以糾繩郡縣，而元佑初所用多昏老疲懦，是致吏事隳廢，財用窘乏。齊州自元佑元年至八年終，茶鹽酒税比祖額共虧四十萬九千餘貫，以一州推之，則天下可知。欲乞立法考察懲勸。』詔京東路轉運司具元祐元年至八年終本路鹽茶酒税並課利場務等，比祖額虧欠數以聞。

又《食貨二七・鹽法》［隆興元年］九月二十四日，詔：『紹興府諸縣隆興元年住賣茶鹽及批發茶引，依紹興二十八年例，權免比較課額。』從知府吴芾請也。

又［乾道二年］二月六日【略】乞下逐路茶鹽司計歲終已賣之數，將指留錢發納上供。』户部言：『元降指揮，每州縣樁留錢一千五十貫充私茶鹽賞錢，至歲終，盡數起發赴行在榷貨務都茶場交納。』

又六月十一日，户部言：『被旨：諸路發納綱錢，以二分會子、八分見錢起發。本部今參酌到見行筭請錢引舊法下項：一、行在榷貨務都茶場筭請，依自來指揮，茶、鹽、礬見係六分輕齎，謂金銀、關子。四分見錢目今多用會子，乳香八分輕齎謂金銀、關子，二分見錢，目今多用會子。至左藏闕少見銀品搭支遣。今欲將前項合納四分、二分見錢分數，各以搭分爲率，許用五分見錢、五分會子筭請。一、建康榷貨務都茶場，自來除每袋五貫文通貨錢並納見錢外，餘以金銀、公據、關子入納，所有合納通貨見錢五貫文，其間多用會子。今欲令納一半見錢、一半會子筭請。一、鎮江務場應入納茶、鹽、香、礬，並聽客户以金銀、見錢、公據、關子從便筭請，欲只依舊法。』從之。

又［乾道六年］三月一日，詔：『將三榷貨務都茶場收到茶、鹽、香、礬錢，各行立定歲額錢數下項：行在八百萬貫，建康二百萬貫，鎮江四百萬貫。如收趁及額，官吏方得依例推賞。如虧不及一分，免行責罰；若虧及一分以上，各降一官，吏人各從杖一百科斷。其降出外路茶鹽鈔引，候賣到錢，赴務場交納訖，方許理數。』以户部侍郎提領榷貨務都茶場葉衡言：『三務場每歲所收入納茶、鹽等錢，依已降指揮各行比較，如有增羨，方合理賞。似此須是年年增羨，竊慮卻將别色錢混雜在内，冒濫賞典。』故立定爲額云。

又《食貨二九・賣茶場》凡税租之數，總二十二萬八千七百五十二斤。江南東路夏二萬五百［千］六百六十三斤，秋九千四百六十斤，西路夏八萬二千五百六十一斤，荆湖北路夏七百三十六斤，福建路夏二萬四千一百九十九斤，利州路夏三萬七千二十八斤，秋一百七十斤，夔州路夏七千九百九團。

凡山澤之入，總四十八萬二千一百七十九斤。臘茶三十五萬五千七百七斤，福建路龍茶二百八十斤，鳳茶二百八十斤，京挺茶二百六十斤，的乳茶一萬二千二十八斤，白乳茶四千九百二十六斤，頭金茶二萬三千三百九十二斤，頭骨茶二十一萬九千八百七十斤，次骨茶五百三十六斤，臘麵茶七萬五千三百二十七斤，山茶一萬一千八百八斤，草茶一十二萬六千四百七十二斤，江南東路草芽五千一百九十二斤，西路草茶七萬斤，荆湖北路草茶五萬一千二百八十斤。

凡租錢之數，總二十二萬三千七百九十六貫。淮南西路三萬八千一百二十九貫，兩浙路四萬七千四百四十貫，江南東路二萬二千五十四貫，西路一萬六千九百六十七貫，荆湖南路二萬三千六百四十四貫，北路七萬五千二百五十七貫，福建路三百五貫文。

凡本錢之數，總四十四萬七千一百四十四貫。淮南西路一十萬六千一百四貫，兩浙路十萬八千三十貫，江南東路五萬五千五百一十貫，西路五萬九千一百五貫，荊湖南路九萬一千三百七十五貫，北路五萬七千二十貫。

凡榷易之利，總八萬貫：市易務四萬貫，都茶鹽院四萬貫。

凡稅錢之數，總銅錢計四十五萬八千六百六十貫，鐵錢六萬五千七百七十一貫。在京稅院六萬八千九百一十六貫，府界一萬七千三百五十七貫，京東東路二萬二千八百九十四貫，西路二萬九千九百二十貫，京西南路二萬六千二百二十七貫，北路二萬一千七百一十二貫，永興軍路八千八十五貫，秦鳳路三萬一千六百八十五貫，河北東路五萬五千三百三十四貫，西路三千八百九十九貫，河東路銅錢一萬二千一百六十五貫，鐵錢一千七百四十四貫，淮南東路三萬二千一百九貫，西路三萬一千七百九十四貫，兩浙路五萬一千九貫，江南東路一萬四千九百八十三貫，西路一萬二百三十一貫，荊湖南路六千五十五貫，北路一萬四千七百六十一貫，福建路二千一百九貫，廣南東路四百七十七貫，西路九百四十二貫，成都府路三萬三百一貫，梓州路七千二百七十貫，利州路七千五百九十七貫，夔州路一萬八千八百五十九貫。已上《國朝會要》。

茶法自政和以來，官不置場收買，亦不定價，止許茶商赴官買引，就園户從便交易，依引内合販之數，赴合同場秤發。至于今不易，公私便之。以上《永樂大典》卷一七五六〇

又《食貨三〇·茶法雜録上》　［元豐二年］二年四月五日，權發遣三司鹽鐵判官、提舉成都府等路茶場李稷言：『自熙寧十年冬推行茶法，至元豐元年秋凡一年，通計課利及舊界息稅，并已支、見在錢，七十六萬七千六十六緡。

又　二十四日，提舉成都府等路茶場司奏請，自今歲課茶息、稅錢，已定十五萬緡，歲以五萬緡給轉運，餘以待詔用。二十五日，又言：乞留銅錢百萬緡爲本。並從之。二十八日，又言：『洋州西鄉縣茶舊與熙河、秦鳳路蕃漢爲市，而商人私販，南入巴、達州，東北入金州、永興軍、鳳翔府，官未置場以前，於州界仙遊、少府、雞雄、歸仁、洋口等鎮鋪差牙校編欄抄發，指州縣輸稅。熙寧十年，廢罷四場牙校，止留洋口一處，州縣慢令，私販公行，西鄉茶稅額比舊減少。乞雞雄等場令州縣督責買撲人編欄，歸仁一鋪乞依舊輸差稅務牙校編欄抄發。園户中官茶數，歲以三十萬斤爲額，增及萬斤，賞錢一千，如虧少，量事決罰。』從之。

五月十一日，詔成都府等路茶場司幹當公事官六人並遷一官，以歲課增羨也。

又　［元豐三年］三年四月十三日，陝西轉運司言：『茶場司自熙寧七年置場，至十年總入息、稅錢百二十二萬九千餘緡。』詔提舉成都府等路茶場蒲宗閔及幹當公事官并曾任茶事官，並遷官，循資有差。

又　六月二十四日，提舉成都府路茶場司言：『本司比歲積錢鉅萬，累詔已給賜別司外，欲以所有金帛爲錢三十萬緡輸内藏庫。』詔就近經畧使所在州封樁，委茶場司主管，如封樁錢物法。自今有羨錢準此，歲終具數以聞。

又　十月七日，提舉成都府利州秦鳳熙河等路茶場司奏：『勘會熙、秦、岷、河、階州，通遠軍，永寧寨七處茶場，各係依條不拘常制奏舉監官一員。今相度秦、熙州、通遠軍、永寧寨四場，歲收本息不下七十餘萬貫，比其餘場分給納浩瀚。乞將上件四處茶場監官各以兩員爲額，並依元條奏舉。』從之。

又　［元豐五年］十月二十五日，同提舉茶場蒲宗閔言：『諸茶場立額出賣，比較申奏，每收息二萬緡，監官減磨勘一年，餘數更比類酬獎；不滿二萬緡及不願減年者，每息錢百緡，支賞錢二千，選人依第四等酬獎；與免試，無可免者，陞一年名次。』從之。

又　［元豐六年］六年四月三日，同提舉成都府等路茶場陸師閔言：『文州與階州接境，有博馬及賣茶場，龍州舊許通商。乞以文、龍二州爲禁地，其秦州本司差官一員造帳，計置川路羨茶徧入陝西路出賣，仍於成都府置博買都茶場。』從之。

又　閏六月十三日，同提舉茶場公事陸師閔劄子奏：『竊見新修茶場司敕，尚未全備，臣今擇出合行通用條貫三十八件，内有於新法干礙者，畧加删正下項：一、諸成都府、利州路、金州産茶處，各就近置場，盡數買園户茶，許各客人於官場收買，販入川陝［峽］四路并金州界，充民間食用。私輒買賣、博易、興販及入陝西地分者，並許告捕，依犯

私臘茶法施行。諸陝府西路並爲官茶禁地，諸路客販川茶、南茶、臘茶無引、雜茶犯禁界者，許人告捕，並依犯私臘茶法施行。諸園户賫茶往不置場處，並用有引茶及空引影帶私茶，並未經販賣及諸色人販茶偷謾商税者，皆許人告捕，依漏税法斷罪外，一斤以上賞錢三貫文，每十斤加三貫，至三十貫止。禁地官茶偷税準此。諸產茶州縣每歲於民間闕乏時，預先計置見錢、斛斗，召園户情願結保借請，每貫出息二分。至茶出時曉示，令以茶赴官折納，過夏季不納，即追催秋季，不足，量分數科校。諸產茶州縣買茶，正斤外依市例量加耗茶。非理責加耗者，許賣茶園户告，計所剩坐贓論罪，止杖一百。即官庫漏底，雖有出剩，不得理爲勞績。諸產茶州縣出賣食茶，並隨時價高下增息，仍準價别收長引錢一分訖，給引放行。諸產茶州縣出賣食茶，各以元豐元年爲額，提舉司歲終比較不虧，每收息一百貫文，支賞錢五貫文，充監官公人添給。監官四分，公人六分，其開場在元豐元年以後者，並以第一年全年爲額。賣鹽準此。諸茶場官舍有闕，牒轉運司應付，其合占那民地者，令指射官地對换；係樓店務官舍地基及税地者，以茶息錢輸納税租。諸禁地賣茶場年額敷辦，歲終比較，每收息錢二萬貫，監官減一年磨勘，提舉司保明聞奏，選人比類奏裁；不滿二萬貫，每息錢一百貫文，支賞錢二貫文，以上願留次年併賞者聽。仍將博馬茶通比。秦、熙、階、岷、河非［州］、通遠軍、永寧［寨］七處分茶與外鎮城寨出賣者，亦通比。諸處出賣官茶，令提舉司立定中價，仍隨市色增減。

又　［元豐七年］十一月二十一日，中書省言：『元豐二年，提舉茶場李稷以息税五十萬緡爲歲額，後陸師閔奏，自立額後，連歲增羡。乞自七年以百萬緡爲額，未委虛實。』詔榷茶司具自二年立額後至六年所收息税有無增剩及支費數以聞，本司具數上下刑部驅磨其舊封樁及見在錢，並令交割與陝西逐路提舉常平司封樁。

又　［紹聖二年］四月七日，户部言：『茶場自今收買客茶，並拘收長引、對定引，内合納税錢，即於茶價錢内尅留歸官，報税院銷會，以充税課。』從之。

又　［紹聖四年］四月十五日，吏、户部言：『水磨茶場監官錢景逢任内收息一十六萬餘貫，呂安中收息二十一萬餘貫。』詔錢景逢與轉一官，呂安中候任滿日，保明以聞。

又　［元符二年］二年二月二十三日，提舉京城茶場所奏：『紹聖初，興復元豐水磨，推行京畿茶法，歲收二十六萬餘緡。

又　［政和元年］八月二十三日，户部專切提舉京城所奏：『準敕，臣寮上言：永興軍等四路先係川茶禁地，後來改作南茶地分，其四路民庶依舊嗜食川茶，是以客人得便以奪官中厚利。伏望特降睿旨，令改作川茶地分，或乞且令提舉陝西等路茶事司權暫管認南茶及水磨馱茶税息，俟年歲之間，見其管認之外，所得利息顯著，卻令依本司自來專條施行。又權發遣成都府陝西等路茶事張翬狀：乞依元豐舊制，復以四路爲川茶地分等。後批：令户部與提舉京城所一處相度聞奏。看詳張翬奏，見在食茶七萬五千餘馱，占壓本息共四百餘萬貫緡。今相度，永興等四路並鳳翔府以東岐山等八縣，並合依元豐年出賣川茶舊法施行。所有南茶税息，内除税錢亦合依元豐法撥還户部外，有茶場支賣馱茶息及客販南茶息錢，近準朝旨，赴茶場送納，係應奉御前。今來張翬乞依元豐舊制，復以四路爲川茶地分，仍以所收息税錢歲用上供，以代水磨末茶之息。緣榷茶司課額係屬朝廷封樁，今據茶場歲收馱茶息錢共一十六萬七千餘貫，今元豐或大觀東、西庫每年分上下半年，内上半年以正月、下半年以七月撥運茶場，卻令提舉榷茶司每歲於收到茶息錢内依數支撥與陝西轉運司支用，於朝廷合應副本路錢物内和除。兼契勘永興軍等路今來復作川茶地分，榷茶司難便計置般運到彼，所有見今客販茶若便行住罷，切慮逐處民間闕茶食用，兼有虧合收茶税額課。乞且許客人般販前去，並茶場見支馱茶，截日更不支發，其已般去數目，亦許且行出賣，並限至歲終發洩盡絕。仍令榷茶司預行計置般運，自來年爲始。出賣川茶並逐處每年撥還錢，除上項錢數。』詔依。

又　九月二十八日，權發遣同管幹成都府利州等路茶事李稷劄子：『今相度，應川路產茶場分賣茶收息，比額雖增，若買賣茶數不敷祖額，更不推賞。』詔依。

又《食貨三一・茶法雜録下》　［紹興］三十一年四月七日，臣寮言：『邵武軍管下四縣，有產茶價錢，歲納之數通不及一千七百緡，昨行經界日，應鄉民植茶雖止一二株，盡籍定爲茶園敷納價錢，無慮數千户。後雖荒廢，無復存者，所科錢依舊輸納入。官司以有名額，不敢住

催，而逐年催到之數，常不及十之五六。臣恭聞仁宗皇帝時，趙抃爲嚴守，民籍有茶税而無茶者，抃爲奏蠲之，民至今受賜。乞下有司究實，盡行蠲免。』詔令户部看詳。

又　［隆興二年］二年七月二十二日，臣寮言：『自來茶、鹽同法，於請納外隨其所指，並不收税。近日客人販茶過淮，遂開收税之例。謂如盱眙軍一處茶到本軍，每引税錢十貫，方許過淮，後來更於十貫上添收七貫，並無分文歸朝廷。乞行拘收。』詔令淮東西宣諭司同逐路提舉茶鹽司措置。於是淮東宣諭使錢端禮言：『契勘得客販長引，先降指揮：水路不許過高郵縣，陸路不得過天長縣，如願往楚州及盱眙軍界住賣，每二十三貫並二十六貫引各貼納翻引錢十貫五百，批引前去。如到楚州、盱眙軍秖改，欲淮北州縣每引更貼納錢十貫五百文，盱眙軍每引收回貨税錢二貫，所收回貨税錢，即非朝廷指揮，欲行住罷。所有客人販茶水路欲過高郵縣、陸路欲過天長縣，及批改至鹽城縣並滁州等處茶引合收錢，及從提舉司行下逐處，令項樁管，每季申提舉茶鹽司檢察。仍委淮東總領所專一稽考。』到日，盱眙軍胡堅常又言：『客人販茶，水路欲過，所納官錢已是太重，所有本軍税錢委是重疊，乞免行收納。』並從之。

十月八日，江淮都督府準備差遣李椿言：『静江府修仁縣及鬱林州兩處産茶，其味如藥，茶價不及買引之數，無人筭請。乞聽人户從便興販出賣，經由州縣，每百斤收税錢二百文。』詔依，仍令廣西轉運司將先降去茶引依見行條法指揮，依舊招誘客人筭請興販。

又　［乾道］六年三月一日，詔：『將三榷貨務都茶場收到茶鹽等錢，各行立定歲額，行在務場八百萬貫，建康務場一千二百萬貫，鎮江務場四百萬貫。如收趁及額，方得依例推賞。』

又　［淳熙五年］二月十三日，提舉四川茶馬朱佺言：『入蕃茶大觀間歲賣二十萬斤，至乾道四年威州守臣湯尚之奏請以五十萬斤爲額，藩蕃戎歲市已久，比之舊法，委是數多。今若驟減其數，竊慮蕃戎觖望，事干邊防。』詔每歲以四十萬斤爲額。既而仍舊放賣五十萬斤，以都大茶馬司言『威州蕃部屢以此爲辭，恐致生事』故也。

六月二十四日，四川制置使胡元質、都大提舉茶馬吳總言：『川蜀産茶，祖宗時並許通商，熙寧以後始從官榷，歲課不過四十萬。建炎軍興，改法賣引，一歲所取二百餘萬，比之熙寧，已增五倍。繼以聚斂之臣進獻羨餘，增立重額，每歲按額預俵茶引於合同場，甚者至徑將茶引分俵，以致園户困敗，産去額存。臣等申請置局，委官審實糾決。涉歷兩年，推核增虧之數，合減放虚額一百四萬三百斤，其引息土産税錢共一十五萬二千九百九十四貫。』詔並與除放。先是，四川總領李蘩言：『茶馬司歲減馬七百疋，爲錢二十一萬，乞與茶户對減重額。』詔四川制置司同茶馬司公共相度經久有無妨闕利害以聞，至是，元質總相度來上，故從其請。

又　［淳熙］十二年六月四日，詔：『淮東總領所將未起秖引錢二十六萬八千餘貫，盡數起赴封樁庫送納，日後每季依此。仍仰提領封樁庫候交收到前項錢，即報行在都茶場，理爲合收之數。』既而行在都茶場言：『鎮江務場收到客人就引貼納茶翻引錢，每歲不下十餘萬貫，依乾道三年三月内已降指揮，令赴行在都茶場交納。今照得截止淳熙十二年三月終，有未起發二十六萬八千六百四十九貫六百四十一文。乞將鎮江務場收過前項客人就引貼納翻引錢行下鎮江府照數拘收，令項樁管。令本場將鎮江務場已報到錢，理充本場所收錢數，庶得鎮江府就近可以拘催，免致積壓之弊。』故有是詔。

又　慶元元年二月六日，詔：『石泉軍龍安縣崇教等七鄉園户茶課錢引九百二十七貫一百一十四文，從茶馬司同成都府路轉運司并本軍三處均認，與園户代納，自紹熙五年分爲始。』以四川總領茶馬司言：『川蜀共管三十四茶場，應有茶田園户除納田上二税外，遇般茶赴合同場批賣，本司收納土産茶牙市例錢。照得本軍龍安園户除納二税市例錢外，又催理茶課估錢，係於元豐間未立額日先有此茶課，每歲理一十五萬四千五百一十九斤，每斤估錢六文，在縣隨二税送納。至建炎年，改法立額，其茶園户於紹興十八年奏行經界，失於申明。今來若行倚閣，恐妨本軍縣省計支用；若復催理，委是重迭，重困園民。三司乞自抱納。』故有是詔。

又　［慶元］六年二月十四日，詔：『川路産茶去處，園户合納經總制司頭子錢五千四十二道五百一十一文一分五釐，令提刑、茶馬司各

抱認一半；所有秤提錢三千一百四十八道二百九千文，令總領所抱認，並自慶元六年分爲頭對減。』以四川制置司、總領所、茶馬司、成都提刑轉運司言：『昨緣川蜀百物皆賤，茶價亦低，園户窮困，茶司恐傷根本，隨宜措置。每引元額舊納土産茶牙市例錢二貫三百文，除權減八百文外，以茶額計之，一歲共減土産錢十萬四千九百四十三道。既是正錢已減其數，收頭子、秤提錢亦當減免。』故有是詔。

又《食貨三二・茶鹽雜録》　［宣和七年］三月十一日，詔：『茶法舊無立額比較收税法，其比較賞罰及納税指揮並罷，餘悉依舊。』

又　［政和三年］八月四日，詔：『客人買到茶貨往税務封記起引起，其商税務如茶到限日，依條封記放行。如敢阻節住滯，當行人吏杖一百勒停。』

十七日，尚書省言：『勘會鋪户變磨到末茶，昨降指揮，許諸色人買引興販，長引納錢五十貫文，販茶一千五百斤；三十貫文，販茶九百斤。短引納錢二十貫，販茶六百斤。緣近降指揮，販草茶更印給一等十貫文短引，其末茶未有十貫［文］短引興販指揮。詔販末茶更印給十貫文短引，許興販三百斤，約束等並依前後已降指揮。』

又　十二月三日，武功大夫、監都茶務魏伯才等奏：『乞應鋪户買到客人限定斤重成籠篰茶，並依客例，令逐處所差官專一秤製，如無剩數，許先次出賣外，若有剩數，並行籍記，許請買引出賣。每納錢一百文，許賣茶一千五百斤，不及，據數紐筭給引。如敢輒將成籠篰茶旋行開［拆］，許人告，罪賞並依客人避免秤製已得指揮。』從之。

又　［政和七年］三十日，尚書省言：『江南東路提舉鹽香茶礬事司狀：乞今後應客鋪於園户處買到茶，其園户故不批引，及客鋪藏匿文引，不令園户批鑿，乞指揮施行。』詔客販茶至住賣處，買人不驗引收買，及客人藏匿文引，依已降指揮斷罪理賞施行。

三月十一日，詔：『茶法舊無立額比較收税法，其比較賞罰及納税指揮並罷，餘悉依舊。』

又　［建炎元年］十月二十一日，都省言：『諸州縣有椿下私茶、鹽、礬賞錢，一州一縣各椿一千二百貫文，且以江東路十州軍四十八縣，計六萬九千餘貫。望降睿旨，令東南諸路州縣每處依舊椿二百貫外，各將餘錢一千貫計綱起發赴行在交納，應接支遣，卻令州縣别行收簇椿管上件賞錢。』從之。

又　［建炎三年］二十一日，知樞密院事、宣撫處置使張浚言：『朝奉大夫、直祕閣、專一總領四川財賦。趙開自建炎三年内推行祖宗賣引法，措置出賣茶引，至四年終，收到息錢一百七十餘萬貫，計置買馬，實有勞効，理宜旌賞。臣除已恭依所得便宜黜陟處分，將趙開特轉一官外，欲望與開優陞職名。』詔趙開與除直顯謨閣。

又　［政和四年］四月九日，尚書省言：『舊水磨茶場一歲收息不及一百萬貫，一年内有每季泛進錢。今來茶務歲收錢約四百萬貫以上，比舊已及三倍以上，不係省錢，别無支用，尚循舊例，只每季泛進，未有月進之數，欲每月進五萬貫。』詔從之，仍自今月爲始。

又　四月十三日，倉部員外郎、檢察福建廣南東西路經費財用公事章傑言：『據建州申：遞年合發省額茶二十一萬六千斤，自建炎二年後來，因葉濃作過，逐年只起罷科茶錢。至紹興四年，因大禮蒙抛買賞給茶五萬斤，以是難買。繼蒙朝旨蠲免四萬斤。今準户部符：檢會紹興五年分本州島合發省額茶二十一萬六千斤，仰計置依限起發。續準都督府劄子：準尚書省劄，勘會建州合發上供茶盡起本色，赴建康府交納，令客人請買前去。以北州軍係已指擬淮南支用，不可全行減免。已得旨：特與減三分之一折起價，餘二分起發本色。州司照對，若令收買二分茶，即計一十四萬四千斤，比之紹興四年，幾增三倍，委是收買不行。乞申明朝廷，更賜減免。傑勘會建州遞年買發省額片茶，係隔年預借本錢支俵園户計置，拍造入中。後因兵火，園户逃亡，製造省少。今來卻體訪得建州管下自來磨户變磨末茶成袋出賣，多有客販往淮南通、泰州。取會得建州每年批發上件茶引二十餘萬斤。今欲乞將建州合發省額茶且權依紹興四年例起發五萬斤，餘並折價錢，委自本州收買末茶一十五萬斤赴建康府交納。』從之。

又《食貨三五・鈔旁印帖》　［紹興五年］十六日，臣僚言：『竊見朝廷講究財賦，誠爲急務，即今財用賦入之利，莫大雜税、茶、鹽出納之間，若計每貫增頭子錢五文，所得之利歲入不少。乞詳酌施行。』

專切措置財用司言：『茶、鹽已復鈔價，其頭子錢難以增添外，所有諸路州縣出納係省錢物所收頭子錢，依節次所降指揮條法，每貫共計收錢二十三文省，內一十文省作經制起發上供，餘一十三文並充本路州縣并漕司支用。今稽考得州郡見各收納不一，今欲依所請，令諸路州縣雜稅出納錢物，於每貫見收頭子錢止量行增添，共作二十三文足，物以寔價紐計，一體收納。其所收錢，除漕司并州軍舊來合得一十三文省外，餘數盡行併入合起經制窠名帳內，依限計置起發，補助軍須。如州縣舊例所收多處，自從多收。』從之。

又《食貨三六・榷易》 真宗咸平二年九月，江淮制置茶鹽、度支員外郎王子輿言：『江、淮、兩浙賣茶鹽都收錢三百九十七萬餘貫，比高額增五十萬八千餘貫。』

又 ［大中祥符九年］二月，內侍藍繼宗言：『榷貨務去年得茶交引錢百五十餘萬，比新額虧十萬。』丁謂奏曰：『遞年及新額雖少，比未改法，則利倍矣。』且言：『自祥符已後，歲及二百萬以上，八年少二十餘萬者，以六年、七年各納過幾三百萬，以是八年稍少，今年正月比去年已盈三十萬貫。由是校之，非茶法不便也。』

又 仁宗天聖元年正月，中書門下言：『準內降聖旨：今知邊上諸處軍糧錢帛支贍不足，此國家大事，卿等如何擘畫，或於中書、樞密院共差三人與李諮已下同定奪茶鹽礬稅條貫，從長施行。今欲令劉筠、周文質、王臻、薛貽廓與三司使、副等，先具取索前後茶鹽課利錢數自來有無增虧，開析聞奏，當議相度，別行差官定奪。』從之。

二月，定奪所言：『取索前後茶鹽課利，比附到增虧數目。』詔樞密副使張士遜、參知政事呂夷簡、魯宗道與三司使、副等同共詳定。定奪所奏：『內河北州軍入納糧草物色，自來作分數支還茶貨、香藥、象牙，即今街市例各大段減落價錢，除茶貨已別作條約外，有香藥、象牙緣在京榷貨務將河北交抄並依見錢出賣價例支還實錢，其大中祥符五年後至天禧二年客旅筭請出外，每百千街市賣得錢九十四千至八十二千已來，自後漸次減落。今每百千只得四十千，比自前并今來在市官賣價例較虧官近五十千。蓋河北入納糧草物色，近年以來，本處於實價上倍添虛錢，客［人］已獲厚利，是致將來給得交抄赴京，被興販人賤買下請卻官中實錢，香藥、象牙，兼將博買處、杭、明、廣州市舶司元破價例計筭，已見虧折官本，尚未言般運腳乘、監官公人等請受諸般支費。欲乞自今算請香藥、象牙者，每十斤爲則，令客旅於在京榷貨務入納見錢十千，共筭請二十千香藥、象牙，取便將於在京或外處州、軍販賣，仍仰榷貨務分明出給公據交付，及一面關牒商稅院，候客人將出外處破貨，即據數收納稅錢，出給公引放行。其河北舊抄自來貼納一分見錢，仍與免納。所有將河北先入納下糧草物色虛實錢筭請者，只得依自來合支色額等第價例支給，即不得卻依入納見錢體例筭射。』從之。

又 天聖元年五月敕：定奪所奏，陝西沿邊州軍許客津般糧草赴倉場入納，乃以逐月逐旬每斗束榷的見賣價錢紐計貫百，等第功饒，給付交引，到京一文支還一文見錢。【略】又四年八月敕：陝西便糴糧草，客人不願請領見錢，情願要請茶交引者，仰逐州軍於交引收附前面書寫，候到京，依入納見錢體例支還茶貨，每十千上特與添錢一千。又在京榷貨務及解州天聖六年正月一日至十二月終，支過陝西沿邊州軍便糴糧草見錢、茶鹽諸般交引錢二百四十七萬六千三百二十七貫二十六文，折納茶稅錢九十三萬一千五百七貫九百九十一文。

又 客人於在京榷貨務請過見錢百五十四萬四千八百十九貫三十四文，客人於在京榷貨務翻換請外州軍見錢並茶鹽交引及直於解州請領鹽貨七十四萬七千四百六十三貫四百文，客人於榷貨務翻換筭請過交引并折納茶稅十六萬七千二百八十五貫七百文，茶交引三十萬七千四百七十五貫文，末鹽交引九萬四千三百八十八貫七百文，顆鹽交引十一萬一千六百六十五貫二百文，便換外州軍見錢六萬六千六百四十八貫八百文，充折茶稅錢五十萬二千六百五十七貫一百文，客人於榷貨務筭請茶交引四十八萬八千五百十七貫二百文，陝西沿邊州軍客人情願筭請茶交引萬四千一百三十九貫九百文，客人納下糧草，給到本州島三月後來文抄，支給茶交引二十九萬四千六百九十八貫五百三十四文，客人直於解州筭請過鹽七萬四千六百七十六席。

又《食貨五四・雜賣場》 天聖三年十二月，三司言：『雜賣場言：「出賣官物，逐年課利元額五萬貫，內二萬五千六百貫割屬榷貨［務］承認賣茶錢外，餘二萬四千四百貫，係當場趁辦。緣累界遞相交

割，在場物色多是積壓，少人承買，必至年終有虧課利。』

又《食貨五五・務雜録・榷貨務》〔大中祥符〕四年十月，詔：『雜賣場今後更不賣茶，止令榷貨務將每年折支料錢茶二萬五千六百貫，招致客旅入中，往向南茶市收錢數樁撥，充雜賣場課額。』

又〔紹興〕六年八月，詔：『每歲通收錢一千三百萬貫，即依已降指揮推賞。』紹興二十四年，行在、建康、鎮江三務場共收二千六十六萬七千四百九十一貫二百六文：鹽錢一千五百六十六萬五千六百一十五貫四百三十文，茶錢二百六十九萬四千四貫五百七十七文，香礬錢一百九萬九千一百八貫六百八十五文，雜納錢一百二十萬八千七百六十二貫五百一十四文；紹興三十二年，回税場共收二千一百五十六萬六千九十二貫六百七十一文：鹽錢一千七百九十六萬九千一十一貫六百九文，茶錢二百一十二萬一千四百七十七貫七百五十八文，香礬錢一百一十九萬五千八百五十四貫二百四十六文，雜納錢二十七萬九千四百四十九貫五十八文。至乾道六年三月二日，詔：『將三務場收到茶、鹽、香礬錢各立定歲額錢數，行在八百萬貫、建康一千二百萬貫、鎮江四百萬貫。如及額，官吏方得依例推賞；如虧，不及一分，免行責罰。』

十一月二十五日，詔榷貨務、都茶場監官通行管幹，仍以『監榷貨務、都茶場』繫銜。

又《食貨五六・金户部度支・金部》〔元豐二年〕四月五日，權發遣三司鹽鐵判官、提舉成都府等路茶場、國子博士李稷言：『自熙寧十年冬推行茶法，至元豐元年秋，凡一年，通計課利及舊界息税并已支、見在錢七十六萬七千六十六緡。』上批：『蜀茶變法，又前後奉行使者失指，議論紛紜，恐動郡聽。稷能推原法意，日就事功，宜速選擢，以勸在位，遂落權發遣。』

又 政和元年十一月二十六日，户部侍郎胡師文奏：『昨準聖訓，令經畫户部財用。今先次措置到下項：東南七路收納茶税錢約一十五萬貫，契勘東南七路所收茶税錢，久來並依無額上供應副户部支費，昨熙寧年間歲收不下五六十萬貫，大觀年每歲約收四十餘萬貫，比熙寧年約少收一二十萬貫，蓋是官司因循，失於檢察拘收，致虧省計

又《職官四・尚書省》〔紹聖〕七年五月十日，中書省言：『勘會左、右司點檢都茶場務收茶息錢及五百萬貫，通共一千五百萬貫，除都茶務官吏已推恩外，其本司官吏未曾推恩。』

又《職官二七・太府寺》〔紹興〕十一年正月十日，詔交引庫書押鈔引寺丞兩員，遇合推賞，各與減磨勘二年。先是，每歲收茶鹽錢一千三百萬貫，本庫監官及書押鈔引寺丞一員各減二年磨勘。

又《職官四三・都大提舉茶馬司》〔熙寧七年〕十二月十二日，權發遣三司使公事章惇奏：『已差李杞等提舉收買川茶，省司已應副本錢，今更有事節。今來乞於職位内稱提舉成都府利州秦鳳熙河等路茶場公事。如向去事務繁多，更合要官員幹當，乞許本司奏差。今來初創置茶場，官中本息錢數有限，慮恐熙河路輒有侵使，乞於茶税息錢内每年認定四十萬貫，應副熙河博馬並糴買糧草，餘外錢物並本司樁管。』從之。

又〔元豐〕二年四月二十五日，三司鹽鐵判官、國子博士李稷奏：『臣檢會茶法元條，每年收息税四十萬貫，應副博馬及糴買糧草。續準朝旨，盡數應副博馬，以其餘助轉運司。往時所收息税不能敷辦元額，止隨手支充博馬，本息畧盡。近準條與買馬司對行交易，以此本司錢物出納分明。緣前後條貫各經衝改，更無合應副轉運等司年額定數。臣竊計三路官茶税錢，茶場司既以通認十五萬貫，即諸州出入所得盡係茶場司年額。往時轉運司亦曾應急申請支過茶税錢，致本司所認歲入頗成散落，竊恐因循，寖越常守。欲乞自今後於年額息税内，歲以五萬貫給轉運司，餘悉待公上詔用。取進止，合入提舉成都府利州秦鳳熙河等路茶場司敕。』從之。

又〔元符三年〕十二月十七日，提舉陝西等路買馬監牧司奏：『檢準詔：『今後許蕃商將馬并物貨各中半赴官，折請名山茶貨。』今有合申請事件：一、今來未有明文指定告賞刑名，欲乞應將不係博馬茶、無公據夾帶透漏入蕃，並許人告，依匿税條格施行。一、蕃部博馬，給公據入蕃茶經過城塞堡鎮，有合收税去處，雖即目不多，緣公人上下因此邀阻，乞權免收税。所有免過税錢，歲終計算，於茶事司年額税息錢内除豁。其税務監官許將免過税錢通入課額比較，候將來買馬通快，依舊例施行。』並從之。

又〔崇寧〕二年三月二十四日，都大提舉程之邵狀：『自元符三

年九月二十七日申請，專用名山茶博馬并貼賣與中馬人逐年買馬，七州軍茶場賣過茶，收穫稅息錢數比遞年收穫稅息錢外，建中靖國元年二月內增剩收到稅息錢二百五十三萬二千九百九十七貫一百三文省。內建中靖國元年收到增剩稅息錢，已赴闕奏計日，已將錢六十六萬八百四十三貫八百六十七文省申納朝廷封樁外，餘并崇寧元年收到增剩稅息錢，共一百八十七萬二千一百五十三貫一百三十六文省，係專用名山茶博馬並貼賣，比遞年分外收致稅息錢數目。』詔據上件增剩息錢，並令提刑司封樁，聽候朝廷支用，仍依條具帳供申都省。

《清實録·宣宗成皇帝實録》卷一〇〇　大學士伊犁將軍長齡等會議新疆茶稅。請分別雜茶之粗細，以定稅則之多寡。統計一歲所徵稅課，約可得銀八千兩。仍照前奏試，行三年，再為定額。得旨，依議妥辦。如有窒礙之處，不妨再行奏改，慎勿回護。

又卷一四一　又諭，那彥成等奏，嚴禁奸商私販茶葉並設局稽查一摺。甘肅官引額銷茶葉，每年例應出關二十餘萬封。近來行銷竟至四五十萬封之多。顯系以無引私茶，從中影射。其行銷各城，又復遞加價值。每副茶一封，售銀七八兩至十餘兩不等。此等奸商私販，勾通外夷，剝削回眾，不可不嚴行禁絕。現據那彥成等酌情每封官為定價。阿克蘇價銀不得過四兩，喀什噶爾、葉爾羌、不得過五兩，作為永定之價，不許增添。並於嘉峪關地方照殺虎口、歸化城、張家口等處設立稅局，阿克蘇照古城設立稅局。喀什噶爾、葉爾羌，為行銷總要之區，均設立稅局。稽查奸商私販以杜流弊，俱著照所議辦理。其詳細章程，著那彥成等另行妥議具奏。尋議上。命大學士托津、長齡、協辦大學士富俊、會同户部核議。尋奏，商人販茶，遠赴口外行銷，原為利往，如層層納稅，節節盤驗，恐商人仍取給于食茶之人，茶價勢必增昂，回民轉滋苦累。若慮回民買食價昂，抑勒商人，減價銷售，尤恐該商等裹足不前，回民或至乏食，關係非淺。且原奏內稱商人因避西四城茶稅，將茶斤賣與東四城回子，轉運西四城販賣，亦令回子在西四城一體納稅。是因徵商稅而業及回眾，于邊地尤不相宜。查烏里雅蘇台、科布多二城，向食北口商茶，並未議徵稅課。今伊犁等處同係口外地方，獨令該處兵民買食納稅貴茶，亦不足昭平允。俱無庸議。從之。

又卷一五五　諭軍機大臣等，英惠奏酌議烏嚕木齊抽收茶稅一摺。回疆行茶規條，前據那彥成德英阿等先後具奏，經朕特派托津、長齡、富俊、會同户部悉心核議，已據覆奏。回疆伊犁抽收茶稅，事屬難行，各城茶務，應仍照舊章辦理。

又卷一五六　諭軍機大臣等，達淩阿等奏酌議塔爾巴哈台茶稅章珞一摺。回疆及伊犁行茶規條，前于那彥成德英阿等奏。到時特派托津、長齡、富俊，會同户部核議，已據覆奏，抽收茶稅，事屬難行。各城茶務，仍照舊章辦理，無須更張。業經降旨，依議嗣據烏嚕木齊都統英惠議奏，亦飭無庸另議。塔爾巴哈台事同一例。著該參贊等，仍遵照舊日章程，妥辦所奏，抽收查驗各條款。及另片奏撥借庫貯解兩，置買茶斤，官定價值，俱無庸議。惟回疆地方，現既嚴禁茶葉大黃偷漏出。卡塔爾巴哈台所屬卡倫，多通外夷，該參贊等務當督飭所屬，認真稽查，不得於例外絲毫偷漏。如有奸商，潛與外夷交結，及卡倫官兵有受賄縱放情弊，即當從重懲辦，將此諭令知之。

又卷二六三　諭內閣，長清奏試收茶稅展限期滿一摺。古城增設稅局，抽收茶稅。原議一年徵銀八千兩，嗣因徵不足額，奏請展限三年，再行定額。茲據該都統查明現在三年期滿，每年抽獲稅銀一萬一百至一萬五千餘兩不等，較原定額數，有贏無絀。惟商販之往來，售銷之盈縮，難以豫定。若照前奏酌中定額，恐將來抽收不足，既難著賠。且遇茶飯暢銷，易啟抽多報少之弊，不足以昭核實。著照所請，仍責成奇台縣知縣，盡收盡報，按季批解。該都統即督飭鎮迪道，查照茶稅章程，務將正副稅票查驗核對，以杜弊端而利商民。

清户部《遵旨會議開源節流事宜疏》《清經世文續編》卷三〇　就出茶處所徵收茶課，據總理衙門單開光緒八、九等年，出口茶數多至一萬九千餘萬斤。查道光年間，英國所收茶稅，約計每百斤收稅銀五十兩，而我之出口稅僅納銀二兩五錢，不及其十分之一。今擬設法整頓茶課，或照甘肅茶封之例，每五斤徵銀三錢，就囤户徵收。增課甚多，而洋人無所藉口。或照寧夏、延、榆、綏等處茶引每道徵銀三兩九錢之例，於產茶處所，設局驗茶，發給部頒茶照。每挑百斤，共征銀三兩九錢。經過內地關卡，另納厘稅，驗照蓋戳於行，不准重復影射。所有茶照，按年預行赴部

請領。原領執照，一年之後作為廢紙。如此徵收，亦與洋商毫無窒礙。或於產茶處所驗茶，發給部頒茶照，既完課三兩九錢，再倍收銀三兩九錢，前後共收銀七兩八錢。舊收之一切雜費，均予豁免。惟於各海關及過卡凡應納洋稅處，仍照舊章完納。若在內地行銷販運，無論經過何省，何處厘卡關口，均免其再完稅厘，則改厘為課，改散成總，既便稽考，或免侵漁。惟囤户及販商，若何稽查，可無走漏。應令各省督撫參酌定章，覆奏辦理。

清 丁履恒《鹽法議》《清經世文續編》卷五〇 罷給茶本錢，縱園户貿易，而官收租錢，與所在征算歸榷貨務，以償邊糴之費，遂以疏利源而寬民力。其詔書曰：歷世之弊，一旦而除。著為常經，弗復更制，此說可通於鹽課矣。試觀米酒茶煙，皆生人日用必需之物，非皆當地所有。雖山僻小縣，不聞有無米、無酒、無茶、無煙之患，何獨至於鹽而疑焉。

清 呂佺孫《閩省徵收運銷茶稅疏咸豐五年**》**《清經世文續編》卷五五 竊照閩省商販茶葉，向不頒給執照，徵收課稅。自道光二十九年，直隸督臣訥爾經額以商人販運閩茶，官私莫辨。議請由產茶之崇安縣給發執照，經過關隘，稅放行。嗣因出產茶葉，不僅崇安一處。近來茶商，多係散赴各縣購買，繞道出販。復經督臣王懿德請，自咸豐三年為始，凡出茶之沙縣、邵武、建安、甌甯、建陽、浦城、崇安等縣，一概就地徵收起運茶稅，由各該縣給照販運。先後奏奉，敕部議准在案。前歲因粵匪竄擾江、楚，茶販不前，深恐藉茶餬口之人，失業生事，奏准暫弛海禁。各路茶販，遂均運茶至省售買，不從向日輸稅各關經過。非特本省崇安等處關稅日減，並恐浙粵江西等省關稅亦無不漸形短絀。臣上年履任之際，自江西河口入閩，取道崇安，沿途體察，即已略知大概。到省後，每於接見僚屬及地方紳士時，悉心諮訪。僉稱自開海禁以來，閩茶之利，較從前不啻倍蓰。蓋自上游運省，由海販往各處，一水可通，節省運費稅銀不少，是以商利愈厚，正賦轉虧，若不設法變通，亟加整頓，何以抑逐末而裕國課。況現在粵逆尚未蕩平，兵餉軍需，重煩籌畫，前奉部議徵收房店各租，因閩省情形不同，未能照議舉辦。茶乃閩地所產，類於濱海之鹽。茶商身擁厚貲，什一取盈，初無所損，且征諸販客，不致擾累貧民。完自華商，無慮糾纏。夷稅以天地自然之利，為國家維正之供，迥非添設科條加增田賦者比。臣等督同在省司道再三審度，計維徵收運銷茶稅一法，為裕課均商善政。惟是閩省之茶，各府屬均有種植，不止崇安數縣，現在既開海禁，商民趨利若鶩，無不販運來省，若於各處分徵稅課，不特漫無稽考。且恐狡獪之徒，百計繞越，希圖偷漏，必在附省扼要處所，設立關口，並添設卡，擬定課則，頒給印照，嚴立法制，以憑稽核。即界連江西浙粵，堪以販茶出省各處，亦應一體設立關卡。加增稅課，俾免趨避。請自咸豐五年為始，凡有販運茶斤，概行徵收運銷茶稅，所徵稅銀專款解存司庫，報部留支本省兵餉。惟創行伊始，多寡未能預料，應俟試征一二年後，再行比較定額。據藩、臬兩司會同糧鹽二道臚列章程條款，詳請具奏前來，除未盡事宜，容再督飭司道悉心妥議，隨時奏明辦理外，謹會同閩浙總督臣王懿德恭摺具奏。伏乞皇上聖鑒訓示。

清 沈葆楨《江西稅釐仍歸本省經收疏同治三年**》**《清經世文續編》卷七八 江西為督臣兼轄省分，臣何敢稍分畛域。然如湖南廣西等省，皆總督兼轄省分，其不能協濟者無論已，能協濟者亦每月數萬金而止。何者？各有應守之地，不敢自荒也。即牙厘茶稅等事，亦歸本省自辦。何者？各有應盡之職，不敢自曠也。如謂將不得其人，兵勇亦同虛設，理財不得其道，厘稅適以病民。是則撫臣失職，督臣當劾而去之，不當遙為之謀，令其安坐伴食也。方今各營枕戈殺賊，懸釜待炊，薪桂米珠，深虞嘩潰，合無仰懇天恩，俯念江右無以自存之苦，察臣萬不得已之私，準將牙厘茶稅等款，仍歸江西本省經收支用。其督臣征餉，酌量江省力所能及者，欽派每月協濟數萬金，俾征防兩無貽誤。如臣議窒礙難行，應請旨一面敕下部臣通盤籌畫，准臣暫於江西牙厘茶稅項下，分提其半，以濟急需而搘危局。臣欽奉誡諭，勉以和衷，非敢復蹈前愆，自幹罪戾。然事勢至此，猶引避嫌怨，任其顛危，則上負朝廷，下負百姓，獲咎滋重，理合由驛六百里恭折瀝陳。伏乞聖鑒。

清 程雨亭《整飭皖茶文牘・請裁汰茶釐局卡冗費稟》 敬稟者：竊職道本年春間，奉榷皖茶，到差以來，隨時訪諏，剗除各分局卡需索留難之蟲毒，勒石永禁，冀垂久遠。又裁節總局解餉冗費，每歲節省二千五百金。又稔知軍餉萬緊，批解不可稍延，酌定實善源錢莊，每月之望，匯兑茶稅日期不得挨宕。所有節省解費銀兩，分別解撥金陵支應局

及休甯中西學堂，先後呈報在案。茶税每月掃數清解，該錢莊承匯四、五、六、七、八、九共六個月税銀，均係遵限匯解金陵支應局、江南鹽巡道衙門上兑，從無逾限至三日以外者，均有檔案及回照可稽。本年職道經徵茶税共匯解金陵支應局銀十四萬二千兩，又節省解費銀一千五百兩；又江南鹽巡道銀十一萬兩，又金陵督捕營經費銀一千二百兩，又皖南道春夏兩季請獎經費及婺源紫陽書院膏火、休甯中西學堂、大通義渡、屯溪公濟保嬰各經費、士廈司招募巡勇口糧，通共銀二千四百二十兩，均於九月以前，悉數解訖。徽屬綠茶，比已運竣，冬間零星茶樸副兩出運，約計徵税不過數百金，所有本年冬季、來年春季總局局用及各分局卡委員薪費，每月約支八百金，應截存銀五千兩，按月備用，九月分局用報銷冊內呈明，亦在案。本年自春阻夏，霪霖滂沛，山茶彈傷，產數較昔歲約少十分之二。祁門、浮梁紅茶，商本折閲，夏初又聞美國加徵進口茶税，衆商益觀望趦趄，蟄伏荒山，切深焦悶。會徽天幸，夏杪，俄商放價儘購徽屬高莊綠茶，茶質之最佳者，每擔可獲利十五六金，低茶亦每擔五六金，為同光以來三十年所僅見。商情歡躍，釐收亦遂可觀。計本年皖南各局，約共徵茶税十二萬二千餘引，較去年不相上下，實為始念所不及。否則，職道扶病遠來，徵税短絀，問心抑何以自安？即寅僚申申詬詈，亦無以自解也。本屆徽屬綠茶，得利至厚，明歲業茶者多，税課必當增旺。惟蘄隆冬無甚冰雪，來年春夏，雨暘時若，洋銷仍暢，斯萬幸已。茶事每歲六個月，均已完竣，局用項下月支文案、差遣、書識、帳目、稽核、監秤等名目，計共銀一百九十二兩，似稍冗濫。職道春杪竦差之際，正值茶市起季，遴用員友，人數稍寬，額支姑仍其舊。職道通盤籌策，茶事清簡，局用月報冊開文案、差遣、書識各名目，應酌量芟裁，略節經費。所有文案三名，月支湘平銀陸拾陸兩，擬改為貳名，每月裁節銀肆拾貳兩，月支湘平銀貳拾肆兩。差遣三名，月支湘平銀肆拾捌兩，擬改為一名，每月裁節銀俞拾陸兩，月支湘平銀拾貳兩。書識三名，月支湘平銀拾捌兩，擬改為貳名，每月裁節銀陸兩，月支湘平銀拾貳兩。其帳目、稽核、監枰等名目，均擬循舊，以資辦公。文案、書識、差遣三項，均自本年十月為始，每月裁節銀捌拾肆兩，每年十二個月，其裁節銀壹千零捌兩。冗款少支千金，正税即可多解千金。方今國步如此艱難，夷款如此紛糾，似亦為人臣子所當各發天良，而憂惄不容自已者也。此次請裁之後，局用項下，除職道月支薪水湘平銀壹百兩外，委員司事，每月祇共支湘平銀壹百零八兩，實屬極意節省。員友、丁勇、火食及每年深渡秤驗卡費，與夫一切酬應，均在歙、黟、休公費項下動用，並不列冊支銷。職道山陬蜷局，竊不自揆，慨念時艱，未能興利以開源，愧祇裁贏而剛冗，區區撙節三四千金，勺水蹄涔，何補涓埃於國計。第所處之地在此，所略盡之心，亦止此焉而已。是否有當，伏候憲台批示祇遵。

《清史稿》卷九《世宗紀》［雍正十年］是歲，免直隸、江南、山東、湖南等省七十五州縣災賦有差。丁户二千五百四十一萬二千二百八十九，永不加賦後滋生人丁九十三萬六千四百八十六。田地八十九萬四百十六頃四十畝，徵銀二千九百八十七萬二千三百三十二兩六錢。茶三十四萬二千三百五十一引。鹽課銀三百九十八萬八千八百五十一兩。鑄錢六萬八千四百三十六萬二千有奇。朝鮮、巴爾布國入貢。

又卷二〇《文宗紀》［咸豐二年］二月甲午朔，王懿德奏夷商來閩販茶，租賃民房久居，藉收茶税，從之。以法將剌尼樂助攻上海，賚綢四端、銀一萬兩，從吉爾杭阿請也。

又卷一一二《選舉志七·捐納》［光緒十年］是時臺灣甫開實官捐。他如四川按糧津貼捐，順天直隸、河南、浙江、安徽、湖北各賑捐，户部廣東軍火捐，福建洋藥、茶捐，雲南米捐，自海防例行，惟川捐如舊，餘或併或罷。

又卷一二四《食貨志五·茶法》雍正三年，遂議自康熙六十一年始，五年内全徵本色，五年後即將舊茶變賣。嗣是出陳易新，總以五年爲率。四年，定陝西行茶，改令產茶地方官給發船票，照商人引目茶數開明，如於部引外搭行印票，及附茶不遵定額者，照私鹽律論，查驗失察故縱，均加處分。八年，命陝西商運官茶，於舊例每百斤准附帶十四斤外，再加耗茶十四斤。又諭：『四川茶税皆論園論樹，夫樹有大小，園有寬狹，豈能一致？若據以爲額，未得其平。應照斤兩收納，著該撫詳議。』尋議：『舊例每斤徵課二釐五毫，今但徵四絲九忽有奇，前後懸絕，應酌減其半，無論邊、土、腹引，俱納銀一釐二毫五絲。』時川茶行銷，引尚不敷，於是復增，各府、州、縣再行給發。九年，命西寧五司復行中馬

法。十年，又命中馬應見發茶。時安徽亦增引，照四川例，以餘引暫存司庫，遇不敷時，配給行運。十三年，復停甘肅中馬。始定雲南茶法，以七斤爲一筒，三十二筒爲一引，照例收税。

乾隆元年，令甘肅官茶改徵折色，每篦輸銀五錢。時西寧五司陳茶充牣，令每封減價二錢，刻期變賣。二年，以江西南昌等三十二州縣地不產茶，四川成都、彭、灌等縣滯銷，其引或停或減，並豁除課銀。七年，免甘肅地震處之課，乃命西寧五司徵本色。八年，免四川天全所欠乾隆七年前之羨餘截角，成都、彭、灌等縣之未完銀兩。十一年，甘肅巡撫黄廷桂奏言：『西寧、河州、莊浪三司，番、民錯處，惟茶是賴。邇年以糧易茶，計用茶六萬五千五百餘封，易雜糧三萬八千一百餘石，請著爲例。』報可。十二年，定甘肅應徵茶封，每年收二成本色、八成折色，並申明水陸各路運商驗引截角法，推行安徽、浙江、四川、雲南、貴州。二十四年，從甘肅巡撫吴達善言，命西寧五司茶封，照康熙三十七年例，搭放各營俸餉。二十五年，吴達善又言：『甘省茶課向爲中馬設。今其制已停，在甘、莊二司地處衝衢，西河二司附近青海，猶有銷路，惟洮司偏僻，商銷茶斤，歷年俱改別司售賣，而交官茶封，仍歸洮庫，往往積至數十萬封，始請疏銷。應將洮司額頒茶引，改歸甘、莊二司給商徵課，俟洮司庫貯搭餉完日，即行裁汰。』

二十七年，陝甘總督楊應琚復條上疏銷事宜四：『一、官茶應改徵折價也。查甘肅庫貯官茶，向例如存積過多，改徵折色。今五司庫内，自乾隆七年至二十四年，已存百五十餘萬封。經前撫臣吴達善奏准每封作價三錢，搭放兵餉，已搭放四十餘萬封。在市肆官茶日多，非十年之久，不能全數疏銷。且每年商人又增配二十四萬封，商茶既多，官茶益滯。莫若將商交二成官茶五萬四千餘封，照例每封徵折價三錢，俟陳茶銷售將完，再徵本色。一、商茶應准減配也。查甘肅茶法，商人每引交茶五十斤，無論本折，即係額課。外有充公銀三萬九千餘兩，亦係按年交納，無殊正供。至商人自賣茶封，每引止應配正茶五十斤，連附茶共配售三十餘萬封，商人即以配售之茶納課。經吴達善奏准增配以紓商力，並無課項。

第茶封既增，又有搭放兵餉之官茶，勢致愈積愈多，難免停本虧折。今商人願每引止五封，内應減無課茶十五萬八千三百十六封，共止配茶四十萬九千四百四十封，二成本色茶封既議改徵折價，無庸配運。一，陳積茶封應召商減售也。查各司俱有陳茶，而洮司爲多。現每封四錢發售，商民裹足。請仍照原議，每封定價三錢，召商變賣。一、内地、新疆應一體搭放也。查乾隆二十四年吴達善奏准滿、漢各營以茶封搭餉。至新疆茶斤，向資内地。今官茶以沿途站車輓運，無庸脚費，其自肅州運至各處，將脚價攤入茶本之内，較之買自商賈，尚多減省。』疏入，議行。

二十九年，裁甘肅巡撫，茶務歸陝甘總督兼理。三十四年，以甘省庫貯官茶漸少，復徵本色一成。三十六年，又以伊犁等處安插誠土爾扈特等衆，賞給茶封，仍議照舊徵收二成。三十八年，四川總督劉秉恬奏准三雜谷等處土司買茶，以千斤爲率，使僅敷自食，不能私行轉售。四川設邊引，商人納税領運於松潘等處銷售，無論土司蠻商，俱准赴邊起票販運。嘉慶七年，以陝西神木官銷茶引久經撥歸甘省商銷，令豁除舊存羨餘名目。四川教匪滋擾，蠲除大寧、廣元、太平、通江、南江五州縣茶税。十年，復免大寧、太平、通江、巫山四縣廳税課。十七年，以甘肅庫茶充羨，定商納官茶，全徵折色。二十二年，諭：『閩、皖、浙商人販運武夷、松羅茶赴粵銷售，向由内河行走，近多由海道販運，夾帶違禁貨物私賣。飭令茶商仍由内河行走，永禁出洋販運，違者治罪，茶入官。』

道光三年，諭：『那彦成奏定新疆行茶章程，經户部議覆，烏里雅蘇台、科布多磚茶不得侵越新疆各城售賣。兹將軍果勒豐阿等奏，此項磚茶，由歸化城、張家口請領部票納税而來，已六十餘年，未便遽行禁止。惟新疆既爲官茶引地，商茶究有礙官引，令嗣後商民每年馱載磚茶一千餘箱，前赴古城，仍照例給票，無許往他處售賣。』六年，諭：『前因新疆各城運茶，前將軍等請給引招商納課。兹據慶祥等奏稱，各城無殷實之户，若遽令承充官商，必致運課兩誤。著北路商民專運雜茶，並在古城設局抽税，即以所收銀抵蘭州茶商課。俟試行三年，再行定額。至附茶仍由甘商運銷。』八年，欽差大臣那彦成言：『甘肅官茶，年例應出關二十餘萬封。近來行銷至四五十萬封，皆以無引私茶影射，價復遞加，每附茶一封，售銀七八兩至十餘兩不等。請嗣後每封定價，阿克蘇不得過四兩，喀什噶爾不得過五兩，並於嘉峪關外及阿克蘇等處設局稽查。』

詔如所請。九年，命甘肅茶務責成鎮迪道總司稽查，奇臺縣就近經管。

咸豐三年，閩浙總督王懿德奏請閩省商茶設關徵稅。五年，福建巡撫呂佺孫復言：『閩茶向不頒給執照，徵收課稅。自道光二十九年，直隸督臣訥爾經額以閩商販運，官私莫辨，議由產茶之崇安縣給照，經過關隘，驗稅放行。嗣因產茶不止一處，商人散赴各縣購買，繞道出販，復經撫臣王懿德奏請，自咸豐三年爲始，凡出茶之沙、邵武、建安、甌寧、建陽、浦城、崇安等縣，一概就地徵收茶稅，由各縣給照販運，先後下部議准。前歲因粵匪竄擾，江、楚茶販不前，暫弛海禁，各路茶販，遂運茶至省，不從各關經過，不特本省減稅，即浙、粵、江西亦形短絀。臣履任後，徧詢茶商獲利，較前不啻倍蓰。商利益厚，正賦轉虧。現粵匪未平，軍需孔急，衆商身擁厚貲，什一取盈，初無所損。且徵諸販客，不致擾累貧民，完自華商，無慮糾纏洋稅，以天地自然之利，爲國家維正之供，迥非加增田賦者比。但閩茶不止數縣，必在附省扼要處所設關增卡，給印照以憑查核。連界各省，亦應一體設立，俾免趨避。請自咸豐五年始，凡販運茶斤，概行徵稅，所收專款，留支本省兵餉。惟創行伊始，多寡未能預定，俟行一二年後，再行比較定額。』自此閩稅始密。然至十年，猶未報部，經部飭催，乃按期奏報。六年，允伊犁將軍扎拉芬泰請，伊犁產茶，設局徵稅，充伊犁兵餉之用。十一年，廣東巡撫覺羅耆齡奏請抽收落地茶稅。

同治元年，飭下湖南、湖北、江蘇、安徽、江西、浙江、福建各督撫，詳查本省產茶及設茶莊處所，妥議章程具奏。二年，兩江總督曾國藩疏，略言：『江西自咸豐九年，定章分別茶釐、茶捐。每百斤除境內抽釐銀二錢，出境又抽一錢五分有零外，向於產茶及設立茶莊處所勸辦茶捐，每百斤捐銀一兩四錢或一兩二錢不等，填給收單，准照籌餉事例彙齊請獎。

臣仍照舊章辦理。本年據九江關署監督蔡錦青詳，請遵照户部奏准，飭將鹽、茶、竹、木四項統徵關税，已於三月起徵。江西茶葉運至九江，有華商、洋商之分。洋商既完子口半稅，固不抽釐，華商既納潯關正稅，亦未便再令完釐。臣即照部章，於義寧州開辦落地稅。惟原奏內大箱淨茶科則稍重，分別核減。參酌茶捐向章，每百斤，義寧州等處徵一兩四錢，河口鎮徵一兩二錢五分，概充臣營軍餉，由臣刊發稅單護票，委員經收。或業户自行完納，或茶莊代爲完稅領單，至發販時，統由茶莊繳銷稅單。華商換給護票，洋商即憑運照，販至各處銷售。除華商完納九江關稅、洋商完納子口半稅外，經過江西、安徽各釐卡，驗明放行。如此辦理，與户部原奏、總理衙門條約，一一符合。稅單雖係茶莊經手，稅銀實爲業户所出。洋商不得藉口於子口半稅，而禁中國之業户不完中國之地稅。華商既免逢卡抽釐，亦不至紛紛私買運照，冒充洋商。』得旨允行。

五年，户部奏准甘省引滯課懸，暫於陝西省城設官茶總店，潼關、商州、漢中設分店。商販無引之茶，到陝呈報。上色茶百斤收課銀一兩，中色六錢，下色四錢。所收解甘彌補欠課。七年，議准歸化城商人販茶至恰克圖，假道俄邊，前赴西洋各國通商，請領部照，比照張家口減半，令交銀二十五兩，每票不得過萬二千斤。十一年，議准甘省積欠舊課，仍追舊商。召募之新商試新課。其雜課、養廉、充公、官禮四項緩徵。十三年，議准甘省仿淮鹽之例，以票代引，不分各省商販，均令先納正課，始准給票。其雜課歸併釐稅項下徵收。各項名色概予刪除。行銷內地者，照納正課三兩外，於行銷地各完釐稅，每引以一兩數錢爲度，多不過二兩。出口之茶，則另於邊境局卡加完釐一次，以示區別。

光緒十年，户部統籌財政，於茶法略言：『據總理衙門單開，光緒八、九等年出口茶數多至萬九千餘萬斤。查道光年間英國所收茶稅，約每百斤收銀五十兩，而我之出口稅僅納二兩五錢，不及十一。擬照甘肅茶封之例，每五十斤就園户徵銀三錢。增課既多，洋人無所藉口。或照寧夏、延、榆、綏等處茶引每道徵銀三兩九錢之例，於產茶處所設局驗茶，發給部頒茶照，每照百斤，徵銀三兩九錢，經過內地關卡，另納釐稅，驗照蓋戳放行，不准重復影射。所有茶照，按年豫行赴督請領，原照一年後作廢。或於產茶處所驗茶發給部照，既完課三兩，再倍收銀三兩九錢，前後共徵七兩八錢，一切雜費均予豁除。惟於各海關及邊卡，凡應納洋稅，仍照向章完納。若在內地行銷販運，無論經過何省何處釐卡關榷，均免再徵。則改釐爲課，改散爲總，既便稽查，復免侵漁。惟園户及販商若何防其走漏，應令各省參酌定章，覆奏辦理。』

十二年，以山西商人在理藩院領票，詭稱運銷蒙古地方，實私販湖

茶，侵銷新疆南北兩路。一票數年，循環轉運，往往逃釐漏税。經部奏准，嗣後領票，註明『不准販運私茶』字樣。如欲辦官茶，即赴甘肅領票繳課完釐。倘復運銷私茶，查出沒官。

是時泰西諸國嗜茶者衆，日本、印度、意大利豔其利厚，雖天時地質遜於我國，然精心講求種植之法，所產遂多。蓋印度種茶，在道光十四年，至光緒三年乃大盛。錫蘭、意大利其繼起者也。法蘭西既得越南，亦令種茶，有東山、建吉、富華諸園。美利堅於咸豐八年購吾國茶秧萬株，發給農民，其後愈購愈多，歲發茶秧至十二萬株，足供其國之用。故我國光緒十年以前輸出之數甚鉅，未幾漸爲所奪。印度茶往英國者，歲約七十三萬二千石，價約二千四萬兩。吾國茶往者八十九萬八千石，價約千八百六十八萬兩。印度茶少於華，而價反多。迨二十二年我國運往，乃止二十一萬九千四百餘石而已。日本之茶，多售於美國，亦有運至我國者。光緒十三年，我茶往日本者萬二千餘石，而彼茶進口萬六千餘石。其專尚華茶取用宏多者惟俄。蓋自哈薩克、浩罕諸部新屬於彼，地加廣，人加衆，需物加多，而茶尤爲所賴。光緒七年定約，允以嘉峪關爲通商口岸，而往來益盛。十年後我國運往之茶，居全數三之一。十三年，併雜貨計，出口價九百二萬兩有奇，而進口價僅十一萬八千餘兩，凡輸自我者八百九十萬兩。然十二年茶少價多，十三年茶多價少，華商已有受困之勢，厥後亦兼購於他國，用此華茶之利驟減。蓋我國自昔視茶爲農家餘事，惟以隙地營之，又採摘不時，焙製無術，其爲他人所傾，勢所必至。

三十三年，茶葉公會以狀陳於度支部，税務司亦以茶税減少爲言，於是命籌整理之策。宣統初，農工商部遂有酌免税釐之議。漢口、福州皆自外國購入製茶機器，且由印度聘熟練教師。江西巡撫又籌欵貸與茶户。自是銷入歐洲及北阿非利加洲者乃稍暢旺。

又卷一二四《食貨志五·茶法》 ［順治］十三年，以甘肅所中之馬既足，命陳茶變價充餉。十四年，復以廣寧、開成、黑水、安定、清安、萬安、武安七監馬蕃，命私馬私茶沒入變價。原留中馬支用者，悉改折充餉。十八年，從達賴喇嘛及根都台吉請，於雲南北勝州以馬易茶。康熙四年，遂裁陝西苑馬各監，開茶馬市於北勝州。七年，裁茶馬御史，歸甘肅巡撫管理。十九年，以軍需急，加福建茶課銀三百五十九兩，至二十六年豁免，並除湖廣新增茶税銀。時四川產茶多，其用漸廣，户部議增引，迄康熙末，天全土司、雅州、邛、榮經、名山、新繁、大邑、灌縣並有所增。

又卷一二五《食貨志六·征榷會計》 ［咸豐八年］八年，定豫省釐捐除水煙、藥材、茶葉外，餘概不抽收，並裁撤陝州、荊子關及沿河各局卡。是年福建、廣西均設局卡，抽收貨釐。

又 ［同治］四年，撤湖南東征局，改江北總局爲金陵釐捐總局。福建設税釐總局，徵收百貨及茶釐。六年，湖北裁存釐局分卡八十六。湖南合併分局，統名釐金鹽茶總局。七年，定釐金報部，照兩淮鹽釐排式，年分兩次。時軍務漸平，督撫、臺諫屢以裁撤釐金爲言。上飭各省酌留大宗，裁去零星分局。於是湖北又裁去五十四局卡，浙江裁併十六卡。

八年，甘肅開百貨及鹽茶釐捐。定廣東省城及佛山、江門、陳村各繁盛處所，補抽百貨坐釐，由商承辦。九年，廣西減釐，改徵西税。

又 至乾隆三十一年，歲入地丁爲二千九百九十一萬兩有奇，耗羨爲三百萬兩有奇，鹽課爲五百七十四萬兩有奇，關税爲五百四十餘萬兩有奇，蘆課、魚課爲十四萬兩有奇，茶課爲七萬兩有奇，落地、雜税爲八十五萬兩有奇，契税爲十九萬兩有奇，牙、當等税爲十六萬兩有奇，礦課有定額者八萬兩有奇，常例捐輸三百餘萬，是爲歲入四千數百餘萬之大數，而外銷之生息、攤捐諸款不與焉。

又 宣統二年，度支部奏試辦宣統三年預算，歲入爲類八：曰田賦，經常四千六百十六萬四千七百有九兩，臨時一百九十三萬六千六百三十六兩，皆有奇。曰鹽茶課税，經常四千六百三十一萬二千三百五十五兩。

又卷一四九《交通志一·鐵路》 當其時，以鐵路爲救時要圖，凡有奏請，立予俞允。請辦幹、枝各路，經緯相屬，幾遍全國。其籌款，於招集民股外，大率不外開辦米穀、鹽、茶、房屋、彩券、土藥等捐，及銅元餘利、隨糧認股數者。

又卷一五三《邦交志一·俄羅斯》 ［同治元年二月］總署以俄人向在恰克圖等處以貨易華茶出口，今許其進口貿易，宜照洋關重税，

免礙華商生計。

又 卷一五六《邦交志四・美利堅》 ［道光二十六年］既而船至天津，命長蘆鹽政文謙等復阻之。仍以進京求覲爲詞，遞清摺要求十一款，駁之。惟華洋訴訟、豁免積欠及廣東茶稅每擔加抽二錢，允與商辦。麥蓮等遂去。

傳記

《舊唐書》卷一七三《李珏傳》 李珏字待價，趙郡人。父仲朝。珏進士擢第，又登書判拔萃科，累官至右拾遺。穆宗荒於酒色，纔終易月之制，即與勳臣飲宴，珏與同列上疏諫之曰：

臣聞人臣之節，本於忠盡，苟有所見，即宜上陳。況爲陛下諫官，食陛下厚祿，豈敢腹誹巷議，辜負恩榮？臣等聞諸道路，不知信否，皆云有詔追李光顏、李愬，欲於重陽節日，合宴羣臣。倘誠有之，乃陛下念羣臣敷惠澤之慈旨也。然元朔未改，園陵尚新。雖陛下執易月之期，俯從人欲；而禮經著三年之制，猶服心喪。今遵同軌之會，適去於中邦；告遠夷之使，未復其來命。遏密弛禁，蓋爲齊人，合宴內廷，事將未可。夫明王之舉，動爲天下法，王言既降，其出如綸。苟玷皇猷，徒章直諫，臣等是以昧死上聞。且光顏、李愬，久立忠勞，今方盛秋，務拓邊境。如或召見，詔以謀猷，褒其宿勳，付以疆事，則與歌鐘合宴，酒食邀歡，不得同年而語也。陛下自纘嗣以來，發號施令，無非孝理因心，形于詔敕，固以感動於人倫。更在敬慎威儀，保持聖德而已。

上雖不用其言，慰勞遣之。

長慶元年，鹽鐵使王播增茶稅，初稅一百，增之五十，珏上疏論之曰：

榷率救弊，起自干戈，天下無事，即宜蠲省。況稅茶之事，尤出近年，在貞元元年中，不得不爾。今四海鏡清，八方砥平，厚斂於人，殊傷國體。其不可一也。茶爲食物，無異米鹽，於人所資，遠近同俗。既祛竭乏，難捨斯須，田閭之間，嗜好尤切。今增稅既重，時估必增，流弊於民，先及貧弱。其不可二也。且山澤之饒，出無定數，量斤論稅，所冀售多。價高則市者稀，價賤則市者廣，歲終上計，其利幾何？未見阜財，徒聞斂怨。其不可三也。臣不敢遠徵故事，直以目前所見陳之。伏望暫留聰明，稍垂念慮，特追成命，更賜商量。陛下即位之初，已懲聚斂，外官押貫，旋有詔停，洋洋德音，千古不朽。今若榷茶加稅，頗失人情。臣忝諫司，不敢緘默。

時禁中造百尺樓，國計不充。王播希恩增稅，奉帝嗜慾，疏奏不省。遷吏部員外郎，轉司勳員外郎、知制誥。

大和五年，李宗閔、牛僧孺在相，與珏親厚，改度支郎中、知制誥，遂入翰林充學士。七年三月，正拜中書舍人。九年五月，轉户部侍郎充職。七月，宗閔得罪，珏坐累，出爲江州刺史。開成元年四月，以太子賓客分司東都，遷河南尹。二年五月，李固言入相，召珏復爲户部侍郎，判本司事。三年，楊嗣復輔政，薦珏以本官同平章事。珏與固言、嗣復相善，自固言得位，相繼援引，居大政，以傾鄭覃、陳夷行、李德裕三人。凡有奏議，必以朋黨爲謀，屢爲覃所廷折之。珏自朝議郎進階正議大夫，其年十二月，上疏求罷，不許。

四年三月，文宗謂宰臣曰：『朕在位十四年，屬天下無事，雖未至理，亦少有如今日之無事也。』珏對曰：『邦國安危，亦如人之身。當四體和平之時，長宜調適，以順寒暄之節。如恃安自忽，則疾患旋生。朝廷當無事之時，思省闕失而補之，則禍難不作矣。』

文宗以杜悰領度支稱職，欲加户部尚書，因紫宸言之。陳夷行曰：『一切恩權，合歸君上。陛下自看可否？』珏對曰：『太宗用宰臣，天下事皆先平章，謂之平章事。代天理物，上下無疑，所以致太平者也。若拜一官，命一職，事事皆決於君上，即焉用彼相？昔隋文帝一切自勞心力，臣下發論則疑，凡臣下用之則宰相，不用則常僚，豈可自保？陛下常語臣云：『竇易直勸我，宰相進擬，但五人留三人、兩人勾一人。渠即合勸我擇宰相，不合勸我疑宰相。』』帝曰：『易直此言甚鄙。』又曰：『韋處厚作相，三日薦六度師，亦大可怪。』珏曰：『處厚淫於奉佛，不悟其是非也。』

其年五月，上謂宰臣曰：『貞元政事，初年至好。』珏曰：『德宗中年好貨，方鎮進奉，即加恩澤。租賦出自百姓，更令貪吏剝削，聚貨以希

恩，理道故不可也。』上曰：『人君聚斂，猶自不可。但輕賦節用可也。』珏又曰：『貞觀中，房、杜、王、魏啟告文皇，意祇在此，請不易初心。自古好事，克終實難。』上曰：『朕心終不改也。』尋封贊皇男，食邑三百户。

武宗即位之年九月，與楊嗣復俱罷相，出爲桂州刺史、桂管觀察使。三年，長流驩州。大中二年，崔鉉、白敏中逐李德裕，徵入朝爲户部尚書。出爲河陽節度使。入爲吏部尚書，累遷金紫光祿大夫、檢校尚書右僕射、揚州大都督府長史、淮南節度使、上柱國、贊皇郡開國公、食邑一千五百户。大中七年卒，贈司空。

又卷一七七《裴休傳》 裴休字公美，河内濟源人也。祖宣，父肅。肅，貞元中自常州刺史兼御史中丞、越州刺史、浙東團練觀察等使。時山賊栗鍠誘山越爲亂，陷浙東郡縣。肅召州兵討平之，因紀其事，號平戎記，上之。德宗嘉賞。肅生三子，儔、休、俅，皆登進士第。

休志操堅正，童齔時，兄弟同學于濟源別墅。休經年不出墅門，晝講經籍，夜課詩賦。虞人有以鹿贄儔者，儔、俅烹之，召休食，休曰：『我等窮生，菜食不充，今日食肉，翌日何繼？無宜改饌。』獨不食。長慶中，從鄉賦登第，又應賢良方正，升甲科。大和初，歷諸藩辟召，入爲監察御史、右補闕、史館修撰。會昌中，自尚書郎歷典數郡。

大中初，累官户部侍郎，充諸道鹽鐵轉運使，轉兵部侍郎，兼御史大夫，領使如故。六年八月，以本官同平章事，判使如故。自大和已來重臣領使者，歲漕江、淮米不過四十萬石，能至渭河倉者十不三四。漕吏狡蠹，敗溺百端。官舟沉溺者歲七十餘隻。緣河姦吏，大紊劉晏之法。洎休領使，分命僚佐深按其弊。因是所過地里，悉令縣令兼董漕事，能者獎之。自江津達渭口，以四十萬之傭，歲計緡錢二十八萬貫，悉使歸諸漕吏，巡院無得侵牟。舉新法凡十條，奏行之，又立稅茶法十二條奏行之，物議是之。初休典使三歲，漕米至渭、河倉者一百二十萬斛，更無沉舟之弊。累轉中書侍郎，兼禮部尚書。

休在相位五年。十年，罷相，檢校户部尚書、汴州刺史、御史大夫，充宣武軍節度使。其年冬，進階金紫光祿大夫、上柱國、河東縣子、食邑五百户，守太子少保，分司東都。十一年冬，檢校户部尚書、潞州大都督府長史、御史大夫，充昭義節度、潞磁邢洺觀察使。十三年十月，加檢校吏部尚書、太原尹、北都留守、河東節度觀察等使。十四年八月，以本官兼鳳翔尹，充鳳翔隴州節度使。咸通初，入爲户部尚書，累遷吏部尚書、太子少師，卒。

休性寬惠，爲官不尚皦察，而吏民畏服。善爲文，長於書翰，自成筆法。家世奉佛，休尤深於釋典。太原、鳳翔近名山，多僧寺。視事之隙，遊踐山林，與義學僧講求佛理。中年後，不食葷血，常齋戒，屏嗜慾。香爐貝典，不離齋中，詠歌贊唄，以爲法樂。與尚書紇干皋皆以法號相字。時人重其高潔而鄙其太過，多以詞語嘲之，休不以爲忤。

俅字冠識，亦登進士第。休子弘。

《新唐書》卷一八二《李珏傳》 李珏字待價，其先出趙郡，客居淮陰。幼孤，事母以孝聞。甫冠，舉明經，李絳爲華州刺史，見之，曰：『日角珠廷，非庸人相，明經碌碌，非子所宜。』乃更舉進士高第。河陽烏重胤表置幕府。以拔萃補渭南尉，擢右拾遺。

穆宗即位，荒酒色，景陵始復土，即召李光顔于邠寧，李愬于徐州，期九月九日大宴羣臣。珏與宇文鼎、溫畬、韋瓘、馮約同進曰：『道路皆言陛下追光顔等，將與百官高會。且元朔未改，陵土新復，三年之制，天下通喪。今同軌之會適去，遠夷之使未還，遏密弛禁，本爲齊人，鐘鼓合饗，不施禁内。夫王者之舉，爲天下法，不可不慎。且光顔、愬忠勞之臣，方盛秋屯邊，如今訪謀猷，付疆事，召之可也，豈以酒食之歡爲厚邪？』帝雖置其言，然厚加勞遣。

鹽鐵使王播增茶稅十之五以佐用度。珏上疏謂：『榷率本濟軍興，而稅茶自貞元以來有之。方天下無事，忽厚斂以傷國體，一不可。茗爲人飲，與鹽粟同資，若重稅之，售必高，其敝先及貧下，二不可。山澤之産無定數，程斤論稅，以售多爲利，若價騰踴，則市者稀，其稅幾何？三不可。陛下初即位，詔懲聚斂，今反增茶賦，必失人心。』帝不納。方是時，禁中造百尺樓，土木費鉅萬，故播亟斂，陰中帝欲。珏以數諫不得留，出爲下邽令。武昌牛僧孺辟署掌書記。還爲殿中侍御史。宰相韋處厚曰：『清廟之器，豈擊搏才乎？』除禮部員外郎。僧孺還相，以司勳員外郎知制誥爲翰林學士，加户部侍郎。

始，鄭注以醫進，文宗一日語珏曰：『卿亦知有鄭注乎？宜與之言。』珏曰：『臣知之，姦回人也。』帝愕然曰：『朕疾愈，注力也，可不一見之？』注由是怨珏。及李宗閔以罪去，珏爲申辨，貶江州刺史。徙河南尹，復爲户部侍郎。

開成中，楊嗣復得君，引珏同中書門下平章事，與李固言皆善。三人者居中秉權，乃與鄭覃、陳夷行等更持議，一好惡，相影和，朋黨益熾矣。珏數辭位，不許。帝嘗自謂：『臨天下十四年，雖未至治，然視今日承平亦希矣！』珏曰：『爲國者如治身，及身康寧，調適以自助，如恃安而忽，則疾生。天下當無事，思所闕，禍亂可至哉？』

杜悰領度支有勞，帝欲拜户部尚書，以問宰相，陳夷行答曰：『恩權予奪，願陛下自斷。』珏曰：『祖宗倚宰相，天下事皆先平章，故官曰平章事。君臣相須，所以致太平也。苟用一吏、處一事皆決於上，將焉用彼相哉？隋文帝勞於小務，以疑待下，故二世而亡。陛下嘗謂臣曰：『竇易直勸我，凡宰相啟擬，五取三，二取一。彼宜勸我擇宰相，不容勸我疑宰相。』』帝曰：『易直此言殊可鄙。』帝又語：『貞元初政事誠善。』珏曰：『德宗晚喜聚財，方鎮以進奉市恩，吏得賦外求索，此其敝也。』帝曰：『人君輕所賦，節所用，可乎？』珏曰：『貞觀時，房、杜、王、魏爲文皇帝謀，固此耳！』帝頗向納。進封贊皇縣男。

始，莊恪太子薨，帝意屬陳王。既而帝崩，中人引宰相議所當立，珏曰：『帝既命陳王矣！』已而武宗即位，人皆爲危之。珏曰：『臣下知奉所言，安與禁中事？』帝新聽政，珏數稱道無逸篇以勸。時潞州劉從諫獻大馬，滄州劉約獻白鷹，珏請却之以示四方。遷門下侍郎，爲文宗山陵使。會秋大雨，梓宮至安上門陷于濘，不前，罷爲太常卿。終以議所立，貶江西觀察使，再貶昭州刺史。

宣宗立，内徙郴、舒二州，以太子賓客分司東都。遷河陽節度使，罷横賦宿逋百餘萬。以吏部尚書召，珏去鎮，而府庫十倍於初。俄檢校尚書右僕射、淮南節度使。珏顧己大臣，誼不以内外自異，表請立皇太子維天下心。江淮旱，發倉廩賑流民，以軍羨儲殺半價與人。卒，年六十九，贈司空，謚曰貞穆。

始，淮南三節度皆卒於鎮，人勸易署寢，珏曰：『上命我守揚州，是實正寢，若何去之？』

及疾亟，官屬見臥内，惟以州有稅酒直而神策軍常爲豪商占利，方論奏，未見報爲恨，一不及家事。性寡欲，早喪妻，不置妾侍，門無餽餉。淮南之人德之，珏已歿，叩闕下，願立碑刻其遺愛云。

贊曰：天子待宰相以不疑，是矣。雖然，於賢不肖當別白分明，乃可與言治。文宗無知人之明，但以不疑責宰相。是時善惡混淆，故黨人成於下，主聽亂於上，王室之衰，由此爲之階。劉向所云『持不斷之慮者，開羣枉之門』，殆文宗爲邪！

又卷一八二《裴休傳》 裴休字公美，孟州濟源人。父肅，貞元時爲浙東觀察使，劇賊栗鍠誘山越爲亂，陷州縣，肅引州兵破禽之，自記平賊一篇上之，德宗嘉美。生三子，休，仲子也，操守嚴正。方兒童時，兄弟偕隱家墅，晝講經，夜著書，終年不出户。有餽鹿者，諸生共薦之，休不食，曰：『蔬食猶不足，今一啖肉，後何以繼？』

擢進士第，舉賢良方正異等。歷諸府辟署，入爲監察御史，更内外任。至大中時，以兵部侍郎領諸道鹽鐵轉運使。六年，進同中書門下平章事，即奏言：『宰相論政上前，知印者次爲時政記，所論非一，詳已辭略它議，事有所缺，史氏莫得詳。請宰相人自爲記，合付史官。』詔可。進中書侍郎。

大和後，歲漕江、淮米四十萬斛，至渭河倉者纔十三，舟檝僨敗，吏乘爲姦，冒沒百端，劉晏之法盡廢。休分遣官詢按其弊，乃命在所令長兼董漕，褒能者，謫怠者。由江抵渭，舊歲率雇緡二十八萬，休悉歸諸吏，敕巡院不得輒侵牟。著新法十條，又立稅茶十二法，人以爲便。居三年，粟至渭倉者百二十萬斛，無留壅。時方鎮設邸閣居茶取直，因視商人它貨横賦之，道路苛擾。休建言：『許收邸直，毋擅賦商人。』又：『收山澤寶冶，悉歸鹽鐵。』

秉政凡五歲，罷爲宣武軍節度使，封河東縣子。久之，由太子少保分司東都，復起歷昭義、河東、鳳翔、荊南四節度。卒，年七十四，贈太尉。

休不爲皦察行，所治吏下畏信。能文章，書楷遒媚有體法。爲人醖藉，進止雍閑。宣宗嘗曰：『休真儒者。』然嗜浮屠法，居常不御酒肉，

講求其說，演繹附著數萬言，習歌唄以爲樂。與紇干㬱素善，至爲桑門號以相字，當世嘲薄之，而所好不衰。

又卷一九七《循吏傳·何易于》　何易于，不詳何所人及所以進。爲益昌令。縣距州四十里，刺史崔朴常乘春與賓屬汎舟出益昌旁，索民挽繂，易于身引舟，朴驚問狀，易于曰：『方春，百姓耕且蠶，惟令不事，可任其勞。』朴愧，與賓客疾驅去。鹽鐵官榷取茶利，詔下，所在毋敢隱。易于視詔書曰：『益昌人不征茶且不可活，矧厚賦毒之乎？』命吏閣詔，吏曰：『天子詔何敢拒？吏坐死，公得免竄邪？』對曰：『吾敢愛一身，移暴于民乎？亦不使罪爾曹。』即自焚之。觀察使素賢之，不劾也。民有死喪不能具葬者，以俸敕吏爲辦。召高年坐，以問政得失。凡鬭民在廷，易于丁寧指曉枉直，杖楚遣之，不以付吏，獄三年無囚。督賦役不忍迫下户，或以俸代輸。饋給往來，傳符外一無所進，故無異稱。以中上考，遷羅江令。刺史裴休嘗至其邑，導侍不過三人，廉約蓋資性云。

《宋史》卷二八三《林特傳》　林特字士奇。祖揆，仕閩爲南劍州順昌令，因家順昌。特少穎悟，十歲，謁江南李景，獻所爲文，景奇之，命作賦，有頃而成，授蘭臺校書郎。江南平，僞官皆入見，特袖文以進。太宗以爲長葛尉，改遂州録事參軍。代還，命中書引對，授大理寺丞，通判隴州，有治狀。田重進鎮永興，太宗以重進武人，選特與楊覃並爲通判，人賜白金二百兩，給實奉。會出兵五路討李繼遷，督所部轉芻粟，先期以辦。呂蒙正辟通判西京留守事。蒙正入相，薦之，入判三司户部勾院。

梁鼎制置陝西青白鹽，前後上議異同，真宗選特與知永興軍張詠同商利害，所奏合旨。累遷尚書祠部員外郎，爲户部副使，詔赴内朝。三司副使預内朝，自特始。徙鹽鐵副使。

真宗北征，命同知留司三司公事，遷司封員外郎。車駕謁陵，爲行在三司副使，詔與劉承珪、李溥比較江淮茶法。因裁定新制，歲增課百餘萬，特遷祠部郎中。封泰山，祀汾陰，皆爲行在三司副使。以右諫議大夫權三司使、修玉清昭應宮副使。將祀太清宮，遣特儲供具，爲行在三司使。禮成，進給事中，爲修景靈宮副使兼修兗州景靈宮、太極觀。昭應宮成，遷尚書工部侍郎，真拜三司使。樞密使寇準言特姦邪，又數與爭事，帝爲出準，特在職如故。後罷三司，以户部侍郎同玉清昭應宮副使。兗州宮觀成，遷吏部侍郎。天禧元年，爲修上聖祖寶冊副使，轉尚書右丞。

時天下完富，丁謂以符瑞、土木迎帝意，而以特有心計，使幹財利佐之。然特亦天性邪險，善附會，故謂始終善特，當時與陳彭年等號『五鬼』，語在王欽若傳。

仁宗在東宮，以工部尚書兼太子賓客，改詹事。丁謂欲引爲樞密副使，而李迪執不可。仁宗即位，進刑部尚書、翰林侍讀學士。謂貶，特亦落職知許州。還朝，以户部尚書知通進銀臺司、判尚書都省、勾當三班院。特體素羸，然未嘗一日謁告，及得疾，纔五日而卒。贈尚書左僕射。太后遣中使祀奠。

特精敏，喜吏職，据案終日不倦。真宗數訪以朝廷大事，特因有所中傷，人以此憚焉。奉詔撰《會計録》三十卷。又爲東封西祀朝謁太清宮慶賜總例三十六卷。

子濰、洙。濰亦有吏能，歷官至三司鹽鐵副使，以秘書監致仕，卒。洙，官至司農卿、知壽州，臨事苛急，鼓角將夜入州廨，拔堂檻鐵鉤擊殺之。

又卷二九二《李諮傳》　李諮字仲詢，唐趙國公峘之後。峘貶死袁州，因家新喻，遂爲新喻人。諮幼有至性，父文捷出其母，諮日夜號泣，食飲不入口，父憐之而還其母，遂以孝聞。舉進士，真宗顧左右曰：是能安其親者。擢第三人，除大理評事、通判舒州，召試中書，爲太子中允、直集賢院。歷三司、開封府判官，再遷左正言，出爲淮南轉運副使。帝幸亳，以勞，遷尚書禮部員外郎。會江南饑，徙江東轉運副使，爲度支判官。擢知制誥，寇準數改諮所擬制辭，諮不樂，以父留鄉里請外，遂出知荊南。會翰林學士闕，宰相擬他官，帝曰：不如李諮。遂爲學士。

仁宗即位，超遷本曹郎中、權知開封府，數月，權三司使，拜右諫議大夫。嘗奏事兩宮曰：『天下賦調有定，今西北寢兵且二十年，而邊餽如故。戍兵雖未可減，其末作浮費非本務者，宜一切裁損以厚下。』即詔諮與御史中丞劉筠等同議冗費，以景德較天禧，計所減得十三之上。

時陝西緣邊數言軍食不給，度支都内錢不足支月奉，章獻太后憂之，命呂夷簡、魯宗道、張士遜與諮等經度其事。諮曰：『舊法商人入粟邊郡，算茶與犀象、緡錢，爲虚實三估，出錢十四文，坐得三司錢百文。』諮請變法以實錢入粟，實錢售茶，三者不得相爲輕重。既行而商人果失厚利，怨謗蠭起。諮以疾累請郡，改樞密直學士、知洪州。行數月，而御史臺鞫吏王舉、句獻私商人，多請慈州礬，會計茶法不折虚費錢，妄稱增課百萬緡，以覬恩賞。諮坐不察奪職。

久之，進給事中、知杭州，復樞密直學士、知永興軍。衣冠子弟恃蔭無賴者，諮悉杖之，境内肅然。還，勾當三班院，坐舉吏降左諫議大夫。權三司使事，是歲，禁中火，倉卒營造，應辦舉集。

進尚書禮部侍郎，拜樞密副使。數月，遭父喪，起復，遷户部侍郎、知院事。是時榷茶法寖壞，乃詔諮、蔡齊等更議之。諮以前坐變法得罪，固辭，不許。於是復用諮所變法，語具食貨志。卒，贈右僕射，謚憲成。

諮性明辨，周知世務，其處煩猝，常若閑暇，吏不敢欺。在樞府，專務革濫賞，抑僥倖，人以爲稱職。無子，以族子爲後。

又卷二九九《李溥傳》　李溥，河南人。初爲三司小吏，陰狡多智數。時天下新定，太宗厲精政事，嘗論及財賦，欲有所更革，引三司吏二十七人對便殿，問以職事。溥詢其目，請退而條上。命至中書，列七十一事以聞，四十四事即日行之，餘下三司議可否。於是帝以溥等爲能，語輔臣曰：『朕嘗諭陳恕等，如溥輩雖無學，至於金穀利害，必能究知本末，宜假以色辭，誘令開陳。而恕等強愎自用，莫肯詢問。』呂端對曰：『耕當問奴，織當問婢。』寇準曰：『孔子入太廟，每事問。』蓋以貴下賤，先有司之義也。』帝以爲然，悉擢溥等以官，賜錢幣有差。

溥爲左侍禁、提點三司孔目官，請著内外百官諸軍奉祿爲定式。加閤門祗候。催運陝西粮草，赴清遠軍，還，提舉在京倉草場，勾當北作坊。齊州大水，壞民廬舍，欲徙州城，未決，命溥往視，遂徙城而還。又與李仕衡使陝西，增酒榷緡錢歲二十五萬。三遷崇儀使。

景德中，茶法既弊，命與林特、劉承珪更定法，募人入金帛京師，入芻粟塞下，與東南茶皆倍其數，即以溥制置江、淮等路茶鹽礬稅兼發運事，使推行之。歲課緡錢，果增其舊，特等皆受賞。溥時已爲發運副使，遷爲使，仍改西京作坊使。然茶法行之數年，課復損於舊。江、淮歲運米輸京師，舊止五百餘萬斛，至溥乃增至六百萬，而諸路猶有餘畜。高郵軍新開湖水散漫多風濤，溥令漕舟東下者還過泗州，因載石輸湖中，積爲長隄，自是舟行無患。累遷北作坊使。

時營建玉清昭應宫，溥與丁謂相表裏，盡括東南巧匠遣詣京，且多致奇木怪石，以傅會帝意。建安軍鑄玉皇、聖祖，溥典其事，丁謂言溥蔬食者周歲，而溥亦數奏祥應，遂以爲迎奉聖像都監、領順州刺史，遷奬州團練使。溥自言江、淮歲入茶，視舊額增五百七十餘萬斤。并言，漕舟舊以使臣若軍大將，人掌一綱，多侵盜，自溥併三綱爲一，以三人共主之，使更相司察。大中祥符九年，初運米一百二十五萬石，纔失二百石。會溥當代，詔留再任，特遷宫苑使。

初，譙縣尉陳齊論榷茶法，溥薦齊任京官，御史中丞王嗣宗方判吏部銓，言齊豪民子，不可用。真宗以問執政，馮拯對曰：『若用有材，豈限貧富。』帝曰：『卿言是也。』因稱溥畏慎小心，言事未嘗不中利害，以故任之益不疑。然溥久專利權，内倚丁謂，所言輒聽。帝嘗語執政曰：『羣臣上書論事，法官輒沮之，云非有大益，無改舊章，然則何以廣言路。』王旦對曰：『法制數更，則詔令牴牾，故重於變易。』因言：『溥嘗請盜販茶鹽者贓仗皆沒官，已可之矣。』帝曰：『此特畏溥之強，不敢退卻，自今雖小吏言，亦宜詳究行之。』

溥既專且貪，繇是寖爲不法。發運使黄震條其罪狀以聞，罷知潭州。命御史鞫治，得溥私役兵爲姻家林特起第，附官舟販竹木，奸贓十數事。未論決，會赦，貶忠武軍節度副使。仁宗即位，起知淮陽軍，歷光、黄二州，復以贓敗，貶蔡州團練副使。久之，監徐州利國監，以千牛衛將軍致仕，卒。

又卷三七四《趙開傳》　趙開字應祥，普州安居人。登元符三年進士第。大觀二年，權辟廱正。用舉者改秩，即盡室如京師，買田尉氏，與四方賢俊遊，因詗知天下利病所當罷行者。如是七年，慨然有通變救弊志。

宣和初，除禮制局校正檢閲官。數月局罷，出知鄢陵縣。七年，除講議司檢詳官。開善心計，自檢詳罷，除成都路轉運判官，遂奏罷宣和六年

所增上供認額綱布十萬匹，減綿州下户支移利州水脚錢十分之三，又減蒲江六井元符至宣和所增鹽額，列其次第，謂之『鼠尾帳』，揭示鄉户歲時所當輸折科等實數，俾人人具曉，鄉胥不得隱匿竄寄。

嘗言：『財利之源當出於一，祖宗朝天下財計盡歸三司，諸道利源各歸漕計，故官省事理。併廢以還，漕司則利害可以參究，而無牽掣窒礙之患矣。』因指陳榷茶、買馬五害，大略謂：『黎州買馬，嘉祐歲額纔二千一百餘。自置司榷茶，歲額四千，且獲馬兵踰千人　且獲馬兵踰千人　按《琬琰集》卷三二《趙開墓誌銘》作『別置牽馬兵又踰千人』。，猶不足用，多費衣糧，爲一害。嘉祐以銀絹博馬，價皆有定。今長吏旁緣爲姦，不時歸貨，以空券給夷人，使待資次，夷人怨恨，必生邊患，爲二害。初置司榷茶，借本錢於轉運司五十二萬緡，於常平司二十餘萬緡。自熙寧至今幾六十年，舊所借不償一文，而歲借乃準初數，爲三害。榷茶之初，預俵茶户本錢，尋於數外更增和買，或遂抑預俵錢充和買，茶户坐是破產，而官買歲增。茶日濫雜，官茶既不堪食，則私販公行，刑不能禁，爲四害。承平時，蜀茶之入秦者十幾八九，猶患積壓難售。今關、隴悉遭焚蕩，仍拘舊額，竟何所用？茶兵官吏坐縻衣糧，未免科配州縣，爲五害。請依嘉祐故事，盡罷榷茶，仍令轉運司買馬，即五害並去，而邊患不生。如謂榷茶未可遽罷，亦宜併歸轉運司，痛減額以蘇茶户，輕立價以惠茶商，如此則私販必衰，盜賊消弭，本錢既常在，而息錢自足。』

朝廷是其言，即擢開都大提舉川、陝茶馬事，使推行之。時建炎二年也。於是大更茶馬之法，官買官賣茶並罷，參酌政和二年東京都茶務所創條約，印給茶引，使茶商執引與茶户自相貿易。改成都舊買賣茶場爲合同場買引所，仍於合同場置茶市，交易者必由市，引與茶必相隨。茶户十或十五共爲一保，并籍定茶鋪姓名，互察影帶販鬻者。凡買茶引，每一斤春爲錢七十，夏五十，舊所輸市例頭子錢並依舊。茶所過每一斤征一錢，往征一錢半。其合同場監官除驗引、秤茶、封記、發放外，無得干預茶商、茶户交易事。

舊制買馬及三千匹者轉一官，比但以所買數推賞，往往有一任轉數官者。開奏：『請推賞必以馬到京實收數爲格，或死於道，黜降有差。』比及四年冬，茶引收息至一百七十餘萬緡，買馬乃踰二萬匹。

張浚以知樞密院宣撫川蜀，素知開善理財，即承制以開兼宣撫處置使司隨軍轉運使，專一總領四川財賦。開見浚曰：『蜀之民力盡矣，錙銖不可加，獨榷貨稍存贏餘，而貪猾認爲己有，互相隱匿。惟不恤怨詈，斷而敢行，庶可救一時之急。』

浚鋭意興復，委任不疑，於是大變酒法，自成都始。先罷公使賣供給酒，即舊撲買坊場所置隔槽，設官主之，麴與釀具官悉自買，聽釀户各以米赴官場自釀，凡一石米輸三千，并頭子雜用等二十二。其釀之多寡，惟錢是視，不限數也。明年，遂徧四路行其法。又法成都府法，於秦州置錢引務，興州鼓鑄銅錢，官賣銀絹，聽民以錢引或銅錢買之。凡民錢當入官者，並聽用引折納，官支出亦如之。民私用引爲市，於一千并五百上許從便增高其直，惟不得減削。法既流通，民以爲便。

初，錢引兩料通行纔二百五十萬有奇，至是添印至四千一百九十餘萬，人亦不厭其多，價亦不削。

宣司獲僞引三十萬，盜五十人，浚欲從有司議當以死，開白浚曰：『相君誤矣。使引僞，加宣撫使印其上即爲真。黥其徒使治幣，是相君一日獲三十萬之錢，而起五十人之死也。』浚稱善，悉如開言。

最後又變鹽法，其法實視大觀東南、東北鹽鈔條約，置合同場鹽市，與茶法大抵相類。鹽引每一斤納錢二十五，土產税及增添等共納九錢四分，所過每斤征錢七分，住征一錢五分，若以錢引折納，別輸稱提勘合錢共六十。初變榷法，怨詈四起，至是開復議更鹽法，言者遂奏其不便，乞罷之以安遠民，且曰：『如謂大臣建請，務全事體，必須更制，即乞劄與張浚照會。』詔以其章示浚，浚不爲變。

時浚荷重寄，治兵秦川，經營兩河，旬犒月賞，期得士死力，費用不貲，盡取辦於開。開悉知慮於食貨，算無遺策，雖支費不可計，而贏貲若有餘。

吳玠爲四川宣撫副使，專治戰守，於財計盈虛未嘗問，惟一切以軍期趣辦，與開異趣。玠數以餉饋不繼訴于朝，開亦自劾老憊，丐去。朝廷未許，乃特置四川安撫制置大使之名，命席益爲之。益前執政，詔位宣撫司上，朝論恐未安，仍詔張浚視師荊、襄、川、陝。

六年，罷綿州宣撫司，玠仍以宣撫治兵事，軍馬聽玠移撥，錢物則委開拘收。尋除開徽猷閣待制，加玠兩鎮節鉞。復降旨，都轉運使不當與四路漕臣同繫銜，成都、潼川兩路漕臣與都轉運使坐應副軍支錢物愆期，各貶二秩。朝廷故抑揚之，使之交解間隙、趣辦餉饋也。而開復與席益不和，抗疏乞將舊來宣撫司年計應副軍期，不許他司分擘支用。又指陳宣撫司截都漕運司錢，就果、閬糴米非是。又言應副吴玠軍須，紹興四年總爲錢一千九百五十五萬七千餘緡，五年視四年又增四百二十萬五千餘緡。蜀今公私俱困，四向無所取給，事屬危急，實甚可憂，乞許以茶馬司奏計詣闕下，盡所欲言。

朝廷既知開與玠及席益有隙，乃詔開赴行在，以李迨代之。會疾作不行，提舉江州太平觀。七年，復右文殿修撰、都大主管川、陝茶馬。開已病，累疏丐去，詔從所乞，提舉太平觀。十一年卒。

論曰：秦檜執國柄，其誤宋大計，固無以議爲也。張九成之策，胡銓之疏，忠義凜然。廖剛請復用德望之人，豈苟阿時好者哉？李迨、趙開所謂可使治其賦也歟？

宋 江少虞《宋朝事實類苑》卷二一 陳晉公爲三司使，將立茶法。召茶商數十人，俾各條利害，晉公閱至第三等，語副使宋太師曰：吾觀上等之説，取利太深，此可行於商賈，而不可行於朝廷。下等固滅裂無取，惟中等之説，公私皆濟，吾裁損之，可以經久。於是爲三等稅法，行之數年，貨財流通，公用足而民富世。言三司使之才，以陳公爲首稱。後李侍郎諮爲使，改其法而茶利浸失。後雖屢變，然非復晉公之舊法也。

陳晉公恕自朝升入三司爲判官，既而爲鹽鐵使，又爲總置使。洎罷參政，復爲三司使。首尾十八年，精於吏事，朝廷藉其才。晚年多病，乞解利權。真宗議曰：卿求一人可代者，聽卿去。是時寇萊公罷樞密使歸班，晉公薦以代己。真宗用萊公爲三司使，而晉公集賢學士判院事。萊公入，有檢尋晉公前後改革與立事件，類爲方册，及以所出榜示，別用新板題扁。躬坐其第，請晉公判押。晉公亦不讓，一一與之押字，既而萊公拜於庭下而去。自是計使無不循其舊貫，至李諮爲三司使，始改茶法，而晉公之規模漸革，向之榜示亦稍稍除削，今則無有復存矣。《東軒筆録》

《清史稿》卷二七六《石琳傳》 元江由土改流，三桂於額糧外別立名色：曰田地講銀，曰茶商稅銀，曰普洱無耗秋米，曰浪媽等六寨地租。加賦倍徵，民不堪命，應請各減其半。通海六寨地糧較民賦重幾三倍，當改依新定民賦科則。

又《貝和諾傳》 三十九年，調四川。疏言：『打箭鑪、木鴉等處番、民一萬九千餘户歸順，請增設安撫使五、副使五、土百户四十五，以專管轄。邊民運茶赴鑪貿易，給官引五千六百道，定額徵課。川省行鹽，潼川、中江山路崎嶇，難於陸運，額運壅滯。惟冰江小溪通水運，請增給水引，商民交便。』貝和諾治事精詳，尚書張鵬翮按事還，於上前亟稱之。

又卷二九九《馬會伯傳》 會伯疏言：『四川巡撫舊有稅規耗銀三萬九千有奇，令併入正項。富順鹽規一萬有奇，令改增引課。仍留丁糧、鹽、茶耗規等一萬七千有奇，爲巡撫養廉及犒賞之用。』報聞。又疏請清察隱糧，爭控田地，按名丈量。四川清丈自此起。

又卷三二四《方觀承傳》 御史七十五請於多倫諾爾收稅，觀承奏：『內地茶布自張家口往，毋庸重徵。惟恰克圖、庫倫等地互市，及克什克騰木植，當於多倫諾爾徵稅。』

又卷三六五《覺羅寶興傳》 翰林院侍讀學士王炳瀛奏：『四川前買義田，徧及百餘州縣，若更以數十萬帑銀於各州縣買田收租，膏腴將盡歸公產。請限於四廳近邊地收買，安置屯防。』下寶興妥議，疏言：『邊防完竣，用銀二十二萬兩有奇，以三十七萬發鹽茶各商，歲得息三萬七千餘兩，足敷增設練勇餉械之需。餘銀四十萬，聽部撥別用。』遂罷買田議。

又卷四一六《劉銘傳傳》 ［光緒十一年］丈田清賦，溢舊額三十六萬兩有奇，增茶、鹽、金、煤、林木諸稅。始至，歲入九十餘萬，後增至三百萬。

藝文

宋 蘇洵《嘉祐集》卷一六《送陸權叔提舉茶稅》 君家本江湖，

南行即鄰里。稅茶雖冗繁，漸喜官資美。嗟君本篤學，癖痳好文字。往年在巴蜀，憶見春秋始。名家亂如髮，棼錯費尋理。今來未五歲，新傳動盈几。又言欲治易，雜説書萬紙。君心不可測，日夜湧如水。何年重相逢，秪益使余畏。但恐茶事多，亂子易中意。茶易兩無妨，知君足才思。

元 鄭元祐《僑吴集》卷四《次韻王季野北歸二首其二**》** 黑髮黄髯萬里歸，腰如開國待犀圍。樓前花似琴臺發，江上魚如丙穴肥。鑾井遠民茶稅急，槐陰燕席酒觥飛。名動莫負傳家笏，只尺青雲立綉衣。

雜録

《宋史》卷一六一《職官志一》 建炎三年，詔減左、右司郎官兩員，置中書門下省檢正諸房公事二員。【略】乾道六年，詔榷貨務都茶場依建炎三年指揮，委都司官提領措置。乾道七年，復添置右司郎官二人。

又 ［建炎二年］ 榷貨務都茶場都司提領。提轄官一員京朝官充，監場官二員京選通差，掌鹺、茗、香、礬鈔引之政令，以通商賈、佐國用。舊制，置務以通榷易。建炎中興，又置都茶場，給賣茶引，隨行在所榷貨務置場。雖分兩司，而提轄官、監官並通銜管幹。

又 卷一六三《職官志三》 金部郎中、員外郎參掌天下給納之泉幣，計其歲之所輸，歸于受藏之府，以待邦國之用。勾考平準、市舶、榷易、商稅、香茶、鹽礬之數，以周知其登耗，視歲額增虧而爲之賞罰。

又 卷一六七《職官志七》 鎮撫使【略】建炎四年，范宗尹爲參知政事，議：羣盜併力以拒官軍，莫若析地以處之，盜有所歸，則可漸制，乃請稍復藩鎮之制。是年五月，宗尹爲右僕射，於是請以淮南、京東西、湖南北諸路並分爲鎮，除茶鹽之利仍歸朝廷置官提舉外，他監司並罷。上供財賦權免三年，餘聽帥臣移用，更不從朝廷應副，軍興聽從便宜。

又 提舉茶鹽司 掌摘山煮海之利，以佐國用。【略】中興後，通置提舉常平茶鹽司，掌常平、義倉、免役之政令。凡官田產及坊場、河渡之人，按額拘納；收糴儲積，時其斂散以便民；視產高下以平其役。【略】是年冬，詔提舉官依舊法爲監司，與轉運判官敍官，歲舉升改，官員有不職，則按以聞。其後，常平錢多取以贍軍，所掌特義倉、水利、役法役法、振濟之事。茶鹽司置官提舉，本以給賣鈔引，通商阜財，時詣所部州縣巡歷覺察，禁止私販，按劾不法。其屬有幹辦官，既與常平合一，遂並行兩司之事焉。

又 都大提舉茶馬司 掌榷茶之利，以佐邦用。

又 監當官 掌茶、鹽、酒稅場務征輸及冶鑄之事。諸州軍隨事置官，其征榷場務場務。歲有定額，歲終課其額之登耗以爲舉刺。凡課利所入，日具數以申于州。【略】淳熙二年，詔二萬貫以下庫分，選有才幹存留一員，指揮、諸班直、親從親事官、保義郎以下差充。建炎四年，詔每州每以五員爲額。

《明會典》卷九 所屬境內，出產貨物，各色課程酒醋茶礬等項，各別開報每歲所收數目，以憑稽考支用。

又 卷三〇《庫藏一·內府庫》 嘉靖三十四年議准，行各處撫按、巡鹽、巡茶及南京巡倉、屯田、巡江等御史，各於任滿交代之日，將應解贓罰銀兩盡數解部濟邊。户部仍於年終將各撫按解到贓罰銀兩、多寡數目另行奏覽。

又 卷三一《庫藏二·鈔法》 ［永樂五年］令各處稅糧課程贓罰，俱准折收鈔。米每石三十貫。小麥、豆每石二十五貫。大麥每石一十五貫。青稞、蕎麥每石一十貫。絲每斤四十貫。綿每斤二十五貫。大絹每疋五十貫。小絹每疋三十貫。小苧布每疋二十貫。大苧布每疋二十五貫。大綿布每疋三十貫。小綿布每疋二十五貫。金每兩四百貫。銀每兩八十貫。茶每斤一貫。鹽每大引一百貫。蘆柴每束三貫。其有該載不盡之物，俱照彼中時價折收。

又 卷三五《課程四·稅課數》 ［景泰二年］綿花、香油、紫草、紅麴、紫粉、黄丹、定粉、芸香、柿餅、栗子、核桃、林檎、甘橘、雪梨、紅棗、楊梅、枇杷、榛子、杏仁、蜜香橙、烏梅、五倍子、鹹彈、黑乾笋、葉茶、生薑、石花菜、蝦米、鮮乾魚、鮮豬羊肉、黑鉛、水膠、黄白麻、鋼、熟鐵每斤、綿絮每套、蘆席每領、綿臙脂每帖、西瓜每十箇、稅鈔、牙錢鈔、塌房鈔，各一百文。

又 正德七年，令正陽門等七門門官，凡日收大小車輛驢騾駝馱錢

鈔、眼同户部官吏監生、照依則例收受。即時附簿。錢鈔簿籍，俱封貯庫。不許縱容門軍家人伴當，出城羅織客商，阻截車輛，索取小門茶果起籌等項銅錢。

又 卷四二《常州府》 南京廣惠寶鈔庫。原額商税魚茶課鈔二十六萬三千八十九貫八百二十四文，錢五十二萬六千一百八十二文。今收鈔五萬六千七百九十錠二貫七百六十六文，錢五十六萬七千八百九文。

又《内庫課鈔》 凡各處額辦商税魚茶課鈔解部，運送南京寶鈔廣惠庫交納。

又 卷一六四《律例五·鈔法》 凡印造寶鈔與洪武大中通寶，及歷代銅錢，相兼行使。其民間買賣諸物，及茶鹽商税、諸色課程，並聽收受。違者，杖一百。

又《人户虧兑課程》 凡民間周歲額辦茶鹽商税、諸色課程，年終不納齊足者，計不足之數，以十分為率，一分笞四十。每一分加一等。罪止杖八十，追課納官。

若茶鹽運司、鹽場茶局、及税務河泊所等官，不行用心辦課，年終比附上年課額虧兑者，亦以十分論。一分笞五十，每一分加一等。罪止杖一百。所虧課程，著落追補還官。

若有隱瞞侵欺借用者，並計贓以監守自盜論。

又 卷二一六《順天府》 凡所屬都税宣課等司，批驗茶引等所，每年收到商税等鈔。按季解本府，類解户部交納。取具批收，附卷備照。

《明史》卷八一《食貨志五·商税》 凡税課，徵商估物貨；抽分，科竹木柴薪；河泊，取魚課。又有門攤課鈔，領於有司。太祖初，征酒、醋之税，收官店錢。即吴王位，減收官店錢，改在京官店爲宣課司，府、縣官店爲通課司。

凡商税，三十而取一，過者以違令論。洪武初，命在京兵馬指揮領市司，每三日一校勘街市度量權衡，稽牙儈物價；在外，城門兵馬，亦令兼領市司。彰德税課司，税及蔬果、飲食、畜牧諸物。帝聞而黜之。山西平遥主簿成樂秩滿來朝，上其考曰『能恢辦商税』。帝曰：『税有定額，若以恢辦爲能，是剥削下民，失吏職也。州考非是。』命吏部移文以訊。十年，户部奏：『天下税課司局，征商不如額者百七十八處。』遂遣中官、國子生及部委官各一人覈實，立爲定額。十三年，吏部言：『税課司局歲收額米不及五百石者，凡三百六十四處，宜罷之。』報可。胡惟庸伏誅，帝諭户部曰：『曩者姦臣聚斂，税及纖悉，朕甚恥焉。自今軍民嫁娶喪祭之物，舟車絲布之類，皆勿税。』罷天下抽分竹木場。明年令以野獸皮輸魚課，製裘以給邊卒。

又 迨兩宫三殿災，營建費不貲，始開礦增税。而天津店租，廣州珠榷，兩淮餘鹽，京口供用，浙江市舶，成都鹽茶，重慶名木，湖口、長江船税，荆州店税，寶坻魚葦及門攤商税、油布雜税，中官遍天下，非領税即領礦，驅脅官吏，務朘削焉。

又 卷一八三《倪嶽傳》 又朝廷出帑藏給邊，歲爲銀數十萬。山西、河南輸輕賫於邊者，歲不下數十萬。銀日積而多則銀益賤，粟日散而少則粟益貴。而不知者，遂於養兵之中，寓養狙之術。或以茶鹽，或以銀布，名爲準折糧價，實則侵剋軍需。故朝廷有糜廪之虞，軍士無果腹之樂。

《續通典》卷一二《食貨一二·錢幣中·宋二》 紹興初，並廣寗監於虔州，並永豐監于饒州。歲鑄纔及八萬緡，銅鐵鉛錫之入不及於舊。而官吏稍廪，工作之費仍各如故。每鑄錢一千，率用本錢二千四百文。工部進真篆當二小，平銅鐵錢樣，詔下鑄錢司。時張浚因夔州屯兵，請椿辦合用錢。而路不通舟，錢重難致。乃造關子付夔州，召商人入中，執關於榷貨務請錢。願得茶、鹽香引者聽於是州縣。以關子充糴本未，免抑配。而榷貨務又止以日輸三分之一償之，人皆嗟怨。

又 卷三〇《職官八·諸卿中·太府卿》 又置榷貨務，有使、副使等官，掌發賣給隨路香茶鹽鈔引。

茶釐興廢部

題解

（同治）《淡水廳志》卷四《賦役志·釐局》　釐金之名，肇於咸豐年間；所以濟稅課之不足。名之曰釐，極言其輕，亦國家不得已之政。洋藥自弛禁以來，特重其稅。臺地有釐無稅，所以恤華商也。咸豐十一年，臺府洪毓琛奉飭舉辦釐金，並省委員候補府程榮春來淡辦理百貨釐金，照船徵法；但計擔數，不論貨之粗細，故抽收為數無多。

論説

清　程雨亭《整飭皖茶文牘·程雨亭觀察請南洋大臣示諭徽屬茶商整飭牌號稟》　敬稟者：竊職道上年春初，奉前督憲張，奏派榷事，皖茶亦在其中。本年二月，又奉憲台疏請專辦，是皖南茶事之興衰，職道與有責焉。春杪抵皖，即將疇曩各分卡擾累茶商之蠹毒，鋭意廓清；尚恐陽奉陰違，為之勒石永禁，以垂久遠。又訪得西皖各釐局，向有需索經過茶船之弊，分晰開摺，稟請鈞示嚴禁。而皖南所轄，向設驗票之分卡，名為稽查偷漏，徒索驗費，而於公無甚裨益者。如婺源運浙之茶，道出屯溪，向有休甯分局查驗，及坟廈巡檢衙門掛號之舉；屯溪各號之茶，向章經過歙縣所轄之深渡分卡秤驗，行經迤東五十里之街口，又復過秤，似稍重複。職道釐定章程，凡婺源、屯溪各號之茶，通歸街口分卡查驗，此外一概豁免，以歸簡易。業經分別示諭，並呈報憲鑒在案。皖南茶章，向由各分局派司事巡勇至各商號秤箱點驗，不免零星小費。本年札飭各分局，勒石示禁。而屯溪、深渡附近各號，職道遴派司巡秤茶，每次司事給洋一角，巡勇給洋五分，道路稍遠者，酌給舟車之資。申儆再三，不准向商號毫釐私索及紛擾酒食等事。既優給其薪餼，復示諭乎通衢，凡來局掛號請引之行夥錢儈，職道皆切實面諭，惟恐或有朦蔽。所以略盡此心者，竊冀弊去，則利或漸興，故齗齗而為此也。

又　此舉係為茶務起見，每號領照以後，准其永遠專利，公家一切捐項，十年以內均不科派。領照各號，無論盈虧，每年必須辦運，不准停歇。或本號實無力運茶，准其呈明茶釐局，轉報憲台，租與他人承辦。

又　南洋大臣批：查該道自接辦皖南茶釐局務以來，遇事盡心整頓，所有積弊，均次第革除，深為嘉賴。現在中國運銷外洋之物，茶為一大宗。該道正辦理得力之時，應仍由該道妥為經理，並查照雷稅司所陳事宜，督董勸導各山戶妥為籌辦，以期茶業暢旺而裕利源。是為厚望，毋庸稟請卸差。至所議仿照淮鹺章程，令茶商領照運茶一節，自係維持茶務之計。惟事屬創興，須由該道督董先與各商妥為議定後，再行詳請奏咨辦理，方為妥洽。仰即遵照。繳清摺及公啟二紙均存。

又《請裁汰茶釐局卡冗費稟》　本年自春阻夏，霪霖滂沛，山茶彈傷，產數較昔歲約少十分之二。祁門、浮梁紅茶，商本折閱，夏初又聞美國加徵進口茶稅，眾商益觀望趑趄，蟄伏荒山，切深焦悶。會徽天幸，夏杪，俄商放價儘購徽屬高莊綠茶，茶質之最佳者，每擔可獲利十五六金，低茶亦每擔五六金，為同光以來三十年所僅見。商情歡躍，釐收亦遂可觀。計本年皖南各局，約共徵茶稅十二萬二千餘引，較去年不相上下，實為始念所不及。否則，職道扶病遠來，徵稅短絀，問心抑何以自安？即寅僚申申詬詈，亦無以自解也。本屆徽屬綠茶，得利至厚，明歲業茶者多，稅課必當增旺。惟蘄隆冬無甚冰雪，來年春夏，雨暘時若，洋銷仍暢，斯萬幸已。茶事每歲六個月，均已完竣，局用項下月支文案、差遣、書識、帳目、稽核、監秤等名目，計共銀一百九十二兩，似稍冗濫。

又《請禁綠茶陰光詳稿》　竊惟中國出口土貨，茶為一大宗，商務餉源，關係至重，若任牙販攙雜渲染，作偽售欺，洋商受愚致疾，至謂華茶皆不可食，勢必茶務益疲，釐稅將不可問，職道訪詢業茶之老商，同治以前，焙製綠茶，不過略用洋靛著色，洋人嗜購，無礙銷路。

又《復陳購機器製茶辦法稟》　至創辦機器，尤必通力合作。如祁門共若干號，每號各出股分一二百金，茶釐局酌撥三五千金，官商合辦，盈虧一律公攤，各商號始無嫉忌畛域之見。【略】機價雜費，擬請江海關庫暫墊，仍由茶釐項下，如數撥還。

清　李鴻章《李文忠公選集·論海防籌餉》　鴻章歷任其事，親加

考訂，釐稅各有定章，雖有參差，無非因地制宜，行之十數年，商民相安，未可輕議變更，若改減則餉額有虧，若增收則怨謗滋事。近聞照常稽收，偷漏固不能免，中飽似亦罕有。浙、閩大致略同。除洋藥稅捐外，其百貨、鹽、茶釐捐，似未便令各省均歸一律，致有窒礙。軍興以來，凡有可設法生財之處，歷經搜括無遺，商困民窮，勢已岌岌。

清 佚名《粵海關茶葉稅餉》《籌辦夷務始末選輯》卷二　粵海關出口稅餉，以茶產為重。而廣東土茶，每年應納稅銀六萬餘兩。此茶係鶴山縣出產，咸豐六年以後均係漏稅而出澳門。十年六月間，已派令大輪巡船，該處巡查緝私，拏獲裝私茶船三隻，其茶價值約一萬五千兩，應賞該線人四千餘兩；過數日未曾販賣該茶，鶴山知縣即到省城報言本縣人將抽釐局委員拏去，並將縣署圍住，聲言如不將茶葉還回，即將該委員殺死並燒燬縣署等語。查問此事，始知廣東總釐局在鶴山縣設有抽茶釐之局，該抽法章程係每百觔銀五錢，即發給執照，准其出澳門。據勞制軍云：『現在百姓因失去茶葉，其情甚急；不如將茶葉發還，而將此事了結』等語。即問以如此辦理，則線人之賞銀從何而出？辯論數日，即由總釐局自將銀四千餘百兩交南海、鶴山二縣送呈粵海關，即將茶葉發還而留該走私船三隻充公。見此情形，即想因地方官如此可行，欽命粵海關監督無庸立法緝私，保護國課。旋於七、八、九等月私到澳門，漏稅之茶葉日見其多，而海關稅銀較少六萬兩。再茶葉每百觔在關上應納稅銀二兩五錢，由該抽釐局徵其五錢，則客人即有二兩之利，無一肯到關納稅，而且有官員保其走私。該釐局係因欲平地方起見而設，而其所行之法，令人違背律例，滋生事端，實在可笑。

綜述

清 楊鳳藻《戶部議覆奏整頓茶務摺》《清經世文新編續集》卷一〇　自洋人通商以來，海外悉索華茶，而華人獲利者少，折本者多。何哉？產不一區，銷無定所，其弊一；茶品不佳，費本甚重，其弊二；公所雖設，並無市規，其弊三；華商不認真置貨，坐使其利盡失，其弊四。當茲積重之時而圖挽回之策，斟酌損益，謹擬切要條分數端：一頒茶照。浙江、安徽、江西、湖、廣五省折衷照數，不准溢額。先由各省釐金總局交課給、單辦茶釐金局卡，俟茶成箱，驗單呈樣，酌本估值，抽收釐金。一設茶政局。漢口為各省通衢，宜設茶政局。五省茶箱起運，釐局按月造冊，咨送茶政局。凡茶到漢，抽驗核價，合十字為一，批以到埠為先後，不得越銷。一設茶葉公所。洋人愛磚茶，宜由局置定模式，頒商仿造。每歲孟春，由各省公所薈萃眾司，整飭講求等。

（同治）《淡水廳志》卷四《賦役志・茶釐》　淡北石碇、拳山二堡，居民多以植茶為業。道光年間，各商運茶，往福州售賣。每茶一擔，收入口稅銀貳圓，方准投行售賣。迨同治元年，滬尾開口，通商茶葉，遂無庸運往省城。省中既無入口稅銀可徵，臺地亦無落地釐銀可抽，而茶葉出產，遞年愈廣。同治十年，臺道黎兆棠札飭委員候補府胡斌會同淡水同知試辦抽釐。每擔酌收釐銀壹圓。有奸棍章華封、金茂芳等聚眾希圖抗抽，適臺道黎兆棠卸事，酌量減收，臺灣徵收茶臺自此始。

清 唐贊袞《臺陽見聞録》卷上《籌餉・茶釐》　查臺北淡水地方，出產茶葉，由來已久。咸豐年間，由商船運往福州銷售，俱係未揀毛茶；就南臺大橋卡口完釐，係在省城茶葉包辦四卡口之內，每年不過數百石或數千餘石，為數無多。自同治二年起，淡水滬尾、雞籠二口，與外國通商，就地買葉，從此鮮運福州。

查考滬尾海關冊，同治七年出口茶三千九百六十一石，八年出口茶五千九百六十九石，九年出口茶一萬零五百四十石，亦有由內地商船運往省、廈、廣東各處者，不知其數多寡。緣臺灣從無海關常稅釐金局，雖有商船釐，每百石定收洋銀一元四角，不問貨爲何物，亦不問精粗貴賤，統名船貨釐金；每計石照完。以是，商船運茶出口，年有若干，並無稅釐冊案可稽。就民間訪詢大概情形，皆謂今年洋船出茶約有一萬五千石左右，商船出茶約有三兩千石，須視釐金辦過一年，方爲準數。所出茶葉，大都皆寶順、怡記、德記三洋行收買居多。民商自運出口，本屬寥寥；且臺灣本地業茶商民，多係承領洋行資本入山採辦，並無重資自開茶行。

本年上中茶價，每百觔貴至洋銀四十八元。民商運往內地從何售此昂值？是以，本年內地商船運茶尤少。此近年淡屬出產茶葉之大較也。

至茶釐局原設在艋舺，另於大稻埕分設驗卡。嗣查內山出產茶葉，多係徑赴滬尾裝船出口，而大稻埕係往滬尾必由之路，業於本年七月二十日將茶釐局改移大稻埕，合局卡歸一；既可以杜偷越，又可以省糜費，較爲便益。此外沿海各處，則於滬尾口、雞籠口、大溪口、新莊、竹塹、後壠、大安等處各［設］驗卡，凡有運茶過卡，無論中外商民，一律查驗。每百觔，不論茶之粗細，不折觔數，實收釐金洋銀五角。完清釐金後，由局卡給與憲頒單，照驗放行。

（光緒）《新竹縣志初稿》卷二《賦役志・釐金・茶釐》　初，茶葉出自淡水，山民多以植茶爲業。道光年間，茶葉皆運福州，無復茶葉入口，稅銀遂缺，而臺地亦無落地釐可抽。然茶葉愈產愈廣，由淡北遞及新邑內山一帶蔓延數十里，皆鋤雜穀而種茶葉。同治十年，臺灣道黎兆棠劄飭委員候補府胡斌會同淡水同知試辦抽釐，每擔收厘銀一圓。有奸棍章華封、金茂芳聚眾希圖抗抽，適黎道卸事，酌量減征。洎光緒十六年，巡撫劉銘傳劄飭委員會同新竹知縣就北城外水田街開設局卡，每細茶百觔抽釐一圓五角、粗茶八角。

清　宜今室主人《清經濟文新編》　茶葉釐金名為每擔抽銀二兩二錢，實則須加另費，共約二兩八錢。查該釐金分為五項，曰原稅銀六錢，曰釐金七錢，曰捐費七分二釐，曰助餉銀六錢二分八釐，曰銀色二錢，共合二兩二錢。其所以欲將該釐金分為五項之故，還請問諸個中人。以上釐金之外，茶葉自福州以北各處運來者，尚須加抽渡釐，自西來者加善舉銀三錢，是以茶葉釐金總共或不尚不止二兩八錢。若將茶葉價每擔作為十五兩，則由中國出口時，所需各項，連出口稅即算五兩三錢，已照價值百抽三十五分矣。或問茶商何以不請半稅執照，若請執照，茶葉由內地運至福州，每擔不過還稅銀一兩二錢五分，曰本地採辦及種茶之人畏官駁飭。

清　馮煦《皖政輯要》卷三一《釐金二・茶釐》　皖省茶釐，南北不同。南茶由江督派員於徽屬之屯溪鎮設局徵收，已歷年所。北茶由淮北釐金總局派員于六安之麻埠鎮設立專局，英山、霍山、霍邱、舒城等縣各設分卡徵收。其茶以十斤為一簍，按簍抽釐，視銷路之遠近以定徵數，子茶視春茶減三分之一，如由六、霍山中至周家口、亳州、清江，春茶每簍抽釐三百文，子茶二百文；由六、霍至正陽、壽州、廬州，春茶二百四十文，子茶一百六十文；由六、霍旱道至商城、固始，春茶二百文，子茶一百三十文之類。老茶及茶末、茶梗，以每百斤核計，完釐二三百文不等。光緒三十二年，巡撫馮煦在藩司任內，改由省局委員稽征，以清弊竇，杜留難為宗旨，又以運茶經正陽一帶者向須完納大關稅費及清溜口鈔號等項商情不免艱困，諮商鳳陽關道，將大關稅費由局代收撥補，其鈔號一律豁免。行之逾年，較有起色，部諮加收三成解交籌議公所之款，每歲約收銀二萬六七千兩，三十四年亦增收七千餘兩。

又　卷三三《雜稅一・茶稅》　兵燹後，創設釐局，茶稅未有定章。同治元年，江督曾國藩頒發章程，每茶一百二十斤為一引，每引繳正銀三錢，公費銀三分，捐銀八錢，釐銀九錢五分，給發三聯引票及捐票、釐票。捐項銀兩准照籌餉例請獎。二年，每引加捐銀四錢。五年，署江督李鴻章裁去引、捐、釐各票，改用落地稅票，以歸簡便。每引共完銀二兩四錢八分，內劃出一兩二錢仍作捐項請獎。現在，皖南引稅暨釐捐仍歸江督主政，惟六安等處茶釐向由皖北牙釐局兼轄，嗣改由省局派員經理。章程原委，詳釐金門茶釐項下。此項引稅歸併茶釐之內，向未專款造報，故收數未詳。

又　卷三五《籌議》　鹽斤加價，茶釐加成，本由部諮通行辦理，而皖省均有續增之案，因隨各捐辦法分敘於後。

又　皖省六安麻埠鎮向設有茶釐局，英、霍、舒城等處另設分卡，分別春茶、子茶，按簍抽釐。此次部諮加收三成，行由各局、卡照辦，向收百文者加抽三十。自光緒二十八年為始，歲解銀二三萬兩不等，此皖北茶釐也。南茶以徽產為盛，其行銷以洋莊為多。江甯於徽之屯溪鎮設局抽釐，向由江督主政。皖省於三十三年始諮明江督，將洋莊茶每斤加收二文，銷內地者加一文，以助賠款，仍由寧局代收。是年，解到銀一萬五千兩有奇。現由江督諮商，自三十四年為始，減半抽收。

紀事

清　劉銘傳《劉壯肅公奏議》卷一〇《懲暴略・嚴劾劉璈摺》

全臺洋藥並茶腦釐金，自前任臺澎道張夢元歸商包辦。夢元方正清廉，一塵不染，故收數日多。聞劉璈抵任後，每年除正稅外，洋藥釐金私得洋銀三萬元，茶腦私得洋銀一萬元。是釐金之壞，自劉璈始。罪三。

又　一訪查臺北茶腦船貨釐金，於光緒八年三月經劉璈議招董事衛伊才、張慶雲等包辦，全年認繳六七番銀十三萬零五十四元，另繳番銀一萬元，歸劉璈私收。九年，係歸陳魯齋、陳同愚等包辦。十年，係歸傅政、鄭昭包辦。本年二月，尚未開口，即經劉璈另招本包洋藥釐金，商人陳郁堂等加價包辦，全年認繳六八番銀十三萬七千元，聞另繳洋一萬五千元，歸劉璈私收。查臺北從前官辦征收茶釐，向照市間行用七二重番銀完納，劉璈議歸商辦，遂改以六八重番銀繳課，計每年短征銀五千二百兩。現在征收茶釐概收七二重番銀，可證。

（光绪）《臺灣通史》卷九《度支志》　［咸豐］十七年春三月，邵友濂任巡撫，新政皆罷，而臺灣之生機一挫矣。當是時，海關洋稅歲入五十餘萬兩，洋藥釐金二十萬兩，百貨釐金七萬餘兩，茶釐十三萬餘兩，鹽課十二萬餘兩，腦磺餘利四萬餘兩，兼以正供官莊三十六萬餘兩，計爲一百四十二萬餘兩。

清　連横《臺灣詩乘》卷六　安溪林鷟雲先生，光緒間來臺，権辦茶釐。時臺北方建省會，遊宦寓公，簪纓畢至。而唐維卿爲布政使，每開文酒之宴。

《清實録·文宗顯皇帝實録》卷三五二　［咸豐十一年五月三十日］廣東設有洋藥抽釐總局，如有人先輸銀五十兩，即毋庸在關上完納正稅；又澳門漏稅之茶葉日見其多，每百觔稅銀二兩五錢，抽釐局只徵五錢，即可任商繞越走私，無一肯到關納稅。設局抽釐，原以補正稅之不足；若如赫德所稱洋藥、茶葉一經抽釐，轉於關稅有礙，是否實有其事？並着勞崇光等據實查明。

清　劉汝驥《陶甓公牘》卷五《休寧縣劉令敬襄稟批》　中學堂經費，舊有茶釐五千兩。本年夏間，據茶業公所稟，每年報効銀幣一千元。經本府批准立案，此通省共知之事。

又　卷一〇《徽州府稟地方情形文》　整頓學堂。府城學堂之規模較好者有二：一新安中學堂，一紫陽師範學堂。中學堂就試院改建，每歲經費由屯溪茶釐撥銀五千兩。師範即舊日紫陽書院，每歲息銀有三千兩，兩校監督，以許庶常承堯，任之查閱。

清　馮煦《皖政輯要》卷二九《關稅》　又，應行抽單之船，但載茶葉、白麻者，免抽。【略】係兵燹以前額徵之數，至今仍舊。自茶釐另收，已少茶稅一項。添設洋關之後，完洋稅者，常關概不重徵，故稅收日絀。

又　卷四〇《餉需》　又皖北茶釐一項，由支應局於三十三年詳准全數撥充新軍餉項，其應攤司庫京邊各餉移商藩司另行籌解，旋准。牙釐局移以是年茶釐一款已盡數解司，暫于釐金項下籌撥銀三萬兩解局濟用。

清　郭則澐《十朝詩乘》卷二〇《沈文肅曾文正争持》　會文正欲提九江關茶釐，文肅爭之，請留贛充餉。文正復疏辨，廷諭均分，並引廉、藺、賈、寇事為勖，兩公皆具疏謝。

（光緒）《臺灣通志·餉稅》　臺北府茶釐總局，光緒十二年設。滬尾驗卡、雞籠驗卡、大溪口驗卡、新莊驗卡、竹塹驗卡、後壠驗卡、大安驗卡，皆光緒十二年設。茶釐，自光緒十二年，包商歲繳銀十六萬元。十六、十七等年，增至二十萬元。

又　臺北府稅釐總局，光緒十二年六月設。淡水分局、滬尾卡、基隆分局，皆光緒十二年六月設；三貂嶺卡、金包里卡；皆光緒十三年正月設；宜蘭分局，光緒十二年六月設；利澤簡卡，光緒十三年正月設；新竹分局，光緒十二年六月設；後壠卡、舊港卡，皆光緒十三年正月設；鹿港分局，光緒十二年六月設；笨港分局，光緒十二年六月設；番挖卡、梧棲卡皆光緒十三年正月設；安平分局，光緒十二年六月設；十二宫卡光緒十二年六月設。布袋嘴卡，港仔薺卡、撲仔腳卡皆光緒十三年正月設；旗後分局，光緒十二年六月設；東港卡，光緒十三年正月設。臺灣港紛岐，商販恒多繞越。所設局卡，因地制宜，隨時增損；不能一定所收釐金，亦無常額；光緒十七年，收銀六萬八千七百四十五兩九錢八分八釐。

著録

清 羅振玉《〈整飭皖茶文牘〉序》 東南財賦，甲於他行省，而茶、絲實為出產大宗。顧近年以來，印錫產茶日旺，中茶滯銷；日本蠶絲又駸駸駕中國而上之。利源日涸，憂世者慨焉！程雨亭觀察，久官江南，勵精政治，去歲總理皖省茶釐，慨茶務日衰，力圖整頓，冀復利源，茶利轉機，將在於是。爰最録其稟牘文告，泐為一卷，以諷有位，他產茶各省諸大吏，有能踵觀察而起者乎？企予望之矣。

茶民起義部

論説

宋 趙善括《應齋雜著》卷一《茶寇利害札子》 湖之南、江之西饑羸之民數十輩，盜挾弓刀搔擾州縣，貽朝廷憂，罷帥黜將，曠日持久。臨以數千之兵，尚延旦夕之命，其故何哉？豈非摶牛之蝱不能以破蝨洞，犀之弩不可以得鼠耶？官軍食宿有次舍，進止有行陣，戈矛為之器，甲冑為之衣，不令不敢進，不鼓不成列。乃欲使之馳，逐於巖壑險絶之間。彼方超陵山谿，踐履荊棘，身纏軟帛，手執短兵，巢穴之難窮，斥候之莫測，倏爾雲合，忽焉鳥散，詎可以常法應之哉！山高林深，上蔽天日，氣候蒸鬱，易生瘴癘，禁旅往來；將兵雜至，不服水土，喪亡必多，彼方依附草木，蒙犯霜露，素所習服，益見精明，夫復何畏。禾山之原，東至永新，西至茶陵，北抵安福，萍鄉之間，南直興國上猶之界，亘數百里，豪民壯戶實繁。有徒爰因盜賊之區，皆為囊橐之所，庶免戕其骨肉，又獲保其屋廬，民賊通情，互相交結，而官軍之至，誅求芻粟，驅役負戴，家至戶到，屠犬割雞。或因疑似之間以逞殺僇之勢，驚惶相屬，怨嗟愈多，由是盜賊蹤由詭秘莫測，官軍動息毫髮必知，蚤虱之徒自知干犯典憲，雖束手投戈決無原赦之理，苟捐軀畢力可圖頃刻之生。況茲官軍數相倍蓰，號令不一，險易不同，懷顧戀妻子之心有觖望，犒索之意且謂戰勝不足以為武，則賞未必厚，戰敗乃所以為辱，則罪必不輕狐疑其心，猶豫其計，將求速勝，不亦難乎？今日之計，贛吉袁撫四州之地，正當擇守臣，付以兵柄，優設賞格，召募土豪，團結鎗手，置立山寨，每及百人則以副尉捕之，及五百人則以承信郎寵之，又能殺賊立功，則遞增賞級，許以他日依軍功材武注授差遣。不過置四寨於四隅，以塞其咽喉，設二寨為遊兵，以殲其耳目，伺其動靜以撓之，乘其出入以邀之，使之食不得飽，亦無食之可飽，寢不得安，亦何寢之能安，又當多出金帛，反間其徒黨，明示要束，許其自新，其脅從為如此，顧何樂哉。不旬月間，可無噍類矣。此萬全之道也，若夫命將出師，蹂踐鄉井，飛芻輓粟，勞苦人丁，翦其薈蘙，平其險阻，擣其巢穴，夷其族類，固足以快一時之意，萬一少稽奏捷之期，又將何以圖之，淮南王安曰：『廝輿之卒一不備而歸，雖得越王之首臣，竊為大漢羞之。』此言政恐為今日設也，區區之愚，千慮一得，無階以達于上，願執事留意焉。

宋 王辟之《澠水燕談録》卷八《事志》 本朝王小波、李順、王均輩，嘯聚西蜀。蓋朝廷初平孟氏，蜀之帑藏，盡歸京師。其後言利者爭述功利，置博易務，禁私市。商賈不行，蜀民不足，故小波得以激怒其人曰：『吾疾貧富不均，今為汝均之。』貧者附之益眾。向使無加賦之苦，得循良撫綏之，安有此亂。古人云：『與其蓄聚斂之臣，寧蓄盜臣。』聚斂之為害如此，可不戒哉

綜述

唐 杜牧《樊川文集》卷一一《上李太尉論江賊書》 夫劫賊徒，上至三船兩船百人五十人，下不減三二十人，始肯行劫，劫殺商旅，嬰孩不留。所劫商人，皆得異色財物，盡將南渡，入山博茶。蓋以異色財物，不敢貨於城市，唯有茶山，可以銷受。蓋以茶熟之際，四遠商人，皆將錦繡繒纈、金釵銀釧，入山交易，婦人稚子，盡衣華服，吏見不問，人見不驚。是以賊徒得異色財物，亦來其間，便有店肆為其囊橐，得茶之後，出為平人，三二十人，挾持兵仗。凡是鎮戍，例皆單弱，止可供億漿茗，呼召指使而已。鎮戍所由，皆云『賒死易，就死難』。縱賊不捉，事敗抵法，謂之賒死；與賊相拒，立見殺害，謂之就死。若或人少被捉，罪抵止於私茶，故賊云：『以茶壓身，始能行得。』言隨身有茶，即人不疑是賊。凡千萬輩，盡販私茶。

又 濠、亳、徐、泗、汴、宋州賊，多劫江西、淮南、宣、潤等道，許、蔡、申、光州賊，多劫荊襄、鄂岳等道，劫得財物，皆是博茶，北歸本州貨賣，循環往來，終而復始。

宋 蘇轍《欒城集》卷三六《論蜀茶五害狀》 大盜王小波、李順等，因販茶失職，窮為剽劫。凶燄一扇，兩蜀之民，肝腦塗地，久而後定。自後朝廷始因民間販賣，量行收稅，所取雖不甚多，而商賈流行，為

利自廣。

紀事

宋 周密《齊東野語》卷七《王宣子討賊》 王佐宣子帥長沙日，茶賊陳豐嘯聚數千人，出沒旁郡，朝廷命宣子討之。時馮太尉湛謫居在焉，宣子乃權宜用之。諜知賊巢所在，乘日晡放飯少休時，遣亡命卒三十人，持短兵以前，湛自率百人繼其後，徑入山寨。豐方抱孫獨坐，其徒皆無在者。卒睹官軍，錯愕不知所為，亟鳴金嘯集，已無及矣，於是成擒，餘黨亦多就捕。

宋 張栻《南軒集》卷二二《答朱元晦》 共父處人回得書，請祠之意甚濃，聞所施為大抵類長沙，長沙之人今歲緑茶賊之擾害，人甚思之。

又 卷二八《與曾節夫撫幹》 茶賊在禾山二十日，諸軍環視，曾不得一正賊，今日兵將誠足用耶？

宋 黎靖德《朱子語類》卷一一〇《朱子七·論兵》 辛棄疾頗諳曉兵事。云：『兵老弱不汰可慮。向在湖南收茶寇，令統領揀人，要一可當十者，押得來便看不得，盡是老弱！問何故如此？云只揀得如此，間有稍壯者，諸處借事去。州郡兵既弱，皆以大軍可恃，又如此！爲今之計，大段著揀汰，但所汰者又未有頓處。』

《宋史》卷三四《孝宗紀二》 〔淳熙二年四月〕是月，茶寇賴文政起湖北，轉入湖南、江西，官軍數爲所敗，命江州都統皇甫倜招之。

五月辛卯，諭宰相以朝政闕失，士民皆得獻言。庚子，命鄂州都統李川調兵捕茶寇。乙巳，詔知縣三年爲任。

六月庚戌朔，詔自今宰執、侍從以下除外任，非有功績者不除職名，外任人非有勞效亦不除職。以沈夏同知樞密院事。辛酉，罷四川宣撫司。以倉部郎中辛棄疾爲江西提刑，節制諸軍，討捕茶寇。丁卯，用左司諫湯邦彥言，落蔣芾、王炎觀文殿大學士，張説落節度使，芾建昌軍、炎袁州，説撫州並居住。戊辰，振濟湖南、江西被寇州縣。是月，茶寇自湖南犯廣東。

秋七月辛丑，有星孛于西方。

八月丙辰，江西總管賈和仲以捕茶寇失律除名，賀州編管。甲子，賜安南國王印。丁卯，蠲湖南、江西被寇州縣租稅。丁丑，遣左司諫湯邦彥等使金申議。

九月乙卯朔，湯邦彥請分揚廬州、荊南襄陽府、金州、興元府、興州爲七路，每路文臣一人，充安撫使以治民，武臣一人，充都總管以治兵，三載視其成以議誅賞。從之。乙酉，振恤淮南水旱州縣。乙未，葉衡罷。丁未，沈夏罷。贈趙鼎爲太傅，還其爵邑，追封豐國公。

閏月丁巳，以李彥穎參知政事，翰林學士王淮簽書樞密院事。甲子，詔武臣從軍毋帶內職。

是月，辛棄疾誘賴文政殺之，茶寇平。

冬十月戊寅朔，賞平茶寇功，湖南、江西、廣東監帥黜陟有差。

又 卷一七四《食貨志上二》 四月，建盜范汝爲平，詔蠲本路今年二稅及夏料役錢。

又 卷一八四《食貨志下六》 太平興國始置，大觀以後製愈精，數愈多，胯式屢變，而品不一，歲貢片茶二十一萬六千斤。建炎以來，葉濃、楊勍等相因爲亂，園丁亡散，遂罷之。

又 卷一八六《食貨志下八》 〔熙寧〕七年，帝與輔臣論及成都市易事。馮京曰：『囊因榷市物，致王小波之亂，今頗以市易爲言。』安石曰：『彼以饑民衆，官不之恤，相聚爲盜耳。』帝問：『李杞行邪？』安石曰：『未也。然保市易必不能致亂。』帝猶慮蜀人駭擾，安石謂：『已遣使乃遽罷，豈不爲四方笑？』乃已。然其後竟罷杞等詳度。

又 卷三八六《劉珙傳》 湖北茶盜數千人入境，疆吏以告，珙曰：『此非必死之寇，緩之則散而求生，急之則聚而致死。』揭榜諭以自新，聲言兵且至，令屬州縣具數千人食，盜果散去，其存者無幾。珙乃遣兵，戒曰：『來毋亟戰，去毋窮追，不去者擊之耳。』盜意益緩，於是一戰敗之，盡擒以歸，誅首惡數十，餘隸軍籍。

又 卷三八八《李燾傳》 境多茶園，異時禁切商賈，率至交兵，燾曰：『官捕茶賊，豈禁茶商？』聽其自如，訖無警。

又 卷三九六《王淮傳》 淳熙二年，除端明殿學士、簽書樞密院

事。辛棄疾平茶寇，上功太濫。淮謂：『不核真僞，何以勸有功。』

又卷四一三《趙善湘傳》 嘉定元年，以招茶寇功，赴都堂審察，提轄文思院。

又卷四三三《林光朝傳》 茶寇自荊、湘剽江西，薄嶺南，其鋒鋭甚。光朝自將郡兵，檄摧鋒統制路海、本路鈐轄黄進各以軍分控要害。會有詔徙光朝轉運副使，光朝謂賊勢方張，留屯不去，督二將遮擊，連敗之，賊驚懼宵遁。帝聞之喜曰：『林光朝儒生，乃知兵耶。』加直寶謨閣，召拜國子祭酒兼太子左諭德。

又卷四三四《陸九齡傳》 登乾道五年進士第。調桂陽軍教授，以親老道遠，改興國軍，未上，會湖南茶寇剽廬陵，聲搖旁郡，人心震攝。舊有義社以備寇，郡從衆請以九齡主之，門人多不悦，九齡曰：『文事武備，一也。古者有征討，公卿即爲將帥，比閭之長，則五兩之率也。士而恥此，則豪俠武斷者專之矣。』遂領其事，調度屯禦皆有法，寇雖不至，而郡縣倚以爲重。暇則與鄉之子弟習射，曰：『是固男子之事也。』歲惡，有剽劫者過其門，必相戒曰：『是家射多命中，無自取死。』

又卷四五三《王輝傳》 淳熙二年，茶寇犯邑，郡以輝驍勇，檄之使行。至勝鄉，地險，輝勇於進，士卒不繼，爲賊所得，以刃加頸欲全之，輝含血大罵，遂死。帥司以聞，贈忠州刺史，與恩澤二人，立廟羅陂。

《文獻通考》卷一八《征榷考五》 建炎二年，葉濃之亂，園丁散亡，遂罷歲貢。

又卷三〇一《物異考七》 晁熙元年十二月戊辰，地震自東北方。後湖南、江西茶寇擾數路。

《宋元學案》卷三四《武夷學案·通判王東谷先生樞》 又改鼎州，茶寇絡繹，道路不通，或欲焚山絶茶，或欲官自收鬻，先生定議，特爲長短引之法，以便負販，湖民賴之。

又卷四七《艾軒學案·文節林艾軒先生光朝》 廣東、荊襄茶寇爲亂，先生乃自將郡兵，檄摧鋒統制路海、鈐轄黄進，各以軍分控要害。會徙轉運副使，留屯不去，督二將遮擊之，賊驚懼宵遁。帝聞，喜其儒生知兵，加直寶謨閣，召拜國子祭酒兼太子左諭德。

《宋會要輯稿·官職四八·縣令》 〔淳熙〕四年四月二十二日，詔：『贛州瑞金知縣張廣，令吏部依淳熙三年八月七日指揮先授通判，理作堂除。』以江西路轉運副使錢佃等言：『瑞金與汀州為鄰，兩界之衝，盜賊盤踞，追捕之速則竄入他境。自廣到官，嚴立保伍，機察姦細，群盜屏跡。昨茶寇自興國抵瑞金不能三十里，而先事有備，民賴以安，乞賜旌擢』故也。

又《官職七二·黜降官九》 〔淳熙〕五年正月十一日，新廣東提舉常平茶鹽方師尹、新知臨江軍徐五老並放罷。以言者論師尹為淮西總領，與監官作弊，為江西憲，又以茶寇畏避不之官，皆遭彈劾，五老貪惏無厭故也。

又《官職七三·黜降官一〇》 〔紹熙五年八月〕十六日，朝請大夫、直龍圖閣、知揚州錢之望可特降直顯謨閣。以侍御史章穎言其收捕茶寇，初無功行，自此擢用，悉以貪聞。

又《食貨五八·賑貸下》 〔淳熙〕二年閏九月十四日，詔：『湖南、江西昨緣茶寇蹂踐，陣亡將佐官兵等遺骸，令所在官司即為埋瘞，毋致暴露。及被燒毀屋宇，貧乏下户、孤老、童幼、寡婦未有居止，可令於諸寺院及係官屋宇安泊。日計人口給義倉米二升。并遺棄小兒未有人識認，日給錢米；若有親屬，責歸存養，毋令失所。』

又《刑法六·矜貸》 〔淳熙二年〕九月十四日，詔：『南安軍司户參軍蔡大廉特貸命，除名勒停，送化州編管，永不收叙。』時茶寇自吉州犯南安軍上猶縣界，漕臣錢佃委大廉應辦鄂州都統解彥詳軍馬錢糧，廉以妻產難乞給假，有誤軍期，法當處斬，特貸之。

又《兵五·屯戍上》 〔乾道七年十一月〕二十一日，權發遣隆興府龔茂良言：『江州興國軍接連淮甸、江東、湖北，每歲常有茶客百十為羣前來。今歲大旱，茶芽不發，皆積壓在園户等處人家住泊。竊慮此曹乘時荒歉，聚集作過，乞下江州都統司輪差官兵一二百人前去屯駐彈壓，候來年秋熟日，依舊歸軍。』詔令龔茂良斟酌合差人數，於本路州軍係將、不係將禁軍內差撥施行。

二十三日，權發遣常德府劉邦翰言：『本府素為茶寇出沒之地。今

歲湖南、北旱傷，持杖劫掠者日多，望下鄂州都統司差撥五百人赴府出戍。』詔令湖北安撫司斟量合差人數，於本路州係將、不係將禁軍內差撥。

又《兵一三・捕賊三》 〔乾道七年〕十一月二十三日，知常德府劉邦翰言：『本府素為茶寇出没之地。今歲湖南北旱傷，持杖劫掠者日多，欲望劄下鄂州都統司，差撥五百人赴府出戍，庶幾鎮壓寇盜，民得奠枕。』詔湖北安撫司斟量合差人數，於本路州軍係將、不係將禁軍內差撥。

又 〔淳熙〕二年六月十九日，詔：『茶賊於吉州永新縣界禾山等處藏匿，已令王琪、皇甫倜遣兵將搜捕。如能捕殺賊首之人，每人捕獲或殺賊首一名，特補進武校尉；二人，承信郎；三人，承節郎；四人，保義郎；五人，成忠郎。各添差一次。五人以上，取旨優異推恩。二人已上立功，即行分賞。』

八月六日，詔：『茶寇已立賞格，許人捕殺。其官兵、土豪、諸色人等，如能生擒及捕殺正賊首，第一名特與脩武郎，第二名從義郎，第三名秉義郎，各更支賞錢五千貫，添差陞等差遣一次。或徒中有殺併出參之人，與免罪外，亦依上件賞格補官、支賞、添差。其徒衆多是脅從，有能拔身出首之人，亦與免罪，依已降賞格施行。』

閏九月十四日，樞密院言：『茶寇已收捕。其湖南、江西、廣東安撫司、荆鄂都統司先具到陣亡并輕重傷人，理宜存恤推恩。』詔戰亡人依乾道二年收捕李金例推恩，其輕重傷人各給錢有差。

二十八日，宰執進呈：『昨茶寇自湖北入湖南、江西，侵犯廣東，已措置勦除，理宜黜陟。』上曰：『辛棄疾捕寇有方，雖不無過當，然可謂有勞，宜優加旌賞。汪大猷身為帥守，督捕玩寇，不可無罰。廣東提刑林光朝不肯避事，躬督摧鋒軍以遏賊鋒，志甚可嘉。初謂其人物懦緩，臨事乃能如此，宜與進職。湖北提刑徐宅，盜發所部，措置乖方，宜加責罰。』於是詔江西提刑辛棄疾除秘閣修撰；廣東摧鋒軍統制路海、路鈐、黃進掩殺賊徒，不致侵犯。海落階官，除正任刺史，進特轉行遙郡團練使；林光朝特進職一等；江西提刑錢佃軍前督運錢糧不闕，除祕閣修撰；前湖北提刑徐宅追三官；前江西帥臣汪大猷落職，送南康軍居住。

十月二十七日，詔：『統制官解彦祥、統領官梁嘉謀、張興嗣，收捕茶寇，調發乖謬。彦祥追三官，嘉謀、興嗣各追兩官，並勒停。』

又《兵一九・軍賞二》 淳熙二年閏九月十六日，宰執進呈收捕江西茶寇陣亡官兵。上曰：『可依乾道二年收捕李金陣亡人例推恩。行下合屬去處，限五日契勘，開具的實陣歿因依及人數、職次、姓名，結罪保明以聞，不得重疊、漏落，徇情泛濫。』

同日，詔：『武功大夫以上，因與金人見陣或收捕盜賊立功，并控扼、暴露恩賞等，礙止法轉官，給到吏部回授公據人，許于見今遞減官上收使改轉。』從吏部請也。

二十四日，上謂輔臣曰：『江西茶寇已勦除盡，皇甫倜雖有節制指揮，未及入境，辛棄疾已有成功，當議優與職名，以示激勸。自餘立功人，可次第推賞。』

又 二十七日，詔：『江東路諸州軍所差管押禁軍、土兵赴建康教閱官共二十七人，沿路並無騷擾，各與減磨勘有差。內礙止法人，令左藏南庫支會子二百貫。』減磨勘有差。從樞密院請也。同日，降授武功大夫、吉州刺史、充荆鄂駐劄御前諸軍都統制、鄂州駐劄李川敘復團練使。是日，因執政進呈李川奏劾統制解彦祥、統領梁嘉謀、張興嗣等收捕茶寇，弛慢不職。上謂輔臣曰：『人多庇其部曲，不能盡公。李川奏劾之章，獨能體國，此為可嘉，與敘復團練使。』蓋欲激勵諸將，使之赴功也。

十一月二日，詔：『昨因收捕茶寇陣亡有家累官兵，依收捕李金陣亡人例，并與批勘全分請給一年。其中重傷柵中身死官兵，特與批勘全分請給半年。』從御前諸軍都統制李川請也。

三年六月三十日，詔：『江西收捕茶寇官兵將，當陣手戮賊級并親捕獲賊徒及隨黃倬入賊寨説諭人，各與轉一官資，于正職名上收使。餘令帥司各支折資錢三十貫文。陣亡人依例推恩。』

七月十七日，詔：『摧鋒軍昨捕茶寇經戰官兵共七百五人。首先入賊寨立功并當陣首戮賊級及躬親捕獲賊徒人，各特與轉補兩官資；曾經戰陣殺退賊徒第一等官兵，特與轉一官資。並于正職名上收使。陣前金鼓手、第二等官兵各支折錢三十貫文。內陣亡人依例推恩。』從知廣州周自強請也。

又《兵二〇·軍賞三》［淳熙二年］閏九月十四日，執政進呈江西茶寇官兵，江州軍令皇甫倜、鄂州軍令解彦詳統押歸軍。諸路禁軍、弓兵令帥憲司各發歸元來去處，並令歇泊。土豪、鄉義丁等，日下放散，仍令都統、帥、漕司等第優支犒設。以剿除茶寇故也。

（道光）《晉江縣志》卷三六《政績志·武秩·宋統制·劉寶》

先是，寶提師欲往漳州捕茶寇，會禁旅憚遠戍，謀出城為亂，州通判韓習值得之以告。寶與習設伏擒獲其魁，仍遣其當戍者。郡賴以寧。

藝文

宋 梅堯臣《宛陵集》卷三四《聞進士販茶》 山園茶盛四五月，江南竊販如豺狼。頑凶少壯冒嶺險，夜行作隊如刀槍。浮浪書生亦貪利，史笥經箱為盜囊。津頭吏卒雖捕獲，官司直惜儒衣裳。却來城中談孔孟，言語便欲非堯湯。三日夏雨刺昏墊，五日炎熱譏旱傷。百端得錢事酒炙，屋裏餓婦無糇糧。一身溝壑乃自取，將相賢科何爾當。

宋 趙蕃《淳熙稿》卷二《書事》 我行一何忙，羽檄來星奔。忙行抑何事，列境備戍屯。賊犯連英郴，江右聲已宣。往年縛李金，此邦蓋晏然。而今獨胡為，騷驛窮胡昏。政坐茶賦時，曾窺此邦藩。茶賊異比賊，本皆商販民。忽當法令變，州縣複少恩。求生既無路，冒此圖或存。此賊據巢穴，其徒况是繁。萌芽手可披，不披生惡根。雖云巢穴深，豈離率土濱。彼猶衔蟻聚，我軍貔虎群。彼積鼠壤餘，我粟多腐陳。彼乃寇攘爾，我蓋仁義雲。邊庭尚思犁，此又何足言。何當快除掃，聽民樂耕耘。我亦得抛官，歸舟趁春渾。胡為故使我，駒局仍鶂蹲。更慮一朝焚，碨砏同璵璠。

雜録

宋 周必大《文忠集》卷二〇《金溪鄉丁説》 茶寇久未平，數日前，太學上舍魁劉堯夫純叟來言，撫州金谿縣大姓鄧氏、傅氏，各有鄉丁數千，以朱漆皮笠冒其首，號『紅頭子』，遠近頗畏之，號鄧、傅二社。傅氏已離析，惟鄧氏子雩者有二子，忘其名，長年三十餘，次年二十餘，皆武勇絶人。名應科舉，其實假儒耳。聞茶寇作，即閱習丁壯，自薦於州。先是縣別有陸氏，尤豪於一鄉，頃年轉運司命充都社，鄧、傅皆隸焉。近亦零落，獨族人某者行義，頗著鄉人議。使世其職，縣亦視諸故府，以為當然。由是鄧氏子意稍怠，蓋懼受制於陸，則功不己出也。然其家僮素輕捷，褁紙甲、機毒矢，善騰趠山谷間，尚技癢，思與賊角，亦風聲氣俗然也。今官軍數為賊困，宜命撫守趙燁以禮追請，諭委用之意，仍借補校副尉名目，聽自為一社，毋隸陸氏。使徑趨贛、吉間。萬一與大軍遇，亦勿使相臨，苐擇郡縣官一人，公平有識畧者防其軍，并為之調糧餉，破賊必矣。或聞臨川尉盧鑄者，常侍其父守英川，禦蠻有功，且重厚可倚；否則，委趙燁自擇其人可也。堯夫之言，似可信，即以告執政。明日執政於上前及之，後數日，某對，上曰：『卿前日論撫州民兵甚好，但慮所過擾人耳。』亦防辛棄疾誘賊戮之，遂不復問，姑記其大略。淳熙乙未閏月二日。

歷代茶葉法規部

題解

清 李鵬年《六部成語·茶法》 官征茶稅之規則也。

《宋史》卷一八四《食貨志下六·茶下》 〔嘉祐〕四年二月，詔曰：『古者山澤之利，與民共之，故民足於下，而君裕於上，國家無事，刑罰以清。自唐建中時，始有茶禁，上下規利，垂二百年。如聞比來爲患益甚，民被誅求之困，日惟咨嗟，官受濫惡之入，歲以陳積，私藏盜販，犯者實繁，嚴刑重誅，情所不忍，是於江湖之間幅員數千里，爲陷穽以害吾民也。朕心惻然，念此久矣，間遣使者往就問之，而皆驩然願弛其禁，歲入之課以時上官。一二近臣，條析其狀，朕猶若慊然，又於歲輸裁減其數，使得饒阜，以相爲生，俾通商利。歷世之敝，一旦以除，著爲經常，弗復更制，損上益下，以休吾民。尚慮喜於立異之人，緣而爲奸之党，妄陳奏議，以惑官司，必寘明刑，無或有貸。』

《文獻通考》卷一八《征榷考五》 按《陸羽傳》：『羽嗜茶，著經三篇，言茶之原、之法、之具尤備，天下益知飲茶矣。時鬻茶者至畫羽形置煬突間，祀爲茶神。有常伯熊者，因羽論復廣著茶之功。其後尚茶成風，回紇入朝，始驅馬市茶。』羽貞元末卒，然則嗜茶、榷茶，皆始於貞元間矣。

《宋会要辑稿·食货志三〇·茶法雜録上》 大中祥符二年五月二十一日，三司鹽鐵副使戶部郎中林特、昭宣使長州防禦使劉承珪、江淮制置發運使李溥等上編成《茶法條貫》。序云：『夫邦國之本，財賦攸先；山澤之饒，茶茗居最。寔經野之宏畧，富國之遠圖也。頃以邊陲之備，兵食爲先，而乃許折緡錢，以入芻米，給彼茶茗，便於商人，籠貨物之饒，助軍國之用。歲月既久而條制稍失，吏民罔上而因緣爲姦，始增饒以爲名，終蠹弊而滋甚，遂致廩庾之畜，年收無幾，採擷之課，歲計漸虛。商旅之貨不行，公私之利俱耗。于是縉紳之列伏閤以論奏，草萊之士抗章以上言。國家思建經久之規，以定酌中之法，乃命臣等博訪利病，徧閱詔條，參酌遠謀，別議新式。虔承旨誨，周詢杌弊，遠采輿誦，旁察物情，將克正于紀綱，乃別立於科制。務存體要，用叶經常。歲序再周，課程增羡。先是收錢七十三萬八百五十貫，自改法二年，共收錢七百九萬二千九百六十貫。歲時未幾，商賈自陳，知所利之寔多，慮虧公以爲責，爰求奏御，俄奉德音。時方洽于還淳，事宜從於務寔，俾于賣價，畫減虛錢，仍加資緡，用濟園戶。兼許客旅應經道途，以所歷之關征，悉會輸於天邑。詔旨方下，財貨已行，自降詔日，即有入中金銀錢帛數踰萬計，寔興利以除害，亦贍國而濟民。其所定宣敕條貫共二百九十九道，內二道出于榷制，非可久行，今止列事宜，不復備録，餘皆合從遵守，以著法程，並課利總數，共成二十三策。式資永制，允契豐財。其自述如此。』

《明史》卷八〇《食货志四·茶法》 番人嗜乳酪，不得茶，則困以病。故唐、宋以來，行以茶易馬法，用制羌、戎，而明制尤密。有官茶，有商茶，皆貯邊易馬。官茶間徵課鈔，商茶輸課略如鹽制。

論説

《舊唐書》卷一七二《令狐楚傳》 先是，鄭注上封置榷茶使額，鹽鐵使兼領之，楚奏罷之，曰：

伏以江、淮數年已來，水旱疾疫，凋傷頗甚，愁歎未平。今夏及秋，稍校豐稔，方須惠卹，各使安存。昨者忽奏榷茶，實爲蠹政。蓋是王涯破滅將至，怨怒合歸，豈有令百姓移茶樹於官場中栽植，摘茶葉於官場中造作，有同兒戲，不近人情。方在恩權，孰敢沮議？朝班相顧而失色，道路以目而吞聲。今宗社降靈，奸兇盡戮，聖明垂祐，黎庶合安。微臣蒙恩，兼領使務，官銜之內，猶帶此名。俯仰若驚，夙宵知懼。伏乞特回聖聽，下鑒愚誠，速委宰臣，除此使額。緣軍國之用或闕，山澤之利有遺，許臣條疏，續具聞奏。採造將及，妨廢爲虞。前月二十一日，內殿奏對之次，鄭覃與臣同陳論訖。伏望聖慈早賜處分，一依舊法，不用新條。唯納榷之時，須節級加價，商人轉賣，必校稍貴，即是錢出萬國，利歸有司。既不害茶商，又不擾茶戶，上以彰陛下愛人之德，下以竭微臣憂國之心。

遠近傳聞，必當感悅。

又卷一七三《李珏傳》 長慶元年，鹽鐵使王播增茶税，初税一百，增之五十，珏上疏論之曰：

榷率救弊，起自干戈，天下無事，即宜蠲省。況税茶之事，尤出近年，在貞元元年中，不得不爾。今四海鏡清，八方砥平，厚斂於人，殊傷國體。其不可一也。茶爲食物，無異米鹽，於人所資，遠近同俗。既祛竭乏，難捨斯須，田閭之間，嗜好尤切。今增税既重，時估必增，流弊於民，先及貧弱。其不可二也。且山澤之饒，出無定數，量斤論税，所冀售多。價高則市者稀，價賤則市者廣，歲終上計，其利幾何？未見阜財，徒聞斂怨。其不可三也。臣不敢遠徵故事，直以目前所見陳之。伏望暫留聰明，稍垂念慮，特追成命，更賜商量。陛下即位之初，已懲聚斂，外官押貫，旋有詔停，洋洋德音，千古不朽。今若榷茶加税，頗失人情。臣忝諫司，不敢緘默。

《新唐書》卷五四《食貨志四》 宣宗即位，茶、鹽之法益密，糶鹽少、私盜多者，謫觀察、判官，不計十犯。戶部侍郎、判度支盧弘止以兩池鹽法敝，遣巡院官司空輿更立新法，其課倍入，遷榷鹽使。以壕籬者，鹽池之隄禁，有盜壞與鬻鹻皆死，鹽盜持弓矢者亦皆死刑。兵部侍郎、判度支周墀又言：『兩池鹽盜販者，迹其居處，保、社按罪。鬻五石，市二石，亭戶盜糶二石，皆死。』是時江、吳羣盜，以所剽物易茶鹽，不受者焚其室廬，吏不敢枝梧，鎮戍、場鋪、堰埭以關通致富。宣宗乃擇嘗更兩畿輔望縣令者爲監院官。戶部侍郎裴休爲鹽鐵使，上《鹽法八事》，其法皆施行，兩池榷課大增。

又卷五四《食貨志四》 初，德宗納戶部侍郎趙贊議，税天下茶、漆、竹、木，十取一，以爲常平本錢。及出奉天，乃悼悔，下詔亟罷之。及朱泚平，佞臣希意興利者益進。貞元八年，以水災減税，明年，諸道鹽鐵使張滂奏：出茶州縣若山及商人要路，以三等定估，十税其一。自是歲得錢四十萬緡，然水旱亦未嘗拯之也。

又 穆宗即位，兩鎮用兵，帑藏空虛，禁中起百尺樓，費不可勝計。鹽鐵使王播圖寵以自幸，乃增天下茶税，率百錢增五十。江淮、浙東西、嶺南、福建、荊襄茶，播自領之，兩川以戶部領之。天下茶加斤至二十兩，播又奏加取焉。右拾遺李珏上疏諫曰：『榷率起於養兵，今邊境無虞，而厚斂傷民，不可一也。茗飲，人之所資，重税則價必增，貧弱益困，不可二也。山澤之饒，其出不訾，論税以售多爲利，價騰踊則市者稀，不可三也。』其後王涯判二使，置榷茶使，徙民茶樹於官場，焚其舊積者，天下大怨。令狐楚代爲鹽鐵使兼榷茶使，復令納榷，加價而已。李石爲相，以茶税皆歸鹽鐵，復貞元之制。

又 武宗即位，鹽鐵轉運使崔珙又增江淮茶税。是時茶商所過州縣有重税，或掠奪舟車，露積雨中，諸道置邸以收税，謂之『搨地錢』，故私販益起。大中初，鹽鐵轉運使裴休著條約：私鬻三犯皆三百斤，乃論死；長行羣旅，茶雖少皆死；雇載三犯至五百斤、居舍儈保四犯至千斤者，皆死；園戶私鬻百斤以上，杖背，三犯，加重徭；伐園失業者，刺史、縣令以縱私鹽論。廬、壽、淮南皆加半税，私商給自首之帖，天下税茶增倍貞元。江淮茶爲大摸，一斤至五十兩。諸道鹽鐵使于悰每斤增税錢五，謂之『剩茶錢』，自是斤兩復舊。

又卷一八二《李珏傳》 鹽鐵使王播增茶税十之五以佐用度。珏上疏謂：『榷率本濟軍興，而税茶自貞元以來有之。方天下無事，忽厚斂以傷國體，一不可。茗爲人飲，與鹽粟同資，若重税之，售必高，其敝先及貧下，二不可。山澤之產無定數，程斤論税，以售多爲利，若價騰踊，則市者稀，其税幾何？三不可。陛下初即位，詔懲聚斂，今反增茶賦，必失人心。』帝不納。

《宋史》卷二九三《王禹偁傳》 真宗即位，遷秩刑部，會詔求直言，禹偁上疏言五事：

【略】

夫山澤之利，與民共之。自漢以來，取爲國用，不可棄也；然亦不可盡也。只如茶法從古無税，唐元和中，以用兵齊、蔡，始税茶。唐史稱是歲得錢四十萬貫，今則數百萬矣，民何以堪？臣故曰減冗兵，併冗吏，使山澤之饒，稍流於下者此也。

又卷三〇一《寇瑊傳》 明年，復給事中、知秦州，又坐失舉奪一官。召權三司使，復其官如故。時有議茶法者，帝訪以利害，瑊曰：『議者未知其要爾。河北入中兵食，皆仰給於商旅。若官盡其利，則商旅

不行，而邊民困於餽運，茶法豈可以數更？』帝然之。權知開封府，戚里有毆妻至死，更赦事發者。太后怒曰：『夫婦齊體，奈何毆致死邪？』瑊對曰：『傷居限外，事在赦前，有司不敢亂天下法。』卒免死。天聖末，再使契丹，未行而卒。

又 卷三一五《韓億傳》 仁宗初，進直史館、知青州，以司封員外郎兼侍御史知雜事，判大理寺丞。吳植知臨江軍，使人納金於宰相王欽若，因牙吏至京師，審之，語頗洩，欽若知不可掩，執吏以聞。詔付臺治，而植自言未嘗納金，反誣吏誤以問所親語達欽若。億窮治之，蓋植以病懼廢，金未達而事已露也。植乃除名。并按欽若，詔釋不問。三司更茶法，歲課不登，億承詔劾之，由丞相而下皆坐失當之罰，其不撓如此。自薛奎後，億獨掌臺務者踰年。

又 卷三七四《赵開傳》 嘗言：『財利之源當出於一，祖宗朝天下財計盡歸三司，諸道利源各歸漕計，故官省事理。併廢以還，漕司則利害可以參究，而無牽掣窒礙之患矣。』因指陳榷茶、買馬五害，大略謂：『黎州買馬，嘉祐歲額纔二千一百餘。自置司榷茶，歲額四千，且獲馬兵踰千人，猶不足用，多費衣糧，爲一害。嘉祐以銀絹博馬，價皆有定。今長吏旁緣爲姦，不時歸貨，以空券給夷人，使待資次，夷人怨恨，必生邊患，爲二害。初置司榷茶，借本錢於轉運司五十二萬緡，於常平司二十餘萬緡。自熙寧至今幾六十年，舊所借不償一文，而歲借乃準初數，爲三害。榷茶之初，預俵茶戶本錢，尋於數外更增和買，或遂抑預俵錢充和買，茶戶坐是破産，而官買歲增。茶日濫雜，官茶既不堪食，則私販公行，刑不能禁，爲四害。承平時，蜀茶之入秦者十幾八九，猶患積壓難售。今關、隴悉遭焚蕩，仍拘舊額，竟何所用？茶兵官吏坐糜衣糧，未免科配州縣，爲五害。請依嘉祐故事，盡罷榷茶，仍令轉運司買馬，即五害並去，而邊患不生。如謂榷茶未可遽罷，亦宜併歸轉運司，痛減額以蘇茶戶，輕立價以惠茶商，如此則私販必衰，盜賊消弭，本錢既常在，而息錢自足。』

朝廷是其言，即擢開都大提舉川、陝茶馬事，使推行之。時建炎二年也。於是大更茶馬之法，官買官賣茶並罷，參酌政和二年東京都茶務所創條約，印給茶引，使茶商執引與茶戶自相貿易。改成都舊買賣茶場爲合同場買引所，仍於合同場置茶市，交易者必由市，引與茶必相隨。茶戶十或十五共爲一保，并籍定茶鋪姓名，互察影帶販鬻者。凡買茶引，每一斤春爲錢七十，夏五十，舊所輸市例頭子錢並依舊。茶所過每一斤征一錢，往征一錢半。其合同場監官除驗引、秤茶、封記、發放外，無得干預茶商、茶戶交易事。

舊制買馬及三千匹者轉一官，比但以所買數推賞，往往有一任轉數官者。開奏：『請推賞必以馬到京實收數爲格，或死於道，黜降有差。』比及四年冬，茶引收息至一百七十餘萬緡，買馬乃踰二萬匹。

又 卷一八四《食貨志下六・茶法》 初，官既榷茶，民私蓄盜販皆有禁，臘茶之禁又嚴於他茶，犯者其罪尤重，凡告捕私茶皆有賞。然約束愈密而冒禁愈繁，歲報刑辟，不可勝數。園戶困於征取，官司並緣侵擾，因陷罪戾至破産逃匿者，歲比有之。又茶法屢變，歲課日削。至和中，歲市茶淮南纔四百二十二萬餘斤，江南三百七十五萬餘斤，兩浙二十三萬餘斤，荊湖二百六萬餘斤，唯福建天聖末增至五十萬斤，詔特損五萬，至是增至七十九萬餘斤，歲售錢并本息計之，纔百六十七萬二千餘緡。官茶所在陳積，縣官獲利無幾，論者皆謂宜弛禁便。

又 先是，天聖中，有上書者言茶、鹽課虧，帝謂執政曰：『茶鹽民所食，而強設法以禁之，致犯者衆。顧經費尚廣，未能弛禁爾！』景祐中，葉清臣上疏曰：

山澤有産，天資惠民。兵食不充，財臣兼利，草芽木葉，私不得專，封園置吏，隨處立筦。一切官禁，人犯則刑，既奪其資，又加之罪，黥流日報，踰冒不悛。誠有厚利重貲，能濟國用，聖仁恤隱，矜赦非辜，猶將弛禁緩刑，爲民除害。度支費用甚大，榷易所收甚薄，刳剝園戶，資奉商人，使朝廷有聚斂之名，官曹滋虐濫之罰，虛張名數，刻蠹黎元。

建國以來，法敝輒改，載詳改法之由，非有爲國之實，皆商吏協計，倒持利權，幸在更張，倍求奇羨。富人豪族，坐以賈贏，薄販下估，日皆朘削，官私之際，俱非遠策。臣竊嘗校計茶利所入，以景祐元年爲率，除本錢外，實收息錢五十九萬餘緡，又天下所售食茶，并本息歲課亦祇及三十四萬緡，而茶商見通行六十五州軍，所收稅錢已及五十七萬緡。若令天下通商，祇收稅錢，自及數倍，即榷務、山場及食茶之利，盡可籠

取。又況不費度支之本，不置榷易之官，不興輦運之勞，不濫徒黥之辟。臣意生民之弊，有時而窮，盛德之事，俟聖不惑。議者謂榷賣有定率，征稅無彝準，通商之後，必虧歲計。臣按管氏鹽鐵法，計口受賦，茶爲人用，與鹽鐵均，必令天下通行，以口定賦，民獲善利，又去嚴刑，口數出錢，人不厭取。景祐元年，天下戶千二十九萬六千五百六十五，丁二千六百二十萬五千四百四十一，三分其一爲產茶州軍，內外郭鄉又居五分之一，丁賦錢三十，村鄉丁賦二十，不產茶州軍郭鄉村鄉如前計之，又第損十錢，歲計已及緡錢四十萬。榷茶之利，凡止九十餘萬緡，通商收稅，且以三倍舊稅爲率，可得一百七十餘萬緡，更加口賦之入，乃有二百一十餘萬緡，或更於收稅則例，微加增益，即所增至寡，所聚逾厚，比於官自榷易，驅民就刑，利病相須，炳然可察。

時下三司議，皆以爲不可行。

至嘉祐中，著作佐郎何鬲、三班奉職王嘉麟又皆上書請罷給茶本錢，縱園戶貿易，而官收租錢與所在征算，歸榷貨務以償邊糴之費，可以疏利源而寬民力。嘉麟爲登平致頌書十卷、隆衍視成策二卷上之，淮南轉運副使沈立亦集茶法利害爲十卷，陳通商之利。時富弼、韓琦、曾公亮執政，決意嚮之，力言於帝。三年九年，命韓絳、陳升之、呂景初即三司置局議之。十月，三司言：『茶課緡錢歲當入二百二十四萬八千，嘉祐二年纔及一百二十八萬，又募人入錢，皆有虛數，實爲八十六萬，而三十九萬有奇是爲本錢，纔得子錢四十六萬九千，而輦運糜耗喪失，與官吏、兵夫廩給雜費，又不預焉。至於園戶輸納，侵擾日甚，小民趨利犯法，刑辟益繁，獲利至少，爲弊甚大。宜約至和以後一歲之數，以所得息錢均賦茶民，恣其買賣，所在收算，請遣官詢察利害以聞。』詔遣官分行六路，還言如三司使議便。

《文獻通考·自序》 征榷之途有二：一曰山澤，茶、鹽、坑冶是也；二曰關市，酒酤、征商是也。

又卷九《錢幣考二》 湖會孝宗隆興元年，湖廣餉臣王珏言：『襄陽、郢、復等處大軍支請，以錢銀品搭。令措置於大軍庫堆垛見錢，印造五百並一貫直便會子，發赴軍前，當見錢流轉，於京西、湖北路行使。乞鑄勘會子、覆印會子印，及下江西、湖南漕司根刷舉人落卷，及已毀抹茶引故紙，應副抄造會子。』從之。及印造之權既專，則印造之數日增，且總所所給止行本路，而京南水陸要衝，商賈必由之地，流通不便。乃詔總所以印造銅板繳申尚書省，又撥茶引及行在會子收換焚毀。而總領所謂：『江陵、鄂州商旅輻輳之地，每年客販官鹽動以數百萬緡，自來難得回貨。

又湖北會子不許出界，多將會子就買茶引，回往建康、鎮江等處興販。今既有行在會子可以通行，誰肯就買茶引？緣每年帖降引數多。若賣不行，軍食必闕。』朝廷遂寢其議，乃再印給湖北會子二百萬貫，收換舊會。至嘉定十四年，詔造湖廣會子三十萬，對換破損會。自後因仍行之。

按：錢幣之權當出於上，則造錢幣之司當歸於一。漢時，常令民自鑄錢，及武帝則專令上林三官鑄之，而天下非三官錢不得行，郡國前所鑄錢皆廢，銷輸其銅三官。然錢以銅、鐵、鉛、錫而成，而銅、鐵、鉛、錫搬運重難，是以歷代多即坑冶附近之所置監鑄錢，亦以錢之直日輕，其用日廣，不容不多置監冶，鑄以供用。中興以來，始轉而爲楮幣。夫錢重而直少，則多置監以鑄之可也；楮輕而直多，則就行都印造足矣。今既有行在會子，又有川引、淮引、湖會，各自印造，而其末也，收換不行，稱提無策，何哉？蓋置會子之初意，本非即以會爲錢，蓋以茶、鹽鈔引之屬視之，而暫以權錢耳。然鈔引則所直者重承平時，解鹽場四貫八百售一鈔，請鹽二百斤，而會子則止於一貫，下至三百、二百。鈔引只令商人憑以取茶、鹽、香貨，故必須分路如顆鹽鈔只可行於陝西，末鹽鈔只可行於江淮之類，會子則公私買賣支給無往而不用，且自一貫造至二百，則是明以之代見錢矣。又況以尺楮而代數斤之銅，賫輕用重，千里之遠，數萬之緡，一夫之力克日可到，則何必川自川，淮自淮，湖自湖，而使後來或廢或用，號令反覆，民聽疑惑乎？蓋兩淮、荊湖所造，朝廷初意欲暫用而即廢，而不知流落民間，便同見鏹，所以後來收換生受，只得再造，遂愈多而愈賤，亦是立法之初，講之不詳故也。

又卷一四《征榷考一》 德宗時，趙贊請諸道津會置吏閱商賈錢，每緡稅二十，竹、木、茶、漆稅十之一，以贍常平本錢。帝納其策。屬軍用迫蹙，亦隨而耗竭，不能備常平之積。

又卷一五《征榷考二》 元和十三年，鹽鐵使程異奏：『應諸州府先請置茶鹽店收税。伏準今年正月赦文，諸州府因用兵以來，或慮有權置職名及擅加科配，事非常制，一切禁斷者。

伏以榷税茶鹽，本資財賦，贍濟軍鎮，蓋是從權，兵罷自合便停，事久實爲重斂。

又 咸平四年十月，秘書丞、直史館孫冕上言曰：『茶鹽之制，利害相須。若或江南、荊湖通商賣鹽，緣邊折中糧草，在京納金銀錢帛，則公私皆便，爲利實多。』

又 建隆時，命晉州制置礬務，許商人輸金帛絲綿茶及緡錢，官以礬償，凡歲增課八十萬貫。淳化初，有司言：『國家以見錢酬礬直，商客以陳茶入博，有利豪商，無資國用。請今後惟以金銀見錢入博。』從之。

又卷一六《征榷考三》 仁宗時，詔天下茶鹽酒税取一歲中數爲額，後雖羡益勿增，無得抑配人戶苛阻商旅。

又卷一七《征榷考四》 太宗皇帝太平興國元年，詔：『先是募民掌茶鹽榷酤，民多增常數求掌以規利。歲或荒儉，商旅不行，致虧常課，多籍沒家財以償，甚乖仁恕之道。今後宜並以開寶八年額爲定，不得復增。』

又卷一八《征榷考五·榷茶》 唐德宗建中元年，納戶部侍郎趙贊議，税天下茶、漆、竹、木，十取一，以爲常平本錢。時軍用廣，常賦不足，所税亦隨盡，亦莫能充本儲，及出奉天乃悼悔，下詔亟罷之。

又 致堂胡氏曰：『茶者，生人之所日用也，其急甚於酒。然王鉷、楊慎矜、韋堅以及劉晏皆置而不征，猶爲忠厚。天地生物，凡以養人，取之不可悉也。張滂税茶，則悉矣。凡言利者，未嘗不假託美名，以奉人主私欲，滂以茶税錢代水旱田租是也。既以立額，則後莫肯蠲，非惟不蠲，從而增廣其數，其法嚴峻者有之矣，或至於官盡榷之，商旅不得貿遷，而必與官爲市。在私，則終不能禁，而椎埋惡少竊販之害興，偶有敗獲，奸人猾吏相爲囊橐，獄讫不直，而治所由歷，株連枝蔓，致良民破產，接村比里，甚則盜賊出焉。在公，則收貯不虔，發泄不時，至於朽敗，與新斂相妨，或沒入竊販，無所售用，於是舉而焚之，或乃沈之，殃民害物，咸弗恤也。其原則在於得數十萬緡錢而已。夫弛山澤之禁以予民，王政也。必不得已，聽商旅貿遷而薄其征。茶也者，東南所有，西北所無，雖曰薄征，其入於王府者亦不貲矣。息盜奪，止訟獄，佐國用，其利亦大矣，張滂、王涯豈足效哉！

又 景德中，丁謂爲三司使，嘗計其得失，以謂邊糴纔及五十萬，而東南三百六十餘萬茶利盡歸商賈。當時以爲至論，厥後雖屢變法以救之，然不能亡弊。

又 景祐中，葉清臣上疏言：『嘗計茶利歲入，以景祐元年爲率，除本錢外，實收息錢五十九萬餘緡，天下所售受食茶，及本息歲課亦祇及三十四萬緡，而茶商見行六十五州軍，所收税錢已及五十七萬緡。若令天下通商，祇收税錢，自是數倍，即榷務、山場及食茶之利，盡可籠取。又況不廢度支之本，不置榷場之官，不興輦運之勞，不濫徒黥之辟。臣意議者謂榷賣有定率，徵税無彝準，通商之後，必虧歲計。臣按管氏鹽鐵法，計口受賦，茶爲人用，與鹽鐵均，必令天下通行，以口定賦，民獲善利，又去嚴刑，口出數錢，人不厭取。』時下其議，皆以爲不可行。至嘉祐中，何鬲、王嘉麟上書請罷給茶本錢，縱園戶貿易，而官收租錢與所在征算，歸榷貨務以償邊糴之費。時韓琦、富弼等執政，力主其説，乃議弛禁，以三司歲課均賦茶戶，謂之租錢，與諸路本錢悉儲以待邊糴。自是唯蠟茶禁如舊，餘茶肆行天下矣。論者尤謂朝廷志於便人，欲省刑罰，其意良善，然茶戶困於輸錢，而商賈利薄，販鬻者少，州縣徵税日蹙，給費不充。學士劉敞、歐陽修等頗論其事，略言：『昔時百姓之摘山者，皆受錢於官，今也顧使納錢於官，受納之間，利害百倍。先時百姓冒法販茶者被罰耳，今悉均賦於民，賦不時入，刑亦及之，是良民代冒法者受罪；先時大商賈爲國貿遷，而州郡收其税，今大商富賈不行，則税額不登，且乏國用。』時朝廷方排衆論而行之，敞等言不從。

又 民之種茶者，領本錢於官而盡納其茶，官自賣之，敢藏匿及私賣者有罪此國初之法。以十三場茶買賣本息並計其數，罷官給本錢，使商人與園戶自相交易，一切定爲中估而官收其息，如茶一斤售錢五十有六，其本錢二十有五，官不復給，但使商人輸息錢三十有一，謂之貼射此天聖

之法。園戶之種茶者，官收租錢，商賈之販茶者，官收征算而盡罷禁榷，謂之通商。此嘉祐之法。

又 吳氏《能改齋漫録》曰：『建茶務，仁宗初，歲造小龍、小鳳各三百斤，大龍、大鳳各三百斤，入香、不入香、京挺共二百斤，蠟茶一萬五千斤。小龍、小鳳，初因蔡君謨爲建漕，造十斤獻之，朝廷以其額外免勘。明年，詔第一綱盡爲之，故《東坡志林》載溫公曰：「君謨亦爲此邪？」』

又 右司諫蘇轍上言：『盜賊之法，贓及二貫，止徒一年，出賞五千，今民有以錢八百和買茶四十斤者，輒徒一年，賞三十千，立法苟以自便，不顧輕重之宜。蓋造立茶法，皆傾險小人，不識事件。』且備陳五害。詔遣黃廉等體量。

又 大觀三年，計七路一歲之息一百二十五萬一千九百餘緡，榷貨務再歲一百十有八萬五千餘緡。京專用是以舞智固權，自是歲以百萬緡輸京師所供私奉，掊息滋厚，盜販公行，民滋病矣。

又 大抵茶、鹽法主於蔡京，務巧掊利，變改法度，前後罷復不常，民聽眩惑。

又 卷二二三《國用考一》 初，嘉祐茶通商，於是以六路茶本錢、茶租、茶稅錢封樁入便，若輒有支動，即當職黜降，不以自首、遷官、去官、赦降原減之限。至是，遂以七路諸色錢並依通商茶法矣。

明 張洎《乞罷榷山行放法》《歷代名臣奏議》卷二六三 臣伏奉中書宣諭聖意，令訪聞茶法，其榷山通商各有何利害者。臣才識鄙陋，預聞天旨，退就衡泌，惶悚實深，謹畧具榷山放法利害，仰對天問，惟聖明察之。伏以茶貨之興，其來尚矣。資民豐國，利潤之功博焉。榷山放法損益之制，肇自有唐，創兹茶法，流行天下，無異米塩，兆姓所須，遠近同俗。今獻議者，言貨茶利害，蓋有二焉：一曰榷山，一曰放法。歷代制置，雖或不同，舉要而言，則榷山之害深，放法之利廣也。然而幹司邦計之，臣必曰：朝廷榷山大獲厚利，倘從放免，徒利茶商，此盖老生之常談。近世之弊法徒傷大體，豈務通經者乎？今請一二而言之。夫南國土疆山澤，連接遠民。習俗多事茶園，上則供億賦租，下則存活妻子，營生取給，更絕他門；及其官榷茶山，利歸公室，衣食之源日削，採造之役歲增。課額既漸虧，刑罰又屢及，以至貼田賣屋，力辦課程，物産既空，死亡寧救，所以出茶之處郡縣凋殘民不聊生，職由於此，其弊一也。禁榷之地法令斯嚴，銖兩之茶，即該憲網，公私追擾，獄訟繁興，大則破族亡家，小則身填牢戶，州縣公事，大半為茶，朝禁夕刑，纍緤相繼，戶口由兹減耗，田野為之汙萊，蠢爾蒸民，墜於無告，獄連禍結，莫甚於斯，其弊二也。茶貨在山，同夫五穀，事持愛養，即獲滋豐，及夫朝廷。榷山鄉原失業茶戶，逼於寒餒，日有逃亡者，茶園防於姦倖，歲有荒廢者，年華漸久，殘破益深。眷彼靈苗，鞠為茂草，追呼覺察。已失課程，雖欲改張，噬臍安及，其弊三也。謹按唐史穆宗朝宫中營造臺觀，國計不充，王播希恩請增茶稅，李珏上疏曰：榷率救弊起自干戈，厚歛於人，殊傷國體，歲終，上計其利幾何，未見阜財，已歛怨矣。至大和九年，塩鐵使王涯始奏行榷茶之法。江淮間百姓茶園官自造作分命使者主之。百姓公言曰『果行是法，止有盡殺使臣，入山叛耳』。其後甘露事發，涯竟就誅，故史臣謂王涯欲希恩幸，重困蒸人，然而竄身姦邪之間，與其謀而危其國，豈非鬼瞰神奪，駕斯禍以懲之乎？前史書之以為鑒誡，國家膺圖御極，子育黎元，澤浹窮荒，仁及行葦，唯兹茶法，未叶大中，改絃更張正在兹日，今若罷榷山之制，行放法之條，益國便民，其利有五。夫先王創制，貴在通行，規利竭民，政斯濫矣。榷山弊法舉而棄之，則委頓者獲全，流庸者盡復，東南郡縣，百萬遺甿，送死養生，得安舊業，其利一也。造茶之户，既專物産，必能經營地利，愛養茶園，封殖窠條，防護山澤，十年之内，茶貨大興，通商恵農，王賦增集，其利二也。榷山既放，密網減除，愛人而義在，必行畫象而民將不犯，普天之下，實省刑章，利用厚生，莫先於此，其利三也，比来般運盡出，公家涉歷江湖，按漕河洛方舟巨艫，經途萬里，風濤没溺，官吏姦偷，防失茶綱，比歲常有，若行放法，此患自除，其利四也。國家榷買茶，貨歲入無窮，堆貯倉場，充積州郡，及乎出賣之際，則大半陳腐，積年之後，又多至焚燒，今若許放榷山，任民貿易，則國中永無棄貨，天下咸喫新茶，恵潤公私，實為要道，其利五也。或曰：國家制置茶法，盖有歲年，一旦通商，大虧國計，贍用不足，其將奈何？對曰：聖后當陽，政先恵下，將建無窮之策，非急一時之利，況兹變法未見虧官榷放便宜。謹條件如後。

《宋會要輯稿・職官四三・都大提舉茶馬司》 元豐元年四月七日，提舉成都府利州秦鳳熙河等路茶場公事李稷奏：『議者常言茶價高大，國馬遏絶，臣以謂博馬官司既不用貴茶，自當以銀帛和市。往時劉佐定熙河名山茶每馱直三十七貫省；呂大防用慕容允滋，價減爲二十五貫一百六十省。然去冬民間且二十七貫足。由是觀之，劉佐知增而不知減，呂大防知減而不知增，是皆立法不能變通。今且畫一起請：一、諸出賣官茶，令提舉茶場司立定中價，仍隨市色增減。應增減者，本州本場體訪詣實，增訖申茶場司，本司爲覆按，若後時及妄謬不實，並隨事大小奏劾施行。應減者，申茶場司待報。一、臣竊詳茶法官利在價高以得厚利，處之無術而并與法壞者，劉佐是也。買馬官司利在茶價低，價低則蕃部利厚而馬有可擇。近蒙朝廷已立對行交易法，銷去買馬官司爭價之弊，臣不復論列。臣以謂既許隨市色增，竊恐逐州止務添價，却致賣茶數少。須立定每歲課額及酬賞格法，使人人赴功，則事務不勞而辦。今勘會熙寧十年賣茶倍於常年，欲立條下項：諸博馬場所用茶，秦州額熙寧十年支賣茶五千九百二十四馱，今定六千五百馱；熙州額熙寧十年支賣并博馬共一萬三百七十九馱，今定一萬九百馱；通遠軍熙寧十年支賣并博馬共六千九百六十馱，今定七千六百馱；永寧寨熙寧十年支賣并博馬共七千九十一馱，今定七千五百馱；岷州熙寧九年〔支〕賣并博馬共三千九百四十六馱，熙寧十年〔支〕賣并博馬共三千三百八十六馱，今定（賣并博馬共）四千馱。』並從之。

又《職官四三・都大提舉茶馬司》 元豐五年二月十八日，提舉陝西買馬監牧、兼同提舉成都府、利州、秦鳳、熙河等路茶場公事郭茂恂奏：『奉聖旨，陝西逐路諸軍闕馬至多，仰臣具合如何擘畫可以招誘蕃部，廣行收買，支填得足，速具事理聞奏。一、勘會熙河路州軍各有蕃官，如包順、包誠、趙純忠之類，並是近上首領，蕃部素所信服，其勢力足以招致蕃客。乞賜敕書，令各官誘蕃部販馬入塞，每人且令結買五七百或一千匹，仍乞委自逐處守臣丁寧慰諭之。或要預借茶、綵，仍乞應副支借，約定期限。如能招置數足，即乞量賜恩獎。歲月之間，必有成効。一、體問得舊日券馬上京馬價甚高，每匹大約不下三十貫，而茶價其初頗賤，每馱不過十二貫。今則馬價減於舊日，茶價倍貴於前。緣蕃客往來販易，須有所得，乃肯趨利而來。臣今相度，若將博馬茶比之用錢及別物貨博買者，別爲兩等，其博馬茶量減錢一貫已來，如此則蕃部自然多販馬入塞矣。若以謂稍虧茶價，緣賣茶之息甚大，馬來既衆，則售茶亦多，茶價高即馬來者少，不若稍減以致多馬，是其實無損也。一、自來買馬自四赤七寸至四赤一寸七等中，各以一寸爲差，而價錢自三十二貫至十六貫，其等第差降少者祇一貫三百文，多者至五貫一二百。等量之際，蕃部以爭較等第分寸，不肯中賣。謂如四赤四寸馬二十七貫三百文，如有虧分數，須作四赤三寸收買，價直二十二貫二百文，即是才爭一寸，便較錢五貫二百文。價直相遠，往往不肯作四赤三寸中賣。臣今相度，欲乞將諸等價衮合，重行均定，使相較不致絶遠，如此則易於收市。兼勘會熙、岷、秦州馬價並合一般，其蕃部就秦州中賣，比熙、岷州遠七八程，有芻秣裹糧之費。欲乞因今來均定馬價，於逐等内將熙、岷州各減五百文，秦州各添五百文，所貴稍得均當。一、勘會自來依條每月將門户蕃部勾招到中官馬數比較，最多者支與綵一疋，銀椀一隻重半兩。自來不計馬數多少，只取最多者一名支與。臣今相度，乞重別立定，每月勾招蕃馬中官及一百匹已上者，不限人數，並各支與上項例物。如月各不及百匹，即取一名最多者支與綵一疋，銀楪子一片重二錢。所費錢物不多而有所別異，可以激勸蕃部。兼舊條蕃部中馬，其賣馬蕃部並給酒二升，自來只是紐計價錢支給。相兼既久，祇與馬價一衮請領，不復知有犒設之食。今乞除依自來條例外，委逐州長吏每旬於中馬稍多日分，量給酒食，犒設賣馬蕃部，亦足以使遠人知朝廷之意，樂於致馬入塞。』詔所乞預借茶、絹恐致失陷外，餘並從之。

又 〔元豐六年〕十二月十一日，守監察御史張汝賢奏：『近定奪郭茂恂、蒲宗閔互論公事，因兩司執議榷茶價之法至今未定，遂相度立爲酌中之法，以息紛紜。今準朝旨，送陸師閔相度聞奏。臣勘會師閔今年中嘗具劄子上殿，奏乞馬司用茶依舊條以錢帛對數交易。今與蒲宗閔同具利害聞奏，亦用前説同狀奏聞。此二人之議固已符合。臣詳究兩司利害，博馬之利實仰於茶，而茶司運致茶貨，自秦隴以西惟以顧賃脚乘爲患，不以出賣不行爲患。借令馬司不爲支用，蕃部亦必以他物博易，實無損於歲課。此茶司之利所以無仰于馬司。然欲其法度相濟，可以經久，實在朝廷參酌而行之。今止令師閔相度，試恐尚執前議，祇求自便，不顧

馬司之害，則行之將來，未免牽制。臣契勘遞年買馬，冬季常多，夏季常少，春季多少不常。蓋馬性宜寒而畏熱，其來多寡不常，待用之茶宜亦有别。臣愚見竊謂可令逐季首椿定名山茶馳，春秋各三千，冬加一千，夏減一千，餘茶量數樁留。若買到馬多，更要支用，仍委茶司晝時應副，所支茶價並限次季還足。庶爲酌中之法，兩得順便。』中書省勘會：『蒲宗閔據張汝賢定奪到與郭茂恂互奏公事，多有不當。以茶法推行之初，宗閔能協力主辦職事，不爲異論所搖，特免勘除都官郎中。今年十一月二十五日，得旨：郭茂恂依赦放，其張汝賢相度到椿定博馬茶數等事，令陸師閔相度聞奏。』詔張汝賢前奏先次施行，其今年十一月二十五日令陸師閔相度聞奏指揮更不施行。

又［政和三年］八月十三日，朝請郎、直龍圖閣、權發遣都大提舉成都府、利州、陝西等路買馬監牧公事張等路買馬監牧公事張翬劄子：『準御前劄子，臣僚上言同何漸劄子，令相度措置可否利害，保明聞奏。今檢具前後手詔、敕令及依應相度，措置到下項：一、準元豐四年七月十八日中書劄子，奉詔：雅州名山茶專用博馬，候年額馬數足，方許雜賣。一、准《馬司格》，應熙、秦、岷、階州、通遠軍，各依逐等所定茶馱數，以新茶支折。謂如有見在元祐三年四月新茶，即支四年分茶之數。如蕃部願要銀、紬、絹、洋州茶、大竹茶之類，並許各依見賣實直價例算請，更不限定分數。一、準崇寧四年十二月十二日奉聖旨，諸川茶非博馬輒陳請乞他用者，以違制論。一、准崇寧五年六月二十四日聖旨，應系茶並專充博馬支用，餘依崇寧四年十二月十一日朝旨施行。一、準大觀元年三月二十五日敕，中書省、尚書省送到龐寅孫劄子，奉聖旨依所申，他司不得侵用。一、準大觀四年正月七日樞密院劄子，三省、樞密院同奉聖旨，熙河、秦鳳等路茶馬事，應今日以前泛拋買馬、添茶給引博馬等指揮並罷，一切遵依元豐舊法，仍令提舉茶事司措置施行。一、准大觀《榷茶司令》節文，諸名山茶依舊樁留博馬外，如買馬司闕博馬數多闕支用，委提舉司即時應副，有剩，從本司相度貼賣與中馬人。又准敕，諸名山茶博馬外剩數，非中馬人輒支賣者杖一百。一、準政和元年十月二日敕，中書省、尚書省送到戶部狀，準都省劄子，奉聖旨，提舉陝西等路買馬監牧公事李稷奏，奉聖旨依。一、臣契勘名山茶自熙寧榷茶之初，本以博馬，至元豐四年，計其馬足積羨，聽以出賣，實爲通法。繼復有并用大竹、洋州茶博馬之議。建中靖國年，始有許將名山茶餘數止對賣與蕃商之論。大觀中，又有權住賣四色綱茶、令對賣門戶蕃商之請。然臣考利害之實，元豐之制最爲要準，而後人之請或趨一時之利，不可爲典要，或川秦首尾相戾，不達利害之實，姑以職事陳請而已。蓋除馬司博馬外，茶司自有歲額，必待售茶而辦，其四色綱茶實爲茶額根本。秦、熙兩路漢民，所售食茶不多，而淺蕃熟戶並煎四色綱茶。遠蕃多嗜名山茶，間有奸商詭用綱茶、粗硬食茶罔之者，亦能區别。若將名山、四色綱茶一切禁之不賣，必致茶額不敷，出茶無藝，顯難屬饜而害馬政。惟斟酌非實馬足茶羨則貨之者，是通法也。其對賣尤非利害，徒益門戶蕃人，乃熟戶蕃族之爲駔儈者與官場吏卒乘便爲慝，贏取官息，其利不及生蕃，於馬未始加益。若將名山茶、四色綱茶依元豐舊制從本司參量，合用博馬茶外，剩數轉易，回本入川，惟不得害馬政、妨茶額。元豐時雖曰兩司，而提舉官一以任責，苟其才下，亦能約量，不致乖戾，自取譴責。今相度，欲乞應名山茶、四色綱茶專用博馬，餘數聽本司量度，轉易回本入川，不許輒將他用。臣契勘昭化、順政、長舉庫積茶，以今年五月中旬狀考之，僅有五萬九千四百馱。蓋昨緣大觀四年前，利州路凶歉，至今居民事力未能如舊，故其昔日甲頭脚戶流莩之餘，存者逋負夥甚，雇召不行。臣比欲草具建明，乞將興元府至永興軍一帶減下舊額茶鋪兵士七百餘人，並聽本司於洋州至興元府添立鋪，其餘添隸長舉至秦州諸鋪運茶，則永遠不致積壓。其廩給自係本司錢內支給，一切不預别司調度。又應川界轉般茶諸邑，今辟舉有經三年礙吏部格，雖辟書數上，終無一人得注授者。攝承之吏，玩習歲月，寖以隳弛。又臣嘗建議，乞應本司辟官，乞破格差注一次，已蒙朝廷聽行，而吏部終以合注承務郎以上者，不許降用選人。今五年，竟未有差注。臣又嘗建議，乞將發茶場庫監官、縣令，如成都府排岸司、興州長舉縣裝卸庫、興元府西縣轉般庫監官，綿州巴西，利州昭化、三泉，興州順政、長舉，興元府南鄭、西縣知縣，計十處，每撥發茶及四萬馱無闕失，與減二年磨勘。以其諸縣如長舉、昭化之類，多是僻小去處，既難得人肯就，及專任茶司事務而有責無賞，誠非勸沮之道，至今未奉指揮。積是三年，茶或滯留，滯而通之，可久無弊。臣今相度，欲乞應興元府至

永興軍一帶，減下舊額茶鋪兵士七百人，並令榷茶司措置，於洋州至興元府西縣添置茶鋪，各請兵級人數外，將其餘數分添入長舉縣乾渠鋪至秦州赤谷鋪，並依茶司自來例施行。應熙、秦州路榷茶司所辟官，承務郎以上，選人、大小使臣，並許互換通舉。謂如承務郎以上知縣處亦許奏舉選人，選人知縣處亦許奏舉承務郎以上，不以有無拘礙，並行注差。應撥川茶路地分，成都府排岸司、興州長舉縣裝卸庫、興元府西縣轉般庫監官，綿州巴西縣，利州昭化、三泉，興州順政、長舉，興元府南鄭、西縣知、令，每撥茶及四萬馱無違闕，與減二年磨勘。

貼黃稱：『契勘臣僚上言，儧積茶五萬餘馱，約計每馱二百七十三貫文省，係鐵錢舊價。緣自今年奉行夾錫錢實後來，每馱一百貫文省，以見茶數約計錢五百九十餘萬貫文。』又稱：『契勘吏部及八路差官法，無本等人亦聽破格差注。檢會下項：一、政和三年七月三日敕，榷茶司狀，朝旨令買馬司每年添買二萬匹，合用茶令計置茶本，從朝廷應副。取到狀，自減茶博馬後，每年約儧剩茶一萬四千餘馱，內利州昭化庫見在名山茶四萬二千一百六十五馱，興州長舉庫見在名山茶八千六百一馱，其餘場庫未在其數。奉聖旨，據今來合添買收馬二萬匹，所用茶於儧剩名山茶內支撥應副博馬。仍令榷茶司今後每年寬剩計置茶一萬馱，盡數充添買牧馬之用，其合用茶價，仰具數申尚書省。所有歲額博馬茶如有剩數，亦仰衮同應副添買牧馬之用。一、政和三年七月二十八日敕，何漸劄子：「乞將名山茶依條專用博馬，如有剩數，許中馬人依見買四色茶體例，用市價支賣，却將四色茶依舊出賣收息。契勘四色綱茶貼賣與中馬蕃部等，昨降指揮俟三二年買馬通快依舊，今來將及二年。」奉聖旨，每年將四色綱茶並專充博羅漢蕃斛封椿，不得別將支用，仍逐旋具羅到斛斗數目申尚書省。一、政和三年六月七日敕，戶部狀：「榷茶司申，乞立定成都府排岸司、興州長舉縣裝卸庫、鳳州轉般庫、綿州巴西縣，利州昭化、三泉，興州順政、長舉縣，興元府南鄭、西縣，任滿收發過茶無失陷欺弊，提舉司保明，每四萬馱與減磨勘二年，如不獲抄附失陷，一萬馱展磨勘二年。其承直郎已下賞罰並各比類施行，二分以上依差替人例。本部看詳，本司申乞即係累賞，竊恐太重。今勘當，欲依巡轄般茶鋪使臣任滿法減磨勘一年，先次指射家便差遣，餘並依本司所申事理施行。」』詔除名山茶博馬、四色綱茶博糴，並撥發官等賞罰，並依近降指揮外，其措置鋪兵依奏，餘不行。

又《食貨三〇・茶法雜録一》〔太平興國〕二年正月，江南轉運使樊若水言：『江南諸州茶，官市十分之八，其二分量稅取其什一，給公憑令自賣。踰江涉淮，乘時取利，紊亂國法，因緣爲姦，望嚴禁之。官所市茶價直未稱，望稍增之，以便於民而利於國。』詔有司以茶品差增其直。

二月，有司言：『江南諸州榷茶，準敕於沿江置榷貨八務，民有私藏茶者，等第科罪；匿而不聞者，許鄰里論告，第賞金帛有差。仍于要害處張榜告示。』從之。

又〔天禧〕二年十月二十八日，秘閣校理李垂請令江、浙兩路放行茶貨。左諫議大夫孫奭言：『茶法屢改，商賈不便，非示信之道。望遣官與三司同定經久之制。』詔奭與三司詳定，務從寬簡。

又〔天聖〕七年三月二十五日，上封者言：『天下茶、鹽之課虧，請下三司更議其法。』帝謂輔臣曰：『茶、鹽民所食，而彊設法以禁之，致犯法者衆。但以贍養兵師經費尚廣，未能弛之耳。』

又《食貨三一・茶法雜録二》〔紹興〕十二年四月二十八日，戶部言：『據浙東提舉茶鹽司具到本路州縣紹興十年一全年批發住賣茶增虧數目，并合賞罰當職官名銜，申乞取旨賞罰施行。』詔最增去處，當職官與陞一年名次；最虧去處，當職官各降一年名次。

五月八日，刑部言：『湖北提舉茶鹽賈思誠劄子：「檢準紹興十年六月十九日敕節文：刑部看詳茶園戶有違犯條禁依法合追賞者，如係二罪已上俱發，只從重賞追理。本司看詳，犯茶人情犯不一，假令初一日甲使乙擔私茶二十斤往州西販賣，初二日甲又使丙擔私茶五十斤往州東販賣。未賣過間，初三日，州西者爲弓手捉獲，州東者爲土軍捉獲，同日到官，即是二罪俱發。州東者爲重罪，若只據五十斤追賞，未審弓手合與不合與土軍均給賞錢，亦未審販茶客人二罪俱發，合與不合從重追賞。」下大理寺看詳，據本寺衆官參酌前項事理，緣依律，二罪以上俱發，以重者論；既斷罪從重，其賞亦合從所得重罪追理。若逐項告獲同日到官，雖以止給告獲重罪之人，即欲乞比附「應賞而係二人以上者分受，功力不

等者量輕重給之」條法施行。其茶園戶犯私茶二罪以上俱發，亦合從重追賞。本部尋行下都茶場去後，今據本場申：切慮追賞數輕，少肯告捕，使冒法規利之徒得以爲姦，侵害客販，有虧課入。今欲乞下法寺重別擬定立法施行。據本寺重別參詳上件因依，不須立法外，其私茶公事各被逐地分人告獲，同日到官，合行各追賞錢。如係一名或二人以上共告獲者，即合依紹興十年六月十九日指揮，從一重追賞；内二人以上均給施行。所有販茶客人二罪俱發，亦遵依今來所降指揮施行。」從之。

又 六月二十七日，戶部言：「契勘福建臘茶長引，依法許販往產茶路分並淮南、京西等路州軍貨賣，緣淮南等路已置榷場，給降臘茶前去充本，折博支用，切慮客人冒法，私相交易。欲乞將福建臘茶長引並不許販往淮南、京西等路，止於江南州軍貨賣，仍令沿江州軍常切檢察施行。」從之。

又 九月十三日，赦：「潭州合起紹興六年至八年分拖欠大方茶價錢，昨已令放免一半，其餘一半分限三年帶發；及九年、十年分合起錢，已令限一年作兩次起發，可並與放免。其紹興十一年分未起數，令限一年作兩次起發。」

二十三日，戶部言：「據行在都茶場申：勘會客販諸路草、末茶，在法並有限定許販斤重，惟福建路臘茶即與諸路草、末茶大段不同。訪聞冒法射利之徒，多與山場園戶私相計合，將上等高品茶貨却作下等紐計批引，請囑合同場公吏通同作弊，以至經由海道，抵冒法禁，理合隨宜措置。今條具下項：一、今措置福建園戶等處臘茶，自今降指揮到日，不許與客人私下交易，如違，依臘茶法斷罪追賞，並仰將所造銙、截、片、鋌臘茶，不以等第高下、價例多少，並中賣入官，仍令提舉官於逐州軍量度產茶遠近，置買納茶場，將山場見賣價上增搭五分，於當日支還價錢收買，（謂如每斤十貫，增添五貫作十五貫之類。）以示優潤園戶。其買到銙子、截子逐色臘茶，令提舉官計置起發，赴行在送納。其買納茶場買到逐等片、鋌臘茶，仰本場於元買價上增搭三倍，（謂如每斤一貫，增搭園戶買價五百文，于通計一貫五百文上更增三倍，作六貫之類。）以逐等片、鋌茶品搭打套，逐時往合同場，令客人請買，依新法鈔引納錢請買興販施行。一、諸路州、縣、鎮、寨等處應客人及鋪戶見在已、未開拆，並未到住賣處臘茶，不以成引不成引之數，並限今來指揮到日住行貨賣，州委主管官，縣、鎮等處委令丞或巡尉，日下分頭躬親詣停塌店鋪等處，盡數抄劄，並引拘收入官，依市價用官錢支還價錢，許於經總製錢內取撥。一、契勘客販臘茶，輒裝上海船，經由海道，雖已承指揮，依紹興五年正月二十七日指揮：販物人并船主、稍工並皆處斬；水手、火兒各流三千里，皆刺配千里外州軍牢城；元保人各徒三年，分送五百里外州軍編管。訪聞日來尚有不畏法禁規利之徒，依前般載臘茶經由海道販賣。蓋緣州縣當職官吏坐視，全不用意禁戢，是致客販違法公行。今檢準紹興七年四月二十九日指揮：客人乘海船興販牛皮筋角等貨賣，仰沿海州軍嚴切禁止，仍仰帥、憲司常切措置覺察。其經由透漏并元裝發州縣知、通、令、各當職官吏，並按劾以聞，依已降指揮並流三千里，各不以去官、赦降原減。欲乞今後當職官透漏客販臘茶經由海道，並依前項紹興七年四月二十九日指揮施行。」詔並依，內福建仍委程邁與韋壽成同共措置。

二十八日，詔：「福建路轉運司將逐年供進京鋌茶料製造作大龍餠子，依數如法封角，依大龍茶題寫，充國信使用，令別作一項差人投進。」

十一月十日，臨安府通判呂斌言：「切見朝廷措畫茶法，就行在置局。今欲乞朝廷相度，將福建路茶事司依舊移歸建州專一主管，每歲買發臘茶。」從之。

十二月十二日，戶部勘會：「臘茶係貴細，品色最高，客人興販利厚，若不措置，切恐冒法私販。今相度，如客人願販銙、截、片、鋌臘茶套過淮南、京路近裏州軍等處貨賣，銙、截臘茶二十五貫套更貼納錢一十五貫文，五十貫套更貼納錢三十貫文，片、鋌臘茶二十二貫套，更貼納錢一十五貫文。如不曾貼納引錢，擅自過逐路及沿邊州軍販賣者，並依私臘茶法罪賞，許諸色人告捉，經由州縣失覺察，當職官依違戾茶法，各徒二年，並不以去官、赦降原減。戶部續承指揮，編打一十二貫五百文銙、截茶小套，乞貼納錢七貫五百文，於前後指揮別無違礙。」從之。

又 十三年二月三日，戶部言：「湖北路提舉茶鹽司申：『爲沿路鋪兵盜採生茶，私自蒸造，與過往兵級公然交易。乞依監司兵級指揮施行，內鋪兵依園戶法，候斷訖移送本路不產茶重難鋪分，節級降充長行，

長行降所至處下名收管。」據都茶場申，契勘在法即無鋪兵盜採茶貨賣與過往軍兵專一斷罪明文。今勘當，欲依本司所乞事理施行。內鋪兵盜採生茶所爲重者，自從重。諸路依此。』從之。

十七日，戶部言：『知楚州紀交申，爲客茶改指盱眙軍，恐客人已過楚州，未到盱眙，沿淮近岸冒法私渡，乞降關子數萬貫充盡數拘買客人茶引之直，將指盱眙軍茶貨依本軍榷場博易，或用錢、關子盡數對買外，今相度，欲乞應客人販茶，若往盱眙軍住賣，並仰楚州主管茶事官即時開具茶引斤重、客人姓名、引料字號，入急遞關報本軍及沿淮官司遞相覺察。若盱眙軍住賣，仍仰本軍先次置籍抄上，候到銷籍。若約程不到，即行根究施行。兼恐楚州往賣茶貨，以出城貨賣爲名，因而冒法私渡。仍乞下本路提舉茶事官嚴行約束沿淮巡鋪官司常切禁戢，毋令透漏。』從之。

又　〔紹興三十一年〕三月二十三日，戶部言：『據都茶場申，今依應立定住賣批發茶最增虧去處賞罰下項：最增一分以上，減一季磨勘；三分以上，減半年磨勘；五分以上，減一年磨勘；七分以上，減一年半磨勘；八分以上，減二年磨勘；一倍以上，減二年半磨勘。最虧一分以上，展一季磨勘；三分以上，展半年磨勘；五分以上，展一年磨勘；七分以上，展一年半磨勘；八分以上，展二年磨勘；一倍以上，展二年半磨勘，內選一人降一資。餘依見行條法。本部尋送檢法案參詳及司勳、刑部審復訖。』從之。

又　閏四月二十四日，臣寮言：『竊見創置茶司，降付本錢榷買，見今中納數目百未及一，已見買納不行，暗失去遞年引錢一百餘萬貫文。欲望量增引錢，仍舊且許客販。』戶部看詳：『欲依所乞。福建州軍買納茶場，自今降指揮到日住罷收買，並許客人依舊法赴都茶場買引，前去本路所指州軍合同場勘合文引，下場與園戶私下交易，依引內訴販斤重買茶，赴官秤製，批發興販施行。其餘事件，並依自來條例。』從之。

七月十八日，提舉湖北茶鹽司言：『檢准紹興八年十一月三日勅節文：犯私鹽人除流配自依本法外，徒以下並令示衆五日，遇寒暑，依本法。契勘本路係產茶地分，緣茶、鹽事屬一體，所有犯茶人欲依犯鹽人已得指揮。』從之。

又　十四年三月十九日，戶部言：『兩浙西路提舉茶鹽司申，客販茶經由州軍縣鎮，稅務及住賣官司不切點檢覺察，雖批鑿文引，官員不行印押，並乞依客販鹽從杖一百科罪。本部欲依所申事理施行，諸路準此。』從之。

二十六日，戶部言：『據淮南東路提舉茶鹽司申，客販茶所以冒法私渡淮河，一則獲利至優，二則避免榷場貼納官錢。今措置，欲將元指淮東住賣茶，水路不許過揚州高郵縣，願往楚州及盱眙軍界者，即於高郵縣先往榷茶場貼納翻引等錢，如願往榷場折博，依先降指揮，更收逐等翻引錢一倍。若由陸路，止許到天長縣住賣。如願往盱眙軍榷場折博茶貨，令天長縣並依高郵縣納逐等錢數。如獲到私渡茶貨，欲乞比附紹興路獲私茶以一斤比二斤推賞。』從之。

又　〔紹興〕十五年九月二日，提舉浙西茶鹽鄭僑年申：『勘會已降指揮，諸州監門官檢察獲到私鹽及有透漏，並依《巡尉格法》賞罰，所有客販私茶，乞依鹽事已得指揮施行。』詔依，其餘產茶路分准此。

二十三日，詔：『漢州什邡縣楊村鎮、彭州濛陽縣堋口鎮合同茶場歲收息錢，以紹興十二年所入之數爲額。』從都大提舉茶馬司請也。

又　〔紹興〕二十一年七月十九日，宰執進呈勅令所編類茶、鹽法成書，欲擇日投進。上曰：『今茶、鹽法已定，令久遠遵守，往時隨事變更，雖可趣辦目前，日後人納稀少，却非善計。』

八月四日，宰臣秦檜等奏言：『臣等今將元豐江、湖、淮、浙路鹽勅令格並元豐四年七月二十三日後來至紹興十年三月七日以前應干茶鹽見行條法並續降指揮，逐一看詳，分門編類到《鹽法》、《茶法》各一部，內《鹽法敕》一卷，《令》一卷，《格》一卷，《式》一卷，《目録》一卷，《續降指揮》一百三十卷，《目録》二十卷，共一百五十五卷，合爲一部。《茶法敕令格式》并《目録》共一卷，《續降指揮》八十八卷，《目録》一十五卷，共一百四卷，合爲一部，并《修書指揮》一卷。以上茶、鹽二書共二百六十卷，作二百六十冊，乞下本所雕印頒行。內鹽法冠以《紹興編類江湖淮浙京西路鹽法》爲名，茶法冠以《紹興編類江湖淮浙福建廣南京西路茶法》爲名。所有事屬一司、一路、一州、一縣等條

法指揮，不係今來編類者，自合依舊遵守。』上曰：『茶、鹽前後指揮條目繁多，今編類成書，纖悉具載，若能遵守，永遠之利也。』先是八年七月七日，樞密院計議官陳康伯言：『臣竊惟茶、鹽成法，纖悉備具，載之簡策，布在有司。然閱時既久，續降益多，或臣僚因事而建明，或朝廷相時而增損，前後重複，科目實繁。昨者雖降旨取索編類，未見施行。伏望委官審訂，勒成一書，鏤板行下，使諸郡邑有所遵承，或無抵牾。』至是始成書。

又 〔紹興〕二十五年九月十七日，宰執進呈次，因論前日臣僚建言：『欲於產茶地分就差官置場收買，庶免私販之患。』上問：『今天下一歲茶利入幾何？』秦檜奏曰：『都茶場等三處共得賣茶鈔錢二百七十餘萬緡。』上曰：『比承平時少陝西諸路，故其數止此。』

又 〔紹興〕二十六年六月五日，祕書省正字張震言：『伏見四川產茶，內以給公上，外以羈諸戎，國之所資，民恃為命。異時所在茶場每貨茶百斤以上，必有所增予，謂之加饒，所以優商，官自捐之，民則無與。自都大韓球行刻剝之政，希增羨之課，於是始取償於民，盡舉所捐，增為正額，或一場至三二十萬。茶既不足，則併采薪芽，來年轉荒，舊產愈負。自此以來，額未嘗足，民日破貧，甚者流亡，無所告訴。且民者茶之所自出，商者茶之所自行，優商而困民，是浚其流而竭其源也。又民知輸官不補所得，於是強悍之民起為私販，姦猾之家聚為淵藪，以為苟保於朝暮，孰與坐待於死亡！其弊若斯，將損國計。陛下聖恩寬大，而下吏弗能究宣，其將何以稱盛德！臣願陛下特降睿旨行下四川茶馬司，將韓球以前茶額比今所取裁酌施行，庶幾民力稍可復舊，上以彰陛下仁愛之澤，下以為四川根本之計，不勝幸甚！』從之。

又 〔紹興〕二十七年六月二十六日，尚書省言：『告捕私茶鹽雖有賞格，若不增重，無以激勸，兼次第保明，多有阻滯。』詔：『今後命官捕獲私茶鹽，依賞格各遞增一等，諸色人賞錢各增五分。應合得賞人，茶鹽司限三日勘驗，保明申奏，賞錢限當日支給。』

又 〔紹興〕二十八年七月十二日，知復州何渠言：『臣切見荊湖北路所賣茶引歲有常額，若逐州只依遞年之數分認發賣，其間却有人煙戶口繁庶去處食茶甚衆，年額不多，是致小商私行販賣，以規其利。兼有人煙戶口未及前時，而引數頗多，科及保正，甚者不問貧富，以丁口一例科抑。』詔下荊湖北路提舉茶事司，將給降去茶引參酌一路州郡人戶多寡，通融措置，招誘客旅從便請買，即不得違法抑勒，科擾人戶。

十月七日，刑部言：『江東茶鹽司申：「冒法之人請買茶引，般販茶貨，經由渡口，載往淮南私拆散賣，却收執元引曆面過江，私織籠篰，重迭影販私茶。乞今後客販淮南長引茶，令秤發官司先取問客人所指住賣州縣，於引背批鑿經由場務及添入合過沿江官渡，仰買撲渡人照引書鑿經由渡口、月日、姓名押字，即時放行。如渡口買撲人受倖，不行批引，縱放私茶，乞與正犯茶人一等科罪。」本部契勘諸監臨主司受財枉法與不枉法，稅務故縱榷貨，及堰閘應搜檢人故縱，各有立定條法。今來申請沿江渡口買撲之人受倖，不行批引，縱放私茶，欲依堰閘故縱榷貨減犯人二等斷遣，如受財重者，即係有事在手為監臨，合依監臨之例。若因而無故留難邀阻，自依本法斷罪施行。』從之。

又 〔紹興〕三十年二月五日，都大茶馬司言：『夔州路所產茶，祖宗舊法未嘗禁榷，政和後來，主管茶馬官累次申乞賣引，皆以民夷不便，不曾施行。止緣都大提舉官符行中約束夔茶，不許販入潼川府路，後於紹興二十三年內據達州申，乞收納客人關子錢數，通放入果、渠等州變賣。本司遂申明朝廷，於潼川府路果、合、渠等州，廣安軍管下與夔路接界縣分置合同場賣引，於紹興二十四年內起置。後於紹興二十七年十一月內，准行在都茶場牒，坐知忠州董時敏奏條具便民事件，內一項乞將本州管下龍渠縣所產茶，依祖宗舊法免行禁榷，牒本司依條施行。是時都大提舉官許尹到任之初，未詳曲折，遂以置場累年，漸成倫緒，回申戶部。後來許尹在官則久，究見禁榷以來商旅不通，委於民夷不便，遂於紹興二十八年十一月內具申尚書省，乞將夔路茶住罷禁榷。後準戶部符，止依已降指揮施行。本司今再行詢究，夔路茶味若價低，不比他路茶貨。檢照得先據達州申：本州東鄉縣出產散茶並餅團茶，自來客人止販餅團茶，每團二十五斤，茶價每斤一百二十文，計三貫文。販致渠州，沿路脚稅三貫五十文，及買關引錢二貫五百文，共八貫五百五十文。到渠州約度中價，止賣得六貫五百文。自此客旅不來興販。本司今紐筭客販夔茶一百斤，共三十四貫二百文，止賣得價錢二十六貫文。緣客販川茶內中、

次等每一百斤約用買茶本錢及腳稅並買官引錢不過四十道，約度賣得五十道，其夔茶見今與川茶一等收納引錢一十道。如此，灼見夔茶難以乘載引息，客人興販不行。一、切見夔茶自熙豐立法之後，並不禁榷，始自紹興二十四年內創于夔州路接界縣分置場買引，後來每年所收引錢不過七八千貫。今將渠、合州管下合同場紹興二十八年一全年所賣茶數計筭，共賣過五萬餘斤，所收引錢止計五千餘貫，比之日前，愈更數少，却於逐州軍所收省額稅錢虧損不少，恐非經久可行。欲望將夔路茶住罷禁榷，遵依祖宗舊法施行，委爲一方經久利便。』本部欲依所申事理施行。從之。

又 〔紹興三十一年〕三月一日，行在榷貨務都茶場言：『準紹興六年八月二日指揮，每年茶、鹽等錢收及一千三百萬貫，官吏推賞。今來逐務場自紹興二十九年正月四日至今年正月三日終，計收到茶、鹽、乳香等錢二千四百一十萬八千三百九貫六百二十六文，內除閏月收到錢二百二萬三千二百五貫二百三十文外，計收趁到錢二千二百五萬五千一百四十貫二百九十文。』詔依所降指揮推賞。

又 〔紹興〕三十一年四月七日，臣寮言：『邵武軍管下四縣，有產茶價錢，歲納之數通不及一千七百緡，昨行經界日，應鄉民植茶雖止一二株，盡籍定爲茶園，敷納價錢，無慮數千戶。後雖荒廢，無復存者，所科錢依舊輸納入。官司以有名額，不敢住催，而逐年催到之數，常不及十之五六。臣恭聞仁宗皇帝時，趙抃爲嚴守，民籍有茶稅而無茶者，抃爲奏蠲之，民至今受賜。乞下有司究實，盡行蠲免。』詔令戶部看詳。

九月二日，赦：『勘會四川茶額已行減定，訪聞茶、鹽場只於大額內自減應副不及之數，其中、下等園戶並不與減損虛額，致山民依前困苦，未稱寬恤之意。可令茶馬司取見詣實，將虛額與中、下等園戶裁減。如違，許園戶越訴。』以上《中興會要》

又 紹興三十二年孝宗即位，未改元八月二十三日，中書門下言：『自今應有犯販私茶鹽，仰官司依法根治，不得信憑供指，妄有追呼。違者，許被擾之家越訴，承勘官吏當重置于法。』從之。

又 孝宗隆興元年四月六日，上封事者言：『建州北苑焙所產臘茶，每歲漕司費錢四五萬緡，役夫一千餘人，往往以進貢爲名，過數製造，顯是違法。』詔福建轉運司常切覺察，仍具每年造茶的實合用錢數聞奏。

二十二日，詔：『今後捉到私茶，依龍安縣園戶犯私茶體例，及十斤以上，將戶下茶園估價，召人承買，將五分收沒入官，五分支還犯人填價。』從都大主管成都府利州等路茶事續觱請也。

又 〔隆興元年〕八月二十七日，詔四川都大提舉茶馬司：『茶場趁辦息錢，如收及新額，從本司保明，將監官與減一年磨勘，主管官減半，自隆興元年爲始。』從本司請也。

又 〔隆興〕二年七月二十二日，臣寮言：『自來茶、鹽同法，於請納外隨其所指，並不收稅。近日客人販茶過淮，遂開收稅之例。謂如盱眙軍一處茶到本軍，每引稅錢十貫，方許過淮，後來更於十貫上添收七貫，並無分文歸朝廷。乞行拘收。』詔令淮東西宣諭司同逐路提舉茶鹽司措置。於是淮東宣諭使錢端禮言：『契勘得客販長引，先降指揮：水路不許過高郵縣，陸路不得過天長縣，如願往楚州及盱眙軍界住賣，每二十三貫並二十六貫引各貼納飜引錢十貫五百，批引前去。如到楚州、盱眙軍飜改，欲淮北州縣每引更貼納錢十貫五百文，盱眙軍每引收回貨稅錢二貫，所收回貨稅錢，即非朝廷指揮，欲行住罷。所有客人販茶水路欲過高郵縣、陸路欲過天長縣，及批改至鹽城縣并滁州等處茶引合收錢，及從提舉司行下逐處，令項椿管，每季申提舉茶鹽司檢察。仍委淮東總領所專一稽考。』到日，盱眙軍胡堅常又言：『客人販茶，水路欲過，所納官錢已是太重，所有本軍稅錢委是重疊，乞免行收納。』並從之。

又 〔隆興二年〕十月八日，江淮都督府准備差遣李椿言：『靜江府修仁縣及鬱林州兩處產茶，其味如藥，茶價不及買引之數，無人筭請。乞聽人戶從便興販出賣，經由州縣，每百斤收稅錢二百文。』詔依，仍令廣西轉運司將先降去茶引依見行條法指揮，依舊招誘客人筭請興販。

又 乾道元年正月十九日，詔：『茶長引依紹興三十一年體例，限半年權於短引地分住賣，下提舉茶事司，令逐州軍主管拘收長引毀抹，令客人指定住賣州縣，給公據前去。其約束程限等，並依見行條法，仍關報沿路及住賣官司檢察放行。拘到茶引，依條發赴所屬收管。』

三月二十三日，淮南東路兵馬都監張藻言：『乞降茶鈔四千引，爲錢三萬六千貫，下出產茶處，委官裝發赴盱眙軍過界出賣，可準得銀四

千錠，以助歲計。』從之。後藻措置，無折博到銀數，徒妨商販，有旨降三官放罷，所有隆興府、江州已發到博易茶，令淮東路茶鹽司拘收變賣。

又［乾道元年］十月十三日，湖南提舉茶鹽司言：『本路批發住賣茶鹽，取紹興七年之數立爲定額，比較增虧。今乞將重額諸州與減十分之二。』戶部言：『立額比較，並是違法。』詔本司將違法立額事日下改正，以本年實收到數與遞年比較，取一路州數最增、最虧數一處供申。

又［乾道］二年三月二十五日，戶部侍郎李若川言：『客販草、末茶小引，元指淮南近裏州軍住賣，却願改沿淮州軍住賣者，每引納麤引錢十貫五百文；改榷場折博者，每引再納麤引錢十貫五百文，其引榷場又合納通貨牙息錢十一貫五百。今聞客人規避，多私渡淮，不唯走失麤引錢，又失榷場所收之數。欲乞將兩淮州軍住賣茶引，並就買引處，每引只貼納麤引錢十五貫五百，許從便住賣及榷場折博。大引隨慣例紐納。所有通貨牙息錢依舊，餘依見行條法指揮。』從之。

又［乾道二年］七月八日，戶部侍郎方滋等言：『自南北通和之後，茶引錢理合增羨。今三都茶場合賣茶引，愈更虧少，私賣盜販，侵奪國課。有新授舒州通判胡儔屢條陳茶利，未經試用。今欲乞專委胡儔帶行新任，支破請給、人從，理爲在任月日，躬親前去江西產茶州縣，與守令及主管官同共措置，革去舊弊。向去增羨，乞將胡儔陞擢，以爲激勸。』詔胡儔特改添差通判隆興府，仍釐務。

又［乾道二年］十月三十日，四川茶馬司言：『已立罪賞，禁販茶子入蕃。近有姦猾之人，却將已成茶苗公然博買入蕃，乞依茶子罪賞指揮。』戶部言：『紹興十二年十一月二十五日指揮：園戶收到茶子，如輒敢販賣與諸色人，致博賣入蕃，及買之者並流三千里，其停藏、負載之人各徒三年，分送五百里外，並不以赦降原免。許諸色人告捉，每名賞錢五百貫，內茶園戶仍將茶園籍沒入官。州縣失覺察，當職官並徒二年科罪。今茶苗比之茶子，爲害尤重，乞依本司所請。』從之。二年二月三日，臣僚言：『川秦茶、馬兩司自紹興十九年至三十二年，官司積欠總計六十六萬四千九百餘貫，並係無可陪填。乞將紹興三十二年前應有欠負茶馬司錢物，並與除放。』從之。

又［乾道］三年十二月十二日，行在都茶場言：『准乾道二年三月二十五日指揮：應指兩浙州縣住賣者，並就買引去處貼納麤引錢十貫五百，許從便住賣及榷場折博。近來不住據所屬申明，客人於指揮之前已買引，乞依舊法，免貼納麤引錢。』詔將乾道二年以前請買到茶引未曾起茶，並就起茶去處貼納麤引錢訖，批上文引，方許批發放行。八年五月二十三日詔：『行在、建康、鎮江府都茶場并應賣茶引官司，客旅筭請長引，截自今指揮到日筭請長引，每引止貼納麤引錢七貫；若再改往榷場折博，止納通貨牙息錢八貫，其餘錢數，與行免納。』

又《食貨三一·茶鹽雜録三》政和三年正月四日，戶部員外郎、提舉荊湖南北路茶鹽事范之才奏：『契勘崇寧二年八月九日敕節文：川茶除入熙河、秦鳳兩路外，有鄜延、環慶、涇原、永興四路，並許客人般販東南茶貨。續承崇寧三年二月十二日朝旨：陝西鹽香司申，諸川茶自來先到鳳翔府，方始轉般入熙河路出賣。緣鳳翔府以東諸縣鎮係賣川茶地分，與見今客販東南茶地界相接，恐冒法透漏入東南茶界，有害客販。欲將鳳翔府以東岐山、扶風、麟遊、盩厔、普閏、好時、郿、虢縣添展作東南茶地分，更不放令川茶般運過鳳翔府以東。奉聖旨依所乞。後來陝西路並作川茶地分。緣近降茶法，永興等四路並爲客販南茶地分，其鳳翔府以東八縣，即未有復行南茶指揮。』詔鳳翔府以東岐山等八縣，依舊作南茶地分，餘依已降指揮。

十四日，詔：『販茶短引候園戶處買茶訖，令本處官司依大觀二年五月二十九日朝旨所定至住賣處日限，於今年新引內鑿定，仍更依舊式，別用日限印子。候到住賣處，依已降指揮，於引背批說已販到茶年月日，此引更不得重疊興販，若出違所給日限，立便拘收元引，茶貨沒官。其繳引日限等約束，並依近降指揮，內親身赴茶務買短引販茶人，仍除程，到本州理限。』大觀二年五月二十九日敕：重別修到短引體式，並添日限印子。奉聖旨：令給引官司遇客人販茶，並仰依式用大字書鑿，仍約度所指住賣處遠近計程，分立日限：不及十程限五日，十程已上限十日，二十程已上限十五日，三十程已上限二十日。並通計程數於引內批鑿，謂如去住賣處二十程，給限三十五日引之類。仍於印子內亦鑿定所立限。並許行使用月日，謂如二十程即限三十五日。大觀二年正月一日給，至當年二月六日。不在行使之限，即出限，更不許行使。其程數不以水、陸

路，以五十里爲一程。罪賞約束，並依元降指揮。」

同日，兩浙路提舉鹽茶司奏：『今相度客人所買長短引，願於所指買茶路分別州縣分買者，欲許經州縣陳狀，於引上批鑿某月日據某人陳乞離改往某縣買茶，當職官簽書用印拖行，並關都茶務及所改並指州縣照會，仍不得過一次。』從之。

十八日，尚書省奏：『勘會除販茶短引已降指揮，許大商帶買前去產茶路分轉賣與本路小客，仍別給公憑。』詔：『長引如大商願帶買轉賣者，亦許依短引法施行，其所給公憑，仍限半年繳納。』

同日，尚書省奏：『勘會客人、鋪戶舊茶，既與客販新法相妨，理合拘收沒納。昨來朝廷寬恤，特立限至去年終，許買新引出賣。今已限滿，若便行拘收，又慮遠路客旅、鋪戶有趕趁元限不及之人。兼近據鄂州乞給降茶前去，以此即是外路未至通曉法意。』詔特展限一季，許客人、鋪戶買新引出賣舊茶，應約束事件，依近降指揮。如限滿尚不買引，出賣不盡，並仰所在州軍拘納入官，各具數申尚書省。

二十八日，提舉陝西路茶事郭思狀：『體問得近有客人盡將錢本自來至闕下，於客人、鋪戶處轉販四方物貨，前來本路貨賣。契勘中都聚四方商旅萬億物貨，其新茶若許四方客人赴都茶務依新法錢數買引，只於闕下客人、鋪戶處依園戶批數法，許將全籠篰或罐、袋轉販前來，即茶法愈通，商販愈快，於中都事愈甚便。緣新法未有許似此指揮，伏望更賜詳酌降下。又契勘若四方諸處客旅許買引於闕下轉販，即闕下鋪戶肯多停蓄，及客人滯留者亦易於發泄，委是通商爲便。又契勘闕下茶貨是客人買引及販買引是一件茶得兩重賣引錢，又係南客北人情願，兼於法有利。』詔並從之，餘路依此。

又 〔政和三年〕二月七日，詔：『客人新引所販茶未到所指地，願改指別處者聽，內遠指近賣者，仍認元指稅錢。如長引茶已到地頭，限未滿，願批往別路者，亦聽從便。已上仍令所在州縣批鑿茶引，及關報都茶場務及元指去處照會，其繳引日限等約束，並依元降指揮施行。』

十九日，尚書省劄子：『提舉福建路茶事司狀：一、體訪得本路產茶州軍諸寺觀園圃，甚有種植茶株去處，造品色等第臘茶，自來拘籍，多是供贍僧道外，有妄作遠鄉饋送人事爲名，冒法販賣，官司未有關防。伏望立法行下，以憑遵守』。詔諸寺觀每歲摘造到草、臘茶，如五百斤以下，聽從便喫用，即不得販賣。如違，依私茶法。若五百斤以上，並依園戶法。』

二十五日，詔：『諸州縣市易稅務，緣昨來茶事所置專知官、秤、庫、掐子名額並罷，內手分食錢等許依舊支破。所有應緣茶事合支官吏請給、食錢，並於產鹽倉場收到羅苑市例錢內應副，餘依所乞。諸路依此。其不係產鹽路分，即以常平頭子錢充。』

又 〔政和三年〕三月十五日，詔：『諸路應茶客合經過州縣，稅務欄頭批引、封籠篰及行遣茶事手分、貼司並行重法。仍仰逐路監司嚴督州縣常切覺察，其失覺察官重行停降。』

二十五日，監都鹽務呂仲隨等劄子：『檢會崇寧三年二月內講議司修立到福建路茶法，內一項：「諸園戶五家爲保，內有私相交易者互相覺察，告賞如法。即知而不告，論如五保不糾，律加一等。」契勘新修茶法，並許客人請引徑赴園戶處私下任便興販，即不得與無引交易。看詳上條內有文意與新法相妨去處，若不修正，竊慮園戶別致疑惑。今相度，欲乞於上條內刪去「內有」二字，却添入「若與無引人」五字。如允所請，亦乞依此施行。』從之。

又 〔政和三年〕七月二十日，尚書省言：『勘會販茶短引每道價錢二十貫，竊慮尚有本小商旅不能興販之人。』詔令太府寺更印給一等十貫短引，許販茶一百五十斤，餘依前後已降指揮。

三十日，監都茶務魏伯才等奏：『近降朝旨：「客人販茶貨，據計定斤重新引出賣外，餘剩茶貨但及一千五百斤，更合買新引一道；若有不及一引茶數，亦合更買新引一道，據數批鑿，不盡斤重，令貼販新茶；或只願販新帶賣者，亦聽從便。」外或有只願販新茶帶賣一節，累據客人將到文引，見得有剩茶不及一引，多稱只願帶賣，不肯別請文引。竊恐上件茶貨存留多日，難以關防，別致隱匿作弊。今欲乞于已得指揮內除去「或只願販新茶帶賣者，亦聽從便」一節。』從之。

又 〔政和三年〕八月四日，詔：『客人買到茶貨往稅務封記起引，其商稅務如茶到限日，依條封記放行。如敢阻節住滯，當行人吏杖一百勒停。』

十七日，尚書省言：『勘會鋪戶變磨到末茶，昨降指揮，許諸色人買引興販，長引納錢五十貫文，販茶一千五百斤；三十貫文，販茶九百斤。短引納錢二十貫文，販茶六百斤。緣近降指揮，販草茶更印給一等十貫文短引，其末茶未有十貫文短引興販指揮。』詔販末茶更印給十貫文短引，許興販三百斤，約束等並依前後已降指揮。

二十日，中書省言：『勘會諸路朝廷所管茶、鹽錢萬數不少，並係專一措置收樁，以歸朝廷移用。竊慮諸官司却與諸色窠名封樁錢一例支使，有妨朝廷指擬。』詔：『諸路茶鹽錢除有專條及朝廷臨時指揮指定許支外，並不得與諸色窠名封樁錢一例支使，如違，依擅支封樁法。』

二十九日，提舉江南東西路鹽香茶事司奏：『點檢得江東轉運司支使使過封樁茶息錢一十五萬貫，本司二十次牒轉運司撥還，並不報應。』詔李西美、孫漸送吏部，與監當差遣，人吏杖一百勒停，餘依本司申，仍限一年撥還。

又 〔政和三年〕九月十九日，中書省言：『增修到下條：諸茶法，州縣及當職官奉行稽慢違戾，或有沮抑者，各徒二年，並不以去官、赦降原減。』從之。

又 〔政和三年〕十二月三日，武功大夫、監都茶務魏伯才等奏：『乞應鋪戶買到客人限定斤重成籠篰茶，並依客例，令逐處所差官專一秤製，如無剩數，許先次出賣外，若有剩數，並行籍記，許請買引出賣。每納錢一百貫文，許賣茶一千五百斤，不及，據數紐筭給引。如敢輒將成籠篰茶旋行開折，許人告，罪賞並依客人避免秤製已得指揮。』從之。

六日，中書省言：『檢會崇寧四年八月十七日朝旨：應在任官親戚，及非在任官、僧道、伎術人、軍人、本州縣公人及犯罪應贖人，不得請引販茶，如違，其應贖人杖一百，餘人徒三年，犯罪應贖人送鄰州編管。許人告，賞錢五十貫。勘會見行茶法係令客人等赴都茶務買引，與園戶任便交易販茶，限定大小斤重，官置籠篰，即與以前事體不同。』詔：崇寧四年指揮內見任官、公人合依舊不許買引興販外，餘更不施行。

又 〔政和〕四年四月九日，尚書省言：『舊水磨茶場一歲收息不及一百萬貫，一年內有每季泛進錢。今來茶務歲收錢約四百萬貫以上，比舊已及三倍以上，不係省錢，別無支用，尚循舊例，只每季泛進，未有月進之數，欲每月進五萬貫。』詔從之，仍自今月爲始。

十月七日，淮南路提舉鹽香茶礬事司狀：『承都省批下白劄子：勘會已降朝旨，諸路應茶客合經過州縣，稅務欄頭及行遣茶事手分、貼司即未有立定重祿請給則例。本司今依應將州、縣、鎮稅務應係茶客經過去處，欲乞每月各輪差欄頭二名當務，專管驗封引、收稅，量事務繁簡分三等重祿錢。州軍在城稅務，每月欄頭二名，今立爲上等，各支錢五貫文；縣稅務每月欄頭二名，今立爲中等，各支四貫文；鎮稅務每月欄頭二名，今立爲下等，各支錢三貫文。其本月不當驗封引、收稅之人，如於茶事有犯，已有指揮，並合依重祿法施行。兼契勘州縣行茶事人吏重祿食錢，係以常平頭子錢支充，所有今來欄頭重祿，亦望許於常平頭子錢內應副。』詔諸州、縣、鎮稅務各一名行重祿，管勾驗封等事，州每月支錢八貫，縣七貫，鎮五貫文，餘依淮南鹽事司所申。餘路依此。

又 〔紹興〕三年正月十五日，刑部言：『提舉兩浙西路茶鹽夏之文奏：檢會紹興元年十二月三日都省劄子：「勘會國家養兵之費，全藉茶鹽之利，日近守令官司玩習怠慢，全不禁戢私販。奉聖旨：應私販茶鹽，並不用蔭原赦。又《紹興敕》諸律與敕兼行，文意相妨，從敕；其一司一路有別制，從別制。今准九月二十日赦恩，據所屬申明見禁犯茶、鹽公事，合與不合引用《紹興敕》作非次赦恩原免？本司契勘《紹興敕》諸海行條內，稱不以赦降原，除緣姦細或傳習妖教託幻變之術及故決、盜決江河堤堰已決外，餘犯若遇非次赦，或再遇大禮赦者，聽從原免。又緣茶、鹽約束斷罪等各有專法，未審合與不合引用海行條原放。九月二十六日有旨：應私販茶鹽，雖遇非次赦恩，特不原免。本司檢准《紹興敕》：諸犯罪未發及已發未論決而改法者，法重依犯時法，輕從輕法。伏詳今降旨意，本緣冒法之人侵耗國計，務要禁戢私販，故專降指揮特不原非次赦恩。兼詳所降聖旨，亦無今後之文，若或便將似此犯人不原九月四日赦恩，緣犯時終未盡降不原非次赦恩指揮，又慮合作建格改引赦原免，委有疑惑。」并小貼子：看詳九月二十六日指揮：應私販茶、鹽，雖遇非次赦恩，特不原減。如再遇大禮赦，未審該與不該原減。」小貼子：照會《紹興敕》諸海行條，內稱不以赦原減，除緣姦細

或傳習妖教等外，餘犯若遇非次赦，或再遇大禮赦者，聽從原免。亦未審一司一路一州一縣條法內該載不以赦降原減，若遇非次赦，或再遇大禮赦，合與不合原減 仍乞一就申明施行。」本部尋下大理寺參詳去後，據大理寺申：寺司衆官參詳，若私販茶、鹽，犯在紹興二年九月二十六日指揮已前，依勑合作犯罪未論決而改法，法重依犯時外，依《紹興勑》稱不以赦降原減，除緣姦細或傳習妖教託幻變之術及故決、盜決江河隄堰已決外，餘犯若遇非次赦或遇大禮赦者，聽從原免。即是一遇非次赦與再遇大禮赦，立法一般。今來私販茶、鹽既專降指揮，雖遇非次赦，特不原減，即再遇大禮赦，亦不合原減。」所有一司一路一州一縣條法內稱不以赦降原減，事既非海行法，若遇非次赦，或再遇大禮赦，亦不合原減。本部欲依本寺所申行下。』從之。

又 二月二十五日，詔：『茶園戶自請引販茶，如引不隨茶，並依客人興販引不隨茶條法斷罪施行。』

又 三月四日，福建轉運判官徐宇言：『紹興二年未發大龍鳳茶計一千七百二十八斤，以去歲盜發建州，茶工不給，欲展三年補發。』上曰：『當盡蠲免，不須更令補發，亦所以寬民力也。』

六日，大理寺言：『本寺昨因渡江散失條制之後，一司專法編録不全，每遇檢斷犯私茶、鹽公事，不免旋於臨安府取會專法，非特留滯案牘，兼恐供報漏落，因致引用差誤。欲乞下本府將前後茶、鹽法并續降指揮責限一月，編録成冊，官吏保明委無差漏，送寺收掌，以備檢用。所有日後續降指揮，亦乞申嚴有司依條限謄報，下寺施行。』詔臨安府係駐蹕州軍，事務繁劇，改令嚴州限一月抄録成册，送本寺收掌。

五月二日，提舉荊湖南路茶鹽公事司言：『斷絶私販茶鹽，惟藉給賞激勸告捕之人。州縣緣盜賊之後，皆闕錢椿垜。』詔：『逐州縣四色共椿三百貫通融支用，如係闕錢去處，令提鹽司具的確錢數關提刑司，於合發經製錢內取撥椿垜，不得占吝。具已支過錢數申尚書省。』

六月四日，江西提舉茶事趙伯瑜言：『檢准宣和七年六月五日朝旨：州委通判、知縣專一督捕私鹽。其私茶未有依此明文，欲望申明行下。』從之。

八月七日，榷貨務都茶場言：『客人般販茶鹽到住賣處，欲用牙人貨賣者，合依已立定係籍等三等戶充牙人交易。如願不用牙人，自與鋪戶和議出賣，或情願委託熟分之人作牙人引領出賣者，即合依政和四年十二月二十四日朝旨，聽從客便。』從之。

十一月二十三日，詔都茶場依左藏庫例添置大門監官一員。

又 〔紹興〕四年三月十六日，戶部言：『檢准紹興三年三月九日指揮：今後告獲牙人接引貨賣私鹽罪賞，並依正犯人法。欲乞今後告獲牙人接引賣買私茶之人，並依接引賣買私鹽人已得指揮施行。』從之。

四月十三日，倉部員外郎、檢察福建廣南東西路經費財用公事章傑言：『據建州申：遞年合發省額茶二十一萬六千斤，自建炎二年後來，因葉濃作過，逐年只起罷科茶錢。至紹興四年，因大禮蒙抛買賞給茶五萬斤，以是難買。繼蒙朝旨蠲免四萬斤。今准戶部符：檢會紹興五年分本州合發省額茶二十一萬六千斤，仰計置依限起發。續準都督府劄子：准尚書省劄，勘會建州合發上供茶盡起本色，赴建康府交納，令客人請買前去。以北州軍係已指擬淮南支用，不可全行減免。已得旨：特與減三分之一折起價，餘二分起發本色。州司照對，若令收買二分茶，即計一十四萬四千斤，比之紹興四年，幾增三倍，委是收買不行。乞申明朝廷，更賜減免。傑勘會建州遞年買發省額片茶，係隔年預借本錢支俵園戶計置，拍造入中。後因兵火，園戶逃亡，製造省少。今來却體訪得建州管下自來磨戶變磨末茶成袋出賣，多有客販往淮南通、泰州。取會得建州每年批發上件茶引二十餘萬斤。今欲乞將建州合發省額茶且權依紹興四年例起發五萬斤，餘並折價錢，委自本州收買末茶一十五萬斤赴建康府交納。』從之。

八月十六日，福建路轉運司言：『據建州買納茶務監官申：昨來章傑申請乞買末茶往建康府召客人販，緣末茶滋味苦澀，性不堅實，不堪經久，委是將來有失官本。』有旨：前降收買起發末茶指揮更不施行。

七月十八日，殿中侍御史魏矼言：『竊見今秋明堂大禮，陛下屢降德音，務從簡儉，又令有司照應紹興元年體例施行。誠知宗祀以交神明，在誠德而不在繁文，所以內惜國家艱難之費，外省州郡輸貢之勞，因民心以享天心也。檢會紹興元年賞給數，內建州臘茶並不曾催發，亦不曾支給，知其無益於實，人亦不復覬覦矣。訪聞戶部今歲抛買大臘茶，自五月開

務，至今纔發得一綱，園戶騷動，陪備失業，實爲可憐。況建州自經葉濃、范汝爲之亂，戶口凋殘，瘡痍未復。其民方集而易動，其俗喜兵而難安，州縣當思無以撫存之，不宜以細故，重使失業也，臣愚欲望降旨，除已發一綱外，其餘臘茶許令依紹興元年賞給特行蠲免，更不起綱。』詔依紹興元年例施行。以上《永樂大典》卷五七八五

又《食貨三六·榷易》［天聖七年］十二月，三司言：『準傳宣：陝西沿邊令歲稍熟，入中斛斗糧草，累曾令將茶鹽折博入中，且留見錢在京，只將茶鹽招客入中。如少人入中，即添饒茶、鹽些小潤人。省司看詳：元勑蓋爲陝西沿邊州軍地居山險，道路阻隘，所要糧草難以斡運，是以擘畫，依每斗束確的見賣價錢，許客入便糧草，給付客人交引，上京請領見錢。如恐客旅情願便換外處州軍見錢，或筭請茶貨、香藥、象牙、顆末鹽、白礬交引，亦取客人自便，將此見錢交引直於在京榷貨務，依入納見錢筭買功饒則［例］、招客納便見錢，準備諸雜支遣，即不得更作準備糴置糧草名目入便。其錢納赴軍資庫錢帛帳內管係，充備諸新支遣。令轉運司勘會每年合銷雜支見錢，除將諸色課利充備外，據的實所欠數預先拋降與逐州、軍、監招客入便，依下項支還則例指射請領，候客旅執抄到京，各隨路分支請去處，取客穩便指射。所是合給交引內河東州軍依先降指揮，令逐州軍出給，仍依例印造書填給付外，其河北、陝西州軍即從省司依例給印降付逐處書填入便，候客人齎抄到京，赴省投下，並令上供案正勾支還。如今後逐州、軍、監所要糴置糧草見錢，即依元降編勑，委自知州軍、同判酌量一年合銷錢數，下撥狀於軍資庫支撥，便據請到錢數月日，並於本月糧草帳內正行收附。』從之。河北沿邊凡十四州軍寨支納見錢，依等第加饒則例支還，更不尅納頭底潤官錢，到京於在京榷貨務一文支還一文見錢，定州、廣信軍、保州、北平寨四處，每十千加支七百；安肅軍、真定府二處，每十千加支六百；雄州、莫州、瀛州、順安軍、保定軍五處，每十千家支七百；乾寧軍、霸州、信安軍三處，每十千功支三百。陝西沿邊凡十一州軍入納見錢，依等第加饒則例支還，更不尅納頭底潤官錢，到京於榷貨務一文支還一文見錢，環州一處，每十千加支一千；慶州、延州、渭州、保安軍、鎮戎軍五處；每十千家支七百；鄜州、原州、儀州三處，每十千加支五百；涇州、邠州二處，每十千加支三百。河東州、軍、監入納見錢，每十千依等第加饒則例翻換，支還在京及京東、京西向南州軍見錢，并州每十千加支三百，代州每十千加支四百，二處每貫上到京尅下潤官錢五文，依除外翻換支給京東西向南州軍見錢，麟、府州依舊例，每十千加支七百，更不克尅頭底錢，並支在京榷貨務見錢，或情願筭請細絹匹段絲綿等，並依見賣實直價例支還，即不椿定錢數筭請。如恐客旅情願便換外處州軍見錢，或筭請茶貨、香藥、象牙、顆末鹽、白礬交引，亦取穩便，翻換交引文字，往指射去處請領。若客人於本處中納糧草時願要茶貨，即於抄前批鑿，候到京，每價錢十千上更特添錢一千，兼許客旅齎逐州軍入納糧草文抄，直于解州筭請鹽貨。自來依此施行，已著倫序。況緣陝西沿邊州軍糧草最處大事，省司不敢遽行改更，慮恐客旅疑惑，不赴邊上中納糧草，別致闕悮。今具從初擘畫入便支還敕命及榷貨務并解州天聖六年一年支過見錢、茶鹽諸般交引錢數，開坐進呈。』詔依元降指揮施行。

又　天聖元年五月敕：定奪所奏陝西沿邊州軍許客津般糧草赴倉場入納，乃以逐月逐旬每鬥束榷的見賣價錢紐計貫百，等第功饒給付交引，到京一文支還一文見錢。如情願便換外處州軍見錢，或筭請茶貨香藥、象牙、顆末鹽、白礬交引，亦取客人穩便，于在京榷貨務依入納見錢筭買功饒則例，翻換交引文字往指射去處請。又八月敕：陝西沿邊州軍道路窄狹峻惡，即不同河北州軍水路地平，易爲般輦，令別定逐處入便糧草添饒錢數則例，令本路轉運司依此則例招誘客旅，津般夏秋色並隔新糧草赴倉場入納。環州一處，每十千支十二千六百；慶州一處，每十千支十二千二百；延、渭州、保安、鎮戎軍四處，每十千支十二千；鄜、原、儀州三處，每十千支十一千五百；涇、邠州二處，每十千支十一千。又四年八月敕：陝西便糴糧草，客人不願請領見錢，情願要請茶交引者，仰逐州軍於交引收附前面書寫，候到京，依入納見錢體例支還茶貨，每十千上特與添錢一千。又在京榷貨務及解州天聖六年正上特與添錢一千。又在京榷貨務及解州天聖六年正月一日至十二月終，支過陝西沿邊州軍便糴糧草見錢、茶鹽諸般交引錢二百四十七萬六千三百二十七貫二十六文，折納茶稅錢九十三萬一千五百七貫九百九十二文。

客人于在京榷貨務請過見錢百五十四萬四千八百十九貫三十四文，

客人于在京榷貨務翻換請外州軍見錢並茶鹽交引及直于解州請領鹽貨七十四萬七千四百六十三貫四百文，客人于榷貨務翻換筭請過交引並折納茶稅十六萬七千二百八十五貫七百文，茶交引三十萬七千四百七十五貫文，末鹽交引九萬四千三百八十八貫七百文，顆鹽交引十一萬一千六百六十五貫二百文，便換外州軍見錢六萬六千六百四十八貫八百文，充折茶稅錢五十萬二千六百五十七貫一百文，客人于榷貨務筭請茶交引四十八萬八千五百十七貫二百文，陝西沿邊州軍客人情願筭請茶交引萬四千一百三十九貫九百文，客人納下糧草，給到本州三月後來文抄原書天頭注云：『抄一作字。』，支給茶交引二十九萬四千六百九十八貫五百三十四文，客人直于解州筭請過鹽七萬四千六百七十六席。

三月，詔：『秦州據每年合要酒米曲麥，並許客旅入中，依自來本州入中軍糧白米小麥例紐筭，每交入納石㪷錢數貫百，支與川界嘉、邛等州軍請見錢鐵錢。如或客旅願要筭請解鹽，即依近敕每斤作十八文足支還。』

五月十六日，三司以京師營繕材木，仰給者衆，許商人入竹木受茶以易直。從之。

十一月，三司言：『准六年九月敕：許客旅於在京入中大豆三十萬碩，粟二十萬碩，已入中到大豆二十七萬七千餘碩，粟萬五千餘碩。後來爲粟豆價高，指揮住納。今秋豆粟價賤，勘會馬料粟豆見在數無多，欲於在京折中倉許客人［入］中大豆三十萬碩，粟二十萬碩，一依舊例，除依時估價，例每㪷上添饒錢十文紐筭價錢，每一百貫爲則，内七十貫筭請解州顆鹽，即依在京入納見錢體例，每七百文支一貫文引；三十貫支向南州軍末鹽，即鹽上更不減價，亦無功。所有上件末鹽三十貫文，更於榷貨務貼納見錢三十貫文，亦依本務納見錢體例，每貫上功錢八十文，共六十二貫四百文，給向南末鹽交引。仰折中倉招誘客人入納新好斛㪷，書填客人姓名、斛㪷數目、時旬價例並添饒錢數、附帳月分，出給合同收附開抄。内一本倉抄給付客人，令具狀聲説乞支物色名目去處，赴省投下；餘一本收附開狀，逐日上曆，具狀繳連實封，于三司開拆司投下，發斛㪷司收領，依條限行遣，送勾院支還。如此關防，必不致虚僞，仍與充在京榷貨務課例。』從之。

稅、征商、榷場等法，大概多宋舊人之所建明，息耗無定，變易靡恒，視錢鈔何異。田制、水利、區田之目，或驟行隨輟，或屢試無效，或熟議未行，咸著于篇，以備一代之制云。

又卷四九《食货志四・盐》 鹽。金制，榷貨之目有十，曰酒、麴、茶、醋、香、礬、丹、錫、鐵，而鹽爲稱首。

又卷九七《食货志五・茶法》 至元二年，江西、湖廣兩行省具以茶運司同知萬家閭所言添印茶由事，咨呈中書省云：『本司歲辦額課二十八萬九千二百餘錠。除門攤批驗鈔外，數内茶引一百萬張，每引十二兩五錢，共爲鈔二十五萬錠。末茶自有官印筒袋關防，其零斤草茶由帖，每年印造一千三百八萬五千二百八十九斤，該鈔二萬九千八十餘錠。茶引一張，照茶九十斤，客商興販。其小民買食及江南産茶去處零斤採賣，皆須由帖爲照。春首發賣茶由，至於夏秋，茶由盡絶，民間闕用。以此考之，茶由數少課輕，便於民用而不敷，茶引課重數多，止於商旅興販，年終尚有停閑未賣者。每歲合印茶由，以十分爲率，量添二分，計二百六十一萬七千五十八斤。算依引目内官茶，每斤收鈔一錢三分八釐八毫八絲，計增鈔七千二百六十九錠七兩，比驗減去引目二萬九千七十六張，庶幾引不停閑，茶無私積。中書戸部定擬，江西茶運司歲辦公據十萬道，引一百萬，計鈔二十八萬九千二百餘錠。茶引便於商販，而山場小民全憑茶由爲照，歲辦茶由一千三百八萬五千二百八十九斤，每斤一錢一分一釐一毫二絲，計鈔五千八百一十六錠七兩四錢一分，減引二萬三千二百六十四張。茶引一張，造茶九十斤，納官課十二兩五錢。如於茶由量添二分，計二百六十一萬七千五十八斤，每斤添收鈔一錢三分八釐八毫八絲，計鈔七千二百六十九錠七兩，積出餘零鈔數，官課無虧，而便於民用。』合准本省所擬，具呈中書省，移咨行省，如所擬行之。

又 至正二年，李宏陳言内一節，言江州茶司據引不便事云：『榷茶之制，古所未有，自唐以來，其法始備。國朝既於江州設立榷茶都轉運司，仍於各路出茶之地設立提舉司七處，專任散據賣引，規辦國課，莫敢誰何。每至十二月初，差人勾集各處提舉司官吏，關領次年據引。及其到司，旬月之間，司官不能偕聚。吏貼需求，各滿所欲，方能給付據引。此

時春月已過。乃還本司，方欲點對給散，又有分司官吏，到各處驗戶散據賣引。每引十張，除正納官課一百二十五兩外，又取要中統鈔二十五兩，名爲搭頭事例錢，以爲分司官吏饋饍之資。提舉司雖以榷茶爲名，其實不能專散據賣引之任，不過爲運司官吏營辦資財而已。上行下效，勢所必然。提舉司既見分司官吏所爲若是，亦復傚效遷延。及茶戶得據還家，已及五六月矣。中間又存留茶引二三千本，以茶戶消乏爲名，轉賣與新興之戶。每據又多取中統鈔二十五兩，上下分派，各爲己私。不知此等之錢，自何而出，其爲茶戶之苦，有不可言。至如得據在手，碾磨方興，吏卒踵門，催併初限。不知茶未發賣，何從得錢。間有充裕之家，必須別行措辦。其力薄者，例被拘監，無非典鬻家私，以應官限。及終限不能足備，上司緊併，重復勾追，非法苦楚。此皆由運司給引之遲，分司苛取之過。茶戶本圖求利，反受其害，日見消乏逃亡，情實堪憫。今若申明舊制，每歲正月，須要運司盡將據引給付提舉司，隨時派散，無得停留在庫，多收分例，妨誤造茶時月；如有過期，別行定罪。仍不許運司似前分司自行散賣據引，違者從肅政廉訪司依例糾治。如此，庶茶司少革貪饕之風，茶戶免損乏之害。』中書省以其言送戶部定擬，復移咨江西行省，委官與茶運司講究，如果便益，如所言行之。

《明會典》卷三七《課程六・茶課》　凡徵課。洪武初定，凡賣茶去處，赴宣課司依例三十分抽一分。芽茶葉茶，各驗價直納課。販茶不拘地方。

又卷一五三《馬政四》　嘉靖［嘉靖］三十一年題准，馬政茶法，二事相須。准令巡茶御史兼管馬政，督理二寺事務。

綜述

《新唐書》卷五二《食貨志二》　自太宗時置義倉及常平倉以備凶荒，高宗以後，稍假義倉以給他費，至神龍中略盡。玄宗即位，復置之。其後第五琦請天下常平倉皆置庫，以畜本錢。至是趙贊又言：『自軍興，常平倉廢垂三十年，凶荒潰散，餧死相食，不可勝紀。陛下即位，京城兩市置常平官，雖頻年少雨，米不騰貴，可推而廣之，宜兼儲布帛。請於兩都、江陵、成都、揚、汴、蘇、洪置常平輕重本錢，上至百萬緡，下至十萬，積米、粟、布、帛、絲、麻，貴則下價而出之，賤則加估而收之。諸道津會置吏，閱商賈錢，每緡稅二十，竹、木、茶、漆稅十之一，以贍常平本錢。』德宗納其策。屬軍用迫蹙，亦隨而耗竭，不能備常平之積。

是時，諸道討賊，兵在外者，度支給出界糧。每軍以臺省官一人爲糧料使，主供億。士卒出境，則給酒肉。一卒出境，兼三人之費。將士利之，逾境而屯。

趙贊復請稅間架，算除陌。其法：屋二架爲間，上間錢二千，中間一千，下間五百；匿一間，杖六十，告者賞錢五萬。除陌法：公私貿易，千錢舊算二十，加爲五十；物兩相易者，約直爲率。而民益愁怨。及涇原兵反，大譟長安市中曰：『不奪爾商戶僦質，不稅爾間架、除陌矣。』於是間架、除陌、竹、木、茶、漆、鐵之稅皆罷。

又卷五四《食貨志四》　開成元年，復以山澤之利歸州縣，刺史選吏主之。其後諸州牟利以自殖，舉天下不過七萬餘緡，不能當一縣之茶稅。及宣宗增河湟戍兵衣絹五十二萬餘匹，鹽鐵轉運使裴休請復歸鹽鐵使以供國用，增銀冶二、鐵山七十一，廢銅冶二十七、鉛山一。天下歲率銀二萬五千兩、銅六十五萬五千斤、鉛十一萬四千斤、錫萬七千斤、鐵五十三萬二千斤。

宋　沈括《本朝茶法》　乾德二年，始詔在京、建州、漢、蘄口各置榷貨務。五年，始禁私賣茶，從不應為情理重。太平興國二年，刪定禁法條貫，始立等科罪。

淳化二年，令商賈就園戶買茶，公於官場貼射，始行貼射法。淳化四年，初行交引，罷貼射法；西北入粟給交引，自通利軍始；是歲罷諸處榷貨務，尋復依舊。

至咸平元年，茶利錢以一百三十九萬二千一百一十九貫三百一十九為額。至嘉祐三年，凡六十一年用此額，官本雜費皆在內，中間時有增虧，歲入不常。咸平五年，三司使王嗣宗始立三分法，以十分茶價，四分給香藥，三分犀象，三分茶引。六年，又改支六分香藥、犀象，四分茶引。景德二年，許人入中錢帛金銀，謂之三説。

至祥符九年，茶引益輕，用知秦州曹瑋議，就永興、鳳翔以官錢收買客引，以救引價，前此累增加饒錢。

至天禧二年，鎮戎軍納大麥一斗，本價通加饒共支錢一貫二百五十四。

乾興元年，改三分法，支茶引三分，東南見錢二分半，香藥四分半。天聖元年，復行貼射法，行之三年，茶利盡歸大商，官場但得黄晚惡茶，乃詔孫奭重議，罷貼射法。明年，推治元議省吏計覆官、旬獻等皆決配沙門島，元詳定樞密副使張鄧公，參知政事呂許公、魯肅簡各罰俸一月，御史中丞劉筠、入内内侍省副都知周文質、西上閤門使薛昭廓、三部副使各罰銅二十斤，前三司使李諮落樞密直學士，依舊知洪州。

皇祐三年，算茶依舊只用見錢。至嘉祐四年二月五日，降勑罷茶禁。

國朝六榷貨務、十三山場，都賣茶歲一千五十三萬三千七百四十七斤半，祖額錢二百二十五萬四千四十七貫一十。

其六榷貨務，取最中，嘉祐六年，抛占茶五百七十三萬六千七百八十六斤半，祖額錢一百九十六萬四千六百四十七貫二百七十八。荊南府祖額錢三十一萬五千一百四十八貫三百七十五，受納潭、鼎、澧、岳、歸、峽州、荊南府片散茶共八十七萬五千三百五十七斤。漢陽軍祖額錢二十一萬八千三百二十一貫五十一，受納鄂州片茶二十三萬八千三百斤半。蘄州蘄口祖額錢三十五萬九千八百三十九貫八百一十四，受納潭、建州、興國軍片茶五十萬斤。無為軍祖額錢三十四萬八千六百二十貫四百三十，受納潭、筠、袁、池、饒、建、歙、江、洪州、南康、興國軍片散茶共八十四萬二千三百三十三斤。真州祖額錢五十一萬四千二十二貫九百三十二，受納潭、袁、池、饒、歙、建、撫、筠、宣、江、吉、洪州、興國、臨江、南康軍片散茶共二百八十五萬六千二百六斤。海州祖額錢三十萬八千七百三貫六百七十六，受納睦、湖、杭、越、衢、溫、婺、台、常、明、饒、歙州片散茶共四十二萬四千五百九十斤。

十三山場祖額錢共二十八萬九千三百九十九貫七百三十二，共買茶四百七十九萬六千九百六十一斤。光州光山場買茶三十萬七千二百十六斤，賣錢一萬二千四百五十六貫；子安場買茶二十二萬八千三十斤，賣錢一萬三千六百八十九貫三百四十八；商城場買茶四十萬五百五十三斤，賣錢二萬七千七十九貫四百四十六。壽州麻步場買茶三十三萬一千八百三十三斤，賣錢三萬四千八百一十一貫三百五十；霍山場買茶五十三萬二千三百九斤，賣錢三萬五千五百九十五貫四百八十九；開順場買茶二十六萬九千七十七斤，賣錢一萬七千一百三十貫。廬州王同場買茶二十九萬七千三百二十八斤，賣錢一萬四千三百五十七貫六百四十二。黄州麻城場買茶二十八萬四千二百七十四斤，賣錢一萬二千五百四十貫。舒州羅源場買茶一十八萬五千八十二斤，賣錢一萬四百六十九貫七百八十五；太湖場買茶八十二萬九千三十二斤，賣錢三萬六千九十六貫六百八十。蘄州洗馬場買茶四十萬斤，賣錢二萬六千三百六十貫；王祺場買茶一十八萬二千二百二十七斤，賣錢一萬一千九百五十三貫九百三十二；石橋場買茶五十五萬斤，賣錢三萬六千八十貫。

《宋史》卷一八四《食貨志下六・茶法》

天聖三年八月，詔翰林侍講學士孫奭等同究利害，奭等言：『十三場茶積而未售者六百一十三萬餘斤，蓋許商人貼射，則善者皆入商人，其入官者皆粗惡不時，故人莫肯售。又園戶輸歲課不足者，使如商人入息，而園戶皆細民，貧弱力不能給，煩擾益甚。又姦人倚貼射爲名，強市盜販，侵奪官利，其弊不可不革。』十月，遂罷貼射法，官復給本錢市茶。商人入錢以售茶者，奭等又欲優之，請凡入錢京師售海州、荊南茶者，損爲七萬七千，售真州等四務十三場茶者，又第損之，給茶皆直十萬。自是，河北入中復用三說法，舊給東南緡錢者，以京師榷貨務錢償之。

奭等議既用，益以李諮等變法爲非。明年，摭計置司所上天聖二年比視增虧數差謬，詔令嘗典議官張士遜等條析。夷簡言：『天聖初，環慶等路數奏芻糧不給，京師府藏常闕緡錢，吏兵月奉僅能取足。自變法以來，京師積錢多，邊計不聞告乏，中間蕃部作亂，調發兵馬，仰給有司，無不足之患。以此推之，頗有成效。三司比視數目差互不同，非執政所能親自較計。』然士遜等猶被罰，諮罷三司使。初，園戶負歲課者如商人入息，後不能償。至四年，太湖等九場凡逋息錢十三萬緡，詔悉蠲之。然自奭等改制，而茶法寖壞。

又 景祐中，三司吏孫居中等言：『自天聖三年變法，而河北入中虛估之敝，復類乾興以前，蠹耗縣官，請復行見錢法。』時諮已執政矣。

三年，河北轉運使楊偕亦陳三說法十二害，見錢法十二利，以謂止用三說所支一分緡錢，足以贍一歲邊計。遂命諮與參知政事蔡齊等合議，且令詔商人訪其利害。是歲三月，諮等請罷河北入中虛估，以實錢償芻粟，實錢售茶，皆如天聖元年之制。又以北商持券至京師，舊必得交引鋪爲之保任，并得三司符驗，然後給錢，以是京師坐賈率多邀求，三司吏稽留爲姦，乃悉罷之，命商持券徑趣榷貨務驗實，立償之錢。初，奭等雖增商人入錢之數，而猶以爲利薄，故競市虛估之券，以射厚利，而入錢者寡，縣官日以侵削，京師少蓄藏。至是，諮等請視天聖三年入錢數第損一千有奇，入中增直亦視天聖元年數第加三百。詔皆可之。前已用虛估給券者，給茶如舊，仍給景祐二年已前茶。

既而諮等又言：『天聖四年，嘗許陝西入中願得茶者，每錢十萬，所在給券，徑趣東南受茶十一萬一千。茶商獲利，爭欲售陝西券，故不復入錢京師，請禁止之。』并言商人所不便者，其事甚悉，請爲更約束，重私販之禁，聽商人輸錢五分，餘爲置籍召保，期半年悉償，失期者倍其數。事皆施行。諮等復言：『自奭等變法，歲損財利不可勝計，且以天聖九年至景祐二年較之，五年之間，河北入中虛費緡錢五百六十八萬；今一旦復用舊法，恐豪商不便，依託權貴，以動朝廷，請先期申諭。』於是帝爲下詔戒敕，而縣官濫費自此少矣。

久之，上書者復言：『自變法以來，歲輦京師金帛，易芻粟於河北，配擾居民，內虛府庫，外困商旅，非便。』寶元元年，命御史中丞張觀等與三司議之。觀等復請入錢京師以售真州等四務十三場茶，直十萬者，又視景祐三年數損之，爲錢六萬七千，入中河北願售茶者，又損一千。既而詔又第損二千，於是入錢京師止爲錢六萬五千，入中河北爲錢六萬四千而已。

又　康定元年，葉清臣爲三司使，是歲河北穀賤，因請內地諸州行三說法，募人入中，且以東南鹽代京師實錢。詔糴止二十萬石。慶曆二年，又請募人入芻粟如康定元年法，數足而止，自是三說稍復用矣。八年，三司鹽鐵判官董沔亦請復三說法，三司以爲然，因言：『自見錢法行，京師錢入少出多，慶曆七年，榷貨務緡錢入百十九萬，出二百七十六萬，以此較之，恐無以贍給，請如沔議，以茶、鹽、香藥、緡錢四物予之。』於是有四說之法。初，詔止行於並邊諸州，而內地諸州有司蓋未嘗請，即以康定元年詔書從事。自是三說、四說二法並行於河北，不數年間，茶法復壞。芻粟之直，大約虛估居十之八，米斗七百，甚者千錢。券至京師，爲南商所抑，茶每直十萬，止售錢三千，富人乘時收蓄，轉取厚利。三司患之，請行貼買之法，每券直十萬，比市估三千，倍爲六千，復入錢四萬四千，貼爲五萬，給茶直十萬。詔又損錢一萬，然亦不足以平其直。久之，券比售錢三千者，纔得二千，往往不售，北商無利，入中者寡，公私大弊。

又　皇祐二年，知定州韓琦及河北轉運司皆以爲言，下三司議。三司奏：『自改法至今，凡得穀二百二十八萬餘石，芻五十六萬餘圍，而費緡錢一百九十五萬有奇，茶、鹽、香藥又爲緡錢一千二百九十五萬有奇。茶、鹽、香藥，民用有限，榷貨務歲課不過五百萬緡，今散於民間者既多，所在積而不售，故券直亦從而賤。茶直十萬，舊售錢六萬五千，今止二千，以至香一斤，舊售錢三千八百，今止五六百，公私兩失其利。請復行見錢法，一用景祐三年約束。』乃下詔曰：『比食貨法壞，芻粟價益倍，縣官之費日長，商賈不行，豪富之家，乘時牟利，吏緣爲姦。自今有議者，須究厥理，審可施用，若事已上而驗問無狀者，寘之重罰。』

是時雖改見錢法，而京師積錢少，恐不足以支入中之費，帝又出內藏庫錢帛百萬以賜三司。久之，入中者寖多，京師帑藏益乏，商人持券以俟，動彌歲月，至損其直以售於蓄賈之家。言利者請出內藏庫錢稍增價售之，歲可得遺利五十萬緡。既行，而諫官范鎮謂內藏庫、榷貨務皆領縣官，豈有榷貨務故稽商人，而令內藏乘時射利？傷體壞法，莫斯爲甚。詔即罷之，然自此並邊虛估之弊復起。

又　至和三年，河北提舉糴便糧草薛向建議：『並邊十七州軍，歲計粟百八十萬石，爲錢百六十萬緡，豆六十五萬石，芻三百七十萬圍，並邊租賦歲可得粟、豆、芻五十萬，其餘皆商人入中。請罷並邊入粟，自京輦錢帛至河北，專以見錢和糴。』時楊察爲三司使，請用其說。因輦絹四十萬匹當緡錢七十萬，又蓄見錢及擇上等茶場八，總爲緡錢百五十萬，儲之京師，而募商人入錢並邊，計其道里遠近，優增其直，以是償之，且省輦運之費，唯入中芻豆計直償以茶如舊。行未數年，論者謂輦運科折，

煩擾居民，且商人入錢者少，芻豆虛估益高，茶益賤。詔翰林學士韓絳等即三司經度。絳等言：『自改法以來，邊儲有備，商旅頗通，未宜輕變。唯輦運之費，悉從官給，而本路舊輸稅絹者，毋得折爲見錢，入中芻豆罷勿給茶，所在平其市估，至京償以銀、紬、絹。』自是茶法不復爲邊糴所須，而通商之議起矣。

又 初，所遣官既議弛禁，因以三司歲課均賦茶戶，凡爲緡錢六十八萬有奇，使歲輸縣官。比輸茶時，其出幾倍，朝廷難之，爲損其半，歲輸緡錢三十三萬八千有奇，謂之租錢，與諸路本錢悉儲以待邊糴。自是唯臘茶禁如舊，餘茶肆行天下矣。論者猶謂朝廷志於恤人，欲省刑罰，其意良善；然茶戶困於輸錢，而商賈利薄，販鬻者少，州縣征稅日蹙，經費不充，學士劉敞、歐陽脩頗論其事。敞疏大要以謂先時百姓之摘山者，受錢於官，而今也顧使之納錢於官，受納之間，利害百倍；先時百姓冒法販茶者被罰耳，今悉均賦於民，賦不時入，刑亦及之，是良民代冒法者受罪；先時大商富賈爲國懋遷，而州郡收其稅，今大商富賈不行，則稅額不登，且乏國用。脩言新法之行，一利而有五害，大略與敞意同。時朝廷方排衆論而行之，敞等雖言，不聽也。

又 治平中，歲入臘茶四十八萬九千餘斤，散茶二十五萬五千餘斤，茶戶租錢三十二萬九千八百五十五緡，又儲本錢四十七萬四千三百二十一緡，而內外總入茶稅錢四十九萬八千六百緡，推是可見茶法得失矣。自天聖以來，茶法屢易，嘉祐始行通商，雖議者或以爲不便，而更法之意則主於優民。

又 熙寧四年，神宗與大臣論昔茶法之弊，文彥博、吳充、王安石各論其故，然於茶法未有所變。及王韶建開湟之策，委以經略。七年，始遣三司幹當公事李杞入蜀經畫買茶，於秦鳳、熙河博馬。而韶言西人頗以善馬至邊，所嗜唯茶，乏茶與市。即詔趣杞據見茶計水陸運致，又以銀十萬兩、帛二萬五千、度僧牒五百付之，假常平及坊場餘錢，以著作佐郎蒲宗閔同領其事。初，蜀之茶園，皆民兩稅地，不殖五穀，唯宜種茶。賦稅一例折輸，蓋爲錢三百，折輸紬絹皆一匹；若爲錢十，則折輸綿一兩；爲錢二，則折輸草一圍。役錢亦視其賦。民賣茶資衣食，與農夫業田無異，而稅額總三十萬。杞被命經度，又詔得調舉官屬，迺即蜀諸州創設官場，歲增息爲四十萬，而重禁榷之令。其輸受之際，往往壓其斤重，侵其價直，法既加急矣。八年，杞以疾去。

先是，杞等歲增十萬之息，既而運茶積滯，歲課不給，即建畫於彭、漢二州歲買布各十萬匹，以折脚費，實以布息助茶利，然茶亦未免積滯。都官郎中劉佐復議歲易解鹽十萬席，雇運回車船載入蜀，而禁商販，蓋恐布亦難敷也。詔既以佐代杞，未幾，鹽法復難行，遂罷佐。而宗閔乃議川陝路民茶息收十之三，盡賣於官場，更嚴私交易之令，稍重至徒刑，仍沒緣身所有物，以待賞給。於是蜀茶盡榷，民始病焉。

又 〔熙寧〕十年，知彭州呂陶言：『川峽四路所出茶，比東南十不及一，諸路既許通商，兩川却爲禁地，虧損治體。如解州有鹽池，民間煎者乃是私鹽，晉州有礬山，民間煉者乃是私礬，今川蜀茶園，皆百姓己物，與解鹽、晉礬不同。又市易司籠制百貨，歲出息錢不過十之二，然必以一年爲率；今茶場司務重立法，盡榷民茶，隨買隨賣，取息十之三；或今日買十千之茶，明日即作十三千賣之，變轉不休，比至歲終，豈止三分？』因奏劉佐、李杞、蒲宗閔等苟希進用，必欲出息三分，致茶戶被害。始詔息止收十之一，佐坐措置乖方罷，以國子博士李稷代之，而陶亦得罪。稷依李杞例兼三司判官，仍委權不限員舉劾。

侍御史周尹論蜀中榷茶爲民害，罷爲提點湖北刑獄。利州路漕臣張宗諤、張升卿議廢茶場司，依舊通商，詔付稷，稷方以茶利要功，言宗諤等所陳皆疏謬，罪當無赦。雖會赦，猶皆坐貶秩二等。於是稷建議賣茶官非材，許對易，如闕員，於前資待闕官差；茶場司事，州郡毋得越職聽治。又以茶價增減或不一，裁立中價，定歲入課額，及設酬賞以待官吏，而三路三十六場大小使臣並不限員。重園戶採造黃老秋葉茶之禁，犯者沒官。蒲宗閔亦援稷比，許舉劾官吏，以重其權，二人皆務浚利刻急。茶場監官買茶精良及滿五千馱以及萬馱，第賞有差，而所買粗惡僞濫者，計虧坐贓論。凡茶場州軍知州、通判並兼提舉，經略使所在，即委通判。又禁南茶入熙河、秦鳳、涇原路，如私販臘茶法。

又 自熙寧十年冬推行茶法，至元豐元年秋，凡一年，通課利及舊界息稅七十六萬七千六十餘緡。帝謂稷能推原法意，日就事功，宜速遷擢，以勸在位，遂落權發遣，以爲都大提舉茶場，而用永興軍等路提舉常

平范純粹同提舉。久之，用稷言徙司秦州，而録李杞前勞，以子珏試將作監主簿。蒲宗閔更請巴州等處産茶並用榷法。

又〔元豐〕五年，李稷死永樂城，詔以陸師閔代之。師閔言稷治茶五年，百費外獲淨息四百二十八萬餘緡，詔賜田十頃。而師閔榷利，尤刻於前，建言：『文、階州接連，而茶法不同，階爲禁地，有博馬、賣茶場，文獨爲通商地。乞文、龍二州並禁榷；仍許川路餘羨茶貨入陝西變賣，於成都府置博賣都茶場。』事皆施行。初，羣牧判官郭茂恂言賣茶買馬，事實相須，詔茂恂同提舉茶場。至是，師閔以買馬司兼領茶場，茶法不能自立，詔罷買馬司兼領；令茶場都大提舉視轉運使，同管幹視轉運判官，以重其任。賈種民更立茶法，師閔論奏茶場與他場務不同，詔並用舊條。初，李杞增諸州茶場，自熙寧七年至元豐八年，蜀道茶場四十一，京西路金州爲場六，陝西賣茶爲場三百三十二，稅息至稷加爲五十萬，及師閔爲百萬。

又元祐元年，侍御史劉摯奏疏曰：『蜀茶之出，不過數十州，人賴以爲生，茶司盡榷而市之。園戶有茶一本，而官市之，額至數十斤。官所給錢，靡耗於公者，名色不一，給借保任，輸入視驗，皆牙儈主之，故費於牙儈者又不知幾何。是官於園戶名爲平市，而實奪之。園戶有逃而免者，有投死以免者，而其害猶及鄰伍。欲伐茶則有禁，欲增植則加市，故其俗論謂地非生茶也，實生禍也。願選使者，考茶法之敝，以蘇蜀民。』右司諫蘇轍繼言：『呂陶嘗奏改茶法，止行長引，令民自販，每緡長引錢百，詔從其請，民方有息肩之望。孫迥、李稷入蜀商度，盡力掊取，息錢、長引並行，民間始不易矣。且盜賊贓及二貫，止徒一年，出賞五千，今民有以錢八百私買茶四十斤者，輒徒一年，賞三十千，立法苟以自便，不顧輕重之宜。蓋造立茶法，皆傾險小人，不識事體。』且備陳五害。呂陶亦條上利害，詔付黃廉體量；未至，摯又言陸師閔恣爲不法，不宜仍任事。詔即罷之。先是，師閔提舉榷茶，所行職務，他司皆不得預聞，事權震灼，爲患深密。及黃廉就領茶事，乃請凡緣茶事有侵損戾法，或措置未當及有訴訟，依元豐令，聽他司關送。十一月，蒲宗閔亦以附會李稷賣茶罷。

明年，熙河、秦鳳、涇原三路茶仍官爲計置，永興、鄜延、環慶許通商，凡以茶易穀者聽仍舊，毋得踰轉運司和糴價，其所博斛斗勿取息。七年，詔成都等路茶事司，以三百萬緡爲額本。

又紹聖元年，復以陸師閔都大提舉成都等路茶事，而陝西復行禁榷。師閔乃奏龍州仍爲禁茶地，凡茶法並用元豐舊條。師閔自復用，以訖哲宗之世，其掊克之迹，不若前日之著，故建明亦罕見焉。

又茶之在諸路者，神宗、哲宗朝無大更革。熙寧八年，嘗詔都提舉市易司歲買商茶，以三百萬斤爲額。元祐五年，立六路茶稅租錢諸州通判轉運司月暨歲終比較都數之法。七年，以茶隸提刑司，稅務毋得更易爲雜稅收受。紹聖四年，戶部言：『商旅茶稅五分，治平條立輸送之限既寬，復慮課入無準，故定以限約，毋得更展。元祐中，輒展以季，課入漏失。且茶稅歲計七十萬緡，積十年未嘗檢察，請內外委官，期一年驅算以聞。』詔聽其議，展限令出一時，毋承用。

又崇寧元年，右僕射蔡京言：『祖宗立禁榷法，歲收淨利凡三百二十餘萬貫，而諸州商稅七十五萬貫有奇，食茶之算不在焉，其盛時幾五百餘萬緡。慶曆之後，法制寖壞，私販公行，遂罷禁榷，行通商之法。自後商旅所至，與官爲市，四十餘年，利源寖失。謂宜荊湖、江、淮、兩浙、福建七路所産茶，仍舊禁榷官買，勿復科民，即産茶州郡隨所置場，申商人園戶私易之禁，凡置場地園戶租折稅仍舊。産茶州軍許其民赴場輸息，量限斤數，給短引，於旁近郡縣便鬻；餘悉聽商人於榷貨務入納金銀、緡錢或並邊糧草，即本務給鈔，取便算請於場，別給長引，從所指州軍鬻之。商稅自場給長引，沿道登時批發，至所指地，然後計稅盡輸，則在道無苛留。買茶本錢以度牒、末鹽鈔、諸色封樁、坊場常平剩錢通三百萬緡爲率，給諸路，諸路措置，各分命官。』詔悉聽焉。

俄定諸路措置茶事官置司：湖南於潭州，湖北於荊南，淮南於揚州，兩浙於蘇州，江東於江寧府，江西於洪州。其置場所在：蘄州即其州及蘄水縣，壽州以霍山、開順，光州以光山、固始，舒州即其州及羅源、太湖，黃州以麻城，廬州以舒城，常州以宜興，湖州即其州及長興、德清、安吉、武康，睦州即其州及青溪、分水、桐廬、遂安，婺州即其州及東陽、永康、浦江，處州即其州及遂昌、青田，蘇、杭、越各即其州，而越之上虞、餘姚、諸暨、新昌、剡縣皆置焉，衢、台各即其州，而溫州

以平陽。大法既定，其制置節目，不可毛舉。四年，京復議更革，遂罷官置場，商旅並即所在州縣或京師給長短引，自買於園戶。茶貯以籠篰，官爲抽盤，循第敍輸息訖，批引販賣，茶事益加密矣。

又 大觀元年，議提舉茶事司須保驗一路所産茶色高下、價直低昂，而請茶短引以地遠近程以三等之期。復慮商旅影挾舊引，冒詐規利，官吏因得擾動，以御筆申飭之。又以諸路再定茶息，多寡或不等，令斤各增錢十。三年，計七路一歲之息一百二十五萬一千九百餘緡，榷貨務再歲一百十有八萬五千餘緡。京專用是以舞智固權，自是歲以百萬緡輸京師所供私奉，掊息益厚，盜販公行，民滋病矣。

又 政和二年，大增損茶法。凡請長引再行者，輸錢百緡，即往陝西，加二十，茶以百二十斤；短引輸緡錢二十，茶以二十五斤。私造引者如川錢引法。歲春茶出，集民戶約三歲實直及今價上戶部。茶籠篰並皆官製，聽客買，定大小式，嚴封印之法。長短引輒竄改增減及新舊對帶、繳納申展、住賣轉鬻科條悉具。初，客販茶用舊引者，未嚴斤重之限，影帶者衆。於是又詔凡販長引斤重及三千斤者，須更買新引對賣，不及三千斤者，即用新引以一斤帶二斤鬻之，而合同場之法出矣。場置於産茶州軍，而簿給於都茶場。凡不限斤重茶，委官司秤製，毋得止憑批引爲定，有贏數即沒官，別定新引限程及重商旅規避秤製之禁，凡十八條，若避匿抄劄及擅賣，皆坐以徒。復慮茶法猶輕，課入不羨，定園戶私賣及有引而所賣踰數，保内有犯不告，並如煎鹽亭戶法。短引及食茶關子輒出本路，坐以二千里流，賞錢百萬。

又 重和元年，詔：『客販輸稅，檢括抵保，吏因擾民，其蠲之』。未幾，復輸稅如舊。大抵茶、鹽之法，主於蔡京，務巧掊利，變改法度，前後相踰，民聽眩惑。初，令茶戶投狀籍於官，非在籍者，禁與商旅貿易，未幾即罷。初，限計斤重，令買新引，茶有贏者，即及一千五百斤，須用新引貼販，或止願販新茶帶賣者聽；未幾，以帶賣者多，又罷其令。

又 陝西舊通蜀茶，崇寧二年，始通東南茶。政和中，陝西沒官茶令估賣，繼以妨商旅，下令焚棄。俄令正茶沒官者聽興販，引外剩茶及私茶數以給告者。長引限以一年，短引限以半歲繳納。久之，令已買引而未得於園戶者，期七年，許民間同見緡流轉，長引聽即本路住賣，以二浙鹽香司有言而止。其科條纖悉紛更，不可勝記，慮商旅疑豫，茶貨不通，迺重扇搖之令。於時掊克之吏，爭以贏羨爲功，朝廷亦嚴立比較之法。州郡樂賞畏刑，惟恐負課，優假商人，陵轢州郡，蓋莫有言者。獨邠州通判張益謙奏：『陝西非産茶地，奉行十年，未經立額，歲歲比較，第務增益，稍或虧少，程督如星。州縣懼殿，多前路招誘豪商，增價以幸其來，故陝西茶價，斤有至五六緡者，或稍裁之，則批改文引，轉之他郡。及配之鋪戶，安能盡售？均及稅農，民實受害，徒令豪商坐享大利。』言竟不行。

又 初，熙寧五年，以福建茶陳積，乃詔福建茶在京、京東西、淮南、陝西、河東仍禁榷，餘路通商。元豐七年，王子京爲福建轉運副使，言『建州臘茶，舊立榷法，自熙寧權聽通商，自此茶戶售客人茶甚良，官中所得惟常茶，稅錢極微，南方遺利，無過於此，乞仍舊行榷法。建州歲出茶不下三百萬斤，南劍州亦不下二十餘萬斤，欲盡買入官，度逐州軍民戶多少及約鄰路民用之數計置，即官場賣，嚴立告賞禁。建州賣私末茶，借豐國監錢十萬緡爲本。』並從之；所請均入諸路榷賣，委轉運司官提舉：福建王子京，兩浙許懋，江東杜偉，江西朱彥博，廣東高鎛，然子京蓋未免抑配於民。

時遠方若桂州修仁諸縣、夔州路達州有司皆議榷茶，言利者踵相躡，然神宗聞鄂州失催茶稅，輒蠲之。建州園戶等以茶粗濫當剝納，爲錢三萬六千餘緡，慮其不能償，令準輸茶。初，成都帥司蔡延慶言邛部川蠻主苴尅等願賣馬，即詔延慶以茶招來，後聞邊計蠻情非便，即罷之。哲宗嗣位，御史安惇首劾王子京買臘茶抑民，詔罷子京事任，令福建禁榷州軍視其舊，餘並通商。桂州修仁等縣禁榷及陝西碎賣芽茶皆罷。

又 崇寧二年，尚書省言：『建、劍二州茶額七十餘萬斤，近歲增盛，而本錢多不繼。』詔更給度牒四百，仍給以諸色封椿。繼詔商旅販臘茶蠲其稅，私販者治元售之家，如元豐之制。臘茶舊法免稅，大觀三年，措置茶事，始收焉。四年，私販勿治元售之家，如元符令。政和初，復增損爲新法。三年，詔免輸短引，許依長引於諸路住賣，後末骨茶每長引增五百斤，短引倣此；諸路監司、州郡公使食茶禁私買，聽依商旅買引。

六年，詔福建茶園如鹽田，量土地產茶多寡，依等第均稅。重和元年，以改給免稅新引，重定福建骨茶斤重，長引以六百斤爲率。

又 元豐中，宋用臣都提舉汴河隄岸，創奏修置水磨，凡在京茶戶擅磨末茶者有禁，並許赴官請買，而茶鋪入米豆雜物揉和者募人告，一兩賞三千，及一斤十千，至五十千止。商賈販茶應往府界及在京，須令產茶山場州軍給引，並赴京場中賣，犯者依私販臘茶法。諸路末茶入府界者，復嚴爲之禁。訖元豐末，歲獲息不過二十萬，商旅病焉。

又 元祐初，寬茶法，議者欲罷水磨。戶部侍郎李定以失歲課，持不可廢，侍御史劉摯、右司諫蘇轍等相繼論奏，遂罷。紹聖初，章惇等用事，首議修復水磨。乃詔即京、索、天源等河爲之，以孫迥提舉，復命兼提舉汴河隄岸。四年，場官錢景逢獲息十六萬餘緡，呂安中二十一萬餘緡，以差議賞。元符元年，戶部上凡獲私末茶幷雜和者，即犯者未獲，估價給賞，並如私臘茶獲犯人法。雜和茶宜棄者，斤特給二十錢，至十緡止。

又 初，元豐中修置水磨，止於在京及開封府界諸縣，未始行於外路。及紹聖復置，其後遂於京西鄭、滑、潁昌府，河北澶州皆行之，又將即濟州山口營置。崇寧二年，提舉京城茶場所奏：『紹聖初，興復水磨，歲收二十六萬餘緡。四年，於長葛等處京、索、潩水河增修磨二百六十餘所，自輔郡榷法罷，遂失其利，請復舉行。』從之。尋詔商販臘茶入京城者，本場盡買之，其翻引出外者，收堆垛錢。裁元豐制更立新額，歲買山場草茶以五百萬斤爲率。客茶至京者，許官場買十之三，即索價故高，驗元引買價量增。三年，詔罷之。

又 明年，改令磨戶承歲課視酒戶納麴錢法。五年，復罷民戶磨茶，官用水磨仍依元豐法，應緣茶事併隸都提舉汴河堤岸司。大觀元年，改以提舉茶事司爲名，尋命茶場、茶事通爲一司。三年，復撥隸京城所，一用舊法。政和元年，京城所請商旅販茶起引定入京住賣者，即許借江入汴，如元豐舊制；其借江入汴却指他路住賣者禁，已請引者並令赴京。二年，以課入不登，商賈留滯，詔以其事歸尚書省。於是尚書省言：『水磨茶自元豐創立，止行於近畿，昨乃分配諸路，以故致弊，欲止行於京城，仍通行客販，餘路水磨並罷。』從之。四年，收息四百萬貫有奇，比舊三倍，遂創月進。

又 高宗建炎初，於真州印鈔，給賣東南茶鹽。當是時，茶之產於東南者，浙東西、江東西、湖南北、福建、淮南、廣東西，路十，州六十有六，縣二百四十有二。霅川顧渚生石上者謂之紫筍，毗陵之陽羨，紹興之日鑄，婺源之謝源，隆興之黃龍、雙井，皆絕品也。建炎三年，置行在都茶場，罷合同場十有八，惟洪、江、興國、潭、建各置場一，監官一。罷食茶小引，捕私茶法視捕私鹽。二十一年，秦檜等始進茶鹽法。先是，臣僚或因事建明，朝廷亦因時損益，至是審訂成書，上之。

又 孝宗隆興二年，淮東宣諭錢端禮言：『商販長引茶，水路不許過高郵，陸路不許過天長，如願往楚州及盱眙界，引貼輸翻引錢十貫五百文，如又過淮北，貼輸亦如之。』當是時，商販自榷場轉入虜中，其利至博，幾禁雖嚴，而民之犯法者自若也。乾道二年，戶部言：『商販至淮北榷場折博，除輸翻引錢，更輸通貨儈息錢十一緡五百文。』八年，減輸翻引錢止七緡，通貨儈息錢止八緡。淳熙二年，以長短茶引權以半依元引斤重錢數，分作四緡小引印給，而翻引貼輸錢隨小引輸送。光宗紹熙初，漳州守臣朱熹奏除屬邑科茶七千餘緡。臣僚申明長短小引相兼，從人之便。戶部言給賣小引，除金銀、會子分數入輸，餘願專以會子算請者聽。

又 寧宗嘉泰四年，知隆興府韓邈奏請：『隆興府惟分寧縣產茶，他縣無茶，而豪民武斷者乃請引，窮索一鄉，使認茶租，非便。』於是禁非產茶縣不許民擅認茶租。

又 建寧臘茶，北苑爲第一，其最佳者曰社前，次曰火前，又曰雨前，所以供玉食，備賜予。太平興國始置，大觀以後製愈精，數愈多，胯式屢變，而品不一，歲貢片茶二十一萬六千斤。建炎以來，葉濃、楊勍等相因爲亂，園丁亡散，遂罷之。紹興二年，蠲未起大龍鳳茶一千七百二十八斤。五年，復減大龍鳳及京鋌之半。十二年，興榷場，遂取臘茶爲榷場本，凡胯、截、片、鋌，不以高下多少，官盡榷之，申嚴私販入海之禁。議者請鬻建茶於臨安，移茶事司於建州買發，明年，以失陷引錢，復令通商。自是上供龍鳳、京鋌茶料，凡製作之費、篚笥之式，令漕司專之。

又 蜀茶之細者，其品視南方已下，惟廣漢之趙坡，合州之水南，

峨眉之白牙，雅安之蒙頂，土人亦珍之，但所產甚微，非江、建比也。舊無榷禁，熙寧間，始置提舉司，收歲課三十萬；至元豐中，累增至百萬。建炎元年，成都轉運判官趙開言榷茶、買馬五害，請『用嘉祐故事盡罷榷茶，而令漕司買馬。或未能然，亦當減額以蘇園戶，輕價以惠行商，如此則私販衰而盜賊息』。遂以開同主管川、秦茶馬。二年，開至成都，大更茶法，倣蔡京都茶場法，以引給茶商，即園戶市茶，百斤爲一大引，除其十勿算。置合同場以譏其出入，重私商之禁，爲茶市以通交易。每斤引錢春七十、夏五十，市利頭子錢不預焉。所過征一錢，所止一錢五分。自後引息錢至一百五萬緡。至十七年，都大茶馬韓球盡取園戶加饒之茶爲額，茶司歲收二百萬，而買馬之數不加多。

又 乾道末年，青羌作亂，茶司增長細馬名色等錢歲三十萬。淳熙六年以後，累減園戶重額錢十六萬，又減引息錢十六萬。至紹熙初，楊輔爲使，遂定爲法。成都府、利州路二十三場，歲產茶二千一百二萬斤，通博馬物帛歲收錢二百四十九萬三千餘緡。朝廷歲以一百一十三萬緡隸總領所贍軍，然茶馬司率多難之；乾道以後，歲撥止一二十萬緡，至淳熙十年，遂以五十萬緡爲準。

又 自熙、豐以來，茶司官權出諸司之上。初，元豐開川、秦茶場，園戶既輸二稅，又輸土產，隆安縣園戶二稅、土產兼輸外，又催理茶課估錢，建炎元年立爲額，至寧宗慶元初，始除之。六年，詔四川產茶處歲輸經總制頭子錢五千四十一道有奇，又科租錢三千一百四十道有奇。

又 宋初，經理蜀茶，置互市于原、渭、德順三郡，以市蕃夷之馬；熙寧間，又置場于熙河。南渡以來，文、黎、珍、敍、南平、長寧、階、和凡八場，其間盧甘蕃馬歲一至焉，洮州蕃馬或一月或兩月一至焉，疊州蕃馬或半年或三月一至焉，皆良馬也。其他諸蕃馬多駑，大率皆以互市爲利，宋朝曲示懷遠之恩，亦以是羈縻之。紹興二十四年，復黎州及雅州碉門靈西砦易馬場，乾道初，川、秦八場馬額九千餘匹，淳熙以來，爲額萬二千九百九十四匹，自後所市未嘗及焉。

《金史》卷四九《食貨志四・茶》 自宋人歲供之外，皆貿易於宋界之榷場。世宗大定十六年，以多私販，乃更定香茶罪賞格。章宗承安三年八月，以謂費國用而資敵，遂命設官製之。以尚書省令史承德郎劉成往河南視官造者，以不親嘗其味，但採民言謂爲溫桑，實非茶也，還卽白上。上以爲不幹，杖七十，罷之。

四年三月，於淄、密、寧海、蔡州各置一坊，造新茶，依南方例每斤爲袋，直六百文。以商旅卒未販運，命山東、河北四路轉運司以各路戶口均其袋數，付各司縣鬻之。買引者，納錢及折物，各從其便。

《元史》卷一二《世祖紀九》 〔至元十九年〕二月辛卯朔，車駕幸柳林。饒州總管姚文龍言，江南財賦歲可辦鈔五十萬錠，詔以文龍爲江西道宣慰使，兼措置茶法。

又卷二四《仁宗紀一》 〔皇慶元年二月〕庚寅，敕嶺北省賑給闕食流民。敕兩淮民種荒田者，如例輸稅。遣官同江西、江浙省整治茶、鹽法。

又卷一〇四《刑法三・食貨》 諸茶法，客旅納課買茶，隨處驗引發賣畢，三日內不赴所在官司批納引目者，杖六十；因而轉用，或改抹字號，或增添夾帶斤重，及引不隨茶者，並同私茶法。但犯私茶，杖七十，茶一半沒官，一半付告人充賞，應捕人同。若茶園磨戶犯者，及運茶船主知情夾帶，同罪。有司禁治不嚴，致有私茶生發，罪及官吏。茶過批驗去處，不批驗者，杖七十。其偽造茶引者斬，家產付告人充賞。諸私茶，非私自入山採者，不從斷沒法。

《明史》卷三三〇《西域傳二・西番諸衛》 番有生熟二種。生番獷悍難制。熟番納馬中茶，頗柔服，後寖通生番爲內地患。自青海爲寇所據，番不堪剽奪，私饋皮幣曰手信，歲時加饋曰添巴，或反爲鄉導，交通無忌。而中國市馬亦鮮至，蓋已失捍外衛內之初意矣。

原夫太祖甫定關中，即法漢武創河西四郡隔絕羌、胡之意，建重鎮於甘肅，以北拒蒙古，南捍諸番，俾不得相合。又遣西寧等四衛土官與漢官參治，令之世守。且多置茶課司，番人得以馬易茶。而部族之長，亦許其歲時朝貢，自通名號於天子。彼勢既分，又動於利，不敢爲惡。即小有蠢動，邊將以偏師制之，靡不應時底定。自邊臣失防，北寇得越境闌入，與番族交通，西陲遂多事。然究其時之所患，終在寇而不在番，故議者以太祖制馭爲善。

《宋會要輯稿・职官四三・都大提举茶馬司》 〔元豐十年〕七

月九日，奉議郎、權發遣 牧判官公事郭茂恂奏：『臣近準詔，訪聞陝西轉買蕃部馬並斛㪷所用錢物，不如蕃部所欲，致收買數目不多，差臣相度，若專以茶博馬，以彩帛博糴斛㪷，及將茶場買馬並爲一司，如何措置可以經久施行，詳具畫一聞奏。臣於本路體訪得蕃部所欲大抵惟茶爲急，自來將馬中官，請到折價銀絹等，只是將三二分歸蕃，其餘往往却赴茶場博買茶貨。其買馬司所支銀、紬、絹等，又例各折價高大，茶場却只依市價量添些小錢數博易。其鈔亦隨時各有虧損，約計一匹馬價虧蕃部錢多者至四貫以上，少者亦三貫以上。是以不如所欲，致買數不多，及少肯將好馬入塞。臣今相度，若專以茶博馬，委是利便。兼勘會舊日亦是用茶充折馬價，雖兼用金帛等，亦從其便。自事局既分，只於近歲已來，專用銀絹及錢鈔等，不復用茶。況賣茶、買馬，事實相須，今若將提舉買馬官通管茶場，不惟職務相濟，兼蕃部得茶，如其所欲，中國可致多馬以充戰騎，實爲兩便。所有博糴斛，勘會見今熙河等路諸司各置場博糴，或用見錢，或用茶，或用鹽鈔等，各從蕃部之便。今若專以彩帛博糴，緣其間亦自有願要見錢或茶之類者，臣今相度，欲乞兼用彩帛博糴。謹具逐項措置經久可以施行，畫一如後：一、蕃部將馬中官，其價錢並以茶充折，約計每馬一匹支茶一馱。如馬價高，茶價少，即將餘數以銀、紬、絹及見錢貼支。內銀、紬、絹並依逐處在市見賣實價紐折，不得有虧官私。其見錢仍計每匹價直，不得過十分之一。如不願請銀、絹等，只願以餘數算請零茶，亦聽從便。如馬價少，茶價高，即許貼錢請茶，或合併就整請領，或據錢數算請零茶。

貼黄稱：以上件馬價若支一分見錢，每年約用五萬餘貫，提舉買馬司逐年有收到雜支、租課、內贓等錢約六萬餘貫，可以應副支用。一、蕃部牽馬赴場，候揀中，據合請茶數，限當日出給關子，赴場請茶，晝時支給。所有願貼請銀、紬、絹及見錢等，只就買馬場，亦限當日支給。已上如稍稽滯，干係官吏並從嚴斷。一、今來所支博馬茶，並須取蕃部情願，不得押勒。一、今來買馬額數，乞立定每年二萬匹，委提舉司拋降與逐場認數收買，仍於額外廣謀收市，候至歲終，會計賞罰。其額外買到數，仍比額內合該賞典優與推恩，每年具數比較聞奏。

貼黄稱：臣近與提舉買馬司同共會計到每年本息錢共五十五萬六千八百八十八貫六百一十八文省，計合買馬二萬一千三百二十八匹。今來既不用鹽鈔，其紬絹又依市價從蕃部，即更無合收息錢，只有本錢並收地租課等共四十九萬六千三百三十五貫五百八十七文，紐算只合買得馬一萬九千三百六十五匹。今定二萬匹爲額，少着錢二萬三千餘貫，乞據數於賣茶息錢內除破。其自來所收息錢，只是有賣出字馬等合收息錢，數亦不多。一、自來德順軍、階州所買馬不係年額數內，見今支折馬價，亦用銀、紬、絹等。臣今體訪得階州賣馬蕃部，亦是多願要茶。今乞並依熙州等場定到新例外，德順軍多是側近淺蕃將馬中官，不願請茶，兼本軍亦無賣茶場，只是於稅務寄賣，數目不多，今只及時將本軍見支折馬價除見錢依見行則例更不增損外，其紬、絹、銀等並依市價紐算支折，仍聽從便請領。內階州貼支紬絹，自依舊以川小紬絹充之。

貼黄稱：德順軍買馬，係於陝西年計一萬五千匹外添買。係來既將買馬錢本盡數會計，立定新額，其德順軍亦係支用買馬司錢，合將本軍所買馬收入年額，令提舉司給與熙州等場一處拋買，仍令廣謀收市。一、以「提舉陝西買馬監牧兼同提舉成都府利州秦鳳熙河等路茶場司」爲名。一、茶場司息錢年額萬數浩瀚，買馬錢本數亦不少，各存舊額以備鈎考。今欲乞將朝廷所給買馬紬絹，除蕃部願請外，并鹽鈔、租課，並委本司同共擘畫，變轉移用。候歲終，將實收到錢數與見錢並支過博買茶數各行計會。如支過茶數多，買馬錢數少，補償不足，即於茶場司事，提舉買馬監牧官並通管。一、提舉茶場買馬官資任、坐次、相壓及諸般請給、當直人等事，並各依舊條施行。一、臣今體度得自來蕃部將斛㪷入漢界，見今沿邊州軍諸官司收糴，所支錢物不一。如轉運、提舉常平倉司多用見錢，茶場只是用茶，經制司多用鹽鈔，已是各從蕃部之便。臣今相度，乞將紬絹與茶相兼博糴斛㪷。』並從之。

又 ［政和］六年二月十九日，樞密院言：『同管勾成都陝西等路茶馬監牧公事程唐奏：勘會本司遵奉聖旨，依元豐舊法減茶買馬。臣到任，措置陝西買獲馬四萬五千二十一匹，收稅息錢四百八十三萬五千餘貫。契勘陝西自承朝旨復行鍚錢，物價已平，是致鬻茶通快。今且以熙、秦路共收到稅息四百七十萬三千四百餘貫，比類增羡，委是本司官吏協力，粗有成效，乞等第推恩。』詔程唐除直秘閣外，餘分優等及第一、第

二、第三等。優等轉一官，選人循兩資；第一等減三年磨勘，選人循一資，占射差遣；第二等減二年磨勘。疑有闕文，今檢未獲。人吏支賜絹，優等二十匹，第一等十五匹，第二等一十匹，第三等五匹。

《清史稿》卷一二四《食貨五・茶法》　我國産茶之地，惟江蘇、安徽、江西、浙江、福建、四川、兩湖、雲、貴爲最。明時茶法有三：曰官茶，儲邊易馬；曰商茶，給引徵課；曰貢茶，則上用也。清因之。於陜、甘易番馬。他省則召商發引納課，間有商人赴部領銷者，亦有小販領於本籍州縣者。又有州縣承引，無商可給，發種茶園戶經紀者。戶部寶泉局鑄刷引由，備書例欵，直省預期請領，年辨年銷。茶百斤爲一引，不及百斤謂之畸零，另給護帖。行過殘引皆繳部。凡偽造茶引，或作假茶興販，及私與外國人買賣者，皆按律科罪。

又　歲徵之課，江蘇發引江寧批發所及荊溪縣屬張渚、湖汊兩巡檢司。安徽發引潛山、太湖、歙、休寧、黟、宣城、寧國、太平、貴池、青陽、銅陵、建德、蕪湖、六安、霍山、廣德、建平十七州縣。江西發引徽商及各州縣小販。此三省稅課，均於經過各關按則徵收。浙江由布政使委員給商，每引徵銀一錢，北新關徵稅銀二分九釐二毫八絲，彙入關稅報解。又每歲辦上用及陵寢內廷黃茶共百一十餘簍，由辦引委員於所收茶引買價內辦解。湖北由咸寧、嘉魚、蒲圻、崇陽、通城、興國、通山七州縣領引，發種茶園戶經紀坐銷。建始縣給商行銷。坐銷者每引徵銀一兩，行銷者徵稅二錢五分，課一錢二分五釐，共額徵稅課銀二百三十兩有奇。行茶到關，仍行報稅。湖南發善化、湘陰、瀏陽、湘潭、益陽、攸、安化、邵陽、新化、武岡、巴陵、平江、臨湘、武陵、桃源、龍陽、沅江十七州縣行戶，共徵稅銀二百四十兩。陝、甘發西寧、甘州、莊浪三茶司，而西安、鳳翔、漢中、同州、榆林、延安、寧夏七府及神木廳亦分銷焉。每引納官茶五十斤，餘五十斤由商運售作本。每百斤爲十篦，每篦二封，共徵本色茶十三萬六千四百八十篦。改折之年，每封徵折銀三錢。其原不交茶者，則徵價銀共五千七百三十兩有奇。亦有不設引，止於本地行銷者，由各園戶納課，共徵銀五百三十兩有奇。四川有腹引、邊引、土引之分。腹引行內地，邊引行邊地，土引行土司。而邊引又分三道，其行銷打箭鑪者，曰南路邊引；行銷松潘廳者，曰西路邊引；行銷邛州者，曰邛州邊引。皆納課稅，共課銀萬四千三百四十兩，稅銀四萬九千一百七十兩，各有奇。雲南徵稅銀九百六十兩。貴州課稅銀六十餘兩。凡請引於部，例收紙價，每道以三釐三毫爲率。盛京、直隸、河南、山東、山西、福建、廣東、廣西均不頒引，故無課。惟茶商到境，由經過關口輸稅，或略收落地稅，附關稅造銷，或彙入雜稅報部。此嘉慶前行茶事例也。

又　厥後泰西諸國通商，茶務因之一變。其市場大者有三：曰漢口，曰上海，曰福州。漢口之茶，來自湖南、江西、安徽，合本省所産，溯漢水以運於河南、陝西、青海、新疆。其輸至俄羅斯者，皆磚茶也。上海之茶尤盛，自本省所産外，多有湖廣、江西、安徽、浙江、福建諸茶。江西、安徽紅綠茶多售於歐、美各國。浙江紹興茶輸至美利堅，寧波茶輸至日本。福州紅茶多輸至美洲及南洋羣島。此三市場外，又有廣州、天津、芝罘三所，洋商亦麕集焉。蓋茶之性喜燠惡寒，喜濕惡燥，又必避慓烈之風，最適於中國。泰西商務雖盛，然非其土所宜，不能不仰給於我國，用此駸駸徧及全球矣。

又　其業此者，有總商，有散商。領引後，行銷各有定域。亦有兼行票法者，如四川自乾隆五十二年開辦堰工茶票後，名目甚繁，然第行於產多或銷暢之區，非遍及各州縣也。惟甘商舊分東、西二櫃，東櫃多籍隸山西、陝西，西櫃則回民充之。自咸豐中回匪滋事，繼以盜賊充斥，兩櫃均無人承課。總督左宗棠勘定全省，乃奏定章程，以票代引。遴選新商採運湖茶，是曰南櫃。時領票止八百餘張。嗣定爲三年一案，領票准加不准減。計自光緒十三年至二十七年，逐案加增。三十年，又於湖票外更行銷伊、塔之晉票。迄於宣統二年，茶務日盛。

傳記

《宋史》卷二九二《李諮傳》　李諮字仲詢，唐趙國公峘之後。峘貶死袁州，因家新喻，遂爲新喻人。諮幼有至性，父文捷出其母，諮日夜號泣，食飲不入口，父憐之而還其母，遂以孝聞。舉進士，真宗顧左右曰：『是能安其親者。』擢第三人，除大理評事、通判舒州，召試中書，

爲太子中允、直集賢院。歷三司、開封府判官，再遷左正言，出爲淮南轉運副使。帝幸亳，以勞，遷尚書禮部員外郎。會江南饑，徙江東轉運副使，爲度支判官。擢知制誥，寇準數改諮所擬制辭，諮不樂，以父留鄉里請外，遂出知荊南。會翰林學士闕，宰相擬他官，帝曰：『不如李諮。』遂爲學士。

仁宗即位，超遷本曹郎中、權知開封府，數月，權三司使，拜右諫議大夫。嘗奏事兩宫曰：『天下賦調有定，今西北寢兵且二十年，而邊餽如故。戍兵雖未可減，其末作浮費非本務者，宜一切裁損以厚下。』即詔諮與御史中丞劉筠等同議冗費，以景德較天禧，計所減得十三之上。

時陝西緣邊數言軍食不給，度支都內錢不足支月奉，章獻太后憂之，命呂夷簡、魯宗道、張士遜與諮等經度其事。諮曰：『舊法商人入粟邊郡，算茶與犀象、緡錢，爲虛實三估，出錢十四文，坐得三司錢百文。』諮請變法以實錢入粟，實錢售茶，三者不得相爲輕重。既行而商人果失厚利，怨謗蠭起。諮以疾累請郡，改樞密直學士、知洪州。行數月，而御史臺鞫吏王舉、句獻私商人，多請慈州礬，會計茶法不折虛費錢，妄稱增課百萬緡，以覬恩賞。諮坐不察奪職。

久之，進給事中、知杭州，復樞密直學士、知永興軍。衣冠子弟恃蔭無賴者，諮悉杖之，境內肅然。還，勾當三班院，坐舉吏降左諫議大夫。權三司使事，是歲，禁中火，倉卒營造，應辦舉集。

進尚書禮部侍郎，拜樞密副使。數月，遭父喪，起復，遷戶部侍郎、知院事。是時榷茶法寖壞，乃詔諮、蔡齊等更議之。諮以前坐變法得罪，固辭，不許。於是復用諮所變法，語具食貨志。卒，贈右僕射，謚憲成。

諮性明辨，周知世務，其處煩猝，常若閑暇，吏不敢欺。在樞府，專務革濫賞，抑僥倖，人以爲稱職。無子，以族子爲後。

又 卷三三二《陸師閔傳》 師閔以父任爲官。熙寧末，李稷提舉成都路茶場，辟幹當公事；不三年，提舉本路常平，遂居稷職。在蜀茶額三十萬，稷既增而五之，師閔又衍爲百萬。稷死，師閔訟其前功，乞賜之土田。詔賜稷十頃，進師閔都大提舉成都、永興路榷茶，位視轉運使。又兼買馬、監牧，事權震灼，建請無不遂志，所行職事，他司莫預聞。茶禍既被於秦、蜀，又欲延荊、楚、兩河，神宗不許。元祐初，用御史中丞劉摯言，遣黃廉入蜀訪察。右司諫蘇轍論其六害，謂：『李稷引師閔共事，增額置場，以金銀貨拘民間物折博，賤取而貴出之，其害過於市易。自法始行，至今四變，利益深，民益困。立法之虐，未有甚於此者。』廉奏至，如轍所陳。乃貶師閔主管東嶽廟。

久之，起知蘄州。會復置常平官，李清臣在中書，即以師閔使河北。尋加直祕閣，復領秦、蜀茶事，於是一切如初。又使掾屬詣闕奏券馬事，安燾、韓忠彥議頗異，獨曾布以爲然，曰：『但行之一年，而以較綱馬，利害即可見矣。』師閔遂請令蕃漢商人願持馬受券者，於熙、秦兩路印驗價給之，而請直于太僕，若此券盛行，則買馬場可罷。既用其策，明年，太僕會綱馬之籍，死者至什二，而券馬所損纔百分一。詔獎之，賜以金帛。改陝西轉運使，加集賢殿修撰、知秦州。

諸道方進築被爵賞，師閔在秦無所事，怏怏不釋。曾布議使督本部兵赴熙河共攻，師閔承命踴躍，集兵四萬以待。而章惇陰諷熙帥鍾傳先出塞，敕師閔聽傳節制，築淺井，又築乩囉，皆不成而還。傳更檄會兵于耳關，未至復却。秦鳳之師再出再返，勞且弊，言者乞加責，不聽。

旋進寶文閣待制，召爲戶部侍郎。未及拜，坐秦州詐增首虜事，落職知鄆。未幾，還之。歷河南、永興軍、延安府，卒。

又 卷三三四《李稷傳》 李稷字長卿，邛州人。父絢，龍圖閣直學士。稷用蔭歷管庫，權河北西路轉運判官，修拓深、趙、邢三州城，役無愆素，然陗刻嚴忍。察訪使者以爲言，都水丞程昉亦訴其越職。詔令件析。御史周尹又論稷父死二十年不葬，僅徙東路，俄提舉蜀部茶場。甫兩歲，羨課七十六萬緡，擢鹽鐵判官。詔推揚其功以勸在位，遂爲陝西轉運使，制置解鹽。秦民作舍道傍者，創使納『侵街錢』，一路擾怨，與李察皆以苛暴著稱。時人語曰：『寧逢黑殺，莫逢稷、察。』

种諤起興、靈議，稷聞之亦上言：『可令邊面諸將各出兵撓之，使不得耕種，則其國必困，國困衆離，取可決也。』及出境，稷督餉，民苦摺運，多散逸，稷令騎士執之，斷其足筋，宛轉山谷間，凡數千人，累日乃得死。始，稷受旨得斬郡守以下，於是上下相臨以峻法，雖小吏護丁夫，亦顓戮不請。軍食竟不繼。諤謀斬稷，客呂大鈞引義責之，復使還取糧。既集，諤猶宣言稷乏軍興，致大功不就，坐削兩秩，貶爲判官。

永樂既城，稷悉輦金、銀、鈔、帛充牣其中，欲夸示徐禧，以爲城甫就而中已實。積金既多，故受圍愈急，而稷守之不敢去，以及于難。李舜舉別有傳。

紀事

《舊唐書》卷一二《德宗紀上》［建中三年］九月丁亥，以李洧部將高承宗爲徐州刺史、徐海沂都團練使。判度支趙贊上言，請爲兩都、江陵、成都、揚、汴、蘇、洪等州署常平輕重本錢，上至百萬貫，下至十萬貫，收貯斛斗匹段絲麻，候貴則下價出賣，賤則加估收糴，權輕重以利民。從之。贊乃於諸道津要置吏稅商貨，每貫稅二十文，竹、木、茶、漆皆什一稅一，以充常平之本。己亥夜，有猛獸入宣陽里，傷二人。詰朝獲之。

又 興元元年春正月癸酉朔，上在奉天行宮受朝賀，詔曰：『【略】先稅除陌、間架等錢，竹、木、茶、漆等稅，並停。奉天升爲赤縣。』

又卷一三《德宗紀下》［貞元］九年春正月庚辰朔，朝賀畢，上賦退朝觀仗歸營詩。乙酉，劍南東川節度使王叔邕來朝。癸卯，初稅茶，歲得錢四十萬貫，從鹽鐵使張滂所奏。茶之有稅，自此始也。

又卷一六《穆宗紀》［長慶元年三月戊午］罷申州歲貢茶。

又 五月壬寅朔。癸卯，詔：『以國用不足，應天下兩稅、鹽利、榷酒、稅茶及戶部闕官、除陌等錢，兼諸道雜榷稅等，應合送上都及留州、留使、諸道支用、諸司使職掌人課料等錢，並每貫除舊墊陌外，量抽五十文。仍委本道、本司、本使據數逐季收計。其諸道錢便差綱部送付度支收管，待國用稍充，即依舊制。其京百司俸料，文官已抽修國學，不可重有抽取；武官所給校薄，亦不在抽取之限。』壬子，詔：『入景陵玄宮合供千味食，魚肉肥鮮，恐致薰穢，宜令尚藥局以香藥代食。』庚申，葬憲宗於景陵。

又卷一六《穆宗紀》［長慶元年五月］壬子，加茶榷，舊額百文，更加五十文，從王播奏。拾遺李珏上疏論其不可，疏奏不報。

又卷一七《文宗紀下》［大和］七年春正月乙丑朔，御含元殿受朝賀。比年以用兵、雨雪，不行元會之儀。故書，吳、蜀貢新茶，皆於冬中作法爲之，上務恭儉，不欲逆其物性，詔所供新茶，宜於立春後造。

又［大和九年冬十月乙亥］王涯獻榷茶之利，乃以涯爲榷茶使。茶之有榷稅，自涯始也。

又 十二月壬申朔，諸道鹽鐵轉運榷茶使令狐楚奏榷茶不便於民。請停。從之。

又卷一八《武宗紀》［開成五年］十一月，鹽鐵轉運使奏江淮已南請復稅茶。從之。

又卷二〇《哀帝紀》［天祐二年六月］丙申，敕：『福建每年進橄欖子，比因閹豎出自閩中，牽於嗜好之間，遂成貢奉之典。雖嘉忠藎，伏恐煩勞。今後只供進蠟面茶，其進橄欖子宜停。』

又卷四八《食貨志上》［元和］十三年，鹽鐵使程异奏：『應諸州府先請置茶鹽店收稅。伏準今年正月一日赦文，其諸州府因用兵已來，或慮有權置職名，及擅加科配，事非常制，一切禁斷者。伏以榷稅茶鹽，本資財賦，贍濟軍鎮，蓋是從權。昨兵罷，自合便停，事久實爲重斂。其諸道先所置店及收諸色錢物等，雖非擅加，且異常制，伏請準赦文勒停。』從之。

又卷四九《食貨志下》［建中］四年，度支侍郎趙贊議常平事，竹木茶漆盡稅之。茶之有稅，肇於此矣。

又［貞元］九年，張滂奏立稅茶法。自後裴延齡專判度支，與鹽鐵益殊塗而理矣。

又 長慶初，王播復代公綽。四年，王涯以戶部侍郎代播。敬宗初，播復以鹽鐵使爲揚州節度使。文宗即位，入覲，以宰相判使。其後，王涯復判二使，表請使茶山之人移植根本，舊有貯積，皆使焚棄。天下怨之。九年，涯以事誅，而令狐楚以戶部尚書右僕射主之，以是年茶法大壞，奏請付州縣而入其租于戶部，人人悅焉。

又 大中五年二月，以戶部侍郎裴休爲鹽鐵轉運使。明年八月，以本官平章事，依前判使。始者，漕米歲四十萬斛，其能至渭倉者，十不三四。漕吏狡蠹，敗溺百端，官舟之沉，多者歲至七十餘隻。緣河姦犯，大

亲晏法。休使僚屬按之，委河次縣令董之。自江津達渭，以四十萬斛之傭，計緡二十八萬，悉使歸諸漕吏。巡院胥吏，無得侵牟。舉之爲法，凡十事，奏之。六年五月，又立稅茶之法，凡十二條，陳奏，上大悅。詔曰：『裴休興利除害，深見奉公。』盡可其奏。由是三歲漕米至渭濱，積一百二十萬斛，無升合沉棄焉。

又　〔建中〕三年九月，戶部侍郎趙贊上言曰：『伏以舊制，置倉儲粟，名曰常平。軍興已來，此事闕廢，或因凶荒流散，餓死相食者，不可勝紀。古者平準之法，使萬室之邑，必有萬鍾之藏，千室之邑，必有千鍾之藏，春以奉耕，夏以奉耘，雖有大賈富家，不得豪奪吾人者，蓋謂能行輕重之法也。自陛下登極以來，許京城兩市置常平，官糴鹽米，雖經頻年少雨，米價未騰貴，此乃即目明驗，實要推而廣之。當軍興之時，與承平或異，事須兼儲布帛，以備時須。臣今商量，請於兩都并江陵、成都、揚、汴、蘇、洪等州府，各置常平，輕重本錢，上至百萬貫，下至數十萬貫，隨其所宜，量定多少。唯貯斛斗疋段絲麻等，候物貴則下價出賣，物賤則加價收糴，權其輕重，以利疲人。』從之。贊於是條奏諸道津要都會之所，皆置吏，閱商人財貨。計錢每貫稅二十，天下所出竹、木、茶、漆，皆十一稅之，以充常平本。時國用稍廣，常賦不足，所稅亦隨時而盡，終不能爲常平本。

又　建中四年六月，戶部侍郎趙贊請置大田：天下田計其頃畝，官收十分之一。擇其上腴，樹桑環之，曰公桑。自王公至于匹庶，差借其力，得穀絲以給國用。詔從其說。贊熟計之，自以爲非便，皆寢不下。復請行常平稅茶之法。又以軍須迫蹙，常平利不時集，乃請稅屋間架、算除陌錢。間架法：凡屋兩架爲一間，屋有貴賤，約價三等，上價間出錢二千，中價一千，下價五百。所由吏秉算執籌，入人之廬舍而計其數。衣冠士族，或貧無他財，獨守故業，坐多屋出算者，動數十萬，人不勝其苦。凡沒一間者，杖六十，告者賞錢五十貫，取於其家。除陌法：天下公私給與貨易，率一貫舊算二十，益加算爲五十。給與他物或兩換者，約錢爲率算之。市牙各給印紙，人有買賣，隨自署記，翌日合算之。有自貿易不用市牙者，驗其私簿，無私簿者，投狀自集。其有隱錢百者沒入，二千杖六十，告者賞十千，取其家資。法既行，而主人市牙得專其柄，率多隱盜。公家所入，曾不得半，而怨讟之聲，囂然滿於天下。至興元二年正月一日赦，悉停罷。

又　貞元九年正月，初稅茶。先是，諸道鹽鐵使張滂奏曰：『伏以去歲水災，詔令減稅。今之國用，須有供儲。伏請於出茶州縣，及茶山外商人要路，委所由定三等時估，每十稅一，充所放兩稅。其明年以後所得稅，外貯之。若諸州遭水旱，賦稅不辦，以此代之。』詔可之，仍委滂具處置條奏。自此每歲得錢四十萬貫。然稅無虛歲，遭水旱處亦未嘗以錢拯贍。

又　大和七年，御史臺奏：『伏準大和三年十一月十八日赦文，天下除兩稅外，不得妄有科配，其擅加雜榷率，一切宜停，令御史臺嚴加察訪者。臣昨因嶺南道擅置竹練場，稅法至重，害人頗深。伏請起今已後，應諸道自大和三年準赦文所停兩稅外科配雜榷率等復却置者，仰敕至後十日內，具却置事由聞奏，仍申臺司。每有出使郎官御史，便令嚴加察訪，苟有此色，本判官重加懲責，長吏奏聽進止。』從之。

又　九年十二月，左僕射令狐楚奏新置榷茶使額：『伏以江淮間數年以來，水旱疾疫，凋傷頗甚，愁歎未平。今夏及秋，稍較豐稔。方須惠恤，各使安存。昨者忽奏榷茶，實爲蠹政。蓋是王涯破滅將至，怨怒合歸。豈有令百姓移茶樹就官場中栽，摘茶葉於官場中造，有同兒戲，不近人情。方有恩權，無敢沮議，朝班相顧而失色，道路以目而吞聲。今宗社降靈，姦兇盡戮，聖明垂佑，黎庶各安。微臣伏蒙天恩，兼授使務，官銜之內，猶帶此名，俯仰若驚，夙宵知愧。伏乞特迴聖聽，下鑒愚誠，速委宰臣，除此使額。緣國家之用或闕，山澤之利有遺，許臣條流，續具奏聞。採造欲及，妨廢爲虞。前月二十一日內殿奏對之次，鄭覃與臣同陳論訖。伏望聖慈早賜處分，一依舊法，不用新條。惟納榷之時，須節級加價，商人轉擡，必較稍貴，即是錢出萬國，利歸有司，既無害茶商，又不擾茶戶，上以彰陛下愛人之德，下以竭微臣憂國之心，遠近傳聞，必當咸悅。』詔可之。先是，鹽鐵使王涯表請使茶山之人，移植根本，舊有貯積，皆使焚棄，天下怨之。及是楚主之，故奏罷焉。

又　開成二年十二月，武寧軍節度使薛元賞奏：『泗口稅場，應是經過衣冠商客金銀、羊馬、斛斗、見錢、茶鹽、綾絹等，一物已上並稅。

今商量，其雜稅並請停絕。』詔許之。

又　大中六年正月，鹽鐵轉運使裴休奏：『諸道節度、觀察使，置店停上茶商，每斤收搨地錢，并稅經過商人，頗乖法理。今請釐革橫稅，以通舟船，商旅既安，課利自厚。今又正稅茶商，多被私販茶人侵奪其利。今請強幹官吏，先於出茶山口，及廬、壽、淮南界內，布置把捉，曉諭招收，量加半稅，給陳首帖子，令其所在公行，從此通流，更無苛奪。所冀招恤窮困，下絕姦欺，使私販者免犯法之憂，正稅者無失利之歎。欲尋究根本，須舉綱條。』敕旨依奏。其年四月，淮南及天平軍節度使并浙西觀察使，皆奏軍用困竭，伏乞且賜依舊稅茶。敕旨：『裴休條流茶法，事極精詳，制置之初，理須畫一，並宜準今年正月二十六日敕處分。』

又卷一二三《王紹傳》　貞元中，爲倉部員外郎。時屬兵革旱蝗之後，令戶部收闕官俸，兼稅茶及諸色無名之錢，以爲水旱之備。

又卷一六九《鄭注傳》　訓、注天資狂妄，偷合苟容，至於經略謀猷，無可稱者。初浴堂召對，上訪以富人之術，乃以榷茶爲對。其法，欲以江湖百姓茶園，官自造作，量給直分，命使者主之。帝惑其言，乃命王涯兼榷茶使。

又卷一七七《裴休傳》　大中初，累官戶部侍郎，充諸道鹽鐵轉運使，轉兵部侍郎，兼御史大夫，領使如故。六年八月，以本官同平章事，判使如故。自大和已來重臣領使者，歲漕江、淮米不過四十萬石，能至渭河倉者十不三四。漕吏狡蠹，敗溺百端。官舟沉溺者歲七十餘隻。緣河姦吏，大紊劉晏之法。洎休領使，分命僚佐深按其弊。因是所過地里，悉令縣令兼董漕事，能者獎之。自江津達渭口，以四十萬之傭，歲計緡錢二十八萬貫，悉使歸諸漕吏，巡院無得侵牟。舉新法凡十條，奏行之，又立稅茶法十二條奏行之，物議是之。

又卷一八七《庾敬休傳》　上將立魯王爲太子，慎選師傅，改工部侍郎兼魯王傅。奏：『劍南西川、山南西道每年稅茶及除陌錢，舊例委度支巡院勾當榷稅，當司於上都召商人便換。大和元年，戶部侍郎崔元略與西川節度使商量，取其穩便，遂奏請茶稅事使司自勾當，每年出錢四萬貫送省。近年已來，不依元奏，三道諸色錢物，州府逗留，多不送省。請取江西例，於歸州置巡院一所，自勾當收管諸色錢物送省，所冀免有逋懸。欲令巡官李濆專往與德裕、遵古商量制置，續具奏聞。』從之。又奏：『兩川米價騰踴，百姓流亡。請糶兩川闕官職田祿米，以救貧人。』從之。再爲尚書左丞。

《新唐書》卷一四九《王紹傳》　是時，兵旱無年，詔戶部收闕官俸、稅茶及無名錢，以脩荒政。紹由員外郎判務，遷戶部、兵部郎中，皆專領。進戶部侍郎，判度支，頃之遷尚書。德宗臨御久，益不假借宰相，自竇參、陸贄斥罷，中書取充位，惟紹謹密，眷待殊厚。主計凡八年，每政事多所關訪，紹亦未嘗一言漏于人。

又卷一六一《庾敬休傳》　初，劍南西川、山南道歲征茶，戶部自遣巡院主之，募賈人入錢京師。大和初，崔元略奏責本道主當歲以四萬緡上度支。久之，逗留多不至。敬休始請置院秭歸，收度支錢，乃無逋沒。又言：『蜀道米價騰踊，百姓流亡，請以本道闕官職田賑貧民。』詔可。再爲尚書左丞。卒，贈吏部尚書。

又卷一六六《令狐楚傳》　先是，鄭注奏建榷茶使，王涯又議官自治園植茶，人不便，楚請廢使，如舊法，從之。

又卷一七九《鄭注傳》　帝問富人術，以榷茶對。其法欲置茶官，籍民圃而給其直，工自擷暴，則利悉之官。帝始詔王涯爲榷茶使。

又《王涯傳》　自李師道平，三道十二州皆有銅鐵官，歲取冶賦百萬，觀察使擅有之，不入公上。涯始建白：『如建中元年九月戊辰詔書，收隸天子鹽鐵。』詔可。久之，以本官同中書門下平章事，合度支、鹽鐵爲一使，兼領之。乃奏罷京畿榷酒錢以悅衆。俄檢校司空，兼門下侍郎。罷度支，真拜司空。始變茶法，益其稅以濟用度，下益困，而鄭注亦議榷茶，天子命涯爲使，心知不可，不敢爭。李訓敗，乃及禍。初，民怨茶禁苛急，涯就誅，皆羣詬詈，抵以瓦礫。

又卷一八二《裴休傳》　大和後，歲漕江、淮米四十萬斛，至渭河倉者纔十三，舟檝僨敗，吏乘爲姦，冒沒百端，劉晏之法盡廢。休分遣官詢按其弊，乃命在所令長兼董漕，褒能者，謫怠者。由江抵渭，舊歲率僱緡二十八萬，休悉歸諸吏，敕巡院不得輒侵牟。著新法十條，又立稅茶十二法，人以爲便。居三年，粟至渭倉者百二十萬斛，無留壅。時方鎮設

邸閣居茶取直，因視商人它貨横賦之，道路苛擾。休建言：『許收邸直，毋擅賦商人』又：『收山澤寶冶，悉歸鹽鐵。』

又 卷二一二《藩鎮盧龍·刘仁恭傳》 是時，中原方多故，仁恭得倚燕彊且遠，無所憚，意自滿。從方士王若訥學長年，築館大安山，掠子女充之。又招浮屠，與講法。以堇土爲錢，斂真錢，穴山藏之，殺匠滅口。禁南方茶，自擷山爲茶，號山曰大恩，以邀利。

《舊五代史》卷一〇《梁書·末帝紀下》 ［龍德元年二月］鹽鐵轉運使敬翔奏：『請於雍州、河陽、徐州三處重置場院税茶。』從之。

又 卷一一二《周書·太祖紀三》 ［廣順二年春正月］初，漢末遣三司軍將路昌祚於湖南市茶，屬淮南將邊鎬陷長沙，昌祚被賊送金陵。

又 卷一三五《劉守光傳》 是時，天子播遷，中原多故，仁恭嘯傲薊門，志意盈滿，師道士王若訥，祈長生羽化之道。幽州西有名山曰大安山，仁恭乃於其上盛飾館宇，僭擬宫掖，聚室女豔婦，窮極侈麗。又招聚緇黄，合仙丹，講求法要。又以堇泥作錢，令部内行使，盡斂銅錢於大安山巔，鑿穴以藏之，藏畢即殺匠石以滅其口。又禁江表茶商，自擷山中草葉爲茶，以邀厚利。改山名爲大恩山。仁恭有嬖妾曰羅氏，美姿色，其子守光烝之，事洩，仁恭怒，笞守光，謫而不齒。

《新五代史》卷六六《楚世家·馬殷傳》 殷初兵力尚寡，與楊行密、成汭、劉龑等爲敵國，殷患之，問策於其將高郁，郁曰：『成汭地狹兵寡，不足爲吾患，而劉龑志在五管而已，楊行密，孫儒之仇，雖以萬金交之，不能得其懽心。然尊王仗順，霸者之業也，今宜内奉朝廷以求封爵而外誇隣敵，然後退脩兵農，畜力而有待爾。』於是殷始脩貢京師，然歲貢不過所産茶茗而已。乃自京師至襄、唐、郢、復等州置邸務以賣茶，其利十倍。郁又諷殷鑄鉛鐵錢，以十當銅錢一。又令民自造茶以通商旅，而收其算，歲入萬計。由是地大力完，數邀封爵。

又 卷九《仁宗紀一》 ［天聖元年］三月甲戌，奉安真宗御容于西京應天院。丙子，詔減西京囚罪一等，徒以下釋之。賜城中民八十以上者茶帛，仍復其家。甲申，詔自今營造，三司度實給用。辛卯，司天監上崇天曆。行淮南十三山場貼射茶法。

又 ［天聖三年］十一月己卯朔，罷貼射茶法。辛卯，以襄州水蠲民租。晉、絳、陝、解州飢，發粟振之。戊申，王欽若卒。

又 卷一〇《仁宗紀二》 ［景祐三年］三月癸巳，復商賈以見錢算請官茶法。乙未，觀新定鐘律。戊戌，詔兩省、卿監、刺史、閤門以上致仕，給奉如分司官，長吏歲時勞賜之。改維州爲威州。

又 卷一二《仁宗紀四》 ［嘉祐二年］九月癸酉，議罷榷茶法。己丑，契丹遣使來謝。

又 二月己巳，罷榷茶。庚午，廣南言交阯寇欽州。乙亥，以廣惠倉隸司農寺。戊子，白虹貫日。

又 卷一八《哲宗紀二》 ［紹興四年二月］己卯，復元豐榷茶法。

又 卷一七九《食貨志下一》 先是，茶鹽榷酤課額少者，募豪民主之。民多增額求利，歲更荒儉，商旅不行，至虧常課，乃籍其貲産以償。太宗始詔以開寶八年爲額，既又慮其未均，乃遣使分詣諸州，同長吏裁定。凡左藏及諸庫受納諸州上供均輸金銀、絲帛暨他物，令監臨官謹視之。欺而多取，主稱、藏吏皆斬，監臨官亦重寘其罪。罷三司大將及軍將主諸州榷課，命使臣分掌。掌務官吏虧課當罰，長吏以下分等連坐。雍熙二年，令三司勾院糾本部陷失官錢 ，及百千賞以十之一，至五千貫者遷其職。

又 真宗嗣位，詔三司經度茶、鹽、酒税以充歲用，勿增賦斂以困黎元。是時條禁愈密，較課以祖額前界遞年相參。景德初，榷務連歲增羨，三司即取多收者爲額，帝慮或致掊克，詔凡增額比奏。上封者言：『諸路歲課增羨，知州、通判皆書曆爲課最，有虧者則無罰。』乃令諸路茶、鹽、酒税及諸場務，自今總一歲之課，合爲一，以額較之。有虧則計分數，知州、通判減監官一等科罰，州司典吏減專典一等論，大臣及武臣知州軍者止罰通判以下。

又 于時天下久平，吏員冗溢，節度使至八十餘員，留後、觀察下及遥郡刺史多至數千員，學士、待制中外百五十員。京又專用豐亨豫大之説，諛悦帝意，始廣茶利，歲以一百萬緡進御，以京城所主之。其後又有應奉司、御前生活所、營繕所、蘇杭造作局、御前人船所，其名雜出，大率爭以奇侈爲功。歲運花石綱，一石之費，民間至用三十萬緡。姦吏旁

緣，牟取無藝，民不勝弊。用度日繁，左藏庫異時月費緡錢三十六萬，至是，衍爲一百二十萬。

又 久之，乃詔蔡攸等就尚書省置講議財利司，除茶法已有定制，餘並講究條上。攸請：內侍職掌，事干宮禁，應裁省者，委童貫取旨。時貫以廣陽郡王領右府故也。於是不急之務，無名之費，悉議裁省。帝亦自罷諸路應奉官吏，省六尚歲貢。

又 ［宣和］七年，詔諸路帥臣、監司各條所部當裁省凡目以聞。後苑書藝局等月省十九萬緡，歲可省二百二十萬。應奉司所管諸色窠名錢數內：兩浙路鈔旁定帖息錢，湖、常、溫、秀州無額上供錢，淮南路添酒錢等，並行截節，更不充應奉支用。十二月，詔曰：『比年寬大之詔數下，裁省之令屢行。有司便文而實惠不至，蓋緣任用非人，興作事端，蠹耗邦財。假享上之名，濟營私之欲，漁奪百姓，無所不至。朕夙夜痛悼，思有以撫循慰安之。應茶鹽立額結絕。應奉司兩浙諸路置局及花石綱等，諸路非泛上供拋降物色，延福宮西城所租課，內外修造諸處採斫木植、製造局所，並罷。諸局及西城所見管錢物並付有司，其拘收到百姓地土，並給還舊佃人。減掖庭用度，減侍從官以上月廩，及罷諸兼局，以上並令有司據所得數撥充諸路糴本，及椿充募兵賞軍之用。應齋醮道場，除舊法合有外，並罷道官及撥賜宮觀等房錢、田土之類。六尚並依祖宗法。罷大晟府，罷教樂所，罷教坊額外人。罷行幸局，罷採石所，罷待詔額外人。罷都茶場，依舊歸朝廷。河坊非危急泛科、免夫錢並罷。』

又 先是，既罷導洛、堆垛等局，又罷熙河蘭會經制財用司，減放市易欠負及積欠租輸，選官體量茶鹽之法。使者之刻剝害民，如吳居厚、呂孝廉、王子京、李琮，內臣之生事斂怨，如李憲、宋用臣等，皆相繼正其罪。既而稍復講修財利。李清臣因白帝，今中外錢穀艱窘，戶部給百官奉，常無數月之備。章惇遂以財用匱乏，專指爲司馬光、呂公著、呂大防、蘇轍諸人之罪。左司諫翟思亦奏疏詆：『元祐以理財爲諱，利入名額類多廢罷，督責之法不加於在職之臣，財利既多散失，且借貸百出，而熙、豐餘積，用之幾盡。方今內外財用，月計歲會，所入不足給所出。願下諸路會元祐以前所儲金穀及異時財利名額、歲入經數，著爲成式。』

又卷一八〇《食貨志下二》 京之初爲折十錢，人不以爲便，帝亦知之。故崇寧四年以後，稍更其法，及京去位，遂詔論中外。京再得政復行之，知盜鑄者必衆，將威以刑。會有告蘇州章綖盜鑄數千萬緡，遂興大獄。初遣李孝壽，又遣沈畸、蕭服，末以命知蘇州孫傑、發運副使吳擇仁。綖坐刺流海島，連坐者千餘人，時皆冤之。於是頒行大觀新修錢法於天下，申命開封府尹少、外路監司，各分州郡舉行，按舉能否，月檢會法令，使民知禁。用孫傑言，盜鑄依淮東重法地，囊橐強盜之家，籍其財以待賞，居停鄰保並均備告驗；私錢依私茶法，給隨行物；州常椿盜鑄賞錢五千緡，州縣稽於施行，監司失察，不以赦原。是歲，京畿既置錢監，乃專鑄當十大錢，而小平錢則鑄於諸路。既而當十錢少，復置真州鑄錢監，以本路所換錢不依式者及諸司當二見緡，用舊式改鑄當十錢。

又卷一八二《食货志下四・盐法》 紹聖中，河北官復賣鹽，繼詔如京東法。元符三年，崇儀使林豫言：『河北榷鹽，未必敷前日稅額，且契丹鹽益售，慮啟邊隙。』明年，給事中上官均亦以爲言，皆不果行。宣和元年，京畿、四輔及滑州、河陽所產鹻地，悉墾爲田，革盜刮煎鹽之弊，知河陽王序以勸誘推賞。三年，大改鹽法，舊稅鹽並易爲鈔鹽。凡未賣稅鹽鈔引及已請算或到倉已投暨未投者，並赴榷貨務改給新法鈔引，許通販；已請舊法稅鹽貨賣者，自陳，更買新鈔帶賣，已請鈔引，毋得帶支。初，茶鹽用換鈔對帶之法，民旅皆病，然河北猶未及也；至是，併河北、京東行之。

又《鹽法》 崇寧元年，蔡京議更鹽法，乃言東南鹽本或闕，滯於客販，請增給度牒及給封樁坊場錢通三十萬緡。并列七條：一、許客用私船運致，仍嚴立輒踰疆至夾帶私鹽之禁；二、鹽場官吏槩量不平或支鹽失倫次者，論以徒；三、鹽商所繇官司、場務、堰牐、津渡等輒加苛留者，如上法；四、禁命吏、廕家、貢士、胥史爲賈區請鹽；五、議貸亭戶；六、鹽價太低者議增之；七、令措置官博盡利害以聞。明年，詔鹽舟力勝錢勿輸，用綱阻遏，且許舟行越次取疾，官綱等舟輒攔阻者坐之。遂變鈔法，置買鈔所於榷貨務。凡以鈔至者，並以末鹽、乳香、茶鈔并東北一分及官告、度牒、雜物等換給。末鹽鈔換易五分，餘以雜物，而

舊鈔止許易末鹽、官告。仍以十分率之，止聽算三分，其七分兼新鈔。定民間買鈔之價，以抑豪強，以平邊糴。在河北買者，率百緡毋得下五千，東南末鹽鈔毋得下十千，陝西鹽鈔毋得下五千五百，私減者坐徒之罪，官吏留難、文鈔展限等條皆備。

又 ［政和］三年，以商人承前先即諸州投勾，乃請鹽於場，留滯，罷之。若請鹽大帶斤重者，官爲秤驗，乃輸錢給鈔。時法既屢變，蔡京更欲巧籠商賈之利，乃議措置十六條，裁定買官鹽價，囊以三百斤，價以十千，其鬻者聽增損隨時，舊加饒脚耗並罷。客鹽舊止船貯，改依東北鹽用囊，官製鬻之，書印及私造貼補，並如茶籠篰法，仍禁再用。受鹽、支鹽官司，析而二之，受於場者管秤盤囊封，納於倉者管察視引據、合同號簿。囊二十，則以一拆驗合同遞牒給商人外，東南末鹽諸場，仍給鈔引號簿，有欲改指別場者，並批銷號簿及鈔引，仍用合同遞牒報所指處給隨鹽引，即已支鹽，關所指處籍記。中路改指者倣此。其引繳納，限以一年，有故展毋得踰半年，限竟，鹽未全售者毀引，以見鹽籍于官，止聽鬻其處，毋得翻改。大抵皆視茶法而多爲節目，欺奪民利，故以免究盜販、私煎、大帶斤重爲名，而專用對帶之法。客負鈔請鹽，往往阨不即畀，必對元數再買新鈔，方聽帶給舊鈔之半。慮令之不行也，嚴避免之禁，申沮壞之制，重扇搖之法，季輒比較，務峻督責以取辦。

又 紹興二年，四川總領趙開初變鹽法，倣大觀法置合同場，收引稅錢，大抵與茶法相類，而嚴密過之。斤輸引錢二十有五，土產稅及增添約九錢四分，所過稅錢七分，住稅一錢有半，引別輸提勘錢六十，其後又增貼輸等錢。凡四川四千九百餘井，歲產鹽約六千餘萬斤，引法初行，百斤爲一檐，又許增十斤勿算以優之，其後遞增至四百餘萬緡。二十九年，減西和州賣鹽直之半。

又 民之欲茶者售於官，其給日用者，謂之食茶，出境則給券。商賈貿易，入錢若金帛京師榷貨務，以射六務、十三場茶，給券隨所射與之，願就東南入錢若金帛者聽，計直予茶如京師。至道末，鬻錢二百八十五萬二千九百餘貫，天禧末，增四十五萬餘貫。天下茶皆禁，唯川峽、廣南聽民自買賣，禁其出境。

又 凡民茶折稅外，匿不送官及私販鬻者沒入之，計其直論罪。園戶輒毀敗茶樹者，計所出茶論如法。舊茶園荒薄，采造不充其數者，蠲之。當以茶代稅而無茶者，許輸他物。主吏私以官茶貿易，及一貫五百者死。自後定法，務從輕減。太平興國二年，主吏盜官茶販鬻錢三貫以上，黥面送闕下；淳化三年，論直十貫以上，黥面配本州牢城，巡防卒私販茶，依本條加一等論。凡結徒持仗販易私茶、遇官司擒捕抵拒者，皆死。太平興國四年，詔鬻僞茶一斤杖一百，二十斤以上棄市。雍熙二年，民造溫桑僞茶，比犯真茶計直十分論二分之罪。淳化五年，有司以侵損官課言加犯私茶一等，非禁法州縣者，如太平興國詔條論決。

又 茶之爲利甚博，商賈轉致於西北，利嘗至數倍。雍熙後用兵，切於饋餉，多令商人入芻糧塞下，酌地之遠近而爲其直，取市價而厚增之，授以要券，謂之交引，至京師給以緡錢，又移文江淮、荊湖給以茶及顆、末鹽。端拱二年，置折中倉，聽商人輸粟京師，優其直，給茶鹽于江、淮。

又 淳化三年，監察御史薛映、祕書丞劉式等請罷諸榷務，令商人就出茶州軍官場算買，既大省輦運，又商人皆得新茶。詔以三司鹽鐵副使雷有終爲諸路茶鹽制置使，左司諫張觀與映副之。四年二月，廢沿江八務，大減茶價。詔下，商人頗以江路回遠非便，有司又以損直虧課爲言。七月，復置八務，罷制置使、副。至道初，劉式猶固執前議，西京作坊使楊允恭言商人市諸州茶，新陳相糅，兩河、陝西諸州，風土各有所宜，非參以多品則少利，罷榷務令就茶山買茶不可行。太宗欲究其利害之説，命宰相召鹽鐵使陳恕等與式、允恭定議，召問商人，皆願如淳化所減之價，不然，即望仍舊。有司職出納，難於減損，皆同允恭之説，式議遂寢。即以允恭爲江南、淮南、兩浙發運兼制置茶鹽使。二年，從允恭等請，禁淮南十二州軍鹽，官鬻之，商人先入金帛京師及揚州折博務者，悉償以茶。自是鬻鹽得實錢，茶無滯積，歲課增五十萬八千餘貫，允恭等皆被賞。

又 初，商人以鹽爲急，趨者甚衆，及禁江、淮鹽，又增用茶，如百千又有官耗，增十千場耗，隨所在饒益。其輸邊粟者，持交引詣京師，有坐賈置鋪，隸名榷貨務，懷交引者湊之。若行商，則鋪賈爲保任，詣京師榷務給錢，南州給茶；若非行商，則鋪賈自售之，轉鬻與茶賈。及南

北和好罷兵，邊儲稍緩，物價差減，而交引虛錢未改。既以茶代鹽，而買茶所入不補其給，交引停積，故商旅所得茶，指期於數年之外，京師交引愈賤，至有裁得所入芻粟之實價，官私俱無利。是年，定監買官虧額自一釐以上罰奉、降差遣之制。

又 景德二年，命鹽鐵副使林特、崇儀副使李溥等就三司悉索舊制詳定，而召茶商論議，别爲新法：其於京師入金銀、綿帛實直錢五十千者，給百貫實茶，若須海州茶者，入見緡五十五千；河北緣邊入金帛、芻粟，如京師之制，而茶增十千，次邊增五千；河東緣邊次邊亦然，而所增有八千六千之差；陝西緣邊亦如之，而增十五千，須海州茶者，納物實直五十二千，次邊所增如河北緣邊之制。其三路近地所入所給，皆如京師。河北次邊、河東緣邊次邊，皆不得射海州茶。茶商所過，當輸算，令記録，候至京師併輸之。仍約束山場，僅其出納。議奏，三司皆以爲便。五月，以溥爲淮南制置發運副使，委成其事。行之一年，真宗慮未盡其要，三年，命樞密直學士李濬等比較新舊法利害。時新法方行，商人頗眩惑，特等請罷比較，從之。

又 有司上歲課：元年用舊法，得五百六十九萬貫，二年用新法，得四百一十萬貫，三年二百八萬貫。特言『所增益官本少而有利所增益官本少而有利，乃實課也，所虧虛錢耳。四年秋，特等皆遷官，仍詔三司行新法，不得輒有改更。大中祥符二年，特、溥等上編成茶法條貫并課利總數二十三策。

又 自新法之行，舊有交引而未給者，已給而未至京師者，已至而未磨者，悉差定分數，折納入官。大約商人有舊引千貫者，令依新法歲入二百千，候五歲則新舊皆給足。官府有以茶充公費者，慮其價賤亂法，悉改以他物。山場節其出耗，所過商税嚴其覺舉。諸榷務所受茶，皆均第配給場務，以交引至先後爲次。大商刺知精好之處，日夜走僮使齎券詣官，率多先焉。初，禁淮南鹽，小商已困，至是，益不能行。

又 ［景德］六年，申監買官賞罰之式，凡買到入算茶，及租額遞年送榷務交足而有羨餘者，即理爲課績，其不入算者，雖多不在此限。大中祥符五年，歲課二百餘萬貫，六年至三百萬貫，七年又增九十萬貫，八年纔百六十萬貫。

又 是時數年間，有司以京師切須錢，商人舊執交引至場務即付物，時或特給程限，踰限未至者，每十分復令別輸二分見緡，謂之貼納。豪商率能及限，小商或不即知，或無貼納，則賤鬻於豪商。有司徒知移用之便，至有一歲之內文移小改至十數者，商人惑之，顧望不進。乃詔刑部尚書馮拯、翰林學士王曾詳定，拯等深以慎重敦信爲言，而上封者猶競陳改法之弊。九年，乃命翰林學士李迪、權御史中丞淩策、侍御史知雜呂夷簡與三司同議條制。時以茶多不精，給商人罕有饒益，行商利薄，陝西交引愈賤，鬻於市纔八千。知秦州曹瑋請於永興、鳳翔、河中府官出錢市之，詔可。迪等以入中緡錢、金帛，舊從商人所有受之，至是請令十分輸緡錢四五，又定加饒貼納之差。然凡有條奏，多令李溥裁酌，溥務執前制，罕所變革。

又 天禧二年，太常博士李垂請放行茶貨，左諫議大夫孫奭言：『茶法屢改，商人不便，非示信之道，望重定經久之制。』即詔奭與三司詳定，務從寬簡。未幾，奭出知河陽，事遂止。三司言：『陝西入中芻糧，請依河北例，斗束量增其直，計實錢給鈔，入京以見錢買之，願受茶貨交引，給依實錢數，令榷貨務並依時價納緡錢支茶，不得更用芻糧文鈔貼納茶貨。』詔每入百千，增五千茶與之，餘從其請。時陝西交引益賤，京師裁直五千，有司惜其費茶。五年，出內庫錢五十萬貫，令閤門祗候李德明於京師市而毀之。

又 乾興以來，西北兵費不足，募商人入中芻粟如雍熙法給券，以茶償之。後又益以東南緡錢、香藥、犀齒，謂之三說；至塞下急於兵食，欲廣儲偫，不愛虛估，入中者以虛錢得實利，人競趨焉。及其法既敝，則虛估日益高，茶日益賤，入實錢金帛日益寡。而入中者非盡行商，多其土人，既不知茶利厚薄，且急於售錢，得券則轉鬻於茶商或京師交引鋪，獲利無幾；茶商及交引鋪或以券取茶，或收蓄貿易，以射厚利。由是虛估之利皆入豪商巨賈，券之滯積，雖二三年茶不足以償，而入中者以利薄不趨，邊備日蹙，茶法大壞。初，景德中丁謂爲三司使，嘗計其得失，以謂邊糴纔及五十萬，而東南三百六十餘萬茶利盡歸商賈。當時以爲至論，厥後雖屢變法以救之，然不能亡敝。

又 天聖元年，命三司使李諮等較茶、鹽、礬税歲入登耗，更定其

法。遂置計置司，以樞密副使張士遜、參知政事呂夷簡、魯宗道總之。首考茶法利害，奏言：『十三場茶歲課緡錢五十萬，天禧五年纔及緡錢二十三萬，每券直錢十萬，鬻之售錢五萬五千，總爲緡錢實十三萬，除九萬餘緡爲本錢，歲纔得息錢三萬餘緡，而官吏廩給雜費不預，是則虛數多而實利寡，請罷三説，行貼射法。』其法以十三場茶買賣本息併計其數，罷官給本錢，使商人與園戶自相交易，一切定爲中估，而官收其息。如鬻舒州羅源場茶，斤售錢五十有六，其本錢二十有五，官不復給，但使商人輸息錢三十有一而已。然必輦茶入官，隨商人所指予之，給券爲驗，以防私售，故有貼射之名。若歲課貼射不盡，或無人貼射，則官市之如舊。園戶過期而輸不足者，計所負數如商人入息。舊輸茶百斤，益以二十斤至三十五斤，謂之耗茶，亦皆罷之。其入錢以射六務茶者如舊制。

又 先是，天禧中，詔京師入錢八萬，給海州、荊南茶，入錢七萬四千有奇，給真州、無爲、蘄口、漢陽并十三場茶，皆直十萬，所以饒裕商人；而海州、荊南茶善而易售，商人願得之，故入錢之數厚於他州。其入錢者，聽輸金帛十之六。至是，既更爲十三場法，又募入錢六務，而海州、荊南增爲八萬六千，真州、無爲、蘄口、漢陽增爲八萬。商人入芻粟塞下者，隨所在實估，度地里遠近，量增其直。以錢一萬爲率，遠者增至七百，近者三百，給券至京，一切以緡錢償之，謂之見錢法；願得金帛、若他州錢、或茶鹽、香藥之類者聽。大率使茶與邊糴，各以實錢出納，不得相爲輕重，以絶虛估之敝。朝廷皆用其説。

又 行之期年，豪商大賈不能爲輕重，而論者謂邊糴償以見錢，恐京師府藏不足以繼，爭言其不便。會江、淮制置司言茶有滯積壞敗者，請一切焚棄。朝廷疑變法之敝，下書責計置司，又遣官行視茶積。諳等因條上利害，且言：『嘗遣官視陝西、河北，以鎮戎軍、定州爲率，鎮戎軍入粟直二萬八千，定州入粟直四萬五千，給茶皆直十萬。以蘄州市茶本錢視鎮戎軍粟直，反亡本錢三之一，得不償失，敝在茶與邊糴相須爲用，故更今法。以新舊二法較之，乾興元年用三説法，每券十萬，茶售錢五萬一千至六萬二千，香藥、象齒售錢四萬一千有奇，東南緡錢售錢八萬三千，而京師實入緡錢五十七萬有奇，邊儲芻二百五萬餘圍，粟二百九十八萬石。天聖元年用新法，至二年，茶及香藥、東南緡錢每給直十萬，茶入實錢七萬四千有奇至八萬，香藥、象齒入錢七萬二千有奇，東南緡錢入錢十萬五百，而京師實入緡錢增一百四萬有奇，邊儲芻增一千一百六十九萬餘圍，粟增二百一十三萬餘石。舊以虛估給券者，至京師爲出錢售之，或折爲實錢給茶，貴賤從其市估。其先賤售於茶商者，券錢十萬，使別輸實錢五萬，共給天禧五年茶直十五萬，小商百萬以下免輸錢，每券十萬，給茶直七萬至七萬五千；天禧茶盡，則給乾興以後茶，仍增別輸錢五萬者爲七萬，並給耗如舊，俟舊券盡而止。如此又省合給茶及香藥、象齒、東南緡錢總直緡錢一百七十一萬。』二府大臣亦言：『所省及增收計爲緡錢六百五十餘萬。時邊儲有不足以給一歲者，至是，多者有四年，少者有二年之蓄，而東南茶亦無滯積之弊。其制置司請焚棄者，特累年壞敗不可用者爾。推行新法，功緒已見。蓋積年侵蠹之源一朝閉塞，商賈利於復故，欲有以動搖，而論者不察其實，助爲游説。願力行之，毋爲流言所易。』於是詔有司牓諭商賈以推行不變之意，賜典吏銀絹有差，然論者猶不已。

又 卷一八五《食貨志下七》 明年，令諸路鐵倣茶鹽法榷鬻，置鑪冶收鐵，給引召人通市。苗脉微者聽民出息承買，以所收中賣於官，私相貿易者禁之。先是，元豐六年，京東漕臣吳居厚奏：『徐、鄆、青等州歲製軍器及上供簡鐵之類數多，而利國、萊蕪二監鐵少不能給。請鐵從官興煽，所獲可多數倍。』自是，官榷鐵造器用以鬻於民，至元祐罷之。其後大觀初，入內皇城使裴絢爲涇原幹當，奏上渭州通判苗沖淑之言：『石河鐵冶既令民自採鍊，中賣於官，請禁民私相貿易。農具、器用之類，悉官爲鑄造，其冶坊已成之物，皆以輸官而償其直。』乃禁毋得私相貿易，農具、器用勿禁，官自賣鐵唯許鑄瀉戶市之。

又 卷二六七《趙昌言傳》 初，太宗厚遇昌言，垂欲相之。趙普以勳舊復入，惡昌言剛戾，乃相呂蒙正。裁數月，會有潁獄，普以昌言樹黨，再勸太宗誅之，太宗特寬焉。淳化二年，起昌言知蔡州，逾年，召拜右諫議大夫。或議弛茶鹽禁，以省轉漕。命昌言爲江淮、兩浙制置茶鹽使，昌言極言非便，太宗不納，趣昌言往。昌言固執如初。即以戶部副使雷有終代之，卒以無利而罷。

又《陳恕傳》 恕將立茶法，召茶商數十人，俾各條利害，恕閱之

第爲三等，語副使宋大初曰：『吾觀下等固減裂無取。上等取利太深，此可行於商賈，不可行於朝廷。惟中等公私皆濟，吾裁損之，可以經久。』於是始爲三法行之，貨財流通。

又《李惟清傳》 淮南榷貨務賣岳茶，斤爲錢百五十。主吏言陳惡者二十六萬六千餘斤，惟清擅減斤五十錢，不以聞。滁泗濠楚州、漣水軍亦以岳茶陳惡，減價市之。計虧錢萬四千餘貫，爲勾院吏盧守仁所發，左授衛尉少卿，黜判官李琯爲本曹員外郎，賜守仁錢十五萬。俄出知廣州。至道初，就拜右諫議大夫。太宗聞其廉平，詔獎之。二年，徙廣南東、西路都轉運使，尋召拜給事中。踰月，同知樞密院事。

又卷二七七《索湘傳》 真宗即位，入爲右諫議大夫。復充河北轉運使，屬郡民有斡釀，歲輸課甚微，而不逞輩因之爲姦盜。湘奏廢之。德州舊賦民馬以給驛，又役民爲步遞，湘代以官馬兵卒，人皆便之。會內殿崇班閻日新建議，請於靜戎、威虜兩軍置場鬻茶，收其利以資軍用。湘言非便，遂止。又言事者請許榷場商旅以茶藥等物販易於北界，北界商旅許於雄、霸州市易，資其懋遷，庶息邊患。詔湘詳議以聞，及上言曰：『北邊自興置榷場，商旅輻湊，制置深得其宜。今若許其交相販易，則沿邊商人深入戎界，竊爲非便。又北界商人若至雄、霸，其中或雜姦僞，何由辨明？況邊民易動難安，蕃戎之情宜爲羈制。望且仍舊爲便。』會有詔規度復修定州新樂、蒲陰兩縣，湘以其地迫窄，非屯兵之所，遂奏罷之。

又 湘少文而長於吏事，歷邊部，所至必廣儲蓄爲備豫計，出入軍旅間，頗著能名。先是，邊州置榷場，與蕃夷互市，而自京輦物貨以充之，其中茶茗最爲煩擾，復道遠多損敗。湘建議請許商賈緣江載茶詣邊郡入中，既免道途之耗，復有征算之益。又威虜、靜戎軍歲燒緣邊草地以虞南牧，言事者又請於北砦山麓中興置銀冶，湘以爲召寇，亦奏罷之。

又《何蒙傳》 太平興國五年，調遂寧令。時太宗親征契丹還，作詩以獻。召見賞歎，授右贊善大夫。三遷至水部員外郎，通判廬州。時郡中火燔廨舍，榷務俱盡。蒙假民器，貸鄰郡麴米爲酒，既而課增倍。戶部使上其狀，詔賚緡錢獎之。稍遷司門。巡撫使潘慎修薦其材敏，驛召至京，因面對，訪以江、淮茶法，蒙條奏利害稱旨，賜緋魚及錢十萬。後二日復對，又上淮南酒榷便宜，特改庫部，復賜錢二十萬，因命至淮右提總其事，自是歲有羨利。使還，知溫州，未行，留提舉在京諸司庫務。求外任，復命知溫州。坐舉人不當，削一官。

又卷二八三《林特傳》 真宗北征，命同知留司三司公事，遷司封員外郎。車駕謁陵，爲行在三司副使，詔與劉承珪、李溥比較江淮茶法。因裁定新制，歲增課百餘萬，特遷祠部郎中。封泰山，祀汾陰，皆爲行在三司副使。以右諫議大夫權三司使、修玉清昭應宮副使。將祀太清宮，遣特儲供具，爲行在三司使。禮成，進給事中，爲修景靈宮副使兼修兗州景靈宮、太極觀。昭應宮成，遷尚書工部侍郎，真拜三司使。樞密使寇準言特姦邪，又數與爭事，帝爲出準，特在職如故。後罷三司，以戶部侍郎同玉清昭應宮副使。兗州宮觀成，遷吏部侍郎。天禧元年，爲修上聖祖實冊副使，轉尚書右丞。

又卷二九二《李諮傳》 時陝西緣邊數言軍食不給，度支都內錢不足支月奉，章獻太后憂之，命呂夷簡、魯宗道、張士遜與諮等經度其事。諮曰：『舊法商人入粟邊郡，算茶與犀象、緡錢，爲虛實三估，出錢十四文，坐得三司錢百文。』諮請變法以實錢入粟，實錢售茶，三者不得相爲輕重。既行而商人果失厚利，怨謗蠭起。諮以疾累請郡，改樞密直學士、知洪州。行數月，而御史臺鞫吏王舉、句獻私商人，多請慈州礬，會計茶法不折虛費錢，妄稱增課百萬緡，以覬恩賞。諮坐不察奪職。

又 進尚書禮部侍郎，拜樞密副使。數月，遭父喪，起復，遷戶部侍郎、知院事。是時榷茶法寖壞，乃詔諮、蔡齊等更議之。諮以前坐變法得罪，固辭，不許。於是復用諮所變法，語具食貨志。卒，贈右僕射，謚憲成。

又 初，學士蘇易簡、丁度皆自郎中進中書舍人充承旨，及堯臣爲承旨，不遷官，意宰相賈昌朝所抑。及是，文彥博爲相，因其歲滿，遂優遷之。大享明堂，加給事中。與三司更議茶法，較天下每歲財賦出入，上其數，遂拜樞密副使。

又卷二九九《李溥傳》 景德中，茶法既弊，命與林特、劉承珪更定法，募人入金帛京師，入芻粟塞下，與東南茶皆倍其數，即以溥制置江、淮等路茶鹽礬稅兼發運事，使推行之。歲課緡錢，果增其舊，特等皆

受賞。溥時已爲發運副使，遷爲使，仍改西京作坊使。然茶法行之數年，課復損於舊。江、淮歲運米輸京師，舊止五百餘萬斛，至溥乃增至六百萬，而諸路猶有餘畜。高郵軍新開湖水散漫多風濤，溥令漕舟東下者還過泗州，因載石輸湖中，積爲長隄，自是舟行無患。累遷北作坊使。

又卷三三三《沈立傳》 沈立字立之，歷陽人。舉進士，簽書益州判官，提舉商胡埽。采摭大河事迹、古今利病，爲書曰河防通議，治河者悉守爲法。遷兩浙轉運使。蘇、湖水，民艱食，縣戒強豪民發粟以振，立亟命還之，而勸使自稱貸，須歲稔，官爲責償。茶禁害民，山場、榷場多在部內，歲抵罪者輒數萬，而官僅得錢四萬。立著茶法要覽，乞行通商法，三司使張方平上其議。後罷榷法，如所請，立召爲戶部判官。

又卷三四七《黄廉傳》 元祐元年，召爲戶部郎中。陸師閔茶法爲川、陝害，遣廉使蜀按察，至則奏罷其泰甚者。且言：『前所爲誠病民，若悉以予之，則邊計不集，蜀貨不通，園甿將受其斂。諸榷熙、秦茶勿改，而計東路通商；禁南茶毋入陝西，以利蜀貨。定博馬歲額爲萬八千匹。』朝廷可其議，使以直祕閣提舉。

又卷四六六《刘承規傳》 景德二年，與李允則使河間，按視營經戰陣等處將卒之勞。是歲，置官提舉京師諸司庫務，以承規領之。所創局署，多所規制。改皇城使。與林特、李溥議更茶法。四年，三司上言新課增羨，承規以勞加領昭州團練使。

《文獻通考》卷一八《征榷考五·榷茶》 貞元九年，復稅茶。先是，諸道鹽鐵使張滂奏：『去歲水災，詔令減稅。今之國用，須有供儲。伏請於出茶州縣及茶山外商人要路，委所由定三等時估，每十稅一，充所放兩稅。其明年已後所得稅錢外貯，若諸州遭水旱，賦稅不辦，以此代之。』詔可，仍委張滂具處置條目。每歲得錢四十萬貫，茶之有稅自此始。

然稅無虛歲，遭水旱處亦未嘗以稅茶錢拯贍。

又 穆宗即位，兩鎮用兵，帑藏空虛，禁中起百尺樓，費不可勝計。鹽鐵使王播乃增天下茶稅，率百錢增五十。江淮、浙東西、嶺南、福建、荊襄茶，播自領之，兩川以戶部領之。天下茶加斤至二十兩，播又奏加取焉。

右拾遺李珏上疏諫曰：『榷茶起於養兵，今邊境無虞，而厚斂傷民，不可一也。茗飲，人之所資，重賦稅則價必增，貧弱益困，不可二也。山澤之饒，其出不貲，論稅以售多爲利，價騰踴則市者稀，不可三也。』

又 文宗時，王涯爲相，判二使，復置榷茶使，自領之，徙民茶樹於官場，權其舊積者，天下大怨。令狐楚代爲鹽鐵使兼榷茶使，復令納榷，加價而已。李石爲相，以茶稅皆歸鹽鐵，復貞元之舊。

又 武宗即位，鹽鐵轉運使崔珙又增江淮茶稅。是時，茶商所過州縣有重稅，或掠奪舟車，露積雨中，諸道置邸以收稅，謂之『拓地錢』，故私犯益起。大中初，鹽鐵轉運使裴休請：『釐革橫稅，以通舟船，商旅既安，課利自厚。又正稅茶商，多被私販茶人侵奪其利，今請委強幹官吏，先於出茶山口及廬、壽、淮南界內，布置把捉，曉諭招收，量加半稅，給陳首帖子，令所在公行，更無苛奪。所冀招懷窮困，下絕奸欺，使私販者免犯法之憂，正稅者無失利之嘆。』從之。

休著條約：私鬻三犯皆三百斤，乃論死；長行羣旅，茶雖少亦死；顧載三犯至五百斤、居舍儈保四犯至千斤，皆死；園戶私鬻百斤以上，杖脊，三犯加重徭；伐園失業者，刺史、縣令以縱私鹽論。廬、壽、淮南皆加半稅，稅商給自首之帖，天下稅益增倍貞元。江淮茶爲大模，一斤至五十兩。諸道鹽鐵使于悰每斤增稅五錢，謂之『剩茶錢』，自是斤兩復舊。

又 宋制，榷貨務六：江陵府、真州、海州、漢陽軍、無爲軍、蘄州之蘄口，乾德二年八月，始令京師及建安、漢陽等軍、蘄口置務。太平興國二年，又於江陵府、襄復州、無爲軍增置務。端拱二年，又於海州置務。淳化四年，廢建安、襄復州務。其後京城務但會給交鈔往還，而不積茶貨。又有黄梅場，景德二年廢。又有場十三：蘄州曰王祺、石橋、洗馬，黄州曰麻城，廬州曰王同，舒州曰太湖、羅源，壽州曰霍山、麻步、開順口，光州曰商城、子安。又買茶之處：江南則宣、歙、江、池、饒、信、洪、撫、筠、袁州，廣德、興國、臨江、建昌、南康軍；兩浙則杭、蘇、明、越、婺、處、溫、臺、湖、常、衢；湖南則江陵府、潭、澧、鼎、岳、鄂、鎮、歸、峽州，荊門軍；福建則劍南劍、建州，虔、吉、郴、辰州，南安軍，皆折稅課，本州買給民用。山場之制，領園戶，受其租，餘悉官市之。又別有民戶折稅課者，其出鬻皆在本場。諸州

所買茶，折稅受租同山場，悉送六榷務鬻之。江陵府受本府及潭、鼎、澧、岳、歸、峽州茶；真州務受潭、袁、池、吉、饒、撫、洪、歙、江、宣、岳州、臨江、興國軍茶；海州務受杭、湖、常、睦、越、明、溫、臺、衢、婺州茶、漢陽軍務受鄂州茶；無爲軍務，撫、吉州、臨江軍，而增南康軍茶；蘄口務受潭州、興國軍茶。

又　凡茶有二類，曰片、曰散。片茶烝造，實卷摸中串之，惟建、劍則既烝而研，編竹爲格，置焙室中，最爲精潔，他處不能造。其名有龍、鳳、石乳、的乳、白乳、頭金、蠟面、頭骨、次骨、末骨、粗骨、山挺十二等龍、鳳皆團片，石乳、頭乳皆狹片，名曰『京』。的乳亦有闊片者。乳以下皆闊片，以充歲貢及邦等之用，洎本路食茶江、浙、荊湖舊貢新茶芽者三十餘州，有歲中再三至者。大中祥符元年，上憫其勞，詔罷之。

又　凡買價：蠟茶，每斤自三十五錢至一百九十錢，有十六等；片茶，每大片自六十五錢至二百五錢，有五十五等；散茶，每一斤自十六錢至三十八錢五分，有五十九等。歲課山場八百六十五萬餘斤。和市：江南一千二十萬餘斤，兩浙一百二十七萬九千餘斤，荊湖二百四十七萬餘斤，福建三十九萬三千餘斤。其貿鬻：蠟茶，每斤自四十七錢至四百二十錢，有十二等；片茶，自十七錢至九百一十七錢，有六十五等；散茶，自十五錢至百二十一錢，有一百九等。至道末，賣錢二百八十五萬二千九百餘貫，天禧末，增四十五萬餘貫。天下茶皆禁，唯川陝、廣聽民自買賣，不得出境。

又　太祖皇帝乾德二年，詔民茶折稅外，悉官買，敢藏匿不送官及私販鬻者，沒入之，論罪；主吏私以官茶貿易及一貫五百，並持仗販易爲官私擒捕者，皆死。

又　太平興國二年，重定法，務輕減。主吏盜官茶販鬻錢三貫以上，黥面送闕下；茶園戶輒毀敗其叢樹者，計所出茶論如法。

又　［太平兴国］八年，詔禁僞茶。又詔民間舊茶園荒廢者蠲之，當以茶代稅而無茶者，許輸他物。

又　淳化三年，詔盜官茶販鬻十貫以上，黥面配本州牢城。雍熙後用兵，乏於餽餉，多令商人輸芻糧塞下，酌地之遠近不爲其直，取市價而後增之，授以要券，謂之交引，至京師給以緡錢，又移文江、淮、荊湖給以顆、末鹽及茶。

又　端拱二年，置折中倉，聽商人輸粟京師，優其直，給江、淮茶鹽。

又　三年八月，監察御史薛映、秘書丞劉式等上言：『向者，朝廷制置緣江榷貨八務，以貯南方之茶，便於商人貿易。今四海無外，諸務皆宜廢罷，令商人就出茶州府官場算買，既大省輦運，又商人皆得新茶。』詔從之。遂以三司鹽鐵副使雷有終爲諸路茶鹽制置使，左司諫張觀與映副之，令商榷利害。次年四月，廢緣江榷貨八務，聽商人就出茶州軍買販，大減榷務茶價。詔既下，商人頗以江路回遠非便，有司以損其直，虧失歲計爲言。七月，復置緣江八務，罷制置使、副。至道初，劉式猶固執前議，西京作坊使楊允恭上言：『商人雜市諸州茶，新陳相糅，兩河、陝西諸州，風土各有所宜，非參以多品，則商旅少利，罷榷務令就茶山買茶不可行。』上欲究其利害之說，令宰相召鹽鐵使陳恕、副使、判官與式、允恭定議，召問商人，皆願如淳化所減之價，不然者，即望仍舊。有司職於出納，既難於減損，皆同允恭之說，式議遂寢。即以允恭爲江南、淮南、兩浙發運兼制置茶鹽使，西京作坊副使李廷遂、著作郎王子與副之。二年，從允恭等請，禁淮南十二州軍鹽，官鬻之，商人先入金帛京師及揚州折博務者，悉償以茶。自是鬻鹽得實錢，茶無滯積，歲課增五十萬八千餘貫，允恭等皆被賞。

又　止齋陳氏曰：『乾德時，東南六路、閩、浙歸職方，餘尚未平。太祖榷法蓋禁南商擅有中州之利，故置場以買之，自江以北皆爲禁地。太平興國中，樊若水奏，江南諸州茶官市十分之八，其二分量稅聽自賣，逾江涉淮，乘時射利，紊亂國法，望嚴禁之，則謂乾德榷法也。自若水建議，其法始密。凡茶之利，一則官賣以實州縣；一則沿邊入中糧草算請以省餽運；一則榷務入納金銀錢帛算請以贍京師。而河東、北五市，川陝折博，又以所有易所無，而其大者最在邊備。蓋祖宗以西北宿兵供億之費，重困民力，故以茶引走商賈，而虛估加擡以利之。其後理財之臣往往以遺利在民，數務更張，然大概無過李諮、林特二法，二法大概以抑茶商及邊民耳。故林特以見錢買入中賤價交鈔，而以實錢算茶，然猶以五十千或五十五千算茶百千，則是去虛估加擡未遠也。至李諮復祖劉

式之意淳化三年，秘書丞劉式起請，令商旅自就園戶買茶，於官場貼射，廢榷貨務，始斷然罷去買納茶本，使客自就山園買茶，而官場坐收貼納之利，行之三年而罷。然當時議者徒咎諸法不能惜留在京見錢，而不及其刻剝商賈之怨。景祐以後，西邊事興，始復行加擡法。嘉祐四年，天下無事，仁皇慨然一切弛禁。當時詔書曰：

「上下征利垂二百年，江、湖之間，幅員數千里，爲陷阱以害吾民。尚慮幸於立異之人，因緣爲奸之黨，妄陳奏議，以惑官司。必寘明刑，用懲狂謬。」自此，茶不爲民害者六七十載矣。此韓琦相業也。至蔡京始復榷法，於是茶利自一錢以上皆歸京師。其子蔡絛自記之曰：「公始說上以茶務，若所入厚，專以奉人主。」此京本意，而西北邊糧草名曰便糴而均糴、結糴、貼糴、括糴之名起。蓋以官告、度牒之類等第抑配，而邊民不聊生矣。京之誤國類如此。』

又 凡園戶，歲課作茶輸其租，餘則官悉市之。其售於官者，皆先受錢而後入茶，謂之本錢。百姓歲輸稅願折茶者，亦折爲茶，謂之折稅。此收茶之法。

凡民鬻茶者，皆售於官，其以給日用者，謂之食茶，出境則給券。商賈之欲貿易者，入錢若金帛京師榷貨務，以射六務、十三場茶，給券隨所射予之，謂之交引；願就東南入錢若金帛者聽，計直予茶如京師。凡茶入官以輕估，其出以重估，縣官之利甚博，而商賈轉致於西北，以致散於夷狄，其利又特厚。此鬻茶之法。

又 自西北宿兵既多，餽餉不足，因募人入中芻粟，度地里遠近，增其虛估，給券，以茶償之。後又益以東南緡錢、香藥、象齒，謂之『三說』，而塞下急於兵食，欲廣儲峙，不愛虛估，入中者以虛錢得實利，人競趨焉。及其法既弊，則虛估日益高，茶日益賤，入實錢金帛日益寡。而入中者非盡行商，多其土人，既不知茶利厚薄，且急於售錢，得券則轉鬻於茶商或京師坐賈號交引鋪者，獲利無幾。

茶商及交引鋪或以券取茶，或收畜貿易，以射厚利。繇是虛估之利皆入豪商鉅賈，券之滯積，雖二三年茶不足以償，而入中者以利薄不趨，邊備日蹙，茶法大壞。

又 天聖元年，有司請罷三說，行貼射之法即李諮所陳，見上文。

又 治平中，歲入蠟茶四十八萬九千餘斤，散茶二十五萬五千餘斤，茶戶租錢三十二萬九千八百五十五緡，又儲茶錢四十七萬四千三百二十一緡，而內外總入茶稅錢四十九萬八千六百緡，推是可見茶法得失矣。

又 神宗熙寧七年，始建三司幹當公事李杞入蜀經畫買茶，於秦鳳、熙河博馬，與成都路漕司議合。事方有端，而王韶言西人頗以善馬至邊，所嗜惟茶，乏茶與市。即詔趣杞據見茶計水陸運至，又以銀十萬兩、帛二萬五千、度僧牒五百付之，假常平及坊場餘錢，以著作佐郎蒲宗閔同領其事。初，蜀之茶園皆民兩稅地，不殖五穀，惟宜種茶。賦稅一例折輸絹、綢、綿、草，各以其直折輸，役錢亦視其賦。民賣茶資衣食，與農夫業田無異，而稅額總三十萬。杞被令經度，即諸州創設官場，歲增息爲四十萬，而重禁榷之令。其輸受之際，往往壓其斤重，侵其價直。既而運茶積滯，歲課不給，乃建議於彭、漢二州歲買布各十萬匹，以折脚費，實以布息助茶利，亦未免積滯。復建議歲易解鹽十萬席，顧運回東船載入蜀，而禁商販。未幾，鹽法復難行，宗閔乃議川陝略民茶息收十之三，盡賣於官場，更嚴私交易之令，稍重至徒刑，仍沒緣身所有物，以待給賞。於是蜀茶盡榷，民始病矣。

又 知彭州呂陶言：『川陝四路所出茶貨，北方東南諸處，十不及一，諸路既許通商，兩川却爲禁地，虧損治體，莫甚於斯。只如解州有鹽池，民間煎者乃是私鹽；晉州有礬山，民間煉者乃是私礬。今川蜀茶園乃百姓已物，顯與解鹽、晉礬事體不同。恭惟仁聖恤民之心，必不如此。』又言：『國家置市易司籠制百貨，歲出息錢不過十之二，必以一年爲率。今茶場司不以一年爲率，務重立法，盡榷民茶，隨買隨賣，取息十之三，或今日買十千之茶，明日即作十三千賣之客旅，日以官本變轉，殊不休已，比至歲終，不可勝算，豈止三分而已？此於市易之條自相違戾。又客旅及儈人以榷茶，不許私交市，共邀難園戶，於外預商計裁價，園戶畏法懼罪，且欲變貨營生，窮迫之間，勢不獲已，則一聽客言，斤收實錢七分賣之官，餘三分留爲客人買茶之息。如此則園戶有三分之虧，而官中名得其息，自是園戶本錢，客人無所費也。乞下本路體量更改。』不報。

又 自熙寧七年至元豐八年，蜀道茶場四十一，京西路金州爲場六，陝西賣茶爲場三百三十二，稅息至李稷加爲五十萬，及陸師閔爲百萬云。

又 初，熙寧五年，以福建茶陳積，乃詔福建茶在京、京東西、淮南、陝西、河東仍禁榷，餘路通商。

又 王子京爲轉運副使，言：『建州蠟茶舊立榷法，自熙寧權聽通商，自此茶戶售客人茶甚良，官中所得唯常茶，稅錢極微，南方遺利無過於此，乞仍行榷法。』元祐初，罷子京事任，令福建禁榷州軍仍其舊。

又 元豐中，宋用臣都提舉汴河堤岸，創奏修置水磨，凡在京茶戶擅磨末茶者有禁，並赴官請買，而茶鋪入米豆雜物拌和者有罰，募人告者有賞。訖元豐末，歲獲息不過二十萬，商旅病焉。元豐修置水磨，止於在京及開封府界諸縣，未始行於外路。及紹聖復置，其後遂於京西鄭滑州、潁昌府，河州澶州皆行之。

又 哲宗元祐二年，熙河、秦鳳、涇原三路茶仍官爲計置，永興、鄜延、環慶許通商，凡以茶易穀者聽仍舊，毋得逾轉運司和糴價，其所博斗斛勿取息。

侍御史劉摯上言：『蜀地榷茶之害，園戶有逃以免者，有投死以免者，而其害猶及鄰伍。欲伐茶則有禁，欲增植則加市，故其俗論謂地非生茶也，實生禍也。願選使者考茶法之弊欺，以蘇蜀民。』

又 紹聖元年，陝西復行禁榷，凡茶法並用元豐舊條。

又 『徽宗崇寧元年，右僕射蔡京議大改茶法，奏言：『自祖宗立額榷之法，歲收淨利凡三百二十餘萬，而諸州商稅七十五萬貫有奇，食茶之算不在焉，其盛時幾五百餘萬緡。慶曆之後，法制浸壞，私販公行，遂罷禁榷，行通商之法。自後商旅所至，與官爲市，四十餘年，利源浸失。謂宜荊湖、江、淮、兩浙、福建七路所產茶，仍舊禁榷官買，勿復科民，即產茶州縣隨所置場，申商人園戶私易之禁。凡置場地，園戶皆籍名數，歲鬻於官吏，皆用倉法，園戶自前茶租折稅仍舊。產茶州軍許其民赴場輸息，量限斤數，給短引，於旁近郡縣便鬻，餘悉聽商人於榷貨務入納金銀、緡錢或並邊糧草，即本務給鈔，取便算請於場，別給長引，從所指州軍鬻之。商稅自場給長引，沿路登時批發，至所指地，然後計稅盡輸，則在道無苛留。買茶本錢以度牒及鹽鈔、諸色封樁、坊場、常平剩錢通三百萬緡爲率，給諸路，諸路措置，各分命官。』詔悉聽焉。俄定諸路措置茶事官置司：湖南於潭州，湖北於荊南，淮南於揚州，兩浙於蘇州，江東於江寧府，江西於洪州。

又 其置場所在：蘄州即其州及蘄水縣，壽州以霍山、開順，光州以光山、固始，舒州即其州及羅源、太湖，黃州以麻城，廬州以舒城，常州以宜興，湖州即其州及長興、德清、安吉、武康，睦州即其州及清溪、分水、桐廬、遂安，婺州即其州及東陽、永康、浦江，處州即其州及遂昌、青田，蘇、杭、越各即其州，而越之上虞、餘姚、諸暨、新昌、剡縣皆置焉，衢、臺各即其州，而溫州以平陽。大法既定，其制置節目，不可毛舉。

又 〔崇寧〕四年，京復議更革，遂罷官置場，商旅並即所在州縣或京師請長短引，自買於園戶。茶貯以籠篰，官爲抽盤，循第敘輸息訖，批引販賣，茶事益加密矣（長引許往他路，限一年。短引止於本路，限一季。）

又 政和二年，大增損茶法。凡請長引再行者，輸錢百緡，即往陝西，加二萬，茶以百二十斤；短引輸緡錢二十，茶以二十五斤。私造引者如川錢引法。歲春茶出，集民戶約三歲實直及今價上戶部。茶籠篰並官制，聽客買，定大小式，嚴封印之法。長短引輒竄改增減及新舊對帶、繳納申展、住賣轉鬻科條悉具。初，客販茶用舊引者，未嚴斤重之限，影帶者衆。於是又詔凡販長引斤重及三千斤者，須更買新引對賣，不及三千斤者，即用新引以一斤帶二斤鬻之，而合同場之法出矣。場置於產茶州軍，而簿給於都茶務。凡不限斤重茶，委官秤製，毋得止憑批引爲定，有贏數即沒官，別定新引限程及重商旅規避秤製之禁，凡十八條，若避匿鈔劄及擅賣，皆坐以徒。復慮茶法猶輕，課入不羨，定園戶私賣及有引而所賣逾數，保內有犯不告，並如煎鹽亭戶法。短引及食茶關子輒出本路，坐以二千里流，賞錢百萬。

又 高宗建炎初，於真州印鈔，給賣東南茶、鹽，以提領真州茶鹽爲名。三年，置行在都茶場，罷合同場一十八處，惟洪州、江州、興國軍、潭州、建州各置合同場，監官一員。罷食茶小引（建炎三年九月旨，別印小

引，每引五貫文，許販茶六十斤。比附短引，增添斤重，暗虧引錢，損害茶法，住罷。淳熙二年復置。

又 紹興二十七年，令凡商販淮南長引茶，令秤發官司先問客人所指住賣州縣，經由場務及合過官渡，並背批月日姓名，即時放行；如不行批引，縱放私茶，與正犯茶人一等犯罪。蓋自榷場轉入虜中，其利至博，淮河私渡譏禁甚嚴，然民觸犯法禁自若。

又 寧宗嘉泰四年，知隆興府韓邈奏：『戶部茶引，歲有常額，隆興府惟分寧產茶，他縣並無，而豪民武斷者乃請引認租，借官引以窮索一鄉，無茶者使認茶，無食利者使認食利，所至驚擾。乞下省部，非產茶縣並不許人戶擅自認租，他路亦比類施行。』從之。

又 四川茶建炎元年四月，成都路運判趙開言榷茶、買馬五害，請用嘉祐故事，盡罷榷茶，而令漕司買馬；或未能然，亦當減額以蘇園戶，輕價以惠行商，如此則私販衰而盜賊息矣。朝廷遂擢開同主管川、陜茶馬。二年十一月，開至成都，大更茶法，仿蔡京都茶場法，印給茶引，使商人即園戶市茶，百斤爲一大引，除其十勿算。置合同場以譏其出入，重私商之禁，爲茶市以通交易。每斤引錢春七十、夏五十，市利、頭子在外。所過征一錢所止一錢五分，引與茶隨，違者抵罪。

自後引息錢至一百五萬緡。紹興復提舉官，又旋增引錢。至十四年，每引收十二道三百文，視開之初又增一倍矣。

又 建茶 建炎二年，葉濃之亂，園丁散亡，遂罷歲貢。紹興四年明堂，始命市五萬斤爲大禮賞。十二年興榷場，取蠟場爲榷場本，禁私販，官盡榷之，上供之餘許通商，官收息三倍。上供龍鳳及京鋌茶歲額，視承平纔半，蓋高宗以錫賚既少，懼傷民力，故裁損其數云。

《金史》卷七《世宗紀中》 ［大定十六年］十二月壬申朔，詔諸科人出身四十年方注縣令，年歲太遠，今後仕及三十二年，別無負犯贓染追奪，便與縣令。丙子，詔諸流移人老病者，官與養濟。上諭宰臣曰：『凡已經奏斷事有未當，卿等勿謂已行，不爲奏聞改正。朕以萬幾之繁，豈無一失，卿等但言之，朕當更改，必無吝也。』庚寅，定榷場香、茶罪賞法。

又 卷一二《章宗紀四》 ［泰和六年十一月］庚子，日斜，有流星二，光芒如炬，幾及一丈，起東北沒東南。初定茶禁。完顏綱圍祐州，降之。宋丘崈遣林拱持書乞和。

又 卷一六《宣宗紀下》 ［元光二年三月］辛酉，禁茶。

又 卷四九《食貨志四・茶》 泰和四年，上謂宰臣曰：『朕嘗新茶，味雖不嘉，亦豈不可食也。比令近侍察之，乃知山東、河北四路悉椿配於人，既曰強民，宜抵以罪。此舉未知運司與縣官孰爲之，所屬按察司亦當坐罪也。其閱實以聞。自今其令每袋價減三百文，至來年四月不售，雖腐敗無傷也。』

五年春，罷造茶之坊。三月，上諭省臣曰：『今雖不造茶，其勿伐其樹，其地則恣民耕樵。』六年，河南茶樹槁者，命補植之。十一月，尚書省奏：『茶，飲食之餘，非必用之物。比歲上下競啜，農民尤甚，市井茶肆相屬。商旅多以絲絹易茶，歲費不下百萬，是以有用之物而易無用之物也。若不禁，恐耗財彌甚。』遂命七品以上官，其家方許食茶，仍不得賣及饋獻。不應留者，以斤兩立罪賞。七年，更定食茶制。

八年七月，言事者以茶乃宋土草芽，而易中國絲綿錦絹有益之物，不可也。國家之鹽貨出於鹵水，歲取不竭，可令易茶。省臣以謂所易不廣，遂奏令兼以雜物博易。

宣宗元光二年三月，省臣以國蹙財竭，奏曰：『金幣錢穀，世不可一日闕者也。茶本出於宋地，非飲食之急，而自昔商賈以金帛易之，是徒耗也。泰和間，嘗禁止之，後以宋人求和，乃罷。兵興以來，復舉行之，然犯者不少衰，而邊民又窺利，越境私易，恐因泄軍情，或盜賊入境。今河南、陜西凡五十餘郡，郡日食茶率二十袋，袋直銀二兩。是一歲之中妄費民銀三十餘萬也。奈何以吾有用之貨而資敵乎。』乃制親王、公主及見任五品以上官，素蓄者存之，禁不得賣、饋，餘人並禁之。犯者徒五年，告者賞寶泉一萬貫。

《元史》卷五《世祖紀二》 ［至元元年夏四月］辛酉，以四川茶、鹽、商、酒、竹課充軍糧。

又 卷七《世祖紀四》 ［至元八年九月］癸未，詔忙安倉失陷米五千餘石，特免徵，仍禁諸王非理需索。詔以四川民力困弊，免茶鹽等課稅，以軍民田租給沿邊軍食。仍敕：『有司自今有言茶鹽之利者，以違

制論。』

又 卷九《世祖紀六》〔至元十三年十二月〕庚寅，詔諭浙東西、江東西、淮東西、湖南北府州軍縣官吏軍民：『昔以萬戶、千戶漁奪其民，致令逃散，今悉以人民歸之元籍州縣。凡管軍將校及宋官吏，有以勢力奪民田廬產業者，俾各歸其主，無主則以給附近人民之無生產者。其田租商稅、茶鹽酒醋、金銀鐵冶、竹貨湖泊課程，從實辦之。凡故宋繁冗科差、聖節上供、經總制錢等百有餘件，悉除免之。』伯顏言：『張惠守宋府庫，不俟命擅啟管鑰。』詔阿朮詰其事，仍諭江之東西、浙之東西、淮之東西官吏等，檢覈新舊錢穀。除浙西、浙東、江西、江東、湖北五道宣慰使。陞江陵爲上路。瑞安府仍爲溫州。瑞安府仍爲溫州。隴州爲散府。薊州復置豐閏縣。陞臨洮渭源堡爲縣。賜諸王金、銀、幣、帛如歲例。賜諸王乃蠻帶等羊馬價。賞阿朮等戰功，及賜降臣吳堅、夏貴等銀、鈔、幣、帛各有差。賜伯顏、阿朮等青鼠、銀鼠、黃鼬只孫衣，餘功臣賜豹裘、獐裘及皮衣帽各有差。

又 卷一四《世祖紀十一》〔至元二十三年三月〕丙子【略】以榷茶提舉李起南爲江西榷茶轉運使。起南嘗言：『江南茶每引價三貫六百文，今宜增每引五貫。』事下中書議，因令起南爲運使，置達魯花赤處其上。

又 〔至元二十四年九月〕壬子，太白犯南斗。禁沮撓江南茶課。

又 卷一五《世祖紀十二》〔至元二十六年八月〕甲戌，詔兩淮、兩浙都轉運使司及江西榷茶都轉運司諸人，毋得沮辦課。

又 卷一八《成宗紀一》〔元貞元年二月〕壬午，罷江南茶稅，以其數三千錠添入江西榷茶都轉運司歲額。

又 卷二二《武宗紀一》〔大德十一年秋七月〕是月，江浙、湖廣、江西、河南、兩淮屬郡饑，於鹽茶課鈔內折粟，遣官賑之。詔富家能以私粟賑貸者，量授以官。

又 〔十一月〕丁丑，中書省臣言：『前爲江南大水，以茶、鹽課折收米，賑饑民。今商人輸米中鹽，以致米價騰湧，百姓雖獲小利，終爲無益。臣等議，茶、鹽之課當如舊。』從之。

又 卷二三《武宗紀二》〔至大二年〕九月庚辰朔，頒行至大銀鈔，詔曰：『昔我世祖皇帝既登大寶，始造中統交鈔，以便民用，歲久法隳，亦既更張，印造至元寶鈔。逮今又復二十三年，物重鈔輕，不能無弊，迺循舊典，改造至大銀鈔，頒行天下。至大銀鈔一兩，準至元鈔五貫、白銀一兩、赤金一錢。隨路立平準行用庫，買賣金銀，倒換昏鈔。或民間絲綿布帛，赴庫回易，依驗時估給價。隨處路府州縣，設立常平倉以權物價，豐年收糴粟麥米穀，值青黃不接之時，比附時估，減價出糶，以遏沸湧。金銀私相買賣及海舶興販金、銀、銅錢、綿絲、布帛下海者，並禁之。平準行用庫、常平倉設官，皆於流官內銓注，以二年爲滿。中統交鈔，詔書到日，限一百日盡數赴庫倒換。茶、鹽、酒、醋、商稅諸色課程，如收至大銀鈔，以一當五。頒行至大銀鈔二兩至一釐，定爲一十三等，以便民用。』

又 卷二六《仁宗紀三》〔延祐五年十一月〕癸未，敕江西茶運司歲課以二十五萬錠爲額。敕大永福寺創殿，安奉順宗皇帝御容。

又 〔延祐六年〕秋七月丙辰，緬國趙欽撒以方物來覲。來安路總管岑世興叛，據唐興州，賜璽書招諭之。諸王闊慳堅部貧乏，給糧賑之。壬戌，太陰犯心。以者連怯耶兒萬戶府軍萬人隸東宮，置右衛率府，秩正三品。丁卯，詔諭江西官吏、豪民毋沮撓茶課。甲戌，皇姊大長公主祥哥剌吉作佛事，釋全寧府重囚二十七人，敕按問全寧守臣阿從不法，仍追所釋囚還獄。命分簡奴兒干流囚罪稍輕者，屯田肇州。乙亥，通州、漷州增置三倉。丙子，太白犯太微垣右執法。增置上都警巡院、上都警巡院、開平縣官各二員。己卯，晉王也孫鐵木兒所部民，經剽掠災傷，爲盜者衆，敕扎魯忽赤囊加帶往，與晉王內史審録罪囚，重者就啟晉王誅之，當流配者加等杖之。庚辰，賜木憐、麥該兩驛鈔一萬二千一百二十錠，俾市馬給驛。辛巳，賜左右鷹坊及合剌赤等貧乏者鈔一十四萬錠。

又 卷三四《文宗紀三》〔至順元年秋七月〕丙子【略】命四川行省於明年茶鹽引內給鈔八萬錠增軍需，以討雲南。

又 卷九四《食貨志二·茶法》 世祖至元五年，用運使白賡言，榷成都茶，於京兆、鞏昌置局發賣，私自採賣者，其罪與私鹽法同。六

年，始立西蜀四川監榷茶場使司掌之。十三年，既平宋，復用左丞呂文煥言，榷江西茶，以宋會五十貫準中統鈔一貫。十三年，定長引短引之法，以三分取一。長引每引計茶一百二十斤，收鈔五錢四分二釐八毫。短引計茶九十斤，收鈔四錢二分八毫。是歲，徵一千二百餘錠。十四年，取三分之半，增至二千三百餘錠。十五年，又增至六千六百餘錠。十七年，置榷茶都轉運司于江州，總江淮、荊湖、福廣之稅，而遂除長引，專用短引。每引收鈔二兩四錢五分，草茶每引收鈔二兩二錢四分。十八年，增額至二萬四千錠。十九年，以江南茶課官爲置局，令客買引，通行貨賣。歲終，增二萬錠。二十一年，廉運使言：『各處食茶課程，抑配于民，非便。』於是革之。而以其所革之數，於正課每引增一兩五分，通爲三兩五錢。二十三年，又以李起南言，增爲五貫。是年徵四萬錠。二十五年，改立江西等處都轉運司。二十六年，丞相桑哥增引稅爲一十貫。三十年，又改江南茶法。凡管茶提舉司一十六所，罷其課少者五所，併入附近提舉司。每茶商貨茶，必令賷引，無引者與私茶同。引之外，又有茶由，以給賣零茶者。初，每由茶九斤，收鈔一兩，至是自三斤至三十斤分爲十等，隨處批引局同，每引收鈔一錢。

又 元貞元年有獻利者言：『舊法江南茶商至江北者又稅之，其在江南賣者，亦宜更稅，如江北之制。』於是朝議復增江南課三千錠，而弗稅。是年凡征八萬三千錠。至大元年，以龍興、瑞州爲皇太后湯沐邑，其課入徽政院。四年，增額至一十七萬一千一百三十一錠。皇慶二年，更定江南茶法，又增至一十九萬二千八百六十六錠。延祐元年，改設批驗茶由局官。五年，用江西茶副法忽魯丁言，立減引添課之法，每引增稅爲一十二兩五錢，通辦鈔二十五萬錠。七年，遂增至二十八萬九千二百一十一錠。

又 天曆二年，始罷榷司而歸諸州縣，其歲征之數，蓋與延祐同。至順之後，無籍可考。他如范殿帥茶、西番大葉茶、建寧胯茶，亦無從知其始末，故皆不著。

又 卷一六七《張庭瑞傳》 官買蜀茶，增價鬻於羌，人以爲患。庭瑞更變引法，使每引納二緡，而付文券與民，聽其自市於羌，羌、蜀便之。

又 卷一七六《劉正傳》 仁宗初政，風動天下，正與諸老臣陳贇之力居多。累乞致仕不許，拜榮祿大夫、平章政事、議中書省事。時議經理河南、淮、浙、江西民田，增茶鹽課額，正極言不可，弗從。

又 卷一九五《劉耕孫傳》 劉耕孫字存吾，茶陵州人。至順元年進士，授承事郎、桂陽路臨武縣尹。臨武近蠻獠，耕孫至，召父老告之曰：『吾儒士也，今爲汝邑尹，爾父老當體吾教，訓其子弟，孝弟力田，暇則事詩、書，毋自棄以干吾政。』乃爲建學校，求民間俊秀教之，設俎豆習禮讓，三年文化大興。邑有茶課，歲不過五錠，後增至五十錠，耕孫言于朝，除其額。

又 卷二〇五《桑哥傳》 閏十月，桑哥輔政碑成，樹于省前，樓覆其上而丹雘之。桑哥言：『國家經費既廣，歲入恒不償所出，以往歲計之，不足者餘百萬錠。自尚書省鈎考天下財穀，賴陛下福，以所徵補之，未嘗斂及百姓。臣恐自今難用此法矣。何則？倉庫可徵者少，而盜者亦鮮矣，臣憂之。臣愚以爲鹽課每引今直中統鈔三十貫，宜增爲一錠；茶每引今直五貫，宜增爲十貫；酒醋稅課，江南宜增額十萬錠。內地五萬錠。協濟戶十八萬，自入籍至今十三年，止輸半賦，聞其力已完，宜增爲全賦。如此，則國用庶可支，臣等免於罪矣。』世祖曰：『如所議行之。』

《明會典》卷三七《課程六·茶課》 凡引由，洪武初議定，官給茶引，付産茶府州縣。凡商人買茶，具數赴官，納錢給引，方許出境貨賣。每引照茶一百斤。茶不及引者，謂之畸零，別置由帖付之。仍量地遠近定以程限，於經過地方執照。若茶無由引，及茶引相離者，聽人告捕。其有茶引不相當，或有餘茶者，並聽拏問。賣茶畢，即以原給引由，赴住賣官司告繳。該府州縣俱委官一員管理。

又定，一凡茶引一道，納銅錢一千文，照茶一百斤。茶由一道，納銅錢六百文，照茶六十斤。諸人但犯私茶，與私鹽一體治罪。如將已批驗截角退引，入山影射照茶者，同私茶論。一出園茶主，將茶賣與無引由客興販者，初犯笞三十，仍追原價沒官。再犯笞五十，三犯杖八十，倍追原價沒官。一客商販到茶貨，經過批驗所，須要依例批驗。將引由截角，別無夾帶，方許放行。違越者，笞二十。一偽造茶引者，處死，籍沒當房家

産，告捉人賞銀二十兩。

又 景泰五年，令將引由照茶，依例批驗截角。賣畢，隨赴住賣所在官司告繳。封送各該批驗所。類解本部查銷。若有過期不繳者，批驗茶引所每季查出商名貫址、引由數目，開報合干上司，轉行各該巡按監察御史、按察司，提問追繳。仍行各府州，查勘前項茶商原領未繳引由，照例送銷其批驗茶引所。今後給散引由，務籍記茶商姓名籍貫、茶斤引數。每引由一道，納鈔一貫。中夾紙一張，送部。鈔送庫交收，紙存印引。

又 嘉靖三十一年，令凡商人報中四川茶引、茶法道取具年甲籍貫，并文引字號，一樣關帖六本，印鈐關送重夔等道，帖下各地方委官收掌。候各商至日，查審相同，如數驗放，秤盤番易，各將截角茶引類繳。各道查明，即轉關茶法道驗。如或繳到截角不及數，并盤放不及時者，悉聽茶法道舉正，依律查究。

又議准，掣割餘茶、四川年例茶引五萬道，舊額黎雅一萬道，松潘二千道，腹裏三萬八千道。今加黎雅一萬道，松潘二千道。餘二萬六千道，仍令腹裏照常報中。此外若有買食零茶，不及百斤者，分給由帖，照例收税，截角類繳。

又 ［洪武］四年奏准，陝西漢中府金州、石泉、漢陰、平利、西鄉縣茶園，每十株官取一分。其民所收茶，官給價買。無主者令守城軍士薅培，及時採取。以十分爲率，官取八分，軍收二分。每五十斤爲一包，二包爲一引。令有司收貯，於西蕃易馬。

又 ［洪武］五年，令四川産茶地方，照例每十株官取一分，徵茶二兩。其無主者，令人薅種。以十分爲率，官取八分，有司收貯。

又令四川碉門永寧筠連諸處，所産剪刀麤葉茶，立局徵税。易換紅纓、氈衫、米、布、椒、蠟，以備官用。其民所收茶，照江南茶法，於所在官司給引販賣。

又 ［洪武］二十一年，令差人閘辦四川天全六蕃招討司茶課，以爲定額。

又 永樂十年，令四川安縣茶課折收鈔。

又 宣德四年，令免四川茶戶徭役。

又令四川保寧府巴縣官地茶，照民地例起科。

又 正統四年，革四川播州宣慰司茶倉。其茶折鈔，貯本司永豐倉。

又 ［正统］八年，令筠連、高珙、宜賓等縣茶課，每斤折鈔一貫，各於該縣徵收支用。

又 景泰二年，仍令筠連、高珙三縣茶課，折辦本色。於本府倉收烏蒙軍民府茶課，運納於敘州府收。每斤折鈔一貫，准給各衛官軍俸糧。

又 ［景泰］五年，令各處批驗茶引所，秤製餘茶，年終類解該府，運赴本部，轉送光祿寺收用。

又 成化三年奏准，西寧洮河茶馬司，積多餘茶，年久濕爛。今後麤茶每百斤收銀五錢，芽茶三十五斤亦量收五錢，無銀、收絲絹等項，俱解本省有司收候，以補收買茶課支用。

又 ［成化］五年，令陝西布政司，將金州等處茶課，自成化六年爲始，仍收本色。其原折收銀布，候豐年收買茶斤，送各茶馬司收貯，以備易馬。

又 弘治八年，令四川布政司，將所屬茶課，俱自弘治二年爲始。以後年分、各拖欠該徵之數，俱減輕。每芽茶一斤徵銀一分五釐，葉茶一斤止徵一分。

又 正德元年議准，勘處漢中所屬金州、西鄉、石泉、漢陰等處，舊額歲辦茶課二萬六千八百餘斤，新收茶課二萬四千一百六十四斤。俱照數歲辦，永爲定例。

又 ［正德］十五年奏准，養龍坑長官司每年應辦茶課。三年一次，通計該茶三十三斤七兩二錢七分五釐。一併差人解納。

又 嘉靖十二年奏准，陝西金州、西鄉、石泉、漢陰、紫陽五州縣茶戶，巡茶御史每十年一次清審，量爲增減均平茶課。

又 ［嘉靖］十三年奏准，陝西金西等五州縣課茶，責令大戶徑解茶馬司交納。其經過州縣原設茶戶二千餘名，止派百名。徵銀，以給大戶腳價。

又 凡開中，宣德十年題准，開中茶鹽許於四川成都保寧等處官倉關支。官茶每百斤，與折耗茶十斤。自備腳力運赴甘州，支與淮浙官鹽八

引。運赴西寧，與鹽六引。

又 正統元年，命罷運茶支鹽事例。

又 弘治三年，令陝西巡撫并布政司出榜召商報中。給引赴巡茶御史處掛號，於產茶地方收買茶斤，運赴原定茶馬司。以十分爲率，六分聽其貨賣，四分驗收入官。

又 〔弘治〕七年，以陝西歲饑，開中茶二百萬斤，召商派撥缺糧倉分上納備賑。

又 〔弘治〕八年，令免易馬，止中茶四百萬斤，以資邊儲。

又 〔弘治〕十二年，停止糧茶事例。

又 〔弘治〕十四年，以榆林、環慶、固原糧餉缺乏，將洮河西寧發賣茶斤，量開四五百萬斤。召商上納價銀，類解邊倉，糴買糧料。

又 〔弘治〕十五年，令今後不許召商中茶。

又 〔弘治〕十七年，令召商收買茶五六十萬斤。依原擬給銀定限。聽其自買、自運至各該茶司，取實收查驗。仍委官於西寧、河州二衛，發賣價銀，官庫收候給商。

又 嘉靖五年題准，四川所屬稅畝課茶，照舊徵收。商販貨賣茶至百斤以上，俱赴管茶官處報中引目一道。每年課程，十分收一。凡中芽茶，每引定價三錢。葉茶，每引定價二錢。俱令赴管茶官處報中。價銀赴司上納。其腹裏產茶地方，凡茶不上百斤，俱赴本州縣報數。每十斤，上銀一分。給票照賣，立限完繳。其無引無票，俱係私茶，入官問罪。

又 〔嘉靖〕十二年奏准，凡收放商茶俱要辨驗真正，挨陳及新，如有求索那移等弊，查照律例舉行。

又 〔嘉靖〕十三年奏准，今後開茶之期，商人報中，每歲至八十萬斤而止，不許開中太濫，致壞茶法。

又 〔嘉靖〕二十六年，令陝西開中茶一百萬斤，召納緊要邊鎮，以備軍餉。

又 隆慶三年題准，四川歲額茶引，共該稅銀一萬四千三百六十七兩。每年布政司差官，徑赴南京戶部，請給引目，轉發該道，召商報中，上納稅銀，該司貯庫，年終差官解部濟邊。

又 〔隆慶〕五年議准，近年姦商假以附茶爲由，任意夾帶，恣情短販。甚至漢中盤過有二三年不到茶司者，鞏昌招中有十數年不銷原引者。今後招商引內註定：一年完者厚賞；二年量賞；三年免究；四年問罪，仍抽附茶一半入官；五年問罪，附茶盡數入官，不准再報；六年以上，即係老引興販，照例問遣。其經過漢中、鞏昌，專責理刑推官，查照引內篦斤，著實盤驗。

又定買茶中馬事宜，各商自備資本，執引前去各該衙門比號相同。收買真細好茶，毋分黑黃正附，一例蒸曬。每篦重不過七斤。完日，原住買茶所在官司，催發起程，仍填註發行年月日期印鈐。運至漢中府辨驗真假。黑黃斤篦，各另秤盤。經過罝口巡檢司、火鑽批驗所、鞏昌府查驗篦數，稽考夾帶。蘇谿關遵照題准事例，每正茶一千斤，許照散茶一千五百斤。數外若有多餘，方准抽稅。各照格填註，印鈐，截角，依限運赴洮岷衆將，轉發洮州茶司，照例對分貯庫，取實收赴院銷繳。如有夾帶數多、僞造低假、正附篦斤不同，即從重問罪。夾帶與斤重者，入官；低假者，砍焚；引過五年之上不銷者，究問。

又令甘州茶司，批照洮河西寧三茶司事例，定以六月開中。聽該道會同將領，撫調番族，依期前來。不拘兒騍扇馬，堪以騎征者，方許中納。每年大約以八百匹爲止。務限兩月以裏通完。

又 萬曆十三年題准，陝西腹裏地方、西安等三府因無官茶，私販橫行。議行巡茶御史招商，印給引目。每引定爲一百斤。收買園戶餘茶，運發漢中府驗明發賣。每百斤量抽三十斤入官。大約在西安，不過六萬斤。鳳翔、漢中，多各不過二萬斤。引內明坐地方，隨路截角。如無印記及越境者，以私茶論。

凡易馬。洪武初，令陝西洮州、河州、西寧各該茶馬司收貯官茶。每三年一次，差在京官選調邊軍，齎捧金牌信符，往附近番族將運去茶易馬。原額牌四十一面。上號藏內府，下號降各番。篆文曰：皇帝聖旨。左曰：合當差發。右曰：不信者斬。洮州火把藏思曩日等族，牌六面，納馬三千五十匹。河州必理衛二州七站西番二十九族，牌二十一面，納馬七千七百五十匹。西寧曲先阿端罕東安定四衛、巴哇申中申藏等族，一十六面，納馬三千五十匹。先期於四川徵茶一百萬斤，官軍轉運各茶馬司。

又 ［洪武］二十二年，定茶易馬。上等馬，每匹一百二十斤。中等馬，每匹七十斤。下等馬，每匹五十斤。

又 ［洪武］三十年，令四川成都、重慶、保寧三府，及播州宣慰使司，各置茶倉貯茶，以待客商納米中買。及與西蕃易馬，各設官掌管。

又 永樂十四年，停止茶馬金牌。

又 洪熙元年，令四川保寧等府所屬，原額官茶，照例辦納，罷買民茶。若官倉見積茶堪中換馬者，仍留支用。芽茶依當地時價，作官吏俸給支銷。不堪換馬葉茶，具奏覆驗燒毀。

又 成化十五年，令陝西巡茶御史招蕃易馬，不拘年例，願來者聽。

又 弘治三年，以各邊缺馬，令招商報茶。西寧河州各四十萬斤，洮州二十萬斤，運赴原撥茶馬司。以茶百斤易上馬一匹，八十斤易中馬一匹。

又 正德十年，以每年招易，蕃人不辨秤衡，止訂篦中馬。篦大則官虧，小則商病。令酌爲中制。每一千斤定三百三十篦。以六斤四兩爲准。作正茶三斤，篦繩三斤。

又 嘉靖二十六年，令洮州、河州、西寧各處軍民人等，凡遇招蕃易馬之時，但有將老弱不堪馬匹冒頂蕃名，中納支茶，三匹以下，官軍調別處極邊衛所帶俸食糧差操。民并舍餘人等，發附近衛分充軍，止終本身，茶馬俱入官。醫獸通事土民人等，通同作弊者，枷號一箇月發落。縱若參守等官，自行冒中二匹以下者，參問、降一級，調邊衛帶俸差操。縱容子弟軍伴人等，冒中二匹以下者，調邊衛帶俸。有贓者，從重論。不知者，照常發落。三匹以上及將茶斤展轉興販通蕃者，各照地方斤數，問擬發遣。其參守撫夷等官，不行通調遠蕃，坐索土人賄賂、聽其中馬者，參問降一級，調邊衛帶俸差操。計贓犯該徒罪以上者，照例問發立功。索取蕃人財物者，照例發邊衛充軍。各該承委易馬文職官員和同縱容者，一體參提究治罷黜。有贓者，從重論。失於覺察者，量情發落。

又 凡關運。正統七年議准，夔州、保寧二府所屬茶，洪武間，徑運至秦州。永樂間，將保寧茶課，置倉收貯。今令夔州茶課亦運赴保寧倉，一體令軍夫關運。

又 ［正統］八年奏准，金州芽茶一斤，收葉茶二斤，運西寧茶馬司，收貯易馬。

又 ［正統］九年題准，起倩四川軍夫，給與口糧。將減半茶四十二萬一千五百三十斤，陸續運赴陝西接界褒城縣茶廠。又議准，將減運茶斤，陝西都司運三分半，布政司運六分半。除都司所屬延安等八衛，延安所屬葭州等六州縣，不起軍夫外，其餘有司軍衛酌量起倩軍夫，給口糧有差，俱直抵褒城縣茶廠。

又 成化十九年，令四川保寧等府茶課，每歲運十萬斤，至陝西接界交收，轉運各茶司支用。

又 凡禁約。洪武三十年詔，榜示通接西蕃經行關隘並偏僻處所，著撥官軍，嚴謹把守巡視。但有將私茶出境，即拏解赴官治罪。不許受財放過，仍究何處官軍地方放過者，治以重罪。

又 永樂六年，令諭各關把關頭目軍士，務設法巡捕。不許透漏叚疋、布絹、私茶、青紙出境。若有仍前私販，拏獲到官，將犯人與把關頭目，各淩遲處死，家遷化外，貨物入官，有能自首免罪。

又 景泰五年，令各處軍民人等、官民馬快等船，并車輛頭匹、挑擔馱載私茶者，各該官司盤獲。茶貨車船頭匹入官。引領牙行及停藏之家，俱依律治罪。巡捕人員受財縱放者，一體究問。

又 天順二年奏准，凡蕃僧夾帶姦人，并軍器私茶違禁等物，許沿途官司盤檢。茶貨等物入官，伴送夾帶人，送所在官司問罪。若蕃僧所至之處，各該衙門不即應付，縱容收買茶貨，及私受餽送，增改關文者，聽巡按御史、按察司官體察究治。

又 成化七年，令禁進貢回回蕃僧人等於在京及沿途收買私茶。

又 ［成化］十八年，令私茶有興販夾帶五百斤者，照見行私鹽例，押發充軍。

又 弘治元年奏准，凡軍衛有司果無私茶，不許分派下人買納作數。

又 ［弘治］三年，令今後進貢蕃僧該賞食茶，給領勘合。行令四川布政司，撥發有茶倉分，照數支放。不許於湖廣等處收買私茶。違者，盡數入官。

又〔弘治〕十七年，令四川撫按官行碉門、黎州、雅州、建昌、松潘、夔州、保寧等處，各該兵備分巡，申明茶禁。利州衛選委指揮一員專管巡茶。通江、巴縣、廣元、東鄉等處，就委巡捕官管理。各督應捕人等，把隘緝訪。軍民人等，敢有仍前私販，及該管官司，不行用心捕獲，一體重治。

又〔弘治〕十八年題准，各處行茶地方，但有將私茶潛住邊境、興販交易，及在腹裏販賣與進貢回還夷人者，不拘斤數，事發，并知情歇家牙保，俱問。發南方煙瘴地面衛所，永遠充軍。其在西寧、甘肅、河州、洮州販賣者，一百斤以上，問發附近衛分充軍；三百斤以上，發邊衛永遠充軍。若在腹裏興販者，照例五百斤以上，押發附近衛分充軍，止終本身；不及前數者，俱依律擬斷腹裏，仍枷號一箇月。在邊方，枷號兩箇月。有力納米贖罪，無力解五百里之外，擺站守哨。但有逃回，仍前興販者。事發，不拘多寡，問發附近衛分充軍。若軍官將官知情，縱容弟男子姪伴當興販，及守備把關巡捕官知情故縱者，事發，參問降一級，原衛帶俸差操。有贓者，從重論。不知者，照常發落。若守備把關巡捕官，自出資本，興販私茶，但通番者，問發邊衛充軍。在西寧洮河甘肅地方發賣者，三百斤以上，發附近衛分充軍；不及數，及在腹裏發賣者，降一級，調邊衛帶俸差操。

又 嘉靖十四年題准，四川夔州、東鄉、保寧、利江一帶，附近陝西通茶地方，不論軍衛有司，凡事干茶法者，悉聽陝西巡茶御史管理。各該分巡兵備等官，務嚴禁私茶。按季將捉提人犯數目，開報查考，俱聽本官舉劾。

又〔嘉靖〕十五年題准，今後陝西三茶馬司積茶，止留二年之用。每年易馬計該正茶外，分毫不許夾帶。

又題准，今後凡遇行茶道路，如有興販番馬入境者，拏獲馬匹入官，犯人以通番例論罪。

又〔嘉靖〕二十六年議准，各處茶商有原無資本、混報茶批入山、通同園戶，蒸造假茶，及將驗過真茶盜賣、沿途採取草茶納官，各至五百斤以上者，商人園戶及知情轉賣之人，民發附近衛分，軍發邊衛，各充軍，止終本身，茶價入官。不及前數者，依私鹽法論罪，仍枷號兩箇月發落。窩頓店戶，知情者從重論。至一千斤以上，本犯發極邊衛分，永遠充軍。店戶不問知與不知，一體治罪。其官司開報茶引，令各商互相保結。中間若有前項之徒，聽其首發。通同妄保者，一併治罪。不知者不坐。各處行茶地方，但有豪強茶徒，出本雇覓十人以上，挑販私茶者。事發審實，悉照弘治十八年題准事例問發。若拏獲雇覓之人，隱護首惡，及妄攀平人者，不分茶斤多少，問發煙瘴地面。在邊者永遠，在內者止終本身，各充軍。巡捕官兵，通同茶徒，賣放首惡，及挾詐良民者，事發，官，參問，降一級；應捕人役，枷號兩箇月。有贓者，各從重論。

又〔嘉靖〕三十一年議准，今後進貢番僧，凡有援例陳乞順買茶斤者，一切據法通行查革。其有該賞食茶，照例撥給回還。經過關隘，一一盤驗。如有夾帶私茶，不拘多寡，即沒入官，仍將伴送人員通把，依律問罪。

又 凡折給。正統六年奏准，甘肅倉所收茶，自宣德及正統元年以前者，按月准給陝西行都司，並甘州左等衛所官員折俸布絹，每茶一斤，折米一斗。自後所積茶多，悉照此例，挨陳折給。

又〔正統〕八年，令陝西甘肅倉所收茶折支軍官俸給，每斤折米一斗五升。

又 景泰五年，令四川界首茶課司，於南京户部印給茶引，收貯在庫。遇有官軍折支俸糧茶課，給與引由執照，依例易賣。

又 弘治三年，令四川遞年拖欠茶斤。每芽茶一斤，追銀二分。葉茶一斤，追銀一分五釐。類解布政司，發松潘缺糧關堡，接濟官軍支用。

又 嘉靖二十五年，令將見在不堪易馬茶斤，減價三分之二。差好者，量估價二錢二分，次一錢八分。遇各軍支放折色月分，每軍量給一二篦。即於本軍應支折色銀內，照茶篦數目，扣銀在官。類解陝西行太僕寺貯庫，聽候買馬。

又 凡差官。洪武三十年，令自三月至九月，每月差行人一員，於陝西河州、臨洮、四川碉門、黎雅等處，省諭把隘關口頭目，禁約私茶出境。

又卷一五三《馬政四》 國初各處土官衙門秋糧，各依原認數目，

折納馬匹。有糧二十五石有餘，折馬一匹者。有五十餘石，折馬一匹者。起解到部，令醫獸辨驗明白具奏，送御馬監交收。馬或不堪，責令差來土官陪納。後土官糧馬，多就近輸納。或以折色，無復解京者。其四夷進貢馬匹，即於各衛所俵給缺馬官軍騎操。此外惟取給於收買。收買之法，或以茶，或以鹽，或以互市，或以價銀。洪武間，官給價鈔，於各處收買，并茶易到馬匹，或就彼給軍，或解京交納，令駕部知其數。及永樂初，乃開市於遼東。正統初，又中鹽於靈州。其流漸廣。今茶法通行，而互市亦不止遼東矣。

凡西番茶易。洪武中，立茶馬司於陝西四川等處。聽西番納馬易茶，降金牌信符賜番族，以防詐偽。洮河西寧三衛番族，金牌四十一面，該納差發馬一萬四千五十一匹，上號在內府收貯，易時齎驗每三年一遣廷臣，召各番合符，以應納差發馬，交納易茶。有以私茶出境者，斬。關隘不覺察者，處極刑。民間蓄茶，不得過一月之用。茶戶私鬻者，籍其園入官。

又 〔洪武〕二十三年，定茶易馬例。上等馬，每匹一百二十斤。中等馬，每匹七十斤。下等馬，每匹五十斤。

又 〔洪武〕三十年令，朵幹烏思藏長河西一帶西番，依舊將馬出來換茶，仍出榜禁約。通接西番經行關隘，偏僻小路，著都司差撥官軍三四層，嚴謹把守巡視。但有將茶私出外境，就便拏解赴官治罪。不許受財放過，必須窮究，何處官軍地方放過，治以重罪。

又 永樂十三年，遣御史三員，巡督陝西茶馬。

又 正統十四年，停止茶馬金牌。後每歲遣行人四員，巡察私販。自潼關以西，至甘肅等處，通行禁革。

又 成化十四年奏准，定差御史一員，領勅專理茶馬。每歲一代，遂爲定例。其易馬須四歲以上，六歲以下，高大堪中者，方准收買。兒騸馬就彼給各邊騎操，騍馬送苑馬寺孳牧。如有縱容軍民，通同中賣老病馬匹者，御史同兵備及苑馬寺官，驗視退回，仍指實參究。

又 〔成化〕十五年，令巡茶御史，招番易馬，不拘年例，願來者，聽。

又 嘉靖十一年議准，西寧洮河三茶馬司，貯庫商課茶斤，及西安等衛，并徽階等州，收貯私茶，俱送三茶馬司，不拘常例，麤細搭配，招易膘壯馬匹，開送總制衙門，給軍騎操。事完造冊奏繳，仍造青冊送部查考。

又 〔嘉靖〕三十年題准，改造勘合，分給諸番。每歲依期齎執前來，比號納馬，酬以茶斤。如有背違，調軍征勦。

又題准，年例馬完，番有餘馬，司有餘茶，許其增中解牧。洮州增至一千二百五十匹，河州增至一千七百四十匹，西寧增至二千四百三十匹。

又 〔嘉靖〕三十七年，議令茶商收買民馬，抽稅給票，許其販賣，禁其夾帶。至四十年，仍禁止茶商販賣，民間馬匹，官爲買用。

又 〔嘉靖〕四十一年議准，甘州建置茶馬司一所，照例招商中茶，招番易馬，仍將西寧舊額茶馬、甘州新開茶馬，俱招中。酌量地方遠近，通融給軍騎操，仍將四川折色課茶，改徵本色運用。

又 〔嘉靖〕四十三年題准，以後每年開茶，仍止五六十萬斤，商人以一百五十名爲上，勒限買茶報中。

又題准，禁約洮岷私馬，臨鞏馬暫許通賣。

又 隆慶三年題准，將四川課茶，改徵折色，解苑馬寺，易買種馬，於蘭州招商中茶，運赴甘州茶馬司，招陝西各茶馬司，中納官茶。

又題准，四川巴州、通江、南江、廣元、四州縣茶課，節年拖欠，及未徵者，以後照例改折，無分芽葉，每斤通徵銀一分八釐，類解陝西鞏昌府貯庫，聽甘肅巡撫衙門，差官支取，買馬騎操。

又 〔隆慶〕四年議准，以後各茶司中馬，除年例馬數外，儘其調到番族好馬，以茶司見在茶篦，通融招易。毋拘定數，以病商番。

又題准，將洮河西寧三茶司商人，照舊令其鬮分完報。於內擇節年完茶之多者，不拘名數，各報甘州茶一引，運至蘭州，責令稅課局官吏，帶管經收。就令管河臨洮府同知監收盤驗，查照三茶司事例，鬮分貯庫，立簿登報。其茶篦應該易馬者，量助腳價，遞運甘州茶司交割。應該給商者，令本商運至西寧等茶司貨賣，不許越境。

又 〔隆慶〕五年議准，招商茶引，定限一年完者厚賞；二年量賞；三年免究；四年問罪，抽附茶一半入官；五年問罪，附茶盡數入

官，不准再報；六年老引，照例問遣。

凡各處銀易。嘉靖十九年題准，各該撫按，遇太僕寺委官，解到買馬銀兩，坐委各該產馬地方掌印官，協同本寺委官，照原議價值，給散殷實人戶。其馬匹，看驗毛齒膘息堪用，即便收買。若承委官員，通同作弊刁難勒掯者，許被害之人，徑赴該管上司陳告。一應積年攬頭經紀人等，有夤緣冒名領銀，將老弱瘦馬欺隱驗看等項情弊，許所在官司，逕自拏問治罪，枷號二箇月。豪強勢要之家，乘機挾要和買者，撫按並差去寺丞，參究重治。

又 ［弘治］十八年奏准，陝西茶鹽易馬備邊，係是舊制，今後再不許別項奏討。

又卷一九九《河渠四・水利》 隆慶元年題准，四川水利茶法屯鹽，併歸一道。

《明史》卷一《太祖紀一》 ［至正］二十一年春二月甲申，立鹽茶課。己亥，置寶源局。三月丁丑，改樞密院爲大都督府。元將薛顯以泗州降。戊寅，國珍遣使來謝，飾金玉馬鞍以獻。却之曰：『今有事四方，所需者人材，所用者粟帛，寶玩非所好也。』

又 初，太祖令商人於產茶地買茶，納錢請引。引茶百斤，輸錢二百，不及引曰畸零，別置由帖給之。無由、引及茶引相離者，人得告捕，置茶局批驗所，稱較茶引不相當，即爲私茶。凡犯私茶者，與私鹽同罪。私茶出境，與關隘不譏者，並論死。後又定茶引一道，輸錢千，照茶百斤；茶由一道，輸錢六百，照茶六十斤。輸錢六百照茶六十斤既，又令納鈔，每引由一道，納鈔一貫。

又 洪武初，定令：凡賣茶之地，令宣課司三十取一。四年，戶部言：『陝西漢中、金州、石泉、漢陰、平利、西鄉諸縣，茶園四十五頃，茶八十六萬餘株。四川巴茶三百十五戶，茶二百三十八萬餘株。宜定令每十株官取其一。無主茶園，令軍士薅采，十取其八，以易番馬。』從之。於是諸產茶地設茶課司，定稅額，陝西二萬六千斤有奇，四川一百萬斤。設茶馬司於秦、洮、河、雅諸州，自碉門、黎、雅抵朵甘、烏思藏，行茶之地五千餘里。山後歸德諸州，西方諸部落，無不以馬售者。碉門、永寧、筠、連所產茶，名曰剪刀麄葉，惟西番用之，而商販未嘗出境。四川茶鹽都轉運使言：『宜別立茶局，徵其稅，易紅纓、氈衫、米、布、椒、蠟以資國用。而居民所收之茶，依江南給引販賣法，公私兩便。』於是永寧、成都、筠、連皆設茶局矣。

又 川人故以茶易毛布、毛纓諸物以償茶課。自定課額，立倉收貯，專用以市馬，民不敢私採，課額每虧，民多賠納。四川布政司以爲言，乃聽民採摘，與番易貨。又詔天全六番司民，免其徭役，專令蒸烏茶易馬。

又 初制，長河西等番商以馬入雅州易茶，由四川巖州衛入黎州始達。茶馬司定價，馬一匹，茶千八百斤，於碉門茶課司給之。番商往復迂遠，而給茶太多。巖州衛以爲言，請置茶馬司於巖州，而改貯碉門茶於其地，且驗馬高下以爲茶數。詔茶馬司仍舊，而定上馬一匹，給茶百二十斤，中七十斤，駒五十斤。

又 ［洪武］三十年改設秦州茶馬司於西寧，敕右軍都督曰：『近者私茶出境，互市者少，馬日貴而茶日賤，啓番人玩侮之心。檄秦、蜀二府，發都司官軍於松潘、碉門、黎、雅、河州、臨洮及入西番關口外，巡禁私茶之出境者。』又遣駙馬都尉謝達諭蜀王椿曰：『國家榷茶，本資易馬。邊吏失譏，私販出境，惟易紅纓雜物。使番人坐收其利，而馬入中國者少，豈所以制戎狄哉！爾其諭布政司、都司，嚴爲防禁，毋致失利。』

當是時，帝綢繆邊防，用茶易馬，固番人心，且以強中國。嘗謂戶部尚書郁新：『用陝西漢中茶三百萬斤，可得馬三萬匹，四川松、茂茶如之。販鬻之禁，不可不嚴。』以故遣僉都御史鄧文鏗等察川、陝私茶；駙馬都尉歐陽倫以私茶坐死。又製金牌信符，命曹國公李景隆齎入番，與諸番要約，篆文上曰『皇帝聖旨』，左曰『合當差發』，右曰『不信者斬』。凡四十一面：洮州火把藏思囊日等族，牌四面，納馬三千五十匹；河州必里衛西番二十九族，河州必里衛西番二十九族，牌二十一面，納馬七千七百五匹；西寧曲先、阿端、罕東、安定四衛，巴哇、申中、申藏等族，牌十六面，納馬三千五十匹。下號金牌降諸番，上號藏內府以爲契，三歲一遣官合符。其通道有二，一出河州，一出碉門，運茶五十餘萬斤，獲馬萬三千八百匹。太祖之馭番如此。

又 永樂中，帝懷柔遠人，遞增茶斤。由是市馬者多，而茶不足。茶禁亦稍弛，多私出境。碉門茶馬司至用茶八萬餘斤，僅易馬七十匹，又

多瘦損。乃申嚴茶禁，設洮州茶馬司，又設甘肅茶馬司於陝西行都司地。十三年特遣三御史巡督陝西茶馬。

又　太祖之禁私茶也，自三月至九月，月遣行人四員，巡視河州、臨洮、碉門、黎、雅。半年以內，遣二十四員，往來旁午。宣德十年，乃定三月一遣。自永樂時停止金牌信符，至是復給。未幾，番人爲北狄所侵掠，徙居內地，金牌散失。而茶司亦以茶少，止以漢中茶易馬，且不給金牌，聽其以馬入貢而已。

又　先是，洪武末，置成都、重慶、保寧、播州茶倉四所，令商人納米中茶。宣德中，定官茶百斤，加耗什一。中茶者，自遣人赴甘州、西寧，而支鹽於淮、浙以償費。商人恃文憑恣私販，官課數年不完。正統初，都御史羅亨信言其弊，乃罷運茶支鹽例，令官運如故，以京官總理之。

又　景泰中，罷遣行人。成化三年命御史巡茶陝西。番人不樂御史，馬至日少。乃取回御史，仍遣行人，且令按察司巡察。已而巡察不專，兵部言其害，乃復遣御史，歲一更，著爲令。又以歲饑待振，復令商納粟中茶，且令茶百斤折銀五錢。商課折色自此始。

又　弘治三年，御史李鸞言：『茶馬司所積漸少，各邊馬耗，而陝西諸郡歲稔，無事易粟。請於西寧、河西、洮州三茶馬司召商中茶，每引不過百斤，每商不過三十引，官收其十之四，餘者始令貨賣，可得茶四十萬斤，易馬四千匹，數足而止。』從之。十二年，御史王憲又言：『自中茶禁開，遂令私茶莫遏，而易馬不利。請停糧茶之例。異時，或兵荒，乃更圖之。』部覆從其請。四川茶課司舊徵數十萬斤易馬。永樂以後，番馬悉由陝西道，川茶多浥爛。乃令以三分爲率，一分收本色，二分折銀，糧茶停二年。延綏饑，復召商納糧草，中四百萬斤。尋以御史王紹言，復禁止，并罷正額外召商開中之例。

又　［弘治］十六年取回御史，以督理馬政都御史楊一清兼理之。一清復議開中，言：『召商買茶，官貿其三之一，每歲茶五六十萬斤，可得馬萬匹。』帝從所請。正德元年，一清又建議，商人不願領價者，以半與商，令自賣。遂著爲例永行焉。一清又言金牌信符之制當復，且請復設巡茶御史兼理馬政。乃復遣御史，而金牌以久廢，卒不能復。後武宗寵番僧，許西域人例外帶私茶。自是茶法遂壞。

番人之市馬也，不能辨權衡，止訂篦中馬。篦大，則官虧其直；小，則商病其繁。十年，巡茶御史王汝舟酌爲中制，每千斤爲三百三十篦。

又　嘉靖三年，御史陳講以商茶低僞，悉徵黑茶，地產有限，乃第茶爲上中二品，印烙篦上，書商名而考之。旋定四川茶引五萬道，二萬六千道爲腹引，二萬四千道爲邊引。芽茶引三錢，葉茶引二錢。中茶至八十萬斤而止，不得太濫。

又　［嘉靖］十五年，御史劉良卿言：『律例：「私茶出境與關隘失察者，並凌遲處死。」蓋西陲藩籬，莫切於諸番。番人恃茶以生，故嚴法以禁之，易馬以酬之，以制番人之死命，壯中國之籓籬，斷匈奴之右臂，非可以常法論也。洪武初例，民間蓄茶不得過一月之用。弘治中，召商中茶，或以備振，或以儲邊，然未嘗禁內地之民使不得食茶也。今減通番之罪，止於充軍，禁內地之茶，使不得食，又使商私課茶，悉聚於三茶馬司。夫茶司與番爲鄰，私販易通，而禁復嚴於內郡，是毆民爲私販而授之資也。以故大姦闌出而漏網，小民負升斗而罹法。今計三茶馬司所貯，洮河足三年，西寧足二年，而商、私、課茶又日益增，積久腐爛而無所用。茶法之弊如此。番地多馬而無所市，吾茶有禁而不得通，其勢必相求，而制之之機在我。今茶司居民，竊易番馬以待商販，歲無虛日，及官易時，而馬反耗矣。請敕三茶馬司，止留二年之用，每年易馬當發若干。正茶之外，分毫毋得夾帶。令茶價踴貴，番人受制，良馬將不可勝用。且多開商茶，通行內地，官榷其半以備軍餉，而河、蘭、階、岷諸近番地，禁賣如故，更重通番之刑如律例。洮、岷、河責邊備道，臨洮、蘭州責隴右分巡，西寧責兵備，各選官防守。失察者以罷軟論。』奏上，報可。於是茶法稍飭矣。

御史劉崙、總督尚書王以旂等，請復給諸番金牌信符。兵部議，番族變詐不常，北狄抄掠無已，金牌亟給亟失，殊損國體。番人納馬，意在得茶，嚴私販之禁，則番人自順，雖不給金牌，馬可集也。若私販盛行，吾無以繫其心制其命，雖給金牌，馬亦不至。乃定議發勘合予之。

又　其後陝西歲饑，茶戶無所資，頗逋課額。三十六年，戶部以全陝災震，邊餉告急，國用大絀，上言：『先時，正額茶易馬之外，多開

中以佐公家，有至五百萬斤者。近者御史劉良卿亦開百萬，後止開正額八十萬斤，并課茶、私茶通計僅九十餘萬。宜下巡茶御史議，召商多中。』御史楊美益言：『歲祲民貧，即正額尚多虧損，安有贏羨。今第宜守每年九十萬斤招番易馬之規。凡通内地以息私販，增開中以備振荒，悉從停罷，毋使與馬分利。』户部以帑藏方匱，請如弘治六年例，易馬外仍開百萬斤，召納邊鎮以備軍餉。詔從之。末年，御史潘一桂言：『增中商茶，頗壅滯，宜裁減十四五。』又言：『松潘與洮、河近，私茶往往闌出，宜停松潘引目，申嚴入番之禁。』皆報可。

又 四川茶引之分邊腹也，邊茶少而易行，腹茶多而常滯。隆慶三年裁引萬二千，以三萬引屬黎、雅，四千引屬松潘諸邊，四千引留内地，税銀共萬四千餘兩，解部濟邊以爲常。

又 萬曆五年，俺答欵塞，請開茶市。御史李時成言：『番以茶爲命。北狄若得，藉以制番，番必從狄，貽患匪細。』部議給百餘篦，而勿許其市易。自劉良卿弛内地之禁，楊美益以爲非，其後復禁止。十三年，以西安、鳳翔、漢中不與番鄰，開其禁，招商給引，抽十三入官，餘聽自賣。御史鍾化民以私茶之闌出多也，請分任責成。陝之漢中，關南道督之，府佐一人專駐魚渡壩；川之保寧，川北道督之，府佐一人專駐雞猴壩。率州、縣官兵防守。』從之。

中茶易馬，惟漢中、保寧，而湖南産茶，其直賤，商人率越境私販，中漢中、保寧者，僅一二十引。茶户欲辦本課，輒私販出邊，番族利私茶之賤，因不肯納馬。二十三年，御史李楠請禁湖茶，言：『湖茶行，茶法、馬政兩弊，宜令巡茶御史召商給引，願報漢、興、保、夔者，準中。越境下湖南者，禁止。且湖南多假茶，食之刺口破腹，番人亦受其害。』既而御史徐僑言：『漢、川茶少而直高，湖南茶多而直下。湖茶之行，無妨漢中。漢茶味甘而薄，湖茶味苦，於酥酪爲宜，亦利番也。但宜立法嚴覈，以遏假茶。』户部折衷其議，以漢茶爲主，湖茶佐之。各商中引，先給漢、川畢，乃給湖南。如漢引不足，則補以湖引。報可。

又 ［萬曆］二十九年，陝西巡按御史畢三才言：『課茶徵輸，歲有定額。先因茶多餘積，園户解納艱難，以此改折。今商人絶跡，五司茶空。請令漢中五州縣仍輸本色，每歲招商中五百引，可得馬萬一千九百餘匹。』部議，西寧、河、洮、岷、甘、莊浪六茶司共易馬九千六百匹，著爲令。天啟時，增中馬二千四百匹。

又 明初嚴禁私販，久而姦弊日生。洎乎末造，商人正引之外，多給賞由票，使得私行。番人上駟盡入姦商，茶司所市者乃其中下也。番得茶，叛服自由；而將吏又以私馬竄番馬，冒支上茶。茶法、馬政、邊防於是俱壞矣。

其他産茶之地，南直隸常、廬、池、徽，浙江湖、嚴、衢、紹，江西南昌、饒州、南康、九江、吉安，湖廣武昌、荊州、長沙、寶慶，四川成都、重慶、嘉定、夔、瀘，商人中引則於應天、宜興、杭州三批驗所，徵茶課則於應天之江東瓜埠。自蘇、常、鎮、徽、廣德及浙江、河南、廣西、貴州皆徵鈔，雲南則徵銀。

其上供茶，天下貢額四千有奇，福建建寧所貢最爲上品，有探春、先春、次春、紫筍及薦新等號。舊皆採而碾之，壓以銀板，爲大小龍團。太祖以其勞民，罷造，惟令採茶芽以進，復上供户五百家。凡貢茶，第按額以供，不具載。

又 卷九二《兵志四·馬政》 茶馬司，洪武中，立於川、陝，聽西番納馬易茶，賜金牌信符，以防詐僞。每三歲，遣廷臣召諸番合符交易，上馬茶百二十觔，中馬七十觔，下馬五十觔。以私茶出者罪死，雖勳戚無貸。末年，易馬至萬三千五百餘匹。永樂中，禁稍弛，易馬少。乃命嚴邊關茶禁，遣御史巡督。正統末，罷金牌，歲遣行人巡察，邊氓冒禁私販者多。成化間，定差御史一員，領敕專理。弘治間，大學士李東陽言：『金牌制廢，私茶盛，有司又屢以敝茶給番族，番人抱憾，往往以羸馬應。宜嚴敕陝西官司揭榜招諭，復金牌之制，嚴收良茶，頗增馬直，則得馬必蕃。』及楊一清督理苑馬，遂命并理鹽、茶。一清申舊制，禁私販，種官茶。四年間易馬九千餘匹，而茶尚積四十餘萬觔。靈州鹽池增課五萬九千，貯慶陽、固原庫，以買馬給邊。又懼後無專官，制終廢也，於正德初，請令巡茶御史兼理馬政，行太僕、苑馬寺官聽其提調，報可。御史翟唐歲收茶七十八萬餘觔，易馬九千有奇。後法復弛。嘉靖初，户部請揭榜禁私茶，凡引俱南户部印發，府州縣不得擅印。三十年詔給番族勘合，然初制訖不能復矣。

又卷三三〇**《西域傳二・西番諸衛》**［洪武］十六年，青海酋長史剌巴等七人來歸，賜文綺、寶鈔。時岷州亦設衛，番人歲以馬易茶，馬日蕃息。二十五年又命中官而聶至河州，召必里諸番族，以敕諭之。爭出馬以獻，得萬三百餘匹，給茶三十餘萬觔。命以馬畀河南、山東、陝西騎士。帝以諸衛將士有擅索番人馬者，遣官齎金、銅信符敕諭，往賜涼州、甘州、肅州、永昌、山丹、臨洮、鞏昌、西寧、洮州、河州、岷州諸番族。諭之曰：『往者朝廷有所需，必酬以茶貨，未許私徵。近聞邊將無狀，多假朝命擾害，俾爾等不獲寧居。今特製金、銅信符頒給，遇有徵發，必比對相符始行，否則偽，械至京，罪之。』自是，需求遂絕。

又［嘉靖二十四年］自丙兔據青海，有切盡台吉者，河套酋吉能從子，俺答從孫也，從之而西。屢掠番人不得志，邀俺答往助。俺答雅欲侵瓦剌，乃假迎活佛名，擁衆西行。疏請授丙兔都督，賜金印，且開茶市。部議不許，但稍給以茶。

又永樂元年遣官齎敕撫諭撒里諸部。明年，安定頭目多來朝，擢千戶三即等三人爲指揮僉事，餘授官有差，并賜本衛指揮同知哈三等銀幣。未幾，指揮朵兒只束來朝，願納差發馬五百匹，命河州衛指揮康壽往受之。壽言：『罕東、必里諸衛納馬，其直皆河州軍民運茶與之。今安定遼遠，運茶甚難，乞給以布帛。』帝曰：『諸番市馬用茶，已著爲例。今姑從所請，後仍給茶。』於是定制，上馬給布帛各二匹，以下遞減。三年，哈三等遣使來貢，奏舉頭目撒力加藏卜等爲指揮等官，且請歲納孳畜什一，並從之。四年徙駐苦兒丁之地。

又明初設安定、阿端、曲先、罕東、赤斤、沙州諸衛，給之金牌，令歲以馬易茶，謂之差發。沙州、赤斤隸肅州，餘悉隸西寧。時甘州西南盡皆番族，受邊臣羈絡，惟北面防寇。後諸衛盡亡，亦不剌據青海，土魯番復據哈密，逼處關外。諸衛遷徙之衆又環列甘肅肘腋，獷悍難馴。於是河西外防大寇，內防諸番，兵事日亟。

《宋會要輯稿・職官四三・提點司》［紹興五年］四月三日，總領司言：『據兩浙東路提舉茶鹽常平等公事司申：「據紹興府申，契勘有管義倉米貳萬一千三百餘石，雖依條唯充賑給，其米經年陳次，欲比街市價例量減錢出糶。近緣明州申請，米價踴貴，細民闕食，乞將義倉米出糶。已承朝旨，特令明州於上件米內借支一萬石，候秋成日却行依數收羅撥還，不得拖欠。仍令常平司拘催樁管，仍免執奏。及再得旨，奏知不行。今看詳，欲乞於收到義倉米內借支一萬石，令紹興府置場出糶，餘並依明州已得指揮。」』詔依，即不得糶與公吏之家，務要實惠細民。

又《都大提舉茶馬司》［熙寧七年］十一月二日，又奏：『准朝旨于本路出產茶州軍相度計置買茶，津般往熙河、秦鳳路出賣。勘會洋州、集州、興元府出產茶貨，內集州近已廢罷，本處產茶不多，難以置場收買外，有興元府、洋州廣產茶貨，自來通商興販。乞與轉運司同共相度，於興元府、洋州置場收買，津般往熙河、秦鳳路出賣。』從之。

又［熙寧八年］十一月十六日，中書言：『川茶元法於茶稅並息錢內，歲認定應副熙河博馬及羅買糧草。乞令提舉買茶官歲給熙州、岷州大竹並洋、蜀州茶各三百馳，以爲應副市羅，於茶場應副糧草數內除豁。從之。

又［熙寧］九年四月二十三日，都提舉熙河路買馬司言：『監牧司闕乏，見欠市易司錢物，而市易司欲俟還足，方肯應副買馬，遞相推倚，實誤博馬日用。欲乞馬價盡用茶貨折之，若馬客願貼錢就整請茶者亦聽。候所貼見錢數多，即許與茶兼支，庶幾公私兩利。其年額博買茶貨，乞令茶場相度合用數支撥與四場，候數足，然後以剩數撥與轉運司羅買糧草。』從之。

又［熙寧］十年九月二日，詔提舉成都府等路茶場司李稷乞應干本司職務措置、申請、辭訟等事，他司毋得幹與，如處置有屈抑，許經監司申理從之。

又［元豐］二年四月二十五日，三司鹽鐵判官、國子博士李稷奏：『臣檢會茶法元條，每年收息稅四十萬貫，應副博馬及羅買糧草。續准朝旨，盡數應副博馬，以其餘助轉運司。往時所收息稅不能敷辦元額，止隨手支充博馬，本息畧盡。近準條與買馬司對行交易，以此本司錢物出納分明。緣前後條貫各經衝改，更無合應副轉運等司年額定數。臣竊計三路官茶稅錢，茶場司既以通認十五萬貫，即諸州出入所得盡係茶場司年額。往時轉運司亦曾應急申請支過茶稅錢，致本司所認歲入頗成散落，竊恐因循，寖越常守。欲乞自今後於年額息稅內，歲以五萬貫給轉

運司，餘悉待公上詔用。取進止，合入提舉成都府利州秦鳳熙河等路茶場司敕。』從之。

又 ［元豐三年七月］十二日，詔：『雅州名山茶今專用博馬，候年額馬數足，方許雜賣。』

又 ［元豐三年］八月二十一日，奉議郎、新差專切提舉陝西買馬監牧、兼同提舉成都府利州秦鳳熙河等路茶場公事郭茂恂奏下項事：『一、臣近相度，茶場、買馬並爲一司，元奏請畫一條件内一項，乞將朝廷所給買馬紬絹等除蕃部願請外，並鹽鈔、租課並委本司同共擘畫，變轉移用。今既蒙朝廷專以馬事付臣，兼領茶司，緣提舉茶場官不兼買馬之職，故條約事件尤須明具。今來雖專以茶博馬，其錢帛等亦須寬作計置應付。臣昨會計每年馬價内支一分見錢約數，只是將買馬司合得錢紐算，自可應副得足。租課收斂有時，内贜錢散在陝西諸州軍，或後用未至，即恐須要鹽鈔就買馬變轉見錢應副支用。其紬絹既許將馬價零數取情願貼請，亦未能便見的實合用數目。兼朝廷改法，本要致馬之多，已將紬絹依市價折算，若蕃部有願要多請紬絹者，須其所欲如此，則一歲所支未易預計。臣今欲將買馬錢帛等先委買馬司移用，逐旋約度餘剩之數，節次關報茶場司，同共變轉。兼昨會計立到買馬年額二萬匹，盡計馬司錢物實數，已有不足。若至歲終會計，除本色支用外，見在之數並合撥歸茶司充茶價錢，即於歲初川路紬絹未到及收積支撥鈔錢未備、新陳不相因之際買，必致闕用。欲乞每歲終會計後，許馬司却於茶司支撥過錢物内借撥應副支使，於年内據數撥還。所有昨會［計］到每年買馬少著錢二萬三千餘貫，乞於賣茶息錢内除破，只是約度計算到數，緣逐年收買馬數不足，如向去支過價錢多，並合據數除豁。一、臣竊聞朝廷已降指揮，名山茶專用博馬，候年額馬數足，方許雜賣。此有以見陛下留意馬政之切至也。今蕃部所欲茶大抵多欲名山一色，然亦時有願得其它色額，如大竹、洋州之類者。竊恐茶場司爲有今來朝旨，不敢兼用別色，臣今欲乞特賜指揮，除名山茶依前降朝旨外，如蕃部有願請其餘色額茶者，亦聽從便。』並從之。

又 十月二十七日，提舉陝西買馬監牧同提舉成都府利州秦鳳熙河等路茶場司奏：『準詔，買馬價錢仰依條畫時支給。又詔，令經制熙河邊防財用司指揮，許令弓箭手依官價自買及格堪披帶馬，赴本司呈印訖給付買馬場，當日支給價錢，仍充買馬司年額之數。本司歲額所入見錢不多，欲乞今後弓箭手自買到馬價錢，許以茶及銀、紬、絹、見錢相兼支給，所貴易爲應副支用。』從之。

又 十一月二十五日，中書劄子：『提舉成都府利州秦鳳熙河等路茶場司奏：準朝旨，名山茶專用博馬，候年額馬數足，方許雜賣。又餘色茶如蕃部願請，亦聽博馬支用，即不妨茶場司出賣。竊緣本司年額課利浩大，只熙河一路逐年樁認應副錢二十萬貫，及非泛支撥在外，諸雜色茶變轉絶少，全藉出賣名山茶趁辦。若伺候馬足雜賣，監牧司買馬必是年終數方足備，纔及歲首，又須却止住出賣，應副博馬。如此則本司無有貨賣名山茶之期。今來雜色茶亦博馬，即本司買賣，左右爲法所拘，竊慮收趁課利不足，有悞支用。兼蕃部出漢買賣，非只將馬一色興販，亦有將到金銀、斛?、水銀、麝香、茸褐、牛羊之類，博買茶貨，轉販入蕃。若不令本司旋行出賣，即蕃客別買物貨，不惟大段虧失本司財利，兼名山茶却有積壓，買馬蕃部未必盡皆要茶，次下等一匹馬價自不及茶一駞之直，大約每歲不過用茶一萬五六千駞。乞賜指揮，除依今來朝旨，諸色茶亦聽博馬不妨出賣外，名山茶亦乞責辦本司應副博馬年額管足，所有餘數並許出賣，貴得兩司各不妨闕。』詔從之。以上《續國朝會要》

又 ［元豐五年］五月二十四日，朝散郎、同提舉茶場公事蒲宗閔奏：『臣伏見今來新開拓蘭州定西城，與通遠軍、熙州鄰近。蕃部所嗜略同，體問得川茶亦可博賣。近經制司奏，新添城寨費用增廣，令添助歲額錢十萬貫。今欲擘畫津般茶貨往蘭州定西城，委監酒稅官兼管，漸次貨賣，就近添助，不得公私興販往彼。候見次第，即依熙州、通遠軍等處先得指揮例，擘畫差官置場。其餘約束，並依本司條貫施行。』從之。

同日，同提舉成都府等路茶場蒲宗閔言：『成都府路産茶縣及利州路、興元府、洋州已有榷法，今相度巴州等産茶處，亦乞用榷法。』從之。

又 ［元豐］六年正月十七日，同提舉茶場公事蒲宗閔奏：『監牧司新條，乞買馬錢帛等先委買馬司移用等事，欲乞將博馬茶價錢物不須先令馬司移用，其馬司若額外更要錢物，乞令申奏，本司于息錢内正行

支借。』批送兵部，檢准元豐元年正月九日指揮：『仰羣牧司關牒行司，據所要茶以錢帛對數交易，不得預行指占，致妨滯茶場司歲額。』又元豐四年八月二十一日郭茂恂奏：『乞將買馬錢帛先委買馬司移用，逐旋約度餘剩之數，節次關報茶場司，同共變轉。每歲終會計後，許馬司却於茶司支撥過錢物內借撥應副支使，於年內據數還。』本部看詳，乞依元豐元年正月九日指揮，所有元豐四年八月二十一日條例更不施行。從之。

又 四月三日，同提舉茶場公事陸師閔奏：『伏自買馬司兼領茶場而茶法不能自立，蓋有所職既專以多馬爲務，而又得與茶事，則其勢不免於取此以益彼。如買馬司用茶買，並乞依舊條以錢帛對數交易，仍不許別司取撥茶貨。』詔令蒲宗閔、陸師閔共同詳具利害奏聞。

同日，提舉成都等路茶場陸師閔言：『文州與階州接境，有博馬及賣茶場，龍州舊許通商，乞以文、龍二州並爲禁地。其秦州本司差官一員造帳，計置川路羨茶，徧入陝西路出賣，仍于成都置博買都茶場。』從之。

又 五月三日，提舉陝西買馬監牧司奏：『據階州申，元買馬蕃部請大竹茶，每䭾一十四貫六百四十文，所有近茶場司每䭾添錢五貫三百六十文，近累申上衙，只每䭾減錢一貫文。爲茶價高大，買馬不行。本司看詳，階州茶價添起錢數，其馬價若只依舊，恐蕃部不肯將馬中賣，須致量增馬價。』詔只依舊價，如蕃部不願請茶，並以見錢物帛收買。

又 六月七日，兵部狀：『勘會提舉陝西買馬司郭茂恂奏內一項節文：「臣昨於去年中奏乞將博馬茶比見錢及物貨博買者，每䭾減錢一貫文，即蒙施行。緣今來茶價比之日前增數至多，又添長不已，而買馬價如舊。所較數日，相遠殊甚。臣今相度，若欲稍添馬價，緣一增之後難復減損，而日後它物價平，腳費稍少，則茶固應可減，不若只將茶價減數博買，所貴他日易於裁損，可復如舊。臣今欲乞權將應係博馬茶每䭾量添色高下及馬等第參酌，於見折價上更與減一二貫以來。仍從本司相度，隨時增損，候向去腳費漸少，茶價稍減，即依舊每䭾秖減錢一貫文。所貴蕃部可販，易於招誘。」竊恐茶場司以減錢數多，仍乞從依先降朝旨減價錢外，今來所減茶價錢，本司管認別作項次撥還，如此則自不虧損茶司財利。』詔提舉買馬司更不兼茶場司，其博馬茶每䭾比見賣價更與減二貫文，所減價更不撥還，許理茶場司課息。所有買馬司用過茶價，限歲終撥還取足，不得拖欠。

又 十月八日，户部狀：『提舉成都府利州陝西等路茶場司奏：「檢準元豐五年二月十八日朝旨，郭茂恂奏，博馬茶量減錢一貫已來。竊詳元無指定減過錢數，合令是何司分管認明文。今來未審令買馬司據減過茶價錢數撥還本司，或只亦依今降朝旨指揮于本司課息錢內豁除。」本部今勘當，欲將元豐五年二月十八日後來至今年二月終已前減過茶價錢，並依今年六月七日朝旨，更不令提舉買馬司撥還，許理爲茶場司課息。』從之。

又 〔元豐〕七年五月十七日，户部言：『都大提舉成都府永興軍等路榷茶司奏：「利州路買馬事件內一項，有今來添額買馬合用茶貨，乞指揮茶場司于洋州、興元府應副。本司勘會，若洋州、興元府額外應副買馬司茶般赴文州支用，則是通商低價茶侵入禁地，有害茶法。今相度，乞許令本司就近於文州茶場見賣茶內支撥應副買馬，除轉運司舊額茶只用洋州、興元府元價並雇腳錢數計算歸還本司外，有添額買馬合用茶並舊額茶內虧少錢，並乞依例計算，理爲本場課額。」本部看詳，欲乞依本司所奏。』從之。

又 〔元豐〕八年二月二日，户部狀：『都大提舉成都府永興軍等路榷茶公事陸師閔奏：「近準朝旨，許令本司于文州茶場見賣茶內支撥應副買馬。竊緣本司應副買馬茶既已理爲課額，即轉運司所還舊額茶價及顧腳錢並在定本之外，難以逐時增添收係。乞據逐年還到錢數，依川路食茶錢條限分數，於陝西路封樁，委是允當。」本部欲下榷茶司同所屬轉運司相度聞奏，奉詔依。今送下榷茶司奏，具其錢係屬本司所管，即與利州路轉運司別無干預，難以同共相度。本部乞依本司元奏事理施行。』從之。

又 十一日，户部狀：『都大提舉成都府永興軍等路榷茶司奏：「准敕，陝西買馬監牧司相度到文州買馬利害：一、乞將買馬紬、絹、絞、茶之類，令買馬官專管。本司看詳，欲乞令買馬官親管折博支給外，依舊令職官兼管幹折博場文曆、倉庫支收出入等事，于本司茶法別無妨礙。一、乞今後茶場司合應副本路博馬茶數，並令文州茶場以洋州等處

茶應副。如買馬數多，額外更合銷物色，並乞許令本司預行計度，下應副官司依數即時應副。看詳買馬司所乞文州茶場應副茶事，已準朝廷令本司就近於文州茶場見賣茶內支撥應副買馬，除轉運司舊額茶只用洋州、興元府元價並雇腳錢數計算還本司外，有添額買馬合用茶并舊額茶內虧少錢數，並依例計算，理爲本場課額。」本部欲依相度到事理施行。』從之。

又 七月十日，兵部狀：『成都府利州路經制買馬司奏：「今相度黎、雅、嘉州買馬博馬合用茶數，除舊額買馬茶令於雅州官場收買外，有新額買馬合用茶數，欲乞依利州路已得朝旨體例，令榷茶司於就近場務支撥應副，仍理爲榷茶司課額。尋下榷茶司相度，如朝廷許令本司應副，並須於春初指定的實合用斤數，關本司支撥。如支用不盡，即不許減退。本部欲依所乞施行。』從之。

又 九月十八日，詔：『陝西提舉買馬監牧司及成都府利州路買馬司，並令提舉成都府永興軍等路榷茶公事陸師閔兼提舉，仍舊用茶貨隨宜增減價直，相度穩便置場去處，計置博馬。候及一年，具買到馬實數並應有合措置事件，令詳具畫一聞奏。所有先降陝西監牧公事撥令陝西路轉運司管幹指揮，及陝西買馬撥隸經制熙河蘭會路邊防財用司並成都府利州路買馬指揮，並更不施行。』

又 紹聖元年閏四月九日，樞密院言：『買馬歲額錢約五十餘萬貫，自開拓熙河，運川茶易戰馬，其後官司務在收息趁賞，不以國馬爲急，至高增茶價，盡折馬司錢鈔疋帛以充本司之息。緣運茶、市馬共是一司，均爲朝廷之物，請自今一切官爲收市，上駟不過用茶三兩馳，而聽民以錢請買於官，則實息自倍。甸外無賣，盡令計綱上京，以供良馬之用。』詔太僕寺相度。

又 六月十日，都大管幹陝西等路茶事陸師閔奏：『伏見買馬用茶博易，每以茶價增長侵費買錢物爲害。竊緣茶事司歲課浩大，其費茶之數多，而博馬之用少，不可以博馬之數減損賣茶價直，捐棄厚利。乞應用茶博馬，並依見今所行條法外，每歲將未增茶價以前一年內買馬逐等實價立爲定額，會計支破買馬司錢物外，有增起茶價，並令茶事司於所收稅息錢內支破。』從之。

又 〔紹聖〕二年四月二十二日，都大提舉成都府、利州、陝西等路茶事，兼提舉陝西等路買馬公事陸師閔奏：『陝西賣茶、買馬，比較賞罰，素有成法。今來券馬初行，已見得沿邊州軍買賣各與前日事體不同，蓋販馬客人多是就便入錢買茶結券。如前日沿邊入納見錢十餘萬貫，並于秦州茶場算請。又如熙、岷、通遠馬場歲額不少，今來客人多就秦州結券，則諸場必虧舊額。凡此之類，並因改法使然，即不係於官吏能否，竊慮歲終比較賞罰，有所不均。乞應今年茶場、馬場比較課額，並委都大提舉茶事司及提舉買馬司詳具逐處增虧因依奏裁，仍候法行就緒，別立條貫聞奏。』從之。《續通鑒長編》：宋哲宗紹聖二年八月辛卯，朝散郎、直秘閣、都大提舉成都府利州、陝西等路茶馬陸師閔權陝西路轉運使，仍兼領茶馬事。

又 元符元年九月二十八日，都大提舉成都府、利州、陝西等路茶事司申：『準批下利州路轉運司申：「檢準元豐元年二月十二日敕，文州年額買馬五百一十一疋。又準元豐八年十二月十五日敕，成都府利州路買馬錢並依未置司以前舊額匹數，合用錢物令逐路轉運司應副外，有不足，並於榷茶司稅息錢內支破。後準元佑七年八月二日敕，管幹茶事閤令奏，準敕買馬錢本舊額，令轉運司應副外，有不足，並於茶事司息錢支破。今來川路已罷榷，除收致錢外，更無諸般課息，恐應副買馬闕悮，以前額外買馬支過錢數，今茶司更不撥還。今後逐年買馬錢，仰成都府利州路轉運司均敷。又準紹聖元年八月二十七日敕，文州添額買馬合用茶，令轉運司算還元買茶價並雇腳錢。近準紹聖四年二月二十五日敕，提舉茶事陸師閔奏，復行榷買川茶，依元豐法不許通商。」本司勘會，文州舊額買馬逐年額外合用錢數目，並係茶事司於稅息錢內應副，後來閤令奏請，爲罷榷川茶後來闕少課息，所以令轉運司均認。本司自承準上件指揮後來，至紹聖三年終，買過額外馬，支過馬價並生料等，見取會元價撥還。本路財稅歲入有限，應副不足，自均認後來，拖欠萬數不少，尚未有錢撥還。今來已准敕依舊禁榷川茶，其茶司歲入課息等錢，自可敷足舊額應副買馬之費，所有元佑七年八月二日並紹聖元年八月二十七日指揮，理合更不施行。自紹聖四年二月二十五日指揮後來，合依舊令茶司管認外，有未降復榷川茶日前均認過數目，乞漸次撥還，送都大提舉茶馬司相度，申樞密院。勘會昨準朝旨，永興、鄜延、環慶三路復爲禁茶

地分後來，出賣川茶倍多，並於興元、洋州收市應副，即目大段闕少錢本支使。本司今相度，欲將未準紹聖四年二月二十五日復禁川茶日前合還本司茶錢，乞嚴責日限撥還，應副茶本急闕支用。所有自復行禁榷川茶日以後利州路買馬錢本，並從逐司依元豐年條法應副申聞事。小貼子稱：所有成都府路、黎州買馬錢本，亦乞依此施行。從之。其去年二月二十五日以前轉運司錢，限一年撥還。

又 [元符]三年九月二十七日徽宗即位未改元，都大提舉成都府利州陝西等路茶事、兼提舉陝西等路買馬公事程之邵申：『自來蕃商唯是將馬入塞博易茶貨，今訪聞得近因熙州邊事後來，並不將馬入漢，只用水銀、麝香、毛段之類博易茶貨，是致馬額虧少。今相度，今後許蕃商將馬並物貨各中半赴官，折請名山一色茶貨。仍令支茶場分明於茶馳上印號，出給公據，付蕃部收執前去。及委經過近邊城寨、關堡子細點檢，若有公據印號茶馳，方得放行，其公據拘收毀抹，繳赴元給茶場照會。如無公據印號茶貨，即不得放入蕃界。仍乞差本司勾當公事及準備差使官員更互前去邊塞點檢，無令透漏茶貨入蕃，所貴招誘蕃馬入漢中賣。』從之。

又 十二月十七日，提舉陝西等路買馬監牧司奏：『檢準詔：「今後許蕃商將馬並物貨各中半赴官，折請名山茶貨。」今有合申請事件：一、今來未有明文指定告賞刑名，欲乞應將不係博馬茶、無公據夾帶透漏入蕃，並許人告，依匿稅條格施行。一、蕃部博馬，給公據入蕃茶經過城塞堡鎮，有合收稅去處，雖即目不多，緣公人上下因此邀阻，乞權免收稅。所有免過稅錢，歲終計算，於茶事司年額稅息錢內除豁。其稅務監官許將免過稅錢通入課額比較，候將來買馬通快，依舊例施行。』並從之。

又 二十七日，詔：『訪聞涉冬已來，熙河蘭會路漸有蕃商赴近邊博易，令都大提舉成都府利州陝西等路茶事司，應茶貨除胡宗回合要打暫支用，量行應副本色外，其餘入蕃茶惟博易馬方許交易，即不得將茶折博蕃中雜貨，務要茶馬懋遷漸通。仍每月終會聚月內博到馬匹數，具狀聞奏。』

又 徽宗建中靖國元年四月三日，户部狀：『茶事司奏：「蕃戎性嗜名山茶，日不可闕。累年以來，買馬大段稀少，蓋因官司及客旅收買名山茶，與蕃商以雜貨貿易，規取厚利。其茶入蕃，既已充足，緣此遂不將馬入漢中賣，有害馬政。今乞將名山茶立爲永法，專用博馬。如諸官司、客旅等輒敢支賣與興販，其買賣之人、官吏等，並乞以不應爲從重科罪。如有計囑情弊，自依本法。」本部看詳，所乞專用博易馬，已有今年十二月二十七日朝旨外，有官司、客旅興販，並依本司奏乞事理施行。』從之。

又 十二月十一日，户部狀：准茶司奏：「黎州合用博馬茶，自來隔年拋數，行下雅州在城並名山、百丈、盧山縣茶場收買應副，雖嚴加督責收市，常是不足。伏緣逐場買茶出賣，收息比額增剩，及買秦、熙等路綱茶及八分，各有賞典，管勾官減監官之半，唯收市黎州博馬茶別無賞罰，逐年常是收買不敷元拋數目，因而黎州支遣不接，遞有積欠蕃人馬價，於邊防不便。今相度，雅州在城、名山、百丈、盧山縣茶場收買黎州博馬茶，比元拋不及八分及雇發積滯，即監專公人並管勾官買賣食茶收息雖比額增剩，並收買起綱茶雖及八分，不在推賞之限。及名山茶場買秦、熙等路綱茶，今年分拋買一百二十綱茶，近又秦州更添買二十一綱，本司已一面行下本場，且依元拋數收買一百二十綱，仍收買黎州博馬茶，候足數接續收買。」本部欲依本司所乞事理施行。』從之。

又 [崇寧]二年三月二十四日，都大提舉程之邵狀：『自元符三年九月二十七日申請，專用名山茶博馬並貼賣與中馬人逐年買馬，七州軍茶場賣過茶，收穫稅息錢數比遞年收穫稅息錢外，建中靖國元年二月內增剩收到稅息錢二百五十三萬二千九百九十七貫一百三文省。內建中靖國元年收到增剩稅息錢，已赴闕奏計日，已將錢六十六萬八百四十三貫八百六十七文省申納朝廷封樁外，餘並崇寧元年收到增剩稅息錢，共一百八十七萬二千一百五十三貫一百三十六文省，係專用名山茶博馬並貼賣，比遞年分外收致稅息錢數目。』詔據上件增剩息錢，並令提刑司封樁，聽候朝廷支用，仍依條具帳供申都省。

又 七月二十二日，尚書省劄子：『勘會收復湟州，除已降指揮用茶博馬，並移出措置糴便司、買馬司往湟州置司及支勘本錢文子等外，程之邵稱所管茶數共約四萬餘馳，數內名山茶約一半以上，依條專用博

馬，不許出賣，若盡數取撥往湟州，委是闕悞今來馬額。令程之邵今年馬額權住博買，其茶依已降指揮盡數支撥前去。若是久來蕃戶將馬中官，已計置到馬，恐有悞蕃客自來入中之人，兼慮諸邊萬一闕戰馬，既相度移都大買馬司往湟州，令就近於湟州量數支撥三五千馳博馬，以備急用。今來支降去茶鈔、銀絹，准元博買糧草並馬爲軍須支用外，不得別將支使。仍置簿拘管，逐一抄上所糴買到及支用過數，每季申尚書省檢點勾考。如違，並徒三年，吏人決配千里。』從之。

又 八月九日，樞密院劄子：『爲程之邵令巡歷熙河，竊見收復湟州故地，部族甚衆，商賈通行，竊謂非茶馬無以招集漢蕃人族。蓋蕃部恃茶馬爲命，本州又當青唐一帶蕃馬來路，乞朝廷指揮，就本州添置茶馬場，實爲要便。如蒙俞允，乞依條令本司選舉大小使臣二員，充茶馬場監官，內馬場監官依例兼本州兵馬都監。候舉到官，令逐官各計會本處當職官，同共修蓋場庫驛舍、般運茶貨、計備芻秣等了日，開場博糴。所有茶馬場合行事件，並依逐司見行條貫施行。候及一年，見得茶馬課息，從本司申請立額。貼黃稱：勘會茶馬場監官依條係本司奏舉，內買馬都監近准朝旨罷舉。今來事初，欲乞令買馬監牧司舉官一次。右檢會已降朝旨，今相度都大茶馬司移往湟州置司，其本州茶馬場自合添置。』詔依，其茶馬場監官今後並特令奏舉。

又 十月二十三日，同管幹成都府等路茶事孫軫奏：『今年輪當臣赴闕奏計，方欲起發間，承朝旨，比年例增兩倍茶應副新邊支用。續又令臣量添價錢，速行收買川馬。赴闕奏計，不免往迴數月，顯妨收市茶馬，乞特免今年奏計一次。』從之。

又 ［崇寧］三年二月二十九日，户部狀：『提舉陝西等路買馬監牧司申：「黎州所買馬類多不堪披帶，自來止爲羈縻遠人。又慮買數過多，有損無益，遂立條，從八月一日開務，至三月一日住買。後來官司有失體究本意，不限月分收買，却於成都府馬務經夏養喂，比至起綱時月，積留死損極多，枉費官錢芻粟不少。馬務監官每歲例該責罰，遂累次檢會舊條，乞本州每年自八月一日開務買馬，至三月一日閉務住買，蒙朝廷施行，自後免得積留在成都府馬務養喂病生，枉死物命。今會算黎州見買四歲至十三歲四赤四寸大馬，每匹用名山茶三百五十斤，每斤折價錢三十文；銀六兩，每兩止折一貫二百五十文；絹六匹，每匹止折一貫二百文；絮六張，每張止折五十文；青布一匹，止折五百文。約本處價例，僅是半價支折與賣馬蕃部。自黎州至鳳翔府汧陽監四十八程，沿路倒死數目不少，其馬多充雜支。今會計，秦州買四歲至十歲四赤四寸大馬一匹，用名山茶一百一十二斤，每斤折價錢七百六十九文七百六十九文，比黎州減得茶二百三十八斤，又減省銀、絹等不少，衮比馬價錢止四分之一。黎州歲買馬二千匹，元符二年買五千二百八十餘匹，元符三年買四千一百餘匹，費用茶萬數浩瀚。雅州至黎州，道路盡是山嶮，人夫負擔，委是不易。近準建中靖國元年十二月十一日敕，茶事司奏，乞雅州在城、名山、百丈、盧山縣茶場收買黎州博馬茶不及八分及雇發積滯，即收買起綱茶雖及八分，不在推賞之限。契勘收買陝西、名山茶一百二十綱，買及九十六綱，已及八分該賞。其黎州收買博馬茶自來不限定分數，今若候黎州收買足茶數及雇發無積滯方賞，其陝西綱茶必是減少留滯，有妨博買戰騎，兼於陝西貴價出賣茶處虧損課額。欲乞黎州買馬，且依元條收買三千匹，其博馬茶比舊減半支折，所有一半茶却依價折與銀、絹等。合用錢物，除轉運司年例撥到外，有餘少錢物，並依舊茶事司應副，即蕃部尚爲優幸，不失撫納遠人之意。所有雅州名山買陝西綱茶並黎州博馬茶，且依舊條收買。」送户部，符茶事司連舊書申奏。今據提舉官孫鼇抃狀：「黎州南蠻及吐蕃部落惟仰賣馬爲生，久來不以配軍爲限，盡行收市，招懷遠人。今若止以三千匹爲額，更除豁不理賞之數，必致減損買馬官賞格，無以激勸，又恐因此阻節遠人，於蕃情未順。兼茶事司額外買馬銀帛，自來轉運司計置支還，茶事司止是應副茶貨，年終計算撥還。成都府轉運司見申乞令茶事司撥還用過銀絹虧損價例，若減半支茶，却以銀帛支折，轉運司豈肯更行應副？若依舊不限數買馬，又緣欠蕃部茶八千餘擔，亦非經久之法。所有買發黎州年額並額外馬，通數歲買不得過四千匹，賞罰並收市合用茶及支折茶、綵，且依見行條法施行。其四赤以下馬更不收買。」本部看詳，若止三千匹爲額，不惟減損買馬官賞格，兼恐阻節遠人。若不限定分數及比舊減半支折茶收買，緣今來應副湟州博糴萬數浩大，比常年加兩倍買茶，亦恐闕悞。除賞罰並收市合用茶，其博茶依見行條法施行，欲將黎州年額並額外馬通歲額不得過四千匹，其博

馬茶比舊減半支折，所有一半茶却依價折與銀、絹等。所是合用買馬錢物，除轉運司年例撥到外，有餘少錢物，並依舊茶事司應副。其四赤已下馬更不收買。』兵部看詳，除所乞將年額並額外馬數通不得過四千匹，合係年額馬三千匹依舊、一千匹額外收買外，即無未盡未便事。從之。

又 ［崇寧三年］十二月二十五日，提舉陝西路買馬監牧司狀：『黎州年額並額外馬通歲額不得過四千匹，其博馬茶比舊減半支折，所有一半茶却依價折與銀、絹。自八月一日開場至九月終，共買到三百五十匹，比遞年一般月分大段虧少。契勘賣馬蕃蠻以茶爲本，即目正當買馬之際，若比舊減半支茶，不唯買馬稀少，兼恐悮事。欲申候朝旨，深慮有妨趁辦歲額，已逐急下黎州，將四赤二寸以上馬每匹合得茶，依已降朝旨比舊減半支折外，各與量添茶一擔，招誘收市。所有來年已後合用博馬茶，欲乞依舊收買應副，其減半支折指揮乞更不施行。』從之。

又 ［崇寧四年］七月二日，熙河蘭湟秦鳳路經略安撫制置使司奏：『奉詔處分相度措置馬政事，尋先次指揮岷州計置收買馬一萬匹，作制置司支用，候足日奏取處分，已令知岷州馮瓘措置。今據馮瓘申，已牒提舉買馬司逐急借撥名山茶貼作三萬馱支與岷州，候見得的確數目申朝廷，却行撥還。及已牒茶事司依馮瓘所申，并下秦、鞏、熙、河、岷州，依所乞應副去訖。一、於買馬場勘會到良綱馬，並係支一色名山茶下項：良馬三等，並四赤四寸已上，上等見支茶二馱一頭，中等見支茶二馱二十斤一十五兩半，下等見支茶二馱二十斤七兩半；綱馬四赤七寸，見支茶一駝一頭二十六斤半，四赤六寸見支茶一馱一頭一十九斤一十二兩，四赤五寸見支茶一馱一頭壹十四斤一兩半，四赤四寸見支茶一馱一頭四斤一十一兩，四赤三寸見支茶一馱四十九斤二兩，四赤二寸見支茶一馱三十二斤一十二兩。一、勘會日近蕃客稀少，即今買馬場全然收買不得，若不添展茶數，竊恐卒難收買。乞候蕃客牽馬到場，相驗好弱，臨時添搭。良馬權添茶三十斤，綱馬權添茶二十斤。相度欲依馮瓘所乞，權添上件茶數博馬，只作添搭支馬牙人，即不得礙買馬司博馬體例，候今來數足依舊。一、契勘若只買良馬一萬匹，約用名山茶三萬馱。今來本州見管有三千餘馱，止買得一千餘匹。一、欲將秦州、廓州鋪分擘合應副秦、鞏、熙、河州名山茶，以三分中且截撥二分赴岷州，準備支用。一、今來茶數既多，即沿路不免擁併，欲乞將秦、鞏、熙、河大路榷茶鋪權行差那於本州沿路地分貼鋪，及下經由縣、鎮、堡、寨，和雇人夫，併工推般，庶得辦集。』從之。

又 十月十二日，樞密院奏：『熙河蘭湟路經畧司申，熙、河、蘭、岷、鞏州舊管蕃兵，近年出入頻數，死過戰馬不少，雖督蕃官首領緊行收買添填，其蕃兵例各闕乏，兼無貨博買。今相度，乞將熙、河、蘭、岷、鞏州闕馬蕃兵於逐州茶場各量借茶添助收買五千匹，每匹借茶一馱，共借茶五千馱。仍許蕃兵將斛㪷折納元價，其斛㪷可充茶事司應副支給逐處茶場監官、巡鋪使臣、榷茶鋪兵請受。如有剩數無支遣處，許令別司椿錢兌糴。』從之。

又 十二月三日，中書省、尚書省言：『檢會元豐六年閏六月十三日條：「諸出賣官茶，提舉司立定中價，仍隨市色增減。應增者本場體訪詣實增訖，申提舉司覆按，應減者申提舉司待報。」今立到熙河路博馬、貼賣、出賣茶名色酌中價例下項：博馬茶：名山茶每馱七十八貫五百三十三文，瑞金茶每馱一百二十九貫四百一十三文，洋州茶每馱七十貫五百四十二文，萬春茶每馱八十七貫三十六文。貼賣茶：名山茶每馱八十一貫六百五十一文，瑞金茶每馱一百七十三貫三百四十八文，萬春茶每馱一百七十三貫三百四十八文，洋州茶每馱一百七十三貫三百四十八文。出賣食茶：油麻垻茶每馱九十三貫九百九十八文，洋州茶每馱八十六貫二百三十文，崇寧茶每馱八十一貫八百六十六文，楊村茶每馱一百一貫九百七十三文，興元府茶每馱一百二十二貫五百七十一文，永康軍茶每馱九十八貫七百二十四文，味江茶每馱九十三貫四百一十四文，堋口茶每馱一百三十貫四百五十三文。』詔川茶專充博馬，更不出賣。舊出賣數，令洪中孚相度博糴斛㪷。

又 十一日，中書省、尚書省檢會：『熙寧、元豐川茶惟以博馬，不將他用，蓋欲因羌人必用之物，使之中賣，不至艱阻國馬，不乏騎兵之用。竊慮淺見官司趨一時之急，陳乞別將支費，有害熙豐馬政，失今日繼述之意。修立下條：諸川茶非博馬輒陳請乞他用者，以違制論。』從之。

以上《國朝會要》。

又 徽宗崇寧五年二月六日，戶部狀：『同提舉成都府等路茶事孫

龍抃奏：「準尚書省劄子，洪中孚奏乞會茶司見在之數，如未用折博蕃馬，即盡將博糴斛㪷，所有茶價增減，臨時視斛㪷多寡計定。詔令龍抃同共措置，即不得有妨博馬支用。契勘茶司計名山等綱茶，有條專用博馬，不許出賣。其逐色茶價，係茶司依條以川路產茶場元買茶本縻費等錢，立定逐州價例，比其餘雜茶例各低賤，所以優潤蕃商，鈎致國馬。今來若依洪中孚陳請，必恐將漕司減損茶價，虧失歲課。欲乞除斛㪷價許臨時隨市勢增損外，其茶依本司已定價例折博，不許減損。」又稱：「乞用提刑司封樁加買到兩倍茶交撥，與洪中孚同共措置博糴斛㪷。」本部看詳，欲依所乞。』從之。

十六日，户部奏：『熙河蘭岷路轉運使洪中孚等狀：「乞令茶司與臣同共措置茶博糴，奉詔依奏，令孫龍抃同共措置。契勘得所管茶貨除可以移那般運應副博糴外，今相度，乞令西寧、湟、廓州召客人先將斛㪷赴本處入中，其價錢出給合同會子，給付客人，令自齎前來河州茶場出外變轉。仍支與每馳脚錢，西寧、廓州比河州至湟州脚錢，量加饒潤。如本場闕錢，即以茶依價添搭紐折。」本部欲依崇寧四年十二月二十八日朝旨，於加置到兩倍茶內支還，不得有妨博馬支用。』從之。

又 五月二十三日，都大提舉成都府利州陝西等路茶事司、提舉陝西等路買馬監牧司奏：『本司轄下見有員闕去處不少，雖依本司條權差罷任待闕官承攝，爲無法與理在任月日，往往不願權攝，差委不行。乞應茶馬職事員闕去處，見差權官權攝月日，依陝西轉運、提刑司法，與理爲考任。』從之。

又 六月二十三日，詔：『將加買兩倍茶並撥與茶馬司，應副博馬支用，更不博糴斛㪷。』

同日，樞密院奏：『都大提舉成都府、利州、陝西等路茶事司申，勘會川茶始自熙寧七年置司，推行迄今三十餘年，從來計置般赴秦鳳、熙河等路應副博馬，有餘出賣。元豐中立法，雅州名山茶專用博馬，候年終馬數足，方許雜賣。自建中靖國元年後來，爲買馬數多，名山茶數少，又以興元府萬春、瑞金、大竹、洋州四色綱茶相兼應副博馬，僅能足辦。緣孫龍抃與洪中孚同共措置茶博糴斛㪷，即不得有妨博馬支用。尋契勘，若更將茶博糴，委是有妨博馬。望賜指揮，除將已樁加買到兩倍四色綱茶應副博糴斛㪷外，將名山茶依累降指揮專充應副買馬支用。餘依崇寧四年十二月十一日指揮。』

又 大觀元年正月十九日，尚書省言：『熙河、蘭湟路都轉運使洪中孚奏：「蕃地許官以茶、綵博買，募人種佃，以諸司并折博務見在綵兩路通融應副外，不足，許本司約數奏聞，從朝廷給降，其茶並令茶事司應副取足。」奉詔依奏，其茶於兩倍茶內支撥應副，仍具合用數奏聞。契勘今來若許令熙河蘭湟轉運司取撥茶貨博買蕃地，不唯違戾已降指揮，兼壞敗本司成法。蕃部以馬易茶，元非本意，必恐因此隳壞馬政。伏望遵依已得指揮，應係茶專充博馬，不得他用。』從之。

又 三月二十四日，龐寅孫又奏：『伏見元豐立法，川茶博馬有剩，並許出賣。除名山茶外，有萬春、瑞金、大竹、洋州茶，自來措置招誘買馬，許中馬蕃部依合得馬價對買外，更許貼買四色綱茶一馳。近承朝旨，川茶專用博馬，即未有許對賣、貼賣明文。欲望除名山茶外，將萬春等四色綱茶並依舊例，從本司約度蕃馬中賣，并貼賣、對賣與中馬蕃商。餘依元豐舊法施行。』從之。

又 〔大觀〕二年三月二十七日，都大提舉榷茶司狀：『名山茶準條專用博馬，近年額外汎抛馬數浩瀚，本司逐旋擘畫，將自來出賣萬春等四色綱茶相兼支折，方能充足。緣博馬茶依條不理年額，不住據諸場申陳，稱自將博馬後來，賣茶年額例各虧失。本司今相度，除名山茶準條專充博馬不理年額外，欲將萬春等四色綱茶與理爲茶場歲額，不預推賞之數。仍自大觀元年爲始。』從之。

又 十月七日，詔：『川茶有數品，惟雅州名山茶爲羌人貴重，可令熙河、蘭湟路以名山茶易馬，恪遵神考之訓，不得他用。餘茶博糴，量度茶數，勿使過多。可委陳敦禮措置聞奏。』

二十三日，熙河蘭湟秦鳳路宣撫使童貫奏：『奉詔：「國馬所賴非輕，比聞馬數出少，川茶價低，其弊安在 可體訪目今因依，講究悠久利害，可以救正之方。」臣講究得川茶如初榷買，般赴秦鳳、熙河等路應副博馬，係以元買本錢添搭脚稅，隨市增減，價例不定。其熙豐間馬賤，茶價亦賤；即今馬貴，茶價隨市亦貴。近年以來，諸場買馬比熙豐間雖逐等量有增添茶數，緣元降指揮每歲買馬以一萬五千疋爲額，今來係以二

萬疋爲額，除添五千匹外，逐時又有泛抛疋數甚多，若不量行添搭，深慮無以招誘蕃客收買。伏望且依目今收買。』又稱：『元豐四年，郭茂恂奏請以茶充折外，其餘數支見錢、物帛，增立年額爲二萬疋，比舊額常買不足。』詔且依見今斤馱收買。

又　〔大觀〕四年五月七日，詔：『熙河、秦鳳等路茶馬事，應今日以前泛抛買馬、添茶給引博馬等指揮並罷，一切遵依元豐法，仍令提舉茶事司措置施行。』

又　政和元年二月十一日，户部狀：『提舉陝西等路買馬監牧司狀，今來若令買馬司依舊博買蕃蠻物貨移用相兼買馬，委是元豐舊法。尋關駕部勘當，欲依元豐年朝旨施行。看詳提舉黎、雅州博易司稱，黎、雅州熙寧年即不曾置博易，始自崇寧元年置場博易，至五年正月二十八日朝旨住罷。本部今勘當，欲依所乞住罷崇寧年所置黎、雅州博易場，並依買馬司檢具元豐舊法施行。』從之。

又　十月二日，户部言：『提舉陝西等路買馬監牧公事李稷奏：勘會陝西買馬，以茶斤重立定價例。舊法上等良馬最貴不過一馱一頭，比因泛抛數多，增添茶數及倍，昨蒙依元豐舊法，其馬價比泛抛頓減茶數，蕃商故生邀勒，尚未肯多將馬出漢。竊緣戎人不可闕茶，欲乞將熙河、秦鳳路諸場四色綱茶權住出賣，每蕃部中馬一疋，除依條支還馬價外，如願買茶者，仍許依見賣價收買四色綱茶一馱，引領門户買一頭。俟三二年間馬來往通快，即依舊例施行。』從之。

又　宣和三年四月二十四日，朝奉大夫何漸奏：『臣竊惟川、陝榷茶之法，本以市駿實邊，使茶無滯貨，則馬來數多，邊備充足。臣頃承乏使事，措置雇發沿路積滯茶馱，悉至邊場，頗見其利。比宣和元年茶司奏計，在臣替罷數年之後，提舉官程唐具奏，尚稱用臣計置茶貨博馬，減省錢緡，此有以見雇發之利其博如此。今任適當川陝茶馬之衝，伏見利州昭化、興州順政、長舉三縣，雇發最爲衝要，累年縣令悉係權攝，深恐檢察不專，復有積壓之患。臣愚欲望聖慈特加訓敕，應雇發地分闕官，令茶司遵依元豐成憲，以時選舉，庶幾得人任職，利源增廣。』吏部供到川陝榷茶雇發地分知縣，見今依元豐法，榷茶司與本路轉運司同共選差永康軍青城知縣、蜀州永康知縣、雅州名山知縣、漢州德陽知縣、利州昭化知縣見闕。漢州雒縣知縣、邛州依政知縣、利州綿谷縣令、興州順政縣令見闕、興州長舉縣令。詔依元豐法。

又　〔紹興〕七年閏十月二十七日，宰臣趙鼎言：『得旨復置茶馬官，舊有主管茶馬、同提舉茶馬、都大提舉茶馬凡三等。』上曰：『此猶轉運使、副、判官之比也，若擇得人，當考其資歷命之。茶本以博馬，而近來猶聞博珠玉及紅髮之類。珠玉今日固無用，紅髮特爲馬之飾而已，亦何所用，須一切禁止。』

又　〔紹興〕十六年四月二十七日，御史中丞何若言：『四川茶馬司逐年起發馬數，差人管押赴行在交納，緣所差牽押兵士別無交替，道路遥遠，經涉月日，人力既自疲乏，加之在路草料間有不時，其馬多至死損，甚者十之四五。牽押兵士恐坐罪責，往往逋逃。況馬綱所至，州縣懼怕羸馬在界倒死，却乃支折價錢，遣促起離，人雖受錢，馬不得食，適以爲害。欲乞將四川茶馬司綱馬赴行在交納者，並依廣西路已得指揮，自起發州軍差使臣、將校等外，其牽押兵士逐州軍交替。遇有起發綱馬，預行關牒前路州縣。仍乞申敕提舉綱馬及檢官司，嚴行督察所屬州縣，遇綱馬到驛，即時支給本色草料，並不得折支價錢。其合差承替牽押兵士去處，前期差定。如敢違戾，重作施行。如此，則人不致於涉遠逃亡，馬不至於闕食倒斃。』詔令四川茶馬司參照已降指揮措置，申樞密院。

又　〔紹興〕十八年七月一日，詔：『南平軍買馬每歲權以三百匹爲額，候及三年，取酌中之數立定歲額，令茶馬司比類諸場條格賞罰施行。』從兵部所請也。

又　十一月二十四日，韓球又言：『買馬州軍官員、諸色人違法與蕃蠻吏私博馬，本司已立賞出榜禁止。訪聞尚有窮乏之人不顧條法，却販茶綿等前去買馬附近沿邊州軍，誘引蕃蠻將馬前來中賣。如威、茂州後蕃係接連熙河，亦嘗有蕃蠻將馬前來與諸色人博易，不唯寖久有壞馬政，兼恐引惹踏開生路，於邊防不便。欲望將本司見管巡捉私茶使臣并買馬州軍管下巡尉，許令巡捉諸色人私與蕃蠻博馬。內有透漏去處，以匹數比附透漏私茶條法斷罪施行。』從之。

又　〔紹興〕二十五年三月十四日，詔：『西和州宕昌買馬，自來用茶博買，緣客人艱於般運，却將茶於私下博絹前去。可令茶馬司措置，

自後兼用茶、絹，聽客人從便博買。』

又 ［紹興］二十六年六月三日，利州西路安撫使、御前諸軍都統制吴璘言：『宕昌馬場年額買到馬十分爲率，內撥二分應副支使，其茶馬司自紹興二十一年至二十五年分，應副二分馬共三千六百餘匹，未曾支撥。緣璘見管入隊馬七千餘匹，皆齒歲過大，若三五年之間，盡不堪乘騎，不惟虧損馬額，亦恐緩急有妨使唤。乞下茶馬司，將紹興二十六年合撥二分馬，依元降指揮早賜支撥。所有拖欠以前年分未撥馬數，恐難一併支撥，欲乞作五年帶發，支赴本司，所貴緩急不致闕事。』詔令茶馬司將二十六年已後合撥二分馬，依已降指揮應副，不得拖欠。其積下馬逐旋收買補發。

又 十二月十二日，樞密院言：『黎、文、敘州、長寧軍、南平軍等處互市買馬，以銀、絹、錦、綵折博，近年茶馬官韓球等或拘收正色銀、絹，輒將他用，却以積欠物數兑博馬，致欠少客人馬價，或大估銀絹價充數，或先給關子，銀、絹後時方到。及諸州知、通、買馬官不法，又借那支用，或巧作從物等，或賤買所博馬銀絹關子，以致蕃客不肯將馬出賣。』詔令茶馬司將博馬銀絹等並預期排辦，即不得依前大估價錢及擅將他用，留滯客人。如諸州有違戾去處，按劾聞奏。仍令四川制置司常切覺察。

又 ［乾道］五年二月二日，四川茶馬司奏：『准隆興元年續覆申獲降指揮，將諸處捉到私茶，依龍安縣體例，如園户犯私茶及十斤以上，其户下茶園估價召人承買五分，沒官五分，還犯人田價。竊詳申請本意，止謂禁絶園户不得私賣與販人，虧損官課。今來園户或有批曆違限，或有曆不隨茶，或有借曆批賣，或有茶數與曆內不同之類甚多，州縣一例拘沒茶園，致窮民破家失業。欲望特降指揮，若不係正犯私茶，只乞照應見行條法斷罪理賞，免行拘沒茶園。』得旨，今後茶園户私販茶，並依舊法，其續覆申請指揮更不施行。

又 四月十四日，兵部申：『茶馬司差使臣自成都府及興元府押馬至漢陽軍馬監，全綱至倒斃不及二分，減半年磨勘；倒斃至留及二分至不及三分，展二年磨勘；倒斃寄留及三分，降一官資。每增及一分，更展一年磨勘，餘分數准此遞展。若綱內看驗得瘡疥瘦瘠，合依寄留倒斃馬數除豁。今來茶馬司所發綱馬到監寄留，倒斃數多，取旨。』詔令後茶馬司所發綱馬到監，將寄留倒斃及四分已上押馬使臣并所押綱馬，令趙樽差人管押赴樞密院聽候指揮。

又 ［乾道］七年五月十二日，四川茶馬司奏：『照對本司黎、文、敘州、南平軍等處互市綱馬，專用錦綵折支。本司自置錦院一所，盡拘織機户就院居止，專一織造，不許在外私織。昨奉朝廷下成都路轉運司織禮物錦一千匹，緣提舉官在秦司，其轉運司徑行勾差本司錦院機户就近織造，致機户夾帶私織販賣，竊慮事妨馬政。今後如要織禮物錦，欲乞行下諸司，將合用官錢付本司，就錦場織就，撥赴諸司起發，庶可革私販，免害馬政。』從之。

二十七日，四川茶馬司奏：『宕昌隸西和州通判，係本司辟官，專一措置買馬。緣知西和州係武臣，通判職事非一，不容專往宕昌，今欲添差通判一員，不敢創置，止於本司屬官內差京朝官幹辦公事，兼知主管宕昌簽廳職事，請給、人從依舊，非唯職任專一』

又 ［乾道］九年二月二十一日，樞密院奏：『勘會四川茶馬司起發到三衙綱馬赴行在，並經由承旨司審驗，所有江上諸軍理宜措置。』詔令總領所遇綱馬到，並須審驗格尺、齒歲，具有無齒老、病患、低小數目申奏。

二十三日，樞密院奏：『所置漢陽軍收發馬監，遇茶馬司發到綱馬，並許歇泊一月，將肥壯無病者排發，其病患瘦瘠者責令看養醫治。今到監日久，病患瘦瘠者甚多，未堪發，却有續到者各有臕分，亦無病患，顯是本監提轄有失督責。已降指揮，委鄂州都統、漢陽知軍同行提點，竊恐都統制軍務繁重，漢陽知軍權頗輕，難以責辦，理宜措置。』詔更令湖北漕臣每旬輪次到監提督，依立定格式，每旬與見今提領、提點、提轄官連銜具申樞密院，仍關牒茶馬司照會施行。

又《食貨八·造水磑》 元符三年十二月三日，詔以都水使者魯君貺專切應副茶場水磨。先是，閻守懃、李士京同領茶場，欲榷淮南茶，盡鬻之官，歲當三百萬緡，三省抑而不行。至是，三省因奏，神宗本以抑奪都城十數兼并之家，歲課至三十四萬緡，近賈種民遂增展及輔郡，人以爲病。詔增展輔郡榷茶指揮勿行，止依元豐舊法。

又　徽宗崇寧二年二月二十三日，提舉京城茶場所言：『紹聖初，興復元豐水磨，推行京畿茶法，歲收二十六萬餘緡。四年，於長葛、鄭州等處京、索、潩水河增磨二百六十所，借用汴水，極爲要便。自輔郡榷法之罷，遂失其利，今四磨不能給。其元符三年罷輔郡榷茶指揮乞勿行。』從之。以上《永樂大典》卷一五三四〇

又《食貨三〇・茶法雜録一》　太祖乾德五年，詔：『客旅于官場買到茶，如於禁榷地分賣者，並從不應爲重定斷。』

又　［太平興國］五年八月，遣監察御史薛雄詣沿江諸州禁絶私茶。

又　［太平興國］九年十月，鹽鐵使王明言：『荊湖、兩浙、江淮諸州出産茶貨處，買納數與賣數比較若不相遠，緣自前收復諸處，舊管茶貨數多，以至相承積壓。臣前爲荊湖、江南轉運使，備見利害。税茶并折色茶外，買諸色茶等人戶各有舊額，使臣、職員務買數多，用爲勞績，揀選不精，人戶啟倖，多採粗黄晚葉，仍雜木葉蒸造，用填額數，并於額外別利價錢，名爲不及號茶。新時出賣不行，積歲漸更陳弱。欲望禁諭出茶州縣人戶，將來造茶，須及時採新芽嫩葉蒸造，賣納入官，至八月終中賣送納了畢。又慮采造不及所賣元額，乞於遞年數内只買八分。内有人戶元定根税茶額外，後來茶園荒薄，採納不辦，曾有披訴稱每年衷私於有茶人戶處收買供納者。委自州縣檢驗不虚，別無體量，依例定地税申奏。又收復江南後，將諸色税物折科茶貨，亦有送納不辨者。乞許人戶取便送納；元無税物，願以茶折納者亦聽。如此，則人遂寬舒，茶無積壓。如人戶依前將不堪茶貨賣納，茶司依條施行，監場使臣、職員等容縱，專典、揀子等啟倖買納下次弱茶，亦乞勘罪嚴斷。其建州的乳已下，茶貨買納即多，支賣全少，乞別降指揮擘畫。』從之。

又　淳化三年七月，詔淮南茶場：『今後商旅只得於園戶處就賤收買，將赴官場貼射，違者依私茶例區別。』

又　［淳化］四年二月四日，詔廢沿江榷貨務八處，應茶商並許於出茶處市之，自江之南，悉免其算。先是，秘書丞劉式上言：『榷務茶陳惡，商賈少利，歲課不登，望盡廢之，許商人輸錢京師，給券就茶山給以新茶，縣官減轉漕之直，而商賈獲利矣。』帝從之，先遣雷有終等乘傳按視，因降此詔。

又　七月十二日，詔曰：『先是，上言者以茶法未便，商賈少利，因令停廢榷貨，許商人齎券詣茶山，官以新茶給之。申命近臣，乘傳按行，別立新制，永爲通規。而商旅之間，積習斯久，頗憚江波之險，各利風土之宜。將狥群情，宜仍舊貫。其沿江榷貨八務並令仍舊，諸路制置司宜停，雷有終等並發來赴闕。』

又　八月二十三日，詔：『京城及諸道州府民賣茶，多雜以土藥規其利，一切禁之，犯者以私販鹽麴法從事。』

又　至道元年七月十九日，以西京作坊使楊允恭爲江南淮南兩浙發運兼制置茶鹽使，西京作坊副使李廷遂、著作郎王子輿副之。先是，允恭等同領漕運及經度茶鹽等事，因奏課京師，秘書丞劉式先建議廢沿江榷務，許商人就茶山，官給新茶以便之。允恭等上言：『商人雜市諸州茶，新陳相糅，兩河諸州風土各有所宜，非雜以數品，少利。』事既矛盾，帝令宰相召鹽鐵使陳恕及判官等并允恭、式定議於中書，恕等皆附允恭。先是，式之議已罷，式猶固執，至是遂寢焉，允恭等故有是命。

又　真宗咸平二年正月，詔曰：『如聞榷茶之所，官不售者，必毁棄之，斯可惜也。自今令第其品而受之，輕其價而出之，使物無棄而民獲利。』

又　［咸平］三年七月二十一日，江南轉運副使任中正言：『準詔，以饒州置場買納浮梁、婺源、祁門縣茶，不便於民，令臣與三班借職胡澄審行計度。今親到饒、歙二州茶倉詢問逐處民俗，皆言溪灘險惡，艱阻尤甚，願各復往日茶倉，就便輸納。及據浮梁縣民李思堯等衆狀，願備材木起造倉敖。』從之，仍降詔曰：『山澤之征，所期公共，苟便氓俗，豈圖羨贏？而言事之人不明大體，務爲沿革，罔卹蒸黔。特命使車，往詢疾苦，用循舊制，式遂輿情。已令制置茶鹽、江南轉運司並依任中正所奏。』

又　［咸平］五年十二月，廣南轉運司言：『新州僞廣日，因運茶歲久捐棄，以其價數十萬分配部民郭懷智等百餘丁輸之，遂以爲常。民貧，力所不逮，請均賦諸縣。』詔永除之。

又　景德二年五月二十六日，詔：『自今諸處茶、鹽、酒課利增立

年額，並令三司奏裁。』先是，榷務連歲有增羨，三司即酌中取一年所收立爲祖額，不俟朝旨。帝以有司務在聚斂，或致掊克于下，故戒之。

又 八月十七日，通判鳳翔府王爲實請於興元府置榷茶務，帝以擾民，不許。

二十八日，詔：『如聞茶場大納茶貨，及將最下不堪色號作上色支賣，而商旅入中虛錢，賤價出賣，虧官擾民，爲日斯久。其令制置、轉運司躬親安撫園戶，及計究弊源，務在經久，公私通濟。』

又 ［景德三年］七月三十日，以有司條制茶事過爲嚴急，時帝諭之曰：『園戶採擷，須資人力，所造入等，則給價直，不入等者既不許私賣，亦皆納官錢。若令一切精細，豈不傷園戶？採摘傭力者多是貧民，儻斥去之，安知不聚爲寇盜？此等事宜即裁損，務令便濟。』

又 ［景德］四年八月十六日，以三司鹽鐵副使、司封員外郎林特爲祠部郎中，依前充職；皇城使、勝州刺史劉承珪領昭州團練使，崇儀副使、江南都大制置茶鹽發運副使李溥爲西京作坊使，充發運使，並以議茶法、歲課增溢故也。詔曰：『茶榷之法，抗弊寖深，釐改已來，利課豐羨。既規畫之斯定，歸職分以攸宜。其定奪司公事，宜令三司行遣，不得輒有更改。』

又 ［大中祥符］四年十月，詔以淮南諸州軍所賣食茶估價不等，令三司與制置茶鹽李溥定奪均減。

又 ［大中祥符］五年四月，除海州榷貨務請茶開裹功錢。饒州舊例，集民爲甲，令就官場買茶，自今聽從民便收市。

四月十一日，三司言：『民販茶有違法者，望許家人論告。』帝曰：『是犯教義，非朝廷所當言。』不許。

又 ［大中祥符］六年四月三日，三司言：『準詔，參定監買茶場官賞罰條式。今請除沿江六榷務、淮南十三場外，江、浙、荊湖諸州買茶場自今納到入客筭買茶及得祖額，遞年前界有羨餘者，依元敕酬獎；虧損者依至道二年敕，一釐以上奪兩月俸，七釐以上奪兩月半俸，九釐以上奪一季俸，仍降差遣。其買到不入客筭茶數于祖額、遞年前界羨餘，並不理爲勞績。』

又 ［大中祥符］八年閏六月十二日，帝曰：『屢有人言，所改茶法不便，錢額增損，茲亦常事，如聞不利小商。』王旦等曰：『改法以來，亦未見不便事。所降元敕，無釐革小商之文。如上言者寔有所長，則望付中書施行。或欲杜絕羣言，則須別命朝臣較量利害。』帝復以問樞密院王欽若，欽若言：『素不詳其本末。』陳堯叟言：『但得錢物入庫，即便是課利。』丁謂曰：『河北、陝西入得芻糧，即是官物入庫；沿江榷場無剩茶，即是茶法行也。其餘瑣細風傳之詞，不足憑信，或有章奏，望一一宣示，可以商榷。』大抵未改法日，官中歲虧茶本錢九千餘貫，改法之後，歲所收利常不下二百餘萬貫。

又 ［大中祥符］九年六月，李溥請省淮南十三場提點使臣，每年旋差使臣四人分定場分買納，并與逐場隔手筭買。從之。先是，景德中改法之後，常遣使臣三人分場提點，率以三年一替。在任既久，多與場務款熟，無所振舉，故釐革之。

又 十月二十六日，詔曰：『朕思俾蒸黔，共登富壽。山澤之禁，雖有舊章，措置之宜，慮傷厚斂。將期惠物，無憚從寬。專命朝臣，僉謀邦政，俾共詳于定式，庶俯洽于羣心。宜令翰林學士李迪、給事中權御史中丞淩策與三司同議茶鹽制度，俾茶園、鹽亭戶不至失所，客旅便于興販，百姓供用不匱，明具條約送中書門下參詳以聞。仍令榷貨務告示客旅，應入中算射茶、鹽，一依往例，更不別生名目，致有疑惑。』

又 天禧元年五月，詔福建路買納民茶，斤增十錢。

又 ［天禧］四年四月十一日，詔：『茶場、榷務，自令三司副使、判官、轉運使副、制置茶鹽司舉官監莅。六榷務以在京朝官殿直以上使臣充，茶場以幕職、令錄充。』

又 ［天禧］五年十月十三日，淮南、江浙、荊湖發運使周寔言：『陝西入中芻糧甚少，淮南茶停積，望令三司再定商旅算買交引，以便公私。』從之。

又 仁宗天聖元年三月，詔：『據定奪茶鹽所上茶鹽課利，比附增虧數目，宜差樞密副使張士遜、參知政事呂夷簡、魯宗道與權三司使事李諮、御史中丞劉筠、入內侍省副都知周文質、西上閤門使薛貽廓及三部副使同詳定經久利害聞奏。』『准內降劄子，淮南十三山場賣茶年額僅五十萬貫，天禧五年止收二十三萬餘貫，比祖額虧二十七萬貫。今將

五年賣茶收錢拆筭，每百貫交引，在京見賣價錢五十五貫，都計實錢十三萬餘貫，內除買茶本錢九萬餘貫外，有利錢三萬餘貫。若每年趁及元額五十萬貫，裁得實利錢七萬餘貫，監官請給費用不在其數。以此折筭課額，虛數甚多，或交引價減，必轉陷失。欲望自天聖元年以後，更不知園戶本錢，並許大小客取便將錢帛斛斗於十三山場收買入場貼射，官中止收淨利，給與公引放行。其貼射茶並定爲中色。若依此施行，即在京榷貨務入便得客人山場買茶本錢相兼支用，諸處小客將行貨買茶經過沿路州縣，又各收得稅利，并官中收貼射淨利，悉去虛錢數目，又不支本、脚錢，免買下低弱茶貨，筭賣不行。兼園戶既不於官場請本納茶，且免山場上下邀難侵尅，商販大行，民間遍及。今詳定爲便，請頒下施行。應客旅於山場買茶赴官場貼射，並於在京榷貨務納淨利實錢，每百千爲則，內五十千見錢，五十千金、銀、紬、絹、小綾，如無本色，即納見錢。園戶自來中賣正茶，每百斤納耗二十斤至三十五斤，今既許客與園戶商量貼射，其耗茶並請除放。客人搬茶地理遠近，合有分數則例饒潤。今定蘄州王祺場，每百六十斤；黃州麻城場、蘄州石橋場，每百五十斤；廬州王同場、蘄州洗馬場、舒州太湖場、羅源場，每百四十五斤；壽州霍山場、麻步場、開州順口場、光州光山場、子安場、商城場，每百四十斤。已上各收百斤淨利，所收淨利仍依例收稅。如就本處貼射者，比在京入納則例，于饒潤茶數內與減十斤。其園戶舊例額茶，委逐場置簿給據，所納數勾銷剗刷，提舉不以多少，悉赴場中買。如園戶願依客人入錢貼射者，止得於通商地分貨賣。凡貼射之例，如舒州羅源茶場中色者，凡買一斤，官破本錢二十五文，至出賣收錢五十六文。其二十五文今來客人自出錢物與園戶，其官破本錢更不支給，止收淨利三十一文，令客人貼納。其客人賣茶赴場，却於在京出納錢物者，每百四十五斤，內百斤依前項則例貼納淨利錢二千一百，餘四十五斤饒潤客人。如只就本處入納錢物者，每百三十五斤，內百斤依前項貼納淨利錢三千一百，三十五斤饒潤客人。凡貼納淨利，沿路所經及住賣之處悉收稅例。如客旅入山買茶，並雇脚、商稅、裹纏等錢，許於在京榷貨務入便見錢，聽客取便指射三場或所屬州府請領。其茶如要於沿路通商地分破賣亦聽，仍依例收稅。所有將河北、陝西交抄貼筭得茶交引，並給乾興元年以前茶；其今來全入錢物買到交引，即給天聖元年已後新茶。』並從之。又言：『所許客人取便於十三山場買茶，津搬入場貼射，官中只收淨利，給與公引放行。如客人入山買茶，貼射之後，恐有園中客旅及無圖輩將茶貨衷私興販，不入官場貼射，紊亂條法，侵奪課利。望令十三山場地分巡檢捉賊，并捉私茶鹽使臣、縣尉，自今常切用心覺察巡捉，如獲私茶五十斤以上，顯經斷遣，候得替，委制置司保明聞奏，使臣免短使，家便差遣，縣尉免選注官；如萬斤以上，特與酬奬；數目不多，亦委本州軍批上曆子，用爲勞績。如或不切用心巡捉，別有透漏，依條斷遣。』

又 四月，定奪茶鹽所言：『客人將陝西、河北入中便糴糧草交抄貼納錢物，筭射茶貨，其間多有加增值價，以虛錢支請實茶數多，因此交引價錢。即今十三山場、四榷務茶交引每百斤止賣六十三千，比元定則例小十七千。看詳十三山場茶貨自來多有小客興販，今請以乾興元年已前茶兼帶支給，其六榷務並以天禧四年已前茶支給，仍準例給耗。今日已前小客交引錢及一千貫已下者，許將天禧五年已前茶相兼支給。今日已後，陝西、河北虛寔錢交抄，於在京榷貨務筭買六榷務茶交別者，每百千於在京別納見錢五十千，更無加擡，共支與天禧五年茶百五十千，仍給耗茶。所有自來貼納加饒則例，依舊施行。今後算射六榷務乾興元年並天聖元年已後茶者，如願請蘄口、真州、無爲、漢陽軍四務茶，即於在京榷貨務入寔錢百千，內四十千見錢，六十千金、銀、紬、絹、小綾，共支百二十五千茶。願請荊南、海州兩務茶，即入寔錢百千，內四十五千現錢，五十五千金、銀、紬、絹、小綾，共支百三十五千，其茶只就逐處榷務入納錢物。如願請蘄口等四榷務茶，即入中實錢百千，四十千見錢，六十千金、銀、紬、絹、小綾等，共支與百二十五千茶。願請荊南等兩榷務茶，即入中實錢百千，內四十五千見錢，五十五千金、銀、紬、絹、小綾等，共支與百二十五千茶。其陝西新入中糧草交抄，每虛實百千，在京見今破錢五千收買。若要茶，即支茶貨七千。欲令客旅如願入納淨利貼射十三山場天聖元年新茶，及入中錢物筭買六榷務乾興元年、天聖元年以後新茶，並貼納錢數見錢帶請舊茶，即並依今來所定則例，取客穩便，許將每虛實錢百千充五千見錢筭射，貴免客人請納錢兩度縻費。其十三場天聖元年後來新茶，已準敕，許客貼射。又官中饒潤不收淨利茶貨，及令沿路州軍免稅，候到住賣去處收納稅錢。所是六榷務今後支到耗茶，並

十三山場賣乾興元年已前茶貨支與耗茶，亦合一體施行。逐處榷務、山場今後客人筭請茶貨，須于公引內將正、耗各別開坐數目，令經過沿路州軍稅務驗引，如正耗相隨，即放免耗稅。到住賣處，不以正、耗，盡底收稅。如別無正茶，只稱是耗茶，緣官中難以辨明，沿路州軍據數收納稅錢。』並從之。

又　［天聖］二年三月，屯田員外郎高覿言：『諸州軍捕得私茶，每歲不下三二萬斤，送食茶務出賣。並是正色好茶，若作下號估賣，頗甚虧官。請自今捉到私茶，令定驗色號等第，送山場貨賣。又既許商人貼射茶貨，不拘斤數，多有小客於諸場貼射止一二十斤，便出公引，慮以貼射爲名，影帶私茶出界。請自今小客貼射茶貨，須八十斤以上成擔，即給公引，批鑿斤數，並許放商地分程途。如限外未出界，即收捉勘罪，沒納茶貨。』並從之。

又　八月，淮南、江浙、荊湖制置茶鹽司言：『舒、廬、蘄、黃、光、壽州茶場元賣額茶，除係客人貼射外，據餘貼買不盡茶數勾收入場中賣，支與價錢，須管數及年額。若至住場日有欠中賣額茶，即依客人貼射體例，一斤送納一斤淨利錢。看詳山場客旅收買茶貨赴場貼射，官中定作中色，並是好茶，若將所欠中賣額體量茶依此，慮園戶承認淨利，難爲送納。欲自今以三十斤爲則，所貴園戶不至艱辛。』從之。

又　［天聖］三年八月二十二日，中書門下言：『累據臣僚上言茶法未便，及先令客旅于邊上入納糧草，支與交引，留得在京見錢，免致般運勞費。』詔差孫奭、夏竦等同共詳定以聞。

又　九月四日，翰林侍講學士孫奭等言：乞差三司使范雍同共詳定茶法，從之。

又　十一月一日，詔三司罷貼射茶法。初，上封者請募商旅入芻粟塞下，給江淮茶引，而不費京師見錢。乃命孫奭等與三司再詳定。遂令入中河北沿邊州軍糧草，而給以香、茶、見錢三色交引，往十三山場筭茶，而罷貼射法。

又　十二月九日，權三司使范雍言：『淮南十三山場并六榷務買賣茶貨各有祖額，累有條制，勸誘園戶及時將真正好茶入官賣。近年鹽官止欲界分數多，用爲勞績，致納下夾雜草木、黃晚不堪茶貨，有誤商人筭請。望下制置司鈐轄逐場務監官，自今止依元定祖額買納好茶，但及元額，並依條例酬獎，無得額外增數買納不堪茶貨。違者嚴斷，勒令均償，仍不理爲勞績。』從之。

十三日，淮南江浙荊湖制置使方仲荀等言：『准至道三年、大中祥符六年敕，淮南十三山場買到茶，限至次年未買新茶已前賣盡。勘會山場所買茶自三月開場，至七月終住場，客人多是開場後方於在京入便錢物，博買交引，或有阻滯，不趁元限月分到場。望依至道三年敕限施行。』從之。

又　［天聖］九年四月五日，三司請在京榷貨務入末鹽錢，歲以百八十萬三千緡，建州市茶歲以五十萬斤，真州轉般茶倉歲以二百五十綱爲定額。詔建州茶減五萬斤，餘從之。

又　景佑元年九月十三日，臣僚上言：『近年以來，有百姓採摘諸雜木葉造成杜茶，夾帶貨賣，乞賜止絕，及許人告捉，比私茶例給賞。』詔令審刑院別定刑名，嚴行止絕。

二十一日，樞密院副使李諮言：『天聖初，奉敕定茶法，方成倫敘，臣僚挾情上言，差官重定，稱是不當，手分王舉等並皆決配。今來茶貨大段虧官，三司乞依天聖年改定施行，顯是當行手分枉遭決配，舉等乞依出職安排』。詔王舉、于貴、勾奉元各轉一資。

十一月二十三日，淮南轉運司言：『廬州舒城縣自僞命以來，納贍軍年額茶七千三百斤，委是不折苗稅，不請官錢，虛致煩擾，望除放。』從之。

又　［景祐］二年正月二十二日，詔：『山澤之民擷取草木葉而爲僞茶者，計其直從詐欺律盜論，仍比真茶給賞之半。』

又　［景祐］三年正月九日，命知樞密院事李諮、參知政事蔡齊、三司使程琳、御史中丞杜衍、知制誥丁度同議茶法，仍許召商人至三司，以訪利害。時三司吏孫居中等言：『今河北所納芻糧多虛估，而官給實錢及香茶交引，寖以虧官，請復用天聖元年所更法。』故詔更議之。

又　三月十四日，詔三司復令商賈以見錢筭請官茶，其景祐二年以前用河北入納糧草虛寔錢交引，一切罷之。

又　四月二十四日，詔：『諸州茶場榷務，其未改法以前交抄，止

以景佑二年以前茶給之。』

又　五月十四日，詳定茶法所言：『天聖元年，商人皆於在京榷貨務納錢，以買荊湖南、海州榷務茶，每直百千，聽納八十千，增七千，蓋荊湖南、海州茶賈人之所願售也。自天聖四年將許陝西糧草交抄直批往逐處算買，遂致在京無見錢入納。今請一如舊法，令在京入納見錢，比天聖元年量減茶價，以便商旅。其陝西入中交抄並勒齎至京師，給以見錢，願請它處茶或香藥及外州見錢者並聽。』從之。

又　十二月，詳定茶法所言：『天聖三年改法以來，歲損財利不可勝計，今以河北沿邊十六州軍自天聖九年至景佑二年終，五年便糴糧草計虛費錢五百六十八萬餘貫。竊恐豪商欲仍舊法，結託權貴，以動朝廷。請先降勑命申諭。』從之。

又　〔景祐〕四年正月，命侍御史知雜事姚仲孫同定茶法。本所請自今商人對買茶，每百千六十千見錢，四十千許以金、銀折納。從之。

又　〔景祐〕五年正月二十九日，臣僚上言：『自茶法改更以來，天下連年將銀絹配率河北，坐致困竭。明出內庫錢帛，暗虧舊額課利，天下商旅無不嗟怨。望差公正近臣別定酌中之法。』詔王博文、張觀、程戡、韓琦與三部副使、本案判官，將新舊茶法依公疾速酌中定奪經久可行、不虧損公私利害條約以聞。

六月二十六日，中書門下言：『三司副使司馬池、侍御史程戡、司諫韓琦等各上茶法利害，欲乞夏竦等子細看詳，定奪事理，不得依前各具利害，却取朝旨。務要公私利便，經久可行，疾速連書以聞。』

又　寶元元年七月二日，詳定茶法所言：『在京榷貨務算買十三山場、四榷務茶，每見錢七十千支茶百千，今請減六十七千。其河北沿邊入便糧草，願請茶者減爲六十六千；在京算買香藥、象牙，每見錢百千，加饒五千。今請增二千，爲七千。其河北沿邊入納糧草，願請香藥、象牙者加饒外，今請增三千，爲八千。若到京願請見錢者亦聽。』詔特更與增減錢各二千。

又　〔寶元〕二年四月二十三日，鄜州觀察使、勾當皇城司李用和言：『乞差御史中丞孔道輔、入內都知，別置一司，重定茶法。』詔送三司。

又　康定元年正月，三司請權定商旅入見錢五分於榷貨務，市真州等處茶引，其半召保置籍，限半年輸官，違者倍罰。從之。

十二月，詔三司以見行茶法就加裁定饒裕商人之法以聞。初，權三司使公事葉清臣言：『新茶法未得適中，請委曉知財利之人別行課較。』帝不欲數更，故令就裁定之。

又　慶曆七年三月二十一日，詔權停建州造龍鳳茶。

又　嘉祐三年八月五日，命翰林學士韓絳、龍圖閣直學士知諫院陳升之、御史知雜呂景初詳定放行茶法。先是，著作佐郎何鬲上言：『今天下榷茶，刑煩而不能止其弊，又官爲置場務，而諸費出其中，顧歲入官之利薄。請一切通商，收逐處淨利及所過往之稅歸榷貨務，以還沿邊入中糧草之直，誠足以疏利源而寬民力也。』故命絳等置局三司議之。

又　〔嘉祐〕四年二月，詔曰：『古者山澤之利與民共之，故民足于下，而君裕於上。國家無事，刑罰以清，自唐建中，始有茶禁，上下規利，垂二百年。如聞比來，爲患益甚，民被誅求之困，日惟諮嗟；官受濫惡之入，歲以陳積。私藏盜販，犯者寔繁，嚴行重誅，情所不忍。是以江、湖之間，幅員數千里，爲陷穽以害吾民也，朕心惻然，念此久矣！間遣使者往就問之，而皆驩然，願弛其禁，歲入之課，以時上官。一二近臣件析具狀，朕猶若慊然。又于歲輸裁減其數，使得饒阜，以相爲生，剗去禁條，俾通商利。歷世之弊，一旦以除，著爲經常，弗復置制，損上益下，以休吾民。尚慮喜於立異之人，緣而爲姦之党，妄陳奏議，以感官司，必寘明刑，無或有貸。』

又　〔嘉祐〕七年正月，命翰林學士王珪、吳奎同詳定茶法。以上《永樂大典》卷一七五六〇

又　神宗熙寧四年正月十三日，詔發運司、六路及京東轉運司封樁茶本、租稅錢，易金、銀、綿、絹上京。

二月十三日，上因言向來茶法之弊。文彥博對曰：『非茶法弊，蓋緣昔年用兵西北，調邊食急，用茶償之。厥數既多，茶不售則所在委積，故虛錢多而壞法也。』王安石曰：『榷茶所獲利無多。』吳充曰：『仁宗朝茶法極弊時，歲猶得九十餘萬貫，亦不爲少。茶法因用兵而壞，彥博所言是矣。然立法之初，許商人入芻粟邊郡，執交抄至京師，或使錢，或

銀、紬、絹，或香藥、象牙，唯所欲，商人便之，故法大行。後因祥符初限以三税之法，定立分數，不許從便，客旅拘制，又買茶官多買納下號茶，苟趁課額，搭饒與客。茶既品下，而脚乘與税錢重，商人往往折閱。又法數變易，民不爲信。此其所以至於大壞。如邊鄙無事，法令不爲小利輕變易，自無不行之法。』

又 〔熙寧〕七年十一月十一日，權發遣三司鹽鐵判官公事太子中舍李杞、三司勾當公事蒲宗閔並提舉成都府、利州路買茶公事，賜對遣之。

又 〔熙寧〕八年二月三日，都大提舉熙河路買馬司奏：『據提舉熙河路市易司狀申：准都大提舉買馬司劄子，坐準熙寧七年七月十六日中書劄子内聖旨指揮施行，内一項節文：客人興販川茶入秦鳳等路貨賣者，並令出産州縣出給長引，指定只得於熙、秦州、通遠軍及永寧寨茶場中賣入官。今來已有客人興販茶貨到岷州茶場中賣。竊慮頒行近降條貫，其産茶州縣不發長引赴岷州，却致客人枉路，茶貨不得通行。伏乞於上項條貫内「熙、秦州、通遠軍」字下及「永寧寨」字上添入「岷州」二字，所貴客人茶貨通行，不致阻節。本房檢會熙寧七年九月八日中書劄子，内一項：客人興販雅州名山、洋州、興元府大竹等處茶入秦鳳等路貨賣者，並令出産州縣出給長引，指定只得於熙、秦州、通遠軍及永寧寨茶場中賣入官，仍先具客人姓名、茶色、數目、起離月日關報逐處上簿，候客人到彼，晝時收買。如計程大段過期不到，即令行遣根逐。若客人私賣茶與諸色人，及將合入秦鳳等路貨賣茶虚作永興軍等路迴避關報逐處者，並依《熙寧編敕》禁榷臈茶法斷罪支賞，所有熙寧七年七月十六日朝旨内上項一節更不施行。今欲依所乞，於熙寧七年九月八日中書劄子，於「熙」字下、「秦」字上添入「岷」字。』從之。

又 四月十九日，提舉成都府等路茶場司言：『雅州名山縣發往秦、熙州等處茶，乞聽官場盡買，不許商販。』詔商人就官場買者聽之，每馱納長引錢，令指定州軍貨易。

又 八月十九日，詔蠲鄂州失催茶税錢歲二萬五千七百餘緡，仍令民自熙寧七年復認舊數輸納。以三司言『自嘉祐四年茶法通商，至熙寧六年總十五年，失催錢至三十八萬五千六百三十餘緡』故也。

又 〔熙寧〕九年四月二十二日，體量成都府等路茶場利害劉佐言：『商人販解鹽入川，買茶至陝西，獲利甚厚，欲依商人例，歲以鹽十萬席易茶六萬馱，約用本錢二百一萬緡。此商賈取利，皆酌中之數，禁商人私販。』從之。

又 二十四日，措置熙河財利孫迥言：『乞罷熙、河、通遠三茶場，可省官吏五十餘人。』詔劉佐相度以聞。

又 五月一日，體量詢究川茶利害劉佐言：『準朝旨，具析買川茶應副熙河等路博馬及糴買糧草，與李杞利害不同等事。緣李杞將六月終買茶數搭倍約作全年，又不曾計置販鹽入川，及計置到物貨却將出空頭牒，差官百員分領，此與佐議不同。其有顧脚馱茶雖同杞，又須令店戶晝時申報抄劄，截留客人驢騾，亦與佐有異。』

又 十一月六日，提舉成都府、利州、秦鳳、熙河等路茶場司狀：『已準朝旨立法，令盡數收買茶貨。勘會新法内階、成州係次邊禁茶地分，又西路秦、鳳州、西南入利州路以西並爲川蜀出茶地分。今來彭州堋口、蒲村、導江至德山、綿州龍安、漢州綿竹、楊村等處，係利州以西州縣，嘉州洪雅縣、眉州丹稜縣並係産茶貨去處，緣新法内開説不盡，欲乞應成都府諸州、縣産茶地分，並依邛、蜀等州買茶税場條例，差委逐處税務收買，並依新法施行。』從之。

又 〔熙寧〕十年四月二十五日，詔市易務茶限二年結絕，許客茶交易。

又 十月十六日，詔秦鳳路轉運判官孫迥：應承受茶法文字及所聞利害，並關提舉茶場司。以迥言茶法有未便事，乞赴闕奏稟故也。

又 元豐元年正月十二日，三司言：『建州熙寧六年買茶三十二萬九千餘斤，有麤惡茶剋納錢二萬六千餘緡，當於園戶及干繫人催理。雖淹歲月，破産未必能償。乞計其直，令復準茶入官，以寬遠民監催勾擾之弊。』從之。

十七日，詔提舉成都府等路茶場司李稷相度置場買茶，聽商人於熙河路入錢及糧草，定價給引，指射請販利害以聞。

二十五日，詔：『成都府路轉運司劾成都府官司越職受理茶場司事

者，茶園戶等如有罪，亦劾之，已決者，具析以聞。』提舉茶場李稷言『知成都府劉庠受名山知縣楊少逸越訴事，不下提舉茶場司』故也。

又 二月七日，提舉成都府等路茶場司奏：『請自今應支撥與諸司錢糧，並支見錢、金帛，勿以茶折，所貴不致諸司增損茶價，有害茶法。』從之。

二十四日，詔提舉成都府等路茶場司：『應置場賣茶州軍，知州、通判，並兼提舉；經畧使所在，即專委通判兼之。』

又 四月三日，提舉成都府等路茶場司言：『秦鳳路副總管夏元幾用禁軍回易私茶，侵壞茶法。』詔轉運司劾之。

四日，提舉成都府等路茶場李稷奏請賣茶錢裁立中價，聽隨市色增損，仍定歲入課額及設酬賞格。又言：『蕃部無錢，止以米及銀、絹、雜物賣錢買茶，乞許以茶博易銀、米等物，立限半年易錢。』從之。

又 五月一日，權利州路轉運使尚書司封郎中張宗諤、轉運判官太子中舍張升卿各降兩官勒停。初，宗諤等乞廢茶場司，止委轉運司收茶稅、歇駄錢，而提舉茶場李稷言其所陳皆疎謬不實故也。

七日，提舉茶場司言：『產茶般輦州縣，乞同轉運司選差知州、通判、知縣、縣令及排岸官一次。其彭、漢知州或通判許本司權奏辟，如能協力，保明留再任。』從之。

十六日，詔：『應南茶輒入熙河、秦鳳、涇原路，如私販臘茶法。其巡捕，如川峽茶入禁地法。』

十九日，提舉茶場司言：『歲運官茶四萬駄饋邊，常患輦送不繼，欲以本司頭子錢置百料船三十隻，差操舟兵士六十人，軍大將一人管押。歲終比較，如年課辦比陸運省便，即計所贏，以十之三賞軍大將等；有損壞遺闕，以賞錢、請受備償。』從之。

六月二十三日，提舉茶場李稷乞定成都府、利州路茶場監官買茶無雜僞麤惡，替罷委提舉官保明，滿五千駄與第五等酬獎，一萬駄與第四等，每一萬駄第加一等。若買麤惡僞濫雜茶估剝，計所虧坐贓論。同監官賞罰聽減一等，即徒罪不至追官者並衝替，其賣買食茶依收息給賞。從之。

九月十一日，提舉成都府等路茶場司請出茶州軍每歲諭園戶，毋得采造秋黃老葉茶中賣，不以多寡沒官。仍乞許每歲別委官驗視，已納到如此色樣，並燒毀。從之。

又 ［元豐］二年四月五日，權發遣三司鹽鐵判官、提舉成都府等路茶場李稷言：『自熙寧十年冬推行茶法，至元豐元年秋凡一年，通計課利及舊界息稅，并已支、見在錢，七十六萬七千六十六緡。』上批：『蜀茶變法，又前後奉行使者失指，議論紛紛，恐動羣聽。稷能推原法意，日就事功，宜速遷擢，以勸在位。』遂落權發遣。

二十四日，提舉成都府等路茶場司奏請自今歲課茶息稅錢，已定十五萬緡，歲以五萬緡給轉運，餘以待詔用。二十五日，又言：乞留銅錢百萬緡爲本。並從之。二十八日，又言：『洋州西鄉縣茶舊與熙河、秦鳳路蕃漢爲市，而商人私販，南入巴、達州，東北入金州、永興軍、鳳翔府，官未置場以前，於州界仙遊、少府、雞雄、歸仁、洋口等鎮鋪差牙校編欄抄發，指州縣輸稅。熙寧十年，廢罷四場牙校，止留洋口一處，州縣慢令，私販公行，西鄉茶稅額比舊減少。乞雞雄等場令州縣督責買撲人編欄，歸仁一鋪乞依舊輸差稅務牙校編欄抄發。園戶中官茶數，歲以三十萬斤爲額，增及萬斤，賞錢一千，如虧少，量事決罰。』從之。

又 五月十一日，詔成都府等路茶場司幹當公事官六人並遷一官，以歲課增羨也。

又 十一月三日，三司言：『福建路臘茶自禁私販，官場漸多售者，乞自今歲計所市茶預下轉運司，限當年運至京師，其江、浙、荊湖、川峽路即權許通商。』從之。

又 ［元豐］三年四月十三日，陝西轉運司言：『茶場司自熙寧七年置場，至十年總入息、稅錢百二十二萬九千餘緡。』詔提舉成都府等路茶場蒲宗閔及幹當公事官并曾任茶事官，並遷官，循資有差。

又 六月二十四日，提舉成都府路茶場司言：『本司比歲積鉅萬，累詔已給賜別司外，欲以所有金帛爲錢三十萬緡輸內藏庫。』詔就近經畧使所在州封椿，委茶場司主管，如封椿錢物法。自今有羨錢准此，歲終具數以聞。

又 閏九月二日，提舉成都府、利州、秦鳳、熙河等路茶場司奏：『勘會川路茶場二十九所，內七場係舉官監臨，自創始行法至今，累年牽

循定制，未嘗更改，畧已成就。數內洋州斯多店茶場在州西南約四十里村野內，所出淺山茶至薄，合舉官一員專監，前後無人願就。今欲乞將上件茶場更不舉官，併廢入所在州作一場管係。乞洋州茶場買茶監官更不兼監本州商稅，所有商稅員闕却乞依舊令三班院別差一員專監。』從之。

又 十月七日，提舉成都府、利州、秦鳳、熙河等路茶場司奏：『勘會熙、秦、岷、河、階州、通遠軍、永寧寨七處茶場，各係依條不拘常制奏舉監官一員。今相度秦、熙州、通遠軍、永寧寨四場，歲收本息不下七十餘萬貫，比其餘場分給納浩瀚。乞將上件四處茶場監官各以兩員爲額，並依元條奏舉。』從之。

又 十二月二日，中書省劄子：『權陝府西路轉運使、都大提舉成都府、利州、秦鳳、熙河等路茶場公事李稷奏：「幹當公事官日夜出入道路，尤著勤績，未蒙推恩。」詔令提舉成都府、利州、秦鳳、熙河等路茶場司立定祖額，依課利場務條具，三年一次比較聞奏。

又 [元豐]四年四月十九日，詔茶場司條令中書別立抵當法。先是特旨令市易司罷賒請官錢，令民用金帛抵當，公私以爲便，故欲推廣之。

又 [元豐]五年正月二十三日，福建路轉運使賈青言：『準朝旨，相度年額外增造龍、鳳茶。今度地力可以增造龍、鳳茶五七百斤。』詔增額外五百斤，龍、鳳茶各半，别計綱進。又言：『乞所造揀芽茶別置小龍團，斤爲四十餘餅，不入龍腦。』從之。

又 十月二十五日，同提舉茶場蒲宗閔言：『諸茶場立額出賣，比較申奏，每收息二萬緡，監官減磨勘一年，餘數更比類酬獎；不滿二萬緡及不願減年者，每息錢百緡，支賞錢二千，選人依第四等酬獎；與免試，無可免者，陞一年名次。』從之。

又 [元豐]六年四月三日，同提舉成都府等路茶場陸師閔言：『文州與階州接境，有博馬及賣茶場，龍州舊許通商。乞以文、龍二州爲禁地，其秦州本司差官一員造帳，計置川路羨茶偏入陝西路出賣，仍於成都府置博買都茶場。』從之。

閏六月十三日，同提舉茶場公事陸師閔劄子奏：『竊見新修《茶場司敕》尚未全備，臣今擇出合行通用條貫三十八件，內有於新法干礙者，畧加刪正下項：一、諸成都府、利州路、金州產茶處，各就近置場，盡數買園戶茶，許客人於官場收買，販入川峽四路並金州界，充民間食用。私輒買賣、博易、興販及入陝西地分者，並許人告捕，依犯私臘茶法施行。諸陝府西路並爲官茶禁地，諸路客販川茶、南茶、臘茶無引、雜茶犯禁界者，許人告捕，並依犯私臘茶法施行。諸園戶賫茶往不置場處，并用有引茶及空引影帶私茶，並未經販賣及諸色人販茶偷謾商稅者，皆許人告捕，依漏稅法斷罪外，一斤以上賞錢三貫文，每十斤加三貫，至三十貫止。禁地官茶偷稅準此。諸產茶州縣每歲於民間闕乏時，預先計置見錢、斛斗，召園戶情願結保借請，每貫出息二分。至茶出時曉示，令以茶赴官折納，過夏季不納，即追催秋季，不足，量分數科校。諸產茶州縣買茶，正斤外依市例量加耗茶。非理責加耗者，許賣茶園戶告，計所剩坐贓論罪，止杖一百。即官庫漏底，雖有出剩，不得理爲勞績。諸產茶州縣出賣食茶，並隨時價高下增息，仍準價別收長引錢一分訖，給引放行。諸產茶州縣出賣食茶，各以元豐元年爲額，提舉司歲終比較不虧，每收息一百貫文，支賞錢五貫文，充監官公人添給。監官四分，公人六分，其開場在元豐元年以後者，並以第一年全年爲額。賣鹽準此。諸茶場官舍有闕，牒轉運司應付，其合占那民地者，令指射官地對換；係樓店務官舍地基及稅地者，以茶息錢輸納稅租。諸禁地賣茶場年額敷辦，歲終比較，每收息錢二萬貫，監官減一年磨勘，提舉司保明聞奏，選人比類奏裁；不滿二萬貫，每息錢一百貫文，支賞錢二貫文，以上願留次年併賞者聽。仍將博馬茶通比。秦、熙、階、岷、河州、通遠軍、永寧寨七處分茶與外鎮城寨出賣者，亦通比。諸處出賣官茶，令提舉司立定中價，仍隨市色增減。應增者，本州本場體訪詣實，增訖申提舉司覆按。應減者申提舉司待報。賣鹽準此。諸陝西不立額賣茶場，並以元豐元年課利爲額，歲終比較賞罰。其開場在元豐元年以後者，以第一年全年爲額。諸買賣茶，每州委見任官一員管幹，通計所管課利敷辦者，比監官減半推賞。賣鹽準此。諸官場以茶、鹽博易到銀、帛、斛斗、雜物，限半年變轉見錢，除元價外，所增息錢十分中給一分與主轄官吏充賞。官員四分，專典六分。過半年，不得變轉，不支賞錢。虧元價者，監、專均償。如博下滯貨，雖已解替，候變轉訖離任。諸成都府、利州、陝府西等路縣

鎮城寨買賣茶場，無正監官處，就差稅務官吏；無稅務處，委餘官不妨本職監轄。金州及賣鹽場准此。諸買賣茶州軍知州、通判兼提舉，經畧使所在，通判兼提舉茶場，所在州委都監、縣委令佐兼監。賣鹽准此。諸轄下州軍每季輪當職官點檢未批文曆，如提舉司覆較得官物有侵欺盜用，失陷損惡，違法不職，其干涉季點官於監官下減一等科罪。諸買賣茶場年終比較，虧五釐以上，罰俸半月，公人笞四十；滿一分，監官笞二十，干系公人杖六十；每一分，監官、公人各加二等，三分各罪止。管幹當官以所管場務通比，減正監官一等科罪。監官任滿通比，一界内如及二分，降一年名次，及三分，降一等差遣，無等可降，依差替人例施行。課利一萬貫以下，監官每一分罰一月俸，三分罪止。諸轄下買賣茶場監官如有不得力，並許量人材于事簡處對訖，奏乞各與正差，如闕正官，即依川峽四路轉運司差官例，於得替待闕官内權差，或指名牒轉運司依條差權。諸提舉司人吏、貼司、軍典及茶場專典、庫秤、牙人等，因公事取與財物，依轉運司人吏法。引領過度，首、從皆用此法。諸買茶場量事務繁簡，招置有物力、保識牙人，應收買起綱茶，依鄉例支牙錢，即收買食茶，亦依鄉例，於合支價錢内刻留。牙錢置曆，分閑忙月分均給，有餘並不應給者，並入官。諸顧脚，州縣召有物力行止人充甲頭，準例收尅保引錢，應所保脚戶帶官物、脚錢等逃匿，及有所欺隱侵盜致失陷者，甲頭備償；即例外尅取，依倉法；州縣輒役使，杖一百，計庸重者，自從重。諸水陸般茶、鹽所經州縣並推排脚戶，置簿籍定姓名，準備隨時價和顧。如有損失毀敗，全數備償。諸茶、鹽綱所經官司遇有給納，託故不躬親若住滯經宿者，依常平法。諸脚戶所般茶鹽遇陰雨，許就寺舍、亭鋪及空閒官屋内安泊。其合顧脚交替州縣，並於要便處那併添兑官舍充綱院，仍令轉運司應副。諸見管錢物，其它官司輒支動者，以違制論，不以赦降、去官、自首原減。諸茶場及轉般庫役人，並隨課利給納大小增損制祿，不得支動本息錢。諸幹運物貨所經稅務，依省定則例收納六分稅錢。在成都府、利州路，許以所幹物貨準折，如係陝西，令逐處稅務批抄，理爲年額，轉運司牒提舉司取撥。諸回幹物貨出入川界，量多寡關牒秦、熙州，差指使管押，諸茶、鹽所經道路巡檢、縣尉、巡鋪、使臣，各遞相催驅出界。諸給公人賞者，專副四分，典吏、庫秤等共六分，闕無所承者入官。諸給納，並每貫收頭子錢五文足，應茶場監官添支驛料、運船，提舉司官屬及幹事官屬直吏祿，公使什物雜費，并貼支諸場公人傭食錢等，並以所收頭子市利錢充。諸提舉官于轄下官吏事局相干，同按察；部内有犯，同監司；諸提舉官點檢職務公事，杖以下罪就司理斷；事合推究者，送所司；徒以上，依編勑監司點檢法。諸沿茶法職務措置詞訟、刑名、錢穀等公事，除州縣施行外，合申明者，申取提舉司指揮施行，他司不得干預，雖於法合取索文字，並關牒提刑司施行，不得專輒行下，諸處，亦不得供報。如所經處置尚有抑屈者，許以次經轉運、提刑司申理。諸幹當公事官，川路二年、陝西二年半爲一任，選人願就三考者，聽從便。供給依解宇所在州簽判例，州無簽判，依職官例。京官以上及大小使臣，各隨本資給添支；本資無添支者，依舉監一萬貫場務例給。諸幹當公事官闕無所承，許不拘常制選差轄下官權充，其餘應合差官幹事，並依編敕差官條施行。諸紙筆、朱墨、油燭、皮角，以系省錢收買，在京申省支給。諸文字往還，並入急脚遞。看詳熙河蘭會路見今不隸陝府西路，竊慮今來條貫内凡稱陝府西路者，須合添入「熙河、蘭會」四字，又第十四項於「縣鎮」字上合添入「州軍」二字。以上條貫，乞賜施行。』詔令尚書省檢會，疾速行下。

九月十六日，戶部狀：『同提舉成都府等路茶場公事陸師閔劄子奏：通用條貫三十八件内，第二項：「諸陝府西、熙河、蘭會路並爲官茶禁地。」本司檢準元豐六年四月三日條節文：文、龍二州並爲禁地，依秦鳳等路茶法施行。今來所降上件通用條貫，係在四月三日後來頒降，欲乞于第二項「諸陝府西、熙河、蘭會路」字下添入「文、龍州」三字。本部看詳，欲依所乞。』從之。

又 十月十六日，茶場司言：『準勑，每歲下本司熙州椿管茶一萬馱，於經制司年額現錢内除豁，充蘭州博糴糧斗，仍依市價計錢。今乞分四料，每季支茶二千五百馱』。從之。

二十一日，詔『同提舉茶場陸師閔，昨付以推廣禁地，施行蜀茶。今據面陳，稍見次序，可召問大概及所請職事，速議施行。』

又 十一月二十四日，下缺其戶部議法不當，長貳、郎官、戶部及都省吏以差罰銅。』

又　十二月十三日，陸師閔奏乞川路買茶起綱場監官十員，並許不
依常制指名奏差。從之。十六日，又言：乞依舊許人買在京臘茶入陝
西，計所得淨利立額，本司于息錢認還。戶部乞令榷茶司歲認淨利錢萬
四千一百緡。詔戶部依所申數除之

又　［元豐］七年六月一日，尚書戶部言：『准批狀，提舉汴河司
言：畿內諸縣民間茶鋪，亦乞請買官茶。其法施於京師，衆以爲便。府
界宜與輦轂下不殊。』從之，候二年立法。

又　八月二十八日，都太提舉榷茶陸師閔言：『川茶之法，肇於熙
寧甲寅，行之陝西，既有明效。以河北、河東生聚之衆，唯茶不可一日而
闕。若視陝右成法，而歸利於公上，度兩路歲費之數，置官場於荊、楚間
和市，歲計運至兩路，率用陝右禁地之法，本利俱積，以助邊費。』詔師
閔條具以聞。

又　二十九日，都提舉汴河堤岸司言：『乞歲買建州臘茶十七萬斤，
依官綱例免稅，至京抽解十分之一送都茶庫。都茶庫所賣茶，本司乞歲
買三萬斤，隨新陳作價』。並從之，其市易務茶令商議定價，如不售，即
申所屬出開封府界變易。

又　九月六日，都大提舉榷茶陸師閔乞除放民賒欠茶罰息錢。尚書
戶部言：『罰息錢七萬餘，乃朝廷封樁錢數。』詔本息正數並給限理納，
罰息許除之。

又　十月二十八日，尚書戶部言：『廣西轉運判官劉何乞買桂州修
仁縣等處茶，前此官司未嘗經畫，欲且施行，候及一年就緒，令提舉官
立法。所乞借常平錢及差官一員提舉，當俟詔旨。』詔提舉官劉何，其借
提舉司錢限三年還。

又　十一月二十一日，中書省言：『元豐二年，提舉茶場李稷以息
稅五十萬緡爲歲額，後陸師閔奏，自立額後，連歲增羡。乞自七年以百
萬緡爲額，未委虛實。』詔榷茶司具自二年立額後至六年所收息稅有無增
剩及支費數以聞，本司具數上，乃下刑部驅磨其舊封樁及見在錢，並令
交割與陝西逐路提舉常平司封樁。

又　二十二日，都大提舉成都府、永興軍等路榷茶公事陸師閔劄
子：『近准朝旨，應係般茶大路，並計置車子遞鋪。臣昨來已行計置，
自成都府至利州，自興元府至興州、鳳翔府，自商州上津至永興軍三處，
稍有次序，然先降條貫各系指定去處，其間多有抵牾，難以推行。今將前
後指揮刪立成條，乞詳酌先次施行。一、諸般茶鋪軍人請受，排運保伍、
老病揀汰並依遞鋪體例，內有差到本請受多者，從多給。諸般茶鋪軍人
及一切費用，並於般茶脚錢內支破。諸般茶鋪軍人，並委逐處招刺，仍許
投換；如不足，即以州縣首獲逃軍揀選刺充；尚不足，即於轄下州軍
定差，一年一替。諸般茶鋪軍人，諸司及州縣輒別役，告附帶般運差借之
類，並依三路役使壯城法。奉朝旨差使揀選，亦許本司執奏。諸般茶鋪軍
人不得投換別指揮，逃走首獲，斷訖押回本鋪名下收管；别犯重者，自
依本法。諸般茶鋪兵士並量遠近，每馱支給率分錢外，有重難鋪分軍人，
仍相度量給添支口食。諸般茶鋪並于川路元差管押茶綱兵級內選差充綱
官，往來幹當。諸巡轄般茶鋪使臣請受、當直兵士，並依巡轄馬遞鋪例，
出巡給遞馬一疋。每歲比較，如無住滯工限，及逃死兵士不及五釐，任滿
與減一年磨勘，先次指射家便差遣。伏乞詳酌施行。』詔依陸師閔所奏。

又　［元豐］八年二月七日，尚書戶部言：『福建路轉運副使王子
京乞並鄰近兩浙、江南、廣東復禁茶。諸路仍通商，未有朝旨。』詔在京
及開封府界、陝西路通商之外，並爲榷茶地。

又　六月三日，詔水磨茶地隸太府寺，仍屬戶部右曹。既而詔在京
水磨茶場廢罷，其結絕官物等，令戶部措置施行。從侍御史劉摯、右司諫
蘇轍、殿中侍御史黃絳、劉次莊所奏也。

又　哲宗元祐元年二月二日，吏部郎中張汝賢言：『被差福建路按
察買茶抑配，今相度，乞並依熙寧五年二月已降指揮施行。』

又　［元祐］五年二月二十一日，戶部員外郎穆衍言：『六路茶法，
通商久矣，稅錢無總數以較多寡之入，租錢有無欠負亦不可考。請自今
稅錢委逐州通判月終比較申州，州歲較申轉運司，轉運司於次年具總數
申戶部；租錢委轉運司歲終具理納大數申戶部。如稽違，許從發運司、
戶部奏劾。』從之。

五月七日，都大提舉成都府、利州、陝西等路茶事司言：『應雅州
管下盧山、滎經縣，碉門、靈關寨、威、茂、龍州、綿州石泉縣界，並爲

禁茶地分，如敢侵犯，乞並依熙、秦等路法施行。』從之。

又　〔元祐〕六年正月二十五日，成都府、利州路鈐轄司言：『川陝四路茶許客通販，內外安便，今並爲禁地。緣逐處皆是接連番蠻，若行禁止，竊慮别生邊事。』詔罷前敕。

又　紹聖元年四月十二日，管幹茶事程之邵言：『川茶元因弛禁，人戶請出，遂失元價。欲除催理本錢外，將出限二分息錢蠲免。』從之。

又　八月二十三日，詔興復水磨茶，應合行事，令戶部先具措置申尚書省。從戶部請也。

又　十月二十八日，都大提舉成都府等路茶事陸師閔狀：『今相度下項：一、陝西路復爲禁茶地分，盡數收買雅州名山縣茶，般赴陝西路州軍應付博賣，餘並依見行條法施行。一、般茶大路並添置茶遞鋪，不得和顧百姓。永興、鄜延、環慶三路各置巡轄、茶遞鋪使臣一員，並復置催發綱運官一員，並依條奏舉。一、永興軍稅務監官，舊條許本司不依常制奏差一員，填見任年滿或承替不得力人幹當，如有已授下待闕官員，今别授差遣，除不依常制一節外，並乞依舊條施行。一、永寧軍、綿州石泉縣，雅州碉門寨等處人戶興販入番茶，上件利害事干邊界，乞候巡歷到川路，與鈐轄司同共相度聞奏。一、本司創添合舉官闕，如正官未到，舊條管幹文字官等許選差轄下官權，其監茶場官等許差得替待闕官權。今乞並許於罷任待闕官內權差。』詔並依所奏。

十月二十九日，陸師閔又奏：『近因本司奏請增置巡轄茶鋪使臣，減罷催綱官，臣愚以謂巡轄使臣固不可無，而催綱官往來點檢，取責收附，尤爲要切。今欲乞見管催發綱運官一員並巡轄茶遞鋪使臣四員任滿日，依舊許本司奏舉，所貴不致闕事。如有已差注使臣未到任者，並依條别與差注。』從之。

又　〔紹聖〕二年三月七日，戶部言：『得旨興修水磨茶事。初元豐中，都提舉汴河堤岸司總領，即汴下流用之，隄岸司今廢，歸都水監，而措置茶事乃隸戶部，事不相應。請依元豐置都提舉汴河隄岸司故事，應一司事並依舊條。』詔就差提舉茶場水磨官兼提舉汴河隄岸，專管幹自洛至府界調節汴水，應副茶磨，不得有妨東南漕運。

四月七日，戶部言：『茶場自今收買客茶，並拘收長引、對定引，內合納稅錢，即於茶價錢內尅留歸官，報稅院銷會，以充稅課。』從之。

十三日，陸師閔劄子奏：『準朝旨，陝西路復爲禁茶地分，已於雅州名山、興元府、洋州等處計置食茶二十綱計六十餘萬觔，般運前來，候新置茶遞鋪就緒，即可至永興等處分佈出賣。今爲置鋪事務未能遽集，深慮民間乏茶食用，未敢先次止絕客販。欲乞候官茶到永興軍日，從本司行下川路諸茶場，更不發引過陝西界，其已發引前來者，各許依引于陝西路貨賣盡絕外，並依禁茶條貫施行。』從之。

二十二日，都大提舉成都府等路茶事陸師閔言：『準朝旨，陝西路復禁茶。今量度自鳳州至永興軍先次添置茶遞鋪，更不和顧百姓外，其餘買茶場各般至鳳州等處，不可置鋪，並合依見行顧役般茶條例。龍州界乞仍舊禁茶，應干茶法，並依舊條從事。』從之。

六月二日，提舉水磨茶場所言：『應本場所隸人，令更相保任，如有隱欺，並同專副法。許人告捕，若偷盜、貿易擅增，並次斤重第賞。』從之。

十二月三日，詔：『應陝西貸茶戶已納本錢有餘者，其見欠息錢特與蠲除，如尚欠本錢，限二年納足。』

又　〔紹聖〕三年五月二十四日，江、淮、荊、浙等路制置發運司言：『官員躬親捕獲私茶，累及一萬斤至十萬斤，等第推賞；未獲犯人者，以三比一；差人捕獲者，以三之半比一。』從之。

十二月十九日，樞密院言：『都大提舉成都府、利州、陝西等路茶事司陸師閔奏：「文、龍二州皆接蕃界，舊法並爲禁地分，向因黃廉按察奏請，文州之法仍舊，而龍州通商，且二州均有邊面，而禁其東不禁其西。緣興元稅務十一月間發引放客茶入龍州一帶地分者計八萬九千餘斤，及引外影帶者不可勝計。此茶入蕃，爲害多矣，唯龍州密邇文、階，害法最甚。兼自來不係蕃戎交易往來之地，别無可慮。望指揮龍州界依舊爲禁地分。」』從之。

又　〔紹聖〕四年二月二十四日，新權陝西路轉運副使張元方言：『利州路新產茶，乞依元豐條法復禁榷。』從之。

二十五日，戶部狀：『準都省送下朝散郎、都大提舉成都府等路茶事陸師閔劄子奏：「臣勘會元豐茶法，成都府、利州路產茶處各就近置

場，盡數買園戶茶，許客人于官場收買，販入川峽四路，充民間食用。私輒買賣、博易、興販及入陝西地分者，並許人告捕，依犯私臘茶法施行。自黄廉按察並令通商後來，民間不以爲便。蓋客人買賣遲細，少有見錢交易，是致園戶失業，比之舊日官場收買，利害甚明。臣今乞復行上件條貫，内有雅州、永康、綿州、龍州等一帶近邊地分，昨因放行通商，遂與戎人交易，每年所市茶數不可勝計。議者以謂今若頓行止絶，即恐引惹未便，伏乞下茶事司相度，於逐處各置買賣茶場，只許蕃戎等於官場交易，並依文、黎州條法施行，所貴公私經久利便。今來川路復行舊法，竊慮州縣場務推行或有過當，今具約束如後：一、買賣茶收息不得過二分。一、茶場公人並優給顧直，不得將息錢隨分數給官吏充賞。一、茶園戶並令據所有茶數赴官中賣，不得置簿認數，拘攔入中。所有成都府、利州路合置茶場及税務兼監去處，並依舊例，其舉官處亦乞依條奏舉。」本部勘當：川茶昨禁榷及通商，並係茶司官與轉運司官同共相度，具利害聞奏改法。今逐司相度利州路所產茶貨，若依元豐年條法復行禁榷，委是利便，經久可行。本部欲依逐司相度到事理施行。』詔依。

又 閏二月八日，吏、戶部狀：『準都省批送下都大提舉成都府利州陝西等路茶事司狀：「近來逐場監官多求他司不拘常制差出，頗妨茶場職事。乞將茶場監官他司雖不拘常制，並不許差出，其逐官日前差出者，即乞據不在任月日，合得酬獎更不推賞。」逐部勘當，欲依本司所乞。』從之。

又 四月十五日，吏、戶部言：『水磨茶場監官錢景逢任内收息一十六萬餘貫，呂安中收息二十一萬餘貫。』詔錢景逢與轉一官，呂安中候任滿日，保明以聞。

二十一日，詔成都府路產茶州軍復行禁榷。

又 十一月十一日，戶部郎中、提舉水磨茶場孫迥言：『茶磨乞於在京東水門外沿汴河兩岸踏逐舊日修置水磨去處，別行興復。』從之。

又 元符元年九月十九日，都省批下都大提舉成都等路茶事司奏：『準敕，成都府復置博買都茶場。本司看詳，有未盡事件：一、欲乞立法，應買茶及以物貨博易而官司拘攔或抑勒者，並徒二年。一、欲立法，茶價如合增減，而官司不切體訪市價，行遣失時，並科杖一百。一、客旅以物貨赴場博茶，如不及擔數，並許隨斤重博易。若物價多茶價少，許貼給物價；若物價少茶價多，許貼納茶價，内貼給錢不得過一分。一、元條許本司奏差監官二員，緣今來復法之初，職事未致繁多，乞先且奏差一員，候將來買賣浩瀚，從本司相度添置。』詔依。

又 ［元符］二年三月二十七日，戶、刑部狀：『修立到下條：諸茶場監官、同監官、專秤、庫子親戚，不得開置茶鋪，違者杖八十。許人告，賞錢三十貫。上條合入成都府、利州、陝西路并提舉茶事司敕，係創立。「諸提舉、管幹茶鹽官並吏人、書手、貼司及賣鹽場監官、專秤、庫子親戚輒開茶鹽鋪，及撲認額數出賣，若於官場買販者，各杖一百。許人告，賞錢三十貫文。」上條合入《廐庫敕》。』從之。

又 十二月十五日，廣西轉運副使張景温言：『桂州修仁縣產茶萬數，乞復行榷茶之法。』從之。

又 徽宗崇甯元年十二月八日，尚書右僕射蔡京等言：『荆湖南北、江南東西、淮南、兩浙、福建七路產茶，自乾德二年立法禁榷，官置場收買，許商賈就京師榷貨務納錢，給鈔赴十三山場、六榷貨務。《三朝國史·食貨志》：十三場：蘄州王祺一也，石橋二也，洗馬三也，黄梅場四也，黄州麻城五也，廬州王同六也，舒州太湖七也，羅源八也，壽州霍山九也，麻步十也，開順口十一也，商城十二也，子安十三也。六榷貨務：江陵府務一也，真州務二也，海州務三也，漢陽軍務四也，無爲軍務五也，蘄州之蘄口務六也。』至祥符中，歲收息五百餘萬緡。慶曆以來，法制寖壞。嘉祐初，遂罷禁榷，行便商之法，客人園戶，私相貿易，公私不給，利源寖銷，歲入不過八十餘萬。元豐中，先帝嘗命有司講求，而法廢已久，議者不能上承聖志，議未及行。竊考在昔茶法之弊，蓋緣科配人戶，不計豐凶，州縣催迫，人多逃避。嘉祐改法，指以爲説。今欲將荆湖、江淮、兩浙、福建七路州軍所產茶依舊禁榷，選官置司，提舉措置，並於產茶州縣隨處置場，官爲收買，更不於人戶税上科納，禁客人與園戶私相交易。所置場處，委官籍記園戶姓名。所有置場茶本錢，欲降度牒二千道、末鹽鈔二百萬貫，更特於逐路朝廷諸色封樁錢并坊場、常平剩錢内共借四十萬貫，共三百萬貫，令逐路分擘，充買茶本錢，差官分路措置，湖南北路欲差一員，江東西路欲差一員，淮南、兩浙路欲差一員，福建路欲差一員。將來措置就緒，即共差都大提舉七路茶事二員總之，餘官並

罷。其勾集園戶，籍會戶數，酌量年例所出，約人戶可賣之數，年終立爲茶額。所有復行禁榷條法，檢會大中祥符所行舊法并慶曆後來私販害公之弊，取今日可行者酌中修立，接續爲法，頒降施行。』從之。

又 〔元符〕二年二月二十三日，提舉京城茶場所奏：『紹聖初，興復元豐水磨，推行京畿茶法，歲收二十六萬餘緡。四年，於長葛、鄭州等處京、索、溟水河增磨二百六十一所，且用汴水，極爲要便。自輔郡榷法之罷，遂失其利，今四磨不能給。其元符三年罷輔郡榷茶指揮，乞勿行。』從之，遂置諸路茶場。

二十九日，詔客販福建臘茶免稅。

又 四月二十四日，尚書省言：『諸路茶價不等，難立一定收息之數，乞令隨宜收息，勿得過倍。』從之。

又 七月二十九日，尚書省言：『茶場歲置臘茶十三萬斤，變磨先春、社前，應副在京官員請買。凡係禁地，前准朝旨，許商賈興販入京，則於水磨茶法有妨。乞客到京城日，令本門具名色斤重即報茶場，依實直中賣，餘依草茶例，違者論如律。』從之。

同日，尚書省言：湖南北路茶事司乞茶場監官及監門官不許差出及兼他職。從之，餘路依此。

又 八月七日，都大提舉成都府、利州、陝西等處程之邵奏：『准熙河蘭會路勾當公事童貫已牒：熙、河、岷州、通遠軍將見在茶盡數支撥般運赴湟州，應副支博蕃部物斛。本司已令逐州軍一面支撥應副。今又准熙河路經畧司牒：將支降到封樁錢一百萬貫，於秦州并順便城寨剗刷兑買蕃部食茶。本司契勘，蕃部食茶多是名山茶，其茶准條專用博馬，不許出賣。緣今來湟州新邊，博闕糴斛闕斗，本司不敢占留，見聽從熙河路司支撥兑買，應副支用。』詔程之邵得熙河關報，不待朝廷，便逐急應副湟州，委見協心國事，特與轉兩官。

十一日，京西轉運司狀：『檢准二月十九日江、淮、荊、浙、福建州軍所要茶，官置場買，不得私賣。所有告捕支賞及應榷法巡捕等事，並依元符敕令條格施行。今契勘元符條格，別無該載捕獲私販賣真茶賞格。契勘慶曆舊行榷茶日，犯私茶係分草、臘茶兩等州名外推賞，並巡捕透漏約束，止爲一等。今來復行禁榷，亦分草、臘茶兩等刑名。其巡捕透漏、支賞等，今若比附，亦爲兩等，即與舊法不同。兼已降朝旨，告捕支賞及應榷法巡捕，並依元符敕令條格施行，即一切並合遵依見行條令。看詳除元符雜格內品官許有禁物一項，係草茶通商日修立，今來既臘茶、草茶皆行禁榷，即草茶亦合許有。今欲乞於本項內「臘茶」字下添入「草茶各」三字，其餘元符敕令條格內應干臘茶條內，並合除去「臘」字一箇，伏請詳酌施行。』詔依。

二十八日，都大提舉成都府、利州、陝西等路茶事兼提舉陝西等路買馬牧公事程之邵奏牧：『勘會永興、鄜延、環慶、涇原路舊來食用南茶，自榷賣川茶後來，多有私販，抵冒刑憲。今若許令商販通入南茶，委是穩便。』詔依。

又 十月三日，京城提舉茶場司狀：『勘會未置水磨茶場已前，商客販茶到京，係民間邸店堆垛，候貨鬻了當，或翻引出外，自例出備垛地戶錢與邸店之家。興置水磨，客茶到京，並赴茶場堆垛中賣，已係官場指擬數目。訪聞客人近歲以中賣爲名，與官場商量價值，却一面令人於外路通商地分私相交易，結攬貨賣，意欲津般前去。其間有在官場三兩月間，故意高索貴價，商量不成，遂致翻引離場，不唯虛占廊屋，兼亦有誤官場元指擬之數，未有措置。兼元豐中，嘗置垛茶場，遇有客茶到京，盡赴本場堆垛，客人出納垛地官錢。今欲乞如客茶到京赴茶場堆垛，除中賣入官外，其飜引出外茶數，從本司相度茶色高下、路分緊慢，量收堆垛錢入官，所貴杜絕姦弊，不致虧損官私。』詔依所申，其客人販到諸路茶，經涉水磨茶場地分到在京茶場，願中賣入官者，不限斤數收買，却許客人興販水磨末茶往鄜延、環慶、涇原、永興路貨賣。若末茶不足，許以本場客人商量不成交易草茶赴榷貨務，飜引興販前去。如客人已指別路州軍，若到所指地，却願往陝西者，並令先赴京場。

二十二日，提舉措置兩浙茶事司奏：『睦州在城茶場比去年增四十二萬三千餘斤，賣及九分以上，增數爲最，一路州縣皆不及。』詔知州方通、通判江懋迪各轉一官，監場王公壽、范景武各與循兩資，占射差遣一次。

二十九日，詔：『川茶毋得過陝西路南茶地分出賣，如違，依私茶法。』

又　［元符］四年二月二十一日，尚書省言：『勘會已降指揮，陝西、川茶專充熙河路博糴。本路轉運副使吳擇仁博糴貨茶不少，其茶事理合同共管勾。』詔陝西等路茶事差擇仁兼同提舉。

六月九日，中書省言：『榷茶本以便園戶、通商賈，而奉行官吏全失法意，務增課額，抑勒科配，致不辨美惡，乞立條約。』從之。

二十四日，三省言：『已罷官場賣茶，許商賈與園戶交易經營納息，以便客販。然慮私相貿易，虧損官課，乞增立法禁。』從之。

同日，詔朝請郎、直秘閣、同管勾成都府等路茶事孫鼇抃除直龍圖閣，差遣依舊，以賣茶增羨故也。

十月十二日，詔：『川茶，熙河一路經費所仰，除博馬并博糴外，並不得出賣。輒出賣者，以違制論。』

又　大觀元年二月二十二日，詔朝請郎、同管勾成都府利州陝西等路茶事、兼提舉本路買馬監牧司公事龐寅孫除直秘閣，差遣依舊，以賣茶增羨故也。

閏十月二十四日，詔：『州縣及當職官奉行茶鹽法稽慢違戾，並不以去官、赦降原減。』

又　［大觀］二年十二月十二日，詔：『榷茶仍許客販，而執引爲驗，往往影帶舊引，冒詐規利，並官吏因得搔擾。雖各有法，可申嚴行下。』

又　［大觀］三年正月二十四日，通奉大夫、提舉太一宮、都大提舉茶事宋喬年奏：『客販諸路茶貨，依鄉原舊例加饒耗茶，分數不一，亦有元無加耗去處。恐客人只就有耗茶處收買，致興販未廣。乞諸路舊例元無加饒耗茶去處，並依江東例加饒一分，所貴招誘客人，廣行興販。』從之。

三月十五日，中書省、尚書省送到劄子：『勘會東南七路所產茶貨，客販通行，近據逐路重別立到息錢，多寡不等。』詔：『令逐路茶事司將逐路茶貨以見今所搭息錢，每斤各量添錢一十文，其見納息錢不及一十文者，並只對數增添，內元買價小，搭息多，即不得過元買價一倍。仍具已增息錢申尚書省。』

七月十三日，詔罷都大提舉茶事司，在京令戶部、在外令轉運司主之。

八月十三日，詔奉直大夫、直秘閣、同管勾成都府等路茶事王完除直龍圖閣，差同提舉成都府等路茶事，以賣茶增羨也。

又　［大觀］四年閏八月十二日，左右司狀：『勘會先准朝旨編修茶鹽香鈔法，續准朝旨，勘會通商茶法，係治平年所修頒降，見今引用。緣歲月甚久，其間續降衝改不少，竊慮別致抵牾。本司見今編修七路茶法，正與通商茶法相干。』詔令左右司一就編修聞奏。

二十七日，梓州路轉運司奏：『看詳純、滋州係納土新建州郡，所出產茶若便行禁榷，置場收買，切慮斯民驚疑，且令安習貨易。欲乞候三二年間見得的確產茶數目，別具利害奏陳。』從之。

又　政和元年三月二十四日，戶部相度：『欲乞逐路州軍每月具應客人等收買興販茶數，合納息錢，內若干係住賣處送納，若干係量添錢外實收到錢數，除紐計分與轉運司外有若干，并量添錢數申發運司拘催，赴內藏庫送納，仍供申左右司官。』從之。先是，朝旨令轉運司催促左右司官總領拘催，令戶部條畫，至是來上也。

同日，臣僚上言：『乞應將茶貨高立價例，約期依限賒賣與卑幼及浮浪之人，並依有利債負條施行。』法案檢條：『看詳臣僚上言，客人將茶貨倍立高價賒賣，遠約期限，已有《治平通商茶法》約定三限并《元符令》高擡賣價不得受理外，有賒賣茶貨與浮浪及卑幼，今修立下條：「諸客人將茶販賣與浮浪及卑幼者，依有利債負法。」右合入《通商茶法》。』從之。

又　四月二十四日，詔有司重行參定《私茶賞格》，無使太重。

二十七日，詔：『福建諸置茶事，今歲造到建州北苑龍焙官茶，製作堪好，特異平常。所有措置官柳定庭俊已下，可將上取旨推恩，以勸能吏。』

又　八月二十三日，戶部專切提舉京城所奏：『准敕，臣寮上言：永興軍等四路先係川茶禁地，後來改作南茶地分，其四路民庶依舊嗜食川茶，是以客人得便以奪官中厚利。伏望特降睿旨，令改作川茶地分，或乞且令提舉陝西等路茶事司權暫管認南茶及水磨馱茶稅息，俟年歲之間，見其管認之外，所得利息顯著，卻令依本司自來專條施行。又權發遣成

都府陝西等路茶事張翬狀：乞依元豐舊制，復以四路爲川茶地分等。後批：令戶部與提舉京城所一處相度聞奏。看詳張翬奏，見在食茶七萬五千餘馱，占壓本息共四百餘萬貫緡，今相度，永興等四路並鳳翔府以東岐山等八縣，並合依元豐年出賣川茶舊法施行。所有南茶稅息，內除稅錢亦合依元豐法撥還戶部外，有茶場支賣馱茶息及客販南茶息錢，近准朝旨，赴茶場送納，係應奉御前。今來張翬乞依元豐舊制，復以四路爲川茶地分，仍以所收息稅錢歲用上供，以代水磨末茶之息。緣榷茶司課額係屬朝廷封樁，今據茶場歲收馱茶息錢共一十六萬七千餘貫，令元豐或大觀東、西庫每年分上下半年，內上半年以正月、下半年以七月撥運茶場，却令提舉榷茶司每歲於收到茶息錢內依數支撥與陝西轉運司支用，於朝廷合應副本路錢物內扣除。兼契勘永興軍等路今來復作川茶地分，榷茶司難便計置般運到彼，所有見今客販茶若便行住罷，切慮逐處民間闕茶食用，兼有虧合收茶稅額課。乞且許客人般販前去，并茶場見支馱茶，截日更不支發，其已般去數目，亦許且行出賣，並限至歲終發洩盡絕。仍令榷茶司預行計置般運，自來年爲始。出賣川茶並逐處每年撥還錢，除上項錢數。』詔依。

又 九月二十八日，權發遣同管幹成都府、利州等路茶事李稷劄子：『今相度，應川路產茶場分賣茶收息，比額雖增，若買賣茶數不敷祖額，更不推賞。』詔依。

又 ［政和］二年八月二十六日，尚書省黃牒：『奉聖旨，令尚書省措置茶事。今勘當水磨茶自元豐創置，除近畿外，即不曾分下諸路。昨緣分配諸路有置官之冗，般輦之勞，致妨客販，收息減少，乃至商賈不通，內外受弊。緣水磨茶先帝建立，不可廢罷，欲只行於京城，與客販兼行，餘路並令客人商販。可走商賈，實中都，惠小民。今具下項：一、京城內以水磨茶官賣，其京畿、京東、京西、河北、河東、淮西、兩浙、荊湖、江南、福建、永興、鄜延、涇原、環慶路，並爲客販南茶地分。一、客販茶許至京城，與水磨茶兼行。除京城水磨存留外，餘路水磨並罷。一、在京見置比較鋪並罷。一、在京置都茶務，專管供進末茶及應干茶事，從朝廷差官四員管幹，供進官一員，專一管幹供進，關樞密院選差入內內侍省官。專一供進等茶料，每年所闕約二十餘萬斤，除於官庫取撥外，若有少數，以合用茶所出處，取客願，賚引收買，附帶前來，如無人願，依市價和買。其所附茶免稅，計茶本免引錢。一、諸路茶園戶，官不置場收買，許任便與客人買賣，仰赴所屬州縣投狀充茶戶，官爲籍記。非投狀充戶人，不得與客人買賣。一、客人許於茶務買引，指定某州縣買，往所指處任便貨賣。一、客販茶，並於茶務請長、短二引，各指定所詣州縣住賣。長引許往他路，短引止于本路興販。其約束沿路阻節，給公據，並依鹽引法。一、客人請到文引，更不經由官司，許徑赴茶園戶處私下任便交易。一、長、短引令太府寺以厚紙立式印造書押，當職官置合同簿注籍訖，每三百道並籍送都茶場務。一、客請長引，每引納錢一百貫，若詣陝西路者加二十貫文，許販茶一百二十貫；短引二十貫，許販茶二十五貫。若於非指定出賣者，依私茶法罪，告賞亦如之。一、客販茶不請引而輒販者，加私茶法一等，告賞亦如之。若引外增數搭帶，或以一引兩次行用，若踰限不申繳者，罪賞准此。一、應茶引輒私造者，依川錢引法，賞錢三百貫；已成未行用，減一等，其賞如之。一、客請引販茶，許自陳乞限，長引不得過一年，短引一季，於引內批書所至州縣，賣訖批鑿，自赴茶務，或遣親人繳引，務官對簿銷落，抹訖申太府寺。一、客販長引茶至所指處，餘限未滿，願入別州縣住賣者，經所屬批引前去，賣訖，繳引如上法。一、客引踰限不繳，本務下所屬追人並引赴務，依法施行訖，不在販茶之限。一、應客販茶地分，而諸色人輒以茶侵越本地分者，罪賞以私茶論；已至而未賣者，減一等。一、客人引違限一日，笞一十，三日加一等，至徒一年止。若有故，聽申所屬展限訖報務，展不得過一季，即已展而違者，罪亦如之。一、茶園戶隨地土所出，依久來分爲等第，即不得以上等爲中等，以次等爲上等，餘等亦如之，違者各杖一百。一、州縣春月園戶茶出時，集人戶以遞年所出具實數、賣價，縣申州，州驗實，以前三年實直與今來價具實封申戶部，下茶務照會。若平價不實，虛擡大估者，杖一百；受贓者以盜論，贓輕徒一年；吏人、公人、牙人配千里。許客越訴，或理不直者，經監司、尚書省。一、客人賚引輒改易指改，徒一年；若添減斤重、日限者，加二等。即去失者若水火盜賊，並隨處經所屬自陳，驗實召保，赴茶場再請買，違者，依私販法。一、客人請引，須正身若親人正身赴場，不得假倩他客。借人或倩之

者，各杖一百。一、客人賫引販茶，所至州縣若商税、市易務、堰閘、橋鎮、柵門輒邀阻留難，一日杖六十，二日加二等，三日徒一年，又三日加一等，至徒二年止。吏人、公人並勒停，永不敘。即受財者，以自盜論，贓輕吏人、公人配千里。一、客人賫引販茶，所顧舟車若爲人以他事惹絆，因致留阻者，杖一百。若長引客有罪，杖以下聽留家人受罪，其茶限一日放行。一、勘會福建路臘茶，舊茶法禁止，不許通商，今並許客人依草茶法興販。一、水磨地分，河北見賣馱茶，候客販到新引茶，截日住賣，其賣不盡茶，具數申尚書省，今後水磨更不起發馱茶赴諸處出賣。一、客販茶願借江入汴者聽，入京師者依舊認納淮西税錢，外路認淮東税錢。一、客人已販舊法茶至元指住賣處，仰所至州縣委官抄劄封訖；如未至元指處，願抄劄者聽，其合納税息並依舊法外，將今來新法茶引販到茶對帶出賣，如願赴茶務請新引出賣舊茶者，並依興販新茶法。如違，並依私茶法。一、客販茶貨，自來起引處雖秤盤封記，多是計會虚套封頭，致出務收盛，沿路私拆，添填私茶，依條沿路只是點檢封記，不許秤制，以此走失税課。今後客茶籠篰並用竹紙封印，當官牢實粘繫，不得更容私拆。如擅拆封及擦改者，杖一百，許人告，賞錢三十貫。一、客人于園戶處買到茶，並令園戶於引內批鑿的實色號、斤重、價錢，於所在州縣市易税務點檢封記。一、客販茶合納税，並遵依舊法。一、七路茶法，並依大觀三年四月已前指揮；文意相妨，並依今降指揮。一、產茶并通商路分茶事，並令鹽事司管幹，無鹽事官處，從朝廷專委官管幹。一、今後盛茶籠篰，仰所屬州軍專委通判，闕者委以次官，摸定茶籠篰長闊尺寸並籠葉斤重，分爲二等，一百三十斤，爲限製造，用火印熏記題號，降付市易、税務收掌，隨所販茶令客人收買盛茶。候裝到茶，令所在州縣市易、税務點檢封記，即不得依前將寬大籠罨收盛茶貨，搭帶私茶。一、客販茶輒用私籠篰罨、罐、袋之類同，杖八十，若增損大小、高下者，加二等。一、應出茶地分委通判，無者委以次官，依樣選人匠製造籠篰罨、罐、袋之類同出賣。每隻除工費外，不得過五十文，以所賣息錢充工料之費，不得增損。若製造不如法，杖八十，增損大小、高下者，杖一百。一、客人販茶，已依舊法給賣茶公據，未曾買茶者，並令繳納，違者依私用法。一、永興、鄜延、環慶、涇原四路見在川茶並客人舊販南茶，聽且出賣，候客販到新引茶住賣，委所屬抄劄舊茶見數，具狀申尚書省。藏匿免抄劄，依茶法。川茶却般入川茶地分。一、舊客販南茶地分鋪戶，見在茶並令截日抄劄見數，且令出賣。若隱漏，依私茶法，候客販到新引茶住罷，具賣不盡數申尚書省。一、合變磨供進並在京出賣末茶合用磨盤數，令所屬相度存留。一、係籍園戶，客無引而輒自賣若私販者，杖一百，許人告，賞錢五十貫；已販者，依私茶法。不係籍而與客買賣者，依此。』詔從之。

九月十二日，詔：『川茶如敢侵客地分，以違制論。』

十月二十三日，詔：『客販舊茶，許歲終請買新引出賣。』以上《永樂大典》卷五七八四

又《食貨三一・茶法雜録二》 紹興五年六月十八日，詔：『福建路轉運司並建州每年合起大龍鳳并京鋌茶，並自來年爲始，減半起發。』先是，上言福建歲有上供龍鳳團茶，數目甚多，今錫賚既少，無所用之，枉費民力，故有是詔。

又 七月二十三日，臣寮言：『州縣之獄有不能即決者，私商敗獲根究來歷是也。且販私商者，皆不逞之徒，有敗獲禁勘，而素與交易者多不通吐，以爲後日販鬻之計，所牽引者類皆畏謹粗有生計之人。官司不追證，則謂之結勘滅裂；一追證則無辜者受弊，且以快其平日不與交易之憤。暨至明日得釋，有不可勝言者矣。司獄利其如此，又根究而別追治，是致獄戶填滿，嚴冬盛夏，死損者常有之，豈不上累仁聖之治，孤欽恤之意乎！夫產茶、鹽地分根究來歷者，故欲止絶私商，而小人用意如此。交易者以其不通吐而無復疑，畏謹者恐其結讎恨而不敢拒，是使不逞者愈得意於其間也。臣謹按祖宗法，應犯榷貨，並不根究來歷，止以見在爲坐。今若不問是與不是產茶、鹽地分，一切不根究來歷，止以見在結斷，不惟囹圄可致空虚，而私販者即伏刑憲，亦將止息矣。』詔令戶部限三日勘當，申尚書省。既而戶部言：『據榷貨務都茶場勘會，不係出產州軍捕獲私販茶鹽之人，依法自不許根究來歷，其出產州軍捕獲私鹽，如係徒以上罪，及亭場禁界內杖罪及獲私茶，並合根究來歷。雖有《紹興令》稱犯榷貨者不得根問賣買經歷處，即係海行條法。緣《紹興勑》內該載：一司有別制者，從別制。又緣諸處私茶、鹽並系亭竈、園戶賣

與販人，今若一概不行根究來歷，深恐無以杜絶私販之弊，却致侵害官課。今欲乞遵依見行茶、鹽專法施行。」詔依戶部勘當到事理，如犯其餘榷貨並以臣寮所陳施行。從之。

又 十一月二十三日，詔：「私販川茶已過抵接順蕃處州縣，於順蕃界首及相去僞界十里内捉獲，犯人並從軍法。若入抵接順蕃處州縣界、未至順蕃界首捉獲者，減一等。許人捕，所販物貨並給充賞。如物貨不及一千貫，即依紹興五年十月三日已降指揮支給賞錢。其經由透漏州縣，當職官吏、公人、兵級併合減犯人罪一等。」

又 〔紹興〕九年八月二十六日，宰執進呈戶部員外郎孫邦奏：「私酤條已免拆屋，私茶鹽尚有籍沒法，亦乞蠲除。」上曰：「法若果弊，固不可不亟改。若行之已久，無甚大害，且循祖宗之舊可也。」

又 〔乾道〕四年九月十二日，詔淮東提舉茶鹽公事俞召虎特轉一官，幹辦公事蔣志祖減三年磨勘，以乾道三年分住賣茶鹽增羨故也。

又 〔乾道〕五年二月二日，詔：「今後四川茶園戶私販茶，並依舊法，其隆興元年四月二十二日續觱申請指揮更不施行。」以臣寮言：「切詳茶馬司前官續觱申請，止謂禁絶園戶，不得賣與私販之人，虧損官課。今來園戶般茶赴場批賣，或有批曆違限，或有曆不隨茶，或有借曆批賣，或有茶數與曆内不同，或有茶貨不般赴場，或有栽種茶窠未曾自請團結，或有般茶赴場無官給封。凡此等類，州縣一例拘沒茶園，是致山谷窮民，破家失業。」故有是命。

又 〔乾道〕六年三月一日，詔：「將三榷貨務都茶場收到茶鹽等錢，各行立定歲額，行在務場八百萬貫，建康務場一千二百萬貫，鎮江務場四百萬貫。如收趁及額，方得依例推賞。」

四月二十四日，戶部侍郎，江、浙、荊、湖、淮、廣、福建等路都大發運使史正志言：「訪聞販茶客人避納飜引錢，往往私販過淮折博，暗失課入。今措置：其短引茶並依舊令客旅於江南任便興販。所有過江長引，並從禁戢。乞許本司於江西積壓未賣茶引内支請賣茶，於淮南、京西榷場折博，其客人已買過長引，將納過引價並貼納飜引錢紐計，於見賣茶引去處貼換短引。」從之。

又 五月二十七日，詔：「筠州茶額與三分中減免一分，立爲定額。」從知筠州曾逮請也。

又 六月十八日，戶部侍郎、發運使史正志言：「淮南、京西州軍係住賣長引茶貨地分，近承指揮，令臣與張松措置禁戢私販茶貨，不得過大江。今照得湖北路係短引地分，其漢陽、信陽軍、復州等處，並在江北，連接淮西、京西榷場路分。乞下所屬契勘，如逐州軍未曾改作長引，理合一體。」從之。

又 七月二十五日，史正志言：「本司買茶一千六百餘引，見過兩淮折博，而兩淮總領所歲費長引過江翻引錢約一百餘萬貫，顯是相妨。切緣本司累月禁戢私販，絶無透漏，是致淮上茶價踴貴，每引可得息錢十五千以上。已同總、漕兩司共議，今年且乞與商販並行，其江西見今有未曾過江茶貨尚多，欲每引量收息錢十千，賣與客人前去。」從之。其後七年四月二十三日，大理正兼權度支郎官單夔言：「今來發運司已行住罷，所有長引茶貨合依舊法，許客旅興販，其發運司每引收息錢十貫。本司既不興販茶貨，自不令收納。欲下諸路提舉茶事司行下所部州縣遵守，無致阻滯商販。」從之。

又 十二月九日，詔：「榷貨務都茶場收召茶額、鹽錢增羨，應合推賞去處官吏等，照應年例格法推賞。如或虧欠，比附責罰。」

又 〔乾道〕七年二月十四日，册命皇太子赦：「應民間舊欠茶、鹽錢，有元係祖來身分少欠，至孫及曾孫尚行監繫償還，實可矜憫。可自乾道五年以前有似此之人，官司審實，並與除放。」九年十一月九日，南郊赦：「民間舊欠茶、鹽錢，將乾道五年終並與審實除放，尚慮州縣奉行不虔，失寬恤之意，仰提舉茶鹽官檢察，開具已放過名件申奏。或有違戾，許監繫家屬詣臺省越訴。」

又 十二月二十五日，詔：「福建路銙、截、片、鋌茶，昨來並係一十六兩爲一斤，每斤收錢一文。今以鄉原斤重，銙截茶係五十兩爲一斤，片、鋌茶係一百兩爲一斤，每斤增收五文。」從福建計度轉運副使沈樞請也。

又 〔乾道〕八年五月二十三日，龍圖閣待制、兼權戶部侍郎楊倓等言：「客販長引茶貨，内草茶每引并頭子等錢共納二十四貫四百八十四文，末茶每引并頭子等錢共納二十七貫六百七十七文，短引並頭子等

錢止共納二十三貫四百有奇。其長引依法指往兩淮、京西路州軍住賣，比之短引價高。又每引就買引官司貼納翻引錢十貫五百，若再往榷場折博，又於榷場納通貨牙息錢十一貫八百。切詳貼納兩項大段數多，致客旅避免，多是收買短引，影帶私賣長引，因此積壓國課。乞自今降指揮下日，以筭請長引每引止貼納翻引錢七貫，若再改往榷場折博，止納通貨牙息錢八貫，其餘錢數，與行免納。』從之。

又　十二月二十九日，詔：『自來年正月一日爲始，將行在務場筭請茶鹽，六分輕齎內須管用二分銀入納，鎮江、建康務場依此。』從戶部侍郎楊倓請也。以上《乾道會要》。以上《永樂大典》卷五七八五

又　淳熙元年正月二十七日，湖廣總領所言：『今年歲計茶引數，內江西長引一十五萬貫，乞改給湖南草茶長引二萬貫，其餘一十三萬貫依乾道八年、九年例盡行換給短引，降付本所品搭變賣轉，應接大軍支遣。』戶部勘當：『江西短引係行在指擬給賣之數，若盡行換給，有妨行在支遣；若不量行換給，恐本處却致妨闕。乞將已降江西茶長引一十五萬貫改降湖南草茶長引五萬貫，江西短引一十萬貫。』從之

二月十四日，詔：『自今建康務場歲終收趁茶、鹽等錢及額，總領與比附左右司減半推賞。』

又　［淳熙］二年五月二十七日，詔戶部：『將江西、湖南北長、短茶引各權以一半，依每引元立斤重錢數，分作四貫小引印造給降，其翻引、貼納等錢，隨小引紐計送納，不得增減。』

六月十六日，行在榷貨務都茶場言：『準乾道六年四月二十七日指揮，住給鎮江入納免稅公據，遂致務場入納稀少。』左右司看詳：『乞自今客鋪將鈔引在臨安府變賣到銀兩，許召在城產稅及店業有行止人二名委保，經提領務場所陳狀，行下務場勘驗詣實，以《千字文》爲號注籍，用大字填實日，給據付客人，給由場務即時照驗，批鑿通放，限十日至鎮江務場入納。自給據日，令務場排日三次，其字號、月日、姓名牒報鎮江務場，候到，即時拘收公據毀抹訖，次日繳赴行在務場照應銷籍。仍每旬開具違限不到公據申提領所行下，追元保人根究斷罪，追收經過合納稅錢。如務場不填實日，亦重作施行。若有乞取阻抑，許客人經朝廷赴訴。』從之。

同日，詔：『今歲合降湖廣總領所江州長引，並改降短引，其價錢理充行在都茶場給賣之數。』以都茶場言：『湖廣總領所江州通判廳自來以長、短引品搭，近緣出賣不行，給換江西路短引，其短引係是都茶場合賣之數，恐侵損課入。』故有是命。

八月十三日，湖廣總領劉邦翰言：『給降到短引三十萬貫付本所變轉，充閏月支用，於本所委是快便。其間亦有客旅陳乞，願買湖南北快便州軍長引之人。今欲於合降本所歲計短引三十萬貫外，更行印降湖南、北近便州軍長引一十萬貫，下本所發賣，將所賣錢、會子別項樁管，聽候朝廷科使。』詔從之，仍令將賣到長引價錢發赴鄂州，別項樁管。

又　［淳熙］三年二月十三日，湖廣總領所言：『承給到淳熙三年歲計茶引七十五萬二千餘貫，又給降長引三十萬貫，委是數多，必致積壓。乞將江西路草茶長大小引一十萬貫并江西州軍長短小引二十萬貫，並行換給江西路二十二貫例茶短引。』從之。

十八日，詔：『自今州縣不依條限拘繳茶、鹽引，從本路提舉司檢察，並依奉行茶鹽法違戾徒二年斷罪。其比較增虧賞罰，亦依紹興二十八年十月四日指揮，以繳到引日爲數比較。』從江東提舉司請也。

四月二十七日，詔：『交引庫印造二十二貫例茶短引七萬五千貫，付江西安撫司，二十二貫例短引三萬貫付江州通判廳，仍令逐處將已降去四貫例茶小引依數兌換，却行繳赴行在都茶場送納。其總領所既稱四貫例小引客人不願請買，如日後遇有給降到外路一半小引，更不給降。』先是，湖廣總領所乞給降江西安撫司茶引一十五萬貫，江州通判廳茶引六萬貫，內有小引數目，客人不願請買，乞行換給茶短引付逐處出賣，應副支遣。事下都茶場，指定來上，故有是詔。

又　［淳熙］四年九月二十六日，新知梁山軍錢盈言：『四川比較茶鹽增虧，乞將有餘以補虧數，不可以立爲增額。』從之。

又　五年正月二十九日，權戶部侍郎劉邦翰言：『被旨令擬定湖廣總領所出賣茶引。今相度總司除歲計外，更可發賣茶引二三十萬貫。近準省劄，內坐到茶引一項，係朝廷發賣樁管之數。今擬定，乞日下給降江西長引五萬貫、短引二十五萬貫，品搭給賣。』詔行在務場印造，限二月上旬起發前去，仍將賣到錢別項樁管，非奉朝廷指揮，不得擅支。

又　二月十三日，提舉四川茶馬朱佺言：『入蕃茶大觀間歲賣二十萬斤，至乾道四年威州守臣湯尚之奏請以五十萬斤爲額，蕃戎歲市已久，比之舊法，委是數多。今若驟減其數，竊慮蕃戎觖望，事干邊防。』詔每歲以四十萬斤爲額。既而仍舊放賣五十萬斤，以都大茶馬司言『威州蕃部屢以此爲辭，恐致生事』故也。

又　六月二十四日，四川制置使胡元質、都大提舉茶馬吳總言：『川蜀產茶，祖宗時並許通商，熙寧以後始從官榷，歲課不過四十萬。建炎軍興，改法賣引，一歲所取二百餘萬，比之熙寧，已增五倍。繼以聚斂之臣進獻羨餘，增立重額，每歲按額預俵茶引於合同場，甚者至徑將茶引分俵，以致園戶困敗，產去額存。臣等申請置局，委官審實糾決。涉歷兩年，推核增虧之數，合減放虛額一百四萬三百斤，其引息、土產稅錢共一十五萬二千九百九十四貫。』詔並與除放。先是，四川總領李蘩言：『茶馬司歲減馬七百疋，爲錢二十一萬，乞與茶戶對減重額。』詔四川制置司同茶馬司公共相度經久有無妨闕利害以聞，至是，元質、總相度來上，故從其請。

又　七月七日，詔：『榷貨務都茶場印造茶小引三千道，給降湖北安撫及提舉司給賣，仍於引內令項分明開說，除合納管錢外，不得更收應干縻費。其賣到錢，並起赴湖廣總領所樁管，非奉朝廷指揮，不得擅支。』

六月六日，福建提舉周頡言：『福建一路茶引斤重，從來舊法銙、截、片、鋌並以十六兩爲一斤。至乾道七年內措置，以販茶引錢太重，得茶數少，客旅艱於興販，遂使鄉源斤重，銙、截茶以五十兩爲一斤，片、鋌茶以一百兩爲一斤，比之舊法，遂增數倍，可謂優潤極矣。訪聞本府合同場每遇茶貨到場之時，更有額外加饒，增添斤重，委有情弊。乞下福建路提舉茶事司，仰照應前項已降指揮及長短引內合販鄉原斤重秤製，即不得仍前違法過數，妄有加饒。』從之。

又　〔淳熙〕十年二月十五日，湖廣總領所言：『歲計錢數內貼降江西茶長引一百三十五萬餘貫，發賣不敷，虛占經常錢數。乞照九年已降指揮，給換江西短引五萬貫。』從之。

又　〔淳熙〕十一年七月十一日，詔：『今後應賒買客人茶，其人見有父母兄長，並要同共書押文契，即仰監勒牙保均攤償還。其餘買鹽貨之人，亦一體施行。』從新權發遣徽州石起宗請也。先是，起宗通判漳州，嘗主管常平茶事，見家人不肖子弟多爲牙保等人引誘，賒就商人買茶，以資妄用，致令父母破產償還，乞行禁約，故有是命。

十一月十八日，戶部言：『湖廣總領所乞將江西路淳熙十二年本所歲計茶引二十八萬貫，盡行印給末茶長引，付逐處發賣價錢，應副大軍支遣。本部勘當，舊例係以長引五萬貫，其餘並係短引，緣淳熙十年分總領所乞改降長引五萬餘貫，共計長引一十萬九千餘貫，比之舊例，已增一倍。今照得江西路長引係行在務場指準給賣之數，若從所乞盡降長引，愈見行在務場歲額虧少。今乞照淳熙十一年已給降體例，印造江西安撫司茶長引八萬九千九十貫九百六文，短引七萬貫；江州通判廳茶長引二萬貫，短引四萬貫；江西提舉司給降茶引一十五萬四千貫，內六萬一千二百餘貫應副本所支遣，照年例印造給降。』從之。

又　〔淳熙〕十二年六月四日，詔：『淮東總領所將未起飜引錢二十六萬八千餘貫盡數起赴封樁庫送納，日後每季依此。仍仰提領封樁庫候交收到前項錢，即報行在都茶場，理爲合收之數。』既而行在都茶場言：『鎮江務場收到客人就引貼納茶翻引錢，每歲不下十餘萬貫，依乾道三年三月內已降指揮，令赴行在都茶場交納。今照得截止淳熙十二年三月終，有未起發二十六萬八千六百四十九貫六百四十一文。乞將鎮江務場收過前項客人就引貼納翻引錢行下鎮江府照數拘收，令項樁管。令本場將鎮江務場已報到錢，理充本場所收錢數，庶得鎮江府就近可以拘催，免致積壓之弊。』故有是詔。

又　九月八日，四川茶馬王渥言：『本司先於淳熙六年同制置司被旨，審核川路諸處合同場茶額，其有園戶困敗，產去額存，無所從出，並與裁減。數內惟名山一場實有濫增額數，比舊額計增茶七萬六千七百二十九斤十兩。原其弊端，蓋緣本司逐歲下本場預期支俵本錢，收買博馬綱馬茶二百萬斤，係以所產食茶上多寡爲則均給，其園戶貪于時下得錢，多自虛認戶下茶數，茶場據其所認之數附簿。發賣茶貨之際，初未及元額，當來推排，官止憑買綱茶簿籍，便謂茶額有餘，額外增添。自淳熙六年至今，雖有增添之名，其到場茶粗能敷及舊額，以至積欠園戶，枉被督

逼之苦，而監官皆聞風退闕，不願赴上。臣且令本場以淳熙五年爲額，將園戶累年所欠之數權行倚閣，乞將名山場所增茶七萬六千七百二十九斤十兩盡行除放，止依舊額收趁。』從之。

又　十一月二十二日，南郊赦：『四川茶、鹽、酒課折估虛額錢，累降指揮減免，尚慮州縣巧作緣故催理，有失寬恤之意。仰制置司、總領所、茶馬司常切覺察，如有違戾，按劾以聞。又勘會在法，違欠茶、鹽錢物，止合估欠人並牙保人物產折還，即無監繫親戚填還，及妻已改嫁，尚行追理之文。昨降指揮，令戶部檢坐見行條法申嚴行下，如敢違戾，許人戶越訴。勘會官司輒立茶、鹽鋪，虛給帖子，均科人戶，勒令齎錢赴鋪繳納，未嘗支給茶、鹽，顯是違法科抑。仰提舉司及諸州主管官嚴行禁戢，仍許人戶越訴。勘會州縣應捉獲私茶，合解所在稅務合同場估價，召人請買，訪聞場務積壓年深，以致陳損，不堪食用，多是科抑鋪戶，或令欄頭認數出賣，拘收價錢。尚慮追擾監繫，可日下盡行除放。』十五年九月八日明堂赦同。

又　〔淳熙〕十三年八月二十三日，詔：『京西南路提舉司見賣淮鹽鈔引一萬袋，依遞年例，別給降江西茶長引一十萬貫、短引一十萬八千四百三十貫，趁時措置發賣。』以湖廣總領所言：『淮鹽鈔拘定京西界分，不許鬻改別路州軍貨賣，以致遲細，妨闕支遣。』故有是命。

又　〔淳熙〕十四年八月十九日，詔：『行在都茶場紐計四貫例茶小短引一千五百道，下湖北提舉茶鹽司，令本司將賣到鈔拘催，赴湖廣總領所送納椿管。』從茶鹽司請也。

又　〔淳熙〕十六年正月二十五日，詔：『江西提舉司茶引一十五萬四千貫，分上、下半年給降外，所有江西安撫司茶長引八萬九千九十貫九百文、茶短引七萬貫，江州通判廳茶長引二萬貫、茶短引四萬貫，下交引庫印造，一併給降，令趁時給賣。』從湖廣總領所請也。

又　紹熙元年五月十六日，榷貨務都茶場言：『湖南北、江西路皆係巨商興販，尚且給降小引，其兩浙、江東等路，多是草茶，客人販往鄉村零細貨賣，乞添印造四貫例長、短小引相兼，聽客從便請買。』既而戶部言：『近添印造兩浙、江東等州軍四貫例茶長、短小引給賣，務在招引小客。今若依大引見使金銀、會子分數品搭筭請，恐小客難以變轉興販，因而積壓，欲將今來給賣小引除見使金銀、會子分數入納外，如願全使一色會子筭請者聽，庶幾客販亦得通快。』從之。

又　〔紹熙〕二年三月十一日，臣僚言：『京西之郡，私茶所經由處，乞嚴行禁戢，場務等官若有透漏放縱，亦得巡尉之罪。盜鑄鐵錢而於銅錢界分輒行使者，官司不行覺察，併得銅錢之罪。』從之。

二十二日，詔：『四川茶馬司禁戢所屬州縣并主管官，如不遵守條法，及與茶場干涉處多端科配騷擾，違戾去處，開具姓名申取朝廷指揮。』先是，上書者言四川茶課走失，令茶馬司措置聞奏。』既而本司條具科配之弊，乞降約束故也。

又　五月二十五日，詔：『降四貫例長、短小引各一千道，付湖北提舉司出賣，其客人合納籠篰、秤製等錢，許權赴主管司一併送納。仍下提刑、提舉司嚴切禁戢私販，毋致縱容，仍前積壓茶引。』以湖北提刑兼提舉丁逢等言『常德府管下武陵、龍陽兩縣接連湖南產茶去處，每到春時，有江西、福建、湖南管下州軍客人聚在山間，般販私茶。乞量行給降小引，以息私販』故也。

又　十一月二十二日，詔諸路提舉茶事司：『自今須管遵從節次已降指揮，將收到茶事窠名置之赤曆簿籍，如遇收支，建立項目，分明抄轉，除依法樁垜支使外，其餘剩數仰所屬差人管押赴行在都茶場送納。仍令逐路提舉司每季各具所部州縣收到逐色應緣茶事窠名錢，若干作舊管、新收，已支、見在，如有支遣，仰分明開坐，或本場委官驅磨。若有欺隱之數，即將違戾去處具申朝廷施行。』從本場請也。

二十七日，南郊赦：『都茶場昨自乾道六年以後，節次給降茶引付江西州軍出賣，拘錢起赴行在。訪聞州軍發賣遲細，多是賒賣與鋪戶等人，經今日久，往往流移貧乏，見令州縣償納，竊慮騷擾。仰將淳熙十三年終以前年分未納茶引錢數特與除放，不得依前追理。仍仰提舉司覺察，如有違戾去處，按治施行。』

同日，赦：『在法：違欠茶、鹽錢物，止合估欠人并牙保人物產折還，即無監繫親戚填還，及妻已改嫁，尚行追理之文。昨令戶部申嚴行下，許人戶越訴。訪聞人戶負客旅及店鋪價錢，緣係榷貨，有已經估籍家產，償還不足，依舊監系牙保等，牽聯不已，可並與除放，毋致違戾。勘

會官司輒立茶、鹽鋪，虛給帖子，均科人戶，勒令齎錢赴鋪繳納，未嘗支給茶、鹽，顯是違法科抑。仰提舉司及諸州主管官嚴行禁戢，仍許人越訴。』

同日，赦：『四川茶、鹽、酒課折估虛額錢，累降指揮減免，尚慮州縣巧作緣故催理，有失寬恤之意。仰制置茶馬司、總領所常切覺察，如有違戾，按劾以聞。』

又 紹熙五年九月十四日，明堂赦：『都茶場昨自乾道六年以後，節次給降茶引赴江西州軍出賣，拘錢起赴行在，訪聞州軍發賣遲細，多是賒賣與鋪戶等人，今經日久，往往流移貧乏，見令州縣償納。仰將紹熙元年終以前年分未納茶引錢數特與除放。仍仰提舉司覺察，如有違戾，按治施行。』自後郊祀、明堂赦亦同，惟所放年分有差。

同日赦：『州縣應捉獲私茶，合解所在稅務合同場，自合用心措置，召人請買。訪聞積壓陳損，多是科抑行人鋪戶，或令攔頭認數出賣，拘收價錢，追擾監繫。可日下盡行除放。』自後郊祀、明堂赦並同。

同日，赦：『在法，違欠茶錢止合估欠人并牙保人物產折還，即無監繫親戚填還，及妻已改嫁，尚行追理之文。昨令戶部申嚴行下，許人越訴。』自後郊祀、明堂赦並同。

同日，赦：『官司輒立茶鋪，虛給帖子，均科人戶，勒令齎錢赴鋪繳納，未嘗支給茶鹽，顯是違法科抑。仰提舉司及諸州主管官嚴行禁戢，仍許人戶越訴。』自後郊祀、明堂赦並同。

又 慶元元年二月六日，詔：『石泉軍龍安縣崇教等七鄉園戶茶課錢引九百二十七貫一百一十四文，從茶馬司同成都府路轉運司并本軍三處均認，與園戶代納，自紹熙五年分爲始。』以四川總領茶馬司言：『川蜀共管三十四茶場，應有茶田園戶除納田上二稅外，遇般茶赴合同場批賣，本司收納土產茶牙市例錢。照得本軍龍安園戶除納二稅、市例錢外，又催理茶課估錢，係於元豐間未立額日先有此茶課，每歲理一十五萬四千五百一十九斤，每斤估錢六文，在縣隨二稅送納。至建炎年，改法立額，其茶園戶於紹興十八年奏行經界奏，失於申明。今來若行倚閣，恐妨本軍縣省計支用；若復催理，委是重迭疊，重困園民。三司乞自抱納。』故有是詔。

又 〔慶元〕六年二月十四日，詔：『川路產茶去處，園戶合納經總制司頭子錢五千四十二道五百一十一文一分五釐，令提刑、茶馬司各抱認一半；所有秤提錢三千一百四十八道二百九千文，令總領所抱認，並自慶元六年分爲頭對減。』以四川制置司、總領所、茶馬司、成都提刑轉運司言：『昨緣川蜀百物皆賤，茶價亦低，園戶窮困，茶司恐傷根本，隨宜措置。每引元額舊納土產茶牙市例錢二貫三百文，除權減八百文外，以茶額計之，一歲共減土產錢十萬四千九百四十三道。既是正錢已減其數，收頭子、秤提錢亦當減免。』故有是詔。

又 嘉泰元年五月二十五日，詔：『民間違欠茶鹽錢，照淳熙十六年已降指揮體例，放免至慶元二年終。今榷貨務申請止放鹽錢，所有茶錢，理合比類一體除放。』從淮東提舉高子溶請也。

又 〔嘉泰〕三年十一月十一日，南郊赦：『應欠茶鹽錢人已死，又涉年深，其家止有單妻及無妻有幼子者，官司例同牙保人監納。間有妻已改嫁人者，並與後夫監理，委實無所從出。仰主管官勘量措置施行。』自後郊祀、明堂赦並同。

又 〔嘉泰〕四年六月三十日，知隆興府韓邈奏：『戶部茶引歲有常額，發下散賣，隆興惟分寧、武寧二縣產茶，他縣並無茶引，而豪民武斷者乃請引管認茶租，曾不知此輩意在借引以窮索一鄉，無茶者使認茶，非食利者使認食利，所至驚動，必欲厭其所欲，村疃受害無窮。乞下省部，除分寧、武寧二縣外，其非產茶縣並不許人戶擅自認租，他路亦比類施行。』從之。

又 嘉定五年十月十四日，中書門下省言：『節次已降指揮七項，共給降茶引三百五十萬貫，付湖廣總領所變賣價錢樁管。除科撥支使外，見在茶引不多，慮妨接續給賣。』詔太府寺交引庫限半月印造江西末茶長引並湖南、北草茶長引，共品搭給降五十萬貫，仰本所措置給賣。將賣到價錢同見在錢一併樁管，具入月冊供申，非奉指揮，不得擅行支用。仍令本所開具節次科去茶引已未變賣及增收等錢、承降指揮月日、支使名色夾細帳狀，限三日保明申尚書省。

二十四日，都茶場言：『承降指揮，湖廣總領所申乞給降嘉定十一年分歲計茶引，內江西路茶引已降過二百四十七萬六十八貫八百五十五

文，其錢實係應副本所大軍支遣，即非虛收數目。乞將一半錢照應理充本場歲額施行。』都省照得湖廣總領所茶引遞年止貼降二百萬貫，如有另項給降之數，難以一概理充本場課額。詔令行在都茶場，自今止將歲計貼降茶引，以一半理充歲額施行。以上《永樂大典》卷五七八一

又《食貨三二·茶鹽雜録三》　［政和］五年五月二十五日，尚書省言：『今重修立到下項賞格：命官親獲私有茶、鹽，獲一火三百斤，臘茶一斤比草茶二斤，餘條依此。陞半年名次；八百觔，免試；一千二百斤，減磨勘一年；二千斤，減磨勘一年半；三千斤，減磨勘二年；四千斤，減磨勘二年半；五千斤，減磨勘三年；七千斤，減磨勘三年半；一千五百斤，免試；二千斤，陞一年名次；四千斤，減磨勘一年；五千斤，減磨勘一年半；七千斤，減磨勘二年；八千斤，減磨勘二年半；一萬斤，轉一官；三萬斤，取旨。累及一千斤，陞半年名次；一千五百斤，減磨勘三年；二萬斤，減磨勘三年半；三萬觔，轉一官；十萬斤，取旨。罰格：巡捕官透漏私有茶鹽一百斤，罰俸一月；一百五十斤，罰俸一月半；二百斤，罰俸兩月；二百五十斤，罰俸兩月半；三百斤，罰俸三月；一千五百斤，罰俸五月，仍差替；二千五百斤，展磨勘一年，仍差替；三千五百斤，展磨勘二年，仍差替；四千五百斤，展磨勘三年，仍差替；五千斤，降一官，仍衝替；三萬斤取旨。』從之。

十二月二日，詔將仕郎、池州貴池縣尉徐海運特與循三資，其經鬬敵弓級、保正等，共支錢一千五百貫均給，內殺死人賜絹三十匹、米十碩。以淮南提舉鹽香茶礬司奏：『本縣有程益等公然興販私茶，殺傷捕人韓十等三人，海運躬親追獲益等九人。兼海運任內，獲私茶七千餘斤，顯是究心，委有勞効。』故有是命。

又　［政和］六年閏正月二十六日，刑部奏：『今擬修下條：諸巡捕使臣透漏私有鹽、礬、茶者，百斤罰俸一月，每五十斤加一等，至三月止；兩犯已上通計及一千五百斤者，仍差替。私乳香一斤比十斤。其兼巡捕官，三斤比一斤。即令佐透漏私煎煉白礬，鹻地分令佐漏刮鹻煎鹽同。減兼巡捕官罪一等。』從之。

二月二十五日，詔：『產茶縣分不係就縣批發去處，政和四年分招誘客人、鋪戶買引買茶赴合同場批發，比政和三年增虧，其知縣聽依合同場監官已降指揮減半賞罰。』以兩浙路提舉鹽香茶礬事司言：『產茶縣分就縣批發客茶去處，知州依合同場鹽官賞罰外，其不合就縣批發客茶去處，知縣乞量立賞罰。』故有是詔。

又　［政和］八年三月二十二日，監都茶務魏伯才奏：『訪聞得多有不顧條法浮浪之輩，專於私販，纔至敗獲禁勘，便妄攀園戶，讎報私恨。或創造事端，故作私茶，却令徒中人告捉赴官，規圖賞錢。或雖有官引，却不畫時書寫所買之家斤重、姓名，稱一面自覓人書填。既得茶入手，更不書填所買茶斤重、園戶姓名，又將其引就他園戶再買茶，往來影帶，重疊私販。洎至敗獲，便虛指園戶姓名。其承勘官司畧不子細詳察本案，利於追人，不以遠近，便行勾追，園戶無處伸訴。本司已行下兩路諸州，今後承勘犯茶公事，仰依公子細根勘，如通出園戶姓名委是詣實，系屬別州縣，即取責買茶日時、交付錢茶、將券或牙人等處逐一點證實情，關報所屬，就近依公子細勘問的實。如不曾賣茶與無引之人，即取責當時照證詣實結罪文狀，回報本處照會施行，無容更似日前縱令人吏信憑犯茶人讎報私恨，虛攀園戶。』都茶務相度：『欲產茶路分捕獲私茶，如元買園戶係在一州，依元法勾追園戶勘鞫；若係別州，依今來荊湖北路茶事司所申。仍委自茶事司每季取索斷過私茶公案逐一點檢，若稍涉不當，具事因按劾。若本司循情，亦許監司互按。』詔並從之。

又　宣和二年七月二十七日，詔：『茶鹽法令備具，無可增損，除鹽法近已降處分外，訪聞茶法緣省部不得干預，州縣觀望，奉行違慢，及沮抑客販，或不爲理索欠負，陳訴不絕。可自今除在京都茶場見在錢物及收支等事不許省部干預外，應見行茶法，三省專切推行，諸路州縣奉行違慢，及沮抑客販，或不理索欠負等事，並仰尚書省具事因取旨，重行黜責。茶事司各路或不能按治州縣，令提點刑獄及兼訪使者互察以聞，仍並許民戶越訴。其扇搖茶法者，除依見行條法補官給賞外，更增立賞錢二千貫。許諸色人告，犯人除本罪外，仍以違御筆論。令開封府及都茶場出榜曉諭。』

十月七日，詔：『訪聞陝西、河東路近因推行錢法，平定物價，輒將買賣茶鹽錢一例紐定分數，有害客販。可應陝西、河東路買賣茶鹽，並聽從便，其價直許隨逐處市色增減，官司不得輒有抑勒，立爲定價，虧損

客人。如違，並依扇搖茶鹽法罪施行。仰尚書省劄下陝西、河東路監司，及令戶部遍牒兩路州縣遵守，違戾去處，許客人徑詣尚書省越訴。』

又 〔宣和〕三年二月二十一日，詔：『已降處分，兩浙、江東路茶鹽權免比較，不得輒行抑配。』

二十三日，詔：『訪聞諸路州縣奸猾之人賒買客人茶、鹽，並不依約歸還，致客人經官理索。旋置草簿，虛寫人戶姓名、欠錢數目在鋪，全家走閃。官吏啟幸，憑據虛寫文簿勾追監理，搔擾良民，失陷客人錢本，有害茶、鹽大法。可令逐路提舉官嚴切覺察，今後有犯，並具案申尚書省，當議重行編配。』

又 三月二十九日，都茶場狀：『政和三年二月六日朝旨：應興販雜草木用作頭貨並收買拌和真茶，計所拌和數，並乞依私茶罪賞法。近見在京並京畿等路州縣鋪戶，自買客草茶入鋪，旋入黃米、菉豆、炒麵、雜物拌和真茶，變磨出賣，苟求厚利，不唯阻害客販，實有侵奪買引課額。欲乞立法禁止，許磨工、知情人陳告。』詔依政和三年二月六日指揮施行，仍許磨工、知情人告。

又 閏五月八日，提舉河北東路鹽香礬茶鹽事司奏：『相度客人販茶若遭風水浮浸，乞開拆籠節烘焙者，即令所至委驗封驗引官開拆，候烘焙訖，秤見斤重，別行封記，批鑿元引，照驗貨賣。餘路依此。』從之。

十五日，中書省、尚書省言：『潭州申，准重和元年十二月十九日御筆：「今後買賣私茶牙人、鋪戶、私販人，罪輕杖一百，編管鄰州；失覺察地分人，杖八十，公人、吏人並勒停，永不收敘；故縱，與犯人同罪，並不以赦降原減。」看詳保正長失覺察保內興販私茶，依條則有巡捕、公人、吏人合斷罪勒停，永不收敘外，其保正長因緣僥倖，避免差使，慮合止從地分人斷放，有此疑惑。』詔申明行下。

又 七月四日，詔：『在京及諸路州、軍、縣、鎮客人已販草、臘茶、合同場大批茶數并不曾封記籠節及無曆面，并曾揩改茶引者，特免根治。自今降指揮到日，與限半月，許令自陳。在京於都茶場、在外於所至州縣投狀，委官秤盤，重別用曆面封記，仍未得出賣，聽於都茶場別買新引，每一百貫對帶已販茶一百貫，經所至官司批鑿對帶訖，其新引聽往山場別販新茶。如不經官自陳而輒賣，或私下旋行粘繫封頭曆面，罪賞並依私茶法。仍許諸色人或同行火下勾當人首告，給賞如法。』繼而都茶場劄子：『准上件朝旨，本場除已施行外，勘會客人已販茶，如在外路，若令一一赴場請買文引對帶出賣，深恐往回妨阻客販。今相度，如客人願就茶所到處，須用今降指揮日後所買文引對帶出賣，雖姓名不同，亦聽行使。仍令所在官司並於引後批鑿，若輒用今降指揮日前所給文引對帶，若告首，罪賞並依今年七月四日旋粘封頭曆面朝旨施行。如官司批鑿違戾，令茶事司覺察按劾，餘依見行條法。』從之。

十五日，提舉荊湖南北路鹽香茶礬事司狀：『訪聞產茶州縣在城鋪戶、居民，多在城外置買些少地土種植茶株，自造茶貨，更無引目收私茶，相兼轉般入城，與裏外鋪戶私相交易，或自開張鋪席，影帶出賣。洎至官司收捉，即稱系園戶自要供家食用，緣此無由覺察，失朝廷歲課不少。從來未有法禁，本司今相度，欲今後城外園戶如在城外本處採摘食用，其與有引客人交易，聽從其便；其城內鋪戶或居民于城外有茶園，將採造到茶般入城，並乞依客販茶法買引，親自批鑿斤重，隨茶入城，依法從便供家食用，或轉販與鋪戶交易。若園內所產茶少，不及一引之數，許令經官批鑿，貼販施行。如不用引，並乞依私茶法，庶絕影帶盜販之弊。』批送都茶場勘當。本場今勘當，欲依本司所乞施行，餘路依此。從之。

又 八月二十五日，詔：『今後應茶場事務，並依舊三省措置推行，仍應奉司專行。』

又 九月十七日，詔：『應所在官司見拘管客人無曆面、封頭等茶，除將引外剩數聽買引出賣外，其餘正數並無剩茶，並特免買引對帶，令隨處官司放封頭、曆面，即時放行。』

又 十月四日，大理寺參詳：『園戶輒賣茶與無引人，及雖有引人而過數，及買之者，既杖罪，不以赦降原減；其徒以上罪，舉輕明重，自合依元降御筆，不以赦降原減。所有諸條內該載依私茶法，本條既無不赦之文，即合從本條定斷。其買賣私茶牙人，鋪戶，私販之罪輕，並合依御筆斷遣，不以赦原等。』從之。

五日，都茶場狀：『准尚書省批送下提舉荊湖南北路鹽香茶礬事司

狀：「承御筆，每長引一百貫，許販茶一千五百斤；短引每一十貫，許販茶一百斤。今來朝廷復增斤重，大段寬恤，自是客販得行。本司今訪聞尚有不顧刑法之人，豫將錢物計會官中造籠，作頭寬大織造，收買前去剩帶斤重。其籠篰雖有委官監造及差官隔手製撲之法，所委官多是並不親臨。若津置茶籠到合同場，亦是用財計會專秤於乘發茶擁併之際，並不依法逐籠秤製，只是揀點斤重輕小之籠，影庇其餘之數，遂便放行。雖有聖旨斷罪，及經過場務許檢察之法，洎至中路事發，客人多是攀援政和六年十月三日敕旨內備到大觀二年十月十五日敕旨，更不許人告論，官司亦不得受理。本司今相度，欲乞合同場合干人受財秤盤不如法，自合從重祿法斷遣外，其監官失檢察，若三斤以上，如知情故縱，及造籠作匠乞覓錢物，大織籠篰，并監造官、製撲官並不親臨，致得寬大剩帶茶貨。乞嚴立法禁。」後批送都茶場勘當。本場檢准宣和二年十月朝旨，客人魏翔等狀：今來諸路合同場並行重祿法，其間有倚法爲姦之人，計會合同場大帶斤重。奉聖旨：如獲魏翔等所陳違犯之人，未得斷遣，具案申尚書省。本場堪會，客人若計會合同場大帶斤重，其監官知情或不覺察，欲并令隨事取勘，具案聞奏，量輕重取旨。』從之。

又 十一月四日，戶部奏：『兩浙、江東產茶浩瀚，近緣方賊驚劫園戶，踐踏茶園，阻隔道路，所收錢引大段虧欠。今已平蕩賊徒，理當措置優恤園戶。今相度，欲委自逐路提舉茶事官專一措置，多方招集園戶，復令歸業。如委因賊徒驚劫貧乏園戶，即以本司應管茶事官隨園戶出茶多寡，分立等第，依常平法借貸一次。如無或不足，聽于常平司朝廷封樁錢內借支，作三料帶納。』從之。

又 〔宣和〕四年六月二十五日，都茶場狀：『准尚書省批送下淮南提舉鹽香茶礬事司狀：「檢准敕：應代支私鹽賞錢，並責透漏地分人與犯人均備，候私鹽屏息，鹽課增羨日依舊。本司今相度，乞應代支私茶賞錢，並依上件鹽賞已得指揮施行。」本場今勘當，欲依淮南茶事司所申事理施行。』詔依都茶場所申。

又 十二月八日，尚書省擬修下條：『諸渠、合州、長寧、瀘川軍所產茶輒出本州界，及夔州路茶入潼川府通販川茶地分者，並依私茶法。當職官故縱若透漏，聽榷茶司按劾。右入潼川府、夔州路並榷茶司敕。』詔依。

又 〔宣和〕六年閏三月三日，提舉兩浙路鹽、香、茶、礬事李弼孺奏：『契勘鹽、茶課利，正係今日財用大計，其取會事務，並係緊切照應準備朝廷取索文字。訪聞諸州縣自來報應稽緩，如被受朝旨取會，並乞限當日回報，餘依舊。三經舉催，不與完備回報，亦乞立定斷罪刑名。』詔依戶部所申，如違，從杖一百科罪。

又 五月十一日，尚書省言：『提舉荊湖南路鹽、香、茶、礬事閻孝忠乞應客人買到茶，並令於最近處縣或合同場秤製，不得隔驀，却就遠處。若所去縣或合同場雖有近處，却不通水路，其次遠處却可通水路，委于客人順便，即自合於通水或順便去處秤製。』從之。

又 九月一日，詔：『都茶場隸屬應奉司外，其專一按治諸路違戾，可疾速行下諸路提舉茶事官，仰躬親巡歷，嚴切戒飭州縣遵奉成法，禁戢私茶，杜絕姦弊。應商賈陳訴及理索欠負等事，並依條盡理施行，不得少有抑遏。違戾州縣具名按劾，當議重行黜責，都茶場常切覺察以聞。仍檢會宣和二年七月二十七日指揮申嚴行下，及令都茶場出榜曉諭。』

九日，尚書省言：『總轄都茶場所狀，都茶場劄子：兩浙茶事司公文稱，無圖之法希求賞錢，結合浮浪人作牙，湊合興販短引一兩道，於鄉村巡門俵賣，收藏文引，不令買人批鑿。經官告首，每引動經一二百斤，官司更不推究賣人匿引情弊，務在勾人搔擾。將買茶人斷罪追賞等。今相度，欲今後應州縣勘斷犯茶公事，並具元犯事因、斷遣刑名報提舉茶事司看詳，及具一般事狀報都茶場詳審。如涉違戾不當及不行申報，其元斷當職官吏許本場具因依申朝廷，乞重賜施行。』詔令申尚書省。

又 十一月十九日，詔：『茶法之成，推行日久，前後申明條約已得詳盡，有司務在遵守。竊慮姦人妄生事端，以惑衆聽。仰榷貨務分明出榜曉諭客販知委，如有妄說事端之人，許諸色人陳告，當議重行處斷外，賞錢五千貫文，以犯人家財充；不足，以官錢支。』

二十七日，中書省言：『都茶場狀：勘會客販茶經過州、縣、鎮稅務，依政和四年十月七日朝旨，各輪差欄頭一名管幹批引、驗封、收稅等事，支破重祿食錢，州八貫，縣七貫，鎮五貫文。昨緣行舊法免稅，不入稅務，其州縣差欄頭食錢更不支破，止差重祿人吏一名相兼主管，日支

食錢二百文。近准宣和三年八月二十七日朝旨，既已依舊納稅，其批引、改指等自合稅務主管，所有州、縣、鎮輪差欄頭重祿食錢，緣未經申明，伏乞詳酌指揮施行。』詔依政和四年十月七日指揮施行。

又　［宣和］七年正月二十二日，中書省、尚書省言：『都茶場狀：「提舉江南西路鹽、香、茶、礬事司狀：「竊詳政和八年七月十二日指揮，內短引茶如違限不到合同場，更不行用，其茶依私茶法。未審止爲將茶依私茶焚毀，唯復亦合以茶數依私茶法斷罪理賞；或元限已滿，不曾買到茶貨，亦未審合如何施行 若不申明，切慮奉行抵牾。」都茶場勘會，客販短引茶，依法自請買籠篰日立限赴合同場秤盤，如出違所給日限，其引更不行用，茶依私茶法元降指揮，即無斷罪之文，止合沒納入官。緣係有引正茶合估價召人請引興販，即不合焚毀；若元立日限已滿不曾買到茶貨，其引更不在行使之限，所屬官司合勾收元引毀抹入官。今勘當，欲申明行下。』詔茶依私茶焚毀，餘依都茶場勘當到事理施行。

三十日，尚書省言：『江南東路提舉鹽香茶礬事司狀：乞今後應客鋪於園戶處買到茶，其園戶故不批引，及客鋪藏匿文引，不令園戶批鑿，乞指揮施行。』詔客販茶至住賣處，買人不驗引收買，及客人藏匿文引，依已降指揮斷罪理賞施行。

又　三月十一日，詔：『茶法舊無立額比較收稅法，其比較賞罰及納稅指揮並罷，餘悉依舊。』

又　四月一日，中書省、尚書省言：『都茶場狀：勘會客茶籠篰昨承宣和元年三月十五日朝旨，於籠篰曆面蓋底用紙題寫合同場、年月日、客人姓名、去處、某色斤重、字號、料數。』詔依宣和元年三月十五日指揮施行。

又　八月十日，尚書省言：『總轄都茶場所奏：訪聞客販長引茶有已經收買籠篰及一年，尚未買茶，官司亦不體究因依，又再行展限半年，不赴合同場秤製，顯見往復影帶私販，虧損引錢不少。欲乞本場將齎到書引拘收毀抹，更不改驗新引。今後依短引法，將販長引自請買籠篰日立限一季，須管赴合同場秤發，仍計往回程外，如違限不到，應干約束並依短引法施行。』從之。

同日，尚書省言：『都茶場狀：勘會鋪、磨戶以他物拌和真茶，依法計茶數合從私茶法加一等科罪。訪聞近來在處結集羣黨，不往官司陳告，直入鋪戶、磨戶之家，以收捉爲名，搔擾乞覓，或自帶雜物贓誣捉送官司，上下通同，利於乞受追賞，不容辨説，便作私茶斷罪，致使鋪戶畏懼停閉，不敢收買客茶，有害茶法。欲自今如鋪戶、磨戶若以他物拌和，聽諸色人指定實跡，依法經官陳告，不得擅行收捕，亦不得稱疑。官司審量，遣人收捕，根勘詣實，依條施行。如所勘別無拌和情犯，其告人據所告之罪依條反坐。乞令所屬於要鬧處出榜曉示。』從之。

同日，尚書省言：『都茶場狀：勘會客販茶依法已經合同場秤發，沿路不許人論告剩茶，官司亦不得受理。若元起發處有秤勢高下些小，附搭斤重，又許至住賣處未堆垛前，限二日經官自首免罪，買引出賣。訪聞豪猾商賈計會合同場大裝斤重，或自將籠篰增添高大，所帶剩茶過多。欲自今客販茶如經合同場秤發後，若過州縣，許自首剩茶，如不曾陳首，許諸色人陳告，官司限一日秤盤，並依法施行，餘依見行條法。其元秤發官司，欲乞今後如客人陳首剩茶並因人陳告，依元法各遞加一等科罪。』並從之。

又　十一月十五日，詔令諸路提舉茶事司，疾速開具州縣自今年正月後來至九月終批發住賣茶數，比前一年有無增虧，申都茶場類聚聞奏。

同日，詔：『諸路茶事各有提舉官屬并州縣當職官吏等專一任責，除私販憲司自合依條覺察禁戢外，其茶事自令應監司使命等非本職，並不許越職干預，並勾呼借差主管茶事公吏等。如違，並以違制論。』

二十二日，詔權發遣福建路轉運副使趙岍、轉運判官唐績措置造茶有方，並特令再任。

又　十二月二十一日，罷都茶場，依舊歸朝廷。以上《續國朝會要》

又　高宗建炎元年五月十八日，發運使梁揚祖言：『茶、鹽舊係太府寺、都茶場、権貨務印造鈔引給賣，以贍中都，比金人退師，道路未通，詢訪真州係兩淮、浙江外諸路商賈輻湊去處，除東北鹽乞令依舊就於権貨務給賣外，其東南茶鹽乞選委通曉財利官提領，依太府寺等處印造，於真州置司給賣。』詔梁揚祖差兼提領茶、鹽事，工部員外郎楊淵同提領工。既而提領司條畫下項：『一、契勘昨來兵馬大元帥府印賣東南、東北鹽鈔引，已承朝廷指揮住印外，其茶事司印賣茶引，亦合住罷，未賣

引更不出賣，併已買未販及已販未賣，並合與今來茶引一衮通行。一、茶、鹽錢欲乞更賜約束，除朝廷指定窠名支用外，其餘雖承受諸處備坐到前後泛言不以有無拘礙劃刷取撥錢物指揮，並不許支撥，如諸處取索文字，亦不得回報。若有違戾，許本司按劾。』從之。

二十七日，尚書省言：『提領措置茶鹽事梁楊祖申請，乞以提領措置茶鹽司爲名，緣在京榷貨務見行出賣東南鹽鈔并都茶場見賣東南茶引，即非盡行提領。』詔以提領措置真州茶鹽司爲名。真州務場置，罷。

又 六月十六日，詔：『真州鈔引止用見錢入納，自今年七月十五日爲始。』

又 十月二十一日，都省言：『諸州縣有樁下私茶、鹽、礬賞錢，一州一縣各樁一千二百貫文，且以江東路十州軍四十八縣，計六萬九千餘貫。望降睿旨，令東南諸路州縣每處依舊樁二百貫外，各將餘錢一千貫計綱起發赴行在交納，應接支遣，却令州縣別行收簇樁管上件賞錢。』從之。

又 〔建炎〕二年二月三日，詔：『真州榷貨務與行在印賣鈔引併爲一司，以行在榷貨務爲名，各依舊隨置局，梁揚祖、楊淵依舊提領。』以黃潛善言『車駕駐蹕揚州，去真州只五十餘里，水陸通』故也。

又 四月二十三日，中書侍郎、兼專一提領措置戶部財用張慤言：『內外官司各有拘收到茶、鹽萬數，貯積日久，枉有銷耗，欲望令尚書省取見在實數付行在榷貨務都茶場，許客人買鈔引。以本場至本處地理遠近量搭入脚錢，定立鈔價，其鈔引別立字號、式樣，分明開説，召客人入納見錢承買，就所在請領興販。』從之。

又 十二月十二日，詔：『行在都茶場據福建路額，合賣茶引從所屬官司印造，前期差官押赴本路，令茶事司招誘客人入錢請買，更不得抑配州縣。自今州縣有敢以招誘爲名科率民戶、僧寺出買錢引者，茶事官先坐之。』以臣寮言『祖宗以來，福建路茶商興販自便，近歲始令往東京買引，往返幾萬里，茶司遂配抑州縣，致有科擾』故也。

又 〔建炎〕三年二月十六日，德音：『近緣巡幸，已降指揮分立一司，就江寧府召人筭請茶鹽。可令逐路提舉茶鹽官廣行招誘。』

五月十五日，戶部侍郎葉份言：『產茶州軍專置合同場共一十八處，例各端閑，虛費廩祿，欲乞並罷，州委職官一員、縣委知令兼管。』從之。舊法：諸路產茶州軍各置合同場，以每歲產茶及四十萬斤以上，差文武官各一員。自減罷後，紹興五年，提舉江西茶鹽趙不已乞於洪州、江州、興國軍三處各專差合同場監官一員提舉；荊湖南路茶鹽司乞將潭州合同場專置監官；紹興十八年，福建茶事司乞將建州合同場專置監官，皆從之。

八月十八日，行在都茶場言：『欲依在京例，如客人願將榷貨務關子并請茶引者聽，仍送榷貨務勘會毀抹，令本務將上件筭關子錢樁作本場茶引錢。』從之。

九月十日，詔：『國家養兵，全籍茶鹽以助經費，近來州軍把隘官兵以搜檢姦細爲名，非理搔擾，致客人畏避，有妨搭運舟船變賣物貨。令所在通知，多方禁止，犯者具姓名申尚書省，並依軍法施行。』後又詔：『將校、隊長之類知情容縱，與犯人同罪；失覺察者，減一等；統領官令提舉茶鹽司具名以聞。』

又 〔建炎〕四年四月十九日，行在提領措置茶鹽司言：『逐路州軍合同場如經燒劫，號簿不存，客人無憑勘合，乞令合同場保明給據，付客人齎至行在都茶場看驗元引，出給合同，遞牒前去秤製放行。』從之。

七月二十四日，行在提領措置茶鹽司言：『客筭茶、鹽鈔引，依法合用號簿，以革姦僞。近緣道路梗澀，恐致號簿不到，留滯客人支請。權用摺角實封遞牒，令客人自齎前去。今來道路已通，欲並依舊差使臣管押合同號簿，赴茶鹽倉場照驗支發。』

二十六日，都茶場言：『知池州李彥卿申販茶長短引法，並限九年流轉，至買籠篰日爲始，長引限一年、短引限半年。繳到長引，許隔路知引通商一路州軍流轉。立限稍寬，又無久留影販之弊，實爲良法。近降指揮，給賣食茶小引，不得出茶州縣界，以都茶場給引日通賣茶理限一季，更無流轉之法，亦無除程明文。加之軍興，道路艱阻，竊慮客販爲見限窄，筭請不廣，有誤朝廷經費。今檢準政和七年九月十五日朝旨節文：產茶州縣人民食茶，許納錢買小引販客，自筭請日限一季，有故展一月。緣都下至產茶州軍程途窵遠，請販之人以引限逼窄，少肯筭請前去。有旨：依元限與加倍。欲乞今後請筭產茶州軍食茶小引，除見置場給賣路

分依舊理限外，有其餘諸路行使引限，並乞依上件政和七年九月十五日指揮施行。』從之。

十月二十四日，尚書省言：『勘會津渡、堰閘客販鹽船，如敢非理阻節，亂行拘截，係依軍法。若不論情犯輕重，盡用上件斷罪，竊慮未得適中。州縣以其刑名太重，不肯用心檢察，却致滋長姦弊。』詔：『前件軍法指揮更不施行，今後如有上件違犯之人，並從徒三年斷罪。』

又 紹興元年二月十七日，戶部侍郎、兼提領榷貨務都茶場孟庚言：『據提轄任點申：建炎三年九月內承朝旨，別印造一等食茶小引，每引五貫文，許販茶六十斤，不得出本州界貨賣。竊詳茶貨自今通行去處，並係產茶路分，依法自有短引興販，其食茶小引不唯比短引增添斤重，暗虧引錢，兼既不出州界，即無經歷官司檢察往來影販之弊，實害茶法。』欲乞今後住罷食茶小引，其已賣過引，令提舉司指揮州縣嚴切檢舉，依限繳納入官毀抹。又任點言：客販茶，依法至住賣處經所在州縣驗引訖，官爲批鑿，方許出賣。候賣盡，其引隨處繳納毀抹。近來賣盡者多是不將文引赴官繳納，官司苟簡，更不拘收，致影帶私茶，爲害不細。今乞客人日後販茶至住賣處，州縣驗引批鑿訖，仍置籍批上客名、文引料例、字號、茶數，候賣盡，繳引到官，限一日銷籍。若驗引訖不抄籍，及繳引不依限勾銷，並依繳引違限條科罪，庶以關防，革去私販之弊。』從之。

三月十二日，任點言：『乞今後所販長引茶，權依短引法。榷貨務契勘長引茶許往路分，即日道路梗阻，欲乞自今後權行住罷給賣長引，其已筭長引茶，即乞依已申請，權依短引法，經過縣分驗引檢察，並候長引路分通快日依舊。』從之。

四月九日，任點言：『勘會客販茶經過去處，依法長引經州、短引經縣驗察，别無私販，許放行，不得過一日。訪聞州縣並不子細檢察，致客販之人夾帶私茶，走失課入，蓋緣未有約束斷罪推賞之文。欲乞今後客茶經過，州縣檢察如有透漏夾帶私茶去處，其當職官並計數依捕盜官透漏法科罪；如能檢察出私茶，即依命官親獲私茶格推賞。』從之。

五月十二日，孟庚言：『福州申：本路都大巡茶使臣二員，舊來建安縣界置司，昨因建州兵火殘破，移往福州置司。今來建州收復日久，自合依舊，兼於產茶州軍近便，可以巡察私茶。』從之。

十七日，孟庚言：『茶客買到文引，在法令先于合同場勘驗，請買籠篰，就往山場園戶處買茶，裝盛入城，赴合同場秤製，封印批發。今冒法規利之徒買到茶入城，多不往合同場秤製，便徑赴茶磨戶、牙人之家賤價貨賣，再執文引出城買茶，往來影販，從來關防未盡。欲乞今後令州縣出給印曆，責付監門官吏，遇客人買到茶入城，即驗引抄上，即時具客名、料例、字號、茶籠篰斤重數目，關報合同場照會秤發，及令主管茶事官每十日一次參照檢察，所貴關防周盡，杜絕私販之弊。』從之

二十八日，行在都茶場言：『看詳客人用引買茶入城，徑赴磨戶牙人之家賤價偷賣，即係輒於沿路私擅出賣。依政和四年四月二十二日朝旨：斷罪告賞並合依私茶法。如客茶入城，門攔兵級等不關報合同場照會秤發，欲依合同場秤發引茶等不關報合同場違限條科罪；若容縱私茶入城。受倖，故不關報合同場，即乞依當職官并巡捕官所管諸軍公人將捉到私茶減剋不送官敕條施行。』從之。

又 六月十七日，詔：『今後官司申陳闕乏，更不降給茶、鹽鈔引，令榷貨務常切遵守成法施行。』

二十九日，行在都茶場言：『乞今後客茶，合同場批發前去指定州縣住賣，在路實有艱阻，日下經所到官司陳乞，批上文引，候路通日，依元程限可以到所指去處，即批發前去；若計程已違所給日限，客人只於所到州縣住賣繳引者，令州縣委官照引，逐一點檢，如委無虛僞及夾帶私茶，即權比附依政和五年六月二十六日指揮施行。仍報主管茶事官檢察，並候路通日依舊。已上如不曾依限陳乞批發，致出違日限，自依本法。』從之。

又 十月二十一日，知樞密院事、宣撫處置使張浚言：『朝奉大夫、直秘閣、專一總領四川財賦趙開自建炎三年內推行祖宗賣引法，措置出賣茶引，至四年終，收到息錢一百七十餘萬貫，計置買馬，實有勞効，理宜旌賞。臣除已恭依所得便宜黜陟處分，將趙開特轉一官外，欲望與開優陞職名。』詔趙開與除直顯謨閣。

十一月二十六日，戶部檢會：『提舉兩浙西路茶鹽公事梁汝嘉言：「州縣捕獲私茶，依法勘證，並行當官焚毀，誠爲可惜。竊見有引沒官

茶，許客人納茶價，出給文憑，前去都茶場請買不住山場交引興販。」今相度，今後捉獲私茶，乞並依沒官茶法。』詔依，諸路准此。

十二月十九日，提舉江南東路茶鹽公事陳鑄言：『契勘客人般販茶、鹽往所在州縣住賣，依法賣訖，鹽袋限五日、籠篰限十日繳納入官，州城委自都監、縣鎮委自尉司，置簿拘收。稅務逐時據客人住賣茶、鹽，當日具合拘收籠、袋數目關送。其縣尉多是不在本縣，及至客鋪送納，往往都無交納去處，留滯在外，引惹姦弊。今相度，除州城并倚郭縣依舊令都監管當，所有外縣鎮，縣委知縣、鎮委鎮官置籍拘收，監視燒毀，餘依見行條法。』從之。

又 ［紹興］二年正月二十七日，提舉兩浙西路茶鹽梁汝嘉言：『勘會客人般販茶貨至住賣處，各有所給程限，近緣浙西州縣運河水淺，軍馬、客販舟船壅塞，重船難於行運，委是有妨興販。今相度，應客人請買茶貨，如願經由海道般販者，欲乞依鹽事已得指揮，權許聽從客便。仍令稱製批發官司於引背分明批鑿出入海口，官司檢察驗引，批鑿放行。河水快便日依舊。』從之。

又 五月七日，提舉兩浙西路茶鹽公事夏之文言：『巡捕官帶兼巡捉私鹽茶，如有透漏，罰格太輕，如一任內別無透漏，亦無推賞，是致得以弛慢。契勘昨來透漏私鹽，已降指揮依正巡捕官斷罪；如任滿別無透漏，依《元豐鹽賞格》與減一年磨勘。緣茶、鹽法事理一同。』詔巡捕私茶賞罰，並依紹興二年五月一日鹽事已降指揮施行。

又 朝省舊買散茶，每斤二十九文，熙寧十年，爲額歲十萬三千五十四斤。又昔嘗詔六榷務，其真州務賣撫散茶，每斤六十一文。淳化四年二月，詔廢沿江榷務，應茶商並於出茶處市之，自江以南免其算。至七月，詔仍舊。宣和中，招誘商販，不復科買。紹興二十六年正月，提舉茶同承受行在都茶場每上、下半年降到短引二百六十六道，計錢六千二百二十九貫四百五十四文，就招商鋪請販，拘價起發。歲終，將趁到數目與本路州、軍、縣比較增虧，取旨賞罰。歲無定額。淳熙四年，州總趁到起引茶三千五百斤，住賣茶九千七十斤。

又《食貨三六・榷易》 開寶三年八月，詔：『建安軍榷貨務應博易，自今客旅將到金銀錢物等折博茶貨及諸般物色，並止於揚州納下，給付客旅博買色件數目憑由，令就建安軍請領，令監榷務、職方郎中邊珝赴揚州，與本州同共於城內起置榷貨務，其同監、殿直鄭光表即止在建安軍監當管勾務貨，兼權知軍務事，每有客旅折博，據數仰邊珝出給憑由，給付客旅將赴建安軍請領。仍仰鄭光表見本務公憑驗認色數，便仰逐旋支給，不得邀難停滯商旅』。

又 太宗太平興國二年正月，三司言：『准敕，於沿江起置榷貨務，合行起定茶貨條禁，欲頒下諸州、府施行』。從之。

又 淳化三年十月，以三司鹽鐵副使雷有終兼充江南諸路茶鹽制置使，左司諫張觀、監察御史薛映並充副使官。帝以收復江南、嶺外已來，茶、鹽之價不等，犯禁私販者多陷刑辟，故特委有終等就出鹽產茶之地取便制置，務要便於民而利於物也。

又 四年二月，詔在京榷貨務及諸道商旅等：『頃以向南州郡聲教未通，於沿江置立榷務，近聞積弊，多有邀難，抑配陳茶，虧損商客。今既混一，須議改更。已差使臣往彼就便指揮，其自來沿江榷務並令停廢，許客旅各就出茶處取便筭買新茶。兼已據地里遠近減下價錢，仍免放自江已南緣路商稅，及令嚴切鈐轄出茶處場務，不得住滯及有乞覓。其禁榷茶鹽條例並筭買交引，一切依舊施行。如有客旅已入交引筭買舊榷場茶貨者，亦許客旅取便。』先是，秘書丞劉式上言：『榷務茶陳惡，商賈少利，歲課不登，望盡廢之，許商人輸錢京師，給券就茶山給以新茶，縣官減轉漕之直，而商賈獲利矣。』帝從之，先遣雷有終等乘傳按視，吒降此詔。

七月，詔：『近以沿邊榷務積弊年深，特行停廢，俾出產之處就便開場。如聞商客多有疑惑，憚渡江之遙遠，阻常歲之經營。將允羣情，須仍舊貫。應緣江榷貨務並令依舊，其諸路茶鹽制置司令停廢，應茶貨並依舊例施行，般赴逐處。』先是，上言者以茶法未便，累陳章奏，請廢緣江榷務，時亦有同其議者，帝勉而從之。制下之後，商人疑惑，物議稱其不便。改法方及半年，三司較比，虧數已多，遂復舊制。

又 至道元年八月，鹽鐵使陳恕、西京作坊使楊允恭等言：『近准敕，沿江榷貨務茶一依元敕賣與客旅。所陳事件問難可否，從長議定。臣等商量，所欲通商過江取茶，元陳須是減落價例，客人方肯過江，及喚到

商旅陳斌等，衆稱須得淳化四年減落價錢，方可過江筭買。以此相度，若減價則虧失官中課額，不減則商旅不願過江。且乞依舊般茶赴榷務出賣，免虧課利。』詔曰：『筦榷之權，制置已久，實公私之俱便，於出納以爲宜。近者劉式抗章，輒欲更改。及徧詢於商旅，則頗異于陳奏。況主計之司，以爲非便，審詳其理，利害昭然。宜遵守於舊規，庶允符於衆議。已令三司，茶貨依舊榷貨務出賣，其劉式所奏並不行』。

又［至道］二年十一月，江淮發運使楊允恭言：『相度到自湖南至建安水陸諸州茶鹽利害，並進沿江地圖，乞下三司計其給本採摘、煎煉之外，所獲實錢都數。』從之。

又［至道］三年九月，詔：『西川峽路州軍自今應收酒稅、鹽諸般課利，並據合納課額，只令送納見錢，不得更折金、銀、匹帛。如官中闕用，即轉運司於合收買州軍，依本處見賣時價置場收買，仍取情願，不得抑勒及虧價錢。』時川峽寇盜之後，議寛民力，故有是詔。

又［咸平］六年八月，以光祿寺丞王彬往沿江並淮南諸州軍提舉榷貨務茶場等處，賜錢五十千。

又［景德三年］七月二十日，三司鹽鐵副使林特、宮苑使劉承珪請罷比較茶法，仍乞不行酬賞。從之。國朝自乾德二年置榷茶務，諸州民有茶，除折稅錢外，官悉市之。許民於東京輸金、銀、錢、帛，官給券就榷務以茶償之。後以西北用兵，又募商人入粟麥、材木於邊郡，給文券，謂之交引，許就沿江榷務自請射茶。邊郡所入直十五六千至二十千者，即給茶直百千，謂之功 錢。然入粟、木者亦有不知茶利，至京多以交引鬻於茶，州百千裁得二十餘緡，謂之實錢。輦下坐賈逐蓄交引以射利，謂之交引鋪。歲月滋深，沿江榷務交引坌至，茶不充給，計歲入新茶，一二年不能償其數，其弊也如此。至是邊陲罷兵，儲峙豐積，言事者多云榷法非便，遂命特等議更其法。特等召茶商十數輩，犒以醪饌，講貫公私之利。乃謂依時價官收交引，每茶價及百千，人納實錢五十千，其見執交引至榷務，已得茶者量抽十之一，但三年並赴務買茶，即於正茶外兼還所抽，以平其價。行之一年，帝慮未盡其要，命樞密直學三年併赴務買茶，即於正茶外兼還所抽，以平其價。行之一年，帝慮未盡其要，命樞密直學士李濬、劉綜、知雜御史王濟與三司同較其利害。時邊郡所入，時估實價不一，遂且以新法從事，而榷務納金帛，歲較其數已多於前，而上封者復言新法始行，又命比較，商旅眩惑，不敢以時貿易。及特等奏入，即令權罷比較焉。

三十日，帝曰：『昨定奪司條制茶事，聞其過於嚴切，有傷園戶，朕已示諭，令知園戶採擷用功，須更得人手製造，茶既逐等第給價，入等者不可私賣，亦是入官。今一切須令本戶造化，皆要精細，豈不傷園戶耶又傭力者衆，皆是貧民，既斥去無用，安知不聚爲寇盜 宜再與指揮，務令通濟。』定奪司言：『此事實所未知，今聞聖諭，方曉其事。』

又［景德］四年八月，三司鹽鐵副使、司封員外郎林特遷祠部郎中，皇城使、勝州刺史劉承珪進領昭州團練使，崇儀副使、江南都大制置茶鹽發運副使李溥遷西京作坊使，並以議茶法課程增益故也。詔曰：『茗榷之法，流弊寖深，釐改已來，利課豐羡。既規畫之斯定，歸職分以攸宜。其定奪司公事宜令三司行遣，不得輒有改更。』

又 大中祥符二年六月，三司林特等上編成《茶法貫條》。其序［云］文已見《茶［法］雜録》。

又［大中祥符］八月，詔曰：『榷茗之規，著令已久，固計入之素定，非異端之可攻。載詳言事之人，時進單辭之說。始陳封奏，必煩述於事端；洎究指歸，多未詳於本末。自今群臣如有茶法便宜，當令顯拜封章，盡述條目，下有司詳議施行。況金穀細務，非軍國事機，自合歸於職司，非朕所宜親決。今後事有陳述，不得更乞留中，敢或故違，並當勘劾。』

初，既變茶法，言事者以爲歲失課額，有害無利，且獨便大賈，而小商失據。或請別置官屬，專位其事。內臣藍繼宗等亦屢言其非便，帝以問輔臣。丁謂言：『臣夙知利害，願得與議者辯之。』及繼宗至，謂詢其始末，悉不能對。翌日以聞，因降是詔。

十一月，三司言：『今與三部衆官定奪入中勘同案底，檢會河北、河東便納客旅錢物支還，已有元限十日行遣，其陝西入中糧草錢物，請定限五日支還行遣。每進奏院承受得交引遞角，令當日通下。如有違慢，各行勘斷其上交引條貫施行外，有不便合改法者，請自合改事件並從三司體量改更，旋取朝旨。』從之。

又［大中祥符］九年二月，内侍藍繼宗言：『榷貨務去年得茶交引錢百五十餘萬，比新額虧十萬。』丁謂奏曰：『遞年及新額雖少，比未改法，則利倍矣。』且言：『自祥符已後，歲及二百萬以上，八年少二十餘萬者，以六年、七年各納過幾三百萬以上，八年稍少，今年正月比去年已盈三十萬貫。由是校之，非茶法不便也。』

十月十五日，帝謂宰臣王旦曰：『茶鹽之利，欲使國計不損，民心和悦。卿等宜熟思之。』旦等曰：『緣屬邦計，欲選差官與三司共定奪，臣等參詳可否。』帝曰：『可，仍具草明述恤民之意。』翌日，下詔曰：『朕思與烝黔，共登富壽。山澤之禁，雖有舊章，措置之宜，慮傷厚斂。將期惠物，無憚從寬。專命朝臣，僉謀邦計，使共詳於通制，庶俯洽於群心。宜差會靈觀副使翰林學士李迪、給事中權御史中丞凌策與三司同共定奪，務要茶園、鹽亭戶不至辛苦，客旅便於興販，百姓得好茶鹽食用。仍送中書門下參詳以聞，并令榷貨務告示客旅，應入中筭射茶、鹽等，一依常例，將來不得別生名目，致有疑誤虧損。蓋欲濟人，固非言利。商旅等各安乃業，以佇於樂成。有司等無棄予言，免彰於掊克，必當經麼，可遂遵行。』

又天禧元年二月二日，李迪等言：『客田昌於舒州太湖筭茶十二萬，計其羨數又踰七萬。請下江浙制置司問狀以聞。』又請遣使秤較商茶之踰數者，計其半沒官。從之。

五日，知秦州曹瑋言：『本州商旅入中糧草交引，自來每一交引總虛實錢百千，鬻之得十二千，請於永興、鳳翔，官給錢市之。』從之。

二十四日，帝曰：『茶法行之已久，倘或難議改革，但於其中酌其尤不便於民者去之，傷於厚斂者改之，自餘如舊可也。』又李迪等言：『陝西州、軍入中糧草文抄，自前官給錢十九千市之，今民間鬻之率止八九千，茶賈絶利。望官出錢三十萬貫市之，以九千爲率，俟筭茶結課，以數給還。』從之。

四月六日，三司言：『榷貨務入便錢物，取大中祥符七年收錢二百六十一萬餘貫立爲祖額，每年比較申奏。如有虧少，干係官吏等依條科罰。又在京馬料，欲許商客入中，每百千内五十千依在京折中斛斗例支還礬、鹽交引，從商客之便筭射，五十千即支與新例茶交引。』並從之。

八日，定奪茶鹽所言：『欲曉示客旅，如要海州新茶，依近定到入中則例，每百千數内入見錢四十千，餘六十千許以金、銀、匹、帛、絲、綿等依時價筭買，更無功饒；或入一色見錢亦聽。』從之。

二十七日，三司言：『在京修造合支材木，令陝西出產州軍斫買外，有十八萬九千二百餘條，欲令竹木務許客旅依時估入中，每貫功饒錢八十文，給與新例茶交引。』從之。

五月八日，詔李溥乘傳還本任，據詳定所條奏事經度裁酌，如無妨礙，則施行訖奏；如事有未便，則從長規畫以聞。自是茶鹽法多如舊制。

十七日，又詔：沿江榷務二分耗茶，特與依舊支。帝以詔面授李溥而諭之。

七月，定奪茶鹽所請罷買陝西芻糧交抄，別立久制，許客入中。從之。

九月九日，三司言：『江、淮南、兩浙、荆湖南北路州軍入錢及粟買末鹽，望依解鹽例給交引，付榷貨務，俟有商旅筭射鹽貨，便書填姓名、州軍給付。』從之。

十三日，定奪茶鹽所言：『近爲在京商旅將陝西入中過沿江茶鹽交引至京，少人收買，慮虧損商人，有悮邊備。望於永興、鳳翔、河中府三處給見錢收買環、慶等十三處入中糧草文字。』從之。

又［天禧］二年正月，三司言：『在京折中倉入中斛?，欲權住筭射江南等處末鹽交引，止令榷貨務入見錢，逐州軍支給鹽貨。』從之。

閏四月，三司請令河北沿邊榷場增錢入中大方茶貨，依舊例給交抄。從之。

十一月，三司言：『陝西入中芻糧，請依河北例，每斗束量增直計實錢給抄入京，以見錢買之。如願受茶貨交引，即依實錢數給之。令榷貨務並依時價納緡錢支茶，不得更用芻糧文抄貼納茶貨。』詔每入百千增五千茶與之，餘從其請。

又［天禧四年］六月，三司言：『六榷務積留茶貨，望令般運三百萬斤上京，五十萬斤赴海州，及將逐處榷務正茶且充耗茶給遣。帝令津般一百萬斤上京，所般五十萬斤赴海州，令制置司、轉運司與海州同定奪以聞，餘從其請。

又 乾興元年十二月，仁宗即位未改元。三司言：『準勑，詳定兵部員外郎范雍所言：「陝西沿邊州軍入納見錢及茶、鹽，却出給解鹽交引，令客筭買。近點檢沿邊諸處入中下茶、鹽不少，頗亦出賣不行。兼所要見錢，亦可收簇課利及近裏那撥應副，訪聞若於沿邊入中下斛斗，出給交抄，令往解州請鹽，必大段有客入中。況兩池鹽數積壓極多，復又減省得京中買客交抄，甚爲利便。望下沿邊環、慶、鄜、延、渭州、鎮戎軍六處，並令盤筭斛斗與鹽數，饒借利息，招誘客旅入中。」省司看詳：「欲乞下陝府西轉運司曉示客旅，如願要請解州鹽貨，即據入中到斛斗，依在市見糶賣的實價例，依見錢體例紐筭，給與交引請領解鹽，只許依自來條貫通商地分貨賣。若或客旅願要上京請領見錢，即依元降勑命，每當實錢百貫文到京，支破見錢五貫文省收買；如不願請見錢，即支與七貫文茶交引。」雍又言：「沿邊州軍每年合銷酒米數目，亦乞許客一依在市見糴買價例入中紐筭，支與解鹽，才候得及年計數目，晝時住入。所貴不至每年將近裏州軍稅賦折變往彼，勞擾戶民。」省司看詳：「欲乞下陝府西轉運司曉示，招誘客旅於沿邊涇、原、儀、渭、鄜、延、環、慶、秦州、保安、鎮戎軍入中造酒米數，取納下處州軍在市見糴買的實價例，依見錢體例紐筭，給與交引，請領解鹽，只許依條通商地分貨賣，亦不得於不係沿邊州軍入中，請中雍所奏施行。」』從之。

又 仁宗天聖元年正月，中書門下言：『準内降聖旨：今知邊上諸處軍糧錢帛支贍不足，此國家大事，卿等如何擘畫，或於中書、樞密院共差三人與李諮已下同定奪茶鹽礬稅條貫，從長施行。今欲令劉筠、周文質、王臻、薛貽廓與三司使、副等，先具取索前後茶鹽課利錢數自來有無增虧，開析聞奏，當議相度，別行差官定奪。』從之。

二月，定奪所言：『取索前後茶鹽課利，比附到增虧數目。』詔樞密副使張士遜、參知政事呂夷簡、魯宗道與三司使副等同共詳定。定奪所奏：『内河北州軍入納糧草物色，自來作分數支還茶貨、香藥、象牙，即今街市例各大段減落價錢，除茶貨已別作條約外，有香藥、象牙緣在京榷貨務將河北交抄並依見錢出賣價例支還實錢，其大中祥符五年後至天禧二年客旅筭請出外，每百千街市賣得錢九十四千至八十二千已來，自後漸次減落。今每百千只得四十千，比自前并今來在市官賣價例較虧官近五十千。蓋河北入納糧草物色，近年以來，本處於實價上倍添虛錢，客人已獲厚利，是致將來給得交抄赴京，被興販人賤買下請却官中實錢、香藥、象牙，兼將博買處、杭、明、廣州市舶司元破價例計筭，已見虧折官本，尚未言般運脚乘、監官公人等請受諸般支費。欲乞自今算請香藥、象牙者，每十斤爲則，令客旅於在京榷貨務入納見錢十千，共筭請二十千香藥、象牙，取便將於在京或外處州、軍販賣，仍仰榷貨務分明出給公據交付，及一面關牒商稅院，候客人將出外處破貨，即據數收納稅錢，出給公引放行。其河北舊抄自來貼納一分見錢，仍與免納。所有將河北先入納下糧草物色虛實錢筭請者，只得依自來合支色額等第價例支給，即不得却依入納見錢體例筭射。』從之。

又 ［天聖］三年八月，中書門下言：『累據臣僚上言茶法未便，乞令客旅於邊上入納糧草，支與交引，留得在京見錢，免致般運勞費。』詔翰林侍講學士孫奭、夏竦同共詳定。既而上言，請同三司使范雍詳定。奭等言：『看詳陝西沿邊便納糧草欲且依舊外，河北入納糧草將一色見錢改作三色香、茶交引。』詔奭等再詳定如何斷绝盡錢不至虧官，及改作三色有無妨礙，具經久利害聞奏。十一月二日，奭等言：『再詳定到河北沿邊州、軍城寨便糴糧草，支與香茶、見錢、三色交引，委得麼遠利便。其客旅於在京榷貨務入納錢物，筭請茶貨，欲於入納實錢内金銀物帛上等第却與加饒。所有十三山場筭請茶貨，欲更不貼射，依舊於在京榷貨務及本處入納錢物筭射。及十三山場買茶，每年差使臣於山場秤盤，欲今後只委制置司鄰近差官。』並從之。

十一月，權三司使范雍言：『近據河北、陝西路轉運司狀：爲客旅知詳定茶法，疑慮別有改更，頓少入中。欲差幹事朝臣一員計會逐路轉運副使，沿邊催促計置，擘畫招誘。』從之。

又 ［天聖四年三月］二十七日，詔：『同詳定計置司樞密院副使張士遜、參知政事呂夷簡、魯宗道各罰一月俸，樞密直學士劉筠已下各罰銅三十斤。前三司使、右諫議大夫李諮落樞密直學士，依舊知洪州，侍講學士孫奭以下及干繫官吏等並特放，三司勾覆官勾獻依法決刺配沙門島，並爲改更茶法、計置糧草前後數目不同，事理失當，致貨利不行故也。』

又 十一月，三司言：『據榷貨務申，準勅命：陝西州軍支給客人交到茶貨，每十千特添一千。乞依乾興元年勑支給茶貨，仍不加擡。』從之。

又 〔天聖〕六年十月，三司言：『望許客入中黃松材木與茶鹽交引。』從之。

又 景祐三年五月十四日，詳定茶法所言：『檢詳天聖元年舊制，商人皆自東京榷貨務納錢，買荆南、海州榷貨務茶，每價錢百貫聽納實錢八十貫；如就本州榷貨務納錢者，每八十貫文增七貫，則荆南、海州茶貨顯是人所願買。昨自天聖四年，許令陝西路將糧草價錢交抄直從本處批畫，往彼筭買，遂致東京榷貨務更無見錢入納，隳墜舊法。今請舉行天聖舊制，却令在京輸納見錢仍比天聖元年價量減數貫，以利商旅。其陝西商人入中糧草，並勒執抄赴京請領見錢，如願筭請茶貨、香藥之類，及換外州軍見錢不等，並聽商人從便，毋得更於抄内批畫去所。』並從之。

十月十九日，詳定茶法所言：『客旅自改新法，未納見錢筭請茶貨。乞下逐處，每舊交引百貫，令客人別買新例交引一百貫三説抄，筭請香藥、象牙，下榷貨務置簿拘管，供申三司。每百貫別買新例香藥、象牙五十貫，限半年筭買了絕。』從之。

又 〔景祐〕四年正月九日，命侍御史知雜姚仲孫同定茶法。詳定茶法所乞指揮榷貨務曉示客旅，今後對買茶貨，每百貫爲則，内六十貫見錢，四十貫許將金銀折納。鋪戶、客人對買新例茶貨、香藥、象牙，今後並於元買分數内各減二分，其已對買、未對買茶，内五分錢香藥、象牙、茶貨，限半年筭買者，各展限三月送納。

又 康定元年二月二十一日，三司言：『乞從京支乳香赴京東等路，委轉運司均分於部下州軍出賣，其錢候及數目，即部押上京，充榷貨務年額。及淮南、江浙所賣末鹽，乞委遂路轉運司選官計度於真州、扬州、漣水軍裝載，分往諸州出賣，其賣到錢，亦部押上京。』從之。

又 〔慶曆〕八年十二月，詔三司：『河北沿邊州軍客人入糧草改行四説之法，每以一百千爲率，在京支見錢二十千，香藥、象牙十五千，在外支鹽十五千，茶四十千。』初，權發遣三司鹽鐵判官董沔言：『竊以今之天下，端拱、淳化之天下，今之稅賦不功耗於前。方端拱、淳化之時，太宗北伐燕薊，西討靈夏，以至真宗朝，二虜未和，用兵數十年，然猶帑藏充實，人民富庶，何以致其然哉？行三説入中之法爾。自西人擾邊，國用不足，民力大匱，得非廢三説之法麼！語曰『「變而不如前，易而多所敗」者，不可不復麼。請依舊行三説，以救財用困乏之弊。』於是下三司議，而舊法每百千支見錢三十千，香藥、象牙三十千，茶引四十千，至是加以向南末鹽爲四説而行之。

又 皇祐三年二月，詔三司：河北沿邊州軍入中糧草，復行見錢之法。初，知定州韓琦及河北都轉運司皆言河北行四説、三説之法不便，下三司詳定新議。而乃言自慶曆八年，河北沿邊始廢見錢入中，而以茶、鹽、香藥、見錢作四説，近裏軍即依康定二年敕作三説，由是便糴州、軍例增穀價，所給交抄皆是爲富室賤價收蓄，轉取厚利，以致米斗七百，甚者千錢。沿邊所入至少，而京帥償價倍多。自改法以來至皇佑二年，凡得穀二百二十八萬四千七百八十九碩，草五十六萬六千四百二十九束，而給錢一百九十五萬六千五百三十五貫。茶、鹽、香藥一千二百九十五萬三千八百二十一貫，緣茶、鹽、香藥民所資有限，且以榷貨務見課較之，即歲費不過五百萬貫，民間既積壓不售，價日益損，而公私兩失之。其茶場交引舊法，賣百千者得錢六十五千，今止二十千；香一斤賣三千八百者，今止五六百；鹽一百八斤舊賣百千者，今止六十千。其利害灼然可見。請以河北沿邊州軍糧草從景祐三年敕，並以見錢入便，其茶、鹽、香藥亦許如舊法筭買。朝廷既從其議，又以前用三説、四説，豪商大賈多蓄積以牟厚利，三司卒稽留爲姦，至是商旅賫抄至，更不用交引戶保，直令榷貨務給錢，亦不關三司諸案，以絕其弊也。

又 〔治平〕十年九月十六日，尚書屯田郎中、侍御史周尹提點湖北路刑獄。先是，尹上言：『成都府路置場榷買諸州茶，盡以入官，最爲公私之害。初，李杞倡行敝法，奪民利未甚多，故爲患稍淺。及劉佐攘代其任，增息錢至倍，無他方術，惟割剥於下，而人不聊生矣。大抵在蜀則園戶苦壓其斤兩，支錢侵其價直；在熙、秦則官價太高，而民間犯法不可禁止。又般運不逮，糜費步乘，堆積日久，風雨損爛，棄置道左，同於糞壤。兼所至不通客旅，惟資無賴小民結連群黨，持杖私販，虧失征

稅，茶司認虛額，又侵盜相繼，刑罰日滋，爲數千里之害，可爲深慮。臣頃在京師，傳聞其事，既未詳盡，安敢輕議 今受命入蜀，所至體問，乃知買茶爲害甚鉅。有知彭州呂陶、知蜀州吳師孟等論奏可以參驗。往者杞、佐繼陳苛法，即信用其言，曾不畧加參考。今議者條其刓蠹，悉皆明白，未即采聽，何勇於興利，而怯於除害乎 臣願敕有司速究榷茶之弊，俯徇衆論，寬西南之慮。』又曰：『竊詳朝廷之意，未欲遽罷榷者，必以西河路買馬年計，茶最爲急耳。但通商之後，舊來諸路茶稅年額錢總二十九萬餘緡，先已復故，即可委逐路轉運司一面管認赴西河路外，有見今官茶，所在州縣堆積極多，足支數年買馬，自今商旅販秦、鳳、熙河路茶，必能接續有備。臣體問廢罷改革事，皆商旅所願，望速下本路逐處根究，臣之所陳有實，即乞罷榷茶之法，許通商買賣，以安遠方』。尹還，未至都而有是命。

又 元豐五年五月二十一日，同提舉成都府等路茶場蒲宗閔言：『成都府路產茶州縣及利州路興元府、洋州已有榷法，今相度巴州等產茶處，亦乞用榷法。』從之。

又 〔元豐〕七年十月十七日，福建路轉運副使王子京言：『建州臘茶舊立榷法，商賈冒販利甚厚。自熙寧三年官積陳茶，遂聽通商，自此茶戶售客之茶甚良，官中所得唯常茶，稅錢極微，南方遺利，無過於此。乞仍舊行榷法。建州歲出茶不下三百萬斤，南劍州亦出二十餘萬斤，欲盡買入官，度逐州軍民戶多少及約鄰路民用之數計置，即官場賣，嚴立告賞，禁建州賣私末茶。乞借豐國監錢十萬緡爲本。』從之，所乞均入諸路榷賣，委轉運司官提舉，福建王子京，兩浙許懋，江東杜偉，江西朱彥博，廣東高鏄。

又 元符三年十二月二日，詔以都水使者魯君貺專切應付茶場水磨。先是，閻守懃、李士京同領茶場，欲榷淮南茶，盡鬻之官，歲當得三百萬緡。奏上，三省抑而不行，至是，三省因奏，神宗本以抑奪成都十數兼併之家，歲課至三十四萬緡，近買種民遂增展及輔郡，人以爲病。詔增展輔郡榷茶指揮勿行，止依元豐舊法。

又 政和元年十一月二十六日，戶部侍郎胡師文奏：『昨准聖訓，令經畫戶部豹用。今先次措置到下項：東南七路收納茶稅錢約一十五萬貫，契勘東南七路所收茶稅錢，久來並依無額上供應副戶部支費，昨熙寧年間歲收不下五六十萬貫，大觀年每歲約收四十餘萬貫，比熙寧年約少收一二十萬貫，蓋是官司因循，失於檢察拘收，致虧省計。臣已措置申請到今年十二月十六日敕，差本部郎官李文仲點檢驅磨外，每歲約增收錢一十五萬貫，添助戶部經費。發運司歲發賣礬錢三萬三千一百貫，契勘東南逐路歲用礬貨，熙、豐、紹聖後來係屬發運司總領九路官般出賣，自大觀二年罷官賣、許客販後來，至今僅及四年，已虧戶部上供額合得賣礬錢八萬餘貫。臣已措置申朝廷，乞依熙、豐舊法官般出賣，罷客販。將合發賣礬錢，依紹聖敕條，令發運司管認舊額，每歲起發錢二萬三千一百貫上京，添助戶部經費。』從之。

又 紹興五年五月十一日，刑部尚書、兼權戶部尚書章誼言：『榷貨務、都茶場，自來不屬戶部，止差戶部長、貳兼行提領。緣茶鹽職事正是金部所隸，自合戶部長貳、郎官通行簽押，更不須別置提領之名。其見行人吏，且令依舊存留，其添給亦依舊，候金部人吏行遣習熟日，各歸本曹。』從之。

又《食貨五六・戶部》〔熙寧七年〕四月五日，詔三司勾當公事李杞等罷相度成都府置市易務，止具經畫買茶于秦鳳、熙河路博買利害以聞。其後成都府轉運司同議，亦以爲便。從之。

又 〔元豐二年〕四月五日，權發遣三司鹽鐵判官、提舉成都府等路茶場、國子博士李稷言：『自熙寧十年冬推行茶法，至元豐元年秋，凡一年，通計課利及舊界息稅並已支、見在錢七十六萬七千六十六緡。』上批：『蜀茶變法，又前後奉行使者失指，議論紛紜，恐動群聽。稷能推原法意，日就事功，宜速遷擢，以勸在位。』遂落權發遣。

又 〔乾道二年〕七月二十五日，詔：『令戶部給降茶鹽鈔引五十萬貫，付湖廣總領所，量州軍事力均撥，招誘客人請買。糴到米，專委守臣認數樁管。其約束事件，令戶部檢坐前後指揮行下。』

又 〔乾道〕八年八月二十二日，戶部言：『淮東省批，湖廣總領所申江、鄂、荊南軍馬錢物，乾道九年分約用錢九百二十八萬八千餘貫。本所依指揮，拘催諸路乾道九年分合發錢銀外，少闕錢三百八十二萬五千五百貫，乞下戶部科撥。數內七十萬貫貼降江西長、短茶引，乞下行在

榷貨務、都茶場，依例印降應副，起發前去湖廣總領所交納。』從之。

又《刑法一・格令一》 ［大中祥符］六年正月八日，詔：『自今凡更定刑名，邊防、軍旅、茶鹽、酒税等事，並令中書、樞密院參議施行。』以上封者言二府命令互出或有差異故也。

又 ［大中祥符］九年五月二十五日，帝謂輔臣曰：『法官每定羣臣封奏，多引往年詔勑云：「非有大益，無改舊章，所奏請不行。」』王旦曰：『起請頻仍，則詔令有礙，是以法官重於更改。』丁謂曰：『近日李溥起請，私鬻茶鹽隨行贓仗全給與人充賞者，多稱假借他人物色，却給元主，頗有情弊，望並納官。法寺詳定，已從溥奏。』帝曰：『特從溥奏者，正是憚其不伏爾。下位有所見，當詳究而行之。』

又 ［元豐］二年五月十二日，成都府等路茶場司上《茶法敕式》，詔行之。先是詔提舉成都府等茶場李稷編修，至是上之，乃詔歲增本司公使錢二百千。

又 ［政和元年二月］二十四日，臣僚言：『東南茶鹽已盡復熙、豐舊法。緣熙、豐、紹聖以來，前後申明、續降不一，宜編次遵守，乞委官修類成書。』從之。

又 ［政和二年］九月十五日，詔：『今年五月已後，應見行鈔法洎茶鹽法合傳載者，大小綱目，具著爲令。』以太師蔡京還冠宰司，圖制國用，公藏私餘，上下皆足，故有是詔。

又 ［紹興］二十一年七月二十八日，太師、尚書左僕射、同中書門下平章事、提舉詳定一司勑令秦檜等上《鹽法勑》一卷、《令》一卷、《格》一卷、《式》一卷、《目録》一卷，《續降指揮》一百三十卷，《目録》二十卷；《茶法勑令格式》并《目録》共一卷，《續降指揮》八十八卷、《目録》一十五卷。詔頒行。鹽法以《紹興編類江湖淮浙京西路鹽法》爲名，茶法以《紹興編類江湖淮浙福建廣南京西路茶法》爲名。先是紹興十九年十月三十日，幹辦行在諸軍糧料院王玨言：『竊以茶鹽之法，祖宗成憲非不詳備，然歲月寖久，積弊滋深。蓋緣州郡申明或因都省批送，或因陳獻，或因海行，並皆隨事設宜，晝時頒降。比自建炎之後來未編集，例多斷闕，改之之文，無復參照，往往州縣所引專法，間是一時省記，因此黠吏舞文，得以輕重其手。望下勑令所取應係茶鹽文字并續降畫一、見行條法，看詳編定。』於是令所言：『尋下諸處抄録到《元豐江湖淮浙路鹽法》，并元豐修書後來應幹茶鹽續降指揮八千七百三十件。今將見行遵用條法逐一看詳，分門編類。』至是上之。時太師、尚書左僕射秦檜爲提舉，刑部侍郎韓仲通爲詳定，左迪功郎魏師遜、右儒林郎方涇、左修職郎周麟之、右從事郎何溥爲删定官。詔修進茶鹽法，依吏部七司例皆推恩。

又 ［紹興］二十三年十一月九日，詳定一司勑令所上《大宗正司勑》一十卷、《令》四十卷、《格》一十六卷、《式》五卷、《申明》一十卷、《目録》五卷。詔頒行。先是紹興十四年七月十四日，諸王宫大小學教授王觀國言：『宗室支派散居四方，雖有大宗正一司法令，而難以推行。』禮部取到諸宫院狀：『契勘本司專法系在京日删修，其間有目今權在外難以推行者，或内有合行删修者。請從令所删修。』從之。至是書成進呈，上諭輔臣曰：『徧閲所修，甚有條理，可頒降施行。』續詔依茶鹽法進書例推恩。

《清史稿》卷四《世祖紀一》 ［順治七年］冬十月辛巳朔，日有食之。己亥，定陝西茶馬例。

又卷一六《仁宗紀》 ［嘉庆二十四年］十二月庚子，吳邦慶以奏覆湖南客民焚殺案不實，降官。丙午，董教增疏請洋船准販茶葉，得旨斥駁。丙辰，袷祭太廟。

又卷二〇《文宗紀》 ［咸豐五年］二月甲午朔，王懿德奏夷商來閩販茶，租賃民房久居，藉收茶税，從之。

又 順治初元，定茶馬事例。上馬給茶篦十二，中馬給九，下馬給七。二年，差御史轄五茶馬司。時商人多越境私販，番族利其值賤，趨之若鶩。兼番僧馳驛往來，夾帶私茶出關，吏不能詰。戶部奏言：『陝西以茶易馬，明有照給金牌勘合之例。今可勿用，但定價值。至番僧所至，如官吏縱容收買私茶，聽巡按御史參究。』茶馬御史廖攀龍又言：『茶馬舊額萬一千八十八匹，崇禎三年增解二千匹，請永行蠲免。』並從之。四年，命巡視茶馬滿、漢御史各一，直隸河寶營地當張家口之西，明時鄂爾多斯部落曾於此交易茶馬，旋封閉。至是，戶部差理事官履勘，以狀聞。諭仍准互市。七年，以甘肅舊例，大引篦茶，官商均分，小引納税三分入

官，七分給商。諭嗣後各引均由部發，照大引例，以爲中馬之用。又舊例大引附六十篦，小引附六十七斤。定爲每茶千斤，概准附百四十斤，聽商自賣。

又 〔順治〕十三年，以甘肅所中之馬既足，命陳茶變價充餉。十四年，復以廣寧、開成、黑水、安定、清安、萬安、武安七監馬蕃，命私馬私茶沒入變價。原留中馬支用者，悉改折充餉。十八年，從達賴喇嘛及根都台吉請，於雲南北勝州以馬易茶。康熙四年，遂裁陝西苑馬各監，開茶馬市於北勝州。七年，裁茶馬御史，歸甘肅巡撫管理。十九年，以軍需急，加福建茶課銀三百五十九兩，至二十六年豁免，並除湖廣新增茶稅銀。時四川產茶多，其用漸廣，戶部議增引，迄康熙末，天全土司、雅州、邛、榮經、名山、新繁、大邑、灌縣並有所增。

又 〔順治〕二十四年，刑科給事中裘元佩言洮、岷諸處額茶三十餘萬篦，可中馬萬匹。陳茶每年帶銷，又可中數萬匹。請遣員專管。三十六年，遂差部員督理茶馬事務。四十年，以陝西私茶充斥，令嚴查往來民人，凡攜帶私茶十斤以下勿問，其馱載十斤以上無官引者論罪。四十四年，以奸商恃有前例，皆分帶零運，私販轉多，飭照舊緝捕，停差部員，仍歸甘肅巡撫兼理。自康熙三十二年，因西寧五司所存茶篦年久浥爛，經部議准變賣。後又以蘭州無馬可中，將甘州舊積之茶，在五鎮俸餉內，銀七茶三，按成搭放。尋又定西寧等處停止易馬，每新茶一篦折銀四錢，陳茶折六錢，充餉。至六十一年，復增西寧、莊浪、岷州、河州茶引，各處所存舊茶，悉令變賣。

又 〔雍正〕雍正三年，遂議自康熙六十一年始，五年內全徵本色，五年後即將舊茶變賣。嗣是出陳易新，總以五年爲率。四年，定陝西行茶，改令產茶地方官給發船票，照商人引目茶數開明，如於部引外搭行印票，及附茶不遵定額者，照私鹽律論，查驗失察故縱，均加處分。八年，命陝西商運官茶，於舊例每百斤准附帶十四斤外，再加耗茶十四斤。又諭：『四川茶稅皆論園論樹，夫樹有大小，園有寬狹，豈能一致？若據以爲額，未得其平。應照斤兩收納，著該撫詳議。』尋議：『舊例每斤徵課二釐五毫，今但徵四絲九忽有奇，前後懸絕，應酌減其半，無論邊、土、腹引，俱納銀一釐二毫五絲。』時川茶行銷，引尚不敷，於是復增，各府、州、縣再行給發。九年，命西寧五司復行中馬法。十年，又命中馬應見發茶。時安徽亦增引，照四川例，以餘引暫存司庫，遇不敷時，配給行運。十三年，復停甘肅中馬。始定雲南茶法，以七斤爲一筒，三十二筒爲一引，照例收稅。

又 乾隆元年，令甘肅官茶改徵折色，每篦輸銀五錢。時西寧五司陳茶充牣，令每封減價二錢，刻期變賣。二年，以江西南昌等三十二州縣地不產茶，四川成都、彭、灌等縣滯銷，其引或停或減，並豁除課銀。七年，免甘肅地震處之課，乃命西寧五司徵本色。八年，免四川天全所欠乾隆七年前之羨餘截角，成都、彭、灌等縣之未完銀兩。十一年，甘肅巡撫黃廷桂奏言：『西寧、河州、莊浪三司，番、民錯處，惟茶是賴。邇年以糧易茶，計用茶六萬五千五百餘封，易雜糧三萬八千一百餘石，請著爲例。』報可。十三年，定甘肅應徵茶封，每年收二成本色、八成折色，並申明水陸各路運商驗引截角法，推行安徽、浙江、四川、雲南、貴州。二十四年，從甘肅巡撫吳達善言，命西寧五司茶封，照康熙三十七年例，搭放各營俸餉。二十五年，吳達善又言：『甘省茶課向爲中馬設。今其制已停，在甘、莊二司地處衝衢，西河二司附近青海，猶有銷路，惟洮司偏僻，商銷茶斤，歷年俱改別司售賣，而交官茶封，仍歸洮庫，往往積至數十萬封，始請疏銷。應將洮司額頒茶引，改歸甘、莊二司給商徵課，俟洮司庫貯搭餉完日，即行裁汰。』

又 〔乾隆〕二十七年，陝甘總督楊應琚復條上疏銷事宜四：『一、官茶應改徵折價也。查甘肅庫貯官茶，向例如存積過多，改徵折色。今五司庫內，自乾隆七年至二十四年，已存百五十餘萬封。經前撫臣吳達善奏准每封作價三錢，搭放兵餉，已搭放四十餘萬封。在市肆官茶日多，非十年之久，不能全數疏銷。且每年商人又增配二十四萬封，商茶既多，官茶益滯。莫若將商交二成官茶五萬四千餘封，照例每封徵折價三錢，俟陳茶銷售將完，再徵本色。一、商茶應准減配也。查甘肅茶法，商人每引交茶五十斤，無論本折，即係額課。外有充公銀三萬九千餘兩，亦係按年交納，無殊正供。至商人自賣茶封，每引止應配正茶五十斤，連附茶共配售三十餘萬封，商人即以配售之茶納課。經吳達善奏准增配以紓商力，並無課項。

第茶封既增，又有搭放兵餉之官茶，勢致愈積愈多，難免停本虧折。今商人願每引止五封，內應減無課茶十五萬八千三百十六封，共止配茶四十萬九千四百四十封，二成本色茶封既議改徵折價，無庸配運。一、陳積茶封應召商減售也。查各司俱有陳茶，而洮司爲多。現每封四錢發售，商民裹足。請仍照原議，每封定價三錢，召商變賣。一、內地、新疆應一體搭放也。查乾隆二十四年吳達善奏准滿、漢各營以茶封搭餉。至新疆茶斤，向資內地。今官茶以沿途站車輓運，無庸脚費，其自肅州運至各處，將脚價攤入茶本之內，較之買自商賈，尚多減省。』疏入，議行。

又 ［乾隆］二十九年，裁甘肅巡撫，茶務歸陝甘總督兼理。三十四年，以甘省庫貯官茶漸少，復徵本色一成。三十六年，又以伊犂等處安插投誠土爾扈特等衆，賞給茶封，仍議照舊徵收二成。三十八年，四川總督劉秉恬奏准三雜谷等處土司買茶，以千斤爲率，使僅敷自食，不能私行轉售。四川設邊引，商人納税領運於松潘等處銷售，無論土司蠻商，俱准赴邊起票販運。嘉慶七年，以陝西神木官銷茶引久經撥歸甘省商銷，令豁除舊存羨餘名目。四川教匪滋擾，蠲除大寧、廣元、太平、通江、南江五州縣茶税。十年，復免大寧、太平、通江、巫山四縣廳税課。十七年，以甘肅庫茶充羨，定商納官茶，全徵折色。二十二年，諭：『閩、皖、浙商人販運武夷、松羅茶赴粤銷售，向由內河行走，近多由海道販運，夾帶違禁貨物私賣。飭令茶商仍由內河行走，永禁出洋販運，違者治罪、茶入官。』

又 道光三年，諭：『那彥成奏定新疆行茶章程，經戶部議覆，烏里雅蘇台、科布多磚茶不得侵越新疆各城售賣。茲將軍果勒豐阿等奏，此項磚茶，由歸化城、張家口請領部票納税而來，已六十餘年，未便遽行禁止。惟新疆既爲官茶引地，商茶究有礙官引，令嗣後商民每年馱載磚茶一千餘箱，前赴古城，仍照例給票，無許往他處售賣。』六年，諭：『前因新疆各城運茶，前將軍等請給引招商納課。茲據慶祥等奏稱，各城無殷實之戶，若遽令承充官商，必致運課兩誤。著北路商民專運售雜茶，並在古城設局抽税，即以所收銀抵蘭州茶商課。俟試行三年，再行定額。至附茶仍由甘商運銷。』八年，欽差大臣那彥成言：『甘肅官茶，年例應出關二十餘萬封。近來行銷至四五十萬封，皆以無引私茶影射，價復遞加，每附茶一封，售銀七八兩至十餘兩不等。請嗣後每封定價，阿克蘇不得過四兩，喀什噶爾不得過五兩，並於嘉峪關外及阿克蘇等處設局稽查。』詔如所請。九年，命甘肅茶務責成鎮迪道總司稽查，奇臺縣就近經管。

又 咸豐三年，閩浙總督王懿德奏請閩省商茶設關徵税。五年，福建巡撫呂佺孫復言：『閩茶向不頒給執照，徵收課税。自道光二十九年，直隸督臣訥爾經額以閩商販運，官私莫辨，議由産茶之崇安縣給照，經過關隘，驗税放行。嗣因産茶不止一處，商人散赴各縣購買，繞道出販，復經撫臣王懿德奏請，自咸豐三年爲始，凡出茶之沙、邵武、建安、甌寧、建陽、浦城、崇安等縣，一概就地徵收茶税，由各縣給照販運，先後下部議准。前歲因粤匪竄擾，江、楚茶販不前，暫弛海禁，各路茶販，遂運茶至省，不從各關經過，不特本省減税，即浙、粤、江西亦形短絀。臣履任後，徧詢茶商獲利，較前不啻倍蓰。商利益厚，正賦轉虧。現粤匪未平，軍需孔急，衆商身擁厚貲，什一取盈，初無所損。且徵諸販客，不致擾累貧民，完自華商，無慮糾纏洋税，以天地自然之利，爲國家維正之供，迥非加增田賦者比。但閩茶不止數縣，必在附省扼要處所設關增卡，給印照以憑查核。連界各省，亦應一體設立，俾免趨避。請自咸豐五年始，凡販運茶斤，概行徵税，所收專款，留支本省兵餉。惟創行伊始，多寡未能預定，俟行一二年後，再行比較定額。』自此閩税始密。然至十年，猶未報部，經部飭催，乃按期奏報。六年，允伊犂將軍扎拉芬泰請，伊犂産茶，設局徵税，充伊犂兵餉之用。十一年，廣東巡撫覺羅耆齡奏請抽收落地茶税。

又 同治元年，飭下湖南、湖北、江蘇、安徽、江西、浙江、福建各督撫，詳查本省産茶及設茶莊處所，妥議章程具奏。二年，兩江總督曾國藩疏，略言：『江西自咸豐九年，定章分別茶釐、茶捐。每百斤除境內抽釐銀二錢，出境又抽一錢五分有零外，向於産茶及設立茶莊處所勸辦茶捐，每百斤捐銀一兩四錢或一兩二錢不等，填給收單，准照籌餉事例彙齊請奬。

臣仍照舊章辦理。本年據九江關署監督蔡錦青詳，請遵照戶部奏准，

飭將鹽、茶、竹、木四項統徵關稅，已於三月起徵。江西茶葉運至九江，有華商、洋商之分。洋商既完子口半稅，固不抽釐，華商既納潯關正稅，亦未便再令完釐。臣即照部章，於義寧州開辦落地稅。惟原奏內大箱淨茶科則稍重，分別核減。參酌茶捐向章，每百斤，義寧州等處徵一兩四錢，河口鎮徵一兩二錢五分，概充臣營軍餉，由臣刊發稅單護票，委員經收。或業戶自行完納，或茶莊代爲完稅領單，至發販時，統由茶莊繳銷稅單。華商換給護票，洋商即憑運照，販至各處銷售。除華商完納九江關稅、洋商完納子口半稅外，經過江西、安徽各釐卡，驗明放行。如此辦理，與戶部原奏、總理衙門條約，一一符合。稅單雖係茶莊經手，稅銀實爲業戶所出。洋商不得藉口於子口半稅，而禁中國之業戶不完中國之地稅。華商既免逢卡抽釐，亦不至紛紛私買運照，冒充洋商。』得旨允行。

又〔同治〕五年，戶部奏准甘省引滯課懸，暫於陝西省城設官茶總店，潼關、商州、漢中設分店。商販無引之茶，到陝呈報。上色茶百斤收課銀一兩，中色六錢，下色四錢。所收解甘彌補欠課。七年，議准歸化城商人販茶至恰克圖，假道俄邊，前赴西洋各國通商，請領部照，比照張家口減半，令交銀二十五兩，每票不得過萬二千斤。十一年，議准甘省積欠舊課，仍追舊商。召募之新商試新課。其雜課、養廉、充公、官禮四項緩徵。十三年，議准甘省仿淮鹽之例，以票代引，不分各省商販，均令先納正課，始准給票。其雜課歸併釐稅項下徵收。各項名色概予刪除。行銷內地者，照納正課三兩外，於行銷地各完釐稅，每引以一兩數錢爲度，多不過二兩。出口之茶，則另於邊境局卡加完釐一次，以示區別。

又　光緒十年，戶部統籌財政，於茶法略言：『據總理衙門單開，光緒八、九等年出口茶數多至萬九千餘萬斤。查道光年間英國所收茶稅，約每百斤收銀五十兩，而我之出口稅僅納二兩五錢，不及十一。擬照甘肅茶封之例，每五十斤就園戶徵銀三錢。增課既多，洋人無所藉口。或照寧夏、延、榆、綏等處茶引每道徵銀三兩九錢之例，於產茶處所設局驗茶，發給部頒茶照，每照百斤，徵銀三兩九錢，經過內地關卡，另納釐稅，驗照蓋戳放行，不准重復影射。所有茶照，按年豫行赴督請領，原照一年後作廢。或於產茶處所驗茶發給部照，既完課三兩，再倍收銀三兩九錢，前後共徵七兩八錢，一切雜費均予豁除。惟於各海關及邊卡，凡應納洋稅，仍照向章完納。若在內地行銷販運，無論經過何省何處釐卡關榷，均免再徵。則改釐爲課，改散爲總，既便稽查，復免侵漁。惟園戶及販商若何防其走漏，應令各省參酌定章，覆奏辦理。』

又〔光緒〕十二年，以山西商人在理藩院領票，詭稱運銷蒙古地方，實私販湖茶，侵銷新疆南北兩路。一票數年，循環轉運，往往逃釐漏稅。經部奏准，嗣後領票，註明『不准販運私茶』字樣。如欲辦官茶，即赴甘肅領票繳課完釐。倘復運銷私茶，查出沒官。

又〔光緒〕三十三年，茶葉公會以狀陳於度支部，稅務司亦以茶稅減少爲言，於是命籌整理之策。宣統初，農工商部遂有酌免稅釐之議。漢口、福州皆自外國購入製茶機器，且由印度聘熟練教師。江西巡撫又籌欵貸與茶戶。自是銷入歐洲及北阿非利加洲者乃稍暢旺。

雜録

《宋史》卷二六七《陳恕傳》　恕事母孝，母亡，哀慕過甚，不食葷茹，遂至羸瘠。起復視事，遷尚書左丞、權知開封府。恕已病，猶勉強親職，數月增劇，表求館殿之職，獲奉以濟其貧。真宗曰：『卿求一人可代者，聽卿去。』是時寇準罷樞密使，恕即薦以自代，遂以準爲三司使，恕爲集賢學士、判院事。準即檢尋恕前後改革興立之事，類以爲冊，及以所出榜，別用新板，躬至恕第請判押。恕亦不讓，一一押之，自是計使無不循其舊貫。至李諮爲三司使，始改茶法，恕之規模漸革矣。

又卷二九二《論曰》　論曰：時治平而文德用，則士之負藝者致位政府，宜矣。李諮、程戡曉暢吏事。諮變茶法，雖浮議動搖，乍行乍止，卒無能易其說。

又卷三〇一《高覿傳》　高覿字會之，宿州蘄人。進士起家，爲嘉興縣主簿。後以孫奭薦，改秘書省著作佐郎，累遷尚書屯田員外郎、通判泗州。詔定淮南場茶法，覿陳説利害，不報。

又卷三二一《择仁傳》　戩中以事，出爲顯謨閣直學士、知熙州，從永興軍。走馬承受藍從熙言其擅改茶法，奪職，免。再閱歲，以徽猷閣

待制領江、淮發運，還直學士、知渭州。以病提舉崇福宮，起知青州，不克拜，卒，年六十六。

又卷三三七《范鎮從孫祖禹傳》 忽有旨召內臣十餘人，祖禹言：『陛下親政以來，四海傾耳，未聞訪一賢臣，而所召者乃先內侍，必謂陛下私於近習，望即賜追改。』因請對，曰：『熙寧之初，王安石、呂惠卿造立新法，悉變祖宗之政，多引小人以誤國，勳舊之臣屏棄不用，忠正之士相繼遠引。又用兵開邊，結怨外夷，天下愁苦，百姓流徙。賴先帝覺悟，罷逐兩人，而所引羣小，已布滿中外，不可復去。蔡確連起大獄，王韶創取熙河，章惇開五溪，沈起擾交管，沈括、徐禧、俞充、种諤興造西事，兵民死傷皆不下二十萬。先帝臨朝悼悔，以謂朝廷不得不任其咎。以至吳居厚行鐵冶之法於京東，王子京行茶法於福建，蹇周輔行鹽法於江西，李稷、陸師閔行茶法、市易於西川，劉定教保甲於河北，民皆愁痛嗟怨，比屋思亂。賴陛下與先後起而救之，天下之民，如解倒縣。惟是向來所斥逐之人，窺伺事變，妄意陛下不以修改法度爲是，如得至左右，必進姦言。萬一過聽而復用之，臣恐國家自此陵遲，不復振矣。』又論：『漢、唐之亡，皆由宦官。自熙寧、元豐間，李憲、王中正、宋用臣輩用事總兵，權勢震灼。中正兼幹四路，口敕募兵，州郡不敢違，師徒凍餒，死亡最多；憲陳再舉之策，致永樂摧陷；用臣興土木之工，無時休息，罔市井之微利，爲國斂怨。此三人者，雖加誅戮，未足以謝百姓。憲雖已亡，而中正、用臣尚在，今召內臣十人，而憲、中正之子皆在其中。二人既入，則中正、用臣必將復用，願陛下念之。』

《文獻通考》卷一八《征榷考五・榷茶》 凡茶、鹽經從而把隘官軍以搜檢奸細爲名而騷擾者，依軍法施行。明年，以罰太重，減徒。

又 ［建炎］三年，捕私茶賞罰依鹽事指揮。祖宗應犯榷貨並不根究來歷，止以見在爲坐。

嘉祐著令，今戶部言，不係出產州軍捕獲私販茶、鹽，可以不究來歷其出產州軍私販者，並係亭、竈、園戶爲之，一概不究，無以杜私販之弊。詔自茶、鹽外，其餘榷貨並不根究來歷。他日，都省又言，應犯私茶、鹽，不得信憑供指，妄有追呼。詔從之。

《明史》卷一二一《安慶公主傳》 安慶公主，寧國主母妹。洪武十四年下嫁歐陽倫。倫頗不法。洪武末，茶禁方嚴，數遣私人販茶出境，所至繹騷，雖大吏不敢問。有家奴周保者尤橫，輒呼有司科民車至數十輛。過河橋巡檢司，擅捶辱司吏。吏不堪，以聞。帝大怒，賜倫死，保等皆伏誅。

又卷一二七《李善长傳》 太祖爲吳王，拜右相國。善長明習故事，裁決如流，又嫺於辭命。太祖有所招納，輒令爲書。前後自將征討，皆命居守，將吏帖服，居民安堵，轉調兵餉無乏。嘗請榷兩淮鹽，立茶法，皆斟酌元制，去其弊政。既復制錢法，開鐵冶，定魚稅，國用益饒，而民不困。吳元年九月論平吳功，封善長宣國公。改官制，尚左，以爲左相國。太祖初渡江，頗用重典，一日，謂善長：『法有連坐三條，不已甚乎？』善長因請自大逆而外皆除之，遂命與中丞劉基等裁定律令，頒示中外。

又卷一八一《劉健傳》 帝自十三年召對健等後，閣臣希得進見。及是在位久，益明習政事，數召見大臣，欲以次革煩苛，除宿弊。嘗論及理財，東陽極言鹽政弊壞，由陳乞者衆，因而私販數倍。健進曰：『太祖時茶法始行，駙馬歐陽倫以私販坐死，高皇后不能救。如倫事，孰敢爲陛下言者。』帝曰：『非不敢言，不肯言耳。』遂詔戶部覈利弊，具議以聞。

又卷一八二《馬文升傳》 滿四之亂，陝西巡撫陳价下吏，即家起文升右副都御史代价。馳至軍，與總督項忠討平之。事具忠傳。録功進左副都御史，巡撫如故。文升數條奏便宜，務選將練兵，修安邊營至鐵鞭城烽堠，剪除劇賊。西固番族不即命者悉滅之。修茶政，易番馬八千有奇，以給士卒。

又卷一九八《楊一清傳》 弘治十五年用劉大夏薦，擢都察院左副都御史，督理陝西馬政。西番故饒馬，而仰給中國茶飲以去疾。太祖著令，以蜀茶易番馬資軍中用。久而寖弛，奸人多挾私茶闌出爲利，番馬不時至。一清嚴爲禁，盡籠茶利於官，以服致諸番，番馬大集。會寇大入花馬池，帝命一清巡撫陝西，仍督馬政。

又卷二八五《傅恕傳》 傅恕，字如心，鄞人。學通經史，與同郡烏斯道、鄭真皆有文名。洪武二年詣闕陳治道十二策，曰：正朝廷、

重守令、馭外蕃、增祿秩、均民田、更法役、黜異端、易服制、興學校、慎選舉、罷榷鹽、停榷茶。太祖嘉納之，遂命修元史。

《宋會要輯稿・刑法六・檢驗》 〔元豐〕六年十一月十七日，朝請郎蒲宗閔可免劾，為尚書都官郎中。初，詔張汝賢定奪宗閔與郭茂恂互奏事，多不當，以茶法推行之初，宗閔能協力職事，不為異論所搖，故免之。

又《選舉二八・舉官二》 〔元豐元年〕五月二十一日，提舉茶場李稷言：『三路三十六場大小使臣殆及百員，乞不限員數，舉三班使臣。』從之。內歲許舉官十員，候三年茶法成序取裁。

又《職官四二・發運使》 景德二年五月，以崇儀副使李溥制置淮南江浙荊湖茶鹽礬稅，兼都大發運使。時新易榷茶法，故專任溥以集其事。

又《職官四三・都大提舉茶馬司》 〔元豐〕四年五月十二日，陝西府路轉運使、都大提舉茶場李稷言：『臣典領茶法五年，選辟官屬同心一力，奉宣條詔。今所差諸州官罷滿及期，乞本司自今奏辟雅州、漢州知州，邛、彭、利州通判，名山、永康、綿谷、順政知縣，所貴維持法度，久益不懈。』詔如轄下官弛慢，令茶場司奏易，劾罪以聞。

又《職官六六・黜降官三》 〔元豐六年〕十一月二十四日，戶部尚書李承之、侍郎蹇周輔各罰銅六斤，金部郎中晁端彥、員外郎井亮采各罰銅八斤，戶部及都省吏以差罰金，以議茶法不當也。

又《食貨志二九・買茶額》 淮南路東路 黃州麻城場：年額二十一萬七千四百八斤；蘄州三場：洗馬場，年額百二十二萬一千八百八十七斤；石橋場：二百萬四千七百二十九斤；王祺場：五十七萬三千八百三十二斤。壽州三場、霍山場：年額八十四萬五千六十四斤；麻步場：四十二萬三千六百斤；開順場：三十六萬八千八百三十八斤。光州三場、光山場：年額十八萬八千一百九十一斤；商城場，三十八萬三千二百六十三斤；子安場：十三萬三千五百六十二斤。舒州二場、羅原場：年額三十萬八千一百五十斤；太湖場：百二十一萬四千一百四十八斤。廬州王同場：年額七千七萬六千一百二十七斤。凡十三場，皆課園戶焙造輸賣或折稅，以備榷貨務商旅算請。

江南路東路 宣州：百九萬二千三百九十八斤；歙州：六萬七千二百六十四斤；池州：十五萬六千六百八十七斤；饒州：五十五萬一千八百三十九斤；信州：二萬四千四十九斤；江州：六十九萬八千五百四十七斤；廣德軍：一十二萬二千三百九斤；南康軍：十二萬七千二百三十一斤。

西路 洪州：百六十萬八千二百三十一斤；撫州：十萬三千五十四斤；筠州：八萬六百七十九斤；袁州：二十萬六千六百九十七斤；臨江軍：二萬六千八百六十四斤；興國軍：五百二十九萬七千三百六十斤，建昌軍：七千八十二斤；虔州、吉州、南安軍，無茶額，只納折稅茶充本處食茶出賣。

兩浙路 杭州：四十二萬八千一百一十五斤；越州：二萬一千六百五十三斤；蘇州：六千五百斤；湖州：十二萬一千九百一十斤；明州：六萬六千六十四斤；婺州：五萬二千二百七十六斤；常州：五萬一千二百六十一斤；溫州：七萬八千一百九十斤；台州：一萬三千一百斤；衢州：六千八百九斤；睦州：四千二萬一千七十三斤；處州：一萬三千八百二十四斤。

荊湖路南路 潭州：四十七萬千七七百八十五斤；郴州，無買額，止納折稅茶充本處食茶出賣。

北路 荊南府：二十九萬四千斤；鄂州：三十六萬三千一百三十五斤；岳州：一百二萬八百八十九斤；澧州：二千八百八十七斤；鼎州：一萬二千九百一十六斤；歸州：五萬三千六百一十四斤；峽州：六萬四千六百二十八斤；辰州，無買額，只納折稅茶充本州島食茶出賣；荊門軍：一萬二千一百六十斤。

福建路 建州：三十四萬六千九百九十五斤；南劍州：四萬六千五百八十八斤。

川峽、廣南州軍止以土產茶通商，別無茶法。

又《賣茶額》 江陵府務受本府及潭、贛、澧、鼎、歸、峽州茶，祖額三十一萬五千一百四十八貫三百七十五文；真州務受洪、宣、歙、撫、吉、饒、江、池、筠、袁、潭、岳州、臨江、興國軍茶，祖額五十一萬四千二十三貫九百三十三文。海州務受杭、越、蘇、湖、明、婺、常、

温、台、衢、睦州茶，祖額三十萬八千七百三貫六百七十六文；蘄州蘄口務受洪、潭、建、劍州、興國軍茶，祖額三十六萬七千百六十七貫一百二十四文。無為軍務受洪、宣、歙、饒、池、江、筠、袁、潭、岳、建州、南康、興國軍茶，祖額四十三萬五百四十一貫五百四十文；漢陽軍務受鄂州茶，祖額二十一萬八千三百一十一貫五十一文。

凡六榷貨務掌受諸州、軍買納茶，以給商人，於在京及本務入納見錢算請。

又《買茶場》 壽州霍丘縣場，太平興國六年置，嘉祐四年罷。廬州舒城縣場，舊置，嘉祐四年罷。蘄州蘄春縣洗馬場，乾德三年置；石橋場，開寶二年置，蘄水縣王祺場，淳化二年置。並嘉祐四年罷。舒州羅源場、太湖場，舊制，嘉祐四年罷。光州光山場、商城場、子安場，舊置，嘉祐四年罷。眉州丹稜縣場，熙寧十年置。蜀州永康縣場，熙寧七年置；青城縣場、味江寨場，並熙寧九年置。彭州棚口場，相承舊有；導江縣場、蒲村鎮場、木頭場，並熙寧十年置。綿州彰明縣場、龍安縣場，熙寧十年置。漢州楊村場，熙寧十年置。嘉州洪雅縣場、楊村鎮場，並熙寧十年置。邛州在城場，景德二年置，康定元年併入都稅務；火井場、大邑場，並景德二年置；思安場，熙寧五年置。雅州在城場，熙寧九年置；名山縣場，熙寧七年置；百丈鎮場，九年置。黄州麻步場，舊置，嘉祐四年罷。興元府在城場、油麻場，並熙寧七年置；城國縣場，八年置。洋州在城場、斯多店場、西鄉場，並熙寧七年置。文州在城場，熙寧八年置。建州在城場，舊置。

又 在京：都茶庫。秦州：在城及清水縣、隴成縣、百家鎮、鐵冶鎮、伏羌城、甘穀城、三陽寨、安寧寨、弓門寨、雞川寨、隴城寨、永寧寨，熙寧八年閏四月置。涇州：在城及靈台縣、良原縣、百理鎮，熙寧九年十二月置。熙州：在城及寧河寨、慶平堡、渭源堡，熙寧八年六月置。隴州：在城及汧陽縣，熙寧九年十二月置。成州：在城及府城場、栗亭場、渥陽場，熙寧九年十二月置。岷州：在城及長道縣、大潭縣、鹽官鎮、宕昌寨、閭川寨、長川寨、荔川寨、谷藏堡，熙寧八年閏四月置。渭州：在城及潘原縣、安化縣、瓦亭寨，熙寧九年十一月置。原州：在城，熙寧九年十月置。階州：在城及將利縣、西故城鎮、峰貼硤寨，熙寧八年八月置。鎮戎軍：在城，熙寧九年十一月置。德順軍：在城及靜邊寨、治平寨，熙寧九年十月置。通遠軍：在城及塾羊寨、鹽川寨，熙寧八年七月置。壽州：霍丘縣，太平興國六年置，嘉祐四年二月罷。蘄州：蘄水縣王祺場，淳化二年置，嘉祐四年三月罷；蘄春縣洗馬場，乾德三年置，嘉祐四年罷。

凡税租之數，總二十二萬八千七百五十二斤。江南東路夏二萬五千六百六十三斤，秋九千四百六十斤，西路夏八萬二千五百六十一斤，荊湖北路夏七百三十六斤，福建路夏二萬四千一百九十九斤，利州路夏三萬七千二十八斤，秋一百七十斤，夔州路夏七千九百九團。

凡山澤之入，總四十八萬二千一百七十九斤。臘茶三十五萬五千七百七斤，福建路龍茶二百八十斤，鳳茶二百八十斤，京挺茶二百六十斤，的乳茶一萬二千二十八斤，白乳茶四千九百二十六斤，頭金茶二萬三千三百九十二斤，頭骨茶二十一萬九千八百七十斤，次骨茶五百三十六斤，臘面茶七萬五千三百二十七斤，山茶一萬一千八百八斤，草茶一十二萬六千四百七十二斤，江南東路草芽五千一百九十二斤，西路草茶七萬斤，荊湖北路草茶五萬一千二百八十斤。

凡租錢之數，總二十二萬三千七百九十六貫。淮南西路三萬八千一百二十九貫，兩浙路四萬七千四百四十貫，江南東路一萬二千五十四貫，西路一萬六千九百六十七貫，荊湖南路二萬三千六百四十四貫，北路七萬五千二百五十七貫，福建路三百五貫文。

凡本錢之數，總四十四萬七千一百四十四貫。淮南西路一十萬六千一百四貫，兩浙路十萬八千三十貫，江南東路五萬五千五百一十貫，西路五萬九千一百五貫，荊湖南路九萬一千三百七十五貫，北路五萬七千二十貫。

凡榷易之利，總八萬貫。市易務四萬貫，都茶鹽院四萬貫。

凡税錢之數，總銅錢計四十五萬八千六百六十貫，鐵錢六萬五千七百七十一貫。在京税院六萬八千九百一十六貫，府界一萬七千三百五十七貫，京東東路二萬二千八百九十四貫，西路二萬九千九百二十貫，京西南路二萬六千二百二十七貫，北路二萬一千七百一十二貫，永興軍路八千八十五貫，秦鳳路三萬一千六百八十五貫，河北東路五萬五千三百

三十四貫，西路三千八百九十九貫，河東路銅錢一萬二千一百六十五貫，鐵錢一千七百四十四貫，淮南東路三萬二千一百九貫，西路三萬一千七百九十四貫，兩浙路五萬一千九貫，江南東路一萬四千九百八十三貫，西路一萬二百三十一貫，荊湖南路六千五十五貫，北路一萬四千七百六十一貫，福建路二千一百九貫，廣南東路四百七十七貫，西路九百四十二貫，成都府路三萬三百一貫，梓州路七千二百七十貫，利州路七千五百九十七貫，夔州路一萬八千八百五十九貫。已上《國朝會要》

茶法自政和以來，官不置場，收賣亦不定價，止許茶商赴官買引，就園戶從便交易，依引內合販之數，赴合同場秤發。至於今不易，公私便之。

又《茶數收入》 兩浙東路 紹興府：會稽、山陰、余姚、上虞、蕭山、新昌、諸暨、嵊，三十八萬五千六十斤，明州慈溪、定海、象山、昌國、奉化、鄞，五十一萬四百三十五斤；台州：臨海、寧海、天台、仙居、黃巖，一萬九千二百五十八斤一十一兩七錢；溫州：永嘉、平陽、樂清、瑞安，五萬六千五百一十一斤；衢州：西安、江山、龍遊、常山、開化，九千五百斤；婺州：金華、蘭溪、東陽、永康、浦江、武義、義烏，六萬三千一百七十四斤九兩二錢；處州：麗水、龍泉、松陽、遂昌、縉雲，一萬九千八十二斤。

兩浙西路 臨安府：錢塘、於潛、臨安、余杭、新城、富陽，二百一十九萬六百三十二斤二十三兩；湖州：烏程、歸安、德清、武康、長興、安吉，一十六萬一千五百一斤；嚴州：建德、壽昌、淳安、遂安、桐廬、分水，二百一十二萬一百六十斤；平江府：吳縣，六千二百斤；常州：宜興，六千一百二十二斤。

江南東路 太平州：繁昌，二百斤；寧國府：宣城、南陵、太平、寧國、旌德、涇，一百一十二萬六百五十四斤；徽州：休寧、婺源、績溪、祈門、黟、歙，二百一十萬二千五百四十斤一十四兩；池州：貴溪、青陽、石埭、建德，二十八萬四百三十九斤；饒州：鄱陽、浮梁、德興，一十三萬五千五百五十五斤三兩；信州：上饒、鉛山、弋陽、玉山、永豐、貴溪，一萬九百三十一斤一十五兩；南康軍：星子、建昌，三萬九千一百四十九斤；廣德軍：廣德、建平，六萬九千七百一十斤。

江南西路 隆興府：靖安、新建、分寧、奉新，二百八十一萬九千四百二十五斤；建昌軍：南城、南豐、新城、廣昌，九千五百八十斤；贛州：瑞金、贛，一萬四百斤；吉州：廬陵、永新、永豐、太和、安福、萬安、吉水、龍泉，一萬七百八十斤；撫州：臨川、崇仁、宜黃、金溪，二萬一千二百七十六斤一十二兩四錢；袁州：宜春、萍鄉、萬載、分宜，九萬六百八十三斤二兩；江州：德化、瑞昌、德安，一百四十六萬二千二百五十斤；筠州：高安、新昌、上高，八千三百一十六斤；興國軍：永興、通山，九十三萬六千五百五十五斤；南安軍：大庾、上猶、南康，四千一百五十斤；臨江軍：清江、新喻、新淦，六千六百三斤。

荊湖南路 潭州：善化、長沙、瀏陽、湘陰、醴泉、衡山、寧鄉、湘潭、安化、益陽、湘鄉、攸，一百三萬四千八百二十七斤一十二兩五錢；衡州：耒陽、安仁、常寧、茶陵，一千六百七十五斤；永州：零陵，二萬三百一十斤；邵州：邵陽、新化，六千二百五十斤一十三兩五錢；全州：清湘、灌陽，三千八百五十斤一十三兩；郴州：永興、宜章、桂陽、郴，一萬九百九十四斤；桂陽軍：平陽、藍山，一千三百二十五斤；武岡軍：武岡，四萬六千六百一十五斤。

荊湖北路 常德府：武陵、桃源、龍陽，一十三萬一百八十斤荊南府江陵：松滋、石首、枝江，三千二十五斤八兩；荊門軍：當陽，一百斤；沅州：盧陽、麻陽，三百七十一斤；歸州：秭歸、巴東、興山，四萬八千五百斤；辰州：沅陵、盧溪、辰溪，二千三百三十九斤一十兩；澧州：澧陽、石門、慈利，一萬一千五百斤，峽州：夷陵、宜都、長陽、遠安，三萬八百八十斤；岳州：巴陵、平江、臨湘、華容，五十萬一千二百四十斤；鄂州：蒲圻、江夏、通城、武昌、嘉魚、咸寧、崇陽，一十七萬七千七百一十斤一十二兩。

福建路 南劍州：將樂、尤溪、劍浦、順昌、沙，一萬一百斤；福州：古田，二百一十斤；建寧府：建陽、崇安、浦城、松溪、政和、甌寧、建安，九十五萬斤；汀州：寧化、上杭、清流、武平、長汀、蓮城，一萬一百斤；邵武軍：泰寧、邵武、建寧、光澤，一萬一千二百五十九斤八兩。

淮南西路　舒州：懷寧、太湖、宿松、桐城，一萬三百三十九斤五兩；廬州：舒城，二百二十六斤八兩五錢；蘄州：蘄春、廣濟、黄梅、蘄水、羅田，七千一百三十二斤三兩五錢；壽春府：六安，一千五百六十斤。

廣南東路　循州：龍川，一千七百斤；南雄州：保昌，九百斤。

廣南西路　融州：融水，二千斤；靜江府：臨桂、靈川、興安、荔浦、義寧、永福、古、修仁，七萬二千二百八十六斤六兩；潯州：平南，一千一百斤；鬱林州：南流、興業，六千二百斤；賓州：嶺方，六百五十斤；昭州：立山，七千五百斤。以上《中興會要》。

浙東路　紹興府：會稽、山陰、諸暨、蕭山、余姚、上虞、嵊，三十三萬三千九百斤二兩。台州：臨海、黄巖、寧海、天台、仙居，二萬二百斤一十一兩七錢；婺州：金華、蘭溪、武義、浦江、義烏、東陽、永康，六萬三千七百一十四斤一十三兩；溫州：永嘉、瑞安、平陽、樂清，四萬七千八百五十斤；處州：麗水、龍泉、松陽、遂昌、縉雲、青田，一萬八千一百一十一斤；衢州：西安、江山、龍遊、常山、開化，一萬一千四百二十四斤；明州：鄞、慈溪、奉化、象山、定海、昌國，三十四萬六千六十六斤；

浙西路　臨安府：錢塘、余杭、富陽、於潛、臨安、新城，二百八萬三一百三十斤；湖州：烏程、歸安、長興、安吉、德清、武康，七萬九千四百四十六斤；平江府：吴縣，七百斤；常州：宜興，六千三百斤；嚴州：建德、淳安、分水、桐廬、遂安、壽昌，二百五十六萬九千六百四十斤。

江南東路　太平州：繁昌，二百斤；寧國府：宣城、寧國、旌德、太平、涇，七十七萬八千二百五十斤；徽州：婺源、休寧、祁門、黟、歙，二百二十八萬六千一百斤；池州：貴池、青陽、石埭、建德，五萬九千七百二十斤；饒州：鄱陽、浮梁、德興，一十萬七千一百四十斤；信州：上饒、鉛山、貴溪、弋陽、永豐、玉山，一萬二百斤；南康軍：星子、建昌，四十七萬三千四百九十斤；廣德軍：廣德、建平，二萬六千二百八十斤。

江南西路　隆興府：南昌、新建、分寧、武寧、豐城、進賢、奉新、靖安，三百四萬一千一十斤；江州：德化、瑞昌、德安，一百四十八萬六千七百二十斤；筠州：高安，一萬四千一百斤；袁州：宜春、分宜、萍鄉、萬載，三萬七百斤；贛州：瑞金、贛，七千四百斤；吉州：廬陵、吉水、永豐、安福、永新，九千七百斤；撫州：臨川、崇仁、宜黄、金溪，三千六百斤；建昌軍：南豐、南城、廣昌、新城，九千四百斤，興國軍：永興、通山，六十四萬七千一百六十斤；臨江軍：清江、新淦、新喻，六千九百斤；南安軍：大庾、南康、上猶，三千五百斤。

荆湖南路　潭州：長沙、善化、湘潭、衡山、湘陰、醴陵、瀏陽、益陽、寧鄉、安化、湘鄉、攸，一百二萬五千三百四十九斤一十兩半；衡州：耒陽、常寧、安仁，五千四百四十九斤一十兩半；永州：零陵，二萬三百一十斤；邵州：新化，六千二百五十斤一十三兩半，全州：清湘、灌陽，四千四百斤；郴州：永興、郴，一千九百九十四斤；桂陽軍：平陽，一千一百二十五斤；武岡軍：武岡，九千八百二十三斤。

荆湖北路　岳州：在城合同場、平江，五十萬九百六十斤；鄂州：在城合同場、蒲圻、崇陽、武昌、咸寧、嘉魚，一十七萬七千一百四十斤；歸州：在城合同場、興山、巴東，三萬五千三百斤；峽州：在城合同場、宜都、長陽、遠安，一萬九千五百八十斤；荆南：在城合同場，二千五百斤；澧州：在城合同場，一萬一千五百斤；常德府：在城合同場，一十二萬九千九百斤。

福建路　建寧府：建安、甌寧、建陽、崇安、政和，九十八萬三千四百九十三斤；南劍州：劍浦、將樂，二萬九千八百三十五斤一十三兩；福州：古田，一百七十斤；汀州：長汀、寧化、清流、蓮城，五千二百斤；邵武軍：邵武、光澤、建寧、泰寧，一萬九千一百八十六斤一十三兩九錢。

淮南西路　廬州：舒城，一千八百一十六斤五兩；舒州：懷寧、桐城、宿松、太湖，一萬一千八百五斤九兩二錢；蘄州：蘄春、廣濟、黄梅、蘄水、羅田，七千六百七十三斤一十五兩；安豐軍：六安，一千六百五十七斤一十四兩。

廣南東路　南雄州：保昌，四百斤；循州：龍山，一千四百斤。

廣南西路　靜江府：臨桂、靈川、興安、義寧、永福、古、修仁。荔浦，四萬八千一百二十三斤；潯州：平南，一千九百九十五斤；賓州：嶺方，七百斤；鬱林州：南流、興業，一千二百四十斤；昭州：立山，四百七十斤。以上《乾道會要》。

又《買茶價》　淮南路西路　廬州王同場，散茶上號每斤二十六文四分，中號十九文八分，下號十五文四分。壽州三場、霍山場，散茶上號每斤三十四文一分，中號三十文一分，下號二十二文。麻步場，上號三十四文一分，中號三十文一分，下號二十二文。開順場，上號三十三文，中號二十八文六分，下號二十二文。舒州三場：羅源場，散茶上號每斤二十八文，中號二十五文，下號二十二文。太湖場，上號三十八文五分，中號三十三文，下號二十七文。龍溪場，上號二十七文五分，中號二十四文二分，下號十八文七分。光州三場、商城場，散茶上號每斤三十四文一分，中號三十文八分，下號二十四文二分，淺山一十九文八分。子安場，上號三十三文，中號二十七文五分，下號二十二文；淺山十七文六分。光山場，中號十七文六分，下號十五文四分。蘄州三場、洗馬場，散茶上號每斤三十八文五分，中號三十三文，下號二十七文五分，次下號二十二文。石橋場，上號三十五文二分，中號二十九文七分，下號二十四文二分，次下號二十二文。王祺場，上號三十五文二分，中號二十九文七分，下號並次下號並二十二文。黄州麻城場，散茶上號每斤三十五文二分，中號二十九文七分，下號二十四文二分。

江南路東路　歙州，片茶華英、先春、來泉並折税。江州，散茶下號每斤十六文五分。池州，片茶慶合每斤百三十二文，福合百二十一文，運合百一十文，不及號七十七文；散茶十三文。饒州，片茶慶合每斤百四十三文，運合百三十二文，仙芝百一十文，不及號七十七文。廣德軍，散茶第二、第三號並每斤七十文六分。

西路　洪州，散茶上號每斤十九文八分，中號十八文七分，下號十六文五分。處州，片茶每斤八文。袁州，片茶綠英號每斤百八十七文，玉津號百四十三文，金片百一十文。撫州，散茶每斤二十九文。筠州，散茶每斤十六文五分。興國軍，片茶不及號，每斤六十五文，兩府號四十文，散茶十四文六分。建昌軍，散茶每斤十二文足。臨江軍，片茶每斤百九十八文，散茶十三文。南安軍，散茶每斤三文。

兩浙路　杭州，片茶第二等每斤百六十五文，第三等百三十二文，散茶十三文。越州，片茶第一號每斤百八十七文，第二號百六十五文，第三號百三十二文；散茶第三等十八文。湖州，片茶第一號每斤百八十七文，第二號百六十五文，第三號百三十二文；散茶十七文六分。婺州，方片第二等每斤二十二文，散茶第三等十八文七分。明州，片茶每斤三十五文五分，散茶第二等二十三文，第三等十六文。常州，片茶大捲上號每斤百九十八文，中號百六十五文；散茶上等三十三文，中等二十七文，下等二十二文。溫州，片茶中號每斤百六十五文，散茶第五等每斤八文。台州，散茶末等每斤二十二文。衢州，片茶第二等每斤二十二文，第三等十八文七分，第四等十六文五分，第五等十四文三分；散茶十二文三分。睦州，片茶第一號每斤三百四十二文，第二號二百九文，第三號百七十六文，散茶第二等二十二文。

荊湖路南路　潭州，大方茶獨行每斤二百七十五文，靈草二百四十二文，綠芽二百二十二文，片茶百三十二文，茗子四十四文。

北路　江陵府，散茶建寧大柘、退場頭子，每斤並十三文足，府管楊木草子十九文三分足。鄂州，片茶第一號每斤百六十五文，第二號百三十二文，第三號九十九文，不及號七十七文，次不及號五十文。鼎州，片茶第一號每斤二百三十一文，第二號百九十八文，第三號百七十六文。澧州，片茶每斤百六十五文。峽州，散茶草子每斤十七文一分六釐。岳州，片茶大方每斤百七十六文，開捲十五文一分八釐，小捲十二文九分八釐，散茶十八文七分，生黄二十二文，第三、第四號並十六文五分。歸州，散茶每斤十五文。

福建路　建州，的乳每斤百九十文，白乳百六十文，頭金百三十五文，臘茶百二十文，頭骨九十文，次骨六十文，第三骨四十五文，末骨二十四文，山茶十三文。南劍州，的乳每斤百八十文，白乳百五十文，頭金百四十文，臘面百一十文，頭骨八十文，次骨五十文，第三骨三十五文，末骨二十五文，山挺十三文。邵武軍，土產散茶每斤十文。

又　淮南路東路　海州並，諸州般供，建州頭金每斤五百文，臘面四百一十五文，骨茶三百五十五文。潭州，雨前散茶百二十文，興國軍，

不及號片茶二百文，宣州、洪州、岳州、廣德軍散茶、興國軍不及號散茶，並五十文。海州榷貨務、杭州，第一號九百一十七文，第二號八百五十文，第三號七百七十九文。明州、婺州、衢州，中號並八百七十五文。常州，第一號八百五十文，第二號八百三十三文。台州，第一號八百二十五文，第二號七百九十一文；越州，第一號八百八文，第二號七百七十五文，第三號七百五十八文；睦州，第一號一貫一文，第二號九百九文，第三號八百四十文；湖州，第一號八百八文，第二號七百七十五文，第三號七百五十八文；溫州中號九百一十七文。真州並諸州般供，建州片茶，頭金每斤五百文，臘面四百一十五文，頭骨三百五十五文；潭州散茶：雨前百二十文；興國軍不及號二百文；宣州、岳州、興國軍、廣德軍、南康軍、洪州散茶並五十文；真州榷貨務、潭州獨行八百一十五文，靈草七百五十六文，綠芽七百一十四文；建州頭金四百二十文，臘面三百六十文，頭骨二百八十八文；饒州片茶，慶合六百五文，運合五百三十八文，仙芝五百三十文，不及號四百四十六文；歙州勝金五百六十三文，嫩蘂五百三十八文，華英五百二十文，運合五百三十八文，來泉四百六十二文，先春四百八十八文，仙芝五百三十文，不及號四百四十六文；池州片茶，慶合每斤五百三十四文，福合四百九十二文，運合四百九十文，不及號三百八十七文；袁州片茶，綠英七百四十八文，玉津六百九十八文，金片五百八十八文；興國軍片茶，兩府號八百文，不及號二百六十文，散茶五十文；臨江軍片茶，玉津六百九十八文，金片五百八十八文，散茶五十九文；洪州上、中號並六十三文，下號六十一文；吉州、江州散茶並五十九文；撫州散茶六十文；宣州散茶五十八文。

西路　廬州王同場，散茶上號五十六文，中號四十五文五分，下號三十七文一分。壽州三場，霍山麻步場，上號並八十八文二分，中號七十九文八分，下號六十三文。開順場，上號八十文五分，中號七十文，下號五十六文，舒州三場，羅原場，上號六十三文，中號五十六文，下號五十一文，太湖場，上號八十八文二分，中號七十五文六分，下號六十七文一分，龍溪場，上號六十七文二分，中號五十八文八分，下號五十文四分。光州三場：商城場，上號七十三文五分，中號六十七文二分，下號五十六文，淺山四十二文；子安場，上號七十文，中號五十九文五分，下號四十九文，淺山四十文六分。光山場，中號三十八文五分，下號三十三文六分。蘄州三場：洗馬場，苗茶每斤八十五文，上號八十四文，中號七十五文六分，下號六十三文，次下號五十六文；石橋、王祺場，上號並七十九文八分，中號六十七文二分，中、下號六十九文，次下號五十八文八分；蘄口榷貨務供般：頭金每斤五百文，臘面四百一十五文，頭骨三百五十五文。黃晚係園戶不堪者，每斤三十文。蘄口榷貨務、興國軍，片茶不及號，每斤百六十八文。兩府號充耗茶，支其散茶下號五十五文，潭州大茶獨行七百四十七文，靈草六百九十三文，綠芽六百五十四文。建、劍二州頭金，每斤並四百二十文，臘面三百六十文，頭骨三百文；洪州，分散中號六十三文，下號六十一文。黃州麻城場，上號每斤七十文，中號六十一文六分，下號五十二文五分。無為軍貨務，潭州獨行號，每斤八百一十一文，靈草七百五十二文，綠芽七百一十文。建州，頭金四百二十文，臘面三百六十文，頭骨三百文。饒州，仙芝號五百一十三文，不及號四百二十九文，慶合五百八十文，運合五百二十一文；歙州先春四百七十一文，來泉、嫩蘂並四百六十二文；池州，福合四百六十一文，慶合五百九文，運合四百二十五文，不及號三百七十文；袁州，玉津六百七十二文，金片五百八十八文；興國軍，片茶不及號百七十五文，兩府號百九十文，散茶五十四文；洪州上、中號並六十一文，下號五十九文；江州、南康軍、散茶並五十九文；宣州、筠州，散茶每斤五十四文。

江南路東路　江寧府並諸州供般：廣德軍，第一號每斤六十文，第二號五十五文，第三號五十文，潭州，私末茶六十文，建州頭金五百文，臘面四百一十五文，骨茶三百五十五文，山茶八十文。宣州買茶場，五十文，私茶五十文；池州買茶場，五十文。袁州，私片茶四十三文，粗黃每斤四十文。宣州，散茶第二、第三等，每斤並四十六文。歙州，折稅茗茶每斤二十七文。江州，散茶下號每斤三十八文。池州，散茶、茗茶每斤並二十八文，片茶三十五文，頭骨三百五十文，末茶二十八文，屑茶三十三文。饒州，頭金每斤五百文，臘面四百一十五文，頭骨三百五十五文，茗茶、末茶並四十一文，粗黃三十七文。信州並諸州供般，筠州，每斤二

十七文，饒州，二十文，洪州，下號三十五文，袁州二十八文。南康軍，散末中號每斤六十文，下號五十五文；廣德軍，散茶每斤第二號四十二文，第三號三十七文。

西路　洪州，散茶下號每斤三十五文。虔州，泥片每斤十八文。吉州並諸州供般，洪州，每斤三十五文足，虔州，二十八文足，袁州三十五文足，麤黃三十文足。袁州，退茶每斤三十八文足，茗子二十九文足，第一等二十八文足，第二等、第三等並二十三文足；撫州，散茶每斤三十九文。筠州，散茶每斤二十七文足。興國軍，散茶下號每斤三十七文。建昌軍，散茶每斤三十五文足。臨江軍，散茶每斤三十八文足。南安軍，土產每斤二十六文，又諸州供般者，洪州下號粗黃、袁州退茶，每斤並四十文。

兩浙路　杭州，散茶每斤三十文。越州，散茶第三等，每斤三十文八分七釐。蘇州，散茶每斤四十五文足，其諸州供般者，建州頭金每斤三百八十五文足，臘面三百二十五文足，頭骨二百七十四文足；溫州第三等大片，每斤七十四文足，睦州散茶第三等，六十二文足，杭州散茶第五等，五十文足，湖州散茶，五十六文足。潤州並諸州供般，湖州，散茶，每斤七十四文，睦州，散茶每斤八十五文，頭金五百文，臘面四百十六文，頭骨三百五十五文。湖州，散茶每斤五十五文。其南劍州供般者，頭金五百文，臘面四百十六文，頭骨三百五十五文。婺州，散茶每斤三十四文足。明州，散茶第二等每斤五十六文六分五釐，第三等三十八文。常州，片茶中等每斤九十六文，下等九十文；散茶每斤上號七十五文，中號六十五文，下號四十六文。秀州並諸州供般，杭州，私茶第三等每斤六十文，第五等四十文，湖州，第三等七十文，溫州，第三等九十五文，睦州，第二等九十二文足，第三等六十六文足。溫州，散茶每斤五十四文。台州，散茶末等每斤三十六文。衢州，散茶每斤四十六文；睦州，散茶第二等每斤六十五文，第三等五十八文。處州，散茶每斤四十文。溫州供般，大片第三等，每斤七十文，第五等散茶三十六文。

荊湖路南路　潭州，建寧大柘並退場葉末，並三十文足，及府管場草子十九文八分足。衡州，第四等土產每斤三十八文。郴州，稅茶每斤六十八文。

北路　江陵府並諸州供般，劍州，頭金每斤五百文，臘面四百一十五文，建州頭骨三百五十五文，湖南綠芽八百七十六文，鼎州大方第二號七百八十文，第三號七百二十文。岳州開捲二百文，小捲百一十文。歸州、峽州，草子並九十文，又本府官退場頭子葉末三十五文。江陵府榷貨務，潭州大方每斤獨行六百八十八文八分，靈草六百五十五文二分，綠芽六百一十三文二分，片金五百四文；鼎州大方第一號五百八十八文，第二號五百四十六文，第三號五百四文；岳州大方四百九十五文六分，開捲百四文，小捲七十七文；澧州大方四百九十文，峽州草子六十三文；荊南、建康大拓并退場葉末及府管場草子，並六十三文。鄂州，片茶第一號每斤百六十五文，第二號百三十二文，第三號九十九文，不及號七十七文，次不及號五十文，退庫破碎每斤二百四十文，退庫玻屑百三十文，雷池第四號八十文，碎末二十五文。

鼎州，土產片屑散碎退庫茶每斤六十文。澧州，草子茶每斤六十九文三分。峽州，散茶草子每斤四十五文。岳州，大方開捲、小捲並供荊南榷務大方，每斤四百九十五文六分，開捲百四十文，小捲七十七文。漢陽軍並諸州供般鄂州不及號，每斤四百二十文，次不及號二百九十文；又于荊南般供岳州開捲每斤二百六十文四分六釐，大方七百二十八文二分，澧州大方七百二十文二分，湖南六百九十二文二分，鼎州大方七百四十文二分。漢陽軍榷貨務，鄂州片茶第一號每斤五百八十八文，第二號五百三十文，第三號四百六十二文，不及號四百二十文，小方茶二百一十文，次不及號無價，充本務耗茶支給。復州，不及號大方每斤五百二十三文，開捲二百六十文，今廢。

福建路　福州並建州供般，的乳每斤三百七十文，白乳三百一十文，頭金二百七十文，臘面二百四十文，頭骨百九十文，次骨百五十文，第三骨九十五文，末骨七十五文，山茶山挺並六十二文。又本州島捉到私茶，每斤草茶、草骨並四十八文足。泉州並建、劍州供般，的乳每斤二百八十六文足，白乳二百三十九文足，頭金二百四十四文足，臘面二百九文足，頭骨百七十八文足，次骨百一十六文足，第三骨、末骨並七十四文，山挺、山茶並四十七文。建州，的乳每斤三百六十一文，白乳三百文，頭金二百八十文，臘面二百二十一文，頭骨百六十一文，次骨百五十文，第三

骨九十五文，末骨七十五文，山茶四十九文。漳州並建、劍州供般，的乳每斤三百一十六文足，白乳二百七十文足，頭金二百六十三文足，臘面二百四十七文足，頭骨二百九十文足，次骨百四十七文足，第三骨百五文足，山挺四十八文足。南劍州，的乳每斤三百六十一文，白乳三百文，頭金二百八十文，臘面二百二十一文，頭骨百六十一文，次骨百五十文，第三骨並末骨並九十五文，山挺五十七文。汀州並建州供般，頭金每斤四百四十文，臘面二百八十文，頭骨三百四十文，次骨百五十文；白乳、頭金、的乳並四百四十文，第三等骨九十五文，末等骨八十文。邵武軍，土產茶每斤五十文；又建州供般，白乳每斤三百八十文，頭金二百八十文，臘面二百七十文，頭骨百九十文，次骨百五十文。

《清史稿》卷一二四《食貨志五・茶法》　茶之與鹽，辦法略相似。惟鹽爲歲入大宗，故掌國計者第附於鹽而總核之。其始但有課稅，除江、浙額引由各關徵收無定額外，他省每歲多者千餘兩，少祇數百兩或數十兩。即陝、甘、四川號爲邊引，亦不滿十萬金。咸豐以來，各省次第行釐，光緒十二年，福建冊報至十九萬餘兩，他省欵亦漸多，未幾收數復絀。宣統三年豫算表所載，茶稅特百三十餘萬而已。

又　是時泰西諸國嗜茶者衆，日本、印度、意大利豔其利厚，雖天時地質遜於我國，然精心講求種植之法，所產遂多。蓋印度種茶，在道光十四年，至光緒三年乃大盛。錫蘭、意大利其繼起者也。法蘭西既得越南，亦令種茶，有東山、建吉、富華諸園。美利堅於咸豐八年購吾國茶秧萬株，發給農民，其後愈購愈多，歲發茶秧至十二萬株，足供其國之用。故我國光緒十年以前輸出之數甚鉅，未幾漸爲所奪。印度茶往英國者，歲約七十三萬二千石，價約二千四萬兩。吾國茶往者八十九萬八千石，價約千八百六十八萬兩。印度茶少於華，而價反多。迨二十二年我國運往，乃止二十一萬九千四百餘石而已。日本之茶，多售於美國，亦有運至我國者。光緒十三年，我茶往日本者萬二千餘石，而彼茶進口萬六千餘石。其專尚華茶取用宏多者惟俄。蓋自哈薩克、浩罕諸部新屬於彼，地加廣，人加衆，需物加多，而茶尤爲所賴。光緒七年定約，允以嘉峪關爲通商口岸，而往來益盛。十年後我國運往之茶，居全數三之一。十三年，併雜貨計，出口價九百二萬兩有奇，而進口價僅十一萬八千餘兩，凡輸自我者八百九十萬兩。然十二年茶少價多，十三年茶多價少，華商已有受困之勢，厥後亦兼購於他國，用此華茶之利驟減。蓋我國自昔視茶爲農家餘事，惟以隙地營之，又採摘不時，焙製無術，其爲他人所傾，勢所必至。

藝文

唐　陸贄《請以稅茶錢置義倉以備水旱》《全唐文》卷四六五　近者有司奏請稅茶，歲約得五十萬貫，元敕令貯戶部，用救百姓凶饑，今以蓄糧，適副前旨，望令轉運使總計諸道戶口多少，每年所得稅茶錢，使均融分配，各令當道巡院主掌，每至穀麥熟時，即與觀察使計會，散就管內州縣和糴，便於當處置倉收納。每州令錄事參軍專知，仍定觀察判官一人與和糴，巡院官同勾當。亦以義倉為名，除賑給百姓以外，一切不得貸便支用。如時當大稔，事至傷農。則優與價錢，廣其糴數。穀若稍貴，糴亦便停，所糴少多，與年上下，准平穀價，恒使得中。每遇災荒，即以賑給，小歉則隨事借貸，大饑則奏分頒，許從便宜，務使周濟，循環斂散，遂以為常。如此，則蓄財息債者，不能耗吾人；聚穀幸災者，無以牟大利。富不至侈，貧不至饑，農不至傷，糴不至貴，一舉事而衆美具，可不務乎？俟人小休，漸勸私積，平糴之法斯在，社倉之制兼行，不出十年之中，必盈三歲之蓄，宏長不已。升平可期。使一代黎人，永無餒乏，此堯湯所以見稱於千古也。願陛下遵之慕之，繼之齊之，苟能存誠，蔑有不至。

唐　佚名《禁商人盜販私茶奏》開成五年十月鹽鐵司《全唐文》卷九六七　伏以興販私茶，羣黨頗衆，場鋪人吏，皆與通連，舊法雖嚴，終難行使，須別置法，以革奸徒。輕重既有等差，節級易爲遵守。今既特許陳首，所在招收，敕令已行，皇恩普洽，宜從變法，使各自新。若又抵違，須重科斷。自今後應輕行販私茶，無得杖伴侶者，從十斤至一百斤，決脊杖十五。其茶並隨身物並沒納，給糾告及捕捉所繇。其囚牒送本州縣置歷收管，使別營生。再犯不問多少，準法處分。三百斤已上，即是恣行兇狡，不懼敗亡。誘扇愚人，悉皆屏絕，並準法處分。其所沒納，亦如上例。

宋 王安石《臨川文集》卷五《酬王詹叔奉使江南訪茶法利害見寄》　余聞古之人，措法貽厥後。命官惟賢材，職事又習狃。止能權輕重，王府則多有。豈嘗推其子，而爲民父母。當時所經營，今十已毁九。其一雖幸在，漂揺亦將朽。公卿患才難，州縣固多苟。詔令雖數下，紛紛誰與守。官居甚傳舍，位以聲勢受。既不責施爲，安能辨賢不。區區欲捄弊，萬謗不容口。天下大安危，誰當執其咎。勞心適有罪，養譽終天醜。豈惟祖子孫，教戒及朋友。貴者大其領，詩人歌四牡。至尊空獨憂，不敢樂飲酒。䏣矣富阡陌，哀哉此無粮。鄉閭人所懷，今或棄而走。豈無濟時術，使爾安畎畝。故今二三公，戮力思矯揉。永惟東南害，茶法蓋其首。私藏與竊販，犴獄常紛糾。輸將一不足，往往死鞭杻。販陳彼雜惡，强賣曾非誘。已云困闤市，且復搔林藪。將更百年弊，謂民知可否。出節付群材，詢謀欲經久。朝廷每若此，自可躋仁壽。因知從今始，漸欲人財阜。吾宗恢奇士，選使自朝右。聰明諒多得，爲上歸析剖。王程雖薄遽，邦法難鹵莽。願君博諮諏，無擇壯與耇。余知茶山民，不必生皆厚。獨當征求任，尚恐難措手。孔稱均無貧，此語今可取。譬欲輕萬鈞，當令衆人負。强言豈宜當，聊用報瓊玖。

宋 包拯《包拯集》卷八《論茶法奏》　［皇祐元年］臣訪聞今歲江淮山場榷貨務，見積壓累年茶貨一千一百餘萬斤，並無客人算請，蓋自在京榷貨務擘畫，每茶引一百貫文，更貼納三十四貫，方支得一百貫文茶貨。後來商旅阻節不行，每年課利並稅錢虧欠數百萬貫，則國家財用仰給何以取濟？今發運使施昌言近已到闕，欲乞令昌言與三司使副，將今來茶法子細公共從長定奪，合如何擘畫，即得公私利濟，經久可行。

又　［皇祐二年］臣竊見國朝茶利課額，自收復江浙之後，總山場榷貨務，逐歲共得錢四百餘萬貫。太平興國之初，並是實錢。其後西北邊急，於芻粟入中，遂添估耗。江淮出茶之所，西北入粟之地，不相應會，以是實值盡為虚錢。至大中祥符六年、七年，亦各及三百萬貫。末年雖不及元額，在京榷貨務尚得引錢一百五十萬貫。自頃年變法以來，惟存虚額，其實入之數益少，近歲尤甚。訪聞去年江淮共虧一百三十萬貫，即未知在京榷物務所虧數目。昨准敕節文，三司奏，據榷貨務擘畫，以河北客人人納及配率斛斗，給過三色交鈔，内茶交鈔每一百貫文貼納三十四貫，支與一百貫茶貨。近又准敕命，應買下慶曆五年分茶鈔，減十五貫，每一百貫只貼納十九貫；其皇祐元年茶鈔，依舊貼納三十四貫。緣客人百姓等，于河北人納，給得交鈔到京，每一百貫只直三四十貫。今雖量與減數，亦是與配率無異；而欲望客旅興販，及招誘入官，其可得乎？近鹽鐵副使仲簡上言利害，見送三司相度。況前後累經定奪，終無救之之效，以致為害益深，蓋不能究其本原而急於近利使之然也。且茶課歲入數百萬貫，所以助經費而寬調度，不可不審議也。欲望特降指揮，令三司將新舊之法，子細參詳，定酌中之制，俾經久可行，委得公私利便，即具保明申奏，更乞朝廷再賜詳酌施行。

宋 吕陶《净德集》卷一《奏具置場買茶旋行出賣遠方不便事狀》　［熙寧十年三月八日］今具本路置場買茶往熙河博賣，並盡榷諸州茶貨入官，便收三分利息，旋行出賣，致令細民失業，枉陷刑憲，大於遠方不便，謹具畫一條列如後：

一、臣伏以國家富有四海，山澤之利，多與民共。自仁祖臨御以來，深知東南數路茶法之害，制詔有司，一切馳放，任令通商，貨法流行，德澤深厚，聖時盛事，高出前世。今天下茶法既通，而兩川獨行禁榷，此蓋言利之臣不知本末，苟貪勞賞而妄為之，非所以綏静遠方之意。況乎兩川所出茶貨，較北方東南諸處，十不及一，日月行照，文軌混同，法無二門，仁不異遠，豈可諸路既許通商，兩川卻為禁地？虧損治體，莫甚於斯，乃為害之大者，故臣敢先言之。伏望聖慈特寬茶禁，所貴法令平一，以幸遠方。

一、本路既為置場買茶，將往熙河等處，並逐旋取利出賣之後，更不許民間衷私買賣，遂令諸色人告捕，依《編敕禁榷茶法》斷罪。州縣承此指揮後來累有成都府邛州百姓馬吉等，為衷私賣茶，被人告捕，有至徒罪，各追賞錢。一路之民，遂生怨誹，蓋緣立法太重，有害於人。大凡官中原有之物，民間私侵其利，方是犯禁。只如解州有鹽池，民間煎者，乃是私鹽。晉州有礬山，民間煉者，乃是私礬。今川蜀茶園，本是百姓兩税田地，不出五穀，只是種茶，賦税一例折科。茶園稅每三百文折納絹二疋。三百二十文折納綢一疋，十文折納綿一兩。二文折納禾草一束。役錢一例均出，自來採茶貨賣，以充衣食。伏緣此茶，本非官地所產，乃是百姓己物，顯與解鹽晉

礬事體不同，一旦立法，須令盡賣與官，或敢私相交易，便成犯禁，斤數稍重，乃至徒刑，仍沒納隨行物色，別理賞錢。恭惟陛下仁聖恤物之心，必不如此。伏乞別立條約，以救苛刻之弊，免使刑辟滋彰，有傷和氣。

一、本州導江縣蒲村、堋口、小唐興、木頭等鎮，各準茶場司指揮，盡數收買茶貨入官，並已施行。民之受弊，大率均一。惟導江縣一處，尤為切害。蓋緣本處是西山八州軍隘口，自來通放部落入城博易買賣。其蕃部別無現錢交易，只將到椒蠟草藥之類，於鋪戶處換易茶貨，歸去吃用，謂之茶米。或有疾病，用此療治，旦暮不可暫闕。今來官中須要現錢出賣，則蕃部難更將椒蠟等物入場博買，若於鋪戶處博易，則鋪戶價例自然增長官茶每斤先收三分息錢，官中每斤若用一百文買，即作一百三十文賣；若用五十文買，即作六十五文賣。蕃部買賣便致阻節。況茂州事宜之後，人情方始安貼。豈宜更使茶貨不通，別生邊事？

一、茶園人戶，多者歲出三五萬斤，少者只及一二百斤，自來隔年留下客放定錢，或指當茶苗，舉取債負，準備糧米，雇召夫工，自上春以後，接續採取，乘時高下相度貨賣。中等每斤之利可得二十文。次者只有十文以來。累世相承，恃以為業。其鋪戶收貯變易，卻以白土拌和，每斤之息不及十文。所以川中茶價不甚湧貴，民間日用充足，今來既被官中盡數收賣，價直一定，若將銀色准折，每兩須高抬四五百文，臣竊聞蜀州熙寧八年，銀每兩官折二貫三百文足，市價一貫六百文；九年，銀每兩官折二貫二百文足，市價一貫四百文。或多支交子，少用現錢。茶場司指揮成貫並支交子，餘零方支現錢。交子所支既多，錢陌又須虧折，則園戶所收茶貨，只得避罪納官。安敢更求餘利？一旦失業，何以為生？臣恐戶口逃移，賦役失陷，漸由此起。臣知永康軍熙寧九年買獲並稅過客人茶貨，共一百三十二萬餘斤，比八年計虧九萬餘斤，比七年虧二十六萬餘斤，蓋是園戶畏罪失業，造茶減少，是致稅數有虧，以此推之，則失陷稅賦誠有其漸。又緣旋買旋賣，先抽三分之息，只此一事，極未為宜。日來州縣逐旬各申時估，或增或減，官司據以為定，豈可朝買一貫之茶，暮收三百之利？一日之內貴賤兩般，則州縣所供，實直遂成空文，有司出納之際，乃同聚斂。且鋪戶既與官中出利，則民間豈有賤茶？日用之物，漸見不足，錐刀斂法，徒可斂怨，必非朝廷理財之本意，伏乞聖斷，特賜改更。

一、本州所準茶場司，今年二月二十四日指揮，限半月令園戶鋪戶盡數出賣舊茶，不得夾雜中官，如限滿，更不施行。如有違犯，並依法施行。臣雖即時行下逐處，然計其日限令，至三月十日已滿。緣民間累年積貯茶貨，準備高價相度變賣，一旦偶因官中為買新茶，亦不預先曉示，忽然責立近限，令將舊茶疾出速賣，若出限未賣，被人告捉，斤數稍重，即至杖脊，安有數日之內，盡底變易得行？舊茶因此大段減價，無賴小人，輒有告捕之心，臣尋具狀稱：若只限半月，令盡數出賣，則必是減落價例，變轉不行，消失錢本，便見失所。兼慮才出限日之後，被牙子或別人告捕送官，枉陷深刑，顯屬不便。又緣新茶與舊茶色目不同，若將舊茶投稅出賣，則與官中收買新茶事不相妨，本州須至申明，欲令逐場一面收買新茶，民間出賣所有舊茶，乞限至今年八月終，晚示園戶並停塌之家，盡將赴場投稅出賣，令稅務公明聲說，給引前去破賣。乃乞指揮逐處官司，如有諸色人把捉到衷私買賣茶貨，切須辨認新舊，如是新茶，即乞依法施行，若是舊茶，只乞罪在捉事之人。所貴積貯舊茶之家，破賣得行，不枉受罪。兩次申茶場司，未蒙指揮，若不許展限，則貯積舊茶之家，便見破蕩。如此措置，豈不害民？

一、官中買茶，明收三分利息，方行出賣，沿路稅錢，盡已批過，更無分毫僥倖。商旅興販，必是細筭，不行難以盡數販賣。竊聞蜀州永康一處，現今積壓茶五十六萬餘斤在務，臣料將來出賣不盡之後，則必積壓損壞，虧折官錢。若般往熙何，亦誤邊計。或仍舊停貯，則歲課不登，難沾賞典。建議之臣，必須均匀配賣與販茶之家。如此，則他日鋪戶不勝其害。伏乞指揮茶場司，具去年終已買及已賣數目申奏，仍令分折現餘茶貨，若經隔年歲，合如何變轉，即自然見得此法可與不可經久施用，免令言利之臣有誤朝廷大體。

右謹具如前，所有茶禁不通，細民失業，刑辟太重，最于遠方不便事理，並已條折如前。臣竊見熙寧七年，朝廷遣李杞、蒲宗閔入川，相度買茶往熙河博馬等事，當時使者急於進用，不察事體，遂認定逐年息錢四十萬貫，應付熙河。後來運茶積滯，歲課不足，即便擘畫，卻于彭、漢二州，逐年收買狹布各十萬匹，名為折當腳錢，其實將布上所得之息，充入茶利。自後又恐買布亦難敷及原數，則乞雇回腳船車般解鹽入川。泊至

鹽法難行。則又乞將川中有茶去處，並行收買，前後乖錯，非止一事。只是切欲功賞，不恤民間弊病。臣愚伏望聖慈，特賜采察，所貴遠方之俗，被惠安身。至如官吏費耗，道塗阻節，稅額虧損，得不補失，則臣不敢喋喋開陳，以瀆天聽。乞以臣此奏下本路安撫轉運提刑司，相度利害，特賜施行。

貼黄

若蒙朝廷垂察，即乞下本路取索熙寧八年九月分永康縣銀價，比對茶場折銀貫陌，自見有無侵損園戶，免令將來高價折銀，虧損本州賣茶之家。

又 臣所謂得不補失者，竊聞永康縣熙寧九年發茶三百駄往熙河，除諸般費用，及沿路批稅外，計算每斤已是一百九十四文足。其兵士請米猶在數外。不知到熙河貨賣所得幾何？如此事理，亦乞朝廷體察。

又《奏爲茶園户暗折三分價錢令客旅納官充息乞撿會前奏早賜改更事狀》［熙寧十年三月十八日］右，臣先為本路置買茶，般往熙河，並明收三分利息，旋行出賣，大於遠方不便。尋具畫一條列，申奏去訖。愚瞽之言，必已上浼天聽。臣伏見國家置市易司，籠制百貨，歲出息錢，不過二分，須以一年為率。蓋為今年支出官本一百萬貫，至年終要見息錢二十萬貫，即不是早買一百貫物，晚賣一百二十貫文。今來茶場司卻不以一年為率，務將重刑立法，盡榷民間茶貨入官，旋買旋賣，取利三分，或今日買十貫之茶，明日便作十三貫賣於客旅；或朝買一貫，暮作一貫三百出賣日逐將官本變轉，殊不休已，其公牒行下州縣，乃云務令買賣通快，無致妨滯錢本，則所出利息，比至歲終，不可勝算，豈止三分而已。比于市易原條，自相違越。竊緣茶是民間日用之物，有如水火，一旦忽被官司盡數收榷，獨專其利，乃以嚴刑過繩其罪。遠方細民，生長休息，在朝廷恩德之內，豈誠此事？兼據本州堋口鎮茶場申，自今月十日至十五日終，逐旋買到茶八百八十六斤，計本錢一百六貫三百二十文，隨日出賣，收到息錢三十一貫八百九十六文，別無存貯，臣看詳上件申報，竊疑本處首尾六日之中，買獲茶貨八百八十六斤，隨日便賣了當，並無現在存貯，慮恐買賣之際，別有侵損官私。尋行體難，乃是客旅並牙子等，為見榷茶不許衷私買賣，一向邀難園戶，或稱官中高擡斤兩，或言多方退難。遂便於外面預先商量減價。其園戶各為畏法懼罪，且欲變貨營生，窮迫之間，勢不獲已，情願與客旅商議，每斤只收七分實錢，中賣于官所餘三分，留在客人體上，用充買茶之息，才投場中賣了當，即時，卻是客人明立姓名，正行請買，所以隨日賣盡。假如茶一百斤，每斤合賣一百三十文，計價錢十三貫，其園戶既被邀難恐動，情願只作十貫賣與官場，即時卻是客人納錢十三貫請買，文曆雖正，情弊則深。如此，則是園戶只得七分價錢，曾暗折三分，官中雖得三分之息，自是園戶本錢，客人未曾出息，竊緣山鄉人戶自來以採茶為業，輸納兩稅，折科最重，並出役錢，養生之計，並在其間。一旦即遭禁榷，遂被商旅並牙子等恐動邀難，頓減三分價直，行之曰久，必見窮困，誠可嗟憫。其如逐處買茶官司，多是畏懼茶場司威勢，務欲買賣通快，出得息錢，庶可免罪。以此互相欺誕，不敢申陳。臣伏謂園戶是國家兩稅土著之民，今來被好利之臣設此弊法，要出息錢，卻令商旅生奸，侵損兩稅人戶，最于遠方不便。又況隨日計利，殊無分限，顯是違越市易原條。伏乞聖慈檢會臣前奏，特降指揮下本路安撫、轉運、提刑司，體量詣實，早賜改更，庶使王澤不壅，可救大弊。

貼黄

若官中實于客人體上收得息錢三分，則尚恐貨法不通，民受其弊，而況自是園戶暗有賠折，其買茶人，原不出息，豈得穩便。

又《奏爲官場買茶虧損園户致有詞訴喧鬧事狀》［熙寧十年四月二十四日］今再具官場買茶取息太重，虧損園戶，致有詞訴，及生喧鬧，畫一奏列如後：

一、據九隴縣稅戶党元吉等狀稱：『自來相承山壩茶園等業，每年春冬，雇召人工薅剗，至立夏並小滿時節，又雇召人工趁時采造茶貨，逐日收來堋口投場貨賣，得錢收買糧食，每一稱和袋一十八斤，內除出上件破用並輸稅、免役等錢折除算計外，每稱只有利息一百五十至二百文以來，往年早茶每斤貨賣得九十至一百文，今來官中置場收買，每貫上出息錢三百文，招誘客人貨賣其茶，牙子並興販客人，為見官中息錢，卻只於茶園人戶茶貨上估定，價例低小，每斤賣得一百文以來者，現今只賣得六十至七十文，卻將餘上價錢，令客人用作官中息錢，收買前去，以此園戶盤費不足。念元吉等家各只有些小茶園，並不種植得諸般苗色，

又為路途遙遠，往復相去本場約一百五十里以來，若此價例低小，難以造作茶貨，必見破敗。伏乞指揮，貴獲存濟。』

一、據九隴縣稅戶牟元吉等狀稱：『自來只以佃食茶園為業，其茶園偏峻，不任種植諸般苗色，逐年舉取人上債利糧食，雇召人工，兩季薅劃，指望四月小滿前後，造作訖茶，投場破賣得錢，填還債利，並送納諸般稅賦，若遇豐熟之年，米價平和，每袋上除折上件盤纏、輸稅辦，上頭只餘得利息一二百文。或遇年辰較惡，米糧價貴，天時亢旱，茶生短淺。以此數目減少，虛折薅劃盤纏，今蒙官中置場，收買園戶茶貨，每貫上出息三百文，其茶每稱和袋十八斤，牙子只稱作十四五斤，若是薄弱婦女賣時，只稱作十三四斤以來，每稱約陷著一二斤，別無上頭利息，心極憂惶，昨蒙提舉推官躬親在茶場內看覷收買茶貨，不與園戶分擘逐處茶場時候，早嫩、粗細等第色額，只作一樣收買，去年時節，每斤賣得七八十文，今來只賣得五十文。除牙子錢了，收得四十七文，所有餘上錢數，令客人用作官中息錢收買，不管園戶裏纏不足，若不具狀申訖，切恐將來轉見淪亡失所。』本州所據党元吉並牟元吉等二狀。尋行遣貼堋口茶場，鈐束茶牙子並專攔等，不得准前大稱園戶茶貨，及剩除園戶牙錢，仍仰常切點檢茶貨粗細等第色額，一依自來價例收買。並申茶場司更乞措置，免致虧損園戶去訖。

一、據堋口茶場申：據至德山人戶將到炭焙新茶赴場中賣後，卻出納三分息錢收買，請引出外貨賣。又申：自三月二十一日至月終，買得第二等新茶，並是園戶馬吉等，情願出納息錢，請引前去。

一、據蒲村茶場申：本場逐日據園戶將到新舊茶貨赴場，隨日收買出賣。內有園戶自出納三分息錢，請引前去破賣，亦有客人在外，與園戶商量價例了，卻於園戶處除下息錢，投場收買，請引前去，不虛。

一、據九隴縣園戶石光義等狀稱：『今月五日將到茶貨投場破賣，每袋計一十八斤，和袋不委茶牙子除折，只稱得一十四斤，其茶係第二等，每斤合准直價錢九十文，當日減下價例，每斤只收得大錢四十七文。至到十三日，其茶每斤係第三等，合準直價錢七十文，每斤又再減價例，又只作大錢三十七文。今來茶芽收光義等茶貨，比前山下路人戶粗茶一樣減下價錢。念光義等住處係在後山，為地土寒冷，以此至小滿前後，只造作得似前山第一等、第二等茶貨，現在委的不依每年逐時等第價例，一樣取意團斷，即光義等各為雇召人工，每日雇錢六十文，並口食在外，其茶破人四工，只作得茶一袋，計一十八斤。切慮光義等家，向後必有失所，乞指揮。』本州所據園戶石光義等陳訴虧價事理，已貼堋口茶場，仰檢詳承受前後所降敕條指揮，候茶園戶將到茶貨赴場中賣，請監官當面看驗前山、後山、色額、等第、粗細，依自來市色實直、粗細、逐時市價，添減兩平，稱來收買，畫時當官支給價錢，即不得容令牙子、專攔等依前低作價例，只作一等茶貨收買，及非理大稱斤兩，致有虧損園戶，無故擁併阻節。仍仰出榜曉示園戶知委。如受此指揮後，卻將好為惡，將貴作賤，只作一等價例收買，致令園戶再有詞說，或因本州察探得知，其牙子、專攔等必當勾遣赴州報勘施行，官員亦當勘劾聞奏，仍取責監官並牙子、專攔等知委。仍仰本場分析今月十三日因何將石光義等第三等茶每斤只作三十七文收買因依。並兩次申茶場司，更乞措置，免致虧損園戶去訖。

一、據管勾堋口茶場秘書丞尹固並濛陽主薄同共買茶薛翼等二狀申：『今月十七日收買茶六萬斤，計錢三千六百貫文，支用茶本、淨利錢並盡，遂於十八日申州，乞相度支移交子六千貫文，應副十九日並二十一日市收買茶貨。至十九日，天色纔曉，據園戶將到茶貨赴場中賣，當日已時後，固等為現請交子未歸，兼更值雨，遂向園戶道：請交子相次回歸。及等團圍固等，須要稱茶，及向牙人道：爾等當時通出抵產在官，今來官中無錢買茶，你牙人須著與我出錢買茶一市，固等各回廨字及安下處。主簿薛翼行至淨眾院門，其園戶卻致打本官手下公人，兼扯破薛翼袍袖，更尋牙人，意要相爭，其牙人為見如此，各自回避，現不住差人四散尋覓，固等切恐二十一日市別牙子買賣茶貨，又慮園戶準前爭鬧，別致不虞，係屬人眾，難為止約，乞差九隴縣官一員，赴茶場告諭園戶，三五日所貴曉會。』本州所據尹固、薛翼申報，尋體訪得今月十九日，有園戶五千人以來投人茶場，直上監官廳上，指約不得，致打公人，並毀罵官員。蓋為劉佐等起請，須要旋買旋賣，出息三分，其逐場若盡價收買到，恐客人興販無利，將來出賣不行，以此須至低估價例收買，每斤委只及一半價錢。又緣逐日買及數萬斤，監官實難照管得盡，其園戶既被虧

損，無可申訴，遂便聚衆喧鬧，人數頗衆，難為約束。今來後山正當茶貨出衆時節，切恐少錢收買，准前爭鬧。當州勘會，前後六度支與堋口茶場交子現錢一萬一千二百餘貫，銀一千兩。其銀為園戶不肯折請，已分與九隴等縣出賣，又為市井並絕無現錢，因是貨賣未得外，餘茶場司兌撥交子一萬貫文，至今未到。若得上件交子，盡數支用，亦只買得三兩市。在州現今實直，第二十七界交子賣九百六十，茶場司指揮作一貫文支用。第二十六界交子賣九百四十，茶場司指揮作九百六十文用。此亦虧損園戶之一端也。本州雖已出榜，嚴行約束，指揮本處，候園戶將到茶貨赴場，即便依次稱來收買。如是園戶準前要致打公人等，或毀罵官員，仰擒捉送州，待憑取勘，依法施行。兼差九隴主簿勾龍驤前往曉諭，同共買賣茶貨，切慮園戶准前喧鬧，別致不虞。又差本縣令薛高三五日一次，在前照管，尋申茶場司催促交子，並乞大段支錢赴州，應副使用。及乞檢會本州今月十七日申石光義等告說虧價事理，許令添展價錢去訖。

右，謹具如前，所據茶園戶党元吉等狀，並蒲村、堋口兩鎮申述，並已條列在前。臣伏見劉佐、李杞、蒲宗閔等，妄陳愚見，苟希進用，盡將川茶禁榷，旋買旋賣，立法太重，取利太多，致令茶戶被此深害。遂於今年三月八日後來，兩次具狀論奏，乞賜更此弊法，以幸遠方。狂瞽之言，未蒙採納。方且日俟朝旨，俯就誅殛，而臣部內百姓，累有申訴，皆言被官場減下價例，大有侵損，以至嗟怨，聚衆喧鬧。臣雖嚴行約束，及差官同其管勾，須得相度茶色，添長價錢去訖。今若隱而不言，慮恐因此生事，上誤朝廷。須至再具論列，煩凂聖斷。蓋緣劉佐等起請要出息三分，若逐場盡價收買之後，將來商旅計算不成，不願興販，則積壞茶貨，例被責罰，及干連人必著賠填，以此須至順承茶場司風旨，減價收買，所貴客人願來興販，變轉得行。假如茶一百斤，每斤一百文，若便作一十貫買，則恐客人不肯用一十三貫請買，以此減下園戶價錢，只作七貫文收買，便於客人作十貫文請買。或是園戶自納三分息錢，請引出外，園戶茶貨須得中賣於官，若欲別處變賣，便成犯禁，無引不行，被此抑逼，須至自納息錢三分，請引出外。情弊如此，上下通知。茶場司臣僚恐出息不多，難沾賞典，空行文牒，督迫州縣，其實則任令減價收買。逐場監官畏懼茶場司威勢，恐遭責罰，干繫人衆，深慮將來積壓陪填，一向刻剝園戶。州縣之吏，熟視疾苦，無力以救之，日久為害轉深。

恭惟陛下仁民愛物與天地等，夙夜孜孜，講求治要，惟恐一夫，未得其所，必不容此刻薄小人苟希勞效，作為敝法，以困西南生聚，有累聖政，衆所不平。臣愚伏望聖慈檢會臣今年三月八日並十八曰，及今來所奏，早賜睿斷，特降指揮下本路鹽司或師臣，採訪利害。如臣所言有一事一件稍涉虛誕，甘俟誅戮。若萬分有一可以採用，即乞更張茶禁，以便遠民，或限數收買，或量減息錢，則山鄉茶戶，不勝至幸。

貼黄

臣體問得六月以後，猶有晚茶一色，貴者每斤三十文，若盡收買，所出之息，亦不甚多。緣逐處自開場至今，買獲茶貨，旋行出賣，稱有厚利。如或朝廷謂此成法，難便改更，即乞自六月一日以後，權住收買，放令衷私交易，所貴園戶留得晚茶一二分，盡價賣與客旅，稍助生計，亦遺秉滯穗與民之義。伏乞聖明，特賜採察。

又 卷三《奏爲繳連先知彭州日三次論奏榷買川茶不便并條述今來利害事狀》

右，臣先于熙寧十年知彭州日，為見朝廷依李杞、蒲宗閔、劉佐等起請，盡數榷買川茶，收息出賣，大於遠方不便，並據本州茶園戶，屢有陳訴，及為堋口茶場減價買茶，虧損園戶，致有喧鬧。遂於當年三月八曰，又本月十八日、四月二十四日凡三次具狀論奏，雖蒙朝廷施行，後來續見李稷、蒲宗閔、陸師閔等貪功急利，侵刻遠民，阻節商旅，增添歲課，欺罔朝廷，希竊恩賞，措置乖謬，遐方之人不勝其苦，為弊之極凡有十端：一則是高估米價，預俵與有茶之家，名為茶本，及至納茶，頗有賠費；二則是蒲宗閔首議興販大寧，鹽並布等，相兼取利，充補茶息，並陸師閔置都茶場，以博茶為名，盡買諸貨，一如市易，及典米收利，以求出剩，至令市並商旅，動皆失業；三則是般運不前，往往是差雇稅戶，多有騷擾。復並置茶遞鋪般載，支費衣糧，及于成都路差兵貼般，力役勞苦，走竄求死，其數甚衆；四則是將轉運司合收稅錢作茶司收到數目申奏，及郡縣畏懼茶司事勢，以稅錢為息錢，上下表裏，敢肆欺誕；五則是通判、知縣、簿尉、監官計賣茶息錢，與牙子等均分，隳喪廉恥；六則是有茶及般茶郡縣知州、通判、知縣，皆由茶司與運司奏明差注，其間差注好利少恩之人，貽害遠俗；七則是監發茶綱官員並兼監知縣，推賞過厚，極為濫溢；八則是私賣茶之人，並遞鋪、轉送茶司文

字運限之法太重，細民相率枉陷深刑；九則是秦陝客商皆不入川販茶，虧失沿路省稅；十則是增起陝西賣茶價直，遂使民間當此闕錢之際，更食貴茶。凡此十事，皆是臣熙寧十年論奏，後來浸生弊害，歲月愈久，為患愈深。近者伏聞朝廷遣使入川，按察茶法，所有昔年三次秦狀，並今來條析利害，備録繳連在前：

一、邛、蜀、彭、漢、綿、雅、洋等州、興元府三泉縣人戶，多以種茶為生，有如五穀。自官榷以來，重法拘制，不許私相交易，被官中抑勒等第，高稱低估，每斤只得半價，須至賤賣入官，亦有彼此侵害，情願斫伐茶苗，被捉送官，又更科罪，怨嗟無訴，已及十年。幸而屢歲豐熟，糧食頓賤，可以度日。間或歲歉物貴，茶價獨賤，則園戶大見失所，多有為盜，久為川蜀之害。

一、茶司每於秋成之際，收糴倉米，高估價錢，俵與茶戶，謂之茶本，不願糴者例須支俵。假令米一石八百錢，即作一貫文支俵，仍出息二分，計一貫二百，其買茶每斤直八十文。只折四十文，借端刻剝。大率類此。

一、茶法許增息二分出賣，緣茶司違法，別作名目，收及五分以上，或加倍以來，只如雅州茶，每斤五十文者，計一百文賣，二十文者，計三十四文賣，十八文者，計三十二文賣，乃是賤買園戶茶貨，過取買人息錢，兩自侵損。有息錢、頭子、長引錢、稅錢、牙錢、打角錢凡六等。

一、名為茶法，卻販布並大寧鹽及陶器，並運解鹽入川，相兼收受。近更置博易茶場，買絲、綿、綢、絹、紗、羅、綾、布、金銀、楮皮、篾紙、香藥、米豆等，出息貨賣，仍許監官出外招誘，及遣牙子往諸縣編攔，其害過於市易。所買紗羅綾絹，多是監官一員與牙子通同作過，剩支官錢，卻將紗羅等運往陝西貨賣，別無積滯，難便敗露，天下市易，已蒙廢罷，惟有博易茶場，未蒙指揮，乃是西路。偏受其禍。偏兼與成都府酒場典糯米一萬貫，每門出息八文，過半年未贖，仍更出息二分，如此多端聚斂，豈是茶息歲收二百萬？欺罔朝廷，莫甚於此。

一、川路險阻，般茶至陝西極難，始，元豐初，撥成都路兵士數百人貼補般運，不一二年，死亡逃竄幾盡。茶司遂令和雇人夫，同共般載。州縣畏其勢力，或和雇不行，則差稅戶往前，頗有賠費。洋州一處，因差夫般茶，最為騷擾。

一、未禁以前，陝西客旅得解鹽並藥物等入川買茶，所過州縣，俱有重稅錢，及至將茶出川，沿路又納過稅，以此稅課大段增羨。自茶法施行以後，商旅更不興販，所收稅錢絕少熙寧七年未禁茶法，興元府收七百四十萬住稅，每斤六文，歲收四萬七千貫，次年所收纔及一二。縱有各商在官場販茶往別州軍，雖明納稅錢，其錢逐處畏懼茶司勢力，及欲貪分息錢，往往將稅錢轉作茶息，以此稅課頗有虧減。其所得茶稅錢亦不曾撥還轉運司，卻滾作歲課聞奏。

一、陝西之民食茶有定數，茶司為貪羨息，般運過多，出賣不盡，逐州有虧年額處，卻於每斤上添起價直，務要歲課餘羨，往往亦配賣與人戶，乃是榷茶之害，非獨在蜀，亦已流及秦陝鳳州今歲賣茶準茶司指揮，每州添一百文。

一、通判係按察之司，令佐皆在縣令之上，今來卻計所賣茶貨，與牙子等均分息錢，虧損廉節，略無愧恥。

一、盜及二貫，徒一年，仍出賞錢五貫。今將錢八百文買茶四十斤者，每斤二十文不幸被捉，亦徒一年，出賞錢三十貫，是販茶之罪，過於為盜，於理不通，遞鋪文字，於外界軍機，或非常賊盜，日行四百里，馬遞日行三百里，違二日，徒一年，茶遞往來，並日行四百里，違一日，徒一年，立法太重，有損治體。

一、雅州名山縣監茶官但發及一萬馱，即轉一官，知縣亦減三年磨勘。且計綱發茶，殊非常事，冒濫頗為僥倖。

一、茶禁之害，日久日積，朝廷所得者，歲有一百萬緡，而失陷商稅亦數十萬。今若推廣惠澤，罷去榷利，許令通商，則百姓蕩然無禁礙，商旅大段通行。秦陝客人入川，隨行物貨已收一重稅錢，其賣茶先收住稅，買茶又收過稅，則一歲之收，必數十萬貫。每馱直十貫者，收長引錢一貫文，不及馱者，計斤收錢，又須有數十萬貫。亦可充折茶司一歲之息。但責成都、利州運司，令依律應副熙河，則百事簡便，公私兩得。惟椿留博馬茶若干萬馱，令鋪兵般運，重沿邊私販之禁，則于馬事，並無妨缺，而朝廷恩德，及民最深。

一、若謂以茶博馬，川茶未可通商，緣李杞立法之初，只認四十萬貫

應付熙河，後來蒲宗閔等漸販布販鹽，添及六十萬貫。李稷、陸師閔又增至一百萬貫。今則歲獻二百萬貫，亦只以四十萬貫應付熙河，且倚法刻民，亦可增及千萬。恭惟聖朝治道，日從仁厚，若指揮茶司只得歲入一百萬貫，不須出剩，則茶官不敢過有掊刻，仍不許俵米與有茶之家，若俵本錢，勿令出息，買則添原估，賣則減舊價，並已罷博易茶場，及諸般貨物並不得收買。所有般載，盡差茶遞鋪，更不得差雇人戶，免令賠費，及罷官員均分息錢，仍令將茶稅錢撥還運司，稍減濫刑，漸抑重賞，嚴戒陝西州軍，不許添價配賣。如此則榷茶之害，十分亦去四五，于博馬別無防礙。

又《奏乞罷榷名山等三處茶以廣德澤亦不闕備邊之費狀》 臣伏見朝廷察知茶法貽害數路，生靈受弊之深，特遣使者按視本末，意欲更張，與民休息。今黃廉遍詣諸郡及山場等處，尋究弊端，盡見其實，累具奏列，皆有條緒。蜀茶之害，十去七八，疲民延頸，日望馳禁，過於飢渴之待飲食。而朝廷尚遲遲未決者，蓋為邊費巨萬，仰給於茶，慮或缺用，不敢遽然予奪。臣愚以為持此說者，知其一，未知其二也。夫陸師閔增歲課為百萬貫，而又獻羨餘百萬貫者，豈皆茶息哉？蓋勇為屠儈之事，扼民之喉，刮剔骨髓，掠奪百貨，公為販易，其極至於典米豆、鬻物貨，惟增厚利，以欺朝廷爾。今日陛下忍為此事乎？恭惟陛下深仁博愛，惠養萬物，惟恐一夫或失其所，必不忍為此也。既不忍為師閔之事，則禁可以盡廢，利不可以過取。雖黃廉之說，猶未能盡副朝廷之意焉。故臣願少變其議，廣陛下之德澤，以慰人望，至於邊備，又豈敢闕而不計哉？且黃廉所以欲榷名山、油麻壩、洋州三處者，猶利榷買之賤，出息之多爾。然諸場不榷，而此獨榷，則民有幸不幸；榷法猶在，則嚴刑濫賞隨而缺作。譬如治病不去根本，未可以言愈也。為今之計，莫若稍高三處之直，如郡縣和糴米穀、民間交易之類，就彼和買，及其起綱運致比於榷法，須費一倍。名山茶一馱，榷買載腳至秦州，不滿十貫。而賣三十貫以來，或四十貫，今既和買，須添原價並腳錢，約及二十貫以來，至出賣已有一倍之利。每歲約以五萬馱應付熙河，乃設秦鳳、涇原兩路賣茶之禁，並如黃廉之請，則自可得一百萬貫，以助邊計，以行博馬法，亦不闕少，又何必獨榷三處，以貽斯民之憂乎？其他諸路，所入素薄，宜一切舍之，以與商旅，庶為招來之漸也。又況蜀茶歲約三千萬斤，元豐七年二千九百一十四萬七千斤。八年二千九百五十四萬八千斤。除和買五百萬斤入熙河外，尚有二千五百萬斤，皆屬商販流轉。三千里之內，「所謂住稅、翻稅、過稅者，亦可得五十萬貫。舊例住稅每斤六文，容人買出，翻稅每斤六文，兩項可得二十五萬貫。所過場務，遠者十處，近者三兩處，再遠者四五處，過稅每年收二文，五場共計十文，又可得二十五萬貫。熙寧七年，興元府一處收茶稅七百餘萬斤，計錢四萬二千餘貫。以此推之，其數必有。自榷法之行，茶有芽稅、腳息、頭子、籠索等錢，皆為無名之斂。今既解去羅網，一切不問，第以一貫之茶，納長引錢百文。則人情簡便，必亦樂輸，又有十餘萬貫。川茶貴者每斤三百，賤者三二十文，今總計為五十文，凡二千五百萬斤，計一百二十五萬貫，乃得長引錢十二萬五千貫。仍于六十餘萬貫中，三分損一，以為未必皆然之數，則四十萬貫乃有其實，而茶商諸貨之稅，復在此外，總計其數，則邊防之費，粗可足用。三郡之茶，不必禁榷，利害愈明矣。

貼黃

臣今所奏，皆據其實，蓋於民不擾而有百四十萬貫之利，以助邊計。伏乞聖慈，採納施行。

又《奏乞罷京東河北路賒放大方茶狀》 臣訪聞京東、河北路往年將市易大方茶搭算腳息，召人通抵產賒請，限半年納錢，多是浮浪貪債之人，及不逞子弟，蒙昧尊屬，虛供抵當，賒請出外，減價破賣，洎至限滿催錢，不免抑勒。尊長認納，往往破蕩資產，償還未足。後州縣買茶官更作饒限名目，再賒一番，暗令填納舊欠，其何以堪！雖蒙朝廷寬恩蠲放息錢外，尚有欠數，每縣約二三萬貫。去年又差官將此等現在茶于兩路催促變賣。諸州至今不住表與屬縣賣茶，乃限半年送納本息，緣河北水患之後，生民無聊，京東亦有災傷去處，惟宜百計存恤，庶使安居。若更將上件茶賒放與人，立限督斂，則民間愈見凋弊。況此茶積壓歲久，多有陳毀損壞，強民賒請，豈不重困？伏望朝廷詳察，指揮轉運司委官定驗，陳壞不堪者並行毀棄外，餘即減定價直，分擘於自來貨賣得行處，召人以現錢收買，所貴不為兩路煩擾之弊。

貼黃

臣今奏請，蓋為逐處賣茶惟官務辦其職事，不恤困窮，積日累久，民力轉耗，須委署轉運司審詳措置。伏乞採納施行，以廣德澤，若只令賣茶

官相度，則無益於事。

宋 黃裳《演山集》卷四六《茶法》 茶之為物，袪積也靈，寤昏也清，賓客相見，以行愛恭之情者也。天下之人不能廢茶，猶其不能廢酒，非特適人之情也，禮之所在焉。江淮荊襄嶺南兩川二浙，茶之所出。而出於閩中者，尤天下之所嗜。山海，天地之藏。閩中以利富國，得茶於山，與其得鹽於海，無以異也。唐之建茶，利者或增稅，或徙植，或加價，其後私易雇載，居舍僧保，園戶或以所犯之數，重者以殺，次者以徙，長行群旅，或至於皆死。小民以財殺軀，上之人以利喪仁，非先王之政也。先王之於山澤物，為之厲，為之守禁，妄入者防之以厲，盜取者制之以禁，使其地之人守其財物，以時入之，頒其餘于萬民，如此而已。後世山林之政廢，草木之利為右姓所擅。茶之息十居其八九，此小民所以得易於右姓，群行山林，出入萬有一生之地，趨於倍上，莫之顧也。欲即茶山之所在，為之厲守禁令，而使民不犯刑，公不失利，右姓之家，有以處之，各書其思慮，將有考焉。

宋 楊時《龜山集》卷四《論時事·茶法》 榷茶自唐末始有，祖宗蓋嘗行之矣。而官自鬻之，積年之久，流弊滋甚。仁祖令有司會榷茶淨利，均為茶租，而戶輸之，馳其禁，使自興販，縣官坐收榷茶之利，而民得自便，無冒禁之患，可謂公私兩利也。故當時詔書有曰：民被誅求之困，日惟諮嗟。官受濫惡之入，歲以陳腐。私藏盜販，犯者實繁，嚴刑重誅，情所不忍。是於江湖數千里，設陷阱以害吾民也。間遣使者，往就問之，而皆歡然，願弛榷法，歲入之課，少時上官，曆世之弊，一旦以除，著為經常，不復更制。尚慮喜於立異之人，緣而為奸之党，妄陳奏議，以惑官司，必置明刑，以戒狂謬。其訓告可謂至矣。後世所宜守也。今茶租錢輸之如故，而榷法愈密，是榷之又榷也。趨今之變，若未能盡弛其禁，猶當少寬之也。二浙窮荒之民，有經歲不食鹽者，茶則不可一日無也。一日無之，則病矣。昔時晚春采造謂之黃茶，每觔不過三二十錢，故細民得以厭食。今買引之直，已過數倍矣。未有茶也，民間例食貴茶，而細民均受其害。行法之初，掊刻之吏，以配買引數多為功，苟冒恩賞。今以歲課最高為額，上戶有敷及十數引者，一引賠費無慮十數千，則人不易供矣。諸犯榷貨，不得根究來歷，違者以故入人罪論。自祖宗至於熙豐，未之有改也。今茶法獨許根究來歷，盜販者皆無賴小民，一為捕獲，則妄引來歷，以報私怨，官司不敢沮抑，追呼蔓延，狴犴充斥，經時不能決，良可憫也。某竊謂宜革去根究來歷之法，無追呼之擾，蠲最高之額，以平歲課，罷增羨之賞，懲貪吏希功厲民之虐，庶乎民少安其生矣。

宋 劉宰《漫塘集》卷二一《宜興縣尉司免發茶引記》 錢塘薛君興祖尉宜興之明年，禁盜戢姦有緒，乃訪政之厲於民者。惟宜興在湖之陽，田多山少，山之產茶者又少。其地東走二浙，西走江淮，川險陸迂，商旅罕至。故茶引之往來，官惟督其滯，稽其敝，而虧盈非所知。歲嘉定丁丑，有以私販就捕。或不審慮，遽請於供軍使者，丐引就縣批發，以便官販。使者眩其言，給引八十屬之尉，而俾時輸其直。前尉懼不稱，招徠百方。再閱歲，引之未售者猶什四。比君至，吏抱成式請峻期。會使者責逋緩，辭益嚴，且將續給以來者。君喟然曰：『是可以一時盜販故，而貽吾民它日禍乎？』即具為書諗于使者。使者新安程君覃明敏而更事，曰：『是區區者，於吾軍賦損益幾何？吾甯靳是而不以惠一邑？』即戒吏止勿給而歸其未售者。令下，闔邑歡呼。乃歌曰：『邑有引，誰其啟之？病我民，誰其已之？孰還其舊？孰已其新？抗論不回，惟尉之仁。』尉曰，匪余惟賢，使者毋過而取，寧利在下。在昔張公，慮遠識明，於今崇陽，邑不茶征。張制其始，薛遏其成。丈公使北，榷鹽以弛，河北父老，欣欣有喜。文遏其成，程制其始。聲于樂石，以詔後昆。韙矣二君，勉紹前聞。漫塘叟劉某，家鄰邑，聽塗人之誦，為書以記。

下

茶文化總部

茶文化總部説明

茶起源于中國，中國飲茶歷史極其悠久，在漫長的與茶相伴的歷史過程中，人們創造出諸多與茶相關的文化産品，賦予茶更多精神層面的内涵，由此來看茶不僅僅是一種飲品，更是一種文化。茶文化之形成主要賴于古代社會各個階層對于茶的喜愛，士大夫創造出相對精雅的茶文化，廣大民間則孕育出博大豐富的茶俗文化。

茶文化總部包含歷代茶人部，茶人稱謂部，茶俗部，歷代名茶部，名山與茶部，宗教與茶部，歷代茶詩、茶詞部，歷代茶文部和歷代茶事繪畫部等共九個部。

歷代茶人部輯録了自漢至清歷代茶人以及他們關于茶事活動的相關記載，如陸羽，按《陸羽傳》，『羽嗜茶，著經三篇，言茶之原、之法、之具尤備，天下益知飲茶矣。時鬻茶者至畫羽形置煬突間，祀爲茶神』；盧仝，『一碗喉吻潤，兩碗破孤悶。三碗搜枯腸，唯有文字五千卷。四碗發輕汗，平生不平事，盡向毛孔散。五碗肌骨清，六碗通仙靈。七碗吃不得也，唯覺兩腋習習清風生』，等等。

茶人稱謂部輯録的主要是古代社會長久以來對茶葉愛好者與茶葉行業從業者約定俗成的特殊稱謂，如『茶聖』陸羽、『茶仙』盧仝、『茶博士』、『甘草癖』、『茶頭』，等等。稱謂成因，各有不同，稍加探究，即可領略其中的雅興和趣味。

茶俗部輯録的是關于古代社會因茶而形成的獨特習俗，如『種芝麻，必夫婦同下其種，收時倍多，否則結稀而不實也。故俗云：「長老種芝麻，未見得者。」以僧無婦耳。種茶下子，不可移植，移植則不復生也。故女子受聘謂之吃茶，又聘以茶爲禮者，見其從一之義。二稱皆諺，亦有義存焉耳』。茶以其特性而被賦予更多人文性的品格，而在這個過程中，以茶爲主所形成的風土習俗頗值得深入探究。

歷代名茶部、名山與茶部輯録的大多是關于歷代名茶與各地名山所産名茶的相關資料。茶歷經時代的變遷，令世人矚目的名茶産地也在不斷變化，明人許次紓《茶疏》云：『江南之茶，唐人首稱陽

羡，宋人最重建州，于今貢茶，兩地獨多。陽羡僅有其名，建茶亦非最上，惟有武夷雨前最勝。近日所尚者，爲長興之羅岕，疑即古人顧渚紫笋也。』茶之可珍貴者，在不同時期也是有所不同的。

宗教與茶部輯録的主要是關于佛教、道教與茶相關的資料。無論是自西傳入的佛教，還是本土的道教，與茶都有密切之關係。佛家以之爲制度儀軌的一個環節，借茶闡釋佛理；道家直接將茶作爲靈草妙藥，助益强身健體得道成仙。

歷代茶詩、茶詞部，歷代茶文部以及歷代茶事繪畫部主要輯録的是在歷史發展中與茶相關的文學和繪畫作品。茶詩、茶詞、茶文及茶畫都是茶文化不可或缺的重要組成部分。文學藝術作品中保留了大量第一手的古代茶事發展的珍貴資料，這有助于直接感知茶文化的形成與發展。

茶文化總部

歷代茶人部

兩漢茶人

吳理真

宋 王象之《輿地紀勝》卷一四七 西漢時，有僧從嶺表來，以茶實植蒙山，忽一日隱池中，乃一石象，今蒙頂茶，擅名師所植也，至今呼其石像為甘露大師。

宋 孫漸《智炬寺留題》（光緒）《名山縣志》 昔有漢道人，剃草初為祖。分來建溪芽，寸寸培新土。至今滿蒙頂，品倍毛家譜。

（雍正）《四川通志》卷二八 漢時名山縣西十五里的蒙山甘露寺祖師吳理真，修活民之行，種茶蒙頂。

又 卷三八 名山縣治之西十五里，有蒙山。其山有五頂，形如蓮花五瓣，其中頂最高名曰上清峰，至頂上略開一坪，直一丈二尺，橫二丈餘即種仙茶之處，漢時甘露祖師姓吳名理真手植，至今不長不滅，共八小株。

又 卷四五《藝文・外紀》 名山之普惠大師，本嶺表來，流寓蒙山。按碑，西漢僧理真，俗姓吳氏，修活民之行，種茶蒙頂，隕化為石像，其徒奉之。號甘露大師，水旱，疾疫，禱必應。淳熙十三年，邑進士喻大中，奏功德及民，孝宗封甘露普慧大師，遂有智炬院，遂四月二十四日，以隱化日，鹹集寺獻香。宋、元各有碑記，以茶利，由此興焉。夫吃茶西漢前其名未見，民未始利。浮屠自東漢入中國，初猶禁不得學。

清 吳慶坻《蕉廊脞録》卷八 蜀名山縣蒙山產茶最有名，中頂所產至少而至寶貴。山凡五頂，中頂最高，土僅寸許。相傳漢甘露祖師吳理真種茶八株，今尚存，其七高四五寸，其一高尺二三寸。夏初發芽，不過數十，即有雲霧覆其上。每將采，必先祭之，祭畢而采，采畢即如枯枝。平時樹柵扃？以守護之。中頂茶每歲人貢，為四川方物之一。知縣歲以貢餘饋省中大吏一小瓶，中只一葉耳。《茶譜》云：『獲蒙頂茶一兩，以本處水煎服，除宿疾；四兩，即成地仙。』

清 佚名《宋甘露祖師像并行狀》（金石苑・三巴漢石紀存） 師由西漢出，現吳氏之子，法名理真。自領表來，住錫蒙山，植茶七株，以濟饑渴。元代京師旱，敕張、秦樞密二相，詔求雨濟時。師入定救旱，少頃沛澤大通。一日峰頂持錫窠井，忽隱化井中，侍者覓之，得石像。遂負井右，建以石屋奉祀。時值旱魃，取井水，霖雨即應。以至功名、嗣續、疾疫、災祥之事，神水無不靈感，是師功德有遺之也。故邑進士喻大中，奏師功行及民，宋孝宗敕賜靈應甘露普慧妙濟菩薩像。

揚雄

漢 揚雄《方言》 蜀西南人謂茶曰蔎。

唐 陸羽《茶經》卷六《茶之飲》 茶之為飲，發乎神農氏，聞於魯周公。齊有晏嬰，漢有揚雄、司馬相如。

又 卷七《茶之事》 漢：仙人丹丘子，黄山君，司馬文園令相如，揚執戟雄。

司馬相如

漢 司馬相如《凡將篇》 烏喙、桔梗、芫華、款冬、貝母、木蘖、蔞、芩草、芍藥、桂、漏蘆、蜚廉、雚菌、荈詫、白斂、白芷、菖蒲、芒硝、莞椒、茱萸。

華佗

《太平御覽》卷八六七《飲食部二十五・茗》　苦茶久食，益意思。

三國兩晉南北朝茶人

孫楚

唐 陸羽《茶經》卷下《茶之事》　茱萸出芳樹顛，鯉魚出洛水泉。白鹽出河東，美豉出魯淵。薑、桂、茶荈出巴蜀，椒、橘、木蘭出高山。蓼蘇出溝渠，精稗出中田。

孫皓

《三國志》卷六五《吴志・韋曜傳》　皓每饗宴，無不竟日，坐席無能否率以七升為限，雖不悉入口，皆澆灌取盡。曜素飲酒不過二升，初見禮異時，常為裁減，或密賜茶荈以當酒，至於寵衰，更見偪彊，輒以為罪。

張揖

唐 陸羽《茶經》卷七《茶之事》　荊巴間採葉作餅，葉老者，餅成以米膏出之。欲煮茗飲，先炙令赤色，擣末置瓷器中，以湯澆覆之，用葱、薑、橘子芼之。其飲醒酒，令人不眠。

左思

《玉臺新咏・左思〈嬌女詩〉》　吾家有嬌女，皎皎頗白皙。小字為紈素，口齒自清歷。有姊字惠芳，眉目粲如畫。馳騖翔園林，果下皆生摘。貪華風雨中，倏忽數百適。心為茶荈劇，吹噓對鼎汧。

劉琨

晉 劉琨《與兄子南兗州刺史演書》《太平御覽》卷八六七　前得安州乾薑一斤，桂一斤，黄芩一斤，皆所須也。吾體中潰悶，常仰真茶，汝可置之。

唐 温庭筠《采茶録》　致劉琨與弟群書：『吾體中憒悶，常仰真茶，汝可信致之。』

郭璞

唐 陸羽《茶經》卷下《茶之事》引郭璞《爾雅注》　樹小似梔子，冬生，葉可煮羹飲。今呼早取為茶，晚取為茗，或一曰荈，蜀人名之苦茶。

張載

晉 張載《登成都樓詩》《藝文類聚》卷二八　借問楊子舍，想見長卿廬。程卓累千金，驕侈擬五侯。門有連騎客，翠帶腰吴鈎。鼎食隨時進，百味和且殊。披林摘秋橘，臨江釣春魚。黑子過龍醢，果饌踰蟹蝑。芳茶冠六情，溢味播九區。人生苟安樂，茲土聊可娛。

單道開

《晉書》卷九五《藝術傳・單道開》 單道開，敦煌人也。常衣粗褐，或贈以繒服，皆不著，不畏寒暑，晝夜不臥。恒服細石子，一吞數枚，日一服，或多或少。好山居，而山樹諸神見異形試之，初無懼色。石季龍時，從西平來，一日行七百里，其一沙彌年十四，行亦及之。至秦州，表送到鄴，季龍令佛圖澄與語，不能屈也。初止鄴城西沙門法綝祠中，後徙臨漳昭德寺。于房内造重閣，高八九尺，于上編管為禪室，常坐其中。季龍資給甚厚，道開皆以施人。人或來諮問者，道開都不答。日服鎮守藥數丸，大如梧子，藥有松蜜姜桂伏苓之氣，時復飲茶蘇一二升而已。自云能療目疾，就療者頗驗。視其行動，狀若有神。佛圖澄曰：『此道士觀國興衰，若去者，當有大亂。』及季龍末，道開南渡許昌，尋而鄴中大亂。

葛玄

（嘉定）《赤城志》卷一九《臨海》 蓋竹山在縣南三十里，按輿地志，一名竹葉山。【略】《抱朴子》云，此山可合神丹。有仙翁茶園，舊傳葛元植茗於此。

宋 胡融《天臺續集別編》卷四《葛仙茗园》 絕巘匿精廬，蒼煙路孤迴。草秀仙翁園，春風坼幽茗。野僧四五人，腦紺瞳子炯。攜壺汲飛瀑，呼我烹石鼎。風濤瀉江灘，松籟起林嶺。七椀鏖郝源，一水鬥雙井。我雖冠屨縛，心樂只園靜。濯足臥禪扃，幽夢墮蒙頂。

（康熙）《天臺山全志》卷九 茶圃，在華頂峰旁，相傳為葛元種茶之圃。

（康熙）《浙江通志・物産》卷一 蓋竹山，有仙翁茶園，舊傳葛玄植茗於此。

清 齊召南《蓋竹山長耀寶光道院記》 吳葛孝先嘗營精舍，至今有仙翁植茶園。

又《寶綸堂詩鈔》卷一《臺山五仙歌・葛孝先》 仙公職司太極左，芝蓋霓旌森旖旎。華頂長留茶圃雲，赤城猶熾丹爐火。

王濛

唐 温庭筠《采茶録》 王蒙好茶，人至辄饮之，士大夫甚以为苦，每欲候蒙，必云：『今日有水厄。』

明 高元濬《茶乘》卷二引《志林》 晉司徒長史王濛，好飲茶，客至輒飲之。士大夫甚以為苦，每欲候濛，必云：今日有水厄。

陸納

唐 陸羽《茶經》卷下《茶之事》 《晉中興書》：陸納為吳興太守時，衛將軍謝安常欲詣納。《晉書》云：納為吏部尚書。納兄子俶怪納無所備，不敢問之，乃私蓄十數人饌。安既至，所設唯茶果而已。俶遂陳盛饌，珍羞必具。及安去，納杖俶四十，云：汝既不能光益叔父，奈何穢吾素業？

宋 吳淑《事類賦》卷一七《飲食部・茶賦》 陸納之待謝安，誠彰儉德。《晉書》曰：陸納為吳興太守時，謝安欲詣納。納兄子俶，怪納無所備，不敢請，乃私為具。安既至，納所設唯茶果而已，俶遂陳盛饌，珍羞畢具。安去，納杖俶四十。云：『汝既不能光益叔父，奈何穢吾素業。』

常璩

晉 常璩《華陽國志》卷一《巴志》 周武王伐紂，實得巴、蜀之師，著乎《尚書》。巴師勇鋭，歌舞以淩殷人，倒戈。故世稱之曰『武王伐紂，前歌後舞』也。武王既克殷，以其宗姬於巴，爵之以子，古者遠國雖大，爵不過子，故吳、楚及巴皆曰子。

其地東至魚復，西至僰道，北接漢中，南極黔、涪。土植五穀，牲具六畜。桑、蠶、麻、紵、魚、鹽、銅、鐵、丹、漆、茶、蜜、靈龜、巨

犀、山雞、白雉，黃潤、鮮粉，皆納貢之。其果實之珍者：樹有荔支，蔓有辛蒟，園有芳蒻、香茗，給客橙、葵。其藥物之異者有巴戟、天椒；竹木之貴者有桃支、靈壽。其名山有塗籍、靈臺，石書刊山。

又《蜀志》 南安縣郡東四百里，治青衣江會。縣溉有名灘，一曰雷垣，二曰鹽溉，李冰所平也。有柑橘官社。漢有鹽井。南安、武陽皆出名茶。多陂池。西有熊耳，南有峨眉山。山去縣八十里。《孔子地圖》言有仙藥，漢武帝遣使者祭之，欲致其藥，不能得。有四姓：能、宣、謝、審；五大族：楊、費。又有信士呂孟，貞紀至行也。

王微

《玉臺新咏・王微〈雜詩〉》 寂寂掩高閣，寥寥空廣廈。待君竟不歸，收領今就櫝。

蕭賾

《南齊書》卷三《武帝紀》 是月，上不豫，徙御延昌殿，乘輿始登階，而殿屋鳴吒，上惡之。虜侵邊，戊辰，遣江州刺史陳顯達鎮雍州樊城。上慮朝野憂惶，乃力疾召樂府奏正聲伎。戊寅，大漸。詔曰：『始終大期，賢聖不免，吾行年六十，亦復何恨。但皇業艱難，萬機事重，不能無遺慮耳。太孫進德日茂，社稷有寄。子良善相毗輔，思弘治道；內外衆事無大小，悉與鸞參懷共下意。尚書中是職務根本，悉委王晏、徐孝嗣。軍旅捍邊之略，委王敬則、陳顯達、王廣之、王玄邈、沈文季、張瓌、薛淵等。百辟庶僚，各奉爾職，謹事太孫，勿有懈怠。知復何言。』又詔曰：『我識滅之後，身上著夏衣畫天衣，純烏犀導，應諸器悉不得用實物及織成等，唯裝複裌衣各一本。通常所服身刀長短二口鐵環者，隨我入梓宮。祭敬之典，本在因心，東鄰殺牛，不如西家禴祭。我靈上慎勿以牲爲祭，唯設餅、茶飲、干飯、酒脯而已。天下貴賤，咸同此制。未山陵前，朔望設菜食。陵墓萬世所宅，意嘗恨休安陵未稱，今可用東三處地最東邊以葬我，名爲景安陵。喪禮每存省約，不須煩民。百官停六時入臨，朔望祖日可依舊。諸主六宮，竝不須從山陵。內殿鳳華、壽昌、耀靈三處，是吾所治製。夫貴有天下，富兼四海，宴處寢息，不容乃陋，謂此爲奢儉之中，慎勿壞去。顯陽殿玉像諸佛及供養，具如別牒，可盡心禮拜供養之。應有功德事，可專在中。自今公私皆不得出家爲道，及起立塔寺，以宅爲精舍，竝嚴斷之。唯年六十，必有道心，聽朝賢選序，已有別詔。諸小小賜乞，及閤內處分，亦有別牒。內外禁衛勞舊主帥左右，悉付蕭諶優量驅使之，勿負吾遺意也。』是日上崩，年五十四。

陶弘景

《梁書》卷五一《處士傳・陶弘景》 陶弘景，字通明，丹陽秣陵人也。初，母夢青龍自懷而出，并見兩天人手執香爐來至其所，已而有娠，遂產弘景。幼有異操。年十歲，得葛洪神仙傳，晝夜研尋，便有養生之志。謂人曰：『仰青雲，覩白日，不覺爲遠矣。』及長，身長七尺四寸，神儀明秀，朗目疏眉，細形長耳。讀書萬餘卷。善琴棊，工草隸。未弱冠，齊高帝作相，引爲諸王侍讀，除奉朝請。雖在朱門，閉影不交外物，唯以披閱爲務。朝儀故事，多取決焉。永明十年，上表辭祿，詔許之，賜以束帛。及發，公卿祖之於征虜亭，供帳甚盛，車馬填咽，咸云宋、齊已來，未有斯事。朝野榮之。

於是止于句容之句曲山。恒曰：『此山下是第八洞宮，名金壇華陽之天，周回一百五十里。昔漢有咸陽三茅君得道，來掌此山，故謂之茅山。』乃中山立館，自號華陽隱居。始從東陽孫遊岳受符圖經法。偏歷名山，尋訪仙藥。每經澗谷，必坐臥其間，吟詠盤桓，不能已已。時沈約爲東陽郡守，高其志節，累書要之，不至。

弘景爲人，圓通謙謹，出處冥會，心如明鏡，遇物便了，言無煩舛，有亦輒覺。建武中，齊宜都王鏗爲明帝所害，其夜，弘景夢鏗告別，因訪其幽冥中事，多說祕異，因著夢記焉。

永元初，更築三層樓，弘景處其上，弟子居其中，賓客至其下，與物遂絕，唯一家僮得侍其旁。特愛松風，每聞其響，欣然爲樂。有時獨遊泉石，望見者以爲仙人。

性好著述，尚奇異，顧惜光景，老而彌篤。尤明陰陽五行，風角星算，山川地理，方圖產物，醫術本草。著帝代年歷，又嘗造渾天象，云『修道所須，非止史官是用』。

義師平建康，聞議禪代，弘景援引圖讖，數處皆成『梁』字，令弟子進之。高祖既早與之遊，及即位後，恩禮逾篤，書問不絕，冠蓋相望。天監四年，移居積金東澗。善辟穀導引之法，年逾八十而有壯容。深慕張良之爲人，云『古賢莫比』。曾夢佛授其菩提記，名爲勝力菩薩。乃詣鄮縣阿育王塔自誓，受五大戒。後太宗臨南徐州，欽其風素，召至後堂，與談論數日而去，太宗甚敬異之。大通初，令獻二刀於高祖，其一名善勝，一名威勝，並爲佳寶。

大同二年，卒，時年八十五。顏色不變，屈申如恒。詔贈中散大夫，謚曰貞白先生，仍遣舍人監護喪事。弘景遺令薄葬，弟子遵而行之。

唐 陸羽《茶經》卷七《茶之事》 陶弘景《雜録》：苦茶輕身換骨，昔丹丘子、黄山君服之。

《太平御覽》卷八六七《飲食部·茗》 陶弘景《新録》曰：茗茶輕身換骨，丹丘子、黄山君服之。

王肅

北魏 楊衒之《洛陽伽藍記》卷三《城南》 勸學里東有延賢里，里內有正覺寺，尚書令王肅所立也。肅字公懿，琅琊人也。偽齊雍州刺史奐之子也。贍學多通，才辭美茂，為齊秘書丞。太和十八年，背逆歸順。時高祖新營洛邑，多所造制，肅博識舊事，大有裨益。高祖甚重之，常呼王生。延賢之名，因肅立之。肅在江南之日，聘謝氏女為妻。及至京師，復尚公主。其後謝氏入道為尼，亦來奔肅。見肅尚主，謝作五言詩以贈之。其詩曰：『本為箔上蠶，今作機上絲。得路逐勝去，頗憶纏綿時。』公主代肅答謝云：『鍼是貫線物，目中恒任絲。得帛縫新去，何能納故時。』肅甚有愧謝之色，遂造正覺寺以憩之。肅憶父非理受禍，常有子胥報楚之意。卑身素服，不聽樂，時人以此稱之。肅初入國，不食羊肉及酪漿等物，常飯鯽魚羹，渴飲茗汁。京師士子，道肅一飲一斗，號為『漏卮』。經數年已後，肅與高祖殿會，食羊肉酪漿粥甚多。高祖怪之，謂肅曰：『卿中國之味也。羊肉何如魚羹？茗飲何如酪漿？』肅對曰：『羊者是陸產之最，魚者乃水族之長。所好不同，並各稱珍。以味言之，甚是優劣。羊比齊、魯大邦，魚比邾、莒小國。唯茗不中，與酪作奴。』高祖大笑，因舉酒曰：『三三橫，兩兩縱，誰能辨之賜金鍾。』御史中尉李彪曰：『沽酒老嫗甕注瓨，屠兒割肉與稱同。』尚書右丞甄琛曰：『吳人浮水自云工，妓兒擲絕在虛空。』彭城王勰曰：『臣始解此字是習字。』高祖即以金鍾賜彪。朝廷服彪聰明有智，甄琛和之亦速。彭城王謂肅曰：『卿不重齊魯大邦，而愛邾莒小國。』肅對曰：『鄉曲所美，不得不好。』彭城王重謂曰：『卿明日顧我，為卿設邾莒之食，亦有酪奴。』因此復號茗飲為酪奴。時給事中劉縞慕肅之風，專習茗飲，彭城王謂縞曰：『卿不慕王侯八珍，好蒼頭水厄。海上有逐臭之夫，里內有學顰之婦，以卿言之，即是也。』其彭城王家有吳奴，以此言戲之。自是朝貴宴會，雖設茗飲，皆恥不復食，唯江表殘民遠來降者好之。後蕭衍子西豐侯蕭正德歸降時，元義欲為之設茗，先問：『卿於水厄多少？』正德不曉義意，答曰：『下官生於水鄉，而立身以來，未遭陽侯之難。』元義與舉坐之客皆笑焉。

劉縞

明 高元濬《茶乘》卷二《志林》 劉縞慕王肅之風，專習茗飲。彭城王謂縞曰：『卿不慕王侯八珍，好蒼頭水厄。海上有逐臭之夫，里內有學顰之婦，卿即是也。』

唐代茶人

梅妃（江采萍）

唐 曹鄴《梅妃傳》 梅妃，姓江氏，莆田人。父仲遜，世為醫，

妃年九歲能誦《二南》。語父曰：『我雖女子，期以此為志。』父奇之，名之曰采蘋。開元中高力士使閩、粵。妃笄矣，見其少麗，選歸侍明皇，大見寵倖。【略】上與妃鬥茶，顧諸王戲曰：『此梅精也。吹白玉笛，作驚鴻舞，一座光輝。鬥茶今又勝我矣！』妃應聲曰：『草木之戲，誤勝陛下。設使調和四海，烹飪鼎鼐，萬乘自有心法，賤妾何能較勝負也。』

李白

唐 李白《答族侄僧中孚贈玉泉仙人掌茶并序**》**《全唐詩》卷一七八　余聞荆州玉泉寺近清溪諸山，山洞往往有乳窟，窟中多玉泉交流，其中有白蝙蝠，大如鴉。按仙經，蝙蝠一名仙鼠，千歲之後，體白如雪，棲則倒懸，蓋飲乳水而長生也。其水邊處處有茗草羅生，枝葉如碧玉，唯玉泉真公常采而飲之，年八十餘歲，顔色如桃李，而此茗清香滑熟，異於他者，所以能還童振枯，扶人壽也。余遊金陵，見宗僧中孚，示余茶數十片。拳然重疊，其狀如手，號爲仙人掌茶。蓋新出乎玉泉之山，曠古未覩。因持之見遺，兼贈詩，要余答之，遂有此作。後之高僧大隱，知仙掌茶發乎中孚禪子及青蓮君士李白也。

常聞玉泉山，山洞多乳窟。仙鼠如白鴉，倒懸清溪月。茗生此中石，玉泉流不歇。根柯灑芳津，採服潤肌骨。叢老卷綠葉，枝枝相接連。曝成仙人掌，似拍洪崖肩。舉世未見之，其名定誰傳。宗英乃禪伯，投贈有佳篇。清鏡燭無鹽，顧慚西子妍。朝坐有餘興，長吟播諸天。

明 萬邦寧《茗史》卷上《清香滑熱》　李白云：荊州玉泉寺，近清溪諸山，山洞往往有乳窟，窟中多玉泉交流，其水邊處處有茗草羅生，枝葉如碧玉，惟玉泉真公常採而飲之，年八十餘歲，顔色如桃花。而此茗清香滑熱，異於他所，所以能還童振枯，扶人壽也。

《舊唐書》卷一九〇《文苑下·李白傳》　李白，字太白，山東人。少有逸才，志氣宏放，飄然有超世之心。父爲任城尉，因家焉。少與魯中諸生孔巢父、韓準、裴政、張叔明、陶沔等隱於徂徠山，酣歌縱酒，時號『竹溪六逸』。天寶初，客遊會稽，與道士吳筠隱於剡中。既嗜酒，日與飲徒醉於酒肆。玄宗度曲，欲造樂府新詞，亟召白，白已臥於酒肆矣。召入，以水灑面，即令秉筆，頃之成十餘章，帝頗嘉之。嘗沉醉殿上，引足令高力士脫靴，由是斥去。乃浪迹江湖，終日沉飲。時侍御史崔宗之謫官金陵，與白詩酒唱和。嘗月夜乘舟，自采石達金陵，白衣宮錦袍，於舟中顧瞻笑傲，傍若無人。

錢起

《舊唐書》卷一六三《李虞仲傳》　李虞仲，字見之，趙郡人。祖震，大理丞。父端，登進士第，工詩。大歷中，與韓翃、錢起、盧綸等文詠唱和，馳名都下，號『大歷十才子』。

唐 錢起《錢考功集》卷四《過長孫宅與朗上人茶會》　偶與息心侶，忘歸才子家。玄談兼藻思，綠茗代榴花。岸幘看雲卷，含毫任景斜。松喬若逢此，不復醉流霞。

又卷一〇《與趙莒茶讌》　竹下忘言對紫茶，全勝羽客醉流霞。塵心洗盡興難盡，一樹蟬聲片影斜。

元 辛文房《唐才子傳》卷四　錢起，字仲文，吳興人。天寶十年李巨卿榜及第。少聰敏，承鄉曲之譽。初從計吏至京口客舍，月夜閒步，聞戶外有行吟聲，哦曰：『曲終人不見，江上數峰青。』凡再三往來，起遽從之，無所見矣。嘗怪之。及就試粉闈，詩題乃《湘靈鼓瑟》，起輟就，即以鬼謠十字為落句，主文李暐深嘉美，擊節吟味久之，曰：『是必有神助之耳。』遂擢置高第。釋褐授校書郎。嘗採箭竹，奉使入蜀。除考功郎中。大曆中為太清宮使、翰林學士。起詩體制新奇，理致清贍，芟宋、齊之浮靡，削梁、陳之褻狎，矯然獨立也。王右丞許以高格，與郎士元齊名，士林語曰：『前有沈、宋，後有錢、郎。』集十卷，今傳。子徽能詩，外甥懷素善書，一門之中，藝名森出，可尚矣。凡唐人燕集祖送，必探題分韻賦詩，於眾中推一人擅場者。劉相巡察江淮，詩人滿座，推郭曖擅場。尚主盛會，李端擅場。緬懷盛時，吟詠為樂，群賢畢集，觥籌交錯，覽江山之佳麗，續歡好於賓朋，美景良辰，怡神悅志，誠盛事也。況賓無絕纓之嫌，主無投轄之困，歌闌舞作，酒醉升俄，王公不覺其大，韋布不覺其小，忘形爾我，促席談諧，禮節之間，竟置而不顧，吟詠繼起，

筵席重新樂哉！斯乎古人秉燭之夜遊，繼日之興，亦不是過也。至若殘杯冷炙，一獻百拜，察喜怒於眉睫之間者，可以休矣。

釋皎然

唐 釋皎然《九日與陸處士羽飲茶》《全唐詩》卷八一七　九日山僧院，東籬菊也黄。俗人多泛酒，誰解助茶香。

唐 釋皎然《對陸迅飲天目山茶因寄元居士晟》《全唐詩》卷八一八　喜見幽人會，初開野客茶。日成東井葉，露採北山芽。文火香偏勝，寒泉味轉嘉。投鐺湧作沫，著椀聚生花。稍與禪經近，聊將睡網賒。知君在天目，此意日無涯。

唐 釋皎然《杼山集》卷七《飲茶歌誚崔石使君》　越人遺我剡溪茗，採得金牙爨金鼎。素瓷雪色縹沫香，何似諸仙瓊蘂漿。一飲滌昏寐，情來朗爽滿天地。再飲清我神，忽如飛雨灑輕塵。三飲便得道，何須苦心破煩惱。此物清高世莫知，世人飲酒多自欺。愁看畢卓甕間夜，笑向陶潛籬下時。崔侯啜之意不已，狂歌一曲驚人耳。孰知茶道全爾真，唯有丹丘得如此。

《新唐書》卷六〇《藝文四・丁部集録・別集類》　皎然詩集十卷字清晝，姓謝，湖州人，靈運十世孫，居杼山。顔真卿爲刺史，集文士撰韻海敬源，預其論著。貞元中，集賢御書院取其集以藏之，刺史于頔爲序。

《郡齋讀書志》卷一二《顧渚山記二卷》　右唐陸羽撰。羽與皎然、朱放輩論茶，以顧渚為第一。顧渚山在湖州，吴王夫差顧望，欲以為都，故以名山。

元 辛文房《唐才子傳》卷四　皎然上人，字清晝，吳興人。俗姓謝，宋靈運之十世孫也。初入道，肄業杼山，與靈徹、陸羽同居妙喜寺。羽於寺旁創亭，以癸丑歲癸卯朔癸亥日落成，湖州刺史顔真卿名以『三癸』，皎然賦詩，時稱『三絕』。真卿嘗於郡齋集文士撰《韻海敬源》，預其論著，至是聲價藉甚。貞元中，集賢御書院取高僧集上人文十卷，藏之，刺史于頔為之序。李端在匡嶽，依止稱門生。一時名公，俱相友善，題云『晝上人』是也。時韋應物以古淡矯俗，以嘗擬其格，得數解為贄，韋心疑之。明日，又録舊製以見，始被領略，曰：『人各有長，蓋自天分。子而為我，失故步矣。但以所詣，自名可也。』公心服之。往時住西林寺，定餘多暇，因撰序作詩體式，兼評古今人詩，為《晝公詩式》五卷，及撰《詩評》三卷，皆議論精當，取捨從公，整頓狂瀾，出色騷雅。公性放逸，不縛于常律。初，房太尉琯早歲隱終南峻壁之下，往往聞湫中龍吟，聲清而靜，滌人邪想。時有僧潛戛三金以寫之，惟銅酷似。房公往來，他日至山寺，聞林嶺間有聲，因命僧出其器，歎曰：『此真龍吟也。』大歷間，有秦僧傳至桐江，皎然戛銅椀效之，以警深寂。緇人有獻議者，公曰：『此達僧之事，可以嬉禪。爾曹胡凝滯於物，而以瑣行自拘耶？』時人高之。公外學超然，詩興閑適，居第一流、第二流不過也。詩集十卷。

袁高

唐 袁高《茶山詩》《全唐詩》卷三一四　禹貢通遠俗，所圖在安人。後王失其本，職吏不敢陳。亦有姦佞者，因茲欲求伸。動生千金費，日使萬姓貧。我來顧渚源，得與茶事親。甿輟耕農耒，采采實苦辛。一夫旦當役，盡室皆同臻。捫葛上欹壁，蓬頭入荒榛。終朝不盈掬，手足皆鱗皴。悲嗟遍空山，草木爲不春。陰嶺芽未吐，使者牒已頻。心爭造化功，走挺麋鹿均。選納無晝夜，搗聲昏繼晨。衆工何枯櫨，俯視彌傷神。皇帝尚巡狩，東郊路多堙。周迴遶天涯，所獻愈艱勤。況減兵革困，重茲固疲民。未知供御餘，誰合分此珍。顧省忝邦守，又慙復因循。茫茫滄海間，丹憤何由申。

《舊唐書》卷一五三《袁高傳》　袁高，字公頤，恕己之孫。少慷慨，慕名節。登進士第，累辟使府，有贊佐裨益之譽。代宗登極，徵入朝，累官至給事中、御史中丞。建中二年，擢爲京畿觀察使。以論事失旨，貶韶州長史，復拜爲給事中。

貞元元年，德宗復用吉州長史盧杞爲饒州刺史，令高草詔書。高執詞頭以謁宰相盧翰、劉從一曰：『盧杞作相三年，矯詐陰賊，退斥忠良。朋附者咳唾立至青雲，睚眦者顧盼已擠溝壑。傲很明德，反易無常，播越

鑾輿，瘡痍天下，皆杞之爲也。爰免族戮，雖示貶黜，尋已稍遷近地，若更授大郡，恐失天下之望。惟相公執奏之，事尚可救。」翰、從一不悅，改命舍人草之。詔出，執之不下，仍上奏曰：『盧杞爲政，窮極兇惡。三軍將校，願食其肉；百辟卿士，嫉之若讎。』遺補陳京、趙需、裴佶、宇文炫、盧景亮、張薦等上疏論奏。次日，又上疏。高又於正殿奏云：『陛下用盧杞獨秉鈞軸，前後三年，棄斥忠良，附下罔上，使陛下越在草莽，皆杞之過。且漢時三光失序，雨旱不時，皆宰相請罪，小者免官，大者刑戮。杞罪合至死。陛下好生惡殺，赦杞萬死，唯貶新州司馬，旋復遷移。今除刺史，是失天下之望。伏惟聖意裁擇。』上謂曰：『盧杞有不逮，是朕之過。』復奏曰：『盧杞姦臣，常懷詭詐，非是不逮。』上曰：『朕已有赦。』高曰：『赦乃赦其罪，不宜授刺史。且赦文至優黎民，今饒州大郡，若命姦臣作牧，是一州蒼生，獨受其弊。望引常參官顧問，并擇謹厚中官，令採聽於衆。若億兆之人異臣之言，臣當萬死。』於是，諫官爭論於上前，上良久謂曰：『若與盧杞刺史太優，與上佐可乎？』曰：『可矣！』遂追饒州制。翌日，遣使宣慰高云：『朕思卿言深理切，當依卿所奏。』太子少保韋倫、太府卿張獻恭等奏：『袁高所奏至當，高是陛下一良臣，望加優異。』

貞元二年，上以關輔祿山之後，百姓貧乏，田疇荒穢，詔諸道進耕牛，待諸道觀察使各選揀牛進貢，委京兆府勸課民戶，勘責有地無牛百姓，量其地著，以牛均給之。其田五十畝已下人，不在給限。高上疏論之：『聖慈所憂，切在貧下。有田不滿五十畝者尤是貧人，請量三兩家共給牛一頭，以濟農事。』疏奏，從之。尋卒於官，年六十，中外歎惜。憲宗朝，宰臣李吉甫嘗言高之忠鯁，詔贈禮部尚書。

顧況

唐 顧況《華陽集》卷上《茶賦》 稽天地之不平兮，蘭何爲兮早秀，菊何爲兮遲榮。皇天既孕此靈物兮，厚地復糅之而萌。惜下國之偏多，嗟上林之不生。至如羅玳筵，展瑤席。凝藻思，開靈液。賜名臣，留上客。谷鶯囀，宮女嚬。泛濃華，漱芳津。出恆品，先衆珍。君門九重，聖壽萬春。此茶上達於天子也。滋飯蔬之精素，攻肉食之膻膩，發當暑之清吟，滌通宵之昏寐。杏樹桃花之深洞，竹林草堂之古寺。乘槎海上來，飛錫雲中至。此茶下被於幽人也。《雅》曰：『不知我者，謂我何求。』可憐翠澗陰，中有碧泉流。舒鐵如金之鼎，越泥似玉之甌。輕煙細沫靄然浮，爽氣淡煙風雨秋。夢裏還錢，懷中贈橘，雖神秘而焉求。

唐 顧況《焙茶塢》《全唐詩》卷二六七 新茶已上焙，舊架憂生醭。旋旋續新烟，呼兒劈寒木。

《舊唐書》卷一三〇《顧況傳》 顧況者，蘇州人。能爲歌詩，性詼諧，雖王公之貴與之交者，必戲侮之，然以嘲誚能文，人多狎之。柳渾輔政，以校書郎徵。復遇李泌繼入，自謂己知秉樞要，當得達官，久之方遷著作郎，況心不樂，求歸於吳。而班列群官，咸有侮玩之目，皆惡嫉之。及泌卒，不哭，而有調笑之言，爲憲司所劾，貶饒州司戶。有文集二十卷。其贈柳宜城辭句，率多戲劇，文體皆此類也。子非熊，登進士第，累佐使府，亦有詩名于時。

清 陸廷燦《續茶經》卷下《五茶之煮》 唐顧況論茶，煎以文火細烟，煮以小鼎長泉。

陸羽

唐 陸羽《陸文學自傳》《全唐文》卷四三三 陸子名羽，字鴻漸，不知何許人也。或云字羽名鴻漸，未知孰是？有仲宣孟陽之貌陋，相如子雲之口吃，而爲人才辯篤信，褊躁多自用意，朋友規諫，豁然不惑。凡與人宴處，意有所適，不言而去，人或疑之，謂生多瞋。及與人爲信，雖水雪千里，虎狼當道，而不愆也。上元初，結廬於苕溪之濱，閉關對書，不雜非類，名僧高士，談宴永日。常扁舟往來山寺，隨身惟紗巾藤鞋短褐犢鼻，往往獨行野中。誦佛經，吟古詩，杖擊林木，手弄流水，夷猶徘徊，自曙達暮，至日黑興盡，號泣而歸。故楚人相謂，陸子蓋今之接輿也。始三歲惸露，育乎竟陵大師積公之禪院。自幼學屬文，積公示以佛書出世之業。子答曰：『終鮮兄弟，無復後嗣，染衣削髮，號爲釋氏，使儒者聞之，得稱爲孝乎，羽將授孔聖之文可乎？』公曰：『善哉子爲孝，殊

不知西方染削之道，其名大矣。』公執釋典不屈，子執儒典不屈，公因矯憐無愛，歷試賤務。掃寺地，潔僧廁，踐泥污墻，負瓦施屋，牧牛一百二十蹄。竟陵西湖無紙，學書以竹畫牛背爲字，他日問字於學者，得張衡《南都賦》，不識其字，但於牧所仿青衿小兒，危坐展卷，口動而已。公知之，恐漸漬外典，去道日曠，又束於寺中，令其翦榛莽，以門人之伯主焉。或時心記文字，懵然若有所遺，灰心木立，過日不作，主者以爲慵惰鞭之。因嘆歲月往矣，恐不知其書，嗚咽不自勝。主者以爲蓄怒，又鞭其背，折其楚乃釋。因倦所役，捨主者而去，卷衣詣伶黨，著《謔談》三篇。以身爲伶正，弄木人假吏藏珠之戲。公追之曰：『念爾道喪，惜哉！吾本師有言，我弟子十二時中，許一時外學，令降伏外道也。以我門人衆多，今從爾所欲，可緝學工書。』天寶中，郢人酺於滄浪道，邑吏召子爲伶正之師。時河南尹李公齊物出守見異，捉手拊背，親授詩集，於是漢沔之俗亦異焉。後負書於火門山鄒夫子別墅，屬禮部郎中崔公國輔出守竟陵郡，與之遊處凡三年，贈白驢烏、幫牛一頭，文槐書函一枚。白驢、幫牛襄陽太守李憕見遺，文槐函故盧黃門侍郎所與，此物皆己之所惜也。宜野人乘蓄，故特以相贈。洎至德初，秦人過江，子亦過江，與吳興釋皎然爲緇素忘年之交。少好屬文，多所諷諭。見人爲善，若己有之；見人不善，若己羞之。苦言逆耳，無所回避，由是俗人多忌之。自祿山亂中原，爲《四悲詩》，劉展窺江淮，作《天之未明賦》，皆見感激當時，行哭涕泗。著《君臣契》三卷，《源解》三十卷，《江表四姓譜》八卷，《南北人物志》，十卷，《吳興歷官記》三卷，《湖州刺史記》一卷，《茶經》三卷，《占》夢上中下三卷，並貯於褐布囊。上元辛丑歲，子陽秋二十有九。

唐 陸羽《顧渚山記》 《顧渚山茶記》：山中有鳥，每至正月二月，鳴云：『春起也』。至三四月，云：『春去也』。採茶者呼為報春鳥。《類説》卷十三

獲神茗

《神異記》曰：『餘姚人虞茫，入山採茗，遇一道士，牽三百青羊，飲瀑布水。曰：「吾丹邱子也。聞子善茗飲，常思惠。山中有大茗，可以相給。祈子他日有甌犧之餘，必相遺也。」因立茶祠。後常與人往山，獲大茗焉。』《太平廣記》卷四一二引《顧渚山記》

饗茗獲報

劉敬叔《異苑》曰：『剡縣陳婺妻，少與二子寡居，好飲茶茗。以宅中有古冢，每飲，先輒祀之。二子恚之曰：『家何知？徒以勞祀。』欲掘去之。母苦禁而止。及夜，母夢一人曰：吾止此冢三百餘年，母二子恒欲見毀，賴相保護，又饗吾嘉茗，雖泉壤朽骨，豈忘翳桑之報。及曉【曉】原作『報』，據陳校本改，于庭內獲錢十萬。似久埋者，唯貫新。母告二子，二子慚之。從是禱酹愈至。』《太平廣記》卷四一二引《顧渚山記》

綠蛇

顧渚山頳石洞，有綠色蛇。長三尺餘，大類小指，好棲樹杪，視之若鞶帶，纏於柯葉間，無螫毒，見人則空中飛。《太平廣記》卷四五六引《顧渚山記》

《顧渚山記》：『豫章王子尚，訪曇濟道人於八公山。道人設茗，子尚味之云：「此甘露也，何言茶茗。」』嘉慶《全唐文》附《唐文拾遺》卷二三

唐 李肇《唐國史補》卷中《陸羽得姓氏》 竟陵僧有于水濱得嬰兒者，育為子弟，稍長，自筮得蹇之漸，由曰：『鴻漸于陸，其羽可用為儀。』乃今姓陸名羽，字鴻漸。羽有文學，多意思，恥一物不盡其妙，茶術尤著。鞏縣陶者多瓷偶人，號陸鴻漸，買數十茶器得一鴻漸，市人沽茗不利，輒灌注之。羽於江湖稱竟陵子，於南越稱桑苧翁。與顏魯公厚善，及玄真子張志和為友。和事竟陵禪師智積，異日他處聞禪師去世，哭之甚哀，乃作詩寄情，其略云：『不羨白玉盞，不羨黃金罍。亦不羨朝入省，亦不羨暮入臺。千羨萬羨西江水，竟向竟陵城下來。』貞元末卒。

唐 皮日休《松陵集》卷四《茶中雜咏・序》 案《周禮》酒正之職辨四飲之物，其三曰漿，又漿人之職，供王之六飲，水漿醴涼醫酏入於酒府。鄭司農云：以水和酒也。蓋當時人率以酒醴為飲，謂乎六漿，酒之醨者也，何得姬公製？《爾雅》云：『檟，苦茶。』即不擷而飲之，豈聖人純於用乎？抑草木之濟人，取捨有時也。自周以降及于國朝茶事，竟陵子陸季疵言之詳矣。然季疵以前，稱茗飲者，必渾以烹之，與夫瀹蔬而啜者無異也。季疵之始為經三卷，繇是分其源，制其具，教其造，設其器，命其煮俾飲之者，除痟而去癘，雖疾醫之，不若也。其為利也，

於人豈小哉！余始得季疵書，以為備矣。後又獲其《顧渚山記》二篇，其中多茶事；後又太原溫從雲、武威段碣之各補茶事十數節，並存於方冊。茶之事，繇周至於今，竟無纖遺矣。昔晉杜育有《荈賦》，季疵有《茶歌》，余缺然於懷者，謂有其具而不形於詩，亦季疵之餘恨也。遂為十詠，寄天隨子。

唐 皇甫曾《送陸鴻漸山人采茶回》《全唐詩》卷二一〇 千峯待逋客，香茗復叢生。採摘知深處，烟霞羨獨行。幽期山寺遠，野飯石泉清。寂寂燃燈夜，相思磬一聲。

唐 皇甫冉《送陸鴻漸棲霞寺採茶》《全唐詩》卷二四九 採茶非採菉，遠遠上層崖。布葉春風暖，盈筐白日斜。舊知山寺路，時宿野人家。借問王孫草，何時泛椀花。

唐 陸羽《歌太和中，復州有一老僧，云是陸弟子，常諷此歌**》**《全唐詩》卷三〇八 不羨黃金罍，不羨白玉杯。不羨朝入省，不羨暮入臺。惟羨西江水，曾向金陵城下來。

唐 耿湋、陸羽《聯句·連句多暇贈陸三山人》《全唐詩》卷七八九 一生爲墨客，幾世作茶仙湋。喜是攀闌者，慙非負鼎賢羽。禁門聞曙漏，顧渚入晨煙湋。拜井孤城裏，攜籠萬壑前羽。閑喧悲異趣，語默取同年湋。歷落驚相偶，衰羸猥見憐羽。詩書聞講誦，文雅接蘭荃湋。未敢重芳席，焉能弄綵箋羽。黑池流研水，徑石澀苔錢湋。何事親香案，無端狎釣船羽。野中求逸禮，江上訪遺編湋。莫發搜歌意，予心或不然羽。

宋 陳師道《後山集》卷一六《〈茶經〉序》 陸羽《茶經》，家書一卷，畢氏、王氏書三卷，張氏書四卷，內外書十有一卷。其文繁簡不同，王、畢氏書繁雜，意其舊文；張氏書簡明與家書合，而多脱誤；家書近古可考正自士事，其下云；乃合三書以成之，録為二篇，藏於家。夫茶之著書自羽始，其用於世亦自羽始，羽誠有功於茶者也。上自宮省，下迨邑里，外及戎夷蠻狄，賓祀燕享，預陳於前，山澤以成市，商賈以起家，又有功於人者也，可謂智矣。經曰：『茶之否臧，存之口訣。』則書之所載，猶其粗也。夫茶之為藝下矣，至其精微，書有不盡，況天下之至理，而欲求之文字紙墨之間，其有得者乎？昔者先王因人而教，同欲而治，凡有益於人者，皆不廢也。世人之説曰，先王《詩》、《書》、《道德》而已，此乃世外執方之論，枯槁自守之行，不可羣天下而居也。史稱羽持具飲李季卿，季卿不為賓主，又著論以毀之。夫藝者，君子有之，德成而後及，乃所以同於民也；不務本而趨末，故藝成而下也。學者慎之！

《太平廣記》卷八三《異人類·陸鴻漸》 竟陵僧，有于水邊得嬰兒者，育為弟子。稍長，自筮得蹇之漸。繇曰：『鴻漸于陸，其羽可用為儀。』乃姓陸，字鴻漸，名羽。羽有文學，多意思，狀一物莫不盡其妙，茶術最著。鞏縣陶者，多為瓷偶人，號『陸鴻漸』，買十器得一『鴻漸』。市人沽茗不利，輒灌注之。羽於江湖稱竟陵子。於南越稱桑苧公。貞元末卒。出《國史補》

又卷二〇一《才名類·陸鴻漸》 太子文學陸鴻漸，名羽。其生不知何許人。竟陵龍蓋寺僧姓陸，於堤上得一初生兒，收育之，遂以陸為氏。及長，聰俊多聞，學贍辭逸，恢諧談辯，若東方曼倩之儔。鴻漸性嗜茶，始創煎茶法。至今鬻茶之家，陶為其像，置於錫器之間，云：『宜茶足利。』至大和，復州有一老僧，云是陸生弟子，常諷歌云：『不羨黃金罍，不羨白玉杯，不羨朝入省，不羨暮入台。唯羨西江水，曾向晉陵城下來。』鴻漸又撰《茶經》二卷行於代。今為鴻漸形者，因目為茶神。有交易則茶祭之。無，以釜湯沃之。出《傳載》

又卷三九九《水類》 元和九年春，張又新始成名，與同恩生期於薦福寺。又新與李德裕先至，憩西廊僧玄鑒室。會縱有楚僧至，置囊而息。囊有數編書。又新偶抽一通覽焉，文細密皆雜記，卷末又題云：煮水處。太宗朝李季卿刺湖州，至維揚，遇陸處士鴻漸。李素熟陸名，有傾蓋之歡，因赴郡。抵揚子驛中，將食，李曰：『陸君善茶，蓋天下聞。揚子江南零水又殊絕。今者二妙，千載一遇，何曠之乎。』命軍士信謹者，挈瓶操舟，深詣南零取水。陸潔器以俟。俄水至，陸以杓揚水，曰：『江則江矣，非南零者。似臨岸者』。使曰：『某棹舟深入，見者累百人，敢紿乎？』陸不言，既而傾諸盆至半，陸遽止。又以杓揚之，曰：『自此南零者矣。』使蹶然大駭，馳下曰：『某自南零齎至岸，舟蕩半，懼其尠，挹岸水以增之，處士之鑒神鑒也，其敢隱欺乎。』李大驚賞，從者數十輩，皆大駭愕。李因問陸：『既如此，所經歷之處，水之優劣可判

矣。」陸曰：「楚水第一，晉水最下。」李因命口占而次第之。（出《水經》）

《新唐書》卷一九六《陸羽傳》　陸羽字鴻漸，一名疾，字季疵，復州竟陵人。不知所生，或言有僧得諸水濱，畜之。既長，以易自筮，得蹇之漸，曰：『鴻漸于陸，其羽可用爲儀。』乃以陸爲氏，名而字之。

幼時，其師教以旁行書，答曰：『終鮮兄弟，而絕後嗣，得爲孝乎？』師怒，使執糞除圬塓以苦之，又使牧牛三十，羽潛以竹畫牛背爲字。得張衡南都賦，不能讀，危坐效羣兒囁嚅若成誦狀，師拘之，令薙草莽。當其記文字，懵懵若有遺，過日不作，主者鞭苦，因歎曰：『歲月往矣，奈何不知書！』嗚咽不自勝，因亡去，匿爲優人，作詼諧數千言。

天寶中，州人酺，吏署羽伶師，太守李齊物見，異之，授以書，遂廬火門山。貌侻陋，口吃而辯。聞人善，若在己，見有過者，規切至忤人。朋友燕處，意有所行輒去，人疑其多嗔。與人期，雨雪虎狼不避也。上元初，更隱苕溪，自稱桑苧翁，闔門著書。或獨行野中，誦詩擊木，裴回不得意，或慟哭而歸，故時謂今接輿也。久之，詔拜羽太子文學，徙太常寺太祝，不就職。貞元末，卒。

羽嗜茶，著經三篇，言茶之原、之法、之具尤備，天下益知飲茶矣。時鬻茶者，至陶羽形置煬突間，祀爲茶神。有常伯熊者，因羽論復廣著茶之功。御史大夫李季卿宣慰江南，次臨淮，知伯熊善煮茶，召之，伯熊執器前，季卿爲再舉杯。至江南，又有薦羽者，召之，羽衣野服，挈具而入，季卿不爲禮，羽愧之，更著毀茶論。其後尚茶成風，時回紇入朝，始驅馬市茶。

《文獻通考》卷一八《征榷考五・榷茶》　按《陸羽傳》：「羽嗜茶，著經三篇，言茶之原、之法、之具尤備，天下益知飲茶矣。時鬻茶者至畫羽形置煬突間，祀爲茶神。有常伯熊者，因羽論復廣著茶之功。其後尚茶成風，回紇入朝，始驅馬市茶。」羽貞元末卒，然則嗜茶、榷茶，皆始於貞元間矣。

元 辛文房《唐才子傳》卷三　陸羽，字鴻漸，不知所生。初，竟陵禪師智積得嬰兒于水濱，育為弟子。及長，恥從削髮，以《易》自筮，得《蹇》之《漸》曰：『鴻漸于陸，其羽可用為儀。』始為姓名。有學，愧一事不盡其妙。性詼諧，少年匿優人中，撰《談笑》萬言。天寶間，署羽伶師，後遁去。古人謂『潔其行而穢其跡』者也。上元初，結廬苕溪上，閉門讀書。名僧高士，談宴終日。貌寢，口吃而辯。聞人善，若在己。與人期，雖阻虎狼不避也。自稱『桑苧翁』，又號『東崗子』。工古調歌詩，興極閒雅。著書甚多。扁舟往來山寺，唯紗巾藤鞋，短褐犢鼻，擊林木，弄流水。或行曠野中，誦古詩，裴回至月黑，興盡慟哭而返。當時以比接輿也。與皎然上人為忘言之交。有詔拜太子文學。羽嗜茶，造妙理，著《茶經》三卷，言茶之原、之法、之具，時號『茶仙』，天下益知飲茶矣。鬻茶家以瓷陶羽形，祀為神，買十茶器，得一鴻漸。初，御史大夫李季卿宣慰江南，喜茶，知羽，召之。羽野服挈具而入，李曰：『陸君善茶，天下所知。揚子中泠水，又殊絕。今二妙千載一遇，山人不可輕失也。』茶畢，命奴子與錢。羽愧之，更著《毀茶論》。與皇甫補闕善。時鮑尚書防在越，羽往依焉，冉送以序曰：『君子究孔、釋之名理，窮歌詩之麗則。遠野孤島，通舟必行；魚梁釣磯，隨意而往。夫越地稱山水之鄉，轅門當節鉞之重。鮑侯知子愛子者，將解衣推食，豈徒嘗鏡水之魚，宿耶溪之月而已。』集並經今傳。

明 高元濬《茶乘》卷二　有積禪師者，嗜茶久，非羽供事不鄉口。會羽出遊江湖四五載，師絕於茶味。代宗召入內供奉，命宮人善茶者烹以餉師。師一啜而罷。上疑其詐，私訪羽召入。翌日，賜師齋，俾羽煎茗。師捧甌，喜動顏色，且啜且賞曰：『此茶有若漸兒所為也。』帝由是歎師知茶，出羽見之。《紀異録》

明 陳文燭《〈茶經〉序》　先通奉公論吾沔人物，首陸鴻漸，蓋有味乎《茶經》也。夫茗久服，令人有力悅志，見《神農食經》，而曇濟道人與王子尚設茗八公山中，以為甘露，是茶用於古，羽神而明之耳。人莫不飲食也，鮮能知味也。稷樹藝五穀而天下知食，羽辨水煮茶而天下知飲，羽之功不在稷下，雖與稷並祠可也。及讀自傳，清風隱隱起四座，所著《君臣契》等書，不行於世，豈自悲遇不禹稷若哉！竊謂禹稷、陸羽，易地則皆然。昔之刻《茶經》、作郡志者，豈未見茲篇耶？今刻於經首，次《六羨歌》，則羽之品流概見矣。玉山程孟孺善書法，書《茶經》刻焉，王孫貞吉繪茶具，校之者，余與郭次甫。結夏，金山寺飲中

泠第一泉。

明 童承叙《陸羽贊》《續茶經》卷上　余嘗過竟陵，憩羽故寺，訪雁橋，觀茶井，慨然想見其為人。夫羽少厭髡緇，篤嗜墳素，本非忘世者，卒乃寄號桑苧，遁跡苕霅，嘯歌獨行，繼以痛哭，其意必有所在，時迺比之接輿，豈知羽者哉！至其性甘茗荈，味辨淄澠，清風雅趣，膾炙今古。張顛之於酒也，昌黎以為有所托而逃，羽亦以是夫！

明 李維楨《〈茶經〉序》　徐微休尚論邑之先賢，於唐得陸鴻漸。泉無恙而《茶經》漶滅不可讀，取善本覆校，鍥諸梓，屬余為序。蓋茶名見《爾雅》，而《神農食經》、華佗《食論》、壺居士《食忌》、桐君及陶弘景録、魏王《花木志》胥載之，然不專茶也。晉杜育《荈賦》、唐顧況《茶論》，然不稱經也。韓翃《謝茶啟》云：吳主禮賢置茗，晉人愛客分茶，其時賜已千五百串，常魯使西番，番人以諸方產示之，茶之用已廣。然不居功也。其筆諸書，而尊為經而人又以功歸之，實自鴻漸始。夫揚子雲、王文中一代大儒，《法言》中說，自可鼓吹六經，而以擬經之故，為世詬病。鴻漸品茶小技，與經相提而論，人安得無異議？故溺其好者，謂窮《春秋》，演河圖，不如載茗一車，稱引並於禹稷，而鄙其事者，使與傭保雜作，不具賓主禮。《汜論訓》曰：伯成子高辭諸侯而耕，天下高之，今之時辭官而隱處鄉邑，下於古為義，於今為笑，豈可同哉。鴻漸混跡牧豎、優伶，不就文學，太祝之拜，自以為高，此難為俗人言也。所著《君臣契》三卷，《源解》三十卷、《江表四姓譜》十卷、《南北人物志》十卷、《占夢》三卷不盡傳，而獨傳《茶經》，豈以他書人所時有，此為觭長，易於取名如承蜩、養雞、解牛、飛鳶、弄丸、削鐻之屬驚世駭俗耶？李季卿直技視之，能無辱乎哉！無論季卿，曾明仲《隱逸傳》且不收矣。費袞云：鞏有瓷偶人，號陸鴻漸，市沽茗不利，輒灌注之，以為偏好者戒。李石云鴻漸為茶論並煎炙法，常伯熊廣之，飲茶過度遂患風氣，北人飲者，多腰疾偏死，是無論儒流，即小人且求多矣！後鴻漸而同姓魯望嗜茶，置園顧渚山下，歲收租，自判品第，不聞以技取辱。鴻漸嘗問張子同孰為往來，子同曰：『太虛為室，明月為燭，與四海諸公共處，未嘗少別，何有往來？兩人皆以隱名，曾無尤悔。僧晝對：『鴻漸使有宣尼博識、胥臣多聞，終日目前，矜道侈義，適足以伐其性，豈若松巖、雲月、禪坐相偶無言而道合，志靜而性同，吾將入杼山矣。』遂束所著燬之。度鴻漸不勝伎倆磊塊，沾沾自喜，意奮氣揚，體大節疏。彼夫外飾邊幅，內設城府，寧見容耶？聖人無名，得時則澤及天下，不知誰氏；非時則自埋於民，自藏於畔。生無爵，死無謚，有名則愛憎、是非、雌雄、片合紛起。鴻漸殆以名誨妬耶？雖然牧豎、優伶可與浮沉，復何嫌於傭保。古人玩世不恭，不失為聖。鴻漸有執以成名，亦寄傲耳！子京言放利之徒假隱自名，以詭禄仕。肩摩於道，終南嵩山，成仕途捷徑，如鴻漸輩，各保其素可貴慕也。太史公曰：富貴而名磨滅，不可勝數，惟俶儻非常之人稱焉。鴻漸窮厄終身，而遺書遺蹟，百世之下寶愛之，以為山川邑里重，其風足以廉頑立懦，胡可少哉！夫酒食禽魚，博塞摴蒱，諸名經者夥矣，茶之有經也奚怪焉！

《四庫總目提要》卷一一五《譜録類》　茶經三卷浙江鮑士恭家藏本

唐陸羽撰。羽字鴻漸，一名疾，字季疵，號桑苧翁，復州竟陵人。上元初，隱於苕溪。徵拜太子文學，又徙太常寺太祝，並不就職。貞元初卒。事蹟具《唐書·隱逸傳》。稱羽嗜茶，著經三篇。《藝文志》載之小說家，作三卷，與今本同。陳師道《後山集》有《茶經》序曰：陸羽《茶經》，《家書》一卷，畢氏、王氏書三卷，張氏書四卷，內、外書十有一卷，其文繁簡不同。王、畢氏書繁雜，意其舊本。張書簡明，與家書合，而多脫誤。家書近古，可考正。曰七之事以下，其文乃合三書以成之，録為二篇，藏於家。此本三卷，其王氏、畢氏之書歟？抑《後山集》傳寫多訛，誤三篇為二篇也。其書分十類，曰一之源，二之具，三之造，四之器，五之煮，六之飲，七之事，八之出，九之略，十之圖。其曰具者，皆採制之用；其曰器者，皆煎飲之用，故二者異部。其曰圖者，乃謂統上九類，寫以絹素張之，非別有圖。其類十，其文實九也。言茶者莫精於羽，其文亦朴雅有古意。七之事所引多古書，如司馬相如凡將篇一條三十八字，為他書所無，亦旁資考辨之一端矣。

清 徐同氣《〈茶經〉序》　余曾以屈、陸二子之書付諸梓，而毀于燹，計再有事而屈郡人。陸，里人也，故先鐫《茶經》。客曰：子之於《茶經》奚取？曰：取其文而已。陸子之文，奧質奇離，有似《貨殖傳》者，有似《考工記》者，有似周王傳者，有似山海、方輿諸記者。

其簡而賅，則《檀弓》也，其辨而織，則《爾雅》也，亦似之而已，如是以為文，而以無取乎？客曰：其文遂可為經乎？曰：經者，以言乎其常也，水以源之盈竭而變，泉以土脈之甘澀而變，瓷以壤之脆堅、焰之浮爐而變，器以時代之刓、事工之功利而變，其鶩為經者，亦以其文而已。客曰：陸子之文，如《君臣契》、《源解》、《南北人物志》及《四悲歌》、《天之未明賦》諸書，而蔽之以《茶經》，何哉？曰：諸書或多感憤，列之經傳者，猶有猳冠、傖父氣，《茶經》則雜于方技，迫於物理，肆而不厭，傲而不忤，終古以此顯，足矣。客曰：引經以繩茶，可乎？曰：凡經者，可例百世，而不可繩一時者也。孔子作《春秋》，七十子惟口授傳其旨，故《經》曰：茶之臧否，存之口訣，則書之所載，猶其粗者也。抑取其文而已。客曰：文則美哉，何取於茶乎？曰：神農取其悅志，周公取其解醒，華佗取其益意，壺居士取其羽化，巴東人取其不眠，而不可概於經也。陸子之經，陸子之文也。

令狐楚

唐 令狐楚《請罷榷茶使奏》《舊唐書》卷四九 伏以江淮間數年已來，水旱疾疫，凋傷頗甚，愁嘆未平。今夏及秋，稍較豐稔，方須惠恤，各使安存。昨者忽奏榷茶，實爲蠹政。蓋是王涯破滅將至，怨怒合歸。豈有令百姓移茶樹就官場中栽植，摘茶葉於官場中造作？有同兒戲，不近人情。方在恩權，孰敢沮議？朝班相顧而失色，道路仄目而吞聲。今宗社降靈，奸兇盡戮，聖明垂祐，黎庶合安。微臣伏蒙天恩，兼領使務，官銜之內，猶帶此名。俯仰若驚，夙宵知愧。伏乞特回聖聽，下鑒愚誠，速委宰臣除此使額。緣軍國之用或闕，山澤之利有遺，許臣條疏，續具聞奏。採造將及，妨廢爲虞。前月二十一日內殿奏對之次，鄭覃與臣同陳論訖。伏望聖慈，早賜處分，一依舊法，不用新條。唯納榷之時，須節級加價。商人轉賣，必較稍貴。即是錢出萬國，利歸有司。既無害茶商，又不擾茶戶。上以彰陛下愛人之德，下以竭微臣憂國之心。遠近傳聞，必當感悅。

《舊唐書》卷一七二《令狐楚傳》 令狐楚，字殼士，自言國初十八學士德棻之裔。祖崇亮，綿州昌明縣令。父承簡，太原府功曹。家世儒素。楚兒童時已學屬文，弱冠應進士，貞元七年登第。桂管觀察使王拱愛其才，欲以禮辟召，懼楚不從，乃先聞奏而後致聘。楚以父掾太原，有庭闈之戀，又感拱厚意，登第後徑往桂林謝拱。不預宴遊，乞歸奉養，即還太原，人皆義之。李說、嚴綬、鄭儋相繼鎮太原，高其行義，皆辟爲從事。自掌書記至節度判官，歷殿中侍御史。

楚才思俊麗，德宗好文，每太原奏至，能辨楚之所爲，頗稱之。鄭儋在鎮暴卒，不及處分後事，軍中喧譁，將有急變。中夜十數騎持刃迫楚至軍門，諸將環之，令草遺表。楚在白刃之中，搦管即成，讀示三軍，無不感泣，軍情乃安。自是聲名益重。丁父憂，以孝聞。免喪，徵拜右拾遺，改太常博士、禮部員外郎。母憂去官。服闋，以刑部員外郎徵，轉職方員外郎、知制誥。

楚與皇甫鎛、蕭俛同年登進士第。元和九年，鎛初以財賦得幸，薦俛、楚俱入翰林，充學士，遷職方郎中、中書舍人，皆居內職。時用兵淮西，言事者以師久無功，宜宥賊罷兵，唯裴度與憲宗志在殄寇。十二年夏，度自宰相兼彰義軍節度、淮西招撫宣慰處置使。宰相李逢吉與度不協，與楚相善。楚草度淮西招撫使制，不合度旨，度請改制內三數句語。憲宗方責度用兵，乃罷逢吉相任，亦罷楚內職，守中書舍人。元和十三年四月，出爲華州刺史。其年十月，皇甫鎛作相，其月以楚爲河陽懷節度使。十四年四月，裴度出鎮太原。七月，皇甫鎛薦楚入朝，自朝議郎授朝議大夫、中書侍郎、同平章事，與鎛同處台衡，深承顧待。

十五年正月，憲宗崩，詔楚爲山陵使，仍撰哀冊文。時天下怒皇甫鎛之奸邪，穆宗即位之四日，羣臣素服班於月華門外，宣詔貶鎛，將殺之。會蕭俛作相，託中官救解，方貶崖州。物議以楚因鎛作相而逐裴度，羣情共怒，以蕭俛之故，無敢措言。

其年六月，山陵畢，會有告楚親吏贓污事發，出爲宣歙觀察使。楚充奉山陵時，親吏韋正牧、奉天令于翬、翰林陰陽官等同隱官錢，不給工徒價錢，移爲羨餘十五萬貫上獻。怨訴盈路，正牧等下獄伏罪，皆誅，楚再貶衡州刺史。時元稹初得幸，爲學士，素惡楚與鎛膠固希寵，稹草楚衡州制，略曰：『楚早以文藝，得踐班資，憲宗念才，擢居禁近。異端斯害，獨見不明，密隳討伐之謀，潛附奸邪之黨。因緣得地，進取多門，遂忝台

階，實妨賢路。』楚深恨稹。

長慶元年四月，量移郢州刺史，遷太子賓客，分司東都。二年十一月，授陝州大都督府長史、兼御史大夫、陝虢觀察使。制下旬日，諫官論奏，言楚所犯非輕，未合居廉察之任。上知之，遽令追制。時楚已至陝州，視事一日矣，復授賓客，歸東都。時李逢吉作相，極力援楚，以李紳在禁密沮之，未能擅柄。敬宗即位，逢吉逐李紳，尋用楚爲河南尹、兼御史大夫。

其年九月，檢校禮部尚書、汴州刺史、宣武軍節度、汴宋亳觀察等使。汴軍素驕，累逐主帥，前後韓弘兄弟，率以峻法繩之，人皆偷生，未能革志。楚長於撫理，前鎮河陽，代烏重胤移鎮滄州，以河陽軍三千人爲牙卒，卒咸不願從，中路叛歸，又不敢歸州，聚於境上。楚初赴任，聞之，乃疾驅赴懷州，潰卒亦至，楚單騎喻之，咸令櫜弓解甲，用爲前驅，卒不敢亂。及莅汴州，解其酷法，以仁惠爲治，去其太甚，軍民咸悅，翕然從化，後竟爲善地。汴帥前例，始至率以錢二百萬實其私藏，楚獨不取，以其羨財治廨舍數百間。

大和二年九月，徵爲戶部尚書。三年三月，檢校兵部尚書、東都留守、東畿汝都防禦使。其年十一月，進位檢校右僕射、鄆州刺史、天平軍節度、鄆曹濮觀察等使。奏故東平縣爲天平縣。屬歲旱儉，人至相食，楚均富贍貧，而無流亡者。

六年二月，改太原尹、北都留守、河東節度等使。楚久在并州，練其風俗，因人所利而利之，雖屬歲旱，人無轉徙。楚始自書生，隨計成名，皆在太原，實如故里。及是秉旄作鎮，邑老歡迎。楚綏撫有方，軍民胥悅。七年六月，入爲吏部尚書，仍檢校右僕射。故事，檢校高官者，便從其班。楚以正官三品不宜從二品之列，請從本班，優詔嘉之。

九年六月，轉太常卿。十月，守尚書左僕射，進封彭陽郡開國公。十一月，李訓兆亂，京師大擾。訓亂之夜，文宗召右僕射鄭覃與楚宿于禁中，商量制敕，上皆欲用爲宰相。楚以王涯、賈餗冤死，敍其罪狀浮泛，仇士良等不悅，故輔弼之命移於李石。乃以本官領鹽鐵轉運等使。

先是，鄭注上封置榷茶使額，鹽鐵使兼領之，楚奏罷之，曰：

伏以江、淮數年已來，水旱疾疫，凋傷頗甚，愁歎未平。今夏及秋，稍校豐稔，方須惠卹，各使安存。昨者忽奏榷茶，實爲蠹政。蓋是王涯破滅將至，怨怒合歸，豈有令百姓移茶樹於官場中栽植，摘茶葉於官場中造作，有同兒戲，不近人情。方在恩權，孰敢沮議？朝班相顧而失色，道路以目而吞聲。今宗社降靈，奸兇盡戮，聖明垂祐，黎庶合安。微臣蒙恩，兼領使務，官銜之內，猶帶此名。俯仰若驚，夙宵知懼。伏乞特回聖聽，下鑒愚誠，速委宰臣，除此使額。緣軍國之用或闕，山澤之利有遺，許臣條疏，續具聞奏。採造將及，妨廢爲虞。前月二十一日，內殿奏對之次，鄭覃與臣同陳論訖。伏望聖慈早賜處分，一依舊法，不用新條。唯納榷之時，須節級加價，商人轉賣，必校稍貴，即是錢出萬國，利歸有司。既不害茶商，又不擾茶戶，上以彰陛下愛人之德，下以竭微臣憂國之心。遠近傳聞，必當感悅。

從之。

先是元和十年，出內庫弓箭陌刀賜左右街使，充宰相入朝以爲翼衛，及建福門而止。至是，因訓、注之亂，悉罷之。楚又奏：『諸道新授方鎮節度使等，具帑抹，帶器仗，就尚書省兵部參辭。伏以軍國異容，古今定制，若不由舊，斯爲改常。未聞省閣之門，忽內弓刀之器。鄭注外蒙恩寵，內蓄兇狂，首創奸謀，將興亂兆。致王璠、郭行餘之輩，敢驅將吏，直詣闕庭。震驚乘輿，騷動京國，血濺朝路，尸僵禁街。史冊所書，人神共憤，既往不咎，其源尚開。前件事宜，伏乞速令停罷，如須參謝，即具公服。』從之。又奏請罷修曲江亭絹一萬三千七百匹，回修尚書省，從之。

開成元年上巳，賜百僚曲江亭宴。楚以新誅大臣，不宜賞宴，獨稱疾不赴，論者美之。以權在內官，累上疏乞解使務。其年四月，檢校左僕射、興元尹，充山南西道節度使。二年十一月，卒于鎮，年七十二，冊贈司空，謚曰文。

楚風儀嚴重，若不可犯，然寬厚有禮，門無雜賓。嘗與從事宴語方酣，有非類偶至，立命徹席，毅然色變。累居重任，貞操如初。未終前三日，猶吟詠自若。疾甚，諸子進藥，未嘗入口，曰：『修短之期，分以定矣，何須此物？』前一日，召從事李商隱曰：『吾氣魄已殫，情思俱盡，然所懷未已，強欲自寫聞天，恐辭語乖舛，子當助我成之。』即秉筆

自書曰：

臣永惟際會，受國深恩。以祖以父，皆蒙褒贈；有弟有子，并列班行。全腰領以從先人，委體魄而事先帝，此不自達，誠爲甚愚。但以永去泉扃，長辭雲陛，更陳尸諫，猶進瞽言。雖號叫而不能，豈誠明之敢忘？今陛下春秋鼎盛，寰海鏡清，是修教化之初，當復理平之始。然自前年夏秋已來，貶譴者至多，誅戮者不少，望普加鴻造，稍霽皇威。歿者昭洗以雲雷，存者霑濡以雨露，使五穀嘉熟，兆人安康。納臣將盡之苦言，慰臣永蟄之幽魄。

書訖，謂其子緒、綯曰：『吾生無益於人，勿請謚號。葬日，勿請鼓吹，唯以布車一乘，餘勿加飾。銘誌但志宗門，秉筆者無擇高位。』當歿之夕，有大星隕於寢室之上，其光燭廷。楚端坐與家人告訣，言已而終。嗣子奉行遺旨。詔曰：『生爲名臣，歿有理命。終始之分，可謂兩全。鹵簿哀榮之末節，難違往意；誄謚國家之大典，須守彝章。鹵簿宜停，易名須準舊例。』後綯貴，累贈至太尉。有文集一百卷，行於時。所撰憲宗哀冊文，辭情典鬱，爲文士所重。

楚弟定，字履常，元和十一年進士及第，累辟使府。大和九年，累遷至職方員外郎、弘文館直學士、檢校右散騎常侍、桂州刺史、桂管都防禦觀察等使。卒，贈禮部尚書。

緒以蔭授官，歷隨、壽、汝三郡刺史。在汝州日，有能政，郡人請立碑頌德。緒以弟綯在輔弼，上言曰：『臣先父元和中特承恩顧，弟綯官不因人，出自宸衷。臣伏覩詔書，以臣刺汝州日，粗立政勞，吏民求立碑頌，尋乞追罷。臣任隨州日，郡人乞留，得上下考。及轉河南少尹，加金紫。此名已聞於日下，不必更立碑頌，乞賜寢停。』宣宗嘉其意，從之。

《新唐書》卷一六六《令狐楚傳》　令狐楚字殼士，德棻之裔也。生五歲，能爲辭章。逮冠，貢進士，京兆尹將薦爲第一，時許正倫輕薄士，有名長安間，能作蜚語，楚嫌其爭，讓而下之。既及第，桂管觀察使王拱愛其材，將辟楚，懼不至，乃先奏而後聘。雖在拱所，以父官并州不得奉養，未嘗豫宴樂。滿歲謝歸。李說、嚴綬、鄭儋繼領太原，高其行，引在幕府，由掌書記至判官。德宗喜文，每省太原奏，必能辨楚所爲，數稱之。儋暴死，不及占後事，軍大讙，將爲亂。夜十數騎挺刃邀取楚，使草遺奏，諸將圜視，楚色不變，秉筆輒就，以徧示士，皆感泣，一軍乃安。由是名益重。以親喪解，既除，召授右拾遺。

憲宗時，累擢職方員外郎，知制誥。其爲文，於牋奏制令尤善，每一篇成，人皆傳諷。皇甫鎛以言利幸，與楚、蕭俛皆厚善，故薦于帝。帝亦自聞其名，召爲翰林學士，進中書舍人。方伐蔡，久未下，議者多欲罷兵，帝獨與裴度不肯赦。元和十二年，度以宰相領彰義節度使，楚草制，其辭有所不合，度得其情。時宰相李逢吉與楚善，皆不助度，故帝罷逢吉，停楚學士，但爲中書舍人。俄出爲華州刺史。後它學士比比宣事不切旨，帝抵其草，思楚之才。

鎛既相，擢楚河陽懷節度使，代烏重胤。始，重胤徙滄州，以河陽士三千從，士不樂，半道潰歸，保北城，將轉掠旁州。楚至中潬，以數騎自往勞之。衆甲而出，見楚不疑，乃皆降。楚斬其首惡，衆遂定。度出太原，鎛薦楚爲中書侍郎、同中書門下平章事。穆宗即位，進門下侍郎。鎛得罪，時謂楚緣鎛以進，且嘗逐裴度，天下所共疾，會蕭俛輔政，乃不敢言。方營景陵，詔楚爲使，而親吏韋正牧、奉天令于翬等不償傭錢十五萬緡，楚獻以爲羨餘，怨訴係路。詔捕翬等下獄誅，出楚爲宣歙觀察使。俄貶衡州刺史，再徙，以太子賓客分司東都。長慶二年，擢陝虢觀察使，諫官論執不置，楚至陝一日，復罷還東都。

會逢吉復相，力起楚，以李紳在翰林沮之，不克。敬宗立，逐出紳，即拜楚爲河南尹。遷宣武節度使。汴軍以驕故，而韓弘弟兄務以峻法繩治，士偷于安，無革心。楚至，解去酷烈，以仁惠鐫諭，人人悅喜，遂爲善俗。入爲戶部尚書，俄拜東都留守，徙天平節度使。始，汴、鄆帥每至，以州錢二百萬入私藏，楚獨辭不取。又毀李師古園檻僭制者。久之，徙節河東。召爲吏部尚書，檢校尚書右僕射。故事，檢校官重，則從其班，楚以吏部自有品，固辭，有詔嘉允。俄兼太常卿，進拜左僕射、彭陽郡公。

會李訓亂，將相皆繫神策軍。文宗夜召楚與鄭覃入禁中，楚建言：『外有三司御史，不則大臣雜治，內仗非宰相繫所也。』帝頷之。既草詔，以王涯、賈餗冤，指其罪不切，仇士良等怨之。始，帝許相楚，乃不果，更用李石，而以楚爲鹽鐵轉運使。先是，鄭注奏建榷茶使，王涯又議官自

治園植茶，人不便，楚請廢使，如舊法，從之。元和中，出禁兵畀左右街使衛宰相入朝，至建福門。及是亂，乃罷。楚即奏：『鎮帥初拜，必戎服屬仗詣省謁辭，本於鄭注，實爲亂兆，故王璠、郭行餘驅將吏，蹀血京師，所宜停止。』詔可。開成元年上巳，賜羣臣宴曲江。楚以新誅大臣，暴骸未收，怨沴感結，稱疾不出，乃請給衣衾棺櫝，以斂刑骨，順陽氣。是時，政在宦豎，數上疏辭位，拜山南西道節度使。卒，年七十二，贈司空，謚曰文。

楚外嚴重不可犯，而中寬厚，待士有禮。客以星步鬼神進者，一不接。爲政善撫御，治有績，人人得所宜。疾甚，諸子進藥，不肯御，曰：『士固有命，何事此物邪？』自力爲奏謝天子，召門人李商隱曰：『吾氣魄且盡，可助我成之。』其大要以甘露事誅譴者衆，請霽威，普見昭洗。辭致曲盡，無所謬脫。書已，敕諸子曰：『吾生無益於時，無請謚，勿求鼓吹，以布車一乘葬，銘誌無擇高位。』是夕，有大星霣寢上，其光燭廷。坐與家人訣，乃終。有詔停鹵簿以申其志。

子緒、綯，顯于時。

《文獻通考》卷一八《征榷考五·榷茶》 文宗時，王涯爲相，判二使，復置榷茶使，自領之，徙民茶樹於官場，榷其舊積者，天下大怨。令狐楚代爲鹽鐵使兼榷茶使，復令納榷，加價而已。李石爲相，以茶稅皆歸鹽鐵，復貞元之舊。

劉禹錫

唐 劉禹錫《劉夢得文集》卷五《西山蘭若試茶歌》 山僧後檐茶數叢，春來映竹抽新茸。宛然爲客振衣起，自傍芳叢摘鷹觜。斯須炒成滿室香，便酌砌下金沙水。驟雨松聲入鼎來，白雲滿盌花徘徊。悠揚噴鼻宿酲散，清峭徹骨煩襟開。陽崖陰嶺各殊氣，未若竹下莓苔地。炎帝雖嘗未解煎，桐君有籙那知味。新芽連拳半未舒，自摘至煎俄頃餘。木蘭霑露香微似，瑤草臨波色不如。僧言靈味宜幽寂，采采翹英爲嘉客。不辭緘封寄郡齋，甎井銅爐損標格。何況蒙山顧渚春，白泥赤印走風塵。欲知花乳清泠味，須是眠雲跂石人。

唐 劉禹錫《嘗茶》《全唐詩》卷三六五 生拍芳叢鷹觜芽，老郎封寄謫仙家。今宵更有湘江月，照出菲菲滿盌花。

唐 劉禹錫《劉賓客文集》卷一三《武中丞再謝新茶表》 臣某言：中使某乙奉宣聖旨，賜臣新茶一斤。猥沐深恩，再霑殊錫。承旨慶抃，省躬慚惶。臣某中謝。伏以貢自外方，名殊衆品。效參藥石，芳越椒蘭。出自仙廚，俯頒私室。義同推食，空荷於曲成；責在素餐，實慙於虛受。

《新唐書》卷一六八《劉禹錫傳》 劉禹錫字夢得，自言系出中山。世爲儒。擢進士第，登博學宏辭科，工文章。淮南杜佑表管書記。入爲監察御史。素善韋執誼。時王叔文得幸太子，禹錫以名重一時，與之交，叔文每稱有宰相器。太子即位，朝廷大議祕策多出叔文，引禹錫及柳宗元與議禁中，所言必從。擢屯田員外郎，判度支、鹽鐵案，頗馮藉其勢，多中傷士。若武元衡不爲柳宗元所喜，自御史中丞下除太子右庶子；御史竇羣劾禹錫挾邪亂政，羣即日罷；韓皋素貴，不肯親叔文等，斥爲湖南觀察使。凡所進退，視愛怒重輕，人不敢指其名，號『二王、劉、柳』。

白居易

唐 白居易《白香山詩集》卷一四《蕭員外寄新蜀茶》 蜀茶寄到但驚新，渭水煎來始覺珍。滿甌似乳堪持玩，況是春深酒渴人。

又 卷二〇《山泉煎茶有懷》 坐酌泠泠水，看煎瑟瑟塵。無由持一盌，寄與愛茶人。

又 卷三七《春盡日》 芳景銷殘暑氣生，感時思事坐含情。無人開口共誰語，有酒迴頭還自傾。醉對數叢紅芍藥，渴嘗一盌綠昌明（蜀茶之名也）。春歸似遺鶯留語，好住園林三兩聲。

唐 温庭筠《采茶録》 白乐天方斋，禹锡正病酒，禹锡乃馈菊苗、齑、芦菔、鲊，换取乐天六班茶二囊，以自醒酒。

《舊唐書》卷一六六《白居易傳》 白居易字樂天，太原人。北齊

五兵尚書建之仍孫。建生士通，皇朝利州都督。士通生志善，尚衣奉御。志善生溫，檢校都官郎中。溫生鍠，歷酸棗、鞏二縣令。鍠生季庚，建中初爲彭城令。時李正己據河南十餘州叛。正己宗人洧爲徐州刺史，季庚説洧以彭門歸國，因授朝散大夫、大理少卿、徐州别駕，賜緋魚袋，兼徐泗觀察判官。歷衢州、襄州别駕。自鍠至季庚，世敦儒業，皆以明經出身。季庚生居易。初，建立功於高齊，賜田於韓城，子孫家焉，遂移籍同州。至溫徙於下邽，今爲下邽人焉。

居易幼聰慧絶人，襟懷宏放。年十五六時，袖文一編，投著作郎吳人顧況。況能文，而性浮薄，後進文章無可意者。覽居易文，不覺迎門禮遇曰：『吾謂斯文遂絶，復得吾子矣。』貞元十四年，始以進士就試，禮部侍郎高郢擢升甲科，吏部判入等，授祕書省校書郎。元和元年四月，憲宗策試制舉人，應才識兼茂、明於體用科，策入第四等，授盩厔縣尉、集賢校理。

居易文辭富豔，尤精於詩筆。自讎校至結綬畿甸，所著歌詩數十百篇，皆意存諷賦，箴時之病，補政之缺，而士君子多之，而往往流聞禁中。章武皇帝納諫思理，渴聞讜言，二年十一月，召入翰林爲學士。三年五月，拜左拾遺。居易自以逢好文之主，非次拔擢，欲以生平所貯，仰酬恩造。

又 會昌中，請罷太子少傅，以刑部尚書致仕。與香山僧如滿結香火社，每肩輿往來，白衣鳩杖，自稱香山居士。大中元年卒，時年七十六，贈尚書右僕射。有文集七十五卷，經史事類三十卷，並行於世。長慶末，浙東觀察使元稹，爲居易集序曰：

樂天始未言，試指『之』『無』字能不慄。始既言，讀書勤敏，與他兒異。五六歲識聲韻，十五志辭賦，二十七舉進士。貞元末，進士尚馳競，不尚支，就中六籍尤擯落。禮部侍郎高郢始用經藝爲進退，樂天一舉擢上第。明年，中拔萃甲科，由是性習相近遠、玄珠、斬白蛇等賦洎百節判，新進士競相傳於京師。會憲宗皇帝策召天下士，對詔稱旨，又登甲科。未幾，選入翰林，掌制誥。比比上書言得失，因爲賀雨詩、秦中吟等數十章，指言天下事，時人比之風、騷焉。

予始與樂天同祕書，前後多以詩章相贈答。予譴掾江陵，樂天猶在翰林，寄予百韻律體及雜體，前後數十詩。是後各佐江、通，復相酬寄。巴、蜀、江、楚間洎長安中少年，遞相仿效，競作新辭，自謂爲元和詩，而樂天秦中吟、賀雨諷諭閑適等篇，時人罕能知者。然而二十年間，禁省觀寺，郵候牆壁之上無不書，王公妾婦、牛童馬走之口無不道。其繕寫模勒，衒賣於市井，或因之以交酒茗者，處處皆是。其甚有至盜竊名姓，苟求自售，雜亂間廁，無可奈何。予嘗於平水市中，見村校諸童，競習歌詠，召而問之，皆對曰：『先生教我樂天、微之詩。』固亦不知予爲微之也。又雞林賈人求市頗切，自云：『本國宰相，每以一金換一篇，甚僞者，宰相輒能辨别之。』自篇章已來，未有如是流傳之廣者。

長慶四年，樂天自杭州刺史以右庶子召還，予時刺會稽，因得盡徵其文，手自排纘，成五十卷，凡二千二百五十一首。前輩多以前集、中集爲名，予以爲陛下明年當改元，長慶訖於是矣，因號白氏長慶集。

大凡人之文，各有所長，樂天長可以爲多矣。夫諷諭之詩長於激，閑適之詩長於遣，感傷之詩長於切，五字律詩百言而上長於贍，五字七字百言而下長於情，賦贊箴誡之類長於當，碑記敘事制誥長於實，啟奏表狀長於直，書檄辭冊剖判長於盡。總而言之，不亦多乎哉！

人以爲稹序盡其能事。

居易嘗寫其文集，送江州東西二林寺、洛城香山聖善等寺，如佛書雜傳例流行之。無子，以其姪孫嗣。遺命不歸下邽，可葬於香山如滿師塔之側，家人從命而葬焉。

柳宗元

唐 柳宗元《巽上人以竹間自采新茶見贈酬之以詩》《全唐詩》卷三五一 芳叢翳湘竹，零露凝清華。復此雪山客，晨朝掇靈芽。蒸煙俯石瀨，咫尺凌丹崖。圓方麗奇色，圭璧無纖瑕。呼兒爨金鼎，餘馥延幽遐。滌慮發真照，還源蕩昏邪。猶同甘露飯，佛事薰毗耶。咄此蓬瀛侶，無乃貴流霞。

又《奉和周二十丈酬郴州侍郎衡江夜泊得韶州書并附當州生黃茶一封率然成篇代意之作》《全唐詩》卷三五二 丘山仰德耀，天路下征騑。

夢喜三刀近，書嫌五載違。凝情江月落，屬思嶺雲飛。會入司徒府，還邀周掾歸。

《舊唐書》卷一六〇《柳宗元傳》 柳宗元字子厚，河東人。後魏侍中濟陰公之系孫。曾伯祖奭，高宗朝宰相。父鎮，太常博士，終侍御史。宗元少聰警絕衆，尤精西漢詩騷。下筆搆思，與古爲侔。精裁密緻，璨若珠貝。當時流輩咸推之。登進士第，應舉宏辭，授校書郎、藍田尉。貞元十九年，爲監察御史。

順宗即位，王叔文、韋執誼用事，尤奇待宗元。與監察呂溫密引禁中，與之圖事。轉尚書禮部員外郎。叔文欲大用之，會居位不久，叔文敗，與同輩七人俱貶。宗元爲邵州刺史，在道，再貶永州司馬。既罹竄逐，涉履蠻瘴，崎嶇堙厄，蘊騷人之鬱悼，寫情敍事，動必以文。爲騷文十數篇，覽之者爲之悽惻。

元和十年，例移爲柳州刺史。時朗州司馬劉禹錫得播州刺史，制書下，宗元謂所親曰：『禹錫有母年高，今爲郡蠻方，西南絕域，往復萬里，如何與母偕行。如母子異方，便爲永訣。吾於禹錫爲執友，胡忍見其若是？』即草章奏，請以柳州授禹錫，自往播州。會裴度亦奏其事，禹錫終易連州。

柳州土俗，以男女質錢，過期則沒入錢主，宗元革其鄉法。其已沒者，仍出私錢贖之，歸其父母。江嶺間爲進士者，不遠數千里皆隨宗元師法；凡經其門，必爲名士。著述之盛，名動於時，時號柳州云。有文集四十卷。元和十四年十月五日卒，時年四十七。子周六、周七，纔三四歲。觀察使裴行立爲營護其喪及妻子還於京師，時人義之。

從諗

南唐 靜筠《祖堂集》卷一八 趙州和尚嗣南泉，在北地。師諱全諗，青社緇丘人也。少於本州龍興寺出家，嵩山琉璃壇受戒。不味經律，遍參叢林，一造南泉，更無他往。既遭盛筵，寧無扣擊？

師問：『如何是道？』南泉云：『平常心是道。』師云：『還可趨向否？』南泉云：『擬則乖。』師云：『不擬時如何知是道？』南泉云：『道不屬知不知，知是妄覺，不知是無記。若也真達不擬之道，猶如太虛，廓然蕩豁，豈可是非？』師於是頓領玄機，心如朗月，自爾隨緣任性，笑傲浮生，擁毳攜筇，周遊煙水矣。

宋 釋贊寧《宋高僧傳》卷一一《唐趙州東院從諗傳》 釋從諗，青州臨淄人也。童稚之歲孤介弗群，越二親之羈絆，超然離俗。乃投本州龍興伽藍從師剪落，尋往嵩山琉璃壇納戒。師勉之聽習於經律，但染指而已。聞池陽願禪師道化翕如，諗執心定志鑽仰忘疲，南泉密付授之。滅跡匿端坦然安樂。後於趙郡開物化迷大行禪道，以真定帥王氏阻兵封疆多梗，朝廷患之。王氏抗拒過制，而偏歸心於諗。諗嘗寄塵拂上王氏曰：王若問何處得此拂子，答道老僧平生用不盡者。物凡所舉揚天下傳之號趙州法道。語録大行為世所貴也。

宋 釋普濟《五燈會元》卷四《南嶽下三世·南泉願禪師法嗣》 趙州觀音院亦曰東院。從諗禪師，曹州郝鄉人也。姓郝氏。童稚於本州扈通院從師披剃。

又 師問新到：『曾到此間麼？』曰：『曾到。』師曰：『喫茶去。』又問僧，僧曰：『不曾到。』師曰：『喫茶去。』後院主問曰：『為甚麼曾到也云喫茶去，不曾到也云喫茶去？』師召院主，主應喏。師曰：『喫茶去。』

元稹

唐 元稹《和友封題開善寺十韻》《全唐詩》卷四〇八 梁王開佛廟，雲構歲時遙。珠綴飛閑鴿，紅泥落碎椒。燈籠青燄短，香印白灰銷。古匣收遺施，行廊畫本朝。藏經霑雨爛，魔女捧花嬌。亞樹牽藤閣，橫查壓石橋。竹荒新筍細，池淺小魚跳。匠正琉璃瓦，僧鋤芍藥苗。旋蒸茶嫩葉，偏把柳長條。便欲忘歸路，方知隱易招。

又《一字至七字詩·茶》《全唐詩》卷四二三

茶。
香葉，嫩芽。
慕詩客，愛僧家。

碾雕白玉，羅織紅紗。

銚煎黄蘂色，椀轉麴塵花。

夜後邀陪明月，晨前命對朝霞。

洗盡古今人不倦，將知醉後豈堪誇。

唐 元稹《〈白氏長慶集〉原序》 予始與樂天同校秘書，前後多以詩章相贈答。會予譴掾江陵，樂天猶在翰林，寄予百韻律詩及雜體，前後數十章。是後各佐江、通，復相酬寄。巴、蜀、江、楚間洎長安中少年，遞相仿效，競作新詞，自謂為『元和詩』，而樂天《秦中吟》《賀雨》《諷諭》等篇，時人罕能知者。然而二十年間，禁省、觀寺、郵候、牆壁之上無不書，王公、妾、婦、牛、童、馬走之口無不道。至於繕寫模勒，賣於市井，或持之以交酒茗者，處處皆是。其甚者，有至於盗竊名姓，苟求自售。雜亂間廁，無可奈何。予嘗於平水市中，見村校諸童，競習歌詠，召而問之，皆對曰：『先生教我樂天、微之詩。』固亦不知予之為微之也。又云雞林賈人求市頗切，自云本國宰相每以一金換一篇，其甚僞者，宰相輒能辨別之。自篇章已來，未有如是流傳之廣者。

《舊唐書》卷一六六《元稹傳》 元稹字微之，河南人。後魏昭成皇帝，稹十代祖也。兵部尚書、昌平公巖，六代祖也。曾祖延景，岐州參軍。祖悱，南頓丞。父寬，比部郎中、舒王府長史，以稹貴，贈左僕射。稹八歲喪父。其母鄭夫人，賢明婦人也，家貧，爲稹自授書，教之書學。稹九歲能屬文。十五兩經擢第。二十四調判入第四等，授秘書省校書郎。二十八應制舉才識兼茂、明於體用科，登第者十八人，稹爲第一，元和元年四月也。制下，除右拾遺。

稹性鋒鋭，見事風生。既居諫垣，不欲碌碌自滯，事無不言，即日上疏論諫職。

又 始元和十五年八月得見上，至是未二歲，僭忝恩寵，無是之速者；遭罹謗咎，亦無是之甚者。是以心腹腎腸，糜費於扶衛危亡之不暇，又惡暇經紀陛下之所付哉！然而造次顛沛之中，前後列上兵賦邊防之狀，可得而存者一百一十五。苟而削之，是傷先帝之器使也。至于陳暢辨謗之章，去之則無以自明於朋友矣。其餘郡縣之奏請，賀慶之禮，因亦附於件目。始教本書至於爲人雜奏，二十有七軸，凡二百二十有七奏。終歿吾世，貽之子孫式，所以明經制之難行，而銷毁之易至也。

其自敍如此，欲知其作者之意，備於此篇。

稹文友與白居易最善。後進之士，最重龐嚴，言其文體類己，保薦之。

趙贊

唐 趙贊《常平倉議》《全唐文》卷五二六 伏以舊制置倉儲粟，名曰常平。軍興以來，此事闕廢，因循未舉，垂三十年。其間或因兇荒流散，餓死相食者，不可勝紀。古者平準之法，使萬室之邑，必有萬鍾之藏；千室之邑，必有千鍾之藏。春以奉耕，夏以奉耘。雖有大賈富家，不得豪奪吾人者，蓋謂能行輕重之法也。自陛下登極以來，許京城兩市置常平，官糴鹽米，雖經頻年少雨，米價不復騰貴，此乃即日明驗，實要推而廣之。當軍興之時，與承平或異，事須兼儲布帛，以備時須。臣今商量，請於兩郡，並江陵、成都、揚、汴、蘇、洪等州府，各置常平輕重本錢，上至百萬貫，下至數十萬貫，隨其所宜，量定多少，惟置斛斗疋段絲麻等。候物貴則下價出賣，物賤則加價收糴，權其輕重，以利疲人。並請諸道津要都會之所，皆置吏閲商人財貨，計錢每貫税二十文。天下所出竹木茶漆，皆十一税之，以充常平本。

《舊唐書》卷一二《德宗紀上》 ［建中三年］九月丁亥，以李洧部將高承宗爲徐州刺史、徐海沂都團練使。判度支趙贊上言，請爲兩都、江陵、成都、揚、汴、蘇、洪等州署常平輕重本錢，上至百萬貫，下至十萬貫，收貯斛斗匹段絲麻，候貴則下價出賣，賤則加估收糴，權輕重以利民。從之。贊乃於諸道津要置吏税商貨，每貫税二十文，竹木茶漆皆什一税一，以充常平之本。己亥夜，有猛獸入宣陽里，傷二人。詰朝獲之。

又 卷四九《食貨志下・倉廪》 建中四年六月，戶部侍郎趙贊請置大田：天下田計其頃畝，官收十分之一。擇其上腴，樹桑環之，曰公桑。自王公至于匹庶，差借其力，得穀絲以給國用。詔從其說。贊熟計之，自以爲非便，皆寢不下。復請行常平税茶之法。又以軍須迫蹙，常平利不時集，乃請税屋間架、算除陌錢。間架法：凡屋兩架爲一間，屋有

貴賤，約價三等，上價間出錢二千，中價一千，下價五百。所由吏秉算執籌，入人之廬舍而計其數。衣冠士族，或貧無他財，獨守故業，坐多屋出算者，動數十萬，人不勝其苦。凡沒一間者，杖六十，告者賞錢五十貫，取於其家。除陌法：天下公私給與貨易，率一貫舊算二十，益加算爲五十。給與他物或兩換者，約錢爲率算之。市牙各給印紙，人有買賣，隨自署記，翌日合算之。有自貿易不用市牙者，驗其私簿，無私簿者，投狀自集。其有隱錢百者沒入，二千杖六十，告者賞十千，取其家資。法既行，而主人市牙得專其柄，率多隱盜。公家所入，曾不得半，而怨讟之聲，囂然滿於天下。至興元二年正月一日赦，悉停罷。

《新唐書》卷五二《食貨志二》 自太宗時置義倉及常平倉以備凶荒，高宗以後，稍假義倉以給他費，至神龍中略盡。玄宗即位，復置之。其後第五琦請天下常平倉皆置庫，以畜本錢。至是趙贊又言：『自軍興，常平倉廢垂三十年，凶荒潰散，餧死相食，不可勝紀。陛下即位，京城兩市置常平官，雖頻年少雨，米不騰貴，可推而廣之，宜兼儲布帛。請於兩都、江陵、成都、揚、汴、蘇、洪置常平輕重本錢，上至百萬緡，下至十萬，積米、粟、布、帛、絲、麻，貴則下價而出之，賤則加估而收之。諸道津會置吏，閱商賈錢，每緡稅二十，竹、木、茶、漆稅十之一，以贍常平本錢。』德宗納其策。屬軍用迫蹙，亦隨而耗竭，不能備常平之積。

是時，諸道討賊，兵在外者，度支給出界糧。每軍以臺省官一人爲糧料使，主供億。士卒出境，則給酒肉。一卒出境，兼三人之費。將士利之，逾境而屯。

趙贊復請稅間架，算除陌。其法：屋二架爲間，上間錢二千，中間一千，下間五百；匿一間，杖六十，告者賞錢五萬。除陌法：公私貿易，千錢舊算二十，加爲五十；物兩相易者，約直爲率。而民益愁怨。及涇原兵反，大譟長安市中曰：『不奪爾商戶僦質，不稅爾間架、除陌矣。』於是間架、除陌、竹、木、茶、漆、鐵之稅皆罷。

《文獻通考》卷一四《征榷考一》 德宗時，趙贊請諸道津會置吏閱商賈錢，每緡稅二十，竹木茶漆稅十之一，以贍常平本錢。帝納其策。屬軍用迫蹙，亦隨而耗竭，不能備常平之積。

又卷一八《征榷考五・榷茶》 唐德宗建中元年，納戶部侍郎趙贊議，稅天下茶、漆、竹、木，十取一，以爲常平本錢。時軍用廣，常賦不足，所稅亦隨盡，亦莫能充本儲，及出奉天乃悼悔，下詔亟罷之。

又卷一九《征榷考六・榷茶》 舊制，諸道軍出境，則仰給度支。時討賊兵在外者衆，上優恤士卒，每出境，加給酒肉，本道糧仍給其家，一人兼三人之給。故將士利之，各出軍纔逾境而止。

月費錢百三十餘萬緡，常賦不能給，趙贊乃奏行二法，愁怨之聲，盈於遠近。及涇原兵反，大呼長安市中曰：『不奪爾商戶僦質，不稅爾間架、除陌矣。』於是間架、除陌、竹、木、茶、漆、鐵之稅皆罷。

《資治通鑒》卷二二九 諸軍、諸道應赴奉天及進收京城將士，並賜名奉天定難功臣。所以作勤王之心。難，乃旦翻。其所加墊陌錢、稅間架、竹、木、茶、漆、榷鐵之類，悉宜停罷。』所以順人情之欲惡。墊陌錢，即趙贊所行除陌錢也。墊，丁念翻。榷，古岳翻。

又卷二三四 春，正月，癸卯，初稅茶。爾雅釋木云：檟，苦茶。郭璞註云：樹大小似梔子，冬生葉可煮作羹飲。今呼早採者爲荼，晚採者爲茗，一名荈，蜀人謂之苦茶是也。今通謂之茶。茶、荼聲近，故呼之。春中始生嫩葉，蒸焙去苦水，末之，乃可喫，與古所食殊不同也。本草衍義曰：晉溫嶠上表，貢茶千斤，茗三百斤。郭璞曰：早採爲茶，晚採爲茗。茗或曰荈，茶葉老者也。古人謂其芽爲雀舌、麥顆，言其至嫩也。又有新芽，一發便長寸餘，微粗如針。惟芽長爲上品，其根幹土力皆有餘故也。如雀舌、麥顆，又下品，前人未盡識。史言稅茶始此，遂開利孔。凡州、縣產茶及茶山外要路，皆估其直，什稅一，從鹽鐵使張滂之請也。滂奏：『去歲水災減稅，用度不足，請稅茶以足之。自明年以往，稅茶之錢，令所在別貯，俟有水旱，以代民田稅。』自是歲收茶稅錢四十萬緡，未嘗以救水旱也。榷茶之說，始於趙贊，至張滂而始行。

李德裕

唐李德裕《故人寄茶》《全唐詩》卷四七五 劍外九華英，緘題下玉京。開時微月上，碾處亂泉聲。半夜邀僧至，孤吟對竹烹。碧流霞脚碎，香泛乳花輕。六腑睡神去，數朝詩思清。其餘不敢費，留伴讀書行。

又《憶平泉雜咏憶茗芽》《全唐詩》卷四七五 谷中春日暖，漸憶掇茶英。欲及清明火，能銷醉客醒。松花飄鼎泛，蘭氣入甌輕。飲罷閑無事，

捫蘿溪上行。

唐 佚名《玉泉子》 李德裕在中書，嘗飲惠山泉，自毗陵至京置遞鋪。有僧人詣謁，德裕好奇，凡有遊其門者，雖布素皆接引。僧白德裕曰：『相公在中書，昆蟲遂性，萬匯得所。水遞一事，亦曰月之薄蝕，微僧竊有惑也，敢以上謁，欲沮此可乎？』德裕頷之曰：『大凡為人，未有無試賄，至於燒汞，亦是所短。況三惑、博塞、弋弈之事，弟子悉無所染，而和尚不許弟子飲水，無乃虐乎？為上人停之，即三惑馳騁，怠慢必生焉。』僧人曰：『貧道所謁相公者，為足下通常州水脈。京都一眼井，與惠山泉脈相通。』德裕大笑曰：『真荒唐也。』曰：『相公但取此泉脈。』德裕曰：『井在何坊曲？』曰：『昊天觀常住庫後是也。』因以惠山一罌，昊天一罌，雜以八罌，一類十罌，暗記出處，遺僧辨析。僧因啜嘗，取惠山、昊天，餘八瓶同味。德裕大加奇歎。當時停水遞，人不告勞，浮議乃弭。

又 昔有人授舒州牧，李德裕謂之曰：『到彼郡曰，天柱峰茶可惠三角。』其人獻之數十斤，李不受退還。明年罷郡，用意精求，獲數角投之。德裕閲而受曰：『此茶可以消酒食毒。』乃命烹一甌沃於肉食內，以銀合閉之，詰旦，因視其肉，已化為水，衆服其廣識。

南唐 尉遲偓《中朝故事》卷上 古者，五行官守皆不失其職，聲色香味俱能別之。贊皇公李德裕，博達之士也。居廟廊日，有親知奉使於京口。李曰：『還日，金山下揚子江中冷水，與取一壺來。』其人舉棹日醉而忘之，泛舟上石城下方憶及。汲一瓶于江中，歸京獻之。李公飲後，驚訝非常，曰：『江表水味有異於頃歲矣！此水頗似建業石城下水。』其人謝過，不敢隱也。有親知授舒州牧，李謂之曰：『到彼郡日，天柱峰茶可惠三數角。』其人獻之數十斤，李不受，退還。明年罷郡，用意精求，獲數角投之。贊皇閲之而受曰：『此茶可消酒肉毒。』乃命烹一甌，沃於肉食，以銀合閉之。詰旦同開視，其肉已化為水矣。衆伏其廣識也。

《舊唐書》卷一七四《李德裕傳》 李德裕字文饒，趙郡人。祖栖筠，御史大夫。父吉甫，趙國忠懿公，元和初宰相。祖、父自有傳。德裕幼有壯志，苦心力學，尤精西漢書、左氏春秋。恥與諸生從鄉賦，不喜科試。年纔及冠，志業大成。貞元中，以父譴逐蠻方，隨侍左右，不求仕進。元和初，以父再秉國鈞，避嫌不仕臺省，累辟諸府從事。十一年，張弘靖罷相，鎮太原，辟爲掌書記。由大理評事得殿中侍御史。十四年府罷，從弘靖入朝，真拜監察御史。明年正月，穆宗即位，召入翰林充學士。帝在東宮，素聞吉甫之名，既見德裕，尤重之。禁中書詔，大手筆多詔德裕草之。是月，召對思政殿，賜金紫之服。踰月，改屯田員外郎。

又 史臣曰：臣總角時，亟聞耆德言衛公故事。是時天子神武，明於聽斷，公亦以身犯難，酬特達之遇。言行計從，功成事遂，君臣之分，千載一時。觀其禁掖彌綸，巖廊啟奏，料敵制勝，襟靈獨斷，如由基命中，罔有虛發，實奇才也。語文章，則嚴、馬扶輪；論政事，則蕭、曹避席。罪其竊位，即太深文。所可議者，不能釋憾解仇，以德報怨，泯是非於度外，齊彼我於環中。與夫市井之徒，力戰錐刀之末，淪身瘴海，可爲傷心。古所謂攫金都下，忽於市人，離婁不見於眉睫。才則才矣，語道則難。

贊曰：公之智決，利若青萍。破虜誅叛，摧枯建瓴。功成北闕，骨葬南溟。嗚呼煙閣，誰上丹青？

宋 王讜《唐語林》卷七《補遺》 李衛公性簡儉，不好聲妓，往往經旬不飲酒，但好奇功名。在中書，不飲京城水，茶湯悉用常州惠山泉，時謂之『水遞』。有相知僧允躬白公曰：『公跡並伊、皋，但有末節尚損盛德。萬里汲水，無乃勞乎？』公曰：『大凡末世淺俗，安有不嗜不欲者？捨此即物外世網，豈可縈擊？然弟子於世，無常人嗜欲，不求貨殖，不邇聲色，無長夜之歡，未嘗大醉。和尚又不許飲水，無乃虐乎？若敬從上人之命，即止水後，誅求聚斂，廣畜姬侍，坐於鐘鼓之間，使家敗而身疾，又如之何？』允躬曰：『公不曉此意。公博識多聞，止知常州有惠山寺，不知腳下有惠山寺井泉。』公曰：『何也？』曰：『公見極南物極北有，即此義也。蘇州所產，與汧、雍同；隴豈無吳縣耶？所出蒲魚菰鱉既同，彼人又能效蘇之織，其他不可遍舉。京中昊天觀廚後井，俗傳與惠山泉脈相通。』因取諸流水，與昊天水、惠山水稱量，唯惠山與昊天等。公遂罷取惠山水。

盧仝

唐 盧仝《蕭宅二三子贈答詩二十首并序・客謝竹》《全唐詩》卷三八七　揚州駁雜地，不辨龍蚚當作蜥蜴。客身正乾枯，行處無膏澤。太山道不遠，相庇實無力。君若隨我行，必有煎茶厄。

又《玉川子詩集》卷二《走筆謝孟諫議寄新茶》　日高丈五睡正濃，軍將打門驚周公。口云諫議送書信，白絹斜封三道印。開緘宛見諫議面，手閲月團三百片。聞道新年入山裏，蟄蟲驚動春風起。天子須嘗陽羨茶，百草不敢先開花。仁風暗結珠琲瓃，先春抽出黄金芽。摘鮮焙芳旋封裹，至精至好且不奢。至尊之餘合王公，何事便到山人家。柴門反關無俗客，紗帽籠頭自煎喫。碧雲引風吹不斷，白花浮光凝椀面。一椀喉吻潤，兩椀破孤悶。三椀搜枯腸，唯有文字五千卷。四椀發輕汗，平生不平事。盡向毛孔散，五椀肌骨清。六椀通仙靈，七椀喫不得也。唯覺兩腋習習清風生，蓬萊山，在何處？玉川子，乘此清風欲歸去。山上羣仙司下土，地位清高隔風雨。安得知百萬億蒼生命，墮在巔崖受辛苦。便爲諫議問蒼生，到頭還得蘇息否。

唐 賈島《哭盧仝》《全唐詩》卷五七一　賢人無官死，不親者亦悲。空令古鬼哭，更得新鄰比。平生四十年，惟著白布衣。天子未辟召，地府誰來追。長安有交友，託孤遽棄移。冢側誌石短，文字行參差。無錢買松栽，自生蒿草枝。在日贈我文，淚流把讀時。從茲加敬重，深藏恐失遺。

《新唐書》卷一七六《盧仝傳》　盧仝居東都，愈爲河南令，愛其詩，厚禮之。仝自號玉川子，嘗爲月蝕詩以譏切元和逆黨，愈稱其工。

元 辛文房《唐才子傳》卷五　盧仝，范陽人。初隱少室山，號玉川子。家甚貧，惟圖書堆積。後卜居洛城，破屋數間而已。一奴，長鬚，不裹頭；一婢，赤腳，老無齒。終日苦哦，鄰僧送米。朝廷知其清介之節，凡兩備禮徵為諫議大夫，不起。時韓愈為河南令，愛其操，敬待之。嘗為惡少所恐，訴于愈，方為申理，仝復慮盜憎主人，願罷之，愈益服其度量。元和間，月蝕，仝賦詩，意譏切當時逆黨，愈極稱工，餘人稍恨之。時王涯秉政，胥怨於人。及禍起，仝偶與諸客會食涯書館中，因留宿，吏卒掩捕，仝曰：『我盧山人也，於衆無怨，何罪之有』吏曰：『既云山人，來宰相宅，容非罪乎？』蒼忙不能自理，竟同甘露之禍。仝老無髮，奄人於腦後加釘。先是生子名『添丁』，人以為讖云。仝性高古介僻，所見不凡近。唐詩體無遺，而仝之所作特異，自成一家，語尚奇譎，讀者難解，識者易知。後來仿效比擬，遂為一格宗師。有集一卷，今傳。古詩云：『枯魚過河泣，何時悔復及。作書與魴鱮，相戒慎出入。』斯所以防前之覆轍也。仝志懷霜雪，操擬松栢，深造括囊之高，夫何戶庭之失。噫，一蹈非地，旋踵逮殃，玉石俱爛，可不痛哉！

王涯

《舊唐書》卷一七《文宗紀下》　［大和九年］冬十月癸酉朔。乙亥【略】王涯獻榷茶之利，乃以涯爲榷茶使。茶之有榷稅，自涯始也。

又卷四九《食貨志下・漕運》　長慶初，王播復代公綽。四年，王涯以戶部侍郎代播。敬宗初，播復以鹽鐵使爲揚州節度使。文宗即位，入覲，以宰相判使。其後，王涯復判二使，表請使茶山之人移植根本，舊有貯積，皆使焚棄。天下怨之。九年，涯以事誅，而令狐楚以戶部尚書右僕射主之，以是年茶法大壞，奏請付州縣而入其租于戶部，人人悅焉。開成元年，李石以中書侍郎判收茶法，復貞元之制也。

又　九年十二月，左僕射令狐楚奏新置榷茶使額：『伏以江淮間數年以來，水旱疾疫，凋傷頗甚，愁歎未平。今夏及秋，稍較豐稔。方須惠恤，各使安存。昨者忽奏榷茶，實爲蠹政。蓋是王涯破滅將至，怨怒合歸。豈有令百姓移茶樹就官場中栽，摘茶葉於官場中造，有同兒戲，不近人情。方有恩權，無敢沮議，朝班相顧而失色，道路以目而吞聲。今宗社降靈，姦兇盡戮，聖明垂佑，黎庶各安。微臣伏蒙天恩，兼授使務，官銜之內，猶帶此名，俯仰若驚，夙宵知愧。伏乞特迴聖聽，下鑒愚誠，速委宰臣，除此使額。緣國家之用或闕，山澤之利有遺，許臣條流，續具奏聞。採造欲及，妨廢爲虞。前月二十一日內殿奏對之次，鄭覃與臣同陳論訖。伏望聖慈早賜處分，一依舊法，不用新條。惟納榷之時，須節級加價，商人轉擡，必較稍貴，即是錢出萬國，利歸有司，既無害茶商，又不

擾茶戶，上以彰陛下愛人之德，下以竭微臣憂國之心，遠近傳聞，必當咸悅。』詔可之。先是，鹽鐵使王涯表請使茶山之人，移植根本，舊有貯積，皆使焚棄，天下怨之。及是楚主之，故奏罷焉。

又卷一六九《鄭注傳》 訓、注天資狂妄，偷合苟容，至於經略謀猷，無可稱者。初浴堂召對，上訪以富人之術，乃以榷茶爲對。其法，欲以江湖百姓茶園，官自造作，量給直分，命使者主之。帝惑其言，乃命王涯兼榷茶使。又言秦中有災，宜興工役以禳之。文宗能詩，嘗吟杜甫江頭篇云：『江頭宮殿鎖千門，細柳新蒲爲誰綠？』始知天寶已前，環曲江四岸有樓臺行宮廨署，心切慕之。既得注言，即命左右神策軍差人淘曲江、昆明二池，仍許公卿士大夫之家於江頭立亭館，以時追賞。時兩軍造紫雲樓、彩霞亭，內出樓額以賜之。注言無不從，皆此類也。

又《王涯傳》 王涯字廣津，太原人。父晃。涯，貞元八年進士擢第，登宏辭科。釋褐藍田尉。二十年十一月，召充翰林學士，拜右拾遺、左補闕、起居舍人，皆充內職。元和三年，爲宰相李吉甫所怒，罷學士，守都官員外郎，再貶虢州司馬。五年，入爲吏部員外。七年，改兵部員外郎、知制誥。九年八月，正拜舍人。十年，轉工部侍郎、知制誥，加通議大夫、清源縣開國男，學士如故。十一年十二月，加中書侍郎、同平章事。十三年八月，罷相，守兵部侍郎，尋遷吏部。

穆宗即位，以檢校禮部尚書，梓州刺史、劍南東川節度使。其年十一月，吐蕃南北犄角入寇，西北邊騷動，詔兩川兵拒之。時蕃軍逼雅州，涯上疏曰：『臣當道出軍，徑入賊腹，有兩路：一路從龍州清川鎮入蕃界，徑抵故松州城，是吐蕃舊置節度之所；一路從綿州威蕃柵入蕃界，徑抵棲雞城，皆吐蕃險要之地。』又曰：『臣伏見方今天下無犬吠之警，海內同覆盂之安。每蕃戎一警，則中外咸震，致陛下有旰食軫懷之憂，斯乃臣等居大官、受重寄者之深責也。雖承詔發卒，心馳寇廷，期於爲國討除，使戎人芟翦。晝夜思忖，何補涓毫？所以慺慺愚心，願陳萬一。臣觀自古長策，昭然可徵。在於實邊兵，選良將，明斥候，廣資儲，杜其姦謀，險其走集，此立朝士大夫皆知，不獨微臣知之也，祇在舉行之耳。然臣愚見所及，猶欲布露者，誠願陛下不愛金帛之費，以鈞北虜之心。臨遣信臣，與之定約曰，犬戎悖亂負恩，爲邊鄙患者數矣，能制而服之者，唯在北蕃。如能發兵深入，殺若干人，取若干地，則受若干之賞。開懷以示之，厚利以啗之，所以勸聳要約者異於他日，則匈奴之銳，可得出矣。一戰之後，西戎之力衰矣。』穆宗不能用其謀。

長慶元年，幽、鎮復亂，王師征之，未聞克捷。涯在鎮上書論用兵曰：

伏以幽、鎮兩州，悖亂天紀，迷亭育之厚德，肆豺虎之非心。囚繫鼎臣，戕賊戎帥，毒流列郡，釁及賓僚。凡在有情，孰不扼腕？咸欲橫戈荷戟，問罪賊廷。伏以國家文德誕敷，武功繼立，遠無不服，邇無不安。矧茲二方，敢逆天理？臣竊料詔書朝下，諸鎮夕驅，以貔貅問罪之師，當猖狂失節之寇，傾山壓卵，決海灌熒，勢之相懸，不是過也。

但以常山、燕郡，虞、虢相依，一時興師，恐費財力。且夫罪有輕重，事有後先，攻堅宜從易者。如聞范陽肇亂，出自一時，事非宿謀，情亦可驗。鎮州構禍，殊匪偶然，扇動屬城，以兵拒境。如此則幽、薊之衆，可示寬刑；鎮、冀之戎，必資先討。況廷湊闒茸，不席父祖之恩；成德分離，人多迫脅之勢。今以魏博思復讎之衆，昭義願盡敵之師，參之晉陽，輔以滄、易，犄角而進，易若建瓴，盡屠其城，然後北首燕路。在朝廷不爲失信，於軍勢實得機宜。臣之愚忠，輒在於此。

臣又聞用兵若鬭，先扼其喉。今瀛、莫、易、定，兩賊之咽喉也，誠宜假之威柄，戍以重兵。俾其死生不相知，間諜無所入，而以大軍先迫冀、趙，次下井陘，此百舉百全之勢也。臣受恩深至，無以上酬，輕冒陳聞，不勝戰越。

洎涯疏至，盧士玫已爲賊劫，陷瀛、莫州，凶勢不可遏。俄而二凶俱宥之。

三年，入爲御史大夫。敬宗即位，改戶部侍郎、兼御史大夫，充鹽鐵轉運使，俄遷禮部尚書，充職。寶曆二年，檢校尚書左僕射、興元尹、山南西道節度使，就加檢校司空。大和三年正月，入爲太常卿。文宗以樂府之音，鄭衛太甚，欲聞古樂，命涯詢於舊工，取開元時雅樂，選樂童按之，名曰雲韶樂。樂曲成，涯與太常丞李廓、少府監庾承憲押樂工獻於梨園亭，帝按之於會昌殿。上悅，賜涯等錦綵。四年正月，守吏部尚書，檢校司空，復領鹽鐵轉運使。其年九月，守左僕射，領使。奏李師道前據河

南十二州，其兗、鄆、淄、青、濮州界，舊有銅鐵冶，每年額利百餘萬，自收復，未定稅額，請復係鹽鐵司，依建中元年九月敕例制置，從之。七年七月，以本官同平章事，進封代國公，食邑二千戶。八年正月，加檢校司空、門下侍郎、弘文館大學士、太清宮使。九年五月，正拜司空，仍令所司冊命，加開府儀同三司，仍兼領江南榷茶使。

十一月二十一日，李訓事敗，文宗入內，涯與同列歸中書會食，未下筯，吏報有兵自閤門出，逢人即殺。涯等蒼惶步出，至永昌里茶肆，爲禁兵所擒，并其家屬奴婢，皆繫於獄。仇士良鞫涯反狀，涯實不知其故，械縛既急，搒笞不勝其酷，乃令手書反狀，自誣與訓同謀。獄具，左軍兵馬三百人領涯與王璠、羅立言，右軍兵馬三百人領賈餗、舒元輿、李孝本，先赴郊廟，徇兩市，乃腰斬於子城西南隅獨柳樹下。涯以榷茶事，百姓怨恨，詬罵之，投瓦礫以擊之。中書房吏焦寓焦璿、臺吏李楚等十餘人，吏卒爭取殺之，籍沒其家。涯子工部郎中、集賢殿學士孟堅，太常博士仲翔，其餘稚小妻女，連襟係頸，送入兩軍，無少長盡誅之。自涯已下十一家，資貨悉爲軍卒所分。涯積家財鉅萬計，兩軍士卒及市人亂取之，竟日不盡。

涯博學好古，能爲文，以辭藝登科，踐揚清峻，而貪權固寵，不遠邪佞之流，以至赤族。涯家書數萬卷，侔於秘府。前代法書名畫，人所保惜者，以厚貨致之；不受貨者，即以官爵致之。厚爲垣，竅而藏之復壁。至是，人破其垣取之，或剔取函奩金寶之飾與其玉軸而棄之。

涯之死也，人以爲冤。昭義節度使劉從諫三上章，求示涯等三相罪名，仇士良頗懷憂恐。初宦官縱毒，凌藉南司。及從諫奏論，凶焰稍息，人士賴之。

《新唐書》卷五四《食貨志四》 穆宗即位，兩鎮用兵，帑藏空虛，禁中起百尺樓，費不可勝計。鹽鐵使王播圖寵以自幸，乃增天下茶稅，率百錢增五十。江淮、浙東西、嶺南、福建、荊襄茶，播自領之，兩川以戶部領之。天下茶加斤至二十兩，播又奏加取焉。右拾遺李珏上疏諫曰：『榷率起於養兵，今邊境無虞，而厚斂傷民，不可一也。茗飲，人之所資，重稅則價必增，貧弱益困，不可二也。山澤之饒，其出不訾，論稅以售多爲利，價騰踊則市者稀，不可三也。』其後王涯判二使，置榷茶使，徙民茶樹於官場，焚其舊積者，天下大怨。令狐楚代爲鹽鐵使兼榷茶使，復令納榷，加價而已。李石爲相，以茶稅皆歸鹽鐵，復貞元之制。

又卷一七九《鄭注傳》 帝問富人術，以榷茶對。其法欲置茶官，籍民圃而給其直，工自擷暴，則利悉之官。帝始詔王涯爲榷茶使。又言秦、雍災，當興役厭之。帝嘗詠杜甫曲江辭，有『宮殿千門』語，意天寶時環江有觀榭宮室，聞注言，即詔兩神策治曲江、昆明，作紫雲樓、采霞亭，詔公卿得列舍隄上。

又《王涯傳》 王涯，字廣津，其先本太原人，魏廣陽侯冏之裔。祖祚，武后時諫罷萬象神宮知名，開元時，以大理司直馳傳決獄，所至仁平。父晃，歷左補闕、溫州刺史。

涯博學，工屬文。往見梁肅，肅異其才，薦於陸贄。擢進士，又舉宏辭，再調藍田尉。久之，以左拾遺爲翰林學士，進起居舍人。元和初，會其甥皇甫湜以賢良方正對策異等，忤宰相，涯坐不避嫌，罷學士，再貶虢州司馬，徙爲袁州刺史。憲宗思之，以兵部員外郎召，知制誥，再爲翰林學士，累遷工部侍郎，封清源縣男。

涯文有雅思，永貞、元和間，訓誥溫麗，多所槀定。帝以其孤進自樹立，數訪逮，以私居遠，或召不時至，詔假光宅里官第，諸學士莫敢望。俄拜中書侍郎、同中書門下平章事，坐循默不稱職罷，再遷吏部侍郎。

穆宗立，出爲劍南東川節度使。時吐蕃寇邊，西北騷然，又略雅州，涯調兵拒之。上言：『蜀有兩道直擣賊腹，一繇龍州清川以抵松州，一繇綿州威蕃柵抵棲雞城，皆虜險要地。臣願不愛金帛，使信臣持節與北虜約曰：「能發兵深入者，殺某人，取某地，受其賞。」開懷以示之，所以要約諄熟異它日者，則匈奴之銳可出，西戎之力衰矣。』帝不報。

長慶三年，入爲御史大夫，遷戶部尚書、鹽鐵轉運使。寶曆時，復出領山南西道節度使。文宗嗣位，召拜太常卿，以吏部尚書代王播，復統鹽鐵，政益刻急。歲中，進尚書右僕射、代郡公。而御史中丞宇文鼎以涯兼使職，恥爲之屈，奏：『僕射視事日，四品以上官不宜獨拜。』涯怒，即建言：『與其廢禮，不如審官，請避位以存舊典。』帝難之，詔尚書省雜議。工部侍郎李固言謂：『禮，君於士不答拜，非其臣則答，不臣人之臣也；大夫於其臣，雖賤必答拜，避正君也；大夫於獻不親，君有賜不

面拜，爲君之答己也。古者列國君猶與大夫答拜，所以尊事天子，別嫌明微也。議者謂「僕射代尚書令，禮當重。凡百司州縣皆有副貳，缺則攝總，至著定之禮，則不可越，僕射由是也」。按令，凡文武三品拜一品，四品拜二品。開元禮，京兆河南牧、州刺史、縣令上日，丞以下答拜。此禮、令相戾，不可獨據。』又言：『受冊官始上，無不答拜者，而僕射亦受冊，禮不得異。雖相承爲故事，然人情難安者，安得弗改？請如禮便。』帝不能決，涯竟用舊儀。

自李師道平，三道十二州皆有銅鐵官，歲取冶賦百萬，觀察使擅有之，不入公上。涯始建白：『如建中元年九月戊辰詔書，收隸天子鹽鐵。』詔可。久之，以本官同中書門下平章事，合度支、鹽鐵爲一使，兼領之。乃奏罷京畿榷酒錢以悅衆。俄檢校司空，兼門下侍郎。罷度支，真拜司空。始變茶法，益其稅以濟用度，下益困，而鄭注亦議榷茶，天子命涯爲使，心知不可，不敢爭。李訓敗，乃及禍。初，民怨茶禁苛急，涯就誅，皆羣詬詈，抵以瓦礫。

涯質狀頎省，長上短下，動舉詳華。性嗇儉，不畜妓妾，惡卜祝及它方伎。別墅有佳木流泉，居常書史自怡，使客賀若夷鼓琴娛賓。文宗惡俗侈靡，詔涯懲革。涯條上其制，凡衣服室宇，使略如古，貴戚皆不便，謗訕囂然，議遂格。然涯年過七十，嗜權固位，偷合訓等，不能絜去就，以至覆宗。是時，十一族貲貨悉爲兵掠，而涯居永寧里，乃楊憑故第，財貯鉅萬，取之彌日不盡。家書多與祕府侔，前世名書畫，嘗以厚貨鉤致，或私以官，鑿垣納之，重復祕固，若不可窺者，至是爲人破垣剔取奩軸金玉，而棄其書畫於道。籍田宅入于官。

子孟堅爲工部郎中、集賢殿學士，仲翔太常博士，季琰校書郎，皆死。仲翔始匿侍御史裴鐇家，鐇執以赴軍，仲翔曰：『業不見容，當自求生，奈何反相噬邪？』聞者哀之。後令狐楚見帝從容言：『向與臣並列者，既族滅矣，而露胔不藏，深可悼痛。』帝惻然，詔京兆尹薛元賞葬涯等十一人，各賜襲衣。仇士良使盜竊發其冢，投骨渭水。涯女爲竇紃妻，以痼病免，家人紿告涯當貶，忽夢涯自提首告曰：『族滅矣，惟若存，歲時無忘我。』女驚號墮地，乃以實告。涯從弟沐，客江南，困窮來京師謁涯，二歲乃得見，許以祿仕，難作，亦死。

昭宗天復初，大赦，明涯、訓之冤，追復爵位，官其後裔。

唐 李昂《授王涯同平章事制》《全唐文》卷六九　居端揆之任，再踐國鈞；稽管榷之功，兼司邦計。用崇舊德，以緝新規，簡自朕心，用光僉屬。金紫光祿大夫守尚書右僕射充諸道鹽鐵轉運等使上柱國代郡開國公食邑二千戶王涯，元精降靈，體道秉哲，恬智成性，清貞保躬。文行可以經邦，風操可以鎮俗，以明用晦，處貴滋恭。憲宗以禁署竭忠，擢登輔弼。先帝以台階宿望，寵授旌旃。陰陽變調，藩服寧謐，機務允理，政經交修。洎綜銓九流，式序百禮，提釐紀律，統明貨泉。法必便人，事先體國，聲績茂暢，洽於羣謠。朕以邊鄙防微，猶存兵戍，資儲之備，供億尚繁。頃者支費轉輸，任分兩使，量入制用，誠患多門。俾足食以豐財，在省員而簡務，是用合此二柄，委於元僚。正玆通變之初，藉我股肱之重，勉思率職，無或憚煩，敬或乃心，欽承休命。可守本官同中書門下平章事充度支及諸道鹽鐵轉運使。

唐 李昂《授王涯開府儀同三司充諸道榷茶使制》《全唐文》卷六九

門下：王者峻其禮秩，所以報殊庸；崇其職業，所以歸碩望。其竭股肱以宣力，抱誠明而戴君，調四氣以統和天人，貞百度以鎮安夷夏，勤彰於山澤，德冠於巖廊，不舉寵章，曷示褒勸。金紫光祿大夫守司空兼門下侍郎同中書門下平章事兼充宏文館大學士太清宮使及諸道鹽鐵轉運等使上柱國代郡開國公食邑二千戶王涯，誠貫金石，行通神明，氣含元精，識洞蓍蔡。窮聖賢旨奧之學，擅邦國經緯之文。爲時而生，作予良弼，長才推於精敏，雅量得其寬和。乃者重外帥壇所至必理，載踐台席，赫昭休勳。當險夷之途，貞白無染；在風雨之晦，操尚不衰。蒞事秉明哲之心，臨難有大臣之節，執萬機之政柄，統四海之利權。處劇而神慮益閒，在貴而家法愈儉。憂國盡瘁，罄其訏謨。爰自累年，江淮水旱：煮海之利，日用而不虧；佐賦之功，歲杪而後顯。轉輸之利相繼，牢籠之資無遺，經費有餘，時乃之力。況邦計之務，總領尤難，付之均節，克有饒羨。朕今以茶法稍弊，理須變更，凡斯重難，悉以資委。禮當優異，式表至公，俾進級於三司，仍策勳於八命，予皆仰成，汝其欽哉！往踐厥位。可開府儀同三司充諸道鹽鐵轉運榷茶等使，餘並如故。

《文獻通考》卷一八《征榷考五》　唐德宗建中元年，納戶部侍郎

趙贊議，稅天下茶、漆、竹、木，十取一，以爲常平本錢。時軍用廣，常賦不足，所稅亦隨盡，亦莫能充本儲，及出奉天乃悼悔，下詔亟罷之。

貞元九年，復稅茶。先是，諸道鹽鐵使張滂奏：『去歲水災，詔令減稅。今之國用，須有供儲。伏請於出茶州縣及茶山外商人要路，委所由定三等時估，每十稅一，充所放兩稅。其明年已後所得稅錢外貯，若諸州遭水旱，賦稅不辦，以此代之。』詔可，仍委張滂具處置條目。每歲得錢四十萬貫，茶之有稅自此始。然稅無虛歲，遭水旱處亦未嘗以稅茶錢拯贍。

致堂胡氏曰：『茶者，生人之所日用也，其急甚於酒。然王鉷、楊慎矜、韋堅以及劉晏皆置而不征，猶爲忠厚。天地生物，凡以養人，取之不可悉也。張滂稅茶，則悉矣。凡言利者，未嘗不假託美名，以奉人主私欲，滂以茶稅錢代水旱田租是也。既以立額，則後莫肯蠲，非惟不蠲，從而增廣其數，其法嚴峻者有之矣，或至於官盡榷之，商旅不得貿遷，而必與官爲市。在私，則終不能禁，而椎埋惡少竊販之害興，偶有敗獲，姦人猾吏相爲囊橐，獄迄不直，而治所由歷，株連枝蔓，致良民破產，接村比里，甚則盜賊出焉。在公，則收貯不虔，發泄不時，至於朽敗，與新斂相妨，或沒入竊販，無所售用，於是舉而焚之，或乃沈之，殃民害物，咸弗恤也。其原則在於得數十萬緡錢而已。夫弛山澤之禁以予民，王政也。必不得已，聽商旅貿遷而薄其征。茶也者，東南所有，西北所無，雖曰薄征，其入於王府者亦不貲矣。息盜奪，止訟獄，佐國用，其利亦大矣，張滂、王涯豈足效哉！

又卷一八《征榷考五》　穆宗即位，兩鎮用兵，帑藏空虛，禁中起百尺樓，費不勝計。鹽鐵使王播乃增天下茶稅，率百錢增五十。江淮、浙東西、嶺南、福建、荊襄茶，播自領之，兩川以戶部領之。天下茶加斤至二十兩，播又奏加取焉。

右拾遺李珏上疏諫曰：『榷茶起於養兵，今邊境無虞，而厚斂傷民，不可一也。茗飲，人之所資，重賦稅則價必增，貧弱益困，不可二也。山澤之饒，其出不貲，論稅以售多爲利，價騰踴則市者稀，不可三也。』

文宗時，王涯爲相，判二使，復置榷茶使，自領之，徙民茶樹於官場，榷其舊積者，天下大怨。令狐楚代爲鹽鐵使兼榷茶使，復令納榷，加價而已。李石爲相，以茶稅皆歸鹽鐵，復貞元之舊。

元　辛文房《唐才子傳》卷五　王涯，字廣津，貞元八年賈稜榜及第。博學工文，尤多雅思。梁肅異其才，薦於陸贄。又舉宏辭。憲宗時，知制誥，翰林學士，俄拜中書侍郎、平章事。長慶中，節度劍南，召為御史大夫，遷戶部尚書，監鹽鐵使。進僕射。涯榷鹽苛急，百姓怨之。及甘露禍起，就誅，悉詬罵，投以瓦礫，須臾成堆。性嗇，不蓄妓妾，家財累鉅萬，嘗布衣蔬食。酷好前古名書名畫，充積左右，有不可得，必百計傾陷以取之。及家破，往來人得卷軸，皆剔取奩金玉牙錦，餘棄道途，車馬踐踏，悉損汙矣。惜哉！善為詩，風韻遒然，殊超意表。集十卷，今傳。否泰遞復，盈虛消息，乃理之常。夫物盛者，衰之漸也；散者，積之極也。有能終滿而不覆者乎！況圖書人變化之際，神物所深忌者焉。前修耽玩成癖，往往殺身，猶非剽剝而至也。王涯掊克聚斂，以邀穹爵，逼孤淩弱，以積珍奇，知己之利，忘人之害，至於天奪其魄，鬼瞰其家，一旦飄零，殊可長歎。孟子曰：『死矣，盆成括。』《傳》曰：『貨悖而入者，亦悖而出。』不亦宜哉。庶來者之少戒云。

杜牧

唐　杜牧《樊川文集》卷三《題茶山》　山實東吳秀，茶稱瑞草魁。剖符雖俗吏，修貢亦仙才。溪盡停蠻棹，旗張卓翠苔。柳村穿窈窕，松澗渡喧豗。等級雲峰峻，寬平洞府開。拂天聞笑語，特地見樓臺。泉嫩黃金湧，牙香紫璧裁。拜章期沃日，輕騎疾奔雷。舞袖嵐侵澗，歌聲谷答回。磬音藏葉鳥，雪艷照潭梅。好是全家到，兼爲奉詔來。樹陰香作帳，花徑落成堆。景物殘三月，登臨愴一盃。重遊難自剋，俛首入塵埃。

唐　杜牧《茶山下作》《全唐詩》卷五二二　春風最窈窕，日曉柳村西。嬌雲光占岫，健水鳴分溪。燎巖野花遠，戛瑟幽鳥啼。把酒坐芳草，亦有佳人攜。

唐　杜牧《春日茶山病不飲酒因呈賓客》《全唐詩》卷五二二　笙歌登畫船，十日清明前。山秀白雲膩，溪光紅粉鮮。欲開未開花，半陰半晴天。誰知病太守，猶得作茶仙。

唐 杜牧《秋晚懷茅山石涵村舍》《全唐詩》卷五二二　十畝山田近石涵，村居風俗舊曾諳。簾前白艾驚春燕，籬上青桑待晚蠶。雲暖採茶來嶺北，月明沽酒過溪南。陵陽秋盡多歸思，紅樹蕭蕭覆碧潭。

《舊唐書》一四七《杜牧傳》　牧字牧之，既以進士擢第，又制舉登乙第，解褐弘文館校書郎，試左武衛兵曹參軍。沈傳師廉察江西宣州，辟牧爲從事，試大理評事。又爲淮南節度推官，監察御史裏行，轉掌書記。俄真拜監察御史，分司東都，以弟顗病目棄官。授宣州團練判官、殿中侍御史、内供奉。遷左補闕、史館修撰，轉膳部、比部員外郎，並兼史職。出牧黃、池、睦三郡，復遷司勳員外郎、史館修撰，轉吏部員外郎。又以弟病免歸。授湖州刺史，入拜考功郎中、知制誥，歲中遷中書舍人。牧好讀書，工詩爲文，嘗自負經緯才略。武宗朝誅昆夷、鮮卑，牧上宰相書論兵事，言『胡戎入寇，在秋冬之間，盛夏無備，宜五六月中擊胡爲便』。李德裕稱之。注曹公所定孫武十三篇行於代。

牧從兄悰隆盛于時，牧居下位，心常不樂。將及知命，得病，自爲墓志、祭文。又嘗夢人告曰：『爾改名畢。』踰月，奴自家來，告曰：『炊將熟而甑裂。』牧曰：『皆不祥也。』俄又夢書行紙曰：『皎皎白駒，在彼空谷。』寤寢而歎曰：『此過隙也。吾生於角，徵還於角，爲第八宮，吾之甚厄也。予自湖守遷舍人，木還角，足矣。』其年，以疾終於安仁里，年五十。有集二十卷，曰杜氏樊川集，行於代。子德祥，官至丞郎。

史臣曰：黃裳以道致君，持誠奉主，辨懷光之詐，罷全義之征。討賊闢之凶，舉無遺算；葬執誼之柩，豈曰不仁。郢天縱之性，總丱之年，代父命於臨刑，孝也；懷光之亂，王人被傷，撫巢父於賊庭，義也；抑浮濫之流，考藝文之士，盡搜幽滯，大變時風，正也；保止足之名，辭榮辱之路，高避世利，遐躅昔賢，智也。忠孝全矣，仁智備矣。此二子者，皆臨大節而不可奪也。佑承蔭入仕，讞獄受知，博古該今，輸忠效用，位居極品，榮逮子孫，操修之報，不亦宜哉！及其賓僚紊法，嬖妾受封，事重因循，難乎語於正矣。牧之文章，悰之長厚，能否既異，才位不倫，命矣夫！

贊曰：貞公壯節，臨難奮發。言行無玷，斯爲明哲。戡亂阜俗，時泰位隆。國之名臣，邠公、岐公。

善會

宋 釋普濟《五燈會元》卷五《船子誠禪師法嗣》　澧州夾山善會禪師，廣州廖氏子。幼歲出家，依年受戒，聽習經論，該練三學。出住潤州鶴林，因道吾勸發，往見船子，由是師資道契，微眹不留。恭稟遺命，遁世忘機。尋以學者交湊，廬室星布，曉夕參依。咸通庚寅，海眾卜於夾山，遂成院宇。

又卷一三　參夾山，纔入門，見維那。那曰：此間不著後生。師曰：某甲不求掛搭，暫來禮謁和尚。維那白夾山，山許相見。師未升階，山便問：甚處來？師曰：雲居來。曰：即今在甚麼處？師曰：在夾山頂顛上。

又　來日普請，維那令師送茶。師曰：某甲為佛法來，不為送茶來。那曰：奉和尚處分。師曰：和尚尊命即得。乃將茶去作務處，搖茶甌作聲。山回顧，師曰：釅茶三五盌，意在钁頭邊。山曰：瓶有傾茶勢，籃中幾個甌。師曰：瓶有傾茶勢，籃中無一甌。便行茶，時眾皆舉目。師曰：大眾鶴望，請師一言。山曰：路逢死蛇莫打殺，無底籃子盛將歸。師曰：手執夜明符，幾個知天曉。山曰：大眾有人也。歸去來，歸去來！遂住普請。歸院，眾皆仰歎。

張又新

唐 張又新《煎茶水記》《全唐文》卷七二一　故刑部侍郎劉公諱伯芻，於又新丈人行也。爲學精博，頗有風鑒稱。較水之與茶宜者凡七等。揚子江南零水第一，無錫惠山寺石水第二，蘇州虎邱寺石水第三，丹陽縣觀音寺水第四，揚州大明寺水第五，吳松江水第六，淮水最下第七。斯七水余嘗俱瓶於舟中，親挹而比之，誠如其說也。客有熟於兩浙者，言搜訪未盡，余嘗志之。及刺永嘉，過桐廬江，至嚴子瀨。溪色至清，水味甚冷。家人輩用陳黑壞茶潑之，皆至芳香。又以煎佳茶，不可名其鮮馥也。又愈於揚子南零殊遠。及至永嘉，取仙巖瀑布用之，亦不下南零。以是知客之

說誠哉信矣。夫顯理鑒物，今之人信不迨於古人，蓋亦有古人所未知而今人能知之者。

元和九年春，予初成名，與同年生期於薦福寺。余與李德垂先至，憩西廂元鑒室。會適有楚僧至，置囊有數編書。余偶抽一通覽焉，文細密皆雜記，卷末又一題云《煮茶記》。云代宗朝李季卿刺湖州，至維揚，逢陸處士鴻漸。李素熟陸名，有傾蓋之權。因之赴郡，抵揚子驛。將食，李曰：『陸君善於茶，蓋天下聞名矣。況揚子南零水又殊絕。今者二妙千載一遇，何曠之乎？』命軍士謹信者，挈瓶操舟，深詣南零。陸利器以俟之。俄水至，陸以杓揚其水曰：『江則江矣，非南零者。似臨岸之水。』使曰：『某擢舟深入，見者累百，敢虛紿乎！』陸不言。既而傾諸盆，至半，陸遽止之，又以杓揚之曰：『自此南零者矣。』使蹶然大駭，伏罪曰：『某自南零賫至岸，舟蕩覆半。懼其尠，挹岸水增之。處士之鑒神鑒也，其敢隱焉！』李與賓從數十人皆大駭愕。李因問陸，既如是，所經歷處之水，優劣精可判矣。陸曰：『楚水第一，晉水最下。』李因命筆口授而次第之：『廬山康王谷水簾水第一；無錫縣惠山寺石泉水第二；蘄州蘭溪石下水第三；峽州扇子山下，有石突然，洩水獨清冷，狀如龜形，俗云蝦蟇口，水第四；蘇州虎邱寺石泉水第五；廬山招賢寺下方橋潭水第六；揚子江南零水第七；洪州西山西東瀑布水第八；唐州柏巖縣淮水源第九淮水亦佳；廬州龍池山頭水第十；丹陽縣觀音寺水第十一；揚州大明寺水第十二；漢江金州上游中零水第十三水苦；歸州玉虛洞下香溪水第十四；商州武關西洛水第十五未嘗泥；吳松江水第十六；天台山西南峰千丈瀑布水第十七；郴州圓泉水第十八；桐廬嚴陵灘水第十九；雪水第二十用雪不可太冷。此二十水，余嘗試之，非繫茶之精粗，遇此不之知也。夫茶烹於所產處，無不佳也。蓋水土之宜，離其處水功其半，然善烹潔器全其功也。』李置諸笥焉，遇有言茶者即示之。

《舊唐書》卷一四九《張又新傳》 又新幼工文，善於傳會。長慶中，宰相李逢吉用事，翰林學士李紳深爲穆宗所寵，逢吉惡之，求朝臣中凶險敢言者掎摭紳陰事，俾暴揚於搢紳間。又新與拾遺李續之、劉棲楚尤蒙逢吉睠待，指爲鷹犬。穆宗崩，昭愍初即位，又新等構紳，貶端州司馬，朝臣表賀，又至中書賀宰相。及門，門者止之曰：『請少留，緣張補闕在齋內與相公談。』俄而又新揮汗而出，旅揖羣官曰：『端溪之事，又新不敢多讓。』人皆辟易憚之。與續之等七人，時號『八關十六子』。

寶曆三年，逢吉出爲山南東道節度使，請又新爲副使，李續之爲行軍司馬。逢吉爲宰相時，用門下省主事田伾，伾犯贓亡命，逢吉保之于外。及罷相，裴度發其事，逢吉坐罰俸。又詔曰：『朕在億兆人之上，不令而人化，不言而人信者，法也。法行則君主重，法廢則朝廷輕。田伾常挂亡命之章，偷請養賢之祿，迹在捜捕，公行人間，而更冒選吏曹，顯擬郡佐。及黃樞覆驗，烏府追擒，證逮皆明，姦狀盡得。三移憲牒，一無申陳。衆狀滿前，羣議溢耳，終則步健不至，琅璫空來。蔑視紀綱，頗同侮謔，顧茲參畫，負我上台。閱視連名，伊爾二子，又新可汀州刺史，李續之可涪州刺史。』及逢吉致仕，李訓用事，復召二子爲尚書郎。訓敗，復貶而卒。

希復子讀，登進士第，有俊才。累官至中書舍人、禮部侍郎，典貢舉，時稱得士。位終尚書左丞。

宋 歐陽修《文忠集》卷四〇《浮槎山水記》 浮槎山在慎縣南三十五里，或曰浮闍山，或曰浮巢山，其事出於浮屠、老子之徒荒怪誕幻之說。其上有泉，自前世論水者皆弗道。余嘗讀《茶經》，愛陸羽善言水。後得張又新《水記》，載劉伯芻、李季卿所列水次第，以為得之於羽，然以《茶經》考之，皆不合。又新，妄狂險譎之士，其言難信，頗疑非羽之說。及得浮槎山水，然後益以羽為知水者。浮槎與龍池山，皆在廬州界中，較其水味，不及浮槎遠甚。而又新所記以龍池為第十，浮槎之水棄而不録，以此知其所失多矣。羽則不然，其論曰：『山水上，江次之，井為下。山水，乳泉、石池漫流者上。』其言雖簡，而於論水盡矣。

又 卷六三《大明水記》 世傳陸羽《茶經》，其論水云：『山水上，江水次，井水下。』又云：『山水，乳泉、石池漫流者上。瀑湧湍漱勿食，食久，令人有頸疾。江水取去人遠者，井取汲多者。』其說止於此，而未嘗品第天下之水味也。至張又新為《煎茶水記》，始云劉伯芻謂水之宜茶者有七等，又載羽為李季卿論水次第有二十種。

今考二說，與羽《茶經》皆不合。羽謂山水上，乳泉、石池又上，

江水次而井水下。伯芻以揚子江為第一，惠山石泉為第二，虎丘石井第三，丹陽寺井第四，揚州大明寺井第五，而松江第六，淮水第七，與羽説皆相反。季卿所説二十水：廬山康王谷水第一，無錫惠山石泉第二，蘄州蘭溪石下水第三，扇子峽蝦蟆口水第四，虎丘寺井水第五，廬山招賢寺下方橋潭水第六，揚子江南零水第七，洪州西山瀑布第八，桐柏淮源第九，廬山龍池山頂水第十，丹陽寺井第十一，揚州大明寺井第十二，漢江中零水第十三，玉虛洞香谿水第十四，武關西水第十五，松江水第十六，天台千丈瀑布水第十七，郴州圓泉第十八，嚴陵灘水第十九，雪水第二十。如蝦蟆口水、西山瀑布、天台千丈瀑布，皆戒人勿食，食之生疾，其餘江水居山水上，井水居江水上，皆與羽經相反。疑羽不當二説以自異。使誠羽説，何足信也？得非又新妄附益之邪？其述羽辨南零岸時，怪誕甚妄也。

《新唐書》卷一七五《張又新傳》 張又新字孔昭，工部侍郎薦之子。元和中，及進士高第，歷左右補闕。性傾邪。李逢吉用事，惡李紳，冀得其罪，求中朝凶果敢言者厚之，以危中紳。又新與拾遺李續、劉栖楚等爲逢吉搏吠所憎，故有『八關十六子』之目。

敬宗立，紳貶端州司馬，朝臣過宰相賀，閽者曰：『止，宰相方與補闕語，姑伺之。』及又新出，流汗揖百官曰：『端溪之事，竊不敢讓。』人皆辟易畏之。尋轉祠部員外郎。嘗買婢遷約，爲牙儈搜索陵突，御史劾舉，逢吉庇之，事不窮治。及逢吉罷，領山南東道節度，表又新爲行軍司馬。坐田伾事，貶汀州刺史。李訓有寵，又新復見用，遷刑部郎中，爲申州刺史。訓死，復坐貶。終左司郎中。

又新善文辭，再以諂附敗，喪其家聲云。

宋 胡仔《苕溪漁隱叢話・後集》卷一一 六一居士云：『陸羽《茶經》其論水云：「山水上，江水次，井水下。」又云：「山水乳泉石池漫流者上，瀑湧湍漱勿食，食久令人有頸疾。江水取去人遠者，井取汲多者。」其説止於此，而未嘗品第天下之水味也。至張又新《煎茶水記》，始云：「劉伯芻謂水之宜茶者有七等。」又載羽為李秀卿論水次第有二十種，余考二説與羽《茶經》皆不合，謂山水上，乳泉石池又上，江水次，而井水下。伯芻以揚子江南零水為第一，惠山石泉為第二，虎丘石井第三，丹陽寺井第四，揚州大明寺井第五，而松江第六，淮水第七，與羽説皆相反。秀卿所説二十水：廬山康王谷水第一，無錫惠山石泉水第二，蘄州蘭溪石下水第三，扇子峽蝦蟆口水第四，虎丘寺井水第五，廬山招賢寺下方橋潭水第六，揚子江南零水第七，洪州西山瀑布水第八，桐柏淮源第九，廬山龍池山頂水第十，丹陽寺井第十一，揚州大明寺井第十二，漢江中零水第十三，玉虛洞香溪水第十四，武關西水第十五，松江水第十六，天台千丈瀑布水第十七，郴州圓泉第十八，嚴陵灘水第十九，雪水第二十。如蝦蟆口水，西山瀑布，天台千丈瀑布，皆戒人勿食，食之生疾。其餘江水居山水上，井水居江水上，皆與羽經相反，疑羽不當二説以自異，使誠羽説，何足信也，得非又新妄附益之邪？其述羽辨南零岸水特怪誕，妄甚也。』

《文獻通考》卷二一八《經籍考四五・煎茶水記》一卷 晁氏曰：唐張又新撰。其所嘗水凡二十種，因第其味之優劣。

陳氏曰：唐涪州刺史張又新撰。本刑部侍郎劉伯芻稱水之與茶，宜者凡七等。又新復言得李季卿所筆陸鴻漸《水品》凡二十。歐公《大明水記》嘗辨之，今亦載卷末。余足跡所至不廣，於《水品》僅嘗三四，若惠山泉甘美，置之第二不忝，特未知康王谷水何如爾。其次，吳松第四橋水亦不惡，虎邱劍池殊未佳，而在第四，已不可曉。至於雪水，清甘絕佳，而居其末，尤不可曉也。大抵水活而後宜茶，活而不清潔猶不宜，故浮泉石池漫流者爲上，爲其活且潔也。若夫天一生水，烝爲雲雨，水之活且潔者，何以過此？余嘗用淨器承雨水，試以烹煎，不減雪水，故知又新之説妄也。

元 辛文房《唐才子傳》卷六 張又新，字孔昭，深州人也。初應宏辭第一，又為京兆解頭。元和九年禮部侍郎韋貫之下狀元及第，時號為『張三頭』。應辟為廣陵從事，歷補闕。為性傾邪，諂事宰相李逢吉，為之鷹犬，名在『八關十六子』之目。逢吉領山南節度，表為司馬，坐田伾事貶官。李訓專政，又新復見用。後竟坐事謫遠州刺史。仕終左司郎中。善為詩，恃才多轥藉。其淫蕩之行，卒見於篇。嘗曰：『我少年擅美名，意不欲仕宦，惟得美妻，平生足矣。』娶楊虔州女，有德無色，殊怏怏。後過淮南，李紳筵上得一歌姬，與之偕老，其狂斐類此。喜嗜茶，

恨在陸羽後，自著《煎茶水記》一卷，及詩文等行於世。

《四庫總目體要》卷一一五《譜録類》　煎茶水記一卷內府藏本唐張又新撰。又新字孔昭，深州陸澤人。司門員外郎薦之曾孫，工部侍郎薦之子也。元和九年進士第一。（案：本傳但稱元和中及進士高第，知為九年者據此書中所述，知為第一者，據元人所編《氏族大全》稱其狀元及第也。）曆官右補闕。党附李逢吉，為八關十六子之一。逢吉出為山南東道節度使，以又新為行軍司馬，坐田伾事，貶江州刺史。（案：新、舊唐書皆雲汀州刺史，而書中自稱刺九江，則為江州無疑以二字形近而訛也。《書録解題》作涪州，則更誤矣。）後又夤緣李訓，遷刑部郎中，為申州刺史。訓死，復坐貶，終於左司郎中。事蹟具《新唐書・本傳》。其書前列刑部侍郎劉伯芻所品七水，次列陸羽所品二十水。云元和九年初成名時，在薦福寺得於楚僧，本題曰《煮茶記》，乃代宗時湖州刺史李季卿得於陸羽口授。後有葉清臣《述煮茶泉品》一篇，歐陽修《大明水記》一篇，《浮槎山水記》一篇。考《書録解題》載此書，已稱《大明水記》載卷末，則宋人所附入也。清臣所記，稱又新此書為《水經》。案《太平廣記》三百九十九卷引此書，亦稱《水經》。或初名《水經》，後來改題，以別酈道元所志歟？修所記極詆又新之妄，謂與陸羽所説皆不合。今以《茶經》校之，信然。又《唐書》羽本傳稱，李季卿宣慰江南，有薦羽者，召之。羽野服挈具而入，季卿不為禮。羽愧之，更著毁茶論。則羽與季卿大相齟齬，又安有口授《水經》之理？殆以羽號善茶，當代所重，故又新託名歟。然陸游《入蜀記》曰，史志道餉谷簾水數器，真絕品也。甘腴清冷，具備諸美。前輩或斥水品以為不可信，水品固不必盡當。至谷簾泉，卓然非惠山所及，則亦不可誣也。是游亦有取於是書矣。

李約

唐 温庭筠《采茶録》　李約字存博，汧公子也。一生不近粉黛，雅度簡遠，有山林之致。性辯茶，能自煎，嘗謂人曰：『茶須緩火炙，活火煎，活火謂炭火之有焰者。當使湯無妄沸，庶可養茶。始則魚目散佈，微微有聲；中則四邊泉湧，累累連珠；終則騰波鼓浪，水氣全消，此謂老湯。三沸之法，非活火不能成也。』客至不限甌數，竟日熱火，執持茶器弗倦。曾奉使行至陝州石縣東，愛其渠水清流，旬日忘發。

宋 王讜《唐語林》卷六《補遺》　李汧公鎮宣武，好琴書。自造琴，取新舊桐材扣之，合律者裁而膠綴。所蓄二琴殊絕，其名『響泉』、『韻磬』者也。性不喜俗問聲音，有二寵奴，號秀奴、七七，善琴箏與歌，時遣奏之。自撰琴譜。兵部員外郎約，汧公之子也。以近屬宰相子，而有德量，多材藝，不邇聲色，善接引人物，而不好俗談。晨起，草裹頭，對客蹙容，便過一日。多蓄古器，在潤州嘗得古鐵一片，擊之清越。養一猿，名山公，常與相隨。嘗月夜獨泛江，登金山，擊鐵鼓琴，猿必嘯和。高陸令趙傪夫人韋氏，即兵部之姨妹也。説汧公徐夫人生二子；中年於徐夫人小乖，及兵部生，情好復初，而君於諸子中寶愛懸隔。在官所俸祿，付與從子，一不問數，唯給奉崔氏、元氏二孀姊。元氏亦有美行，祭酒華陰公為之傳。君初至金陵，於李錡坐，屢讚招隱寺之美。一日，錡宴於寺中，明日謂君曰：『十郎常誇招隱寺，昨遊宴細看，何殊州中？』君笑曰：『某所賞者疏野耳！若遠山將翠幕遮，古松用彩物裹，腥膻涴鹿跑泉，音樂亂山鳥聲，此則實不如在叔父大廳也。』錡大笑。性又嗜茶，能自煎，曰：『茶須緩火炙，活火煎。』活火，謂炭火之有焰者也。客至不限甌數，竟日執茶器不倦。常奉使行至陝州石硤縣東，愛渠水，留旬日，忘發。

宋 尤袤《全唐詩話》卷二　李約，汧公勉之子也。為兵部員外郎，與主客員外郎張諗同官，每單床靜言，達旦不寐。《贈韋徵君況詩》曰：『我有心中事，不向韋三説。秋夜洛陽城，明月照張八。』

《觀祈雨》云：『桑條無葉土生煙，簫管迎龍水廟前。朱門幾處耽歌舞，猶恐春陰咽管弦！』

《從軍行》云：『看圖閑教陣，畫地靜論邊。烏壘天西戍，鷹竿塞上川。路長惟算月，書遠每題年。無復生還望，翻思未別前。』又：『候火起雕城，塵沙擁戰聲。游軍藏虜幟，降騎説蕃情。霜落滮池淺，秋深太白明。嫖姚方虎視，不覺説添兵。』

約雅度簡遠，有山林之致。在潤州得古鐵一片，擊之清越。又養一猿，名『山公』。月夜泛江，登金山鼓琴，猿必嘯和。曾佐庶人李錡幕，

至金陵，屢讃招隱寺標致。一日，庶人宴寺中，明日謂曰：『子嘗稱招隱標致，昨日游宴，何殊州中？』約曰：『某所賞者，踈野耳。若遠山將翠幕遮，古松用彩物裹，羶腥涴鹿跑泉，音樂亂山鳥聲，此則實不如在叔父大廳也。』性又嗜茶，能自煎。曰：『茶須緩火炙，活火煎。』活火，炭有焰者。曾奉使行陝州，峽石縣東，愛渠水清流，旬日忘發。梁武造寺，令蕭子雲飛白大書一『蕭』字。約自江、淮竭產致歸洛中，扁於小亭，號曰蕭齋。

宋 計有功《唐詩紀事》卷三一　李約，汧公勉之子也。為兵部外郎，與郎張諗同官，每單床靜言，連旦不寐，故約《贈韋征君況詩》曰：『我有心中事，不向韋三説。秋夜洛陽城，明月照張八。』

《歲日感懷》云：『曙氣變東風，蟾壺夜漏窮。新春幾人老，舊曆四時空。身賤悲添歲，家貧喜過冬。稱觴唯有感，歡慶在兒童。』

《觀祈雨》云：『桑條無葉土生煙，簫管迎龍水廟前。朱門幾處看歌舞，猶恐春陰咽管弦。』

《過華清宮》云：『君王遊樂萬幾輕，一曲霓裳四海兵。玉輦升天人已盡，故宮猶有樹長生。』

《從軍行》云：『看圖閑教陣，畫地靜論邊。烏壘天西戍，鷹姿塞上川。路長唯筭月，書遠每題年。無復生還望，翻思未別前。』『柵壕三面鬭，箭盡舉烽頻。營柳和煙暮，關榆帶雪春。邊城多老將，磧路少歸人。殺盡金河卒，年年添塞塵。』『候火起雕城，塵沙擁戰聲。游軍藏虜幟，降騎説蕃情。霜落彪池淺，秋深太白明。嫖姚方虎視，不覺説添兵。』

約雅度簡遠，有山林之致。在潤州得古鐵一片，擊之清越；又養一猿，名山公。月夜泛江，登金山鼓琴，猿必嘯和。曾佐庶人李錡幕，至金陵，屢讃招隱寺摽致。一日，庶人宴寺中，明日謂曰：『子嘗稱招隱之致，昨日游宴，何殊州中？』約曰：『某所賞者疏野耳。若遠山將翠幕遮，古松用彩物裹，羶腥涴鹿跑泉，音樂亂山鳥聲，此則實不如在叔父大廳也。』性又嗜茶，能自煎，曰『茶須緩火炙，活火煎』。活火，炭火有焰者。曾奉使行陝州硤石縣東，愛渠水清流，旬日忘發。梁武造寺，令蕭子雲飛白大書一『蕭』字。約自江淮竭產致歸洛中，匾於小亭，號曰『蕭齋』。

約《城南訪裴氏昆季》云：『相思起中夜，夙駕訪柴荊。早霧桑柘隱，曉光溪澗明。村蹊蒿棘間，往往斷新耕。貧野煙火微，晝無烏鳶聲。田頭逢餉人，道君南山行。南山千里峰，盡是相思情。野老無拜揖，村童多躶形。相呼看車馬，顔色喜相驚。荒圃雞豚樂，雨牆禾莠生。欲君知我來，壁上空書名。』

元 辛文房《唐才子傳》卷六　李約，字存博，汧公李勉之子也。元和中，仕為兵部員外郎。與主客員外張諗極相知。每單枕靜言，達旦不寐。嘗贈韋況曰：『我有心中事，不向韋郎説。秋夜洛陽城，明月照張八。』性清潔寡欲，一生不近粉黛，博古探奇。初，汧公海内名臣，多蓄古今玩器，約愈好之，所居軒屏公案，必置古銅怪石，法書名畫，皆歷代所寶。坐間悉雅士，清談終日，彈琴煮茗，心略不及塵事也。嘗使江南，於海門山得雙峰石及綠石琴薦，並為好事者傳闕。然亦寓意，未嘗戛然寡情，豪奪吝與。復嗜茶，與陸羽、張又新論水品特詳。曾授客煎茶法，曰：『茶須緩火炙，活火煎，當使湯無妄沸。始則魚目散佈，微微有聲；中則四畔泉湧，累累然；終則騰波鼓浪，水氣全消。此老湯之法，固須活水，香味俱真矣。』時知音者賞之。有詩集。後棄官終隱。又著《東杓引譜》一卷，今傳。

明 田藝蘅《煮泉小品》　有水有茶，不可無火。非無火也，有所宜也。李約云：『茶須緩火炙，活火煎。』活火，謂炭火之有焰者。蘇軾詩『活火仍須活水烹』是也。余則以為山中不常得炭，且死火耳，不若枯松枝為妙。若寒月多拾松實，畜為煮茶之具更雅。

明 夏樹芳《茶董》　李約，字存博，雅度簡遠，有山林之致，一生不近粉黛。性嗜茶，嘗曰：茶須緩火炙，活火煎。始則魚目散佈，微微有聲。中則四際泉湧，累累若貫珠。終則騰波鼓浪，水氣全消，此謂老湯。三沸之法，非活火不能成也。客至不限甌數，竟日爇火，執器不倦。曾奉使行至陝州硤石縣東，愛渠水清流，旬日忘發。

温庭筠

唐 温庭筠《采茶録》殘卷《説郛》卷九三

辨

代宗朝李季卿刺湖州，逢陸鴻漸。抵揚子驛，將食，李曰：『陸君別茶聞，揚子南零水又殊絕，今者二妙千載一遇。』命軍士謹慎者深入南零，陸利器以俟。俄而水至，陸以杓揚水曰：『江則江矣，非南零，似臨岸者。』使者曰：『某棹舟深入，見者累百，敢於有紿乎？』陸不言，既而傾諸盆，至半，陸遽止之，又以杓揚之曰：『自此南零者矣。』使者蹶然馳白：『某自南零齎至岸，舟蕩覆過半，懼其尠，挹岸水增之。處士之鑒，神鑒也。某其敢隱焉！』

李約，汧公子也。一生不近粉黛，性辨茶，嘗曰：『茶須緩火炙，活火煎，活火謂炭火之有焰者。當使湯無妄沸，庶可養茶。始則魚目散布，微微有聲；中則四邊泉涌，累累連珠；終則騰波鼓浪，水氣全消，此謂老湯。三沸之法，非活火不能成也。』

嗜

甫里先生陸龜蒙，嗜茶荈。置小園於顧渚山下，歲入茶租，薄為甌蟻之費。自為品第書一篇，繼《茶經》、《茶訣》之後。

易

白樂天方齋，禹錫正病酒，禹錫乃饋菊苗、齏、蘆菔、鮓，換取樂天六班茶二囊，以自醒酒。

苦

王濛好茶，人至輒飲之，士大夫甚以為苦，每欲候濛，必云：『今日有水厄。』

致

劉琨與弟群書：『吾體中憒悶，常仰真茶，汝可信致之。』

唐 温庭筠《西陵道士茶歌》《全唐詩》卷五七七

乳竇濺濺通石脉，綠塵愁草春江色。澗花入井水味香，山月當人松影直。仙翁白扇霜鳥翎，拂壇夜讀黄庭經。疎香皓齒有餘味，更覺鶴心通杳冥。

《舊唐書》卷一九下《文苑傳下·温庭筠》

溫庭筠者，太原人，本名岐，字飛卿。大中初，應進士。苦心硯席，尤長於詩賦。初至京師，人士翕然推重。然士行塵雜，不脩邊幅，能逐絃吹之音，爲側豔之詞，公卿家無賴子弟裴誠、令狐縞之徒，相與蒱飲，酣醉終日，由是累年不第。徐商鎮襄陽，往依之，署爲巡官。咸通中，失意歸江東，路由廣陵，心怨令狐綯在位時不爲成名。既至，與新進少年狂遊狹邪，久不刺謁。又乞索於揚子院，醉而犯夜，爲虞候所擊，敗面折齒，方還揚州訴之。令狐綯捕虞候治之，極言庭筠狹邪醜迹，乃兩釋之。自是汙行聞于京師。庭筠自至長安，致書公卿間雪冤。屬徐商知政事，頗爲言之。無何，商罷相出鎮，楊收怒之，貶爲方城尉。再遷隋縣尉，卒。

子憲，以進士擢第。弟庭皓，咸通中爲徐州從事，節度使崔彦魯爲龐勛所殺，庭皓亦被害。庭筠著述頗多，而詩賦韻格清拔，文士稱之。

元 辛文房《唐才子傳》卷八

溫庭筠，字飛卿，舊名岐，并州人，宰相彦博之孫也。少敏悟，天才能走筆成萬言。善鼓琴吹笛，云：『有弦即彈，有孔即吹，何必爨相與柯亭也。』側詞絕曲，與李商隱齊名，時號『溫李』。才情綺麗，尤工律賦。每試，押官韻，燭下未嘗起草，但籠袖憑幾，每一韻一吟而已，場中曰：『溫八吟』。又謂八叉手成八韻，名『溫八叉』。多為鄰鋪假手。然薄行無撿幅，與貴冑裴誠、令狐滈等飲博。後夜嘗醉詬狹邪間，為邏卒折齒，訴不得理。舉進士，數上又不第。出入令狐相國書館中，待遇甚優。時宣宗喜歌《菩薩蠻》，綯假其新撰進之，戒令勿泄，而遽言於人。綯又嘗問玉條脫事，對以出《南華經》，且曰：『非僻書，相公燮理之暇，亦宜覽古。』又有言曰：『中書省內坐將軍。』譏綯無學，由是漸疏之。自傷云：『因知此恨人多積，悔讀《南華》第二篇。』徐商鎮襄陽，辟巡官，不得志，游江東。大中末，山北沈侍郎主文，特召庭筠試於簾下，恐其潛救。是日不樂，逼暮先請出，仍獻啟千餘言。詢之，已占授八人矣。執政鄙其為，留長安中待除。宣宗微行，遇於傳舍，庭筠不識，傲然詰之曰：『公非司馬、長史流乎？』又曰：『得非六參、簿、尉之類？』帝曰：『非也。』後謫方城尉，中書舍人裴坦當制，忸怩含毫久之，詞曰：『孔門以德行居先，文章為末。爾既早隨計吏，宿負雄名，徒誇不羈之才，罕有適時之用。放騷人於湘浦，移賈誼于長沙，尚有前席之期，未爽抽毫之思。』庭筠之官，文士詩人爭賦詩祖餞，惟紀唐夫擅場，曰：『鳳凰詔下雖霑命，鸚鵡才高卻累身。』唐夫舉進士，有詞名。庭筠仕終國子助教。竟流落而死。今有《漢南真稿》十卷，《握蘭集》三卷，《金筌集》十卷，詩集五卷，及《學海》三十卷。

又《採茶録》一卷。及著《乾巽子》一卷，《序》云『不爵不觥，非炰非炙，能悦諸心，庶乎乾甩臊之義』等，並傳於世。

陸龜蒙

《新唐書》卷一九六《陸龜蒙傳》 陸龜蒙字魯望，元方七世孫也。父賓虞，以文歷侍御史。龜蒙少高放，通六經大義，尤明春秋。舉進士，一不中，往從湖州刺史張摶游，摶歷湖、蘇二州，辟以自佐。嘗至饒州，三日無所詣。刺史蔡京率官屬就見之，龜蒙不樂，拂衣去。

居松江甫里，多所論撰，雖幽憂疾痛，貲無十日計，不少輟也。文成，竄稾篋中，或歷年不省，爲好事者盜去。得書熟誦乃録，讎比勤勤，朱黄不去手，所藏雖少，其精皆可傳。借人書，篇秩壞舛，必爲輯褫刊正。樂聞人學，講論不倦。

有田數百畝，屋三十楹，田苦下，雨潦則與江通，故常苦飢。身畚鍤，茠刺無休時，或譏其勞，答曰：『堯、舜黴瘠，禹胼胝。彼聖人也，吾一褐衣，敢不勤乎？』嗜茶，置園顧渚山下，歲取租茶，自判品第。張又新爲水説七種，其二慧山泉，三虎丘井，六松江。人助其好者，雖百里爲致之。初，病酒，再期乃已，其後客至，絜壺置杯不復飲。不喜與流俗交，雖造門不肯見。不乘馬，升舟設蓬席，齎束書、茶竈、筆牀、釣具往來。時謂江湖散人，或號天隨子、甫里先生，自比涪翁、漁父、江上丈人。後以高士召，不至。李蔚、盧攜素與善，及當國，召拜左拾遺。詔方下，龜蒙卒。光化中，韋莊表龜蒙及孟郊等十人，皆贈右補闕。

陸氏在姑蘇，其門有巨石，遠祖績嘗事吴爲鬱林太守，罷歸無裝，舟輕不可越海，取石爲重，人稱其廉，號『鬱林石』，世保其居云。

宋 計有功《唐詩紀事》卷六四 陸龜蒙，字魯望，父虞賓，浙東從事，居蘇臺。龜蒙攻文，與顔蕘、皮日休、羅隱、吴融友善。家貧，與張博為廬江、吴興二郡丞，李蔚、盧攜景重之。羅隱寄詩曰：『龍樓李丞相，昔歲仰高文。黄閣今無主，青山竟不焚。夜船乘海月，秋寺伴江雲。只恐塵埃裏，浮名點汙君。』唐末以左拾遺授之，詔下日，以疾終於家。

皮日休《松陵唱和集序》云：『咸通十年，日休為吴郡郡從事，有進士陸龜蒙，以其業見造，其才之變，真天地之氣也。近代稱溫飛卿、李義山為之最，俾生參之，未知孰為後先。』

龜蒙，三吴人也。博雅多文，尤善談笑，嘗體江、謝賦事，名振吴下。藏書萬餘卷，詩篇清麗，與皮日休為友，唱和若干卷，號曰《松陵集》。中和初，遇疾而卒。陳給事為文誌其墓矣。吴子華奠文千餘言，略曰：『大風吹海，海波淪漣，涵為子文，無偶無邊。長松倚雪，枯枝半折，挺為子文，真上巔絶。風下霜晴，寒鐘自聲，發為子文，鏗鏘杳清。武陵深閒，川長晝白，問為子文，渺茫岑寂。豕突鯨狂，其來莫當。雲沉鳥没，去其倏忽。膩若凝脂，軟於無骨。霏漠漠，澹涓涓，春哆冶，秋鮮妍。觸即碎，潭下月，拭不滅，玉上煙。』

又《甫里先生傳》云：『少攻歌詩，與造物者爭柄，遇事輒變化，不一其體裁。始則淩轢波濤，穿穴險固，囚鏁怪異，破碎陣敵，卒造平澹而後已。』

龜蒙居震澤之南巨積莊，有鬬鴨一欄。有驛使過，挾彈斃其尤者。蒙拂乎不樂，因云：『此鴨能人語，待附蘇州上進，使者斃之，奈何！』使人恐，酬以橐中金。俟其相悦，方請人語之由。曰：『能呼其名。』使人憤且笑，拂袖上馬。復召之，還其金曰：『吾戲耳。』

龜蒙少高放，從張摶遊歷，湖、蘇二州，辟以自佐。嘗至饒州，三日無所詣，刺史蔡京率官屬就見之，龜蒙不樂，拂衣去。不喜交流俗，不乘馬，升舟設蓬席，齎束書、茶灶、筆床、釣具往來，時謂『江湖散人』，或號『天隨子』、『甫里先生』，自比涪翁、漁父、江上丈人。

元 辛文房《唐才子傳》卷八 陸龜蒙，字魯望，姑蘇人。幼而聰悟，有高致，明《春秋》，善屬文，尤能談笑。詩體江、謝，名振全吴。家藏書萬卷，無少聲色之娱。舉進士一不中。嘗從張摶遊，歷湖、蘇二州，將辟以自佐。又嘗至饒州，三日無所詣，刺吏率官屬就見，龜蒙不樂，拂衣去。居松江甫里，多所撰論。有田數百畝，屋三十楹。田苦下，雨澇則與江通，故常患饑。身自畚鍤，茠刺無休時，或譏其勞，曰：『堯、舜黴瘠，禹胼胝。彼聖人也，吾一褐衣，敢不勤乎？』龜蒙嗜飲茶，置小園顧渚山下，歲入茶租，薄為甌蟻之費。著書一編，繼《茶

經》、《茶訣》之後，又判品張又新《水説》為七種。好事者雖惠山、虎丘、松江，不遠百里為致之。又不喜與流俗交，雖造門亦罕納。不乘馬，每寒暑得中，體無事時，放扁舟，掛蓬席，齎束書、茶灶、筆床、釣具，鼓櫂鳴榔，太湖三萬六千傾，水天一色，直入空明。或往來別浦，所詣小不會意，徑往不留。自稱『江湖散人』，又號『天隨子』、『甫里先生』、『漢涪翁』、『漁父』、『江上丈人』，嘗謂即已。後以高士徵，不至。苦吟，極清麗。與皮日休為耐久交。中和初，遘疾卒。吳融誄文曰：『霏漠漠，淡涓涓，春融冶，秋鮮妍。觸即碎，潭下月；拭不滅，玉上煙。』今有《笠澤叢書》三卷，《詩編》十卷，賦六卷，並傳。

明 陳師《茶考》 陸龜蒙自云嗜茶，作《品茶》一書，繼《茶經》《茶訣》之後。自注云：《茶經》陸季疵撰，即陸羽也。羽字鴻漸，季疵或其別字也。《茶訣》今不傳。及覽事類賦，多引《茶訣》。此書間有之，未廣也。

明 萬邦寧《茗史》 陸龜蒙魯望，嗜茶荈，置小苑於顧渚山下。歲嗜茶人薄為甌犧之費，自為品第書一篇，繼《茶經》、《茶訣》。

明 蔣一葵《堯山堂外紀》卷三六 陸龜蒙字魯望，時謂江湖散人，或號天隨子，居松江甫里，又曰甫里先生。性嗜茶，置園顧渚山下，歲取租，自判品第。門有巨石，乃遠祖績為鬱林守罷歸無裝，取以重其舡者，人稱其廉，號鬱林石。

皮日休

唐 皮日休、陸龜蒙《松陵集》卷四《茶中雜咏・并序》 案《周禮》酒正之職辨四飲之物，其三曰漿，又漿人之職，供王之六飲，水漿醴涼醫酏入於酒府。鄭司農云：以水和酒也。蓋當時人率以酒醴為飲，謂乎六漿，酒之醨者也，何得姬公製？《爾雅》云：『檟，苦茶。』即不擷而飲之，豈聖人純於用乎？抑草木之濟人，取捨有時也。自周以降及于國朝茶事，竟陵子陸季疵言之詳矣。然季疵以前，稱茗飲者，必渾以烹之，與夫瀹蔬而啜者無異也。季疵之始為經三卷，繇是分其源，制其具，教其造，設其器，命其煑俾飲之者，除痟而去癘，雖疾醫之，不若也。其為利也，於人豈小哉！余始得季疵書，以為備矣。後又獲其《顧渚山記》二篇，其中多茶事；後又太原溫從雲、武威段碣之各補茶事十數節，並存於方冊。茶之事，碣周至於今，竟無纖遺矣。昔晉杜育有《荈賦》，季疵有《茶歌》，余缺然於懷者，謂有其具而不形於詩，亦季疵之餘恨也。遂為十詠，寄天隨子。

唐 皮日休《閑夜酒醒》《全唐詩》卷六一五 醒來山月高，孤枕羣書裏。酒渴漫思茶，山童呼不起。

又《寂上人院聯句》《全唐詩》卷七九三 瘦牀空默坐，清景不知斜。暗數菩提子，閑看薜荔花。有情惟墨客，無語是禪家。背日聊依桂，嘗泉欲試茶。石形蹲玉虎，池影閃金蛇。經笥安巖匼，缾囊挂樹椏。書傳滄海外，龕寄白雲涯。竹色寒凌箔，燈光靜隔紗。趁幽翫小品，逐勝講南華。莎彩融黃露，蓮衣染素霞。水堪傷聚沫，風合落天葩。若許傳心印，何辭古堞賒。

又《題惠山泉二首其二》《全唐詩》卷六一五 馬卿消瘦年纔有，陸羽茶門近始聞。時借僧爐拾寒葉，自來松下煮潺湲。

元 辛文房《唐才子傳》卷八 皮日休，字襲美，一字逸少，襄陽人也。隱居鹿門山，性嗜酒，癖詩，號『醉吟先生』，又自稱『醉士』；且傲誕，又號『間氣布衣』，言已天地之間氣也。以文章自負，尤善箴銘。咸通八年禮部侍郎鄭愚下及第。為著作郎，遷太常博士。時值末年，虎狼放縱，百姓手足無措，上下所行，皆大亂之道，遂作《鹿門隱書》六十篇，多譏切謬政。有云：『毀人者自毀之，譽人者自譽之。』又曰：『不思而立言，不知而定交，吾其憚也。』又曰：『古之殺人也怒，今之殺人也笑。』又曰：『古之置吏也將以逐盜，今之置吏也將以為盜』等，皆有所指云爾。日休性沖泊無營，臨難不懼。乾符喪亂，東出關，為毗陵副使，陷巢賊中，巢惜其才，授以翰林學士。日休惶恐，跼蹐欲死，未能劫。令作讖文以惑眾，曰：『欲知聖人姓，田八二十一；欲知聖人名，果頭三屈律。』賊疑其衷恨必譏己，遂殺之。臨刑神色自若，無知不知皆痛惋也。日休在鄉里，與陸龜蒙交擬金蘭，日相贈和。自集所為文十卷，名《文藪》，及詩集一卷，《滑臺集》七卷，又著《皮氏鹿門家鈔》九十卷，並傳。夫次韻唱酬，其法不古，元和以前，未之見也。暨令狐楚、薛能、元稹、白樂天集中，稍稍開端。以意相和之法漸廢間作。逮日體、龜

蒙，則飆流頓盛，猶空穀有聲，隨響即答。韓渥、吳融以後，守之愈篤，汙漫而無禁也。於是天下翕然，順下風而趨，至數十反而不已，莫知非焉。夫才情斂之不盈握，散之彌八紘，遣意於時間，寄興於物表，或上下出入，縱橫流散，遊刃所及，孰非我有，本無拘縛詭譎之忌也。今則限以韻聲，莫違次第，得佳韻則杳不相干，岨峿難入；有當事則韻不能強，進退雙違。必至窘束長才，牽接非類，求無瑕片玉，千不遇焉，詩家之大弊也。更以言巧稱工，誇多門麗，足見其少雍容之度。然前修有恨其迷途既遠，無法以救之矣。

薛能

唐 薛能《蜀州鄭史一作使**君寄鳥觜茶因以贈答八韻》**《全唐詩》卷五六〇

鳥觜擷渾牙，精靈勝鏌鋣。烹嘗方帶酒，滋味更無茶。拒碾乾聲細，撐封利穎斜。銜蘆齊勁實，啄木聚菁華。鹽損添常誡，薑宜著更誇。得來拋道藥，攜去就僧家。旋覺前甌淺，還愁後信賒。千慙故人意，此惠敵丹砂。

又《謝劉相公寄天柱茶》《全唐詩》卷五六〇　兩串春團敵夜光，名題天柱印維揚。偷嫌曼倩桃無味，搗覺嫦娥藥不香。惜恐被分緣利市，盡應難覓爲供堂。麤官寄與真拋却，賴有詩情合得嘗。

宋 蘇軾《蘇軾集》卷一一五《書薛能茶詩》　唐人煎茶用薑，故薛能詩云：『鹽損添常戒，薑宜著更誇。』據此則又有用鹽者矣，近世有用二物者，輒大笑之，然茶之中等者，用薑煎信佳也，鹽則不可。

元 辛文房《唐才子傳》卷七　薛能，字太拙，汾州人。會昌六年狄慎思榜登第。大中末，書判入等中選，補盩厔尉。辟太原、陜虢、河陽從事。李福鎮滑臺，表置觀察判官。歷御史、都官、刑部員外郎。福徙帥西蜀，奏以自副。咸通中，攝嘉州刺史。造朝，遷主客、度支、刑部郎中，俄為同州刺史、京兆大尹。出帥感化，入授工部尚書。復節度徐州，徙鎮忠武。廣明元年，徐軍戍溵水，經許，能以軍多懷舊，惠館待於城中。許軍懼見襲，大將周岌乘眾疑怒，因為亂，逐能據城，自稱留後。數日，殺能並屠其家。能治政嚴察，絕請謁。耽癖於詩，日賦一章為課。性喜淩人，格律旦旦，亦無甚高論。嘗以第一流自居，罕所拔拂。時劉得仁擅雅稱，持詩卷造能，能以句謝云：『千首加一首，卷初如卷終。』蓋譏其無變體也。量人如此，非厚德君子。晚節尚浮屠，奉法唯謹。資性傲忽，又多佻輕忤世。及為藩鎮，每易武吏。嘗命其子屬橐鞬，雅拜新進士，或問其故，曰：『渠消弭災咎耳。』今有集十卷，及《繁城集》一卷傳焉。

釋貫休

唐 貫休《題弘顗三藏院》《全唐詩》卷八二七　儀清態淡雕瓊瓌，捲簾瀟灑無塵埃。嶽茶如乳庭花開，信心弟子時時來。灌頂壇嚴伸晶塞，三十年功苦拘束。梵僧夢裏授微言，雪嶺白牛力深得。師曾受神僧真言於夢中水精一索香一爐，紅蓮花舌生醍醐。初聽喉音寶樓閣，如聞魔王宮殿拉金瓦落。次聽妙音大隨求，更覺人間萬事深悠悠。四音俱作清且柔，愛河濁浪却倒流。却倒流兮無處去，碧海含空日初曙。

又《上馮使君五首其四**》**《全唐詩》卷八二七　扣舷得新詩，茶煮桃花水。嶭嶭數片帆，去去殊未已。

又《書倪氏屋壁三首其一**》**《全唐詩》卷八二七　茶烹綠乳花映簾，撐沙苦筍銀纖纖。窗中山色青翠粘，主人於我情無厭。

又《題靈溪暢公墅》《全唐詩》卷八三〇　境清僧格冷，新斬古林開。舊隱還如此，令人來又來。嵐飛黏似霧，茶好碧於苔。但使心清淨，從渠歲月催。

又《春游靈泉寺》《全唐詩》卷八三五　水蹴危梁翠擁沙，鐘聲微徑入深花。嘴紅澗鳥啼芳草，頭白山僧自扞茶。松色摧殘遭賊火，水聲幽咽落人家。寺因泉得名，自經沙汰，其泉落在人家。因尋古跡空惆悵，滿袖香風白日斜。

元 辛文房《唐才子傳》卷一〇　貫休，字德隱，婺州蘭溪人，俗姓姜氏。風騷之外，尤精筆劄。荊州成中令問以書法，休勃然曰：『此事須登壇可授，安得草草而言。』中令銜之，乃遞人黔中，因為《病鶴》詩以見志云：『見說氣清邪不入，不知爾病自何來。』初，昭宗以武肅錢鏐平董昌功，拜鎮東軍節度使，自稱吳越王。休時居靈隱，往投詩賀，中

聯云：『滿堂花醉三千客，一劍霜寒十四州。』武肅大喜，然僭侈之心始張，遣諭令改為『四十州』，乃可相見。休性躁急，答曰：『州亦難添，詩亦難改。余孤雲野鶴，何天不可飛！』即日裹衣鉢，拂袖而去。至蜀，以詩投孟知祥云：『一瓶一鉢垂垂老，萬水千山特特來。』知祥久慕，至是非常尊禮之。及王建僭位，一日遊龍華寺，召休坐，令口誦近詩，時諸王貴戚皆侍，休意在箴戒，因讀《公子行》曰：『錦衣鮮華手擎鶻，閑行氣貌多陵忽。稼穡艱難總不知，五帝三皇是何物。』建小忉，然敬事不少怠也。賜號『禪月大師』。後順寂，敕塔葬丈人山青城峰下。有集三十卷，今傳。休一條直氣，海內無雙，意度高疏，學問叢脞，天賦敏速之才，筆吐猛銳之氣，樂府古律，當時所宗。雖尚崛奇，每得神助，餘人走下風者多矣。昔謂龍象蹴踏，非驢所堪，果僧中之一豪也。後少其比者，前以方支道林不過矣。

釋齊己

唐 釋齊己《送人歸吴第三聯缺六字**》**《全唐詩》卷八三八　比説歸耕釣，迢迢向海涯。春寒游子路，村晚主人家。野岸紛垂柳，深山綠過茶。重尋舊鄰里，菱藕正開花。

又《嘗茶》《全唐詩》卷八三八　石屋晚煙生，松窗鐵碾聲。因留來客試，共説寄僧名。味擊詩魔亂，香搜睡思輕。春風霅川上，憶傍綠叢行。

又《謝灉湖茶》《全唐詩》卷八四〇　灉湖唯上貢，何以惠尋常。還是詩心苦，堪消蠟面香。碾聲通一室，烹色帶殘陽。若有新春者，西來信勿忘。

又《謝中上人寄茶》《全唐詩》卷八四〇　春山穀雨前，併手摘芳煙。綠嫩難盈籠，清和易晚天。且招鄰院客，試煮落花泉。地遠勞相寄，無來又隔年。

又《咏茶十二韻》《全唐詩》卷八四三　百草讓爲靈，功先百草成。甘傳天下口，貴占火前名。出處春無雁，收時谷有鶯。封題從澤國，貢獻入秦京。齅覺精新極，嘗知骨自輕。研通天柱響，摘遶蜀山明。賦客秋吟起，禪師晝臥驚。角開香滿室，爐動綠凝鐺。晚憶涼泉對，閑思異果平。松黃乾旋泛，雲母滑隨傾。頗貴高人寄，尤宜別匱盛。曾尋修事法，妙盡陸先生。

元 辛文房《唐才子傳》卷九　齊己，長沙人。姓胡氏，早失怙恃。七歲穎悟，為大溈山寺司牧，往往抒思，取竹枝畫牛背為小詩。耆夙異之，遂共推挽入戒。風度日改，聲價益隆。游江海名山，登岳陽，望洞庭，時秋高水落，君山如黛，唯湘川一條而已。欲吟杳不可得，徘徊久之。來長安數載，遍覽終南、條、華之勝。歸過豫章，時陳陶近仙去，已留題有云：『夜過修竹寺，醉打老僧門。』至宜春，投詩鄭都官云：『自封修藥院，別下著僧床。』谷曰：『善則善矣，一字未安。』經數日，來曰：『別掃如何？』谷嘉賞，結為詩友。曹松、方干皆己良契。性放逸，不滯土木形骸，頗任琴樽之好。嘗撰《玄機分別要覽》一卷，摭古人詩聯，以類分次，仍別諷、賦、比、興、雅、頌。又撰《詩格》一卷。又與鄭谷、黃損等共定用韻為葫蘆、轆轤、進退等格，並其詩《白蓮集》十卷，今傳。

封演

唐 封演《封氏聞見記》卷六《飲茶》　茶，早采者為茶，晚采者為茗。《本草》云：『止渴，令人不眠。』南人好飲之，北人初不多飲。開元中，太山靈巖寺有降魔師大興禪教，學禪務於不寐，又不夕食，皆許其飲茶。人自懷挾，到處煮飲。從此轉相仿效，遂成風俗。起自鄒、齊、滄、棣，漸至京邑。城市多開店鋪，煎茶賣之，不問道俗，投錢取飲。其茶自江淮而來，舟車相繼，所在山積，色額甚多。楚人陸鴻漸為《茶論》，説茶之功效並煎茶炙茶之法，造茶具二十四事，以都統籠貯之。遠遠傾慕，好事者家藏一副。有常伯熊者，又因鴻漸之論廣潤色之。於是茶道大行，王公朝士無不飲者。御史大夫李季卿宣慰江南，至臨懷縣館，或言伯熊善茶者，李公請為之。伯熊著黃衫、戴烏紗帽，手執茶器，口通茶名，區分指點，左右刮目。茶熟，李公為歠兩杯而止。既到江外，又言鴻漸能茶者，李公復請為之。鴻漸身衣野服，隨茶具而入。既坐，教攤如伯熊故事。李公心鄙之，茶畢，命奴子取錢三十文酬煎茶博士。鴻漸游江介，通狎勝流，及此羞愧，復著《毀茶論》。伯熊飲茶過度，遂患風氣，

晚節亦不勸人多飲也。吳主孫皓每宴群臣，皆令盡醉。韋昭飲酒不多，皓密使茶茗以自代。晉時謝安詣陸納，納無所供辦，設茶果而已。按此，古人亦飲茶耳，但不如今人溺之甚，窮日盡夜，殆成風俗。始自中地，流於塞外。往年回鶻入朝，大驅名馬，市茶而歸，亦足怪焉。《續搜神記》云：『有人因病能飲茗一斛二斗，有客歡飲過五升，遂吐一物，形如牛胰。置柈中，以茗澆之，一斛二斗。客云此名茗瘕。』

清 董誥《封演》《全唐文》卷四四〇　演，天寶中為太學生。大曆中官邢州刺史，貞元中歷檢校尚書吏部郎中兼御史中丞。

方干

又《山中言事》《全唐詩》卷六五一　日與村家事漸同，燒松啜茗學鄰翁。池塘月撼芙蕖浪，窗戶涼生薜荔風。書幌晝昏嵐氣裏，巢枝俯折雪聲中。山陰釣叟無知己，窺鏡挦多鬢欲空。

唐 方干《初歸鏡中寄陳端公》《全唐詩》卷六五一　去歲離家今歲歸，孤帆夢向鳥前飛。必知蘆笋侵沙井，兼被藤花占石磯。雲島採茶常失路，雪龕中酒不關扉。故交若問逍遙事，玄冕何曾勝葦衣。

元 辛文房《唐才子傳》卷七　方干，字雄飛，桐廬人。幼有清才，散拙無營務。大中中，舉進士不第，隱居鏡湖中，湖北有茅齋，湖西有松島，每風清月明，稺子鄰叟，輕棹往返，甚愜素心。所住水木幽閟，一草一花，俱能留客。家貧，蓄古琴，行吟醉臥以自娛。徐凝初有詩名，一見干器之，遂相師友，因授格律。干有贈凝詩云：『把得新詩草里論。』時謂反語為村里老，疑干譏誚，非也。干貌陋兔缺，性喜淩侮。王大夫廉問浙東，禮邀干至，誤三拜，人號為『方三拜』。王公嘉其操，將薦於朝，托吳融草表，行有日，王公以疾逝去，事不果成。干早歲偕計，往來兩京，公卿好事者爭延納，名竟不入手，遂歸，無復榮辱之念。浙中凡有園林名勝，輒造主人，留題幾遍。初李頻學干為詩，頻及第，詩僧清越賀云：『弟子已折桂，先生猶灌園。』咸通末卒。門人相與論德謀跡。諡曰玄英先生。樂安孫郃等綴其遺詩三百七十餘篇，為十卷，王贊論之曰：『鍰肌滌骨，冰瑩霞絢。嘉肴自將，不吮餘雋。麗不葩芬，苦不腰棘。當其得志，倏與神會。詞若未至，意已獨往。』郃亦論曰：『其秀也，仙蕊于常花；其鳴也，靈鼉於眾響。』觀其所述論，不過矣。古黔婁先生死，曾參與門人來吊，問曰：『先生終，何以諡？』妻曰：『以「康」。』參曰：『先生存時，食不充逮，衣不蓋形，死則手足不斂，傍無酒肉。生不美，死不榮，何樂而諡為康哉？』妻曰：『昔先生國君用為相，辭不受，是有餘貴也。君饋粟三十鐘，辭不納，是有餘富也。先生甘天下之淡味，安天下之卑位，不戚戚於貧賤，不遑遑于富貴，求仁得仁，求義得義，諡之以康，不亦宜乎。』方干，韋布之士，生稱高尚，死諡玄英，其梗概大節，庶幾乎黔婁者耶！

苏廙

唐 蘇廙《十六湯品》　湯者，茶之司命。若名茶而濫湯，則與凡末同調矣。煎以老嫩言者凡三品，自第一至第三。注以緩急言者凡三品，自第四至第六。以器類標者共五品，自第七至第十一。以薪火論者共五品，自十二至十六。

得一湯

火績已儲，水性乃盡，如斗中米，如稱上魚，高低適平，無過不及為度，蓋一而偏雜者也。天得一以清，地得一以寧，湯得一可建湯勛。

嬰湯

薪火方交，水釜才識，急取旋傾，若嬰兒之未孩，欲責以壯夫之事，難矣哉！

百壽湯，一名白髮湯

人過百息墨水逾十沸，或以話阻，或以事廢，始取用之，湯已失性矣。敢問鬢蒼顏之大老，還可執弓抹矢以取中乎？還可雄登闊步以邁遠乎？

中湯

亦見夫鼓琴者也，聲合中則妙；亦見磨墨者也，力合中則濃。聲有緩急則琴亡，力有緩急則墨喪，注湯有緩急則茶敗。欲湯之中，臂任其責。

斷脈湯

茶已就膏，宜以造化成其形。若手顫臂，惟恐其深，瓶嘴之端，若存若亡，湯不順通，故茶不匀粹。是猶人之百脈，氣血斷續，欲壽奚苟，惡斃宜逃。

大壯湯

力士之把針，耕夫之握管，所以不能成功者，傷於粗也。且一甌之茗，多不二錢，若盞量合宜，下湯不過六分。萬一快瀉而深積之，茶安在哉？

富貴湯

以金銀為湯器，惟富貴者具焉。所以策功建湯業，貧賤者有不能遂也。湯器之不可舍金銀，猶琴之不可舍桐，墨之不可舍膠。

秀碧湯

石，凝結天地秀氣而賦形者也，琢以為器，秀猶在焉。其湯不良，未之有也。

壓一湯

貴厭金銀，賤惡銅鐵，則瓷瓶有足取焉。幽士逸夫，品色尤宜。豈不為瓶中之壓一乎？然勿與誇珍炫豪臭公子道。

纏口湯

猥人俗輩，煉水之器，豈暇深擇銅鐵鉛錫，取熱而已矣。是湯也，腥苦且澀。飲之逾時，惡氣纏口而不得去。

減價湯

無油之瓦，滲水而有土氣。雖御胯宸緘，且將敗德銷聲。諺曰：『茶瓶用瓦，如乘折腳駿登高。』好事者幸志之。

法律湯

凡木可以煮湯，不獨炭也。惟沃茶之湯非炭不可。在茶家亦有法律：水忌停，薪忌熏。犯律逾法，湯乖，則茶殆矣。

一面湯

或柴中之麩火，或焚餘之虛炭，木體雖盡而性且浮，性浮則湯有終嫩之嫌。炭則不然，實湯之友。

宵人湯

茶本靈草，觸之則敗。糞火雖熱，惡性未盡。作湯泛茶，減耗香味。

賊湯

一名賤湯。竹篠樹梢，風日乾之，燃鼎附瓶，頗甚快意。然體性虛薄，無中和之氣，為茶之殘賊也。

大魔湯

調茶在湯之淑慝，而湯最惡煙。燃柴一枝，濃煙蔽室，又安有湯耶。苟用此湯，又安有茶耶。所以為大魔。

宋 陶穀《清異録》卷下《茗荈・十六湯》 蘇廙，《僊芽傳》第九卷，載作湯十六法，以謂湯者茶之司命，若名茶而濫湯，則與凡末同調矣。煎以老嫩言者凡三品，自第一至第三。注以緩急言者凡三品，自第四至第六。以器標者共五品，自第七至第十一。以薪論者共五品。自第十二至十六。

明 萬邦寧《茗史・小引》 鬚頭陀邦寧，諦觀陸季疵《茶經》、蔡君謨《茶譜》，而採擇收製之法、品泉嗜水之方咸備矣。後之高人韻士相繼而説茗者，更加詳焉。蘇子瞻云『從來佳茗似佳人』，言其媚也，程宣子云『香銜雪尺，秀起雷車』，美其清也，蘇廙著《十六湯》，造其玄也。然媚不如清，清不如玄，而茗之旨亦大矣哉。

又《三昧》 蘇廙作《銜芽傳》，載《作湯十六法》：以老嫩言者，凡三品；以緩急言者，凡三品；以器標者，共五品；以薪論者，共五品。陶穀謂：『湯者，茶之司命』，此言最得三昧。

明 屠本畯《茗笈》上篇《第七候火章》 評曰：蘇廙《仙芽傳》載湯十六云：『調茶在湯之淑慝，而湯最忌煙。燃柴一枝，濃煙滿室，安有湯耶，又安有茶耶？』可謂確論。田子藝以松實、松枝為雅者，乃一時興到之言，不知大謬茶理。

又 下篇《第十辨器章》 貴欠金銀，賤惡銅鐵，則磁瓶有足取焉。幽人逸士，品色尤宜，然慎勿與誇珍衒豪者道。蘇廙《仙芽傳》

五代十國茶人

皮光業

宋 陶穀《清異録》卷下《苦口師》 皮光業最耽茗事。一日，中表請嘗新柑，筵具殊豐，簪紱叢集。纔至，未顧尊罍，而呼茶甚急，徑進一巨甌。題詩曰：『未見甘心氏，先迎苦口師。』衆噱曰：『此師固清高，而難以療饑也。』

宋 錢儼《吴越備史》卷三 光業字文通，世為襄陽人。父日休，有盛名，為蘇州軍事判官、太常博士。光業生於姑蘇，十歲能屬文。及長，以其所業謁武肅，累署浙西節度推官，賜緋，命入貢京師。梁後主特賜進士及第，仍賜秘書郎，授右補闕、内供奉、賜金紫。貞明中，淮人來求好，命光業聘之。及還，贈錢三百萬，復禁其出，且曰：『可以市易。』光業曰：『我使介也，豈賈豎也？』乃委置而去，淮人急載隨之。梁主選武肅子傳珍為駙馬都尉，命光業如京師。及回至靖海，光業舅氏滕文規為山陰令，日暝，遽見黄衣吏報曰：『皮補闕今日已及靖海。』文規詰之，遂失所在。尋兼兩浙觀察使。文穆即位，命知東府事。初，光業旅遊會稽，有神降於里巷。光業往視之，神遂不語。及去，衆詰之曰：『皮秀才來，神何不語？』答曰：『皮秀才此土地主，我小神不當見之。』至是果驗。國建，拜丞相。凡教令儀注，多其所定。光業美容儀，善談論，人或以為神仙。終年六十七，謚曰貞敬。

明 程百二《品茶要録補》 苦口師

謝氏論茶曰：『此丹丘之仙茶，勝為程之御荈。不止味同露液，白況霜華，豈可以酪蒼頭，便應代酒從事。』杜牧之詩：『山實東南秀，茶稱瑞草魁。』皮日休詩：『石盆煎皋盧。』曹鄴詩：『劍外九華美。』施肩吾詩：『茶為滌煩子，酒為忘憂君。』胡嶠詩：『沾牙舊姓余甘氏，破睡當封不夜侯。』陶彝詩：『生涼好喚雞蘇佛，回味宜稱橄欖仙。』皮光業詩：『未見甘心氏，先迎苦口師。』《清異録》名森伯，又名晚甘侯。（為氏說楷）

《全唐文》卷八九八《皮光業》 光業字文通，世為襄陽竟陵人。父日休，唐末為蘇州軍事判官，遂家焉。吴越武肅王辟置幕府，累署浙西節度推官。天寶九年使梁，梁特賜光業進士及第，仍賜秘書郎，授右補闕内供奉使。還兼兩浙觀察使。文穆王襲位，命知東府事。天福二年國建，拜丞相。八年卒，年六十七，謚貞敬。

毛文錫

五代 毛文錫《茶譜》 荊州當陽縣有溪山仙人掌茶，李白有詩。（《事類賦注》卷一七按：《太平寰宇記》卷八三引《茶譜》云：『綿州龍安縣生松嶺關者，與荊州同。』）

峽州：碧澗、明月。（《全芳備祖後集》卷二八）

有小江園、明月簝、碧澗簝、茱萸簝之名。（《事類賦注》卷一七按：後條不云產地。與前條互參，應為峽州事。）

涪州出三般茶，賓化最上，製於早春；其次白馬；最下涪陵。（《事類賦注》卷一七按：以上山南東道三州。）

渠州渠江薄片，一斤八十枚。（《事類賦注》卷一七按：以上山南西道一州。）

揚州禪智寺，隋之故宮，寺枕蜀岡，有茶園，其味甘香，如蒙頂也。（《事類賦注》卷一七、《苕溪漁隱叢話後集》卷一一後三句作『其茶甘香，味如蒙頂焉』。按：《太平寰宇記》卷一二三揚州江都縣蜀岡條下引《圖經》云：『今枕禪智寺，即隋之故宮。岡有茶園，其茶甘香，味如蒙頂。』《圖經》殆即據《茶譜》。）

壽州：霍山黄芽。（《全芳備祖後集》卷二八）

舒州。按：《太平寰宇記》卷九三引《茶譜》云：『杭州臨安、於潛二縣生天目山者，與舒州同。』知《茶譜》敘及舒州。同書卷一二五云舒州貢開火茶，又云多智山，『其山有茶及蠟，每年民得採掇為貢』。或即據《茶譜》。以上淮南道三州。

常州：義興紫筍、陽羨春。（《全芳備祖後集》卷二八）

義興有滆湖之含膏。（《事類賦注》卷一七）

蘇州長洲縣生洞庭山者，與金州、蘄州、梁州味同。（《太平寰宇記》卷九

一引《茶說》按：宋初以前未聞有《茶說》其書，疑即《茶譜》之誤。姑附存之。

湖州長興縣啄木嶺金沙泉，即每歲造茶之所也。湖、常二郡接界於此。厥土有境會亭。每茶節，二牧皆至焉。斯泉也，處沙之中，居常無水。將造茶，太守具儀注拜敕祭泉，頃之，發源，其夕清溢。造供御者畢，水即微減，供堂者畢，水已半之。太守造畢，即涸矣。太守或還旆稽期，則示風雷之變，或見鷙獸、毒蛇、木魅焉。《事類賦注》卷一七

顧渚紫筍《全芳備祖後集》卷二八按：《嘉泰吳興志》卷二〇引毛文錫《記》，述金沙泉事，較前條稍簡，殆即據《茶譜》。「頃之」句，作「頃之，泉源發渚溢」。

杭州臨安、於潛二縣生天目山者，與舒州同。《太平寰宇記》卷九三

睦州之鳩坑極妙。《事類賦注》卷一七，「睦」原作「穆」，據《全芳備祖後集》卷二八改按：《太平寰宇記》卷九五稱睦州貢鳩坑團茶。

婺州有舉巖茶，斤片方細，所出雖少，味極甘芳，煎如碧乳也。《事類賦注》卷一七。《續茶經》卷下之四引《潛確類書》引《茶譜》，「斤片」作「片片」，「煎如碧乳也」作「煎之如碧玉之乳也」

福州柏巖極佳。《事類賦注》卷一七

福州臘面。《宣和北苑貢茶録》

福州：方山露芽。《全芳備祖後集》卷二八按：《太平寰宇記》卷一〇一引《茶經》云：「建州方山之芽及紫筍，片大極硬，須湯浸之，方可碾。極治頭疾，江東人多味之。」按方山在閩侯縣，不屬建州。又《茶經》中無此段，疑出自《茶譜》。

建州北苑先春龍焙。洪州西山白露。雙井白芽、鶴嶺。安吉州顧渚紫筍。常州義興紫筍、陽羨春。池陽鳳嶺。睦州鳩坑。宣州陽坡。南劍蒙頂石花、露鋑芽、籛芽。南康雲居。峽州碧澗明月。東川獸目。福州方山露芽。壽州霍山黃芽。《全芳備祖後集》卷二八

建有紫筍。《宣和北苑貢茶録》

蒙頂石花、露鋑芽、籛芽。《全芳備祖後集》卷二八云此為南劍州所產。南劍州為五代閩時析建、福兩州所設，姑存此。按：《太平寰宇記》卷一〇〇云，南劍州「茶有六般：白乳、金字、臘面、骨子、山梃、銀子」。以上江南東道八州。

宣州宣城縣有茶山，其東為朝日所燭，號曰陽坡，其茶最勝，形如小方餅，橫鋪茗芽其上。太守常薦之京洛，題曰陽坡茶。杜牧《茶山詩》云：『山實東吳秀，茶稱瑞草魁。』《全芳備祖後集》卷二八

宣城縣有丫山小方餅，橫鋪茗牙裝面，其山東為朝日所燭，號曰陽坡，其茶最勝。太守嘗薦於京洛人士，題曰：丫山陽坡橫紋茶。《事類賦注》卷一七按：以上二則引録不同，故並録之。

歙州牛栊嶺者尤好。《事類賦注》卷一七

池州池陽：鳳嶺。《全芳備祖後集》卷二八

洪州西山白露及鶴嶺茶極妙。《事類賦注》卷一七

洪州：西山白露、雙井白芽、鶴嶺。《全芳備祖後集》卷二七按：以上二則引録不同，故並録之。

鄂州之東山、蒲圻、唐年縣，皆產茶，黑色如韭葉，極軟，治頭疼。《太平寰宇記》卷一一二

虔州南康：雲居。《全芳備祖後集》卷二八

袁州之界橋，其名甚著，不若湖州之研膏、紫筍，烹之有綠腳垂下。《事類賦注》卷一七、《全芳備祖後集》卷二八、《續茶經》卷下之四引《潛確類書》

潭州長沙之石楠，其樹如棠柟，採其芽謂之茶。湘人以四月摘楊桐草，搗其汁拌米而蒸，猶蒸糜之類，必啜此茶，乃其風也。尤宜暑月飲之。潭、邵之間有渠江，中有茶，而多毒蛇猛獸。鄉人每年採擷不過十六、七斤。其色如鐵，而芳香異常，烹之無滓也。《太平寰宇記》卷一一四

潭州長沙之石楠，採芽為茶，湘人以四月四日摘楊桐草，搗其汁拌米而蒸，猶糕糜之類，必啜此茶，乃去風也。尤宜暑月飲之。《事類賦注》卷一七

衡州之衡山，封州之西鄉，茶研膏為之，皆片團如月。《事類賦注》卷一七、《增廣箋注簡齊詩集》卷八《陪諸公登南樓啜新茶家弟出建除體詩諸公既和餘因次韻》注、《續茶經》卷上之一按：以上江南西道九州。

彭州有蒲村、堋口、灌口，其園名仙崖、石花等，其茶餅小而市，嫩芽如六出花者，尤妙。《太平寰宇記》卷七三、《事類賦注》卷一七、《續茶經》卷上之一所引稍簡

玉壘關外寶唐山，有茶樹產於懸崖，筍長三寸、五寸，方有一葉兩葉。《事類賦注》卷一七按：玉壘關在彭州導江縣。

蜀州晉原、洞口、橫源、味江、青城，其橫源雀舌、鳥嘴、麥顆，蓋取其嫩芽所造，以其芽似之也。又有片甲者，即是早春黃芽，其葉相抱如片甲也。蟬翼者，其葉嫩薄如蟬翼也。皆散茶之最上也。《太平寰宇記》卷七五。「晉原」原作「晉源」，據《新唐書·地理志六》改。《事類賦注》卷一七所引稍簡，「芽」

皆作『芽』，『相抱』作『相把』。

眉州洪雅、丹稜、昌闔，亦製餅茶，法如蒙頂。《事類賦注》卷一七，『稜』原作『陵』，據《新唐書・地理志六》改

眉州洪雅、昌闔、丹稜，其茶如蒙頂製餅茶法。其散者葉大而黃，味頗甘苦，亦片甲、蟬翼之次也。《太平寰宇記》卷七四引《茶經》，然《茶經》無此條，參上條及前蜀州條，斷其必出《茶譜》

邛州之臨邛、臨溪、思安、火井，有早春、火前、火後、嫩綠等上中下茶。《事類賦注》卷一七

臨、邛數邑，茶有火前、火後、嫩葉、黃芽號。又有火番餅，每餅重四十兩，入西番，党項重之。如中國名山者，其味甘苦。《太平寰宇記》卷七五引《茶經》，《茶經》無此條，參上條，知必出《茶譜》

蜀之雅州有蒙山，山有五頂，頂有茶園，其中頂曰上清峰。昔有僧病冷且久。嘗遇一老父，謂曰：『蒙之中頂茶，嘗以春分之先後，多搆人力，俟雷之發聲，併手採摘，三日而止。若獲一兩，以本處水煎服，即能祛宿疾；二兩，當眼前無疾；三兩，固以換骨；四兩，即為地仙矣。』是僧因之中頂築室以候，及期獲一兩餘，服未竟而病瘥。時到城市，人見其容貌，常若年三十餘，眉髮綠色，其後入青城訪道，不知所終。今四頂茶園，採摘不廢。惟中頂草木繁密，雲霧蔽虧，鷙獸時出，人跡稀到矣。今蒙頂有露鋑芽、籛芽，皆云火前，言造於禁火之前也。《事類賦注》卷一七，又見《本草綱目》卷三二，末多『近歲稍貴此品，製作亦精於他處』數句，疑非《茶譜》語。蒙山有壓膏露芽、不壓膏露芽、並冬芽，言隆冬甲拆也。《事類賦注》卷一七

蒙頂有研膏茶，作片進之。亦作紫筍。《事類賦注》卷一七、《增廣箋注簡齊詩集》卷八《陪諸公登南樓啜新茶家弟出建除體詩諸公既和餘因次韻》注所引較簡。

雅州百丈、名山二者尤佳。《太平寰宇記》卷七七

山有五嶺，有茶園，中嶺曰上清峰，所謂蒙嶺茶也。《太平寰宇記》卷七十七

梓州東川：獸目。《全芳備祖後集》卷二八

綿州龍安有騎火茶，最上，言不在火前、不在火後作也。清明改火，故曰火。《事類賦注》卷一七、《續茶經》卷上之三引《茶譜續補》，『最上』作『最為上品』，下多『騎火者』三字。

綿州龍安縣生松嶺關者，與荊州同。其西昌、昌明、神泉等縣，連西山生者，並佳。獨嶺上者不堪採擷。《太平寰宇記》卷八三

渝州南平縣狼猱山茶，黃黑色，渝人重之，十月採貢。《太平寰宇記》卷一三六

瀘州之茶樹，夷獠常攜瓢具寘側，每登樹採摘芽茶，必含於口。待其展，然後置於瓢中，旋塞其竅。歸必置於暖處。其味極佳。又有粗者，其味辛而性熱。彼人云：飲之療風，通呼為瀘茶《太平寰宇記》卷八八引《茶經》，然《茶經》無此則，當出《茶譜》。

容州黃家洞有竹茶，葉如嫩竹，土人作飲，甚甘美。《太平寰宇記》卷一六七引《茶經》。然《茶經》無此則，當出《茶譜》。按：以上嶺南道一州。

團黃有一旗二槍之號，言一葉二芽也。《事類賦注》卷一七

茶之別者，枳殼牙、枸杞牙、枇杷牙，皆治風疾。又有皂莢牙、槐牙、柳牙，乃上春摘其牙和茶作之。五花茶者，其片作五出花也。《事類賦注》卷一七

唐陸羽著《茶經》三卷。《事類賦注》卷一七

唐肅宗嘗賜高士張志和奴婢各一人，志和配為夫妻，名之曰漁童、樵青。人問其故，答曰：『漁童使捧釣收綸，蘆中鼓枻；樵青使蘇蘭薪桂，竹裏煎茶。』《事類賦注》卷一七按：《茶譜》此則據顏真卿《浪跡先生玄真子張志和碑銘》。顏文見《全唐文》卷三四〇。

胡生者，以釘鉸為業，居近白蘋洲，傍有古墳，每因茶飲，必奠酹之。忽夢一人謂之曰：『吾姓柳，平生善為詩而嗜茗，感子茶茗之惠，無以為報，欲教子為詩。』胡生辭以不能，柳強之曰：『但率子意言之，當有致矣。』生後遂工詩焉。時人謂之胡釘鉸詩。柳當是柳惲也。《事類賦注》卷一七按：《南部新書》卷壬記胡生事，與此多同。

覺林僧志崇收茶三等，待客以驚雷莢，自奉以萱草帶，供佛以紫茸香。赴茶者，以油囊盛餘瀝歸。《全芳備祖後集》卷二八按：《雲仙雜記》卷六引《蠻甌志》，與此大致同，中多『蓋最上以供佛，而最下以自奉也』二句。

甫里先生陸龜蒙，嗜茶荈。置小園於顧渚山下，歲入茶租，薄為甌蟻之費。自為《品第書》一篇，繼《茶經》、《茶訣》之後。《全芳備祖後集》卷二八按：此則據陸龜蒙《甫里先生傳》。陸文見《全唐文》卷八〇一。

撫州有茶衫子紙，蓋裹茶為名也。其紙長連，自有唐已來，禮部每年給明經帖書。《文房四譜》卷四

傅巽《七誨》云：蒲桃宛柰，齊柿燕栗，常陽黃梨，巫山朱桔，南中茶子，西極石蜜。寒溫既畢，應下霜華之茗。《事類賦注》卷一七按：《茶經·七之事》引《七誨》同此數句，而以末二句為弘君舉《食檄》首二句。此節當出《茶經》。《事類賦注》既誤記書名，復以《食檄》中句竄入《七海》。

茶樹如瓜蘆，葉如梔子，花如白薔薇，實如栟櫚，葉如丁香，根如胡桃。《譚苑醍醐》卷八，又見《全唐文紀事》卷四六引按：此則見《茶經·一之源》。楊慎誤作《茶譜》。

宋 寇宗奭《本草衍義》卷一三《茗苦》 梌，今茶也。其文有陸羽《茶經》、丁謂《北苑茶録》、毛文錫《茶譜》、蔡宗顏《茶山節對》。其説甚詳。然古人謂其芽為雀舌、麥顆，言其至嫩也。又有新芽一發便長寸餘，微麁如針。惟芽長為上品，其根幹、水土力，皆有餘故也。如雀舌、麥顆，又下品。前人未盡識，誤為品題。唐人有言曰：『釋滯消壅，一日之利暫佳。』斯言甚當，飲茶者宜原其始終。又，晉溫嶠上表『貢茶千斤，茗三百斤。』郭璞曰：『早採為茶，晚採為茗。』茗，或曰荈究尺，葉老者也。

宋 熊蕃《宣和北苑貢茶録》 陸羽《茶经》、裴汶《茶述》，皆不及建品。说者但谓二子未尝至闽，而不知物之发也，固自有时。盖昔者山川幽深，灵芽未露。至于唐末，然后北苑出为之最。是时，伪蜀辞臣毛文锡作《茶谱》，亦第言建有紫笋，而蜡面乃产于福。五代之季，建属南唐，岁率诸县民，采茶北苑，初造研膏，继造蜡面。既又制有佳者，号曰『京铤』。

宋 胡仔《苕溪漁隱叢話》卷一一 苕溪渔隐曰：『欧公《和刘惇父扬州时会堂绝句》云：「积雪犹封蒙顶树，惊雷未发建溪春，中州地暖萌芽早，入贡宜先百物新。」注云：「时会堂，造茶所也。」余以陆羽《茶经》考之，不言扬州出茶，惟毛文锡《茶谱》云：「扬州禅智寺，隋之故宫，寺枕蜀冈，其茶甘香，味如蒙顶焉。」第不知入贡之因，起於何时，故不得而志之也。』

宋 阮阅《詩話總龜》卷二九《咏茶門》 欧公《和刘原父扬州时会堂绝句》云：『积雪犹封蒙顶树，惊雷未发建溪春。中洲地暖萌芽早，入贡宜先百物新。』注云：『时会堂，造贡茶所也。』余以陆羽《茶经》考之，不言扬州出茶。惟毛文锡《茶谱》云，扬州禅智寺，隋之故宫。寺枕蜀冈，其茶甘香，味如蒙顶焉。第不知入贡之因起於何时，故不得而誌之也。《苕溪漁隱》

宋 晁公武《郡齋讀書志》卷一二《農家類》 《茶譜》一卷右魏偽蜀毛文錫撰，記茶故事，其後附以唐人詩文。

明 曹學佺《蜀中廣記》卷六五《方物記·茶譜》 毛文錫《茶譜》云：蜀中晉源、洞口、横源、味江、青城俱產教横源有雀舌、鳥嘴、麥顆，用嫩芽造成，蓋取形似。又云：彭州有蒲村、堋口、灌口、茶園，名仙崖石花等。其茶餅小而佈嫩芽如六出花者，尤妙。又云：綿州龍安縣生松嶺關者，與荊州同。西昌昌明、神泉等縣連西山生者，並佳；生獨松嶺者，不堪采擷。

又 偽蜀時，毛文錫撰《茶譜》，記茶事甚悉，末以唐人為茶詩文附之。

明 夏樹芳《茶董》

毛文錫蟬翼

毛文錫《茶譜》：有片甲、蟬翼之異。

宋代茶人

吴淑

宋 吴淑《事類賦》卷一七《飲食部·茶》 夫其滌煩療渴，《唐書》曰：常魯使西蕃，烹茶帳中，謂蕃人曰：滌煩療渴，所謂茶也。蕃人曰：『我此亦有』，命取以出。指曰：此壽州者，此顧渚者，此蘄門者。換骨輕身。陶弘景《雜録》曰：苦茶，輕身換骨，昔丹丘子、黃山君服之。茶荈之利，其功若神。《説文》曰：茶，苦茶也，即今之茶荈。則有渠江薄片，《茶譜》曰：渠江薄片，一斤八十枚。西山白露，《茶譜》曰：洪州西山之白露。雲垂綠腳，《茶譜》曰：袁州之界橋，其名甚著，不若湖州之研膏紫筍，烹之有綠腳垂。香浮碧乳，《茶譜》曰：婺州有舉岩茶，斤片方細，所出雖少，味極甘芳，煎如碧乳也。挹此霜華，《茶譜》曰：傅巽《七誨》云：蒲桃、宛柰、齊

柿、燕栗、常陽黃梨、巫山朱橘、南中茶子、西極石蜜，寒溫既畢，應下霜華之茗。卻茲煩暑。《茶譜》曰：長沙之石橘，採芽為茶，湘人以四月四日摘楊桐草，搗其汁，拌米而蒸，猶糕糜之類，必啜此茶，乃去風也。暑月飲尤好。清文既傳於杜育，育《荈賦》曰：調神和內，倦懈康除。精思亦聞於陸羽。唐陸羽著《茶經》三卷。若夫擷此臯盧，《廣州記》曰：臯盧，茗之別名。葉大而澀，南人以為飲。烹茲苦茶。《爾雅》曰：檟，苦茶。樹小似梔子，早採者為茶，晚採者為茗。荈，蜀人名為苦茶。桐君之録尤重，《桐君録》曰：巴東有真香茗，煎飲令人不眠。仙人之掌難踰。當陽縣有溪山仙人掌茶，李白有詩。豫章之嘉甘露，《宋録》曰：豫章王子尚，詣曇濟道人於八公山，濟設茶茗。尚味之曰：此甘露也，何言茶茗。王肅之貪酪奴。《伽藍記》曰：王肅好魚，彭城王勰嘗戲謂肅曰：卿不重齊魯大邦，而愛邾莒小國。肅對曰：鄉曲所美，不得不好。勰復謂曰，卿明日顧我，為卿設邾莒之飧，亦有酪奴。故號茗飲為酪奴。待槍旗而採摘，《茶譜》曰：團黃有一旗二槍之號，言一葉二芽也。對鼎䥶以吹噓。左思《嬌女》詩曰：吾家有好女，皎皎常白皙。小字為紈素，口齒自清歷。貪走風雨中，倏忽數百適。心為茶荈劇，吹噓對鼎䥶。則有療彼斛瘕，《續搜神記》曰：桓宣武有一督將，因時行病，後虛熱便能飲復茗，必一斛二斗乃飽。裁減升合，便以為大不足。後有客造之，更進五升，乃大吐。有一物出，如升大，有口。形質縮縐，狀如牛肚。客乃令置之於盆中，以斛二斗復茗澆之，此物吸之都盡而止，覺小脹，又增五升，便悉混然從口中湧出。既吐此物，病遂瘥。或問之此何病？答曰：此病名為斛茗瘕也。困茲水厄。《世説》曰：晉王蒙好飲茶，人至輒命飲之。士大夫皆患之，每欲往候，必云『今日有水厄』。擢彼陰林，見前得於爛石。《茶經》曰：上者生爛石，中者生櫟壤，下者生黃土。先火而造，乘雷以摘。《茶譜》曰：蜀之雅州有蒙山，山有五頂，頂有茶園。其中頂曰上清峯，昔有僧病冷且久，嘗遇一老父，謂曰：蒙之中頂茶，常以春分之先後，多搆人力，俟雷之發聲，併手採摘，三日而止。若獲一兩，以本處水煎服，即能祛宿疾。二兩，當限前無疾；三兩，固以換骨；四兩，即為地仙矣。是僧因之中頂築室以俟。及期，獲一兩餘，服未竟而病瘥。時到城市，人見容貌常若年三十餘，眉髮綠色，其後入青城訪道，不知所終。今四頂採摘不廢，惟中頂草太繁密，雲霧蔽障，鷙獸時出，人跡稀到矣。今蒙頂茶有霧鋑牙、籛牙，皆云火前；言造於禁火之前也。吳主之憂韋曜，初沐殊恩。《吳志》曰：孫皓每宴席，飲後必服茗，每以七升為限，雖不悉入口，澆灌取盡。韋曜飲酒不過二升，初見禮異，密賜茶茗以當酒。至於寵衰，更見逼強，輒以為罪。陸納之待謝安，誠彰儉德。《晉書》曰：陸納為吳興太守時，謝安欲詣納。納兄子俶，怪納無所備，不敢請，乃私為具。安既至，訥所設唯茶果而已，俶遂陳盛饌，珍羞畢具。安去，納杖俶四十。云：『汝既不能光益叔父，奈何穢吾素業。』別有産於玉壘，造彼金沙。《茶譜》曰：玉壘關外實唐山，有茶樹，産於懸崖。筍長三寸、五寸，方有一葉、兩葉。湖州長興縣啄木嶺金沙泉，即每歲造茶之所，湖常二郡接界於此。厥土有境會亭，每茶節，二牧皆至焉。斯泉也，處沙之中，居常無水。待造茶，太守具儀往拜敕祭泉，頃之發源，其夕清溢。造供御者畢，水微減；供堂者畢，水已半之；太守造畢，即涸矣。太守或還斾稽期，則示風雷之變，或見鷙獸、毒蛇、木魅焉。三等為號，《茶譜》曰：邛州之臨邛、臨溪、思安、火井，有早春、火前、火後、嫩綠等上、中、下茶。五出成花。茶之別者，枳殼牙、枸杞牙、枇杷牙，皆治風疾。又有皂筴牙、槐牙、柳牙，乃上春摘其牙和茶作之。五花茶者，其片作五出花也。早春之來賓化，《茶譜》曰：涪州出三般茶，賓化最上，製於早春；其次白馬，最下涪陵。橫紋之出陽坡。《茶譜》曰：宣城縣有丫山小方餅，橫鋪茗牙裝面。其山東為朝日所燭，號曰陽坡；其茶最勝者也。復聞灉湖含膏之作，《茶譜》曰：義興有灉湖之含膏。龍安騎火之名。《茶譜》曰：龍安有騎火茶，最上。言不在火前，不在火後作也。柏巖兮鶴嶺，《茶譜》曰：福州柏巖極佳，又洪州西山白露及鶴嶺茶尤佳。鳩阬兮鳳亭。鳩阬在穆州，出佳茶。《茶經》曰：生鳳亭山飛雲、曲水二寺，青峴、啄木二嶺者，與壽州同。嘉雀舌之纖嫩，翫蟬翼之輕盈。《茶譜》曰：蜀州雀舌、鳥嘴、麥顆，蓋取其嫩牙所造，以其牙似之也。又有片甲者，牙葉相抱如片甲也；蟬翼者，其葉嫩薄如蟬翼也。冬牙早秀，冬牙，言隆冬甲折也。麥顆先成。見上。或重西園之價，《汪氏傳》曰：統遷愍懷太子洗馬，上疏諫曰：今西園賣醯、麪、茶、菜、藍子之屬，虧敗國體。或侔團月之形。《茶譜》曰：衡州之衡山，封州之西鄉茶，研膏為之。皆片團如月。並明目而益思，見前豈瘠氣而侵精。唐《新語》曰：右補闕梅景，博學有著述才。性不飲茶，著《茶飲序》曰：釋滯消壅，一日之利暫佳，瘠氣侵精，終身之累斯大。獲益則功歸茶力，貽患則不謂茶災；豈非福近易知，禍遠難見者乎。又有蜀岡、牛嶺，《茶譜》曰：揚州禪智寺，隋之故宮。寺枕蜀岡，有茶園，其味甘香如蒙頂也。又歙州牛栭嶺者，尤好。洪雅烏程《茶譜》曰：眉州洪雅、丹陵、昌合，亦製餅茶，法如蒙頂。《吳興記》曰：烏程縣西二十里，有溫山，出御荈。碧澗紀號，《茶譜》曰：有水江園、明月簝、碧澗簝、茱萸簝之名。紫筍為稱。《茶譜》曰：蒙頂有研膏茶，作片進之，亦作紫筍。陟仙涯而花墜，《茶譜》曰：彭州蒲村堋口，其園有仙涯、石花等號。服丹丘而翼生。《天台記》曰：丹丘出大茗，服之生羽翼。至於飛自獄中，《廣陵耆老傳》曰：晉元帝時，有老姥每旦擎一器茗往市鬻之。市人競買，自旦至暮，其器不減。所得錢與道旁孤貧乞人。或執而繫之於獄，夜擎所賣茗器，飛出獄去。煎於竹裏。唐肅宗嘗賜高士張志和奴婢各一人，志和配為夫妻，名之曰漁童、樵青。人問其故，答曰：漁童使捧釣牧綸，蘆中鼓枻。樵青使蘇蘭薪桂，竹裏煎茶。效在不眠，《博物志》曰：飲真茶，令人少眠睡。功存悅志。《神農》曰：茶茗宜久服，令人有力悅志。或言詩為報，《茶譜》曰：胡生以釘鉸為業，居近白蘋洲，旁有古墳。每因茶飲，必奠酹之。忽夢一人謂之曰：吾

姓柳，平生善為詩而嗜茗。感子茶茗之惠，無以為報，欲教子為詩。胡生辭以不能。柳強之，曰，但率子意言之，當有致矣。生後遂工詩焉，時人謂之胡釘鉸詩。柳當是柳惲也。或以錢見遺。《異苑》曰：剡縣陳務妻，少寡，與二子同居。好飲茶，家有古塚，每飲輒先祠之。二子欲掘之，母止之。夜夢人致感云：吾雖潛朽壤，豈忘翳桑之報。及曉，於庭中獲錢十萬，似久埋者，惟貫新耳。復云葉如梔子，花若薔薇。見前。輕飇浮雲之美，霜笴竹籜之差。《茶經》曰：茶千類萬狀，略而言之，有如胡人靴者，蹙縮然；犎牛臆者，廉襜然；浮雲出山者，輪囷然；輕飇拂水者，涵澹然。此茶之精好者也。有竹籜者，枝幹堅實，堅於蒸擣，故其形粗篵，然如霜笴者，莖葉凋沮，易其狀貌，故其形萎萃然。此茶之瘠老者也。自采至於封七經目；胡靴至霜笴凡六等。唯芳茗之為用，蓋飲食之所資。

《宋史》卷四四一《文苑三·吴淑傳》　吴淑字正儀，潤州丹陽人。父文正，事吴，至太子中允。好學，多自繕寫書。淑幼俊爽，屬文敏速。韓熙載、潘佑以文章著名江左，一見淑，深加器重。自是每有滯義，難於措詞者，必命淑賦述。以校書郎直内史。

江南平，歸朝，久不得調，甚窮窘。俄以近臣延薦，試學士院，授大理評事，預修太平御覽、太平廣記、文苑英華。一日，召對便殿，出古碑一編，令淑與吕文仲、杜鎬讀之。歷太府寺丞、著作佐郎。始置祕閣，以本官充校理。嘗獻九絃琴五絃阮頌，太宗賞其學問優博。又作事類賦百篇以獻，詔令注釋，淑分注成三十卷上之。遷水部員外郎。至道二年，兼掌起居舍人事，預修太宗實録，再遷職方員外郎。

時諸路所上閏年圖，皆儀鸞司掌之，淑上言曰：『天下山川險要，皆王室之祕奥，國家之急務，故周禮職方氏掌天下圖籍。漢祖入關，蕭何收秦籍，由是周知險要。請以今閏年所納圖上職方。又州郡地里，犬牙相入，向者獨畫一州地形，則何以傅合他郡？望令諸路轉運使，每十年各畫本路圖一上職方。所冀天下險要，不窺牖而可知；九州輪廣，如指掌而斯在。』從之。會詔詢禦戎之策，淑抗疏請用古車戰法，上覽之，頗嘉其博學。咸平五年，卒，年五十六。

淑性純靜好古，詞學典雅。初，王師圍建業，城中乏食。里閈有與淑同宗者，舉家皆死，惟存二女孩。淑即收養如所生，及長，嫁之。時論多其義。有集十卷。善筆札，好篆籀，取説文有字義者千八百餘條，撰説文五義三卷。又著江淮異人録三卷、祕閣閒談五卷。

子安節、讓夷、遵路皆進士及第。遵路官至祠部員外郎、祕閣校理。

明　徐光啓《農政全書·雜種上·茶》　不若湖州之『研膏』『紫笋』；烹之，有绿云垂下，吴淑赋云：『云垂绿脚』。有『紫笋』者，其色紫而似笋。唐德宗每赐同昌公主馔，其茶有『绿花』『紫英』之号。

王禹偁

宋　王禹偁《小畜集》卷七《惠山寺留題》　吟入惠山山下寺，古泉閑挹味何嘉。好抛此日陶潛米，學煮當年陸羽茶。猶負片心眠水石，略開塵眼識烟霞。勞生未了還東去，孤棹寒篷宿浪花。

又　卷八《龍鳳茶》　樣標龍鳳號題新，賜得還因作近臣。烹處豈期商嶺外，碾時空想建溪春。香於九畹芳蘭氣，圓似三秋皓月輪。愛惜不嘗惟恐盡，除將供養白頭親。

又　卷一一《茶園十二韻》　勤王修歲貢，晚駕過郊原。蔽芾餘千本，青葱共一園。芽新撑老葉，土軟迸深根。舌小侔黄雀，毛獰摘緑猿。出蒸香更別，入焙火微溫。採近桐華節，生無穀雨痕。緘縢防遠道，進獻趁頭番。待破華胥夢，先經閶闔門。汲泉鳴玉甃，開宴壓瑶罇。茂育知天意，甄收荷主恩。沃心同直諫，苦口類嘉言。未復金鑾召，年年奉至尊。

《宋史》卷二九三《王禹偁傳》　王禹偁，字元之，濟州鉅野人。世爲農家，九歲能文，畢士安見而器之。太平興國八年擢進士，授成武主簿。徙知長洲縣，就改大理評事。同年生羅處約時宰吴縣，日相與賦詠，人多傳誦。端拱初，太宗聞其名，召試，擢右拾遺、直史館，賜緋。故事，賜緋者給塗金銀帶，上特命以文犀帶寵之。即日獻端拱箴以寓規諷。

時北庭未寧，訪羣臣以邊事。禹偁獻禦戎十策，大略假漢事以明之：『漢十二君，言賢明者，文、景也；言昏亂者，哀、平也。然而文、景之世，軍臣單于最爲強盛，肆行侵掠，候騎至雍，火照甘泉。哀、平之時，呼韓邪單于每歲來朝，委質稱臣，邊烽罷警。何邪？蓋漢文當軍臣強盛之時，而外任人、内修政，使不能爲深患者，由乎德也。哀、平當呼韓衰弱之際，雖外無良將，内無賢臣，而致其來朝者，繫于時也。今國家之廣大，不下漢朝，陛下之聖明，豈讓文帝。契丹之強盛，不及軍臣

單于，至如擾邊侵塞，豈有候騎至雍，而火照甘泉之患乎？亦在乎外任人、內修德爾。臣愚以爲：外則合兵勢而重將權，罷小臣詗邏邊事，行間諜離其黨，遣趙保忠、折御卿率所部以掎角。下詔感勵邊人，使知取燕薊舊疆，非貪其土地；內則省官以寬經費，抑文士以激武夫，信用大臣以資其謀，不貴虛名以戒無益，禁游惰以厚民力。』帝深嘉之。又與夏侯嘉正、羅處約、杜鎬表請同校三史書，多所釐正。

二年，親試貢士，召禹偁，賦詩立就。上悅曰：『此不踰月遍天下矣。』即拜左司諫、知制誥。是冬，京城旱，禹偁疏云：『一穀不收謂之饉，五穀不收謂之饑。饉則大夫以下，皆損其祿；饑則盡無祿，廩食而已。今旱雲未霑，宿麥未茁，既無積蓄，民飢可憂。望下詔直云：「君臣之間，政教有闕，自乘輿服御，下至百官奉料，非宿衞軍士、邊庭將帥，悉第減之，上答天譴，下厭人心，俟雨足復故。」臣朝行中家最貧，奉最薄，亦願首減奉，以贖耗蠹之咎。外則停歲市之物；內則罷工巧之伎。近城掘土，侵冢墓者瘞之；外州配隸之衆，非贓盜者釋之。然後以古者猛虎渡河、飛蝗越境之事，戒敕州縣官吏。其餘軍民刑政之弊，非臣所知者，望委宰臣裁議頒行，但感人心，必召和氣。』

林特

《續資治通鑑長編》卷六〇《景德二年》［五月］其輸邊粟者，非盡行商，率其土人，既得交引，特詣衝要州府鬻之，市得者寡至京師。京師有坐賈置鋪，隸名榷貨務，懷交引者湊之。若行商則鋪賈為保任，詣京師榷務給錢，又移文南州給茶。若非行商，則鋪賈自售之，轉鬻與茶賈。及和好罷兵，邊儲稍緩，物價差減，而官給交引虛錢之名未改。既以茶代鹽，而買茶所入不充其給，交引停積，故商旅所得茶，指期於數年之外。京師交引愈賤，至有裁得所入芻粟之實價者，官私俱無利。

於是，命鹽鐵副使林特與宮苑使劉承珪、崇儀副使李溥，就三司悉索舊條制詳定，特呼豪商問訊，別為新法。其於京師入金、銀、挠、帛直錢五十千者，給百千實茶。河北緣邊入金、帛、芻、粟，如京師之制，而增茶十千，次邊增五千。河東緣邊、次邊亦然，而所增有八千、六千之差。陝西緣邊亦如之，而增十五千，次邊所增如河北緣邊之制。其三路近地所入，所給皆如京師。仍約束山場園戶，謹其出納。議奏集三司官視其可否，咸言其便。詔如所議。壬子，以溥為制置淮南、江、浙、荊湖茶鹽礬稅兼都大發運事，委成其事。

又 卷六三《景德三年》［六月丁巳］上既用李溥、林特、劉承珪等所為折中新法，猶恐未盡其要，命樞密直學士李濬劉綜、知雜御史王濟與三司同取舊法，較其利害。時新法方行，商人頗惑，不敢以時買易，然榷務所納金帛，其數已多於前歲矣。庚申，特、承珪請罷比較，仍乞不議酬賞，從之。

又［庚午］上聞林特、劉承珪條制茶事，過為嚴急，謂宰相曰：『園戶採擷，須資人力。所造入等則給價直，不入等者既不許私賣，亦皆納官。若令一切精細，豈不傷園戶耶？又傭力者多貧民，儻斥去之，安知不聚為盜寇？此等事宜即裁損，務令便濟。』

又 卷七一《大中祥符二年》［五月］乙亥，林特、劉承珪、李溥上編成茶法條貫二十三冊。

《宋史》卷一八三《食貨志下五・茶上》 景德二年，命鹽鐵副使林特、崇儀副使李溥等就三司悉索舊制詳定，而召茶商論議，別爲新法：其於京師入金銀、綿帛實直錢五十千者，給百貫實茶，若須海州茶者，入見緡五十五千；河北緣邊入金帛、芻粟，如京師之制，而茶增十千，次邊增五千；河東緣邊次邊亦然，而所增有八千六千之差；陝西緣邊亦如之，而增十五千，須海州茶者，納物實直五十二千，次邊所增如河北緣邊之制。其三路近地所入所給，皆如京師。河北次邊、河東緣邊次邊，皆不得射海州茶。茶商所過，當輸算，令記録，候至京師併輸之。仍約束山場，僅其出納。議奏，三司皆以爲便。五月，以溥爲淮南制置發運副使，委成其事。行之一年，真宗慮未盡其要，三年，命樞密直學士李濬等比較新舊法利害。時新法方行，商人頗眩惑，特等請罷比較，從之。

又 卷二八三《林特傳》 林特字士奇。祖揆，仕閩爲南劍州順昌令，因家順昌。特少穎悟，十歲，謁江南李景，獻所爲文，景奇之，命作賦，有頃而成，授蘭臺校書郎。江南平，偽官皆入見，特袖文以進。太宗以爲長葛尉，改遂州録事參軍。代還，命中書引對，授大理寺丞，通判隴

州，有治狀。田重進鎮永興，太宗以重進武人，選特與楊覃並爲通判，人賜白金二百兩，給實奉。會出兵五路討李繼遷，督所部轉芻粟，先期以辦。呂蒙正辟通判西京留守事。蒙正入相，薦之，入判三司戶部勾院。

梁鼎制置陝西青白鹽，前後上議異同，真宗選特與知永興軍張詠同商利害，所奏合旨。累遷尚書祠部員外郎，爲戶部副使，詔赴內朝。三司副使預內朝，自特始。徙鹽鐵副使。

真宗北征，命同知留司三司公事，遷司封員外郎。車駕謁陵，爲行在三司副使，詔與劉承珪、李溥比較江淮茶法。因裁定新制，歲增課百餘萬，特遷祠部郎中。封泰山，祀汾陰，皆爲行在三司副使。以右諫議大夫權三司使、修玉清昭應宮副使。將祀太清宮，遣特儲供具，爲行在三司使。禮成，進給事中，爲修景靈宮副使兼修兗州景靈宮、太極觀。昭應宮成，遷尚書工部侍郎，真拜三司使。樞密使寇準言特姦邪，又數與爭事，帝爲出準，特在職如故。後罷三司，以戶部侍郎同玉清昭應宮副使。兗州宮觀成，遷吏部侍郎。天禧元年，爲修上聖祖寶冊副使，轉尚書右丞。

時天下完富，丁謂以符瑞、土木迎帝意，而以特有心計，使幹財利佐之。然特亦天性邪險，善附會，故謂始終善特，當時與陳彭年等號『五鬼』，語在王欽若傳。

仁宗在東宮，以工部尚書兼太子賓客，改詹事。丁謂欲引爲樞密副使，而李迪執不可。仁宗即位，進刑部尚書、翰林侍讀學士。謂貶，特亦落職知許州。還朝，以戶部尚書知通進銀臺司、判尚書都省、勾當三班院。特體素羸，然未嘗一日謁告，及得疾，纔五日而卒。贈尚書左僕射。太后遣中使祀奠。

特精敏，喜吏職，据案終日不倦。真宗數訪以朝廷大事，特因有所中傷，人以此憚焉。奉詔撰會計録三十卷。又爲東封西祀朝謁太清宮慶賜總例三十六卷。

子濰、洙。濰亦有吏能，歷官至三司鹽鐵副使，以秘書監致仕，卒。洙，官至司農卿、知壽州，臨事苛急，鼓角將夜入州廨，拔堂檻鐵鉤擊殺之。

又 卷二九九《李溥傳》 景德中，茶法既弊，命與林特、劉承珪更定法，募人入金帛京師，入芻粟塞下，與東南茶皆倍其數，即以溥制置江、淮等路茶鹽礬稅兼發運事，使推行之。歲課緡錢，果增其舊，特等皆受賞。溥時已爲發運副使，遷爲使，仍改西京作坊使。然茶法行之數年，課復損於舊。江、淮歲運米輸京師，舊止五百餘萬斛，至溥乃增至六百萬，而諸路猶有餘畜。高郵軍新開湖水散漫多風濤，溥令漕舟東下者還過泗州，因載石輸湖中，積爲長隄，自是舟行無患。累遷北作坊使。

又 卷四六六《宦者一・劉承規》 景德二年，與李允則使河間，按視嘗經戰陣等處將卒之勞。是歲，置官提舉京師諸司庫務，以承規領之。所創局署，多所規制。改皇城使。與林特、李溥議更茶法。四年，三司上言新課增羨，承規以勞加領昭州團練使。

《文獻通考》卷一八《征榷考五》 止齋陳氏曰：『乾德時，東南六路、閩、浙歸職方，餘尚未平。太祖榷法蓋禁南商擅有中州之利，故置場以買之，自江以北皆爲禁地。太平興國中，樊若水奏，江南諸州茶官市十分之八，其二分量稅聽自賣，逾江涉淮，乘時射利，紊亂國法，望嚴禁之，則謂乾德榷法也。自若水建議，其法始密。凡茶之利，一則官賣以實州縣；一則沿邊入中糧草，算請以省餽運；一則榷務入納金銀錢帛算請以贍京師。而河東、北互市，川陝折博，又以所有易所無，而其大者最在邊備。蓋祖宗以西北宿兵供億之費，重困民力，故以茶引走商賈，而虛估加擡以利之。其後理財之臣往往以遺利在民，數務更張，然大概無過李諮、林特二法，二法大概以抑茶商及邊民耳。故林特以見錢買入中賤價交鈔，而以實錢算茶，然猶以五十千或五十五千算茶百千，則是去虛估加擡未遠也。至李諮復祖劉式之意，淳化三年，秘書丞劉式起請，令商旅自就園戶買茶，於官場貼射，廢榷貨務。始斷然罷去買納茶本，使客自就山園買茶，而官場坐收貼納之利，行之三年而罷。然當時議者徒咎諮法不能惜留在京見錢，而不及其刻剝商賈之怨。景祐以後，西邊事興，始復行加擡法。嘉祐四年，天下無事，仁皇慨然一切弛禁。當時詔書曰：「上下征利垂二百年，江、湖之間，幅員數千里，爲陷阱以害吾民。尚慮幸於立異之人，因緣爲姦之黨，妄陳奏議，以惑官司。必寘明刑，用懲狂謬。」自此，茶不爲民害者六七十載矣。此韓琦相業也。至蔡京始復榷法，於是茶利自一錢以上皆歸京師。其子蔡絛自記之曰：「公始說上以茶務，若所入厚，

專以奉人主。」此京本意，而西北邊糧草名曰便糴，而均糴、結糴、貼糴、括糴之名起。蓋以官告、度牒之類等第抑配，而邊民不聊生矣。京之誤國類如此。』

丁謂

宋 丁謂《進茶表》《茶酒争奇》 產異金沙，名非紫筍。江邊地暖，方呈彼茁之形；闕下春寒，已發其甘之味。有以少為貴者，焉敢韞而藏諸。見謂新茶，蓋遵舊例。

又《北苑焙新茶》《苕溪漁隱叢話後集》卷一一 北苑龍茶者，甘鮮的是珍。四方惟數此，萬物更無新。纔吐微茫緑，初沾少許春。散尋縈樹遍，急採上山頻。宿葉寒猶在，芳芽冷未伸。茅茨溪口焙，籃籠雨中民。長疾勾萌併，開齊分兩均。帶烟蒸雀舌，和露疊龍鱗。作貢勝諸道，先嘗祇一人。緘封瞻闕下，郵傳渡江濱。特旨留丹禁，殊恩賜近臣。啜為靈藥助，用與上罇親。頭進英華盡，初烹氣味醇。細香勝却麝，淺色過於筠。顧渚慚投木，宜都愧積薪。年年號供御，天產壯甌閩。

又《以詩送宣賜進奉紅綃封龍字茶與璉禪師》《羅湖野録》卷三 密緘龍焙火前春，翠字紅綃熨眼新。品味至高誰合得，雙林樹下上乘人。

宋 蘇軾《東坡全集》卷二三《荔支嘆》 十里一置飛塵灰，五里一堠兵火催。顛阬仆谷相枕藉，知是荔支龍眼來。飛車跨山鶻横海，風枝露葉如新採。宮中美人一破顔，驚塵濺血流千載。永元荔支來交州，天寶歲貢取之涪。至今欲食林甫肉，無人舉觴酹伯游。我願天公憐赤子，莫生尤物為瘡痏。雨順風調百穀登，民不饑寒為上瑞。君不見武夷溪邊粟粒芽，前丁後蔡相籠加。爭新買寵各出意，今年鬥品充官茶。吾君所乏豈此物，致養口體何陋耶。洛陽相君忠孝家，可憐亦進姚黄花。

《宋史》卷二八三《丁謂傳》 丁謂字謂之，後更字公言，蘇州長洲人。少與孫何友善，同袖文謁王禹偁，禹偁大驚重之，以為自唐韓愈、柳宗元後，二百年始有此作。世謂之『孫、丁』。淳化三年，登進士甲科，為大理評事、通判饒州。踰年，直史館，以太子中允為福建路採訪。還，上茶鹽利害，遂為轉運使，除三司戶部判官。峽路蠻擾邊，命往體量。還奏稱旨，領峽路轉運使，累遷尚書工部員外郎，會分川峽為四路，改夔州路。

又 謂機敏有智謀，憸狡過人，文字累數千百言，一覽輒誦。在三司，案牘繁委，吏久難解者，一言判之，衆皆釋然。善談笑，尤喜為詩，至於圖畫、博奕、音律，無不洞曉。每休沐會賓客，盡陳之，聽人人自便，而謂從容應接於其間，莫能出其意者。

真宗朝營造宮觀，奏祥異之事，多謂與王欽若發之。初，議營昭應宮，料功須二十五年，謂令以夜繼晝，每繪一壁給二燭，七年乃成。真宗崩，議草遺制，軍國事兼取皇太后處分，謂乃增以『權』字；及太后稱制，又議月進錢充宮掖之用，由是太后深惡之，因雷允恭遂併録謂前後欺罔事竄之。

在貶所，專事浮屠因果之説，其所著詩幷文亦數萬言。家寓洛陽，嘗為書自克責，敘國厚恩，戒家人毋輒怨望，遣人致于洛守劉燁，祈付其家。戒使者伺燁會衆僚時達之，燁得書不敢私，即以聞。帝見感惻，遂徙雷州，亦出於揣摩也。謂初通判饒州，遇異人曰：『君貌類李贊皇。』既而曰：『贊皇不及也。』

宋 胡仔《苕溪漁隱叢話·後集》卷一一 《談苑》云：『建州，陸羽《茶經》尚未知之，但言福建等十二州未詳；往往得之，其味極佳，江左近日方有蠟面之號，李氏別令取其乳作片，或號曰京挺、的乳及骨子等，每歲不過五六萬斤，迄今歲出三十餘萬觔，凡十品，曰：龍茶，鳳茶，京挺，的乳，石乳，頭金，白乳，蠟面，頭骨，次骨。龍茶以供乘輿，及賜執政親王長主，餘皇族學士將帥皆鳳茶，舍人近臣賜京挺、的乳，館閣賜白乳。龍、鳳、石乳茶，皆太宗令造，江左有研膏茶供御，即龍茶之品也。丁謂為《北苑茶録》三卷，備載造茶之始末，行於世。』

苕溪漁隱曰：『建安北苑茶，始于太宗朝，太平興國二年，遣使造之，取像于龍鳳，以別庶飲，由此入貢。至道間，仍添造石乳。其後大小龍茶，又起于丁謂而成于蔡君謨。謂之將漕閩中，實董其事，賦《北苑焙新茶詩》，其序云：「天下產茶者，將七十郡半，每歲入貢，皆以社前火前為名，悉無其實；惟建州出茶有焙，焙有三十六，三十六中，惟北苑發早而味尤佳，社前十五日即采其芽，日數千工，聚而造之，逼社即入

貢，工甚大，造甚精，皆載於所撰《建陽茶録》，仍作詩以大其事。」云：「北苑龍茶者，甘鮮的是珍，四方惟數此，萬物更無新。纔吐微茫緑，初沾少許春，散尋縈樹遍，急採上山頻。宿葉寒猶在，芳芽冷未伸，茅茨溪口焙，籃籠雨中民，長疾勾萌併，開齋分兩均。帶煙蒸雀舌，和露疊龍鱗。作貢勝諸道，先嘗只一人，緘封瞻闕下，郵傳渡江濱。特旨留丹禁，殊恩賜近臣，啜為靈藥助，用與上罇親。頭進英華盡，初烹氣味醇，細香勝卻麝，淺色過於筠。顧渚慚投木，宜都愧積薪，年年號供御，天產壯甌閩。」此詩敘貢茶頗為詳盡，亦可見當時之事也。又君謨《茶録序》云：「臣前因奏事，伏蒙陛下諭臣，先任福建轉運使日，所進上品龍茶，最為精好。臣退念草木之微，首辱陛下知鑒，若處之得地，則能盡其材。昔陸羽《茶經》，不第建安之品，丁謂《茶圖》，獨論採造之本，至於烹試，曾未有聞，輒條數事，簡而易明，勒成二篇，名曰《茶録》。」

宋 阮閱《詩話總龜後集》卷二九《咏茶門》 建安北苑茶始於太宗，太平興國二年，遣使造之，取象於龍鳳，以別庶幾，由此入貢。至道間，仍添造石乳。其後大小龍茶又起於丁謂而成於蔡君謨。謂之將漕閩中，實董其事，賦《北苑焙新茶詩》。其序云：產茶者將七十郡，每歲入貢，皆以社前、火前為名，悉無其實。惟建州出茶有焙，焙有三十六。三十六中惟北苑發而味尤佳。社前十五日即採其芽，日數千工，聚而造之，逼社即入貢。工甚大，造甚精，皆載於所撰《建安茶録》，仍作詩以大其事云：『北苑龍茶著，甘鮮的是珍。四方惟數此，萬物更無新。才吐微茫綠，初沾少許春。散尋縈樹遍，急採上山頻。宿葉寒尤在，芳芽冷未伸。茅茨溪口焙，籃籠雨中民。長疾勾萌拆，開齊分兩均。帶煙蒸雀舌，和露疊龍鱗。貢作勝諸道，先嘗衹一人。緘封瞻闕下，郵傳渡江濱。特旨留丹禁，殊恩賜近臣。啜為靈藥助，用與上樽親。頭進英華盡，初烹氣味醇。細香勝卻麝，淺色過於筠。顧渚慙投木，宜都愧積薪。年年號供御，天產壯甌閩。』此詩敘貢茶頗為詳盡，亦可見當時之事也。又君謨《茶録序》云：『臣前因奏事，伏蒙陛下諭臣先任福建轉運使日，所進上品龍茶最為精好。臣退念草木之微，首辱陛下知鑒，若處之得地，則能盡其材。昔陸羽《茶經》，不第建安之品；丁謂《茶圖》，獨論採造之本。至於烹試，曾未有聞。輒條數字事，簡而易明，勒成二編，名曰《茶録》。』

宋 晁公武《郡齋讀書志》卷一二《雜家類》 《建安茶録》三卷右皇朝丁謂撰。建州研膏茶起於南唐，太平興國中始進御。謂咸平中爲閩漕，監督州吏，創造規模，精緻嚴謹，録其團焙之數，圖繪器具及敘採制入貢法式。盧仝譏陽羨貢茶有『安知百萬億蒼生，墜在顛崖受辛苦』之句，余於謂亦云。

又《農家類》 建安茶録三卷：右皇朝丁謂撰，録建安園焙之數，圖其器具，敘採制入貢法式。

《文獻通考》卷二一八《經籍考四五》 建安茶録三卷

鼂氏曰：皇朝丁謂撰。建州研膏茶起於南唐，太平興國中始進御。謂咸平中爲閩漕，監督州吏，創造規模，精緻嚴謹，録其團焙之數，圖繪器具及敘採製入貢法式。盧仝譏陽羨貢茶有『安知百萬億蒼生，墜在顛崖受辛苦』之句，余於謂亦云。

明 徐光啓《農政全書·雜種上·茶》 有建州大小『龍團』，始于丁謂，成于蔡君謨。

明 邱濬《大學衍義補》卷二九《山澤之利下》 仁宗初，建茶務歲造大小龍鳳茶，始于丁謂而成於蔡襄。

歐陽修曰：『君謨蔡襄字士人也，何至作此事。』

臣按：宋人造作有二類，曰片、曰散，片茶蒸造成片者，散茶則既蒸而研合以諸香以為餅，所謂大小龍團是也。龍團之造始于丁謂而成於蔡襄，謂小人不足道也，襄士人而亦為此，歐陽修所以為之歎邪。蘇軾曰：『武夷溪邊粟粒芽，今年鬥品充官茶，吾君所乏豈此物，致養口體何陋邪！』讀之令人深省。

清 陳宏謀《學仕遺規》卷二 為官最忌作俑。自古有以小物獻貢，遂貽地方無窮之害者。東坡荔枝歎注云：大小龍茶，始于丁晉公，而成于蔡君謨。歐陽永叔聞君謨進小龍團，驚歎曰：『君謨士人也，何至作此事。』乃知始作俑者，不特害生計，且至壞風俗。故曰：無為福先，無為禍始。

李諮

《續資治通鑒長編》卷一〇〇《天聖元年》［春正月］然自西北宿兵既多，饋餉不足，因募商人入中芻粟，度地里遠近，增其虛估，給券，以茶償之。後又益以東南緡錢、香藥、象齒，謂之三稅。而塞下急於兵食，欲廣儲峙，不受虛估，入中者以虛錢得實利，人競趨焉。及其法既弊，則虛估日益高，茶日益賤，入實錢、金帛日益寡，而入中者非盡行商，多其土人，既不知茶利厚薄，且急於售錢，得券則轉鬻於茶商或京師坐賈號交引鋪者，獲利無幾。茶商及交引鋪，或以券取茶，或收蓄貿易，以射厚利，由是虛估之利皆入豪商巨賈，券之滯積，雖二三年茶不足以償，而入中者以利薄不趨，邊備日蹙，茶法大壞。景德中，丁謂為三司使，嘗計其得失，以為邊糴纔及五十萬，而東南三百六十餘萬茶利盡歸商賈，當時以為至論。厥後雖屢變以救之，然不能無弊。已上據本志。丁亥，詔曰：『三路軍儲，出於山澤之利。比聞移用不足，二府大臣，其經度之。』乃命三司使李諮、御史中丞劉筠、入內副都知周文質、提舉諸司庫務王臻薛貽廓及三部副使較茶、鹽、礬稅歲入登耗，更定其法。遂置計置司，實錄丁亥日同。以樞密副使張士遜、參知政事呂夷簡魯宗道總之。計置司首考茶法利害，奏言：『十三場茶，歲課緡錢五十萬，天禧五年纔及緡錢二十三萬。每券直錢十萬，鬻之，售錢五萬五千，總為緡錢實十三萬，除九萬緡為本錢，歲纔得息錢三萬餘緡，而官吏廩給不與焉。是則虛數雖多，實用殊寡。』因請罷三稅，行貼射之法。其法以十三場茶買賣本息併計其數，罷官給本錢，使商人與園戶自相交易，一切定為中估，而官收其息。如鬻舒州羅源場茶，斤售錢五十有六，其本二十有五，官不復給，但使商人輸息錢三十有一而已。實錄三月辛卯，會要同。然必輦茶入官，隨商人所指而予之，給券為驗，以防私售，故有貼射之名。若歲課貼射不盡，則官市之如舊。園戶過期而輸不足者，計所負數如商人入息。會要。舊輸茶百斤，益以二十斤至三十五斤，謂之耗茶，亦皆罷之。實錄二月。其入錢以射六務茶者，如舊制。先是，天禧中，詔京師入錢八萬給海州、荊南茶，入錢七萬四千有奇給真州、無為、蘄口、漢陽，并十三場茶，皆直十萬，所以饒裕商人；而海州、荊南茶善而易售，商人願得之，故入錢之數厚於他州。其入錢者，聽輸金帛十之六。至是，既更十三場法，又募入錢六務，而海州、荊南增為八萬六千，真州、無為、蘄口、漢陽增為八萬。會要三年五月。商人入芻粟塞下者，隨所在實估，度地里遠近增其直。以錢一萬為率，遠者增至七百，近者三百，給券，至京師，一切以緡錢償之，謂之見錢法；願得金帛若他州錢，或茶鹽、香藥之類者聽。實錄五月甲子。大率使茶與邊糴，各以實錢出納，不得相為輕重，以絕虛估之弊。朝廷皆用其說。李諮等新立見錢法，實錄分載數處，今悉從本志，就正月癸未初命官日并書之。朝廷用其說，乃三月辛卯，今亦并書。實錄分載，有詳有略，今參以會要，則本志所去取蓋得之，不可不從也。

又卷一〇二《天聖二年》［秋七月］初，朝廷既用李諮等貼射法，行之朞年，豪商大賈不能軒輊為輕重，而論者或謂邊糴償以見錢，恐京師府藏不足以繼，爭言其不便。會江、淮制置司言茶有滯積壞敗者，請一切焚棄。朝廷疑變法之弊，下書責計置司，因令碩等行視。既而諮等條上利害，且言：『嘗遣官視陝西、河北，以鎮戎軍、定州為率，鎮戎軍入粟直二萬八千，定州入粟直四萬五千，給茶皆直十萬。蘄州市茶本錢視鎮戎軍粟直，反亡本錢三之一，所得不償，其弊在於茶與邊糴相須為用，故更今法。以新舊二法較之。乾興元年用三說法，每券十萬，茶售錢萬一千至六萬二千，香藥、象齒售錢四萬一千有奇，東南緡錢售錢八萬三千，而京師實入緡錢七十五萬有奇，邊儲芻二百五萬餘圍，粟二百九十八萬石。天聖元年用新法，二年，茶及香藥、東南緡錢每給直十萬，茶入實錢七萬四千有奇至八萬，香藥、象齒入錢七萬三千有奇，東南緡錢入錢十五萬五百，而京師實入緡錢增一百四萬有奇，邊儲芻增一千一百六十九萬餘圍，粟增二百一十三萬餘石。舊以虛估給券者，至京師為出錢售之，或折為實錢給茶，貴賤從其市估。其先賤售於茶商者，券錢十萬，使別輸實錢五萬，共給天禧五年茶直十五萬。小商百萬已下免輸錢，每券十萬，給茶直七萬至七萬五千，天禧茶盡則給乾興已後茶，仍增別輸錢五萬者皆為七萬，並給耗如舊，俟舊券盡而止。如此，又省合給茶及香藥、象齒、東南緡錢總直緡錢二百七十一萬。』

又卷一〇三《天聖三年》［八月］李諮等既條上茶法利害，朝

廷亦牓論商賈以推行不變之意，然論者猶爭言其不便。辛未，命翰林侍讀學士孫奭、知制誥夏竦、同工部郎中盧士倫、殿中侍御史王碩、如京使盧守懃再加詳定。實録但命奭、竦二人，此從本志。士倫，是年三月以工外判度勾，尋改工中、陝漕，十月，以度勾為戶副。

又卷一一五《景祐元年》 ［九月］丁未，樞密副使李諮言：『天聖初，行新定茶法，而議者沮毀之。吏人王舉等皆坐黥配。今三司言歲課益虧，請復用天聖初所定法。舉等顯為非辜，乞與優卹。』詔舉等先依三司出職例，各遷一資。諮頃在三司，陝西緣邊數言軍食不給，度支都内錢不足支月俸，太后憂之，命輔臣與諮經度其事。諮以謂舊法商人入粟邊郡，算茶與犀象緡錢為虛實三估，至用十四錢易官錢百，坐困三司，乃請變法，以實錢入粟，實錢售茶，二者不得相為輕重。既行，而商人果失利，怨謗蜂起。諮尋以病請外，相繼坐變法譴黜，踰六年，乃再入三司，遂登西府。時三司稅法蠹耗日甚，議者皆言諮前枉被譴黜，將復用見錢法，故諮先有是請。

又卷一一八《景祐三年》 ［景祐三年春正月］戊子，命知樞密院事李諮、參知政事蔡齊、三司使程琳、御史中丞杜衍、知制誥丁度同議茶法。諮以前坐變法得罪，固辭，不許。時三司吏孫居中等言，自天聖三年變法，而河北入中虛估之弊，復類乾興以前，蠹耗縣官，請復行見錢法。度支副使楊偕亦陳三說法十二害，見錢法十二利，以謂止用三說所支一分緡錢，足以贍一歲邊計。故命諮等更議，仍令召商人至三司訪以利害。楊偕以此月壬寅始自度支副使除河北都漕，今未也，本志即稱都漕，蓋誤矣。

《宋史》卷一八三《食貨志下五·茶上》 天聖元年，命三司使李諮等較茶、鹽、礬稅歲入登耗，更定其法。遂置計置司，以樞密副使張士遜、參知政事呂夷簡、魯宗道總之。首考茶法利害，奏言：『十三場茶歲課緡錢五十萬，天禧五年纔及緡錢二十三萬，每券直錢十萬，鬻之售錢五萬五千，總爲緡錢實十三萬，除九萬餘緡爲本錢，歲纔得息錢三萬餘緡，而官吏廩給雜費不預，是則虛數多而實利寡，請罷三說，行貼射法。』其法以十三場茶買賣本息併計其數，罷官給本錢，使商人與園戶自相交易，一切定爲中估，而官收其息。如鬻舒州羅源場茶，斤售錢五十有六，其本錢二十有五，官不復給，但使商人輸息錢三十有一而已。然必輦茶入官，隨商人所指予之，給券爲驗，以防私售，故有貼射之名。若歲課貼射不盡，或無人貼射，則官市之如舊。園戶過期而輸不足者，計所負數如商人入息。舊輸茶百斤，益以二十斤至三十五斤，謂之耗茶，亦皆罷之。其入錢以射六務茶者如舊制。

又卷一八四《食貨志下六·茶下》 天聖三年八月，詔翰林侍講學士孫奭等同究利害，奭等言：『十三場茶積而未售者六百一十三萬餘斤，蓋許商人貼射，則善者皆入商人，其入官者皆粗惡不時，故人莫肯售。又園戶輸歲課不足者，使如商人入息，而園戶皆細民，貧弱力不能給，煩擾益甚。又姦人倚貼射爲名，強市盜販，侵奪官利，其弊不可不革。』十月，遂罷貼射法，官復給本錢市茶。商人入錢以售茶者，奭等又欲優之，請凡入錢京師售海州、荊南茶者，損爲七萬七千，售真州等四務十三場茶者，又第損之，給茶皆直十萬。自是，河北入中復用三說法，舊給東南緡錢者，以京師榷貨務錢償之。

奭等議既用，益以李諮等變法爲非。明年，摭計置司所上天聖二年比視增虧數差謬，詔令嘗典議官張士遜等條析。夷簡言：『天聖初，環慶等路數奏芻糧不給，京師府藏常闕緡錢，吏兵月奉僅能取足。自變法以來，京師積錢多，邊計不聞告乏，中間蕃部作亂，調發兵馬，仰給有司，無不足之患。以此推之，頗有成效。三司比視數目差互不同，非執政所能親自較計。』然士遜等猶被罰，諮罷三司使。初，園戶負歲課者如商人入息，後不能償。至四年，太湖等九場凡逋息錢十三萬緡，詔悉蠲之。然自奭等改制，而茶法寖壞。

景祐中，三司吏孫居中等言：『自天聖三年變法，而河北入中虛估之敝，復類乾興以前，蠹耗縣官，請復行見錢法。』時諮已執政矣。三年，河北轉運使楊偕亦陳三說法十二害，見錢法十二利，以謂止用三說所支一分緡錢，足以贍一歲邊計。遂命諮與參知政事蔡齊等合議，且令詔商人訪其利害。是歲三月，諮等請罷河北入中虛估，以實錢償芻粟，實錢售茶，皆如天聖元年之制。又以北商持券至京師，舊必得交引鋪爲之保任，并得三司符驗，然後給錢，以是京師坐賈率多邀求，三司吏稽留爲姦，乃悉罷之，命商持券徑趣榷貨務驗實，立償之錢。初，奭等雖增商人入錢之數，而猶以爲利薄，故競市虛估之券，以射厚利，而入錢者寡，縣

官日以侵削，京師少蓄藏。至是，諮等請視天聖三年入錢數第損一千有奇，入中增直亦視天聖元年數第加三百。詔皆可之。前已用虛估給券者，給茶如舊，仍給景祐二年已前茶。

又卷二九二《李諮傳》 李諮字仲詢，唐趙國公峘之後。峘貶死袁州，因家新喻，遂爲新喻人。諮幼有至性，父文捷出其母，諮日夜號泣，食飲不入口，父憐之而還其母，遂以孝聞。舉進士，真宗顧左右曰：『是能安其親者。』擢第三人，除大理評事、通判舒州，召試中書，爲太子中允、直集賢院。歷三司、開封府判官，再遷左正言，出爲淮南轉運副使。帝幸亳，以勞，遷尚書禮部員外郎。會江南饑，徙江東轉運副使，爲度支判官。擢知制誥，寇準數改諮所擬制辭，諮不樂，以父留鄉里請外，遂出知荊南。會翰林學士闕，宰相擬他官，帝曰：『不如李諮。』遂爲學士。

仁宗即位，超遷本曹郎中、權知開封府，數月，權三司使，拜右諫議大夫。嘗奏事兩宮曰：『天下賦調有定，今西北寢兵且二十年，而邊餽如故。戍兵雖未可減，其末作浮費非本務者，宜一切裁損以厚下。』即詔諮與御史中丞劉筠等同議冗費，以景德較天禧，計所減得十三之上。

時陝西緣邊數言軍食不給，度支都内錢不足支月奉，章獻太后憂之，命呂夷簡、魯宗道、張士遜與諮等經度其事。諮曰：『舊法商人入粟邊郡，算茶與犀象、緡錢，爲虛實三估，出錢十四文，坐得三司錢百文。』諮請變法以實錢入粟，實錢售茶，三者不得相爲輕重。既行而商人果失厚利，怨謗蠭起。諮以疾累請郡，改樞密直學士、知洪州。行數月，而御史臺鞫吏王舉、句獻私商人，多請慈州礬，會計茶法不折虛費錢，妄稱增課百萬緡，以覬恩賞。諮坐不察奪職。

久之，進給事中、知杭州，復樞密直學士、知永興軍。衣冠子弟恃蔭無賴者，諮悉杖之，境内肅然。還，勾當三班院，坐舉吏降左諫議大夫。權三司使事，是歲，禁中火，倉卒營造，應辦舉集。

進尚書禮部侍郎，拜樞密副使。數月，遭父喪，起復，遷戶部侍郎、知院事。是時権茶法寖壞，乃詔諮、蔡齊等更議之。諮以前坐變法得罪，固辭，不許。於是復用諮所變法，語具食貨志。卒，贈右僕射，謚憲成。

諮性明辨，周知世務，其處煩猝，常若閑暇，吏不敢欺。在樞府，專務革濫賞，抑僥倖，人以爲稱職。無子，以族子爲後。

又卷四六七《張惟吉傳》 張惟吉字佑之，開封人。初補入内黄門，遷殿頭、高陽關路走馬承受公事。護塞滑州天臺埽役，遷西頭供奉官，監在京権貨務。知嘉州張約以贓敗，詔與御史王軫往劾其獄。還，領内東門司，爲修奉章獻、章懿太后二陵承受。時議復用李諮権茶算緡法，乃以惟吉爲内殿崇班，復監権貨務。

王端禮

《古今圖書集成・明倫匯編官常典縣尉部・縣尉部匯考》 王端禮

按《吉安府志》：端禮字懋甫，吉水人，登元佑三年進士。時黄庭堅為參詳官，亟稱其試論。初，授連州桂陽尉，進富川，今皆行其所學。端禮平雅謹厚，不妄言笑，進退動止皆有法度，向慕濂洛之學，慨然以斯道自任，探索究極，思以身體之不徒，為言語文字之工。年四十表求致仕，築別墅于南山，延四方來學之士。所著有《強仕集》、《論語解》、《易解》、《疑欲集》、《茶譜》、《字譜》。

釋重顯

宋　釋重顯《祖英集》卷下《送新茶其一》 元化功深陸羽知，雨前微露見鎗旗。收來獻佛餘堪惜，不寄詩家復寄誰。

乘春雀舌占高名，龍麝相資笑解醒。莫訝山家少爲送，鄭都官謂草中英。

《四庫全書總目提要》卷一五二《別集類五》 重顯字隱之，遂州李氏子。幼依普安院僧仁銑。落髮後至靈隱翠峰。晚住明州雪竇。皇佑四年卒。事跡詳具《僧寶傳》。此編乃其詩集。前有僧文政序，稱師自戾止雪竇，或先德言句，師因而頌之，或感興懷別貽贈之作，總輯成二百二十首。末署天聖十年孟陬月。天聖十年即明道元年，是歲十一月改元，故正月猶稱天聖也。重顯戒行清潔，彼教稱為古德。故其詩多語涉禪宗，與

道潛、惠洪諸人專事吟詠者蹊逕稍別。然胸懷脫灑，韻度自高，隨意所如，皆天然拔俗。五言如『靜空孤鶚遠，高柳一蟬新』、『草隨春岸綠，風倚夜濤寒』、『片石幽籠蘚，殘花冷襯云』、『啼狖衝寒影，歸鴻見斷行』。皆綽有九僧遺意。七言絕句如《自貽》、《送僧喜禪人回山》諸篇，亦皆風致清婉，琅然可誦，固非概作禪家酸餡語也。

范仲淹

宋 范仲淹《范文正集》卷二《和章岷從事鬥茶歌》 年年春自東南來，建溪先暖冰微開。溪邊奇茗冠天下，武夷仙人從古栽。新雷昨夜發何處，家家嬉笑穿雲去。露牙錯落一番榮，綴玉含珠散嘉樹。終朝採掇未盈襜，唯求精粹不敢貪。研膏焙乳有雅製，方中圭兮圓中蟾。北苑將期獻天子，林下雄豪先鬥美。鼎磨雲外首山銅，瓶攜江上中泠水。黃金碾畔綠塵飛，紫玉甌心雪濤起。鬥余味兮輕醍醐，鬥余香兮薄蘭芷。其間品第胡能欺，十目視而十手指。勝若登仙不可攀，輸同降將無窮恥。吁嗟天產石上英，論功不愧階前蓂。衆人之濁我可清，千日之醉我可醒。屈原試與招魂魄，劉伶却得聞雷霆。盧仝敢不歌，陸羽須作經。森然萬象中，焉知無茶星。商山丈人休茹芝，首陽先生休采薇。長安酒價減千萬，成都藥市無光輝。不如仙山一啜好，泠然便欲乘風飛。君莫羡花間女郎只鬥草，贏得珠璣滿斗歸。

又 卷三《蕭灑桐廬郡十絕其六》 蕭灑桐廬郡，春山半是茶。新雷還好事，驚起雨前芽。

宋 蔡正孫《詩林廣記》卷八引《藝苑雌黃》 《藝苑雌黃》云：『玉川子有《謝孟諫議惠茶歌》，范希文亦有《鬥茶歌》，此二篇皆佳作也，殆未可以優劣論。然玉川歌云：「至尊之餘合王公，何事便到山人家。」而希文云：「北苑將期獻天子，林下雄豪先鬥美。」若論先後之序，則玉川之言差勝。雖然，如希文豈不知上下之分者哉？亦各賦一時之事耳。』

《宋史》卷三一四《范仲淹傳》 范仲淹字希文，唐宰相履冰之後。其先，邠州人也，後徙家江南，遂爲蘇州吳縣人。仲淹二歲而孤，母更適長山朱氏，從其姓，名說。少有志操，既長，知其世家，迺感泣辭母，去之應天府，依戚同文學。晝夜不息，冬月憊甚，以水沃面；食不給，至以糜粥繼之，人不能堪，仲淹不苦也。舉進士第，爲廣德軍司理參軍，迎其母歸養。改集慶軍節度推官，始還姓，更其名。

監泰州西溪鹽稅，遷大理寺丞，徙監楚州糧料院，母喪去官。晏殊知應天府，聞仲淹名，召寘府學。上書請擇郡守，舉縣令，斥游惰，去冗僭，慎選舉，撫將帥，凡萬餘言。服除，以殊薦，爲祕閣校理。仲淹汎通六經，長於易，學者多從質問，爲執經講解，亡所倦。嘗推其奉以食四方遊士，諸子至易衣而出，仲淹晏如也。每感激論天下事，奮不顧身，一時士大夫矯厲尚風節，自仲淹倡之。

天聖七年，章獻太后將以冬至受朝，天子率百官上壽。仲淹極言之，且曰：『奉親于內，自有家人禮，顧與百官同列，南面而朝之，不可爲後世法。』且上疏請太后還政，不報。尋通判河中府，徙陳州。時方建太一宮及洪福院，市材木陝西。仲淹言：『昭應、壽寧，天戒不遠。今又侈土木，破民產，非所以順人心、合天意也。宜罷修寺觀，減常歲市木之數，以蠲除積負。』又言：『恩倖多以內降除官，非太平之政。』事雖不行，仁宗以爲忠。

太后崩，召爲右司諫。言事者多暴太后時事，仲淹曰：『太后受遺先帝，調護陛下者十餘年，宜掩其小故，以全后德。』帝爲詔中外，毋輒論太后時事。初，太后遺誥以太妃楊氏爲皇太后，參決軍國事。仲淹曰：『太后，母號也，自古無因保育而代立者。今一太后崩，又立一太后，天下且疑陛下不可一日無母后之助矣。』

歲大蝗旱，江、淮、京東滋甚。仲淹請遣使循行，未報。乃請間曰：『宮掖中半日不食，當何如？』帝惻然，迺命仲淹安撫江、淮，所至開倉振之，且禁民淫祀，奏蠲廬舒折役茶、江東丁口鹽錢，且條上救敝十事。

會郭皇后廢，率諫官、御史伏閤爭之，不能得。明日，將留百官揖宰相廷爭，方至待漏院，有詔出知睦州。歲餘，徙蘇州。州大水，民田不得耕，仲淹疏五河，導太湖注之海，募人興作，未就，尋徙明州，轉運使奏留仲淹以畢其役，許之。拜尚書禮部員外郎、天章閣待制，召還，判國子監，遷吏部員外郎、權知開封府。

時呂夷簡執政，進用者多出其門。仲淹上百官圖，指其次第曰：『如此爲序遷，如此爲不次，如此則公，如此則私。況進退近臣，凡超格者，不宜全委之宰相。』夷簡不悅。他日，論建都之事，仲淹曰：『洛陽險固，而汴爲四戰之地，太平宜居汴，即有事必居洛陽。當漸廣儲蓄，繕宮室。』帝問夷簡，夷簡曰：『此仲淹迂闊之論也。』仲淹迺爲四論以獻，大抵譏切時政。且曰：『漢成帝信張禹，不疑舅家，故有新莽之禍。臣恐今日亦有張禹，壞陛下家法。』夷簡怒訴曰：『仲淹離間陛下君臣，所引用，皆朋黨也。』仲淹對益切，由是罷知饒州。

殿中侍御史韓瀆希宰相旨，請書仲淹朋黨，揭之朝堂。於是祕書丞余靖上言曰：『仲淹以一言忤宰相，遽加貶竄，況前所言者在陛下母子夫婦之間乎？陛下既優容之矣，臣請追改前命。』太子中允尹洙自訟與仲淹師友，且嘗薦己，願從降黜。館閣校勘歐陽修以高若訥在諫官，坐視而不言，移書責之。由是，三人者偕坐貶。明年，夷簡亦罷，自是朋黨之論興矣。仲淹既去，士大夫爲論薦者不已。仁宗謂宰相張士遜曰：『向貶仲淹，爲其密請建立皇太弟故也。今朋黨稱薦如此，奈何？』再下詔戒敕。

仲淹在饒州歲餘，徙潤州，又徙越州。元昊反，召爲天章閣待制、知永興軍，改陝西都轉運使。會夏竦爲陝西經略安撫、招討使，進仲淹龍圖閣直學士以副之。夷簡再入相，帝諭仲淹使釋前憾。仲淹頓首謝曰：『臣鄉論蓋國家事，於夷簡無憾也。』

延州諸砦多失守，仲淹自請行，遷戶部郎中兼知延州。先是，詔分邊兵：總管領萬人，鈐轄領五千人，都監領三千人。寇至禦之，則官卑者先出。仲淹曰：『將不擇人，以官爲先後，取敗之道也。』於是大閱州兵，得萬八千人，分爲六，各將三千人，分部教之，量賊衆寡，使更出禦賊。時塞門、承平諸砦既廢，用种世衡策，城青澗以據賊衝，大興營田，且聽民得互市，以通有無。又以民遠輸勞苦，請建鄜城爲軍，以河中、同、華中下戶稅租就輸之。春夏徙兵就食，可省糴十之三，他所減不與。詔以爲康定軍。

明年正月，詔諸路入討，仲淹曰：『正月塞外大寒，我師暴露，不如俟春深入，賊馬瘦人饑，勢易制也。況邊備漸修，師出有紀，賊雖猖獗，固已懾其氣矣。鄜、延密邇靈、夏，西羌必由之地也。第按兵不動，以觀其釁，許臣稍以恩信招來之。不然，情意阻絕，臣恐偃兵無期矣。若臣策不效，當舉兵先取綏、宥，據要害，屯兵營田，爲持久計，則茶山、橫山之民，必挈族來歸矣。拓疆禦寇，策之上也。』帝皆用其議。仲淹又請修承平、永平等砦，稍招還流亡，定堡障，通斥候，城十二砦，於是羌漢之民，相踵歸業。

又 會邊陲有警，因與樞密副使富弼請行邊。於是，以仲淹爲河東、陝西宣撫使，賜黃金百兩，悉分遺邊將。麟州新罹大寇，言者多請棄之，仲淹爲修故砦，招還流亡三千餘戶，蠲其稅，罷榷酤予民。又奏免府州商稅，河外遂安。比去，攻者益急，仲淹亦自請罷政事，迺以爲資政殿學士、陝西四路安撫使、知邠州。其在中書所施爲，亦稍稍沮罷。

以疾請鄧州，進給事中。徙荊南，鄧人遮使者請留，仲淹亦願留鄧，許之。尋徙杭州，再遷戶部侍郎，徙青州。會病甚，請潁州，未至而卒，年六十四。贈兵部尚書，謚文正。初，仲淹病，帝常遣使賜藥存問，既卒，嗟悼久之。又遣使就問其家，既葬，帝親書其碑曰『褒賢之碑』。

仲淹內剛外和，性至孝，以母在時方貧，其後雖貴，非賓客不重肉。妻子衣食，僅能自充。而好施予，置義莊里中，以贍族人。汎愛樂善，士多出其門下，雖里巷之人，皆能道其名字。死之日，四方聞者，皆爲歎息。爲政尚忠厚，所至有恩，邠、慶二州之民與屬羌，皆畫像立生祠事之。及其卒也，羌酋數百人，哭之如父，齋三日而去。四子：純祐、純仁、純禮、純粹。

葉清臣

宋 葉清臣《述煮茶泉品》 夫渭黍汾麻，泉源之異稟，江橘淮枳，土地之或遷，誠物類之有宜，亦臭味之相感也。若乃擷華掇秀，多識草木之名，激濁揚清，能辨淄澠之品，斯固好事之嘉尚，博識之精鑒，自非嘯傲塵表，逍遙林下，樂追王濛之約，不敗陸納之風，其孰能與於此乎？

吳楚山谷間，氣清地靈，草木穎挺，多孕茶荈，為人採拾。大率右於武夷者，為白乳，甲於吳興者，為紫筍，產禹穴者，以天章顯，茂錢塘

者，以徑山稀。至於續廬之巖，雲衡之麓，鴉山著於無歙，蒙頂傳於岷蜀，角立差勝，毛舉實繁。然而天賦尤異、性靡受和，苟制非其妙，烹失於術，雖先雷而嬴，未雨而檐，蒸焙以圖，造作以經，而泉不香、水不甘，爨之、揚之，若淤若滓。

予少得溫氏所著《茶説》，嘗識其水泉之目，有二十焉。會西走巴峽，經蝦蟆窟，北憩蕪城，汲蜀崗井，東遊故都，絕揚子江，留丹陽酌觀音泉，過無錫斞惠山水，粉槍末旗，蘇蘭薪桂，且鼎且缶，以飲以歠，莫不淪氣滌慮，蠲病析酲，祛鄙吝之生心，招神明而還觀。信乎物類之得宜，臭味之所感，幽人之佳尚，前賢之精鑒，不可及已。噫！紫華綠英，均一草也，清瀾素波，均一水也，皆忘情於庶彙，或求伸於知己，不然者，叢薄之莽，溝瀆之流，亦奚以異哉！遊鹿故宮，依蓮盛府，一命受職，再期服勞，而虎丘之觱沸，淞江之清泚，復在封畛。居然挹注是嘗，所得於鴻漸之目，二十而七也。

昔酈元善於《水經》，而未嘗知茶；王肅癖於茗飲，而言不及水表，是二美吾無愧焉。凡泉品二十，列於右幅，且使盡神，方之四兩，遂成奇功，代酒限於七升，無忘真賞云爾。南陽葉清臣述。

《宋史》卷二九五《葉清臣傳》　葉清臣字道卿，蘇州長洲人。父參，終光祿卿。清臣幼敏異，好學善屬文。天聖二年，舉進士，知舉劉筠奇所對策，擢第二。宋進士以策擢高第，自清臣始。授太常寺奉禮郎、簽書蘇州觀察判官事。還爲光祿寺丞、集賢校理，通判太平州、知秀州。入判三司戶部勾院，改鹽鐵判官。

又　時清臣以河北乏兵食，自汴漕米溯河陰輸北道者七十餘萬；又請發大名庫錢，以佐邊糴。而安撫使賈昌朝格詔不從，清臣固爭，且疏其跋扈不臣。宰相方欲兩中之，乃徙昌朝鄭州，罷清臣爲侍讀學士、知河陽。卒，贈左諫議大夫。

清臣天資爽邁，遇事敢行，奏對無所屈。郭承祐妻舒王元偁女，封郡主，給奉；及承祐爲殿前副都指揮使，妻以不加封，請增月給，清臣執奏不可。仁宗曰：『承祐管軍，妻又諸王女，當優之。』清臣曰：『是終爲徼幸。』遂卷其奏置懷中，不行。數上書論天下事，陳九議、十要、五利，皆當世可行者。有文集一百六十卷。子均，爲集賢校理。

《文獻通考》卷一八《征榷考五》　景祐中，葉清臣上疏言：『嘗計茶利歲入，以景祐元年爲率，除本錢外，實收息錢五十九萬餘緡，天下所售受食茶，及本息歲課亦衹及三十四萬緡，而茶商見行六十五州軍，所收稅錢已及五十七萬緡。若令天下通商，衹收稅錢，自是數倍，即榷務、山場及食茶之利，盡可籠取。又況不廢度支之本，不置榷場之官，不興輦運之勞，不濫徒黥之辟。臣意議者謂榷賣有定率，徵稅無彝準，通商之後，必虧歲計。臣按管氏鹽鐵法，計口受賦，茶爲人用，與鹽鐵均，必令天下通行，以口定賦，民獲善利，又去嚴刑，口出數錢，人不厭取。』時下其議，皆以爲不可行。至嘉祐中，何鬲、王嘉麟上書請罷給茶本錢，縱園戶貿易，而官收租錢與所在征算，歸榷貨務以償邊糴之費。時韓琦、富弼等執政，力主其説，乃議弛禁，以三司歲課均賦茶戶，謂之租錢，與諸路本錢悉儲以待邊糴。自是唯蠟茶禁如舊，餘茶肆行天下矣。論者尤謂朝廷志於便人，欲省刑罰，其意良善，然茶戶困於輸錢，而商賈利薄，販鬻者少，州縣徵稅日蹙，給費不充。學士劉敞、歐陽修等頗論其事，略言：『昔時百姓之摘山者，皆受錢於官，今也顧使納錢於官，受納之間，利害百倍；先時百姓冒法販茶者被罰耳，今悉均賦於民，賦不時入，刑亦及之，是良民代冒法者受罪；先時大商賈爲國貿遷，而州郡收其稅，今大商富賈不行，則稅額不登，且乏國用。』時朝廷方排衆論而行之，敞等言不從。

明 陳師《茶考》　世傳烹茶有一横一豎，而細嫩於湯中者，謂之旗槍茶。《麈史》謂之始生而嫩者為一槍，浸大而展為一旗，過此則不堪矣。葉清臣著《茶述》曰『粉槍末旗』，蓋以初生如針而有白毫，故曰粉槍，後大則如旗矣。此與世傳之説不同。亦如《麈史》之意，皆在取列也，不知歐陽公《新茶》詩曰『鄙哉穀雨槍與旗』，王荊公又曰『新茗齋中試一旗』，則似不取也。或者二公以雀舌為旗槍耳，不知雀舌乃茶之下品，今人認作旗槍，非是。故沈存中詩云：『誰把嫩香名雀舌，定應北客未曾嘗。不知靈草天然異，一夜春風一寸長。』或二公又有別論。又觀東坡詩云：『揀芽分雀舌，賜茗出龍團。』終未若前詩評品之當也。

明 郎瑛《七修類稿》卷二〇《辯證類·陶詩紀甲子·茶旗鎗》

世傳烹茶有一橫一豎，而細嫩於湯中者謂之旗鎗茶。《麈史》謂：『茶

之始生而嫩者為一鎗，寖大而展為一旗，過此則不堪矣。』葉清臣《煮茶述》曰：『粉鎗末旗，蓋以初生如針而有白毫，故曰粉鎗，後大則如旗矣。』此與世傳之説不同，亦如《塵史》之意，然皆在取列也，不知歐陽公《新茶》詩曰：『鄙哉穀雨鎗與旗。』王荊公又曰：『新茗齋中試一旗。』則似不取也，或者二公以雀舌為旗鎗耳。世不知雀舌乃茶之下品，今人認作旗鎗，非是，故昔人有詩云：『誰把嫩香名雀舌，定應北客未曾嘗；不知靈草天然異，一夜春風一寸長。』或二公又有別論，亦未可知，姑記之。

明 田藝蘅《煮泉小品》 鴻漸品茶，又云杭州下，而臨安、於潛生於天目山，與舒州同，固次品也。葉清臣則云：茂錢唐者，以徑山稀，今天目遠勝徑山，而泉亦天淵也。洞霄次徑山。

梅堯臣

宋 梅堯臣《宛陵集》卷一《茶竈》 山寺碧溪頭，幽人綠巖畔。夜火竹聲乾，春甌茗花亂。茲無雅趣兼，薪桂煩燃爨。

又 卷七《宋著作寄鳳茶》 春雷未出地，南土物尚凍。呼譟助發生，萌穎彊抽共。團爲蒼玉璧，隱起雙飛鳳。獨應近臣頒，豈得常寮共。顧茲實賤貧，何以叨贈貢。石碾破微綠，山泉貯寒洞。味餘喉舌甘，色薄牛馬湩。陸氏經不經，周公夢不夢。雲脚俗所珍，鳥觜誇仍衆。常常濫盃甌，草草盈罌甕。寧知有奇品，圭角百金中。秘惜誰可邀，虛齋對禽哢。

又 卷九《劉成伯遺建州小片的乳茶十枚因以爲答》 玉斧裁雲片，形如阿井膠。春谿鬭新色，寒籜見重包。價劣萬金敵，名將紫筍拋。桓公不知味，空問楚人茅。

又 卷一二《建溪新茗》 南國溪陰暖，先春發茗芽。采從青竹籠，蒸自白雲家。粟粒烹甌起，龍文御餅加。過茲安得比，顧渚不須誇。

又 卷一五《依韻和杜相公謝蔡君謨寄茶》 天子歲嘗龍焙茶，茶官催摘雨前牙。團香已入中都府，鬭品爭傳太傅家。小石冷泉留早味，紫泥新品泛春華。吳中內史才多少，從此蒓羹不足誇。

又 卷二二《答建州沈屯田寄新茶》 春芽研白膏，夜火焙紫餅。價與黃金齊，包開青篛整。碾爲玉色塵，遠及蘆底井。一啜同醉翁，思君聊引領。

又 卷三六《晏成續太祝遺雙井茶五品茶具四枚近詩六十篇因以爲謝》 始於歐陽永叔席，乃識雙井絕品茶。次逢江東許子春，又出鷹爪與露芽。鷹爪斷之中有光，碾成雪色浮乳花。晏公風流丞相族，以此五色論等差。遠走犀兵至蓬巷，青篛出篋封題加。紋柘冰瓷作精具，靈味一啜驅昏邪。神還氣王讀高詠，六十五篇金出沙。已從鍛鍊出至寶，終老不變傳幽遐。自惟平昔所得者，何異瓦礫空盈車。滌心洗腑彊爲答，愈苦愈拙徒興嗟。

又 卷四四《志來上人寄示酴醿花并壓磚茶有感》 京都三月酴醿開，高架交垂自爲洞。素葉層層紫蕊香，釀歸光祿春生甕。東陌西池走鈿車，芳林廣囿飛朱鞚。二年不到大梁城，江邊淚滴肝腸痛。況茲齒髮漸衰老，已是憂愁不如衆。宣城北寺來上人，獨有一叢盤嫩蕻。去歲遊吳求不得，今朝還喜自持送。眼底雖同往日看，樽前所憶皆成夢。又置新茶采雨前，鳥觜壓塼雲色弄。對花却酒煮香泉，彊詠才慙非白鳳。

又 卷五一《嘗茶和公儀》 都藍携具向都堂，碾破雲團北焙香。湯嫩水輕花不散，口甘神爽味偏長。莫夸李白仙人掌，且作盧仝走筆章。亦欲清風生兩腋，從教吹去月輪傍。

又《得雷太簡自製蒙頂茶》 陸羽舊茶經，一意重蒙頂。比來唯建谿，團片敵金餅。顧渚及陽羨，又復下越茗。近來江國人，鷹爪夸雙井。凡今天下品，非此不覽省。蜀荈久無味，聲名謾馳騁。因雷與改造，帶露摘牙穎。自煮至揉焙，入碾只俄頃。湯嫩乳花浮，香新舌甘永。初分翰林公，豈數博士冷。醉來不知惜，悔許已向醒。重思朋友義，果決在勇猛。倏然乃以贈，蠟囊收細梗。吁嗟茗與鞭，二物誠不幸。我貧事事無，得之似贅癭。

又 卷六〇《南有嘉茗賦》 南有山原兮，不鑿不營，乃產嘉茗兮，囂此衆氓。土膏脈動兮雷始發聲，萬木之氣未通兮，此已吐乎纖萌。一之日雀舌露，掇而製之以奉乎王庭。二之日鳥喙長，擷而焙之以備乎公卿。三之日槍旗聳，搴而炕之將求乎利贏。四之日嫩莖茂，團而範之來充乎賦征。當此時也，女廢蠶織，男廢農耕，夜不得息，晝不得停。取之由一

葉而至一掬，輸之若百谷之赴巨溟。華夷蠻貊，固日飲而無厭；富貴貧賤，不時啜而不寧。所以小民冒險而競鬻，孰謂峻法之與嚴刑。嗚呼！古者聖人為之絲枲絺綌而民始衣，播之禾麰菽粟而民不饑，畜之牛羊犬豕而甘脆不遺，調之辛酸鹹苦而五味適宜，造之酒醴而燕饗之，樹之果蓏而薦羞之，於茲可謂備矣。何彼茗無一勝焉，而競進於今之時？抑非近世之人，體惰不勤，飽食粱肉，坐以生疾，藉以靈荈而消腑胃之宿陳。若然，則斯茗也不得不謂之無益於爾身，無功於爾民也哉。

《宋史》卷四四三《文苑五・梅堯臣》　梅堯臣字聖俞，宣州宣城人，侍讀學士詢從子也。工爲詩，以深遠古淡爲意，間出奇巧，初未爲人所知。用詢蔭爲河南主簿，錢惟演留守西京，特嗟賞之，爲忘年交，引與酬倡，一府盡傾。歐陽脩與爲詩友，自以爲不及。堯臣益刻厲，精思苦學，繇是知名於時。宋興，以詩名家爲世所傳如堯臣者，蓋少也。嘗語人曰：『凡詩，意新語工，得前人所未道者，斯爲善矣；必能狀難寫之景如在目前，含不盡之意見於言外，然後爲至也。』世以爲知言。歷德興縣令，知建德、襄城縣，監湖州稅，簽書忠武、鎮安判官，監永豐倉　永豐倉　按歐陽修歐陽文忠公文集卷三三梅聖俞墓誌銘作『永濟倉』，梅堯臣宛陵集卷三九有永濟倉書事詩，疑此誤。大臣屢薦宜在館閣，召試，賜進士出身，爲國子監直講，累遷尚書都官員外郎。預修唐書，成，未奏而卒，録其子一人。

寶元、嘉祐中，仁宗有事郊廟，堯臣預祭，輒獻歌詩，又嘗上書言兵。注孫子十三篇，撰唐載記二十六卷、毛詩小傳二十卷、宛陵集四十卷。

堯臣家貧，喜飲酒，賢士大夫多從之游，時載酒過門。善談笑，與物無忤，詼嘲刺譏託於詩，晚益工。有人得西南夷布弓衣，其織文乃堯臣詩也，名重於時如此。

文彦博

宋　文彦博《潞公文集》卷四《和公儀湖上烹蒙頂新茶作》　蒙頂露牙春味美，湖頭月館夜吟清。煩酲滌盡沖襟爽，暫適蕭然物外情。

又《蒙頂茶》　舊譜最稱蒙頂味，露牙雲液勝醍醐。公家藥籠雖多品，略采甘滋助道腴。

《續資治通鑑長編》卷二二〇《熙寧四年》　［二月戊辰］是日，上對輔臣言向來茶法之弊。文彦博曰：『非茶法弊，蓋昔年用兵西北，調邊食急，用茶償之，其數既多，茶不售則所在委積，故虛錢多而壞法也。』王安石曰：『榷茶所獲利無多。』吴充曰：『仁宗朝茶法極弊時，歲猶得九十餘萬緡，亦不為少，茶法因用兵而壞，彦博所言是矣。然立法之初，許商人入芻粟邊郡，執交鈔至京師，或使錢、銀、紬、絹，或香藥、象牙惟所欲，商人便之，故法大行。至祥符初，限以三税之法，定立分數，不許從便，客旅拘制；又茶官多買茶之下者，苟足課額，商人得之，往往折閲；又法數變，而民不信，此其所以大壞。如邊鄙無事，法令不為小利輕變易，自無不行之法。』王安石曰：『茶法本亦不善，須挾見錢、香藥等乃能售，蓋見錢、香藥等已足辦邊糴，而茶乃更為賈人之累，以此小賈不能入中，惟大賈能之；惟大賈始能，則邊糴之權制於大賈，此所以糴價常高，而官重費也。』

《宋史》卷一八四《食貨志下六・茶下》　熙寧四年，神宗與大臣論昔茶法之弊，文彦博、吴充、王安石各論其故，然於茶法未有所變。

又卷三一三《文彦博傳》　文彦博字寬夫，汾州介休人。其先本敬氏，以避晉高祖及宋翼祖諱改焉。少與張昪、高若訥從潁昌史炤學，炤母異之，曰：『貴人也。』待之甚厚。及進士第，知翼城縣，通判絳州，爲監察御史，轉殿中侍御史。

又　王中正經制邊事，所過稱受密旨募禁兵，將之而西。彦博以無詔拒之，中正亦不敢募而去。久之，請老，以太師致仕，居洛陽。元祐初，司馬光薦彦博宿德元老，宜起以自輔。宣仁后將用爲三省長官，而言事者以爲不可，乃命平章軍國重事，六日一朝，一月兩赴經筵，恩禮甚渥。然彦博無歲不求退，居五年，復致仕。紹聖初，章惇秉政，言者論彦博朋附司馬光，詆毀先烈，降太子少保。卒，年九十二。崇寧中，預元祐黨籍。後特命出籍，追復太師，謚曰忠烈。

彦博逮事四朝，任將相五十年，名聞四夷。元祐間，契丹使耶律永昌、劉霄來聘，蘇軾館客，與使入覲，望見彦博於殿門外，却立改容曰：

『此潞公也邪？』問其年，曰：『何壯也！』軾曰：『使者見其容，未聞其語。其綜理庶務，雖精練少年有不如；其貫穿古今，雖專門名家有不逮。』使者拱手曰：『天下異人也。』既歸洛，西羌首領溫溪心有名馬，請於邊吏，願以餽彥博，詔許之。其爲外國所敬如此。

彥博雖窮貴極富，而平居接物謙下，尊德樂善，如恐不及。其在洛也，洛人邵雍、程顥兄弟皆以道自重，賓接之如布衣交。與富弼、司馬光等十三人，用白居易九老會故事，置酒賦詩相樂，序齒不序官，爲堂，繪像其中，謂之『洛陽耆英會』，好事者莫不慕之。神宗導洛通汴，而主者遏絕洛水，不使入城中，洛人頗患苦之。彥博因中使劉惟簡至洛，語其故，惟簡以聞。詔令通行如初，遂爲洛城無窮之利。

彥博八子，皆歷要官。第六子及甫，初以大理評事直史館，與邢恕相善。元祐初，爲吏部員外郎，以直龍圖閣知同州。彥博平章軍國，及甫由右司員外郎引嫌改衛尉、光祿少卿。彥博再致仕，及甫知河陽，召爲太僕卿，權工部侍郎，罷爲集賢殿修撰、提舉明道宮。蔡渭、邢恕持及甫私書造梁燾、劉摯之謗，逮詣詔獄，及甫有憾於元祐，從而實之，亦坐奪職。未幾，復之，卒。

論曰：國家當隆盛之時，其大臣必有耆艾之福，推其有餘，足芘當世。富弼再盟契丹，能使南北之民數十年不見兵革。仁人之言，其利博哉！文彥博立朝端重，顧盼有威，遠人來朝，仰望風采，其德望固足以折衝禦侮於千里之表矣。至於公忠直亮，臨事果斷，皆有大臣之風，又皆享高壽於承平之秋。至和以來，共定大計，功成退居，朝野倚重。熙、豐而降，弼、彥博相繼以老，憸人無忌，善類淪胥，而宋業衰矣！書曰：『番番良士，膂力既愆，我尚有之。』豈不信然哉！

歐陽修

宋 歐陽修《文忠集》卷七《嘗新茶呈聖俞》 建安三千里，京師三月嘗新茶。人情好先務取勝，百物貴早相矜誇。年窮臘盡春欲動，蟄雷未起驅龍蛇。夜聞擊鼓滿山谷，千人助叫聲喊呀。萬木寒癡睡不醒，惟有此樹先萌芽。乃知此爲最靈物，宜其獨得天地之英華。終朝採摘不盈掬，通犀銙小圓復窊。鄙哉穀雨槍與旗，多不足貴如刈麻。建安太守急寄我，香蒻包裹封題斜。泉甘器潔天色好，坐中揀擇客亦嘉。新香嫩色如始造，不似來遠從天涯。停匙側盞試水路，拭目向空看乳花。可憐俗夫把金錠，猛火炙背如蝦蟇。由來真物有真賞，坐逢詩老頻咨嗟。須臾共起索酒飲，何異奏雅終淫哇。

又 卷九《雙井茶》 西江水清江石老，石上生茶如鳳爪。窮臘不寒春氣早，雙井芽生先百草。白毛囊以紅碧紗，十斤茶養一兩芽。長安富貴五侯家，一啜猶須三日誇。寶雲日注非不精，爭新棄舊世人情。豈知君子有常德，至寶不隨時變易。君不見建溪龍鳳團，不改舊時香味色。

又 卷一二《和梅公儀嘗茶》 溪山擊鼓助雷驚，逗曉靈芽發翠莖。摘處兩旗香可愛，貢來雙鳳品尤精。寒侵病骨惟思睡，花落春愁未解醒。喜共紫甌吟且酌，羨君蕭灑有餘清。

又《依韻答杜相公寵示之作》 醉翁豐樂一閑身，憔悴今來汴水濱。每聽鳥聲知改節，因吹柳絮惜殘春。平生未省降詩敵，到處何嘗訴酒巡。壯志銷磨都已盡，看花翻作飲茶人。

又 卷四〇《浮槎山水記》 〔嘉祐三年〕浮槎山，在慎縣南三十五里，或曰浮闍山，或曰浮巢山，其事出於浮圖、老子之徒荒怪誕幻之說。其上有泉，自前世論水者皆弗道。

余嘗讀《茶經》，愛陸羽善言水。後得張又新《水記》，載劉伯芻、李季卿所列水次第，以為得之於羽，然以《茶經》考之，皆不合。又新，妄狂險譎之士，其言難信，頗疑非羽之說。及得浮槎山水，然後益知羽為知水者。

浮槎與龍池山皆在廬州界中，較其水味，不及浮槎遠甚。而又新所記，以龍池為第十，浮槎之水，棄而不錄，以此知其所失多矣。羽則不然，其論曰：『山水上，江次之，井為下』，『山水，乳泉、石池漫流者上』。其言雖簡，而於論水盡矣。

浮槎之水，發自李侯。嘉祐二年，李侯以鎮東軍留後出守廬州。因遊金陵，登蔣山，飲其水。既又登浮槎，至其山，上有石池，涓涓可愛，蓋羽所謂乳泉漫流者也。飲之而甘，乃考圖記，問於故老，得其事跡。因以其水遺余於京師。余報之曰：李侯可謂賢矣！

夫窮天下之物，無不得其欲者，富貴者之樂也。至於蔭長松，藉豐草，聽山溜之潺湲，飲石泉之滴瀝，此山林者之樂也。而山林之士視天下之樂，不一動其心。或有欲於心，顧力不可得而止者，乃能退而獲樂於斯。彼富貴者之能致物矣，而其不可兼者，惟山林之樂爾。惟富貴者而不得兼，然後貧賤之士有以自足而高世，其不能兩得，亦其理與勢之然歟？今李侯生長富貴，厭於耳目，又知山林之為樂。至於攀緣上下，幽隱窮絕，人不及者，皆能得之，其兼取於物者可謂多矣。

李侯折節好學，善交賢士，敏於為政，所至有能名。凡物不能自見而待人以彰者，有矣，其物未必可貴而因人以重者亦有矣。故予為誌其事，俾世知斯泉發自李侯始也。三年二月二十有四日廬陵歐陽修記

又 卷六四《大明水記》 ［庆历八年］ 世傳陸羽《茶經》，其論水云：『山水上，江水次，井水下。』又云：『山水，乳泉、石池漫流者上，瀑湧湍漱勿食，食久，令人有頸疾。江水取去人遠者，井取汲多者。』其說止於此，而未嘗品第天下之水味也。

至張又新為《煎茶水記》，始云劉伯芻謂水之宜茶者有七等，又載羽為李季卿論水，次第有二十種。今考二說，與羽《茶經》皆不合。

羽謂山水上，乳泉、石池又上，江水次，而井水下。伯芻以揚子江為第一，惠山石泉為第二，虎丘石井第三，丹陽寺井第四，揚州大明寺井第五，而松江第六，淮水第七，與羽說皆相反。季卿所說二十水：廬山康王谷水第一，無錫惠山石泉第二，蘄州蘭溪石下水第三，扇子峽蝦蟆口水第四，虎丘寺井水第五，廬山招賢寺下方橋潭水第六，揚子江南零水第七，洪州西山瀑布第八，桐柏淮源第九，廬州龍池山頂水第十，丹陽寺井第十一，揚州大明寺井第十二，漢江中零水第十三，玉虛洞香溪水第十四，武關西洛水第十五，松江水第十六，天台千丈瀑布水第十七，郴州圓泉第十八，嚴陵灘水第十九，雪水第二十。如蝦蟆口水、西山瀑布、天台千丈瀑布，皆羽戒人勿食，食而生疾。其餘江水居山水上，井水居江水上，皆與羽經相反，疑羽不當二說以自異。使誠羽說，何足信也？得非又新妄附益之耶？其述羽辨南零岸水，特怪其妄也。水味有美惡而已，欲舉天下之水，一二而次第之者，妄說也。故其為說，前後不同如此。

然此井，為水之美者也。羽之論水，惡渟浸而喜泉源，故井取汲多者。江雖長流，然眾水雜聚，故次山水。惟此說近物理云。

又卷六五《〈龍茶録〉後序》 ［治平元年］ 茶為物之至精，而小團又其精者，録敘所謂上品龍茶者是也。蓋自君謨始造而歲貢焉。仁宗尤所珍惜，雖輔相之臣未嘗輒賜。惟南郊大禮致齋之夕，中書、樞密院各四人共賜一餅，宮人翦金為龍鳳花草貼其上。兩府八家分割以歸，不敢碾試，但家藏以為寶，時有佳客，出而傳玩爾。至嘉祐七年，親享明堂，齋夕，始人賜一餅。余亦忝預，至今藏之。余自以諫官供奉仗內，至登二府，二十餘年，才一獲賜。而丹成龍駕，舐鼎莫及，每一捧玩，清血交零而已。因君謨著録，輒附於後，庶知小團自君謨始，而可貴如此。治平甲辰七月丁丑，廬陵歐陽修書還公期書室。

宋 歐陽修《居士外集》卷一六《論茶法奏狀》 ［嘉祐五年］

右臣伏見朝廷近改茶法，本欲救其弊失而為國誤計者，不能深思遠慮，究其本末，惟知圖利而不知圖其害。方一二大臣鋭於改作之時，樂其合意，倉卒輕信，遂決而行之。令下之日，猶恐天下有以為非者，遂直詆好言之士，指為立異之人；峻設刑名，禁其論議。事既施行，而人知其不便者，十蓋八九。然君子知時方厭言而意殆不肯言，小人畏法懼罪而不敢言，今行之逾年，公私不便，為害既多，而一二大臣以前者行之太果，令之太峻，勢既難回，不能遽改。而士大夫能知其事者，但騰口於道路，而未敢顯言於朝廷，幽遠之民，日被其患者，徒怨嗟於閭里，而無由得聞於天聽。陛下聰明仁聖，開廣言路，從前容納，補益尤多，今一旦下令改事先為峻法，禁絕人言，中外聞之，莫不嗟駭。語曰：防民之口，甚於防川。川壅而潰，傷人必多，今壅民之口已逾年矣，民之被害者亦已眾矣，古不虛語，於今見焉。臣亦聞方改法之時，商議已定，猶選差官數人分出諸路，訪求利害。然則一二大臣，不惟初無害民之意，實亦未有自信之心。但所遣之人，既見朝廷必欲更改，不敢阻議，又志在希合以求功賞。傳聞所至州縣，不容吏民有所陳述，云朝廷意在必行，但來要一審狀耳。果如所傳，則誤事者多此數人而已。蓋初以輕信於人，施行太果，今若明見其害，救失何遲，患莫大於遂非，過莫深乎不改。臣於茶法本不詳知，但外論既喧，聞聽漸熟。古之為國者，庶人得謗於道，商旅得議於

市，而士得傳言於朝，正為此也。臣竊聞議者謂茶之新法既行，而民無私販之罪，歲省刑人甚多，此一利也。然而為害者五焉：江南、荊湖、兩浙數路之民，舊納茶稅，今變租錢，使民破產亡家，怨嗟愁苦不可堪忍，或舉族而逃，或自經而死，此其為害一也。自新法既用，小商所販至少，大商絕不通行，前世為法以抑豪商，不使過侵國利與為僭侈而已；至於通流貨財，雖三代至治，猶分四民，以相利養，今乃斷絕商旅，此其為害二也。自新法之行，稅茶路分猶有舊茶之稅，而新茶之稅絕少；年歲之間，舊茶稅盡，新稅不登，則損虧國用，此其為害三也。往時官茶容民入雜，故茶多而賤，遍行天下；今民自買賣，須要真茶，真茶不多，其價遂貴，小商不能多販，又不暇遠行，故近茶之處，頓食貴茶，遠茶之方，向去更無茶食，此其為害四也。近年河北軍糧用見錢之法，民入米於州縣，以鈔筭茶於京師，三司為於諸場務中擇近上場，分特留八處，專應副河北入米之人翻鈔筭請；今場務盡廢，然猶有舊茶可筭，所以河北和糴日下，未妨竊聞自明年以後，舊茶當盡，無可筭請，則河北和糴實要見錢，不惟客旅得錢變轉不動，兼亦自京師歲歲輦錢於河北和糴，理必不能，此其為害五也。一利不足以補五害。今雖欲減放租錢以救其弊，此得寬民之一端耳，然未盡公私之利害也，伏望聖慈特詔主議之臣，不護前失，深思今害，黜其遂非之心，無襲弭謗之跡，除去前令，許人獻說，亟加詳定，精求其當，庶幾不失祖宗之舊制。臣冒禁有言，伏待罪責，謹具狀奏聞，伏候。旨。

宋 歐陽修《歸田録》卷一 臘茶出於劍、建，草茶盛於兩浙。兩浙之品，日注為第一。自景祐已後，洪州雙井白芽漸盛，近歲作尤精，囊以紅紗，不過一二兩，以常茶十數斤養之，用辟暑濕之氣，其品遠出日注上，遂為草茶第一。

宋 胡仔《苕溪漁隱叢話·前集》卷四六《東坡九》 唐子西《鬥茶記》云：『唐相李衛公好飲惠山泉，置驛傳送，不遠數千里。而近世歐陽少師作《龍茶録序》，稱嘉佑七年，親享明堂，致齋之夕，始以小團分賜二府，人給一餅，不敢碾試，至今藏之，時熙寧元年也。吾聞茶不問團銙，要之貴新；水不問江井，要之貴活。千里致水，真偽固不可知，就令識真，已非活水。自嘉佑七年壬寅至熙寧元年戊申，首尾七年，更閱三朝，而賜茶猶在，此豈復有茶味哉？』苕溪漁隱曰：『壬午之春，餘赴官閩中漕幕，遂得至北苑觀造貢茶，其最精即水芽，細如針，用禦泉水研造，社前已嘗，貢餘每片計工直四萬錢，分試其色如乳，平生未嘗曾啜此好茶，亦未嘗嘗茶如此之蚤也。』

《宋史》卷一八四《食貨志下六·茶下》 初，所遣官既議弛禁，因以三司歲課均賦茶戶，凡爲緡錢六十八萬有奇，使歲輸縣官。比輸茶時，其出幾倍，朝廷難之，爲損其半，歲輸緡錢三十三萬八千有奇，謂之租錢，與諸路本錢悉儲以待邊糴。自是唯臘茶禁如舊，餘茶肆行天下矣。論者猶謂朝廷志於恤人，欲省刑罰，其意良善；然茶戶困於輸錢，而商賈利薄，販鬻者少，州縣征稅日蹙，經費不充，學士劉敞、歐陽脩頗論其事。敞疏大要以謂先時百姓之摘山者，受錢於官，而今也顧使之納錢於官，受納之間，利害百倍；先時百姓冒法販茶者被罰耳，今悉均賦於民，賦不時入，刑亦及之，是良民代冒法者受罪；先時大商富賈爲國懋遷而州郡收其稅，今大商富賈不行，則稅額不登，且乏國用。脩言新法之行，一利而有五害，大略與敞意同。時朝廷方排衆論而行之，敞等雖言，不聽也。

又卷三一九《歐陽修傳》 歐陽修字永叔，廬陵人。四歲而孤，母鄭，守節自誓，親誨之學，家貧，至以荻畫地學書。幼敏悟過人，讀書輒成誦。及冠，嶷然有聲。

宋興且百年，而文章體裁，猶仍五季餘習。鎪刻駢偶，淟涊弗振，士因陋守舊，論卑氣弱。蘇舜元舜欽、柳開、穆脩輩，咸有意作而張之，而力不足。脩游隨，得唐韓愈遺稿於廢書簏中，讀而心慕焉。苦志探賾，至忘寢食，必欲并轡絕馳而追與之並。

舉進士，試南宮第一，擢甲科，調西京推官。始從尹洙游，爲古文，議論當世事，迭相師友，與梅堯臣游，爲歌詩相倡和，遂以文章名冠天下。入朝，爲館閣校勘。

又 脩以風節自持，既數被汙蔑，年六十，即連乞謝事，帝輒優詔弗許。及守青州，又以請止散青苗錢，爲安石所詆，故求歸愈切。熙寧四年，以太子少師致仕。五年，卒，贈太子太師，謚曰文忠。

脩始在滁州，號醉翁，晚更號六一居士。天資剛勁，見義勇爲，雖機

穽在前，觸發之不顧。放逐流離，至于再三，志氣自若也。方貶夷陵時，無以自遣，因取舊案反覆觀之，見其枉直乖錯不可勝數，於是仰天歎曰：『以荒遠小邑，且如此，天下固可知。』自爾，遇事不敢忽也。學者求見，所與言，未嘗及文章，惟談吏事，謂文章止於潤身，政事可以及物。凡歷數郡，不見治迹，不求聲譽，寬簡而不擾，故所至民便之。或問：『爲政寬簡，而事不弛廢，何也？』曰：『以縱爲寬，以略爲簡，則政事弛廢，而民受其弊。吾所謂寬者，不爲苛急；簡者，不爲繁碎耳。』脩幼失父，母嘗謂曰：『汝父爲吏，常夜燭治官書，屢廢而歎。吾問之，則曰：「死獄也，我求其生，不得爾。」吾曰：「生可求乎？」曰：「求其生而不得，則死者與我皆無恨。夫常求其生，猶失之死，而世常求其死也。」其平居教他子弟，常用此語，吾耳熟焉。』脩聞而服之終身。

爲文天才自然，豐約中度。其言簡而明，信而通，引物連類，折之於至理，以服人心。超然獨騖，衆莫能及，故天下翕然師尊之。獎引後進，如恐不及，賞識之下，率爲聞人。曾鞏、王安石、蘇洵、洵子軾轍，布衣屏處，未爲人知，脩即游其聲譽，謂必顯於世。篤於朋友，生則振掖之，死則調護其家。

好古嗜學，凡周、漢以降金石遺文、斷編殘簡，一切掇拾，研稽異同，立說於左，的的可表證，謂之集古録。奉詔修唐書紀、志、表，自撰五代史記，法嚴詞約，多取春秋遺旨。蘇軾敍其文曰：『論大道似韓愈，論事似陸贄，記事似司馬遷，詩賦似李白。』識者以爲知言。

明 陳繼儒《茶董補》 會稽有日鑄嶺，產茶。歐陽修云：兩浙產茶，日鑄第一。《方輿勝覽》

蔡襄

宋 蔡襄《端明集》卷三《即煮山煮茶》 此泉何以珍，適與真茶遇。在物兩稱絕，於予獨得趣。鮮香筯下雲，甘滑杯中露。當能變俗骨，豈特湔塵慮。晝靜清風生，飄蕭入庭樹。中含古人意，來者庶冥悟。

又 卷六《和杜相公謝寄茶》 破春龍焙走新』茶，盡是西溪近社芽。纔拆緘封思退傅，爲留甘旨減藏家。鮮明香色凝雲液，清徹神情敵露華。却笑虛名陸鴻漸，曾無賢相作詩誇。

又 卷七《六月八日山堂試茶》 湖上畫船風送客，江邊紅燭夜還家。今朝寂寞山堂裏，獨對炎暉看雪花。

宋 蔡襄《餽茶書》《茶乘》卷三 襄啟：暑熱，不及通謁，所苦想已平復，日夕風日酷煩無處可避。人生韁鎖如此，可歎可歎！精茶數片不一，襄上公謹左右。

宋 歐陽修《歐陽修全集》卷六五《〈龍茶録〉後序》 茶為物之至精，而小團又其精者，録敘所謂上品龍茶者是也。蓋自君謨始造而歲貢焉。仁宗尤所珍惜，雖輔相之臣未嘗輒賜。惟南郊大禮致齋之夕，中書、樞密院各四人共賜一餅，宮人剪金為龍鳳花草貼其上。兩府八家分割以歸，不敢碾試，但家藏以為寶，時有佳客，出而傳玩爾。至嘉祐七年，親享明堂，齋夕，始人賜一餅。余亦忝預，至今藏之。余自以諫官供奉仗內，至登二府，二十餘年，才一獲賜。而丹成龍駕，舐鼎莫及，每一捧玩，清血交零而已。因君謨著録，輒附於後，庶知小團自君謨始，而可貴如此。治平甲辰七月丁丑，廬陵歐陽修書還公期書室。

又 卷七三《〈茶録〉跋》 善為書者，以真楷為難，而真楷又以小字為難。羲、獻以來，遺跡見於今者多矣，小楷惟《樂毅論》一篇而已，今世俗所傳出故高紳學士家最為真本，而斷裂之餘，僅存百餘字爾。此外吾家率更所書《溫彥博墓銘》亦為絕筆，率更書，世固不少，而小字亦止此而已，以此見前人於小楷難工，而傳於世者少而難得也。

君謨小字新出而傳者二，《集古録目序》橫逸飄發，而《茶録》勁實端嚴，為體雖殊，而各極其妙。蓋學之至者，意之所到，必造其精。予非知書者，以接君謨之論久，故亦粗識其一二焉。治平甲辰。

宋 陳東《跋〈蔡君謨茶録〉》《梁溪漫志》卷八 余聞之先生長者，君謨初為閩漕時，出意造密雲小團為貢物，富鄭公聞之，歎曰：『此僕妾愛其主之事耳，不意君謨亦復為此！』余時為兒，聞此語，亦知感慕。及見《茶録》石本，惜君謨不移此筆書《旅獒》一篇以進。

宋 李光《跋〈蔡君謨茶録〉》《莊簡集》卷一七 蔡公自本朝第一等人，非獨字畫也。然玩意草木，開貢獻之門，使遠民被患，議者不能無遺

恨於斯。

宋 楊時《跋〈茶録〉》 端明蔡公《茶録》一篇，歐陽文忠公所題也。二公齊名一時，皆足垂世傳後。端明又以翰墨擅天下，片言寸簡，落筆人爭藏之，以為寶玩。況盈軸之多而兼有二公之手澤乎？覽之彌日不能釋手，用書於其後。政和丙申夏四月延平楊時書。

宋 劉克莊《後村先生大全集》卷一〇五《〈茶録〉題跋》 余所見《茶録》凡數本，暮年乃得見絹本，見非自喜作此，亦如右軍之於禊帖，屢書不一書乎？公吏事尤高，發姦擿伏如神，而掌書吏輒竊公藏稿，不加罪亦不窮治，意此吏有蕭翼之癖，與其他作姦犯科者不同耶？可發千古一笑。淳祐壬子十月望日，後村劉克莊書，時年六十有二。

宋 蘇軾《東坡全集》卷二三《荔支嘆》 十里一置飛塵灰，五里一堠兵火催。顛阬仆谷相枕藉，知是荔支龍眼來。飛車跨山鶻横海，風枝露葉如新採。宮中美人一破顔，驚塵濺血流千載。永元荔支來交州，天寶歲貢取之涪。至今欲食林甫肉，無人舉觴酹伯游。我願天公憐赤子，莫生尤物爲瘡痏。雨順風調百穀登，民不饑寒爲上瑞。君不見武夷溪邊粟粒芽，前丁後蔡相籠加。爭新買寵各出意，今年鬥品充官茶。吾君所乏豈此物，致養口體何陋耶。洛陽相君忠孝家，可憐亦進姚黄花。

《文獻通考》卷二一八《經籍考四五》 鼂氏曰：皇朝蔡襄君謨撰。襄，皇祐中修注，仁宗嘗面諭云：『昨卿所進龍茶甚精。』襄退而記其烹試之法，成書二卷，進御。世傳歐公聞君謨進小團茶，驚曰：『君謨士人，何故如此。』

《宋史》卷三二〇《蔡襄傳》 蔡襄字君謨，興化仙遊人。舉進士，爲西京留守推官、館閣校勘。范仲淹以言事去國，余靖論救之，尹洙請與同貶，歐陽脩移書責司諫高若訥，由是三人者皆坐譴。襄作四賢一不肖詩，都人士爭相傳寫，鬻書者市之，得厚利。契丹使適至，買以歸，張於幽州館。

慶曆三年，仁宗更用輔相，親擢靖、脩及王素爲諫官，襄又以詩賀，三人列薦之，帝亦命襄知諫院。襄喜言路開，而慮正人難久立也，乃上疏曰：朝廷增用諫臣，脩、靖、素一日並命，朝野相慶。然任諫非難，聽諫爲難；聽諫非難，用諫爲難。三人忠誠剛正，必能盡言。臣恐邪人不利，必造爲禦之之説。其禦之之説不過有三，臣請爲陛下辨之。一曰好名。夫忠臣引君當道，論事唯恐不至，若避好名之嫌無所陳，則土木之人，皆可爲矣。二曰好進。

又 以母老，求知福州，改福建路轉運使，開古五塘溉民田，奏減五代時丁口稅之半。復修起居注。唐介擊宰相，觸盛怒，襄趨進曰：『介誠狂愚，然出於進忠，必望全貸。』既貶春州，又上疏以爲此必死之謫，得改英州。溫成后追冊，請勿立忌，而罷監護園陵官。

進知制誥，三御史論梁適解職，襄不草制。後每除授非當職，輒封還之。帝遇之益厚，賜其母冠帔以示寵，又親書『君謨』兩字，遣使持詔予之。遷龍圖閣直學士、知開封府。襄精吏事，談笑剖決，破姦發隱，吏不能欺。

以樞密直學士再知福州。郡士周希孟、陳烈、陳襄、鄭穆以行義著，襄備禮招延，誨諸生以經學。俗重凶儀，親亡或祕不舉，至破產飯僧，下令禁止之。徙知泉州，距州二十里萬安渡，絶海而濟，往來畏其險。襄立石爲梁，其長三百六十丈，種蠣於礎以爲固，至今賴焉。又植松七百里以庇道路，閩人刻碑紀德。

召爲翰林學士、三司使，較天下盈虛出入，量力以制用。剗剔蠹敝，簿書紀綱纖悉皆可法。

英宗不豫，皇太后聽政，爲輔臣言：『先帝既立皇子，宦妾更加熒惑，而近臣知名者亦然，幾敗大事，近已焚其章矣。』已而外人遂云襄有論議，帝聞而疑之。會襄數謁告，因命擇人代襄。襄乞爲杭州，拜端明殿學士以往。治平三年，丁母憂。明年卒，年五十六。贈吏部侍郎。

襄工於書，爲當時第一，仁宗尤愛之，製元舅隴西王碑文命書之。及令書溫成后父碑，則曰：『此待詔職耳。』不奉詔。於朋友尚信義，聞其喪，則不御酒肉，爲位而哭。嘗飲會靈東園，坐客誤射矢傷人，遽指襄。他日帝問之，再拜愧謝，終不自辨。

蔡京與同郡而晚出，欲附名閥，自謂爲族弟。政和初，襄孫佃廷試唱名，居舉首，京侍殿上，以族孫引嫌，降爲第二，佃終身恨之。乾道中，賜襄謚曰忠惠。

宋 胡仔《苕溪漁隱叢話・後集》卷一一 苕溪漁隱曰：『建安北

苑茶，始于太宗朝，太平興國二年，遣使造之，取像于龍鳳，以別庶飲，由此入貢。至道間，仍添造石乳。其後大小龍茶，又起于丁謂而成于蔡君謨。謂之將漕閩中，實董其事，賦《北苑焙新茶詩》，其序云：「天下產茶者，將七十郡半，每歲入貢，皆以社前火前為名，悉無其實，惟建州出茶有焙，焙有三十六，三十六中，惟北苑發早而味尤佳，社前十五日即采其芽，日數千工，聚而造之，逼社即入貢，工甚大，造甚精，皆載於所撰《建陽茶録》，仍作詩以大其事。」云：「北苑龍茶者，甘鮮的是珍，四方惟數此，萬物更無新。纔吐微茫綠，初沾少許春，散尋縈樹遍，急採上山頻。宿葉寒猶在，芳芽冷未伸，茅茨溪口焙，籃籠雨中民，長疾勾萌併，開齋分兩均，帶煙蒸雀舌，和露疊龍鱗。作貢勝諸道，先嘗只一人，緘封瞻闕下，郵傳渡江濱，特旨留丹禁，殊恩賜近臣，啜為靈藥助，用與上罇親。頭進英華盡，初烹氣味醇，細香勝卻麝，淺色過於筠。顧渚慚投木，宜都愧積薪，年年號供御，天產壯甌閩。」此詩敘貢茶頗為詳盡，亦可見當時之事也。又君謨《茶録序》云：「臣前因奏事，伏蒙陛下諭臣，先任福建轉運使日，所進上品龍茶，最為精好。臣退念草木之微，首辱陛下知鑒，若處之得地，則能盡其材。昔陸羽《茶經》，不第建安之品，丁謂《茶圖》，獨論採造之本，至於烹試，曾未有聞，輒條數事，簡而易明，勒成二篇，名曰《茶録》。

明 高元濬《茶乘》卷二　建安能仁院，有茶生石縫間，僧採造得八餅，號石巖白，以四餅遺蔡襄，以四餅遺王內翰禹玉。歲餘，襄被召還闕，過禹玉。禹玉命子弟於茶笥中選精品碾餉蔡。蔡捧茶未嘗，即曰：『此極似能仁石巖白，公何以得之？』禹玉未信，索帖驗之，果然。

明 徐𤊹《蔡端明別紀·茶癖》　世言團茶始於丁晉公，前此未有也。慶曆中，蔡君謨為福建漕使，更製小團以充歲貢。元豐初，下建州又製密雲龍以獻，其品高於小團，而其製益精矣。曾文昭所謂：『莆陽學士蓬萊仙，製成月團飛上天』。又云：『密雲新樣尤可喜，名出元豐聖天子』是也。唐陸羽《茶經》於建茶尚云未詳，而當時獨貴陽羨茶，歲貢特盛。茶山居湖、常二州之間，修貢則兩守相會。山椒有境會亭，基尚存。盧仝《謝孟諫議茶》詩云：『天子須嘗陽羡茶，百草不敢先開花』是已。然又云：『開緘宛見諫議面，手閱月團三百片』則團茶已見於此。當時李郢《茶山貢焙歌》云：『蒸之護之香勝梅，研膏架動聲如雷。茶成拜表貢天子，萬人爭噉春山摧』。觀研膏之句，則知嘗為團茶無疑。自建茶入貢，陽羨不復研膏，祇謂之草茶而已。《韻語陽秋》

茶之品莫貴於龍鳳，謂之團茶，凡八餅重一斤。慶曆中，蔡君謨為福建路轉運使，始造小片龍茶以進。其品絕精，謂之小團，凡二十餅重一斤。其價值金二兩。然金可有，而茶不可得。每因南郊致齋，中書、樞密院各賜一餅，四人分之，宮人往往縷金花其上，蓋其貴重如此。《歸田録》

故事，建州歲貢大龍鳳團茶各二斤，以八餅為斤。仁宗時，蔡君謨知建州，始別擇茶之精者，為小龍團十斤以獻。斤為十餅。仁宗以非故事，命劾之。大臣為請，因留而免劾。然自是遂為歲額。《石林燕語》

論者謂君謨學行、政事高一世，獨貢茶一事，比於宦官、宮妾之愛君，而閩人歲勞費於茶，貽禍無窮。蘇長公亦以進茶譏君謨，有『前丁後蔡』之語。殊不知理欲同行異情，蔡公之意，主於敬君；丁謂之意，主於媚上，不可一概論也。後曾子固在福州，亦進荔枝，未可以是少之也。《興化志》

丁晉公為福建轉運使，始製鳳團，後又為龍團貢不過四十餅，專擬上供，雖近臣之家，徒聞之未嘗見也。天聖中，蔡君謨又為小團，其品迥加於大團。賜兩府，然止於一斤。惟上大齋宿，八人兩府，共賜小團一餅。縷之以金，八人折歸，以侈非常之賜，親知瞻玩，賡唱以詩。《畫墁録》

建茶盛於江南，近歲制作尤精。龍團茶最為上品，一斤八餅。慶曆中，蔡君謨為福建運使，始造小團以充歲貢，一斤二十餅，所謂上品龍茶者也。仁宗尤所珍惜，雖宰相未嘗輒賜；惟郊禮致齋之夕，兩府各四人共賜一餅。宮人剪金為龍鳳花貼其上，八人分蓄之，以為奇玩，不敢自試，有佳客，出為傳玩。歐陽文忠公云：『茶為物之至精，而小團又其精者也。』嘉祐中，小團初出時也，今小團易得，何至如此珍貴。《澠水燕談録》

歐陽文忠公《嘗新茶呈聖俞》云：『建安三千里，三月嘗新茶。人情好先務取勝，百物貴早相矜誇。年窮臘盡春欲動，蟄雷未起驅龍蛇。夜間擊鼓滿山谷，千人助叫聲喊呀。萬木寒癡睡不醒，惟有此樹先萌芽。乃

知此為最靈物，宜其獨得天地之英華。終朝採摘不盈掬，通犀銙小圓復窊。鄙哉穀雨槍與旗，多不足貴如刈麻。建安太守急寄我，香蒻包裹封題斜。泉甘器潔天色好，坐中揀擇客亦嘉。新香嫩色如始造，不似來遠從天涯。停匙側盞試水路，拭目向空看乳花。可憐俗夫把金錠，猛火炙背如蝦蟆。由來真物有真賞，坐逢詩老頻咨嗟。須臾共起索酒飲，何異奏雅終哇哇。』《次韻再作》云：『吾年向老世味薄，所好未衰惟飲茶。建溪苦遠雖不到，自少嘗見閩人誇。每嗤江浙凡茗草，叢生狼藉惟龍蛇。豈如含膏入香作，金餅蜿蜒兩龍戲以呀。其餘品第亦奇絶，愈小愈精皆露芽。泛之白花如粉乳，乍見紫面生光華。手持心愛不欲碾，有類弄印幾成窊。論功可以療百疾，輕身久服信胡麻。我謂斯言頗過矣，其實最能祛睡邪。茶官貢餘偶分寄，地遠物新來意嘉。親烹屢酌不知厭，自謂此樂真無涯。未言久食成手顫，已覺疾饑生眼花。客遭水厄疲捧碗，口吻無異蝕月蟆。僮奴傍視疑復笑，嗜好乖僻誠堪嗟。更蒙酬句怪可駭，兒曹助噪聲哇哇。』《歐陽文忠公集》

余觀東坡《荔枝歎注》云：『大小龍茶，始於丁晉公，而成於蔡君謨。』歐陽永叔聞君謨進龍團，驚歎曰：『君謨士人也，何至作此事？』今年，閩中監司乞進鬥茶，許之。故其詩云：『武夷溪邊粟粒芽，前丁後蔡相寵加。爭買龍團各出意，今年鬥品充官茶。』則知始作俑者，大可罪也。《冷齋夜話》

蔡君謨善別茶，後人莫及。建安能仁院，有茶生石縫間，寺僧採造得茶八餅，號石巖白。以四餅遺君謨，以四餅密遺人走京師，遺王內翰禹玉。歲餘，君謨被召還闕，訪禹玉。禹玉命子弟於茶笥中選取茶之精品者，碾待君謨。君謨捧甌未嘗，輒曰：『此茶極似能仁石巖白，公何從得之？』禹玉未信，索茶貼驗之，乃服。《墨客揮犀》

王荊公為小學士時，嘗訪君謨。君謨聞公至，喜甚，自取絕品茶，親滌器烹點以待公，冀公稱賞。公於夾袋中取消風散一撮，投茶甌中，併食之。君謨失色。公徐曰：『大好茶味。』君謨大笑，且歎公之真率也。《墨客揮犀》

蔡君謨，議茶者莫敢對公發言。建茶所以名重天下，由公也。後公製小團，其品尤精於大團。一日，福唐蔡葉丞秘教召公啜小團，坐久，復有一客至，公啜而味之曰：『非獨小團，必有大團雜之。』丞驚呼童，曰：『本碾造二人茶，繼有一客至，造不及，乃以大團兼之。』丞服公之明審。《墨客揮犀》

晁氏曰：《試茶録》二卷，皇朝蔡襄撰，皇祐中修注。仁宗常面諭云：卿所進龍茶甚精。襄退而記其烹試之法，成書二卷進御。世傳歐公聞君謨進小團茶，驚曰：君謨士人，何故如此。《文獻通考》

公《茶壟》詩云：造化曾無私，亦有意所加。夜雨作春力，朝雲護日華。千萬碧玉枝，戢戢抽靈芽。

《採茶》詩云：春衫逐紅旗，散入青林下。陰崖喜先至，新苗漸盈把。竟携筠籠歸，更帶山雲寫。

《造茶》詩云屑玉寸陰間，摶金新範裏。規呈月正圓，勢動龍初起。焙出香色全，爭誇火候是。

《試茶》詩云兔毫紫甌新，蟹眼青泉煮。雪凍作成花，雲閒未垂縷。願爾池中波，去作人間雨。《茶書》

晁氏曰：『《東溪試茶録》一卷，皇朝朱子安集拾丁、蔡之遺。』東溪亦建安地名。《茶書》

梅聖俞《和杜相公謝蔡君謨寄茶》云：『天子歲嘗龍焙茶，茶官催摘雨前芽。團香已入中都府，鬭品爭傳太傅家。小石冷泉留早味，紫泥新品泛春華。吳中內史才多少，從此蓴羹不足誇。』因茶而薄蓴羹，是亦至論。陸機以蓴羹對晉武帝羊酪，是時尚未有茶耳。然張華《博物志》，已有『真茶令人不寐』之語。《瀛奎律髓》

陸羽《茶經》、裴汶《茶述》，皆不載建品，唐末，然後北苑出焉。宋朝開寶間，始命造龍團以別庶品。厥後，丁晉公漕閩，乃載之《茶録》。蔡忠惠又造小龍團以進。東坡詩云：『武夷溪邊粟粒芽，前丁後蔡相寵加。吾君所乏豈此物，致養口體何陋邪。』茶之為物，滌煩雪滯，於務學勤政，未必無助。其與進荔枝、桃花者不同。然充類至義，則亦宦官、宮妾之愛君也。忠惠直道高名，與范、歐相亞，而進茶一事，乃儕晉公。君子之舉措，可不慎哉。《鶴林玉露》

歐陽修《龍茶録後序》云：茶為物之至精，而小團又其精者，録敘所謂上品龍茶者是也。蓋自君謨始造而歲貢焉。仁宗尤所珍惜，雖輔相

之臣未嘗輒賜。惟南郊大禮致齋之夕，中書、樞密院各四人共賜一餅，宮人剪金為龍鳳花草貼其上。兩府八家分割以歸，不敢碾試，但家藏以為寶，時有佳客，出而傳玩爾。至嘉祐七年，親享明堂，齋夕，始人賜一餅。余亦忝預，至今藏之。余自以諫官供奉仗內，至登二府，二十餘年，才一獲賜。而丹成龍駕，舐鼎莫及，每一捧玩，清血交零而已。因君謨著録，輒附於後，庶知小團自君謨始，而可貴如此。治平甲辰七月丁丑，廬陵歐陽修書還公期書室。《歐陽文忠集》

北苑茶焙，在建寧吉苑里鳳皇山之麓。咸平中，丁謂為本路漕，監造御茶，歲進龍鳳團。慶曆間，蔡襄為漕使，始改造小龍團茶，尤極精妙。邑人熊蕃詩云：『外臺慶曆有仙官，龍鳳才聞製小團』蓋謂是也。其後，則有細色五綱：第一綱，曰貢新；第二綱，曰試新；第三綱，曰龍團勝雪，曰白茶，曰御苑玉芽，曰萬壽龍芽，曰上林第一，曰乙夜供清，曰承平雅玩，曰龍鳳英華，曰玉除清賞，曰啟沃承恩，曰雪英，曰雲葉，曰蜀葵，曰金錢，曰玉華，曰寸金；第四綱，曰無比壽芽，曰萬春銀葉，曰宜年寶玉，曰玉清慶雲，曰無疆壽龍，曰玉葉長春，曰瑞雲翔龍，曰長壽玉圭，曰興國巖銙，曰香口焙銙，曰上品揀芽，曰新收揀芽；第五綱，曰太平嘉瑞，曰龍苑報春，曰南山應瑞，曰興國揀芽，曰興國巖小龍，曰興國巖小鳳，曰大龍，曰大鳳。其粗色七綱，曰小龍小鳳，曰大龍大鳳，曰不入腦上品揀芽小龍，曰入腦小龍，曰入腦小鳳，曰入腦大龍，入腦大鳳。此茶之名色也。北焙之名，極盛於宋。當時士大夫以為珍異而寶重之。嗟夫，以一草一木之味，而勞民動眾，糜費不貲。餘人不足道，君謨號正人君子，亦忍為此，何也。《北苑雜述》

武夷喊山臺，在四曲御茶園中。製茶為貢，自宋蔡襄始。先是建州貢茶，首稱北苑龍團，而武夷之石乳，名猶未著也。宋劉説道詩云：『靈芽得春光，龍焙收奇芬。進入蓬萊宮，翠甌生白雲。』坡詩詠『粟粒猶記少時聞。』《武夷志》

公《出東門向北路》詩云：『曉行東城隅，光華著諸物。溪漲浪花生，天晴鳥聲出。稍稍見人煙，川原正蒼鬱。』《北苑》詩云：『蒼山走千里，村落分兩臂。靈泉出地清，嘉卉得天味。入門脱世氛，官曹真傲吏。』《建州志》

歐陽公《和梅公儀嘗茶》云：『溪山擊鼓助雷驚，逗曉靈芽發翠莖。摘處兩旗香可愛，貢來雙鳳品尤精。寒侵病骨惟思睡，花落春愁未解醒。喜共紫甌吟且酌，羨君瀟灑有餘清。』《歐陽文集》

歐陽公《送龍茶與許道人》【略】《歐陽文集》

蔡君謨謂范文正曰，公《採茶歌》云：『黃金碾畔綠塵飛，碧玉甌中翠濤起。』今茶絕品，其色甚白，翠綠乃下者耳。欲改為『玉塵飛』、『素濤起』如何？希文曰善。《珍珠船》

蘇才翁與蔡君謨鬥茶，俱用惠山泉。蘇茶少劣，用竹瀝水煎，遂能取勝。《珍珠船》

蔡端明守福州日，試茶必取北郊龍腰泉水，烹煮無沙石氣。手書『苔泉』二字，立泉側。《三山志》

蔡君謨湯取嫩而不取老，蓋為團餅茶發耳。今旗芽槍甲，湯不足則茶神不透，茶色不明，故茗戰之捷，尤在五沸。《太平清話》

東坡云：茶欲其白，常患其黑，墨則反是。然墨磨隔宿則色暗，茶碾過日則香減，頗相似也。茶以新為貴，墨以古為佳，又相反也。茶可於口，墨可於目。蔡君謨老病不能飲，則烹而玩之。呂行甫好藏墨而不能書，則時磨而小啜之，此又可以發來者一笑也。《春渚紀聞》

北苑連屬諸山，茶最勝。北苑前枕溪流，北涉數里，茶皆氣弇然色濁，味尤薄惡，況其遠者乎？亦猶橘過淮為枳也。近蔡公作《茶録》亦云：『隔溪諸山，雖及時加意製造，色味皆重矣。』蔡公又云：『北苑鳳皇山連屬諸焙，所產者味佳。』慶曆中，歲貢有曾坑上品一斤，叢出於此，氣味殊薄。而蔡公《茶録》亦不云曾坑者佳。《東溪試茶録》

龍鳳等茶，皆太宗朝所製。至咸平初，丁晉公漕閩，始載之於《茶録》。慶曆中，蔡君謨將漕，創小龍團以進，被旨乃歲貢之。自小團出，而龍鳳遂為次矣。熊蕃《北苑貢茶録》

君謨論茶色，以青白勝黃白。余論茶味，以黃白勝青白。黃儒《品茶要録》

杭妓周韶，有詩名，好畜奇茗，嘗與蔡君謨鬥勝，題品風味，君謨屈焉。《詩女史》

襄啟：暑熱不及通謁，所苦想已平復。日夕風日酷煩，無處可避，

人生轀鎖如此，可歎可歎。精茶數片，不一一。襄上公謹左右。《宋名賢尺牘》

明 陳繼儒《茶董補》卷上 唐時製茶，不第建安品。五代之季，建屬南唐，諸縣採茶，北苑初造研膏，繼造蠟面，既而又製佳者，曰京挺。宋太平興國二年，始置龍鳳模。遣使即北苑團龍鳳茶，以別庶飲。又一種叢生石崖，枝葉尤茂，至道初，有詔造之，別號石乳；又一種，號的乳；又一種，號白乳。此四種出，而蠟面斯下矣。真宗咸平中，丁謂為福建漕，監御茶，進龍、鳳團，始載之《茶録》。仁宗慶曆中，蔡襄為漕，始改造小龍團以進。旨令歲貢，而龍鳳遂為次矣。神宗元豐間，有旨造密雲龍，其品又加於小團之上。哲宗紹聖中，又改為瑞雲翔龍，至徽宗大觀初，親製《茶論》二十篇，以白茶自為一種，與他茶不同，其條敷闡，其葉瑩薄，崖林之間，偶然生出，非人力可致。正焙之有者，不過四五家，家不過四五株，所造止於一二銙而已。淺焙亦有之，但品格不及，於是白茶遂為第一。既而又製三色細芽及試新銙、貢新銙。自三色細芽出，而瑞雲翔龍又下矣。宣和庚子，漕臣鄭可簡，始創為銀絲水芽。蓋將已揀熟芽再令剔去，止取其心一縷，用珍器貯清泉漬之，光瑩如銀絲然。又製方寸新銙，有小龍蜿蜒其上，號龍團勝雪。又廢白、的、石三鼎乳，造花銙二十餘色。初貢茶皆入龍腦，至是慮奪其味，始不用焉。蓋茶之妙，至勝雪極矣，合為首冠；然在白茶之下者。白茶，上所好也。其茶歲分十餘綱，惟白茶與勝雪，驚蟄前興役，浹日乃成，飛騎仲春至京師，號為綱頭玉芽。《負暄雜録》

陸師閔

《宋史》卷一八四《食貨志下六・茶法下》 五年，李稷死永樂城，詔以陸師閔代之。師閔言稷治茶五年，百費外獲淨息四百二十八萬餘緡，詔賜田十頃。而師閔榷利，尤刻於前，建言：『文、階州接連，而茶法不同，階爲禁地，有博馬、賣茶場，文獨爲通商地。乞文、龍二州並禁榷；仍許川路餘羡茶貨入陝西變賣，於成都府置博賣都茶場。』事皆施行。初，羣牧判官郭茂恂言，賣茶買馬，事實相須，詔茂恂同提舉茶場。至是，師閔以買馬司兼領茶場，茶法不能自立，詔罷買馬司兼領；令茶場都大提舉視轉運使，同管幹視轉運判官，以重其任。賈種民更立茶法，師閔論奏茶場與他場務不同，詔並用舊條。初，李杞增諸州茶場，自熙寧七年至元豐八年，蜀道茶場四十一，京西路金州爲場六，陝西賣茶爲場三百三十二，稅息至稷加爲五十萬，及師閔爲百萬。

元祐元年，侍御史劉摯奏疏曰：『蜀茶之出，不過數十州，人賴以爲生，茶司盡榷而市之。園戶有茶一本，而官市之，額至數十斤。官所給錢，靡耗於公者，名色不一，給借保任，輸入視驗，皆牙儈主之，故費於牙儈者又不知幾何。是官於園戶名爲平市，而實奪之。園戶有逃而免者，有投死以免者，而其害猶及鄰伍。欲伐茶則有禁，欲增植則加市，故其俗論謂地非生茶也，實生禍也。願選使者，考茶法之敝，以蘇蜀民。』右司諫蘇轍繼言：『呂陶嘗奏改茶法，止行長引，令民自販，每緡長引錢百，詔從其請，民方有息肩之望。孫迥、李稷入蜀商度，盡力掊取，息錢、長引並行，民間始不易矣。且盜賊贓及二貫，止徒一年，出賞五千，今民有以錢八百私買茶四十斤者，輒徒一年，賞三十千，立法苟以自便，不顧輕重之宜。蓋造立茶法，皆傾險小人，不識事體。』且備陳五害。呂陶亦條上利害，詔付黃廉體量；未至，摯又言陸師閔恣爲不法，不宜仍任事。詔即罷之。先是，師閔提舉榷茶，所行職務，他司皆不得預聞，事權震灼，爲患深密。及黃廉就領茶事，乃請凡緣茶事有侵損戾法，或措置未當及有訴訟，依元豐令，聽他司關送。十一月，蒲宗閔亦以附會李稷賣茶罷。

又 紹聖元年，復以陸師閔都大提舉成都等路茶事，而陝西復行禁榷。師閔乃奏龍州仍爲禁茶地，凡茶法並用元豐舊條。師閔自復用，以訖哲宗之世，其掊克之迹，不若前日之著，故建明亦罕見焉。

又 卷三三二《陸詵子師閔傳》 師閔以父任爲官。熙寧末，李稷提舉成都路茶場，辟幹當公事；不三年，提舉本路常平，遂居稷職。在蜀茶額三十萬，稷既增而五之，師閔又衍爲百萬。稷死，師閔訟其前功，乞賜之土田。詔賜稷十頃，進師閔都大提舉成都、永興路榷茶，位視轉運使。又兼買馬、監牧，事權震灼，建請無不遂志，所行職事，他司莫預聞。

茶禍既被於秦、蜀，又欲延荊、楚、兩河，神宗不許。元祐初，用御史中丞劉摯言，遣黃廉入蜀訪察。右司諫蘇轍論其六害，謂：『李稷引師閔共事，增額置場，以金銀貨拘民間物折博，賤取而貴出之，其害過於市易。自法始行，至今四變，利益深，民益困。立法之虐，未有甚於此者。』廉奏至，如轍所陳。乃貶師閔主管東嶽廟。

久之，起知蘄州。會復置常平官，李清臣在中書，即以師閔使河北。尋加直祕閣，復領秦、蜀茶事，於是一切如初。又使掾屬詣闕奏券馬事，安壽安壽 疑爲『安燾』之訛。燾，本書卷三二八有傳。、韓忠彥議頗異，獨曾布以爲然，曰：『但行之一年，而以較綱馬，利害即可見矣。』師閔遂請令蕃漢商人願持馬受券者，於熙、秦兩路印驗價給之，而請直于太僕，若此券盛行，則買馬場可罷。既用其策，明年，太僕會綱馬之籍，死者至什二，而券馬所損纔百分一。詔獎之，賜以金帛。改陝西轉運使，加集賢殿修撰、知秦州。

諸道方進築被爵賞，師閔在秦無所事，怏怏不釋。曾布議使督本部兵赴熙河共攻，師閔承命踊躍，集兵四萬以待。而章惇陰諷熙帥鍾傳先出塞，敕師閔聽傳節制，築淺井，又築亂囉，皆不成而還。傳更檄會兵于耳關，未至復卻。秦鳳之師再出再返，勞且弊，言者乞加責，不聽。

旋進寶文閣待制，召爲戶部侍郎。未及拜，坐秦州詐增首虜事，落職知鄞。未幾，還之。歷河南、永興軍、延安府，卒。

《文獻通考》卷一八《征榷考五》 自熙寧七年至元豐八年，蜀道茶場四十一，京西路金州爲場六，陝西賣茶爲場三百三十二，稅息至李稷加爲五十萬，及陸師閔爲百萬云。

《宋會要輯稿·職官四三·都大提舉茶馬司》 〔元豐六年〕四月三日，同提舉茶場公事陸師閔奏：『伏自買馬司兼領茶場而茶法不能自立，蓋有所職既專以多馬為務，而又得與茶事，則其勢不免於取此以益彼。如買馬司用茶買：原作『貢』，據《長編》卷三三四改。，並乞依舊條以錢帛對數交易，仍不許別司取撥茶貨。』詔令蒲宗閔、陸師閔共同詳具利害奏聞。

同日，提舉成都等路茶場陸師閔言：『文州與階州接境，有博馬及賣茶場，龍州舊許通商許：原缺，據本書食貨三〇之一八補。，乞以文、龍二州並為禁地。其秦州本司差官一員造帳，計置川路羨茶，入陝西路出賣，仍於成都置博買都茶場。』從之。

《宋通鑑長編紀事本末》卷七六 〔元豐〕六年四月戊申，同提舉成都府等路茶場陸師閔言：『李稷沒於王事，收穫淨利四百二十八萬餘貫。伏望以稷成就茶法之功，賜之土田。』又言：『文州與階州接界，而兩路茶法不同。階州係禁地，見有博馬及賣茶場；文州係通商地分，兼龍州界亦係相連。乞以文、龍二州並為禁地。』又言：『永興等路，惟是金州所出，及影帶透漏山南私茶，或南方偽造末茶，其價高貴，陝西之民，良以為苦。乞計置川路餘羨茶貨，編入陝西路諸州軍出賣，並依秦鳳等路禁茶地分條貫施行。』又言：『成都府據川陸之會，茶商為多，常患物貨留滯，不免賤入貴停之家。乞于成都府置博買茶都場，隨宜增價出賣，及博易諸般物貨，卻行變轉。其所增利息，並依川路賣食茶及陝西博易條施行。』詔並依師閔所奏，李稷賜棣州官田十頃。初，蜀茶額歲三十萬，至後加為五十萬。及師閔代稷，為百萬。

又 十月辛卯，提舉茶場陸師閔言：『每歲所取息稅，以百萬緡為額，除應副別司年額外，並於陝西等路封樁，以待詔用。』從之。師閔又言：『【略】準朝旨增廣茶法，自措置以來，以所起茶數及見賣價約息，稅錢無慮四十萬緡。而金州所置三場，收息亦當不下六七十萬緡。』詔候及一年，奏取指揮。

劉異

宋 熊藩《宣和北苑貢茶録》 慶曆初，吳興劉異為《北苑拾遺》云：官園中有白茶五六株，而壅培不甚至。茶戶唯有王免者，家一巨株，向春常造浮屋以障風日。

宋 晁公武《郡齋讀書志》卷一二《農家類》 北苑拾遺一卷：右皇朝劉異撰。北苑，建安地名，茶為天下最。異慶曆初在吳興，採新聞，附於丁謂《茶録》之末。其書言條磨調品之器甚備，以補謂之遺也。

《宋史》卷二〇五《藝文四·子類·農家類》 劉異《北苑拾遺》一卷

《文獻通考》卷二一八《經籍考四五》　北苑拾遺一卷

鼂氏曰：皇朝劉異撰。北苑，建安地名，茶爲天下最。異慶曆初在吳興，採新聞，附於丁謂《茶録》之末。其書言滌磨調品之器甚備，以補謂之遺也。

宋 王十朋《集注分類東坡先生詩》卷一六　北苑之地，以溪東葉布為首稱，葉應言次之，葉國又次之，凡隸籍者，三千餘戶。

《四庫全書總目提要》卷一一五《譜録類》　《宋史・藝文志》有呂惠卿《建安茶用記》二卷。章炳文《壑源茶録》一卷，劉異《北苑拾遺》一卷，今俱失傳。所可考見建茶崖略者，惟此與熊蕃、趙汝礪二録爾。

黃儒

宋 黃儒《品茶要録・總論》　說者常怪陸羽《茶經》不第建安之品，蓋前此茶事未甚興，靈芽真筍，往往委翳消腐，而人不知惜。自國初以來，士大夫沐浴膏澤，詠歌昇平之日久矣。夫體勢灑落，神觀沖淡，惟茲茗飲為可喜。園林亦相與摘英夸異，制捲鬻新而趨時之好，故殊絕之品始得自出於蓁莽之間，而其名遂冠天下。借使陸羽復起，閱其金餅，味其雲腴，當爽然自失矣。

因念草木之材，一有負瑰偉絕特者，未嘗不遇時而後興，況於人乎！然士大夫間為珍藏精試之具，非會雅好真，未嘗輒出。其好事者，又嘗論其采制之出入，器用之宜否，較試之湯火，圖於縑素，傳玩於時，獨未有補於賞鑒之明爾。蓋園民射利，膏油其面，色品味易辨而難評。予因收閱之暇，為原采造之得失，較試之低昂，次為十說，以中其病，題曰《品茶要録》云。

又《後論》　余嘗論茶之精絕者，白合未開，其細如麥，蓋得青陽之輕清者也。又其山多帶砂石而號嘉品者，皆在山南，蓋得朝陽之和者也。余嘗事閒，乘晷景之明淨，適軒亭之瀟灑，一取佳品嘗試，既而神水生於華池，愈甘而清，其有助乎！然建安之茶，散天下者不為少，而得建安之精品不為多，蓋有得之者，亦不能辨，能辨矣，或不善於烹試，善烹試矣，或非其時，猶不善也，況非其賓乎？然未有主賢而賓愚者也。夫惟知此，然後盡茶之事。昔者陸羽號為知茶，然羽之所知者，皆今所謂草茶。何哉？如鴻漸所論『蒸筍並葉，畏流其膏』，蓋草茶味短而淡，故常恐去膏；建茶力厚而甘，故惟欲去膏。又論福建為『未詳，往往得之，其味極佳』，由是觀之，鴻漸未嘗到建安歟？

宋 蘇軾《〈品茶要録〉跋》　物有畛而理無方，窮天下之辯，不足以盡一物之理。達者寓物以發其辯，則一物之變，可以盡南山之竹。學者觀物之極，而遊於物之表，則何求而不得？故輪扁行年七十而老於斫輪，庖丁自技而進乎道，由此其選也。

黃君道輔，諱儒，建安人，博學能文，淡然精深，有道之士也。作《品茶要録》十篇，委曲微妙，皆陸鴻漸以來論茶者所未及。非至靜無求，虛中不留，烏能察物之情如其詳哉！昔張機有精理而韻不能高，故卒為名醫；今道輔無所發其辯而寓之於茶，為世外淡泊之好，以此高韻輔精理者。予悲其不幸早亡，獨此書傳於世，故發其篇末云。天都程百二録於忻賞齋

宋 吳逵《題〈品茶要録〉》　茶，宜松，宜竹，宜僧，宜銷夏。比者余結夏於天界最深處，松萬株，竹萬杆，手程幼輿所集《茶品》一編，與僧相對，覺腋下生風，口中露滴，恍然身在清涼國也。今人事不及古人，獨茶政差勝。余每聽高流談茶，其妙旨參人禪玄，不可思議。幼輿從斯搜補之，令茶社與蓮邦共證淨果也。屬鄉人江文炳紀之。

南羅居士吳逵題於小萬松庵

宋 熊蕃《宣和北苑貢茶録》　異時，郡人黃儒始撰《品茶要録》，極稱當時靈芽之富，謂使陸羽數子見之，必爽然自失！

《文獻通考》卷二一八《經籍考四五》　品茶要録一卷

陳氏曰：建安黃儒道父撰。元祐中，東坡嘗跋其後。

明 徐𤊹《〈品茶要録〉跋》　黃儒事跡無考。按《文獻通考》：『陳振孫曰：《品茶要録》一卷，元祐中東坡嘗跋其後。』今蘇集不載此跋，而陳氏之言必有所據，豈蘇文尚有遺耶？然則儒與蘇公同時人也。徐𤊹識。

明 夏樹芳《茶董》卷上　黃儒《品茶要録》云：陸羽《茶經》不第建安之品，蓋前此茶事未興，山川尚閟，露牙真筍委翳消腐，而人不

知耳。宣和中，復有白茶勝雪。熊蕃曰：使黃君閱今日，則前乎此者，未足詫也。

明 黃龍德《茶說·總論》 茶事之興，始於唐而盛於宋。讀陸羽《茶經》及黃儒《品茶要録》，其中時代遞遷，製各有異。唐則熟碾細羅，宋為龍團金餅，鬥巧炫華，窮其製而求耀於世，茶性之真，不無為之穿鑿矣。若夫明興，騷人詞客，賢士大夫，莫不以此相為玄賞。至於曰採造，曰烹點，較之唐、宋，大相徑庭。彼以繁難勝，此以簡易勝；昔以蒸碾為工，今以炒製為工。然其色之鮮白，味之雋永，無假於穿鑿，是其製不法唐、宋之法，而法更精奇，有古人思慮所不到。而今始精備茶事，至此即陸羽復起，視其巧製，啜其清英，未有不爽然為之舞蹈者。故述國朝《茶說》十章，以補宋黃儒《茶録》之後。

明 王澹翁《〈品茶要録〉跋》 嘗於殘楮中得《品茶要録》，愛其議論。後借閣本《東坡外集》讀之，有此書題跋，乃知嘗為高流所賞識，幸余見之偶同也。傳寫失真，偽舛過半，合五本校之，乃稍審諦如此。回書一過，並附東坡語於後，世必有賞音如吾兩人者。

萬曆戊申春分日澹翁書，時年六十有九

《四庫總目提要》卷一一五《譜録類》 《品茶要録》一卷安徽巡撫采進本，宋黃儒撰。儒字道輔，陳振孫《書録解題》作道父者誤也。建安人。熙寧六年進士。此書不載於《宋史藝文志》，明新安程百二始刊行之。有蘇軾書後一篇，稱儒博學能文，不幸早亡，云其文見閣本《東坡外集》。上元焦竑因録附其後。然《東坡外集》實偽本，則此文亦在疑信間也。書中皆論建茶，分為十篇。一採造過時，二白合盜葉，三入雜，四蒸不熟，五過熟，六焦釜，七壓葉，八清膏，九傷焙，十辯壑源沙溪。前後各為總論一篇，大旨以茶之採制烹試，各有其法，低昂得失，所辨甚微。園民射利售欺，易以淆混，故特詳著其病以示人。與他家《茶録》惟論地產品目及烹試器具者，用意稍別。惟東溪《試茶録》內有茶病一條，所稱烏蒂白合蒸芽必熟諸語，亦僅略陳端緒，不及此書之詳明。録存其說，亦可以互資考証也。

呂陶

宋 呂陶《净德集》卷三八一《以茶寄宋君儀有詩見答和之》

九峰之民多種茶，山村櫛比千萬家。朝脯伏臘皆仰此，累歲憑恃爲生涯。一朝使者怱禁榷，振舉法令搖三巴。錐刀盡毫髮，鞭朴過網罝。悲哉西南人，生長逢勳華。垂髫以來至白首，未識此事徒憂嗟。議欲伐茗荈，不如植禾麻。一花五出最爲早，焙戸常于火前造。春來畏罪不敢言，芽甲任隨黃葉老。安得仙崖凝露膏，寄與交朋叙勤好。廣平先生風格清，坐聽萬事心無營。日高睡覺懶慵起，不欲世態昏瞳睛。誠宜玉筒摘佳品，或向武夷搜早英。汲将楚谷水，就取石鼎烹。可以助君淳深幽寂之道味，高古平淡之詩情。小方片甲洎觜翼，凡下不足論芳馨。西湖所採者，抑亦傳虚名。不執符移往，不由關市征。而乃輒贈遺，豈非干典刑。高賢接物自無間，野夫得以芹爲誠。長謠三百言，重報不稱輕。文錦方能致珠琲，木瓜安敢邀瑰瓊。再拜捧嘉貺，讀之如寵驚。感君裁詩誤題品，勸君避患宜詳審。平日視世途，孤心已寒凜。坐逢俗客不須嘗，亦恐持之爲冒禁。

又 卷三八《答岳山蓮惠茶》 春芽不染焙中煙，山客勤勤惠至前。洗滌肺肝時一啜，恐如雲露得超仙。

宋 蘇轍《欒城集》卷三六《論蜀茶五害狀》 是時知彭州呂陶奏乞改法，只行長引，令民自販茶，每茶一貫，出長引錢一百，更不得取息，得旨依奏。民間聞之，方有息肩之望。

《宋史》卷一八四《食貨志下六·茶下》 十年，知彭州呂陶言：『川峽四路所出茶，比東南十不及一，諸路既許通商，兩川却爲禁地，虧損治體。如解州有鹽池，民間煎者乃是私鹽，晉州有礬山，民間煉者乃是私礬，今川蜀茶園，皆百姓己物，與解鹽、晉礬不同。又市易司籠制百貨，歲出息錢不過十之二，然必以一年爲率；今茶場司務重立法，盡榷民茶，隨買隨賣，取息十之三，或今日買十千之茶，明日即作十三千賣之，變轉不休，比至歲終，豈止三分？』因奏劉佐、李杞、蒲宗閔等苟希進用，必欲出息三分，致茶戸被害。始詔息止收十之一，佐坐措置乖方罷，以國子博士李稷代之，而陶亦得罪。稷依李杞例兼三司判官，仍委

權不限員舉劾。

又 元祐元年，侍御史劉摯奏疏曰：『蜀茶之出，不過數十州，人賴以爲生，茶司盡榷而市之。園戶有茶一本，而官市之，額至數十斤。官所給錢，靡耗於公者，名色不一，給借保任，輸入視驗，皆牙儈主之，故費於牙儈者又不知幾何。是官於園戶名爲平市，而實奪之。園戶有逃而免者，有投死以免者，而其害猶及鄰伍。欲伐茶則有禁，欲增植則加市，故其俗論謂地非生茶也，實生禍也。願選使者，考茶法之敝，以蘇蜀民。』右司諫蘇轍繼言：『呂陶嘗奏改茶法，止行長引，令民自販，每緡長引錢百，詔從其請，民方有息肩之望。孫迥、李稷入蜀商度，盡力掊取，息錢、長引並行，民間始不易矣。且盜賊贓及二貫，止徒一年，出賞五千，今民有以錢八百私買茶四十斤者，輒徒一年，賞三十千，立法苟以自便，不顧輕重之宜。蓋造立茶法，皆傾險小人，不識事體。』且備陳五害。呂陶亦條上利害，詔付黃廉體量，未至，摯又言陸師閔恣爲不法，不宜仍任事。詔即罷之。先是，師閔提舉榷茶，所行職務，他司皆不得預聞，事權震灼，爲患深密。及黃廉就領茶事，乃請凡緣茶事有侵損戾法，或措置未當及有訴訟，依元豐令，聽他司關送。十一月，蒲宗閔亦以附會李稷賣茶罷。

又 卷三四六《呂陶傳》 呂陶字元鈞，成都人。蔣堂守蜀，延多士入學，親程其文，嘗得陶論，集諸生誦之，曰：『此賈誼之文也。』陶時年十三，一坐皆驚。由是禮諸賓筵。一日，同遊僧舍，共讀寺碑，酒闌，堂索筆書碑十紙，行斷句闕，以示陶曰：『老夫不能盡憶，子爲我足之。』陶書以獻，不繆一字。

中進士第，調銅梁令。民龐氏姊妹三人冒隱幼弟田，弟壯，愬官不得直，貧至庸奴於人。及是又愬，陶一問，三人服罪，弟泣拜，願以田半作佛事以報。陶曉之曰：『三姊皆汝同氣，方汝幼時，適爲汝主之爾；不然，亦爲他人所欺。與其捐半供佛，曷若遺姊，復爲兄弟，顧不美乎？』弟又拜聽命。

知太原壽陽縣。府帥唐介辟簽書判官，暇日促膝晤語，告以立朝事君大節，曰：『君廊廟人也。』以介薦，應熙寧制科。時王安石從政，改新法，陶對策枚數其過，大略謂：『賢良之旨，貴犯不貴隱。臣愚，敢忘斯義。陛下初即位，願不惑理財之說，不間老成之謀，不興疆埸之事。陛下措意立法，自謂庶幾堯、舜，然陛下之心如此，天下之論如彼，獨不反而思之乎？』及奏第，神宗顧安石取卷讀，讀未半，神色頗沮。神宗覺之，使馮京竟讀，謂其言有理。司馬光、范鎮見陶，皆曰：『自安石用事，吾輩言不復效，不意君及此，平生聞望，在茲一舉矣。』

安石既怒孔文仲，科亦隨罷，陶雖入等，纔通判蜀州。張商英爲御史，請廢永康軍，下旁郡議，陶以爲不可。及知彭州，威、茂夷入寇，陶召大姓潛具守備，城門啟閉如平時，因以永康前議上于朝，軍遂不廢。

王中正爲將，蜀道畏事之甚謹，而其所施悉謬盭，陶奏召還之。李杞、蒲宗閔來摧茶，西州騷動。陶言：『川蜀産茶，視東南十不及一，諸路既皆通商，兩川獨蒙禁摧。茶園本是稅地，均出賦租，自來敷賣以供衣食，蓋與解鹽、晉礬不同。今立法太嚴，取息太重，遂使良民枉陷刑辟，非陛下仁民愛物之意也。』宗閔怒，劾其沮敗新法，責監懷安商稅。或往弔之，陶曰：『吾欲假外郡之虛名，救蜀民百萬之實禍。幸而言行，所濟多矣，敢有榮辱進退之念哉。』起知廣安軍，召爲司門郎中。

又 哲宗始親政，陶言：『太皇太后保祐九年，陛下所深知，尊而報之，惟恐不盡。然臣猶以無可疑爲疑，不必言而言，萬一有姦邪不正之謀，上惑淵聽，謂某人宜復用，某事宜復行，此乃治亂安危之機，不可不察也。』俄以集賢院學士知陳州，徙河陽、潞州，例奪職，再貶庫部員外郎，分司。徽宗立，復集賢殿修撰、知梓州，致仕。卒，年七十七。

《文獻通考》卷一八《征榷考五》 知彭州呂陶言：『川陝四路所出茶貨，北方東南諸處，十不及一，諸路既許通商，兩川却爲禁地，虧損治體，莫甚於斯。只如解州有鹽池，民間煎者乃是私鹽；晉州有礬山，民間煉者乃是私礬。今川蜀茶園乃百姓已物，顯與解鹽、晉礬事體不同。恭惟仁聖 民之心，必不如此。』又言：『國家置市易司籠制百貨，歲出息錢不過十之二，必以一年爲率。今茶場司不以一年爲率，務重立法，盡榷民茶，隨買隨賣，取息十之三，或今日買十千之茶，明日即作十三千賣之客旅，日以官本變轉，殊不休已，比至歲終，不可勝算，豈止三分而已？此於市易之條自相違戾。又客旅及儈人以榷茶，不許私交市，共邀難園戶，於外預商計裁價，園戶畏法懼罪，且欲變貨營生，窮迫之間，勢

不獲已，則一聽客言，斤收實錢七分賣之官，餘三分留爲客人買茶之息。如此則園戶有三分之虧，而官中名得其息，自是園戶本錢，客人無所費也。乞下本路體量更改。』不報。

沈括

宋 沈括《夢溪筆談》卷一二《官政二·本朝茶法》 乾德二年，始詔在京、建州、漢、蘄口各置榷貨務。五年，始禁私賣茶，從不應為情理重。太平興國二年，刪定禁法條貫，始立等科罪。

淳化二年，令商賈就園戶買茶，公於官場貼射，始行貼射法。淳化四年，初行交引，罷貼射法；西北入粟給交引，自通利軍始；是歲罷諸處榷貨務，尋復依舊。

至咸平元年，茶利錢以一百三十九萬二千一百一十九貫三百一十九為額。至嘉祐三年，凡六十一年用此額，官本雜費皆在內，中間時有增虧，歲入不常。咸平五年，三司使王嗣宗始立三分法，以十分茶價，四分給香藥，三分犀象，三分茶引。六年，又改支六分香藥、犀象，四分茶引。景德二年，許人入中錢帛金銀，謂之三說。

至祥符九年，茶引益輕，用知秦州曹瑋議，就永興、鳳翔以官錢收買客引，以救引價，前此累增加饒錢。

至天禧二年，鎮戎軍納大麥一斗，本價通加饒共支錢一貫二百五十四。

乾興元年，改三分法，支茶引三分，東南見錢二分半，香藥四分半。天聖元年，復行貼射法，行之三年，茶利盡歸大商，官場但得黃晚惡茶，乃詔孫奭重議，罷貼射法。明年，推治元議省吏計覆官、旬獻等皆決配沙門島，元詳定樞密副使張鄧公、參知政事呂許公、魯肅簡各罰俸一月，御使中丞劉筠、入內內侍省副都知周文質、西上閤門使薛昭廓、三部副使各罰銅二十斤，前三司使李諮落樞密直學士，依舊知洪州。

皇祐三年，算茶依舊只用見錢。至嘉祐四年二月五日，降勑罷茶禁。

國朝六榷貨務、十三山場，都賣茶歲一千五十三萬三千七百四十七斤半，祖額錢二百二十五萬四千四十七貫一十。

其六榷貨務，取最中，嘉祐六年，抛占茶五百七十三萬六千七百八十六斤半，祖額錢一百九十六萬四千六百四十七貫二百七十八。荊南府祖額錢三十一萬五千一百四十八貫三百七十五，受納潭、鼎、澧、岳、歸、峽州、荊南府片散茶共八十七萬五千三百五十七斤。漢陽軍祖額錢二十一萬八千三百二十一貫五十一，受納鄂州片茶二十三萬八千三百斤半。蘄州蘄口祖額錢三十五萬九千八百三十九貫八百一十四，受納潭、建州、興國軍片茶五十萬斤。無為軍祖額錢三十四萬八千六百二十貫四百三十，受納潭、筠、袁、池、饒、建、歙、江、洪州、南康、興國軍片散茶共八十四萬二千三百三十三斤。真州祖額錢五十一萬四千二十二貫九百三十二，受納潭、袁、池、饒、歙、建、撫、筠、宣、江、吉、洪州、興國、臨江、南康軍片散茶共二百八十五萬六千二百六斤。海州祖額錢三十萬八千七百三貫六百七十六，受納睦、湖、杭、越、衢、溫、婺、台、常、明、饒、歙州片散茶共四十二萬四千五百九十斤。

十三山場祖額錢共二十八萬九千三百九十九貫七百三十二，共買茶四百七十九萬六千九百六十一斤。光州光山場買茶三十萬七千二百十六斤，賣錢一萬二千四百五十六貫；子安場買茶二十二萬八千三十斤，賣錢一萬三千六百八十九貫三百四十八；商城場買茶四十萬五百五十三斤，賣錢二萬七千七十九貫四百四十六。壽州麻步場買茶三十三萬一千八百三十三斤，賣錢三萬四千八百一十一貫三百五十；霍山場買茶五十三萬二千三百九斤，賣錢三萬五千五百九十五貫四百八十九；開順場買茶二十六萬九千七十七斤，賣錢一萬七千一百三十貫。廬州王同場買茶二十九萬七千三百二十八斤，賣錢一萬四千三百五十七貫六百四十二。黃州麻城場買茶二十八萬四千二百七十四斤，賣錢一萬二千五百四十貫。舒州羅源場買茶一十八萬五千八十二斤，賣錢一萬四百六十九貫七百八十五；太湖場買茶八十二萬九千三十二斤，賣錢三萬六千九十六貫六百八十。蘄州洗馬場買茶四十萬斤，賣錢二萬六千三百六十貫；王祺場買茶一十八萬二千二百二十七斤，賣錢一萬一千九百五十三貫九百三十二；石橋場買茶五十五萬斤，賣錢三萬六千八十貫。

又 卷二四 茶芽，古人謂之雀舌、麥顆，言其至嫩也。今茶之美者，其質素良，而所植之土又美，則新牙一發，便長寸許，其細如針。唯

牙長為上品，以其質幹、土力皆有餘故也。如雀舌、麥顆者，極下材耳，乃北人不識，誤為品題。予山居有《茶論》，《嘗茶》詩云：誰把嫩香名雀舌？定來北客未曾嘗。不知靈草天然異，一夜風吹一寸長。

宋 沈括《嘗茶》《學林新編》卷八　黃金碾畔綠塵飛，碧玉甌中翠濤起。

《宋史》卷三三一《沈括傳》　括字存中，以父任爲沭陽主簿。縣依沭水，乃職方氏所書『浸曰沂、沭』者，故跡漫爲汙澤，括新其二坊，疏水爲百渠九堰，以播節原委，得上田七千頃。

擢進士第，編校昭文書籍，爲館閣校勘，删定三司條例。故事，三歲郊丘之制，有司按籍而行，藏其副，吏沿以干利。壇下張幔，距城數里爲園囿，植采木、刻鳥獸綿絡其間。將事之夕，法駕臨觀，御端門、陳仗衛以閱嚴警，游幸登賞，類非齋祠所宜。乘輿一器，而百工侍役者六七十輩。括考禮沿革，爲書曰南郊式。即詔令點檢事務，執新式從事，所省萬計，神宗稱善。

又　括博學善文，於天文、方志、律曆、音樂、醫藥、卜算，無所不通，皆有所論著。又紀平日與賓客言者爲筆談，多載朝廷故實、耆舊出處，傳於世。

吕惠卿

宋 晁公武《郡齋讀書志》卷一二《農家類》　吕惠卿《建安茶记》一卷，右皇朝吕惠卿撰。

《宋史》卷二〇五《藝文志四・子類・農家類》　吕惠卿建安茶用記二卷

又 卷四七一《奸臣一・吕惠卿傳》　吕惠卿字吉甫，泉州晉江人。父璹習吏事，爲漳浦令。縣處山林蔽翳間，民病瘴霧蛇虎之害，璹教民焚燎而耕，害爲衰止。通判宜州，儂智高入寇，轉運使檄璹與兵會，或勸勿行，不聽。將二千人躡賊後以往，得首虜爲多。爲開封府司録，鞫中人史志聰役衛卒伐木事，吏多爲之地，璹窮治之，志聰以謫去。終光祿卿。

惠卿起進士，爲真州推官。秩滿入都，見王安石，論經義，意多合，遂定交。熙寧初，安石爲政，惠卿方編校集賢書籍，安石言於帝曰：『惠卿之賢，豈特今人，雖前世儒者未易比也。學先王之道而能用者，獨惠卿而已。』及設制置三司條例司，以爲檢詳文字，事無大小必謀之，凡所建請章奏皆其筆。擢太子中允、崇政殿説書、集賢校理，判司農寺。

司馬光諫帝曰：『惠卿憸巧非佳士，使安石負謗於中外者皆其所爲。安石賢而愎，不閑世務，惠卿爲之謀主，而安石力行之，故天下并指爲姦邪。近者進擢不次，大不厭衆心。』帝曰：『惠卿進對明辨，亦似美才。』光曰：『惠卿誠文學辨慧，然用心不正，願陛下徐察之。江充、李訓若無才，何以能動人主？』帝默然。光又貽書安石曰：『諂諛之士，於公今日誠有順適之快，一旦失勢，將必賣公自售矣。』安石不悦。

又　徽宗立，易節鎮南。因曾布有宿憾，徙爲杭州，而用范純粹帥延，治其上功罔冒事，奪節度。布去位，復武昌節度使，知大名。數歲，又以上表引喻失當，還爲銀青光祿大夫，令致仕。崇寧五年，起爲觀文殿學士、知杭州。坐其子淵聞妖人張懷素言不告，淵配沙門島，惠卿責祁州團練副使，安置宣州，再移廬州。復觀文殿學士，爲醴泉觀使，致仕。卒，贈開府儀同三司。

始，惠卿逢合安石，驟致執政，安石去位，遂極力排之，至發其私書於上。安石退處金陵，往往寫『福建子』三字，蓋深悔爲惠卿所誤也。雖章惇、曾布、蔡京當國，咸畏惡其人，不敢引入朝。以是轉徙外服，訖於死云。

《文獻通考》卷二一八《經籍考四五》　吕惠卿《建安茶記》一卷

鼂氏曰：皇朝吕惠卿撰。

《四庫總目提要》卷一一五《譜録類・東溪試茶録》　《宋史・藝文志》有吕惠卿《建安茶用記》二卷。章炳文《壑源茶録》一卷，劉異《北苑拾遺》一卷，今俱失傳。所可考見建茶崖略者，惟此與熊蕃、趙汝礪二録爾。

蘇軾

宋蘇軾《東坡全集》卷一《與姜唐佐簡》 已取天慶觀乳泉，潑建茶之精者，念非君莫與共之。

又卷三《試院煎茶》 蟹眼已過魚眼生，颼颼欲作松風鳴。蒙茸出磨細珠落，眩轉遶甌飛雪輕。銀瓶瀉湯誇第二，未識古人煎水意。君不見昔時李生好客手自煎，貴從活火發新泉。又不見今時潞公煎茶學西蜀，定州花瓷琢紅玉。我今貧病常苦饑，分無玉碗捧蛾眉。且學公家作茗飲，磚爐石銚行相隨。不用撑腸拄腹文字五千卷，但願一甌常及睡足日高時。

又卷五《游諸佛舍一日飲釅茶七盞戲書勤師壁》 示病維摩元不病，在家靈運已忘家。何須魏帝一丸藥，且盡盧仝七椀茶。

又卷五《和錢安道寄惠建茶》 我官於南今幾時，嘗盡溪茶與山茗。胸中似記故人面，口不能言心自省。爲君細說我未暇，試評其略差可聽。建溪所産雖不同，一一天與君子性。森然可愛不可慢，骨清肉膩和且正。雪花雨脚何足道，啜過始知真味永。縱復苦硬終可録，汲黯少戇寛饒猛。草茶無賴空有名，高者妖邪次頑懭。體輕雖復强浮沉，性滯偏工嘔酸冷。其間絕品豈不佳，張禹縱賢非骨鯁。葵花玉銙不易致，道路幽險隔雲嶺。誰知使者來自西，開緘磊落收百餅。嗅香嚼味本非別，透紙自覺光炯炯。粃糠團鳳友小龍，奴隸日注臣雙井。收藏愛惜待佳客，不敢包裹鑽權倖。此詩有味君勿傳，空使時人怒生癭。

又卷一八《次韵曹輔寄壑源試焙新茶》 仙山靈草濕行雲，洗遍香肌粉未勻。明月來投玉川子，清風吹破武林春。要知冰雪心腸好，不是膏油首面新。戲作小詩君一笑，從來佳茗似佳人。

又卷二四《種茶》 松間旅生茶，已與松俱瘦。茨棘尚未容，蒙翳爭交構。天公所遺棄，百歲仍稺幼。紫筍雖不長，孤根乃獨壽。移栽白鶴嶺，土軟春雨後。彌旬得連陰，似許晚遂茂。能忘流轉苦，戢戢出鳥咮。未任供臼磨，且可資摘嗅。千團輸大官，百餅衒私鬭。何如此一啜，有味出吾囿。

又卷二五《汲江煎茶》 活水還須活火烹，自臨釣石取深清。大瓢貯月歸春甕，小杓分江入夜缾。已翻煎處脚，松風忽作瀉時聲。枯腸未易禁三盌，坐聽荒城長短更。

又卷二六《黄魯直以詩饋雙井茶次韵爲謝》 江夏無雙種奇茗，汝陰六一誇新書。磨成不敢付僮僕，自看湯雪生璣珠。列仙之儒瘠不腴，只有病渴同相如。明年我欲東南去，畫舫何妨宿太湖。自注：《歸田録》草茶以雙井爲第一。畫舫宿太湖，顧渚貢茶故事。

又卷三九《葉嘉傳》 葉嘉，閩人也。其先處上谷。曾祖茂先，養高不仕，好游名山；至武夷，悦之，遂家焉。嘗曰：吾植功種德，不為時採，然遺香後世，吾子孫必盛於中土，當飲其惠矣。煙先葬郝源，子孫遂為郝源民。至嘉，少植節操，或性之業武。曰：『吾當為天下英武之精，一槍一旗，豈吾事哉。』因而游見陸先生。先生奇之，為著其行録，傳於時。

方漢帝嗜閲經史，時建安人為謁者侍上。上讀其行録而善之。曰：『吾獨不得與此人同時哉！』曰：『臣邑人葉嘉，風味恬淡，清白可愛，頗負其名性有濟世之才，雖羽知猶未詳也。』上驚，敕建安太守，召嘉給傳遣詣京師。郡守始令採訪嘉所在，命賫書示之。嘉未就。遣使臣督促，郡守曰：『葉先生方閉門製作，研味經史，志圖挺立，必不屑進，未可促之。』親至山中，為之勸駕，始行登車。遇相者揖之曰：『先生容質異常，矯然有龍鳳之姿，後當大貴。』嘉以皂囊上封事。天子見之曰：『吾久飫卿名，但未知其實爾，我其試哉。』因顧謂侍臣曰：『視嘉容貌如鐵，資質剛勁，難以遽用，必槌提頓挫之乃可。』遂以言恐嘉曰：『碪斧在前，鼎鑊在後，將以烹子，子視之如何？』嘉勃然吐氣曰：『臣山藪猥士，幸為陛下採擇至此，可以利生，雖粉身碎骨，臣不辭也。』上笑，命以名曹處之，又加樞要之務焉。因誡小黄門監之。有頃報曰：『嘉之所為，猶若粗疏然。』上曰：『吾知其才，第以獨學，未經師耳。』嘉為之屑屑就師，頃刻就事，已精熟矣。上乃敕御史歐陽高，金紫光祿大夫鄭當時，甘泉侯陳平三人與之同事。歐陽疾嘉初進有寵，曰：『吾屬且為之下矣。』計欲傾之。會天子御延英，促召四人。歐但熱中而已，當時以

足擊嘉；而平亦以口侵陵之。嘉雖見侮，為之起立，顏色不變。歐陽悔曰：『陛下以葉嘉見託，吾輩亦不可忽之也。』因同見帝，陽稱嘉美，而陰以輕浮訾之。嘉亦訴於上，上為責歐陽，憐嘉；視其顏色久之，曰：『葉嘉真清白之士也，其氣飄然若浮雲矣。』遂引而宴之。少間，上鼓舌欣然曰：『始吾見嘉，未甚好也，久味其言，令人愛之，朕之精魄，不覺洒然而醒。』書曰：『啟乃心，沃朕心』，嘉之謂也。於是封嘉鉅合侯，位尚書。曰：『尚書，朕喉舌之任也』。由是寵愛日加，朝廷賓客遇會宴，未始不推嘉於上。日引對至於再三。後因侍宴苑中，上飲踰度，嘉輒苦諫，上不悅。曰：『卿司朕喉舌，而以苦辭逆我，余豈堪哉。』遂唾之，命左右仆於地。嘉正色曰：『陛下必欲甘辭利口然後愛耶？臣雖言苦，久則有效，陛下亦嘗試之，豈不知乎。』上顧左右曰：『始吾言嘉剛勁難用，今果見矣。』因含容之，然亦以是疏嘉。

嘉既不得志，退去閩中。既而曰：吾未如之何也已矣。上以不見嘉月餘，勞於萬機，神薾思困，頗思嘉。因命召至，喜甚，以手撫嘉曰：『吾渴欲見卿久矣。』遂恩遇如故。上方欲南誅兩越，東擊朝鮮，北逐匈奴，西伐大宛，以兵革為事，而大司農奏計國用不足，上深患之，以問嘉。嘉為進三策：其一曰榷天下之利，山海之資，一切籍於縣官。行之一年，財用豐贍，上大悅。兵興有功而還。上利其財，故榷法不罷。管山海之利，自嘉始也。居一年，嘉告老，上曰：『鉅合侯其忠可謂盡矣。』遂得爵其子。又令郡守，擇其宗支之良者，每歲貢焉。嘉子二人，長曰摶，有父風，故以襲爵。次子挺，抱黃白之術，比於摶，其志尤淡泊也，嘗散其資，拯鄉閭之困，人皆德之。故鄉人以春伐鼓，大會山中，求之以為常。

贊曰：今葉氏散居天下，皆不喜城邑，惟樂山居。氏於閩中者，蓋嘉之苗裔也。天下葉氏雖夥，然風味德馨，為世所貴，皆不及閩。閩之居者又多，而郝源之族為甲。嘉以布衣遇天子，爵徹侯位八座，可謂榮矣。然其正色苦諫，竭力許國，不為身計，蓋有以取之。夫先王，用於國有節，取於民有制，至於山林川澤之利，一切與民。嘉為策以榷之，雖救一時之急，非先王之舉也。君子譏之，或云管山海之利，始於鹽鐵丞孔僅、桑弘羊之謀也。嘉之策，未行於時；至唐，趙讚始舉而用之。

宋 蘇軾《論茶》《茶集》 除性去膩，世固不可無茶，然暗中損人不少。昔云：『自茗飲盛後，人多患氣，不患黃，雖損益相半，而消陽助陰，益不償損也。』吾有一法，常自珍之。每食已，輒以濃茶漱口。煩膩既去，而脾胃不知，凡肉之在齒間者，得茶漱浸，不覺脱去，不煩刺挑而齒性便苦，緣此漸堅密，蠹病自已。然率用中下茶，其上者，亦不常有。間數日一啜，亦不為害。

宋 趙德麟《侯鯖録》卷四 東坡論茶云：除煩去膩，世固不可無茶，然闇中損人不少。昔人云：自茗飲盛後，人多患氣不足患黃，雖損益相半，而消陽助陰，不償損也。吾有一法，常自修之。每食已，輒以濃茶漱口頰，膩既去而脾胃不知。凡肉之在齒間者，得茶漱浸乃不覺脱去，不煩刺挑也。而齒性便苦，緣此漸堅密，蠹病自已。然率用中下茶，其上者亦不常有。間數日一啜，亦不為害也。此大是有理，而人罕知者，故詳述云。《大唐新語》曰：右補闕母景，博學有著述才。性不飲茶，著《茶飲序》云：釋滯消壅，一日之利暫佳；瘠氣侵精，終身之累則大。獲益則功歸茶力，貽禍則不謂茶災。豈非福近易知，禍遠難見者乎？

《宋史》卷三三八《蘇軾傳》 蘇軾字子瞻，眉州眉山人。生十年，父洵游學四方，母程氏親授以書，聞古今成敗，輒能語其要。程氏讀東漢范滂傳，慨然太息，軾請曰：『軾若爲滂，母許之否乎？』程氏曰：『汝能爲滂，吾顧不能爲滂母邪？』

比冠，博通經史，屬文日數千言，好賈誼、陸贄書。既而讀莊子，歎曰：『吾昔有見，口未能言，今見是書，得吾心矣。』嘉祐二年，試禮部。方時文磔裂詭異之弊勝，主司歐陽脩思有以救之，得軾刑賞忠厚論，驚喜，欲擢冠多士，猶疑其客曾鞏所爲，但置第二；復以春秋對義居第一，殿試中乙科。後以書見脩，脩語梅聖俞曰：『吾當避此人出一頭地。』聞者始譁不厭，久乃信服。

又 徽宗立，移廉州，改舒州團練副使，徙永州。更三大赦，遂提舉玉局觀，復朝奉郎。軾自元祐以來，未嘗以歲課乞遷，故官止於此。建中靖國元年，卒于常州，年六十六。

軾與弟轍，師父洵爲文，既而得之於天。嘗自謂：『作文如行雲流水，初無定質，但常行於所當行，止於所不可不止。』雖嬉笑怒罵之辭，

皆可書而誦之。其體渾涵光芒，雄視百代，有文章以來，蓋亦鮮矣。洵晚讀易，作易傳未究，命軾述其志。軾成易傳，復作論語説；後居海南，作書傳；又有東坡集四十卷、後集二十卷、奏議十五卷、内制十卷、外制三卷、和陶詩四卷。一時文人如黄庭堅、晁補之、秦觀、張耒、陳師道，舉世未之識，軾待之如朋儔，未嘗以師資自予也。

自爲舉子至出入侍從，必以愛君爲本，忠規讜論，挺挺大節，羣臣無出其右。但爲小人忌惡擠排，不使安於朝廷之上。

高宗即位，贈資政殿學士，以其孫符爲禮部尚書。又以其文寘左右，讀之終日忘倦，謂爲文章之宗，親製集贊，賜其曾孫嶠。遂崇贈太師，謚文忠。軾三子：邁、迨、過，俱善爲文。

邁，駕部員外郎。迨，承務郎。

元 李鵬飛《三元延壽參贊書》卷三《飲食》 東坡《茶説》：除煩去膩，世固不可無茶，然暗中損人不少。吾有一法，常自修之，輒以濃茶漱口於食後，煩膩既去而脾胃不知。凡肉之在齒者，得茶漱滌，乃不覺脱去，不煩挑剔也。蓋齒性便苦，緣此漸堅牢而齒蠹旦日去矣。

明 龍膺《蒙史》 盩厔玉女洞有飛泉，甘且洌。蘇軾過此，汲兩瓶去，恐後復取為從者所給，乃破竹作券，使寺僧藏之，以為往來之信，戲曰調水符。

蘇轍

宋 蘇轍《欒城集》卷四《和子瞻煎茶》 年來病懶百不堪，未廢飲食求芳甘。煎茶舊法出西蜀，水聲火候猶能諳。相傳煎茶只煎水，茶性仍存偏有味。君不見閩中茶品天下高，傾身事茶不知勞。又不見北方俚人茗飲無不有，鹽酪椒薑誇滿口。我今倦遊思故鄉，不學南方與北方。銅鐺得火蚯蚓叫，匙脚旋轉秋螢光。何時茅檐歸去炙背讀文字，遣兒折取枯竹女煎湯。

又 卷六《次韵李公擇以惠泉答章子厚新茶二首》 無錫銅瓶手自持，新芽顧渚近相思。故人贈答無千里，好事安排巧一時。蟹眼煎成聲未老，兔毛傾看色尤宜。槍旗携到齊西境，更試城南金線奇。

新詩態度靄春雲，肯把篇章妄與人。性似好茶常自養，交如泉水久彌親。睡濃正想羅聲發，食飽尤便粥面勻。底處翰林長外補，明年誰送雪溪春。

《宋史》卷一八四《食貨志下六・茶》 元祐元年，侍御史劉摯奏疏曰：『蜀茶之出，不過數十州，人賴以爲生，茶司盡榷而市之。園戶有茶一本，而官市之，額至數十斤。官所給錢，靡耗於公者，名色不一，給借保任，輸入視驗，皆牙儈主之，故費於牙儈者又不知幾何。是官於園戶名爲平市，而實奪之。園戶有逃而免者，有投死以免者，而其害猶及鄰伍。欲伐茶則有禁，欲增植則加市，故其俗論謂地非生茶也，實生禍也。願選使者，考茶法之敝，以蘇蜀民。』右司諫蘇轍繼言：『呂陶嘗奏改茶法，止行長引，令民自販，每緡長引錢百，詔從其請，民方有息肩之望。孫迥、李稷入蜀商度，盡力掊取，息錢、長引並行，民間始不易矣。且盜賊贓及二貫，止徒一年，出賞五千，今民有以錢八百私買茶四十斤者，輒徒一年，賞三十千，立法苟以自便，不顧輕重之宜。蓋造立茶法，皆傾險小人，不識事體。』且備陳五害。呂陶亦條上利害，詔付黄廉體量；未至，摯又言陸師閔恣爲不法，不宜仍任事。詔即罷之。先是，師閔提舉榷茶，所行職務，他司皆不得預聞，事權震灼，爲患深密。及黄廉就領茶事，乃請凡緣茶事有侵損戾法，或措置未當及有訴訟，依元豐令，聽他司關送。十一月，蒲宗閔亦以附會李稷賁茶罷。

又 元祐初，寬茶法，議者欲罷水磨。戶部侍郎李定以失歲課，持不可廢，侍御史劉摯、右司諫蘇轍等相繼論奏，遂罷。紹聖初，章惇等用事，首議修復水磨。乃詔即京、索、天源等河爲之，以孫迥提舉，復命兼提舉汴河隄岸。四年，場官錢景逢獲息十六萬餘緡，呂安中二十一萬餘緡，以差議賞。元符元年，戶部上凡獲私末茶幷雜和者，即犯者未獲，估價給賞，並如私臘茶獲犯人法。雜和茶宜棄者，斤特給二十錢，至十緡止。

又 卷三三二《陸師閔傳》 茶禍既被於秦、蜀，又欲延荊、楚、兩河，神宗不許。元祐初，用御史中丞劉摯言，遣黄廉入蜀訪察。右司諫蘇轍論其六害，謂：『李稷引師閔共事，增額置場，以金銀貨拘民間物折博，賤取而貴出之，其害過於市易。自法始行，至今四變，利益深，民

益困。立法之虐，未有甚於此者。』廉奏至，如轍所陳。乃貶師閔主管東嶽廟。

又 卷三三九《蘇轍傳》 蘇轍字子由，年十九，與兄軾同登進士科，又同策制舉。仁宗春秋高，轍慮或倦於勤，因極言得失，而於禁廷之事，尤爲切至。

又 轍性沉靜簡潔，爲文汪洋澹泊，似其爲人，不願人知之，而秀傑之氣終不可掩，其高處殆與兄軾相迫。所著詩傳、春秋傳、古史、老子解、欒城文集並行於世。三子：遲、适、遜。族孫元老。

《文獻通考》卷一八《征榷考五》 哲宗元祐二年，熙河、秦鳳、涇原三路茶仍官爲計置，永興、鄜延、環慶許通商，凡以茶易穀者聽仍舊，毋得逾轉運司和糴價，其所博斗斛勿取息。

侍御史劉摯上言：『蜀地榷茶之害，園戶有逃以免者，有投死以免者，而其害猶及鄰伍。欲伐茶則有禁，欲增植則加市，故其俗論謂地非生茶也，實生禍也。

願選使者考茶法之弊欺，以蘇蜀民。』

右司諫蘇轍上言：『盜賊之法，賦及二貫，止徒一年，出賞五千，今民有以錢八百和買茶四十斤者，輒徒一年，賞三十千，立法苟以自便，不顧輕重之宜。

蓋造立茶法，皆傾險小人，不識事件。』且備陳五害。詔遣黃廉等體量。

黃裳

宋 黃裳《演山集》卷一《次魯直烹密雲龍之韵其二》 密雲晚出小團塊，雖得一餅猶爲豐。相對幽亭致清話，十三同事皆詩翁。蒼龍碾下想化去，但見白雲生碧空。雨前含蓄氣未散，乃知天貺誰能同。不足數啜有餘興，兩腋欲跨清都風，豈與凡羽誇雕籠。雙井主人煎百椀，費得家山能幾本。

又 卷一《龍鳳茶寄照覺禪師》 有物吞食月輪盡，鳳翥龍驤紫光隱。雨前已見纖雲從，雪意猶在渾淪中。忽帶天香墮吾篋，自有同幹欣相逢。寄向仙廬引飛瀑，一簇蠅聲急須腹。禪翁初起宴坐間，接見陶公方解顏。頤指長鬚運金碾，未白眉毛且須轉。爲我對啜延高談，亦使色味超塵凡。破悶通靈此何取，兩腋風生豈須御。昔云木馬能嘶風，今看茶龍堪行雨。

又 卷二《謝人惠茶器并茶》 三事文華出何處，巖上含章插烟霧。曾被西風吹異香，飄落人寰月中度。美材見葉安所施，六角靈犀用相副。目下發緘誰致勤，愛竹山翁傍雲住。遽命長鬚烹且煎，一簇蠅聲急須吐。每思北苑滑與甘，嘗厭鄉人寄來苦。試君所惠良可稱，往往曾沾石坑雨。不畏七椀鳴饑腸，但覺清多却炎暑。幾時對話愛竹軒，更引毫甌斲詩句。

又 卷一一《茶苑》 莫道雨芽非北苑，須知山脈是東溪。旋燒石鼎供吟笑，容照巖中日未西。

想見春來噉動山，雨前收得幾籃還。斧斤不落幽人手，且喜家園禁已閒。

又《乞茶》 未終七椀似盧仝，解跨騣騣兩腋風。北苑鎗旗應滿篋，可能爲惠向詩翁。

《宋史》卷三九三《黃裳傳》 黃裳字文叔，隆慶府普成人。少穎異，能屬文。登乾道五年進士第，調巴州通江尉。益務進學，文詞迥出流輩，人見之曰：『非復前日文叔矣。』

又 寧宗即位，裳病不能朝。改禮部尚書，尋兼侍讀。力疾入謝，奏曰：

孔子曰：『有始有卒者，其惟聖人乎？』又詩曰：『靡不有初，鮮克有終。』所謂有始有卒者，由其持心之一也；所謂鮮克有終者，由其持心之不一也。陛下今日初政固善矣，能保他日常如此乎？請略舉已行之事論之。

陛下初理萬機，委任大臣，此正得人君持要之道。使大臣得人，常如今日，則陛下雖終身守之可也。臣恐數年之後，亦欲出意作爲，躬親聽斷，左右迎合，因謂陛下事決外庭，權不歸上，陛下能不咈然於心乎？臣恐是時委任大臣，不能如今日之專矣。夫以萬機之衆，非一人所能酬酢，苟不委任大臣，則必借助左右，小人得志，陰竊主權，引用邪黨，其爲禍患，何所不至，臣之所憂者一也。

陛下獎用臺諫，言無不聽，此正得祖宗設官之意。使臺諫得人，常如今日，則陛下終身守之亦可也。然臣恐自今以往，臺諫之言日關聖聽，或斥小人之過，使陛下欲用之而不能，或暴近習之罪，使陛下欲親之而不可。逆耳之言，不能無厭，左右迎合，因謂陛下獎用臺諫，欲聞讜論，而其流弊，致使人主不能自由，陛下能不咈然於心乎？臣恐是時獎用臺諫，不能如今日之重矣。夫朝廷所恃以分別善惡者，專在臺諫，陛下苟厭其多言，則爲臺諫者，將咋舌閉口，無所論列。君子日退，小人日進，而天下亂矣，臣之所憂者二也。

二事，朝廷之大者。又以三事之切於陛下之身言之：曰篤於孝愛，勤於學問，薄於嗜好。陛下今皆行之矣，未知數年之後，能保常如今日乎？

又引魏徵十漸以爲戒，懇懇數千言。又奏言：『陛下近日所爲頗異前日，除授之際，大臣多有不知，臣聞之憂甚而病劇。』蓋是時韓侂胄已潛弄威柄，而宰相趙汝愚未之覺，故裳先事言之。及疾革，時時獨語，曰：『五年之功，無使一日壞之，度吾已不可爲，後之君子必有能任其責者。』遂口占遺表而卒，年四十九。上聞之驚悼，贈資政殿學士。

裳爲人簡易端純，每講讀，隨事納忠，上援古義，下揆人情，氣平而辭切，事該而理盡。篤於孝友，與人言傾盡底蘊。恥一書不讀，一物不知。推賢樂善，出乎天性。所爲文，明白條達。有王府春秋講義及兼山集，論天人之理，性命之源，皆足以發明伊、洛之旨。嘗與其鄉人陳平父兄弟講學，平父，張栻之門人也，師友淵源，蓋有自來云。嘉定中，謚忠文。子瑾，大宗正丞兼刑部郎官。孫子敏，刑部郎官。

黃庭堅

宋 黃庭堅《山谷集》卷一《煎茶賦》 洶洶乎如澗松之發清吹，皓皓乎如春空之行白雲。賓主欲眠而同味，水茗相投而不渾。苦口利病，解膠滌昏，未嘗一日不放箸，而策茗椀之勳者也。

余嘗為嗣直瀹茗，因録其滌煩破睡之功，為之甲乙。建溪如割，雙井如遽，日鑄如綒。其餘苦則辛螫，甘則底滯，嘔酸寒胃，令人失睡，亦未足與議。或曰無甚高論，敢問其次。涪翁曰：味江之羅山，嚴道之蒙頂，黔陽之都濡高株，瀘川之納溪梅嶺，夷陵之壓甎，臨邛之火井。不得已而去於三。則六者亦可以酌兔褐之甌，瀹魚眼之鼎者也。

或者又曰：寒中瘠氣，莫甚於茶。或濟之鹽，勾賊破家，滑竅走水，又況雞蘇之與胡麻。涪翁於是酌岐雷之醪醴，參伊聖之湯液，斮附子如愽投，以熬葛僊之堊。去藙而用鹽，去橘而用薑，不奪茗味，而佐以草石之良，所以固太倉而堅作強。於是有胡桃、松實、菴摩、鴨脚、勃賀、靡蕪、水蘇、甘菊，既加臭味，亦厚賓客。前四後四，各用其一，少則美，多則惡，揮其精神，又益於咀嚼。

蓋大匠無可棄之材，太平非一士之略。厥初貪味雋永，速化湯餅，乃至中夜不眠。耿耿既作，温齊殊可屢歃。如以六經，濟三尺法，雖有除治，與人安樂，賓至則煎，去則就榻，不游軒后之華胥，則化莊周之蝴蝶。

又 卷三《雙井茶送子瞻》 人間風日不到處，天上玉堂森寶書。想見東坡舊居士，揮毫百斛瀉明珠。我家江南摘雲腴，落磑霏霏雪不如。爲君喚起黃州夢，獨載扁舟向五湖。

又《省中烹茶懷子瞻用前韻》 閤門井不落第二，竟陵谷簾定誤書。思公煮茗共湯鼎，蚯蚓竅生魚眼珠。置身九州之上腴，爭名燄中沃焚如。但恐次山胸壘塊，終便酒舫石魚湖。

又《謝送碾壑源揀芽》 喬雲從龍小蒼璧，元豐至今人未識。壑源包貢第一春，緗奩碾香供玉食。睿思殿東金井欄，甘露薦飲天開顏。橋山事嚴庀百局，補衮諸公省中宿。中人傳賜夜未央，雨露恩光照宮燭。右丞似是李元禮，好事風流有涇渭。肯憐天祿校書郎，親敕家庭遣分似。春風飽識太官羊，不慣腐儒湯餅腸。搜攪十年燈火讀，令我胸中書傳香。已戒應門老馬走，客來問字莫載酒。

又 卷八《戲答歐陽誠發奉議謝余送茶歌》 歐陽子，出陽山。山奇水怪有異氣，生此突兀熊豹顏。飲如江入洞庭野，詩成十手不供寫。老來抱璞向涪翁，東坡原是知音者。蒼龍璧，官焙香。涪翁投贈非世味，自許詩情合得嘗。却思翰林來餽光祿酒，兩家水鑑共寒光。予乃安敢比東坡，有如玉盤金叵羅。直相千萬不啻過，愛公好詩又能多。老夫何有更橫

戈，奈此于思百戰何。

又卷九《謝公擇舅分賜茶三首其一**》**　外家新賜蒼龍璧，北焙風煙天上來。明日蓬山破寒月，先甘和夢聽春雷。

又《謝公擇舅分賜茶三首其三**》**　細題葉字包青箬，割取丘郎春信來。拚洗一春湯餅睡，亦知清夜有蚊雷。

又卷一〇《戲答荊州王充道烹茶四首其二**》**　香從靈壑隴上發，味自白石源中生。為公喚覺荊州夢，可待南柯一夢成。

又《戲答荊州王充道烹茶四首其四**》**　龍焙東風魚眼湯，箇中即是白雲鄉。更煎雙井蒼鷹爪，始耐落花春日長。

又卷一二《叔父給事挽詞十首其八**》**　隴上千山漢節回，掃除民蜮不爲災。蜀茶總入諸蕃市，胡馬常從萬里來。

宋黄庭堅《山谷外集》卷一《次韻感春五首其五**》**　茶如鷹爪拳，湯作蟹眼煎。時邀草玄客，晴明坐南軒。笑談非世故，獨立萬物先。春風引車馬，隱隱何闐闐。高蓋相摩戛，騎奴爭道喧。吾人撫榮觀，燕處自超然。城中百年木，有鵲巢其顛。鳲鳩來相宅，日暮更謀遷。

又卷四《謝曹子方惠二物二首・煎茶缾》　短喙可候煎，枵腹不停塵。蟹眼時探穴，龍文已碎身。茗椀有何好，煮缾被寵珍。石交諒如此，湔祓長日新。

又卷六《催公静碾茶》　雪裏過門多惡客，春陰只惱有情人。睡魔正仰茶料理，急遣溪童碾玉塵。

又卷一三《寄新茶與南禪師》　筠焙熟香茶，能醫病眼花。因甘野夫食，聊寄法王家。石鉢收雲液，銅缾煮露華。一甌資舌本，吾欲問三車。

又卷一四《送張子列茶》　齋餘一椀是常珍，味觸色香當幾塵。借問深禪長不卧，何如官路醉眠人。

宋黄庭堅《山谷别集》卷二《送慧林明茶頭頌》　慧林有一老人，恰似銀甕盛雪。徹底元無滲漏，旁觀但知皎潔。有徒三百二百，木鑽謾鑽磐石。或遇東海鯉魚，一棒令生羽翼。其餘兩兩三三，歸堂又要茶喫。上人南來雲水，因行不妨掉臂。鳳山修水東西，靈草春來滿地。但令己事相應，歸日驢駝不起。

又《奉謝劉景文送團茶》《宋詩鈔》卷二九　劉侯惠我大玄璧，上有雌雄雙鳳跡。鵝溪水練落春雪，粟面一杯增目力。劉侯惠我小玄璧，自裁半璧煮瓊糜。收藏殘月惜未碾，直待阿衡來説詩。絳囊團團餘幾璧，因來送我公莫惜。箇中渴羌飽湯餅，雞蘇胡麻煮同喫。

又《以潞公所惠揀芽送公擇》《茶集》　慶雲十六升龍餅，國老元年密賜來。披拂龍紋射牛斗，外家英鑒似張雷。赤囊歲上雙龍璧，曾見前朝盛事來。想得天香隨御所，延春閣道轉輕雷。

又《咏茶》《茶乘》　春深養芽鍼鋒芒，沆瀣養膏冰雪香。玉斧運風寶月滿，密雲候再蒼龍翔。惠山寒泉第二品，武定烏瓷紅錦囊。浮花元屬三昧手，竹齋自試魚眼湯。

宋黄庭堅《山谷詞・阮郎歸・咏茶》　歌停檀板舞停鸞，高陽飲興闌。獸煙噴盡玉壺乾，香分小鳳團。雲浪淺，露珠圓，捧甌春筍寒。絳紗籠下躍金鞍，歸時人倚欄。

又《茶詞》　摘山初製小龍團，色和香味全。碾聲初斷夜將闌，烹時鶴避煙。消滯思，解塵煩，金甌雪浪翻。只愁啜罷水流天，餘清攪夜眠。

又　黔中桃李可尋芳，摘茶人自忙。月團兩銙鬭圓方，研膏入焙香。青箬裹，絳紗囊，品高聞外江。酒闌傳碗舞紅裳，都濡春味長。都濡，地名。

又《西江月・茶詞》　龍焙頭綱春早，谷簾第一泉香。已醺浮蟻嫩鵝黄，想見翻成雪浪。兔褐金絲寶碗，松風蟹眼新湯。無因更發次公狂，甘露來從仙掌。

又《品令・茶詞》　鳳舞團團餅，恨分破，教孤令。金渠體淨，隻輪慢碾，玉塵光瑩。湯響松風，早減了二分酒病。味濃香永，醉鄉路，成佳境。恰如燈下故人，萬里歸來對影。口不能言，心下快活自省。

宋趙德麟《侯鯖録》卷三　山谷《茶磨銘》云：楚雲散盡，燕山雪飛。江湖歸夢，從此祛機。

《宋史》卷四四四《文苑六・黄庭堅傳》　黄庭堅字魯直，洪州分寧人。幼警悟，讀書數過輒成誦。舅李常過其家，取架上書問之，無不

通，常驚，以爲一日千里。舉進士，調葉縣尉。熙寧初，舉四京學官，第文爲優，教授北京國子監，留守文彦博才之，留再任。蘇軾嘗見其詩文，以爲超軼絕塵，獨立萬物之表，世久無此作，由是聲名始震。知太和縣，以平易爲治。時課頒鹽筴，諸縣爭占多數，太和獨否，吏不悦，而民安之。

哲宗立，召爲校書郎、神宗實録檢討官。逾年，遷著作佐郎，加集賢校理。實録成，擢起居舍人。丁母艱。庭堅性篤孝，母病彌年，晝夜視顔色，衣不解帶，及亡，廬墓下，哀毀得疾幾殆。服除，爲祕書丞，提點明道宫，兼國史編修官。紹聖初，出知宣州，改鄂州。章惇、蔡卞與其黨論實録多誣，俾前史官分居畿邑以待問，摘千餘條示之，謂爲無驗證。既而院吏考閲，悉有據依，所餘才三十二事。庭堅書『用鐵龍爪治河，有同兒戲』。至是首問焉。對曰：『庭堅時官北都，嘗親見之，真兒戲耳。』凡有問，皆直辭以對，聞者壯之。貶涪州別駕，黔州安置，言者猶以處善地爲骫法。以親嫌，遂移戎州，庭堅泊然，不以遷謫介意。蜀士慕從之游，講學不倦，凡經指授，下筆皆可觀。

徽宗即位，起監鄂州税，簽書寧國軍判官，知舒州，以吏部員外郎召，皆辭不行。丐郡，得知太平州，至之九日罷，主管玉隆觀。庭堅在河北與趙挺之有微隙，挺之執政，轉運判官陳舉承風旨，上其所作荆南承天院記，指爲幸災，復除名，羈管宜州。三年，徙永州，未聞命而卒，年六十一。

庭堅學問文章，天成性得，陳師道謂其詩得法杜甫，學甫而不爲者。善行、草書，楷法亦自成一家。與張耒、晁補之、秦觀俱游蘇軾門，天下稱爲四學士，而庭堅於文章尤長於詩，蜀、江西君子以庭堅配軾，故稱『蘇黄』。軾爲侍從時，舉以自代，其詞有『瓌偉之文，妙絕當世，孝友之行，追配古人』之語，其重之也如此。初，游灊皖山谷寺、石牛洞，樂其林泉之勝，因自號山谷道人云。

明 萬邦寧《茗史·小引》 黄庭堅云：『不慣腐儒湯餅腸』，則又不可與學究語也。余癖嗜茗，嘗艤舟接它泉，或抱瓮貯梅水。二三朋儕，羽客緇流，剝擊竹戶，聚話無生，余必躬治茗碗，以佐幽韻。固有『煙起茶鐺我自炊』之句。

宋子安

宋 宋子安《東溪試茶録·序》 建首七閩，山川特異，峻極迴環，勢絕如甌。其陽多銀銅，其陰孕鉛鐵，厥土赤墳，厥植惟茶。會建而上，羣峯益秀，迎抱相向，草木叢條，水多黄金，茶生其間，氣味殊美。豈非山川重復，土地秀粹之氣鍾於是，而物得以宜歟？

北苑西距建安之洄溪二十里而近，東至東宫百里而遥。焙名有三十六，東宫其一也。過洄溪，踰東宫，則僅能成餅耳。獨北苑連屬諸山者最勝。北苑前枕溪流，北涉數里，茶皆氣弇然，色濁，味尤薄惡，況其遠者乎？亦猶橘過淮為枳也。近蔡公作《茶録》亦云：『隔溪諸山，雖及時加意製造，色味皆重矣。』

今北苑焙，風氣亦殊。先春朝隮常雨，霽則霧露昏蒸，晝午猶寒，故茶宜之。茶宜高山之陰，而喜日陽之早。自北苑鳳山南，直苦竹園頭東南，屬張坑頭，皆高遠先陽處，歲發常早，芽極肥乳，非民間所比。次出壑源嶺，高土沃地，茶味甲於諸焙。丁謂亦云：『鳳山高不百丈，無危峯絕巘，而崗阜環抱，氣勢柔秀，宜乎嘉植靈卉之所發也。』又以：『建安茶品，甲於天下，疑山川至靈之卉，天地始和之氣，盡此茶矣。』又論：『石乳出壑嶺斷崖缺石之間，蓋草木之仙骨。』丁謂之記，録建溪茶事詳備矣。至於品載，止云『北苑壑源嶺』，及總記『官私諸焙千三百三十六』耳。近蔡公亦云：『唯北苑鳳凰山連屬諸焙所產者味佳。』故四方以建茶為目，皆曰北苑。建人以近山所得，故謂之壑源。好者亦取壑源口南諸葉，皆云彌珍絕。傳致之間，識者以色味品第，反以壑源為疑。

今書所異者，從二公紀土地勝絕之目，具疏園隴百名之異，香味精粗之別，庶知茶於草木，為靈最矣。去畝步之間，別移其性。又以佛嶺、葉源、沙溪附見，以質二焙之美，故曰《東溪試茶録》。自東宫、西溪、南焙、北苑皆不足品第，今略而不論。

總敘焙名北苑諸焙，或還民間，或隸北苑，前書未盡，今始終其事。

舊記建安郡官焙三十有八，自南唐歲率六縣民採造，大為民間所苦。我宋建隆已來，環北苑近焙，歲取上供，外焙俱還民間而裁税之。至道年

中，始分游坑、臨江、汾常、西濛洲、西小豐、大熟六焙，隸南劍。又免五縣茶民，專以建安一縣民力裁足之，而除其口率泉。

慶曆中，取蘇口、曾坑、石坑、重院，還屬北苑焉。又丁氏舊録云：『官私之焙，千三百三十有六』，而獨記官焙三十二。東山之焙十有四：北苑龍焙一，乳橘內焙二，乳橘外焙三，重院四，壑嶺五，謂源六，范源七，蘇口八，東宮九，石坑十，建溪十一，香口十二，火梨十三，開山十四。南溪之焙十有二：下瞿一，濛洲東二，汾東三，南溪四，斯源五，小香六，際會七，謝坑八，沙龍九，南鄉十，中瞿十一，黃熟十二。西溪之焙四：慈善西一，慈善東二，慈惠三，船坑四。北山之焙二：慈善東一，豐樂二。

又《北苑曾坑、石坑附》 建溪之焙三十有二，北苑首其一，而園別為二十五，苦竹園頭甲之，鼯鼠窠次之，張坑頭又次之。

苦竹園頭連屬窠坑，在大山之北，園植北山之陽，大山多脩木叢林，鬱蔭相及。自焙口達源頭五里，地遠而益高。以園多苦竹，故名曰苦竹，以高遠居眾山之首，故曰園頭。直西定山之隈，土石迴向如窠然，南挾泉流積陰之處而多飛鼠，故曰鼯鼠窠。其下曰小苦竹園。又西至於大園，絕山尾，疏竹蓊翳，昔多飛雉，故曰雞藪窠。又南出壤園、麥園，言其土壤沃，宜黐麥也。自青山曲折而北，嶺勢屬如貫魚，凡十有二，又隈曲如窠巢者九，其地利為九窠十二壟。隈深絕數里，曰廟坑，坑有山神祠焉。又焙南直東，嶺極高峻，曰教練壟，東入張坑，南距苦竹帶北，岡勢橫直，故曰坑。坑又北出鳳凰山，其勢中跱，如鳳之首，兩山相向，如鳳之翼，因取象焉。鳳凰山東南至於袁雲壟，又南至於張坑，又南最高處曰張坑頭，言昔有袁氏、張氏居於此，因名其地焉。出袁雲之北，平下，故曰平園。絕嶺之表，曰西際。其東為東際。焙東之山，縈紆如帶，故曰帶園。其中曰中歷坑，東又曰馬鞍山，又東黃淡窠，謂山多黃淡也。絕東為林園，又南曰柢園。

又有蘇口焙，與北苑不相屬，昔有蘇氏居之，其園別為四：其最高處曰曾坑，際上又曰尼園，又北曰官坑上園、下坑園。慶曆中，始入北苑。歲貢有曾坑上品一斤，叢出於此。曾坑山淺土薄，苗發多紫，復不肥乳，氣味殊薄。今歲貢以苦竹園茶充之，而蔡公《茶録》亦不云曾坑者佳。又石坑者，涉溪東北，距焙僅一舍，諸焙絕下。慶曆中，分屬北苑。園之別有十：一曰大番，二曰石雞望，三曰黃園，四曰石坑古焙，五曰重院，六曰彭坑，七曰蓮湖，八曰嚴曆，九曰烏石高，十曰高尾。山多古木脩林，今為本焙取材之所。園焙歲久，今廢不開。二焙非產茶之所，今附見之。

又《壑源葉源附》 建安郡東望北苑之南山，叢然而秀，高峙數百丈，如郛郭焉。民間所謂捍火山也。其絕頂西南下，視建之地邑。民間謂之望州山山起壑源口而西，周抱北苑之羣山，迤邐南絕，其尾巋然，山阜高者為壑源頭，言壑源嶺山自此首也。大山南北，以限沙溪。其東曰壑水之所出。水出山之南，東北合為建溪。壑源口者，在北苑之東北。南徑數里，有僧居曰承天，有園隴北，税官山。其茶甘香，特勝近焙，受水則渾然色重，粥面無澤。道山之南，又西至於章歷。章歷西曰後坑，西曰連焙，南曰焙上，又南曰新宅，又西曰嶺根，言北山之根也。茶多植山之陽，其土赤埴，其茶香少而黃白。嶺根有流泉，清淺可涉。涉泉而南，山勢回曲，東去如鉤，故其地謂之壑嶺坑頭，茶為勝。絕處又東，別為大窠坑頭，至大窠為正壑嶺，實為南山。土皆黑埴，茶生山陰，厥味甘香，厥色青白，及受水，則淳淳光澤。民間謂之冷粥面視其面，渙散如粟。雖去社，芽葉過老，色益青明，氣益鬱然，其止，則苦去而甘至。民間謂之草木大而味大是也。他焙芽葉過老，色益青濁，氣益勃然，甘至，則味去而苦留，為異矣。大窠之東，山勢平盡，曰壑嶺尾，茶生其間，色黃而味多土氣。絕大窠南山，其陽曰林坑，又西南曰壑嶺根，其西曰壑嶺頭。道南山而東，曰穿欄焙，又東曰黃際。其北曰李坑，山漸平下，茶色黃而味短。自壑嶺尾之東南，溪流繚遶，岡阜不相連附。極南塢中曰長坑，踰嶺為葉源。又東為梁坑，而盡於下湖。葉源者，土赤多石，茶生其中，色多黃青，無粥面粟紋而頗明爽，復性重喜沉，為次也。

又《佛嶺》 佛嶺連接葉源、下湖之東，而在北苑之東南，隔壑源溪水。道自章阪東際為丘坑，坑口西對壑源，亦曰壑口。其茶黃白而味短。東南曰曾坑，今屬北苑其正東曰後歷。曾坑之陽曰佛嶺，又東至於張坑，又東曰李坑，又有硬頭、後洋、蘇池、蘇源、郭源、南源、畢源、苦竹坑、歧頭、槎頭，皆周環佛嶺之東南。茶少甘而多苦，色亦重濁。又有

簹源、簹，音膽，未詳此字。石門、江源、白沙，皆在佛嶺之東北。茶泛然縹塵色而不鮮明，味短而香少，為劣耳。

又《沙溪》 沙溪去北苑西十里，山淺土薄，茶生則葉細，芽不肥乳。自溪口諸焙，色黃而土氣。自龔漈南曰挺頭，又西曰章坑，又南曰永安，西南曰南坑漈，其西曰砰溪。又有周坑、范源、溫湯漈、厄源、黃坑、石龜、李坑、章坑、章村、小梨，皆屬沙溪。茶大率氣味全薄，其輕而浮，浡浡如土色，製造亦殊壑源者不多留膏，蓋以去膏盡，則味少而無澤也，茶之面無光澤也故多苦而少甘。

又《茶名茶之名類殊別，故録之**》** 茶之名有七：一曰白葉茶，民間大重，出於近歲，園焙時有之。地不以山川遠近，發不以社之先後，芽葉如紙，民間以為茶瑞，取其第一者為鬥茶。而氣味殊薄，非食茶之比。今出壑源之大窠者六葉仲元、葉世萬、葉世榮、葉勇、葉世積、葉相，壑源巖下一葉務滋，源頭二葉團、葉肱，壑源後坑一葉久，壑源嶺根三葉公、葉品、葉居，林坑黃漈一游容，丘坑一游用章，畢源一王大照，佛嶺尾一游道生，沙溪之大梨漈上一謝汀，高石巖一雲擦院，大梨一呂演，砰溪嶺根一任道者。

次有柑葉茶，樹高丈餘，徑頭七八寸，葉厚而圓，狀類柑橘之葉。其芽發即肥乳，長二寸許，為食茶之上品。

三曰早茶，亦類柑葉，發常先春，民間採製為試焙者。

四曰細葉茶，葉比柑葉細薄，樹高者五六尺，芽短而不乳，今生沙溪山中，蓋土薄而不茂也。

五曰稽茶，葉細而厚密，芽晚而青黃。

六曰晚茶，蓋稽茶之類，發比諸茶晚，生於社後。

七曰叢茶，亦曰蘖茶，叢生，高不數尺，一歲之間，發者數四，貧民取以為利。

又《茶病》 茶病試茶辨味，必須知茶之病，故又次之。

芽擇肥乳，則甘香而粥面着盞而不散。土瘠而芽短，則雲腳渙亂，去盞而易散。葉梗半，則受水鮮白。葉梗短，則色黃而泛。梗，謂芽之身除去白合處，茶民以茶之色味俱在梗中。烏蔕、白合，茶之大病。不去烏蔕，則色黃黑而惡。不去白合，則味苦澀。丁謂之論備矣蒸芽必熟，去膏必盡。蒸芽未熟，則草木氣存，適口則知去膏未盡，則色濁而味重。受煙則香奪，壓黃則味失，此皆茶之病也。受煙，謂過黃時火中有煙，使茶香盡而煙臭不去也。壓黃，謂去膏之時，久留茶黃未造，使黃經宿，香味俱失，弇然氣如假雞卵臭也。

宋 晁公武《郡齋讀書志》卷一二《農家類》 《東溪試茶録》一卷，右皇朝朱子安集拾丁、蔡之遺。

《宋史》卷二〇五《藝文四·子類·農家類》 宋子安《東溪茶録》一卷。

《文獻通考》卷二一八《經籍考四五》 《東溪試茶録》一卷，鼂氏曰：皇朝朱子安集拾丁、蔡之遺。東溪，亦建安地名。其序謂『七閩至國朝，草木之異，則產臘茶、荔子；人物之秀，則產狀頭、宰相，皆前代所未有。以時而顯，可謂美矣。然其草木厚味，難多食；其人物多智，難獨任，亦地氣之異』云。

《四庫總目提要》卷一一五《譜録類》 《東溪試茶録》一卷浙江鮑士恭家藏本，舊本題宋宋子安撰，載左圭《百川學海》中，而晁公武《郡齋讀書志》又作朱子安。未詳孰是。然《百川學海》為舊刻，且《宋史·藝文志》亦作宋子安，疑《讀書志》朱字乃傳寫之訛也。其書蓋補丁謂、蔡襄兩家《茶録》之所遺。曰東溪者，亦建安地名。凡分八目，曰總叙焙名，曰北苑，曰壑源，曰佛嶺，曰沙溪，曰茶名，曰採茶，曰茶病。大要以品茶宜辨所產之地，或相去咫尺而優劣頓殊，故録中於諸焙道里遠近，最為詳盡。《宋史·藝文志》有呂惠卿《建安茶用記》二卷。章炳文《壑源茶録》一卷，劉異《北苑拾遺》一卷，今俱失傳。所可考見建茶崖略者，惟此與熊蕃、赵汝砺二録爾。

趙佶

宋 趙佶《大觀茶論·序》 嘗謂首地而倒生，所以供人之求者，其類不一。穀粟之於饑，絲枲之於寒，雖庸人孺子皆知，常須而日用，不以歲時之舒迫而可以興廢也。至若茶之為物，擅甌閩之秀氣，鍾山川之靈稟，祛襟滌滯，致清導和，則非庸人孺子可得而知矣。沖淡簡潔，韻高致靜，則非遑遽之時可得而好尚矣。

本朝之興，歲修建溪之貢，龍團鳳餅，名冠天下，壑源之品，亦自此

盛。延及於今，百廢俱舉，海内晏然，垂拱密勿，幸致無為。薦紳之士，韋布之流，沐浴膏澤，薰陶德化，咸以雅尚相推，從事茗飲。故近歲以來，采擇之精，製作之工，品第之勝，烹點之妙，莫不咸造其極。且物之興廢，固自有然，亦係乎時之汙隆。時或遑遽，人懷勞悴，則向所謂常須而日用，猶且汲汲營求，惟恐不獲，飲茶何暇議哉？世既累洽，人恬物熙，則常須而日用者，因而厭飫狼藉。而天下之士，厲志清白，競為閒暇修索之玩，莫不碎玉鏘金，啜英咀華，較篋笥之精，爭鑑裁之妙；雖否士於此時，不以蓄茶為羞。可謂盛世之清尚也。

嗚呼，至治之世，豈惟人得以盡其材，而草木之靈者，亦得以盡其用矣。偶因暇日，研究精微，所得之妙，人有不自知為利害者，敘本末列於二十篇，號曰《茶論》。

又《地產》 植產之地，崖必陽，圃必陰。蓋石之性寒，其葉抑以瘠，其味疏以薄，必資陽和以發之。土之性敷，其葉疏以暴，其味強以肆，必資陰以節之。今圃家皆植木，以資茶之陰。陰陽相濟，則茶之滋長得其宜。

又《天時》 茶工作於驚蟄，尤以得天時為急。輕寒，英華漸長，條達而不迫，茶工從容致力，故其色味兩全。若或時暘鬱燠，芽奮甲暴，促工暴力，隨槁晷刻所迫，有蒸而未及壓，壓而未及研，研而未及製，茶黃留漬，其色味所失已半。故焙人得茶天為慶。

又《采擇》 擷茶以黎明，見日則止。用爪斷芽，不以指揉，慮氣汗薰漬，茶不鮮潔。故茶工多以新汲水自隨，得芽則投諸水。凡芽如雀舌穀粒者為鬥品，一槍一旗為揀芽，一槍二旗為次之，餘斯為下茶。茶始芽萌，則有白合；既擷，則有烏蔕。白合不去，害茶味；烏蔕不去，害茶色。

又《蒸壓》 茶之美惡，尤係於蒸芽壓黃之得失。蒸太生則芽滑，故色清而味烈；過熟則芽爛，故茶色赤而不膠。壓久則氣竭味漓，不及則色暗味澀。蒸芽欲及熟而香，壓黃欲膏盡亟止，如此，則製造之功十已得七八矣。

又《製造》 滌芽惟潔，濯器惟淨，蒸壓惟其宜，研膏惟熱，焙火惟良。飲而有少砂者，滌濯之不精也。文理燥赤者，焙火之過熟也。夫造茶，先度日晷之短長，均工力之眾寡，會採擇之多少，使一日造成。恐茶過宿，則害色味。

又《鑒辨》 茶之範度不同，如人之有面首也。膏稀者，其膚蹙以文；膏稠者，其理斂以實。即日成者，其色則青紫；越宿製造者，其色則慘黑。有肥凝如赤蠟者，末雖白，受湯則黃；有縝密如蒼玉者，末雖灰，受湯愈白。有光華外暴而中暗者，有明白内備而表質者，其首面之異同，難以概論。要之色瑩徹而不駁，質縝繹而不浮，舉之則凝然，碾之則鏗然，可驗其為精品也。有得於言意之表者，可以心解。

比又有貪利之民，購求外焙已采之芽，假以製造，研碎已成之餅，易以範模，雖名氏採製似之，其膚理色澤，何所逃於鑒賞哉。

又《白茶》 白茶自為一種，與常茶不同。其條敷闡，其葉瑩薄。崖林之間偶然生出，蓋非人力所可致，正焙之有者不過四五家，生者不過一二株，所造止於二三胯而已。芽英不多，尤難蒸焙。湯火一失，則已變而為常品。須製造精微，運度得宜，則表裏昭澈，如玉之在璞，他無與倫也。淺焙亦有之，但品格不及。

又《藏焙》 數焙則首面乾而香減，失焙則雜色剝而味散。要當新芽初生即焙，以去水陸風濕之氣。焙用熟火置爐中，以靜灰擁合七分，露火三分，亦以輕灰糝覆，良久即置焙簍上，以逼散焙中潤氣。然後列茶於其中，盡展角焙之，未可蒙蔽，候火通徹覆之。火之多少，以焙之大小增減。探手爐中，火氣雖熱而不至逼人手者為良，時以手挼茶體，雖甚熱而無害，欲其火力通徹茶體耳。或曰，焙火如人體溫，但能燥茶皮膚而已，内之餘潤未盡，則復蒸暍矣。焙畢，即以用久漆竹器中緘藏之，陰潤勿開，如此終年再焙，色常如新。

又《品名》 名茶各以所產之地，如葉耕之平園台星巖，葉剛之高峯青鳳髓，葉思純之大嵐，葉嶼之眉山，葉五崇林之羅漢山水，葉芽、葉堅之碎石窠、石臼窠一作突窠，葉瓊、葉輝之秀皮林，葉師復、師貺之虎巖，葉椿之無雙巖芽，葉懋之老窠園，名擅其門，未嘗混淆，不可概舉。前後爭鬻，互為剝竊，參錯無據。曾不思茶之美惡，在於製造之工拙而已，豈岡地之虛名所能增減哉。焙人之茶，固有前優而後劣者，昔負而今勝者，是亦園地之不常也。

又《外焙》　世稱外焙之茶，臠小而色駁，體好而味澹，方之正焙，昭然可別。近之好事者，篋笥之中，往往半之蓄外焙之品。蓋外焙之家，久而益工製造之妙，咸取則於壑源，傚像規模，摹外為正。殊不知其臠雖等而蔑風骨，色澤雖潤而無藏蓄，體雖實而膏理乏縝密之文，味雖重而澀滯乏馨香之美，何所逃乎外焙哉？雖然，有外焙者，有淺焙者。蓋淺焙之茶，去壑源為未遠，制之能工，則色亦瑩白，擊拂有度，則體亦立湯，惟甘重香滑之味稍遠於正焙耳。至於外焙，則迥然可辨。其有甚者，又至於采柿葉桴欖之萌，相雜而造，味雖與茶相類，點時隱隱有輕絮泛然，茶面粟文不生，乃其驗也。桑苧翁曰：『雜以卉莽，飲之成病。』可不細鑒而熟辨之？

宋趙佶《詩二首其二》《書畫彙考》卷九　風霜正臘晨，早見幾枝新。預荷東皇化，偷回北苑春。旗槍雖不類，莽蘖似堪倫。已有清榮諭，終難混棘蓁。

宋熊蕃《宣和北苑貢茶録》　至大觀初，今上親製《茶論》二十篇，以白茶與常茶不同，偶然生出，非人力可致，於是白茶遂為第一。

宋晁公武《郡齋讀書志》卷一二《農家類》　《聖宋茶論》一卷，右徽宗御製。

宋蔡京《爲皇帝幸鳴鑾堂記》宋莊綽《雞肋編》卷中　宣和元年九月，金芝生道德院。二十日，皇帝自景龍江泛舟由天波溪至鳴鑾堂，淑妃從。臣京朝堂下，移班拜妃，內侍連呼曰妃答拜。臣欲謝，內侍掖起，膝不得下。上曰：今歲四幸鳴鑾矣。臣頓首曰：昔人三顧，堂成已六幸，千載榮遇。鳴鑾固卑陋，且家素窶無具，願留少頃，使得伸尊奉意。上曰：為卿從容。臣退西廡視庖膳。上為舉筋屢釂，歡笑如家人，六遣使持碼碯大杯賜酒，遂御西閣，親手調茶，分賜左右。妃亦酌。

宋蔡京《保和殿曲宴記》《豔異編》卷一四《宮掖部十》　宣和元年九月十二日，皇帝召臣蔡京、臣王黼、臣越王俁、臣燕王似、臣嘉王楷、臣童貫、臣嗣濮王仲忽、臣馮熙載、臣蔡攸宴保和殿。臣蔡、臣蔡東曲水朝于玉華殿。上步西曲水，循茶架至大寧閣。登層巒、琳霄、騫鳳、垂雲亭，景物如前，林木蔽蔭加勝，始至保和殿。三楹七十架，兩夾閣，無彩繪飾侈，落成於八月。而高竹崇檜，已森然蓊鬱。中楹置禦榻東西二間，列寶玩與古鼎彝器玉器。左夾閣曰『妙有』。設古今儒書、史子楮墨，右曰『日宣』，置道家金櫃玉笈之書，與神霄諸天隱文。上步前行稽古閣，有宣王石鼓，歷邃古、尚古、鑒古、作古、傳古、博古、秘古諸閣，藏祖宗訓謨，與夏商周尊彝鼎鬲爵斝敦盤盂，漢晉隋唐書畫，多不知識之者。上親指示，為言其概。抵玉林軒，過宣和殿、列岫軒、天真閣，凝德院之東，崇石峭壁高百丈，林壑茂密，倍於昔見。過翠翹燕閣諸處，賜茶全真殿，上親禦擻注賜出乳花盈面。臣等惶恐，前曰：『陛下略君臣夷等，為臣下烹調，震悸惶怖，豈敢啜？』上曰：『可少休。』

《宋史》卷一九《徽宗紀一》　徽宗體神合道駿烈遜功聖文仁德憲慈顯孝皇帝，諱佶，神宗第十一子也，母曰欽慈皇后陳氏。元豐五年十月丁巳，生於宮中。明年正月賜名，十月授鎮寧軍節度使，封寧國公。哲宗即位，封遂寧郡王。紹聖三年，以平江、鎮江軍節度使封端王，出就傅。五年，加司空，改昭德、彰信軍節度。元符三年正月己卯，哲宗崩，皇太后垂簾，哭謂宰臣曰：『家國不幸，大行皇帝無子，天下事須早定。』章惇厲聲對曰：『在禮律當立母弟簡王。』皇太后曰：『神宗諸子，申王長而有目疾，次則端王當立。』惇又曰：『以年則申王長，以禮律則同母之弟簡王當立。』皇太后曰：『皆神宗子，莫難如此分別，於次端王當立。』知樞密院曾布曰：『章惇未嘗與臣等商議，如皇太后聖諭極當。』尚書左丞蔡卞、中書門下侍郎許將相繼曰：『合依聖旨。』皇太后又曰：『先帝嘗言，端王有福壽，且仁孝，不同諸王。』於是惇爲之默然。乃召端王入，即皇帝位，皇太后權同處分軍國事。庚辰，赦天下常赦所不原者，百官進秩一等，賞諸軍。遣宋淵告哀于遼。辛巳，尊先帝后爲元符皇后。癸未，追尊母貴儀陳氏爲皇太妃。甲申，命章惇爲山陵使。乙酉，出先帝遺留物賜近臣。丙戌，以申王佖爲太傅，進封陳王，賜贊拜不名。丁亥，進仁宗淑妃周氏、神宗淑妃邢氏並爲貴妃，賢妃宋氏爲德妃。戊子，以章惇爲特進，封申國公。己丑，進封莘王俁爲衛王，守太保；簡王似爲蔡王，睦王偲爲定王，並守司徒。罷增八廂邏卒。

《文獻通考》卷一八《征榷考五》　徽宗崇寧元年，右僕射蔡京議大改茶法，奏言：『自祖宗立額榷之法，歲收淨利凡三百二十餘萬，而諸州商稅七十五萬貫有奇，食茶之算不在焉，其盛時幾五百餘萬緡。慶

曆之後，法制寖壞，私販公行，遂罷禁榷，行通商之法。自後商旅所至，與官爲市，四十餘年，利源浸失。謂宜荊湖、江、淮、兩浙、福建七路所產茶，仍舊禁榷官買，勿復科民，即產茶州縣隨所置場，申商人園戶私易之禁。凡置場地，園戶皆籍名數，歲鬻於官吏，皆用倉法，園戶自前茶租折稅仍舊。產茶州軍許其民赴場輸息，量限斤數，給短引，於旁近郡縣便鬻，餘悉聽商人於榷貨務入納金銀、緡錢或並邊糧草，即本務給鈔，取便算請於場，別給長引，從所指州軍鬻之。商稅自場給長引，沿路登時批發，至所指地，然後計稅盡輸，則在道無苛留。買茶本錢以度牒及鹽鈔、諸色封樁、坊場、常平剩錢通三百萬緡爲率，給諸路，諸路措置，各分命官。』詔悉聽焉。俄定諸路措置茶事官置司：湖南於潭州，湖北於荊南，淮南於揚州，兩浙於蘇州，江東於江寧府，江西於洪州。

又《〈聖宋茶論〉一卷》 鼂氏曰：右徽宗御製。

明 顧起元《茶略》《說略》卷二五 徽宗品茶，以白茶第一，又製三色細芽，而瑞雲翔龍下矣。宣和庚子，漕臣鄭可聞始創為銀絲水芽，蓋將已揀熟芽再剔去，祇取其心一縷，用清泉漬之，光瑩如銀絲。方寸新銙，小龍蜿蜒其上，號龍團勝雪，去龍腦諸香，遂為諸品之冠。今建茶碾造雖精，不去龍腦，以為奩閣中味亦不用入瀹。而茶品獨貴者虎丘，其次天池，又其次陽羡；羡之佳者岕，而龍井、六安之類皆下矣。

明 陳繼儒《茶話》 吳人於十月採小春茶，此時不獨逗漏花枝，而尤喜月光晴暖，從此蹉過，霜凄雁凍，不復可堪。宋徽宗有《大觀茶論》二十篇，皆為碾餘烹點而設，不若陶穀《十六湯》，韻美之極。

徐長谷《品惠泉賦序》云：叔皮何子遠遊來歸，汲惠山泉一罌，遺予東皋之上。予方靜掩竹門，消詳鶴夢，奇事忽來，逸興橫發。乃乞新火煮而品之，使童子歸謝叔皮焉。

明 陳繼儒《茶董補》《負暄雜録》 唐時製茶，不第建安品。五代之季，建屬南唐，諸縣採茶，北苑初造研膏，繼造蠟面，既而又製佳者，曰京挺。宋太平興國二年，始置龍鳳模。遣使即北苑團龍鳳茶，以別庶飲。又一種叢生石崖，枝葉尤茂，至道初，有詔造之，別號石乳；又一種，號的乳；又一種，號白乳。此四種出，而蠟面斯下矣。真宗咸平中，丁謂為福建漕，監御茶，進龍、鳳團，始載之《茶録》。仁宗慶曆中，蔡襄為漕，始改造小龍團以進。旨令歲貢，而龍鳳遂為次矣。神宗元豐間，有旨造密雲龍，其品又加於小團之上。哲宗紹聖中，又改為瑞雲翔龍，至徽宗大觀初，親製《茶論》二十篇，以白茶自為一種，與他茶不同，其條敷闡，其葉瑩薄，崖林之間，偶然生出，非人力可致。正焙之有者，不過四五家，家不過四五株，所造止於一二銙而已。淺焙亦有之，但品格不及，於是白茶遂為第一。既而又製三色細芽及試新銙、貢新銙。自三色細芽出，而瑞雲翔龍又下矣。宣和庚子，漕臣鄭可簡，始創為銀絲水芽。蓋將已揀熟芽再令剔去，止取其心一縷，用珍器貯清泉漬之，光瑩如銀絲然。又製方寸新銙，有小龍蜿蜒其上，號龍團勝雪。又廢白、的、石三鼎乳，造花銙二十餘色。初貢茶皆入龍腦，至是慮奪其味，始不用焉。蓋茶之妙，至勝雪極矣，合為首冠；然在白茶之下者。白茶，上所好也。其茶歲分十餘綱，惟白茶與勝雪，驚蟄前興役，浹日乃成，飛騎仲春至京師，號為綱頭玉芽。

熊蕃

宋 熊蕃撰，熊克增補，清 汪繼壕按校《宣和北苑貢茶録》 陸羽《茶經》、裴汶《茶述》，皆不第建品。說者但謂二子未嘗至閩，繼壕按《說郛》「閩」作「建」。曹學佺《輿地名勝志》：『甌寧縣雲際山在鐵獅山左，上有永慶寺，後有陸羽泉，相傳唐陸羽所鑿。宋楊億詩云「陸羽不到此，標名慕昔賢」是也。』而不知物之發也，固自有時。蓋昔者山川尚閟，靈芽未露。至於唐末，然後北苑出為之最。繼壕按張舜民《畫墁録》云：『有唐茶品，以陽羡為上供，建溪北苑未著也。貞元中，常袞為建州刺史，始蒸焙而研之，謂研膏茶。』顧祖禹《方輿紀要》云：『鳳凰山之麓名北苑，廣二十里，舊經云，偽閩龍啟中，里人張廷暉以所居北苑地宜茶，獻之官，其地始著。』沈括《夢溪筆談》云：『建溪勝處曰郝源、曾坑，其間又岔根山頂二品尤勝，李氏時號為北苑，置使領之。』姚寬《西溪叢語》云：『建州龍焙面北，謂之北苑。』《宋史·地理志》：『建安有北苑茶焙、龍焙。』宋子安《試茶録》云：『北苑西距建安之洄溪二十里，東至東宮百里。過洄溪，踰東宮，則僅能成餅耳。獨北苑連屬諸山者最勝。』蔡絛《鐵圍山叢談》云：『北苑龍焙者，在一山之中間，其周遭則諸葉地也，居是山號正焙。一出是山之外，則曰外焙。正焙、外焙，色香迥殊。此亦山秀地靈所鍾之有異色已。龍焙又號官焙。』是時，偽蜀詞臣毛文錫作《茶譜》，繼壕按吳任臣《十國春秋》：『毛文錫，字平珪，高陽人，唐進士，從蜀高祖，官

文思殿大學士。拜司徒。貶茂州司馬。有《茶譜》一卷。』《説郛》作『王文錫』，《文獻通考》作『燕文錫』，《合璧事類》、《山堂肆考》作『毛文勝』；《天中記》『茶譜』作『茶品』，並誤。亦第言建有紫筍，繼壕按樂史《太平寰宇記》云：「建州土貢茶，引《茶經》云：『建州方山之芽及紫筍，片大極硬，須湯浸之，方可碾，極治頭痛，江東老人多味之。』」而臘面乃產於福。五代之季，建屬南唐。南唐保大三年，俘王延政，而得其地。歲率諸縣民，採茶北苑，初造研膏，繼造臘面。丁晉公《茶録》載：泉南老僧清錫，年八十四，嘗示以所得李國主書寄研膏茶，隔兩歲方得臘面，此其實也。至景祐中，監察御史丘荷撰《御泉亭記》，乃云，『唐季敕福建罷貢橄欖，但贄臘面茶，即臘面產于建安明矣』。荷不知臘面之號始於福，其後建安始為之。按唐《地理志》：福州貢茶及橄欖，建州惟貢練練，未嘗貢茶。前所謂『罷貢橄欖，惟贄臘面茶』，皆為福也。慶曆初，林世程作《閩中記》，言福茶所產在閩縣十里。且言往時建茶未盛，本土有之，今則土人皆食建茶。世程之説，蓋得其實。而晉公所記，臘面起於南唐，乃建茶也。既又繼壕按原本『又』作『有』，據《説郛》、《天中記》、《廣羣芳譜》改。製其佳者，號曰京鋌。其狀如貢神金、白金之鋌。聖朝開寶末，下南唐。太平興國初，特置龍鳳模，遣使即北苑造團茶，以別庶飲，龍鳳茶蓋始於此。按《宋史·食貨志》載：『建寧臘茶，北苑為第一，其最佳者曰社前，次曰火前，又曰雨前，所以供玉食，備賜予，太平興國始置。大觀以後，製愈精，數愈多，胯式屢變，而品不一。歲貢片茶二十一萬六千斤。』又《建安志》：『太平興國二年，始置龍焙，造龍鳳茶，漕臣柯適為之記云。』又一種茶，叢生石崖，枝葉尤茂。至道初，有詔造之，別號石乳。繼壕按彭乘《墨客揮犀》云：『建安能仁院有茶生石縫間，寺僧采造，得茶八餅，號石巖白，當即此品。』《事文類聚續集》云：『至道間，仍添造石乳、臘面。』而此無臘面，稍異。又一種號的乳，按馬令《南唐書》：嗣主李璟『命建州茶製的乳茶，號曰京鋌。臘茶之貢自此始，罷貢陽羨茶。』繼壕按《南唐書》事在保大四年。又一種號白乳。蓋自龍鳳與京、繼壕按原本脱『京』字，據《説郛》補。石、的、白四種繼出，而臘面降為下矣。楊文公億《談苑》所記，龍茶以供乘輿及賜執政、親王、長主，其餘皇族、學士、將帥皆得鳳茶，舍人、近臣賜金鋌、的乳，而白乳賜館閣，惟臘面不在賜品。按《建安志》載《談苑》云：京鋌、的乳賜舍人、近臣，白乳、的乳賜館閣。疑京鋌誤金鋌，白乳下遺的乳。繼壕按《廣羣芳譜》引《談苑》與原注同。惟原注內『白茶賜館閣，惟臘面不在賜品』二句，作『館閣白乳』。龍鳳、石乳茶，皆太宗令罷。金鋌正作京鋌。王鞏《甲申雜記》云：『初貢團茶及白羊酒，惟見任兩府方賜之。仁宗朝及前宰臣，歲賜茶一斤、酒二壺，後以為例。』《文獻通考》榷茶條云：『凡茶有二類，曰片曰散，其名有龍、鳳、石乳、的乳、白乳、頭金、臘面、頭骨、次骨、末骨、粗骨、山挺十二等，以充歲貢及邦國之用。』注云：『龍、鳳皆團片，石乳、頭乳皆狹片，名曰京的。乳亦有闊片者。乳以下皆闊片。』蓋龍鳳等茶，皆太宗朝所製。至咸平初，丁晉公漕閩，始載之於《茶録》。人多言龍鳳團起於晉公，故張氏《畫墁録》云，晉公漕閩，始創為龍鳳團。此説得於傳聞，非其實也。慶曆中，蔡君謨將漕，創造小龍團以進，被旨仍歲貢之。君謨《北苑造茶詩》自序云：『其年改造上品龍茶二十八片，纔一斤，尤極精妙，被旨仍歲貢之。』歐陽文忠公《歸田録》云：『茶之品莫貴於龍鳳，謂之小團，凡二十八片，重一斤，其價直金二兩。然金可有，而茶不可得，嘗南郊致齋，兩府共賜一餅，四人分之。宮人往往鏤金花其上，蓋貴重如此。』繼壕按石刻蔡君謨《北苑十詠·采茶詩》自序云：『其年改作新茶十斤，尤甚精好，被旨號為上品龍茶，仍歲貢之。』又詩句注云：『龍鳳茶八片為一斤，上品龍茶每斤二十八片。』《澠水燕談》作『上品龍茶一斤二十餅。』葉夢得《石林燕語》云：『故事，建州歲貢大龍鳳團茶各二斤，以八餅為斤。仁宗時，蔡君謨知建州，始別擇茶之精者，為小龍團十斤以獻，斤為十餅。仁宗以非故事，命劾之，大臣為請，因留免劾，然自是遂為歲額。』王從謹《清虛雜著補闕》云：蔡君謨始作小團茶入貢，意以仁宗嗣未立，而悦上心也。又作曾坑小團，歲貢一斤，歐文忠所謂兩府共賜一餅者是也。『吳曾《能改齋漫録》云：『小龍小鳳，初因君謨為建漕造十斤獻之，朝廷以其額外，免勘。明年詔第一綱盡為之。』自小團出，而龍鳳遂為次矣。元豐間，有旨造密雲龍，其品又加於小團之上。昔人詩云：『小璧雲龍不入香，元豐龍焙乘詔作』，蓋謂此也。按此乃山谷和楊王休點雲龍詩。繼壕按《山谷集·博士王揚休碾密雲龍同十三人飲之戲作》云：『矞雲蒼璧小般龍，貢包新樣出元豐。王郎坦腹飯床東，太官分賜來婦翁。』又山谷《謝送碾賜壑源揀芽詩》云：『矞雲從龍小蒼璧，元豐至今人未識。』俱與本注異。《石林燕語》云：『熙寧中，賈青為轉連使，又取小團之精者為密雲龍，以二十餅為斤而雙袋，謂之雙角團茶，大小團袋皆用緋，通以為賜也。密雲獨用黃，蓋專以奉玉食。其後又有為瑞雲翔龍者。』周輝《清波雜志》云：『自熙寧後，始貴密雲龍，每歲頭綱修貢，奉宗廟及供玉食外，賚及臣下無幾。戚里貴近，丐賜尤繁。宣仁一日慨歎曰：令建州今後不得造密雲龍，受他人煎炒。不得，也出來道，我要密雲龍，不要團茶，揀好茶吃了，生得甚意智？此語既傳播于縉紳間，由是密雲龍之名益著。』是密雲龍實始于熙寧也。《畫墁録》亦云：『熙寧末，神宗有旨，建州製密雲龍，其品又加於小團矣。然密雲龍之出，則二團少粗，以不能兩好也。』惟《清虛雜著補闕》云：『元豐中，取揀芽不入香，作密雲龍茶，小於小團，而厚實過之。終元豐時，外臣未始識之。宣仁垂簾。始賜二府兩指許一小黃袋，其白如玉，上題曰揀芽，亦神宗所藏。』《鐵圍山叢談》云：『神祖時，即龍焙又進密雲龍。密雲龍者，其雲紋細密，更精絕于小龍團也。』紹聖間，改為瑞雲翔龍。繼壕按《清虛雜著補闕》：『元祐末，福建轉運司又取北苑鎗旗，建人所作鬥茶者也，以為瑞雲龍。請進，不納。紹聖初，方入貢，歲不過八團。其制與密雲龍等而差小也。』《鐵圍山叢談》云：『哲宗朝，益復進瑞雲翔龍者，御府歲止得十二餅焉。』至大觀初，今上親製《茶論》二十篇，以白茶與常茶不同，偶然生出，非人力可致，於是白茶遂為第一。慶曆初，吳興劉異為《北苑拾遺》云：官園中有白茶五六株，而壅焙不甚至。茶戶唯有王免者，家一巨株，向春常造浮屋以障風日。其後有宋子安者，作《東溪試茶録》，亦言『白茶民間大重，出于近歲。芽葉

如紙，建人以為茶瑞。』則知白茶可貴，自慶曆始，至大觀而盛也。繼壕按《蔡忠惠文集・茶記》云：『王家白茶，聞於天下。其人名大詔。白茶惟一株，歲可作五七餅，如五株錢大。方其盛時，高視茶山，莫敢與之角。一餅直錢一千，非其親故，不可得也。終為園家以計枯其株。予遇建安，大詔垂涕為予言其事。今年枯櫱輒生一枝，造成一餅，小於五銖。大詔越四千里，特攜以來京師見予，喜發顏面。予之好茶固深矣，而大詔不遠數千里之役，其勤如此，意謂非予莫之省也。可憐哉！已巳初月朔日書。』本注作『王免』，與此異。宋子安《試茶録》、晁公武《郡齋讀書志》作『朱子安』。既又製三色細芽，繼壕按《説郛》、《廣羣芳譜》俱作『細茶』。及試新銙、大觀二年，造御苑玉芽、萬壽龍芽。四年，又造無比壽芽及試新銙。按《宋史・食貨志》『銙』作『胯』。繼壕按《石林燕語》作『銙』，《清波雜志》作『夸』。貢新銙。政和三年造貢新銙式，新貢皆創為此，獻在歲額之外。自三色細芽出，而瑞雲翔龍顧居下矣。繼壕按《石林燕語》：『宣和後，團茶不復貴，皆以為賜，亦不復如向日之精。後取其精者為銙茶，歲賜者不同，不可勝紀矣。』《鐵圍山叢談》云：『祐陵雅好尚，故大觀初，龍焙於歲貢色目外，乃進御苑玉芽、萬壽龍芽。政和間，且增以長壽玉圭。玉圭丸僅盈寸，大抵北苑絕品，曾不過是。歲但可十百餅。然名益新、品益出，而舊格遞降于凡劣爾。』

凡茶芽數品，最上曰小芽，如雀舌、鷹爪，以其勁直纖鋭，故號芽茶。次曰揀芽，繼壕按《説郛》、《廣羣芳譜》俱作『揀芽』。乃一芽帶一葉者，號一鎗一旗。次曰中芽，繼壕按《説郛》、《廣羣芳譜》俱作『中芽』。乃一芽帶兩葉者，號一鎗兩旗。其帶三葉四葉，皆漸老矣。芽茶早春極少。景德中，建守周絳繼壕按《文獻通考》云：『絳，祥符初，知建州。』《福建通志》作『天聖間任。』為《補茶經》，言：『芽茶只作早茶，馳奉萬乘嘗之可矣。如一鎗一旗，可謂奇茶也。』故一鎗一旗，號揀芽，最為挺特光正。舒王《送人官閩中詩》云：『新茗齋中試一旗』，謂揀芽也。或者乃謂茶芽未展為鎗，已展為旗，指舒王此詩為誤，蓋不知有所謂揀芽也。今上聖製《茶論》曰：『一旗一鎗為揀芽。』又見王岐公珪詩云：『北苑和香品最精，綠芽未雨帶旗新。』故相韓康公絳詩云：『一鎗已笑將成葉，百草皆羞未敢花。』此皆詠揀芽，與舒王之意同。繼壕按王荊公追封舒王，此乃荊公送福建張比部詩中句也。《事文類聚續集》作『送元厚之詩』，誤。夫揀芽猶貴重如此，而況芽茶以供天子之新嘗者乎！

芽茶絕矣，至於水芽，則曠古未之聞也。宣和庚子歲，漕臣鄭公可簡按《潛確類書》作『鄭可聞』。繼壕按《福建通志》作『鄭可簡』，宣和間，任福建路轉運司使。《説郛》作『鄭可問』。始創為銀線水芽。蓋將已揀熟芽再剔去，祗取其心一縷，用珍器貯清泉漬之，光明瑩潔，若銀線然。其製方寸新銙，有小龍蜿蜒其上，號龍園勝雪。按《建安志》云：『此茶蓋於白合中，取一嫩條如絲髮大者，用御泉水研造成。分試其色如乳，其味腴而美。』又『園』字，《潛確類書》作『團』。今仍從原本，而附識於此。繼壕按《説郛》、《廣羣芳譜》『園』俱作『團』，下同。唯姚寬《西溪叢語》作『園』。又廢白、的、石三乳，鼎造花銙二十餘色。初，貢茶皆入龍腦，蔡君謨《茶録》云：茶有真香，而入貢者微以龍腦和膏，欲助其香。至是慮奪真味，始不用焉。

蓋茶之妙，至勝雪極矣，故合為首冠。然猶在白茶之次者，以白茶上之所好也。異時，郡人黃儒撰《品茶要録》，極稱當時靈芽之富，謂使陸羽數子見之，必爽然自失。蕃亦謂使黃君而閱今日，則前乎此者，未足詫焉。

然龍焙初興，貢數殊少，太平興國初纔貢五十片。繼壕按《能改齋漫録》云：『建茶務，仁宗初，歲造小龍、小鳳各三十斤，大龍、大鳳各三百斤，不入香京鋌共二百斤，臘茶一萬五千斤。』王存《元豐九域志》云：『建州土貢龍鳳茶八百二十斤。』累增至元符，以片繼壕按《説郛》作『斤』。計者一萬八千，視初已加數倍，而猶未盛。今則為四萬七千一百片繼壕按《説郛》作『斤』。有奇矣。此數皆見范逵所著《龍焙美成茶録》。逵，茶官也。繼壕按《説郛》作『范達』。

自白茶、勝雪以次，厥名實繁，今列于左，使好事者得以觀焉。

貢新銙大觀二年造

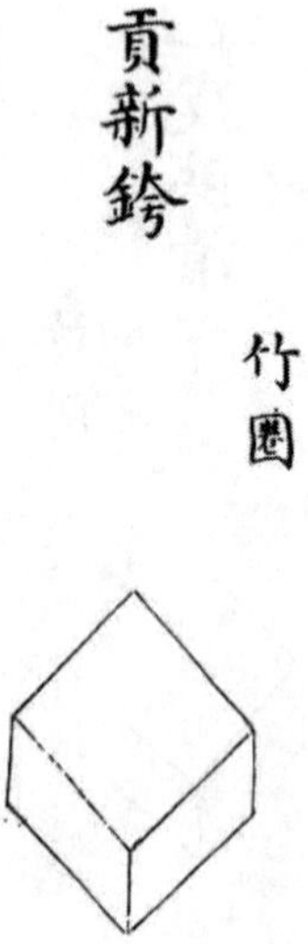

試新銙政和二年造

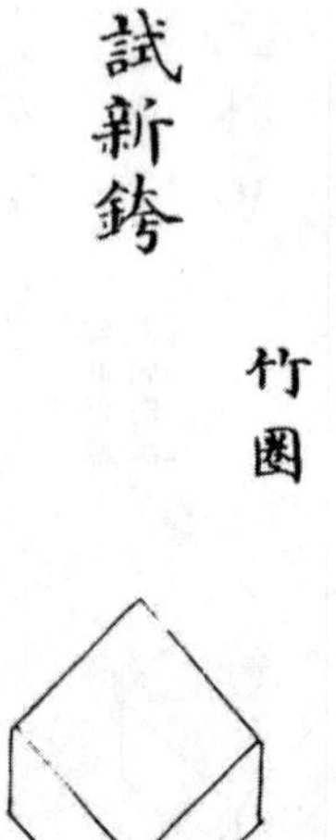

白茶政和三年造繼壕按《説郛》作「二年」。

白茶

竹圈

銀模

龍園勝雪宣和二年造

龍園勝雪

竹圈

銀模

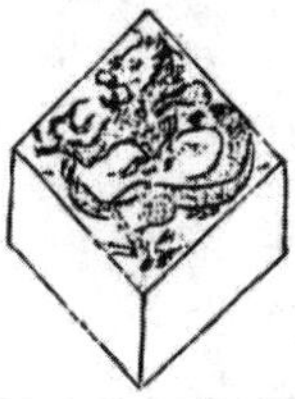

御苑玉芽大觀二年造

御苑玉芽

銀圈

銀模

萬壽龍芽大觀二年造

萬壽龍芽

銀圈

銀模

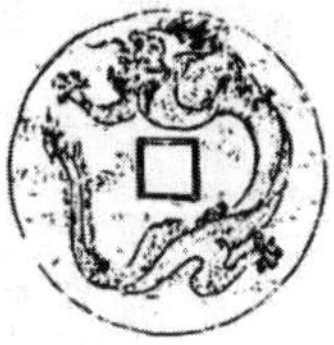

上林第一宣和二年造

上林第一

按此條原本闕圈模

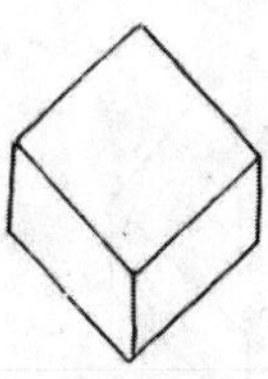

乙夜清供宣和二年造

乙夜供清

竹圈

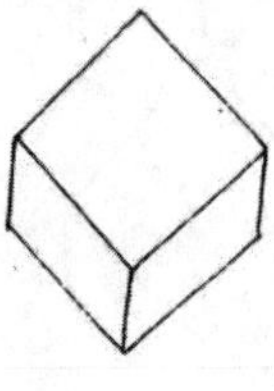

承平雅玩宣和二年造

承平雅玩

竹圈

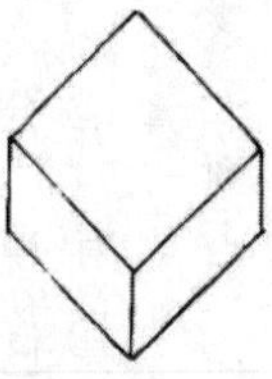

龍鳳英華宣和二年造

龍鳳英華

按此條原本闕圈模

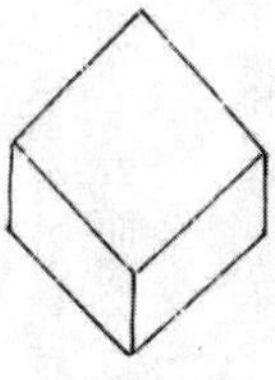

玉除清賞宣和二年造

玉除清賞

按此條原本闕圈模

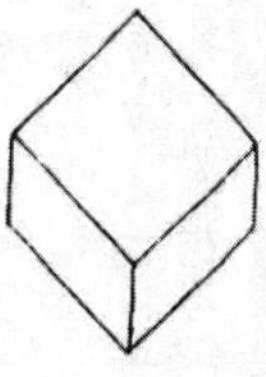

啟沃承恩宣和二年造

啓沃承恩

竹圈

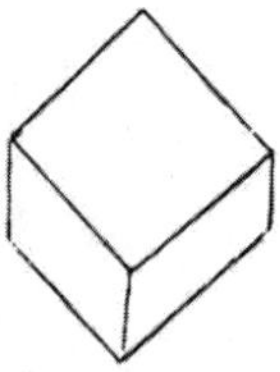

雪英宣和三年造繼壕按《說郛》作「二年」，《天中記》「雪」作「雲」。

雪英

銀模

銀圈

雲葉宣和三年造繼壕按《說郛》作「二年」。

雲葉

銀模

銀圈

蜀葵宣和三年造繼壕按《說郛》作「二年」。

蜀葵

銀模

銀圈

金錢宣和三年造

金錢

銀模

銀圈

玉華宣和三年造繼壕按《說郛》作「二年」。

玉華

銀模

銀圈

寸金宣和三年造繼壕按《西溪叢語》作「千金」，誤。

寸金

銀模

竹圈

無比壽芽大觀四年造

無比壽芽

銀模

竹圈

萬春銀葉宣和二年造

銀模

萬春銀葉

銀圈

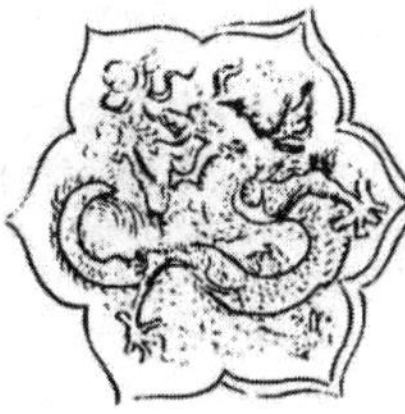

玉葉長春宣和四年造繼壕按《説郛》、《廣羣芳譜》此條俱在無疆壽龍下。

竹圈

玉葉長春

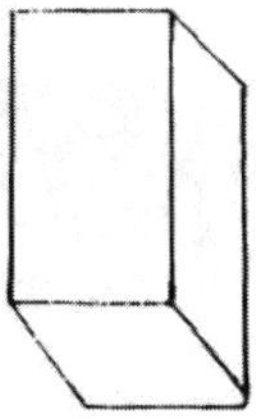

宜年寶玉宣和二年造繼壕按《説郛》作「三年」。

銀模

宜年寶玉

銀圈

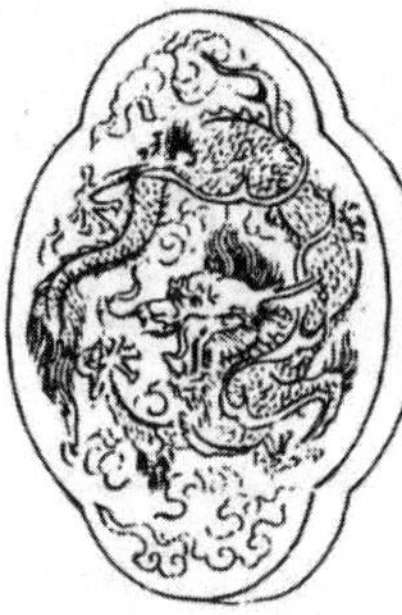

玉清慶雲宣和二年造

銀模

玉清慶雲

銀圈

無疆壽龍宣和二年造

銀模

無疆壽龍

竹圈

瑞雲翔龍紹聖二年造繼壕按《西溪叢語》及下圖目並作「瑞雪翔龍」，當誤。

銀模

瑞雪翔龍

銅圈

長壽玉圭政和二年造

長壽玉圭

銀模　銅圈

興國巖銙

興國巖銙

竹圈

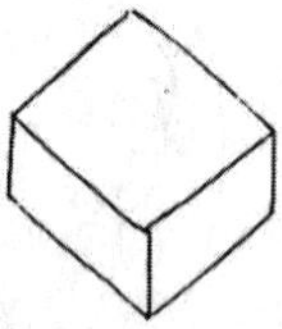

香口焙銙

香口焙銙

竹圈

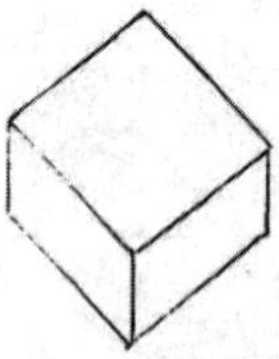

上品揀芽紹聖二年造繼壕按《説郛》『紹聖』誤『紹興』。

上品揀芽

銀模　銅圈

新收揀芽

新收揀芽

銀模　銅圈

太平嘉瑞政和二年造

太平嘉瑞

銀模　銅圈

龍苑報春宣和四年造

龍苑報春

銀模　銅圈

南山應瑞宣和四年造繼壕按《天中記》「宣和」作「紹聖」。

南山應瑞

銀模

銀圈

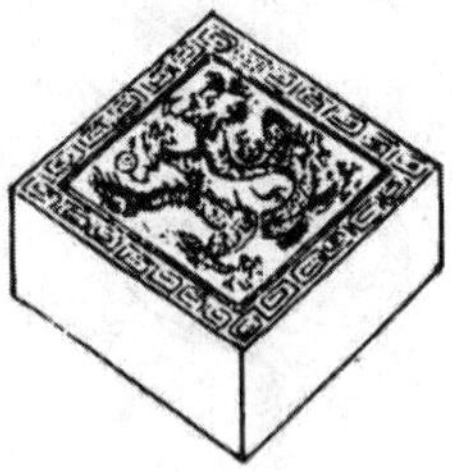

興國巖揀芽

興國巖揀芽

銀圈

銀模

興國巖小龍

興國巖小鳳已上號細色

揀芽

小龍

小龍

銀圈

銀模

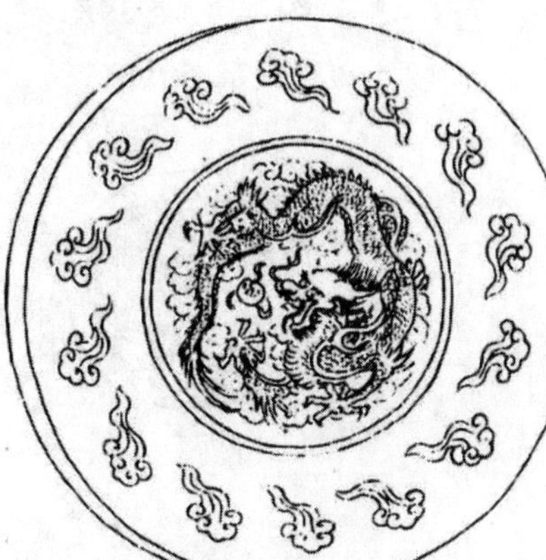

小鳳

小鳳

銀模

銅圈

大龍

大龍

銀模

銅圈

大鳳已上號粗色

大鳳

銀模

銅圈

又有瓊林毓粹、浴雪呈祥、壑源拱秀、貢篚推先、價倍南金、暘谷先春、壽巖都繼壕按《説郛》、《廣羣芳譜》作『卻』。勝、延平石乳、清白可鑒、風韻甚高，凡十色，皆宣和二年所製，越五歲省去。

右歲分十餘綱。惟白茶與勝雪自驚蟄前興役，浹日乃成。飛騎疾馳，不出中春，已至京師，號為頭綱。玉芽以下，即先後以次發。逮貢足時，夏過半矣。歐陽文忠詩曰：『建安三千五百里，京師三月嘗新茶』，蓋異時如此。繼壕按《鐵圍山叢談》云：『茶茁其芽，貴在社前，則已進御。自是迤邐宣和間，皆占冬至而嘗新茗，是率人力為之，反不近自然矣。』以今較昔，又為最早。

念草木之微，有瓌奇卓異，亦必逢時而後出，而況為士者哉？昔昌黎先生感二鳥之蒙採擢，而自悼其不如，今蕃於是茶也，焉敢效昌黎之感賦，姑務自警，而堅其守，以待時而已。

又《御苑采茶歌十首》并序　先朝漕司封修睦，自號退士，嘗作《御苑採茶歌》十首，傳在人口。今龍園所製，視昔尤盛，惜乎退士不見也。蕃謹撫故事，亦賦十首，獻之漕使。仍用退士元韻，以見仰慕前修之意。

雪腴貢使手親調，旋放春天採玉條。伐鼓危亭驚曉夢，嘯呼齊上苑東橋。

采采東方尚未明，玉芽同護見心誠。時歌一曲青山裏，便是春風陌上聲。

共抽靈草報天恩，貢令分明龍焙造茶依御廚法使指尊。邏卒日循雲塹繞，山靈亦守御園門。

紛綸爭徑蹂新苔，回首龍園曉色開。一尉鳴鉦三令趣，急持煙籠下山來。採茶不許見日出

紅日新升氣轉和，翠籃相逐下層坡。茶官正要龍芽潤，不管新來帶露多。採新芽不折水

翠虬新範絳紗籠，看罷人生玉節風。葉氣雲蒸千嶂綠，歡聲雷震萬山紅。

鳳山日日滃非煙，賸得三春雨露天。棠坼淺紅酣一笑，柳垂淡綠困三眠。紅雲島上多海棠，兩堤宮柳最盛。

龍焙夕薰凝紫霧，鳳池曉濯帶蒼煙。水芽只是宣和有，一洗槍旗二百年。

修貢年年採萬株，只今勝雪與初殊。宣和殿裏春風好，喜動天顏是玉腴。

外臺慶曆有仙官，龍鳳纔聞制小團。按《建安志》：『慶曆間，蔡公端明為漕使，始改造小團龍茶。』此詩蓋指此。爭得似金模寸璧，春風第一薦宸餐。

宋 熊克《〈宣和北苑貢茶録〉跋》 先人作茶録，當貢品極盛之時，凡有四十餘色。紹興戊寅歲，克攝事北苑，閲近所貢皆仍舊，其先後之序亦同，惟躋龍園勝雪於白茶之上，及無興國巖小龍、小鳳。蓋建炎南渡，有旨罷貢三之一而省去也。按《建安志》載，靖康初，詔減歲貢三分之一。紹興間，復減大龍及京鋌之半。十六年，又去京鋌，改造大龍團。至三十二年，凡工用之費，篚羞之式，皆令漕臣耑之，且減其數。雖府貢龍鳳茶，亦附漕綱以進，與此小異。繼壕按《宋史·食貨志》：『歲貢片茶二十一萬六千斤。建炎以來。葉濃、楊勍等相因為亂，圓丁散亡，遂罷之。紹興二年，蠲未起大龍鳳茶一千七百二十八斤。五年，復減大龍鳳及京鋌之半。』李心傳《建炎以來朝野雜記甲集》云：『建茶歲產九十五萬斤，其為團胯者，號臘茶，久為人所貴。舊制，歲貢片茶二十一萬六千斤。建炎二年，葉濃之亂，圓丁亡散，遂罷之。紹興四年，明堂，始命市五萬斤為大禮賞。五年，都督府請如舊額發赴建康，召商人持往淮北。檢察福建財用章傑以片茶難市，請市末茶，許之。轉運司言其不經久，乃止。既而官給長引，許商販渡淮。十二年六月，興榷場，遂取臘茶為場本。九月，禁私販，官盡榷之。上京之餘，許通商，官收息三倍。又詔，私載建茶入海者斬，此五年正月辛未詔旨，議者因請鬻建茶於臨安。十月，移茶事司於建州，專一買發。十三年閏月，以失陷引錢，復令通商。今上供龍鳳及京鋌茶，歲額視承平纔半。蓋高宗以賜賚既少，俱傷民力，故裁損其數云。』先人但著其名號，克今更寫其形制，庶覽之者無遺恨焉。先是，壬子春，漕司再葺茶政，越十三載，仍復舊額。且用政和故事，補種茶二萬株。次年益虔貢職，遂有創增之目。仍改京鋌為大龍團，由是大龍多於大鳳之數。凡此皆近事，或者猶未之知也。先人又嘗作貢茶歌十首，讀之可想見異時之事，故併取以附於末。三月初吉，男克北苑寓舍書。

北苑貢茶最盛，然前輩所録，止於慶曆以上。自元豐之密雲龍、紹聖之瑞雲龍相繼挺出，制精於舊，而未有好事者記焉，但見於詩人句中。及大觀以來，增創新銙，亦猶用揀芽。蓋水芽至宣和始有，故龍園勝雪與白茶角立，歲充首貢。復自御苑玉芽以下，厥名實繁。先子親見時事，悉能記之，成編具存。今閩中漕臺新刊《茶録》，未備此書。庶幾補其闕云。

淳熙九年冬十二月四日，朝散郎、行秘書郎、兼國史編修官、學士院權直熊克謹記。

《宋史》卷二八五《藝文四·子類·農家類》 熊蕃《宣和北苑貢茶録》一卷

《文獻通考》卷二一八《經籍考四十五·宣和北苑貢茶録一卷》

陳氏曰：建陽熊蕃叔茂撰。其子克義益寫其形制而傳之。

（弘治）《八閩通志》 熊蕃字叔茂。善屬文，長於吟詠。宗王安石之學，分章析句，極有條貫。築堂名『獨善』，號『獨善先生』。嘗著《茶録》，厘別其品第高下，最為精當。又有《制茶》韻，今傳於世。

明 徐㶿《蔡端明別紀·茶癖》 邑人熊蕃詩云：『外臺慶曆有仙官，龍鳳才聞製小團』蓋謂是也。其後，則有細色五綱：第一綱，曰貢新；第二綱，曰試新；第三綱，曰龍團勝雪，曰白茶，曰御苑玉芽，曰萬壽龍芽，曰上林第一，曰乙夜供清，曰承平雅玩，曰龍鳳英華，曰玉除清賞，曰啟沃承恩，曰雪英，曰雲葉，曰蜀葵，曰金錢，曰玉華，曰寸金；第四綱，曰無比壽芽，曰萬春銀葉，曰宜年寶玉，曰玉清慶雲，曰無疆壽龍，曰玉葉長春，曰瑞雲翔龍，曰長壽玉圭，曰興國巖銙，曰香口焙銙，曰上品揀芽，曰新收揀芽；第五綱，曰太平嘉瑞，曰龍苑報春，曰南山應瑞，曰興國揀芽，曰興國巖小龍，曰興國巖小鳳，曰大龍，曰大鳳。其粗色七綱，曰小龍小鳳，曰大龍大鳳，曰不入腦上品揀芽小龍，曰入腦小龍，曰入腦小鳳，曰入腦大龍，入腦大鳳。此茶之名色也。北焙之名，極盛於宋。當時士大夫以為珍異而寶重之。嗟夫，以一草一木之味，而勞民動眾，縻費不貲。餘人不足道，君謨號正人君子，亦忍為此，何也。

明 徐㶿《〈宣和北苑貢茶録〉跋》 熊蕃，字叔茂，建陽人，唐建州刺史傳九世孫。善屬文，長於吟詠，不復應舉。築堂名獨善，號獨善先生。嘗著茶録，釐別品第高下，最為精當。又有製茶十詠及文稿三卷行世。

明 夏樹芳《茶董》 黃儒《品茶要録》云：陸羽《茶經》不第建安之品，蓋前此茶事未興，山川尚閟，露牙真筍委翳消腐，而人不知耳。宣和中，復有白茶勝雪。熊蕃曰：使黃君閱今日，則前乎此者，未足詫也。

《四庫總目提要》卷一一五《譜録類》 《宣和北苑貢茶録》一

卷，附《北苑别録》一卷《永樂大典》本

《宣和北苑貢茶録》，宋熊蕃撰。所述皆建安茶園采焙入貢法式。淳熙中，其子校書郎克，始鋟諸木。凡為圖三十有八，附以採茶詩十章。陳振孫《書録解題》謂蕃子克益寫其形制而傳之，則圖蓋克所增入也。時福建轉運使主管帳司趙汝礪復作《别録》一卷，以補其未備。所言水數贏縮，火候淹亟，綱次先後，品目多寡，尤極該晰。考茗飲盛於唐，至南唐始立茶官，北苑所由名也，至宋而建茶遂名天下。壑源沙溪以外，北苑獨稱官焙，為漕司歲貢所自出。文士每紀述其事，然書不盡傳，傳者亦多疏略。惟此二書，於當時任土作貢之制，言之最詳。所載模制器具，頗多新意，亦有可以資故實而供詞翰者，存之亦博物之一端，不可廢也。蕃字叔茂，建陽人。宗王安石之學，工於吟詠，見《書録解題》。克有《中興小曆》已著録。汝礪行事無所見，惟《宋史·宗室世系表》漢王房下，有漢東侯宗楷曾孫汝礪，意者即其人歟。

清 汪繼壕《〈宣和北蒼貢茶録〉後記》 熊蕃《北苑貢茶録》、趙汝礪《北苑别録》，陶宗儀《説郛》曾載之，而於别録題曰『宋無名氏』。前家君從閔漁仲太史處得四庫寫本《貢茶録》，則有圖有注，《别録》則有汝礪後序，遠勝陶本。然《説郛》於《貢茶録》雖僅存圖目，而諸目之下皆注分寸，又寫本所無。《别録》粗色第六綱内之大鳳茶小鳳茶二條，寫本亦失去。其餘字句異同，多可是正。因取二本互勘，更取他書之徵引二録，及記北苑可與二録相發明者，並注於下。

四庫舊有案語，續注皆稱名以别之。庶覽是書者得以正其訛謬云爾。嘉慶庚申仲冬蕭山汪繼壕識於環碧山房。

朱松

宋 朱松《韋齋集》卷二《陳德瑞饋新茶》 空山冥冥雲霧窗，春風好夢欹殘釭。朝來果得故人信，微凸而么犀銙雙。貴人爭買百瓔珞，此心兒女久已降。坐觀市井起攘袂，念之使我心紛龐。領君此意九鼎重，雖有筆力安能扛。何時來施三昧手，慰我渴夢思長江。

又 卷三《次韻張漕茶山喜雨》 天公積憤何曾雪，遑恤茶工貪攬擷。無聊桃李困遲暄，白蔫紅飛亂□□。誰疏天漢下穹窿，苦厭風霾昏嵂嵲。行臺使者掃雲手，釃酒叢祠拜靈蕝。歸來一雨動三日，溝壑遺民起垂絶。豈唯槍旗各呈露，更喜筍蕨爭芽茁。明朝擊鼓萬指集，雲蹬携籯穿曲折。紅塵一騎天容開，顧渚蒙山坐銷歇。帝觴嘗罷思苦口，公如子牟心魏闕。金鑾諫舌夜生塵，回首山中記同啜。

又 卷四《答卓民表送茶》 攪雲飛雪一番新，誰念幽人尚食陳。髣髴三生玉川子，破除千餅建谿春。唤回窈窈清都夢，洗盡蓬蓬渴肺塵。便欲乘風度芹水，却悲狡獪得君嗔。

又《次韻堯端試茶》 龍文新夸薦緗羅，園吏分嘗苦未多。自瀹雲腴斞露井，坐知雪粒采陽坡。撑腸君要澆黄卷，愛酒渠方捲白波。我亦箇中殊不淺，斷無蹤跡到無何。

又《董邦則求茶軒詩次韻》 一軒新築敞柴荆，北苑塵飛客思清。更買樵青娱晚景，便應盧老是前生。千門北闕夢不到，一卷玉杯心自明。冷看田侯堂上客，醉中談笑起相烹。

又 卷五《謝人寄茶》 寄我新詩錦繡端，解包更得鳳山團。分無心賞陪顛陸，只有家風似懶殘。

又《元聲許茶絶句督之》 鳳山一震卷春回，想見香芽幾焙開。未辦倩君持券買，故應須我著詩催。

《宋史》卷四二九《道學三·朱熹》 朱熹字元晦，一字仲晦，徽州婺源人。父松字喬年，中進士第。胡世將、謝克家薦之，除祕書省正字。趙鼎都督川陝、荊、襄軍馬，招松爲屬，辭。鼎再相，除校書郎，遷著作郎。以御史中丞常同薦，除度支員外郎，兼史館校勘，歷司勳、吏部郎。秦檜決策議和，松與同列上章，極言其不可。檜怒，風御史論松懷異自賢，出知饒州，未上，卒。

陸游

宋 陸游《劍南詩稿》卷一《謝王彦光提刑見訪并送茶》 邇英帷幄舊儒臣，肯顧荒山野水濱。不怕客嘲輕薄尹，要令我識老成人。驅回

鼓轉東城暮，酒冽橙香一笑新。遙想解醒須底物，隆興第一壑源春。

又卷三《過武連縣北柳池安國院煮泉試日鑄顧渚茶院有二泉皆甘寒傳雲唐僖宗幸蜀在道不豫至此飲泉而愈賜名報國靈泉云三首其三》

我是江南桑苧家，汲泉閑品故園茶。只應碧缶蒼鷹爪，可壓紅囊白雪芽。

又卷四《同何元立蔡肩吾至東丁院汲泉煮茶二首其二》 雪芽近自峨嵋得，不減紅囊顧渚春。旋置風爐清樾下，他年奇事記三人。

又卷五《睡起試茶》 笛材細織含風漪，蟬翼新裁雲碧帷。端谿硯璞斲作枕，素屏畫出月墮空江時。朱欄碧甃玉色井，自候銀缾試蒙頂。門前剝啄不嫌渠，但恨此味無人領。

又卷六《試茶》 蒼爪初驚鷹脱韝，得湯已見玉花浮。睡魔何止避三舍，歡伯直知輸一籌。日鑄焙香懷舊隱，谷簾試水憶西遊。銀缾銅碾俱官様，恨欠纖纖爲捧甌。

又卷一一《試茶》 北窗高臥鼾如雷，誰遣香茶挽夢回。緑地毫甌雪花乳，不妨也道入閩来。

又卷二四《雨晴》 閑曳枯筇自在行，曲廊小閣賞新晴。幽禽葉底吟風久，殘雨枝間照日明。茶映盞毫新乳上，琴横薦石細泉鳴。亦知老健終難恃，且復蕭然得此生。

又卷二六《十一月十八日蒙恩再領沖佑鄰里來賀謝以長句》 緑章封事徹虚皇，黄紙除書降野堂。海上春常探先到，壺中日已不勝長。冰銜再署仙班貴，鶴料重支玉粒香。便挂朝冠亦良易，金銅茶籠本相忘。往時嘗使閩者例餽茶三年。今不講已久，余蓋未嘗霑及也。

又卷四五《喜得建茶》 玉食何由到草萊，重奩初喜坼封開。雪霏庾嶺紅絲磑，乳泛閩溪緑地材。舌本常留甘盡日，鼻端無復鼾如雷。故應不負朋遊意，手挈風爐竹下來。

又卷六七《老學庵北窗雜書七首其四》 小龍團與長鷹爪，桑苧玉川俱未知。自置風爐北窗下，勒回睡思賦新詩。

又卷七〇《八十三吟》 石帆山下白頭人，八十三回見草春。自愛安閑忘寂寞，天將强健報清貧。枯桐已爨寧求識，弊帚當捐却自珍。桑苧家風君勿笑，它年猶得作茶神。

《宋史》卷三九五《陸游傳》 陸游字務觀，越州山陰人。年十二能詩文，蔭補登仕郎。鎖廳薦送第一，秦檜孫塤適居其次，檜怒，至罪主司。明年，試禮部，主司復置游前列，檜顯黜之，由是爲所嫉。檜死，始赴福州寧德簿，以薦者除敕令所删定官。

時楊存中久掌禁旅，游力陳非便，上嘉其言，遂罷存中。中貴人有市北方珍玩以進者，游奏：『陛下以「損」名齋，自經籍翰墨外，屏而不御。小臣不體聖意，輒私買珍玩，虧損聖德，乞嚴行禁絕。』

應詔言：『非宗室外家，雖實有勳勞，毋得輒加王爵。頃者有以師傅而領殿前都指揮使，復有以太尉而領閤門事，瀆亂名器，乞加訂正。』遷大理寺司直兼宗正簿。

孝宗即位，遷樞密院編修官兼編類聖政所檢討官。史浩、黄祖舜薦游善詞章，諳典故，召見，上曰：『游力學有聞，言論剴切。』遂賜進士出身。入對，言：『陛下初即位，乃信詔令以示人之時，而官吏將帥一切玩習，宜取其尤沮格者，與衆棄之。』

和議將成，游又以書白二府曰：『江左自吴以來，未有捨建康他都者。駐蹕臨安出於權宜，形勢不固，饋餉不便，海道逼近，凜然意外之憂。一和之後，盟誓已立，動有拘礙。今當與之約，建康、臨安皆係駐蹕之地，北使朝聘，或就建康，或就臨安，如此則我得以暇時建都立國，彼不我疑。』

時龍大淵、曾覿用事，游爲樞臣張燾言：『覿、大淵招權植黨，熒惑聖聽，公及今不言，異日將不可去。』燾遽以聞，上詰語所自來，燾以游對。上怒，出通判建康府，尋易隆興府。言者論游交結臺諫，鼓唱是非，力説張浚用兵，免歸。久之，通判夔州。

王炎宣撫川、陝，辟爲幹辦公事。游爲炎陳進取之策，以爲經略中原必自長安始，取長安必自隴右始。當積粟練兵，有釁則攻，無則守。吴璘子挺代掌兵，頗驕恣，傾財結士，屢以過誤殺人，炎莫誰何。游請以玠子拱代挺。炎曰：『拱怯而寡謀，遇敵必敗。』游曰：『使挺遇敵，安保其不敗。就令有功，愈不可駕馭。』及挺子曦僭叛，游言始驗。

范成大帥蜀，游爲參議官，以文字交，不拘禮法，人譏其頹放，因自

號放翁。後累遷江西常平提舉。江西水災，奏：『撥義倉振濟，檄諸郡發粟以予民。』召還，給事中趙汝愚駁之，遂與祠。起知嚴州，過闕，陛辭，上諭曰：『嚴陵山水勝處，職事之暇，可以賦詠自適。』再召入見，上曰：『卿筆力回斡甚善，非他人可及。』除軍器少監。

紹熙元年，遷禮部郎中兼實録院檢討官。嘉泰二年，以孝宗、光宗兩朝實録及三朝史未就，詔游權同修國史、實録院同修撰，免奉朝請，尋兼祕書監。三年，書成，遂升寶章閣待制，致仕。

游才氣超逸，尤長於詩。晚年再出，爲韓侂冑撰南園閲古泉記，見譏清議。朱熹嘗言：『其能太高，迹太近，恐爲有力者所牽挽，不得全其晚節。』蓋有先見之明焉。嘉定二年卒，年八十五。

楊萬里

宋　楊萬里《誠齋集》卷二《澹庵坐上觀顯上人分茶》　分茶何似煎茶好，煎茶不似分茶巧。蒸水老禪弄泉手，隆興元春新玉爪。二者相遭兔甌面，怪怪奇奇真善幻。紛如擘絮行太空，影落寒江能萬變。銀瓶首下仍尻高，注湯作字勢嫖姚。不須更師屋漏法，只問此瓶當響答。紫微仙人烏角巾，喚我起看清風生。京塵滿袖思一洗，病眼生花得再明。漢鼎難調要公理，策勳茗椀非公事。不如回施與寒儒，歸續茶經傳衲子。

又　卷一三《酌惠山泉瀹茶》　錫作諸峰玉一涓，麯生堪釀茗堪煎。詩人浪語元無據，却道人間第二泉。

又　卷一九《陳蹇叔郎中出閩漕別送新茶李聖俞郎中出手分似》　頭綱別樣建溪春，小璧蒼龍浪得名。細瀉谷簾珠顆露，打成寒食杏花餳。鷓斑椀面雲縈字，兔褐甌心雪作泓。不待清風生兩腋，清風先向舌端生。

又　卷二〇《南海陶令曾送水沈報以雙井茶二首其一**》**　嶺外書來謝故人，梅花不寄寄爐熏。香急試博山火，兩袖忽生南海雲。苒惹鬢眉清入骨，縈盈窗几巧成文。瓊琚作報那能辦，雙井春風輟一斤。

又《南海陶令曾送水沈報以雙井茶二首其二**》**　沈水占城第一良，占城上岸更差强。黑藏骨節龍筋瘠，斑出文章鷓翼張。衮盡殘膏添猛火，熬成熟水趁新湯。素馨熏染真何益，畢竟輸他本分香。

又《以六一泉煮雙井茶》　鷹爪新茶蟹眼湯，松風鳴雪兔毫霜。細參六一泉中味，故有涪翁句子香。日鑄建溪當退舍，落霞秋水夢還鄉。何時歸上滕王閣，自看風爐自煮嘗。

又《謝岳大用提舉郎中寄茶果藥物三首·日鑄茶》　瓷瓶蠟紙印丹砂，日鑄春風出使家。白錦秋鷹微露爪，青瑶曉樹未成芽。松梢鼓吹湯翻鼎，甌面雲煙乳作花。喚醒老夫江海夢，呼兒索鏡整烏紗。

又　卷二五《夢作碾試館中所送建茶絶句》　天上蓬山新水芽，羣仙遠寄野人家。坐看寶帶黄金銙，吹作春風白雪花。

又　卷二八《寄題朱元晦武夷精舍十二詠·茶竈》　茶竈本笠澤，飛來摘茶國。墮在武夷山，溪心化爲石。

又　卷二九《惠泉分茶示正孚長老》　寒泓不到十餘年，老眼重看意惘然。漱裂蒼崖玉龍口，墮成清鏡雪花天。須煩佛界三昧手，拈出茶經第二泉。珍重賛公驚久別，且談詩句未談禪。

楊萬里《謝傳尚書茶》（茶乘）　遠餉新茗，當自攜大瓢，走汲谿泉，束澗底之散薪，然折足之石鼎，烹玉塵，啜香乳，以享天上。故人之意，愧無胸中之書傳，但一味攪破菜園耳。

《宋史》卷四三三《楊萬里傳》　楊萬里字廷秀，吉州吉水人。中紹興二十四年進士第，爲贛州司戶，調永州零陵丞。時張浚謫永，杜門謝客，萬里三往不得見，以書力請始見之。浚勉以正心誠意之學，萬里服其教終身，乃名讀書之室曰誠齋。

浚入相，薦之朝。除臨安府教授，未赴，丁父憂。改知隆興府奉新縣，戢追胥不入鄉，民逋賦者揭其名市中，民讙趨之，賦不擾而足，縣以大治。會陳俊卿、虞允文爲相，交薦之，召爲國子博士。侍講張栻以論張説出守袁，萬里抗疏留栻，又遺允文書，以和同之説規之，栻雖不果留，而公論偉之。遷太常博士，尋升丞兼吏部侍右郎官，轉將作少監，出知漳州，改常州，尋提舉廣東常平茶鹽。盜沈師犯南粵，帥師往平之。孝宗稱之曰『仁者之勇』，遂有大用意，就除提點刑獄。請於潮、惠二州築外砦，潮以鎮賊之巢，惠以扼賊之路。俄以憂去。免喪，召爲尚左郎官。

又 寧宗嗣位，召赴行在，辭。升煥章閣待制、提舉興國宮。引年乞休致，進寶文閣待制，致仕。嘉泰三年，詔進寶謨閣直學士，給賜衣帶。開禧元年召，復辭。明年，升寶謨閣學士。卒，年八十三，贈光録大夫。

萬里爲人剛而褊。孝宗始愛其才，以問周必大，必大無善語，由此不見用。韓侂胄用事，欲網羅四方知名士相羽翼，嘗築南園，屬萬里爲之記，許以掖垣。萬里曰：『官可棄，記不可作也。』侂胄恚，改命他人。臥家十五年，皆其柄國之日也。侂胄專僭日益甚，萬里憂憤，怏怏成疾。家人知其憂國也，凡邸吏之報時政者皆不以告。忽族子自外至，遽言侂胄用兵事。萬里慟哭失聲，亟呼紙書曰：『韓侂胄姦臣，專權無上，動兵殘民，謀危社稷。吾頭顱如許，報國無路，惟有孤憤！』又書十四言別妻子，筆落而逝。

萬里精於詩，嘗著易傳行於世。光宗嘗爲書『誠齋』二字，學者稱誠齋先生，賜謚文節。子長孺。

朱熹

宋 朱熹《晦庵集》卷六《雲谷二十六咏·茶坂》 携籯北嶺西，采擷供茗飲。一啜夜窗寒，跏趺謝衾枕。

又 卷九《武夷精舍雜咏·茶竈》 仙翁遺石竈，宛在水中央。飲罷方舟去，茶烟裊細香。

《宋史》卷四二九《朱熹傳》 朱熹字元晦，一字仲晦，徽州婺源人。父松字喬年，中進士第。胡世將、謝克家薦之，除祕書省正字。趙鼎都督川陝、荊、襄軍馬，招松爲屬，辭。鼎再相，除校書郎，遷著作郎。以御史中丞常同薦，除度支員外郎，兼史館校勘，歷司勳、吏部郎。秦檜決策議和，松與同列上章，極言其不可。檜怒，風御史論松懷異自賢，出知饒州，未上，卒。

熹幼穎悟，甫能言，父指天示之曰：『天也。』熹問曰：『天之上何物？』松異之。就傅，授以孝經，一閱，題其上曰：『不若是，非人也。』嘗從羣兒戲沙上，獨端坐以指畫沙，視之，八卦也。年十八貢于鄉，中紹興十八年進士第。主泉州同安簿，選邑秀民充弟子員，日與講説聖賢修己治人之道，禁女婦之爲僧道者。罷歸請祠，監潭州南嶽廟。明年，以輔臣薦，與徐度、呂廣問、韓元吉同召，以疾辭。

又 其爲學，大抵窮理以致其知，反躬以踐其實，而以居敬爲主。嘗謂聖賢道統之傳散在方冊，聖經之旨不明，而道統之傳始晦。於是竭其精力，以研窮聖賢之經訓。所著書有：易本義、啟蒙、蓍卦考誤，詩集傳，大學中庸章句、或問，論語、孟子集註，太極圖、通書、西銘解，楚辭集註、辨證，韓文考異；所編次有：論孟集議，孟子指要，中庸輯略，孝經刊誤，小學書，通鑑綱目，宋名臣言行録，家禮，近思録，河南程氏遺書，伊洛淵源録，皆行於世。熹沒，朝廷以其大學、語、孟、中庸訓説立於學官。又有儀禮經傳通解未脫稿，亦在學官。平生爲文凡一百卷，生徒問答凡八十卷，別録十卷。

理宗紹定末，祕書郎李心傳乞以司馬光、周敦頤、邵雍、張載、程顥、程頤、朱熹七人列于從祀，不報。淳祐元年正月，上視學，手詔以周、張、二程及熹從祀孔子廟。

黄榦曰：『道之正統待人而後傳，自周以來，任傳道之責者不過數人，而能使斯道章章較著者，一二人而止耳。由孔子而後，曾子、子思繼其微，至孟子而始著。由孟子而後，周、程、張子繼其絕，至熹而始著。』識者以爲知言。

熹子在，紹定中爲吏部侍郎。

趙汝礪

宋 趙汝礪撰，清 汪繼壕按校《北苑別録》 建安之東三十里，有山曰鳳凰，其下直北苑，旁聯諸焙，厥土赤壤，厥茶惟上上。太平興國中，初為御焙，歲模龍鳳，以羞貢篚，益表珍異。慶曆中，漕臺益重其事，品數日增，制度日精。厥今茶自北苑上者，獨冠天下，非人間所可得也。方其春蟲震蟄，千夫雷動，一時之盛，誠為偉觀。故建人謂至建安而不詣北苑，與不至者同。僕因攝事，遂得研究其始末。姑摭其大概，條為十餘類，目曰《北苑別録》云。

御園

九窠十二隴按《建安志·茶隴註》云：「九窠十二隴即土山之凹凸處，凹為窠，凸為隴。」繼壕按宋子安《試茶録》：「自青山曲折而北，嶺勢屬貫魚凡十有二，又隈曲如窠巢者九，其地利為九窠十二隴。」

麥窠按宋子安《試茶録》作「麥園，言其土壤沃，並宜䅘麥也。」與此作麥窠異。

壤園繼壕按《試茶録》「雞窠又南曰壤園、麥園。」

龍遊窠

小苦竹繼壕按《試茶録》作「小苦竹園，園在鼯鼠窠下。」

苦竹裏

雞藪窠按宋子安《試茶録》：「小苦竹園又西至大園絶尾，疏竹蓊翳，多飛雉，故曰雞藪窠」。繼壕按《太平御覽》引《建安記》：「雞巖隔澗西與武彝相對，半巖有雞窠四枚，石峭上，不可登履，時有峯雞百飛翔，雄者類鶤鴰。」《福建通志》云：「崇安縣武彝山大小二藏峯，峯臨澄潭，其半為雞窠巖，一名金雞洞。雞藪窠未知即在此否。」

苦竹繼壕按《試茶録》：「自焙口達源頭五里，地遠而益高，以園多苦竹，故名曰苦竹，以遠居眾山之首，故曰園頭。」下苦竹源當即苦竹園頭。

苦竹源

鼯鼠窠按宋子安《試茶録》：「直西定山之隈，土石迴向如窠，然泉流積陰之處多飛鼠，故曰鼯鼠窠。」

教煉壟繼壕按《試茶録》作教練壟：「焙南直東，嶺極高峻，曰教練壟，東入張坑，南距苦竹。」《說郛》「煉」亦作「練」。

鳳凰山繼壕按《試茶録》：「橫坑又北出鳳凰山，其勢中跱，如鳳之首，兩山相向，如鳳之翼，因取象焉。」曹學佺《輿地名勝志》：「甌寧縣鳳凰山，其上有鳳凰泉，一名龍焙泉，又名御泉。宋以來，上供茶取此水濯之。其麓即北苑，蘇東坡序略云：北苑龍焙，山如翔鳳下飲之狀，山最高處有乘風堂，堂側豎石碣，字大尺許。」宋慶曆中，柯適記御茶泉深僅二尺許，下有暗渠，與山下溪合，泉從渠出，日夜不竭。又龍山與鳳凰山對峙，宋咸平間，丁謂於茶堂之前，引二泉為龍鳳池，其中為紅雲島，四面植海棠，池旁植柳。旭日始升時，晴光掩映，如紅雲浮於其上。《方輿紀要》：「鳳凰山一名茶山，又壑源山在鳳凰山南，山之茶為外焙綱，俗名捍火山，又名望州山。」《福建通志》：」鳳凰山今在建安縣吉苑里。」

大小焬繼壕按《說郛》「焬」作「焊」，《試茶録》「壑源」條云：「建安郡東望北苑之南山，叢然而秀，高峙數百丈，如郛郭焉。」注云：「民間所謂捍火山也。」「焊」，疑當作「捍」。

橫坑繼壕按《試茶録》：「教練壟帶北岡勢橫直，故曰坑。」

猿遊隴按宋子安《試茶録》：「鳳凰山東南至於袁雲隴，又南至於張坑，言昔有袁氏、張氏居於此，因名其地焉。」與此作猿遊隴異。

張坑繼壕按《試茶録》：「張坑又南，最高處曰張坑頭。」

帶園繼壕按《試茶録》：「焙東之山，縈紆如帶，故曰帶園，其中曰中歷坑。」

焙東

中歷按宋子安《試茶録》作「中歷坑」。

東際繼壕按《試茶録》：「袁雲壟之北，絶嶺之表曰西際，其東為東際。」

西際

官平繼壕按《試茶録》：「袁雲隴之北，平下，故曰平園。」當即官平。

上下官坑繼壕按《試茶録》：「曾坑又北曰官坑，上園下坑，慶曆中始入北苑。」《說郛》在「石碎窠」下。

石碎窠繼壕按徽宗《大觀茶論》作「碎石窠」。

虎膝窠

樓隴

蕉窠

新園

夫樓基按《建安志》作「大樓基」。繼壕按《說郛》作「天樓基」。

阮坑

曾坑繼壕按《試茶録》云：「又有蘇口焙，與北苑不相屬，昔有蘇氏居之，其園別為四，其最高處曰曾坑，歲貢有曾坑上品一斤。曾坑山土淺薄，苗發多紫，復不肥乳。氣味殊薄，今歲貢以苦竹園充之。」葉夢得《避暑録話》云：「北苑茶，正所產為曾坑，謂之正焙，非曾坑，為沙溪，謂之外焙。二地相去不遠，而茶種懸絶。沙溪色白過於曾坑，但味短而微澀，識茶者一啜，如別涇渭也。」

黃際繼壕按《試茶録》「壑源」條：「道南山而東曰穿欄焙，又東曰黃際。」

馬鞍山繼壕按《試茶録》：「帶園東又曰馬鞍山。」《福建通志》：「建寧府建安縣有馬鞍山，在郡東北三里許，一名瑞峯，左為雞籠山。」當即此山。

林園繼壕按《試茶録》：「北苑焙絶東曰林園。」

和尚園

黃淡窠繼壕按《試茶録》：「馬鞍山又東曰黃淡窠，謂山多黃淡也。」

吳彥山

羅漢山

水桑窠

師姑園繼壕按《說郛》：「在銅場下。」

銅場繼壕按《福建通志》：「鳳凰山在東者曰銅場峯。」

靈滋

范馬園

高畲

大窠頭繼壕按《試茶録》「壑源」條：「坑頭至大窠為正壑嶺。」

小山

右四十六所，廣袤三十餘里，自官平而上為內園，官坑而下為外園。方春靈芽莩坼，繼壕按《說郛》作「萌坼」。常先民焙十餘日，如九窠十二隴、龍遊窠、小苦竹、張坑、西際，又為禁園之先也。

開焙

驚蟄節，萬物始萌，每歲常以前三日開焙，遇閏則反之，繼壕按《說郛》「反」作「後」。以其氣候少遲故也。按《建安志》：「候當驚蟄，萬物始萌，漕司常前三日開焙，令春夫喊山以助和氣，遇閏則後二日。」繼壕按《試茶録》：「建溪茶比他郡最先，北苑壑源者尤早。歲多暖，則先驚蟄十日即芽；歲多寒，則後驚蟄五日始發。先芽者，氣味俱不佳，唯過驚蟄者最為第一，民間常以驚蟄為候。」

採茶

採茶之法，須是侵晨，不可見日。侵晨則夜露未晞，茶芽肥潤，見日則為陽氣所薄，使芽之膏腴內耗，至受水而不鮮明。故每日常以五更撾鼓，集羣夫於鳳凰山，山有打鼓亭監採官人給一牌入山，至辰刻則復鳴鑼以聚之，恐其踰時貪多務得也。

大抵採茶亦須習熟，募夫之際，必擇土著及諳曉之人，非特識茶發早晚所在，而於採摘亦知其指要。蓋以指而不以甲，則多溫而易損；以甲而不以指，則速斷而不柔。從舊說也故採夫欲其習熟，政為是耳。採夫日役二百二十五人。繼壕按《說郛》作「二百二十二人。」徽宗《大觀茶論》：「擷茶以黎明，見日則止。用爪斷芽，不以指揉，慮氣汗熏漬，茶不鮮潔。故茶工多以新汲水自隨，得芽則投諸水。」《試茶録》：「民間常以春陰為採茶得時，日出而採，則芽葉易損，建人謂之採摘不鮮是也。」

揀茶

茶有小芽，有中芽，有紫芽，有白合，有烏蔕，此不可不辨。小芽者，其小如鷹爪，初造龍園勝雪、白茶，以其芽先次蒸熟，置之水盆中，剔取其精英，僅如鍼小，謂之水芽，是芽中之最精者也。中芽，古謂繼壕按《說郛》有「之」字。一鎗一旗是也。紫芽，葉之繼壕按原本作「以」，據《說郛》改。紫者是也。白合，乃小芽有兩葉抱而生者是也。烏蔕，茶之蔕頭是也。凡茶以水芽為上，小芽次之，中芽又次之，紫芽、白合、烏蔕，皆在所不取。繼壕按《大觀茶論》：「茶之始芽萌則有白合，既擷則有烏蔕。白合不去害茶味，烏蔕不去害茶色。」原本脱「不」字，據《說郛》補。使其擇焉而精，則茶之色味無不佳。萬一雜之以所不取，則首面不勻，色濁而味重也。繼壕按《西溪叢語》：「建州龍焙，有一泉極清澹，謂之御泉。用其池水造茶，即壞茶味。惟龍園勝雪、白茶二種，謂之水芽，先蒸後揀，每一芽先去外兩小葉，謂之烏蔕，又次去兩嫩葉，謂之白合，留小心芽置於水中，呼為水芽，聚之稍多即研焙為二品，即龍園勝雪、白茶也。茶之極精好者，無出於此，每胯計工價近三十千。其他茶雖好，皆先揀而後蒸研，其味次第減也。」

蒸茶

茶芽再四洗滌，取令潔淨，然後入甑，俟湯沸蒸之。然蒸有過熟之患，有不熟之患。過熟則色黃而味淡，不熟則色青易沈，而有草木之氣，唯在得中之為當也。

榨茶

茶既熟謂茶黃，須淋洗數過，欲其冷也方入小榨，以去其水，又入大榨出其膏。水芽以馬榨壓之，以其芽嫩故也。繼壕按《說郛》「馬」作「高」。先是包以布帛，束以竹皮，然後入大榨壓之，至中夜取出揉勻，復如前入榨，謂之翻榨。徹曉奮擊，必至於乾淨而後已。蓋建茶味遠而力厚，非江茶之比。江茶畏流其膏，建茶惟恐其膏之不盡，膏不盡，則色味重濁矣。

研茶

研茶之具，以柯為杵，以瓦為盆。分團酌水，亦皆有數，上而勝雪、白茶，以十六水，下而揀芽之水六，小龍、鳳四，大龍、鳳二，其餘皆以十二焉。自十二水以上，日研一團，自六水而下，日研三團至七團。每水研之，必至於水乾茶熟而後已。水不乾則茶不熟，茶不熟則首面不勻，煎試易沈，故研夫猶貴於強而有力者也。

嘗謂天下之理，未有不相須而成者。有北苑之芽，而後有龍井之水。龍井之水，其深不以丈尺，繼壕按文有脱誤，《說郛》無此六字亦誤。柯適《記御茶

泉》云：『深僅二尺許。』清而且甘，晝夜酌之而不竭，凡茶自北苑上者皆資焉。亦猶錦之於蜀江，膠之於阿井，詎不信然？

造茶

造茶舊分四局，匠者起好勝之心，彼此相誇，不能無弊，遂併而為二焉。故茶堂有東局、西局之名，茶銙有東作、西作之號。

凡茶之初出研盆，盪之欲其勻，揉之欲其膩，然後入圈製銙，隨笪過黃。有方銙，有花銙，有大龍，有小龍，品色不同，其名亦異，故隨綱繫之於貢茶云。

過黃

茶之過黃，初入烈火焙之，次過沸湯爁之，凡如是者三，而後宿一火，至翌日，遂過煙焙焉。然煙焙之火不欲烈，烈則面炮而色黑；又不欲煙，煙則香盡而味焦，但取其溫溫而已。凡火數之多寡，皆視其銙之厚薄。銙之厚者，有十火至於十五火，銙之薄者，亦繼壕按《說郛》無『亦』字。八火至於六火。火數既足，然後過湯上出色。出色之後，當置之密室，急以扇扇之，則色澤自然光瑩矣。

綱次繼壕按《西溪叢語》云：『茶有十綱，第一第二綱太嫩，第三綱最妙，自六綱至十綱，小團至大團而止。第一名曰試新，第二名曰貢新，第三名有十六色，第四名有十二色，第五次有十二色，已下五綱皆大小團也。』云云。其所記品目與録同，唯録載細色粗色共十二綱，而寬云十綱，又云第一名試新，第二名貢新，又細色第五綱十二色內，有先春一色，而無興國巖揀芽，並與録異，疑寬所據者宣和時修貢録，而此則本於淳熙間修貢録也。《清波雜志》云：『淳熙間，親黨許仲啟官麻沙，得北苑修貢録，序以刊行，其間載歲貢十有二綱，凡三等四十一名。第一綱曰龍焙貢新，止五十餘銙，貴重如此。』正與録合。曾敏行《獨醒雜志》云：『北苑產茶，今歲貢三等十有二綱，四萬八千餘銙。』《事文類聚續集》云：『宣政間鄭可簡以貢茶進用，久領漕計，創添續入，其數浸廣，今猶因之。』

細色第一綱

龍焙貢新。水芽，十二水，十宿火。正貢三十銙，創添二十銙。按《建安志》：『云頭綱用社前三日進發，或稍遲亦不過社後三日。第二綱以後，只火候數足發，多不過十日。粗色雖於五旬內製畢，卻候細綱貢絕，以次進發。第一綱拜，其餘不拜，謂非享上之物也。』

細色第二綱

龍焙試新。水芽十二水，十宿火。正貢一百銙，創添五十銙。按《建安志》云：『數有正貢，有添貢，有續添，正貢之外，皆起於鄭可簡為漕日增。』

細色第三綱

龍園勝雪。按《建安志》云：『龍園勝雪用十六水，十二宿火。白茶用十六水，七宿火。勝雪係驚蟄後採造，茶葉稍壯，故耐火。白茶無培壅之力，茶葉如紙，故火候止七宿，水取其多，則研夫力勝而色白，至火力則但取其適，然後不損真味。』水芽，十六水，十二宿火。正貢三十銙，續添二十銙，創添六十銙。繼壕按《說郛》作『續添二十銙，創添二十銙。』

白茶。水芽，十六水，七宿火。正貢三十銙，續添十五銙，繼壕按《說郛》作『五十銙』。創添八十銙。

御苑玉芽。按《建安志》云：『自御苑玉芽下凡十四品，係細色第三綱，其製之也，皆以十二水。唯玉芽、龍芽二色火候止八宿，蓋二色茶日數比諸茶差早，不敢多用火力。』小芽繼壕按據《建安志》『小芽』當作『水芽』。詳細色五綱條注。十二水，八宿火。正貢一百片。

萬壽龍芽。小芽，十二水，八宿火。正貢一百片。

上林第一。按《建安志》云：『雪英以下六品，火用七宿，則是茶力既強，不必火候太多。自上林第一至啟沃承恩凡六品，日子之製同，故量日力以用火力，大抵欲其適當。不論採摘日子之淺深，而水皆十二，研工多則茶色白故耳。』小芽，十二水，十宿火。正貢一百銙。

乙夜清供。小芽，十二水，十宿火。正貢一百銙。

承平雅玩。小芽，十二水，十宿火。正貢一百銙。

龍鳳英華。小芽，十二水，十宿火。正貢一百銙。

玉除清賞。小芽，十二水，十宿火。正貢一百銙。

啟沃承恩。小芽，十二水，十宿火。正貢一百銙。

雪英。小芽，十二水，七宿火。正貢一百片。

雲葉。小芽，十二水，七宿火。正貢一百片。

蜀葵。小芽，十二水，七宿火。正貢一百片。

金錢。小芽，十二水，七宿火。正貢一百片。

玉葉。小芽，十二水，七宿火。正貢一百片。

寸金。小芽，十二水，九宿火。正貢一百銙。

細色第四綱

龍園勝雪。已見前正貢一百五十銙

無比壽芽。小芽，十二水，十五宿火。正貢五十銙，創添五十銙。

萬春銀葉。繼壕按《説郛》「芽」作「葉」，《西溪叢語》作「萬春銀葉」。小芽，十二水，十宿火。正貢四十片，創添六十片。

宜年寶玉。小芽，十二水，十二宿火。繼壕按《説郛》作「十宿火」正貢四十片，創添六十片。

玉清慶雲。小芽，十二水，九宿火。繼壕按《説郛》作「十五宿火」。正貢四十片，創添六十片。

無疆壽龍。小芽，十二水，十五宿火。正貢四十片，創添六十片。

玉葉長春。小芽，十二水，七宿火。正貢一百片。

瑞雲翔龍。小芽，十二水，九宿火。正貢一百八片。

長壽玉圭。小芽，十二水，九宿火。正貢二百片。

興國巖銙。巖屬南州，頃遭兵火廢，今以北苑芽代之。中芽，十二水，十宿火。正貢二百七十銙。

香口焙銙。中芽，十二水，十宿火。正貢五百銙。繼壕按《説郛》作「五十銙」。

上品揀芽。小芽，十二水，十宿火。正貢一百片。

新收揀芽。中芽，十二水，十宿火。正貢六百片。

細色第五綱

太平嘉瑞。小芽，十二水，九宿火。正貢三百片。

龍苑報春。小芽，十二水，九宿火。正貢六百片。繼壕按《説郛》作「六十片」，蓋誤。創添六十片。

南山應瑞。小芽，十二水，十五宿火。正貢六十銙。創添六十銙。

興國巖揀芽。中芽，十二水，十宿火。正貢五百一十片。

興國巖小龍。中芽，十二水，十五宿火。正貢七百五十片。繼壕按《説郛》作「七百五片」，蓋誤。

興國巖小鳳。中芽，十二水，十五宿火。正貢五十片。

先春兩色

太平嘉瑞。已見前正貢二百片。

長春玉圭。已見前正貢一百片。

續入額四色

御苑玉芽。已見前正貢一百片。

萬壽龍芽。已見前正貢一百片。

無比壽芽。已見前正貢一百片。

瑞雲翔龍。已見前正貢一百片。

粗色第一綱

正貢：不入腦子上品揀芽小龍，一千二百片。按《建安志》云：「入腦茶，水須差多，研工勝則香味與茶相入。不入腦茶，水須差省，以其色不必白，但欲火候深，則茶味出耳。」六水，十宿火。

入腦子小龍，七百片。四水，十五宿火。

增添：不入腦子上品揀芽小龍，一千二百片。

入腦子小龍，七百片。

建寧府附發：小龍茶，八百四十片

粗色第二綱

正貢：不入腦子上品揀芽小龍，六百四十片。

入腦子小龍，六百四十二片。繼壕按《説郛》「二」作「七」。入腦子小鳳，一千三百四十四片。繼壕按《説郛》無下「四」字。四水，十五宿火。

入腦於大龍，七百二十片。二水，十五宿火。

入腦子大鳳，七百二十片。二水，十五宿火。

增添：不入腦子上品揀芽小龍，一千二百片。

入腦子小龍，七百片。

建寧府附發：小鳳茶，一千二百片。繼壕按《説郛》二作三。

粗色第三綱

正貢：不入腦子上品揀芽小龍，六百四十片。

入腦子小龍，六百四十四片繼壕按《説郛》無下「四」字。入腦子小鳳，六百七十二片。

入腦子大龍，一千八片。繼壕按《説郛》作「一千八百片」。

入腦子大鳳，一千八片。

增添：不入腦子上品揀芽小龍，一千二百片。

入腦子小龍，七百片。

建寧府附發：大龍茶，四百片。大鳳茶，四百片。

粗色第四綱

正貢：不入腦子上品揀芽小龍，六百片。

入腦子小龍，三百三十六片。

入腦子小鳳，三百三十六片。

入腦子大龍，一千二百四十片。

入腦子大鳳，一千二百四十片。

建寧府附發：大龍茶，四百片。大鳳茶，四百片。繼壕按《説郛》作『四十片』，疑誤。

粗色第五綱

正貢：入腦子大龍，一千三百六十八片。

入腦子大鳳，一千三百六十八片。

京鋌改造大龍，一千六片。繼壕按《説郛》作『一千六百片』。

建寧府附發：大龍茶，八百片。大鳳茶，八百片。

粗色第六綱

正貢：入腦子大龍，一千三百六十片。

入腦子大鳳，一千三百六十片。

京鋌改造大龍，一千六百片。

建寧府附發：大龍茶，八百片。大鳳茶，八百片。

京鋌改造大龍，一千三百片。繼壕按《説郛》『三』作『二』。

粗色第七綱

正貢：入腦子大龍，一千二百四十片。

入腦子大鳳，一千二百四十片。

京鋌改造大龍，二千三百五十二片。繼壕按《説郛》作『二千三百二十片』。

建寧府附發：大龍茶，二百四十片。大鳳茶，二百四十片。

京鋌改造大龍，四百八十片。

細色五綱按《建安志》云：『細色五綱，凡四十三品，形式各異。其間貢新、試新、龍園勝雪、白茶、御苑玉芽，此五品中，水揀第一，生揀次之。』

貢新為最上，後開焙十日入貢。龍園勝雪為最精，而建人有直四萬錢之語。夫茶之入貢，圈以箬葉，内以黄斗，盛以花箱，護以重篚，扃以銀鑰。花箱内外又有黄羅幕之，可謂什襲之珍矣。繼壕按周密《乾淳歲時記》：『仲春上旬，福建漕司進第一綱茶，名北苑試新，方寸小銙，進御止百銙。護以黄羅軟盝，藉以青蒻，裹以黄羅夾複，臣封朱印外，用朱漆小匣、鍍金鎖。又以細竹絲織笈貯之，凡數重。此乃雀舌水芽所造，一銙之直四十萬，僅可供數甌之啜爾。或以一二賜外邸，則以生線分解，轉遺好事，以為奇玩。』

粗色七綱按《建安志》云：『粗色七綱，凡五品，大小龍鳳並揀芽，悉入腦和膏為團，其四萬餅，即雨前茶。閩中地暖，穀雨前茶已老而味重。』

揀芽以四十餅為角，小龍、鳳以二十餅為角，大龍、鳳以八餅為角。圈以箬葉，束以紅縷，包以紅楮，繼壕按《説郛》『楮』作『紙』。緘以蒨綾，惟揀芽俱以黄焉。

開畬

草木至夏益盛，故欲導生長之氣，以滲雨露之澤。每歲六月興工，虚其本，培其土，滋蔓之草、遏鬱之木，悉用除之，政所以導生長之氣而滲雨露之澤也。此之謂開畬。按《建安志》云：『開畬，茶園惡草，每遇夏日最烈時，用眾鋤治，殺去草根，以糞茶根，名曰開畬。若私家開畬，即夏半、初秋各用工一次，故私園最茂，但地不及焙之勝耳。』惟桐木則留焉。桐木之性與茶相宜，而又茶至冬則畏寒，桐木望秋而先落；茶至夏而畏日，桐木至春而漸茂，理亦然也。

外焙

石門、乳吉、繼壕按《試茶録》載丁氏舊録東山之焙十四，有乳橘内焙、乳橘外焙。此作乳吉，疑誤。香口右三焙，常後北苑五七日興工，每日採茶蒸榨以過黄，悉送北苑併造。

又《後序》 舍人熊公，博古洽聞，嘗於經史之暇，緝其先君所著《北苑貢茶録》，鋟諸木以垂後。漕使侍講王公，得其書而悦之，將命摹勒，以廣其傳。汝礪白之公曰：『是書紀貢事之源委，與制作之更沿，固要且備矣。惟水數有贏縮、火候有淹亟、綱次有後先、品色有多寡，亦不可以或闕。』公曰：『然。』遂摭書肆所刊修貢録曰幾水、曰火幾宿、曰某綱、曰某品若干云者條列之。又以所採擇製造諸説，併麗於編末，目曰《北苑別録》。俾開卷之頃，盡知其詳，亦不為無補。

淳熙丙午孟夏望日門生從政郎福建路轉運司主管帳司

趙汝礪敬書

《文獻通考》卷二一八《經籍考四十五》 《北苑別録》一卷，陳氏曰：趙汝礪撰。

《四庫全書總目提要》卷一一五《譜録類》　汝礪行事無所見，惟《宋史・宗室世系表》漢王房下，有漢東侯宗楷曾孫汝礪，意者即其人歟。

高似孫

宋　高似孫《剡録》卷一〇《茶品》　會稽茶以日鑄名天下。余行日鑄嶺，入日鑄寺、綆日鑄泉、瀹日鑄茶，茶與水味，深入理窟，茶生蒼石之陽，碧澗穿注，茲乃水石之靈，豈茶哉！山中僧言：吾左右巖塢能幾何？茶入京都，奉臺府，供好事者，何可給？蓋取諸近峯剡居半，然則世之烹日鑄者，多剡茶也。日鑄以水勝耳，建溪、顧渚溪以茶名者，水也。剡清流碧湍與山脉絡，茶胡不奇？余留剡幾年，山中巨井，清甘深潔，宜茶，方外交以茶至者，皆精絶。唐僧清晝詩：越人遺我剡溪茗，採得金芽爨金鼎。剡茶聲，唐已著。李易剡山詩：雲谷移佳茗，風潭遶古松，栽種也；趂時務擷茗，餘力工搗楮，采擷也；丹鼎山頭氣，茶床竹外烟，烹試也。仲皎《贈剡僧秀蘊點茶成梅花》詩：未飛三白雪，却報一枝春。皆風流人也，作茶品。

瀑嶺仙茶

五龍茶

真如茶

紫巖茶

鹿苑茶

大崑茶

小崑茶

焙坑茶

細坑茶

泉品

陸羽水品二十，劉伯芻水品七，品漢天下名泉也。余盡取剡中潭谷水入茶，三歎茶非水不可，水得茶方神耳。盧天驥《玉虹亭試茶詩》：乍見飛泉眼即明，玉虹垂地半天聲。何時閒散無公事，洗鉢重來汲淺清。

又航湖未逐鴟夷子得水。今同桑苧翁試遣茶甌，作花乳，從教兩腋起清風。斯人殊有風度。作泉品。

葛仙翁井泉

瀑布泉

五龍潭

簟山三潭

石門潭

響嵓潭

動石潭

三懸潭

紫巖潭

橐潭

亞輔潭

泄潭泉

偃公泉

龍藏大井

明覺大井

竹山大井

謝巖潭

獅子巖大井

《文獻通考》卷二四五《經籍考七十二》　《疎寮集》三卷

陳氏曰：四明高似孫續古撰。少有俊聲，登甲辰科。不自愛重，爲館職，上韓侂胄生日詩九首，皆暗用「錫」字，爲清議所不齒。晚知處州，貪酷尤甚。其讀書以隱僻爲博，其作文以怪澁，爲奇至有甚可笑者，就中詩猶可觀也。

《四庫總目提要》卷六八《地理類一》　《剡録》十卷江蘇巡撫采進本

宋高似孫撰。似孫字續古，號疏寮，餘姚人。淳熙十一年進士，歷官校書郎，出倅徽州，遷守處州。陳振孫《書録解題》稱，似孫為館職時，上《韓侂胄生日詩》九首，每首皆暗用錫字，寓「九錫」之意，為清議

所不齒。知處州尤貪酷，其讀書以奧僻為博，以怪澀為奇，至有甚可笑者。就中詩猶可觀。周密《癸辛雜識》亦記其守處州日，私挾官妓洪渠事，其人品蓋無足道。其詩有《疏寮小集》，尚傳於世，而文則不少概見。此書乃其所作《嵊縣誌》也。嵊為漢剡縣地，故名曰《剡録》。前有嘉定甲戌似孫自序，及嘉定乙亥嵊縣令史之安序，蓋成於甲戌而刊於乙亥，故所題先後差一年。其書首為縣紀年，次為城境圖；次為官治志，附以令丞簿尉題名；次為社志、學志，附以進士題名；次為寮驛、樓亭、放生池、版圖、兵籍；次為山水志；次為先賢傳；次為古奇跡、古阡；次為書；次為文；次為詩；次為畫；次為紙；次為古物；次為物外記；次為草木禽魚。徵引極為該洽，唐以前佚事遺文，頗賴以存。其先賢傳，每事必注其所據之書，可為地志紀人物之法。其山水記，仿酈道元《水經注》例，脈絡井然，而風景如睹，亦可為地志紀山水之法。統核全書，皆序述有法，簡潔古雅，迥在後來武功諸志之上，殊不見其怪澀可笑。陳振孫云云，殆不可解。豈其他文奇僻，又異於此書歟？

方岳

宋 方岳《秋崖集》卷四《次韻宋尚書山居十五咏·茶巖》 壑底雲香不等雷，便携石鼎與俱來。鵓鳩喚得西溪雨，頓得春從齒頰回。

又 卷五《煮茶》 瀑近春風濕，松花滿石壇。不知茶鼎沸，但覺雨聲寒。山好僧吟久，雲深鶴睡寬。詩成不須寫，怕有俗人看。

又 卷九《趙龍學寄陽羨茶爲汲蜀井對瓊花烹之》 三印誰分陽羨茶，自煎蜀井瀹瓊花。數問明月玉川屋，兩腋清風銀漢槎。團鳳烹來奴僕等，老龍畢竟當行家。相思幾夢山陰雪，搜攪平生書五車。

又 卷一五《黄宰致江西詩雙井茶》 黄侯授我以江西詩禪之宗派，瀹我以雙井老仙之雪香。磚爐春著兔毫玉，石鼎月翻魚眼湯。夜窓搜攪十年讀，候蟲鳴秋聲殷牆。乃翁詩家第一祖，不用棒喝行諸方。掀翻杜陵自作古，夜半衣鉢誰升堂。單傳横出二十六，未許歙梅洪鴈行。雅聞滕閣藏墨本，欲往從之山阻長。牙籤大冊忽在眼，荒苔茅屋森珩璜。東湖柳色入眉宇，君其幾代之諸郎。不離文字話祖意，傳燈肯與留山房。寧知三生受昏闇，縱有此燈無此光。宜州戍樓山月苦，茫茫參到無何鄉。

《四庫總目提要》卷一六四《别集類十七》 《秋崖集》四十卷，浙江鮑士恭家藏本 宋方岳撰。嶽字巨山，號秋崖，歙縣人。紹定五年進士。淳祐中為趙葵參議官。移知南康軍，以杖舟卒忤荊帥賈似道。後知袁州，又忤丁大全，被劾罷歸。

其集世有二本，一為《秋崖新稿》，凡三十一卷，乃從宋寶祐五年刻本影抄；一為《秋崖小稿》，凡文四十五卷、詩三十八卷，乃明嘉靖中其裔孫方謙所刊。今以兩本參校，嘉靖本所載較備。然寶祐本所有而嘉靖本所無者，詩文亦尚各數十首。又有别行之本，題曰《秋崖小簡》，較之本集多書劄六首。謹刪除重復，以類合編，並成一集，勒為四十卷。嶽才鋒淩厲。洪焱祖作《秋崖先生傳》，謂『其詩文四六不用古律，以意為之，語或天出』。可謂兼盡其得失。要其名言雋句，絡繹奔赴，以駢體為尤工，可與劉克莊相為伯仲。集中有《在淮南與趙葵書》，舉葵馭軍之失，辭甚切直，亦不失為忠告。至葵兄范為帥失律，致襄陽不守，所系不輕，而其罪亦非小。嶽以居葵幕府之故，乃作書曲為寬解。載之集中，則未免有愧詞矣。

趙希鵠

宋 趙希鵠《調燮類編》卷二 茗性宜於砂壺，其嘴務直，一曲便多阻塞，酒注又當别論。

茶葉與磁銅等罐，性不相能，惟宜錫瓶。但懼有眼發洩潮氣。宜再三試驗。錫瓶頂蓋，最忌雙層。

又 卷三《清飲》 藏茶之法，十斤一瓶，每年燒稻草灰入大桶。茶瓶坐桶中，以灰四面填桶，瓶上覆灰，築實。每用，撥灰開瓶，取茶些少，仍覆上灰，再無蒸壞，次年换灰爲之。又法，空樓中懸架，將茶瓶倒放則不蒸，茶畏日氣，宜焙不宜曬。

茶品多矣，惟嶺南多瘴癘之氣。染着草木，北人食之，往往致疾，須待日出山霽，霧障收盡。收採可也。大抵閩廣以南水亦不可輕飲。以花拌茶，終不脫俗，必欲爲之。如蓮花茶，於日未出時，將半含蓮撥開，放細

茶一撮，納滿蕊中，以麻皮略紮，令其經宿，次早傾出，用建紙包茶焙乾。再如前法，又將茶葉入別蕋中，如此者數次，取出焙乾，用不勝香美。

木樨、茉莉、玫瑰、薔薇、蘭蕙、橘花、梔子、木香、梅花皆可作茶。諸花開時，摘其半含半放，香氣全者，量其茶葉多少，摘花為拌。花多則太香，花少則欠香，三停茶葉一停花，始稱。如木樨花，須去其枝蒂及塵垢蟲蟻，用磁罐，一層花，一層茶，相間填滿，紙箬紮固，入鍋，隔罐湯煮，取出待冷，用紙封裹，置火上焙乾收用，諸花倣此。水泉不甘，能損茶味。山水江水次之，雪水梅雨水亦妙，藏水壞者，燒瓦片投入罈內便解。

茶有眞味有真香，不宜投以雜果，如核桃、榛、栗之類亦可用。

茶能止渴消食，明目除災，人固不可一日無茶，然衹宜於飯後，過飲則損脾胃。

細茶宜人，粗茶損人，少飲則醒神思，多飲則致疾病。

空心茶去人脂，則清晨及飢時，俱不可飲茶也，晚茶令人不寐，有心事者，忌之。

《四庫全書總目提要》卷一一三《雜家類七》 《洞天清録》一卷兩淮鹽政采進本，宋趙希鵠撰。希鵠本宗室子，《宋史世系表》列其名於燕王德昭房下，蓋太祖之後，始末則不可考。據書中有嘉熙庚子自嶺右回至宜春語，則家於袁州者也。

元代茶人

耶律楚材

元 耶律楚材《湛然居士集》卷五《西域從王君玉乞茶因其韻七首》 積年不啜建溪茶，心竅黃塵塞五車。碧玉甌中思雪浪，黃金碾畔憶雷芽。盧仝七碗詩難得，諗老三甌夢亦賒。敢乞君侯分數餅，暫教清興遶煙霞。厚意江洪絕品茶，先生分出蒲輪車。雪花灔灔浮金蘂，玉屑紛紛碎白芽。破夢一杯非易得，搜腸三椀不能賒。瓊甌啜罷酬平昔，飽看西山插翠霞。高人惠我嶺南茶，爛賞飛花雪滿車。是日作茶會，值雪。玉屑三甌烹嫩蘂，青旗一葉碾新芽。頓令衰叟詩魂爽，便覺紅塵客夢賒。兩腋清風生坐榻，幽歡遠勝泛流霞。酒仙飄逸不知茶，可笑流涎見麯車。玉杵和雲舂素月，金刀帶雨剪黃芽。試將綺語求茶飲，特勝青衫把酒賒。啜罷神清淡無寐，塵囂身世便雲霞。長笑劉伶不識茶，胡為買鍤漫隨車。蕭蕭暮雨雲千頃，隱隱春雷玉一芽。建郡深甌吳地遠，金山佳水楚江賒。紅爐石鼎烹團月，一椀和香吸碧霞。枯腸搜盡數杯茶，千卷胸中到幾車。湯嚮松風三昧手，雪香雷震一槍芽。滿囊垂賜情何厚，萬里攜來路更賒。清興無涯騰八表，騎鯨踏破赤城霞。啜罷江南一椀茶，枯腸歷歷走雷車。黃金小碾飛瓊屑，碧玉深甌點雪芽。筆陣陳兵詩思勇，睡魔卷甲夢魂賒。精神爽逸無餘事，卧看殘陽補斷霞。

又卷一四《卜隣一絕寄鄭景賢》 龍沙幽隱子真家，自撥寒泉出淺沙。我願卜隣穹帳側，旋分清酌煮新茶。

《元史》卷一四六《耶律楚材傳》 耶律楚材字晉卿，遼東丹王突欲八世孫。父履，以學行事金世宗，特見親任，終尚書右丞。

楚材生三歲而孤，母楊氏教之學。及長，博極羣書，旁通天文、地理、律曆、術數及釋老、醫卜之説，下筆爲文，若宿搆者。金制，宰相子例試補省掾。楚材欲試進士科，章宗詔如舊制。問以疑獄數事，時同試者十七人，楚材所對獨優，遂辟爲掾。後仕爲開州同知。

貞祐二年，宣宗遷汴，完顏福興行尚書事，留守燕，辟爲左右司員外郎。太祖定燕，聞其名，召見之。楚材身長八尺，美髯宏聲。帝偉之，曰：『遼、金世讎，朕爲汝雪之。』對曰：『臣父祖嘗委質事之，既爲之臣，敢讎君耶！』帝重其言，處之左右，遂呼楚材曰吾圖撒合里而不名，吾圖撒哈里，蓋國語長髯人也。

【略】

癸卯五月，熒惑犯房，楚材奏曰：『當有驚擾，然訖無事。』居無何，朝廷用兵，事起倉卒，后遂令授甲選腹心，至欲西遷以避之。楚材進曰：『朝廷天下根本，根本一搖，天下將亂。臣觀天道，必無患也。』後數日乃定。后以御寶空紙，付奧都剌合蠻，使自書填行之。楚材曰：

『天下者，先帝之天下。朝廷自有憲章，今欲紊之，臣不敢奉詔。』事遂止。又有旨：『凡奧都剌合蠻所建白，令史不爲書者，斷其手。』楚材曰：『國之典故，先帝悉委老臣，令史何與焉。事若合理，自當奉行，如不可行，死且不避，況截手乎！』后不悅。楚材辨論不已，因大聲曰：『老臣事太祖、太宗三十餘年，無負於國，皇后亦豈能無罪殺臣也。』后雖憾之，亦以先朝舊勳，深敬憚焉。

甲辰夏五月，薨于位，年五十五。皇后哀悼，賻贈甚厚。後有譖楚材者，言其在相位日久，天下貢賦，半入其家。后命近臣麻里扎覆視之，唯琴阮十餘，及古今書畫、金石、遺文數千卷。至順元年，贈經國議制寅亮佐運功臣、太師、上柱國，追封廣寧王，謚文正。子鉉、鑄。

王禎

元王禎《農書》卷一〇《百穀譜十・茶》 《茶經》云：一曰茶，二曰檟，三曰蔎，舒列切四曰茗，五曰荈。音舛早採曰茶，次曰檟，又其次曰蔎，晚曰茗，至荈，則老葉矣。蓋以早為貴也。《爾雅》云：檟、苦茶。注云：樹似梔子，早採為茶，晚曰茗，蜀人名苦茶。六經中無茶字，蓋茶即茶也。《詩》云：誰謂茶苦，其甘如薺。以其苦而甘味也。閩浙、蜀荊、江湖、淮南皆有之，惟建溪北苑所產為勝。

《四時類要》云：茶熟時收取子，和濕土拌勻，筐籠盛之，穰草蓋覆，不即凍死不生。至二月中，出種之樹下，或北陰之地。開坎圓三尺、深一尺，熟斸，著糞土，每坑中種六七十顆。畏日，宜桑下竹陰地種之。二年外方可芸治。微以火糞薄壅之，多則傷根。峻坡為宜，平地則兩畔深溝以洩水，水浸即死。種之三年，即收其利。此種藝之法。

茶之為物，釋滯去垢，破睡除煩，功則著矣。其或採造藏貯之無法，碾焙煎試之失宜，則雖建芽浙茗，衹為常品。故採之宜早，率以清明穀雨前者為佳，過此不及。然茶之美者，質良而植茂，新芽一發，便長寸餘，其細如針，斯為上品。如雀舌、麥顆，特次材耳。採訖，以甑微蒸，生熟得所。生則味澀，熟則味減。蒸已，用筐箔薄攤，乘濕略揉之，入焙勻佈，火烘令乾，勿使焦。編竹為焙，裹箬覆之，以收火氣。茶性畏濕，故宜箬，收藏者必以箬籠，剪箬雜貯之，則久而不浥。宜置頓高處，令常近火為佳。凡煎試須用活水活火烹之，故東坡云『活水仍將活火烹』者是也。活水謂山泉水為上，江水次之，井水為下。活火謂炭火之有焰者。當使湯無妄沸，始則蟹眼，中則魚目纍然如珠，終則泉湧鼓浪；此候湯之法，非活火不能爾。東坡云『蟹眼已過魚眼生，颼颼欲作松風聲』，盡之矣。

茶之用有三：曰茗茶，曰末茶，曰蠟茶。凡茗煎者擇嫩芽，先以湯泡去熏氣，以湯煎飲之。今南方多效此。然末子茶尤妙。先焙芽令燥，入磨細碾，以供點試。凡點，湯多茶少則雲脚散，湯少茶多則粥面聚。鈔茶一錢七，先注湯，調極勻，又添注入，迴環擊拂，視其色鮮白、著盞無水痕為度。其茶既甘而滑。南方雖產茶，而識此法者甚少。蠟茶最貴，而製作亦不凡。擇上等嫩芽，細碾入羅，雜腦子諸香膏油，調齊如法，印作餅子，製樣任巧。候乾仍以香膏油潤飾之。其製有大小龍團帶胯之異。此品惟充貢獻，民間罕見之。始于宋丁晉公，成於蔡端明；間有他造者，色、香、味俱不及。蠟茶珍藏既久，點時先用溫水微漬去膏油。以紙裹槌碎，用茶鈐微炙，旋入碾羅。旋碾則色白，經宿則色昏，新者不用漬。茶鈐屈金鐵為之，砧用石，椎用木。

茶之用芼，核挑、松實、脂麻、杏仁、栗任用；雖失正味，亦供咀嚼。然茶性冷，多飲則能消陽，山谷益以薑鹽煎飲，其亦以是歟。因併及之。

夫茶，靈草也，種之則利博，飲之則神清，上而王公貴人之所尚，下而小夫賤隸之所不可闕。誠民生日用之所資，國家課利之一助也。

清顧嗣立《元詩選二集》卷一七《王永豐禎小傳》 禎字伯善，東平人。官旌德宰，六年再調永豐，山齋蕭然，終日清坐。每歲教民種桑若干株，凡麻苧禾黍牟麥之類，所以蒔藝芟獲，皆授之以方。又圖畫所為錢鎛耰耬耙杷諸雜用之器，使民為之。名其書曰《農器圖譜》、《農桑通訣》。如《詠平板》云：『一行已見光如拭，再過都無跡可尋。』《輥軸》云：『本擬助禾輕著力，卻馮偃草重於風。』《水閘》云：『禹門似是崇三級，巫峽還同束眾流。』《陰溝》云：『花逕有同流暗水，桃源誤認出殘紅。』皆能刻畫摹擬，曲肖情狀。剡源戴表元稱其綱提目舉，華搴實

聚。顧舊農書有南北異宜而古今異制者，此書歷歷可以通貫，信儒者之用世，非空言也。

虞集

元 虞集《道園遺稿》卷一《次韵鄧善之游山中》 杖藜入南山，却立賞奇秀。所懷玉局翁，來往絢履舊。空餘松在澗，仍作琴筑奏。徘徊龍井上，雲氣起晴晝。入門避霑灑，脱屐亂苔甃。陽崗扣雲石，陰房絶遺構。澄公愛客至，取水極幽竇。坐我薝蔔中，餘香不聞嗅。但見瓢中清，翠影落羣岫。烹煎黄金芽，不取穀雨後。同來二三子，三咽不忍嗽。講堂集羣彦，千鐙坐吟究。浪浪雜飛雨，沈沈度清漏。令我懷幼學，胡為裹章綬。

又《宿紫極宫新樓》 野人入城府，且就雲房宿。東瞻蘇翁亭，南望孺子屋。相從總君子，寒夜對明燭。閲世如雲烟，進道貴金玉。取泉總持井，烹茶武夷曲，疎梅折高枝，蕭閒對晨旭。欲寄高軒人，脩眉遠山緑。

又 卷三《送文學隱上人》 西江春漲欲浮天，擬覓何妨一味禪。渡海晨鐘雲外寺，乘潮晚飯越中船。鉢分龍腦天香近，茶泛玻瓈雪乳鮮。文采已彰那可隱，芙蓉出水正華年。

《元史》卷一八一《虞集傳》 虞集字伯生，宋丞相允文五世孫也。曾祖剛簡，爲利州路提刑，有治績。嘗與臨卭魏了翁、成都范仲黼、李心傳輩講學蜀東門外，得程、朱氏微旨，著《易》、《詩》、《書》、《論語》説，以發明其義，蜀人師尊之。祖[illegible]，知連州，亦以文學知名。父汲，黄岡尉。宋亡，僑居臨川崇仁，與吳澄爲友，澄稱其文清而醇。嘗再至京師，贖族人被俘者十餘口以歸，由是家益貧。晚稍起家，教授於諸生中，得孛朮魯翀、歐陽玄而稱許之，以翰林院編修官致仕。娶楊氏，國子祭酒文仲女。咸淳間，文仲守衡，以汲從，未有子，爲禱於南岳。集之將生，文仲晨起，衣冠坐而假寐，夢一道士至前，牙兵啟曰：『南嶽真人來見。』既覺，聞甥館得男，心頗異之。

集三歲即知讀書，歲乙亥，汲挈家趨嶺外，干戈中無書册可攜，楊氏口授《論語》、《孟子》、《左氏傳》、歐蘇文，聞輒成誦。比還長沙，就外傅，始得刻本，則已盡讀諸經，通其大義矣。文仲世以《春秋》名家，而族弟參知政事棟明於性理之學，楊氏在室，即盡通其説，故集與弟槃皆受業家庭，出則以契家子從吳澄遊，授受具有源委。【略】

集學雖博洽，而究極本原，研精探微，心解神契，其經緯彌綸之妙，一寓諸文，藹然慶曆、乾、淳風烈。嘗以江左先賢甚衆，其人皆未易知，其學皆未易言，後生晚進知者鮮矣，欲取太原元好問《中州集》遺意，别爲南州集以表章之，以病目而止。平生爲文萬篇，藁存者十二三。早歲與弟槃同闢書舍爲二室，左室書陶淵明詩於壁，題曰陶庵，右室書邵堯夫詩，題曰邵庵，故世稱邵庵先生。

子四人，安民以廕歷官知吉州路安福州。游其門見稱許者，莆田陳旅，旅亦有文行世。國學諸生若蘇天爵、王守誠輩，終身不名他師，皆當世稱名卿者。其交游尤厚者，曰范梈。

明代茶人

朱元璋

明 郎瑛《七修類稿》卷九《國事類·茶法》 洪武二十四年詔：天下産茶之地歲有定額，以建寧為上，聽茶戶採進，勿預有司。茶名有四：探春、先春、次春、紫筍，不得碾揉為大小龍團。此抄本《聖政記》所載，恐今不然也。不預有司，亦無所稽矣。此真聖政，較宋取茶之擾民天壤矣。

《明史》卷一《太祖紀一》 太祖開天行道肇紀立極大聖至神仁文義武俊德成功高皇帝，諱元璋，字國瑞，姓朱氏。先世家沛，徙句容，再徙泗州。父世珍，始徙濠州之鍾離。生四子，太祖其季也。母陳氏。方娠，夢神授藥一丸，置掌中有光，吞之，寤，口餘香氣。及産，紅光滿室。自是，夜數有光起。鄰里望見，驚以爲火，輒奔救，至則無有。比長，姿貌雄傑，奇骨貫頂。志意廓然，人莫能測。

又《太祖紀一》 ［至正］二十一年春二月甲申，立鹽茶課。己亥，置寶源局。三月丁丑，改樞密院爲大都督府。元將薛顯以泗州降。戊寅，國珍遣使來謝，飾金玉馬鞍以獻。却之曰：『今有事四方，所需者人材，所用者粟帛，寶玩非所好也。』

又卷六八《輿服志四·符牌》 洪武四年始製用寶金牌。凡軍機文書，自都督府、中書省長官而外，不許擅奏。有詔調軍，中書省同都督府覆奏，乃各出所藏金牌，入請用寶。又造軍中調發符牌，用鐵，長五寸，闊半之，上級二飛龍，下級二麒麟，首爲圜竅，貫以紅絲絛。嘗遣官齎金牌、信符詣西番，以茶易馬。其牌四十一，上號藏内府，下號降各番，篆文曰『皇帝聖旨』，左曰『合當差發』，右曰『不信者斬』。二十二年又頒西番金牌、信符。其後番官欵塞，皆齎原降牌符而至。

又卷七一《選舉志三·考滿考察》 洪武十一年命吏部課朝覲官殿最。稱職而無過者爲上，賜坐而宴。有過而稱職者爲中，宴而不坐。有過而不稱職者爲下，不預宴，序立於門，宴者出，然後退。此朝覲考覈之始也。

十四年，其法稍定。在京六部五品以下，聽本衙門正官察其行能，驗其勤怠。其四品以上，及一切近侍官與御史爲耳目風紀之司，及太醫院、欽天監、王府官不在常選者，任滿黜陟，取自上裁。直隸有司首領官及屬官，從本司正官考覈，任滿從監察御史覆考。各布政使司首領官，俱從按察司考覈。其茶馬、鹽馬、鹽運、鹽課提舉司、軍職首領官，俱從布政司考覈，仍送按察司覆考。其布政司四品以上，按察司、鹽運司五品以上，任滿黜陟，取自上裁。内外入流并雜職官，九年任滿，給由赴吏部考覈，依例黜陟。果有殊勳異能、超邁等倫者，取自上裁。

又卷八〇《食貨志四·茶法》 初，太祖令商人於産茶地買茶，納錢請引。引茶百斤，輸錢二百，不及引曰畸零，别置由帖給之。無由、引及茶引相離者，人得告捕。置茶局批驗所，稱較茶引不相當，即爲私茶。凡犯私茶者，與私鹽同罪。私茶出境，與關隘不譏者，並論死。後又定茶引一道，輸錢千，照茶百斤；茶由一道，輸錢六百，照茶六十斤。既，又令納鈔，每引由一道，納鈔一貫。

洪武初，定令：凡賣茶之地，令宣課司三十取一。四年，戶部言：『陝西漢中、金州、石泉、漢陰、平利、西鄉諸縣，茶園四十五頃，茶八十六萬餘株。四川巴茶三百十五戶，茶二百三十八萬餘株。宜定令每十株官取其一。無主茶園，令軍士薅采，十取其八，以易番馬。』從之。於是諸産茶地設茶課司，定税額，陝西二萬六千斤有奇，四川一百萬斤。設茶馬司於秦、洮、河、雅諸州，自碉門、黎、雅抵朶甘、烏思藏，行茶之地五千餘里。山後歸德諸州，西方諸部落，無不以馬售者。

碉門、永寧、筠、連所産茶，名曰剪刀麄葉，惟西番用之，而商販未嘗出境。四川茶鹽都轉運使言：『宜别立茶局，徵其税，易紅纓、氈衫、米、布、椒、蠟以資國用。而居民所收之茶，依江南給引販賣法，公私兩便。』於是永寧、成都、筠、連皆設茶局矣。

川人故以茶易毛布、毛纓諸物以償茶課。自定課額，立倉收貯，專用以市馬，民不敢私採，課額每虧，民多賠納。四川布政司以爲言，乃聽民採摘，與番易貨。又詔天全六番司民，免其徭役，專令蒸烏茶易馬。

初制，長河西等番商以馬入雅州易茶，由四川巖州衛入黎州始達。茶馬司定價，馬一匹，茶千八百斤，於碉門茶課司給之。番商往復迂遠，而給茶太多。巖州衛以爲言，請置茶馬司於巖州，而改貯碉門茶於其地，且驗馬高下以爲茶數。詔茶馬司仍舊，而定上馬一匹，給茶百二十斤，中七十斤，駒五十斤。

三十年改設秦州茶馬司於西寧，敕右軍都督曰：『近者私茶出境，互市者少，馬日貴而茶日賤，啟番人玩侮之心。檄秦、蜀二府，發都司官軍於松潘、碉門、黎、雅、河州、臨洮及入西番關口外，巡禁私茶之出境者。』又遣駙馬都尉謝達諭蜀王椿曰：『國家榷茶，本資易馬。邊吏失譏，私販出境，惟易紅纓雜物。使番人坐收其利，而馬入中國者少，豈所以制戎狄哉！爾其諭布政司、都司，嚴爲防禁，毋致失利。』

當是時，帝綢繆邊防，用茶易馬，固番人心，且以強中國。嘗謂戶部尚書郁新：『用陝西漢中茶三百萬斤，可得馬三萬匹，四川松、茂茶如之。販鬻之禁，不可不嚴。』以故遣僉都御史鄧文鏗等察川、陝私茶；駙馬都尉歐陽倫以私茶坐死。又製金牌信符，命曹國公李景隆齎入番，與諸番要約，篆文上曰『皇帝聖旨』，左曰『合當差發』，右曰『不信者斬』。凡四十一面：洮州火把藏思囊日等族，牌四面，納馬三千五十

匹；河州必里衛西番二十九族，牌二十一面，納馬七千七百五匹；西寧曲先、阿端、罕東、安定四衛，巴哇、申中、申藏等族，牌十六面，納馬三千五十匹。下號金牌降諸番，上號藏内府以爲契，三歲一遣官合符。其通道有二，一出河州，一出碉門，運茶五十餘萬斤，獲馬萬三千八百匹。太祖之馭番如此。

又 太祖之禁私茶也，自三月至九月，月遣行人四員，巡視河州、臨洮、碉門、黎、雅。半年以内，遣二十四員，往來旁午。

又 先是，洪武末，置成都、重慶、保寧、播州茶倉四所，令商人納米中茶。

又卷一二一《公主列傳·安慶公主》 安慶公主，寧國主母妹。洪武十四年下嫁歐陽倫。倫頗不法。洪武末，茶禁方嚴，數遣私人販茶出境，所至繹騷，雖大吏不敢問。有家奴周保者尤橫，輒呼有司科民車至數十輛。過河橋巡檢司，擅捶辱司吏。吏不堪，以聞。帝大怒，賜倫死，保等皆伏誅。

朱權

明 朱權《茶譜·序》 挺然而秀，鬱然而茂，森然而列者，北園之茶也。泠然而清，鏘然而聲，涓然而流者，南澗之水也。塊然而立，晬然而溫，鏗然而鳴者，東山之石也。癯然而酸，兀然而傲，擴然而狂者，渠也。渠以東山之石，擊灼然之火，以南澗之水，烹北園之茶，自非喫茶漢，則當握拳布袖，莫敢伸也。本是林下一家生活，傲物玩世之事，豈白丁可共語哉？予嘗舉白眼而望青天，汲清泉而烹活火，自謂與天語以擴心志之大，符水火以副内煉之功，得非遊心於茶竈，又將有裨於修養之道矣。其惟清哉。涵虚子臞仙書。

又《總論》 茶之為物，可以助詩興，而雲山頓色，可以伏睡魔，而天地忘形，可以倍清談，而萬象驚寒，茶之功大矣。其名有五：曰茶、曰檟、曰蔎、曰茗、曰荈。一云早取為茶，晚取為茗。食之能利大腸，去積熱，化痰下氣，醒睡、解酒、消食，除煩去膩，助興爽神。得春陽之首，占萬木之魁。始於晉，興於宋。惟陸羽得品茶之妙，著《茶經》三篇，蔡襄著《茶録》二篇。蓋羽多尚奇古，製之為末，以膏為餅。至仁宗時，而立龍團、鳳團、月團之名，雜以諸香，飾以金彩，不無奪其真味。然天地生物，各遂其性，若莫葉茶，烹而啜之，以遂其自然之性也。予故取亨茶之法，末茶之具，崇新改易，自成一家。為雲海餐霞服日之士，共樂斯事也。雖然，會茶而立器具，不過延客欵話而已，大抵亦有其說焉。凡鸞儔鶴侶，騷人羽客，皆能志絕塵境，棲神物外，不伍於世流，不污於時俗。或會於泉石之間，或處於松竹之下，或對皓月清風，或坐明窗靜牖，乃與客清談欵話，探虚玄而參造化，清心神而出塵表。命一童子設香案，攜茶爐於前，一童子出茶具，以瓢汲清泉注於瓶而炊之。然後碾茶為末，置於磨令細，以羅羅之，候湯將如蟹眼，量客衆寡，投數匕入於巨甌。候茶出相宜，以茶筅摔令沫不浮，乃成雲頭雨腳，分於啜甌，置之竹架，童子捧獻於前。主起，舉甌奉客曰：『為君以瀉清臆。』客起接，舉甌曰：『非此不足以破孤悶。』乃復坐。飲畢，童子接甌而退。話久情長，禮陳再三，遂出琴棋，陳筆研。或庚歌，或鼓琴，或奕棋，寄形物外，與世相忘，斯則知茶之為物，可謂神矣。然而啜茶大忌白丁，故山谷曰：『著茶須是吃茶人。』更不宜花下啜，故山谷曰『金谷看花莫謾煎』是也。盧仝喫七碗，老蘇不禁三碗，予以一甌，足可通仙靈矣。使二老有知，亦為之大笑，其他聞之，莫不謂之迂闊。

《明史》卷一一七《諸王二·寧王權》 寧獻王權，太祖第十七子。洪武二十四年封。踰二年，就藩大寧。大寧在喜峯口外，古會州地，東連遼左，西接宣府，爲巨鎮。帶甲八萬，革車六千，所屬朵顔三衛騎兵皆驍勇善戰。權數會諸王出塞，以善謀稱。燕王初起兵，與諸將議曰：『曩余巡塞上，見大寧諸軍慓悍。吾得大寧，斷遼東，取邊騎助戰，大事濟矣。』建文元年，朝議恐權與燕合，使人召權，權不至，坐削三護衛。其年九月，江陰侯吳高攻永平，燕王往救。高退，燕王遂自劉家口間道趨大寧，詭言窮蹙來求救。權邀燕王單騎入城，執手大慟，具言不得已起兵故，求代草表謝罪。居數日，欵洽不爲備。北平鋭卒伏城外，吏士稍稍入城，陰結三衛部長及諸戍卒。燕王辭去，權祖之郊，伏兵起，擁權行。三衛彍騎及諸戍卒，一呼畢集。守將朱鑑不能禦，戰歿。王府妃妾世子皆隨入松亭關，歸北平，大寧城爲空。權入燕軍，時時爲燕王草檄。燕王謂

權，事成，當中分天下。比即位，王乞改南土。請蘇州，曰：『畿內也。』請錢塘，曰：『皇考以予五弟，竟不果。建文無道，以王其弟，亦不克享。建寧、重慶、荊州、東昌皆善地，惟弟擇焉。』

永樂元年二月改封南昌，帝親製詩送之，詔即布政司爲邸，瓴甋規制無所更。已而人告權巫蠱誹謗事，密探無驗，得已。自是日韜晦，搆精廬一區，鼓琴讀書其間，終成祖世得無患。

仁宗時，法禁稍解，乃上書言南昌非其封國。帝答書曰：『南昌，叔父受之皇考已二十餘年，非封國而何？』宣德三年請乞近郭灌城鄉土田。明年又論宗室不應定品級。帝怒，頗有所詰責。權上書謝過。時年已老，有司多齮齕以示威重。權日與文學士相往還，託志翀舉，自號臞仙。嘗奉敕輯《通鑑博論》二卷，又作《家訓》六篇，《寧國儀範》七十四章，《漢唐祕史》二卷，《史斷》一卷，《文譜》八卷，《詩譜》一卷，其他註纂數十種。正統十三年薨。

唐寅

《明史》卷二八六《唐寅傳》　唐寅，字伯虎，一字子畏。性穎利，與里狂生張靈縱酒，不事諸生業。祝允明規之，乃閉戶浹歲。舉弘治十一年鄉試第一，座主梁儲奇其文，還朝示學士程敏政，敏政亦奇之。未幾，敏政總裁會試，江陰富人徐經賄其家僮，得試題。事露，言者劾敏政，語連寅，下詔獄，謫爲吏。寅恥不就，歸家益放浪。寧王宸濠厚幣聘之，寅察其有異志，佯狂使酒，露其醜穢。宸濠不能堪，放還。築室桃花塢，與客日般飲其中，年五十四而卒。

寅詩文，初尚才情，晚年頹然自放，謂後人知我不在此，論者傷之。吳中自枝山輩以放誕不羈爲世所指目，而文才輕豔，傾動流輩，傳說者增益而附麗之，往往出名教外。

清 愛新覺羅·弘曆《御製詩二集》卷四六《再疊前韻題唐寅品茶圖》　非關陸羽癖分茶，偶試原欣沃道芽。瓷碗篛爐值茲暇，田盤春色正和嘉。

又 卷四八《摹唐寅事茗圖即用其韻》　記得惠山精舍裏，竹壚瀹茗綠杯持。解元文筆閑相仿，消渴何勞玉虎絲。

又 卷五五《題唐寅品茶圖仍疊其韻》　壁張墨戲寫烹茶，汲雪因教試荈芽。正是盤中春好處，撫松坐石意爲嘉。

又 卷八二《唐寅品茶圖》　可笑琅琊不識茶，酪奴將謂勝龍芽。六如解事留真迹，一再拈吟興致嘉。

清 愛新覺羅·弘曆《御製詩三集》卷二九《唐寅品茶圖仍迭前韻》　底須調水始烹茶，就近瓶罍煮貢芽。恰似去年恵泉上，聽松得句也清嘉。

又 卷四二《題唐寅品茶圖》　伯虎品茶挂壁間，飄蕭須鬢道人顏。汲泉煮茗忽失笑，笑我安能似爾閑。

清 愛新覺羅·弘曆《御製詩四集》卷六五《題永樂雕漆品茶圖盒》　代傳永樂號，選匠事雕鎪。畫先去聲唐寅作，唐寅有《品茶圖》，向懸盤山之千尺雪，屢經題咏。此盒爲永樂時造，其畫本更在唐寅前矣。人爲陸羽流。避烟雙燕去，扇火一僮留。置內宜何物，龍團小品收。

文徵明

明 文徵明《甫田集》卷二《春日閑咏》　時節燒燈近，羈窮獨臥家。餘寒春挾纊，殘困晚煎茶。土潤先滋草，梅晴薄試花。新年眠食好，隨分足生涯。

又 卷五《同王履約過道復東堂時雨後牡丹狼藉存葉底一花感而賦詩邀道復履約同作》　推脫塵緣意緒佳，衝泥先到故人家。春來未負樽前笑，雨後猶餘葉底花。矮紙凝霜供小草，淺甌吹雪試新茶。憑君莫話蹉跎事，綠樹黃鸝有歲華。

又 卷六《煎茶詩贈履約》　嫩湯自候魚生眼，新茗還誇翠展旂。穀雨江南佳節近，惠泉山下小船歸。山人紗帽籠頭處，禪榻風花遶鬢飛。酒客不通塵夢醒，卧看春日下松扉。

又《邵二泉司徒以惠山泉餉白巖先生適吴宗伯寧菴寄陽羨茶亦至白巖烹以飲客命余賦詩》　諫議印封陽羨茗，衛公驛送惠山泉。百年佳

話人兼勝，一笑風簷手自煎。閒興未誇禪榻畔，月明還到酒樽前。品嘗只合王公貴，慚愧清風被玉川。

又 卷九《懷石湖寄吴中諸友》 江梅千樹繞楞伽，記得臨行盡著花。青子熟時應憶我，緑陰成處正思家。聽鶯此際堪攜酒，燒竹何人共煮茶。幾度扁舟夢中去，不知塵土在天涯。

又 卷一二《煮茶》 絹封陽羨月，瓦缶惠山泉。至味心難忘，閒情手自煎。地鑪殘雪後，禪榻晚風前。為問貧陶穀，何如病玉川。

又 卷一三《閏正月十一日游玄妙觀歷諸道院晚登露臺乘月而歸次第得詩七首其一》 探春行覓羽人家，洞裏仙挑未着花。一段閒情杯酒外，山童能供竹間茶。

又 卷一五《閑興其二》 蒼苔緑樹野人家，手卷鑪薰意自嘉。莫道客來無供設，一杯陽羨雨前茶。

清 愛新覺羅·弘曆《御製詩四集》卷七四《題文徵明茶事圖》

茶塢

享帚蘭堂茶塢咏，支硎虎阜秖蘇州。徵明爲《茶事圖》，稱支硎、虎阜茶事最盛，然蘇州雖産茶，實不如浙之龍井也。昨經龍井連林莽，却笑斯爲强出頭。

茶人

雷後雨前正及時，筠筐群出采槍旗。高人偶一爲之耳，豈似種茶者習茲。

茶笋

枝頭纔吐幾分長，眼想青芽鼻想香。不與籜龍爭尺寸，一般清品入新嘗。

茶籯

編竹爲籯雅制精，品殊部别貯分明。設因功用論甲乙，合向其中號建城。

茶舍

開窗掃地置都籃，勝友恒來茶事探。試問最宜是何處，惠山寺裏聽松庵。

茶灶

竹鑪石鼎總堪陳，無突還看製作新。坐祀灶傍定誰氏，陶形陸羽乃其人。

茶焙

雀舌新芽要焙乾，憶曾辛未一親觀。辛未南巡，曾至龍井觀采茶，作歌有『慢炒細焙有次第，辛苦工夫殊不少』之句。新絲新穀夷中咏，滿目民艱絜矩看。

茶鼎

灶以進薪鼎盛茗，相需殷處得相彰。盡其材在處得地，茶諫還應憶蔡襄。

茶甌

塸埞曾輕劉氏啓見陸龜蒙集，烟嵐珪壁亦妍詞反龜蒙句意。三清詩畫陶成器向以松實、梅英、佛手烹茶，因名三清陶甆甌，書詩幷圖其上，重華宫茶宴每以賜文臣也。，頗覺個中佳話宜。

烹茶

魚蟹眼寧須細求，無過解渴緑杯浮。十章吟罷飛逸興，又似金閶一再遊。

《明史》二八七《文徵明傳》 文徵明，長洲人，初名璧，以字行，更字徵仲，别號衡山。父林，溫州知府。叔父森，右僉都御史。林卒，吏民醵千金爲賻。徵明年十六，悉却之。吏民修故却金亭，以配前守何文淵，而記其事。

徵明幼不慧，稍長，穎異挺發。學文於吴寬，學書於李應禎，學畫於沈周，皆父友也。又與祝允明、唐寅、徐禎卿輩相切劘，名日益著。其爲人和而介。巡撫俞諫欲遺之金，指所衣藍衫，謂曰：『敝至此邪？』徵明佯不喻，曰：『遭雨敝耳。』諫竟不敢言遺金事。寧王宸濠慕其名，貽書幣聘之，辭病不赴。

正德末，巡撫李充嗣薦之，會徵明亦以歲貢生詣吏部試，奏授翰林院待詔。世宗立，預修《武宗實録》，侍經筵，歲時頒賜，與諸詞臣齒。而是時專尚科目，徵明意不自得，連歲乞歸。

先是，林知溫州，識張璁諸生中。璁既得勢，諷徵明附之，辭不就。楊一清召入輔政，徵明見獨後。一清亟謂曰：『子不知乃翁與我友邪？』徵明正色曰：『先君棄不肖三十餘年，苟以一字及者，弗敢忘，實不知相公與先君友也。』一清有慚色，尋與璁謀，欲徙徵明官。徵明乞歸益

力，乃獲致仕。四方乞詩文書畫者，接踵於道，而富貴人不易得片楮，尤不肯與王府及中人，曰：『此法所禁也。』周、徽諸王以寶玩為贈，不啟封而還之。外國使者道吳門，望里肅拜，以不獲見爲恨。文筆徧天下，門下士贗作者頗多，徵明亦不禁。嘉靖三十八年卒，年九十矣。

長子彭，字壽承，國子博士。次子嘉，字休承，和州學正。並能詩，工書畫篆刻，世其家。彭孫震孟，自有傳。

孫一元

明 孙一元《太白山人漫稿》卷四《夜起煮茶》 碎擘月團細，分燈來夜缸。瓦鐺然野竹，石甕瀉秋江。水火聲初戰，旗槍勢已降。月明猶在壁，風雨打山牕。

又 卷八《飲龍井》 眼底閒雲亂不開，偶隨麋鹿入雲來。平生於物元無取，消受山中水一杯。

《明史》卷二九八《孫一元傳》 孫一元，字太初，不知何許人，問其邑里，曰：『我秦人也。』嘗棲太白之巔，故號太白山人。或曰安化王宗人，王坐不軌誅，故變姓名避難也。一元姿性絕人，善爲詩，風儀秀朗，蹤跡奇譎，烏巾白帢，攜鐵笛鶴瓢，遍遊中原，東踰齊、魯，南涉江、淮，歷荊抵吳越，所至賦詩，談神仙，論當世事，往往傾其座人。鉛山費宏罷相，訪之杭州南屏山，值其晝寢，就臥內與語。送之及門，了不酬答。宏出語人曰：『吾一生未嘗見此人。』

時劉麟以知府罷歸，龍霓以僉事謝政，並客湖州，與郡人故御史陸崑善，而長興吳琉隱居好客，三人者並主於其家。琉因招一元入社，稱『苕溪五隱』。一元買田溪上，將老焉。舉人施侃雅善一元，妻以妻妹張氏，生一女而卒，年止三十七。琉等葬之道場山。

高濂

明 高濂《遵生八箋》卷三 《養生仁術》曰：『穀雨日採茶炒藏，能治痰嗽及療百病。』

又 卷三《虎跑泉試新茶》 西湖之泉，以虎跑為最；兩山之茶，以龍井為佳。穀雨前採茶旋焙，時激虎跑泉烹享，香清味洌，涼沁詩脾。每春當高卧山中，沈酣新茗一月。

又 卷六《掃雪烹茶玩畫》 茶以雪烹，味更清冽，所為半天河水是也。不受塵垢，幽人啜此，足以破寒。時乎南窗日煖，喜無觱發惱人，靜展古人畫軸，如《風雪歸人》、《江天雪棹》、《溪山雪竹》、《關山雪運》等圖，即假對真，以觀古人模擬筆趣。要知實景畫圖，俱屬造化機局，即我把圖，是人玩景，對景觀我，謂非我在景中？千古塵緣，孰為真假，當就圖畫中了悟。

又 卷七《茶寮》 側室一斗，相傍書齋。內設茶竈一，茶盞六，茶注二，餘一以注熟水。茶臼一，拂刷、淨布各一，炭箱一，火鉗一，火筯一，火扇一，火斗一，可燒香餅。茶槃一，茶橐二，當教童子專主茶役，以供長日清談，寒宵兀坐。煎法另具。

又 卷一一《論茶品》 茶之産於天下多矣！若劍南有蒙頂石花，湖州有顧渚紫筍，峽州有碧澗明月，邛州有火井思安，渠江有薄片，巴東有眞香，福州有柏巖，洪州有白露，常之陽羨，婺之舉巖，丫山之陽坡，龍安之騎火，黔陽之都濡、高株，瀘川之納溪、梅嶺。之數者，其名皆著。品第之，則石花最上，紫筍次之，又次則碧澗明月之類是也。惜皆不可致耳。若近時虎邱山茶，亦可稱奇，惜不多得。若天池茶，在穀雨前收細芽，炒得法者，青翠芳馨，嗅亦消渴。若眞岕茶，其價甚重，兩倍天池，惜乎難得，須用自己令人採收方妙。又如浙之六安，茶品亦精，但不善炒，不能發香而色苦，茶之本性實佳。如杭之龍泓即龍井也茶，眞者天池不能及也。山中僅有一二家炒法甚精。近有山僧焙者亦妙，但出龍井者方妙。而龍井之山，不過十數畝，外此有茶，似皆不及，附近假充，猶之可也。至於北山、西溪，俱充龍井，即杭人識龍井茶味者亦少，以亂眞多耳。意者，天開龍井美泉，山靈特生佳茗以副之耳。不得其遠者，當以天池、龍井為最。外此，天竺靈隱為龍井之次。臨安、於潛生於天目山者，與舒州同，亦次品也。茶自浙以北皆較勝，惟閩廣以南，不惟水不可輕飲，而茶亦宜慎。昔鴻漸未詳嶺南諸茶，乃云嶺南茶味極佳，孰如嶺南之地，多瘴癘之氣，染著草木，北人食之，多致成疾，故當慎之。要當採

時，待其日出山霽，霧障山嵐收淨，採之可也。茶團茶片皆出碾磑，大失眞味。茶以日晒者佳甚，青翠香潔，更勝火炒多矣。

《採茶》　團黄有一旗一鎗之號，言一葉一芽也。凡早取為茶，晚取為荈。穀雨前後收者為佳，粗細皆可用。惟在採摘之時，天色晴明，炒焙適中，盛貯如法。

又《藏茶》　茶宜蒻葉而畏香藥，喜温燥而忌冷濕。故收藏之家，以蒻葉封裹入焙中，兩三日一次用火，當如人體微温，則去濕潤。若火多則茶焦，不可食矣。

又云：以瓷坛盛茶，十觔一瓶，每年燒稻草灰，入大桶，茶瓶座桶中，以灰四面塡桶，瓶上覆灰築實。每用撥灰開瓶，取茶些少，仍復覆灰，再無蒸壞。次年換灰為之。

又云：空閣中懸架，將茶瓶口朝下放，不蒸原蒸，自天而下，故宜倒放。

若上二種芽茶，除以清泉烹外，花香雜果，俱不容入。人有好以花拌茶者，此用平等細茶拌之，庶茶味不減，花香盈頰，終不脱俗。如橙茶、蓮花茶，於日未出時，將半含蓮花撥開，放細茶一撮，納滿蘂中，以麻皮略縶，令其經宿。次早摘花傾出茶葉，用建紙包茶，焙乾。再如前法，又將茶葉入别蘂中，如此者數次，取其焙乾收用，不勝香美。

木樨、茉莉、玫瑰、薔薇、蘭蕙、橘花、梔子、木香、梅花皆可作茶。諸花開時，摘其半含半放，蘂之香氣全者，量其茶葉多少，摘花為拌。花多則太香而脱茶韻，花少則不香而不盡美，三停茶葉一停花始稱。假如木樨花，須去其枝蒂及塵垢蟲蟻，用磁罐，一層花，一層茶，相間塡滿，紙箬封固，入鍋，重湯煮之，取出待冷，用紙封裹，置火上焙乾收用，諸花倣此。

又《煎茶四要》

一擇水

凡水泉不甘，能損茶味，故古人擇水最為切要。山水上，江水次，井水下。山水，乳泉漫流者為上，瀑湧湍激勿食，食久令人有頸疾。江水，取去人遠者。井水，取汲多者，如蟹黄混濁鹹苦者，皆勿用。若杭湖心水，吴山第一泉，郭璞井，虎跑泉，龍井，葛仙翁井，俱佳。

二洗茶

凡烹茶，先以熱湯洗茶葉，去其塵垢冷氣，烹之則美。

三候湯

凡茶須緩火炙，活火煎。活火，謂炭火之有焰者。當使湯無妄沸，庶可養茶。始則魚目散布，微微有聲；中則四邊泉湧，纍纍連珠；終則騰波鼓浪，水氣全消，謂之老湯。三沸之法，非活火不能成也。最忌柴葉烟薰，煎茶為此，《清異録》云五賊六魔湯也。

凡茶少湯多則雲脚散，湯少茶多則乳面聚。

四擇品

凡瓶要小者，易候湯，又點茶注湯相應。若瓶大，啜存停久，味過則不佳矣。茶銚、茶瓶，磁砂為上，銅錫次之。磁壺注茶，砂銚煮水為上。《清異録》云：『富貴湯，當以銀銚煮湯，佳甚，銅銚煮水，錫壺注茶次之。』

茶盞惟宣窑壇盞為最，質厚白瑩，樣式古雅。有等宣窑印花白甌，式様得中，而瑩然如玉。次則喜窑心内茶字小盞為美。欲試茶色黄白，豈容青花亂之？注酒亦然。惟純白色器皿為最上乘品，餘皆不取。

又《試茶三要》　一滌器

茶瓶、茶盞、茶匙生鉎音星，致損茶味，必須先時洗潔則美。

二熁盞

凡點茶，先須熁盞令熱，則茶面聚乳，冷則茶色不浮。

三擇果

茶有真香，有佳味，有正色。烹點之際，不宜以珍果香草雜之。奪其香者，松子、柑橙、蓮心、木瓜、梅花、茉莉、薔薇、木樨之類是也。奪其味者，牛乳、番桃、荔枝、圓眼、枇杷之類是也。奪其色者，柿餅、膠棗、火桃、楊梅、橙橘之類是也。凡飲佳茶，去果方覺清絶，雜之則無辨矣。若欲用之，所宜核桃、榛子、瓜仁、杏仁、欖仁、栗子、鷄頭、銀杏之類，或可用也。

又《茶效》　人飲真茶，能止渴消食，除痰少睡，利水道，明目益思，出《本草拾遺》除煩去膩。人固不可一日無茶，然或有忌而不飲。每食已，輒以濃茶漱口，煩膩既去，而脾胃不損。凡肉之在齒間者，得茶漱滌

之，乃盡消縮，不覺脱去，不煩刺挑也。而齒性便苦，緣此漸堅密，蠹毒自已矣。然率用中茶。出蘇文

又《茶具十六器》 收貯於器局、供役苦節君者，故立名管之，蓋欲歸統於一，以其素有貞心雅操，而自能守之也。

商象古石鼎也，用以煎茶。　歸潔竹筅箒也，用以滌壺。

分盈杓也，用以量水斤兩。　遞火銅火斗也，用以搬火。

降紅銅火筯也，用以簇火。　執權準茶秤也，每杓水二斤，用茶一兩。

團風素竹扇也，用以發火。　漉塵茶洗也，用以洗茶。

靜沸竹架，即《茶經》支腹也。　注春磁瓦壺也，用以注茶。

運鋒劖果刀也，用以切果。　甘鈍木碪墩也。

啜香磁瓦甌也，用以啜茶。　撩雲竹茶匙也，用以取果。

納敬竹茶槖也，用以放盞。　受汚拭抹布也，用以潔甌。

總貯茶器七具

苦節君煮茶作爐也，用以煎茶，更有行者收藏。　建城以篛為籠，封茶以貯高閣。

雲屯磁瓶，用以杓泉以供煮也。　烏府以竹為籃，用以盛炭為煎茶之資。

水曹即磁缸瓦缶，用以貯泉以供火鼎。　器局竹編為方箱，用以收茶具者。

外有品司竹編圓橦提合，用以收貯各品茶葉以待烹品者也。

又《論泉水》 田子藝曰：『山下出泉，為蒙稺也。物稺則天全，水稺則味全。』故鴻漸曰山水上。其曰乳泉石池慢慢者，蒙之謂也。其曰瀑湧湍激者，則非蒙矣，宜戒人勿食。

混混不舍，皆有神以主之，故天神司出萬物，而《漢書》三神，山嶽其一也。

源泉必重，而泉之佳者尤重。餘杭徐隱翁嘗為余言，以鳳凰山泉較阿姥墩百花泉，便不及五泉，可見仙源之勝矣。

山厚者泉厚，山奇者泉奇，山清者泉清，山幽者泉幽，皆佳品也。不厚則薄，不奇則蠢，不清則濁，不幽則喧，必無佳泉。

山不停處，水必不停。若停，即無源者矣，旱必易涸。

又《石流》 石，山骨也；流，水行也；山宣氣以產萬物，氣宣則脉長，故曰山水上。《博物志》曰：『石者，金之根甲，石流精以生水。』又曰：『山泉者，引地氣也。』

泉非石出者必不佳。故《楚詞》云：『飲石泉兮蔭松栢。』皇甫曾《送陸羽》詩：『幽期山寺遠，野飯石泉清。』梅堯臣《碧霄峰茗》詩：『烹處石泉嘉。』又云：『小石冷泉留早味。』誠可為賞鑑者矣。

泉往往有伏流沙土中者，挹之不竭，即可食。不然，則滲潴之潦耳，雖清勿食。

流遠則味淡，須深潭停畜以復其味，乃可食。

泉不流者，食之有害。《博物志》曰：『山居之民，多癭腫疾，由於飲泉之不流者。』

泉湧出曰濆。在在所稱珍珠泉者，皆氣盛而脉湧耳，切不可食。取以釀酒，或有力。

泉懸出曰沃，暴溜曰瀑，皆不可食。而廬山水簾，洪州天台瀑布，皆入水品，與陸《經》背矣。故張曲江《廬山瀑布》詩：『吾聞山下蒙，今乃林巒表。物性有詭激，坤元曷紛矯？默然置此去，變化誰能了？』則識者固不食也。然瀑布實山居之珠箔錦幙也，以供耳目，誰曰不宜？

又《清寒》 清，朗也，靜也，澂水之貌。寒，冽也，凍也，覆水之貌。泉不難於清，而難於寒。其瀨峻流駛而清，岩奧陰積而寒者，亦非佳品。

石少土多，沙膩泥凝者，必不清寒。

蒙之象曰果行，井之象曰寒泉。不果則氣滯而光不澄，寒則性燥而味必嗇。

冰，堅水也，窮谷陰氣所聚，不洩則結而為伏陰也。在地英明者惟水，而冰則精而且冷，是固清寒之極也。謝康樂詩：『鑿冰煮朝飧。』《拾遺記》：『蓬萊山冰水，飲者千歲。』

下有石硫黄者，發為温泉，在在有之。又有共出一壑，半温半冷者，亦在在有之，皆非食品。特新安黄山朱砂湯泉可食。《圖經》云：『黄山舊名黟山，東峰下有朱砂湯泉，可點茗。春色微紅，此則自然之丹液也。』《拾遺記》：『蓬萊山沸水，飲者千歲。』此又仙飲。

有黄金處，水必清；有明珠處，水必媚；有子鮒處，水必腥腐；有蛟龍處，水必洞黑，美惡不可不辨也。

又《甘香》 甘，美也；香，芳也。《尚書》：『稼穡作甘。』黍甘

為香，黍惟甘香，故能養人，泉惟甘香，故亦能養人。然甘易而香難，未有香而不甘者也。

味美者曰甘泉，氣芳者曰香泉，所在間有之。泉上有惡木，則葉滋根潤，皆能損其甘香，甚者能釀毒液，尤宜去之。

甜水，以甘稱也。《拾遺記》：『員嶠山北，甜水遶之，味甘如蜜。』《十洲記》：『元洲玄澗，水如蜜漿，飲之與天地相畢。』又曰：『生洲之水，味如飴酪。』

水中有丹者，不惟其味異常，而能延年卻疾，須名山大川，諸仙翁修煉之所有之。葛玄少時為臨沅令，此縣廖氏家世壽，疑其井水殊赤，乃試掘井左右，得古人埋丹砂數十斛。西湖葛井，乃稚川煉丹所在。馬家園後淘井，出石瓮，中有丹數枚，如芡實，啖之無味，棄之。有施漁翁者，拾一粒食之，壽一百六歲。此丹水，尤不易得。凡不淨之器，切不可汲。

煮茶得宜，而飲非其人，猶汲乳泉以灌蒿萊，罪莫大焉。飲之者一吸而盡，不暇辨味，俗莫甚焉。

又《靈水》 靈，神也。天一生水而精明不淆，故上天自降之澤，實靈水也。古稱上池之水者非歟？要之皆仙飲也。大瓮收藏黃梅雨水、雪水，下放鵞子石十數塊，經年不壞。用栗炭三四寸許燒紅，投淬水中，不生跳虫。靈者，陽氣勝而所散也。色濃為甘露，凝如脂，美如飴，一名膏露，一名天酒是也。

雪者，天地之積寒也。《氾勝書》：『雪為五穀之精。』《拾遺記》『穆王東至大攕之谷，西王母來進嵰州甜雪』，是靈雪也。陶穀取雪水烹團茶，而丁謂《煎茶詩》：『痛惜藏書篋，堅留待雪天。』李虛已《建茶呈學士》詩：『試將梁苑雪，煎動建溪春。』是雪尤宜茶飲也。處士列諸末品，何邪？意者以其味之燥乎？若言太冷，則不然矣。

雨者，陰陽之和，天地之施，水從雲下，輔時生養者也。和風順雨，明雲甘雨，《拾遺記》『香雲遍潤，則成香雨』，皆靈雨也，固可食。若夫龍所行者，暴而霆者，旱而凍者，腥而墨者，及簷溜者，皆不可食。潮汐近地，必無佳泉，蓋斥鹵誘之也。天下潮汐，惟武林最盛，故無佳泉。西湖山中則有之。

揚子固江也，其南泠則夾石渟淵，特入首品。余嘗試之，誠與山東無異。若吳淞江則水之最下者也，亦復入品，甚不可解。

又《井水》 井，清也，泉之清潔者也；通也，物所通用者也；法也，節也，法制居人，令節飲食，無窮竭也。其清出於陰，其通入於淆，其法節由於得已。脉暗而味滯，故鴻漸曰：『井水下。』其曰『井取汲多』者，蓋汲多則氣通而流活耳，終非佳品。養水取白石子入瓮中，雖養其味，亦可澄水不淆。

高子曰：井水美者，天下知鍾泠泉矣，然而焦山一泉，余曾味過數次，不減鍾泠。惠山之水，味淡而清，允為上品。吾杭之水，山泉以虎跑為最，老龍井、眞珠寺二泉亦甘。北山葛僊翁井水，食之味厚。城中之水，以吳山第一泉首稱，予品不若施公井、郭婆井二水，清冽可茶。若湖南近二橋中水，清晨取之烹茶，妙甚，無伺他求。

《四庫全書總目提要》卷一二三《雜家類七》 《遵生八箋》十九卷通行本

明高濂撰。濂字深父，錢塘人。其書分為八目。卷一、卷二曰清修妙論箋，皆養身格言，其宗旨多出於二氏。卷三至卷六曰四時調攝箋，皆按時修養之訣。卷七、卷八曰起居安樂箋，皆實物器用可資頤養者。卷九、卷十曰延年卻病箋，皆服氣導引諸術。卷十一至十三曰飲饌服食箋，皆食品名目，附以服餌諸物。卷十四至十六曰燕閑清賞箋，皆論賞鑒清玩之事，附以種花卉法。卷十七、十八曰靈秘丹藥箋，皆經驗方藥。卷十九曰塵外遐舉箋，則歷代隱逸一百人事蹟也。書中所載，專以供閒適消遣之用。標目編類，亦多涉纖仄，不出明季小品積習，遂為陳繼儒、李漁等濫觴。又如張即之宋書家，而以為元人；范式官廬江太守，而以為隱逸；其訛誤亦復不少。特抄撮既富，亦時有助於檢核；其詳論古器，彙集單方，亦時有可采，以視剿襲清言、強作雅態者，固較勝焉。

陸樹聲

明 陸樹聲《茶寮記》 園居敞小寮於嘯軒埤垣之西。中設茶竈，凡瓢汲罌注、濯拂之具咸庀。擇一人稍通茗事者主之，一人佐炊汲。客至，則茶煙隱隱起竹外。其禪客過從予者，每與余相對結跏趺坐，啜茗

汁，舉無生話。終南僧明亮者，近從天池來，餉余天池苦茶，授余烹點法甚細。余嘗受其法於陽羨士人，大率先火候，其次候湯，所謂蟹眼魚目，参沸沫沉浮以驗生熟者，法皆同。而僧所烹點絕味清，乳面不黟，是具入清淨味中三昧者。要之，此一味非眠雲跂石人，未易領略。余方遠俗，雅意禪棲，安知不因是遂悟入趙洲耶？時杪秋既望，適園無諍居士與五臺僧演鎮、終南僧明亮同試天池茶於茶寮中，謾記。

又《煎茶七類》

一人品

煎茶非漫浪，要須其人與茶品相得。故其法每傳於高流隱逸，有雲霞泉石磊塊胸次間者。

二品泉

泉品以山水為上，次江水，井水次之。井取汲多者，汲多則水活。然須旋汲旋烹，汲久宿貯者，味減鮮冽。

三烹點

煎用活火，候湯眼鱗鱗起，沫餑鼓泛，投茗器中。初入湯少許，俟湯茗相投，即滿注。雲腳漸開，乳花浮面，則味全。蓋古茶用團餅碾屑，味易出。葉茶驟則乏味，過熟則味昏底滯。

四嘗茶

茶入口，先灌漱，須徐啜。俟甘津潮舌，則得真味，雜他果，則香味俱奪。

五茶候

涼臺靜室，明窗曲几，僧寮道院，松風竹月，晏坐行吟，清譚把卷。

六茶侶

翰卿墨客，緇流羽士，逸老散人，或軒冕之徒，超軼世味。

七茶勳

除煩雪滯，滌醒破睡，譚渴書倦，是時茗椀策勳，不減凌煙。

《明史》二一六《陸樹聲傳》 陸樹聲，字與吉，松江華亭人。初冒林姓，及貴乃復。家世業農。樹聲少力田，暇即讀書。舉嘉靖二十年會試第一。選庶吉士，授編修。三十一年請急歸。遭父喪，久之起南京司業。未幾，復請告去。起左諭德，掌南京翰林院。尋召還春坊，不赴。久之，起太常卿，掌南京祭酒事。嚴敕學規，著條教十二以勵諸生。召爲吏部右侍郎，引病不拜。隆慶中，再起故官，不就。神宗嗣位，即家拜禮部尚書。

初，樹聲屢辭朝命，中外高其風節。遇要職，必首舉樹聲，唯恐其不至。張居正當國，以得樹聲爲重，用後進禮先謁之。樹聲相對穆然，意若不甚接者，居正失望去。一日以公事詣政府。見席稍偏，熟視不就坐，居正趣爲正席。其介如此。北部要增歲幣，兵部將許之，樹聲力爭。歲終，陳四方災異，請帝循舊章，省奏牘，慎賞賚，防壅蔽，納讜言，崇儉德，攬魁柄，別忠邪。詔皆嘉納。

萬曆改元，中官不樂樹聲，屢宣詣會極門受旨，且頻趣之。比趨至，則曹司常事耳。樹聲知其意，連疏乞休。居正語其弟樹德曰：『朝廷行相平泉矣。』平泉者，樹聲別號也。樹聲聞之曰：『一史官，去國二十年，豈復希揆席耶？且虛拘何益。』其冬請愈力，乃命乘傳歸。辭朝，陳時政十事，語多切中，報聞而已。居正就邸舍與別，問誰可代者。舉萬士和、林燫。比出國門，士大夫傾城追送，皆謝不見。

樹聲端介恬雅，翛然物表，難進易退。通籍六十餘年，居官未及一紀。與徐階同里，高拱則同年生。兩人相繼柄國，皆辭疾不出。爲居正所推，卒不附也。已，給廩隸如制，加太子少保，再遣存問。弟樹德，自有傳。子彥章，萬曆十七年進士。樹聲誡毋就館選，隨以行人終養。詔給月俸，異數也。樹聲年九十七卒。贈太子太保，謚文定。彥章有節概，官至南京刑部侍郎。

《四庫全書總目提要》卷一一六《譜録類存目》 《茶寮記》一卷內府藏本

明陸樹聲撰。樹聲有《平泉題跋》，已著録。樹聲初入翰林，與嚴嵩不合。罷歸後，張居正柄國，欲招致之，亦不肯就。此編即其家居之時與終南山僧明亮同試天池茶而作，分人品、品泉、烹點、嘗茶、茶候、茶侶、茶勳七則，均寥寥數言，姑以寄意而已，不足以資考核也。

顧元慶

明 顧元慶《茶譜·序》 余性嗜茗，弱冠時，識吳心遠於陽羨，識過養拙於琴川。二公極於茗事者也，授余收、焙、烹、點法，頗為簡易。及閱唐宋《茶譜》、《茶録》諸書，法用熟碾細羅為末、為餅，所謂小龍團，尤為珍重。故當時有『金易得而龍餅不易得』之語。嗚呼！豈士人而能為此哉！

頃見友蘭翁所集《茶譜》，其法於二公頗合，但收採古今篇什太繁，甚失譜意。余暇日刪校，仍附王友石竹爐即苦節君像並分封六事於後，重梓於大石山房，當與有玉川之癖者共之也。

明 茅一相《〈茶譜〉後序》《茶譜》 大石山人顧元慶，不知何許人也。久之，知為吾郡王天雨社中友。王固博雅好古士也，其所交盡當世賢豪，非其人，雖軒冕黼黻，不欲掛眉睫間。天雨至晚歲，益厭棄市俗，乃築室於陽山之陰，日惟與顧、岳二山人結泉石之盟。顧即元慶，岳名岱，別號漳餘，尤善繪事，而書法頗出入米南宮，吳之隱君子也。三人者，吾知其二，可以卜其一矣。今觀所述《茶譜》，苟非泥淖一世者，必不能勉強措一詞。吾讀其書，亦可以想見其為人矣。用置案頭，以備嘉賞。

明 趙之履《茶譜續編·跋》 友蘭錢翁，好古博雅，性嗜茶。年逾大耋，猶精茶事。家居若藏若煎，咸悟三昧，列以品類，彙次成譜，屬伯子奚川先生梓行之。之履閱而歎曰：夫人珍是物與味，必重其籍而飾之，若夫蘭翁是編，亦一時好事之傳，為當世之所共賞者。其籍而飾之之功，固可取也。古有鬥美林豪，著經傳世，翁其興起而入室者哉。之履家藏有王舍人孟端《竹爐新詠》故事及昭代名公諸作，凡品類若干。會悉翁譜意，翁見而珍之，屬附輯卷後為《續編》。之履性猶癖茶，是舉也，不亦為翁一時好事之少助乎也。

《四庫全書總目提要》卷六〇《傳記類存目二》 《雲林遺事》一卷浙江巡撫采進本，明顧元慶撰。元慶字大有，號大石山人，長洲人。都穆之門人也。

李時珍

明 李時珍《本草綱目》三二卷《果部·果之四·茗》《唐本草》校正自木部移入此。**释名：** 苦𣘻。𣘻、途二音，唐本。檟《爾雅》、蔎音設、荈音舛。頌曰：郭璞云：早采爲茶，晚采爲茗，一名荈，蜀人謂之苦茶。陸羽云：其名有五：一茶，二檟，三蔎，四茗，五荈。時珍曰：楊慎《丹鉛録》云：茶，即古荼字，音途。《詩》云『誰謂荼苦，其甘如薺』是也。顔師古云漢時荼陵，始轉途音爲宅加切。或言六經無茶字，未深考耳。**集解**《神農食經》云：茶茗生益州及山陵道旁，淩冬不死，三月三日採乾。三恭曰：茗生山南澤中山谷。《爾雅》云：檟，苦茶。郭璞注云：樹小似巵子。冬生葉，可煮作羹飲。頌曰：今閩、浙、蜀、江湖、淮南山中皆有之，通謂之茶。春中始生嫩葉，蒸焙去苦水，末之，乃可飲。與古所食，殊不同也。陸羽《茶經》云：茶者，南方嘉木。自一尺、二尺至數十尺，其巴川峽山有兩人合抱者，伐而掇之。木如瓜蘆，葉如巵子，花如白薔薇，實如棕櫚，蒂如丁香，根如胡桃。其上者生爛石，中者生櫟壤，下者生黄土。藝法如種瓜，三歲可采。陽岸陰林。紫者上，緑者次；筍者上，芽者次；葉卷者上，舒者次。在二月、三月、四月之間，茶之筍者，生于爛石之間，長四五寸，若蕨之始抽，淩露采之。茶之芽者，發于叢薄之上，有三枝、四枝、五枝，于枝顛采之。采得，蒸焙封乾，有千類萬狀也。略而言之：如胡人靴者蹙縮然，如犎牛臆者廉沾然，浮雲出山者輪囷然，飇風拂水者涵澹然，皆茶之精好者也。如竹籜，如霜荷，皆茶之瘠老者也。其別者，有石楠芽、枸杞芽、枇杷芽，皆治風疾。又有皂莢芽、槐芽、柳芽，乃上春摘其芽和茶作之。故今南人輸官茶，往往雜以衆葉。惟茅蘆竹箬之類不可入，自餘山中草木芽葉，皆可和合，椿、柹尤奇。真茶性冷，惟雅州蒙山出者溫而主疾。毛文錫《茶譜》云：蒙山有五頂，上有茶園，其中頂曰上清峰。昔有僧人病冷且久，遇一老父謂曰：蒙之中頂茶，當以春分之先後，多聚人力，俟雷發聲，并手采擇，三日而止。若獲一兩，以本處水煎服，即能祛宿疾；二兩當眼前無疾，三兩能固肌骨，四兩即爲地仙矣。其僧如說，獲一兩餘，服之未盡而疾瘳。其四頂茶園，采摘不廢。惟中峰草木繁密，雲霧蔽虧，鷙獸時出，故人迹不到矣。近歲稍貴此品，製作亦精于他處。陳承曰：近世蔡襄述閩茶極備。惟建州北苑數處産者，性味與諸方略不同。今亦獨名蠟茶，上供御用。碾治作餅，日曬得火愈良。其他者或爲芽，或爲末收貯，若微見火便硬，不可久收，色味俱敗。惟鼎州一種芽茶，性味略類建茶，今汴中及河北、京西等處磨爲末，亦冒臘茶者，是也。宗奭曰：苦茶即今茶也。陸羽有《茶經》，丁謂有《北苑茶録》，毛文錫有《茶譜》，蔡宗顔有《茶對》，皆甚詳。然古人謂茶爲雀舌、麥顆，言其至嫩也。又有新芽一發，便長寸餘，其粗如針，最爲上品，其根幹、水土力皆有餘故也。雀舌、麥顆又在下品，前人未知耳。時珍曰：茶有野生、種生，種者用子。其子大如指頂，正圓黑色。其仁入口，初甘後苦，最戟人喉，而閩人以榨油食用。二月下種，一坎須百顆乃生一株，蓋空殼者多故也。畏水與日，最宜坡地蔭處。清明前采者上，穀雨前者次之，此後

皆老茗爾。采、蒸、揉、焙、修造皆有法，詳見《茶譜》。茶之稅始于唐德宗，盛于宋、元，及于我朝，乃與西番互市易馬。夫茶一木爾，下爲民生日用之資，上爲朝廷賦稅之助，其利博哉。昔賢所稱，大約謂唐人尚茶，茶品益衆。有雅州之蒙頂石花、露芽、穀芽爲第一，建寧之北苑龍鳳團爲上供。蜀之茶，則有東川之神泉獸目，硤州之碧澗明月，夔州之真香，邛州之火井思安，黔陽之都濡，嘉定之峨眉，瀘州之納溪，玉壘之沙坪。楚之茶，則有荆州之仙人掌，湖南之白露，長沙之鐵色，蕲州蕲門之團面，壽州霍山之黄芽，廬州之六安英山，武昌之樊山，岳州之巴陵，辰州之溆浦，湖南之寶慶、茶陵。吴越之茶，則有湖州顧渚之紫笋，福州方山之生芽，洪州之白露，雙井之白毛，廬山之雲霧，常州之陽羡，池州之九華，丫山之陽坡，袁州之界橋，睦州之鳩坑，宣州之陽坑，金華之舉岩，會稽之日鑄。皆産茶有名者。其他猶多，而猥雜更甚。按：陶隱居注苦茶云：酉陽、武昌、廬江、晋陵皆有好茗，飲之宜人。凡所飲物，有茗及木葉、天門冬苗、菝一葜葉，皆益人。餘物并冷利。又巴東縣有真茶，火煏作卷，結爲飲，亦令人不眠。俗中多煮檀葉及大皂李葉作茶飲，并冷利。南方有瓜蘆木，亦似茗也。今人采櫧、櫟、山礬、南燭、烏藥諸葉，皆可爲飲，以亂茶云。

葉

氣味：苦、甘，微寒，無毒。藏器曰：苦寒，久食，令人瘦，去人脂，使人不睡。飲之宜熱，冷則聚痰。胡洽曰：與榧同食，令人身重。李廷飛曰：大渴及酒後飲茶，水入腎經，令人腰、脚、膀胱冷痛，兼患水腫、攣痹諸疾。大抵飲茶宜熱、宜少，不飲尤佳，空腹最忌之。時珍曰：服威靈仙、土茯苓者，忌飲茶。**主治**瘻瘡，利小便，去痰熱，止渴，令人少睡，有力悦志《神農食經》。下氣消食。作飲，加茱萸、葱、薑良蘇恭。破熱氣、除瘴氣，利大小腸藏器。清頭目，治中風昏憒，多睡不醒好古。治傷暑。合醋，治泄痢甚效陳承。炒煎飲，治熱毒、赤白痢。同芎藭、葱白煎飲，止頭痛吴瑞。濃煎，吐風熱痰涎時珍。**發明**好古曰：茗茶氣寒味苦，入手、足厥陰經，治陰證。湯藥内入此，去格拒之寒，及治伏陽，大意相似。《經》云：苦以泄之，其體下行，所以能清頭目。機曰：頭目不清，熱熏上也。以苦泄其熱，則上清矣。且茶體輕浮，采摘之時，芽初萌，正得春升之氣，味雖苦而氣則薄，乃陰中之陽，可升可降。利頭目，蓋本諸此。汪穎曰：一人好燒鵝炙煿，日常不缺。人咸防其生癰疽，後卒不病。訪知其人每夜必啜凉茶一碗，乃知茶能解炙煿之毒也。楊士瀛曰：薑茶治痢。薑助陽，茶助陰，并能消暑、解酒食毒。且一寒一熱，調平陰陽，不問赤、白、冷、熱，用之皆良。生薑細切，與真茶等分，新水濃煎服之。蘇東坡以此治文潞公有效。時珍曰：茶苦而寒，陰中之陰，沉也，降也，最能降火。火爲百病，火降則上清矣。然火有五，火有虚實。若少壯胃健之人，心肺脾胃之火多盛，故與茶相宜。溫飲則火因寒氣而下降，熱飲則茶借火氣而升散，又兼解酒食之毒，使人神思爽，不昏不睡，此茶之功也。若虚寒及血弱之人，飲之既久，則脾胃惡寒，元氣暗損，土不制水，精血潜虚；成痰飲，成痞脹，成痿痺，成黄瘦，成嘔逆，成洞瀉，成腹痛，成疝瘕，種種内傷，此茶之害也。民生日用，蹈其弊者，往往皆是，而婦嫗受害更多，習俗移人，自不覺爾。况真茶既少，雜茶更多，其爲患也，又可勝言哉？人有嗜茶成癖者，時時咀啜不止，久而傷營傷精，血不華顔色，黄瘁痿弱，抱病不悔，尤可嘆惋。晋干寶《搜神記》載：武官因時病後，啜茗一斛二升乃止。纔減升合，便爲不足。有客令更進五升，忽吐一物，狀如牛脾而有口。澆之以茗，盡一斛二升。再澆五升，即溢出矣。人遂謂之斛茗瘕。嗜茶者觀此可以戒矣。陶隱居《雜録》言：丹丘子、黄山君服茶輕身换骨。《壺公食忌》言：苦茶久食羽化者，皆方士謬言誤世者也。按唐右補闕毋炅《茶序》云：釋滯消壅，一日之利暫佳；瘠氣侵精，終身之累斯大。獲益則功歸茶力，貽患則不謂茶灾。豈非福近易知，禍遠難見乎？又宋學士蘇軾《茶説》云：除煩去膩，世故不可無茶，然暗中損人不少。空心飲茶入鹽，直入腎經，且冷脾胃，乃引賊入室也。惟飲食後濃茶漱口，既去煩膩，而脾胃不知，且苦能堅齒消蠹，深得飲茶之妙。古人呼茗爲酪奴，亦賤之也。時珍早年氣盛，每飲新茗必至數碗，輕汗發而肌骨清，頗覺痛快。中年胃氣稍損，飲之即覺爲害，不痞悶嘔惡，即腹冷洞泄。故備述諸説，以警同好焉。又濃茶能令人吐，乃酸苦漏泄爲陰之義，非其性能升也。**附方**：舊六，新十四。

氣虚頭痛用上春茶末調成膏，置瓦盞内覆轉，以巴豆四十粒，作二次燒烟熏之，曬乾乳細。每服一字，別入好茶末，食後煎服，立效。《醫方大成》**熱毒下痢**孟詵曰：赤白下痢，以好茶一斤，炙擣末，濃煎一、二盞服。久患痢者，亦宜服之。《直指》：用蠟茶，赤痢以蜜水煎服，白痢以連皮自然姜汁同水煎服。二、三服即愈。《經驗良方》：用蠟茶二錢，湯點七分，入麻油一蜆殼和服，須臾腹痛大下即止。一少年用之有效。一方：蠟茶末，以白梅肉和丸。赤痢甘草湯下，白痢烏梅湯下，各百丸。一方：建茶合醋煎，熱服，即止。**大便下血**營衛氣虚，或受風邪，或食生冷，或啖炙煿，或飲食過度，積熱腸間，使脾胃受傷，糟粕不聚，大便下利清血，臍腹作痛，裏急後重，及酒毒一切下血，并皆治之。用細茶半斤碾末，川百藥煎五個燒存性。每服二錢，米飲下，日二服。《普濟方》**産後秘塞**以葱涎調蠟茶末，丸百丸，茶服自通。不可用大黄利藥，利者百無一生。郭稽中《婦人方》**久年心痛**十年、五年者，煎湖茶，以頭醋和匀，服之良。《兵部手集》**腰痛難轉**：煎茶五合，投醋二合，頓服療。孟詵**嗜茶成癖**：一人病此，一方士令以新鞋盛茶令滿，任意食盡，再盛一鞋，如此三度，自不吃也。男用女鞋，女用男鞋，用之果愈也。《集簡方》**解諸中毒**芽茶、白礬等分，碾末，冷水調下。《簡便方》**痘瘡作癢**：房中宜燒茶烟恒熏之。**陰囊生瘡**用蠟面茶爲末。先以甘草湯洗，後貼之妙。《經驗方》**脚椏濕爛**茶葉嚼爛敷之，有效。《攝生方》**蠼螋尿瘡**初如糝粟，漸大如豆，更大如火烙漿泡，疼痛至甚者，速以草茶，并蠟茶俱可，以生油調敷。藥至，痛立止。《方勝金》**風痰顛疾**茶芽、巵子各一兩。煎濃汁一碗服。良久探吐。《摘玄方》**霍亂煩悶**茶末一錢煎水，調乾薑末一錢，服之即安。《聖濟總録》**月水不通**茶清一瓶，入沙糖少許，露一夜服。雖三個月胎亦通，不可輕視。鮑氏**痰喘咳嗽**不能睡卧，好末茶一兩，白僵蠶一兩，爲末，放碗内蓋定，傾沸湯一小盞。臨卧，再添湯點服。《瑞竹堂方》

茶子

氣味：苦寒，有毒。主治：喘急咳嗽，去痰垢。搗仁洗衣，除油膩時珍。附方新三。上氣喘急時有咳嗽，茶子、百合等分。爲末，蜜丸梧桐子大。每服七丸，新汲水下。《圣惠方》《喘嗽齁䶎不拘大人、小兒，用糯米泔少許磨茶子，滴入鼻中，令吸入口服之，口咬竹筒。少頃涎出如綫。不過二、三次絕根，屢驗。《經驗良方》頭腦鳴響狀如蟲蛀，名天白蟻。以茶子爲末，吹入鼻中，取效。楊拱《醫方摘要》

《明史》卷二九九《李時珍傳》 李時珍，字東璧，蘄州人，好讀醫書。醫家本草自神農所傳止三百六十五種，梁陶弘景所增亦如之，唐蘇恭增一百一十四種，宋劉翰又增一百二十種，至掌禹錫、唐慎微輩先後增補，合一千五百五十八種，時稱大備。然品類既煩，名稱多雜，或一物而析爲二三，或二物而混爲一品。時珍病之，乃窮搜博採，芟煩補闕，歷三十年，閱書八百餘家，藁三易而成書，曰《本草綱目》。增藥三百七十四種，釐爲一十六部，合成五十二卷。首標正名爲綱，餘各附釋爲目，次以集解詳其出產、形色，又次以氣味、主治附方。書成，將上之朝，時珍遽卒。未幾，神宗詔修國史，購四方書籍。其子建元以父遺表及是書來獻，天子嘉之，命刊行天下，自是士大夫家有其書。時珍官楚王府奉祠正，子建中，四川蓬溪知縣。

徐渭

明 徐渭《徐文長逸稿》卷三《謝鍾君惠石埭茶》 杭客矜龍井，蘇人代虎丘。小筐來石埭，太守賞池州。午夢醒猶蝶，春泉乳落牛。對之堪七碗，紗帽正籠頭。

又 卷七《某伯子惠虎丘茗謝之恒言俗事成許雅韵》 虎丘春茗妙烘蒸，七碗何愁不上升。青箬舊封題穀雨，紫沙新罐買宜興。却從梅月橫三弄，細攪松風灺一燈。合向吳儂彤管説，好將書上玉壺冰。

又 卷一五《壽篇》 《志》所稱蒙茶，乃西蜀雅州之蒙山。而世相傳云在東魯，訛也久矣。蜀蒙山有五項，頂有茶園。其中項曰上清峰，常有僧居之，頗病冷。一老父似仙者也，謂僧曰：『蒙中頂茶善療冷，非特療也，服之至四兩，地仙矣。』乃中峰最高，而草木與雲霧相蒙翳，鷙鳥多出沒其間，時亦攫人，茶師罕至者久。用是蜀之嫡孫，其爵于魯之庶矣。凡人貴身而賤橐，情也。涉險同也，一則可以壽身，一則可以充橐，其緩橐而趨壽之衡，又不待人告而知也。有一翁焉，以賈茶至橐鼎歲千金。其後不憚江湖波濤之險，道數十里之遙，往往歲取燕齊金于茶，復數千也。翁固健且完，固無冷恙，然久于茶，必有以蜀蒙告者，翁固百十之燕齊而不一之蜀。非不地仙羨者，不能也。他買亦或者告之者，而亦不聞有一人焉之蜀以祈仙。然諂鬼要金者，比屋大抵然也。翁即然，似亦應率而尾之而已，未聞其首之也。固知其于仙果不羨。嘻，無羨則無艷，無艷則不滑于中，不滑于中則能固于外。外者形也，中者神也。神以攝形，翁自默契于蜀之僧矣仙矣。翁爲誰？

明 徐渭《煎茶七類》 一、人品　煎茶雖凝清小雅，然要須其人與茶品相得。故其法每傳於高流大隱、雲霞泉石之輩，魚蝦麋鹿之儔。

二、品泉　山水為上，江水次之，井水又次之。井貴汲多，又貴旋汲。汲多水活，味倍清新；汲久貯陳，味減鮮冽。

三、烹點　烹用活火，候湯眼鱗鱗起，沫渤鼓泛，投茗器中。初入湯少數，候湯茗相浹，卻復滿注。頃間雲腳漸開，浮花浮面，味奏全功矣。蓋古茶用碾屑團餅，味則易出之。葉茶是尚，驟則味虧，過熟則味昏底滯。

四、嘗茶　先滌漱，既乃徐啜，甘津潮舌，孤清自筤，設雜以他果，香味俱奪。

五、茶宜　涼臺靜室，明窗曲几，僧寮道院，松風竹月，晏坐行吟，清譚把卷。

六、茶侶　翰卿墨客，緇流羽士，逸老散人，或軒冕之徒，超然世味者。

七、茶勛　除煩雪滯，滌醒破睡，譚渴書倦，此際策勳，不減凌煙。

是七類乃盧仝作也，中夥甚疻，余臨書稍定之。時壬辰仲秋青藤道士徐渭書於石帆山下朱氏之宜園。

《明史》卷二八八《徐渭傳》 徐渭，字文長，山陰人。十餘歲倣揚雄《解嘲》作《釋毀》，長師同里季本。爲諸生，有盛名。總督胡宗憲招致幕府，與歙余寅、鄞沈明臣同筦書記。宗憲得白鹿，將獻諸朝，令渭草表，并他客草寄所善學士，擇其尤上之。學士以渭表進，世宗大悅，益

寵異宗憲，宗憲以是益重渭。宗憲嘗宴將吏於爛柯山，酒酣樂作，明臣作鐃歌十章，中有云『狹巷短兵相接處，殺人如草不聞聲』。宗憲起，捋其鬚曰：『何物沈生，雄快乃爾！』即命刻於石，寵禮與渭埒。督府勢嚴重，將吏莫敢仰視。渭角巾布衣，長揖縱談。幕中有急需，夜深開戟門以待。渭或醉不至，宗憲顧善之。寅、明臣亦頗負崖岸，以侃直見禮。

渭知兵，好奇計，宗憲擒徐海，誘王直，皆預其謀。藉宗憲勢，頗横。及宗憲下獄，渭懼禍，遂發狂，引巨錐剚耳，深數寸，又以椎碎腎囊，皆不死。已，又擊殺繼妻，論死繫獄，里人張元忭力救得免。乃游金陵，抵宣、遼，縱觀諸邊阨塞，善李成梁諸子。入京師，主元忭。元忭導以禮法，渭不能從，久之怒而去。後元忭卒，白衣往弔，撫棺慟哭，不告姓名去。

渭天才超軼，詩文絕出倫輩。善草書，工寫花草竹石。嘗自言：『吾書第一，詩次之，文次之，畫又次之。』當嘉靖時，王、李倡七子社，謝榛以布衣被擯。渭憤其以軒冕壓韋布，誓不入二人黨。後二十年，公安袁宏道游越中，得渭殘帙以示祭酒陶望齡，相與激賞，刻其集行世。

王世貞

明 王世貞《弇州四部稿》卷四五《飲華生茗》　君擕陽羡茶，薦以中泠水。高卧讀《離騷》，林端月初起。

又 卷五二《陸羽泉》　康王谷瀑中泠水，何似山僧屋後泉。客至試探禪悅味，玉團初輾浪花圓。

又 卷五四《解語花・題美人捧茶》　中泠乍汲，穀雨初收，寶鼎松聲細。柳腰嬌倚，薰籠畔，鬭把碧旗碾試。蘭芽玉蕊，勾引出、清風一縷。顰翠蛾，斜捧金甌，暗送春山意。

微裊露鬟雲髻，瑞龍涎猶自，沾戀纖指。流鶯新脆，低低道，卯酒可醒還起。雙鬟小婢，越顯得，那人清麗。臨飲時，須索先嘗，添取櫻桃味。

又 卷六六《惠山續集序》　惠山，無錫之北山也，一曰慧山，去邑五里而近。自『西神』之稱見於周暐《枕中記》，而山之泉其勝啟於唐故太尉李文肅公紳。文肅抗節逆鏑不死，歸而稱疾以卧山之舊墅，飲泉而甘之。由侍從至拜相領鎮，必郵致茲泉以從。自陸羽品天下水有第二之目，即忌文肅如張又新者，能排其人為端州之貶，而不能稍貶茲泉而為三。凡水之號，第一若金山之中泠與康王谷之水簾瀑，時相為勝負，而茲泉之第一固自若也。於是山之名因以益著。其地雖無崖嶤瑰異之壯與窅窱徑庭之深可以駭動心目，而奇石幽澗、美箭嘉木在在不乏，精藍甲墅碁布於山之前後。而陸羽之所重、以為能韻泉之勝者茗，茗則南天池而北陽羡。能發茗之燉者泉，泉則無過於惠，而味苦勺清之士所不能不旦夕往矣。且其地最號為近郭，而又饒水。樓船鼓吹夷猶於烟波花月間，蓋不必抵茲山而後謂之遊。以至皇華之奉使、郡邑之沿檄而行旅之淹途者，稍一移棹而至，亦不必盡味苦勺清之士而後謂之游客也。其所以咏泆茲山與泉者當益盛。而自正德初，有僧圓顯者為之編，既不能無挂漏，距於今又且七十載。邑之士尤叔野念其先人文簡公嘗以名卿佐宋，退居於茲山，有書且數萬卷，而為之後者不能舉其凡以為之重，於是悉家之所藏與生平之所見聞而録之。文自《春申碑》、《家山記》，詩自江文通、李文饒而下，凡事與人之有係於茲地者亦附著焉。總八卷，名之曰《惠山續集》而問序於余。余自束髮，南北道路所必經，經而為之迂日而遊者十恒七八。飲其水而甘，又嘗和唐人之韻者三，而叔野似未之見也。竊嘗謂古之時，其名山大川何限，然文不能勝質，不獲標而出之。自大禹之所略而為貢，又為象之鼎，而成周之《山海經》出焉，而靈均、長卿稍為之鋪飾而奓大之。然往往漫濫不切。覈其有真能為之咏泆者，蓋詩麗於靈運，文精於子厚，以至右丞、少陵諸君子而極矣。甚哉！山川之不可無人也。惠山故不泯，泯自圓顯之集與？叔野之續成，而能使讀者若游、游者若歸，山若增而秀，泉若澄而清，不亦冠弁東南哉！因録三詩及《游俞氏園》一篇，以貽叔野而序諸首。

《明史》卷二八七《王世貞傳》　王世貞，字元美，太倉人，右都御史忬子也。生有異稟，書過目，終身不忘。年十九，舉嘉靖二十六年進士，授刑部主事。世貞好爲詩古文，官京師，入王宗沐、李先芳、吳維岳等詩社，又與李攀龍、宗臣、梁有譽、徐中行、吳國倫輩相倡和，紹述何、李，名日益盛。屢遷員外郎、郎中。

奸人閻姓者犯法，匿錦衣都督陸炳家，世貞搜得之。炳介嚴嵩以請，不許。楊繼盛下吏，時進湯藥。其妻訟夫冤，爲代草。既死，復棺殮之。嵩大恨。吏部兩擬提學皆不用，用爲青州兵備副使。父忬以灤河失事，嵩搆之，論死繫獄。世貞解官奔赴，與弟世懋日蒲伏嵩門，涕泣求貸。嵩陰持忬獄，而時爲謾語以寬之。兩人又日囚服跽道旁，遮諸貴人輿，搏顙乞救。諸貴人畏嵩不敢言，忬竟死西市。兄弟哀號欲絶，持喪歸，蔬食三年，不入內寢。既除服，猶却冠帶，苴履葛巾，不赴宴會。

隆慶元年八月，兄弟伏闕訟父冤，言爲嵩所害，大學士徐階左右之，復忬官。世貞意不欲出，會詔求直言，疏陳法祖宗、正殿名、廣恩義、寬禁例、修典章、推德意、昭爵賞、練兵實八事，以應詔。無何，吏部用言官薦，令以副使涖大名。遷浙江右參政，山西按察使。母憂歸，服除，補湖廣，旋改廣西右布政使，入爲太僕卿。

萬曆二年九月，以右副都御史撫治鄖陽，數條奏屯田、戍守、兵食事宜，咸切大計。有奸僧偽稱樂平王次子，奉高皇帝御容、金牒，行游天下。世貞曰：『宗藩不得出城，而譸張如此，必偽也。』捕訊之，服辜。

張居正枋國，以世貞同年生，有意引之，世貞不甚親附。所部荊州地震，引《京房占》，謂臣道太盛，坤維不寧，用以諷居正。居正婦弟辱江陵令，世貞論奏不少貸。居正積不能堪，會遷南京大理卿，爲給事中楊節所劾，即取旨罷之。後起應天府尹，復被劾罷。居正歿，起南京刑部右侍郎，辭疾不赴。久之，所善王錫爵秉政，起南京兵部右侍郎。先是，世貞爲副都御史及大理卿、應天尹與侍郎，品皆正三。世貞通理前俸，得考滿廕子。比擢南京刑部尚書，御史黃仁榮言世貞先被劾，不當計俸，據故事力爭。世貞乃三疏移疾歸。二十一年卒於家。

世貞始與李攀龍狎主文盟，攀龍歿，獨操柄二十年。才最高，地望最顯，聲華意氣籠蓋海內。一時士大夫及山人、詞客、衲子、羽流，莫不奔走門下。片言褒賞，聲價驟起。其持論，文必西漢，詩必盛唐，大曆以後書勿讀，而藻飾太甚。晚年攻者漸起，世貞顧漸造平淡。病亟時，劉鳳往視，見其手蘇子瞻集，諷翫不置也。

世貞自號鳳洲，又號弇州山人。其所與遊者，大抵見其集中，各爲標目。曰前五子者，攀龍、中行、有譽、國倫、臣也。後五子則南昌余曰德、蒲圻魏裳、歙汪道昆、銅梁張佳胤、新蔡張九一也。廣五子則崑山俞允文、濬盧柟、濮州李先芳、孝豐吳維岳、順德歐大任也。續五子則陽曲王道行、東明石星、從化黎民表、南昌朱多煃、常熟趙用賢也。末五子則京山李維楨、鄞屠隆、南樂魏允中、蘭谿胡應麟，而用賢復與焉。其所去取，頗以好惡爲高下。

王穉登

明 王穉登《送曹能始進士北上》《列朝詩集·丁集》 風流蘊藉更才華，年少成名乍起家。銀瓮青絲吳市酒，竹爐紗帽建溪茶。車同潘令人人果，筆似江郎夜夜花。去覓江東二三子，帝京明月醉琵琶。

又《題唐伯虎烹茶圖為喻正之太守三首》《古今圖書集成·食貨典》卷二九五 太守風流嗜酪奴，行春常帶煮茶圖。圖中傲吏依稀似，紗帽籠頭對竹爐。靈源洞口采旗槍，五馬來乘穀雨嘗。從此端明《茶譜》上，又添新品『綠雲香』。伏龍十里盡香風，正近吾家別墅東。他日干旌能見訪，休將水厄笑王濛。

又《雨後過雲公問茶事》《列朝詩集·丁集第八》 雨洗千山出，氤氳綠滿空。開門飛燕子，吹面落花風。野色行人外，經聲流水中。因來問茶事，不覺過雲東。

《明史》卷二八八《王穉登傳》 王穉登，字伯穀，長洲人。四歲能屬對，六歲善擘窠大字，十歲能詩，長益駿發有盛名。嘉靖末，遊京師，客大學士袁煒家。煒試諸吉士紫牡丹詩，不稱意。命穉登爲之，有警句。煒召數諸吉士曰：『君輩職文章，能得王秀才一句耶？』將薦之朝，不果。隆慶初，復遊京師，徐階當國，頗修憾於煒。或勸穉登弗名袁公客，不從，刻《燕市》、《客越》二集，備書其事。

吳中自文徵明後，風雅無定屬。穉登嘗及徵明門，遙接其風，主詞翰之席者三十餘年。嘉、隆、萬曆間，布衣、山人以詩名者十數，俞允文、王叔承、沈明臣輩尤爲世所稱，然聲華烜赫，穉登爲最。申時行以元老里居，特相推重。王世貞與同郡友善，顧不甚推之。及世貞歿，其仲子士驌坐事繫獄，穉登爲傾身救援，人以是重其風義。萬曆中，詔修國史，大學

士趙志皋輩薦稺登及其同邑魏學禮、江都陸弼、黃岡王一鳴。有詔徵用，未上，而史局罷。卒年七十餘。子留，字亦房，亦以詩名。

王世懋

明王世懋《二酉委譚摘録》 余性不耐冠帶，暑月尤甚。豫章喜早熱，而今歲尤甚。春三月十七日，觴客於滕王閣，日出如火，流汗接踵，頭涔涔幾不知。歸而發狂大叫，婦為具湯沐，便科頭裸身赴之。時西山雲霧新茗初至，張右伯適以見遺，茶色白，大作荳子香，幾與虎邱埒。余時浴出，露坐明月下，亟命侍兒汲新水烹嘗之，覺沆瀣入咽，兩腋風生。念此境味，都非宦路所有。琳泉蔡先生老而嗜茶，尤甚於余。時已就寢，不可邀之共啜，晨起復烹遺之，然已作第二義矣。追憶夜來風味，書一通以贈先生。

又《閩部疏》 余始入建安，見山麓間多種茶而稍高大，枝幹槎枒，不類吳中産。問之，知為油茶，非蔡君謨貢品也。已歷汀、延、邵，愈益瀰被山谷，高者可一二丈，大者可拱把餘。以冬華，以春實，榨其實爲油，可燈，可膏，可釜。閩人大都用之，然獨汀之連城為第一。閩之人能別其品。

又 閩山所産，松杉而外，有竹、茶、烏臼之饒。竹可紙，茶可油，烏臼可燭也。

又《題美女捧茶圖·調寄解語花》《茶史》 春光欲醉，午睡難醒，金鴨沉烟細。畫屏斜倚，銷魂處、漫把鳳團剖試。雲翻露蕊，早碾破、愁腸萬縷。傾玉甌，徐上閒堦，有箇人如意。堪愛素鬟小髻，向璚芽相映，寒透纖指、柔鶯聲脆，香飄動、喚覺玉山扶起。銀缾小婢，偏點綴、幾般佳麗。憑陸生、空説茶經，何似儂家味？

又《夏景題茶·調寄蘇幕遮》 竹床涼，松影碎。沈水香消，猶自貪殘睡。無那多情偏著意，碧碾旗槍，玉沸中泠水。捧輕甌，沾弱指。色授雙鬟，喚覺江郎起。一片金波誰得似，半入松風，半入丁香味。《王奉常集》

明 徐㶿《榕陰新檢》卷一四《物産》

鼓山細茶

鼓山靈源洞之後，居民數家種茶為業，地名茶園，産不甚多而味清冽。王敬美督學在閩，評鼓山茶為閩第一，武夷清源不及也，同時僚屬陳玉叔、顧道行諸公大加稱賞。時價茶一兩，索價一分，敬美諸公歎其極廉。邇日兩臺藩臬府縣科取，一斤給官價一分，種茶村民逃竄，鼓山寺僧重施箠撻，一歲所産，輸官不足，民間俱不得食矣。《竹窗雜録》

《四庫全書總目提要》卷六四《傳記類存目六》 《卻金傳》一卷兩淮鹽政采進本。明王世懋撰。世懋字敬美，太倉人，世貞弟也。嘉靖乙未進士，官至太常寺少卿，《明史·文苑傳》附見其兄《世貞傳》中。是編乃其官福建提學副使時值參政王懋德病革，同僚醵金贈之，懋德堅不受。及懋德卒，同官又括六百金，遣使渡海致於家，其父良弼亦堅不受。世懋高其清節，為敘始末，作此《傳》，又以同時士大夫歌詠附之，蓋意以風示貪吏也。懋德，瓊州文昌人，隆慶戊辰由南京刑部郎中出守金華，擢江西按察司副使，遷福建布政使參政，所至皆以廉著云。

張源

明 張源《〈茶録〉引》 洞庭張樵海山人，志甘恬澹，性合幽棲，號稱隱君子。其隱於山谷間，無所事事，日習誦諸子百家言。每博覽之暇，汲泉煮茗，以自愉快。無間寒暑，歷三十年，疲精殫思，不究茶之指歸不已，故所著《茶録》，得茶中三昧。余乞歸十載，夙有茶癖，得君百千言，可謂纖悉具備。其知者以為茶，不知者亦以為茶。山人盍付之剞劂氏，即王濛、盧仝復起，不能易也。

吳江顧大典題

田藝蘅

明 趙觀《煮泉小品·敘》《煮泉小品》 田子藝夙厭塵囂，歷覽名勝，竊慕司馬子長之為人，窮搜遐討。固嘗飲泉覺爽，啜茶忘喧，謂非膏粱紈綺可語。爰著《煮泉小品》，與漱流枕石者商焉。考據該洽，評品允

當，寔泉茗之信史也。予惟贊皇公之鑑水，竟陵子之品茶，耽以成癖，罕有儷者。洎丁公言《茶圖》，顓論採造而未備；蔡君謨《茶録》，詳於烹試而弗精；劉伯芻、李季卿論水之宜茶者，則又互有同異，與陸鴻漸相背馳，甚可疑笑。近雲間徐伯臣氏作《水品》，茶復略矣。粤若子藝所品，蓋兼昔人之所長，得川原之雋味；其器宏以深，其思沖以淡，其才清以越，具可想也。殆與泉茗相渾化者矣，不足以洗塵囂而謝膏綺乎！重違嘉懇，勉綴首簡。嘉靖甲寅冬十月既望，仁和趙觀撰。

明 田藝蘅《煮泉小品·自序》 昔我田隱翁嘗自委曰：『泉石膏肓。』噫！夫以膏肓之病，固神醫之所不治者也，而在於泉石，則其病亦甚奇矣。余少患此病，心已忘之，而人皆咎余之不治，然遍檢方書，苦無對病之藥。偶居山中，遇淡若叟，向余曰：『此病固無恙也。子欲治之，即當煮清泉白石，加以苦茗，服之久久，雖辟穀可也，又何患於膏肓之病邪！』余敬頓首受之，遂依法調飲，自覺其效日著，因廣其意，條輯成編，以付司鼎山童。俾遇有同病之客來，便以此薦之，若有如煎金玉湯者來，慎弗出之，以取彼之鄙笑。

時嘉靖甲寅秋孟中元日，錢塘田藝蘅序。

明 田藝蘅《水品·序》 余嘗著《煮泉小品》，其取裁於鴻漸《茶經》者，十有三。每閲一過，則塵吻生津，自謂可以忘渴也。近遊吳興，會徐伯臣示《水品》，其旨契余者，十有三。緬視又新、永叔諸篇，更入神矣。蓋水之美惡，固不待易牙之口而自可辨。若必欲一一第其甲乙，則非盡聚天下之水而品之，亦不能無爽也。況斯地也，茶泉雙絶；且桑苧翁作之於前，長谷翁述之於後，豈偶然耶？攜歸並梓之，以完泉史。

嘉靖甲寅秋七月七日錢唐田藝蘅題

《明史》卷二八七《田汝成子藝蘅傳》 子藝蘅，字子藝。十歲從父過采石，賦詩有警句。性放誕不羈，嗜酒任俠。以歲貢生爲徽州訓導，罷歸。作詩有才調，爲人所稱。

《四庫全書總目提要》卷一一六《譜録類存目》 《煮泉小品》一卷內府藏本，明田藝衡撰。藝衡有《大明同文集》，已著録。是書凡分十類，一源泉，二石流，三清寒，四甘香，五宜茶，六靈水，七異泉，八江水，九井水，十緒談。大抵原本舊文，未能標異於《水品》、《茶經》之外。

屠隆

明 屠隆《龍井茶歌》《茶集》 山通海眼蟠龍脈，神物蜿蜒此真宅。飛流噴沫走白虹，萬古靈源長不息。琮琤時諧琴筑聲，澄泓冷浸玻瓈色。令人對此清心魂，一啜如飲甘露液。吾聞龍女參靈山，豈是如來八功德。此山秀結復產茶，穀雨霡霂抽仙芽。香勝栴檀華藏界，味同沆瀣上清家。雀舌龍團亦浪説，顧渚陽羨競須誇。摘來片片通靈竅，啜處泠泠沁齒牙。玉川何妨盡七碗，趙州借此演三車。採取龍井茶，還烹龍井水。文武並將火候傳，調停暗取金丹理。《茶經》《水品》兩足佳，可惜陸羽未會此。山人酒後酣氍毹，陶然萬事歸虛空。一杯入口宿酲解，耳畔颯颯來松風。即此便是清涼國，誰同飲者隴西公。

明 屠隆《茶説》

茶寮

構一斗室，相傍書齋。內設茶具，教一童子專主茶役，以供長日清談，寒宵兀坐。幽人首務，不可少廢者。

茶品

與《茶經》稍異，今烹製之法，亦與蔡、陸諸前人不同矣。

虎丘

最號精絶，為天下冠。惜不多產，皆為豪右所據。寂寞山家，無繇獲購矣。

天池

青翠芳馨，噉之賞心，嗅亦消渴，誠可稱仙品。諸山之茶，尤當退舍。

陽羨

俗名羅岕，浙之長興者佳，荊溪稍下。細者其價兩倍天池，惜乎難得，須親自採收方妙。

六安

品亦精，入藥最效。但不善炒，不能發香而味苦。茶之本性實佳。

龍井

不過十數畝，外此有茶，似皆不及。大抵天開龍泓美泉，山靈特生佳茗以副之耳。山中僅有一二家炒法甚精；近有山僧焙者亦妙。真者，天池不能及也。

天目

為天池龍井之次，亦佳品也。地誌云：山中寒氣早嚴，山僧至九月即不敢出。冬來多雪，三月後方通行。茶之萌芽較晚。

採茶

不必太細，細則芽初萌而味欠足；不必太青，青則茶以老而味欠嫩。須在穀雨前後，覓成梗帶葉，微綠色而團且厚者為上。更須天色晴明，採之方妙。若閩廣嶺南，多瘴癘之氣，必待日出山霽，霧障嵐氣收淨，採之可也。穀雨日晴明採者，能治痰嗽、療百疾。

日曬茶

茶有宜以日曬者，青翠香潔，勝以火炒。

焙茶

茶採時，先自帶鍋灶入山，別租一室，擇茶工之尤良者，倍其僱值。戒其搓摩，勿使生硬，勿令過焦，細細炒燥，扇冷方貯罌中。

藏茶

茶宜箬葉而畏香藥，喜溫燥而忌冷濕。故收藏之家，先於清明時收買箬葉，揀其最青者，預焙極燥，以竹絲編之。每四片編為一塊聽用。又買宜興新堅大罌，可容茶十斤以上者，洗淨焙乾聽用。山中焙茶回，復焙一番。去其茶子、老葉、枯焦者及梗屑，以大盆埋伏生炭，覆以灶中，敲細赤火，既不生煙，又不易過，置茶焙下焙之。約以二斤作一焙，別用炭火入大爐內，將罌懸其架上，至燥極而止。以編箬襯於罌底，茶燥者，扇冷方先入罌。茶之燥，以拈起即成末為驗。隨焙隨入。既滿，又以箬葉覆於罌上。每茶一斤，約用箬二兩。口用尺八紙焙燥封固，約六七層，捶以寸厚白木板一塊，亦取焙燥者。然後於向明淨室高閣之。用時以新燥宜興小瓶取出，約可受四五兩，隨即包整。夏至後三日，再焙一次；秋分後三日，又焙一次。一陽後三日，又焙之。連山中共五焙，直至交新，色味如一。罌中用淺，更以燥箬葉貯滿之，則久而不浥。

又法

以中罈盛茶，十斤一瓶，每瓶燒稻草灰入於大桶，將茶瓶座桶中。以灰四面填桶，瓶上覆灰築實。每用，撥開瓶，取茶些少，仍復覆灰，再無蒸壞。次年換灰。

又法

空樓中懸架，將茶瓶口朝下放不蒸。緣蒸氣自天而下也。

諸花茶

蓮花茶于日未出時，半含白蓮花撥開，放細茶一撮，納滿蕊中，以麻皮略縶，令其經宿。次早摘花，傾出茶葉，用建紙包茶焙乾。再如前法，隨意以別蕊製之，焙干收用。不勝香美。

橙茶，將橙皮切作細絲一斤，以好茶五斤焙乾，入橙間和，用密麻布襯墊火廂，置茶於上，以淨綿被罨之。三兩時，隨用建連紙袋封裹，仍以被罨烘乾收用。

木樨、玫瑰、薔薇、蘭蕙、橘花、梔子、木香、梅花，皆可作茶。諸花開時，摘其半含半放蕊，其香氣全者，量其茶多少，摘花為伴。花多則太香，而脫茶韻。花少則不香，而不盡美。三停茶葉一停花，始稱。假如木樨花，須去其枝蒂及塵垢蟲蟻，用瓷罐，一層茶，一層花，投間至滿，紙箬縶固，入鍋重湯煮之。取出待冷，用紙封裹。置火上焙乾收用，則花香滿頰，茶味不減。諸花倣此。已上俱平等細茶拌之可也。茗花入茶，本色香味尤嘉。

茉莉花，以熟水半杯放冷，鋪竹紙一層，上穿數孔。晚時採初開茉莉花，綴於孔內，上用紙封，不令泄氣。明晨取花簪之水，香可點茶。

擇水

天泉　秋水為上，梅水次之。秋水白而洌，梅水白而甘。甘則茶味稍奪，洌則茶味獨全，故秋水較差勝之。春冬二水，春勝於冬，皆以和風甘雨，得天地之正施者為妙。惟夏月暴雨不宜，或因風雷所致，實天之流怒也。龍行之水，暴而霪者，旱而凍者，腥而墨者，皆不可食。雪為五穀之精，取以煎茶，幽人清況。

地泉　取乳泉漫流者，如梁溪之惠山泉為最勝。取清寒者，泉不難

於清，而難於寒。石少土多，沙膩泥凝者，必不清寒；且瀨峻流駛而清，巖粵陰積而寒者，亦非佳品。取香甘者，泉惟香甘，故能養人。然甘易而香難，未有香而不甘者。取石流者，泉非石出者，必不佳。取山脈逶迤者，山不停處，水必不停。若停，即無源者矣。旱必易涸，往往有伏流沙土中者，挹之不竭，即可食。不然，則滲瀦之潦耳，雖清勿食。有瀑湧湍急者勿食，食久令人有頭疾。如廬山水簾、洪州天台瀑布，誠山居之珠箔錦幙。以供耳目則可，入水品則不宜矣。有溫泉，下生硫黄故然。有同出一壑，半溫半冷者，皆非食品。有流遠者，遠則味薄；取深潭停蓄，其味迺復。有不流者，食之有害。《博物志》曰：山居之民多癭腫，由於飲泉之不流者。泉上有惡木，則葉滋根潤，能損甘香，甚者能釀毒液，尤宜去之。如南陽菊潭，損益可驗。

江水

取去人遠者，楊子南泠夾石渟淵，特入首品。

長流

亦有通泉竇者，必須汲貯，候其澄徹，可食。

井水

脈暗而性滯，味鹹而色濁，有妨茗氣。試煎茶一甌，隔宿視之，則結浮膩一層，他水則無，此其明驗矣。雖然汲多者可食，終非佳品。或平地偶穿一井，適通泉穴，味甘而澹，大旱不涸，與山泉無異，非可以井水例觀也。若海濱之井，必無佳泉，蓋潮汐近，地斥鹵故也。

靈水

上天自降之澤，如上池天酒、甜雪香雨之類，世或希覯，人亦罕識，迺仙飲也。

丹泉

名山大川，仙翁修煉之處，水中有丹，其味異常，能延年卻病，尤不易得。凡不淨之器，切不可汲。如新安黄山東峯下，有硃砂泉，可點茗，春色微紅，此自然之丹液也。臨沅廖氏家世壽，後掘井左右，得丹砂數十斛。西湖葛洪井，中有石瓮，陶出丹數枚，如芡實，啖之無味，棄之；有施漁翁者，拾一粒食之，壽一百六歲。

養水

取白石子瓮中，能養其味，亦可澄水不淆。

洗茶

凡烹茶，先以熟湯洗茶，去其塵垢冷氣，烹之則美。

候湯

凡茶，須緩火炙，活火煎。活火，謂炭火之有焰者。以其去餘薪之煙，雜穢之氣，且使湯無妄沸，庶可養茶。始如魚目微有聲，為一沸；緣邊湧泉連珠，為二沸；奔濤濺沫，為三沸。三沸之法，非活火不成。如坡翁云『蟹眼已過魚眼生，颼颼欲作松風聲』盡之矣。若薪火方交，水釜纔熾，急取旋傾，水氣未消，謂之嫩。若人過百息，水踰十沸，或以話阻事廢，始取用之，湯已失性，謂之老。老與嫩，皆非也。

注湯

茶已就膏，宜以造化成其形。若手顫臂嚲，惟恐其深。瓶嘴之端，若存若亡，湯不順通，則茶不勻粹，是謂緩注。一甌之茗，不過二錢。茗盞量合宜，下湯不過六分。萬一快瀉而深積之，則茶少湯多，是謂急注。緩與急，皆非中湯。欲湯之中，臂任其責。

擇器

凡瓶，要小者，易候湯；又點茶、注湯有應。若瓶大，啜存停久，味過則不佳矣。所以策功建湯業者，金銀為優；貧賤者不能具，則瓷石有足取焉。瓷瓶不奪茶氣，幽人逸士，品色尤宜。石凝結天地秀氣而賦形，琢以為器，秀猶在焉。其湯不良，未之有也。然勿與誇珍衒豪臭公子道。銅、鐵、鉛、錫，腥苦且澀；無油瓦瓶，滲水而有土氣，用以煉水，飲之逾時，惡氣纏口而不得去。亦不必與猥人俗輩言也。

宜廟時有茶盞，料精式雅，質厚難冷，瑩白如玉，可試茶色，最為要用。蔡君謨取建盞，其色紺黑，似不宜用。

滌器

茶瓶、茶盞、茶匙生鉎，致損茶味，必須先時洗潔則美。

熁盞

凡點茶，必須熁盞令熱，則茶面聚乳；冷則茶色不浮。

擇薪

凡木可以煮湯，不獨炭也；惟調茶在湯之淑慝，而湯最惡煙，非炭

不可。若暴炭膏薪，濃煙蔽室，實為茶魔。或柴中之麩火，焚餘之虛炭，風乾之竹篠樹梢，燃鼎附瓶，頗甚快意，然體性浮薄，無中和之氣，亦非湯友。

擇果

茶有真香，有佳味，有正色，烹點之際，不宜以珍果、香草奪之。奪其香者，松子、柑橙、木香、梅花、茉莉、薔薇、木樨之類是也。奪其味者，番桃、楊梅之類是也。凡飲佳茶，去果方覺清絕，雜之則無辨矣。若必曰所宜，核桃、榛子、杏仁、欖仁、菱米、栗子、雞豆、銀杏、新筍、蓮肉之類精製或可用也。

茶效

人品

茶之為飲，最宜精行修德之人，兼以白石清泉，烹煮如法，不時廢而或興，能熟習而深味，神融心醉，覺與醍醐、甘露抗衡，斯善賞鑒者矣。使佳茗而飲非其人，猶汲泉以灌蒿萊，罪莫大焉。有其人而未識其趣，一吸而盡，不暇辨味，俗莫甚焉。司馬溫公與蘇子瞻嗜茶墨，公云：茶與墨正相反，茶欲白，墨欲黑；茶欲重，墨欲輕；茶欲新，墨欲陳。蘇曰：奇茶妙墨俱香，公以為然。

唐武曌博學有著述才，性惡茶，因以詆之。其略曰：『釋滯銷壅，一日之利暫佳，瘠氣侵精，終身之害斯大。獲益則收功茶力，貽患則不為茶災，豈非福近易知，禍遠難見。』《世說新語》

李德裕奢侈過求，在中書時，不飲京城水，悉用惠山泉，時謂之水遞。清致可嘉，有損盛德。《芝田録》傳稱陸鴻漸闔門著書，誦詩擊木，性甘茗荈，味辨淄澠，清風雅趣，膾炙古今，鬻茶者至陶其形置煬突間，祀為茶神，可謂尊崇之極矣。嘗考《蠻甌志》云：陸羽採越江茶，使小奴子看焙，奴失睡，茶燋爍不可食，羽怒，以鐵索縛奴而投火中，殘忍若此，其餘不足觀也已矣。

茶具

苦節君湘竹風罏 建城藏茶箬籠 湘筠焙焙茶箱，蓋其上以收火氣也；隔其中，以有容也；納火其下，去茶尺許，所以養茶色香味也。 雲屯泉缶 烏府盛炭籃 水曹滌器桶 鳴泉煮茶罐 品司編竹為撞，收貯各品葉茶 沉垢古茶洗 分盈水杓，即《茶經》水則。每兩升用茶一兩 執權準茶秤，每茶一兩，用水二斤 合香藏日支茶瓶，以貯司品者 歸潔竹筅箒，用以滌壺 漉塵洗茶籃 商象古石鼎 遞火銅火斗 降紅銅火筯，不用聯索 團風湘竹扇 注春茶壺 靜沸竹架，即《茶經》支腹 運鋒鑱果刀 啜香茶甌 撩雲竹茶匙 甘鈍木碪墩 納敬湘竹茶橐 易持納茶漆雕秘閣 受污拭抹布

《明史》卷二八八《屠隆傳》 屠隆者，字長卿，明臣同邑人也。生有異才，嘗學詩於明臣，落筆數千言立就。族人大山、里人張時徹方爲貴官，共相延譽，名大噪。舉萬曆五年進士，除潁上知縣，調繁青浦。時招名士飲酒賦詩，游九峰、三泖，以仙令自許，然於吏事不廢，士民皆愛戴之。遷禮部主事。

西寧侯宋世恩兄事隆，宴游甚歡。刑部主事俞顯卿者，險人也，嘗爲隆所詆，心恨之。訐隆與世恩淫縱，詞連禮部尚書陳經邦。隆等上疏自理，并列顯卿挾仇誣陷狀。所司乃兩黜之，而停世恩俸半歲。隆歸，道青浦，父老爲斂田千畝，請徙居。隆不許，歡飲三日謝去。

歸益縱情詩酒，好賓客，賣文爲活。詩文率不經意，一揮數紙。嘗戲命兩人對案拈二題，各賦百韻，咄嗟之間二章並就。又與人對弈，口誦詩文，命人書之，書不逮誦也。

子婦沈氏，修撰懋學女，與隆女瑤瑟並能詩。隆有所作，兩人輒和之。兩家兄弟合刻其詩，曰《留香草》。

陳師

明 陳師《茶考》 陸龜蒙自云嗜茶，作《品茶》一書，繼《茶經》、《茶訣》之後。自註云：《茶經》陸季疵撰，即陸羽也。羽字鴻漸，季疵或其別字也。《茶訣》今不傳，及覽《事類賦》，多引《茶訣》。此書間有之，未廣也。

世以山東蒙陰縣山所生石蘚謂之蒙茶，士夫亦珍重之，味亦頗佳。殊不知形已非茶，不可煮，又乏香氣，《茶經》所不載也。蒙頂茶出四川雅州，即古蒙山郡。其《圖經》云：蒙頂有茶，受陽氣之全，故茶芳香。《方輿》、《一統志》『土產』俱載之。《晁氏客話》亦言『出自雅州』。李德裕丞相入蜀，得蒙餅，沃於湯瓶之上，移時盡化，以驗其真。

文彥博《謝人惠蒙茶》云：『舊譜最稱蒙頂味，露芽雲液勝醍醐。』蔡襄有歌曰：『露芽錯落一番新。』吳中復亦有詩云：『我聞蒙頂之巔多秀嶺，惡草不生生淑茗。』今少有者，蓋地既遠，而蒙山有五峯，其最高曰上清，方產此茶。且時有瑞雲影見，虎豹龍蛇居之，人跡罕到，不易取。《茶經》品之於次者，蓋東蒙出，非此也。

世傳烹茶有一橫一豎，而細嫩於湯中者，謂之旗槍茶。《麈史》謂之始生而嫩者為一槍，浸大而展為一旗，過此則不堪矣。葉清臣著《茶述》曰『粉槍末旗』，蓋以初生如針而有白毫，故曰粉槍，後大則如旗矣。此與世傳之說不同。亦如《麈史》之意，皆在取列也，不知歐陽公《新茶》詩曰『鄙哉穀雨槍與旗』，王荊公又曰『新茗齋中試一旗』，則似不取也。或者二公以雀舌為旗槍耳，不知雀舌乃茶之下品，今人認作旗槍，非是。故沈存中詩云：『誰把嫩香名雀舌，定應北客未曾嘗。不知靈草天然異，一夜春風一寸長。』或二公又有別論。又觀東坡詩云：『揀芽分雀舌，賜茗出龍團。』終未若前詩評品之當也。

予性喜飲酒，而不能多，不過五七行，性終便嗜茶，隨地咀其味，且有知予而見貽者。大較天池為上，性香軟而色青可愛，與龍井亦不相下。雅州蒙茶不可易致矣。若東甌之雁山次之，赤城之大磐次之。毘陵之羅岕又次之，味雖可而葉粗，非萌芽倫也。宣城陽坡茶，杜牧稱為佳品，恐不能出天池、龍井之右。古睦茶葉粗而味苦，閩茶香細而性硬。蓋茶隨處有之，擅名即魁也。

烹茶之法，唯蘇吳得之。以佳茗入磁瓶火煎，酌量火候，以數沸蟹眼為節，如淡金黃色，香味清馥，過此而色赤，不佳矣。故前人詩云：『採時須是雨前品，煎處當來肘後方。』古人重煎法如此。若貯茶之法，收時用淨布鋪薰籠內，置茗於布上，覆籠蓋，以微火焙之，火烈則燥。俟極乾，晾冷，以新磁罐，又以新箬葉剪寸半許，雜茶葉實其中，封固。五月、八月濕潤時，仍如前法烘焙一次，則香色永不變。然此須清齋自料理，非不解事蒼頭婢子可塞責也。

杭俗，烹茶用細茗置茶甌，以沸湯點之，名為『撮泡』。北客多哂之，予亦不滿。一則味不盡出，一則泡一次而不用，亦費而可惜，殊失古人蟹眼鷓鴣斑之意。況雜以他菓，亦有不相入者，味平淡者差可，如燻梅、鹹筍、醃桂、櫻桃之類，尤不相宜。蓋鹹能入腎，引茶入腎經，消腎，此《本草》所載，又豈獨失茶真味哉？予每至山寺，有解事僧烹茶如吳中，置磁壺二小甌於案，全不用菓奉客，隨意啜之，可謂知味而雅緻者矣。

明 衛承芳《茶考·品藻》 永昌太守錢唐陳思貞，少有書淫，老而彌篤。蹤脱郡組，市隱通都，門無雜賓，家無長物，時乎懸磬，亦復晏如。口誦耳聞，目睹足履，有會心慨志處，臚列手存，久而成卷，凡數十種，率膾炙人間。晚有茲編，愈出愈奇，豈中郎帳中所能秘也。萬曆癸巳玄月，蜀衛承芳題。

許次紓

明 姚紹憲《〈茶疏〉序》《茶疏》 陸羽品茶，以吾鄉顧渚所產為冠，而明月峽尤其所最佳者也。余闢小園其中，歲取茶租自判，童而白首，始得臻其玄詣。武林許然明，余石交也，亦有嗜茶之癖，每茶期，必命駕造余齋頭，汲金沙、玉竇二泉，細啜而探討品騭之。余罄生平習試自秘之訣，悉以相授，故然明得茶理最精，歸而著《茶疏》一帙，余未之知也。然明化三年所矣，余每持茗碗，不能無期牙之感。丁未春，許才甫攜然明《茶疏》見示，且徵於夢。然明存日著述甚富，獨以清事託之故人，豈其神情所注，亦欲自附於《茶經》不朽與？昔鞏民陶瓷肖鴻漸像，沽茗者必祀而沃之，余亦欲貌然明於篇端，俾讀其書者，並挹其丰神可也。

萬曆丁未春日吳興友弟姚紹憲識於明月峽中

明 許世奇《〈茶疏〉小引》 吾邑許然明，擅聲詞場舊矣。丙申之歲，余與然明遊龍泓，假宿僧舍者浹旬。日品茶嘗水，抵掌道古。僧人以春茗相佐，竹爐沸聲，時與空山松濤響答，致足樂也。然明喟然曰，阮嗣宗以步兵廚貯酒三百斛，求為步兵校尉，余當削髮為龍泓僧人矣。嗣此經年，然明以所著《茶疏》視余，余讀一過，香生齒頰，宛然龍泓品茶嘗水之致也。余謂然明曰：『鴻漸《茶經》，寥寥千古，此流堪為鴻漸益友。吾文詞則在漢魏間，鴻漸當北面矣。』然明曰：『聊以志吾嗜痂之

癖，寧欲為鴻漸功匠也。』越十年，而然明修文地下，余慨其著述零落，不勝人琴亡俱之感。一夕夢然明謂余曰：『欲以《茶疏》災木，業以累子。』余遂然覺而思龍泓品茶嘗水時，遂絕千古，山陽在念，淚淫淫濕枕席也。夫然明著述富矣，《茶疏》其九鼎一臠耳，何獨以此見夢，豈然明生平所癖，精爽成厲，又以余為臭味也，遂從九京相託耶？因授剞劂以謝然明。其所撰有《小品室》、《蕩櫛齋》集，友人若貞父諸君方謀鋟之。

丁未夏日社弟許世奇才甫撰。

明 許次紓《茶疏》

產茶

天下名山，必產靈草。江南地暖，故獨宜茶，大江以北，則稱六安。然六安乃其郡名，其實產霍山縣之大蜀山也。茶生最多，名品亦振，河南、山、陝人皆用之。南方謂其能消垢膩、去積滯，亦共寶愛。顧彼山中不善製造，就於食鐺大薪炒焙，未及出釜，業已焦枯，詎堪用哉？兼以竹造巨笱，乘熱便貯，雖有綠枝紫筍，輒就萎黃，僅供下食，奚堪品鬭。

江南之茶，唐人首稱陽羨，宋人最重建州，於今貢茶，兩地獨多。陽羨僅有其名，建茶亦非最上，惟有武夷雨前最勝。近日所尚者，為長興之羅岕，疑即古人顧渚紫筍也。介於山中，謂之岕，羅氏隱焉，故名羅。然岕故有數處，今惟洞山最佳。姚伯道云：明月之峽，厥有佳茗，是名上乘。要之，採之以時，製之盡法，無不佳者。其韻致清遠，滋味甘香，清肺除煩，足稱仙品，此自一種也。若在顧渚，亦有佳者，人但以水口茶名之，全與岕別矣。若歙之松蘿、吳之虎丘、錢塘之龍井，香氣穠郁，並可雁行，與岕頡頏。往郭次甫亟稱黃山，黃山亦在歙中，然去松蘿遠甚。往時士人皆貴天池，天池產者，飲之略多，令人脹滿，自余始下其品，向多非之，近來賞音者始信余言矣。浙之產，又曰天台之雁宕，括蒼之大盤，東陽之金華，紹興之日鑄，皆與武夷相為伯仲。然雖有名茶，當曉藏製。製造不精，收藏無法，一行出山，香味色俱減。錢塘諸山，產茶甚多，南山盡佳，北山稍劣。北山勤於用糞，茶雖易茁，氣韻反薄。往時頗稱睦之鳩坑、四明之朱溪，今皆不得入品。武夷之外，有泉州之清源，倘以好手製之，亦是武夷亞匹，惜多焦枯，令人意盡。楚之產曰寶慶，滇之產曰五華，此皆表表有名，猶在雁茶之上。其他名山所產，當不止此，或余未知，或名未著，故不及論。

今古製法

古人製茶，尚龍團鳳餅，雜以香藥。蔡君謨諸公，皆精於茶理，居恆鬥茶，亦僅取上方珍品碾之，未聞新制。若漕司所進第一綱名北苑試新者，乃雀舌、冰芽。所造一夸之直至四十萬錢，僅供數盂之啜，何其貴也。然冰芽先以水浸，已失真味，又和以名香，益奪其氣，不知何以能佳。不若近時製法，旋摘旋焙，香色俱全，尤蘊真味。

採摘

清明、穀雨，摘茶之候也。清明太早，立夏太遲，穀雨前後，其時適中。若肯再遲一二日，期待其氣力完足，香烈尤倍，易於收藏。梅時不蒸，雖稍長大，故是嫩枝柔葉也。杭俗喜於盂中百點，故貴極細；理煩散鬱，未可遽非。吳淞人極貴吾鄉龍井，肯以重價購雨前細者，狃於故常，未解妙理。岕中之人，非夏前不摘。初試摘者，謂之開園，採自正夏，謂之春茶。其地稍寒，故須待夏，此又不當以太遲病之。往日無有於秋日摘茶者，近乃有之，秋七八月重摘一番，謂之早春。其品甚佳，不嫌少薄。他山射利，多摘梅茶。梅茶澀苦，止堪作下食，且傷秋摘，佳產戒之。

炒茶

生茶初摘，香氣未透，必借火力以發其香。然性不耐勞，炒不宜久。多取入鐺，則手力不勻，久於鐺中，過熟而香散矣。甚且枯焦，尚堪烹點。炒茶之器，最嫌新鐵，鐵腥一入，不復有香。尤忌脂膩，害甚於鐵。須豫取一鐺，專用炊飯，無得別作他用。炒茶之薪，僅可樹枝，不用幹葉，幹則火力猛熾，葉則易燄易滅。鐺必磨瑩，旋摘旋炒。一鐺之內，僅容四兩，先用文火焙軟，次加武火催之，手加木指，急急鈔轉，以半熟為度。微俟香發，是其候矣，急用小扇鈔置被籠，純綿大紙襯底，燥焙積多，候冷入瓶收藏。人力若多，數鐺數籠，人力即少，僅一鐺二鐺，亦須四五竹籠。蓋炒速而焙遲，燥濕不可相混。混則大減香力，一葉稍焦，全鐺無用。然火雖忌猛，尤嫌鐺冷，則枝葉不柔，以意消息，最難最難。

岕中製法

岕之茶不炒，甑中蒸熟，然後烘焙。緣其摘遲，枝葉微老，炒亦不能

使軟，徒枯碎耳。亦有一種極細炒岕，乃採之他山，炒焙以欺好奇者。彼中甚愛惜茶，決不忍乘嫩摘採，以傷樹本。余意他山所產，亦稍遲採之，待其長大，如岕中之法蒸之，似無不可，但未試嘗，不敢漫作。

收藏

收藏宜用瓷瓮，大容一二十斤，四圍厚箬，中則貯茶。須極燥極新，專供此事。久乃愈佳，不必歲易。茶須築實，仍用厚箬填緊，瓮口再加以箬，以真皮紙包之，以苧麻緊扎，壓以大新磚，勿令微風得入，可以接新。

置頓

茶惡濕而喜燥，畏寒而喜溫，忌蒸鬱而喜清涼，置頓之所，須在時時坐臥之處，逼近人氣，則常溫不寒。必在板房，不宜土室，板房則燥，土室則蒸。又要透風，勿置幽隱，幽隱之處，尤易蒸濕，兼恐有失點檢。其閣庋之方，宜磚底數層，四圍磚砌，形若火爐，愈大愈善，勿近土牆；頓瓮其上，隨時取竈下火灰，候冷，簇於瓮傍半尺以外；仍隨時取灰火簇之，令裏灰常燥。一以避風，一以避濕；卻忌火氣，入瓮則能黃茶。世人多用竹器貯茶，雖復多用箬護，然箬性峭勁，不甚伏帖，最難緊實，能無滲罅？風濕易侵多，故無益也。且不堪地爐中頓，萬萬不可。人有以竹器盛茶，置被籠中，用火即黃，除火即潤，忌之，忌之。

取用

茶之所忌，上條備矣。然則陰雨之日，豈宜擅開。如欲取用，必候天氣晴明，融和高朗，然後開缶，庶無風侵。先用熱水濯手，麻帨拭燥。缶口內箬，別置燥處。另取小罌貯所取茶，量日幾何，以十日為限。去茶盈寸，則以寸箬補之。仍須碎剪。茶日漸少，箬日漸多，此其節也。焙燥築實，包扎如前。

包裹

茶性畏紙，紙於水中成，受水氣多也。紙裹一夕，隨紙作氣盡矣。雖火中焙出，少頃即潤。雁宕諸山，首坐此病。每以紙帖寄遠，安得復佳。

日用頓置

日用所需，貯小罌中，箬包苧扎，亦勿見風。宜即置之案頭，勿頓巾箱書簏，尤忌與食器同處；並香藥則染香藥，並海味則染海味，其他以類而推。不過一夕，黃矣變矣。

擇水

精茗蘊香，借水而發，無水不可與論茶也。古人品水，以金山中泠為第一泉第二，或曰廬山康王谷第一。廬山余未之到，金山頂上井亦恐非中泠古泉。陵谷變遷，已當湮沒，不然，何其漓薄不堪酌也？今時品水，必首惠泉，甘鮮膏腴，致足貴也。往三渡黃河，始憂其濁，舟人以法澄過，飲而甘之，尤宜煮茶，不下惠泉。黃河之水，來自天上，濁者，土色也。澄之既淨，香味自發。余嘗言有名山則有佳茶，茲又言有名山必有佳泉，相提而論，恐非臆說。余所經行，吾兩浙兩都、齊魯楚粵、豫章滇黔，皆嘗稍涉其山川，味其水泉，發源長遠，而潭沚澄澈者，水必甘美。即江河溪澗之水，遇澄潭大澤，味咸甘洌。唯波濤湍急，瀑布飛泉，或舟楫多處，則若濁不堪。蓋云傷勞，豈其恆性。凡春夏水長則減，秋冬水落則美。

貯水

甘泉旋汲，用之斯良，丙舍在城，夫豈易得，理宜多汲，貯大瓮中。但忌新器，為其火氣未退，易於敗水，亦易生蟲。久用則善，最嫌他用。水性忌木，松杉為甚。木桶貯水，其害滋甚，挈瓶為佳耳。貯水瓮口厚箬泥固，用時旋開。泉水不易，以梅雨水代之。

舀水

舀水必用瓷甌，輕輕出瓮，緩傾銚中，勿令淋漓瓮內，致敗水味，切須記之。

煮水器

金乃水母，錫備柔剛，味不鹹澀，作銚最良。銚中必穿其心，令透火氣。沸速則鮮嫩風逸，沸遲則老熟昏鈍，兼有湯氣，慎之慎之。茶滋於水，水藉乎器，湯成於火，四者相須，缺一則廢。

火候

火必以堅木炭為上，然木性未盡，尚有餘煙，煙氣入湯，湯必無用。故先燒令紅，去其煙焰，兼取性力猛熾，水乃易沸。既紅之後，乃授水器，仍急扇之，愈速愈妙，毋令停手。停過之湯，寧棄而再烹。

烹點

未曾汲水，先備茶具，必潔必燥，開口以待。蓋或仰放，或置瓷盂，勿竟覆之。案上漆氣、食氣，皆能敗茶。先握茶手中，俟湯既入壺，隨手投茶湯，以蓋覆定。三呼吸時，次滿傾盂內，重投壺內，用以動盪香韻，兼色不沉滯。更三呼吸頃，以定其浮薄，然後瀉以供客，則乳嫩清滑，馥郁鼻端。病可令起，疲可令爽，吟壇發其逸思，談席滌其玄襟。

秤量

茶注，宜小不宜甚大。小則香氣氤氳，大則易於散漫。大約及半升，是為適可。獨自斟酌，愈小愈佳。容水半升者，量茶五分，其餘以是增減。

湯候

水一入銚，便須急煮。候有松聲，即去蓋，以消息其老嫩。蟹眼之後，水有微濤，是為當時。大濤鼎沸，旋至無聲，是為過時。過則湯老而香散，決不堪用。

甌注

茶甌，古取建窯兔毛花者，亦鬥碾茶用之宜耳。其在今日，純白為佳，葉貴於小。定窯最貴，不易得矣。宣、成、嘉靖，俱有名窯。近日倣造，間亦可用。次用真正回青，必揀圓整，勿用呰窳。茶注以不受他氣者為良，故首銀次錫。上品真錫，力大不減，慎勿雜以黑鉛。雖可清水，卻能奪味。其次內外有油瓷壺亦可，必如柴、汝、宣、成之類，然後為佳。然滾水驟澆，舊瓷易裂，可惜也。近日饒州所造，極不堪用。往時龔春茶壺，近日時彬所製，大為時人寶惜。蓋皆以粗砂製之，正取砂無土氣耳。隨手造作，頗極精工，顧燒時必須火力極足，方可出窯。然火候少過，壺又多碎壞者，以是益加貴重。火力不到者，如以生砂注水，土氣滿鼻，不中用也。較之錫器，尚減三分。砂性微滲，又不用油，香不竄發，易冷易餿，僅堪供玩耳。其餘細砂及造自他匠手者，質惡製劣，尤有土氣，絕能敗味，勿用勿用。

蕩滌

湯銚甌注，最宜燥潔。每日晨興，必以沸湯蕩滌，用極熟黃麻巾帨向內拭乾，以竹編架覆而求之燥處，烹時隨意取用。修事既畢，湯銚拭去餘瀝，仍覆原處。每注茶甫盡，隨以竹筯盡去殘葉，以需次用。甌中殘瀋，必傾去之，以俟再斟。如或存之，奪香敗味。人必一盃，毋勞傳遞，再巡之後，清水滌之為佳。

飲啜

一壺之茶，只堪再巡。初巡鮮美，再則甘醇，三巡意欲盡矣。余嘗與馮開之戲論茶候，以初巡為停停嫋嫋十三餘，再巡為碧玉破瓜年，三巡以來綠葉成陰矣。開之大以為然。所以茶注欲小，小則再巡已終。寧使餘芬剩馥尚留葉中，猶堪飯後供啜嗽之用，未遂葉之可也。若巨器屢巡，滿中瀉飲，待停少溫，或求濃苦，何異農匠作勞，但需涓滴，何論品賞，何知風味乎。

論客

賓朋雜沓，止堪交錯觥籌，乍會泛交，僅須常品酬酢，惟素心同調，彼此暢適，清言雄辯，脫略形骸，始可呼童篝火，酌水點湯，量客多少為役之煩簡。三人以下，止爇一爐；如五六人，便當兩鼎。爐用一童，湯方調適，若還兼作，恐有參差。客若眾多，姑且罷火，不妨中茶投果，出自內局。

茶所

小齋之外，別置茶寮。高燥明爽，勿令閉塞。壁邊列置兩爐，爐以小雪洞覆之，止開一面，用省灰塵騰散。寮前置一几，以頓茶注、茶盂，為臨時供具，別置一几，以頓他器。傍列一架，巾帨懸之，見用之時，即置房中。斟酌之後，旋加以蓋，毋受塵汙，使損水力。炭宜遠置，勿令近爐，尤宜多辦，宿乾易熾。爐少去壁，灰宜頻掃。總之，以慎火防爇，此為最急。

洗茶

岕茶摘自山麓，山多浮沙，隨雨輒下，即著於葉中。烹時不洗去沙土，最能敗茶。必先盥手令潔，次用半沸水扇揚稍和洗之。水不沸，則水氣不盡，反能敗茶，毋得過勞以損其力。沙土既去，急於手中擠令極乾，另以深口瓷合貯之，抖散待用。洗必躬親，非可攝代。凡湯之冷熱，茶之燥濕，緩急之節，頓置之宜，以意消息，他人未必解事。

童子

煎茶燒香，總是清事，不妨躬自執勞。然對客談諧，豈能親蒞，宜教

兩童司之。器必晨滌，手令時盥，爪可淨剔，火宜常宿，量宜飲之時，為舉火之候。又當先白主人，然後修事。酌過數行，亦宜少輟。果餌間供，別進濃瀋，不妨中品充之。蓋食飲相須，不可偏廢。甘釀雜陳，又誰能鑑賞也。舉酒命觴，理宜停罷，或鼻中出火，耳後生風，亦宜以甘露澆之，各取大盂，撮點雨前細玉，正自不俗。

飲時

心手閒適　披詠疲倦　意緒棼亂
聽歌聞曲　歌罷曲終　杜門避事
鼓琴看畫　夜深共語　明窗淨几
洞房阿閣　賓主款狎　佳客小姬
訪友初歸　風日晴和　輕陰微雨
小橋畫舫　茂林修竹　課花責鳥
荷亭避暑　小院焚香　酒闌人散
兒輩齋舘　清幽寺觀　名泉怪石

宜輟

作字　觀劇　發書柬
大雨雪　長筵大席　繙閱卷帙
人事忙迫　及與上宜飲時相反事

不宜用

惡水　敝器　銅匙
銅銚　木桶　柴薪
麩炭　粗童　惡婢
不潔巾帨　各色果實香藥

不宜近

陰室　廚房　市喧
小兒啼　野性人　童奴相鬨
酷熱齋舍

良友

清風明月　紙帳楮衾　竹宝石枕
名花琪樹

出遊

士人登山臨水，必命壺觴。乃茗碗薰爐，置而不問，是徒遊於豪舉，未託素交也。余欲特製遊裝，備諸器具，精茗名香，同行異室。茶罌一，注二，銚一，小甌四，洗一，瓷合一，銅爐一，小面洗一，巾副之，附以香奩、小爐、香囊、匕筯，此為半肩。薄瓮貯水三十斤，為半肩足矣。

權宜

出遊遠地，茶不可少，恐地產不佳，而人鮮好事，不得不隨身自將。瓦器重難，又不得不寄貯竹箬。茶甫出瓮，焙之。竹器曬乾，以箬厚貼，實茶其中。所到之處，即先焙新好瓦瓶，出茶焙燥，貯之瓶中。雖風味不無少減，而氣力味尚存。若舟航出入，及非車馬修途，仍用瓦缶，毋得但利輕齎，致損靈質。

虎林水

杭兩山之水，以虎跑泉為上。芳洌甘腴，極可貴重。佳者乃在香積廚中上泉，故有土氣，人不能辨。其次若龍井、珍珠、錫杖、韜光、幽淙、靈峯，皆有佳泉，堪供汲煮。及諸山溪澗澄流，併可斟酌，獨水樂一洞，跌蕩過勞，味遂漓薄。玉泉往時頗佳，近以紙局壞之矣。

宜節

茶宜常飲，不宜多飲。常飲則心肺清涼，煩鬱頓釋；多飲則微傷脾腎，或泄或寒。蓋脾土原潤，腎又水鄉，宜燥宜溫，多或非利也。古人飲水飲湯，後人始易以茶，即飲湯之意。但令色香味備，意已獨至，何必過多，反失清洌乎。且茶葉過多，亦損脾腎，與過飲同病。俗人知戒多飲，而不知慎多費，余故備論之。

辯訛

古今論茶，必首蒙頂。蒙頂山，蜀雅州山也，往常產，今不復有，即有之，彼中夷人專之，不復出山。蜀中尚不得，何能至中原、江南也。今人囊盛如石耳，來自山東者，乃蒙陰山石苔，全無茶氣，但微甜耳，妄謂蒙山茶。茶必木生，石衣得為茶乎？

考本

茶不移本，植必子生。古人結婚，必以茶為禮，取其不移植子之意也。今人猶名其禮曰下茶。南中夷人定親，必不可無，但有多寡。禮失而

求諸野，今求之夷矣。

余齋居無事，頗有鴻漸之癖。又桑苧翁所至，必以筆床、茶竈自隨，而友人有同好者，數謂余宜有論著，以備一家，貽之好事，故次而論之。倘有同心，尚箴余之闕，葺而補之，用告成書，甚所望也。次紓再識。

《四庫全書總目提要》卷一一六《譜録類存目》 《茶疏》一卷內府藏本。明許次紓撰。次紓字然明，錢塘人。是書凡三十九則，論採摘、收貯、烹點之法頗詳。中間擇水一條，誤以金山頂上井為中泠泉，考證殊為疏舛。

清 厉鶚《東城雜記》 許次紓字然明，號南華，方伯茗山公之幼子。跛而能文，好蓄奇石，好品泉，又好客。性不善飲，讌客每徹宵旦。金錯到手隨盡，坐是屢困。出遊閩、楚、燕、齊數千里外，嘗裹金數鎰歸，歸數月又盡，貧自若也。與黄貞父、吳伯霖、張仲初、馮開之諸公善。家東城，近慈雲寺，並城對池，境甚蕭灑。所著詩文甚富，有《小品室》、《蕩櫛齋》二集，今失傳。余曾得其所著《茶疏》一卷，論產茶採摘、炒焙、烹點諸事，凡三十六條，深得茗柯至理，與陸羽《茶經》相表裏。前有吳興姚叔度紹憲同里許才甫世奇二序，稱然明歿後三年，感夢於才甫，曰：『欲以《茶疏》災木，今以累子。』才甫因授剞劂。文士結習，不能忘情於身後，事亦奇矣。

大方

明 馮時可《茶録》 徽郡向無茶，近出松蘿茶，最為時尚。是茶始比丘大方。大方居虎丘最久，得採造法，其後於徽之松蘿結庵，採諸山茶，於庵焙製，遠邇爭市，價倏翔湧，人因稱松蘿茶，實非松蘿所出也。是茶比天池茶稍粗，而氣甚香，味更清，然於虎丘能稱仲，不能伯也。松郡佘山亦有茶，與天池無異，顧採造不如。近有比丘來，以虎丘法製之，味與松蘿等。老衲亟逐之，曰：『無為此山開羶徑而置火坑。』蓋佛以名為五欲之一，名媒利，利媒禍，物且難容，況人乎？

明 羅廩《茶解・製》 松蘿茶，出休寧松蘿山，僧大方所創造。其法，將茶摘去筋脈，銀銚妙製。今各山悉倣其法，真偽亦難辨別。

明 黄龍德《茶説》 一之產

茶之所產，無處不有，而品之高下，鴻漸載之甚詳。然所詳者，為昔日之佳品矣，而今則更有佳者焉。若吳中虎丘者上，羅岕者次之，而天池、龍井、伏龍則又次之。新安松蘿者上，朗源滄溪次之，而黄山磻溪則又次之。彼武夷、雲霧、雁蕩、靈山諸茗，悉為今時之佳品。至金陵攝山所產，其品甚佳，僅僅數株，然不能多得。其餘杭浙等產，皆冒虎丘、天池之名，宣池等產，盡假松蘿之號。此亂真之品，不足珍賞者也。其真虎丘，色猶玉露，而泛時香味若將放之橙花，此茶之所以為美。真松蘿出自僧大方所製，烹之色若綠筠，香若蘭蕙，味若甘露，雖經日而色、香、味竟如初烹而終不易。若泛時少頃而昏黑者，即為宣池偽品矣，試者不可不辨。又有六安之品，盡為僧房道院所珍賞，而文人墨士則絕口不談矣。

羅廩

明 屠本畯《茶解・叙》 羅高君性嗜茶，於茶理有縣解，讀書中隱山，手著一編曰《茶解》，云書凡十目，一之原，其茶所自出；二之品，其茶色、味、香；三之程，其藝植高低；四之定，其採摘時候；五之摭，其法製焙炒；六之辨，其收藏涼燥；七之評，其點瀹緩急；八之明，其水泉甘冽；九之禁，其酒果腥穢；十之約，其器皿精粗。為條凡若干，而茶勛於是乎勒銘矣。其論審而確也，其詞簡而覈也，以斯解茶，非眠雲跂石人不能領略。高君自述曰：『山堂夜坐，汲泉烹茗，至水火相戰，儼聽松濤，傾瀉入杯，雲光瀲灔。此時幽趣，未易與俗人言者。』其致可挹矣。初，予得《茶經》、《茶譜》、《茶疏》、《泉品》等書，今於《茶解》而合璧之，讀者口津津，而聽者風習習，渴悶既涓，榮憲斯暢。予友聞隱鱗，性通茶靈，早有季疵之癖，晚悟禪機，正對趙州之鋒，方與裒輯《茗笈》，持此示之，隱鱗印可，曰：『斯足以為政於山林矣。』

萬曆己酉歲端陽日友人屠本畯撰

明 羅廩《茶解・總論》 茶通仙靈，久服能令昇舉，然蘊有妙理，非深知篤好，不能得其當。蓋知深斯鑒別精，篤好斯修製力。余自兒時性

喜茶，顧名品不易得，得亦不常有，乃周遊產茶之地，採其法制，參互考訂，深有所會，遂於中隱山陽栽植培灌，茲且十年。春夏之交，手為摘製，聊足供齋頭烹啜，論其品格，當雁行虎丘。因思制度有古人意慮所不到，而今始精備者，如席地團扇，以冊易卷，以墨易漆之類，未易枚舉。即茶之一節，唐宋間研膏蠟面，京挺龍團，或至把握纖微，直錢數十萬，亦珍重哉。而碾造愈工，茶性愈失，矧雜以香物乎？曾不若今人止精於炒焙，不損本真。故桑苧《茶經》，第可想其風致，奉為開山，其春碾羅則諸法，殊不足倣。余嘗謂茶、酒二事，至今日可稱精妙，前無古人，此亦可與深知者道耳。

明 龍膺《茶解·跋》 宋孝廉兄有茶圃，在桃花源，西巖幽奇，別一天地，琪花珍羽，莫能辨識其名。所產茶，實用蒸法如岕茶，弗知有炒焙、揉挼之法。予理鄣日，始游松蘿山，親見方長老製茶法甚具，予手書茶僧卷贈之，歸而傳其法。故出山中，人弗習也。中歲自祠部出，偕高君訪太和，輒入吾里。偶納涼城西莊稱姜家山者，上有茶數株翳叢薄中，高君手擷其芽數升，旋沃山莊鐺，炊松茅活火，且炒且揉，得數合，馳獻先計部，餘命童子汲溪流烹之。洗盞細啜，色白而香，彷彿松蘿等。自是吾兄弟每及穀雨前，遣幹僕入山，督製如法，分藏堇堇。邇年，滎邸中益稔茲法，近採諸梁山製之，色味絕佳，乃知物不殊，顧腕法工拙何如耳。

予晚節嗜茶益癖，且益能別澠淄，覺舌根結習未化。于役湟塞，遍品諸水，得城隅北泉。自巖隙中淅瀝如線，漸出，輒涓然迸流。嘗之，味甘冽且厚，寒碧沁人，即弗能顏行中泠，亦庶幾昆龍泓而季蒙惠矣。日汲一盎，供博士罏。茗必松蘿始御，弗繼，則以天池、顧渚需次焉。

頃從皐蘭書郵中接高君八行，兼寄《茶解》，自明州至。亟讀之，語語中倫，法法入解，贊皇失其鑒，竟陵褫其衡。風旨泠泠，翛然人外，直將蓮花齒頰，吸盡西江，洗滌根塵，妙證色、香、味三昧，無論紫茸作供，當拉玉版同參耳。予因追憶西莊採啜酣笑時，一彈指十九年矣。予疲暮尚逐戎馬，不耐膻鄉湩酪，賴有此家常生活，顧絕塞名茶不易致，而高君乃用此為政中隱山，足以茹真卻老，予實妬之。更卜何時盤礴相對，倚聽松濤，口津津林壑間事，言之色飛。予近築滠園，作漚息計，饒陽阿爽塏藝茶，歸當手茲編為善知識，亦甘露門不二法也。昔白香山治池園洛下，以所獲穎川釀法、蜀客秋聲、傳陵之琹、弘農之石為快，惜無有以茲解授之者。予歸且習禪，無所事釀，孤桐怪石，夙故畜之。今復得茲，視白公池上物奢矣。率爾書報高君，志蘭息心賞。

時萬曆壬子春三月武陵友弟龍膺君御甫書

（雍正）《浙江通志》卷二四四 《茶解》一卷《續說郛》，古鄞羅廩撰。

明 徐𤊹《茗譚》 品茶最是清事，若無好香在爐，遂乏一段幽趣。焚香雅有逸韻，若無名茶浮碗，終少一番勝緣。是故茶、香兩相為用，缺一不可。饗清福者，能有幾人？

王佛大常言：「三日不飲酒，覺形神不復相親。」余謂一日不飲茶，不獨形神不親，且語言亦覺無味矣。

幽竹山窗，鳥啼花落，獨坐展書，新茶初熟，鼻觀生香，睡魔頓卻，此樂正索解人不得也。

飲茶，須擇清癯韻士為侶，始與茶理相契。若腯漢肥傖，滿身垢氣，大損香味，不可與作緣。

茶事極清，烹點必假姣童、季女之手，故自有致。若付虯髯蒼頭，景色便自作惡。縱有名產，頓減聲價。

名茶每於酒筵間遞進，以解醉翁煩渴，亦是一厄。

古人煎茶詩摹寫湯候，各有精妙。皮日休云：「時看蟹目濺，乍見魚鱗起。」蘇子瞻云：「蟹眼已過魚眼生，颼颼欲作松風鳴。」蘇子由云：「銅鐺得火蚯蚓叫。」李南金云「砌蟲唧唧萬蟬催。」想像此景，習習風生。

溫陵蔡元履《茶事》詠云：「煎水不煎茶，水高發茶味。大都瓶杓間，要有山林氣。」又云：「酒德泛然親，茶風必擇友。所以湯社事，須經我輩手。」真名言也。

《茶經》所載，閩方山產茶，今間有之，不如鼓山者佳。侯官有九峯、壽山，福清有靈石，永福有名山室，皆與鼓山伯仲。然製焙有巧拙，聲價因之低昂。

余欲搆一室，中祀陸桑苧翁，左右以盧玉川、蔡君謨配饗，春秋祭用奇茗，是日約通茗事數人為鬥茗會，畏水厄者不與焉。

錢唐許然明著《茶疏》，四明屠豳叟著《茗笈》，聞隱鱗著《茶箋》，羅高君著《茶解》，南昌喻正之著《茶書》，數君子皆與予善，真臭味也。

注茶，莫美於饒州瓷甌；藏茶，莫美於泉州沙瓶。若用饒器藏茶，易於生潤。屠豳叟曰：「茶有遷德，幾微見防，如保赤子，云胡不臧。」宜三復之。

茶味最甘，烹之過苦，飲者遭良藥之厄。羅景綸《山靜日長》一篇，雅有幽致，但兩云「烹苦茗」，似未得玄賞耳。

名茶難得，名泉尤不易尋。有茶而不瀹以名泉，猶無茶也。

吳中顧元慶《茶譜》取諸花和茶藏之，殊奪真味。閩人多以茉莉之屬浸水瀹茶，雖一時香氣浮碗，而於茶理大舛。但斟酌時，移建蘭、素馨、薔薇、越橘諸花於几案前，茶香與花香相雜，尤助清況。

徐獻忠《水品》載福州南臺山泉「清泠可愛」，然不如東山聖泉、鼓山喝水巖泉、北龍腰山苔泉尤佳。

新安詹東圖孔目嘗謂人曰：「吾嗜茶，一啜能百五十碗，如人之於酒，真醉耳。」名其軒曰醉茶，其語頗不經。王元美、沈嘉則俱作歌贈之。王云：「酒耶茶耶俱我有，醉更名茶醒名酒。」沈云：「嘗聞西楚賣茶商，範瓷作羽沃沸湯。寄言今莫範陸羽，只鑄新安詹太史。」雖不能無嘲謔之意，而風致足羨。

孫太白詩云：「瓦鐺然野竹，石瓮瀉秋江。水火聲初戰，旗槍勢已降。」得煮茶三昧。

吳門文子悱壽承，仲子也。詩題云：「午睡初足，侍兒烹天池茶至。爐宿餘香，花影在簾。」意頗閒暢。適馮正伯來借玉壺冰，因而作詩數語，足資飲茶譚柄。

高季迪云：「流水聲中響緯車，板橋春暗樹無花。風前何處香來近，隔崦人家午焙茶。」雅有山林風味，余喜誦之。

泉州清源山產茶絕佳，又同安有一種英茶，較清泉尤勝，實七閩之第一品也。然《泉郡志》獨不稱此邦有茶，何耶？

余嘗至休寧，聞松蘿山以松多得名，無種茶者。《休志》云：遠麓有地名榔源，產茶。山僧偶得製法，托松蘿之名，大噪一時，茶因湧貴。僧既還俗，客索茗於松蘿司牧，無以應，往往贋售。然世之所傳松蘿，豈皆榔源產歟？

人但知皇甫曾有《送陸羽採茶詩》，而不知皇甫冉亦有《送羽詩》云：「採茶非採菉，遠遠上層崖。布葉春風暖，盈筐白日斜。舊知山寺路，時宿野人家。借問王孫草，何時泛碗花？」

吳興顧渚山，唐置貢茶院，傍有金沙泉，汲造紫筍茶。有司具禮祭，始得水，事迄即涸。武夷山，宋置御茶園，中有喊山泉。仲春，縣官詣茶場致祭，井水漸滿，造茶畢，水遂渾涸。以一草木之微，能使水泉盈涸，茶通仙靈，信非虛語。

蘇子瞻愛玉女河水烹茶，破竹為契，使寺僧藏其一，以為往來之信，謂之調水符。吾鄉亦多名泉，而監司郡邑取以瀹茗，汲者往往雜他水以進，有司竟售其欺。蘇公竹符之設，自不可少耳。

文徵明云：「白絹旋開陽羨月，竹符新調惠山泉。」用蘇事也。

柳惲墳吳興白蘋洲，唐有胡生以釘鉸為業，所居與墳近，每奠以茶。忽夢惲告曰：「吾柳姓，平生善詩嗜茗，感子茶茗之惠，無以為報，願子為詩。」生悟而學詩，時有胡釘鉸之稱。與《茶經》所載剡縣陳務妻獲錢事相類。噫！以惲之死數百年，猶托英靈如此，不知生前之嗜，又當何如也？

陸魯望嘗乘小舟，置筆宝、茶竈、釣具往來江湖。性嗜茶，買園於顧渚山下，自為品第，書繼《茶經》、《茶訣》之後。有詩云：「泱泱春泉出洞霞，石疊封寄野人家。草堂盡日留僧坐，自向前溪摘茗芽。」可以想其風致矣。

種茶易，採茶難；採茶易，焙茶難；焙茶易，藏茶難；藏茶易，烹茶難。稍失法律，便減茶勳。

穀雨乍晴，柳風初暖，齋居燕坐，澹然寡營。適武夷道士寄新茗至，呼童烹點，而鼓山方廣九[illegible]，僧各以所產見餉，乃盡試之。又思眠雲跂石人，了不可得，遂筆之於書，以貽同好。

萬曆癸丑暮春，徐𤊹興公書於荔奴軒。

又《武夷茶考》 按：《茶録》諸書，閩中所產茶，以建安北苑第一，壑源諸處次之，然武夷之名，宋季未有聞也。然范文正公《鬥茶歌》云：「溪邊奇茗冠天下，武夷仙人從古栽」。蘇子瞻詩亦云：「武夷溪邊

粟粟芽，前丁後蔡相寵加』。則武夷之茶，在前宋亦有知之者，第未盛耳。

元大德間，浙江行省平章高興，始採製充貢，創闢御茶園於四曲，建第一春殿，清神堂，焙芳、浮光、燕嘉、宜寂四亭。門曰仁風，井曰通仙，橋曰碧雲。國朝寢廢為民居，惟喊山臺、泉亭故址猶存。喊山者，每當仲春驚蟄日，縣官詣茶場，致祭畢，隸卒鳴金擊鼓，同聲喊曰：『茶發芽！』而井水漸滿；造茶畢，水遂渾涸。而茶戶採造，有先春、探春、次春三品，又有旗槍、石乳諸品，色香味不減北苑。國初罷團餅之貢，而額貢每歲茶芽九百九十斤，凡四品。嘉靖三十六年，郡守錢璞奏免解茶，將歲編茶夫銀二百兩，解府造辦解京，而御茶改貢延平。而茶園鞠為茂草，井水亦日湮塞。然山中土氣宜茶，環九曲之內，不下數百家，皆以種茶為業，歲所產數十萬斤。水浮陸轉，鬻之四方，而武夷之名，甲於海內矣。

宋元製造團餅，稍失真味，今則靈芽仙蕚，香色尤清，為閩中第一，至於北苑、壑源，又泯然無稱。豈山川靈秀之氣，造物生植之美，或有時變易而然乎？

又《御茶園》 先代茶園有故基，喊山臺廢幾何時。東風處處旗槍綠，過客披蓁讀斷碑。

又《武夷采茶詞》 結屋編茅數百家，各攜妻子住煙霞。一年生計無他事，老穉相隨盡種茶。

荷鍤開山當力田，旗槍新長綠芊綿。總緣地屬仙人管，不向官家納稅錢。

萬壑輕雷乍發聲，山中風景近清明。筠籠竹筥相攜去，亂採雲芽趁雨晴。

竹火風爐煮石鐺，瓦瓶磖碗注寒漿。啜來習習涼風起，不數松蘿顧渚香。

荒榛宿莽帶雲鋤，巖後巖前選奧區。無力種田來蒔茗，宦家何事亦徵租。

山勢高低地不齊，開園須擇帶沙泥。要知風味何方美，陷石堂前鼓子西。

又《丘文舉寄金井坑茶用蘇子由煎茶韻答謝》 連旬梅雨苦不堪，酷思奇茗餐香甘。武夷地仙素習我，嗜茶有癖深能諳。建溪盈盈隔一水，蒻葉封緘得真味。三十六峯岩嶂高，身親採摘寧辭勞。上品旗槍誰復有，未及烹嘗香滿口。我生不識逃醉鄉，煮泉卻疾如神方。銅鐺響雷爐掣電，瓦甌浮出琉璃光。窗前檢點《清異録》，斟酌十六仙芽湯。

又《閔道人寄武夷茶與曹能始烹試有作》 幔亭仙侶寄真茶，緘得先春粟粒芽。信手開封非白絹，籠頭煎喫是烏紗。秋風破屋盧仝宅，夜月寒泉陸羽家。野鶴避煙驚不定，滿庭飄落古松花。

又《試武夷新茶作建除體貽在杭犀》 建溪粟粒芽，通靈且氛馥。除去竈上塵，活火烹苦竹。滿注清泠泉，旗槍鼎中熟。平生羨玉川，雅志慕王肅。定知茗飲易，更愛七碗速。執扇熾燃炭，童子供不足。破屋煙靄青，古鐺香色綠。危磴相對坐，共啜盈數斛。成筥酌未盡，蕭然豁心目。收拾盂碗具，送客下山麓。開襟納涼颸，林深失炎燠。閉門推枕眠，一夢到晴旭。

又《在杭喬卿諸君見過試武夷鼓山支提太姥清源諸茶分賦》 北苑清源紫筍香，長溪岃崱盛旗槍。洞天道士分筠筥，福地名僧贈絹囊。蟹眼煮泉相續汲，龍團別品不停嘗。盡傾雲液清神骨，猶勝酕醄入醉鄉。

《明史》卷九七《藝文二》 徐𤊹《蔡端明別紀》十卷。

又卷二八六《文苑二·鄭善夫傳》 閩中詩文，自林鴻、高棅後，閲百餘年，善夫繼之。迨萬曆中年，曹學佺、徐𤊹輩繼起，謝肇淛、鄧原岳和之，風雅復振焉。學佺詳見後傳。𤊹字興公，閩縣人。兄熥，萬曆間舉人。𤊹以布衣終，博聞多識，善草隸書，積書鼇峰書舍至數萬卷。

夏樹芳

明 馮時可《茶董·序》 酒自三王時，天下已尤物視焉，爭腆於茲，致煩候邦誥也。茶最後出，至唐始遇知者。然惟清流素德始相酬酢，而傖父俗物或望之而卻走，則所謂時為帝而遞相雌雄者乎？余嘗著論，酒德為春，茗德為秋；酒類狂，茗類狷；酒為通人，茗為節士，夙以此

平章之。而夏茂卿集酒曰《酒顛》，集茶曰《茶董》，蓋因昔人有『酒家南董』之稱，而移其董酒者董茶。其降心折節，固有所獨先與？夫酒有酒禍，波及者大，茶特小損，即稱水阨，亦薄乎云爾。立監佐史之不須，何以董哉？無乃愛茶重茶而虞其辱，故稱董，以董其辱茶者非與？余家姑蘇虎丘之茶，為天下冠。又近長興地，名洞山廟後所產岕，風格亦相絜焉。泉取惠山，甘過楊子，二妙相配，茗事始絶。嘗夫新雷既過，眾壑初晴，余與二三子親採露芽於山址，命僮如法焙製烹點。迨夫素濤翻雪，幽韻生雲，而余嘗之，如餐霞，如挹露，欲習仙舉，則歎夫茂卿之同好，真我枕漱之侶也。夫茶有四宜焉：宜其地，則竹林松澗，蓮沼梅嶺。宜其景，則朗月飛雪，晴晝疏雨。宜其事，則開卷手談，操琴草聖。宜其人，則名僧騷客，文士淑姬。否則與茶韻調大不相偕，不亦辱乎？是茶史氏之所必摻霜鉞而砭之者也。有右酒者曰：是四宜者，酒獨不宜乎？余曰：酒神之性炎如，而茶神之性溫如。是四宜者，得酒則或馳驟而殺景，得茶始馴伏而增趣。夫酒不能為茶弼士，而茶能為酒功臣久矣。姝邦禍流，天下濡首。天地若覆，日月若昏，清之重奠，滌之重明，唯茶之以。昔人所謂不減策勳凌煙，其斯之謂與？故酒有董，而茶尤不可無董。自茂卿著此書，而余為序，當露花洗天，推窗而望，茶星益燁燁其明，酒星退舍矣。

姑蘇馮時可元成甫撰。

明　董其昌《茶董・題詞》　荀子曰：『其為人也多暇，其出入也不遠矣。』陶通明曰：『不為無益之事，何以悦有涯之生？』余謂茗碗之事，足當之。蓋幽人高士，蟬脱勢利，藉以耗壯心而送日月。水源之輕重，辦若淄澠；火候之文武，調若丹鼎。非枕漱之侶不親，非文字之飲不比者也。當今此事，惟許夏茂卿，拈出顧渚、陽羡，肉食者往焉，茂卿亦安能禁？壹似強笑不樂，強顔無歡，茶韻故自勝耳。予夙秉幽尚，入山十年，差可不愧茂卿語。今者驅車入閩，念鳳團龍餅，延津為瀹，豈必士思，如廉頗思用趙？惟是《絶交書》所謂『心不耐煩而官事鞅掌』者，竟有負茶竈耳，茂卿猶能以同味諒我耶？

雲間董其昌。

明　陳繼儒《茶董・小序》　范希文云：『萬象森羅中，安知無茶星？』余以茶星名館，每與客茗戰，自謂獨飲得茶神，兩三人得茶趣，七八人乃施茶耳。新泉活火，老坡窺見此中三昧，然云出磨，則屑餅作團矣。黄魯直去芎用鹽，去橘用薑，轉於點茶全無交涉。今旗鎗標格，天然色香映發。岕為冠，他山輔之，恨蘇黄不及見。若陸季疵復生，忍作《毁茶論》乎？江陰夏茂卿敘酒，其言甚豪。予笑曰：『觴政不綱，曲爵分愬，詆呵監史，倒置章程，擊斗覆觚，幾於腐脅；何如隱囊紗帽，翛然林澗之間，摘露芽，煮雲腴，一洗百年塵土胃耶？醉鄉網禁疏闊，豪士升堂，酒肉傖父，亦往往擁盾排闥而入，茶則反是。周有《酒誥》；漢三人聚飲，罰金有律；五代東都有麴禁，犯者族，而於茶，獨無後言。吾朝九大塞著為令，銖兩茶不得出關，正恐濫觴於胡奴耳。蓋茶有不辱之節如此。熱腸如沸，茶不勝酒；幽韻如雲，酒不勝茶。酒類俠，茶類隱，酒固道廣，茶亦德素。茂卿，茶之董狐也，試以我言平章之孰勝？』茂卿曰：『諾』。於是退而作《茶董》。

陳繼儒書於素濤軒

明　夏樹芳《茶董・自序》　夫登高丘望遠海，酒固為吾儕張軍濟勝之資；而月團百片，消磨文字五千。或調鶴聽鶯，散髮臥羲皇，則檜雨松風，一甌春雪，亦所亟賞。故斷崖缺石之上，木秀雲腴，往往於此吸靈芽，漱紅玉，瀹氣滌慮，共作高齋清話。自晉唐而下，紛紛邾莒之會，各立勝場，品列淄澠，判若南董，遂以《茶董》名篇。語曰：『窮《春秋》，演河圖，不如載茗一車』，誠重之矣。如謂此君面目嚴冷，而且以為水厄，且以為乳妖，則請效綦毋先生，無作此事。

冰蓮道人夏樹芳識

《四庫全書總目提要》卷一一六《譜録類存目》　《茶董》二卷浙江汪啟淑家藏本明夏樹芳撰。樹芳字茂卿，江陰人。是編雜録南北朝至宋、金茶事，不及采造煎試之法，但摭詩句故實，然疏漏特甚，舛誤亦多。其曰《茶董》者，以《世説》記干寶為鬼之董狐，襲其文也。前有陳繼儒序，卷首又題繼儒補，其氣類如是，則其書不足詰矣。

聞龍

明屠本畯《〈茶解〉叙》 予友聞隱鱗，性通茶靈，早有季疵之癖，晚悟禪機，正對趙州之鋒。

明聞龍《茶箋》 茶初摘時，須揀去枝梗老葉，惟取嫩葉；又須去尖與柄，恐其易焦。此松蘿法也。炒時須一人從傍扇之，以祛熱氣。否則黃色，香味俱減，予所親試。扇者色翠，不扇色黃。炒起出鐺時，置大磁盤中，仍須急扇，令熱氣稍退，以手重揉之；再散入鐺，文火炒乾入焙。蓋揉則其津上浮，點時香味易出。田子蓺以生曬、不炒、不揉者為佳，亦未之試耳。

《經》云：『焙，鑿地深二尺，闊二尺五寸，長一丈。上作短牆，高二尺，泥之。』『以木構於焙上，編木兩層，高一尺，以焙茶。茶之半乾，升下棚；全乾，升上棚。』愚謂今人不必全用此法。予嘗構一焙，室高不踰尋；方不及丈，縱廣正等，四圍及頂，綿紙密糊，無小罅隙。置三四火缸於中，安新竹篩於缸內，預洗新麻布一片以襯之。散所炒茶於篩上，闔戶而焙。上面不可覆蓋。蓋茶葉尚潤，一覆則氣悶罨黃，須焙二三時，俟潤氣盡，然後覆以竹箕。焙極乾，出缸待冷，入器收藏。後再焙，亦用此法，免香與味，不致大減。

諸名茶，法多用炒，惟羅岕宜於蒸焙。味真蘊藉，世競珍之。即顧渚、陽羨，密邇洞山，不復倣此。想此法偏宜於岕，未可概施他茗。而《經》已云蒸之、焙之，則所從來遠矣。

吳人絕重岕茶，往往雜以黃黑箬，大是闕事。余每藏茶，必令樵青入山採竹箭箬，拭淨烘乾，護罌四週，半用剪碎，拌入茶中。經年發覆，青翠如新。

吾鄉四陲皆山，泉水在在有之，然皆淡而不甘，獨所謂它泉者，其源出自四明潺湲洞，歷大闌、小皎諸名岫，迴溪百折，幽澗千支，沿洄漫衍，不舍晝夜。唐鄞令王公元偉，築埭它山，以分注江河，自洞抵埭，不下三數百里。水色蔚藍，素砂白石，粼粼見底，清寒甘滑，甲於郡中。余愧不能為浮家泛宅，送老於斯，每一臨泛，浹旬忘返。攜茗就烹，珍鮮特甚，洵源泉之最，勝甌犧之上味矣。以僻在海陬，圖、經是漏，故又新之記罔聞，季疵之杓莫及，遂不得與谷簾諸泉齒，譬猶飛遁吉人，滅影貞士，直將逃名世外，亦且永託知稀矣。

山林隱逸，水銚用銀，尚不易得，何況鍑乎？若用之恆，而卒歸於鐵也。

茶具滌畢，覆於竹架，俟其自乾為佳。其拭巾只宜拭外，切忌拭內。蓋布帨雖潔，一經人手，極易作氣。縱器不乾，亦無大害。

吳興姚叔度言：『茶葉多焙一次，則香味隨減一次。』予驗之良然。但於始焙極燥，多用炭箬，如法封固，即梅雨連旬，燥固自若。惟開壜頻取，所以生潤，不得不再焙耳。自四五月至八月，極宜致謹；九月以後，天氣漸肅，便可解嚴矣。雖然，能不弛懈，尤妙、尤妙。

東坡云：蔡君謨嗜茶，老病不能飲，日烹而玩之。可發來者之一笑也。孰知千載之下，有同病焉。余嘗有詩云：『年老耽彌甚，脾寒量不勝』，去烹而玩之者，幾希矣。因憶老友周文甫，自少至老，茗碗薰爐，無時暫廢。飲茶日有定期，旦明、晏食、禺中、餔時、下舂、黄昏，凡六舉，而客至烹點不與焉。壽八十五，無疾而卒。非宿植清福，烏能畢世安享？視好而不能飲者，所得不既多乎？嘗畜一龔春壺，摩抄寶愛，不啻掌珠，用之既久，外類紫玉，內如碧雲，真奇物也。後以殉葬。

按《經》云，第二沸，留熱以貯之，以備育華救沸之用者，名曰雋永。五人則行三碗，七人則行五碗，若遇六人，但闕其一。正得五人，即行三碗，以雋永補所闕人，故不必別約碗數也。

（雍正）《浙江通志》卷二四四 《茶箋》一卷《續說郛》，四明聞龍撰。

屠本畯

明薛岡《〈茗笈〉序》 清士之精華，莫如詩，而清士之緒餘，則有掃地、焚香、煮茶三者。焚香、掃地，余不敢讓，而至於茶，則恆推轂吾友聞隱鱗氏，如推轂隱鱗之詩。蓋隱鱗高標幽韻，迴出塵表，於斯二者，吾無間然。其在縉紳，惟豳叟先生與隱鱗同其臭味。隱鱗嗜茶，豳叟

之於茶也，不甚嗜，然深能究茶之理、契茶之趣，自陸氏《茶經》而下，有片語及茶者，皆旁蒐博訂，輯為《茗笈》，以傳同好。其間採製之宜、收藏之法、飲啜之方，與夫鑑別品第之精，當可謂陸氏功臣矣。余謂豳叟宦中詩多取材齊梁，而其林下諸作，無不力追老杜。少陵之後，有稱詩史者，惟豳叟。而季疵之後稱茶史者，亦惟豳叟。隱鱗有豳叟，似不得專其美矣。兩君皆吾越人，余因謂茶之與泉，猶生才，何地無佳者。第託諸通都要路者，取名易，而僻在一隅者，起名難。吾鄉泉若它山，茶若朱溪，以其產於海隅，知之者遂鮮。世有具贊皇之日，玉川之量，不遠千里可也。

庚戌上巳日，社弟薛岡題。

明 徐𤊹《〈茗笈〉序》 屠豳叟先生昔轉運閩海，衙齋中閴若僧寮。予每過從，輒具茗碗，相對品隲古人文章詞賦，不及其他。茗盡而談未竟，必令童子數燃鼎繼之，率以為常。而先生亦賞予雅通茗事，喜與語且喜與啜。凡天下奇名異品，無不烹試定其優劣，意豁如也。及先生擢守辰陽，掛冠歸隱鑑湖，益以烹點為事。鉛槧之暇，著為《茗笈》十六篇，本陸羽之文為經，採諸家之説為傳，又自為評贊以美之。文典事清，足為山林公案，先生其泉石膏肓者耶？予與先生別十五載，而謝在杭自燕歸，出《茗笈》讀之，清風逸興，宛然在目，乃謀諸守公喻使君梓之郡齋，以廣同好。善夫陸華亭有言曰：此一味非眠雲跂石人未易領略，可為豳叟實録云。

萬曆辛亥年秋日，晉安徐𤊹興公書。

明 屠本畯《茗笈·自序》 自序 明甬東屠本畯豳叟著

不佞生也憨，無所嗜好，獨於茗不能忘情。偶探友人聞隱鱗架上得諸家論茶書，有會於心，採其雋永者著於篇，名曰《茗笈》。大都以《茶經》為經，自《茶譜》迄《茶箋》列為傳，人各為政，不相沿襲。彼創一義，而此釋之，甲送一難，而乙駁之，奇奇正正，靡所不有。政如《春秋》為經而案之，左氏、公、穀為《傳》而斷之，是非予奪，豁心胸而快志意。間有所評，小子不敏，奚敢多讓矣。然書以筆札簡當為工，詞華麗則為尚。而器用之精良，賞鑑之貴重，我則未之或暇也。蓋有含英吐華、收奇覓秘者，在書凡二篇，附以贊評。豳叟序。

《南山有茶》，美《茗笈》也。醒心之膏液，砭俗之鼓吹，是故詠之。

南山有茶，天雲卿只，采采人文，笈笥盈只。一章有經有譜，有記有品，寮録解箋，説評斯盡。二章溯原得地，乘時揆制，藏茗勛高，品泉論細。三章候火定湯，點瀹辯器，亦有雅人，惟申嚴忌。四章既防縻濫，又戒混淆，相度時宜，乃忘至勞。五章我狙東山，高岗捃拾，衡鑑玄賞，咸登於笈。六章予本憨人，坐草觀化，趙茶未悟，許瓢欲掛。七章滄浪水清，未可濯纓，旋汲旋瀹，以註茶經。八章蘭香泛甌，靈泉在卣，惟喜詠茶，罔解頌酒九章竹裏韻士，松下高僧，汲甘露水，禮古先生。十章

《南山有茶》十章，章四句。

【略】

外舅屠漢翁，經年著書種種，皆膾炙人口。大遠不佞，無能更僕也。其《茗笈》所彙，若採製、點瀹、品泉、定湯、藏茗、辨器之類，式之可享清供，讀之可悟玄賞矣。請歸殺青，庶展牘間，不待躬執而肘腋風生，齒頰薦爽，覺眠雲跂石人相與晤言。館甥范大遠記。

明 王嗣奭《〈茗笈〉品藻》 昔人精茗事，自藝而採、而製、而藏、而瀹、而泉，必躬為料理。又得家童潔慎者專司之，則可。余家食指繁，不能給饔餐，赤腳蒼頭，僅供薪水。性雖嗜茶，精則無暇，偶得佳者，又泉品中下，火候多舛，雖胡靴與霜荷等。余貧不足道，即貴顯家力能製佳茗，而委之僮婢烹瀹，不盡如法。故知非幽人開士、披雲漱石者，未易了此。夫季疵著《茶經》為開山祖，嗣後競相祖述，屠豳叟先生擷取而評贊之，命曰《茗笈》，於茗事庶幾終條理者。昔人苦名山不能遍涉，託之於臥游。余於茗事效之，日置此笈於棐几上，伊吾之暇，神倦口枯，輒一披玩，不覺習習清風兩腋間矣。

明 范汝梓《〈茗笈〉品藻》 予謫歸，過豳叟，出《茗笈》相視，凡陸季疵《茶經》諸家箋疏，暨豳叟所自為評贊，直是一種異書。按《神農食經》：『茗久服，令人有力悦志』。周公《爾雅》：『檟，苦茶。』而伊尹為湯説至味，不及茗。《周禮》漿人供王六飲，不及茗。厥後杜毓《荈賦》、傅巽《七誨》，間一及之。而原之《騷》、乘之《發》、植之《啟》、統之《契》，草木之佳者，採擷幾盡，竟獨遺茗，何歟？因知古人不盡用茗，盡用茗自季疵始。一切世味，葷臊甘脆，爭染指垂涎。此物

面孔嚴冷，絕無和氣，稍稍霑唇漬口，輒便唾去，疇則嗜之？咄咄豳叟，世有知味，必嗜茗，併嗜此笈。遇俗物，茗不堪與酪為奴，此笈政可覆醬瓿也。

明 陳鎍《〈茗笈〉品藻》 夫茗，靈芽真筍，露液霜華，淺之滌煩消渴，妙至換骨輕身。藉非陸氏肇指於前，蔡、宋數家遞闡於後，鮮不犯《經》所謂「九難」也者。豳叟屠先生搜剔諸書，標贊繫評，曰《茗笈》云。嗜茶者持循收藏，按法烹點，不將望先生為丹丘子、黃山君之儔耶？要非晝脂鏤冰，費日損功者可擬耳。予斷除腥穢有年，頗得清淨趣味，比獲受讀，甚愜素心。

明 屠玉衡《〈茗笈〉品藻》 豳叟著《茗笈》，自陸季疵《茶經》而外，採輯定品，快人心目，如坐玉壺冰、啗哀仲梨也者。豳叟吐納風流，似張緒；終日無鄙言，似溫太真。跡胃區中，心超物外。而余臭味偶同，不覺針水契耳。夫贊皇辨水，積師辨茶，精心奇鑑，足傳千古，豳叟庶乎近之。試相與松間竹下，置烏皮几，焚博山爐，斢惠山泉，挹諸茗荈而飲之，便自羲皇上人不遠。

《四庫全書總目提要》卷七〇《地理類三》 《閩中海錯疏》三卷浙閩總督采進本 明屠本畯撰。本畯字田叔，鄞縣人。以門蔭入仕，官至福建鹽運司同知。

又 卷一一六《譜録類存目》 《茗笈》二卷安徽巡撫采進本 明屠本畯撰。本畯有《閩中海錯疏》，已著録。是編雜論茗事，上卷分溯源、得地、乘時、揆製、藏茗、品泉、候火、定湯八章，下卷分點瀹、辨器、申忌、防濫、戒淆、相宜、衡鑒、元賞八章，每章多引諸書論茶之語，而前引以贊，後系以評。又取陸羽《茶經》分冠各篇，頂格書之，其他諸書皆亞一格書之。然割裂餖飣，已非《茶經》之全文。點瀹二章，並無《茶經》可引，則竟闕之。核其體例，似疏解《茶經》，又不似疏解《茶經》，似增删《茶經》，又不似增删《茶經》，紛紜錯亂，殊不解其何意也。

明 朱之蕃《蒙史·題辭》 壺觴、茗碗，世俗不啻分道背馳，自知味者視之，則如左右手，兩相為用，缺一不可。頌酒德，贊酒功，著《茶經》，稱《水品》，合之雙美，離之兩傷。從所好而溺焉，孰若因時而迭為政也。吾師龍夫子與舒州勺、力士鐺夙有深契，而於瀹茗品泉，不廢淨緣。頃治兵湟中，夷虜款塞，政有餘閒，縱觀泉石，扶剔幽隱。得北泉，甚甘烈，取所攜松蘿、天池、顧渚、羅岕、龍井、蒙頂諸名茗嘗試之，且著《醒鄉記》，以與王無功千古競爽，文囿頡頏，破絕塞之顓蒙，增清境之勝事。乃知天地有真味，不在𦎧酪、薑椒、羶腥、鹽豉間；而雅供清風，且推而與擐甲、關弧、荷氈、披毳者共之矣。不肖蕃曩侍宴歡，輒困憊於師之觴政。所幸量過七碗，不畏水厄耳。恨不能縮地南國，覽勝湟中，聽松風，觀蟹眼，引滿醉茶於函丈之前，以蕩滌塵情，消除雜念也。日奉斯編，用為指南，輒不自諒小巫之索然，敬綴數語，以就正焉。

萬曆壬子歲春正月，江左門人朱之蕃書於七椀齋。

明 龍膺《蒙史》卷上《泉品述》 醴泉，泉味甜如酒也。聖王在上，德普天地，刑賞得宜，則醴泉出。食之，令人壽考。

玉泉，玉石之精液也。《山海經》：密山出丹水中，多玉膏，其源沸湯，黃帝自食。《十洲記》：瀛洲玉石，高千丈。出泉如酒，味甘，名玉醴泉，食之長生。又方丈洲有玉石泉，崑崙山有玉水。元洲玄澗，水如蜜漿，飲之與天地相畢。又曰：生洲之水，味如飴酪。

《淮南子》曰：崑崙四水者，帝之神泉，以和百藥，以潤萬物。

《括地圖》曰：負丘之山，上有赤泉，飲之不老。神宮有英泉，飲之，眠三百歲乃覺，不知死。

《瑞應經》曰：佛持缽到迦葉家受飯，而還於屏處。食已，欲澡漱。天帝知佛意，即下以手指地，水出成池，令佛得用，名為指地池。

如來八功德水：一清、二冷、三香、四柔、五甘、六淨、七不咽、八蠲痾。梁胡僧曇隱寓鍾山，值旱，有眉叟語曰：『予山龍也，措之何

難？』俄而一沼沸出。後有西僧至，云：『本域八池，已失其一。』

梁天監初，有天竺僧智藥，泛舶曹溪口，聞異香，掬嘗其味，曰：『上流必有勝地。』遂開山立石，乃云：『百七十年後，當遇無上法師在此演法。』今六祖南華寺是也。

梁景泰禪師，居惠州寶積寺，無水，師卓錫於地，泉湧數尺，名卓錫泉。東坡至羅浮，入寺飲之，品其味，出江水遠甚。

大庾嶺雲封寺東泉，自石穴湧出，甘洌可愛。大鑑禪師傳鉢南歸，卓錫於此。

《武陵廖氏譜》云：『廖平以丹砂三十斛，冥所居井中，飲是水以祈壽。』《抱朴子》曰：『余祖鴻臚，為臨沅令。有民家飲丹井，世壽考，或百歲，或八九十歲』，即廖氏云。又西湖葛井，乃稚州煉所，在馬家園。役淘井，出石匣，中有丹數枚，如芡實，啖之無味，棄之。有施漁翁者，拾一粒食之，壽一百六歲。此丹水尤難得。

翁源山頂石池，有泉八，曰涌泉、香泉、甘泉、溫泉、震泉、龍泉、乳泉、玉泉。相傳一龐眉叟時見池中，因名翁水。居人飲此多壽。

柳州融縣靈巖上，有白石，巍然如列仙。靈壽溪貫入巖下，清響作環佩聲。舊傳仙史投丹於中，飲者多壽。

《列居傳》曰：負局先生止吳山絕崖，世世懸藥與人，曰：吾欲還蓬萊山，為汝曹下神水，涯頭一旦有水，白色從石間來下，服之多所愈。以上皆靈泉。

《爾雅》曰：河出崑崙墟，色白。又曰：泉，一見一否為瀸。又濫泉正出，正湧出也；沃泉懸出，懸下出也；氿泉仄出，仄旁出也。湟中北石泉，自仄出。

石，山骨也；流，水行也。山宣氣以產萬物，氣宣則脈長，故陸鴻漸曰：『山水上。』

江，公也；衆水共入其中，則味雜，故曰『江水中』。惟揚子江金山寺之中泠，則夾石渟淵，特入首品，為天下第一泉。

御史李季卿至維揚，逢陸鴻漸，命軍士入江赴南泠取水。及至，陸以杓揚水嘗之，俄曰：『非南泠，臨岸者乎！』傾至半，遽曰：『止，是南泠矣！』使者乃吐實。李與賓從皆大駭，因問歷處之水。陸曰：『楚水第一，晉水最下。』因命筆口授而次第之。南泠即仲泠也。

慧山源出石穴，陸羽品為第二泉，又名陸子泉。李德裕在中書，自毘陵至京，置驛遞，名水遞。人甚苦之。有僧詣曰：『京都一眼井與惠泉脈通。』公笑曰：『真荒唐也，井在何坊曲？』僧曰：『昊天觀常住庫後是也。』公因取惠山一罌，昊天一罌，雜他水八罌，遣僧辨析。僧啜之，止取惠山、昊天二水，公大奇歎，水遞遂停。

李贊皇有親知奉使金陵者，命置中泠水一壺。其人舉棹忘之，至石頭城，乃汲一瓶歸獻。李飲之曰：『江南水味變矣，此何似建業城下水也！』其人謝過。膺令軍吏取湟之北泉，吏乃近取南泉以代。予嘗而別之曰：『非北泉也。』吏不敢隱。

王仲至謂：嘗奉使至仇池，有九十九泉，萬山環之，可以避世如桃源。

有龍泉出允街谷，泉眼之中水文成蛟龍。或試撓破之，尋平成龍。牛馬諸獸將飲者，皆畏辟而走，謂之龍泉。

白樂天《廬山草堂》記云：堂北五步處，層崖積石，綠陰蒙蒙，又有飛泉植茗，就以烹燀，好事者見可以永日。

東坡知揚州時，與發運使晁端彥、吳倅、晁無咎大明寺汲塔院西廓井與下院蜀井二水校高下，以塔院水為勝。

東坡云：惠州之佛院東湯泉、西泠泉，雪如也。杭州靈隱寺亦有冷泉亭。

瓊州三山庵下，有泉味類惠山。東坡名之曰『惠通井』而為之記。

廬州東有浮槎山，梵僧過而指曰：『此耆闍一峯也，頂有泉，極甘。』歐陽公作記。

盧城官宅井苦。李錫為令，變為甘泉。張掖南城亦有泉，甚甘，因名。

范文正公鎮青，興龍僧舍西南洋溪中，有醴泉湧出。公搆一亭泉上，刻石記之。青人思公之德，目曰『范公泉』。環古木蒙密，塵跡不到，去市廛纔數百步，如在青山中。自是幽人逋客，往往賦詩鳴琴，烹茶其上，日光玲瓏，珍禽上下，真物外遊也。歐陽文忠、劉翰林貢父賦詩刻石，及張禹功、蘇唐卿篆石榜之。亭中最為營丘佳處。

承天紫蓋山，當陽道書三十三洞天。林石皆紺色，下出綵水，香甘異常。

荊門兩峯，對起如娥眉，上有浮香、漱玉諸亭，為游憩之所。山麓二泉，北曰蒙，南曰惠。泉以陸象山守是州而重，至今州人德之，祠貌陸公於池上。膺飲湟之北泉，甚洌，合名曰蒙惠。以泉自山下出，故曰蒙；味如惠泉，故曰惠。

河中府舜泉坊，二井相通。祥符中，真宗祠汾，駐驆蒲中，車駕臨觀，賜名『孝廣泉』，並以名其坊，御製贊紀之。蒲濱河，地鹵泉鹹，獨此井甘美，世以為異。

濟南水泉清冷，凡七十二。如舜泉、瀑流、真珠、洗鉢、孝感、玉環之類，皆奇。曾子固詩，以瀑流為趵突泉為上。又杜康泉，康汲此釀酒，或以中泠及惠泉稱之，一升重二十四銖，是泉較輕一銖。

南康城西有谷簾泉，水如簾，布巖而下者三十餘泒，陸羽品其味第一。

王禹偁云：康王谷為天下第一水，簾高三百五十丈，計程一月，其味不變。

泉州城北泉山，一名齊雲，巖洞奇秀，上有石乳，泉清洌甘美。又泰寧石門有飛泉，垂巖而下，甚甘，名甘露巖。

建寧城中鳳皇山下，有龍焙泉，一名御泉，宋時取此水造茶入貢。

福寧龍首山西麓，有泉曰聖泉，甘洌，可愈疾。

彬州城南有香泉，味甘洌。屬邑興寧有程鄉水，亦美。

蘄水鳳棲山下，有陸羽泉。《經》謂天下第三泉。

夔州梁山、蟠龍山中，崖高數十丈，飛濤噴薄如霧。張育英游此題云：泉味甘洌，非陸羽莫能辨。

衛郡蘇門山下有百門泉，泉上噴如珠，下有瑤草。先君玄扈公理輝，有惠政，輝人祠貌先君子泉石之上。

內鄉天池山上有池，《山海經》云：『帝臺之漿也，可愈心疾。』又有菊潭，崖旁產甘菊，飲此水多壽。《風俗通》云：內鄉山磵有大菊，磵水從山流，得其花味，甚甘美。

盩厔玉女洞有飛泉，甘且洌。蘇軾過此，汲兩瓶去，恐後復取為從者所給，乃破竹作券，使寺僧藏之，以為往來之信，戲曰調水符。

嚴陵釣臺下，水甚清激，陸羽品居第十九。

《寰宇記》南劍州天階山乳泉，飲之登山嶺如飛。乳泉、石鐘乳，山骨之膏髓也。色白體重，極甘而香若甘露。

武陵郡卓刀泉，在仙婆井傍。漢壽亭侯過此渴甚，以刀卓地出泉。下有奇石，脈與武陵溪通，即洚水不溢，大旱不竭也。後人嘉其甘洌，又名清勝泉。予恆酌之，與南泠等。沅湘間故多佳水，此其一焉。

泉非石出者，必不佳。故《楚詞》云：『飲石泉兮蔭松柏。』皇甫曾《送陸羽》詩：『幽期山寺遠，野飲石泉清。』

東坡白鶴山新居，鑿井四十尺，遇盤石；石盡，乃得泉。有『一勺亦天賜，曲肱有飲歡』之句。

東坡《洞酌亭》詩引：『瓊山郡東，眾泉觱發，然皆洌而不食。軾南遷過瓊，始得雙泉之甘於城之東北隅，以告其人，自是汲者常滿。泉相去咫尺而異味。庚辰歲遷於合浦，復過之，太守陸公求泉上亭名與詩，名曰「洞酌」。』又《廉泉詩》：『水性故自清，不清或撓之。君看此廉泉，五色爛摩尼。廉者為我廉，我以此名為。有廉則有貪，有慧則有癡。誰為柳宗元，孰是吳隱之。漁父足豈潔，許由耳何淄。紛然立名字，此水了不知。毀譽有時盡，不知無盡時。朅來廉泉上，將須看鬚眉。好在水中人，到處相娛嬉。』

古法，鑿井者先貯盆水數十，置所鑿之地，夜視盆中有大星異眾星者，必得甘泉。范文正公所居宅，必先浚井，納青木數斤於其中，以辟瘟氣。

山木欲秀蔭，若叢惡則傷泉，雖未能使瑤草瓊花披拂其上，而修竹幽蘭自不可少。

作屋覆泉，不惟殺風景，亦且陽氣不入，能致陰損。若其小者，作竹罩籠之，以防不潔可也。

移水取石子置瓶中，雖養泉味，亦可澄水，令之不淆。黃魯直《惠山泉》詩『錫谷寒泉撱石俱』是也。撱音妥。擇水中潔淨白石帶泉煮之，尤妙。

凡臨佳泉，不可容易漱濯，犯者每為山靈所憎。尤忌以不潔之器汲

之。

泉最忌為婦女所厭。予除治北泉，設祭躬禱，泉脈益甚，若有神物護之。數日後，聞亦有婦往汲，見巨蛇入坎中。婦大悸還，及舍死。自是村婦相誡，罔敢汲焉。張參戎希孟、沈參戎應蛟於坐間言之，亦大異事也，併識於後。

泉坎須越月淘之，庶無陰穢之積。尤宜時以雄黃下墜坎中，或塗坎上，去蛇毒也。

予讀《甫里先生傳》曰：『先生嗜荈，置園於顧渚山下，歲入茶租十許薄，自為《品第書》一篇，繼《茶經》、《茶訣》之後。《茶經》陸羽撰，《茶訣》皎然撰。南陽張又新嘗為《水説》，凡七等：其一曰惠山寺石泉，其三曰虎丘寺石井，其六曰吳淞江。是三水距先生遠不百里，高僧逸人時致之，以助其好。先生始以喜酒得疾，血敗氣索者二年，而後能起。有客至，亦潔罇置觶，但不服，引滿向口爾。』膺嗜荈、嗜泉，有如甫里，而近以飲傷肺，亦誓不引滿向口，自命醒翁，更為同病。至若所云『寒暑得中，體性無事，乘小舟，設蓬席，賫一束書、茶竈、筆床、釣具而已』，自稱『江湖散人』，則竊有志而欣慕焉。甫里先生者，唐吳淞陸魯望也。

又 卷下《茶品述》

《爾雅》曰：檟，苦茶。早採者為茶，晚採者為茗。

建州北苑先春龍焙，洪州西山白露、雙井、白茅鶴頂，安吉州顧渚紫筍，常州義興紫筍、陽羨，春池陽鳳嶺，睦州鳩坑，宣州陽坑，南劍蒙頂，石花、露鋑、籛牙，南康雲居，峽州碧澗明月，東川獸目，福州方山露芽，壽州霍山黃芽，蜀雅州蒙山頂有露芽、穀芽，皆云火前者，言採造於禁火前。蘄門團黃，有一旗二槍之號，言一葉三芽也。潭州鐵色茶，色如鐵。湖州紫筍，湖州金沙泉，州當二郡界，茶時一收，畢至泉處拜祭，乃得水。

《夢溪筆談》曰：茶芽，古人謂之雀舌、麥顆，言至嫩也。今茶之美者，其質素良，而所植之土又美，則新芽一發，便長寸餘，其細如針。唯芽長為上品，以其質幹、土力皆有餘故也。如雀舌、麥粒，極下材耳。

建茶勝處曰郝源、曾坑，其間又坌根、山頂二品尤勝。李氏時，號為北苑，置使領之。

焦坑產庾嶺下，味苦硬，久方回甘。『浮石已乾霜後火，焦坑新試雨前茶』，坡南還回至章貢顯聖寺詩也。然非精品。

熙寧後，始貴密雲龍。每歲頭綱修貢，奉宗廟、供玉食也。賫臣下無幾，戚里貴近丐賜尤繁。宣仁一日慨歎曰：『令建州今後不得造密雲龍，受他人煎炒不得。』由是密雲龍名益著。

建茶盛於江南，龍團茶最上，一斤八餅。慶曆中，蔡君謨為福建運使，始造小團充貢，一斤二十餅，所謂上品龍茶也。仁宗尤所珍惜，惟郊祀致齋之夕，兩府各四人共賜一餅，宮人鏤金為龍鳳花貼其上。歐陽公詩『揀芽名雀舌，賜茗出龍團』是也。餅制碾法，今廢不用。

鴻漸有云：『烹茶於所產處無不佳，蓋水土之宜也。況旋摘旋瀹，兩及其新耶？』今武陵諸泉，惟龍泓入品，而茶亦惟龍泓山為最。茲山深厚高秀，為兩山主，故其泉清寒甘香，雅宜煮茶。又其上為老龍泓，寒碧倍之，其地產茶為難。北山絕頂，鴻漸第錢塘、天竺、靈隱者品下，當未識此。郡志亦只稱寶雲、香林、白雲諸茶，皆弗能及龍泓也。

名山屬雅州，魏蒙山也。其頂產茶，《圖經》云：『受陽氣全，故香。』今四頂園茶不廢，惟中頂草木繁，重雲積霧，蟄獸時出，人罕到者。青州有蒙山，產茶味苦，亦名蒙頂茶。

南昌西山鶴嶺，產茶亦佳。

武夷山茶，佳品也。泰寧亦產茶。蔡襄有《茶譜》。

六安茶，用大溫水洗淨去末，用罐浸鹵亢好沸水，用可消夙酲。瀘州茶，可療風疾。

今時茶法甚精，虎丘、羅岕、天池、顧渚、松蘿、龍井、雁蕩、武夷、靈山、大盤、日鑄諸茶為最勝，皆陸經所不載者。乃知靈草在在有之，但人不知培植，或疏於製法耳。

楚地如桃源、安化，多產茶，第土人止知蒸法如羅岕耳。若能製如天池、松蘿，香味更美。吾孝廉兄君超，置有茶山，園在桃源鄭家驛西南二十里。巖谷奇峭，澗壑幽靚，居人以茶為業，耕石田而茶味濃厚。近稍稍知炒焙法。

松蘿茶，出休寧松蘿山，僧大方所創造。予理新安時，入松蘿親見

之，為書《茶僧卷》。其製法，用鐺磨擦光淨，以乾松枝為薪，炊熱候微炙手，將嫩茶一握置鐺中，札札有聲，急手炒勻，出之箕上。箕用細篾為之，薄攤箕內，用扇搧冷，略加揉挼。再略炒，另入文火鐺焙乾，色如翡翠。

湯太嫩則茶味不出，過沸則水老而茶乏。惟有花而無衣，乃得點瀹之候。子瞻詩云：『蟹眼已過魚眼生，颼颼欲作松風鳴。』山谷詩云：『曲几蒲團聽煮湯，煎成車聲遶羊腸。』二公得此解矣。

李約云：茶須緩火炙、活火煎。活火，謂炭火之有焰者。蘇公詩『活火仍須活水烹』是也。山中不常得炭，且死火耳，不若枯松枝為妙。若寒月，多拾松實，蓄為煮茶之具更雅。北方多石炭，南方多木炭，而蜀又有竹炭，燒巨竹為之，易燃無煙耐久，亦奇物。

《清波雜志》曰：長沙匠者，造茶器極精緻，工直之厚，等所用白金之數。士夫家多有之，置几案間，但以侈靡相夸，初不常用。司馬溫公偕范蜀公游嵩山，各攜茶往。溫公以紙為貼，蜀公盛以小黑合。溫公見之，驚曰：『景仁乃有茶器。』蜀公遂留合與寺僧。

又曰：饒州景德鎮，陶器所自出，於大觀間窯變，色紅如硃砂，謂熒惑躔度臨照而然。物反常為妖，窯戶亟碎之。時有玉牒防禦使仲檝，年八十餘，居饒，得數種，出以相示，云：『比之定州紅瓷器，色尤鮮明。』

越上秘色器，錢氏有國日供奉之物，不得臣下用，故曰秘色。

又汝窯，宮中禁燒，內有瑪瑙末為釉。唯供御，揀退方許出賣，近尤難得。

昭代宣、成、靖窯器精良，亦足珍玩。

茶有九難，陰採夜焙，非造也；嚼味嗅香，非別也；膏薪庖炭，非火也；飛湍壅潦，非水也；外熟內生，非炙也；碧粉縹塵，非末也；操艱攪遽，非煮也；夏興冬廢，非飲也；膻鼎腥甌，非器也。

王肅初入魏，不食酪漿，唯渴飲茗汁，一飲一斗，人號為漏卮。後與高祖會，乃食酪粥。高祖怪之。肅言唯茗不中與酪作奴，因此又號茗飲為酪奴。

和凝在朝，率同列遞日以茶相飲，味劣者有罰，號為湯社。建人亦以鬥茶為茗戰。

陸羽，沔人。字鴻漸，號桑苧翁，詔拜太常不就，寓居廣信郡北茶山中。一號東岡子。嗜茶，環植數畝。善品泉味，稱歠茗者宗焉。羽著《茶經》，常伯熊復著論推廣之。李季卿宣慰江南，至臨淮，知伯熊善茶，乃請伯熊。伯熊著黃帔衫、烏紗幘，手執茶器，口通茶名，區分指點，左右括目。茶熟，李為歠兩杯。既到江外，復請陸。陸衣野服，隨茶具而入，如伯熊故事。茶畢，季卿命取錢三十文酬博士。鴻漸夙遊江介，通狎勝流，遂收茶錢、茶具雀躍而出，旁若無人。

覺林院僧志崇，收茶為三等，待客以驚雷莢，自奉以萱華帶，供佛以紫茸香。紫茸，其最上也。客赴茶者，皆以油囊盛餘瀝而歸。

王濛好茶，人過輒飲之，士大夫甚以為苦。每欲候濛，必云今日有水厄。

學士陶穀，得党太尉家姬。取雪水煎茶，曰：党家應不識此。姬曰：『彼武人，但能於銷金帳下，飲羊羔酒爾。』

唐肅宗，賜張志和奴婢各一，志和配之，號漁童、樵青。漁童捧釣收綸，蘆中鼓枻。樵青蘇蘭薪桂，竹裏煎茶。

《避暑録》裴晉公詩云：『飽食緩行初睡覺，一甌新茗侍兒煎。脱巾斜倚繩床坐，風送水聲來耳邊。』公自得志，吾山居亨此多矣。今歲新茶適佳，夏初作小池，導安樂泉注之，亦澄徹可喜。

雅州山曰中頂。有僧病冷，遇老艾曰：仙家有雷鳴茶，候雷發聲，於中頂採摘一兩。服末竟病瘥，精健至八十餘，入青城山不知所之。李德裕入蜀，得蒙餅沃湯，移時盡化者乃真。

盧仝居東都，韓昌黎喜其詩。性嗜茶，有《謝孟諫議茶歌》，曰『紗帽籠頭自煎喫』。

歐陽文忠公《嘗新茶》詩：『泉甘器潔天色好，未中揀擇客亦佳。停匙側盞試水路，拭目向空看乳花。』又詩有云：『吾年向老世味薄，所好未衰惟飲茶。』『泛泛白花如粉乳，乍見紫面生光華。』『論功可以療百疾，輕身久服勝胡麻。』又《雙井茶詩》：『西江水清江石老，石上生茶如鳳爪。窮臘不寒春氣早，雙井芽生先百草。』又《送龍茶與許道士》絕句：『我有龍團古蒼璧，九龍泉深一百尺。憑君汲井試烹之，不是人間

香味色。』

東坡《種茶》詩略曰：『松間旋生茶，已與松俱瘦。』『紫筍雖不長，孤根乃獨壽。移栽白鶴嶺，土軟春雨後。彌旬得連陰，似許晚遂茂。』『未任供臼磨，且作資摘嗅。千團輸大官，百餅炫私門。何如此一啜，有味出吾囿。』膺亦有種茶詩。公《汲江煎茶》詩『活水還須活火烹，自臨釣石取深清。大瓢貯月歸春瓮，小杓分江入夜瓶。茶雨已翻煎處腳，松風忽作瀉時聲。枯腸未易禁三碗，坐數荒村長短更。』又《謝毛正仲惠茶》詩：『繆為淮海帥，每愧廚傳缺。空煩火泥印，遠致紫玉玦。坐客皆可人，鼎器手自潔。金釵候湯眼，魚蟹亦應訣。遂令色香味，一日備三絕。』

東坡云：到杭一遊龍井，謁辨才遺像，持密雲團為獻。龍井。孤山下有石室，前有六一泉，白而甘。湖上壽星院，竹極偉。其傍智果院，有參寥泉及新泉，皆甘冷異常，當時往一酌。

建安能仁院，有茶生石巖間，僧採造得茶八餅，號石巖白。以四餅遺蔡襄，以四餅遺王內翰禹玉。歲餘，蔡被召還闕，過禹玉。禹玉命子弟於茶笥中選精品碾以待蔡。蔡捧茶未嘗，輒曰：『此極似能仁石巖白，公何以得之？』禹玉未信，索帖驗之，果然。

周煇《清波雜志》曰：煇家惠山，泉石皆為几案物。親舊東來，數聞松竹平安信，且時致陸子泉，茗碗殊不落莫。然頃歲亦可致於汴都，但未免瓶盎氣，用細沙淋過，則如新汲時，號折洗惠山泉。天台山竹瀝水，斷竹稍屈而取之盈瓮，若雜以他水，則亟敗。蘇才翁與蔡君謨比茶，蔡茶精，用惠山泉；蘇茶少劣，用竹瀝水煎，遂能取勝。此說見江鄰幾所著《嘉祐雜志》。雙井因山谷而重。蘇魏公嘗云：『平生薦舉不知幾何人，唯孟安序朝奉分寧人，歲以雙井一瓮為餉。』蓋公不納苞苴，顧獨受此，其亦珍之耶？

羅高君《茶解》云：山堂夜坐，手烹香茗，至水火相戰，儼聽松蘿，傾瀉入甌，雲光縹緲，一段幽趣，故難與俗人言。

清 嵇璜《續文獻通考》卷一九六 龍膺《九芝集選》十二卷。

膺，字君御，武陵人，萬歷進士，官至南京太常寺卿。

喻政

明 謝肇淛《〈茶書〉序》 夫世競市朝，則煙霞者賞矣；人耽粱肉，則薇蕨者貴矣。飲食者，君子之所不道也。麴蘗沈心，淳母爽口，古之作者，猶或譜之。矧於茶，其色香風味，既迥出塵俗之表，而消壅釋滯，解煩滌燥之功，特與芝朮頡頏。故自桑苧翁作《經》以來，高人墨客，轉相紹述，互有拓充，至於今日，十有七種。其於栽培、製造之法，煎烹取舍之宜，亦既搜括無漏矣。

蓋嘗論之，三代之上，民炊藜而羹藿，七十食肉，口腹之欲未侈，故茶之功用隱而弗章，然《谷風》之婦已歌之矣：『誰謂茶苦，其甘如薺。』而『堇茶如飴』，周原所以紀膴也。近世鼎食之家，效尤淫靡，庖宰之手，窮極滋味。一切胾炙之珍奇，皆伐腸裂胃之斧斤，若非雲鈎露芽之液沃其炎熾而滋其清涼，疾癘夭札踵踵相望矣。故茶之晦於古，著於今，非好事也，勢使然也。吾郡侯喻正之先生，自拔火宅，大暢玄風，得唐子畏烹茶卷，動以自隨。入閩期月，既已勒之石矣。復命徐興公裒鴻漸以下《茶經》、《水品》諸編，合而訂之，命曰《茶書》，間以示余。余歎謂使君一舉而得三善焉。存古決疑，則嵇含狀草木，陸機疏蟲魚之旨也；齊民殖圃，則葛潁記種植，贊寧譜竹筍之意也；遠謝世氛，清供自適，則陳思譜海棠，范成大品梅花之致也。昔蔡端明先生治吾郡，風流文采，千古罕儷，而於茶尤惓惓焉。至製龍團以進天子，言者以為遺恨，不知高賢之用意固深且遠也。九重乙夜，前後左右，惟是醍醐膏薌，誰復以清遠之味相加遺者？且也不猶愈於曲江之獻《荔支賦》乎？正之治行，高操絕出倫表，所好與端明合，而是書之傳世，不勞民，不媚上，又高視古人一等矣。正之笑謂余：『吾與若皆水曹也，夫唯知水者，然後可與辨茶，請與子共之。』余謝不敏，遂次其語以付梓人。

萬曆壬子元旦晉安謝肇淛書於積芳亭

明 喻政《〈茶書〉自叙》 余既取唐子畏所寫《烹茶圖》而珉鑴之，一時寅彥勝流，紛有賦詠，楮墨為色飛矣。而自念幸為三山長，靈源雲英，往往澆燥脾而迴清夢，蓋與桑苧翁千載神狎也。爰與徐興公廣羅

古今之精於譚茶若隸事及之者，合十餘種，為《茶書》。茶之表章無稍掛，而桑苧之《經》則仍《經》之；諸翊而綴者，亦猶內典《金剛》之有論與頌耳。方付殺青，而客有過余者，曰：茶之尚於世誠鉅，而子獨津津焉若嵇鍛阮屐、杜之《傳》而王之馬也。此猶第癖耳。至剔幽攬隱，為茗苑中一大摠持，無乃煩乎？余無以難客，已而曰：穎箕潔蹈，瓢響猶厭其聲；洙泗真樂，水飲偏歸於適。明有待之未冥而無礙之合漠也。夫啜茗之於飲水煩矣，品茗之於去瓢尤煩矣。余則何辭？抑余於嵇阮諸君子竊有畸焉。蓋彼之趣藉物以怡，而余之腸得此而滌，固非勞吾生為所嗜役、津津而不止者也。然則飲食亦在外歟？子其勿以四人者方幅我。雖然，水而茗之，茗而筆之，庶幾夫能知味者乎？尼山復起，未必不以為知言。而若石隱溪刻之捺，姑舍是。客又難余：善易者不論易，吾猶以竟陵之舌為饒也。矧逸少之毫，誠懸不能用；廷珪之墨，子昂不能研。而規規於之器、之法、之候、之人，詎直記柱而彈疏越？且也日亦不足矣。余釃然曰：幸哉，客之有以振我也。顧使我以清課而落吾事，則不敢；使我以俗韻而觿是編，則不甘。夫襄陽之於石也，至廢案牘，且衣冠而旦夕拜，彼誠興味曠寥，風流映帶，然微獨嚴密者所弗善，即疏懶如余，亦不願效之也。若茶寧塊石埒，而余又未至為顛米之癡，有所以處此矣。唐史稱韋翁在郡時，恆掃地焚香，默坐竟日，故其詩沖閒玄穆，迥出塵表，卒不聞以廢事為病也。是時竟陵《經》當已著，令韋得讀之，當必不以李御史禮待陸先生，且恐水遞接于惠山，雲芽童於虎丘耳。余詩格謝此公而茗緣似勝之，客得無謂福州使君漫驕穉蘇州刺史哉。客乃大噱。余呼童子斛龍腰泉，煮鼓山茶，如法進之。客更爽然，起謝謂：沐浴茲編，恨晚也。客退，聊次問答語為《茶書》敘云。

萬曆癸丑涂月哉生明鼓山主人洪州喻政譔

又《初編書目》

元部

《茶經》《茶錄》《東溪試茶錄》《北苑貢茶錄》《北苑別錄》《品茶要錄》

亨部

《茶譜》《茶具圖贊》《茶寮記》《荈茗錄》《煎茶水記》《水品》《湯品》《茶話》

利部

《茗笈上》《茗笈下》《茗笈品藻》《煮泉小品》

貞部

《茶集》附《烹茶圖集》

又《增補書目》

仁部

《茶經》《茶錄》《東溪試茶錄》《北苑貢茶錄》《北苑別錄》《品茶要錄》

義部

《茶譜》《茶具圖贊》《茶寮記》《荈茗錄》《煎茶水記》《水品》《湯品》《茶話》

禮部

《茗笈上》《茗笈下》《茗笈品藻》《煮泉小品》

智部

《茶錄》《茶考》《茶說》《茶疏》《茶解》《蒙史上》《蒙史下》《別紀》《茶譚》

信部

《茶集》附《烹茶圖集》

明周之夫《〈茶書〉序》 余向讀陸鴻漸《茶經》而少之，以為處士出而茗功章徹，一洗酪奴之誚聲，施榮華至今，誠於此道為鼻祖。顧後來好事之彥，羽翼鼓吹，散在羣書，往往而是，而編緝無聞，統紀未一，使人惜碎金而笥片玉。大觀之謂何？夫千金之裘，非一狐之腋；然不索胡獲，不庀胡紉。我實未嘗謀諸野，而徒詫孟嘗之倖得於秦宮者，以為獨貴，非裘難也，所以成裘者則難矣。喻正之不甚嗜茶，而澹遠清真，雅合茶理。方其在留京為司馬曹郎，握庫筦鑰，盡以其例羨，付之殺青。所刊正諸史志，辨魯魚，訂亥豕，列在學宮，彼都人士，直將尸而祝之。今來福州，復取古人談茶十七種，合為《茶書》。正之雖非茶僻，抑誠書淫矣。其書以《茶經》為宗，譬則泰山之丈人峯乎？餘若徂徠、日觀之屬羅列，不啻兒孫脈絡常貫，而峭菁各成洋洋乎？美哉！暢韻士之幽

懷，作詞場之佳話，功不在陸處士之下，更何待言。乃余不佞，則尤有私賴焉。余素喜茶，初意入閩，嗽剔當俱屬佳品，而事大謬不然，所市皆辛澀穢惡。想嘗草之帝，遇七十二毒，必居一於此。彼一時也畏濕薪之束，遂無敢詰責買者。二三兄弟偶致斜封，極稱無害，又自思不受魚始能常得魚，亦惟是不啟視而璧之，以成吾志。早晚啜熟水數合，饔飧則恃粥而行，久之良便，無所事彼建州。之後過友人署中，娓娓羅岕烹點之法。余謂空言不如實事，姑取試之。其僮以武夷應客，余亦亟賞其清香，不知有異。蓋疏絕既久，故易喜易眩如此。乃今閱正之之書，幽絕沉快，芳液輒溢，無煮陽羨、歙中泠之跡，而收其功，益復無所事彼，其利賴一。余不佞，棲遲一官，五年不調，留滯紲結之慨，豈緊異人，儌天之幸，日侍正之左右，覺名利之心都盡。退而披其所纂集，若此書之言言玄箸，無論其凡，即如『不羨朝拜省』、『不羨夕入臺』之二語，謂非吾人之清涼散不可也，其利賴二。於是正之嬲余，以為子之言誠辨，但津津感余不置，竊恐編緝統紀之譽皆一人之臆戴，非實録也。余亦還對使君謂：感誠有之，亦未肯忘。觀昔人云『書值會心，讀卻易盡』，請使君再廣為捜。故事，太守與丞倅李官名為僚，而實無敢以雁行，進常會一茶而退鄭重不出聲。即不然，亦聊啟口而嘗之。又不然，漫造端而駢之。而使君質任自然，心無適莫，合刻《茶書》以發舒其澹遠清真之意，遂使不受世網如余者得以闚見微指，作寥曠之談，破矜莊之色，無亦非所宜乎？請使君自今引於繩。使君欣然而笑曰：有是哉。廣捜之請，敢不子從。何謂引繩，不敢聞命。我與二三子游於形骸之外，而子索我於形骸之內，子其猶有蓬之心也夫！余而後知使君之澹遠清真雅合茶理，不虛也。

壬子孟春西陵周之夫書於妙香齋中

（雍正）《江西通志》卷五五《选举七》 万歷二十二年甲午乡试

【略】喻政，南昌人，铜仁籍解元。

何彬然

《四庫全書總目提要》卷一一六《譜録類存目》 《茶約》一卷

兩淮鹽政采進本，明何彬然撰。彬然字文長，一字寧野，蕲水人。是書成于萬歷己未。略仿陸羽《茶經》之例，分種法、審候、采摘、就製、收貯、擇水、候湯、器具、釃飲九則，後又附茶九難一則。

高元濬

明 高元濬《茶乘》 圖按經，庶竟陵之湯動不泯，北苑之緒芬具在云爾。癸亥菊月露中高元濬君鼎撰

又《拾遺》

上篇

茶，初巡為停停嫋嫋十三餘，再巡為碧玉破瓜年，三巡以來綠陰成矣。

或柴中之麩火，或焚餘之虛炭，本體盡而性且浮。浮則有終嫩之嫌。炭則不然，實湯之友。

北方多石炭，南方多木炭，而蜀又有竹炭，燒巨竹為之，易燃、無煙、耐久，亦奇物。

探湯純熟，便取起，先注少許壺中，祛蕩冷氣，傾出，然後投茶，亦烹法之一也。

空中懸架，將茶瓶口朝下，以絕蒸氣。其說近是，但覺多事耳。

人但知箬葉可以藏茶，而不知多用能奪茶香氣，且箬性峭勁，不甚帖伏，能無滲罅？一經滲罅，便中風濕，從前諸事廢矣。

陸處士論煮茶法，初沸水合量，調之以鹽味，是又厄水也。

用水洗茶，以卻塵垢，亦為藏久設耳。如新製則不然，人但知湯候，而不知火候。火然則水乾，是試火先於試水也。《呂氏春秋》：伊尹說湯，五味、九沸、九變，火為之紀。

烏蔕白合，茶之大病。不去烏蔕，則色黃黑；不去白合，則味苦澀。茶始造則青翠，收藏不法，一變至綠，再變至黃，三變至黑，四變至白；食之則寒胃，甚至瘠氣成積。

多置器以藏梅水，投伏龍肝兩許，月餘取用，至益人。龍肝，竈心乾土也，或云乘熱投之。

種茶易，採茶難；採茶易，焙茶難；焙茶易，藏茶難；藏茶易，

烹茶難，稍失法律，便減茶勳。

蔡君謨謂范文正曰：公採茶歌云『黄金碾畔緑塵飛，碧玉甌中翠濤起』，今茶絕品，其色甚白，翠緑乃其下者耳。欲改玉塵飛、素濤起，如何？』希文曰善。

東坡云：茶欲其白，常患其黑；墨則反是。然墨磨隔宿，則色暗；茶碾過日，則香減，頗相似也。茶以新為貴，墨以古為佳，又相反也。茶可於口，墨可於目。蔡君謨老病不能飲，則烹而玩之。呂行甫好藏墨而不能書，則時磨而小啜之，此又可發來者一笑也。

茶色貴白，古今同然。白而味覺甘鮮，香氣撲鼻，乃為精品。蓋茶之精者，淡固白，濃亦白；初潑白，久貯亦白。味足而色白，其香自溢；三者得，則俱得也。

茶味以甘潤上，苦澀下。羅景綸《山靜日長》一篇，膾炙人口，至兩用烹苦茗，不能無累。

茶有真香，有蘭香，有清香，有純香。表裏如一曰純香；不生不熟曰清香；火候均停曰蘭香；雨前神具曰真香。

色味香俱全而飲非其人，猶汲泉以灌蒿萊，罪莫大焉。有其人而未識其趣，一吸而盡，不暇擇味，俗莫甚焉。

鴻漸有云：烹茶於所產處，無不佳，蓋水土之宜也。此誠妙論，況旋摘旋瀹，兩及其新耶。《茶譜》云『蒙之中頂茶，若獲一兩以本處水烹服，即能怯宿疾』，是耶？

北苑連屬諸山，茶最勝。北苑前枕溪流，北涉數里，茶皆氣弇然色濁，味尤薄惡，況其遠者乎？亦猶橘過淮為枳也。

每歲六月興工，虛其本，焙去其滋蔓之草，遏鬱之木，令本樹暢茂，一以遵生長之氣，一以糝雨露之澤，名曰開畬。唯桐木留焉，桐木之性，與茶相宜。

松蘿山以松多得名，無種茶者。《休志》云：遠麓有地名榔源，產茶，山僧偶得製法，託松蘿之名，大噪，一時茶因湧貴。僧既還俗，客索茗於松蘿，司牧無以應，往往贋售。然世之所傳松蘿，豈皆榔源產歟？

世所稱蒙茶，是山東蒙陰縣山所生石蘚，亦為世珍。但形非茶，不可烹。蒙頂茶，乃蜀雅州即古蒙山郡。《圖經》云：蒙頂有茶，受陽氣之全，故茶芳香。《方輿》、《一統志·土產》俱載之。

茶至今日稱精備哉。唐宋研膏蠟面，京挺龍團，把握纖微，直錢數萬，珍重極矣。而碾造愈工，茶性愈失，矧雜以香物乎？曾不如今人止精於炒焙，不損本真。故桑苧翁第可想其風致，奉為開山。其春碾羅則諸法，存而不論可也。

讀《蠻甌志》，陸羽採越江茶，使小奴子看焙。奴失睡，茶燋燥不可食，怒以鐵索縛奴而投火中。蓋其專致此道，故殘忍有不恤耳。

李德裕奢侈過求，在中書時，不飲京城水，悉用惠山泉，時謂之水遞。清致可嘉，有損盛德。

貢茶一事，當時頗以為病，蘇長公有前丁後蔡之語。殊不知理欲同，行異情，蔡主敬君，丁主媚上，不可一概論也。

下篇

小齋之外，別搆一寮，兩椽蕭疏，取明爽高燥而已。中置茶爐，傍列茶器。興到時，活火新泉，隨意烹啜，幽人首務，不可少廢。

品茶最是清事，若無好香在爐，遂乏一段幽趣；焚香雅有逸韻，若無名茶浮碗，終少一番勝緣。是故，茶、香兩相為用，缺一不可。

山堂夜坐，手烹香茗，至水火相戰，儼聽松濤，傾瀉入甌，雲光縹緲，一段幽趣，故難與俗人言。

山谷云：相茶瓢與相邛竹同法，不欲肥而欲瘦，但須飽風霜耳。

箕踞斑竹林中，徙倚青石几上，所有道笈梵書，或校讎四五字，或參諷一兩章。茶不甚精，壺亦不燥；香不甚良，灰亦不死；短琴無曲而有絃；長歌無腔而有音。激氣發於林樾，好風送之水崖，若非羲皇以上，定亦嵇阮兄弟之間。

三月茶筍初肥，梅風未困；九月蓴鱸正美，秫酒新香；勝客晴窗，出古人法書名畫，焚香評賞，無過此時。吳人於十月採小春茶，此時不獨逗漏花枝，而尤喜月光晴暖，從此蹉過，霜淒雁凍，不復可堪。

茶如佳人，此論雖妙，但恐不宜山林間耳。昔蘇子瞻詩『從來佳茗似佳人』，曾茶山詩『移人尤物眾談誇』是也。若欲稱之山林，當如毛女、麻姑，自然仙風道骨，不浼煙霞可也。必若桃臉柳腰，宜亟屏之銷金帳中，無俗我泉石。

搆一室，中祀桑苧翁，左右以盧玉川、蔡君謨配饗。春秋祭用奇茗。是日，約通茗事數人，為鬥茗會，畏水厄者不與焉。

取諸花和茶藏之，奪味殊甚，或以茉莉之屬浸水瀹茶，雖一時香氣浮碗，然於茶理終舛。但斟酌時，移建蘭、素馨、薔薇、越橘諸花於几案前，茶香與花香相雜，差助清況。唐人以對花啜茶為殺風致，未為佳論。

《茶記》言：養水置石子於瓮，不惟益水，而白石清泉，會心不遠。夫石子須取其水中表裏瑩徹者佳，白如截肪，赤如雞冠，藍如螺黛，黃如蒸粟，黑如玄漆，錦紋五色輝映瓮中，徙倚其側，應接不暇，非但益水，亦且娛神。

陸處士品水，據其所嘗試者，二十水耳，非謂天下佳泉水盡於此也。

陸處士能辨近崖水非南零，非無旨也。南零洄洑淵停，清激重厚。臨崖故常流水耳，且混濁迥異。嘗以二器貯之自見。昔人能辨建業城下水，況臨崖？故清濁易辨，此非妄也。

昔時之南零，即今之中泠，往時金山屬之南崖，江中惟二泠，蓋指石簰山南流、北流也。自金山淪入江中，則有三流水。故昔之南泠，乃列為中泠爾。中泠有石骨，能停水不流，澄凝而味厚。今山僧憚汲險，鑿西麓一井代之，輒指為中泠水，非也。

山厚者泉厚，山奇者泉奇，山清者泉清，山幽者泉幽，皆佳品也。不厚則薄，不奇則蠢，不清則濁，不幽則喧，必無佳泉。

八功德水，在鍾山靈谷寺。八功德者：一清、二冷、三香、四柔、五甘、六淨、七不噎、八除痾。昔山僧法喜，以所居乏泉，精心求西域阿耨池水。七日掘地得之。後有西僧至云：本域八池，已失其一。國初遷寶誌塔，水自從之，而舊池遂涸。人以為靈異，謂之靈谷者。自琵琶街鼓掌相應，若彈絲聲，且志其徙水之靈也。陸處士足跡未至，此水尚遺品録。

鍾山故有靈氣。鍾陰有梅花水，手掬弄之，滴下皆成梅花。此石乳重厚之故，又一異景也。

《括地圖》曰：負丘之山，上有赤泉，飲之不老。神宮有英泉，飲之眠三百歲乃覺，不知死。

梁景泰禪師居惠州寶積寺，無水，師卓錫於地，泉湧數尺，名卓錫泉。東坡至羅浮，入寺飲之，品其味，出江水遠甚。

柳州融縣靈巖上有白石巍然如列仙，靈壽溪貫巖下，清響作環佩聲。

武夷御茶園中，有喊山泉。仲春，縣官詣茶場，致祭，水漸滿。造茶畢，水遂涸。此與金沙泉事相類。名泉有難殫述，上數條偶舉靈異耳。

山木固欲其秀而蔭，若叢惡則傷泉。今雖未能使瑤草瓊花披拂其上，而修竹幽蘭自不可少也。

山居接竹引水，承之以奇石，貯之以淨缸，其聲尤琮琮可愛，真清課事也。駱賓王詩『刳木取泉遙』，亦接竹之意。

雪為五穀之精，故宜茗飲。陶穀嘗取雪水烹團茶。又丁謂詩：『痛惜藏書篋，堅留待雪天。』李虛己詩：『試將梁苑雪，煎動建溪雲。』是古人煮茶多用雪也。但其色不甚白，故處士置諸末品。

泉中有蝦蟹、孑蟲，極能腥味，亟宜淘淨之。僧家以羅濾水而飲，雖恐傷生，亦取其潔也。包幼嗣詩『濾水澆新長』、馬戴詩：『濾泉侵月起』、僧簡長詩『花壺濾水添』是也。

山居之人，水不難致，但佳泉尤當愛惜，亦作福事。章孝標《松泉詩》：『注瓶雲母滑，漱齒茯苓香。野客偷煎茗，山僧惜淨牀。』夫言『偷』言『惜』，皆為泉重也，安得斯客、斯僧而與之為鄰耶？

徐獻忠《水品》一書，窮究天下源泉，載福州南臺山泉，清泠可愛，而不知東山聖泉、鼓山喝水巖泉、北龍腰泉尤佳。龍腰泉，在北郊城隅，無沙石氣。端明為郡日，試茶必汲此泉。側有苔泉二字，為公手書。

吾郡四陲，惟東南稍通朝汐，餘皆依山，無斥鹵之患。天寶以來，諸峯蒼蔚，林木與石溜交加，在處清越。郡內泉佳者，曰東井，其源深厚而紺洌，在紫芝峯麓，其下禪宇奠焉，出叢林，稍拆而西，又有泉曰巖壇，郡人多汲取。甘鮮溫美，似勝東井。余謂得此以佐龍山新茗，足稱雙絕。

夫達人朗士，其襟期恆寄諸詩酒，而時或闌入焚香煮茗場中。詩近憤，酒近豪，香近幽，而總於茶事有合。余性懶，不能效蘇子美之豪舉，讀《漢書》以斗酒為率。間置一小齋，粗足容香爐、茶鐺二事而□為市煙奪去。惟是七碗成癖，在處足舒其逸□。《茶乘》以行，復搜其緒義，以完此一段公案。時在殘菊花際，霏霜雁候，夜靜閒吟，視鼎鐺中雪濤浪翻，乳花正熟，且覺香風馥馥起四座間矣。黃如居士高元濬識。

明 張燮《〈茶乘〉品藻》 嗜茶，非自茶博士始也，王仲祖不先登乎？彼日與賓朋窮吸啜之致，但無復撰述以行。故陸氏之甘草癖獨顯，

當是以《經》得名耳。宋以茶著者，無如吾閩蔡君謨。今龍鳳團法且未廢，而《茶録》尚播傳誦。信乎，文之行遠也。余向見友人屠田叔作《茗笈》而樂之，高君鼎復合諸家，刪纂而作《茶乘》，古來茗竃間之點綴，可謂備嘗矣。每讀一過，使人滌盡塵土腸胃。後世有嗜茶者，尊《經》為茶素王，《録》為素臣，君鼎是編，尚未甘向鄭康成車後也。

明王志道《〈茶乘〉品藻》 茗之初興，曾比於酪，邾莒之盟，猶有異議。其後乃隱然與醉鄉敵國。云『精於唐，侈於宋』，然其製莫不輾之、範之、膏之、蠟之。罩焙之法，起自明時，可謂竟陵、建安後無作者哉！君鼎見之矣。今之好事，湯社、麴部，事事中分藝苑，抑有一焉：敘記之可以伯倫、無功作對者，近體之可與葡萄美酒、飲中八仙作對者，尚覺寥寥。有明以來，鼓吹唐風，得無有頗可採者乎？君鼎暇日將廣搜之。

明陳正學《〈茶乘〉品藻》 予園居，以茶為諫友，君鼎道岸先登，其竟陵之法胤苕溪之石交乎？誌公懼法乘銷毁，刻石而峪之，君鼎為《乘》之意良然。

明章載道《〈茶乘〉品藻》 余嘗謂：嗜茶而不窮其致，僅與玉川角勝於碗杓間，此陸、蔡諸君所竊笑也。君鼎嗜茶，直肩隨陸、蔡，故所著《茶乘》，雖述倍於創，要於疏原引類，各極其致，不翅三昧入矣。因戲謂君鼎：『相與定交於茶臼間，如何？』君鼎笑曰：『子能出龍鳳團相餉不？』余曰：『《乘》中唯不詳此，差勝耳。』君鼎曰：『味長輿此言，嗜乃更進。』

明黄以陞《〈茶乘〉品藻》 春雨中烹新芽，讀君鼎《茶乘》，肺腑皆香，恍如惠山對啜時也。《茶經》、《茶述》至矣，昔人猶病其略，建安迨蔡《録》始備。今得君鼎撰述，而嘉木名泉，點綴無憾，是亦皋盧之大成，吾閩之赤幟也。予好麴部，恐污湯神，然知已過從，頻罄驚雷之筴，以為麈尾，藉其玄液，鼠鬚乾焉膏潤。種種幽韻，惟可與君鼎道耳。若品與法迸事與詞，該尤《經》、《録》所鮮。渴以當飲，不知世間有仙掌、醍醐也。

清黄虞稷《千頃堂書目》卷九《食貨類》 高元濬《茶乘》四卷。

馮開之

明許次紓《茶疏·飲啜》 一壺之茶，只堪再巡。初巡鮮美，再則甘醇，三巡意欲盡矣。余嘗與馮開之戲論茶候，以初巡為停停嫋嫋十三餘，再巡為碧玉破瓜年，三巡以來綠葉成陰矣。開之大以為然。所以茶注欲小，小則再巡已終。寧使餘芬剩馥尚留葉中，猶堪飯後供啜嗽之用，未遂葉之可也。若巨器屢巡，滿中瀉飲，待停少溫，或求濃苦，何異農匠作勞，但需消渴，何論品賞，何知風味乎。

明張大復《梅花草堂筆談》卷六

馮先生

馮開之先生喜飲茶，而好親其事，人或問之，答曰：此事如美人，如彝鼎，如古法書名畫，豈宜落他人手！聞者嘆美之。然先生對客，談輒不止，童子滌壺以待。會盛談，未及著茶，時傾白水而進之。先生未嘗不欣然自謂得法，客亦不敢不稱善也。世號『白水先生』。

熊明遇

明熊明遇《羅岕茶記》 產茶處，山之夕陽，勝於朝陽。廟後山西向，故稱佳；總不如洞山南向，受陽氣特專，稱仙品。

茶產平地，受土氣多，故其質濁。岕茗產於高山，渾是風露清虛之氣，故為可尚。

茶以初出雨前者佳，惟羅岕立夏開園，吳中所貴，梗粗葉厚，微有蕭箬之氣。還是夏前六七日，如雀舌者佳，最不易得。

藏茶宜箬葉而畏香藥，喜溫燥而忌冷濕。收藏時，先用青箬以竹絲編之，置罌四周。焙茶俟冷，貯器中，以生炭火煅過，烈日中曝之令滅，亂插茶中，封固罌口，覆以新磚，置高爽近人處。霉天雨候，切忌發覆，須於晴明，取少許別貯小瓶。空缺處，即以箬填滿，封置如故，方為可久。或夏至後一焙，或秋分後一焙。

烹茶，水之功居大。無泉則用天水，秋雨為上，梅雨次之。秋雨冽而

白，梅雨醇而白。雪水，五谷之精也，色不能白。養水須置石子於甕，不惟益水，而白石清泉，會心亦不在遠。

茶之色重、味重、香重者，俱非上品。松羅香重，六安味苦而香與松羅同；天池亦有草萊氣，龍井如之；至雲霧，則色重而味濃矣。嘗啜虎丘茶，色白而香似嬰兒肉，真精絕。

茶色貴白，然白亦不難。泉清瓶潔，葉少水洗，旋烹旋啜，其色自白。然真味抑鬱，徒為目食耳。若取青綠，則天池、松蘿及蚧之最下者，雖冬月，色亦如苔衣，何足為妙。莫若余所收洞山茶，自穀雨後五日者，以湯薄浣，貯壺良久，其色如玉；至冬則嫩綠，味甘色淡，韻清氣醇，亦作嬰兒肉香，而芝芬浮蕩，則虎丘所無也。

《明史》卷二五七《熊明遇傳》 熊明遇，字良孺，進賢人。萬曆二十九年進士。知長興縣。四十三年擢兵科給事中，旋掌科事。上疏極陳時弊，言：

今春以來，天鼓兩震於晉地，流星晝隕於清豐，地震二十八，天火九，石首雨菽，河內女妖，遼東兵端吐火，即春秋二百四十年間，未有稠於今日者。且山東大祲，人相食，黃河水稽天，兼以太白經天，輔星湛沒，熒惑襲月，金水愆行，或日光無芒，日月同暈，爲恒風，爲枯旱。天譴愈深，而陛下所行皆誣天拂經之事，此誠禽息碎首、賈生痛哭之時也。敢以八憂、五漸、三無之説進。

今内庫太實，外庫太虛，可憂一。餉臣乏餉，邊臣開邊，可憂二。套部圖王，插部覬賞，可憂三。黃河泛濫，運河膠淤，可憂四。齊苦荒天，楚苦索地，可憂五。鼎鉉不備，棟梁常撓，可憂六。羣譁盈衢，訛言載道，可憂七。吳民喜亂，冠履倒置，可憂八。

八憂未已，五漸繼之。太阿之柄，漸入中涓。魁壘之人，漸如隕籜。制科之法，漸成奸藪。武庫之器，漸見銷亡。商旅之途，漸至梗塞。

五漸未已，三無繼之。匹夫可熒惑天子，小校可濫邀絲綸，是朝廷無紀綱。滇、黔之守令皆途窮，揚、粵之監司多規避，是遠方無吏治。讒搆之口甚於戈戟，傾危之禍慘於蘇、張，是士大夫無人心。天下事可不寒心哉！

帝不省。亓詩教等以明遇與東林通，出爲福建僉事，遷寧夏參議。天啟元年以尚寶少卿進太僕少卿，尋擢南京右僉都御史，提督操江。建營伏虎山，選練蒼頭軍，以資守禦。永樂中，齊王榑以罪廢，其子孫居南京，號齊庶人。有睿爊者，自負異表，與奸人謀不軌，明遇捕獲之，置其黨十餘人於法。魏忠賢黨謀盡逐東林，以明遇嘗救御史游士任，五年三月給事中薛國觀遂劾其黨庇徇私，忠賢即矯旨革職。未幾，坐汪文言獄，追贓千二百金，謫戍貴州平溪衛。

莊烈帝即位，釋還。崇禎元年起兵部右侍郎。明年進左，遷南京刑部尚書。四年召拜兵部尚書，疏陳四司宿弊，悉見採納。楊鶴被逮，明遇言：『秦中流寇，明旨許撫剿並行。臣謂渠魁乞降亦宜撫，脅從負固亦宜剿。今鶴以撫賊無功就逮，倘諸臣因鶴故欲盡戮無辜，被脅之人絕其生路。宜急敕新督臣洪承疇，諭賊黨殺賊自效。即神一魁、劉金輩，果立奇功，亦一體敍録。而諸將善撫馭如吳弘器等，仍與陞擢，庶賊黨日孤。』帝亦納之。

五年正月，山東叛將李九成等陷登州，明遇過信巡撫余大成言，力主撫議，久愈猖獗，萊城被圍幾陷，乃調關外軍討定之。語詳徐從治傳。當是時，我大清兵入宣府，巡撫沈棨與中官王坤等遣使議和，饋金帛牢醴，師乃旋。事聞，帝惡棨專擅，召對明遇等於平臺。明遇曲爲棨解，帝不悅，逮棨下吏。於是給事中孫三杰力詆明遇、棨交關悞國，同官陳贊化、呂黃鐘，御史趙繼鼎連劾之。明遇再疏乞罷，帝責以疎庸僨事，命解任候勘。尋以故官致仕。久之，用薦起南京兵部尚書，改工部，引疾歸。國變後卒。

萬邦寧

明 圓後《〈茗史〉小引》 鬘頭陀邦寧，諦觀陸季疵《茶經》、蔡君謨《茶譜》，而採擇收製之法、品泉嗜水之方咸備矣。後之高人韻士相繼而説茗者，更加詳焉。蘇子瞻云『從來佳茗似佳人』，言其媚也，程宣子云『香喞雪尺，秀起雷車』，美其清也，蘇廙著『十六湯』，造其玄也。然媚不如清，清不如玄，而茗之旨亦大矣哉。黃庭堅云：『不慣腐儒湯餅腸』，則又不可與學究語也。余癖嗜茗，嘗艤舟接它泉，或抱瓮貯梅

水。二三朋儕，羽客緇流，剝擊竹戶，聚話無生，余必躬治茗碗，以佐幽韻。固有『煙起茶鐺我自炊』之句。

時辛酉春，積雨凝寒，偃然無事，偶讀架上殘編一二品，凡及茗事而有奇致者，輒采焉，題曰《茗史》，以紀異也。此亦一種閒情，固成一種閒書。若令世間忙人見之，必攢眉俯首，擲地而去矣。誰知清涼散，止點得熱腸漢子，醍醐汁，止灌得有緣頂門，豈能盡怕河眾而皆度耶？但願蔡、陸兩先生千載有知，起而曰：『此子能閒，此子知茗。』或授我以博士錢三十文，未可知也。復願世間好心人，共證《茗史》，並下三十棒喝，使騷頭陀無愧。

天啟元年閏二月望日萬邦寧惟咸撰

惟咸著《茗史》，羽翼陸《經》，鼓吹蔡《譜》，發揚幽韻，流播異聞，可謂善得水交茗戰之趣矣。浸假而鴻漸再來，必稱千古知己；君謨重遘，詎非一代陽秋乎？

點茶僧圓後識

明 董大晟《〈茗史〉評》 惟咸有茗好，纔涉葬菝嘉話，輒裒綴成編。腹中無塵，吻中有味，腕中能採，遂足情致。置一部几上，取佐清談，不待乳浮鐺沸，已兩腋習習生風，何復須縹醪酒水晶鹽。

嵛海董大晟題

明 李德述《〈茗史〉評》 茗，仙品也，品品者亦自有品。固雲林市朝，品殊不齊，醲鮮清苦，品品政自有別。惟咸鍾傲煙蘿，寄情篇什，饒度世輕，舉志深知茗理，精於點瀹世外品也。爰製《茗史》，摭其奇而抉其奧，用為枕石漱流者助。余謂即等鴻漸之《經》、君謨之《譜》，奚其軒輊。

社弟李德述評

明 全天駿《〈茗史〉評》 《茗史》之作，千古餘清，不第為鴻漸功臣已也。且韻語正不在多，可無求備，佳敘閒情，逸韻飄然雲霞間，想使史中諸公讀一過，沁發茶腸，當不第七甌而止。

全天駿

明 蔡起白《〈茗史〉評》 茗品代不乏人，茗書家自有製。吾友惟咸，既文既博，亦玄亦史，常令茶煙繞竹，龍團泛甌，一啜清談，以助玄賞，深得茗中三昧者也。因築古之諸茗家，或精或幻，或癖或奇，彙成一編。俾風人韻士，了然寓目，不逮於今，懼濫觴也。君其泠泠仙骨，翩翩俊雅，非品之高，烏為書之潔也哉。屠豳叟著《茗笈》，更不可無《茗史》。披閱並陳，允矣雙璧。

友弟蔡起白

明 李桐封《〈茗史〉評》 夫史以紀載實事，補綴缺遺。茗何以有史也？蓋惟咸嗜好幽潔，尤愛煮茗，故彙集茗話，靡事不載，靡缺不補，實寫自己沖襟，表前人逸韻耳。名之曰史有以哉。昔仙人掌茶一事，述自青蓮居士，發自中孚衲子，以故得傳，今惟咸著史於茲鼎足矣。

社弟李桐封若甫

江蘇巡撫采進本**《四庫全書總目提要》卷一一六《譜録類存目》** 《茗史》二卷明萬邦寧撰。邦寧，奉節人。天啟壬戌進士。是書不載焙造煎試諸法，惟雜采古今茗事。多從類書撮録而成，未為博奧。

馮可賓

明 馮可賓《岕茶箋》

序岕名

環長興境，產茶者曰羅嶰，曰白巖，曰烏瞻，曰青東，曰顧渚，曰篠浦，不可指數，獨羅嶰最勝。環嶰境十里而遙，為嶰者亦不可指數。嶰而曰岕，兩山之介也；羅氏居之，在小秦王廟後，所以稱廟後羅岕也。洞山之岕，南面陽光，朝旭夕暉，雲滃霧浡，所以味迥別也。

論採茶

雨前則精神未足，夏後則梗葉大粗，然茶以細嫩為妙，須當交夏時，看風日晴和，月露初收，親自監採入籃。如烈日之下，又防籃內鬱蒸，須傘蓋至舍，速傾淨匾薄攤，細揀枯枝、病葉、蛸絲、青牛之類，一一剔去，方為精潔也。

論蒸茶

蒸茶須看葉之老嫩，定蒸之遲速。以皮梗碎而色帶赤為度，若太熟則失鮮。其鍋內湯須頻換新水，蓋熟湯能奪茶味也。

論焙茶

茶焙每年一修，修時雜以濕土，便有土氣。先將乾柴隔宿薰燒，令焙內外乾透，先用粗茶入焙，次日，然後以上品焙之。焙上之簾，又不可用新竹，恐惹竹氣。又須勻攤，不可厚薄。如焙中用炭，有煙者急剔去。又宜輕搖大扇，使火氣旋轉。竹簾上下更換，若火太烈，恐糊焦氣；太緩，色澤不佳；不易簾，又恐乾濕不勻。須要看到茶葉梗骨處俱已乾透，方可並作一簾或兩簾，置在焙中最高處。過一夜，仍將焙中炭火留數莖於灰燼中，微烘之，至明早可收藏矣。

論藏茶

新淨磁罎，周迴用乾箬葉密砌，將茶漸漸裝進搖實，不可用手揩。上覆乾箬數層，又以火炙乾炭鋪罎口紮固；又以火煉候冷新方磚壓罎口上。如潮濕，宜藏高樓，炎熱則置涼處。陰雨不宜開罎。近有以夾口錫器貯茶者，更燥更密。蓋磁罎，猶有微罅透風，不如錫者堅固也。

辨真贋

茶雖均出於岕，有如蘭花香而味甘，過霉歷秋，開罎烹之，其香愈烈，味若新，沃以湯，色尚白者，真洞山也。若他嶰，初時亦有香味，至秋香氣索然，便覺與真品相去天壤。又一種有香而味澀者，又一種色淡黃而微香者，又一種色青而毫無香味者，又一種極細嫩而香濁味苦者，皆非道地。品茶者辨色聞香，更時察味，百不失一矣。

論烹茶

先以上品泉水滌烹器，務鮮務潔；次以熱水滌茶葉，水不可太滚，滚則一滌無餘味矣。以竹箸夾茶於滌器中，反復滌蕩，去塵土、黄葉、老梗淨，以手搦乾置滌器內蓋定。少刻開視，色青香烈，急取沸水潑之。夏則先貯水而後入茶，冬則先貯茶而後入水。

品泉水

錫山惠泉、武林虎跑泉上矣；顧渚金沙泉、德清半月泉、長興光竹潭皆可。

論茶具

茶壺，窯器為上，錫次之。茶杯，汝、官、哥、定如未可多得，則適意者為佳耳。

或問茶壺畢竟宜大宜小，茶壺以小為貴。每一客，壺一把，任其自斟自飲，方為得趣。何也？壺小則香不渙散，味不耽閣；況茶中香味，不先不後，只有一時。太早則未足，太遲則已過，的見得恰好，一瀉而盡。化而裁之，存乎其人，施於他茶，亦無不可。

茶宜

無事　佳客　幽坐　吟詠　揮翰　倘佯　睡起　宿醒　清供　精舍　會心　賞鑒　文僮

茶忌

不如法　惡具　主客不韻　冠裳苛禮　葷肴雜陳　忙冗　壁間案頭多惡趣。

（雍正）《浙江通志》卷一五一《名宦六》　馮可賓《長興縣志》：字禎卿，山東益州人，天啓壬戌進士，授湖州推官，甲子元旦盗殺長興知縣，愚民妄疑有屠勦之舉，奔竄出境時無正官，攝事者寡識閉城自守。民益驚恐，可賓奉檄安撫，傳諭六門洞開，聽民出入，書榜安輯蒞縣捕治兇徒。擒獲畧盡，一無株連，招徠流亡，旬日間熙攘如故。

雲泉沈道人

明　周暉《金陵瑣事》卷四《茶有肥瘦》　雲泉沈道人云：凡茶肥者甘，甘則不香。茶瘦者苦，苦則香。此又茶經、茶訣、茶品、茶譜之所未發。

王毗翁

明　李日華《六研齋三筆》卷四　余友王毗翁攝霍山令，親治茗修貢事，因著《六茶紀事》一篇，每事詠一絕。余最愛其《焙茶》一絕云：露蕊纖纖纔吐碧，即妨葉老采須忙。家家篝火山窗下，每到春來一縣香。

供春

明 周高起《陽羡茗壺系》 供春，學憲吴頤山公青衣也。頤山讀書金沙寺中，供春於給役之暇，竊仿老偽心匠，亦淘細土摶胚。茶匙穴中，指掠内外，指螺文隱起可按，胎必累按，故腹半矣。世外其孫龔姓，亦書為龔春。人皆證為龔。予於吴周聊家見時大彬所仿，則刻供春二字，足折聚訟云。

清 吴騫《陽羡名陶録》 供春學憲吴頤山家僮也，頤山讀書金沙寺中，春給使之。暇竊仿老僧心匠，亦淘細土摶坯，茶匙穴中指掠内外，指螺文隱起。可按胎必累，按故腹半尚現節腠，視以辨真。今傳世者，栗色闇闇如古金，鐵敦龐周正允稱神明垂則矣。世以其係龔姓，亦書為龔春。

周高起曰『供春，人皆證為龔春，予于吴冏卿家見大彬所仿，則刻供春二字，足折聚訟云。』

吴騫曰：頤山名仕字克學，宜興人，正德甲戌進士，以提學副使擢四川参政，供春，實頤山家僮，而周系日青衣，或以為婢，並誤，今不從之。

清 連横《臺灣詩乘》卷四 台人品茶與中土異，而與漳、泉、潮三府相同，所謂功夫茶者也。顧茗必武夷，壺必孟臣，杯必若深，三者弗備，不足自豪，且不足供客。余曾作茗談一篇，載於《台灣漫録》；以餘素嗜茶，又能判其風味也。近閲《陽羡名陶録》，載周靜瀾觀察之詩，亦言台人品茶之精。其詩曰：寒榕垂蔭日初晴，自烏供春蟹眼生。疑是閉門風雨候，竹梢露重瓦溝鳴。自注：台灣郡人茗皆自煮，必先以手嗅其香，最重供春小壺。供春者，吴頤山婢名，善制宜興茶壺者也；或作龔春，誤。一具用之數十年，則值金一笏。按觀察名澍，道光初以翰林任台灣道，著《台陽百詠》，餘遍求之弗得。他日苟獲其詩，當刊諸叢書，以補文獻之缺。

時朋

明 周高起《陽羡茗壺系》 時朋，即大彬父，是為四名家。萬歷間人，皆供春之後勁也。董文巧而三家多古拙。

清 吴騫《陽羡名陶録・家溯》 時朋，一作鵬，亦作朋。朋，大彬之父，與董趙元是為四名家，並萬歷間人乃供春之後勁也，董文巧而三家多古拙。

董翰

明 周高起《陽羡茗壺系》 董翰，號後溪，始造菱花式，已殫工巧。

又 玄锡。时朋，即大彬父，是为四名家。万历间人，皆供春之后劲也。董文巧而三家多古拙。

清 吴騫《陽羡名陶録》 供春壺式，茗具中逸品。其後復有四家：董翰、趙良、袁錫、其一則時鵬，大彬父也，大彬益擅長。

時大彬

明 周高起《陽羡茗壺系》 時大彬，號少山，或淘土，或雜風砂土，諸款具足，諸土色亦具足，不務妍媚，而樸雅緊慄，妙不可思。初自仿供春得手，喜作大壺。後游婁東聞陳眉公與瑯琊太原諸公品茶施茶之論，乃作小壺，幾案有一具，生人閑遠之思，前後諸名家，並不能及。前於陶人標大雅之遺，擅空群之目矣。

又 陶肆謠曰：壺家妙手稱三大。謂時大彬、李大仲芳、徐大友泉也。予為轉一語曰：明代良陶讓一時，獨尊大彬，固自匪佞。

明 張岱《陶庵夢憶》卷二《砂罐錫注》 宜興罐，以龔春為上，時大彬次之，陳用卿又次之。

明 陳貞慧《秋園雜佩·時大彬壺》 時壺名遠甚，即遐陬絕域猶知之。其制始於供春壺，式古樸風雅，茗具中得幽野之趣者，後則如陳壺、徐壺，皆不能仿佛大彬萬一矣。一云：供春之後，四家董翰、趙良、袁錫，其一則大彬父時鵬也。彬弟子李仲芳，芳父小圓壺，李四老官號養心，在大彬之上，為供春勁敵，今罕有見者。或淪鼠菌，或重雞彝，壺亦有幸有不幸哉！

周高起

明 周高起《陽羨茗壺系》 壺於茶具，用處一耳。而瑞草名泉，性情攸寄，實仙子這洞天福地，梵王之香海蓮邦。審厥尚焉，非日好事已也。故茶至明代，不復碾悄和香藥制團餅，此已遠過古人。近百年中，壺黜銀錫及閩豫瓷，而尚宜興陶，又近人遠過前人處也。陶曷取諸，取諸其制，以本山土砂能發真茶之色香味，不但杜工部云『傾金注玉驚人眼』，高流務以免俗也。至名手所作，一壺重不數兩，價重每一二十金，能使土與黃金爭價。世日趨華，抑足感矣。因考陶工陶土而為之系。

創始

金沙寺僧，久而逸其名矣。聞之陶家云，僧閑靜有致，習與陶缸甕者處。摶其細土，加以澄煉，捏築為胎，規而圓之，刳使中空，踵傅口、柄、蓋、的，附陶穴燒成，人遂傳用。

正始

供春，學憲吳頤山公青衣也。頤山讀書金沙寺中，供春於給役之暇，竊仿老僧心匠，亦淘細土摶胚。茶匙穴中，指掠內外，指螺文隱起可按，胎必累按，故腹半矣。世外其孫龔姓，亦書為龔春。人皆證為龔。予於吳周聊家見時大彬所仿，則刻供春二字，足折聚訟云。

董翰，號後溪，始造菱花式，已殫工巧。

趙梁，多提梁式，亦有傳為名良者。

玄錫。

時朋，即大彬父，是為四名家。萬歷間人，皆供春之後勁也。董文巧而三家多古拙。

李茂林，行四，名養心。制小圓式，妍在樸致中，允屬名玩。

自此以往，壺乃另作瓦缶，囊閉入陶穴，故前此名壺，不免沾缸壇油淚。

大家

時大彬，號少山，或淘土，或雜風砂土，諸款具足，諸土色亦具足，不務妍媚，而樸雅緊慄，妙不可思。初自仿供春得手，喜作大壺。後游婁東聞陳眉公與瑯琊太原諸公品茶施茶之論，乃作小壺，幾案有一具，生人閑遠之思，前後諸名家，並不能及。前於陶人標大雅之遺，擅空群之目矣。

名家

李仲芳，行大，茂林子。及時大彬門，為高足第一，制度漸趨文巧，其父督以敦古。仲芳嘗手一壺，視其父曰：老兄，這個何如。俗因呼其所作為老兄壺。後入金壇，卒以文巧相競。今世所傳大彬壺，亦有仲芳作之，大彬見賞而自署款識者。時人語曰：李大瓶，時大名。

徐友泉，名士衡，故非陶人也。其父好時大彬壺，延致家塾。一日，強大彬作泥牛為戲，不即從，友泉奪其壺土出門去，適見樹下眠牛將起，尚屈一足。注視捏塑，曲盡厥狀。攜以視大彬，一見驚嘆曰：如子智能，異日必出吾上。因學為壺。變化式土，仿古尊罍諸器，配合土色所宜，畢智窮工，移人心目。予嘗博考厥制，有漢方扁觶、小雲雷、提梁卣、蕉葉、蓮方、菱花、鵝蛋、分襠索耳、美人、垂蓮、大頂蓮、一回角、六子諸款。泥色有海棠紅、朱砂紫、定窯白、冷金黃、淡墨、沉香、水碧、榴皮、葵黃、閃色、梨皮諸名。種種變異，妙出心裁。然晚年恆自嘆曰：吾之精，終不及時之粗。

雅流

歐正春，多規花卉果物，式度精妍。

邵文金，仿時大漢方獨絕，今尚壽。

邵文銀。

蔣伯荂，名時英，四人並大彬弟子。蔣後客於吳，陳眉公為改其字之『敷』為『荂』。因附高流，諱言本業，然其所作緊致不俗也。

陳用卿，與時同工，而年會俱後。負力尚氣，嘗掛吏議，在縲紲中。

俗名陳三呆子，式尚工，致如蓮子、湯婆、缽盂、圓珠諸制，不規而圓，已極妍飭。款仿鍾太傅貼意，落墨拙，落刀工。

陳信卿，仿時、李諸傳器具，有優孟叔敖處，故非用卿族。品其所作，雖豐美遜之，而緊瘦工整，雅自不群，貌寢意率，自誇洪飲，逐貴游間，不務壹志盡技，間多伺弟子造成，修削署款而已。所謂心計轉粗，不復唱渭城時也。

閔魯生，名賢，制仿諸家，漸入佳境，人頗醇謹。見傳器則虛心企擬，不憚改為，會也進乎道矣。

陳光甫，仿供春、時大為入室。天奪其能。蚤眚一目，相視口的，不極端致，然經其手摹，亦具體而微矣。

神品

陳仲美，婺源人，初造瓷於景德鎮。以業之者多不足成其名，棄之而來。好配壺土，意造諸玩，如香盒、花杯、狻猊爐、闢邪、鎮紙，重鏤疊刻，細極鬼工，壺像花果，綴以草蟲，或龍戲海濤，伸爪出目，至塑大士像，莊嚴慈憫，神採欲生，瓔珞花蔓，不可思議。智兼龍眠、道子。心思殫竭，以夭天年。

沈君用，名士良，踵仲美之智，而妍巧悉敵。壺式上接歐正春一派，至尚像諸物，制為器用。不尚正方圓，而筍縫不苟絲發。配土之妙，色象天錯，金石同緊，自幼知名。人乎之日『沈多梳』宜興垂髫之稱。巧殫厥心，亦以甲申四月夭。

別派

諸人見汪大心葉語附記中。休寧人，安體茲，號古靈。

邵蓋、周後溪、邵二孫，並萬歷間人。

陳俊卿，亦時大彬弟子。

周季山、陳和之、陳挺生、沈君盛，善仿友泉、君用。並天啟、崇禎間人。

沈子澈，崇楨時人，所制壺古雅，渾樸。嘗為人制菱花壺，銘之曰：石根泉，蒙頂葉，漱齒鮮，滌塵熱。

陳辰，字共之，工鐫壺款，近人多假手焉，亦陶家之中書君也。

鐫亦款識，即時大彬初倩能書者落墨，用竹刀畫之，或以印記，後竟運刀成字，書法閑雅，在《黃庭》、《樂毅》貼間，人不能仿。賞鑒家用以為別。次則李仲芳，亦合書法。若李茂林，朱書號記而已。仲芳亦時代大彬刻款，手法自遜。規仿名壺曰臨，比於書畫家入門時。

陶肆謠曰：壺家妙手稱三大。謂時大彬、李大仲芳、徐大友泉也。予為轉一語曰：明代良陶讓一時，獨尊大彬，固自匪佞。

相傳壺土初出用時，先有異僧經行村落，日呼曰：賣富貴。土人群嗤之。僧曰貴不要買，買富何如？因引村叟，指山中產土之穴去。及發之，果備五色，爛若披錦。

嫩泥，出趙莊山，以和一切色，上乃粘脂可築，蓋陶壺之丞弼也。

石黃泥，出趙莊山，即未觸風日之石骨也。陶之乃變朱砂色。

天青泥，出蠡墅，陶之變黯肝色。又其夾支，有梨皮泥，陶現梨凍色；淡紅泥，陶現松治變化尚露種種光怪雲。

老泥，出團山，陶則白砂星星，按若珠琲，以天青、石黃和之，成淺深古色。

白泥，出大潮山，陶瓶盎缸缶用之，此山未經發用，載自吾鄉白石山。江陰秦望山之東北支峰。

出土諸山，其穴往往善徙。有素產於此，忽又他穴得之者，實山靈有以司之，然皆深入數十丈乃得。

造壺之家，各穴門外一方地，取色土篩搗部署訖，弇窨其中，名曰養土。取用配合，各有心法。秘不相授，壺成幽之，以候極燥，乃以陶甕皮五六器，封閉不隙，始鮮欠裂射油之患。過火則老，老不美觀，欠火則稚，稚沙土氣。若窯有變相，匪夷所思。傾湯貯茶，雲霞綺閃，直是神之所為，億千或一見耳。

陶穴環蜀山，山原名獨，東坡先生乞居陽羨時，以似蜀中風景，改名此山也，祠祀先生於山椒，陶煙飛染，祠宇盡墨，按《爾雅·釋山》云，獨者蜀。則先生之銳改厥名，不徙桑梓殷懷，抑亦考古自喜云爾。

壺供真茶，正在新泉活火，旋瀹旋啜，以盡色香味之蘊，故壺宜小不宜大，宜淺不宜深，壺蓋宜盎不宜砥，湯力茗香，俾得團結氤氳。宜傾渴即滌，去厥渟滓，乃俗夫強作解事，謂時壺質地緊潔，注茶越宿暑月不餿，不知越數刻而茶敗矣，安俟越宿哉。況真茶如蓍脂，採即宜羹，如筍

味觸風隨劣，悠悠之論，俗不可醫。

壺入用久，滌拭日加，自發闇然之光，入手可鑒，此為書房雅供。若膩滓斕斑，油光爍爍，是曰和尚光，最為賤相。每見好事家藏列，頗多名制，而愛護後染，舒袖摩挲，惟恐拭去，曰：吾以寶其舊色爾。不知西子蒙不潔，堪充下陳否耶，以注真茶，是藐姑射山之神人。安神人，安置煙瘴地面矣，豈不舛哉。

壺之土色，自供春而下及時大初年，皆細土淡墨色，上有銀沙閃點，迨風砂和制彀縐周身珠粒隱隱，更自奪目。

或問予以聲論茶，是有說乎。予曰：竹綸幽討，松火怒飛，蟹眼徐突窺，鯨波乍起，耳根圓通，為不遠矣。然爐頭風雨聲，銅瓶易作，不免湯腥，砂銚亦嫌土氣。惟純錫為五金之母，以制茶銚，能益水德，沸亦聲清，白金尤妙，茀非山林所辦爾。

壺宿雜氣，滿貯沸湯，傾即沒冷水中，亦急出水寫之，元氣復矣。

品茶用甌白瓷為良，所謂素瓷傳靜夜，芳氣滿閑軒也。制宜弇口邃腸，色浮浮而香味不散。

茶洗，式如扁壺，中加一盎鬲而細竅其底。便過水漉沙。茶藏，以閉洗過茶者，仲美、君用，各有奇制，皆壺史之從事也。水勺湯銚，亦有制之盡美者，要以椰匏錫器，為用之恆。

附録

《過吳迪美、朱萼堂看壺歌兼吳貳公》

新夏新晴新綠煥，茶式初開花信亂。羈愁共語賴吳郎，曲巷通人每相喚。伊予真氣合奇懷，閑中今古資評斷。荊南土俗雅尚陶，茗壺奔走天下半。吳郎鑒器有淵心，會聽壺工能事判。源流裁別字字矜，收貯將同彝鼎玩。再三請出豁雙眸，今朝乃許花前看。高盤捧列朱萼堂，匣未開時先置。卷袖摩挲笑向人，次第標題陳幾案。每壺署以古茶星，科使前賢參靜觀。指搖蓋作金石聲，款識稱堪法書按。某為壺祖某云孫，形制敦龐古光燦。長橋陶肆紛新奇，心眼欲歡多暗換。寂寞無言意共深，人知俗手真風散。始信黃金瓦價高，作者展也天工竄。技道曾何彼此分，空堂日晚滋三嘆。

供春、大彬諸名壺，價高不易辦。予但別真真而旁搜殘缺於好事家，用自怡悅，詩以解嘲。

陽羨名壺集，周郎不棄瑕。尚陶延古意，排悶仰真茶。燕市曾酬駿，齊師亦載車。也知無用用，攜對欲殘花。吳迪美曰：用涓人買駿骨，孫臏刖足事，以喻殘壺好。伯高乃真鑒家，風雅又不必言矣。

林茂之《陶寶肖像歌為馮本卿金吾作》

昔賢制器巧含樸，規放尊壺從古博。我明龔春時大彬，量齊水火摶埴作。作者已往嗟濫觴，有循月令仲冬良。荊溪陶正司陶復，泥沙貴重如珩璜。世間茶具稱為首，玩賞揩摩在人手。粉錫型模莫與爭，素磁斟酌長相偶。義取炎涼無變更，能使茶湯氣永清。動則禁持慎捧執，久且色澤生明。近聞復有友泉子，雅式精工仍繼美。嘗教春茗注山泉，不比瓶罍罄時恥。以茲珍賞向東吳，勝卻方平眾玉壺。癖好收藏阮光祿，割愛舉贈馮金吾。金吾得之喜絕倒，寫圖錫名曰陶寶。一時詠贊如勒銘，直似千年鼎彝好。

俞仲茅《贈馮本卿都護陶寶肖像歌》

何人霾向陶家側，千年化作土赭色。捄來搗治水火齊去聲，義興好手誇埏埴。春濤沸後春旗濡，彭亨豕腹正所須。吳兒寶若金服匿，夤緣先入步兵廚。於今東海小馮君，清賞風流天下聞。主人會意卻投贈，媵以長句縹緗文。陳君雅欲酣茗戰，得此摩挲日千遍。尺幅鵝溪綴剡藤，更教摩詰開生面。圖為王宏卿所寫。一時佳話傾璠玙，堪備他年斑管書。月笋馮園名。即今書畫舫，硯山同伴玉蟾蜍。

明周高起《洞山岕茶系》 唐李栖筠守常州日，山僧進陽羨茶，陸羽品為『芬芳冠世，產可供上方』。遂置茶舍於罨畫谿，去湖汊一里所，歲供萬兩。許有穀詩云：『陸羽名荒舊茶舍，卻教陽羨置郵忙』是也。其山名茶山，亦曰貢山，東臨罨畫谿。修貢時，山中湧出金沙泉，杜牧詩所謂『山實東南秀，茶稱瑞草魁。泉嫩黃金湧，芽香紫璧裁』者是也。山在均山鄉，縣東南三十五里。又茗山，在縣西南五十里永豐鄉。皇甫曾有《送陸羽南山採茶詩》：『千峯待逋客，香茗復叢生。採摘知深處，煙霞羨獨行。幽期山寺遠，野飯石泉清。寂寂燃燈夜，相思磬一聲。』見時貢茶在茗山矣。又唐天寶中，稠錫禪師名清晏，卓錫南岳，澗上泉忽迸石窟間，字曰『真珠泉』。師曰：『宜瀹吾鄉桐廬茶』，爰有白

蛇銜種菴側之異。南岳產茶，不絕修貢。迨今方春採茶，清明日，縣令躬享白蛇於卓錫泉亭，隆厥典也。後來檄取，山農苦之。故袁高有『陰嶺茶未吐，使者牒已頻』之句。郭三益題南岳寺壁云：『古木陰森梵帝家，寒泉一勺試新茶。官符星火催春焙，卻使山僧怨白蛇。』盧仝《茶歌》亦云：『天子須嘗陽羨茶，百草不敢先開花。』又云：『安知百萬億蒼生，命墜顛崖受辛苦』可見貢茶之苦。民亦自古然矣。至岕茶之尚于高流，雖近數十年中事，而厥產伊始，則自盧仝隱居洞山，種於陰嶺，遂有茗嶺之目。相傳古有漢王者，棲遲茗嶺之陽，課童藝茶。踵盧仝幽致，陽山所產，香味倍勝茗嶺。所以老廟後一帶，茶猶唐宋根株也。貢山茶今已絕種。

羅岕去宜興而南踰八九十里，浙直分界，只一山岡，岡南即長興山。兩峯相阻，介就夷曠者，人呼為岕，履其地，始知古人制字有意。今字書『岕』字，但注云山名耳云有八十八處。前橫大磵，水泉清駛，漱潤茶根，洩山土之肥澤，故洞山為諸岕之最。自西氿溯張渚而入，取道茗嶺，甚險惡；縣西南八十里自東氿溯湖㳇而入，取道纏嶺，稍夷才通車騎。

第一品

老廟後，廟祀山之土神者，瑞草叢鬱，殆比茶星肸蠁矣。地不二三畝，苕溪姚象先與壻朱奇生分有之。茶皆古本，每年產不廿斤，色淡黃不綠，葉筋淡白而厚，製成梗絕少。入湯，色柔白如玉露，味甘，芳香藏味中。空濛深永，啜之愈出，致在有無之外。

第二品皆洞頂岕也

新廟後、棋盤頂、紗帽頂、手巾條、姚八房，及吳江周氏地，產茶亦不能多。香幽色白，味冷雋，與老廟不甚別，啜之差覺其薄耳。總之，品岕至此，清如孤竹，和如柳下，並入聖矣。今人以色濃香烈為岕茶，真耳食而眯其似也。

第三品

廟後漲沙、大袞頭、姚洞、羅洞、王洞、范洞、白石。

第四品皆平洞本岕也

下漲沙、梧桐洞、余洞、石場、丫頭岕、留青岕、黃龍、炭竈、龍池。

不入品外山

長潮、青口、箵莊、顧渚、茅山岕。

貢茶

即南岳茶也。天子所嘗，不敢置品。縣官修貢，期以清明日，入山肅祭，乃始開園採。製視松蘿、虎丘，而色香豐美。自是天家清供，名曰片茶。初亦如岕茶製，萬曆丙辰，僧稠蔭游松蘿，乃仿製為片。

岕茶採焙，定以立夏後三日，陰雨又需之。世人妄云『雨前真岕』，抑亦未知茶事矣。茶園既開，入山賣草枝者，日不下二三百石，山民收製亂真。好事家躬往，予租採焙，幾視惟謹，多被潛易真茶去。人地相京，高價分買，家不能二三斤。近有採嫩葉，除尖蒂，抽細筋炒之，亦曰片茶；不去筋尖，炒而復焙，燥如葉狀，曰攤茶，並難多得。又有俟茶市將闌，採取剩葉製之者，名修山，香味足而色差老。若今四方所貨岕片，多是南岳片子，署為騙茶可矣。茶賈炫人，率以長潮等茶，本岕亦不可得。噫！安得起陸龜蒙於九京，與之賡茶人詩也。陸詩云：『天賦識靈草，自然鍾野姿。閒來北山下，似與東風期。雨後採芳去，雲間幽路危。惟應報春鳥，得共此人知。』茶人皆有市心，令予徒仰真茶已。故予煩悶時，每誦姚合《乞茶詩》一過：『嫩綠微黃碧澗春，採時聞道斷葷辛。不將錢買將詩乞，借問山翁有幾人。』

岕茶德全，策勛惟歸洗控。沸湯潑葉即起，洗鬲斂其出液，候湯可下指，即下洗鬲排蕩沙沫；復起，併指控乾，閉之茶藏候投。蓋他茶欲按時分投，惟岕既經洗控，神理綿綿，止須上投耳。傾湯滿壺，後下葉子，曰上投，宜夏日。傾湯及半，下葉滿湯，曰中投，宜春秋。葉着壺底，以湯浮之曰下投，宜冬日初春。

張岱

明 張岱《瑯嬛文集》卷五 蜀人張岱，陶庵其號也。少為紈綺子弟，極愛繁華，好精舍，好美婢，好孌童，好鮮衣，好美食，好駿馬，好華燈，好煙火，好梨園，好鼓吹，好古董，好花鳥，兼以茶淫橘虐，書蠹

詩魔，勞碌半生，皆成夢幻。年至五十，國破家亡，避跡山居。所存者，破床碎几，折鼎病琴，與殘書數帙，缺硯一方而已。布衣疏莨，常至斷炊。回首二十年前，真如隔世。

明 張岱《陶庵夢憶》卷三《蘭雪茶》 日鑄者，越王鑄劍地也，茶味稜稜有金石之氣。歐陽永叔曰：『兩浙之茶，日鑄第一。』王龜齡曰：『龍山瑞草，日鑄雪芽。』日鑄名起此。京師茶客，有茶則至，意不在雪芽也。而雪芽利之，一如京茶式，不敢獨異。三峨叔知松蘿焙法，取瑞草試之，香撲冽。余曰：『瑞草固佳，漢武帝食露盤，無補多欲；日鑄茶藪，「牛雖瘠僨於豚上」也。』遂募歙人入日鑄。扚法、掐法、挪法、撒法、扇法、炒法、焙法、藏法，一如松蘿。他泉瀹之，香氣不出，煮禊泉，投以小罐，則香太濃郁。雜入茉莉，再三較量，用敞口瓷甌淡放之，候其冷；以旋滾湯衝瀉之，色如竹籜方解，綠粉初匀，又如山窗初曙，透紙黎光。取清妃白，傾向素瓷，真如百莖素蘭同雪濤並瀉也。雪芽得其色矣，未得其氣，余戲呼之『蘭雪』。四五年後，『蘭雪茶』一哄如市焉。越之好事者，不食松蘿，止食蘭雪。蘭雪則食，以松蘿而纂蘭雪者亦食，蓋松蘿貶聲價俯就蘭雪，從俗也。乃近日徽歙間，松蘿亦名蘭雪，向以松蘿名者，封面係換，則又奇矣。

又 卷三《閔老子茶》 周墨農向余道閔汶水茶不置口。戊寅九月至留都，抵岸，即訪閔汶水於桃葉渡。日晡，汶水他出，遲其歸，乃婆娑一老。方敘話，遽起曰：『杖忘某所。』又去。余曰：『今日豈可空去？』遲之又久，汶水返，更定矣。睨余曰：『客尚在耶！客在奚為者？』余曰：『慕汶老久，今日不暢飲汶老茶，決不去。』

汶水喜，自起當爐。茶旋煮，速如風雨。導至一室，明窗淨几，荊溪壺、成宣窯瓷甌十餘種，皆精絕。燈下視茶色，與瓷甌無別而香氣逼人，余叫絕。余問汶水曰：『此茶何產？』

汶水曰：『閬苑茶也。』余再啜之，曰：『莫紿余！是閬苑製法而味不似。』汶水匿笑曰：『客知是何產？』余再啜之，曰：『何其似羅岕甚也？』汶水吐舌曰：『奇，奇！』余問：『水何水？』曰：『惠泉。』

余又曰：『莫紿余！惠泉走千里，水勞而圭角不動，何也？』汶水曰：『不復敢隱。其取惠水，必淘井，靜夜候新泉至，旋汲之。山石磊磊藉甕底，舟非風則勿行，故水之生磊。即尋常惠水猶遜一頭地，況他水耶！』又吐舌曰：『奇，奇！』言未畢，汶水去。少頃，持一壺滿斟余曰：『客啜此。』余曰：『香撲烈，味甚渾厚，此春茶耶？向瀹者的是秋採。』汶水大笑曰：『予年七十，精賞鑒者無客比。』遂定交。

又 卷八《露兄》 崇禎癸酉，有好事者開茶館，泉實玉帶，茶實蘭雪，湯以旋煮無老湯，器以時滌無穢器，其火候、湯候，亦時有天合之者。余喜之，名其館曰露兄，取米顛『茶甘露有兄』句也。

為之作《鬪茶檄》曰：『水淫茶癖，爰有古風；瑞草雪芽，素稱越絕。特以烹煮非法，向來葛灶生塵；更兼賞鑒無人，致使羽《經》積蠹。邇者擇有勝地，復舉湯盟，水符遞自玉泉，茗戰爭來蘭雪。瓜子炒豆，何須瑞草橋邊；橘柚查梨，出自仲山圃內。八功德水，無過甘滑香潔清涼；七家常事，不管柴米油鹽醬醋。一日何可少此，子猷竹庶可齊名；七碗吃不得了，盧仝茶不算知味。一壺揮麈，用暢清談；半榻焚香，共期白醉。』

清代茶人

李漁

清 李漁《閑情偶寄》卷一一《器玩部・茶具》 茗注莫妙於砂壺，砂壺之精者，又莫過于陽羨，是人而知之矣。然寶之過情，使與金銀比值，無乃仲尼不為之已甚乎？置物但取其適用，何必幽渺其說，必至理窮義盡而後止哉！凡製茗壺，其嘴務直，購者亦然，一曲便可憂，再曲則稱棄物矣。蓋貯茶之物與貯酒不同，酒無渣滓，一斟即出，其嘴之曲直可以不論；茶則有體之物也，星星之葉，入水即成大片，斟瀉之時，纖毫入嘴，則塞而不流。啜茗快事，斟之不出，大覺悶人。直則保無是患矣，即有時閉塞，亦可疏通，不似武夷九曲之難力導也。

貯茗之瓶，止宜用錫。無論磁銅等器，性不相能，即以金銀作供，寶之適以崇之耳。但以錫作瓶者，取其氣味不洩；而製之不善，其無用更

甚于磁瓶。詢其所以然之故，則有二焉。一則以製成未試，漏孔繁多。凡錫工製酒壺等注等物，于其既成，必以水試，稍有滲漏，即加補苴，以其為貯茶貯酒而設，漏即無所用之矣；一到收藏乾物之器，即忽視之，猶木工造盆造桶則防漏，置斗置斛則不防漏，其情一也。烏知錫瓶有眼，其發潮洩氣反倍于磁瓶，故製成之後，必加親試，大者貯之以水，小者吹之以氣，有纖毫漏隙，立督補成。試之又必須二次，一在將成未鏇之時，一在已成既鏇之後。何也？常有初時不漏，殆鏇去錫皮，打磨光滑之後，忽然露出細孔，此非屢驗諦視者不知。此為淺人道也。一則以封蓋不固，氣味難藏。凡收藏香美之物，其加嚴處全在封口，封口不密，與露處同。吾笑世上茶瓶之蓋必用雙層，此制始於何人？可謂七竅俱蒙者矣。單層之蓋，可于蓋內塞紙，使剛柔互效其力，一用夾層，則止靠剛者為力，無所用其柔矣。塞滿細縫，使之一線無遺，豈剛而不善屈曲者所能為乎？即靠外面糊紙，而受紙之處又在崎嶇凹凸之場，勢必剪碎紙條，作蓑衣樣式，始能貼服。試問以蓑衣覆物，能使內外不通風乎？故錫瓶之蓋，止宜厚不宜雙。藏茗之家，凡收藏不即開者，開瓶口向上處，先用綿紙二三層，實褙封固，俟其既乾，然後覆之以蓋，則剛柔並用，永無洩氣之時矣。其時開時閉者，則于蓋內塞紙一二層，使香氣閉而不洩。此貯茗之善策也。若蓋用夾層，則向外者宜作兩截，用紙束腰，其法稍便。然封外不如封內，究竟以前說為長。

又卷一二《飲饌部・不載果食茶酒說》　菓者酒之讐，茶者酒之敵，嗜酒之人必不嗜茶與菓，此定數也。凡有新客入座，平時未經共飲，不知其酒量淺深者，但以菓餅及糖食驗之。取到即食，食而似有踊躍之情者，此即茗客，非酒客也；取而不食，及食不數四而即有倦色者，此必巨量之客，以酒為生者也。以此法驗嘉賓，百不失一。予係茗客而非酒人，性似猿猴，以菓代食，天下皆知之矣。訊以酒味則茫然，與談食菓飲茶之事，則覺井井有條，滋滋多味。茲既備述飲饌之事，則當于二者加詳，胡以缺而不備？曰：懼其畧也。性既嗜此，則必大書特書，而且為罄竹之書，若以寥寥數紙終其崖畧，則恐筆欲停而心未許，不覺其言之汗漫而難收也。且菓可畧而茶不可畧，茗戰之兵法，富于《三畧》、《六韜》，豈《孫子》十三篇所能盡其靈秘者哉？是用專輯一編，名為《茶菓志》，孤行可，尾于是集之後亦可。至于麯糵一事，予既自謂茫然，如復強為置吻，則假口他人乎？抑強不知為知，以欺天下乎？假口則仍犯剿襲之戒；將欲欺人，則茗客可欺，酒人不可欺也。倘執其所短而興問罪之師，吾能以茗戰戰之乎？不若絕口不談之為愈耳。

（光緒）《蘭溪縣志》卷五《文學門・李漁傳》　李漁，字謫凡，邑之下李人。童時以五經受知學使者，補博士弟子員。少壯擅詩古文詞，著有才子稱。好遨遊。自白門移居杭州西湖上。自喜結鄰山水，因號『湖上笠翁』。題室楹云：『繁冗驅人，舊業盡抛塵市裏；湖山招我，全家移入畫圖中。』性極巧，凡窗牖、牀榻、服飾、器具、飲食諸制度，悉出新意，人見之莫不喜悅，故傾動一時。所交多名流才望，即婦孺亦皆知有李笠翁。晚年思歸，作《歸故鄉賦》，有云：『采蘭紉佩兮，觀瀔引觴。』蓋於此有終焉之志也。生平著述彙爲一編，名曰《一家言》。又輯《資治新書》若干卷，其簡首有《慎獄芻言》、《詳刑末議》數則，爲漁所自撰，皆藹然仁者之言。近賀長齡爲采入　皇朝經世文編以漁僑居邦上，故賀作漁爲江南人。作詩文甚敏捷，求之可立待以去，而率臆構思，不必盡準於古。最著者詞曲，其意中亦無所謂高則誠、王實甫也。有《十種曲》盛行於世。當時李卓吾、陳仲醇名最噪，得笠翁爲三矣。論者謂『近雅則仲醇庶幾，諧俗則笠翁爲甚』云。昔漁嘗於下李村開鑿溝引水，環繞里址，至今大得其水利。

冒襄

清張潮《〈岕茶彙抄〉小引》　茶之為類不一，岕茶為最；岕之為類亦不一，廟後為佳。其採擷之宜，烹啜之政，巢民已詳之矣，予復何言。然有所不可解者，不在今之茶，而在古之茶也。古人屑茶為末，蒸而範之成餅，已失其本來之味矣。至其烹也，又復點之以鹽，亦何鄙俗乃爾耶。夫茶之妙在香，苟製而為餅，其香定不復存；茶之妙在淡，點之以鹽，是且與淡相反；吾不知玉川之所歌，鴻漸之所嗜，其妙果安在也？善茗飲者，每度率不過三四甌，徐徐啜之，始盡其妙。玉川子于俄頃之間，頓傾七碗，此其鯨吞虹吸之狀，與壯夫飲酒，夫復何殊？陸氏《茶

經》所載，與今人異者，不一而足，使陸羽當時茶已如今世之製，吾知其沉酣傾倒於此中者，當更加十百於前矣。昔人謂飲茶為水厄，元魏人至以為恥，甚且謂不堪與酪作奴，苟得羅蚧飲之，有不自悔其言之謬耶。吾鄉三天子都，有抹山茶，茶生石間，非人力所能培植；味淡香清，足稱仙品；採之甚難，不可多得。惜巢民已歿，不能與之共賞也。心齋張潮撰。

清 冒襄《蚧茶彙抄》 環長興境產茶者曰羅嶰，曰白巖，曰烏瞻，曰青東，曰顧渚，曰篠浦，不可指數；獨羅嶰最勝。環嶰境十里而遙，為嶰者亦不可指數。嶰而曰蚧，兩山之介也。羅氏居之，在小秦王廟後，所以稱廟後羅蚧也。洞山之蚧，南面陽光朝旭夕暉，雲滃霧浡，所以味迴別也。

產茶處，山之夕陽，勝於朝陽。廟後山西向，故稱佳；總不如洞山南向，受陽氣特專，稱仙品。

茶產平地，受土氣多，故其質濁。蚧茗產於高山，渾是風露清虛之氣，故為可尚。

茶以初出雨前者佳。惟羅蚧立夏開園，吳中所貴，梗粗葉厚，有蕭箬之氣；還是夏前六七日，如雀舌者佳，最不易得。

江南之茶，唐人首稱陽羨，宋人最重建州，於今貢茶，兩地獨多。陽羨僅有其名，建茶亦非最上，惟有武夷雨前最勝。近日所尚者，為長興之羅蚧，疑即古人顧渚紫筍也。介於山中，謂之蚧，羅氏隱焉，故名羅。然蚧故有數處，今惟洞山最佳。姚伯道云：明月之峽，厥有佳茗，是名上乘。要之，採之以時，製之盡法，無不佳者。其韻致清遠，滋味甘香，清肺除煩，足稱仙品，此自一種也。若在顧渚，亦有佳者，人但以水口茶名之，全與蚧別矣。

蚧中之人，非夏前不摘。初試摘者，謂之開園。採自正夏，謂之春茶。其地稍寒，故須待時，此又不當以太遲病之。往日無有秋摘，近七八月重摘一番，謂之早春，其品甚佳，不嫌稍薄也。

蚧茶不炒，甑中蒸熟，然後烘焙。緣其摘遲，枝葉微老，炒不能軟，徒枯碎耳。亦有一種細炒蚧，乃他山炒焙，以欺好奇。蚧中惜茶，決不忍嫩採以傷樹本。余意他山所產，亦稍遲採之，待其長大，如蚧中之法蒸之，似無不可。但未試嘗，不敢漫作。

蚧茶雨前精神未足，夏後則梗葉太粗，然以細嫩為妙，須當交夏時，時看風日晴和，月露初收，親自監採入籃。如烈日之下，又防籃內鬱蒸，須傘蓋至舍，速傾淨匾薄攤，細揀枯枝、病葉、蛸絲、青牛之類，一一剔去，方為精潔也。

蒸茶，須看葉之老嫩，定蒸之遲速，以皮梗碎而色帶赤為度；若太熟則失鮮。其鍋內湯須頻換新水，蓋熟湯能奪茶味也。

茶雖均出於蚧，有如蘭花香而味甘，過霉歷秋，開罈烹之，其香愈烈，味若新沃，以湯色尚白者，真洞山也。若他嶰初時亦有香味，至秋則香氣索然，便覺與真品相去霄天壤。又有香而味澀，色淡黃而微香者，有色青而毫無香味，極細嫩而香濁味苦者，皆非道地。品茶者辨色聞香，更時察味，百不失矣。

茶色貴白，白亦不難。泉清瓶潔，葉少水洗，旋烹旋啜，其色自白。然真味抑鬱，徒為目食耳。若取青綠，天池、松蘿及下蚧，雖冬月，色亦如苔衣，何足稱妙。莫若真洞山，自穀雨後五日者，以湯薄澣，貯壺良久，其色如玉，至冬猶則嫩綠，味甘色淡，韻清氣醇，如虎丘茶亦，作嬰兒肉香，而芝芬浮蕩，則虎丘所無也。

烹時先以上品泉水滌烹器，務鮮務潔。次以熱水滌茶葉。水太滾，恐一滌味損。以竹筯夾茶於滌器中，反復滌蕩，去塵土、黃葉、老梗盡，以手搦乾，置滌器內蓋定，少刻開視，色青香烈，急取沸水潑之。夏先貯水入茶，冬先貯茶入水。

茶花味濁無香，香凝葉內。

洞山茶之下者，香清葉嫩，着水香消。

棋盤頂、紗帽頂、雄鵝頭、茗嶺，皆產茶地。諸地有老柯、嫩柯，惟老廟後無二，梗葉叢密，香不外散，稱為上品也。

茶壺以小為貴。每一客一壺，任獨斟飲，方得茶趣。何也？壺小香不渙散，味不耽遲，況茶中香味，不先不後，只有一時，太早未足，太遲則已過。的見得恰好一瀉而盡，化而裁之，存乎其人。

憶四十七年前，有吳人柯姓者，熟於陽羨茶山，每桐初露白之際，為余入蚧，箬籠攜來十餘種。其最精妙不過觔許數兩，味老香深，具芝蘭金

石之性，十五年以為恆。後宛姬從吳門歸余，則岕片必需半塘顧子兼，黃熟香必金平叔，茶香雙妙，更入精微。然顧、金茶香之供，每歲必先虞山柳夫人，吾邑隴西之蒨姬與余共宛姬，而後他及。

金沙于象明攜岕茶來，絕妙。金沙之於精鑒賞，甲於江南，而岕山之棋盤頂，久歸於家，每歲其尊人必躬往採製。今夏攜來廟後、棋頂、漲沙、本山諸種，各有差等，然道地之極，真極妙；二十年所無。又辨水候火，與手自洗，烹之細潔，使茶之色香性情，從文人之奇嗜異好，一一淋漓而出。誠如丹邱羽人所謂飲茶生羽翼者，真衰年稱心樂事也。

又有吳門七十四老人朱汝圭攜茶過訪，茶與象明頗同，多花香一種。汝圭之嗜茶自幼，如世人之結齋於胎，年十四入岕，迄今春夏不渝者百二十番，奪食色以好之。有子孫為名諸生，老不受其養，謂不嗜茶為不似阿翁。每竦骨入山，臥遊虎虺，負籠入肆，嘯傲甌香，晨夕滌瓷洗葉，啜弄無休，指爪齒頰與語言激揚，讚頌之津津，恆有喜神妙氣，與茶相長養，真奇癖也。

清 張潮《〈岕茶彙抄〉跋》 吾鄉既富茗柯，復饒泉水，以泉烹茶，其味尤勝，計可與羅岕敵者，唯松蘿耳。予曾以詩寄巢民云：『君為羅岕傳神，我代松蘿叫屈。同此一樣清芬，忍令獨向隅曲。』迄今思之，殊深我以黃公酒壚之感也。心齋居士題。

清 李斗《揚州畫舫録》卷一〇《虹橋録上》 冒襄，字闢疆，號巢民，如皋人。父宗起，崇禎末以吏部郎出鎮鄖、襄。襄以明經用為司李，不就。以氣節尚，與陳定生、方以智、吳次尾善，稱『四公子』。家有水繪園，園有逸園、梅塘、湘中閣、洗缽池、玉帶橋、寒碧堂、小三吾、小浯溪諸勝。乙巳春，文簡有事如皋，與邵潛、陳維崧、許嗣隆、毛師桂修禊於是，歌兒紫雲捧研於湘中閣，杜浚後至，不及會。

杜濬

清 杜濬《變雅堂遺集·文八·茶丘銘》 吾之於茶也，性命之交也。性也有命，命也有性也。天有寒暑，地有險易，世有常變，遇有順逆，流坎之不齊，飢飽之不等，吾好茶不改其度。清泉活火，相依不舍，計客中一切之費，茶居其半，有絕糧無絕茶也。兼性嗜香味，惟枉初烹旗槍，一戰即聽童子持去，不知其亡矣。一日友人過，談邇年出關，諸壯士走窮荒險惡，水火不通，言語道斷之地，道暍欲死，求馬溲不可得。余始愯然媿汗。念向來暴殄之罪，殆不可贖。自是始勉強啜再烹之茶，舌本尋索，亦覺津津有餘味。因慨生平賦命奇薄，與物無緣，惟茶爲恩我，負之不祥，豈可使墮落污穢中。且余既有花冢矣，耳目之玩，孰如性命之交乎？於是舉凡所用之敗葉，必檢點收拾，置之淨處，每至歲終，聚而封之，謂之茶丘。磨石刻銘，曰：石可泐，交不絕。

又《詩五·茶喜》 夫予論茶四妙：曰湛，曰幽，曰靈，曰遠。用以澡吾根器，美吾智意，改吾聞見，導吾杳冥。

清 李斗《揚州畫舫録》卷一〇《虹橋録上》 杜浚，初名詔，字於皇，號茶村，湖廣黃岡人。工詩。僑居江寧雞鳴山之右，往來揚州，與文簡友善。修禊時，浚後至，文簡詩云：『杜陵老叟窮可憐，猶能鬥酒詩百篇。今朝何處爐頭醉，知有人家送酒錢。』死後，陳蒼洲太守鵬年葬於江寧太平門之麓。著有《變雅堂集》。

《清史稿》卷五〇一《杜濬傳》 杜濬，字于皇，號茶村，黃岡人。明季為諸生，避亂居金陵。少倜儻，嘗欲著奇節，既不得試，遂刻意為詩，然不欲以詩人自名也。於並世人獨重宣城沈壽民、吳中徐枋，自媿不如。其在金陵，與方仲舒善，仲舒，苞父也。金陵冠蓋輻輳，諸公貴人求詩者踵至，多謝絕。錢謙益嘗造訪，至閉門不與通，惟故舊徒步到門，則偶接焉。門內為竹關，關外設坐，約客至，視鍵閉，則坐而待，不得叩關，雖大府至，亦然。及功令有挑門之役，有司按籍欲優免，濬曰：『是吾所服也！』躬雜廝輿夜巡綽，衆莫能止。嗜茗飲，嘗言吾有絕糧，無絕茶。既有花冢，因拾殘茗聚封之，謂之『茶丘』。年七十七，卒於揚州。

劉源長

清 劉源長《茶史·序》 世稱茶之名，起於晉宋以後，而《神農食經》周公《爾雅》已先及之。蓋自貢之尚方，下逮眠雲臥石之夫胥，

得為茗飲。至若鴻漸、伯熊之品味，玉川子、江湖散人之嗜好，紀於傳策者，今古數人而已。而山陽劉介祉先生，博洽羣書，因取《茶經》以後凡詩、賦、論、記及於此者，累為一帙，名曰《茶史》。嗣君大參年伯，每與先大夫論及是書，津津不去口。

康熙乙酉

清 張廷玉《〈茶史〉序》 聖祖南巡，大參公曾以是書進御。扈從諸臣，咸購得之，一時紙貴。三十年來，鐫本亦稍蝕。予嘗披覽竟卷，見其搜採精核，覺有至味，浸淫心口間。又聞先生性至孝，弱冠侍親官粤西，及扶櫬歸，山途遇虎，眾駭散，先生伏櫬不去，虎曳尾過。涉洞庭，風作覆舟，先生抱櫬疾呼，風竟息。精行修德，耄而好學，七為鄉大賓；沒崇祀鄉賢。余讀其書，未嘗不想見其為人。蘇文忠公有言，『君子可以寓意於物，而不可以留意於物。』秋於弈，伯倫於酒，嵇康於鍛，阮孚於蠟屐，以及杜征南之癖左，蔡中郎之秘《論衡》，亦各適其意之所寄而已。先生矻矻孜孜，丹鉛不輟，豈於雀舌龍團、香泉碧乳獨有偏嗜？蓋其澡滌心性，和神養氣，一食飲不敢忘親，即是編可以窺尋其微意，以視瑯琊漏卮，蒼頭水厄，曾何足云。書不盈寸，得邀聖祖鑒賞，固臣子之榮耀，而孝思所積，感格天人，益信而有徵矣。

今年秋，先生之曾孫乃大，重校是書，修整裝潢，請序於余，余特表其行，以諗世之讀是書者。乃大年少多才有志繩武，將合前人述作，先後盡付諸梓，且勉於文行，不失其世守，是則余之所望也已。時雍正六年秋七月，桐城張廷玉拜撰。

清 李仙根《〈茶史〉敘》 古文無茶字，《本草》作荼，蓋蘗品，非日用之物。自晉唐間有嗜之者，因損文為『茶』，而其用始顯，其種藝遂遍江漢以南。或過頌其德，或深訐其弊，皆非通論。一切物類，精粗不同，要皆利害參半，顧用者何如耳。然古之茶，以製兑堅細為貴，今則以自然元味為佳，是茶之用，又至今日而後為盡致也？吾觀生民之務，莫切於飽煖，乃或終歲不得製衣，併日不得一食，安計不急之茶？至於奔名趨利，淫湎紛華者，雖有名品，不暇啜也。桓譚有云：天下神人，一曰仙，二曰隱。吾以為具此二德，而後可以錫茶之福，策茶之勳。

介翁先生，淮右學古君子也，讀書好閒靜，年益高，著述益富，有茶嗜，因緝為《茶史》。以其史也，必有因據，雖有私見異聞，不敢溷也。其實茶之事日新，山嶽井泉，氣有變易，先生姑不盡言以俟圓機之自會耳。若夫茶馬之司，起於宋，行於今日，更關國計。然考宋，一蜀隴之間，每歲息入，過今日遠甚，豈晰利者之過歟？抑別有其故歟？今史不載，非遺也。

先生閒靜人，希乎仙而全乎隱者也，故亦置而不言。

時康熙丁巳仲秋，蜀遂制通家侍生李仙根拜題。

清 陸求可《〈茶史〉序》 予嘗從事茗政，品題有各著述家，其著為《茶經》，言茶之原、之法、之具，始唯吾家鴻漸。鴻漸之前，未有聞也。至於今人，人能知《茶經》，能言茶之原、之法、之具矣。考諸傳紀，鴻漸之生固奇，問諸水濱，既不可得，乃自得之於筮。稱竟陵子，又號桑苧翁，嘗行曠野，誦詩擊木，徘徊不得意，則慟哭而返，繇今思之，豈徒聽松風，候蟹眼，捧定州花瓷以終老者。夫固有宇宙莫容、流俗難伍之意，攄洩無從，姑借是以消磨壘塊，迨夫冥然會心，發為著述，又能窮其旨趣，擷其芳香，是以後之人爭傳之為《茶經》。然則今之人，有所述作，豈皆有所不得志於時，而為是寄託哉！茶之為飲，最宜精行修德之人。白石清泉，神融心醉，有深味而奇賞焉。前輩劉介祉先生，少壯砥行，晚多著述，一經傳世，長君六皆早翺翔於天祿石渠間，家庭頤養，其瀟灑出塵之致，不必規模鴻漸，而往往發鴻漸之所未有。嗜茶之暇，因《茶經》而廣之為《茶史》。世嘗言古今人不相及，若先生者，豈多讓耶。有鴻漸之為人，而《茶經》傳，有介祉先生之為人，而《茶史》著。鴻漸與先生，其先後同符也。披其卷，謬加訂次，輒兩腋風生，使予復見鴻漸之流風。因長君六皆刻其集，俾予分為之序，而先生有功性命之書，不止此也。六皆著言，滿天下人士之被其容，論者如祥麟威鳳，其有得千家學之傳，匪朝伊夕也夫。

時康熙乙卯夏月，年家姻晚生陸求可咸一父頓首拜撰。

清 劉謙吉《〈茶史〉後序》 史內所載，茶宜精行修德之人，非謂精行修德之人始茶，而精行修德之人，領略有不同，寄興略別也。先君子過四十，即無心仕進；至耄，惟日把一編，各家書史無不覽。倦則熟眠一覺，起呼童子，問苦節君濾水，視候烹點，啜兩三甌，習習清風又讀

書，日如是者再。嘗曰：人一日不了過，吾過兩日也。間仿行白香山社事，必攜茶具諸老父議論風生，先君子則左持冊，右執素瓷，下一榻，且臥且聽之。又嘗謂黃卷、黑甜、清泉是吾三癖。貯水甓滿屋，客有知味者，不憚躬親，煙隱隱從竹外來，輒誦『紗帽籠頭自煎吃』之句。是編也，亦言其大凡而已。山水卉木，時有變化，而臧否因之，即耳目有未逮，寧闕勿疑此史之所由名也。嗟乎！天下之靈木瑞草名泉大川，幸而為篤學好古者所賞識；而不幸以堙沒不傳者，又何可勝道哉！不孝世務漸靡，憂從中來，每得先君子一杯茶，則神融氣平，如坐松風竹月之下，亦可以見先君子之蠲煩滌慮，別有得於性情也。手抄廿一史，略古今要言，箋釋《華嚴》、《金剛》各經，每種約尺許，《茶史》特其片臠耳。讀父之書，而手澤存焉，唏噓不能竟篇。偶取其斷簡殘紙，亦皆有關於風化性命之言，又以是知先正之學問不苟如此。同年陸君咸一，每過從論茗政，遂寧夫子，亦稍稍益以所見，因先謀殺青，其他書次第梓行，庶幾使觀覽者，想見先君子之為人焉。男謙吉識。

清　劉乃大《〈茶史〉跋》　《茶史》上下二卷，先曾王父介祉先生手輯。先生弱冠時，萬里省親，懷集歸行深山叢箐中，涉洞庭之險，遭虎豹風濤，感以誠孝，皆不為害，故至今人稱為孝子。先生生平篤嗜茗飲，水火烹瀹諸法，評品不遺餘力。更搜討古今茶案，凡一語一事，必掌録之。久乃成帙，遂輯為《史》。朝夕校訂，愈老不輟。先王父刻之家塾，歲久殘蝕，藏者絕少。乃大近南遊黔粵，所過山川林麓，皆先生隻身親歷處。扣之鄉三老，猶有能道及往事者。因出行笈中《茶史》。讀之，覺先生性情嗜好，儼嶽嶽於蒼梧嶺海間。歸理先澤，深懼泯滅，因急修補校刻，俾成完書，以無忘吾先人之美。曾孫乃大敬跋。

《四庫全書總目提要》卷一一六　《茶史》二卷浙江汪启淑家藏本，國朝劉源長撰。源長字介祉，淮安人。是編上卷記茶品，下卷記飲茶。其分子目三十，冗碎殊甚。卷端題名，自稱曰八十翁。蓋暮年頤養，姑以寄意而已，不足以言著書也。

清　劉謙吉《〈茶史補〉序》　序曼叟曰：『余嗜茶成癖，向著有《茶苑》一書，為人竊稿，幾為譚峭化書。今見淮陰劉介祉先生《茶史》，風雅詳贍，迥出《茶語》、《茶顛》之上，余不揣檮昧，爰取《茶苑》雜紙，刪史中所已載者，存史中所未備者，名曰《茶史補》，亦庶幾褚少孫補《史記》、李肇補唐史之意云爾。』不孝讀曼叟之言而有感已。先輩苟有著於當世，必竭其心力所至，而人多率意讀之已耳。其有能告以闕失者，則細心以讀其書，而又博聞強識以為助也。使曼叟與先大人少同里閈，壯同遊學，其為《茶史》、《茶苑》合為一書矣。曼叟詩賦古文詞最富，而《茶史補》內有《採茶記》、《沙苑侯傳》及他著録，皆大有闡發。予先刻其摭古者凡六十有三則。

康熙戊午季夏望有六日山陽劉謙吉訒菴敬題

清　余懷《茶史補·附録·沙苑侯傳》　壺執，字雙清，晉陵義興人也。其先帝堯土德之後，後微弗顯，散處江湖之濱，遷至義興者為巨族，然世無仕宦，故姓氏不傳。迨至南唐李後主造澄心堂，羅置四方玩好，以供左右。惟陸羽、盧仝之器粗不稱旨，鬱鬱不樂。騎省舍人徐鉉搢笏奏曰：『義興人壺執，中通外堅，發香知味。蒙山妙葉，顧渚名芽，非執不足以稱任。使臣謹昧死以聞。』後主大悅，爰具元纁束帛，安車蒲輪，加以商山之金，蜀澤之銀，命鉉充行人正使，入義興山中，聘執入朝。執乃率其昆弟子姓，方圓大小，舉族以行。陛見之日，整服修容，潤澤光美，雖有熱中之誚，實多消渴之功。後主嘉之，授太子賓客，詔拜侍中，日與遊處。每當曲宴詠歌之際，杯斝具備，必與執偕。執亦謹身自愛，以媚天子，由是君臣之間，歡若魚水，恨相見之晚也。

開寶五年，論功行賞，執以水衡勞績封為沙苑侯，食邑三百戶，世世勿絕。一日，後主坐涼風亭，召執侍食。執因免冠頓首曰：『臣以泥沙陋質，緣徐鉉之薦，謬膺睿賞，爵為通侯，苟幸無罪。但犬馬之年已及耄耋，誠恐一旦有所玷缺，辜負上恩，臣願乞骸骨歸田里，留子姓之願樸端正者，供上指麾，臣死且不朽。』後主曰：『吁！四時之序，成功者退，

知足不辱，知止不殆。嘉侯之志，依侯所請，加特進光祿大夫，予告馳驛還鄉。』於是騎省鉉及弟鍇、中書侍郎歐陽遙契等，設供帳祖道都門外。

侯歸，結廬義興山中以居。吳越之間，高人韻士、山僧野老，莫不願交於侯。侯亦坦中空洞，不擇貴賤親疏，傾心結友，百餘歲以壽終。

外史氏曰：吾觀古人，如漢之飛將軍李廣，束髮百戰，卒不封侯。今壺執以一藝之工，輒徼萬戶之賞，豈不與羊頭、羊胃同類共譏哉。然侯固帝堯之苗裔、封於陶之別派，而又功濟於水火，德敷於草木，其膺侯爵不虛也。侯之師有翁氏、時氏者，實雕琢而刮磨之，以玉侯於成，並宜俎豆不衰云。今侯之子孫感鉉之知，世受業於徐氏之父子，稱老徐、小徐者，咸以寡過，不失國士。壺氏之名重於江南者，徐氏之功居多，嗚呼，盛哉！

清 余懷《茶讚》 滌煩蕩穢，清心助德，永建湯勳。峽川之月，曾阮之雨，蒙頂之雲。色勝雪白，味比露甘，香逸蘭薰。附膚剔髓，含泉吐石，抱樸霏文。吁嗟猗兮，柯有妙理，善則歸君。

清 楊復吉《〈茶史補〉跋》 《茶史補》者，補劉介祉《茶史》所遺也。搜奇抉秘，無能不新。惜茲刻鏟削不全，即序中所載傳記二篇，亦闕而未備。客歲，余購得《研山草堂文集》殘本，《沙苑侯傳》儼然在焉，因取以著録。而《採茶記》則竟作廣陵散矣。

癸酉季秋震澤楊復吉識。

《四庫全書總目提要》卷一四四《小說家類存目二》 《板橋雜記》三卷大學士英廉購進本

國朝余懷撰。懷字無懷，號淡心，閩縣人。自明太祖設官伎于南京，遂爲冶游之場，相沿謂之舊院。此外又有珠市，亦名倡所居。明季士氣偎薄，以風流相尚，雖兵戈日警，而歌舞彌增。懷此書追述見聞，上卷爲雅游，中卷爲麗品，下卷爲軼事。文章凄縟，足以導欲增悲，亦唐人《北里志》之類。然律以名教，則風雅之罪人矣。

張大復

明 張大復《梅花草堂筆談》卷二《試茶》 茶性必發于水。八分之茶，遇水十分，茶亦十分矣；八分之水，試茶十分，茶只八分耳。貧人不易致茶，尤難得水。歐文忠公之故人有饋中泠泉者，公訝曰：『某故貧士，何得致此奇貺？』其人謙謝，不解所謂。公熟視所饋器，徐曰：『然則水味盡矣。』蓋泉冽性駛，非扃以金銀，未必不破器而走，故曰『貧士不能致此奇貺也』。然予聞中泠泉故在郭璞墓，墓上有石穴罅，取竹作筒，鉤之乃得。郭墓故當急流間，難爲力矣，況必金銀器而後味不走乎？貧人之不能得水亦審矣。予性蠢拙，茶與水皆無揀擇，而云然者，今日試茶，聊爲茶話耳。

陳鑒

清 陳鑒《虎丘茶經注補》 陳子曰：陸桑苧翁《茶經》漏虎丘，竊有疑焉。陸嘗隱虎丘者也，井焉、泉焉、品水焉，茶何漏？曰：非漏也，虎丘茶自在《經》中，無人拈出耳。予乙未遷居虎丘，因注之、補之；其於《茶經》無以別也，仍以注、補別之，而《經》之十品備焉矣。桑苧翁而在，當啞然一笑。

一之源

經 茶，樹如瓜蘆，瓜蘆，苦杕也；廣州有之，葉與虎丘茶無異，但瓜蘆苦耳。花如白薔薇。虎丘茶，花開比白薔薇而小，茶子如小彈。上者生爛石，中者生礫壤。虎丘茶園，在爛石礫壤之間。野者上，園者次，虎丘野而園。宜陽崖陰林。虎丘之西，正陽崖陰林。紫者上，綠者次；筍者上，芽者次；葉卷上，葉舒次。虎丘紫綠、筍芽、卷舒皆上。

補 鑒親採數嫩葉，與茶侶湯愚公小焙烹之，真作荳花香。昔之鬻虎丘茶者，盡天池也。

二之具

經 籯、籃、筥，以竹織之，茶人負以採茶。虎丘由下竹佳，籯小；僧人即茶人。竈、釜、甑，虎丘焙茶同。杵、臼、碓、規、模、棬、承、臺、碪、碾。唐、宋製茶屑同，今葉茶不用。笓莉、篣筤，以小竹長三尺，軀二尺五寸，柄五寸，篋織方眼。四者大小不一，以別茶也。虎丘同。棚，一曰棧，以木構於焙上，編木兩層以焙。虎丘同。茶半乾，貯下層；全乾，升上層。

虎丘同。串：一斤為上串，半斤為中串，四兩為小串。串，一作穿，謂穿而掛之。虎丘同。育，以木為之，以竹編。中有槅，上有覆，下有牀，旁有門。中置一器，貯煨火，令熅熅然。江南梅雨時，燥之以炭火。虎丘同。

三之造

經　凡採茶，在二三四月間。茶之筍者，生爛石土，長四五寸，若薇蕨始抽，凌露採之。茶之芽發於叢薄之上，有三枝、四枝、五枝者，選中枝穎拔佳。其日有雨不采，晴有雲氣不採。採之、蒸之、焙之、穿之、封之，茶其乾矣。與虎丘采焙法同，但陸經有擣之、拍之，今不用。茶有千萬狀，如〔胡〕人靴者，蹙縮者；犎牛臆者，廉襜者；浮雲出山者，輪囷者；輕飆拂水者，涵澹然；此皆茶之精腴。有如竹籜者，其形籭簁然；有如霜荷者，厥狀委萃然；此皆茶之瘠老。自胡靴至於霜荷八等，出膏者光，含膏者皺；宿製則黑，日成則黃；蒸壓則平正，縱之則坳垤。虎丘之品，真如胡靴至拂水，製之精粗存乎其人。

補　黃儒《茶録》：一戒采造過時，二戒白合、盜葉，三戒入雜，四戒蒸不熟及過熟。穀雨後謂之過時。茶芽有雨、小葉抱白，是為盜葉；雜以楊、柳、柹，是為入雜。

四之水

經　泉水上，天雨次，井水下。虎丘石泉，自唐而後，漸以填塞，不得為上；而憨憨之井水反有名。

補　劉伯芻《水記》：陸鴻漸為李季卿品虎丘劍池石泉水，第三；張又新品劍池石泉水，第五。《夷門廣牘》謂：虎丘石泉，舊居第三，漸品第五。以石泉泓渟，皆雨澤之積，滲竇之潢也。況闔廬墓隧，當時石工多閟死，僧眾上棲，不能無穢濁滲入。雖名陸羽泉，非天然水，道家服食，禁屍氣也。

鑒：欲濬劍池之水，鑿小渠流入鶴澗，則泉得流而活矣。李習之謂『劍池之水不流，為恨事』。然哉。

五之煮

經　山水、乳泉，石泓漫流者，可以煮茶。陸羽來吳時，劍池未塞，想其涓涓之流；今不堪煮。湯之候，初曰蝦眼，次曰蟹眼，次曰魚眼，若松風鳴，漸至無聲。蝦、蟹、魚眼，言鍑內水沸之狀也。聲如松濤，漸緩，則火候到矣，過此則老。勿用膏薪爆炭。乾炭為宜，乾松筴尤妙。

補　蘇廙傳：湯者，茶之司命。若名茶而濫觴湯，則與凡莽無異。故煎有老嫩，注有緩急，無過不及，是為茶度。

陸平泉《茶寮記》：茶用活火，候湯眼鱗鱗起，沫餑鼓泛，投茗器中。初入湯少許，使湯茗相投，即滿注；雲腳漸開，乳花浮面，則味全。蓋唐宋茶用團餅碾屑，味易出。今用葉茶，驟則味乏，過熟則昏濁沉滯矣。

經　器用風爐、炭檛、鍑、火夾、紙袋、都籃、漉水囊、瓢、碗、滌巾。

補　錫瓶：宜興壺，粗泥細作為上。甌盞：哥窯厚重為佳。瓶壺用草小薦，防焦漆几。

六之飲

經　茶有九難：曰造、曰別、曰器、曰火、曰水、曰炙、曰末、曰煮、曰飲。陰採夜焙，非造也；嚼味嗅香，非別也；羶鼎腥甌，非器也；膏薪爆炭，非火也；飛湍壅潦，非水也；外熟內生，非炙也；碧粉縹塵，非末也；操艱攪遽，非煮也；夏興冬廢，非飲也。今不用末，當改曰『紙包甕貯，非藏也。』

補　陸平泉《茶寮記》：品茶非漫浪，要須其人與茶品相得，故其法獨傳於高流隱逸，有雲霞泉石磊塊胸次者。

陳眉公《秘笈》：涼臺靜室，明窗淨几，僧寮道院，竹月松風，晏坐行吟，清談把卷，茶候也。翰卿墨客，緇流羽士，逸老散人，或軒冕而超軼世味者，茶侶也。

高深甫《八箋》：飲茶，一人獨啜為上，二人次之，三人又次之，四五六人，是名施茶。

鑒謂：飲茶如飲酒，其醉也非茶。

七之出

經　浙西產茶。以湖州顧渚上，常州陽羨次，潤州傲山又次，蘇州洞庭山下。不言蘇州虎丘，止言洞庭山，豈羽來時，虎丘未有名耶。

補　《姑蘇志》：虎丘寺西產茶。虎丘寺西，去劍池不遠，天生此茶，奇；且手掌之地，而名聞於四海，又奇。

唐張籍《茶嶺》詩有『自看家人摘，尋常觸露行』之句。朱安雅以為今二山門西偏，本名茶嶺，今稱茶園。張文昌居近虎丘，故看家人摘茶，又可見唐時無官封茶地。

八之事

經　《吳志·韋曜傳》：曜飲酒不過二升。皓初禮曜，常密賜茶荈以代酒。又劉琨《與兄子南兖州刺史演書》：吾體中憒悶，常仰真茶，汝可置之。

補　鑒按：《茶經》七之事，多不備。如王褒《僮約》：武陽販茶。許慎《說文》：茗，茶芽也。張華《博物志》：飲真茶者，少眠。沈懷遠《南越志》：茗苦澀，謂之過羅。四事在唐以前，而羽失載。羽同時常伯熊，臨淮人。御史大夫李季卿次臨淮，知伯熊善煮茶，召之。伯熊執器而前，季卿再舉杯。至江南，聞羽名，亦召之。羽衣野服而入，季卿不為禮。羽因作《毀茶論》，為季卿也。國初，天臺起雲禪師住虎丘種茶。徐天全有齒謫回，每春末夏初，入虎丘，開茶社。吳匏菴為翰林時假歸，與石田遊虎丘，採茶，手煎，對啜，自言有茶癖。文衡山素性不喜楊梅，客食楊梅時，乃以虎丘茶陪之。羅光璽作《虎丘茶記》，嘲山僧有替身茶。宋懋澄欲伐虎丘茶樹。鍾伯敬與徐元歎有《虎丘茶訊》，謂兩人交情，數千里以買茶為名，一年通一信，遂成故事。伯敬築室竟陵，云將老焉，遠遊無期，呼元歎買餘力一往。元歎有《答茶訊詩》。醉翁曰：『茶樹一種入地，不可移，移即死。故男女以茶聘，朋友之交亦然。』鍾徐茶訊，是之取耳。聞元歎有《奠茶》文。譚友夏《冬夜拜伯敬墓》詩云：『姑蘇徐逸士，香雨祭茶時。』又有詩《寄元歎》云：『河上花繁多有淚，吳天茶老久無香。』正感二子之交情也。

九之撰

經　鮑令暉有《香茗賦》。

補　宋姑蘇女子沈清友有《續鮑令暉香茗賦》。見楊南峯《手鏡》。鑒有《虎丘茶賦》見賦部。

唐韋應物《喜武丘園中茶生》詩：潔性不可污，為飲滌塵煩。此物信靈味，本自出山原。聊因理郡餘，率爾植荒園。喜隨眾草長，得與幽人言。

張籍《茶嶺》詩：紫芽連白蘂，初向嶺頭生。自看家人摘，尋常觸露行。

陸龜蒙《煮茶》詩：閒來松間坐，看煮松上雪。時於浪花生，併下藍英末。傾餘精爽健，忽似氛埃滅。不合別觀書，但宜窺玉札。

皮日休《和煮茶》詩：香泉一合乳。【略】鑒按：皮陸茶詠各十首，俱詠顧渚，非詠虎丘也。但二公俱蹤跡虎丘，摘其一以存虎丘茶事。

國初王璲《贈天台起雲禪師住虎丘種茶》詩：上人住孤峯，清閒有歲月。袖帶赤城霞，眉端凝古雪。種茶了一生，經綸入萌蘗。斯知一念深，於義亦超絕。

羅光璽《觀虎丘山僧採茶作詩寄沈朗倩》云：晚塔未出煙，曉光猶讓露。僧雛啟竹扉，語響驚茶寤。雲摘手知肥，衲裹香能度。老僧是茶佛，須臾畢茶務。空水澹高情，欲飲仍相顧。山鳥及閒啼，松花壓庭樹。

陳鑒《補陸羽採茶詩並序》：陸羽有泉井，在虎丘，其旁產茶。地僅畝許，而品冠乎羅岕、松蘿之上。暇日游觀，憶羽當日必有茶詩，今無傳焉。因為補作云：『物奇必有偶，泉茗一齊生。蟹眼聞煎水，雀芽見鬥萌。石梁苔齒滑，竹院月魂清。後爾風流盡，松濤夜夜聲。』

鍾惺《虎丘品茶》詩：『水為茶之神，飲水意良足。但問品泉人，茶是水何物。』『飲罷意爽然，香色味焉往。不知初啜時，何從寄遐想。』『室香生爐中，爐寒香未已。當其離合間，可以得茶理。』

崔浩《封茶寄文祠部》詩：細摘春旗和月焙，晨興封裹寄東曹。秋清亦可助佳興，白舫青簾山月高。

劉鳳《虎丘採茶曲》：山寺茶名近更聞，採時珍重不盈斤。直輸華露傾仙掌，浮沫春瓷破白雲。

陳鑒《虎丘試茶口號》：蟹眼正翻魚眼連，拾燒松子一條煙。攜將第一虎丘品，來試惠山第二泉。

吳士權《虎丘試茶》詩：『虎丘雪穎細如針，荳莢雲腴價倍金。後蔡前丁渾未識，空從此苑霧中尋。』『響停唧唧砌蟲餘，□□吹雲繞竹爐。泉是第三茶第一，仙芽傳裏未曾書。』

朱隗《虎丘採茶竹枝詞》：『鐘鳴僧出亂塵埃，知是監司官長來。攜得梨園高置酒，闖門留着夜深回。』『官封茶地雨前開，皂隸衙官攪似雷。

近日正堂偏體貼，監茶不遺掾曹來。』『茶園掌地產希奇，好事求真貴不辭。辨色嗅香空賞鑒，那知一樣是天池。』

十之圖

經以素絹，或四幅、或六幅分題寫之，陳諸座隅，則茶之源、之具、之造、之水、之煮、之飲、之出、之事、之撰俱在圖中，目擊而存。

補　李龍眠有《虎丘採茶圖》，見題跋。沈石田為吳匏菴寫《虎丘對茶坐雨圖》，今在王仲和處。王仲山有《虎丘茗碗旗槍圖敘》。沈石天每寫《虎丘圖》，四面不同，春山秋樹，夏雲冬雪，種種奇絕。鑒：茲補陸不圖而圖，庶不沒虎丘茶事。

（雍正）《湖廣通志》卷四三《名宦志》　陳鑒字子明，廣東舉人。懷宗時任江夏諭，日聚生徒，講論經義，博綜風雅，不責修脯。庚午，應貴州闈聘，所得皆知名士。

（乾隆）《江夏縣志》卷六《名宦志》　陳鑒字子明，廣東舉人，崇禎中任江夏教諭。日聚生徒講論經義。加意貧士，不責修脯。庚午鄉試，貴州聘爲同考。有《江夏儒學小史》，詳載風土人物，成一家言。

劉獻庭

清　劉獻廷《廣陽雜記》卷二　武夷茶佳甚。天下茶品當以陽羨老廟後爲第一，武夷次之，他不入格矣。

又　黃厢嶺有望蘇亭，施茶所也。其上有庵，僧見修母子出家于內。衡人全俊公請予爲聯以贈，予題茶亭云：『趙州茶一口吃幹，臺山路兩脚走去。』題堂前云：『奉親入道成真孝，教子離塵是大慈。』題山門云：『門外鳥啼花落，庵中飯熟茶香。』

又　卷三　子騰言：黃河之水，泥沙在上，其下乃清流也。靖逆侯張勇令人于蘭舟橋施百尺之繩，而沈桶于河底。桶上有蓋，以機約之，桶至底而機張，蓋啓水入，繳之而上，則機復閉其蓋，濁水絲毫不混也。以之烹茶，美過金山第一泉矣。

又　汝州之治諸井，皆以夾錫錢鎮之，每井率數十千。問其故，一老兵曰：『此邦饒風沙，沙入井中，人飲之則成癭。夾錫錢，所以治沙土也。』楮記室曰：『因思惠山泉清甘于二浙者，以有錫也。』余謂水與茶之性最相宜，錫瓶貯茶葉，香氣不散；錫壺煎水，久則土下沈，皆成鹹也。

又　古人以謂飲茶始于三國時，謂《吳志・韋曜傳》：『孫皓每飲群臣酒，率以七升爲限。曜飲不過二升，或爲裁減，或賜茶茗以當酒。』據此以爲飲茶之證。案《趙飛燕別傳》：『成帝崩後，后一日夢中驚啼甚久，侍者呼問方覺，乃言曰：「吾夢中見帝，帝賜吾坐，命進茶。左右奏帝云：「向者侍帝不謹，不合啜此茶。」』然則西漢時已嘗有啜之説矣，非始于三國也。

又　卷五　古時之茶曰煮、曰烹、曰煎，須湯如蟹眼，茶味方中。今之茶惟用沸湯投之，稍著火即色黃而味澀，不中飲矣，乃知古今之法亦自不同也。

又　昔人謂『揚子江心水，蒙山頂上茶』。蒙山在蜀雅州，其中峰頂尤極險穢，蛇虺虎狼所居，得采其茶，可蠲百疾。今山東人以蒙陰山下石衣爲茶當之，非矣。然蒙陰茶性亦凉，可除胃熱之病。

《清史稿》卷四八四《劉獻廷傳》　劉獻廷，字繼莊，大興人，先世本吳人也。其學主經世，自象緯、律曆、音韻、險塞、財賦、軍政以逮岐黃、釋老之書，無所不究習。與梁谿顧培、衡山王夫之、南昌彭士望爲師友，而復往來崑山徐乾學之門。議論不隨人後。萬斯同引參《明史》館事，顧祖禹、黃儀亦引參《一統志》事。獻廷謂諸公考古有餘，實用則未也。

其論方輿書：『當於各疆域前，測北極出地，定簡平儀制度，爲正切綫表，而節氣之後先，日食之分秒，五星之淩犯占驗皆可推矣。諸方七十二候不同，世所傳者本之《月令》乃七國時中原之氣候，與今不合，則曆差爲之。今宜細考南北諸方氣候，取其核者詳載之，然後天地相應，可以察其遷變之微矣。燕京、吳下，水皆南流，故必東南風而後雨。衡、湘水北流，故必北風而後雨。諸方山水向背分合，皆紀述之，而風土之剛柔，暨陰陽燥濕之徵，可次第而求矣。』

其論水利，謂：『西北乃先王舊都，二千餘年未聞仰給東南。何則？溝洫通，水利修也。自劉、石雲擾，以訖金、元，千餘年未知水利

爲何事，不爲民利，乃爲民害。故欲經理天下，必自西北水利始矣。西北水利，莫詳於《水經》酈注。雖時移勢易，十猶可得六七。酈氏略於東南，人以此少之。不知水道之當詳，正在西北。』於是欲取二十一史關於水利農田戰守者，考其所以，附以諸家之説，爲之疏證。凡獻廷所撰著，類非一人一時所能成，故卒不就。

又嘗自謂於華嚴字母悟得聲音之道，作《新韻譜》，足窮造化之奧。證以遼人林益長之説，益自信。其法先立鼻音二，各轉陰、陽、上、去、入之五音共十聲，而不歷喉腭舌齒唇之七位。故有橫轉，無直送，則等韻重疊之失去。次定喉音四，爲諸韻之宗，從此得半音、轉音、伏音、送音、變喉音。又以二鼻音分配之，一爲東北韻宗，一爲西南韻宗，八韻立，而四海之音可齊。於是以喉音互相合，得音十七；喉音鼻音互相合，得音十；又以有餘不盡者三合之，得音五：共三十二音，爲韻父，而韻歷二十二位，爲韻母。橫轉各有五子，而萬有不齊之聲攝於此矣。同時吳殳盛稱其書。他所著多佚。歿後，弟子黄宗夏輯録之爲《廣陽雜記》。全祖望稱爲薛季宣、王道父一流云。

愛新覺羅·玄燁

清 愛新覺羅·胤禛《聖祖仁皇帝庭訓格言》 訓曰：人之養身，飲食爲要，故所用之水最切。朕所經歷多矣，每將各地之水稱其輕重，因知水最佳者，其分兩甚重，若遇不得好水之處，即蒸水以取其露，烹茶飲之。澤布尊旦巴胡突克圖多年以來所用皆係水蒸之露也。

清 陳康祺《郎潛紀聞初筆》卷四《碧螺春》 洞庭東山碧螺峰石壁，歲産野茶數株，土人稱曰『嚇殺人香』，（『嚇殺人』三字，吳諺，見《柳南隨筆》。）康熙己卯，車駕幸太湖，撫臣宋犖購此茶以進。上以其名不雅馴，題之曰『碧螺春』。自是地方有司歲必采辦進奉矣。

《清史稿》卷六《聖祖紀一》 聖祖合天弘運文武睿哲恭儉寬裕孝敬誠信功德大成仁皇帝，諱玄燁，世祖第三子也。母孝康章皇后佟佳氏，順治十一年三月戊申誕上於景仁宮。天表英俊，岳立聲洪。六齡，偕兄弟問安。世祖問所欲。皇二子福全言：願爲賢王。帝言：願效法父皇。世祖異焉。

順治十八年正月丙辰，世祖崩，帝即位，年八歲，改元康熙。遺詔索尼、蘇克薩哈、遏必隆、鰲拜四大臣輔政。

張廷玉

清 張廷玉《澄懷園語》卷二 余性最嗜茶，四方士大夫以相贈頗多，仰蒙世宗皇帝頒賜佳品，一月之中必數至，皆外方精選入貢者，種類亦甚多，器具亦極精緻，可謂茗飲之大觀矣。

又 卷三 《夢溪筆談》曰：『茶芽，古人謂之雀舌、麥顆。言其至嫩也，今茶之美者，其質素良而所植之本又美，則新芽一發，便長寸餘，其細如針，唯芽長為上品，以其質榦土力皆有餘故也，如雀舌、麥顆者極下材耳。乃北人不識，誤為品題。予有詩云：誰把嫩香名雀舌，定應北客未曾嘗。不識靈草天然異，一夜風吹一寸長。』余性嗜茶，且蒙恩賜絡繹，於各省最上之品無不嘗遍，每隨俗呼嫩芽為雀舌而不知其誤也，特書以志之。

《清史稿》卷二八八《張廷玉傳》 張廷玉，字衡臣，安徽桐城人，大學士英次子。康熙三十九年進士，改庶吉士。散館授檢討，直南書房，以憂歸。服除，遷洗馬，歷庶子、侍講學士、内閣學士。五十九年，授刑部侍郎。山東鹽販王美公等糾衆倡邪教，巡撫李樹德令捕治，得百五十餘人。上命廷玉與都統託賴、學士登德會勘，戮七人、戍三十五人而讞定。旋調吏部。

世宗即位，命與翰林院學士阿克敦、勵廷儀應奉几筵祭告文字，賜蔭生視一品，擢禮部尚書。雍正元年，復命直南書房。偕左都御史朱軾充順天鄉試考官，上嘉其公慎，加太子太保。尋兼翰林院掌院學士，調戶部。疏言：『浙江衢州，江西廣信、贛州，毗連閩、粵，無藉之徒流徙失業，入山種麻，結棚以居，號曰「棚民」。歲月既久，生息日繁。其强悍者，輒出剽掠。請敕督撫慎選廉能州縣，嚴加約束。其有讀書向學，膂力技勇，察明考驗録用，庶生聚教訓，初無歧視。』下督撫議行。命署大學士事。四年，授文淵閣大學士，仍兼戶部尚書、翰林院掌院學士。五

年，進文華殿大學士。六年，進保和殿大學士，兼吏部尚書。七年，加少保。

八年，上以西北用兵，命設軍機房隆宗門內，以怡親王允祥、廷玉及大學士蔣廷錫領其事。嗣改稱辦理軍機處。廷玉定規制：諸臣陳奏，常事用疏，自通政司上，下內閣擬旨；要事用摺，自奏事處上，下軍機處擬旨，親御朱筆批發。自是內閣權移于軍機處，大學士必充軍機大臣，始得預政事，日必召入對，承旨平章政事，參與機密。

廷玉周敏勤慎，尤爲上所倚。上偶有疾，獎廷玉等翊贊功，各予一等阿達哈哈番，世襲。廷玉請以子編修若靄承襲。十一年，疏言：『諸行省例，凡罪人重者收禁，輕者取保。獨刑部不論事大小、人首從，皆收禁，累無辜。請如諸行省例，得分別取保。刑部引律例，往往刪截，但用數語，即承以所斷罪，甚有求其仿佛，比照定議者。高下其手，率由此起。請敕都察院、大理寺駁正；扶同草率，并予處分。』命九卿議行。大學士英祀京師賢良祠，復即本籍諭祭，命廷玉歸行禮，并令子若靄從；弟廷瑑督江蘇學政，亦命來會。發帑金萬爲英建祠，并賜冠帶、衣裘及貂皮、人參、內府書籍五十二種。十二月，廷玉疏言：『行經直隸，被水諸縣已予賑，尚有積潦不能種麥，請敕加賑一月。』并議以工代賑。得旨允行。十二年二月，還京師，上遣內大臣、侍郎海望迎勞盧溝橋，賜酒膳。十三年，世宗疾大漸，與大學士鄂爾泰等同被顧命。遺詔以廷玉器量純全，抒誠供職，命他日配享太廟。高宗即位，命總理事務，予世職一等阿達哈哈番，合爲三等子，仍以若靄襲。

乾隆元年，《明史》成，表進，命仍兼管翰林院事。二年十一月，辭總理事務，加拜他喇布勒哈番，特命與鄂爾泰同進三等伯，賜號勤宣，仍以若靄襲。四年，加太保。尋諭：『本朝文臣無爵至侯伯者，廷玉爲例外，命自兼，不必令若靄襲。』又諭：『廷玉年已過七十，不必向早入朝，炎暑風雪無强入。』十一年，若靄卒。上以廷玉入內廷須扶掖，命次子庶吉士若澄直南書房。十三年，以老病乞休。上諭曰：『卿受兩朝厚恩，且奉皇考遺命配享太廟，豈有從祀元臣歸田終老？』廷玉言：『宋、明配享諸臣亦有乞休得請者。且七十懸車，古今通義。』上曰：『不然。《易》稱見幾而作，非所論于國家關休戚、視君臣爲一體者。使七十必令懸車，何以尚有八十杖朝之典？武侯鞠躬盡瘁，又何爲耶？』廷玉又言：『亮受任軍旅，臣幸得優游太平，未可同日而語。』上曰：『是又不然。皋、夔、龍、比易地皆然。既以身任天下之重，則不以艱鉅自諉，亦豈得以承平自逸？朕爲卿思之，不獨受皇祖、皇考優渥之恩，不可言去；即以朕十餘年眷待，亦不當言去。朕且不忍令卿去，卿顧能辭朕去耶？朕謂致仕之義，必古人遭逢不偶，不得已之苦衷。爲人臣者，設預存此心，必將漠視一切，泛泛如秦、越，年至則奉身以退，誰復出力爲國家治事？是不可以不辨。』因命舉所諭宣告朝列，并允廷玉解兼管吏部，廷玉自是不敢言去。然廷玉實老病，十四年正月，命如宋文彥博十日一至都堂議事，四五日一入內廷備顧問。是冬，廷玉乞休沐養痾，上命解所兼領監修、總裁諸職，且令軍機大臣往省。廷玉言：『受上恩不敢言去，私意原得暫歸。後年，上南巡，當于江寧迎駕。』上乃許廷玉致仕，命待來春冰泮，舟行歸里。親制詩三章以賜，廷玉入謝，奏言：『蒙世宗遺命配享太廟，上年奉恩諭，從祀元臣不宜歸田終老，恐身後不獲更蒙大典。免冠叩首，乞上一言爲券。』上意不懌，然猶爲頒手詔，申世宗成命，并製詩示意，以明劉基乞休後仍配享爲例。次日，遣子若澄入謝。上以廷玉不親至，遂發怒，命降旨詰責。軍機大臣傅恒、汪由敦承旨，由敦爲乞恩，旨未下。又次日，廷玉入謝，上責由敦漏言，降旨切責。廷臣請奪廷玉官爵，罷配享。上命削伯爵，以大學士原銜休致，仍許配享。十五年二月，皇長子定安親王薨，方初祭，廷玉即請南還，上愈怒，命以太廟配享諸臣名示廷玉，命自審應否配享。廷玉惶懼，疏請罷配享治罪。上用大學士九卿議，罷廷玉配享，仍免治罪。又以四川學政編修朱荃坐罪，荃爲廷玉姻家，嘗薦舉，上以責廷玉，命盡繳歷年頒賜諸物。二十年三月，卒，命仍遵世宗遺詔，配享太廟，賜祭葬，謚文和。

乾隆三年，上將臨雍視學，舉古禮三老五更，諮鄂爾泰及廷玉。廷玉謂無足當此者，撰議以爲不可行。四十三年，上撰《三老五更説》，辟古説踳駁，命勒碑辟雍。五十年，復見廷玉議，以所論與上同，命勒碑其次，并題其後，謂『廷玉有此卓識，乃未見及朕必遵皇考遺旨，令其配享。古所謂老而戒得，朕以廷玉之戒爲戒，且爲廷玉惜之。』終清世，漢大臣配享太廟，惟廷玉一人而已。

陸廷燦

清 陸廷燦《續茶經·凡例》 《茶經》著自唐桑苧翁，迄今千有餘載，不獨製作各殊而烹飲迥異，即出產之處，亦多不同。余性嗜茶，承乏崇安，適係武夷產茶之地。值制府滿公，鄭重進獻，究悉源流，每以茶事下詢。查閱諸書，於武夷之外，每多見聞，因思採集為《續茶經》之舉。曩以簿書鞅掌，有志未遑。及蒙量移，奉文赴部，以多病家居，翻閱舊稿，不忍委棄，爰為序次第。恐學術久荒，見聞疏漏，為識者所鄙，謹質之高明，幸有以教之，幸甚。

《茶經》之後，有《茶記》及《茶譜》、《茶録》、《茶論》、《茶疏》、《茶解》等書，不可枚舉，而其書亦多湮沒無傳。茲特採所見各書，依《茶經》之例，分之源、之具、之造、之器、之煮、之飲、之事、之出、之略。至其圖，無傳不敢臆補，以茶具、茶器圖足之。

《茶經》所載，皆初唐以前之書，今自唐、宋、元、明以至本朝，凡有緒論，皆行採録。有其書在前而《茶經》未録者，亦行補入。

《茶經》原本止三卷，恐續者太繁，是以諸書所見，止摘要分録。

各書所引相同者，不取重複。偶有議論各殊者，姑兩存之，以俟論定。至歷代詩文暨當代名公鉅卿著述甚多，因仿《茶經》之例，不敢備録，容俟另編，以為外集。

原本《茶經》，另列卷首。

歷代茶法附後。

又《茶法》 《唐書》：德宗納戶部侍郎趙贊議，稅天下茶、漆、竹、木，十取一以為常平本錢。及出奉天，乃悼悔，下詔亟罷之。及朱泚平，佞臣希意興利者益進。貞元八年，以水災減稅。明年，諸道鹽鐵使張滂奏：出茶州縣若山及商人要路，以三等定估，十稅其一。自是歲得錢四十萬緡。穆宗即位，鹽鐵使王播圖寵以自幸，乃增天下茶稅，率百錢增五十。天下茶加斤至二十兩，播又奏加取焉。右拾遺李珏上疏謂：『榷率本濟軍興，而稅茶自貞元以來方有之，天下無事，忽厚斂以傷國體，一不可；茗為人飲，鹽粟同資，若重稅之，售必高，其弊先及貧下，二不可；山澤之產無定數，程斤論稅，以售多為利，若騰價則市者寡，其稅幾何？三不可。』其後王涯判二使，置榷茶使，徙民茶樹於官場，焚其舊積者，天下大怨。令狐楚代為鹽鐵使兼榷茶使，復令納榷加價而已。李石為相，以茶稅皆歸鹽鐵，復貞元之制。武宗即位，崔珙又增江淮茶稅。是時，茶商所過州縣有重稅，或奪掠舟車，露積雨中；諸道置邸以收稅，謂之踏地錢。大中初，轉運使裴休著條約，私鬻如法論罪，天下稅茶，增倍貞元。江淮茶為大模，一斤至五十兩。諸道鹽鐵使于悰每斤增稅錢五，謂之剩茶錢；自是斤兩復舊。

元和十四年，歸光州茶園於百姓，從刺史房克讓之請也。

裴休領諸道鹽鐵轉運使，立稅茶十二法，人以為便。

藩鎮劉仁恭禁南方茶，自擷山為茶，號山曰『大恩』以邀利。

何易于為益昌令，鹽鐵官榷取茶利，詔下所司，毋敢隱。易于視詔曰：『益昌人不徵茶且不可活，矧厚賦毒之乎！』命吏閣詔。吏曰：『天子詔何敢拒。吏坐死，公得免竄耶？』易于曰：『吾敢愛一身，移暴於民乎？亦不使罪及爾曹。』即自焚之。觀察使素賢之，不劾也。

陸贄為宰相，以賦役煩重，上疏云：天災流行四方，代有稅茶錢積戶部者，宜計諸道戶口均之。

《五代史》：楊行密字化源，議出鹽、茗，俾民輸帛幕府。高勗曰：創破之餘，不可以加斂，且帑貲何患不足。若悉我所有，以易四鄰所無，不積財而自有餘矣。行密納之。

《宋史》：榷茶之制，擇要會之地，曰江陵府、曰真州、曰海州、曰漢陽軍、曰無為軍、曰蘄之蘄口，為榷貨務六。初京城、建安、襄、復州皆有務，後建安、襄、復之務廢，京城務雖存，但會給交鈔往還而不積茶貨。在淮南則蘄、黃、廬、舒、光、壽六州，官自為場，置吏總之，謂之山場者十三。六州採茶之民皆隸焉，謂之園戶。歲課作茶輸租，餘則官悉市之，總為歲課八百六十五萬餘斤。其出鬻者，皆就本場。在江南則宣、歙、江、池、饒、信、洪、撫、筠、袁十州，廣德、興國、臨江、建昌、南康五軍。兩浙則杭、蘇、明、越、婺、處、溫、台、湖、常、衢、睦十二州。荊湖則江陵府、潭、澧、鼎、鄂、岳、歸、峽七州，荊門軍。福建則建、劍二州。歲如山場輸租折稅，總為歲課，江南百二十七萬餘斤，兩

浙百二十七萬九千餘斤，荊湖二百四十七萬餘斤，福建三十九萬三千餘斤，悉送六榷貨務鬻之。

茶有二類：曰片茶、曰散茶。片茶蒸造，實棬模中串之；唯建、劍則既蒸而研，編竹為格，置焙室中，最為精潔，他處不能造。有龍鳳、石乳、白乳之類十二等，以充歲貢及邦國之用。其出虔、袁、饒、池、光、歙、潭、岳、辰、澧州，江陵府，興國、臨江軍，有仙芝、玉津、先春、綠芽之類二十六等。兩浙及宣、江、鼎州，又以上中下或第一至第五為號。散茶出淮南、歸州、江南、荊湖，有龍溪、雨前、雨後之類十一等。江浙又有上中下或第一等至第五為號者，民之欲茶者，售於官。給其食用者，謂之食茶；出境者，則給券。商賈貿易，入錢若金帛京師榷貨務，以射六務十三場。願就東南入錢若金帛者聽。凡民茶匿不送官及私販鬻者，沒入之，計其直論罪。園戶輒毀敗茶樹者，計所出茶，論如法。民造溫桑為偽茶，比犯真茶計直，十分論二分之罪。主吏私以官茶貿易及一貫五百者，死。自後定法，務從輕減。太平興國二年，主吏盜官茶販鬻錢三貫以上，黥面送闕下。淳化三年，論直十貫以上，黥面配本州牢城。巡防卒私販茶，依舊條加一等論。凡結徒持仗販易私茶，遇官司擒捕抵拒者，皆死。太平興國四年，詔鬻偽茶一斤，杖一百；二十斤以上棄市。厥後，更改不一，載全史。

陳恕為三司使，將立茶法，召茶商數十人，俾條陳利害，第為三等，具奏太祖曰：『吾視上等之説，取利太深，此可行於商賈，不可行於朝廷。下等之説，固滅裂無取。惟中等之説，公私皆濟，吾裁損之，可以經久。』行之數年，公用足而民富實。

太祖開寶七年，有司以湖南新茶異於常歲，請高其價以鬻之。太祖曰：『道則善，毋乃重困吾民乎？』即詔第復舊制，勿增價值。

熙寧三年，熙河運使以歲計不足，乞以官茶博糴。每茶三斤，易粟一斛，其利甚溥。朝廷謂茶馬司本以博馬，不可以博糴。于茶馬司歲額外增買川茶兩倍，朝廷別出錢二萬給之，令提刑司封樁，又令茶馬官程之邵兼轉運使，由是數歲邊用粗足。

神宗熙寧七年，幹當公事李杞入蜀經畫買茶，秦鳳、熙河博馬。王上韶言，西人頗以善馬至邊交易，所嗜惟茶。

自熙豐以來，舊博馬皆以粗茶，乾道之末，始以細茶遺之。成都利州路十二州，產茶二千一百二萬斤，茶馬司所收，大較若此。

茶利嘉祐間禁榷時，取一年中數，計一百九萬四千九十三貫八百八十五錢，治平間通商後，計取數一百一十七萬五千一百四貫九百一十九錢。

瓊山邱氏曰：後世以茶易馬，始見於此；蓋自唐世回紇入貢，先已以馬易茶，則西北之嗜茶，有自來矣。

蘇轍《論蜀茶狀》：園戶例收晚茶，謂之秋老黃茶，不限早晚，隨時即賣。

沈括《夢溪筆談》：乾德二年【略】降敕罷茶禁。

洪邁《容齋隨筆》：蜀茶稅額，總三十萬。熙寧七年，遣三司幹當公事李杞，經畫買茶，以蒲宗閔同領其事，創設官場，增為四十萬。後李杞以疾去，都官郎中劉佐繼之，蜀茶盡榷，民始病矣。知彭州呂陶言：天下茶法既通，蜀中獨行禁榷。杞、佐、宗閔作為弊法，以困西南生聚。佐雖罷去，以國子博士李稷代之，陶亦得罪。侍御史周尹復極論榷茶為害，罷為河北提點刑獄。利路漕臣張宗諤、張升卿復建議廢茶場司，依舊通商，皆為稷劾坐貶。茶場司行劄子，督綿州彰明知縣宋大章繳奏，以為非所當用，又為稷詆坐衝替。一歲之間，通課利及息耗至七十六萬緡有奇。

熊蕃《宣和北苑貢茶録》：陸羽《茶經》、裴汶《茶述》【略】以待時而已。

外焙

石門　乳吉　香口

右三焙，常後北苑五七日興工，每日採茶蒸榨以其黃，悉送北苑併造。

《北苑別録》：先人作《茶録》【略】或者猶未之知也。三月初吉男克北苑寓舍書。

貢新銙竹圈銀模方一寸二分【略】大鳳。

北苑貢茶最盛【略】熊克謹記。

北苑貢茶綱次

細色第一綱【略】惟揀芽俱以黃焉。

《金史》：茶自宋人歲供之外，皆貿易於宋界之榷場。世宗大定十六年，以多私販，乃定香茶罪賞格。章宗承安三年，命設官製之。以尚書省令史往河南視官造者，不嘗其味，但採民言，謂為溫桑，實非茶也，還即白上；以為不幹，杖七十罷之。四年三月，於淄、密、寧、海、蔡州各置一坊造茶。照南方例，每斤為袋，直六百文。後令每袋減三百文。五年春，罷造茶之坊。六年，河南茶樹槁者，命補植之。十一月，尚書省奏禁茶，遂命七品以上官，其家方許食茶，仍不得賣及饋獻。七年，更定食茶制。八年，言事者以止可以鹽易茶，省臣以為所易不廣，兼以雜物博易。宣宗元光二年，省臣以茶非飲食之急，今河南、陝西凡五十餘郡，郡日食茶率二十袋，直銀二兩，是一歲之中，妄費民間三十餘萬也。奈何以吾有用之貨而資敵乎？乃制親王、公主及現任五品以上官，素蓄存者存之；禁不得買餽，餘人並禁之。犯者徒五年，告者賞寶泉一萬貫。

《元史》：本朝茶課，由約而博，大率因宋之舊而為之制焉。至元六年，始以興元交鈔同知運使白賡言，初榷成都茶課。十三年，江南平，左丞呂文煥首以主茶稅為言，以宋會五十貫，準中統鈔一貫。次年定長引、短引，是歲徵一千二百餘錠。泰定十七年，置榷茶都轉運使司於江州路，總江淮、荊湖、福廣之稅，而遂除長引，專用短引。二十一年，免食茶稅以益正稅。二十三年，以李起南言，增引稅為五貫。二十六年，丞相桑哥增為一十貫。延祐五年，用江西茶運副法忽魯丁言，減引添錢，每引再增為一十二兩五錢。次年，課額遂增為二十八萬九千二百一十一錠矣。天曆己巳，罷榷司而歸諸州縣，其歲徵之數，蓋與延祐同。至順之後，無籍可考。他如范殿帥茶，西番大葉茶，建寧銙茶，亦無從知其始末，故皆不著。

《明會典》：陝西置茶馬司四：河州、洮州、西寧、甘州，各司並赴徽州茶引所批驗，每歲差御史一員巡茶馬。

明洪武間，差行人一員，齎榜文於行茶所在懸示以肅禁。永樂十三年，差御史三員，巡督茶馬。正統十四年，停止茶馬金牌，遣行人四員巡察。景泰二年，令川、陝布政司各委官巡視，罷差行人。四年，復差行人。成化三年，奏准每年定差御史一員陝西巡茶。十一年，令取回御史，仍差行人。十四年，奏准定差御史一員，專理茶馬，每歲一代，遂為定例。弘治十六年，取回御史，凡一應茶法，悉聽督理馬政都御史兼理。十七年，令陝西每年於按察司揀憲臣一員駐洮，巡禁私茶；一年滿日，擇一員交代。正德二年，仍差巡茶御史一員兼理馬政。

光祿寺衙門，每歲福建等處解納茶葉一萬五千斤，先春等茶芽三千八百七十八斤，收充茶飯等用。

《博物典彙》云：本朝捐茶，利予民而不利其入。凡前代所設榷務貼射、交引、茶由諸種名色，今皆無之，惟於四川置茶馬司四所，於關津要害置數批驗茶引所而已。及每年遣行人於行茶地方，張掛榜文，俾民知禁。又於西番入貢為之禁限，每人許其順帶有定數，所以然者，非為私奉，蓋欲資外國之馬，以為邊境之備焉耳。

洪武五年，戶部言：四川產巴茶凡四百四十七處，茶戶三百一十五，宜依定制，每茶十株，官取其一，歲計得茶一萬九千二百八十斤，令有司貯候西番易馬。從之。至三十一年，置成都、重慶、保寧三府及播州宣慰司茶倉四所，命四川布政司移文天全六番招討司，將歲收茶課，仍收碉門茶課司，餘地方就送新倉收貯，聽商人交易及與西番易馬。茶課歲額五萬餘斤，每百加耗六斤，商茶歲中率八十斤，令商運賣，官取其半易馬。納馬番族，洮州三十，河州四十三，又新附歸德所生番十一，西寧十三。茶馬司收貯，官立金牌信符為驗。洪武二十八年，駙馬歐陽倫以私販茶撲殺，明初茶禁之嚴如此。

《武夷山志》：茶起自元初，至元十六年，浙江行省平章高興過武夷，製石乳數斤入獻。十九年，乃令縣官蒞之，歲貢茶二十斤，採摘戶凡八十。大德五年，興之子久住為邵武路總管，就近至武夷督造貢茶。明年創焙局，稱為御茶園。有仁風門、第一春殿、清神堂諸景。又有通仙井，覆以龍亭，皆極丹雘之盛，設場官二員領其事。後歲額浸廣，增戶至二百五十，茶三百六十斤，製龍團五千餅。泰定五年，崇安令張端本重加修葺，於園之左右各建一坊，扁曰茶場。至順三年，建寧總管暗都剌於通仙井畔築臺。高五尺、方一丈六尺，名曰喊山臺。其上為喊泉亭，因稱井為呼來泉。舊《志》云：祭後羣喊，而水漸盈，造茶畢而遂涸，故名。迨至正末，額凡九百九十斤。明初仍之，著為令。每歲驚蟄日，崇安令具牲

醴詣茶場致祭，造茶入貢。洪武二十四年，詔天下産茶之地，歲有定額，以建寧為上，聽茶戶採進，勿預有司。茶名有四：探春、先春、次春、紫筍，不得碾揉為大小龍團，然而祀典貢額猶如故也。嘉靖三十六年，建寧太守錢嶫，因本山茶枯，令以歲編茶夫銀二百兩及水腳銀二十兩賫府造辦。自此遂罷茶場，而崇民得以休息。御園尋廢，惟井尚存。井水清甘，較他泉迥異。仙人張邋遢過此飲之曰：『不徒茶美，亦此水之力也。』

我朝茶法，陝西給番易馬，舊設茶馬御史，後歸巡撫兼理。各省發引通商，止於陝境交界處盤查。凡産茶地方，止有茶利，而無茶累，深山窮谷之民，無不沾濡雨露，耕田鑿井，其樂昇平，此又有茶以來希遇之盛也。

雍正十二年七月既望陸廷燦識

《四庫全書總目提要》卷一一五《譜録類》 《續茶經》三卷、《附録》一卷江蘇巡撫采進本 國朝陸廷燦撰。廷燦字秩昭，嘉定人，官崇安縣知縣候補主事。自唐以來，茶品推武夷，武夷山即在崇安境，故廷燦官是縣時，習知其説，創為草稾，歸田後訂輯成編，冠以陸羽《茶經》原本而從其原目，採摭諸書以續之。上卷續其『一之源』、『二之具』、『三之造』，中卷續其『四之器』，下卷自分三子卷：下之上，續其『五之煮』、『六之飲』；下之中，續其『七之事』、『八之出』；下之下，續其『九之略』、『十之圖』。而以歷代茶法附為末卷，則原目所無，廷燦補之也。自唐以來，閲數百載，凡産茶之地，製茶之法，業已歷代不同，即烹煮器具亦古今多異，故陸羽所述，其書雖古，而其法多不可行於今。廷燦一一訂定補輯，頗切實用。而徵引繁富，觀所作《南村隨筆》引李日華《紫桃軒又綴》『五臺山凍泉』一條，自稱此書失載，補録於彼，其搜採可謂勤矣。録而存之，亦足以資考訂。至於陸羽舊本，廷燦雖用以弁首，而其書久已別行，未可以續補之書掩其原目，故今刊去不載，惟録廷燦之書焉。

鄭燮

清 鄭燮《板橋集·板橋詩鈔·贈博也上人》 閉門何處不深山，蝸舍無多八九間。人迹到稀春草緑，燕巢營定晝梁閑。黄泥小灶茶烹陸，白雨幽窗字學顔。獨有老僧無一事，水禽沙鳥聽關關。

又《招隱寺訪舊五首其三》 禪房精筆硯，窗又碧紗糊。吮墨情溫細，吟詩味淡腴。茶槍新摘蕊，蓮露旋收珠。小盞烹涓滴，青光淺淺浮。

又《滿庭芳·贈郭方儀》 白菜腌菹，紅鹽煮豆，儒家風味孤清。破瓶殘酒，亂插小桃英。莫負陽春十月，且竹西村落閑行。平山上，歲寒松柏，霜裏更青青。乘除天下事，圍棋一局，勝負難評。看金樽檀板，豪輩縱橫。便是輸他一著，又何曾著著讓他贏！寒窗裏，烹茶掃雪，一碗讀書燈。

又《七言聯題真州江上茶肆》 山光撲面因朝雨，江水回頭爲晚潮。

又《對聯揚州青蓮齋》 從來名士能評水，自古高僧愛鬥茶。

又《十一言聯題焦山海若庵》 楚尾吳頭，一片青山入座；淮南江北，半潭秋水烹茶。

又《對聯題于焦山自然庵》 汲來江水烹新茗，買盡青山當畫屏。

又《家兖州太守贈茶》《板橋集·板橋詩鈔》 頭綱八餅建溪茶，萬里山東道路賒。此是蔡丁天上貢，何期分賜野人家。

《清史稿》卷五〇四《藝術傳三·鄭燮》 燮，字板橋，江蘇興化人。乾隆元年進士，官山東濰縣知縣，有惠政。辭官鬻畫，作蘭竹，以草書中豎長撇法爲蘭葉，書雜分隸法，自號『六分半書』。詩詞皆別調，而有摯語。慷慨嘯傲，慕明徐渭之爲人。

全祖望

清 全祖望《鮚埼亭集》卷三《十二雷茶竈賦》 吾鄉十二雷之

茶，其名曰『區茶』，又曰『白茶』，首見于景迂先生之詩，而深寧居士述之，然未嘗入貢也。元始貢之。王元恭曰：『以慈溪車厩嶴中三女山資國寺旁所出稱絕品，岡山開壽寺旁者次之，必以化安山中瀑泉蒸造，審擇陽羨、武夷，未能過焉。』顧諸公但言『區茶』之精，而不知早見于陸氏《茶經》。按陸氏云：『浙東以越中爲上，生餘姚瀑布泉嶺，曰「仙茗」』。葢實卽明州三女山之物，特以餘姚瀑布泉製之，遂誤指耳。但十二雷者甚難致，而近日山人亦無識者，嘉植沈淪，甚爲可嘆。予自京師歸，端居多暇，乃築一廛于是山之石門，題曰『十二雷茶灶』，將俟春日，親窮其窔奥而製之，因謀茶具甚備。茶經曰：『是茶有二種，大者殊异。』其卽三女之種乎？予因乞靈于茶神，以求其大者，先爲賦之：

四明四面兮俱神宮，就中翠碣兮尤清空。大闌峨峨兮稱絕險，蜀岡旁峙兮分半峰。其閑剡湖則西兮，藍溪則東。峰回溪轉兮非人世，釀爲嫩雪兮茸茸。百七日兮寒食過，廿四番兮花信終。二百八十峰兮土膏動，一萬八千丈兮雲氣濃。時則小草兮珠圓，長條兮玉潔。

雙非兮挺生，三菁兮秀出。青櫑兮吐丹，白附兮結實。插瓏松兮篁竿，纏纓珞兮蘿闕。彼避世之畸人，各分曹以登眺。葢飽饜而有餘，薄烟火以不道。乃有茶仙，經營茶灶。愛茲茶山，烟嵐窈窕。入精籃兮偃息，登古墓兮踟蹰。史嵩之墓在西天峰開壽寺，卽賜院也。訪舊文兮斷碣，吊高僧兮遺書。三峰寺在資國寺南十里，有曹公放齋碑。高僧謂夢堂，嘗居開壽寺。彼人代兮已遠，悵宿莽兮成墟。獨新牙兮正茁，幾彌望兮山居。于是擷之掇之，吹之噓之。蒸之焙之，析之攄之。都藍之具，于以儲之。彼近山之瀑泉，推化安爲絕勝。雖雪竇之飛湍，拜下風于錦鏡。致陸羽之傳訛，喜孫因之可證。化安瀑泉勝雪竇，見孫因《越問》中。來製良材，以慰幽興。其相則屈兮曲兮，如魚勾兮；其色則皎兮峭兮，蔑視紺緅兮；其數則六律六同兮，正一周兮。太白補陀，未敢儔兮。大小晦之茶坑，遜十籌兮。在昔《茶經》有編，茶場有使。幸徐公兮惠民，罷榷租兮世祀。胡降臣兮固寵，開貢使兮貽厲。自元初兮經始范文虎，歷明代兮未弛。怪近世之希逢，致消渴其何恃？既塵鞅之可除，竊山栖以有志。《茶經》一卷，茶寮數事。比鄰可睦，那須黃羊。活眼盈甌，司命是嘗。媚之不辱，煬之無妨。倘稍存夫本色，爲我和以老薑。

《清史稿》卷四八一《儒林傳二·全祖望》 全祖望，字紹衣，鄞縣人。十六歲能爲古文，討論經史，證明掌故。補諸生。雍正七年，督學王蘭生選以充貢，入京師，旋舉順天鄉試。戶部侍郎李紱見其文，曰：『此深寧、東發後一人也！』乾隆元年，薦舉博學鴻詞。是春會試，先成進士，選翰林院庶吉士，不再與試。時張廷玉當國，與李紱不相能，并惡祖望，祖望又不往見，二年，散館，置之最下等，歸班以知縣用，遂不復出。方詞科諸人未集，紱以問祖望，祖望爲記四十餘人，各列所長。性伉直，既歸，貧且病，饔飧不給，人有所饋，弗受。主蕺山、端溪書院講席，爲士林仰重。二十年，卒于家，年五十有一。

祖望爲學，淵博無涯涘，于書無不貫串。在翰林，與紱共借《永樂大典》讀之，每日各盡二十卷。時開《明史》館，復爲書六通移之，先論藝文，次論表，次論忠義、隱逸兩列傳，皆以其言爲韙。生平服膺黃宗羲，宗羲表章明季忠節諸人，祖望益廣修枌社掌故、桑海遺聞以益之，詳盡而核實，可當續史。宗羲《宋元學案》甫創草稿，祖望博采諸書爲之補輯，編成百卷。又七校《水經注》，三箋《困學紀聞》，皆足見其汲古之深。又答弟子董秉純、張炳、蔣學鏞、盧鎬等所問經史疑義，録爲《經史問答》十卷。儀徵阮元嘗謂經學、史才、詞科三者得一足傳，而祖望兼之。其《經史問答》實足以繼古賢，啓後學，與顧炎武《日知録》相埒。晚年定文稿，删其十七，爲《鮚埼亭文集》五十卷。

陳鳴遠

清 吴騫《陽羨名陶録》 陳鳴遠，名遠，號鶴峰，亦號壺隱，詳見《宜興縣志》。吴騫曰：鳴遠一技之能間世特出，自百餘年來，諸家傅器日少，故其名尤噪。足迹所至，文人學士爭相延攬。常至海鹽，館張氏之涉園，桐鄉則汪柯庭家，海寧則陳氏、曹氏、馬氏，多有其手作，而與楊中允晚研交尤厚。予嘗得鳴遠天鷄壺一，細砂作紫棠色，上鋟庚子山詩，爲曹廉讓先生手書，製作精雅，真可與三代古器并列。竊謂就使與大彬諸子周旋，恐未甘退就邾莒之列耳。

又

陶器行贈陳鳴遠，汪文柏季青

荊溪陶器古所無，問誰作者時與徐時大彬，徐友泉。泥沙入手經摶埴，光色便與尋常殊。後來多衆工，摹仿皆雷同。陳生一出發巧思，遠與二子相爭雄，茶具方圓新製作，石泉槐火爨松風。我初不識生，阿髯尺素來相通謂陳君其年也。贈我雙卮頗殊狀，宛似紅梅嶺頭放。平生嗜酒兼好奇，以此飲之神益王。傾銀注玉徒紛紛，斷木豈意青黃文。廠盒宣爐留款識，香奩藥碗生氤氳數物悉見工巧。吁嗟乎人間珠玉安足取，豈如陽羨溪頭一丸土。君不見輪扁當年老斫輪，又不見梓慶削鐻如有神。古來技巧能幾人，陳生陳生今絕倫。

愛新覺羅·弘曆

清 愛新覺羅·弘曆《御製詩初集》卷一四《雨前茶》 二月新絲五月穀，窮黎剜盡心頭肉。花瓷偶啜雨前茶，彷徨愧我為民牧。

又 卷三一《火前茶》 槍旗初吐含輕烟，雨前不已稱火前。吳中自來俗如此，競巧爭新實可憐。學林昔日傳新話《學林新編》王定國著，即今例事無須怪，清和宿雨潤簾櫳。越甌小試瓶笙籟。詩腸既沃興懷賒，古道邈矣寧惟茶。君不見三十而婚四十仕，今人安能遲待此。

又 卷三六《三清茶》 以雪水沃梅花、松實、佛手啜之，名曰「三清」。 梅花色不妖，佛手香且潔。松實味芳腴，三品殊清絕。烹以折腳鐺，沃之承筐雪。火候辨魚蟹，鼎煙迭生滅。越甌潑仙乳，氈廬適禪悅。五蘊淨大半，可悟不可說。馥馥兜羅遞，活活雲漿澈。偓佺遺可餐，林逋賞時別。懶舉趙州案，頗笑玉川譎。寒宵聽行漏，古月看懸玦。軟飽趁幾餘，敲吟興無竭。

清 愛新覺羅·弘曆《御製詩二集》卷二三《雪水茶》 山中雪水煮三清，大邑瓷甌入手輕。水以最輕者為佳，此處水較京都玉泉為重，惟雪水比玉泉猶輕云。屏去薑鹽嫌雜和，招來風月試閒評。適添今夕燈前趣，宛憶當年霽後程。丙寅秋巡五臺時，回程至定興遇雪，曾於氈帳中有烹三清茶之作。只有一端差覺遜，三希即景對時晴。

又 卷二五《觀采茶作歌》 火前嫩，火後老，惟有騎火品最好。西湖龍井舊擅名，適來試一觀其道。村男接踵下層椒，傾筐雀舌還鷹爪。地罏文火續續添，乾釜柔風旋旋炒。慢炒細焙有次第，辛苦工夫殊不少。王肅酪奴惜不知，陸羽《茶經》太精討。我雖貢茗未求佳，防微猶恐開奇巧。防微猶恕開奇巧，採茶搨覽民艱曉。

又 卷七〇《觀采茶作歌三月初二日》 前日採茶我不喜，率緣供覽官經理。今日採茶我愛觀，吳民生計勤自然。雲棲取近跋山路，都非吏備清蹕處。無事回避出採茶，相將男婦實勞劬葉。嫩莢新芽細撥挑，趁忙穀雨臨明朝。雨前價貴雨後賤，民艱觸目陳鳴鑣。由來貴誠不貴偽，嗟哉老幼赴時意。弊衣糲食曾不敷，龍團鳳餅真無味。

清 愛新覺羅·弘曆《御製詩三集》卷二二《坐龍井上烹茶偶成》 龍井新茶龍井泉，一家風味稱烹煎。寸芽生自爛石上，見陸羽《茶經》。時節焙成穀雨前。何必鳳團誇御茗，聊因雀舌潤心蓮。呼之欲出辨才在，笑我依然文字禪。

又 卷二三《試中泠泉》 大江西來源接天，流長入海於此成奔川。盈精育秀乃少蓄，結為波心突兀之金山。五行相生本毋義，詎因頭陀裴氏方名傳。互為其根仍妙合，山腰湧出乳竇中泠泉。古稱第一今試品，松枝拾取文火燃。玉乳印心淡無滓，雲漿入口飄乎仙，飄乎仙。風吹袂起左招浮邱右赤松子，平山第五拜下風。浮玉中心洵無比，而我巡方喜遇此。更慚惟辟作福惟辟玉食箕疇言，不必高談到斯袛惟飲其水。

又 卷三二《荷露烹茶》 塞中地氣厚，蒸為零露重。陰沉晴則浮，橐籥含靜動。物皆承沆瀣，於荷受獨湧。盆盎收有餘，缾罍罄無恐。輕勝第一泉，水以輕為貴，嘗製銀斗較之，玉泉水斗重一兩，惟塞上伊遜水尚可相埒。濟南珍珠、揚子中泠皆較重二三釐，惠山虎跑、平山則更重。輕於玉泉者，惟雪水及荷露云。宜用沃心孔。欲淡不欲濃，天漿流活汞。三霄與為遊，五蘊與為洞。御笑李家符，何異求登壟。

又 卷五六《雨前茶》 新芽麥顆吐柔枝，水驛無勞貢騎馳。記得湖西龍井谷，筠筐老幼採忙時。

第一泉花活火烹，越甌湘鼎伴高清。聶夷中句驀然憶，新穀新絲合共情。

又 卷五六《詠龍泉窰碗》 越冶無夏雪，龍泉存曉星。中規體月

魄，尚質色天青。瓕自等瑤璧，德猶宗土硎。澆書取適可，蘇東坡以晨飲酒為澆書，予謂酒非解渴物，正宜用之茶耳。詎必鬬茶經。

又卷六一《茶花》

槍旗春月已舒葉，冰雪秋時乃吐花。羞煞東風莫相問，人間只解品芽茶。

又卷七〇《重華宮集廷臣及內廷翰林等三清茶聯句復得詩二首》

外藩華讌紫光迴，堂陛重宣翰席開。詎是言歡太頻數，適因餘暇共追陪。略存禁體倡生面，弗許雕文騁頌才。雪護麥田茶泛露，掞牋得句自蠲埃。

活水還勝活火烹，三清甌滿啜三清。向以三清名茶，因製瓷甌書詠其上。每於雪夜烹茶用之。爰聯翰苑賡新作，所喜朝廷多老成。時預會之大學士尹繼善、劉統勳、陳宏謀，尚書董邦達，左都御史張泰開，閩浙總督蘇昌，皆年逾七十而未預之，尚書陸宗楷、楊廷璋、託庸亦皆年逾七十或至八十。雪象欲融金凹澤，曦烏向暖玉樓晴。應怡情處偏縈念，渴望滇南報捷旌。

又《三清茶聯句》有序

將疊熙春之帖，情知藻績非工；即傳獻歲之牋，義取雕幾弗尚。蓋聯詠宜徵夫新語，而命題適愜乎古歡。爾乃靈辰撰七人八穀之前，時逢其初吉；仙液斟六瓣五葩之後，味得於回甘。無煩譜訂蔡襄，鳳餅促馳貢驛；卻愛鑪編性海，龍山閒仿歸艎。中泠虛號無雙，分泉既流卑陸品；南嶺信推第一，得氣先蕁采唐花。億千手競散濃芬，傍鄰林而擷秀；十八公紛貽精粒，緣徠谷以搜珍。於焉補茶董為三清，合擅甌香標格；捐食經之五鮓，寧誇禁臠膏腴。實惟席佈外藩，讌紫光而甫畢；嘉此名臚內直，趨重華以同來。聽餘法曲含和，還資澡雪；擣出巨芝瀉滑，更湊單微。憶昨歲辛祭方回，綵筆曾吟蘇帖；忻乙夜捷書迭奏，冰瓷旋進歐窑。沐蒼昊之垂釐，咨堂廉之賡載。韻葉由庚八部，篇符璿曜七巡。逴云我澤如春，與灌頂醍醐比渥；共曰臣心似水，和沁脾詩句同真。藉以連情，無取頌揚溢美；略存禁體，轉因艱澀得奇云爾。

三百年前積瑞霙，大收瓬缶小瓶罌。潤融沆瀣渾元氣，令協照蘇蘊穀精。御製。盈尺兆穰經臘足，依旬布澤共春生。氛消南徼欣頻勝，臣傅恒。凍解東風利早耕。璐彩階前滋半濕，銀光殿角晃初晴。貯筐晶晶虛還滿，臣尹繼善。人銚飀飀嘿乍鳴。烟裊疏篁知鶴避，風翻靜籟訝濤傾。汁猜滴乳漩鎔酪，臣劉統勳。泡類浮圓轉沸鐺。筯佐齊頭燃榾柮，箭添果腹脹彭亨。臣陳宏謀。御製。茶錄君謨譜最明。湯辨蟹魚眼巨細，火調文武候均平。盧仝句戒太狂逸，溫嶠條聞各較評。擷向雨前纖蕊嫩，貢來日下小團輕。頭綱鄭重開黃帕，臣阿里袞。新焙芬芳襲翠籝。薰染怕教龍腦雜，護藏憶付豹囊絣。臣劉綸。雀舌玲瓏簇玉瑩。珍味雲漿宣賜啜，臣于敏中。秘瓷峰色拜恩擎。嘗希凡骨丹同換，沁許詩脾俗不攖。昨以得辛叨接席，茲還抽乙忝分棚。歲華宴每重華錫，臣董邦達。御製。文翰班仍內翰并。略仿陳家成禁體，惟欽虞陛得聯情。何須險韻拈尖字，好借甘膏矢正聲。湛湛湑寧誇洽體，愔愔奏自葉吹笙。喜因永晝承三接，臣舒赫德。慶浹同堂勉再賡。格創長言增石鼎，源探層漢勝金莖。赤文稠疊苞符啟，臣裘日修。碧椀團圞挹注盈。選色揀香微點綴，配青儷白互交縈。氤氳百和差堪擬，臣蘇昌。調劑羣芳莫與京。不著薑鹽區臭味，兼收華實見權衡。素襟相友功資益，臣王際華。御製。高節為鄰德表貞。喉齒香生嚼松實，心神春滿泛梅英。以松實、梅英、佛手三種烹茶，故謂之三清。拈花總在兜羅手，摘葉曾窺舍利睛。兩腋風過疑子落，一甌水淺想枝橫。掌中薌鬱檀參觀，臣彭啟豐。舌本甘回欖解酲。姑射瀹邀春曉隊，武夷耐結歲寒盟。日暄東嶺芽抽隖，臣錢維城。霧幕陽坡果墜坪。一口吸時伸指證，隻拳分處放毫晶。仙姿禪悅同龕悟，臣觀保。珠魄琳腴並器盛。堪笑羊羔徒騁侈，便矜鳳髓未辭傖。潔蠲自爾安虛室，臣張泰開。御製。淡泊由來等大羹。鬬品寧當誇顧渚，識真誰復別曾坑。惠山鑪昔傳鼻祖，玉井露今擬屬兄。上每於荷花開時，取葉上露烹茶，有御製詩紀其事。古洗漉塵斟活活，溫壺濾滓遞丁丁。水曹秘閣紛稱謂，臣倪承寬。待制鴻臚足使令。碾末屑宜篩瑣碎，擣膏餅忌杵鏦錚。煮需商象銅生暈，臣奉寬。炙用湘筠錦脫繃。脆翁包緘鮮甫纈，蒨綾縫裏秀遙呈。任教制度諸家巧，臣周煌。何似調和至味成。製出官窑陶琬琰，范來仙藻繪韶韺。捧持貴甚鸕鷀杓，臣蔡新。御製。含咀佳於琥珀錫。漫舉都俞及豐豫，非關雪月與冰瓊。陳傳良詩：『我嘗欲擬禁字體，不道雪月冰瓊瑰。』圖書東壁循常例，倡和南薰訂雅名。別采寒芳餐訝菊，小添翠粒剖嗤橙。酚䤵釀盎甜欺蜜，臣劉星煒。飣餖堆盤旨陋鯖。濃匪瀹蔬春芋紫，薄逾泛粥爨桃赬。水符詎遣僧司契，臣汪廷璵。茗戰無須酒作兵。先坼也應隨霰集，徐烘原未過雷驚。暫調雜粉師倪瓚，臣陳兆崙。安殿諸泉斥季卿。素瓣朱欒邀伴侶，銀槍黛蓋解將迎。質全山澤誰云瘦，臣邊繼祖。御製。性合中和了不爭。已喜大田麥根護，得教餘澤蒴芽烹。侑仍寶笈頒佳蹟，每歲預宴諸臣，例頒恩賞，並以石渠寶笈所藏舊人名畫，曾經題詠者酌賜。授逮瑤箋荷寵榮。功德池邊長讚佛，承明庭下幸登瀛。攜將天上分甘及，臣曹文埴。詠到

山中小草萌。法喻散花虔頂禮，響催擊鉢劇經營。吉徵紀數連番捷，臣彭元瑞。輪按排籤幾疊更。字補六經垂典則，詩賅四始冠元正。文筵趨步慚雕鶚，臣沈初。學海沿洄羨掣鯨。世沐恩波依鳳沼，時逢鄉味試龍泓。還淳即此覘風氣，臣董誥。御製。惡旨因之示法程。偶爾七言託沖澹，亦非一意尚高清。治安均我君臣責，勤政乘時共勖誠。

又 卷八一《戲題焙茶塢》 雖曰焙茶豈焙茶，凡摘荈芽，必培之而後成茶。此南方事，亦惟南人始能之。北方無茶樹，安得有焙茶事，無過取其名高耳。北方安得有新芽。浙中貢茗斯恒至，荷露烹成倍靜嘉。

又 卷九一《焙茶塢》 貢來龍井雨前芽，焙法南方精且嘉。荷葉晶晶滿擎露，收將耐可瀹新茶。

清 愛新覺羅·弘曆《御製詩四集》卷一《題居節品茶圖用文徵明茶具十咏韻》

茶塢

雲歸天池峰，春暖虎邱塢。茶事盛東南，良時逮穀雨。林扉密疑關，巖徑細如縷。白花似薔薇，引人入幽迂。

茶人

雖云六經捨，卻見爾雅中。取棄固有時，造化寧無功。季疵開其端，三吳傳斯風。珍重圖裏人，盧陸可能同。

茶筍

崖洞非行鞭，簇簇抽菼長。吐蕤玉為朵，佈氣蘭想香。憶在龍井上，親見傾筠筐。汲泉便煮之，底藉貢頭綱。

茶籯

巖阿矗蒼筤，裁作貯荈器。煙粒含宿潤，曉箬帶生翠。傾則未覺盈，攜之猶憐膩。高詠夷中詩，伊人豈無淚。

茶舍

覆屋幾株松，迎門數竿竹。試問是何境，九龍徑路熟。豫遊春朝憶，光陰流水逐。偶展居節畫，興飛惠山谷。

茶竈

置處傳無突，抱來喜有峰。傍根堆碎石，炊烴燃枯松。辛苦那覺疲，功夫不惜重。安得逢髻神，竈神也。美女妝豔濃。

渥。

茶焙

二尺鑿碧巖，一方編綠竹。漫煨瓊液乾，不礙靈髓馥。去濕弗欲燥，戒烈惟取燠。花脯與杉林，花脯、杉林，皆焙名。可試雲漿

茶鼎

聽松庵名，在惠山。傳樸製，竹鼎圬灰白。肖之不一足，置傍幽齋壁。

茶甌

高僧緬逸韻，雅人試仙液。頗復有傖父，謂之遭水厄。色擬雲一片，形似月滿魄。問斯造者誰，越人與邢客。落底葉瓣綠，浮上花乳白。何用謝堰埏，直可罷履屐。

煮茶

皮陸首倡和，清詞寄真靜。文翁繼其韻，契神非認影。居節祇為圖，居節自識云，衡山命和韻，竊愧不文，臨摹一過，已不自量，又何敢為貂尾之續，然仍錄其原唱，興固不淺也。識高興亦永。拈毫賡十章，如置身其境。

又 卷一四《試茗》 雲館邀閒客，雨前試茗芽。湘鑪雪融乳，越椀月分華。雅是清供平聲具，寧須奇品誇。雕幾貴寓意，淡泊以為嘉。

清 愛新覺羅·弘曆《御製詩五集》卷三《雨前茶》 穀雨前之茶，恒為世所珍。巡蹕因近南，驛貢即已臻。計其採焙時，雨水以後旬。龍井茶，以穀雨前摘取者為佳。今年正月廿九日雨水，茲甫二月下旬之初，浙江已進到新茶，其採焙當在雨水後數日，距穀雨尚早月餘也。穀雨早月餘，而尚未春分。欲速有如此，風俗安得醇。更憶夷中詩，唐聶夷中『二月賣新絲，五月賣新穀』之語，最為曲盡民隱，每詠新茶，常感其言之親切有味而不忘。可憐我窮民。尚茶供三清，每龍井新茶貢到，內侍即烹試三清，以備嘗新。不忍為沾唇。

清 愛新覺羅·弘曆《樂善堂全集定本》卷二九《烹茶》 梧砌烹雲坐月明，砂瓷吹雨透煙輕。跳珠入夜難分點，沸蟹臨窗覺有聲。靜浣塵根心地潤，閒尋綺思道芽生。誰能識得壺中趣，好聽松風瀉處鳴。

清 愛新覺羅·弘曆《文初集》卷五《玉泉山天下第一泉記》 水之德在養人，其味貴甘，其質貴輕。然三者正相資，質輕者味必甘，飲之而蠲疴益壽。故辨水者恒于其質之輕重，分泉之高下焉。嘗製銀斗較之，京師玉泉之水，斗重一兩；塞上伊遜之水，亦斗重

一兩；濟南珍珠泉，斗重一兩二釐；揚子金山泉，斗重一兩三釐，則較玉泉重二釐或三釐矣。至惠山、虎跑則各重玉泉四釐，平山重六釐，清涼山、白沙、虎邱及西山之碧雲寺，各重玉泉一分。是皆巡蹕所至，命内侍精量而得者。

然則無更輕於玉泉之水者乎？曰：有！為何泉？曰：非泉，乃雪水也。常收積素而烹之，較玉泉斗輕三釐。雪水不可恒得，則凡出山下而有冽者，誠無過京師之玉泉。

昔陸羽、劉伯芻之倫，或以廬山谷簾為第一，或以揚子為第一，惠山為第二，雖南人享帚之論也，然以輕重較之，惠山固應讓揚子，具見古人非臆說。而惜其不但未至塞上伊遜，并且未至燕京，若至此，則定以玉泉為天下第一矣。

近歲疏西海為昆明湖，萬壽山一帶率有名泉，溯源會極，則玉泉實靈脈之發皇德，水之樞紐，且質輕而味甘。廬山雖未到，信有過於楊子之金山者。故定名為天下第一泉。命將作崇煥神祠，以資惠濟，而為記以勒石。夫玉泉固趵突山根，蕩漾而成一湖者，詩人比之『飛瀑之垂虹』。即予向日題『燕山八景』，亦何嘗不隨聲云云。

足見公論在世間，誣辭也在世間，藉甚既成，雌黃難易。泉之於人，有德而無怨，猶不能免訕議焉。則挾德怨以應天下者，可以知懼，也可以不必懼矣。

《清史稿》卷一〇《高宗紀一》 高宗法天隆運至誠先覺體元立極敷文奮武欽明孝慈神聖純皇帝，諱弘曆，世宗第四子，母孝聖憲皇后，康熙五十年八月十三日生於雍親王府邸。隆準頎身，聖祖見而鍾愛，令讀書宮中，受學於庶吉士福敏，過目成誦。復學射於貝勒允禧，學火器於莊親王允祿。木蘭從獮，命侍衛引射熊。甫上馬，熊突起。上控轡自若。聖祖御鎗殪熊。入武帳，顧語溫惠皇太妃曰：『是命貴重，福將過予。』

雍正元年八月，世宗御乾清宮，密書上名，緘藏世祖所書正大光明扁額上。五年，娶孝賢皇后富察氏。十一年，封和碩寶親王。時準噶爾役未竟，又有黔苗兵事，命上綜理軍機，諮決大計。

十三年八月丁亥，世宗不豫。時駐蹕圓明園，上與和親王弘晝朝夕謹侍。戊子，世宗疾大漸，召莊親王允祿，果親王允禮，大學士鄂爾泰、張廷玉，領侍衛内大臣豐盛額、訥親，内大臣戶部侍郎海望入受顧命。己丑，崩。王大臣請奉大行皇帝還宮。莊親王允祿等啟雍正元年立皇太子密封，宣詔即皇帝位。尋諭奉大行皇帝遺命，莊親王允祿、果親王允禮、鄂爾泰、張廷玉輔政，並令鄂爾泰復任，以鄂爾泰因病請假也。以遺命尊奉妃母爲皇太后，復奉懿旨以上元妃爲皇后。召大學士朱軾回京。命大學士嵇曾筠總理浙江海塘工，趙弘恩署江南河道總督。大行皇帝大殮，命以乾清宮南廡爲倚廬。庚寅，命總理事務王大臣議行三年喪。命履郡王允裪暫管禮部事務。召張照回京，以張廣泗總理苗疆事務，大學士邁柱署湖廣總督。諭大將軍查郎阿駐肅州，與劉於義同掌軍務，北路大將軍平郡王福彭堅守。飭揚威將軍哈元生等勦撫苗疆。癸巳，頒大行皇帝遺詔。

袁枚

清 袁枚《隨園食單》卷三《茶葉蛋》 雞蛋百個，用鹽一兩，粗茶葉煮兩枝線香為度。如蛋五十個，只用五錢鹽，照數加減。可作點心。

又卷四《茶》 欲治好茶，先藏好水。水求中泠、惠泉，人家中何能置驛而辦？然天泉水、雪水力能藏之。水新則味辣，陳則味甘。嘗盡天下之茶，以武夷山頂所生、冲開白色者爲第一，然入貢尚不能多，況民間乎。其次莫如龍井，清明前者號蓮心，太覺味淡，以多用爲妙。雨前最好，一旗一槍，綠如碧玉。收法須用小紙包，每包四兩，放石灰罈中，過十日則換石灰，上用紙蓋札住，否則氣出而色味全變矣。烹時用武火，用穿心罐。一滾便泡，滾久則水味變矣。停滾再泡，則葉浮矣。一泡便飲，用蓋掩之，則味又變矣。此中消息，間不容髮也。山西裴中丞嘗謂人曰：『余昨日過隨園，才吃一杯好茶。』嗚呼！公山西人也，能爲此言。而我見士大夫生長杭州，一入宦場便吃熬茶，其苦如藥，其色如血，此不過腸肥腦滿之人吃檳榔法也。俗矣！除吾鄉龍井外，余以爲可飲者臚列于後。

一武夷茶

余向不喜武夷茶，嫌其濃苦如飲藥。然丙午秋，余游武夷，到曼亭峰天游寺諸處，僧道爭以茶獻。杯小如胡桃，壺小如香橼，每斟無一兩，上口不忍遽咽，先嗅其香，再試其味，徐徐咀嚼而體貼之，果然清芬撲鼻，舌有餘甘。一杯之後，再試一二杯，令人釋躁平矜怡情悅性，始覺龍井雖清而味薄矣，陽羨雖佳而韵遜矣，頗有玉與水晶品格不同之故。故武夷享天下盛名，真乃不忝，且可以瀹至三次而其味猶未盡。

一龍井茶

杭州山茶處處皆清，不過以龍井爲最耳。每還鄉上冢，見管墳人家送一杯茶，水清茶綠，富貴人所不能吃者也。

一常州陽羨茶

陽羨茶深碧色，形如雀舌，又如巨米，味較龍井略濃。

一洞庭君山茶

洞庭君山出茶，色味與龍井相同，葉微寬而綠過之，采掇最少。

此外如六安、銀針、毛尖、梅片、安化，概行黜落。

【略】

又《龍井》《小倉山房詩集》卷一七　龍厩西湖喧，別選藏珠宅。澄泓一井泉，搖漾半天碧。葉墮鳥銜去，魚行人不隔。時方迎六龍，崖磴加開闢。穿竇浚靈源，爬沙出奇石。瀑布九天來，散作千處白。噴珠隕雜花，灑面亂飛雪。傾耳聲洋洋，琮錚碎環璧。臺高石柱寒，松古蒼烟積。試茗人忘歸，水明天不夕。

又《湖上雜詩》《小倉山房詩集》卷二六　烟霞石屋兩平章，度水穿花趁夕陽。萬片綠雲春一點，布裙紅出采茶娘。桑女留儂住小車，春蠶食葉響沙沙。一甌水白茶如雪，足抵人間七品家。《金史》：七品官才許飲茶。

又《謝南浦太守贈芙蓉汗衫雨前茶葉》《小倉山房詩集》卷二三　四銀瓶鎖碧雲英，穀雨旗槍最有名。嫩綠忍將茗碗試，清香先向齒牙生。書交柏葉仙人寄，味比江城太守清。好色相如最消渴，被公知道舊風情。

又《試茶》《小倉山房詩集》卷三一　閩人種茶當種田，郤車而載盈萬千。我來竟入茶世界，意頗狎視心逌然。道人作色誇茶好，磁壺袖出彈丸小。一杯啜盡一杯添，笑殺飲人如飲鳥。云此茶種石縫生，金蕾珠蘖殊其名。雨淋日炙俱不到，幾莖仙草含虛清。采之有時焙有訣，烹之有方飲有節。譬如麴蘖本尋常，化人之酒不輕設。我震其名愈加意，細嚥欲尋味外味。杯中已竭香未消，舌上徐停甘果至。嘆息人間至味存，但教鹵莽便失真。盧同七碗籠頭吃，不是茶中解事人。

《清史稿》卷四八五《文苑二・袁枚傳》　袁枚字子才，錢塘人。幼有異稟。年十二，補縣學生。弱冠，省叔父廣西撫幕，巡撫金鉷見而異之，試以銅鼓賦，立就，甚瑰麗。會開博學鴻詞科，遂疏薦之。時海內舉者二百餘人，枚年最少，試報罷。乾隆四年，成進士，選庶吉士。改知縣江南，歷溧水、江浦、沭陽，調劇江寧。時尹繼善爲總督，知枚才，枚亦遇事盡其能。市人至以所判事作歌曲刻行四方。枚不以吏能自喜，既而引疾家居。再起發陝西，丁父憂歸，遂牒請養母。卜築江寧小倉山，號隨園，崇飾池館，自是優游其中者五十年。時出游佳山水，終不復仕。盡其才以爲文辭詩歌，名流造請無虛日，詼諧詄蕩，人人意滿。後生少年一言之美，稱之不容口。篤于友誼，編修程晉芳死，舉借券五千金焚之，且恤其孤焉。

天才穎異。論詩主抒寫性靈，他人意所欲出，不達者悉爲達之。士多效其體。著《隨園集》，凡三十餘種。上自公卿，下至市井負販，皆知其名。海外琉球有來求其書者。然枚喜聲色，其所作亦頗以滑易獲世譏云。卒年八十二。

陳鴻壽

清　錢泳《履園叢話》卷一一下《畫學》　陳鴻壽號曼生，錢塘人。以選拔得縣令，官至海防司馬，引疾歸。花卉宗王酉室，山水近李檀園。嘗官宜興，用時大彬法，自製砂壺百枚，各題銘款，人稱之曰『曼壺』，于是競相效法，幾遍海內。余謂曼生詩文、書畫、印章無所不精，不意竟傳于『曼壺』，亦奇事也。

震鈞

清　震鈞《茶說》　大通橋西垻下舊有茶肆，乃一老卒所闢。并河

有廊，頗具臨流之勝。秋日葦花瑟瑟，令人生江湖之思。余數偕友過之，茗話送日。惜其水不及昆明，而茶尤不堪。大抵京師士夫無知茶者，故茶肆亦鮮措意于此，而都中茶皆以末麗雜之，茶復極惡。南中龍井絕不至京，亦無嗜之者。余在南，頗留心此事，能自煎茶，曾著《茶説》，今録于此以貽好事云。

煎茶之法，失傳久矣。士夫風雅自命者固多嗜茶，然止于以水瀹生茗而飲之，未有解煎茶如《茶經》、《茶録》之所云者。屠緯真《茶箋》論茶甚詳，亦瀹茶而非煎茶。余少好攻雜藝，而性尤嗜茶，每閲《茶經》，未嘗不三復求之，久之若有所悟。時正侍先君於維揚，固精茶所集也。乃購器具，依法煎之，然後知古人之煎茶爲得茶之至味，後人之瀹茗何异帶皮食哀家梨者乎！閑居多暇，撰為一編，用貽同嗜。

一、擇器

器之要者，以銚居首，然最難得佳者。古人用石銚，今不可得，且亦不適用。蓋銚以薄為貴，所以速其沸也，石銚必不能薄。今人用銅銚，腥澀難耐。蓋銚以潔為主，所以全其味也。銅銚必不能潔，瓷銚又不禁火，而砂銚尚焉。今粤東白泥銚小口瓮腹，極佳。蓋口不宜寬，恐泄茶味。北方砂銚病正坐此，故以白泥銚為茶之上佐。凡用新銚，以飯汁煮一二次，以去土氣，愈久愈佳。次則風爐，京師之不灰木小爐，三角如畫上者，最佳。然不可過巨，以燒炭足供一銚之用者爲合宜。次則茗盞，以質厚為良。厚則難冷，今江西有仿郎窑及青田窑者佳。次茶匙，用以量水。瓷者不經久，以椰瓢為之，竹與銅皆不宜。次水罌，約受水二三升者，貯水置爐旁備酌取，宜有蓋。次風扇，以蒲葵為佳，或羽扇，取其多風。

二、擇茶

茶以蘇州碧蘿春為上，不易得，則天池，次則杭之龍井。蚧茶稍粗，或有佳者，未之見。次六安之青者，若武夷、君山、蒙頂，亦止聞名。古人茶皆碾為團，如今之普洱，然失茶之真。今人但焙而不碾，勝古人。然亦須採焙得宜，方見茶味。

若欲久藏，則可再焙，然不能隔年。佳茶自有真香，非煎之不能見。今人多以花果點之，茶味全失。且煎之得法，茶不苦而反甘，世人所未嘗知。若不得佳茶，即中品而得好水，亦能發香。

凡收茶，必須極密之器。錫爲上，焊口宜嚴，瓶口封以紙，盛以木篋，置之高處。

三、擇水

昔陸羽品泉，以山泉為上，此言非真知味者不能道。余游踪南北，所嘗南則惠泉、中泠、雨花臺、靈谷寺、法靜寺、六一、虎跑，北則玉泉、房山孔水洞、潭柘、龍池。大抵山泉實美于平地，而惠山及玉泉爲最。惠泉甘而芳，玉泉甘而洌，正未易軒輊。

山泉未必恒有，則天泉次之。必貯之風露之下數月之久，俟瓮中澄澈見底始可飲。然清則有之，洌猶未也。雪水味清，然有土氣，以潔瓮儲之經年始可飲。大抵泉水雖一源，而出地以後，流逾遠則味逾變。余嘗從玉泉飲水，歸來沿途試之，至西直門外，幾有淄澠之別。古有勞薪水之變，亦勞之故耳，况更雜以塵汙耶？

凡水，以甘而芳、甘而洌為上，清而甘、清而洌次之。未有洌而不清者，亦未有甘而不清者，然必泉水始能如此。若井水，佳者止於能清，而後味終澀。凡貯水之罌宜極潔，否則損水味。

四、煎法

東坡詩云：『蟹眼已過魚眼生，颼颼欲作風松鳴。』此言真得煎茶妙訣。大抵煎茶之要，全在候湯。酌水入銚，炙炭於爐，惟恃鼓鞴之力。此時揮扇不可少停，俟細沫徐起，是為蟹眼。少頃巨沫跳珠，是爲魚眼。時則微響初聞，則松風鳴也。自蟹眼時即出水一二匙；至松風鳴時復入之，以止其沸，即下茶葉。大約銚水半升，受葉二錢。少頃，水再沸，如奔濤濺沫，而茶成矣。然此際最難候，太過則老，老則茶香已去，而水亦重濁；不及則嫩，嫩則茶香未發，水尚薄弱。二者皆為失飪。一失飪，則此爐皆為廢棄，不可復救。煎茶雖細事，而其微妙難以口舌傳。若以輕心掉之，未有能濟者也。惟日長人暇，心靜手閑，幽興忽來，開爐爇火，徐揮羽扇，緩聽瓶笙，此茶必佳。

凡茶葉欲煎時，先用溫水略洗，以去塵垢。取茶入銚宜有制，其制也，匙實司之。約準每匙受茶若干，用時一取即是。

煎茶最忌煙炭，故陸羽謂之茶魔。杪木炭之去皮者最佳。入爐之後，始終不可停扇。若時扇時止，味必不全。

五、飲法

古人注茶，熁盞令熱，然後注之，此極有精意。蓋盞熱則茶難冷，難冷則味不變。茶之妙處，全在火候。熁盞者，所以保全此火候耳。茶盞宜小。寧飲畢再注，則不致冷。陸羽論湯有老嫩之分，人多未信，不知穀菜尚有火候，水亦有形之物，夫豈無之。水之嫩也，入口即覺其質輕而不實；水之老也，下喉始覺其質重而難咽。二者均不堪飲。惟三沸初過，水味正妙，入口而沉著，下咽而輕揚，撟舌試之，空如無物，火候至此至矣。

煎茶火候既得，其味至甘而香，令飲者不忍下咽。今人瀹茗，全是苦澀，尚誇茶味之佳，真堪絕倒。凡煎茶，止可自怡。如果良辰勝日，知己二三，心暇手閑，清談未厭，則可出而效技，以助佳興。若俗冗相纏，衆言囂雜，既無清致，寧俟他辰。

《清史稿》卷四八六《震鈞傳》 震鈞，字在廷，改名唐宴，瓜爾佳氏。有《渤海國志》、《天咫偶聞》。

茶人稱謂部

茶官

題解

《舊唐書》卷一七《文宗紀下》［大和九年］冬十月癸酉朔。乙亥，杜悰復爲陳許節度使，李聽爲太子太保分司。内出曲江新造紫雲樓彩霞亭額，左軍中尉仇士良以百戲於銀臺門迎之。時鄭注言秦中有災，宜興土功猒之，乃濬昆明、曲江二池。上好爲詩，每誦杜甫曲江行云：『江頭宮殿鏁千門，細柳新蒲爲誰緑？』乃知天寶已前，曲江四岸皆有行宮臺殿、百司廨署，思復昇平故事，故爲樓殿以壯之。王涯獻榷茶之利，乃以涯爲榷茶使。茶之有榷稅，自涯始也。

論説

唐 令狐楚《請罷榷茶使奏》《全唐文》卷五四一 伏以江淮閒數年已來，水旱疾疫，凋傷頗甚，愁歎未平。今夏及秋，稍較豐稔，方須惠恤，各使安存。昨者忽奏榷茶，實爲蠹政。蓋是王涯破滅將至，怨怒合歸。豈有令百姓移茶樹就官場中栽植，摘茶葉於官場中造作？有同兒戲，不近人情。方在恩權，孰敢沮議？朝班相顧而失色，道路仄目而吞聲。今宗社降靈，奸凶盡戮，聖明垂祐，黎庶合安。微臣伏蒙天恩，兼領使務，官銜之内，猶帶此名。俯仰若驚，夙宵知愧。伏乞特回聖聽，下鑒愚誠，速委宰臣除此使額。緣軍國之用或闕，山澤之利有遺，許臣條疏，續具聞奏。採造將及，妨廢爲虞。前月二十一日内殿奏對之次，鄭覃與臣同陳論訖。伏望聖慈，早賜處分，一依舊法，不用新條。唯納榷之時，須節級加價。商人轉賣，必較稍貴。即是錢出萬國，利歸有司。既無害茶商，又不擾茶户。上以彰陛下愛人之德，下以竭微臣憂國之心。遠近傳聞，必當感悅。

綜述

《宋會要輯稿·方域一〇》 孝宗淳熙三年二月二十七日，四川茶馬司言：『興州順政、長舉兩縣棧閣舊置武臣一員充巡轄，人兵三百，專一巡視修葺。今乞令諸司共措置，務令經久，仍招填人兵，依時修治棧道。』從之。

又《兵二三·馬政·買馬下》 乾道元年正月七日，詔：茶馬司買發隆興元年、二年分馬西馬，比之遞年虧損數多，顯屬不職。令具析因依聞奏。

六月二十一日，建康府駐劄御前諸軍都統制劉源言，諸軍見管戰馬大段數少。詔令茶馬司、經署略司於每歲額外各收買二綱應副。

二十九日，樞密院言，勘會四川宣撫使吳璘措置，自行收買，補填元起馬數。其合用博買錢物，令四川總領所應副。

二年二月八日，宰執進呈盧州進士劉惟肖獻利便事十件，上曰：『第八件止絶停留買馬之人，朝廷可劄下帥司，申嚴約束，庶幾免得生事。』

三年二月八日，大理少卿陳彌作言：『四川茶馬司每年合起江上諸軍馬八十綱，並行在殿前、馬、步三司馬七十一綱，宣撫司二分馬七百二十匹，總計一百五十一綱零七百二十匹。稽考得有拖欠未起隆興元年江上諸軍馬九十三綱，並三司西馬五十五綱，並隆興二年、乾道元年分宣撫司二分馬六百二匹，係累政收買，不敷年額。緣蕃蠻中馬有限，僅能敷足本年之數。竊恐前後循習，徒有掛欠。乞特賜蠲放，仍令茶馬司從乾道二年爲頭，須管買足一年歲額。所有日前年分未買馬，已收簇攢那到錢，展計錢引四十四萬餘道，令項樁管，專充還前項累政欠買馬價之數。望行下茶馬司並三衙諸軍，遵守施行。』從之。

六月五日，樞密院言：『勘會茶馬司近來起發西馬，例皆低小瘦瘠。』令茶馬司今後須管收買及格赤、齒嫩、堪披帶馬，仍不得虧損歲額。

七月二十四日，詔：令淮東西路安撫司行下沿邊州軍，嚴切立賞，禁止私渡買馬人。如有違犯，具姓名取旨，重作施行。

十一月二十一日，四川宣撫使虞允文言：『依年額收買朝廷馬數足日，欲收買額外馬三二千匹，庶幾三都統下馬政復修，可以爲戰守之備。所有買馬本錢，望更給降度牒四五百道，逐旋變賣錢物支用。』詔爲係買戰馬，可特依，給降度牒三百道。

十二月十八日，鎮江府駐劄御前諸軍都統制王友直言：『本司諸軍戰馬昨自虜人侵犯之後，累經戰陣，委是闕少。』詔令茶馬司、廣西經略司於每歲額外各收買二綱應副。

四年二月十四日，提舉茶馬監牧公事張松言：『見措置，將宕昌馬場買到馬赤寸，于馬項下印烙引賣人姓字火印，排綱起發。若將來到行在內有短寸匹數，及齒歲不同，乞看驗火印姓字降下，責憑根究，追理短寸虧官價錢。』從之。

三月二十二日，戶部言：『茶馬司申，宕昌峰貼峽買馬以前立定賞罰，止是該説順政、長舉兩縣收發茶數外，餘將利、福津兩縣不係茶運經過地，所以未有賞罰。今來本司自紹興初運茶博馬，係於西和州管下宕昌寨、階州管下峰貼峽置場，其茶運却從興州置口以去擺鋪運發，係經由興州順政、長舉縣，階州將利、福津縣，前去臨江茶場交納，應副博馬支用。其逐縣知縣若不申明，一例立定賞罰，竊慮無以激勸。乞參照政和三年六月七日旨揮推行榷茶賞罰行下，庶幾有以責辦。本部尋下都茶場指定。今勘當，欲依指定到事理施行。』從之。時戶部下都茶場指定，檢准政和三年六月七日旨揮。戶部狀：『都大榷茶司申：「乞應成都府排岸司，興州長舉縣裝卸庫，鳳州轉般庫監官，綿州巴西，利州昭化、三泉，興州順政、長舉，西縣，興元府南鄭知縣任滿，收發過茶無失陷欺弊，提舉司保明，每四萬馱與減磨勘二年。如不獲收附，失陷一分，展磨勘二年。其承直郎以下賞罰，並各比類施行。二分以上，依舊差替人例。」本部勘當依，巡轄般茶鋪使臣任滿，減磨勘一年，先次旨射家便差遣。』

八月一日，兵部侍郎陳彌作言：『祖宗設互市之法，本以羈縻遠人，初不藉馬之爲用。故駑駘下乘，一切許之入中。蕃蠻久恃聖朝寬大，一拂其意，必起紛爭。官吏亦懼生事，無敢誰何。黎、敘、南平軍等州，每買綱馬五十匹內，良細馬不過三四匹，中等馬不上二十匹，餘皆下下，不可服乘。發以充數，則必倒斃。蓋緣博馬茶錦所入有限，公吏旁緣爲奸，寧取下乘，以敷綱額，不鬻上駟，以虧茶錦。望約束川馬州軍，每綱以五分爲率，一分良細馬，餘四分依舊收買。仍令茶馬司汰其不中發綱者就賣，拘錢增置茶錦，以貼支諸州良馬之直。不惟上不失祖宗羈縻之德，下不誤諸軍緩急之須矣。』詔令茶馬司從長相度，申樞密院。

十九日，都大主管成都府利州等路茶事張松言：『武節郎劉時敏權知敘州，到任未及半年，已買足乾道四年分歲額馬數，揀選得口齒輕嫩、及格，堪起綱駁騍馬僅五百匹，貼綱應副鄂州等軍支使，委見本官措置有方，了辦職事。乞將劉時敏正行差知敘州，專一措置增買起綱駁騍馬。』從之。

五年二月五日，池州駐劄御前右軍統制王世雄言：『右軍所買戰馬不多，望將川、廣發到綱馬，許令截留兩綱。』詔令茶馬司、廣西經略司於歲額外各收買一綱，應副王世雄。

十九日，詔令都大茶馬張松於歲額外，通融收買川西馬二十綱，應副建康都統郭振。即不得虧損歲額。

四月八日，詔給降度牒三百道付宣撫司，專一樁充買馬使用。

七月八日，權發遣靜江府張維言：『邕州守臣係提點買馬官。本司幹辦公事一員，係邕州置廨宇，每歲十二月同到橫山寨親與蠻人爲市，至四月回州，委是有勞。欲乞將邕州守臣及幹辦公事一員，每增買二百匹，各與減一年磨勘；一千匹，轉一官。其餘官屬，更不推賞。契勘廣西經略安撫司逓年收買戰馬，各用本錢，已降指揮取撥。若招馬益多，慮恐闕用。今照得靜江府乾道五年合發折布錢六萬二百八十餘貫，係赴湖廣總領所之數。今欲就內取撥三萬貫樁管，通已撥窠名錢物，衮同應副收買。』並從之。

十二日，詔令張維於歲額外收買齒嫩、及格赤、闊壯，堪披帶馬二十綱，起發赴行在。如錢數不足，許於合起發官錢內先次截撥。

八月八日，戶、禮部言：『茶馬司申：「承指揮，於歲額外通融收買川西馬二十綱，應副郭振。約計馬本並起綱等用錢引二十萬貫。本司見有空名綾紙、度牒四百三十二道，公據內照應得係紹興四年朝廷給降淮西、川陝宣撫使司，撥赴本司樁管，未曾出賣，與見賣者度牒、綾紙式樣一同。今欲將上件度牒許本司書填批跋，依見買價例拘收價錢，應副

收買額外馬綱使用。緣本司年計買馬除支遣外，尚闕錢引二十八萬貫。今來所乞，係充額外馬本。所有歲闕錢引，乞別賜支降。」得旨，送逐部指定。禮部勘會上件度牒，即不見得堪與不堪行使。欲別造新法綾紙，度牒四百三十二道，並公據合同號簿關吏部，差大使臣管押前去茶馬司，却將元降度牒、公據仍付使臣管押赴部，下度牒庫椿管。度支指定，欲下茶馬司照應禮部指揮定事理，將價錢專充收買額外馬本錢，餘數令椿管。仍據買到馬數，每匹格赤高下、齒歲、毛色並實計合用錢數，開具細帳，申四川宣撫司核實。如歲額馬本錢委有闕數，即具申朝廷施行。』從之。

十一月二十一日，詔令茶馬司自乾道六年分爲始，每歲於敘、珍州額外收買馬兩綱，付高郵軍駐劄御前武鋒軍。

六年二月九日，侍講胡沂言：『比年置監漢陽，以休養馬力，較其損斃之數，殆與前比。自四川經至行在數月，初亦不堪相遠，馬之受病不在今，而在乎博買之初。博買之際，皆先期縶馬於廄，絕不與食，使之甚饑。伺其明日，將相視而就易也，始以糜粥豆飲乘熱飼之。馬以饑渴，自然倍食。雖得一時色澤鮮明，膚革脹飽，又從而奔驟馳騁，竭力以試之。既饑飽失宜，又勞逸過度。望行下四川茶馬司，委提舉官親行檢察，不爲估客牙儈所欺。如諸軍醫獸亦宜籍定姓名，重立賞罰。每歲醫過病馬若干，其賞幾何，損斃多數，罰亦隨之。』從之。

七年二月三日，宰執進呈御筆，四川買騍馬一千匹、廣西二千匹。上曰：『四川千匹，不難辦否』虞允文奏曰：『西邊騍馬甚多，以官中不買，故不來爾。誠措〔置〕招誘，雖二千匹亦可辦也。』上曰：『騍馬誠有益於用，無事則孳生，出軍則令披帶。若果易辦，令四川亦買二千匹。』於是詔令四川宣撫司、廣西邕州，每歲於額外各買發騍馬二千匹。

十六日，詔令禮部給降空名度牒五百道，應副四川宣撫司買馬。其見管封椿度牒錢，不得取撥支用。以四川宣撫使王炎言買騍馬一千匹，欲于見管封椿度牒錢內取撥。故有是命。

三月二十六日，宰執進呈吏部侍郎王之奇乞令諸軍於宣撫司置場處收買出格馬劄子，上曰：『茶馬司歲額外，更有馬可買否』允文奏曰：『馬司自四月閉場後，宣司可以收買。但馬司近撥到西馬綱比去年一般月日大段數少。乞且令宣司措置。』上曰『可』。

五月二十五日，江南東路轉運副使張維言：『據知南丹州莫延葚劄子，乞爲招買蕃馬，以報國恩。又備羅殿蕃羅鄉貢等狀，有出格馬，欲赴宜州中賣，即牒報莫延葚。且令措置，只就南丹置場。至春月，蕃馬到來，即差官前去，同共博馬。契勘靜江府至南丹州，比邕州地里減半，又無險阻路，馬力不耗。邕州守臣每到橫山博馬場，必調發兵丁彈壓。今南丹置場，只差宜州副將及準備將領並收支錢物官前去，略無煩費。往年帥臣以爲蠻人深入內地不便，今置場於南丹，即無蠻人深入之患。』詔令廣西帥臣李浩日下措置，先具已措置事節申樞密院。仍委宜州準備將陳泰，於南丹州收買合用物帛。令帥司先次應副，具已應副過數目申朝廷撥還。其後十二月二十九日，權發遣靜江府、提舉廣南西路買馬李浩奏：『張維所乞南丹州買馬，係是更易，難以施行。竊詳廣西每年收買歲額戰馬，依已降旨揮，於邕州置司。自置司之後，經及三十餘年，委是利便。況年歲深遠，事皆就緒。』詔將已降南丹州買馬指揮，更不施行。

十一月八日，樞密院言，四川茶馬司遞年所發綱馬，元降指揮令收買四尺四寸以上馬，近來多係四尺四寸以下至四尺一寸，不堪披帶，理宜約束。詔令四川宣撫司嚴行約束。如更違戾，將提舉官取旨，重作施行。

十二月二十九日，四川宣撫使王炎言：『准指揮，令四川宣撫司、廣西邕州每歲於額外各買發騍馬二千匹。契勘川蜀及關外所產騍馬不多，兼蕃蠻例皆牧養，藉以孳生，委是少有前來入中。竊慮元買之數，將來難已敷趁。』詔將乾道六年已前買騍馬並與蠲免。其乾道七年分騍馬，依已降指揮疾速排發。

八年正月十一日，詔令廣西提舉買馬李浩將七年分合發綱馬，比六年分已起數目，疾速依數措置收買，排綱起發，赴諸處送納。不管依前違戾。仍自今依乾道五年七月指揮，每歲收買闊壯額外馬二十綱赴行在。以樞密院言廣西經略司乾道七年合起發馬綱比干道六年大段虧少，故有是命。

十五日，樞密院言：『進武校尉、前邕州上思知州事黃彬劄子：「蕃蠻之地，歲有馬出賣，橫山寨收買不絕。如小蠻家地，多有牝馬。若作孳生出產，一年買千匹，十年買萬匹計之，十年可出孳生數萬騎，以應

大軍披帶。比之戰馬價例至少，稍不費朝廷財賦。情願收買一年牝馬一千匹，仍令邕州于上郭地場置監牧養。三年爲一界，押赴行在交納。如有牝馬孳生數多，並乞推賞。』詔差監行在左藏庫中門尹昌前去，同黄彬措置收買。内黄彬與借閤門祗候，許繫紅帶。候買及二千匹，即行補正合門。繼而尹昌等言：『蠻人每歲於横山寨賣戰馬，系招馬官進武校尉知田州軍州事黄諧、進義副尉黄球，自當年十月將帶兵丁用深入蠻界招誘，委是有勞。望給錦段，賞賜銀絹。仍乞出給照帖與黄諧、黄球二人，同黄彬買及一千匹，增及二千匹，即與黄球、黄諧酬賞。』詔尹昌差充樞密院準備差遣。其黄諧、黄球同共收買，令廣西經略司量支錦段銀絹賞賜。仍候今來買牝馬及額，令本司保明，優與推賞。

二月十七日，樞密院準備差遣尹昌言：『竊聞自來買馬場遞年雖用黄諧等招誘博馬，自今後如蠻人每名中賣到馬三百匹者，乞賞錦段一匹、鹽一百斤。乞劄下買馬場遵守施行。』從之。

六月一日，禮工部言：『都大茶馬司申，西和州置添差通判一員，以本司幹辦公事兼之，專任宕昌監視買馬。上件窠闕，系是創置。年額買馬，幾近萬匹，出納錢物浩瀚，乞鑄銅印。並宕昌買馬所支馬價錢，舊在臨江置場支給。於乾道四年内，本司措置，就宕昌置庫，收支買馬錢糧、茶絹數百萬貫，乞鑄銅印。今欲乞撥以「西和州宕昌買馬之印」九字爲文，又欲依本司已擬到「茶馬司宕昌茶帛庫記」九字爲文，鑄造施行。』從之。

七月二日，詔令諸軍於沿邊熟戶等處收買好馬，不得私相販賣。仍經由河池縣茶馬印驗，發付諸軍，申撫司照會，覺察施行。以臣僚言四川諸軍於宕昌及熟戶處買馬，私販出川界，於襄陽一帶轉買銅錢，致使諸軍馬數虧少。故有是命。

同日，臣僚言：『竊見祖宗以來，馬政系茶馬司專用茶錦、銀絹伓易，蕃漢皆以爲便。近來茶馬司不以茶錦，專用銀幣博買，甚非立法之意。況茶錦外界必用之物，若不依舊以茶貨及彩段伓易，則銀寶多出外界，甚非中國之利。』詔令四川宣撫司參照祖宗舊法，更切詳審，措置經久可利便，申樞密院。

九年二月十八日，宰執進呈次，上曰：『新差知邕州姚恪頗開爽，但未知能辨買馬事否』梁克家奏曰：『恪既開爽，於政事必有可觀。買馬亦爲政之一事也。』上曰『然，當更訓諭遣之。』

四月二十八日，兵部言：『勘會川陜、廣西收買歲額綱馬，皆有立定齒歲、格赤，並要輕嫩闊壯、堪披帶戰馬，分撥諸軍使用。近來諸軍多有申到，每遇交割到綱馬，看驗得内口齒過大，以（致）［至］不及格赤，矮小怯弱，不堪披帶，充數起綱前來，不惟枉費官錢，竊恐有誤諸軍支配指准，乘騎使用。今欲乞行下茶馬司、廣西經略司，督責買馬官司遵依已降指揮，今後須管收買口齒輕嫩及格赤闊壯、堪披帶戰馬，排綱起發施行，毋得依前違戾。』從之。

十一月十二日，樞密院言：『四川茶馬司排發綱馬，訪聞内有買到病瘠馬充數起發。』詔令四川茶馬司開具因依，申樞密院。仍行下買馬去處，今後須管買及格赤、無病瘠、齒嫩馬排發，毋致違戾。繼而樞密院言：『已降旨揮約束。所有廣西買馬，理合一體。』詔令廣西經略司依四川茶馬司已降指揮施行。

十二月十六日，持節南丹州諸軍事、南丹州刺史、知南丹州公事武騎尉莫延甚言：『竊見朝廷買馬，全藉羅殿諸蕃將馬前來邕州博買。或遇春雨連綿，溪水暴漲之時，阻絶馬路，蕃人將馬復回，是致博買不登歲計之數。兼出馬之地，至邕州横山寨五十余程，自横山至靜江府二十余程，加之路途險阻，水草不利，馬多瘠瘦，未至靜江，往往倒斃。兼諸蕃出馬之處，至本州一十程，道路平坦，水草豐足，兼無險阻。自本州至靜江一十三程，比之邕州路近三十余程，止將路途比較，已爲利便。頃歲本路經略張維已曾陳奏，乞于本州買馬。雖蒙省部行下，緣宜州避創事之勞，巧陳利害，其議遂罷。今因宜州沿邊溪洞都巡檢使常恭赴闕，謹將買馬利害附托上進。』詔從議郎李宗彦特差充廣南西路提點綱馬驛程，宜州駐劄，填尹昌兼權闕，專一相度措置買馬。仍先次條具利害及合行事件申樞密院。

以上《乾道會要》。《宋史》本記：孝宗紹興三十二年五月辛卯，詔罷四川市馬。《袁抗傳》：抗爲益州路轉運使。黎州歲售蠻馬，詔擇不任戰者却之。抗奏：『朝廷與蠻夷互市，非所以取利也。今山前後五部落仰此爲衣食，一旦失利侵侮，不知費直幾馬也。臣念蜀久安，不敢奉詔。』尋如舊制。程之邵（徐）［除］主管秦蜀茶馬公事，革黎州買馬之弊，歲以仲秋爲市，四月止，以羨茶入熙秦易戰騎，得良馬益多。』《南軒語録》：靜江買馬，恐馬不時至，求《易》卦，得晉康侯用錫馬蕃庶，更不須看爻。雖使某自擇一卦，不過如此。已而馬果至。（宋）

〔《宋文》〕韓（蕭）〔肖〕胄擢工部侍郎，時川陝馬綱路通塞不常。蕭胄請於廣西邕州置司互市諸蕃馬。詔行之。《中興小曆》：紹興二年初，五路既陷，馬極難得。韓（蕭）〔肖〕胄建議宜即邕州置市馬場，取馬嶺表，以資國用。又李心傳《朝野雜記》雲：『廣馬者，建炎末，廣西提舉峒丁李棫始請市戰馬赴行在。紹興初，隸經略司。三年春，即邕州置司提舉，市于羅殿、自杞、大理諸蠻。未幾，廢買馬司，以帥臣領其事。七年，胡（制）待制舜陟爲帥，歲中市馬二千四百匹。詔賞之。其後馬益精，歲費黃金五鎰、中金二百五十鎰、錦四百端、絁四千疋、廣州鹽二百萬斤，而得馬千五百疋。必四尺二寸以上乃市之，其直爲銀四十兩，每高一寸增銀十兩。有至六七兩十兩者。士人雲：其尤駔駿者，在其出處，或博黃金二十兩，日行四百里。但官價有定數，不能致此耳。然自杞諸蕃本自無馬，蓋又市之南詔。南詔，大理國也，去自杞國可二十程。而自杞至邕州橫山寨二十二程，橫山寨至靜江府又二十余程，羅殿國又遠如自杞十程。宜州溪洞巡檢常恭者赴闕，持南丹州莫延葚表來，乞就宜州中馬，比之橫山，可省三十余程。張說在樞筦，以其表聞。李壽翁時爲檢詳文字，爲說言：『邕遠宜近，人熟不知，前迂其塗，豈無意。況今其氏方橫，乃欲爲之除道，而擅以互市之饒，誤矣。小吏妄作，將啟邊釁。請論如法。說不聽。從義郎李宗彥以提點綱馬驛程往宜州措置，既而說罷政。密院乃奏宗彥等所言邊防不便罷之，時淳熙元年也。』《宋史 占城國傳》：『乾道七年，閩人有浮海之吉陽軍者，風泊其舟，抵占城。其國方與真臘戰，皆乘大象，勝負不能決。閩人教其王當習騎射以勝之。王大悅，具舟送之吉陽，市得馬數十匹歸，戰大捷。明年復來，瓊州拒之，憤怒大掠而歸。淳熙二年，嚴馬禁，不得售外蕃。三年，占城歸所掠生口八十三人，求通商。詔不許。』

淳熙元年九月二十一日，詔住罷宜州買馬。先是，樞密院言知南丹州莫延葚乞自備錢糧于諸蕃招馬，至宜州博賣。尋差李宗彥充廣西提點綱馬驛程，宜州駐劄，專一措置買馬，仍令同、宜州知通相度。既而宗彥等言於邊防利害不便，及與邕州買馬有妨。故有是詔。

十月九日，臣僚言：『敘州歲買七等馬八百五十一匹爲額，更令歲買驪駄馬三百疋。（令）〔今〕本州申乞（往）〔住〕買驪駄馬，回以歲買七等馬額收買十歲以下者。其十歲以上至十三歲馬，令本州措置出賣，拘收本錢。竊慮有失招徠遠人之意。乞依自來條法外，有驪駄馬，責令本州依應收買，但不過三百疋元科之數。』從之。

（二）十一月九日，詔四川所買西馬並依廣西已降指揮施行。先是，有旨：廣西自淳熙二年收買四尺四寸馬。經略使范成大言：『其間四尺三寸及三寸帶分之馬，齒嫩闊壯，一切棄之可惜。乞令邕州於內揀選壯嫩權奇者收買，入常綱起發外，四尺二寸帶分二寸以下，即更不印買。』既從其請，故令四川依此。

二年正月十六日，興州都統吳挺言吳挺：原作『具梃』，據《宋史》卷三六六《吳挺傳》改。：『本司諸軍戰馬，除茶馬司得歲額綱馬六百五疋外，例和諸軍青草錢，歲於宕昌以來自行收買。自張松變更馬政禁之，合得歲額之數，亦支撥不及。乞許本司以青草錢依舊宕昌、威遠鎮等處收買。』詔茶馬司逐旋補發數足，餘從其請。四月又言：乞於阜郊、威遠鎮、東柯、太平監等處北馬驛北馬驛：疑有誤。許相兼收買。詔許每歲買七百疋。

五月八日，湖廣總領劉邦翰言：『相度忠訓郎劉琛乞依舊將荆鄂都統司馬青草錢買馬，補填倒斃。青草錢歲買馬七十匹，撥付闕馬官兵。』以金州都統于友言：『本軍自買馬半年，只得三疋。乞從都大司收買。』故有是命。

十一月二十日，侍衛步軍都虞候田世卿言：『三司買發綱馬，昨於漢陽軍住程十日。竊謂金、房州界山路險惡，乞于住程十日內那移六日，於險惡處各住程一日，於泥濘處一日，實爲利便。』詔京西轉運司行下住程州縣，委守令督責所屬，修整驛舍，排辦槽具。其草料錢糧，令湖北轉運總領將現應副漢陽十日程內就撥七日，付京西轉運司均撥，逐處支遣。自金州至平利縣住程一日，次女碢山至寶豐驛住程一日，次確臼山至竹山縣驛住程一日，次房州之東至故郡驛住程一日，次八坳九迭至於平驛住程一日，次曆外朝內幹峻嶺至梅溪驛住程一日，次涉陂澤泥濘，至郢州住程一日，至於漢陽軍三日，共十日。

三年正月十四日，權四川茶馬司朱佺言，漢陽軍、郢、房州及金、洋州、興元府、興、成、西和州抵宕昌馬驛狹隘弊陋。詔逐路漕臣選委有才力官躬親前去，逐驛檢視，疾速措置督責，務要整肅，不致闕誤。如敢違戾，按劾以聞。

二月五日，茶馬司言：『收買舊宣撫司闊壯馬一千疋。數內五百疋撥付三都統軍。內興州都統司二百八十五疋。緣吳挺近申明每歲自行收買馬七百疋，更有茶馬司合均撥歲額馬數，委是重迭。』詔興州軍與支撥二百疋，餘八十五疋自淳熙三年分排發赴御前投進。

四年二月二十七日，詔茶馬司拘收金州都統司內應幹買馬價錢窠名、收支見在，並綱馬毛色、齒數、尺寸、每匹價錢若干，及發納去處，開具夾細帳狀，每歲於次年春季申尚書省。

五年二月五日，詔御前降到量馬尺樣付茶馬司，令收買戰馬，須四尺四寸以上。其兩齒馬聽低二寸，四齒馬聽低一寸，足齒馬依已降指揮收買。四尺四寸以上闊壯堪披帶馬，計綱排發施行。』（從之）

二月十四日，詔：『自今綱馬到來，並先經主帥子細契勘確實齒數、

格尺，有無低小、病瘠、狹瘦，報審驗官司覆實印留，仍具不及齒歲、格尺、堪充□負馬匹數申樞密院。』以樞密院言：『已降指揮，令四川茶馬司、廣西經略司行下買馬去處，收買兩齒及四尺（三）〔二〕寸以上、四齒及四尺三寸以上、五齒及四尺四寸以上，並闊壯無病堪披帶馬，計綱排發。歲終，委兵部開具賞罰，及令內外審驗官司並主帥子細契勘（口）齒格尺，方許收接即留。』故有是命。

閏六月十八日，詔關西四州民間依舊從便買馬孳養，不得禁止拘籍。頃因張松有請禁之，至是弛其禁。

十二月二日，詔四川茶馬司自今年爲始，將本年數目已與荆〔南〕都統王琪議，每年留一半貼買戰馬。兼江州都統皇甫倜議，每年留一萬貫雇人收打青草，余錢盡數收買戰馬於各軍。從之

六年四月二十四日，四川都大茶馬吳總言：『本司買馬，全藉幹辦公事官招徠幾察，任滿止得減二年磨勘。其西和州知、通絕不幹與買馬事務，止是隨例應辦糧草、馬驛等事，而任滿得轉兩官。令乞將西和州、宕昌場買馬，每歲買及五千二百疋以上，其西和州知、通及本司幹辦公事官三員任滿，各與轉一官。本司幹辦公事四員，內一員差兼西和州通判，專任宕昌買馬。其賞格乞依舊外，今來更不增賞。』從之。

七年二月二十一日，四川總領李昌圖言：『乞權住茶馬司添買興元府都統司戰馬二千五十三疋。』上曰：『興元府都統與所管馬舊額幾何』趙雄等奏：『紹興年間以二千匹爲額。』上曰：『可令茶馬司將興元府都統司馬據見管數揍買成二千匹，補填元額。』

三月二十四日，詔：『茶馬司將黎州蕃馬並文州馬並買四尺二寸五分以上、齒嫩向長、堪披帶馬起發，餘遵依已降指揮。』五月二十八日，詔：『黎州蕃部輒敢侵擾省地作過，意欲逼脅邊郡，將不及格式馬中賣入官。令茶馬司下本州，今歲且依淳熙五年二月五日指揮口齒尺寸收買。其近降減作四尺二寸五分以上指揮，俟蕃部畏服，可自淳熙八年分爲始。仍更切審度蕃部作過情理輕重，隨宜措置施行。』

七月四日，臣僚言，黎州市馬，專委通判，慮守臣不預馬政，理宜申飭。詔黎州知、通均任其責，仍須不失事體，賞罰依見行條法。

八月三日，宰執奏事畢，上語及黎州邊事，令宰執以書諭胡元質、吳總等：如蠻人以市馬邀我，則且住一兩年，使權常在我，彼無能爲，自然安帖畏服。趙雄等奏曰：『聖諭可謂明見萬里矣。』

九月十七日，詔：『廣西經略司行下邕州，自今每歲買馬，止令通判前去，仍輪差將副一員，量帶將兵彈壓。守臣依舊銜帶提點買馬，只在本州治事，不妨檢察。』以樞密院言守臣往邊上彈壓，有妨郡事故也。後八年九月一日，廣西經略王卿月言：『守臣臨邊，不專爲馬政，溪洞事宜不一，正在酌情調護。一但易以通判，事權寢輕，不能號令溪洞。』詔令依舊。八年五月，都大提舉茶馬吳總言黎州買馬，乞依邕州指揮，令守臣依舊帶銜。從之。十年十二月，敘州亦依此。

八年二月四日，知興國軍朱晞顏言：『茶馬司所買馬，並四尺二寸以上、十歲以下，方許起綱。自四尺一寸以下，或十歲以上，雖四尺五寸亦不收買。其間多骨相驍駿而馳驟超逸者，例以不及格棄之，又不許民間收買。乞于茶馬司所買外，不拘軍民，不堪撥發起綱之馬，並聽從便收買。』詔茶馬司契勘十歲以上、四尺五寸馬，見今曾與不曾收買，其不及格尺之馬，令買馬官等驗用退印給據，令民間從便交易。

六月十一日，詔關外四州民間孳養到馬，從便賣買，不得拘籍禁止。

九年五月二日，都大茶馬王渥言：『黎州買馬，舊額二千一百二十四疋，一年計用絹二萬三千匹。乾道九年，趙彥博以青羌作過，優支馬直，始用絹三萬四千匹。至淳熙八年，龔總到任，買馬三千三百八十一疋，將數內不及格尺馬一千九百八十八疋升作良細馬，共支絹七萬六千餘匹，與乾道八年買馬相類，而支絹加一倍以上。今乞以十年買馬支用數目，取一年酌中之數，立爲定則科撥。仍立定每綱五十疋，止許以十五疋爲良細，使買馬官吏從實互市。所有淳熙八年買馬官，乞朝廷重作施行。』詔：『龔總已放罷，特降三官；通判孫醇、監押楊仲禮，各特降一官放罷。仍令陳峴、王渥參照紹興年間一歲酌中之數，立爲定制聞奏。』既而，峴等言：『黎州馬政循習既久，爲獘已極，至有全綱作良細者。蕃蠻所得馬價既優厚如此，若依（來）〔自〕來所降指揮，以紹興年間酌中之數立爲定則，乃是一旦革去十分之九，却恐蕃蠻別致生事。今取酌中年分。如淳熙六年共買馬一千一百二十九疋，內良細馬只計五百四十疋。若以此年爲則，庶從中制，于邊防馬政兩便。乞行下黎州，照淳熙六年酌中之數漸行更革，令及此類。如將來蕃蠻馴服，從實互市，其所減又不止此。』從之。

十年六月二十四日，臣僚言：『江、池二州阡陌狹隘，深溝斷塹而又津梁不修；況石溪、冷水馬驛有二，相距六十餘裡，狹隘泥濘。冬日差短，馬行至暮，方能抵驛。望令江、池二州重修馬路，石溪、冷水添置馬驛。』詔江、池州守臣相度聞奏。既而知池州嶽甫言：『石溪驛至冷水驛計五十五裡。若于中間添置馬驛，每驛不及三十裡，地程促近，別無合置驛去處。令相度，將地裡高低

迓曲去處，牒巡尉重行興築高壯平闊及開管道，無致泥濘。』從之。

十一年四月十二日，興州駐劄御前諸軍都統制吳挺言：『鄂州江陵府副都統制郭杲乞下川秦買馬司及興州都統制司，各應副騍馬五綱。仍乞於御前闊壯良細馬內截撥兩綱，以充腳馬。緣戶民所養騍馬稀少，艱於收買，令止買得一百五十匹，排足三綱，起發兩綱。竊恐未能便得辦集。』詔令一面接續收買。

七月二日，興元府駐劄御前諸軍都統制彭杲言：『所部馬軍見以二千匹爲額，又有倒斃。乞許令依興州、金州兩都統司例，每歲除合撥二分馬外，差官齎椿收青草錢于四川茶馬司宕昌馬場摘買馬二百疋，遂旋補填闕額。』從之。十二年五月九日言：『依已得指揮，每歲就宕昌馬場摘買，更不援例自行置場。』從之。十三年四月二日言：『近准茶馬司奏，乞候買發闊壯馬日，照（與）〔興〕州例對減。得旨，各與應副一年。契勘本司馬軍近年揀退倒斃積壓數多，今乞行下，每歲買一百五十疋。』詔令茶馬司每歲將本軍納到青草錢收買一〔百〕疋。

十二年正月二十三日，建康都統制郭鈞言：『本軍先用官錢買到叱白大馬，堪充披帶，已將補填闕額。若不印烙，竊慮無以關防。緣從來即無承降到指揮。除已權行印烙外，日後如有似此買到之數，乞令照前項已降指揮施行。』從之。

七月六日，四川茶馬司言：『每年買發闊壯馬七百疋。先准尚書省劄子，自淳熙十年爲始，住買三年。其淳熙十三年分如依舊收買，乞早降指揮下本司，預期說諭蕃客興販入中；仍乞下總領所，照例料降本錢施行。』（照）〔詔〕依年例收買，特應副鎮江軍一次，須將及格尺、齒嫩、堪披帶馬起發。候到，委官核實。

八月十六日，詔湖北轉運司移石牆馬驛于京山縣曹武市驛舍，令京西運司修蓋。其每歲錢糧草料，仰湖北運司依舊應副，毋致闕誤。

十二月五日，四川茶馬司言『乞將興元府都統司所買馬二百疋，依興州都統司例，于本司合買闊壯馬或三衙馬內依數對減施行。』詔令應副堪好馬一次。

十三年四月二十九日，四川茶馬司言：『宕昌買歲額馬自遠蕃來，太半瘦瘠。既已入中，便行排發。若至大澤縣瘠驛，經涉橫水汨水驛，乞住程一日，實爲利便。』從之。

十一月十五日，詔四川茶馬司每歲市馬若干，價直增損若干，收支茶彩銀兩若干，並令制置司通知。

十四年五月十四日，都大主管四川茶馬李大正言：『西和州買馬系本司選辟差官前去，通判略無干預。乞（令）〔今〕後西和州通判更不推買馬之賞。』從之。

二十五日，宰執進呈趙汝愚等奏，相度到邊場用銀買馬利害。上曰：『所買闊壯馬與綱馬何異，却用銀二萬餘兩可行下，權住買闊壯馬，依令茶馬司每歲用銀買馬不得過乾道五年以前之數。』

七月十六日，樞密院進呈四川（制置）〔置制〕司申虛狠蠻乞自來黎州中馬事，上曰：『虛狠蠻既是久例附帶邛部川出漢中馬，難以許其自來。可令趙汝愚行下黎州宛順說諭，仍令嚴飭邊備，以防不測。』

八月十一日，樞密院進呈趙汝愚、李大正奏到增添銀兩買馬事，上曰：『用銀買馬，宜以漸革。使諸蕃互市，由之而不知。當以此意諭與兩司。』

十五年二月十五日，詔四川茶馬司權住收買淳熙十五年分闊壯馬。其銀兩令項樁管，不得妄用，歲終具數聞奏。

十六年五月二十四日，詔更住一年。

五月十一日，詔州郡互市去處，每歲買馬銀兩，可更措置減省以聞。

二十四日，殿前副都指揮使郭（某）〔杲〕言：『茶司牽馬官兵，系諸州抽摘廂、宜宜；疑誤。，類皆遊手。押綱使臣初非遴選，不諳馬（姓）〔性〕，綱馬多斃，其實由此。乞只從三司選差官兵前去取押。仍乞自川路至國門，相度道裡遠近，定地分，令逐處都統司各選差將官一員，點檢驛舍草料。遇有覺察到作弊等人，許牒赴所屬懲治。仍以一年一替。所過綱馬，全無倒弊少量，與等級酬賞。或前弊不革，罰亦如之。』侍衛步軍都虞候梁師雄言：『乞行下所隸州縣，相視驛舍，量加修葺，及將合用草料常切應辦，各就馬驛附近樁頓。綱馬到日，隨即支給。仍乞更令沿路都統制司分定驛程，各差素有心力將官一員，逐司量給盤費，與諸州軍所委官同共提點。自宕昌至興州一十五驛，屬興州都統司；自大桃至漢陰一十五驛，屬興元府都統司；自衡口至幹平一十三驛，屬金州都統司；自梅溪至石牆一十四驛，屬江陵副都統司；自應城至石田一十

四驛，屬鄂州都統司；自邊城至楊梅一十一驛，屬江州都統司；自紫岩至廣德軍一十二驛，屬池州都統司；自段村至臨安府余杭門六驛，屬殿前步軍司。各令所差將官，用心巡視，務要驛舍草料應辦齊整。如有違戾去處，從提點將官具申所屬都統司等，移文州縣，將本驛不職官吏依公責罰。若更（減）［滅］裂，備申朝廷。逐司所差將官，歲一更替。如實有勞，即與支給犒賞。』從之。以上《孝宗會要》

紹興元年十月二日，宰執進呈茶馬司申綱馬格尺，上曰：『馬只要齒嫩。若齒嫩，自會長進，不可拘格尺。』繼而茶馬司言：『承殿前司申，乞下本司將四尺二寸馬日後不許買發。本司照得昨於淳熙五年二月內准指揮，令本司照元降到尺樣買發，品類均分，揍綱排發。竊詳邊場買馬，自准指揮降到格尺，見今諸蕃執爲久例。今若將四尺二寸馬盡數退出，恐阻遏蕃情，別致生事。乞下殿前司，于本司發到馬綱，逐匹應得元降歲數尺寸，即遵淳熙五年指揮施行。』從之。

十二月三日，樞密院言：『殿步司申：舊例，宕昌買馬，本司自差使臣兵夫短送至興元秦司。其三衙人就興元秦司領馬，長押歸司。緣茶馬司短差綱官，止是寄居待闕使臣，其短送人諸州所差軍兵不足，多是雇夫牽送，皆烏合遊手。自宕昌雇夫應數，冒請雇錢，出門之後放散，却與興元近地借人應數，赴秦司納馬，沿路偷盜草料。自宕昌至興元二十驛程，養飼失節，因而受病，到務相繼倒損，弊害非一。欲令三衙官兵徑赴宕昌取馬，將雇費量與添助券食。乞下有司詳酌施行。』殿、步司看詳：『照得差官兵去宕昌取馬，緣宕昌窄狹民稀，艱得舍屋安泊。又是極邊，慮恐積留官兵，在彼歇程，因而與西夏賣馬蕃客博易物貨，引惹未便。乞自紹（興）［熙］二年以後，本司官兵到興元，從排馬將官，于每綱二十二人內，差綱馬官、醫獸、軍典各一名，牽馬軍兵五人，前去宕昌本司監視買馬統領官處，先次識認本綱馬毛色、齒歲、尺寸，候茶馬司發回。乞令就茶馬司批支券食、錢米，仍令茶馬司差能部轄押馬使臣一員、牽馬人夫一十七名，揍本司所差綱官等八人，通二十六人，同共沿路提督飲餧。至秦司，將本司所差綱官等入務守馬，止宿照管。如一綱五十三疋，內有損斃病患馬，許從綱官陳乞退換，令秦司貼揍作五十疋，排發前來。若五十三疋全到，其茶馬司押馬使臣，乞支短綱賞。本司綱馬官等不預賞罰，止令不以疋數準備揀選五千疋團綱，庶得不致別司馬袞同交雜，亦無趲換之弊。其餘小管押二十四人，止在興元住程，伺候排發綱馬，一就起發歸司。不唯戰馬飲餧便得其宜，又且茶馬司得本司所差軍人提督照管送馬人夫，實爲便當。本司官兵自興元取馬至行在，賞罰並乞依見今條格施行。』詔依殿步司相度到事理施行。

二年十月二日，宰執進呈四川總領司申權住買闊壯馬價錢，上雲：『闊壯馬亦須間歲與買一次。恐今後蕃人只將低小馬來賣。前數年住買價錢，令別司樁管，防其它用。』

十二月二十六日，湖廣總領（張）［詹］體仁等言：『昨准指揮，江陵副都統率逢原奏荆襄民間土生馬蕃多，格尺深類西馬。（令）［今］本司措置，每歲收買二百疋，發付江陵軍收管。其價錢，總領所支給。』奉旨，令相度經久利便聞奏。相度襄陽一帶土產馬低小。雖有及格尺馬，數亦不多，止可入隊披帶，蓋與陝西不同。馬之優劣，相去遼絕。然襄、郢地土相接，易於養飼，不甚損失，又無四川遠路辛苦之弊。緣不增官買，是致馬數不甚蕃息。今若限以尺寸，又（無）稍優其直，則人知養馬之利，皆養及格尺，牡牝日益滋多，他日爲國家之利。若以優劣較之，終不如西馬地道。若每年添撥得馬，更令湖廣總領所于朝廷樁管錢內出備價直，收買襄陽格尺馬付鄂州都統司，改撥步軍及收子弟，以充其軍，則兵官及諸軍騎兵皆得好馬出戰乘騎，實爲經久利便。仍乞下京西、湖北帥司，約束沿邊所屬州縣，常切禁戢過界盜馬無圖之人，庶革生事之弊。』詔令鄂州都統司逐旋收買土產格尺堪披帶馬二百。其錢總領所關支，仍常切關防盜馬中賣。

三年三月十九日，戶部言：『都大提舉茶馬夔路安撫提刑運司申：「紹興元年十二月四日，權發遣大寧監郭公益奏，所領監實處峽外，所管大昌一縣賦入甚微，而每歲買發，茶馬司撥馬銀數四千四百二十九兩，比本路州縣爲額獨多。嘗契勘官破本錢支俵民間，每兩不過支引半，而在市銀價却當五引半。民間每一兩而遂有四引虧折。其名下科敷數少者亦自難辦，而敷多者其困可知。乞下茶馬司與本路諸司相度，量行減免。逐司照會夔州路管下大寧監祖宗舊法：每年額理應副二千九百五十兩。今欲將大寧監日後合撥銀數再與裁減錢引半道，止理四道五分。每兩除發監本錢一道半外，止理民間三道，委是經久可行。」本部看詳，欲下大寧監，從茶馬司諸司相度到前項事理施行。』從之。

六月七日，詔：『鎮江都統司於淮東州軍、建康都統司於淮西州軍參酌荆襄已行事理，措置收買土產格尺壯嫩、堪充披帶馬，解赴總領所，審驗來歷分明，發往各軍乘騎，理充逐年綱馬之數。合用錢於淮東西總

領所先次充支，却令茶馬司將拖下逐司馬價錢内對數撥還。仍仰主帥嚴行約束，不得容外界馬中賣。』以樞密院言：『昨江陵副都統率逢原乞買荆襄土產馬。竊慮邊民偷盜中賣，別致生事。湖廣總領所、京西安撫司相度，乞依神勁軍例，只就本處收買土產馬，委安撫司審問來歷，發下所屬，令所屬具實直價錢關報總領所支給。今據張詔、劉忠申：兩司節次買到土產格尺馬堪充披帶，已發付逐軍外，所有鎮江、建康都統司緣近年茶馬司拖欠綱馬數多，竊慮軍士闕馬乘騎。』故有是命。

五年二月二日，詔：『西和州、黎州買馬賞，並以實起發過綱數委及元額，方許理賞。内茶馬司催督諸場買馬幹官，並依舊法。淳熙六年四月指揮，更不施行。』

十一日，四川制置司言：『興州都統司申：「向來吳挺申，獲指揮，每年買馬七百疋，即不聲說，令都統司買馬。照得本司互市，惟宕昌一處，每歲收買供進並三衙及諸軍戰馬，總計六千餘匹，最爲重大。若從例於宕昌買發，必將狹小馬科撥，令本司收買，有誤諸軍填闕。乞依元降指揮，令本司差官於宕昌從舊自行收買七百疋。」制置司竊詳：四川買馬，自有茶馬一司專主其事，今欲依興元府等例，自軍差官赴宕昌，同茶馬司簽廳官監視收買五百疋，餘令都統司自行收買，庶幾事權歸一。』從之。

六月五日，四川茶馬司言：『敘州申買馬乞從黎州體例，除知州不預赴場外，止令通判與監押量驗收買。所有邊防馬政但幹事務，知、通均任其責。』從之。以上《光宗會要》。《宋史 光宗本紀》：紹熙四年六月壬寅，詔市淮馬充沿江諸軍戰騎。』《蘇癡傳》：『文州歲市羌馬，羌轉買蜀貨，猾駔上下物價，肆爲奸漁。癡議置折博務，平貨直以易馬。宿弊頓絕。』

慶元元年正月九日，詔令殿前司量差將官、軍兵於襄、漢州軍收買土產馬二百五十疋。合用價錢，先次於總領所借支，却令茶馬司於拖下綱馬所管錢内對數撥還。仍仰約束買馬官兵，毋得收買外界馬。合行事件，條具申樞密院。以本司有請故也。

二年三月十三日，四川制置趙彦逾、茶馬楊經言：『紹熙元年至五年，黎州買過良細馬數，照得四年所買一千一十四疋，在五年之中最爲酌中數目。欲令本州依額收買。』從之。先是，茶馬司言：『黎州買馬，自紹熙五年八月至慶元元年五月，買過馬内却有良細馬一千五百二疋。看驗除充上號外，餘止是尋常綱馬，致多過馬本，侵動本司歲計。乞下本州，照紹熙三年例買發。』至是兩司相度四年所買之數爲便，故從之。

同日，詔令興州都統制司，每歲止許于宕昌自行收買馬七百疋。依近降指揮，不得于邊上及威遠鎮等處置場收買。仍令茶馬司，將每歲合起發三衙西馬依數排發，毋致拖欠闕誤。〔先〕是，都統置司言：『乞依元降指揮，差官於宕昌，每年自買戰馬七百疋。』四川制置茶馬司詳所奏，相度欲從淳熙二年指揮，令都統制司自行置場收買七百疋，赴茶馬司買馬場印烙。除買七百疋外，若更衷私買馬一疋，兩司重立賞典，許人告首，當職官吏並重作施行。又都統制司自開場全用銀絹、錢引收買，則馬歸戎司必多。所有拖下三衙綱馬，却須稍寬期限。勘會昨茶馬司、興州都統制司各行收買西馬，已有定額。既茶馬司買價高，其都統制司亦無攙買之弊。所有每歲合排發三衙西馬自不相妨。故有是詔。

三年五月九日，殿前司言，本軍差撥正將馬興祖等前來襄漢，買到馬九綱，乞行推賞。詔令殿前司斟酌等（弟）〔第〕，自行犒設。

嘉泰三年六月十八日，樞密院言：『江陵副都統制司每歲截撥廣西綱馬錢二萬貫，收買土產馬。據申到去年分已買馬四百匹，每疋五十餘貫。竊慮所買馬間有不及格尺或齒老病患、不堪披帶。訪聞民戶將堪好壯闊及格尺土產馬往外處就高價出賣，誠爲可惜。』詔令湖廣總領所樁管會子内支二萬貫付江陵副都統制司，貼助收買土產馬使用一次。每疋以一百貫爲率，並要及格尺、齒嫩、堪披帶，委襄陽守臣如法看驗，印烙字型大小。每及五十疋，彩畫毛色，聲説尺寸、齒數，系幾年分買到馬，具申樞密院。

四年三月九日，樞密院言：『建康都統制司地分，乃淮西之衝要，廣野用騎之所。乞于歲計廣馬一十綱内減五綱，換撥西馬。』詔令廣西經略司自嘉泰四年爲始，每年減發廣馬五綱。委四川茶馬司收買西馬五綱，赴建康都統制司交納。

五月十一日，廣西經略司言：『近准指揮，今年第一綱添買馬内四尺三寸已下者，不理爲數。日後低小，定議責罰。（令）〔今〕第四綱添買馬，令揀選四尺四寸者，補發本司。元准指揮，常綱馬收買四尺二寸已上，增添綱馬四尺二三寸已上。唯出格馬系于綱馬中揀選四尺四寸以上者供進，與增添常綱馬不同。至於增添馬，又是于歲額常綱及格馬之外。若蠻馬到寨數少，常綱馬尚且不足，今欲盡買四尺四寸以上馬，必是歲額不敷。兼諸蠻已將馬到寨，不爲即買，必大失遠夷之心。乞照元許買四

尺二寸馬累降指揮收買。』詔令廣西經略司照應淳熙二年三月指揮內齒數、格尺，每綱權以十分爲率，內四尺二寸並四尺三寸馬共不得過四分。權許排發嘉泰四年分歲額及額外添買綱馬一次，並要壯嫩實堪披帶，不得仍前將低小瘦瘠馬湊數起發。

十八日〔詔〕：『諸路綱馬驛舍多有損壞，並什物不備，草料闕少，甚者蕩然無有。仰諸路漕臣提督州縣措置。內合行修葺去處，各要如法責立近限了畢，具申樞密院。如各處守令措置（減）〔滅〕裂，從漕臣按劾施行。』從給事中蕭逵之請也。

二十六日，樞密院言：『殿前司申，諸軍戰馬，以一萬七百疋爲額，見闕二千餘疋。蓋茶馬司有發未到馬二十綱，兼疫死數多，縱日後排發輪流，終是不能敷足元額。乞照慶元元年體例，差撥將官二員，將帶獸醫、白直等人，分頭前去襄漢州軍，收買土產馬六百疋，逐旋團綱，差人取押歸司，赴承旨司等量火印，批放合得草料，撥付馬軍闕馬官兵著腳，趁赴教閱。其買馬價錢，乞於湖廣總領所就便借支會子四萬貫收買。候買到日，具疋數支過價錢，却下茶馬司撥還。』詔令湖廣總領所支降會子四萬貫付江陵副都統制李奕，收買齒嫩、闊壯、堪披帶及格尺土產馬。每及百疋，關報殿前司差將官、牽馬軍兵管押歸司，解赴承旨司審驗印烙。

八月十四日，四川都大監牧司言：『本司歲起三衙西馬七十一綱，專仰宕昌一處收買。逐綱編類，交付三衙差到取馬官兵押發歸軍。竊緣所買之馬來自外境，多寡遲速，難以預度，而三衙官兵萬里遠來，亦難約期，令人馬齊到，至有留人待馬、留馬待人之弊。乞照前茶馬丁逢所請體例，令三衙於歲額七十一綱內，減發一十綱，使本司如遇蕃馬出漢擁並，則自差官押發，庶幾一舉兩得，于馬政實爲良便。』從之。

十一月九日，茶馬司言：『近准指揮，令廣西經略司自嘉泰四年爲始，每年減發廣馬五綱。委茶馬司收買西馬五綱，赴建康都統制司交納。契勘邊場買馬，歲額有限，又歲計買馬錢物，止有諸州應副博馬絹一色外，別無所入窠名，止仰茶司賣茶引息錢應副支遣。乞依舊例，於年額合起三衙馬綱數內，對減買發。』詔令茶馬司自嘉泰四年爲始，於未發闊壯馬內支撥五綱，赴建康都統制司交納。

嘉定十五年十月十五日，詔令湖北轉運司於寄樁行在會子內，取撥二萬七千貫付鄂州都統司，專充收買土產戰馬九綱，補填歲額綱數。仰本司日下差人前去請領，仍具已買到馬數，委廣西經略安撫司保明申樞密院。從本司申請，故有是命。

十一月十八日，樞密院言：『昨降官會一萬貫，付濠州收買土產馬。據申到，已節次買到戰馬七十九匹。更乞科降會子一萬貫，接續收買。』詔令鎮江府于樁管交會內支撥一萬貫，專充措置選買闊壯、齒嫩、及格尺、堪披帶良馬。委淮西總領所從公審驗，印烙字號。以上《甯宗會要》。

蘇黃門《龍川略志·江東諸縣括民馬》：予爲績溪令，適有朝旨，江南諸縣市廣西戰馬。江東素乏馬，每縣雖不過十餘匹，而諸縣括民馬，吏緣爲姦，有馬之家，爲之騷然。予謂縣尉惇願曰：『廣西取馬使臣未至，事忌太遽，徐爲之備可也。吾邑孰爲有馬者。』惇願曰：『邑有遞馬簿，歲月遠矣，然有無之實，尚得其半也。』即取簿封之。又曰：『何從得馬？牙人乎？』曰：『召豬牙詰之，則馬牙出矣。』果得曾爲人賣馬者，辭以不能。曰：『吾不責汝以馬，但爲我供文書耳。』曰：『諾。』州符日至縣督責買馬，乃以夏稅過期爲名，召諸鄉保正、副問之曰：『汝保誰爲有及格馬者？』相顧，辭不知。曰：『保正、副不知，誰當知者！第勿以有爲無，無爲有，則免罪矣。汝等所具，吾將使衆人訴其不實，而陳其脫落者，不可不實也。』人知不免，皆以實告。復諭之曰：『買馬事止此矣。廣西取馬者至郡，則馬出；若不至，則已矣。』皆再拜曰：『邑人幸矣。』然取馬者卒不至。

紀事

《舊唐書》卷一七《文宗下》 〔大和九年〕十二月壬申朔，諸道鹽鐵轉運榷茶使令狐楚奏榷茶不便於民，請停，從之。

又卷一六九《王涯傳》 七年七月，以本官同平章事，進封代國公，食邑二千戶。八年正月，加檢校司空、門下侍郎、弘文館大學士、太清宮使。九年五月，正拜司空，仍令所司冊命，加開府儀同三司，仍兼領江南榷茶使。

又卷一七二《令狐楚傳》 先是，鄭注上封置榷茶使額，鹽鐵使兼領之，楚奏罷之，曰：

伏以江、淮數年已來，水旱疾疫，凋傷頗甚，愁歎未平。今夏及秋，稍校豐稔，方須惠恤，各使安存。昨者忽奏榷茶，實爲蠹政。蓋是王涯破

滅將至，怨怒合歸，豈有令百姓移茶樹於官場中栽植，摘茶葉於官場中造作，有同兒戲，不近人情。方在恩權，孰敢沮議？朝班相顧而失色，道路以目而吞聲。今宗社降靈，奸兇盡戮，聖明垂祐，黎庶合安。微臣蒙恩，兼領使務，官銜之內，猶帶此名。俯仰若驚，夙宵知懼。伏乞特回聖聽，下鑒愚誠，速委宰臣，除此使額。緣軍國之用或闕，山澤之利有遺，許臣條疏，續具聞奏。採造將及，妨廢爲虞。前月二十一日，内殿奏對之次，鄭覃與臣同陳論訖。伏望聖慈早賜處分，一依舊法，不用新條。唯納榷之時，須節級加價，商人轉賣，必校稍貴，即是錢出萬國，利歸有司。既不害茶商，又不擾茶戶，上以彰陛下愛人之德，下以竭微臣憂國之心。遠近傳聞，必當感悅。

從之。

又卷一八七《忠義傳下·庾敬休》 庾敬休，字順之，其先南陽新野人。祖光烈，與仲弟光先，祿山迫以僞官，皆潛伏奔竄。光烈爲大理少卿，光先爲吏部侍郎。父河，當賊泚盜據宫闕，與季弟倬逃竄山谷。河終兵部郎中。

敬休舉進士，以宏詞登科，授祕書省校書郎，從事宣州。旋授渭南尉、集賢校理。遷右拾遺、集賢學士。歷右補闕，稱職，轉起居舍人，俄遷禮部員外郎。入爲翰林學士，遷禮部郎中，罷職歸官。又遷兵部郎中、知制誥。丁憂，服闋，改工部侍郎，權知吏部選事，遷吏部侍郎。

上將立魯王爲太子，慎選師傅，改工部侍郎兼魯王傅。奏：『劒南西川、山南西道每年稅茶及除陌錢，舊例委度支巡院勾當榷稅，當司於上都召商人便換。大和元年，戶部侍郎崔元略與西川節度使商量，取其穩便，遂奏請茶稅事使司自勾當，每年出錢四萬貫送省。近年已來，不依元奏，三道諸色錢物，州府逗留，多不送省。請取江西例，於歸州置巡院一所，自勾當收管諸色錢物送省，所冀免有逋懸。欲令巡官李濆專往與德裕、遵古商量制置，續具奏聞。』從之。又奏：『兩川米價騰踊，百姓流亡。請羅兩川闕官職田祿米，以救貧人。』從之。再爲尚書左丞。大和九年三月，卒于家。敬休姿容溫雅，襟抱夷曠，不飲酒茹葷，不邇聲色。著諭善録七卷。贈吏部尚書。

《新唐書》卷五四《食貨志四》 穆宗即位，兩鎮用兵，帑藏空虛，禁中起百尺樓，費不可勝計。鹽鐵使王播圖寵以自幸，乃增天下茶稅，率百錢增五十。江淮、浙東西、嶺南、福建、荆襄茶，播自領之，兩川以戶部領之。天下茶加斤至二十兩，播又奏加取焉。右拾遺李珏上疏諫曰：『榷率起於養兵，今邊境無虞，而厚斂傷民，不可一也。茗飲，人之所資，重稅則價必增，貧弱益困，不可二也。山澤之饒，其出不訾，論稅以售多爲利，價騰踊則市者稀，不可三也。』其後王涯判二使，置榷茶使，徙民茶樹於官場，焚其舊積者，天下大怨。令狐楚代爲鹽鐵使兼榷茶使，復令納榷，加價而已。李石爲相，以茶稅皆歸鹽鐵，復貞元之制。

《續資治通鑑長編》卷三《建隆三年》 ［春正月］丁亥，以監察御史劉湛爲膳部郎中。湛奉詔榷茶于蘄春，歲入增倍。遷拜越級，非舊典也。

又卷一九《太平興國三年》 冬十月癸丑朔，契丹遣太僕卿耶律諧里、茶酒庫副使王琛來賀乾明節。

又卷三三《淳化三年》 ［二月］鹽鐵使魏羽等，言諸州茶鹽主吏，多負官課，請行決罰。上曰：『當案問其實。若水旱災沴，致官課虧失者，非可加刑也。帝王者，爲天下主財爾。卿等司計，當以公正爲心，無事割削，勿令害民而傷和氣焉。』

又卷四八《咸平四年》 ［五月］戊子，以殿中侍御史卞袞爲淮南轉運使，仍命袞與本路轉運副使劉師道領淮南、江、浙、荆湖制置茶鹽礬稅都大發運事。時王子輿上表求代，詔令自擇其人，子輿以袞及師道名聞，故有是命。袞，震之子也。至道末罷發運使，及子輿兼淮南轉運使，尋加都大，而不立使名。發運使自後並淮南轉運使兼領其務。省發運使在至道三年四月，子輿以制置茶鹽兼淮南漕，在咸平三年八月，其加都大發運，不見於實録，據會要在四年，今附此。景德三年二月仍復使名。

又卷六二《景德三年》 ［二月］虞部員外郎馮亮爲度支員外郎、淮南江浙荆湖制置茶鹽兼都大發運使。都大發運使自至道末省之，及是復置。

又卷六六《景德四年》 ［八月］己酉，以三司鹽鐵副使、司封員外郎林特爲祠部郎中，依前充職；皇城使、勝州刺史劉承珪領昭州團練使；崇儀副使、江淮都大制置茶鹽發運副使李溥爲西京作坊使，充發

運使，並以議茶法歲課增溢故也。時馮亮爲使，十月丙申乃遷官。

又卷八〇《大中祥符六年》〔二月〕前泉州觀察推官公孫簡監茶場代還，引對便殿，上閱其所試判辭荒謬，止命加階。簡自陳有勞，乞改京秩。上令以判辭示之，左右揮使退，簡聲色愈厲。詔付御史鞫問，責授房州文學。

又卷八七《大中祥符九年》〔五月〕淮南、江、浙、荆湖制置發運使李溥以歲滿再任。溥自言江、淮歲入茶，視舊額增五百七十餘萬斤。又言漕舟舊以使臣或軍大將，人掌一綱，多侵盜。自溥併三綱爲一，以三人共主之，使更相伺察。是年初，運米一百二十五萬石，才失二百石云。

又卷九三《天禧三年》〔三月〕己卯，工部郎中陳堯佐、右正言陳執中，並奪一官。堯佐爲起居郎，依前直史館，監鄂州茶場。

又卷九五《天禧四年》〔四月〕壬辰，詔茶場、榷務，自今令三司副使、判官、轉運使副、制置茶鹽司舉歷任無贓私罪者，監榷務以京朝官，殿直以上使臣充，茶場以幕職、令録充。

又卷九七《天禧五年》〔十月〕發運使周實言，陝西入中芻糧甚少，淮南茶貨停積，望令三司再定商旅算買交引，以便公私，從之。實又言監當場務官得替，須批書一界課利增損畢，方聽發遣赴闕，從之。

又卷一〇〇《天聖元年》〔正月〕丁亥，詔曰：『三路軍儲，出於山澤之利。比聞移用不足，二府大臣，其經度之。』乃命三司使李諮、御史中丞劉筠、入内副都知周文質、提舉諸司庫務王臻薛貽廓及三部副使較茶、鹽、礬稅歲入登耗，更定其法。遂置計置司，實録丁亥日同。以樞密副使張士遜、參知政事呂夷簡魯宗道總之。

又卷一一五《景祐元年》冬十月庚申，罷淮南、江、浙、荆湖制置發運使，仍詔淮南轉運使兼領發運使司事，其制置茶鹽礬稅，各歸逐路轉運使司。此必有獻議者，當考。蔣堂亦其一人也，見明年正月。

又卷一三二《慶曆元年》〔六月〕甲午，詔近制在京庫務及諸處榷務、茶鹽等場，並舉官監當，如聞多涉幹請，自今審官、三班院、流内銓選差人。

又卷一五八《慶曆六年》〔正月〕庚戌，録湖南捉蠻賊胡元兄子定塞軍士澄爲十將，妻劉氏及女並加封邑，仍賜絹三百匹；郭正子宸爲三班借職，褒爲三班差使殿侍；趙鼎子良卿、良臣並爲三班差使殿侍；王孝先子永隆爲茶酒班殿侍。

又卷一七五《皇祐五年》〔十二月〕乙巳，録忠效指揮使周忠子陳留爲茶酒班殿侍、三班差使，忠與蠻賊戰死故也。

又卷一七六《至和元年》〔三月〕癸酉，録永興軍清遠弩手指揮使李遂子安、昇並爲茶酒班殿侍，遂與蕃賊戰死故也。

又卷一八五《嘉祐二年》〔四月〕丙寅，雄州言北界幽州地大震，大壞城郭，覆壓死者數萬人。詔河北密爲備禦之計。以契丹歸明人趙二南爲蔡州司士參軍，馬錫爲茶酒班殿侍，京東安撫司指使，仍各賜田二頃。

又卷二一五《熙寧三年》〔九月〕詔應武舉右侍禁康大同等三人各遷一官，餘進士二十二人隨試等補奉職、借職、茶酒班殿侍、三班借差、差使，仍並與三路緣邊差遣。

又卷二一六《熙寧三年》〔熙寧〕贈環慶路都監、東頭供奉官、閤門祇候高敏嘉州刺史，封其妻旌德縣君，録其子二人爲左、右侍禁，一人爲左班殿直。鈐轄、皇城使郭慶子二人，並爲右侍禁。指使魏慶宗、秦渤子各一人，爲茶酒殿侍。

又卷二二七《熙寧四年》〔十月〕詔：『内侍省内臣非禁中祇應，及入内省人數寢多，自今前後省内侍官至承制、崇班内常侍，許進一子，與下班殿直、三班差使；内侍省東西頭供奉官、殿頭許進一子，與茶酒班殿侍；高品、高班、黄門許進一子，與下班殿侍。』

又卷二五一《熙寧七年》〔三月〕都提舉市易司言，近遣試將作監主簿劉默相度置市易務於成都府路，乞借司銀十萬買茶。從之。

又卷二五八《熙寧七年》〔十一月〕戊申，提舉成都府、利州路買茶李杞等言：『乞舉京朝官或班行、選人五員勾當公事。』從之。

又〔十二月〕祕書丞、提舉成都府利州路買茶公事蒲宗閔奏：『伏見成都府轉運司每年應副熙河路交子十萬貫，客人於熙河入納錢四百

五十或五百，支得交子一紙，却將回川中交子務，請鐵錢一貫文足見錢。今來川中創置茶場，乞回本錢買銀及交子、鹽鈔等，却充茶本。臣欲乞候茶場將來般運茶到熙河永寧寨等處日，將合買迴貨本錢便於成都府交子務兌支，上件交子十萬貫却勘會本處合買交子時價，留充熙河路支用，關報川中茶場，其茶場只理會鐵錢爲課利數目。所貴兩路更不差人往來管押、般運交子等，兼熙河交子遲緩無人收買間，不積壓在彼，虛占錢數。』從之。此據茶馬司編録冊七年十二月一日中書劄子云云。崇寧元年九月二十三日，蔡京云云可考。

又卷二六七《熙寧八年》〔八月〕中書言：『江、淮等路發運使副並兼制置茶、鹽、礬、酒稅，提舉逐路巡檢兵甲賊盜，都大提舉江、浙、荆湖、福建、廣南路銀銅鉛錫坑冶、市舶、鑄錢等事，職務至衆，無繇辦集。請以江、淮、荆、浙等路制置鹽礬，兼發運使副結銜，餘事毋得管句。』從之。會要繫之九月，又略不同，今從實録。會要云：熙寧八年九月，中書門下言：『欲乞發運使嗣除所管錢物、斛鬥，就賤處入買，貴處糶賣，或就近便計置點檢綱運鹽礬事，及諸官吏因本司事有違法者許糾舉外，其餘事並不得管句。仍只以江、淮、荆、浙等路制置鹽礬，兼發運使結銜。』從之。元祐三年十月三日、崇寧三年九月二十日，可考。

又　權發遣鹽鐵判官，提舉成都府、利州、秦鳳、熙河等路茶場李杞言，賣茶、博馬，乃是一事，乞同提舉買馬，歲以萬千匹爲額。詔杞兼提舉買馬，且以二萬匹爲額，二年取旨。

又卷二七〇《熙寧八年》〔十一月〕中書言：『川茶元法於茶稅並息錢內，歲認定應副熙河博馬及糴買糧草。乞令提舉買茶官歲給熙州、岷州大竹并洋、蜀州茶各三百馱，復於茶場司應副糧草數內除豁。』從之。

又卷二七四《熙寧九年》〔四月〕中書言：『川路買馬既少且弱，兼據諸路官司言，権茶、修路等事，於邊計蠻情皆不便，欲罷提舉買馬官，其累降買馬、権茶指揮更不行。』從之。八年正月十二日餘延慶云云，八月一日詔云云。

又卷二八一《熙寧十年》〔四月〕詔故蕃部巡檢趙餘德子三班奉職宗彥、殿侍宗傑宗彥等並特給俸，仍録其幼子宗祐爲茶酒班殿侍。以環慶路經略司言餘德蕃官，嘗有戰功，子孫貧弱故也。

又卷二八二《熙寧十年》〔五月〕同提舉成都府等路茶場公事蒲宗閔言：『本司般賣解鹽，已蒙改法依舊通商外，有茶法事亦相關，須至更改。每年欲起發茶四萬馱赴秦州、熙河路依市價賣，仍認定稅息錢，應副博馬糴買糧草；并川峽路民間食茶，許逐場依市價添減收買，每貫收息錢一分出賣，仍沿貫納長引錢。鳳州、鳳翔、永興軍、環慶路州軍，亦依舊爲通商地分，許客人于川中茶場算請興販。』知彭州呂陶亦言官場買茶虧損園戶，有致詞訴及生喧鬧。詔：『川中茶場今後不得虧損官私，其取淨利三分指揮更不施行。彭州堋口茶場園戶作鬧，仰本路轉運司根究施行。餘令提刑司等同共相度體量利害奏聞。官司如有不實，亦一面取勘施行。』已上並從朱本，已下並增入。

又卷二八三《熙寧十年》〔七月〕詔提舉成都府等路茶場、都官郎中劉佐，知彭州、屯田員外郎呂陶並衝替，令轉運司劾罪。佐坐買茶措置乖方，陶不即聽受堋口茶園戶訟也。五月二十一日可考。

又　國子博士李稷提舉成都府等路茶場、熙河路市易事，代劉佐也。

又卷二八五《熙寧十年》〔十月〕乙巳，詔茶場司許不依常制舉辟勾當公事官三員。

又卷二八九《元豐元年》〔四月〕提舉成都府路茶場司言，秦鳳路副總管夏元幾用禁軍回易私茶，侵壞茶法。詔轉運司劾之。

又　〔五月〕乙未，提舉茶場李稷言，三路三十六場，大小使臣殆及百員，乞不限員，候三年茶法就緒取裁。

又卷二九〇《元豐元年》〔六月〕乙丑，李稷乞定成都府、利州路茶場監官買茶無雜僞粗惡，替罷委提舉官保明，滿五千馱與第五等酬，一萬馱與第四等酬，每一萬馱第加一等。若買粗惡僞濫雜茶，估剥計所虧坐贓論。同監官賞罰聽減一等，即徒罪不至追官者並衝替，其賣買食茶依收息給賞。從之。

又卷二九七《元豐二年》〔四月〕權發遣鹽鐵判官、提舉成都府等路茶場、國子博士李稷言：『自熙寧十年冬推行茶法，至元豐元年秋，凡一年，通計課利及舊界息稅并已支、見在錢七十六萬七千六十六緡。』上批：『蜀茶變法，又前後奉行使者失指，議論紛紜，恐動羣聽。

稷能推原法意，日就事功，宜速遷擢，以勸在位。』遂落權發遣。

又 卷二九九《元豐二年》［八月］己亥，權陝西轉運使、都大提舉成都府等路茶場李稷乞徙提舉茶場司於秦州。從之。

又 卷三〇三《元豐三年》［四月］丙午，同提舉成都府等路茶場、屯田員外郎蒲宗閔及勾當官遷官循資有差。

又 録故提舉茶場李杞子珏試將作監主簿。以陝西轉運司言，茶場司自熙寧七年置場，至十年，總入息稅錢百二十二萬九千餘緡，而杞已死故也。

又 提舉茶場范純粹兼三司勾當公事。以李稷言純粹任右贊善大夫，官卑恐不能彈壓州縣故也。

又 卷三一二《元豐四年》［五月］陝西轉運使、都大提舉茶場李稷言：『臣典領茶法三年，選辟官屬，同心一力，奉宣條詔。今所差諸州官罷滿及期，乞本司自今奏辟雅、漢州知州，邛、彭、利州通判，名山、永康、綿谷、順政知縣。所貴維持法度，久益不懈。』詔：如轄下官弛慢，止令茶場司奏易劾罪以聞。

又 卷三一四《元豐四年》［七月］權發遣羣牧判官郭茂恂言：『準詔以陝西博買蕃部馬並糧草，所用錢物不一，不如蕃部所欲，致所買數不多，欲專以茶博買馬，以綵帛博買糧穀，及以茶馬並爲一司，令臣具經久利害。臣竊聞昔時亦是以茶折馬價，雖兼用金帛等，亦從其便。自事局既分，近歲始專用銀絹及錢鈔等。況賣茶買馬，事實相須，令提舉買馬官通管茶場，實爲職務相濟。』從之。仍以茂恂專提舉買馬監牧兼同提舉茶場，其雅州名山茶，令專用博馬，候年額馬數足，方許雜買。六年六月二十一日可考。本志云：自是蕃部馬至者稍衆。

又 卷三三〇《元豐五年》［十月］詔奉議郎郭茂恂計會陝西買馬司，揀馬五千匹赴鄜延經略司。（四年七月四日，茂恂以羣牧判官專提舉買馬兼茶場；六年六月二十一日，亦以兼茶馬見，不知何故此但稱奉議郎。）

又 卷三三五《元豐六年》［五月］戊戌，三班借職王恩普等六人差監在京閑慢庫務門，及舊城門西第一、第二班蕃敢勇三十六人與茶酒新班殿侍，皆種諤破米脂寨所納降蕃樂人，召見奏樂於崇政殿故也。

又 卷三四〇《元豐六年》［十月］承事郎、監饒州商稅茶務餘舜臣言：『臣兄堯臣獻饒州景德鎮甆窑博易務，蒙朝廷付以使事，推行其法，方且就緒，以勤官而死，乞委臣勾當。』詔令赴闕，中書審其人材可否以聞。已而舜臣至，乞上殿，乃復詔令歸本任。

又 卷三四一《元豐六年》［十一月］己酉，上批：『都大提舉成都府等路茶場：朝廷特以增廣榷賣路分，所以改置司名，其將事之人資任雖淺，不可不隨，宜令與轉運使敘官。』後詔：『都大提舉視轉運使，同管勾視轉運判官。經制熙河蘭會邊防財用官準此。』

又 都大提舉成都府、永興軍等路榷茶公事陸師閔言：『欲乞於兩處各置管勾文字官一員，許不依常制奏差承務郎以上或選人充。其勾當公事官見七員，內二員係奏差，五員選於吏部，今乞並許本司不依常制奏差。指使五員，內有吏部所差不得力之人，今乞指名奏易。每年舉選人改官，今以舊條通計，當舉九人，欲乞特添三人。外有縣令、小使臣陞陟數，止依舊條併舉。本司舊支頭子錢七百緡充公使，今乞特添三百緡。公使合用酒，欲乞隨所至州郡兌那支用，以米麴工價算還。』並從之。

又《元豐六年》［十二月］提舉茶場陸師閔乞川路買茶起綱場監官十員，並許不依常制指名奏差。從之。

又 卷三五九《元豐八年》［九月］詔：『陝西提舉買馬監牧司及成都府利州路買馬司，並令提舉成都府永興軍等路榷茶公事陸師閔兼提舉。仍就用茶貨隨宜增減價直，相度穩便置場去處，計置博買。候及一年，具馬實數奏聞。應有合買措置事件，令詳具畫一聞奏。所有先降陝西監牧事，撥令陝西路轉運司管勾指揮，及陝西買馬，撥隸經制熙河、蘭會路邊防財用司，并成都府利州路買馬指揮，並更不施行。』此據法册增入。

又 卷三六〇《元豐八年》［十月］前京東路轉運使吳居厚責授成州團練副使，黃州安置；副使呂孝廉添差監彬州茶鹽酒稅。以御史言其苛刻故也。五月十二日取勘。政目雲：並坐違法掊刻，以希進用。

又 卷三六四《元祐元年》［正月］己酉，詔太皇太后出入儀衛，可添御龍骨朵子直三十六人，御龍弓箭直四十五人，御龍弩直四十五人，皇城司禁衛五十人，馬隊三百五十人，東西班、茶酒班殿侍共一百人，快

行增至二十人。軍頭引見司監官二員，并將帶承局、等子，依隨駕例祇應；鈞容直并動樂殿侍，候將來開樂日取旨。

又 卷三六九《元祐元年》 ［閏二月］戶部言：『廣南西路桂州修仁縣等處茶貨，昨劉何逐年遣官置場收買出賣，收息止及一萬餘貫。竊慮遠方因此茶價增長，有妨民間食用。乞依舊放令通商，所有元豐七年十月二十九日廣西路榷茶指揮，更不施行。』從之。（元豐七年十月二十八日甲午。）

又 卷三七六《元祐元年》 ［四月］壬子，右司諫蘇轍言：『臣近曾奏言，益、利等路茶事司，以買賣茶虐害四路生靈，朝廷已差黃廉體量利害，乞先罷茶官陸師閔職任，使四路官吏不憂後患，敢以實害盡告黃廉。今聞朝廷却差黃廉就領茶事，臣竊以爲黃廉若以專使按榷茶之弊，則身無利害，茶事巨細，勢必具陳。若身自領茶事，有課利增損、邊計盈虛之責，則茶之爲害，勢必不肯盡言。兼朝廷本爲遠民無告，特遣此使，使事未達，而就除外官，小民無知，必謂朝廷安於虐民，重於改法。此事體大，宜速有以救之。朝廷必謂陸師閔蠹害四路爲日已久，不欲別差替人，淹延歲月，因黃廉在彼，卽行替罷。事雖稍便，容有未盡。臣欲乞選差清強官一員，與黃廉同共體量，候了日赴闕面奏利害。所貴不敢隱蔽茶弊，四路之人，終被德澤。』（二月十四日差黃廉，五月四日差杜紘同黃廉按察。據茶馬司題名，黃以元祐元年八月十四日到任，不記初除時。蘇轍上言，在四月二十五日，則是月固已有除命，不知何故八月乃到任。或是因轍言，已除復罷，至八月乃申命乎？六月廿八日可考。）

又 卷三八一《元祐元年》 ［六月］承議郎、都大提舉成都府永興軍等路榷茶、買馬、監牧公事陸師閔，降授奉議郎，主管東嶽廟。

又 ［六月］朝奉大夫、戶部郎中黃廉直祕閣，都大提舉榷茶買馬監牧公事。始，言者論榷茶六害，請通商復券馬如舊制。蜀人疾茶官之專，在位者亦多主罷榷，朝廷遣廉按實。廉奏：『榷茶如前使者所爲，誠有害。若悉以予民，則邊計不集，蜀貨不通，而園戶將有受其弊者。請熙河、秦鳳、涇原如故勿改，以制蕃市，而許東路通商。南茶無侵陝西，以利蜀貨。定博馬以萬八千匹爲額。』所奏皆可，卽有是命，使推其法行之。（此據廉本傳，廉除茶馬，不得其月日。據題名記以元祐元年八月十四日到任，當是代陸師閔也。今附師閔罷後。）

又 卷三八八《元祐元年》 ［九月］定州路安撫司言：『北人田文等告獲姦細人翟安歸明，乞推恩。』詔：『特與茶酒班殿侍，添差充淮南指使，仍依條給賞。』新削。

又 卷三九〇《元祐元年》 ［十月］辛丑，都大提舉成都府等路榷茶兼陝西等路買馬黃廉言：『按元豐六年閏六月十三日并八年十二月七日朝旨，應緣茶事，於他司非相干者，不得關預。設使緣茶事有侵損違法或措置未當，卽未有許令他司受理關送明文，深恐民間屈抑無由申訴。乞止依海行元豐令，監司巡歷所至，明見違法及有辭訟事在本司者，聽關送。應緣馬事，亦乞依此。』從之。

又 卷三九三《元祐元年》 ［十二月］詔：『六曹員外郎就除郎中，改易曹部。轉運判官就除使副，轉運副使就除使，府推就除判官，並令通理爲任。堂除知州、通判，並成資爲任。廣濟河都大管勾催遣輦運、提舉三門白波輦運、提舉蔡河撥發、提舉河北糴便糧草、提舉榷茶，並三十月爲任。』三月二十二日、四月十二日。

又 卷四〇二《元祐二年》 ［六月］權知桂州兼管勾廣南西路經略司苗時中奏：『儂順清占奪任峒，與梁賢智父子互相賊害。請將順清并家屬就湖南近裏州軍編管，依例給田土令耕。』樞密院言：『任峒元係儂順清父子管勾，雖因梁賢智父子占奪，不當私相讎殺，及與廣源州楊景通交通。已該登極大赦，請特依歸明人例，與茶酒班殿侍，其家屬令廣南西路經略司差人押送道州，給賜田土羈縻，無令出入。』從之。

又 卷四〇七《元祐二年》 ［十二月］朝奉大夫、直祕閣黃廉爲左司郎中。廉嘗語其子弟：『昨按察川、陝茶政，隨事制宜。便於公者，不苟去以爲名；害於民者，不苟存以爲利。論者未以爲然。是歲，遂代前官領茶馬事，前日所以繩治人者，皆身當之。在職歲餘，法無疐閡不可行者，士大夫乃頗見信。故知無成心以制事，利害則姑聽之，在人在己，無間然矣。』初，陸師閔時，歲計茶息以一百二十萬緡，掊克斂怨，無所不至，歲乃得二百萬緡。及廉將使事，盡除公私之病，比數年，亦得百二十萬緡也。

又 工部郎中盛陶爲右司郎中。朝奉郎宋匪躬爲正字。匪躬，敏求子，文彦博薦之也。彦博薦，從政目。朝奉郎仇伯玉權同管勾陝西等路茶馬事兼提舉買馬。

又 卷四一二《元祐三年》 〔七月〕皇城使、漢州刺史、廣西路鈐轄張整，内殿承制、閤門祗候、知融州溫嵩，各降三官，張整就添差監江州稅，溫嵩就差監歙州茶鹽酒稅。右侍禁、權邵州臨口寨主鍾仲仁，左侍禁、管勾融州臨溪堡事兼地分同巡檢杜震各降兩官衝替，仍今後各不得差充廣南、荆湖路差遣。整、嵩坐擅斬蠻人楊進新等十有九人，仲仁、震坐誘致進新等，以邊事未寧，特免究治。

又 卷四一五《元祐三年》 〔九月〕乙亥，詔發運使、副兼制置茶事。既而發運司言：『熙寧八年五月，初以江、淮、荆、浙等路制置鹽、礬爲專職，而發運使、副爲兼領，輕重頓異。乞仍以江、淮、荆、浙等路發運使、副兼制置鹽、礬、茶事繫銜。』從之。崇寧三年九月二十一日，尚書省言：『熙寧八年五月發運使、副兼制置茶、鹽、礬等事繫銜，當年八月發運使罷制置茶事，乃以江、淮、荆、浙等路制置鹽、礬兼發運使、副繫銜。元祐三年十月發運使兼制置茶事，當年十一月發運司申請，以制置鹽、礬爲專職，而發運使、副爲兼領，輕重頓異，乞却以江、淮、荆、浙等路發運使兼制置鹽、礬、茶事繫銜。緣發運司見今帶制置鹽、礬、茶事，勘會茶、鹽事已專差官提舉，發運司更不兼領。』從之。

又 卷四四八《元祐五年》 〔九月〕又詔責授成州團練副使、黄州安置吴居厚爲左朝奉郎、少府少監、分司南京，左朝奉大夫、監常州茶稅賈青管勾洞霄宫，右朝奉大夫、監泰州酒稅呂孝廉管勾僊源縣景靈宫太極觀，右朝請大夫、監宿州酒稅呂公雅管勾鴻慶宫。

又 卷四六八《元祐六年》 〔十二月〕庚申，左朝奉郎、知兖州翟思爲國子司業。夔州路轉運判官程之邵爲都大管勾成都府、利州路茶事。八年五月十六日黄慶基云云。

又 卷四八四《元祐八年》 〔六月〕程之邵，轍之表弟也。昨任夔州路轉運判官，按知雲安軍孫拱事，拱與之邵互論，見係推治未見曲直，乃除之邵爲都大提舉茶事。

又 卷四八五《紹聖四年》 〔四月〕戊戌，吏部、戶部言：水磨茶場監官錢景逢，任内收到息錢等一十六萬餘貫，呂安中收到息錢二十萬餘貫。詔錢景逢與轉一官，呂安中候任滿日，保明以聞。

又 卷四八九《紹聖四年》 〔六月〕乙未，直祕閣呂溫卿爲鴻臚卿，集賢殿修撰、權知秦州陸師閔兼都大提舉成都府利州陝西路茶事兼提舉陝西等路買馬公事。已見三月四日，當存一去一。

又 卷四九〇《紹聖四年》 〔八月〕丁亥，朝請大夫邵材爲刑部員外郎。九月末李深云云。朝請郎黄敏用同管勾成都府、利州、陝西等路茶事兼提舉陝西等路買馬公事。

又 卷四九三《紹聖五年》 〔十二月〕丁酉，詔祕閣校理劉唐老落職，添差監桂陽監鹽茶酒稅，賣礬務。以唐老元祐姦黨，時出險言，故有是命。新録改云：以唐老元祐黨人，故有是命。蓋不知險言曲折也。曲折已具八月十三日甲午，今附。用舊録。元符二年十月十二日庚戌，文及甫落職，仍知均州，不知所坐，當考。王鞏甲申雜記云。

又 卷四九九《元符元年》 〔六月〕丙戌，樞密院言，鄜延、河東、涇原、熙河蘭岷路進築城寨各已畢工，乞依環慶路委官按視。詔鄜延路差陝西路轉運判官李譓，涇原路差同管勾成都府、利州、陝西等路茶事黄敏用，河東路差權河東路轉運判官李延嗣，熙河路差提舉秦鳳路常平張行，親詣逐處詳檢驗，詣實保明以聞。十一月曾布云云。

又 卷五〇一《元符元年》 〔八月〕甲辰，朝請大夫、集賢殿修撰、新知秦州胡宗回權知慶州，陸師閔依舊知秦州，兼提舉茶馬，罷新除戶部侍郎之命。

又 卷五〇六《元符二年》 二月甲戌朔，權提舉開封府界常平孫軫爲陝西路轉運判官，尋兼權同管勾成都府、利州、陝西等路茶馬事。兼管茶馬在三月十日，今并此。

又 御史鄧棐言：『之邵頃在元豐，常爲監司，至元祐初年，臣僚言之邵緣鹽法進用，尋送吏部，不數月除知祥符，未幾除知泗州，遂擢監司提舉茶事。臣聞之邵與蘇軾、蘇轍是親表兄弟。初爲元豐監司，與軾、轍異趣，則以私忿交惡；及軾、轍用事，而之邵卑辭厚賂以事軾、轍。初見惡於軾、轍，則言者交攻；及爲軾、轍所喜，累有進擢，則言者緘口。大抵元祐臣僚，觀望用事者喜怒以爲語默，朝廷是非出於頃刻，而榮辱無復公論，故之邵得以纖巧附勢而不失其進取。伏望聖慈察之邵前後

蹤跡，特賜放罷。』從之。之邵除茶馬在正月九日，今并書。

又卷五一六《元符二年》［閏九月］癸酉，降充寶文閣待制、新知瀛州陸師閔爲陝西都轉運使兼都大提舉茶馬。

又 寶文閣待制陸師閔知永興軍、兼都大提舉茶馬事；其新除陝西都轉運使告納繳。

又 詔宣義郎、起居舍人、崇政殿説書周常特降兩官，添差監郴州茶鹽酒稅。先是，常以狀申御史臺自劾送黃履，又鄧洵武等分析常言黃右丞之出爲餞行者，及言鄒浩復還，志在合俗，廢法取名，故有是命。

又卷五二〇《元符三年》［正月］壬午，詔增崇皇太后儀物，並如宣仁聖烈皇后故事，唯不鳴鞭，不用馬隊及茶酒班，殿侍奏薦及度僧等不限人數，臨時取旨。

《文獻通考》卷一八《征榷考五·榷茶》 文宗時，王涯爲相，判二使，復置榷茶使，自領之，徙民茶樹於官場，權其舊積者，天下大怨。令狐楚代爲鹽鐵使兼榷茶使，復令納榷，加價而已。李石爲相，以茶稅皆歸鹽鐵，復貞元之舊。

又卷六二《職官考十六·都大提舉茶馬》 宋熙寧七年，始三司鹽鐵判官李杞、三司句當公事蒲宗閔經畫川、蜀買茶，充秦鳳、熙河路博馬，就除提舉成都府路買茶公事。杞於秦川、宗閔於成都置司，後改名都大提舉茶馬事。熙寧七年，差李杞、蒲宗閔成都府買茶、熙河路博馬，並令杞等提舉，置都大提舉及主管、同主管，各因其資品高下除授云。元豐四年，羣牧判官郭茂恂又言：『茶司既不兼買馬，遂立法以害馬政，恐誤國事，乞並茶場、買馬爲一司。』從之。蓋茶馬司始合於此時也。舊制，於源、渭、德順三郡市蕃馬。熙寧七年，初復熙、河，經略使王韶言：『西人頗以善馬至邊，其所當唯乏茶，與之爲市，請趣茶馬辦之。』乃命三司句當公事李杞運蜀茶至熙、河，置買馬場六，而源、渭、德順更不買馬，於是杞言：『賣茶、市馬，一事也。乞同提舉買馬。』杞遂兼馬政，然合分不常。至元豐四年，羣牧判官、提舉買馬郭茂恂又言：『茶司既不兼買馬，遂立法以害馬政，乞並爲一司。』從之。掌收摘山之利，以佐邦用。凡市馬於蕃夷，以茶易之。大觀以來，茶馬之政廢，川茶不以博馬，唯市珠玉，故馬政廢缺建炎四年，張浚奏大石進奉珠玉，高宗俞曰云云。紹興四年，從闕師古之請，以乏戰馬，始令四川宣撫司支茶博馬。五年，密院言已於永康軍、威茂州置場。七年，宰臣趙鼎言：『得旨復置茶馬官，舊有主管茶馬、同提舉茶馬、都大提舉茶馬凡三等。』上曰：『考其資歷命之。』乾道元年，川、秦兩司馬額共九千餘匹茶馬陳彌作言：『本司買馬，川、秦兩司，文、黎、珍、敘、南平、長寧軍、本州軍年額川馬五千餘匹，係應副江上諸軍。階州之峰帖、陝西和州之宕昌兩處，年額共西馬四千餘匹，係輪年應副三衙。』

川、秦兩司者，祖宗舊制，至今不廢四年，四川宣撫使虞允文奏：『照得祖宗朝都大茶馬官於秦州、成都各置司，居治各半府，排發馬月分居秦司，訖事即歸川司，措置發茶並買馬物帛之類。今欲依舊制，於鳳州河池縣置秦司，既近宕昌，買馬之弊可以稽察。』從之。川、秦馬舊二萬匹，乾道川、秦買馬之額，歲爲萬有一千九百匹有奇，川司六千，秦司五千九百。益、梓、利三路漕司歲應副博馬綢絹十萬四千匹，成都、利州路十一州產茶二千一百二萬斤，茶馬司所收大較若此。其後文州改隸秦司，而川司增珍州之額，共爲四千八百九十六，秦司六千一百二十，合兩司爲萬有一千十有六匹，此慶元之額也。嘉泰末，川司五場又增爲五千一百九十六匹，秦司三場增爲七千七百九十八匹，合兩司爲萬有二千九百九十四匹。然累歲所市，多不及額焉。

又卷一六〇《兵考十二·馬政》 川、秦馬秦馬舊二萬匹。乾道間，川、秦買馬之額，歲爲萬有一千九百匹有奇。川司六千，秦司五千九百。益、梓、利三路漕司，歲應副博馬紬絹十萬四千疋。成都、利州路十一州，產茶二千一百二萬斤，茶馬司所收，大較若此。

其後文州復隸秦司，而川司增珍州之額，共爲四千八百九十六；秦司六千一百二十。合兩司爲萬有一千十有六匹，此慶元初之額也。喜泰末，川司五場又增爲五千一百九十六匹，秦司三場增爲七千七百九十八匹，合兩司爲萬有二千九百九十四。然累歲所市，多不及額，蓋祖宗時所市馬分而爲二：其一曰戰馬，生於西邊，強壯闊大，可備戰陣，今黎、昌峰貼峽文州所產是也。其二曰羈縻，馬產於西南諸蠻，格尺短小，不堪行陣，今黎、敘等五州軍所產是也。羈縻馬每綱五十匹，其間良駟不過三五匹，中等十許匹，餘皆下等，不可服乘。守貳貪於賞格，以多爲貴。起綱遠來，或死道路，其僅至者但存皮骨。茶馬司以其將斃者責付諸路矚之，至則隨死。而計綱赴江上者，又爲押綱卒校竊其芻粟，道斃相望焉。成都府馬務，每年排發江上諸軍馬五十八綱，一月券食錢米二百貫，五

十八綱，一年總計一萬一千六百貫。押馬官五十三員，每員六百貫，共計三萬一千八百貫。興元府馬務，每年排養三衙馬一百十二綱，所費稱此。率未嘗如數，蓋茶馬司靳吝錢帛，蕃蠻馬至，多不即償故也。或爲守倅兵官有市馬賞，茶司屬官亦有，而都大主管官獨無之，故至此。舊蕃蠻中馬，高下良駑各有定價。紹興中，張松爲黎倅，欲馬溢額以幸賞，高其直以市之。自是夷人所欲無厭，愈肆邀索。癸巳變故之後，邛部川蠻邀功，趙彦博始以細茶、錦與之。至今夷人常以博馬，茶錦不堪籍口。淳熙中，龔總爲黎守，又與卬部蠻設席於倅廳之副價，犒以酒食，夷人益肆，稍不如欲，則詆訶官吏，牽馬出場。宕昌馬舊止三千，淳熙中始增其數。慶元中，金人既爲蒙國所侵，冀之北土遂失，由是馬至秦司者差罕矣。舊川、秦市馬赴密院多道斃者。紹興二十四年，始撥秦馬付三衙，命小校往取之。三司取馬，一歲再往，反用精甲四百四十人，州縣頗憚其費。二十七年秋，又詔川馬不赴行在，分隸江上諸軍，鎮江、建康、荆、鄂軍各七百五十，江、池軍各五百，殿前司二千五百，馬步司各千，而以川馬良者二百進御。凡以川、秦綱馬皆遵陸。乾道初，吴璘爲宣撫使，始議馬綱勞費。又均、房一帶多峻嶺亂石，馬多傷蹄道斃，請以舟載馬而東。上命夔路造舟。明年夔路轉運司主管文字任續上言：『造舟已畢，工役遂事，山程灘險，利害相當，在所不論，惟欲撥陸路之芻秣，以免沿流之煩費，輟四路之軍兵，以免篙梢之追擾，四路廂禁軍數目不少，若各輟五千人於沿流十郡充水軍，其衣糧令元來處科撥，馬綱行則迎送舟舡，馬綱住則訓習水戰，莫此爲便。』上大喜，令制置司撥廂禁軍三千五百人如其請。王十朋、虞允文力論其擾人。其後言者又謂馬綱所至，騷擾江村，而商販米斛之舟，尤被其毒，況水路馬數較之陸行存亡相若，而於羅場大有妨礙，乃詔川路馬舡日下廢罷，蓋自璘建請之後，利夔兩路沿江十餘郡之被其害者，三載而後得免焉。淳熙八年，新興國軍朱晞顔朝辭，奏：『四川茶馬司歲於宕、昌、黎、文、階、敘、南州、珍州等處買馬一萬一千餘匹，並四尺二寸以上，十歲以下，方許起綱。不合格者，雖骨相驍駿，馳驟超逸者，亦不收買，又不許民間私買。臣愚以爲棄之於化外，不若養之民間，緩急收之，實朝廷之外廄，況沿邊之地，去西北不遠，風土水草相類，養之易以蕃息。而有願中賣於官者，依所直之數與之，孰不樂歸於官者？是則民間之馬，皆吾廄中物。乞於茶馬司所買馬外不堪排發起綱之馬，令官用退印，不拘軍民，並聽從便收買，則不惟得夷人懽心，且俾沿邊牧馬，日以蕃息，可爲緩急之備，是一舉而數利也。』從之。信陽軍守臣言：『秦司排撥綱馬，兵士已至，而馬數未足，官司每以多支日券爲憂。馬數已登，而兵士未至，官司復以多費草料爲念。幸而人馬俱集，則督促發遣，一不暇顧。且馬産於深蕃，涉遠而至，力猶未充，不問羸病，遽責之以經涉險阻，沿路倒斃，皆此之由。乞下秦司，今後綱馬有羸瘠病患者，且須醫療飼養十分充壯，然後撥發。』從之。

《宋史》卷一六七《職官志七·都大提舉茶馬司》　掌榷茶之利，以佐邦用。凡市馬於四夷，率以茶易之。應産茶及市馬之處，官屬許自辟置，視其數之登耗，以詔賞罰。舊制，於原、渭、德順三郡市馬。熙寧七年，初復熙、河，經略使王韶言：『西人頗以善馬至邊，其所嗜唯茶，而乏茶與之爲市，請趣買茶司買之。』乃命三司幹當公事李杞運蜀茶至熙、河，置買馬場六，而原、渭、德順更不買馬，於是杞言：『買茶買馬，一事也，乞同提舉買馬。』杞遂兼馬政，然分合不常。至元豐六年，羣牧判官提舉買馬郭茂恂又言：『茶司既不兼買馬，遂立法以害馬政，恐悮國事，乞併茶場買馬爲一司。』從之。先是，市馬于邊，有司倖賞，率以駑充數。紹聖中，都大茶馬程之邵始精揀汰，仍以八月至四月爲限，又以羡茶轉入熙、秦市戰騎，故馬多而茶息厚，二法著爲令。元符末，程之邵召對，徽宗詢以馬政，之邵言：『戎俗食肉飲酪，故貴茶，而病於難得，願禁沿邊鬻茶，專以蜀産易上乘。』詔可。未幾，獲馬萬匹。宣和中，以茶馬兩司吏員猥衆，於是朝奉大夫何漸請遵豐、熙成憲，稱其事之繁簡而定以員數，從之。紹興四年，初命四川宣撫司支茶博馬。七年，復置茶馬官，凡買馬州縣黎、文、敘、長寧、南平、珍皆與知州、通判同措置任責。通判許茶馬司辟置，視買馬額數之盈虧而賞罰之。歲發馬綱應副屯駐諸軍及三衙之用。舊有主管茶馬、同提舉茶馬、都大提舉茶馬，皆考其資歷授之。乾道初，用臣僚言省罷，委各郡知州、通判、監押任責，尋復置。紹熙三年，茶馬司拖欠馬數過多，詔將本年分馬綱錢價，責茶馬司撥付湖廣總領所，勞付軍官自買土馬。嘉泰三年，以所發綱馬不及格式，詔茶馬官各差一員，遂分

爲兩司。文臣成都主茶，武臣興元主馬。其屬共有幹辦公事四員、準備差使二員。

又卷一八四《食貨志下六・茶下》 蜀茶之細者，其品視南方已下，惟廣漢之趙坡，合州之水南，峨眉之白牙，雅安之蒙頂，土人亦珍之，但所產甚微，非江、建比也。舊無榷禁，熙寧間，始置提舉司，收歲課三十萬；至元豐中，累增至百萬。建炎元年，成都轉運判官趙開言榷茶、買馬五害，請『用嘉祐故事盡罷榷茶，而令漕司買馬。或未能然，亦當減額以蘇園戶，輕價以惠行商，如此則私販衰而盜賊息』。遂以開同主管川、秦茶馬。二年，開至成都，大更茶法，倣蔡京都茶場法，以引給茶商，即園戶市茶，百斤爲一大引，除其十勿算。置合同場以譏其出入，重私商之禁，爲茶市以通交易。每斤引錢春七十、夏五十，市利頭子錢不預焉。所過征一錢，所止一錢五分。自後引息錢至一百五萬緡。至十七年，都大茶馬韓球盡取園戶加饒之茶爲額，茶司歲收二百萬，而買馬之數不加多。

乾道末年，青羌作亂，茶司增長細馬名色等錢歲三十萬。淳熙六年以後，累減園戶重額錢十六萬，又減引息錢十六萬。至紹熙初，楊輔爲使，遂定爲法。成都府、利州路二十三場，歲產茶二千一百二萬斤，通博馬物帛歲收錢二百四十九萬三千餘緡。朝廷歲以一百一十三萬緡隸總領所贍軍，然茶馬司率多難之；乾道以後，歲撥止一二十萬緡，至淳熙十年，遂以五十萬緡爲準。

自熙、豐以來，茶司官權出諸司之上。初，元豐開川、秦茶場，園戶既輸二稅，又輸土產，隆安縣園戶二稅、土產兼輸外，又催理茶課估錢，建炎元年立爲額，至寧宗慶元初，始除之。六年，詔四川產茶處歲輸經總制頭子錢五千四十一道有奇，又科租錢三千一百四十道有奇。

又卷一九〇《兵志四》 熙寧三年，熙河運司以歲計不足，乞以官茶博糴，每茶三斤易粟一斛，其利甚博。朝廷謂茶馬司本以博馬，不可以博糴，於茶馬司歲額外，增買川茶兩倍茶，朝廷別出錢二百萬給之，令提刑司封樁。又令茶馬官程之邵兼領轉運使，由是數歲邊用粗足。及挺之再相，熙河漕司屢申以軍糧不足爲急，乃令會去年拋降錢數共一千一百萬馱，一馱價直三千至四十千，二百馱所轉不可勝計，今年已降撥銀、錢、絹等共九百萬，乃令更支兩倍茶一百萬馱。張康國同進呈，得旨，乃密檢元豐以來茶惟用博馬指揮以進。然康國不知兩倍茶自非博馬之數，而何執中、鄧洵武雜然和之。由是兩倍茶更不支給，而鄯、湟兵費不給矣。

又卷一九八《兵志十二・馬政》 元豐三年，復罷爲提舉買馬監牧司。四年，羣牧判官郭茂恂言：『承詔議事以茶市馬，以物帛市穀，而併茶馬爲一司。臣聞頃時以茶易馬，兼用金帛，亦聽其便。近歲事局既分，專用銀絹、錢鈔，非蕃部所欲。且茶馬二者，事實相須。請如詔便。』奏可。仍詔專以雅州名山茶爲易馬用。自是蕃馬至者稍衆。六年，買馬司復罷兼茶事。七年，更詔以買馬隸經制熙河財用司。經制司罷，乃復故。

自李杞建議，始於提舉茶事兼買馬，其後二職分合不一。崇寧四年，詔曰：『神宗皇帝厲精庶政，經營熙河路茶馬司以致國馬，法制大備。其後監司欲侵奪其利以助糴買，故茶利不專，而馬不敷額。近雖更立條約，令茶馬司總運茶博馬之職，猶慮有司苟於目前近利，不顧悠久深害。三省其謹守已行，毋輒變亂元豐成法。』自是職任始一。

藝文

宋宋祁《景文集》卷一四《送張司勳福建轉運使》 晚花吹酒送行人，迢遞風烟上七閩。江海身孤雖戀闕，豺狼路靜不埋輪。陽林擷露茶腴早，側樹烘霞荔子新。毛竹乾魚仙祀古，請君尋徧武夷春。

宋文同《丹淵集》卷一六《送提刑司勛》 同昔分符守興元，公始杖節來武信。因而出入在門下，未有三日不親近，臺移希踈獄讞少，凜凜清風滿墻仞。乘閒每許陪後乘，好寺名園遍遊盡。

惟攜茶具賞幽絕，新胯珍團曾不吝。或因議事閲書畫，止用小肴并淺醞。

清歡雅興自無厭，妓樂喧煩誰願進。開張胷懷脱羈檢，顔色何嘗形

喜愠。使威斂霽官况樂，瞥過二年如一瞬。後同先滿去涪上，數月復來爲屬郡。再將厚蒙舊物，掩蔽不才寬責問。同常自念性偏僻，凡取交游最精慎。雖然衆中事汎愛，仁者與親餘不認。生平所得無幾人，既已得之心自信。公家兄弟何磊落，一一光華如美瑾。顧同質狀似頑石，輒簉其間襲溫潤。令昆强季没已久，公獨康莊馳駬駿。朝廷要人辦繁劇，昨下詔書催入覲。連城衆口惜公去，不問鯢鮐與髫齓。烟開漢沔曉光薄，雪下褒斜寒力峻。嗟同不得送行旆，回視腰間綰雙印。灤城西北有危樓，徒望高鴻寄長韻。

宋 葉適《水心集》卷七《送林退思四川分司茶馬幹官》 棄繻詆關吏，廣殿射高名。方從媚子引，豈料讒夫傾。京師恩暮降，蜀道險朝升。執手郭西門，惻愴難爲情。有山擎空雪，有谷匝底冰。鳥樂謾後噪，猿孤定先鳴。漢中王霸地，從古鋒鏑爭。崩摧韓信壇，闕落張魯營。感子奮衣去，客猛意自輕。笑我老何怯，萬里今橫行。

宋 袁説友《東塘集》卷四《饋春茶于制司屬官》 戊午新芽上蜀江，表情未有敢先嘗。幾年爭鬬無雙品，萬里書來第一綱。水截龍章浮碾玉，爐煎蟹眼試憑湯。知君文字五千卷，正欲冥搜錦繡腸。

茶賊、茶寇

綜述

唐 杜牧《樊川文集》卷一一《上李太尉論江賊書》 夫劫賊徒，上至三船兩船百人五十人，下不減三二十人，始肯行劫，劫殺商旅，嬰孩不留。所劫商人，皆得異色財物，盡將南渡，入山博茶。蓋以異色財物，不敢貨於城市，唯有茶山，可以銷受。蓋以茶熟之際，四遠商人，皆將錦繡繒纈、金釵銀釧，入山交易，婦人稚子，盡衣華服，吏見不問，人見不驚。是以賊徒得異色財物，亦來其間，便有店肆為其囊橐，得茶之後，出為平人，三二十人，挾持兵仗。凡是鎮戍，例皆單弱，止可供億漿茗，呼召指使而已。鎮戍所由，皆云『賒死易，就死難』。縱賊不捉，事敗抵法，謂之賒死；與賊相拒，立見殺害，謂之就死。若或人少被捉，罪抵止於私茶，故賊云：『以茶壓身，始能行得。』言隨身有茶，即人不疑是賊。凡千萬輩，盡販私茶。

又 濠、亳、徐、泗、汴、宋州賊，多劫江西、淮南、宣、潤等道，許、蔡、申、光州賊，多劫荊襄、鄂岳等道，劫得財物，皆是博茶，北歸本州貨賣，循環往來，終而復始。

宋 蘇轍《欒城集》卷三六《論蜀茶五害狀》 大盜王小波、李順等，因販茶失職，窮為剽劫。凶燄一扇，兩蜀之民，肝腦塗地，久而後定。自後朝廷始因民間販賣，量行收税，所取雖不甚多，而商賈流行，為利自廣。

《宋史》卷三八八《李燾傳》 初，政和末，澧、辰、沅、靖四州置營田刀弩手，募人開邊，范世雄等附會擾民，建炎罷之。乾道間，有建請復置者，燾為轉運使，嘗奏不當復，已而提刑尹機迫郡縣行之，田不能給。燾至是又申言之，請度田立額，且約帥臣張栻列奏，詔從之。境多茶園，異時禁切商賈，率至交兵，燾曰：『官捕茶賊，豈禁茶商？』聽其自如，訖無警。

紀事

宋 張栻《南軒集》卷二二《答朱元晦》 共父處人回得書，請祠之意甚濃，聞所施為大抵類長沙，長沙之人今歲緣茶賊之擾害，人甚思之。

又 卷二八《與曾節夫撫幹》 茶賊在禾山二十日，諸軍環視，曾不得一正賊，今日兵將誠足用耶？

宋 朱子《晦庵集》卷八八《觀文殿學士劉公神道碑》 一旦湖北茶盜數千人入境，公盛軍聲以威之而開其自新之路，盜多散去其存者蓋無幾人，公乃遣兵然猶深以迎戰邀擊為戒盜意益緩，於是一戰敗之而盡擒，以歸獨誅其首惡數人，餘悉以隸軍籍，明年盜之餘黨賴文政等復入境後，帥欲盡誅之盜因悉力死戰既勦湖南軍，遂入江西犯廣東官軍數敗將尉死者數十人為費以大萬計，於是人乃服公為有謀也。

宋 李心傳《建炎雜記甲集》卷一八《財賦四・紹興内外大軍數》 紹興初，内外大軍凡十九萬四千餘，而川、陝不與宿衛，神武右軍、中軍七萬二千八百〔張浚將左軍楊沂中中軍〕，江東劉光世淮東韓世忠江襄，岳飛湖南王瓅四軍共十二萬一千六百，是年，冬併神武中軍隸殿前司而右軍如故，五年春王瓅罷，遂以其軍一萬五千隸，韓世忠七年秋劉光世之兵降，偽齊其將王德以所部八千人歸張浚，由是三衛之外，但有韓張岳三軍今鎮江大軍，韓氏部曲也，建康大軍張氏部曲也，鄂州大軍岳氏部曲也，惟荊南江池皆紹興末新創荊南則劉信叔所招効用而頗以鄂軍益之，江池軍則三衛之疲弱者，而江州一軍又雜以江西茶盜，近歲皇甫固為帥始訓齊之，故東南惟以潤昇鄂三軍為根本。

宋 黎靖德《朱子語類》卷一一〇《朱子七・論兵》 辛棄疾頗諳曉兵事。云：『兵老弱不汰可慮。向在湖南收茶寇，令統領揀人，要一可當十者，押得來便看不得，盡是老弱！問何故如此？云，只揀得如此，間有稍壯者，諸處借事去。州郡兵既弱，皆以大軍可恃，又如此！為今之計，大段著揀汰，但所汰者又未有頓處。』

宋 周密《齊東野語》卷七《王宣子討賊》 王佐宣子帥長沙日，茶賊陳豐嘯聚數千人，出沒旁郡，朝廷命宣子討之。時馮太尉湛謫居在焉，宣子乃權宜用之。諜知賊巢所在，乘日晡放飯少休時，遣亡命卒三十人，持短兵以前，湛自率百人繼其後，徑入山寨。豐方抱孫獨坐，其徒皆無在者。卒睹官軍，錯愕不知所為，亟鳴金嘯集，已無及矣，於是成擒，餘黨亦多就捕。

宣子乃以湛功聞於朝，於是湛以勞復元官，宣子增秩。辛幼安以詞賀之，有云：『三萬卷，龍頭客，渾未得文章力。把詩書馬上，笑驅鋒鏑。金印明年如鬥大，貂蟬元自兜鍪出。』宣子得之，疑為諷己，意頗銜之。殊不知陳後山亦嘗用此語送蘇尚書知定州云：『枉讀平生三萬卷，貂蟬當復坐兜鍪。』幼安正用此。然宣子尹京之時，嘗有書與執政云：『佐本書生，曆官處自有本末，未嘗得罪于清議。今乃蒙置諸士大夫所不可為之地，而與數君子接踵而進，除目一傳，天下士人視佐為何等類？終身之累，孰大於此！』是亦宣子之本心耳。

《宋史全文》卷二六 秋七月乙未，宰臣進呈訖，上曰：『今中外無事，近日時時得雨，豐稔可待。會子通行，民間銅錢日多，甚可喜。』葉衡奏：『今諸處會子甚難得，謂宜量行支降行使。』上曰：『未可。向來正緣所出數多，致有前日之弊。今須少待，徐議施行。』丁未，上宣諭葉衡等：『賈和仲，朕本欲行軍法，然其罪在輕率進兵。朕觀漢、唐以來將帥被誅，皆以逗遛不進或不肯用命。今和仲正緣輕敵冒進，誅之却恐將士臨敵退縮。俟勘到情犯，別議施行。』先是，上宣諭衡等：『賈和仲與茶賊戰失利，當治其罪。此須商量，要歸於當。朕非固欲誅之。和仲當一小寇乃失律如此，設有大敵，當如何？不誅恐無以警諸將，然誅一人，須要是卿等更熟議。』是月，彗出西方。

《文獻通考》卷一五《征榷考二》 時奉天鹵池生水柏，以灰一斛得鹽十二斤，利倍鹻鹵。文宗時，采灰一斗，比鹽一斤論罪。開成末，詔私鹽月再犯者，易縣令，罰刺史俸；十犯，則罰觀察、判官課料。宣宗即位，茶、鹽之法益密，糶鹽少、私盜多者，謫觀察、判官，不計十犯。戶部侍郎、判度支盧弘止以兩池鹽法敝，遣巡院官司空輿更立新法，其課倍入，遷榷鹽使。以壕籬者，鹽池之隄禁，有盜壞與鬻鹻皆死，鹽盜持弓矢者亦皆死刑。兵部侍郎、判度支周墀又言：『兩池鹽盜販者，迹其

居處，保、社按罪。鬻五石，市二石，亭戶盜糶二石，皆死。』是時江、吳羣盜，以所剽物易茶鹽，不受者焚其室廬，吏不敢枝梧，鎮戍、場鋪、堰埭以闕通致富。宣宗乃擇嘗更兩畿輔望縣令者爲監院官。戶部侍郎裴休爲鹽鐵使，上鹽法八事，其法皆施行，兩池榷課大增。其後兵遍天下，諸鎮擅利，兩池為河中節度使王重榮所有，歲貢鹽三千車。中官田令孜募新軍五十四都，餫轉不足，仍倡議兩池復歸鹽鐵使，而重榮不奉詔，至舉兵反，僖宗為再出，然而卒不能奪。

又卷一八《征榷考五》 致堂胡氏曰：『茶者，生人之所日用也，其急甚於酒。然王鉷、楊慎矜、韋堅以及劉晏皆置而不征，猶爲忠厚。天地生物，凡以養人，取之不可悉也。張滂稅茶，則悉矣。凡言利者，未嘗不假託美名，以奉人主私欲，滂以茶稅錢代水旱田租是也。既以立額，則後莫肯蠲，非惟不蠲，從而增廣其數，其法嚴峻者有之矣，或至於官盡榷之，商旅不得貿遷，而必與官爲市。在私，則終不能禁，而榷埋惡少竊販之害興，偶有敗獲，奸人猾吏相爲囊橐，獄迄不直，而治所由歷，株連枝蔓，致良民破產，接村比里，甚則盜賊出焉。在公，則收貯不虔，發泄不時，至於朽敗，與新斂相妨，或沒入竊販，無所售用，於是舉而焚之，或乃沈之，殃民害物，咸弗恤也。其原則在於得數十萬緡錢而已。夫弛山澤之禁以予民，王政也。必不得已，聽商旅貿遷而薄其征。茶也者，東南所有，西北所無，雖曰薄征，其入於王府者亦不貲矣。息盜奪，止訟獄，佐國用，其利亦大矣，張滂、王涯豈足效哉！』

又 太平興國二年，重定法，務輕減。主吏盜官茶販鬻錢三貫以上，黥面送闕下；茶園戶輒毀敗其叢樹者，計所出茶論如法。八年，詔禁僞茶。又詔民間舊茶園荒廢者蠲之，當以茶代稅而無茶者，許輸他物。

淳化三年，詔盜官茶販鬻十貫以上，黥面配本州牢城。雍熙後用兵，乏於餽餉，多令商人輸芻糧塞下，酌地之遠近不爲其直，取市價而後增之，授以要券，謂之交引，至京師給以緡錢，又移文江、淮、荊湖給以顆、末鹽及茶。

又 右司諫蘇轍上言：『盜賊之法，贓及二貫，止徒一年，出賞五千，今民有以錢八百和買茶四十斤者，輒徒一年，賞三十千，立法苟以自便，不顧輕重之宜。』

又 大觀三年，計七路一歲之息一百二十五萬一千九百餘緡，榷貨務再歲一百十有八萬五千餘緡。京專用是以舞智固權，自是歲以百萬緡輸京師所供私奉，掊息滋厚，盜販公行，民滋病矣。

又《四川茶》 建炎元年四月，成都路運判趙開言榷茶、買馬五害，請用嘉祐故事，盡罷榷茶，而令漕司買馬；或未能然，亦當減額以蘇園戶，輕價以惠行商，如此則私販衰而盜賊息矣。朝廷遂擢開同主管川、陝茶馬。二年十一月，開至成都，大更茶法，仿蔡京都茶場法，印給茶引，使商人即園戶市茶，百斤爲一大引，除其十勿算。置合同場以譏其出入，重私商之禁，爲茶市以通交易。每斤引錢春七十、夏五十，市利、頭子在外。所過征一錢所止一錢五分，引與茶隨，違者抵罪。自後引息錢至一百五萬緡。紹興復提舉官，又旋增引錢。至十四年，每引收十二道三百文，視開之初又增一倍矣。

又 元豐四年，以所產薄，詔罷貢金。八年，知熙州王韶奏本路銀、銅坑發。詔令轉運、市易司共計之，以所入為熙河糴本。七月，詔近坑冶坊郭鄉村并淘採烹鍊，人並相為保，保內及於坑冶有犯，知而不糾或停盜不覺者，論如保甲法。

又 大觀二年，詔：『金銀坑發，雖告言或方檢視，而私開淘取以盜論。九月，銀、銅坑冶舊不隸知縣、縣令者，並令兼監，賞罰減正官一等。』

又卷一五四《兵考六》 〔紹興〕七年，樞密院言：『勘會累降指揮，諸軍不得互相招收及拖拽別軍官兵。訪聞昨來諸軍內，有因事走投別軍之人。竊慮互相識認，別致紛爭，理宜措置。』詔：『諸軍應今日以前，收到別軍官兵，特免根究，自後更不許招誘拘截。』十一年四月，給事中范同以諸將握兵難制，獻策於秦檜，且以柘皋之捷言於上。召張俊、韓世忠、岳飛入覲，論功行賞，皆除樞密副使。張俊首納所部兵，乃分命三大帥副校各統所部，自為一軍，更其銜曰統制御前軍馬。罷宣撫司，遇有出師取旨，兵皆隸樞密院，依舊駐劄，而四川大將兵亦分屯就糧，曰興成堦鳳文龍利閬金洋綿房西和州、太安軍、興元、隆慶、潼川府凡十四郡焉。故今鎮江大軍，則韓世忠之舊部；建康大軍，則張俊之舊部；鄂州大軍，則岳飛之舊部。紹興末年，荊南、江州、池州又皆新創

兵籍，荊南所屯，則劉錡所招效用，益以鄂州之兵，江、池之軍，則三衙疲弱之卒屯戍者。江州一軍，大抵皆茶寇也。而興元府、興州、金州三都統兵，則本曲端、吳玠、呂師古之徒，關西之舊部。考乾道之末，建康都統司兵約五萬人，池州都統司兵一萬二千人，鎮江府都統司兵四萬九千人，荊南都統司兵二萬人，興元都統司兵一萬七千人，金州都統司兵一萬一千人。其後分屯列戍，增損不常，揀練團併，分合不一。其下有統制統、領正、將副、將準、備將之目。

又卷一六八《刑考七》 今以刑書考之，其麗於配者幾五百條，中間有數項，比之慶歷，又復數倍。積少成多，殆非一朝一夕之故，然回視藝祖創法之始特以宥死者，固已遠矣。又有罪不至配而用情重決配者，亦有泛言決配而因以決配者。嘗推原其故：爰自建隆以及淳熙，二百年之間，決配既多，視以為常，不復知有前代之遺制與夫祖宗之美意；臣僚奏請，動以決配為言，有司建立，亦以決配為可，而配法始滋矣。近者李椿嘗建此議，陛下特詔近臣各述所見，其間亦有為陛下畧言及此者，而講之不詳，亦卒以廢格，良可惜也。竊謂今罪之麗於大辟者，宥其一死，俯從決配，乃藝祖之遺制，固不容輕議；自餘流罪以下，情理重害未可遽去者，且仍舊；其次重者，當如方平之請，代以役年；其輕者，並行刊削。如此，既不失藝祖創法之本意，亦稍復前代沿襲之舊章，非細故也。但方平之請，止具四等，而今世配法，乃至十四等。今欲推廣方平之意：永不放還者，役終身；海外者，役八年；遠惡、廣南者，役七年；三千里、二千五百里者，並役六年；二千里、一千五百里者，並役五年；千、五百里者，並役四年；特旨配鄰州者，役三年；本州、本城者，並役二年；不刺面者，役一年。免其文面並役當處，雖累會恩，不許原免。則方平之意得矣。上尋謂輔臣曰：『朕思之配法，雜犯配罪，只配本州牢城；犯私茶、鹽之類，不必遠配，只刺充本州廂軍，令著役；若是刼盜已經三次，便可置之死。可諭刑、寺熟議奏來。』

又卷三〇一《物異考七》 乾道二年九月丙午，地震自西北方。是月，台州有海寇。四年十二月壬子，石泉軍地震三日，有聲如雷，屋瓦皆落。時郡有綿州冤獄云。淳熙元年十二月戊辰，地震自東北方。後湖南、江西茶寇擾數路。九年十二月壬寅，地夜震。十年十二月丙寅，又震。十二年五月庚寅，又震。慶元六年十一月甲子，地震東北方。嘉定六年四月，行都地震。六月丙子，嚴州淳安縣地震。十年二月庚申，地震自東南。越月，敵犯光州。十四年正月乙未，地夜震，大雷。是春，金人入寇，蘄、黃州失守。

《宋史》卷三四《孝宗紀二》 〔淳熙二年〕夏四月乙卯，賜禮部進士詹騤以下四百二十有六人及第、出身。己巳，幸玉津園。是月，茶寇賴文政起湖北，轉入湖南、江西，官軍數為所敗，命江州都統皇甫倜招之。

五月辛卯，諭宰相以朝政闕失，士民皆得獻言。庚子，命鄂州都統李川調兵捕茶寇。乙巳，詔知縣三年為任。

六月庚戌朔，詔自今宰執、侍從以下除外任，非有功績者不除職名，外任人非有勞效，亦不除職。以沈夏同知樞密院事。辛酉，罷四川宣撫司。以倉部郎中辛棄疾為江西提刑，節制諸軍，討捕茶寇。丁卯，用左司諫湯邦彥言，落蔣芾、王炎觀文殿大學士，張說落節度使，芾建昌軍、炎袁州、說撫州，並居住。戊辰，振濟湖南、江西被寇州縣。是月，茶寇自湖南犯廣東。

秋七月辛丑，有星孛于西方。

八月丙辰，江西總管賈和仲以捕茶寇失律，除名、賀州編管。甲子，賜安南國王印。丁卯，蠲湖南、江西被寇州縣租稅。丁丑，遣左司諫湯邦彥等使金申議。

九月乙卯朔，湯邦彥請分揚、廬州、荊南、襄陽府、金州、興元府、興州為七路，每路文臣一人充安撫使以治民，武臣一人充都總管以治兵，三載視其成以議誅賞。從之。乙酉，振恤淮南水旱州縣。乙未，葉衡罷。丁未，沈夏罷。贈趙鼎為太傅，還其爵邑，追封豐國公。

閏月丁巳，以李彥穎參知政事，翰林學士王淮簽書樞密院事。甲子，詔武臣從軍毋帶內職。

是月，辛棄疾誘賴文政殺之，茶寇平。

冬十月戊寅朔，賞平茶寇功，湖南、江西、廣東監帥黜陟有差。庚辰，大風。壬午，詣德壽宮，加上光堯壽聖憲天體道太上皇帝尊號曰光堯壽聖憲天體道性仁誠德經武緯文太上皇帝，壽聖明慈太上皇后尊號曰壽

聖齊明廣慈太上皇后。乙酉，遣謝廓然等使金賀正旦。戊戌，金遣完顏禧等來賀會慶節。

又 卷一七四《食貨志上二》 四月，建盜范汝爲平，詔蠲本路今年二稅及夏科役錢。

又 卷一八三《食貨志下五·茶上》 凡民茶折稅外，匿不送官及私販鬻者沒入之，計其直論罪。園戶輒毀敗茶樹者，計所出茶論如法。舊茶園荒薄，采造不充其數者，蠲之。當以茶代稅而無茶者，許輸他物。主吏私以官茶貿易，及一貫五百者死。自後定法，務從輕減。太平興國二年，主吏盜官茶販鬻錢三貫以上，黥面送闕下；淳化三年，論直十貫以上，黥面配本州牢城，巡防卒私販茶，依本條加一等論。凡結徒持仗販易私茶、遇官司擒捕抵拒者，皆死。太平興國四年，詔鬻僞茶一斤杖一百，二十斤以上棄市。雍熙二年，民造溫桑僞茶，比犯真茶計直十分論二分之罪。淳化五年，有司以侵損官課言加犯私茶一等，非禁法州縣者，如太平興國詔條論決。

又 卷一八四《食貨志下六·茶下》 天聖三年八月，詔翰林侍講學士孫奭等同究利害，奭等言：『十三場茶積而未售者六百一十三萬餘斤，蓋許商人貼射，則善者皆入商人，其入官者皆粗惡不時，故人莫肯售。又園户輸歲課不足者，使如商人入息，而園户皆細民，貧弱力不能給，煩擾益甚。又姦人倚貼射爲名，強市盜販，侵奪官利，其弊不可不革。』十月，遂罷貼射法，官復給本錢市茶。商人入錢以售茶者，奭等又欲優之，請凡入錢京師售海州、荊南茶者，損爲七萬七千，售真州等四務十三場茶者，又第損之，給茶皆直十萬。自是，河北入中復用三説法，舊給東南緡錢者，以京師榷貨務錢償之。

又 初，官既榷茶，民私蓄販皆有禁，臘茶之禁，尤嚴於他茶，犯者其罰倍，凡告捕私茶皆有賞。然約束愈密，而冒禁愈蕃，歲報刑辟，不可勝數。園户困於征取，官司旁緣侵擾，因而陷於罪戾，以至破產逃匿者，歲比有之。又茶法屢變，歲課日削，至和中，歲市茶淮南纔四百二十二萬餘斤，江南三百七十五萬餘斤，兩浙二十三萬餘斤，荊湖二百六萬餘斤，惟福建天聖末增至五十萬斤，詔特損五萬，至是增至七十九萬餘斤，歲售錢並本息計之，纔百六十七萬二千餘緡。官茶所在陳積，縣官獲利無幾，論者皆謂宜弛禁便。

又 至嘉祐中，著作佐郎何鬲、三班奉職王嘉麟又皆上書請罷給茶本錢，縱園户貿易，而官收租錢與所在征算，歸榷貨務以償邊糴之費，可以疏利源而寬民力。嘉麟爲登平致頌書十卷、隆衍視成策二卷上之，淮南轉運副使沈立亦集茶法利害爲十卷，陳通商之利。時富弼、韓琦、曾公亮執政，決意嚮之，力言於帝。三年九年，命韓絳、陳升之、呂景初即三司置局議之。十月，三司言：『茶課緡錢歲當入二百二十四萬八千，嘉祐二年纔及一百二十八萬，又募人入錢，皆有虛數，實爲八十六萬，而三十九萬有奇是爲本錢，纔得子錢四十六萬九千，而輦運糜耗喪失，與官吏、兵夫廩給雜費，又不預焉。至於園户輸納，侵擾日甚，小民趨利犯法，刑辟益繁，獲利至少，爲弊甚大。宜約至和以後一歲之數，以所得息錢均賦茶民，恣其買賣，所在收算，請遣官詢察利害以聞。』詔遣官分行六路，還言如三司使議便。

四年二月，詔曰：『古者山澤之利，與民共之，故民足於下，而君裕於上，國家無事，刑罰以清。自唐建中時，始有茶禁，上下規利，垂二百年。如聞比來爲患益甚，民被誅求之困，日惟咨嗟，官受濫惡之入，歲以陳積，私藏盜販，犯者實繁，嚴刑重誅，情所不忍，是於江湖之間幅員數千里，爲陷穽以害吾民也。朕心惻然，念此久矣，間遣使者往就問之，而皆驩然願弛其禁，歲入之課以時上官。一二近臣，條析其狀，朕猶若慊然，又於歲輸裁減其數，使得饒阜，以相爲生，俾通商利。歷世之敝，一旦以除，著爲經常，弗復更制，損上益下，以休吾民。尚慮喜於立異之人、緣而爲姦之黨，妄陳奏議，以惑官司，必寘明刑，無或有貸。』

又 元祐元年，侍御史劉摯奏疏曰：『蜀茶之出，不過數十州，人賴以爲生，茶司盡榷而市之。園户有茶一本，而官市之，額至數十斤。官所給錢，靡耗於公者，名色不一，給借保任，輸入視驗，皆牙儈主之，故費於牙儈者又不知幾何。是官於園户名爲平市，而實奪之。園户有逃而免者，有投死以免者，而其害猶及鄰伍。欲伐茶則有禁，欲增植則加市，故其俗論謂地非生茶也，實生禍也。願選使者，考茶法之敝，以蘇蜀民。』右司諫蘇轍繼言：『呂陶嘗奏改茶法，止行長引，令民自販，每緡長引錢百，詔從其請，民方有息肩之望。孫迥、李稷入蜀商度，盡力掊

取，息錢、長引並行，民間始不易矣。且盜賊贓及二貫，止徒一年，出賞五千，今民有以錢八百私買茶四十斤者，輒徒一年，賞三十千，立法苟以自便，不顧輕重之宜。蓋造立茶法，皆傾險小人，不識事體。』且備陳五害。呂陶亦條上利害，詔付黃廉體量；未至，摯又言陸師閔恣爲不法，不宜仍任事。詔即罷之。先是，師閔提舉榷茶，所行職務，他司皆不得預聞，事權震灼，爲患深密。及黃廉就領茶事，乃請凡緣茶事有侵損戾法，或措置未當及有訴訟，依元豐令，聽他司關送。十一月，蒲宗閔亦以附會李稷賣茶罷。

又　大觀元年，議提舉茶事司須保驗一路所產茶色高下、價直低昂，而請茶短引以地遠近程以三等之期。復慮商旅影挾舊引，冒詐規利，官吏因得擾動，以御筆申飭之。又以諸路再定茶息，多寡或不等，令斤各增錢十。三年，計七路一歲之息一百二十五萬一千九百餘緡，榷貨務再歲一百十有八萬五千餘緡。京專用是以舞智固權，自是歲以百萬緡輸京師所供私奉，掊息益厚，盜販公行，民滋病矣。

又　蜀茶之細者，其品視南方已下，惟廣漢之趙坡，合州之水南，峨眉之白牙，雅安之蒙頂，土人亦珍之，但所產甚微，非江、建比也。舊無榷禁，熙寧間，始置提舉司，收歲課三十萬，至元豐中，累增至百萬。建炎元年，成都轉運判官趙開言榷茶、買馬五害，請『用嘉祐故事盡罷榷茶，而令漕司買馬。或未能然，亦當減額以蘇園户，輕價以惠行商，如此則私販衰而盜賊息』。遂以開同主管川、秦茶馬。二年，開至成都，大更茶法，倣蔡京都茶場法，以引給茶商，即園户市茶，百斤爲一大引，除其十勿算。置合同場以譏其出入，重私商之禁，爲茶市以通交易。每斤引錢春七十、夏五十，市利頭子錢不預焉。所過征一錢，所止一錢五分。自後引息錢至一百五萬緡。至十七年，都大茶馬韓球盡取園户加饒之茶爲額，茶司歲收二百萬，而買馬之數不加多。

又卷一八六《食貨志下八》　【熙寧】七年，帝與輔臣論及成都市易事。馮京曰：『曩因榷市物，致王小波之亂，今頗以市易爲言。』安石曰：『彼以饑民衆，官不之恤，相聚爲盜耳。』帝問：『李杞行邪？』安石曰：『未也。然保市易必不能致亂。』帝猶慮蜀人駭擾，安石謂：『已遣使乃遽罷，豈不爲四方笑？』乃已。然其後竟罷杞等詳度。

又卷二九九《李溥傳》　初，譙縣尉陳齊論榷茶法，溥薦齊任京官，御史中丞王嗣宗方判吏部銓，言齊豪民子，不可用。真宗以問執政，馮拯對曰：『若用有材，豈限貧富。』帝曰：『卿言是也。』因稱溥畏慎小心，言事未嘗不中利害，以故任之益不疑。然溥久專利權，內倚丁謂，所言輒聽。帝嘗語執政曰：『羣臣上書論事，法官輒沮之，云非有大益，無改舊章，然則何以廣言路。』王旦對曰：『法制數更，則詔令牴牾，故重於變易。』因言：『溥嘗請盜販茶鹽者贓仗皆沒官，已可之矣。』帝曰：『此特畏溥之強，不敢退卻，自今雖小吏言，亦宜詳究行之。』

又卷三八六《劉珙傳》　湖北茶盜數千人入境，疆吏以告，珙曰：『此非必死之寇，緩之則散而求生，急之則聚而致死。』揭榜諭以自新，聲言兵且至，令屬州縣具數千人食，盜果散去，其存者無幾。珙乃遣兵，戒曰：『來毋亟戰，去毋窮追，不去者擊之耳。』盜意益緩，於是一戰敗之，盡擒以歸，誅首惡數十，餘隸軍籍。

又卷三八八《李燾傳》　境多茶園，異時禁切商賈，率至交兵，燾曰：『官捕茶賊，豈禁茶商？』聽其自如，訖無警。

又卷三九六《王淮傳》　淳熙二年，除端明殿學士、簽書樞密院事。辛棄疾平茶寇，上功太濫。淮謂：『不核真僞，何以勸有功。』文州蕃部擾邊，吳挺奏：『庫彥威失利，靖州夷人擾邊。』楊倓奏：『田淇失利。』淮謂：『二將戰歿，若罪之，何以勸來者。』上嘗諭曰：『樞密臨事盡公，人無間言，差除能守法甚善。』薦軍帥吳拱、郭田、張宣。除同知樞密院事、參知政事。

又卷四一三《趙善湘傳》　趙善湘字清臣，濮安懿王五世孫。父武翼郎不陋，從高宗渡江，聞明州多名儒，徙居焉。善湘以恩補保義郎，轉成忠郎、監潭州南嶽廟，轉忠翊郎，又轉忠訓郎。慶元二年舉進士，以近屬轉秉義郎，換承事郎，調金壇縣丞。五年，知餘姚縣。

開禧元年，添差通判婺州。嘉定元年，以招茶寇功，赴都堂審察，提轄文思院。出判無為軍兼淮南轉運判官、淮西提點刑獄。四年，改知常州。八年，主管武夷山冲佑觀。十年，知湖州。十一年，丁內艱，明年起復，知和州，三辭不獲命。遷知大宗正丞兼權戶部郎官，改知秘閣、淮南轉運判官，兼淮西提舉常平，兼知無為軍。進直徽猷閣、主管淮南制置司

公事，兼知廬州，兼本路安撫，仍兼轉運判官、提舉常平。

又 卷四三三《林光朝傳》 茶寇自荊、湘剽江西，薄嶺南，其鋒鋭甚。光朝自將郡兵，檄摧鋒統制路海、本路鈐轄黃進各以軍分控要害。會有詔徙光朝轉運副使，光朝謂賊勢方張，留屯不去，督二將遮擊，連敗之，賊驚懼宵遁。帝聞之喜曰：『林光朝儒生，乃知兵耶。』加直寶謨閣，召拜國子祭酒兼太子左諭德。四年，帝幸國子監，命講《中庸》，帝大稱善，面賜金紫。不數日，除中書舍人。是時，吏部郎謝廓然由曾覿薦，賜出身，除殿中侍御史，命從中出。光朝愕曰：『是輕臺諫、羞科目也。』立封還詞頭。天子度光朝決不奉詔，改授工部侍郎，不拜，遂以集英殿修撰出知婺州。光朝老儒，素有士望。在後省未有建明，或疑之，及聞繳駁廓然，士論始服。光朝因引疾提舉興國宮，卒，年六十五。

又 卷四三四《陸九齡傳》 陸九齡，字子壽。八世祖希聲，相唐昭宗。孫德遷，五代末，避亂居撫州之金溪。父賀，以學行為里人所宗，嘗采司馬氏冠昏喪祭儀行於家，生六子，九齡其第五子也。幼穎悟端重，十歲喪母，哀毀如成人。稍長，補郡學弟子員。

時秦檜當國，無道程氏學者，九齡獨尊其說。久之，聞新博士學黃、老，不事禮法，慨然嘆曰：『此非吾所願學也。』遂歸家，從父兄講學益力。是時，吏部員外郎許忻有名中朝，退居臨川，少所賓接，一見九齡，與語大說，盡以當代文獻告之。自是九齡益大肆力於學，緐閱百家，晝夜不倦，悉通陰陽、星歷、五行、卜筮之説。

性周謹，不肯苟簡涉獵。入太學，司業汪應辰舉為學録。登乾道五年進士第。調桂陽軍教授，以親老道遠，改興國軍，未上，會湖南茶寇剽廬陵，聲搖旁郡，人心震攝。舊有義社以備寇，郡從衆請以九齡主之，門人多不悅，九齡曰：『文事武備，一也。古者有征討，公卿即爲將帥，比閭之長，則五兩之率也。士而恥此，則豪俠武斷者專之矣。』遂領其事，調度屯禦皆有法，寇雖不至，而郡縣倚以爲重。暇則與鄉之子弟習射，曰：『是固男子之事也。』歲惡，有剽刼者過其門，必相戒曰：『是家射多命中，無自取死。』

又 卷四五三《王輝者傳》 王輝者，青州人。亦嘗為栗傳砦巡檢。靖康初，詔起義兵，輝應募，立奇功，官至正使，寓吉州。淳熙二年，茶寇犯邑，郡以輝驍勇，檄之使行。至勝鄉，地險，輝勇於進，士卒不繼，爲賊所得，以刃加頸欲全之，輝含血大罵，遂死。帥司以聞，贈忠州刺史，與恩澤二人，立廟羅陂。

明 李椿《減茶引價錢疏》《歷代名臣奏議》卷二七一 臣窃见累年以来，茶冦滋盛，动輙百十爲羣。多至數百人，或相讎殺或恣刼掠。前年鄂州武昌縣、黄州縣國軍界，茶冦两次讎殺，官司不能誰何。臣備員湖北漕臣日，曾具奏聞，去年湖南北界首，茶冦數百人，讎殺者數十人。帥司遣兵收捕，捉獲百餘人，方始稍戢至茶出之時，又復前来，臣赴四川任。至潭州益陽縣界，正是茶冦出没去處。因詢問土人，多稱自茶引增價以来，客旅艱於興販，所以私販公行。莫能制遏，或行刼掠居民，或奪取客人買下茶貨，或彊掠婦女，或押鐵匠打造器甲，以致民不奠居。臣契勘得長引每道販茶一百二十斤，價錢二十四貫有奇。短引每道販茶百斤，價錢二十三貫有奇。長引又有兩淮京西路畨引錢，又有過淮錢，共十五貫有奇。臣累任湖南州縣差遣，備見官司抑勒牙鋪承買茶引，亦有違法科于稅户者。提舉司亦甞按發，可見茶引價高願買者少。竊縁榷茶與其他榷貨不同，如鹽、礬、乳、香、鉛、錫、酒皆有所之物。唯有榷茶，止是空引，客人自行買茶，置篰搬擔，費用固多計其每引，不下四五十千。委是引錢太重，商旅難於圖利，遂致私販日廣。本爲商賈，變而爲盜，至於民被其害，若不改革以救之，其患不可勝言。臣愚欲望出自宸斷，將茶引價錢痛行裁減以救其弊。竊縁湖南北所産之茶，江浙不食，臣欲乞將湖南北路茶引每道販茶六十斤，引價錢三貫文。是長引元販一百二十斤，今減其半。價錢元係二十四貫其半當一十二貫，今減作三貫，是四分之一，却計每年兩路茶額科降引數以四倍給之。付逐處官司紙墨之費，不多招邀筭請，必不更有科抑之弊。游手失業之人有三千，便可興販官茶，况今来私販之多，百倍於有引販茶之數。今来茶引價輕，公販有利，則私販日消。將不止可補四分之數，臣愚謂因此可變盜賊爲商賈，化兇惡爲良善，若直待遣兵捕殺僅能勝之，所損多矣。其兩淮京西畨引，過淮貼納，更不增減，畨引錢於沿江稅務送納，貼納錢於近榷場稅務送納。其不經畨引欲過淮者，一併送納，沿淮關防，稍加緊密，則無透漏。其有江浙所産茶，乞從逐路監司相度茶事，雖隸提舉司，縁臣備員職司，親見民間疾

苦，不敢緘默。

明 胡我琨《錢通》卷五《課額》 自茶為官，榷民私蓄盜販皆有，禁臘茶之禁尤嚴，園戶困於徑取官司並緣侵擾因陷罪戾至破產逃匿者歲比有之，著作佐郎何鬲三班奉職王喜麟皆上書，請罷。給茶本錢縱園戶貿易而官收租錢，與所在征筭歸榷貨務以償追糴之費，可以疏利源寬民力，富弼韓琦曾公亮然其策請於帝，行之下三司，議三司言茶課給本收利所獲甚微，而煩擾為患園戶輸納侵害日甚，小民趨利犯法益繁，宜約歲入息錢之數均賦于民，恣其買賣所在，收筭而不給本錢，遂詔弛舊禁俾通商利九歲輸緡錢三十三萬八千有奇，謂之租錢與諸路本錢悉儲以待邊糴自是，惟臘茶禁如舊餘茶肆行天下矣論者，又謂茶戶困於輸錢良民賦不時入刑亦及之商賈利薄販鬻者少，必致歲額不登，經費日蹙翰林學士歐陽脩知制誥劉敞皆請除前令帝不聽［會編］。

清 黃宗羲《宋元學案》卷三四《武夷學案·通判王東谷先生樞》 又改鼎州，茶寇絡繹，道路不通，或欲焚山絶茶，或欲官自收鬻，先生定議，特為長短引之法，以便負販，湖民賴之。

又 卷四七《艾軒學案·文節林艾軒先生光朝》 廣東、荆襄茶寇為亂，先生乃自將郡兵，檄摧鋒統制路海、鈐轄黃進，各以軍分控要害。會徙轉運副使，留屯不去，督二將遮擊之，賊驚懼宵遁。帝聞，喜其儒生知兵，加直寶謨閣，召拜國子祭酒兼太子左諭德。

《古今圖書集成·明倫匯編交誼典鄉里部·鄉里部紀事二·陸九齡傳》 陸九齡調興國軍教授，未上，會湖南茶寇剽廬陵，聲搖旁郡，人心震攝。舊有義社以備寇，郡從衆請，以九齡主之，門人多不悦，九齡曰：『文事武備一也，古者有征討，公卿即爲將帥，比閭之長，則五兩之率也。士而恥此，則豪俠武斷專之矣。』遂領其事，調度屯御皆有法，寇雖不至，而郡縣倚以爲重。暇則與鄉之子弟習射，曰：『是固男子之事也。』歲惡，有剽劫者過其門，必相戒曰：『是家射多命中，無自取死。』

又《明倫匯編官常典巡檢部·巡檢部名臣列傳·宋·王輝傳》 按宋史王師道傳，王輝者青州人，亦嘗為栗傳砦巡檢，靖康初詔起義兵，輝應募立奇功，官至正使，寓吉州。淳熙二年，茶寇犯邑，郡以輝驍勇，檄之使行。至勝鄉，地險，輝勇於進，士卒不繼，爲賊所得，以刃加頸，欲全之，輝含血大罵，遂死。帥司以聞，贈忠州刺史，與恩澤二人，立廟羅陂。

又《明倫匯編官常典臬司部·臬司部紀事》 林光朝傳，光朝字謙之，興化軍莆田人，出為廣西提點刑獄，移廣東。茶寇自荊、襄剽江西，薄嶺南，其鋒甚鋭。光朝自將郡兵檄摧鋒統制路海、本路鈐轄黃進，各以軍分控要害。會詔徙轉運副使，光朝謂賊勢方張，留屯不去，督二將遮擊，連敗之，賊驚懼宵遁。帝聞之，喜曰：『林光朝儒生，乃知兵耶。』加直寶謨閣，召拜國子祭酒。

又《明倫匯編氏族典卷諸姓部之三八·孟姓部列傳·宋·孟植傳》 按萬姓統譜，植字元立，忠信誠慤判南康簿，茶寇聞其至，遂遁去，改知瑞金以最聞遷浙東，倉廉憲事作平糴，倉鑑湖為豪右障塞，害於耕植蕩地千六百畝復為湖以利民，薦進人物，未嘗形於言，奉祠歸尋起知岳州卒贈少保。

《明史》卷三一六《貴州土司傳》 天啟四年，凱里土司楊世慰叛，合安邦彥兵與平茶羣苗來修怨，復窺香鑪山，搖動四衛，梗塞糧運。總督楊述中檄總兵魯欽馳至清平，相機進勦，調副使顏欲章等為後援。欽督將領攻破巖頭，分遣朗溪司田景祥截平茶賊援。用藥弩及礟殺傷賊衆，賊乘夜遠遁。自是不敢再窺鑪山，四衛得安。

（道光）《晉江縣志》卷三六《政績志·武秩·宋統制·劉寶》 先是，寶提師欲往漳州捕茶寇，會禁旅憚遠戍，謀出城爲亂，州通判韓習偵得之以告。寶與習設伏擒獲其魁，仍遣其當戍者。郡賴以寧。

《宋會要輯稿·官職四八·縣令》 ［淳熙］四年四月二十二日，詔：『贛州瑞金知縣張廣，令吏部依淳熙三年八月七日指揮先授通判，理作堂除。』以江西路轉運副使錢佃等言『瑞金與汀州為鄰，兩界之衝，盜賊盤踞，追捕之速則竄入他境。自廣到官，嚴立保伍，機察姦細，群盜屏跡。昨茶寇自興國抵瑞金不能三十里，而先事有備，民賴以安，乞賜旌擢』故也。

又《官職七二·黜降官九》 ［淳熙］五年正月十一日，新廣東

提舉常平茶塩方師尹、新知臨江軍徐五老並放罷。以言者論師尹為淮西總領，與監官作弊，為江西憲，文以茶寇畏避不之官，皆遭彈劾，五老貪惏無厭故也。

又《官職七三・黜降官一〇》［紹熙五年八月］十六日，朝請大夫、直龍圖閣、知揚州錢之望可特降直顯謨閣。以侍御史章穎言其收捕茶寇，初無功行，自此擢用，悉以貪聞。

又《食貨五八・賑貸下》［淳熙］二年閏九月十四日，詔：『湖南、江西昨緣茶寇蹂踐，陣亡將佐官兵等遺骸，令所在官司即為埋瘞，毋致暴露。及被燒毀屋宇，貧乏下户、孤老、童幼、寡婦未有居止，可令於諸寺院及係官屋宇安泊。日計人口給義倉米二升。并遺棄小兒未有人識認，日給錢米；若有親屬，責歸存養，毋令失所。』

又《刑法六・矜貸》［淳熙二年］九月十四日，詔：『南安軍司户參軍蔡大廉特貸命，除名勒停，送化州編管，永不收叙。』時茶寇自吉州犯南安軍上猶縣界，漕臣錢佃委大廉應辦鄂州都統解彥詳軍馬錢糧，廉以妻産難乞給假，有誤軍期，法當處斬，特貸之。

又《兵五・屯戍上》［乾道七年十一月］二十一日，權發遣隆興府龔茂良言：『江州興國軍接連淮甸、江東、湖北，每歲常有茶客百十為羣前來。今歲大旱，茶芽不發，皆積壓在園户等處人家住泊。竊慮此曹乘時荒歉，聚集作過，乞下江州都統司輪差官兵一二百人前去屯駐彈壓，候來年秋熟日，依舊歸軍。』詔令龔茂良斟酌合差人數，於本路州軍係將、不係將禁軍內差撥施行。

二十三日，權發遣常德府劉邦翰言：『本府素為茶寇出沒之地。今歲湖南、北旱傷，持杖劫掠者日多，望下鄂州都統司差撥五百人赴府出戍。』詔令湖北安撫司斟量合差人數，於本路州係將、不係將禁軍內差撥。

又《兵一三・捕賊三》［乾道七年］十一月二十三日，知常德府劉邦翰言：『本府素為茶寇出沒之地。今歲湖南北旱傷，持杖劫掠者日多，欲望劄下鄂州都統司，差撥五百人赴府出戍，庶幾鎮壓寇盜，民得奠枕。』詔湖北安撫司勘量合差人數，於本路州軍係將、不係將禁軍內差撥。

又［淳熙］二年六日十九日，詔：『茶賊於吉州永新縣界禾山等處藏匿，已令王琪、皇甫倜遣兵將搜捕。如能捕殺賊首之人，每人捕獲或殺賊首一名，特補進武校尉；二人，承信郎；三人，承節郎；四人，保義郎；五人，成忠郎。各添差一次。五人以上，取旨優異推恩。二人已上立功，即行分賞。』

八月六日，詔：『茶寇已立賞格，許人捕殺。其官兵、土豪、諸色人等，如能生擒及捕殺正賊首，第一名特與脩武郎，第二名從義郎，第三名秉義郎，各更支賞錢五千貫，添差陞等差遣一次。或徒中有殺併出參之人，與免罪外，亦依上件賞格補官、支賞、添差。其徒眾多是脅從，有能拔身出首之人，亦與免罪，依已降賞格施行。』

閏九月十四日，樞密院言：『茶寇已收捕。其湖南、江西、廣東安撫司、荊鄂都統司先具到陣亡并輕重傷人，理宜存恤推恩。』詔戰亡人依乾道二年收捕李金例推恩，其輕重傷人各給錢有差。

二十八日，宰執進呈：『昨茶寇自湖北入湖南、江西，侵犯廣東，已措置勦除，理宜黜陟。』上曰：『辛棄疾捕寇有方，雖不無過當，然可謂有勞，宜優加旌賞。汪大猷身為帥守，督捕玩寇，不可無罰。廣東提刑林光朝不肯避事，躬督摧鋒軍以遏賊鋒，志甚可嘉。初謂其人物懦緩，臨事乃能如此，宜與進職。湖北提刑徐宅，盜發所部，措置乖方，宜加責罰。』於是詔江西提刑辛棄疾除秘閣修撰；廣東摧鋒軍統制路海、路鈴、黃進掩殺賊徒，不致侵犯。海落階官，除正任刺史，進特轉行遙郡團練使；林光朝特進職一等；江西提刑錢佃軍前督運錢糧不闕，除祕閣修撰；前湖北提刑徐宅追三官；前江西帥臣汪大猷落職，送南康軍居住。

十月二十七日，詔：『統制官解彥祥、統領官梁嘉謀、張興嗣，收捕茶寇，調發乖謬。彥祥追三官，嘉謀、興嗣各追兩官，並勒停。』

又《兵一九・軍賞二》淳熙二年閏九月十六日，宰執進呈收捕江西茶寇陣亡官兵。上曰：『可依乾道二年收捕李金陣亡人例推恩。行下合屬去處，限五日契勘，開具的實陣歿因依及人數、職次、姓名，結罪保明以聞，不得重疊、漏落，徇情泛濫。』

同日，詔：『武功大夫以上，因與金人見陣或收捕盜賊立功，并控扼、暴露恩賞等，礙止法轉官，給到吏部回授公據人，許于見今遞減官上

收使改轉。』從吏部請也。

二十四日，上謂輔臣曰：『江西茶寇已勦除盡，皇甫倜雖有節制指揮，未及入境，辛弃疾已有成功，當議優與職名，以示激勸。自餘立功人，可次第推賞。』

又 二十七日，詔：『江東路諸州軍所差管押禁軍、土兵赴建康教閲官共二十七人，沿路並無騷擾，各與減磨勘有差。內礙止法人，令在藏南庫支會子二百貫。』從樞密院請也。同日，降授武功大夫、吉州刺史、充荆鄂駐劄御前諸軍都統制、鄂州駐劄李川敘復團練使。是日，因執政進呈李川奏劾統制解彦詳、統領梁嘉謀、張興嗣等收捕茶寇，弛慢不職。上謂輔臣曰：『人多庇其部曲，不能盡公。李川奏劾之章，獨能體國，此為可嘉，與敘復團練使。』蓋欲激勵諸將，使之赴功也。

十一月二日，詔：『昨因收捕茶寇陣亡有家累官兵，依收捕李金陣亡人例，並與批勘金分請給一年。其中重傷柵中身死官兵，特與批勘全分請給半年。』從御前諸軍都統制李川請也。

三年六月三十日，詔：『江西收捕茶寇官兵將，當陣手戮賊級并親捕獲賊徒及隨黄倬入賊寨説諭人，各與轉一官資，于正職名上收使。餘令帥司各支折資錢三十貫文。陣亡人依例推恩。』

七月十七日，詔：『摧鋒軍昨捕茶寇經戰官兵共七百五人。首先入賊寨立功并當陣首戮賊級及躬親捕獲賊徒人，各特與轉補兩官資；曾經戰陣殺退賊徒第一等官兵，特與轉一官資。並于正職名上收使。陣前金鼓手、第二等官兵各支折錢三十貫文。內陣亡人依例推恩。』從知廣州周自強請也。

又《兵二〇·軍賞三·淳熙二年》 ［淳熙二年］閏九月十四日，執政進呈江西茶寇官兵，江州軍令皇甫倜、鄂州軍令解彦詳統押歸軍。諸路禁軍、弓兵令帥憲司各發歸元來去處，並令歇泊。土豪、鄉義丁等，日下放散，仍令都統、帥、漕司等第優支犒設。以剿除茶寇故也。

藝文

宋 梅堯臣《宛陵集》卷三四《聞進士販茶》 山園茶盛四五月，江南竊販如豺狼。頑凶少壯冒嶺險，夜行作隊如刀槍。浮浪書生亦貪利，史笥經箱爲盗囊。津頭吏卒雖捕獲，官司直惜儒衣裳。却來城中談孔孟，言語便欲非堯湯。三日夏雨刺昏墊，五日炎熱譏旱傷。百端得錢事酒炙，屋裏餓婦無餱糧。一身溝壑乃自取，將相賢科何爾當。

宋 趙蕃《淳熙稿》卷二《書事》 我行一何忙，羽檄來星犇。忙行抑何事，列境備戍屯。賊犯連英郴，江右聲已宣。往年縛李金，此邦盖晏然。而今獨胡爲，騷驛窮胡昏。政坐茶賊時，曾竄此邦藩。茶賊異此賊，本皆商販民。忽當法令變，州縣復少恩。求生既無路，冒此圖或存。此賊據巢穴，其徒况是繁。萌芽手可披，不披生惡根。雖云巢穴深，豈離率土濱。彼猶蠭蟻聚，我軍貔虎羣。彼積鼠壤餘，我粟多腐陳。彼乃寇攘爾，我蓋仁義云。邊庭尚思犁，此又何足言。何當快除掃，聽民樂耕耘。我亦得抛官，歸舟趁春渾。胡爲故使我，駒局仍跼蹲。更慮一朝焚，碔砆同璵璠。

雜録

宋 周必大《文忠集》卷二〇《金溪鄉丁説》 茶寇久未平，數日前，太學上舍魁劉堯夫純叟來言，撫州金谿縣大姓鄧氏、傅氏，各有鄉丁數千，以朱漆皮笠冒其首，號『紅頭子』，遠近頗畏之，號鄧、傅二社。傅氏已離析，惟鄧氏子雩者有二子，忘其名，長年三十餘，次年二十餘，皆武勇絶人。名應科舉，其實假儒耳。聞茶寇作，即閲習丁壯，自薦於州。先是縣别有陸氏，尤豪於一鄉，頃年轉運司命充都社，鄧、傅皆隷焉。近亦零落，獨族人某者行義，頗著鄉人議。使世其職，縣亦視諸故府，以為當然。由是鄧氏子意稍怠，蓋懼受制於陸，則功不己出也。然其家僮素輕捷，裹紙甲、機毒矢，善騰踔山谷間，尚技癢，思與賊角，亦風聲氣俗然也。今官軍數為賊困，宜命撫守趙燁以禮追請，諭委用之意，仍借補校副尉名目，聽自為一社，毋隷陸氏。使徑趨贛、吉間。萬一與大軍遇，亦勿使相臨，第擇郡縣官一人，公平有識畧者防其軍，并為之調糧餉，破賊必矣。或聞臨川尉盧鑄者，常侍其父守英川，禦蠻有功，且重厚可倚；否則，委趙燁自擇其人可也。堯夫之言，似可信，即以告執政。

明日執政於上前及之，後數日，某對，上曰：『卿前日論撫州民兵甚好，但慮所過擾人耳。』亦防辛棄疾誘賊戮之，遂不復問，姑記其大略。淳熙乙未閏月二日。

茶人

綜述

唐 陸羽《茶經·二之具》 籯，一曰籃，一曰籠，一曰筥。以竹織之，受五升，或一斗、二斗、三斗者，茶人負以採茶也。

明 張大復《梅花草堂筆談》卷一三《茶史》 趙長白作茶史，考訂頗詳要以識其事而已矣，龍團鳳餅紫茸驚芽決不可用於今之世，予嘗論今之世筆貴而愈失其傳，茶貴而愈出其味，此何故茶人皆具口鼻，穎人不知書寧，天下事未有不身試之而出者也。

明 周高起《洞山岕茶系》 岕茶採焙，定以立夏後三日，陰雨又需之。世人妄云『雨前真岕』，抑亦未知茶事矣，茶園既開，入山賣草枝者，日不下二三百石。山民收製亂真，好事家躬往。予租採焙，幾視惟謹，多被潛易真茶去。人地相京，高價分買，家不能二三斤。近有採嫩葉，除尖蒂，抽彼細筋，炒之，亦曰片茶。不去筋尖，炒而復焙，燥如葉狀，曰攤茶，並難多得。又有俟茶市將闌，採取剩葉製之者，名修山，香味足而色差老。若今四方所貨岕片，多是南岳片子，署為騙茶可矣。茶賈炫人，率以長潮等茶，本岕亦不可得。噫！安得起陸龜蒙於九京，與之賡茶人詩也。陸詩云：『天賦識靈草，自然鐘野姿。閒來北山下，似與東風期。雨後探芳去，雲間幽路危。惟應報春鳥，得共此人知。』茶人皆有市心，令予徒仰真茶已。故予煩悶時，每誦姚合《乞茶詩》一過：『嫩綠微黃碧澗春，採時聞道斷葷辛。不降錢買將詩乞，借問山翁有幾人。』

清 李調元《南越筆記》卷一六《粵中諸茶》 粵中諸茶，其在珠江之南，有三十三村，謂之河南。粵志所謂『河南之洲，狀若方壺』是也。其土沃而人勤，多業藝茶。春深時大婦提籯，少婦持筐，於陽崖陰林之間，淩露細摘綠芽紫筍，薰以珠蘭，其芬馨絕勝松蘿之荚。每晨茶估，涉珠江以鬻於城，是曰河南茶。好事者或就買『茶生』，自製葉。初摘者曰『茶生』，猶岕山之草子也。而西樵號稱茶山，自唐曹松移植顧渚茶其上，今山中人率種茶，間以苦薆。樹森森然，望之若刺桐叢桂。每茶一畝，苦薆二株，歲可給二人之食。其采摘亦多婦女，諺云：『春山三二月，紅粉半茶人。』茶人甚守禮法，有問路者，茶人往往不答。

藝文

明 文徵明《文徵明集·補輯》卷一三《茶具十咏·茶人》 自家青山裡，不出青山中。生涯草木靈，歲事煙雨功。荷鋤入蒼藹，倚樹占春風。相逢相調笑，歸路還相同。

唐 陸龜蒙、皮日休《松陵集》卷四《奉和茶具十詠·茶人》 天賦識靈草，自然鐘野姿。閒來北山下，似與東風期。雨後探芳去，雲間幽路危。唯應報春鳥，得共斯人知。

又《茶中雜咏·茶人》 生於顧渚山，老在漫石塢。語氣為茶荈，衣香是烟霧。庭從㯭子遮，果任獳師虜。日晚相笑歸，腰間佩輕篝。

唐 白居易《白氏長慶集》卷一六《謝李六郎中寄新蜀茶》 故情周匝向交親，新茗分張及病身。紅紙一封書後信，綠芽十片火前春。湯添勺水煎魚眼，末下刀圭攪麴塵。不寄他人先寄我，應緣我是別茶人。

園户

題解

《宋史》卷一八三《食貨志下五·茶上》 初，京城、建安、襄複州皆置務，後建安、襄複州務廢，京城務雖存，但會給交鈔往還，而不

積茶貨。在淮南則蘄、黄、廬、舒、光、壽六州，官自為場，置吏總之，謂之山場者十三；六州採茶之民皆隸焉，謂之園戶。

論説

宋 蘇轍《欒城集》卷三六《論蜀茶五害狀》（二十四日） 右臣伏見朝廷近罷市易事，不與商賈爭利，四民各得其業，欣戴聖德無有窮已。唯有益、利、秦、鳳、熙河等路茶場司以買賣茶虐害四路生靈，又以茶法影蔽市易，販賣百物。州縣監司不敢何問，為害不細，而朝廷未加禁止。臣聞五代之際，孟氏竊據蜀土，國用褊狹，始有榷茶之法。及藝祖平蜀之後，放罷一切橫斂，茶遂無禁，民間便之。其後淳化之間，牟利之臣始議掊取。大盜王小波、李順等，因販茶失職，窮為剽劫，兇焰一扇，兩蜀之民，肝腦塗地，久而後定。自後朝廷始因民間販賣，量行收稅，所取雖不甚多，而商賈流行，為利自廣。近歲李祝初立茶法，一切禁止民間私買。然猶所收之息，止以四十萬貫為額，供億熙河。至劉佐、蒲宗閔提舉茶事，取息太重，立法太嚴，遠人始病。是時知彭州呂陶奏乞改法，只行長引，令民自販茶，每茶一貫，出長引錢一百，更不得取息，得旨依奏。民間聞之，方有息肩之望。又卻差孫回、李稷入川相度，始議極力掊取，因建言乞許茶價隨時增減，茶法既有增減之文，則取息依舊，由是息錢、長引二説並行，而民間轉不易矣。而稷等又益以販鹽布，乃能增額及六十萬貫。及李稷引陸師閔共事，又增額至一百萬貫。師閔近歲又乞於額外以一百萬貫為獻，朝廷許之。於是奏乞于成都府置都茶場，客旅無見錢買茶，許以金銀諸貨折博，遂以折博為名，多遣公人、牙人公行拘攔民間物貨入場，賤買貴賣，其害過於市易。又以本錢質典諸物，公違條法，欺罔朝廷。蓋茶法始行至今，法度凡四變矣。每變取利益深，民益困弊。然供億熙河，止於四十萬貫，其餘以供給官吏及非理進獻，希求恩賞。而害民之余，辱國傷教，又有甚者。夫逐州通判本以按察吏民，諸縣令佐亦以撫字百姓，而計算息錢均與牙儈分利。至於監茶之官發茶萬馱，即轉一官，知縣亦減三年磨勘。國之名器輕以與人，遂使貪冒滋章，廉恥不立，深可痛惜。又案盜賊之法，贓及二貫，止徒一年，出賞五貫。今民有以錢八百私買茶四十斤者，輒徒一年，出賞三十貫。又遞鋪文字，事幹軍機及非常盜賊，急腳遞日行四百里，馬遞日行三百里，違二日者，止徒一年，今茶遞往還，日行四百里，違一日，輒徒一年，立法太深，苟以自便，不顧輕重之宜。蓋造立茶法皆傾險小人，不識事體，但以遠民無由伸訴，而它司畏憚，不敢辯理，是以公行不道。自始至今，十餘年矣。臣竊聞朝廷近日察知其弊，差官體量，然猶恐未知其詳。臣今訪聞，稍得其實，謹具條件五害如左：其一曰：益利路所在有茶，其間邛、蜀、彭、漢、綿、雅、洋等州、興元府三泉縣人戶，以種茶為生。自官榷茶以來，以重法脅制，不許私賣，抑勒等第，高秤低估，遞年減價，見今止得舊價之半。（乞委所差官取榷茶至今遞年所估價例對定，即見的實。）茶官又於每歲秋成糴米，高估米價，強俵茶戶，謂之茶本。假令米石八百錢，即作一貫支俵，仍勒出息二分。春茶既發，茶戶納茶，又例抑半價，兼壓以大秤，所損又半，謂之青苗茶。（元條：園戶茶一百斤，許收十斤市例，内一半入官，一半饒潤客旅。今逐場一百斤，有收至二十餘斤。出剩者往往卻偽作園戶中茶虛，旁支出官錢入己。近年邛州常有此獄，又有見出剩數多，陰與客旅商量，納賂不貲，指教出賣者。）及至賣茶本法，止許收息二分，今多作名目，如『牙錢』、『打角錢』之類，至收五分以上。買茶商旅，其勢必不肯多出價錢，皆是減價，虧損園戶，以求易售。又昔日官未榷茶，園戶例收晚茶，謂之『秋老黄茶』，不限早晚，隨時即賣。榷茶之後，官買止於六月，晚茶入官，依條毀棄。官既不收，園戶須至私賣，以陷重禁。此園戶之害一也。

《新唐書》卷五四《食貨志四》 武宗即位，鹽鐵轉運使崔珙又增江淮茶税。是時茶商所過州縣有重税，或掠奪舟車，露積雨中，諸道置邸以收税，謂之『搨地錢』，故私販益起。大中初，鹽鐵轉運使裴休著條約：私鬻三犯皆三百斤，乃論死；長行群旅，茶雖少皆死；雇載三犯至五百斤、居舍儈保四犯至千斤者，皆死；園戶私鬻百斤以上，杖背，三犯，加重徭；伐園失業者，刺史、縣令以縱私鹽論。廬、壽、淮南皆加半税，私商給自首之帖，天下税茶增倍貞元。江淮茶為大摸，一斤至五十兩。諸道鹽鐵使於悰每斤增税錢五，謂之『剩茶錢』，自是斤兩復舊。

《清史稿》卷一二四《食貨志五·茶法》 茶法我國産茶之地，惟江蘇、安徽、江西、浙江、福建、四川、兩湖、雲、貴為最。明時茶法

有三：曰官茶，儲邊易馬；曰商茶，給引徵課；曰貢茶，則上用也。清因之。于陝、甘易番馬。他省則召商發引納課，間有商人赴部領銷者，亦有小販領于本籍州縣者。又有州縣承引，無商可給，發種茶園戶經紀者。戶部寶泉局鑄刷引由，備書例款，直省預期請領，年辦年銷。茶百斤為一引，不及百斤謂之畸零，另給護帖。行過殘引皆繳部。凡偽造茶引或作假茶興販，及私與外國人買賣者，皆按律科罪。

司茶之官，初沿明制。陝西設巡視茶馬禦史五：西寧司駐西寧，洮州司駐岷州，河州司駐河州，莊浪司駐平番，甘州司駐蘭州。尋改差部員，又令甘肅巡撫兼轄，後歸陝甘總督管理。四川設鹽茶道。江西設茶引批驗大使，隸江寧寧府。歲徵之課，江蘇發引江寧批發所及荊溪縣屬張渚，湖汊兩巡檢司。安徽發引潛山、太湖、歙、休寧、黟、宣城、寧國、太平、貴池、青陽、銅陵、建德、蕪湖、六安、霍山、廣德、建平十七州縣。江西發引徵商及各州縣小販。此三省稅課，均于經過各關按則徵收。浙江由布政使委員給商，每引徵銀一錢，北新關徵稅銀二分九釐二毫八絲，匯入關稅報解。又每歲辦上用及陵寢內廷黃茶共百一十餘簍，由辦引委員于所收茶引買價內辦解。湖北由咸寧、嘉魚、蒲圻、崇陽、通城、興國、通山七州縣領引，發種茶園戶經紀坐銷。建始縣給商行銷。坐銷者每引徵銀一兩，行銷者徵稅二錢五分，課一錢二分五釐，共額徵稅課銀二百三十兩有奇。行茶到關，仍行報稅。湖南發善化、湘陰、瀏陽、湘潭、益陽、攸、安化、邵陽、新化、武岡、巴陵、平江、臨湘、武陵、桃源、龍陽、沅江十七州縣行戶，共徵稅銀二百四十兩。陝、甘發西寧、甘州、莊浪三茶司，而西安、鳳翔、漢中、同州、榆林、延安、寧夏七府及神木？亦分銷焉。每引納官茶五十斤，餘五十斤由商運售作本。每百斤為十篦，每篦二封，共徵本色茶十三萬六千四百八十篦。改折之年，每封徵折銀三錢。其原不交茶者，則徵價銀共五千七百三十兩有奇。亦有不設引，止於本地行銷者，由各園戶納課，共徵銀五百三十兩有奇。

又 光緒十年，戶部統籌財政，於茶法略言：『據總理衙門單開，光緒八、九等年出口茶數多至萬九千餘萬斤。查道光年間英國所收茶稅，約每百斤收銀五十兩，而我之出口稅僅納二兩五錢，不及十一。擬照甘肅茶封之例，每五十斤就園戶徵銀三錢。增課既多，洋人無所藉口。或照寧夏、延、榆、綏等處茶引每道徵銀三兩九錢之例，於產茶處所設局驗茶，發給部頒茶照，每照百斤，徵銀三兩九錢，經過內地關卡，另納釐稅，驗照蓋戳放行，不准重複影射。所有茶照，按年豫行赴督請領，原照一年後作廢。或於產茶處所驗茶發給部照，既完課三兩，再倍收銀三兩九錢，前後共徵七兩八錢，一切雜費均予豁除。惟於各海關及邊卡，凡應納洋稅，仍照向章完納。若在內地行銷販運，無論經過何省何處釐卡關榷，均免再徵。則改釐為課，改散為總，既便稽查，複免侵漁。惟園戶及販商若何防其走漏，應令各省參酌定章，覆奏辦理。』十二年，以山西商人在理籓院領票，詭稱運銷蒙古地方，實私販湖茶，侵銷新疆南北兩路。一票數年，迴圈轉運，往往逃釐漏稅。經部奏准，嗣後領票，註明『不准販運私茶』字樣。如欲辦官茶，即赴甘肅領票繳課完釐。倘複運銷私茶，查出沒官。

綜述

《宋史》卷一八三《食貨下五·茶上》 凡民茶折稅外，匿不送官及私販鬻者沒入之，計其直論罪。園戶輒毀敗茶樹者，計所出茶論如法。舊茶園荒薄，采造不充其數者，蠲之。當以茶代稅而無茶者，許輸他物。主吏私以官茶貿易，及一貫五百者死。自後定法，務從輕減。太平興國二年，主吏盜官茶販鬻錢三貫以上，黥面送闕下；淳化三年，論直十貫以上，黥面配本州牢城，巡防卒私販茶，依本條加一等論。凡結徒持杖販易私茶，遇官司擒捕抵拒者，皆死。太平興國四年，詔鬻偽茶一斤杖一百，二十斤以上棄市。雍熙二年，民造溫桑偽茶，比犯真茶計直十分論二分之罪。淳化五年，有司以侵損官課言加犯私鹽一等，非禁法州縣者，如太平興國詔條論決。

又 天聖元年，命三司使李諮等較茶、鹽、礬稅歲入登耗，更定其法。遂置計置司，以樞密副使張士遜、參知政事呂夷簡、魯宗道總之。首考茶法利害，奏言：『十三場茶歲課緡錢五十萬，天禧五年才及緡錢二十三萬，每券直錢十萬，鬻之售錢五萬五千，總為緡錢實十三萬，除九萬

餘緡為本錢，歲才得息錢三萬餘緡，而官吏廩給雜費不預，是則虛數多而實利寡，請罷三說，行貼射法。』其法以十三場茶買賣本息並計其數，罷官給本錢，使商人與園戶自相交易，一切定為中估，而官收其息。如鬻舒州羅源場茶，斤售錢五十有六，其本錢二十有五，官不復給，但使商人輸息錢三十有一而已。然必輦茶入官，隨商人所指予之，給券為驗，以防私害，故有貼射之名。若歲課貼射不盡，或無人貼射，則官市之如舊。園戶過期而輸不足者，計所負數如商人入息。舊輸茶百斤，益以二十斤至三十五斤，謂之耗茶，亦皆罷之。其入錢以射六務茶者如舊制。

又卷一八四《食貨下六·茶下》 茶 天聖三年八月，詔翰林侍講學士孫奭等同究利害，奭等言：『十三場茶積而未售者六百一十三萬余斤，蓋許商人貼射，則善者皆入商人，其入官者皆粗惡不時，故人莫肯售。又園戶輸歲課不足者，使如商人入息，而園戶皆細民，貧弱力不能給，煩擾益甚。又奸人倚貼射為名，強市盜販，侵奪官利，其弊不可不革。』十月，遂罷貼射法，官複給本錢市茶。商人入錢以售茶者，奭等又欲優之，請凡入錢京師售海州、荊南茶者，損為七萬七千，售真州等四務十三場茶者，又第損之，給茶皆直十萬。自是，河北入中複用三說法，舊給東南緡錢者，以京師榷貨務錢償之。

奭等議既用，益以李諮等變法為非。明年，摭計置司所上天聖二年比視增虧數差謬，詔令嘗典議官張士遜等條析。夷簡言：『天聖初，環慶等路數奏芻糧不給，京師府藏常闕緡錢，吏兵月奉僅能取足。自變法以來，京師積錢多，邊計不聞告乏，中間蕃部作亂，調發兵馬，仰給有司，無不足之患。以此推之，頗有成效。三司比視數目差互不同，非執政所能親自較計。』然士遜等猶被罰，諮罷三司使。初，園戶負歲課者如商人入息，後不能償。至四年，太湖等九場凡逋息錢十三萬緡，詔悉蠲之。然自奭等改制，而茶法浸壞。

景祐中，三司使孫居中等言：『自天聖三年變法，而河北入中虛估之敝，複類乾興以前，蠹耗縣官，請複行見錢法。』時諮已執政矣。三年，河北轉運使楊偕亦陳三說法十二害，見錢法十二利，以謂止用三說所支一分緡錢，足以贍一歲邊計。遂命諮與參知政事蔡齊等合議，且令詔商人訪其利害。是歲三月，諮等請罷河北入中虛估，以實錢償芻粟，實錢售茶，皆如天聖元年之制。又以北商持券至京師，舊必得交引鋪為之保任，並得三司符驗，然後給錢，以是京師坐賈率多邀求，三司吏稽留為奸，乃悉罷之，命商持券徑趣榷貨務驗實，立償之錢。初，奭等雖增商人入錢之數，而猶以為利薄，故競市虛估之券，以射厚利，而入錢者寡，縣官日以侵削，京師少蓄藏。至是，諮等請視天聖三年入錢數第損一千有奇，入中增直亦視天聖元年數第加三百。詔皆可之。前已用虛估給券者，給茶如舊，仍給景祐二年已前茶。

既而諮等又言：『天聖四年，嘗許陝西入中願得茶者，每錢十萬，所在給券，徑趣東南受茶十一萬一千。茶商獲利，爭欲售陝西券，故不復入錢京師，請禁止之。』並言商人所不便者，其事甚悉，請為更約束，重私販之禁，聽商人輸錢五分，餘為置籍召保，期半年悉償，失期者倍其數。事皆施行。諮等複言：『自奭等變法，歲損財利不可勝計，且以天聖九年至景祐二年較之，五年之間，河北入中虛費緡錢五百六十八萬；今一旦複用舊法，恐豪商不便，依託權貴，以動朝廷，請先期申諭。』於是帝為下詔戒敕，而縣官濫費自此少矣。

久之，上書者複言：『自變法以來，歲輦京師金帛，易芻粟于河北，配擾居民，內虛府庫，外困商旅，非便。』寶元元年，命禦史中丞張觀等與三司議之。觀等複請入錢京師以售真州等四務十三場茶，直十萬者，又視景祐三年數損之，為錢六萬七千，入中河北願售茶者，又損一千。既而詔又第損二千，於是入錢京師止為錢六萬五千，入中河北為錢六萬四千而已。

康定元年，葉清臣為三司使，是歲河北穀賤，因請內地諸州行三說法，募人入中，且以東南鹽代京師實錢。詔糴止二百萬石。慶曆二年，又請募人入芻粟如康定元年法，數足而止，自是三說稍複用矣。八年，三司鹽鐵判官董沔亦請複三說法，三司以為然，因言：『自見錢法行，京師錢入少出多，慶曆七年，榷貨務緡錢入百十九萬，出二百七十六萬。以此較之，恐無以贍給，請如沔議，以茶、鹽、香藥、緡錢四物如之。』於是有四說之法。初，詔止行于並邊諸州，而內地諸州有司蓋未嘗請，即以康定元年詔書從事。自是三說、四說二法並行于河北，不數年間，茶法複壞。芻粟之直，大約虛估居十之八，米鬥七百，甚者千錢。券至京師，為

南商所抑，茶每直十萬，止售錢三千，富人乘時收蓄，轉取厚利。三司患之，請行貼買之法，每券直十萬，比市估三千，倍為六千，複入錢四萬四千，貼為五萬，給茶直十萬。詔又損錢一萬，然亦不足以平其直。久之，券比售錢三千者，才得二千，往往不售，北商無利，入中者寡，公私大弊。

皇祐二年，知定州韓琦及河北轉運司皆以為言，下三司議。三司奏：『自改法至今，凡得穀二百二十八萬余石，芻五十六萬餘圍，而費緡錢一百九十五萬有奇，茶、鹽、香藥又為緡錢一千二百九十五萬有奇。茶、鹽、香藥，民用有限，榷貨務歲課不過五百萬緡，今散於民間者既多，所在積而不售，故券直亦從而賤。茶直十萬，舊錢六萬五千，今止二千；以至香一斤，舊售錢三千八百，今止五六百；公私兩失其利。請複行見錢法，一用景祐三年約束。』乃下詔曰：『比食貨法壞，芻粟價益倍，縣官之費日長，商賈不行，豪富之家，乘時牟利，吏緣為奸。自今有議者，須究厥理，審可施用，若事已上而驗問無狀者，置之重罰。』

是時雖改見錢法，而京師積錢少，恐不足以支入中之費，帝又出內藏庫錢帛百萬以賜三司。久之，入中者浸多，京師帑藏益乏，商人持券以俟，動彌歲月，至損其直以售于蓄賈之家。言利者請出內藏庫錢稍增價售之，歲可得遺利五十萬緡。既行，而諫官範鎮謂內藏庫、榷貨務皆領縣官，豈有榷貨務故稽商人，而令內藏乘時射利？傷體壞法，莫斯為甚。詔即罷之，然自此並邊虛估之弊複起。

至和三年，河北提舉糴便糧草薛向建議：『並邊十七州軍，歲計粟百八十萬石，為錢百六十萬緡，豆六十五萬石，芻三百七十萬圍，並邊租賦歲可得粟、豆、芻五十萬，其餘皆商人入中。請罷並邊入粟，自京輦錢帛至河北，專以見錢和糴。』時楊察為三司使，請用其說。因輦絹四十萬匹當緡錢七十萬，又蓄見錢及擇上等茶場八，總為緡錢百五十萬，儲之京師。而募商人入錢並邊，計其道裡遠近，優增其直，以是償之，且省輦運之費，唯入中芻豆計直償以茶如舊。行未數年，論者謂輦運科折，煩擾居民，且商人入錢者少，芻豆虛估益高，茶益賤。詔翰林學士韓絳等即三司經度。絳等言：『自改法以來，邊儲有備，商旅頗通，未宜輕變。唯輦運之費，悉從官給，而本路舊輸稅絹者，毋得折為見錢，入中芻豆罷勿給茶，所在平其市估，至京償以銀、綢、絹。』自是茶法不復為邊糴所須，而通商之議起矣。

初，官既榷茶，民私蓄盜販皆有禁，臘茶之禁又嚴於他茶，犯者其罪尤重，凡告捕私茶皆有賞。然約束愈密而冒禁愈繁，歲報刑辟，不可勝數。園戶困於征取，官司並緣侵擾，因陷罪戾至破產逃匿者，歲比有之。又茶法屢變，歲課日削。至和中，歲市茶淮南才四百二十二萬餘斤，江南三百七十五萬餘斤，兩浙二十三萬余斤，荊湖二百六萬餘斤，唯福建天聖末增至五十萬斤，詔特損五萬，至是增至七十九萬餘斤，歲售錢並本息計之，才百六十七萬二千餘緡。官茶所在陳積，縣官獲利無幾，論者皆謂宜弛禁便。

先是，天聖中，有上書者言茶、鹽課虧。帝謂執政曰：『茶、鹽，民所食，而強設法以禁之，致犯者眾。顧經費尚廣，未能弛禁爾！』景祐中，葉清臣上疏曰：

『山澤有產，天資惠民。兵食不充，財臣兼利，草芽木葉，私不得專，對園置吏，隨處立筦。一切官禁，人犯則刑，既奪其資，又加之罪，黥流日報，逾冒不悛。誠有厚利重貨，能濟國用，聖仁恤隱，矜赦非辜，猶將弛禁緩刑，為民除害。度支費用甚大，榷易所收甚薄，刳剝園戶，資奉商人，使朝廷有聚斂之名，官曹滋虐濫之罰，虛張名數，刻蠹黎元。

建國以來，法敝輒改，載詳改法之由，非有為國之實，皆商吏協計，倒持利權，幸在更張，倍求奇羨。富人豪族，坐以賈贏，薄販下估，日皆朘削，官私之際，俱非遠策。臣竊嘗校計茶利所入，以景祐元年為率，除本錢外，實收息錢五十九萬餘緡，又天下所售食茶，並本息歲課亦只及三十四萬緡，而茶商見通行六十五州軍，所收稅錢已及五十七萬緡。若令天下通商，只收稅錢，自及數倍，即榷務、山場及食茶之利，盡可籠取。又況不費度支之本，不置榷易之官，不興輦運之勞，不濫徒黥之辟。

臣意生民之弊，有時而窮，盛德之事，俟聖不惑。議者謂榷賣有定率，徵稅無彝准，通商之後，必虧歲計。臣按管氏鹽鐵法，計口受賦，茶為人用，與鹽鐵均，必令天下通行，以口定賦，民獲善利，又去嚴刑，口數出錢，人不厭取。景祐元年，天下戶千二十九萬六千五百六十五，丁二千六百二十萬五千四百四十一，三分其一為產茶州軍，內外郭鄉又居三

分之一，丁賦三十，村鄉丁賦二十，不產茶州軍郭鄉村鄉如前計之，又第損十錢，歲計已及緡錢四十萬。榷茶之利，凡止九十余萬緡，通商收稅，且以三倍舊稅為率，可得一百七十余萬緡，更加口賦之入，乃有二百一十余萬緡，或更於收稅則例，微加增益，即所增至寡，所聚愈厚，比於官自榷易，驅民就刑，利病相須，炳然可察。』時下三司議，皆以為不可行。

至嘉祐中，著作佐郎何鬲、三班奉職王嘉麟又皆上書請罷給茶本錢，縱園戶貿易，而官收租錢與所在征算，歸榷貨務以償邊糴之費，可以疏利源而寬民力。嘉麟為《登平致頌書》十卷、《隆衍視成策》二卷上之，淮南轉運副使沈立亦集《茶法利害》為十卷，陳通商之利。時富弼、韓琦、曾公亮執政，決意向之，力言於帝。三年九月，命韓絳、陳升之、呂景初即三司置局議之。十月，三司言：『茶課緡錢歲當入二百二十四萬八千，嘉祐二年才及一百二十八萬，又募人入錢，皆有虛數，實為八十六萬，而三十九萬有奇是為本錢，才得子錢四十六萬九千，而輦運糜耗喪失，與官吏、兵夫廩給雜費，又不與焉。至於園戶輸納，侵擾日甚，小民趨利犯法，刑辟益繁，獲利至少，為弊甚大。宜約至和以後一歲之數，以所得息錢均賦茶民，恣其買賣，所在收算，請遣官詢察利害以聞。』詔遣官分行六路，還言如三司使議便。

四年二月，詔曰：『古者山澤之利，與民共之，故民足於下，而君裕於上，國家無事，刑罰以清。自唐建中時，始有茶禁，上下規利，垂二百年。如聞比來為患益甚，民被誅求之困，日惟諮嗟，官受濫惡之入，歲以陳積，私藏盜販，犯者實繁，嚴刑重誅，情所不忍，是於江湖之間幅員數千里，為陷阱以害吾民也。朕心惻然，念此久矣，間遣使者往就問之，而皆歡然願弛其禁，歲入之課以時上官。一二近臣，條析其狀，朕猶若慊然，又於歲輸裁減其數，使得饒阜，以相為生，俾通商利。曆世之敝，一旦以除，著為經常，弗複更制，損上益下，以休吾民。尚慮喜於立異之人、緣而為奸之党，妄陳奏議，以惑官司，必置明刑，無或有貸。』

初，所遣官既議弛禁，因以三司歲課均賦茶戶，凡為緡錢六十八萬有奇，使歲輸縣官。比輸茶時，其出幾倍，朝廷難之，為損其半，歲輸緡錢三十三萬八千有奇，謂之租錢，與諸路本錢悉儲以待邊糴。自是唯臘茶禁如舊，餘茶肆行天下矣。論者猶謂朝廷志於恤人，欲省刑罰，其意良善；然茶戶困于輸錢，而商賈利薄，販鬻者少，州縣徵稅日蹙，經費不充，學士劉敞、歐陽修頗論其事。敞疏大要以謂先時百姓之摘山者，受錢於官，而今也顧使之納錢於官，受納之間，利害百倍；先時百姓冒法販茶者被罰耳，今悉均賦於民，賦不時入，刑亦及之，是良民代冒法者受罪；先時大商富賈為國懋遷，而州郡收其稅，今大商富賈不行，則稅額不登，且乏國用。修言新法之行，一利而有五害，大略與敞意同。時朝廷方排眾論而行之，敞等雖言，不聽也。

治平中，歲入臘茶四十八萬九千餘斤，散茶二十五萬五千餘斤，茶戶租錢三十二萬九千八百五十五緡，又儲本錢四十七萬四千三百二十一緡，而內外總入茶稅錢四十九萬八千六百緡，推是可見茶法得失矣。自天聖以來，茶法屢易，嘉祐始行通商，雖議者或以為不便，而更法之意則主於優民。

熙甯四年，神宗與大臣論昔茶法之弊，文彥博、吳充、王安石各論其故，然於茶法未有所變。及王韶建開湟之策，委以經略。七年，始遣三司幹當公事李杞入蜀經畫買茶，于秦鳳、熙河博馬。而韶言西人頗以善馬至邊，所嗜唯茶，乏茶與市。即詔趨趣杞據見茶計水陸運致，又以銀十萬兩、帛二萬五千、度僧牒五百付之，假常平及坊場余錢，以著作佐郎蒲宗閔同領其事。初，蜀之茶園，皆民兩稅地，不殖五穀，唯宜種茶。賦稅一例折輸，蓋為錢三百，折輸綢絹皆一匹；若為錢十，則折輸綿一兩；為錢二，則折輸草一圍。役錢亦視其賦。民賣茶資衣食，與農夫業田無異，而稅額總三十萬。杞被命經度，又詔得調舉官屬，乃即屬諸州創設官場，歲增息為四十萬，而重禁榷之令。其輸受之際，往往厭其斤重，侵其價直，法既加急矣。八年，杞以疾去。

先是，杞等歲增十萬之息，既而運茶積滯，歲課不給，即建畫于彭、漢二州歲買布各十萬匹，以折腳費，實以布息助茶利，然茶亦未免積滯。都官郎中劉佐覆議歲易解鹽十萬席，顧運回車船載入蜀，而禁商販，蓋恐布亦難敷也。詔既以佐代杞，未幾，鹽法複難行，遂罷佐。而宗閔乃議川峽路民茶息收什之三，盡賣於官場，更嚴私交易之令，稍重至徒刑，仍沒緣身所有物，以待賞給。於是蜀茶盡榷，民始病焉。

十年，知彭州呂陶言：『川峽四路所出茶，比東南十不及一，諸路既許通商，兩川卻為禁地，虧損治體。如解州有鹽池，民間煎者乃是私鹽，晉州有礬山，民間煉者乃是私礬，今川蜀茶園，皆百姓己物，與解鹽、晉礬不同。又市易司籠制百貨，歲出息錢不過十之二，然必以一年為率；今茶場司務重立法，盡榷民茶，隨買隨賣，取息十之三，或今日買十千之茶，明日即作十三千賣之，變轉不休，比至歲終，豈止三分？』因奏劉佐、李杞、蒲宗閔等苟希進用，必欲出息三分，致茶戶被害。始詔息止收十之一，佐坐措置乖方罷，以國子博士李稷代之，而陶亦得罪。稷依李杞例兼三司判官，仍委權不限員舉劾。

侍御史周尹論蜀中榷茶為民害，罷為提點湖北刑獄。利州路漕臣張宗諤、張升卿議廢茶場司，依舊通商，詔付稷，稷方以茶利要功，言宗諤等所陳皆疏謬，罪當無赦。雖會赦，猶皆坐貶秩二等。於是稷建議賣茶官非材，許對易，如闕員，於前資待闕官差；茶場司事，州郡毋得越職聽治。又以茶價增減或不一，裁立中價，定歲入課額，及設酬賞以待官吏，而三路三十六場大小使臣並不限員。重園戶采造黃花秋葉茶之禁，犯者沒官。蒲宗閔亦援稷比，許舉劾官吏，以重其權，二人皆務浚利刻急。茶場監官買茶精良及滿五千馱以及萬馱，第賞有差，而所買粗惡偽濫者，計虧坐贓論。凡茶場州軍知州、通判並兼提舉，經略使所在，即委通判。又禁南入熙河、秦鳳、涇原路，如私販臘茶法。

自熙寧十年冬推行茶法，元豐元年秋，凡一年，通課利及舊界息稅七十六萬七千六十餘緡。帝謂稷能推原法意，日就事功，宜速遷擢，以勸在位，遂落權發遣，以為都大提舉茶場，而用永興軍等路提舉常平範純粹同提舉。久之，用稷言徙司秦州，而録李杞前勞，以子玨試將作監主簿。蒲宗閔更請巴州等處產茶並用榷法。

五年，李稷死永樂城，詔以陸師閔代之。師閔言稷治茶五年，百費外獲淨息四百二十八萬餘緡，詔賜田十頃。而師閔榷利，尤刻於前，建言：『文、階州接連，而茶法不同，階為禁地，有博馬、賣茶場，文獨為通商地。乞文、龍二州並禁榷；仍許川路餘羨茶貨入陝西變賣，于成都府置博賣都茶場。』事皆施行。初，群牧判官郭茂恂言，賣茶買馬，事實相須，詔茂恂同提舉茶場。至是，師閔以買馬司兼領茶場，茶法不能自立，詔罷買馬司兼領；令茶場都大提舉視轉運使，同管幹視轉運判官，以重其任。賈種民更立茶法，師閔論奏茶場與他場務不同，詔並用舊條。初，李杞增諸州茶場，自熙寧七年至元豐八年，蜀道茶場四十一，京西路金州為場六，陝西賣茶為場三百三十二，稅息至稷加為五十萬，及師閔為百萬。

元祐元年，侍御史劉摯奏疏曰：『蜀茶之出，不過數十州，人賴以為生，茶司盡榷而市之。園戶有茶一本，而官市之，額至數十斤。官所給錢，靡耗於公者，名色不一，給借保任，輸入視驗，皆牙儈主之，故費於牙儈者又不知幾何。是官於園戶名為平市，而實奪之。園戶有逃而免者，有投死以免者，而其害猶及鄰伍。欲伐茶則有禁，欲增植則加市，故其俗論謂地非生茶也，實生禍也。願遣使者，考茶法之敝，以蘇蜀民。』右司諫蘇轍繼言：『呂陶嘗奏改茶法，止行長引，令民自販，每緡長引錢百，詔從其請，民方有息肩之望。孫迥、李稷入蜀商度，盡力掊取，息錢、長引並行，民間始不易矣。且盜賊贓及二貫，止徒一年，出賞五千，今民有以錢八百私買茶四十斤者，輒徒一年，賞三十千，立法苟以自便，不顧輕重之宜。蓋造立茶法，皆傾險小人，不識事體。』且備陳五害。呂陶亦條上利害，詔付黃廉體量；未至，摯又言陸師閔恣為不法，不宜仍任事。詔即罷之。先是，師閔提舉榷茶，所行職務，他司皆不得預聞，事權震灼，為患深密。及黃廉就領茶事，乃請凡緣茶事有侵損戾法，或措置未當及有訴訟，依元豐令，聽他司關送。十一月，蒲宗孟亦以附會李稷賣茶罷。

明年，熙河、秦鳳、涇原三路茶仍官為計置，永興、鄜延、環慶許通商，凡以茶易穀者聽仍舊，毋得逾轉運司和糴價，其所博斛鬥勿取息。七年，詔成都等路茶事司，以三百萬緡為額本。

紹聖元年，複以陸師閔都大提舉成都等路茶事，而陝西複行禁榷。師閔乃奏龍州仍為禁茶地，凡茶法並用元豐舊條。師閔自複用，以訖哲宗之世，其掊克之跡，不若前日之著，故建明亦罕見焉。

茶之在諸路者，神宗、哲宗朝無大更革。熙寧八年，嘗詔都提舉市易司歲買商茶，以三百萬斤為額。元祐五年，立六路茶稅租錢諸州通判轉運司月暨歲終比較都數之法。七年，以茶隸提刑司，稅務毋得更易為雜

稅收受。紹聖四年，戶部言：『商旅茶稅五分，治平條立輸送之限既寬，複慮課入無准，故定以限約，毋得更展。元祐中，輒展以季，課入漏失。且茶稅歲計七十萬緡，積十年未嘗檢察，請內外委官，期一年驅算以聞。』詔聽其議，展限令出一時，毋承用。

崇甯元年，右僕射蔡京言：『祖宗立禁榷法，歲收淨利凡三百二十餘萬貫，而諸州商稅七十五萬貫有奇，食茶之算不在焉，其盛時幾五百余萬緡。慶曆之後，法制浸壞，私販公行，遂罷禁榷，行通商之法。自後商旅所至，與官為市，四十餘年，利源浸失。謂宜荊湖、江、淮、兩浙、福建七路所產茶，仍舊禁榷官買，勿複科民，即產茶州郡隨所置場，申商人園戶私易之禁，凡置場地園戶租折稅仍舊。產茶州軍許其民赴場輸息，量限斤數，給短引，於旁近郡縣便鬻；余悉聽商人于榷貨務入納金銀、緡錢或並邊糧草，即本務給鈔，取便算請於場，別給長引，從所指州軍鬻之。商稅自場給長引，沿道登時批發，至所指地，然後計稅盡輸，則在道無苛留。買茶本錢以度牒、末鹽鈔、諸色封樁、坊場常平剩錢通三百萬緡為率，給諸路，諸路措置，各分命官。』詔悉聽焉。

俄定諸路措置茶事官置司：湖南于潭州，湖北于荊南，淮南于揚州，兩浙于蘇州，江東于江寧府，江西于洪州。其置場所在：蘄州即其州及蘄水縣，壽州以霍山、開順，光州以光山、固始，舒州即其州及羅源、太湖，黃州以麻城，廬州以舒城，常州以宜興，湖州即其州及長興、德清、安吉、武康，睦州即其州及青溪、分水、桐廬、遂安，婺州即其州及東陽、永康、浦江，處州即其州及遂昌、青田，蘇、杭、越各即其州，而越之上虞、余姚、諸暨、新昌、剡縣皆置焉，衢、台各即其州，而溫州以平陽。大法既定，其制置節目，不可毛舉。四年，京覆議更革，遂罷官置場，商旅並即所在州縣或京師給長短引，自買於園戶。茶貯以籠篰，官為抽盤，循第敘輸息訖，批引販賣，茶事益加密矣。

大觀元年，議提舉茶事司須保驗一路所產茶色高下、價直低昂，而請茶短引以地遠近程以三等之期。複慮商旅影挾舊引，冒詐規利，官吏因得擾動，以御筆申飭之。又以諸路再定茶息，多寡或不等，令後各增錢十。三年，計七路一歲之息一百二十五萬一千九百餘緡，榷貨務再歲一百十有八萬五千餘緡。京專用是以舞智固權，自是歲以百萬緡輸京師所供私奉，掊息益厚，盜販公行，民滋病矣。

政和二年，大增損茶法。凡請長引再行者，輸錢百緡，即往陝西，加二十，茶以百二十斤；短引輸緡錢二十，茶以二十五斤。私造引者如川錢引法。歲春茶出，集民戶約三歲實直及今價上戶部。茶籠篰並皆官制，聽客買，定大小式，嚴封印之法。長短引輒竄改增減及新舊對帶、繳納申展、住賣轉鬻科條悉具。初，客販茶用舊引者，未嚴斤重之限，影帶者眾。於是又詔凡販長引斤重及三千斤者，須更買新引對賣，不及三千斤者，即用新引以一斤帶二斤鬻之，而合同場之法出矣。場置於產茶州軍，而簿給於都茶場。凡不限斤重茶委官司秤制，毋得止憑批引為定，有贏數即沒官，別定新引限程及重商旅規避秤制之禁，凡十八條，若避匿抄劄及擅賣，皆坐以徒。複慮茶法猶輕，課入不羨，定園戶私賣及有引而所賣逾數，保內有犯不告，並如煎鹽亭戶法。短引及食茶關子輒出本路，坐以二千里流，賞錢百萬。

重和元年，詔：『客販輸稅，檢括抵保，吏因擾民，其蠲之。』未幾，複輸稅如舊。大抵茶、鹽之法，主于蔡京，務巧掊利，變改法度，前後相逾，民聽眩惑。初，令茶戶投狀籍於官，非在籍者，禁與商旅貿易，未幾即罷。初，限計斤重，令買新引，茶有贏者，即及一千五百斤，須用新引貼販，或止願販新茶帶賣者聽；未幾，以帶賣者多，又罷其令。

陝西舊通蜀茶，崇寧二年，始通東南茶。政和中，陝西沒官茶令估賣，繼以妨商旅，下令焚棄。俄令正茶沒官者聽與販，引外剩茶及私茶數以給告者。長引限以一年，短引限以半歲繳納。久之，令已買引而未得於園戶者，期七年，許民間同見緡流轉，長引聽即本路住賣，以二浙鹽香司有言而止。其科條纖悉紛更，不可勝記，慮商旅疑豫，茶貨不通，乃重扇搖之令。于時掊克之吏，爭以贏羨為功，朝廷亦嚴立比較之法。州郡樂賞畏刑，惟恐負課，優假商人，陵轢州郡，蓋莫有言者。獨邠州通判張益謙奏：『陝西非產茶地，奉行十年，未經立額，歲歲比較，第務增益，稍或虧少，程督如星。州縣懼殿，多前路招誘豪商，增價以幸其來，故陝西茶價，斤有至五六緡者，或稍裁之，則批改文引，轉之他郡。及配之鋪戶，安能盡售？均及稅農，民實受害，徒令豪商坐享大利。』言竟不行。

然自茶法更張，至政和六年，收息一千萬緡，茶增一千二百八十一

萬五十一百餘斤。及方臘竊發，乃詔權罷比較。臘誅，有司議招集園戶，借貸優恤，止于文具，奸臣仍用事，蠹國害民，又慮人言，扇搖之令複出矣。靖康元年，詔川茶侵客茶地者，以多寡差定其罪。

初，熙寧五年，以福建茶陳積，乃詔福建茶在京、京東西、淮南、陝西、河東仍禁榷，餘路通商。元豐七年，王子京為福建轉運副使，言：『建州臘茶，舊立榷法，自熙甯權聽通商，自此茶戶售客人茶甚良，官中所得惟常茶，稅錢極微，南方遺利，無過於此，乞仍舊行榷法。建州歲出茶不下三百萬斤，南劍州亦不下二十餘萬斤，欲盡買入官，度逐州軍民戶多少及約鄰路民用之數計置，即官場賣，嚴立告賞禁。建州賣私末茶，借豐國監錢十萬緡為本。』並從之；所請均入諸路榷賣，委轉運司官提舉：福建王子京，兩浙許懋，江東杜偉，江西朱彥博，廣東高鏄，然子京蓋未免抑配於民。

時遠方若桂州修仁諸縣、夔州路達州有司皆議榷茶，言利者踵相躡，然神宗聞鄂州失催茶稅，輒躅之。建州園戶等以茶粗濫當剝納，為錢三萬六千餘緡，慮其不能償，令准輸茶。初，成都帥司蔡延慶言邛部川蠻主苴克等願賣馬，即詔延慶以茶招來，後聞邊計蠻情非便，即罷之。哲宗嗣位，禦史安惇首劾王子京買臘茶抑民，詔罷子京事任，令福建禁榷州軍視其舊，餘並通商。桂州修仁等縣禁榷及陝西碎賣芽茶皆罷。

崇甯二年，尚書有言：『建、劍二州茶額七十餘萬斤，近歲增盛，而本錢多不繼。』詔更給度牒四百，仍給以諸色封樁。繼詔商旅販臘茶蠲其稅，私販者治元售之家，如元豐之制。臘茶舊法免稅，大觀三年，措置茶事，始收焉。四年，私販勿治元售之家，如元符令。政和初，複增損為新法。三年，詔免輸短引，許依長引于諸路住賣，後末骨茶每長引增五百斤，短引仿此；諸路監司、州郡公使食茶禁私買，聽依商旅買引。六年，詔福建茶園如鹽田，量土地產茶多寡，依等第均稅。重和元年，以改給免稅新引，重定福建末茶斤重，長引以六百斤為率。

元豐中，宋用臣都提舉汴河堤岸，創奏修置水磨。凡在京茶戶擅磨末茶者有禁，並許赴官請買。而茶鋪入米豆雜物揉和者募人告，一兩賞三千，及一斤十千，至五十千止。商賈販茶應往府界及在京師，須令產茶山場州軍給引，並赴京場中賣，犯者依私販臘茶法。諸路末茶入府界者，複嚴為之禁。訖元豐末，歲獲息不過二十萬，商旅病焉。

元祐初，寬茶法，議者欲罷水磨。戶部侍郎李定以失歲課，持不可廢；侍御史劉摯、右司諫蘇轍等相繼論奏，遂罷。紹聖初，章惇等用事，首議修復水磨。乃詔即京、索、大源等河為之，以孫迥提舉，覆命兼提舉汴河堤岸。四年，場官錢景逢獲息十六萬餘緡，呂安中二十一萬餘緡，以差議賞。元符元年，戶部上凡獲私末茶並雜和者，即犯者未獲，估價給賞，並如私臘茶獲犯人法。雜和茶宜棄者，斤特給二十錢，至十緡止。

初，元豐中修置水磨，止於在京及開封府界諸縣，未始行於外路。及紹聖複置，其後遂于京西鄭、滑、潁昌府，河北澶州皆行之，又將即濟州山口營置。崇寧二年，提舉京城茶場所奏：『紹聖初，興複水磨，歲收二十六萬餘緡。四年，于長葛等處京、索、潩水河增修磨二百六十餘所，自輔郡榷法罷，遂失其利，請複舉行。』從之。尋詔商販臘茶入京城者，本場盡買之，其翻引出外者，收堆垛錢。裁元豐制更立新額，歲買山場草茶以五百萬斤為率。客茶至京者，許官場買十之三，即索價故高，驗元引買價量增。三年，詔罷之。

明年，改令磨戶承歲課視酒戶納曲錢法。五年，複罷民戶磨茶，官用水磨仍依元豐法，應緣茶事並隸都提舉汴河堤岸司。大觀元年，改以提舉茶事司為名，尋命茶場、茶事通為一司。三年，複撥隸京城所，一用舊法。政和元年，京城所請商旅販茶起引定入京住賣者，即許借江入汴，如元豐舊制；其借江入汴卻指他路住賣者禁，已請引者並令赴京。二年，以課入不登，商賈留滯，詔以其事歸尚書省。於是尚書省言：『水磨茶自元豐創立，止行於近畿，昨乃分配諸路，以故至弊，欲止行於京城，仍行通客販，餘路水磨並罷。』從之。四年，收息四百萬貫有奇，比舊三倍，遂創月進。

高宗建炎初，于真州印鈔，給賣東南茶鹽。當是時，茶之產于東南者，浙東西、江東西、湖南北、福建、淮南、廣東西，路十，州六十有六，縣二百四十有二。霅川顧渚生石上者謂之紫筍，毗陵之陽羨，紹興之日鑄，婺源之謝源，隆興之黃龍、雙井，皆絕品也。建炎三年，置行在都茶場，罷合同場十有八，惟洪、江、興國、潭、建各置場一，監官一。罷食茶小引，捕私茶法視捕私鹽。二十一年，秦檜等始進《茶鹽法》。先

是，臣僚或因事建明，朝廷亦因時損益，至是審訂成書，上之。

孝宗隆興二年，淮東宣諭錢端禮言：『商販長引茶，水路不許過高郵，陸路不許過天長。如願往楚州及盱眙界，引貼輸翻引錢十貫五百文；如又過淮北，貼輸亦如之。』當是時，商販自榷場轉入虜中，其利至博，幾禁雖嚴，而民之犯法者自若也。乾道二年，戶部言：『商販至淮北榷場折博，除輸翻引錢，更輸通貨儈息錢十一緡五百文。』八年，減輸翻引錢止七緡，通貨儈見錢止八緡。淳熙二年，以長短茶引權以半依原引斤重錢數，分作四緡小引印給，而翻引貼輸錢隨小引輸送。光宗紹熙初，漳州守臣朱熹奏除屬邑科茶七千餘緡。臣僚申明長短小引相兼，從人之便。戶部言給賣小引，除金銀、會子分數入輸，餘願專以會子算請者聽。

甯宗嘉泰四年，知隆興府韓邈奏請：『隆興府惟分寧縣產茶，他縣無茶，而豪民武斷者乃請引，窮索一鄉，使認茶租，非便。』於是禁非產茶縣不許民擅認茶租。

建甯臘茶，北苑為第一，其最佳者曰社前，次曰火前，又曰雨前，所以供玉食，備賜予。太平興國始置，大觀以後制愈精，數愈多，胯式屢變，而品不一，歲貢片茶二十一萬六千斤。建炎以來，葉濃、楊勍等相因為亂，園丁亡散，遂罷之。紹興二年，蠲未起大龍鳳茶一千七百二十八斤。五年，複減大龍鳳及京鋌之半。十二年，興榷場，遂取臘茶為榷場本，凡胯、截、片、鋌，不以高下多少，官盡榷之，申嚴私販入海之禁。議者請鬻建茶于臨安，移茶司事於建州買發。明年，以失陷引錢，複令通商。自是上供龍鳳、京鋌茶料，凡製作之費、篚笥之式，令漕司專之。

蜀茶之細者，其品視南方已下，惟廣漢之趙坡，合州之水南，峨眉之白牙，雅安之蒙頂，土人亦珍之，但所產甚微，非江、建比也。舊無榷禁，熙寧間，始置提舉司，收歲課三十萬，至元豐中，累增至百萬。建炎元年，成都轉運判官趙開言榷茶、買馬五害，請』用嘉祐故事盡罷榷茶，而令漕司買馬。或未能然，亦當減額以蘇園戶，輕價以惠行商，如此則私販衰而盜賊息。』遂以開同主管川、秦茶馬。二年，開至成都，大更茶法，仿蔡京都茶場法，以引給茶商，即園戶市茶，百斤為一大引，除其十勿算。置合同場以譏其出入，重私商之禁，為茶市以通交易。每斤引錢春七十、夏五十，市利頭子錢不預焉。所過征一錢，所止一錢五分。自後引息錢至一百五萬緡。至十七年，都大茶馬韓球盡取園戶加饒之茶為額，茶司歲收二百萬，而買馬之數不加多。

乾道末年，青羌作亂，茶司增長細馬名色等錢歲三十萬。淳熙六年以後，累減園戶重額錢十六萬，又減引息錢十六萬。至紹熙初，楊輔為使，遂定為法。成都府、利州路二十三場，歲產茶二千一百二萬斤，通博馬物帛歲收錢二百四十九萬三千餘緡。朝廷歲以一百一十三萬緡隸總領所贍軍，然茶馬司率多難之；乾道以後，歲撥止一二十萬緡，至淳熙十年，遂以五十萬緡為准。

自熙、豐以來，茶司官權出諸司之上。初，元豐開川、秦茶場，園戶既輸二稅，又輸土產；隆安縣園戶二稅、土產兼輸外，又催理茶課估錢；建炎元年立為額，至甯宗慶元初，始除之。六年，詔四川產茶處歲輸經總制頭子錢五千四十一道有奇，又科租錢三千一百四十道有奇。

《宋會要輯稿・食貨三〇・茶法雜録上》 [咸平]五年十二月，廣南轉運司言：『新州偽廣日，因運茶歲久捐棄，以其價數十萬分配部民郭懷智等百餘丁輸之，遂以爲常。民貧，力所不逮，請均賦諸縣。』詔永除之。

又 景德二年五月二十六日，詔：『自今諸處茶、鹽、酒課利增立年額，並令三司奏裁。』先是，榷務連歲有增羨，三司即酌中取一年所收立爲祖額，不俟朝旨。帝以有司務在聚斂，或致掊克于下，故戒之。

又 八月十七日，通判鳳翔府王爲竇請於興元府置榷茶務，帝以擾民，不許。

二十八日，詔：『如聞茶場大納茶貨，及將最下不堪色號作上色支賣，而商旅入中虛錢，賤價出賣，虧官擾民，爲日斯久。其令制置、轉運司躬親安撫園戶，及計究弊源，務在經久，公私通濟。』

又 十月，廢虔州雜料場茶園，以其率民採摘煩擾故也。

又 三年正月，（遺）[遣]虞部員外郎張令度原書天頭注雲：『「度」一作「圖」』、太常博士胡則、殿中丞王膺、太子中舍袁成務提點江浙、荊（胡）[湖]，買納茶貨。

又 [景德三年]七月三十日，以有司條制茶事過爲嚴急，時帝諭

之曰：『園戶採擷，須資人力，所造入等，則給價直，不入等者既不許私賣，亦皆納官錢。若令一切精細，豈不傷園戶？採摘傭力者多是貧民，儻斥去之，安知不聚爲寇盜？此等事宜即裁損，務令便濟。』

又［景德］四年八月十六日，以三司鹽鐵副使、司封員外郎林特爲祠部郎中，依前充職；皇城使，勝州刺史劉承珪領昭州團練使，崇儀副使、江南都大制置茶鹽發運副使李溥爲西京作坊使，充發運使，並以議茶法，歲課增溢故也。詔曰：『茶榷之法，抗弊寖深，釐改已來，利課豐羨。既規畫之斯定，歸職分以攸宜。其定奪司公事，宜令三司行遣，不得輒有更改。』

又大中祥符二年五月二十一日，三司鹽鐵副使戶部郎中林特、昭宣使長州防禦使劉承珪、江淮制置發運使李溥等上編成《茶法條貫》。序云：『夫邦國之本，財賦攸先；山澤之饒，茶茗居最。寔經野之宏略，富國之遠圖也。頃以邊陲之備，兵食爲先，而乃許折緡錢，以入芻米，給彼茶茗，便於商人，籠貨物之饒，助軍國之用。歲月既久而條制稍失，吏民罔上而因緣爲姦，始增饒以爲名，終蠹弊而滋甚，遂致廩庾之畜，年收無幾，採擷之課，歲計漸虛。商旅之貨不行，公私之利俱耗。于是縉紳之列伏閤以論奏，草萊之士抗章以上言。國家思建經久之規，以定酌中之法，乃命臣等博訪利病，徧閱詔條，參酌遠謀，别議新式。虔承旨誨，周詢杭弊，遠采輿誦，旁察物情，將克正于紀綱，乃别立於科制。務存體要，用叶經常。歲序再周，課程增羨。先是收錢七十三萬八百五十貫，自改法二年，共收錢七百九萬二千九百六十貫。歲時未幾，商賈自陳，知所利之寔多，慮虧公以爲責，爰求奏御，俄奉德音。時方洽于還淳，事宜從於務寔，俾于賣價，書減虛錢，仍加資緡，用濟園戶。兼許客旅應經道途，以所歷之關征，悉會輸於天邑。詔旨方下，財貨已行，自降詔日，即有入中金銀錢帛數踰萬計，寔興利以除害，亦贍國而濟民。其所定宣敕條貫共二百九十九道，內二道出于榷制，非可久行，今止列事宜，不復備錄，餘皆合從遵守，以著法程，並課利總數，共成二十三策。式資永制，允契豐財。其自述如此。』

又［大中祥符］四年十月，詔以淮南諸州軍所賣食茶估價不等，令三司與制置茶鹽李溥定奪均減。

又［大中祥符］五年四月，除海州榷貨務請茶開裹功錢。饒州舊例，集民爲甲，令就官場買茶，自今聽從民便收市。

四月十一日，三司言：『民販茶有違法者，望許家人論告。』帝曰：『是犯教義，非朝廷所當言。』不許。

又五月三日，永康軍言：『蒲村鎮民每春採茶者甚衆，望令本軍監押至時往彼巡邏。』從之。

又［大中祥符］六年四月三日，三司言：『準詔，參定監買茶場官賞罰條式。今請除沿江六榷務、淮南十三場外，江、浙、荊湖諸州買茶場自今納到入客筭買茶及得祖額，遞年前界有羨餘者，依元敕酬獎；虧損者依至道二年敕，一釐以上奪兩月俸，七釐以上奪兩月半俸，九釐以上奪一季俸，仍降差遣。其買到不入客筭茶數于祖額、遞年前界羨餘，並不理爲勞績。』

又［大中祥符］八年閏六月十二日，帝曰：『屢有人言，所改茶法不便，錢額增損，茲亦常事，如聞不利小商。』王旦等曰：『改法以來，亦未見不便事。所降元敕，無釐革小商之文。如上言者寔有所長，則望付中書施行。或欲杜絕羣言，則須別命朝臣較量利害。』帝復以問樞密院王欽若，欽若言：『素不詳其本末。』陳堯叟言：『但得錢物入庫，即便是課利。』丁謂曰：『河北、陝西入得芻糧，即是官物入庫；沿江榷場無剩茶，即是茶法行也。其餘瑣細風傳之詞，不足憑信，或有章奏，望一一宣示，可以商榷。』大抵未改法日，官中歲虧茶本錢九千餘貫，改法之後，歲所收利常不下二百餘萬貫。

又十月九日，江淮、兩浙發運使李溥言：『江浙諸州軍、淮南十三山場，今歲自開場至七月十旬，凡買片、散茶二千九百六萬五千七百餘斤，比元額計增五百七十二萬八千餘斤，比遞年計增五百六十八萬一百九斤。』

又［大中祥符］九年六月，李溥請省淮南十三場提點使臣，每年旋差使臣四人分定場分買納，并與逐場隔手筭買。從之。先是，景德中改法之後，常遣使臣三人分場提點，率以三年一替。在任既久，多與場務款熟，無所振舉，故釐革之。

又十月二十六日，詔曰：『朕思俾蒸黔，共登富壽。山澤之禁，

雖有舊章，措置之宜，慮傷厚斂。將期惠物，無憚從寬。專命朝臣，僉謀邦政，俾共詳于定式，庶俯洽于羣心。宜令翰林學士李迪、給事中權御史中丞淩策與三司同議茶鹽制度，俾茶園、鹽亭戶不至失所，客旅便于興販，百姓供用不匱，明具條約送中書門下參詳以聞。仍令榷貨務告示客旅，應入中算射茶、鹽，一依往例，更不別生名目，致有疑惑。』

又 十二月十一日，命刑部員外郎、兼侍御史知雜事呂夷簡同定茶鹽，以淩策病故也。

又 天禧元年五月，詔福建路買納民茶，斤增十錢。

又 〔天禧〕二年十月二十八日，秘閣校理李垂請令江、浙兩路放行茶貨。左諫議大夫孫奭言：『茶法屢改，商賈不便，非示信之道。望遣官與三司同定經久之制。』詔奭與三司詳定，務從寬簡。

又 〔天禧〕四年四月十一日，詔：『茶場、榷務，自今令三司副使、判官、轉運使副、制置茶鹽司舉官監莅。六榷務以在京朝官殿直以上使臣充，茶場以幕職、令録充。』

又 〔天禧〕五年十月十三日，淮南、江浙、荊湖發運使周寔言：『陝西入中芻糧甚少，淮南茶停積，望令三司再定商旅算買交引，以便公私。』從之。

又 仁宗天聖元年三月，詔：『據定奪茶鹽所上茶鹽課利，比附增虧數目，宜差樞密副使張士遜、參知政事呂夷簡、魯宗道與權三司使事李諮、御史中丞劉筠、入內內侍省副都知周文質、西上閤門使薛貽廓及三部副使同詳定經久利害聞奏。』『准內降劄子，淮南十三山場賣茶年額僅五十萬貫，天禧五年止收二十三萬餘貫，比祖額虧二十七萬貫。今將五年賣茶收錢拆筭，每百貫交引，在京見賣價錢五十五貫，都計實錢十三萬餘貫，內除買茶本錢九萬餘貫外，有利錢三萬餘貫。若每年趁及元額五十萬貫，裁得實利錢七萬餘貫，監官請給費用不在其數。以此折筭課額，虛數甚多，或交引價減，必轉陷失。欲望自天聖元年以後，更不知園戶本錢，並許大小客取便將錢帛斛斗於十三山場收買入場貼射，官中止收淨利，給與公引放行。其貼射茶並定爲中色。若依此施行，即在京榷貨務入便得客人山場買茶本錢相兼支用，諸處小客將行貨買茶經過沿路州縣，又各收得稅利，并官中收貼射淨利，悉去虛錢數目，又不支本、脚錢，免買下低弱茶貨，筭賣不行。兼園戶既不於官場請本納茶，且免山場上下邀難侵尅，商販大行，民間遍及。今詳定爲便，請頒下施行。應客旅於山場買茶赴官場貼射，並於在京榷貨務納淨利實錢，每百千爲則，內五十千見錢，五十千金、銀、紬、絹、小綾，如無本色，即納見錢。園戶自來中賣正茶，每百斤納耗二十斤至三十五斤，今既許客與園戶商量貼射，其耗茶並請除放。客人搬茶地理遠近，合有分數則例饒潤。今定蘄州王祺場，每百六十斤；黃州麻城場、蘄州石橋場，每百五十斤；廬州王同場、蘄州洗馬場、舒州太湖場、羅源場，每百四十五斤；壽州霍山場、麻步場、開州順口場、光州光山場、子安場、商城場，每百四十斤。已上各收百斤淨利，所收淨利仍依例收稅。如就本處貼射者，比在京入納則例，于饒潤茶數內與減十斤。其園戶舊例額茶，委逐場置簿給據，所納數勾銷剗刷，提舉不以多少，悉赴場中買。如園戶願依客人入錢貼射者，止得於通商地分貨賣。凡貼射之例，如舒州羅源茶場中色者，凡買一斤，官破本錢二十五文，至出賣收錢五十六文。其二十五文今來客人自出錢物與園戶，其官破本錢更不支給，止收淨利三十一文，令客人貼納。其客人賣茶赴場，却於在京出納錢物者，每百四十五斤，內百斤依前項則例貼納淨利錢二千一百，餘四十五斤饒潤客人。如只就本處入納錢物者，每百三十五斤，內百斤依前項貼納淨利錢三千一百，三十五斤饒潤客人。凡貼納淨利，沿路所經及住賣之處悉收稅例。如客旅入山買茶，並雇脚、商稅、裹纏等錢，許於在京榷貨務入便見錢，聽客取便指射三場或所屬州府請領。其茶如要於沿路通商地分破賣亦聽，仍依例收稅。所有將河北、陝西交抄貼筭得茶交引，並給乾興元年以前茶；其今來全入錢物買到交引，即給天聖元年已後新茶。』並從之。又言：『所許客人取便於十三山場買茶，津搬入場貼射，官中只收淨利，給與公引放行。如客人入山買茶，貼射之後，恐有園中客旅及無圖輩將茶貨衷私興販，不入官場貼射，紊亂條法，侵奪課利。望令十三山場地分巡檢捉賊，并捉私茶鹽使臣、縣尉，自今常切用心覺察巡捉，如獲私茶五十斤以上，顯經斷遣，候得替，委制置司保明聞奏，使臣免短使，家便差遣，縣尉免選注官；如萬斤以上，特與酬奬；數目不多，亦委本州軍批上曆子，用爲勞績。如或不切用心巡捉，別有透漏，依條斷遣。』

又　四月，定奪茶鹽所言：『客人將陝西、河北入中便糴糧草交抄貼納錢物，筭射茶貨，其間多有加增值價，以虛錢支請實茶數多，因此交引價錢。即今十三山場、四榷務茶交引每百斤止賣六十三千，比元定則例小十七千。看詳十三山場茶貨自來多有小客興販，今請以乾興元年已前茶兼帶支給，其六榷務並以天禧四年已前茶支給，仍準例給耗。今日已前小客交引錢及一千貫已下者，許將天禧五年已前茶相兼支給。今日已後，陝西、河北虛寔錢交抄，於在京榷貨務筭買六榷務茶交別者，每百千於在京別納見錢五十千，更無加擡，共支與天禧五年茶百五十千，仍給耗茶。所有自來貼納加饒則例，依舊施行。今後算射六榷務乾興元年並天聖元年已後茶者，如願請蘄口、真州、無爲、漢陽軍四務茶，即於在京榷貨務入寔錢百千，內四十千見錢，六十千金、銀、紬、絹、小綾，共支百二十五千茶。願請荊南、海州兩務茶，即入寔錢百千，內四十五千現錢，五十五千金、銀、紬、絹、小綾，共支百三十五千，其茶只就逐處榷務入納錢物。如願請蘄口等四榷務茶，即入中實錢百千，四十千見錢，六十千金、銀、紬、絹、小綾等，共支與百二十五千茶。願請荊南等兩榷務茶，即入中實錢百千，內四十五千見錢，五十五千金、銀、紬、絹、小綾等，共支與百二十五千茶。其陝西新入中糧草交抄，每虛實百千，在京見今破錢五千收買。若要茶，即支茶貨七千。欲令客旅如願入納淨利貼射十三山場天聖元年新茶，及入中錢物筭買六榷務乾興元年、天聖元年以後新茶，並貼納錢數見錢帶請舊茶，即並依今來所定則例，取客穩便，許將每虛實錢百千充五千見錢筭射，貴免客人請納錢兩度縻費。其十三場天聖元年後來新茶，已準敕，許客貼射。又官中饒潤不收淨利茶貨，及令沿路州軍免稅，候到住賣去處收納稅錢。所是六榷務今後支到耗茶，並十三山場賣乾興元年已前茶貨支與耗茶，亦合一體施行。逐處榷務、山場今後客人筭請茶貨，須于公引內將正、耗各別開坐數目，令經過沿路州軍稅務驗引，如正耗相隨，即放免耗稅。到住賣（處）處，不以正、耗，盡底收稅。如別無正茶，只稱是耗茶，緣官中難以辨明，沿路州軍據數收納稅錢。』並從之。

又　［天聖］二年三月，屯田員外郎高覿言：『諸州軍捕得私茶，每歲不下三二萬斤，送食茶務出賣。並是正色好茶，若作下號估賣，頗甚虧官。請自今捉到私茶，令定驗色號等第，送山場貨賣。又既許商人貼射茶貨，不拘斤數，多有小客於諸場貼射止一二十斤，便出公引，慮以貼射爲名，影帶私茶出界。請自今小客貼射茶貨，須八十斤以上成擔，即給公引，批鑿斤數，並許放商地分程途。如限外未出界，即收捉勘罪，沒納茶貨。』並從之。

又　八月，淮南、江浙、荊湖制置茶鹽司言：『舒、廬、蘄、黄、光、壽州茶場元賣額茶，除係客人貼射外，據餘貼買不盡茶數勾收入場中賣，支與價錢，須管數及年額。若至住場日有欠中賣額茶，即依客人貼射體例，一斤送納一斤淨利錢。看詳山場客旅收買茶貨赴場貼射，官中定作中色，並是好茶，若將所欠中賣額體量茶依此，慮園戶承認淨利，難爲送納。欲自今以三十斤爲則，所貴園戶不至艱辛。』從之。

又　［天聖］三年八月二十二日，中書門下言：『累據臣僚上言茶法未便，及先令客旅于邊上入納糧草，支與交引，留得在京見錢，免致般運勞費。』詔差孫奭、夏竦等同共詳定以聞。

又　九月四日，翰林侍講學士孫奭等言：乞差三司使范雍同共詳定茶法，從之。

又　十一月一日，詔三司罷貼射茶法。初，上封者請募商旅入芻粟塞下，給江淮茶引，而不費京師見錢。乃命孫奭等與三司再詳定。遂令入中河北沿邊州軍糧草，而給以香、茶、見錢三色交引，往十三山場筭茶，而罷貼射法。

又　十二月九日，權三司使范雍言：『淮南十三山場并六榷務買賣茶貨各有祖額，累有條制，勸誘園戶及時將真正好茶入官賣。近年鹽官止欲界分數多，用爲勞績，致納下夾雜草木、黄晚不堪茶貨，有誤商人筭請。望下制置司鈐轄逐場務監官，自今止依元定祖額買納好茶，但及元額，並依條例酬獎，無得額外增數買納不堪茶貨。違者嚴斷，勒令均償，仍不理爲勞績。』從之。

又　十三日，淮南江浙荊湖制置使方仲荀等言：『准至道三年、大中祥符六年敕，淮南十三山場買到茶，限至次年未買新茶已前賣盡。勘會山場所買茶自三月開場，至七月終住場，客人多是開場後方於在京入便錢物，博買交引，或有阻滯，不趁元限月分到場。望依至道三年敕限施

行。』從之。

又 〔天聖〕七年三月二十五日，上封者言：『天下茶、鹽之課虧，請下三司更議其法。』帝謂輔臣曰：『茶、鹽民所食，而彊設法以禁之，致犯法者衆。但以贍養兵師經費尚廣，未能弛之耳。』

又 〔天聖〕九年四月五日，三司請在京榷貨務入末鹽錢，歲以百八十萬三千緡，建州市茶歲以五十萬斤，真州轉般茶倉歲以二百五十綱爲定額。詔建州茶減五萬斤，餘從之。

又 景佑元年九月十三日，臣僚上言：『近年以來，有百姓採摘諸雜木葉造成杜茶，夾帶貨賣，乞賜止絕，及許人告捉，比私茶例給賞。』詔令審刑院別定刑名，嚴行止絕。

二十一日，樞密院副使李諮言：『天聖初，奉敕定茶法，方成倫敘，臣僚挾情上言，差官重定，稱是不當，手分王舉等並皆決配。今來茶貨大段虧官，三司乞依天聖年改定施行，顯是當行手分枉遭決配，舉等乞依出職安排』。詔王舉、于貴、勾奉元各轉一資。

十一月二十三日，淮南轉運司言：『廬州舒城縣自偽命以來，納贍軍年額茶七千三百斤，委是不折苗稅，不請官錢，虛致煩擾，望除放。』從之。

又 〔景祐〕二年正月二十二日，詔：『山澤之民擷取草木葉而爲僞茶者，計其直從詐欺律盜論，仍比真茶給賞之半。』

又 〔景祐〕三年正月九日，命知樞密院事李諮、參知政事蔡齊、三司使程琳、御史中丞杜衍、知制誥丁度同議茶法，仍許召商人至三司，以訪利害。時三司吏孫居中等言：『今河北所納芻糧多虛估，而官給實錢及香茶交引，寖以虧官，請復用天聖元年所更法。』故詔更議之。

又 三月十四日，詔三司復令商賈以見錢筭請官茶，其景祐二年以前用河北入納糧草虛寔錢交引，一切罷之。

又 四月二十四日，詔：『諸州茶場榷務，其未改法以前交抄，止以景佑二年以前茶給之。』

又 五月十四日，詳定茶法所言：『天聖元年，商人皆於在京榷貨務納錢，以買荊湖南、海州榷務茶，每直百千，聽納八十千，增七千，蓋荊湖南、海州茶賈人之所願售也。自天聖四年將許陝西糧草交抄直批往逐處筭買，遂致在京無見錢入納。今請一如舊法，令在京入納見錢，比天聖元年量減茶價，以便商旅。其陝西入中交抄並勒齎至京師，給以見錢，願請它處茶或香藥及外州見錢者並聽。』從之。

又 十二月，詳定茶法所言：『天聖三年改法以來，歲損財利不可勝計，今以河北沿邊十六州軍自天聖九年至景佑二年終，五年便糴糧草計虛費錢五百六十八萬餘貫。竊恐豪商欲仍舊法，結託權貴，以動朝廷。請先降勅命申諭。』從之。

又 〔景祐〕四年正月，命侍御史知雜事姚仲孫同定茶法。本所請自今商人對買茶，每百千六十千見錢，四十千許以金、銀折納。從之。

又 〔景祐〕五年正月二十九日，臣僚上言：『自茶法改更以來，連年將銀絹配率河北，坐致困竭。明出內庫錢帛，暗虧舊額課利，天下商旅無不嗟怨。望差公正近臣別定酌中之法。』詔王博文、張觀、程戡、韓琦與三部副使、本案判官，將新舊茶法依公疾速酌中定奪經久可行、不虧損公私利害條約以聞。

六月二十六日，中書門下言：『三司副使司馬池、侍御史程戡、司諫韓琦等各上茶法利害，欲乞夏竦等子細看詳，定奪事理，不得依前各具利害，却取朝旨。務要公私利便，經久可行，疾速連書以聞。』

又 寶元元年七月二日，詳定茶法所言：『在京榷貨務筭買十三山場、四榷務茶，每見錢七十千支茶百千，今請減六十七千。其河北沿邊入便糧草，願請茶者減爲六十六千；在京筭買香藥、象牙，每見錢百千，加饒五千。今請增二千，爲七千。其河北沿邊入納糧草，願請香藥、象牙者加饒外，今請增三千，爲八千。若到京願請見錢者亦聽。』詔特更與增減錢各二千。

又 〔寶元〕二年四月二十三日，鄜州觀察使、勾當皇城司李用和言：『乞差御史中丞孔道輔、入內都知，別置一司，重定茶法。』詔送三司。

又 康定元年正月，三司請權定商旅入見錢五分於榷貨務，市真州等處茶引，其半召保置籍，限半年輸官，違者倍罰。從之。

十二月，詔三司以見行茶法就加裁定饒裕商人之法以聞。初，權三

司使公事葉清臣言：『新茶法未得適中，請委曉知財利之人別行課較。』帝不欲數更，故令就裁定之。

又 慶曆七年三月二十一日，詔權停建州造龍鳳茶。

又 嘉祐三年八月五日，命翰林學士韓絳、龍圖閣直學士知諫院陳升之、御史知雜呂景初詳定放行茶法。先是，著作佐郎何鬲上言：『今天下榷茶，刑煩而不能止其弊，又官爲置場務，而諸費出其中，顧歲入官之利薄。請一切通商，收逐處淨利及所過往之稅歸榷貨務，以還沿邊入中糧草之直，誠足以疏利源而寬民力也。』故命絳等置局三司議之。

又 ［嘉佑］四年二月，詔曰：『古者山澤之利與民共之，故民足于下，而君裕於上。國家無事，刑罰以清，自唐建中，始有茶禁，上下規利，垂二百年。如聞比來，爲患益甚，民被誅求之困，日惟諮嗟；官受濫惡之入，歲以陳積。私藏盜販，犯者寔繁，嚴行重誅，情所不忍。是以江、湖之間，幅員數千里，爲陷穽以害吾民也，朕心惻然，念此久矣！間遣使者往就問之，而皆驩然，願弛其禁，歲入之課，以時上官。一二近臣件析具狀，朕猶若慊然。又于歲輸裁減其數，使得饒阜，以相爲生，剗去禁條，俾通商利。歷世之弊，一旦以除，著爲經常，弗復置制，損上益下，以休吾民。尚慮喜於立異之人，緣而爲姦之党，妄陳奏議，以感官司，必寘明刑，無或有貸。』

又 ［嘉佑］七年正月，命翰林學士王珪、吳奎同詳定茶法。

又 神宗熙寧四年正月十三日，詔發運司、六路及京東轉運司封樁茶本，租稅錢，易金、銀、綿、絹上京。

二月十三日，上因言向來茶法之弊。文彥博對曰：『非茶法弊，蓋緣昔年用兵西北，調邊食急，用茶償之。厥數既多，茶不售則所在委積，故虛錢多而壞法也。』王安石曰：『榷茶所獲利無多。吳充曰：『仁宗朝茶法極弊時，歲猶得九十餘萬貫，亦不爲少。茶法因用兵而壞，彥博所言是矣。然立法之初，許商人入芻粟邊郡，執交抄至京師，或使錢，或銀、紬、絹，或香藥、象牙，唯所欲，商人便之，故法大行。後因祥符初限以三稅之法，定立分數，不許從便，客旅拘制，又買茶官多買納下號茶，苟趁課額，搭饒與客。茶既品下，而脚乘與稅錢重，商人往往折閱。又法數變易，民不爲信。此其所以至於大壞。如邊鄙無事，法令不爲小利輕變易，自無不行之法。』

又 ［熙寧］七年十一月十一日，權發遣三司鹽鐵判官公事太子中舍李杞、三司勾當公事蒲宗閔並提舉成都府、利州路買茶公事，賜對遣之。

又 ［熙寧］八年二月三日，都大提舉熙河路買馬司奏：『據提舉熙河路市易司狀申：准都大提舉買馬司劄子，坐準熙寧七年七月十六日中書劄子內聖旨指揮施行，內一項節文：客人興販川茶入秦鳳等路貨賣者，並令出產州縣出給長引，指定只得於熙、秦州、通遠軍及永寧寨茶場中賣入官。今來已有客人興販茶貨到岷州茶場中賣。竊慮頒行近降條貫，其產茶州縣不發長引赴岷州，却致客人枉路，茶貨不得通行。伏乞於上項條貫內「熙、秦州、通遠軍」字下及「永寧寨」字上添入「岷州」二字，所貴客人茶貨通行，不致阻節。本房檢會熙寧七年九月八日中書劄子，內一項：客人興販雅州名山、洋州、興元府大竹等處茶入秦鳳等路貨賣者，並令出產州縣出給長引，指定只得於熙、秦州、通遠軍及永寧寨茶場中賣入官，仍先具客人姓名、茶色、數目、起離月日關報逐處上簿，候客人到彼，畫時收買。如計程大段過期不到，即令行遣根逐。若客人私賣茶與諸色人，及將合入秦鳳等路貨賣茶虛作永興軍等路迴避關報逐處者，並依《熙寧編敕》禁榷臘茶法斷罪支賞，所有熙寧七年七月十六日朝旨內上項一節更不施行。今欲依所乞，於熙寧七年九月八日中書劄子，於「熙」字下、「秦」字上添入岷字。』從之。

又 四月十九日，提舉成都府等路茶場司言：『雅州名山縣發往秦、熙州等處茶，乞聽官場盡買，不許商販。』詔商人就官場買者聽之，每馱納長引錢，令指定州軍貨易。

又 八月十九日，詔蠲鄂州失催茶稅錢歲二萬五千七百餘緡，仍令民自熙寧七年復認舊數輸納。以三司言『自嘉佑四年茶法通商，至熙寧六年總十五年，失催錢至三十八萬五千六百三十餘緡』故也。

又 ［熙寧］九年四月二十二日，體量成都府等路茶場利害劉佐言：『商人販解鹽入川，買茶至陝西，獲利甚厚，欲依商人例，歲以鹽十萬席易茶六萬馱，約用本錢二百一萬緡。此商賈取利，皆酌中之數，禁商人私販。』從之。

又　二十四日，措置熙河財利孫迥言：『乞罷熙、河、通遠三茶場，可省官吏五十餘人。』詔劉佐相度以聞。

又　五月一日，體量詢究川茶利害劉佐言：『準朝旨，具析買川茶應副熙河等路博馬及糴買糧草，與李杞利害不同等事。緣李杞將六月終買茶數搭倍約作全年，又不曾計置販鹽入川，及計置到物貨却將出空頭牒，差官百員分領，此與佐議不同。其有顧脚馱茶雖同杞，又須令店戶晝時申報抄劄，截留客人驢騾，亦與佐有異。』

又　十一月六日，提舉成都府、利州、秦鳳、熙河等路茶場司狀：『已準朝旨立法，令盡數收買茶貨。勘會新法內階、成州係次邊禁茶地分，又西路秦、鳳州、西南入利州路以西並（並）爲川蜀出茶地分。今來彭州堋口、蒲村、導江至德山、綿州龍安、漢州綿竹、楊村等處，係利州以西州縣，嘉州洪雅縣、眉州丹稜縣並係產茶貨去處，緣新法內開說不盡，欲乞應成都府諸州、縣產茶地分，並依邛、蜀等州買茶稅場條例，差委逐處稅務收買，並依新法施行。』從之。

又　［熙寧］十年四月二十五日，詔市易務茶限二年結絕，許客茶交易。

又　十月十六日，詔秦鳳路轉運判官孫迥：應承受茶法文字及所聞利害，並關提舉茶場司。以迥言茶法有未便事，乞赴闕奏稟故也。

又　元豐元年正月十二日，三司言：『建州熙寧六年買茶三十二萬九千餘斤，有麤惡茶剋納錢二萬六千餘緡，當於園戶及干繫人催理。雖淹歲月，破產未必能償。乞計其直，令復準茶入官，以寬遠民監催勾擾之弊。』從之。

十七日，詔提舉成都府等路茶場司李稷相度置場買茶，聽商人於熙河路入錢及糧草，定價給引，指射請販利害以聞。

二十五日，詔：『成都府路轉運司劾成都府官司越職受理茶場司事者，茶園戶等如有罪，亦劾之，已決者，具析以聞。』提舉茶場李稷言『知成都府劉庠受名山知縣楊少逸越訴事，不下提舉茶場司』故也。

又　二月七日，提舉成都府等路茶場司奏：『請自今應支撥與諸司錢糧，並支見錢、金帛，勿以茶折，所貴不致諸司增損茶價，有害茶法。』從之。

二十四日，詔提舉成都府等路茶場司：『應置場賣茶州軍，知州、通判，並兼提舉；經畧使所在，即專委通判兼之。』

又　四月三日，提舉成都府等路茶場司言：『秦鳳路副總管夏元幾用禁軍回易私茶，侵壞茶法。』詔轉運司劾之。

四日，提舉成都府等路茶場李稷奏請賣茶錢裁立中價，聽隨市色增損，仍定歲入課額及設酬賞格。又言：『蕃部無錢，止以米及銀、絹、雜物賣錢買茶，乞許以茶博易銀、米等物，立限半年易錢。』從之。

又　五月一日，權利州路轉運使尚書司封郎中張宗諤、轉運判官太子中舍張升卿各降兩官勒停。初，宗諤等乞廢茶場司，止委轉運司收茶稅、歇馱錢，而提舉茶場李稷言其所陳皆疎謬不實故也。

七日，提舉茶場司言：『產茶般輦州縣，乞同轉運司選差知州、通判、知縣、縣令及排岸官一次。其彭、漢知州或通判許本司權奏辟，如能協力，保明留再任。』從之。

十六日，詔：『應南茶輒入熙河、秦鳳、涇原路，如私販臘茶法。其巡捕，如川峽茶入禁地法。』

十九日，提舉茶場司言：『歲運官茶四萬馱饋邊，常患輦送不繼，欲以本司頭子錢置百料船三十隻，差操舟兵士六十人，軍大將一人管押。歲終比較，如年課辦比陸運省便，即計所贏，以十之三賞軍大將等；有損壞遺闕，以賞錢、請受備償。』從之。

六月二十三日，提舉茶場李稷乞定成都府、利州路茶場監官買茶無雜僞麤惡，替罷委提舉官保明，滿五千馱與第五等酬獎，一萬馱與第四等，每一萬馱第加一等。若買麤惡僞濫雜茶估剝，計所虧坐贓論。同監官賞罰聽減一等，即徒罪不至追官者並衝替，其賣買食茶依收息給賞。從之。

九月十一日，提舉成都府等路茶場司請出茶州軍每歲諭園戶，毋得采造秋黃老葉茶中賣，不以多寡沒官。仍乞許每歲別委官驗視，已納到如此色樣，並燒毀。從之。

又　［元豐］二年四月五日，權發遣三司鹽鐵判官、提舉成都府等路茶場李稷言：『自熙寧十年冬推行茶法，至元豐元年秋凡一年，通計

課利及舊界息稅，并已支、見在錢，七十六萬七千六十六緡。』上批：『蜀茶變法，又前後奉行使者失指，議論紛紛，恐動羣聽。稷能推原法意，日就事功，宜速遷擢，以勸在位。』遂落權發遣。

二十四日，提舉成都府等路茶場司奏請自今歲課茶息稅錢，已定十五萬緡，歲以五萬緡給轉運，餘以待詔用。二十五日，又言：乞留銅錢百萬緡爲本。並從之。二十八日，又言：『洋州西鄉縣茶舊與熙河、秦鳳路蕃漢爲市，而商人私販，南入巴、達州，東北入金州、永興軍、鳳翔府，官未置場以前，於州界仙遊、少府、雞雄、歸仁、洋口等鎮鋪差牙校編欄抄發，指州縣輸稅。熙寧十年，廢罷四場牙校，止留洋口一處，州縣慢令，私販公行，西鄉茶稅額比舊減少。乞雞雄等場令州縣督責買撲人編欄，歸仁一鋪乞依舊輸差稅務牙校編欄抄發。園戶中官茶數，歲以三十萬斤爲額，增及萬斤，賞錢一千，如虧少，量事決罰。』從之。

又 五月十一日，詔成都府等路茶場司幹當公事官六人並遷一官，以歲課增羨也。

又 十一月三日，三司言：『福建路臘茶自禁私販，官場漸多售者，乞自今歲計所市茶預下轉運司，限當年運至京師，其江、浙、荊湖、川峽路即權許通商。』從之。

又 〔元豐〕三年四月十三日，陝西轉運司言：『茶場司自熙寧七年置場，至十年總入息、稅錢百二十二萬九千餘緡。』詔提舉成都府等路茶場蒲宗閔及幹當公事官并曾任茶事官，並遷官，循資有差。

又 六月二十四日，提舉成都府路茶場司言：『本司比歲積鉅萬，累詔已給賜別司外，欲以所有金帛爲錢三十萬緡輸內藏庫。』詔就近經畧使所在州封樁，委茶場司主管，如封樁錢物法。自今有羨錢准此，歲終具數以聞。

又 閏九月二日，提舉成都府利州秦鳳熙河等路茶場司奏：『勘會川路茶場二十九所，內七場係舉官監臨，自創始行法至今，累年牽循定制，未嘗更改，畧已成就。數內洋州斯多店茶場在州西南約四十里村野內，所出淺山茶至薄，合舉官一員專監，前後無人願就。今欲乞將上件茶場更不舉官，併廢入所在州作一場管系。乞洋州茶場買茶監官更不兼監本州商稅，所有商稅員闕却乞依舊令三班院別差一員專監。』從之。

又 十月七日，提舉成都府利州秦鳳熙河等路茶場司奏：『勘會熙、秦、岷、河、階州、通遠軍、永寧寨七處茶場，各係依條不拘常制奏舉監官一員。今相度秦、熙州、通遠軍、永寧寨四場，歲收本息不下七十餘萬貫，比其餘場分給納浩瀚。乞將上件四處茶場監官各以兩員爲額，並依元條奏舉。』從之。

又 十二月二日，中書省劄子：『權陝府西路轉運使、都大提舉成都府利州秦鳳熙河等路茶場公事李稷奏：『幹當公事官日夜出入道路，尤著勤績，未蒙推恩。』詔令提舉成都府利州秦鳳熙河等路茶場司立定祖額，依課利場務條具，三年一次比較聞奏。

又 〔元豐〕四年四月十九日，詔茶場司條令中書別立抵當法。先是特旨令市易司罷賒請官錢，令民用金帛抵當，公私以爲便，故欲推廣之。

又 〔元豐〕五年正月二十三日，福建路轉運使賈青言：『準朝旨，相度年額外增造龍、鳳茶。今度地力可以增造龍、鳳茶五七百斤。』詔增額外五百斤，龍、鳳茶各半，別計綱進。又言：『乞所造揀芽茶別置小龍團，斤爲四十餘餅，不入龍腦。』從之。

又 十月二十五日，同提舉茶場蒲宗閔言：『諸茶場立額出賣，比較申奏，每收息二萬緡，監官減磨勘一年，餘數更比類酬獎；不滿二萬緡及不願減年者，每息錢百緡，支賞錢二千，選人依第四等酬獎；與免試，無可免者，陞一年名次。』從之。

又 〔元豐〕六年四月三日，同提舉成都府等路茶場陸師閔言：『文州與階州接境，有博馬及賣茶場，龍州舊許通商。乞以文、龍二州爲禁地，其秦州本司差官一員造帳，計置川路羨茶徧入陝西路出賣，仍於成都府置博買都茶場。』從之。

閏六月十三日，同提舉茶場公事陸師閔劄子奏：『竊見新修《茶場司敕》尚未全備，臣今擇出合行通用條貫三十八件，內有於新法干礙者，畧加刪正下項：一、諸成都府、利州路、金州產茶處，各就近置場，盡數買園戶茶，許客人於官場收買，販入川峽四路並金州界，充民間食用。私輒買賣、博易、興販及入陝西地分者，並許人告捕，依犯私臘茶法施行。諸陝府西路並爲官茶禁地，諸路客販川茶、南茶、臘茶無引、雜茶犯

禁界者，許人告捕，並依犯私臘茶法施行。諸園戶齎茶往不置場處，并用有引茶及空引影帶私茶，並未經販賣及諸色人販茶偷謾商税者，皆許人告捕，依漏税法斷罪外，一斤以上賞錢三貫文，每十斤加三貫，至三十貫止。禁地官茶偷税准此。諸產茶州縣每歲於民間闕乏時，預先計置見錢、斛斗，召園戶情願結保借請，每貫出息二分。至茶出時曉示，令以茶赴官折納，過夏季不納，即追催秋季，不足，量分數科校。諸產茶州縣買茶，正斤外依市例量加耗茶。非理責加耗者，許賣茶園戶告，計所剩坐贓論罪，止杖一百。即官庫漏底，雖有出剩，不得理爲勞績。諸產茶州縣出賣食茶，並隨時價高下增息，仍準價別收長引錢一分訖，給引放行。諸產茶州縣出賣食茶，各以元豐元年爲額，提舉司歲終比較不虧，每收息一百貫文，支賞錢五貫文，充監官公人添給。監官四分，公人六分，其開場在元豐元年以後者，並以第一年全年爲額。賣鹽準此。諸茶場官舍有闕，牒轉運司應付，其合占那民地者，令指射官地對換；係樓店務官舍地基及税地者，以茶息錢輸納税租。諸禁地賣茶場年額敷辦，歲終比較，每收息錢二萬貫，監官減一年磨勘，提舉司保明聞奏，選人比類奏裁；不滿二萬貫，每息錢一百貫文，支賞錢二貫文，以上願留次年併賞者聽。仍將博馬茶通比。秦、熙、階、岷、河州、通遠軍、永寧寨七處分茶與外鎮城寨出賣者，亦通比。諸處出賣官茶，令提舉司立定中價，仍隨市色增減。應增者，本州本場體訪詣實，增訖申提舉司覆按。應減者申提舉司待報。賣鹽準此。諸陝西不立額賣茶場，並以元豐元年課利爲額，歲終比較賞罰。其開場在元豐元年以後者，以第一年全年爲額。諸買賣茶，每州委見任官一員管幹，通計所管課利敷辦者，比監官減半推賞。賣鹽準此。諸官場以茶、鹽博易到銀、帛、斛斗、雜物，限半年變轉見錢，除元價外，所增息錢十分中給一分與主轄官吏充賞。官員四分，專典六分。過半年，不得變轉，不支賞錢。虧元價者，監、專均償。如博下滯貨，雖已解替，候變轉訖離任。諸成都府、利州、陝府西等路縣鎮城寨買賣茶場，無正監官處，就差税務官吏；無税務處，委餘官不妨本職監轄。金州及賣鹽場准此。諸買賣茶州軍知州、通判兼提舉，經畧使所在，通判兼提舉茶場，所在州委都監、縣委令佐兼監。賣鹽准此。諸轄下州軍每季輪當職官點檢未批文曆，如提舉司覆較得官物有侵欺盜用，失陷損惡，違法不職，其干涉季點官於監官下減一等科罪。諸買賣茶場年終比較，虧五釐以上，罰俸半月，公人笞四十；滿一分，監官笞二十，干系公人杖六十；每一分，監官、公人各加二等，三分各罪止。管幹當官以所管場務通比，減正監官一等科罪。監官任滿通比，一界內如及二分，降一年名次，及三分，降一等差遣，無等可降，依差替人例施行。課利一萬貫以下，監官每一分罰一月俸，三分罪止。諸轄下買賣茶場監官如有不得力，並許量人材于事簡處對訖，奏乞各與正差，如闕正官，即依川峽四路轉運司差官例，於得替待闕官内權差，或指名牒轉運司依條差權。諸提舉司人吏、貼司、軍典及茶場專典、庫秤、牙人等，因公事取與財物，依轉運司人吏法。引領過度，首、從皆用此法。諸買茶場量事務繁簡，招置有物力、保識牙人，應收買起綱茶，依鄉例支牙錢，即收買食茶，亦依鄉例，於合支價錢内剋留。牙錢置曆，分閑忙月分均給，有餘並不應給者，並入官。諸顧脚，州縣召有物力行止人充甲頭，準例收尅保引錢，應所保脚戶帶官物、脚錢等逃匿，及有所欺隱侵盜致失陷者，甲頭備償；即例外尅取，依倉法；州縣輒役使，杖一百，計庸重者，自從重。諸水陸般茶、鹽所經州縣並推排脚戶，置簿籍定姓名，準備隨時價和顧。如有損失毀敗，全數備償。諸茶、鹽綱所經官司遇有給納，託故不躬親若住滯經宿者，依常平法。諸脚戶所般茶鹽遇陰雨，許就寺舍、亭鋪及空閒官屋内安泊。其合顧脚交替州縣，並於要便處那併添兑官舍充綱院，仍令轉運司應副。諸見管錢物，其它官司輒支動者，以違制論，不以赦降、去官、自首原減。諸茶場及轉般庫役人，並隨課利給納大小增損制祿，不得支動本息錢。諸幹運物貨所經税務，依省定則例收納六分税錢。在成都府、利州路，許以所幹物貨準折，如係陝西，令逐處税務批抄，理爲年額，轉運司牒提舉司取撥。諸回幹物貨出入川界，量多寡關牒秦、熙州，差指使管押，諸茶、鹽所經道路巡檢、縣尉、巡鋪、使臣，各遞相催驅出界。諸給公人賞者，專副四分，典吏、庫秤等共六分，闕無所承者入官。諸給納，並每貫收頭子錢五文足，應茶場監官添支驛料、運船，提舉司官屬及幹事官屬直吏祿，公使什物雜費，并貼支諸場公人傭食錢等，並以所收頭子市利錢充。諸提舉官于轄下官吏事局相干，同按察；部內有犯，同監司；諸提舉官點檢職務公事，杖以下罪就司理斷；事合推究

者，送所司；徒以上，依編勑監司點檢法。諸沿茶法職務措置詞訟、刑名、錢穀等公事，除州縣施行外，合申明者，申取提舉司指揮施行，他司不得干預，雖於法合取索文字，並關牒提刑司施行，不得專輒行下，諸處，亦不得供報。如所經處置尚有抑屈者，許以次經轉運、提刑司申理。諸幹當公事官，川路二年、陝西二年半爲一任，選人願就三考者，聽從便。供給依廨宇所在州簽判例，州無簽判，依職官例。京官以上及大小使臣，各隨本資給添支；本資無添支者，依舉監一萬貫場務例給。諸幹當公事官闕無所承，許不拘常制選差轄下官權充，其餘應合差官幹事，並依編敕差官條施行。諸紙筆、朱墨、油燭、皮角，以系省錢收買，在京申省支給。諸文字往還，並入急脚遞。看詳熙河蘭會路見今不隸陝府西路，竊慮今來條貫內凡稱陝府西路者，須合添入「熙河蘭會」四字，又第十四項於「縣鎮」字上合添入「州軍」二字。以上條貫，乞賜施行。』詔令尚書省檢會，疾速行下。

九月十六日，戶部狀：『同提舉成都府等路茶場公事陸師閔劄子奏：通用條貫三十八件內，第二項：「諸陝府西、熙河、蘭會路並爲官茶禁地。」本司檢準元豐六年四月三日條節文：文、龍二州並爲禁地，依秦鳳等路茶法施行。今來所降上件通用條貫，係在四月三日後來頒降，欲乞于第二項「諸陝府西、熙河蘭會路」字下添入「文、龍州」三字。本部看詳，欲依所乞。』從之。

又 十月十六日，茶場司言：『準勑，每歲下本司熙州椿管茶一萬馱，於經制司年額現錢內除豁，充蘭州博糴糧門，仍依市價計錢。今乞分四料，每季支茶二千五百馱』。從之。

二十一日，詔『同提舉茶場陸師閔，昨付以推廣禁地，施行蜀茶。今據面陳，稍見次序，可召問大概及所請職事，速議施行。』

又 十一月二十四日，下缺其戶部議法不當，長貳、郎官、戶部及都省吏以差罰銅。』

又 十二月十三日，陸師閔奏乞川路買茶起綱場監官十員，並許不依常制指名奏差。從之。十六日，又言：乞依舊許人買在京臘茶入陝西，計所得淨利立額，本司于息錢認還。戶部乞令榷茶司歲認淨利錢萬四千一百緡。詔戶部依所申數除之。

又 〔元豐〕七年六月一日，尚書戶部言：『準批狀，提舉汴河司言：畿內諸縣民間茶鋪，亦乞請買官茶。其法施於京師，衆以爲便。府界宜與輦轂下不殊。』從之，候二年立法。

又

八月二十八日，都太提舉榷茶陸師閔言：『川茶之法，肇於熙寧甲寅，行之陝西，既有明效。以河北、河東生聚之衆，唯茶不可一日而闕。若視陝右成法，而歸利於公上，度兩路歲費之數，置官場於荊、楚間和市，歲計運至兩路，率用陝右禁地之法，本利俱積，以助邊費。』詔師閔條具以聞。

二十九日，都提舉汴河堤岸司言：『乞歲買建州臘茶十七萬斤，依官綱例免稅，至京抽解十分之一送都茶庫。都茶庫所賣茶，本司乞歲買三萬斤，隨新陳作價』。並從之，其市易務茶令商議定價，如不售，即申所屬出開封府界變易。

又 九月六日，都大提舉榷茶陸師閔乞除放民賒欠茶罰息錢。尚書戶部言：『罰息錢七萬餘，乃朝廷封樁錢數。』詔本息正數並給限理納，罰息許除之。

十月二十八日，尚書戶部言：『廣西轉運判官劉何乞買桂州修仁縣等處茶，前此官司未嘗經畫，欲且施行，候及一年就緒，令提舉官立法。所乞借常平錢及差官一員提舉，當俟詔旨。』詔提舉官劉何，其借提舉司錢限三年還。

又 十一月二十一日，中書省言：『元豐二年，提舉茶場李稷以息稅五十萬緡爲歲額，後陸師閔奏，自立額後，連歲增羨。乞自七年以百萬緡爲額，未委虛實。』詔榷茶司具自二年立額後至六年所收息稅有無增剩及支費數以聞，本司具數上，乃下刑部驅磨其舊封樁及見在錢，並令交割與陝西逐路提舉常平司封樁。

二十二日，都大提舉成都府永興軍等路榷茶公事陸師閔劄子：『近准朝旨，應係般茶大路，並計置車子遞鋪。臣昨來已行計置，自成都府至利州、自興元府至興州、鳳翔府、自商州上津至永興軍三處，稍有次序，然先降條貫各系指定去處，其間多有抵牾，難以推行。今將前後指揮刪立成條，乞詳酌先次施行。一、諸般茶鋪軍人請受，排運保伍、老病揀汰

並依遞鋪體例，内有差到本請受多者，從多給。諸般茶鋪軍人及一切費用，並於般茶脚錢内支破。諸般茶鋪軍人，並委逐處招刺，仍許投换；如不足，即以州縣首獲逃軍揀選刺充；尚不足，即於轄下州軍定差，一年一替。諸般茶鋪軍人，諸司及州縣輒别役，告附帶般運差借之類，並依三路役使壯城法。奉朝旨差使揀選，亦許本司執奏。諸般茶鋪軍人不得投换别指揮，逃走首獲，斷訖押回本鋪名下收管；别犯重者，自依本法。諸般茶鋪兵士並量遠近，每馱支給率分錢外，有重難鋪分軍人，仍相度量給添支口食。諸般茶鋪並于川路元差管押茶綱兵級内選差充綱官，往來幹當。諸巡轄般茶鋪使臣請受、當直兵士，並依巡轄馬遞鋪例，出巡給遞馬一疋。每歲比較，如無住滯工限，及逃死兵士不及五釐，任滿與減一年磨勘，先次指射家便差遣。伏乞詳酌施行。』詔依陸師閔所奏。

又 ［元豐］八年二月七日，尚書户部言：『福建路轉運副使王子京乞並鄰近兩浙、江南、廣東復禁茶。諸路仍通商，未有朝旨。』詔在京及開封府界、陝西路通商之外，並爲榷茶地。

又 六月三日，詔水磨茶地隸太府寺，仍屬户部右曹。既而詔在京水磨茶場廢罷，其結絶官物等，令户部措置施行。從侍御史劉摯、右司諫蘇轍、殿中侍御史黄絳、劉次莊所奏也。

又 哲宗元佑元年二月二日，吏部郎中張汝賢言：『被差福建路按察買茶抑配，今相度，乞並依熙寧五年二月已降指揮施行。』

又 ［元祐］五年二月二十一日，户部員外郎穆衍言：『六路茶法，通商久矣，税錢無總數以較多寡之入，租錢有無欠負亦不可考。請自今税錢委逐州通判月終比較申州，州歲較申轉運司，轉運司於次年具總數申户部；租錢委轉運司歲終具理納大數申户部。如稽違，許從發運司、户部奏劾。』從之。

五月七日，都大提舉成都府利州陝西等路茶事司言：『應雅州管下盧山、榮經縣，碉門、靈關寨，威、茂、龍州，綿州石泉縣界，並爲禁茶地分，如敢侵犯，乞並依熙、秦等路法施行。』從之。

又 ［元祐］六年正月二十五日，成都府利州路鈐轄司言：『川陝四路茶許客通販，内外安便，今並爲禁地。緣逐處皆是接連番蠻，若行禁止，竊慮别生邊事。』詔罷前敕。

又 紹聖元年四月十二日，管幹茶事程之邵言：『川茶元因弛禁，人户請出，遂失元價。欲除催理本錢外，將出限二分息錢蠲免。』從之。

又 八月二十三日，詔興復水磨茶，應合行事，令户部先具措置申尚書省。從户部請也。

又 十月二十八日，都大提舉成都府等路茶事陸師閔狀：『今相度下項：一、陝西路復爲禁茶地分，盡數收買雅州名山縣茶，般赴陝西路州軍應付博賣，餘並依見行條法施行。一、般茶大路並添置茶遞鋪，不得和顧百姓。永興、鄜延、環慶三路各置巡轄、茶遞鋪使臣一員，並復置催發綱運官一員，並依條奏舉。一、永興軍税務監官，舊條許本司不依常制奏差一員，填見任年滿或承替不得力人幹當，如有已授下待闕官員，令别授差遣，除不依常制一節外，並乞依舊條施行。一、永寧軍、綿州石泉縣，雅州碉門寨等處人户興販入番茶，上件利害事干邊界，乞候巡歷到川路，與鈐轄司同共相度聞奏。一、本司創添合舉官闕，如正官未到，舊條管幹文字官等許選差轄下官權，其監茶場官等許差得替待闕官權。今乞並許於罷任待闕官内權差。』詔並依所奏。

十月二十九日，陸師閔又奏：『近因本司奏請增置巡轄茶鋪使臣，減罷催綱官，臣愚以謂巡轄使臣固不可無，而催綱官往來點檢，取責收附，尤爲要切。今欲乞見管催發綱運官一員並巡轄茶遞鋪使臣四員任滿日，依舊許本司奏舉，所貴不致闕事。如有已差注使臣未到任者，並依條别與差注。』從之。

又 ［紹聖］二年三月七日，户部言：『得旨興修水磨茶事。初元豐中，都提舉汴河堤岸司總領，即汴下流用之，隄岸司今廢，歸都水監而措置茶事乃隸户部，事不相應。請依元豐置都提舉汴河隄岸司故事，應一司事並依舊條。』詔就差提舉茶場水磨官兼提舉汴河隄岸，專管幹自洛至府界調節汴水，應副茶磨，不得有妨東南漕運。

四月七日，户部言：『茶場自今收買客茶，並拘收長引，對定引，内合納税錢，即於茶價錢内尅留歸官，報税院銷會，以充税課。』從之。

十三日，陸師閔劄子奏：『準朝旨，陝西路復爲禁茶地分，已於雅州名山、興元府、洋州等處計置食茶二十綱計六十餘萬觔，般運前來，候新置茶遞鋪就緒，即可至永興等處分佈出賣。今爲置鋪事務未能遽集，

深慮民間乏茶食用，未敢先次止絕客販。欲乞候官茶到永興軍日，從本司行下川路諸茶場，更不發引過陝西界，其已發引前來者，各許依引于陝西路貨賣盡絕外，並依禁茶條貫施行。』從之。

二十二日，都大提舉成都府等路茶事陸師閔言：『準朝旨，陝西路復禁茶。今量度自鳳州至永興軍先次添置茶遞鋪，更不和顧百姓外，其餘買茶場各般至鳳州等處，不可置鋪，並合依見行顧役般茶條例。龍州界乞仍舊禁茶，應干茶法，並依舊條從事。』從之。

六月二日，提舉水磨茶場所言：『應本場所隸人，令更相保任，如有隱欺，並同專副法。許人告捕，若偷盜、貿易擅增，並次斤重第賞。』從之。

十二月三日，詔：『應陝西貸茶戶已納本錢有餘者，其見欠息錢特與蠲除，如尚欠本錢，限二年納足。』

又　［紹聖］三年五月二十四日，江淮荊浙等路制置發運司言：『官員躬親捕獲私茶，累及一萬斤至十萬斤，等第推賞；未獲犯人者，以三比一；差人捕獲者，以三之半比一。』從之。

十二月十九日，樞密院言：『都大提舉成都府利州陝西等路茶事司陸師閔奏：「文、龍二州皆接蕃界，舊法並爲禁地分，向因黃廉按察奏請，文州之法仍舊，而龍州通商，且二州均有邊面，而禁其東不禁其西。緣興元稅務十一月間發引放客茶入龍州一帶地分者計八萬九千餘斤，及引外影帶者不可勝計。此茶入蕃，爲害多矣，唯龍州密邇文、階，害法最甚。兼自來不係蕃戎交易往來之地，別無可慮。望指揮龍州界依舊爲禁地分。」』從之。

又　［紹聖］四年二月二十四日，新權陝西路轉運副使張元方言：『利州路新產茶，乞依元豐條法復禁榷。』從之。

二十五日，戶部狀：『準都省送下朝散郎、都大提舉成都府等路茶事陸師閔劄子奏：「臣勘會元豐茶法，成都府、利州路產茶處各就近置場，盡數買園戶茶，許客人于官場收買，販入川峽四路，充民間食用。私輒買賣、博易、興販及入陝西地分者，並許人告捕，依犯私臘茶法施行。自黃廉按察並令通商後來，民間不以爲便。蓋客人買賣遲細，少有見錢交易，是致園戶失業，比之舊日官場收買，利害甚明。臣今乞復行上件條貫，內有雅州、永康、綿州、龍州等一帶近邊地分，昨因放行通商，遂與戎人交易，每年所市茶數不可勝計。議者以謂今若頓行止絕，即恐引惹未便，伏乞下茶事司相度，於逐處各置買賣茶場，只許蕃戎等於官場交易，並依文、黎州條法施行，所貴公私經久利便。今來川路復行舊法，竊慮州縣場務推行或有過當，今具約束如後：一、買賣茶收息不得過二分。一、茶場公人並優給顧直，不得將息錢隨分數給官吏充賞。一、茶園戶並令據所有茶數赴官中賣，不得置簿認數，拘攔入中。所有成都府、利州路合置茶場及稅務兼監去處，並依舊例，其舉官處亦乞依條奏舉。」本部勘當：川茶昨禁榷及通商，並係茶司官與轉運司官同共相度，具利害聞奏改法。今逐司相度利州路所產茶貨，若依元豐年條法復行禁榷，委是利便，經久可行。本部欲依逐司相度到事理施行。』詔依。

又　閏二月八日，吏、戶部狀：『準都省批送下都大提舉成都府利州陝西等路茶事司狀：「近來逐場監官多求他司不拘常制差出，頗妨茶場職事。乞將茶場監官他司雖不拘常制，並不許差出，其逐官日前差出者，即乞撥不在任月日，合得酬獎更不推賞。」逐部勘當，欲依本司所乞。』從之。

又　四月十五日，吏、戶部言：『水磨茶場監官錢景逢任內收息一十六萬餘貫，呂安中收息二十一萬餘貫。』詔錢景逢與轉一官，呂安中候任滿日，保明以聞。

二十一日，詔成都府路產茶州軍復行禁榷。

又　十一月十一日，戶部郎中、提舉水磨茶場孫迥言：『茶磨乞於在京東水門外沿汴河兩岸踏逐舊日修置水磨去處，別行興復。』從之。

又　元符元年九月十九日，都省批下都大提舉成都等路茶事司奏：『準勑，成都府復置博買都茶場。本司看詳，有未盡事件：一、欲乞立法，應買茶及以物貨博易而官司拘攔或抑勒者，並徒二年。一、欲立法，茶價如合增減，而官司不切體訪市價，行遣失時，並科杖一百。一、客旅以物貨赴場博茶，如不及擔數，並許隨斤重博易。若物價多茶價少，許貼給物價；若物價少茶價多，許貼納茶價，內貼給錢不得過一分。一、元條許本司奏差監官二員，緣今來復法之初，職事未致繁多，乞先且奏差一員，候將來買賣浩瀚，從本司相度添置。』詔依。

又　[元符]二年三月二十七日，戶、刑部狀：『修立到下條：諸茶場監官、同監官、專秤、庫子親戚，不得開置茶鋪，違者杖八十。許人告，賞錢三十貫。上條合入成都府、利州、陝西路并提舉茶事司敕，係創立。「諸提舉、管幹茶鹽官並吏人、書手、貼司及賣鹽場監官、專秤、庫子親戚輒開茶鹽鋪，及撲認額數出賣，若於官場買販者，各杖一百。許人告，賞錢三十貫文。」上條合入《廐庫敕》。』從之。

又　十二月十五日，廣西轉運副使張景温言：『桂州修仁縣産茶萬數，乞復行榷茶之法。』從之。

又　徽宗崇寧元年十二月八日，尚書右僕射蔡京等言：『荆湖南北、江南東西、淮南、兩浙、福建七路産茶，自乾德二年立法禁榷，官置場收買，許商賈就京師榷貨務納錢，給鈔赴十三山場、六榷貨務。《三朝國史食貨志》：十三場：蘄州王祺一也，石橋二也，洗馬三也，黄梅場四也，黄州麻城五也，廬州王同六也，舒州太湖七也，羅源八也，壽州霍山九也，麻步十也，開順口十一也，商城十二也，子安十三也。六榷貨務：江陵府務一也，真州務二也，海州務三也，漢陽軍務四也，無爲軍務五也，蘄州之蘄口務六也。』至祥符中，歲收息五百餘萬緡。慶曆以來，法制寖壞。嘉佑初，遂罷禁榷，行便商之法，客人園戶，私相貿易，公私不給，利源寖銷，歲入不過八十餘萬。元豐中，先帝嘗命有司講求，而法廢已久，議者不能上承聖志，議未及行。竊考在昔茶法之弊，蓋緣科配人戶，不計豐凶，州縣催迫，人多逃避。嘉祐改法，指以爲説。今欲將荆湖、江淮、兩浙、福建七路州軍所産茶依舊禁榷，選官置司，提舉措置，並於産茶州縣隨處置場，官爲收買，更不於人戶税上科納，禁客人與園戶私相交易。所置場處，委官籍記園戶姓名。所有置場茶本錢，欲降度牒二千道、末鹽鈔二百萬貫，更特於逐路朝廷諸色封樁錢并坊場、常平剩錢內共借四十萬貫，共三百萬貫，令逐路分擘，充買茶本錢，差官分路措置，湖南北路欲差一員，江東西路欲差一員，淮南、兩浙路欲差一員，福建路欲差一員。將來措置就緒，即共差都大提舉七路茶事二員總之，餘官並罷。其勾集園戶，籍會戶數，酌量年例所出，約人戶可賣之數，年終立爲茶額。所有復行禁榷條法，檢會大中祥符所行舊法并慶曆後來私販害公之弊，取今日可行者酌中修立，接續爲法，頒降施行。』從之。

又　[元符]二年二月二十三日，提舉京城茶場所奏：『紹聖初，興復元豐水磨，推行京畿茶法，歲收二十六萬餘緡。四年，於長葛、鄭州等處京、索、潩水河增磨二百六十一所，且用汴水，極爲要便。自輔郡榷法之罷，遂失其利，今四磨不能給。其元符三年罷輔郡榷茶指揮，乞勿行。』從之，遂置諸路茶場。

二十九日，詔客販福建臘茶免税。

又　四月二十四日，尚書省言：『諸路茶價不等，難立一定收息之數，乞令隨宜收息，勿得過倍。』從之。

又　七月二十九日，尚書省言：『茶場歲置臘茶十三萬斤，變磨先春、社前，應副在京官員請買。凡係禁地，前准朝旨，許商賈興販入京，則於水磨茶法有妨。乞客到京城日，令本門具名色斤重即報茶場，依實直中賣，餘依草茶例，違者論如律。』從之。

同日，尚書省言：湖南北路茶事司乞茶場監官及監門官不許差出及兼他職。從之，餘路依此。

又　八月七日，都大提舉成都府利州陝西等處程之邵奏：『准熙河蘭會路勾當公事童貫已牒：熙、河、岷州、通遠軍將見在茶盡數支撥般運赴湟州，應副支博蕃部物斛。本司已令逐州軍一面支撥應副。今又准熙河路經畧司牒：將支降到封樁錢一百萬貫，於秦州并順便城寨劄刷兑買蕃部食茶。本司契勘，蕃部食茶多是名山茶，其茶准條專用博馬，不許出賣。緣今來湟州新邊，博闕糴斛闕斗，本司不敢占留，見聽從熙河路司支撥兑買，應副支用。』詔程之邵得熙河關報，不待朝廷，便逐急應副湟州，委見協心國事，特與轉兩官。

十一日，京西轉運司狀：『檢准二月十九日江、淮、荆、浙、福建州軍所要茶，官置場買，不得私賣。所有告捕支賞及應榷法巡捕等事，並依元符敕令條格施行。今契勘元符條格，別無該載捕獲私販賣真茶賞格。契勘慶曆舊行榷茶日，犯私茶係分草、臘茶兩等州名外推賞，並巡捕透漏約束，止爲一等。今來復行禁榷，亦分草、臘茶兩等刑名。其巡捕透漏、支賞等，今若比附，亦爲兩等，即與舊法不同。兼已降朝旨，告捕支賞及應榷法巡捕，並依元符敕令條格施行，即一切並合遵依見行條令。

看詳除元符雜格內品官許有禁物一項，係草茶通商日修立，今來既臘茶、草茶皆行禁榷，即草茶亦合許有。今欲乞於本項內「臘茶」字下添入「草茶各」三字，其餘元符敕令條格內應干臘茶條內，並合除去「臘」字一箇，伏請詳酌施行。』詔依。

二十八日，都大提舉成都府利州陝西等路茶事兼提舉陝西等路買馬牧公事程之邵奏牧：『勘會永興、鄜延、環慶、涇原路舊來食用南茶，自榷賣川茶後來，多有私販，抵冒刑憲。今若許令商販通入南茶，委是穩便。』詔依。

又 十月三日，京城提舉茶場司狀：『勘會未置水磨茶場已前，商客販茶到京，係民間邸店堆垛，候貨鬻了當，或翻引出外，自例出備垛地戶錢與邸店之家。興置水磨，客茶到京，並赴茶場堆垛中賣，已係官場指擬數目。訪聞客人近歲以中賣爲名，與官場商量價值，却一面令人於外路通商地分私相交易，結攬貨賣，意欲津般前去。其間有在官場三兩月間，故意高索貴價，商量不成，遂致翻引離場，不唯虛占廊屋，兼亦有誤官場元指擬之數，未有措置。兼元豐中，嘗置垛茶場，遇有客茶到京，盡赴本場堆垛，客人出納垛地官錢。今欲乞如客茶到京赴茶場堆垛，除中賣入官外，其糶引出外茶數，從本司相度茶色高下、路分緊慢，量收堆垛錢入官，所貴杜絕姦弊，不致虧損官私。』詔依所申，其客人販到諸路茶，經涉水磨茶場地分到在京茶場，願中賣入官者，不限斤數收買，却許客人興販水磨末茶往鄜延、環慶、涇原、永興路貨賣。若末茶不足，許以本場客人商量不成交易草茶赴榷貨務，糶引興販前去。如客人已指別路州軍，若到所指地，却願往陝西者，並令先赴京場。

二十二日，提舉措置兩浙茶事司奏：『睦州在城茶場比去年增四十二萬三千餘斤，賣及九分以上，增數爲最，一路州縣皆不及。』詔知州方通、通判江懋迪各轉一官，監場王公壽、范景武各與循兩資，占射差遣一次。

二十九日，詔：『川茶毋得過陝西路南茶地分出賣，如違，依私茶法。』

又 〔元符〕四年二月二十一日，尚書省言：『勘會已降指揮，陝西、川茶專充熙河路博糴。本路轉運副使吳擇仁博糴貨茶不少，其茶事理合同共管勾。』詔陝西等路茶事差擇仁兼同提舉。

六月九日，中書省言：『榷茶本以便園戶、通商賈，而奉行官吏全失法意，務增課額，抑勒科配，致不辨美惡，乞立條約。』從之。

二十四日，三省言：『已罷官場賣茶，許商賈與園戶交易經營納息，以便客販。然慮私相貿易，虧損官課，乞增立法禁。』從之。

同日，詔朝請郎、直秘閣、同管勾成都府等路茶事孫鼇抃除直龍圖閣，差遣依舊，以賣茶增羨故也。

十月十二日，詔：『川茶，熙河一路經費所仰，除博馬并博糴外，並不得出賣。輒出賣者，以違制論。』

又 大觀元年二月二十二日，詔朝請郎、同管勾成都府利州陝西等路茶事、兼提舉本路買馬監牧司公事龐寅孫除直秘閣，差遣依舊，以賣茶增羨故也。

閏十月二十四日，詔：『州縣及當職官奉行茶鹽法稽慢違戾，並不以去官、赦降原減。』

又 〔大觀〕二年十二月十二日，詔：『榷茶仍許客販，而執引爲驗，往往影帶舊引，冒詐規利，並官吏因得搔擾。雖各有法，可申嚴行下。』

又 〔大觀〕三年正月二十四日，通奉大夫、提舉太一宮、都大提舉茶事宋喬年奏：『客販諸路茶貨，依鄉原舊例加饒耗茶，分數不一，亦有元無加耗去處。恐客人只就有耗茶處收買，致興販未廣。乞諸路舊例元無加饒耗茶去處，並依江東例加饒一分，所貴招誘客人，廣行興販。』從之。

三月十五日，中書省、尚書省送到劄子：『勘會東南七路所產茶貨，客販通行，近據逐路重別立到息錢，多寡不等。』詔：『令逐路茶事司將逐路茶貨以見今所搭息錢，每斤各量添錢一十文，其見納息錢不及一十文者，並只對數增添，內元買價小，搭息多，即不得過元買價一倍。仍具已增息錢申尚書省。』

七月十三日，詔罷都大提舉茶事司，在京令戶部、在外令轉運司主之。

八月十三日，詔奉直大夫、直秘閣、同管勾成都府等路茶事王完除

直龍圖閣，差同提舉成都府等路茶事，以賣茶增羨也。

又 〔大觀〕四年閏八月十二日，左右司狀：『勘會先准朝旨編修茶鹽香鈔法，續准朝旨，勘會通商茶法，係治平年所修頒降，見今引用。緣歲月甚久，其間續降衝改不少，竊慮别致抵牾。本司見今編修七路茶法，正與通商茶法相干。』詔令左右司一就編修聞奏。

二十七日，梓州路轉運司奏：『看詳純、滋州係納土新建州郡，所出産茶若便行禁榷，置場收買，切慮斯民驚疑，且令安習貨易。欲乞俟三二年間見得的確産茶數目，别具利害奏陳。』從之。

又 政和元年三月二十四日，戶部相度：『欲乞逐路州軍每月具應客人等收買興販茶數、合納息錢，内若干係住賣處送納，若干係量添錢外實收到錢數，除紐計分與轉運司外有若干，并量添錢數申發運司拘催，赴内藏庫送納，仍供申左右司官。』從之。先是，朝旨令轉運司催促左右司官總領拘催，令戶部條畫，至是來上也。

同日，臣僚上言：『乞應將茶貨高立價例，約期依限賒賣與卑幼及浮浪之人，並依有利債負條施行。』法案檢條：『看詳臣僚上言，客人將茶貨倍立高價賒賣，遠約期限，已有《治平通商茶法》約定三限并《元符令》高擡賣價不得受理外，有賒賣茶貨與浮浪及卑幼，今修立下條：「諸客人將茶販賣與浮浪及卑幼者，依有利債負法。」右合入《通商茶法》。』從之。

又 四月二十四日，詔有司重行參定《私茶賞格》，無使太重。

二十七日，詔：『福建諸置茶事，今歲造到建州北苑龍焙官茶，製作堪好，特異平常。所有措置官柳定庭俊已下，可將上取旨推恩，以勸能吏。』

又 八月二十三日，戶部專切提舉京城所奏：『准敕，臣寮上言：永興軍等四路先係川茶禁地，後來改作南茶地分，其四路民庶依舊嗜食川茶，是以客人得便以奪官中厚利。伏望特降睿旨，令改作川茶地分，或乞且令提舉陝西等路茶事司權暫管認南茶及水磨馱茶税息，俟年歲之間，見其管認之外，所得利息顯著，却令依本司自來專條施行。又權發遣成都府陝西等路茶事張翬狀：乞依元豐舊制，復以四路爲川茶地分等。後批：令戶部與提舉京城所一處相度聞奏。看詳張翬奏，見在食茶七萬五千餘馱，占壓本息共四百餘萬貫緡，今相度，永興等四路並鳳翔府以東岐山等八縣，並合依元豐年出賣川茶舊法施行。所有南茶税息，内除税錢亦合依元豐法撥還戶部外，有茶場支賣馱茶息及客販南茶息錢，近准朝旨，赴茶場送納，係應奉御前。今來張翬乞依元豐舊制，復以四路爲川茶地分，仍以所收息税錢歲用上供，以代水磨末茶之息。緣榷茶司課額係屬朝廷封樁，今據茶場歲收馱茶息錢共一十六萬七千餘貫，令元豐或大觀東、西庫每年分上下半年，内上半年以正月、下半年以七月撥運茶場，却令提舉榷茶司每歲於收到茶息錢内依數支撥與陝西轉運司支用，於朝廷合應副本路錢物内扣除。兼契勘永興軍等路今來復作川茶地分，榷茶司難便計置般運到彼，所有見今客販茶若便行住罷，切慮逐處民間闕茶食用，兼有虧合收茶税額課。乞且許客人般販前去，并茶場見支馱茶，截日更不支發，其已般去數目，亦許且行出賣，並限至歲終發洩盡絶。仍令榷茶司預行計置般運，自來年爲始。出賣川茶並逐處每年撥還錢，除上項錢數。』詔依。

又 九月二十八日，權發遣同管幹成都府利州等路茶事李稷劄子：『今相度，應川路産茶場分賣茶收息，比額雖增，若買賣茶數不敷祖額，更不推賞。』詔依。

又 〔政和〕二年八月二十六日，尚書省黄牒：『奉聖旨，令尚書省措置茶事。今勘當水磨茶自元豐創置，除近畿外，即不曾分下諸路。昨緣分配諸路有置官之冗，般輦之勞，致妨客販，收息減少，乃至商賈不通，内外受弊。緣水磨茶先帝建立，不可廢罷，欲只行於京城，與客販兼行，餘路並令客人商販。可走商賈，實中都，惠小民。今具下項：一、京城内以水磨茶官賣，其京畿、京東、京西、河北、河東、淮西、兩浙、荊湖、江南、福建、永興、鄜延、涇原、環慶路，並爲客販南茶地分。一、客販茶許至京城，與水磨茶兼行。除京城水磨存留外，餘路水磨並罷。一、在京見置比較鋪並罷。一、在京置都茶務，專管供進末茶及應干茶事，從朝廷差官四員管幹，供進官一員，專一管幹供進，闕樞密院選差入内内侍省官。專一供進等茶料，每年所闕約二十餘萬斤，除於官庫取撥外，若有少數，以合用茶所出處，取客願，賫引收買，附帶前來，如無人願，依市價和買。其所附茶免税，計茶本免引錢。一、諸路茶園戶，官

不置場收買，許任便與客人買賣，仰赴所屬州縣投狀充茶戶，官爲籍記。非投狀充戶人，不得與客人買賣。一、客人許於茶務買引，指定某州縣買，往所指處任便貨賣。一、客販茶，並於茶務請長、短二引，各指定所詣州縣住賣。長引許往他路，短引止于本路興販。其約束沿路阻節，給公據，並依鹽引法。一、客人請到文引，更不經由官司，許徑赴茶園戶處私下任便交易。一、長、短引令太府寺以厚紙立式印造書押，當職官置合同簿注籍訖，每三百道並籍送都茶場務。一、客請長引，每引納錢一百貫，若詣陝西路者加二十貫文，許販茶一百二十貫；短引二十貫，許販茶二十五貫。若於非指定出賣者，依私茶法罪，告賞亦如之。一、客販茶不請引而輒販者，加私茶法一等，告賞亦如之。若引外增數搭帶，或以一引兩次行用，若踰限不申繳者，罪賞准此。一、應茶引輒私造者，依川錢引法，賞錢三百貫；已成未行用，減一等，其賞如之。一、客請引販茶，許自陳乞限，長引不得過一年，短引一季，於引內批書所至州縣，賣訖批鑿，自赴茶務，或遣親人繳引，務官對簿銷落，抹訖申太府寺。一、客販長引茶至所指處，餘限未滿，願入別州縣住賣者，經所屬批引前去，賣訖，繳引如上法。一、客引踰限不繳，本務下所屬追人並引赴務，依法施行訖，不在販茶之限。一、應客販茶地分，而諸色人輒以茶侵越本地分者，罪賞以私茶論；已至而未賣者，減一等。一、客人引違限一日，笞一十，三日加一等，至徒一年止。若有故，聽申所屬展限訖報務，展不得過一季，即已展而違者，罪亦如之。一、茶園戶隨地土所出，依久來分爲等第，即不得以上等爲中等，以次等爲上等，餘等亦如之，違者各杖一百。一、州縣春月園戶茶出時，集人戶以遞年所出具實數、賣價，縣申州，州驗實，以前三年實直與今來價具實封申戶部，下茶務照會。若平價不實，虛擡大估者，杖一百；受贓者以盜論，贓輕徒一年；吏人、公人、牙人配千里。許客越訴，或理不直者，經監司、尚書省。一、客人賫引輒改易指改，徒一年；若添減斤重、日限者，加二等。即去失者若水火盜賊，並隨處經所屬自陳，驗實召保，赴茶場再請買，違者，依私販法。一、客人請引，須正身若親人正身赴場，不得假倩他客。借人或倩之者，各杖一百。一、客人賫引販茶，所至州縣若商稅、市易務、堰閘、橋鎮、柵門輒邀阻留難，一日杖六十，二日加二等，三日徒一年，又三日加一等，至徒二年止。吏人、公人並勒停，永不敘。即受財者，以自盜論，贓輕吏人、公人配千里。一、客人賫引販茶，所顧舟車若爲人以他事惹絆，因致留阻者，杖一百。若長引客有罪，杖以下聽留家人受罪，其茶限一日放行。一、勘會福建路臘茶，舊茶法禁止，不許通商，今並許客人依草茶法興販。一、水磨地分，河北見賣馱茶，候客販到新引茶，截日住賣，其賣不盡茶，具數申尚書省，今後水磨更不起發馱茶赴諸處出賣。一、客販茶願借江入汴者聽，入京師者依舊認納淮西稅錢，外路認淮東稅錢。一、客人已販舊法茶至元指住賣處，仰所至州縣委官抄劄封訖；如未至元指處，願抄劄者聽，其合納稅息並依舊法外，將今來新法茶引販到茶對帶出賣，如願赴茶務請新引出賣舊茶者，並依興販新茶法。如違，並依私茶法。一、客販茶貨，自來起引處雖秤盤封記，多是計會虛套封頭，致出務收盛，沿路私拆，添填私茶，依條沿路只是點檢封記，不許秤制，以此走失稅課。今後客茶籠篰並用竹紙封印，當官牢實粘繫，不得更容私拆。如擅拆封及擦改者，杖一百，許人告，賞錢三十貫。一、客人于園戶處買到茶，並令園戶於引內批鑿的實色號、斤重、價錢，於所在州縣市易稅務點檢封記。一、客販茶合納稅，並遵依舊法。一、七路茶法，並依大觀三年四月已前指揮；文意相妨，並依今降指揮。一、產茶并通商路分茶事，並令鹽事司管幹，無鹽事官處，從朝廷專委官管幹。一、今後盛茶籠篰，仰所屬州軍專委通判，闕者委以次官，撲定茶籠篰長闊尺寸並籠葉斤重，分爲二等，一百三十斤，爲限製造，用火印熏記題號，降付市易、稅務收掌，隨所販茶令客人收買盛茶。候裝到茶，令所在州縣市易、稅務點檢封記，即不得依前將寬大籠罨收盛茶貨，搭帶私茶。一、客販茶輒用私籠篰，罨、罐、袋之類同。杖八十，若增損大小、高下者，加二等。一、應出茶地分委通判，無者委以次官，依樣選人匠製造籠篰罨、罐、袋之類同。出賣。每隻除工費外，不得過五十文，以所賣息錢充工料之費，不得增損。若製造不如法，杖八十，增損大小、高下者，杖一百。一、客人販茶，已依舊法給賣茶公據，未曾買茶者，並令繳納，違者依私用法。一、永興、鄜延、環慶、涇原四路見在川茶並客人舊販南茶，聽且出賣，候客販到新引茶住賣，委所屬抄劄舊茶見數，具狀申尚書省。藏匿免抄劄，依茶法。川茶却般入川茶地分。一、舊客販南茶地

分鋪戶，見在茶並令截日抄劄見數，且令出賣。若隱漏，依私茶法，候客販到新引茶住罷，具賣不盡數申尚書省。一、合變磨供進並在京出賣末茶合用磨盤數，令所屬相度存留。一、係籍園戶，客無引而輒自賣若私販者，杖一百，許人告，賞錢五十貫；已販者，依私茶法。不係籍而與客買賣者，依此。』詔從之。

又《**食貨三一・茶法雜録二**》　紹興五年六月十八日，詔：『福建路轉運司並建州每年合起大龍鳳并京鋌茶，並自來年爲始，減半起發。』先是，上言福建歲有上供龍鳳團茶，數目甚多，今錫賚既少，無所用之，枉費民力，故有是詔。

又　七月二十三日，臣寮言：『州縣之獄有不能即決者，私商敗獲根究來歷是也。且販私商者，皆不逞之徒，有敗獲禁勘，而素與交易者多不通吐，以爲後日販鬻之計，所牽引者類皆畏謹粗有生計之人。官司不追證，則謂之結勘滅裂，一追證則無辜者受弊，且以快其平日不與交易之憤。暨至明日得釋，有不可勝言者矣。司獄利其如此，又根究而別追治，是致獄戶填滿，嚴冬盛夏，死損者常有之，豈不上累仁聖之治，孤欽恤之意乎！夫產茶、鹽地分根究來歷者，故欲止絕私商，而小人用意如此。交易者以其不通吐而無復疑，畏謹者恐其結讎根而不敢拒，是使不逞者愈得意於其間也。臣謹按祖宗法，應犯榷貨，並不根究來歷，止以見在爲坐。今若不問是與不是產茶、鹽地分，一切不根究來歷，止以見在結斷，不惟囹圄可致空虛，而私販者即伏刑憲，亦將止息矣。』詔令戶部限三日勘當，申尚書省。既而戶部言：『據榷貨務都茶場勘會，不係出產州軍捕獲私販茶鹽之人，依法自不許根究來歷，其出產州軍捕獲私鹽，如係徒以上罪，及亭場禁界內杖罪及獲私茶，並合根究來歷。雖有《紹興令》稱犯榷貨者不得根問賣買經歷處，即係海行條法。緣《紹興勑》內該載：一司有別制者，從別制。又緣諸處私茶、鹽並系亭竈、園戶賣與販人，今若一概不行根究來歷，深恐無以杜絕私販之弊，却致侵害官課。今欲乞遵依見行茶、鹽專法施行。』詔依戶部勘當到事理，如犯其餘榷貨並以臣寮所陳施行。從之。

又　十一月二十三日，詔：『私販川茶已過抵接順蕃處州縣，於順蕃界首及相去偽界十里內捉獲，犯人並從軍法。若入抵接順蕃處州縣界、未至順蕃界首捉獲者，減一等。許人捕，所販物貨並給充賞。如物貨不及一千貫，即依紹興五年十月三日已降指揮支給賞錢。其經由透漏州縣，當職官吏、公人、兵級併合減犯人罪一等。』

又　〔紹興〕九年八月二十六日，宰執進呈戶部員外郎孫邦奏：『私酤係已免拆屋，私茶鹽尚有籍沒法，亦乞蠲除。』上曰：『法若果弊，固不可不亟改。若行之已久，無甚大害，且循祖宗之舊可也。』

〔紹興〕十二年四月二十八日，戶部言：『據浙東提舉茶鹽司具到本路州縣紹興十年一全年批發住賣茶增虧數目，并合賞罰當職官名銜，申乞取旨賞罰施行。』詔最增去處，當職官與陞一年名次；最虧去處，當職官各降一年名次。

五月八日，刑部言：『湖北提舉茶鹽賈思誠劄子：「檢準紹興十年六月十九日敕節文：刑部看詳茶園戶有違犯條禁依法合追賞者，如係二罪已上俱發，只從重賞追理。本司看詳，犯茶人情犯不一，假令初一日甲使乙擔私茶二十斤往州西販賣，初二日甲又使丙擔私茶五十斤往州東販賣。未賣過間，初三日，州西者爲弓手捉獲，州東者爲土軍捉獲，同日到官，即是二罪俱發。州東者爲重罪，若只據五十斤追賞，未審弓手合與不合與土軍均給賞錢，亦未審販茶客人二罪俱發，合與不合從重追賞。」下大理寺看詳，據本寺衆官參酌前項事理，緣依律，二罪以上俱發，以重者論；既斷罪從重，其賞亦合從所得重罪追理。若逐項告獲同日到官，難以止給告獲重罪之人，即欲乞比附「應賞而係二人以上者分受，功力不等者量輕重給之」條法施行。其茶園戶犯私茶二罪以上俱發，亦合從重追賞。本部尋行下都茶場去後，今據本場申：切慮追賞數輕，少肯告捕，使冒法規利之徒得以爲姦，侵害客販，有虧課入。今欲乞下法寺重別擬定立法施行。據本寺重別參詳上件因依，不須立法外，其私茶公事各被逐地分人告獲，同日到官，合行各追賞錢。如係一名或二人以上共告獲者，即合依紹興十年六月十九日指揮，從一重追賞；內二人以上均給施行。所有販茶客人二罪俱發，亦遵依今來所降指揮施行。』從之。

又　六月二十七日，戶部言：『契勘福建臘茶長引，依法許販往產茶路分並淮南、京西等路州軍貨賣，緣淮南等路已置榷場，給降臘茶前去充本，折博支用，切慮客人冒法，私相交易。欲乞將福建臘茶長引並不

許販往淮南、京西等路，止於江南州軍貨賣，仍令沿江州軍常切檢察施行。』從之。

又 九月十三日，赦：『潭州合起紹興六年至八年分拖欠大方茶價錢，昨已令放免一半，其餘一半分限三年帶發；及九年、十年分合起錢，已令限一年作兩次起發，可並與放免。其紹興十一年分未起數，令限一年作兩次起發。』

二十三日，戶部言：『據行在都茶場申：勘會客販諸路草、末茶，在法並有限定許販斤重，惟福建路臘茶即與諸路草、末茶大段不同。訪聞冒法射利之徒，多與山場園戶私相計合，將上等高品茶貨却作下等紐計批引，請囑合同場公吏通同作弊，以至經由海道，抵冒法禁，理合隨宜措置。今條具下項：一、今措置福建園戶等處臘茶，自今降指揮到日，不許與客人私下交易，如違，依臘茶法斷罪追賞，並仰將所造銙、截、片、鋌臘茶，不以等第高下、價例多少，並中賣入官，仍令提舉官於逐州軍量度產茶遠近，置買納茶場，將山場見賣價上增搭五分，於當日支還價錢收買，謂如每斤十貫，增添五貫作十五貫之類。以示優潤園戶。其買到銙子、截子逐色臘茶，令提舉官計置起發，赴行在送納。其買納茶場買到逐等片、鋌臘茶，仰本場於元買價上增搭三倍，謂如每斤一貫，增搭園戶買價五百文，于通計一貫五百文上更增三倍，作六貫之類。以逐等片、鋌茶品搭打套，逐時往合同場，令客人請買，依新法鈔引納錢請買興販施行。一、諸路州、縣、鎮、寨等處應客人及鋪戶見在已、未開拆，並未到住賣處臘茶，不以成引不成引之數，並限今來指揮到日住行貨賣，州委主管官，縣、鎮等處委令丞或巡尉，日下分頭躬親詣停塌店鋪等處，盡數抄劄，並引拘收入官，依市價用官錢支還價錢，許於經總製錢內取撥。一、契勘客販臘茶，輒裝上海船，經由海道，雖已承指揮，依紹興五年正月二十七日指揮：販物人并船主、稍工並皆處斬；水手、火兒各流三千里，皆刺配千里外州軍牢城；元保人各徒三年，分送五百里外州軍編管。訪聞日來尚有不畏法禁規利之徒，依前般載臘茶經由海道販賣。蓋緣州縣當職官吏坐視，全不用意禁戢，是致客販違法公行。今檢準紹興七年四月二十九日指揮：客人乘海船興販牛皮、角等貨賣，仰沿海州軍嚴切禁止，仍仰帥、憲司常切措置覺察。其經由透漏并元裝發州縣知、通、令、各當職官吏，並按劾以聞，依已降指揮並流三千里，各不以去官、赦降原減。欲乞今後當職官透漏客販臘茶經由海道，並依前項紹興七年四月二十九日指揮施行。』詔並依，內福建仍委程邁與韋壽成同共措置。

二十八日，詔：『福建路轉運司將逐年供進京鋌茶料製造作大龍餅子，依數如法封角，依大龍茶題寫，充國信使用，令別作一項差人投進。』

十一月十日，臨安府通判呂斌言：『切見朝廷措畫茶法，就行在置局。今欲乞朝廷相度，將福建路茶事司依舊移歸建州專一主管，每歲買發臘茶。』從之。

十二月十二日，戶部勘會：『臘茶係貴細，品色最高，客人興販利厚，若不措置，切恐冒法私販。今相度，如客人願販銙、截、片、鋌臘茶套過淮南、京路近裏州軍等處貨賣，銙、截臘茶二十五貫套更貼納錢一十五貫文，五十貫套更貼納錢三十貫文，片、鋌臘茶二十二貫套，更貼納錢一十五貫文。如不曾貼納引錢，擅自過逐路及沿邊州軍販賣者，並依私臘茶法罪賞，許諸色人告捉，經由州縣失覺察，當職官依違戾茶法，各徒二年，並不以去官、赦降原減。戶部續承指揮，編打一十二貫五百文銙、截茶小套，乞貼納錢七貫五百文，於前後指揮別無違礙。』從之。

又 十三年二月三日，戶部言：『湖北路提舉茶鹽司申：「爲沿路鋪兵盜採生茶，私自蒸造，與過往兵級公然交易。乞依監司兵級指揮施行，內鋪兵依園戶法，候斷訖移送本路不產茶重難鋪分，節級降充長行，長行降所至處下名收管。」據都茶場申，契勘在法即無鋪兵盜採茶貨賣與過往軍兵專一斷罪明文。今勘當，欲依本司所乞事理施行。內鋪兵盜採生茶所爲重者，自從重。諸路依此。』從之。

十七日，戶部言：『知楚州紀交申，爲客茶改指盱眙軍，恐客人已過楚州，未到盱眙，沿淮近岸冒法私渡，乞降關子數萬貫充盡數拘買客人茶引之直，將指盱眙軍茶貨依本軍榷場博易，或用錢、關子盡數對買等事。據都茶場申，看詳本官所乞，若令本州拘買客販茶貨，有礙成法外，今相度，欲乞應客人販茶，若往盱眙軍住賣，並仰楚州主管茶事官即時開具茶引斤重、客人姓名、引料字號，入急遞關報本軍及沿淮官司遞

相覺察。若盱眙軍住賣，仍仰本軍先次置籍抄上，候到銷籍。若約程不到，即行根究施行。兼恐楚州住賣茶貨，以出城貨賣爲名，因而冒法私渡。仍乞下本路提舉茶事官嚴行約束沿淮巡鋪官司常切禁戢，毋令透漏。』從之。

又 三月二十三日，戶部言：『據都茶場申，今依應立定住賣批發茶最增虧去處賞罰下項：最增一分以上，減一季磨勘；三分以上，減半年磨勘；五分以上，減一年磨勘；七分以上，減一年半磨勘；八分以上，減二年磨勘；一倍以上，減二年半磨勘。最虧一分以上，展一季磨勘；三分以上，展半年磨勘；五分以上，展一年磨勘；七分以上，展一年半磨勘；八分以上，展二年磨勘；一倍以上，展二年半磨勘，內選一人降一資。餘依見行條法。本部尋送檢法案參詳及司勳、刑部審復訖。』從之。

又 閏四月二十四日，臣寮言：『竊見創置茶司，降付本錢榷買，見今中納數目百未及一，已見買納不行，暗失去遞年引錢一百餘萬貫文。欲望量增引錢，仍舊且許客販。』戶部看詳：『欲依所乞。福建州軍買納茶場，自今降指揮到日住罷收買，並許客人依舊法赴都茶場買引，前去本路所指州軍合同場勘合文引，下場與園戶私下交易，依引內訴販斤重買茶，赴官秤製，批發興販施行。其餘事件，並依自來條例。』從之。

七月十八日，提舉湖北茶鹽司言：『檢准紹興八年十一月三日敕節文：犯私鹽人除流配自依本法外，徒以下並令示衆五日，遇寒暑，依本法。契勘本路係產茶地分，緣茶、鹽事屬一體，所有犯茶人欲依犯鹽人已得指揮。』從之。

又 十四年三月十九日，戶部言：『兩浙西路提舉茶鹽司申，客販茶經由州軍縣鎮，稅務及住賣官司不切點檢覺察，雖批鑿文引，官員不行印押，並乞依客販鹽從杖一百科罪。本部欲依所申事理施行，諸路準此。』從之。

二十六日，戶部言：『據淮南東路提舉茶鹽司申，客販茶所以冒法私渡淮河，一則獲利至優，二則避免榷場貼納官錢。今措置，欲將元指淮東住賣茶，水路不許過揚州高郵縣，願往楚州及盱眙軍界者，即於高郵縣先往榷茶場貼納翻引等錢，如願往榷場折博，依先降指揮，更收逐等翻引錢一倍。若由陸路，止許到天長縣住賣。如願往盱眙軍榷場折博茶貨，令天長縣並依高郵縣納逐等錢數。如獲到私渡茶貨，欲乞比附紹興路獲私茶以一斤比二斤推賞。』從之。

又 〔紹興〕十五年九月二日，提舉浙西茶鹽鄭僑年申：『勘會已降指揮，諸州監門官檢察獲到私鹽及有透漏，並依《巡尉格法》賞罰，所有客販私茶，乞依鹽事已得指揮施行。』詔依，其餘產茶路分准此。

二十三日，詔：『漢州什邡縣楊村鎮、彭州濛陽縣堋口鎮合同茶場歲收息錢，以紹興十二年所入之數爲額。』從都大提舉茶馬司請也。

又 〔紹興〕二十一年七月十九日，宰執進呈勑令所編類茶、鹽法成書，欲擇日投進。上曰：『今茶、鹽法已定，令久遠遵守，往時隨事變更，雖可趣辦目前，日後入納稀少，却非善計。』

八月四日，宰臣秦檜等奏言：『臣等今將元豐江、湖、淮、浙路鹽勑令格並元豐四年七月二十三日後來至紹興十年三月七日以前應干茶鹽見行條法並續降指揮，逐一看詳，分門編類到《鹽法》、《茶法》各一部，內《鹽法敕》一卷，《令》一卷，《格》一卷，《式》一卷，《目録》一卷，《續降指揮》一百三十卷，《目録》二十卷，共一百五十五卷，合爲一部。《茶法敕令格式》并《目録》共一卷，《續降指揮》八十八卷，《目録》一十五卷，共一百四卷，合爲一部，并《修書指揮》一卷。以上茶、鹽二書共二百六十卷，作二百六十冊，乞下本所雕印頒行。內鹽法冠以《紹興編類江湖淮浙京西路鹽法》爲名，茶法冠以《紹興編類江湖淮浙福建廣南京西路茶法》爲名。所有事屬一司、一路、一州、一縣等條法指揮，不係今來編類者，自合依舊遵守。』上曰：『茶、鹽前後指揮條目繁多，今編類成書，纖悉具載，若能遵守，永遠之利也。』先是八年七月七日，樞密院計議官陳康伯言：『臣竊惟茶、鹽成法，纖悉備具，載之簡策，布在有司。然閱時既久，續降益多，或臣僚因事而建明，或朝廷相時而增損，前後重複，科目實繁。昨者雖降旨取索編類，未見施行。伏望委官審訂，勒成一書，鏤板行下，使諸郡邑有所遵承，或無抵牾。』至是始成書。

又 〔紹興〕二十五年九月十七日，宰執進呈次，因論前日臣僚建言：『欲於產茶地分就差官置場收買，庶免私販之患。』上問：『今天下

一歲茶利入幾何？』秦檜奏曰：『都茶場等三處共得賣茶鈔錢二百七十餘萬緡。』上曰：『比承平時少陝西諸路，故其數止此。』

又 〔紹興〕二十六年六月五日，祕書省正字張震言：『伏見四川產茶，內以給公上，外以羈諸戎，國之所資，民恃爲命。異時所在茶場每貨茶百斤以上，必有所增予，謂之加饒，所以優商，官自捐之，民則無與。自都大韓球行刻剝之政，希增羨之課，於是始取償於民，盡舉所捐，增爲正額，或一場至三二十萬。茶既不足，則併采薪芽，來年轉荒，舊產愈負。自此以來，額未嘗足，民日破貧，甚者流亡，無所告訴。且民者茶之所自出，商者茶之所自行，優商而困民，是浚其流而竭其源也。又民知輸官不補所得，於是強悍之民起爲私販，姦猾之家聚爲淵藪，以爲苟保於朝暮，孰與坐待於死亡！其弊若斯，將損國計。陛下聖恩寬大，而下吏弗能究宣，其將何以稱盛德！臣願陛下特降睿旨行下四川茶馬司，將韓球以前茶額比今所取裁酌施行，庶幾民力稍可復舊，上以彰陛下仁愛之澤，下以爲四川根本之計，不勝幸甚！』從之。

又 〔紹興〕二十七年六月二十六日，尚書省言：『告捕私茶鹽雖有賞格，若不增重，無以激勸，兼次第保明，多有阻滯。』詔：『今後命官捕獲私茶鹽，依賞格各遞增一等，諸色人賞錢各增五分。應合得賞人，茶鹽司限三日勘驗，保明申奏，賞錢限當日支給。』

〔紹興〕二十八年七月十二日，知復州何棐言：『臣切見荊湖北路所賣茶引歲有常額，若逐州只依遞年之數分認發賣，其間却有人煙戶口繁庶去處食茶甚衆，年額不多，是致小商私行販賣，以規其利。兼有人煙戶口未及前時，而引數頗多，科及保正，甚者不問貧富，以丁口一例科抑。』詔下荊湖北路提舉茶事司，將給降去茶引參酌一路州郡人戶多寡，通融措置，招誘客旅從便請買，即不得違法抑勒，科擾人戶。

十月七日，刑部言：『江東茶鹽司申：「冒法之人請買茶引，般販茶貨，經由渡口，載往淮南私拆散賣，却收執元引曆面過江，私織籠篰，重迭影販私茶。乞今後客販淮南長引茶，令秤發官司先取問客人所指住賣州縣，於引背批鑿經由場務及添入合過沿江官渡，仰買撲渡人照引書鑿經由渡口、月日、姓名押字，即時放行。如渡口買撲人受倖，不行批引，縱放私茶，乞與正犯茶人一等科罪。」本部契勘諸監臨主司受財枉法與不枉法，稅務故縱権貨，及堰閘應搜檢人故縱，各有立定條法。今來申請沿江渡口買撲之人受倖，不行批引，縱放私茶，欲依堰閘故縱権貨減犯人二等斷遣，如受財重者，即係有事在手爲監臨，合依監臨之例。若因而無故留難邀阻，自依本法斷罪施行。』從之。

又 〔紹興〕三十年二月五日，都大茶馬司言：『夔州路所產茶，祖宗舊法未嘗禁榷，政和後來，主管茶馬官累次申乞賣引，皆以民夷不便，不曾施行。止緣都大提舉官符行中約束夔茶，不許販入潼川府路，後於紹興二十三年內據達州申，乞收納客人關子錢數，通放入果、渠等州變賣。本司遂申明朝廷，於潼川府路果、合、渠等州，廣安軍管下與夔路接界縣分置合同場賣引，於紹興二十四年內起置。後於紹興二十七年十一月內，准行在都茶場牒，坐知忠州董時敏奏條具便民事件，內一項乞將本州管下龍渠縣所產茶，依祖宗舊法免行禁榷，牒本司依條施行。是時都大提舉官許尹到任之初，未詳曲折，遂以置場累年，漸成倫緒，回申戶部。後來許尹在官則久，究見禁榷以來商旅不通，委於民夷不便，遂於紹興二十八年十一月內具申尚書省，乞將夔路茶住罷禁榷。後準戶部符，止依已降指揮施行。本司今再行詢究，夔路茶味若價低，不比他路茶貨。檢照得先據達州申：本州東鄉縣出產散茶並餅團茶，自來客人止販餅團茶，每團二十五斤，茶價每斤一百二十文，計三貫文。販致渠州，沿路脚稅三貫五十文，及買關引錢二貫五百文，共八貫五百五十文。到渠州約度中價，止賣得六貫五百文。自此客旅不來興販。本司今紐筭客販夔茶一百斤，共三十四貫二百文，止賣得價錢二十六貫文。緣客販川茶內中、次等每一百斤約用買茶本錢及脚稅並買官引錢不過四十道，約度賣得五十道，其夔茶見今與川茶一等收納引錢一十道。如此，灼見夔茶難以乘載引息，客人興販不行。一、切見夔茶自熙豐立法之後，並不禁榷，始自紹興二十四年內創于夔州路接界縣分置場買引，後來每年所收引錢不過七八千貫。今將渠、合州管下合同場紹興二十八年一全年所賣茶數計筭，共賣過五萬餘斤，所收引錢止計五千餘貫，比之日前，愈更數少，却於逐州軍所收省額稅錢虧損不少，恐非經久可行。欲望將夔路茶住罷禁榷，遵依祖宗舊法施行，委爲一方經久利便。』本部欲依所申事理施行。從之。

又　三月一日，行在榷貨務都茶場言：『準紹興六年八月二日指揮，每年茶、鹽等錢收及一千三百萬貫，官吏推賞。今來逐務場自紹興二十九年正月四日至今年正月三日終，計收到茶、鹽、乳香等錢二千四百一十萬八千三百九貫六百二十六文，內除閏月收到錢二百二萬三千二百五貫二百三十文外，計收趁到錢二千二百五萬五千一百四十貫二百九十文。』詔依所降指揮推賞。

又　〔紹興〕三十一年四月七日，臣寮言：『邵武軍管下四縣，有產茶價錢，歲納之數通不及一千七百緡，昨行經界日，應鄉民植茶雖止一二株，盡籍定爲茶園，敷納價錢，無慮數千戶。後雖荒廢，無復存者，所科錢依舊輸納入。官司以有名額，不敢住催，而逐年催到之數，常不及十之五六。臣恭聞仁宗皇帝時，趙抃爲嚴守，民籍有茶稅而無茶者，抃爲奏蠲之，民至今受賜。乞下有司究實，盡行蠲免。』詔令戶部看詳。

九月二日，赦：『勘會四川茶額已行減定，訪聞茶、鹽場只於大額內自減應副不及之數，其中、下等園戶並不與減損虛額，致山民依前困苦，未稱寬恤之意。可令茶馬司取見詣實，將虛額與中、下等園戶裁減。如違，許園戶越訴。』以上《中興會要》

又　紹興三十二年孝宗即位，未改元。八月二十三日，中書門下言：『自今應有犯販私茶鹽，仰官司依法根治，不得信憑供指，妄有追呼。違者，許被擾之家越訴，承勘官吏當重置于法。』從之。

又　孝宗隆興元年四月六日，上封事者言：『建州北苑焙所產臘茶，每歲漕司費錢四五萬緡，役夫一千餘人，往往以進貢爲名，過數製造，顯是違法。』詔福建轉運司常切覺察，仍具每年造茶的實合用錢數聞奏。

二十二日，詔：『今後捉到私茶，依龍安縣園戶犯私茶體例，及十斤以上，將戶下茶園估價，召人承買，將五分收沒入官，五分支還犯人填價。』從都大主管成都府利州等路茶事續觱請也。

又　八月二十七日，詔四川都大提舉茶馬司：『茶場趁辦息錢，如收及新額，從本司保明，將監官與減一年磨勘，主管官減半，自隆興元年爲始。』從本司請也。

又　〔隆興〕二年七月二十二日，臣寮言：『自來茶、鹽同法，於請納外隨其所指，並不收稅。近日客人販茶過淮，遂開收稅之例。謂如盱眙軍一處茶到本軍，每引稅錢十貫，方許過淮，後來更於十貫上添收七貫，並無分文歸朝廷。乞行拘收。』詔令淮東西宣諭司同逐路提舉茶鹽司措置。於是淮東宣諭使錢端禮言：『契勘得客販長引，先降指揮：水路不許過高郵縣，陸路不得過天長縣，如願往楚州及盱眙軍界住賣，每二十三貫並二十六貫引各貼納翻引錢十貫五百，批引前去。如到楚州、盱眙軍翻改，欲淮北州縣每引更貼納錢十貫五百文，盱眙軍每引收回貨稅錢二貫，所收回貨稅錢，即非朝廷指揮，欲行住罷。所有客人販茶水路欲過高郵縣、陸路欲過天長縣，及批改至鹽城縣并滁州等處茶引合收錢，及從提舉司行下逐處，令項椿管，每季申提舉茶鹽司檢察。仍委淮東總領所專一稽考。』到日，盱眙軍胡堅常又言：『客人販茶，水路欲過，所納官錢已是太重，所有本軍稅錢委是重疊，乞免行收納。』並從之。

又　十月八日，江淮都督府准備差遣李椿言：『靜江府修仁縣及鬱林州兩處產茶，其味如藥，茶價不及買引之數，無人筭請。乞聽人戶從便興販出賣，經由州縣，每百斤收稅錢二百文。』詔依，仍令廣西轉運司將先降去茶引依見行條法指揮，依舊招誘客人筭請興販。

又　乾道元年正月十九日，詔：『茶長引依紹興三十一年體例，限半年權於短引地分住賣，下提舉茶事司，令逐州軍主管拘收長引毀抹，令客人指定住賣州縣，給公據前去。其約束程限等，並依見行條法，仍關報沿路及住賣官司檢察放行。拘到茶引，依條發赴所屬收管。』

三月二十三日，淮南東路兵馬都監張藻言：『乞降茶鈔四千引，爲錢三萬六千貫，下出產茶處，委官裝發赴盱眙軍過界出賣，可準得銀四千錠，以助歲計。』從之。後藻措置，無折博到銀數，徒妨商販，有旨降三官放罷，所有隆興府、江州已發到博易茶，令淮東路茶鹽司拘收變賣。

又　十月十三日，湖南提舉茶鹽司言：『本路批發住賣茶鹽，取紹興七年之數立爲定額，比較增虧。今乞將重額諸州與減十分之二。』戶部言：『立額比較，並是違法。』詔本司將違法立額事日下改正，以本年實收到數與遞年比較，取一路州數最增、最虧數一處供申。

又　〔乾道〕二年三月二十五日，戶部侍郎李若川言：『客販草、末茶小引，元指淮南近裏州軍住賣，却願改沿淮州軍住賣者，每引納翻引錢十貫五百文；改榷場折博者，每引再納翻引錢十貫五百文，其引榷

場又合納通貨牙息錢十一貫五百。今聞客人規避，多私渡淮，不唯走失飜引錢，又失榷場所收之數。欲乞將兩淮州軍住賣茶引，並就買引處，每引只貼納飜引錢十五貫五百，許從便住賣及榷場折博。大引隨慣例紐納。所有通貨牙息錢依舊，餘依見行條法指揮。』從之。

又 七月八日，戶部侍郎方滋等言：『自南北通和之後，茶引錢理合增羨。今三都茶場合賣茶引，愈更虧少，私賣盜販，侵奪國課。有新授舒州通判胡儔屢條陳茶利，未經試用。今欲乞專委胡儔帶行新任，支破請給、人從，理爲在任月日，躬親前去江西產茶州縣，與守令及主管官同共措置，革去舊弊。向去增羨，乞將胡儔陞擢，以爲激勸』詔胡儔特改添差通判隆興府，仍釐務。

又 十月三十日，四川茶馬司言：『已立罪賞，禁販茶子入蕃。近有姦猾之人，却將已成茶苗公然博買入蕃，乞依茶子罪賞指揮。』戶部言：『紹興十二年十一月二十五日指揮：園戶收到茶子，如輒敢販賣與諸色人，致博賣入蕃，及買之者並流三千里，其停藏、負載之人各徒三年，分送五百里外，並不以赦降原免。許諸色人告捉，每名賞錢五百貫，內茶園戶仍將茶園籍沒入官。州縣失覺察，當職官並徒二年科罪。今茶苗比之茶子，爲害尤重，乞依本司所請。』從之。

二年二月三日，臣僚言：『川秦茶、馬兩司自紹興十九年至三十二年，官司積欠總計六十六萬四千九百餘貫，並系無可陪填。乞將紹興三十二年前應有欠負茶馬司錢物，並與除放。』從之。

又 [乾道] 三年十二月十二日，行在都茶場言：『准乾道二年三月二十五日指揮：應指兩浙州縣住賣者，並就買引去處貼納飜引錢十貫五百，許從便住賣及榷場折博。近來不住據所屬申明，客人於指揮之前已買引，乞依舊法，免貼納飜引錢。』詔將乾道二年以前請買到茶引未曾起茶，並就起茶去處貼納飜引錢訖，批上文引，方許批發放行。

八年五月二十三日詔：『行在、建康、鎮江府都茶場并應賣茶引官司，客旅筭請長引，截自今指揮到日筭請長引，每引止貼納飜引錢七貫；若再改往榷場折博，止納通貨牙息錢八貫，其餘錢數，與行免納。』

又 [乾道] 四年九月十二日，詔淮東提舉茶鹽公事俞召虎特轉一官，幹辦公事蔣志祖減三年磨勘，以乾道三年分住賣茶鹽增羨故也。

又 [乾道] 五年二月二日，詔：『今後四川茶園戶私販茶，並依舊法，其隆興元年四月二十二日續羃申請指揮更不施行。』以臣寮言：『切詳茶馬司前官續羃申請，止謂禁絕園戶，不得賣與私販之人，虧損官課。今來園戶般茶赴場批賣，或有批曆違限，或有曆不隨茶，或有借曆批賣，或有茶數與曆內不同，或有茶貨不般赴場，或有栽種茶窠未曾自請團結，或有般茶赴場無官給封。凡此等類，州縣一例拘沒茶園，是致山谷窮民，破家失業。』故有是命。

又 [乾道] 六年三月一日，詔：『將三榷貨務都茶場收到茶鹽等錢，各行立定歲額，行在務場八百萬貫，建康務場一千二百萬貫，鎮江務場四百萬貫。如收趁及額，方得依例推賞。』

四月二十四日，戶部侍郎、江浙荊湖淮廣福建等路都大發運使史正志言：『訪聞販茶客人避納飜引錢，往往私販過淮折博，暗失課入。今措置：其短引茶並依舊令客旅於江南任便興販。所有過江長引，並從禁戢。乞許本司於江西積壓未賣茶引內支請賣茶，於淮南、京西榷場折博，其客人已買過長引，將納過引價並貼納飜引錢紐計，於見賣茶引去處貼換短引。』從之。

又 五月二十七日，詔：『筠州茶額與三分中減免一分，立爲定額。』從知筠州曾逐請也。

又 六月十八日，戶部侍郎、發運使史正志言：『淮南、京西州軍係住賣長引茶貨地分，近承指揮，令臣與張松措置禁戢私販茶貨，不得過大江。今照得湖北路係短引地分，其漢陽、信陽軍、復州等處，並在江北，連接淮西、京西榷場路分。乞下所屬契勘，如逐州軍未曾改作長引，理合一體。』從之。

又 七月二十五日，史正志言：『本司買茶一千六百餘引，見過兩淮折博，而兩淮總領所歲費長引過江翻引錢約一百餘萬貫，顯是相妨。切緣本司累月禁戢私販，絕無透漏，是致淮上茶價踴貴，每引可得息錢十五千以上。已同總、漕兩司共議，今年且乞與商販並行，其江西見今有未曾過江茶貨尚多，欲每引量收息錢十千，賣與客人前去。』從之。其後七年四月二十三日，大理正兼權度支郎官單夔言：『今來發運司已行住罷，所有長引茶貨合依舊法，許客旅興販，其發運司每引收息錢十貫。本

司既不興販茶貨，自不令收納。欲下諸路提舉茶事司行下所部州縣遵守，無致阻滯商販。』從之。

又 十二月九日，詔：『榷貨務都茶場收召茶額、鹽錢增羨，應合推賞去處官吏等，照應年例格法推賞。如或虧欠，比附責罰。』

又 〔乾道〕七年二月十四日，册命皇太子赦：『應民間舊欠茶、鹽錢，有元係祖來身分少欠，至孫及曾孫尚行監繫償還，實可矜憫。可自乾道五年以前有似此之人，官司審實，並與除放。』九年十一月九日，南郊赦：『民間舊欠茶、鹽錢，將乾道五年終並與審實除放，尚慮州縣奉行不虔，失寬恤之意，仰提舉茶鹽官檢察，開具已放過名件申奏。或有違戾，許監繫家屬詣臺省越訴。』

又 十二月二十五日，詔：『福建路銙、截、片、鋌茶，昨來並系一十六兩爲一斤，每斤收錢一文。今以鄉原斤重，銙截茶係五十兩爲一斤，片、鋌茶係一百兩爲一斤，每斤增收五文。』從福建計度轉運副使沈樞請也。

又 〔乾道〕八年五月二十三日，龍圖閣待制、兼權戶部侍郎楊倓等言：『客販長引茶貨，內草茶每引並頭子等錢共納二十四貫四百八十四文，末茶每引并頭子等錢共納二十七貫六百七十七文，短引並頭子等錢止共納二十三貫四百有奇。其長引依法指往兩淮、京西路州軍住賣，比之短引價高。又每引就買引官司貼納麄引錢十貫五百，若再往榷場折博，又於榷場納通貨牙息錢十一貫八百。切詳貼納兩項大段數多，致客旅避免，多是收買短引，影帶私賣長引，因此積壓國課。乞自今降指揮下日，以筭請長引每引止貼納翻引錢七貫，若再改往榷場折博，止納通貨牙息錢八貫，其餘錢數，與行免納。』從之。

又 十二月二十九日，詔：『自來年正月一日爲始，將行在務場筭請茶鹽，六分輕齎內須管用二分銀入納，鎮江、建康務場依此。』從戶部侍郎楊倓請也。以上《乾道會要》。

又 淳熙元年正月二十七日，湖廣總領所言：『今年歲計茶引數，內江西長引一十五萬貫，乞改給湖南草茶長引二萬貫，其餘一十三萬貫依乾道八年、九年例盡行换給短引，降付本所品搭變賣轉，應接大軍支遣。』戶部勘當：『江西短引係行在指擬給賣之數，若盡行换給，有妨行在支遣；若不量行换給，恐本處却致妨闕。乞將已降江西茶長引一十五萬貫改降湖南草茶長引五萬貫，江西短引一十萬貫。』從之

二月十四日，詔：『自今建康務場歲終收趁茶、鹽等錢及額，總領與比附左右司減半推賞。』

又 〔淳熙〕二年五月二十七日，詔戶部：『將江西、湖南北長、短茶引各權以一半，依每引元立斤重錢數，分作四貫小引印造給降，其翻引、貼納等錢，隨小引紐計送納，不得增減。』

六月十六日，行在榷貨務都茶場言：『準乾道六年四月二十七日指揮，住給鎮江入納免稅公據，遂致務場入納稀少。』左右司看詳：『乞自今客鋪將鈔引在臨安府變賣到銀兩，許召在城產稅及店業有行止人二名委保，經提領務場所陳狀，行下務場勘驗詣實，以《千字文》爲號注籍，用大字填實日，給據付客人，給由場務即時照驗，批鑿通放，限十日至鎮江務場入納。自給據日，令務場排日三次，其字號、月日、姓名牒報鎮江務場，候到，即時拘收公據毀抹訖，次日繳赴行在務場照應銷籍。仍每旬開具違限不到公據申提領所行下，追元保人根究斷罪，追收經過合納稅錢。如務場不填實日，亦重作施行。若有乞取阻抑，許客人經朝廷赴訴。』從之。

同日，詔：『今歲合降湖廣總領所江州長引，並改降短引，其價錢理充行在都茶場給賣之數。』以都茶場言：『湖廣總領所江州通判廳自來以長、短引品搭，近緣出賣不行，給换江西路短引，其短引係是都茶場合賣之數，恐侵損課入。』故有是命。

八月十三日，湖廣總領劉邦翰言：『給降到短引三十萬貫付本所變轉，充閏月支用，於本所委是快便。其間亦有客旅陳乞，願買湖南北快便州軍長引之人。今欲於合降本所歲計短引三十萬貫外，更行印降湖南、北近便州軍長引一十萬貫，下本所發賣，將所賣錢、會子別項樁管，聽候朝廷科使。』詔從之，仍令將賣到長引價錢發赴鄂州，別項樁管。

又 〔淳熙〕三年二月十三日，湖廣總領所言：『承給到淳熙三年歲計茶引七十五萬二千餘貫，又給降長引三十萬貫，委是數多，必致積

壓。乞將江西路草茶長大小引一十萬貫并江西州軍長短小引二十萬貫，並行換給江西路二十二貫例茶短引。』從之。

十八日，詔：『自今州縣不依條限拘繳茶、鹽引，從本路提舉司檢察，並依奉行茶鹽法違戾徒二年斷罪。其比較增虧賞罰，亦依紹興二十八年十月四日指揮，以繳到引日爲數比較。』從江東提舉司請也。

四月二十七日，詔：『交引庫印造二十二貫例茶短引七萬五千貫，付江西安撫司，二十二貫例短引三萬貫付江州通判廳，仍令逐處將已降去四貫例茶小引依數兌換，却行繳赴行在都茶場送納。其總領所既稱四貫例小引客人不願請買，如日後遇有給降到外路一半小引，更不給降。』先是，湖廣總領所乞給降江西安撫司茶引一十五萬貫，江州通判廳茶引六萬貫，內有小引數目，客人不願請買，乞行換給茶短引付逐處出賣，應副支遣。事下都茶場，指定來上，故有是詔。

又　〔淳熙〕四年九月二十六日，新知梁山軍錢盈言：『四川比較茶鹽增虧，乞將有餘以補虧數，不可以立爲增額。』從之。

又　五年正月二十九日，權戶部侍郎劉邦翰言：『被旨令擬定湖廣總領所出賣茶引。今相度總司除歲計外，更可發賣茶引二三十萬貫。近準省劄，內坐到茶引一項，係朝廷發賣椿管之數。今擬定，乞日下給降江西長引五萬貫、短引二十五萬貫，品搭給賣。』詔行在務場印造，限二月上旬起發前去，仍將賣到錢別項椿管，非奉朝廷指揮，不得擅支。

又　二月十三日，提舉四川茶馬朱佺言：『入蕃茶大觀間歲賣二十萬斤，至乾道四年威州守臣湯尚之奏請以五十萬斤爲額，蕃戎歲市已久，比之舊法，委是數多。今若驟減其數，竊慮蕃戎觖望，事干邊防。』詔每歲以四十萬斤爲額。既而仍舊放賣五十萬斤，以都大茶馬司言『威州蕃部屢以此爲辭，恐致生事』故也。

又　六月二十四日，四川制置使胡元質、都大提舉茶馬吳總言：『川蜀產茶，祖宗時並許通商，熙寧以後始從官榷，歲課不過四十萬。建炎軍興，改法賣引，一歲所取二百餘萬，比之熙寧，已增五倍。繼以聚斂之臣進獻羨餘，增立重額，每歲按額預俵茶引於合同場，甚者至徑將茶引分俵，以致園戶困敗，產去額存。臣等申請置局，委官審實糾決。涉歷兩年，推核增虧之數，合減放虛額一百四萬三百斤，其引息、土產稅錢共一十五萬二千九百九十四貫。』詔並與除放。先是，四川總領李蘩言：『茶馬司歲減馬七百疋，爲錢二十一萬，乞與茶戶對減重額。』詔四川制置司同茶馬司公共相度經久有無妨闕利害以聞，至是，元質、總相度來上，故從其請。

又　七月七日，詔：『榷貨務都茶場印造茶小引三千道，給降湖北安撫及提舉司給賣，仍於引內令項分明開說，除合納管錢外，不得更收應干縻費。其賣到錢，並起赴湖廣總領所椿管，非奉朝廷指揮，不得擅支。』

六月六日，福建提舉周頡言：『福建一路茶引斤重，從來舊法銙、截、片、鋌並以十六兩爲一斤。至乾道七年內措置，以販茶引錢太重，得茶數少，客旅艱於興販，遂使鄉源斤重，銙、截茶以五十兩爲一斤，片、鋌茶以一百兩爲一斤，比之舊法，遂增數倍，可謂優潤極矣。訪聞本府合同場每遇茶貨到場之時，更有額外加饒，增添斤重，委有情弊。乞下福建路提舉茶事司，仰照應前項已降指揮及長短引內合販鄉原斤重秤製，即不得仍前違法過數，妄有加饒。』從之。

又　〔淳熙〕十年二月十五日，湖廣總領所言：『歲計錢數內貼降江西茶長引一百三十五萬餘貫，發賣不敷，虛占經常錢數。乞照九年已降指揮，給換江西短引五萬貫。』從之。

又　〔淳熙〕十一年七月十一日，詔：『今後應賒買客人茶，其人見有父母兄長，並要同共書押文契，即仰監勒牙保均攤償還。其餘買鹽貨之人，亦一體施行。』從新權發遣徽州石起宗請也。先是，起宗通判漳州，嘗主管常平茶事，見家人不肖子弟多爲牙保等人引誘，賒就商人買茶，以資妄用，致令父母破產償還，乞行禁約，故有是命。

十一月十八日，戶部言：『湖廣總領所乞將江西路淳熙十二年本所歲計茶引二十八萬貫，盡行印給末茶長引，付逐處發賣價錢，應副大軍支遣。本部勘當，舊例係以長引五萬餘貫，其餘並係短引，緣淳熙十年分總領所乞改降長引五萬貫，共計長引一十萬九千餘貫，比之舊例，已增一倍。今照得江西路長引係行在務場指準給賣之數，若從所乞盡降長引，愈見行在務場歲額虧少。今乞照淳熙十一年已給降體例，印造江西安撫司茶長引八萬九千九十貫九百六文，短引七萬貫；江州通判廳茶長引二

萬貫，短引四萬貫；江西提舉司給降茶引一十五萬四千貫，内六萬一千二百餘貫應副本所支遣，照年例印造給降。』從之。

又 ［淳熙］十二年六月四日，詔：『淮東總領所將未起飜引錢二十六萬八千餘貫盡數起赴封樁庫送納，日後每季依此。仍仰提領封樁庫候交收到前項錢，即報行在都茶場，理爲合收之數。』既而行在都茶場言：『鎮江務場收到客人就引貼納茶翻引錢，每歲不下十餘萬貫，依乾道三年三月内已降指揮，令赴行在都茶場交納。今照得截止淳熙十二年三月終，有未起發二十六萬八千六百四十九貫六百四十一文。乞將鎮江務場收過前項客人就引貼納翻引錢行下鎮江府照數拘收，令項樁管。令本場將鎮江務場已報到錢，理充本場所收錢數，庶得鎮江府就近可以拘催，免致積壓之弊。』故有是詔。

又 九月八日，四川茶馬王渥言：『本司先於淳熙六年同制置司被旨，審核川路諸處合同場茶額，其有園戶困敗，產去額存，無所從出，並與裁減。數内惟名山一場實有濫增額數，比舊額計增茶七萬六千七百二十九斤十兩。原其弊端，蓋緣本司逐歲下本場預期支俵本錢，收買博馬綱馬茶二百萬斤，係以所產食茶上多寡爲則均給，其園戶貪于時下得錢，多自虛認戶下茶數，茶場據其所認之數附簿。發賣茶貨之際，初未及元額，當來推排，官止憑買綱茶簿籍，便謂茶額有餘，額外增添。自淳熙六年至今，雖有增添之名，其到場茶粗能敷及舊額，以至積欠園戶，枉被督逼之苦，而監官皆聞風退闕，不願赴上。臣且令本場以淳熙五年爲額，將園戶累年所欠之數權行倚閣，乞將名山場所增茶七萬六千七百二十九斤十兩盡行除放，止依舊額收趁。』從之。

又 十一月二十二日，南郊赦：『四川茶、鹽、酒課折估虛額錢，累降指揮減免，尚慮州縣巧作緣故催理，有失寬恤之意。仰制置司、總領所、茶馬司常切覺察，如有違戾，按劾以聞。又勘會在法，違欠茶、鹽錢物，止合估欠人並牙保人物產折還，即無監繫親戚填還，及妻已改嫁，尚行追理之文。昨降指揮，令戶部檢坐見行條法申嚴行下，如敢違戾，許人戶越訴。勘會官司輒立茶、鹽鋪，虛給帖子，均科人戶，勒令齎錢赴鋪繳納，未嘗支給茶、鹽，顯是違法科抑。仰提舉司及諸州主管官嚴行禁戢，仍許人戶越訴。勘會州縣應捉獲私茶，合解所在稅務合同場估價，召人請買，訪聞場務積壓年深，以致陳損，不堪食用，多是科抑鋪戶，或令攔頭認數出賣，拘收價錢。尚慮追擾監繫，可日下盡行除放。』十五年九月八日明堂赦同。

又 ［淳熙］十三年八月二十三日，詔：『京西南路提舉司見賣淮鹽鈔引一萬袋，依遞年例，別給降江西茶長引一十萬貫、短引一十萬八千四百三十貫，趁時措置發賣。』以湖廣總領所言：『淮鹽鈔拘定京西界分，不許飜改別路州軍貨賣，以致遲細，妨闕支遣。』故有是命。

又 ［淳熙］十四年八月十九日，詔：『行在都茶場紐計四貫例茶小短引一千五百道，下湖北提舉茶鹽司，令本司將賣到鈔拘催，赴湖廣總領所送納樁管。』從茶鹽司請也。

又 ［淳熙］十六年正月二十五日，詔：『江西提舉司茶引一十五萬四千貫，分上、下半年給降外，所有江西安撫司茶長引八萬九千九十貫九百文、茶短引七萬貫，江州通判廳茶長引二萬貫、茶短引四萬貫，下交引庫印造，一併給降，令趁時給賣。』從湖廣總領所請也。

又 ［紹熙］元年五月十六日，榷貨務都茶場言：『湖南北、江西路皆係巨商興販，尚且給降小引，其兩浙、江東等路，多是草茶，客人販往鄉村零細貨賣，乞添印造四貫例長、短小引相兼，聽客從便請買。』既而戶部言：『近添印造兩浙、江東等州軍四貫例茶長、短小引給賣，務在招引小客。今若依大引見使金銀、會子分數品搭筭請，恐小客難以變轉興販，因而積壓，欲將今來給賣小引除見使金銀、會子分數入納外，如願全使一色會子筭請者聽，庶幾客販亦得通快。』從之。

又 ［紹熙］二年三月十一日，臣僚言：『京西之郡，私茶所經由處，乞嚴行禁戢，場務等官若有透漏放縱，亦得巡尉之罪。盜鑄鐵錢而於銅錢界分輒行使者，官司不行覺察，併得銅錢之罪。』從之。

二十二日，詔：『四川茶馬司禁戢所屬州縣并主管官，如不遵守條法，及與茶場干涉處多端科配騷擾，違戾去處，開具姓名申取朝廷指揮。』先是，上書者言四川茶課走失，令茶馬司措置聞奏。』既而本司條具科配之弊，乞降約束故也。

又 五月二十五日，詔：『降四貫例長、短小引各一千道，付湖北提舉司出賣，其客人合納籠篰、秤製等錢，許權赴主管司一併送納。仍下

提刑、提舉司嚴切禁戢私販，毋致縱容，仍前積壓茶引。』以湖北提刑兼提舉丁逢等言『常德府管下武陵、龍陽兩縣接連湖南產茶去處，每到春時，有江西、福建、湖南管下州軍客人聚在山間，般販私茶。乞量行給降小引，以息私販』故也。

又 十一月二十二日，詔諸路提舉茶事司：『自今須管遵從節次已降指揮，將收到茶事窠名置之赤曆簿籍，如遇收支，建立項目，分明抄轉，除依法椿垛支使外，其餘剩數仰所屬差人管押赴行在都茶場送納。仍令逐路提舉司每季各具所部州縣收到逐色應緣茶事窠名錢，若干作舊管、新收，已支、見在，如有支遣，仰分明開坐，或本場委官驅磨。若有欺隱之數，即將違戾去處具申朝廷施行。』從本場請也。

二十七日，南郊赦：『都茶場昨自乾道六年以後，節次給降茶引付江西州軍出賣，拘錢起赴行在。訪聞州軍發賣遲細，多是賒賣與鋪戶等人，經今日久，往往流移貧乏，見令州縣償納，竊慮騷擾。仰將淳熙十三年終以前年分未納茶引錢數特與除放，不得依前追理。仍仰提舉司覺察，如有違戾去處，按治施行。』

同日，赦：『在法：違欠茶、鹽錢物，止合估欠人并牙保人物產折還，即無監繫親戚填還，及妻已改嫁，尚行追理之文。昨令戶部申嚴行下，許人戶越訴。訪聞人戶負客旅及店鋪價錢，緣係榷貨，有已經估籍家產，償還不足，依舊監系牙保等，牽聯不已，可並與除放，毋致違戾。勘會官司輒立茶、鹽鋪，虛給帖子，均科人戶，勒令齎錢赴鋪繳納，未嘗支給茶、鹽，顯是違法科抑。仰提舉司及諸州主管官嚴行禁戢，仍許人越訴。』

同日，赦：『四川茶、鹽、酒課折估虛額錢，累降指揮減免，尚慮州縣巧作緣故催理，有失寬恤之意。仰制置茶馬司、總領所常切覺察，如有違戾，按劾以聞。』

又 紹熙五年九月十四日，明堂赦：『都茶場昨自乾道六年以後，節次給降茶引赴江西州軍出賣，拘錢起赴行在，訪聞州軍發賣遲細，多是賒賣與鋪戶等人，今經日久，往往流移貧乏，見令州縣償納。仰將紹熙元年終以前年分未納茶引錢數特與除放。仍仰提舉司覺察，如有違戾，按治施行。』自後郊祀、明堂赦亦同，惟所放年分有差。

同日赦：『州縣應捉獲私茶，合解所在稅務合同場，自合用心措置，召人請買。訪聞積壓陳損，多是科抑行人鋪戶，或令欄頭認數出賣，拘收價錢，追擾監繫。可日下盡行除放。』自後郊祀、明堂赦並同。

同日，赦：『在法，違欠茶錢止合估欠人并牙保人物產折還，即無監繫親戚填還，及妻已改嫁，尚行追理之文。昨令戶部申嚴行下，許人越訴。』自後郊祀、明堂赦並同。

同日，赦：『官司輒立茶鋪，虛給帖子，均科人戶，勒令齎錢赴鋪繳納，未嘗支給茶鹽，顯是違法科抑。仰提舉司及諸州主管官嚴行禁戢，仍許人戶越訴。』自後郊祀、明堂赦並同。

又 慶元元年二月六日，詔：『石泉軍龍安縣崇教等七鄉園戶茶課錢引九百二十七貫一百一十四文，從茶馬司同成都府路轉運司并本軍三處均認，與園戶代納，自紹熙五年分爲始。』以四川總領茶馬司言：『川蜀共管三十四茶場，應有茶田園戶除納田上二稅外，遇般茶赴合同場批賣，本司收納土產茶牙市例錢。照得本軍龍安園戶除納二稅、市例錢外，又催理茶課估錢，係於元豐間未立額日先有此茶課，每歲理一十五萬四千五百一十九斤，每斤估錢六文，在縣隨二稅送納。至建炎年，改法立額，其茶園戶於紹興十八年奏行經界奏，失於申明。今來若行倚閣，恐妨本軍縣省計支用；若復催理，委是重迭叠，重困園民。三司乞自抱納。』故有是詔。

又 ［慶元］六年二月十四日，詔：『川路產茶去處，園戶合納經總制司頭子錢五千四十二道五百一十一文一分五釐，令提刑、茶馬司各抱認一半；所有秤提錢三千一百四十八道二百九十千文，令總領所抱認，並自慶元六年分爲頭對減。』以四川制置司、總領所、茶馬司、成都提刑轉運司言：『昨緣川蜀百物皆賤，茶價亦低，園戶窮困，茶司恐傷根本，隨宜措置。每引元額舊納土產茶牙市例錢二貫三百文，除權減八百文外，以茶額計之，一歲共減土產錢十萬四千九百四十三道。既是正錢已減其數，收頭子、秤提錢亦當減免。』故有是詔。

又《食貨三一·茶鹽雜録三》 政和三年正月四日，戶部員外郎、提舉荊湖南北路茶鹽事范之才奏：『契勘崇寧二年八月九日敕節文：川茶除入熙河、秦鳳兩路外，有鄜延、環慶、涇原、永興四路，並許客人般

販東南茶貨。續承崇寧三年二月十二日朝旨：陝西鹽香司申，諸川茶自來先到鳳翔府，方始轉般入熙河路出賣。緣鳳翔府以東諸縣鎮係賣川茶地分，與見今客販東南茶地界相接，恐冒法透漏入東南茶界，有害客販。欲將鳳翔府以東岐山、扶風、麟遊、盩厔、普閏、好時、郿、虢縣添展作東南茶地分，更不放令川茶般運過鳳翔府以東。奉聖旨依所乞。後來陝西路並作川茶地分。緣近降茶法，永興等四路並爲客販南茶地分，其鳳翔府以東八縣，即未有復行南茶指揮。』詔鳳翔府以東岐山等八縣，依舊作南茶地分，餘依已降指揮。

十四日，詔：『販茶短引候園戶處買茶訖，令本處官司依大觀二年五月二十九日朝旨所定至住賣處日限，於今年新引內鑿定，仍更依舊式，別用日限印子。候到住賣處，依已降指揮，於引背批説已販到茶年月日，此引更不得重疊興販，若出違所給日限，立便拘收元引，茶貨沒官。其繳引日限等約束，並依近降指揮，內親身赴茶務買短引販茶人，仍除程，到本州理限。』大觀二年五月二十九日敕：重別修到短引體式，並添日限印子。奉聖旨：令給引官司遇客人販茶，並仰依式用大字書鑿，仍約度所指住賣處遠近計程，分立日限：不及十程限五日，十程已上限十日，二十程已上限十五日，三十程已上限二十日。並通計程數於引內批鑿，謂如去住賣處二十程，給限三十五日引之類。仍於印子內亦鑿定所立限。並許行使用月日，謂如二十程即限三十五日。大觀二年正月一日給，至當年二月六日。不在行使之限，即出限，更不許行使。其程數不以水、陸路，以五十里爲一程。罪賞約束，並依元降指揮。』

同日，兩浙路提舉鹽茶司奏：『今相度客人所買長短引，願於所指買茶路分別州縣分買者，欲許經州縣陳狀，於引上批鑿某月日據某人陳乞糶改往某縣買茶，當職官簽書用印拖行，並關都茶務及所改並指州縣照會，仍不得過一次。』從之。

十八日，尚書省奏：『勘會除販茶短引已降指揮，許大商帶買前去產茶路分轉賣與本路小客，仍別給公憑。』詔：『長引如大商願帶買轉賣者，亦許依短引法施行，其所給公憑，仍限半年繳納。』

同日，尚書省奏：『勘會客人、鋪戶舊茶，既與客販新法相妨，理合拘收沒納。昨來朝廷寬恤，特立限至去年終，許買新引出賣。今已限滿，若便行拘收，又慮遠路客旅、鋪戶有趕趁元限不及之人。兼近據鄂州乞給降茶前去，以此即是外路未至通曉法意。』詔特展限一季，許客人、鋪戶買新引出賣舊茶，應約束事件，依近降指揮。如限滿尚不買引，出賣不盡，並仰所在州軍拘納入官，各具數申尚書省。

二十八日，提舉陝西路茶事郭思狀：『體問得近有客人盡將錢本自來至闕下，於客人、鋪戶處轉販四方物貨，前來本路貨賣。契勘中都聚四方商旅萬億物貨，其新茶若許四方客人赴都茶務依新法錢數買引，只於闕下客人、鋪戶處依園戶批數法，許將全籠篰或鑵、袋轉販前來，即茶法愈通，商販愈快，於中都事愈甚便。緣新法未有許似此指揮，伏望更賜詳酌降下。又契勘若四方諸處客旅許買引於闕下轉販，即闕下鋪戶肯多停蓄，及客人滯留者亦易於發泄，委是通商爲便。又契勘闕下茶貨是客人買引及販買引是一件茶得兩重賣引錢，又係南客北人情願，兼於法有利。』詔並從之，餘路依此。

又 二月七日，詔：『客人新引所販茶未到所指地，願改指別處者聽，內遠指近賣者，仍認元指稅錢。如長引茶已到地頭，限未滿，願批往別路者，亦聽從便。已上仍令所在州縣批鑿茶引，及關報都茶場務及元指去處照會，其繳引日限等約束，並依元降指揮施行。』

十九日，尚書省劄子：『提舉福建路茶事司狀：一、體訪得本路產茶州軍諸寺觀園圃，甚有種植茶株去處，造品色等第臘茶，自來拘籍，多是供贍僧道外，有妄作遠鄉饋送人事爲名，冒法販賣，官司未有關防。伏望立法行下，以憑遵守』。詔諸寺觀每歲摘造到草、臘茶，如五百斤以下，聽從便喫用，即不得販賣。如違，依私茶法。若五百斤以上，並依園戶法。』

二十五日，詔：『諸州縣市易稅務，緣昨來茶事所置專知官、秤、庫、掐子名額並罷，內手分食錢等許依舊支破。所有應緣茶事合支官吏請給、食錢，並於產鹽倉場收到籮苑市例錢內應副，餘依所乞。諸路依此。其不係產鹽路分，即以常平頭子錢充。』

又 三月十五日，詔：『諸路應茶客合經過州縣，稅務欄頭批引、封籠篰及行遣茶事手分、貼司並行重法。仍仰逐路監司嚴督州縣常切覺察，其失覺察官重行停降。』

二十五日，監都鹽務呂仲隨等劄子：『檢會崇寧三年二月內講議司修立到福建路茶法，內一項：「諸園戶五家爲保，內有私相交易者互相覺察，告賞如法。即知而不告，論如五保不糾，律加一等。」契勘新修茶法，並許客人請引徑赴園戶處私下任便興販，即不得與無引交易。看詳上條內有文意與新法相妨去處，若不修正，竊慮園戶別致疑惑。今相度，欲乞於上條內刪去「內有」二字，却添入「若與無引人」五字。如允所請，亦乞依此施行。』從之。

又 七月二十日，尚書省言：『勘會販茶短引每道價錢二十貫，竊慮尚有本小商旅不能興販之人。』詔令太府寺更印給一等十貫短引，許販茶一百五十斤，餘依前後已降指揮。

三十日，監都茶務魏伯才等奏：『近降朝旨：「客人販茶貨，據計定斤重新引出賣外，餘剩茶貨但及一千五百斤，更合買新引一道；若有不及一引茶數，亦合更買新引一道，據數批鑿，不盡斤重，令貼販新茶；或只願販新帶賣者，亦聽從便。」外或有只願販新茶帶賣一節，累據客人將到文引，見得有剩茶不及一引，多稱只願帶賣，不肯別請文引。竊恐上件茶貨存留多日，難以關防，別致隱匿作弊。今欲乞于已得指揮內除去「或只願販新茶帶賣者，亦聽從便」一節。』從之。

又 八月四日，詔：『客人買到茶貨往稅務封記起引，其商稅務如茶到限日，依條封記放行。如敢阻節住滯，當行人吏杖一百勒停。』

十七日，尚書省言：『勘會鋪戶變磨到末茶，昨降指揮，許諸色人買引興販，長引納錢五十貫文，販茶一千五百斤；三十貫文，販茶九百斤。短引納錢二十貫文，販茶六百斤。緣近降指揮，販草茶更印給一等十貫文短引，其末茶未有十貫文短引興販指揮。』詔販末茶更印給十貫文短引，許興販三百斤，約束等並依前後已降指揮。

二十日，中書省言：『勘會諸路朝廷所管茶、鹽錢萬數不少，並係專一措置收樁，以歸朝廷移用。竊慮諸官司却與諸色窠名封樁錢一例支使，有妨朝廷指擬。』詔：『諸路茶鹽錢除有專條及朝廷臨時指揮指定許支外，並不得與諸色窠名封樁錢一例支使，如違，依擅支封樁法。』

二十九日，提舉江南東西路鹽香茶事司奏：『點檢得江東轉運司支使使過封樁茶息錢一十五萬貫，本司二十次牒轉運司撥還，並不報應。』詔李西美、孫漸送吏部，與監當差遣，人吏杖一百勒停，餘依本司申，仍限一年撥還。

又 九月十九日，中書省言：『增修到下條：諸茶法，州縣及當職官奉行稽慢違戾，或有沮抑者，各徒二年，並不以去官、赦降原減。』從之。

又 十二月三日，武功大夫、監都茶務魏伯才等奏：『乞應鋪戶買到客人限定斤重成籠篰茶，並依客例，令逐處所差官專一秤製，如無剩數，許先次出賣外，若有剩數，並行籍記，許請買引出賣。每納錢一百貫文，許賣茶一千五百斤，不及，據數紐筭給引。如敢輒將成籠篰茶旋行開折，許人告，罪賞並依客人避免秤制已得指揮。』從之。

六日，中書省言：『檢會崇寧四年八月十七日朝旨：應在任官親戚，及非在任官、僧道、伎術人、軍人、本州縣公人及犯罪應贖人，不得請引販茶，如違，其應贖人杖一百，餘人徒三年，犯罪應贖人送鄰州編管。許人告，賞錢五十貫。勘會見行茶法係令客人等赴都茶務買引，與園戶任便交易販茶，限定大小斤重，官置籠篰，即與以前事體不同。』詔：崇寧四年指揮內見任官、公人合依舊不許買引興販外，餘更不施行。

又 〔政和〕四年四月九日，尚書省言：『舊水磨茶場一歲收息不及一百萬貫，一年內有每季泛進錢。今來茶務歲收錢約四百萬貫以上，比舊已及三倍以上，不係省錢，別無支用，尚循舊例，只每季泛進，未有月進之數，欲每月進五萬貫。』詔從之，仍自今月爲始。

又 〔政和〕八年三月二十二日，監都茶務魏伯才奏：『訪聞得多有不顧條法浮浪之輩，專於私販，纔至敗獲禁勘，便妄攀園戶，讎報私恨。或創造事端，故作私茶，却令徒中人告捉赴官，規圖賞錢。或雖有官引，却不畫時書寫所買之家斤重、姓名，稱一面自覓人書填。既得茶入手，更不書填所買茶斤重、園戶姓名，又將其引就他園戶再買茶，往來影帶，重疊私販。洎至敗獲，便虛指園戶姓名。其承勘官司畧不子細詳察本案，利於追人，不以遠近，便行勾追，園戶無處伸訴。本司已行下兩路諸州，今後承勘犯茶公事，仰依公子細根勘，如通出園戶姓名委是詣實，系屬別州縣，即取責買茶日時、交付錢茶、將券或牙人等處逐一點證實情，關報所屬，就近依公子細勘問的實。如不曾賣茶與無引之人，即取責當

時照證詣實結罪文狀，回報本處照會施行，無容更似日前縱令人吏信憑犯茶人讎報私恨，虛攀園戶。』都茶務相度：『欲産茶路分捕獲私茶，如元買園戶係在一州，依元法勾追園戶勘鞫；若係別州，依今來荊湖北路茶事司所申。仍委自茶事司每季取索斷過私茶公案逐一點檢，若稍涉不當，具事因按劾。若本司循情，亦許監司互按。』詔並從之。

又 宣和二年七月二十七日，詔：『茶鹽法令備具，無可增損，除鹽法近已降處分外，訪聞茶法緣省部不得干預，州縣觀望，奉行違慢，及沮抑客販，或不爲理索欠負，陳訴不絕。可自今除在京都茶場見在錢物及收支等事不許省部干預外，應見行茶法，三省專切推行，諸路州縣奉行違慢，及沮抑客販，或不理索欠負等事，並仰尚書省具事因取旨，重行黜責。茶事司各路或不能按治州縣，令提點刑獄及兼訪使者互察以聞，仍並許民戶越訴。其扇搖茶法者，除依見行條法補官給賞外，更增立賞錢二千貫。許諸色人告，犯人除本罪外，仍以違御筆論。令開封府及都茶場出榜曉諭。』

十月七日，詔：『訪聞陝西、河東路近因推行錢法，平定物價，輒將買賣茶鹽錢一例紐定分數，有害客販。可應陝西、河東路買賣茶鹽，並聽從便，其價直許隨逐處市色增減，官司不得輒有抑勒，立爲定價，虧損客人。如違，並依扇搖茶鹽法罪施行。仰尚書省劄下陝西、河東路監司，及令戶部遍牒兩路州縣遵守，違戾去處，許客人徑詣尚書省越訴。』

又 ［宣和］三年二月二十一日，詔：『已降處分，兩浙、江東路茶鹽榷免比較，不得輒行抑配。』

二十三日，詔：『訪聞諸路州縣奸猾之人賒買客人茶、鹽，並不依約歸還，致客人經官理索。旋置草簿，虛寫人戶姓名、欠錢數目在鋪，全家走閃。官吏啟幸，憑據虛寫文簿勾追監理，搔擾良民，失陷客人錢本，有害茶、鹽大法。可令逐路提舉官嚴切覺察，今後有犯，並具案申尚書省，當議重行編配。』

又 三月二十九日，都茶場狀：『政和三年二月六日朝旨：應興販雜草木用作頭貨並收買拌和真茶，計所拌和數，並乞依私茶罪賞法。近見在京並京畿等路州縣鋪戶，自買客草茶入鋪，旋入黃米、菉豆、炒麵、雜物拌和真茶，變磨出賣，苟求厚利，不唯阻害客販，實有侵奪買引課額。欲乞立法禁止，許磨工、知情人陳告。』詔依政和三年二月六日指揮施行，仍許磨工、知情人告。

又 閏五月八日，提舉河北東路鹽香礬茶鹽事司奏：『相度客人販茶若遭風水淬浸，乞開拆籠篰烘焙者，即令所至委驗封驗引官開拆，候烘焙訖，秤見斤重，別行封記，批鑿元引，照驗貨賣。餘路依此。』從之。

十五日，中書省、尚書省言：『潭州申，准重和元年十二月十九日御筆：「今後買賣私茶牙人、鋪戶、私販人，罪輕杖一百，編管鄰州；失覺察地分人，杖八十，公人、吏人並勒停，永不收敘；故縱，與犯人同罪，並不以赦降原減。」看詳保正長失覺察保內興販私茶，依條則有巡捕、公人、吏人合斷罪勒停，永不收敘外，其保正長因緣僥倖，避免差使，慮合止從地分人斷放，有此疑惑。』詔申明行下。

又 七月四日，詔：『在京及諸路州、軍、縣、鎮客人已販草、臘茶、合同場大批茶數并不曾封記籠篰及無曆面，并曾揩改茶引者，特免根治。自今降指揮到日，與限半月，許令自陳。在京於都茶場、在外於所至州縣投狀，委官秤盤，重別用曆面封記，仍未得出賣，聽於都茶場別買新引，每一百貫對帶已販茶一百貫，經所至官司批鑿對帶訖，其新引聽往山場別販新茶。如不經官自陳而輒賣，或私下旋行粘繫封頭曆面，罪賞並依私茶法。仍許諸色人或同行火下勾當人首告，給賞如法。』繼而都茶場劄子：『准上件朝旨，本場除已施行外，勘會客人已販茶，如在外路，若令一一赴場請買文引對帶出賣，深恐往回妨阻客販。今相度，如客人願就茶所到處，須用今降指揮日後所買文引對帶出賣，雖姓名不同，亦聽行使。仍令所在官司並於引後批鑿，若輒用今降指揮日前所給文引對帶，若告首，罪賞並依今年七月四日旋粘封頭曆面朝旨施行。如官司批鑿違戾，令茶事司覺察按劾，餘依見行條法。』從之。

十五日，提舉荊湖南北路鹽香茶礬事司狀：『訪聞産茶州縣在城鋪戶、居民，多在城外置買些少地土種植茶株，自造茶貨，更無引目收私茶，相兼轉般入城，與裏外鋪戶私相交易，或自開張鋪席，影帶出賣。洎至官司收捉，即稱系園戶自要供家食用，緣此無由覺察，失朝廷歲課不

少。從來未有法禁，本司今相度，欲今後城外園戶如在城外本處採摘食用，其與有引客人交易，聽從其便；其城內鋪戶或居民于城外有茶園，將採造到茶般入城，並乞依客販茶法買引，親自批鑿斤重，隨茶入城，依法從便供家食用，或轉販與鋪戶交易。若園內所產茶少，不及一引之數，許令經官批鑿，貼販施行。如不用引，並乞依私茶法，庶絕影帶盜販之弊。』批送都茶場勘當。本場今勘當，欲依本司所乞施行，餘路依此。從之。

又　八月二十五日，詔：『今後應茶場事務，並依舊三省措置推行，仍應奉司專行。』

又　九月十七日，詔：『應所在官司見拘管客人無曆面、封頭等茶，除將引外剩數聽買引出賣外，其餘正數並無剩茶，並特免買引對帶，令隨處官司放封頭、曆面，即時放行。』

又　十月四日，大理寺參詳：『國戶輒賣茶與無引人，及雖有引人而過數，及買之者，既杖罪，不以赦降原減；其徒以上罪，舉輕明重，自合依元降御筆，不以赦降原減。所有諸條內該載依私茶法，本條既無不赦之文，即合從本條定斷。其買賣私茶牙人，鋪戶，私販之罪輕，並合依御筆斷遣，不以赦原等。』從之。

五日，都茶場狀：『准尚書省批送下提舉荊湖南北路鹽香茶礬事司狀：「承御筆，每長引一百貫，許販茶一千五百斤；短引每一十貫，許販茶一百斤。今來朝廷復增斤重，大段寬恤，自是客販得行。本司今訪聞尚有不顧刑法之人，豫將錢物計會官中造籠，作頭寬大織造，收買前去剩帶斤重。其籠篰雖有委官監造及差官隔手製撲之法，所委官多是並不親臨。若津置茶籠到合同場，亦是用財計會專秤於乘發茶擁併之際，並不依法逐籠秤製，只是揀點斤重輕小之籠，影庇其餘之數，遂便放行。雖有聖旨斷罪，及經過場務許檢察之法，洎至中路事發，客人多是攀援政和六年十月三日敕旨內備到大觀二年十月十五日敕旨，更不許人告論，官司亦不得受理。本司今相度，欲乞合同場合干人受財秤盤不如法，自合從重祿法斷遣外，其監官失檢察，若三斤以上，如知情故縱，及造籠作匠乞覓錢物，大織籠篰，并監造官、製撲官並不親臨，致得寬大剩帶茶貨。乞嚴立法禁。」後批送都茶場勘當。本場檢准宣和二年十月朝旨，客人魏翔等狀：今來諸路合同場並行重祿法，其間有倚法爲姦之人，計會合同場大帶斤重。奉聖旨：如獲魏翔等所陳違犯之人，未得斷遣，具案申尚書省。本場堪會，客人若計會合同場大帶斤重，其監官知情或不覺察，欲并令隨事取勘，具案聞奏，量輕重取旨。』從之。

又　十一月四日，戶部奏：『兩浙、江東產茶浩瀚，近緣方賊驚劫園戶，踐踏茶園，阻隔道路，所收錢引大段虧欠。今已平蕩賊徒，理當措置優恤園戶。今相度，欲委自逐路提舉茶事官專一措置，多方招集園戶，復令歸業。如委因賊徒驚劫貧乏園戶，即以本司應管茶事官隨園戶出茶多寡，分立等第，依常平法借貸一次。如無或不足，聽于常平司朝廷封樁錢內借支，作三料帶納。』從之。

又　〔宣和〕四年六月二十五日，都茶場狀：『准尚書省批送下淮南提舉鹽香茶礬事司狀：「檢准敕：應代支私鹽賞錢，並責透漏地分人與犯人均備，候私鹽屏息，鹽課增羨日依舊。本司今相度，乞應代支私茶賞錢，並依上件鹽賞已得指揮施行。」本場今勘當，欲依淮南茶事司所申事理施行。』詔依都茶場所申。

又　十二月八日，尚書省擬修下條：『諸渠、合州、長寧、瀘川軍所產茶輒出本州界，及夔州路茶入潼川府通販川茶地分者，並依私茶法。當職官故縱若透漏，聽榷茶司按劾。右入潼川府、夔州路並榷茶司敕。』詔依。

又　〔宣和〕六年閏三月三日，提舉兩浙路鹽香茶礬事李弼孺奏：『契勘鹽、茶課利，正係今日財用大計，其取會事務，並係緊切照應準備朝廷取索文字。訪聞諸州縣自來報應稽緩，如被受朝旨取會，並乞限當日回報，餘依舊。三經舉催，不與完備回報，亦乞立定斷罪刑名。』詔依戶部所申，如違，從杖一百科罪。

又　五月十一日，尚書省言：『提舉荊湖南路鹽香茶礬事閻孝忠乞應客人買到茶，並令於最近處縣或合同場秤製，不得隔驀，卻就遠處。若所去縣或合同場雖有近處，卻不通水路，其次遠處卻可通水路，委于客人順便，即自合於通水或順便去處秤制。』從之。

又　九月一日，詔：『都茶場隸屬應奉司外，其專一按治諸路違戾，可疾速行下諸路提舉茶事官，仰躬親巡歷，嚴切戒飭州縣遵奉成法，禁

戢私茶，杜絶姦弊。應商賈陳訴及理索欠負等事，並依條盡理施行，不得少有抑遏。違戾州縣具名按劾，當議重行黜責，都茶場常切覺察以聞。仍檢會宣和二年七月二十七日指揮申嚴行下，及令都茶場出榜曉諭。』

九日，尚書省言：『總轄都茶場所狀，都茶場劄子：兩浙茶事司公文稱，無圖之法希求賞錢，結合浮浪人作牙，湊合興販短引一兩道，於鄉村巡門傒賣，收藏文引，不令買人批鑿。經官告首，每引動經一二百戶，官司更不推究賣人匿引情弊，務在勾人搔擾。將買茶人斷罪追賞等。今相度，欲今後應州縣勘斷犯茶公事，並具元犯事因、斷遣刑名報提舉茶事司看詳，及具一般事狀報都茶場詳審。如涉違戾不當及不行申報，其元斷當職官吏許本場具因依申朝廷，乞重賜施行。』詔令申尚書省。

又 十一月十九日，詔：『茶法之成，推行日久，前後申明條約已得詳盡，有司務在遵守。竊慮姦人妄生事端，以惑衆聽。仰榷貨務分明出榜曉諭客販知委，如有妄説事端之人，許諸色人陳告，當議重行處斷外，賞錢五千貫文，以犯人家財充；不足，以官錢支。』

二十七日，中書省言：『都茶場狀：勘會客販茶經過州、縣、鎮税務，依政和四年十月七日朝旨，各輪差欄頭一名管幹批引、驗封、收税等事，支破重祿食錢，州八貫，縣七貫，鎮五貫文。昨緣行舊法免税，不入税務，其州縣差欄頭食錢更不支破，止差重祿人吏一名相兼主管，日支食錢二百文。近准宣和三年八月二十七日朝旨，既已依舊納税，其批引、改指等自合税務主管，所有州、縣、鎮輪差欄頭重祿食錢，緣未經申明，伏乞詳酌指揮施行。』詔依政和四年十月七日指揮施行。

又 ［宣和］七年正月二十二日，中書省、尚書省言：『都茶場狀：提舉江南西路鹽香茶礬事司狀：「竊詳政和八年七月十二日指揮，内短引茶如違限不到合同場，更不行用，其茶依私茶法。未審止爲將茶依私茶焚毁，唯復亦合以茶數依私茶法斷罪理賞；或元限已滿，不曾買到茶貨，亦未審合如何施行，若不申明，切慮奉行抵牾。」都茶場勘會，客販短引茶，依法自請買籠篛日立限赴合同場秤盤，如出違所給日限，其引更不行用，茶依私茶法元降指揮，即無斷罪之文，止合沒納入官。緣係有引正茶合估價召人請引興販，即不合焚毁；若元立日限已滿不曾買到茶貨，其引更不在行使之限，所屬官司合勾收元引毁抹入官。今勘當，欲申明行下。』詔茶依私茶焚毁，餘依都茶場勘當到事理施行。

三十日，尚書省言：『江南東路提舉鹽香茶礬事司狀：乞今後應客鋪於園戶處買到茶，其園戶故不批引，及客鋪藏匿文引，不令園戶批鑿，乞指揮施行。』詔客販茶至住賣處，買人不驗引收買，及客人藏匿文引，依已降指揮斷罪理賞施行。

又 三月十一日，詔：『茶法舊無立額比較收税法，其比較賞罰及納税指揮並罷，餘悉依舊。』

又 四月一日，中書省、尚書省言：『都茶場狀：勘會客茶籠篛昨承宣和元年三月十五日朝旨，於籠篛曆面蓋底用紙題寫合同場、年月日、客人姓名、去處、某色斤重、字號、料數。』詔依宣和元年三月十五日指揮施行。

又 八月十日，尚書省言：『總轄都茶場所奏：訪聞客販長引茶有已經收買籠篛及一年，尚未買茶，官司亦不體究因依，又再行展限半年，不赴合同場秤製，顯見往復影帶私販，虧損引錢不少。欲乞本場將賫到書引拘收毁抹，更不改驗新引。今後依短引法，將販長引自請買籠篛日立限一季，須管赴合同場秤發，仍許往回程外，如違限不到，應干約束並依短引法施行。』從之。

同日，尚書省言：『都茶場狀：勘會鋪、磨戶以他物拌和真茶，依法計茶數合從私茶法加一等科罪。訪聞近來在處結集羣黨，不往官司陳告，直入鋪戶、磨戶之家，以收捉爲名，搔擾乞覓，或自帶雜物贓誣捉送官司，上下通同，利於乞受追賞，不容辨説，便作私茶斷罪，致使鋪戶畏懼停閉，不敢收買客茶，有害茶法。欲自今如鋪戶、磨戶若以他物拌和聽諸色人指定實跡，依法經官陳告，不得擅行收捕，亦不得稱疑。官司審量，遣人收捕，根勘詣實，依條施行。如所勘別無拌和情犯，其告人據所告之罪依條反坐。乞令所屬於要鬧處出榜曉示。』從之。

同日，尚書省言：『都茶場狀：勘會客販茶依法已經合同場秤發，沿路不許人論告剩茶，官司亦不得受理。若元起發處有秤勢高下些小，附搭斤重，又許至住賣處未堆垛前，限二日經官自首免罪，買引出賣。訪聞豪猾商賈計會合同場大裝斤重，或自將籠篛增添高大，所帶剩茶過多。欲自今客販茶如經合同場秤發後，若過州縣，許自首剩茶，如不曾陳首，

許諸色人陳告，官司限一日秤盤，並依法施行，餘依見行條法。其元秤發官司，欲乞今後如客人陳首剩茶並因人陳告，依元法各遞加一等科罪。』並從之。

又 十一月十五日，詔令諸路提舉茶事司，疾速開具州縣自今年正月後來至九月終批發住賣茶數，比前一年有無增虧，申都茶場類聚聞奏。

同日，詔：『諸路茶事各有提舉官屬并州縣當職官吏等專一任責，除私販憲司自合依條覺察禁戢外，其茶事自今應監司使命等非本職，並不許越職干預，並勾呼借差主管茶事公吏等。如違，並以違制論。』

二十二日，詔權發遣福建路轉運副使趙岍、轉運判官唐績措置造茶有方，並特令再任。

又 十二月二十一日，罷都茶場，依舊歸朝廷。以上《續國朝會要》

又 高宗建炎元年五月十八日，發運使梁揚祖言：『茶、鹽舊係太府寺、都茶場、榷貨務印造鈔引給賣，以贍中都，比金人退師，道路未通，詢訪真州係兩淮、浙江外諸路商賈輻湊去處，除東北鹽乞令依舊就於榷貨務給賣外，其東南茶鹽乞選委通曉財利官提領，依太府寺等處印造，於真州置司給賣。』詔梁揚祖差兼提領茶、鹽事，工部員外郎楊淵同提領工。既而提領司條畫下項：『一、契勘昨來兵馬大元帥府印賣東南、東北鹽鈔引，已承朝廷指揮住印外，其茶事司印賣茶引，亦合住罷，未賣引更不出賣，併已買未販、及已販未賣，並合與今來茶引一衮通行。一、茶、鹽錢欲乞更賜約束，除朝廷指定窠名支用外，其餘雖承受諸處備坐到前後泛言不以有無拘礙剗刷取撥錢物指揮，並不許支撥，如諸處取索文字，亦不得回報。若有違戾，許本司按劾。』從之。

二十七日，尚書省言：『提領措置茶鹽事梁楊祖申請，乞以提領措置茶鹽司爲名，緣在京榷貨務見行出賣東南鹽鈔并都茶場見賣東南茶引，即非盡行提領。』詔以提領措置真州茶鹽司爲名。真州務場置，罷。

又 六月十六日，詔：『真州鈔引止用見錢入納，自今年七月十五日爲始。』

又 十月二十一日，都省言：『諸州縣有椿下私茶、鹽、礬賞錢，一州一縣各椿一千二百貫文，且以江東路十州軍四十八縣，計六萬九千餘貫。望降睿旨，令東南諸路州縣每處依舊椿二百貫外，各將餘錢一千貫計綱起發赴行在交納，應接支遣，却令州縣別行收簇椿管上件賞錢。』從之。

又 〔建炎〕二年二月三日，詔：『真州榷貨務與行在印賣鈔引併爲一司，以行在榷貨務爲名，各依舊隨置局，梁揚祖、楊淵依舊提領。』以黄潛善言『車駕駐蹕揚州，去真州只五十餘里，水陸通』故也。

又 四月二十三日，中書侍郎、兼專一提領措置戶部財用張慤言：『內外官司各有拘收到茶、鹽萬數，貯積日久，枉有銷耗，欲望令尚書省取見在實數付行在榷貨務都茶場，許客人買鈔引。以本場至本處地理遠近量搭入脚錢，定立鈔價，其鈔引別立字號、式樣，分明開說，召客人入納見錢承買，就所在請領興販。』從之。

又 十二月十二日，詔：『行在都茶場據福建路額，合賣茶引從所屬官司印造，前期差官押赴本路，令茶事司招誘客人入錢請買，更不得抑配州縣。自今州縣有敢以招誘爲名科率民戶、僧寺出買錢引者，茶事官先坐之。』以臣寮言『祖宗以來，福建路茶商興販自便，近歲始令往東京買引，往返幾萬里，茶司遂配抑州縣，致有科擾』故也。

又 〔建炎〕三年二月十六日，德音：『近緣巡幸，已降指揮分立一司，就江寧府召人筭請茶鹽。可令逐路提舉茶鹽官廣行招誘。』

五月十五日，戶部侍郎葉份言：『產茶州軍專置合同場共一十八處，例各端閑，虛費廩祿，欲乞並罷，州委職官一員、縣委知令兼管。』從之。舊法：諸路產茶州軍各置合同場，以每歲產茶及四十萬斤以上，差文武官各一員。自減罷後，紹興五年，提舉江西茶鹽趙不已乞於洪州、江州、興國軍三處各專差合同場監官一員提舉；荊湖南路茶鹽司乞將潭州合同場專置監官；紹興十八年，福建茶事司乞將建州合同場專置監官，皆從之。

八月十八日，行在都茶場言：『欲依在京例，如客人願將榷貨務關子并請茶引者聽，仍送榷貨務勘會毀抹，令本務將上件筭關子錢椿作本場茶引錢。』從之。

九月十日，詔：『國家養兵，全籍茶鹽以助經費，近來州軍把隘官兵以搜檢姦細爲名，非理搔擾，致客人畏避，有妨摺運舟船變賣物貨。令所在通知，多方禁止，犯者具姓名申尚書省，並依軍法施行。』後又詔：

『將校、隊長之類知情容縱，與犯人同罪；失覺察者，減一等；統領官令提舉茶鹽司具名以聞。』

又〔建炎〕四年四月十九日，行在提領措置茶鹽司言：『逐路州軍合同場如經燒劫，號簿不存，客人無憑勘合，乞令合同場保明給據，付客人齎至行在都茶場看驗元引，出給合同，遞牒前去秤製放行。』從之。

七月二十四日，行在提領措置茶鹽司言：『客筭茶、鹽鈔引，依法合用號簿，以革姦僞。近緣道路梗澀，恐致號簿不到，留滯客人支請。權用摺角實封遞牒，令客人自齎前去。今來道路已通，欲並依舊差使臣管押合同號簿，赴茶鹽倉場照驗支發。』

二十六日，都茶場言：『知池州李彥卿申販茶長短引法，並限九年流轉，至買籠篰日爲始，長引限一年、短引限半年。繳到長引，許隔路知引通商一路州軍流轉。立限稍寬，又無久留影販之弊，實爲良法。近降指揮，給賣食茶小引，不得出茶州縣界，以都茶場給引日通賣茶理限一季，更無流轉之法，亦無除程明文。加之軍興，道路艱阻，竊慮客販爲見限窄，筭請不廣，有誤朝廷經費。今檢準政和七年九月十五日朝旨節文：產茶州縣人民食茶，許納錢買小引販客，自筭請日限一季，有故展一月。緣都下至產茶州軍程途窵遠，請販之人以引限逼窄，少肯筭請前去。有旨：依元限與加倍。欲乞今後請筭產茶州軍食茶小引，除見置場給賣路分依舊理限外，（有）其餘諸路行使引限，並乞依上件政和七年九月十五日指揮施行。』從之。

十月二十四日，尚書省言：『勘會津渡、堰閘客販鹽船，如敢非理阻節，亂行拘截，係依軍法。若不論情犯輕重，盡用上件斷罪，竊慮未得適中。州縣以其刑名太重，不肯用心檢察，却致滋長姦弊。』詔：『前件軍法指揮更不施行，今後如有上件違犯之人，並從徒三年斷罪。』

又 紹興元年二月十七日，戶部侍郎、兼提領榷貨務都茶場孟庚言：『據提轄任點申：建炎三年九月內承朝旨，別印造一等食茶小引，每引五貫文，許販茶六十斤，不得出本州界貨賣。竊詳茶貨自今通行去處，並係產茶路分，依法自有短引興販，其食茶小引不唯比短引增添斤重，暗虧引錢，兼既不出州界，即無經歷官司檢察往來影販之弊，實害茶法。』欲乞今後住罷食茶小引，其已賣過引，令提舉司指揮州縣嚴切檢舉，依限繳納入官毀抹。又任點言：客販茶，依法至住賣處經所在州縣驗引訖，官爲批鑿，方許出賣。候賣盡，其引隨處繳納毀抹。近來賣盡者多是不將文引赴官繳納，官司苟簡，更不拘收，致影帶私茶，爲害不細。今乞客人日後販茶至住賣處，州縣驗引批鑿訖，仍置籍批上客名、文引料例、字號、茶數，候賣盡，繳引到官，限一日銷籍。若驗引訖不抄籍，及繳引不依限勾銷，並依繳引違限條科罪，庶以關防，革去私販之弊。』從之。

三月十二日，任點言：『乞今後所販長引茶，權依短引法。榷貨務契勘長引茶許往路分，即日道路梗阻，欲乞自今後權行住罷給賣長引，其已筭長引茶，即乞依已申請，權依短引法，經過縣分驗引檢察，並候長引路分通快日依舊。』從之。

四月九日，任點言：『勘會客販茶經過去處，依法長引經州、短引經縣驗察，別無私販，許放行，不得過一日。訪聞州縣並不子細檢察，致客販之人夾帶私茶，走失課入，蓋緣未有約束斷罪推賞之文。欲乞今後客茶經過，州縣檢察如有透漏夾帶私茶去處，其當職官並計數依捕盜官透漏法科罪；如能檢察出私茶，即依命官親獲私茶格推賞。』從之。

五月十二日，孟庚言：『福州申：本路都大巡茶使臣二員，舊來建安縣界置司，昨因建州兵火殘破，移往福州置司。今來建州收復日久，自合依舊，兼於產茶州軍近便，可以巡察私茶。』從之。

十七日，孟庚言：『茶客買到文引，在法令先于合同場勘驗，請買籠篰，就往山場園戶處買茶，裝盛入城，赴合同場秤製，封印批發。今冒法規利之徒買到茶入城，多不往合同場秤製，便徑赴茶磨戶、牙人之家賤價貨賣，再執文引出城買茶，往來影販，從來關防未盡。欲乞今後令州縣出給印曆，責付監門官吏，遇客人買到茶入城，即驗引抄上，即時具客名、料例、字號、茶籠篰斤重數目，關報合同場照會秤發，及令主管茶事官每十日一次參照檢察，所貴關防周盡，杜絕私販之弊。』從之

二十八日，行在都茶場言：『看詳客人用引買茶入城，徑赴磨戶牙人之家賤價偷賣，即係輒於沿路私擅出賣。依政和四年四月二十二日朝旨：斷罪告賞並合依私茶法。如客茶入城，門攔兵級等不關報合同場照

會秤發，欲依合同場秤發引茶等不關報合同場違限條科罪；若容縱私茶入城。受倖，故不關報合同場，即乞依當職官并巡捕官所管諸軍公人將捉到私茶減剋不送官敕條施行。』從之。

又　六月十七日，詔：『今後官司申陳闕乏，更不降給茶、鹽鈔引，令榷貨務常切遵守成法施行。』

二十九日，行在都茶場言：『乞今後客茶，合同場批發前去指定州縣住賣，在路實有艱阻，日下經所到官司陳乞，批上文引，候路通日，依元程限可以到所指去處，即批發前去；若計程已違所給日限，客人只於所到州縣住賣繳引者，令州縣委官照引，逐一點檢，如委無虛僞及夾帶私茶，即權比附依政和五年六月二十六日指揮施行。仍報主管茶事官檢察，並候路通日依舊。已上如不曾依限陳乞批發，致出違日限，自依本法。』從之。

又　十月二十一日，知樞密院事、宣撫處置使張浚言：『朝奉大夫、直秘閣、專一總領四川財賦趙開自建炎三年內推行祖宗賣引法，措置出賣茶引，至四年終，收到息錢一百七十餘萬貫，計置買馬，實有勞効，理宜旌賞。臣除已恭依所得便宜黜陟處分，將趙開特轉一官外，欲望與開優陞職名。』詔趙開與除直顯謨閣。

十一月二十六日，戶部檢會：『提舉兩浙西路茶鹽公事梁汝嘉言：「州縣捕獲私茶，依法勘證，並行當官焚毀，誠爲可惜。竊見有引沒官茶，許客人納茶價，出給文憑，前去都茶場請買不住山場交引興販。」今相度，今後捉獲私茶，乞並依沒官茶法。』詔依，諸路准此。

十二月十九日，提舉江南東路茶鹽公事陳鑄言：『契勘客人般販茶、鹽往所在州縣住賣，依法賣訖，鹽袋限五日、籠篰限十日繳納入官，州城委自都監、縣鎮委自尉司，置簿拘收。稅務逐時據客人住賣茶、鹽，當日具合拘收籠、袋數目關送。其縣尉多是不在本縣，及至客鋪送納，往往都無交納去處，留滯在外，引惹姦弊。今相度，除州城并倚郭縣依舊令都監管當，所有外縣鎮，縣委知縣、鎮委鎮官置籍拘收，監視燒毀，餘依見行條法。』從之。

又　〔紹興〕二年正月二十七日，提舉兩浙西路茶鹽梁汝嘉言：『勘會客人般販茶貨至住賣處，各有所給程限，近緣浙西州縣運河水淺，軍馬、客販舟船壅塞，重船難於行運，委是有妨興販。今相度，應客人請買茶貨，如願經由海道般販者，欲乞依鹽事已得指揮，權許聽從客便。仍令稱製批發官司於引背分明批鑿出入海口，官司檢察驗引，批鑿放行。河水快便日依舊。』從之。

又　五月七日，提舉兩浙西路茶鹽公事夏之文言：『巡捕官帶兼巡捉私鹽茶，如有透漏，罰格太輕，如一任內別無透漏，亦無推賞，是致得以弛慢。契勘昨來透漏私鹽，已降指揮依正巡捕官斷罪；如任滿別無透漏，依《元豐鹽賞格》與減一年磨勘。緣茶、鹽法事理一同。』詔巡捕私茶賞罰，並依紹興二年五月一日鹽事已降指揮施行。

又　〔紹興〕三年正月十五日，刑部言：『提舉兩浙西路茶鹽夏之文奏：檢會紹興元年十二月三日都省劄子：「勘會國家養兵之費，全藉茶鹽之利，日近守令官司玩習怠慢，全不禁戢私販。奉聖旨：應私販茶鹽，並不用蔭原赦。又《紹興敕》諸律與敕兼行，文意相妨，從敕；其一司一路有別制，從別制。今准九月二十日赦恩，據所屬申明見禁犯茶、鹽公事，合與不合引用《紹興敕》作非次赦恩原免？本司契勘《紹興敕》諸海行條內，稱不以赦降原，除緣姦細或傳習妖教託幻變之術及故決、盜決江河堤堰已決外，餘犯若遇非次赦，或再遇大禮赦者，聽從原免。又緣茶、鹽約束斷罪等各有專法，未審合與不合引用海行條原放。九月二十六日有旨：應私販茶鹽，雖遇非次赦恩，特不原免。本司檢准《紹興敕》：諸犯罪未發及已發未論決而改法者，法重依犯時法，輕從輕法。伏詳今降旨意，本緣冒法之人侵耗國計，務要禁戢私販，故專降指揮特不原非次赦恩。兼詳所降聖旨，亦無今後之文，若或便將似此犯人不原九月四日赦恩，緣犯時終未盡降不原非次赦恩指揮，又慮合作建格改引赦原免，委有疑惑。」并小貼子：看詳九月二十六日指揮：應私販茶、鹽，雖遇非次赦恩，特不原減。如再遇大禮赦，未審該與不該原減。」小貼子：照會《紹興敕》諸海行條，內稱不以赦原減，除緣姦細或傳習妖教等外，餘犯若遇非次赦，或再遇大禮赦者，聽從原免。亦未審一司一路一州一縣條法內該載不以赦降原減，若遇非次赦，或再遇大禮赦，合與不合原減，仍乞一就申明施行。」本部尋下大理寺參詳去後，據大理寺申：寺司衆官參詳，若私販茶、鹽，犯在紹興二年九月二十六日指

揮已前，依勅合作犯罪未論決而改法，法重依犯時外，依《紹興勅》稱不以赦降原減，除緣姦細或傳習妖教託幻變之術及故決、盜決江河隄堰已決外，餘犯若遇非次赦或遇大禮赦者，聽從原免。即是一遇非次赦與再遇大禮赦，立法一般。今來私販茶、鹽既專降指揮，雖遇非次赦，特不原減，即再遇大禮赦，亦不合原減。」所有一司一路一州一縣條法內稱不以赦降原減，事既非海行法，若遇非次赦，或再遇大禮赦，亦不合原減。本部欲依本寺所申行下。』從之。

又 二月二十五日，詔：『茶園戶自請引販茶，如引不隨茶，並依客人興販引不隨茶條法斷罪施行。』

又 三月四日，福建轉運判官徐宇言：『紹興二年未發大龍鳳茶計一千七百二十八斤，以去歲盜發建州，茶工不給，欲展三年補發。』上曰：『當盡蠲免，不須更令補發，亦所以寬民力也。』

六日，大理寺言：『本寺昨因渡江散失條制之後，一司專法編録不全，每遇檢斷犯私茶、鹽公事，不免旋於臨安府取會專法，非特留滯案牘，兼恐供報漏落，因致引用差誤。欲乞下本府將前後茶、鹽法并續降指揮責限一月，編録成冊，官吏保明委無差漏，送寺收掌，以備檢用。所有日後續降指揮，亦乞申嚴有司依條限謄報，下寺施行。』詔臨安府係駐蹕州軍，事務繁劇，改令嚴州限一月抄録成册，送本寺收掌。

五月二日，提舉荊湖南路茶鹽公事司言：『斷絕私販茶鹽，惟藉給賞激勸告捕之人。州縣緣盜賊之後，皆闕錢椿垜。』詔：『逐州縣四色共椿三百貫通融支用，如係闕錢去處，令提鹽司具的確錢數關提刑司，於合發經製錢内取撥椿垜，不得占吝。具已支過錢數申尚書省。』

六月四日，江西提舉茶事趙伯瑜言：『檢准宣和七年六月五日朝旨：州委通判、知縣專一督捕私鹽。其私茶未有依此明文，欲望申明行下。』從之。

八月七日，榷貨務都茶場言：『客人般販茶鹽到住賣處，欲用牙人貨賣者，合依已立定係籍等三等戶充牙人交易。如願不用牙人，自與鋪戶和議出賣，或情願委託熟分之人作牙人引領出賣者，即合依政和四年十二月二十四日朝旨，聽從客便。』從之。

十一月二十三日，詔都茶場依左藏庫例添置大門監官一員。

又 [紹興]四年三月十六日，戶部言：『檢准紹興三年三月九日指揮：今後告獲牙人接引貨賣私鹽罪賞，並依正犯人法。欲乞今後告獲牙人接引賣買私茶之人，並依接引賣買私鹽人已得指揮施行。』從之。

四月十三日，倉部員外郎、檢察福建廣南東西路經費財用公事章傑言：『據建州申：遞年合發省額茶二十一萬六千斤，自建炎二年後來，因葉濃作過，逐年只起罷科茶錢。至紹興四年，因大禮蒙抛買賞給茶五萬斤，以是難買。繼蒙朝旨蠲免四萬斤。今准戶部符：檢會紹興五年分本州合發省額茶二十一萬六千斤，仰計置依限起發。續準都督府劄子：准尚書省關，勘會建州合發上供茶盡起本色，赴建康府交納，令客人請買前去。以北州軍係已指擬淮南支用，不可全行減免。已得旨：特與減三分之一折起價，餘二分起發本色。州司照對，若令收買二分茶，即計一十四萬四千斤，比之紹興四年，幾增三倍，委是收買不行。乞申明朝廷，更賜減免。傑勘會建州遞年買發省額片茶，係隔年預借本錢支俵園戶計置，拍造入中。後因兵火，園戶逃亡，製造省少。今來却體訪得建州管下自來磨戶變磨末茶成袋出賣，多有客販往淮南通、泰州。取會得建州每年批發上件茶引二十餘萬斤。今欲乞將建州合發省額茶且權依紹興四年例起發五萬斤，餘並折價錢，委自本州收買末茶一十五萬斤赴建康府交納。』從之。

八月十六日，福建路轉運司言：『據建州買納茶務監官申：昨來章傑申請乞買末茶往建康府召客人販，緣末茶滋味苦澀，性不堅實，不堪經久，委是將來有失官本。』有旨：前降收買起發末茶指揮更不施行。

七月十八日，殿中侍御史魏矼言：『竊見今秋明堂大禮，陛下屢降德音，務從簡儉，又令有司照應紹興元年體例施行。誠知宗祀以交神明，在誠德而不在繁文，所以内惜國家艱難之費，外省州郡輸貢之勞，因民心以享天心也。檢會紹興元年賞給數，内建州臘茶並不曾催發，亦不曾支給，知其無益於實，人亦不復覬覦矣。訪聞戶部今歲抛買大臘茶，自五月開務，至今纔發得一綱，園戶騷動，陪備失業，實爲可憐。況建州自經葉濃、范汝爲之亂，戶口凋殘，瘡痍未復。其民方集而易動，其俗喜兵而難安，州縣當思無以撫存之，不宜以細故，重使失業也，臣愚欲望降旨，除已發一綱外，其餘臘茶許令依紹興元年賞給特行蠲免，更不起綱。』詔

依紹興元年例施行。

又《食貨三六·榷易·景德三年七月三十日》 三十日，帝曰：『昨定奪司條制茶事，聞其過於嚴切，有傷園戶，朕已示諭，令知園戶採擷用功，須更得人手製造，茶既逐等第給價，入等者不可私賣，亦是入官。今一切須令本戶造化，皆要精細，豈不傷園戶耶 又傭力者衆，皆是貧民，既斥去無用，安知不聚爲寇盜 宜再與指揮，務令通濟。』定奪司言：『此事實所未知，今聞聖諭，方曉其事。』

又《食貨二〇·蠲放·乾道三年》 二月三日，臣寮言：『川秦茶、馬兩司，自紹興十九年至紹興三十二年，諸州縣侵用，失催博馬歲計，並茶場園戶積欠虧額科息錢、引見錢、銀絹錦紬布等，兩司總計六十六萬四千九百餘貫，系年深月遠，官吏替移，園戶委是貧乏，無可(倍)［賠］填。欲望將紹興三十二年以前應有欠負茶、馬司錢物，並與除放。』從之。

十七日，詔四川宣撫司，本路諸監司將瀘、敘州、長寧軍日後非泛科斂，一切蠲免。

紀事

宋 王欽若《册府元龜》卷四九四《邦計部·山澤》 武宗以開成五年正月四日即位，十月詔複茶稅鹽鐵司奏曰：伏以江南百姓營生多以種茶為業，官司量事設法惟稅，賣茶但於店鋪，交關自得公私通濟，今則事須私賣，苟務隱欺，皆是主人牙郎中裡誘引。又被販茶奸党分外勾牽，所繇因此為奸利，皆追收攪擾，一人犯罪，數戶破殘，必在屏除，使安法理。其園戶私賣茶犯十斤至一百斤，徵錢一百文，決脊杖二十。至三百斤，決脊杖二十，錢亦如上。累犯累科三犯已後，委本州上曆收管，重加徭役以戒鄉閭。此則法不虛施，人安本業，既懼當辜之苦，自無犯法之心。條令既行，公私皆泰。若州縣不加把捉，縱令私賣園茶，其有被人告論，則又砍園失業。當司察訪別具奏聞。請准放私鹽例處分。又云：伏以興販私茶群黨頗眾，場鋪人吏皆與通連，舊法雖嚴，終難行使，須別置法以革奸徒，輕重既有等差節級，易為遵守。今既特許陳首所在招收敕令，已行皇恩普洽，宜從變法，使各自新。若又抵違須重科斷，自今後應輕行，販私茶無得杖，伴侶者從十斤至一百斤決脊杖十五。其茶並隨身物並沒納給糾告及捕捉所繇。其囚牒送本州縣置曆收管，使別營生，再犯不問多少准法處分。三百斤已上，即是恣行兇狡，不懼敗亡，誘扇愚人，悉皆屏絕，並准法處分，其所沒納亦如上例從之。

宋 李壁《王荆公詩注》卷六《酬王詹叔奉使江東訪茶法利害見寄》 嘉祐三年九月，初官既茶，民私畜販者皆有，禁又茶屢變歲課日削。至和中，歲市茶淮南、江南，兩浙荊南歲售錢並本息計之才百六十七萬三千餘緡，官茶所在陳積縣官獲利無幾，論者皆謂宜弛禁便。景祐中，葉清臣嘗議弛禁，至是著作郎何鬲三班奉職，王嘉麟上書請罷給茶本錢，縱園戶貿易而官收稅租錢與所在征筭歸貨務以償邊糴。嘉祐四年二月，三司言茶課緡錢歲當二百四十四萬八千。嘉祐二年才及二十八萬，又募人入錢皆有虛數，實為八十六萬，而三十九萬有奇是為本錢，才得子錢四十六萬九千而已。其輦運糜費防失與官吏兵夫廪給雜費又不與焉，至於園戶輸納侵擾日甚小民趨利犯法刑辟益蕃獲利至小為弊，甚大宜約至和之後一歲之數以所得息錢均賦茶戶，恣其買賣所在，收筭請遣官詢察利害，以聞詔遣司封員外郎王靖等，分行六路及還皆言如三司議便詔曰，自唐建中始有茶禁，民被誅求之困日惟謗嗟官受濫惡之入歲以陳積歷歲之□，一旦以除尚慮喜於立異之人緣而為奸之党妄，陳奏議以惑官司必寘明刑無或有貸，初以三司歲課均賦茶戶，凡為緡錢六十八萬有奇，吏歲輸縣官比輸茶時其出幾倍，朝廷難之為損，其半歲輸緡錢三十三萬八千有奇，謂之租錢與諸路本錢悉儲以行邊糴，自是惟臘茶禁如舊餘茶肆行天下矣，此韓魏公相業君子謂此舉為然其時富公亦為相。

宋 呂中《宋大事記講義》卷一一《稅茶法》 天聖元年三月，行貼射茶法，初茶法屢更，然不能無弊，上詔二府大臣，經度乃命李諮更定其法。請罷三說法，官不給本錢，使商人與園戶自相交易，一切為中估，而官收其息。必輦茶入官，隨商人所指，而與之給券為驗，以防私售故貼射之名始此。

《宋史全文》卷九《宋仁宗六》 景祐中，葉清臣嘗上疏乞弛禁，三司以為不可。至是，著作佐郎何鬲、三班奉職王嘉麟又皆上書請罷給

茶本錢，縱園戶留易而官收稅租錢，與所在征算，歸榷貨務，以償邊糴之費。淮南轉運副使沈立亦集茶法利害為十卷。宰相富弼、韓琦、曾公亮等決意向之，力言於上。癸酉，命絳、旭及知雜禦史呂景初即三司置局議之。

《文獻通考》卷一八《征榷考五・榷茶》　致堂胡氏曰：『茶者，生人之所日用也，其急甚於酒。然王鉷、楊慎矜、韋堅以及劉晏皆置而不征，猶為忠厚。天地生物，凡以養人，取之不可悉也。張滂稅茶，則悉矣。凡言利者，未嘗不假託美名，以奉人主私欲，滂以茶稅錢代水旱田租是也。既以立額，則後莫肯蠲，非惟不蠲，從而增廣其數，其法嚴峻者有之矣，或至於官盡榷之，商旅不得貿遷，而必與官為市。在私，則終不能禁，而椎埋惡少竊販之害興，偶有敗獲，奸人猾吏相為囊橐，獄訖不直，而治所由曆，株連枝蔓，致良民破產，接村比裡，甚則盜賊出焉。在公，則收貯不虔，發洩不時，至於朽敗，與新斂相妨，或沒入竊販，無所售用，於是舉而焚之，或乃沈之，殃民害物，鹹弗恤也。其原則在於得數十萬緡錢而已。夫弛山澤之禁以予民，王政也。必不得已，聽商旅貿遷而薄其征。茶也者，東南所有，西北所無，雖曰薄征，其入於王府者亦不貲矣。息盜奪，止訟獄，佐國用，其利亦大矣，張滂、王涯豈足效哉！

穆宗即位，兩鎮用兵，帑藏空虛，禁中起百尺樓，費不可勝計。鹽鐵使王播乃增天下茶稅，率百錢增五十。江淮、浙東西、嶺南、福建、荊襄茶，播自領之，兩川以戶部領之。天下茶加斤至二十兩，播又奏加取焉。

右拾遺李玨上疏諫曰：『榷茶起於養兵，今邊境無虞，而厚斂傷民，不可一也。茗飲，人之所資，重賦稅則價必增，貧弱益困，不可二也。山澤之饒，其出不貲，論稅以售多為利，價騰踴則市者稀，不可三也。』

文宗時，王涯為相，判二使，複置榷茶使，自領之，徙民茶樹於官場，榷其舊積者，天下大怨。令狐楚代為鹽鐵使兼榷茶使，複令納榷，加價而已。李石為相，以茶稅皆歸鹽鐵，複貞元之舊。

武宗即位，鹽鐵轉運使崔珙又增江淮茶稅。是時，茶商所過州縣有重稅，或掠奪舟車，露積雨中，諸道置邸以收稅，謂之『拓地錢』，故私犯益起。大中初，鹽鐵轉運使裴休請：『釐革橫稅，以通舟船，商旅既安，課利自厚。又正稅茶商，多被私販茶人侵奪其利，今請委強幹官吏，先於出茶山口及廬、壽、淮南界內，佈置把捉，曉諭招收，量加半稅，給陳首帖子，令所在公行，更無苛奪。所冀招懷窮困，下絕奸欺，使私販者免犯法之憂，正稅者無失利之歎。』從之。

休著條約：私鬻三犯皆三百斤，乃論死；長行群旅，茶雖少亦死；顧載三犯至五百斤、居舍儈保四犯至千斤，皆死；園戶私鬻百斤以上，杖脊，三犯加重徭；伐園失業者，刺史、縣令以縱私鹽論。廬、壽、淮南皆加半稅，稅商給自首之帖，天下稅益增倍貞元。江淮茶為大模，一斤至五十兩。諸道鹽鐵使於悰每斤增稅五錢，謂之『剩茶錢』，自是斤兩復舊。

按《陸羽傳》：『羽嗜茶，著經三篇，言茶之原、之法、之具尤備，天下益知飲茶矣。時鬻茶者至畫羽形置煬突間，祀為茶神。有常伯熊者，因羽論複廣著茶之功。其後尚茶成風，回紇入朝，始驅馬市茶。』羽貞元末卒，然則嗜茶、榷茶，皆始於貞元間矣。

【略】

太祖皇帝乾德二年，詔民茶折稅外，悉官買，敢藏匿不送官及私販鬻者，沒入之，論罪；主吏私以官茶貿易及一貫五百，並持仗販易為官私擒捕者，皆死。

太平興國二年，重定法，務輕減。主吏盜官茶販鬻錢三貫以上，黥面送闕下；茶園戶輒毀敗其叢樹者，計所出茶論如法。

八年，詔禁偽茶。又詔民間舊茶園荒廢者蠲之，當以茶代稅而無茶者，許輸他物。

淳化三年，詔盜官茶販鬻十貫以上，黥面配本州牢城。雍熙後用兵，乏於饋餉，多令商人輸芻糧塞下，酌地之遠近不為其直，取市價而後增之，授以要券，謂之交引，至京師給以緡錢，又移文江、淮、荊湖給以顆、末鹽及茶。

端拱二年，置折中倉，聽商人輸粟京師，優其直，給江、淮茶鹽。

三年八月，監察禦史薛映、秘書丞劉式等上言：『向者，朝廷制置緣江榷貨八務，以貯南方之茶，便於商人貿易。今四海無外，諸務皆宜廢罷，令商人就出茶州府官場算買，既大省輦運，又商人皆得新茶。』詔從之。遂以三司鹽鐵副使雷有終為諸路茶鹽制置使，左司諫張觀與映副之，

令商榷利害。次年四月，廢緣江榷貨八務，聽商人就出茶州軍買販，大減榷務茶價。詔既下，商人頗以江路回遠非便，有司以損其直，虧失歲計為言。七月，複置緣江八務，罷制置使、副。至道初，劉式猶固執前議，西京作坊使楊允恭上言：『商人雜市諸州茶，新陳相糅，兩河、陝西諸州，風土各有所宜，非參以多品，則商旅少利，罷榷務令就茶山買茶不可行。』上欲究其利害之説，令宰相召鹽鐵使陳恕、副使、判官與式、允恭定議，召問商人，皆願如淳化所減之價，不然者，即望仍舊。有司職於出納，既難於減損，皆同允恭之説，式議遂寢。即以允恭為江南、淮南、兩浙發運兼制置茶鹽使，西京作坊副使李廷遂、著作郎王子與副之。二年，從允恭等請，禁淮南十二州軍鹽，官鬻之，商人先入金帛京師及揚州折博務者，悉償以茶。自是鬻鹽得實錢，茶無滯積，歲課增五十萬八千餘貫，允恭等皆被賞。

止齋陳氏曰：『乾德時，東南六路、閩、浙歸職方，餘尚未平。太祖榷法蓋禁南商擅有中州之利，故置場以買之，自江以北皆為禁地。太平興國中，樊若水奏，江南諸州茶官市十分之八，其二分量稅聽自賣，逾江涉淮，乘時射利，紊亂國法，望嚴禁之，則謂乾德榷法也。自若水建議，其法始密。凡茶之利，一則官賣以實州縣；一則沿邊入中糧草，算請以省饋運；一則榷務入納金銀錢帛算請以贍京師。而河東、北互市，川陝折博，又以所有易所無，而其大者最在邊備。蓋祖宗以西北宿兵供億之費，重困民力，故以茶引走商賈，而虛估加抬以利之。其後理財之臣往往以遺利在民，數務更張，然大概無過李諮、林特二法，二法大概以抑茶商及邊民耳。故林特以見錢買入中賤價交鈔，而以實錢算茶，然猶以五十千或五十五千算茶百千，則是去虛估加抬未遠也。至李諮複祖劉式之意淳化三年，秘書丞劉式起請，令商旅自就園戶買茶，於官場貼射，廢榷貨務，始斷然罷去買納茶本，使客自就山園買茶，而官場坐收貼納之利，行之三年而罷。然當時議者徒咎諮法不能惜留在京見錢，而不及其刻剝商賈之怨。景祐以後，西邊事興，始複行加抬法。嘉祐四年，天下無事，仁皇慨然一切弛禁。當時詔書曰：上下征利垂二百年，江、湖之間，幅員數千里，為陷阱以害吾民。尚慮幸於立異之人，因緣為奸之党，妄陳奏議，以惑官司。必寘明刑，用懲狂謬。自此，茶不為民害者六七十載矣。此韓琦相業也。至蔡京始複榷法，於是茶利自一錢以上皆歸京師。其子蔡絛自記之曰：公始説上以茶務，若所入厚，專以奉人主。此京本意，而西北邊糧草名曰便糴，而均糴、結糴、貼糴、括糴之名起。蓋以官告、度牒之類等第抑配，而邊民不聊生矣。京之誤國類如此。』

凡園戶，歲課作茶輸其租，餘則官悉市之。其售於官者，皆先受錢而後入茶，謂之本錢。百姓歲輸稅願折茶者，亦折為茶，謂之折稅。此收茶之法。

凡民鬻茶者，皆售於官，其以給日用者，謂之食茶，出境則給券。商賈之欲貿易者，入錢若金帛京師榷貨務，以射六務、十三場茶，給券隨所射予之，謂之交引；願就東南入錢若金帛者聽，計直予茶如京師。凡茶入官以輕估，其出以重估，縣官之利甚博，而商賈轉致於西北，以致散於夷狄，其利又特厚。此鬻茶之法。

自西北宿兵既多，饋餉不足，因募人入中芻粟，度地裡遠近，增其虛估，給券，以茶償之。後又益以東南緡錢、香藥、象齒，謂之『三説』，而塞下急於兵食，欲廣儲峙，不愛虛估，入中者以虛錢得實利，人競趨焉。及其法既弊，則虛估日益高，茶日益賤，入實錢金帛日益寡。而入中者非盡行商，多其土人，既不知茶利厚薄，且急於售錢，得券則轉鬻於茶商或京師坐賈號交引鋪者，獲利無幾。茶商及交引鋪或以券取茶，或收畜貿易，以射厚利。繇是虛估之利皆入豪商巨賈，券之滯積，雖二三年茶不足以償，而入中者以利薄不趨，邊備日蹙，茶法大壞。

景德中，丁謂為三司使，嘗計其得失，以謂邊糴才及五十萬，而東南三百六十餘萬茶利盡歸商賈。當時以為至論，厥後雖屢變法以救之，然不能亡弊。

天聖元年，有司請罷三説，行貼射之法即李諮所陳，見上文。

景祐中，葉清臣上疏言：『嘗計茶利歲入，以景祐元年為率，除本錢外，實收息錢五十九萬餘緡，天下所售受食茶，及本息歲課亦祇及三十四萬緡，而茶商見行六十五州軍，所收稅錢已及五十七萬緡。若令天下通商，祇收稅錢，自是數倍，即榷務、山場及食茶之利，盡可籠取。又況不廢度支之本，不置榷場之官，不興輦運之勞，不濫徒黥之辟。臣意議者謂榷賣有定率，徵稅無彝准，通商之後，必虧歲計。臣按管氏鹽鐵法，

計口受賦，茶為人用，與鹽鐵均，必令天下通行，以口定賦，民獲善利，又去嚴刑，口出數錢，人不厭取。』時下其議，皆以為不可行。至嘉祐中，何鬲、王嘉麟上書請罷給茶本錢，縱園戶貿易，而官收租錢與所在征算，歸榷貨務以償邊糴之費。時韓琦、富弼等執政，力主其說，乃議弛禁，以三司歲課均賦茶戶，謂之租錢，與諸路本錢悉儲以待邊糴。自是唯蠟茶禁如舊，餘茶肆行天下矣。論者尤謂朝廷志於便人，欲省刑罰，其意良善，然茶戶困於輸錢，而商賈利薄，販鬻者少，州縣徵稅日蹙，給費不充。學士劉敞、歐陽修等頗論其事，略言：『昔時百姓之摘山者，皆受錢於官，今也顧使納錢於官，受納之間，利害百倍；先時百姓冒法販茶者被罰耳，今悉均賦於民，賦不時入，刑亦及之，是良民代冒法者受罪；先時大商賈為國貿遷，而州郡收其稅，今大商富賈不行，則稅額不登，且乏國用。』時朝廷方排眾論而行之，敞等言不從。

民之種茶者，領本錢於官而盡納其茶，官自賣之，敢藏匿及私賣者有罪此國初之法。以十三場茶買賣本息並計其數，罷官給本錢，使商人與園戶自相交易，一切定為中估而官收其息，如茶一斤售錢五十有六，其本錢二十有五，官不復給，但使商人輸息錢三十有一，謂之貼射此天聖之法。園戶之種茶者，官收租錢，商賈之販茶者，官收征算而盡罷禁榷，謂之通商此嘉祐之法。

治平中，歲入蠟茶四十八萬九千餘斤，散茶二十五萬五千餘斤，茶戶租錢三十二萬九千八百五十五緡，又儲茶錢四十七萬四千三百二十一緡，而內外總入茶稅錢四十九萬八千六百緡，推是可見茶法得失矣。

吳氏《能改齋漫録》曰：『建茶務，仁宗初，歲造小龍、小鳳各三百斤，大龍、大鳳各三百斤，入香、不入香、京挺共二百斤，蠟茶一萬五千斤。小龍、小鳳，初因蔡君謨為建漕，造十斤獻之，朝廷以其額外免勘。明年，詔第一綱盡為之，故《東坡志林》載溫公曰：『君謨亦為此邪？』』

神宗熙寧七年，始建三司幹當公事李杞入蜀經畫買茶，於秦鳳、熙河博馬，與成都路漕司議合。事方有端，而王韶言西人頗以善馬至邊，所嗜惟茶，乏茶與市。即詔趣杞據見茶計水陸運至，又以銀十萬兩、帛二萬五千、度僧牒五百付之，假常平及坊場餘錢，以著作佐郎蒲宗閔同領其事。初，蜀之茶園皆民兩稅地，不殖五穀，惟宜種茶。賦稅一例折輸絹、紬、綿、草，各以其直折輸，役錢亦視其賦。民賣茶資衣食，與農夫業田無異，而稅額總三十萬。杞被令經度，即諸州創設官場，歲增息為四十萬，而重禁榷之令。其輸受之際，往往壓其斤重，侵其價直。既而運茶積滯，歲課不給，乃建議於彭、漢二州歲買布各十萬匹，以折腳費，實以布息助茶利，亦未免積滯。複建議歲易解鹽十萬席，顧運回東船載入蜀，而禁商販。未幾，鹽法複難行，宗閔乃議川陝略民茶息收十之三，盡賣於官場，更嚴私交易之令，稍重至徒刑，仍沒緣身所有物，以待給賞。於是蜀茶盡榷，民始病矣。

知彭州呂陶言：『川陝四路所出茶貨，北方東南諸處，十不及一，諸路既許通商，兩川卻為禁地，虧損治體，莫甚於斯。只如解州有鹽池，民間煎者乃是私鹽；晉州有礬山，民間煉者乃是私礬。今川蜀茶園乃百姓已物，顯與解鹽、晉礬事體不同。恭惟仁聖恤民之心，必不如此。』又言：『國家置市易司籠制百貨，歲出息錢不過十之二，必以一年為率。今茶場司不以一年為率，務重立法，盡榷民茶，隨買隨賣，取息十之三，或今日買十千之茶，明日即作十三千賣之客旅，日以官本變轉，殊不休已，比至歲終，不可勝算，豈止三分而已？此於市易之條自相違戾。又客旅及儈人以榷茶，不許私交市，共邀難園戶，於外預商計裁價，園戶畏法懼罪，且欲變貨營生，窮迫之間，勢不獲已，則一聽客言，斤收實錢七分賣之官，餘三分留為客人買茶之息。如此則園戶有三分之虧，而官中名得其息，自是園戶本錢，客人無所費也。乞下本路體量更改。』不報。

自熙寧七年至元豐八年，蜀道茶場四十一，京西路金州為場六，陝西賣茶為場三百三十二，稅息至李稷加為五十萬，及陸師閔為百萬雲。

初，熙寧五年，以福建茶陳積，乃詔福建茶在京、京東西、淮南、陝西、河東仍禁榷，餘路通商。

王子京為轉運副使，言：『建州蠟茶舊立榷法，自熙甯權聽通商，自此茶戶售客人茶甚良，官中所得唯常茶，稅錢極微，南方遺利無過於此，乞仍行榷法。』元祐初，罷子京事任，令福建禁榷州軍仍其舊。

元豐中，宋用臣都提舉汴河堤岸，創奏修置水磨，凡在京茶戶擅磨末茶者有禁，並赴官請買，而茶鋪入米豆雜物拌和者有罰，募人告者有

賞。訖元豐末，歲獲息不過二十萬，商旅病焉。元豐修置水磨，止於在京及開封府界諸縣，未始行於外路。及紹聖複置，其後遂於京西鄭滑州、潁昌府，河州澶州皆行之。

哲宗元祐二年，熙河、秦鳳、涇原三路茶仍官為計置，永興、鄜延、環慶許通商，凡以茶易穀者聽仍舊，毋得逾轉運司和糴價，其所博鬥斛勿取息。

侍御史劉摯上言：『蜀地榷茶之害，園戶有逃以免者，有投死以免者，而其害猶及鄰伍。欲伐茶則有禁，欲增植則加市，故其俗論謂地非生茶也，實生禍也。願選使者考茶法之弊欺，以蘇蜀民。』

右司諫蘇轍上言：『盜賊之法，贓及二貫，止徒一年，出賞五千，今民有以錢八百和買茶四十斤者，輒徒一年，賞三十千，立法苟以自便，不顧輕重之宜。蓋造立茶法，皆傾險小人，不識事件。』且備陳五害。詔遣黃廉等體量。

紹聖元年，陝西複行禁榷，凡茶法並用元豐舊條。

徽宗崇甯元年，右僕射蔡京議大改茶　法，奏言：『自祖宗立額榷之法，歲收淨利凡三百二十餘萬，而諸州商稅七十五萬貫有奇，食茶之算不在焉，其盛時幾五百餘萬緡。慶曆之後，法制浸壞，私販公行，遂罷禁榷，行通商之法。自後商旅所至，與官為市，四十餘年，利源浸失。謂宜荊湖、江、淮、兩浙、福建七路所產茶，仍舊禁榷官買，勿複科民，即產茶州縣隨所置場，申商人園戶私易之禁。凡置場地，園戶皆籍名數，歲鬻於官吏，皆用倉法，園戶自前茶租折稅仍舊。產茶州軍許其民赴場輸息，量限斤數，給短引，於旁近郡縣便鬻，餘悉聽商人於榷貨務入納金銀、緡錢或並邊糧草，即本務給鈔，取便算請於場，別給長引，從所指州軍鬻之。商稅自場給長引，沿路登時批發，至所指地，然後計稅盡輸，則在道無苛留。買茶本錢以度牒及鹽鈔、諸色封樁、坊場、常平剩錢通三百萬緡為率，給諸路，諸路措置，各分命官。』詔悉聽焉。俄定諸路措置茶事官置司：湖南於潭州，湖北於荊南，淮南於揚州，兩浙於蘇州，江東於江寧府，江西於洪州。其置場所在：蘄州即其州及蘄水縣，壽州以霍山、開順，光州以光山、固始，舒州即其州及羅源、太湖，黃州以麻城，廬州以舒城，常州以宜興，湖州即其州及長興、德清、安吉、武康，睦州即其州及清溪、分水、桐廬、遂安，婺州即其州及東陽、永康、浦江，處州即其州及遂昌、青田，蘇、杭、越各即其州，而越之上虞、餘姚、諸暨、新昌、剡縣皆置焉，衢、台各即其州，而溫州以平陽。大法既定，其制置節目，不可毛舉。

四年，京覆議更革，遂罷官置場，商旅並即所在州縣或京師請長短引，自買於園戶。茶貯以籠篰，官為抽盤，循第敘輸息訖，批引販賣，茶事益加密矣（長引許往他路，限一年。短引止於本路，限一季。）。

按：京崇甯元年所行乃禁榷之法，是年所行乃通商之法，但請引抽盤商稅，苛於祖宗之時耳。

大觀三年，計七路一歲之息一百二十五萬一千九百餘緡，榷貨務再歲一百十有八萬五千餘緡。京專用是以舞智固權，自是歲以百萬緡輸京師所供私奉，掊息滋厚，盜販公行，民滋病矣。

政和二年，大增損茶法。凡請長引再行者，輸錢百緡，即往陝西，加二萬，茶以百二十斤；短引輸緡錢二十，茶以二十五斤。私造引者如川錢引法。歲春茶出，集民戶約三歲實直及今價上戶部。茶籠篰並官制，聽客買，定大小式，嚴封印之法。長短引輒竄改增減及新舊對帶、繳納申展、住賣轉鬻科條悉具。初，客販茶用舊引者，未嚴斤重之限，影帶者眾。於是又詔凡販長引斤重及三千斤者，須更買新引對賣，不及三千斤者，即用新引以一斤帶二斤鬻之，而合同場之法出矣。場置於產茶州軍，而簿給於都茶務。凡不限斤重茶，委官秤制，毋得止憑批引為定，有贏數即沒官，別定新引限程及重商旅規避秤制之禁，凡十八條，若避匿鈔劄及擅賣，皆坐以徒。複慮茶法猶輕，課入不羨，定園戶私賣及有引而所賣逾數，保內有犯不告，並如煎鹽亭戶法。短引及食茶關子輒出本路，坐以二千里流，賞錢百萬。

大抵茶、鹽法主於蔡京，務巧掊利，變改法度，前後罷複不常，民聽眩惑。

高宗建炎初，於真州印鈔，給賣東南茶、鹽，以提領真州茶鹽為名。三年，置行在都茶場，罷合同場一十八處，惟洪州、江州、興國軍、潭州、建州各置合同場，監官一員。罷食茶小引（建炎三年九月旨，別印小引，每引五貫文，許販茶六十斤。比附短引，增添斤重，暗虧引錢，損害茶法，住罷。淳熙二年複置。）

凡茶、鹽經從而把隘官軍以搜檢奸細為名而騷擾者，依軍法施行。明年，以罰太重，減徒。

三年，捕私茶賞罰依鹽事指揮。祖宗應犯榷貨並不根究來歷，止以見在為坐。嘉祐著令，今戶部言，不系出產州軍捕獲私販茶、鹽，可以不究來歷其出產州軍私販者，並系亭、灶、園戶為之，一概不究，無以杜私販之弊。詔自茶、鹽外，其餘榷貨並不根究來歷。他日，都省又言，應犯私茶、鹽，不得信憑供指，妄有追呼。詔從之。

紹興二十七年，令凡商販淮南長引茶，令秤發官司先問客人所指住賣州縣，經由場務及合過官渡，並背批月日姓名，即時放行；如不行批引，縱放私茶，與正犯茶人一等犯罪。蓋自榷場轉入虜中，其利至博，淮河私渡譏禁甚嚴，然民觸犯法禁自若。

甯宗嘉泰四年，知隆興府韓邈奏：『戶部茶引，歲有常額，隆興府惟分寧產茶，他縣並無，而豪民武斷者乃請引認租，借官引以窮索一鄉，無茶者使認茶，無食利者使認食利，所至驚擾。乞下省部，非產茶縣並不許人戶擅自認租，他路亦比類施行。』從之。

四川茶　建炎元年四月，成都路運判趙開言榷茶、買馬五害，請用嘉祐故事，盡罷榷茶，而令漕司買馬；或未能然，亦當減額以蘇園戶，輕價以惠行商，如此則私販衰而盜賊息矣。朝廷遂擢開同主管川、陝茶馬。二年十一月，開至成都，大更茶法，仿蔡京都茶場法，印給茶引，使商人即園戶市茶，百斤為一大引，除其十勿算。置合同場以譏其出入，重私商之禁，為茶市以通交易。每斤引錢春七十、夏五十，市利、頭子在外。所過征一錢所止一錢五分，引與茶隨，違者抵罪。自後引息錢至一百五萬緡。紹興複提舉官，又旋增引錢。至十四年，每引收十二道三百文，視開之初又增一倍矣。

自熙、豐來，蜀茶官事權出諸司之上，而其富亦甲天下，時以其歲剩者上供。舊博馬皆以粗茶，乾道末始以細茶遺之。然蜀茶之細者，其品視南方已下，惟廣漢之趙坡、合州之水南、峨眉之白芽、雅安之蒙頂，土人亦珍之。然所產甚微，非江、建比也。

明 丘濬《大學衍義補》卷二九《山澤之利下》　侍御史劉摯言蜀地榷茶之害：『園戶有逃以免者，有投死以免者，而其害猶及鄰伍，欲伐茶則有禁，欲增植則加市，故其俗論謂地非生茶也，實生禍也。』

明 曹學佺《蜀中廣記》卷六五《方物記第七・茶譜》　元佑元年，侍御史劉摯奏疏曰，蜀茶之出不過數十州，人賴以為生，茶司盡榷，而市之園戶有茶一本，而官市之額至數十斤，所給錢靡耗於公者名色不一，給借保任輸入視驗皆牙儈主之。故費於牙儈者，又不知幾何，是官於園戶名為平市而實奪之園戶有逃亡而免者，有投水而免者，而其害猶及鄰伍，欲伐茶則存禁，欲增植則加市，故其俗論謂地非生茶也實生禍也。願選使者考茶法之弊，以蘇蜀民，右司諫蘇轍，繼言造立茶法，皆傾險小人不識事體且備陳五害，呂陶亦條上利害，既而摯又言陸師閔恣為不法，不宜仍任事師閔，坐罷未幾，蒲宗孟亦以附會李稷罷稷。邛州人以父絢蔭歷管庫提舉，蜀部茶場甫兩歲羨課七十六萬緡，與李察皆以苛暴著時人為之，語曰，寧逢黒煞莫逢稷察。

紹聖元年，複以蒲師閔都大提舉成都等路茶事，凡茶法並用，元豐舊條初，神宗時熙河運司以歲計不足，乞以官茶博糴，每茶三斤易粟一斛，朝廷謂茶馬司，本以博馬不可以博糴于茶馬司，歲額外增，買川茶兩倍茶朝廷別出錢二百萬給之，令提刑司封樁，又令茶馬司兼領轉運使，由是數歲邊用粗足。

建炎元年。成都轉運判官趙開言榷茶買馬五害，請用嘉佑故事盡罷榷，茶而令漕司買馬或未能然，亦當減額以蘇園戶，輕價以惠行商，如此則私販衰而盜賊息，遂以開主管秦川茶馬二年，開大更茶法，按中興小歷，建炎軍興令，商旅園戶自行買賣官給茶引，白取息錢所賣茶引一百斤，計取息錢六貫五百文改成都茶場為合同場，仍置茶市交易者，必由市引與茶相隨此即開之法也。

明 顧炎武《日知録》卷一〇《行鹽》　宋嘉祐中，著作佐郎何鬲、三班奉職王嘉麟上書，請罷茶本錢，縱園戶貿易，而官收租錢，與所在征算，歸榷貨務，以償邊糴之費，可以疏利源而寬民力。仁宗從之。其詔書曰：『曆世之敝，一旦以除，著為經常，弗複更制。』以是雖當王安石之時，而於茶法未有所變，其說可通之於鹽課者也。

《續資治通鑒》卷五七　初，官既榷茶，民私蓄販皆有禁，臘茶之禁尤嚴，犯者其罰倍，凡告捕私茶皆有賞。然約束愈密而冒禁愈蕃，歲報

刑辟，不可勝數。園戶困於征取，官司旁緣侵擾，因而陷於罪戾，以至破產、逃匿者，歲比有之。官茶所在陳積，縣官獲利無幾，論者皆謂宜弛禁便。景祐中，葉清臣嘗上疏乞弛禁，三司議皆以為不可。至是著作佐郎何鬲、三班奉職王嘉麟又皆上書，請罷給茶本錢，縱園戶貿易，而官收其租錢，與所在征算歸榷貨物，以償邊糴之費，可以疏利源而寬民力。嘉麟為《登平致頌書》十卷、《隆衍視成策》二卷，上之。淮南轉運副使沈立，亦集《茶法利害》為十卷，陳通商之利。宰相富弼、韓琦、曾公亮等決意向之，力言於帝。九月，癸酉，命翰林學士韓絳、知諫院陳旭及知雜御史呂景初即三司置局議之。

又卷一四六 四川制置使胡元質言：『為蜀民之病者，惟茶、鹽、酒三事為最；酒課之弊，近已損減。蜀茶，祖宗時並許通商，熙寧以後，始從官榷，當時課息，歲過四十萬。建炎軍興，改法賣引，比之熙寧，已增五倍。紹興十七年，主管茶事官增立重額，逮至二十五年，台諫論列，始蒙蠲減。當鄭靄為都大提舉，奉行不虔，略減都額，而實不與民間盡蠲前官所增逐戶納數。又越二十餘年，其間有產去額存者，有實無茶園，止因賣零茶，官司抑令承額而不得脫者，似此之類不一，逐歲多是預複茶引于合同官場，逐月督取。

張松為都大提舉日，又計興、洋諸場一歲茶額，直將茶引複與園戶，不問茶園盛衰，不計茶貨有無，止計所複引數，按月追取歲息，以致茶園百姓愈更窮困。欲行下茶馬司，將無茶之家並行停閣，茶少額多之家即與減額。』詔元質與茶司及總領司措置。

山户

論説

清 程雨亭《整飭皖茶文牘・程雨亭觀察請南洋大臣示諭徽屬茶商整飭牌號禀》 再，整飭茶業，似首在各茶商各整牌號，講求焙制，不再以偽亂真，外洋自必暢銷。銷路既暢，商號放價購茶，各山戶亦必加意培護炒焙，不再以柴炭猛熏，或惜工費，日下攤曬，致失真色香味。似整飭山號牌名為第一義，山戶其次也。至茶質高下，各有不同，徽產綠茶以婺源為最，婺源又以北鄉為最，休寧較委源次之，歙縣不及休寧北鄉，黃山差勝，水南各鄉又次之。大抵山峰高則土愈沃，茶質亦厚，此系乎地利雨防凍雪，又系乎天時。山戶窮民，鮮能講求培護炒制者，綠茶以鍋炒為上，火候又須恰好。荒山男婦，粗笨，似難家喻戶曉。惟銷暢則價增，日久必當考究。本年皖南，春茶既傷淫雨，夏次商號又聞美國加稅之說，不敢放膽購辦，山戶子茶，半多委棄，其明徵也。

南洋大臣批：查該道自接辦皖南茶釐局務以來，遇事盡心整頓，所有積弊，均次第革除，深為嘉賴。現在中國運銷外洋之物，茶為一大宗。該道正辦理得力之時，應仍由該道妥為經理，並查照雷稅司所陳事宜，督董勸導各山戶妥為籌辦，以期茶業暢旺而裕利源。是為厚望，毋庸稟請卸差。至所議仿照淮鹺章程，令茶商領照運茶一節，自係維持茶務之計。惟事屬創興，須由該道督董先與各商妥為議定後，再行詳請奏咨辦理，方為妥洽。仰即遵照。繳清摺及公啟二紙均存。

清 何潤生《徽屬茶務條陳》《清經世文三編》卷三一 一徽屬種茶者名曰山戶，出茶之盛衰關乎人工之勤惰者半，關乎天時之呵護者亦半。縱人工培植維勤，設遇冬令天氣大寒，樹木受傷，來年茶葉即難茂盛。摘茶之時若逢陰雨過多，茶質亦損。山戶零星其茶，賣於螺司，聚有成數，然後賣於行號。螺司者，山中販戶之俗稱也。

又 一徽地素產綠茶，綠茶名色不一，機器能否製造，茫無把握。招商購製，力多不及，承辦無人。僅聞漢口現有置備機器製造茶者，大都宜於紅茶。若能派令茶師密赴印度，得其製法，果於綠茶相宜，再行試辦。至機器專為焙炒壓置之用，於山戶采揀人工，兩不相關，自無彼此不安之理也。

又 一頒行茶引，折衷定數，不準溢額，以運到之先後按批挨銷各節，命意在保護茶務，恐各商浸無限制，任意爭跌價搶先，有虧血本，事固可行。第其中不無窒礙，如鹽之能定額請引者，因煎有定灶，產有定例，商有定名，銷有定岸，計口授食，不難按滋生之冊約略其大數，又權自我操，而茶則非是。山戶之種植不一其人，年歲之豐歉決難預計。倘

茶豐而引少，茶將無可銷之路。或引多而茶歉，引又為廢棄之端。斯殆小焉者也。

藝文

宋 方回《桐江續集》卷一五《遁翁賜诗不已复次韵二首其二》

極知旅瑣酒難賒，亦欠魚如丙穴嘉。稍向市工求舊硯，更從山戶覓新茶。芙蓉欲度崔嵬嶺，芍藥猶餘爛漫花。但恐歸途別懷惡，時須迴首故人家。

茶户

論説

《舊唐書》卷四九《食貨下》 大和七年，御史臺奏：『伏準大和三年十一月十八日赦文，天下除兩稅外，不得妄有科配，其擅加雜榷率，一切宜停，令御史臺嚴加察訪者。臣昨因嶺南道擅置竹練場，稅法至重，害人頗深。伏請起今已後，應諸道自大和三年準赦文所停兩稅外科配雜榷率等復却置者，仰敕至後十日內，具却置事由聞奏，仍申臺司。每有出使郎官御史，便令嚴加察訪。苟有此色，本判官重加懲責，長吏奏聽進止。』從之。

九年十二月，左僕射令狐楚奏新置榷茶使額：『伏以江淮間數年以來，水旱疾疫，雕傷頗甚，愁嘆未平。今夏及秋，稍較豐稔。方須惠恤，各使安存。昨者忽奏榷茶，實爲蠹政。蓋是王涯破滅將至，怨怒合歸。豈有令百姓移茶樹就官場中栽，摘茶葉于官場中造？有同兒戲，不近人情。方有恩權，無敢沮議，朝班相顧而失色，道路以目而吞聲。今宗社降靈，奸凶盡戮，聖明垂佑，黎庶各安。微臣伏蒙天恩，兼授使務，官銜之內，猶帶此名，俯仰若驚，夙宵知愧。伏乞特回聖聽，下鑒愚誠，速委宰臣，除此使額。緣國家之用或闕，山澤之利有遺，許臣條流，續具奏聞。采造欲及，妨廢爲虞。前月二十一日內殿奏對之次，鄭覃與臣同陳論訖。伏望聖慈早賜處分，一依舊法，不用新條。惟納榷之時，須節級加價，商人轉擡，必較稍貴，即是錢出萬國，利歸有司，既無害茶商，又不擾茶戶。上以彰陛下愛人之德，下以竭微臣憂國之心。遠近傳聞，必當咸悅。』詔可之。先是，鹽鐵使王涯表請使茶山之人，移植根本，舊有貯積，皆使焚弃，天下怨之。及是楚主之，故奏罷焉。

宋 蘇轍《欒城集》卷三六《論蜀茶五害狀》 自官榷茶以來，以重法脅制，不許私賣，抑勒等第，高秤低估，遞年減價，見今止得舊價之半。乞委所差官取榷茶至今遞年所估價例對定，即見的實。茶官又於每歲秋成糴米，高估米價，強俵茶戶，謂之茶本。假令米石八百錢，即作一貫支俵，仍勒出息二分。春茶既發，茶戶納茶，又例抑半價，兼壓以大秤，所捐又半，謂之青苗茶。元條：園戶茶一百斤，許收十斤市例，內一半入官，一半饒潤客旅。今逐場一百斤，有收至二十餘斤。出剩者往往却偽作園戶中茶虛，旁支出官錢入己。近年邛州嘗有此獄，又有見出剩數多，陰與客旅商量，納賂不貲，指教出賣者。及至賣茶本法，止許收息二分，今多作名目，如『牙錢』、『打角錢』之類，至收五分以上。買茶商旅，其勢必不肯多出價錢，皆是減價，虧損園戶，以求易售。又昔日官未榷茶，園戶例收晚茶，謂之秋老黃茶，不限早晚，隨時即賣。榷茶之後，官買止於六月，晚茶入官，依條毀棄。官既不收，園戶須至私賣，以陷重禁。此園戶之害一也。

又 卷四一《申本省論處置川茶未當狀》 朝廷若罷益、利路榷茶之法，只榷陝西沿邊諸郡，不許客旅私販，仍將沿邊每歲合用益、利諸場茶色及觔重配在諸場，令及時立限和買。隨每歲茶價高下，比民間價例微高，一如尋常和糴米粟之比可也。買茶之限，令茶場司立定，州縣不得低估茶價，令人戶不肯申官，以致出限。如有事故須至展限者，具事由申本司，量展五日，仍不得過再展。每茶戶入場中賣，須即時揀選和買，不得輒有留滯。或更依客旅體例，秋冬先放茶價，令茶戶結保請領，及時送納，以上並不得輒行抑勒。官買數足，方許私下交易。除沿邊所榷地分外，一任客人興販。如此擘畫，比之頃年全榷益、利及陝西諸州，其利有五：益、利茶戶，不被官場以賤價大秤抑勒收買。一也。昔茶未有榷，民間採茶，凡有四色，牙茶、早茶、晚茶、秋茶是也。採茶既廣，茶利自倍。自榷茶以來，官中只要早茶，其餘三色茶遂棄不採，民失茶利過半。今既通商，則四色茶俱復採。二也。官所運茶，止于邊郡所須，比榷茶之日，所

運減半，則茶遞役兵及州郡雇腳，皆得輕減。三也。陝西茶商既行，岐、雍之間，民皆食賤茶。四也。益、利諸州百貨通行，酒稅課利理當自倍。五也。若比之今來有司所議，但榷名山、梁、洋三處，放行益、利諸場茶貨，其利有四：名山、梁、洋三處，榷法如舊，而不榷之地犬牙相錯。榷與不榷，茶戶利害相遼。例皆王民，而咫尺之間，不宜頓有此異。一也。榷與不榷地分不遠，小人易以起動茶戶，借如名山之西南出茶之地，尚有雅州、盧山、榮經等處。若放令此茶北出，道過名山，彼此相雜，不可辨認。若放令此茶，由水路入嘉、眉，則名山之茶，亦當從此走失，寬則榷法自廢，急則民遭誣罔，橫被徒配。二也。官中所買，只用早茶，則牙茶、晚茶、秋茶亦爲棄物。民失厚利，與頃歲無異。三也。沿邊諸州蕃部所要茶色各別，今只將名山、梁、洋三色茶與之，彼既未諳茶性，必有不售。四也。若比之今來或人之說，兼榷陝西裏外諸州，據合用茶數，於益、利諸場和買，官自般賣，和買之餘，成都路客人販茶，不得過劍門，利州路客人販茶，不得過陝西。其害有三：盡奪茶利，商賈不行，百貨不通，酒稅課利自減。一也。運茶既多，遞鋪役兵及州郡雇腳勞費與頃年無異。二也。岐、雍之民，仍食貴茶。三也。由此觀之，朝廷若但和買邊郡合用茶數，只于邊郡立榷法，其餘率皆通商。此法一行，則上件三說之弊自除，至於供給蕃部，收買戰馬之利，則與三說無異。以此較之，利害可見。

《元史》卷九七《食貨志五・茶法》 至正二年，李宏陳言內一節，言江州茶司據引不便事云：『榷茶之制，古所未有，自唐以來，其法始備。國朝既于江州設立榷茶都轉運司，仍于各路出茶之地設立提舉司七處，專任散據賣引，規辦國課，莫敢誰何。每至十二月初，差人勾集各處提舉司官吏，關領次年據引。及其到司，旬月之間，司官不能偕聚。吏貼需求，各滿所欲，方能給付據引。此時春月已過。及還本司，方欲點對給散，又有分司官吏，到各處驗戶散據賣引。每引十張，除正納官課一百二十五兩外，又取要中統鈔二十五兩，名爲搭頭事例錢，以爲分司官吏饋饋之資。提舉司雖以榷茶爲名，其實不能專散據賣引之任，不過爲運司官吏營辦資財而已。上行下效，勢所必然。提舉司既見分司官吏所爲若是，亦復仿效遷延。及茶戶得據還家，已及五六月矣。中間又存留茶引二三千本，以茶戶消乏爲名，轉賣與新興之戶。每據又多取中統鈔二十五兩，上下分派，各爲己私。不知此等之錢，自何而出，其爲茶戶之苦，有不可言。至如得據在手，碾磨方興，吏卒踵門，催并初限。不知茶未發賣，何從得錢？間有充裕之家，必須別行措辦。其力薄者，例被拘監，無非典鬻家私，以應官限。及終限不能足備，上司緊并，重復勾追，非法苦楚。此皆由運司給引之遲，分司苛取之過。茶戶本圖求利，反受其害，日見消乏逃亡，情實堪憫。今若申明舊制，每歲正月，須要運司盡將據引給付提舉司，隨時派散，無得停留在庫，多收分例，妨誤造茶時月；如有過期，別行定罪。仍不許運司似前分司自行散賣據引，違者從肅政廉訪司依例糾治。如此，庶茶司少革貪黷之風，茶戶免損乏之害。』中書省以其言送戶部定擬，復移諮江西行省，委官與茶運司講究，如果便益，如所言行之。

紀事

唐 令狐楚《請罷榷茶使奏》《全唐文》卷五四一 伏以江淮間數年已來，水旱疾疫，凋傷頗甚，愁歎未平。今夏及秋，稍較豐稔，方須惠恤，各使安存。昨者忽奏榷茶，實爲蠹政。蓋是王涯破滅將至，怨怒合歸。豈有令百姓移茶樹就官場中栽植，摘茶葉於官場中造作？有同兒戲，不近人情。方在恩權，孰敢沮議？朝班相顧而失色，道路仄目而吞聲。今宗社降靈，奸凶盡戮，聖明垂祐，黎庶合安。微臣伏蒙天恩，兼領使務，官銜之內，猶帶此名。俯仰若驚，夙宵知愧。伏乞特回聖聽，下鑒愚誠，速委宰臣除此使額。緣軍國之用或闕，山澤之利有遺，許臣條疏，續具聞奏。採造將及，妨廢爲虞。前月二十一日內殿奏對之次，鄭覃與臣同陳論訖。伏望聖慈，早賜處分，一依舊法，不用新條。唯納榷之時，須節級加價。商人轉賣，必較稍貴。即是錢出萬國，利歸有司。既無害茶商，又不擾茶户。上以彰陛下愛人之德，下以竭微臣憂國之心。遠近傳聞，必當感悅。

宋 呂陶《净德集》卷一 右謹具如前所據茶園戶党元吉等狀，并蒲村、堋口兩鎮申述并已條列在前。臣伏見劉佐、李杞、蒲宗閔等妄陳愚

見，苟希進用，盡將川茶禁榷，旋買旋賣，立法太重，取利太多，致令茶戶被此深害，遂于今年三月八日後來兩次具狀論奏，乞賜更此弊法，以幸遠方。狂瞽之言，未蒙采納。方且日俟朝旨，俯就誅殛，而臣部內百姓累有申訴，皆言被官場減下價例，大有侵損，以至嗟怨，聚衆喧鬧。臣雖嚴行約束，及差官同其管勾，須得相度茶色，添長價錢去訖，今若隱而不言，慮恐因此生事，上誤朝廷，須至再具論列，煩凂聖斷。葢緣劉佐等起請要出息三分，若逐場盡價收買之後，將來商旅計算不成，不願興販，則積壞茶貨，例被責罰，及干連人必著賠塡，以此須至順承茶場司風旨，減價收買。所貴客人願來興販，變轉得行。原注：假如茶一百斤，每斤一百文，若便作一十貫買，則恐客人不肯用一十三貫請買，以此減下園戶價錢，只作七貫文收買，便于客人作十貫文請買。或是園戶自納三分息錢，請引出外。原注：園戶茶貨須得中賣于官，若欲別處變賣，便成犯禁，無引不行，被此抑遏。須至自納息錢三分，請引出外。情弊如此，上下通知。茶場司臣僚恐出息不多，難沾賞典，空行文牒，督迫州縣，其實則任令減價收買。逐場監官畏懼茶場司威勢，恐遭責罰，干繫人衆深慮將來積壓賠塡，一向刻剝園戶。州縣之吏熟視疾苦，無力以救之，日久爲害轉深。恭惟陛下仁民愛物與天地等，夙夜孜孜講求治要，惟恐一失未得其所，必不容此刻薄小人苟希勞效，作爲敝法，以困西南生聚，有累聖政，衆所不平。臣愚伏望聖慈檢會臣今年三月八日并十八日及今來所奏，早賜睿斷，特降指揮下本路監司或師臣采訪利害。如臣所言有一事一件稍涉虛誕，甘俟誅戮。若萬分有一可以采用，即乞更張茶禁，以便遠民，或限數收買，或量減息錢，則山鄉茶戶不勝至幸。

宋 李燾《趙待制開墓志銘》《名臣碑傳琬琰集》中卷三二　將漕益部，亟奏罷宣和六年所增上供認額綢布十萬疋，減綿州下戶支移利州米腳錢十分之三，又減蒲江六井元符至宣和所謂鹽額，創為鼠尾帳，揭示鄉戶歲時所當輸折科等實數，俾人人具曉，鄉胥不得隱匿竄寄，至今用之。嘗言財利當出一孔，祖宗以三司總諸路轉運司，此成憲也。熙寧後因事設官，紛然各自封殖，而轉運司至有窮乏不足處，此不可不循其本。因指陳摧茶買馬五害，其大畧謂：黎州買馬，嘉佑歲額才二千一百餘，發堪給郵傳者赴鳳翔，餘悉聽民私市。自置司摧茶，增立賞格，歲額四千，仍盡團綱上京。道殞踣，到者十無二三。別置牽馬兵又踰千人，猶不足用，貼差廂軍及使臣等，其費日滋。國難道阻，住綱日有死亡，而買數不減，官給芻秣如故。此一害。嘉佑以銀絹博馬，價皆有定。提舉官既旁緣作奸，擅買珠犀，交結權幸，馬入無以償，則空出資次關子，虛擡馬價以給夷人，夷人不能留竢，即賤市關子以去。知黎州范洪復將所得關子不循資次攙支，價由此益落。夷人怨恨，聚衆欲生變。諸司共劾洪，而轉運司更於額外分認馬價，遣官監還，事乃得息。此二害。初置司摧茶，借本錢于轉運司及常平司，今轉運司應副川秦兩司歲費約五十二萬餘緡，常平司又二十餘萬緡，自熙寧迄今幾六十年，舊所借初不償一錢，而歲借仍准初數，不知錢果安在。此三害。榷茶之初，豫俵茶戶本錢，尋於豫俵數外更增和買，或遂抑豫俵充和買，且不給一錢，茶戶坐是破產，而官買歲增，茶日益濫雜。自蜀之秦，沿路委積如山，半成朽壞，而有司猶指為見在官錢數。官茶既不堪食，私販曷由禁止。向者潰兵殘破興州，乃私販者導之。梁洋增戍，實以茶故。此四害。承平蜀茶之入秦者十幾八九，已患積壓難售。今關隴悉遭焚蕩，而買茶乃拘舊額，不知竟何所用。茶兵歲給衣糧動計巨萬，糴糧買衣，州縣未免科配。此五害。請依嘉佑故事，盡罷摧茶，仍令轉運司買馬，即五害並去而邊患不生。如謂摧茶未可遽罷，亦當並歸轉運司，痛減額以蘇茶戶，輕立價以惠茶商。如此則私販必衰而盜賊消弭，本錢既常在而息錢自足用。朝廷是其請，即擢公都大同主管川陝茶馬事，使推行之。仍令條具奸蠹以聞。時建炎二年秋也。於是大更茶馬之法，官買官賣茶並罷，參酌政和二年東京都茶務所創條約，即給茶引，使茶商執引與茶戶自相交易。改成都府舊買賣茶場為合同場買引所，仍于合同場置茶市，交易者必由市，引與茶必相隨。茶戶十或十五共為一保，並籍定茶鋪姓名，互察影帶販鬻者。凡置茶引，每一斤春為七十，夏五十，舊所輸市例頭子等並依舊。茶所過每一斤征一錢，住征一錢半，無得妄增。其合同場監官除驗引、秤茶、封記、發放外，並無得干預茶商茶戶交易事。此其大略也。

宋 熊克《中興小記》卷四　初，成都路轉運判官安居趙開奏：祖宗以三司總諸路轉運使，此成憲也。熙寧後，因事設官，而漕司遂至不足。今榷茶買馬，乞依嘉祐故事，并歸漕司，仍減額以蘇茶戶，減價以惠茶商，則私販衰而盜息。是秋擢開主管川陝茶馬事，使推行之。開乃先更

茶法，官買官賣茶并罷。酌政和都茶場法，印給茶引，使茶商執引與茶戶交易。改成都茶場爲合同場，仍置茶市。交易者必由市，而引與茶必相隨。茶戶、茶鋪皆籍其名姓，使之互察。此其大略也。

宋 陳均《九朝編年備要》卷一六 嘉祐初元之冬，始用薛向議，罷并邊入中粟，自京輦錢帛至河北，專以見錢和糴，惟入中芻豆則仍計直給茶。行之未久，論者謂輦運科折煩擾居民，且商人入錢者少，芻豆虛估益高，茶益賤。詔學士韓絳等即三司經度。絳言：自改法以來，邊儲有備，商旅頗通，未宜輕變。惟輦運之費宜從官給，舊輸稅絹者毋得折錢。其入中芻豆勿給茶，平其市估，至京以銀、紬、絹三物償之。皆從其説。自是茶法不復爲邊糴所須，而通商之議亦起矣。初，茶法屢變，歲課日削。至和中，并本息計之，纔百六十七萬餘緡。自景祐中葉清臣建通商之議不行，至是著作佐郎何鬲、三班奉職王嘉麟又皆上書，請罷給本錢，縱園戶貿易，而官收租錢與所在征筭歸榷貨務，以償邊糴之費。而淮南轉運副使沈立亦集茶法利害爲書上之，陳通商之利。輔臣富弼、韓琦、曾公亮等決意向之，力言於上。去冬九月命韓絳等即三司置局，遣官分行六路，詢其利害，至是還言：如三司議便。乃詔罷之，以三司歲課均賦茶戶，凡爲緡錢六十八萬有奇，使歲輸官。比輸茶時，其出幾倍，朝廷難之，爲損其半，歲輸緡錢三十三萬八千有奇，謂之租錢，與諸路本錢悉儲以待邊糴。罷十三山場、六榷貨務，惟臘茶如舊，餘茶肆行天下矣。茶禁既弛，論者以茶戶困于輸錢，商賈利薄，販鬻者少。其後劉敞復請收前令。詔擇其利害，變而通之。歐陽修言新法有五害，望除去前令。時朝廷方排衆論而行之，卒不聽。及治平中，歲入臘茶、散茶凡七十萬餘斤，茶戶租錢三十萬餘緡，又儲本錢四十七萬餘緡，而內外總入茶稅錢四十九萬餘緡。史臣曰：推是可見茶法得失矣。

宋 章如愚《群書考索後集》卷五六 今日閩廣於官鬻，淮浙江湖則通商。然則茶自嘉祐收淨利，均之茶戶輸之，使自興販矣，而蔡京又復榷茶，此榷之又榷者也。【略】

再考宋朝茶。宋之茶，唯川、陝、廣南茶聽民自買賣，禁其出境。餘悉榷，犯者有刑。淮南六州，官曰爲場十三，置吏以總之。黄州麻城場、蘄州洗馬場、石橋場、王琪場、壽州霍山場、麻步場、開順場、舒州羅源場、大湖場、光州商城場、子安場、光山場，六州采茶之民皆隸焉，謂之園戶，其茶皆課。園戶輸賣或折稅，以備榷貨務商旅等請也。在江南十州宣、歙、江、池、饒、信、温、撫、筠、袁、江西五軍廣德、興國、臨江、建昌、南康、兩浙十二州蘇、杭、越、明、婺、處、温、台、湖、常、衢、睦、荊湖八州荊、潭、鼎、澧、鄂、岳、歸、峽、福建二州建、劒，其茶皆轉輸要會之地。其六道州軍皆榷務或買或折。太祖乾德二年，詔在京建州、漢蘄口各置榷貨務，五年始禁私賣《筆談》。　太宗太平興國二年，删定禁法。　淳化二年，許商賈就園戶買茶，於官場貼射，始行貼射法。四年，行交引法，罷貼射，又罷榷務。　仁宗天聖元年，改三分法，復行貼射法。改淮南山場茶法，官不收買，聽人戶興販，收淨利錢。其客旅聽于在京入便見錢，於所在給之同上。　嘉祐三年，時臘茶之禁尤嚴於已，陷罪者衆。茶法屢更，歲課日削。辛相陳通商之法，命即三司置局議之。　四年，韓絳及三司言：宜納至和之後一歲之數，以民得息錢均賦茶民，恣其買賣，所在無筭。後以賦茶戶錢謂之租錢，與諸路本錢悉儲以待邊糴。自是唯臘茶禁如舊，餘茶四行天下矣《續通鑒》。　神宗元豐七年，福建路轉運副使王子京言：建州臘茶舊立榷法，遂權聽通商。自此茶戶售客之茶甚良，官中所得唯常茶，稅錢極微。南劍州亦出二十餘萬，欲盡買入官，度逐州軍民戶多少及約鄰路民用之數計置，即官場賣。嚴立告賞，禁建州賣私末茶。乞借豐國監分十萬緡爲本。并從之《長編》。　始自熙寧七年，至元豐八年增廣茶法，蜀道茶場四十一，京西路金州爲場六，陝西賣茶爲場三百三十二。熙寧七年稅息分四十萬緡，元豐五年五十萬，七年增羨至一百六十萬緡。詔定以百萬緡爲歲額，除充官經費外，并儲陝西以待詔用《食貨志》。　高宗紹興二十五年，言者請于産茶地分差官置場收買，庶免私販之患。上問辛執曰：今天下一歲茶利所入幾何？秦檜曰：都茶場三處共得二百七十餘萬貫。上曰：比承平少陝西諸路，其數止如此《小歷》。

宋 張洎《乞罷榷山行放法奏》《歷代名臣奏議》卷二六三 一國家若放榷山，任民買賣，理財之道。宜通規天下諸道州府出茶之處，請各於緊要地置立務局。其茶貨離山場之日，不計多少，每一大斤茶戶納錢一百文，茶商納錢三百文。茶商出賣地頭，更納錢二百文。其茶商所賫博買茶貨金銀疋帛等經歷舊買茶處向外州郡，其州郡又依例納稅。統而言之，即

官入茶租與榷山之日所獲淨利不相懸矣。或曰：朝廷改變茶法，貴要利民。若茶商、茶戶所納之錢過為繁重，豈恵下之道也？答曰：榷山之時，商客買官茶一斤，計用錢九百六十文。改法之後，且約將錢四百文為茶本，四百文納官，都計八百文。若更將一百六十文剩錢納官，方只得榷山之時買茶舊額。況放法之後，民皆取便，既絕官司上下侵擾，又免官中陳茶，就山場買賣得一色新茶。商販之人獲利誠厚，更令納緡，尚為輕賦。況見出茶本以榷山之日猶未登舊額者乎？又茶戶賣茶入官，甚為艱苦。或將遠年陳惡雜物折給，或得低價一色見錢。然而經歷官司，動遭刻削。茶稍低下，即被焚燒。迨於住場，僅同白納。今既改法，將茶貨賣與商客且約得價錢四百文。除將一百文納官，尚有三百文見緡，比榷納之日所獲利潤不亦復饒乎？或曰：官中所取茶租若加重厚，民於茶價須至增添。茶價既增，於人便否？答曰：茶為食物，天下所資，日用於人，同夫塩酒。雖價例增長，非有害于時焉。在昔有唐宰相令狐楚嘗奏茶法云：『賦率之時既節級增價，商人轉賣必價稍貴，即是錢出萬國，利歸有司。既無害茶商，又不擾茶戶。』詳楚之所奏，理甚顯明。茶價雖增，實有利而無害矣。今國家大更茶法，式洽民心，所慮者賦入不登，或虧邦計。今茲放榷，其利昭然。舉而行之，實久長之計也。

一榷山之時，商販艱阻。今既放法，民皆自便。普天之下，茶貨流通。利入公門，必當增倍。商人所到州郡，賣茶納錢，此則率賦二百錢，非常行稅賦。宜令本處稅院別置文歷，逐時收管，俟年終上計，考校課程。

一國家贍用之茶不可令闕，宜計度逐年所支費多少，據合留數目令折稅，茶戶依舊榷納。或慮折稅茶數目浩瀚，逐年榷納不盡，即可據都額分為畨次，令茶戶三年一次輸納，庶均苦樂，永冀通行。

《玉海》卷一八一《嘉祐弛茶禁》 嘉祐三年九月，始命韓絳、陳升之、呂景初即三司置局，議馳茶禁。先是，著佐何鬲請通商收淨利，以疏利源，寬民力，故命絳等議。其十月，三司言：宜約至和之後一歲之數，以息錢均賦茶民，恣其買賣，所在收算。詔遣王靖等分行六路，詢察利害。及還，皆言如三司議便。己巳，詔曰：古者山澤之利與民共之，自唐建中始有茶禁，上下規利垂二百年。如聞比來爲患益甚，民被誅求之困，官受濫惡之入。私藏盜販，犯者實繁。嚴刑重誅，情所不忍。是于江湖之間幅員數千里爲陷阱以害吾民也。朕心惻然，念此久矣。間遣使往就問之，歡然皆願弛其禁，歲入之課以時上官。一二近臣條析其狀，朕猶若慊然，又于歲輸裁減其課，使得饒阜，以相爲生。剗去禁條，俾通商利。歷世之弊，一旦以除，著爲常經，弗復更制，損上益下，以休吾民。尚慮喜于立异之人、緣而爲奸之党妄陳議奏，以惑有司，必置明刑，無或有貸。一本云：四年二月己巳，詔開江淮茶禁，聽民自賣，通商收稅。罷十三山場、六榷務，歲輸不過三十三萬有奇，謂之茶租錢。以歲課均賦于茶戶。初，慶歷三年六月甲辰詔曰：議者多言茶鹽銀銅之有遺利，朕懼開掊克之政，抑而弗宣。按《長編》，初所遣官議弛禁，比三司歲課均賦茶戶，凡爲緡六十八萬有奇。比輸茶時，其出幾倍。朝廷損其半，歲輸緡錢三十三萬八千有奇，謂之租錢，儲以待邊糴。唯臘茶禁如舊，餘肆行天下矣。崇寧以後，歲入至二百萬緡，視嘉祐五倍矣。政和元年正月始剏引法，置都茶場，歲收四百餘萬緡。中興循其法，紹興末，東南十路六十州二百四十二縣歲産茶一千五百九十餘萬斤，收鈔錢二百七十餘萬。[紹興二十五年九月十七日辛亥，宰臣奏：三都茶場收鈔錢二百七十餘萬]。淳熙初，收四百二十萬。[政和以來，不置場、不定價。茶商買引，就園戶交易，依引內之數赴合同場秤發，至今不易，公私便之]。

《文獻通考》卷一八《征榷考五·榷茶》 景祐中，葉清臣上疏言：『嘗計茶利歲入，以景祐元年爲率，除本錢外，實收息錢五十九萬餘緡，天下所售受食茶及本息歲課亦衹及三十四萬緡，而茶商見行六十五州軍，所收稅錢已及五十七萬緡。若令天下通商，衹收稅錢，自是數倍，即榷務、山場及食茶之利，盡可籠取。又況不廢度支之本，不置榷場之官，不興輂運之勞，不濫徒黥之辟。臣意議者謂榷賣有定率，徵稅無彝准，通商之後，必虧歲計。臣按管氏鹽鐵法，計口受賦，茶爲人用，與鹽鐵均，必令天下通行，以口定賦，民獲善利，又去嚴刑，口出數錢，人不厭取。』時下其議，皆以爲不可行。至嘉祐中，何鬲、王嘉麟上書請罷給茶本錢，縱園戶貿易，而官收租錢與所在征算歸榷貨務，以償邊糴之費。時韓琦、富弼等執政，力主其說，乃議弛禁，以三司歲課均賦茶戶，謂之租錢，與諸路本錢悉儲以待邊糴。自是唯蠟茶禁如舊，餘茶肆行天下矣。然茶戶困于輸錢，而商賈利薄，販鬻者少，州縣徵稅日蹙，給費不充。學士劉敞、歐陽修等頗論其事，略言：『昔時百姓之摘山者，皆受錢于官，今也顧使納錢于官，受納之間，利害百倍；先時百姓冒法販茶者被罰耳，今悉均賦于民，賦不

時入，刑亦及之，是良民代冒法者受罪；先時大商賈爲國貿遷，而州郡收其稅，今大商富賈不行，則稅額不登，且乏國用。』時朝廷方排衆論而行之，敞等言不從。

民之種茶者領本錢于官而盡納其茶，官自賣之，敢藏匿及私賣者有罪此國初之法。以十三場茶買賣本息并計其數，罷官給本錢，使商人與園戶自相交易，一切定爲中估，而官收其息。如茶一斤售錢五十有六，其本錢二十有五，官不復給，但使商人輸息錢三十有一，謂之貼射此天聖之法。園戶之種茶者，官收租錢，商賈之販茶者，官收征算而盡罷禁榷，謂之通商此嘉祐之法。

治平中，歲入蠟茶四十八萬九千餘斤，散茶二十五萬五千餘斤，茶戶租錢三十二萬九千八百五十五緡，又儲茶錢四十七萬四千三百二十一緡，而內外總入茶稅錢四十九萬八千六百緡，推是可見茶法得失矣。

又 ［熙寧］五年，以福建茶陳積，乃詔福建茶在京、京東西、淮南、陝西、河東仍禁榷，餘路通商。

王子京爲轉運副使，言：『建州蠟茶舊立榷法，自熙寧權聽通商，自此茶戶售客人茶甚良，官中所得唯常茶，稅錢極微，南方遺利無過于此，乞仍行榷法。』元祐初，罷子京事任，令福建禁榷州軍仍其舊。

元豐中，宋用臣都提舉汴河堤岸，創奏修置水磨，凡在京茶戶擅磨末茶者有禁，并赴官請買，而茶鋪入米豆雜物拌和者有罰，募人告者有賞。訖元豐末，歲獲息不過二十萬，商旅病焉。元豐修置水磨，止於在京及開封府界諸縣，未始行於外路。及紹聖復置，其後遂于京西鄭、滑州、潁昌府、河北澶州皆行之。

元 佚名《宋史全文》卷九下 ［嘉祐四年］二月，始命韓絳、陳旭、呂景初即三司置局，議弛茶禁。其十月，三司言：宜約至和之後一歲之數，以所得息錢均賦茶戶，恣其買賣，所在收算。請遣官詢察利害以聞。詔遣司封員外郎王靖等分行六路。及還，皆言如三司議便。己巳，詔弛茶禁，因以三司歲課均賦茶戶，凡爲緡錢六十八萬有奇，使歲輸縣官。比輸茶時，其出幾倍。朝廷難之，爲損其半，歲輸緡錢三十三萬八千有奇，謂之租錢，與諸路本錢悉儲以侍邊糴。自是唯臘茶禁如舊，餘茶肆行天下矣。

《宋史》卷一八四《食貨志下六·茶下》 初，所遣官既議弛禁，因以三司歲課均賦茶戶，凡爲緡錢六十八萬有奇，使歲輸縣官。比輸茶時，其出幾倍，朝廷難之，爲損其半，歲輸緡錢三十三萬八千有奇，謂之租錢，與諸路本錢悉儲以待邊糴。自是唯臘茶禁如舊，餘茶肆行天下矣。論者猶謂朝廷志於恤人，欲省刑罰，其意良善；然茶戶困於輸錢，而商賈利薄，販鬻者少，州縣徵稅日蹙，經費不充，學士劉敞、歐陽脩頗論其事。敞疏大要以謂先時百姓之摘山者受錢于官，而今也顧使之納錢于官，受納之間，利害百倍；先時百姓冒法販茶者被罰耳，今悉均賦于民，賦不時入，刑亦及之，是良民代冒法者受罪；先時大商富賈爲國懋遷，而州郡收其稅，今大商富賈不行，則稅額不登，且乏國用。脩言新法之行，一利而有五害，大略與敞意同。時朝廷方排衆論而行之，敞等雖言，不聽也。

治平中，歲入臘茶四十八萬九千餘斤，散茶二十五萬五千餘斤，茶戶租錢三十二萬九千八百五十五緡，又儲本錢四十七萬四千三百二十一緡，而內外總入茶稅錢四十九萬八千六百緡，推是可見茶法得失矣。自天聖以來，茶法屢易，嘉祐始行通商，雖議者或以爲不便，而更法之意則主于優民。

熙寧四年，神宗與大臣論昔茶法之弊，文彥博、吳充、王安石各論其故，然于茶法未有所變。及王韶建開湟之策，委以經略。七年，始遣三司幹當公事李杞入蜀經畫買茶，于秦鳳、熙河博馬。而韶言西人頗以善馬至邊，所嗜唯茶，乏茶與市。即詔趣杞據見茶計水陸運致，又以銀十萬兩、帛二萬五千、度僧牒五百付之，假常平及坊場餘錢，以著作佐郎蒲宗閔同領其事。初，蜀之茶園，皆民兩稅地，不殖五穀，唯宜種茶。賦稅一例折輸，蓋爲錢三百，折輸紬絹皆一匹；若爲錢十，則折輸綿一兩；爲錢二，則折輸草一圍。役錢亦視其賦。民賣茶資衣食，與農夫業田無异，而稅額總三十萬。杞被命經度，又詔得調舉官屬，乃即屬諸州創設官場，歲增息爲四十萬，而重禁榷之令。其輸受之際，往往厭其斤重，侵其價直，法既加急矣。八年，杞以疾去。

先是，杞等歲增十萬之息，既而運茶積滯，歲課不給，即建畫于彭、漢二州歲買布各十萬匹，以折脚費，實以布息助茶利，然茶亦未免積滯。

都官郎中劉佐復議歲易解鹽十萬席，顧運回車船載入蜀，而禁商販，蓋恐布亦難敷也。詔既以佐代杞，未幾，鹽法復難行，遂罷佐。而宗閔乃議川峽路民茶息收什之三，盡賣于官場，更嚴私交易之令，稍重至徒刑，仍沒緣身所有物，以待賞給。于是蜀茶盡榷，民始病焉。

十年，知彭州呂陶言：『川峽四路所出茶，比東南十不及一，諸路既許通商，兩川却爲禁地，虧損治體。如解州有鹽池，民間煎者乃是私鹽，晋州有礬山，民間煉者乃是私礬，今川蜀茶園，皆百姓己物，與解鹽、晋礬不同。又市易司籠制百貨，歲出息錢不過十之二，然必以一年爲率；今茶場司務重立法，盡榷民茶，隨買隨賣，取息十之三，或今日買十千之茶，明日即作十三千賣之，變轉不休，比至歲終，豈止三分？』因奏劉佐、李杞、蒲宗閔等苟希進用，必欲出息三分，致茶戶被害。始詔息止收十之一，佐坐措置乖方罷，以國子博士李稷代之，而陶亦得罪。稷依李杞例兼三司判官，仍委權不限員舉劾。

又 重和元年，詔：『客販輸稅，檢括抵保，吏因擾民，其蠲之。』未幾，復輸稅如舊。大抵茶、鹽之法，主于蔡京，務巧掊利，變改法度，前後相逾，民聽眩惑。初，令茶戶投狀籍于官，非在籍者，禁與商旅貿易，未幾即罷。初，限計斤重，令買新引，茶有贏者，即及一千五百斤，須用新引貼販，或止願販新茶帶賣者聽；未幾，以帶賣者多，又罷其令。

又 初，熙寧五年，以福建茶陳積，乃詔福建茶在京、京東西、淮南、陝西、河東仍禁榷，餘路通商。元豐七年，王子京爲福建轉運副使，言：『建州臘茶，舊立榷法，自熙寧權聽通商，自此茶戶售客人茶甚良，官中所得惟常茶，稅錢極微，南方遺利，無過于此，乞仍舊行榷法。建州歲出茶不下三百萬斤，南劍州亦不下二十餘萬斤，欲盡買入官，度逐州軍民戶多少及約鄰路民用之數計置，即官場賣，嚴立告賞禁。建州賣私末茶，借豐國監錢十萬緡爲本。』并從之；所請均入諸路榷賣，委轉運司官提舉：福建王子京、兩浙許懋、江東杜偉、江西朱彥博、廣東高鏄。然子京蓋未免抑配于民。

又 元豐中，宋用臣都提舉汴河堤岸，創奏修置水磨。凡在京茶戶擅磨末茶者有禁，并許赴官請買。而茶鋪入米豆雜物揉和者募人告，一兩賞三千，及一斤十千，至五十千止。商賈販茶應往府界及在京師，須令產茶山場州軍給引，并赴京場中賣，犯者依私販臘茶法。諸路末茶入府界者，復嚴爲之禁。訖元豐末，歲獲息不過二十萬，商旅病焉。

又 卷三七四《趙開傳》 趙開，字應祥，普州安居人。登元符三年進士第。大觀二年，權辟廱正。用舉者改秩，即盡室如京師，買田尉氏，與四方賢俊游，因詗知天下利病所當罷行者。如是七年，慨然有通變救弊志。

宣和初，除禮制局校正檢閱官。數月局罷，出知鄢陵縣。七年，除講議司檢詳官。開善心計，自檢詳罷，除成都路轉運判官，遂奏罷宣和六年所增上供認額綱布十萬匹，減綿州下戶支移利州水脚錢十分之三，又減蒲江六井元符至宣和所增鹽額，列其次第，謂之『鼠尾帳』，揭示鄉戶歲時所當輸折科等實數，俾人人具曉，鄉胥不得隱匿竄寄。

嘗言：『財利之源當出于一，祖宗朝天下財計盡歸三司，諸道利源各歸漕計，故官省事理。并廢以還，漕司則利害可以參究，而無牽掣窒礙之患矣。』因指陳榷茶、買馬五害，大略謂：『黎州買馬，嘉佑歲額纔二千一百餘。自置司榷茶，歲額四千，且獲馬兵逾千人，猶不足用，多費衣糧，爲一害。嘉佑以銀絹博馬，價皆有定。今長吏旁緣爲奸，不時歸貨，以空券給夷人，使待資次，夷人怨恨，必生邊患，爲二害。初置司榷茶，借本錢於轉運司五十二萬緡，於常平司二十餘萬緡。自熙寧至今幾六十年，舊所借不償一文，而歲借乃准初數，爲三害。榷茶之初，預俵茶戶本錢，尋于數外更增和買，或遂抑預俵錢充和買，茶戶坐是破產，而官買歲增，茶日濫雜。官茶既不堪食，則私販公行，刑不能禁，爲四害。承平時，蜀茶之入秦者十幾八九，猶患積壓難售。今關、隴悉遭焚蕩，仍拘舊額，竟何所用？茶兵官吏坐縻衣糧，未免科配州縣，爲五害。請依嘉佑故事，盡罷榷茶，仍令轉運司買馬，即五害并去，而邊患不生。如謂榷茶未可遽罷，亦宜并歸轉運司，痛減額以蘇茶戶，輕立價以惠茶商，如此則私販必衰，盜賊消弭，本錢既常在，而息錢自足。』朝廷是其言，即擢開都大提舉川、陝茶馬事，使推行之。時建炎二年也。于是大更茶馬之法，官買官賣茶并罷，參酌政和二年東京都茶務所創條約，印給茶引，使茶商執引與茶戶自相貿易。改成都舊買賣茶場爲合同場買引所，仍于合同

場置茶市，交易者必由市，引與茶必相隨。茶戶十或十五共爲一保，并籍定茶鋪姓名，互察影帶販鬻者。凡買茶引，每一斤春爲錢七十，夏五十，舊所輸市例頭子錢并依舊。茶所過每一斤征一錢，住征一錢半。其合同場監官除驗引、秤茶、封記、發放外，無得干預茶商、茶戶交易事。

明何孟春《餘冬序録摘抄内外篇》卷五《外篇》 天下貢茶歲額止四千二十二斤，而福建二千三百五十斤，福建爲多。天下貢茶但以芽稱，而建寧有探春、先春、次春、紫笋及薦新等號，則建寧爲上。國初，建寧所進必碾而揉之，壓以銀板，爲大小龍團，如宋蔡謨所貢茶例。太祖以重勞民力，罷造龍團，一照各處采芽以進，復其戶五百，俾專事焉。事責于有司，有司遣人督之，茶戶不堪，於是洪武二十四年又有建寧上供茶聽民采進之詔。只此一事，知祖宗愛民之盛心矣。

西番之人，資生乳酪。然食久氣滯，非茗飲，則亦無以生之。番饒馬而無茶。故中國得以摘山之利易彼乘黃。此中國之利，茶不可無禁也。若守邊者不得其人，不通賂商賈，縱放私茶，即假名朝廷，橫科番馬，既虧國課，又啓戎心。洪武中，我太祖立茶馬司于陝西、四川等處，聽西番納馬易茶。因置金牌勘合，命曹國公李景隆直抵西番，令各番酋領受，俾爲符契，以絶奸僞。詔定三年一差官，召各番合符認納，差發馬匹，給與價茶。有以私茶出境者斬，關隘不覺察者處極刑。民間畜茶不得過一月之用。茶戶私鬻者，籍其園入官。

明郎瑛《七修類稿》卷九《國事類·茶法》 洪武二十四年，詔天下産茶之地，歲有定額，以建寧爲上，聽茶戶來進，勿預有司。茶名有四：探春、先春、次春、紫笋，不得碾揉爲大小龍團。此抄本《聖政記》所載，恐今不然也。不預有司，亦無所稽矣，此真聖政，較宋取茶之擾民，天壤矣。

明嚴從簡《殊域周諮録》卷一〇 初，戶部言：『四川産巴茶凡四百七十七處，茶戶三百一十五。宜依定制，每茶十株官取其一，歲計得茶萬九千二百八十斤，令有司貯候西番易馬。』從之。

又 按宣德四年，四川江安縣茶戶訴本戶舊有茶八萬餘株，年深枯朽，戶丁亦多死亡。今存者皆給役于官，無力培植，積欠茶課七千七百餘，郡縣責徵日急，乞賜減免，并除雜役，得專辦茶課，庶無逋負。通政司以聞。

上諭尚書郭敦曰：『茶之利蜀人資之，不但爲公家之用，今有司加以他役者悉免之。宋陳恕爲三司使稍增茶課，當時非之。此事今任于卿，歲額決不可增，虛耗則當減免，并宜從寬。』則當時之優恤茶戶者如此，蓋欲足民以足國也。迄于是，茶課反不及於前，何哉？此亦茶馬之一變也。故記之。

《明史》卷八〇《食貨志四·茶法》 中茶易馬，惟漢中、保寧，而湖南産茶，其直賤，商人率越境私販，中漢中、保寧者，僅一二十引。茶戶欲辦本課，輒私販出邊，番族利私茶之賤，因不肯納馬。二十三年，御史李楠請禁湖茶，言：『湖茶行，茶法、馬政兩弊，宜令巡茶御史召商給引，願報漢、興、保、夔者，准中。越境下湖南者，禁止。且湖南多假茶，食之剌口破腹，番人亦受其害。』既而御史徐僑言：『漢、川茶少而直高，湖南茶多而直下。湖茶之行，無妨漢中。漢茶味甘而薄，湖茶味苦，于酥酪爲宜，亦利番也。但宜立法嚴核，以遏假茶。』戶部折衷其議，以漢茶爲主，湖茶佐之。各商中引，先給漢、川畢，乃給湖南。如漢引不足，則補以湖引。報可。

又卷三一一《四川土司傳一·天全六番招討司》 洪武六年，天全六番招討使高英遣子敬嚴等來朝，貢方物。帝賜以文綺龍衣。以英爲正招討，楊藏卜爲副招討，秩從五品，每三歲入貢，賜予甚厚。二十一年，楊藏卜來朝，言茶戶向與西番貿易，歲收其課。近在官收買，額遂虧，乞從民便，許之。先是，高敬嚴襲招討使，偕楊藏卜奏請簡土民爲兵，以守邊境，詔許之。敬嚴等遂招選土民，教以戰陣，得馬步卒千餘人。至是藏卜來朝，奏其事，詔更天全六番招討司爲武職，令戍守邊界，控制西番。三十一年，帝諭左都督徐增壽曰：『曩因碉門拒長河西口，道路險隘，以致往來跋涉艱難，市馬數少。今聞有路自碉門出枯木任場徑抵長河西口，通雜道長官司，道路平坦，往來徑直，可即檄所司開拓，以便往來。

藝文

宋 蘇軾《東坡全集》卷四《新城道中二首其二》 身世悠悠我此行，溪邊委轡聽溪聲。散材畏見搜林斧，疲馬思聞卷旆鉦。細雨足時茶戶喜，亂山深處長官清。人間岐路知多少，試向桑田問耦耕。

茶神、茶仙

綜述

《新唐書》卷一九六《陸羽傳》 陸羽字鴻漸，一名疾，字季疵，復州竟陵人。不知所生，或言有僧得諸水濱，畜之。既長，以易自筮，得蹇之漸，曰：『鴻漸于陸，其羽可用爲儀。』乃以陸爲氏，名而字之。

幼時，其師教以旁行書，答曰：『終鮮兄弟，而絕後嗣，得爲孝乎？』師怒，使執糞除圬塓以苦之，又使牧牛三十，羽潛以竹畫牛背爲字。得張衡《南都賦》，不能讀，危坐效群兒囁嚅若成誦狀。師拘之，令剃草莽。當其記文字，懵懵若有遺，過日不作，主者鞭苦，因歎曰：『歲月往矣，奈何不知書！』嗚咽不自勝，因亡去，匿爲優人，作詼諧數千言。

天寶中，州人酺，吏署羽伶師，太守李齊物見，異之，授以書，遂廬火門山。貌侻陋，口吃而辯。聞人善，若在己，見有過者，規切至忤人。朋友燕處，意有所行輒去，人疑其多嗔。與人期，雨雪虎狼不避也。上元初，更隱苕溪，自稱桑苧翁，闔門著書。或獨行野中，誦詩擊木，裴回不得意，或慟哭而歸，故時謂今接輿也。久之，詔拜羽太子文學，徙太常寺太祝，不就職。貞元末，卒。

羽嗜茶，著經三篇，言茶之原、之法、之具尤備，天下益知飲茶矣。時鬻茶者，至陶羽形置煬突間，祀爲茶神。有常伯熊者，因羽論復廣著茶之功。御史大夫李季卿宣慰江南，次臨淮，知伯熊善煮茶，召之，伯熊執器前，季卿爲再舉杯。至江南，又有薦羽者，召之，羽衣野服，挈具而入，季卿不爲禮，羽愧之，更著毀茶論。其後尚茶成風，時回紇入朝，始驅馬市茶。

明 錢椿年《茶譜》 茶具六事分封悉貯于此，侍從苦節君于泉石山齋亭館間執事者，故以行省名之。按《茶經》有一源、二具、三造、四器、五煮、六飲、七事、八出、九略、十圖之説，夫器雖居四，不可以不備，闕之則九者皆荒而茶廢矣。得是以管攝衆器，固無一闕。况兼以惠麓之泉，陽羨之茶，烏乎廢哉？陸鴻漸所謂都籃者，此其足與款識。以湘筠編製，因見圖譜，故不暇論。惠麓茶仙盛虞識。六事分封見後。

傳記

元 辛文房《唐才子傳》卷八《陸羽傳》 羽字鴻漸，不知所生。初，竟陵禪師智積得嬰兒于水濱，育爲弟子。及長，耻從削髮，以《易》自筮，得蹇之漸，曰：『鴻漸于陸，其羽可用爲儀。』始爲姓名。有學，愧一事不盡其妙。性詼諧，少年匿優人中，撰《笑談》萬言。天寶間，署羽伶師，後遁去，古人所謂潔其行而穢其迹者也。上元初，結廬苕溪上，閉門讀書。名僧高士，談宴終日。貌寢，口吃而辯。聞人善，若在己。與人期，雖阻虎狼不避也。自稱『桑苧翁』，又號『東岡子』。工古調歌詩，興極閑雅。著書甚多。扁舟往來山寺，唯紗巾藤鞋，短褐犢鼻，擊林木，弄流水。或行曠野中，誦古詩，徘徊至月黑，興盡慟哭而返，當時以比接輿也。與皎然上人爲忘年之交。有詔拜太子文學。羽嗜茶，著《茶經》三卷，言茶之原、之法、之具，時號『茶仙』，天下益知飲茶矣。鬻茶家以瓷陶羽形，祀爲神，買十茶器，得一鴻漸。初，御史大夫李季卿宣慰江南，喜茶，知羽，召之。羽野服挈具而入，李曰：『陸君善茶，天下所知。揚子中泠，水又殊絕。今二妙千載一遇，山人不可輕失也。』茶畢，命奴子與錢。羽愧之，更著《毀茶論》。與皇甫補闕善。時鮑尚書防在越，羽往依焉，冉送以序曰：『君子究孔、釋之名理，窮歌詩之麗則。遠野孤島，通舟必行；魚梁釣磯，隨意而往。夫越地稱山水之鄉，轅門當節鉞之重。鮑侯知子愛子者，將解衣推食，豈徒鱠鏡水之魚，宿耶

溪之月而已。』集并《茶經》今傳。

藝文

唐 杜牧《春日茶山病不飲酒因呈賓客》《全唐詩》卷五二二　笙歌登畫船，十日清明前。山秀白雲膩，溪光紅粉鮮。

欲開未開花，半陰半晴天。誰知病太守，猶得作茶仙。

唐 耿湋《連句多暇贈陸三山人》《全唐詩》卷七八九　一生爲墨客，幾世作茶仙。耿湋 喜是攀闌者，慚非負鼎賢。陸羽 禁門聞曙漏，顧渚入晨烟。耿湋 拜井孤城裏，携籠萬壑前。陸羽 閑喧悲异趣，語默取同年。耿湋 歷落驚相偶，衰羸猥見憐。陸羽 詩書聞講誦，文雅接蘭荃。耿湋 未敢重芳席，焉能弄彩箋。陸羽 黑池流研水，徑石澀苔錢。耿湋 何事親香案，無端狎釣船。陸羽 野中求逸禮，江上訪遺編。耿湋 莫發搜歌意，予心或不然。陸羽

明 沈周《白山茶》《廣群芳譜》卷四一　犀甲淩寒碧葉重，玉杯擎處露華濃，何當借壽長生酒，只恐茶仙未肯容。

茶顛

唐 王敷《茶酒論》　茶謂酒曰：阿你不見道，男兒十四五，莫與酒家親。君不見猩猩鸟，爲酒喪其身？』阿你即道：『茶吃發病，酒吃養賢。即見道有酒黄酒病，不見道有茶瘋茶顛。阿闍世王爲酒殺父害母，劉伶爲酒一醉三年。吃了張眉竪眼，怒鬥宣拳，狀上只言粗豪酒醉，不曾有茶醉相言，不免求守杖子，本典索錢。大枷搕頂，背上抛椽。便即燒香斷酒，念佛求天，終身不吃，望免迍邅。』

宋 蘇軾《東坡全集》卷二五《次韻江晦叔兼呈器之》　横空初不跨鵬鷔，但覺胡床步步高。器之言嘗夢飛，自覺身與所坐床皆起空中。

一枕晝眠春有夢，扁舟夜渡海無濤。

歸來又見顛茶陸，往在錢塘嘗語晦叔，陸羽茶顛，君亦然。多病仍逢止酒陶。陶淵明有《止酒》詩。器之少時飲量無敵，今不復飲矣。

笑説南荒底處所，衹今榕葉下亭皋。

茶癖

題解

明 樓英《醫學綱目》卷二五《脾胃部》　茶癖，喜吃茶及吃乾茶者。

論説

金 張從正《儒門事親》卷八《内積形》　茶癖一百二十四

一緇侣好茶成癖，積在左脅。戴人曰：此與肥氣頗同，然瘖瘧不作，便非肥氣。雖病十年，不勞一日。况兩手脉沉細，有積故然。吾治無針灸之苦，但小惱一餉，可享壽盡期。先以茶調散，吐出宿茶水數升；再以木如意揃之，又涌數升，皆作茶色；次以三花神丸九十餘粒。是夜瀉二十餘行，膿水相兼，燥糞瘀血雜然而下；明日以除濕之劑使服十余日，諸苦悉蠲，神清色瑩。

明 顧大典《〈茶録〉引》　洞庭張樵海山人，志甘恬淡，性合幽棲，號稱隱君子。其隱于山谷間，無所事事，日習誦諸子百家言。每博覽之暇，汲泉煮茗，以自愉快，無間寒暑，歷三十年。疲精殫思，不究茶之指歸不已，故所諸《茶録》得茶中三昧。余乞歸十載，夙有茶癖，得君百千言，可謂纖悉具備。其知者以爲茶，不知者亦以爲茶。山人盍付之剞劂氏，即王濛、盧同復起，不能易也。

明 陳鑒《虎丘茶經注補·八之事》　吴匏庵爲翰林時，假歸，與石田游虎丘，采茶手煎，對啜，自言有茶癖。

明 董其昌《畫禪室隨筆》卷二《畫源》　余買龔氏江貫道《江山不盡圖》。法董巨，是綃素，其卷約有二三丈，後有周密、林希逸跋。貫道負茶癖，葉少藴常薦之，故周跋云『恨不乞石林見』也。

明 張岱《陶庵夢憶》卷八《露兄》 崇禎癸酉，有好事者開茶館。泉實玉帶，茶實蘭雪，湯以旋煮，無老湯，器以時滌，無穢器。其火候、湯候，亦時有天合之者。余喜之，名其館曰『露兄』，取米顛『茶甘露有兄』句也。爲之作《鬥茶檄》曰：『水淫茶癖，爰有古風；瑞草雪芽，素稱越絶。特以烹煮非法，向來葛灶生塵；更兼賞鑒無人，致使羽《經》積蠹。邇者擇有勝地，復舉湯盟，水符遞自玉泉，茗戰爭來蘭雪。瓜子炒豆，何須瑞草橋邊；橘柚查梨，出自仲山圃內。八功德水，無過甘滑香潔清涼；七家常事，不管柴米油鹽醬醋。一日何可少此，子猷竹庶可齊名；七碗吃不得了，盧同茶不算知味。一壺揮麈，用暢清談；半榻焚香，共期白醉。』

清 顧炎武《日知録》卷七 《唐書・陸羽傳》：『羽嗜茶，著經三篇，言茶之原、之法、之具尤備，天下益知飲茶矣。有常伯熊者，因羽論，復廣著茶之功。其後尚茶成風。時回紇入朝，始驅馬市茶。』至明代，設茶馬御史。而《大唐新語》言右補闕綦毋煚性不飲茶，著《茶飲序》曰：『釋滯消壅，一日之利暫佳；瘠氣侵精，終身之害斯大。獲益則功歸茶力，貽患則不謂茶災。豈非福近易知，害遠難見？』宋黄庭堅《茶賦》亦曰：『寒中瘠氣，莫甚于茶。或濟之鹽，勾賊破家。』今南人往往有茶癖而不知其害，此亦攝生者之所宜戒也。

清 張璐《本經逢原》卷三《味部》 發明 茗乃茶之粗者，味苦而寒，最能降火消痰，開鬱利氣，下行之功最速。故《本經》主瘻瘡，利小便，去痰熱之患。然過飲即令人少寐，以其氣清也。消食止渴，無出其右。合醋治傷暑泄利。同姜治滯下赤白。兼香豉、葱白、生薑治時疫氣發熱頭痛。一味濃煎治風痰。茶之産處最多，惟陽羨者謂之真茶。凡茶皆能降火、清頭目。其陳年者曰臘茶，以其經冬過臘，故以命名。佐劉寄奴治便血最效。産徽者曰松蘿，專于化食。産浙紹者曰日鑄，專于清火。産閩者曰建茶，專于辟瘴。産六合者曰苦丁，專于止痢。産滇南者名曰普洱茶，則兼消食辟瘴止痢之功。蒙山者，世所罕有，近世每采石苔代充，誤人殊甚。其餘雜茶，皆苦寒伐胃，胃虚血弱之人有嗜茶成癖者，久而傷精，血不華色，黄瘁痿弱，嘔逆洞泄，種種皆傷茶之害。而侵晨啜茗，每傷腎氣。酒後嗜茶，多成茶癖。又新茶飲之，令人聲音不清，其能鬱遏火邪也。至于精氣寒滑、觸之易泄者勿食，宜以沙苑蒺藜點湯代之。茶子味苦氣肅，善于降火，專治頭中鳴響、天白蟻之病。江右人每以打油，味最清香，浸油沐發最佳。取茶子餅煮汁澆花，以辟盆中之蚯蚓。煎湯滌衣垢，則不退顔色。總取其質之輕清而不沾滯也。

藝文

唐 貫休《禪月集》卷一七《和毛學士舍人早春》 陋巷冬將盡，東風細雜籃。解牽窗夢遠，先是潤梅諳。茶癖金鐺快舍人有《茶譜》，松香玉露含。書齋山帚撅，盤饌藥花甘。雅得琴中妙，常挼臉似酣。雪消聞苦蟄，氣候似宜蠶。密勿須清甲，朝歸繞碧潭。丹心空拱北，新作繼周南。竹杖無斑點，紗巾不著簪。大朝名益重，後進力皆覃。至理雖亡一，臣時亦説三。不知門下客，誰上晏嬰驂。

甘草癖

宋 陶穀《清異録》卷下《甘草癖》 宣城何子華邀客於剖金堂慶新橙，酒半，出嘉陽嚴峻畫陸鴻漸像。子華因言：『前世惑駿逸者爲馬癖，泥貫索者爲錢癖，耽於子息者爲譽兒癖，耽于褒貶者爲《左傳》癖。若此叟者，溺于茗事，將何以名其癖？』楊粹仲曰：『茶至珍，蓋未離乎草也。草中之甘，無出茶上者。宜目陸氏爲甘草癖。』坐客曰：『允矣哉！』

茶博士

題解

清 趙翼《陔餘叢考》卷三七《博士》 今江南俗，椎油、賣茶者

尚稱『博士』，鑷工尚稱『待詔』，醫生尚稱『郎中』，而北俗則稱醫生爲『大夫』。按『博士』本師長之稱。漢武帝立五經博士，爲置弟子五十人，後四方來學者皆詣博士受業，故其時弟子稱師皆曰『博士』。沿及六朝，此風不改。《宋書》：王微爲兒時，從博士讀小小章句。《北史》：劉晝知宋世良家多書，乃求爲其子博士，恣意披覽。北齊張景仁教太原王紹德書，武成帝又令景仁侍後主書，後主呼爲博士。登極後，與左右語，猶稱張博士。武成又爲琅琊王儼求博士，得張雕武與景仁，號二張博士。後周文帝置學東館，教諸將子弟，以樊深爲博士。可見『博士』猶『先生』云爾。《封氏聞見記》：御史大夫李季卿宣慰江南，時茶飲初盛行，陸鴻漸來見，衣野服，隨茶具而入。既坐，乃手自烹茶，口通茶名，區分指點。李公心鄙之，茶罷，命奴子取錢三十文酬煎茶博士。此茶博士之名之始也。蓋其時茶事初起，精其技者尚少，故有『茶博士』之稱，而李公因其稱以嘲之，可見是時賣茶者無不稱『博士』也。《舊唐書》：開元十一年，命州縣置醫博士二人。則醫亦稱『博士』也。其榷油者之稱『博士』，蓋亦因專習其技而有是稱，或因煎茶者稱『博士』而效之耳。按博士之始，本起於戰國。《漢書·賈山傳》：其祖祛，故魏王時博士弟子也。秦亦有此官，《史記·始皇本紀》：侯生、盧生曰：『博士雖七十人，特備員，弗用。』又始皇不樂，輒令博士爲《仙真人詩》，令樂人歌弘之。漢初亦設此官，不過待問，未有進用者。至武帝立五經博士，遂爲師儒之宗。此博士之沿革也。

論說

唐 封演《封氏聞見記》卷六《飲茶》 茶，早采者爲茶，晚采者爲茗。《本草》云：『止渴，令人不眠。』南人好飲之，北人初不多飲。開元中，太山靈岩寺有降魔師大興禪教，學禪務于不寐，又不夕食，皆許其飲茶。人自懷挾，到處煮飲。從此轉相仿效，逐成風俗。起自鄒、齊、滄、棣，漸至京邑。城市多開店鋪，煎茶賣之，不問道俗，投錢取飲。其茶自江淮而來，舟車相繼，所在山積，色額甚多。楚人陸鴻漸爲《茶論》，説茶之功效幷煎茶炙茶之法，造茶具二十四事，以都統籠貯之。遠遠傾慕，好事者家藏一副。有常伯熊者，又因鴻漸之論廣潤色之。於是茶道大行，王公朝士無不飲者。御史大夫李季卿宣慰江南，至臨淮縣館，或言伯熊善茶者，李公請爲之。伯熊著黄被衫、烏紗帽，手執茶器，口通茶名，區分指點，左右刮目。茶熟，李公爲歠兩杯而止。既到江外，又言鴻漸能茶者，李公復請爲之。鴻漸身衣野服，隨茶具而入。既坐，教攤如伯熊故事。李公心鄙之，茶畢，命奴子取錢三十文酬煎茶博士。

藝文

明 施耐庵《水滸傳》第二回《史大郎夜走華陰縣　魯提轄拳打鎮關西》 史進便入城來看時，依然有六街三市。只見一個小小茶坊正在路口。史進便入茶坊裏來，揀一副坐位坐了。茶博士問道：『客官，吃甚茶？』史進道：『吃個泡茶。』茶博士點個泡茶，放在史進面前。史進問道：『這裏經略府在何處？』茶博士道：『只在前面便是。』史進道：『借問經略府内有個東京來的教頭王進麽？』茶博士道：『這府裏教頭極多，有三四個姓王的，不知那個是王進。』道猶未了，只見一個大漢大踏步竟入來，走進茶坊裏。

明 范受益《尋親記》第三三齣《懲惡》《六十種曲》〔末上〕〔水底魚兒〕開設茶坊，聲名滿四方。煎茶得法，非咱胡調謊。官員來往，招接日夜忙。盧仝陸羽，也來此處嘗。也來此處嘗。

自家生居柳市，業在茶坊。器皿精奇，鋪排灑落。招接的都是十洲三島客，應付的俱是四海五湖賓。來千去萬，耳邊厢聽了多少清談。小心奉承，眼面上頓成幾多歡喜。眞個是風流茶博士，瀟灑酒家人。恐有吃茶的來，不免在此伺候。〔外上〕

明 洪楩《清平山堂話本·楊温攔路虎傳》 那楊三官人是三代將門之子，那裏怕他强人，只是當下手中無隨身器械，便説不得，却被那强人入房，挾了楊三官人妻子冷氏夫人，和那擔仗什物，却有一千貫細軟金珠宮貴，都被那强人劫去。楊官人道：『我是將門之家，却被强人劫了，我如今却有何面目歸去？』當時楊三官人受這一口氣，便不奈煩，沒出豁得，便離了這客店，來縣裏投奔劉家客店安歇。自思量道：『我當初夫妻二人出來，如今獨自一身，交我歸去不得！我要去官司下狀，

又沒個錢！」身體覺得病起來，在店中倒了半個月。後來幸得無事，出那店來，行去市心，見一座茶坊，入去坐地。只見茶博士叫道：「官人，吃茶吃湯？」那楊三官人道：「吃茶也不爭，只是我沒茶錢。」茶博士道：「官人吃茶也不妨。」茶博士點茶來。

明 馮夢龍《警世通言》卷六《俞仲舉題詩遇上皇》 一日，俞良走到衆安橋，見個茶坊，有幾個秀才在裏面，俞良便挨身入去坐地。只見茶博士向前唱個喏，問道：「解元吃甚麽茶？」俞良口中不道，心下思量：「我早飯也不曾吃，却來問我吃茶。身邊銅錢又無，吃了却捉甚麽還他？」便道：「我約一個相識在這裏等，少間客至來問。」茶博士自退。

又 卷三七《萬秀娘仇報山亭兒》 話説山東襄陽府，唐時唤做山南東道。這襄陽府城中一個員外姓萬，人叫做萬員外。這個員外，排行第三，人叫做萬三官人。在襄陽府市心裏住，一壁開著乾茶鋪，一壁開著茶坊。家裏一個茶博士，姓陶，小名叫做鐵僧，自從小時綰著角兒，便在萬員外家中掉盞子，養得長成二十餘歲，是個家生孩兒。當日茶市罷，萬員外在布簾底下，張見陶鐵僧這廝欒四十五見錢在手裏。萬員外道：「且看如何？」元來茶博士市語唤做『走州府』。且如道市語説『今日走到餘杭縣』，這錢一日只稍得四十五錢，餘杭是四十五里；若説一聲『走到平江府』，早一日稍三百六十足。若還信脚走到『西川成都府』，一日却是多少里田地！萬員外望見了，且道：「看這廝如何？」只見陶鐵僧欒了四五十錢，鷹覷鶻望，看布簾裏面，約莫沒人見，把那見錢懷中便搋。

明 馮夢龍《喻世明言》卷一一《赴伯升茶肆遇仁宗》 行到狀元坊，有座茶肆。仁宗道：「可吃杯茶去。」二人入茶肆坐下，忽見白壁之上有詞二隻，句語清佳，字畫精壯，後寫『錦里秀才趙旭作』。仁宗失驚道：「莫非此人便是？」苗太監便唤茶博士問道：「壁上之詞是何人寫的？」茶博士答道：「告官人，這個作詞的，他是一個不得第的秀才，差歸故里，流落在此。」苗太監又問道：「他是何處人氏？今在何處安歇？」茶博士道：「他是西川成都府人氏，見在對過狀元坊店內安歇。專與人作文度日，等候下科開選。」仁宗想起前因，私對苗太監説道：「此人原是上科試官取中的榜首，文才盡好，只因一字差誤，朕怪他不肯認錯，遂黜而不用，不期流落于此。」便教茶博士：「去尋他來，我要求他文章，你若尋得他來，我自賞你。」茶博士走了一回，尋他不著。嘆道：「這個秀才，真個沒福，不知何處去了。」茶博士回覆道：「二位官人，尋他不見。」仁宗道：「且再坐一會，再點茶來。」一邊吃茶，又教茶博士去尋這個秀才來。茶博士又去店中并各處酒店尋問，不見。道：「真乃窮秀才！若遇著這二位官人，也得他些資助，好無福分！」茶博士又回覆道：「尋他不見。」

明 馮夢龍《醒世恒言》卷一四《鬧樊樓多情周勝仙》 茶博士見裏面鬧吵，走入來道：「賣水的，你去把那水好好挑出來。」對面范二郎道：「他既暗遞與我，我如何不回他？」隨即也叫：「賣水的，傾一盞甜蜜蜜糖水來。」賣水的便傾一盞糖水在手，遞與范二郎。二郎接著盞子，吃一口水，也把盞子望空一丟，大叫起來道：「好好！你這個人真個要暗算人！你道我是兀誰？我哥哥是樊樓開酒店的，唤作范大郎，我便唤作范二郎，年登一十九歲，未曾吃人暗算。我射得好弩，打得好彈，兼我不曾娶渾家。」賣水的道：「你不是風！是甚意思，説與我知道？指望我與你做媒？你便告到官司，我是賣水，怎敢暗算人！」范二郎道：「你如何不暗算？我的盂兒裏，也有一根草葉。」女孩兒聽得，心裏好喜歡。茶博士入來，推那賣水的出去。

明 淩蒙初《初刻拍案驚奇》卷二一《袁尚寶相術動名卿 鄭舍人陰功叨世爵》 張客人茶坊吃茶。茶罷，問茶博士道：「此間有個林上舍否？」博士道：「上舍姓林的極多，不知是那個林上舍？」張客説：「貫道齋，名積，字善甫。」茶博士見説：「這個，便是個好人。」張客見説道是好人，心下又放下二三分。張客説：「上舍多年個遠親，不相見，怕忘了。若來時，相指引則個。」正説不了，茶博士道：「兀的出齋來的官人便是。他在我家寄衫帽。」

明 張岱《陶庵夢憶》卷四《二十四橋風月》 廣陵二十四橋風月，邗溝尚存其意。渡鈔關，橫亘半里許，爲巷者九條。巷故九，凡周旋折旋于巷之左右前後者什百之。巷口狹而腸曲，寸寸節節，有精房密戶，名妓、歪妓雜處之。名妓匿不見人，非嚮導莫得入。歪妓多可五六百人，

每日傍晚，膏沐薰燒，出巷口，倚徙盤礴于茶館酒肆之前，謂之『站關』。茶館酒肆岸上紗燈百盞，諸妓掩映閃滅于其間，⿸虍巴⿱敖皿者簾，雄趾者閾。燈前月下，人無正色，所謂『一白能遮百醜』者，粉之力也。游子過客，往來如梭，摩睛相覷，有當意者，逼前牽之去；而是妓忽出身分，肅客先行，自緩步尾之。至巷口，有偵伺者，向巷門呼曰：『某姐有客了！』內應聲如雷，火燎即出。一一俱去，剩者不過二三十人。沉沉二漏，燈燭將爐，茶館黑魆無人聲。茶博士不好請出，惟作呵欠，而諸妓醵錢向茶博士買燭寸許，以待遲客。或發嬌聲，唱《劈破玉》等小詞，或自相謔浪嘻笑，故作熱鬧，以亂時候，然笑言啞啞聲中漸帶凄楚。夜分不得不去，悄然暗摸如鬼。見老鴇，受餓、受笞俱不可知矣。余族弟卓如，美須髯，有情痴，善笑，到鈔關必狎妓，向余噱曰：『弟今日之樂，不減王公。』余曰：『何謂也？』曰：『王公大人侍妾數百，到晚耽耽望幸，當御者不過一人。弟過鈔關，美人數百人目挑心招，視我如潘安，弟頤指氣使，任意揀擇，亦必得一當意者，呼而侍我。王公大人豈過我哉！』復大噱，余亦大噱。

清 俞萬春《蕩寇志》第七十四回《希真智鬥孫推官 麗卿痛打高衙內》 希真便去茶店內坐下，叫那茶博士泡碗茶來。茶博士笑道：『你老人家今日難得，從不曾到小店來。』希真笑道：『便是緊鄰在此，照顧你一次。』遂問道：『那兩個承局模樣的，常在這裏吃茶做甚？』茶博士道。『便是不識得，兩個輪流來坐著，兩三日了。開著茶永不肯走，討厭得狠。想不知是那座衙門裏有察訪的案。』希真道：『你聽見他説些什麼？』茶博士道：『不曾聽得。』希真道：『他可問起我麼？』茶博士道：『昨日那個穿紫衫的，他却問小人，説提轄要出行，到那裏去。小人答他不曉得，他也不問下去了。』

清 石玉昆《三俠五義》第二十八回《許約期湖亭欣慨助 探底細酒肆巧相逢》 茶博士過來，用代手擦抹桌面。且不問茶問酒，先向那邊端了一個方盤，上面蒙著紗罩。打開看時，却是四碟小巧茶果，四碟精緻小菜，極其齊整乾淨。安放已畢，方問道：『爺是吃茶？是飲酒？還是會客呢？』展爺道：『却不會客，是我要吃杯茶。』茶博士聞聽，向那邊摘下個水牌來，遞給展爺道：『請爺吩咐，吃甚麼茶？』展爺接過水牌，且不點茶名，先問茶博士何名。

清 李伯元《文明小史》第二十七回 濟川看了，也沒甚意思。張先生又領他到城隍山上，去看那錢塘江的江景。找到一爿茶館坐下。茶博士問吃什麼茶？張先生叫了一碗本山，又叫他做兩個酥油餅起馬。却好這時正是八月裏，那錢塘江的潮水是有名的，濟川正與張先生閑談，忽見大衆憑欄觀望。張先生道：『潮來了！』濟川也起身，來靠著欄杆。

茶匠

宋 陶穀《清異録》卷下《生成盞》 饌茶而幻出物像于湯面者，茶匠通神之藝也。沙門福全生于金鄉，長于茶海，能注湯幻茶，成一句詩，并點四甌，共一絕句，泛乎湯表。小小物類，唾手辦耳。檀越日造門求觀湯戲，全自咏曰：『生成盞裏水丹青，巧畫工夫學不成。欲笑當時陸鴻漸，煎茶赢得好名聲。』

茶客

論説

宋 朱熹《朱子語類》卷一三〇《本朝四》 富鄭公初甚欲見山谷，及一見，便不喜，語人曰：『將謂黄某如何，元來只是分武寧一茶客！』富厚重，故不喜黄。振。

明 張岱《陶庵夢憶》卷三《蘭雪茶》 日鑄者，越王鑄劍地也，茶味棱棱有金石之氣。歐陽永叔曰：『兩浙之茶，日鑄第一。』王龜齡曰：『龍山瑞草，日鑄雪芽。』日鑄名起此。京師茶客有茶則至，意不在雪芽也。

清 李斗《揚州畫舫録》卷一一 喬姥于長堤賣茶，置大茶具，以錫爲之，小頸修腹，旁列茶盒，矮竹几杌數十。每茶一碗二錢，稱爲

『喬姥茶桌子』。每龍船時，茶客往往不給錢而去。茶村嘗謂人曰：『吾于虹橋茶肆與柳敬亭談寧南故事，擊節久之。』蓋如此茶桌子也。

紀事

《續資治通鑒長編》卷三四六《元豐七年》 紹聖元年九月二十八日敕：『中書省送到戶部狀：「準敕勘會元豐中嘗置水磨茶出賣與在京鋪戶，故京師求食茶無夾雜之弊，而茶商無留滯之患，官歲收息計二十餘萬貫。元祐中悉皆罷廢。臣等欲乞參酌舊制，重行興復。」三省同奉聖旨：「水磨茶應興復合行事件，令戶部疾速先具措置，申尚書省。」九月二十八日，三省同奉聖旨：「並依戶部所申，差孫迥提舉。」檢會舊行水磨日前後條制，參酌今來合行及改到分項內，一、檢準元豐七年六月一日敕：中書省、尚書省送到左部狀，準都省批下，都提舉汴河隄岸司奏：勘會本司近準朝旨，在京賣茶人戶不許擅磨末茶，並令赴本司水磨請買斤茶，歸鋪貨賣。本司已依朝旨施行。近日據府界諸縣茶鋪等人戶赴司陳狀，爲見在京茶鋪之家請買水磨末茶貨賣，別無頭畜之費，坐獲厚利。其府界茶鋪係與在京鋪戶事體一般，乞依在京師茶鋪人戶例，赴水磨請輸，歸逐縣貨賣，及依在京茶法，禁止私磨茶貨。本司今勘會自興置水磨後，其內外茶鋪人戶各家，免雇召人工、養飼頭口諸般浮費，及不入末豆、荷葉雜物之類和茶，委有利息。其民間皆得真茶食用，若比自來所買鋪戶私磨絞和偽茶，其價亦賤。兼販茶客人亦免民間賒欠錢物，赴本司入中茶貨，便請見錢，再行興販，甚有利潤。」』

又 卷四三二《元祐四年》 ［八月癸亥］ 燾奏不得其時日。八月二十六日，《舊録》罷元祐三年令茶客帶買官茶指揮，今附見其前，《新録》遂削去《舊録》，非也。所稱元祐三年指揮，亦當考。 詔罷元祐三年令茶客帶買官茶指揮。

《宋會要輯稿·兵五》 ［乾道七年十一月］二十一日，權發遣隆興府龔茂良言：『江州興國軍接連淮甸、江東、湖北，每歲常有茶客百十爲羣前來。今歲大旱，茶芽不發，皆積壓在園戶等處人家住泊。竊慮此曹乘時荒歉，聚集作過，乞下江州都統司輪差官兵一二百人前去屯駐彈壓，候來年秋熟日，依舊歸軍。』詔令龔茂良斟酌合差人數，于本路州軍係將、不係將禁軍內差撥施行。

又《食貨三一》 ［紹興十二年］五月八日，刑部言：『湖北提舉茶鹽賈思誠札子：「檢准紹興十年六月十九日敕節文：刑部看詳茶園戶有違犯條禁依法合追賞者，如係二罪已上俱發，只從重賞追理。本司看詳，犯茶人情犯不一，假令初一日甲使乙擔私茶二十斤往州西販賣，初二日甲又使丙擔私茶五十斤往州東販賣。未賣過間，初三日，州西者爲弓手捉獲，州東者爲土軍捉獲，同日到官，即是二罪俱發。州東者爲重罪，若只據五十斤追賞，未審弓手合與不合與土軍均給賞錢，亦未審販茶客人二罪俱發，合與不合從重追賞。」下大理寺看詳，據本寺衆官參酌前項事理，緣依律，二罪以上俱發，以重者論。既斷罪從重，其賞亦合從所得重罪追理。若逐項告獲、同日到官，難以止給告獲重罪之人，即欲乞比附「應賞而係二人以上者分受，功力不等者，量輕重給之」條法施行。其茶園戶犯私茶二罪以上俱發，亦合從重追賞。本部尋行下都茶場去後，今據本場申：切慮追賞數輕，少肯告捕，使冒法規利之徒得以爲奸，侵害客販，有虧課入。今欲乞下法寺重別擬定立法施行。據本寺重別參詳上件因依，不須立法外，其私茶公事各被逐地分人告獲，同日到官，合行各追賞錢。如係一名或二人以上共告獲者，即合依紹興十年六月十九日指揮，從一重追賞，內二人以上均給施行。所有販茶客人二罪俱發，亦遵依今來所降指揮施行。』從之。

又 ［隆興六年］四月二十四日，戶部侍郎、江浙荊湖淮廣福建等路都大發運使史正志言：『訪聞販茶客人避納翻引錢，往往私販過淮折博，暗失課入。今措置：其短引茶并依舊，令客旅於江南任便興販。所有過江長引，并從禁戢。乞許本司于江西積壓未賣茶引內支請買茶，於淮南、京西榷場折博。其客人已買過長引，將納過引價并貼納翻引錢紐計，於見賣茶引去處貼換短引。』從之。

又 紹熙元年五月十六日，榷貨務都茶場言：『湖南北、江西路皆係巨商興販，尚且給降小引，其兩浙、江東等路，多是草茶客人販往鄉村零細貨賣，乞添印造四貫例長、短小引相兼，聽客從便請買。』既而戶部言：『近添印造兩浙、江東等州軍四貫例茶長、短小引給賣，務在招引小客。今若依大引見使金銀、會子分數品搭筭請，恐小客難以變轉興販，

因而積壓。欲將今來給賣小引除見使金銀、會子分數入納外，如願全使一色會子筭請者聽，庶幾客販亦得通快。』從之。

又《食貨三二》［紹興元年五月］十七日，孟庾言：『茶客買到文引，在法令先於合同場勘驗，請買籠篰，就往山場園戶處買茶，裝盛入城，赴合同場秤製，封印批發。今冒法規利之徒買到茶入城，多不往合同場秤製，便徑赴茶磨戶、牙人之家賤價貨賣，再執文引出城買茶，往來影販，從來關防未盡。欲乞今後令州縣出給印曆，責付監門官吏，遇客人買到茶入城，即驗引抄上，即時具客名、料例、字號、茶籠篰斤重數目，關報合同場照會秤發，及令主管茶事官每十日一次參照檢察，所貴關防周盡，杜絕私販之弊。』從之

又《食貨五五·榷貨務》 大中祥符二年正月，詔：許販茶客于榷貨務投狀，具言有若干交引在某場，欲往請，合納稅錢上簿拘轄，令三五人連狀委保。又召交引鋪戶充保，給公憑付客。支訖，本場徑具數入遞，關報本務。立限半年送納稅錢，限滿不至，於元保人處理納。候客齎到脚地公引，合筭一路稅錢數同，即勾簿毀公憑。

藝文

宋 林逋《林和靖集》卷二《無爲軍》 掩映軍城隔水鄉，人烟景物共蒼蒼。酒家樓閣搖風旆，茶客舟船簇雨檣。殘宿遠砧聞野墅，老苔寒檜看僧房。狎鷗更有江湖興，珍重江頭白一行。

茶商軍

《宋史》卷四一四《鄭清之傳》 鄭清之字德源，慶元之鄞人。初名爕，字文叔。少從樓昉學，能文，樓鑰亟加稱賞。嘉泰二年，入太學。十年，登進士第，調峽州教授。帥趙方嚴重，靳許可，清之往白事，爲置酒，命其子范、葵出拜，方掖清之無荅拜，且曰：『〃他日願以二子相累。』湖北茶商群聚暴横，清之白總領何炳曰：『此輩精悍，宜籍爲兵，緩急可用。』炳亟下召募之令，趨者雲集，號曰『茶商軍』，後多賴其用。調湖、廣總所準備差遣、國子監書庫官。十六年，遷國子學錄。丞相史彌遠與清之謀廢濟國公，事見皇子竑傳。俄以清之兼魏惠憲王府教授，遷宗學諭，遷太學博士，皆仍兼教授。寧宗崩，丞相入定策，詔旨皆清之所定。

茶役

明 馮夢龍《古今笑史》第三部分《唐解元詩》 吳令命役於虎丘採茶。役多求，不遂，譖僧。令笞僧三十，複枷之。僧求援于唐伯虎，伯虎不應。一日過僧所，戲題枷上云：『官差皂隸去收茶，只要紋銀不要賒。縣裡捉來三十板，方盤托出大西瓜。』令詢之，知為唐解元筆，笑而釋僧。

伯虎嘗出遊遇雨，過一皂隸家。乞紙筆求畫，唐遂畫海螺數百，題其上云：『海物何曾數著君，也隨盤饌入公門。千呼萬喚不肯出，直待臨時敲窟臀。』

碧豎

明 談遷《棗林雜俎·茶》 宋貢茶首稱北苑龍團，而武夷石乳之名未著。至元，設場於武夷，遂與北苑並稱。今但知武夷，不知北苑矣。明朝不貴閩茶，即貢亦備宮中浣濯瓶盞之需。貢使數賚金抵京，買而納之，即間有採辦，皆延平產，非武夷也。延平人呼製茶者曰『碧豎』。新茶下，崇安令例致諸貴人黃冠，苦於追呼。盡斫所種，武夷真茶久絕。

茶頭

宋 贊甯《宋高僧傳》卷二二《宋天臺山智者禪院行滿傳》 釋行滿者，萬州南浦人也。羈貫成童厥性明黠。篤辭所親求為佛子。受戒方畢。聞重湖間禪道隆盛石霜之門濟濟多士。遂往求解。屬諸禪師棄代滿往豫章觀諸法席。既得安然。次聞天臺靈聖之跡。由是結束遊之。棲華頂峰下智者院知眾僧茶灶。見人怡懌。居幾十載未睹其慍色。臥一土床。空其下燒糞掃而暖之。每日脫衣就床。則蚤虱蟄蜇焉啖之。及餧飼得所。還著衣如故。或人潛捫其衣。蚤虱寂無蹤矣。先是居房檻外。有巨松橫枝之上寄生小樹。每遇滿出坐也。其寄生木必翙翙而側。時謂此樹作禮茶頭也。或不信者專伺滿出。則紛紛然。滿去則屹立亭亭更無動搖。雖隨眾食量少分而止四十年內人未見其便溺。以開寶中預向人說。我當行矣令眾僧念文殊名號相助。默焉坐化。春秋年可八十餘。滿多作偈頌以唱道焉。

元 德輝《百丈清規》卷上《住持章第五・遷化》 請喪司執事主喪人巡寮罷，兩序、勤舊、小師隨到客位，呈衣鉢簿、遺墨等物。會茶議請喪司職事書記、維那、知客、侍真侍者，並一切佛事資次見後，以次議請。除舉哀、小參二佛事，系主喪人為之。分孝服輕重見後如無布絹，隨宜折錢俵之。主喪人須與首座計會所遺衣鉢多少，默作三分：一分准喪司孝服、諷經、燈燭之費；一分歸常住陪貼供養；一分俵大眾看經並佛事板帳等用。

主喪人須存公正，不可徇私。帶行僧行，不得干預執役。每日諷經、俵嚫，奠茶湯不拘。兩序、勤舊各請一人掌財，庶絕浮議。聖僧侍者把帳，喪司公差、庫子、客頭、茶頭一行人管辦事。請見職維那同議。見職知客接外客，喪司合千人僕，排單揭示。

又 卷下《兩序章第六・列職雜務》 寮元掌眾寮之經文、什物、茶湯、柴炭，請給供需，灑掃浣濯，淨發樜巾之類。每日粥罷，令茶頭行者門外候眾至，鳴板三下。大眾歸寮，寮長分手，寮主、副寮對面左右位。副寮出，燒香歸位，茶頭喝雲：『不審。』大眾和南。遇旦望點湯，鳴板集眾，燒香、行湯如常禮。

又《新首座特爲後堂大衆茶》無後堂則以次頭首 方丈特為茶了，次早，新首座懷香詣方丈，拜請雲：『齋退，特為後堂首座、大眾就雲堂點茶，伏望慈悲降重。』具狀式見後，備盤袱爐燭，詣後堂首座寮，炷香拜請，雲：『今晨齋退，就雲堂點茶特為，伏望降重。』呈納狀訖，特為人令本寮茶頭遞付供頭，貼僧堂前下間，封皮粘狀前。次令堂司行者報眾，掛點茶牌。長板鳴，僧堂內巡請茶鳴鼓集眾，行禮並與常特為禮同。

狀式

前堂首座比丘　某，　右某今晨齋退，就雲堂點茶一中，特為　後堂首座、大眾。仍請諸知事，同垂光降。

今　月　日　具位　某　狀

可漏子：　狀請　後堂首堂、大眾　具位　某謹封

注：格式如下圖

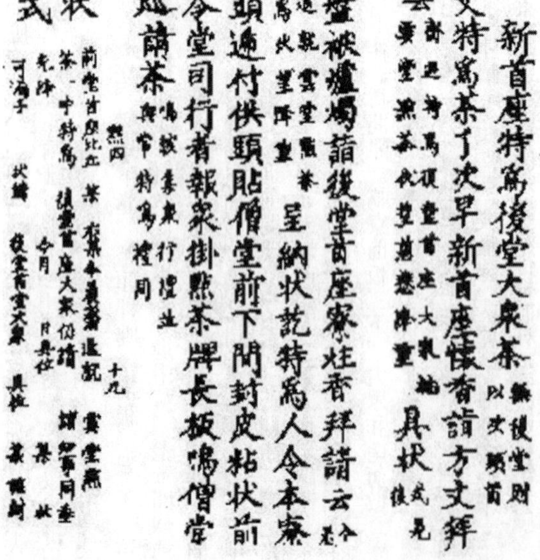
新首座特爲後堂大衆茶
方丈特爲茶了次早新首座懷香詣方丈拜請云
備盤袱爐燭詣後堂首座寮炷香拜請云
茶頭遞付供頭貼僧堂前下間封皮粘狀前
次令堂司行者報衆掛點茶牌長板鳴僧堂
内巡請茶
狀式

又《住持垂訪頭首點茶》 茶湯禮畢，住持齋罷，往諸頭首寮點茶，從容溫存，點檢缺乏，隨令庫司措辦。

又《兩序交代茶》 伺方丈特為新首座茶畢，次第新職事具威儀，懷香躬詣各受代人處，插香，對觸禮一拜，請雲：『齋退拜屈尊重就寮獻茶。』隨令茶頭請兩序各一人，東西序勤舊各一人光伴西序請茶，則知事分手坐，於同列頭首中，請肩下一人光伴。如肩上人赴，坐位相妨。東序請茶，則頭首分手坐。如維那位居東序，請茶時，肩下副寺一人赴。寮中向內設特為位，主席分手位，左右光伴人位。

齋退，鳴寮前板，接受特為人，次接光伴人。入位揖坐，燒香揖香，燒光伴香。入座下茶。茶畢，受代人起，將元請香插爐中，觸禮拜謝而退。次日，令堂司行者請交代點心，名勝一人光伴。前堂首座，則請西堂、勤舊各一人光伴。若庫司一班，請西堂、勤舊、頭首光伴。庫司釘掛，向裡設特為位，左右排光伴位。頭首與主席分手，同序隨班位。次日點心，坐位同前，西序止於知客，東序止於維那。凡侍者交代茶與點心，當請維那光伴設位、行禮皆同。近時點心，因而請客，請鄉曲，非禮也。

又《入寮出寮茶》 入蒙堂者白寮主，掛點茶牌。牌左小紙貼雲：『某拜請合寮尊眾，齋退就上寮。』齋罷，備香燭普同問訊。揖寮主居主位。點茶人居賓位。略坐起身燒香問訊，複坐點茶。收盞，寮主起爐前相謝。

自蒙堂出充頭首者，點交代茶畢，別日令茶頭報寮主掛點茶牌。齋退，鳴寮中小板，點茶人門外右立，揖眾入。爐前問訊，寮主主位，點茶人分手位。略坐，起身燒香問訊。複坐，獻茶了，寮主與眾起身，爐前致謝。送點茶人出。

自眾寮出充頭首者，令茶頭預報寮主，掛點茶牌。齋退，鳴板，先到眾寮門外右立，揖眾入位。立定，問訊揖坐。進中間、上下問燒香，複中間、上下間問訊，仍中央問訊。寮元揖點茶人，對面位坐。行茶畢。寮元出爐前致謝，送出。入眾寮者點茶禮與出寮茶同，但寮元、寮長分賓主位，自不可入位坐。

又《頭首就僧堂點茶》 伺點出寮茶畢，具茶榜式見後，令茶頭貼僧堂前下間。具威儀，請方丈請茶，諸寮掛點茶牌報請。預令供頭燒湯出盞，庫司備茶燭。齋畢，就坐點茶。頭首入堂炷香，行茶與旦望禮同。

又《節臘章第八·新挂搭人點入寮茶》 新掛搭人入寮後，照列納陪寮錢若干，候寮元輪排，當在何日。掛點茶牌報眾，書：『雲今晨齋退，某甲上座，某甲上座。』列寫或三人、六人、九人為度。須各備小香合，具威儀，預列眾寮前右邊立。候眾下堂，茶頭即鳴寮前板。眾至，揖迎歸位。立定，點茶人列一行問訊，揖坐。坐畢，分進中爐、上下間爐前燒香。人多不過九人，則三三進前。退步轉身，須相照顧詳緩，列一行問訊。仍分進爐前問訊，退仍一行列問訊而立，謂之揖香。鳴寮內小板二下，行茶遍瓶，須從穿堂入，仍如前進前問訊，複退作一行問訊，謂之揖茶。鳴小板一下，收盞。眾起立定，寮元出爐前，對點茶人代眾謝茶，眾人就位同時合掌。謝畢，寮元復位，點茶人複一行列問訊，再各分進爐前問訊。謂之謝眾臨。仍退作一行問訊，鳴寮前板三下，大眾和南而散。寮元隨令茶頭請點茶人獻茶。候點入寮茶畢，寮元逐日依戒具名，點戒臘茶。行禮並同前。

又《出圖帳》 草單已定，堂司依戒臘寫楞嚴圖、念誦巡堂圖、被點陣圖、鉢點陣圖式前後互見、戒臘牌，惟鉢點陣圖當分十六板餘隨僧堂大小不拘。除單寮、西堂、首座、勤舊排板頭外，其餘並依戒臘。舊以送蒙堂者排副鉢，後因爭兢，不排。悉依戒次具草本呈首座，次呈住持。看定，方寫諸圖，正本再呈。惟鉢點陣圖遍呈單寮，浴佛日並鋪大殿前。被鉢位圖又當預出，書小榜報眾云：『粥罷排被鉢位，伏幸眾悉，今月日，堂司某白。』貼僧堂前後門。

又《眾寮結解特爲眾湯附建散楞嚴》 四月初，待眾詣方丈謝掛搭罷，堂司圖帳已定，寮元依戒排經櫃圖、茶湯問訊圖、清眾戒臘牌、入寮資次牌、淨發牌、夏中行茶湯瓶盞圖兄弟結緣隨意書名。圖成，大眾和南時，俱出於穿堂。十二日午後，堂司行者覆住持、兩序，諸寮掛諷經牌報眾。寮元灑掃眾寮，預具狀，見後，貼寮前下間。請合寮尊眾特為湯，鋪設照牌，觀音前設供養，上下間排香爐、燭臺。預煎湯，寮元親送方丈，令茶頭分送諸寮。俱畢，鳴寮內小板。先講小座湯，亦設照牌，特為寮主、副寮、楞嚴頭、行瓶盞人請寮長光伴。揖坐，燒香揖香，歸位坐。行湯畢，方鳴寮前板，寮長、大眾入座。請維那、侍者光伴，與寮元分手位，寮長對面位，大眾依戒四案位。寮主、副寮分案行禮，皆巡問訊，入座揖坐燒香揖香。鳴寮內板二下，行湯遍，揖湯。又鳴板一下，收盞畢，寮長進爐前謝湯。畢，鳴寮前板三下，退座。兩序入寮，首座、都寺各燒香，歸班

位立。寮元於門外右立，伺迎住持入，燒香立定。寮元于西序班末後立，出燒香禮拜。楞嚴頭舉咒回向畢，寮元送住持出。七月十二日禮同。

茶侶

明 屠本畯《茗笈・玄賞章》 茶侶：翰卿墨客、緇衣羽士、逸老散人，或軒冕中超軼味世者。《七類》

明 陸樹聲《茶寮記・煎茶七類》 六茶侶翰卿墨客，緇流羽士，逸老散人，或軒冕之徒，超軼世味。

清 陳鑒《虎丘茶經注補・六之飲》 陳眉公《秘笈》：涼臺靜室，明窗淨几，僧寮道院，竹月松風，晏坐行吟，清談把卷，茶候也。翰卿墨客，緇流羽士，逸老散人，或軒冕而超軼世味者，茶侶也。

研茶丁夫

《宋會要輯稿・茶法二・茶法雜録一》 ［至道］二年九月，詔：「建州歲造龍、鳳茶，先是研茶丁夫悉鬀去鬚髮，自今但幅巾，洗滌手爪，給新淨衣，吏敢違者，論其罪。」

茶僧

明 萬邦寧《茗史》 惟鹹有茗好，才涉荈蔎嘉話，輒哀綴成編，腹中無塵，吻中有味，腕中能采，遂足情致。置一部幾上，取佐清談，不待乳浮鐺沸，已兩腋習習生風，何複須縹醪酒水晶鹽。

清 蔣義彬《千金裘》卷一六《人部》 茶僧《方嶽有茶僧賦》〇謂研茶瓢也。

螺司、茶師

清 何潤生《徽屬茶務條陳》《清經世文三編》卷三二 一徽屬種茶者名曰山戶，出茶之盛衰關乎人工之勤惰者半，關乎天時之呵護者亦半。縱人工培植維勤，設遇冬令天氣大寒，樹木受傷，來年茶葉即難茂盛。摘茶之時若逢陰雨過多，茶質亦損。山戶零星其茶，賣於螺司，聚有成數，然後賣於行號。螺司者，山中販戶之俗稱也。

清 程雨亭《整飭皖茶文牘・整飭茶務第三示》光緒二十三年十二月 為剴切示諭事。本年十一月二十七日，奉南洋大臣兩江督憲劉劄准，總理各國事務衙門諮准出使美日秘國伍大臣函稱：美議院以近來各國人口之茶，揀擇不精，食者致疾，因設新例，茶船到口，須由茶師驗明如式，方准進口，否則駁回。從前中國無識華商，往往希圖小利，攙和雜質，或多加渲染，以售其欺。洋商偶受其愚，遂謂中國之茶，皆不可食，而銷路因之阻滯。比來華商販茶，折閱者多，獲利者少。職此之由，現新例既行，茶稍不佳，到關輒被扣阻，金山等埠，華商屢來稟訴，因擇其不甚違章者，為之駁詰，准其入口。惟新例所開茶式未齊，已將中國販運之茶詳列名目種數，照會外部轉知稅關，俾茶師詣驗時，有所依據，不致以與原定之式不符，過於挑剔，仍將新例譯録，飭領事等傳諭眾商，嗣後不可希圖小利，致受大虧，並抄譯一分，寄呈備覽。此例初行，似多不便，然理相倚伏，實於茶務，有益無虧。蓋以前茶質不淨，人多食加非以代茶。今入口既經複驗，茶葉共信其佳，則嗜之者多。將來銷路，可期更廣中國各商。如能將茶葉焙制諸法，精益求精，知作偽無益，不復攙雜，則中華茶味，實冠出於諸國，必能流通。未始非振興茶務之一大轉機也，等因。前來本衙門查中國土貨出口，以茶為一大宗，從前因茶商焙制不精，兼有攙和雜質等弊，以致洋商營運受虧，銷路因而阻滯。今美國改行新例，如果焙制益求精美，實為中國茶務振興之機，相應將該大臣抄寄新例十二款，刷印粘單，諮行貴大臣查照，轉飭各產茶處所。凡園戶茶莊制茶，務須焙制如法，精益求精。並飭各海關，出示曉諭，華商運茶出口，勿得

攙和雜質，致阻銷路。倘或攙和雜質，或將茶渣重制運售，致損華茶實在利益，一經查出，定行嚴罰。此固為華民謀生計，亦中國整頓商務之一端也，等因。並抄單到本大臣承准此，除分行外，抄單劄局，遵照諮內事理，飛飭產茶各屬，出示曉諭。並剴勸園戶茶商，應如何妥仿西法焙制，力圖整頓，以期挽回茶務，廣開利源。仍令將籌辦情形，稟覆核奪，等因。到局奉此，除照會產茶各縣，一體示諭外，合行出示曉諭。為此示仰商戶人等知悉，現在美國新例，茶師考驗極嚴，嗣後焙制各茶，務須盡心講求，力圖精美，不准攙和雜質，或多加渲染，欺誑洋商，以暢銷路，以固利源。其各懍遵毋違。特示。

粘抄美國新例

一、美國上下議院會議妥定，光緒二十三年三月三十日起，凡各國商人，運來美國之茶，其品比此例第三款所載，官定茶瓣較下者，概行禁止進口。

二、此例一定之後，戶部派熟悉茶務人員七名，妥定茶瓣，呈送查驗。嗣後每年西曆二月十五號以前，均照此例妥定茶瓣，呈驗備用。

三、合准進口之各種茶類，戶部妥定樣式，並當照樣多備茶瓣，分發紐約、金山、施家穀，以及各口稅關收存，以資對驗。至若茶商欲取官定茶瓣，可照原價給領，所有茶類，其品比官定茶較下者，均在第一款禁例之內。

四、凡商人裝運茶類來美，入口報關肘，須要呈具保據，交該口稅務司收存，言明該貨於未經驗放之前，不得擅移出棧，當由茶商將貨單所載各茶樣呈驗，另立誓辭聲明單貨確實相符，方為妥協。或任茶師自取樣式，逐一與官定茶瓣比較。其入境各口，未派茶師者，商人當備各茶樣式，並立誓辭，呈送該口抽稅之員查收，複由該員另取各茶樣式，一併送交附近海口茶師收驗。

五、所有茶類，經茶師驗過，其品確系與官定瓣相等，稅務司亦無異言，立即放行。若其品比官定茶瓣較下者，立刻通知茶商，除複驗批駁茶師有錯外，不准放行。若運到之茶，品類不齊，可將好茶放行，次等者扣留。

六、茶師驗明之後，茶商或稅務司有異言，可請戶部派總估價委員三名複驗。若查得茶品果系與官定茶瓣相等，自當給照放行。如茶品比官定茶瓣較下，令茶商具結，限六個月內，由驗明之日起，計運出美國，設使過期不出口，稅務司設法焚毀。

七、所有進口茶類，派定各茶師親驗。倘入境之口，並無派定茶師，由該口稅務司取齊各茶樣式，遞送最近海口茶師收驗。驗茶之法，照茶行定規辦理。其內有用滾水泡之法，與化學試煉之法，均當照辦。

八、所有茶類，凡請美國總估價委員複驗，應由茶師將各茶樣式，與茶商面同封固，與茶師批辭，以及茶商駁語，一併送交總估價委員複驗。一經驗明妥定，即當繕寫斷詞，由各該委員簽名，將全案文牘茶式，三日內一齊發回。該稅務司另抄兩份，一份轉達茶師，一份轉交茶商，遵照辦理。

九、所有茶類，已經不准入口，遵例出口之後，如複進口，將貨充公。

十、此例各款，戶部妥定章程，一律頒行

清 李培禧《問中國近年絲茶出口之貨核通商總册較光緒初年有增無減而絲茶各商日見耗折其故何與今議整頓之法其策安在》《清經世文三編》卷三二 至於整頓茶市之法，亦有四端。一曰聘茶師。洋商之業茶者，每歲新茶初上市，必延老於品茶之洋人為茶師，一市聽其指揮。華商亦宜仿照辦理，數家公請一茶師品評茶之優劣、價之低昂，凡茶之火候不齊、顏色不一者，聽其指揮挑剔。如有攙奪買賣、違犯市規，許秉公議罰。數茶師合為一局，則華商心志齊而規撫肅，足與洋商頡頏矣。以挑選貨色為詞，洋商決無異議。此則茶市之宜整頓者也。一曰限茶額。每歲洋莊銷茶只有此數，而茶之來者不啻十倍其數，則人思爭先售而跌價搶盤之弊起矣。如每口茶市，向銷洋莊五萬擔者准華商屯茶六萬擔為定額，以到埠之先後為開盤之次序，輪流出售，其茶子茶根均改作華莊，銷於本國，則來源銷數不甚懸殊，令人安心，待價而沽矣。此茶額之宜整頓者也。一曰禁樣盤。洋人狡猾性成，凡割價跌盤之事，其弊皆起於小樣。如茶市看漲，則洋商樂受，毫無異言。倘價稍低，則吹毛求疵，百般挑剔。嗣後宜概禁樣盤而用大樣，凡商欲看樣，即任其於中抽十箱，逐箱看驗。但一洋商開看一次，則不勝其煩，似宜定期邀齊中外茶師茶商會同開驗，

每字提取茶樣，用玻罐存儲，各加封識，嗣後即不必開看矣。此茶樣之宜整頓者也。一曰杜偽茶。中國之茶，秉山川清淑之氣，味濃力厚，性亦和平，非印度、日本茶所能及。洋人雖百喙謠諑，終不能絕中國之貿易。惟近年始有一種偽茶攙雜其中，遂啟讒説之口，有稱平水茶者［有名再焙茶者］，甚或攙藥料以染色，不烘乾以增觔，是宜延精於化學之人為茶師，庶能鑒別真偽，逐箱開驗。凡茶商犯此弊，除重罰外，立即注銷刑兵部照，永不許再作茶商。其製造偽茶之人，宜援私鑄律治罪，庶中國之茶常為地球之冠，則洋商樂購，不待招徠矣。此茶質之宜整頓者也。然統觀中國大勢，受絲茶侵奪之害猶淺，而受鴉片鴆毒之害最深。彼以土苴易我脂膏，歲輸二十餘萬兩，縱加重稅釐，仍於吸食者無損，亦可謂兩窮之術矣。惟有擴充商務，一切製造工藝百倍講求，苟於洋人之貨堵塞一分，則我之利即奪回一分。如用機器紡織綿花，則洋布綿紗之入口自少矣。如用機器組織羊毛，則毳呢之銷場自滯矣。開礦產以出煤鐵五金，則洋鐵洋煤無人顧問矣。精製造以造火器船械，則洋船洋炮無待外求矣。推之廣種加非可可子等，則洋茶之利反為我侵。多養牛羊畜牲，則洋人食物惟我是資。他若種葡萄以釀酒，仿雪茄而製煙，無一非可奪洋人之利。苟使出口入口之貨價值相準，則富強之道已獨得驪珠，斯亦可謂獨得再造之功矣。吾是以深有望於當世之君子。

茶夫

明 徐㶿《茶考·按》 嘉靖三十六年，郡守錢璞奏免解茶，將歲編茶夫銀二百兩，解府造辦解京，而御茶改貢延平。而茶園鞠為茂草，井水亦日湮塞。然山中土氣宜茶，環九曲之內，不下數百家，皆以種茶為業，歲所產數十萬斤。水浮陸轉，鬻之四方，而武夷之名，甲於海內矣。

茶俗部

家庭茶儀（日常飲茶）

論説

宋蘇軾《東坡志林》卷一〇 近時世人好蓄茶與墨，閒暇輒出二物校勝負。云茶以白為尚，墨以黑為勝。予既不能校，則以茶校墨、以墨較茶，未嘗不勝也。

眞松煤遠煙，馥然，自有龍麝氣，初不假二物也。世之嗜者如滕達道、蘇浩然、呂行甫，暇日晴煖，研墨水數合，弄筆之餘，少啜飲之。蔡君謨嗜茶，老病不能復飲，則把玩而已。看茶而啜墨，亦事之可笑者也。

又 元豐七年二月一日，東坡居士與徐得之、參寥子步自雪堂，並柯池，入乾明寺，觀竹林，謁乳姥任氏墳。鋤治茶圃，遂造趙氏園，探梅堂，至尚氏第，觀老枳偃蹇，如龍虵形。憩定惠僧舍，飲茶任公亭、師中庵，乃歸。且約後日攜酒尋春於此。

又 司馬溫公曰：茶與墨正相反。茶欲白，墨欲黑；茶欲重，墨欲輕；茶欲新，墨欲陳。予曰：二物之質誠然矣，然亦有同者。公曰：何謂？予曰：奇茶妙墨皆香，是其德同也；皆堅，是其操同也。譬如賢人君子，妍醜黔晳之不同，其德操蘊藏，實無以異。公笑以為是。

又 唐人煎茶用薑，故薛能詩云『鹽損添常戒，薑宜煮更誇。』據此，則又有用鹽者矣。近世有用此二物者，輒大笑之，然茶之中等者，若用薑煎信佳也。鹽則不可。

宋蘇軾《蘇東坡全集》卷六《漱茶説》 除煩去膩，世不可闕茶。然暗中損人，殆不少。昔人云：『自茗飲盛後，人多患氣，不復病黃，雖損益相半，而消陽助陰，益不償損也。』吾有一法，常自珍之。每食已，輒以濃茶漱口，煩膩既去，而脾胃不知。凡肉之在齒間者，得茶浸漱之，乃消縮不覺脫去，不煩挑刺也。而齒便漱濯，緣此漸堅密，蠹病自己。然率皆用中下茶，其上者自不常有，間數日一啜，亦不為害也。此大是有理，而人罕知者。故詳述云。元祐六年八月十三日。

宋胡仔《苕溪漁隱叢話·前集》卷四六《東坡九》 東坡云：『昨夜夢參寥師攜軸詩見過，覺而記其飲茶兩句云：寒食清明都過了，石泉槐火一時新。夢中問：火固新矣，泉何故新？答曰：俗以清明淘井。當續成詩，以記其事。』

《三山老人語録》云：『五代時，鄭遨《茶詩》云：「嫩芽香且靈，吾謂草中英。夜臼和烟搗，寒爐對雪烹。羅憂碧粉散，嘗見綠花生。最是堪珍重，能令睡思清。」范文正公詩云：「黃金碾畔綠塵飛，碧玉甌中翠濤起。」茶色以白為貴。二公皆以碧綠言之，何邪？』

又 《學林新編》云：『茶之佳品，造在社前；其次則火前，謂寒食前也；其下則雨前，謂穀雨前也。佳品其色白，若碧綠者，乃常品也。茶之佳品，芽蘖細微，不可多得，若取數多者，皆常品也。茶之佳品，皆點啜之；其煎啜之者，皆常品也。齊己《茶詩》曰：「甘傳天下口，貴占火前名。」又曰：「高人愛惜藏嵓裡，白瓿封題寄火前。」丁謂《茶詩》曰：「開緘試新火，須汲遠山泉。」凡此皆言火前，蓋未知社前之品為佳也。鄭谷《茶詩》曰：「入坐半甌輕泛綠，開緘數片淺含香。」鄭雲叟《茶詩》曰：「羅憂碧粉散，嘗見綠花生。」沈存中論茶，謂「黃金碾畔綠塵飛，碧玉甌中翠濤起」，宜改「綠」為「玉」，「翠」為「素」，此論可也，而舉「一夜風吹一寸長」之句，以為茶之精美，不必以雀舌鳥觜為貴。今案，茶至於一寸長，則其芽蘖大矣，非佳品也，存中此論曲矣。盧仝《茶詩》曰：「開緘宛見諫議面，手閱月團三百片。」薛能《謝劉相公寄茶詩》曰：「兩串春團敵夜光，名題天柱印維揚。」茶之佳品，珎踰金玉，未易多得，而以三百片惠盧仝，以兩串寄薛能者，皆下品可知也。齊己詩：「角開香滿室，爐動綠凝鐺。」丁謂詩曰：「末細烹還好，鐺新味更全。」此皆煎啜之也。煎啜之者，非佳品矣。唐人於茶，雖有陸羽為之説，而持論未精。至本朝蔡君謨《茶録》既行，則持論精矣。以《茶録》而覈前賢之詩，皆未知佳味者也。』

又 蔡寬夫《詩話》云：『唐以前茶，惟貴蜀中所產，孫楚歌云：「茶出巴蜀。」張孟陽《登成都樓詩》云：「芳茶冠六情，溢味播九區。」

他處未見称者。唐茶品雖多，亦以蜀茶為重。然惟湖州紫筍人貢，每歲以清明日貢到，先薦宗廟，然後分賜近臣。紫筍生顧渚，在湖、常二境之間。嘗採茶時，兩郡守畢至，最為盛會。杜牧詩所謂：「溪盡停蠻棹，旗張卓翠苔，柳村穿窈窕，松澗渡喧豗。」劉禹錫：「何處人間似仙境，春山攜妓採茶時。」皆以此。建茶絕亡貴者，僅得掛一名尔。至江南李氏時漸見貴。始有團圈之製，而造作之精，經丁晉公始大備。自建茶出，天下所產皆不復可數。今出處壑源、沙溪，土地相去丈尺之間，品味已不同，謂之外焙，況他處乎？則知雖草木之微，其顯晦亦自有時。然唐自常袞以前，閩中有未讀書者，自袞教之，而歐陽詹之徒始出，而終唐世亦不甚盛。今閩中舉子常數倍天下，而朝廷將相公卿，每居十四五，人物尚尔，況草木微物也。顧渚湧金泉，每造茶時，太守先祭拜，然後水漸出，造貢茶畢，水稍減，至貢堂茶畢，已減半，太守茶畢，遂涸。蓋常時無水也。或聞今龍焙泉亦然。」苕溪漁隱曰：『北苑，官焙也，漕司歲以入貢茶為上，壑源，私焙也，土人亦入貢茶為次。二焙相去三四里間。若沙溪，外焙也，與二焙相去絕遠，自隔一溪，茶為下。山谷詩云：「莫遣沙溪來亂真。」正謂此也。官焙造茶，常在驚蟄後一二日興工采摘，是時茶芽已皆一槍，蓋閩中地暖如此。舊讀歐公詩有喊山之説，亦傳聞之訛耳。龍焙泉，即御泉也，水之增減亦隨水旱，初無漸出遂涸之異，但泉味極甘，正宜造茶耳。』

又 《東齋記事》云：『蜀中數處產茶，雅州蒙頂最佳，其生最晚，在春夏之交，其地即《書》所謂「蔡蒙旅平」者也。方茶之生，雲霧覆其上，若有神物護持之。』

又 《遁齋閑覽》云：『茶古不著所出，《本草》云：「出益州。」唐以蒙山、顧渚、蘄門者為上品，尚雜以蘇椒之類，故李泌詩云：「旋沫翻成碧玉池，添蘇散出琉璃眼。」遂以碧色為貴。止曰煎茶，不知點試之妙，大率皆草茶也。陸羽《茶經》，統言福、建、泉、韶等十州所出者，其味極佳而已。今建安為天下第一。』

又 苕溪漁隱曰：『《詩》云：「誰謂茶苦。」《爾雅》云：「檟，苦茶。」注：「樹似梔子。今呼早采者為茶，晚采者為茗，一名荈，蜀人名之苦茶。」故東坡《乞茶栽》詩云：「周詩記苦茶，茗飲出近世，初緣厭粱肉，假此雪昏滯。」蓋謂是也。六一居士《嘗新茶詩》云：「泉甘器潔天色好，坐中揀擇客亦佳。」東坡守維揚，於石塔寺試茶，詩云：「禪窗麗午景，蜀井出冰雪，坐客皆可人，鼎器手自潔。」正謂諺云「三不點」也。』

又 《西清詩話》云：『葉濤詩極不工，而喜賦詠，嘗有《試茶詩》云：碾成天上龍兼鳳，煮出人間蟹与蝦。好事者戲云：此非試茶，乃碾玉匠人嘗南食也。』

唐子西《鬭茶記》云：『唐相李衛公好飲惠山泉，置驛傳送，不遠數千里。而近世歐陽少師作《龍茶録序》，稱嘉祐七年，親享明堂，致齋之夕，始以小團分賜二府，人給一餅，不敢碾試，至今藏之，時熙寧元年也。吾聞茶不問團銙，要之貴新；水不問江井，要之貴活。千里致水，真偽固不可知，就令識真，已非活水。自嘉祐七年壬寅至熙寧元年戊申，首尾七年，更閱三朝，而賜茶猶在，此豈復有茶味哉？』苕溪漁隱曰：『壬午之春，余赴官閩中漕幕，遂得至北苑觀造貢茶，其最精即水芽，細如針，用御泉水研造，社前已嘗，貢餘每片計工直四萬錢，分試其色如乳，平生未嘗曾啜此好茶，亦未嘗嘗茶如此之蚤也。』

苕溪漁隱曰：『魯直諸茶詞，余謂《品令》一詞最佳，能道人所不能言，尤在結尾三四句，詞云：鳳舞團團餅，恨分破教孤令，金渠體淨，隻輪慢碾，玉塵光瑩。湯響松風，早減二分酒病，味濃香永，醉鄉路，成佳境。恰如燈下故人，萬里歸來對影，口不能言，心下快活自省。』

宋 胡仔《苕溪漁隱叢話·後集》卷一一《玉川子》 苕溪漁隱曰：『東坡《汲江水煎茶詩》云：「活水還須活水烹，自臨釣石取深清，大瓢貯月歸春甕，小杓分江入夜瓶。」此詩奇甚，道盡烹茶之要；且茶非活水則不能發其鮮馥，東坡深知此理矣。余頃在富沙，常汲溪水烹茶，色香味俱成三絕，又況其地產茶，為天下第一，宜其水異於他處，用以烹茶，水功倍之。至於浣衣，尤更潔白，則水之輕清，益可知矣。近城山間有陸羽井，水亦清甘，實好事者為名之。羽著《茶經》，言建州茶未詳，則知羽不會至富沙也。』

又 苕溪漁隱曰：『東坡詩：「春濃睡足午窗明，想見新茶如潑乳。」又云：「新火發茶乳。」此論皆得茶之正色矣。至《贈謙師點茶》

則云：「忽驚午盞兔毫斑，打作春甕鵝兒酒。」蓋用老杜詩「鵝兒黃似酒」，「對酒愛鵝兒」，若是，則其色黃，烏得為佳茗矣。今《東坡前集》不載此詩，想自知其非，故刪去之。』

又 卷二八《東坡三》 東坡云：『爛蒸同州羔，灌以杏酪，食之以匕不以筯；南都撥心麪，作槐芽溫淘，糝以襄邑抹豬，炊共城香稻，薦以蒸子鵝，吳興庖人所斫松江鱸膾；繼以廬山康王谷水，烹曾坑鬭品茶；少焉，解衣仰卧，使人誦東坡《赤壁前後賦》，亦足以一笑也。』

苕溪漁隱曰：『東坡於飲食，作詩賦以寫之，往往皆臻其妙，如《老饕賦》、《豆粥詩》是也』。

宋 袁文《甕牖閑評》卷六 劉夢得茶詩云：自傍芳叢摘鷹觜，斯須炒成滿室香。以此知唐人未善啜茶也。使其見本朝蔡君謨、丁謂之製作之妙如此，則是詩當不作矣。夫旋摘之茶必香，其香當倍于常茶，非龍麝之比也。古人入茶有用龍麝者，其壞茶為不少，茶有自然之香，其何假于龍麝乎。黃太史诗云：要及新香碾一杯，不應傳寶到雲來。是知茶之新者，其香尤可愛也。

劉夢得茶诗云：山僧後簷茶數叢，春來映竹抽新茸。宛然為客振衣起，自傍芳叢摘鷹觜。斯須炒成滿室香，便酌砌下金沙水。驟雨松聲入鼎來，白雲滿盌花徘徊。此乃詠煮茶也。北人皆如此，迨今猶然。香巒類稿云：觀此詩，自摘至煎，則便飲之，初無焙造碾羅之事。雖曰茶芽，不知爭得入口。豈亦如藥之㕮咀。去其滓而飲之乎？香巒蓋南人，未知煮茶耳。

白樂天茶诗云：渴嘗一盞緑昌明。昌明乃地名，在綿州，人便謂昌明茶緑，非也。此正與黃金碾畔緑塵飛之句相似，蓋是時未知所以造茶，制作不精，故茶之色猶緑，而好事者録其茶之妙，亦未以白色為貴，其詩故如此。使樂天見今日之茶之美，而肯為是語耶！

自唐至宋，以茶為寶有一片值數十千者，金可得，茶不可得也，其貴如此。而前古止謂之苦荼，以此知當時全未知飲啜之事。蘇東坡詩所謂：茗飲出近世者，不可謂無所本也。

余生漢東，最喜啜畾茶，閒時常過一二北人，知余喜啜此，則往往煮以相餉，未嘗不欣然也。其法以茶芽盞許，入少脂麻，沙盆中爛研，量水多少煮之。其味極甘腴可愛。蘇東坡詩云：柘羅銅碾棄不用，脂麻白土須盆研者是矣。而東坡詩又云：前人初用茗飲時，煮之無問葉與骨。茶録中亦載茶古不聞食，晉以降，吳人採葉煮之，號茗粥。則知畾茶者自晉蓋有之矣，非復今之人始食也。東坡詩又云：食罷茶甌未要深。後人便謂食罷未可啜茶，引東坡此詩以為證，而不知東坡且欲睡耳，故其詩下句云『春風一榻值千金也。』

明 高濂《遵生八箋・飲饌服食箋》卷上《論茶品》 煎茶四要

一擇水

二洗茶

三候湯

四擇品

凡瓶，要小者，易候湯，又點茶注湯相應。若瓶大，啜存停久，味過則不佳矣。茶銚、茶瓶，磁砂為上，銅錫次之。磁壺注茶，砂銚煮水為上。《清異録》云：富貴湯，當以銀銚煮湯佳甚，銅銚煮水、錫壺注茶，次之。

茶盞惟宣窯壇盞為最，質厚白瑩，樣式古雅有等。宣窯印花白甌，式樣得中，而瑩然如玉；次則嘉窯心內茶字小盞為美。欲試茶色黃白，豈容青花亂之。注酒亦然，惟純白色器皿為最上乘品，餘皆不取。

試茶三要

一滌器

茶瓶、茶盞、茶匙生鉎音星，致損茶味，必須先時洗潔則美。

二熁盞

凡點茶，先須熁盞令熱，則茶面聚乳，冷則茶色不浮。

三擇果

茶有真香，有佳味，有正色，烹點之際，不宜以珍果香草雜之。奪其香者，松子，柑橙、蓮心、木瓜、梅花、茉莉、薔薇、木樨之類是也。奪其味者，牛乳、番桃、荔枝、圓眼、枇杷之類是也。奪其色者，柿餅、膠棗、火桃、楊梅、橙橘之類是也。凡飲佳茶，去果方覺清絕，雜之則無辯矣。若欲用之所宜，核桃、榛子、瓜仁、杏仁、欖仁、栗子、雞頭、銀杏之類，或可用也。

明 陳師《茶考》《茶書》

世傳烹茶有一橫一豎，而細嫩於湯中者，謂之旗槍茶。《麈史》謂之始生而嫩者為一槍，浸大而展為一旗，過此則不堪矣。葉清臣著《茶述》曰『粉槍末旗』，蓋以初生如針而有白毫，故曰粉槍，後大則如旗矣。此與世傳之說不同。亦如《麈史》之意，皆在取列也，不知歐陽公《新茶》詩曰『鄙哉穀雨槍與旗』，王荊公又曰『新茗齋中試一旗』，則似不取也。或者二公以雀舌為旗槍耳，不知雀舌乃茶之下品，今人認作旗槍，非是。故沈存中詩云：『誰把嫩香名雀舌，定應北客未曾嘗。不知靈草天然異，一夜春風一寸長。』或二公又有別論。又觀東坡詩云：『揀芽分雀舌，賜茗出龍團。』終未若前詩評品之當也。

予性喜飲酒，而不能多，不過五七行，性終便嗜茶，隨地咀其味。且有知予而見貽者，大較天池為上，性香軟而色青可愛，與龍井亦不相下。雅州蒙茶不可易致矣。若東甌之雁山次之，赤城之大磐次之。毘陵之羅岕又次之，味雖可而葉粗，非萌芽倫也。宣城陽坡茶，杜牧稱為佳品，恐不能出天池、龍井之右。古睦茶葉粗而味苦，閩茶香細而性硬。蓋茶隨處有之，擅名即魁也。

烹茶之法，唯蘇吳得之。以佳茗入磁瓶火煎，酌量火候，以數沸蠏眼為節，如淡金黃色，香味清馥，過此而色赤，不佳矣。故前人詩云：『採時須是雨前品，煎處當來肘後方。』古人重煎法如此。若貯茶之法，收時用淨布鋪薰籠內，置茗於布上，覆籠蓋，以微火焙之，火烈則燥。俟極乾，晾冷，以新磁罐，又以新箬葉剪寸半許，雜茶葉實其中，封固。五月、八月濕潤時，仍如前法烘焙一次，則香色永不變。然此須清齋自料理，非不解事蒼頭婢子可塞責也。

杭俗，烹茶用細茗置茶甌，以沸湯點之，名為『撮泡』。北客多哂之，予亦不滿。一則味不盡出，一則泡一次而不用，亦費而可惜，殊失古人蟹眼鷓鴣斑之意。況雜以他菓，亦有不相入者，味平淡者差可，如燻梅、鹹筍、醃桂、櫻桃之類，尤不相宜。蓋鹹能入腎，引茶入腎經，消腎，此本草所載，又豈獨失茶真味哉？予每至山寺，有解事僧烹茶如吳中，置磁壺二小甌於案，全不用菓奉客，隨意啜之，可謂知味而雅緻者矣。

明 馮可賓《岕茶箋》《廣百川學海·癸集》

序岕名

環長興境，產茶者曰羅嶰，曰白巖，曰烏瞻，曰青東，曰顧渚，曰篠浦，不可指數，獨羅嶰最勝。環嶰境十里而遙，為嶰者亦不可指數。嶰而曰岕，兩山之介也；羅氏居之，在小秦王廟後，所以稱廟後羅岕也。洞山之岕，南面陽光，朝旭夕暉，雲滃霧浡，所以味迥別也。

論採茶

雨前則精神未足，夏後則梗葉大粗，然茶以細嫩為妙，須當交夏時，看風日晴和，月露初收，親自監採入籃。如烈日之下，又防籃內鬱蒸，須傘蓋至舍，速傾淨匾薄攤，細揀枯枝、病葉、蛸絲、青牛之類，一一剔去，方為精潔也。

論蒸茶

蒸茶須看葉之老嫩，定蒸之遲速。以皮梗碎而色帶赤為度，若太熟則失鮮。其鍋內湯須頻換新水，蓋熟湯能奪茶味也。

論焙茶

茶焙每年一修，修時雜以濕土，便有土氣。先將乾柴隔宿薰燒，令焙內外乾透，先用粗茶入焙，次日，然後以上品焙之。焙上之簾，又不可用新竹，恐惹竹氣。又須勻攤，不可厚薄。如焙中用炭，有煙者急剔去。又宜輕搖大扇，使火氣旋轉。竹簾上下更換，若火太烈，恐糊焦氣；太緩，色澤不佳；不易簾，又恐乾濕不勻。須要看到茶葉梗骨處俱已乾透，方可並作一簾或兩簾，置在焙中最高處。過一夜，仍將焙中炭火留數莖於灰燼中，微烘之，至明早可收藏矣。

論藏茶

新淨磁罈，周迴用乾箬葉密砌，將茶漸漸裝進搖實，不可用手指。上覆乾箬數層，又以火炙乾炭鋪罈口紮固；又以火煉候冷新方磚壓罈口上。如潮濕，宜藏高樓，炎熱則置涼處。陰雨不宜開罈。近有以夾口錫器貯茶者，更燥更密。蓋磁罈，猶有微罅透風，不如錫者堅固也。

辨真贋

茶雖均出於岕，有如蘭花香而味甘，過霉歷秋，開罈烹之，其香愈烈，味若新，沃以湯，色尚白者，真洞山也。若他嶰，初時亦有香味，至秋香氣索然，便覺與真品相去天壤。又一種有香而味澀者，又一種色淡

黃而微香者，又一種色青而毫無香味者，又一種極細嫩而香濁味苦者，皆非道地。品茶者辨色聞香，更時察味，百不失一矣。

論烹茶

先以上品泉水滌烹器，務鮮務潔；次以熱水滌茶葉，水不可太滾，滾則一滌無餘味矣。以竹箸夾茶於滌器中，反復滌蕩，去塵土、黃葉、老梗淨，以手搦乾置滌器內蓋定。少刻開視，色青香烈，急取沸水潑之。夏則先貯水而後入茶，冬則先貯茶而後入水。

品泉水

錫山惠泉、武林虎跑泉上矣；顧渚金沙泉、德清半月泉、長興光竹潭皆可。

論茶具

茶壺，窯器為上，錫次之。茶杯，汝、官、哥、定如未可多得，則適意者為佳耳。

或問茶壺畢竟宜大宜小，茶壺以小為貴。每一客，壺一把，任其自斟自飲，方為得趣。何也？壺小則香不渙散，味不耽閣；況茶中香味，不先不後，只有一時。太早則未足，太遲則已過，的見得恰好，一瀉而盡。化而裁之，存乎其人，施於他茶，亦無不可。

茶宜

無事　佳客　幽坐　吟詠　揮翰　倘佯

睡起　宿酲　清供　精舍　會心　賞鑒

文僮

茶忌

不如法　惡具　主客不韻　冠裳苛禮

葷肴雜陳　忙冗　壁間案頭多惡趣

明　鄧志謨《茶酒爭奇》卷一　自春夏以至秋冬，何時不用茶用酒？自朝廷以及閭巷，何人不用茶用酒？試言其日用飲食之常，民間往來之禮：或冠而三加，或婚而合卺，或弄璋而為湯餅會，開筵呼客；或即景賦詩，或坐上姻朋，賽有華裾織翠；或門前車馬，時來結駟高軒；追賞惠連，壓倒元白，何事而不用茶用酒？如所云用之以時者，玉律元旦傳佳節，綵勝七日倍風光。九陌元宵聯燈影，改火寒食待清明。燧火開新焰清明，傾都潑禊辰上巳。舡登先後渡端午，萬鏤慶停梭七夕。照耀超諸夜，漢武賜茱囊重陽。刺繡五紋添弱線冬至，四氣除夜推遷往復還，何節而不用茶用酒？

清　袁枚《隨園詩話》卷四　湖南張少廷尉名璨，字豈石，紫髯偉貌，議論風生，能赤手捕盜。與魯觀察亮儕，俱權奇自喜。題所居云：『南軒北牖又東扉，取次園林待我歸。當路莫栽荊棘草，他年免掛子孫衣。』言可風世。又《戲題》云：『書畫琴棋詩酒花，當年件件不離他。而今七事都更變，柴米油鹽醬醋茶。』殊解頤也。又謂人云：『見鬼莫怕，但與之打。』人問：『打敗奈何？』曰：『我打敗，才同他一樣。』

又卷一三　蘇州老紅豆惠周迪先生有句云：『花浮小盞三投酒，乳撥深爐七品茶。』人疑『七品』當是『七椀』之誤。余曰：非也。金人、七品官，才許飲茶，事見《金史》。惟『三投酒』未詳所出，或是『三辰酒』之訛。先生有《香城驛》一絕云：『緩田乘雨破春耕，落日柴車帶犢行。繞屋馬通高一尺，地名還自號香城。』

清　黃遵憲《日本國志》卷三五《禮俗志二》　稻飯　自古貴稻逾他穀，蓋日本於稻最宜，故有千五百秋瑞穗國之名。全國皆食稻飯，用瓦釜以米和水煮之，無用蒸飯者。然古時亦嘗作蒸飯，故釜額上有三橫畫者，俗謂之飯釜，以存甑形也。以箄著甑底，入米安釜上，候畧熟，沃水再蒸，謂之炊飯。《毛詩》所謂『餴』，《說文》所謂『饙』，均謂一蒸米，日本不用此法。食飯每以湯澆飯，或以茶淘飯，古謂之《玉篇》曰：『水和飯也。』《釋名》曰：『飧，散也，投水於中解散也。』李時珍曰：『飧，水飯也。』飯後必進湯，謂之飯湯。再蒸宿飯為溫飯。貧家於晨餐，一熟後，至日中、日晡取而再煮，或以湯沃而食之，亦有食冷飯者。以羹澆飯曰『饡』，又名汁加結飯。以魚肉襍味調和混於飯面，曰盤遊飯，亦曰團油飯，亦曰骨董飯，亦曰肉盒飯。日本音曰個麼苦多喜。以鰻魚和之，不用魚肉襍味，以荷葉包飯蒸之，名曰『荷飯』，中元以供祖先。用赤豆、芋、栗等和稻煮之為合飯團，以充旅食者曰『摶飯』，又，造飯團用脫印，為正方角，曰『角飯』，名曰『幾利飯』。奈良人作茶飯，取蒸米一升置沸湯裏，勿令過熟，出着新籮內，俗呼為『奈良茶飯。』

又　宏仁中得茶于唐，詔令畿內及諸州植茶，其時煎茶而飲，和鹽

用薑，一同唐人。其後僧榮西歸自宋，植於筑前背振山，將軍源實朝有疾，榮西獻茶及《喫茶養生記》，將軍飲之而愈。榮西又贈茶實於釋明惠，明惠種於栂尾山後，分種之宇治，至今宇治實稱茶海。自足利義政始尚點茶，於是茗宴盛行。詳《游讌》類中。人無貴賤，無不嗜茶，邇年種植益盛，每歲西人購買值銀約四百餘萬圓。

綜述

唐 温庭筠《采茶録》

辨

李約，字存博，汧公子也。一生不近粉黛，雅度簡遠，有山林之致。性辨茶，能自煎，嘗謂人曰：『茶須緩火炙，活火煎，活火謂炭之有焰者。當使湯無妄沸，庶可養茶。始則魚目散布，微微有聲；中則四邊泉湧，纍纍連珠；終則騰波鼓浪，水氣全消，謂之老湯。三沸之法，非活火不能成也。』客至不限甌數，竟日爇火，執持茶器弗倦。曾奉使行至陝州硤石縣東，愛其渠水清流，旬日忘發。

嗜

甫里先生陸龜蒙，嗜茶荈。置小園於顧渚山下，歲入茶租，薄為甌蟻之費。自為《品第書》一篇，繼《茶經》、《茶訣》之後。

易

白樂天方齋，禹錫正病酒，禹錫乃饋菊苗、虀、蘆菔、鮓，換取樂天六班茶二囊，以自醒酒。

宋 朱彧《萍洲可談》卷一 茶見於唐時，味苦而轉甘，晚採者為茗。今世俗客至則啜茶，去則啜湯。湯取藥材甘香者屑之，或溫或涼，未有不用甘草者，此俗遍天下。先公使遼，遼人相見，其俗先點湯，後點茶。至飲會亦先水飲，然後品味以進。

宋 王觀國《學林》卷八《茶詩》 茶之佳品，摘造在社前。其次則火前，謂寒食前也。其下則雨前，謂穀雨前也。茶之佳品，其色白。若碧綠色者，乃常品也。茶之佳品，芽蘖微細，不可多得。若取數多者，皆常品也。茶之佳品，皆點啜之。其煎啜之者，皆常品也。齊己茶詩曰：『甘傳天下口，貴占火前名。』又曰：『高人愛惜藏巖裏，白硾封題寄火前。』丁謂茶詩曰：『開緘試火前，須汲遠山泉。』凡此言火前，蓋未知社前之品為佳也。鄭谷嘗茶詩曰：『人坐半甌輕泛綠，開緘數片淺含黃。』鄭雲叟茶詩曰：『羅憂碧粉散，嘗見綠花生。』沈存中論茶，謂『黃金碾畔綠塵飛，碧玉甌中翠濤起。』宜改綠為玉，改翠為素。此論可也。而舉『一夜風吹一寸長』之句。以為茶之精華發越，不必以雀舌鳥觜為貴。今按茶至於一寸長，則其芽蘖大矣，非佳品也。存中以此論曲矣。盧仝茶歌曰：『開緘宛見諫議面，手閱月團三百片。』薛能《謝劉相公寄茶》詩曰：『兩串春團敵夜光，名題天柱印維揚。』茶之佳品，珍踰金玉，未易多得。而以三百片惠盧仝，以兩串寄薛能者，皆下品可知也。齊己茶詩曰：『角開香滿室，罏動綠凝鐺。』丁謂茶詩曰：『末細烹還好，鐺新味更全。』此皆煎茶啜之也。煎茶啜之者，非佳品矣。唐人於茶，雖有陸羽為之說，而持論未精。至本朝蔡君謨《茶録》，則持論精矣。以《茶録》而覈前賢之詩，皆未有知佳味者也。

宋 林洪《山家清供》卷上《茶供》 茶即藥也，煎服則去滯而化食。以湯點之，則反滯膈而損脾胃。蓋市利者多取他葉，雜以為末。人多怠於煎服，宜有害也。今法采芽，或用碎擘，以活水煎之，飲後必少頃乃服。坡公詩云，活水須將活火烹。又云，飯後茶甌未要深。此煎之法也。陸羽亦以江水為上，山與井俱次之。今世不惟不擇水，且入鹽及茶果，殊失正味。不知唯蔥去昏，梅去倦，如不錯不倦，亦何必用。古之嗜茶者。無如玉川子，未聞煎喫。如以湯點，則安能及七碗乎。山谷詞云：『湯響松風，早減了七分酒病。』倘知此味，口不能言，心下快活，自省之禪遠矣。

宋 吴自牧《夢粱録》卷一六《葷鋪》 杭州内外户口浩繁，州府廣闊，遇坊巷橋門及隱僻去處，俱有鋪席買賣，蓋人家每日不可缺者：柴、米、油、鹽、醬、醋、茶。或稍豐厚者，下飯羹湯尤不可無，雖貧下之人亦不可免。

宋 李石《續博物志》卷五 南人好飲茶，孫皓以茶與韋昭代酒，謝安詣陸納，設茶果而已。北人初不識，開元中，泰山靈巖寺有降魔師教禪者以不寐人多作茶飲，因以成俗。

又　楚人陸鴻漸為茶論，並煎炙之法，造茶具二十四事，以都統籠貯之。常伯熊者，因廣鴻漸之法，伯熊飲茶過度，遂患風氣，或云北人未有茶，多黃病，後飲，病多腰疾偏死。

明 田藝蘅《煮泉小品·宜茶》《茶書》　茶自浙以北皆較勝，惟閩、廣以南，不惟水不可輕飲，而茶亦當慎之。昔鴻漸未詳嶺南諸茶，仍云『往往得之，其味極佳。』余見其地多瘴癘之氣，染著草木，北人食之，多致成疾，故謂人當慎之。要須採摘得宜，待其日出，山霽露收嵐淨可也。茶之團者、片者，皆出於碾磑之末，既損真味，復加油垢，即非佳品，總不若今之芽茶也，蓋天然者自勝耳。曾茶山《日鑄茶》詩：『寶銙自不乏，山芽安可無。』蘇子瞻《壑源試焙新茶》詩：『要知玉雪心腸好，不是膏油首面新。』是也。且末茶瀹之有屑，滯而不爽，知味者當自辨之。

芽茶以火作者為次，生曬者為上，亦更近自然，且斷煙火氣耳。況作人手器不潔，火候失宜，皆能損其香色也。生曬茶，瀹之甌中，則旗鎗舒暢，清翠鮮明，尤為可愛。

唐人煎茶多用薑鹽，故鴻漸云：『初沸水，合量調之以鹽味薛能詩：『鹽損添常戒，薑宜著更誇。』蘇子瞻以為茶之中等，用薑煎信佳，鹽則不可。余則以為二物皆水厄也。若山居飲水，少下二物以減嵐氣或可耳。而有茶，則此固無須也。

今人薦茶，類下茶果，此尤近俗。縱是佳者，能損真味，亦宜去之。且下果則必用匙，若金銀，大非山居之器，而銅又生腥，皆不可也。若舊稱北人和以酥酪，蜀人入以白鹽，此皆蠻飲，固不足責耳。

人有以梅花、菊花、茉莉花薦茶者，雖風韻可賞，亦損茶味，如有佳茶，亦無事此。

有水有茶，不可無火。非無火也，有所宜也。李約云：『茶須緩火炙，活火煎』，活火，謂炭火之有焰者。蘇軾詩：『活火仍須活水烹』是也。余則以為山中不常得炭，且死火耳，不若枯松枝為妙。若寒月，多拾松實，畜為煮茶之具，更雅。

人但知湯候，而不知火候。火然則水乾，是試火先於試水也。《呂氏春秋》：伊尹說湯。『五味九沸』；九變火為之紀。

湯嫩則茶味不出，過沸則水老而茶乏，惟有花而無衣，乃得點瀹之候耳。

唐人以對花啜茶為殺風景，故王介甫詩：『金谷千花莫漫煎』，其意在花，非在茶也。余則以為金谷花前，信不宜矣。若把一甌，對山花啜之，當更助風景，又何必羔兒酒也。

煮茶得宜，而飲非其人，猶汲乳泉以灌蒿蕕，罪莫大焉。飲之者一吸而盡，不暇辨味，俗莫甚焉。

明 張萱《疑耀》卷六《茶》　古人冬則飲湯，夏則飲水，未有茶也。李文正《資暇録》謂：茶始於唐崔寧，黃伯思已辨其非。伯思嘗見北齊楊子華作邢子才，魏收勘書圖，已有煎茶者。《南磵紀譚》謂飲茶始於梁天監中事，見《洛陽伽藍記》。及閱《吳紀·韋曜傳》賜茶荈以當酒，則茶又非始於梁矣。余謂飲茶亦非始於吳也。《爾雅》曰：『檟，苦茶』，郭璞註：可以為羹飲，早采為茶，晚采為茗，一名荈，則吳之前亦以茶作飲矣。第未必如後世之日用不離也，蓋自陸羽出，茶之法始講。自呂惠卿、蔡君謨輩出，茶之法始精，而茶之利國家且藉之矣。此古人所不及詳者也。

明 顧起元《說略》卷二五《食憲》　古人以飲茶始於三國時。《吳志·韋昭傳》：『孫皓每飲羣臣，酒率以七升為限。昭飲不過二升，或為裁減，或密賜茶茗以當酒。』據此為飲茶之證。按《趙飛燕別傳》『成帝崩後，后一夕寢中驚啼甚久，侍者呼問方覺。乃言曰：「吾夢中見帝，帝賜吾坐，命進茶。左右奏帝云：向者侍帝不謹，不合啜此茶」。』云云。然則西漢時，已嘗有啜茶之説矣。

清 黃履道《茶苑》卷一三《茗飲》　飲茶之始　飲茶或云始於梁天監中，事見《洛陽伽藍記》，非也。按《吳志·韋曜傳》，孫皓每宴饗，無不竟日，在席無論能否，率以飲酒七升為限，雖不悉入口，皆澆灌取盡。曜素飲不過二升，初見禮異，或為裁減，或賜茶荈以當酒。如此言則三國時已知飲茶，但未能如後世之盛耳。逮唐中世，榷利遂與煮酒相抗，迄今國計賴此為多。《南窗紀談》

又　《雲谷雜記》云：飲茶不知起於何時，歐陽公《集古録》跋：茶之見於前史者，蓋自漢魏已來有之。余按：《晏子春秋》嬰相齊景公時，食脫粟之飯，炙三戈五卵茗菜而已。又漢王褒僮約有『武陽買

茶』之語，則魏晉之前，已有之矣。但當時雖知飲茶，未若後世之盛耳。郭璞註《爾雅》云：樹似梔子，冬生葉可煮作羹飲，然茶至冬味苦，豈復可作羹飲耶？飲之令人少睡，張華得之，以為異聞，遂載之。《博物志》：當時非但飲茶者鮮，而識茶者亦鮮，至唐陸羽著《茶經》三卷，言茶事甚備，天下益知飲茶。其後尚茶成風，回紇入朝，始驅馬市茶。德宗建中間，趙贊始興茶稅。興元初雖詔罷。貞元九年，張滂復奏請，歲得緡錢四十萬，今乃與鹽鐵同佐國用，所入不知幾倍於唐矣。

清 陸廷燦《續茶經》卷上《一之源》 《天中記》：凡種茶樹，必下子，移植則不復生，故俗聘婦，必以茶為禮，義固有所取也。

又 野航道人朱存理云：飲之用，必先茶，而茶不見於《禹貢》，蓋全民用而不為利。後世榷茶，立為制，非古聖意也。陸鴻漸著《茶經》，蔡君謨著《茶録》，孟諫議寄盧玉川三百月團，後侈至龍鳳之飾，責當備於君謨；然清逸高遠，上通王公，下逮林野，亦雅道也。

紀事

唐 陸羽《茶經》卷下《七之事》 《神農食經》：『茶茗久服，令人有力、悅志。』

周公《爾雅》：『檟，苦茶。』《廣雅》云：『荊、巴間採葉作餅，葉老者，餅成，以米膏出之。欲煮茗飲，先炙令赤色，搗末置瓷器中，以湯澆覆之，用葱、薑、橘子芼之。其飲醒酒，令人不眠。』

《晏子春秋》：嬰相齊景公時，食脫粟之飯，炙三弋、五卵，茗菜而已。

司馬相如《凡將篇》：烏喙、桔梗、芫華、款冬、貝母、木蘗、蔞、芩草、芍藥、桂、漏蘆、蜚廉、雚菌、荈詫、白斂、白芷、菖蒲、芒硝、莞椒、茱萸。

《方言》：蜀西南人謂茶曰蔎。

《吳志·韋曜傳》：孫皓每饗宴，坐席無不率以七升為限，雖不盡入口，皆澆灌取盡。曜飲酒不過二升。皓初禮異，密賜茶荈以代酒。

《晉中興書》：陸納為吳興太守時，衛將軍謝安常欲詣納。《晉書》云：納為吏部尚書。納兄子俶怪納無所備，不敢問之，乃私蓄十數人饌。安既至，所設唯茶果而已。俶遂陳盛饌，珍羞必具。及安去，納杖俶四十，云：汝既不能光益叔父，奈何穢吾素業？

《晉書》：桓溫為揚州牧，性儉，每宴飲，惟下七奠拌茶果而已。

《搜神記》：夏侯愷因疾死。宗人字苟奴察見鬼神。見愷來收馬，並病其妻。著平上幘，單衣，入坐生時西壁大床，就人覓茶飲。

劉琨《與兄子南兗州刺史演書》云：前得安州乾薑一斤，桂一斤，黃芩一斤，皆所須也。吾體中潰悶，常仰真茶，汝可置之。

傅咸《司隸教》曰：聞南方有以困，蜀嫗作茶粥賣，為廉事打破其器具，後又賣餅於市。而禁茶粥以困蜀姥，何哉？

《神異記》：餘姚人虞洪入山採茗，遇一道士，牽三青牛，引洪至瀑布山曰：『吾，丹丘子也。聞子善具飲，常思見惠。山中有大茗可以相給。祈子他日有甌犧之餘，乞相遺也。』因立奠祀，後常令家人入山，獲大茗焉。

左思《嬌女詩》：吾家有嬌女，皎皎頗白晳。小字為紈素，口齒自清歷。有姊字惠芳，眉目粲如畫。馳鶩翔園林，果下皆生摘。貪華風雨中，倏忽數百適。心為茶荈劇，吹噓對鼎鑠。

張孟陽《登成都樓》詩云：借問揚子舍，想見長卿廬。程卓累千金，驕侈擬五侯。門有連騎客，翠帶腰吳鈎。鼎食隨時進，百和妙且殊。披林採秋橘，臨江釣春魚，黑子過龍醢，果饌踰蟹蝑。芳茶冠六清，溢味播九區。人生苟安樂，茲土聊可娛。

傅巽《七誨》：蒲桃宛柰，齊柿燕栗，峘陽黃梨，巫山朱橘，南中茶子，西極石蜜。

弘君舉《食檄》：寒溫既畢，應下霜華之茗；三爵而終，應下諸蔗、木瓜、元李、楊梅、五味、橄欖、懸豹、葵羹各一杯。

孫楚《歌》：茱萸出芳樹顛，鯉魚出洛水泉。白鹽出河東，美豉出魯淵。薑、桂、茶荈出巴蜀，椒、橘、木蘭出高山。蓼蘇出溝渠，精稗出中田。

《華佗食論》：苦茶久食，益意思。

壺居士《食忌》：苦茶久食，羽化；與韭同食，令人體重。

郭璞《爾雅注》云：樹小似梔子，冬生，葉可煮羹飲。今呼早取為茶，晚取為茗，或一曰荈，蜀人名之苦茶。

《世説》：任瞻，字育長，少時有令名，自過江失志。既下飲，問人云：『此為茶？為茗？』覺人有怪色，乃自分明云：『向問飲為熱為冷。』

《續搜神記》：晉武帝時，宣城人秦精，常入武昌山採茗。遇一毛人，長丈餘，引精至山下，示以叢茗而去。俄而復還，乃探懷中橘以遺精。精怖，負茗而歸。

晉四王起事，惠帝蒙塵還洛陽，黄門以瓦盂盛茶上至尊。

《異苑》：剡縣陳務妻，少與二子寡居，好飲茶茗。以宅中有古冢，每飲輒先祀之。二子患之曰：『古塚何知？徒以勞意。』意欲掘去之。母苦禁而止。其夜，夢一人云：『吾止此塚三百餘年，卿二子恆欲見毀，賴相保護，又享吾佳茗，雖潛壤朽骨，豈忘翳桑之報。』及曉，於庭中獲錢十萬，似久埋者，但貫新耳。母告二子，慚之，從是禱饋愈甚。

《廣陵耆老傳》：晉元帝時有老姥，每旦獨提一器茗，往市鬻之，市人競買。自旦至夕，其器不減。所得錢散路傍孤貧乞人。人或異之，州法曹縶之獄中。至夜，老姥執所鬻茗器，從獄牖中飛出。

《藝術傳》：燉煌人單道開，不畏寒暑，常服小石子。所服藥有松、桂、蜜之氣，所餘茶蘇而已。

釋道説《續名僧傳》：宋釋法瑤，姓楊氏，河東人。元嘉中過江，遇沈臺真，請真君武康小山寺，年垂懸車，飯所飲茶。永明中，敕吴興禮致上京，年七十九。

宋《江氏家傳》：江統，字應元，遷愍懷太子洗馬，常上疏諫云：『今西園賣醯、麪、藍子、菜、茶之屬，虧敗國體。』

《宋録》：新安王子鸞、豫章王子尚詣曇濟道人於八公山，道人設茶茗。子尚味之曰：『此甘露也，何言茶茗？』

王微《雜詩》：寂寂掩高閣，寥寥空廣廈。待君竟不歸，收領今就檟。

鮑照妹令暉著《香茗賦》。

南齊世祖武皇帝遺詔：我靈座上慎勿以牲為祭，但設餅果、茶飲、乾飯、酒脯而已。

梁劉孝綽《謝晉安王餉米等啟》：傳詔李孟孫宣教旨，垂賜米、酒、瓜、筍、菹、脯、酢、茗八種。氣苾新城，味芳雲松。江潭抽節，邁昌荇之珍；疆埸擢翹，越葺精之美。羞非純束野麏，裛似雪之驢。鮓異陶瓶河鯉，操如瓊之粲。茗同食粲，酢類望柑。免千里宿舂，省三月種聚。小人懷惠，大懿難忘。

陶弘景《雜録》：苦茶輕身換骨，昔丹丘子、黄山君服之。

《後魏録》：瑯琊王肅仕南朝，好茗飲、蓴羹。及還北地，又好羊肉、酪漿。人或問之：『茗何如酪？』肅曰：『茗不堪與酪為奴。』

《桐君録》：西陽、武昌、廬江、晉陵好茗，皆東人作清茗。茗有餑，飲之宜人。凡可飲之物，皆多取其葉。天門冬、拔揳取根，皆益人。又巴東別有真茗茶，煎飲令人不眠。俗中多煮檀葉並大皂李作茶，並冷。又南方有瓜蘆木，亦似茗，至苦澀，取為屑茶飲，亦可通夜不眠。煮鹽人但資此飲，而交、廣最重，客來先設，乃加以香芼輩。

唐 樊綽《蠻書》卷七《雲南管内物産》 茶出銀生城界諸山，散收無采造法。蒙舍蠻以椒、姜、桂和烹而飲之。

宋 洪邁《容齋四筆》卷五《趙德甫金石録》 每飯罷，坐歸來堂，烹茶，指堆積書史，言某事在某書某卷第幾頁第幾行，以中否勝負，為飲茶先後，中則舉杯大笑，或至茶覆懷中，不得飲而起。凡書史百家字不刓缺、本不誤者，輒市之，儲作副本。

宋 陳鵠《耆舊續聞》卷八 東坡云：『唐人煎茶用薑，故薛能詩云：鹽損添常戒，薑宜著更誇。據此，則又有用鹽者矣。近世有用此二物者，必大笑之。然茶之中等者，用薑煎，信佳也。鹽則不可。』東坡之説如此，不知今吴門、毘陵、京口煎點茶用鹽，其來已久，卻不曾有用薑者。風土嗜好，各有不同。

范文正公《茶》詩云：『黄金碾畔綠塵飛，碧玉甌中翠濤起。』蔡君謨謂公曰：『今茶絕品者甚白，翠綠乃下者爾。』欲改為『玉塵飛』、『素濤起』。君謨之説固然。然今自頭綱貢茶之外，次綱者味亦不甚長，不若正焙茶之眞者已，帶徵録為佳。近士夫多重安國茶，以此遺朝貴，而夸茶不為重矣。唐李泌《茶》詩『旋沫翻成碧玉池』，亦以碧色為貴。今諸郡

產茶去處，上品者亦多碧色，又不可以槩論。

明 陳繼儒《岩棲幽事》 三月茶筍初肥，梅花未困；九月蓴鱸正美，秫酒新香。勝客晴窗，出古人法書名畫，焚香評賞，無過此事。門生包鳴甫云：『淳化帖，蒼頡字，尚帶卦體。』此言得字之本。

明 王臨亨《粵劍編》卷二《志土風》 萱葉產自粵西，粵東人遍用之。雜茶烹飲，呼為茶萱。始入口，味苦甚；下嚥，則齒頰間覺微甘。然終非佳品也。

又 無花菓，葉類胡桃，其實可食，亦可用以代茶。

明 萬邦寧《茗史》卷下

密賜茶茗

孫皓每宴席，飲無能否，每率以七升為限，雖不悉入口，澆灌取盡。韋曜飲酒不過二升，初見禮異，密賜茶茗以當酒。至於寵衰，更見逼強，輒以為罪。

獲錢十萬

剡縣陳務妻，少寡，與二子同居。好飲茶，家有古塚，每飲必先祀之。二子欲掘之，母止之。但夢人致感云：『吾雖潛朽壤，豈忘翳桑之報。』及曉，於庭中獲錢十萬，似久埋者，惟貫新耳。

南零水

御史李季卿刺湖州，至維揚，逢陸處士。李素熟陸名，即有傾蓋之雅。因之，赴郡抵揚子驛，將飲，李曰：『陸君善於茶，蓋天下聞名矣，況揚子南零水又殊絕，可命軍士深詣南零取水。』俄而水至，陸曰：『非南零者。』既而傾諸盆，至半，遽曰：『止，是南零矣。』使者大駭曰：『某自南零齎至岸，舟蕩覆半，挹岸水增之，處士神鑒，其敢隱焉。』李與賓從皆大駭愕，李因問歷處之水。陸曰：『楚水第一，晉水最下。』因命筆口授而次第之。

德宗煎茶

唐德宗，好煎茶加酥、椒之類。

清 陸廷燦《續茶經》卷下《七之事》 《洛陽伽藍記》：王肅初入魏，不食羊肉及酪漿等物，常飯鯽魚羹，渴飲茗汁。京師士子道肅一飲一斗，號為漏巵。後數年，高祖見其食羊肉、酪粥甚多，謂肅曰：羊肉何如魚羹，茗飲何如酪漿？肅對曰：羊者，是陸產之最；魚者，乃水族之長，所好不同，並各稱珍。以味言之，甚是優劣。羊比齊魯大邦，魚比邾莒小國，唯茗不中與酪作奴。高祖大笑。彭城王勰謂肅曰：『卿不重齊魯大邦，而愛邾莒小國何也？』肅對曰：鄉曲所美，不得不好。彭城王復謂曰：卿明日顧我，為卿設邾莒之食，亦有酪奴。因此，呼茗飲為『酪奴』。時給事中劉縞，慕肅之風，專習茗飲。彭城王謂縞曰：『卿不慕王侯八珍，而好蒼頭水厄，海上有逐臭之夫，里內有學顰之婦，以卿言之，即是也。』蓋彭城王家有吳奴，故以此言戲之。後梁武帝子西豐侯蕭正德歸降時，元乂欲為設茗，先問卿於水厄多少？正德不曉乂意，答曰：『下官生於水鄉，而立身以來，未遭陽侯之難。』元乂與舉坐之客皆笑焉。

藝文

唐 白居易《白氏長慶集》卷七《食後》 食罷一覺睡，起來兩甌茶。舉頭望日影，已復西南斜。樂人惜日促，憂人厭年賒。無憂無樂者，長短任生涯。

又 卷三七《閑眠》 暖床斜臥日曛腰，一覺閑眠百病銷。盡日一餐茶兩碗，更無所要到明朝。

唐 白居易《白香山詩集》卷三九《招韜光禪師》 白屋炊香飯，葷膻不入家。濾泉澄葛粉，洗手摘藤花。青芥除黃葉，紅薑帶紫芽。命師相伴食，齋罷一甌茶。

唐 儲光羲《儲光羲詩集》卷一《吃茗粥作》 當晝暑氣盛，鳥雀靜不飛。念君高梧陰，復解山中衣。數片遠雲度，曾不蔽炎暉。淹留膳茶粥，共我飯蕨薇。敝廬既不遠，日暮徐徐歸。

唐 盧仝《走筆謝孟諫議寄新茶》（《詩林廣記》卷八） 日高丈五睡正濃，軍將打門驚周公。口云諫議送書信，白絹斜封三道印。開緘宛見諫議面，手閱月團三百片。聞道新年入山裏，蟄蟲驚動春風起。天子須嘗陽羨茶，百草不敢先開花。仁風暗結珠蓓蕾，先春抽出黃金芽。摘鮮焙芳旋封裹，至精至好且不奢。至尊之餘合王公，何事便到山人家。柴門反關無俗客，

紗帽籠頭自煎喫。碧雲引風吹不斷，白花浮光凝碗面。一椀喉吻潤，兩椀破孤悶。三椀搜枯腸，唯有文字五千卷。四椀發輕汗，平生不平事，盡向毛孔散。五椀肌骨清，六椀通仙靈。七椀喫不得也，唯覺兩腋習習清風生。蓬萊山，在何處。玉川子，乘此清風欲歸去。山上羣仙司下土，地位清高隔風雨。安得知百萬億蒼生命，墮在巔崖受辛苦。便為諫議問蒼生，到頭還得蘇息否。

宋 歐陽修《文忠集》卷七《嘗新茶呈聖俞》 建安三千里，京師三月嘗新茶。人情好先務取勝，百物貴早相矜誇。年窮臘盡春欲動，蟄雷未起驅龍蛇。夜聞擊鼓滿山谷，千人助叫聲喊呀。萬木寒癡睡不醒，惟有此樹先萌芽。乃知此為最靈物，宜其獨得天地之英華。終朝採摘不盈掬，通犀銙小圓復窊。鄙哉穀雨槍與旗，多不足貴如刈麻。建安太守急寄我，香蒻包裹封題斜。泉甘器潔天色好，坐中揀擇客亦嘉。新香嫩色如始造，不似來遠從天涯。停匙側盞試水路，拭目向空看乳花。可憐俗夫把金錠，猛火炙背如蝦蟆。由來真物有真賞，坐逢詩老頻諮嗟。須臾共起索酒飲，何異奏雅終淫哇。

宋 沈括《夢溪筆談》卷二四《雜志一·嘗茶》 誰把嫩香名雀舌，定來北客來曾嘗。不知靈草天然異，一夜風吹一寸長。

宋 劉摯《忠肅集》卷五《煎茶》 飯後開都籃，旋烹今歲茶。雙龍碾圓餅，一槍磨新芽。石鼎沸蟹眼，玉甌浮乳花。詩思一坐爽，睡魔千里遐。茂陵病解渴，頓覺肺氣嘉。玉川風腋興，直欲淩煙霞。論功著為經，宜得鴻漸誇。豪粱曲糵士，此物無與賒。

又《石生煎茶》 石生蘭溪來，手提溪泉瓶。謂言長官政，如此泉水清。歡然展北焙，小鼎親煎烹。一杯酌官壽，雲腴浮乳英。慚非百壺餞，真意不自輕。澗沼蘋藻細，王公享其誠。冠蓋豈不至，紛紛空涕橫。珍重石子者，端有古人情。

宋 蘇軾《蘇軾集》卷二〇《到官病倦未嘗會客毛正仲惠茶乃以端午小集石塔戲作一詩爲謝》 我生亦何須，一飽萬想滅。胡為設方丈，養此膚寸舌。爾來又衰病，過午食輒噎。繆為淮海帥，每愧廚傳缺。爨無欲清人，奉使免內熱。空煩赤泥印，遠致紫玉玦。為君伐羔豚，歌舞菰黍節。禪窗麗午景，蜀井出冰雪。坐客皆可人，鼎器手自潔。金釵候湯眼，魚蟹亦應訣。遂令色香味，一日備三絕。報君不虛授，知我非輕啜。

宋 蘇轍《欒城集》卷四《和子瞻煎茶》 年來病懶百不堪，未廢飲食求芳甘。煎茶舊法出西蜀，水聲火候猶能諳。相傳煎茶只煎水，茶性仍存偏有味。君不見閩中茶品天下高，傾身事茶不知勞。

又不見、北方俚人茗飲無不有，鹽酪椒姜誇滿口。我今倦遊思故鄉，不學南方與北方。

銅鐺得火蚯蚓叫，匙腳旋轉秋螢光。何時茅簷歸去炙背讀文字，遣兒折取枯竹女煎湯？

宋 韋驤《錢塘集》卷五《和山行回坐臨清橋啜茶》 雲耕回處引笙簫，疑向春宵度鵲橋。橋上茗杯烹白雪，枯腸搜遍俗緣消。

宋 黃庭堅《山谷集》卷一《煎茶賦》 洶洶乎如澗松之發清吹，皓皓乎如春空之行白雲。賓主欲眠而同味，水茗相投而不渾。苦口利病，解滌昏，未嘗一日不放箸。而策茗椀之勳者也。餘嘗為嗣真瀹茗，因其滌煩破睡之功，為之甲乙。建溪如割，雙井如撻，日鑄如，其餘苦則辛螫，甘則底滯。嘔酸寒胃，令人失睡，亦未足與議。或曰無甚高論，敢問其次。涪翁曰：味江之羅山，嚴道之蒙頂。黔陽之都濡高株，瀘州之納溪梅嶺，夷陵之壓磚。臨邛之火井。不得已而去於三，則六者亦可酌兔褐之甌，瀹魚眼之鼎者也。或者又曰：寒中瘠氣，莫甚於茶。或濟之鹽，勾賤破家，滑竅走水，又況雞蘇之與胡麻。涪翁於是酌岐雷之醪醴，參伊聖之湯液。斮附子如博投，以熬葛仙之堊。去而用鹽，去橘而用薑。不奪茗味，而佐以草石之良，所以固太倉而堅作強。於是有胡桃、松實、庵摩、鴨腳、賀、靡蕪、水蘇、甘菊。既加臭味，亦厚賓客。前四後四，各用其一。少則美，多則惡，發揮其精神，又益於咀嚼。蓋大匠無可棄之材，太平非一士之略。厥初貪味雋永，速化湯餅。乃至中夜不眠，耿耿既作，溫齊殊可屢歃。如六經，濟三尺法，雖有除治，與人安樂。賓至則煎，去則就榻，不游軒石之華胥，則化莊周之蝴蝶。

宋 李之儀《姑溪居士前集》卷一一《訪瑤上人值吃蔥茶》 軟火明窗紙帳低，一聲初報午來雞。蔥茶未必能留坐，為愛高人手自提。

又《餉茶不容少待二絕》 玉骨冰肌體自輕，非關茗飲覺神清。無

端墮落紅塵裡，碾就雲腴不許烹。

厭厭酒病結春陰，鄰笛傳來恨更深。擬借春風連袂去，遏雲佳處托知音。

宋 章甫《自鳴集》卷二《謝張倅惠茶》 病軀倦甚不舉酒，便腹枵然尤愛茶。淮鄉久住已成俗，客至亦復研芝麻。稱重緗奩還入手，知公與我詩情厚。靜無俗駕扣柴關，急遣僧房借茶臼。易足堂中晝倍長，一杯涼餅補飢腸。世間萬事不掛口，齒頰盡日留甘香。青奴可憐姑少却，睡魔退舍詩魔作。詩成吟罷來清風，秋意拂拂生梧桐。

又《謝韓無咎寄新茶》 武夷仙翁冰雪顏，建寧府中春晝閒。揮毫醉寫烏絲欄，新茗續煎扶玉山。應念窮愁寄空谷，頭白眼眵書懶讀。殷勤題裹寄春風，澆我從來藜莧腹。別公宛陵今五春，渴心何啻生埃塵。平生不識七閩路，夢魂欲往山無數。

又卷三《送茶與人》 雲氣昏昏釀秋雨，歲月驚心遽如許。潮生晚浦足風波，頗憶青燈夜深語。贈君江南春露芽，恐君誦詩眼生花。一杯靜對沈煙斜，世事從渠如亂麻。

又《盱眙館中題雲山圖》 北風三日吹黃土，長淮浪高少人渡。客愁正坐小牕間，眼明見此江南山。好山連娟螺髻鬟，白雲無心終日閒。野橋溪水流彎環，旁有幽人晝掩關。道路只今多險艱，林泉有約吾當還。黃精可駐冰雪顏，時時令人雙鬢斑。

又《葉子逸以惠山泉瀹日鑄新茶餉予與常鄭卿》 惠山泉甘苦不冷，日鑄茶香方是真。廣文喚客作妙供，石銚風爐皆手親。神清便欲排閶闔，且了吾人淡生活。餅芽分送已無餘，杯水尚容消午渴。

宋 陸游《劍南詩稿》卷七二《南堂雜興》 犇走當年一念差，歸休別覺是生涯。茆簷喚客家常飯，竹院僧隨自在茶。紹興初，僧喚客茶各隨意多少，謂之自在茶，今遂成俗。禪欠遍參寧得髓，詩緣獨學不名家。如今百事無能解，只擬清秋上釣槎。

明 吳寬《家藏集》卷二四《飲陽羡茶》 今年陽羡山中品，此日傾來始滿甌。穀雨向前知苦雨，麥秋以後欲迎秋。莫誇酒醴清還濁，試看旗槍沉載浮。自得山人傳妙訣，一時風味壓南州。吳大本嘗論煎茶法

清 愛新覺羅·弘曆《御製詩二集》卷二四《惠山聽松庵用竹爐煎茶·因和明人題者韻即書王紱畫卷中》 纔酌中泠第一泉，惠山聊復事烹煎。品題頓置休慚昔，歌詠膻薌亦賴前。開士幽居如虎跑，舍人文筆擬龍眠。裝池更喜商邱犖，法寶僧庵慎弆全。回回山下出名泉，火候筠爐文武煎。成佛漫嗤靈運後，題詩多過玉川前。試携學士來明汲是日命汪由敦扈遊，高謝山僧守晏眠。我願靈源常勿幕，飲教病渴盡安全。

清 愛新覺羅·弘曆《御製詩三集》卷二〇《聽松庵竹鑪煎茶再疊舊韻》 三試惠山陸子泉，吾知味以未曾煎。不妨煮鼎欣因暇，那便吟詩罷和前。麗日和風方蕩漾，輕荑嫩草已芊眠。吳中春色真佳矣，可得吳民溫飽全。依然冰洞下流泉，誰解三篇如法煎。鑪篆翾飛祇樹杪，鉼笙響荅磬房前。范陽見説風生腋，彭澤那關醉欲眠。我自心殷飢溺者，讓他清福享教全。

又《聽松庵竹爐煎茶三疊舊韻》 若為石洞若為泉，早已知津豈待煎。靜對山川原自古，何披圖畫乃稱前。無逾一晌煙雲過，那得恒斯風月眠。禪德忽然來踸訊，是雲提半抑提全。謖謖松濤活活泉，笑予多事篋鑪煎。半升鐺內都包盡，四箇匣中莫並前寺僧弆藏四匣，皆明人詩畫，其第四失去，圖曾命張宗蒼補為之。已見舊作中。茶把僧參還當偈，煙憐鶴避不成眠。可教緩棹言歸矣，今度賡吟興又全。

清 愛新覺羅·弘曆《御製詩四集》卷三六《啜雨前茶因作是什》 烹煎不過偶為之，遂有芽茶作貢馳。好尚於君可弗慎，聽覩惟衆那容欺。入香詎肯傷天質茶有入香者傷其本質矣。見袁文《甕牖閒評》，雨前芽茶則不然。得火旋看泛露滋。玉琢和闐作甌子，思量較勝越州瓷。

雜録

唐 封演《封氏聞見記》卷六《飲茶》 茶，早采者為茶，晚采者為茗。《本草》云：『止渴，令人不眠。』南人好飲之，北人初不多飲。開元中，泰山靈巖寺有降魔師大興禪教，學禪一本無學禪二字。務於不寐，又不夕食，皆許其飲茶。人自懷挾，到處煮飲。從此轉相倣效，遂成風

俗。自鄒、齊、滄、棣，漸至京邑。城市多開店鋪，煎茶賣之，不問道俗，投錢取飲。其茶自江淮而來，舟車相繼，所在山積，色額甚多。楚人陸鴻漸為《茶論》，説茶之功效并煎茶炙茶之法，造茶具二十四事，以都統籠貯之。遠近傾慕，好事者家藏一副。有常伯熊者，又因鴻漸之論廣潤色之。於是茶道大行，王公朝士無不飲者。御史大夫李季卿宣慰江南，至臨淮縣館，或言伯熊善茶者，李公請為之。伯熊著黄被衫、烏紗帽，手執茶器，口通茶名，區分指?，左右刮目。茶熟，李公為歠兩杯而止。既到江外，又言鴻漸能茶者，李公復請為之。鴻漸身衣野服，隨茶具而入。既坐，教攤如伯熊故事。李公心鄙之，茶畢，命奴子取錢三十一作七，文酬煎茶博士。鴻漸遊江介，通狎勝流，及此羞愧，復著《毁茶論》。伯熊飲茶過度，遂患風，晚節亦不勸人多飲也。吳主皓每宴羣臣，皆令盡醉。韋昭飲酒不多，皓密使茶茗以自代。晉時謝安詣陸納，納無所供辦，設茶果而已。按此，古人亦飲茶耳，但不如今人溺之甚，窮日盡夜，殆成風俗。始自中地，流於塞外。往年回鶻入朝，大驅名馬，市茶而歸，亦足怪焉。《續搜神記》云：『有人因病能飲茗一斛二斗，有客勸飲過五升，遂吐一物，形如牛胰一作肺。置柈中，以茗澆一本澆之下有盡字之，容一斛二斗，客云此名茗瘕。』

唐 李肇《唐國史補》卷下 風俗貴茶，茶之名品益衆。劍南有蒙頂石花，或小方，或散牙，號為第一。湖州有顧渚之紫笋，東川有神泉、小團、昌明、獸目，峽州有碧澗、明月、芳蕊、茱萸簝，福州有方山之露一作生牙，夔州有香山，江陵有南木，湖南有衡山，岳州有灉湖之含膏，常州有義興之紫笋，婺州有東白，睦州有鳩坑，洪州有西山之白露，壽州有霍山之黄牙。蘄州有蘄門團黄，而浮梁之商貨不在焉。

宋 蘇軾《東坡全集》卷三九《葉嘉傳》 葉嘉，閩人也。其先處上谷。曾祖茂先，養高不仕，好游名山，至武夷，悦之，遂家焉。嘗曰：『吾植功種德，不爲時採，然遺香後世，吾子孫必盛於中土，當飲其惠矣。』茂先葬郝源，子孫遂為郝源民。

至嘉，少植節操。或勸之業武。曰：『吾當爲天下英武之精，一槍一旗，豈吾事哉！』因而游見陸先生，先生奇之，爲著其行録傳於時。方漢帝嗜閲經史時，建安人爲謁者侍上，上讀其行録而善之，曰：『吾獨不得與此人同時哉！』曰：『臣邑人葉嘉，風味恬淡，清白可愛，頗負其名，有濟世之才，雖羽知猶未詳也。』上驚，勑建安太守召嘉，給傳遣詣京師。

郡守始令採訪嘉所在，命齎書示之。嘉未就，遣使臣督促。郡守曰：『葉先生方閉門制作，研味經史，志圖挺立，必不屑進，未可促之。』親至山中，爲之勸駕，始行登車。遇相者揖之，曰：『先生容質異常，矯然有龍鳳之姿，後當大貴。』

嘉以皂囊上封事。天子見之，曰：『吾久飫卿名，但未知其實爾，我其試哉！』因顧謂侍臣曰：『視嘉容貌如鐵，資質剛勁，難以遽用，必槌提頓挫之乃可。』遂以言恐嘉曰：『碪斧在前，鼎鑊在後，將以烹子，子視之如何？』嘉勃然吐氣，曰：『臣山藪猥士，幸惟陛下採擇至此，可以利生，雖粉身碎骨，臣不辭也。』上笑，命以名曹處之，又加樞要之務焉。因誡小黄門監之。有頃，報曰：『嘉之所為，猶若粗疎然。』上曰：『吾知其才，第以獨學未經師耳。』嘉爲之，屑屑就師，頃刻就事，已精熟矣。』

上乃勑御史歐陽高、金紫光禄大夫鄭當時、甘泉侯陳平三人與之同事。歐陽疾嘉初進有寵，曰：『吾屬且為之下矣。』計欲傾之。會天子御延英促召四人，歐但熱中而已，當時以足擊嘉，而平亦以口侵陵之。嘉雖見侮，為之起立，顔色不變。歐陽悔曰：『陛下以葉嘉見託，吾輩亦不可忽之也。』因同見帝，陽稱嘉美而陰以輕浮訿之。嘉亦訴於上。上爲責歐陽，憐嘉，視其顔色，久之，曰：『葉嘉真清白之士也。其氣飄然，若浮雲矣。』遂引而宴之。

少選間，上鼓舌欣然，曰：『始吾見嘉未甚好也，久味其言，令人愛之，朕之精魄，不覺洒然而醒。《書》曰：啓乃心，沃朕心。嘉之謂也。』於是封嘉鉅合侯，位尚書，曰：『尚書，朕喉舌之任也。』由是寵愛日加。朝廷賓客遇會宴享，未始不推於嘉，上日引對，至於再三。

後因侍宴苑中，上飲踰度，嘉輒苦諫。上不悦，曰：『卿司朕喉舌，而以苦辭逆我，余豈堪哉！』遂唾之，命左右仆于地。嘉正色曰：『陛下必欲甘辭利口然後愛耶！臣雖言苦，久則有效。陛下亦嘗試之，豈不知乎！』上顧左右曰：『始吾言嘉剛勁難用，今果見矣。』因含容之，然

亦以是疎嘉。

嘉既不得志，退去閩中，既而曰：『吾末如之何也，已矣。』上以不見嘉月餘，勞於萬幾，神繭思困，頗思嘉。因命召至，喜甚，以手撫嘉曰：『吾渴見卿久也。』遂恩遇如故。上方欲南誅兩越，東擊朝鮮，北逐匈奴，西伐大宛，以兵革為事。而大司農奏計國用不足，上深患之，以問嘉。嘉為進三策，其一曰：『搉天下之利，山海之資，一切籍於縣官。』行之一年，財用豐贍。』上大悦。兵興有功而還。上利其財，故搉法不罷，管山海之利，自嘉始也。

居一年，嘉告老，上曰：『鉅合侯，其忠可謂盡矣。』遂得爵其子。又令郡守擇其宗支之良者，每歲貢焉。嘉子二人，長曰摶，有父風，故以襲爵。次子挺，抱黄白之術，比於摶，其志尤淡泊也。嘗散其資，拯鄉閭之困，人皆德之。故鄉人以春伐鼓，大會山中，求之以為常。贊曰：今葉氏散居天下，皆不喜城邑，惟樂山居。氏于閩中者，蓋嘉之苗裔也。天下葉氏雖夥，然風味德馨為世所貴，皆不及閩。閩之居者又多，而郝源之族為甲。嘉以布衣遇天子，爵徹侯，位八座，可謂榮矣。然其正色苦諫，竭力許國，不為身計，蓋有以取之。夫先王用於國有節，取於民有制，至於山林川澤之利，一切與民，嘉為策以搉之，雖救一時之急，非先王之舉也，君子譏之。或云管山海之利，始於鹽鐵丞孔僅、桑弘羊之謀也，嘉之策未行於時，至唐趙贊，始舉而用之。

宋 圓悟克勤《碧巖録》卷五《四十八》 王太傅入招慶煎茶作家相聚，須有奇特。等閑無事，大家著一雙眼，惹禍來也，時朗上座與明招把銚一火弄泥團漢，不會煎茶，帶累別火，朗翻卻茶銚事生也，果然。太傅見，問：『上座，茶爐下是什麼果然禍事？』朗云：『捧爐神。果然中他箭了也。不妨奇特』太傅云：『既是捧爐神，為什麼翻卻茶銚何不與他本分草料。事生也？』朗云：『仕官千日，失在一朝錯指注是什麼語話。杜撰禪和如麻似粟。』太傅拂袖便去灼然作家。許他具一隻眼。明招云：『朗上座喫卻招慶飯了，却去江外，打野榸更與三十棒。這獨眼。龍只具一隻眼。也須是明眼人點破始得。』朗云：『和尚作麼生撈著。也好與一撈。終不作這般死郎當見解？』招云：『非人得其便果然只具一隻眼。道得一半。一手擡一手搦。』雪竇云：『當時但踏倒茶爐爭奈賊過後張弓。雖然如是。也未稱德山門下客。一等是潑郎潑賴。就中奇特。』榸椿皆切枯木根。

欲知佛性義，當觀時節因緣。王太傅知泉州，久參招慶。一日因入寺，時朗上座煎茶次，翻卻茶銚。太傅也是箇作家，纔見他翻卻茶銚，便問上座：『茶爐下是什麼？』朗云『捧爐神』，不妨言中有響。爭奈首尾相違，失卻宗旨，傷鋒犯手，不惟辜負自己，亦且觸忤他人。

【略】

王太傅與朗上座，如此話會不一，雪竇末後卻道：『當時但與踏倒茶爐。』明招雖是如此，終不如雪竇。雪峰在洞山會下作飯頭，一日淘米次，山問：『作什麼？』峰云：『淘米。』山云：『淘米去沙，淘沙去米？』峰云：『沙米一時去。』山云：『大衆喫箇什麼？』峰便覆卻盆。山云：『子因緣不在此。』雖然恁麼，爭似雪竇云當時但踏倒茶爐，一等是什麼時節，到他用處，自然騰今煥古，有活脱處。頌云：

來問若成風，應機非善巧。
堪悲獨眼龍，曾未呈牙爪。
牙爪開，生雲雷，逆水之波經幾回。

『來問若成風，應機非善巧。』太傅問處，似運斤成風，此出《莊子》。郢人泥壁，餘一小竅，遂圓泥擲補之，時有少泥，落在鼻端，傍有匠者云：公補竅甚巧，我運斤，為你取鼻端泥。其鼻端泥若蠅子翼。使匠者斲之。匠者運斤，成風而斲之，盡其泥而不傷鼻，郢人立不失容，所謂二俱巧妙。朗上座雖應其機，語無善巧，所以雪竇道：『來問若成風，應機非善巧，堪悲獨眼龍，曾未呈牙爪。』明招道得也太奇特，爭奈未有拿雲攫霧底爪牙。雪竇傍不肯，忍俊不禁，代他出氣。雪竇暗去合他意，自頌他踏倒茶爐語，『牙爪開，生雲雷，逆水之波經幾回。』雲門道：不望你有逆水之波，但有順水之意亦得。所以道，活句下薦得，永劫不妄。朗上座與明招語句似死，若要見活處，但看雪竇踏倒茶爐。

宋 孟元老《東京夢華録》卷二《飲食果子》 凡店内賣下酒厨子，謂之『茶飯量酒博士』。至店中小兒子，皆通謂之『大伯』。更有街坊婦人，腰繫青花布手巾，綰危髻，為酒客換湯斟酒，俗謂之『焌糟』。更有百姓入酒肆，見子弟少年輩飲酒，近前小心供過使令，買物命妓，取送錢物之類，謂之『閑漢』。又有向前換湯斟酒歌唱，或獻果子香藥之類，客散得錢，謂之『厮波』。又有下等妓女，不呼自來，筵前歌唱，臨

時以些小錢物贈之而去，謂之『劄客』，亦謂之『打酒坐』。又有賣藥或果實蘿蔔之類，不問酒客買與不買，散與坐客，然後得錢，謂之『撒暫』。如此處處有之。唯州橋炭張家、乳酪張家，不放前項人入店，亦不賣下酒，唯以好淹藏菜蔬，賣一色好酒。所謂茶飯者，乃百味羹、頭羹、新法鵪子羹、三脆羹、二色腰子、蝦蕈、雞蕈、渾砲等羹、旋索粉、玉碁子、羣仙羹、假河魨、白渫齏、貨鱖魚、假元魚、決明兜子、決明湯、齏肉醋托、胎襯腸、沙魚兩熟、紫蘇魚、假蛤蜊、白肉夾面子、茸割肉胡餅、湯骨頭乳炊羊、炖羊、鬧廳羊、角炙、腰子、鵝鴨排蒸、荔枝腰子、還元腰子、燒臆子、入爐細項蓮花鴨簽、酒炙肚胘、虛汁垂絲羊頭、入爐羊、羊頭簽、鵝鴨簽、雞簽、盤兔、炒兔、葱潑兔、假野狐、金絲肚羹、石肚羹、假炙獐、煎鵪子、生炒肺、炒蛤蜊、炒蟹、煠蟹、洗手蟹之類。逐時旋行索喚，不許一味有闕，或別呼索變造下酒。亦即時供應。又有外來托賣炙雞、燠鴨、羊腳子、點羊頭、脆筋巴子、薑蝦、酒蟹、獐巴、鹿脯，從食蒸作、海鮮時果、旋切萵苣生菜、西京筍。又有小兒子，著白虔布衫，青花手巾，挾白磁缸子賣辣菜。又有托小盤賣乾菓子，乃旋炒銀杏、栗子、河北鵝梨、梨條、梨乾、梨肉、膠棗、棗圈、梨圈、桃圈、核桃、肉牙棗、海紅、嘉慶子、林檎旋、烏李、李子旋、櫻桃煎、西京雨梨、尖梨、甘棠梨、鳳棲梨、鎮府濁梨、河陰石榴、河陽查子、查條、沙苑榲桲、回馬孛萄、西川乳糖、獅子糖、霜蜂兒、橄欖、溫柑、綿棖金橘、龍眼、荔枝、召白藕、甘蔗、漉梨、林檎乾、枝頭乾、芭蕉乾、人面子、巴覽子、榛子、榧子、蝦具之類。諸般蜜煎香藥、菓子罐子、黨梅、柿膏兒、香藥、小元兒、小臈茶、鵬沙元之類。更外賣軟羊諸色包子，豬羊荷包，燒肉乾脯，玉板鮓豝，鮓片醬之類。其餘小酒店，亦賣下酒，如煎魚、鴨子、炒雞兔、煎燠肉、梅汁、血羹、粉羹之類。每分不過十五錢。諸酒店必有廳院，廊廡掩映，排列小閤子，吊窗花竹，各垂簾幙，命妓歌笑，各得穩便。

宋 朱弁《曲洧舊聞》卷五《東坡論食》　東坡與客論食次，取紙一幅，書以示客云：『爛蒸同州羊羔，灌以杏酪，食之以匕不以箸；南都麥心面，作槐芽溫淘，糝以襄邑抹猪，炊共城香粳，薦以蒸子鵝；吳興庖人斫松江鱠。既飽，以廬山康王谷簾泉，烹曾坑鬭品茶。少焉，解衣仰卧，使人誦東坡先生《赤壁前、後賦》，亦足以一笑也。東坡在儋耳，獨有二賦而已。』

宋 洪皓《松漠紀聞》卷上　嗢熟者，國最小，不知其始所居，後為契丹徙置黃龍府南百餘里，曰賓州。州近混同江，即古之粟末河黑水也。部落雜處，以其族類之長為千戶統之。契丹、女真貴游子弟及富家兒月夕被酒，則相率攜尊，馳馬戲飲。其地婦女聞其至，多聚觀之。間令侍坐，與之酒則飲，亦有起舞歌謳以侑觴者，邂逅相契，調謔往反，即載以歸。不為所顧者，至追逐馬足不遠數里。其攜去者父母皆不問，留數歲，有子，始具茶食、酒數車歸寧，謂之拜門，因執子壻之禮。其俗謂男女自媒，勝於納幣而昏者。飲食皆以木器，好寘蠱，他人欲其不驗者，乃三彈指於器上，則其毒自解，亦間有遇毒而斃者。族多李姓，予頃與其千戶李靖相知。靖二子亦習進士舉，其姪女嫁為悟室子婦。靖之妹曰金哥，為金主之伯固碖側室。其嫡無子，而金哥所生今年約二十餘，頗好延接儒士，亦讀儒書，以光祿大夫為吏部尚書。其父死，託宇文虛中、高士談、趙伯璘為誌，高、宇以趙貧，命趙為之，而二人書、篆其文、額，所濡甚厚。曾在燕識之，亦學弈、象戲、點茶。靖以光祿知同州，冒墨有素，今亡矣。其論議亦可聽，衣制皆如漢兒。

宋 戴埴《鼠璞》卷上《餛飩》　《酉陽雜俎》云：『今衣冠家有蕭家，餛飩漉去湯肥，可以瀹茗。』

宋 周密《武林舊事》卷二《進茶》　仲春上旬，福建漕司進第一綱蠟茶，名『北苑試新』。皆方寸小夸。進御止百夸，護以黃羅軟盝，藉以青篛，裹以黃羅夾複，臣封朱印，外用朱漆小匣，鍍金鎖，又以細竹絲織笈貯之，凡數重。此乃雀舌水芽所造，一夸之值四十萬，僅可供數甌之啜耳。或以一二賜外邸，則以生線分解，轉遺好事，以為奇玩。茶之初進御也，翰林司例有品嘗之費，皆漕司邸吏賂之。間不滿欲，則入鹽少許，茗花為之散漫，而味亦漓矣。禁中大慶賀，則用大鍍金甏，以五色韻果簇飣龍鳳，謂之『繡茶』，不過悅目。亦有專其工者，外人罕知，因附見於此。

宋 陳元靚《歲時廣記》卷一七《清明·汲新泉》　《東坡詩話》：僕在黃州，參寥師自武陵來訪，館之。後東坡一日，夢參寥誦所

作新詩。覺而記兩句云：『寒石清明都過了，石泉愧火一時新。』夢中問：『火固新矣，泉何故新？』答曰：『俗以清明日淘井。』後七年，出守錢塘，而參寥始卜居湖上智果院，有泉石出石縫間，清冷宜作茶。寒食之明日，僕與客泛舟自孤山來謁。參寥汲泉鑽火，烹黄蘖茶。忽悟所夢詩，兆于七年之前。衆客驚嘆，知傳記所載，蓋不妄也。

又《煮新茶》 白樂天《清明詩》云：『出火煮新茶』，東坡詩云：『已改煎茶火』，又云：『且將新火試新茶』，又云：『紅焙淺甌新活火，龍團小碾鬭晴窗』，又云：『新火發茶乳』。

又卷二九《中元上・請茶會》 《歲時雜記》：解夏受歲，事見諸經，不可備舉。近世唯禪家解結二會最盛，禮信畢集，施物豐夥。解結齋畢，長少番次召諸僧茶會，諸寮互會茶十余日乃畢。

又卷三七《小春・賜茶酒》 《皇朝歲時雜記》：朝堂諸位，自十月朔設火，每起居退，賜茶酒，盡正月終。每遇大寒陰雪，就漏舍賜酒肉。

宋 佚名《異聞總録》卷二 宋二帝北狩，到一寺中，有二石鐫金剛，并拱手而立。入其門，有一胡僧出入其中，神像高大，首觸桁棟，別無供器，止有石盂香爐而已。僧揖坐，問曰：何來？帝以南來為對，僧呼童子點茶，茶味甚香美。再欲索之，僧與童子趨堂後而去，移時不出，求之，寂然空舍，惟竹林間有一小室，中有刻胡僧，并二童子侍之，視之，儼然如獻茶者。

明 王錡《寓圃雜記》卷九《脂麻能鑒》 郡人有韋政者，貌大不檢，人稱之曰韋大夫。平生好訐，凡官吏之貪酷，豪強之侵漁，人所不能直者，被其訐，訐則必去其人乃已。宣德、正統間，累繫獄幾死，後得脫，避禍余鄉者久之。政素不讀書，好大言，偶記君臣故事數則，往往對客談之，談畢寂然無聲。蓋已罄矣。一日，從父玉澗翁酒間戲謂曰：『如君之所談，「脂麻通鑑」耳。』蓋吴人愛以脂麻點茶，鬻者必以紙裹而授。有一鬻家藏舊書數卷，旋摘為用，市人得其所授，積至數葉視之，乃《通鑑》也。其人取以熟讀，每對人必談及，或扣其藴，則實告曰：『我得之脂麻紙上，僅此而已，餘非所知也。』故曰『脂麻通鑑』。

明 顧元慶《雲林遺事・飲食第五》《説郛續》 蓮花茶 就池沼中，早飯前日初出時擇取蓮花蕊略破者，以手指撥開，入茶滿其中，用麻絲縛紮定，經一宿，明早連花摘之，取茶紙包曬。如此三次，錫灌盛紮口收藏。

明 文震亨《長物志》卷一《茶寮》 構一斗室，相傍山齋，內設茶具，教一童專主茶役，以供長日清談，寒宵兀坐，幽人首務，不可少廢者。

明 聞龍《茶箋》《説郛續》 茶初摘時，須揀去枝梗老葉，惟取嫩葉；又須去尖與柄，恐其易焦。此松蘿法也。炒時須一人從傍扇之，以祛熱氣。否則黄色，香味俱減，予所親試。扇者色翠，不扇色黄。炒起出鐺時，置大磁盤中，仍須急扇，令熱氣稍退，以手重揉之；再散入鐺，文火炒乾入焙。蓋揉則其津上浮，點時香味易出。田子藝以生曬、不炒、不揉者為佳，亦未之試耳。

《經》云：『焙，鑿地深二尺，闊二尺五寸，長一丈。上作短牆，高二尺，泥之。』『以木構於焙上，編木兩層，高一尺，以焙茶。茶之半乾，升下棚；全乾，升上棚。』愚謂今人不必全用此法。予嘗構一焙，室高不踰尋；方不及丈，縱廣正等，四圍及頂，綿紙密糊，無小罅隙。置三四火缸於中，安新竹篩於缸內，預洗新麻布一片以襯之。散所炒茶於篩上，闔戶而焙。上面不可覆蓋。蓋茶葉尚潤，一覆則氣悶罨黄，須焙二三時，俟潤氣盡，然後覆以竹箕。焙極乾，出缸待冷，入器收藏。後再焙，亦用此法，免香與味，不致大減。

諸名茶，法多用炒，惟羅岕宜於蒸焙。味真藴藉，世競珍之。即顧渚、陽羨、密邇、洞山，不復倣此。想此法偏宜於岕，未可概施他茗。而《經》已云蒸之、焙之，則所從來遠矣。

吴人絶重岕茶，往往雜以黄黑箬，大是闕事。余每藏茶，必令樵青入山採竹箭箬，拭淨烘乾，護罌四週，半用剪碎，拌入茶中。經年發覆，青翠如新。

吾鄉四陲皆山，泉水在在有之，然皆淡而不甘，獨所謂它泉者，其源出自四明潺湲洞，歷大闌、小皎諸名岫，迴溪百折，幽澗千支，沿洄漫衍，不舍晝夜。唐鄞令王公元偉，築埭它山，以分注江河，自洞抵埭，不下三數百里。水色蔚藍，素砂白石，粼粼見底，清寒甘滑，甲於郡中。余

愧不能為浮家泛宅，送老於斯，每一臨泛，浹旬忘返。攜茗就烹，珍鮮特甚，洵源泉之最，勝甌犧之上味矣。以僻在海陬，圖、經是漏，故又新之記罔聞，季疵之杓莫及，遂不得與谷簾諸泉齒，譬猶飛遁吉人，滅影貞士，直將逃名世外，亦且永託知稀矣。

山林隱逸，水銚用銀，尚不易得，何況鍑乎？若用之恆，而卒歸於鐵也。

茶具滌畢，覆於竹架，俟其自乾為佳。其拭巾只宜拭外，切忌拭內。蓋布帨雖潔，一經人手，極易作氣。縱器不乾，亦無大害。

吳興姚叔度言：『茶葉多焙一次，則香味隨減一次。』予驗之良然。但於始焙極燥，多用炭箬，如法封固，即梅雨連旬，燥固自若。惟開壜頻取，所以生潤，不得不再焙耳。自四五月至八月，極宜致謹；九月以後，天氣漸肅，便可解嚴矣。雖然，能不弛懈，尤妙、尤妙。

東坡云：蔡君謨嗜茶，老病不能飲，日烹而玩之。可發來者之一笑也。孰知千載之下，有同病焉。余嘗有詩云：『年老耽彌甚，脾寒量不勝』；去烹而玩之者，幾希矣。因憶老友周文甫，自少至老，茗碗薰爐，無時暫廢。飲茶日有定期，旦明、晏食、禺中、餔時、下舂、黄昏，凡六舉。而客至烹點，不與焉。壽八十五無疾而卒。非宿植清福，烏能畢世安享？視好而不能飲者，所得不既多乎。嘗畜一龔春壺，摩挲寶愛，不啻掌珠，用之既久，外類紫玉，內如碧雲，真奇物也。後以殉葬。

按《經》云，第二沸，留熱以貯之，以備育華救沸之用者，名曰雋永。五人則行三碗，七人則行五碗，若遇六人，但闕其一。正得五人，即行三碗，以雋永補所闕人。故不必別約碗數也。

明 鎦績《霏雪録》卷上 東坡嘗作《茶論》曰：除煩去膩，一日之利暫佳。積氣侵精，終身之患不少。公惟以濃茶漱口齒間餘肉，因而脫去，且齒性便苦，漱之齒愈堅，以故不飲茶。一日，因遊諸寺飲釅茶七盞，有戲書勲師壁上云：示病維摩元不病，在家靈運已忘家。何須魏帝一丸藥，且盡盧仝七椀茶。

清 褚人獲《堅瓠集·堅瓠廣集》卷三《啜茶之始》 五經無茶字。或曰誰謂荼苦。荼即茶也。古人以飲茶始於三國時。按《吳志·韋曜傳》：孫皓每飲羣臣酒。率以七升為限。曜飲不過二升。或為裁減。或賜茶茗以當酒。據此為飲茶之證。及閱《趙飛燕別傳》：成帝崩後。后一夕寢中驚啼甚久。侍者呼問方覺。乃言曰：吾夢中見帝，帝賜我坐，命進茶。左右奏帝曰。向者侍帝不謹。不合啜此茶。則西漢時已有啜茶之説矣，非始於吳時也。

又《徽欽啜茶》 褚記室載：徽欽二帝北狩，至一寺，有石金剛二。一胡僧出入其中，問徽欽二帝何來。欽宗以南來為對，僧呼童子點茶。味甚香美，茶畢而退。帝再索之，則僧皆不出，入視之，悄無一人，止竹門一小室，有石刻胡僧及二童子，宛然似獻茶者。

清 屈大均《廣東新語》卷一四《食語·茶素》 廣州之俗，歲終以烈火爆開糯穀，名曰炮穀，以為煎堆心餡。煎堆者，以糯粉為大小圓，入油煎之，以祀先及饋親友者也。又以糯飯盤結諸花，入油煮之，名曰米花。以糯粉雜白糖沙，入猪脂煮之，名沙壅。以糯粳相雜炒成粉，置方圓印中敲擊之，使堅如鐵石，名為白餅。殘臘時，家家打餅聲與擣衣相似。甚可聽。又有黄餅、鷄春餅、酥蜜餅之屬。富者以餅多為尚，至寒食清明，猶出以餉客。尋常婦女相饋問，則以油糤、膏環、薄脆。油糤、膏環以麵，薄脆以粉，皆所謂茶素也。端午為糭，以柊葉裹者曰灰糭、肉糭，置蘇木條其中為紅心。以竹葉裹者曰竹筒糭，三角者曰角子糭。水浸數月，剝而煎食，甚香。重陽為糕。冬至為米糍，曰冬丸。平常則作粉果，以白米浸至半月，入白粳飯其中，乃舂為粉，以猪脂潤之，鮮明而薄以為外。茶蘼露、竹胎、肉粒、鵝膏滿其中以為內。則與茶素相雜而行者也，一名粉角。又有以椰子以芝麻以豆糠為餈者，以蕨以葛以菱以茨菰以甘薯為粉者，皆謂之籺食。

又《食語·油》 韶、連、始興之間，多茶子樹，以茶子為油，客至輒以油煎諸物為獻。燕、吳人購之為澤膏發，謂非是油則玫瑰、桂、蘭諸香不入。梁簡文云：『南油俱滿，西漆爭然』。南油必茶子也。晉傅巽云：『南中茶子，西極石蜜是也』。瓊州文昌多山柚油、海棠油、山竹果油，儋州多麻子油，皆美。廣州有露花油，露花生番禺蔞涌，狀如菖蒲，其葉脊邊有刺，葉落根露，以火熇之，則成枝幹而多花。花生叢葉中，其瓣大小亦如葉，而色瑩白，柔滑無刺芒，花抱蕊心如穗。朝夕有零露在苞中，可以解渴，又有粉。可塗兒女肌膚止汗粟，以其花結方勝戴之，或摺

疊衣笥，經久猶香。其生於他土者，蕊落結子大如瓜，曰路頭，花多不香，香惟露花。盛夏時，露花始熟，以花覆盆盎曬之，香落茶子油中，其氣馥烈。是曰露花油，蔞涌及增城人善為之。洋舶爭買以歸，遲開者曰寒花，陽氣微斂，香益清徹。然不可為油，其生東安山中者，叢卑葉小，自春至秋皆花，近水者尤香。然亦不可為油。東莞有蜜香油，以棧香子榨之，然燈明亮，蠅蛾百蟲不敢近，觸之輒折翼脫足而死，性大熱，誤入飲食令人吐，外有欖仁油、菜油、吉貝仁油、火麻子油，皆可食。然率以茶子油白者為美，曰白茶油，又有山茶油，以烏藥子色紅如珠者榨之，火麻產端州江岸間，黑色炒焦，以為小磨香油，名曰秧油，然以生榨者為良。

清 劉獻廷《廣陽雜記》卷二 黃庯嶺有望蘇亭，施茶所也。其上有庵，僧見修母子出家于內。衡人全俊公請予為聯以贈。予題茶亭云：趙州茶一口喫乾，臺山路兩脚走去。題堂前云：奉親入道成真孝，教子離塵是大慈。題山門云：門外鳥啼花落，庵中飯熟茶香。

又 卷三 古人以謂飲茶始於三國時，謂《吳志·韋曜傳》：孫皓每飲羣臣酒，率以七升為限。曜飲不過二升，或為裁減，或賜茶茗以當酒。據此以為飲茶之證。案《趙飛燕別傳》：成帝崩後，后一日夢中驚啼甚久。侍者呼問方覺。乃言曰：吾夢中見帝，帝賜吾坐，命進茶。左右奏帝云：向者侍帝不謹，不合啜此茶。然則西漢時已嘗有啜之說矣，非始于三國也。

又 卷五 古時之茶，曰煮曰烹曰煎。須湯如蟹眼，茶味方中。今之茶惟用沸湯投之。稍著火即色黃而味澀，不中飲矣。迺知古今之法亦自不同也。

清 李光庭《鄉言解頤》卷五《物部下·開門七事》 《隨園詩話》內載某人一絕云：『書畫琴棋詩酒花，當年件件不離他。而今七事都更變，柴米油鹽醬醋茶。』余雖年近八旬，七事尚須預備。偶睬古器而不嗜茶，戲撰一聯云：『夏商周秦漢唐器，柴米油鹽醬醋人。』自訟也。鄉言七事中有關乎世情者，如打了一冬柴，煮鍋臘八粥，輿有柴一竈，有米一鍋，俱誠浪費者也。熱竈一把，也要冷竈一把，為專趨炎勢者也。吃得筵席打得柴，言窮達因時者也。柴米夫妻梁伯鸞，勝似朱買臣矣。窮竈門，富水缸，曲突徙薪免致焦頭爛額矣。生米作成熟飯，慎終於始也。討米下不得鍋，備豫不虞也。當家才知柴米貴，物力不可不惜也。沉了一船芝蔴，水面上撇油花，棄大而見小也。油壺盧不惹醋壺盧，薰蕕不同器也。打煞賣鹽的，苦了作醬的，調和之失宜也。吃菜總嫌澹，喝茶嫌不釅，飲食之非道也。皆可以醒人。竊以七事雖治家者主之，而其愛惜撙節之用，則係乎中饋能勤儉之人。昔聞村嫗常言有與七事相證佐，可以連類記之者，曰叫他抱抱柴，他漓漓拉拉來。叫他燒燒火，他兩眼瞪著我。碾磨不轉軸，巧媳婦作不出無米粥。晚上熬油兒，早下曬猴兒。省了一把鹽，酸了一缸醬。假鋼奶奶不吃豆兒粥，半夜裏起來啃醬毬。養女隨娘好賠送，棒槌兩把醋一甕。白日挨門子吃茶，夜晚點燈兒絮麻。此數語雖是鄉里口頭話，却亦曲盡人情。丙午冬月，與劉寬夫侍御、周既庭評事唱答，各示我《七事詩》，或考據詳賅，或寄託深遠。因用寬夫韻，賦《林亭七事詩》云：『燔柴禋祀溥天通，火食羣生燒不空。竈突炊煙窗乍白，里皆柴竈。街頭歇擔日初紅。積薪故事仍居上，納秸遺規只用中。常燒者為秸，根為留柴，穗為穰子，而莊佃則只納秸。記得兒時看竹馬，一竿秸當五花驄。不耕而食孰三餘，人代春揄買代儲。白酒醉忘源是米，黃粱夢慣衆維魚。篋陳士飽先生饌，困積商愁蠹吏書。糧店不能無困，冬月倉吏下鄉查禁，謂之窩困。積假虛文，以取實惠耳。緬昔先疇艱稼穡，長安容易卅年居。燈火厨煙度夕朝，胡麻吉貝榨分挑。醮菜用麻油，點燈用棉子油，各賣其油，不似京師一擔挑兩樣。春風碧浪橋三面，膏雨青簑擔一條。但詡壺盧香柄柄，幾憐禾黍意搖搖。油郎未識黎園曲，不向花街訪阿嬌。天教海若佑鹺商，春日霏霙暑路霜。鹽政尚苛猶虎猛，斤兩不足，鄉民不敢爭執。菜秋不熟為魚忙。林亭子店誰耽隱，乾隆初年，吳閣讀肇元因重聽寓店中，有『林亭小隱』題額。津淀丁庖彼味長。司出納者曰內事。天津丁某好客，精飲饌。更有澹人能識我，西園蝴蝶畫輕黃。繼丁者為周世椿，亦天津人，善畫蝶，人謂之周蝴蝶，即余《感舊集》中所謂『掃逕常迎李，言庖不讓丁』者。桃放梅零卵色天，安排瓿甕擇勻圓。及瓜卻避辛朝代，作醬以二月，俗忌辛不合醬。必甃端宜午日懸。必曬透，色味乃足。黃雪初調香乍鬱，元經一覆味逾鮮。殷勤中饋貪教女，摶醬強如弄紡磚。屑麥菽，搓成團，火炕發之，乾復屑之，和以鹽水。休向鄉鄰問蓋藏，微生偶缺似天漿。平肝滋味分飴米，糖醋、米醋二種。撲鼻香羹佐桂薑。俗戲捏小兒鼻謂喫酸辣湯。質庫盤餐問總管，

醋為食總管。質庫多山右人。秀才邊境關要荒。蔣礪堂先生幼居林亭，癸卯膺鄉薦，尚未弱冠。其族姪德輿，酒狂也。為賀聯云：『秀才既去酸還在；進士將成大已來。』不四十年，內贊綸扉，外開制府，真酸去而大來矣。桃花莫告糟糠婦，別有糠醋味最劣。揚水詩言矢卒章。年來里俗習奢華，京樣新添賣茗家。古甃泉踰雙井水，街外北河有三橋拱一井之景。水最甘，人慣河水，鮮飲之者。小樓酒帶六安茶。新開酒飯肆曰小樓。何人説餅烹焦穀，夏月煮大麥茶。幾昔携壺看藕花。南塘向有荷花。未負鄉關風味好，一年一駐雨前車。再用其韻賦《鄉村七事詩》云：鄉田豐歉不相通，幾處多柴幾處空。束濕半攙春草緑，編籬高掩夜燈紅。芻蕘賦在催科外，正賦之外有柴草錢。堆垛材歸算法中。算章有堆垛法，大垛柴以尺度之，便得總數。一樣負薪愁偏謫，不知誰跨買臣驄。今年無米復無魚，贏得虛名少實儲。邑志為魚米之鄉。泉水旺於秦以後，邑為漢泉州。食糧貴似禹之餘。炊艱桓氏矛頭淅，乞乏顔公筆下書。最惜東南民力竭，一村幾戶有人居。緑楊覆屋曉風搖，盼到油郎歇擔挑。供佛香燈睒盞盞，行人脂華度朝朝。滑甘調膳知親老，膏沐修容許婦嬌。肯約北鄰宵會績，餘光可省燭雙條。鹽為國寶溯流長，金大定時以鹽為國寶，故名寶坻。地產區分百廿霜。雍正九年分出甯河，鹽遂專屬彼產。場甒開徵催竈戶，邑有鹽竈戶，在蘆台場納糧。牢盆縮利屬蘆商。海塘澮水乘時取，陸地鹹鹺趕集忙。南謂趁墟，北謂趕集。好是乖崖宥私鬻，歲饑，間有私鬻者。農田猶未接青黄。仰視蒼蒼覆笠天，俯摩滑滑醬篷圓。菜哇抽出青蔥角，餅甑炊成白玉磚。饋老奉賓充豆實，膾魚擣蟹給河鮮。可知庸行如常醢，家誡還宜戶戶懸。梅羹萱酢費平章，村婦憑心造醋漿。三斗待逢宏度飲，一瓶空為伯倫藏。回甘無分同青果，老辣隨緣配紫薑。只惜野芹酸味少，有人舉箸歎莊荒。龍團鳳餅近浮華，田舍難消鬻茗車。漁父清閑心獨醒，茶能妨睡。丈人閱歷眼無花。茶益於目。豳風介壽只為酒，晉饁如賓未餉茶。賸有聯姻仍故事，粗枝大葉奉親家。寬夫《日下七事詩》云：百里煤窑漸次空，薪材採自近山中。樵蘇海戶千堆白，望秩祠官一炬紅。舊市昔曾留碧血，重車今不避青驄。何須四六銀條炭，土炕烟飛雜馬通。西山煤窑，愈掘愈深愈遠，運負不易，故價倍於昔日。京師城內人家，多和黄土煤末中，為丸為墼燒之。鄉間惟燒柴草而已。更有燒馬糞者。秋冬之際，南苑海戶刈草售之，曰海柴，車載如山，塞街衢，後車不得過。鶴俸蜂糧素有餘，不關雀鼠耗倉儲。砂爛燜煮紅於肉，竹管斤量價視魚。抱杵相春聞魯語，播琴知稼媿農書。年來河海艱輸輓，太息長安不易居。老米皆俸米、甲米也。民間所食乃官兵餘粒轉糶者耳。各倉花戶向有偷竊之弊。近來以放代盤，此弊漸除矣。貧家糴米，多以竹管計斤，不論升斗。魚貴米賤，魚賤米貴。京師占驗口號。碓房多山東登州人。敲梆籠火一肩挑，小磨香油蠟樣嬌。煉蜜飣盤陳佛座，薰蟲煎餅作花朝。春風脂轄紅塵膩，秋水然燈碧浪搖。最愛清聲除夕好，枯稭藉地踏條條。油得熱則重，賣油者多置火其下以欺人。新歲供佛，用排襯高供。其法以油煠小麻花，煉蜜黏砌，玲瓏如塔，高至數尺。富家舊於其周堆列南鮮果實，故有襯供之稱。今則但以此供，而仍曰蜜襯。二月二日煎餅薰蟲，見《帝京景物畧》。七月中元，地安門外河中放河燈，作施食佛事。除夕，鋪脂麻稭地上，曰踹歲，送祟之意也。長蘆潮退曬銀霜，裕國如何可乏商。才引地爐煤火旺，正逢子店菜秋忙。病駝柳外連芻齕，駿馬轅中困路長。加價一錢非得已，只看鹺使洗金黄。長蘆鹽務分置各埠於鄉鎮間，曰子店。霜降後，家家醃菜時則暢銷，曰菜秋，鹽中有硝，投煤爐內火輒旺。雨過篷背日光懸，瑪瑙斑痕可甕圓。瓜脯深藏禦冬計，菜芽同薦咬春天。染成壤色衣裁毼，饋及他鄉範作磚。細認鸜哥張氏記，羶根煨透老湯鮮。覆醬笠曰篷。內城鸜哥張家制醬有名，乾醬如磚，可以致遠。煨羊肉用醬汁曰老湯，其色深紫微黄，染坊仿之，曰京醬色。釃酸酥齒抵梅漿，臘雪蒸成坬久藏。酒店縷魚思五柳，霜天擘蟹配毛薑。座逢晉客言多諱，局仿前朝址已荒。堪笑半瓶嘲最確，秀才文字諫臺章。山右人諱其嗜酸，都中飯店遂稱醋曰忌諱。酒醋局在羊房夾道見《春明夢餘録》。金粉裝修門面華，徽商競貨六安茶。笙歌白醉評新部，園館青春改舊家。桐乳禦寒宵待漏，分符調水日驅車。最憐小銚窩窩社，大葉香浮末利花。茶店塗飾金粉曰裝修門面。所貨為六安大葉最多，以末利花薰之，無本味也。城外茶園演劇，招客往觀。而城內則無，但有説書雜耍。其地多即舊家園館為之。奶茶鋪東安門外者，午夜即開門，朝士多即其間避風雪。京師水多鹹味，有以車載甜水至人家鬻之者，日以竹牌計之，月尾取值。窩窩社，小茶館兼賣點心者。窩窩以糯米粉為之，狀如元宵粉荔，中有糖餡，蒸熟，外糁薄粉，上作一凹，故名窩窩。田間所食，則用雜糧麪為之，大或至斤許，其下一窩如舊，而覆之。茶館所製甚小，曰愛窩窩。相傳明世中宮有嗜之者，因名御愛窩窩，今但曰愛窩窩而已。

清 楊掌生《京塵雜録》卷四《夢華瑣簿》 打茶圍者，京城謂之串門子。世有一種人，徒輒數十，黷以再三，又顧之他。惟日不足，雖徵於色、發於聲，摽諸大門之外，而有靦面目，恬不知恥。粤人直名之打水圍，蓋僕僕不憚煩，雖水亦將不給也。六篷船遇此輩來，不勝其嬲，則曰積敗葉，煎汁盈甕，如牛溲然，來則酌以巨盎，直是《紅樓夢》所譏飲

驢之不如。馮贄《雲仙襍記》載：宣城伎史鳳待客有等差，其最下者曰閉門羹，啜畢即令去，不與晤言，猶未至若斯之甚也。昔元魏人恥言飲茶，命之曰水厄。今之不自愛惜者，比之匪人。呼朋引類，動曰『打茶圍』，若此者，真可謂之水厄。

清 陸以湉《冷廬雜識》卷一《對花啜茶》 對花啜茶，唐人謂之殺風景。宋人則不然，張功甫《梅花宜稱》有『掃雪烹茶』一條。放翁詩云：『花塢茶新滿市香。』蓋以此為韻事矣。

清 黃遵憲《日本國志》卷三八《物産志一》 日本植茶蓋始於嵯峨帝時，或云聖武時既知飲茶，但事不可考，惟考日本《淩雲集》載皇太弟《秋日御製詩》云『院裏滿茶煙』。《桓武帝御製詩》云『吟詩不厭搗香茗』。又《經國集》載：嵯峨帝與海公飲茶歸山，御製詩有『香茶罷酌日云暮』句，可徵當時風尚。史稱嵯峨宏仁六年，幸近江國之韓崎，有崇福寺僧都永忠自煎茶獻帝及皇太弟。永忠曾於寶龜中入唐留學，得製茶及栽培法，延歷中歸朝，自試其法并傳於人，及是帝遂命畿內及近江、丹波、播磨諸國植茶。蓋始于延歷，盛於宏仁也。其後中絕，及後鳥羽院文治中僧千光游宋，齎江南茶種歸，分栽於背振、栂尾諸山，茶事復盛。千光種之筑前背振山，建保二年將軍源實朝有疾，千光知其宿酲，獻茶及《喫茶養生記》二卷，將軍飲之頓愈。又饋茶實一壺於釋明惠，明惠種之栂尾山，故栂尾山又名茶山。其後分種之宇治，近代栂尾種殆絕，而宇治實稱茶海。應安以來，以足利義政嗜茶，舉世咸尚之。後義政命僧珠光，僧休心通曉茶事，義政聘之，命其臣能阿彌、相阿彌等學習。休心自結茶室，號珠光庵，其子宗珠、其徒引拙、古市等傳習其道，鳴於南都。眞能、即能阿彌，號春鷗齋。眞藝、眞能子。眞相，即相阿彌，號松雪齋。藻鑒茶具，潤飾茶儀。及豐臣氏使千宗易修飾之，千宗易，和泉人，稱千阿彌，仕豐臣氏，號利居士。於是王公以下逮於庶人咸尚茶術。至德川氏，每春遣使於宇治齎甕收茶，而宇治之名益著。日本初傳古法，特尚煎茶。惟良春道和出雲大守《茶歌》有：『空林下清流，水紗巾仍漉，銀槍子獸炭，須臾炎氣盛，盆浮沸浪花。』『起鞏縣椀商家盤，吳鹽和味味更美，煎罷餘香處處薰，飲之無事臥白雲。』是當時所尚在煎茶，薛能詩云『鹽損添常戒，薑宜著更誇』。觀此知用鹽是古法也。煎茶廢而點茶興，點茶之法始於陸羽，宋人盛行之，考《大觀茶論》、蔡襄《茶録》，知日本點茶即同其法。凡運筅擊拂謂之立茶，立茶謂粥面聚也。茶多湯少，運筅旋撤，再添湯擊拂者謂之濃茶。茶少湯多者謂之薄茶。蓋碾茶為末，注之以湯，以筅擊拂以觀其色澤，法以抄茶一錢匕先注湯，調令極勻，又添注入迴環擊拂，湯上盞可四分而止，眎其面色鮮白、著盞無水痕者為絕佳。其後茶儀盛行，又專以鬭茶器、結茶室，務為奢靡矣。行之數百年。若製茶之法則近來較精，將新採之葉用泥爐鐵鑊煑熱湯以竹籠蒸之，俟其葉軟，取出用竹簟攤開，以扇扇退熱氣，然後用鐵檯糊紙於泥竈上烘焙，隨焙隨撚到茶卷身乾，再用篩分出粗細，揀去茶梗，翻覆焙乾乃用箱裝運。凡穀雨前後所採者為頭春葉，肥嫩而味濃厚。夏至前後所採為次春葉，老而味薄。至大暑前後所採為尾春。每年出產頭春居其六，次春居其三，尾春居其一云。有曰宇治製，有山本嘉兵衛者，西京人，鬻茶於江戶，至四世嘉兵衛時，元文年，山城永谷宗七郎自製一種美色茶，販之山本氏，山本氏賞其奇雅，與之結約，令再製，當時諸侯伯賞之，有天上地下第一之名。由是山本氏之名大噪，名曰宇治製。有曰玉露製，天保年間山本氏已獲巨利，於宇治、綴喜之間共有十八所茶園。至六世嘉兵衛，號德翁，由宇治至小倉村，宿於木下吉左衛門家，戲於焙茶時以手攪和，茶葉如團珠，木下氏患之，德翁轉奇其狀，購以重價，更令多作齎歸江戶，名曰玉露。人爭購之，當時一斤值銀四十五錢，爾來漸次翔貴，值至七十五錢。尤擅香名。其製造較粗者曰番茶，多粗品，製工尤草率，僅以太陽曝乾而已。下總、常陸之間多有之。碎屑者曰粉茶。近年以來學製紅茶，明治七年勸業寮創編《紅茶製法》一書，頒布諸府縣，民間始有學製者。八年，駐劄上海領事官特聘我國人二名，於肥後之山鹿、豐後之木浦等處學製而未能得法。又遣委員多田元吉往湖北、江西、安徽等處學習栽培、製造諸法，並購覓良種齎歸。其後日本三井銀行與一西商又延請華人四十餘名，於近江大津郡製造，初頗如法，後以製造過多不能得利云。又學作磚茶，初，明治九年多田元吉遊歷中國湖北咸甯及漢口等處，齎同磚茶，遂於勸業寮中以綠茶粉末擬造，用器械壓榨而未能堅實。十年，元吉又入江南福建模擬其器，齎歸。十一年，全權公使榎本武揚由俄國東部陸路歸朝，聞俄人素嗜磚茶，購數種攜歸。至十一年，元吉與上林熊次郎又如法製造，贈之美商。茶商田川某亦傳其法，俄人遂與定約購買云。又有學作印度茶者。印度種茶起於泰西一千八百三十四年，至今五十餘年矣。先是，侯爵某上書政府首倡其議，英國從其言，遂選英人及印度人十三名為委員。阿朔昔州舊有茶樹，當印度未入英國版圖時，於千八百二十四年緬甸之役，礮船長官巡察其地并攜茶種歸告政府，及是所遣委員遂於阿朔昔州先建數所茶苗園，並開小製場。至三十七年，暫通製造、焙煉諸法。又遣員往中國福建厦門購種種之，漸及東北諸州，其後政府決議以移植中國種為便，又往安徽、杭州、甯波、福建武夷山購覓良種，植於西北諸州。爾後考論工拙，爭以金牌為賭物。植物家又考究樹質佳否，土宜如何，一一論究中國焙煉之法，政府并譯其書布告於衆。凡種茶之地雖在絕域深山，政府皆開通道路以便運輸，人民亦爭自奮發益求良法，佐以機器，至千八百六十九年，印度茶之名競噪於世。今核印度近年輸出之茶，每歲已逾三千一百萬磅，賣價一千三百萬圓。出產不過中國八分之一，然茶價之高幾倍於中國矣。日本自明治七年遣富田冬三往桑港，經東印度聞其茶美，至明治九年遂遣田多元吉為製法視察委員，石川正龍為器械視察委員，梅浦精一為商務委員，均往印度研究其法。及歸，遂以高知縣下取自生茶製以印度之法，果投西人嗜好。乃將其製法徧告各府縣，并設傳習場，受業者凡五百餘名云。日奪產茶偏於全國，以宇治為最良。開港之先，惟中國商人于長崎購九州茶，回國再製以充西商之用。又有和蘭商人齎茶樹五

百本移植於爪哇，然西人未有購茶者。及安政六年橫濱開港，米國商人始稍稍購茶，此時茶一百斤不過六七圓，僅以當時十二三方之一分銀購取，一分銀值英國銀半圓。後增至十六七圓，其後輸額遞加，栽植益盛。至明治二三年，適因中國紅茶有偽造者為美人所厭忌，而日本綠茶乘機得以銷售，至明治十一年輸出至二千八百餘萬斤之多，售於美國者十之九，於英國者十之一。然以製造稍濫得利轉微，政府頻年設法維護，於明治十二年開共進會，凡出品者八百四十六家，一千一百七十二品。特撰委員審查其形狀，以黑漆盤盛茶葉置於案，外映日光以鑒別茶葉之長短、緊疎、伸縮如何。色澤，於玻璃窗外施有色屏障透入日光，仍以黑漆盤盛茶葉以辨其潤澤、枯燥、純青、碧黃、駁襍等事。火度，以茶葉盛盤，嗅其香氣以別火度之強弱，熏焦能否適當。水色，茶葉重八分置之茶銚，注以熱湯，經五分時間傾其液汁注以純白茶碗中，以審定清濁黃碧如何。茶滓，將茶滓傾入白碗注以清水，細審其形況性質，有無混淆他物。香，如前法滲出茶液，咀含於口以辨其薰蕕強弱。味，亦如前法辨其味之甜滑苦澀如何。收藏，即茶葉之香味、色澤，以審定其收藏保護之善否。價格，即是年茶價以辨高低。性質，以每縣每區分別品質以考其土宜物性。原價，據各家出品人申告書考其工役費用之多寡，以審定其價。分別八等以定優劣。其尤者給以賞牌，民人奮勵爭進，其豪農富商自種茶園有闢地五十餘町之廣，製額二萬餘斤之多者，比之從前大有進境云。明治十二年，既開製茶共進會，勸農局長復勉勵業茶者曰：『嘗就現狀以卜來勢，日本產茶雖逐漸拓充，然其利實不足恃，有可慮者六：地之廣大，物之豐饒，中國、印度非我所及，一也。此二國者輸出之多，價額之高，又非我所及，二也。紅茶氣焰壓倒全歐，尚之者十八，假令美國轉移嗜好趨重紅茶，則我之綠茶將棄之如土苴、如敝屣，三也。加非一物美人以供飲料，實居首位，仍慮茶為所奪，四也。印度政府於產茶一業殫精竭慮，以期進境未知其所底止，即論今日印度茶價既挺然特立，高出諸國之上，則其效已可睹矣，五也。中國之從事茶業者雖比之印度當讓避三舍，其政府亦未嘗加意保護，然商人能協力同心、互相聯絡以趨赴事機，近來益矯宿弊改圖精良，以廣開英、美、俄、澳各國販賣之路，六也。今之產茶祇中國、印度、日本三國，然茶之為物雖產於溫帶，實宜於熱帶，假令他日產茶益廣，又有第二印度世界現出，亦未可知。是亦不可不思也。方今商務萬國競爭，有如此大敵，如此要事，豈得以日本產茶為天之所授，國之特產，而安坐逸居以圖之乎？期所以保此天授，享此特產者在吾民手段。何謂手段？官民協同一心，以實驗徵實效，自培養製造以至貿易，苟有利益則急起以圖，精進不已，務使貨美價廉無復餘術，則庶幾其可也。』日本自通商以來，當路諸人專以殖物產、興國益為務。觀此可知其概，故附録於此。

茶會、茶宴

題解

宋 陶穀《清異録》卷下《茗荈》

湯社

和凝在朝，率同列遞日以茶相飲，味劣者有罰，號為『湯社』。

論說

明 朱權《茶譜》《藝海彙函》 凡鸞儔鶴侶，騷人羽客，皆能志絕塵境，棲神物外，不伍於世流，不污於時俗。或會於泉石之間，或處於松竹之下，或對皓月清風，或坐明窗靜牖，乃與客清談款話，探虛玄而參造化，清心神而出塵表。命一童子設香案，攜茶爐於前，一童子出茶具，以瓢汲清泉注於瓶而炊之。然後碾茶為末，置於磨令細，以羅羅之，候湯將如蟹眼，量客衆寡，投數匕入於巨甌。候茶出相宜，以茶筅摔令沫不浮，乃成雲頭雨腳，分於啜甌，置之竹架，童子捧獻於前。主起，舉甌奉客曰：『為君以瀉清臆。』客起接。舉甌曰：『非此不足以破孤悶。』乃復坐。飲畢，童子接甌而退。話久情長，禮陳再三，遂出琴棋，陳筆研。或庚歌，或鼓琴，或奕棋，寄形物外，與世相忘，斯則知茶之為物，可謂神矣。然而啜茶大忌白丁，故山谷曰『著茶須是吃茶人。』更不宜花下啜，故山谷曰：『金谷看花莫謾煎』是也。盧仝喫七碗，老蘇不禁三碗，予以一甌，足可通仙靈矣。使二老有知，亦為之大笑，其他聞之，莫不謂之迂闊。

明 許次紓《茶疏・論客》《茶書》 賓朋雜沓，止堪交錯觥籌，乍會泛交，僅須常品酬酢，惟素心同調，彼此暢適，清言雄辯，脫略形骸，始可呼童篝火，酌水點湯，量客多少為役之煩簡。三人以下，止爇一爐；如五六人，便當兩鼎爐用一童，湯方調適。若還兼作，恐有參差。客若衆

多，姑且罷火，不妨中茶投果，出自內局。

紀事

《三國志》卷六五《吴志·韋曜傳》 皓每饗宴，無不竟日，坐席無能否率以七升為限，雖不悉入口，皆澆灌取盡。曜素飲酒不過二升，初見禮異時，常為裁減，或密賜茶荈以當酒，至於寵衰，更見偪彊，輒以為罪。

唐 陸羽《茶經》卷下《七之事》 《晉中興書》：陸納為吴興太守時，衛將軍謝安常欲詣納。《晉書》云：納為吏部尚書。納兄子俶怪納無所備，不敢問之，乃私蓄十數人饌。安既至，所設唯茶果而已。俶遂陳盛饌，珍羞必具。及安去，納杖俶四十，云：汝既不能光益叔父，奈何穢吾素業？

又 《晉書》：桓溫為揚州牧，性儉，每宴飲，惟下七奠柈茶果而已。

宋 李邦彥《延福宮曲宴記》《揮麈録·揮麈後録餘話》卷一 十三日臣京序延福宮記曲宴記宣和二年十二月癸巳，召宰執親王等，曲宴于延福宮。特召學士承旨，臣李邦彥、學士承旨宇文粹，中以示異恩也。是日，初御睿謨殿設席，如外廷賜宴之禮。然器用殽品，瓌奇精緻，非常宴比。仙韶執樂，和音曼聲，合變應節，亦非教坊工人所能彷彿。上遣殿中監察行諭旨曰：『此中不同外廷，無彈奏之地，但飲食自如。食味裹實，自當携歸。』酒五行，以碧玉盞，宣諭侍宴諸臣云：『前此，曲宴早坐，未嘗宣勸。今出異數，少憩於殿門之東廡。』晚召赴景龍門觀燈，玉華閣飛陛金碧絢耀，隔在雲霄間。設衢尊鈞樂于下都，人熙熙，且醉且戲，繼以歌頌，示天子與民同樂之意，侈太平之盛事。次詣穆清殿，後入崆峒洞天，過霓橋至會寧殿。有八閣，東西對列，曰琴、棋、書、畫、茶、丹、經、香。臣等熟視之，自崆峒入至八閣，所陳之物，左右上下皆琉璃也，映徹焜煌，心目俱奪。閣前再坐，小案玉斝珍異，如海陸羞脯，又與睿謨不同。酒三行甚速，起詣殿側縱觀。上詣保和殿謂學士蔡絛曰：『引二翰苑子細看，一一説與。』諄語再三。次詣成平殿，鳳竹龍燈燦然。如晝，奇偉萬狀不可名言。上命近侍取茶具，親手注湯擊沸。少頃，白乳浮盞，面如疎星淡月，顧諸臣曰：『此自烹茶。』飲畢，皆頓首謝。既而命坐，酒行無筭，復出宮人合曲，妙舞蹁躚，態有餘妍，凡目創見，上諭臣邦彥臣、邦粹中曰：『此盡是嬪御，自來翰林不曾與此集，自卿等始。』又曰：『翰林志誰修？』太宰王黼奏云：『承旨李邦彥。』上顧臣邦彥曰：『好，翰林志可以盡載此事。』此卿等榮遇，臣邦彥謝不敏。瓊瑶玉舟，宣勸非一，上每親臨視使。釂復顧臣某曰『李承旨善飲。』仍數被特進，勸夜分而罷。

宋 蔡京《保和殿曲宴記》《揮麈録·揮麈後録餘話》卷一 宣和元年九月十二日，皇帝召臣蔡京、臣王黼、臣越王俣、臣燕王似、臣嘉王楷、臣童貫、臣嗣濮王仲忽、臣馮熙載、臣蔡攸燕保和殿。臣蔡翛、臣蔡鯈、臣蔡鞗東曲水朝於玉華殿。上步西曲水循荼䕷架至太寧閣。登層巒、林霄、騫鳳、垂雲亭，景物如前，林木蔽蔭如勝，始至保和殿。三楹楹七十架，兩挾閣，無綵繪飾侈，落成於八月。而高竹崇檜，已森然蓊鬱。中楹置御榻東西二間，列寶玩與古鼎彝器。王左挾閣曰：『妙有』。設古今儒書、史子楮墨，右曰：『日宣』，道家金櫃玉笈之書，與神霄諸天隱文。上步前行稽古閣，有宣王石鼓，歷邃古、尚古、鑑古、作古、傳古、博古、秘古諸閣，藏祖宗訓謨，與夏商周尊彝鼎鬲爵斝卣敦盤盂，漢晉隋唐書畫，多不知識。駭見上親指示，爲言其槩。因指閣內，此藏卿表章字札無遺者。命開櫃，櫃有朱隔，隔内置小匣，匣内覆以繒綺，得臣所書撰淑妃劉氏制。臣進曰：札悪文鄙，不謂襲藏如此。念無以稱報，頓首謝。抵玉林軒，過宣和殿、列岫軒、天真閣，凝德殿之東，崇石峭壁高百丈，林壑茂密，倍於昔見。過翠翹燕閣諸處，賜茶全真殿，上親御擊注湯出乳花盈面。臣等惶恐，前曰：『陛下略君臣夷等，爲臣下烹調，震悸惶怖，豈敢啜？頓首拜上曰：『可少休。』乃出瑶林殿中，使馮皓傳旨，留題殿壁，喻臣筆墨已具。乃題曰：瓊瑶錯落密成林，檜竹交加午有陰。恩許塵凡時縱步，不知身在五雲深。

頃之就坐，女童樂作。坐間賜荔子、黄橙、金柑相間，布列前後，命師文浩剖橙分賜。酒五行，再休許至玉真軒。軒在保和西南廡，即安妃粧閣，命使傳旨曰：雅燕酒酣添逸興，玉真軒內看安妃。詔臣賡補成篇。

臣即題曰：保和新殿麗秋輝，詔許塵凡到綺闈。方是時人自謂得見妃矣。既而但畫像掛西垣，臣即以謝奏曰：玉真軒檻暖如春，只見丹青未有人。月裏常娥終有恨，鑑中姑射未應真。

須臾，中使召臣至玉華閣，上手持詩曰：『因卿有詩，况姻家自當見。』臣曰：『頃緣葭莩，已得拜望，故敢以詩請。』上大笑。妃素粧，無珠玉飾，綽約若仙子。臣前進再拜叙謝。妃荅拜，臣又拜，妃命左右掖起。上手持大觥酌酒，命妃曰：『可勸太師。』臣奏曰：『禮無不報，不審酬酢可否？』於是持瓶注酒，授使以進再坐。徹女童，去羯鼓，御侍奏細樂，作蘭陵王楊州散古調，酬勸交錯。臣奏曰：『陛下樂與人同，不間高卑。日且暮，久勤聖躬人心不安。』上曰：『不醉無歸。』更勸迭送酒行無筭。臣又奏曰：『樂奏繽紛，酒觴交錯，方事宴飲，上及故老，若朋友相與銜杯，接慇懃之歡。道舊論新，故臣何足以當，臣請序其事，以示後世，知今日宴樂，非酒食而已。』夜漏已二皷五籌，衆前奏丐罷退。

宋 朱彧《萍洲可談》卷一　太學生每路有茶會，輪日於講堂集茶，無不畢至者，因以詢問鄉里消息。

宋 灌圃耐得翁《都城紀勝・社會》　文士則有西湖詩社，此社非其他社集之比，乃行都士大夫及寓居及詩人。舊多出名士。隱語則有南北齋西齋，皆依江右。謎法、習詩之流，萃而為齋。又有蹴鞠打毬社、川弩射弓社。奉佛則有上天竺寺光明會，皆城内外富家助備香花鐙燭，齋襯施利，以備本寺一歲之用。又有茶湯會，此會每遇諸山寺院作齋會，則往彼以茶湯助緣，供應會中善人。

明 黄履道《茶苑》卷一三　道君親點茶賜近臣　宣和二年十一月癸巳，召執宰親王等曲宴於延福宮時，召學士承旨，李邦彦、宇文粹中以示異也。又命學士蔡絛引二臣至保和殿遊觀，上命近侍取茶具親手注湯擊拂，少頃白乳浮醆，面如疏星淡月。顧諸臣曰：此自烹茶，飲畢皆頓首謝。《延禮曲宴》

又　李師師啜茶　李師師為京師角伎。政和間，汴都平康之盛而以師師為最。晁沖之叔用同諸名士，每宴會必召以侑觴，多以篇什相贈。靖康之亂，李生流來浙中，士大夫猶邀之以聽其歌，然憔悴無復向來之態矣。而李生慷慨飛揚有丈夫氣，以俠名動傾一時，號飛將軍。每客退，必焚香啜茗，蕭然自如，人彌得而窺之也。《汴都平康記》

又　金國宴客茶飲　金國凡婚姻宴客，佳酒則貯以烏金銀器，其次以瓦列於前，以百數賓退則分餉焉。富者以金銀器飲客，貧者以木。酒三行進大軟指、小軟指如中國，寒具又進蜜糕，人各一盤，曰茶食。宴罷，富者瀹建茗，留上客數人啜之；或以茶之粗者煎乳酪焉。《金志》

清 昭槤《嘯亭雜録》卷一《茶宴》　乾隆中於元旦後三日，欽點王大臣之能詩者曲宴於重華宮。演劇賜茶，仿栢梁制，皆命聯句以紀其盛。復當席御製詩二章，命諸臣和之，後遂以為常禮焉。

清 吴振棫《養吉齋叢録》卷一三　重華宮茶宴，始於乾隆間。自正月初二至初十日，無定期。嘉慶間，多以初二日舉行。先是宴集賡吟無定地，乾隆癸亥後皆在重華宮。列坐左廂，宴用盒果杯茗。御製詩云：『杯休釃醁勞行酒，盤飣餦餭可侑茶。』紀實也。初人數無定，大抵内直詞臣居多，體裁亦古今並用，小序或有或無，後以時事命題，非長篇不能賅贍。自丙戌始，定為七十二韻，二十八人分為八排，人得四句。每排冠以御製，又別有御製七律二章。舊時或一章、或二章無定。諸臣不和者聽。題固預知，惟御製元韻，須要席前發下始知之。與宴僅十八人，寓登瀛學士之意。詩成先後進覽，不待匯呈。頒賞珍物，叩首祗謝，親捧而出。賜物以小荷囊為最重。謝時懸之衣襟，昭恩寵也。餘人在外和詩，不入宴。

道光六年丙戌，新正二日，重華宮茶宴，有詠盆梅八韻。八年戊子新正二日，重華宮茶宴，有對雪七律一首。是其時尚有茶宴之名，而與舊制稍異，其後則此宴停止矣。

謹案：乾隆丁酉，御製茶宴詩注：平定兩金川，實賴師武臣力，至宴間聯句，不妨人代為之。且遡年新正聯句皆預擬，御製句成，其餘則命内廷翰林以次擬就，臨時填名。即外廷詞臣，亦非其即席自作也云云。是年宴於紫光閣，將帥亦與在外和詩之列。故詩注及之。蓋向來即席親賡者，惟在内與宴之十八人也。又嘉慶丙寅，朱文正公與宴，命所作詩不必面呈，以文正年已七十六，且患目眚故也。又癸亥平定三省教匪，茶宴在同樂園，文正集誤作重華宮。向來茶宴，多内直詞臣，惟開四庫館時，總纂陸錫熊、紀昀，總校陸費墀，雖非内廷，每宴皆與。乾隆癸亥以後，歷

年詩題附録於後：　乾隆癸亥元宵聯句即浮圓子。甲子無。乙丑立春後一日宴集聯句。丙寅初十日重華宮聯句。丁卯爆竹聯句。戊辰、己巳無。時值有孝賢皇后大事。庚午上元後一日宴集聯句。辛未無。是年正月啟蹕南巡。壬申雪獅聯句。癸酉詠雪聯句。甲戌冰燈聯句。乙亥鼇山聯句。丙子詠雪聯句。丁丑無。是年上元在趙北口行宮觀燈聯句。戊寅西山積雪聯句。己卯燕九日聯句。庚辰錫宴聯句。辛巳紫光閣落成聯句。此次在西苑，不在重華宮。壬午玉盤聯句。癸未歲朝圖聯句。甲申冰嬉聯句。乙酉雪象聯句。丙戌玉盂聯句。聯句之始，或十二人，或十五六人，後增至二十人、二十四人。自丙戌以後皆二十八人。丁亥立春得辛祈穀禮成聯句。戊子三清茶聯句。己丑冰床聯句。庚寅玉甕聯句。辛卯學詩堂聯句。壬辰耕織圖聯句。癸巳重刻淳化閣帖成聯句。甲午四庫全書聯句。乙未天祿琳琅聯句。丙申甯壽宮落成聯句。丁酉紫光閣錫宴聯句。戊戌、己亥無。時有皇太后之喪。庚子四庫全書薈要聯句。辛丑陝雪堂聯句。壬寅七十二候聯句。癸卯職官表聯句。甲辰五經萃室聯句。乙巳千叟宴，依柏梁體作詩，凡百人，故茶宴僅製七律二首命和，不復聯句。丙午五福五代堂聯句。丁未開國方略聯句。戊申平定臺灣聯句，七律四首。是年茶宴為二月初一日。己酉戡定安南聯句。庚戌八徵耄念聯句。辛亥九五福之一日壽聯句。壬子九五福之二日富聯句。癸丑九五福之三日康甯聯句。甲寅九五福之四日攸好德聯句。乙卯九五福之五日考終命聯句。嘉慶丙辰、丁巳、戊午闕。時值高宗大事。己未至壬戌無宴。癸亥平定教匪志喜聯句。戊午高宗即擬以此題聯句，因捷書未至而兵是年茶宴在同樂園。甲子毓慶宮聯句。以諸王皆善詩，故是年亦命人宴。乙丑職貢圖聯句。丙寅書福聯句。丁卯文房四事聯句。戊辰宮史續編聯句。己巳皇朝詞林典故聯句。庚午授時通考聯句。辛未春勝聯句。壬申養心殿聯句。癸酉武功良具聯句。甲戌三友軒聯句。乙亥穀日聯句。丙子秘殿珠林石渠寶笈三編聯句。丁丑南薰殿舊藏圖像聯句。戊寅盛京風土聯句。己卯馬遠豳風圖聯句。庚辰闕。

又　乾隆五十年，逢國大慶，依康熙間例，舉行千叟宴於乾清官。宴席以品級班列，凡八百筵。與宴者三千人。用柏梁體，選百人聯句。閩人國子監司業銜鄧鍾岳，年百五歲，自閩至京赴宴，尤為盛事。嘉慶元年正月，再舉於甯壽宮之皇極殿。與宴者三千五十六人，賦詩三千餘首。列名邀賞而未人宴賦詩者五千餘人。是日官一品及年九十以上者，手賜巵酒。高宗恭和聖祖原韻七律一章，仁宗聖製恭和，內廷諸臣俱許依韻。又選文武臣九十六人，仿柏梁體聯句。兩聖一堂，恩隆禮洽，萬古未有之盛舉也。是年與宴老民熊國沛，年一百六歲；邱成龍，年一百歲，賞六品頂帶。九十以上老民八人，賞七品頂帶。

乾隆五十年舉行千叟宴時，命朝鮮國酌派年六十以上陪臣二、三人充正、副使與宴。該國王遵派進京。高宗嘉其忱悃，於常例外，特賜國王宋澄泥仿唐石渠硯一方、梅花玉版牋二十張、仿澄心堂紙二十張、花牋二十張、花絹二十張、墨二十定、筆二十枝。

《清實録·高宗純皇帝實録》卷二三二　［乾隆一〇年］召大學士內廷翰林等茶宴。以重華宮錫宴聯句。

又　卷二五六　［乾隆一一年］丁丑。召諸王大學士內廷翰林等、茶宴。以重華宮錫宴聯句。

又　卷四〇六　［乾隆一七年］壬申。召大學士內廷翰林等茶宴。以雪獅聯句。

又　卷四三〇　［乾隆一八年］召大學士、及內廷翰林等茶宴。以新正詠雪聯句。

又　卷五〇四　［乾隆二一年］御重華宮、召大學士內廷翰林等茶宴。以立春日雪聯句。

又　卷五七九　［乾隆二四年］辛丑。召大學士及內廷翰林等茶宴。以燕九日聯句。

又　卷六〇四　［乾隆二五年］召大學士、及內廷翰林等茶宴。以新正重華宮錫宴聯句。

又　卷六二八　［乾隆二六年］召大學士。內廷翰林等、茶宴。以紫光閣落成賜宴聯句。

又　卷六五二　［乾隆二七年］甲辰。上召大學士。及內廷翰林等茶宴。以玉盤聯句

又　卷六七八　［乾隆二八年］庚申。召大學士。及內廷翰林等茶宴。

又 卷七〇二　〔乾隆二九年〕召大學士。及內廷翰林等茶宴。以冰嬉聯句。

又 卷七二六　〔乾隆三〇年〕甲寅。召大學士及內廷翰林等茶宴。以雪象聯句。

又 卷七五二　〔乾隆三一年〕召大學士。及內廷翰林等茶宴以玉盂聯句。

又 卷七七六　〔乾隆三二年〕召大學士、及內廷翰林等茶宴。以立春日得辛。祈谷禮成即事聯句。

又 卷八〇二　〔乾隆三三年〕召大學士及內廷翰林等茶宴。以三清茶聯句。

又 卷八二六　〔乾隆三四年〕召大學士、及內廷翰林等茶宴。以冰床聯句。

又 卷八五〇　〔乾隆三五年〕召大學士。及內廷翰林等茶宴。以玉甕聯句。

又 卷八七六　〔乾隆三六年〕召大學士及內廷翰林茶宴。以新正學詩堂聯句。

《宋會要輯稿·禮四五·宴享》　〔大中祥符元年二月〕五日，宴宗室、內職於都亭驛，近臣於宜春苑。初，有司定止賜百官都亭驛宴二日，帝特命分就私第、禁苑賜會。自是凡賜酺五日，皆用此例。自一日至五日，皆令殿前都指揮使劉謙、馬軍都指揮使曹璨、步軍都指揮使王隱，各會所部將校，及賜諸班直茶酒。

又　〔嘉祐〕八年英宗已即位未改元。八月，契丹使辭于紫宸殿，命坐賜茶。故事當賜酒五行，自是終諒闇，皆賜茶而已。

又　〔治平四年〕十月十日，以龍圖閣直學士兼侍讀、刑部侍郎李受致仕，賜會于資善堂。宇文紹奕《燕語考異》燕語考異：宋神宗初，李少保柬之自侍讀致仕，上特召對延和殿，命座賜茶。退，偕講讀官燕餞於資善堂。後數日，李侍郎受繼去，亦用柬之故事，召對賜燕。二人皆英宗經筵舊臣，故禮之特厚，非常例也。

又　〔熙寧〕二年四月十四日，大遼国使耶律奭等辞于崇政殿，命坐赐茶，命参知政事王安石赐餞宴于都亭驛。先是，詔以河決、地震，方夏大旱，不御前殿，減常膳，罷同天節上壽，仍徹樂，故止賜茶。

又　〔紹興十三年〕五月十一日，閤門言：『修立到集英殿宴儀注。是日，宰臣以下并應合赴宴文武百僚並分東西入殿庭，相向立定。知閤門官已下，并在內監臨、祇應武功大夫已下，主管鍾鼓院官、樞密院諸房逐房副承旨、逐位酒食使臣、左右軍巡使，於集英殿下北向立定。【略】次通喚知閤門官於折檻東西向立，宣贊舍人當殿躬通文武百僚宰臣已下謝宣召赴宴。知閤門官稱通事，舍人應喏直身，通宰臣已下到。知閤門官稱喚通訖，歸上侍立位，舍人虛揖引班。舍人揖躬，舍人直身稱喚訖，宰臣已下應喏直身，立宣贊舍人少南面東折，方揖訖，自班後過歸侍立位。舍人分引宰臣已下橫行，知閤門官贊大起居訖，舍人引班首出班，俛伏，跪，致詞訖，俛伏，興，歸位。五拜，贊各就坐，兩拜，贊就座。舍人分引殿上官升殿，席前立，朵殿、兩廊官席後立。次教坊使已下通班大起居，次看盞人稍前，兩拜訖，贊上殿祇候，分立兩陛，俟進酒分上殿祇應。進御茶牀，次殿侍酌酒訖，舍人贊天武門外祇候，應喏絕。知閤門官當御前躬奏宰臣已下進酒，引宰臣已下橫行進酒。賜酒，八拜就座，並如儀。酒三行，入內省官喝賜酒食。先管軍謝酒食，兩拜。次知閤門官已下，並在內監臨、祇應武功大夫已下，主管鍾鼓院官、樞密院諸房逐房副承旨、逐位酒食使臣等，內侍都知已下，帶御器械官，依合應奉官闕班謝酒食，兩拜訖，各歸侍立祇應位。次教坊作語揖臣僚，立席後。作語訖，兩拜。至第一段雜劇出，閤門奏再坐時刻。放隊畢，舉御茶牀，皇帝降坐，鳴鞭。宰臣已下退，便戴花訖。前二刻催班立定，閤門附內侍進班齊牌。皇帝需雲殿駐輦，內侍都知已下、帶御器械官迎駕奏萬福，舍人贊謝花，兩拜。次殿前左右班親從迎駕奏萬福，自贊謝花，兩拜。皇帝集英殿坐，殿前指揮使鳴鞭，排立行門禁衛諸班親從、托食天武東西班等，并鍾鼓院挈壺正已下迎駕奏萬福，自贊謝花，兩拜。次知閤門官已下並在內監臨、祇應武功大夫已下，主管鍾鼓院官、樞密院諸房逐房副承旨、逐位酒食使臣、左右軍巡使一班。大班新立，宣名奏萬福訖，各歸侍立祇應位。知閤門官奏實赴坐劄子，次宰臣已下宣名奏萬福，謝花，兩拜，贊就坐，分升席後立。次管軍一班宣名奏萬福，謝花，兩拜。次知閤門官已下並在內監臨、祇應武功大夫已下，主管鍾鼓院官、樞密院諸房逐房副承旨、逐位酒食使臣、左右軍巡使、門班謝花，兩拜。次教坊奏萬福，自贊

謝花，兩拜。進御茶牀，贊就坐。第一盞畢，宣示盞，逐次宣勸，各兩拜。至角抵官入，舍人通旗鼓節級等兩拜。宴畢，舉御茶牀，引宰臣已下降階橫行，五拜分出。次教坊謝祗應，各兩拜。殿上入內省官喝賜茶酒，先教坊，次知閤門官已下，內侍都知已下，帶御器械官，主管鍾鼓院官，在內監臨、祗應武功大夫已下，樞密院諸房逐房副承旨，逐位酒食使臣等鬬班，次排立行門禁衛諸班親從、托食天武東西班、諸司應奉人等謝茶酒，逐班各兩拜。謝訖，殿上知閤門官側奏無事，弱奏。知閤門官不謝茶酒弱。皇帝起，鳴鞭。』從之。

又 ［紹興二九年］十二月二十六日，金國遣賀正旦使、副施宜生、耶律翼見于紫宸殿，宣坐賜茶，命執政賜宴都亭驛。以顯仁皇后未祔廟，不舉樂。辭亦如之。

又 ［紹興三〇年］二月六日，金國遣弔祭使、副大懷忠、耨盌溫都謙詣顯仁皇后幾筵行禮畢，見於垂拱殿。退，客省官賜茶酒殿門外，命兩府伴宴都亭驛，不舉樂。

又 ［紹興三二年］四月二十二日，金國報問使、副朝見於紫宸殿，賜茶酒。朝辭亦如之。

十月二十日，金國賀會慶節使、副見於紫宸殿，賜茶酒。辭亦如之。自此至九年同。

十二月二十七日，金國賀正旦使、副見於紫宸殿，賜茶酒。辭亦如之。自此至九年同。

又《宴享二・雜宴・喜雨宴》 淳化五年四月二十三日，以時雨沾足，群臣稱賀。帝謂宰相曰：『司天言熒惑與日同度當旱，今膏澤霶霈，上天之貺也。命以蒲萄酒、建茶、珍果賜近臣。詔曰：『喜此甘澤，與卿等同慶，無惜醉也。』詳雨字下。

又《社日宴》 ［咸平］五年二月二日，社，賜近臣飲於中書。又賜殿前都指揮使以下酒食於崇政殿門外，親王酒果，諸司使副洎諸班直茶酒。自是歲以為例。

清 范祖述《杭俗遺風・時序・元帥會場》 地祇元帥，封東嘉忠靖王，姓溫。傳説爲前朝秀士，來省中鄉試。寓中夜聞鬼言，下瘟藥於井中，思有以救萬民，即以身投井。次日，人見之撈起，渾身青色，因知受毒，由是封神。五月十八誕辰，十六出會，名曰收瘟，由來舊矣。其井在羊市街地方，隨後起廟井，即在神座下，廟名旌德觀。此為老元帥。城中尚有數廟，惟旌德觀稱為有財有勢老元帥。忠靖觀在上倉橋，為督憲香火院，為有勢無財倉元帥。童乘寺在清河坊，為有財無勢童元帥。甘泉寺在府前，為窮凶極惡甘元帥。猶有活膿倒臭皮元帥，以其廟在皮市也。出會惟旌德觀老元帥。各衙門均助大班一起，撫院以下皆然。惟杭捕府，有大肚皮劊役四個，本廟儀從，無役不備。助會有打本廟行者，有各廟助衙約有四五百起之多。其目有高蹺、爐子、龍燈、旛竿、清吹等項，尤有仙童、獵戶、馬夫、掃道、臺閣、船燈、侍衛、小高蹺、十樣景，并各式故事，均以小孩裝扮。再有拜香愿、扮斬犯二種，何止萬千人。其繁華精巧，極人間之富貴矣，不然何能哄動遠方之人，誠有不遠千里而來者，此為杭城第一大陣塲也。十五日，助會先行上廟，有擺茶會者備下果點各物，邀接助會。往過近廟房屋，有大家租賃看會者，一間門面，須洋數十元。正日以撫院前為最盛，租屋亦然，其餘糜費，不一而足。即如至小之茉莉花，每朵值錢一二文。所行各會，均有脚戶，次第先後，不能錯亂。城中七十二埠轎夫，均充駕役，每起四五十人，一式衣帽，其某地換肩，名為陞駕。各有地段，不能多走一步。助會行畢，然後有直入天門，無拘霄漢牌一對，府前長吹老會一起，八將文武判打灰堆臉，係旂下人所扮。狼牙棒、乾坤圈，二軍器長約丈餘，圍圓七八寸，錫為之，兩人作對，反背橫行。其餘各禁役，並朝衣朝帽盤數十對，服飾靴履咸備。駕到之時，寂靜無聲，此神有自然之威，人有自然之敬也。又有雲仙使司者，神之中軍也，楊姓，法駕甚小，白面無鬚，穿帶將軍盔甲、威風旂、文武袍，均皆白色。本廟儀從，亦悉備焉。亦有助會，軍器方天畫戟一枝，大與神器等，駕行於神駕之前，廟名三昧菴，在板兒巷打鐵衖內，辰初起駕，五鼓回殿，故又有看燈會之熱鬧。焉三日前先行，馬牌沿途分給路經單，是日食物無不昂貴，做小生意者無不得利，真富貴之景象也。

又《聲色類・歌司》 歌司招牌，曰祝獻茶筵、順星禮斗。祝獻茶筵者，謂祀神還愿，為人祈祝、申疏、通誠也。順星禮斗者，謂疾病拜斗為同斗，鬼禳星祈禱也。其實則專唱戲文，而九調十三腔咸備焉。有大箱子、中箱子、小箱子之分。大、中箱子稍有擺設，以八仙桌兩張，對面列

坐，大則八人，中則六人。若小箱子只四人開箱列坐而已。人頭聚會，祀神多用之。

清 福格《聽雨叢談》卷八《茶》 六經無茶字，茗飲自唐而始，前未之見也。或引《三國志·韋曜傳》言，曜不能飲，賜茶荈以當酒，又似自三國始也。今婚禮行聘，以茶葉為幣，滿漢之俗皆然，且非正室不用。近日八旗納聘，雖不用茶，而必曰下茶，存其名也下字作納字解，恐亦轉音之誤。上自朝廷燕享，下至接見賓客，皆先之以茶，品在酒醴之上。古人龍團、鳳團，必曰烹，曰煮，曰煎，曰焙，今之熬茶是也。今官家燕享及各國通商，仍尚苦茗茶、團茶餅，猶存古人煮茗之意。至於用沸湯瀹芽茶，一浸即飲，取其香鬱為美，清洌為甘，則不知始於何時。宋宣仁太后詔免龍團而進葉茶，應是芽茶之始。今京師人又喜以蘭蕙、茉莉、玫瑰薰襲成芬者，漸亦遍於海內；惟吳越專尚新茶，不嗜花薰，固是出產之地，易得嫩葉耳。京朝王、貝勒接見外藩，按其品爵，有待茶不待茶之例，載於典章。外官督撫接見屬吏，待茶至知縣而止，佐雜弗及，亦定例也。按《金史》泰和五年，尚書省奏，茶為飲食之餘，耗財彌甚，七品以上官，其家方許飲茶。蓋茶葉出於宋地，以防耗財資敵之意。今之知縣進謁，始款茗飲，應是相沿金季之令。

按行聘以茶，蓋茶子既種，不能更移，與奠雁之義同。

清 黃遵憲《日本國志》卷三五《禮俗志二》 宏仁中得茶于唐，詔令畿内及諸州植茶，其時煎茶而飲，和鹽用薑，一同唐人。其後僧榮西歸自宋，植於筑前背振山，將軍源實朝有疾，榮西獻茶及《喫茶養生記》，將軍飲之而愈。榮西又贈茶實於釋明惠，明惠種於栂尾山後，分種之宇治，至今宇治實稱茶海。自足利義政始尚點茶，於是茗宴盛行。詳《游讌》類中。人無貴賤，無不嗜茶，邇年種植益盛，每歲西人購買值銀約四百餘萬圓。

又卷三六《禮俗志三·茗宴》 茶具有風爐、有筥、有炭撾、有火筴、有鍑、有交床、有紙囊、有碾、有羅合、有則、有水方、有漉水囊、有瓢、有竹夾、有熟盂、有畚、有札、有滌方、有滓方、有巾，其法碾茶為末，和湯煮之，候火、揀泉、吹沫、點花、辨味、侔色，皆有妙理。凡運筅擊拂謂之立茶，茶多湯少，運筅旋徹，再添湯擊拂者為濃茶，茶少湯多為薄茶。寮之廣狹，鑪之位置，柱榱牕櫺之設，各有成規。茶寮謂之數奇屋，國語謂嗜為數奇，好和歌者古名數奇，好茶者因借以名之。或謂之圍居。招客曰茗宴，宴之前後有謝請謝會，客凡數十人，而茶屋厪容數人，一茶博士、一主人、二三客而已。主人必親自點茗敬客，由貴逮賤，前退後進，俯仰折旋，具有法度，雖平日爾汝之交，亦肅然如對大賓，偶誤禮法，訕誚交集。自僧千光游宋齎茶歸，初栽之背振，後遂蔓衍，北條泰時嗜茶，世始崇尚。逮足利義政使珠光、僧珠光以茶術受知，其所賞玩書畫及茶具，後人購以千金。真能、能阿彌號春鷗齋，善畫，亦以工賞鑒，命掌庫中寶玩。真藝、真能子，襲父職。真相、藝子，號松雪齋，亦工賞鑒，時東山相國營銀閣，閣中所陳設及諸器位置皆出其手。藻鑒茶具，創定茶儀，至豐臣氏使千宗易修飾之，號利休居士，以茶術仕豐臣氏。置茶博士官，賜祿三千石，子孫世其業，或費千金求其訣不可得。及德川氏，每春遣使齎甕收茶，曰御茶壺，藩屬望塵拜趨道路。自王公逮庶人，無不崇尚優遊，無事，月或數招，苟時逢戰爭，鼙鼓震天，不至。凡室忌華器，忌新，然珍木、怪竹、朽株瘦枝，搜求之幽巖邃谷之中，或歷數十年而後得，得其一以獻，貧兒為富翁矣。器必用苦窳缺敝之物，日某年造、某匠作，乃至一破甌、一折匙，與夏鼎商彝同貴重，積金盈斗不可償，因是而興大獄者有之，因是而釋戰爭者有之。蓋初則品茶，繼乃鬬器，近年此禮稍廢，蓋厪有存者。

又《茶會》 毬燈張於門，琉璃盤燦於室，國旗懸於堂，花交於瓶，樹葉繞於柱，酒盈於尊，肴饌溢於案，鼓樂陳於幕，主人主婦拱立於門內。先期數日，折簡邀諸賓，曰：某日某夕於某所設茶會。芝山之離宮，濱之延寮館，霞關之鹿鳴館，皆為東京盛會之所。客多至二千，少亦數百。至時箱車、篷車，絡繹於道，隱隱雷動，銜尾馳至。入門與主人主婦或握手為禮，或磬折致敬。靴聲橐橐，軒然以昂，顧盼笑語，媚婦而傲人，泰西諸客也；勁服戎裝，博衣道履，如飛鳥依人，藹然可親，則海陸軍教士、耶穌教教士也；長裾曳地，薄紗籠面，袒臂露胸，西俗有慶典，婦女以袒臂露胸為敬，雖嚴寒亦然。手揮金扇，牽曳而至者西婦也；身短趾高，氈衣革履，百僚趨奉，頷之而已，諸省院長官也；公髯如戟，乍撚乍弄，旁若無人，歡笑潮湧，則次官也；下車則趨，鞠躬而入門，喁喁私語，各呼其羣，諸省

院屬僚也；被髮至背，足踹烏靴，錦椅繡褥，左右列坐，皇族婦女也；雪衣花帽，如西方之人，勝常萬福，操語如英，長次官眷也；此喚檀那，彼喚奧姑，或靴或履，紛紜雜遝，逐羣而笑語，衆賓婦也；東酧西酢，甲詾乙諮，巡簷倚柱，若有所思，新聞館記者也。既而喇叭厲響，腰鼓初鏜，男女相攜，各就舞場。舞場拓地為數百弓，以白地錦為地衣，紅男綠女，各求其耦，枝當葉對，凡十數雙。鼓聲漸發，男抱女腰、女挽男肩，起而跳舞，如穿花蛺蝶，翩翩旛旛，疾徐俯仰，宛轉迴旋，應樂之和，無不中節。樂舞正酣，忽而雷驚電流，紅霞灼天，火光中現一車輪，輪廓有字曰『極樂世界』，萬頭蠕動，伸頸爭看，牆外幼童老婦之看煙火者，咸拍掌歡笑，舞場為之震動。貫珠碎玉，火戲未已，於時羣賓各自行樂，有看月者、有看花者、有吸烟者、有踢毬者、有竝坐談者、有携手行者、有羣立而語者、有為葉子戲者。少頃，時鐘已報十聲，乃就食案，案長數丈，冪以花布，酒人司酒，庖人司庖，或司杯盤，或司刀匕，或司果餅，或司水司湊，牛羊、豕雞、鵝鴨、鳩雀、魚蝦，各為乾肉；桃李、梅杏、林檎、蘋婆、荔支、櫻桃、舍利、無花果之屬，餅餌、粢粉、餳饊、粔餭之類，如山如阜，堆積於盤。酒則葡萄酒、麥酒、花酒、果酒、香迸酒，淺紫深紅，淡黃縹碧，色香四溢。客至，所司者問所須，於是啟瓶聲、切刀聲、擲叉聲、杯聲、盤聲、傳呼聲、飲食聲、拂拭聲、欬笑聲，紛紜交作，舄履互錯。而門外轔轔之車，僕夫叱馭，已有貴客散會而去者矣，夜漏四鼓，盡歡乃散，是為茶會。

《清史稿》卷九八《樂志五·樂章三·筵宴》　嘉慶元年，太上皇帝三大節筵宴三章　進饌，中和清樂；進茶、進酒，丹陛清樂

【略】

進茶玉燭調元之章　玉燭調元，日彩旭曈曨，正聯珠合璧慶重逢。星輝雲爛藹和風，角亢吐三耀辰居拱。春意盎，瑞光融，看萬年枝更動，萬年觴奉，添籌積算乾綱總，一家堯舜貞符共。繞陛雲烟擁，壽介衢尊，恩流寶甕。一解主敬宸衷，後天而奉，紀元周甲蘿圖鞏。隆授受，養尊崇，積京垓，臣民頌，萬禩慶延洪。如日方中，麗桐軒，輝松棟。二解瓜瓞緜緜，椒衍金枝重，五福名堂萬福同。瑤牒書石衆瑞徵，麟趾慶恆鍾，繩繩繼繼，叠見祥雲擁。祝來昴，奕禩荷蒼穹。三解武於鑠，十全同頌，文丕煥，四德俱隆，箕疇錫福福來崇。皇極慶，道泰時雍。四解恩牓制科，先中慶遭逢，杏花春雨桂秋風。澤龐洪，年逾耆耋觀光踊，遠超五老首曹松。首曹松，七旬以外成均貢。五解會耆英，三千衆，奏鈞天廣樂同雲夢。甘膏渥，湛露濃，十年方舉燕方瞳，鳩飾許攜笻。六解藏富三農，八𧇊常貢，偏隅薄歉停輸供。問暘雨，罷租庸，樂京坻，勤耕種，鼓腹共融融。寰宇綏豐，舞康衢，賡豳頌。七解就日瞻雲九宇同，占風協律集球共，嶽修川效朝正衆。拓輿圖，河玉山蔥，里逾二萬入堯封。奉車書，玉帛重重。八解昌辰嘉會隆儀重，聽雅樂九成鳴鳳。八極盡承風，九瀛齊獻頌。趨辭

又　皇帝三大節、上元、除夕筵宴三章　進茶、進酒丹陛清樂，進饌中和清樂

進茶海宇昇平日之章　海宇昇平日，景物雍熙，偏乾坤，草木樂清時。河清海晏麥雙歧，麟游鳳集枝連理。風澹澹，日依依。正蓬壺乍啟，天顏有喜。金門嶰竹傳仙吹，金猊篆裊香烟細，合殿歡聲殷地。一統山河，萬年天子。一解佳氣佳瑞滿皇畿，天門詄蕩御筵披，千峯叠嶂排晴翠。動龍蛇，日煖旌旗，青蔥玉樹萬年枝。燕溫溫，玉卮金墀。二解天工四序平分歲，皇心惟念小民依。一自農功始、祁寒暑雨偏疇咨。崇墉櫛比，豐樂成民瑞；真民瑞，茅檐外，蕭鼓樂豳詩。三解溯當年，深仁厚澤；到於今，累洽重熙。皇心繼述踵前徽，勤宵旰，敕惟時惟幾。四解孝饗吉蠲，修祀事，奉明粢。于豆于登祝繁禧，爲民祈聖心無逸。天庥至，天心錫福聖無爲。聖無爲，太平恭己垂裳治。五解得賢臣，襄上理，賁干旌，連茹彙征至。蟬有緌，鷺在墀。九苞颺彩映朝曦，來集上林枝。六解民俗恬熙，盈寧婦子，康衢黃髮偕兒齒。食舊德，服新菑。想中天，堯舜世，鼓腹共游嬉，亦越於茲。戴堯天，遵舜軌。七解重譯來時，梯航萬里，冠裳玉帛圖王會。於萬載，太平基。想中天，堯舜世，鼓腹共游嬉，亦越於茲。戴堯天，遵舜軌。八解皇心和豫陽春似，自萬類，光輝盛美。四海共傾葵，五雲齊獻瑞。趨辭

又　雍正二年，耕耤禮成，筵宴三章

進茶雨暘時若之章　祥開黼座兮，布瓊筵。笙歌迭奏兮，天樂宣。三推既舉兮，賜豐年。五風十雨兮，時不愆。優渥霑足兮，溉大田。皇心悅

豫兮，福祿綿。

又　乾隆七年，重定耕耤筵宴三章　進茶、進酒丹陛清樂，進饌中和清樂

進茶喜春光之章　喜春光，將瑞靄集，斗杓運，農祥正，土脉融。平野水泉滋，景風至，農夫塗脛。長隄柳，繭館絛桑映。簑共笠，村謳相永。頌元后，眉壽萬年；育我民，四方歡慶。一解看風烏翔玉樹外，帝座臨瑤階影。百辟趨，搢笏共朝天，摳衣拜，田夫瞻望，簫韶奏，磬管聲依永。寢園內，朱櫻初迸。玉井藕，十丈移根，安期棗，似瓜晶瑩。二解是瑤池來，閬苑薦，世間物，如何並。嗛雪甜，王母遠相將，笑留核，冰桃還勝。吾皇念，菽粟真民命，異物捐，芳甘俱屏。富方穀，在歲有秋，勞則思，若時恆性。三解辨土宜，頌月令。偏紫陌，野人望杏。玉盤待賜，紅垂上苑櫻。趨辭

又　乾隆四十八年，乾清宮普宴宗親三章　進茶、進酒丹陛清樂，進饌中和清樂

進茶瑞旭中天麗之章　瑞旭中天麗，慶溢昌期。敞金門，嘉敍宗支。叢雲五色蔭仙芝，華林萬樹連瑤戺。光煜爚，景逶迤，正韶風乍吹。奉乾清燕喜，奉乾清燕喜，天家慶篤重光瑞，五雲深處龍樓侍。寶胄衍，振振公子。九族天親，九重樂事。一解蕃祉嘉燕播仁慈，播仁慈，因緣時節匪遲遲。銀潢一派瞻天咫，瞻天咫，並家人禮拜丹墀。並家人禮拜丹墀，寅秩惇敍典行時，更鴻儀同瞻光被。二解椒繁瓞衍瓊華紀，都從若木秀新枝。襲慶從今始，特恩四品列華資。雁行接次，綵服紆金紫。尊其位，富貴以親之。三解棣華篇，軒宮展愛，梓材書，疆畎敷菑。宸躬教養本無私，申天顯，庸庸祗祗。四解合族敦宗傳古禮，肆筵几，行葦方苞叶歌詩。太平時，同榮壹體華連理，同畝異畝穗雙歧。穗雙歧，周家仁政親親始。五解況皇朝，洪錫類，賁天庥，光贊放勳治。恩載推，禮則宜。鳳麟左右並來儀，黃幕受洪釐。六解影颺蒼旗，聲騰仙吹，言情俯講家人禮。仙掌露，似珠霏，仙掌露，似珠霏。帕傳柑，盤撒荔，滿袖共香攜。寵沐無涯，拜恩華，玉案底。拜恩華，玉案底。七解寶序相輝，溫顏有喜，篚筐昭貺便蕃意，陳玉帛以將之。燦精鏐，列錦綺，御墨與封題。寵沐無涯，拜恩華，玉案底。拜恩華，玉案底。八解曦輪垂照光輝美，億萬載，花跗韡韡。禮樂茂前徽，史書欽聖瑞。趨辭

又　乾隆五十年，千叟宴三章　進茶、進酒丹陛清樂，進饌中和清樂

進茶壽愷昇平瑞之章　壽愷昇平瑞，慶叶重熙。仰宸躬，行健天儀。乾符象顯泰階期，久於其道唐虞際。超項佶，軼循蜚，正宵衣旰食。德之純不已，德之純不已。輿圖二萬鴻勳啟，全書三萬奎文麗。允文武，古稀天子。四海羲圖，萬年軒紀。一解燕啟拜舞首宗支，首宗支，公卿牧伯共追隨。歸田人許扶鳩至，扶鳩至，更陪臣海外高麗。更陪臣海外高麗，封翁壽爵上丹墀，並皤皤，皓首厖眉。二解黃鸝練雀羣僚底，兜鍪隊帥旅熊羆，濟濟章縫士。宸躬撫錫徧羣黎，老農匠藝，鼓舞軒饕喜。軒饕喜，春筵上，萬萬萃期頤。三解溯當年，龍光喜起，到於今，燕翼謀貽。五皇繼述茂前徽，重開燕，重光奠麗。四解尚爵朝廷先尚齒，觥稱兕，千復千人介維祺。樂清時，東膠養老三王治，南山獻頌九如詩。九如詩，引年今日多加禮。五解況天家，諸福備，慶曾元五代同堂喜。桐有蕤，蘭載猗。春風花發萬年枝，瓜瓞衍洪禔。六解福有由基，人惟德致，君王有道嘉祥備。風皞皞，景熙熙，風皞皞，景熙熙。合諸天，環大地，都是吉雲垂。日月無私，普人間，添甲子。普人間，添甲子。七解寶翰天題，元音虞陛，人分一首賡颺義。聯百韵，柏梁詩。聯百韵，柏梁詩。帝庸歌，人七字，金石播英詞。日月無私，普人間，添甲子。普人間，添甲子。八解天人嘉應重華世，問史策，誰能媲美！珥筆慶昌期，稱觴千萬歲。趨辭

又　乾隆九年，幸翰林院筵宴三章　進茶、進酒丹陛清樂，進饌中和清樂

進茶文物京華盛之章　文物京華盛，論道崇儒。萃衣冠，禮樂在鴻都。木天藻飾舊規模，翬飛鳥革何軒翥。麟在囿，鳳棲梧。牙籤分四庫，更芸香辟蠹，綺窗青瑣連朱戶。颷輪不隔瀛洲路，鈴索丁冬風度。寮寀雍容，鵷行鷺序。一解欣遇，欣遇小春初，五雲深處啟鑾輿。鳴鳶風細雲霞曙，擁橋門，萬歲山呼。詞林曠典古今無，泝心源上接唐虞。二解聖皇自昔需元輔，都俞吁咈矢嘉謨。敩學先稽古，旁求爰立夢相符。後先疏附，左右皆心膂。皆心膂，如魚水，在藻更依蒲。三解況我朝雨露涵濡，採環

材並植天衢。承明著作重璠璵，欲方駕子雲相如。四解聖學高深超邃古，得元珠。乙夜丹黄性所娱，不知劬。琳琅宛委圖書府，赤文緑字德充符。德充符，敦龐渾厚登三五。五解戛球琳，鳴簨虡。際中天，堂上虞琴撫。獻堯樽，接舜壺。金甗玉膾出仙廚，湛露共霑濡。六解巍煥天書，鸞翔鳳翥，義文奎畫雲霞護。光藻井，麗金鋪。矢卷阿，零露湑。枚馬共嚴徐，億萬斯年，慶龍光，歌燕譽。七解勖爾簪裾，勉思建樹，風雲月露終無取。崇實行，是真儒。矢卷阿，零露湑。枚馬共嚴徐，億萬斯年，慶龍光，歌燕譽。八解翠華臨幸恩光溥，重儒術，榮生藝圃。天祿被春風，石渠霑化雨。趨辭　嘉慶九年幸翰林院樂章，改第二解『欣遇欣遇小春初』，爲『欣遇欣遇仲春初』。餘詞同。

又　乾隆五十年，臨雍賜茶君師兼一章　丹陛清樂

仰君師兼，道統集，講筵啟，圜橋聽。御論宣，皇極示綱常；五倫敘，君仁臣敬。家慈孝，與國人交正。誠不息，維天之命。體行健，同德乾元；亹緝熙，同符前聖。一解向階前，初聽講罷，穆穆瞻天垣正。左右趨，耆彥服膺誠。摳衣拜，朝班釁序，聖賢裔，弟子青衿整。紹心學，外王內聖。五十載，久道而成。萬千歲，生民之盛。二解況鴻儀彰，盛典備，四門學，岐周並。王制云，天子曰辟雍，笑炎漢，三雍非正。訓辭著，復古真王政。泥古誣，重言申命。燕千叟，新歲禮行。辨五更，舊文論定。三解告禮成，晉玉茗。霑渥賜，敷茵共慶。一規璧水，長隨教澤生。趨辭

又　嘉慶三年，臨雍賜茶皇圖昌一章　丹陛清樂

正皇圖昌，道揆協，典文啟，師儒盛。序仲春，諏日吉辰良，廣筵肆，圜橋觀聽。崇經義，屏百家浮競。敦實學，人知興行。牖羣蒙，惟聖敷言；衆説郛，折衷彝訓。一解會章縫，談經講席，抑抑威儀攸慎。集大昕，先鼓儆於庭。偕槐市，同瞻雲日，大哉言，著論千秋準。本皇極，大中至正。景聖域，鼓舞奮興。溯文瀾，優游涵泳。二解喜春風暄，化雨浥，菁莪長，薪槱詠。踰漢庭，惇誨集石渠，更天祿，羣儒參證。軼唐代，陸孔菑經訓，玉燭調，珠囊金鏡。霑教澤，庶彙敷榮，肅御扆，兩言敬勝。三解告禮成，晉玉茗。霑渥賜，敷茵共慶。作人壽考，延洪億萬齡。趨辭

又　乾隆十四年，金川凱旋，豐澤園筵宴三章　進茶、進酒丹陛清樂，進饌中和清樂

進茶景運乾坤泰之章　景運乾坤泰，八表歸懷。迅除戎，玉壘陣雲開。一封箋表達堯階，天顔大霽宣寮寀。抒壯略，運奇才，建膚功奏凱。永敉寧邊界，錦江春色消烟靄。人工健羨天工代，方叔師干應賽。績著旂常，榮褒圭玠。一解指授，指授特宣差，何殊吉甫頌平淮，運籌帷幄成功快。賀澄清，燕啟蓬萊，祥光爚煜襲罘罳。暖融融，瑞氣南來。二解歸而飲至垂方策，平安火報樂無涯。五服施章采，萬方寧謐陟春臺。車書玉帛，丕冒如天大。同天大，慶酬庸，列爵耀三台。三解緬嚴冬，旗麾色展；喜今春，笳鼓聲諧。都緣廟略聖親裁。移時節，埽浮雲浮埃。四解我武維揚羣虎拜，詠良哉，來享來王亙紘垓。貢金臺，洗兵何必臨魚海，作舟端藉濟川材。濟川材，還資燮理調仙鼒。五解望前途，戈倒載。荷包蒙，赦宥加寬貸。驅獸散，叶鳳喈。用遏蠻方福孔皆，琛賚喜盈階。六解花雨輕飾，香雲結靄，鴻鈞氣轉陽和屆。抡杏頰，暈桃腮。睠盈筐，嘉實采，玉案早安排。春並恩長，暢宸襟，符帝賚。七解三殿歡諧，千官樂愷，堯尊舜樂欣重再。知有喜，永無猜，睠盈筐，嘉實采，玉案早安排。春並恩長，暢宸襟，符帝賚。八解明良遭際光千載，喜振旅，歡騰中外。駿烈協賡歌，鴻猷標史冊。趨辭

又　乾隆二十五年，西陲凱旋，豐澤園筵宴三章　進茶、進酒丹陛清樂，進饌中和清樂

進茶聖武光昭世之章　聖武光昭世，品彙咸熙。看平戎，玉塞卷雲霓，開疆已軼漢關西，顯承謨烈追前紀。朝授鉞，暮鳴鼙，正三軍鼓吹，便武成誌喜。論功青史應無比，天心眷顧君心慰。吉甫平淮遜美，績著鷹揚，榮分龍衛。一解堪羨，堪羨亞夫儀。晴開細柳拂前麾，英風埽盡樓蘭壘。擴車書，萬里丕基，仙韶一派繞彤墀。御鑪烟，瑞靄霏霏。二解投戈解甲風雲會，休休士女樂和綏。嘉樂承慈惠，九重咫尺懍天威。鵷班鷺隊，羣至如星綴。如星綴，堯階上，干羽舞龍墀。三解想前茲，伊犂大定，喜今朝，回部全歸。鐃歌齊唱耀旌旗，回頭望，過東漸西被。四解廟算都緣天錫智，相機宜，乙夜勤勤檄親披。壯邊陲，月弓星箭皆精鋭。邪氛綏靖斬鯨鯢，從教斧鉞驅民癘。五解聽風聲，同鶴唳。倒前途，草木皆兵騎。迎簞食，實繒綈，前歌後舞盡傾葵，回向仰光輝。六解笳鼓聲催，平安火

遞，春臺普徧祥光起。纘偉績，誌豐碑，際昇平，揚盛美。仙燕錫蓬池，億萬斯年，集皇圖，符帝軌。七解運應昌期，師師濟濟，御筵載啟瞻雲日。威赫赫，德巍巍，際昇平，揚盛美。仙燕錫蓬池，億萬斯年，集皇圖，符帝軌。八解賡歌環慶唐虞際，看矯矯師臣拜稽。駿烈兆鴻禧，祥和開壽域。趣辭

又 同治十一年，大婚，賜承恩公及王公大臣筵宴三章 進茶、進酒丹陛清樂，進饌中和清樂

進茶圖肇鴻基之章 圖肇鴻基，祥徵燕喜。華筵肆寵荷隆儀，賜茶宣敕使。一解趨侍嘉燕沐恩施，蹌蹌濟濟肅威儀，雙開雉扇瞻天咫。運璣衡，穆穆裳垂。泰交景運洽重熙，政平成，理本修齊。二解華門積善迎繁祉，祥鍾蘭閫毓坤儀，寵眷從今始。龍章鳳誥荷恩暉，榮封五等，圭爵貽孫子。貽孫子，承嘉貺，福祿屢綏之。三解集冠裳，彤廷展禮。肆笙簧，丹陛歌詩。王公列辟翊綸扉，奏鈞韶，聽咸賡樂只。四解內外修和成郅治，徵嘉禮。位定乾坤，慶良時，迓祥禧。同榮瑞木枝連理，綏豐秀麥穗雙歧。穗雙歧，周文仁政睢麟始。五解播鴻庥，襄上理，衍雲礽，虹流電光瑞。配二儀，序四時。瑟琴迭和樂怡怡，豫悅仰慈闈。六解景煥祥曦，聲騰仙吹，龍團佳茗天家賜。金莖露，注瑤卮，帕傳柑，盤薦李，攜袖異香霏。玉案親依，近龍光，延燕喜。七解川媚山輝，禮明樂備，祥符億載過姬姒。雲糺縵，鳳來儀，戴堯天，游舜世，懿戚與榮施。玉案親依，近龍光，延燕喜。八解衢樽同酌醲膏被，欣燕洽，情文備致。九敍慶成功，三辰瞻獻瑞。趣辭

又 同治十一年，皇太后賜承恩公妻及親屬筵宴三章 進茶、進酒丹陛清樂，進饌中和清樂

進茶慶叶重熙之章 慶叶重熙，祥成嘉禮。隆恩賁燕侍璇墀，歡聲殷大地。一解嬪京迎渭徽音嗣，螽詵麟定衍金枝，錫慶從兹始。特恩賜燕播仁慈，肆筵授几，蹌濟紆金紫。紆金紫，懿親展，福履以綏之。二解際昌期，鴻恩渥被，喜今兹，燕翼謀詒。卿雲糺縵靄皇畿。延景運，誕受洪釐。三解齍器執尊敦古禮，展隆儀，軒曜承光日依依。景逶迤，華林萬樹連瑤戺，叢雲五色蔭仙芝。蔭仙芝，壺中日永中天麗。四解彩映朝曦，祥騰紫氣，掖庭親屬承恩禮。甘露降，似珠霏。帕傳柑，盤撒荔，滿袖共香攜。億萬斯年，拜恩光，今日始。拜恩光，今日始。五解晝漏頻移，香階晴霽，箎笙昭貺駢蕃集。多且旨，樂有儀。際昇平，揚盛美，鈞樂奏瑤池。億萬斯年，拜恩光，今日始，拜恩光，今日始。六解神聖作合陰陽理，洪錫類，繩繩繼繼。四海共傾葵，萬邦齊獻瑞。趣辭

又 光緒十五年，大婚，賜承恩公及王公大臣筵宴三章 進茶、進酒丹陛清樂，進饌中和清樂

進茶圖肇鴻基之章 圖肇鴻基，風追喜起。延景運，荷隆儀，歡聲騰遠邇。一解躬桓蒲穀列丹墀，賜茶宣敕沐鴻施，九重綸綍欣同被。仰恩暉，獻藿傾葵，龍團鳳餅味含滋。注金甌，露挹瑤池。二解華門積善徵蘭芷，天心眷顧正坤維，至德侔周姒。永風詩，荇菜參差，化行俗善，推暨從今始。從今始，膺多福，家室慶咸宜。三解度翩翩，紆青拖紫，韵悠悠，吹竹彈絲。頌來佳茗溢金卮，漱芬芳，既甘且旨。四解平治修齊逢盛世，中宮位定采蘩時。飭威儀，著箴規。紫宸作耦稱同體，彤庭端範翊昌期。翊昌期，覲型媯汭追隆軌。五解宮商調角徵，頌仁慈，敬纘箕裘緒。念在兹，釋在兹，璇闈侍膳奉盤匜，孝治迓蕃釐。六解雪澡香霏，雲腴味美，金莖露湛重霄賜。調瓊液，晉瑤卮。華如桃，穠如李，甌泛碧琉璃。御案親依，仰天顏，真尺咫。七解彩耀旌旗，儀修冠履，飲和食德延繁祉。貽燕翼，衍螽斯。爲騶牙，爲麟趾，戚屬與榮施。御案親依，仰天顏，真尺咫。八解醲膏飽飫芬流齒，霑闓澤，欣歌樂只。乾極儷坤珍，祥符綿萬紀。趣辭

藝文

唐 顔真卿《顔魯公文集》卷一五《五言月夜啜茶聯句》 泛花邀坐客，代飲引情言。陸士脩

醒酒宜華席，留僧想獨園。薦

不須攀月桂，何假樹庭萱。萼

御史秋風勁，尚書北斗尊。崔萬

流華淨肌骨，疏瀹滌心原。真卿

不似春醪醉，何辭綠菽繁。晝

素瓷傳靜夜，芳氣滿閑軒。士脩

唐 錢起《錢仲文集》卷四《過長孫宅與郎上人茶》 偶與息心侶，忘歸才子家。玄談兼藻思，緑茗代榴花。岸幘看雲卷，含毫任景斜。松喬若逢此，不復醉流霞。

又 卷一〇《與趙莒茶讌》 竹下忘言對紫茶，全勝羽客醉流霞。塵心洗盡興難盡，一樹蟬聲片影斜。

唐 劉長卿《劉隨州文集》卷五《惠福寺與陳留諸官茶會得西字》 到此機事遣，自嫌塵網迷。因知萬法幻，盡與浮雲齊。踈竹映高枕，空花隨杖藜。香飄諸天外，日隱雙林西。傲吏方見狎，真僧幸相携。能令歸客意，不復還東溪。

唐 鮑君徽《東亭茶宴》《全唐詩》卷七 閒朝向曉一作晚出簾櫳，茗宴東亭四望通。遠眺城池山色裏，俯聆絃管水聲中。幽篁引沼新抽翠，芳槿低檐欲吐紅。坐久此中無限興，更憐團扇起清風。

唐 李嘉祐《秋曉一作晚招隱寺東峰茶宴，送内弟閻伯均歸江州》《全唐詩》卷二〇七 萬畦新稻傍山村，數里深松到寺門。幸有香茶留稺子一作釋子，不堪秋草送王孫。煙塵怨別唯愁隔，井邑蕭條誰忍論。莫怪臨岐獨垂淚，魏舒偏念外家恩。

唐 嚴維《雲門寺小溪茶宴懷院中諸公》《會稽掇英總集》卷一四 喜從林下會，還憶府中賢。嚴維 石路雲門裏，花宮玉笥前。謝良弼 日移侵岸竹，溪引出山泉。裴晃 猨飲無人處，琴聽淺溜邊。呂渭 黄粱誰共飯，香茗憶同煎。鄭槩 暫與真僧對，遙知静者便。闕允初 清言皆亹亹，佳句又翩翩。庾騤 竟日懷君子，沈吟對暮天。賈肅

唐 呂渭《松花壇茶宴聯句》《會稽掇英總集》卷一四 幾歲松花下，今來草色平。衣冠遊佛刹，鼓角望軍城。亂竹邉溪暗，孤雲向嶺明。遶壇煙樹老，入殿雨花輕。山磬人天界，風泉遠近聲。夜禪三世晤，朝梵一章清。上砌莓苔遍，緣窓薜荔生。焚香忘世慮，啜茗長幽情。聚土何年置，修心此地成。道緣雲起滅，人世月虧盈。蟬噪林當曉，虹生澗欲晴。水流驚歲序，塵網悟簪纓。池上蓮無著，籬間槿自榮。因知性不染，更識理常精。從此應貪味，非唯悔近名。山栖多自愜，林卧欲無營。已接追涼處，仍陪問法行。賞心殊未徧，惆悵暮鐘鳴。

唐 武元衡《資聖寺賁法師晚春茶》《全唐詩》卷三一六 虚室晝常掩，心源知悟空。禪庭一雨後，蓮界萬花中。時節流芳暮，人天此會同。不知方便理，何路出樊籠。

唐 周賀《贈朱慶餘校書》《全唐詩》卷五〇三 風泉盡結冰，寒夢徹西陵。越信楚城得，遠懷中夜興。樹停沙島鶴，茶會石橋僧。寺閣連官舍，行吟過幾層。

唐 白居易《白氏長慶集》卷二四《夜聞賈常州崔湖州茶山境會想羡歡宴因寄此詩》 遥聞境會茶山夜，珠翠歌鐘俱遶身。盤下中分兩州界，燈前合作一家春。青娥遞舞應爭妙，紫笋齊嘗各鬭新。自歎花時北牕下，蒲黄酒對病眠人。

唐 曹松《春日自吴門之陽羡道中書事》《全唐詩》卷七一七 勝異恣遊應未遍，路岐猶去幾時還。浪花湖潤虹蜺斷，柳線村深鳥雀閑。千室綺羅浮晝檝，兩州絲竹會茶山。眼前便是神僊事，何必須言洞府間。

宋 呂溫《三月三日茶宴序》明 王志堅《四六法海》卷一〇 三月三日，上巳禊飲之日也，諸子議以茶酌而代焉。迺撥花砌，愛庭陰，清風逐人，日色留興，卧措青靄，坐攀香枝，閒鶯近席而未飛，紅蕊拂衣而不散。迺命酌香沫，浮素杯，殷凝琥珀之色，不令人醉，微覺清思。雖五雲仙漿，無復加也。座有才子南陽鄒子、高陽許侯，與二三子頃為塵外之賞，而曷不言詩矣。

宋 希晝《留題承旨宋侍郎林亭》元 方回《瀛奎律髓》卷三五 翰苑譽嘉致，到來山意深。會茶多野客，啼竹半沙禽。雪溜懸危石，棋燈射遠林。言詩素非苦，虚答侍臣心。

宋 梅堯臣《宛陵集》卷四六《大明寺平山堂》 陸羽烹茶處，爲堂備宴娱。岡形來自蜀，山色去連吳。毫髮開明鏡，陰晴改畫圖。翰林能憶否，此景大梁無。

又《依韻和邵不疑以雨止烹茶觀畫聽琴之會》 彈琴閲古書，煑茗仍有期。一夕風雨來，目喜農畝滋。中河不阻澀，舟楫亦所宜。況聞新疾愈，當與嗜好睽。何須顧小約，豈不有他時。淡泊全精神，老氏吾將

師。幸因答來章，敢不以此咨。此咨有深理，願君勤且思。

宋 蔡襄《端明集》卷一《送胡武平出守吴興》 東南有佳士，文高志清苦。翩然請郡章，入居使君府。霅水生春瀾，瑩淨沙可數。霽日明旌旗，長風送鐃鼓。煙帆十丈船，湖山一抔土。橘嫩宴亭秋，茶香齋閣午。神歡所適宜，動黙造幽覩。應念懷鉛人，垂頭證魚魯。

宋 司馬光《傳家集》卷一二《再和秉國約游石淙》 上國分攜十五秋，未嘗偶坐捧茶甌。石淙今會須如約，彼此霜毛各滿頭。

宋 孔武仲《清江三孔集》卷七《送殷父弟知衡州》 浮雲富貴本無情，出守衡陽地望清。隴畝良田多樂歲，江山秀氣入重城。鈴齋宴衎茶罇佚，棠蔭優游獄訟平。應念區區大粱客，朝衣顛倒趁雞鳴。

又卷一二《送謝仲規致仕》 公年五十餘，鬚鬢黑如漆。朝廷方進用，未是挂冠日。又非力不任，數以身自乞。人疑徇虛名，今也踐其實。蕭然巢許姿，臭腐視冕紱。東南富人材，卿相近間出。急流能勇退，千古未有一。賢哉謝夫子，趣尚真不屈。騰裝嶺外遠，歸棹江邊疾。故鄉何日到，清暑坐華室。荔包雜紅紫，茶品分甲乙。歲時會親賓，左右列圖帙。回頭烟瘴地，揮手風波窟。天將勞以生，乃獨取閒佚。觀公眉宇秀，凜凜有道骨。當為地上仙，不是籠中物。我亦素有心，賤貧嗟汨没。鴻鵠羽翼成，高飛脱羅罻。鷦鷯未有巢，側目空自失。短章健公决，行且嘗蓬蓽。

宋 舒亶《舒待制詩集・虎跑泉在太白山天童寺之側**》**《兩宋名賢小集》卷九 ○一嘯風從空谷生，直教平地作滄溟。靈山不與江心比，誰會茶仙補水經。

宋 毛滂《東堂詞・山花子天雨新晴孫使君宴客雙石堂遣官奴試小龍茶**》** 日照門前千萬峯。晴颸先埽凍雲空。誰作素濤翻玉手，小團龍。定國精明過少壯，次公煩碎本雍容。聽訟陰中苔自緑，舞衣紅。

宋 馬莊父《朝中措》《詞綜》卷一六 龍孫脱頴破苔痕，英氣欲凌雲。深處未須留客，春風自掩柴門。蒲團宴坐，輕敲茶臼，細撲爐熏。彈到琴心三疊，鷓鴣啼傍黄昏。

宋 王十朋《梅溪先生文集》卷四《亭某以幕寮與焉坐上成二絶》 使君開宴小蓬瀛，幕客參陪亦與榮。茗爇寒泉飲清白，酒斟佳月賞分明。

又 白髪青衫老幕官，蓬萊秋月兩年看。興来端欲乘風去，不怕瓊楼玉宇寒。

又卷一三《与二同年觀雪于八陳臺果州會焉酌酒論文煮惠山泉瀹建溪茶誦少陵江流石不轉之句復用前韵》 吾儕風味雅同科，領略江山逸𠔉多。諸葛陳畾臺上看，少陵詩句酒中哦。惠山活水煎茶白，勝巳高峯帯雪皤。絶境况逢三五馬，定将好句壓陰何。

又《會同僚于郡齋煮惠山泉烹建溪茶酌瞿唐春》 錫泉龍焙忽飛来，春著瞿唐初潑醅。腸似玉川堪七碗，只如太白謾三杯。月團不許无詩淂，霜蘂端因有分開。王抚幹以晚菊一盆末頗佳石銚瓦盆吾已具，竹林它日定相陪。

又卷一四《伏日與同僚游三友亭》 炎天過小雨，伏日生微凉。新亭會僚友，故事開壷觴。用番陽四望亭去年瑞白堂故事泉汲卧龍乳，茶烹團鳳香。緬懷去年今，跳珠出詩章。

宋 袁説友《東塘集》卷四《丁端叔茶馬會同年同庚》 竹林賓主樂襟期，並榜齊年兩見之。丙午同生雖共老，甲辰笑我獨為雌。秋鴻社燕時難值，桂酒椒漿醉莫辭。半是天涯老行客，耆英當繼洛中詩。

宋 趙師使《坦庵詞》卷一《浣溪沙鑑止宴坐**》** 雪絮飄池點緑漪，舞風游漾燕交飛，陰陰庭院日遲遲。一縷水沈香散後，半甌新茗味回時，翛閒萬事總忘機。

宋 韓淲《澗泉集》卷六《王幹以詩寄和答》 福唐荔子冬生花，青榕深深多釋家。海山會府亦繁富，官自貨鹽常造茶。民以不寃刑獄折，無歲無人無一節。同僚鬬牛應暖熱，中酒過聽不可説。

又卷一一《次韻邱簿對碧軒》 淡烟晴景鳥關關，香淨茶甘宴坐間。竹碧便宜終日對，僧清輸與一生閑。此時薄宦經行地，萬里思鄉夢處山。心寄飛鴻在雲杪，數聲零落下滄灣。

元 耶律楚材《湛然居士文集》卷四《和摶霄韻代水陸疏文因其韻爲詩十首其七**》** 新詩欸玉起予深，獨有摶霄我許心。真跡居塵聊俯

仰，高名與世任浮沈。同成雅會清茶話，共賞枯桐白雪音。他日歸休約何處，燕山參謁萬松林。

又卷五《西域從王君玉乞茶因其韻七首其三**》** 高人惠我嶺南茶，爛賞飛花雪沒車。是日作茶會值雪玉屑三甌烹嫩蕊，青旗一葉碾新芽。頓令衰叟詩魂爽，便覺紅塵客夢賒。兩腋清風生坐榻，幽歡遠勝泛流霞。

元 尹廷高《玉井樵唱》卷中《堂成而方外芥室和尚玉溪道士訪予玉井峰相對啜茶一笑忘言真會一也**》** 攜手孤峰躡紫霞，船來陸到摠無差。從教廬阜傳三笑，要學雙林會一家。格物隱然參柏子，養心即是煉丹車。莫將門户論分別，鼎踞蒲團且啜茶。

元 成廷珪《同諸公游西城木蘭院》《元詩選二集》卷一三 三月西城風日好，短筇隨意踏晴沙。王孫不識蘼蕪草，童子来尋枸杞芽。白髮有人中卯酒，清泉無火煮春茶。山扉寂寂僧歸晚，落盡辛夷一樹花。

又《至正二十一年春三月二日同孫大雅張孟膚縻仲明登虎丘訪居中禪師不遇留題平遠堂**》**《元詩選二集》卷一三 三月二日春增華，泛舟也到王珣家。山中碧泉似醴酥，巖下緑草如袈裟。荒墳無人見白虎，新城有樹啼青鴉。居中老禪不得會，空索劒池同煮茶。

明 高啓《高太史大全集》卷一二《圓明佛舍訪呂山人》 憐君不出院，結夏與僧同。陰竹行廊遠，香花俺殿空。飯分齋鉢裏，書寄藏函中。茶宴歸来晚，西林一磬風。

明 殷奎《强齋集》卷七《憶江南三首其二**》** 江南憶，其次憶何人。正憶高堂七十親。膝下舞筵圍稚子，花前茶會洽比鄰。長奉笑顏春。

明 袁華《耕學齋詩集》卷一二《題李嵩會茶圖》 穀雨初晴花亂吹，金河春水膩如脂。挈缾小試團龍餅，想見東都全盛時。

明 張羽《静菴集》卷四《右茶宴室》 一壺兼一杖，獨行東墺裏。稚子倚柴門，孤烟屋頭起。

明 王恭《草澤狂歌》卷一《夏日過周六園林因有茶瓜之會》

盛夏日方永，端居憶登臨。同袍四五輩，共愛嘉樹林。一徑入幽僻，蒼蒼羣木陰。脱巾坐石榻，拂石絃五琴。泠泠澗泉水，婉婉山鳥音。葷酒亦易致，茶瓜非外尋。以茲有佳趣，聊用忘歸心。

又卷三《夏月過周六園林因有茶瓜之會》 森爽鳳山裏，林幽暑自移。幸無塵外事，應有静中期。鳥觸牽風幔，猿投宿露枝。茶瓜並異味，隨興且淹遲。

又卷四《夏日過周六園林因有茶瓜之會》 鳳崗峯下舊荆扉，龍眼陰陰暑氣微。海上雲山迢遞見，林間車馬往来稀。風摇竹露沾紗帽，鳥蹴藤花墮客衣。不爲茶能留永日，主人談笑却忘歸。

明 張昱《可閒老人集》卷三《游雲門寺同寶林别峰尊師賦》

東游好是雲門寺，况在若耶溪水邊。茶會詩傳唐舊刻，松壇名重晉諸賢。行雲欲傍支郎馬，垂柳能維賀老船。也當一場風月夢，為題名姓法堂前。

明 吴與弼《康齋集》卷四《宿楓山車氏莊》 明月清風夜，殊非遠别時。薰衣茶宴罷，為爾細談詩。

明 程敏政《篁墩文集》卷六五《送陸文量駕部出使河南次留别韻》 曾接芳鄰會一茶，蓬門長許故人撾。郎官標格晴翻雪，内史篇章醉吐霞。明日又攀東郭柳，當時同看上林花。春風聯佩相思地，玉陛鞭聲散曉鴉。

明 黎民表《瑶石山人詩稿》卷五《同易道人過霈上人山居》

支公禅观处，密义许相酬。白黒虽殊致，玄无本一流。经翻疎树下，茗宴曲池幽。为问浮生里，何人得此游。

师曾访道去，言至伏牛山。残雪经行苦，深林乞食艰。心花晴自湛，身界老终闲。一衲云峰下，秋来独闭關。

明 蔡元履《茶事咏》徐𤊹《茗譚》 溫陵蔡元履《茶事詠》云：『煎水不煎茶，水高發茶味。大都瓶杓間，要有山林氣。』又云：『酒德泛然親，茶風必擇友。所以湯社事，須經我輩手。』真名言也。

清 黄遵憲《人境廬詩草》卷三《大阪》 黒面猴王今已矣，尚餘石壘疊城濠。江山入眼花光媚，樓閣凌虚海氣豪。横列東西青雀舫，旁通三百赤欄橋。昨宵茗宴今花會，多少都人載酒遨！

宮廷茶儀

綜述

宋 蔡絛《鐵圍山叢談》卷一 國朝儀制：天子御前殿，則群臣皆立奏事，雖丞相亦然。後殿曰延和、曰邇英，二小殿迺有賜坐儀。既坐，則宣茶，又賜湯，此客禮也。延和之賜坐而茶湯者，遇拜相，正衙會百官，宣制才罷，則其人親抱白麻見天子於延和，告免禮畢，召丞相升殿是也。邇英之賜坐而茶湯者，講筵官春秋入侍，見天子坐而賜茶迺讀，讀而後講，講罷又賛賜湯是也。他皆不可得矣。

又卷二 國朝故事，天子誕節，則宰臣率文武百僚班紫宸殿下，拜舞稱慶。宰相獨登殿捧觴，上天子萬壽，禮畢，賜百官茶湯罷，於是天子還內。則宰臣夫人在內亦率執政夫人以班福寧殿下，拜而稱賀。宰臣夫人獨登殿捧觴，上天子萬壽，仍以紅羅綃金鬚帕繫天子臂，退復再拜，遂燕坐於殿廊之左。此儒臣之至榮。

清 昭槤《嘯亭雜録》卷八《內務府定製》 掌儀司，凡饗奉先殿之禮。【略】凡燕外藩之禮，歲除及正月十五日賜外藩蒙古宴，奏請欽命進酒大臣、內管領備筵九十席，宴於保和殿及正大光明殿。屆時，鴻臚寺、理藩院引蒙古王、公、台吉入，領侍衛內大臣序王公班次，八旗一二品武職亦預焉。皇上陞殿，奏《隆平》之章，蒙古王公武大臣各就席，行一叩禮，座。尚茶正升邇御筵，降迺進茶。丹陛清樂作，奏《海宇昇平》之章，尚茶正率侍衛等舉茶案由中道進，至檐下正中北嚮跪，注茶於碗。進茶大臣奉茶入中門，羣臣皆就本位跪，進茶大臣由中陛升至御前進茶，退立於西。上飲茶，與宴之臣僚咸行一叩禮。進茶大臣跪受茶碗，由右陛降，出中門，衆皆坐。侍衛等分賜與宴臣僚茶，皆於本位一叩，飲畢復行一叩禮。尚茶正徹茶案退，樂止。展席冪，乃進酒如進茶儀。

清 福格《聽雨叢談》卷八《茶》 上自朝廷燕享，下至接見賓客，皆先之以茶，品在酒醴之上。古人龍團、鳳團，必曰烹，曰煮，曰煎，曰焙，今之熬茶是也。今官家燕亨及各國通商，仍尚苦茗茶、團茶餅，猶存古人煮茗之意。至於用沸湯瀹芽茶，一浸即飲，取其香鬱為美，清洌為甘，則不知始於何時。宋宣仁太后詔免龍團而進葉茶，應是芽茶之始。今京師人又喜以蘭蕙、茉莉、玫瑰薰襲成芬者，漸亦遍於海內；惟吳越專尚新茶，不嗜花薰，固是出產之地，易得嫩葉耳。京朝王、貝勒接見外藩，按其品爵，有待茶不待茶之例，載於典章。外官督撫接見屬吏，待茶至知縣而止，佐雜弗及，亦定例也。按《金史》泰和五年，尚書省奏，茶為飲食之餘，耗財彌甚，七品以上官，其家方許飲茶。蓋茶葉出於宋地，以防耗財資敵之意。今之知縣進謁，始款茗飲，應是相沿金季之令。

紀事

宋 陳師道《後山談叢》卷三《宋緩爲李昉夫人上壽》 文正李公既薨，夫人誕日。宋宣獻公時為從官，與其僚二十餘人詣第上壽，拜於簾下，宣獻前曰：『太夫人不飲，以茶為壽。』探懷出之，注湯以獻，復拜而去。

《文獻通考》卷三三《選舉考六》 高宗紹興元年，下詔復賢良方正能直言極諫科。【略】赴試人引見賜坐，殿廊兩廂設垂簾、幃幕、青褥、紫案，差楷書祗應，內侍賜茶果。

（乾隆）《熱河志》卷一七《巡典五》 〔乾隆二十三年〕

上奉
皇太后于卷阿勝境侍膳
賜扈從王公大臣蒙古王公台吉等茶果凡三日八月丙辰復
賜王公大臣蒙古王公台吉等茶果凡六日乙丑

又 〔乾隆二十四年〕

上奉
皇太后于卷阿勝境侍膳
賜扈從王公大臣蒙古王公台吉等茶果凡十日八月己丑

又 ［乾隆二十五年］

上奉
皇太后於卷阿勝境侍膳
賜扈從王公大臣蒙古王公台吉都爾伯特親王回部
郡王及哈薩克使臣等茶果凡十日癸未
御萬樹園
賜扈從王公大臣及蒙古王公台吉等觀火戲甲申亦如之乙酉

又 ［乾隆二十六年］

上奉
皇太后於卷阿勝境侍膳
賜扈從王公大臣蒙古王公台吉等茶果，凡七日丙子復
賜茶果凡三日己卯
上萬壽聖節詣
皇太后行宮行禮
御澹泊敬誠殿扈從王公文武大臣官員及蒙古王公
台吉等行慶賀禮

又卷一八《巡典六》 ［乾隆二七年］

上侍
皇太后膳
賜扈從王公大臣蒙古王公台吉及哈薩克使臣等茶果凡四日甲寅復
賜茶果凡四日九月戊辰重陽節

又 ［乾隆二八年］

上奉
皇太后於卷阿勝境侍膳
賜扈從王公大臣蒙古王公台吉等茶果，凡七日甲午丙申亦如之丁酉
上萬壽聖節詣
皇太后行宮行禮
御澹泊敬誠殿扈從王公文武大臣官員及蒙古王公
台吉等行慶賀禮

又 ［乾隆二九年］

上奉
皇太后于卷阿勝境侍膳
賜扈從王公大臣蒙古王公台吉等茶果凡三日八月辛巳復
賜茶果凡七日辛卯

又 ［乾隆三〇年］

上奉
皇太后於卷阿勝境侍膳
賜王公大臣蒙古王公台吉等茶果凡三日八月乙巳復
賜王公大臣蒙古王公台吉等茶果凡七日癸丑

又卷一九《巡典七》 ［乾隆三一年］

上奉
皇太后於卷阿勝境侍膳
賜扈從王公大臣蒙古王公台吉等茶果凡三日八月己亥復
賜王公大臣蒙古王公台吉等茶果凡七日丁未亦如之己酉

《宋會要輯稿·禮七·祔廟儀》 齋戒。前饗十日受誓戒於尚書省，並如常饗受誓之儀。祔饗前一日，其日祔饗並別廟行事、執事官並服吉服赴太廟齋坊幕次。行事、執事官詣初獻廳下，對揖訖，升廳，收笏就坐。點茶畢，請執笏立，俟太祝習讀祝文訖，收笏就坐。點湯畢，禮直官、贊者分引行事、執事官詣東神門外省牲位立定。禮直官贊揖訖，次引押樂太常卿入行樂架。次引監察御史升殿，詣諸室前，北向視滌濯，執事者皆舉冪曰『潔』，降，復位。禮直官曰『告潔畢，請省牲』，次引太祝、光祿丞巡牲，告『充』、『腯』如常儀。訖，退，復位。禮直官曰『省牲畢，請詣省饌位』，揖訖，禮直官、贊者分引行事、執事官詣省饌位立定。禮直官贊『揖』，訖，所司省饌。俱畢，禮直官贊『揖』，訖，退。次引監察御史詣廚省鼎鑊、視滌溉，訖，退。協律郎展視樂器。俱還齋所。晡後，太官令率宰人以鸞刀割牲，祝史以盤取毛血，各置於饌所，遂烹牲。宮闈令帥其屬掃除廟之內外訖，還齋所。初，點饌畢，太廟奉安所捧神主腰輿詣廟南神門外幄次，並設浴斛、案、巾、香、筆、墨、硯等於幄內。

又《禮一三·神御殿》 宣和元年六月二十二日，禮部奏：『太常

寺參酌修立到諸州府有祖宗御容所在，每遇朔日諸節序降到御封香表及不降香表逐次行禮儀注下項：一、遇朔日、諸節序奉香表行禮儀注。齋戒：朝拜前一日，朝拜官、以長吏，如闕以次官充。讀表文官以次官充。自早俱赴齋所，俟香、表、茶、酒、菓、禮料等齊備，禮生引讀表文官、齎香表官並集朝拜官廳，執事者以有色服者充。以香表呈視。禮生請讀表文官稍前習讀表文，如係密詞，即讀封題。訖，禮生贊復位。次執事者以有色服者充。以御封香、禮料等呈視，訖，退，各還齋所。朝拜行事官已齋而闕者，通攝行事。朝拜未行禮前，有司設香案並時果、牙盤食於殿上，當神御前，又設鈔鑼盆臺、奠茶酒盂子、盞托等於神御前香案前之左，香爐匙并御封香表於案上。設朝拜官位於殿下，西向；讀表文官位於殿之南，北向；陪位官位於其後。設焚表文位於殿庭東，南向。朝拜日，其日質明前，香火官先詣殿下，北向拜訖，陞殿，東向侍立。有司陳設訖，禮生先引陪位官入就位，北向；次引讀表文官入就位；又次引朝拜官就位，西向立定。禮生贊：『有司謹具，請行事。』禮生贊再拜，朝拜官以下俱再拜。訖，禮生引讀表文官先陞殿，於香案之右東向立；次禮生引朝拜官陞殿，詣神御香案前。禮生贊搢笏，上香，再上香，三上香，側跪奠茶，三奠酒訖，執笏，俛伏，興，少立。禮生贊讀表文官搢笏，跪讀表文，如系密詞，即讀封題。訖，執笏，興，降階復位。朝拜官再拜訖，降階復位。【略】執事者以所薦之物授薦獻官，薦獻官受以獻，訖，復授執事者，置于神御前。薦獻官執笏，俛伏，興，再拜訖，降階復位。禮生贊再拜，在位官皆再拜，訖，退。一、契勘神御前除節序并朔望陳設牙盤食、茶、酒、果供養外，其每日欲乞止令逐殿香火使臣，殿下再拜焚香畢，又再拜訖，躬親開殿照管。』從之。

又　〔建炎〕四年正月二十五日，詔內侍省差官一員主管迎奉揚州章武殿、永安軍會聖宮、西京啟運宮神御御容。

【略】

二十八日，詔：『溫州天慶宮近奉安萬壽觀聖祖神御，可每歲撥放道童二名，仍依祥符二年指揮撥賜田一十頃。』同日，詔萬壽觀主管官吳鐸言：『神御已就溫州天慶宮奉安，遇旦、望、國忌、節序，合用酌獻食味、酒、果、香、茶、紙、燭、油、炭之類，並應干崇奉物色，乞令本州島應副。』從之。

又　〔紹興三年〕七月三日，太常寺言：『塑制昭慈獻烈皇后神御，迎奉赴溫州景靈宮奉安，參酌修撰內中告遷、權安奉、奏告、迎奉行禮儀注。』從之。

其日，俟發改謚冊寶訖，禮儀使詣塑製神御所神御前北向立，請再拜訖【略】奏訖，伏，興，少退立。扶侍、夾侍捧遷神御入幄，輦官擎綵殿退。禮儀使以下歸次。俟有司排辦供養牙盤食、茶、酒、果、香火等畢，禁衛、班直、親從官等排置，僧道、鈞容直更互振作，次禮儀使早燒香畢，歸次以俟。晚燒香如儀。

奏告迎奉：其日早，俟有司排辦供養牙盤食、茶、酒、果、香火等畢，禮直官、贊者分引禮儀使詣殿下西向立，太祝北向立。都大主管官往來照管。禮直官贊：『有司謹具，請行事。』贊者曰『拜』，在位官皆再拜訖。次引太祝升殿，詣神御之西，東向立。次禮儀使升詣神御香案前，搢笏，三上香，跪，一奠茶，三奠酒，執笏，俛伏，興，少立。太祝搢笏，跪讀祝文訖，降階復位立。禮儀使再拜訖，降階復位，少立。次詣望燎位，南向立，太祝重行，有司焚祝版訖，權退歸次。俟迎奉前有司排辦供養牙盤食、茶、酒、果、香火等畢，禮直官引侍臣詣神御之東，西向立。次前導官詣幄前位。俟皇帝自內服履袍，詣御幄，簾降。少頃，太常卿當幄前，俛伏，跪奏稱：『太常卿臣某言：請皇帝行酌獻之禮。』奏訖，伏，興，復位立。簾捲，前導官導皇帝出幄，詣神御前，北向立。禮直官奏請拜，皇帝再拜訖，又奏請皇帝三上香，又奏請皇帝跪。侍臣以茶酒跪進。奏請皇帝一奠茶、三奠酒，訖，奏請皇帝俛伏，興，又奏請拜，皇帝再拜。訖，前導皇帝歸御幄。俟時將至，輦官擎腰輿升殿訖，權退。

又　〔淳熙十六年十一月〕十七日，禮部、太常寺言：『已降指揮，塑製高宗聖神武文憲孝皇帝、憲節皇后神御，於景靈宮等處奉安。欲以十二月十四日告遷，其日卯時八刻後乙時奉安。』從之。

前一日，禮儀使詣塑制所幕次，俟陪位親王、宗室、使相、南班宗室詣殿下北向立定，禮直官引禮儀使詣神御殿下西向立，都大主管官重行，於禮儀使之後立。禮直官揖禮儀使再拜，在位官皆再拜訖，禮儀使陞殿，詣高宗皇帝神御前，搢笏，三上香，執笏。【略】禮儀使以下權歸幕次。

俟有司排辦供養牙盤食、茶、酒、果、香火等畢，禁衛班直、親從官等排立，儀仗、鼓吹、僧道更互振作。次禮儀使詣高宗皇帝、憲節皇后神御前早燒香，親王、宗室、使相、南班宗室陪位。俟燒香畢，歸次以俟。晚燒香如儀。

至日早，俟有司排辦供養牙盤食、茶、酒、果、香火等畢，贊者先引太祝詣殿下北向立。禮直官引禮儀使詣殿下之東，西向立。禮直官揖拜，在位官皆再拜。先引太祝陞，詣神御幄前之西，東向立。禮直官引禮儀使升詣高宗皇帝神御前，搢笏，三上香，跪，奠茶，三奠酒，執笏，俛伏，興，少立。太祝跪讀祝文。禮儀使再拜，次詣憲節皇后神御前行禮，並如上儀，俱降階復位。次引禮儀使詣望燎位，南向立。俟焚祝版訖，退歸幕次。

奏告禮畢，儀仗、鼓吹、僧道權退於麗正門外排立，以俟奉迎。有司排辦酌獻牙盤食、茶、酒、果、香火等畢，侍臣詣高宗皇帝神御前香案之東，西向立。太常博士、太常卿詣御幄前立。次宰執、親王、使相、侍從、臺諫、兩省官、閤門官、禮官、南班宗室詣殿下北向立定。皇帝自內服靴袍，詣御幄，簾降。少頃，引太常卿當幄前，俛伏，跪奏稱：『太常卿臣某言：請皇帝行酌獻之禮。』前導官導皇帝出幄，詣殿上之東褥位，西向立。奏請拜，皇帝再拜。典儀曰『拜』，在位官皆再拜。前導官導皇帝詣高宗皇帝神御前。奏請上香，內侍以茶、酒授侍臣，侍臣西向跪進。奏請皇帝跪，奠茶，三奠酒，訖，奏請皇帝俛伏，興，拜，皇帝再拜，在位官皆再拜。前導官導皇帝詣憲節皇后神御前行禮，並如上儀。

又 ［慶元二年二月］二十一日，禮部、太常寺言：『孝宗皇帝、成穆皇后、成恭皇后神御以八月五日自塑製處告遷於射殿權奉安，並奏告訖，皇帝行酌獻及奉辭禮畢，迎奉於景靈宮、萬壽觀奉安。』從之。

【略】

禮儀使行奏告禮，其日行酌獻禮並告遷。時前，俟有司於射殿孝宗皇帝、成穆皇后、成恭皇后神御幄前排辦供養牙盤食、茶、酒、果、香火等畢，贊者先引太祝詣殿下北向立，都大主管官往來照管。禮直官引禮儀使詣殿下之東，西向立。禮直官揖躬拜，在位官皆再拜訖。次引太祝升詣孝宗皇帝神御幄前之西，東向立。禮直官引禮儀使升詣孝宗皇帝神御香案前，搢笏，三上香，跪，奠茶，三奠酒，執笏，俛伏，興，少立。太祝搢笏，跪讀祝文訖，執笏興。先詣成穆皇后神御幄前之西，東向立，禮儀使再拜訖，次詣成恭皇后神御香案前行禮，並如上儀。訖，俱降復位。次引禮儀使詣望燎位南向立，太祝位於其後，俟焚祝版訖，權退歸幕次。

皇帝行酌獻燒香禮，并前導神御出麗正門外行奉辭燒香禮，及禮儀使詣景靈宮行正奉安禮。其日，俟禮儀使行奏告禮畢，儀仗、鼓吹、僧道於麗正門外排立，以俟奉迎。禁衛、班直、親從官等於殿下排立定。有司排辦酌獻牙盤食、茶、酒、果、香火等畢，禮直官引侍臣詣孝宗皇帝神御前香案之東，西向立。禮直官引太常博士、太常卿詣御幄前立。次御史臺、閤門、太常寺分引宰執、使相、郡王、侍從、台諫、兩省官、閤門官、禮官、南班宗室及正任觀察使以上並管軍詣殿下，北向立定。皇帝自內服靴袍，詣御幄，簾降。少頃引太常卿當幄前，俛伏，跪奏稱：『太常卿臣某言：請皇帝行酌獻之禮。』奏訖，伏，興，復位。簾捲，前導官導皇帝出幄，詣殿上之東褥位，西向立。奏請拜，皇帝再拜。典儀曰『拜』，贊者承傳曰『再拜』，在位官皆再拜訖。前導官導皇帝詣孝宗皇帝神御香案前，奏請上香，再上香，三上香。內侍以茶、酒授侍臣，侍臣西向跪以進。又奏請皇帝跪，奠茶，三奠酒。訖，奏請皇帝俛伏，興。又奏請拜，皇帝再拜。典儀曰『拜』，贊者承傳曰『再拜』，在位官皆再拜訖。

又 ［嘉定二年］五月十一日，禮部、太常寺言：『成肅皇后神御以六月十六日自塑制處告遷于射殿權奉安，並奏告訖，皇帝行酌獻及奉辭禮畢，迎奉于景靈宮奉安。』從之。

禮儀使詣塑制所幕次，俟陪位謝府親屬詣殿下北向立定，禮直官引禮儀使詣成肅皇后神御殿下西向立，都大主管官重行，於禮儀使之後立。

【略】

禮儀使以下權歸幕次。俟有司于成肅皇后神御幄前排辦供養牙盤食、茶、酒、果、香火等畢，禁衛、班直、親從官等排立，儀仗、鼓吹、僧道更互振作。次禮儀使詣成肅皇后神御香案前早燒香，謝府親屬陪位。俟燒香畢，歸幕次以俟。晚燒香如儀。

禮儀使行奏告禮，其日行酌獻禮，並告遷。時前，俟有司于射殿成肅

皇后神御幄前排辦供養牙盤食、茶、酒、果、香火等畢，贊者先引太祝詣殿下北向立，都大主管官往來照管。禮直官引禮儀使詣殿下之東，西向立。禮直官揖躬拜，在位官皆再拜訖。次引太祝升詣成肅皇后神御幄前之西，東向立。禮直官引禮儀使升詣成肅皇后神御香案前，搢笏，三上香，跪，奠茶，三奠酒，執笏，俛伏，興，少立。太祝搢笏，跪讀祝文訖，執笏，興。禮儀使再拜訖，俱降復位。次引禮儀使詣望燎位南向立，太祝位於其後。俟焚祝版訖，權退歸幕次。

皇帝行酌獻燒香禮，並前導御出麗正門外行奉辭燒香禮，及禮儀使詣景靈宮行正奉安禮。其日，俟禮儀使行奏告禮畢，儀仗、鼓吹、僧道於麗正門外排立，以俟奉迎。禁衛、班直、親從官等於殿下排立定。有司排辦酌獻牙盤食、茶、酒、果、香火等畢，禮直官引侍臣詣成肅皇后神御前香案之東，西向立。禮直官引太常博士、太常卿詣御幄前立。次御史臺、閤門、太常寺分引皇太子、宰執、使相、侍從、台諫、兩省官、閤門官、禮官、南班宗室及謝府親屬，並正任觀察使以上及管軍，詣殿下北向立定。皇帝自內詣御幄，簾降。少頃，引太常卿當幄前俛伏，跪奏稱：『太常卿臣某言：請皇帝行酌獻之禮。』奏訖，伏，興，復位。簾捲，前導官前導皇帝出幄，

詣殿上之東褥位，西向立。奏請拜，皇帝再拜。典儀曰『拜』，贊者承傳曰『再拜』，在位官皆再拜訖。前導官導皇帝詣成肅皇后神御香案前，奏請上香，再上香，三上香。內侍以茶、酒授侍臣，侍臣西向跪以進。又奏請皇帝跪奠茶，三奠酒。

又《禮四五・宴享》 〔紹興十三年十二月〕二十七日，詔：『金國人使朝見訖，垂拱殿茶酒，都管令於東、西廊上第一間歇空稍前坐。今後依此。』

又 〔紹興〕十四年五月七日，閤門言：『金國賀生辰使人朝見七拜，朝見謝面天顏并謝湯茶藥等各兩拜，受賜三拜，垂拱殿賜茶酒謝坐兩拜，撫問免拜，仍免進酒，候賜茶酒畢降兩拜。』從之。

又 〔紹興〕二十年五月十九日，詔：『金國人使朝見，垂拱殿賜茶酒，如墜落匙 等失儀，令通事拾起，免問彈。今後依此。』

又 〔紹興〕二十九年十二月十六日，詔：『金國賀正旦使人見辭賜茶，權令尚書、正侍郎、觀察使以上赴座。』故事，人使見、辭並賜宴，時以顯仁皇后喪制罷宴故也。以上《中興會要》。

又《宴享二・雜宴・講書宴》 紹興十六年三月二十三日，賜侍讀、侍講、修注以下御筵于皇城司。二十七年十月十三日，賜于本司，用化成殿等樂，仍遣中使賜香茶，皆以經筵終篇也。

又《宴餞》 宴餞之儀，太祖、太宗朝，藩鎮牧伯沿五代舊制，入覲及被召，使回，客省賚籤賜酒食，節度使十日，留後七日，觀察使五日。【略】群臣賀，賜衣；奉慰，並特賜茶酒或賜食，外任遣人進奉，亦賜酒食，或生料。自十月一日後盡正月，每五日起居，百官皆賜茶酒，諸軍分校三日一賜。冬至、二社、重陽、寒食，樞密近臣、禁軍大校或賜宴其第及府署中，率以為常。【略】

又 〔大中祥符〕中興，仍舊制，凡宰相、樞密、執政、使相、節度、外國使見辭及來朝，皆賜宴內廷或都亭驛，或賜茶酒，並如儀。

又《禮五二・巡幸》 國朝之制，車駕幸寺觀焚香、園苑遊宴，其日內客省使至通事舍人、閤門祗候並鞾笏，樞密都承旨、祗應諸司使以下並公服繫鞵，與內侍都知已下常起居，班首奏聖躬萬福。應起居者皆然。次殿前馬步軍以下於內東門廊南階下，次執毬杖供奉官以下於內東門南對立，次諸班並常起居。次舍人引宰臣以下應隨駕官，並鞾笏，一班常起居。非汎駕幸諸處並常起居，曾起居止奏萬福。執毬仗供奉官候引駕回，於內東門南對立，常起居。皇帝服鞾袍出，降座，鳴鞭出內。至寺觀殿上焚香訖，宣從臣喫茶，舍人引宰臣以下再拜就座。喫茶訖，復再拜退。或宣道僧錄以下喫茶，舍人引當御前，躬三呼萬歲，就座。喫茶訖，退，皆躬三呼萬歲。如賜茶絹或茶果，即舍人宣勅喝賜如常儀。如宣隨駕官對御食，進酒、賜酒、就座，如大宴儀。應隨駕官宰臣、親王、樞密使以下，學士、三司使副、知開封府、使相、節度使至刺史、當直修起居注常從外，知制誥、待制、統軍上將軍，閤門旋定旨。中書、親王、樞密及宣徽使並禁衛內行馬，餘官並禁衛後序行。駕回，並從至門內方退。應新授職官未朝謝特宣召者，座次閤門臨時奏裁。如視朝後非時行幸，宰臣、親王以下並公服繫鞵，除不赴內東門起居外，餘如上儀。

又 景祐元年九月十六日，幸萬壽觀。二年十二月十七日、四年三

月五日、寶元元年十二月八日、慶曆七年十二月十五日，凡四臨幸。

【略】

三年二月七日，詔：『今後車駕幸宮觀、寺院，令閤門依例喝賜茶酒。』四月十三日，閤門詳定到車駕幸宮觀、寺院支賜茶絹等第例，詔依奏。景靈宮、會靈觀、祥源觀、萬壽觀、上清宮、建隆觀、東西太一宮：道録絹七疋，茶五斤；副道録絹五疋，茶五斤；都監絹三疋，茶二斤；鑒儀、守闕鑒儀，各絹一疋，茶一斤；宮觀主、本宮觀都監，各絹一十疋，茶五斤；逐宮觀道衆共絹三十疋，茶二十斤；駕經過起居道衆共絹二十疋，茶一十斤。延祥觀及諸道觀，道衆共絹一十五疋，茶一十斤；駕經過起居道衆共絹五疋，茶三斤。大相國寺、開寶寺、太平興國寺、啟聖院、景德寺、顯聖寺、太清寺、顯寧寺、奉先禪院、普安禪院、慈恩寺，僧録絹七疋，茶五斤；副僧録，絹五疋，茶二斤；講諭、講經首坐，各絹三疋，茶二斤；鑒儀、守闕鑒儀，各絹二疋，茶二斤；僧衆共絹三十匹，茶二十斤；駕經過起居僧衆共絹二十匹，茶一十斤。啟聖院、普安禪院、奉先禪院、慈孝寺院，各絹一十匹，茶五斤。開寶寺塔、顯聖寺塔、起居寺僧衆，共絹一十疋，茶五斤。報恩院、惠辯院、惠聖院、奉聖院、水陸院、崇福院、法濟院、明禧院、法雲院、承天院並諸寺院僧尼衆，逐院共絹十匹，茶五斤；駕經過起居僧尼衆共絹五匹，茶三斤。太平興國寺譯經大卿、小卿，各絹七匹，茶五斤；同譯經僧，各絹二匹，茶二斤。上元觀燈，相國寺佛牙閣僧衆共絹一十疋，茶五斤。

八月十七日，閤門言：『準詔，車駕幸宮觀、寺院，令閤門依例喝賜茶絹，更不候傳宣。其迎駕起居僧尼道士，欲乞車駕親臨寺觀前後門經過，即依例喝賜。』從之。

十一月一日，詔今後除車駕幸宮觀、寺院燒香及諸處遊宴，即喝賜茶酒。

又《禮五七・上壽・德壽宮太上皇帝慶壽》［淳熙二年十二月］

十七日立春，行慶壽禮。前一日，有司設大次於德壽宮門內，南向，小次於殿東廊，西向。設皇帝褥位二：一于太上皇帝御座之東，西向；一于御座之南，北向。尚醞設御酒尊酒器於御座之東，又設御茶牀於御座之西稍北。其日皇帝服靴袍，升輦，至德壽宮。從駕應奉官禁衛等並簪花，不從駕官徑赴德壽宮，並簪花，以俟迎駕起居。前導太常卿、閤門官、太常博士、禮直官及管軍、御帶、環衛官詣大次前分班于左右，文武百僚詣德壽宮殿下，東西相向立。皇帝至大次，降輦入次，簪花，服靴袍。皇太子以下應從駕官入詣德壽殿下，東西相向立。前導官導皇帝入小次。太上皇帝升御座，前導官導皇帝升殿東階，詣折檻前北向褥位立，奏請皇帝再拜，躬奏聖躬萬福，又再拜。前導官導皇帝詣太上皇帝御座之東褥位西向立，皇太子及文武百僚北向立。舍人贊皇太子以下再拜，搢笏舞蹈，又再拜，躬。班首奏聖躬萬福，又再拜，分東西相向立。禮直官引奉盤醆參知政事、受盤醆參知政事、承旨宣答簽書樞密院事及奏禮畢戶部尚書、殿中監、殿中少監升殿。內侍進御茶牀，尚醞典御以盤醆酒注授殿中監、殿中少監訖，禮直官引奉盤醆參知政事詣酒尊所，北向搢笏立。殿中監以盤醆授奉盤醆參知政事，捧盤醆西向立。殿中監啟醆，殿中少監以酒注於醆，奉盤醆參知政事奉酒詣皇帝前北向，禮直官引受盤醆參知政事詣太上皇帝御座前西向立，皇太子及文武百僚北向立。奉盤醆參知政事躬進皇帝，皇帝奉酒，禮直官前導皇帝詣太上皇帝御座前躬進。受盤醆參知政事躬接盤訖，複受奉盤醆參知政事奉盤于皇帝褥位之北，西向立。禮直官等前導皇帝詣太上皇帝御座前褥位，北向，俛伏，跪，皇太子及文武百僚躬。皇帝致詞稱賀太上皇帝：『皇帝臣眘稽首言：天佑君親，錫茲難老，維春之吉，年德加新。臣眘與群臣等不勝大慶，謹上千萬歲壽。』畢，興，皇帝再拜，在位官皆再拜。禮直官引簽書樞密院事詣太上皇帝御座前稍東北向，躬承旨，詣皇帝褥位之北西向立，皇帝躬，皇太子及文武百僚躬。簽書樞密院事承太上皇帝聖旨宣答曰：『酌此春醪，介予眉壽，家邦盛事，允愜慈懷，與皇帝並百僚內外同慶。』退復位。皇帝再拜，在位官皆再拜訖，分東西相向立。禮直官前導皇帝詣太上皇帝御座東，西向立，奉盤醆參知政事以盤北向躬進皇帝訖，奉盤醆參知政事復位，皇帝捧盤詣太上皇帝御座東，西向立，樂作。太上皇帝飲酒訖，皇帝躬接醆，樂止。受盤醆參知政事躬受，以授殿中監，殿中監以授尚醞典御，各復位，皇太子及文武百僚北向立。前導官導皇帝詣褥位北向，奏請皇帝再拜，在位皆再拜訖，前導官導皇帝詣太上皇帝御座之東褥位西向立，皇太子以下躬。典儀曰拜，在位官皆再拜，搢笏舞蹈，又再拜。內侍舉御

茶牀，禮直官引戶部尚書詣太上皇帝御座前北向跪，奏禮畢，退復位。典儀曰拜，在位官皆再拜。太上皇帝駕興，皇帝從入宮，文武百僚、前導應奉官等以次退。

皇帝、皇太子入賀太上皇后，如宮中之儀。執政率文武百僚再詣德壽宮，上太上皇后牋。牋文曰：『臣茂良等言：恭覩光堯壽聖憲天體道性仁誠德經武緯文太上皇帝今月十七日立春慶壽禮成，謹帥文武百僚拜牋稱賀者。壽祉兼隆，天人合契。徽章疊舉，歡聲雷動於九重；寶冊對揚，叶氣雲蒸於四裔。臣茂良等誠懽誠抃、頓首頓首。恭惟壽聖齊明廣慈太上皇后殿下仁如太姒，道備有莘，執慈寶以躬行，儷皇明而下照。周旋三紀，規範六宮。逮茲燕翼之安，寖閱隆平之久。雖嘗講未央之大典，修長樂之上儀，猶未侈於鴻稱，以丕崇於聖孝。爰當朔旦，茂履一陽，測圭之景為舒，鏤玉之文偕上。縱心而不踰矩，修齡方衍于天皇；有德而必得名，介福具臻於王母。慶超邃古，美冠來今。臣等叨預近司，欣逢盛旦。想內庭之班賀，喜極怡愉；拜列辟之牋辭，舉同抃蹈。』駕興，從駕官及應奉官、禁衛等並簪花，從駕還內。赦文曰：『太極之功不宰，其可贊者兩儀之生；大明之照無疆，所能推者千歲之至。欽惟聖父，誕保我家。二百餘載而中天，定神器於攲側艱虞之始；三十六年而宅位，授朕師于康強暇豫之時。上穹綿有永之年，下土洽無為之化。興言菲質，日侍慈顏，竭幅員之富而未足伸至養之誠，極尊美之稱而未足表難名之德。茲載新於歲律，庸展慶於耆齡。前殿奉卮，企高皇以踵武；大安進膳，邁貞觀之彌文。鏘金奏以充庭，儼臣工而在列，和氣遄周于宇宙，盛容創見於古今。仍內奉於母儀，庸備殫於子道。為酒以介眉壽，具膺純嘏之常；立春而下寬書，更廣庶民之福。可大赦天下。』

又《會慶節上壽》 紹熙元年十月二十二日，會慶聖節，皇帝帥文武百僚詣重華宮上壽。前期，儀鸞司設御座於重華宮殿上當中，南向；設大次於重華宮門內，南向；小次於殿東廊，西向。設皇帝褥位二：一於御座之東，西向；一于御座之南，北向。尚醞設御酒酒器於御座之東，設御茶牀於御座之西，俱稍北。其日，文武百僚內不系從駕者，並先赴重華宮門外，以俟迎駕起居。質明，後殿皇帝服靴袍出，即御座，從駕臣僚、禁衛起居如常儀。皇帝降御座，乘輦，將至重華宮，文武百僚迎駕兩拜起居訖，如值雨沾濕，依元降指揮免起居。前導官、太常卿、閤門官、太常博士、禮直官詣大次前分左右立定，俟皇帝至重華宮大次，降輦入次，御史臺、閤門、太常寺分引文武百僚入詣殿庭，東西相向立定。前導皇帝入小次，簾降，管軍、知合、前導官、御帶、環衛官、諸司應奉官等階下面北，俟迎至尊壽皇聖帝，四拜起居。御史臺、閤門、太常寺引文武百僚並橫行北向立。俟至尊壽皇聖帝出宮陞御座，鳴鞭，前導官起居訖，小次簾捲。前導官導皇帝陞殿東階，詣殿上折檻前北向褥位再拜訖，躬奏聖躬萬福，又再拜。前導皇帝詣至尊壽皇聖帝御座之東褥位，西向立。前導官於殿上隨地之宜立。次舍人揖班首以下躬，典儀曰再拜，贊者承傳，在位官皆再拜，搢笏舞蹈，又再拜，躬身。班首不離位，奏聖躬萬福訖，典儀曰再拜，贊者承傳，在位官皆再拜訖，直身立，分東西相向立。禮直官引奉盤盞官、受盤盞官、承旨宣答官、奏禮畢官、殿中監、少監升殿東階，奉盤盞官、受盤盞官、殿中監、少監詣酒所西稍北，南向立，承旨宣答并奏禮畢官詣折檻東西向立。舍人通樂人姓名以下四拜起居。看盞人稍前謝上殿，贊拜，兩拜。贊上殿，祗候內侍進御茶牀，殿侍斟酒訖，尚醞典御以盤盞、酒注授殿中監、少監。次禮直官引奉盤盞官詣酒鐏所，北向搢笏。殿中監奉盤盞授奉盤盞官，捧盤盞西向立，殿中監啟盞，殿中少監以酒注於盞，奉盤盞官奉酒詣皇帝前，南向。禮直宮引受盤盞官詣至尊壽皇聖帝御座前，西向立。御史臺、閤門、太常寺分引文武百僚橫行北向立。奉盤盞官躬進皇帝，皇帝奉酒，前導官導皇帝詣至尊壽皇聖帝御座前躬進訖，少後，以盤授受盤盞官，復授奉盤盞官，奉盤盞南向立定。前導官導皇帝詣御座前褥位，北向俛伏跪，殿下百僚躬身。皇帝奏：『臣惇謹率文武百僚稽首言，會慶令節，臣惇與百僚等不勝大慶，謹上千萬歲壽。』奏訖，俛伏，興，再拜。典儀曰再拜，贊者承傳，在位官皆再拜訖，直身立。禮直官引承旨宣答官詣御座前稍東北向躬承旨，詣皇帝褥位北東壁西向立，皇帝躬身，殿下百僚並躬身，承旨宣答官宣曰：『得皇帝壽酒，與皇帝並百僚內外同慶。』承旨宣答官退，復位。皇帝再拜，典儀曰再拜，贊者承傳，在位官皆再拜訖，直身立，分東西相向立。前導官導皇帝詣御座東，西向立，奉盤盞官以盤南向躬進皇帝訖，奉盤盞官復位立。皇帝捧盤指御座東，西向立，樂作。俟至尊壽皇聖帝飲酒訖，皇帝躬接盞訖，皇帝少後，以盤盞授

受盤盞官，受盤盞官躬受訖，以授殿中監，殿中監以授尚醞典御，各復位立。御史臺、閤門、太常寺分引文武百僚横行北向立，前導官導皇帝詣褥位北向。皇帝再拜，典儀曰再拜，贊者承傳，在位官皆再拜訖，直身立。前導官導皇帝詣御座之東褥位西向立，揖班首以下躬，典儀曰再拜，贊者承傳，在位官皆再拜，搢笏舞蹈，又再拜訖，直身立。內侍舉御茶牀，禮直官引奏禮畢官詣御座前，北向俛伏跪奏：『具官臣某言，禮畢。』奏訖，俛伏興，退復位。典儀曰再拜，贊者承傳，在位官皆再拜訖，直身立，分東西相向立。次舍人贊樂人謝祇應，兩拜訖，至尊壽皇聖帝駕興，皇帝從入，文武百僚、前導應奉官等以次退。每歲皆如此儀。

又《誕聖節》 國朝誕聖節日，皇帝先垂拱殿座，內侍都知已下、翰林、儀鸞、御廚使、帶御器械一班常起居。內侍都知已下，儀鸞、御廚使並公服繫鞵，帶御器械窄衣。內殿起居班絕，至行門指揮使起居訖，舍人引樞密院已下大班入，學士、待制、應內殿起居朝臣、管軍防禦使已下更不起居，並赴紫宸殿班。立定。通事舍人平身通某姓名已下應諾，喝拜，常起居訖，樞密使已下及三司使轉于殿下面西立，餘官並退。客省使一員呈進目，閤門使一員，奏臣僚進壽酒。並升殿西向立。不祗應客省已下至閤門祗候，並殿下侍立。次舍人通教坊使姓名已下拜，再拜訖，奏聖躬萬福。又喝拜，再拜，隨拜萬歲，喝各祗候。次看盞二人進近前，舍人喝拜，再拜，隨拜萬歲，喝上殿祗候，分立。次舍人引親王班入常起居訖，北向立。舍人引上壽金器、散馬從西邊入，列于親王後，酒器在馬前，文武官奏聖躬萬福如常儀。殿上內侍進御茶牀，殿下內侍酙酒訖，閤門使殿上當御座前鞠躬，奏某姓名已下進壽酒。親王、王親上奏名。舍人揖躬喝拜，再拜，隨拜萬歲。喝各祗候，翰林使二員捧御鐏及執盤盞近前，引親王二人同升殿，一棒盤，一捧酒。跪進壽酒訖，各以酒鐏及盤授翰林使訖，降階歸位。又喝拜，再拜，隨拜萬歲，搢笏跪，各出進奉上壽表，客省使進至御座東，讀進目。舍人殿下接表訖，親王俛伏興。又喝拜，再拜，隨拜萬歲。再引班首升殿，於御座東捧盤側立，諸王殿下分班東西序立。上壽酒器依舊，餘人馬並分立，東西相向。皇帝聽樂，飲壽酒訖，親王跪受盞，以授翰林使訖，卻引降階，諸王横行。喝拜，再拜，隨拜萬歲，且鞠躬。客省使殿上喝進奉收，應喏，又喝拜，再拜，搢笏舞蹈，三拜。喝各祗候，卷班西出，人馬卻當殿立。客省使殿上喝進奉出，天武官應喏，進奉物並員僚引出。教坊使喝送御酒，又再拜，隨拜萬歲。近前進御訖，退。次引樞密使已下及三司使當殿北向立，閤門使殿上當御座前鞠躬，奏某姓名已下進壽酒。除班首一員升殿，餘並如親王儀。謝收進奉訖，並揖升殿侍立。次使相入，次管軍節度、留後、觀察使入，次節度、留後、觀察使入，已上逐班起居進壽酒，除班首一員升殿，餘並同親王儀立殿下。逐班並舍人贊引，殿上並閤門使接引。候班絕，舍人喝教坊已下拜，再拜，隨拜萬歲。閤門使近前側立，奏無事，皇帝降座還內，樞密、三司使赴紫宸殿侍立。親王以下及不管軍節度使以下，並赴紫宸殿立班，三司副使垂拱殿起居，蓋亦赴紫宸殿立班。三司副使不座，如契丹人使綴班上壽，或曾假官即座。垂拱殿上壽將退，御史退，催班於紫宸殿庭，分班立定。

又 ［嘉泰］三年十月七日，禮部、太常寺言：『瑞慶聖節，三省官赴紫宸殿上壽。茶酒畢，赴明慶寺滿散，次赴貢院齋筵。乞依天申聖節體例，改就十月十九日賜御筵于貢院。』從之。

又 ［嘉定］十四年十月十八日，詔瑞慶聖節集英殿御宴，令南班宗室大將軍、將軍赴座，所有上壽茶酒，今後令正副率府率以上並赴座。

又《天慶節》 ［天聖］二年五月十四日，詔天慶節，天降聖節，奉上壽及宴會并停，其道場醮除、依舊用名山茶水、時菓、藥苗供養及官吏行香外，自來禁刑屠七日者止五日，五日者止三日。

六月十六日，開封府言：『天慶、先天、降聖節，徒流笞杖罪正節日權住行刑一日外，其大辟罪即仍舊權住五日。』從之。

又《職官三五·四方館》 ［紹興］二十五年十月八日，客省言：『將來占城國進奉使、副到闕，在驛禮數儀範，緣無舊案牘，今條具到禮數、行馬、坐次下項。』詔並依擬定。一、進奉使、副到驛，歸位，次客省承受引譯語赴押伴位參押伴，復作押伴問：『遠來不易。』參訖，譯語作奉使、副傳語押伴官訖，退。客省承受同譯語入進奉使、副位，次使、副起立，與客省承受相見，揖訖，客省承受作押伴官回傳語進奉使、副：『遠涉不易，喜得到來，少頃即得披見。』次客省承受引首領赴押伴位參，復作押伴問：『遠來不易。』參訖退，客省承受次撥人從參押伴。客省承受喝：『在路不易。』參訖，退。譯語齎進奉使、副名銜分付客省承受轉押伴訖，復請押伴轉銜分付

譯語訖。少頃，客省承受引押伴官同進奉使、副陞廳對立，客省承受互展狀相見訖，揖各赴坐。點茶畢，客省承受喝：『入卓子。』五盞酒食畢，客省承受喝：『徹卓子。』次點湯、喫湯畢，押伴官、進奉使副相揖畢，分位。一、習朝見儀：其日候閤門差人赴驛教習儀範，同客省承受先見押伴，訖，計會譯語，請進奉使、副服本色服。次客省承受同譯語引教習儀範人相揖，教習朝見儀。訖，相揖畢，退。朝辭准此。一、朝見：其日五更，人馬、從物入位，客省承受計會譯語，請進奉使、副上馬，相次上馬。次押伴官與進奉使、副相揖畢，行馬。首領於門外上馬，至待漏閤子下馬，俟開內門。押伴官、進奉使副上馬，至皇城門裡宮門外下馬，至殿門外待班幕次待班。其首領已下步行入皇城門。俟閤門報班，引進奉使、副出幕次，入殿朝見，拜數禮儀並如閤門儀。俟朝見畢，合門引進奉使、副出殿，客省承受接引歸幕次。客省承受引伴賜舍人、押伴官、進奉使副對立，相揖畢，客省承受贊坐。點茶、喫茶畢，客省承受喝：『入卓子。』酒食畢，客省承受喝：『入卓子酒食畢客省承受喝徹卓子。』點湯、喫湯畢，客省承受引伴賜舍人與進奉使、副相揖畢，伴賜舍人先退，次押伴官、進奉使副相揖畢，引至宮門外上馬。首領以下步行出皇城門外上馬歸驛。朝辭准此。一、在驛客省簽賜節料節儀：其日俟客省承受齎到賜目，管押所賜節料等到驛。客省承受先報押伴訖，於設廳前望闕鋪設所賜物。客省承受引進奉使、副立定，引進奉使、副拜賜目跪受訖，次引首領以下拜賜目跪受賜，訖，退。一、御筵：其日候賜御筵天使到驛，諸司排辦備，客省承受取進奉使、副名銜轉押伴看訖，納天使，復取賜御筵天使轉銜分付譯語。少頃，客省承受引天使、押伴官、進奉使副降階對立定。客省承受先引押伴官至闕謝恩如儀畢，引依位立；次引進奉使、副謝恩如儀畢，引依位立；天使與進奉使、副相揖畢，天使先退；次押伴官與進奉使、副相揖畢，引押伴官、進奉使副陞廳，席後立；客省承受撥首領以下謝恩如儀，訖，赴席後立。客省承受上廳贊揖畢，赴坐。點茶、喫茶訖，行酒。俟酒食畢，客省承受喝：『徹卓子。』點湯、喫湯畢，引首領以下謝恩。客省承受贊：席後立，俟首領以下謝恩如儀畢，客省承受引押伴官、進奉使副降階對立定。先引押伴官謝恩如儀，畢，引依位立；次引進奉使、副謝恩如儀畢，引依位立。客省承受引天使依前位立，進奉使、副令譯語跪，執謝表拜訖，進奉使以表跪授天使，訖，引依位立。與天使相揖畢，天使退。次押伴官、進奉使副相揖畢，引分位。一、起發日，進奉使、副與押伴官相別：其日，候進奉使、副以下般擔行李盡絕，就驛酒食五盞。俟排辦備，客省承受引押伴官、進奉使副陞廳對立，相揖畢，客省承受贊坐。點茶、吃茶畢，客省承受喝：『入卓子。』五盞酒食畢，喝：『徹卓子。』點湯、喫湯畢，客省承受引押伴官、進奉使副對立定。客省承受互展狀相別，訖，分位。客省承受引首領以下辭押伴，並如參押伴儀，畢，次伴送使臣交割起發前去。

又〔紹興二十五年〕十一月三日，客省言：『占城國入貢，其進奉人非晚到闕，緣本省別無見存條令案牘檢點，今具合行排辦事件，伏乞施行。』並從之。一、欲乞候進奉人到闕，客省就驛置局，主管事務。一、今來進奉人候報到至國門日分，客省承受同合用人從、鞍馬等出城幕次，內計會引伴使臣祗備使用。候入城到驛，與押伴相見，茶湯畢，排辦酒食五盞訖，分位。所有相見酒食五盞，令在驛御廚、翰林司隨宜供排辦。其城外幕次，令臨安府於經由入國門外側近去處釘設幹辦。一、進奉人到驛，所有朝見日分，欲乞候本省取到進奉人牓子，具奏取旨引見。及朝辭日分，依此施行。所有皇城門外待漏幕次、什物等，欲乞從本省關報儀鸞司排辦釘設。一、押伴官並進奉使、副乘騎素銀鞍馬四匹，判官等鞍馬一十匹，乞下馬軍司差撥，事畢遣發。一、進奉人到闕，本省置局取索文字，欲乞下步軍司差投進文字兵士五人，事畢發遣。乞從本省保明關報皇城司，權關請敕入宮門號五道，逐人綴帶，事畢送納。一、進奉人起發日，就排辦酒食五盞，押伴官相別訖，進奉人交付伴送使臣起發前去。所有酒食五盞，令在驛御廚、翰林司排辦供應。

又《職官三七·州牧》〔淳熙五年〕十月四日，禮部、太常寺言：『親王出鎮加牧合行禮例，今參酌比附魏王昨判寧國府見客禮例，條具下項：一、接見寄居及過往前宰執、使相、兩府、太尉，俟親王出廳降揖序坐，茶湯畢，就廳上轎。一、接見見任寄居文臣侍從官以上，武臣正任觀察使以上，及見任三衙管軍、知閤，俟親王出廳贊請某官，俟到位贊揖訖就坐。點茶畢，出笏取覆訖，贊就坐。點湯畢，出笏揖，就廳上轎。內文臣曾任侍從以上、武臣曾任三衙以上同。一、見長史、司馬並見

任本路監司及寄居過往監司、諸州知州，俟親王出廳繫鞋，贊請某官，俟到位贊揖就坐。點茶畢，贊掇轉倚子，出笏取覆訖，不點湯，揖，巡廊退。一、見任寄居、過往參議官並諸路知軍、王府記室參軍等，欲並依昨來判寧國府體例。」從之。

雜録

明 王錡《寓圃雜記》卷二《英國公聽講》 正統十一年，太師英國公暨侯伯二十余人早朝畢，奏曰：「臣等皆武夫，不諳經典，願賜一日假，詣國子監聽講。」上命以三月三日往。於是，太師率諸侯伯至日到監，所攜茶湯果餅之類甚豐。祭酒李先生命諸生立講《五經》各一章。講罷，設酒饌奉款。諸侯伯讓曰：「授教之地，皆就列坐。」惟太師與先生抗禮。飲甚歡，太師屢辭，先生曰：「秀才家飯，不易措置，願太師少寬。」後命諸生歌《鹿鳴》之詩，賓主雍雍，抵暮而散。此所太平盛事也。

敬賓茶儀（客來敬茶，以茶會友）

論説

宋 袁文《甕牖閑評》卷六 古人客來點茶，茶罷點湯，此常禮也。近世則不然，客至點茶與湯，客主皆虚盞，已極好笑。而公廳之上，主人則有少湯，客邊盡是空盞，本欲行禮而反失禮，此尤可笑者也。

宋 魏了翁《鶴山集》卷四八《邛州先茶記》 古者賓客相敬之禮，自饗燕食飲之外，有間食，有稍事，有啜湆，有設粱，有擩醬、有食已侑而酳，有坐久而葷，有六清以致飲，有瓠葉以嘗酒，有旨蓄以御冬，有流荇以為豆菹，有湘蘋以為鉶芼，見於《禮》。見於《詩》，則有挾菜，副瓜、烹葵、叔苴之等。雖蔥芥、韭蓼、堇枌、滫瀡、深蒲、菭筍，無不備也，而獨無所謂茶者，徒以時異事殊，字亦差誤。

明 朱權《茶譜》《藝海彙函》 凡鸞儔鶴侶，騷人羽客，皆能志絕塵境，棲神物外，不伍於世流，不汚於時俗。或會於泉石之間，或處於松竹之下，或對皓月清風，或坐明窗靜牖，乃與客清談欵話，探虛玄而參造化，清心神而出塵表。命一童子設香案，攜茶爐於前，一童子出茶具，以瓢汲清泉注於瓶而炊之。然後碾茶為末，置於磨令細，以羅羅之，候湯將如蟹眼，量客衆寡，投數匕入於巨甌。候茶出相宜，以茶筅摔令沫不浮，乃成雲頭雨腳，分於啜甌，置之竹架，童子捧獻於前。主起，舉甌奉客曰：「為君以瀉清臆。」客起接。舉甌曰：「非此不足以破孤悶。」乃復坐。飲畢，童子接甌而退。話久情長，禮陳再三，遂出琴棋，陳筆研。或庚歌，或鼓琴，或奕棋，寄形物外，與世相忘，斯則知茶之為物，可謂神矣。然而啜茶大忌白丁，故山谷曰：「著茶須是吃茶人。」更不宜花下啜，故山谷曰：「金谷看花莫謾煎」是也。盧仝喫七碗，老蘇不禁三碗，予以一甌，足可通仙靈矣。使二老有知，亦為之大笑，其他聞之，莫不謂之迂闊。

明 陸樹聲《茶寮記》《夷門廣牘》 園居敞小寮於嘯軒埤垣之西。中設茶竈，凡瓢汲罌注、濯拂之具咸庀。擇一人稍通茗事者主之，一人佐炊汲。客至，則茶煙隱隱起竹外。其禪客過從予者，每與余相對結跏趺坐，啜茗汁，舉無生話。終南僧明亮者，近從天池來，餉余天池苦茶，授余烹點法甚細。余嘗受其法於陽羨，士人大率先火候，其次候湯所謂蟹眼魚目，參沸沫沉浮以驗生熟者，法皆同。而僧所烹點，絕味清，乳面不黟，是具入清淨味中三昧者。要之，此一味非眠雲跂石人，未易領略。余方遠俗，雅意禪棲，安知不因是遂悟入趙洲耶。時杪秋既望，適園無諍居士與五臺僧演鎮終南僧明亮，同試天池茶於茶寮中。謾記。

明 張源《茶録》《茶書》 飲茶 飲茶以客少為貴，客衆則喧，喧則雅趣乏矣。獨啜曰神，二客曰勝，三四曰趣，五六曰泛。

明 許次紓《茶疏》《茶書》 論客賓朋雜沓，止堪交錯觥籌，乍會泛交，僅須常品酬酢，惟素心同調，彼此暢適，清言雄辯，脫略形骸，始可呼童篝火，酌水點湯，量客多少為役之煩簡。三人以下，止爇一爐；如五六人，便當兩鼎爐用一童，湯方調適。若還兼作，恐有參差。客若衆多，姑且罷火，不妨中茶投果，出自內局。

明 喻政《茶書·自叙》 余既取唐子畏所寫《烹茶圖》而珉繡之，一時寅彥勝流，紛有賦詠，楮墨為色飛矣。而自念幸為三山長，靈源雲英，往往澆燥脾而迴清夢，蓋與桑苧翁千載神狎也。爰與徐興公廣羅古今之精於譚茶若隸事及之者，合十餘種，為《茶書》。茶之表章無稍掛，而桑苧之《經》則仍《經》之；諸翊而綴者，亦猶內典金剛之有論與頌耳。方付殺青，而客有過余者，曰茶之尚於世誠鉅，而子獨津津焉。若茗之茗而筆之，庶幾夫能知味者乎？尼山復起，未必不以為知言。而若石隱溪剡之掾姑舍。是客又難余善易者不論易。吾猶以竟陵之舌為饒也。矧逸少之毫，誠懸不能用；廷珪之墨，子昂不能研，而規規於之器、之法、之候、之人，詎直記杜而彈疏越，且也日亦不足矣。余輾然曰幸哉。客之有以振我也，顧使我以清課而落吾事，則不敢使我以俗韻而巇是編，則不甘夫襄陽之於石也，至廢案牘，且衣冠而旦夕拜，彼誠興味曠寥，風流，嵇鍛阮屐，杜之傳而王之馬也。此猶第癖耳。至剔幽攬隱為茗苑中一大摠持，無乃煩乎。余無以難客，已而曰：潁箕潔蹈，瓢響猶厭，其聲洙泗，真樂水飲，偏歸於適，明有待之未冥而無礙之合漠也。夫啜茗之於飲水煩矣，品茗之於去瓢尤煩矣。余則何辭？抑余於嵇、阮諸君子竊有畸焉。蓋彼之趣，藉物以怡；而余之腸，得此而滌，固非勞吾生為所嗜，後津津而不止者也。然則飲食亦在外歟，子其勿以四人者方幅我，雖然水而映帶，然微獨嚴密者，所弗善即疏懶，如余亦不願效之也。若茶寧塊石埒，而余又未至為顛米之癡有所以處此矣。唐史稱，韋翁在郡時，恆掃地焚香，默坐竟日，故其詩沖閒玄穆，迥出塵表，卒不聞以廢事為病也。是時，竟陵《經》當已著，令韋得讀之，當必不以李御史禮待陸先監，且恐水遞接監惠山，雲芽童於虎丘耳。余詩格謝此公而茗緣似勝之，客得無謂福州使君漫驕稺蘇州刺史哉。客乃大噱。余呼童子蓻龍腰泉，煮鼓山茶，如法進之。客更爽然。起謝謂：沐浴茲編，恨晚也。客退，聊次問答語為《茶書》敘云。

綜述

唐 陸羽《茶經》卷下《七之事》 《晉中興書》：陸納為吳興太守時，衛將軍謝安常欲詣納。《晉書》云：納為吏部尚書。納兄子俶怪納無所備，不敢問之，乃私蓄十數人饌。安既至，所設唯茶果而已。俶遂陳盛饌，珍羞必具。及安去，納杖俶四十，云：汝既不能光益叔父，奈何穢吾素業？

宋 朱彧《萍洲可談》卷一 宰相禮絕庶官，都堂自京官以上則坐，選人立白事；見於私第，雖選人亦坐，蓋客禮也。唯兩制以上點茶湯，入腳床子，寒月有火爐，暑月有扇，謂之『事事有』，庶官只點茶，謂之『事事無』。

茶見於唐時，味苦而轉甘，晚採者為茗。今世俗客至則啜茶，去則啜湯。湯取藥材甘香者屑之，或溫或涼，未有不用甘草者，此俗遍天下。先公使遼，遼人相見，其俗先點湯，後點茶。至飲會亦先水飲，然後品味以進。

明 屠本畯《茗笈》《茶書》 唐人首稱陽羨，宋人最重建州。於今貢茶，兩地獨多，陽羨僅有其名，建州亦非上品，惟武夷雨前最勝。【略】評曰：昔人以陸羽飲茶，比於後稷，樹穀然哉。及觀韓翃謝賜《茶啟》云：『吳主禮賢，方聞置茗，晉人愛客，纔有分茶。』

清 顧蘅《湘皋茶說·序》 吳主禮賢，方聞置茗；晉人愛客，纔有分茶。讀韓翃啟，則知茶之開創，絕不自季疵始，而說者竟以陸羽飲茶，比於后稷樹谷，誤矣。第開創之功，雖不始於桑苧，而製茶自出，實大備於季疵。嗣後，名山所產，靈草漸繁，人巧之功，佳茗日著。羅君有言，茶酒二事，可云前無古人，而我獨怪夫世之巵談名酒者甚多，清談佳茗者實少也。不寧惟是，一切世味，葷膻甘脆，爭染指垂涎，獨此物面孔嚴冷，絕無和氣，稍稍霑唇漬口，輒便唾去，疇則嗜之，非幽人開士，披雲漱石之流，其孰可與語此者乎？

紀事

宋 孟元老《東京夢華録》卷五《民俗》 凡百所賣飲食之人，裝鮮淨盤合器皿，車簷動使，奇巧可愛，食味和羹，不敢草略。其賣藥賣卦，皆具冠帶。至於乞丐者，亦有規格。稍似懈怠，衆所不容。其士農工

商，諸行百戶，衣裝各有本色，不敢越外。謂如香鋪裹香人，即頂帽披背；質庫掌事，即着皂衫角帶，不頂帽之類。街市行人，便認得是何色目。加之人情高誼，若見外方之人，為都人淩欺，衆必救護之。或見軍鋪收領到鬪爭公事，橫身勸救，有陪酒食擔，官方救之者，亦無憚也。或有從外新來，鄰左居住，則相措動使，獻遺湯茶，指引買賣之類。更有提茶瓶之人，每日鄰里，互相支茶，相問動靜。凡百吉凶之家，人皆盈門。其正酒店戶，見腳店三兩次打酒，便敢借與三五百兩銀器。以至貧下人家，就店呼酒，亦用銀器供送。有連夜飲者，次日取之。諸妓館只就店呼酒而已，銀器供送，亦復如是。其闊略大量，天下無之也。以其人煙浩穰，添十數萬衆不加多，減之不覺少。所謂花陣酒池，香山藥海。別有幽坊小巷，燕館歌樓，舉之萬數，不欲繁碎。

藝文

宋 邵雍《擊壤集》卷五《十七日錦幈山下謝城中張孫二君惠茶》 山似挼藍波似染，遊心一向難拘檢。仍攜二友所分茶，每到煙嵐深處。

又《惠茶》 山似挼藍波似染，遊心一向難拘撿。仍携二友所分茶，每到煙嵐深處點。

宋 黃庭堅《山谷集》卷一《煎茶賦》 洶洶乎如澗松之發清吹，皓皓乎如春空之行白雲。賓主欲眠而同味，水茗相投而不渾。苦口利病，解滌昏，未嘗一日不放箸。而策茗椀之勳者也。餘嘗為嗣真瀹茗，因其滌煩破睡之功，為之甲乙。建溪如割，雙井如撻，日鑄如，其餘苦則辛螫，甘則底滯。嘔酸寒胃，令人失睡，亦未足與議。或曰無甚高論，敢問其次。涪翁曰：味江之羅山，嚴道之蒙頂。黔陽之都濡高株，瀘州之納溪梅嶺，夷陵之壓磚。臨邛之火井。不得已而去於三，則六者亦可酌兔褐之甌，瀹魚眼之鼎者也。或者又曰：寒中瘠氣，莫甚於茶。或濟之鹽，勾賤破家，滑竅走水，又況雞蘇之與胡麻。涪翁於是酌岐雷之醪醴，參伊聖之湯液。斮附子如博投，以熬葛仙之堊。去而用鹽，去橘而用薑。不奪茗味，而佐以草石之良，所以固太倉而堅作強。於是有胡桃、松實、庵摩、鴨腳、賀、靡蕪、水蘇、甘菊。既加臭味，亦厚賓客。前四後四，各用其一。少則美，多則惡，發揮其精神，又益於咀嚼。蓋大匠無可棄之材，太平非一士之略。厥初貪味雋永，速化湯餅。乃至中夜不眠，耿耿既作，溫齊殊可屢歃。如六經，濟三尺法，雖有除治，與人安樂。賓至則煎，去則就榻，不游軒石之華胥，則化莊周之蝴蝶。

宋 蘇轍《欒城集》卷一二《題方子明道人東谷》 紙谷雲葉淨，香篆細烟青。客到催茶磨，泉聲響石缾。禪關敲每應，丹訣問無經。贈我刀圭藥，年來髮變星。

宋 楊萬里《誠齋集》卷二《澹庵坐上觀顯上人分茶》 分茶何似煎茶好，煎茶不似分茶巧。蒸水老禪弄泉手，隆興元春新玉爪。二者相遭兔甌面，怪怪奇奇真善幻。紛如擘絮行太空，影落寒江能萬變。銀瓶首下仍尻高，注湯作字勢嫖姚。不須更師屋漏法，只問此瓶當響答。紫微仙人烏角巾，喚我起看清風生。京塵滿袖思一洗，病眼生花得再明。漢鼎難調要公理，策勳茗椀非公事。不如回施與寒儒，歸續茶經傳衲子。

又卷二九《惠泉分茶示正孚長老》 寒泓不到十餘年，老眼重看意惘然。漱裂蒼崖玉龍口，墮成清鏡雪花天。須煩佛界三昧手，拈出茶經第二泉。珍重贊公經久別，且談詩句未談禪。

宋 陸游《劍南詩稿》卷四五《數日不出門偶賦》 衰甚身如作繭蠶，經旬不省出茅菴。老僧遣信分茶串，隱士敲門致酒甔。看鶴松陰賞高潔，疏泉石罅得清甘。地偏心遠無車馬，賴有吾兒與劇談。

宋 曾豐《緣督集》卷五《中都邂逅新崇德宰范繩之爲同館著語贈別》 文正三槐宅，延平六桂家。芝蘭含露秀，鵬鶚著風斜。蟠首終簪筆，河陽且種花。乘時長得意，毋忘夜分茶。

宋 杜耒《寒夜》（《詩家鼎臠》卷上） 寒夜客來茶當酒，竹爐湯沸火初紅。尋常一樣牕前月，纔有梅花便不同。

宋 真桂芳《真山民集·妙因寺次施敬所韻》 松蘿一徑陰，踏破白雲深。約客分茶供，逢僧倚竹吟。鼠留香篆迹，禽和閣鈴音。話久不知晚，新螢照出林。

明 胡奎《斗南老人集》卷三《答謝友人》 小東門外野人家，昨

夜青鐙定結花。一片碧雲空在望，半規明月可能賒。杖扶紫玉過眉瘦，巾裹烏紗墊角斜。明日更須來看竹，山缾汲水自煎茶。盤餐麤糲笑貧家，賴有東園藕栗花。野水白鷗情自狎，海天黃鵠志應賒。直須放浪超形外，更復留連到日斜。向晚期看洛神賦，十三行畔坐分茶。

又《就韻賦林莊爲惟敬作》　數椽茅屋讓西家，屋裏琴書屋外花。白酒且尋彭澤醉，青山未許輞川賒。鷗邊雨舫春潮急，牛背烟蓑夕照斜。擬約班荆同話舊，蒸梨炊黍坐分茶。

又《柬僧綱住上人》　紺園臺殿鬱重重，雲去雲來不離峰。鶴影每隨天外錫，潮音長和月明鐘。一詩何足酬支遁，三笑于今識遠公。昨日分茶謝相訪，絕勝白絹寄斜封。

明　唐之淳《唐愚士詩》卷二《憶吴越風景》　最憶吴中與越中，黃梅時節雨濛濛。松間採术尋真侶，竹下分茶立小童。千頃白雲丹井月，數行青紵酒樓風。于今忽作邊城客，破帽戎衣逐塞鴻。

明　文徵明《甫田集》卷六《楞伽寺湖山樓》　石湖春尽水交流，来上支公百尺楼。尊酒吟分茶磨雨，疎帘横卷越城秋。一牕粉墨开图画，葛里风烟入卧游，正是倚阑愁绝处，不禁长笛起沧洲。

清　錢謙益《牧齋初學集》卷九《戲題徐元嘆所藏鐘伯敬茶訊詩卷》　鐘生品詩如品茶，龍團月片百不愛，但愛幽香餘澀留齒牙。徐郎嗜茶又嗜鐘生詩，微吟短詠爬癢處，恰是盧仝飲到搜腸破悶時。鍾生逝矣徐郎慟，吟詩啜茶誰與共？生平臭味阿堵中，生作茶郵死茶供。今年徐郎示我《茶訊篇》，兼攜好茗穀雨前。坐聽松風沸石鼎，手汲雲浪烹新泉。茶罷還枕石澗眠，沉吟茶詩欲泫然。高山流水在何許？但見風輕花落縈茶煙。我不解茶，又不知詩。一碗兩碗天池六安茗，一首兩首黃金白雪詞。懵騰茗艼良足樂，清吟韻事非所宜。還君此卷成一笑，何異屠門大嚼眼飽胸中飢。

清　張遠《題榕庵》（道光）《烏石山志》卷五　鄰霄峰下宅，高士舊雲林。亭繪詩人意，山凝靜者心。暗泉流石竇，睡鶴立花陰。奕葉風規在，書聲轉斗參。榕樹何年物，能垂半畝陰。四山青欲滴，一徑窕而深。茶熟客煨芋，月明僧抱琴。蓮花峰對面，曾伴短長吟。

清　許友《春日園居》（道光）《烏石山志》卷五　野徑荒蕪寂寂春，半齋閒得讀書人。卷簾疏雨微寒在，柳線輕柔綠未勻。綠陰影裏竹門開，百舌聲柔夢乍回。水靜山安無事事，膽瓶花滿蝶蜂來。畫佛書經似老僧，閉門清課願予能。習勞弟子長閒事，種得瓜茄插野藤。竹葉輕寒覆檻低，半瓢名酒讀書時。老妻近晚穿針罷，戲念予詩教小兒。好鳥枝頭恰恰啼，每成茅屋伴幽棲。推簾睡足春光老，一半殘陽挂樹西。但得幽居草木安，小園數步轉能寬。芭蕉葉下閒來往，一卷殘書斷續看。世事難堪不欲憂，晨昏書記野夫游。侍兒笑指桃花裏，蝶翅纔乾力尚柔。兩樹松濤釀細風，數竿青竹石橋東。午眠方足新茶苦，啄木聲移嫩葉中。連朝疏雨入柴扉，今日晴光落翠微。扶杖偶然花下立，閒看蛱蝶抱花飛。屋簷藤葉似煙蘿，一壑平泉亦種荷。預備小園游暑地，北窗移竹養風多。梅青如豆晝初長，簡蠹翻書藉竹床。童子下簾指翁語，落花泥濕燕巢香。布穀聲聲喚插禾，正憂天氣未清和。村人昨日來城市，亦道田園春雨多。

清　潄芳居士《鄂跗草堂》（道光）《烏石山志》卷五　鳥啼庭院間，茶熟醉夢醒。尋詩時獨行，踏破蒼苔徑。

清　僧德明《題福州烏麓鄂跗草堂壁上》（道光）《烏石山志》卷五　短髮重栽苦未能，野山踏遍兩行縢。梅邊詩句隨人詠，尚有微名不是僧。野寺荒山了此身，晨鐘暮鼓最欺人。草堂茶果隨時便，一縷分甘亦夙因。

清　陳閶瑛《人日沁泉山館》（道光）《烏石山志》卷五　春風隔歲入園林，對奕聽琴各賞心。今日茗從山館啜，新得沁泉。去年詩在草堂吟。隨侍蜀中。柳迷高閣燈初上，酒滿華筵月未沈。莫悵殘梅零落盡，梨花如雪又堪簪。

又《沁泉山館元夕》（道光）《烏石山志》卷五　元夕年年在醉鄉，今年元夕括詩囊。高人久享名山福，小築新開曲水觴。月入柳湄春煮茗，燈圍梨院夜添香。從來愧説居王後，王圭如每吟多冠群媛。寧有才堪玉尺量。

清　郭鳳楹《日夕佳樓九日》（道光）《烏石山志》卷五　連宵微雨作新晴，此日登樓眼倍明。山色一壺菊花酒，茶煙滿院石泉聲。楓江日夕多帆影，海國天清愜雁情。我已舉家岩壑上，煙雲深處看人行。

清　王珪如《沁泉山館》（道光）《烏石山志》卷五　泉韻響浪浪，心清境

亦忘。鳥啼醒酒夢，客至聽茶香。別墅王摩詰，名園顧闢疆。可能分一勺，為我潤詩腸。

清 佚名《西窗設茶竈以槐樹三株蔭其上》（道光）《烏石山志》卷五

西窗藉汝障炎天，日午蟬聲到枕前。貪看青山剪高葉，獨留綠蔭護茶煙。

雜録

宋 陳鵠《耆舊續聞》卷七　余聞英華之事舊矣。歲在庚辰，道出縉雲，訪其遺跡，得縉雲令林穀夫《贈英華詩集》一編，考其年代姓名，乃元豐二年一作三年。夏五月，縣令開封李長卿女也。李有二女，慧性過人，聞誦詩書皆默記之，姿度不凡，俄染癘疾而逝，殯於邑之仙巖寺三峰閣，李公滿罷，因舁以歸。宣和庚子，盜起嚴之青溪，所過焚燎無遺，惟三峰閣獨存。主簿以為廨舍，每見女子，態貌綽約，綵衣翩躚，嘯歌自得，命玉虛羽士奏詞，終莫能去。簿遂移於寺之浴堂故趾，別剏廨宇，遂無所見。代者濟南王傳慶長興，與弟傳及、內表曹穎偕來館，曹於廳治之東。未幾曹神氣恍惚，若有所憑。一夕吏散，庭空月明，曹與女羅觴豆，獻酬懽洽，嚴更者黎明告於簿，簿驚愕，力扣曹，曹不可隱，具言：『有女子每夕扣扃而至，與語皆出塵氣象，詰其姓氏，曰開封李長卿女，秀萼其名，英華其字。父任邑令，隨侍而至，偶遇眞人，授丹砂，辟穀有年，身輕於羽，蓬萊雖遠，一念至，則瞬息間耳。若青城、紫府、桃源、天台，吾遊息之所也，仙都窪尊特僑寓爾。知子鰥居，故來相慰。更唱迭和，殆無虛日。』時長至節，傳慶休於中堂，空中聞笑語聲，王云：『汝非英華邪？』挹而問焉，與曹之言無少異。自是形迹不祕，去來不時，窻壁題染，在在可録，王盡室見之，不以為怪。有親陳觀察者，挽之從軍，將就道，英華情不忍釋，祖於黃龍之僧舍，與訣曰：『妾與子緣斷矣。念寓簿舍日，子嘗求我辟穀方，豈靳而不與者？但子宿緣寡淺，塵業未償，非仙舉之姿。他時當有兵難，妾豈能終為子保？敬授靈香一瓣，有急請爇以告，當陰有所護。不然，亦無如之何也。』曹公勇為朔方之行，不意獲譴麾下，追惟英華之言，欲取所遺香爇之，軍行無宿火，卒正法。英華詩百餘篇，其警句有《春日述懷》二絕云：三月園林麗日長，落花無語送春忙。柳綿不解相思恨，也逐遊蜂過短牆。園林簇簇日暉暉，白蝶黃蜂自在飛。公子醉眠芳草岸，風移花片點春衣一云落花片片點春衣。又云：醒酒清風搖竹去，催詩小雨過山來。又：綠髮照波秧正暖，黃雲臥隴麥初成。非詩人所易到也。其詩無淒涼悲怨之詞，皆艷麗懽愉之語，殆亦鬼中之仙耶。若言曾生之遇，尤異。余友人曾亨仲，少隨表兄陳夢良任岳之嘉魚尉，秩滿移寓於崔府君祠下，館會於東廡。忽一夕，聞窻外異香撲鼻，微吟云：芳心欲割憑誰訴，惟有清風明月知。次夜復吟。曾穴窻視之，仿佛有女子過廡下，但見雲鬟斜嚲若懶妝之態。是夕忽入，與之遇，力扣其姓氏，不告，強絕之，乃云：『妾本府君之女。』又問其年若干，云：『年當二八時。』又問何故懶妝，云：『對妝慵覽鏡。』又問：『答我一似吟。』詩云：『拈筆愛題詩。』一日，曾往祠下，徧閱無女子像貌，疑是寓居女，恐事覺，欲絕之，女云：『君若見疑，可同往。』乃引至一大府，有童姬百輩候迎於門，延至中堂茶湯罷，登望月臺，羅列殽饌酒果，甚設酬勸浹洽一作歡洽。臺旁有碑，記其歲月，云無為子撰，曾問：『無為子是何人？』云：『即妾也。』酒罷已五鼓，曾攜果核歸，醉寢，其子姪至，取其果與之，無異人間者。又嘗吟云：『欲擇純良壻，須求才學兒。期君終遠大，富貴我皆知。』曾云：『何以知之？』云：『吾父掌人間善惡禍福，各有簿，吾嘗竊視之。』曾遂扣以前程事，云：『遇雞年即發。』自此每夕寢處如常，但神情頗瘁，其家疑為妖魅所惑，力扣之，乃以實告。郡有孔法師，符法甚靈，乃密以狀告，孔為具牒，令就城隍司投之，且云：『今夜若有影兆，見報。』是夕，府君從窻外長歎而過，有數獄卒押其女隨後，女舉手指曾數其負約。翌旦，孔咒符與飲，自此遂不至。八月，郡以祠為漕試院，遂移寓南草市，女子復來，自後往來不可禁，唱和詩詞盈軸，其家視以為常，亦不復怪。來春，曾欲試上庠，女泣別曰：『與君相從許，久苦留不住，先動必有災，前途宜自謹。』曾至黃池鎮，一夕被寇席捲而去，曾狼狽而歸，至中都復丁母艱，始驗其言。後累舉，遇雞年皆不驗，後館於趙大資德老之門，至癸酉歲果請浙漕薦，年幾七旬矣。女子之言異哉。余謂：妖魅之惑人，未有久而不斃者，獨二子所遇不能為之害，曹果死於兵難，曾雖蹭蹬不第，年逾八衰以壽終。余淳熙甲辰，初識曾於臨安郡庠，一日乘其醉扣之，曾

悉以告，嘗為作傳以紀其事矣。亨仲乃鄭鑑自明之內表，嘗以其事語於伯恭先生，士夫閑亦有聞之者，偶讀李英華集，某以其事正相類，因併録之。

宋 辛棄疾《竊憤録・竊憤續録》 金國天眷四年，歲在丁巳，是為宋紹興七年也。十一月十日戊戌，金人廢僞齊劉豫為河南道行臺，傳送燕京，囚于相王寺，仍殺其子劉璘、劉玨於相郡。【略】在途去神祠百餘里，望林麓間火烟起，及聞鐘聲，阿計替曰：『此必寺宇也。』乃走入。其寺有二金剛，鎸石為之，竝拱手而立。入其門，亦有胡僧出迎，遂登堂。視佛像高大，旨觸桁棟，無他供器，止有一石盂香爐而已。僧詰衆人之來，帝答：『趙某自均州及源昌州來，要往北京去。』阿計替曰：『此乃南國天子，為北國所執，今往北京皇帝前去，路經此地，故來暫憩。』僧呼童子曰：『可點茶一巡與衆人喫。』時衆人與帝，不知茶味十年矣。阿計替且思茶難得，北京以金一兩，易茶一斤，今荒村寺中反有。茶極美，飲其茶味，如釋重甲之狀，其茶器盡白石為之。衆人中有更索茶者，二童子收茶器，及胡僧皆趨堂後屏間而去，移時不出。阿計替等將謝而告行，共趨屏後求之，則一空舍，惟竹堂後有小室，中有石刻一胡僧二童子，視其容貌，則出而獻茶者也。衆共嗟嘆。阿計替至寺前拜帝曰：『王歸必矣，敢先為賀。自大王之北徙南回，蓋有四祥，是前途不可言否塞也。』帝曰：『何謂四祥？』阿計替曰：『一者妖神出拜；二者李收興身；三者女將軍獻酒；四者聖僧獻茶。』帝亦微笑謂阿計替曰：『使吾有前途，汝等則吾更生之主也，敢不厚報？』遂出寺行。

清 屈大均《廣東新語》卷二五《木語・椰》 椰產瓊州。【略】瓊人每以檳榔代茶，椰代酒，以款賓客，謂椰酒久服可以烏須云。

又《木語・人面》 人面，子如大梅李，其核類人面，兩目鼻口皆具。肉甘酸，宜為蜜煎。仁絕美，以點茶，如梅花片，光澤可愛，茶之色香亦不變。以增城水東所產為佳。水東在城南雁塔下，其樹僅數十株。子皮薄，落之使潰爛，乃乾其核囊之。其仁門寬，稍搖即脫。去水東咫尺，所產不然。有買者，隨多寡取核搖之，不預出其仁也。

（道光）《廈門志》卷一五《風俗記》 俗好啜茶，器具精小，壺必曰『孟公壺』、杯必曰『若深杯』。茶葉重一兩，價有貴至四、五番錢者。文火煎之，如啜酒然。以餉客，客必辨其色香味而細啜之，否則相為嗤笑；名曰工夫茶或曰『君謨茶』之訛。彼誇此競，遂有『斗茶』之舉。有其癖者，不能自已；甚有士子終歲課讀，所入不足以供茶費，亦嘗試之，殊覺悶人。雖無傷於雅尚，何忍以有用工夫而棄之於無益之茶也？

（道光）《烏石山志》卷三《寺觀・仁王寺》 亦名仁皇寺，在神光寺右。晉天福三年，閩連重遇僞閩永隆間晉檢校太尉封兗國公建。初名道深天王院，後更名仁王寺。《三山志》：『宋僧修贊始修葺之，中有橫山閣。《八閩通志》稱橫山樓。《三山志》：橫山閣，張勸有詩。雨花閣，《三山志》：雨花閣，王逵、范亢有詩。後寺廢。明洪武間修，尋毀。天順七年重建，萬歷間僧真慶修。國朝康熙初又廢。南門外茶亭乃仁王寺第一重牌坊，游人點茶於此，因名。宋皇佑初，熙寧初，西南隅兩處築城，茶亭及入寺之徑隔於城外，可知初建時地甚曠遠。【略】王應山《遊仁王寺》詩：『飄飄巾舄指煙霞，古刹層崖一徑賒。為訪禪關入雙樹，如雲法界演三車。引泉洗鉢分蔬供，敲石燒鐺薦茗芽，共喜尋芳窺色相，珠林片片落天花。』

又《淨慈寺》 在山北麓石夾廟旁。國朝康熙間鼓山僧某建，初名淨慈庵，庵後有宋紹興間大飲盆。道光間邑人郭柏蒼嘗讀書於此。國朝葉矯然《花朝夕宿淨慈寺》：『碧月臨金界，朱光漏碧紗。春聲沉貝葉，夜色靜桃花。靈籟鐘將發，榮名夢已賒。重貪佛日勝，又過梵王家。啜茗春風入，攜尊繡佛前。由來高士飲，不礙遠公禪。鳥唱提壺急，花開解語妍。杖頭岩壑在，應笑買山錢。』【略】郭柏蒼《灘神祠移居淨慈寺》詩：『廢寺深巷中，又復傍山趾。終日無游蹤，獨坐動移晷。午倦繞磴行，老樹鬱可喜。言念二三子，憑高恣遠視。園花與簷蕉，灼灼若甚邇。客至茶一壺，客散書滿幾。與鳥共飲啄，與僧同臥起。晝夜任短長，夢醒晨鐘裏。』又《過淨慈寺與竹岩上人》詩：『古寺日堪游，尋僧趣更幽。梵音深竹院，佛火暗經樓。詩為看雲得，泉因煮茗流。百年城市裏，一笑悟浮漚。』

又 卷四《祠廟・宗徐二公祠》 國朝林熙《兩賢祠記》：道山觀右為小石室，室三楹，方廣差九丈。前蔭岩壁，方池接席，老樹壓簷，茶煙裊裊，從石罅出，一衾一枕，不知有冬夏。德明、鳳超時以果蔬至，有

酒吃酒，無酒吃茶，不以宏敞勝，而幽僻則有餘。朋輩往來，歲時吟詠，皆嵌以小石，各具精致，乃久未登陟，村學究居然寢處其中，題石覆瓿，又何足怪。【略】

又 卷五《紅雨山房》 寺僅一僧，日閒游，夜酣睡，以寺托黃郭二凡子，晨鐘暮鼓皆吾事矣。門以幾叩為戒，謝俗客，兼以習靜，修理古書者處外院，司啟閉汲泉瀹茗以待客。夏仲溪漲成災，骨董字畫古硯壽山石美不勝收，鬻此質彼為書賈作居停。李君作霖工篆石，其父振濤茂才學於十硯翁，以山房之勝，攜錘鑿消夏。呂西村、林瘦雲、吳小溪日以黃子環印譜與李君相質證，時亦偶作一二石以酬答東道。僕人鄭佛荷擔游山從者。偶山人寄塵，僧鏡妙、慎修、鳳超、羽人鐘戒、吉永。予與肖巖輒為賓主，酒米之外，無一葷品，故其事可久。九年中，負書卷不負風月，每與客石欄夜坐，七城闃然，兩三星火，閃閃樹罅，寒雞一聲，萬感並集，此時上下千古在杯茗中，此境可述而不可問。客散，予與肖岩不交一語，各坐臥各讀作。予憶肖巖詩有『起剔殘燈讀班馬，從無一語及旁人，』此境又可述而不可問。黃先生銓將令三水，囑作記，為游山之前導，因刪前記，臚列近事，冀其來游也。道光甲午。

又 卷六《石刻》 淳祐十年秋先重陽十日，眉山史季溫與建、張毅然莆、趙時願會于道山亭，杯茶清話，不減登高之樂隸書徑五寸，鐫霹靂巖下。

又 客至不點茶，相看淡如水。白雲深谷中，穩坐浮生裡。此即安文頭陀磨崖詩，在南澗寺，今亡。

又 閩縣葉大泳、陳懋侯、陳建侯、侯官劉大受於沁泉山館煎茶坐月澈曉，時光緒癸未初秋壬辰。篆書，徑七寸，鐫閩山光祿吟臺前，沁泉大礶側。

又 卷八《仙釋》 安文頭陀 不知何寺僧，嘗遊南澗寺，於榛莽中得巖石，側足以入，摩岩云：『客至不點茶，相看淡如水。白雲深谷中，穩坐浮生裏。』遂宴坐其間。

婚禮茶儀

綜述

宋 吴自牧《夢粱録》卷二〇《嫁娶》 婚娶之禮，先憑媒氏，以草帖子通于男家。男家以草帖問卜，或禱籤，得吉無剋，方回草帖。亦卜吉媒氏通音，然後過細帖，又謂定帖。帖中序男家三代官品職位名諱，議親第幾位男，及官職年甲月日吉時生，父母或在堂，或不在堂，或書主婚何位尊長，或入贅，明開，將帶金銀、田土、則產、宅舍、房廊、山園，俱列帖子內。女家回定帖，亦如前開寫，及議親第幾位娘子，年甲月日吉時生，具列房奩、首飾、金銀、珠翠，寶器、動用、帳幔等物，及隨嫁田土、屋業、山園等。其伐柯人兩家通報，擇日過帖，各以色綵襯盤、安定帖送過，方為定論。然後男家擇日備酒禮詣女家，或借園圃，或湖舫內，兩親相見，謂之相親。男以酒四盃，女則添備雙盃，此禮取男強女弱之意。如新人中意，即以金釵插于冠髻中，名曰插釵。若不如意，則送綵段二疋，謂之壓驚，則姻事不諧矣。既已插釵，則伐柯人通好，議定禮，往女家報定。若豐富之家，以珠翠、首飾、金器、銷金裙褶，及段疋茶餅，加以雙羊牽送，以金餅酒四罇或八罇，裝以大花銀方勝，紅綠銷金酒衣簇蓋酒上，或以羅帛貼套花為酒衣，酒擔以紅綵繳之。男家用銷金色紙四幅為三啓，一禮物狀共兩封，名為雙緘，仍以紅綠銷金書袋盛之。或以羅帛貼套，五男二女綠盝，盛禮書為頭合，共輳十合或八合，用綵袱蓋上，送往。女家接定禮合，於宅堂中備香燭酒果，告盟三界，然後請女親家夫婦雙全者開合，其女氏即於當日備回定禮物，以紫羅及顏色段疋，珠翠鬚掠，皂羅巾段，金玉帕鐶，七寶巾環，篋帕鞋韈女工答之。更以原送茶餅果物，以四方回送，羊酒亦以一半回之，更以空酒罇雙，投入清水，盛四金魚，以筯一雙，葱兩株，安于罇內，謂之回魚筯。若以富家官戶，多用金銀打造魚筯一各一雙，並以綵帛造像生葱雙株，挂于魚水罇外答之。自送定之後，全憑媒氏往来，朔望傳語，遇節序亦以冠花綵段合

物酒果遺送，謂之追節。女家以巧作女工金寶帕環答之。次後擇日則送聘，預令媒氏以鵝酒，重則羊酒，道日方行送聘之禮。且論聘禮，富貴之家當備三金送之，則金釧、金鋜、金帔墜者是也。若以鋪席宅舍，或無金器，以銀鍍代之。否則貧富不同，亦從其便，此無定法耳。更言仕宦，亦送銷金大袖，黄羅銷金裙，段紅長裾，或紅素羅大袖段亦得。珠翠特髻，珠翠團冠，四時冠花，珠翠排環等首飾，及上細雜色綵段疋帛，加以花茶果物，團圓餅，羊酒等物。又送官會銀鋌，謂之下財禮，亦用雙緘聘啓禮狀。或下等人家，所送一二疋，官會一二封，加以鵝酒茶餅而已。名下財禮，則女氏得以助其虚費耳。又有一等貧窮父母兄嫂所倚者，惟色可取，而奩具茫然，在議親者以首飾衣帛，加以楮物送往，謂之兜裹。今富家女氏既受聘送，亦以禮物答回，以緑紫羅雙四、綵色段疋、金玉文房玩具、珠翠鬚掠女工等，如前禮物。更有媒氏媒箱，段疋、盤盞、官楮、花紅禮合惠之。自聘送之後，節序不送，擇禮成吉日，再行導日，禮報女氏，親迎日分。先三日，男家送催妝花髻、銷金蓋頭、五男二女花扇，花粉盝、洗項、畫綵錢果之類，女家答以金銀雙勝御、羅花幞頭、緑袍、靴笏等物。前一日，女家先往男家鋪房，掛帳幔，鋪設房奩器具、珠寶首飾動用等物，以至親壓鋪房，備禮前来煖房。又以親信婦人，與從嫁女使，看守房中，不令外人入房，須待新人，方敢縱步往来。至迎親日，男家刻定時辰，預令行郎，各以執色如花瓶、花燭、香毬、紗羅洗漱、妝盒、照臺、裙箱、衣匣、百結、青涼繖、交椅，授事街司等人，及顧借官私妓女乘馬，及和倩樂官鼓吹，引迎花檐子或樓檐子藤轎，前往女家，迎取新人。其女家以酒禮欵待行郎，散花紅，銀楪，利市錢會訖，然後樂官作樂催妝，尅擇官報時辰，催促登車，茶酒互念詩詞，催請新人出閣登車，既已登車，擎檐從人未肯起步，仍念詩詞，求利市錢酒畢，方行起檐作樂，迎至男家門首，時辰將正，樂官妓女及茶酒等人互念詩詞，攔門求利市錢紅。尅擇官執花斗，盛五穀豆錢綵果，望門而撒，小兒爭拾之，謂之撒穀豆，以壓青陽煞耳。方請新人下車，一妓女倒朝行車捧鏡，又以數妓女執蓮炬花燭，導前迎引，遂以二親信女使，左右扶侍而行，踏青錦褥或青氊花席上行，先跨馬鞍，背平秤過，入中門，至一室中少歇，當中懸帳，謂之坐虚帳。或徑迎入房室内，坐于床上，謂之坐床富貴之家。委親戚接待女氏親家及親，送客會湯次拂備酒，四盞欵待。若論浙東，以親送客急三盃或五盞而回，名曰走送。向者迎新郎禮，其壻服緑裳。花幞頭，于中堂升一高座，先以媒氏或親戚互斟酒，請下高座歸房，至外姑致請，方下坐回房坐富貴。今此禮久不用矣止，用妓樂花燭，迎引入房，房門前先以綵帛一段横挂於楣上，碎裂其下，壻入門，衆手争扯而去，謂之利市繳門，争求利市也。壻登床右首坐，新婦坐於左首，正坐富貴禮也。其禮官請兩新人出房，詣中堂參堂，男執槐簡，挂紅緑綵，綰雙同心結，倒行；女掛于手，面相向而行，謂之牽巾，並立堂前，遂請男家雙全女親，以秤或用機杼挑蓋頭，方露花容，參拜堂次詣家神及家廟，行參諸親之禮畢，女復倒行，執同心結，牽新郎回房，講交拜禮，再坐床，禮官以金銀盤盛金銀錢，綵錢，雜果撒帳次，命妓女執雙盃，以紅緑同心結綰盞底，行交卺禮畢，以盞一仰一覆，安於床下，取大吉利意。次男左女右結髮，名曰合髻。又男以手摘女之花，女以手解郎緑抛紐，次擲花髻於床下，然後請掩帳。新人换妝畢，禮官迎請兩新人詣中堂，行參謝之禮，次親朋講慶賀，及參謁外舅姑已畢，則兩親家行新親之好，然後入禮筵，行前筵五盞禮畢，别室歇坐，數盃勸色，以叙親義，仍行上賀賞花節次，仍復再入公筵，飲後筵四盞，以終其儀。三日，女家送冠花、綵段、鵝蛋，以金銀缸兒盛油蜜，頓于盤中，四圍撒貼套丁膠于上，並以茶餅鵝羊果物等合送去壻家，謂之送三朝禮也。其兩新人於三日或七朝九日，往女家行拜門禮，女親家廣設華筵，欵待新壻，名曰會郎。亦以上賀禮物與其壻。禮畢，女家備鼓吹迎送壻回宅第。女家或于九朝内，移廚往壻家致酒，謂之煖女會。自後迎女回家，以冠花、段疋、合食之類，送歸壻家，謂之洗頭。至一月，女家送彌月禮合，壻家開筵，延欵親家及親眷，謂之賀滿月會親。自此禮儀可簡。遇節序，兩親互送節儀。若士庶百姓之家，貧富不等，亦宜隨家豐儉，却不拘此禮。若果無所措，則已之。

明 王臨亨《粵劍編》卷二《志土風》 婚禮重檳榔，以貧富為多寡，客至，必以為供食。檳榔裹以蔞葉，雜蠔灰啖之，或用孩兒茶同食。

清 陸廷燦《續茶經》卷上《茶之源》 王象晉《茶譜小序》：茶，喜木也。一植不再移，故婚禮用茶，從一之義也。

又 陳詩教《灌園史》：予嘗聞之山僧言，茶子數顆，落地一莖而

生，有似連理，故婚嫁用茶，蓋取一本之義。

清 昭槤《嘯亭雜録》卷九《滿洲嫁娶禮儀》　滿洲氏族，罕有指腹定婚者，皆年及冠笄，男女家始相聘問。男家主婦至女家問名，相女年貌，意既洽，贈如意或釵釧諸物以為定禮，名曰小定。擇吉日，男家聚宗族戚友同新壻往女家問名，女家亦聚宗族等迎之。庭中位左右設，男家入趨右位，有年長者致詞曰：『某家男某雖不肖，今已及冠，應聘婦以為繼續計。聞尊室女，頗賢淑著令名，願聘主中饋，以光敝族。』女家致謙詞以謝。若是者再，始定婚。令新壻入拜神位前，及外舅父母如儀。既進茶，女家趨右位，男家據賓席，或設酒讌以賀。改月擇吉，男家下聘，用酒筵、衣服、綢緞、羊鵝諸物，名曰過禮，女家款待如儀。男家贈銀於婦家，令其跳神以誌喜焉。

清 許奉恩《里乘》卷九《節録土司婚禮記》　嫁後，日一沐，沐畢必塗以蘇合油，貧者以羊脂，故膚皆如凝脂。衷衣與裩相接，皆聯金扣，扣以百數。裩口與羅襪接，亦密扣之。扣圓而扁，貧家以鉛錫為之。合卺定情始解，定情後，復著如故，生子始去。親迎之日，奏蠻樂，苗女數十輩衣緋，擊諸葛銅鼓，盤旋環繞於庭中，歌聲如鶯啼芳樹，筆難形狀。以朱絲一縷繫壻左臂，引絲入室，系女右臂，牽女出，以錦蒙頭，儐相贊拜。如禮畢，儐相乃更錦衣舞蹈，擊銅鼓，謳苗詞，請新人登車，舉家哭送，諸媵母亦擁女泣涕登車。既至壻家，一媪著緋衣，持鑰啟輿門，引新婦臂上朱絲付新郎，牽婦下車；侍女扶諸媵出，共擁新婦入青廬；夫婦交拜，媵皆隨新婦後行禮；席地坐飲交杯，諸媵亦雁行列坐，新郎新婦各一飲，挨遞諸媵。飲畢，相者擊銅鼓、歌喜詞，撒紅豆為祝多男。奏樂畢，相者引新郎安諸媵室；緋衣媪即房門，為新婦更衣履，進香湯，凡三沐焉。相者引新郎從右安室，其俗尚右，故先右。侍者扶媵參新郎，郎坐受二拜，答二拜；老媪進媵者酒，手奉郎飲半，媵接跽飲畢，起鞠躬者四，侍女扶媵入幃，相者復引新郎安第二室，禮亦如之。左右八媵，次第安畢，相者引新郎還正室更衣。相者出，新婦出迎，鞠躬者四，新郎答以四揖，攜手入幃。媵新沐畢，更衣，俱至幃中，亦鞠躬者四，新郎新婦答禮畢，告辭各歸臥房。雞鳴，諸媵櫛沐，至新房遞茶賀喜，候新婦妝畢，均隨新郎新婦至姑寢門外遞茶，姑受茶不接見，令婢辭焉；郎率婦及媵於寢門外再拜而退。第六日，張樂設席後堂，郎與婦拜天地、祖先及灶，次拜姑，次女親，次小姑；諸媵隨婦後行禮。南向一席，坐新婦；東向八席，坐諸媵；西向四席，坐諸女親；西北向一席，則姑與小姑主焉。姑遞杯箸，婦跽辭，小姑代行禮畢，婦遞姑杯箸，次女親，次小姑。飲三爵，徹席更衣。再飲三爵，婦率諸媵下堂，拜訖，隨姑入室，為姑進幃帳、衾枕、衣服、首飾，奉沃浣；候姑寢，乃率媵退。

清 福格《聽雨叢談》卷八《茶》　今婚禮行聘，以茶葉為幣，滿漢之俗皆然，且非正室不用。近日八旗納聘，雖不用茶，而必曰下茶，存其名也下字作納字解，恐亦轉音之誤。

紀事

《宋史》卷一一五《嘉禮志六·親王納妃》　諸王納妃。宋朝之制，諸王聘禮，賜女家白金萬兩。敲門，即古之納采。用羊二十口、酒二十壺、綵四十匹。定禮，羊、酒、綵各加十，茗百斤，頭緡巾段、綾、絹三十匹，黃金釵釧四雙，條脫一副，真珠虎魄瓔珞、真珠翠毛玉釵朵各二副，銷金生色衣各一襲，金塗銀合二，錦繡綾羅三百匹，果槃、花粉、花冪、眠羊臥鹿花餅、銀勝、小色金銀錢等物。納財，用金器百兩、綵千匹、錢五十萬、錦綺、綾、羅、絹各三百匹，銷金繡畫衣十襲，真珠翠毛玉釵朵各三副，函書一架纏束帛，押馬函馬二十匹，羊五十口，酒五十壺，繫羊酒紅絹百匹，花粉、花冪、果盤、銀勝、羅勝等物。親迎，用塗金銀裝肩輿一，行障、坐障各一，方團掌扇四，引障花十樹，生色燭籠十，高髻釵插并童子八人騎分左右導扇輿。其宗室子聘禮，賜女家白金五千兩。其敲門、定禮、納財、親迎禮皆減半，遠屬族卑者又減之。

明 黃履道《茶苑》卷一三　金國宴客茶飲　金國凡婚姻宴客，佳酒則貯以烏金銀器，其次以瓦列於前，以百數賓退則分餉焉。富者以金銀器飲客，貧者以木。酒三行進大軟指、小軟指如中國，寒具又進蜜糕，人各一盤，曰茶食。宴罷，富者瀹建茗，留上客數人啜之；或以茶之粗者煎乳酪焉。《金志》

（乾隆）《盛京通志》卷一〇五《風俗》　金人舊俗，多指腹為婚姻。既長雖貴賤殊隔，亦不可渝。壻納幣，皆先期拜門，戚屬偕行，以酒饌往，少者十餘車，多至十倍。飲客佳酒則以金銀杭貯，其次以瓦杭，列於前以百數，賓退則分餉焉。先以烏金銀杯酌飲，貧者以木。酒三行，進大軟脂、小軟脂，如寒具。次進蜜羔，人各一盤，曰茶食。宴罷，富者瀹建茗，留客啜之。婦家無大小坐於炕上。壻黨羅拜其下，謂之男下女。禮畢，牽馬百匹，少者十匹陳於前，婦翁選子姓之別馬者視之，好則留，不好則退。留者不過十二三，女家亦視其數而厚薄之。一馬則報衣一襲，壻皆親迎。既成婚，留於婦家三年。然後以婦，歸婦氏以奴婢數十戶、牛羊數十羣，每羣九牝一牡，以資遣之。大金國志

清　范祖述《杭俗遺風·婚姻類·傳紅》　凡作媒，有男女二媒。説合之時，男媒須於男家，先取地脚交女媒，送至女家打聽。女家如有允意，女媒則取女家草八字交男媒，送至男家求卜。男女家如皆允，然後男家擇日締姻，名曰傳紅。先備小禮四副，以二副仍由男女媒送於女家。小禮用鶴頂紙造，五幅全帖，外用封筒，內用綠紙夾襯，面用膠金全福二字。兩小禮，一樣寫某郡某稱某人端肅頓首拜。一作拜帖，一內加泥金籤一條，男家寫恭求台允。女家寫謹遵台命。男家用金玉如意簪壓帖，小錫茶葉瓶若干。女家用頂帶壓帖，小錫酒罇若干。其餘各色花果、盆景、喜蛋、七子、鮮果、佛手、石榴之類，男女家皆同。是日，媒人先女家道喜，然後往男家吃點押盒，至女家吃中席。下午押盒，往男家吃晚席。媒人轎價，係男家開發。女家犒封，有冰從冰從花紅、冰輿伐飯、冰輿花紅。男家照樣數目，加半再添冰輿二封總送。男女家均供青龍、和合馬、淨茶糕團、掛燈結綵、桌幃椅帔、發帖請各親友。男女家均寫某人締姻，惟媒人帖，用花古柬，先須拜媒，後須謝媒，下盒婚嫁皆然。

又《發奩》　粧奩有全鋪房，一封書之名，此言無所不有也，然不恒有。惟十二箱四厨、八箱兩厨、六箱一厨、四箱一桌之分。箱有安冬、臺彎、描金、撞箱之別，厨有書厨、衣厨之別，桌有大中春臺、聘春臺、梳角桌之別，再衣架、臉架、琴櫈、春櫈、杌櫈、小脚櫈、馬箱、子孫桶、大中浴盆、樣盆、小脚盆、坐桶、提湯桶、折水桶、和合提盒、段盒、果桶茶、洗鞋桶、五升斗、辮線架、棚子架、火箱、焙籠，此名內房傢伙。尤有外房傢伙：元爐、立臺、畫桌、琴桌、月桌、四仙桌、馬鞍桌、圈椅、一字椅、茶几、杌櫈、各式錫器，有盤壺、瓶罐、燈臺、燭臺之類不下數百件。銅器如面盆、手爐、脚爐、銅古、熨斗之類，其錫器擺於各桌之上，每桌有燭臺、或風燈之類一對。如梳角桌，則擺梳盒、鏡臺、粉罐、皂罐之類，如月桌、四仙桌，則有果盒、煖碗、茶酒杯箸之類，各以其所宜，配合端整。每桌開明桌單一紙。再總有奩目一本，所有粧奩各物，逐件開載，不漏一物。路上均有管家照料，其目有持柬、持奩、侍奩、立臺、子孫喜桶、和合各作好看各紀行禮等名。其紮縛扛抬，由搭應埠夫承值。管家開發，看粧奩之大小，為定其埠夫，每名若干，由女家開單與男家照發。至門之時，其立臺等，均由管家親自肩桃而進。持柬者先行投帖，擺好之後，持奩者請新姑爺接奩。目侍奩者請賬房老爺點桌單，然後再請東家及新姑爺行禮，留飯而回。謝帖，新郎出名，用小禮加金籤，上寫一嘉字。是日攙扶，伴房，亦押奩而去，攙扶仍回，伴房留一人管新房，舉行在完姻前一兩日。

又《三朝》　完姻第三日為三朝，所重廟見之禮，亦須請媒客。是日新郎衣冠，新娘戴鳳冠珠翠，大滿頭，有龍鳳釵、燕子釵、長釵等，前後圍繞，穿元領霞佩、束帶朝裙。午刻祀祖，兩新人先拜家堂，次叅竈，須穿綠袄綠鞋，叅畢呂呂，然後叅家廟，申刻見禮。堂上設兩圈椅，左右兩旁鋪紅氊，先大冰，次各友，親男客，次女客，應坐者上坐受禮，應回者左右答拜。次本家男女各人，公婆須自先拜祖先，然後受禮。起倒四拜，坐而受之。連四拜，起立回揖。其餘大伯、小叔、小姑之類，年長者左首，年幼者右首，均同拜。如有子姪等小輩，則兩新人請上，小輩下拜。均畢後，男僕、女婢等恭堂，新娘自此開口矣。

是日，女家又送三朝盤於男家，蓋岳父母與女壻女兒之上賀，也以條箱架，用段盒鋪擺男色靴帽袍套、各式繡袋之類。女色所應陪嫁之衣餙，如便簪、耳挖、耳環、珠領、戒指、皮裙、皮襖之類。禹凡行聘所不備者，尤有鈔袋、匙袋、油榻、粉撲之類。男僕賞賜手巾、扇子，女婢裏金銀簪、氊膝褲、鞋面布叅堂封等。外備雞、鵝、魚、肉、枝、圓、桃、棗、四海味，共十二色，為堂上盒。又四熟盒，用雙蹄、雙雞、雙肚、雙魚、四燥果，共八色，為房裏盒。所來之禮，除堂上十二色酌收一二色

外，其餘全收。再有女使一名，專送針線匾者，名曰繡筐，外加髮袋一雙，頭油二瓶，烟筒一管，須留飯，開發亦須從厚。晚間尤有遜席之禮。遜席者，廳中設桌椅坐位一席，廳左朝横，亦設一席，擺設香几、屏風，燃點安息香，以本家女眷之族長一人，與新娘當堂遜席，如做戲文一般。新娘亦須回遜，然後告坐，就於中位，與遜者左席相陪。兩下一面上酒、上菜、上茶、上點之類，下面如演戲者，出堂扮演送子、男女加冠、魁星等戲。堂名亦出堂送子，有麒麟送子一座，吹打送入新房。女家當堂，有管家放賞，其封有送子、加冠、大戲、司樂、司厨、司茶、斟酒、值筵、托盤，並有司閽、司圊各名目。

再自見禮以過，公婆及各族親中之男女長輩，須送新娘上賀。公婆衣飾、金銀不等。其餘長輩，大約送銀洋者居多，惟豐嗇不等耳。新娘亦送落賀針線與公婆各長，及平輩小輩之人。針線者不過鈔袋、匙袋，及各式繡袋而已。再一年之內，女家須送節禮，如元宵燈、端午景、冬至聚寶盆之類，新娘以之分送各親友。其餘之節，亦各有及時之物。

又《回郎》 女家接回郎，先期備啟致請，其帖曰：吉詹某日，敬備官輿，恭迎雙玉。亦須發帖請大冰各友親，名曰『小壻初臨』，大約多在三朝之次日。是日早辰，用帖三道，備輿往男家接請。如有轎陪嫁者，只須一乘與配對者。兩新人仍如三朝穿着，拜辭公婆各長，乘轎而去，女前郎後，攙伴小轎隨行。男女家各有管家到門，廳上下轎，新娘延入內室，新郎鋪氈，跪遞上門拜帖。除岳家外，尤有各親戚拜帖，照依新親單開載姓名，稱呼用新郎出名，一并書寫投遞畢，當廳飲果糖茶湯三道，然後坐茶點心。及中飯，均在偏室。新郎上坐，耳其衆家堂、衆竈、衆家廟、見禮、下人衆堂、晚間遜席、上戲、送子放賞等，一切儀文，俱與三朝同。惟遜席則新郎其衆堂賞號，均係男家備。夜間送回，郎前女後。到家又須衆拜家廟，次日新郎往女家謝酒，往往留叙永日而回。再新娘如再隔日歸甯，名曰『望靜』。

又《上門》 男家接新親及女家之親戚上門，照依新親單，用出名人出名，備具拜請二帖，總送於女家。有惟本家人來有及連襟等來者，到門各與出名人相拜後，亦坐三道茶，湯新娘出堂相見。各相當堂見禮畢，然後往新房中吃茶點心。如有塲頭，永日而回，否則辭謝。自來者，名『偷上門』，即行告辭者矣。

《清史稿》卷九一《禮志十・賓禮・內外王公相見禮》 內外王公相見禮 崇德初元，定宗室外藩親王、郡王、貝勒、貝子相見儀。賓及門，王府屬官入告，主人降階迎，賓辭，主人升。賓從自中門入，賓趨左，主人趨右。行相見禮，二跪六叩，即席序立。從官升東階，行禮亦如之。興，入右門，坐賓後。執事獻茶，賓受茶，叩，主人答叩。飲茶敍語畢，從官趨前楹，跪，叩，興，趨出。賓離席跪叩，主人答叩，並興。賓出，主人降階送，屬官送門外。

又《京官相見禮》 京官相見禮 順治元年，定制，京朝官敵體相見，賓及門，主人迎大門內，揖賓入，及階，讓升，賓西主東。及廳事，讓入，皆北面再拜。興，主人爲賓正坐西面，賓辭，主人固請，卒正坐。賓還正。主人坐東面亦如之。賓就坐，受茶，揖，主人答揖。飲茶敍語畢，告辭相揖。賓降階，主人送及門，復相揖。賓辭，主人固請，送賓大門外，視賓升輿馬，迺退。

【略】

國學生見國子師儀，初見，具名柬，公服詣學，自東階升堂，北面三揖，師立受。侍立左旁，西面受教，畢，三揖退。若燕見，通名，竢召迺入。師迎階上，弟子升，揖。師入門，從之，北面再拜，師西面答揖。趨正師坐，師命坐，北面揖。師位東北面，弟子西面。茶至，揖，請問，揖。辭退，北面三揖，師皆答。出送，師前行，弟子後隨，及二門外，弟子三揖，竢師入始退。

又卷九八《樂志五・樂章三・筵宴》 同治十一年，大婚，賜承恩公及王公大臣筵宴三章 進茶、進酒丹陛清樂，進饌中和清樂

進茶圖肇鴻基之章 圖肇鴻基，祥徵燕喜。華筵肆寵荷隆儀，賜茶宣敕使。一解趨侍嘉燕沐恩施，蹌蹌濟濟肅威儀，雙開雉扇瞻天咫。運璣衡，穆穆裳垂。泰交景運洽重熙，政平成，理本修齊。二解華門積善迎繁祉，祥鍾蘭閫毓坤儀，寵眷從今始。龍章鳳誥荷恩暉，榮封五等，圭爵貽孫子。貽孫子，承嘉貺，福祿屢綏之。三解集冠裳，彤廷展禮。肆笙簧，丹陛歌詩。王公列辟翊綸扉，奏鈞韶，聽咸賡樂只。四解內外修和成郅治，徵嘉禮。位定乾坤，慶良時，迓祥禧。同榮瑞木枝連理，綏豐秀麥穗雙

岐。穗雙岐，周文仁政雎麟始。五解播鴻庥，襄上理，衍雲礽，虹流電光瑞。配二儀，序四時。瑟琴迭和樂怡怡，豫悅仰慈闈。六解景煥祥曦，聲騰仙吹，龍團佳茗天家賜。金莖露，注瑤卮，帕傳柑，盤薦李，攜袖異香霏。玉案親依，近龍光，延燕喜。七解川媚山輝，禮明樂備，祥符億載過姬姒。雲紃縵，鳳來儀，戴堯天，游舜世，懿戚與榮施。玉案親依，近龍光，延燕喜。八解衢樽同酌醲膏被，欣燕洽，情文備致。九敍慶成功，三辰瞻獻瑞。趨辭

又　光緒十五年，大婚，賜承恩公及王公大臣筵宴三章　進茶、進酒丹陛清樂，進饌中和清樂

進茶圖肇鴻基之章　圖肇鴻基，風追喜起。延景運，荷隆儀，歡聲騰遠邇。一解躬桓蒲穀列丹墀，賜茶宣敕沐鴻施，九重綸綍欣同被。仰恩暉，獻藿傾葵，龍團鳳餅味含滋。注金甌，露挹瑤池。二解華門積善徵蘭芷，天心眷顧正坤維，至德侔周姒。永風詩，荇菜參差，化行俗善，推暨從今始。從今始，膺多福，家室慶咸宜。三解度翩翩，紆青拖紫，韵悠悠，吹竹彈絲。頌來佳茗溢金卮，漱芬芳，既甘且旨。四解平治修齊逢盛世，中宮位定采蘩時。飭威儀，著箴規。紫宸作耦稱同體，彤庭端範翊昌期。翊昌期，覩型媯汭追隆軌。五解宮商調角徵，頌仁慈，敬纘箕裘緒。念在茲，釋在茲，璇闈侍膳奉盤匜，孝治迓蕃釐。六解雪澡香霏，雲腴味美，金莖露湛重霄賜。調瓊液，晉瑤卮。華如桃，穠如李，甌泛碧琉璃。御案親依，仰天顏，真尺咫。七解彩耀旌旗，儀修冠履，飲和食德延繁祉。貽燕翼，衍螽斯。爲騶牙，爲麟趾，戚屬與榮施。御案親依，仰天顏，真尺咫。八解醲膏飽飫芬流齒，霑闓澤，欣歌樂只。乾極儷坤珍，祥符綿萬紀。趨辭

雜録

宋 洪皓《松漠紀聞》卷上　金國舊俗多指腹為昏姻，既長，雖貴賤殊隔亦不可渝。壻納幣皆先期拜門，戚屬偕行，以酒饌往。少者十餘車，多至十倍。飲客佳酒則以金銀杭貯之，其次以瓦杭，列於前以百數。賓退則分餉焉，男女異行而坐，先以烏金銀盃酌飲，貧者以木。酒三行，進大軟脂、小軟脂、如中國寒具。蜜餻，以松實、胡桃肉漬蜜和糯粉為之，形或方或圓或為柿蒂花，大略類浙中寶堦餻。人一盤，曰『茶食』。宴罷，富者瀹建茗，留上客數人啜之，或以麤者煎乳酪。婦家無大小皆坐炕上，壻黨羅拜其下，謂之『男下女』。禮畢，壻牽馬百匹，少者十匹，陳其前。婦翁選子姓之別馬者視之，『塞痕』則留，好也。『辢辣』則退。不好也。留者不過什二三，或皆不中選，雖壻所乘亦以充數，大氐以留馬少為恥。女家亦視其數而厚薄之，一馬則報衣一襲。婿皆親迎。既成昏，留婦氏執僕隸役，雖行酒進食，皆躬親之。三年，然後以婦歸。婦氏用奴婢數十戶，奴曰『亞海』，婢曰『亞海軫』。牛馬十數羣，每羣九牸一牡，以資遣之。夫謂妻為『薩那罕』，妻謂夫為『愛根』。

契丹男女拜皆同，其一足跪，一足著地，以手動為節，數止於三。彼言『捏骨地』者，即跪也。

明 黃佐《泰泉鄉禮》卷一《鄉里綱領》　凡婦見舅姑，用幣，餘皆不用，明義分也。鄉俗見諸親有帛。婦不見外姓，別男女也。鄉俗例見異姓，諸親及鄉黨無所分別。今悉正之。惟見同姓尊長。親迎後三日、七日及遇俗節，女氏使人於壻家，用米面點心。上戶四品，每品不過二盒；中戶四品，每品不過一盒；下戶惟用茶果，亦不過四品，每品不過一斤。凡此所以撙節財用，勿為無益之費，自取窘匱。

又　凡三等人戶之下聘，用酒一埕，鵝二隻，各布二疋，茶一盒。婦荊釵布裙見舅姑而已。貧不能具者，約正、約副率閭里科少錢以助之，勿令失時。

（嘉靖）《安溪縣志》卷一《風俗》　檳榔代茶　檳榔消瘴，今賓客相見，必設此以為重。俗之婚聘，亦借此以贄焉。《方輿勝覽》

清 太素生《瀋陽百咏》　採趁良辰會親家，衣裳釵釧要鮮華。百圓饅首雙壇酒，妥帖安排到下茶。俗謂納採曰下茶。納採之日，預辦饅首百圓、酒雙壇，並衣裳釵釧等物，俱以新鮮為上，無則轉借。女家是日則宰豬款待諸親，謂之接茶酒。

清 姚廷遴《歷年記・續歷年記》　［康熙三一年］十一月二十日起，十二月初十止，迎親、並親日夜不停。並親者着忙之甚，百物皆貴。甚至不論貧富，不計禮儀，以不擇門當戶對，不管男女年紀大小，大約茶二斤、禮銀四兩為最，更有不費分文者。十二月初五，小婿家娶弟婦，請

我去三日。天氣至歲暮竟好，亦不大冷，布價賤極，年貨雖不大貴，人家總總拮据。十一月初五，老親陸心泉壽終，其年八十九歲，受朝廷恩賚，可謂天民中之福壽雙全者矣。

清 李光庭《鄉言解頤》卷三《人部・婚姻》 有天地然後有萬物，有萬物然後有男女。『男女以正，婚姻以時。』《詩》所以美桃夭之宜家，而刺蝃蝀之無信也。『酒肴洽比，婚姻孔云。』世所謂親黨會茶者也。『婚姻之故，言就爾居。』世所謂投奔親戚者也。《爾雅》：婿父謂姻，婦父謂婚。玉潤冰清，誠為佳話。若因婦翁為封禪使而得增秩，人笑曰此泰山之力也。於是有泰山之稱，遂衍為岳父、岳母，丈人、丈母、丈母娘。唐蕭嵩之子衡，尚新昌公主，上見之呼為親家。此世俗稱親家之始。於是男為親家公，女為親家婆。《周禮》：『地官少司徒掌建邦之教法，以稽國中及四郊都鄙之夫家九比之數。』注：夫家，猶言男女也。唐太宗詔：民男二十，女十五已上，無夫家者，州縣以禮聘娶，貧不能自行者，鄉里富人及親戚資送之，皆以男為夫，以女為家，是女子生而願為之有家。既謂之家矣，故鄉人之娶妻者曰成家，呼其妻曰家裏的，未娶者曰無家小。《南史》張彪謂其妻楊氏曰：『我不忍鄉里落他處。』謂妻曰鄉里，亦家之義也。古者男三十而娶，女二十而嫁，若唐詔男女之年，似乎太早。然可以普免天下之怨曠，亦未嘗非仁政。且惟陽盛，可以敵陰。班姬《女誡》曰：『男以彊為貴，女以弱為美。』故諺曰生男如狼，猶恐其尫；生女如鼠，猶恐其虎。《女憲》曰：『婦如影響言順從也焉，不可賞。』亦恐陰盛而陽不能敵也。若媒人之言：女大兩，黃金長。女大三，黃金山。則無稽之談矣。傳曰：齊大非耦，又曰嘉耦曰配，怨耦曰仇。《因果録》云：『今世為夫妻者，前世非大恩則大仇。』可以包括衆生。然亦有久離暫合，冷落以終其身者，或小恩小仇之説歟？禮自納采、納吉、親迎，而婚姻成。鄉人謂納采曰下定，又曰下茶。謂納吉曰通信，又曰送吉期。謂親迎則曰大娶。謂入贅曰倒踏門，謂無子招婿者曰養老女婿，謂以女與人為繼妻者曰填房，謂娶再醮之婦曰後婚，謂娶妾曰置偏房，又曰搭偏厦，謂男子有外交者曰走花道兒，謂婦人之不貞者曰半掩門。若鄉人無知，冒凶而娶曰孝服，則為悖禮之大者。男有聘儀，女有嫁妝，不過備禮而已。先賢格言云：嫁女擇賢婿，勿索重聘；娶媳求淑女，勿計厚奩。呂新吾《小兒語》云：『買馬不為鞍，娶婦不爭賠送。』奈習俗相沿，丈夫固然，婦女尤甚。嘗有夫妻以打燒餅為業者，門前看過嫁妝，夫曰：『這副嫁妝準值五百兩。』婦曰：『不值。至多三百兩。』彼此堅執反目，夫捉婦髮亂毆。婦曰：『再添上五十兩。』夫猶不依。婦負痛呼曰：『算他四百兩罷了。』旁觀者勸曰：『只管打鬧，爐上燒餅都焦了。』夫曰：『壞一爐燒餅什麼要緊？埋沒了人家一百兩銀子，情理難容。』即此而觀，鄙夫欣羡之眼，敗家婦不足之心，合盤托出。

清 范祖述《杭俗遺風・排場類・茶司》 杭州之有茶司一行，最為便當。每担一副，有錫爐二張，其杯箸、調羹、瓢托、茶鍾、茶船、茶碗、燭臺、酒壺、壁釘、桶盤、爵杯、銀鑲杯等件，無不足用。耳磁則紅花，箸則象牙，連茶葉、栗炭在内，每副價錢四百二十文。婚姻、喜事加倍。塲頭小者，并可用半副。其出稅之物，香几、屏風、桌幃、椅帔等件。然則彼何所取，蓋所吃之酒，亦其所賣，憑籌支付，約有對合秤錢。必須天明進門，三四更方可去，而且人人叫得着。晚上上火，内外燈，内蠟燭，亦歸其所點。此各行中之最辛苦煩雜者。每担一副，來四人夥計，鈔幔零星，每人亦約百文。喜事新人卸冠，後茶司送車孩兒一個，名為送子，此為老例。

（乾隆）《遂寧縣志》卷四《土地部・土產・貨之屬》 茶 陸璣謂：吳人作茗，蜀人作荈。凡種茶樹，必下種，移植則不復生，故古人聘婦，必以茶為禮，取其至性不移，植必以子也。茶花冬開似梅，亦清香，葉似梔，可煮為飲。其老葉謂之荈，嫩葉謂之茗。昔邑廣利寺山產之，其味冣佳。

（嘉慶）《彭山縣志》卷三《風俗・婚禮》 親迎至堂【略】次晨，新婦登堂拜舅、姑。女家治茶果，設幾席，命新婦跪拜，上茶尊長，諸親戚次第拜，謂之拜茶。

（同治）《都昌縣志》卷一《風俗》 婚禮 初議婚，訂以花簪履樣之屬，曰押樣，行聘必以茶葉，曰下茶。

（光绪）《善化縣志》卷一六《風俗》 茶 有油茶、食茶二種。油茶子可榨油，渣則為枯，可以去汗。食茶，清明穀雨前者為頭茶；次

則味微苦，曰茗；再次粗者為荈。二物多種，可取利，砍去老枝，次年復坐，移種則難活，鄉俗為婚用食茶，取此義。

（光緒）《順天府志》卷一一　嫁娶之時，男家為新婦上髻，女家為新壻冠巾。先期備禮送其家，合婚得吉，相視留物為贄，行小茶，大茶禮。娶前一日，壻備物往女家，曰催妝。新婦及門壻以馬鞍置地，婦跨過曰平安。婦進房，陰陽唱催妝詩，撒諸果曰撒帳。婦家以飲食供送其女曰做三朝做單九做雙九云。萬曆沈志。昔日娶親風俗頭日迎妝，二日娶親，三日會親，今改為早辰迎粧，上午娶親，下午會親，一日辦三事，故日小三。都門紀略。京師婦女嫁外方人為妻妾者，初看時，以美者出拜，及臨娶，以醜者易之，名曰戳包兒。過門信宿，盜其所有逃者，名曰拏殃兒。菽園雜記。亦謂之放鷹。都門紀略。

（光緒）《餘姚縣志》卷五《風俗》　婚禮【略】婦人門三日，始通稱謂，奉贄于舅姑及各尊長，用女紅，先以茶，如蓮、棗之類。

喪禮茶儀

綜述

清　顔元《顔元集·禮文手鈔》卷一《通禮》　大祭出主於正寢。正至朔望則參。正至朔望前一日，灑掃齊宿，厥明夙興，開門抽簾，每龕設新果一大盤於棹上，每位茶盞盃酒盞盤各一。於神主櫝前設束茅，聚沙於香桌前。別設一桌於阼階上，置酒注盞盤一於其上，酒一瓶於其西，盥盆帨巾各二於階下東南。有台架者在西，為主人親屬所盥；無者在東，為執事者所盥。巾皆在北。主人以下，盛服入門就位，主人北面於阼階下，主婦北面於西階下。主人有母，則特位於主婦之前。主人有諸父諸兄，則特位於主人之右，少前，重行西上。有諸母姑嫂姊，則特位主婦之左，少前，重行東上。諸弟在主人之右，少退。子孫外執事者在主人之後，重行西上。主人弟之妻及諸妹在主婦之左，少退。子孫婦女內執事者在主婦之後，重行東上。立定，主人盥帨，升，搢笏啟櫝，奉諸考神主置於櫝前。主婦盥帨，升，奉諸妣神主置於考東。女出祔主，亦如之。命長子長婦或長女盥帨，升，出諸祔主之卑者，亦如之。皆畢，主婦以下先降，復位。主人詣香案前，降神搢笏，焚香再拜，少退，立。執事者盥帨，升，開瓶實酒於注，一人奉注，詣主人之右，一人奉盞盤，詣主人之左。主人跪，執事者皆跪，主人受注斟酒，反注，取盞盤奉之，左執盤，右執盞，酬於茅上。以盞盤授執事者，出笏俛伏，興，少退，再拜，降，復位，與在位者皆再拜參神。主人升，搢笏執注，斟酒，先正位，次祔位，次命長子斟諸祔位之卑者。主婦升，執茶筅，執事者執湯瓶隨之，點茶如前。命長婦或長女亦如之。子婦執事者先降，復位。主人出笏，與主婦分立於香桌之前，東西再拜，降，復位，與在位者皆再拜，辭神而退。○冬至則祭始祖畢，行禮如上儀。○望日不設酒，不出主，主人點茶，長子佐之，先降，主人立於香案之南，再拜乃降，餘如上儀。○准禮『舅沒則姑老不預於祭』。又曰『支子不祭』。故今專以世嫡宗子夫婦為主人主婦，其有母及諸父母兄嫂者，則設特位於前如此。○原本此下。解『盛服』遵本朝之制，自不敢録。司馬注。影堂雜儀已見前及後祭禮，不贅。

元按：楊氏復曰：『先生云：元旦則在官者有朝謁之禮，恐不得專精於祭事。某鄉裡卻止於除夕前三四日行事，此亦更在斟酌也。』據此則朱子蓋心知除前之祭非是，而未定其日，故云『更在斟酌也』。愚謂國家祭用孟月，士庶用仲月。元旦之祭似亦宜推此行之，定於新正初五日，蓋朝謁後齊三日則可祭也。若除前三四日行之，不惟嫌於先君，未新歲而行新歲之禮，亦屬假矣。○又按：望日不出主，不設酒，主人點茶再拜，餘如常儀，是猶隔門而拜親飲親也，可乎哉！【略】

有事則告。如正至朔望之儀，但獻茶酒，再拜訖，主婦先降，復位，主人立於香桌之南，祝執版跪於主人之左，讀之畢，興，主人再拜，降，復位。餘並同。○主人生嫡長子，則滿月而見，如上儀，但不用祝。主人立於香桌之前，告曰：『某之婦某氏以某月某日生子名某，敢見。』告畢，立於香桌東南，西向。主婦進，立於兩階之間，抱子再拜，主人乃降，復位。後同。○冠昏則見。原本此處有『本篇』二字，不知何謂。○祝版用版。長一尺，高五寸，以紙書文黏於其上，畢則揭而焚之。其文曰：『維某年月日孝子某敢昭告於某考妣某某氏某事云云，謹告。』但於高祖考妣自稱孝元孫，於曾祖考妣自稱孝曾孫，於祖考妣自稱孝孫，於考妣自稱孝子。有官封謚則皆稱之，無則以生時行第稱號加於府君之上，妣曰某氏夫人。幾自稱，非宗子不言孝。告事之祝，四代共為一版。自稱以其最尊者為主，止告正位，不告祔位，茶酒則並設之。

又卷四《喪禮·弔奠賻》　凡弔皆素服，奠用香茶酒果，有狀或用食物隨宜。賻用钱帛。有狀或親友分厚者有之。具刺通名，賓主皆有官，則具門床。入哭奠訖，乃弔而退。既通名，喪家炷火然燭布席，皆哭，以俟護喪出迎賓。賓入至廳事，進揖曰：『竊聞某人傾背，不勝驚懼，敢請入酹，並伸慰禮。』護喪引賓入，至靈座前，哭盡哀，再拜，焚香，跪酹茶酒，俛伏。興，護喪止哭者。祝跪讀祭文、奠賻狀於賓之右，畢，興，賓主皆哭，盡哀，賓再拜。主人哭，出，西向稽顙，再拜。賓亦哭，東向，答拜。進曰：『不意凶變，某親某官奄忽傾背，伏惟哀慕，何以堪處。』主人對曰：『某罪逆深重，禍延某親。伏蒙

奠酹，並賜臨慰，不勝哀感。』又再拜，賓答拜。又相向哭，盡哀。賓先止，慰主人曰：『修短有數，痛毒奈何，願抑孝思，俯從禮制。』乃揖而出，主人哭而入，護喪送至廳事，茶湯而退，主人以下止哭。○溫公曰：『凡弔人者，必易去華盛之服，有哀戚之容。若賓與亡者為執友，則入酹。婦人非親戚與其子為執友嘗升堂拜母者，則不入酹。凡弔及送喪者，問其所乏，分導營辦。貧者為之執紼負土之類，毋擾及其飲食財貨可也。』○高氏曰：『喪禮賓不答拜。凡非弔喪無不答拜者。』胡先生書儀曰：『若弔人是平交，則落一膝，展手策之，以表半答。若孝子尊弔人卑，則側身避位，候孝子伏次，卑者即跪。還須詳緩去就，無令跪伏與孝子齊。』○楊氏復曰：『按程子張子與朱先生後來之説，奠謂安置也。奠酒則安置神座前，既獻則徹去。奠而有酹者，初酹酒，則傾少酒於茅，代神祭也。今人直以奠為奠，而盡傾之於地，非也。蓋家禮乃初年本，當以後來之説為正。』○又按：弔禮主人拜賓，賓不答拜，此何義也？蓋弔，賓來有哭拜或奠禮，主人拜賓以謝之，此賓所以不答拜也。故高氏書有半答跪還之禮。凡禮必有義，不可苟也。書儀家禮從俗，有賓答拜之文，亦是主人拜賓，賓不敢當，乃答拜。今世俗弔賓來，見幾筵哭拜，主人亦拜，謂代亡者答拜，非禮也。既而賓弔主人，又相與交拜，亦非禮也。

又 虞祭葬之日，日中而虞。或墓遠，則不出是日可也。若去家經宿以上，則初虞於所館行之。鄭氏曰：『骨肉歸於土，魂氣則無所不之，孝子為其徬徨，三祭以安之。』○朱子曰：『未葬時奠而不祭，但酌酒陳饌。再虞始用祭禮卒哭，謂之吉祭。』

主人以下皆沐浴。或不暇，即略自澡潔可也。執事者陳器具饌，盥盆帨巾各二，於西階西南上。東盆有台，巾有架，西者無之。凡喪禮皆放此。設蔬果桌子靈座前，設香案居堂中，炷火於香爐，束茅聚沙於香案前，具饌陳於堂外之東廂。祝出神主於座，主人以下皆入哭。【略】侑食，執事者執注，就添盞中酒。主人以下皆出，祝闔門。主人立於門東，西向，卑幼丈夫在後，重行北上。主婦立於門西，東向，卑幼婦女亦如之。尊長休於他所，如食間。祝啟門，主人以下入哭，辭神。祝進，當門北面噫歆，告啟門三，乃啟門。主人以下入就位，執事者點茶，祝立於主人之右，告利成斂。主匣之置故處，主人以下哭，再拜，盡哀止。出就次，執事者徹饌。祝埋魂帛，祝取魂帛，帥執事者埋於潔地。罷朝夕奠。朝夕哭、哀至哭如初。遇柔日再虞，乙丁己辛癸為柔日，其禮如初虞，惟前期一日陳器具饌，厥明行事，祝詞改初虞為再虞，祫事為虞事。若墓遠，途中柔日行之。遇剛日三虞。甲丙戊庚壬為剛日，其禮如再虞，惟改再為三虞，虞事為成事，若墓遠，亦途中遇剛日，則且闕之，須至家乃可行此祭。

卒哭。檀弓曰：『卒哭曰成事。是日也，以吉祭易喪祭。』故此祭漸用吉禮。

《宋會要輯稿·禮四三·攢所·景獻太子攢所》 嘉定十三年八月六日，皇太子薨。【略】皇帝成服畢行祭奠禮，參酌合排辦事件：一、合用供養茶酒果香案、香爐、炭火、匙合、湯瓶、注椀、盤盞、茶盞、托奠茶酒盂子、燎草，并合用焚祝板燎草等燈火，並乞從敕葬都大主管所行下諸司排辦施行。一、合用素青御幄，施簾，乞於皇太子宮殿之東隨地之宜釘設，並合用御座黃羅裀褥並奏請紫褥，並乞下儀鸞司排辦施行。一、合用祝文一首，述以皇帝為皇太子成服訖行祭奠禮之意。乞下學士院預行修撰訖，降付太常寺供應。一、合差讀祝文官一員，乞差官施行。一、合用御封降真香，乞下入內內侍省預先取降付太常寺，至日供應。一、合差侍香並進茶酒、捲簾、舉祝板內侍，乞下入內內侍省差撥。【略】禮直官先引讀祝文武官詣香案之西東向立，閤門報班齊，在位官皆再拜訖，簾捲，禮直官、太常博士、太常卿前導皇帝出幄，詣香案前，奏請上香、再上香、三上香。內侍進茶酒，又奏請酹茶，三奠酒於茅苴。

又 [嘉定]十四年七月二日，禮部、太常寺言：【略】一、乞依典故，小祥日皇子、國公赴景獻太子府，俟所命官奠酹畢，次皇子、國公詣景獻太子神座前奠酹行禮畢，次本府宮人以下燒香奠酹如家人之禮。一、小祥日奠酹，所有景獻太子神座前合用供養食、香、茶、酒、果、蠟燭等，從本府預行計置供應。其行禮拜席褥、燎草及待班幕次等，令臨安府、儀鸞司釘設排辦。乞朝廷指揮施行。』詔並依。奠酹官差知樞密院事、兼參知政事鄭昭先。

又《弔儀·外夷入弔之儀》 乾興元年，真宗之喪，契丹遣殿前都點檢、崇義軍節度使耶律三隱，翰林學士、工部侍郎、知制誥馬貽謀，充大行皇帝祭奠使、副；左林牙、左金吾衛大將軍蕭日新，利州觀察使馮延休，充皇太后弔慰使、副。並素服由西上閤門入，陳禮物於庭。中書、門下、樞密並立於殿下，再拜訖，升殿，分東西立。禮直官、閤門舍人贊引耶律三隱等詣神御坐前階下，俟殿上簾捲，使、副等並舉哭，殿上皆哭。再拜訖，引升殿西階，詣神御坐前上香、奠茶酒。貽謀跪讀祭文畢，降階復位，又舉哭，再拜訖，稍東立。俟皇太后升坐，中書、樞密院起居畢，簾外侍立。舍人引弔慰、祭奠使、副朝見，殿上舉哭，左右皆哭。弔慰使副蕭日新等升殿進書訖，降坐。俟皇帝升坐，中書、樞密院起居畢，升殿侍立。舍人引弔慰、祭奠使、副朝見，皇帝舉哭，左右皆哭。弔慰使、副耶律寧等升殿進書訖，賜三隱等龍衣、冠帶、器幣、鞍馬，隨行舍利、牙校等衣服、銀帶、器幣有差。弔慰使、副蕭日新等復詣承明殿承，俟皇太后升坐，中書、樞密院俟立如儀。舍人引蕭日新等升殿進問聖候

書畢，賜銀器、衣著有差。仍就客省賜三隱等茶酒，又令樞密副使張士遜別會三隱等，伴宴於都亭驛。

英宗即位，契丹使來賀乾元節，命先進書奠梓宮，見於東階。放夏國使人見，客省以書幣入，後弔慰使見殿門外。契丹祭奠使見於皇儀殿東廂，群臣慰於門外。使人辭於紫宸殿，命坐賜茶。故事賜酒五行，自是終諒闇，皆賜茶。

神宗之喪，夏國陳慰使丁努嵬名謨鐸、副使呂則陳聿精等進慰表於皇儀門外，退赴紫宸殿門，賜帛有差。

元祐初，高麗入貢，有太皇太后表及進奉物。樞密院請遵故事，惟答以皇帝回諭勑書。已而宣仁聖烈太后崩，禮部、太常、閤門詳定：高麗奉慰使人於小祥前後到闕，令於紫宸殿門見，客省受表以進，賜器物、酒饌。退，並常服、黑帶，不佩魚。候見罷，純吉服。

淳熙十四年，金國弔祭使到闕，惟皇帝先詣紫宮行燒香禮，及使入門祭訖，皆就幄舉哭外，陳設行事並如先朝舊儀。其奉辭日，有司亦先設神御坐及設香案、茶酒、果食盤臺於幾筵殿上。宰執升殿分東西立，侍從官于殿下西向立。使、副入門，殿上下皆哭，使、副升殿，哭止。使、副詣神坐前一拜，上香、奠茶、三奠酒畢，拜、興，讀祭文官跪讀祭文，一拜，興，殿上下皆哭。使、副俱降，歸位立，又再拜訖退。

又《禮四四・賻贈》 國朝凡近臣及帶職事官薨卒，非詔葬者，如有喪訃及遷葬，皆賜賻贈，鴻臚寺與入內內侍省以舊例取旨。其嘗踐兩府或任近侍者，多增其數。熙寧七年，命官參酌舊例，著為新式，付之有司。舊例所載不備，今并其數俱存之新式。所謂三年服：父、母。為人後者為所後父並繼母、慈母及所生母三年服同。期年服：第一等，父卒母嫁繼母嫁後者同。及出妻之子為母及祖父母，嫡孫為祖、庶孫為祖後，謂承重者。為曾祖、高祖後亦如之。及為祖後者，祖卒則為祖母，為曾高祖後者為曾高祖母亦如之。三年服同。為人後者為其父、母，為所生母服心喪同。妻；第二等，伯叔父母及兄弟及子、長子三年服及女在室同。繼父同居；第三等，高祖父母、曾祖父母、繼父不同居者，及兄弟之子、女在室同。父為其子之為人後者，及姑姊妹在室。大功服：從父兄弟、姊妹在室亦同。為人後者為其兄弟，及姑姊妹女子、兄弟之女子適人者，無祭主者期年服同。嫡孫、嫡曾孫、嫡玄孫長殤、中殤，嫡孫、嫡曾孫、嫡玄孫期年服同。庶孫、女在室同。子之婦、嫡婦期年服同。兄弟子之婦，及為人後者為其姑姊妹在室者，及從父兄弟、姑姊妹子、女子，兄弟之子、女子之長殤、中殤。

宰相薨錢五百貫，絹五百疋，法酒五十瓶，秉燭、小燭各五十條，濕香三斤。新式：絹八百疋，布三百疋，生白龍腦一斤，秉燭、常料燭各五十條，濕香、蠟、麵、茶各五十斤，法酒、法糯酒各五十瓶，米麵各五十碩，羊五十口。樞密使帶使相同。其後龍腦並燭、香、茶、酒之類，皆倣此。母、妻之喪絹五百疋，米麵各三十碩或二十碩，酒三十瓶或二十瓶，羊三十口或二十口。兄弟、子孫之喪，及姑、姊妹、女之在室者絹三百疋，酒三十瓶或二十瓶，羊三十口或二十口，米二十石並麵二十石，或無之。【略】

又 參知政事薨錢五百貫，絹五百疋，米麵八十石，酒三十瓶，羊三十口。新式：絹六百疋，布一百五十疋，龍腦一斤，蠟燭各三十條，香、茶各三十斤，酒各三十瓶，米、麵各三十石，羊三十口。知樞密院事、樞密副使、同知樞密院事並同。【略】

又 樞密使薨錢五百貫，絹五百疋，酒五十瓶，秉燭、小燭各五十條，濕香三斤。新式：絹七百疋，布二百疋，龍腦一斤，燭各十條，香、茶各五十斤，酒各五十瓶，米、麵各五十碩，羊五十口。使相亦同。【略】

又 宣徽使薨錢五百貫，絹五百疋，米、麵八十碩，酒三十瓶，羊三十口。新式：絹五百疋，布一百五十疋，龍腦一斤，秉燭、小燭各三十條，香、茶各三十斤，酒各三十瓶，米、麵各三十碩，羊三十口。簽書樞密院事同。【略】

又 三公僕射薨絹三百疋，米、麵八十石，酒三十瓶，羊三十口。新式：太師、太尉、太傅、太保、司徒、司空，絹六百疋，布一百五十疋，香、茶各三十斤，酒各三十瓶，米、麵各三十碩，羊三十口。僕射、觀文殿大學士，絹減一百疋外，餘並同。【略】

又 東宮三少薨錢五十貫，絹百疋，米、麵二十碩，酒五瓶，羊五口。新式：太子、太師、太傅、太保，絹五百疋，布一百五十疋，香、茶各三十斤，酒各三十瓶，米、麵各三十石，羊三十口。太子少師、少傅、少保，絹減半，酒、米、麵、羊各減二十。

又 節度使卒舊闕。新式：絹五百疋，布一百五十疋，香、茶各三十斤，酒各三十瓶，米、麵各三十石，羊三十口。

又 侍衛殿前都指揮使卒舊闕。新式：絹六百疋，布一百五十疋，香、茶各三十斤，酒各三十瓶，米、麵各三十石，羊三十口。副都指揮使親同。

又 入內都知、副都知、押班卒新式：入內內侍省、內侍省都都知，入內內侍省都都知、都知、副都知，絹六百疋，布一百五十疋，香、茶各三十斤，酒各三十瓶，米、麵各三十石，羊三十口。押班，絹減三百疋，布減五十疋，羊、茶、酒、米、麵各減一十。供奉

官、殿頭，絹四十疋，酒各二瓶，羊二口。高品、高班，絹減一十疋，酒、羊同。黄門，絹二十五疋。祗候殿頭、祗候高品、祗候高班、内品、祗候内品，絹七疋。祗候小院品、貼祗候内品、雲韶部内品、入内内品、把門内品、後苑散内品、北班内品，絹三疋。内侍省内侍左右班都知、左班都知、右班都知、左班副都知、右班副都知，絹三百疋，布一百疋，香、茶各二十斤，酒各二十瓶，米、麪各二十石，羊二十口。押班，絹減半，酒各五瓶，米、面各五石，羊五口。

又　郡主縣主男女之喪錢百貫，絹五十疋，酒十瓶，羊五口。新式：大長公主、長公主、公主出降親三年服，舅、姑、夫，絹三百五十疋，燭各二十條，香、茶各二十斤，酒各二十瓶，羊二十口。

又　乳母喪錢百貫，絹二百疋，酒三十瓶，羊十口。新式：三年服，絹三百五十疋，燭各二十條，香、茶各二十斤，酒各二十瓶，羊二十口。

又《賻贈雜録》［熙寧］七年十二月十八日，詔頒新式：諸一喪兩人以上各該支賜孝贈，只就數多者給；官與職各該賻贈者，從多給；差遣權並同權發遣，並與正同。時暫權者不賜。諸兩府、使相、宣徽使并前任宰臣，問疾或澆奠已賜，不願勑葬者，並宗室不經澆奠支賜，雖不係勑葬，並支賻贈。餘但經問疾或澆奠支賜或勑葬者，更不支賻贈。前兩府如澆奠只支賻贈，仍加絹一百，布一百，羊、酒、米、麪各一十。諸支賜孝贈，在京羊每口支錢一貫，以折第二等絹充，每疋折錢一貫三百文，余支本色。茶、酒、香、燭依式内色額，銀版鋌、雜白絹折第二等布，川路白熟好米、上色白秔，每石折支次色小麥五斗，龍腦以次色第一等充。在外米支白秔米，麪每石支小麥五斗，如無本色，以本處合支色額充。酒支細色。餘依價錢。絹每疋一貫三百文，布每疋九百文，羊每口一貫三百文，龍腦每斤七十六貫，香每斤四百，秉燭每條四百文，常料燭每條一百五十文，茶每斤五百文。諸文臣卿監以上，武臣原係諸司使以上，分司、致仕身亡者，其賻贈並依見任官三分中給二，限百日内經所在官司投狀，召命官保關申，限外不給。待制、觀察使以上更不召保。

清　范祖述《杭俗遺風·喪事類·開弔舉殯》　出殯先一日曰開弔【略】孝子匍匐，孝堂外孝孫回拜。客起，其餘有服本家及女壻等，均同謝一揖。客出幔，幔仍掩，出堂門，門仍掩，然後陪至別廳飲茶，並每人每點心一盤。客去，陪喪者送出。孝子、孝媳，均穿黄蔴衣并衰。孫曾一支者細蔴細衰。其餘有服者，細蔴無衰。女壻細蔴土地衿，頭巾亦然，婦人細蔴元領，姑娘細蔴衫，女人皆帶孝，箠管家白布袍子。冬則白羔皮，反穿馬褂，帽用白布遮。亦有行官禮，不穿蔴衣者。男則均白布袍，女則均白布衫。午席為陪喪飯，凡下陪喪帖者，均須吃飯。其餘泛啟者，茶點即去。鼓吹早打頭二鼓，晚打晚鼓後，門幔均啟矣。夜間有做祭者，祭有公服、蔴衣之分。公服祭，則主祭及大贊引贊陪贊，各所司事等，均須蟒袍補褂。其餘上饌、讀祝、獻芹韭，進椒醬，並上菜、上茶、上點、執燎等。

時令茶俗

論説

明　田藝蘅《煮泉小品·宜茶》《茶書》　汲泉道遠，必失原味。唐子西云：『茶不問團銙，要之貴新；水不問江井，要之貴活。』又云『提瓶走龍塘，無數千步，此水宜茶，不減清遠峽。』而海道趨建安，不數日可至，故新茶不過三月至矣。今據所稱，已非嘉賞。蓋建安皆碾磑茶，且必三月而始得，不若今之芽茶，於清明、穀雨之前陟採而降煮也。數千步取塘水，較之石泉新汲，左杓右鐺，又何如哉？余嘗謂二難具享，誠山居之福者也。

明　許次紓《茶疏》《茶書》

採摘

清明、穀雨，摘茶之候也。清明太早，立夏太遲，穀雨前後，其時適中。若肯再遲一二日，期待其氣力完足，香烈尤倍，易於收藏。梅時不蒸，雖稍長大，故是嫩枝柔葉也。杭俗喜於盂中百點，故貴極細；理煩散鬱，未可遽非。吳淞人極貴吾鄉龍井，肯以重價購雨前細者，狃於故常，未解妙理。岕中之人，非夏前不摘。初試摘者，謂之開園，採自正夏，謂之春茶。其地稍寒，故須待夏，此又不當以太遲病之。往日無有於秋日摘茶者，近乃有之，秋七八月重摘一番，謂之早春。其品甚佳，不嫌少薄。他山射利，多摘梅茶。梅茶澀苦，止堪作下食，且傷秋摘，佳產戒之。

明 徐光啓《農政全書》卷三九《種植·雜種上》

茶《爾雅》曰：『檟，苦茶。』郭璞注曰：樹小，似梔子，冬生。葉可煮作羹飯。今呼早採者茶，晚取者為茗，一名荈。蜀人名之苦茶。《茶經》云：一曰茶，二曰檟，三曰蔎，四曰茗，五曰荈。早採曰茶，次曰檟，又其次曰蔎，晚曰茗，至荈則老葉矣。蓋以早為貴也。六經中無茶，蓋茶即荼也。《詩》云：『誰謂荼苦？其甘如薺。』以其苦而甘味也。《南越志》云『茗，苦澀，亦謂之『過羅』。有高一尺者，有二尺者，有數丈者，有兩人合抱者。出巴山峽川。有建州大小『龍團』；始于丁謂，成于蔡君謨。熙寧末，有旨下建州：製『密雲龍』一品，尤為奇絕。蜀州『雀舌』、『鳥嘴』、『麥顆』，蓋嫩芽取形似之。又有『片甲』者，早春黃芽，葉相抱如片甲也。『蟬翼』，葉軟薄如蟬翼也。《清異録》云：開寶中，竇儀以新茶飲予，味極美。奩面標云：『龍陂山子茶』；龍陂，是顧渚山之別境。洪州鶴嶺茶，其味極妙。蜀之雅州蒙山頂，有『露芽』、『穀芽』；皆云『火前』言，言採造於『禁火』之前也。火後者次之。一云：雅州蒙頂茶，其生最晚，在春夏之交。常有雲霧覆其上，若有神物護持之。又有五花茶者，其片作五出花雲腳；出袁州界橋，其名甚著。不若湖州之『研膏』『紫筍』；烹之，有綠雲垂下，吳淑賦云『：雲垂綠腳』。有『紫筍』者，其色紫而似筍。唐德宗每賜同昌公主饌，其茶有『綠花』『紫英』之號。草茶盛于兩浙，『日注』第一。自景祐以來，洪州雙井『白芽』，製作尤精，遠在『日注』之上。遂為草茶第一。宜興灉湖出『含膏』。宣城縣有丫山，形如小方餅。『橫鋪』茗芽產其上。其山東為朝日所燭，號曰陽坡，其茶最勝。太守薦之京洛人士，題曰『丫山陽坡橫文茶』。一名『瑞草魁』。又有建州『北苑』『先春』，洪州西山『白露』，安吉州顧渚『紫筍』，常州宜興『紫筍』、『陽羨春』，池陽『鳳嶺』，睦州『鳩坑』，南劍『石花露』、『鋑芽』、『錢芽』，南康『雲居』，峽州、小江園『碧澗寮』、『明月寮』、『茱萸』，東川『獸目』，福州方山『露芽』，壽州霍山『黃芽』，六安州『小峴春』：皆茶之極品。玉壘關外寶唐山，有茶樹，產懸崖。筍長三寸五寸，方有一葉兩葉。太和山『騫林茶』，初泡極苦澀；至三四泡，清香特異，人以為茶寶。

【略】

《四時類要》曰：熟時收取子，和濕沙土拌，筐籠盛之。穰草蓋，不爾，即凍不生。至二月中出種之於樹下，或北陰之地。開坎圓三尺，深一尺，熟斸著糞和土。每坑中種六七十顆子，蓋土厚一寸強。任生草，不得耘，相去二尺，種一方。旱時以米泔澆。此物畏日，桑下竹陰地種之皆可。二年外方可耘治。以小便、稀糞、蠶沙澆擁之，又不可太多，恐根嫩故也。大概宜山中帶坡峻，若於平地，即於兩畔深開溝壟洩水。水浸根必死。三年後收茶。

玄扈先生曰：茶之為法，釋滯去垢，破睡除煩，功則著矣。其或採造藏貯之無法，碾焙煎試之失宜，則雖建芽浙茗，祇為常品。故採之宜早，率以清明穀雨前者為佳，過此不及。然茶之美者，質良而植茂，新芽一發，便長寸餘，其細如針，斯為上品。如雀舌麥顆，特次材耳。採訖以甑微蒸，生熟得所。生則味硬，熟則味減。蒸已用筐箔薄攤，乘濕略揉之。焙匀布火烘令乾，勿使焦。編竹為焙，裹箬覆之，以收火氣。茶性畏濕，故宜箬。收藏者，必以箬籠，剪箬雜貯之，則久而不浥。宜置頓高處，令常近火為佳。凡煎試須用活水，活火烹之。故東坡云『活水仍將活火烹』者是也。活水謂山泉水為上，江水次之，井水為下。活火謂炭火之有焰者。常使湯無妄沸，始則蟹眼，中則魚目，纍然如珠，終則泉湧鼓浪。此候湯之法，非活火不能爾。東坡云：『蟹眼已過魚眼生，颼颼欲作松風聲。』盡之矣。茶之用有三：曰茗茶，曰末茶，曰蠟茶。凡茗：煎者擇嫩芽，先以湯泡去熏氣，以湯煎飲之，今南方多效此。然末子茶尤妙：先焙芽令燥，入磨細碾，以供點試。凡點：湯多茶少，則雲腳散；湯少茶多，則粥面聚。鈔茶一錢七，無注湯，調極勻，又添注入，廻環擊拂，視其色鮮白，著盞無水痕為度。其茶既甘而滑。南方雖產茶，而識此法者甚少。蠟茶最貴，而製作亦不凡：擇上等嫩芽，細碾入羅，雜腦子諸香膏油，調齊如法，印作餅子，製樣任巧。候乾，仍以香膏油潤飾之。其製有大小龍團帶胯之異。此品惟充貢獻，民間罕見之。間有他造者，色香味俱不及。蠟茶珍藏既久，點時先用溫水微漬，去膏油，以紙裹搥碎，用茶鈐微炙，旋入碾羅。旋碾則色白，經宿則色昏。新者不用漬。茶鈐屈金鐵為之。砧用石，椎用木，碾餘石皆可。茶之用筆，胡桃、松實、脂麻、杏、栗任用，雖失正味，亦供咀嚼。然茶性冷，多飲則能消陽。山谷益以薑鹽煎飲，其亦以是歟？因併及之。夫茶靈草也，種之則利博，飲之則神清。上而王公貴人之所尚，下而小夫賤隸之所不可闕，誠民生日用之所資，國家課利之一助也。

又曰：《博物志》云『飲真茶，令人少眠』，此是實事。但茶佳及效，又須末茶飲之。但葉烹者，不效也。

明 黃龍德《茶說》《程氏叢刻》

採茶，應於清明之後，穀雨之前。俟其曙色將開，霧露未散之頃，每株視其中枝穎秀者取之。採至盈籯即歸，將芽薄鋪於地，命多工挑其筋脈，去其蒂杪。蓋存杪則易焦，留蒂則色赤故也。先將釜燒熱，每芽四兩作一次下釜，炒去草氣。以手急撥不

停，睹其將熟，就釜內輕手揉捲，取起鋪於箕上，用扇扇冷。俟炒至十餘釜，總覆炒之。旋炒旋冷，如此五次。其茶碧綠，形如蠶鈎，斯成佳品。若出釜時而不以扇，其色未有不變者。又秋後所採之茶，名曰秋露白；初冬所採，名曰小陽春。其名既佳，其味亦美，製精不亞於春茗。若待日午陰雨之候，採不以時，造不如法，籯中熱氣相蒸，工力不遍，經宿後製，其葉會黃，品斯下矣。是茶之為物，一草木耳。其製作精微，火候之妙，有毫厘千里之差，非紙筆所能載者。故羽云：『茶之臧否，存乎口訣』，斯言信矣。

綜述

宋 孟元老《東京夢華録》卷八《端午》　端午節物：百索艾花、銀樣鼓兒、花花巧畫扇、香糖果子、糉子、白團。紫蘇、菖蒲、木瓜，並皆茸切，以香藥相和，用梅紅匣子盛裹。自五月一日及端午前一日，賣桃、柳、葵花、蒲葉、佛道艾，次日家家鋪陳於門首，與糉子、五色水團、茶酒供養，又釘艾人於門上，士庶遞相宴賞。

宋 胡仔《苕溪漁隱叢話・前集》卷二三《熟食清明》　《緗素雜記》云：『劉夢得《嘉話》云：「為詩用僻字，須有來處。宋考功詩云：馬上逢寒食，春來不見餳。嘗疑此字。因讀《毛詩》、《鄭箋》，說吹簫處云，即今賣餳人家物。《六經》惟此注中有餳字。後輩業詩，即須有據，不可學常人率爾而道也。」至宋朝宋子京《寒食》詩云：「草色引開盤馬路，簫聲吹暖賣餳天。」亦用《鄭箋》「吹簫賣餳」之義，然詞致騷雅，勝考功遠矣。余比因閱沈雲卿詠《驩州不作寒食詩》云：「海外無寒食，春來不見餳。洛陽新甲子，何日是清明？花柳爭朝發，軒車滿路迎。帝鄉遙可念，腸斷報親情。」是時，沈謫驩州，故有是詩。但未見宋考功全篇耳。考其詞意，似是雲卿之詩。蓋沈、宋同仕武后朝，故所傳容有訛謬，所未詳也。寒食清明，多用餳粥事。如李義山詩云：「粥香餳白，杏花天。」宋子京《途中清明詩》云：「漠漠輕花着早桐，客甌餳粥對禺中。」』苕溪漁隱曰：『六一居士詩云：「杯盤餳粥春風冷，池館榆錢夜雨新。」又云：「多病正愁餳粥冷。」東坡詩云：「新火發茶乳，溫風散粥餳。」皆清明寒食詩也。』

宋 吴自牧《夢粱録》卷一一《井泉》　參寥泉，元祐年間此僧住上智果寺，寺有泉，東坡以僧之名為泉名。蓋東坡《應夢記》云：『僕在黃州，參寥自吳中來訪。一日，夢此僧賦詩，覺而記兩句曰：「寒食清明都過了，石泉槐火一時新。」後七年，僕出守錢塘，此僧始卜居西湖智果院。院有泉出石縫間，寒食之明日，僕與客泛湖，自孤山來謁，參寥子汲泉鑽火，烹黃蘖茶。忽悟予夢詩，兆於七年前。衆客皆歎，遂書始末并題之。非虛語也。』

【略】

湧泉在霍山行宮西清心院前山坡下，高宗日遣人汲水入內瀹茗。寺中以朱欄護之，味極清甘，亢旱不竭。

【略】

安平泉在仁和安仁西鄉安隱院。有池，扁曰安平泉。池邊有亭，東坡題詩曰：『策杖徐徐步此山，撥雲尋徑興飄然。鑿開海眼知何代，種由菱花不記年。烹茗僧誇甌泛雪，煉丹人化骨成仙。當年陸羽空收拾，遺卻安平一片泉。』

明 田汝成《西湖游覽志餘》卷二〇《熙朝樂事》　清明，從冬至數至一百五日，即其節也。前兩日謂之寒食，人家插柳滿簷，青蒨可愛，男女亦咸戴之。諺云：清明不戴柳，紅顏成皓首。是日，傾城上冢，南北兩山之間，車馬闐集，而酒尊食罍，山家村店，享餕遨遊，或張幕藉草，並舫隨波，日暮忘返。蘇堤一帶，桃柳陰濃，紅翠間錯，走索、驃騎、飛錢、拋鈸、踢木、撒沙、吞刀、吐火、躍圈、觔斗、舞盤，及諸色禽蟲之戲，紛然叢集。而外方優妓，歌吹覓錢者，水陸有之，接踵承應。又有買賣趕趁，香茶細果，酒中所需。而綵妝傀儡，蓮船、戰馬，餳笙、鞀鼓，瑣碎戲具，以誘悅童曹者，在在成市。是夜，人家貼『清明嫁九娘，一去不還鄉』之句於楹壁間，謂如此，則夏月無青蟲撲燈之擾。僧道採楊桐葉染飯，謂之青精飯，以饋施主。

又　立夏之日，人家各烹新茶，配以諸色細果，饋送親戚比鄰，謂之七家茶。富室競侈，果皆雕刻，飾以金箔，而香湯名目，若茉莉、林禽、薔薇、桂蕋、丁檀、蘇杏，盛以哥、汝瓷甌，僅供一啜而已。

（康熙）《臺灣縣志・輿地志・歲時》 十二月二十日，俗传百神以是日登天，凡宫庙人家各备茶果、牲醴以祭。是之谓『送神』。

（乾隆）《敕修浙江通志》卷九九《臨安縣》 臨安縣志：俗重遷徙，數十世不忍析居，故著姓較他邑獨蕃。山多田少，鮮巨富祇，竭力農桑以給公輸，乏珍産，無奇技淫巧，婦女纅絲北工於南商賈貿，茶南多於北。

（雍正）《宜興縣志》卷一《風俗》 茶戶以穀雨日祭茶神，入山採茶，俗謂開園。

雜録

清 屈大均《廣東新語》卷一二《詩語・粤歌》 粤俗，歲之正月，飾兒童為綵女，每隊十二人，人持花籃。籃中然一寶燈，罩以絳紗，以緪為大圈，緣之踏歌。歌十二月采茶，有曰：『二月采茶茶發芽，姐妹雙雙去采茶。大姐采多妹采少，不論多少早還家。』有曰：『三月采茶是清明，娘在房中繡手巾。兩頭繡出茶花朵，中央繡出采茶人。』有曰：『四月采茶茶葉黃，三角田中使牛忙。使得牛來茶已老，采得茶來秧又黃。』

又 南雄之俗，歲正月，婦女設茶酒於月下，罩以竹箕，以青帕覆之，以一箸倒插箕上，左右二人摙之作書，問事吉凶，又畫花樣，謂之踏月姊。

又卷一四《食語・茶》 珠江之南有三十三村，謂之河南，粤志所謂河南之洲，狀若方壺是也。其土沃而人勤，多業藝茶。春深時，大婦提籯，少婦持筐，於陽崖陰林之間，凌露細摘，綠芽紫筍，薰以珠蘭，其芬馨絶勝松蘿之荚。每晨茶估涉珠江以鬻於城，是曰河南茶。好事者或就買茶生自製，葉初摘者曰茶生，猶芥山之草子也。而西樵號稱茶山，自唐曹松移植顧渚茶其上，今山中人率種茶，間以苦䔲。䔲樹森森，望之若刺桐叢桂。每茶一畝苦䔲二株，歲可給二人之食。其采摘亦多婦女。予詩：『春山三二月，紅粉半茶人』。茶人甚守禮法，有問路者，茶人往往不答。昔湛文簡、方文襄二公講學山中，其流風遺化有存者。文簡嘗治雲谷精舍，中有稻田茶丘十餘畝，旁有人居七八村，皆衣食於茶。其茶宜以白露之朝采之，日出則味稍減。或謂此茶甲天下，早春摘者尤勝。三日一摘，餘則每月一摘，早春一月之茶，可當餘月一年云。端州白雲山，其上有湖，僧於巖際種茶，歲收石許，烹之作素馨花氣，味甘淡而滑，稱頂湖茶，然不能恒得。而羅浮幽居洞北有茶菴，每歲春分前一日，采茶者多寓此菴，其茶以受日陰陽，分味之高下，試以景泰泉水，芳香勃發，是曰羅浮茶。景泰泉者，羅浮諸泉之冠。淳祐中，有逍遥子為茶菴詩：『活水仍將活火煎，茶經妙處莫虚傳。陸顛所在閒題品，未試羅浮第一泉。』黎美周云：『泉以茶為友，以火為師，火活斯泉真味不失。』蓋謂此云。曹溪茶氣味清甜，歲凡四采，采于清明、寒露者佳。新安杯渡山絕壁，有類蒙山茶者，烹之作幽蘭茉莉氣，水濯十餘次，甘芳愈勝。或經一宿再濯，氣味不減。飲者無不驚異。山勢高，雲露滋潤，得太清之精英多故也。樂昌有毛茶，茶葉微有白毛，其味清涼。潮陽有鳳山茶，可以清膈消暑，亦名黃茶。䔲以產新安，河源者為良，其味最苦。而粤人烹河南茶者，必以點䔲少許為可口。《南越志》稱龍川縣出皋盧葉，葉大而澁，南海謂之過羅，今稱為苦芋，芋一作䔲。長樂有石茗，瓊州有靈茶，即江南黃連茶也。有烏虆茶，以烏虆嫩葉為之，能補中益氣，一名山葉。或以金鵝蕊搗去苦汁，合兒茶、毛茶為之。東莞以芝麻、藷油雜茶葉為汁煮之，名研茶，謂能去風濕，解除食積，可以療饑云。

清 范祖述《杭俗遺風・時序・太歲上山》 立春前一日【略】次日，立春前一時，由此動身上殿，名曰太歲上山。吳山有太歲廟，大殿中供至德帝君，兩旁列供六十花甲值年太歲。殿左邊每年輪供本甲子太歲一位，殿右邊即供勾芒之神為對。是時上山各衙門，均行元寶爐。護送元寶爐者，以錫造元寶式大香爐一座，用四人擡。此外尚有高照燈牌、大班鼓吹堂名，以及拐燈等類，開鑼喝道，音樂洋洋，每起以敬神牌為畢。若在夜間，燈毬火把，更加熱鬧。沿途迎駕之人，各執線香，即置於元寶爐內，以故香烟燎繞，直透雲霄，一起一起，魚貫徐行。山上關帝廟前，設供行臺茶會，又以年糕、黃荳夾煮，任人取食，名曰元寶湯，以取發財順聚而已。經過門口，家家設祀，爆竹之聲不絶。行春大典，天下通行，果有如吾杭之勝會者乎。

又《中元接祖》 杭城風俗，七月十二夜須接祖宗。家廟設供茶點，十三、十五、十七均須祝享。有餛飩、石花二品。凡新喪，在中元以前者，名曰首中元。靈前設供細點，每十二、十六錫盤為一桌，多者數十桌，均親戚所送。擺列香案，結綵懸燈，桌幃椅帔均皆素色，接陪喪，備酒飯，親友均來弔奠。另室鋪經壇，或僧或道拜懺念經。十三以前，街上只見送禮。十三以後，街上只見轎子。世情好者，甚至有百十家弔奠，此為萬路齊開之一大陣塲也，近年愈盛。

又《祀神日期》 正月初五燒五紙，茶酒蔬供皆五數。十五齋三官，用素菜茶麪。公門中者，燒開印紙。二月初一，煎糕、炒荳、謝竈、司土地。初三燒文昌紙。十九齋觀音，用素菜茶麪。四月立夏，燒節紙。初八齋佛，用素菜茶麪。五月端午燒節紙。十三燒關帝紙。六月十九齋觀音，廿三謝竈司土地，用炒荳、麥糕。七月十五齋三官。八月中秋燒節紙。九月初一至初十，供九皇斗。十九齋觀音。十月十五齋三官。十一月冬至燒節紙。十二月廿三謝竈司土地。年廿幾，燒年紙。凡燒紙，用三茶、六酒、三果、三素菜、塩碟、米碟、雞血、荳腐、三牲、雞、魚、肉，如不用雞鴨，蛋代之。惟年紙用五燥果、五燥素菜、五濕果、五濕素菜、三牲添猪頭、羊肉為五牲，其餘按節，應用各點以及過年，金團等見下飲食類。

茶館文化

綜述

清 范祖述《杭俗遺風・時序・龍燈開光》 吳山者，俗稱城隍山。城隍廟居山之中，其左右約里許，各神廟咸備焉。對岸係民房，開設茶店甚多，有放懷樓、景江樓、見滄樓、望江樓、蘭馨館、映山居、紫雲軒等名。其室金壁交輝，雕樑畫棟，匾額對聯，單條屏幅，悉臻幽雅。懸掛各式燈景，玻璃窗櫺，即磁器均皆精緻，并有定燒店號，桌櫈亦極光鮮。茶則本山為最，餅則蓑衣著名，此外瓜子、花生、酸梅干、風腐干而已，其他韭菜餅、雞荳等類，及時添售。其餘之店，糖色、麪館、酒肆，惟刻圖書，賣字畫，算命相館為多。又有以火漆加染五色，揑造人物、鳥獸、蟲蚔、果品、花草等類，無不確肖，此亦僅見之一技也。至於各式攤塲，洋鏡，洋畫之類，時聚時散，大約逢年過節，無不畢集者也。其各廟道士，各有房頭，係其私室。此中講究，誠有天仙畫閣之喻，不與道士交好者，不得其門而入焉。有元慶房、永固房、保定房、淳素房等名目，不下數十處。此則吳山之大略也。山右有龍神廟，俗稱龍王堂。燈節，城廂內外，所行龍燈，於十二日到廟，點睛衆謁掛紅，名曰龍燈開光，斯為新年之一大陣塲也。

又《雷誕夜香》 雷祖殿在吳山。六月念四夜，闔城燒香者甚衆。山下有二巷：一曰丁衙巷，一曰十五奎巷，該處多聚青樓。此輩多吃雷齋，路途又近，是以約伴上山燒香，此其中格外熱鬧焉。是夜，山上茶店，以及攤塲均備，亮如白晝。每年正、七、十月之十四夜，三官聖誕，亦復如此，惟無青樓之女而已。

又《湖山賞桂》 湧金門外臨湖，有錢王祠，名表忠觀，係吳越王錢鏐祠宇也。殿前後均栽古桂，此其一。又吳山大觀臺，在龍王堂對面，平基砌臺，大不及畝。亭院已圮，有古桂十株，千百年物也。其地左江右湖，洵屬大觀。再上絕頂，則紫陽山、八卦石，下則丁仙閣，有飛來石、歸雲洞、壽星石、白蓮池、寶成寺等處。以上數處，每逢桂盛，各有攤塲擺設，名曰『趕市攤』。龍王堂亦有桂數株，過南為後山，有三茅觀、天后宮、五猖廟、山陝會館。再下則為大洞經閣，其靜室曰小峨嵋，皆有桂。又有四面臨窗之文昌閣，閣外栽桂三十餘株。再西湖之南山，有煙霞、石屋二洞。過此里許，為滿家衖，予墳親沈明書家，門首有桂花臺，大小數百餘株，是其種植而圖花息者也。每逢花開之時，彼即擺設茶攤，佐以現采栗子，供人賞玩。城中人有携酒肴而來者，有因掃墓之便而來者，亦一時之雅會也。煙霞洞如街堂然，闊一丈餘，其深不可測，人無有窮之者。

又《茶坊菊景》 當九十月之交，五色洋菊齊開，有花園匠，紮縛各式大小盆景，出租與山上山下茶肆擺設，供人賞玩。新正張掛龍燈及各樣燈景亦然。

紀事

宋 吴自牧《夢粱録》卷一三《鋪席》 杭州大街，自和寧門杈子外，一直至朝天門外清和坊，南至南瓦子北，謂之『界北』。中瓦子前，謂之『五花兒中心』。【略】處處各有茶坊、酒肆、麪店、果子、彩帛、絨線、香燭、油醬、食米、下飯魚肉鮝臘等鋪。蓋經紀市井之家，往往多于店舍，旋買見成飲食，此為快便耳。

又卷一六《茶肆》 汴京熟食店，張挂名畫，所以勾引觀者，留連食客。今杭城茶肆亦如之，插四時花，挂名人畫，裝點店面。四時賣奇茶異湯，冬月添賣七寶擂茶、饊子、葱茶，或賣鹽豉湯，暑天添賣雪泡梅花酒，或縮脾飲暑藥之屬。向紹興年間，賣梅茶酒之肆，以鼓樂吹梅花引曲破賣之，用銀盂杓盞子，亦如酒肆論一角二角。今之茶肆，列花架，安頓奇松異檜等物于其上，裝飾店面，敲打響盞歌賣，止用瓷盞漆託供賣，則無銀盂物也。夜市、于大街有車擔設浮鋪點茶湯，以便遊觀之人。大凡茶樓，多有富室子弟、諸司下直等人會聚。習學樂器上教曲賺之類，謂之挂牌兒。人情茶肆，本非以點茶湯為業，但將此為由，多覓茶金耳。又有茶肆，專是五奴打聚處，亦有諸行借工賣伎人會聚，行老謂之市頭。大街有三五家開茶肆，樓上專安著妓女，名曰花茶坊。如市西坊南潘節幹俞七郎茶坊，保佑坊北朱骷髏茶坊，太平坊郭四郎茶坊，太平坊北首張七相幹茶坊，蓋此五處多有炒鬧，非君子駐足之地也。更有張賣麪店隔壁黄尖嘴蹴球茶坊，又中瓦内王媽媽家茶肆，名一窟鬼茶坊。大街車兒茶肆，蔣檢閲茶肆，皆士大夫期朋約友會聚之處。巷陌街坊，自有提茶瓶沿門點茶，或朔望日，如遇凶吉二事，點送鄰里茶水，倩其往來傳語。又有一等街司衙兵百司人，以茶水點送門面鋪席。乞覓錢物，謂之齪茶。僧道頭佗道者，欲行題注，先以茶水沿門點送，以為進身之階。

《金史》卷四九《食貨志四》 ［泰和］六年，河南茶樹槁者，命補植之。十一月，尚書省奏：『茶，飲食之餘，非必用之物。比歲下上競啜，農民尤甚，市井茶肆相屬。商旅多以絲絹易茶，歲費不下百萬，是以有用之物而易無用之物也。若不禁，恐耗財彌甚。』遂命七品以上官，其家方許食茶，仍不得賣及饋獻。

明 田汝成《西湖游覽志餘》卷二〇《熙朝樂事》 杭州先年有酒館而無茶坊，然富家燕會，猶有專供茶事之人，謂之茶博士。王希範西湖贈沈茶博詩云：百斛美醪終日醺，碧甌偏喜試先春，煙生石鼎飛青靄，香滿金盤起緑塵。詩社已無孤悶客，醉鄉還有獨醒人。因思儤直鑾坡夜，特賜龍團出紫宸。嘉靖二十六年三月，有李氏者，忽開茶坊，飲客雲集，獲利甚厚，遠近倣之。旬日之間，開茶坊者五十餘所，然特以茶為名耳，沉湎酣歌，無殊酒館也。

又卷二五《委巷叢談》 乾道六年冬，吕德卿偕其友王季夷、魏子正、上官公祿、往臨安觀南郊，舍於黄氏客邸。王、魏俱夢一人，著漢衣冠，通名曰班固，既相見，質問西漢史疑難，臨去云：明日暫過家間少欵可乎？覺而莫能曉，各道夢中事，大抵略同。適是日案閲五輅，四人同出嘉會門外茶肆中坐，見幅紙用緋帖尾云：今晚講説漢書。相與笑曰：班孟堅豈知在此也。還到省門，皆覺微餒，就入一食店，視其牌則班家四色包子。也且笑且嘆，因信一憩息、一飲饌之微，亦顯於夢寐，萬事豈不前定乎？

清 霽園主人《夜譚隨録》卷三《地震》 老人相傳，雍正庚戌歲，京師地震之前一日，西域一人，抱三四歲小兒入茶肆，甫及門，小兒輒抱其頸，啼不肯入。其人怪之曰：『畏此地人多耶？』乃之他肆。至則復啼，易地皆然。其人以為異，問：『汝平日極喜入茶社食蜜果，今日胡為乎爾？』兒曰：『今日各肆賣茶人，及吃茶人，皆各頸帶鐵鎖，故不欲入。且今日往來街市之人，何帶鎖者之多耶？』其人笑其妄，路遇一相識問所之，白其故，大笑而去，兒哂曰：『彼亦被鎖，尚笑人耶！』其人歸，逢所知則告之，或言小兒眼淨，所見必有因，伺之可也。小兒有堂兄二人，兒亦驚其有鎖。次日地大震，人居傾毁無數，凡小兒不入之肆，無不摧折，竟無一人得免。二兒亦為牆所壓。訪所遇相識，已履屋下矣。劫數之不可逃也，類如此。蘭岩曰：事之所有，未必非理之所無。

（光緒）《閩縣鄉土志》 茶亭，上與洗馬橋接，下與河口嘴接，茶肆林立，行者多憩焉。

著録

清 袁枚《揚州畫舫録序》 ［乾隆五十八年］ 昔洛陽有『名園』之記，東京有『夢粱』之録，皆所以潤色升平，標舉名勝也。然而宋室偏安，人物凋劫，不足以美盛德之形容。本朝運際中天，萬象隆富，而揚州一郡，又為風尚華離之所；雖誃台丙舍，皆作十洲雲麓觀，由來久矣。記四十年前，余游平山，從天寧門外拕舟而行。長河如繩，闊不過三丈許，旁少亭臺。不過匽瀦細流，草樹卉歙而已。自辛未歲天子南巡，官吏因商民子來之意，賦工屬役，增榮飾觀，奓而張之。水則洋洋然回淵九折矣；山則峨峨然隥約横斜矣；樹則焚槎發等，桃梅鋪紛矣；苑落則鱗羅布列，閛然陰閉而霅然陽開矣。猗歟休哉！其壯觀異彩，顧、陸所不能畫，班、揚所不能賦也。艾塘李君，盤盤有才，操觚記之。上自仙宸帝所，下至籬落儲胥；旁及酒樓茶肆、胡蟲奇姐之觀，鞠戈流蹌之戲。都知録事之家，莫不科別其條，了如指掌。於牙牌二十四景之外，更加詳盡。真足傳玩一時，烏奕千載焉！嘻，余衰矣！以隔一衣帶水，不能長至邗江登眺為憾。及得此書，臥而觀之，方知閒居展卷，勝於騎鶴來游也。為弁數言，以告世之欲賦蕪城而未得導師者。

藝文

宋 林逋《林和靖集》卷二《黄家莊》 黄家莊畔一維舟，總是沿流好宿頭。野興幾多尋竹徑，風情些小上茶樓。遥村雨暗鳴寒犢，淺瀨沙平下晚鷗。更有錦帆荒蕩事，茫然隨分起詩愁。

宋 章甫《自鳴集》卷五《王夢得意久出遠歸惠詩次韻》 手栽桃李已成花，久客歸心急莫鵶。別後新詩圓似彈，依前瘦馬鈍如蛙。路長人困煎茶店，春去鶯啼賣酒家。三徑未荒還寄傲，只應清夢到京華。

宋 韓淲《澗泉集》卷一二《十一日再贈器之》 浮家泛宅玉溪邊，小泊茶樓又過年。山郡野花共酒盞，天街官栁望吟篇。平吞餘子價何待，傾倒諸公譽正延。日復故疆湏老手，步歸青鎖伴金蟬。

宋 戴復古《石屏詩集》卷三《臨江小泊》 艤舟楊柳下，一笑上茶樓。適與高僧遇，非因越女留。雲行山自在，沙合水分流。獨酌臨清泚，知心是白鷗。

元 馬臻《霞外詩集》卷四《都下初春》 茶樓酒館照晨光，京邑舟車會萬方。驛路草生春報信，御河氷散客遥裝。青山有夢慈親老，白髮無私世事忙。想得故園殘雪後，梅花開遍讀書堂。

清 吴偉業《梅村集》卷一九《詩餘一・望江南》 江南好，茶館客分棚。走馬布簾開瓦肆，博羊餳鼓賣山亭。傀儡弄參軍。

清 太素生《瀋陽百咏》 土人喜造言生事，往往於茶坊酒肆間，三五成群逞其簧鼓。聽言者一時輕信，貽誤非常。習俗固然，採風者所當加察之。

又 樓南九月上新糧，買賣爭論價短長。
何事吃茶人早起，也來茶館坐聽行。

糧市在鼓樓南大街。城門始開，諸糧行齊來上市，爭論價值高低，日高始散。路東茶館，其落腳處也。

又 茶坊鎮日話津津，晚飯歸來意更親。
好待二更鐘動後，滿街燈火散閒人。

俗喜於茶坊閒話，土處閒人及游手無借往往借茶館為消遣之地，日不足給之以燭，不至二更不散也。

雜録

唐 封演《封氏聞見記》卷六《飲茶》 茶，早采者為茶，晚采者為茗。《本草》云：『止渴，令人不眠。』南人好飲之，北人初不多飲。開元中，泰山靈巖寺有降魔師大興禪教，學禪一本無學禪二字。務於不寐，又不夕食，皆許其飲茶。人自懷挾，到處煮飲。從此轉相倣效，遂成風俗。自鄒、齊、滄、棣，漸至京邑。城市多開店鋪，煎茶賣之，不問道俗，投錢取飲。其茶自江淮而來，舟車相繼，所在山積，色額甚多。楚人陸鴻漸為《茶論》，説茶之功效并煎茶炙茶之法，造茶具二十四事，以都

統籠貯之。遂近傾慕，好事者家藏一副。有常伯熊者，又因鴻漸之論廣潤色之。於是茶道大行，王公朝士無不飲者。御史大夫李季卿宣慰江南，至臨淮縣館，或言伯熊善茶者，李公請為之。伯熊著黄被衫、烏紗幘，手執茶器，口通茶名，區分指?，左右刮目。茶熟，李公為歠兩杯而止。既到江外，又言鴻漸能茶者，李公復請為之。鴻漸身衣野服，隨茶具而入。既坐，教攤如伯熊故事。李公心鄙之，茶畢，命奴子取錢三十一作七，文酬煎茶博士。鴻漸遊江介，通狎勝流，及此羞愧，復著《毀茶論》。伯熊飲茶過度，遂患風，晚節亦不勸人多飲也。吳主皓每宴羣臣，皆令盡醉。韋昭飲酒不多，皓密使茶茗以自代。晉時謝安詣陸納，納無所供辦，設茶果而已。按此，古人亦飲茶耳，但不如今人溺之甚，窮日盡夜，殆成風俗。始自中地，流於塞外。往年回鶻入朝，大驅名馬，市茶而歸，亦足怪焉。《續搜神記》云：『有人因病能飲茗一斛二斗，有客勸飲過五升，遂吐一物，形如牛胰一作肺。置柈中，以茗澆一本澆之下有盡字之，容一斛二斗，客云此名茗瘕。』

宋 龐元英《談藪》 趙德老常戲言，明州有三賤：燒底賤，著底賤，吃底賤。或問其故，曰：燒底是燈草，著底是草鞋，吃底是鹽。又云慈谿縣有三薦：茶店湯瓶不曾薦，客店床上無槁薦，大街上好放薦。皆可資笑。

德安有人家土庫中被盜者，絕無蹤迹。一總轄謂其徒曰：『恐是市上弄猢猻者，試往脅之，不伏則執之。又不伏，則令唾掌中。』如其言，其人良久覺無唾可吐，色變具伏，乃令猢猻由大窗中入取物。或謂總轄何以知之，曰：『吾亦不敢必，但人之驚懼者，必無唾可吐。姑以卜之，幸而中耳。』又一總轄坐霸頭，茶坊有賣熟水人持兩銀杯，一客衣服濟然，若巨商者，過行就飲。總轄遙見呼謂曰：『吾在此，不得弄手段，將執汝。』客慚悚而去。人問其故，曰：『此姦盜之魁也。適飲水時，以兩手捧盂，蓋度其廣狹，作偽者以易之耳。吾既見，安得不問？』韓王府中忽失銀器皿數事，掌器婢叫呼為賊傷手，趙從善尹京，命總轄往府中測視。良久執一親僕，訊之立伏。歸白趙云：『適視婢瘡口在左手，蓋與僕有私，竊器與之，以刀自傷，偽稱有賊。而此僕意思有異于眾，以是得之。』

宋 孟元老《東京夢華録》卷二《宣德樓前省府宫宇》 至朱雀門街西，過橋即投西大街，謂之麯院街，街南遇仙正店，前有樓子，後有臺，都人謂之『臺上』。此一店最是酒店上戶，銀瓶酒七十二文一角，羊羔酒八十一文一角。街北薛家分茶、羊飯、熟羊肉鋪。向西去皆妓館舍，都人謂之『院街』。御廊西即鹿家包子。餘皆羹店、分茶、酒店、香藥鋪、居民。

又《朱雀門外街巷》 出朱雀門東壁，亦人家。東去大街、麥稭巷、狀元樓，餘皆妓館，至保康門街。其御街東朱雀門外，西通新門瓦子，以南殺豬巷，亦妓館。以南東西兩教坊，餘皆居民或茶坊。

又《潘樓東街巷》 潘樓東去十字街，謂之土市子，又謂之竹竿市。又東十字大街，曰從行裹角茶坊，每五更點燈，博易買賣衣服圖畫花環領抹之類。至曉即散，謂之『鬼市子』。以東街北趙十萬宅，街南中山正店，東榆林巷，西榆林巷，北鄭皇后宅。東曲首向北牆畔單將軍廟，乃單雄信墓也，上有棗樹，世傳乃棗槊發芽，生長成樹，又謂之棗冢子巷。又投東，則舊曹門街，北山子茶坊，內有仙洞、仙橋，仕女往往夜遊喫茶於彼。又李生菜小兒藥鋪、仇防禦藥鋪。出舊曹門，朱家橋瓦子。下橋，南斜街、北斜街，內有泰山廟，兩街有妓館。橋頭人煙市井，不下州南。以東牛行街、下馬劉家藥鋪、看牛樓酒店，亦有妓館，一直抵新城。自土市子南去，鐵屑樓酒店、皇建院街、得勝橋鄭家油餅店，動二十餘爐，直南抵太廟街、高陽正店，夜市尤盛。土市北去，乃馬行街也，人煙浩鬧。先至十字街，曰鷯兒市，向東曰東雞兒巷，向西曰西雞兒巷，皆妓館所居。近北街曰楊樓街，東曰莊樓，今改作和樂樓，樓下乃賣馬市也。近北曰任店，今改作欣樂樓，對門馬鐺家羹店。

又 卷三《馬行街鋪席》 馬行北去，舊封丘門外祆廟斜街。州北瓦子，新封丘門大街，兩邊民戶鋪席，外餘諸班直軍營相對，至門約十里餘，其餘坊巷院落，縱橫萬數，莫知紀極。處處擁門，各有茶坊酒店，勾肆飲食。

宋 洪皓《松漠紀聞》卷下 燕京茶肆設雙陸局，或五或六，多至十。博者蹴局，如南人茶肆中置棊具也。

宋 灌圃耐得翁《都城紀勝・茶坊》 大茶坊張挂名人書畫，在京

師只熟食店掛畫，所以消遣久待也。今茶坊皆然。冬天兼賣擂茶，或賣鹽豉湯，暑天兼賣梅花酒。紹興間，用鼓樂吹梅花酒曲，用旋杓，如酒肆間，正是論角，如京師量賣。茶樓多有都人子弟占此會聚，習學樂器，或唱叫之類，謂之『掛牌兒』。人情茶坊，本非以茶湯為正，但將此為由，多下茶錢也。又有一等專是娼妓弟兄打聚處；又有一等專是諸行借工賣伎人會聚行老處，謂之『市頭』。水茶坊，乃娼家聊設桌凳，以茶為由，後生輩甘於費錢，謂之乾茶錢。提茶瓶，即是趁赴充茶酒人，尋常月旦望，每日與人傳語往還，或講集人情分子。又有一等，是街司人兵，以此為名，乞見錢物，謂之『齪茶』。

宋 周密《武林舊事》卷二《元夕》 都城自舊歲冬孟駕回，則已有乘肩小女，鼓吹舞綰者數十隊，以供貴邸豪家幕次之玩。而天街茶肆，漸已羅列燈球等求售，謂之『燈市』。

又 卷六《歌館》 平康諸坊，如上下抱劍營、漆器牆、沙皮巷、清河坊、融和坊、新街、太平坊、巾子巷、獅子巷、後市街、薦橋，皆羣花所聚之地。外此諸處茶肆，清樂茶坊、八仙茶坊、珠子茶坊、潘家茶坊、連三茶坊、連二茶坊，及金波橋等兩河以至瓦市，各有等差，莫不靚妝迎門，爭妍賣笑，朝歌暮絃，搖蕩心目。凡初登門，則有提瓶獻茗者，雖杯茶亦犒數千，謂之『點花茶』。登樓甫飲一盃，則先與數貫，謂之『支酒』。然後呼喚提賣，隨意置宴。趕趁祗應撲賣者亦皆紛至，浮費頗多。或欲更招他妓，則雖對街，亦呼肩輿而至，謂之『過街轎』。前輩如賽觀音、孟家蟬、吳憐兒等甚多，皆以色藝冠一時，家甚華侈。近世目擊者，惟唐安安最號富盛，凡酒器、沙鑼、冰盆、火箱、妝合之類，悉以金銀為之。帳幔茵褥，多用綿綺。器玩珍奇，它物稱是。下此雖力不逮者，亦競鮮華，蓋自酒器、首飾、被臥、衣服之屬，各有賃者。故凡佳客之至，則供具為之一新，非習於遊者不察也。

宋 佚名《大宋宣和遺事・元集》 〔宣和二年〕金遣使李善慶來，詔蔡京、童貫及鄧文誥見之，論以來攻取燕之意。李善慶唯唯。居十餘日，遣趙有開、馬政寃詔及禮物同善慶等度海聘之。又詔餘深為太宰，王黼為少宰。遣趙有開、馬政寃詔及禮物同善慶等度海聘之。又詔餘深為太宰，王黼為少宰。夏，五月，有物若龍，長六七尺，蒼鱗黑色，驢首，兩如魚，頭色綠，頂有角，其聲如牛，見於開封縣茶肆前。時茶肆人早起拂拭牀榻，見有物若大犬蹲其傍，熟視之，乃是龍也。其人吃驚，卧倒在地。茶肆與軍器作坊相近，遂被作坊軍人得知，殺龍而食之。

金 元好問《續夷堅志》卷三《古錢》 東平人錢信中，按《錢譜》收古錢。凡得數十種，付之茶店劉六。

又 卷四《宣靖播越兆》 宣和中，龍德宮花竹池沼間，散起廬舍，象村落田家所居。山莊、漁市、旗亭、茶店，無所不有。悉以宮婢主之。上皇策蹇其間，從以輕俠少年。所至，主人館客留連笑謔，一與外間無異。將去，即以金錢遺之。播越之禍已見於此。（呂氏碣石録）

明 顧起元《客座贅語》卷四《徐十郎茶肆》 徐常侍鉉無子，其弟鍇有後，居金陵攝山前開茶肆，號徐十郎。有鉉、鍇誥勑甚多，有自江南入朝初授官誥，云『歸明人偽銀青光祿大夫，守太子率更令』云云。如內史乃江南宰相也，銀青存其階官也。人第知金陵近日始有茶坊，不知宋時已有之矣。

明 張岱《陶庵夢憶》卷四《二十四橋風月》 廣陵二十四橋風月，邗溝尚存其意。渡鈔關，横亙半里許，為巷者九條。巷故九，凡周旋折旋於巷之左右前後者，什百之。巷口狹而腸曲，寸寸節節有精房密戶，名妓、歪妓雜處之。名妓匿不見人，非嚮導莫得入。歪妓多可五六百人，每日傍晚，膏沐薰燒，出巷口，倚徙盤礴於茶館酒肆之前，謂之『站關』。茶館酒肆岸上紗燈百盞，諸妓揜映閃滅於其間，疪盭者簾，雄趾者闥。燈前月下，人無正色，所謂『一白能遮百醜』者，粉之力也。游子過客，往來如梭，摩睛相覷，有當意者，逼前牽之去；而是妓忽出身分，肅客先行，自緩步尾之。至巷口，有偵伺者向巷門呼曰：『某姐有客了！』內應聲如雷，火燎即出，一一俱去。剩者不過二三十人。沉沉二漏，燈燭將燼，茶館黑魆無人聲。茶博士不好請出，惟作呵欠，而諸妓醵錢向茶博士買燭寸許，以待遲客。或發嬌聲唱《劈破玉》等小詞，或自相謔浪嘻笑，故作熱鬧以亂時候，然笑言啞啞聲中，漸帶凄楚。夜分不得不去，悄然暗摸如鬼，見老鴇，受餓、受笞，俱不可知矣。余族弟卓如，美須髯，有情癡，善笑，到钞关必狎妓，向余噱曰：『弟今日之乐，不減王公。』余曰：『何谓也？』曰：『王公大人侍妾數百，到晚耽耽望

幸，當御者不過一人。弟過鈔關，美人數百人，目挑心招，視我如潘安，弟頤指氣使，任意揀擇，亦必得一當意者呼而侍我。王公大人豈過我哉！』復大噱，餘亦大噱。

又　卷八《露兄》　崇禎癸酉，有好事者開茶館，泉實玉帶，茶實蘭雪，湯以旋煮無老湯，器以時滌無穢器，其火候、湯候，亦時有天合之者。余喜之，名其館曰『露兄』，取米顛『茶甘露有兄』句也。為之作《鬥茶檄》曰：『水淫茶癖，爰有古風；瑞草雪芽，素稱越幽。特以烹煮非法，向來葛竈生塵；更兼賞鑒無人，致使羽《經》積蠹。邇者擇有勝地，復舉湯盟，水符遞自玉泉，茗戰爭來蘭雪。瓜子炒豆，何須瑞草橋邊；橘柚查梨，出自仲山圃內。八功德水，無過甘滑香潔清涼；七家常事，不管柴米油鹽醬醋。一日何可少此，子猷竹庶可齊名；七椀吃不得了，盧仝茶不算知味。一壺揮麈，用暢清談；半榻焚香，共期白醉。』

清　褚人獲《堅瓠集·堅瓠八集》卷一《茶肆短鬼》　范質未貴時，過茶肆，見人狀貌怪陋，前揖曰：兵戈至，相公無慮。范所執扇，書大暑去酷吏，清風來故人句。人曰：世之酷吏，何止如大暑也。公他日當究此弊，因攜扇去。范憫然。後至伏廟，一土木短鬼，貌肖茶肆所見，扇亦在手。范心異之，果大貴，封魯公。

清　龔煒《巢林筆談》卷四《滄浪賣茶者》　壬寅七月，以府試入郡，偶至滄浪茶肆。其賣茶者年可五旬，有文氣，為具述黃生員割勢一案，脫口如瀉水，心異之。叩其鄉，云：『來未幾日，亦不知何處人？』朱業師謂此必訟師潛跡者。郡城具五民，肆市寺觀中定多可疑人。

清　李光庭《鄉言解頤》卷三《人部·商賈》　即以林亭論，昔年無賣估衣者，今則不但外來之商販，即質庫之不能出脫者，亦零星賣之矣。昔年之小飯鋪，不過逢市集之期，賣麻花、燒餅、活絡之類，今則有小樓之名，肴饌點心，且包辦酒席矣。昔年無賣茶者，今則茶鋪不止一家矣。

清　李斗《揚州畫舫録》卷一《草河録上》　雙虹樓，北門橋茶肆也。樓五楹，東壁開牖臨河，可以眺遠。吾鄉茶肆，甲於天下，多有以此為業者。出金建造花園，或鬻故家大宅廢園為之。樓台亭舍，花木竹石，杯盤匙箸，無不精美。轅門橋有二梅軒、蕙芳軒、集芳軒，教場有腕腋生香、文蘭天香，埂子上有豐樂園，小東門有品陸軒，廣儲門有雨蓮，瓊花觀巷有文杏園，萬家園有四宜軒，花園巷有小方壺，皆城中葷茶肆之最盛者。天寧門之天福居，西門之綠天居，又素茶肆之最盛者。城外占湖山之勝，雙虹樓為最。其點心各據一方之盛。雙虹樓燒餅，開風氣之先，有糖餡、肉餡、乾菜餡、莧菜餡之分；宜興丁四官開蕙芳、集芳，以糟窖饅頭得名，二梅軒以灌湯包子得名，雨蓮以春餅得名，文杏園以稍麥得名，謂之鬼蓬頭，品陸軒以淮餃得名，小方壺以菜餃得名，各極其盛。而城內外小茶肆或為油鏇餅，或為甑兒糕，或為松毛包子，茆簷蓽門，每旦絡繹不絕。

又　卷三《新城北録上》　柳林在史閣部墓側，為朱標之別墅。標善養花種魚，門前栽柳，內圍土垣，植四時花樹，盆花皮以紅漆木架，羅列棋布，高下合宜。城中富家以花事為陳設，更替以時，出標手者獨多。柳下置砂缸蓄魚，有文魚、蛋魚、睡魚、蝴蝶魚、水晶魚諸類。《夢香詞》云：『小隊文魚圓似蛋，一缸新水翠於螺。』謂此。上等選充金魚貢，次之游人多買為土宜，其餘則用白粉盆養之，令園丁鬻於市。有屋十數間為茶肆，題其簾曰『柳林茶社』。田雁門焯題詩云：『閒步秋林倚瘦筇，碧蘭幹外柳陰重。賴君乳穴烹仙掌，飽聽鄰僧飯後鐘。』

又　卷六《城北録》　買賣街路北，依上街高岸，而下築屋一間。圍以避箭小牆，中置花瓦，開小門；門內左折，層級而下，稚柳一株覆之。中構屋，十字脊，飛簷反宇，三面開窗，南臨下街，東倚上街高岸。多古木，盛夏濃陰，可以蔽日。其下矮松小竹間，取仄徑逶迤而上，半山以竹柵界之。柵外春城當戶，寺雲繽紛，遠水危橋，穿樹而來。其西開門在梅花中，冬日最多，夏日南至，為城所掩，惟申酉間一林夕陽而已。北倚一號公館山牆，西北隅安置茶灶，土人高霜珩購之為茶屋，里中呼為高莊。

【略】

季雪村居射圃，地寬可較射。中構小室四五楹，皆雪村所居。雪村有水癖，雨時引簷溜貯於四五石大缸中，有桃花、黃梅、伏水、雪水之別。風雨則覆蓋，晴則露之使受日月星之氣，用以烹茶，味極甘美。小洪園後門為舊時且停車茶肆，其旁為七賢居，亦茶肆也。二肆最盛於清明節放

紙鳶、端午龍船市、九月重陽九皇會，鬥蟋蟀，看菊花，歲時記中勝地也。

『西園曲水』，即古之西園茶肆，張氏、黄氏先後為園，繼歸汪氏。中有濯清堂、觴詠樓、水明樓、新月樓、拂柳亭諸勝。水明樓後，即園之旱門，與江園旱門相對，今歸鮑氏。

觴詠樓聯云：『香溢金杯環滿座徐彦伯，詩成珠玉在揮毫杜甫。』樓之左作平台，通東邊樓，樓後即小洪園、射圃，多梅。因於樓之後壁開戶，裁紙為邊，若横披畫式，中以木齺嵌合。俟小洪園花開，趣抽去木桶，以樓後梅花為壁間畫圖。此前人所謂『尺幅窗、無心畫』也。

又卷七《城南録》 明月樓茶肆在二釣橋南，南岸外為二道溝，中皆淮水，逢潮汐則江水間之。肆中茶取於是，飲者往來不絕，人聲喧闐，雜以籠養鳥聲，隔席相語，恆以眼為耳。

又卷一一《虹橋録下》 虹橋為北郊佳麗之地，《夢香詞》云：『揚州好，第一是虹橋。楊柳綠齊三尺雨，櫻桃紅破一聲簫。處處住蘭橈。』『游人泛湖，以秋衣、蠟屐打包，茶鬴、燈遮，點心、酒盞，歸之茶擔，肩隨以出。

又 喬姥於長堤賣茶，置大茶具，以錫為之，少頸修腹，旁列茶盒，矮竹幾杌數十。每茶一碗二錢，稱為『喬姥茶桌子』。每龍船時，茶客往往不給錢而去。茶村嘗謂人曰：『吾於虹橋茶肆與柳敬亭談寧南故事，擊節久之。』蓋謂此茶桌子也。

又卷一二《橋東録》 江增，字兆年，號臞生。性好山水，於黄山下構臥雲庵自居。製茶擔以濟勝，行列甚都，名曰『游山具』。刳柳木令扁，以繩繫兩頭擔之，謂之『扁擔』。蒙以填漆，上書庵名。擔分兩頭，每一頭分上中下三層：前一頭上層貯銅茶酒器各一，茶器圜以銅，中置筒，實炭，下開風門，小頸環口修腹，俗名茶鑵；酒器如其制，而上覆以銅，四旁開竇，實以酒插，名曰『酒鑵』，俗呼為四眼井。旁置火箸二，小夾板二，中夾臥雲庵五色箋，小落手袖珍《詩韻》一，硯一，墨一，筆二。中層貯錫胎填漆黑光面盆，上刺庵名。濃金填掩雕漆茶盤一，手巾二，五色聚頭扇七。下層為櫝，貯銅酒插四，瓷酒壺一，銅火函一，銅洋罐一，宜興砂壺一，煙合一。布袋一，捆炭作槖，置之袋中，此前一頭也。後一頭上層貯秘色瓷盤八。中層磁飲食台盤三十，斑竹箸一十有六，錫手爐一，填漆黑光茶匙八，果叉八，錫茶器一。取火刀石各一，截竹為筒，以閉火。下層貯銅暖鍋煮骨董羹，傍列小盤四，此後一頭也。外具乾瓢盛酒為瓢賫，截紫竹為簫，以布捆老斑竹煙袋，並挂蒲團大小無數於扁擔上。江鄭堂為之作《游山具記》。每一出游，湖上人皆知為臞生居士來也。

清 紀昀《閱微草堂筆記》卷一一《槐西雜志一》 從姪虞惇言，聞諸任丘劉宗萬曰：『有旗人赴任丘催租，適村民夜演劇，觀至二鼓乃散。歸途酒渴，見樹旁茶肆，因繫馬而入。主人出言：火已熄，但冷茶耳。入室良久，捧茶半盃出，色殷紅而稠黏，氣似微腥，飲盡，更求益，曰：瓶已罄矣。當更覓殘剩，須坐此稍待，勿相窺也。既而久待不出，潛窺門隙，則見懸一裸女子，破其腹，以木撐之，而持杯刮取其血。惶駭退出，乘馬急奔。聞後有追索茶錢聲，沿途不絕。比至居停，已昏瞀墜仆。居停聞馬聲出視，扶掖入。次日乃蘇，述其顛末。共往跡之，至繫馬之處，惟平蕪老樹，荒冢累累，叢棘上懸一蛇，中裂其腹，横支以草莖而已。』此與裴硎《傳奇》載盧涵遇盟器婢子殺蛇為酒事相類。然婢子留賓，意在求偶。此鬼鬻茶胡為耶？鬼所需者冥鏹，又向人索錢何為耶？

清 火西月《呂祖年譜海山奇遇》卷二《化茶坊女》 唐中興時，汴京民有石氏者。以開茶坊為業，日令幼女行茶，嘗有丐者病癩，垢汙藍縷，直旨肆，索飲。女敬而與之，月余無厭容，並擇佳茗以待。父兄見之遂丐笞女，女略不介意。又數日，丐者復來，女供奉益謹。丐謂曰：汝能綴我餘茶否。女頗嫌不潔，少覆于地，聞異香亟飲之，神氣爽然。丐曰：我呂仙也，可隨汝所願，或富貴，或壽考，皆可得也。女不識富貴，只求長壽不乏財物。呂祖遺以漁夫詞曰：子午長養日月精，玄關門戶啟還扃，長如此，過平生，且把陰陽仔細烹。復授以口訣而去。女白于父母始悔，遍尋之不得。他日復來，石氏留之，師曰：今年夷夏俱大喪，餘恐遠人未化，將北遊。勸其來賓，遂去。後女年及笄，嫁管營指揮家，享年百二十歲，一生妝食有餘，是亦長於壽而裕於財者也。

又 卷三《度郭上竈征異録》 郭上竈者，天禧間，為執竈傭，瀹湯滌器於汴州橋茶肆中。一日遇呂道人，隨去十餘年始歸。語趙長官曰：

大數垂盡，願施一小棺，乞於棺首鑿一穴，插竹筒於穴中以通其氣。長官笑曰：既死矣，猶有氣乎。郭不答，明日汲水浴身，臥槐下遂絕。葬于河岸，是秋水漲，趙往視，獲棺無屍。郭无名为执竈佣，故名为上竈。观此则非柳仙也，明矣。

清 何聖生《簷醉雜記》卷一 滿洲從龍諸彥，猶漢之豐沛南陽，其恩遇最優，然誥誡亦殊嚴切。乾隆五十年，上諭：『向來滿洲之習舉業者，其文義本屬淺陋，及幸登科目，列名翰苑，問以文學，則曰身系滿洲，豈漢人可比？及問以騎射，又曰我系詞林，豈同武夫戰卒？兩處躲避而落於無用之流，朕所深惡。即從前尹繼善、鄂容安、鐘音、觀保等在翰林中俱稱出色者，止能隨常辦事，而於邊疆重務並不能經理裕如。雖其中鄂容安曾膺軍旅重寄，臨危遇變，亦惟知一死塞責，究於國家大事何所裨補耶？』讀此可見承平日久，仕路漸多庸濫，滿人叨幸尤深，君上固灼知之，亦未嘗稍有偏徇也。自古化民成俗，必以崇儉黜奢為要務，遐稽盛世，往往於民間日用之微皆關宮廷，僅慮誥誡甚詳。覘世運者當纂録之，以昭美化也。乾隆元年，上諭：『八旗為國家根本，從前敦崇儉樸俗，最近古迨。承平日久，漸即侈靡，如服官外省，奉差收稅，即不守本分，恣意花銷，虧竭國幣，身羅罪戾。而兵丁閒散人等，惟知鮮衣美食，蕩費貲財，相習成風，全不知悔。嗣後務期恪遵典制，謹身節用，勿事浮華，勿耽游惰，庶免窘乏之虞。倘不知痛改前非，仍蹈覆轍，驕奢侈靡，虧帑誤公，不惟恩所不施，且為法所不貸，此誥誡八旗者也。又有諭：『厚生之道在於務本而節用，朕聞晉豫民俗多從儉樸，而戶有蓋藏。惟江蘇兩浙之地俗尚侈靡，往往家無門儲而被服必極華鮮，飯食靡甘淡泊。兼之井里之間，茶坊酒肆，星列棋置。少年無知，游蕩失業。彼處地狹民稠，方以衣食難充為慮，何堪習俗如此，民生安得不艱？朕軫念黎元，期其富庶，已將歷年各項積欠盡數蠲除。小民乘此手足寬然之時，正當各勤職業，尚樸去奢，以防匱乏。豈可習於侈靡，轉相仿效，日甚一日，積為風俗之憂也？地方大吏及守令有臨民之責者，皆當遍行化導，縉紳之家尤宜節儉以率先之。此誥誡江浙者也。』

清 解鑒《益智録》卷二《金瑞》 一日，璋與女少休茶肆，一宦門之子見女，立視良久而去。既而肆主指女問璋，璋以妹對。肆人曰：『欲字人否？』曰：『不欲。』肆人曰：『愛汝妹者，某宦之子。君孤身至此，恐事不由君，不若嫁妹於彼，多索聘金以裕資斧為愈也。』璋暗商於女，女曰：『可。君帶金北行，日暮向門前有五柳者投宿，不過二更，妾自至。』璋見肆人言所欲，肆人曰：『可。』遂以五十金給璋，璋自去。某宦子遣婢媪以豔衣衣女，舁之去。夜與同寢，極盡綢繆。明晨視之，乃其胞妹。女歸見璋曰：『某宦之子，即以極刑刑君之子也。』遂以侮之之實語璋，璋大喜曰：『卿代僕泄夙忿矣！』

清 陳康祺《郎潛紀聞二笔》卷一《李衛不禁娼賭之用意》 李敏達衛長於治盜，所轄地方，不逐娼妓，不禁樗蒲，不擾茶坊酒肆，曰：『此盜線也，絕之，則盜難蹤跡矣。』按：敏達與田端肅文鏡，皆雄恣不馴，純任權術，而皆立功名。雍正朝，凡二公旌麾所駐，盜賊為之潛蹤，敏達之禁網闊疏，是或一道與。

歷代名茶部

綜論

唐 陸羽《茶經》卷八《茶之出·浙西》 以湖州上，湖州，生長城縣顧渚山谷，與峽州、光州同；生山桑儒師二寺、白茅山懸脚嶺，與襄州、荆南、義陽郡同；生鳳亭山伏翼閣飛雲、曲水二寺、啄木嶺，與壽州、常州同；生安吉、武康二縣山谷，與金州、梁州同。常州次，常州義興縣生君山懸脚嶺北峰下，與荆州、義陽郡同；生圈嶺善權寺、石亭山與舒州同。宣州、杭州、睦州、歙州下，宣州生宣城縣雅山，與蘄州同；太平縣生上睦、臨睦，與黄黄州同；杭州，臨安、於潛二縣生天目山，與舒州同。錢塘生天竺、靈隱二寺，睦州生桐廬縣山谷，歙州生婺源山谷，與衡州同。潤州、蘇州又下。潤州江寧縣生傲山，蘇州長洲縣生洞庭山，與金州、蘄州、梁州同。

又《劍南》 以彭州上，生九隴縣馬鞍山至德寺、棚口，與襄州同。綿州、蜀州次，綿州龍安縣生松嶺關，與荆州同；其西昌、昌明、神泉縣西山者並佳，有過松嶺者不堪採。蜀州青城縣生丈人山，與綿州同。青城縣有散茶、木茶。邛州次，雅州、瀘州下，雅州百丈山、名山，瀘州瀘川者，與金州同也。眉州、漢州又下。眉州丹棱縣生鐵山者，漢州，綿竹縣生竹山者，與潤州同。

唐 裴汶《茶述》 今宇内為土貢實衆，而顧渚、蘄陽、蒙山為上，其次則壽陽、義興、碧澗、㴩湖、衡山，最下有鄱陽、浮梁。今其精者無以尚焉，得其粗者，則下里兆庶，瓶盎紛揉。苟未得，則胃府病生矣。人嗜之如此者，兩晉已前無聞焉。至精之味或遺也。作茶述。

唐 李肇《唐國史補》卷下 風俗貴茶，茶之名品益衆。劍南有蒙頂石花，或小方，或散牙，號為第一。湖州有顧渚之紫筍，東川有神泉、小團，昌明、獸目，峽州有碧澗、明月、芳蘂、茱萸簝，福州有方山之露牙，夔州有香山，江陵有南木，湖南有衡山，岳州有浥湖之含膏，常州有義興之紫筍，婺州有東白，睦州有鳩沉，洪州有西山之白露。壽州有霍山之黄牙，蘄州有蘄門團黄，而浮梁之商貨不在焉。

五代 毛文錫《茶譜》 建州北苑先春龍焙。洪州西山之白露。雙井白芽、鶴嶺。安吉州顧渚紫筍。常州義興紫筍、陽羨春。池陽鳳嶺。睦州鳩坑。宣州陽坡。南劍蒙頂石花、露鋑芽、籛芽。南康雲居。峽州碧澗明月。東川獸目。福州方山露芽。壽州霍山黄芽。

宋 李昉《太平御覽》卷八六七《飲食部·茗》 《唐史》曰：風俗貴茶，茶之名品益衆。劍南有蒙頂石花，或散牙，號為第一。湖州顧渚之紫筍，東川有神泉昌明，硤州有碧澗、明月房、茱萸寮，福州有方山之生牙，夔州有香山，江陵有南木，湖南有衡山，岳州有㴩湖之舍膏，常州有義興之紫筍，婺州有東白，睦州有鳩坑，洪州有西山之白露，壽州有霍山之黄芽。蘄門團，而浮梁之商貨不在焉。

宋 葉清臣《述煮茶泉品》 吴楚山谷間，氣清地靈，草木穎挺，多孕茶荈。大率右於武夷者，為『白乳』；甲於吴興者，為『紫筍』；産禹穴者，以『天章』顯；茂錢塘者，以『徑山』稀。至於續廬之巖、雲衡之麓，『雅山』著於無歙，『蒙頂』傳於岷蜀，角立差勝，毛舉實繁。

宋 黄庭堅《煎茶賦》 余嘗為嗣直瀹茗，因録其滌煩破睡之功，為之甲乙。建溪如割，雙井如撻，日鑄如絕。其餘苦則辛螫，甘則底滯，嘔酸寒胃，令人失睡，亦未足與議。或曰無甚高論，敢問其次。涪翁曰：味江之羅山，嚴道之蒙頂，黔陽之都濡高株，瀘川之納溪梅嶺，夷陵之壓甎，臨邛之火井。不得已而去於三。則六者亦可酌兔褐之甌，瀹魚眼之鼎者也。

宋 朱勝非《紺珠集》卷三《石花紫笋》 茶名。劔南有蒙頂石花，湖州有顧渚紫筍，峽州有碧澗明月。

宋 胡仔《苕溪漁隱叢話·前集》卷九《東坡九》 《遯齋閒覽》云：『茶古不著所出，《本草》云：「出益州。」唐以蒙山、顧渚、蘄門者為上品，尚雜以蘇椒之類，故李泌詩云：「旋沫翻成碧玉池，添蘇散出琉璃眼。」遂以碧色為貴。止曰煎茶，不知點試之妙，大率皆草茶也。陸羽《茶經》統言福、建、泉、韶等十州所出者，其味極佳而已。今建安為天下第一。』

《宋史》卷一八四《食貨志下六·茶下》 霅川顧渚生石上者謂之紫筍，毗陵之陽羨，紹興之日鑄，婺源之謝源，隆興之黄龍、雙井，皆絕品也。

又 蜀茶之細者，其品視南方已下，惟廣漢之趙坡，合州之水南，

峨眉之白牙，雅安之蒙頂，土人亦珍之，但所產甚微，非江、建比也。

宋 高似孫《緯略》卷四《番虜矜茶》 常魯使西番，烹茶帳中。番人問曰何為者，魯曰滌煩療渴，所謂茶也。番人曰，我此亦有。取以出，指曰，此壽州者，此顧渚者，此蘄門者，在唐時已為如此。

（嘉靖）《安溪縣志》卷一《地輿類・茶》 《瑞章總論》：『茶，乃南方嘉木，葉如梔子，花如白薔薇，實如棕櫚子。土產建州、北苑、先春、龍焙，洪州雙井、蒙頂、石花，皆茶之極品者也。紫為上，綠次之；筍為上，芽次之。社前採者為佳，寒食、穀雨採者次之。備見陸羽《茶經》。』安溪茶產常樂、崇善等裡，貨賣甚多。

明 楊慎《升庵集》卷六九《茶名》 紫筍顧渚，黃芽霍山，神泉東川，碧澗峽山，綠昌明劍南，明月房茱萸寮峽州。

又 凡茶有二類，曰片曰散。片茶蒸造，實捲摸中串之。唯建劍則既蒸而研。編竹爲格，置焙室中。最爲精潔，他處不能造。其名有龍鳳、石乳、的乳、白乳、頭金、蠟面、頭骨、次骨、末骨、鹿骨、山挺十二等，以充歲貢及邦國之用。洎本路食茶，餘州片茶，有進寶、雙勝、寶山，兩府出興國軍。仙芝、嫩蕋、福合、禄合、運合、慶合、指合，出饒池州。泥片出[illegible]州，緑英金片出袁州，玉津出臨江軍，靈川、福州、先春、早春、華英來泉勝金出歙州。獨行、靈草、緑芽、片金、金茗出潭州。大柘枕出江陵。開勝、開捲、小捲，主黃黃翎毛出岳州。雙上、緑芽、大小方出岳辰澧州。東首、淺山、簿側出光州。總二十六名，其兩浙及宣江晁州止以上中下或第一至第五爲號。散茶有太湖、龍溪、次號、末號，出淮南岳麓，草子、楊樹、雨前、雨後出荊湖。清口出歸州，茗子出江南。總十一名。

明 陳師《茶考》 予性喜飲酒，而不能多，不過五七行，性終便嗜茶，隨地咀其味。且有知予而見貽者，大較天池為上，性香軟麗色青可愛，與龍井亦不相下。雅州蒙茶不可易致矣，若東甌之雁山次之，赤城之大盤次之。毗陵之羅楷又次之，味雖可而葉粗，非萌芽倫也。宣城陽坡茶，杜牧稱為佳品，恐不能出天池、龍舌之右。古睦茶葉租而味苦，閩茶香細而性硬。蓋茶隨處有之，擅名即魁也。

明 屠隆《茶説・一之産》 茶之所産，無處不有。而品之高下，鴻漸載之甚詳，然所詳者為昔日之佳品矣。而今則更有佳者焉，若吳中虎丘者上，羅岕者次之，而天池、龍井、伏龍則又次之。新安松蘿者上，朗源滄溪次之，而黃山硒溪則又次之。彼武夷、雲霧、雁蕩、靈山諸茗，悉為今時之佳品。至金陵攝山所產，其品甚佳，僅僅數株，然不能多得。其餘杭浙等產，皆冒虎丘天池之名，宣池等產，盡假松蘿之號。此亂真之品，不足珍賞者也。其真虎丘，色猶玉露，而泛時香味若將放之橙花。此茶之所以為美。真松蘿出自僧大方所制，烹之色若綠筠，香若蘭蕙，味若甘露，雖經日而色香味竟如初烹而終不易。若泛時少頃而昏黑者，即為宣池偽品矣，試者不可不辨。又有六安之品，盡為僧房道院所珍賞，而文人墨士則絕口不談矣。

明 李時珍《本草綱目》卷二一《草部十・石蕊》 《拾遺》校正併入有名未用《別錄》石濡。釋名石濡《別錄》、石芥同、雲茶《綱目》、蒙頂茶。時珍曰：其狀如花蕊，其味如茶，故名。石芥乃茶字之訛。集解藏器曰：石蕊生太山石上，如花蕊，為丸散服之。今時無復有此也，王隱《晉書》：庾褒入林慮山，食木實，餌石蕊，遂得長年，即此也。又曰：石濡生石之陰，如屋遊、垣衣之類，得雨即展，故名石濡。早春青翠，端開四葉。山人名石芥。時珍曰：《別錄》石濡，具其功用，不言形狀。陳藏器言是屋遊之類，復出石蕊一條，功同石濡。蓋不知其即一物也。此物惟諸高山石上者為良。今人謂之蒙頂茶，生兗州蒙山石上，乃煙霧薰染，日久結成，蓋苔衣類也，彼人春初刮取曝乾餽人，謂之雲茶。其狀白色輕薄如花蕊，其氣香如蕈，其味甘濇如茗。不可煎飲，止宜咀嚼及浸湯啜，清涼有味。庾褒入山餌此，以代茗而已。長年之道，未必盡緣此物也。氣味甘，溫，無毒。時珍曰：甘、濇，涼。主治石濡：明目益精氣。令人不饑渴，輕身延年《別錄》。石蕊：主長年不饑藏器。生津潤咽，解熱化痰時珍。

又 卷三二《果部四・茗》 昔賢所稱，大約謂唐人尚茶，茶品益眾。有雅州之蒙頂、石花、露芽、穀芽為第一，建寧之北苑龍鳳團為上供。蜀之茶，則有東川之神泉獸目，硤州之碧澗明月，夔州之真香，邛州之火井，思安黔陽之都濡，嘉定之峨眉，瀘州之納溪，玉壘之沙坪。楚之茶，則有荊州之仙人掌，湖南之白露，長沙之鐵色，蘄州蘄門之團面，壽

州霍山之黃芽，廬州之六安英山，武昌之樊山，岳州之巴陵，辰州之溆浦，湖南之寶慶、茶陵。吳越之茶，則有湖州顧渚之紫筍，福州方山之生芽，洪州之白露，雙井之白毛，廬山之雲霧，常州之陽羨，池州之九華，丫山之陽坡，袁州之界橋，睦州之鳩坑，宣州之陽坑，金華之舉岩，會稽之日鑄。皆產茶有名者。其他猶多，而猥雜更甚。

明 張謙德《茶經·茶產》 茶之產於天下多矣，若姑胥之虎丘、天池，常之陽羨，湖州之顧渚紫筍，峽州之碧澗明月，南劍之蒙頂石花，建州之北苑先春龍焙，洪州之西山白露，鶴嶺，穆州之鳩坑，東川之獸目，綿州之松嶺，福州之柏巖，雅州之露芽，南康之雲居，婺州之舉岩碧乳，宣城之陽坡橫紋，饒池之仙芝、福合、祿合、蓮合、慶合，壽州之霍山黃芽，邛州之火井思安，安渠江之薄片，巴東之真香，蜀州之雀舌、鳥嘴、片甲、蟬翼，潭州之獨行靈草，彭州之仙崖石蒼，臨江之玉津，袁州之金片、綠英，龍安之騎火，涪州之賓化，黔陽之都濡高枝，瀘州之納溪梅嶺，建安之青鳳髓，石岩白，岳州之黃翎毛、金膏冷之數者，其名皆著。品第之，則虎丘最上，陽羨真岕、蒙頂石花次之，又其次，則姑胥天池、顧渚紫筍、碧澗明月之類是也。餘惜不可考耳。

明 許次紓《茶疏·產茶》 大江以北，則稱六安，然六安乃其郡名，其實產霍山縣之大蜀山也。茶生最多，名品亦振。河南、山陝人皆用之。南方謂其能消垢膩，去積滯，亦共寶愛。顧彼山中不善製造，就於食鐺大薪炒焙，未及出釜，業已焦枯，詎堪用哉。兼以竹造巨笥，乘熱便貯，雖有綠枝紫筍，輒就萎黃，僅供下食，奚堪品斗。江南之茶，唐人首稱陽羨，宋人最重建州，於今貢茶，兩地獨多。陽羨僅有其名，建茶亦非最上，惟有武夷雨前最勝。近日所尚者，為長興之羅岕，疑即古人顧渚紫筍也。介於山中，謂之岕，羅氏隱焉，故名羅。然岕故有數處，今惟洞山最佳。姚伯道云：明月之峽，厥有佳茗，是名上乘。要之，採之以時，製之盡法，無不佳者。其韻致清遠，滋味甘香，清肺除煩，足稱仙品，此自一種也。若在顧渚，亦有佳者，人但以水口茶名之，全與岕別矣。若歙之松蘿、吳之虎丘、錢塘之龍井，香氣穠郁，並可雁行，與岕頡頏。往郭次甫亟稱黃山，黃山亦在歙中，然去松蘿遠甚。往時士人皆貴天池，天池產者，飲之略多，令人脹滿，自余始下其品，向多非之，近來賞音者始信余言矣。浙之產，又曰天臺之雁宕，括蒼之大盤，東陽之金華，紹興之日鑄，皆與武夷相為伯仲。

明 羅廩《茶解·原》 余按唐宋產茶地，革革如前所稱，而今之虎丘、羅岕、天池、顧渚、松蘿、龍井、雁蕩、武夷、靈山、大盤、日鑄諸有名之茶，無一與焉。乃知靈草在在有之，但人不知培植，或疏於制度耳，嗟嗟，宇宙大矣。

明 高濂《遵生八箋》卷一一《論茶品》 茶之產於天下多矣！若劍南有蒙頂、石花，湖州有顧渚、紫筍，峽州有碧澗、明月，邛州有火井、思安，渠江有薄片，巴東有真香，福州有柏巖，洪州有白露，常之陽羨，婺之舉巖，了山之陽坡，龍安之騎火，黔陽之都濡、高株，瀘州之納溪、梅嶺之數者，其名皆著。品第之，則石花最上，紫筍次之，又次則碧澗、明月之類是也。惜皆不可致耳。若近時虎丘山茶，亦可稱奇，惜不多得。若天池茶，在穀雨前收細芽，炒得法者，青翠芳馨，嗅亦消渴。若真岕茶，其價甚重，兩倍天池，惜乎難得，須用自己令人採收方妙。又如浙之六安，茶品亦精，但不善炒，不能發香而色苦，茶之本性實佳。如杭之龍泓即龍井也，茶真者，天池不能及也。山中僅有一二家，炒法甚精。近有山僧焙者亦妙，但出龍井者方妙。而龍井之山，不過十數畝，外此有茶，似皆不及，附近假充，猶之可也。至於北山西溪，俱充龍井，即杭人識龍井茶味者亦少，以亂真多耳。意者，天開龍井美泉，山靈特生佳茗以副之耳。不得其遠者，當以天池龍井為最。外此，天竺靈隱，為龍井之次。臨安、於潛生於天目山者，與舒州同，亦次品也。茶自浙以北皆較勝，惟閩廣以南，不惟水不可輕飲，而茶亦宜慎。昔鴻漸未詳嶺南諸茶，乃云嶺南茶味極佳，孰知嶺南之地，多瘴癘之氣，染著草木，北人食之，多致成疾，故當慎之。要當採時，待其日出山霽，霧瘴山嵐收淨，採之可也。茶團茶片，皆出碾磑，大失真味。茶以日曬者佳甚，青翠香潔，更勝火炒多矣。

明 夏樹芳《茶董·恁地怎得不窮》 黃魯直論茶：建溪如割，雙井如霆，日鑄如綒。所著《煎茶賦》：洶洶乎如澗松之發清吹，皓皓乎如春空之行白雲。一日以小龍團半鋌，題詩贈晁無咎：曲幾蒲團聽煮湯，煎成車聲繞羊腸。雞蘇胡麻留渴羌，不應亂我官焙香。東坡見之曰：

黃九恁地怎得不窮。

明 龍膺《蒙史》卷下《茶品述》 建州北苑先春龍焙，洪州西山白露、雙井、白茅鶴頂，安吉州顧渚紫筍，常州義興紫筍、陽羨、春池陽鳳嶺，睦州鳩坑，宣州陽坑，南劍蒙頂、石花、露鋑、籛牙，南康雲居，峽州碧澗明月，東川獸目，福州方山露芽，壽州霍山黃芽，蜀雅州蒙山頂有露芽、穀芽，皆云火前者，言採造於禁火前。蘄門團黃，有一旗二槍之號，言一葉三芽也。潭州鐵色茶，色如鐵。湖州紫筍，湖州金沙泉，州當二郡界，茶時一收，畢至泉處拜祭，乃得水。

又 建州北苑先春龍焙，洪州西山白露、雙井、白茅鶴頂，安吉州顧渚紫筍，常州義興紫筍、陽羨，春池陽鳳嶺，睦州鳩坑，宣州陽坑，南劍蒙頂、石花、露鋑、籛牙，南康雲居，峽州碧澗明月，東川獸目，福州方山露芽，壽州霍山黃芽，蜀雅州蒙山頂有露芽、穀芽，皆云火前者，言採造於禁火前。蘄門團黃，有一旗二槍之號，言一葉三芽也。潭州鐵色茶，色如鐵。湖州紫筍，湖州金沙泉，州當二郡界，茶時一收，畢至泉處拜祭，乃得水。

明 謝肇淛《五雜組》卷一一《物部三》 今茶品之上者，松蘿也，虎丘也，羅岕也，龍井也，陽羨也，天池也，而吾閩武夷、清源、鼓山三種可與角勝。六合、雁蕩、蒙山三種，祛滯有功，而色香不稱，當是藥籠中物，非文房佳品也。閩，方山、太姥、支提，俱產佳茗，而製造不如法，故名不出里閈。余嘗過松蘿，遇一製茶僧，詢其法，曰：『茶之香原不甚相遠，惟焙者火候極難調耳。茶葉尖者太嫩，而蒂多老。至火候匀時，尖者已焦，而蒂尚未熟。二者雜之，茶安得佳？』松蘿茶製者，每葉皆剪去其尖蒂，但留中段，故茶皆一色，而功力煩矣，宜其價之高也。閩人急於售利，每斤不過百錢，安得費工如許？即價稍高，亦無市者矣。故近來建茶所以不振也。

明 顧起元《茶略》 建州之北苑先春龍焙，洪州之西山白露，鶴嶺雙井白芽，穆州之鳩坑，東川之獸目，綿州之松嶺，福州之柏巖，方山生芽，雅州之露芽，南康之雲居，婺州之舉巖碧乳，宣城之陽坡橫紋，饒池之仙芝、福合、祿合、蓮合、慶合，蜀州之雀舌、鳥嘴、片甲、蟬翼，潭州之獨行靈草，彭州之仙崖石花，臨江之玉津，袁州之金片綠英，龍安之騎火，涪州之賓化，建安之青鳳髓，岳州之黃翎毛，建安之石巖白，岳陽之含膏冷，南劍之蒙頂石花，湖州之顧渚紫筍，峽州之碧澗明月，壽州之霍山黃芽，越州之日注，此唐宋時產茶地及名也。

《南部新書》云：湖州造茶最多，謂之顧渚貢焙，歲造一萬八千餘斤。按此則唐茶不重建，以建未有奇產也。至南唐初造研膏，繼造蠟面，既又佳者號曰京挺。宋初置龍鳳模，號石乳，又有的乳、白乳，而蠟面始下矣。丁晉公進龍鳳團，至蔡君謨又進小龍團。神宗時復製密雲龍，哲宗改為瑞雲翔龍，則益精，而小龍團下矣。徽宗品茶，以白茶第一，又製三色細芽，而瑞雲翔龍下矣。宣和庚子，漕臣鄭可聞始創為銀絲水芽，蓋將已揀熟芽再剔去，祇取其心一縷，用清泉漬之，光瑩如銀絲。方寸新胯，小龍蜿蜒其上，號龍團勝雪，去龍腦諸香，遂為諸品之冠。今建茶碾造雖精，不去龍腦，以為奩閣中味亦不用入瀹。而茶品獨貴者虎丘，其次天池，又其次陽羨；羨之佳者岕，而龍井、六安之類皆下矣。

蜀蒙山頂茶，多不能數斤，極重於唐，以為仙品。今之蒙茶乃青州蒙陰山產石上，若地衣，然味苦而性涼，亦不難得也。

明 徐光啓《農政全書》卷三九《種植·茶》 早採曰茶，次曰檟，又其次曰蔎，晚曰茗，至荈則老葉矣。蓋以早為貴也。六經中無茶，蓋茶即荼也。《詩》云：『誰謂荼苦？其甘如薺。』以其苦而甘味也。《南越志》云：茗，苦澀，亦謂之『過羅』。有高一尺者，有二尺者，有數丈者，有兩人合抱者。出巴山峽川。有建州大小『龍團』；始于丁謂，成于蔡君謨。熙寧末，有旨下建州：製『蜜雲龍』一品，尤為奇絕。蜀州『雀舌』、『鳥嘴』、『麥顆』，蓋嫩芽取形似之。又有『片甲』者，早春黃芽，葉相抱如片甲也。『蟬翼』，葉軟薄如蟬翼也。《清異錄》云：開寶中，竇儀以新茶飲予，味極美。奩面標云：『龍陂山子茶』；龍陂，是顧渚山之別境。洪州鶴嶺茶，其味極妙。蜀之雅州蒙山頂，有『露芽』、『穀芽』；皆云『火前』者，言採造於『禁火』之前也。火後者次之。一云：雅州蒙頂茶，其生最晚，在春夏之交。常有雲霧覆其上，若有神物護持之。又有五花茶者，其片作五出花雲腳；出袁州界橋，其名甚著。不若湖州之『研膏』『紫筍』；烹之，有綠腳垂下，吳淑賦云『雲垂綠腳』。有『紫筍』者，其色紫而似筍。唐德宗每賜同昌公主饌，其茶

有『緑花』『紫英』之號。草茶盛於兩浙，『日注』第一。自景祐以來，洪州雙井『白芽』，製作尤精，遠在『日注』之上。遂為草茶第一。宜興灉湖出『含膏』。宣城縣有了山，形如小方餅。『横鋪』茗芽產其上。其山東為朝日所燭，號曰陽坡，其茶最勝。太守薦之京洛人士，題曰『了山陽坡横文茶』。一名『瑞草魁』。又有建州『北苑』『先春』，洪州西山『白露』，安吉州顧渚『紫筍』，常州宜興『紫筍』、『陽羨春』，池陽『鳳嶺』，睦州『鳩坑』，南劍『石花露』、『露鋑芽』、『籛芽』，南康『雲居』，峽州、小江園『碧澗寮』、『明月寮』、『茱萸寮』，東川『獸目』，福州方山『露芽』，壽州霍山『黄芽』，六安州『小峴春』：皆茶之極品。玉壘關外寶唐山，有茶樹，產懸崖。筍長三寸五寸，方有一葉兩葉。太和山『騫林茶』，初泡極苦澀，至三四泡，清香特異，人以為茶寶。

涪州出三般茶：最上『賓化』，製於早春；其次『白馬』；最下『涪陵』。收茶在四月。嫩則益人，粗則損人。樹如瓜蘆，葉如梔子。花如白薔薇而黄心，清香隱然；實如栟櫚，蒂如丁香，根如胡桃。

明 張岱《夜航船》卷一一《日用部・茶異名》　《國史》：劍南有蒙頂石花，湖州有藿山嫩筍，峽州有碧澗明月。

清 劉源長《茶史》卷一《袁宏道龍井記》　大約龍井頭茶雖香，尚作草氣，天池作豆氣，虎丘作花氣，惟岕茶非花非木，稍類金石氣，又若無氣，所以可貴。岕茶葉粗大，真者每斤至二千餘錢。余覓之數年，僅得數兩許。近日徽人有送松羅茶者，味在龍井、天池之上。

（康熙）《安溪縣志》卷四《風俗人物》　茶乃南方嘉木。土產建州、北苑、先春、龍焙，洪州雙井、蒙頂、石花，皆茶之極品者也。社前採之為佳，寒食、穀雨採者次之。

清 張英《文端集》卷四五　圃翁曰：予少年嗜六安茶，中年飲武夷而甘，後乃知岕茶之妙。此三種可以終老，其他不必問矣。岕茶如名士，武夷如高士，六安如野士，皆可為歲寒之交。六安尤養脾，食飽最宜，但鄙性好多飲茶，終日不離甌椀為宜，節約耳。

清 袁枚《隨園食單》卷四《茶酒單》　此外如六安、銀針、毛尖、梅片、安化，概行黜落。

（道光）《城口廳志》卷一八《物產・果屬》　聞之唐人尚茶，其品益眾，惟蒙頂石花、露芽、穀芽為第一，北苑龍鳳團為上供。蜀之茶，則有東川、神泉、獸目，峽之碧澗、明月，夔之真香，邛之火井、思安，黔陽之都濡，嘉定之峨嵋，瀘州之納溪，玉壘之砂平。

《宋會要輯稿・食貨三〇》　三年七月二十一日，江南轉運副使任中正言：『准詔，以饒州置場買納浮梁、婺源、蘄門縣茶，不便於民，令臣與三班借職胡澄審行計度。今親到饒、歙二州茶倉詢問逐處民俗，皆言溪灘險惡，艱阻尤甚，願各復往日茶倉就便輸納。及據浮梁縣民李思堯等眾狀，願備材木起造倉敖。』從之，仍降詔曰：『山澤之征，所期公共，苟便氓俗，豈圖羨贏，而言事之人不明大體，務為沿革，罔恤烝黔。特命使車，往詢疾苦，用循舊制，式遂輿情。已令制置茶鹽、江南轉運司並依任中正所奏。』

又《食貨五六》　景德四年閏五月，詔：『定逐年土貢，劍州等六十六處特與減放，夔州等二十七處更不進物，每至賀正，只具表聞奏。是餘並令依舊，仍仰官吏休認。朝廷務便於民，特與蠲免。今後不得以土貢為名，妄有配率，致令煩擾。』

凡劍、普、昌、遂州蠲紙，龍州蠲紙、白絹，天雄、果州絲布、天門冬，達州挺子香、蠲紙，緇州長冶石，睦州鳩坑茶，寧州鍾馗石硯、土酥，荊芥，渝州蠲紙，牡丹皮，歙州表紙，麥光、白滑、冰翼紙，乾預藥，臘牙茶、細布，連州乳石，施州黄連，木藥，黄蠟，蘄州團黄茶、簝、簾、笛材，蘇州生絲、鞋，宣州細筆、竹簟、望春茶，河南府桔梗、桑白皮、芫花、大戟、半夏、甜參、白蠟、丹參、旋覆，蓬州梁米、墨，眉州巴豆，濱州白花鹽，萊州牡礪、海藻，德州兔毫毛，潭州長樸紙，黄蠟，嘉州紫菖，巴豆，黄州貲布，松籮，連翹，商州枳殼，邠州甘草、藻豆，華州紫草、知母，蔡州澤蘭，茱萸，齊州防風，慶州知母、郁李仁，兗州生松明，潞州密。蔓根、蕤仁、子仁，襄州貝母，萬州荊子、牽牛子、白頭翁，並減去。夔、賀、許、蔓、曹、除、隰州、延、晉、慈、汾、衛、榮、泰、處、黔、石、均、隰、丹、耀、金、潭、歸、峽、萬州，興元府，淮陽軍，並不貢。

清 鄭光祖《醒世一斑録》雜述四　茶貴新鮮，則色、香、味俱備。色貴緑，香貴清，味貴澀而甘。啜茗可以祛腥膩，潤喉吻，不必希盧陸高

風，而齒頰饒有韻趣。浙地以龍井之蓮心芽，蘇郡以洞庭山之碧螺春，均已名世。然我虞山亦產茶，嘗至普福，維摩僧出供客，其佳不亞蘇杭，特不可多得耳。若安徽六安茶，湖北安化茶，四川蒙山茶，雲南普洱茶，與蘇杭不同味，不善體會者，或不知其妙。若閩地產紅袍建旗，五十年來盛行於世，竊以為非正味也。

清 震鈞《天咫偶聞》卷八《郊坰》 茶以蘇州碧蘿春為上，不易得，則杭之天池。次則龍井、岕茶，稍粗。或有佳者，未之見。次六安之青者，若武夷、君山、蒙頂，亦止聞名。古人茶皆碾為團，如今之普洱。然失茶之真，今人但焙而不碾，勝古人。

唐代名茶

昌明茶

唐 白居易《白香山詩集》卷三七《春盡日》 芳景銷殘暑氣生，感時思事坐含情。無人開口共誰語，有酒回頭還自傾。醉對數叢紅芍藥，渴嘗一盌綠昌明。春歸似遣鶯留語，好住園林三兩聲。

宋 趙令畤《侯鯖録》卷四 唐茶，東川有神泉昌明，白公詩使『綠昌明』是也。

宋吴曾《能改齋漫録》卷一五《方物·綿州綠茶》 茶之貴白，東坡能言之。獨綿州彰明縣茶色綠，白樂天詩云：『渴嘗一盞綠昌明。』彰明即唐昌明縣。盧仝詩云：『天子初嘗陽羨茶。』當時建茶未有名也。

宋 袁文《甕牖閑評》卷六 白樂天茶詩云：渴嘗一盞綠昌明。昌明乃地名，在綿州。人便謂昌明茶綠，非也。此正與『黄金碾畔綠塵飛』之句相似，蓋是時未知所以造茶製作不精，故茶之色猶綠。而好事者録其茶之妙，亦未以白色為貴。其詩故如此，使樂天見今日之茶之美，而肯為是語耶？

明 曹學佺《蜀中廣記》卷六五《方物記七·茶譜》 西昌、昌明、神泉等縣，連西山生者並佳。生獨松嶺者，不堪采擷。吳曾漫録云：茶之貴白，東坡能言之。獨綿州彰明縣茶色綠。白樂天詩云：渴嘗一盞綠昌明。今彰明，即唐昌明也。彰明志治北有獸目山，出茶品格亦高，謂之獸目茶。山下有百匯龍潭，凡三長流不竭。予詢諸安縣令，則以此地上下四旁俱屬彰明，獨中間一寺屬安縣，出茶名香水茶。晉劉琨與兄子羣書曰：前得安州幹茶二斤，吾患體中煩悶，恒仰真茶，汝可信致之。即此茶也。

顧渚茶

唐 釋皎然《杼山集》卷七《顧渚行寄裴方舟》 我有雲泉鄰渚山，山中茶事頗相關。鶗鴂鳴時芳草死，山家漸欲收茶子。
伯勞飛日芳草滋，山僧又是採茶時。谿來慣採無近遠，陰嶺長兮陽崖淺。
大寒山下葉未生，小寒山下葉初卷。吳婉攜籠上翠微，蒙蒙香刺罥春衣。
迷山乍被落花亂，度水時驚啼鳥飛。家園不遠乘露摘，歸時露彩猶滴瀝。
初看怕出欺玉英，更取煎來勝金液。昨夜西峰雨色過，朝尋新茗復如何？
女宮露澀青芽老，堯市人稀紫筍多。紫筍青芽誰得識，日暮採之長太息。
清泠真人待子元，貯此芳香思何極。

唐 張文規《湖州貢焙新茶》（嘉靖）《浙江通志》卷二七七 鳳輦尋春半醉回，仙娥進水御簾開。牡丹花笑金鈿動，傳奏吳興紫筍來。

唐 劉禹錫《劉夢得文集》卷五《西山蘭若試茶歌》 山僧後簷茶數叢，春來映竹抽新茸。宛然為客振衣起，自傍芳叢摘鷹觜。斯須碾成滿室香，便酌砌下金沙水。驟雨松聲入鼎來，白雲滿盌若徘徊。悠揚噴鼻宿酲散，清峭徹骨煩襟開。陽崖陰嶺各殊氣，未若竹下莓苔地。炎帝雖嘗未解煎，桐君有籙那知味。新芽連拳半未舒，自摘至煎俄頃餘。木蘭墜露香微似，瑤草臨波色不如。僧言靈味宜幽寂，采采翹英為嘉客。不辭緘封

寄郡齋，甎井銅鑪損標格。何況蒙山顧渚春，白泥赤印走風塵。欲知花乳清泠味，須是眠雲卧石人。

五代 毛文錫《茶譜》 湖州長興縣啄木嶺金沙泉，即每歲造茶之所也。湖、常二郡接界於此。厥土有境會亭。每茶節，二牧皆至焉。斯泉也，處沙之中，居常無水。將造茶，太守具儀注拜敕祭泉，頃之，發源，其夕清溢。造供御者畢，水即微減，供堂者畢，水已半之。太守造畢，即涸矣。太守或還斾稽期，則示風雷之變，或見鷙獸、毒蛇、木魅焉。

宋 余靖《武溪集》卷二《和伯恭自造新茶》 郡庭無事即仙家，野圃栽成紫筍茶。疏雨半晴回暖氣，輕雷初過得新芽。烘褫精謹松齋靜，採擷縈迂澗路斜。江水對煎萍髣髴，越甌新試雪交加。一槍試焙春尤早，三盞搜腸句更嘉。多謝彩箋貽雅貺，想資詩筆思無涯！

宋 阮閲《詩話總龜後集》卷三〇《咏茶門》 唐以前，茶惟貴蜀中所產。孫楚歌云：『茶出巴蜀』，張孟陽《登成都樓詩》云：『芳茶冠六情，溢味播九區。』他處未見稱者。唐茶品雖多，亦以蜀茶為重，然惟湖州紫筍入貢，每歲以清明日貢到，先薦宗廟，然後分賜近臣。紫筍生顧渚，在湖、常二境之間；當採茶時，兩郡守畢至，最為盛會。杜牧詩所謂『溪盡停蠻棹，旗張卓翠苔。柳村穿窈窕，桃澗渡喧豗』，劉禹錫『何處人間似仙境？春山攜妓採茶時』，皆以此。建茶絕無貴者，僅得挂一名爾。至南唐李氏時，漸見貴，始有團圈之製，而造作之精，經丁晉公始大備。自建茶出，天下所產皆不復可數。今其處壑源、沙溪，土地相去丈尺之間，品味已不同，謂之外焙，況他處乎？則知雖草木之微，其顯晦亦自有時。然唐自常袞以前，閩中未有讀書者。自袞教之，而歐陽詹之徒始出，而終唐世亦不甚盛。今閩中舉子常數倍天下，而朝廷將相公卿每居十四五，人物尚爾，況草木微物也。顧渚湧金泉，每造茶時，太守先祭拜，然後水漸出，造貢茶畢，水稍減，至供堂茶畢，已減半。太守茶畢，遂涸。蓋常時無水也。或聞今龍焙泉亦然。

宋 尤袤《全唐詩話》卷二《袁高》 『禹貢通遠俗，所圖在安人。后王失其本，職吏不敢陳。亦有奸佞者，因茲欲求神。動生千金費，日使萬姓貧。我來顧渚源，得與茶事親。甿輟耕農耒，採採實苦辛。一夫且當役，盡室皆同臻。捫葛上欹壁，蓬頭入荒榛。終朝不盈掬，手足皆皴鱗。悲嗟遍空山，草木為不春。陰嶺芽未吐，使者牒已頻。心爭造化力，先走銀臺筠。選納無晝夜，搗聲昏繼晨。眾工何枯槁，俯視彌傷神。皇帝尚巡狩，東郊路多堙。周廻繞天涯，所獻愈艱勤。況值兵革困，重茲困疲民。未知供御餘，誰合分此珍。顧省忝邦守，又慚復因循。茫茫滄海間，丹憤何由伸！』右高所賦《茶山詩》也。案唐制，湖州造貢茶最多，謂之『顧渚貢焙』，歲造一萬八千四百斤。大曆後，始有進奉。建中二年，高刺郡，進三千六百串，并此詩一章。刻石在貢焙。故杜鴻漸與楊祭酒書云：『顧渚中山紫筍茶兩片，此物但恨帝未得嘗，實所嘆息。一片上太夫人，一片充昆弟同歠。』開成三年，以貢不如法，停刺史裴充官。

宋 葉夢得《避暑録話》卷下 草茶極品惟雙井、顧渚，亦不過各有數畝。【略】顧渚在長興縣，所謂吉祥寺也，其半為今劉侍郎希范家。所有兩地所產歲亦止五六斤。近歲寺僧求之者多，不暇精擇，不及劉氏遠甚。余歲求於劉氏，過半斤則不復佳，蓋茶味雖均，其精者在嫩芽，取其初萌如雀舌者謂之槍，稍敷而為葉者謂之旗，旗非所貴，不得已取一槍一旗猶可，過是則老矣。此所以為難得也。

（嘉泰）《吳興志》卷一八《食用故事・茶》 《郡國志》云：『顧渚中者，與峽州同，生山桑、獳獅二隝，白茅山、懸腳嶺者，與襄、荊、申三州同；生鳳亭山、伏翼澗、飛雲曲水二寺、青峴啄木二嶺與壽州同。貞元五年，置合溪焙、喬衝焙，歲貢凡五等，第一陸遞，限清明到京，謂之『急程茶』。張文規有詩云：『牡丹花笑金鈿動，傳奏吳興紫筍來。』李郢詩曰：『十日王程路四千，到時須及清明宴。』其餘並水路進限，以四月到。貞元初，刺史袁高《茶山詩》曰：『黎甿輟耕農，采掇實苦辛。一夫且當役，盡室皆同臻。捫葛上欹壁，蓬頭入荒榛。終朝不盈掬，手足皆鱗皴。悲嗟遍空山，草木為不春。陰嶺芽未吐，使曹牒已頻。』可見當時之害民亦不少。又與毗陵交界，爭耀先期，或詭出柳車，或宵馳傳驛，爭先萬里，以要一時之澤。貞元八年，刺史于頔始貽書毗陵，請各緩數日，俾遂滋長。開成三年，刺史楊漢公表奏，乞於舊限特展三五日。敕從之。先是兩州析造時，供進五百串，稍加至二千串，會昌中，至一萬八千四百斤。每造茶時，兩州刺史親至其處。故白居易有詩曰：『盤上中分兩州界，燈前合作一家春。青娥遞舞應爭妙，紫筍齊嘗

各鬬新。』《統記》云：『長興有貢茶院，在虎頭巖後，曰顧渚。右所射而左懸臼，或耕為園，或伐為炭，惟官山獨深秀。舊於顧渚源建草舍三十餘閒，自大曆五年至正元十六年於此造茶，急程遞進，取清明到京。袁高、于頔、李吉甫各有述。至貞元十七年，刺史李詞以院宇隘陋，造寺一所，移武康吉祥額置焉。以東廊三十閒為貢茶院，兩行置茶碓，又焙百餘所，工匠千餘人，引顧渚泉。亙其閒，烹蒸滌濯皆用之，非此水不能製也。

宋 楊萬里《誠齋集》卷一七《謝木韞之舍人分送講筵賜茶》

吳綾縫囊染菊水，蠻砂塗印題進字。淳熙錫貢新水芽，天珍誤落黃茅地。

故人鸞渚紫微郎，金華講徹花草香。宣賜龍焙第一綱，殿上走趨明月璫。

御前啜罷三危露，滿袖香烟懷璧去。歸來拈出兩蜿蜒，雷電晦冥驚破柱。

北苑龍芽內樣新，銅圍銀範鑄瓊塵。九天寶月霏五雲，玉龍雙舞黃金鱗。

老夫平生愛煮茗，十年燒穿折腳鼎。下山汲井得甘冷，上山摘芽得苦梗。

何曾夢到龍遊窠，何曾夢喫龍芽茶。故人分送玉川子，春風來自玉皇家。

鍛圭椎璧調冰水，烹龍炰鳳搜肝髓。石花紫笋可衙官，赤印白泥牛走爾。

故人氣味茶樣清，故人風骨茶樣明。開緘不但似見面，叩之咳唾金石聲。

麴生勸人墮巾幘，睡魔勸我抛書冊。老夫七碗病未能，一啜猶堪坐秋夕。

宋 陸游《劍南詩稿》卷三一《效蜀人煎茶戲作長句》 午枕初回夢蝶牀，紅絲小磑破旗槍。正須山石龍頭鼎，一試風爐蟹眼湯。巖電已能開倦眼，春雷不許殷枯腸。飯囊酒甕紛紛是，誰賞蒙山紫笋香。

元 仇遠《宿集慶寺》《元詩別裁集》卷六 半生三宿此招提，眼底交遊更有誰。顧愷漫留金粟影，杜陵忍賦玉華詩。旋烹紫笋猶含籜，自摘青茶未展旗。聽徹洞簫清不寐，月明正照古松枝。

元 忽思慧《飲膳正要》卷二《諸般湯煎·紫笋雀舌茶》 選新嫩芽蒸過，為紫笋。有先春、次春、探春，味皆不及紫笋雀舌。

明 許次紓《茶疏·序》 陸羽品茶，以吾鄉顧渚所産為冠，而明月峽尤其所最佳者也。

明 夏樹芳《茶董·明月始生》 明月峽在顧渚側，二山相對，石壁峭立，大澗中流，乳石飛走。茶生其閒，尤為絶品。張文規所謂明月峽前茶始生是也。文規好學有文藻，蘇子由、孔武仲、何正臣皆與之遊。

明 徐𤊹《茗譚》 吳興顧渚山，唐置貢茶院，傍有金沙泉，汲造紫笋茶，有司具禮祭始得水，事迄即涸。武夷山，宋置御茶園，中有喊山泉。仲春，縣官詣茶場致祭，井水漸滿，造茶畢，水遂渾涸。以一草木之微，能使水泉盈涸，茶通仙靈，信非虛語。

明 張大復《梅花草堂筆談》卷七《紫笋茶》 長興有紫笋茶，土人取金沙泉，造之乃勝。而泉不常有，禱之然後出，事已輒涸。某性嗜茶而不能通其說，詢往來貿茶人，絶未有知泉所在者，亦不聞茶有紫笋之目。大都矜稱廟後洞山漲沙止矣。宋有紫茸玉，豈是耶？東坡呼小龍團，便知山谷諸人為客，其貴重如此，自今思之，政堪與調和鹽醯作伴耳。然莫須另有風味在，古人當不浪說也。爐無炭，茶與水各不見長，書此為雪士一笑。

明 李日華《六研齋三筆》卷二《紫笋茶》 唐時顧渚山有明月峽，金沙泉，出紫笋茶。毗陵、吳興二太守就泉上造茶，大張宴會。泉不常出，太守具儀致祭始流溢。造供御者畢，即微減，供堂者畢又大減，太守旋旆涸矣。或淹期多造，則有風雷毒蛇之變。白樂天《聞賈常州、崔湖州茶山宴會》詩云：『遙聞境會茶山夜，珠翠歌鐘俱繞身。盤上中分兩州界，燈前今作一家春。青娥對舞應爭妙，紫笋齊嘗各鬬新。自笑花時客窗下，蒲黄酒對病眠人。』按陸鴻漸《茶經》造茶之法，摘芽擇其精者水漂之，團揉入竹圈中，就火烘之成餅。臨烹點則入臼研末，潑以蟹眼沸湯。至宋蔡君謨以其法造建溪之茶而加精焉。胡元拘馬湩茶無所聞。入昭代，唯貴葉茶，餅製遂絶。洪武中，顧渚貢額止五十餘斤耳。余友王毗翁攝霍山令，親治茗修貢事，因著《六茶紀事》一編，每事詠一絶。余

最愛其《焙茶》一絕，云：『露蕊纖纖纔吐碧，即防葉老采須忙。家家篝火山窗下，每到春來一縣香。』

清 黄履道《茶苑》卷五《浙江》 湖州顧渚茶 湖州府長興縣顧渚山，產茶精美絕倫，有紫筍、懶筍、龍陂山子之名，為浙茶之冠。《茶史》

顧渚山，在長興縣西四十七里，昔吴王夫差其渚，次原隰平衍，可為都邑即此。旁有二山相對，號明月峽。絕壁峭立，大磵中流，亂石飛走，產茶異品，名曰紫筍。《湖州名勝志》

履道云：紫筍茶，產製與陽羨所出相同，其說見前，兹不贅述。

顧渚，前朝名品，正以採摘初芽，加之法製，所謂罄一畝之入，僅充半鐶；取精之多，自然擅妙也。今碌碌諸葉中，無殊菜瀋，何堪括目。《紫桃軒雜綴》

顧渚，俗名羅岕，為常湖二郡接界。細者，其價兩倍天池，惜乎難得，須親自採製為佳。《考槃餘事》

懶筍茶，亦出長興顧渚山中茶品冠絕，諸種紫筍之亞也。《雲川紀行》

開寶中，竇儀以新茶飲予，味極芳美。奩面標曰：『龍陂山子茶』，云是顧渚別境所產者。《清異録》

清 程岱葊《野語》卷九《顧渚茶》 俞劍花云，言茶者必推顧渚，其地在長興界中。吴小匏刺史未通籍時，與數友為碧巖之遊。過一山家，竹籬茅舍，幽潔特異。主人延客入，瀹茗以進。瓷甌精好，揭蓋視之，碧花浮動，清香襲人，佳茗也。方冀復進，俄而長鬚奴提一紫沙宜興壺置几上，客竊笑其遽易粗品，而主人起立，別取小杯手斟，奉客甚殷勤。受飲之，甘回舌本，珍勝頭綱，覺陸羽盧仝品題，猶未盡也。異而問之，則曰：『頃所進雖佳，不過產於高山，摘自雨前者；兹則真顧渚茶也。生於高崖絕巘，人蹟罕到之處，吾每歲春仲，倩人採而藏之，亦不可多得。』滿座讚歎不已。瀕行，小匏乞少許以歸，粗枝大葉，絕不作二旗一槍之狀，而味佳特甚。

清 李調元《南越筆記》卷一六《粤中諸茶》 而西樵號稱茶山，自唐曹松移植顧渚茶其上，今山中人率種茶，間以苦薆。薆樹森森，望之若刺桐叢桂。

六安茶

明 楊慎《升庵集》卷六九《茶録》 又小峴山在六安州，出茶名小峴春，即六安茶也。

明 屠隆《考槃餘事》卷四《六安》 品亦精，入藥最效，但不善炒，不能發香而味苦。茶之本性實佳。

明 周暉《金陵瑣事》卷四《醫案》 御史陳公，忽小兒閉目口不出聲，手足俱軟。急延醫治之。獨孟友荊一見便云：『公子無病，乃飲酒乳過多，沉醉耳。濃煎六安茶，飲數匙便醒。』御史撫掌大笑曰：『得之矣，可謂良醫。』

明 李日華《六研齋三筆》卷二 六安茶名小峴春。

明 汪應軫《分豁額外薦新茶芽疏》《明經世文編》卷一九一 節該禮部題為前事。奉欽依這茶芽解納供應，都只照舊例行，不必紛更。此誠陛下愛恤民財之盛心，憲章舊制之美意，臣下所當奉順而遵守者也。但照舊之旨，二說可通。彼此意見，各有所執。禮部則以為解納自有原額，如六安茶芽三百斤，正數之外，不可加者，此其舊例也。光禄寺則以為供應有常規，如歲用六安茶，約餘四百七斤故三百斤正數不得不加者，此亦舊例也。照解納之舊，則不足供應；照供應之舊，則有傷解納。若不申明，終無定守。臣等各該巡視監收，思得惟正之供，固不可擅增，畢獻之物，尤不可暫缺。六安茶芽歲額三百斤，此外多取毫釐，即為因公科斂。雖該部審據解吏，開報三百袋，袋多四兩有餘，亦非勘合正數。且無批文查銷，以後或輕或重，焉知誰公誰私？不若通融議處，立為定規：每歲六安茶止收三百斤正數，其耗餘加增，一槩不許濫取。本寺供應，取足薦新。并日進月進御用之數。至於醬房所進，內閣所用，盡其所有。不足，則于常州府等處茶芽擇以供給。蓋茶取於細，其味略同。何必拘執，以致煩難？部寺前後所論，正欲出入有經。如此裁省，庶有司可守原額，以照解納之數。該署可因便宜，以照供應之舊，而不必紛更矣。見今解納六安州並常州府等處茶芽，正數之外，尚有多餘之數。欲給領回，則有盤費之勞；欲令變賣，則有侵欺之弊。況既名上供，難以退出。原有封袋，

難以折除。合無收貯該署，作正公用，或准下年該解之數。今後各處茶芽，俱照原額解納。每斤裝成一袋，每袋贏餘二兩，以補絹袋紙包之數。永為遵守，一體通行。

明 黃宗羲《海外慟哭録·附録一·思舊録》 方震孺，字孩未，壽州人。巡按遼東，下詔獄。其出獄謝恩一疏，讀之絕痛。辛巳，公在南都，餘往還久之。以謂余文有師法，不落世諦。時飲六安茶，香色俱佳。因曰：此乃真六安，彼暴烈日中者烹之，其色如鹵，只堪屠沽飲耳。

清 王士禎《池北偶談》卷二《談故二·上賜》 上優禮儒臣，癸丑賜宴瀛臺，翰林官皆與。戊午，士禎同陳、葉二學士內直。時四五月間，日頒賜櫻桃蘋果及櫻桃漿、乳酪茶、六安茶等物。其茶以黃羅緘封，上有六安州紅印。四月二十二日賜天花，特頒御筆上諭云：『朕召卿等編纂，適五臺山貢到天花，鮮馨罕有，可稱佳味，特賜卿等，使知名山風土也。』用烏絲闌書。

清 趙學敏《本草綱目拾遺》卷六《木部·六安茶》 張處士逢原云：此茶能清骨髓中浮熱，陳久者良。年希堯經驗方：有異傳終身不出天花法，用金銀花揀淨七兩，六安茶真正多年陳者三兩，共為粗末，沖湯代茶，每日飲數次，終身不出天花，雖出亦稀，極驗。千金不易方稀痘丹：用新抛羊屎一粒，六安茶一錢，甘草節二分，燈心二十七寸。赤、黑、綠豆各二十一粒，珍珠一分，銀簪一枝，洗淨油氣，水二碗，煎八分，溫服。太上五神茶經驗廣集：治傷風咳嗽，發熱頭痛，傷食吐瀉，陳細六安茶一觔，山楂蒸熟，麥芽、紫蘇、陳皮、厚朴、乾薑俱炒各四兩，磨末，磁器收貯高燥處，大人每服三錢，小兒一錢，感冒風寒蔥薑湯下；內傷，薑湯下；水瀉痢疾，加薑水煎，露一宿，次早空心溫服。消痘膏廣集：治一切痘仙方，松香、官粉、細六安茶各三錢，蓖麻仁去皮四十九粒，為末，先將蓖麻搗爛，然後入藥末搗成膏，如乾，少加麻油搗匀，攤青布上，貼患處，再以棉紙大些蓋好紮住，七日全愈。

清 梁廷枏《海國四説》卷五《英吉利國一》 ［乾隆五十七年］特賜國王玉如意一，龍緞三，蟒緞二，妝緞七，百花妝緞六，倭緞三，片金緞二，閃緞、袍緞、藍緞、彩緞、青花緞、衣素緞、線緞、帽緞各四，綾、紡絲各二十二，羅十三，杭綢七，玉雙解瓶一，戰圖一盒，紅雕漆桃式盒九，朱漆菊瓣盤四，絹箋、蠟箋各五十，掛燈四對，繡錦香袋八盒，繡香袋、連三香袋各四盒，宮扇十三扇，百香餅四盒，普洱茶團四十，茶膏、柿霜各五盒，哈密瓜乾、香瓜乾各一盒，武彝茶、六安茶各十瓶，藕粉、蓮子粉四盒；正使龍緞、妝緞、藍緞、醬色緞、素緞各二，倭緞八，絲、緞各一，綾、杭綢、紡絲各四，瓷碗六，瓷盤八，霽青白裡瓷盤六，扇二十，普洱茶團六，六安茶六瓶，茶膏二盒，哈密瓜乾二盒；副使龍緞、妝緞、倭緞、藍緞、醬色緞、素緞各一，綾、杭綢、紡絲各二，瓷碗二，瓷盤八，霽青白裡瓷盤四，扇十，普洱茶團四，六安茶四瓶，茶膏、哈密瓜乾各一盒；副使之子龍緞、妝緞、素緞八，絲緞、錦、漳絨、羽緞、綾各一，花緞、紡絲各二，瓷碗、瓷盤各四十，錦扇十，普洱茶團四，六安茶四瓶，茶膏、冰糖各一盒，雕漆盤一，大荷包二，小荷包四；代筆官、總後官二員，每員閃緞、妝緞、倭緞、藍緞、綾各一，瓷碗、瓷盤各二十，錦扇十，普洱茶團二，六安茶二瓶，茶膏、哈密瓜乾各一盒，大荷包二，小荷包二；副總兵官、管兵官、聽事官、管船官等七員，每員妝緞、閃緞、藍緞各一，瓷碗、瓷盤各二，扇二盒，普洱茶團二，大荷包二，小荷包二。

蒙頂茶

唐 白居易《白香山詩集》卷二八《琴茶》 兀兀寄形羣動內，陶陶任性一生間。自抛官後春多醉，不讀書來老更閒。琴裏知聞唯淥水，茶中故舊是蒙山。窮通行止長相伴，誰道吾今無往還。

唐 楊曄《膳夫經手録·茶》 茶，古不聞食之，近晉宋以降，吳人採其葉，煑是為茗粥。至開元、天寶之間，稍有茶，至德、大曆遂多，建中已後盛矣。茗絲鹽鐵，管摧存焉。今江夏以東，淮海之南，皆有之。今畧舉其尤處，別為二品總焉。

新安茶，今蜀茶也。與蒙頂不遠，但多而不精，地亦不下，故析而言之，猶必以首冠。諸茶春時所在喫之，皆好。及將至他處，水土不同，或滋味殊於出處。惟蜀茶，南走百越，北臨五湖，皆自固其芳香，滋味不變。由此尤重之，自穀雨已後，歲取數百斤，散落東下，其為功德也。

如此饒州浮梁茶，今關西、山東、閭閻村落，皆喫之。累日不食，猶得不得一日無茶也。

其於濟人百倍於蜀茶，然味不長於蜀茶。【略】

蒙頂自此以降言少而精者，始蜀茶，得名蒙頂，於元和以前，束帛不能易一斤先春蒙頂，是以蒙頂前後之人競栽茶，以規厚利。不數十年間，遂新安草市，歲出千萬斤。雖非蒙頂，亦希顏之徒。今真蒙頂，有鷹嘴牙白茶，供堂亦未嘗得。其上者，其難得也。如此又嘗見書，品論展陸筆工，以為無等可居第一蒙頂之列。茶間展陸之論，又不足論也。

湖顧渚，湖南紫筍茶，自蒙頂之外，無出其右者。

唐 王敷《茶酒論》 茶謂酒曰：阿你不聞道：浮梁歙州，萬國來求，蜀山蒙頂，騎山驀嶺。

五代 毛文錫《茶譜》 蜀之雅州有蒙山，山有五頂，頂有茶園，其中頂曰上清峰。昔有僧病冷且久。嘗遇一老父，謂曰：『蒙之中頂茶，嘗以春分之先後，多搆人力，俟雷之發聲，併手採摘，三日而止。若獲一兩，以本處水煎服，即能祛宿疾；二兩，當眼前無疾；三兩，固以換骨；四兩，即為地仙矣。』是僧因之中頂築室以候，及期獲一兩餘，服未竟而病瘥。時到城市，人見其容貌，常若年三十餘，眉髮綠色，其後入青城訪道，不知所終。今四頂茶園，採摘不廢。惟中頂草木繁密，雲霧蔽虧，鷙獸時出，人跡稀到矣。今蒙頂有露鋑芽、籛芽，皆云火前，言造於禁火之前也。

又 蒙頂有研膏茶，作片進之。亦作紫筍。

宋 陶穀《清異録》卷下《茗荈門》 吳僧梵川，誓願燃頂供養雙林傅大士，自往蒙頂結庵種茶。凡三年，味方全美，得絶佳者聖楊花、吉祥蕊，共不踰五斤，持歸供獻。

宋 梅堯臣《宛陵集》卷三七《李仲求寄建溪洪井茶七品云愈少愈佳未知嘗何如耳因條而答之》 忽有西山使，始遺七品茶。末品無水暈，六品無沉柤。五品散雲腳，四品浮粟花。三品若瓊乳，二品罕所加。絕品不可議，甘香焉等差。一日嘗一甌，六腑無昏邪。夜枕不得寐，月樹聞啼鴉。憂來唯覺衰，可驗唯齒牙。動搖有三四，妨咀連左車。髮亦足驚疏，疏疏點霜華。乃思平生遊，但恨江路賒，安得一見之，煮泉相與誇。

又 卷五二《吕晉叔著作遺新茶》 四葉及王遊，共家原阪嶺。歲摘建溪春，爭先取晴景。大窠有壯液，所發必奇穎。一朝團焙成，價與黃金逞。呂侯得鄉人，分贈我已幸。其贈幾何多，六色十五餅。每餅包青蒻，紅籤纏素檾。屑之雲雪輕，啜已神魄惺。會待嘉客來，侑談當晝永。

又《宛陵集》卷五五《得雷太简自製蒙顶茶》 陸羽舊茶經，一意重蒙頂。比來唯建溪，團片敵湯餅。顧渚及陽羨，又復下越茗。近來江國人，鷹爪夸雙井。凡今天下品，非此不覽省。蜀荈久無味，聲名謾馳騁。因雷與改造，帶露摘牙穎。自煮至揉焙，入碾只俄頃。湯嫩乳花浮，香新舌甘永。初分翰林公，豈數博士冷！醉來不知惜，悔許已向醒。重思朋友義，果決在勇猛。倏然乃以贈，蠟囊收細梗。吁嗟茗與鞭，二物誠不幸！我貧事事無，得之似贅癭。

又 卷五六《次韻和永叔嘗新茶雜言》 自從陸羽生人間，人間相學事春茶。當時採摘未甚盛，或有高士燒竹煮泉為世誇。入山乘露掇嫩觜，林下不畏虎與蛇。近年建安所出勝，天下貴賤求呀呀。東溪北苑供御餘，王家葉家長白牙。造成小餅若帶銙，鬬浮鬬色傾夷華。味久廻甘竟日在，不比苦硬令舌窊。此等莫與北俗道，只解白土和脂麻。歐陽翰林最別識，品第高下無欹斜。晴明開軒碾雪末，眾客共賞皆稱嘉。建安太守置書角，青蒻包封來海涯。清明纔過已到此，正見洛陽人寄花。兔毛紫盞自相稱，清泉不必求蝦蟇。石缾煎湯銀梗打，粟粒鋪面人驚嗟。詩腸久飢不禁力，一啜入腹鳴哮哇。

又《次韻再和永叔嘗新茶雜言》 建溪茗株成大樹，頗殊楚越所種茶；先春喊山掐白萼，亦異鳥觜蜀客誇。烹新鬬硬要鮫盞，不同飲酒爭畫蛇。從揉至碾用盡力，只取勝負相笑呀。誰傳雙井與日鑄，終是品格稱草芽。歐陽翰林百事得精妙，官職況已登清華！昔得隴西大銅碾，碾多歲久深且窊。昨日寄來新鑾片，包以籛蒻纏以麻。唯能膹啜任腹冷，幸免酩酊冠弁斜。人言飲多頭顫挑，自欲清醒氣味嘉。此病雖得優醉者，醉來顛踣禍莫涯。不願清風生兩腋，但願對竹兼對花。還思退之在南方，嘗說稍稍能啗蟇。古之賢人尚若此，我今貧陋休相嗟。公不遺舊許頻往，何必絲管喧咬哇。

宋 范鎮《東齋記事》卷四 蜀之產茶凡八處，雅州之蒙頂，蜀州

之味江、邛州之火井、嘉州之中峰、彭州之堋口、漢州之楊村、綿州之獸目、利州之羅村。然蒙頂為最佳也。其生最晚，常在春夏之交。其芽長二寸許，其色白，味甘美，而其性溫暖，非他茶之比。蒙頂者，《書》所謂『蔡、蒙旅平』者也。李景初與予書言：『方茶之生，雲霧覆其上，若有神物護持之。』其次羅村，茶色綠，而味亦甘美。

宋 黃庭堅《山谷詞・西江月・茶詞》 龍焙頭綱春早，谷簾第一泉香。已醺浮蟻嫩鵝黃。想見翻匙雪浪。兔褐金絲寶盌，松風蟹眼新湯。無因更發次公狂。甘露來從仙掌。

又《滿庭芳》 北苑龍團，江南鷹爪，萬里名動京關。碾深羅細，瓊蕊暖生煙。一種風流氣味，如甘露、不染塵凡。纖纖捧，冰瓷瑩玉，金縷鷓鴣斑。相如，方病酒，銀瓶蟹眼，波怒濤翻。為扶起，罇前醉玉頹山。飲罷風生兩腋，醒魂到、明月輪邊。歸來晚，文君未寢，相對小窗前。

又《阮郎歸・茶詞》 摘山初製小龍團。色和香味全。碾聲初斷夜將闌。烹時鶴避煙。 消滯思，解塵煩。金甌雪浪翻。只愁啜罷水流天。餘清攪夜眠。

又《品令・茶詞》 鳳舞團團餅。恨分破、教孤令。金渠體淨，隻輪慢碾，玉塵光瑩。湯響松風，早減了、二分酒病。 味濃香永。醉鄉路、成佳境。恰如燈下，故人萬里，歸來對影。口不能言，心下快活自省。

又《滿庭芳・茶》 北苑春風，方圭圓璧，萬里名動京關。碎身粉骨，功合上淩煙。罇俎風流戰勝，降春睡、開拓愁邊。纖纖捧，熬波濺乳，金縷鷓鴣斑。 相如，方病酒，一觴一詠，賓友群賢。為扶起罇前，醉玉頹山。搜攪胸中萬卷，還傾動、三峽詞源。歸來晚，文君未寢，相對小粧殘。

宋 葉廷珪《海録碎事》卷六 蜀之雅州有蒙山，上有五頂，各有茶園。中頂曰上清峰，亦通呼五頂。

宋 晁説之《晁氏客語》 雅州蒙山常陰雨，謂之漏天，產茶極佳，味如建品，純夫有詩云：漏天常洩雨，蒙頂半藏雲。為此也。

宋 陸游《劍南詩稿》卷七《卜居》 南浮七澤吊沅湘，西泝三巴掠夜郎。自信前緣與人薄，每求寬地寄吾狂。雪山水作中泠味，蒙頂茶如正焙香。儻有把茅端可老，不須辛苦念還鄉。

又卷七一《秋晚雜興》 置酒何由辦咄嗟，清言深媿淡生涯。聊將橫浦紅絲磑，自作蒙山紫筍茶。

明 朱橚《普濟方》卷一七二《積聚門・祛宿疾出本草》 以蒙頂茶煎服。茶譜云。蒙山有五頂。有茶園。其中頂名上清峰者。昔僧人病冷且久。遇一老父謂曰。蒙中頂茶。當以春分之先後多構人力。同雷之發聲。併手採摘。三日而止。若獲一兩。以本處水煎服。即能祛宿疾。二兩當現前無疾。三兩因以換骨。四兩即為地仙矣。其僧如說獲一兩餘。服未盡而病瘥。

明 陳師《茶考》 世以山東蒙陰縣山所生石蘚謂之蒙茶，士夫亦珍重之，味亦頗佳，殊不知形已非茶，不可煮，又乏香氣，《茶經》所不載也。蒙頂茶出四川雅州，即古蒙山郡。其圖經云，蒙頂有茶，受陽氣之全，故茶芳香。《方輿》、《一統志》『土產』俱載之。《晁氏客話》亦言出自雅州。李德裕丞相入蜀，得蒙餅，沃於湯瓶之上，移時盡化，以驗其真。文彥博《謝人惠蒙茶》云，舊譜最稱蒙頂味，露芽雲液勝醍醐。蔡襄有歌曰，露芽錯落一番新。吳中復亦有詩云，我聞蒙頂之巔多秀嶺，惡草不生生淑茗。今少有者，蓋地既遠，而蒙山有五峰，其最高曰上清，方產此茶。且時有瑞雲影見。虎豹龍蛇居之。人跡罕到。不易取。《茶經》品之於次者。蓋東蒙山非此也。

明 郎瑛《七修類稿》卷一九《辯證類・蒙茶》 世以山東蒙陰縣山所生石蘚，謂之蒙茶，士大夫珍貴，而味亦頗佳，殊不知形已非茶，不可煮飲，又乏香氣，而《茶經》之所不載。蒙頂茶，四川雅州，即古蒙山郡。其《圖經》云：『蒙頂有茶，受陽氣之全，故茶芳香。』《方輿勝覽》、《一統志・土產》，俱載蒙頂茶。《晁氏客話》亦言，雅州也。白樂天《琴茶行》云：『李丞相德裕入蜀，得蒙餅，沃於湯餅之上，移時盡化，以驗其真。』文彥博有《謝人惠蒙頂茶》詩云：『舊譜最稱蒙頂味，露芽雲液勝醍醐。』吳中復亦有詩云：『我聞蒙頂之顛多秀嶺，惡草不生生菽茗。』今少有者，蓋地既遠，而蒙山有五峰，最高曰上清，方產此

茶，且常有瑞雲影相現，多虎豹龍蛇，人亦罕到故也。但《茶經》品之於次。若山東之蒙山，乃《論語》所謂東蒙主耳。

明 李時珍《本草綱目・附别名録・草部中》 石蕊石濡、云茶、石芥、蒙顶茶。

明 許次紓《茶疏・辯訛》 古今論茶，必首蒙頂。蒙頂山蜀雅州山也，往常產，今不復有。即有之，彼中夷人專之，不復出山。蜀中尚不得，何能至中原江南也。今人囊盛如石耳，來自山東者，乃蒙陰山石苔，全無茶氣，但微甜耳，妄謂蒙山茶。茶必木石，石衣得為茶乎？

明 謝肇淛《五雜俎》卷一一《物部三》 昔人謂：『揚子江心水，蒙山頂上茶。』蒙山在蜀雅州，其中峰頂尤極險穢，蛇虺虎狼所居，得採其茶，可蠲百疾。今山東人以蒙陰山下石衣為茶當之，非矣。然蒙陰茶性亦冷，可治胃熱之病。

明 張岱《夜航船》卷一一《日用部・蒙山茶》 蜀蒙山頂上茶多不能數，片極重，於唐以為仙品。今之蒙茶，乃青州蒙陰山石上地上地衣，味苦而性寒，亦不易得。

又《露芽》 陶弘景《雜錄》：蜀雅州蒙山上頂有露芽，火前者最佳，火後者次之。火，謂禁火，寒食節也。

明 曹學佺《蜀中廣記》卷一四《名勝記一四・名山縣》 禹貢：蔡、蒙旅平。蔡屬雅州，而蒙屬當縣矣。《九州記》云：蒙者，沐也。言雨露常蒙也。山有五頂，最高者名上清峯。有甘露井，水極清冽，四時不涸。相傳漢僧理真所鑿，後日隱化井中。《圖經》云：蒙頂茶受陽氣全，故芳香獨烈。《方輿》云：虞九文嘗為名山監茶，今清溪橋頭北廳猶在，有梅及槐柳，皆雍國手植，壁間遺墨尚存。

又卷六五《方物記七・茶譜》 《華陽國志》云：什邡出好茶。《茶經》云：漢州綿竹縣生竹山者，與潤州同。生蜀州青城縣丈人山者，與綿州同。又云劍南以彭州為上，生九隴縣馬鞍山至德寺堋口鎮者，與襄州同味。又云青城縣有散茶，末茶尤好。《游梁雜記》云：玉壘闗寶唐山有茶樹，懸崖而生芽，茁長三寸或五寸始得一葉或兩葉，而肥厚，名曰沙坪，乃蜀茶之極品者。《文選》註：峩山多藥，草茶尤好，異於天下。《華陽國志》：犍為郡南安武陽皆出名茶。《茶經》云：眉州丹棱縣生鐵山者，與潤州同。又云眉州洪雅昌闔丹棱之茶，用蒙頂製餅茶法其散者，葉大而黃味，頗甘苦。亦片甲蟬翼之次也。

《茶經》云：臨邛數邑茶有火前、火後、嫩緑黄等號，又有火蕃餅，每餅重四十兩，黨項重之如中國名山者，其味甘苦。大邑志：霧中山出茶，縣號霧邑，茶號霧中茶。

《茶經》云：雅州百丈山名山者與金州同。《雅安志》云：蒙頂茶在名山縣西北一十五里，蒙山之上白樂天詩『茶中故舊是蒙山』是也。今按此茶在上清峯甘露井側，葉厚而圓色，紫赤味畧苦，發于三月，成于四月間，苔蘚庇之。漢時僧理真所植，歲久不枯。《九州記》云：蒙者沐也，言雨露常沐，因以為名山。頂受全陽氣，其茶香芳。按《茶譜》云：山有五峯，頂有茶園，中頂曰上清峯，所謂蒙頂茶也。為天下所稱。晁氏客話：李德裕丞相入蜀得蒙餅，沃於湯瓶之上，移時盡化以驗其真。《方輿勝覽》：蒙頂茶常有瑞雲影相現，故文潞公詩云：舊譜最稱蒙頂味，露牙雲液勝醍醐。志云蒙山有僧，病冷且久，遇老父曰仙家，有雷鳴茶，俟雷發聲乃茁。可併手於中頂採摘，用以祛疾。僧如法採服，未竟病瘥精健至八十餘。入青城山，不知所之。今四頂園茶不廢，惟中頂草木繁茂，人跡希到云。

清 劉獻廷《廣陽雜記》卷五 昔人謂『揚子江心水，蒙山頂上茶。』蒙山在蜀雅州，其中峰頂尤極險穢，蛇虺虎狼所居，得采其茶，可蠲百疾。今山東人以蒙陰山下石衣為茶當之，非矣。然蒙陰茶性亦涼，可除胃熱之病。

清 湯右曾《懷清堂集》卷七《八月十五夜試院煎茶用東坡韻作二首其二**》** 鑠廳萬竅蛣蛚生。石鼎三沸蒼蠅鳴。清風過雨差一快。卷幔忽颺茶烟輕。閤門之井非第二。煮水鐺暇此何意。要將冰雪滌煩煎。清清泠泠落夜泉。石花蒙頂來自蜀。顧煮萬芽如屑玉。一車載茗不療飢。猶勝觀餅居井眉。木蘭始芽瑤草茁，一啜已有清香隨。君不見露寒桂滿今宵好。細泛風簾淅淅時。

（道光）《城口廳志》卷一八《物產・果屬》 聞之唐人尚茶，其品益眾，惟蒙頂石花、露芽、穀芽為第一，北苑龍鳳團為上供。

清 吳慶坻《蕉廊脞録》卷八 蜀名山縣蒙山產茶最有名，中頂所

產至少而至寶貴。山凡五頂，中頂最高，土僅寸許。相傳漢甘露祖師吳理真種茶八株，今尚存，其七高四五寸，其一高尺二三寸。夏初發芽，不過數十，即有雲霧覆其上。每將採，必先祭之，祭畢而采，采畢即如枯枝。平時樹柵扃鐍以守護之。中頂茶每歲入貢，為四川方物之一。知縣歲以貢餘饋省中大吏一小瓶，中衹一葉耳。《茶譜》云：『獲蒙頂茶一兩，以本處水煎服，除宿疾；四兩，即成地仙。』

（光緒）《名山縣志》卷二《山原》　知縣胡壽昌《三登蒙山采茶序》：（一）嘗考陶穀《清異錄》載：吳僧日住蒙頂，結庵種茶，凡三年，味方全美，得絕佳者，曰聖楊花，又為吉祥蕊，所采不踰五斤，持歸供獻，不復再摘，此蒙頂仙茶之始也。復考毛文錫《茶譜》載：蒙山頂茶，以石花為最。按：蒙頂與菜山對峙，孤峰獨秀，陡壁千尋，昂藏天際，迤邐而登，盤旋二十餘里，始達山巔，山有五峰，環列狀如掌指，曰上清、曰甘露、曰玉女、曰井泉、曰菱角。仙茶植於中心蟠根石上，每歲采仙茶七株為正貢，分貯銀瓶。以菱角灣所產為幫貢，此石花之所宜列於上品也。其造茶之法，正貢隔紙微烘，不令見火，揀清潔者六百片入貢，餘則分致同官。每盒不過五片，寶如奇珍，收藏數載，蒼翠如故，其見重如此。菱角灣陪茶，仍焙顆而清芬過之。昌以庚申四月，恭率僚屬，初登蒙山采茶，循舊章也，時滇寇初平，閭裡安輯，鄰氛不犯邊鄙，藉以培養民氣，感山靈之精爽，爰為賦詩，以志寅恭。

又卷八《物產一·貢茶》　趙懿《蒙頂茶說》：名山之茶美於蒙，蒙頂又美之，上清峰茶園七株又美之，世傳甘露慧禪師手所植也。二千年不枯不長。其茶葉細而長，味甘而清，色黃而碧，酌盃中，香雲蒙覆其上，凝結不散，以其異謂曰仙茶。每歲採貢三百三十五葉，天子郊天及祀太廟用之。園以外產者曰陪茶，相去十數武菱角峰下曰菱角灣茶，其葉皆較厚大，而其本亦較高。歲以四月之吉禱採，命僧公司領摘茶僧十二人入園，官親督而摘之。盡摘其嫩芽，籠歸山半智矩寺，乃剪裁粗細及蟲蝕，每芽只揀取一葉，先火而焙之。焙用新釜燃猛火，以紙裹葉，熨釜中，候半蔫出而揉之。諸僧圍坐一案，復一一開所揉，勻攤紙上，弸於釜口烘令乾，又精揀其青潤完潔者為正片貢茶。茶經焙，稍粗則葉背焦黃，稍嫩則黯黑，此皆剔為餘茶不登貢品。再後焙剪棄者，入釜炒蔫，置木架為茶床，竹薦為茶箔，起茶箔中，揉令成顆，復疏而焙之，曰顆子茶，以充副貢，並獻大吏，不足即漫山產者充之。每貢仙茶正片貯兩銀瓶，瓶製方，高四寸二分寬四寸，陪茶兩銀瓶，菱角灣茶兩銀瓶，瓶製圓如花瓶式，顆子茶大小十八錫瓶，皆盛以木箱黃縑，丹印封之。臨發，縣官卜吉朝服叩闕，選吏解赴布政使司投貢房，經過州縣，謹護送之，其慎重如此。

又　《華陽國志》：南安武陽，多出名茶。《元和郡縣志》：蒙山每歲貢茶，為蜀之最。段成式《錦里新聞》：蒙頂山有雷鳴茶，雷鳴時乃茁。李肇《國史補》：劍南有蒙頂石花，湖州有顧渚紫筍。蘇恭《唐本草》：雅州之蒙頂石花、露芽、穀芽為第一。葉清臣《述煮茶小品》：蒙頂傳於岷蜀。陸樹聲《茶寮記》雅州蒙頂上有火前茶，謂禁火以前採者，後者謂之火後茶。《圖經》：蜀雅州蒙頂茶，受陽氣全，故芳香。其生最晚，在春夏之交，方茶生。常有雲霧覆其上，若有神物護持之。唐李德裕入蜀，得蒙餅，以沃於湯瓶之上，移時盡化，以驗其真。蒙頂又有五花茶，其片作五出。蒙山白雲巖產雲茶，雲茶，山茶之別名也。毛文錫《茶譜》：蜀之雅州有蒙山，上有五頂，頂有茶園，其中頂曰上清峰。有僧病沴且多，嘗遇一父老，謂曰：蒙之中頂茶，常以春分之先後，多構人力，俟雷之發聲，併手采擇，三日而止。若獲一兩，以本處水煎服，即能祛宿疾，二兩當限前無病，三兩固以換骨，四兩即為地仙矣。是僧因之中頂，築室以候，及期，獲一兩餘，服未竟而病瘥。時到城市，人見容貌常若年三十餘，眉髮綠色，其後入青城訪道，不知所終。今四頂採擷不廢，惟中頂草木繁密，雲霧虧蔽，鷙獸時出，人跡罕到矣。今蒙頂有鋑芽、籛芽，皆云火前，言造於禁火之前也。火後者次之。又有枳殼芽，枸杞克、枇杷芽者，皆能治風氣病。又有皂角芽、槐柳芽，皆上春摘，摘其芽，和茶作之。又有壓膏露芽、不壓膏露芽。井冬芽，言隆冬甲折也。又有研膏芽，作片進之，亦作紫筍。

天柱茶

唐　薛能《謝劉相寄天柱茶》《全唐詩》卷五六〇　兩串春團敵夜光，名

題天柱印維揚。偷嫌曼倩桃無味，搗覺嫦娥藥不香。惜恐被分緣利市，盡應難覓為供堂。粗官寄與真抛卻，賴有詩情合得嘗。

唐 秦韜玉《采茶歌》《全唐詩》卷六七〇 天柱香芽露香發，爛研瑟瑟穿荻蔑。太守憐才寄野人，山童碾破團團月。倚雲便酌泉聲煮，獸炭潛然蚌珠吐。看著晴天早日明，鼎中颯颯篩風雨。老翠香塵下纔熟，攪時繞筯天雲綠。耽書病酒兩多情，坐對閩甌睡先足。洗我胸中幽思清，鬼神應愁歌欲成。

唐 佚名《玉泉子》 昔有人授舒州牧，李德裕謂之曰：『到彼郡曰，天柱峰茶可惠三角。』其人獻之數十斤，李不受退還。明年罷郡，用意精求，獲數角投之。德裕閱而受曰：『此茶可以消酒食毒。』乃命烹一甌沃於肉食內，以銀合閉之，詰旦，因視其肉，已化為水，眾服其廣識。

宋 孫光憲《北夢瑣言》卷四 唐薛尚書能以文章自負，累出戎鎮，常鬱鬱歎息。因有詩謝淮南寄天柱茶，其落句云：『粗官乞與真抛卻，賴有詩名合得嘗。』意以節將為粗官也。鎮許昌日，幕吏咸集，令其子具櫜鞬參諸幕客，幕客怪驚，入座曰：『俾渠消災。』時人以為輕薄也。蓋不得本分官，矯此以見志，非輕薄乎。

明 李文饒《天柱峰數角》《茶董》卷下 有人授舒州牧，李德裕遺書曰：到郡日，天柱峰茶可惠三數角，其人獻數十斤，李不受。明年罷郡，用意精求獲數角投李，李閱而受之，曰：此茶可以消酒毒，因命烹一甌沃於肉食內，以銀合閉之，詰旦視其肉已化為水矣。眾服其廣識。

明 張岱《夜航船》卷一一《日用部·天柱峰茶》 李德裕有親知授舒州牧，李曰：『到郡日，天柱峰可惠三四角。』其人輒獻數斤，李卻之。明年罷郡，用意精求，獲數角，投之贊皇，閱而受之，曰：『此茶可消酒肉毒。』乃命烹一甌沃於肉，以銀盒閉之，詰旦開視，其肉已化為水矣，眾服其廣識。

仙人掌茶

唐 李白《李太白文集》卷一六《答族侄僧中孚贈玉泉山仙人掌茶並序**》** 余聞荊州玉泉寺近清溪諸山，山洞往往有乳窟。窟中多玉泉交流，中有白蝙蝠，大如鴉。按仙經蝙蝠一名仙鼠。千歲之後，體白如雪，棲則倒懸。蓋飲乳水而長生也。其水邊處處有茗草羅生，枝葉如碧玉。惟玉泉真公常采而飲之。年八十餘歲，顏色如桃李。而此茗清香滑熟，異於他者。所以能還童振枯，扶人壽也。余游金陵，見宗僧中孚，示余茶數十片。拳然重疊，其狀如手，號為仙人掌茶。蓋新出乎玉泉之山，曠古未覿，因持之見遺，兼贈詩，要余答之，遂有此作。後之高僧大隱，知仙人掌茶發乎中孚禪子及青蓮居士李白也。常聞玉泉山，山洞多乳窟。仙鼠白如鴉，倒懸深谿月。茗生此中石，玉泉流不歇。根柯灑芳津，採服潤肌骨。楚老卷綠葉，枝枝相接連。曝成仙人掌，似拍洪崖肩。舉世未見之，其名定誰傳。宗英乃禪伯，投贈有佳篇。清鏡燭無鹽，顧慚西子妍。朝坐有餘興，長吟播諸天。

五代 毛文錫《茶譜》 當陽縣青溪山仙人掌茶，李白有詩。

宋 洪邁《容齋四筆》卷一〇《青蓮居士》 李太白《贈玉泉仙人掌茶詩序》云：『荊州玉泉寺近清溪諸山，往往有乳窟。其水邊處處有茗草羅生，枝葉如碧玉，唯玉泉真公常采而飲之。余游金陵，見宗僧中孚，示予茶數十片，其狀如手，名為「仙人掌茶」，蓋新出乎玉泉之山，曠古未覿，因持以見遺，兼贈詩，要予答之，遂有此作。後之高僧大隱，知仙人掌茶發乎中孚禪子及青蓮居士李白也。』太白之稱，但有『謫仙人』爾，『青蓮居士』，獨於此見之，文人未嘗引用，而仙人掌茶，今池州九華山中亦頗有之，其狀略如蕨拳也。

明 李青蓮《還童振枯》《茶董》卷上 李白《茶述》：余聞荊州玉泉寺，近清溪諸山。山洞往往有乳窟，窟中多玉泉交流。其水邊處處有茗草羅生，枝葉如碧玉。惟玉泉真公常采而飲之，年八十餘歲，顏色如桃花，而此茗清香滑熟，異於他所。所以能還童振枯，扶人壽也。余游金陵，見宗僧中孚，示余茶數十片，拳然重疊，其狀如手掌，號仙人掌茶。兼贈以詩，要余答之。後之高僧大隱，知仙人掌茶發於中孚衲子及青蓮居士李白也。

明 陳耀文《天中記》卷四四《仙掌茶》 余聞荊州玉泉寺近清溪諸山，其水邊處處有茗草羅生，枝葉如碧玉。唯玉泉真公常來而飲之。年八十餘歲，顏色如桃花。而此茗清香滑熟，異於他者，所以能還童振枯，

扶人壽也。余遊金陵，見宗僧中孚示余茶數十片，拳然重疊，其狀如手，號為仙人掌茶。蓋新出乎玉泉之山，曠古未覿。因持之見遺兼贈詩要余荅之，遂有此作。後之高僧大隱知仙人掌茶發乎中孚禪子及青蓮居士李白也。李詩

明 萬邦寧《茗史・仙人掌茶》 李白游金陵，見宗僧中孚示以茶數十片，狀如手掌，號仙人掌茶。

明 張岱《夜航船》卷一一《日用部・仙人掌》 荊州玉泉寺，近清溪諸山，山洞往往有乳窟，窟中多玉泉交流，其水邊處處有茗草羅生，枝葉如碧玉，拳然重疊，其狀如手，號仙人掌，蓋曠古未睹也。惟玉泉真公常采而飲之，年八十餘，顔色如桃色。此茗清香酷烈，異於他産，所以能還童振枯，扶人壽也。

陽羨茶

唐 杜牧《樊川集》卷二《題茶山》 山實東吳秀，茶稱瑞草魁。剖符雖俗吏，修貢亦仙才。溪盡停蠻棹，旗張卓翠苔。柳村穿窈窕，松澗渡喧豗。等級雲峰峻，寬平洞府開。拂天聞笑語，特地見樓臺。泉嫩黄金湧，牙香紫璧裁。拜章期沃日，輕騎疾奔雷。舞袖嵐侵潤，歌聲谷答回。磬音藏葉鳥，雪豔照潭梅。好是全家到，兼為奉詔來。樹陰香作帳，花徑落成堆。景物殘三月，登臨愴一杯。重遊難自剋，俯首入塵埃。

唐 盧仝《玉川子詩集》卷二《走筆謝孟諫議新茶》 日高丈五睡正濃，軍將打門驚周公。口云諫議送書信，白絹斜封三道印。開緘宛見諫議面，手閲月團三百片。聞道新年入山裡，蟄蟲驚動春風起。天子須嘗陽羨茶，百草不敢先開花。仁風暗結珠琲瓃，先春抽出黄金芽。摘鮮焙芳旋封裹，至精至好且不奢。至尊之餘合王公，何事便到山人家。柴門反關無俗客，紗帽籠頭自煎喫。碧雲引風推不斷，白花浮光凝椀面。一椀喉吻潤，兩椀破孤悶。三椀搜枯腸，唯有文字五千卷。四椀發輕汗，平生不平事，盡向毛孔散。五椀肌骨清，六椀通仙靈。七椀喫不得也，唯覺兩腋習習清風生。蓬萊山，在何處。玉川子，乘此清風欲歸去。山上羣仙司下土，地位清高隔風雨。安得知百萬億蒼生命，墮在巔崖受辛苦。便為諫議問蒼生，到頭還得蘇息否。

宋 蘇軾《東坡全集》卷二九《次韻完夫再贈之什某已卜居毗陵與完夫有廬里之約云》 柳絮飛時筍籜斑，風流二老對開關。雪芽我為求陽羨，乳水君應餉惠山。竹簟水風眠晝永，玉堂制草落人間。應容緩急煩閭里，桑柘聊同十畝閒。

宋 馬令《南唐書》卷二《嗣主書》 〔保大四年〕二月壬戌朔，日有食之。命建州製的乳茶，號曰京挺。臘茶之貢自此始，罷貢陽羨茶。

宋 胡仔《苕溪漁隱叢話・後集》卷一一《玉川子》 苕溪漁隱曰：『唐茶惟湖州紫筍入貢，每歲以清明日貢到，先薦宗廟，然後分賜近臣。紫筍生顧渚，在湖常二境之間，當採茶時，兩郡守畢至，最為盛集。此蔡寬夫《詩話》之言也。蔡但知其一而不知其二，按陸羽《茶經》云：「浙西以湖州上，常州次。湖州生長興縣顧渚山中；常州生義興縣君山懸腳嶺北峰下。」唐《義興縣重修茶舍記》云：「義興貢茶非舊也。前此故御史大夫李栖筠實典是邦，山僧有獻佳茗者，會客嘗之，野人陸羽以為芬香甘辣，冠于他境，可薦於上。栖筠從之，始進萬兩，此其濫觴也。厥後因之，徵獻浸廣，遂為任土之貢，與常賦之邦侔矣。」故玉川子詩云：「天子須嘗陽羨茶，百草不敢先開花。」正謂是也。當時顧渚、義興皆貢茶，又隣壤相接，白樂天守姑蘇，聞賈常州、崔湖州茶山境會，想羨歡宴，因寄詩云：「遥聞境會茶山夜，珠翠歌鐘俱遶身。盤下中分兩州界，燈前合作一家春。青娥遞舞應爭妙，紫筍齊嘗各鬭新。自歎花時北窗下，蒲黄對酒病眠人。」唐袁高為湖州刺史，因修貢顧渚茶山，作詩云：「《禹貢》通遠俗，所圖在安人。後王失其本，職吏不敢陳。亦有奸佞者，因兹欲求伸。動至千金費，日使萬姓貧。我來顧渚源，得與茶事親。黎甿輟耕農，採掇實苦辛。一夫且當役，盡室皆同臻。捫葛上欹壁，蓬頭入荒榛。終朝不盈掬，手足皆鱗皴。悲嗟遍空山，草木為不春。陰嶺芽未吐，使曹牒已頻。心爭造化先，走挺麕鹿均。選納無日夜，擣聲昏係晨。衆功何枯櫨，俯視彌傷神。皇帝尚巡狩，東郊路多堙。周迴繞天涯，所獻唯報勤。況減兵革用，兼兹困疲民。未知供御餘，誰合分此珍。顧省忝邦守，有慚復因循。茫茫滄海間，丹憤何由申？」此詩古雅，得詩人諷諫之體，誠可尚也。』

宋 吴增《能改齋漫録》卷一五《方物》 盧仝詩云：『天子初嘗陽羡茶。』當時建茶未有名也。

宋 葛立方《韻語陽秋》卷五 唐陸羽《茶經》於建茶尚云未詳，而當時獨貴陽羡茶，歲貢特盛。茶山居湖常二州之間，修貢則兩守相會山椒，有境會亭，基尚存。盧仝《謝孟諫議茶詩》云『天子須嘗陽羡茶，百草不敢先開花』是已。然又云：『開緘宛見諫議面，手閲月團三百片。』則團茶已見於此。【略】自建茶入貢，陽羡不復研膏，祇謂之草茶而已。

宋 赵彦衛《雲麓漫鈔》卷四 陸羽《茶經》云：江左日近方有蠟面之號，李氏別取乳作片，或號京挺、的乳。及骨子又云：浙西湖州為上，常州次之。湖州出長城今長興顧渚山中，常州出義興今宜興君山懸脚嶺北岸下。唐《重修茶舍記》：『貢茶御史大夫李栖筠典郡日，陸羽以為冠於他境，栖筠始進。』故事，湖州紫筍以清明日到，先薦宗廟，後分賜近臣。紫筍生顧渚，在湖、常間。當茶時，兩郡太守畢至，為盛集，見蔡寬夫《詩話》。玉川子謝孟諫議寄新茶，有『手閲月團三百片』，又云，『天子須嘗陽羡茶』，則孟所寄乃陽羡茶也。又湖守袁高詩云：『擣聲昏繫晨，眾功何枯櫨。』則陽羡又知是餅茶，不特始於李氏也。袁詩又云：『黎氓輟耕耘，採掇實苦辛。一夫且當役，盡室皆同臻。捫葛上欹壁，蓬頭入荒榛。終朝不盈掬，手足皆鱗皴。悲嗟遍空山，草木為不春。陰嶺茶未吐，使曹牒已頻。』今人不復為餅，豈坐是耶？

宋 方岳《秋崖集》卷九《趙龍學寄陽羡茶爲汲蜀井對瓊花烹之》 三印誰分陽羡茶，自煎蜀井瀹瓊花。數間明月玉川屋，兩腋清風銀漢槎。

團鳳烹來奴僕等，老龍畢竟當行家。相思幾夢山陰雪，搜攪平生書五車。

元 謝應芳《龜巢稿》卷三《盧知州尹宜興秩滿以兵亂久寓無錫視同故鄉今知崑山必有懷二州風物之美贈詩言情并致頌禱》 我思陽羡茶，初生如粟粒。州人歲入貢，雷霆未驚蟄。天荒地老經幾年，春歸又聞啼杜鵑。山中靈草化荊棘，白蛇何處藏蜿蜒。玉川先生一寸鐵，欲剗妖蟆救明月。丹霄路斷肝腸熱，還憶茶甌飲冰雪。

又 卷四《寄題無錫錢仲毅煮茗軒》 聚蛟金谷任葷羶，煮茗留人也自賢。三百小團陽羡月，尋常新汲惠山泉。星飛白石僮敲火，煙出青林鶴上天。莫恠坐無齊趙客，玉川茅屋小如船。

元 烏斯道《春草齋集》卷二《山齋歌爲義興吴公選作》 平生好事偏好山，山齋寂寂山人閒。馳瓌騁異疊層玉，蓬萊忽在軒楹間。銅官峩峩欲飛起，日射寒光翠如洗。香蘭轉首招紫雲，左右低昂若兄弟。

洞庭之山浮具區，東西對峙如雙凫。卞山馬脊浪中出，蕭蕭竹樹茅簷孤。

偶憶仙人有遺跡，興入松蘿幾雙屐。巘前咲看黄精花，洞口高眠白雲石。

下山獨泛秋風船。霜林剖橘呼老仙。不願長生授丹訣，蕭散即是壺中天。

山上神仙知此意，故遣山靈獻佳致。紫煙回伏掛高崖，舞鶴翩翻到平地。

天池石壁飛懸流，人參化人松下游。絃管齊鳴青鳥過，虹蜺一道丹光浮。

山人曽挹紫薇露，南北軺車走煙霧。功名倏視如飆塵，投簪竟入山中去。

清風吹滿山人家，山人手煎陽羡茶。詩成不復寄人世，援琴一鼓飛雲霞。

山人山人信幽獨，我欲相隨臥空谷。何當先為采松花，石廩贍儲三百斛。

元 顧瑛《草堂雅集》卷三《陽羡茶》 南岳高僧開道場，陽羡貢茶傳四方。蛇銜事載風土記，客寄手題春雨香。

故人惠泉龍虎蹙，吾兄紫筍鴻雁行。安得茅齋傍青壁，松風石鼎夜聯牀。

明 文徵明《文氏五家集》卷六《鄭太吉送慧泉試吴大本寄茶》

醉思雪乳不能眠，活火砂瓶夜自煎。白絹旋開陽羡月，竹符新汲慧山

泉。

地罏殘雪貧陶穀，破屋清風病玉川。莫道年來塵滿腹，小窗寒夢已醒然。

明 喬宇《游沂山記》 坐巖下，命從者汲泉烹陽羨茶以飲，甘馨清美，暢達肺腑。

明 吳寬《家藏集》卷二四《飲陽羨茶》 今年陽羨山中品，此日傾來始滿甌。穀雨向前知苦雨，麥秋以後欲迎秋。

莫誇酒醴清還濁，試看旗槍沉載浮。自得山人傳妙訣，一時風味壓南州。

明 王世貞《弇州續稿》卷二五《謝宜興令惠新茶》 宜興紫筍未成槍，團作冰芽一寸方。白絹斜封親揀送，可知猶帶令君香。

明 屠隆《考槃餘事》卷一五《陽羨》 俗名羅岕，浙之長興者佳，荊溪稍下。細者其價兩倍天池，惜乎難得，須親自採收方妙。

宋 阮閱《詩話總龜後集》卷三〇《咏茶門》 唐陸羽《茶經》於建茶尚云未詳，而當時獨貴陽羨茶，歲貢特盛。茶山居湖、常二州之間，修貢則兩守相會。山椒有境會亭，基尚存。盧仝《謝孟諫議茶》詩云：『天子須嘗陽羨茶，百草不敢先開花』是已。

明 沈德符《萬曆野獲編補遺》卷一 國初四方供茶，以建寧、陽羨茶品為上，時猶仍宋制，所進者俱碾而揉之，為大小龍團。至洪武二十四年九月，上以重勞民力，罷造龍團，惟採茶芽以進，其品有四：曰探春、先春、次春、紫筍。置茶戶五百，免其徭役，按茶加香物，搗為細餅，已失真味。宋時，又有宮中繡茶之制，尤為水厄中第一厄。今人惟取初萌之精者汲泉置鼎，一瀹便啜，遂開千古茗飲之宗。乃不知我太祖實首辟此法，真所謂聖人先得我心也。陸鴻漸有靈，必俯首服，蔡君謨在地下，亦咋舌退矣。

明 陳貞慧《秋園雜佩·廟後茶》 陽羨茶數種，岕為最。岕數種，廟後為最。廟後方不能畝，外郡人亦爭言之矣，然雜以他茶試之，不辨也。色香味三淡，初得口，泊如耳。有間，甘入喉；有間，靜入心脾；有間，清入骨。嗟乎！淡者，道也。雖吾邑士大夫家，知此者可屈指焉。

明 周高起《洞山岕茶系》 唐李栖筠守常州日，山僧進陽羨茶。陸羽品為芬芳冠世，產可供上方。遂置茶舍于罨畫谿。去湖汊一里。所歲供萬兩。許有穀詩云：『陸羽名荒舊茶舍，卻教陽羨置郵忙』是也。其山名茶山，亦曰貢山，東臨罨畫谿。修貢時，山中湧出金沙泉。杜牧詩所謂『山實東南秀，茶稱瑞草魁，泉嫩黃金湧，芽香紫璧裁』者是也。山在均山鄉縣東南三十五里。又茗山，在縣西南五十里永豐鄉。皇甫曾有《送陸羽南山采茶》詩：『千峰待逋客，香茗復叢生。采摘知深處，煙霞羨獨行。幽期山寺遠，野飯石泉清。寂寂然燈夜，相思磬一聲』見時貢茶在茗山矣。又唐天寶中，稠錫禪師，名清晏，卓錫南岳。磵上泉忽迸石窟間。字曰真珠泉。師曰，宜瀹吾鄉桐廬茶。爰有白蛇銜種庵側之異。南岳產茶不絕。修貢迨今。方春采茶，清明日，縣令躬享白蛇于卓錫泉亭，隆厥典也。後來檄取，山農苦之。故袁高有『陰嶺茶未吐，使者牒已頻』之句。郭三益《題南岳寺壁》云：『古木陰森梵帝家，寒泉一勺試新茶。官符星火催春焙，卻使山僧怨白蛇。』盧仝《茶歌》亦云：『天子須嘗陽羨茶，百草不敢先開花。』又云：『安知百萬億蒼生，命墜顛厓受辛苦。』可見貢茶之苦，民亦自古然矣。至岕茶之尚于高流，雖近數十年中事。而厥產伊始，則自盧仝隱居洞山，種于陰嶺，遂有茗嶺之目。相傳古有漢王者，棲遲茗嶺之陽，課童藝茶，踵盧仝幽致。陽山所產，香味倍勝茗嶺，所以老廟後一帶茶，猶唐、宋根株也。貢山茶今已絕種。

清 吳偉業《梅村集》卷四《永和宮詞》 貴妃明慧獨承恩，宜笑宜愁慰至尊。皓齒不呈微索問，蛾眉欲蹙又溫存。本朝家法修清讌，房帷久絕珍奇薦。敕使惟追陽羨茶，內人數減昭陽膳。維揚服製擅江南，小閣爐煙沉水含。私買瓊花新樣錦，自修水遞進黃柑。

【略】

清 劉獻廷《廣陽雜記》卷二 武夷茶佳甚。天下茶品，當以陽羨老廟後為第一，武夷次之，他不入格矣。

清 劉源長《茶史》卷一《茶之分產·江南》 義興即今宜興，秦曰陽羨。紫筍出義興君山懸腳嶺北岸下。紫筍生湖常間，當茶時，兩郡太守畢至，為盛集。宜興銅棺山，即古陽羨。荊溪有南北之分，陽羨居荊溪之北，故云陽羨。唐時入貢，即名其山為唐貢山，茶極為唐所重。盧歌

云：天子未嘗陽羨茶，百草不敢先開花。

（康熙）《江南通志》卷一三《荊南山》 相傳唐天寶中，有稠錫禪師自桐廬來，築庵。演法寺與樹皆其遺跡。每季春，縣官祀山之神，然後以茶入貢，蓋其地即古之陽羨，茶產此獨佳。

清 李鍇《含中集》卷五《磬山若公寄陽羨茶謝答》 石磬春風草色寒，禪衣高挂白雲端。吳山楚水三千里，直作微塵一粒看。

盤曲青林接翠微，流泉每送出坡歸。誰知心眼無邊際，細雨江南白雁飛。

陽羨春芽浥露勻，石崖名品寄來新。如何畢掃前塵影，不忘盤陰采藥人。

清 袁枚《隨園食單》卷六《茶酒單·常州陽羨茶》 陽羨茶，深碧色，形如雀舌，又如巨米。味較龍井略濃。

清 褚邦慶《常州賦·物產》 紅筋茶美，春時僅見敷芽。占陽羨茶入貢。今宜興離墨山出紅筋茶，乃陽羨真種，最難得。

其他宜興產者，總名岕茶，大約以高山為上，平原者為下，每初夏，商賈駢集，官給茶引，乃敢出境。

宋代名茶

建茶

宋 陶穀《清異録》卷下《茗荈门》 有得建州茶膏，取作『耐重兒』八枚，膠以金縷，獻於閩王曦。遇通文之禍，為內侍所盜，轉遺貴臣。

宋 蔡襄《茶録》卷上《論茶·味》 茶味主於甘滑，唯北苑鳳凰山連屬諸焙所產者味佳。

宋 梅堯臣《宛陵集》卷九《劉成伯遺建州小片的乳茶十枚因以爲答》 玉斧裁雲片，形如阿井膠。春溪鬬新色，寒簗見重包。價劣黃金敵。名將紫筍抛。桓公不知味，空問楚人茅。

宋 宋子安《東溪試茶録》 今北苑焙，風氣亦殊。先春朝隮常雨，霽則霧露昏蒸，晝午猶寒，故茶宜之。茶宜高山之陰，而喜日陽之早。自北苑鳳山南，直苦竹園頭東南，屬張坑頭，皆高遠先陽處，歲發常早，芽極肥乳，非民間所比。次出壑源嶺，高土沃地，茶味甲於諸焙。丁謂亦云：『鳳山高不百丈，無危峰絕巘，而崗阜環抱，氣勢柔秀，宜乎嘉植靈卉之所發也。』又以：『建安茶品，甲於天下，疑山川至靈之卉，天地始和之氣，盡此茶矣。』又論：『石乳出壑嶺斷崖缺石之間，蓋草木之仙骨。』丁謂之記，錄建溪茶事詳備矣。至於品載，止云『北苑壑源嶺』，及總記『官私諸焙千三百三十六』耳。近蔡公亦云：『唯北苑鳳凰山連屬諸焙所產者味佳。』故四方以建茶為目，皆曰北苑。建人以近山所得，故謂之壑源。好者亦取壑源口南諸葉，皆云彌珍絕。傳致之間，識者以色味品第，反以壑源為疑。

又《壑源葉源附》 建安郡東望北苑之南山，叢然而秀，高峙數百丈，如郛郭焉。民間所謂捍火山也。其絕頂西南下，視建之地邑。民間謂之望州山山起壑源口而西，周抱北苑之羣山，迤邐南絕，其尾巋然，山阜高者為壑源頭，言壑源嶺山自此首也。大山南北，以限沙溪。其東曰壑水之所出。水出山之南，東北合為建溪。壑源口者，在北苑之東北。南徑數里，有僧居曰承天，有園隴北，税官山。其茶甘香，特勝近焙，受水則渾然色重，粥面無澤。道山之南，又西至于章歷。章歷西曰後坑，西曰連焙，南曰焙上，又南曰新宅，又西曰嶺根，言北山之根也。茶多植山之陽，其土赤埴，其茶香少而黃白。嶺根有流泉，清淺可涉。涉泉而南，山勢回曲，東去如鉤，故其地謂之壑嶺坑頭，茶為勝。絕處又東，別為大窠坑頭，至大窠為正壑嶺，實為南山。土皆黑埴，茶生山陰，厥味甘香，厥色青白，及受水，則淳淳光澤。民間謂之冷粥面視其面，渙散如粟。雖去社，芽葉過老，色益青明，氣益鬱然，其止，則苦去而甘至。民間謂之草木大而味大是也。他焙芽葉遇老，色益青濁，氣益勃然，甘至，則味去而苦留，為異矣。大窠之東，山勢平盡，曰壑嶺尾，茶生其間，色黃而味多土氣。絕大窠南山，其陽曰林坑，又西南曰壑嶺根，其西曰壑嶺頭。道南山而東，曰穿欄焙，又東曰黃際。其北曰李坑，山漸平下，茶色黃而味短。自壑嶺尾之東

南，溪流繚遶，岡阜不相連附。極南塢中曰長坑，踰嶺為葉源。又東為梁坑，而盡于下湖。葉源者，土赤多石，茶生其中，色多黃青，無粥面粟紋而頗明爽，復性重喜沉，為次也。

佛嶺

佛嶺連接葉源、下湖之東，而在北苑之東南，隔壑源溪水。道自章阪東際為丘坑，坑口西對壑源，亦曰壑口。其茶黃白而味短。東南曰曾坑，今屬北苑其正東曰後歷。曾坑之陽曰佛嶺，又東至于張坑，又東曰李坑，又有硬頭、後洋、蘇池、蘇源、郭源、南源、畢源、苦竹坑、歧頭、槎頭，皆周環佛嶺之東南。茶少甘而多苦，色亦重濁。又有簹源、簹，音贍，未詳此字。石門、江源、白沙，皆在佛嶺之東北。茶泛然縹塵色而不鮮明，味短而香少，為劣耳。

沙溪

沙溪去北苑西十里，山淺土薄，茶生則葉細，芽不肥乳。自溪口諸焙，色黃而土氣。自龔漈南曰挺頭，又西曰章坑，又南曰永安，西南曰南坑漈，其西曰砰溪。又有周坑、范源、溫湯漈、厄源、黃坑、石龜、李坑、章坑、章村、小梨，皆屬沙溪。茶大率氣味全薄，其輕而浮，浡浡如土色，製造亦殊壑源者不多留膏，蓋以去膏盡，則味少而無澤也，茶之面無光澤也故多苦而少甘。

又《茶名茶之名類殊別，故錄之**》**

茶之名有七：

一曰白葉茶，民間大重，出於近歲，園焙時有之。地不以山川遠近，發不以社之先後，芽葉如紙，民間以為茶瑞，取其第一者為鬬茶。而氣味殊薄，非食茶之比。今出壑源之大窠者六葉仲元、葉世萬、葉世榮、葉勇、葉世積、葉相壑源巖下一葉務滋源頭二葉團、葉肱壑源後坑葉久壑源嶺根三葉公、葉品、葉居林坑黃漈一游容丘坑一游用章畢源一王大照佛嶺尾一游道生沙溪之大梨漈上一謝汀高石巖一雲擦院大梨一呂演砰溪嶺根一任道者。

次有柑葉茶，樹高丈餘，徑頭七八寸，葉厚而圓，狀類柑橘之葉。其芽發即肥乳，長二寸許，為食茶之上品。

三曰早茶，亦類柑葉，發常先春，民間採製為試焙者。

四曰細葉茶，葉比柑葉細薄，樹高者五六尺，芽短而不乳，今生沙溪山中，蓋土薄而不茂也。

五曰稽茶，葉細而厚密，芽晚而青黃。

六曰晚茶，蓋雞茶之類，發比諸茶晚，生於社後。

七曰叢茶，亦曰蘗茶，叢生，高不數尺，一歲之間，發者數四，貧民取以為利。

宋 歐陽修《歸田録》卷一 臘茶出於劍、建，草茶盛於兩浙，兩浙之品，日注為第一。自景佑已後，洪州雙井白芽漸盛，近歲製作尤精，囊以紅紗，不過一二兩，以常茶十數斤養之，用辟暑濕之氣，其品遠出日注上，遂為草茶第一。

宋 黃儒《品茶要録》 說者常怪陸羽《茶經》不第建安之品，蓋前此茶事未甚興，靈芽真筍，往往委翳消腐，而人不知惜。自國初以來，士大夫沐浴膏澤，詠歌昇平之日久矣。夫體勢灑落，神觀沖淡，惟茲茗飲為可喜。園林亦相與摘英夸異，制捲鬻新而趨時之好，故殊絶之品始得自出於蓁莽之間，而其名遂冠天下。借使陸羽復起，閱其金餅，味其雲腴，當爽然自失矣。

又《辨壑源、沙溪》 壑源、沙溪，其地相背，而中隔一嶺，其勢無數里之遠，然茶產頓殊。有能出力移栽植之，亦為土氣所化。竊嘗怪茶之為草，一物爾，其勢必由得地而後異。豈水絡地脈，偏鍾粹於壑源？抑御焙占此大岡巍隴，神物伏護，得其餘蔭耶？何其甘芳精至而獨擅天下也。觀夫春雷一驚，筠籠纔起，售者已擔簦挈橐於其門，或先期而散留金錢，或茶纔入笪而爭酬所直，故壑源之茶常不足客所求。其有桀猾之園民，陰取沙溪茶黃，雜就家捲而製之，人徒趣其名，睨其規模之相若，不能原其實者，蓋有之矣。凡壑源之茶售以十，則沙溪之茶售以五，其直大率仿此。然沙溪之園民，亦勇於為利，或雜以松黃，飾其首面。凡肉理怯薄，體輕而色黃，試時雖鮮白，不能久泛，香薄而味短者，沙溪之品也。凡肉理實厚，體堅而色紫，試時泛盞凝久，香滑而味長者，壑源之品也。

後論

余嘗論茶之精絕者，白合未開，其細如麥，蓋得青陽之輕清者也。又其山多帶砂石而號嘉品者，皆在山南，蓋得朝陽之和者也。余嘗事閒，乘

晷景之明淨，適軒亭之瀟灑，一取佳品嘗試，既而神水生於華池，愈甘而清，其有助乎！然建安之茶，散天下者不為少，而得建安之精品不為多，蓋有得之者，亦不能辨，能辨矣，或不善於烹試，善烹試矣，或非其時，猶不善也，況非其賓乎？然未有主賢而賓愚者也。夫惟知此，然後盡茶之事。昔者陸羽號為知茶，然羽之所知者，皆今所謂草茶。何哉？如鴻漸所論『蒸筍並葉，畏流其膏』，蓋草茶味短而淡，故常恐去膏；建茶力厚而甘，故惟欲去膏。又論福建為『未詳，往往得之，其味極佳』，由是觀之，鴻漸未嘗到建安歟？

宋 沈括《夢溪筆談》卷二五《雜志二》 古人論茶，唯言陽羨、顧渚、天柱、蒙頂之類，都未言建溪。然唐人重串茶粘黑者，則已近乎『建餅』矣。建茶皆喬木；吳、蜀、淮南唯叢茇而已，品自居下。建茶勝處曰郝源、曾坑，其間又岔根、山頂二品尤勝。李氏時號為北苑，置使領之。

宋 蘇軾《東坡全集》卷五《和錢安道寄惠建茶》 我官于南今幾時，嘗盡溪茶與山茗。胸中似記故人面，口不能言心自省。為君細說我未暇，試評其略差可聽。建溪所產雖不同，一一天與君子性。森然可愛不可慢，骨清肉膩和且正。雪花雨腳何足道，啜過始知真味永。縱復苦硬終可錄，汲黯少戇寬饒猛。草茶無賴空有名，高者妖邪次頑懭。體輕雖復強浮泛，性滯偏工嘔酸冷。其間絕品豈不佳，張禹縱賢非骨鯁。葵花玉銙不易致，道路幽險隔雲嶺。誰知使者來自西，開緘磊落收百餅。嗅香嚼味本非別，透紙自覺光炯炯。□比糠團鳳友小龍，奴隸日注臣雙井。收藏愛惜待佳客，不敢包裹鑽權倖。此詩有味君勿傳，空使時人怒生癭。

宋 趙佶《大觀茶論·茶論》 本朝之興，歲修建溪之貢，龍團鳳餅，名冠天下，壑源之品，亦自此盛。延及於今，百廢俱舉，海內晏然，垂拱密勿，幸致無為。

又《白茶》 白茶自爲一種，與常茶不同，其條敷闡，其葉瑩薄。崖林之間，偶然生出，蓋非人力所可致。正焙之有者不過四、五家，生者不過一、二株，所造止於二、三胯而已。芽英不多，尤難蒸培，湯火一失，則已變而為常品。須製造精微，運度得宜，則表裏昭澈，如玉之在璞，它無與倫也；淺焙亦有之，但品格不及。

又《品名》 名茶各以所產之地，如葉耕之平園台星巖，葉剛之高峯青鳳髓，葉思純之大嵐，葉嶼之眉山，葉五崇林之羅漢山水，葉芽、葉堅之碎石窠、石臼窠一作突窠，葉瓊、葉輝之秀皮林，葉師復、師貺之虎巖，葉椿之無雙巖芽，葉懋之老窠園，名擅其門，未嘗混淆，不可概舉。前後爭鬻，互為剝竊，參錯無據。曾不思茶之美惡，在於製造之工拙而已，豈岡地之虛名所能增減哉。焙人之茶，固有前優而後劣者，昔負而今勝者，是亦園地之不常也。

宋 熊蕃《宣和北苑貢茶録》 陸羽《茶經》、裴汶《茶述》，皆不第建品。說者但謂二子未嘗至閩，〔繼壕按〕《說郛》『閩』作『建』。曹學佺《輿地名勝志》：『甌寧縣雲際山在鐵獅山左，上有永慶寺，後有陸羽泉，相傳唐陸羽所鑿。宋楊億詩云「陸羽不到此，標名慕昔賢」是也。』而不知物之發也，固自有時。蓋昔者山川尚閟，靈芽未露。至于唐末，然後北苑出為之最。〔繼壕按〕張舜民《畫墁錄》云：『有唐茶品，以陽羨為上供，建溪北苑未著也。貞元中，常袞為建州刺史，始蒸焙而研之，謂研膏茶。』顧祖禹《方輿紀要》云：『鳳凰山之麓名北苑，廣二十里，舊經云，偽閩龍啟中，里人張廷暉以所居北苑地宜茶，獻之官，其地始著。』沈括《夢溪筆談》云：『建溪勝處曰郝源、曾坑，其間又岔根山頂二品尤勝，李氏時號為北苑，置使領之。』姚寬《西溪叢語》云：『建州龍焙面北，謂之北苑。』《宋史·地理志》：『建安有北苑茶焙、龍焙。』宋子安《試茶錄》云：『北苑西距建安之洄溪二十里，東至東宮百里。過洄溪，踰東宮，則僅能成餅耳。獨北苑連屬諸山者最勝。』蔡絛《鐵圍山叢談》云：『北苑龍焙者，在一山之中間，其周遭則諸葉地也，居是山號正焙。一出是山之外，則曰外焙。正焙、外焙，色香迥殊。此亦山秀地靈所鍾之有異色已。龍焙又號官焙。』是時，偽蜀詞臣毛文錫作《茶譜》，〔繼壕按〕吳任臣《十國春秋》：『毛文錫，字平珪，高陽人，唐進士，從蜀高祖，官文思殿大學士。拜司徒。貶茂州司馬。有《茶譜》一卷。』《說郛》作『王文錫』，《文獻通考》作『燕文錫』，《合璧事類》、《山堂肆考》作『毛文勝』；《天中記》『茶譜』作『茶品』，並誤。亦第言建有紫筍，〔繼壕按〕樂史《太平寰宇記》云：『建州土貢茶，引《茶經》云：「建州方山之芽及紫筍，片大極硬，須湯浸之，方可碾，極治頭痛，江東老人多味之。」』而臘面乃產於福。五代之季，建屬南唐。南唐保大三年，俘王延政，而得其地。歲率諸縣民，採茶北苑，初造研膏，繼造臘面。丁晉公《茶錄》載：泉南老僧清錫，年八十四，嘗視以所得李國主書寄研膏茶，隔兩歲方得臘面，此其實也。至景祐中，監察御史丘荷撰《御泉亭記》，乃云，『唐季敕福建罷貢橄欖，但贄臘面茶，即臘面產于建安明矣』。荷不知臘面之號始於福，其後建安始為之。按唐《地理志》：福州貢茶及橄欖，建州惟貢綀練，未嘗貢茶。前所謂『罷

貢橄欖，惟贊臘面茶』，皆為福也。慶曆初，林世程作《閩中記》，言福茶所產在閩縣十里。且言往時建茶未盛，本土有之，今則土人皆食建茶。世程之説，蓋得其實。而晉公所記，臘面起於南唐，乃建茶也。既又〔繼壕按〕原本『又』作『有』，據《説郛》、《天中記》、《廣羣芳譜》改。製其佳者，號曰京鋌。其狀如貢神金、白金之鋌。聖朝開寶末，下南唐。太平興國初，特置龍鳳模，遣使即北苑造團茶，以別庶飲，龍鳳茶蓋始於此。〔按〕《宋史·食貨志》載：『建寧臘茶，北苑為第一，其最佳者曰社前，次曰火前，又曰雨前，所以供玉食，備賜予，太平興國始置。大觀以後，製愈精，數愈多，胯式屢變，而品不一。歲貢片茶二十一萬六千斤。』又《建安志》：『太平興國二年，始置龍焙，造龍鳳茶，漕臣柯適為之記云。』〔繼壕按〕祝穆事文類聚續集云建安北苑始于太宗太平興國三年又一種茶，叢生石崖，枝葉尤茂。至道初，有詔造之，別號石乳。〔繼壕按〕彭乘《墨客揮犀》云：『建安能仁院有茶生石縫間，寺僧採造，得茶八餅，號石巖白，當即此品。』《事文類聚續集》云：『至道間，仍添造石乳、臘面。』而此無臘面，稍異。又一種號的乳，〔按〕馬令《南唐書》：嗣主李璟『命建州茶製的乳茶，號曰京鋌。臘茶之貢自此始，罷貢陽羨茶。』〔繼壕按〕《南唐書》事在保大四年。又一種號白乳。蓋自龍鳳與京、〔繼壕按〕原本脱『京』字，據《説郛》補。石、的、白四種繼出，而臘面降為下矣。楊文公億《談苑》所記，龍茶以供乘輿及賜執政、親王、長主，其餘皇族、學士、將帥皆得鳳茶，舍人、近臣賜金鋌、的乳，而白乳賜館閣，惟臘面不在賜品。〔按〕《建安志》載《談苑》云：京鋌、的乳賜舍人、近臣，白乳、的乳賜館閣。疑京鋌誤金鋌，白乳下遺的乳。〔繼壕按〕《廣羣芳譜》引《談苑》與原注同。惟原注內『白茶賜館閣，惟臘面不在賜品』二句，作『館閣白乳』。龍鳳、石乳茶，皆太宗令罷。金鋌正作京鋌。王鞏《甲申雜記》云：『初貢團茶及白羊酒，惟見任兩府方賜之。仁宗朝及前宰臣，歲賜茶一斤、酒二壺，後以為例。』《文獻通考》榷茶條云：『凡茶有二類，曰片曰散，其名有龍、鳳、石乳、的乳、白乳、頭金、臘面、頭骨、次骨、末骨、粗骨、山挺十二等，以充歲貢及邦國之用。』注云：『龍、鳳皆團片，石乳、頭乳皆狹片，名曰京的。乳亦有闊片者。乳以下皆闊片。』

蓋龍鳳等茶，皆太宗朝所製。至咸平初，丁晉公漕閩，始載之於《茶錄》。人多言龍鳳團起於晉公，故張氏《畫墁錄》云，晉公漕閩，始創為龍鳳團。此説得於傳聞，非其實也。慶曆中，蔡君謨將漕，創造小龍團以進，被旨仍歲貢之。君謨《北苑造茶詩》自序云：『其年改造上品龍茶二十八片，纔一斤，尤極精妙，被旨仍歲貢之。』歐陽文忠公《歸田錄》云：『茶之品莫貴於龍鳳，謂之小團，凡二十八片，重一斤，其價直金二兩。然金可有，而茶不可得，嘗南郊致齋，兩府共賜一餅，四人分之。宮人往往鏤金花其上，蓋貴重如此。』〔繼壕按〕石刻蔡君謨《北苑十詠·採茶詩》自序云：『其年改作新茶十斤，尤甚精好，被旨號為上品龍茶，仍歲貢之。』又詩句注云：『龍鳳茶八片為一斤，上品龍茶每斤二十八片。』《澠水燕談》作『上品龍茶一斤二十餅。』葉夢得《石林燕語》云：『故事，建州歲貢大龍鳳團茶各二斤，以八餅為斤。仁宗時，蔡君謨知建州，始別擇茶之精者，為小龍團十斤以獻，斤為十餅。仁宗以非故事，命劾之，大臣為請，因留免劾，然自是遂為歲額。』王從謹《清虛雜著補闕》云：蔡君謨始作小團茶入貢，意以仁宗嗣未立，而悦上心也。又作曾坑小團，歲貢一斤，歐文忠所謂兩府共賜一餅者是也。『吳曾《能改齋漫錄》云：『小龍小鳳，初因君謨為建漕造十斤獻之，朝廷以其額外，免勘。明年詔第一綱盡為之。』自小團出，而龍鳳遂為次矣。元豐間，有旨造密雲龍，其品又加於小團之上。昔人詩云：『小璧雲龍不入香，元豐龍焙乘詔作』，蓋謂此也。〔按〕此乃山谷和楊王休點雲龍詩。〔繼壕按〕《山谷集·博士王揚休碾密雲龍同十三人飲之戲作》云：『矞雲蒼璧小般龍，貢包新樣出元豐。王郎坦腹飯床東，太官分賜來婦翁。』又山谷《謝送碾賜壑源揀芽詩》云：『矞雲從龍小蒼璧，元豐至今人未識。』俱與本注異。《石林燕語》云：『熙寧中，賈青為轉運使，又取小團之精者為密雲龍，以二十餅為斤而雙袋，謂之雙角團茶，大小團袋皆用緋，通以為賜也。密雲獨用黃，蓋專以奉玉食。其後又有為瑞雲翔龍者。』周輝《清波雜志》云：『自熙寧後，始貴密雲龍，每歲頭綱修貢，奉宗廟及供玉食外，賚及臣下無幾。戚里貴近，丐賜尤繁。宣仁一日慨歎曰：令建州今後不得造密雲龍，受他人煎炒。不得，也出來道，我要密雲龍，不要團茶，揀好茶喫了，生得甚意智？此語既傳播于縉紳間，由是密雲龍之名益著。』是密雲龍實始于熙寧也。《畫墁錄》亦云：『熙寧末，神宗有旨，建州製密雲龍，其品又加於小團矣。然密雲龍之出，則二團少粗，以不能兩好也。』惟《清虛雜著補闕》云：『元豐中，取揀芽不入香，作密雲龍茶，小於小團，而厚實過之。終元豐時，外臣未始識之。宣仁垂簾。始賜二府兩指許一小黃袋，其白如玉，上題曰揀芽，亦神宗所藏。』《鐵圍山叢談》云：『神祖時，即龍焙又進密雲龍。密雲龍者，其雲紋細密，更精絕于小龍團也。』紹聖間，改為瑞雲翔龍。〔繼壕按〕《清虛雜著補闕》：『元祐末，福建轉運司又取北苑鎗旗，建人所作鬬茶者也，以為瑞雲龍。請進，不納。紹聖初，方入貢，歲不過八團。其製與密雲龍等而差小也。』《鐵圍山叢談》云：『哲宗朝，益復進瑞雲翔龍者，御府歲止得十二餅焉。』至大觀初，今上親製《茶論》二十篇，以白茶與常茶不同，偶然生出，非人力可致，於是白茶遂為第一。慶曆初，吳興劉異為《北苑拾遺》云：官園中有白茶五六株，而壅培不甚至。茶戶唯有王免者，家一巨株，向春常造浮屋以障風日。其後有宋子安者，作《東溪試茶錄》，亦言『白茶民間大重，出于近歲。芽葉如紙，建人以為茶瑞。』則知白茶可貴，自慶曆始，至大觀而盛也。〔繼壕按〕《蔡忠惠文集·茶記》云：『王家白茶，聞於天下。其人名大詔。白茶惟一株，歲可作五七餅，如五株錢大。方其盛時，高視茶山，莫敢與之角。一餅直錢一千，非其親故，不可得也。終為園家以計枯其株。予過建安，大詔垂涕為予言其事。今年枯枿輒生一枝，造成一餅，小于五銖。大詔越四千里，特攜以來京師見予，喜發顏面。予之好茶固深矣，而大詔不遠數千里之役，其勤如此，意謂非予莫之省也。可憐哉！已巳初月朔日書。』本注作『王免』，與此異。宋子安《試茶錄》、晁公武《郡齋讀書志》作『朱子安』。既又製三色細芽，〔繼壕按〕《説郛》、《廣羣芳譜》俱作『細茶』。及試新銙、大觀二年，造御苑玉芽、萬壽龍芽。四年，又造無比壽

芽及試新銙。〔按〕《宋史·食貨志》「銙」作「胯」。〔繼壕按〕《石林燕語》作「銙」，《清波雜志》作「夸」。貢新銙。政和三年造貢新銙式，新貢皆創為此，獻在歲額之外。自三色細芽出，而瑞雲翔龍顧居下矣。〔繼壕按〕《石林燕語》：「宣和後，團茶不復貴，皆以為賜，亦不復如向日之精。後取其精者為銙茶，歲賜者不同，不可勝紀矣。」《鐵圍山叢談》云：「祐陵雅好尚，故大觀初，龍焙於歲貢色目外，乃進御苑玉芽、萬壽龍芽。政和間，且增以長壽玉圭。玉圭丸僅盈寸，大抵北苑絕品，曾不過是。歲但可十百餅。然名益新、品益出，而舊格遞降于凡劣爾。」

凡茶芽數品，最上曰小芽，如雀舌、鷹爪，以其勁直纖鋭，故號芽茶。次曰中芽，〔繼壕按〕《説郛》、《廣羣芳譜》俱作「揀芽」。乃一芽帶一葉者，號一鎗一旗。次曰紫芽，〔繼壕按〕《説郛》、《廣羣芳譜》俱作「中芽」。乃一芽帶兩葉者，號一鎗兩旗。其帶三葉四葉，皆漸老矣。芽茶早春極少。景德中，建守周絳〔繼壕按〕《文獻通考》云：「絳，祥符初，知建州。」《福建通志》作「天聖間任。」為《補茶經》，言：「芽茶只作早茶，馳奉萬乘嘗之可矣。如一鎗一旗，可謂奇茶也。」故一鎗一旗，號揀茶，最為挺特光正。舒王《送人官閩中詩》云：「新茗齋中試一旗」，謂揀芽也。或者乃謂茶芽未展為鎗，已展為旗，指舒王此詩為誤，蓋不知有所為揀芽也。今上聖製《茶論》曰：「一旗一鎗為揀芽。」又見王岐公珪詩云：「北苑和香品最精，綠芽未雨帶旗新。」故相韓康公絳詩云：「一鎗已笑將成葉，百草皆羞未敢花。」此皆詠揀芽，與舒王之意同。〔繼壕按〕王荊公追封舒王，此乃荊公送福建張比部詩中句也。《事文類聚續集》作「送元厚之詩」，誤。夫揀芽猶貴重如此，而況芽茶以供天子之新嘗者乎！

芽茶絕矣，至於水芽，則曠古未之聞也。宣和庚子歲，漕臣鄭公可簡〔按〕《潛確類書》作「鄭可聞」。〔繼壕按〕《福建通志》作「鄭可簡」，宣和間，任福建路轉運司。《説郛》作「鄭可問」。始創為銀線水芽。蓋將已揀熟芽再剔去，祇取其心一縷，用珍器貯清泉漬之，光明瑩潔，若銀線然。其制方寸新銙，有小龍蜿蜒其上，號龍園勝雪。〔按〕《建安志》云：「此茶蓋於白合中，取一嫩條如絲髮大者，用御泉水研造成。分試其色如乳，其味腴而美。」又「園」字，《潛確類書》作「團」。今仍從原本，而附識於此。〔繼壕按〕《説郛》、《廣羣芳譜》「園」俱作「團」，下同。唯姚寬《西溪叢語》作「園」。又廢白、的、石三乳，鼎造花銙二十餘色。初，貢茶皆入龍腦，蔡君謨《茶錄》云：茶有真香，而入貢者微以龍腦和膏，欲助其香。至是慮奪真味，始不用焉。

蓋茶之妙，至勝雪極矣，故合為首冠。然猶在白茶之次者，以白茶上之所好也。異時，郡人黄儒撰《品茶要錄》，極稱當時靈芽之富，謂使陸羽數子見之，必爽然自失。蕃亦謂使黄君而閲今日，則前乎此者，未足詫焉。

然龍焙初興，貢數殊少，太平興國初纔貢五十片。〔繼壕按〕《能改齋漫錄》云：「建茶務，仁宗初，歲造小龍、小鳳各三十斤，大龍、大鳳各三百斤，不入香京鋌共二百斤，臘茶一萬五千斤。」王存《元豐九域志》云：「建州土貢龍鳳茶八百二十斤。」累增至元符，以片〔繼壕按〕《説郛》作「斤」。計者一萬八千，視初已加數倍，而猶未盛。今則為四萬七千一百片〔繼壕按〕《説郛》作「斤」。有奇矣。此數皆見范逵所著《龍焙美成茶錄》。逵，茶官也。〔繼壕按〕《説郛》作「范達」。

自白茶、勝雪以次，厥名實繁，今列於左，使好事者得以觀焉。

貢新銙大觀二年造

試新銙政和二年造

白茶政和三年造〔繼壕按〕《説郛》作「二年」。

龍園勝雪宣和二年造

御苑玉芽大觀二年造

萬壽龍芽大觀二年造

上林第一宣和二年造

乙夜清供宣和二年造

承平雅玩宣和二年造

龍鳳英華宣和二年造

玉除清賞宣和二年造

啟沃承恩宣和二年造

雪英宣和三年造〔繼壕按〕《説郛》作「二年」，《天中記》「雪」作「雲」。

雲葉宣和三年造〔繼壕按〕《説郛》作「二年」。

蜀葵宣和三年造〔繼壕按〕《説郛》作「二年」。

金錢宣和三年造

玉華宣和三年造〔繼壕按〕《説郛》作「二年」。

寸金宣和三年造〔繼壕按〕《西溪叢語》作「千金」，誤。

無比壽芽大觀四年造

萬春銀葉宣和二年造

玉葉長春宣和四年造〔繼壕按〕《說郛》、《廣羣芳譜》此條俱在無疆壽龍下。

宜年寶玉宣和二年造〔繼壕按〕《說郛》作『三年』。

玉清慶雲宣和二年造

無疆壽龍宣和二年造

瑞雲翔龍紹聖二年造〔繼壕按〕《西溪叢語》及下圖目竝作『瑞雪翔龍』，當誤。

長壽玉圭政和二年造

興國巖銙

香口焙銙

上品揀芽紹聖二年造〔繼壕按〕《說郛》『紹聖』誤『紹興』。

新收揀芽

太平嘉瑞政和二年造

龍苑報春宣和四年造

南山應瑞宣和四年造〔繼壕按〕《天中記》『宣和』作『紹聖』。

興國巖揀芽

興國巖小龍

興國巖小鳳已上號細色

揀芽

小龍

小鳳

大龍

大鳳已上號麤色

又有瓊林毓粹、浴雪呈祥、壑源拱秀、貢篚推先、價倍南金、暘谷先春、壽巖都〔繼壕按〕《說郛》、《廣羣芳譜》作『卻』。勝、延平石乳、清白可鑒、風韻甚高，凡十色，皆宣和二年所製，越五歲省去。

右歲分十餘綱。惟白茶與勝雪自驚蟄前興役，浹日乃成。飛騎疾馳，不出中春，已至京師，號為頭綱。玉芽以下，即先後以次發。逮貢足時，夏過半矣。歐陽文忠詩曰：『建安三千五百里，京師三月嘗新茶』，蓋異時如此。〔繼壕按〕《鐵圍山叢談》云：『茶茁其芽，貴在社前，則已進御。自是迤邐宣和間，皆占冬至而嘗新茗，是率人力為之，反不近自然矣。』以今較昔，又為最早。念草木之微，有瓌奇卓異，亦必逢時而後出，而況為士者哉？昔昌黎先生感二鳥之蒙採擢，而自悼其不如，今蕃於是茶也，焉敢效昌黎之感賦，姑務自警，而堅其守，以待時而已。

宋 趙汝礪《北苑別録》 建安之東三十里，有山曰鳳凰。其下直北苑，旁聯諸焙。厥土赤壤，厥茶惟上上。太平興國中，初為御焙，歲模龍鳳，以羞貢篚，益表珍異。慶曆中，漕臺益重其事，品數日增，制度日精。厥今茶自北苑上者，獨冠天下，非人間所可得也。方其春蟲震蟄，千夫雷動，一時之盛，誠為偉觀。故建人謂『至建安而不詣北苑，與不至者同』。僕因攝事，遂得研究其始末。姑摭其大槩，條為十餘類目，曰《北苑別録》云。

又《揀茶》 茶有小芽，有中芽，有紫芽，有白合，有烏蔕，此不可不辨。小芽者，其小如鷹爪，初造龍園勝雪、白茶，以其芽先次蒸熟，置之水盆中，剔取其精英，僅如鍼小，謂之水芽。是芽中之最精者也。中芽，古謂一槍一旗是也。紫芽，葉之紫者是也。白合，乃小芽有兩葉抱而生者是也。烏蔕，茶之蔕頭是也。凡茶以水芽為上，小芽次之，中芽又次之，紫芽、白合、烏蔕，皆所在不取。使其擇焉而精，則茶之色味無不佳。萬一雜之以所不取，則首面不勻，色濁而味重也。

宋 周密《武林舊事》卷二《進茶》 仲春上旬，福建漕司進第一綱茶，名北苑試新，皆方寸小銙，進御止百銙。護以黃羅軟盝，藉以青篛，裹以黃羅，夾複臣封朱印，外用朱漆小匣鍍金鎖，又以細竹絲織笈貯之，凡數重。此乃雀舌水芽所造，一銙之直四十萬，僅可供數甌之啜耳。或以一二賜外邸，則以生線分解轉遺好事以為奇玩。茶之初進御也，翰林司例有品嘗之費，皆漕司邸吏賂之，間不滿欲，則入鹽少許，茗花為之散漫，而味亦瀉矣。禁中大慶會，則用大鍍金磬，以五色韻果簇飣龍鳳，謂之繡茶，不過悅目，亦有專工者。外人罕知，因附見於此。

《宋史》卷一八四《食貨志下六·茶下》 建寧臘茶，北苑為第一，其最佳者曰社前，次曰火前，又曰雨前，所以供玉食，備賜予。

明 何孟春《餘冬序録》卷五《外篇》 天下茶貢，歲額止四千二十二觔，而福建二千三百五十觔，福建為多。天下貢茶，但以芽稱，而建寧有探春、先春、次春、紫筍，及薦新等號，則建寧為上。國初，建寧所進，必碾而揉之，壓以銀板，為大小龍團，如宋蔡譓所貢茶例。太祖以重

勞民力，罷造龍團，一照各處採芽以進，復其戶五百，俾專事焉。事責於有司，有司遣人督之，茶戶不堪。於是，洪武二十四年，又有建寧上供茶，聽民采進之詔。只此一事，知祖宗愛民之盛心矣。

明 陳師《茶考》 世傳烹茶有一横一豎。而細嫩於湯中者，謂之旗槍茶。《麈史》謂之始生而嫩者為一槍，浸大而展為一旗，過此則不堪矣。葉清臣著《茶述》曰：粉槍末旗，蓋以初生如針而有白毫，故曰粉槍，後大則如旗矣。此與世傳之說不同，亦如《麈史》之意，皆在取列也。不知歐陽公《新茶》詩曰：鄙哉穀雨槍與旗。王荊公又曰：新茗齋中試一旗。則似不取也。或者二公以雀舌為旗槍耳。不知雀舌乃茶之下品。今人認作旗槍，非是。故沈存中詩云：誰把嫩香名雀舌，定應北客未曾嘗。不知靈草天然異，一夜春風一寸長。或二公又有別論。又觀東坡詩云：揀芽分雀舌，賜茗出龍團。終未若前詩評品之當也。

明 郎瑛《七修類稿》卷九《國事類·茶法》 洪武二十四年，詔天下產茶之地歲有定額，以建寧為上，聽茶戶採進，勿預有司。茶名有四，探春、先春、次春、紫筍，不得碾揉為大小龍團。

明 謝肇淛《五雜俎》卷一一《物部三》 宋初閩茶，北苑為之，最初造研膏，繼造臘面；既又製其佳者為京挺，後造龍鳳團而臘面廢；及蔡君謨造小龍團，而龍鳳團又為次矣。當時上供者，非兩府禁近不得賜，而人家亦珍重愛惜。如王東城有茶囊，惟楊大年至，則取以具茶，它客莫敢望也。元豐間造密雲龍，其品又在小團之上。今造團之法皆不傳，而建茶之品亦遠出吳會諸品之下。其武夷、清源二種，雖與上國爭衡，而所產不多，十九饞鼎，故遂令聲價靡不復振。

明 談遷《棗林雜俎·茶》 計天下貢茶共四千二十二斤，而建寧茶名為上。宋元時所貢，必碾而揉之，壓以銀板，為大小龍團。明初以重勞民，罷造龍團，惟採其芽以進。

明 張岱《夜航船》卷一一《日用部·密雲龍》 東坡有密雲龍茶，極為甘馨。時黃、秦、晁、張號『蘇門四學士』，子瞻待之厚，每來，必令侍妾朝雲取密雲龍飲之。

又《龍鳳團》 古人以茶為團餅，上印龍鳳文，供御者以金粧龍鳳，凡八餅重一斤。慶曆間，蔡君謨始造小片，凡二十片重一斤。天子每南郊致祭，中書、樞密院各賜一餅，宮人鏤金其上。

（雍正）《崇安縣志》卷八《古迹·御茶園》 在武夷山第四曲，元建堂宇盡廢，存喊山臺，臺左有通仙井，元時井上復以龍亭，歲於驚蟄日有司致祭，率役夫茶戶，鳴金鼓，合聲喊山，謂動地脈以發泉，暢春膏而早茁，重玉食，謹有事也。初山力嗇產，未修貢，貢自蔡襄始，初貢小龍團，凡七十餘餅，歐陽永叔聞而曰：君謨亦作此事。迄元貢額浸廣至二十斤，大德間，至二百五十斤，製龍團五斤餅。明初困之，罷製團餅，而額貢九百九十斤，凡四品。嘉靖三十六年，以茶枯，太守錢公嶸詳請罷之，今基址為僧居。

（嘉慶）《崇安縣志》卷二《物產·武夷茶》 宋咸平中，丁謂為福建漕，監造御茶，進龍鳳團。慶曆中，蔡端明為漕，始貢小龍團七十餅。其時多在建州北苑，武夷貢額尚少。元初于第四曲御茶園建造堂宇，貢額止二十斤，大德間至二百五，四品。嘉靖三十六年，以茶枯，太守錢公嶸詳請罷之。國朝仍充土貢。附山為巖茶，沿溪為洲茶，巖為上，洲次之，有小種、小焙、花香、松蘿、蓮心、白毫、紫毫、雀舌諸品。明徐𤊹《茶考》閩中產茶，以建安北苑第一，甌源諸處次之，武夷之名，宋季未有聞也。然范文正公《鬥茶歌》云：溪邊奇茗冠天下，武夷仙人從古栽；蘇東坡亦云：武夷溪邊粟粒芽，前丁後蔡相寵嘉，則武夷之茶，在前宋亦有知之者，第未盛耳。元大德間，浙江行省平章高興始採製充貢，創御茶園于四曲，建第一春殿、清神堂，焙芳、浮光、燕賓、宜寂四亭，門曰仁風，井曰通仙，橋曰碧雲，國朝寢廢為民居，唯喊山臺泉亭故址猶存。喊山者，每當仲春驚蟄日，縣官詣茶場致祭畢，隸卒鳴金擊鼓，同聲喊曰：茶發芽，而井水漸滿，造茶畢，水遂渾涸，而茶戶採造有先春、探春、三春諸品，又有旗槍、石乳諸品，色香不減北苑。國朝罷團餅之貢，而額貢每歲茶芽九百九十斤，凡四種。嘉靖中，郡守錢嶸奏免解茶，將歲編茶夫銀二百兩解府，造辦解京，御茶改貢延平，而茶園鞠為茂草，井水亦日湮塞，然山中土氣宜茶，環九曲之內，不下數百家，皆以種茶為業，歲所產數十萬斤，水浮陸轉，鬻之四方，而夷茗甲於海內矣。宋、元製造團餅，稍失真味，今則靈芽仙萼，香色尤清，為閩中第一，至於北苑、甌源，又泯然無稱，豈山川靈秀之氣，造物生殖之美，或有時變易而

然乎！

日鑄茶

（嘉泰）《會稽志》卷一七《藥時部・日鑄茶》　日鑄嶺，在會稽縣東南五十五里。嶺下有僧寺名資壽，其陽坡名油車，朝暮常有日，産茶絶奇，故謂之日鑄。然茶之尤者，顧渚、蜀岡、蒙頂、皖山、寶雲，皆見於唐以來記録或詩章中。日鑄有名頗晚，吴越貢奉中朝，土毛畢入，亦不聞有日鑄，則日鑄之出，殆在吴越國除之後。《歸田録》云：草茶盛於兩浙，兩浙之品，日注第一。《青箱記》亦云：越州日鑄茶，為江南第一。范文正公汲清白堂西山泉，以建溪、日鑄、卧龍、雲門之品試之，云甘液華滋，悦人襟靈。《茶經》：餘姚茶，生瀑布嶺，昔號仙茗，大者殊異，與襄州同。按：今會稽産茶極多，佳品惟卧龍一種，得名亦盛，幾與日鑄相亞。卧龍者，出卧龍山，或謂茶種初亦出日鑄。蓋有知茶者謂二山土脈相類，及蓺成，信亦佳品。然日鑄芽纖白而長，其絶品長至三、二寸，不過十數株，餘雖不逮，亦非他産所可望，味甘軟而永，多啜宜人，無停滯酸噎之患。卧龍則芽差短，色微紫黑，類蒙頂、紫筍，味頗森嚴，其滌煩破睡之功，則雖日鑄有不能及，顧其品終在日鑄下。自頃二者皆或充包貢，卧龍則易其名曰瑞龍，蓋自近歲始也。其次則天衣山之丁塊茶，陶宴嶺之高塢茶一曰金家嶴茶，秦望山之小朵茶，東土鄉之鴈路茶，會稽山之茶山茶，蘭亭之花塢茶，諸暨之石筧茶，餘姚之化安瀑布茶，此其梗概也。其餘猶不可殫舉，日鑄，它書及土人皆用此鑄字，蔡君謨、東坡先生詩帖墨蹟皆然，惟歐陽公著《歸田録》，則書為日注，疑公自有所據。其後亦有書作注者，蓋自歐陽公始也。

宋　高似孫《剡録》卷一〇《茶品》　會稽茶，以日鑄名天下。余行日鑄嶺，入日鑄寺，緪日鑄泉，瀹日鑄茶。茶與水味，深入理窟。茶生蒼石之陽，碧澗穿注，茲乃水石之靈，豈茶哉。山中僧言，吾左右巖塢能幾何，茶入京都奉臺府供好事者何可給，蓋取諸近峰，剡居半。然則世之烹日鑄者，多剡茶也。日鑄以水勝耳。建溪、顧渚。溪以茶名者，水也。剡，清流碧湍，與山脈絡，茶胡不奇。余留剡幾年，山中巨井清甘，深潔宜茶。方外交以茶至者，皆精絶。唐僧清晝詩『越人遺我剡溪茗，採得金芽爨金鼎。』剡茶聲，唐已著。李易剡山詩『雲谷移佳茗，風潭繞古松。栽種也。趁時務擷茗，餘力工搗楮。採擷也。丹鼎山頭氣，茶床竹外煙。烹試也。』仲皎贈剡僧秀蘊點茶。成梅花詩。『未飛三白雪，卻報一枝春。』皆風流人也。作茶品。

明　張岱《陶庵夢憶》卷三《蘭雪茶》　日鑄者，越王鑄劍地也。茶味棱棱，有金石之氣。歐陽永叔曰：『兩浙之茶，日鑄第一。』王龜齡曰：『龍山瑞草，日鑄雪芽。』日鑄名起此。京師茶客，有茶則至，意不在雪芽也。

而雪芽利之，一如京茶式，不敢獨異。三娥叔知松蘿焙法，取瑞草試之，香撲冽。余曰：『瑞草固佳，漢武帝食露盤，無補多欲；日鑄茶藪，「牛雖瘠僨於豚上」也。』遂募歙人入日鑄。

杓法、掐法、挪法、撒法、扇法、炒法、焙法、藏法，一如松蘿。他泉瀹之，香氣不出，煮禊泉，投以小罐，則香太濃郁。雜入茉莉，再三較量，用敞口瓷甌淡放之，候其冷；以旋滾湯衝瀉之，色如竹籜方解，綠粉初勻；又如山窗初曙，透紙黎光。取清妃白，傾向素瓷，真如百莖素蘭同雪濤並瀉也。

雪芽得其色矣，未得其氣，余戲呼之『蘭雪』。四五年後，『蘭雪茶』一閧如市焉。越之好事者不食松蘿，止食蘭雪。蘭雪則食，以松蘿而篡蘭雪者亦食，蓋松蘿貶聲價俯就蘭雪，從俗也。乃近日徽歙間松蘿亦名蘭雪，向以松蘿名者，封面係換，則又奇矣。

明　張岱《夜航船》卷一一《日用部・雪芽》　越郡茶有龍山、瑞草、日鑄、雪芽。歐陽永叔云，兩浙之茶，以日鑄為第一。

（乾隆）《敕修浙江通志》卷一〇四《物産・紹興府・日鑄茶》

《方輿勝覽》：會稽日鑄嶺，其地産茶。歐陽修云：兩浙産茶，日鑄第一。《嘉泰會稽志》：日鑄嶺，産茶奇絶，然有名頗晚。吴越貢奉中朝，土毛畢入，不聞有日鑄，殆出在吴越國除之後。《歸田録》云：草茶盛於兩浙，浙之品日注第一。《青箱記》亦云：越州日鑄茶，為江南第一。范文正公汲清白泉，以建溪、日鑄、卧龍、雲門之品試之，云：甘液華滋，悦人靈襟。按：今會稽所産茶極多，佳品惟卧龍一種，得名幾與日鑄相亞。卧龍者，出卧龍山，知茶者謂二山土脈相類，信亦佳品。然日鑄芽纖白而長，其絶品長至三、二寸，

不過十數株，餘雖不逮，亦非他産可望，味甘輭而永，多啜宜人，無停滯酸噎之患。臥龍則芽差短，色微紫黑，類蒙頂、紫筍，味頗森嚴，其滌煩破睡之功，日鑄有不能及。顧其品終在日鑄下。自頃二者或充包貢，臥龍則易其名曰瑞龍。日鑄，他書及士人皆用此鑄字，惟歐陽公《歸田録》則書為日注，疑公自有所據。其後亦有書作注者，蓋自歐公始也。《剡録》：越産之擅名者，有會稽之日鑄嶺茶，秦望山之小朶茶，陶晏嶺之高塢茶，會稽山之茶山茶，雲門山之丁坑茶，東土鄉之雁路茶，山陰之臥龍山茶，蘭亭之花塢茶，諸暨之石筧嶺茶，餘姚之化安瀑布茶，嵊縣之西白山瀑布嶺茶，五龍真如茶、紫巖茶、鹿苑茶、大崑茶、小崑茶、焙坑茶、細坑茶，而日鑄茶名最著。舊志謂臥龍山茶過於日鑄，若化安瀑布茶，陸羽品其殊異，同時號為仙茗。

雙井茶

宋 梅堯臣《宛陵集》卷三六《晏成續太祝遺雙井茶五品茶具四枚近詩六十篇因以爲謝》 始於歐陽永叔席，乃識雙井絕品茶。次逢江東許子春，又出鷹爪與露芽。鷹爪斷之中有光，踉成雪色浮乳花。晏公風流丞相族，以此五色論等差。遠走犀兵至蓬巷，青蒻出篋封題加。紋柘冰瓷作精具，靈味一啜驅昏邪。神還氣王讀高詠，六十五篇金出沙。

又 卷五六《次韻再和拜》 建溪茗株成大樹，頗殊楚越所種茶。先春喊山掐白萼，亦異鳥觜蜀客誇。烹新鬬硬要鮫盞，不同飲酒爭畫蛇。從揉至碾用盡力，只取勝負相笑呀。誰傳雙井與日注，終是品格稱草芽。歐陽翰林百事得精妙，官職況已登清華。昔得隴西大銅碾，碾多歲久深且窊。昨日寄來新鸞片，包以篛蒻纏以麻。唯能饞啜任腹冷，幸免酩酊冠弁斜。人言飲多頭顫挑，自欲清醒氣味嘉。此病雖得優醉者，醉來顛蹈禍莫涯。不願清風生兩腋，但願對竹兼對花。還思退之在南方，嘗說稍能啗蟆。古之賢人尚若此，我今貧陋休相嗟。公不遺舊許頻往，何必絲管喧咬哇。

宋 歐陽修《文忠集》卷九《雙井茶》 西江水清江石老，石上生茶如鳳爪。窮臘不寒春氣早，雙井芽生先百草。白毛囊以紅碧紗，十斤茶養一兩芽。長安富貴五侯家，一啜猶須三日誇。寶雲日注非不精，爭新棄舊世人情。豈知君子有常德，至寶不隨時變易。君不見建溪龍鳳團，不改舊時香味色。

宋 司馬光《傳家集》卷八《雙井茶寄贈范景仁》 春睡無端巧逐人，驅訶不去苦相親。欲憑洪井真茶力，試遣刀圭報谷神。

宋 陳師道《後山談叢》卷三《茶品》 洪之雙井，越之日注，登、萊鰒魚，明、越江瑤柱，莫能相先後，而強為之第者，皆勝心耳。

宋 黃庭堅《與友人書》《茶乘》卷六 雙井雖品在建溪之亞，煮新湯嘗之，味極佳，乃草木之英也，當求名士同烹耳。

宋 黃庭堅《山谷集》卷三《雙井茶送子瞻》 人間風日不到處，天上玉堂森寶書。想見東坡舊居士，揮毫百斛瀉明珠。我家江南摘雲腴，落磑霏霏雪不如。為公喚起黃州夢，獨載扁舟向五湖。

又《以雙井茶送孔常父》 校經同省並門居，無日不聞公讀書。故持茗椀澆舌本，要聽六經如貫珠。心知韻勝舌知腴，何似寶雲與真如。湯餅作魔應午寢，慰公渴夢吞江湖。

又 卷四《答黃冕仲索煎雙井并簡揚休》 江夏無雙乃吾宗，同舍頗似王安豐。能澆茗椀湔祓我，風袂欲挹浮丘翁。吾宗落筆賞幽事，秋月下照澄江空。家山鷹爪是小草，敢與好賜雲龍同。不嫌水厄幸來辱，寒泉湯鼎聽松風，夜堂朱墨小燈籠。惜無纖纖來捧椀，惟倚新詩可傳本。

又 卷一〇《戲答荊州王充道烹茶四首其一**》** 龍焙東風魚眼湯，箇中即是白雲鄉。更煎雙井蒼鷹爪，始耐落花春日長。

宋 黃庭堅《山谷外集》卷七《公擇用前韻嘲笑雙井》 萬仞峰前雙井塢，婆娑曾占早春來。如今摸索蒼龍璧，沈井銅缾漫學雷。

又《又戲爲雙井解嘲》 山芽落磑風回雪，曾為尚書破睡來。勿以姬姜棄顦顇，逢時瓦釜亦鳴雷。

宋 黃庭堅《山谷別集》卷一三《答王子厚書四》 所寄歐陽文忠雙井詩，詞意未當。雙井之價，或恐非文忠所作。今分上去年雙井，可精洗石磑、曬乾，頻轉。少下茶臼，如飛，羅麪乃善。煮湯烹試之，然後知此詩未稱雙井風味耳。未卜面會，惟希珍重，謹勒手狀。

所寄卷軸，老人下筆不喜循界。道卷終又寫不盡，輒以一紙續之。但如此，亦自不凡耳。二頌語拙意陋，謾枉仰高之意。雙井法當以蘆布作巾，裹厚垍盞一隻。置茶其中，每用手頓之，盡篩去白毛，並簡去茶子，

乃磑之，則茶色味皆勝也。點時淨濯瓶，注甘冷泉。熟火煮盤盞，令熱湯才沸即點。草茶劣，不比建溪，須用熟沸湯也。往嘗作建溪茶曲，不審見之否？或未見後當寄也。

又卷一五《與王盧州書十七》 家園新芽似勝常年，輒往四種皆可飲，但不知有佳石磑否？石磑須洗，令無他茶氣。風日極乾之芽子，以踈布淨揉去白毛，乃入磑。少下而急轉如旋風落雪，方得所。大率建溪，令湯熟，雙井宜嫩也。

宋 陳鵠《耆舊續聞》卷八 臘茶出於福建。草茶盛於兩浙。兩浙之品，日鑄為上。自景祐已後，洪之雙井白芽漸盛。近歲製作尤精，囊紅紗，不過一二兩。以常茶十數斤養之，用避暑濕之氣。其品遠出日鑄上。魯直《與陳季常帖》云：『雙井前所選，乃家園第一。如所論一作諭不可解，竊意似南方士人覩國爾。昔有南方一士人，初入都，見縣巷燕支鋪羣婢，即歎息以為燕趙之絕色，及其遊界南北，真見妖麗之姝，遂復尋常爾。豈曩時所見長鷹爪者，初至縣巷者乎？今謾寄數兩大爪，然其味乃不甚良也。』自山谷品題之後，雙井之名益著。東坡雖欲臣雙井，其可得哉。

宋 蘇軾《蘇軾集》卷一一五《西江月·送茶並谷簾與王勝之》

龍焙今年絕品，谷簾自古珍泉。雪芽雙井散神仙，苗裔來從北苑。

湯發雲腴釅白，盞浮花乳輕圓。人間誰敢更爭妍，鬥取紅窗粉面。

宋 葉夢得《避暑録話》卷下 草茶極品惟雙井、顧渚，亦不過各有數畝。雙井在分寧縣，其地屬黄氏，魯直家也，元祐間魯直力推賞于京師，族人交致之，然歲僅得一二斤爾。

宋 胡仔《苕溪漁隱從話·後集》卷一一《玉川子》 《歸田録》云：『臘茶出於建劍，草茶盛於兩浙，兩浙之品，日注為第一。自景祐以後，洪州雙井白芽漸盛，近歲製作猶精，囊以紅紗，不過一二兩，以常茶十數斤養之，用避暑濕之氣，其品遠出日注上，遂為草茶第一。』

苕溪漁隱曰：『醉翁又有《雙井茶詩》云：「兩江水清江石老，石上生茶如鳳爪，窮臘不寒春氣早。雙井芽生先百草。白毛囊以紅碧紗，十觔茶養一觔芽，長安富貴五侯家，一啜尤須三日誇。」蔡君謨好茗飲，又精於藻鑒，《答程公闢簡》云：「向得雙井四兩，其時人還未試，敘謝不悉，尋烹治之，色香味皆精好，是為茗芽之冠，非日注寶雲可並也。」涪翁尤譽雙井，蓋鄉物也。李公擇有詩嘲之，戲作解嘲云：「山芽落磑風迴雪，曾與尚書破睡來，勿以姬姜棄憔悴，逢時瓦釜亦鳴雷。」又《答黄冕仲索煎雙井並簡王揚休詩》云：「江夏無雙乃吾宗，同舍頗似王安豐，能澆茗椀湔祓我，風神欲挹浮丘公。吾宗落筆賞幽事，秋月下照澄江空，家山鷹爪是小草，敢與好賜雲龍同。不嫌水厄幸來辱，寒泉湯鼎聽松風。」』

宋 周必大《文忠集》卷一六六《閑居録》 甲午，早泛舟入城赴州會，會散過隆興寺。通判黄朝散壄相訪，給事中廉之孫，尚書叔敖之子，魯直猶子也。雙井茶乃其祖塋所產，歲纔收數斤，嘗其味，絕不類草茶，向來所得皆贗耳。

宋 楊萬里《誠齋詩集》卷八《以六一泉煮雙井茶》 鷹爪新茶蟹眼湯，松風鳴雪兔豪霜。細參六一泉中味，故有涪翁句子香。日鑄建谿當退舍，落霞秋水夢還鄉。何時歸上滕王閣，自看風爐自煮嘗。

（雍正）《江西通志》卷七《山川一》 雙井，在寧州西三十里。黄庭堅所居之南溪心有二井，土人汲以造茶，絕勝他處。庭堅有送雙井茶與蘇軾詩。又州南三十步，掘二井以制火災，亦名雙井。

又卷二七《土產·茶》 《茶譜》：洪州西山白露鶴嶺茶，號為絕品。今紫清、香城者為最。又西山有羅漢茶，葉如豆苗，因靈觀尊者自西山持至，故名。又《茶事雜錄》：雙井，在寧州西三十里，黄山谷所居也，其南溪心有二井，土人汲以造茶，為草茶第一。山谷送東坡雙井茶詩，有我家江南摘雲腴，落磑霏霏雪不如之句。

明代名茶

岕茶

明 許次紓《茶疏·岕中製法》 岕之茶不炒，甑中蒸熟，然後烘

焙。緣其摘遲，枝葉微老，炒亦不能使軟，徒枯碎耳。亦有一種極細炒岕，乃採之他山，炒焙以欺好奇者。彼中甚愛惜茶，決不忍乘嫩摘採，以傷樹本。余意他山所產，亦稍遲採之，待其長大，如岕中之法蒸之，似無不可，但未試嘗，不敢漫作。

又《洗茶》 岕茶摘自山麓，山多浮沙，隨雨輒下，即著於葉中。烹時不洗去沙土，最能敗茶。必先盥手令潔，次用半沸水，扇揚稍和，洗之。水不沸，則水氣不盡，反能敗茶，毋得過勞以損其力。沙土既去，急於手中擠令極乾，另以深口瓷合貯之，抖散待用。洗必躬親，非可攝代。凡湯之冷熱，茶之燥濕，緩急之節，頓置之宜，以意消息，他人未必解事。

又《產茶》 近日所尚者，為長興之羅岕，疑即古人顧渚紫筍也。介於山中，謂之岕，羅氏隱焉，故名羅。然岕故有數處，今惟洞山最佳。姚伯道云：明月之峽，厥有佳茗，是名上乘。要之，採之以時，製之盡法，無不佳者。其韻致清遠，滋味甘香，清肺除煩，足稱仙品，此自一種也。若在顧渚，亦有佳者，人但以水口茶名之，全與岕別矣。若歙之松蘿、吳之虎丘、錢塘之龍井，香氣穠郁，並可雁行，與岕頡頏。

明 熊明遇《羅岕茶記》 產茶處，山之夕陽，勝於朝陽。廟後山西向，故稱佳；總不如洞山南向，受陽氣特專，稱仙品。

茶產平地，受土氣多，故其質濁。岕茗產於高山，渾是風露清虛之氣，故為可尚。

茶以初出雨前者佳，惟羅岕立夏開園，吳中所貴，梗粗葉厚，微有蕭箬之氣。還是夏前六七日，如雀舌者佳，最不易得。

藏茶宜箬葉而畏香藥，喜溫燥而忌冷濕。收藏時，先用青箬以竹絲編之，置罌四周。焙茶俟冷，貯器中，以生炭火煅過，烈日中曝之令滅，亂插茶中，封固罌口，覆以新磚，置高爽近人處。霉天雨候，切忌發覆，須於晴明，取少許別貯小瓶。空缺處，即以箬填滿，封置如故，方為可久。或夏至後一焙，或秋分後一焙。

烹茶，水之功居大。無泉則用天水，秋雨為上，梅雨次之。秋雨冽而白，梅雨醇而白。雪水，五谷之精也，色不能白。養水須置石子於甕，不惟益水，而白石清泉，會心亦不在遠。

茶之色重、味重、香重者，俱非上品。松羅香重，六安味苦而香與松羅同；天池亦有草萊氣，龍井如之；至雲霧，則色重而味濃矣。嘗啜虎丘茶，色白而香似嬰兒肉，真精絕。

茶色貴白，然白亦不難。泉清瓶潔，葉少水洗，旋烹旋啜，其色自白。然真味抑鬱，徒為目食耳。若取青綠，則天池、松蘿及岕之最下者，雖冬月，色亦如苔衣，何足為妙。莫若余所收洞山茶，自穀雨後五日者，以湯薄浣，貯壺良久，其色如玉；至冬則嫩綠，味甘色淡，韻清氣醇，亦作嬰兒肉香，而芝芬浮蕩，則虎丘所無也。

明 羅廩《茶解・品》 茶難於香而燥，燥之一字，唯真岕茶足以當之。故雖過飲，亦自快人。重而濕者，天池也。茶之燥濕，由於土性，不繫人事。

又《製》 茶無蒸法，惟岕茶用蒸。余嘗欲取真岕，用炒焙法製之，不知當作何狀。近聞好事者，亦稍稍變其初制矣。

又《烹》 岕茶用熱湯洗過擠乾，沸湯烹點。緣其氣厚，不洗則味色過濃，香亦不發耳。自餘名茶，俱不必洗。

明 文震亨《長物志》卷一二《香茗》 香茗之用，其利最溥。物外高隱，坐語道德，可以清心悅神。初陽薄暝，興味蕭騷，可以暢懷舒嘯。晴窗搨帖，揮麈閒吟，篝燈夜讀，可以遠辟睡魔。青衣紅袖，密語談私，可以助情熱意。坐雨閉聰，飯餘散步，可以遣寂除煩。醉筵醒客，夜語蓬聰，長嘯空樓，冰弦戛指，可以佐歡解渴。品之最優者，以沉香、岕茶為首，第焚煮有法，必貞夫韻士乃能究心耳。

又《岕》 浙之長興者佳，價亦甚高。今所最重，荊溪稍下。採茶不必太細，細則芽初萌而味欠足。不必太青，青則茶已老而味欠嫩。惟成梗蒂葉，綠色而團厚者為上。不宜以日曬，炭火焙過，扇冷，以箬葉襯罌貯高處。蓋茶最喜溫燥而忌冷濕也。

明 袁宏道《袁中郎全集》卷三二《和江進之雜咏其二》 盆池清淺薄苔封，弱竹叢叢個影重。殘帙有芸猶被蠹，空闌無蕊亦招蜂。西山鬱鬱蓁蓁氣，講閣朝朝暮暮鐘。箬葉數筐書尺五，岕茶新寄自吳儂。

明聞龍《茶箋》　諸名茶，法多用炒，惟羅岕宜於蒸焙。味真蘊藉，世競珍之。即顧渚、陽羡，密邇、洞山，不復倣此。想此法偏宜於岕，未可概施他茗。而《經》已云蒸之、焙之，則所從來遠矣。

吳人絕重岕茶，往往雜以黃黑箬，大是闕事。余每藏茶，必令樵青入山採竹箭箬，拭淨烘乾，護罌四周，半用剪碎，拌入茶中。經年發覆，青翠如新。

明周高起《洞山岕茶系》　羅岕去宜興而南踰八九十里，浙直分界，只一山岡，岡南即長興山。兩峯相阻，介就夷曠者，人呼為岕；履其地，始知古人制字有意。今字書『岕』字，但注云山名耳云有八十八處。前橫大磵，水泉清駛，漱潤茶根，洩山土之肥澤，故洞山為諸岕之最。自西氿溯張渚而入，取道茗嶺，甚險惡；縣西南八十里自東氿溯湖汊而入，取道纏嶺，稍夷才通車騎。

第一品

老廟後，廟祀山之土神者，瑞草叢鬱，殆比茶星肸蠁矣。地不二三畝，苕溪姚象先與婿朱奇生分有之。茶皆古本，每年產不廿斤，色淡黃不綠，葉筋淡白而厚，製成梗絕少。入湯，色柔白如玉露，味甘，芳香藏味中。空濛深永，啜之愈出，致在有無之外。

第二品皆洞頂岕也

新廟後、棋盤頂、紗帽頂、手巾條、姚八房，及吳江周氏地，產茶亦不能多。香幽色白，味冷雋，與老廟不甚別，啜之差覺其薄耳。總之，品岕至此，清如孤竹，和如柳下，並入聖矣。今人以色濃香烈為岕茶，真耳食而眯其似也。

第三品

廟後漲沙、大袞頭、姚洞、羅洞、王洞、范洞、白石。

第四品皆平洞本岕也

下漲沙、梧桐洞、余洞、石場、丫頭岕、留青岕、黃龍、炭竈、龍池。

不入品外山

長潮、青口、箵莊、顧渚、茅山岕。

貢茶

即南岳茶也。天子所嘗，不敢置品。縣官修貢，期以清明日，入山肅祭，乃始開園採。製視松蘿、虎丘，而色香豐美。自是天家清供，名曰片茶。初亦如岕茶製，萬曆丙辰，僧稠蔭游松蘿，乃仿製為片。

岕茶採焙，定以立夏後三日，陰雨又需之。世人妄云『雨前真岕』，抑亦未知茶事矣。茶園既開，入山賣草枝者，日不下二三百石，山民收製亂真。好事家躬往，予租採焙，幾視惟謹，多被潛易真茶去。人地相京，高價分買，家不能二三斤。近有採嫩葉，除尖蒂，抽細筋炒之，亦曰片茶；不去筋尖，炒而復焙，燥如葉狀，曰攤茶，並難多得。又有俟茶市將闌，採取剩葉製之者，名修山，香味足而色差老。若今四方所貨岕片，多是南岳片子，署為騙茶可矣。茶賈炫人，率以長潮等茶，本岕亦不可得。噫！安得起陸龜蒙於九京，與之賡茶人詩也。陸詩云：『天賦識靈草，自然鍾野姿。閒來北山下，似與東風期。雨後採芳去，雲間幽路危。惟應報春鳥，得共此人知。』茶人皆有市心，令予徒仰真茶已。故予煩悶時，每誦姚合《乞茶詩》一過：『嫩綠微黃碧澗春，採時聞道斷葷辛。不將錢買將詩乞，借問山翁有幾人。』

岕茶德全，策勛惟歸洗控。沸湯潑葉即起，洗鬲斂其出液，候湯可下指，即下洗鬲排蕩沙沫；復起，併指控乾，閉之茶藏候投。蓋他茶欲按時分投，惟岕既經洗控，神理綿綿，止須上投耳。傾湯滿壺，後下葉子，曰上投，宜夏日。傾湯及半，下葉滿湯，曰中投，宜春秋。葉着壺底，以湯浮之曰下投，宜冬日初春。

明馮可賓《岕茶箋》

序岕名

環長興境，產茶者曰羅嶰，曰白巖，曰烏瞻，曰青東，曰顧渚，曰篠浦，不可指數，獨羅嶰最勝。環嶰境十里而遙，為嶰者亦不可指數。嶰而曰岕，兩山之介也；羅氏居之，在小秦王廟後，所以稱廟後羅岕也。洞山之岕，南面陽光，朝旭夕暉，雲滃霧浡，所以味迥別也。

論採茶

雨前則精神未足，夏後則梗葉大粗，然茶以細嫩為妙，須當交夏時，看風日晴和，月露初收，親自監採入籃。如烈日之下，又防籃內鬱蒸，須傘蓋至舍，速傾淨匾薄攤，細揀枯枝、病葉、蛸絲、青牛之類，一一剔

去，方為精潔也。

論蒸茶

蒸茶須看葉之老嫩，定蒸之遲速。以皮梗碎而色帶赤為度，若太熟則失鮮。其鍋內湯須頻換新水，蓋熟湯能奪茶味也。

論焙茶

茶焙每年一修，修時雜以濕土，便有土氣。先將乾柴隔宿薰燒，令焙內外乾透，先用粗茶入焙，次日，然後以上品焙之。焙上之簾，又不可用新竹，恐惹竹氣。又須勻攤，不可厚薄。如焙中用炭，有煙者急剔去。又宜輕搖大扇，使火氣旋轉。竹簾上下更換，若火太烈，恐糊焦氣；太緩，色澤不佳；不易簾，又恐乾濕不勻。須要看到茶葉梗骨處俱已乾透，方可並作一簾或兩簾，置在焙中最高處。過一夜，仍將焙中炭火留數莖於灰燼中，微烘之，至明早可收藏矣。

論藏茶

新淨磁罎，周迴用乾箬葉密砌，將茶漸漸裝進搖實，不可用手揩。上覆乾箬數層，又以火炙乾炭鋪罎口紮固；又以火煉候冷新方磚壓罎口上。如潮濕，宜藏高樓，炎熱則置涼處。陰雨不宜開罎。近有以夾口錫器貯茶者，更燥更密。蓋磁罎，猶有微罅透風，不如錫者堅固也。

辨真贋

茶雖均出於岕，有如蘭花香而味甘，過霉歷秋，開罎烹之，其香愈烈，味若新，沃以湯，色尚白者，真洞山也。若他嶰，初時亦有香味，至秋香氣索然，便覺與真品相去天壤。又一種有香而味澀者，又一種色淡黃而微香者，又一種色青而毫無香味者，又一種極細嫩而香濁味苦者，皆非道地。品茶者辨色聞香，更時察味，百不失一矣。

論烹茶

先以上品泉水滌烹器，務鮮務潔；次以熱水滌茶葉，水不可太滾，滾則一滌無餘味矣。以竹箸夾茶於滌器中，反復滌蕩，去塵土、黃葉、老梗淨，以手搦乾置滌器內蓋定。少刻開視，色青香烈，急取沸水潑之。夏則先貯水而後入茶，冬則先貯茶而後入水。

品泉水

錫山惠泉、武林虎跑泉上矣；顧渚金沙泉、德清半月泉、長興光竹潭皆可。

論茶具

茶壺，窯器為上，錫次之。茶杯，汝、官、哥、定如未可多得，則適意者為佳耳。

或問茶壺畢竟宜大宜小，茶壺以小為貴。每一客，壺一把，任其自斟自飲，方為得趣。何也？壺小則香不渙散，味不耽閣；況茶中香味，不先不後，只有一時。太早則未足，太遲則已過，的見得恰好，一瀉而盡。化而裁之，存乎其人，施於他茶，亦無不可。

茶宜

無事、佳客、幽坐、吟詠、揮翰、倘佯、睡起、宿醒、清供、精舍、會心、賞鑒、文僮。

茶忌

不如法、惡具、主客不韻、冠裳苛禮、葷肴雜陳、忙冗、壁間案頭多惡趣。

明 談遷《棗林雜俎・茶》 浙江長興縣芽茶三十五斤。納南京茶出顧渚，即岕茶也。近時僧大方製法，剪去尖末，號『大方茶』。按宋朱長文《吳郡圖經續記》：茶，長洲縣生洞庭山者，與金時蘄州味同。近年山僧尤善治製，謂之『水月茶』，以庵為名也。頗為吳人貴之。

清 張潮《〈岕茶彙鈔〉小引》 茶之為類不一，岕茶為最；岕之為類亦不一，廟後為佳。其採擷之宜，烹啜之政，巢民已詳之矣，予復何言。然有所不可解者，不在今之茶，而在古之茶也。古人屑茶為末，蒸而範之成餅，已失其本來之味矣。至其烹也，又復點之以鹽，亦何鄙俗乃爾耶。夫茶之妙在香，苟製而為餅，其香定不復存；茶之妙在淡，點之以鹽，是且與淡相反；吾不知玉川之所歌，鴻漸之所嗜，其妙果安在也？善茗飲者，每度率不過三四甌，徐徐啜之，始盡其妙。玉川子于俄頃之間，頓傾七碗，此其鯨吞虹吸之狀，與壯夫飲酒，夫復何殊？陸氏《茶經》所載，與今人異者，不一而足，使陸羽當時茶已如今世之製，吾知其沉酣傾倒於此中者，當更加十百於前矣。昔人謂飲茶為水厄，元魏人至以為恥，甚且謂不堪與酪作奴，苟得羅岕飲之，有不自悔其言之謬耶。吾鄉三天子都，有抹山茶；茶生石間，非人力所能培植；味淡香清，足稱仙

品；採之甚難，不可多得。惜巢民已歿，不能與之共賞也。心齋張潮撰。

清 張潮《〈岕茶彙鈔〉跋》 吾鄉既富茗柯，復饒泉水，以泉烹茶，其味尤勝，計可與羅岕敵者，唯松蘿耳。予曾以詩寄巢民云：『君為羅岕傳神，我代松蘿叫屈。同此一樣清芬，忍令獨向隅曲。』迄今思之，殊深我以黃公酒壚之感也。心齋居士題。

清 冒襄《岕茶彙鈔》 環長興境產茶者曰羅嶰，曰白巖，曰烏瞻，曰青東，曰顧渚，曰篠浦，不可指數；獨羅嶰最勝。環嶰境十里而遥，為嶰者亦不可指數。嶰而曰岕，兩山之介也。羅氏居之，在小秦王廟後，所以稱廟後羅岕也。洞山之岕，南面陽光朝旭夕暉，雲滃霧浡，所以味迴別也。

產茶處，山之夕陽，勝於朝陽。廟後山西向，故稱佳；總不如洞山南向，受陽氣特專，稱仙品。

茶產平地，受土氣多，故其質濁。岕茗產於高山，渾是風露清虛之氣，故為可尚。

茶以初出雨前者佳。惟羅岕立夏開園，吳中所貴；梗粗葉厚，有蕭箬之氣；還是夏前六七日，如雀舌者佳，最不易得。

江南之茶【略】全與岕別矣。

岕中之人，非夏前不摘。初試摘者，謂之開園。採自正夏，謂之春茶。其地稍寒，故須待時，此又不當以太遲病之。往日無有秋摘，近七八月重摘一番，謂之早春，其品甚佳，不嫌稍薄也。

岕茶不炒，甑中蒸熟，然後烘焙。緣其摘遲，枝葉微老，炒不能軟，徒枯碎耳。亦有一種細炒岕，乃他山炒焙，以欺好奇。岕中惜茶，決不忍嫩採以傷樹本。余意他山所產，亦稍遲採之，待其長大，如岕中之法蒸之，似無不可。但未試嘗，不敢漫作。

岕茶雨前精神未足，夏後則梗葉太粗，然以細嫩為妙，須當交夏時，時看風日晴和，月露初收，親自監採入籃。如烈日之下，又防籃內鬱蒸，須傘蓋至舍，速傾淨匾薄攤，細揀枯枝、病葉、蛸絲、青牛之類，一一剔去，方為精潔也。

蒸茶，須看葉之老嫩，定蒸之遲速，以皮梗碎而色帶赤為度；若太熟則失鮮。其鍋內湯須頻換新水，蓋熟湯能奪茶味也。

茶雖均出於岕，有如蘭花香而味甘，過霉歷秋，開罈烹之，其香愈烈，味若新沃，以湯色尚白者，真洞山也。若他嶰初時亦有香味，至秋香氣索然，便覺與真品相去天壤。又有香而味澀，色淡黃而微香者，有色青而毫無香味，極細嫩而香濁味苦者，皆非道地。品茶者辨色聞香，更時察味，百不失矣。

茶色貴白，白亦不難。泉清瓶潔，葉少水洗，旋烹旋啜，其色自白。然真味抑鬱，徒為目食耳。若取青綠，天池、松蘿及下岕。雖冬月，色亦如苔衣，何足稱妙。莫若真洞山，自穀雨後五日者，以湯薄澣，貯壺良久，其色如玉，至冬則嫩綠，味甘色淡，韻清氣醇，亦作嬰兒肉香，而芝芬浮蕩，則虎丘所無也。

烹時先以上品泉水滌烹器，務鮮務潔。次以熱水滌茶葉。水太滾，恐一滌味損。以竹筯夾茶於滌器中，反復滌蕩，去塵土、黃葉、老梗盡，以手搦乾，置滌器內蓋定，少刻開視，色青香烈，急取沸水潑之。夏先貯水入茶，冬先貯茶入水。

茶花味濁無香，香凝葉內。

洞山茶之下者，香清葉嫩，着水香消。

棋盤頂、紗帽頂、雄鵝頭、茗嶺，皆產茶地。諸地有老柯、嫩柯，惟老廟後無二，梗葉叢密，香不外散，稱為上品也。

茶壺以小為貴。每一客一壺，任獨斟飲，方得茶趣。何也？壺小香不渙散，味不耽遲，況茶中香味，不先不後，恰有一時，太早未足，稍遲已過。個中之妙，清心自飲，化而裁之，存乎其人。

憶四十七年前，有吳人柯姓者，熟於陽羡茶山，每桐初露白之際，為余入岕，箬籠攜來十餘種。其最精妙不過觔許數兩，味老香深，具芝蘭金石之性，十五年以為恆。後宛姬從吳門歸余，則岕片必需半塘顧子兼，黃熟香必金平叔，茶香雙妙，更入精微。然顧、金茶香之供，每歲必先虞山柳夫人，吾邑隴西之蒨姬與余共宛姬，而後他及。

金沙于象明攜岕茶來，絕妙。金沙之於精鑒賞，甲於江南，而岕山之棋盤頂，久歸於家，每歲其尊人必躬往採製。今夏攜來廟後、棋頂、漲沙、本山諸種，各有差等，然道地之極，真極妙；二十年所無。又辨水候火，與手自洗，烹之細潔，使茶之色香性情，從文人之奇嗜異好，一一

淋漓而出。誠如丹邱羽人所謂飲茶生羽翼者，真衰年稱心樂事也。

又有吳門七十四老人朱汝圭攜茶過訪，茶與象明頗同，多花香一種。汝圭之嗜茶自幼，如世人之結齋於胎，年十四入岕，迄今春夏不渝者百二十番，奪食色以好之。有子孫為名諸生，老不受其養，謂不嗜茶為不似阿翁。每竦骨入山，臥遊虎虺，負籠入肆，嘯傲甌香，晨夕滌瓷洗葉，啜弄無休，指爪齒頰與語言激揚，讚頌之津津，恆有喜神妙氣，與茶相長養，真奇癖。

清 朱彝尊《曝書亭集》卷一〇《碧川以岕茶見貽走筆賦謝》

我病久不差，半載墮悶景。婆娑小室中，惟有形共影。邇來勢少減，瘦鶴一伸頸。昨者吳興翁，篛葉裹岕茗。云此品劇佳，採自廟後嶺。其氣郁於蘭，直壓洞山頂。方兄久絕交，有價不敢請。攜籠聽之去，殊覺心耿耿。碧川於我厚，一月承屢省。知我性嗜之，雙包纏索綆。作書遣長鬚，兩脚踏泥濘。打門忽見貽，豐惠再拜領。我聞明月峽，直接陽羨境。岕居兩山介，羅氏名獨炳。西崦近夕陽，十里平侹侹。離披向南藝，不復分畦町。其地冣高寒，飽受風露冷。摘當春夏交，蒸焙法井井。較之雨前芽，標格九清迥。吳越種雖多，得此皆可屏。急喚丫髻童，穩支折脚鼎。連朝送梅雨，瓦溝瀉若綆。盛之滿瓮盎，舀取入瓴覵。火活湯再沸，煎點在俄頃。襲壺與時洗，一一羅器皿。香清色似雪，為味甘且永。不惟驅昏邪，實可解煩悁。因笑唐宋人，紛紛貴團餅。研須倚石臼，打或藉銀梗。盧歐梅蘇黃，詩句頗雄騁。岕於百年来，衆作等蛙黽。誰能追古人，敢以奇自逞。君才健如虎，臨敵氣愈猛。力疾為致師，筆陣欠嚴整。

清 鄭燮《板橋雜記》卷下《軼事》 曲中狎客，則有張卯官笛，張魁官簫，管五官管子，吳章甫弦索，錢仲文打十番鼓，丁繼之、張燕築、沈元甫、王公遠、朱維章串戲，柳敬亭說書。【略】

亂後還吳，吳中新進少年，搔頭弄姿，持簫擪管，以柔曼悅人者，見魁則揶揄之，肆為詆訶，以此重窮困。龔宗伯奉使粵東，憐而賑之，厚予之金，使往山中販岕茶，得息頗厚，家稍稍豐矣。肰魁性僻，嘗自言曰：『我大賤相，茶非惠泉水不可沾脣，飯非四糙冬舂米不可入口，夜非孫春陽家通宵椽燭不可開眼。』錢財到手輒盡，坐此不名一錢，時人共非咲之，弗顧也。年過六十，以販茶、賣芙蓉露為業。庚寅、辛卯之際，余游吳，寓周氏水閣。魁猶清晨來插缾花、爇爐香、洗岕片、拂拭琴几、位置衣桁如曩時。酒酣燭跋時，說青谿舊事，不覺流涕。丁酉再過金陵，歌臺舞榭，化為瓦礫之場，猶於破板橋邊，一吹洞簫。矮屋中，一老姬啟戶出曰：『此張魁官簫聲也。』為嗚咽久之。又數年，卒以窮死。

清 趙學敏《本草綱目拾遺》卷六《木部・羅岕》 茶疏：長興羅岕疑即古人顧渚紫筍也，介於山中謂之岕，羅氏隱焉，故名羅。西吳枝乘：湖人於茗不數顧渚，而數羅岕，顧渚之佳者，其風味已遜龍井，岕梢清雋，然葉粗而作草氣。嘉靖長興志：羅岕在互通山西土地廟後，產茶最佳，吳人珍重之。凡茶以初生雨前者佳，惟羅岕立夏開園，梗粗葉濃，微有蕭箬之氣，還是夏前六、七日如雀舌者，最不易得。然廟後山西向，故稱佳，總不如洞山南向，獨受陽氣，專稱仙品，只數十畝而已。凡茶產平地，多受土氣，故其質濁。羅茗產高山巖石，純是風露清虛之氣，故可尚。長物志云：浙之長興者佳，價亦甚高，今所最重，荊溪稍下。採茶不必太細，細則芽初萌而味欠足。不必太青，青則茶已老而味欠嫩，惟成帶葉綠色而團厚者為上，不宜日曬，炭火焙過，扇冷，以箬葉襯罌貯高處，蓋茶最喜溫燥，而忌冷濕也。味甘，氣香，性平，滌痰清肺，除煩消臌脹。治咳嗽秘方醫學指南：用川貝母、茶葉各一錢，米糖三錢，共為末，滾湯下。

（嘉慶）《增修宜興縣舊志》卷一〇《藝文・卓錫泉記》 宜興南岳山，有泉名卓錫【略】然南山故產茶處，與洞山連絡。洞山有峽名岕，產尤佳，今所名岕茶是也。二山茶又並稱陽羨，歲歲貢于朝。南山既得泉，凡洞山人每產茶，日輒攜就泉烹之，與南山種茶人相角勝。泉深尺許，圍四之，清洌如鏡【略】戊申十月，予與友游南山，至斯亭，尤徘徊，他日產茶時，予雖道遠，必當更至，酌泉而烹之。

（道光）《寧都直隸州志》卷一二《土產志・物貨類》 岕茶：出州治之西一帶石山，而以冠石為最。明季南昌林時益寓居此山，遂家焉。課子弟，藝茶為業，種茶、採茶、造茶、貯茶，各得其法，世稱為林岕。近日如黃竹砦、竹坑村、官人山、赤竹峰等處，所產色香味均無不美，向時土貢，悉采於此。瑞金以銅鉢山產者為佳，石城以通天巖產者為佳，二縣稱其幾與林岕爭勝，益見岕茶之足珍也。

（光緒）《宜興縣志》卷一《山・物產》　茶產義興者，總名岕茶，唐時人貢。

又 卷九《名勝》　茗嶺之足，村名盧岕，地界長興，岕片之美，陸鴻漸《茶經》所稱圈嶺茶也。

天目茶

唐 釋皎然《對陸迅飲天目山茶因寄元居士晟》（嘉慶）《於潛縣志》卷一五　喜見幽人會，初開野客茶。日成東井葉，露采北山芽。文火香偏勝，寒泉味轉嘉。投鐺湧作沫，著碗聚生花。稍與禪經近，聊將睡網賒。知君在天目，此意日無涯。

明 屠隆《考槃餘事》卷四《天目》　爲天池龍井之次，亦佳品也。地志云山中寒氣早嚴，山僧至九月即不敢出。冬來多雪，三月後方通行，茶之萌芽較晚。

明 袁宏道《袁中郎全集》卷九《天目一》　數日陰雨苦甚，至雙清莊，天稍霽。莊在山腳，諸僧留宿。莊中僧房甚精，溪流激石作聲，徹夜到枕上。石簣夢中誤以為雨，愁極遂不能寐。次早，山僧供茗糜，邀石簣起。石簣嘆曰：『暴雨如此，將安歸乎？有臥遊耳！』僧曰：『天已晴，風日甚美，響者乃溪聲，非雨聲也！』石簣大笑，急披衣起，啜茗數碗，即同行。

又《天目二》　天目幽邃奇古不可言。由莊至顛，可二十餘里。凡山深僻者多荒涼，峭削者鮮迂曲，貌古則鮮妍不足，骨大則玲瓏絕少。以至山高水乏，石峻毛枯。凡此，皆山之病。天目盈山皆壑，飛流淙淙，若萬疋縞，一絕也。石色蒼潤，石骨奧巧，石徑曲折，石壁竦峭，二絕也。雖幽谷、懸岩、庵宇皆精，三絕也。余耳不喜雷，而天目雷聲甚小，聽之若嬰兒聲，四絕也。曉起看雲在絕壑下，白淨如綿，奔騰如浪，盡大地作琉璃海，諸山尖出雲上若萍，五絕也。然雲變態最不常，其觀奇甚非，山居久者不能悉其形狀；山樹大者幾四十圍，松形如蓋，高不逾數尺，一株直萬餘錢，六絕也。頭茶之香者，遠勝龍井，筍味類紹興破塘而清遠過之，七絕也。

鴉山茶

唐 鄭谷《雲臺編》卷下《峽中嘗茶》　簇簇新英摘露光，小江園里火煎嘗。吳僧漫說鴉山好，蜀叟休誇鳥觜香。合座半甌輕泛綠，開緘數片淺含黃。鹿門病客不歸去，酒渴更知春味長。

五代 毛文錫《茶譜》　宣州宣城縣有茶山，其東為朝日所燭，號曰陽坡，其茶最勝，形如小方餅，橫鋪茗芽其上。太守常薦之京洛，題曰陽坡茶。杜牧《茶山詩》云：『山實東吳秀，茶稱瑞草魁。』

又　宣城縣有丫山小方餅，橫鋪茗牙裝面，其山東為朝日所燭，號曰陽坡，其茶最勝。太守嘗薦於京洛人士，題曰：丫山陽坡橫紋茶。

《冊府元龜》卷二三二《僭僞部・稱藩・同光二年八月》　丁丑，獻鴉山茶，含膏茶。

宋 梅堯臣《宛陵集》卷三五《答宣城張主簿遺雅山茶次其韻》　昔觀唐人詩，喜詠雅山茶。雅銜茶子生，遂同山名雅。重以初槍旗，采之穿煙霞。江南雖盛產，處處無此茶。纖嫩如雀舌，煎烹比露芽。競收青篛焙，不重漉酒紗。顧渚亦頗近，蒙頂來以遐。雙井鷹掇爪，建溪春剝葩。日鑄弄香美，天目猶稻麻。吳人與越人，各各相鬬誇。傳買費金帛，愛貪無夷華。甘苦不一致，精粗還有差。至珍非貴多，為贈勿言些。如何煩縣僚，忽遺及我家？雪貯雙砂罌，詩琢無玉瑕。文字搜怪奇，難於抱長蛇。明珠滿紙上，剩畜不為奢。玩久手生胝，窺久眼生花。嘗聞茗消肉，應亦可破瘕。飲啜氣覺清，賞重歎復嗟。歎嗟既不足，吟誦又豈加？我今實強為，君莫笑我邪。

明 夏樹芳《茶董・鴉山鳥嘴》　鄭谷，字若愚。《峽中煎茶》詩：　簇簇新芽摘露光，小紅園裡火煎嘗。吳僧謾說鴉山好，蜀叟休誇鳥觜香。合坐滿甌輕泛綠，開緘數片淺含黃。鹿門病客不歸去，酒渴更知春味長。

（康熙）《江南通志》卷一六　鴉山在寧國縣西北三十里，接廣德

界。寰宇記云：山產茶，味與蘄州所產同，梅聖俞所謂茶味鴉山佳者也。

清 顧祖禹《讀史方輿紀要》卷二八《南直十》 《一統志》：文脊山北有鴉山，昔產茶充貢。

（嘉慶）《寧國府志》卷一〇《輿地志・山》 鴉山，在縣西北三十里，高五十四丈，周三十里，與廣德州界。出茶尤為時貢，《茶經》云：

味與蘄州同。梅詢詩『茶煮鴉山雪滿甌』，梅聖俞詩亦云『茶詠鴉山佳』。

又卷一二《輿地志・古迹上》 茶峽蕩在陽坡山下。舊產佳茶名『瑞草魁』，一名『橫紋』。今為民居，不復種茶。城內有三蕩，此其一也。乾隆府志

又卷一八《食貨志・物產》 曰茶：按宣城敬亭綠雪茶，南陵格裏茶，寧國鴉山茶，涇縣白雲茶，旌邑凫山茶，太平雲霧茶，品最高。至松蘿茶，處處皆有，味苦而薄，然所用甚廣。六縣每歲銷引三萬有餘，宋梅堯臣詩：『昔觀唐人詩，茶韻鴉山嘉。鴉銜茶子生，遂同山谷鴉。重以初槍旗，采之穿煙霞。江南雖盛產，處處無此茶。』明胡十瞻《詠白雲茶》詩：『茶煮白雲香。』國朝施閏章《詠綠雪茶》詩：『酌向素甆渾不辨，乍疑花氣撲山泉。』

清代名茶

碧螺春

宋 蘇舜欽《無題》《水月禪寺中興記碑詩》 水月開山大業年，朝廷敕額至今存。萬株松覆青雲塢，千樹梨開白雲園。無礙泉香誇絕品，小青茶熟占魁元。當時飯聖高陽女，永作伽藍護法門。

清 吳偉業《梅村集》卷一九《如夢令》 鎮日鶯愁燕懶，徧地落紅誰管。睡起爇沉香，小飲碧螺春盌。簾捲，簾捲，一任柳絲風軟。

清 王應奎《柳南續筆》卷二《碧螺春》 洞庭東山碧螺峯石壁產野茶數株，每歲土人持竹筐採歸，以供日用，歷數十年如是，未見其異也！康熙某年，按候以採，而其葉較多，筐不勝貯，因置懷間，茶得熱氣，異香忽發，採茶者爭呼『嚇殺人香』。『嚇殺人』者，吳中方言也，因遂以名是茶云。自是以後，每值採茶，土人男女長幼務必沐浴更衣，盡室而往，貯不用筐，悉置懷間。而土人朱元正，獨精製法，出自其家，尤稱妙品，每斤價值三兩。己卯歲，車駕幸太湖，宋公購此茶以進，上以其名不雅，題之曰碧螺春。自是地方大吏歲必採辦，而售者往往以偽亂真。元正沒，製法不傳，即真者亦不及曩時矣！

清 陳康祺《郎潛紀聞初筆》卷四《碧螺春》 洞庭東山碧螺峰石壁，歲產野茶數株，土人稱曰『嚇殺人香』。『嚇殺人』三字，吳諺，見《柳南隨筆》。康熙己卯，車駕幸太湖，撫臣宋犖購此茶以進。上以其名不雅馴，題之曰『碧螺春』。自是地方有司，歲必採辦進奉矣。

清 繆公恩《夢鶴軒楳澥詩鈔》卷四《義門和即事詩次答》 風流自是舊王家，促膝清言北斗斜。玉粒慚無香稻飯，竹爐賴有碧螺茶。碧螺春茶出蘇州太湖洞庭山

清 謝章鋌《賭棋山莊詞話・續編三・朱和義萬竹樓詞》 洞庭山茶產於碧螺峰上，曰碧螺春，其色如螺黛，其味如蘭麝，其細如蠶眉。采於社前者為頭茶，又名壽茶。本社字，後誤為壽。二采者為明茶，謂清明時所采，不過一二十兩。山人亦自珍惜，俗謂之嚇煞人。

清 戴延年《吳語》 碧螺春產洞庭西山，以穀雨前為貴。唐皮陸各有茶塢詩。宋時水月院僧所制尤美，號水月茶，近易茲名色玉香蘭，人爭購之，洵茗荈中尤物也。

龍井茶

宋 林和靖《林和靖集・嘗茶次寄越僧靈皎》 白雲峰下兩槍新，膩綠長鮮穀雨春。靜試恰看湖上雪，對嘗兼憶剡中人。瓶懸金粉師應有，筯點瓊花我自珍。清話幾時搔首後，願和松色勸三巡。

（淳祐）《臨安志》卷八《山川・白雲峰》 上天竺山後，最高處

謂之白雲峰。於是寺僧建堂其下，謂之白雲堂。山中出茶，因謂之白雲茶。東坡居士有和茶詩云：白雲峰下兩槍新，謂此也。楊蟠詩云：萬頃田開雨，多從頂上生。野人猶不足，常擬鑿為平。郭祥正詩云：湖上峰爭碧，此峰藏白雲。雲光連月色，鷗鷺亦迷群。

宋 吴自牧《夢粱録》卷一八《物産》 貨之品 茶：寶雲茶，香林茶，白雲茶。又寶嚴院垂雲亭亦產。東坡以詩戲云：『妙供來香積，珍烹具大官。揀芽分雀舌，賜茗出龍團。』蓋南北兩山、七邑諸山皆產。徑山採穀雨前茗，以小缶貯饋之。

元 虞集《道園遺稿》卷一《次韻鄧善之游山中》 杖藜入南山，卻立賞奇秀。所懷玉局翁，來往絢履舊。空餘松在澗，仍作琴筑奏。徘徊龍井上，雲氣起晴晝。入門避霑灑。脱屐亂苔甃。陽崗扣雲石，陰房絶遺構。澄公愛客至，取水極幽竇。坐我薝蔔中，餘香不聞嗅。但見瓢中清，翠影落羣岫。烹煎黄金芽，不取穀雨後。同來二三子，三咽不忍漱。講堂集羣彥，千鐙坐吟究。浪浪雜飛雨，沈沈度清漏。令我懷幼學，胡為裹章綬。

明 唐之淳《唐愚士詩》卷四《雪水烹茶》 乞得銀河水，來烹龍井茶。槍旗開雨葉，風浪熟天華。玉液滲雲旗，寒鐺獨煮時。一甌醒酒困，誰道愧粗兒。

明 劉士亨《謝璘上人惠桂花茶》《續茶經》卷下之 金粟金芽出焙篝，鶴邊小試兔絲甌。葉含雷信三春雨，花帶天香八月秋。味美絕勝陽羨種，神清如在廣寒遊。玉川句好無才續，我欲逃禪問趙州。

明 吴寬《家藏集》卷二八《謝朱懋恭同年寄龍井茶》 諫議書來印不斜，忽驚入手是春芽。惜無一斛虎丘水，煮盡二斤龍井茶。顧渚品高知已退，建溪名重恐難加。飲餘為比公清苦，風味依然在齒牙。

明 田藝蘅《煮泉小品·宜茶》 鴻漸有云：『烹茶於所產處無不佳，蓋水土之宜也。』此誠妙論。況旋摘旋瀹，兩及其新邪。故《茶譜》亦云：『蒙之中頂茶，若獲一兩，以本處水煎服，即能祛宿疾。』是也。今武林諸泉，惟龍泓入品，而茶亦惟龍泓山為最。蓋茲山深厚高大，佳麗秀越，為兩山之主。故其泉清寒甘香。虞伯生詩：『但見飄中清，翠影落群岫。烹煎黄金芽，不取穀雨後。』姚公綬詩：『品嘗顧渚風斯下，零落《茶經》奈爾何。』則風味可知矣，又況為葛仙翁煉丹之所哉！又其上為老龍泓，寒碧倍之。其地產茶，其為南北山絕品。鴻漸第錢唐天竺、靈隱者為下品，當未識此耳。而《郡志》亦只稱寶雲、香林、白雲諸茶，皆未若龍泓之清馥雋永也。余嘗一一試之，求其茶泉雙絶，兩浙罕伍云。

龍泓今稱龍井，因其深之。《郡志》稱有龍居之，非也。蓋武林之山，皆發源天目，以龍飛鳳舞之讖，故西湖之山，多以龍名，非真有龍居之也。有龍則泉不可食。泓上之閣，亟宜去之。浣花諸池，尤所當浚。鴻漸品茶又云：『杭州下，而臨安、於潛生於天目山，與舒州同，固次品也。』葉清臣則云：『茂錢唐者，以徑山稀。』今天目遠勝徑山，而泉亦天淵也。洞霄次徑山。

嚴子瀨一名七里灘，蓋砂石上，曰瀨、曰灘也。總謂之漸江。但潮汐不及，而且深澄，故入陸品耳。余嘗清秋泊釣臺下，取囊中武夷、金華二茶試之，固一水也，武夷則黄而燥洌，金華則碧而清香，乃知擇水當擇茶也。鴻漸以婺州為次，而清臣以白乳為武夷之右，今優劣頓反矣。意者所謂離其處，水功其半者耶？

明 王世貞《弇州山人四部稿》卷五一《李于鱗捐餉諸物侑以新詩走筆爲謝》 龍井儂分玉乳花，虎丘余剪碧璃芽。何時踞坐松陰下，紗帽藤衫對品茶。

明 李攀龍《滄溟先生集》卷一四《寄贈元美四首其二》 美人持贈虎丘茶，起汲吴江煮露華。龍井近來還此種，也堪清賞屬詩家。

明 屠隆《考槃餘事》卷一五《虎丘》 最號精絕，為天下冠。惜不多產，皆為豪右所據。寂寞山家無繇獲購矣。

又《天池》 青翠芳馨，瞰之賞心，嗅亦消渴。誠可稱仙品，諸山之茶尤當退舍。

又《龍井》 不過十數畝，外此有茶，似皆不及。大抵天開龍泓美泉，山靈特生佳茗以副之耳。山中僅有一二家炒法甚精，近有山僧焙者亦妙。真者天池不能及也。

明 徐渭《徐文長佚稿》卷四《虎丘》 杜甫《蕃劍》詩：『虎氣必騰上。』人言闔閭之葬，致白虎，乃是劍精，理或然也。又吳人至中秋之夕，競曲於此。虎丘之茗，佳者斤率金二兩許。四句謂西子也。

轆轤高倚壁嶙峋，劍水沉沉草樹蓁。虎氣必騰千尺上，蛾眉曾照兩灣顰。

不勝清拍中秋夜，盡委黄金數葉春。誰記君王舊歌舞，館娃宮殿已成塵。

明 馮夢禎《快雪堂漫録・品茶》 昨同徐茂吳至老龍井買茶。山民十數家各出茶，茂吳以次點試，皆以為贋，曰：『真者甘香而不冽，稍冽便為諸山贋品。』得一、二兩以為真物，試之，果甘香若蘭，而山人及寺僧反以茂吳為非，吾亦不能置辨，偽物亂真如此。茂吳品茶，以虎丘為第一，常用銀一兩餘購其斤許。寺僧以茂吳精鑒，不敢相欺。他人所得，雖厚價亦贋物也。子晉云：『本山茶葉微帶黑，不甚清翠，點之色白如玉，而作寒荳香，宋人呼為白雪茶。稍緑便為天池物。天池茶中雜數莖虎丘，則香味迥別。虎丘，其茶中王種耶。岕茶精者，庶幾妃后。天池龍井，便為臣種。餘則民種矣。』

明 陶望齡《歇庵集》卷二《勝公煎茶歌兼寄嘲中郎》 中郎嘗品茶，云龍井未免草氣，虎丘豆花氣，羅岕金石氣。

銅罏宿火灰初煖，旃檀半銖芬氣蒲。須臾斷續一縷青，纔有香烟意全短。

勝公煎茶契斯法，兔褐甌中雪花白。火文湯嫩茗乍投，已具味香無有色。

蘭花色淺趣已殊，況堪老作鵝兒雛。佳處無多在俄頃，趣飲敢復留贏餘。

公安袁生吳令尹，未解烹煎強題品。杭州不飲勝公茶，卻訾龍井如草芽。

誇言虎丘居第二，彷佛如聞豆花氣。羅岕第一品絕精，茶復非茶金石味。

我思生言問生口，煮花作飲能佳否。茶於花氣已非倫，瀹石烹金味何有。

歇庵道者山澤癯，戉光泉水煙雲腴。飲罷身輕意沖舉，夢為白鶴雲間徂。

燕中大餅如截樹，生乎啖之齒牙皸。何時一碗沃爾腸，勿作從前易言語。

明 吳之鯨《武林梵志》卷三 老龍井有水一泓，寒碧異常，幽僻清奧。過風篁嶺非復塵刹矣。其地產茶，為兩山絕品。郡志稱寶雲、香林、白雲諸茶乃在靈竺葛嶺之間，未若龍井之清馥雋永也。再上為天門，可通靈竺。徑道崎巇，草樹蓊鬱，人烟曠絕。山名暉落塢，僧如瑛買山築室三楹，數年屋成。得泉一泓，味甘色白，老龍井基側有辨才。塔今毀。

明 高濂《遵生八箋》卷三《虎跑泉試新茶》 西湖之泉，以虎跑為最。兩山之茶，以龍井為佳。穀雨前採茶旋焙，時激虎跑泉烹享。香清味冽，涼沁詩脾。每春當高臥山中，沈酣新茗一月。

又卷一一《論茶品》 如杭之龍泓即龍井也，茶真者，天池不能及也。山中僅有一二家，炒法甚精。近有山僧焙者亦妙，但出龍井者方妙。而龍井之山，不過十數畝，外此有茶，似皆不及，附近假充，猶之可也。至於北山西溪，俱充龍井，即杭人識龍井茶味者亦少，以亂真多耳。意者，天開龍井美泉，山靈特生佳茗以副之耳。不得其遠者，當以天池龍井為最。外此，天竺靈隱，為龍井之次。

明 袁宏道《袁中郎全集》卷一四《龍井》 龍井泉既甘澄，石復秀潤，流淙從石澗中出，泠泠可愛。入僧房爽塏可棲。余嘗與石簣道元子公汲泉烹茶於此。石簣因問龍井茶與天池孰佳。余謂龍井亦佳，但茶少則水氣不盡，茶多則澀味盡出，天池殊不爾。大約龍井頭茶雖香，尚作草氣，天池作豆氣，虎丘作花氣，唯岕非花非木，稍類金石氣，又若無氣，所以可貴。岕茶葉粗大，真者每斤至二千餘錢。余覓之數年，僅得數兩許。近日徽有送松蘿茶者，味在龍井之上，天池之下。龍井之嶺為風篁，峰為獅子，石為一片雲、神運石，皆可觀。秦少遊舊有《龍井記》，文字亦爽健，未免酸腐。

明 吳士權《試茶雜述》《明詩平論二集》卷一九 虎丘雪顆細如針。龍井雲腴價倍金。後蔡前丁渾未識。綱頭專向武溪尋。

明 文震亨《長物志》卷一二《虎丘天池》 最號精絕，為天下

冠。惜不多產，又為官司所據，寂寞山家得一壺兩壺便為商品。然其味實亞於岕。天池出龍池一帶者佳，出南山一帶者最早，微帶草氣。

明 談遷《棗林雜俎·茶》 自貢茶外，產茶之地各處不一，頗多名品。如吳縣之虎丘，錢塘之龍井，最著。

清 宋犖《西陂類稿》卷一四《高江村詹事以龍井茶見餉賦此答謝》 江南春半茶事動，老夫幽夢挂碧巖。虎丘舊種鏟已盡，陽羨佳品心所忺。

小峴春作梅花片，年來羅致余能兼。穀雨已過山塢曉，焙香幾處吹茅簷。

江村詹事抱茶癖，龍井手製馳郵籤。銀絲氷芽竝珍重，白甀青箬勞封緘。

山瓢急取酌惠水，折腳石鼎安風簾。松濤響罷注縹盞，清芬拂拂浮晴嵐。

笑他七椀真水厄，小啜已令俗韻砭。緬玆嘉木出勝地，辨才玉局曾遙探。

性芳味永正可録，中郎何事相譏讒。包裹那許鑽權倖，唐突未敢加虀鹽。

滄浪一杯澆子美。酬和七字促邵髯。從此漫堂開湯社，舌本不強容高談。

清 邵長蘅《和前韻》《西陂類稿》卷一四 古人品茶例烝碾，團龍蒼雲誇芳甘。縷金屑餅失本性，有如玉環脂粉嫌。

今人品茶重烘焙，揀芽抽葉勞摻摻。土銼松薪夜火活，三更烟白月挂檐。

焙成青箬旋包裹，韻香色味百不嗛。滄浪寓公今詞伯，琢詩戰茗嗜頗兼。

棊盤北苑小峴春，品題甲乙排幖籤。我來偶值穀雨過，櫻桃映盌燕入簾。

邀我啜茗坐石上，渴羌鼓嚨驚胡貪。公言此茗出龍井，石乳雲液叢幽喦。

論文舊游得高適，武林遠寄分緗匳。呼酪蒼頭不肯受，禿管城子聊戲拈。

公詩堅壘提一律，草木臭味供雋劖。野夫欲和愁險韻，霜鬚斷莖口銜箝。

且放退之教獨步，何如玉川六椀七椀餘黒甜。

清 必恒《和前韻》《西陂類稿》卷一四 龍井之泉出天目，一泓石罅流瀸瀸。禪老辨才劇風雅，汲泉湖上供子瞻。

何年產茗入包貢，名與顧渚誇東南。江村先生好事者，先春采擷窮林喦。

揀製揉焙出新意，雀兒鬬語開萌尖。鍼芒微粗麥顆小，一兩直可抵一縑。

商丘公雅同臭味，遠道裹致題紅籤。是時愁霖罨春曉，公憂無麥心如惔。

開槭破悶忽色喜，石鼎活火吹風簷。惠山水遞況新到，烹魚恰得熊蹯兼。

須臾浮碧官字盞，色香味勝清而甘，餘瀝分霑及賓從，未到口覺華池甜。

一椀兩椀唫興發，青門逸叟來掀髯。競拈新句霏玉屑，我詩蹇澀空詀諵。

忽憶武林巖壑，天下勝對此佳味，心彌耽布韈青鞵。他日到酌泉，煮茗尋僧龕。

又 高士奇《和前韻》《西陂類稿》卷一四 雨中石花長雲竇，春半明月生松巖。浮氳不入將軍腹，潔色長得詩人忺。

吳中開府季卿匹，清事每許常陸兼。義興秋片六安蕊，開籠老翠浮晴檐。

西湖佳種數龍井，火前鴉觜如排籤。野夫摘香手自焙，蒻絹穿篋親包緘。

青猿急遣致鈴閣，花陰晝靜蝦鬚簾。石銚火活湯鼓浪，竹廊風定烟凝嵐。

非獨雪煩且破睡，嘔酸滯冷何勞砭。座閒嘉客我未與，案頭險韻公先探。

解人自謂獨知味，君子由來不信讒。品題堪破毀茶論，音節如歌疎勒鹽。

何時紫甌得共坐，紅蓮幕下攜蒼髯。各搜文字五千卷，滄浪亭際資清談。

又《步前韻》《西陂類稿》卷一四　經旬病酒苦肺熱，頗思啜茗當山巖。日鑄半甌聊止渴，隔年香味惜不兼。

昨者蠻牋來吳會，字帶龍井之烟嵐。曰高江村餽茶癖，筠籠小摘周林嵒。

雨前雨後分甲乙，旗槍烘焙矜親拈。長於雀舌細於粒，霏霏玉屑何尖纖。

筍綳包束快持贈，爰博酬倡詩篇三。盤空硬句得未有，風韻與莽還相參。

遠道莫能惠煎瀹，屬和箭急催中男。遙憶芳鮮餽春暮，牡丹花正開韋庵。

一吟一臭總清絕，舉頭明月凝湘簾。佳品固應供佳客，左攜短李右邵髯。

梁溪水遞不少缺，膩白如乳盈瓶甑。蟹眼鏇過松濤起，瓦爐活火湏頻添。

六安梅片豈娣姒，敬亭綠雪同封緘。卻笑古人非知味，或舂或碾勞窮檐。

龍團鳳餅失本性，況復猥瑣加薑鹽。我昔秧鞵踏靈隱。咫尺龍井未獲探。

坡老辨才化已久，誰識此種清而甘。讀詩疑茶露齒頰，今宵幽夢縈江南。

清　厲鶚《樊榭山房集》卷四《聖幾餉龍井新茗一器》　松風出竹爐，夢成水火戰。新芽適開封，昏睡不待遣。

為子手瀹嘗，三嗅復三嚥。中有參寥禪，風味得正見。

清　袁枚《隨園食單》卷四《茶酒單·茶》　嘗盡天下之茶，以武夷山頂所生、沖開白色者為第一。然入貢尚不能多，況民間乎？其次，莫如龍井。清明前者，號『蓮心』，太覺味淡，以多用為妙；雨前最好，一旗一槍，綠如碧玉。收法須用小紙包，每包四兩，放石灰罈中，過十日則換石灰，上用紙蓋扎住，否則氣出而色味全變矣。烹時用武火，用穿心罐，一滾便泡，滾久則水味變矣。停滾再泡，則葉浮矣。一泡便飲，用蓋掩之則味又變矣。此中消息，間不容髮也。山西裴中丞嘗謂人曰：『余昨日過隨園，才喫一杯好茶。』嗚呼！公山西人也，能為此言。而我見士大夫生長杭州，一入宦場便喫熬茶，其苦如藥，其色如血。此不過腸肥腦滿之人吃檳榔法也。俗矣！除吾鄉龍井外，余以為可飲者，臚列於後。

又《龍井茶》　杭州山茶，處處皆清，不過以龍井為最耳。每還鄉上冢，見管墳人家送一杯茶，水清茶綠，富貴人所不能喫者也。

清　趙學敏《本草綱目拾遺》卷六《木部·雨前茶》　產杭之龍井者佳，蓮心第一，旗鎗次之，土人於穀雨前採撮成茗，故名。三年外陳者入藥，新者有火氣。清咽喉，明目，補元氣，益心神，通七竅，性寒而不烈，以其味甘益土，消而不峻，以其得先春之氣，消宿食，下氣去噫氣，清六經火。下疳外科全書：雨前茶、麻黃各一錢五分，用連四紙方七寸許，用鉛粉錢半擦紙上，鋪前二藥，捲成筒子，火灼存性，研細，加冰片各一分，研勻用之。偏正頭風醫方集聽：升麻六錢，生地五錢，雨前茶四錢，黃芩一錢，黃連一錢，水煎服。又治頭風，百發百中，赤、白首烏各一兩，真川芎一兩，藁本二錢，細辛一錢，蘇葉一錢，此散邪方也。風寒甚者，可加川羌活，川烏服，以此散邪；不愈，便進後方，真雨前茶四錢，赤、白首烏各二錢，北細辛四分，米仁一錢五分，炒牛膝八分，大川芎一錢五分，甘草五分，煎藥時令病者以鼻引藥氣，服後宜密室避風，至重者四帖全愈，加金銀花二錢更效。若生過楊梅瘡者，加土茯苓四兩，煎湯煎藥。肚脹集聽：凡人肚脹不思飲食，用五虎湯治之，核桃、川芎、紫蘇、雨前茶，以上藥先煎好，好時加老薑砂糖在湯內，即服。三陰瘧集聽：真雨前茶三錢，胡桃肉五錢，敲碎，川芎五分，寒多加胡椒三分，未發前入茶壺內，以滾水沖泡，乘熱頻頻服之，吃到臨發時，不可住。不論新久諸瘧慈航活人書：白芥子一兩，炒為末，雨前茶和服一撮，瘧久者不過二次即愈。遠年痢鳳聯堂驗方：臭椿皮一兩五錢，雨前茶錢半，扁柏葉二錢五分，烏梅、棗頭各二枚，酒、水各一碗煎好，緩緩服，恐泛。五色痢慈惠編：陳年年糕、陳雨前茶、冰糖、茉莉花，共煎湯一盞，服之

立愈。消痰止嗽膏米白糖一觔，豬板油四兩，雨前茶二兩，水四碗。先將茶葉煎至二碗半，再將板油去膜切碎，連苦茶、米糖同下熬化，聽用白滾湯沖數匙，服之。治痞蜈蚣一條，用頂好細茶葉煎服，以身癢為度醫學指南。又家寶方治痞：陳年雨前茶一兩，枳殼三錢，水煎，渣再煎，次日服。傷寒無汗彙集：用白糖、雨前茶、入水熬數沸、服下汗出即愈。加生薑，又治紅白痢疾。療豬癲羊兒瘋陳氏筆記：用晉礬一觔，雨前茶一觔，為末，茶汁米飲為丸，每服四十九丸發日前用二服，茶送下。風痰癇病生白礬一兩，細茶五錢，為末，蜜丸桐子大，一歲十丸，茶湯下。大人五十丸，久服痰自大便中出，斷病根指南。風沿爛皮眼科要覽：甘石童便淬七次，黃連汁淬七次，雨前茶淬七次，出火氣，入冰、麝研勻點。頭風滿頭作痛家寶方：川芎七錢，明天麻三錢，雨前茶一錢，酒一碗，煎六分，渣再用酒一碗煎四五分，晚服，過夜即愈。楊梅瘡雄黃黃四兩，雨前茶四兩，生芝麻四兩，共為細末，黃米磨細，粉糊為丸，桐子大，每早白湯下三錢家寶。上清丸：蘇薄荷二兩，雨前茶、白硼砂七錢，烏梅肉、貝母、訶子各三錢，冰片三分，煉蜜為丸。風寒無汗發熱頭痛者，用核桃肉、蔥白、雨前茶、生薑等分，水一鐘，煎七分，熱服，覆衣取汗。氣虛頭痛不藥良方：用上春茶末調成膏，置瓦盞內覆轉，以巴豆四十粒，作二次燒烟薰之，曬乾擂細，每服一字、別入好茶末，食後絞白湯服之，立愈。肩背筋骨痛醫學指南：槐子、核桃肉、細茶葉、脂麻各五錢，入磁罐內，二碗熬一半，熱服神效。五虎湯：治外邪在表無汗而喘者，麻黃三錢，杏仁去皮尖三錢，石膏五錢，甘草一錢，細茶一撮，有痰加二，陳湯生薑蔥，水煎服，加桑白皮一錢，尤效醫學指南。千杯不醉：乾葛、橄欖、細茶等分，為末，逢半酣時，以茶服下。

清 程淯《龍井訪茶記》 龍井以茶名天下，在杭州曰本山。言本地之山，產此佳品，旌之也。然真者極難得，無論市中所稱本山，非出自龍井；即至龍井寺，烹自龍井僧，亦未必果為龍井所產之茶也。蓋龍井地既隘，山巒重疊，宜茶地更不多。溯最初得名之地，實維獅子峯，距龍井三里之遙，所謂老龍井是也。高皇帝南巡，啜其茗而甘之。上蒙天問，則王氏方園裏十八株，荷褒封焉。李敏達《西湖志》稱：在胡公廟前，地不滿一畝，歲產茶不及一斤，以貢上方；斯乃龍井之冢嫡，厥為無上之品。山僧言：是葉之尖，兩面微缺，宛然如意頭。葉厚味永，而色不濃；佳水瀹之，淡若無色。而入口香冽，回味極甘。其近獅子峯所產者，遜胡公廟矣，然已非他處可及。今所標龍井茶，即環此三五里山中茶也。辛亥清明後七日，余游龍井之山，時新茶初茁，纔展一旗，爰錄採焙之方，並栽擇培溉之略。世有盧陸之嗜，宜觀斯記。

又《產額》 龍井歲產上品茶，如明前雨前者，千餘斤耳；並粗葉紅葉計之，歲額亦止五千斤上下。而名遍全國，遠逮歐美，則賴龍井鄰近之茶附益之。蓋自十八澗至理安，達江頭；自翁家山，滿覺隴，茶樹彌望，皆名龍井。北貫十里松，至棲霞，亦名龍井，然味猶勝他處。杭城所售者，則筧橋各地之產矣。

又《香味》 茶秉荷氣，惟浙江、安徽為然，而龍井為最。飲可五瀹，瀹則盡斟之，勿留瀝焉。一瀹則花葉莖氣俱足；再瀹則葉氣盡，花氣微，莖與蓮心之味重矣；三則蓮心與蓮肉之味矣，後則僅蓮肉之味。啜宜靜，斟宜小鍾。

又《特色》 龍井茶之色香味，人力不能仿造，乃出天然，特色一。地處湖山之勝，又近省會，無非常之旱潦，特色二。名既遠播，價遂有增而無減，視他地之產，其利五倍，特色三。惟其然也，山巔石隙，悉植茶矣。乃荒山彌望，僅三三五五，偃仰於路隅，無集千百株為一地者。物以罕而見珍，理豈宜然。

普洱茶

唐 樊綽《蠻書》卷七《雲南管内物產第七》 茶出銀生城界諸山，散收無採造法。蒙舍蠻以椒、薑、桂和烹而飲之。

宋 李石《續博物志》卷七 茶，出銀生諸山，採無時，雜椒薑烹而飲之。

明 謝肇淛《滇略》卷三《產略》 滇苦無茗，非其地不產也，土人不得採取製造之方，即成而不知烹瀹之節，猶無茗也。昆明之泰華，其雷聲初動者，色香不下松蘿。但揉不勻細耳，點蒼感通寺之產過之，值亦不廉，士庶所用皆普茶也。蒸而成團，瀹作草氣，差勝飲水耳。

明 方以智《物理小識》卷六《茶》 普洱茶蒸之成團，狗西番市之。

清 汪灝《御定佩文齋廣羣芳譜》卷一八《茶一》 普洱山在車里軍民宣慰司北，其上產茶，性溫味香，名曰普洱茶。

清 查慎行《敬業堂詩集》卷三《軍中行樂詞》 猩猩貼地坐鋪氈，紅防酥油一樣鮮。

普洱團茶煎百沸，偏提分賜馬蹄前。

又 卷三三《謝賜普洱茶》 洗盡炎州草木煙，製成貢茗味芳鮮。筠籠蠟紙封初啟，鳳餅龍團樣並圓。賜出儼分甌面月，瀹時先試道旁泉。侍臣豈有相如渴，長是身依瀣露邊。

清 張泓《滇南新語・滇茶》 滇茶有數锺，盛行者曰木邦，曰普洱。木邦葉粗味澁，亦作團。冒普茗名以愚外販，因其地相近也，而味自劣。普茶珍品，則有毛尖、芽茶、女兒之號。毛尖即雨前所採者，不作團。味淡香如荷，新色嫩綠可愛。芽茶較毛尖稍壯，採治成團，以二兩四兩爲率，滇人重之。女兒茶亦芽茶之類，取於穀雨後，以一觔至十觔爲一團，皆夷女採治，貨銀以積爲奩資，故名。制撫例用三者充歲貢，其餘粗普葉，皆散賣滇中。最粗者，熬膏成餅摹印，備饋遺。而歲貢中亦有女兒茶膏，併進蘂珠茶，茶爲祿豐山產，形如甘露子，差小，非葉，特茶樹之萌茁耳，可御熱疾。又茶產順寧府玉皇廟內，一旗一槍，色瑩碧，不殊杭之龍井。惟香過烈，轉覺不適口，性又極寒，味近苦，無龍井中和之氣矣。若迤西之浪穹、劍川、麗江諸邊地，則採槐柳之寄生以代茶，然惟迤西人甘之。

清 檀萃《滇海虞衡志》卷一一 普茶名重於天下，此滇之所以為產而資利賴者也。出普洱所屬六茶山，一曰攸樂，二曰革登，三曰倚邦，四曰莽枝，五曰蠻耑，六曰慢撒，周八百里。入山作茶者數十萬人，茶客收買，運於各處，每盈路，可謂大錢糧矣！嘗疑普茶不知顯自何時，宋自南渡後，于桂林之靜江軍，以茶易西蕃之馬，是謂滇南無茶也。故范公志桂林，自以司馬政，而不言西蕃之有茶。頃檢李石《續博物志》云：茶出銀生諸山，採無時，雜椒薑烹而飲之。普洱古屬銀生府，則西蕃之用普茶，已自唐時。宋人不知，猶于桂林以茶易馬，宜滇馬之不出也。李石於當時無所見聞，而其為志記及曾糙端伯諸人，端伯當宋紹興間，猶為吾遠祖檀倬墓誌，則尚存也。其事記滇中事頗多，足補史缺云。茶山有茶王樹，較五茶山獨大，本武侯遺種，至今夷民祀之。倚邦蠻耑茶味較勝。又順寧有太平茶，細潤似碧螺春，能經三瀹，猶有味也。大理有感通寺茶，省城有太華寺茶，然出不多，不能如普洱之盛。

清 趙學敏《本草綱目拾遺》卷六《木部・普洱茶》 出雲南普洱府，成團，有大、中、小三等。雲南志：普洱山在車里軍民宣慰司北，其上產茶，性溫味香，名普洱茶。南詔備考：普洱府出茶，產攸樂、革登、倚邦、莽枝、蠻耑、慢撒六茶山，而以倚邦、蠻耑者味較勝。味苦性刻，解油膩牛羊毒，虛人禁用。苦澀，逐痰下氣，刮腸通泄。按：普洱茶大者，一團五觔如人頭式，名人頭茶，每年入貢，民間不易得也。有僞作者，名川茶，乃川省與滇南交界處土人所造，其餅不堅，色亦黃，不如普洱清香獨絕也。普洱茶膏黑如漆，醒酒第一。綠色者更佳，消食化痰，清胃生津，功力尤大也。物理小識：普雨茶蒸之成團，狗西番市之，最能化物，與六安同按：普雨即普洱也。普洱茶膏能治百病，如肚脹受寒，用薑湯發散，出汗即愈；口破喉顙，受熱疼痛，用五分噙口過夜，即愈受暑，擦破皮血者，研敷立愈。

清 王昶《滇行日録》 順寧茶味薄而清，甘香溢齒，雲南茶以此為最。普洱茶味沉刻，土人蒸以為團，可療疾，非清供所宜。

清 吳大勛《滇南聞見録》 團茶產於普洱府屬之思茅地方，茶山極廣，夷人管業，採摘烘焙，製成團餅，販賣客商，官為收課。每年土貢，有團有膏，思茅同知承辦團餅，大小不一，總以堅重者為細品，輕鬆者葉粗味薄。其茶能消食理氣，去積滯，散風寒，最為有益之物。煎熬飲之，味極濃厚，較他茶為獨勝。

清 馬毓林《鴻泥雜志》卷二 雲南通省所用茶，俱來自普洱，普洱有六茶山，為攸樂、為革登、為倚邦、為莽枝、為蠻耑、為慢撒，其中惟倚邦蠻耑者味較勝。若雲南府所出之太華茶，大理所出之感通茶，徒具其名，未嘗見也。

清 段永源《信徵別集》卷下 朱繼用又言：『思茅廳地方，茶山

最廣大，數百里間，多以種茶為業。其山川深厚，故茶味濃而佳，以開水沖之十次，仍有味也，而歸其美名於普洱府，其實普洱之茶，皆思茅所產也。』

清 吴振棫《養吉齋叢録》 雲貴督端陽進：普洱大茶五十元，普洱中茶一百元，普洱小茶一百元，普洱女茶一百元，普洱珠茶一百元，普洱芽茶三十瓶，普洱蕊茶三十瓶，黄緞茶膏三十匣，象牙一對，茯苓四元，朱砂二匣，雄精二匣。

清 阮福《普洱茶記》（道光）《雲南通志稿》卷七〇 普洱茶名遍天下，味最釅，京師尤重之。福來滇，稽之《雲南通志》，亦未得其詳，但云產攸樂、革登、倚邦、莽枝、蠻耑、慢撒六茶山，而倚邦、蠻耑者味最勝。福考：普洱府古為西南夷極邊地，歷代未經內附，檀萃《滇海虞衡志》云：嘗疑普洱茶不知顯自何時，宋范成大言，南渡後，於桂林之靜江軍以茶易西蕃之馬，造謂滇南無茶也。李石《續博物志》稱，茶出銀生諸山，採無時，雜椒薑烹而飲之。普洱古屬銀生府，則西蕃之用普茶，已自唐時，宋人不知，猶於桂林以茶易馬，宜滇馬之不出也。李石亦南宋人。本朝順治十六年平雲南，那酋歸附，旋叛伏誅，編隸元江通判，以所屬普洱等處六大茶山納地，設普洱府，竝設分防思茅同知，駐思茅。思茅離府治一百二十里，所謂普洱茶者，非普洱府界內所產，蓋產於府屬之思茅廳界也。廳治有茶山六處，曰倚邦，曰架布，曰嶍崆，曰蠻磚，曰革登，曰易武，與《通志》所載之名互異。福又檢貢茶案冊，知每年進貢之茶，例於布政司庫銅息項下動支銀一千兩，由思茅廳領去轉發採辦，並置辦收茶錫瓶、緞匣、木箱等費。其茶在思茅本地收取，鮮茶時，須以三、四觔鮮茶，方能折成一觔乾茶。每年備貢者，五觔重團茶，三觔重團茶，一觔重團茶，四兩重團茶，一兩五錢重團茶，又瓶盛芽茶、蕊茶，匣盛茶膏，共八色。思茅同知領銀承辦。思茅志稿云：其治革登山有茶王樹，較衆茶樹高大，土人當採茶時，先具酒醴禮祭於此。又云：茶產六山，氣味隨土性而異，生於赤土或土中雜石者最佳，消食散寒解毒。於二月間采蕊極細而白，謂之毛尖，以作貢，貢後方許民間販賣。採而蒸之，揉為團餅，其葉之少放而猶嫩者，名芽茶。採於三、四月者，名小滿茶。採於六、七月者，名穀花茶。大而圓老，名緊團茶。小而圓者，名女兒茶，女兒茶為婦女所採，於雨前得之，即四兩重團茶也。其入商販之手，而外細內粗者，名改造茶。將揉時，預擇其內之勁黄而不捲者，名金月天。其固結而不解者，名疙搭茶，味極厚難得。種茶之家，芟鋤備至，旁生草木，則味劣難售，或與他物同器，則染其氣，而不堪飲矣。

清 丘逢甲《嶺雲海日樓詩鈔》卷一〇《長句與晴皋索普洱茶》

滇南古佛國，草木有佛氣。就中普洱茶，森冷可愛畏。邇來入世多塵心，瘦權病可空苦吟。乞君分惠茶數餅，活火煎之簷蔔林。飲之縱未作詩佛，定應一洗世俗箏琶音。不然不立文字亦一樂，千秋自撫無絃琴。海山自高海水深，與君彈指一話去來今。

清 鍾琦《清瑣屑録》卷三一《鹽政附茶課四十六則》 雲南普洱府產茶，三四月收買，其新嫩者，徐徐烹而啜之，始盡其妙，若鯨吞虹吸，遂不知其韻清氣醇也。光緒丙申冬，為英人捆買、捆賣，從此居奇，且滋味亦不甘香，良由以偽亂真耳。

武夷茶

宋 蔡廷秀《茶竈石》《古今圖書集成》卷二九五 仙人應愛武夷茶，旋汲新泉煮嫩芽。啜罷驂鸞歸洞府，空餘石灶鎖煙霞。

元 趙孟頫《御茶園記》《茶集》卷一 武夷，仙山也。巖壑奇秀，靈芽茁焉，世稱石乳，厥品不在北苑下，然以地嗇，其產弗及貢。至元十四年，今浙江省平章高公興，以戎事入閩，越二年，道出崇安，有以石乳餉者。公美芹思獻，謀始於沖祐道士，摘焙作貢。越三載，更以縣官涖之。大德己亥，公之子久住，奉御以督造，寔來竟事。還朝，越三年，出為邵武路總管建邵，接軫上命，使就領其事。是春，馳驛詣焙所，祇伏厥職，不懈益虔，省委張璧克相其事。

明年，創焙局於陳氏希賀堂之故址。其地當溪之四曲，峯攢岫列，盡鑒奇勝。而邦人相役，翕然子來，爰即其中作拜。發殿六楹，跋翼翬飛，丹堊焜燿，夾以兩廡，製作之具陳焉。而又前闢公庭，外峙高闈，旁搆列舍三十餘間，脩垣繚之。規制詳縝，逾月而事成。爰自修貢以來，靈草有知，日入榮茂。初貢僅二十斤，採摘戶才八十，星紀載周，歲有增益。至

是，定簽茶戶二百五十。貢茶以斤計者，視戶之百與十，各贏其一焉。餘倣此焙之製，為龍鳳團五千。製法必得美泉，而焙所土騂剛，泉弗竇，俄而殿居兩石間，迸湧澄泓，視鳳泉尤甘洌。見者驚異，因甃以甓，亭其上，而下者鑿石為龍口，吐而注之也。用以溲浮，芳味深邕。

蓋斯焙之建，經始於是年三月乙丑，以四月甲子落成之。時邵武路提控案牘省委張璧復為崇安縣尹，孫瑀董其役，而恪共貢事，則建寧總管王鼎，崇安縣達魯花赤與有力焉。既承差穀，協恭拜稽，緘匙馳進闕下，自是歲以為常。欽惟聖朝統一區宇，乾清坤夷，德澤有施，洽於庶類，而平章公肇脩底貢，父作子述，忠孝之美，萃於一門。和氣薰蒸，精誠感格，於是金芽先春，瑞侔朱草，玉漿噴地，應若醴泉。以山川草木之效珍，見天地君臣之合德。則雖器幣貨財，殫禹貢風土之宜，盡周官邦國之用，而蕃蒪備其休證，滂流兆其禎祥，蔑以尚於此矣。

建人士以為北苑經數百年之後，此始出於武夷僅十餘里之間，厥產屏豊於北性，殊常盛事，曠代奇逢，是宜刻石茲山，永觀無斁。爰示與創顛末，禪孟熧受而祐簡畢焉。孟熧不得辭，是用比敘大概，出以授之。庶幾彰聖世無疆之休，垂明公無窮之聞，且使嗣是而共歲事者，益加敬而增美云。

元 張涣《重修茶場記》《茶集》卷一　建州茶貢，先是猶稱北苑，龍團居上品，而武夷石乳湮巖谷間，風味惟野人專。洎聖朝，始登職方，任土列瑞，產蒙雨露，寵日蕃衍。繇是歲增貢額，設場官二人，領茶丁二百五十，茶園百有二所，芟辟封培，視前益加，斯焙遂與北苑等。然靈芽含石姿而鋒勁，帶雲氣而粟腴，色碧而瑩，味飴而芳。採擷清明旬日間，馳驛進第一春，謂之五馬薦新茶，視龍團風在下矣。是貢，由平章高公平江南歸覲而獻，未遜蔡、丁專美。邵武總管克繼先志，父子懷忠一軌。謂玉食重事也，非殿宇壯麗，無以竦民望。故斯焙建置，規模宏偉，氣象軒豁，有以肅臣子事上之禮，歷二十有六載。

有莘張侯端，本為斯邑宰，修貢明年，周視桷榱桁梲，有外澤中腐者，黝堊丹雘，有漶漫者，瓦蓋有穿漏者，悉以新易故，圖永永久。復於場之外，左右建二門，榜以茶場，使過者不敢褻焉。予來督貢未幾，本道憲僉李羅蘭坡與書吏張如愚、宋德延，俱詢諏道經視貢，顧瞻棟宇，完美如新，俾識歲月，且揭產茶之地示後人。予承命不敢辭，乃述其顛末之概。竊謂天下事無巨細，不難於始，而難乎其繼。苟非力量弘毅，事理通貫，鮮不為繁劇而空疏，悉置之，因仍苟且而已。張侯仕學兩優，事之巨與細，莫不就綜理。是役也，費無縻官，傭無厲民，不亦敏乎？事圖其早而力省，弊防其微而慮遠，不亦明乎？凡為仕者，皆能視官如家，一日必葺，則斯焙常新，可與溪山同其悠久。來者其視，斯刻以勸。

元 諳都剌《喊山臺記》《茶集》卷一　武夷產茶，每歲修貢，所以奉上也。地有主宰，祭祀得所，所以妥靈也。建為繁劇之郡，牧守久闕，事務往往廢曠。邇者余以資德大夫前尚書省左丞忻都嫡嗣，前受中憲大夫、福建道宣慰副使僉都元帥府事，茲膺宣命，來牧是邦。視事以來，謹恪迺職，惟恐弗稱。

茲春之仲，率府吏段以德，躬詣武夷茶場，督製茶品。驚蟄喊山，循彝典也。舊於修貢正殿所設御座之前，陳列牲牢，祀神行禮，甚非所宜，迺進崇安縣尹張端本等，而諗之曰：『事有不便，則人心不安，而神亦不享。今欲改弦而更張之何如？』衆皆曰：『然』。乃於東皐茶園之隙地，築建壇墠，以為祭祀之所。庶民子來，不日而成。臺高五尺，方一丈六尺，亭其上，環以欄楯，植以花木。左大溪，右通衢，金雞之巖聳其前，大隱之屏擁其後，棟甍翬飛，基址壯固。斯亭之成，斯祀之安，可以與武夷相為長久。俾修貢之典，永為成規。人神俱喜，顧不偉歟。

（成化）《八閩通志》　建寧八縣皆出，而龍鳳、武夷二山所出者尤號絕品。

明 徐𤊹《茗譚》　武夷御茶園中，有喊山泉。仲春，縣官詣茶場，致祭，水漸滿。造茶畢，水遂涸。此與金沙泉事相類。名泉有難殫述，上數條偶舉靈異耳。

明 徐𤊹《武夷茶考》《茶集》卷一　按：《茶錄》諸書，閩中所產茶，以建安北苑第一，壑源諸處次之，然武夷之名，宋季未有聞也。然范文正公《鬥茶歌》云：『溪邊奇茗冠天下，武夷仙人從古栽』。蘇子瞻詩亦云：『武夷溪邊粟粟芽，前丁後蔡相寵加』。則武夷之茶，在前宋亦有知之者，第未盛耳。

元大德間，浙江行省平章高興，始採製充貢，創闢御茶園於四曲，建

第一春殿，清神堂，焙芳、浮光、燕嘉、宜寂四亭。門曰仁風，井曰通仙，橋曰碧雲。國朝寢廢為民居，惟喊山臺、泉亭故址猶存。喊山者，每當仲春驚蟄日，縣官詣茶場，致祭畢，隸卒鳴金擊鼓，同聲喊曰：『茶發芽！』而井水漸滿；造茶畢，水遂渾涸。而茶戶採造，有先春、探春、次春三品，又有旗槍、石乳諸品，色香味不減北苑。國初罷團餅之貢，而額貢每歲茶芽九百九十斤，凡四品。嘉靖三十六年，郡守錢璞奏免解茶，將歲編茶夫銀二百兩，解府造辦解京，而御茶改貢延平。而茶園鞠為茂草，井水亦日湮塞。然山中土氣宜茶，環九曲之內，不下數百家，皆以種茶為業，歲所產數十萬斤。水浮陸轉，鬻之四方，而武夷之名，甲於海內矣。

宋元製造團餅，稍失真味，今則靈芽仙萼，香色尤清，為閩中第一，至於北苑、壑源，又泯然無稱。豈山川靈秀之氣，造物生植之美，或有時變易而然乎？

清 周亮工《閩小紀》卷一《閩茶》 武彝、岕崱、紫帽、龍山，皆產茶，僧拙於焙，既採，則先蒸而後焙，故色多紫赤。只堪供宮中浣濯用耳。近有以松蘿法製之者，即試之，色香亦具足。經旬月，則紫赤如故。蓋製茶者，不過土著數僧耳。語三吳之法，轉轉相效。舊態畢露，此須如昔人論琵琶法，使數年不近。盡忘其故調。而後以三吳之法行之，或有當也。

清 王梓《茶說》 武夷山，周迴百二十里，皆可種茶。茶性他產多寒，此獨性溫。其品有二：在山者為巖茶，上品；在地者為洲茶，次之。香清濁不同，且泡時巖茶湯白，洲茶湯紅，以此為別。雨前者為頭春，稍後為二春，再後為三春。又有秋中採者，為秋露白，最香。須種植、採摘、烘焙得宜，則香味兩絕。然武夷本石山，峯巒載土者寥寥，故所產無幾。若洲茶，所在皆是，即鄰邑近多栽植，運至山中及星村墟市賈售，皆冒充武夷。更有安溪所產，尤為不堪。或品嘗其味，不甚貴重者，皆以假亂真誤之也。至於蓮子心、白毫皆洲茶，或以木蘭花熏成欺人，不及巖茶遠矣。

清 朱彝尊《曝書亭集》卷一八《御茶園歌》 御茶園在武夷第四曲，元於此創焙局安茶槽

五亭參差一井冽，中央臺殿結構牢。每當啟蟄百夫山下喊，樅金伐鼓聲喧嘈。

歲簽二百五十戶，須知一路皆驛騷。山靈丁此亦太苦，又豈有意貪牲醪。

封題貢入紫檀殿，角盤瘦枕怯薛操。小團硬餅擣為雪，牛湩馬乳傾成膏。

君臣第取一時快，詎知山農摘此田不毛。先春一聞省帖下，樵丁蕘豎紛逋逃。

入明官場始盡革，厚利特許民搜掏。殘碑斷臼滿林麓，西皋茅屋連東皋。

自來物性各有殊，佳者必先占地高。雲窩竹窠擅絕品，其居大抵皆巖嶅。

茲園卑下乃在隰，安得奇茗生周遭。但令廢置無足惜，留待過客閒遊遨。

古人試茶昧方法，椎鈐羅磨何其勞。誤疑爽味碾乃出，真氣已耗若醴餔其糟。

沙溪松黃建蠟面，楚蜀投以薑鹽熬。雜之沉腦尤可憾，陸羽見此笑且呶。

前丁後蔡雖著錄，未免得失存譏褒。我今攜鎗石上坐，箬籠一一解緄縚。

冰芽雨甲恣品第，務與粟粒分錙毫。

清 王復禮《茶說》《續茶經》卷上 武夷茶，自穀雨採至立夏，謂之頭春；約隔二旬，復採，謂之二春；又隔又採，謂之三春。頭春葉粗味濃，二春三春葉漸細，味漸薄，且帶苦矣。夏末秋初又採一次，名為秋露。香更濃，味亦佳，但為來年計，惜之不能多採耳。茶採後，以竹筐勻鋪，架於風日中，名曰曬青。俟其青色漸收，然後再加炒焙。陽羨岕片祇蒸不炒，火焙以成。松蘿、龍井皆炒而不焙，故其色純。獨武夷炒焙兼施，烹出之時，半青半紅，青者乃炒色，紅者乃焙色。茶採而攤，攤而摝，香氣發越即炒，過時不及皆不可。既炒既焙，復揀去其中老葉枝蒂，使之一色。釋超全詩云：「如梅斯馥蘭斯馨，心閒手敏工夫細。」形容殆

盡矣。

清 陸廷燦《武夷茶》（嘉慶）《崇安縣志》卷二　桑苧家傳舊有經，彈琴喜傍武夷君。輕濤松下烹溪月，含露梅邊煮嶺雲。醒睡功資宵判牒，情神雅助畫論文。春雷催茁仙巖筍，雀舌龍閉取次分。

清 釋超全《武夷茶歌》（嘉慶）《崇安縣志》卷二　建州團茶始丁渭，訪小龍圖君謨制，元豐敕製密雲龍，品比小團更為貴，元人特設御茶，山民終歲修貢事，明興茶貢永革除，玉食豈為遐方累，相傳老人初獻茶，死為山神享廟祀，景泰年間茶久荒，喊山歲猶供祭費，輸官茶購自他山，郎公青螺除其弊；嗣後巖茶亦漸生，山中惜此少為利，往年薦新苦黄冠，偏採春茅三日內，搜盡深山粟粒空，官令禁絕民蒙惠，種茶辛苦甚種出，耕鋤採摘與烘焙，穀雨期屆處處忙，兩旬晝夜眠餐廢，道人仙山資為糧，春作秋成如望歲，凡茶之產視地利，溪北較厚溪南次，平洲淺渚土膏輕，幽谷高岸煙雨膩，凡茶之候視天時，最喜天晴北風吹，苦遭陰雨風南農，色香頓減淡無味，近時製法重清漳，漳芽漳片標名異，如梅斯馥蘭斯馨，大抵焙得候香氣，鼎中籠上爐火溫，心閑手敏工夫細，岩阿宋樹無多叢，雀舌吐紅袺葉醉，終朝採採不盈掬，漳人好事自珍秘，積雨山樓苦晝閑，一宵茶話留千載，重烹山茗慶枯腸，雨聲雜遝松濤沸。

清 袁枚《隨園食單》卷六《茶酒單・武夷茶》　余向不喜武夷茶，嫌其濃苦如飲藥。然丙午秋，余游武夷到曼亭峰、天游寺諸處。僧道爭以茶獻。杯小如胡桃，壺小如香櫞，每斟無一兩。上口不忍遽咽，先嗅其香，再試其味，徐徐咀嚼而體貼之。果然清芬撲鼻，舌有餘甘，一杯之後，再試一二杯，令人釋躁平矜，怡情悅性。始覺龍井雖清而味薄矣；陽羨雖佳而韻遜矣。頗有玉與水晶，品格不同之故。故武夷享天下盛名，真乃不忝。且可以瀹至三次，而其味猶未盡。

清 趙學敏《本草綱目拾遺》卷六《木部・武彝茶》　出福建崇安，其茶色黑而味酸，最消食下氣，醒脾解酒。單杜可云：諸茶皆性寒，胃弱者食之，多停飲。惟武彝茶性溫，不傷胃，凡茶澼停飲者宜之。治休息痢救生苦海：烏梅肉、武彝茶、乾薑，為丸服。

（乾隆）《武夷山志》卷一九《物産・藝屬・茶》　茶之產不一，崇、建、延、泉，隨地皆產，惟武夷為最，他產性寒，此獨性溫也。其品分巖巖茶，洲茶，附山為巖巖，沿溪為洲，巖為上品，洲次之，又分山北、山南，山北尤佳，山南又次之。巖山之外，名為外山，清濁不同矣。採摘以清明後穀雨前為頭春，立夏後為二春，夏至後為三春。頭春香濃味厚，二春無香味薄，三春頗香而味薄。種處宜日宜風，而畏多風日，多則茶不嫩。採時宜晴不宜雨，雨則香味減。各巖著名者，白雲、天遊、接筍、金谷洞、玉華、東華等處。採摘烘焙，須得其宜，然後香味兩絕。第巖茶反不甚細，有小種、花香、清香、工夫、松蘿諸名，烹之有天然真味，其色不紅。崇境東南，山谷平原，無不有之，惟崇南曹墩，乃武夷一脈，所產甲于東南，至於蓮子心，白毫、紫毫、雀舌，皆外山洲茶，初出嫩芽為之，雖以細為佳，而味實淺薄，若夫宋樹尤為稀有。又有名三味茶，別是一種，能解醒消脹，巖山外山，各皆有之，然亦不多也。

又卷二〇《武夷雜記》　山中採茶歌，淒哀清婉，韻態悠長，每一聲從雲際飄來，未嘗不潸然墮淚，吳歌未能便動人如此也。

武夷茶賞自蔡君謨始，謂其味過於北苑龍團，周右文極抑之，蓋緣山中不曉製焙法，一味計多，徇利之過也。余試採少許，製以松蘿法，汲虎嘯巖下語兒泉烹之，三德俱備，帶雲石而復有甘軟氣，乃分數百葉寄右文，令茶吐氣，復酹一杯，報君謨於地下耳。

清 郭柏蒼《閩産録異》卷一《貨屬・茶》　閩諸郡皆產茶，以武夷為最。蒼居芝城十年，以所見者錄之。武夷寺僧多晉江人，以茶坪為業，每寺定泉州人為茶師。清明後、穀雨前，江右採茶者萬餘人。手挽茶柯，拉葉入籃筐中，茶師分粗細焙之。最細為『奇種』，即『刺天之第一槍』也。其二旗者為『名種』、為『小種』，稍粗者為『次香』、為花香。花香者，夾梔子花入焙也。為『種焙』、為『揀焙』。最粗之茶，統為岩片。又有就茗柯，擇嫩芽，以指頭入鍋，逐葉卷之，火候不精，則色黝而味焦，即泉漳台澎人所稱『工夫茶』，甌僅一、二兩，其制法則非茶師不能。』口取值一阻錣。別有『松際』，色淺、香談。『老君眉』葉長、味鬱，然多偽為。『鐵羅漢』、『墜柳條』皆宋樹，又僅止一株，年產少許，無可價值。凡茶，他郡產者，性微寒；武夷九十九巖產者，性獨溫。其品分『巖茶\』、『洲茶』。附山為『巖』；沿『溪』為洲。『巖』為上品；

『洲』為次品。九十九巖，皆特拔挺起。凡風、日、雨、露，無一息之背，水泉之甘潔，又勝他山，草旦芳烈，何況茗柯。其茶分山北、山南；山北尤佳，受東南晨日之光也。『巖茶』、『洲茶』之外，為『外山』，清濁不同矣。九十九巖茶，可三瀹；『外山』今兩瀹即淡。武夷各巖著名者：『白雲』、『仙遊』、『折筍』、」、『金谷洞』、『玉華』、『東華』；余則『崇南』之『曹墩』，乃武夷一脈，所產甲于東南。『蓮心、『白毫』、『紫毫』、『雀舌，皆外山』及『洲茶』，採初出嫩芽為之，雖以細為佳，味則淺薄。又有『三味茶』，別是一種，能解醒消脹。凡茶樹，宜日、宜風，而厭多風。日多則茶不嫩。採時宜晴，不宜雨；雨則香味減。武夷採摘以清明後、穀雨前，為『頭春』，香濃、味厚。立夏後為『二春』，無香、味薄。夏至後為『三春』，頗香而味薄。至秋則採為『秋露』，貯茶一忌濕氣，次忌共置，三忌大器。以一、二兩小甕，密緘包裹，置鉛箱中，實以岩片，緘以木匣為妙。然新、舊交，則色紅、味老而香減。『蓮心』、『白毫』，陰乾者色尤易變。

清佚名《茶史》 記武夷茶云：武夷諸峯皆拔立不相攝，多產茶，接筍峯上大王次之，幔亭又次之。而接筍茶絕少不易得，按：陸羽經云『凡茶，上者生爛石，中者生礫壤，下者生黃土』，夫爛石已上矣，況其峯之最高最特出者乎？大王峯下削上銳中，周廣盤欝，諸峯無與並者。然猶有土滓接筍突兀直上絕不受滓水石相蒸而茶生焉，宜其清遠高潔稱茶中第一乎。吾聞其語鮮能知味也。經又云，嶺南生福州，建州、韶州、象州，註云，福州生閩方山，其建韶象未詳，往往得之，其味極佳，豈方山即今武夷山耶。世之推茗社者，必首桑苧翁，豈欺我哉。

名山與茶部

陝西

歸仁山

《續資治通鑑長編》卷二九七　提舉成都府茶場李稷言：洋州西鄉縣茶，舊與熙河、秦鳳路蕃漢為市，而商人私販，南入巴、達州，東北入金州，永興軍、鳳翔府官未置場以前，於州界仙遊、少府、雞雄、歸仁、洋口等鎮鋪差牙校編攔抄發，指州縣輸稅。熙寧十年廢罷四場牙校，止留洋口一處，州縣慢令，私販公行，西鄉茶歲比舊減少。乞雞雄等場令州縣督責買撲人編攔，歸仁鋪乞依舊輪差稅務牙校編閱抄發。園户中官茶數，歲以三十萬斤為額，增及萬斤，賞錢一千，如虧少，量事決罰。從之。

（康熙）《陝西通志》卷三《山川》　西鄉縣，歸仁山在縣東南四百里，産茶之處。

（雍正）《陝西通志》卷五四《名宦五》　西鄉縣産茶。

《清一統志》卷一八六　茶，出西鄉縣歸仁山。

金州

《明會典》卷三七《茶課》　［洪武］四年奏准，陝西漢中府金州、石泉、漢陰、平利、西鄉縣茶園，每十株官取一分。其民所收茶，官給價買。無主者令守城軍士薅培，及時採取，以十分為率，官取八分，軍收二分。每五十斤為一包，二包為一引。令有司收貯，於西蕃易馬。

又　［成化］五年，令陝西布政司將金州等處茶課，自成化六年為始，仍收本色。其原折收銀布，候豐年收買茶斤，送各茶馬司收貯，以備易馬。

又　正德元年議准，勘處漢中所屬金州、西鄉、石泉、漢陰等處，舊額歲辦茶課二萬六千八百餘斤，新收茶課二萬四千一百六十四斤，俱照數歲辦，永為定例。

又　嘉靖十二年奏准，陝西金州、西鄉、石泉、漢陰、紫陽五州縣茶户，巡茶御史每十年一次清審，量為增減，均平茶課。

（康熙）《陝西通志》卷一二《茶法》　陝西置茶馬司四。闕運正統八年奏准：金州芽茶一觔，收葉茶二觔，運西寧茶馬司收貯易馬。

（乾隆）《甘肅通志》卷一九《附歷代茶馬》　洪武四年，奏准陝西漢中府金州、石泉、漢陰、平利、西鄉縣民茶，十株官取一分，民所收茶，官給價買，無主者，令官軍薅培，及時採取，官取八分，軍收二分。每五十斤為一包，二包為一引，令有司收貯，與西番易馬。永樂初，遣御史巡督洮河等處茶馬。正統八年，奏准金州芽茶一斤，收葉茶二斤，運西寧易馬。

《明史》卷八〇《食貨志四·茶法》　洪武初，定令：凡賣茶之地，令宣課司三十取一。四年，户部言：『陝西漢中、金州、石泉、漢陰、平利、西鄉諸縣，茶園四十五頃，茶八十六萬餘株。四川巴茶三百十五頃，茶二百三十八萬餘株。宜定令每十株官取其一。無主茶園，令軍士薅采，十取其八，以易番馬。』從之。

（道光）《續修紫陽縣志》卷三《食貨志·賦役》　［康熙二十三年］奉旨豁免茶課銀一百二十七兩三錢四分六釐九毫三絲七忽。

又　按舊志所載賦役，俱康熙二十七年以前權宜之數，迄後增減因時，未有定額，今考《通志》及現行則例續之，用昭畫一之良規焉。

又《樹藝·雜植》　紫陽茶每歲充貢，陳者最佳，醒酒銷食，清心明目，功則著矣，然多飲亦破睡傷脾。按《茶解》：茶地南向為佳，向陰者劣。《茶疏》：清明、穀雨，摘茶之候也，清明太早，立夏太遲，穀雨前後，其時適中。紫陽茶，春分時摘之，葉細如米粒，色輕黄，名曰毛尖白茶，至貴。清明時摘之，細葉相連，如个字狀，名曰芽茶，入水色微綠，較白茶氣力完足，香烈尤倍。以次漸遲，摘之則為蔓子，為草青色，

香味俱不及清明、穀雨前者為佳。

清 陳僅《紫陽書事三十二韻》（道光）《續修紫陽縣志》卷八　崖邊摘茗分寒暖，紫陽産茶，以陰坡、陽坡分茶性寒暖。林際聽鶯識雨暘。黄鶯，關中人呼為水鴉兒，雖久旱，聞林際鶯啼必有雨至。西澗柳欹東澗溟，南坡花發北坡香。

江蘇

山陽

唐 陸羽《茶經》卷中《七之事》　《淮陰圖經》：山陽縣南二十里有茶坡。

《明史》卷四〇《地理志一》　山陽倚。北濱淮。高家堰在其西南。南有運河，永樂中浚。西南有永濟河，萬曆九年開，長六十五里，亦謂之新運河。東南有射陽湖。東北有馬邏鄉、廟灣鎮、羊寨鄉三巡檢司。

（乾隆）《山陽縣志》卷一七　茶陂，在縣治南。陸羽《茶經》云：《淮陰圖經》山陽縣南二十里有茶陂。府志云：去治西南二十里，北枕管家湖。管家湖，即故西湖。自河徙湖塞，茶陂址遂不可考。

義興

五代 毛文錫《茶譜》《全芳備祖後集》卷二八　建州北苑先春龍焙。洪州西山白露。雙井白芽、鶴嶺。安吉州顧渚紫笋。常州義興紫笋、陽羡春。池陽鳳嶺。睦州鳩坑。宣州陽坡。南劍蒙頂石花、露鋑芽、籛芽。南康雲居。峽州碧澗明月。東川獸目。福州方山露芽。壽州霍山黄芽。

唐 裴汶《茶述》《古今合璧事類備要外集》卷四二　茶，起於東晉，盛於今朝。其性精清，其味浩潔，其用滌煩，其功致和。參百品而不混，越衆飲而獨高。烹之鼎水，和以虎形，過此皆不得。千人服之，永永不厭。與粗食爭衡，得之則安，不得則病。彼芝朮、黄精，徒云上藥，至效在數十年後，且多禁忌，非此倫也。或曰，多飲令人體虚病風。余曰，不然。夫物能祛邪，必能輔正，安有蠲逐虆病，而靡保太和哉。今宇内為土貢實衆，而顧渚、蘄陽、蒙山為上，其次則壽陽、義興、碧澗、㴩湖、衡山，最下有鄱陽、浮梁。今其精者無以尚焉，得其麤者，則下里兆庶，瓶盎紛揉。苟未得，則謂百病生矣。人嗜之如此者，兩晉已前無聞焉。至精之味或遺也。作《茶述》。

唐 盧仝《玉川子詩集》卷二《走筆謝孟諫議寄新茶》　日高丈五睡正濃，軍將打門驚周公。口云諫議送書信，白絹斜封三道印。開緘宛見諫議面，手閱月團三百片。聞道新年入山裏，蟄虫驚動春風起。天子須嘗陽羨茶，百草不敢先開花。仁風暗結珠琲瓃，先春抽出黄金芽。摘鮮焙芳旋封裹，至精至好且不奢。至尊之餘合王公，何事便到山人家。柴門反關無俗客，紗帽籠頭自煎喫。碧雲引風推不斷，白花浮光凝椀面。一椀喉吻潤，兩椀破孤悶。三椀搜枯腸，唯有文字五千卷。四椀發輕汗，平生不平事，盡向毛孔散。五椀肌骨清，六椀通仙靈。七碗喫不得也，惟覺兩腋習習清風生。蓬萊山，在何處。玉川子，乘此清風欲歸去。山上羣仙司下土，地位清高隔風雨。安得知百萬億蒼生命，墮在巔崖受辛苦。便為諫議問蒼生，到頭還得蘇息否。

唐 杜牧《樊川文集》卷三《題茶山在宜興》　山實東吳秀，茶稱瑞草魁。剖符雖俗吏，脩貢亦仙才。溪盡停蠻棹，旗張卓翠苔。柳村穿窈窕，松澗渡喧豗。等級雲峯峻，寬平洞府開。拂天聞笑語，特地見樓臺。泉嫩黄金湧，山有金沙泉，脩貢出，罷貢即絕。牙香紫璧裁。拜章期沃日，輕騎疾奔雷。舞袖嵐侵澗，歌聲谷答迴。磬音藏葉鳥，雪豔照潭梅。好是全家到，兼爲奉詔來。樹陰香作帳，花徑落成堆。景物殘三月，登臨愴一杯。重遊難自剋，俛首入塵埃。

唐 李郢《阳羡春歌》《全唐詩》卷五九〇　石亭梅花落如積，玉蘚斕斑竹姑赤。祝陵有酒清若空，煮稬蒸鱼作寒食。長橋新晴好天氣，兩市兒郎擢船戲。溪頭鐃鼓狂殺儂，青蓋紅裙偶相值。風光何處最可憐，邵家高樓白日邊。樓下遊人顔色喜，溪南黄帽應羞死。三月未有二月殘，靈龜可信淳水乾。葑草青青促歸去，短簫橫笛説明年。

宋 趙彦衛《雲麓漫鈔》卷四　陸羽《茶經》云：江左近日方有蠟面之號，李氏別取乳作片，或號京挺、的乳。及骨子又云：浙西湖州

爲上，常州次之。湖州出長城今長興顧渚山中，常州出義興今宜興君山懸腳嶺北岸下。唐《重修茶舍記》：『貢茶御史大夫李栖筠典郡日，陸羽以爲冠於他境，栖筠始進。』故事，湖州紫筍以清明日到，先薦宗廟，後分賜近臣。紫筍生顧渚，在湖、常閒。當茶時，兩郡太守畢至，爲盛集，見蔡寬夫《詩話》。玉川子謝孟諫議寄新茶，有『手閱月團三百片』，又云，『天子須嘗陽羨茶』，則孟所寄乃陽羨茶也。又湖守袁高詩云：『擣聲昏繫晨，衆功何枯櫨。』則陽羨又知是餅茶，不特始於李氏也。袁詩又云：『黎甿輟耕耘，采掇實苦辛。一夫且當役，盡室皆同臻。捫葛上敧壁，蓬頭入荒榛。終朝不盈掬，手足皆鱗皴。悲嗟遍空山，草木爲不春。陰嶺茶未吐，使曹牒已頻。』今人不復爲餅，豈坐是耶？

又卷五 南嶽有三，衡山一也。漢武南狩舒之灊山，望祀，後人因灊爲南嶽，二也。常之宜興有南岳，産茶，云以吳孫皓時得名。

宋 潘自牧《記纂淵海》卷九《郡縣部·兩浙西路·常州》 形勝：劍井，葛仙翁駐馬之地。金泉，在宜興縣西南蠡瀆，范蠡所開。蛟山，在武進縣西。章山、真山、童山、顧山、君山、國山，俱在宜興。南嶽，在宜興，産茶。太湖，在州東一百里。慧山，去無錫縣七里。白鶴溪，在武進縣西。白馬洞，在宜興，其南有張公洞。金鶴峯，在宜興北。金牛潭、玉女潭，在宜興。張公山惠山寺泉，為天下第二。紀勝

（咸淳）《重修毗陵志》卷一五《山水·山·宜興》 君山，在縣西南三十里，舊名荆南。山高二百三十仞，麓周八十五里。《風土記》云：東漢袁玘為陽羨長，逆知水旱，每言歿當為神，後無疾而終。一夕風雨晦冥，亡其棺，邑人夜聞此山有數千人聲，旦亟往視，棺在焉。走白縣吏，民羣至，則棺已瘞藏，惟見石塚、石檀，旁有石板，如馬鬣搖拂壇塚。遂神之，為立祠，俗號銅棺山。或傳：玘之亡，天降銅棺，與葉令事相類。《輿地志》云：山巔有池，池有三足鼈、六目龜。《爾雅》云：鼈三足曰能。郭璞注：陽羨君山有之，今池尚存。唐陸希聲有『君山蒼翠接青冥』之句。上有龍潭。

國山，在縣西南五十里。延袤三十六里，高百二十五仞。一名離墨山，舊傳仙人鍾離墨得道于此。吳五鳳二年陽羨離墨山大石自立。天璽元年陽羨山有石裂十餘丈，名曰石室，皓以為大瑞，遣司徒董朝等行封禪禮。《吳志》載：遣司徒董朝、兼太常周處至陽羨封禪國山，舊志云：碑有大司徒朝，無處名。刻石頌德，圜碑猶存，其形如鼓，俗呼『囤碑』。又瘞玉璧、銀龍、銅馬於碑下，字寖漫滅，不可讀。或稱董山，以朝至此，故名。

靜樂山，在縣南三十里君山之東麓，唐湛然禪師道場。

橫山，一名大蘆山，在縣西南四十里，君山之西麓。唐末有靈峰院。

芙蓉山，在縣西南三十里，君山之南麓，唐大毓禪師道場。

南嶽山，在縣西南二十里，君山之北麓，有勝果寺。孫皓既封禪國山，遂禪北山為南嶽。漢武移衡山之祭于灊霍，皓取其義。

章山，一名黃山，在縣西南七十里，周廣六十八里有畸。《風土記》云：即芳巖也。有沸泉山、武花山，連亘入寧國界。《通典》云：陽羨有君山、國山、章山也。

計山，在縣東北二十五里計亭東。山巔有池，秃角白龍穴其中，將雨則見。蔡肇詩云：南山鼕冬鼕天作鼓，號召諸龍盡行雨。唯有秃角最先到，潑墨雲中雪鱗舞。近築祠于上。

金鵝山，在計山西峯。《郡國志》云：昔有金鵝集山，唐嘗以名州。

琅玕山，在縣西北七十里，俗號良干，有龍湫。

甑山，在縣西南二十五里，其形如甑，雲氣騰涌茗炊然。梁蕭子雲《贈海清師還山詩》云：忽聞甑僊侶，萬里自相親。寂寞晚霖霽，重疊晴雲新。唐僧清塞《宿晝上人房詩》云：別來松頂宿，知在甑山禪。積霧沈斜月，孤燈照落泉。

唐貢山，在縣東南三十五里，臨罨畫溪，以唐朝貢茶，故名。

穿石山，在縣東南二十里，一名蛟山。《十道志》云：晉有大蛟孕子，人得其殼，可容三斛，嵌空成穴，受許陂長流溉民田。有石刻，唐人盧肇、崔光題名。

頤山，在縣東南三十五里，陸希聲退隱于此，謂：東走震澤，震為雷，魚龍之所蓄，有頤之象。故名。著二十有七詠，記臺池、泉石、林木之勝，載《頤山録》。嘉佑中令趙文昌刻石縣圃。

蜀山，在縣東南三十八里。一峰屹立，水環其麓，亦名獨山。《頤山録》云：頤山東連洞靈諸峯，屬于蜀山。蘇文忠因其名而登覽焉。有東

坡祠，今不存。

烟山，在縣西南三十里。諸峰環峙，西曰碧雲山，南曰羅漢山，北曰雞籠山。西北曰紫雲山，上有漁磯，臨深谷，舊傳孫堅釣于此。西南曰聖山，下有泓潭，歲旱不涸。

神山，在縣西北九十里洮湖上，與大壞山對峙，多巨石，林木不產。延袤三四里，下瞰湖，風起水湧，濺沫如雪。

小坏音浮山，一名長塘，在洮湖中。《輿地記》云：長塘湖中有小壞山，水底有石室，亦有虎跡，涸則見。

大坏山，在洮湖中，與小坏山相望，《南徐志》云：二山居洮湖，水環四面，視之若浮，故名。

漸山，在洮湖中，峯巒奇怪，以詩有『漸漸之石』，故名之。

周山，在洮湖西，舊傳博士周生烈葬此。按《論語疏》：烈，燉煌人，仕魏。三國區宇，豈越境終於是邑邪？一云嘗獲斷碑，乃烈所作，未知孰是。

凸山，在縣西北八十五里，入溧陽界。舊有亭址，《風土記》云：昔山姥于此得道。漢建武中嘗封蔣澄為凸亭鄉侯。

都山，在縣西北四十五里，有蔣澄墓。

箬山，在縣西南二十里。

蒿山，在縣西南三十里，多產茶。

小心山，在縣西南二十五里，一名敷金嶺，即君山西峯。《寰宇記》云：金硎承小心，蓋下有金沙泉也。

獨山，在張渚鎮北，近章溪。

下山，在縣南三十五里，有甯相公墓，或以謂甯戚。孫鴻慶艤舟有詩云：蘿牽籬幕翠，葉隕砌堆紅。宿鳥來還去，微泉咽復通。

虞山，在縣東北二十里，多連理木。

陽山，在縣東北二十五里。

李山，在縣東北三十五里，有禪寂寺。

安樂山，在縣西北八十里，與凸山對峙。

竹山，在縣東北六十里太湖濱，僅一小草阜。

柯山，在縣北三十里，有雲陽鄉侯蔣默墓。

保安山，在縣東北二十里。

龍山，在縣南五十里，下有武陵洞。

蘭山，在縣東南五十里，麓週二十五里。《輿地志》云：石蘭山旁入太湖。晉李顒《涉湖詩》云：旋經義興境，弭棹石蘭渚。二山連亘，南曰大蘭山，北曰小蘭山，多產蘭花。

香山，在縣南三十五里，與蘭山相接。舊傳有人游此聞其香，故名。

分界山，在縣西南百里，入廣德州界。

義山，在縣東八十里，東臨太湖，西抵垂腳嶺，有義鄉縣城，尚存。南入長興縣界。

宋　蘇軾《蘇東坡全集》卷二九《次韻完夫再贈之什某已卜居毗陵與完夫有廬里之約云》　柳絮飛時笋籜斑，風流二老對開關。雪芽我為求陽羨，乳水君應餉惠山。竹簟水風眠晝永，玉堂制草落人間。應容緩急煩閭里，桑柘聊同十畝閑。

宋　徐荣叟《北苑茶詞》《佩文齋廣群芳譜》卷二〇　官焙春綱入貢時，擔頭獵獵小黃旗。甘香不羨嘗陽羨，密待天顏喜可知。

宋　方岳《秋崖集》卷九《趙龍學寄陽羨茶爲汲蜀井對瓊花烹之》　三印誰分陽羨茶，自煎蜀井瀹瓊花。數間明月玉川屋，兩腋清風銀漢槎。團鳳烹來奴僕等，老龍畢竟當行家。相思幾夢山陰雪，搜攪平生書五車。

《宋史》卷一八四《食貨志下六·茶下》　高宗建炎初，於真州印鈔，給賣東南茶鹽。當是時，茶之產於東南者，浙東西、江東西、湖南北、福建、淮南、廣東西，路十，州六十有六，縣二百四十有二。霅川顧渚生石上者謂之紫笋，毗陵之陽羨，紹興之日鑄，婺源之謝源，隆興之黃龍、雙井，皆絕品也。

元　吳克恭《陽羨茶》《草堂雅集》卷三　南岳高僧開道場，陽羨貢茶傳四方。蛇銜事載《風土記》，客寄手題春雨香。故人惠泉龍虎鼇，吾兄紫笋鴻雁行。安得茅齋傍青壁，松風石鼎夜聯牀。

元　謝應芳《龜巢稿》卷三《盧知州宜興秩滿以避亂久寓無錫視同故鄉今知崑山必有懷二州風物之美贈詩言情并致頌禱》　我思陽羨

茶，初生如粟粒。州人歲入貢，雷霆未驚蟄。天荒地老經幾年，春歸又聞啼杜鵑。山中靈草化荆棘，白蛇何處藏蜿蜒。玉川先生一尺鐵，欲刳妖蟇救明月。丹霄路斷肝腸熱，還憶茶甌飲冰雪。

又 卷四**《楚南藏主來詢知元明師居義興山中附詩問訊》** 十年不喫陽羨茶，山中舊宅還幾家。道人今歸卧煙霞，石池手種青蓮花。青山且喜依然好，蛟兮虎兮跡俱掃。客有放棹東海頭，安書好寄龜巢老。

又《陽羨茶》 南山茶樹化劫灰，白蛇無復銜子來。頻年雨露養遺枿，先春粟粒珠含胎。待看茶焙春煙起，蒻籠封春貢天子。誰能遺我小團月，煙火肺肝令一洗。

又《寄題無錫錢仲毅煮茗軒》 聚蛟金谷任葷膻，煑茗留人也自賢。三百小團陽羨月，尋常新汲惠山泉。星飛白石僮敲火，煙出青林鶴上天。莫恠坐無齊趙客，玉川茅屋小如船。

元 烏斯道《春草齋集》卷二《山齋歌爲義興吴公選作》 平生好事偏好山，山齋寂寂山人間。馳瓌騁異迭層玉，蓬萊忽在軒楹間。銅官峩峩欲飛起，日射寒光翠如洗。香蘭轉首招紫雲，左右低昂若兄弟。洞庭之山浮具區，東西對峙如雙凫。卞山馬脊浪中出，蕭蕭竹樹茅簷孤。偶憶仙人有遺跡，興入松蘿幾雙屐。巘前咲看黃精花，洞口高眠白雲石。下山獨泛秋風船。霜林剖橘呼老仙。不願長生授丹訣，蕭散即是壺中天。山上神仙知此意，故遣山靈獻佳致。紫煙回伏掛高崖，舞鶴翩翻到平地。天池石壁飛懸流，人參化人松下遊。絃管齊鳴青鳥過，虹蜺一道丹光浮。山人曾挹紫薇露，南北軺車走烟霧。功名倐視如飆塵，投簪竟入山中去。清風吹滿山人家，山人手煎陽羨茶。詩成不復寄人世，援琴一鼓飛雲霞。山人山人信幽獨，我欲相隨卧空谷。何當先為采松花，石廩勝儲三百斛。

明 浦瑾《閑居漫興五首》《列朝詩集・丙集三》 雨熟枇杷樹樹香，綠陰如水晝生涼。客疎却喜階苔厚，身懶初便簟竹光。陽羨紫茶團小月，吴江白苧剪輕霜。投壺散帙還隨意，消得人間白日長。

明 文洪《文氏五家集》卷五《煮茶》 絹封陽羨月，瓦缶惠山泉。至味心難忘，閑情手自煎。地罏殘雪後，禪榻晚風前。為問貧陶穀，何如病玉川。

又 卷六**《鄭太吉送慧泉試吴大本寄茶》** 醉思雪乳不能眠，活火砂瓶夜自煎。白絹旋開陽羨月，竹符新汲慧山泉。地爐殘雪貧陶穀，破屋清風病玉川。莫道年來塵滿腹，小窗寒夢已醒然。

明 劉士亨《謝璘上人惠桂花茶》《續茶經》卷下 金粟金芽出焙篝，鶴邊小試兎絲甌。葉含雷信三春雨，花帶天香八月秋。味美絕勝陽羨種，神清如在廣寒遊。玉川句好無才續，我欲逃禪問趙州。

明 喬宇《游沂山記》《古今游名山記》 坐岩下，命从者汲泉烹陽羨茶以飲，甘馨清美，暢達肺腑。

明 張謙德《茶經・茶産》 茶之産於天下多矣，若姑胥之虎丘、天池，常之陽羨，湖州之顧渚紫筍，峽州之碧澗明月，南劍之蒙頂石花，建州之北苑先春龍焙，洪州之西山白露，鶴嶺，穆州之鳩坑，東川之獸目，綿州之松嶺，福州之柏巖，雅州之露芽，南康之雲居，婺州之舉岩碧乳，宣城之陽坡横紋，饒池之仙芝、福合、祿合、蓮合、慶合，壽州之霍山黃芽，邛州之火井思安，安渠江之薄片，巴東之真香，蜀州之雀舌、鳥嘴、片甲、蟬翼，潭州之獨行靈草，彭州之仙崖石蒼，臨江之玉津，袁州之金片、綠英，龍安之騎火，涪州之賓化，黔陽之都濡高枝，瀘州之納溪梅嶺，建安之青鳳髓、石岩白，岳州之黄翎毛、金膏冷之數者，其名皆著。品第之，則虎丘最上，陽羨真岕、蒙頂石花次之，又其次，則姑胥天池、顧渚紫筍、碧澗明月之類是也。餘惜不可考耳。

明 許次紓《茶疏・産茶》《茶書》 江南之茶，唐人首稱陽羨，宋人最重建州，于今貢茶，兩地獨多。陽羨僅有其名，建茶亦非最上，惟有武夷雨前最勝。

明 夏樹芳《茶董》卷下 張芸叟以為上供

張舜民云：有唐茶品，以陽羨為上供，建溪北苑未著也。貞元中，常袞為建州刺史，始蒸焙而研之，謂研膏茶。

明 龍膺《蒙史》卷下《茶品述》《茶書》 建州北苑先春龍焙，洪州西山白露、雙井白茅、鶴頂，吉安州顧渚紫筍，常州義興紫筍、陽羨，春池陽鳳嶺，睦州鳩坑，宣州陽坑，南劍蒙頂、石花、露鋑、籛牙，南康雲居，峽州碧澗明月，東川獸目，福州方山露芽，壽州霍山黄芽，蜀雅州蒙山頂有露芽、穀芽，皆云火前者，言採造於禁火前。蘄門團黄，有一旗二槍之號，言一葉三芽也。潭州鐵色茶，色如鐵。湖州紫筍，湖州金沙

泉，州當二郡界，茶時一收，畢至泉處拜祭，乃得水。

明 徐𤊹《蔡端明別紀·茶癖》（茶書） 世言團茶始於丁晉公，前此未有也。慶曆中，蔡君謨爲福建漕使，更製小團以充歲貢。元豐初，下建州，又製密雲龍以獻，其品高於小團，而其製益精矣。曾文昭所謂：『莆陽學士蓬萊仙，製成月團飛上天。』又云『密雲新樣尤可喜，名出元豐聖天子』是也。唐陸羽《茶經》於建茶尚云未詳，而當時獨貴陽羨茶，歲貢特盛。茶山居湖、常二州之間，修貢則兩守相會。山椒有境會亭，基尚存。盧仝《謝孟諫議茶》詩云『天子須嘗陽羨茶，百草不敢先開花』是已。然又云：『開緘宛見諫議面，手閱月團三百片。』則團茶已見于此。當時李郢《茶山貢焙歌》云：『蒸之護之香勝梅，研膏架動聲如雷。茶成拜表貢天子，萬人爭啖春山摧。』觀研膏之句，則知嘗爲團茶無疑。自建茶入貢，陽羨不復研膏，祇謂之草茶而已。（韻語陽秋）

明 吳寬《匏翁家藏集》卷二四《飲陽羨茶》 今年陽羨山中品，此日傾來始滿甌。穀雨向前知苦雨，麥秋以後欲迎秋。莫誇酒醴清還濁，試看旗槍沉載浮。自得山人傳妙訣，一時風味壓南州。

明 周高起《洞山岕茶系》（檀几叢書二集）卷四七 唐李栖筠守常州日，山僧進陽羨茶，陸羽品爲『芬芳冠世，產可供上方』。遂置茶舍于罨畫谿，去湖㳇一里，所歲供萬兩。許有穀詩云『陸羽名荒舊茶舍，却教陽羨置郵忙』是也。其山名茶山，亦曰貢山，東臨罨畫谿。修貢時，山中湧出金沙泉，杜牧詩所謂『山實東南秀，茶稱瑞草魁。泉嫩黃金湧，芽香紫璧裁』者是也。山在均山鄉，縣東南三十五里。又茗山，在縣西南五十里永豐鄉。皇甫曾有《送陸羽南山采茶詩》：『千峰待逋客，香茗復叢生。采摘知深處，烟霞羡獨行。幽期山寺遠，野飯石泉清。寂寂燃燈夜，相思磬一聲。』見時貢茶在茗山矣。又唐天寶中，稠錫禪師名清晏，卓錫南岳，磵上泉忽迸石窟間，字曰『真珠泉』。師曰：『宜瀹吾鄉桐廬茶。』爰有白蛇銜種菴側之異。南岳產茶，不絕修貢。迨今方春采茶，清明日，縣令躬享白蛇于卓錫泉亭，隆厥典也。後來檄取，山農苦之。故袁高有『陰嶺茶未吐，使者牒已頻』之句。郭三益題南岳寺壁云：『古木陰森梵帝家，寒泉一勺試新茶。官符星火催春焙，却使山僧怨白蛇。』盧仝《茶歌》亦云：『天子須嘗陽羨茶，百草不敢先開花。』又云：『安知百萬億蒼生，命墜顛崖受辛苦。』可見貢茶之苦。民亦自古然矣。至岕茶之尚于高流，雖近數十年中事，而厥産伊始，則自盧仝隱居洞山，種於陰嶺，遂有茗嶺之目。相傳古有漢王者，栖遲茗嶺之陽，課童藝茶。踵盧仝幽致，陽山所産，香味倍勝茗嶺。所以老廟後一帶，茶猶唐宋根株也。貢山茶今已絕種。

又《貢茶》 即南岳茶也。天子所嘗，不敢置品。縣官修貢，期以清明日，入山肅祭，乃始開園。采製視松羅虎丘，而色香豐美，自是天家清供，名曰片茶，初亦如岕茶製。萬曆丙辰，僧稠蔭游松羅，乃仿製爲片。

岕茶采焙，定以立夏後三日，陰雨又需之。世人妄云雨前真岕，抑亦未知茶事矣。茶園既開，入山賣草枝者，日不下二三百石。山民收製亂真，好事家躬往。予租采焙，幾視惟謹，多被潛易真茶去。人地相京，高價分買，家不能二三斤。近有采嫩葉，除尖蒂，抽細筋，炒之，亦曰片茶。不去筋尖，炒而復焙，燥如吐狀，曰攤茶，並難多得。又有俟茶市將闌，采取剩葉製之者，名修山，香味足而色差老。若今四方所貨岕片，多是南岳片子，署爲騙茶可矣。茶賈炫人，率以長潮等茶，本岕亦不可得。噫！安得起陸龜蒙于九京，與之賡茶人詩也。陸詩云：『天賦識靈草，自然鍾野姿。閑來北山下，似與東風期。雨後采芳去，雲間幽路危。惟應報春鳥，得共此人知。』茶人皆有市心，令予徒仰真茶已。故予煩悶時，每誦姚合《乞茶詩》一過：『嫩綠微黃碧澗春，采時聞道斷葷辛。不將錢買將詩乞，借問山翁有幾人。』

明 何喬遠《名山藏》卷四六《輿地記一·常州府·宜興縣》

南百二十里曰宜興縣，宋名。吳荊溪地，秦陽羨縣，隋曰義興。荊南山，在荊溪之南，亦曰銅棺山。東漢袁玘為陽羨長，一夕死，亡其柩。邑人夜聞此山有千人聲，往觀則柩在，尋成塚。蒿山，產茶。唐貢山，茶唐時以貢。頤山，唐陸希聲所隱。潛虯之泉，是生異魚，四足。蜀山，故名獨山，蘇軾改曰『蜀』，以其類蜀中。國山，故離里山。吳孫皓時，山大石自立，封為南嶽，改曰國山。函山，漢封蔣澄為函亭鄉侯。張公洞，張道陵所修道也。善卷洞，在國山東南。周幽王時山忽開裂，自露奇怪。漏河，昔有得龍卵其地者，陷而為河。東□溪，又名罨畫溪。又溪曰洑，曰

竹瀆，曰百瀆。其人曰周處。凡編里三百四十。

清 吴偉業《梅村集》卷四《永和宮詞》 貴妃明慧獨承恩，宜笑宜愁慰至尊。皓齒不呈微索問，蛾眉欲蹙又溫存。本朝家法脩清讌，房帷久絶珍奇薦。勑使惟追陽羨茶，內人數減昭陽膳。維揚服製擅江南，小閣爐烟沉水含。私買瓊花新樣錦，自脩水遞進黃柑。

《明史》卷四〇《地理志一》 宜興府南。元宜興州。太祖戊戌年十月曰建寧州，尋複曰宜興州。洪武二年降為縣。西南有荊南山，又有國山，又有龍池山。又東南有香蘭山，臨太湖。又有唐貢山，產茶。西北有凸山，有長蕩湖。北有運河。南有荊溪。西南有百瀆，疏荊溪之下流，注於太湖，後多堙廢。東北有下邾、北有鐘溪、東南有湖㳇、西南有張渚四巡檢司。

清 劉源長《茶史》卷上《茶之近品》 陽羨 疑即古之顧渚、紫筍。今名羅岕，浙之長興者佳，荊溪稍下。細者其價兩倍天池，惜乎難得，須親自採收方妙。羅岕者，介于山中謂之岕，羅氏隱焉，故名羅。然岕有數處，惟洞山最佳，韻致清遠，足稱仙品。岕以廟前、廟後為第一，紗帽頂及扇面諸處，皆佳。

（康熙）《江南通志》卷二四《物產·常州府》 茶《詩》云：茶。《爾雅》云：檟，苦茶。陸羽《茶經》云，浙西以湖州爲上，常州次之。產宜興者曰岕茶。

清 顧祖禹《讀史方輿紀要》卷二五《南直七》 宜興縣府南百二十里。南至浙江長興縣百四十里，西南至廣德州百八十里，西至江甯府溧陽縣九十里，西北至鎮江府金壇縣百二十里。秦置陽羨縣。漢五年封功臣靈常爲侯邑，屬於會稽郡。後漢屬吴郡。三國吴屬吴興郡。晉初因之，永嘉中析置義興郡。宋、齊因之。隋郡廢，改縣曰義興，屬常州。唐武德七年置南興州。八年州廢，仍隸常州。宋太平興國初，避諱，改曰宜興。宋末改置南興軍。元至元十五年，升爲宜興府。二十年仍降爲縣。明年又升爲府，兼置宜興縣隸焉。元貞初，府縣俱廢，改爲宜興州。至正十六年爲張士誠所據。明年，歸於明。洪武初復曰宜興縣。今城周九里有奇，編户三百四十里。

陽羨城在縣南五里。《志》云：孫吴赤烏二年，城陽羨。晉永嘉四年，陽羨人周圯三興義兵，討賊有功，因置義興郡以寵之。沈約曰：永興元年所置也，郡治陽羨縣。隋廢郡，因以義興名縣。唐武德三年歸附。六年陷於輔公祏。明年公祏平，置南興州治焉，又析置陽羨縣爲屬邑。八年復廢入義興。光啟三年，杭州刺史錢鏐，遣將杜稜等討薛朗逐鎮海節度使周寶之罪，敗朗將李君晔於陽羨，即故城矣。《寰宇記》：陽羨故城，一名蝦虎城。《紀勝》云：城前臨荊溪，後阻河，左右俱塹，有濠週一里九十步。今縣治即其故址。

又 君山縣西南三十里，舊名荊南山，以在荊溪南也。高二百三十仞，周八十五里，山巔有池，巖洞絶勝，一名銅官山。《志》云：山之西峯曰敷金嶺，一名小心山，又西南曰橫山，亦名大蘆山，即君山西麓也。其東麓爲靜樂山，南麓曰芙蓉山，北麓則曰南嶽，吴孫皓封國山禪於此。取漢武移衡山於灊霍之義，謂之南嶽山，在今縣西南二十里。

又 香蘭山【略】唐貢山，在縣東南三十五里，臨罨畫溪，產茶，唐時入貢，因名。又萵山，在縣西南三十五里，亦產茶。

又卷九一《浙江三》 西顧山縣西北四十七里。《志》云：山一名吴望山，吴王闔閭嘗登姑蘇臺，望見此山。一名顧渚山，吴夫槩顧瞻渚次，以其原隰平衍，可爲都邑，因名。傍又有二山相對，號明月峽。絶壁峭立，大澗中流，產茶絶佳，唐時以顧渚茶供貢。其南爲大官山、小官山。山北十餘里有啄木嶺，唐時吴興、毘陵二郡守造茶宴會於此。《志》云：顧渚之西，曰圓翠嶺，路達宜興。又有溪曰顧渚溪。經縣北三十里之水口鎮，東入太湖。

清 陸廷燦《續茶經》卷下《八之出》 《天下名勝志》：南岳，古名陽羨山，即君山北麓。孫皓既封國後，遂禪此山為岳，故名。唐時產茶充貢，即所云南岳貢茶也。

常州宜興縣東南，別有茶山。唐時造茶入貢，又名唐貢山，在縣東南三十五里均山鄉。

《武進縣志》：茶山路，在廣化門外，十里之內，大墩小墩連綿簇擁。有山之形。唐代湖、常二守會陽羨造茶修貢，由此往返故名。

《檀几叢書》：茗山，在宜興縣西南五十里永豐鄉。皇甫曾有《送羽南山采茶》詩，可見唐時貢茶在茗山矣。

唐李棲筠守常州日，山僧獻陽羨茶。陸羽品為芬芳冠世，產可供上方，遂置茶舍於洞靈觀，歲造萬兩入貢。後韋夏卿徙於無錫縣罨畫溪上，去湖㳇一里所。許有穀詩云『陸羽名荒舊茶舍，却教陽羨置郵忙』是也。

義興南岳寺，唐天寶中，有白蛇銜茶子墜寺前。寺僧種之菴側，由此滋蔓，茶味倍佳，號曰蛇種。土人重之，每歲爭先餉遺，官司需索，修貢不絶。迨今方春采茶，清明日縣令躬享白蛇於卓錫泉亭，隆厥典也。後來檄取，山農苦之，故袁高有『陰嶺茶未吐，使者牒已頻』之句。郭三益詩：官符星火催春焙，却使山僧怨白蛇。盧仝《茶歌》：安知百萬億蒼生。命墜顛崖受辛苦。可見貢茶之累民。亦自古然矣。

《洞山岕茶系》：羅岕去宜興而南踰八九十里，浙直分界，只一山岡，岡南即長興山。兩峯相阻，介就夷曠者，人呼為岕。履其地始知古人制字有意。今字書岕字，但注云山名耳。云有八十八處，前橫大磵，水泉清駛，漱潤

茶根，洩山土之肥澤，故洞山為諸岕之最。自西氿溯漲渚而入，取道茗嶺，甚險惡。縣西南八十里。自東氿溯湖汊而入，取道纏嶺，稍夷才通車騎。

清 褚邦慶《常州賦》 唐貢則由唐始，李棲筠置舍罨畫溪。唐貢山，即茶山，在縣東南三十五里均山鄉。山產茶，唐時入貢，故名。茶舍在罨畫溪，去湖汱一里，唐李棲筠置。

又 紅筋茶美，春時僅見敷芽。占陽羨茶入貢。今宜興離墨山出紅筋茶，乃陽羨真種，最難得。其他宜興產者，總名岕茶，大約以高山為上，平原者為下，每初夏，商賈駢集，官給茶引，乃敢出境。

（乾隆）《江南通志》卷八六《食貨志·物產》 常州府岕茶產宜興山谷者佳。

又 卷一三《山川·常州府》 荆南山，在宜興縣西南，荆溪之南。《縣志》云：東漢陽羨長袁玘有善政，其歿也，天降銅棺。或云山昔產銅，有司采之，故名銅官，後人乃譌官為棺也。山高而大，巖洞絕勝，上有龍池，歲旱禱雨輒應。其北有善行洞。山之東麓為靜樂山，其南為芙蓉山，西為橫山，一名大盧山，北為南嶽山。孫皓既封國山，遂禪此山為南嶽。其地為古陽羨產茶處。附明都穆《南嶽銅官二山記》己未，從潘氏村東南十里行山峽間。竹樹陰翳，無往來者，所值惟樵人一。二里，至南嶽山。按南嶽本衡州之衡山，吳孫皓以陽羨山石裂為瑞，遣使封之，改曰國山，遂禪此為南嶽。蓋漢武嘗移衡山之祭於灊霍，皓竊其義耳。南嶽寺在山之麓，因山以名。門有卓錫泉，旱歲不竭。又有稠錫樹，極高大，枝葉與他木絕異。相傳唐天寶中有稠錫禪師自桐廬來，築庵演法，寺與樹皆其遺跡。每季春，縣官祀山之神，然後以茶入貢。蓋其地即古之陽羨，茶產此獨佳。宋鄒忠公自嶺外歸，東遊，愛之，欲誅茅不果，而李丞相綱亦留詩山中。寺近頗廢。法堂後舊有天然井，泉甚甘潔，已塞於僧，予為之惋惜。大抵庸僧必敗毀山泉景物以絕遊者，此其恒態，不特一井然也。寺之左三百步有飛瀑千尺，如白龍下垂，匯而為池，僧言稠錫禪師剖腹洗腸之處，今名洗腸池。予欲南上登銅官山，路陡峻，不可以輿。循厓而行，旁無草木，下視甚危。時東風橫發，四山圍之，力益勁。予與隸僕屢仆，相顧皆大駭，扶攜而前。七里，達僧庵。一僧已出，童子爇茶供客。其側有善行洞，昔善行尊者之所居也。洞深數丈。坐石小飲，午飯於僧庵。庵之後巨石如偃，其隙流泉涓涓，不息晝夜。僧引之以竹，終歲仰給，殆天授歟。山高百八十五丈，周十五里，為一縣之鎮，予所歷僅及其半。聞山巔池有三足鼈、六目龜，詢之山人，云今不復見，惟蜇蝎遊其中，縣官值旱禱雨輒應。興盡，不暇登陟。『銅官』之說，《縣志》謂漢令袁玘有善政，其歿也，天降銅棺，遂葬於是。今山南巨石高壘若塚狀，咸以為玘墓所在，殊不經。意昔者茲山產銅，有司採銅於山，如鐵官、鹽官之類，後之人訛官為棺云。姑識之，俟博識者。

又 唐貢山，在宜興縣東南三十五里，東臨罨畫溪。山產茶，唐時入貢，故名。一名茶山。有金沙泉在其下。

（嘉慶）《宜興縣志》卷一《山川·常州府》 南嶽山，在縣西南一十五里，即君山之北麓。孫皓既封國，遂禪此山爲南嶽，其地即古陽羨產茶處。

（嘉慶）《宜興縣舊志》卷一《山川》 唐貢山，在縣東南三十五里，臨罨畫溪，以唐時產茶入貢，故名。金沙泉，即在山下。

又《土產》 茶葉產茗嶺、銅官、離墨諸山者尤佳。

又 卷一〇《藝文·卓錫泉記》 宜興南岳山，有泉名卓錫。據釋氏云：昔有伏虎禪師者至，此山結茅爲庵，視其旁址石罅。【略】然南山故產茶處，與洞山連絡。洞山有峽名岕，產尤佳，今所名岕茶是也。二山茶又並稱陽羨，歲歲貢于朝。南山既得泉，凡洞山人每產茶，日輒攜就泉烹之，與南山種茶人相角勝。泉深尺許，圍四之，清洌如鏡，俯見石齒斷斷，然其上嘉木，美箭婆娑，偃仰早暮，不知日出，沒時雲氣相盪。【略】戊申十月，予與友遊南山，至斯亭，尤徘徊，他日產茶時，予雖道遠，必當更至，酌泉而烹之。

清 李鍇《含中集》卷五《磬山若公寄陽羨茶謝答》 石磬春風草色寒，禪衣高挂白雲端。吳山楚水三千里，直作微塵一粒看。盤曲青林接翠微，流泉每送出坡歸。誰知心眼無邊際，細雨江南白雁飛。陽羨春芽浥露匀，石崖名品寄來新。如何畢掃前塵影，不忘盤陰采藥人。

清 龔自珍《定盦文集補·庚子雅詞》卷上《人月圓》 綠珠不愛珊瑚樹，情願故侯家。青門何有？幾堆竹素，一頃梅花。急須料理，成都貰酒，陽羨栽茶。甘心費盡，三生慧業，萬古才華。

（光緒）《宜興荆溪縣新志》卷一《山》 唐貢山即茶山，唐時茶入貢，故名。今其村名唐貢里，居民多蓺茶茗，小峰累累，概稱之曰茶山。

又 而茶山苦櫝，自唐迄今，陽羨之種名天下，不止蛇銜佳茗，與

錫樹爭奇已。《爾雅》：檟，苦茶。郭注云：樹小似梔子，冬生，葉可煮作羹飲，今呼早采者爲茶，晚取者爲茗，一名荈。按，此即今之茶樹。古茶茗字，與茶薺字同讀，至漢縣茶陵，有宅加切之音，唐陸羽著《茶經》，始減一畫作茶。茶産義興者，總名岕茶，唐時入貢，故均山鄉茶山路。猶傳唐貢之邨章山有茗嶺，以産茗得名，銅官、離墨，亦多産茶。離墨紅筋茶爲陽羡眞種，而銅官山麓南嶽寺，舊有白蛇銜茶種來，種之，得佳茗，尤爲珍品。

又卷九《名勝》 卓錫泉【略】厥後龍子見於泉源，蛇神獻其茶種，取種蒔之，芳徧山麓，陽羡茶、泉，由茲推南岳矣。夫陽羡固多産茶，泉之佳者何限？以今所聞，於潛之泉在湖稅務場後，穴廣二尺所，厥狀如井，源伏而味甘。唐時，貢茶泉亦上供，顧地近囂塵，不足以當美景名矣，而未勝也。茗嶺之足，村名盧岕，地界長興，岕片之美，陸鴻漸《茶經》所稱圈嶺茶也。有泉自山而下，湛於石窪，引頸就飲，清洌異常。嶺故有柳宿廟，采茗者祀之。

虎丘山

明 文洪《文氏五家集》卷六《奉陪吕太常沈石田游虎丘次韻》

高賢尋壑共經丘，偶得追從續舊遊。陸羽泉甘春試茗，王珣祠古暮維舟。風簷落落鈴相語，雨徑登登屐似油。怪是酣吟留不去，水雲千頃正當樓。

又《三月晦徐少宰同游虎丘》 海湧峯頭宿霧開，王珣祠畔少風埃。林花落盡春猶在，巖壑無窮客又來。水囓滄池消劍氣，雲封白日護經臺。一樽不負探幽興，更試三泉覆茗杯。

又卷七《虎丘酌茶送王子美游揚州》 春風含冷動梅花，陸羽泉亭試煮茶。明日扁舟揚子渡，虎丘回首碧雲賒。吳王龍艦憶曾過，隋帝行宮蔓草多。君到揚州煩問訊，錦帆風景近如何。

又卷一三《試茶鬻筍欣然一飽喜而賦詩》 青山南畔久為家，曲曲陂塘樹樹斜。鄰叟供來龍塢筍，山童時焙虎丘茶。舊時梁燕營新壘，開到薔薇又落花。此日山林聊自適，鶴瓢鳩杖足生涯。

明 皇甫汸《皇甫司勛集》卷二二《贈汪元蠡自虎丘携茶香歸歙》 盧郎今更見，荀令古來聞。茶向僧齋乞，香從佛供分。聊將白雲思，靜對綠窗薰。多少囊金者，還家獨媿君。

又卷三一《陸羽泉茶》 蓮宮幽處涌清泉，茶竈年深冷綠烟。香供尚存龍藏裏，試嘗何似虎丘前。

明 徐渭《徐文長逸稿》卷四《虎丘》 杜甫《蕃劍》詩：『虎氣必騰上。』人言闔閭之葬，致白虎，乃是劍精，理或然也。又吳人至中秋之夕，競曲於此。虎丘之茗，佳者斤率金二兩許。四句謂西子也。 轆轤高倚壁嶙峋，劍水沉沉草樹蓁。虎氣必騰千尺上，蛾眉曾照兩彎顰。不勝清拍中秋夜，盡委黃金數葉春。誰記君王舊歌舞，倌娃宮殿已成塵。

又卷七《某伯子惠虎丘茗謝之石門**》** 虎丘春茗妙烘蒸，七碗何愁不上升，青箬舊封題穀雨，紫沙新罐買宜興。卻從梅月橫三弄，細攪松風炧一燈。合向吳儂彤管說，好將書上玉壺冰。

（正德）《姑蘇志》卷八 虎丘山在府城西北七里。《吳越春秋》云：闔閭葬此，以扁諸、魚腸劍各三千爲殉。越三日，金精結爲白虎踞其上，故名。唐避諱改武丘，又名海湧峰。遥望，平田中大阜耳。比入，則奇勝萬狀。其最著爲劍池，兩崖劃開，中涵石泉，深不可測。相傳秦皇發闔閭墓，鑿山求劍，無所得。其鑿處遂成深澗，今名劍池。顏真卿書『虎丘劍池』四字，石刻猶存。宋王禹偁《劍池銘并序》：虎丘劍池泉，石之奇者也。《吳地記》引秦皇之事，以爲詭説。考諸舊史，則無聞焉。矧儒家者流不可語怪，因爲銘以辯之。銘曰，茂苑之側，震澤之湄。巖巖虎丘，沉沉劍池。峻不可以仰視，深不可以下窺。我疑乎太極作怪，化工好奇。水物設險，山妖忌危。陷其泉也，蓋取諸坎。礫其石也，以象乎離。艮有止兆，蒙無亨期。搆此屯難，成乎險巇。直恐夏后，弗能導之。豈惟秦皇，而能肇兹。蓋其始也，一氣發泄，兩儀分別。争融鬭結，擊搏而裂。斷壁雙揭，摩雲不徹。翠禿青殘，挫鋭而中絶。寒流下咽，犇山未決。雪壅雷收，拗怒而曲折。蹙束湍瀨，呀槎洞穴。鰭翻成窟，龍戰有血。匪自人力，蓋從天設。誰謂一拳，登之維艱。誰謂一勺，挹之不竭。池實自然，劍何妄傳。我欲涉道，如池之淵。我欲立節，如石之堅。位以道取，名以節全。濡筆池心，勒銘山巔。破衆惑焉，言余志焉。宋方惟深詩：雲崖竒天開，蒼淵下澄澈。世傳靈劍飛，山石千丈裂。神蹤去不返，今作蛟龍穴。是非莽難詰，歲名多異説。惟當清夜来，静賞潭上月。范成大：石罅泓渟劍氣潛，誰將樓閣苦莊嚴。只知暖熱遊人眼，不道蒼藤翠木嫌。國朝高啟：干將欲飛出，巖石裂蒼礦。中間得深泉，探測費脩綆。一穴海通源，雙崖樹交影。山中多居僧，終歲不飲井。殺氣凜猶在，棲禽夜頻警。月來照潭空，雲起噓壁冷。蒼龍已何去，遺我清絶境。徐賁：闔閭試劍處，靈泉湛澄靜。苔花漬餘血，石色帶古礦。空山聽轉轆轤聲，時来試新茗。秋氣寒，幽林夜光冷。月明樹交壁，人静霜折綆。古懷且當置，清景庶足領。其前爲千人坐，蓋神僧竺道生講經處。大石盤陀徑畝，高下平衍，可坐千人。唐李陽

冰篆書『生公講臺』四字分刻四石，今失其一。臺側有點頭石，上有可中亭，取劉禹錫詩語。本名可月，今誤稱云。唐劉禹錫詩：生公説法鬼神聽，身後空堂夜不扃。高坐寂寥雲漠漠，一方明月可中亭。方惟深：生公天人師，講法花雨墮。當時聽法衆，片石千人坐。山祇常護持，山鳥不敢涴。野人心茫然，傲蕩多酒過。醉來不冒歸，石上看雲卧。范成大：聽經人散蘚花深，千百誰能更賞音。只好岸巾披鶴氅，風清月白坐彈琴。國朝沈周《月夜千人石獨步》：一山有此座，勝處無勝此。羣類盡磽出，夷曠特如砥。其脚插靈湫，敷霞面深紫。城中士與女，數到不知幾。列酒即爲席，歌舞日喧市。今我作夜遊，千載當隗始。亦莫費秉燭，步月良可喜。月皎光潑地，措足畏踏水。所廣無百步，旋繞千步起。一步照一影，千影千人比。一我欲該千，其意亦妄矣。譬佛現千界，出自一毫耳。及愛林木杪，玲瓏殿閣倚。僧窓或映火，總在蛛網裏。闃闃萬響滅，獨度蹬然履。恐有竊觀人，明朝以仙擬。

明 馮夢禎《快雪堂漫録・品茶》 昨同徐茂吳至老龍井買茶。山民十數家各出茶，茂吳以次點試，皆以為贋，曰：『眞者甘香而不冽，稍冽便爲諸山贋品。』得一二兩以爲真物，試之，果甘香若蘭，而山人及寺僧反以茂吳爲非，吾亦不能置辨，僞物亂眞如此。茂吳品茶，以虎丘爲第一，常用銀一兩餘購其斤許。寺僧以茂吳精鑒，不敢相欺。他人所得，雖厚價亦贋物也。子晉云：『本山茶葉微帶黑，不甚清翠，點之色白如玉，而作寒豆香，宋人呼爲白雪茶。稍緑便爲天池物。天池茶中雜數莖虎丘，則香味迥别。虎丘，其茶中王種耶。岕茶精者，庶幾妃后。天池龍井，便爲臣種。餘則民種矣。』

明 屠隆《考槃餘事》卷四《茶品・虎丘》 最號精絶，爲天下冠。惜不多產，皆為豪右所據。寂寞山家，無繇獲購矣。

明 張謙德《茶經・茶產》 茶之產於天下多矣，若姑胥之虎丘、天池，常之陽羨，湖州之顧渚紫筍，峽州之碧澗明月，南劍之蒙頂石花，建州之北苑先春龍焙，洪州之西山白露、鶴嶺，穆州之鳩坑，東川之獸目，綿州之松嶺，福州之柏巖，雅州之露芽，南康之雲居，婺州之舉岩碧乳，宣城之陽坡横紋，饒池之仙芝、福合、禄合、蓮合、慶合，壽州之霍山黄芽，邛州之火井思安，安渠江之薄片，巴東之真香，蜀州之雀舌、鳥嘴、片甲、蟬翼，潭州之獨行靈草，彭州之仙崖石蒼，臨江之玉津，袁州之金片、緑英，龍安之騎火，涪州之賓化，黔陽之都濡高枝，瀘州之納溪梅嶺，建安之青鳳髓、石岩白，岳州之黄翎毛，金膏冷之數者，其名皆著。品第之，則虎丘最上，陽羨真岕、蒙頂石花次之，又其次，則姑胥天池、顧渚紫筍、碧澗明月之類是也。餘惜不可考耳。

明 王士性《廣志繹》卷二《兩都》 虎邱天池茶，今爲海內第一。余觀茶品固佳，然以人事勝，其採、揉、焙、封法度，錙兩不爽。即吾台大盤，不在天池下，而爲作手不佳，真汁皆揉而去，故焙出色味不及彼。又多用紙封，而蘇人又謂紙收茶氣，咸盛以磁礶，其貴重之如此。余入滇，飲太華茶，亦天池亞。又啜蜀淩雲，清馥不減也。然鴻漸《茶經》乃云：浙西以湖州上，常州次，宣州、杭州、睦州、歙州下，潤州、蘇州又下；浙東以越州上，明州、婺州次，台州下；劍南以彭州上，綿州、蜀州次，邛州次，雅州、瀘州下，眉州、漢州又下。而不及嘉與滇，豈山川清淑之氣鍾之物者，故與時異耶？

明 熊明遇《羅岕茶記》《説郛續》 茶之色重、味重、香重者，俱非上品。松羅香重，六安味苦而香與松羅同；天池亦有草萊氣，龍井如之；至雲霧，則色重而味濃矣。嘗啜虎丘茶，色白而香似嬰兒肉，真精絶。

茶色貴白，然白亦不難。泉清瓶潔，葉少水洗，旋烹旋啜，其色自白。然真味抑鬱，徒為目食耳。若取青緑，則天池、松蘿及岕之最下者，雖冬月，色亦如苔衣，何足為妙。莫若余所收洞山茶，自穀雨後五日者，以湯薄浣，貯壺良久，其色如玉；至冬則嫩緑，味甘色淡，韻清氣醇，亦作嬰兒肉香，而芝芬浮蕩，則虎丘所無也。

明 黄龍德《茶説》《程氏叢刻》

一之產

茶之所產，無處不有，而品之高下，鴻漸載之甚詳。然所詳者，為昔日之佳品矣，而今則更有佳者焉。若吳中虎丘者上，羅岕者次之，而天池、龍井、伏龍則又次之。新安松蘿者上，朗源滄溪次之，而黄山磻溪則又次之。彼武夷、雲霧、雁蕩、靈山諸茗，悉為今時之佳品。至金陵攝山所產，其品甚佳，僅僅數株，然不能多得。其餘杭浙等產，皆冒虎丘、天池之名，宣池等產，盡假松蘿之號。此亂真之品，不足珍賞者也。其真虎丘，色猶玉露，而泛時香味，若將放之橙花，此茶之所以為美。真松蘿出自僧大方所製，烹之色若緑筠，香若蘭蕙，味若甘露，雖經日而色、香、味竟如初烹而終不易。若泛時少頃而昏黑者，即為宣池偽品矣。試者不

可不辨。又有六安之品，盡為僧房道院所珍賞，而文人墨士，則絶口不談矣。【略】

五之味

茶貴甘潤，不貴苦澀，惟松蘿、虎丘所産者極佳，他産皆不及也。亦須烹點得應，若初烹輒飲，其味未出，而有水氣；泛久後嘗，其味失鮮，而有湯氣。試者先以水半注器中，次投茶入，然後溝注。視其茶湯相合，雲腳漸開，乳花溝面。少啜則清香芬美，稍益潤滑而味長，不覺甘露頓生於華池。或水火失候，器具不潔，真味因之而損，雖松蘿諸佳品，既遭此厄，亦不能獨全其天。至若一飲而盡，不可與言味矣。

明 文震亨《長物志》卷一二《虎丘天池》 最號精絶，為天下冠。惜不多産，又為官司所據，寂寞山家，得一壺兩壺，便為奇品，然其味實亞於『岕』。『天池』，出龍池一帶者佳，出南山一帶者最早，微帶草氣。

明 李日華《六研齋筆記》卷一 虎丘以有芳無色，擅茗事之品。顧其馥郁不勝蘭，止與新剥荳花同調。鼻之消受，亦無幾何。至於入口，淡于勺水。清泠之淵，何地不有，乃煩有司章程，作僧流棰楚哉。

明 陳鑑《虎丘茶經注補》

一之源

［經］茶，樹如瓜蘆。注：瓜蘆，苦祆也。廣州有之。葉與虎丘茶無異。但瓜蘆苦耳。花如白薔薇。注：虎丘茶，花開比白薔薇而小，茶子如小彈。上者生爛石，中者生礫壤。注：虎丘茶園，在爛石礫壤之間。野者上，園者次。注：虎丘野而園。宜陽崖陰林。注：虎丘之西，正陽崖陰林。紫者上，綠者次；筍者上，芽者次；葉卷上，葉舒次。注：虎丘紫綠，筍芽卷舒皆上。

［補］鑑親采數嫩葉，與茶侶湯愚公小焙烹之，真作荳花香。昔之鬻虎丘茶者，盡天池也。

二之具

［經］籯、籃、筥，以竹織之，茶人負以采茶。注：虎丘山下竹佳籯小，僧人即茶人。灶、釜、甑。注：虎丘焙茶同。杵臼、碓，規、模、棬、承、臺、碪、碾。注：唐宋製茶屑同，今葉茶不用。笓筣、簩筤，以小竹，長三尺，軀二尺五寸，柄五寸，篾織方眼。四者大小不一，以別茶也。注：虎丘同。棚，一曰棧，以木構於焙上，編木兩層以焙。注：虎丘同。茶半乾，貯下層，全乾，升上層。注：虎丘同。串，一斤爲上串，半斤爲中串，四兩爲小串。注：串，一作穿，謂穿而掛之。虎丘同。育，以木爲之，以竹編，中有槅，上有覆，下有牀，旁有門，中置一器，貯煨火，令煴煴然。江南梅雨時，燥之以炭火。注：虎丘同。

三之造

［經］凡采茶，在二三四月間。茶之筍者，生爛石土，長四五寸，若薇蕨始抽，淩露采之。茶之芽，發於叢薄之上。有三枝、四枝、五枝者，選中枝穎拔佳。其日有雨不采，晴有雲氣不采。采之，蒸之，焙之，穿之，封之，茶其乾矣。注：與虎丘采焙法同。但陸《經》有擣之拍之，今不用。【略】

［補］黄儒《茶録》：一戒采造過時，二戒白合盜葉，三戒入雜，四戒蒸不熟及過熟。注：穀雨後謂之過時。茶芽有雨，小葉抱白，是爲盜葉。雜以楊、柳、柿，是爲入雜。

四之水

［經］泉水上，天雨次，井水下。注：虎丘石泉，自唐而後，漸以填塞，不得爲上。而憨憨之井水，反有名。

［補］劉伯芻《水記》：陸鴻漸爲李季卿品虎丘劍池石泉水第三。張又新品劍池石泉水第五。《夷門廣牘》謂：虎丘石泉，舊居第三，漸品第五。以石泉泓渟，皆雨澤之積滲，竇之潢也。況闔廬墓隧，當時石工多閉死，僧衆上栖，不能無穢濁滲入。雖名陸羽泉，非天然水，道家服食，禁屍氣也。

鑑欲濬劍池之水，鑿小渠流人雀澗，則泉得流而活矣。李習之謂劍池之水不流為恨事，然哉。

五之煮

［經］山水乳泉，石泓漫流者，可以煮茶。注：陸羽來吳時，劍池未塞，想其涓涓之流。今不堪煮。湯之候，初曰蝦眼，次曰蟹眼，次日魚眼。若松風鳴，漸至無聲。注：蝦蟹魚眼，言鍑内水沸之狀也，聲如松濤，漸緩，則火候到矣。過此則老。勿用膏薪爆炭。注：乾炭爲亙，乾松㸐尤妙。

［補］蘇廙傳：湯者茶之司命，若名茶而濫觴，則與凡荈無異。故煎有老嫩，注有緩急，無過不及，是爲茶度。陸平泉《茶寮記》：茶用

活火，候湯眼鱗鱗起，沫餑鼓泛，投茗器中，初入湯少許，使湯茗相投，即滿注，雲腳漸開，乳花浮面，則味全。蓋唐宋茶用團餅碾屑，味易出，今用葉茶，驟則味乏，過熟則昏濁沉滯矣。

［經］器用風爐、炭撾、鍑、火夾、紙袋、都籃、漉水囊、瓢盌、滌巾。

［補］錫瓶。宜興壺，粗泥細作爲上。甌盞，哥窑，厚重爲佳。瓶壺用草小薦，防焦漆几。

六之飲

［經］茶有九難，曰造，曰別，曰器，曰火，曰水，曰炙，曰末，曰煮，曰飲。陰採夜焙，非造也；嚼味嗅香，非別也；羶鼎腥甌，非器也；膏薪爆炭，非火也；飛湍壅潦，非水也；外熟內生，非炙也；碧粉縹塵，非末也；操艱攪遽，非煮也；夏興冬廢，非飲也。注：今不用末，當改曰：紙包甕貯，非藏也。

［補］陸平泉《茶寮記》：品茶非漫浪，要須其人與茶品相得。故其法獨傳於高流隱逸，有雲霞泉石、磊塊胸次者。

陳眉公《秘笈》：涼臺靜室，明窓淨几，僧寮道院，竹月松風，晏坐行吟，清談把卷，茶候也。翰卿墨客，緇流羽士，逸老散人，或軒冕而超軼世味者，茶侶也。

高深甫《八牋》：飲茶，一人獨啜爲上，二人次之，三人又次之，四五六人，是名施茶。

鑑謂：飲茶如飲酒，其醉也非茶。

七之出

［經］浙西産茶，以湖州顧渚上，常州陽羨次，潤州傲山又次，蘇州洞庭山下。注：不言蘇州虎丘，止言洞庭山，豈羽來時，虎丘未有名耶。

［補］《姑蘇志》：虎丘寺西産茶。注：虎丘寺西，去劍池不遠，天生此茶，奇。且手掌之地，而名聞於四海，又奇。

唐張籍《茶嶺詩》，有『自看家人摘，尋常觸露行』之句。朱安雅以爲，今二山門西偏，本名茶嶺，今稱茶園。張文昌居近虎丘，故看家人摘茶。又可見唐時無官封茶地。

八之事

［經］《吳志・韋曜傳》：曜飲酒不過二升，皓初禮曜，常密賜茶荈以代酒。又劉琨《與兄子南兗州刺史演書》：吾體中憒悶，常仰吳茶，汝可置之。

［補］鑑按：《茶經》七之事多不備，如王褒《僮約》：武陽販茶；許慎《說文》：茗，茶芽也；張華《博物志》：飲真茶者少眠；沈懷遠《南越志》：茗，苦澀，謂之過羅。四事在唐以前，而羽失載。羽同時常伯熊，臨淮人，御史大夫李季卿，次臨淮，知伯熊善煮茶，召之。伯熊執器而前，季卿再舉盃。至江南，聞羽名，亦召之，羽衣野服而入，季卿不爲禮，羽因作《毀茶論》，爲季卿也。

國初天台起雲禪師住虎丘，種茶。徐天全有齒謫回，每春末夏初，入虎丘開茶社。

吳匏庵爲翰林時，假歸，與石田遊虎丘，采茶手煎對啜，自言有茶癖。

文衡山素性不喜楊梅，客食楊梅時，乃以虎丘茶陪之。羅光璽作《虎丘茶》記，嘲山僧有替身茶。

宋懋澄欲伐虎丘茶樹。鐘伯敬與徐元歎，有虎丘茶訊，謂兩人交情，數千里，以買茶爲名，一年通一信，遂成故事。伯敬築室竟陵，云將老焉，遠遊無期，呼元歎買餘力一往，元歎有答茶訊詩。醉翁曰：茶樹一種入地，不可移，移即死，故男女以茶聘，朋友之交，亦然。鐘徐茶訊，是之取耳。聞元歎有奠茶文。譚友夏《冬夜拜伯敬墓詩》云：姑蘇徐逸士，香雨祭茶時。又有詩寄元歎云：河上花繁多有淚，吳天茶老久無香。正感二子之交情也。

九之撰

［經］鮑令暉有《香茗賦》。

［補］宋姑蘇女子沈清友，有《續鮑令暉香茗賦》。見楊甫峰手鏡。鑑有《虎丘茶賦》。見賦部。

唐韋應物《喜武丘園中茶生》詩：潔性不可汙，爲飲滌塵煩。此物信靈味，本自出仙源。聊因理郡餘，率爾植山園。喜隨衆草長，得與幽人言。

張籍《茶嶺詩》：紫芽連白葉，初向嶺頭生。自看家人摘，尋常觸

露行。

陸龜蒙《煮茶》詩：閒來松間坐，看煮松上雪。時於浪花生，併下藍英末。傾餘精英健，忽似氛埃滅。不合別觀書，但宜窺玉札。

皮日休《和煮茶》詩：香泉一合乳，煎作連珠沸。時看蟹眼濺，乍見魚鱗起。聲疑松帶雨，餑恐生烟翠。尚把瀝中山，必無千日醉。鑑按：皮陸茶詠各十首，俱詠顧渚，非詠虎丘也。但二公俱踪跡虎丘，摘其一以存虎丘茶事。

國初王璲《贈天台起雲禪師住虎丘種茶》詩：上人住孤峰，清閒有歲月。袖帶赤城霞，眉端凝古雪。種茶了一生，經綸人萌蘖。斯知一念深，於義亦超絕。

羅光璽《觀虎丘山僧采茶作詩寄沈朗倩》云：晚塔未出烟，曉光猶讓露。僧雛啓竹扉，語響驚茶寤。雲摘手知肥，衲裹香能度。老僧是茶佛，須臾畢茶務。空水澹高情，欲飲仍相顧。山鳥及閒啼，松花壓庭樹。

陳鑑《補陸羽採茶詩并序》：陸羽有泉井，在虎丘，其旁産茶，地僅畝許，而品冠乎羅岕松蘿之上。暇日遊觀，憶羽當日必有茶詩，今無傳焉，因爲補作云：物奇必有偶，泉茗一齊生。蟹眼聞煎水，雀芽見鬬萌。石樑苔齒滑，竹院月魂清。後爾風流盡，松濤夜夜聲。

鐘惺《虎丘品茶》詩：水爲茶之神，飲水意良足。但問品泉人，茶是水何物。飲罷意爽然，香色味焉往。不知初啜時，何從寄遐想。室香生爐中，爐寒香未已。當其離合間，可以得茶理。

崔浩《封茶寄文祠部》詩：細摘春旗和月焙，晨興封裹寄東曹。秋清亦可助佳興，白舫青簾山月高。

劉鳳《虎丘采茶曲》：山寺茶名近更聞，采時珍重不盈斤。直輸華露傾仙掌，浮沫春瓷破白雲。

陳鑑《虎丘試茶口號》：蟹眼正翻魚眼連，拾燒松子一條烟。攜將第一虎丘品，來試慧山第二泉。

吳士權《虎丘試茶詩》：虎丘雪穎細如針，豆莢雲腴價倍金。後蔡前丁渾未識，空從此苑霧中尋。響停唧唧砌蟲餘，□□吹雲繞竹廬。泉是第三茶第一，仙芽傳裏未曾書。

朱隗《虎丘采茶竹枝詞》：『鐘鳴僧出亂塵埃，知是監司官長來。攜得梨園高置酒，閶門留着夜深回。』『官封茶地雨泉開，皂隸衙官攪似雷。近日正堂偏體貼，監茶不遣掾曹來。』『茶園掌地産希奇，好事求真貴不辭。辨色嗔香空賞鑒，哪知一樣是天池。』

十之圖

［經］以素絹，或四幅，或六幅，分題寫之，陳諸座隅，則茶之源、之具、之造、之水、之煮、之飲、之出、之事、之撰，俱在圖中，目擊而存。

［補］李龍眠有《虎丘采茶圖》，見題跋。沈石田爲吳匏庵寫《虎丘對茶坐雨圖》，今在王仲和處。王仲山有《虎丘茗椀旗槍圖敘》。沈石天每寫虎丘圖，四面不同，春山秋樹，夏雲冬雪，種種奇絕。鑑茲補陸不圖而圖，庶不沒虎丘茶事。

（康熙）《六合縣志》卷一二《茗笈》 品茶者，從來鑒賞，必推虎丘第一，以其色白，香同嬰兒肉，此真絕妙論也；次則屈指棲霞山，蓋即虎丘所傳匡廬之種而移植之者。曩有業茶徽賈，遊靈巖，謂水清地沃，極宜種茶，語若有憑，惜無植者。今輯諸家茶政中精要語類列十四則，人各為論，不相沿襲，使有同志者專藝為業，遂可代耕，奚止誇為鴻漸功臣哉。【略】

按唐時産茶地，僅僅如季疵所稱。而今之虎丘、羅岕、天池、顧渚、松羅、龍井、鴈宕、武夷、靈山、大盤、日鑄、朱溪諸名茶，無一與焉。乃知靈草在在有之，但培植不嘉，或疏採製耳。羅廩《茶解》【略】

江南之茶，唐人首稱陽羨，宋人最重建州，于今貢茶，兩地獨多。陽羨僅有其名，建茶亦非最上，惟有武夷雨前最勝。近日所尚者，爲長興之羅岕，疑即古人顧渚紫筍也。介於山中，謂之岕，羅氏隱焉，故名羅。然岕故有數處，今惟洞山最佳。姚伯道云：明月之峽，厥有佳茗，是名上乘。要之，採之以時，製之盡法，無不佳者。其韻致清遠，滋味甘香，清肺除煩，足稱仙品，此自一種也。若在顧渚，亦有佳者，人但以水口茶名之，全與岕別矣。若歙之松蘿、吳之乕丘、錢塘之龍井，香氣穠郁，並可雁行，與岕頡頏。往郭次甫亟稱黃山，黃山亦在歙中，然去松蘿遠甚。往時士人皆貴天池，天池産者，飲之畧多，令人脹滿，自余始下其品，向多非之，近來賞音者始信余言矣。浙之産，又曰天台之雁宕，括蒼之大盤、東陽之金華、紹興之日鑄，皆與武夷相爲伯仲。然雖有名茶，當曉藏製。

製造不精，收藏無法，一行出山，香味色俱減。錢塘諸山，産茶甚多，南山盡佳，北山稍劣。北山勤於用糞，茶雖易茁，氣韻反薄。往時頗稱睦之鳩坑、四明之朱溪，今皆不得入品。武夷之外，有泉州之清源，倘以好手製之，亦是武夷亞匹，惜多焦枯，令人意盡。楚之産曰寶慶，滇之産曰五華，此皆表表有名猶在雁茶之上。其他名山所産，當不止此，或余未知，或名未著，故不及論。許次紓《茶疏》【略】

虎丘茶色白而味香，然憑萬頃雲，俯瞰僧園，擞株盡矣，所出絕稀，味亦不能過端午。

清 陸廷燦《續茶經》卷下《八之出》 《吳郡虎邱志》：虎邱茶，僧房皆植，名聞天下。穀雨前摘細芽焙而烹之，其色如月下白，其味如荳花香。近因官司征以饋遠，山僧供茶一觔，費用銀數錢。是以苦於賫送，樹不修葺，甚至刈斫之，因以絕少。

又 《姑蘇志》：虎邱寺西産茶，朱安雅云：『今二山門西偏，本名茶嶺。』

（乾隆）《江南通志》卷八六《食貨志・物産・蘇州府》 茶出虎丘金粟房，其色白，香如幽蘭，採於穀雨前為雨前茶。天池、伏龍俱佳，此為最。又洞庭兩山亦出佳茗。

（乾隆）《元和縣志》卷一六《物産・茶之屬》 虎丘茶出虎丘金粟房，葉微帶黑，不甚蒼翠。點之，色白如玉，而作豌豆香。宋人呼爲白雲茶。卜萬祺《松寮茗政》云：色味香韻，無可比擬，茶中王也。明時，例歲有司以此申餽大吏，詣山採製，胥皂騷擾，守僧不堪，薙除殆盡，學士文震孟作《薙茶説》以傷之，後復植如故。有司計償其值，采餽同前例。睢州湯公斌鎮撫三吳，嚴禁屬員餽送，寺僧亦疲於蓺植，此種遂萎，今不可復得云。

（乾隆）《虎邱山志》卷一〇《物産・虎邱茶》 出金粟房，葉微帶黑，不甚蒼翠。點之色如白玉，而作豌豆香。宋人呼為白雲茶。卜萬祺《松寮茗政》云：色味香韻無可比擬，茶中王也。明時有司以此申餽大吏，詣山採製，胥皂騷擾，守僧不堪，薙除殆盡。文震孟有《薙茶説》以傷之，後複植如故。有司計償，其植採餽同前例。睢州湯公斌開府三吳，嚴禁屬員餽送，寺僧亦疲於蓺植，茶遂萎。

鍾山

清 采蘅子《蟲鳴漫録》卷一 鍾山之巔産茶，恒在雲霧中，其境亦人跡罕至處，山有白雲寺。春日採茶，僧必于雲霧朦朧時摘取，則葉於盞內，自分三層，氤氳起雲霧之狀。若日出霧散時采之則否，故每年所得甚少。雖有力者求之，亦不可得。有士人在寺讀書年餘，與僧交最厚，瀕行，僧贈茶一小包，士心輕之，抵家擲諸架上。復有顯者覓此茶入貢，百計不能得。士人憶及僧所贈者，取視色香未變，試獻之。顯者喜，酬以二千金，方知此物之足貴也。

潤州

唐 陸羽《茶經》卷下《八之出》 潤州、蘇州又下。潤州江寧縣生傲山，蘇州長洲縣生洞庭山，與金州、蘄州、梁州同。

清 陸廷燦《續茶經》卷下《八之出》 《鎮江府志》：潤州之茶，傲山為佳。

洞庭山

宋 朱長文《吳郡圖經續記》卷下《雜録》 洞庭山出美茶，舊入為貢。《茶經》云：『長洲縣生洞庭山者，與金州、蘄州味同。』近年山僧尤善製茗，謂之『水月茶』，以院爲名也，頗爲呉人所貴。

宋 范仲淹《范文正集》卷四《苏州十咏・洞庭山》 吳山無此秀，乘暇一遊之。萬頃湖光裏，千家橘熟時。平看月上早，遠覺鳥歸遲。近古誰真賞，白雲應得知。

宋 向子諲《酒邊詞》卷上《浣溪沙》漁父詞，張志和之兄松齡所作也，有招玄真子歸隱之意。居士爲姑蘇郡守，浩然有歸志，因廣其聲爲浣溪沙，示姑蘇諸友 樂在煙波釣是閑，草堂松桂已勝攀。梢梢新月幾回彎。

一碧太湖三萬頃，屹然相對洞庭山。狂風浪起且須還。

宋 龔明之《中吴紀聞》卷五《洞庭山》 太湖之中有包山，一名洞庭。韋蘇州皮陸唱和所言洞庭，及蘇子美詩云『笠澤鱸肥人膾玉，洞庭柑熟客分金』，皆在吳江也。今岳州之南，所謂洞庭者，即酈善長注《水經》云『洞庭之陂』乃湘水，非江水也。周內相洪道嘗折衷二説云：

『洞庭山在吳，而洞庭湖乃在荆襄之間，地形雖分，而地脈未嘗斷也。』周公之説，又本於東坡。

（紹熙）《吴郡志》卷一五《山》　洞庭包山，即洞庭山也。傳記所載，多與洞庭相雜。《吳地記》云：在縣西一百三十里中有洞庭，深遠世莫能測。吳王使靈威丈人入洞穴，十七日不能盡，因得禹書。《郡國志》：洞庭山有宫五門，東通林屋，西達峨眉，南接羅浮，北連岱嶽。東有石樓，樓下兩石，扣之清越，所謂神鉦。昔有青童乘獨飈飛輪之車，尚傳至此。其跡上有天帝壇山，山有金牛穴。吳孫權令人掘金，金化爲牛，走上山，其跡存焉。吳王闔閭作水精宫於此，尤極水府之珍怪。《玄中記》云：吳國西有具區，澤中包山，有洞庭入地下，潛行通琅邪東武山。《淮南子》云：斷修蛇於洞庭。《左傳》云：哀公元年，夫差敗越於夫椒。今太湖東，別有夫椒山。下有大洞天宫，潛通五岳。又云：包山上，舊無三班，謂蛇、虎、雉。侯景亂後，乃有虎、蛇。《五符》云：林屋山，一名包山，在太湖中。下有洞，潛通天五岳，號天后別宫。夏禹治水，平後，藏五符於此。吳王闔閭使靈威丈人入山，所得是也。《眞誥》云：包山下有石室銀房，圓百里。又有白芝隱泉，其水紫色。《玄中記》云：吳國西有具區，中有包山。洞庭地下，潛通琅邪東武山，山穴道一名椒山。哀公九年，越敗吳夫差于夫椒，即此是也，又名洞庭山。吳大帝時，使人行二十餘里而返，云上聞波浪聲，有大蝙蝠如鳥。拂殺火穴中，高處照不見顛，左右多有道人馬跡。禹治水過會稽，夢人衣玄纁。告治水法，在此山北錮函中，并不死方，禹得藏於包山石室。吳人得之不曉，問孔子云：王居殿，赤烏銜集庭，此何文字？曰：此禹石函文也。《玄中記》又曰：吳西具區，澤中包山，有洞庭室。《戰國策》曰：越王散卒三千，擒夫差於干隧。吳郡西北，有地名干隧，是也。句曲山聞有靈府，洞庭四開。古人謂為天［仙］之靈區，天后之便闕，清虛之東牕，林屋之隔沓。衆洞相通，七塗九便，四方交達。天后者，林屋洞中之真君。住在太湖包山下，靈威丈人所入得靈寶符處也。又云：包山下有石室銀户，方圓百里，中有白芝，亦名林屋山。今洞庭山在太湖湖中，有東西二山。西山最廣，林屋洞及諸故物悉在焉。東山有柳毅井，爲故跡。房琯云：不遊興德、洞庭，未見山水。興德，杭州寺也。洞庭景物，互見太湖門。皮日休《雨中遊包山精舍》：松門亘五里，彩翠高下絢。幽人共躋攀，勝事頗清便。霎霎林上雨，隱隱湖中電。薜帶輕束腰，荷笠低遮面。濕屨黏烟霧，穿衣落霜霰。笑次度巖壑，困中遇臺殿。老僧三四人，梵字十數卷。地稀無夏屋，境僻乏朝膳。散發抵泉流，支頤數雲片。坐石忽忘起，捫蘿不知倦。異蝶時似錦，幽禽或如鈿。篥簩還戛刃，栟櫚自搖扇。俗態既斗藪，野情空眷戀。道人摘芝菌，為余備午饌。渴興具石榴羹，飢愜胡麻飯。如何事于役，茲遊急于傳。却將塵上衣，一任瀑絲濺。陸龜蒙：包山信神仙，主者上真職。及棲鍾梵侶，又是清涼域。乃知煙霞地，絕俗無不得。巖開一逕分，柏擁深殿黑。僧閒若圖畫，像古非彫刻。海客施明珠，湘蕤料平聲淨食。有魚皆玉尾，有烏盡金臆。手擕鞞鐸佉。唐言楊枝。若在中印國。千峯殘雨過，萬籟清且極。此時空寂心，可以遺智識。知君戰求勝，尚倚功名力。却下聽經徒，生公有聽經石。孤帆布行色。

清　方式濟《龍沙紀略·飲食》　茶自江蘇之洞庭山來，枝葉粗雜函重。兩許，值錢七八文。八百函爲一箱。

清　陸廷燦《續茶經》卷下《八之出》　陳眉公《太平清話》：洞庭中西盡處，有仙人茶，乃樹上之苔鮮也。四皓采以為茶。

又　《圖經續記》：洞庭小青山塢出茶，唐宋入貢。下有水月寺，因名水月茶。

又　《隨見録》：洞庭山有茶，微似芥而細，味甚甘香，俗呼為『嚇殺人』。産碧螺峰者尤佳，名碧螺春。

（乾隆）《江南通志》卷八六《食貨志·物産·蘇州府》　茶出虎丘金粟房，其色白，香如幽蘭，採於穀雨前為雨前茶。天池、伏龍俱佳，此為最。又洞庭兩山亦出佳茗。

清　王應奎《柳南續筆》卷二《碧螺春》　洞庭東山碧螺峯石壁産野茶數株，每歲土人持竹筐採歸，以供日用，歷數十年如是，未見其異也！康熙某年，按候以採，而其葉較多，筐不勝貯，因置懷間，茶得熱氣，異香忽發，採茶者爭呼嚇殺人香。嚇殺人者，吳中方言也，因遂以名是茶云。自是以後，每值採茶，土人男女長幼務必沐浴更衣，盡室而往，貯不用筐，悉置懷間。而土人朱元正，獨精製法，出自其家，尤稱妙品，每斤價值三兩。己卯歲，車駕幸太湖，宋公購此茶以進，上以其名不雅，題之曰碧螺春。自是地方大吏歲必採辦，而售者往往以僞亂真。元正沒，製法不傳，即真者亦不及曩時矣！

清　戴延年《吴語》《昭代叢書丁集》卷二三　碧螺春産洞庭西山，以穀

雨前爲貴。唐皮陸各有茶塢詩。宋時水月院僧所製尤美，號水月茶，近易兹名色玉香蘭，人爭購之，洵茗荈中尤物也。

清 袁枚《隨園食單》卷四《茶酒單·茶·洞庭君山茶》 洞庭君山出茶，色味與龍井相同，葉微寬而緑過之，採掇最少。方毓川撫軍曾惠兩瓶，果然佳。絕後有送者，俱非眞君山物矣。

清 顧禄《清嘉録》卷三《茶貢》 穀雨節前，邑侯采辦東山洞庭碧螺春茶入貢，謂之茶貢。案府志：茶出吳縣西山，以穀雨前為貴。王應奎《柳南隨筆》云：洞庭東山碧螺峰石壁，産野茶數株，每歲土人持竹筐採歸，以供日用，歷數十年如是，未見其異也。康熙某年，按候采者如故，而其葉較多，筐不勝貯，因置懷間，茶得熱氣，異香忽發。采茶者爭呼嚇殺人香。嚇殺人者，吳中方言也。因遂以名是茶云。自是以後，每值采茶，土人男女長幼，務必沐浴更，盡室而往，貯不用筐，悉置懷間，而土人朱正元獨精製法，出自其家，尤稱妙品。康熙己卯，車駕南巡，幸太湖，巡撫宋犖購此茶以進。上以其名不雅馴，題之曰碧螺春。自是地方大吏，歲必採辦，而售者往往以僞亂真。正元沒，製法不傳，即真者亦不及曩時矣。

清 俞樾《茶香室叢鈔》卷二一《杭州蘇州茶》 陸羽《茶經》云：『浙西湖州上，常州次，宣州、杭州、睦州、歙州下，潤州、蘇州又下。』按今杭州之龍井茶，蘇州洞庭山之碧螺春茶，皆名聞天下，而在唐時則皆下品也。又杭州注云：『生天竺、靈隱二寺。』然則當時龍井亦未知名。

清 吳偉業《梅村集》卷一九《如夢令》 镇日莺愁燕懶，偏地落红谁管？睡起爇沉香，小饮碧螺春盌。簾捲，簾捲，一任柳絲风軟。

棲霞山

唐 皇甫冉《送陸鴻漸棲霞寺采茶》《全唐詩》卷二四九 採茶非採菉，遠遠上層崖。布葉春風暖，盈筐白日斜。舊知山寺路，時宿野人家。借問王孫草，何時泛椀花。

明 黃龍德《茶説》《程氏叢刻》 至金陵攝山所産，其品甚佳，僅僅數株，然不能多得。

明 顧起元《客座贅語》卷九《茶品》 金陵舊無茶樹，惟攝山之棲霞寺，牛首之弘覺寺，吉山之小菴，各有數十株。其主僧亦采而薦客，然炒法不如吳中，味多辛而辣，點之似椒湯，故不勝也。而五方茶品至者頗多，士大夫有陸羽之好者，不煩種藝，坐享清供，誠爲快事。稍紀其目，如吳門之虎丘，天池岕之廟後、明月峽，宜興之青葉、雀舌、蜂翅，越之龍井、顧渚、日鑄、天台，六安之先春，松蘿之上方、秋露白，閩之武夷、寶慶之貢茶，歲不乏至。能兼而有之，亦何減孫承祐之小有四海哉。

明 李日華《六研齋二筆》卷一 攝山棲霞寺有茶坪。茶生榛莽中，非經人剪植者。唐陸羽入山採之，皇甫冉作詩送之云：『采茶非采菉，遠遠上層崖。布葉春風暖，盈筐白日斜。舊知山寺路，時宿野人家。借問王孫草，何時汎椀花。』茶事於唐末未甚興，不過幽人雅士手擷於荒園雜穢中，拔其精英以薦靈爽，所以饒雲露自然之味。至宋設茗綱，充天家玉食，士大夫益復貴之，民間服習浸廣，以為不可缺之物。於是營殖者擁溉孳糞等於蔬蔌，而茶亦隤其品味矣。人知鴻漸到處品泉，不知亦到處搜茶。皇甫數言，僅存功案而已。

清 陳作霖《金陵物産風土志·本境植物品考》 牛首、棲霞二山皆産茶。生於山頂以雲霧名，寺僧采之以供貴客，非盡人所能得。惟城西五臺山茶樹，本不高而葉茂，同治初江甯塗太守宗瀛所種，尚有數十株耳。然品茶必先試水，鐘山一勺泉、嘉善寺梅花水、永寧庵雨花泉，水中之清品，地僻不可常致。江水離城市亦遠，河水則污濁不堪，居民汲飲，每以為苦。惟雨水較江水潔，較泉水輕，必判分晝夜，讓過梅天，炭火粹之，疊換缸甕，留待三年，芳甘清冽，車研詩所謂『為憶金陵好，家家雨水茶』是也。

常州

唐 白居易《白氏長慶集》卷三一《晚春閑居楊工部寄詩楊常州寄茶同到因以長句答之》 宿醒寂寞眠初起，春意闌珊日又斜。勸我加

餐因早笋，恨人休醉是殘花。悶吟工部新來句，渴飲毗陵遠到茶。兄弟東西官職冷，門前車馬向誰家。

唐 李肇《唐國史補》卷下 風俗貴茶，茶之名品益衆。劍南有蒙頂石花，或小方，或散牙，號爲第一。湖州有顧渚之紫筍，東川有神泉、小團，昌明、獸目，峽州有碧澗、明月、芳蕊、茱萸簝，福州有方山之露牙一作生牙，夔州有香山，江陵有南木，湖南有衡山，岳州有浥湖之含膏，常州有義興之紫筍，婺州有東白，睦州有鳩坑，洪州有西山之白露。壽州有霍山之黄牙，蘄州有蘄門團黄，而浮梁之商貨不在焉。

《新唐書》卷四一《地理志五》 常州晉陵郡，望。本毗陵郡，天寶元年更名。土貢：紬、絹布、紵、紅紫綿巾、緊紗、兔褐、皂布、大小香秔、龍鳳席、紫筍茶、署預。

清 袁枚《隨園食單》卷四《茶酒單・茶・常州陽羡茶》 陽羡茶，深碧色，形如雀舌，又如巨米，味較龍井畧濃。

江寧

（乾隆）《江南通志》卷八六《物産・江寧府》 茶江寧天闕山茶，香色俱絶。城内清涼山茶，上元東鄉攝山茶，味皆香甘。

浙江

天台山

唐 釋皎然《杼山集》卷七《飲茶歌送鄭容》 丹邱羽人輕玉食，採茶飲之生羽翼。《天台記》云丹邱出大茗服之羽化。名藏仙府世空知，骨化雲宫人不识。雲山童子調金鐺，楚人茶經虚得名。霜天半夜芳草折，爛漫緗花啜又生。賞君此茶祛我疾，使人胸中蕩憂慄。日上香鑪情未畢，醉踏虎溪雲，高歌送君出。

唐 陸羽《茶經》卷下《八之出・浙東》 以越州上【略】明州、婺州次【略】台州下。台州始豐縣生赤城者，與歙州同。

唐 徐靈府《天台山記》《古逸叢書》卷二五 孫綽云：涉海則有方丈蓬萊，登陸則有四明天台。信矣哉！蓋寰瀛之靈墟，三清之別館。按《真誥》云：天台山高一万八千丈，周廻八百里，山有八重，四面如一，當牛斗之分，以其上應台宿，光輔紫宸，故名天台，亦曰桐柏。棲山陶隱居《登真隱訣》云：大小台處五縣中央即餘姚、臨海、唐興、句章、剡縣也。大小台乃桐柏山，六里乃至二石橋，先得小者。復行百餘里，更得大者，在最高處採藥人，仿佛見之，石屏虹梁，與畫相似。又見玉堂金闕，望橋邊有蓮花狀，大如車輪，其花恍惚不可熟見。大小台者，以石橋之大小為名。據此説，即天台與桐柏，二山相接而小異也。按長康《啟蒙記》云：天台山在會稽郡五縣界中，去人境不遠，路經瀑布，次經猶溪，至于浙山。猶溪在唐興縣東二十里發源，自花頂從鳳凰山東南流，合縣大溪，入于臨海郡溪江也。其水深冷，前有石橋，遥望不盈尺，長數十步，臨絶溟之澗，忘其身者，然後能度。度者見天台山，蔚然凝秀，雙嶺於青霄之上，有瓊樓玉堂，瑶林醴泉，仙物異種，偶或有見者，當時斫樹記之，再尋則不復可得也。按此記説，則神異之所，非造次可覩焉。今遊人衆所見者，蓋非此橋，且猶溪高處，不見有橋，今衆人所見者，乃在歇亭西二十里，水流于剡縣界，定知不是長康所説之橋也。

州取山名，曰台州，縣隷唐興，即古始豐縣也。肅宗上元二年，改為唐興縣。山去州一百四十八里，去縣有一十八里，一頭亞入滄海中，有金庭不死之鄉，在桐柏之中，方圓可三十里，上常有黄雲覆之，樹則蘇玡琳碧，泉則石髓金漿，《真誥》所謂金庭洞天，是桐柏真人之所治也。真人周靈王太子喬，字子晉，好吹笙，作鳳鳴於伊雒間。道人浮丘公接以上嵩山，三十餘年後，求之不得，偶乘白鶴，謝時人而去，以仙官授任為桐柏真人，右弼王領五嶽司，侍帝來治兹山也。故《真誥》云：吳句曲之金陵，越桐柏之金庭，成真之靈墟，養神之福境。《名山福地記》云：洪波不登，三災黄莫至。又云：經丹水南行，有洞交會從中過，即赤城丹山之洞，上玉清平之天，周迴三百里。洞門在樂安縣界，即十六洞天第六洞也，即茆司命所治也。群峯崢嶸，碧障合沓，磨霄淩漢，因蒸雲起，霧集迸芳，瑤花間發，光彩輝燭，四時如春，鳳翔神鸞，棲於其上，豐狐文

豹，隱於其中。南馳縉雲，北接四明，東距溟，激西通剡川。又多産欅，松桂垂珠，積翠於重巖；玄光靈芝，吐耀於幽谷。至於巖煙匿景，匪徒与五嶽爭雄；考異搜奇，自可引三山為疋。爰泊晉宋，至於梁陳，咸以日中星鳥；望秩茲山，藏璧獻琛，率為常典。《抱樸子内篇》云：凡諸小山，不堪作神丹金液，皆有木石之精，千歲老魅，能壞人藥，唯嵩鎮、少失、縉雲、羅浮、大小台，比諸山正神居處，助人為福，可以修真練藥台矣。天台觀在唐興縣北十八里，洞柏山西南瀑布喦下。舊《圖經》云：吳主孫權為葛仙公所創，最居形勝，北松王真君壇，東北連丹霞洞，西北抛翠屏喦。故孫興公《天台山賦》云：搏壁立之翠屏。即此喦也。仙壇與翠屏巖聳空鬬峙，瀑布迸流，落落西崖間，可千餘丈，狀素蜺垂天，飛帛觸地。孫興公賦云：瀑布飛流以界道。即此處是也。騰波濆沫，近驚飆雲，鼓怒振雷，遙聞神悦。瀑布南流百餘步，与靈溪相合，流注縣大溪，入于臨海郡也。觀中流引瀑水，縈繞廊院，灌注池沼，苛芰芬芳，蘿竹交暎，遊者忘歸，勝槩炎極也。

觀東一百五十步，先有故柳史君宅，号曰紫霄山居。南矚蒼嶺，北接紫霄峰，左右皆列小山，邐迤為勢。東北連丹霞洞，洞有葛仙公練丹之初所也。宅中多植靈葩翠欅，修笙其卉，曲池澴沼，藥院丹爐，斯亦鍊化之奇景。柳君名泌，憲宗十三年，自復州石門山詔徵授台州刺史。不至郡，便止山下，領務備藥，後渾家於丹霞洞隱仙也。

自天台觀西去瀑布寺一里。宋元嘉年中，沙門法順所興立。近瀑布下，因以為名。寺北一里有喦，高百丈，名百丈喦，喦下靈溪。孫與公賦：過靈溪而一灌，疏煩慮於心胸。寺引溪水，經廚中過，還遶廊院。寺南九峰山，山高百餘丈，周迴六里，亦天台有派幹也。舊名九壠山，天寶六載改為九峰山。昔王逸少与支道林常登北山，以為勝矚也。

自天台觀北路上桐柏觀一十二里，皆懸崖磴道，艦折而上，皆長松狹路，至于桐柏洞門。故賦云：蘇萋萋之纖草，蔭落落之長松。即此地也。自洞門一小嶺，可二里乃至觀處，倚小松嶺，嶺前豁然平陸數頃，四面持起峰巒，有若郛郭，迺神真之所休憩，巢許之所欽，自非噏沉凌霄漢，夢龜鶴之夭促，與天地而長久者，何以居焉。昔褚先生修道之所，又徐法師之於此立道房齋閣，号曰隱真之中峰。觀前有田頃餘，東有溪曰清溪，溪注田西經三井，飛流瀑布，凡是遊客，但親景奇物異，恍然似昇玄都玉京者矣。觀即唐睿宗景龍二年為白雲先生所置。白先生乃司馬天師也，名子徽，字承禎，河内溫人，事載在碑中。先生初入花頂峰，遇王義之入山學業，先生過筆法付義之：子欲學書，好聽吾語。夫受筆法，與俗不同，須靜其心，後澄其心思，暮在功書，觔骨附近，氣力又須均停，握管与握玉無殊，下筆与投峰不別，莫誇端正，但取堅強，觔力若成，自然端正。東邊石室，子莫頻過，盡是異獸精靈也。向餘邊受業，凡人到彼必傷，緣殘吾命，汝將來料伊不敢。西邊石室，甚是清閑，案硯俱全，詩書並足，松花仙果，可給朝飡，石茗香泉，堪充暮飲。閑翫水自散情懷，闷即凌峰，莫思閑事。義之既蒙處分，豈敢有違，一登石室，二載不虧，夜則望月臨池，朝則投雲握管，澄濾其思，暮在功書，清靜其心神，志求筆法。光迴影轉，莭匆頻移，日就月將，便經年載。義之第一年學書，似蚍驚春蟄，魚躍寒泉，筆下龍飛，行間蝶舞，雖未殊妙，早以驚群。至第二年學書，似鶴度春林，雲飛玉間，筆舍五彩，墨點如龜，觔骨相連，似垂金鑠。至第三年學書，將為是妙也，遂書得數紙來。先生再拜展於案上，一見凛然作色，高聲謂責義之曰：子之書法，全未有功，觔骨俱少，氣力全無，作此書格，豈成文字？但且學書，有命即至，仙堂無事，不勞相訪。義之唱喏，即歸書堂。後又得三年功，書成矣。先生乃讚義之曰：念汝書跡，異世不周。淡處不淡，濃處不濃。得之者罕有，見之者難逢。進一字千金重賞，獻一字萬户封侯。再讚曰：衆木中松，群山中峰，靈鶴中沖，五岳中嵩。吾令歸俗，汝向九霄紅。汝歸於世界，如鶴出籠。別後有心相顧，時時遙望白雲中。先生初人天台後，睿宗皇帝詔復桐柏舊額，請先生居之。其降勑書曰：吳朝葛仙公廢桐柏觀在天台山，如闻始豐縣人斫伐松竹，毁廢壇埸，多有穢觸，頻致死亡。仰州縣官与司馬練師相知，於天台山中僻方封取四十里，以為禽獸草木長生之福地，量一觀仍還舊額。初構天尊堂，有五雲其上三，而良吏書之，以記祥也。天寶六載，郡守賈公長源及玄靜先生李君名含光，即天師弟子之玄宗師等立碑，太史崔尚製文，翰林學士韓擇木書，玄宗皇帝親書其碑額。

觀南一里有石壇一級，以塼石雜砌，方廣三十二丈。按《法輪經》，即太極三真人下降，授葛仙公修道於天台山，感降上真於此壇也。仙公

真經並義注之所也，事迹具在《本起傳》中，此不備載。壇西南下石上，有隸書刻記之，日誥使徐公醮壇，授仙公經。真人自稱姓徐，名來勒字，則未詳何人也。壇前有塘，名曰降真塘，塘多植荷菩之類。自塘南一里至洞門，門外西南一里餘至王真君壇，真君即桐柏真人也。有小殿，即真君儀像儼焉。開元初，玄宗創立之，度道士七人灑掃也。

殿前有石泉，名曰醴泉，南三步新立上真亭，子臨萬仞，坐觀千里，遊者登之，坐跳平陸。按正壇在真君殿西北二十步，有石壇，方廣四丈，八尺一圾，甃以古磚，今州縣祈請水旱，皆於此壇。殿東二十步，又有古八角壇，自殿西北下山三百步，即至三井。一井今闉塞，俗傳云曾有尼師洗手觸之，一旦自塞，二井其深不測，並自然天鑿。嘗有好事者投綸於其間，繒綸盡而不及底，或云通海，或云海服，未可詳也。其春夏時，每雨將降，則濛流灌激，溢湧雷吼，有若蚨螭潛隱之皷怒也。其問遊者見之，莫不神駭膽慄。邑中有水旱，令長每虔祀情誠，祈於晴雨，无不響應之，是國家投龍璧醮祭祈福之所。高宗永淳二年，投龍於此。玄宗開元二十五年，詔令太常卿修禮儀使韋縚賫金龍白璧投於井。寶曆元年，主上遺中使王士岌、道門威儀趙常盈、太清宮大德阮幽闲、翰林待詔祿通玄，五月十三日到山，於天台觀設醮，許往三井投龍璧也。

自三井西上一峯約二里，有僧院名佛窟院，今道元觀是也。前枕翠屏巖，北連桐柏大山，翠屏巖与仙壇，使俠徑瀑布，雙峙霄降，半隱雲表。嵒上有亭子，極眺平陸，此處並為殊景也。自桐柏觀西北行七里，乃至瓊臺，中天以懸居，自百丈巖上，无上瓊臺路，皆水石深嶮，不可登涉，事須登仙壇取桐柏路，方可得到。即平視瓊臺，而且下望雙闕，而遊者多恠瓊臺不在中天，雙闕不出雲表，猶在山上觀之然也。若自下仰視，則瓊臺不啻中天。雙闕五里，俠靈溪而行，翠壁萬仞，森倚相向，奇花秀樫，牙發芳蘂，珍禽靈獸，造楊清音。余曾尋瓊臺，下雲溪，洐流北行三十里，或潺湲淺漱，其平則三里五里，或潭洞院杳，其深則千丈萬丈。恠石嶔崟，水色明鮮，歷歷見底，纖鱗莫隱。造之者不覺忘歸，非神仙之窟宅，曷能若斯。

桐柏東北五里，有華林山居，水石清秀，靈寂之境也長慶初，道士陳宗言修真之所。自觀北上一峯，可五里有方瀛山，居上有平地，傾餘前有池塘廣數敏畝，塘中有小洲島焉，有苛芰，前眺望蒼岑，後聳雲盖，即後峰名也。西接瓊臺，東近華林，即靈府長慶元年定室於此，是天台第二重。自方瀛上七里，有玉霄山居，平地傾餘，四山迴合，又邃若洞天也，即天台第三重。自玉霄東南行三里，有雙石磵，列為高门，可百餘仞，因呼為石門桐柏觀。北亦有上華頂路，路深邃梗澁，遊人罕逢此行，多取國清路上。

自天台觀西行十五里，有白巖寺，寺去縣三十里，宋末有僧普遼所見精舍。自天台觀東行一十五里，有赤城山，山高三百丈，周迴七里，即天台南門也，古今即是於國家醮祭之所。其山積石，石色絶然如朝霞，望之如雉堞，故名赤城，亦名燒山。故賦云：赤城霞起以建標。即此山也。半山有飛霞寺，即是梁岳王母為居此寺也，今則廢矣。山下有石室，道士居之。其中山趾有寺曰中巖寺，即是西國高僧白道猷所立也。

國清寺在縣北一里，皆長松夾道至于寺，寺即隋煬帝開皇十八年為智顗禪師所創也。寺有五峯，一八桂峯，二暎霞峯，三靈芝峯，四靈禽峯，五祥雲峯，雙澗迴抱。天下四絕寺，國清第一絕也。寺上方兜率臺，臺東有石壇，中有泉，昔普明禪師將錫杖隊開，名錫杖泉。自國清寺東北一十五里，有禪林寺，寺本智顗禪師修禪於此也。以貞元四年使牒移黃巖縣廢禪林寺額，來易於道場之名。寺東一十五里，有香爐峯，甚高嶮，峯上多有香柏，樫桂之木相連。有宴坐峯，其峯可高百除丈，是智者大師降魔峯。後有神人送石屏峯於大師背後，至今存焉。峯下有龍潭，周迴一里，下注螺溪，亦出縣大溪耳。寺西北上十里至陳田昔有神人於此開田，供智者大師朝種暮。自陳田可五里，西入一源甚平坦，號曰白砂，有僧居之。

禪林寺西北止二十五里，乃至歇亭，即平昌孟公蕑廉察浙東。北一十里，乃至靈墟，今來是智者禪院，即白雲先生所居之處也。先生早歲從道，始居嵩華，猶雜以風塵，不任幽賞。迺東入台岳，雅愜素尚，遂此建修真之所。《真誥》云：天台山中有不死之鄉，成禪之靈墟，常有黃雲覆之。此則其地也。故建思眞之堂，兼號黃雲堂。堂有小澗，南有崗，其勢迴合，崗前有平地，立壇一圾，用石甃之，名白玄神。故先生《靈墟頌》云：堂號黃雲，以眞氣，壇名玄神，仰窺清景。東為練刑之室，吸引所居；南為鳳軫之臺，以吟風奏暢；西為朝神靜開啓祈依；北曰龍

章之閣，以瞻雲副墨。卑而不陋，可待風雨；莊而不豐，可全虛白。壇前十步有大溪，發洹華頂，東南流寧海界。又堂西十步有泉，其色味甘，可以愈疾。中間平地立別院，營大丹爐，修劒鏡，並皆克就。長松十株，修竹數頃，皆天師手植。頻有詔命，先生皆不就。至睿宗景雲二年，令兄承禕就山邀迓。詔書曰：練師德超河上，道邁浮丘，高遊碧落之庭，獨步清洹之境。朕初臨寶位，久藉徽猷，雖非堯舜丕圖，翹心霫缺；軒轅御曆，遙想崆峒。緬惟波懷，寧妨此願，朝欽夕佇，跡滯心飛。欲遣使者迎，或慮煉師驚懼，故令承禕往詔，願与同來。披尉不遙，無先此慮。先生无詔至京，帝問以理身以清高為貴，理國則如何？先師對曰：國猶身也，身猶國也。老君曰：遊心於淡，合氣於漢，順物自然，而無私也，而天下治也。《易》曰：大人天地合其德。是知天不言而信，不為而成，无為之理家之道也。帝歎曰：廣成之言，何以加此。請歸山，帝賜寶琴一張，及霞紋帔。中朝屬詞之士，贈詩百餘人。帝遂置桐柏觀，諸先生居之。

自靈墟南出二十里，有小莊在歡溪也。梁高士顧歡曾居此，是名歡溪也。自歇亭西行，注澗一十五里，至石橋頭，有小亭子。石橋色皆清，長七丈，南頭闊七尺，北頭闊二尺，龍形龜背，架萬仞之壑上，有兩澗合流，從橋下過，泄為瀑布。西流出剡縣界，從下仰視，若晴虹之飲澗。橋勢崄峭，水聲崩落，時有過者，目眩心悸，今遊人所見者，正是此橋也，是羅漢所居之所也。意為即小者，則不知大者復在何處，蓋神仙冥隱，非常人所覩。從此橋沿澗行一十五里，又有一石橋中斷，號為斷橋也。

自歇亭北上廿里，上華頂峯，此天台山極高處也。常為雲霧霾翳，少有晴朗之時。其高霖微，似寒先雲，幽澗凝沍，經夏不消，若遇晴時，則朝觀日之所設。《圖經》云：白雲先生從靈墟至華頂兩處，從來朝謁不絕。其上造天尊堂，并左右二室，開竇以延日月，朝飡其光；鑿龕以貯雲霧，夕吸其氣。堂前立壇三圾，堂內有石像石磬，上有鐵香炉並鍾。此壇久為荒榛，近亦修開也。堂東一十步有甘泉，先生住經二十八載，頻奉勅詔，先生多不就，有表云：俗人貞隱，猶許高棲，道士修真，理宜遜遠。又詔云：雖阻彼懷，宜從此旨，請新來表，無或二三。開元十一年，玄宗皇帝追入內。先生辭歸，帝以天台幽遠，難以迎請，遂於王屋山選形勝，特置陽台觀居之。合靈墟華頂，無復堂宇，唯餘松竹，天氣晴望見海水，碧色朕然，與天同光。若清真之儔，則三山十洲，髣髴而覩，雲佩風笙，倏忽而閱。

自華頂北直下甚嶮阻，千崖萬壑，千霖複磵，猿猱騰翥，靈祇憑托，非人迹所及。又去天台北門，在剡縣金靈觀，觀前有香爐峯，峯下有小穴，可以窺之，則莫窮於深淺。自天台山西北有一峯，孤秀迴拔，与天台相對，曰天姥峯，峯下臨剡縣路，仰望宛在天表。舊屬臨海郡，今隸會稽。又有大唾小唾二峰，去天姥唾為谷。天姥峯有石橋，以天台相連，石壁上有刊字科斗，文之高邈，不可尋覓矣。月醮者，聞笳簫鼓之聲。宋元嘉中，臺遣畫工匠，寫山狀於圓扇，以標樞靈異，即夏禹時劉阮二人採藥遇仙之所也。古之剡人劉日成、阮肇，入山遇仙於此，其事亦具在本傳。又按《仙涇》云：此山有石橋一所，現二所不知其處。又云：多散仙人，遇得橋，即与相見。以此言之，即靈仙之橋也。非今常人見者，自非精誠玄達，阻絕相偶，真仙亦不可得見，橋亦安可睹之。至於奇禽異獸，千狀萬類，不可稱記，靈葩仙草，潛產谷中，莫能名之，而五芝耀綵，非真不遇，建木匿影，豈凡所觀。

靈府以元和十年，自衡岳移居台嶺，定室方瀛，至寶曆初歲，已逾再閏，修眞之暇，聊採經誥，以述斯記，用彰靈焉。

宋 宋祁《景文集》卷一八《答天台梵才吉公寄茶并長句》 山中啼鳥報春歸，陰閬陽墟翠已滋。初筍一槍知探候，亂花三沸記烹時。陸氏烹茶每以三沸為法。佛天甘露流珍遠，帝輦仙漿待汲遲。上都惟乏嘉泉，故茶味差減。飫罷翛然誦清句，赤城霞外想幽期。

宋 李呂《澹軒集》卷一《寄贈天台石橋京行人》 無心曾看石橋雲，有耳曾聽石橋水。俗塵未盡難重留，飯麻纔竟歸心起。自從一別五春風，夢繞橋庵西復東。雀噪亭前聽茶鼓，蛇蟠砌外護瓜叢。更憶依人兩烏鵲，朝朝飛下暵真閣。樹鶩土菌恣登盤，林麓素無蟲獸惡。江湖迢遞皆畏途，誰知世上有華胥。五百開士去雖久，猶餘一老能清癯。幾年脅背不着席，棟宇增新間金碧。風月忽寄盈尺書，約我重來共晨夕。恨不速駕傷鷗皮，屈伸臂項欹山扉。相逢定作解垢衣，水邊石上同茹芝。

又 卷二《天台石橋設茶供》 聞說天台髫未髽，中年方遂此煎茶。

不行四十九盤嶺，那見二千餘盞花。架壑橫空瘦龍脊，崩雲裂石怒雷車。他時乞我三椽地，莫效曇猷滴兩窪。

（嘉定）《赤城志》卷三六《風土門・土産》 茶按陸羽《茶經》『台越下』注云：生赤城山者，與歙同。桑莊《茹芝續譜》云：天台茶有三品，紫凝為上，魏嶺次之，小溪又次之。紫凝今普門也，魏嶺天封也，小溪國清也。而宋公祁《荅如吉茶詩》有佛天雨露、帝苑仙漿之語，蓋盛稱茶美而不言其所出之處。今紫凝之外，臨海言延群山，仙居言白馬山，黄巖言紫高山，寧海言茶山，皆號最珍，而紫高茶山昔以為在日鑄之上者也。

明 許次紓《茶疏・産茶》《茶書》 天下名山，必産靈草。【略】浙之産，又日天台之雁宕，括蒼之大盤，東陽之金華，紹興之日鑄，皆與武夷相為伯仲。【略】

明 張大復《梅花草堂集・筆談》卷三《雲霧茶》 洞十從天台來，以雲霧茶見投。亟煑惠水潑之，勃勃有荳花氣，而力韻微怯。若不勝水者，故是天池之兄，虎丘之仲耳。然世莫能知，豈山深地迥，絶無好事者賞識耶。洞十云：他山焙茶多夾雜，此獨無有。果然即不見知，何患乎。夫使有好事者，一日露其聲價若他山。山僧競起雜之矣。是故寔衰于知名，物敝于長價。

（乾隆）《浙江通志》卷一〇五《物産五・台州府・茶》 《赤城志》按陸羽《茶經》台越下注云：生赤城山者，與歙同。桑莊《茹芝續譜》云：天台茶有三品，紫凝為上，魏嶺次之，小溪又次之。紫凝今普門也，魏嶺天封也，小溪國清也。而宋祁《荅如吉茶詩》有佛天雨露，帝苑仙漿之語。蓋盛稱茶美而不言其所出之處。今紫凝之外，臨海言延峯山，仙居言白馬山，黄巖言紫高山，寧海言茶山，皆號最珍，而紫高茶山昔以為在日鑄之上者也。《赤城續志》：黄巖紫高山，土膏泉冽中産茶，甚奇。又寧海蓋蒼山，一名茶山，瀕大海絶頂，其地産茶。

清 黄履道《茶苑》卷五《浙江茶品二**・台州府赤城茶》** 茶生天台赤城山，品味與歙産相同。《茶經》

天台茶有三種，紫凝、魏嶺、小溪是也。今諸處并無出産，而土人所需多來自西坑、東陽、黄坑等處。石橋諸山近亦種茶，味甚清甘，不讓它郡。蓋出自名山雲霧中，宜其多液而全厚也。但山中多寒，萌發較遲，做法不嘉，以此不得取勝然，所産不多，足供山居而已。《天台山志》

台州府天台瀑布山紫凝茶 瀑布山，一名紫凝，在縣西四十里三十二都，山有瀑布，飛流千丈，遙望如布。陸羽記云：天下第十七水，與國清、福聖二瀑為三。其山産大葉茶，味甘美特異。《天台山志》

瀑布山茶，《神異記》載虞洪遇仙人丹丘子給茗事，正與天台山瀑布茶事實略同，疑必有一舛者。細較二書，當以天台瀑布茶為允。

《天台山志》云：華頂有葛玄茶圃，相傳為葛仙種茶處。茶今絶産，歲間發一二株，山僧偶有獲者，色味俱極佳。

清 顧祖禹《讀史方輿紀要》卷八九《浙江一・台州府・天台縣》 天台山，在台州府天台縣西百十里。《志》云：在縣北十里一云三里。蓋縣境之山，皆天台也，亦名桐柏山《山經》云：高一萬八千丈，周回八百里。山有八重，四面如一，當牛斗之分，上應台星，故曰天台。隋開皇十年，楊素擊江南叛者，别將史萬歲破沈孝徹于溫州。步道向天台，指臨海。蓋山谷高深，恐爲逋逃藪也。縣北六里有赤城山，乃天台之南門。《唐六典》：江南道名山，曰天台。其峯之名者曰九折峯在縣東北三十里。旁又有五峯正北爲八桂，東北爲靈禽，東南爲祥雲，西南爲靈芝，西北為爲映霞。前有雙澗合流，號天下四絶之一四絶者，《類要》云：齊州靈巖，荊州玉泉，潤州棲霞，台州國清也。國清寺在縣北十里，萃五峯之勝。曰玉霄峯在縣北三十五里。重巖疊嶂，凌雲翳日。其相對之峯爲白雲。《道書》以爲第十六福地。曰紫凝峯縣西四十五里。壁立干霄，環巒掩映。其相望者，有瑞龍、天柱、香爐、應澤四峯，皆爲勝境。曰柏香峯縣北六十里。四面陰巖，垂磴萬仞。曰華頂峰在縣東北六十里。周迴百余里，高萬丈。絶頂東望滄海俗稱望海尖，少晴多晦，夏猶積雪。自下望之，若蓮花之萼，亭亭獨秀，因名。此天台之第八重，爲最高處。李白云：天台鄰四明，華頂高百越。是也。曰天姥峯在縣西北百里。其峯孤峭，下鄰嵊縣，仰望如在天表。又有金地嶺在縣西二十里金錢池側，亦曰佛龕峯，龕一作隴、銀地嶺在縣北三十里，與金地嶺相接、八桂嶺縣北五十里，孫綽《天台賦》：八桂森挺以凌霄。謂此、百丈巖縣西北二十五里。下有潭，其水雖旱不竭、麻姑巖縣西南二十五里，一名仙姑巖、及丹霞洞縣北十五里，下有靈溪、桃花洞縣西北二十五里，一名劉阮洞，大抵皆以幽奇靈閟得名。

清 陸廷燦《續茶經》卷下《八之出》 《天台記》：丹邱出大茗，服之生羽翼。

桑莊《茹芝續譜》：天台茶有三品，紫凝、魏嶺、小溪是也。今諸

處並無出産，而土人所需，多來自西坑、東陽、黄坑等處。石橋諸山，近亦種茶，味甚清甘，不讓他郡，蓋出自名山霧中，宜其多液而全厚也。但山中多寒，萌發較遲，兼之做法不佳，以此不得取勝。又所産不多，僅足供山居而已。

《天台山志》：葛仙翁茶圃，在華頂峯上。

《清一統志》卷二二九《台州府》 天台山在天台縣北。陶宏景《真誥》：山高一萬八千丈，周八百里，山有八重，四面如一，當斗牛之分，上應台星，故曰天台。顧愷之《啟蒙記》注：天台山去天不遠，路經楢溪，水深險清冷，前有石橋，徑不盈尺，長數十丈，下臨絶澗，惟忘其身然後能濟。濟者梯岩壁，援蘿葛度得平地，見天台山蘙然奇秀，列雙峯于青霄。上有瓊樓、玉闕、天堂、碧林、醴泉，仙物畢具也。李吉甫《元和郡縣志》：山在唐興縣北十里。舊志在縣北三里，自縣北二里神蹟石起，歷國清赤城桐柏，至于華頂，皆名天台，實一邑。諸山之總號一名大小台山。

赤城山在天台縣北六里。支遁《天台山銘序》：往天台者，當由赤城山為道徑。孔靈符《會稽記》：赤城山，土色皆赤，狀似雲霞，望之如雉堞。孫綽《天台賦》：赤城霞起而建標。舊志：一名燒山，西有玉京洞。道書以為第六洞天，名上玉清平之天，即天台之南門。

【略】

華頂峯在天台縣東北六十里。府志：天台第八重，最高處少晴多晦，夏猶積雪。自下望之若蓮花之萼，亭亭獨秀。中有洞石色光明，絶頂有降魔塔，東望滄海彌漫無際，號望海尖，可觀日出。下瞰衆山，如龍虎蟠踞，旗鼓布列之狀，草木薰郁，殆非人世。

天柱山

宋 鄧牧《洞霄圖志》卷二《山水門·天柱山》 在宮西南，凡三峯，與大滌對峙。高足相敵，由宮外望之，屹然若柱。又絶頂有石柱，高丈餘，圍兩合抱，此山所以名者。蓋五十七福地，地仙王伯元主之。按傳記所載，天有八柱，其三在中國，一在舒州，一在壽陽，洎今在餘杭者是已，洞霄以爲主山，故古名天柱觀。舊志以爲風清氣和，土腴泉潔，神蛇不螫，猛獸能馴。自漢武標顯靈跡，建立宮壇，歷代祈禳皆在此處也，山下産茶爲制中名品。

（乾隆）《浙江通志》卷一〇《山川二·杭州府下·天柱山》 《大滌洞天》記：在洞霄宮西南，凡三峯與大滌對峙。高足相敵，由宮外望之，屹然若柱，又絶頂有石柱，高丈餘，圍兩合抱，此山所以名者。蓋五十七福地，地仙王伯元主之。按傳記所載：天有八柱，其三在中國，一在舒州，一在壽陽，洎今在餘杭者是已。洞霄以為主山，故古名天柱觀。吴昌裔《天柱山詩》：柱天屹業斷鰲足，卧草蒙茸伏虎痕。想見山中明月夜，有人長嘯抱崑崙。

天目山

唐 杜光庭《廣成集》卷一五《醮閬州天目山詞》 伏以山鎮地心，洞開天目，含藏煙雨，韞蓄風雷。崖秘仙經，泉澄神沼，覩署福唐之美，邑標奉國之名。憑此禱祈，必符禎貺。今則翠輿順動，丹闕貽災，虔希幽贊之功，共啟中興之運。敷聖祖重元之力，更炫重瞳；揚宣尼四教之宗，克明四目。無使壽春山上，猶傳助戰之威；濟順祠前，獨美迎鑾之事。克宏道化，以廣真風。不任虔誠祝望之至。

唐 釋皎然《對陸迅飲天目山茶，因寄元居士晟》《全唐詩》卷八一八

喜見幽人會，初開野客茶。日成東井葉，露採北山芽。文火香偏勝，寒泉味轉嘉。投鐺湧作沫，著碗聚生花。稍與禪經近，聊將睡網賒。知君在天目，此意日無涯。

唐 皇甫曾《送陸鴻漸山人采茶回》《全唐詩》卷二一〇 千峰待逋客，香茗復叢生。採摘知深處，煙霞羡獨行。幽期山寺遠，野飯石泉清。寂寂燃燈夜，相思一磬聲。

宋 蘇軾撰，施元之注《施注蘇詩》卷五《贈孫莘老七絶》 嗟予與子久離羣，耳冷心灰百不聞。若對青山談世事，當須舉白便浮君。天目山前淥浸裾，碧瀾堂下看銜艫。作堤捍水非吾事，閒送苕溪入太湖。

《寰宇記》：湖州安吉縣天目山高萬六千丈。父老云：欲度難及避水災。天目海陵山為第二。《水經注》浙江水出吳興郡，於潛縣北天目山。山極高峻，崖嶺竦疊，西臨後澗，山上有霜，木皆是數百年樹，謂之雙鳳林。按王存《九域志》：湖州南至杭州界首十五里，故天目山。於《寰宇記》則係之湖州，於《水經》則係之於潛，而於潛雖屬杭州，蓋與湖接境也。《輿地志》：苕溪一源自天目，一源自獨松嶺。合浮玉山，水至吳興入太湖，又見四卷《宿餘杭法喜寺》注。

（咸淳）《臨安志》卷二六《山川五·於潛縣·天目山》 按大

藏洞淵集第三十四洞天，天目山有兩目，左目高三千丈，右目高二千五百丈，洞周回一百里，名太微元蓋洞天。又《太平寰宇記》：山高三千九百丈，廣五百五十里。水因山曲折，東西有巨源若目然，故曰天目。東出臨安為大溪，蓋東流而為苕水，西趨於灊為紫溪，合桐廬水以滙於浙江。又《水經》於灊縣北天目山，山極高峻，東西瀑布下注成沼，名蛟龍池。池水入西溪，合於浙江。近世道士唐子霞《謂圖經》：天目山，一名浮玉山，上有兩池謂之左右目。一峯在東，號東天目，在臨安縣界。今西尖峯在縣北四十五里，連亙四州，（杭宣湖徽）。周回二千里，上有養生之藥，蓍草、元華皆名著仙經。郭璞詩云：天目山垂兩乳長，龍飛鳳舞到錢塘。誠一方之巨鎮也。山有銘勒石，在龍池東。銘曰：列嶽霞上標峰，霧裏翠滴煙巒，名不可紀。

宋 鄧牧《大滌洞天記》卷中《敘山水》 浙右山水之勝莫如杭，杭山水之勝莫如天目，天目之勝未知大滌洞天。蓋大滌山水發源天目，風氣盤礴，岡巒斜纏，相望幾百里，然後蘊靈毓秀於此。經以苕川之紆餘，匯以南湖之蕩莽。九鎖外鍵，一柱中擎，豈非天地之奇觀，仙靈之奥區哉？郡志載：登天目山，憑天壇石屋，見山皆西南馳，雙溪並趍而合于於灊縣，窄愕似少駐，回望天目，層雲中如沈雄古大將按轡其後，大勢不可遏，少決驟已抵臨安縣。大官山者，直培塿爾，循而至九鎖盖為單思，環以天柱諸峰，若止息者，已而矗矗。赴餘杭下武林北高峰，而特起為南高峰，撻以八蟠慈雲嶺，翼為七賓鳳凰山，昂頭妥尾，若翔而集，前界大江乃止。吁，亦異矣。杭之山川，大較以是觀之，玆實録也。

宋 鄧牧《洞霄圖志》卷二《山水門·天目山》 《太平寰宇記》云：天目山高三千九百丈，週五百五十里，多美石甘泉，有數百年古木。山上兩湖若左右目，故名。古有《東山銘》，畧曰：列岳霞上標峯，霧裏翠滴煙巒，名不可紀。有蛟龍池上中下三潭，源脉相接。徐伍仙故居在石室峯西，又漢天師舉家於此上昇。玆蓋天柱之鼻祖，而錢唐所謂龍飛鳳舞又其雲礽也。

明 田汝成《西湖游覽志餘》卷二一《委巷叢談》 杭州山脈，發自天目，然天目有東，有西。東天目之脈，萃於餘杭，結局於徑山。西天目之脈，萃於錢唐，結局於西湖。故天目者，杭州之主山也，王氣鬱蔥，帝王奠宅，而錢氏偏霸，宋室南遷，兆不誣矣。度宗時，天目山崩，識者曰：天目崩，地脈絶，潮不應，水脈絶，國事去矣。或有為之詩云：天目山前水嚙磯，天心地脈露漁谿。西周冷浸孤陵月，未必遷岐說果非。信乎天目之興廢，有關於杭州也。

明 田藝蘅《煮泉小品·宜茶》 鴻漸品茶，又云杭州下，而臨安、於潛生於天目山，與舒州同，固次品也。葉清臣則云：茂錢唐者，以徑山稀，今天目遠勝徑山，而泉亦天淵也。洞霄次徑山。

明 屠隆《考槃餘事》卷四《茶品·天目》 爲天池龍井之次，亦佳品也。《地誌》云：『山中寒氣早嚴，山僧至九月即不敢出。冬來多雪，三月後方通行，茶之萌芽較晚。』

明 高濂《遵生八箋》卷六《登眺天目絶頂》 武林萬山，皆自天目分發，故地鈐有天目生來兩乳長偈。冬日木落，作天目看山之遊。時得天氣清朗，煙雲淨盡，扶策躡巔，四望無際。兩山東引，高下起伏，屈曲奔騰，隱隱到江始盡，真若龍翔鳳舞。目極匹練横隔，知為錢塘江也。外此茫茫，是為東海。幾簇松筠，山僧指云：往宋王侯廢塚。噫。山川形勝，千古一日，曽無改移，奈何故宫黍離，陵墓丘壑，今幾變遷哉？重可慨也。

明 彭大翼《山堂肆考》卷一八《山·天目》 山謙之《吳興記》：杭州於潛縣天目山極高險且長，與宣城、懷安並分山為界。山下有兩湖似目，故名。《西湖志》：西湖諸山之脈皆宗天目，天目西去杭州府治一百七十里，高三千九百丈，周廣五百五十里，蜿蟺東來，淩深拔峭，舒岡布麓，若翔若舞，萃於錢塘，而猶萃於天竺。自此而南而東，則為龍井，為太慈，為玉岑，為積慶，為南屏，為龍，為鳳，為吳山，皆謂之南山；自此而北而西，則為靈隱，為仙姑，為履泰，為寶雲，為巨石，皆謂之北山。

明 黃汝亨《天目游記》 自東目折而下，天日清和如春。晴山葉地，所履皆坦，還經昭明庵。日未午，僧手苦茗，以待飲之。別去行十餘里，則灊陽在望矣。山腰疊石為門，是臨、灊界。又數里，石壁峻立，方數十丈，籠罩碧翠，色不減冰崖。少頃則山容慘白，煙瘴雜起如毒霧，草木黃落，不待秋至。余訝問山行人，皆攢眉答云：『是開採使穴礦處

也。』無何，至西目山腳，號雙清莊，亦取昭明浣清兩眼之意。僧房煙湊，凡四十有六，而毒霧四塞，逼眼角，亦為煮礦之場。僧皆泣下，云：『此名區勝地，不意遭此劫灰，無論千年之樹，摧枝折幹，即僧人聞而毒死者若干衆，聖主何從聞知？』予亦悲酸，低首不能答。稍徙而上千步，為白雲竹房，去礦所稍遠，遂宿焉。作《志感詩》一首。

次早，從白雲曳輿左徑上，稍南有旭日峰，西為紫微峰，西北上有昭明峰，又西為仰止橋。水石一片亦佳，坐而吸之。亭右石翳藤羅如錦，一峰中峙，四面翠微俱落，故名倚翠峰。又睨而望，一峰石孔攢叢千億計，似蜂蟻穴，與倚翠亭相對，是名花石峰。左睨而可指者，則香爐峰也。又上為響水崖，片石丈許作障，澗水旁激，訇訇砰湃，鼎沸磬戛，隔石響若答，亦奇聞也。山半有亭，稍左上，為下觀音巖。巖內小，方盈幅尺，中忽生檀樹一株，長丈餘，外縣，曆三十年不加長，下覆小觀音，坐僧云禱雨輒應。又左轉為上觀音巖，巖西有鶯歌石，酷肖。巖有數松，皆清特。四面險絕無磴，貪者不能取。又上有眠牛石，相傳高峰開山時，聞牛聲，趨視忽不見，至今有牛蹄圓跡如印云。據此則攢玉峰、立玉亭可眺而望。稍上為真際亭，高麗國王與中峰祖師參會說法處。方在半山時，雲霧幾瞑，將有雨厄，至真際，復開霽，其山靈助我哉！又折而上，松徑甚平可步，清涼橋在焉。不數武為著衣亭，向緣寺僧會衆祝天壽，於此更著法衣上殿，卓光祿易為『振衣』。曆級而上，即獅子林矣。拜佛畢，就方丈飯已，從殿左咫尺上斷崖庵，為斷崖祖師塔。此老苦行，是高峰最得意弟子。陸太宰五台，顏其堂曰『坐斷千巖』，塔頂受摩久，晶晶發白玉光。門外杉樹大四圍，枝如擎臂。從斷崖塔而上，十餘里，為金仙絕頂，樹木稀少，惟長徑數里，即就山石磊砌而成。僧云：是語溪呂公希周所助。去頂少許，有仙人解石，幾二十餘扇，巨石如屏，橫可三十余丈，高可五丈。其上俱雲跡霜痕，如龍馬文五色，又如唐宋錦，此見化工點染之妙。不佞顧謂詢法師，就此可作雲嶠詩，寄劉幼安司成也。諸磊散立者，如鋸，如削，如蹲踞，如甲胄，不可勝狀。至頂則為四仙人解石處。石板薄不盈寸，長僅丈許，解文一線，可穿而望。有全解者，有解及半者，有倒解者，鬼工神斧，所不及也。四仙人曰寶華，曰洞玄，曰含清，曰歸一。僅存二像，坐小石屋中，吾不知為誰。僧曰所踞金仙小池，冬夏俱不涸，早禱立應。真見未曾有，從者皆歡呼欲狂。乃折而下頂時，月初起，可俯與落日光漸相迫。下視雲氣，橫絕半空如帶，橫覽四垂，則具區、苕霅、敬亭、白岳、嚴灘、富渚，可眺而會。不知日之欲暮，乃急相挽歸。衣袂已濕，露滑滑欲倒。至獅子林，月已大朗，淡雲未去，卷幔虛無中。坐談天際，似鴻蒙之世，乃信淵明羲皇上人不虛也。

越宿為九日，雅稱登高之期，於是各起披衣，急索苜蓿飯，覽獅子林左之未竟者。從林登左對玉柱峰者，為立玉亭，環視崖壁，青林黃葉，綴丹點碧，如五色錯繡。不佞每言秋色淡而豔，勝春色遠甚，此益信耳。行亭左數武，對見雷洞如橋門。僧云每雷奮，煙霧紛起，從上聽之，如嬰兒聲，亦妙音也。從亭後緣崖捫蘿而下，絕無級磴，彼此相曳，如猿猱升木，稱大險絕。半里許為西方庵，是月溪法師所創。今一滇南僧悟靈居之，氣字靜秀，定可作兩峰白足，自吾西行，未見其侶也。庵傍，上有石崖，亦絕，磴級中可結小茄瓢。余與家侄奮登，橫倚相睨，怪石靈木

【略】歎而起步，為悟道亭，是中峰得悟處矣。中峰塔院有像，具清滿相，高麗所賜，二十五條法衣尚在，布薄於紙，而色香褐，近世未有。稍西為真氣洞，僧云冬燠夏涼，其息自蒸。過此為玉柱峰，峻立十餘丈，廣幾二畝許。險絕，無石鄰，旁二松，特插甚奇，頂五松，俱高不可攀。行頃之，為松徑，三五里許皆松，可數萬頭。香氣菲菲，襲人鬱烈異常。徑似西山弘光寺，而廣長勝之。過此則高峰祖師塔院矣。法身存張公洞，即獅子巖內，像甚蒼崳。予謂詢法師：『是此老枯木寒冰意味也。』塔西覆盂，即中峰所結相。繞禮三匝而退。巖旁為象鼻峰，巖上有飛雲閣，閣下為千丈巖。巖大陡絕，栗栗不敢垂視。其下即此老布軟梯度接人處。吾友虞長孺題其塔前曰：『獅吼一聲，壁立千仞。』甚足傳神，而俗子易以他對，可恨。塔有銅缽一，朱色梵文甚古，大漆盂三，蓋高麗作中峰師供者，轉以供師云。其右為活埋庵，蓋高麗晤中峰處，云『吾師活埋於此乎』是也。馮開之司成俱有詩與詢法師，次韻題之。而活埋庵之前，為香爐峰。是時日方移午，晴輝翠色，自峰際落，上參雲漢，下俯群岫，爭妍競秀，秋爽都集，剛逢九日，高踞峰頭，吟昔人『醉把茱萸』之句，因與詢法師撫掌狂叫曰：『我輩百年有幾？坐天目峰頭，登高賦詩，如此會亦復有幾？』遂相與賦一絕而下，詢法師一絕，更清曠可人也。是

日已夕，仍還雙清竹院宿，覺霞氣山光尚拂拂襟袖間。次早計尋故道，作徑山遊矣。

明 李日華《竹懶茶衡》 天目清而不醨，苦而不螫，正堪與緇流漱滌。筍蕨石瀨則太寒儉，野人之飲耳。松蘿極精者，方堪入供，亦濃辣有餘，甘芳不足，恰如多財賈人，縱復蘊藉，不免作蒜酪氣。

明 文震亨《長物志》卷一二《龍井天目》 山中早寒，冬來多雪，故茶之萌芽較晚。採焙得法，亦可與『天池』並。

明 汪珂玉《西子湖拾翠餘談》卷上 《客話》：天目山在臨安縣西五十里，高三千九百丈，周回八百里。有三十六洞，為仙靈所居。每歲秋，率一日風雨晦冥，俗云山神與江神會。

《洞淵集》：第三十瑪洞天，曰天目山。有兩目，左目高二千丈，右二千五百丈。周回一百里，名太微玄蓋洞天。《太平寰宇記》：山高三千九百丈，廣五百五十里，水因山曲折，東西有源若目然，故曰天月。東出臨安，為大溪，溢東流而為苕水，西趨於潛為紫溪，合桐廬水以匯於浙江。

近世羽士唐子霞謂：天目山一名浮玉山，上有兩池，謂左右目。一峰在東，號東天目，在臨安界。今西尖峰在於潛北四十五里，連亙杭、宣、湖、徽四州，周回二千里。上有養生之藥，蓍草芫花，皆名著仙經。郭璞詩云：『天目山垂兩乳長，龍飛鳳舞到錢唐。』

明 袁宏道《袁中郎全集》卷一四《天目二》 天目幽邃奇古不可言。凡山深僻者多荒涼，峭削者鮮迂曲，貌古則鮮妍不足，骨大則玲瓏絶少，以至山高水乏，石峻毛枯，凡此皆山之病。天目盈山皆壑，飛流淙淙，若萬疋縞，一絶也。石色蒼潤，石骨奥巧，石徑曲折，石壁竦削，二絶也。雖幽谷縣巖，菴宇皆精，三絶也。余耳不喜雷，而天目雷聲甚小，聽之若嬰兒聲，四絶也。曉起看雲，在絶壑下，白淨如綿，奔騰如浪盡大地作琉璃海，諸山尖出雲上若萍，五絶也。然雲變態最不常，其觀奇甚，非山居久者不能悉其形狀；山樹大者，幾四十圍，松形如蓋，高不踰數尺，一株直萬餘錢，六絶也。頭茶之香者，遠勝龍井，筍味類紹興破塘，而清遠過之，七絶也。余謂大江之南，修真棲隱之地，無踰此者，便有出纏結室之想矣。

宿幻住之次日，晨起看雲，已後登絕頂，晚宿高峯死關。次日由活埋庵尋舊路而下。數日晴霽甚，山僧以為異，下山率相賀。山中僧四百餘人，執禮甚恭，爭以飯相勸。臨行，諸僧進曰：『荒山僻小？不足當巨目，奈何？』余曰：『天目山某等亦有些子分，山僧不勞過謙，某亦不敢面譽。』因大笑而別。

清 劉源長《茶史》卷一《茶之分產・浙江》 兩浙諸山，產茶最多。如天台之雁宕，括蒼之大槃，東陽之金華，紹興之日鑄，錢塘之天竺，靈隱臨安之徑山、天目，皆表表有名。【略】

臨安即今杭州府，南渡都此曰臨安。今有臨安縣，徑山屬餘杭，乃天目山之東北峯，有徑通天目故名。天目山屬臨安，上有兩峯。峯頂各一池，若左右目，故名。道書第三十四洞天。

清 黃履道《茶苑》卷五《浙江茶品二・杭州臨安縣》 天目山茶 天目茶為天池、龍井之次，亦佳品也。《地志》云：『天目山中寒氣早嚴，山僧至九月即不敢出。冬來多雪，三月後方通人行，茶之萌芽較晚。』《考槃餘事》

天目茶清而不醨，苦而不螫，正堪與緇流漱滌筍蕨。

清 顧祖禹《讀史方輿紀要》卷九〇《浙江二》 天目山縣西五十里，亦曰東天目，巖壑稍遜于西天目，而高聳過之。《志》云：縣北五十里有大山，天目之東北峯也。山勢峭拔，高二千六百丈，周三百五十里。通安吉州。多事時，亦爲嘯聚處。今詳見名山。

（乾隆）《浙江通志》卷一〇《山川二・杭州府・臨安縣》 東天目山 《萬歷杭州府志》：在縣西五十里，高三千九百丈。周回八百里，有三十六洞，為仙靈所居。每歲秋，率一日風雨晦冥，俗云山神與江神會。淳祐八年禱雨有應，安撫趙與憲奏請封龍王為靈祐公，賜廟額曰『惠澤』。山有東西二目，東在臨安，西在於潛。《咸淳臨安志》：按《大藏洞淵集》，第三十四洞天天目山洞周一百里，名太微元蓋洞天。施樞《東天目》詩：不辭巇險訪龍潭，潭底無窮碧似藍。亂石鳴灘溪過九，飛泉瀉瀑塹分三。雖然道士能相引，不比樵人得盡諳。怊悵飛揚無路到，乘風應許御雲驂。

又《於潛縣》 西天目山《杭州府志》：在縣西北四十五里。《水經注》：吳興於潛縣北有天目山，山極高峻，崖嶺竦疊。西臨後澗，東

靣有瀑布下注數畝深沼，名曰蛟龍池。《太平寰宇記》：山高三千九百丈。廣五百五十里。水因山曲折東西，巨源若兩目然，故曰天目。東出臨安為大溪，東流為苕。西趨於潛為紫溪，合桐廬之水以滙於浙江。《咸淳臨安志》：道士唐子霞謂：天目山又名浮玉山，連亙杭、宣、湖、徽四州，週三十里。郭璞詩云：天目山垂兩乳長，龍飛鳳舞到錢塘。誠一方之巨鎮也。山有銘，勒在龍池。東銘曰：列嶽霞上，標峰霧裏。翠滴煙巒，名不可紀。

又卷一〇一《物産一·茶·天目茶》 《茶經》，杭州茶生臨安、於潛二縣天目山者，與舒州同。《煮泉小品》：天目固次品。葉清臣云：茂錢塘者，以徑山稀。今天目遠勝徑山，而泉亦天淵也，洞霄次徑山。

《四庫全書總目提要》卷七六 《天目山志》四卷，明徐嘉泰撰。嘉泰字道亨，循州人。官於潛縣知縣。是書乃萬曆甲寅嘉泰因舊志重修。浙江有東西二天目，東天目在臨安縣之西五十里，西天目在於潛縣西北四十五里。據此書所圖，則本屬一山。東西水源若兩目然，故曰天目。然此書所紀多屬西天目事，統稱《天目山志》，非也。

（嘉慶）《於潛縣志》卷一〇《食貨》 茶《太平寰宇記》：天目山多名茶，較他山采獨遲，葉不甚細。以雲霧高寒，俟其氣足者為上，不多産。僧民資其糧以卒歲，其味厚。

（光緒）《臨安縣志》卷四《物産》 天目雲霧茶萬曆舊志：雲霧茶出天目，各鄉俱産，惟天目山者最佳。《茶經》：杭州茶，生臨安天目山者，與舒州同。《煮泉小品》：天目茶遠勝徑山，而泉亦天淵也，洞霄次徑山。【略】按，天目茶今無細者，以土人不諳焙制故也。

清 厲鶚《樊榭山房集》卷二《試天目茶歌同蔣丈雪樵徐丈紫山作》 陸鴻漸作陶偶人，茶事往往傳失真。四十三種列高下，天目品與舒州鄰。東西頂池湛雙鏡，奇峯秀崿排青旻。許邁宮連道陵宅，靈根迸石無纖塵。含滋雲霧灌泉脈，抽芽一一留餘春。山僧采焙趁穀雨，紙囊箬裏封題新。肉食貴人未知重，例取武夷羅岕空。紛綸雪樵子心似，天目山頭兩泓水。獨識茗柯有至理，市隱近在吳山坊。坐我三腳之木牀，空庭晝靜啼寒螿。為我手瀹魚眼湯，須臾越盌發妙香。微參鼻觀風悠颺，名山秀液入肺腸。悅然置身天目頂，青神鳳集樹下同相羊。李德裕《平泉草木記》：木之奇者，天目之青神鳳集。雪樵子，邀我與徐丈同作試茶之長歌。兩篇傳示句清語硬肩相摩，我無筆力奈爾何。天目茶可拍，天目筍可挑。安得茶筍佳時一赴山靈招，勿使塵中立望空迢迢。

日鑄嶺

宋 歐陽修《歸田録》卷上 臘茶出一作盛於劍、建，草茶盛於兩浙，兩浙之品，日注為第一。自景祐以後，洪州雙井白芽漸盛，近歲製作尤精，囊以紅紗，不過一二兩，以常茶十數斤養之，用辟暑濕之氣，其品遠出日注上，遂為草茶第一。

宋 楊延齡《楊公筆録》 會稽日鑄山，茶品冠浙江。去縣幾百里，有上竈、下竈，蓋越王鑄劍之地。世傳越王鑄劍他處皆不成，至此一日而鑄成，故謂之日鑄，或云日注，非也。山有寺，其泉甘美，尤宜茶。山頂謂之油車嶺，茶尤奇，所收絶少，其真者芽長寸餘，自有麝氣越人，或以沸湯沃麝，乘熱滌瓶，焙乾以貯茶芽，密封之，偽稱日鑄。開瓶麝氣襲人，殊混真，人往往不能辨。或云：日注，以日所注處云。

宋 陳師道《後山談叢》卷三《茶品》 茶，洪之雙井，越之日注，登、萊鰒魚，明、越江瑤柱，莫能相先後，而強為之第者，皆勝心耳。

宋 王十朋《會稽三賦》卷上《會稽風俗賦并序》 日鑄雪芽日鑄山在會稽東南五十五里，歐冶鑄劍之處。《覽古集》云：會稽日鑄、鐵崖、雙井不在建蠟之後。《增注歐陽公歸田録》：草茶盛於兩浙，兩浙之品，日鑄為第一。東坡《茶詩》：雪芽雙井散神仙。

（嘉泰）《會稽志》卷九《山·府城·日鑄嶺》 在縣東南五十五里。地産茶，最佳。歐陽文忠《歸田録》：草茶盛於兩浙，兩浙之品，日鑄第一。黄氏《青箱記》云：日鑄茶，江南第一。華初平云：日鑄山茗，天真清冽，有類龍焙。昔甌冶子鑄五劍，採金銅之精於山下，時溪涸而無雲，千載之遠，佳氣不泄，蒸於草芽，發為英榮，淳味幽香，為人資養也。

又卷一七《藥時部·日鑄茶》 日鑄嶺，在會稽縣東南五十五里。

嶺下有僧寺名資壽，其陽坡名油車，朝暮常有日，產茶絕奇，故謂之日鑄。然茶之尤者，顧渚、蜀岡、蒙頂、皖山、寶雲，皆見於唐以來記録或詩章中。日鑄有名頗晚，吴越貢奉中朝，土毛畢入，亦不聞有日鑄，則日鑄之出，殆在吴越國除之後。《歸田録》云：草茶盛於兩浙，兩浙之品，日注第一。《青箱記》亦云：越州日鑄茶，為江南第一。范文正公汲清白堂西山泉，以建溪、日鑄、臥龍、雲門之品試之，雲甘液華滋，悅人襟靈。《茶經》：余姚茶，生瀑布嶺，昔號仙茗，大者殊異，與襄州同。按，今會稽產茶極多，佳品惟臥龍一種，得名亦盛，幾與日鑄相亞。臥龍者，出臥龍山，或謂茶種初亦出日鑄。蓋有知茶者謂二山土脈相類，及蓺成，信亦佳品。然日鑄芽纖白而長，其絕品長至三二寸，不過十數株，餘雖不逮，亦非他產所可望，味甘軟而永，多啜宜人，無停滯酸噎之患。臥龍則芽差短，色微紫黑，類蒙頂、紫筍，味頗森嚴，其滌煩破睡之功，則雖日鑄有不能及，顧其品終在日鑄下。自頃二者皆或充包貢，臥龍則易其名曰瑞龍，蓋自近歲始也。其次則天衣山之丁堄茶，陶宴嶺之高塢茶，一曰金家隩茶。秦望山之小朵茶，東土鄉之鴈路茶，會稽山之茶山茶，蘭亭之花塢茶，諸暨之石筧茶，余姚之化安瀑布茶，此其梗概也。其餘猶不可殫舉，日鑄，它書及土人皆用此鑄字，蔡君謨、東坡先生詩帖墨蹟皆然，惟歐陽公著《歸田録》，則書為日注，疑公自有所據。其後亦有書作注者，蓋自歐陽公始也。

宋 高似孫《剡録》卷一〇《茶品》 會稽茶，以日鑄名天下。余行日鑄嶺，入日鑄寺，綆日鑄泉，瀹日鑄茶，茶與水味深入理窟。茶生蒼石之陽，碧澗穿注，茲乃水石之靈，豈茶哉！山中僧言：吾左右岩塢能幾何？茶入京都，奉台府，供好事者，何可給？蓋取諸近峯，剡居半，然則世之烹日鑄者，多剡茶也。日鑄，以水勝耳。建溪、顧渚溪，以茶名者，水也。剡清流碧湍，與山脈絡，茶胡不奇！餘留剡幾年，山中巨井，清甘深潔，宜茶。方外交以茶至者，皆精絕。唐僧清晝詩：越人遺我剡溪茗，采得金芽爨金鼎。剡茶聲，唐已著。李易剡山詩：雲觳移佳茗，風潭遶古松，栽種也；趂時務擷茗，餘力工擣楮，採擷也；丹鼎山頭氣，茶床竹外煙，烹試也。仲皎《贈剡僧秀蘊點茶成梅花》詩：未飛三白雪，卻報一枝春。皆風流人也。作《茶品》。

宋 蘇軾《蘇東坡全集》卷二八《贈包安靜先生茶三首》 皓色生甌面，堪稱雪見羞。東坡調詩腹，今夜睡應休。偶謁大中精藍中，故人烹日注茶，果不虛示，故詩以記之。

建茶三十片，不審味如何。奉贈包居士，僧房戰睡魔。昨日點日注極佳，點此，復雲罐中餘者，可示及舟中滌神耳。

宋 蘇轍《欒城集》卷九《宋城宰韓秉文惠日鑄茶》 君家日鑄山前住，冬後茶芽麥粒粗。磨轉春雷飛白雪，甌傾錫水散凝酥。溪山去眼塵生面，簿領埋頭汗匝膚。一啜更能分幕府，定應知我俗人無。

宋 晁沖之《晁具茨先生詩集》卷二《陸元鈞寄日注茶》 我昔不知風雅頌，草木獨遺茶比風。陋哉徐鉉説茶苦，欲與淇園竹同種。又疑禹漏稅九州，橘柚當年錯包貢。腐儒妄測聖人意，遠物勞民亦安用。含桃熟薦當在盤，荔子生來枉飛鞚。羊葅異好亦何有，蚶菜殊珍要非奉。君家季疵眞禍首，毀論徒勞世仍重。爭新門試誇擊拂，風俗移人可深痛。老夫病渴手自煎，嗜好悠悠亦從衆。更煩小陸分日注，密封細字蠻奴送。槍旗卻憶采擷初，雪花似是雲溪動。更期遺我但敲門，玉川無復周公夢。

宋 梅堯臣《宛陵集》卷三五《答宣城張主簿遺雅山茶次其韻》

昔觀唐人詩，喜詠雅山茶。雅銜茶子生，遂同山名雅。重以初槍旗，采之穿煙霞。江南雖盛產，處處無此茶。纖嫩如雀舌，煎烹比露芽。競收青蒻焙，不重漉酒紗。顧渚亦頗近，蒙頂來以遐。雙井鷹掇爪，建溪春剝葩。日鑄弄香美，天目猶稻麻。吴人與越人，各各相鬭誇。傳買費金帛，愛貪無夷華。甘苦不一致，精麤還有差。至珍非貴多，為贈勿言些。如何煩縣僚，忽遺及我家？雪貯雙砂罌，詩琢無玉瑕，文字搜怪奇，難於抱長蛇。明珠滿紙上，剩畜不為奢。玩久手生胝，窺久眼生花。嘗聞茗消肉，應亦可破瘕。飲啜氣覺清，賞重嘆復嗟。嘆嗟既不足，吟誦又豈加？我今實彊為，君莫笑我邪。

宋 曾幾《茶山集》卷四《述侄餉日鑄茶》 寶胯自不乏，山芽安可無。子能來日鑄，吾得具風爐。夏木囀黃鳥，僧牕行白駒。談多轉生睡，此味正時須。

宋 曹勛《松隱集》卷二二《山居雜詩九十首》 日鑄得新茗，色味建水空。未論七盌足，先借兩腋風。烹在擊拂外，香泛齒頰中。若論

破睡魔，自可書元功。

宋 周必大《文忠集》卷四《胡邦衡生日以詩送北苑八銙日注二瓶》 賀客稱觴滿冠霞，懸知酒渴正思茶。尚書八餅分閩焙，主簿雙瓶揀越芽。妙手合調金鼎鉉，清風穩到玉皇家。明年勅賜宣臺，餽莫忘幽人賦葉嘉。

宋 楊萬里《誠齋集》卷二〇《謝岳大用提舉郎中寄茶果藥物三首·右日鑄茶》 瓷瓶蠟紙印丹砂，日鑄春風出使家。白錦秋鷹微露爪，青瑤曉樹未成芽。松梢鼓吹湯翻鼎，甌面雲煙乳作花。喚醒老夫江海夢，呼兒索鏡整烏紗。

宋 陸游《劍南詩稿》卷二《三游洞前巖下小潭水甚奇取以煎茶》 苔徑芒鞵滑不妨，潭邊聊得據胡床。巖空倒看峰巒影，磵遠中含藥草香。汲取滿瓶牛乳白，分流觸石珮聲長。囊中日鑄傳天下，不是名泉不合嘗。

又卷三《過武連縣北柳池安國院煮泉試日鑄、顧渚。茶院有二泉，皆甘寒。傳云唐僖宗幸蜀，在道不豫，至此飲泉而愈，賜名報國靈泉云》 滴瀝珠璣翠壁間，遭時曾得奉龍顏。欄傾甃缺無人管，滿院松風晝掩關。

又 行殿淒涼跡已陳，至今父老記南巡。一泓寒碧無今古，付與閒人作主人。

又 我是江南桑苧家，汲泉閒品故園茶。只應碧缶蒼鷹爪，可壓紅囊白雪芽。日鑄貯以小餅蠟紙、丹印封之，顧渚貯以紅藍縑囊，皆有歲貢。

又卷六《試茶》 蒼爪初驚鷹脫鞲，得湯已見玉花浮。睡魔何止避三舍，歡伯直知輸一籌。日鑄焙香懷舊隱，谷簾試水憶西遊。銀缾銅碾俱官樣，恨欠纖纖為捧甌。

又卷三二《春夏之交風日清美欣然有賦》 日鑄珍芽開小缶，銀波煮酒湛華觴。槐陰漸長簾櫳暗，梅子初嘗齒頰香。户户祈蠶喧鼓笛，村村乘雨築陂塘。年光何預衰翁事，伴蝶隨鶯也解狂。

又卷五六《信手翻古人詩隨所得次韻》 病起瘦可驚，峻嶒夜窗影。八十遂當至，何止踐衰境。食簞幸得盡，藥裹亦已屏。汲泉煮日鑄，舌本味方永。士苦不自悔，常若錐見穎。叔度獨何人，長波渺千頃。

宋 樓鑰《攻媿集》卷五《次韻黃文叔正言送日鑄茶》 古人養老食而酳，後人既飽須啜茗。唐稱陽羨顧渚茶，惠建之名猶未省。小團花銙喬雲龍，競巧爭妍動天聽。要之造化生萬物，甘苦酸鹽適其性。古來水品多異同，茶品知誰得其正。芽新火活善調湯，種類雖殊俱雋永。坡翁立論亦疲當，一貶一褒何太猛。北苑固為天下最，未必餘茶盡邪憒。越山日鑄名最高，種在陽坡性非冷。父老不堪痛摧抑，待以奴隸心若鯁。草木端有地所宜，此品標奇惟一嶺。秪應雜取應人須，寖使虛名成畫餅。坡公殆未識吾真，真者如珠光自炯。白頭拾遺辨真贗，非是容心為鄉井。寄來雙缶妙絕倫，病寥新嘗信僥倖。七盌自煎成水厄，笑看腹似支離癭。

宋 張鎡《南湖集》卷六《許深父送日鑄茶》 短牋欣見小龍蛇，諫省初頒越嶺茶。甆缶祕香蒙翠箬，蠟封承印濕丹砂。清風灑落曾誰比，正味森嚴更可嘉。堪笑雲臺方忍睡，強行松徑嚼新芽。

宋 葉適《水心先生文集》卷六《寄黃文叔謝送真日鑄》 建溪疑雪白，日鑄勝蘭芳。誰知真苦澀，黯淡發幽光。騎省可正論，農卿今則亡。懷人坐太息，泉竭鼎無蕩。

宋 章甫《自鳴集》卷三《葉子逸以惠山泉瀹日鑄新茶餉予與常鄭卿》 惠山泉甘苦不冷，日鑄茶香方是真。廣文喚客作妙供，石銚風爐皆手親。神清便欲排閶闔，且了吾人淡生活。餅芽分送已無餘，杯水尚容消午渴。

宋 蘇泂《泠然齋詩集》卷二《日鑄嶺下狂歌行》 我生天地不如意，甚欲飄然去人世。卻思一死胡足悲，死而不樂胡死為。又思天地之間固有足樂者，安得莊周之鵬穆王馬。有時騎氣或御風，天上天中更天下。息駕玄冥圃，駐節蓬萊宮。攀星太極南，訪日扶桑東。東西南北何局促，自可直造混沌趨洪蒙。又思去有歸，安得來無從。當時六鼇負亦重，豈有身常不轉動。會須四六二十四足一欠伸，我居其高視爾衆。不知化為大海水，為復茫茫而已矣。不知鼇有復鼇亡，為復人生或人死。此時逍遙遊，不見爭奪場，想見四維上下俱茫茫。巨鼇爾靈便如此，公欲欠伸不難耳。且如皇宋三百六十州，出門所在多山丘。其間平地少，但見蘿蔦藤蔓下下磽確森相樛。青

鞋有底踏須破，人壽幾何行不休。更令生世人，逼仄生戈矛。迂回隔絕千里成萬里，親戚朋舊相見朝夕無緣由。爾鼇若未動，為我背略傾。颱翻山與丘，平地與人行。也知上天本來廣，也知下地本來平。只因山丘多，頓使天地輕。我當作章問帝借北斗，酌滄溟。盡殲逼仄人，更殺馬與鵬。百拜稽首，祭鼇之靈。

宋 孫因《越茶》（寶慶）《會稽續志》卷八　日鑄山之英氣兮，既發越於鏌鋣。地靈泄而不盡兮，復薰蒸於草芽。雖名出之最晚兮，為江南之第一。視紫筍若奴台兮，又何論乎石花。維瑞龍之為品兮，與此山以相亞。意山脈之通貫兮，仙種同乎一家。汲西岩之清泉兮，松風生乎石鼎。滋芳液於靈襟兮，沆瀣集乎齒牙。歐公録之歸田兮，蘇仙流諸佳詠。伯玉注于詩版兮，文正賞其甘華。至鴈塔與花塢兮，固郡志之所載。若余姚之瀑布兮，九茶經之所誇。嗟陸羽之不逢兮，宜鑒味之絕少。世方貴夫建茗兮，孰有知夫越茶。客曰世非不知兮，顧茗禁之已苛。亦幸其不盡知兮，姑舍是而言他。

宋 程公許《滄洲塵缶編》卷一二《汲惠山泉烹日鑄》　小艇衝風過惠山，石螭引脰佇漪漣。白頭未了紅塵債，再酌人間第二泉。辛未冬嘗經行酌泉。瓦缾挹注溢微瀾，仙掌兩分瑞露溥。自候燎爐烹日鑄，杜陵肺渴耐甘寒。

宋 蔡正孫《詩林廣記》卷九《晏元獻·烹日注茶》　稽山新茗綠如煙，靜挈都藍煮惠泉。未向人間殺風景，更持醪醑醉花前。《西清詩話》云：李義山雜纂，品目數十，蓋以文滑稽者。其一曰殺風景，謂清泉濯足，花上曬褌，背山起樓，燒琴煮鶴，對花啜茶，松下喝道，是也。晏元獻慶歷中罷相守潁，以惠山泉烹日注茶，從容置酒，乃賦此詩。後王荊公於元豐末居金陵，蔣漕之奇夜謁公於蔣山，騶唱甚都。公取松下喝道語作詩戲之，自此殺風景之語頗著於世。

宋 佚名《錦繡萬花谷前集》卷三五《茶·日注》　日注在越州，顧注在湖州，並進草茶，其品尤貴，茗戰建人，謂鬬茶為茗戰。《茶録》

元 王濡之《游上方紀游詩并序》《玉山紀游》　玉山顧仲瑛甫由惠山還吳城，適匡廬先生于虛齊來自越，而梁溪周履道與余皆在坐。仲瑛以第二泉煑日鑄茶飲客。時秋且暮，仲瑛慨然有登山臨水之思，乃相與泛舟出閶闔門，過百花洲轉橫塘至石湖。水光浮空，新月始生，山光水色，與明河倒景相滉漾，樵歌水唱，遠近相荅，於是飲酒甚歡，遂艤舟新郭而宿焉。旦日由行春橋、觀音巖、歷楞伽山寶積寺，肩輿而造上方，霜降氣清，原野澄曠，丹霞翠靄，出沒有無而荒臺廢苑，隱隱吳宮之舊。有頃，過橫山。登聚遠亭，弔故人陸徵君墓，讀金華先生黃公所製碑，假浴僧舍，回寶積，訪金上人，不遇而歸。留連者二日，往返者數十里，所至各賦詩，總凡若干首。至正十一年九月五日，潁川陳基序。

《明一統志》卷四三《茶》　會稽縣日鑄嶺出。宋歐陽修云：『兩浙產茶，日鑄第一。』

明 張岱《陶庵夢憶》卷三《蘭雪茶》　日鑄者，越王鑄劍地也。茶味棱棱，有金石之氣。歐陽永叔曰：『兩浙之茶，日鑄第一。』王龜齡曰：『龍山瑞草，日鑄雪芽。』日鑄名起此。京師茶客，有茶則至，意不在雪芽也。

而雪芽利之，一如京茶式，不敢獨異。三峨叔知松蘿焙法，取瑞草試之，香撲冽。余曰：『瑞草固佳，漢武帝食露盤，無補多欲；日鑄茶藪，「牛雖瘠僨於豚上」也。』遂募歙人入日鑄。

明 高啓《高太史大全集》卷一五《賦得惠山泉送客游越》　雲液流甘漱石牙，潤通錫麓樹增華。汲來曉冷和山雨，飲處春香帶澗花。合契老僧煩每護，脩經幽客記曾誇。送行一斛還堪贈，往試雲門日注茶。

明 唐之淳《唐愚士詩》卷一《馬上》　轂深風急帽檐斜，滿眼寒雲滿面沙。騎馬過山看不盡，更多芳樹沒人家。五月營門柳始華，新新草色舊人家。鄉山萬里誰相伴，惟有囊中日鑄茶。

明 徐渭《徐文長文集》卷四《陳長公餉日鑄茶，瓦窑港銀魚，白下法炮巨鱉，夜酌深談次其韻》　日鑄標槍芽，月團卷旗避。纖甲赭舊條，柔針綠新肄。瓦窯五寸銀，脊色偃微翠。雙裙詎可談，九肋底能致。伯雲準食醫，治以聰我聵。斟炮法內京，酌長非外義。珍此五侯鯖，慚餘十漿饋。主既唱無歸，客顧稱未醉。階蟲先秋吟，徑竹上霄閟。叔夜寂鳴琴，子雲寥問字。待扣匪洪鐘，立涸是盈遂。泗鼎曠沈淪，神奸恣精祟。伍員終鴟夷，三閭竟憔悴。白駒返轂空，黃鳥臨穴惴。千古究何窮，再燭不能寐。曲禮問更端，梵詮編復次。伯樹既已空，吾出吾簞食。伯子

近稍重聽。

明 劉基《太師誠意伯劉文成公集》卷六《出越城至平水記》 其東山曰日鑄，有鉛錫，多美茶。

（康熙）《會稽縣志》卷三《山川志下》 日鑄嶺，在縣東南十五里陶晏嶺北。地產茶最佳。歐陽修《歸田録》：草茶盛開於兩浙，兩浙之品，日鑄第一。黃氏《青箱記》：華初平雲，日鑄山茗，天真清冽，有類龍焙。王十朋《風俗賦》：日鑄雪芽。又晏殊有詩，見惠泉下。

又 卷六《物產·貨·茶》 郡志：日鑄山中有僧寺，名資壽，其陽坡名油車，朝暮常有日，產茶絕奇，芽纖白而長，味甘軟而永【略】近多采之，名曰蘭雪，味取其香，色取其白，價最貴。

清 劉源長《茶史》卷一《茶之分產·浙江》 日鑄茶：產紹興日鑄嶺。嶺在府城南，產茶。歐陽永叔曰：兩浙之品，日鑄第一。一名蘭雪茶 言其香如蘭，色白如雪也。《茶山》詩云：子能來日鑄，吾得具風爐。

清 黃履道《茶苑》卷五《浙江茶品二·紹興府會稽縣日鑄茶一名日鑄雪芽》 日鑄雪芽者，產日鑄嶺。嶺在會稽縣東南五十五里，歐冶子鑄劍之地處，產茶最佳，其芽纖白而長。歐陽公《歸田録》云：『草茶盛於兩浙，兩浙之品，以日鑄為第一。雪芽言其白也。』《會稽志》云：『會稽產茶，極多佳品，惟臥龍一種得與日鑄相亞。』《會稽三賦注》。

《會稽三賦》云：日鑄雪芽，挐龍瑞草。瀑布稱仙，茗山鬥好。顧渚爭先，建溪同早。碾塵飛玉，甌濤翻皓，生兩腋之清風，興飄飄於蓬島云云。

陸放翁詩云：海山縹渺劚零扃，掃地焚香悅性靈。嫩白半甌嘗日鑄，硬黃一帋學黃庭。衰顏冉冉臨清鏡，華髮蕭蕭倚素屏。尊酒不空身現在，莫爭天上少傲星。

清 顧祖禹《讀史方輿紀要》卷九二《浙江四》 又日鑄嶺，在府東南五十里，歐冶子嘗鑄五劍，採金銅之精於此，地產茶，最佳。

清 陸廷燦《續茶經》卷下《八之出》 《方輿覽勝》：會稽有日鑄嶺，嶺下有寺名資壽。其陽坡名油車，朝暮常有日，茶產其地絕奇。歐陽文忠云：『兩浙草茶，日鑄第一』。

（乾隆）《浙江通志》卷一〇四《物產·紹興府·日鑄茶》 《方輿勝覽》：會稽日鑄嶺，其地產茶。歐陽修云：兩浙產茶，日鑄第一。《嘉泰會稽志》：日鑄嶺，產茶奇絕，然有名頗晚。吳越貢奉中朝，土毛畢入，不聞有日鑄，殆出在吳越國除之後。《歸田録》云：草茶盛於兩浙，浙之品日注第一。《青箱記》亦云：越州日鑄茶，為江南第一。范文正汲清白泉，以建溪、日鑄、臥龍、雲門之品試之，云：甘液華滋，悅人靈襟。按，今會稽所產茶極多，佳品惟臥龍一種，得名幾與日鑄相亞。臥龍者，出臥龍山，知茶者謂二山土脈相類，信亦佳品。然日鑄芽纖白而長，其絕品長至三二寸，不過十數株，餘雖不逮，亦非他產可望，味甘輭而永，多啜宜人，無停滯酸噎之患。臥龍則芽差短，色微紫黑，類蒙頂、紫筍，味頗森嚴，其滌煩破睡之功，日鑄有不能及。顧其品終在日鑄下。自頃二者或充包貢，臥龍則易其名曰瑞龍。日鑄，他書及土人皆用此鑄字，惟歐陽公《歸田録》則書為日注，疑公自有所據。其後亦有書作注者，蓋自歐公始也。《剡録》：越產之擅名者，有會稽之日鑄嶺茶，秦望山之小朶茶，陶晏嶺之高塢茶，會稽山之茶山茶，雲門山之丁坑茶，東土鄉之雁路茶，山陰之臥龍山茶，蘭亭之花塢茶，諸暨之石筧嶺茶，餘姚之化安瀑布茶，嵊縣之西白山瀑布嶺茶，五龍真如茶、紫巖茶、鹿苑茶、大崑茶、小崑茶、焙坑茶、細坑茶，而日鑄茶名最著。舊志謂臥龍山茶過於日鑄，若化安瀑布茶，陸羽品其殊異，同時號為仙茗。

（光緒）《餘姚縣志》卷六《物產·瀑布嶺茶》 《神異記》：餘姚虞洪入山采茗，遇一道士，牽青羊三百，飲瀑布水，曰：丹丘子也，山中有大茗，可以相給，他日甌犧之餘，幸不忘也。洪因立茶祠，是後，往往得大茗。《茶經》，餘姚茶生瀑布嶺者，號仙茗，大者殊異。國朝黃宗羲《製茶》詩：簷溜松風方掃盡，輕陰正是採茶天。相要直上孤蜂頂，出市都爭穀雨前。兩筥東西分梗葉，一燈兒女共團圓。炒青已到更闌後，猶試新分瀑布泉。

清 查慎行《蘇詩補注》卷一八《送劉寺丞赴餘姚》 日注（嘉泰）《會稽志》：日鑄嶺在會稽縣東南五十五里，嶺下有寺，名資壽，其陽坡名油車，朝暮常有日色，產茶，絕奇，有名最晚。吳越貢奉中朝，土毛畢入，不聞有日鑄茶，則日鑄之出殆在吳越國除之後。《歸田録》云：草茶盛於兩浙，兩浙之品，日注第一。芽纖白而長，其絕品。至二三寸不過數十株餘，雖不逮，然非他產可比。多啜宜人，無停滯酸噎之患，按日鑄他書及土人皆用此鑄字。惟《歸田録》則書為日注，疑歐公自有所防，其後書作注者，自歐始也。

清 沈德潛《清詩別裁集》卷三一《戲酬友人惠日鑄茶》 幾日春遊遍若耶，入城布衲滿煙霞。正愁仙福難消受，又吃人間御貢茶。

清 龔自珍《龔自珍全集》第九輯《會稽茶》 茶以洞庭山之碧蘿春為天下第一，古人未知也。近人始知龍井，亦未知碧蘿春也。會稽茶乃

在洞庭、龍井間，秀穎似碧蘿而色白，與濃綠者不同，先微苦，滌脾，甘甚久，與龍井驟芳甘不同；凡所同者，山水芳馨之氣也。其村名曰平水，平水北七里曰花山，土人又辯花山種細于平水，外人益不知。戊戌七月，會稽人來饋此，予細問其天時、地力、人力，大抵花山采以清明，平水采以穀雨。明年當謁天台大師塔，歸路訪禹陵舊遊，再詣稽山，印之詩以代發願。明年不反棹浙江，有如此茶矣。

天尊嶺

明 李日華《六研齋二筆》卷三　嚴州分水縣天尊巖產茶，最芳辣，宋時以充貢。

明 李日華《紫桃軒雜綴》　分水貢芽，出本不多，大葉老梗，潑之不動，入水煎成，番有奇味。薦此茗時，如得千年松柏根，作石鼎薰燎，乃足稱其老氣。

（乾隆）《浙江通志》卷一〇六《物產六・金華府・分水茶》

《六研齋筆記》：分水縣天尊巖產茶，最芳辣，宋時以充貢。《紫桃軒雜綴》：分水貢茶，出本不多，大葉老根，潑之不動，入水煎成，翻有奇味。

（光緒）《分水縣志》卷三《食貨・物產》　《六研齋筆記》載：邑天尊岩產茶，最芳辣，宋時充貢。《紫桃軒雜綴》云：分水貢芽，出本不多，大葉老根，潑之不動，入水煎成，翻有奇味。按，貢芽並非大葉老根。近時所產，有苞紫、壽眉、雀舌、蓮心、頂穀、柳條、桐絲諸品，貿販遠郡，惟黃茶售遼東，五月始采為大葉老根耳。

白雲峰

唐 賈島《長江集》卷六《送姚杭州》　白雲峰下城，日夕白雲生。人老江波釣，田侵海樹耕。吳山鐘入越，蓮葉吹搖旌。詩異石門思，濤來向越迎。

（淳祐）《臨安志》卷八《山川・白雲峰》　上天竺山后最高處，謂之白雲峰。於是寺僧建堂其下，謂之白雲堂。山中出茶因謂之白雲茶。東坡居士有《和茶詩》云『白雲峰下兩槍新』謂此也。楊蟠詩云：萬頃田閑雨，多從頂上生。野人猶不足，常擬鑿為平。郭祥正詩云：湖上峰爭碧，此峰藏白雲。雲光連月色，鷗鷺亦迷群。

宋 林逋《林和靖集》卷三《嘗茶次寄越僧靈皎》　白雲峯下兩槍新，膩綠長鮮穀雨春。靜試恰看湖上雪，對嘗兼憶剡中人。瓶懸金粉師應有，筯點瓊花我自珍。清話幾時搔首後，願和松色勸三巡。

宋 張鎡《南湖集》卷九《煎白雲茶二首》　水西幽寺風光足，山上行雲雪色明。不放精英入閒草，夜鐺嘉話得松聲。

又　嫩芽初見綠蒙茸，已破人間睡思濃。玉食會當陪上苑，貴名高冠密雲龍。

清 黃履道《茶苑》卷五《浙江茶品二・杭州寶雲山香林洞白雲峰茶》　杭州產茶不特龍井，寶雲山產者名寶雲茶，香林洞產者名香林茶。在下天竺，其產天竺。上白雲峯者，名白雲峯茶。茶性俱佳，堪與天池並驅。《古杭雜志》

清 陸廷燦《續茶經》卷下《八之出》　《天中記》：杭州寶雲山出者，名寶雲茶。下天竺香林洞者，名香林茶。上天竺白雲峯者，名白雲茶。

東白山

唐 李肇《唐國史補》卷下　風俗貴茶，茶之名品益衆。【略】婺州有東白。

宋 高似孫《剡録》卷二《山水志》　在東白山立嘯猿亭。仲皎《題東白山嘯猿亭詩》：放意在雲表，飄然更自由。掛煙羣木冷，啼月一山秋。梟梟清風裏，淒淒碧澗頭。三聲融妙聽，行客若為愁。

又流山軒仲皎《題東白山軒詩》：竹外泉聲急，松心月色寒。人間推曠絕，只自倚欄幹。

清 劉源長《茶史》卷一《茶之分產・浙江》　東白茶、舉巖茶、碧乳　產婺州，即今金華府，隋曰婺州。東白山，屬東陽縣，產茶。山層巒疊嶂，接會稽天台。舉巖茶片，片方細，所出雖少，味極甘芳，烹之如

碧玉之乳，故又名碧乳。

清 顧祖禹《讀史方輿紀要》卷九三《浙江五》 東白山，縣東北八十里。《志》云：山高七百三十丈，週五十里，峰巒層疊，與會稽、天台諸山相連屬，中有水，流入東陽溪。其西南有西白山，高四百五十丈，與東白相峙。

（乾隆）《浙江通志》卷一〇六《物産六·金華府·茶》 《茶經》：婺州次。東陽縣東白山，與荆州同。《品茶要録補》：婺州之舉巖碧乳。《東陽縣志》：大盆、東白二山為最。穀雨前採者謂之芽茶，更早者謂之毛尖，最貴，皆挪做，謂之挪茶。茶客反取粗大，但少炊之，謂之湯茶。轉販西商，如法細做，用少許撒茶餅中，謂之撒花，價常數倍。正德《蘭谿縣志》：茶山山谷深，草木森蔚而多茶。萬歷《浦江縣志》：二都、三都、二十四都、二十八都出茶。

（乾隆）《諸暨縣志》卷三《山川·東白山》 《嘉泰會稽志》：在縣東九十里，一名太白峰【略】萬曆《紹興府志》：絕高者為太白，次為小白，面東者為西白，面西者為東白【略】在山之陽，瀑泉怒飛，清被岩穀，懸下三十丈，稱瀑布嶺，産仙茗。

（宣統）《諸暨縣志》卷一九《物産志一》 東白山茶即太白山，在諸暨稱東白。

龍泓

明 田藝蘅《煮泉小品》 鴻漸有云：『烹茶於所産處無不佳，蓋水土之宜也。』此誠妙論，況旋摘旋瀹，兩及其新邪。故《茶譜》亦云『蒙之中頂茶，若獲一兩，以本處水煎服，即能祛宿疾』是也。今武林諸泉，惟龍泓入品，而茶亦惟龍泓山為最。蓋茲山深厚高大，佳麗秀越，為兩山之主，故其泉清寒甘香，雅宜煮茶。虞伯生詩：『但見瓢中清，翠影落羣岫。烹煎黄金芽，不取穀雨後。』姚公綬詩：『品嘗顧渚風斯下，零落茶經奈爾何？』則風味可知矣，又況為葛仙翁煉丹之所哉？又其上為老龍泓，寒碧倍之，其地産茶，為南北山絕品。鴻漸第錢唐天竺、靈隱者為下品，當未識此耳。而郡志亦只稱寶雲、香林、白雲諸茶，皆未若龍泓之清馥雋永也。余嘗一一試之，求其茶泉雙絕，兩浙罕伍云。

龍泓今稱龍井，因其深也。郡志稱有龍居之，非也。蓋武林之山，皆發源天目，以龍飛鳳舞之讖，故西湖之山，多以龍名，非真有龍居之也。有龍，則泉不可食矣。泓上之閣，亟宜去之；浣花諸池，尤所當浚。

明 高濂《遵生八箋》卷一一《論茶品》 如杭之龍泓，即龍井也。茶真者，天池不能及也。山中僅有一二家炒法甚精，近有山僧焙者亦妙，但出龍井者方妙。而龍井之山不過十數畝，外此有茶，似皆不及。附近假充猶之可也，至於北山西溪，俱充龍井，即杭人識龍井茶味者亦少，以亂真多耳。意者，天開龍井美泉，山靈特生佳茗以副之耳。不得其遠者，當以天池龍井為最，外此天竺、靈隱為龍井之次，臨安、於潛生於天目山者，與舒州同，亦次品也。

明 許世奇《茶疏·小引》《茶疏》 吾邑許然明，擅聲詞場舊矣。丙申之歲，余與然明遊龍泓，假宿僧舍者浹旬。日品茶嘗水，抵掌道古。僧人以春茗相佐，竹爐沸聲，時與空山松濤響答，致足樂也。然明喟然曰，阮嗣宗以步兵廚貯酒三百斛，求爲步兵校尉，余當削髮爲龍泓僧人矣。嗣此經年，然明以所著《茶疏》視余，余讀一過，香生齒頰，宛然龍泓品茶嘗水之致也。余謂然明曰：『鴻漸《茶經》，寥寥千古，此流堪爲鴻漸益友。吾文詞則在漢魏間，鴻漸當北面矣。』然明曰：『聊以志吾嗜痂之癖，寧欲爲鴻漸功匠也。』越十年，而然明修文地下，余慨其著述零落，不勝人琴亡俱之感。一夕夢然明謂余曰：『欲以《茶疏》災木，業以累子。』余遂然覺而思龍泓品茶嘗水時，遂絕千古，山陽在念，淚淫淫濕枕席也。夫然明著述富矣，《茶疏》其九鼎一臠耳，何獨以此見夢，豈然明生平所癖，精爽成厲，又以余爲臭味也，遂從九京相託耶？因授剞劂以謝然明。其所撰有《小品室》、《蕩櫛齋》集，友人若貞父諸君方謀鋟之。

明 屠隆《考槃餘事》卷四《茶品》 龍井不過十數畝，外此有茶，似皆不及。大抵天開龍泓美泉，山靈特生佳茗以副之耳。山中僅有一二家炒法甚精，近有山僧焙者亦妙。眞者，天池不能及也。

明 高元濬《茶乘》卷一 吳之虎丘，杭之龍井，並可與岕頡頏。又有極稱黄山者，黄山亦在歙，去松羅遠甚。虎丘山窄，歲採不能十斤，極為難得。龍井之山，不過十數畝，外此有茶，皆不及也；即杭人識龍

井味者，亦少，以亂真多耳。往時士人皆重天池，然飲之略多，令人脹滿。浙之産曰雁宕、大盤、金華、日鑄，皆與武夷相伯仲。武夷之外，有泉州之清源，潼州之龍山，倘以好手製之，亦是武夷亞匹。蜀之産曰蒙山，楚之産曰寶慶，滇之産曰五華，廬之産曰六安，及靈山、高霞、泰寧、鳩坑、朱溪、青鸞、鶴嶺、石門、龍泉之類，但有都佳。其他山靈所鍾，在處有之，直以未經品題，終不入品，遂使草木有炎涼之感，良可惜也。

清 陸次雲《湖壖雜記》 龍井【略】産茶作豆花香，與香林、寶雲、石人塢、垂雲亭者絕異，采于穀雨前者尤佳啜。啜之淡然，似乎無味，飲過後，覺有一種太和之彌淪乎齒頰之間，此無味之味，乃至味也。

清 劉源長《茶史》卷一《茶之近品・龍井》 秦觀《記》：龍井在西湖上，僧辨才結亭於此，率其徒環而咒之，忽見大魚自泉中躍出，即龍也，衆異焉。不過十數畝外此有茶，似皆不及。大抵天開龍泓美泉，山靈特生佳茗以副之耳。山中僅有一二家炒法甚精。近有山僧焙者，亦妙。真者天池不能及也。

天目為天池、龍井之次，亦佳品也。《地志》云：山中寒氣早嚴，山僧至九月即不敢出。冬來多雪，三月後通行。茶之萌芽較晚。天目上有兩峯，峯頂各一池，若左右目，故名。周八百里，亙杭、宣、湖、徽四州界，産茶。

又 卷二《茶之高致》 高濂曰：西湖之泉，以虎跑為貴。兩山之茶，以龍井為佳。穀雨前採茶旋焙時，汲虎跑泉烹啜，香清味洌，涼沁詩脾。每春當高臥山中，沉酣新茗一月。

清 黃履道《茶苑》卷五《浙江茶品二・杭州龍井茶》 龍井，一名龍泓。米元章書其略曰『龍江當西湖之西，浙江之北，鳳凰嶺之上亂山怪石之間』是也。境僻景幽，香出塵外，地産佳茗，清馥雋永，為兩峯之冠，即俗所謂龍井茶也。《杭州名勝志》

龍井産茶不數十畝，外此有茶，似皆不及。大抵天開龍泓美泉，山靈特生佳茗以副之耳。山中僅有一二家炒法甚精。近有山僧焙者，亦妙；真者天池不能及也。

龍井茶，極腴腆，色如淡金，氣亦沉寂，而咀嚥之，久鮮腴潮舌，又必籍虎跑空寒慰齒之泉發之，然後飲者領其雋永之滋而無昏滯之恨耳。《紫桃軒雜綴》

《紫桃軒雜綴》云：『《洞冥記》云「東方朔食玄天黃露半合始甦」，余有黑石壺貯龍井茗汁，每飯後啜之，色如淡金而快爽不可言，因銘之曰玄天黃露。』

清 陸廷燦《續茶經》卷上《一之源》 謝肇淛《五雜俎》：今茶品之上者，松蘿也，虎邱也，羅岕也，龍井也，陽羨也，天池也。而吾閩武夷、清源、鼓山三種，可與角勝。六安、雁宕、蒙山三種，祛滯有功，而色香不稱，當是藥籠中物，非文房佳品也。

又 卷中《五之煮》 陸次雲《湖濡雜記》：龍井，泉從龍口中瀉出，水在池內，其氣恬然。若遊人注視久之，忽波瀾湧起，如欲雨之狀。

又《六之飲》 《快雪堂漫録》：昨同徐茂吳至老龍井買茶，山民十數家各出茶，茂吳以次點試，皆以為贋。曰：真者甘香而不冽，稍冽便為諸山贋品。得一二兩，以為真物。試之，果甘香若蘭，而山民及寺僧反以茂吳為非。吾亦不能置辨，偽物亂真如此。茂吳品茶，以虎邱為第一，常用銀一兩餘購其斤許。寺僧以茂吳精鑒，不敢相欺。他人所得，雖厚價，亦贋物也。子晉云：本山茶葉微帶黑，不甚青翠，點之色白如玉，而作寒豆香，宋人呼為『白雲茶』。稍綠，便為天池物。天池茶中雜數莖虎邱，則香味迥別。虎邱，其茶中王種耶？岕茶精者，庶幾妃後；天池、龍井，便為臣種，其餘則民種矣。

又 卷下《八之出》 《湖汊雜記》：龍內井産茶，作荳花香，與香林、寶雲、石人塢、垂雲亭者絕異。採於穀雨前者尤佳，啜之淡然，似乎無味，飲過後覺有一種太和之氣，彌淪於齒頰之間。此無味之味，乃至味也。為益於人不淺，故能療疾，其貴如珍，不可多得。

（乾隆）《浙江通志》卷一〇一《物産一・茶・龍井茶》 《煮泉小品》：武林諸泉，惟龍泓入品，而茶亦惟龍泓山為最。其上為老龍泓，寒碧倍之，其地産茶，為南北山絕品。

謹按，杭郡諸茶，總不及龍井之産。而雨前細芽，取其一旗一槍，尤為珍品。第所産不多，宜其矜貴也。

清 顧衡《湘皋茶説》 《考槃餘事》曰：今日茶品，與季疵《茶

經》稍異，即烹製之法，亦與蔡、陸諸人不同矣。虎邱最號精絕，為天下冠，惜不多產，皆為豪右所據，寂寞山家，無由獲購矣。天池青翠芳馨，瞰之賞心，嗅亦消渴，可稱仙品。陽羨即俗名曰岕，浙之長興者佳，荊溪稍下。上品價兩倍天池，難得。六安品亦精，惜不善炒，不能發香，而本質寔佳。龍井不過十畝餘，外此皆不及。大抵天開龍泓美泉，山靈特生佳茗以副之耳。天目次於天池，龍井亦佳品也。

清　朱濂《茶譜》　陸次雲《湖壖雜記》：龍井：泉從龍口中瀉出，水在池內，其氣恬然。若遊人注視久之，忽爾波瀾湧起。其地產茶，作荳花香，與香林、寶雲、石人塢、乘雲亭者絕異。採於穀雨前者尤佳，啜之淡然，似乎無味，飲過後，覺有一種太和之氣，瀰淪乎齒頰之間。此無味之味，乃至味也，為益於人不淺，故能療疾，其貴至珍，不可多得。

《西湖志》：龍井本名龍泓。吳赤烏中，葛稚川煉丹於此。林樾幽古，石鑑平開，寒翠，甘澄，深不可測。疏潤流淙，冷冷然不舍晝夜。孫太初《飲龍井詩》曰：『眼底閒雲亂不開，偶隨麋鹿入雲來。平生於物元無取，消受山中水一杯。』龍井之上為老龍井，有水一泓，寒碧異常，泯泯林薄間，幽僻清奧，杳出塵寰，岫壑縈迴，西湖已不可復覩矣。其地產茶，為兩山絕品。《郡志》稱：寶雲、香林、白雲諸茶，乃在靈竺、葛嶺之間，未若龍井之清馥雋永也。

清　佚名《茶史》　袁中郎宏道：遊杭敘述云，龍井泉既甘澄，石復秀潤。余與石簣、陶望齡汲泉烹茶於此。石簣因問：龍井茶與天池孰佳？余謂：龍井亦佳，但茶少則水氣不盡，茶多則澁味盡出。天池殊不爾。大約龍井茶頭茶雖香，尚作草氣，天池作荳氣，虎丘作花氣，唯岕非花非木，稍類金石氣，又若無氣，所以可貴。岕茶葉粗大，真者每斤至二千餘錢，余竟之數年僅得數兩許。近日徽人有送松蘿茶者，味在龍井之上，天池之下。《解脫集》

清　程淯《龍井訪茶記》　龍井以茶名天下，在杭州曰本山。言本地之山，產此佳品，旌之也。然真者極難得，無論市中所稱本山，非出自龍井；即至龍井寺，烹自龍井僧，亦未必果為龍井所產之茶也。蓋龍井地既隘，山巒重疊，宜茶地更不多。溯最初得名之地，實維獅子峯，距龍井三里之遙，所謂老龍井是也。高皇帝南巡，啜其茗而甘之。上蒙天問，則王氏方園裏十八株，荷褒封焉。李敏達《西湖志》稱：在胡公廟前，地不滿一畝，歲產茶不及一斤，以貢上方；斯乃龍井之塚嫡，厥為無上之品。山僧言：是葉之尖，兩面微缺，宛然如意頭。葉厚味永，而色不濃；佳水瀹之，淡若無色。而入口香冽，回味極甘。其近獅子峯所產者，遜胡公廟矣，然已非他處可及。今所標龍井茶，即環此三五里山中茶也。辛亥清明後七日，余游龍井之山，時新茶初茁，纔展一旗，爰録採焙之方，並栽植培溉之略。世有盧陸之嗜，宜觀斯記。

土性

沙礫也、壤土也，於茶地非上之上也。龍井之山，為青石，水質略鹹，含鹼頗重，沙壤相雜，而沙三之一而強；其色鼠羯，產茶最良。迤東迤南，土赤如血，泉雖甘而茶味轉劣。故龍井佳茗，意不能越此方里以外，地限之也。

栽植

隔冬採收茶子，貯地窖或壁衣中，無令枯燥蟲蛀。入春，鋤山地，取向陽坦不漬水陸坡，則累石障之。鋤深及尺，去其粗礫。旬日後，土略平實，檢肥碩之茶子，點播其中，科之相去約四五尺；略施灰肥，春夏鋤草。於地之隙，可藝果蔬。苗以茁矣，無須移植。第四年春，方可摘葉。

培養

三四年成樹，地佳者無待施肥；磽瘠者略施豆餅汽堆肥，以壅其根。防草之荒，歲一二鋤；旱則溉之。

採摘

大概清明至穀雨，為頭茶。穀雨後，為二茶。立夏小滿後，則為大葉顆，以製紅茶矣。世所稱明前者，實則清明後採；雨前，則穀雨後採。校其名實，宜雲明後、雨後也。採茶概用女工，頭茶選擇極費工，每人一日僅得鮮葉四斤上下。採工一兩六文。

焙製

葉既摘，當日即焙，俗曰炒，越宿色即變。炒用尋常鐵鍋，對徑約一尺八寸，灶稱之。火用松毛，山茅草次之，它柴皆非宜。火力毋過猛，猛則茶色變赭；毋過弱，弱又色黯。炒者坐灶旁以手入鍋，徐徐拌之。每拌以手按葉，上至鍋口，轉掌承之，揚掌抖之，令鬆。葉從五指間紛然下

鍋，復按而承以上。如是展轉，無瞬息停。每鍋僅炒鮮葉四五兩，費時三十分鐘。每四兩，炒乾茶一兩。竭終夜之力，一人看火，一人拌炒，僅能製茶七八兩耳。

烹瀹

烹宜沙瓶，火宜木炭，宜火酒，瀹宜小瓷壺。所容如蓋碗者，需茶二錢；少則淡，多則滯。水開成大花乳者，宜取四涼杯挹注之，殺其沸性，乃入壺。假令沸水入壺，急揭蓋以宣之；如經四涼杯者，水度乃合。

香味

茶秉荷氣，惟浙江、安徽為然，而龍井為最。飲可五瀹，瀹則盡斟之，勿留瀝焉。一瀹則花葉莖氣俱足；再瀹則葉氣盡，花氣微，莖與蓮心之味重矣；三則蓮心與蓮肉之味矣，後則僅蓮肉之味。啜宜靜，斟宜小鍾。

收藏

茶既焙，必貯甕或匣中。取出窯之塊灰，碎擊平鋪；上藉厚紙，疊茶包於上，要以不洩氣為主。

產額

龍井歲產上品茶，如明前雨前者，千餘斤耳；並粗葉紅葉計之，歲額亦止五千斤上下。而名遍全國，遠逮歐美，則賴龍井鄰近之茶附益之。蓋自十八澗至理安，達江頭；自翁家山，滿覺隴，茶樹彌望，皆名龍井。北貫十里松，至棲霞，亦名龍井，然味猶勝他處。杭城所售者，則筧橋各地之產矣。

特色

龍井茶之色香味，人力不能仿造，乃出天然，特色一。地處湖山之勝，又近省會，無非常之旱潦，特色二。名既遠播，價遂有增而無減，視他地之產，其利五倍，特色三。惟其然也，山巔石隙，悉植茶矣。乃荒山彌望，僅三三五五，偃仰於路隅，無集千百株為一地者。物以罕而見珍，理豈宜然。

長城

清 鄭元慶《石柱記箋釋》卷二《長城縣》 長城，望。大業末，沈法興置長州。武德四年，更置綏州，因古綏安縣名之。又更置雉州，並置原鄉縣。七年，州廢，省原鄉，以長城來屬。有西湖溉田三千頃，其後湮廢。貞元十三年，刺史于頔複之，人賴其利，顧山有茶以供貢，有銅。《新唐書》按顧山即顧渚，在縣西北四十二里。《元和郡縣志》及《輿地紀勝》析而為二，非也。顧渚以吳王夫槩顧其渚可為都邑，故名。唐有貢焙院，院側有清風樓，絕壁峭立於大澗中流，亂石飛走，曰明月峽，茶生其間，尤為絕品。張文規詩：『清風樓下草初出，明月峽中茶始生。』《讀書後志》云陸羽與朱放輩論茶，以顧渚為第一。羽著《茶經》有雲紫者上，綠者次。筍者上，芽者次。《膳夫經》云茶古不問食之，晉宋以降，吳人採其葉煮，是為茶粥。至開元天寶之間，稍稍有茶。至德大曆遂多。建中以後，盛矣。茗絲鹽鐵，管榷存焉。《元和郡縣志》云顧渚每歲進奉，茶役工三萬人，累月方畢。《南部新書》云顧渚貢焙，歲造一萬八千四百斤。建中二年，袁高刺郡進三千六百串。并詩。開成三年，以貢不如法，停。刺史裴充官《舊編》云：貞元五年，貢限清明到京，謂之急程茶。張文規詩：牡丹花笑金鈿動，傳奏吳興紫筍來。自袁高以詩進規，遂為貢茶輕省之始。牟氏《陵陽集》云：宋朝重建茗顧渚，寂寥幾三百載。元復修，唐貢焙設湖常等處茶園，提舉領之。長興顧志引蕭洵《顧渚採茶記》有云：國朝自丁酉年至洪武七年，歲貢葉茶，增至千斤。又末茶變易價錢，時值九十六萬奇。八年革罷，每歲止貢芽茶二斤。永樂二年，增至三十斤。與《會典》開載相同。今東南盛行嶰茶，《嶰茶箋》云環長興境產茶者，曰羅嶰、曰白巖、曰烏瞻、曰青峴、曰筱浦、曰顧渚，不可指數，獨羅嶰最勝。環嶰境十里，而遙為嶰者，亦不可指數。嶰而曰芥，兩山之介也。羅氏居之，在小秦王廟後，所以稱廟後羅嶰也。《嶰茶彙鈔》云羅嶰介於山中，羅隱隱此，故名羅嶰。今唯洞山最佳。縣西一百二十里曰九龍山，山上有古石城，乂名石郭山。《輿地志》云吳採章山之銅，即此。與安吉接界。

徑山

清 黃履道《茶苑》卷五《浙江茶品二・杭州餘杭縣徑山茶》 徑山，在杭州餘杭縣西北五十里，山有喝石巖，產茶甘香異常，常在天目實雲之右。《徑山志》

臥龍山

（嘉泰）《會稽志》卷九《山·府城·臥龍山》 府治據其東麓，隸山陰。舊經云：種山一名重山，越大夫種所葬處。《太平御覽》：種山之名，因大夫種，以語訛成重也。《寰宇記》：隋開皇十一年，越國公楊素於種山築城。自隋汔唐，即山為州宅。《吳越備史》云：遜王倧於臥龍山西寢後置園亭，栽植花竹，周遍高下，旦暮登臨，汔於四時。倧能為歌詩，亭榭閑紀録皆滿。臥龍山名始見於此。

國朝康定初，范文正公撰《清白堂記》云：會稽府署據臥龍山之足，北上有蓬萊閣。嘉佑末，刁景純撰《望海亭記》云：越冠浙江東，號都督府。府據臥龍山，為形勝。山之南，亙東西鑒湖也。山之北，連屬江與海也。周連數里，盤屈於江湖上，狀臥龍也。龍之腹，府宅也。龍之口，府東門也。龍之尾，西園也。龍之脊，望海亭也。先是，越句踐刜飛翼樓，取象天門，東南伏漏石竇，以象地户，陵門四達，以象八風。因山勢畚築為城，一千一百二十步。至唐，人以樓址為望海亭。其後亭閣崢嶸，踵起相望，與其山川映帶，號稱仙居。元微之《誇州宅示白樂天》詩云：謫居猶得小蓬萊。樂天答云：大誇州宅似仙居。微之《題望海亭》云：湖山四面爭氣色，曠望不與人閑。同東坡詩云：臥龍盤屈半東州。秦少遊詩云：共躡丹梯上臥龍。佗詩多，不悉載。山西北幽徑蔽虧，傍皆叢篁灌木，其地缺齾不整。傳云大夫種墓，曩因潮水穴山，後失其屍也。前太守申約束，止樵采，務在封殖，以為軍府芘映。然百年喬木，成章者可數。園林竹樹，雖敷榮擢秀，大抵多比歲所植也。地出佳茗，以山泉烹瀹為宜。景祐中，蔣吏部堂《閟山序》云：府山一名臥龍，為一境形勝。予視事之明日，見其竹樹零悴，僅有半在。問吏，曰：『為昔人剪伐使然。』自謂非予守土，此山殆將童矣。於是申約束，止樵采，作《閟山》詩云：東南亙群山，形氣或斷續。茲山窮嶄絕，孤峙越之腹。呼吏對泉石，申禁護林麓。熙甯十年，程給事公辟植松千余章于山上，秦少游《懷樂安公唱和詩序》云：昔樂安蔣公以山富草木樵蘇所采，為令於公府止之。湖地沃衍，田於豪奪，為表於朝廷復之。又廢山西淫祠，引湖流為流觴曲水。聞山水閑棹歌之詩，至今稱焉。程公能述樂安公之志，狂枝惡蔓，斬薙以時。秀甲珍芽，無得輒取。春秋佳日，開池籞，具舟艦，與民共遊而樂之。隆興二年，吳給事芾□《臥龍山草木記》云：越城八面蜿蜒，奇秀者，臥龍山也。山之陽，州宅據其下，是宜林木叢茂，乃大不然。驅鈴下卒，輦糞壤，除榴翳，種竹萬竿，桃李千本。方將藝茶於秋，栽松於冬，植花卉於春，以盡復舊觀，而予還朝矣。飭吏枚數竹之數，今所植外，具待七百餘，根並列于碑陰。大夫種墓，舊亡其處，《輿地志》云：種山西缺處是也。范公《清白堂記》云：山岩之下，獲廢井，視其泉清而白色。味之，甚甘，以建溪、日鑄、臥龍雲門之茗試之，甘液華滋，說人襟靈。張伯玉《蓬萊閣》詩自注：臥龍山茶冠吳越。

宋 王十朋《會稽三賦》卷上《會稽風俗賦并序》 臥龍瑞草臥龍山亦產奇茗。范文正公《清白堂記》以建溪、日鑄、臥龍、雲門之茗試之，甘液華滋，悅人襟靈。張伯玉云：臥龍茶冠吳越。《增注杜牧茶山詩》：茶稱瑞草魁。

清 黃履道《茶苑》卷五《浙江茶品二·紹興府臥龍山瑞雲茶》 臥龍山舊名種山，又曰重山。《水經註》曰『文種城於越而伏劍於山陰，越人哀之，葬於重山』，即此山也。其巔產茶最佳，茶芽纖細，色紫味芳，稱瑞龍茶，云其地有清白泉，瀹茶為宜。《紹興名勝志》《會稽三賦註》云：瑞龍茶，一名拏龍瑞草，即府之所據之拏龍山也。

（嘉慶）《山陰縣志》卷八《土產·茶》 臥龍山產佳茗，芽纖短，色紫，味芬，名瑞龍茶。《會稽志》云：會稽產茶極多，佳品惟臥龍，得名亦盛，與日鑄相亞。杜牧之詩云：山實東吳地，茶稱瑞草魁。

（光緒）《餘姚縣志》卷五《物產》 化安山茶《嘉泰會稽志》：會稽茶，惟臥龍與日鑄相亞，共次余姚之化安瀑布茶。

鳩坑

清 黃履道《茶苑》卷五《浙江茶品二·嚴州府鳩坑茶》 鳩坑，在嚴州府桐廬縣，產茶精好，可與婺之洞源茶相匹，而色香味美又欲過之，惜不能多得。《舒堂筆記》

范文正公《詠鳩坑茶》云：『瀟灑桐廬郡，春山半是茶。輕雷應好事，驚起雨前芽。』

嚴州府分水縣貢芽分水貢芽，出本不多，大葉老梗，潑之不動，入水烹成，番有奇味。薦此茗，如得千年松柏根，作石鼎薰燎，乃足稱其老氣。《紫桃軒雜綴》

香林洞

清 黃履道《茶苑》卷五《浙江茶品二**·杭州寶雲山香林洞白雲峰茶》** 杭州産茶不特龍井，寶雲山産者名寶雲茶，香林洞産者名香林茶。在下天竺，其産天竺。上白雲峯者，名白雲峯茶。茶性俱佳，堪與天池並驅。《古杭雜志》

林和靖先生字君復，有試白雲峯茶詩曰：『白雲峯下兩鎗新，膩綠長鮮穀雨春。靜試恰如湖上月，對嘗兼憶剡中人。』

顧渚山

宋 蘇軾《蘇東坡全集》卷四《將之湖州戲贈莘老》 余杭自是山水窟，仄聞吳興更清絕。湖中桔林新著霜，溪上苕花正浮雪。顧渚茶牙白于齒，梅溪木瓜紅勝頰。吳兒鱠縷薄欲飛，未去先説饞涎垂。亦知謝公到郡久，應怪杜牧尋春遲。鬢絲只好封禪榻，湖亭不用張水嬉。

又卷一一《送劉寺丞赴餘姚》 中和堂後石楠樹，與君對床聽夜雨。玉笙哀怨不逢人，但見香煙横碧縷。謳吟思歸出無計，坐想蟋蟀空房語。明朝開鎖放觀潮，豪氣正與潮爭怒。銀山動地君不看，獨愛清香生雪霧。別來聚散如宿昔，城郭空存鶴飛去。我老人間萬事休，君亦洗心從佛祖。手香新寫法界觀，眼淨不覷登伽女。余姚古縣亦何有，龍井白泉甘勝乳。千金買斷顧渚春，似與越人降日注。

清 黃履道《茶苑》卷五《浙江茶品二**·湖州顧渚茶》** 湖州府長興縣顧渚山，産茶精美絶倫，有紫筍、懶筍、龍陂山子之名，為浙茶之冠。《茶史》

顧渚山，在長興縣西四十七里，昔吳王夫差其渚，次原隰平衍，可為都邑即此。旁有二山相對，號明月峽。絶壁峭立，大磵中流，亂石飛走，産茶異品，名曰紫筍。《湖州名勝志》

履道云：紫筍茶，産製與陽羨所出相同，其説見前，玆不贅述。

顧渚，前朝名品，正以採摘初芽，加之法製，所謂罄一畝之入，僅充半鐶；取精之多，自然擅妙也。今碌碌諸葉中，無殊菜瀋，何堪括目。《紫桃軒雜綴》

顧渚，俗名羅岭，為常湖二郡接界。細者，其價兩倍天池，惜乎難得，須親自採製為佳。《考槃餘事》

懶筍茶，亦出長興顧渚山中茶品冠絶，諸種紫筍之亞也。《雲川紀行》

開寶中，竇儀以新茶飲予，味極芳美。奩面標曰：『龍陂山子茶』，云是顧渚別境所産者。《清異録》

懸脚嶺

清 黃履道《茶苑》卷五《浙江茶品二**》** 懸腳嶺，在宜興縣南六十里，入長興忻溪界。《十道志》云『行人陟嶺多重趼』云。一名垂腳嶺，此地産絶勝，唐時充貢云。《常州府志》

湖州府長興縣啄木嶺【略】商賈多趨顧渚，無霑金沙者。《茶録》

宜興縣東南三十里均山鄉，有山名曰唐庚，即茶山也。東南臨罨畫溪，山産名茶，唐時入貢，故名；金沙泉即在其下。杜牧、袁高、張籍、白樂天、沈貞各有詩，另載。《常州府志》

湖州

唐 張文規《湖州貢焙新茶》《全唐詩》卷三六六 鳳輦尋春半醉回，仙娥進水禦簾開。牡丹花笑金鈿動，傳奏吳興紫筍來。

清 鄭元慶《石柱記箋釋》卷一《湖州沿革》 湖州，吳興郡上土，貢御服、烏眼綾、折皂布、綿、綢、布、紵、糯米、黃𥽁疑作糙、紫筍茶、木瓜、杬子、乳柑、蜜、金沙泉，戶七萬三千三百六，口四十七萬七千六百九十六，縣五：烏程望、長城望、安吉緊、德清上、武康上。《新唐書》

按談鑰《吳興志》唐歲貢御服，折造布二百九十端一作折皁、紫筍茶一萬串、又供尚食廚糙糯米一千三百八十三石有奇，黃糙米一百九十八石，木瓜糝四坩，木瓜煎三坩，單杬子一千三百五十顆，重黃杬子一千三

百顆，又白蜜三石，砂盆一百枚，金沙泉一銀缾，乳柑五百個。《統記》云：龍德三年，貢布三十端供御服折造，布二百九十疋。大歷六年，始進朩瓜糝。大歷元年進木瓜煎、單黃杬子。二年，進白蜜、重黃杬子。五年，進黃糙米。貞元十三年，進糙糯米。十四年，進砂盆。十五年，進□□。元和五年，減米六十六石。本郡未嘗經兵火，架閣典籍具在。《統記》，興國中攝長史左文質纂，有所考據，故所載年代數目，可以補史之遺缺。又按唐之歲貢，如烏眼綾、綢、布、紵，唐初所貢數雖不詳，《統記》載龍德三年貢布三十端，可見其不多矣。供御服折造布與木瓜、杬子、茶、蜜，大歷元年至六年始進。唯是以兩稅錢和市供故不至，甚病民。糯米黃糙與砂盆，貞元十三年至十五年始進。至元和中米已三損其一，乳柑不載所進之年。紫筍茶，大歷五年始於顧渚置貢茶院，院側有碧泉，湧沙粲如金星。則金沙泉亦大歷後所進也。唐自高祖太宗以仁慈保養天下物，貢有常，未嘗妄取。下迨肅宗，不聞更易。大歷貞元之間，洊經兵革，貴官用事，口腹之奉，責貢於遠，不憚煩費，累增不已，亦足見唐室盛衰之故矣。宋初，吳越歸命，郡始修貢。每歲唯貢乳柑五百顆、編布二十四、茶、角紫筍茶一百角。瓶泉其瓶浪銀打成，并鎖鑰重五十六兩。如《統記》所載，視唐數己大歉，又減茶、泉，故舊《圖經》唯載柑布二物。後巳免進柑，故《九域志》唯載白紵二十疋、漆器三十事。紹興以後，又獨貢白編布而已。宋世相承，以節儉為家法，先王所謂物土之宜而致其利者，代益以損，可為萬世法。

雁蕩山

清 黃履道《茶苑》卷五《浙江茶品二**・溫州府樂清縣雁蕩山茶》**

雁蕩山跨樂清、平陽二縣。北雁蕩在樂清縣之東，南雁蕩在平陽縣西南，各去縣乙百里，諸峯峻拔險怪，上聳千尺，皆包諸穀中。自嶺外望之，都無所見，至穀中則森然。幹霄有龍池，其石光潤如砥。高五百餘丈，飛瀑之勢如傾萬斛水從天而下，及鼓吹一髮則緣溜而下，五色光彩畢現。頂上有湖，方約十餘里，水常不涸，雁之春歸者留宿於此。山巔產茶，色白味甘，最稱佳品。《雁山志》

瀑布山

清 黃履道《茶苑》卷五《浙江茶品二**・台州府天台瀑布山紫凝茶》** 瀑布山，一名紫凝，在縣西四十里三十二都，山有瀑布，飛流千丈，遙望如布。陸羽記云：天下第十七水，與國清、福聖二瀑為三。其山產大葉茶，味甘美特異。《天台山志》

瀑布山茶，《神異記》載虞洪遇仙人丹丘子給茗事，正與天台山瀑布茶事實略同，疑必有一舛者。細較二書，當以天台瀑布茶為允。

瀑布嶺

（寶慶）《會稽續志》卷四《茶》 前志載越中茶品甚詳，而獨遺剡茶。按唐僧清晝詩：越人遺我剡溪茗，采得金芽爨金鼎。則剡茶自唐已著名矣。華鎮《剡中瀑布嶺仙茶詩》云：煙霞密邇神仙府，草木微滋亦有靈。則剡茶見稱，不特清晝而已。剡茶有九：曰西太白山瀑布嶺仙茶、曰五龍茶、曰真如茶、曰紫岩茶、曰鹿苑茶、曰大昆茶、曰小昆茶、曰焙坑茶、曰細坑茶。見高氏《剡錄》

清 黃履道《茶苑》卷五《浙江茶品二**・紹興府餘姚縣瀑布嶺瀑布仙芽》** 餘姚縣瀑布嶺產茶，曰仙茗，大者殊異。《茶經》

餘姚縣虞洪【略】屢獲大茗焉。《神異紀》

安徽

蒼山

明《蒼山茶》（康熙）《含山縣志》卷二五 山溪煮水月東邊，打盡高種夜不眠。願汲一餅將毋渴，白龍潭上取朝煙。

明 戴重《太湖山游記》（康熙）《含山縣志》卷二七　登郡城西南望之，有山參差巉屼者，太湖山也【略】山有三峰【略】余未嘗至其中峯，則普明禅師之墖寺也【略】墖西為錫杖泉，甘而靜，滿而不溢，日汲百斛不損寸，旬月不汲不益寸【略】明日又雨，與數書生坐潭移日【略】晚霽，炊錫泉，瀹蒼山新茶，細如勾折，乳白蘭香，佳味也。

（康熙）《含山縣志》卷五《山川》　蒼山縣西南二十里，南十三都。《一統志》云：一名桑山，以地多野桑，故名。又云：蒼本作倉，秦王嘗置倉於此。山勢峻拔，上有泉，曰白龍潭，方廣不一二丈，水深僅及骭，而淙淙石罅間，去來莫測也【略】潭旁產茶，香瘦獨異，即以潭水瀹之，乳花凝白，蘭氣襲芬，真佳品也，然亦不可多得。舊傳陳希夷曾煉丹山上，有手植茶樹遺種，恐系附會。若今茶皆山僧自植者。

清 許暢《蒼山茶歌》（康熙）《含山縣志》卷二四　茶味甘馥，產於蒼山之巔，相傳為陳圖南先生手植。

（乾隆）《江南通志》卷八六《食貨志・物產》　和州茶早取曰茶，晚取曰茗，帷蒼山宜之。

（嘉慶）《歷陽典録》卷四《山川》　蒼山，含山西南二十里。《一統志》云：一名桑山，以地多野桑，故名。又云：蒼本作倉，秦苻堅嘗置倉於此。按，堅敗于淝水，未嘗越淮而南，安得置倉含山，俗學謬如此。山上有白龍潭【略】山中產茶，潭上者尤佳。以潭水瀹之，乳花凝白，蘭香襲人，經宿不變，然不可多得也。山坳有陳摶丹城。

（光緒）《重修安徽通志》卷三二《山川・滁州》　蒼山，含山縣西南三十里。《縣志》作二十里。山勢峻拔，上有泉，曰白龍潭，相傳昔陳希夷，曾隱於此。山多產桑，一名桑山。潭側產茶，更為佳品。

（光緒）《直隸和州志》卷四《山川》　蒼山，縣西南三十里。形勢峻拔，地多野桑，故一名桑山。山上有泉，曰白龍潭，方廣不一二丈，水深僅及骭，而淙淙石罅間，去來莫則【略】山中產茶，潭上者尤佳。以潭水瀹之，乳花凝白，蘭香襲人，經宿不變，然不可多得也。山坳有陳摶丹城。

又 卷七《食貨志・土產》　蒼茶。

九華山

唐 李白《李太白文集》卷二二《改九子山爲九華山聯句并序**》**

青陽縣南有九子山，山高數千丈，上有九峯如蓮華。按圖徵名，無所依據。太史公南遊，畧而不書。事絶古老之口，復闕名賢之紀，雖靈仙往復，而賦詠罕聞。予乃削其舊號，加以九華之目。時訪道江漢，憩於夏侯迴之堂，開簷岸幘，坐眺松雪，因與二三子聯句，傳之將來。

妙有分二氣，靈山開九華。李白

層標遏遲日，半壁明朝霞。高霽

積雪曜陰壑，飛流歕陽崖。韋權輿

青熒玉樹色，縹緲羽人家。李白

唐 金地藏《送童子下山詩》《唐詩紀事》卷七三　空門寂寞汝思家，禮別雲房下九華。愛向竹欄騎竹馬，懶於金地聚金沙。添瓶澗底休招月，烹茗甌中罷弄花。好去不須頻下淚，老僧相伴有烟霞。

《太平御覽》卷四六《江東諸山》　《九華山録》曰：此山奇秀，高出雲表，峯巒異狀，其數有九，故號九子山焉。李白因遊九子，覩其山秀異，遂更號曰九華山。

又曰：山之上有池塘數畝，水田千石。其池有魚，長者半尋，頒首赬尾、朱鬐丹腹。人欲觀之，叩木魚即躍，以可食之物散于池中，食訖而藏焉。其水流泄為龍池，溢為暴泉，入龍潭溪，有白墡窟，其土如麪不墋，歉歲人多食之。

《太平寰宇記》卷一〇五《江南西道三》　九華山在縣二十里，舊名九子山。李白以有九峯如蓮花削成，改為九華山。因有詩云：『天河溢綠水，秀出九芙蓉。』今山有李白書堂基址存焉，又費冠卿及第歸後，以不及榮養，遂絶迹不仕，隱此山中。長慶中，三徵拾遺，不起。又按顧野王《輿地志》云：『其山面有峯，千仞壁立，周迴二百里，高一丈，出碧雞之類。

（康熙）《江南通志》卷二四《物產・池州府》　茶，青陽、石埭、建德產，貴池亦有之，九華山閔公墓茶，四方稱之。

（乾隆）《江南通志》卷八六《食貨志・物産・池州府》 茶有片茶、仙芝、嫩蕊等名，六邑皆出。

金地茶出九華山，亦金地藏自西域攜來者。

仙人掌茶李白《贈玉泉仙人掌茶》詩，出九華山中。

茗地源茶出九華山之閔園陰谷中，春真之間，萌芽始發，故旗槍不大展，亦不可多得。

（光緒）《重修安徽通志》卷四七《古迹・池州府》 閔源，在九華山東巖。由神光嶺南繞東巖外，上、中、下凡三處，皆産茗，此閔茶所由名。

（光緒）《青陽縣志》卷一《山川・山之西》 東藏源在化城寺東，平原沃壤，兩山之間，五釵松、怪柏、雜藥、香茗之屬皆有之。

又卷二《風土志・物産》 茶有石芝生峭壁懸崖猿猱不可度處，採者絙引而上，服之輕身延年。生陽崖者其色紫，生陰穀者其色黑。

竹簞柔白如菌，人食之，先以灰煮其汁如血，去汁再煮，味若珍脯，宋陳仁玉《菌譜》云：生竹根，味極甘。

金地茶即地藏自西域携來者，今傳梗空筒者是。

茗地源茶根株頗碩，生於陰穀。春夏之交，方發萌莖，條雖長，旗槍不展，乍紫乍綠。天聖初，郡守李虛己、太史梅詢試之，品以為建諸渚不過也。

龍門山

（嘉慶）《太平縣志》卷三《風俗》 地多溪河，山水驟發，橋易圮，渡易漂，往往隨敗隨建，捐資自數十百金至萬金餘金者，時不乏人，復置田以資修治，道路崎嶇，喜修砌，建茶亭，置茶田，點夜燈，以利行人，皆俗之最厚處。

（光緒）《重修安徽通志》卷二六《山川》 龍門山，太平縣西北四十里。巖壁峭拔，中有石竇如門，産茶及諸藥草。

又卷八五《物産・寧國府》 茶宣涇、甯、太諸山皆産松蘿。又太平龍門山，産翠雲，香味清芬。

天柱山

唐陸羽《茶經》 淮南：以光州上，生光山縣黄頭港者，與峽州同。義陽郡、舒州次，生義陽縣鐘山者，與襄州同。舒州生太湖縣潛山者，與荊州同。

唐薛能《謝劉相寄天柱茶》《全唐詩》卷五六〇 兩串春團敵夜光，名題天柱印維揚。偷嫌曼倩桃無味，搗覺嫦娥藥不香。惜恐被分緣利市，盡應難覓爲供堂。麤官寄與真抛卻，賴有詩情合得嘗。

唐秦韜玉《采茶歌》《全唐詩》卷六七〇 天柱香芽露香發，爛研瑟瑟穿荻篋。太守憐才寄野人，山童碾破團圓月。倚雲便酌泉聲煮，獸炭潛然蚌珠吐。看著晴天早日明，鼎中颯颯篩風雨。老翠看塵下纔熟，攪時繞筋天雲綠。耽書病酒兩多情，坐對閩甌睡先足。洗我胸中幽思清，鬼神應愁歌欲成。

唐楊曄《膳夫經手録》 舒州天柱茶，雖不峻拔遒勁，亦甚甘香芳美，可重也。

唐佚名《玉泉子》 昔有人授舒州牧，李德裕謂之曰：『到彼郡曰，天柱峰茶可惠三角。』其人獻之數十斤，李不受退還。明年罷郡，用意精求，獲數角投之。德裕閱而受曰：『此茶可以消酒食毒。』乃命烹一甌沃於肉食內，以銀合閉之，詰旦，因視其肉，已化為水，衆服其廣識。

宋沈括《夢溪筆談》卷二五《雜志二》 古人論茶，唯言陽羨、顧渚、天柱、蒙頂之類，都未言建溪。然唐人重串茶粘黑者，則已近乎『建餅』矣。建茶皆喬木；吳、蜀、淮南唯叢茇而已，品自居下。建茶勝處曰郝源、曾坑，其間又岔根、山頂二品尤勝。李氏時號為北苑，置使領之。

清顧祖禹《讀史方輿紀要》卷一六《直隸七・大名府》 潛山舊《志》：潛山與皖公、天柱三峰鼎峙，層巒疊嶂，為長淮之捍蔽，説者皆以潛、皖、天柱為三山，其實非也。蓋以形言之，則曰潛山，謂遠近山勢皆潛伏也；以地言之，則曰皖山，謂皖伯所封之國也，或謂之皖公山，亦曰皖伯臺；以峰言之，則曰天柱，其峰突出衆山之上，峭拔如柱也。名雖有三，實一山耳。或又謂山南為皖，山北為潛，雪山盤其東，霍山屏其西。皆即一山而強為之説耳。《圖經》：潛山高七千有二十丈，廣二百五十里，周五百里，道家以為第十四洞天，有峰二十二、嶺八、崖五、巖十一、原四、洞十、臺四、池三，其瑰奇秀麗，不可殫紀。《漢・郊祀志》：武帝登禮潛之天柱山。又《爾雅》：霍即天柱山，潛水所經。山或以邑名，或以水名，《志》亦謂之潛嶽也。詳見前六安州霍山縣。

（康熙）《潛山縣志》卷四《方物》 茶類，有芽茶，穀雨前者歲派供應庫二百九十斤，今折價。有葉茶，立夏採者歲派供應庫二百八十五斤，今折價。有苦

茶。出皖山，葉似茶而大，非茶種，可御暑疾。按，舊《食貨志》云，灊山多茶。注：近六安者佳。《山川志》云：望山閔山有果老嶺。其澗多茶，其茶佳。注：綱目云：宋時，茶一斤值四十六錢。又《玉泉子》云：有人授舒州牧，李德裕謂之曰：到彼郡日，天柱茶可惠三數角。其人獻數十斤，李不受。明年，罷郡，用意精求，獲數角。李閔而受之，曰：此茶可消酒食毒。乃命烹一甌，沃肉食內，以銀合閉之，詰旦，視其肉，已化為水矣。衆服其廣識。又明秦韜玉有詠天柱茶詩。觀此，則天柱茶又最佳矣。

（乾隆）《江南通志》卷八六《食貨志·物產·安慶府》 芽茶出灊山。苦茶可消暑疾，出皖山。

（光緒）《重修安徽通志》卷八五《物產》 苦茶出皖山，可消暑疾。

閔山

（康熙）《江南通志》卷二四《物產·安慶府》 茶六邑俱有，以桐之龍眠，灊之閔山者為最。

（光緒）《重修安徽通志》卷二四《山川》 閔山灊山縣西八十里。有果老嶺，產茶甚佳。

又 卷八五《物產·安慶府》 茶《寰宇記》：舒州土貢開火茶。《安慶府志》：六縣俱有茶，以桐之龍山，灊之閔山者為最。

獨秀山

（光緒）《重修安徽通志》卷二四《安慶府》 獨秀山，府西北六十里，形勢突兀，為府城衆山之宗。其近者為桑，山中多巖洞，如層樓。又有花山，去硤石嶺五里，上多竹、茶。

丘家山

（康熙）《宿松縣志》卷五《山川》 丘家山，峰矗雲霄，為諸峰第一，亦名羅漢尖，產茶。山陰為蘄州界。

（光緒）《重修安徽通志》卷二四 丘家山，宿松縣西北九十里。山陰為蘄州界。高矗雲霄，為諸峯第一，亦名羅漢尖，產茶。

松蘿山

明羅廩《茶解》 松蘿茶，出休寧松蘿山，僧大方所創造。其法，將茶摘去筋脈，銀銚妙製。今各山悉倣其法，真偽亦難辨別。

（康熙）《休寧縣志》卷三《物產》 茶邑之鎮山曰松蘿，遠麓為榔源，多種茶。僧得吳人郭第製法，遂名松蘿，名噪一時，茶因踴貴，僧賈利還俗，人去名存。士客索茗，松蘿司牧無以應，徒使市恣偽售。

（乾隆）《江南通志》卷八六《食貨志·物產·徽州府》 茶出松蘿山者最佳，有雀舌、蓮心、金芽數種。

（乾隆）《歙縣志》卷六《茶綱·物產·茶》 茶槩曰松蘿，松蘿，休山也。明隆慶間，休僧大方住此，製作精妙，郡邑師之，因有此號。而歙產本軼松蘿，上者亦襲其名，不知佳妙自擅地靈，若所謂紫霞、太函、冪山、金竺歲產原不多得，其餘若蔣邨、徑嶺、北灣、茆舍、大廟、潘邨、大塘諸種，皆謂之北源。北源自北源，又何必定署松蘿也，然而稱名者久矣。又有歙產而與鄰邑並著者。

（乾隆）《婺源縣志》卷四《疆域七·地產·貨之屬·茶》 常品為多。其云松蘿茶者，稱佳品，須得地氣，又加人工，未易為也。松蘿山在休邑，借名耳。

（嘉慶）《六安直隸州志》卷二九《藝文》 近世以茶易馬，而邊驪如雲。常最使西番，番人以諸方所產示之，流用可不謂廣歟！厥產匪一，他不具論，在南則松蘿、陽羨為上，顧渚、北苑次之；在北則吾六為上，灊、太次之。

（光緒）《重修安徽通志》卷二五《山川》 松蘿山，休寧縣北十三里，俗名金佛山。婉蜒數里，如列屏障於縣治之後。山巔片壤產茶，為天下最。

湧溪山

（嘉慶）《涇縣志》卷三《山水》 湧溪山，其上多杉木，多茶。

鄭志

由磨盤山南趨，至浦溪山，廣袤三十餘里，多産美茶，並杉木。《成化志》錢志

（嘉慶）《寧國府志》卷一〇《輿地志》　湧溪山，在縣東七十里，黄峣南，廣袤三十餘里。其上多杉木，多茶，湧溪水出焉。其腦為桐坑山，卽桐嶺與旌德分界。又盤嶺、雙嶺、碓觜峰在山西，稻積山、望村嶺、小溪山俱在湧溪東。《涇縣志》《嘉定宣城志》有桐嶺在縣東八十里，卽指此山之桐嶺也。

（光緒）《重修安徽通志》卷二六《山川・寧國府》　黄蜕山涇縣東南六十里【略】旁有嶺曰百花尖、筆尖山，其南曰湧溪山，産茶。

黄山

明 黄龍德《茶説》　茶之所産，無處不有，而品之高下，鴻漸載之甚詳。然所詳者，為昔日之佳品矣，而今則更有佳者焉。若吳中虎丘者上，羅岕者次之，而天池、龍井、伏龍則又次之。新安松蘿者上，朗源滄溪次之，而黄山磻溪則又次之。

清 顧祖禹《讀史方輿紀要》卷二八《江南十・徽州府》　黄山府西北百二十里。舊名黟山，唐天寶六載改今名。其山盤踞諸州縣，而屬於歙，高千一百八十仞，有峰三十六，水源亦三十六，溪二十四，洞十二，巖八。溪澗流下合揚之水為浙江之源。登其巔，則匡廬、長江隱隱在望。浙之東西池、饒諸境之山，皆其支肢也。《紀勝》云：黄山諸峰有如削成，煙嵐無際，雷雨在下，其霞城洞室，巌竇瀑泉，則無峰不有。其西北峰類太華，故亦名小華山。元汪炎昶《記》曰：山在宣、歙間，雄鎮東南，南踰百里為歙縣治，北三十里為太平縣，又北抵宣州治二百四十里，不通通都大邑之走集，遊者罕至焉。山之西麓，田土廣衍，曰焦村。焦村而南，有數峰淩空，最名者曰天都、芙蓉、朱沙，而天都為尤高，鳥道如線，上多名藥，采者裹糧以上，三日始可達。

（康熙）《寧化縣志》卷二《土産》　貨之屬茶宋魏了翁曰：茶之始，其字為荼，如《春秋》書齊荼，《漢志》書荼陵之類，若《爾雅》，若《本草》，猶從艸從餘。徐鼎臣訓荼，猶曰，即今之茶也，惟陸羽、盧仝以後，遂易荼為茶，其字為艸，為人，從木。陸璣謂吳人作名，蜀人作茶，皆煮飯椒為香。椒與茶既不相入。據此，茶則與茗又若二物，及《詩》山有樗之疏，則又引璣説，以樗葉為茗，讀者益貿亂無所據。至蘇文忠謂周詩記苦荼，茗飲出近世，其義既著明，然終未有命茶為荼者，蓋傳注例謂荼為茅莠，苦菜也，詳見《鶴山集・邛州先茶記》。蓋茶性味本苦，後人製作精妙，變易其質，於是陸羽有《茶經》，毛文錫有《茶譜》蔡宗顔有《茶對》，盧仝有《茶歌》，陸龜蒙有《品茶書》，宋沈立有《茶法》十卷，宋徽宗有《大觀茶論》，熊蕃有《北苑茶録》。又《茶譜通考》備載唐宋茶地、茶名，唐人首稱陽羨，宋人最重建安，近代惟重長興之羅岕，岕有數處，惟重洞山，他如歙之松蘿，吳之虎丘，錢塘之龍井，並與岕頡頏，黄山、天池、陸安，又其下矣。若采造之法，昔人以蒸碾為工，佳品皆碾末作餅，雜以龍腦，至宣和始有不入腦子，如勝雪、白茶，專貢上用者，價與金等。明代始用芽茶，專以炒制為妙，而色之鮮白，味之雋永，古所不及矣。按《茶經》：其名，一曰茶，二曰檟，三曰蔎，四曰茗，五曰荈。檟，苦茶也。蜀人曰蔎。《天中記》曰：凡種茶樹必下種，移植則不復生，故古人聘婦必以茶為禮，取其至性不移，植必以子也。今南中俠人娶婦必用茶，但多寡不同耳，豈非禮失而求諸野歟？寧茶最蕃，歲計數十萬斤，然僅可供盧仝第七碗耳。

（光緒）《應城縣志》卷一《山川》　按《漁隱叢話》云：惟新安黄山是朱砂泉，春時水微紅色，可煮茗。

雅山

唐 陸羽《茶經》　浙西：以湖州上，湖州，生長城縣顧渚上中，與峽州、光州同；生山桑、儒師二塢、白茅山懸腳嶺，與襄州、荊州、義陽郡同；生鳳亭山伏翼閣飛雲、曲水二寺、啄木嶺，與壽州同。生安吉、武康二縣山谷，與金州、梁州同。常州次，常州義興縣生君山懸腳嶺北峰下，與荊州、義陽郡同；生圈嶺善權寺、石亭山，與舒州同。宣州、杭州、睦州、歙州下。宣州生宣城縣雅山，與蘄州同；太平縣生上睦、臨睦，與黄州同；杭州臨安、於潛二縣生天目山，與舒州同。錢塘生天竺、靈隱二寺；睦州生桐盧縣山谷；歙州生婺源山谷；與衡州同。

唐 鄭穀《峽中嘗茶》《全唐詩》卷六七六　簇簇新英摘露光，小江園裏火煎嘗。吳僧漫説鴉山好，蜀叟休誇鳥觜香。合座半甌輕泛綠，開緘數片淺含黄。鹿門病客不歸去，酒渴更知春味長。

宋 梅堯臣《宛陵集》卷三五《答宣城張主簿遺鴉山茶次其韻》　昔觀唐人詩，喜詠鴉山茶。鴉銜茶子生，遂同山名鴉。重以初槍旗，采之穿煙霞。江南雖盛産，處處無此茶。纖嫩如雀舌，煎烹比露芽。競收青窮焙，不重漉酒紗。顧渚亦頗近，蒙頂來以遐。雙井鷹掇爪，建溪春剝葩。日鑄弄香美，天目猶稻麻。吳人與越人，各各相鬬夸。傳買費金帛，愛貪無夷華。甘苦不一致，精麤還有差。至珍非貴多，爲贈勿言些。如何

煩縣僚，忽遺及我家。雪貯雙砂罌，詩琢無玉瑕。文字搜怪奇，難於抱長蛇。明珠滿紙上，剩畜不爲奢。玩久手生胝，窺久眼生花。嘗聞茗消肉，應亦可破瘕。飲啜氣覺清，賞重歎復嗟。歎嗟既不足，吟誦又豈加。我今實疆爲，君莫笑我耶。

《明一統志》卷一七　鴉山在建平縣南九十里，上一石，高二丈許，有彈跡百餘，俗呼為彈子石，又有釣台。舊傳有仙人釣於此，其山產茶，宋梅詢詩『茶煮鴉山雪滿甌』。

又　土產茶出鴉山者味美。

明　何喬遠《名山藏》卷四六《寧國縣》　東南百里曰寧國縣文春山，高數千仞，周廣二百里，晉瞿硎先生所居脊之北曰鴉山，產茶焉。石鏡山上有石鏡，黃巢過上鑒之，若獮猴怒而燒之，石昧之乃光厥溪東與西。凡編里五十六。

又《建平縣》　州西北九十里曰建平縣伍牙山，伍員伐楚還吳，建牙於此馬履澗，伍員之馬過此，水湧鴉山，產茶。凡編里百一十。

明　顧元慶《茶譜・茶品》　茶之產於天下多矣，若劍南有蒙頂石花，湖州有顧渚紫筍，峽州有碧澗明月，邛州有火井思安，渠江有薄片，巴東有真香，福州有柏巖，洪州有白露。常之陽羡，婺之舉巖，丫山之陽坡，龍安之騎火，黔陽之都濡高株，瀘川之納溪梅嶺之數者，其名皆著。品第之，則石花最上，紫筍次之，又次則碧澗明月之類是也。惜皆不可致耳。

明　徐光啓《農政全書》卷三九《種植・雜種上》　茶，《爾雅》曰：檟，苦荼。【略】宣城縣有丫山，形如小方餅。『橫鋪』茗芽產其上。其山東為朝日所燭，號曰陽坡，其茶最勝。太守薦之京洛人士，題曰『丫山陽坡橫文茶』。一名『瑞草魁』。

清　顧祖禹《讀史方輿紀要》卷二九《江南十一・廣德州》　鴉山在縣南九十里，周回三十餘里，產茶，山接寧國縣界。

清　劉源長《茶史》　鴉山茶，產廣德州建平鴉山，其茶稱佳。

清　葉清臣《煮茶泉品》（康熙）《六合縣志》卷一二　吳楚山谷間，氣清地靈，草木頴挺，多孕茶荈。大率右於武夷者，為白乳；甲於吳興者，為紫筍；產禹穴者，以天章顯；茂錢塘者，以徑山稀。至於續廬之巖，雲衡之麓，雅山著於□宣，蒙頂傳於岷蜀，角立差勝，毛舉實繁。

（乾隆）《廣德州志》卷三《山川》　鴉山縣南九十里【略】其山產茶，太守梅詢詩『茶煮鴉山雪滿甌』。《通志》云：舊嘗入貢。南接寧國界。《寧國府志》引《茶經》云：味與蘄州所產同。

（乾隆）《江南通志》卷八六《食貨志・物產・寧國府》　茶宣、涇、寧、太諸山皆產松蘿。又太平龍門山產翠雲茶，香味清芬。又雅山茶，宋梅詢有『茶煮雅山雪滿甌』之句，今不可多得。

（嘉慶）《寧國府志》卷一〇《輿地志》　鴉山，在縣西北三十里，高五十四丈，周三十里，與廣德州界。出茶尤為時貢，《茶經》云味與蘄州同。梅詢詩『茶煮鴉山雪滿甌』，梅聖俞詩亦云『茶詠鴉山佳』。《太平寰宇記》《方輿紀勝》《大清一統志》

又卷一八《食貨志・物產》　雜植之屬曰茶。按，宣城敬亭綠雪茶，南陵格里茶，寧國鴉山茶，涇縣白雲茶，旌邑鳧山茶，太平雲茶，品最高。至松蘿茶，處處皆有，味苦而薄，然所用甚廣。六縣每歲銷引三萬有餘，宋梅堯臣詩：『昔觀唐人詩，茶韻鴉山嘉。鴉銜茶子生，遂同山谷鴉。重以初槍旗，采之穿煙霞。江南雖盛產，處處無此茶。』

又　飲饌之屬曰茗餅。《嘉靖志》：宣城丫山小方餅，橫鋪茗芽裝面。其山東為朝日所燭，號陽坡茶。香味絕佳，京都盛傳。

（光緒）《廣德州志》卷三《山川・建平縣》　鴉山，縣南九十里。《南畿志》：周圍三十餘里。明《一統志》無此句【略】其山產茶，太守梅詢詩：茶煮鴉山雪滿甌。《通志》：舊嘗入貢，南接寧國界。《寧國府志》引《茶經》云：味與蘄州所產同。

又卷二二《物產・貨之品》　茶州產五花巖者稱珍品，謂之芥茶，今絕少。以石溪、陽灘山、乾溪等處者為最。《一統志》云：出鴉山者味美。《通志》亦云：出建平牙山者色味香美。而門志又謂其粗薄不堪，豈天地之氣，有時而變，抑人事之有未善與。

（光緒）《宣城縣志》卷四《山川》　東水之東為象鼻山、獅山、石壁山、雙峰山。二峰對峙，古名丫山，產橫紋茶，見陸羽《茶經》。

敬亭山

清　顧祖禹《讀史方輿紀要》卷二八《江南十・寧國府》　敬亭山府北十里。一名昭亭山。東臨宛、勾二水，南俯城闉，千巖萬壑，雲蒸霞蔚，為近郊名勝。東麓有敬亭潭，勾、宛二溪水所注也。自山而東北，峰嶺相接，其得名者凡二十有餘，皆敬亭之支阜也。

清張英《文端集》卷八《施愚山贈敬亭緑雪茶奉答》 春雨江南山，敬亭本幽絶。摘來烟鬟中。佳荈名綠雪。故人勞見遺，鶯花晚春節。香如蘭露滋，色比清泉冽。瀹向晴窗下，恐為塵滓褻。細啜詠新詩，風味誰能別。

（嘉慶）《寧國府志》卷一〇《輿地志》 敬亭山，在宣城縣北十里。《元和郡縣志》作十二里。山有神祠，即謝朓《賽雨》詩之所，其神云梓華府君，頗有靈驗。《太平御覽》、《郡國志》、《宋永初山川記》、《太平寰宇》記並同。唐以避諱，名敬亭曰昭亭。《元豐九域志》曰：宣城有昭亭山是也。高一十六丈，廣袤一百二十里。其東北為敏應廟，即敬亭山神也，有靈應。觀西有廣教禅寺，有萬松亭、虎窺泉，齊謝朓、唐李白、劉禹錫、司空圖各有篇詠。《嘉靖府志》西第一峰為洪村嶺，有一峰庵。《乾隆府志》按，敬亭為縣之鎮山，今列于宣城縣城外諸山之首，其餘依四境敘次之。《方輿紀勝》分敬亭昭亭為二山，誤。

又卷一二《輿地志·古迹上》 敬亭一名昭亭，在府北十里敬亭山。《江南通志》。在敬亭山麓，今廢，石坊存同上。

按：舊府志皆作昭亭，不知此亭因敬亭山得名，其名昭亭，蓋亦宋時避諱而改耳。

又卷一八《食貨志·物産》 雜植之屬曰茶。按，宣城敬亭綠雪茶，南陵格里茶，寧國鴉山茶，涇縣白雲茶，旌邑舃山茶，太平雲茶，品最高。至松蘿茶，處處皆有，味苦而薄，然所用甚廣。六縣每歲銷引三萬有餘，宋梅堯臣詩：『昔觀唐人詩，茶韻鴉山嘉。鴉銜茶子生，遂同山谷鴉。重以初槍旗，采之穿煙霞。江南雖盛産，處處無此茶。』

清王肱《春登敬亭》（嘉慶）（寧國府志）卷二五　敬亭風日朗，憑眺正芳菲。山寺懸巖立，春雲拂檻飛。茶槍迎穀雨，竹箭入荊扉。望遠情無極，閑僧天際歸。

（光緒）《宣城縣志》卷六《物産》 雜植之屬曰茶松蘿，處處皆有，味苦而薄，然所用甚廣。敬亭綠雪茶最為高品。清施閏章《詠綠雪茶》詩：酌向素甆渾不辨，乍疑花氣撲山泉。今罕見。

清王世禎《精華録》卷三《愚山侍講送敬亭茶》 敬亭雲木好，香茗叢幽巖。鴉山舊擅名，晚出思並兼。茶人競春霽，歷險如鼓傀。新火細蒸焙，青篛勞封緘。先生住山時，採摘心所忺。封題寄千里，知我殊酸鹹。年來同直廬，思歸夢巖嵌。白毛劇皐盧，強飲口已箝。何當候蟹眼，颼飀響風簾。故山昨有寄，水驛馳江帆。開籠亟分我，芳香透重匧。韡紋隱蹙縮，犎臆垂廉襜。磑成玉雪霏，持作粱肉砭。渴羌老解事，未敢加薑鹽。

又卷七《謝愚山寄敬亭茶著書墨四首其二》 珍重宣州緑雪芽，釵頭玉茗未須誇。晚涼夢到雙谿路，宿火殘鐙索鬭茶。

清汪琬《堯峰文鈔》卷四八《再題姜氏藝圃》 隔斷城西市語譁，幽棲絶似埜人家。屋頭棗結離離實，池面蘋浮豔豔花。棐几只攤淳化帖，雪甌頻試敬亭茶。與君企腳揮談麈，楊柳陰中日漸斜。

清施閏章《學餘堂詩集》卷二九《敬亭采茶》 一踏松陰路，因貪茶候閒。呼朋爭手摘，選葉人雲還。竹色翠連屋，林香清滿山。坐看歸鳥靜，月出半峰間。

又卷三三《偶得玉泉水試敬亭緑雪茶》 渴比玉川子，茶思桑苧煎。今朝烹綠雪，山客餉清泉。甘露初嘗日，秋蘭未放前。官閒饒勝事，心賞向誰傳。

又卷四七《緑雪自製敬亭茶名》 敬亭雀舌枉爭傳，手製從過穀雨天。酌向素甆渾不辨，乍疑花氣撲山泉過穀雨數日香味乃全。最難消息趁春晴，摘葉看僧頃刻成。眼底何人玉川子，可容廟岕獨佳名。

齊雲山

（萬曆）《六安州志》卷三《食貨·土産》 貨厲多茶，多漆，多白蠟。

又卷七《藝文·詩類·詠六安茶翰林聯句》 七盌清風自六安李東陽，每隨佳興入詩壇蕭顯。纖芽出土春雷動李士實，活火當爐夜雪殘李東陽，陸羽舊經遺上品蕭顯，高陽醉客避清歡李士實，何時一酌中濡水李士實，重試君謨小鳳團蕭顯。

（康熙）《江南通志》卷二四《物産·廬州府》 茶六安、霍山並産名茶。早採者曰茶，晚採者為茗。其最著惟白茅貢尖，即芽茶也。

（嘉慶）《六安直隸州志》卷二《風俗·物産》 其植物、竹木、

菜果之類，與淮南諸郡率同，而茶獨擅於淮南。茶之產在霍山者為多，平地亦可種，而以在高山中復有平壤，藝者為佳，故曰雲霧茶也。六安茶之上者，香色不能勝武彝、松蘿之絕品，獨其秉地氣為厚，能開滯而不甚峻削，則愈于江以南諸產矣。以茶行賈，幾遍天下，國初山中林木叢蔚之地，後民盡伐以種茶，茶之焙，又多需木炭，於是林木益少，而山嶺之土日犂，遇大雨則砂石下流，塞填河道，水患易成，故茶為六安民利而抑其害也。餘詳茶貢

又 卷三《山川・齊頭山》 崗氣常周，經旬才一二睹日光，猶是晨拂冥蒙，暮連蒼靄，未嘗親覯朗廓於中。所藝茶，遠謝膏沃，夙飽煙霜。【略】惟白露所采最勝，先後日皆不貴，何況春枝。

又 卷七《户口・茶貢》 天下產茶州縣數十，惟六安茶為宮庭常進之品。欲其新采速進，故他土貢儘自督撫，而六安知州則自拜表徑貢新茶達禮部，為上供也。

（嘉慶）《涇縣志》卷三《山水》 齊雲山，在獅子山北，距縣西南七十里。在縣南四十里，與承流峯並峙，高數千丈，山頂平可數十畝，產茶。《一統志》

山高五千仞，上有石介兩峯間，曰石女峰，其上產荈，與白雲茶類。《鄭志》

（光緒）《重修安徽通志》卷二六《山川》 齊雲山涇縣南四十里，與承流並峙高數千丈，山巔平可數十畝，產茶極佳。

霍山

明 許次紓《茶疏・產茶》 天下名山，必產靈草。江南地暖，故獨宜茶。大江以北，則稱六安，然六安乃其郡名，其實產霍山縣之大蜀山也。茶生最多，名品亦振。河南、山陝人皆用之。南方謂其能消垢膩，去積滯，亦共寶愛。顧彼山中不善制法，就於食鐺大薪炒焙，未及出釜，業已焦枯，詎堪用哉。兼以竹造巨笥，乘熱便貯，雖有綠枝紫筍，輒就萎黃，僅供下食，奚堪品斗。

（雍正）《六安州志》卷一〇《物產・貨屬》 茶記稱：壽春之山，有黃芽焉，可煮而飲，久服得仙。六、霍舊隸壽春故也。一名仙芽，又稱壽州。霍山黃芽，六安州小峴春，皆茶之極品，明朝始入貢。自弘治七年，分設霍山縣，州縣俱貢，縣户採辦者，例仍彙州總進。

（乾隆）《江南通志》卷八六《食貨志・物產》 六安州茶州及英霍二邑並產名茶，而霍邑為多。

（乾隆）《霍山縣志》卷三《貢賦志・貢茶之三》 霍邑貢茶，民貢也，食毛踐土，自將其草茅愛敬之私，故朝廷亦不拘以常格，准本州代為表奏，由通政司進呈，所以俯順民情者，自明已然，誠異數也。今雖停本州進表，而其籍，內不隸于司農，外不稽于方伯，終與正供有殊，並與閩、浙貢茶由撫軍匯解者各別。惜日久漸失厥指，幸前撫憲趙公洞察輿情，力為申請，奉恩旨，准部議歲有定額，民乃不致以媚茲之忱，自貽厥累。謹詳其顛末，以詔來茲。

茶考

按，古無茶字，茶荈之賜，始見於三國《吳志》，至晉茗飲乃盛，而霍茶黃芽之名，已肇於西漢。《史記》云：壽春之山，有黃芽焉，可煮而飲，久服得仙，則茶稱瑞草魁，霍茶又為諸茗魁矣。六、霍舊隸壽春，天柱石室，古為仙窟，故其茶又名仙芽。唐李德裕遺書舒州牧，曰：到郡日，天柱茶可惠三數角。因獻數十斤，李謂易視此茶，不受。明年，精求之，以數角投，悅而受之，曰：此茶能消滯物。因命烹一甌，沃肉食內，以銀合閉之，詰旦，視肉已化為水，衆服其廣識，則霍茶功效，當在陽羨諸品上。宋裴汶云，宇內以茶為土貢者實衆，而顧渚、蘄陽、蒙山為上，其次則壽陽、義興即宜興陽羨茶、碧澗、灉湖、衡山，最下有鄱陽、浮梁、壽陽，即壽春也。明代天下產茶以百數，致貢者僅十餘處，而上供專用六安，謂壽陽居次，恐亦非定論也。

產地

六安茶，六安與霍山所並產也，其以六安名者，當霍未建縣，已有貢額，從其朔也。天啟志謂以六安寨山得名，似鑿六安寨，本名六萬寨，俗誤稱六安。顧霍邑山多磽确，六地既廣且饒，產茶實浮于霍，而貢額，州不及縣之什二，霍殫其力，州享其名，惜未有以諸葛之稱權之，曲逆之刀分之者。查州志有州茶黑、縣茶黃之語，恐系後人傅會。究竟產茶之地，惟東

山最早，而東山皆屬州境，每年各大憲薦新及本縣貢品，率皆州民採摘居奇，雨前赴縣售賣。霍產總屬西南，山高寒重，所出多在雨後，則貢茶專名六安，亦紀實之詞也。今為詳著其地，此霍彼六，大較可睹矣。

東

鳳凰沖　倪黃沖　郭家山　康坡畈　毛坦廠
梅子市　北斗嶺　單龍寺　桂花園　指封河
東石筍　西石筍　東樊沖　西樊沖　四顧沖
百丈澗　源　口　烏泥沖　東　溪　西　溪
關　山　沙望河　楊山寨　楮皮嶺　小溪河

右地在霍之東，俗稱為東山，皆州境邑，騎火驚雷，咸出於此，故貢茶歲居其八九。

北

同山沖　九公沖　齊關沖　磨劍沖　範家沖
水晶庵　青石河　龍門沖　獨　山　麻　埠
流波撞　蘇　口　水磨灘　黃石沖　青龍河
花梁亭　蓮花河　茅　坪　楓香坪　軒皇嶺
觀音尖　小河灣　苧麻澗　惡石澗　火燒灣
古碑沖　槐花沖　崩山嘴　河龍集　天竺山
九龍灣　七龍灣　東香花嶺　西香花嶺

由霍北迤邐而西，約二百餘里，皆茶山也。東山茶出最早，北山茶植最廣，天時地利，六蓋兼擅之矣。以上皆州茶山。

南

南岳山　三廟嶺　三石嶺　佛子嶺　大衝口
艨艟灣　大興灣　鷹窩沖　五溪河　堆穀山
草埸河　管家渡　中埠河　老鴨嶺　磨子潭
筲箕窩　掃帚河　雲霧尖

霍南山最為廣闊，而藝茶不及其半，百里外種之不殖矣。茶較西北稍早，而較東山則遲。

西

仙人沖　烏梅尖　清潭溝　六萬寨　三道河
諸佛庵　落兒嶺　新店河　小乾澗　大乾澗
西石門　下灌園　桃園河　螺螄店　蔽陰山
掛龍尖　陽山鋪　雙樹沖

茶品以西山為最，然必交穀雨始奮荚，不能入貢，地限之也。以上系縣茶山。

貢額

六安州歲貢芽茶二百袋，每袋重一斤十二兩，明制也。自弘治七年分設霍山縣後，隨定額分辦，州辦二十五袋，縣辦一百七十五袋，送州匯進，以縣屬州統，而貢茶本章，系本州拜進也。國朝因之。

康熙十七年，經御史條奏，請各省貢茶由藩司差官匯解禮部，議准惟六安歲貢芽茶，仍照舊委員另解。至康熙二十年，奉部文增辦一百袋，州承辦三十袋，計六十四斤十二兩；縣承辦二百六十三袋，計四百六十斤四兩。每年州備價發縣，代買一色芽茶，詳請勘合，委旮解送州縣，遞年輪值。州解則縣夫送至州，本州雇夫送至金門驛；縣解則縣夫徑送金門驛交替。其茶，從前著落本縣糧户派揀雨前極品新芽一槍一旗，依法摘製，以黃絹為袋，封貯共四箱，杠用龍旗，龍袱，恭進本州，每歲申報各憲敘明在案。歷來例進貢茶三百袋，每袋重一斤十二兩，原系茶户辦納本色，委官起解，每窠正征水腳費銀二錢二、三分不等，後因銀户辦納，色味不能畫一，累次換補，民不堪命。康熙三十七年，前令徐據士民公請納銀官辦，每窠折銀三錢五分，官民稱便。康熙四十六、七年，茶被水沖，豁去一千二百餘窠，不敷辦解，覆議每窠征銀四錢五分。於康熙五十九年奉部文，添辦芽茶一百袋，州辦十二袋，縣辦八十八袋，共四百袋，又議按窠增銀一錢五分，每窠共征銀六錢。至雍正七年，奉文，將添辦一百袋之茶暫行停止。雍正十年，禮部奏明，仍添辦芽茶一百袋，永著為例。乾隆元年，王公等分家，部檄再添辦芽茶七百二十袋，又於正額外怔銀辦解。乃產茶之地，無增於前，而辦茶之銀，屢加於後，民力未免竭蹶，經生員汪有本、李毓堂、宋瓚，里民陳應彪、張采一等，赴憲瀝陳下悃，蒙撫憲趙公國麟奏請王大臣等議奏，恩准每年仍額辦芽茶四百袋，每窠止征銀四錢五分，又因乾隆元年添辦芽茶七百二十袋，著將應辦芽茶四百袋自乾隆三年為始，停解二年，以舒民力，於乾隆五年起，循照二年改例

辨解。

利病

舊志云：霍之産茶，大利大害也。境内山多田少，茶户藉以抵田糧之半，故催征動俟茶春後。土人不辨茶味，唯燕趙豫楚，需此日用。每隔歲，經千里，挾資裹糧，投牙預質，及采造時，

男婦錯雜，歌聲滿穀，日夜力作不休，富商大賈，騎從布野，傾棄以質，百貨駢集，開市列肆，妖冶招搖，亦山中盛事，然事關獻納，大尹或過為鄭重，左右遂乘其意，變亂黑白，簧鼓小民，以規厚利。又云：貢茶自解京而後，民間已無多藏，而上官買茶，動以千百斤計，其發價未必抵尋常之半，而倉猝搜索民間，其價必三倍之，官責之衙役，衙役憑報茶户，任情那移，富者賄免，仍出藏茶以邀倍價；貧者勒賠，破産傾家，以完公事；其交茶又須賄

賂左右【略】己巳志：吴令學山云：今幸上憲加恩，民免前累。而茶賈茶行，朋結為奸，侵削曰甚，諸賈隔歲挾資投行預質，牙儈負諸賈子母，每刻削茶户以償之。諸賈所攜白金，間有自帶小爐，鎔改低色，不與足紋近概用製錢，不處詐偽矣，又苦有扣折之病。茶秤過大，與市秤迥不相符，罔顧國家畫一權衡之定製。曰茶品之高下，茶值之低昂，隨口任心，茶户莫能與較；又格外多取樣茶，與茶賈均分，視正茶不啻十分之一。每茶市罷後，茶賈以輕價獲重貨，捆載而歸，牙儈亦飽囊橐，而茶户雖終年拮据，不免竭資枵腹，終歎罄懸，則奸蠹之為厲深哉！

茶稟正額

貢茶以稟名，未詳何義，其稟數向無定額，增減之權，邑長得主之。至乾隆二年，奉部核定州縣共進貢芽茶袋數：並定每稟征銀四錢五分。隨奉憲檄，每稟銀數照八折錢算，即以本年在冊茶稟為准，於是茶稟侔於糧畝，莫能增減矣。

又卷七《貨屬三·茶》 本山貨屬，以茶為冠。其品之最上者，曰銀針僅取枝頂一槍，次曰雀舌取枝頂二葉微展者，又次曰梅花片擇最嫩葉為之，曰蘭花頭取枝頂三、五葉為之，曰松蘿仿徽茗之法，但徽製截葉，霍製全葉，皆由人工摘製，供以雨前為貴。其任枝幹之天然而製成者，最上曰毛尖、有貢尖，蕊尖、雨前尖、雨後尖、東山尖、西山尖等名西山尖多出雨後，枝幹長大，而味勝東山之雨前，次曰連枝，有白連、綠連、黑連數種，皆以老嫩分等次也。至茶既老而不勝細摘，則並其宿葉捋而薙之，曰翻柯。皆為頭茶。至五月初，複茁新莖，其葉較頭茶大而肥厚，味稍近澀，價不及頭茶連枝之半，是為子茶，亦有粗細數等。餘詳貢賦志貢茶條，茲不具載。

（嘉慶）《六安直隸州志》卷二《風俗·物産》 其植物、竹木、菜果之類，與淮南諸郡率同，而茶獨擅於淮南。茶之産在霍山者為多，平地亦可種，而以在高山中複有平壤，藝者為位，故曰雲霧茶也。

又卷七《户口·茶貢》 天下産茶州縣數十，惟六安茶為宫庭常進之品。欲其新采速進，故他土貢儘自督撫，而六安知州則自拜表徑貢新茶達禮部，為上供也。明時，六安貢茶，製定于未分霍山縣之前，原額茶二百袋。弘治七年，分立霍山縣，産茶之山，屬霍山者十之八，於是六安辦茶二十五袋，霍山辦茶一百七十五袋。國朝因之。康熙二十三年，奉文增辦一百袋。於是六安辦三十七袋，霍山辦二百六十三袋。康熙五十九年，又增百袋。雍正七年，暫停。十年，複增。舊系茶户各備茶交官起解，而色類錯雜，駁換遲誤。康熙三十年，知州王廷曾以士民之請，改為官征官買，茶户但納稅銀。又因霍山茶勝六安之産，故知州將茶課之銀髮交霍山並辦一色芽茶。每歲，茶户採擇雨前極品一槍一旗，依法焙製，官以黄絹為袋，袋盛茶一斤十二兩，共四百袋，分貯於箱，知州敬謹鈐封，恭繕貢本，限穀雨後十日起解。其解官以州縣巡檢遞年輪流詳委。

康熙十七年，御史蔣鳴龍疏請州縣芽茶，該省匯齊，總差官解進。經禮部議云：舊例，江南、浙江、江西、湖廣、福建等五省芽茶，每歲採摘裝封，鈐印封固，俱限穀雨後十日起解，程途遠近，各有限期，已經題定。嗣後浙江省芽茶，照江西省例起解，布政司匯齊，封固繕疏起解。又江南、湖廣、福建，此三省應解芽茶，向系各該州縣委員解進，今此三省亦應俱照江西省例匯齊起解。内有江南省六安州及霍山縣所進六安州茶，系該地方進到，隨即臣部會同光祿寺交送總管内務府内用，非與別樣芽茶可比，應將此六安州茶仍照前例，另委解進。奉旨：依議。

（同治）《六安州志》卷三九《人物志十四·才技》 明塗乾吾，以字行。隱居龍門冲，茆茨數椽，環以修竹，繞通一徑。工製茶，每苦製者傷其性，致色香味皆失，因親為調劑，採摘烘焙，一經其手，迴非常

品。因言茶產有陰陽，取其蚤晏，常於火候舒疾，心存目注，若事丹汞者，茶遂以涂名，一時莫不珍之，於是徵求絡繹，六、霍之間騷然矣。然涂有心得，不以授人，人亦鮮有解者。涂死，戒子孫勿習其法，其茶遂絕。

（光緒）《霍山縣志》卷二《風土》 霍境氣候，東北鄉收種，較西南差早三候，而西南高山，較西南平地約遲三候，芽茶亦然。七月早寒，則山農失望。

又《物產》 貨之屬，茶為第一。茶山，環境皆有，大抵山高多霧，所產必佳，以其得天地清淑之氣，懸巖石罅，偶得數株，不待人工培植，尤清馨絕倫。故南多之霧迷尖、掛龍尖二山左右所產，為一邑最，採製既精，價亦倍於各鄉，茶商就地收買，倩女工揀提，分配花色，裝以大簍，運至蘇州，蘇商熏以珠蘭、茉莉，轉由內洋至營口，分售東三省一帶，近亦有與徽產出外洋者。次則東北鄉與西南近城一帶，多北運至亳州及周家口，半熏茉莉，轉售京都，山西、山東。而西鄉自土地嶺以西，迤邐而南，茶味厚微苦，枝幹粗大，采焙不精，皆青、齊茶商於大化坪、五溪河收買，運銷山東一路。諸佛庵以北數保，則由土人運潮枝至州境之流波䃰，西商收買，自行焙製，運銷山西、口外、蒙古等處極西之九五保，所出卽微，味製俱遜，多為鄂人收買。至前志所栽諸名目花色，如銀針、雀舌，則茶始萌芽者，梅花片、蘭花頭、松蘿春，則茶初放葉者；統名之為小茶。價卽數倍，採亦維艱，故惟近城及柳林河諸佛庵數處有之，運售京都為多。氣候則東南稍暖，穀雨前卽可採摘，故有雨前、毛尖之名。西山，穀雨後始能開山，間數日採摘一次，須二旬始畢。故存頭道、二道、三四道之分，最後並

宿葉而擷薙之，曰翻柯老茶，為民間當用。春茶既畢，五、六月復發新苗，謂之子茶，其幹扁而味微澀，價亦半減，然愛惜株柯者，恆蓄不採取，次春茶必茂盛。【略】

又一種名苦丁茶，雖名為茶，實則木本，枝葉似茶而大，有二種，一葉小，上有刺，一葉大而圓，皆天然自生深山巖石間，無子種，與茶同時採製。味苦，其性極涼，可入藥。近年茶商多喜購買，山民漸事覓植，極難長成。

《爾雅》曰：檟，苦茶。郭注：樹小似梔子，冬生，葉可煮作羹飲，今呼早采者為茶，晚取者為茗，一名荈，蜀人名為苦茶。

《博物志》：飲真茶者，令人少眠。

《史記》：壽春之山，有黃芽焉，可煮而飲，久服得仙。

《太平廣記》：唐有人授廬江舒牧，宰相李德裕謂之曰：到彼郡日，天柱峯茶可惠三數角。其人獻數十觔，德裕不受，退還。明年，罷郡，用意精求於天柱山僧寺，獲數角，投之。德裕閱之，欣然而受，謂坐客曰：此茶可以消由肉食毒。乃命烹一甌，沃由食內，以銀合閉之，詰旦開視，其肉已化為水矣。衆服其廣識。

潘志：六安茶，六與霍並產也。以六安名者，當霍未建縣已有貢額，從其溯也。《天啟志》謂以六安寨得名似鑿。寨本名六萬，訛稱六安。顧霍邑山多饒，确六地既廣且饒，產茶實浮於霍而貢額州不及縣之什二。攷《州志》有州茶黑縣茶黃之說，恐亦傳會。惟產茶之地惟東山最早，而東山皆屬州境，每年大府薦新及本縣貢品，率皆州民於雨前，赴縣售賣；霍產悉出西南，遲在雨後，故不及入貢，則茶之專名六安，亦紀實也。

吳志：土人不辨茶味，唯燕齊豫楚，需此日用。每隔歲，經千里，挾資而來，投行預質，牙獪負諸賈子母，每刻削茶户以償之，銀則鎔改低色，秤則任意輕重，價則隨口低昂，且多取樣茶，茶户莫能與較。雖迭經告誡，申詳各憲，嚴飭鄉保稽查，茶户稍沾實惠，然弊端猶未能盡除也。按：茶之為利雖厚，工則最勤苦。日採摘，夜炒焙，恆兼旬不能安枕，人力不足，又須厚雇客工。茶值稍昂，猶可相償，軍興後，釐捐日益，浮費繁多，商人成本既重，則轉而抑減民值。近日行户漸增，競有僉綠茶商，預汀價值，把持行市者。黠販收買，則又攙老葉，加水潮茶，商得以藉口，故茶價愈趨愈下。光緒以來，每觔銀，貴不過錢余，賤時才七、八分，以是民用益絀。近徽郡仿外洋，以機器烘焙，製精工省，頗獲其利，本邑紳商，如能集股設公司，精其製造，則利權操之自我，諸弊不禁自除矣。西人亦云，霍茶香味，較勝徽產。

又《地理志》 《天啟志》：霍山有野獸，則有網户；有茶，則有茶行。豪猾藉以專利，魚肉小民，致田荒户竄，無所控訴。黃陂吳公，卽知縣吳之皥。革去總茶行，並焚網户籍，數十年大害，一旦廓清，

民得樂業。

其他

（淳熙）《新安志》卷二《貨賄》 而茶則有勝金、嫩桑、僊芝、來泉、先春、運合、華英之品，又有不及號者，是為片茶八種，其散茶號茗茶。

又《物產·茶課》 州舊買茶，以熙寧十年為額，歲買六萬一千二百六十四斤，其片茶有華英、先春、來泉，而散茶有茗茶，並以折稅。國家異時六榷貨務，其在真州者，受洪、宣、歙、饒十三州之茶，為額四十三萬一萬有奇；在無為軍者，受洪、宣、歙、撫十五州之茶，為額五十有奇；用以給商人。今於在京及榷務人納見錢算請真州務賣歙茶勝金，為錢五百四十三；嫩桑，五百八十八；華英，五百二十；運合，五百三十八；來泉，四百六十二；先春，四百八十八；仙芝，五百三十；不及號，四百四十六。無為軍務賣先春指四百七十一，來泉、嫩桑井四百六十二。而州自賣折稅茗茶，每斤二十七。逮宣和改茶法，招誘商販，而不復科買，人以為便，歲額二百萬有奇。茶租錢者，起於嘉祐中。宣州以此錢千八百七十四貫文均在本州。今民户自稅錢二貫省以上者，每貫敷錢五千。

又卷三《山阜》 鳳皇山，在縣北十五里，高三十仞，周十五里，當有鳳凰集于此，舊產茶，歲采製不過三、二斤，熙宣中，丘寺丞名之為甘白香。

又卷七《洪尚書》 洪尚書中孚，字思誠，比部湛之從孫【略】為户部侍郎【略】上以陝西茶馬課不登，問曰：神宗朝，岷山茶一垛易一馬，今茶數倍矣，馬不至，奈何？對曰：蕃部日飲酥酪，恃茶為命，若稍重茶禁，不急於馬，則馬自至。

（嘉靖）《涇縣志》卷五《田賦紀·土產·貨類·茶》 舊志：涇川之地【略】白雲寺有尋丈之地，面陽，而在山之腰，茶甘而香，號白雲茶。

明 許次紓《茶疏·產茶》 天下名山，必產靈草。江南地暖，故獨宜茶。

明 曹琥《請革芽茶疏》（康熙）《巢縣志》卷一七 為節貢獻以蘇民困事。臣聞天之生物，本以養人，未聞以其所養人者害人也。曆觀古昔帝王，忍嗜慾，節貢獻，或罷或卻，詔戒丁寧，蓋不欲以一人之奉而困天下之民，以養人之物而貽害人之患，此所以澤及生民，法垂後世，而王道成矣。臣查得本府額貢芽茶，歲不過二十斤。祖宗以來，聖賢相承，不聞以為不足而益其常額。邇年以來，額貢之外，有寧王府之貢，有鎮守太監之貢，是二貢者，有茶芽之徵，有細茶之徵，始于方春，迄于首夏，官校臨門，急如星火，農夫蠶婦，各失其業，奔走山谷，以應誅求者，或相對而泣，或困怨而怒，殆有不可勝言者！如鎮守之貢，歲辦千有餘斤，不知實貢朝廷者幾何？今歲太監黎安行取回京，未及徵派，而百姓相賀于道，則往歲之為民病，從可知已，臣姑未暇論矣。寧府正德十年之貢，取去芽茶一千二百斤，細茶六千斤，不知實貢朝廷者幾何？今歲之貢，取去芽茶一千斤，細茶八千斤，又不知實貢朝廷者幾何？臣亦不暇論也。近日撫州守禦千户所千户吳隆賫執牌面到府內稱：舍人秦欽傳奉令旨，去年進貢不敷，要得加添數目等因，其令旨之有無，臣不得而知，若傳奉之應否，臣不能不為之寒心也。凡此自關國體，臣不敢過為之慮，乃若此貢之害，臣不容不為陛下悉數之。方春之時，正值耕蠶，而男婦廢業，無以卒歲，此其為害一也。二麥未登，民艱於食，旦旦而促之，使不聊生，此其為害二也。及歸之官，又揀擇去取，十不中一，遂使射利之家，先期採集，坐索高價，芽茶一斤，賣銀一兩，猶恐不得，此其為害三也。亦或採取過時，括市殆盡，取無所應，計無所出，則又科斂財物，買求官校百計營求，恐不免禍，此其為害四也。官校乘機私買貨賣，遂使朝夕鹽米之小民，相戒而不敢入市，此其為害五也。凡此五不韙者，皆切民之深患，致禍之本源，今若不言，後當有悔，臣又安得不為陛下悉數之。臣今竊祿署府，目覩民患，苟有所慮，不敢不陳。伏望陛下擴天地生物之心，憫閭閻窮苦之狀，特降綸音，罷此貢獻，使方春之時，農蠶不至於失期，草木得全其生意，民物欣欣，頌聲斯作，實一方萬萬年無疆之福，諸福之物，可致之祥，無不畢至，而王道終矣。區區犬馬之心，管蠡之見，冒干天威，不勝戰慄之至！

（順治）《寧國縣志》卷二《風俗》 穀雨，寧山多茶，是日，其風俗知供送新茶。

（康熙）《含山縣志》卷五《山川》 鼓山，舊志無鼓山，俗名左旗右鼓，俱附見太湖。自國朝康熙元年，有鶴巖禅師，選勝探幽，謂是山可以卓錫，因結茅為篷，躬親畚鍤，創建禅林【略】掘地，得一石碑，有大徹禅院字，遂以名。手植松樹二十余萬，其他竹木茶芋，覆遍山麓，竟與普明並傳。

（康熙）《休寧縣志》卷一《山川》 仰山在縣東南七十里，由汊口環珮水東行，過方山，曆凹上，至茶園，即仰山腳也。

（雍正）《懷遠縣志》卷一《地輿·山川》 白龜泉，在荊山東麓下。汲以煮茗，味極甘美。

（乾隆）《江南通志》卷八六《食貨志·物產·徽州府》 紫霞茶出歙縣紫霞山，色香清幽如蘭，新安家家製茶，以此品為最。

（乾隆）《宣城縣志》卷二九《古迹》 茶峽蕩陽坡山下，舊產佳茶，名瑞草魁，一名橫紋，今久廢，不復種茶，城內有三蕩，此其一也。

（乾隆）《歙縣志》卷一《山川》 翁嶺之偏左小支【略】曰鳳凰山，高三十仞，周十五里【略】舊產名茶。

又《風土》 邑東毗邇績溪，俗樸儉，鮮園林山澤之利，農十之三賈七焉。南分水陸二路【略】水南則賈著奇贏，士農並□然錯出矣；北擅茶荈之美，民半業茶，雖女婦無自暇逸。

又卷六《茶綱》 茶法變更屢矣。古制：買茶以熙寧十年為額，歲買六萬一千二百六十四觔，自宣和改為招誘買販，而不復苛買，人以為便。元、明榷茶之政不一，而松源務及梅口批驗所實司之，今並裁革矣。【略】

茶引由部頒安徽布政司，由司發縣。茶商出境，街口巡司驗實，截角放行。該商於所銷地方繳引，該地彙報【略】按，明初置梅口批驗茶引所，成化十四年，知府周正奏革，始令街口巡檢司帶管。

（乾隆）《績溪縣志》卷一《山川》 大鄣山，在縣東六十里，一名鄣山，一名三王山，一名玉山，是為邑鎮山【略】其地多寒，雖隆夏無蚊蠅，陰雲則雨，民居其間，無良田美池，種茶藝粟，采藥惟蕨，以遂其生。

（嘉慶）《東流縣志》卷七《山川志》 《一統志》：乂溪山嶺在東流縣南五十里，接建德界。嶺勢橫亙，兩水交流，其下產茶，極佳。

（嘉慶）《六安直隸州志》卷二《風俗》 寨基山【略】產茶香味異常品，有泉出石竇，甚甘。【略】

白羊山，一名白石山，縣西南四十里。上有龍泉古寺，寺前井木，烹茶氣香而味永。【略】

茶園嶺，縣東二十里，舊產茶。

（嘉慶）《涇縣志》卷三《山水》 桐坑山山高險，仰之如在半天，有小涇通商旅，與旌德縣分界。成化縣志一名桐嶺，多產茶、杉。府志

又 芭蕉嶺，又東曰茶坑，又東北曰陽嶺，曰印斗坪，聯岫回溪數十里，東連寧國，北接宣城，居民隨山樹藝，擅黍、稷、杉、漆、茶、果之利焉。鄭志

芭蕉山，在烏崔嶺東北十餘里，與宜城接界。折而又東，曰茶坑山，陽嶺山，皆產茶。

（嘉慶）《旌德縣志》卷一《山川》 鹿飲泉，在縣西二十步，汲以烹茶，味極香美。舊傳有白鹿飲此，故名。

又 生風亭石壁蓮塘庵路側，四季茶湯，以濟行旅。朱逢年、朱懷俶同建，又合輸田十三畝零，茶山四十餘畝。

又卷五《食貨·雜税附》 茶稅，置六榷務，掌受諸州買納茶。聽商旅入錢算于江寧、海、真、無為四務，受宣州茶。名有二：曰散茶，曰場茶。以觔計，多者五寸八文，少者四十六文，歲額九萬二千三百九十八觔。

又卷五《物產·雜植屬》 茶皃山石洪產者絕佳，與宣城之綠雪，涇縣之白雲並著，飲之可淪脹懣，不可多得。

（嘉慶）《黟縣志》卷三《地理·物產》 貨之屬黟無魚、鹽、桑、麻之利，木棉販自池陽，糧食來自江右，蜜蠟所產不多，材木已見於前，故所録止茶茗。

茶，一名茗，一名荈，一名皋盧。樹如瓜盧，葉如梔子，花如白薔薇而黃心，清香隱然，實如栟櫚，蒂如丁香，根如胡桃。有高一、二尺及三、四尺者。徽產最多，《新安志》：舊有勝金、嫩桑、僊芝、來泉、先春、運合、華英之品，又有不及號者，是為片茶。黟之茶，以城南周家園

二都，秀里四都，燕窩八都，大原十一都，朏曙下十二都，奕村又有南園熙春，出北原，雲霧茶，出羊棧嶺頭。種茶，每二尺一科，性惡水，宜肥地，勿耘草，以小便糞水或蠶沙壅之。採茶以穀雨前者佳。礬茶，每鍋不過半觔，先乾礬，微灑水，以布捲起揉做。語云：善蒸不如善礬，善曬不如善焙。蓋茶以礬而焙者佳，候乾燥，以錫罐盛之，勿通風，可久藏。其行商，統名松蘿，販者用木箱，箱內錫皮，箱外箬皮、篾衣，不使通風走濕，北至口外，南至澳門，其不及號者，箬皮大簍裝。権茶，始於唐，盛於宋，而重於明。唐德宗納趙資議，稅天下茶，漆，竹，木，十取其一，以為常平本錢。貞元中，張滂始以出茶州縣若山及商人要路，以三等定為権法。武宗時，裴休又著條約，如私鹽例。宋始置権茶務，國家因以為制財用之源焉。其大要有三：淳化時設交引法，則礬之在官；又制貼射法，則通之商賈；嘉祐三年，均賦於民，則賦之茶户。熙寧中，西人以善馬至邊，中國所利也，而廠所重惟茶，始運茶赴河西市馬。明洪武初，置官給引，赴產茶府縣，凡商人買茶，具數赴宮納錢給引，方許出境。

（嘉慶）《懷遠縣志》卷二《賦稅志·附土產·果類》 茶菱，生淝河，形如蓮蕊，微炒，切茶清香。

又 雲霧茶，初夏出塗山，感雲霧而生，故名。

清 溫長發《聖泉亭記》（嘉慶）《蕭縣志》卷一六 余讀《醉翁亭記》，知環滁皆山，而蕭邑四面，正無減於滁也。其西北一峰，曰鳳山，山陰有泉，澄清香冽，甲于諸流，因以聖為名，大率與滁陽西山之清泉浮風，官舍之流池風景異同。辛亥夏抄，餘承乏茲土，嘗過其地，酌水瀹茗，飲而甘之。

（道光）《懷寧縣志》卷七《物產》 茶，高山石巖，不種自生。龍眠庵、張家山、龍池尖、大龍山所產，品皆絕勝。清明前後采之，製出如新蠶，泡以山泉，味不在蒙頂下，但不可多得。旨泉沖則有茶園，居民以種茶為業，然不肯早采，風味斯劣，故品茶者不及也。

（道光）《桐城縣志》卷二二《物產志·木之屬·茶》 其樹大小不一。桐城茶皆小樹叢生，椒園最勝，毛尖芽嫩而香，龍山茶亦好。

（道光）《宿松縣志》卷二《輿地志·山川》 獨山，距縣五十里。孤峰迴秀，產茶，多竹木。史可法嘗置天城堡於此。（《一統志》）

又 摩旗山，距縣七十里【略】峰如旗捲【略】崖產苦茶，可療熱。（《江南通志》）朱志

又 羅漢蕩山，距縣九十里，西去羅漢尖二十餘里【略】山常在雲霧中，產異蔬、名茶，靈藥。【略】朱志《採訪冊》

又 卷一一《食貨志·物產·貨屬》 茶，山多有之，產羅漢蕩者佳。按，字本作荼，亦作𣘻，俗省作茶。

清 李耀祖《游羅漢蕩小記》（道光）《宿松縣志》卷二五 山僧大能雅好客，如宗峯僧之舊相識者，出揖而人。水自山溜滴滴石堈中，烹茶注盞，薰蒸有雲霧氣，供饌皆野蔌，視珍異過之。余尤味斯茶之味外味也。蓋茲山之靈，鬱積磅礴，鐘於物，都與外間有別，而茶又得氣之先者，遠近爭市之。

（道光）《太湖縣志》卷六《輿地志·古迹》 茶池亭，明知縣羅汝芳道經小池，邑父老爭獻茶於此。後因建亭及池，石刻有父老壺漿當日事，先生風味至今遺之句。

（道光）《繁昌縣志》卷一《輿地·山川·隱玉山》 一名浮丘山，產茶最佳【略】邑人王焞云：浮丘山【略】山產茶，歲可數千鐘，近日士民烘焙得法，謂之炒清，品味清美，不在松蘿、龍井之下。但其利盡布于四方，每穀雨時，四方之人，提筐攜簍，鱗集場市，籠之以去。而士民消渴，反不得其七盌之用，所謂笠家露頂，屐家赤腳，此貧而愚者也。

又 卷六《食貨·物產·茶類》 梅花片、炒青、雨前、碧山茶、湧溪茶、洋尖茶。

（同治）《黟縣三志》卷三《物產·茶》 六都石墨嶺產者最佳，茗家謂之石墨茶。

（同治）《祁門縣志》卷一五《食貨志·茶稅》 徽屬山多田少，居民恒藉養茶為生，向章新茶出山，皆歸休邑屯溪辦理，由休寧縣派乘查驗給引，由太夏司勘合，切角放行，其稅每引不過分厘。自咸豐三年籌辦徽防，經歙紳稟請，暫提充餉，歷年遞增，每引完納厘銀三錢，捐銀六

錢，公費銀三分。同治元年五月，奉欽差兩江閣督都堂曾頒定新章，每淨茶合庫平十六兩八錢秤一百二十斤為一引，繳正項目引銀三錢公費銀三分捐銀八錢厘九錢五分，共繳銀二兩零八分，由督轅頒發三聯引票、捐票、厘票，隨時填給，不得於三票外多取分毫，所經關卡，免厘放行。其捐票，俟茶開運後，准商入持赴總局照籌餉例一律請奬。各屬分設茶局，祁局設於塔坊，派員同縣會辦，祁有茶局自是年始，同治二年，復奉閣督部堂會札飭，自二年五月初一日起，每引加捐庫平銀四錢，共繳銀二兩四錢八分。同治五年十二月，奉爵督部堂李札飭，自六年春起，裁去引、捐、厘三票，改用落地稅照，以歸簡便。其稅仍完二兩四錢八分於內，劃出一兩二錢准作捐銀照舊請奬。

（光緒）《重修安徽通志》卷二四 雲嵐山，府北七里【略】又府北十五里有鳳皇山，舊產茶，名甘白香。

又 卷二七《山川》 雙塘山，石埭縣西百五十里，亦名桑塘。有泉瀹茗，數日不變。

又 上下華池，青陽縣九華山與雪峯山合流而成，上華池即龍池，下華池下注逆上，激水最奇，亦產異茗。

又 卷二八《太平府》 浮丘山，繁昌縣東十里，一名隱玉山【略】產茶甚佳。

又 卷二九《山川·廬州府》 浮槎山府東八十里，一名浮巢山，一名浮闍山。《方輿勝覽》：俗傳自海上浮來，山頂有甘泉。梁天監中，帝女總持大師于此建道林寺。《隋書·地理志》：浮闍山在慎縣。附宋歐陽修《浮槎山水記》：浮槎山，在慎縣南三十五里【略】其上存泉，自前世論水者皆弗道。余嘗讀《茶經》，愛陸羽善言水。後得張又新《水記》載劉伯芻、李季卿所列水次第，以為得之羽。然以《茶經》考之，皆不合。又新妄狂險譎之士，其言難信，頗疑非羽之說。及得浮槎山水，然後益以羽為知水者。浮槎與龍池山皆在廬州界中，較其水味，不及浮槎遠甚，而又新所記，以龍池為第一，浮槎之水，棄而不録，以此知其所説多失。羽則不然，其論曰：山水上，江次之，井為下。山水，乳泉、石池漫流者上。其言雖簡，而于論水盡矣。浮槎之水，發自李侯。嘉祐二年，李侯以鎮東軍留後出守廬州，因游金陵，登蔣山，飲其水，既又登浮槎，至其山上，上有石池，涓涓可愛，蓋羽所謂乳泉漫流者也，飲之而甘。乃考圖記，問於故老，得其事跡，因以其水遺于京師。余報之曰：李侯可謂賢矣【略】故餘為志其事，俾世知斯泉發自李侯始也。

又 卷三〇《山川·鳳陽府》 咄泉壽州北五里。泉與地平，每聞人聲，水輒涌出如珠，又名珍珠泉。

又 卷三三《山川·六安州》 寨基山，州西百三十里《州志》作一百四十里。山極高峻，產茶，香色異常品。有泉出石竇，甚甘。

又 龍穴山，州東四十里，一名龍池山。上有龍穴，其水，張又新品為天下第十泉。

又 卷五二《古迹》 茶仙亭在州琅琊山。明《一統志》：宋紹聖中，僧永起為州守曾鞏建，取唐杜牧誰知病太守，猶得作茶仙之句為名。

又 卷五三《古迹·六安州》 第十泉，在州龍穴山頂。龍池方五十尺，水味香甘，張又新品為天下第十泉。

又 卷七八《關榷·雜課》 乾隆二十九年議准，安徽商販引茶，各州縣于茶春時，即給茶牙循環圈簿，將茶商姓名，籍貫、引茶數目，經由關津、往賣處所、遂一注明。該州縣於本境要隘地方，委員盤驗。每茶市畢，該茶牙將原發印簿呈縣造冊，同原簿送司查覈。其行銷已殘引張，無論本省、外省，概予免追。

又《附新定茶引章程》 按，自兵燹後，創設釐局，徵收茶稅，一時未有定章。同治元年，兩江總督曾國藩頒定新章，每茶一百二十斤為一引，每引繳正項銀三錢，公費銀三分，捐銀八錢，釐銀九錢五分，給發三聯引票、捐票、釐票，准將捐項銀南照籌餉例一律請奬，各屬茶局派員會同地方官辦理。二年，每引加捐銀四錢。五年，署兩江總督李鴻章裁去引、捐、釐三票，改用落地稅票，以歸簡便，每引仍共完銀二兩四錢八分，於內劃出一兩二錢准作捐項請奬。

（光緒）《直隸和州志》卷七《關榷·附釐局》 咸豐初年，蕪、鳳兩關停廢未設，嗣因安徽江面清肅，户部議准，於南北兩岸，設立鹽、茶牙厘各局，暫收商稅以抵補，開徵至十一年，始設總局于安慶省城。專派司道大員管理其各州縣水陸交匯之處，亦漸次布置和州和全牙厘總局，含山運漕牙厘總局，均歸安慶省城厘務總局管理。

（光緒）《壽州志》卷八《食貨志·物產》 《唐書·地理志》：土貢絲、布、絁，茶、生石斛。

陸羽《茶經》：茶，鳳亭山伏翼閣，飛雲、曲水二寺，啄木嶺，與壽州、常州同盌，越州上，鼎州次，婺州次，嶽州次，壽州、洪州次；壽州瓷黃，茶色紫。

《宋史·地理志》：貢葛布、石斛。《食貨志》：茶在淮南有六州，壽州居一。官自為場，置吏總之，謂之山場。采茶之民隸，謂之園户。歲課作茶輸租，餘則官悉市之，舊售於官者，皆先受錢而後入茶，謂之本錢。又民歲輸稅願折茶者，謂之折茶稅。按，唐宋史志，皆云壽州產茶。蓋以其時盛唐、霍山隸壽州，隸安豐軍也。今土人云：壽州向亦産茶，名雲霧者最佳，可以消融積滯，蠲除沈屙。自山户貪樵薪之利，淮南草木，且旦伐之，而茶之前蘖其生也漸微矣。今山中多有栽植樹木者，倘斧斤以時，生機日盛，仍可普美利於無窮也。故檢唐宋史志備録以俟考。

又卷三六《雜志類》 常魯公使西蕃，烹茶帳中。贊普問曰：此為何物？魯公曰：滌煩療渴，所謂茶也。贊普曰，我亦有此。遂命出之，以指曰：此壽州者，此舒州者，此顧渚者，此蘄門者，此昌明者，此㴩湖者。唐《國史補》

江西

雙井

五代 毛文錫《茶譜》《全芳備祖後集》卷二八 雙井白芽、鶴嶺。

宋 陳師道《後山談叢》卷三《茶品》 茶，洪之雙井，越之日注，登、萊鰒魚，明、越江瑤柱，莫能相先後，而強為之第者，皆勝心耳。

宋 歐陽修《文忠集》卷九《雙井茶》 西江水清江石老，石上生茶如鳳爪。窮臘不寒春氣早，雙井芽生先百草。白毛囊以紅碧紗，十斤茶養一兩芽。長安富貴五侯家，一啜猶須三日誇。寶雲日注非不精，爭新棄舊世人情。豈知君子有常德，至寶不隨時變易。君不見建溪龍鳳團，不改舊時香味色。

又卷一二六《歸田録》 臘茶出於劍、建，草茶盛於兩浙，兩浙之品，日注為第一。自景佑已後，洪州雙井白芽漸盛，近歲製作尤精，囊以紅紗，不過一二兩，以常茶十數斤養之，用辟暑濕之氣，其品遠出日注上，遂為草茶第一。

宋 司馬光《傳家集》卷八《雙井茶寄贈范景仁》 春睡無端巧逐人，驅呵不去苦相親。欲憑洪井真茶力，試遣刀圭報谷神。

宋 蘇軾《東坡全集》卷五《和錢安道寄惠建茶》 我官于南今幾時，嘗盡溪茶與山茗。胸中似記故人面，口不能言心自省。為君細說我未暇，試評其略差可聽。建溪所産雖不同，一一天與君子性。森然可愛不可慢，骨清肉膩和且正。雪花雨腳何足道，啜過始知真味永。縱復苦硬終可録，汲黯少戇寬饒猛。草茶無賴空有名，高者妖邪次頑獷。體輕雖復強浮泛，性滯偏工嘔酸冷。其間絕品豈不佳，張禹縱賢非骨鯁。葵花玉銙不易致，道路幽險隔雲嶺。誰知使者來自西，開緘磊落收百餅。嗅香嚼味本非別，透紙自覺光炯炯。粃糠團鳳友小龍，奴隸日注臣雙井。收藏愛惜待佳客，不敢包裹鑽權倖。此詩有味君勿傳，空使時人怒生癭。

又卷二六《魯直以詩饋雙井茶次韻爲謝》 江夏無雙種奇茗，汝陰六一誇新書。磨成不敢付僮僕，自看湯雪生璣珠。列仙之儒瘠不腴，只有病渴同相如。明年我欲東南去，畫舫何妨宿太湖。

宋 黄庭堅《山谷集》卷三《以雙井茶送孔常父》 校經同省並門居，無日不聞公讀書。故持茗椀澆舌本，要聽六經如貫珠。心知韻勝舌知腴，何似寶雲與真如。湯餅作魔應午寢，慰公渴夢吞江湖。

又卷三《雙井茶送子瞻》 人間風月不到處，天上玉堂森寶書。想見東坡舊居士，揮毫百斛瀉明珠。我家江南摘雲腴，落磑霏霏雪不如。為公喚起黄州夢，獨載扁舟向五湖。

又卷四《答黄冕仲索煎雙井并簡揚休》 江夏無雙乃吾宗，同舍頗似王安豐。能澆茗碗湔祓我，風袂欲挹浮丘翁。吾宗落筆賞幽事，秋月下照澄江空。家山鷹爪是小草，敢與好賜雲龍同。不嫌水厄幸來辱，寒泉湯鼎聽松風，夜堂朱墨小燈籠。惜無纖纖來捧碗，唯倚新詩可傳本。

又卷一〇《戲答荊州王充道烹茶四首》 龍焙東風魚眼湯，箇中即是白雲鄉。更煎雙井蒼鷹爪，始耐落花春日長。

宋 黄庭堅《山谷外集》卷七《公擇用前韻嘲笑雙井》 萬仞峰前雙井塢，婆娑曾占早春來。如今摸索蒼龍璧，沈井銅餅漫學雷。

又《又戲爲雙井解嘲》 山芽落磑風回雪，曾為尚書破睡來。勿以姬姜棄顦顇，逢時瓦釜亦鳴雷。

宋 梅堯臣《宛陵集》卷三六《晏成續太祝遺雙井茶五品茶具四枚近詩六十篇因以爲謝》 始於歐陽永叔席，乃識雙井絕品茶。次逢江東許子春，又出鷹爪與露芽。鷹爪斷之中有光，蹍成雪色浮乳花。晏公風流丞相族，以此五色論等差。遠走犀兵至蓬巷，青蒻出篋封題加。紋柘冰磁作精具，靈味一啜驅昏邪。神還氣王讀高詠，六十五篇金出沙。

又 卷五六《次韻再和》 建溪茗株成大樹，頗殊楚越所種茶。先春喊山掐白萼，亦異鳥觜蜀客誇。烹新鬥硬要咬盞，不同飲酒爭畫蛇。從揉至碾用盡力，只取勝負相笑呀。誰傳雙井與日注，終是品格稱草芽。歐陽翰林百事得精妙，官職況已登清華。昔得隴西大銅碾，碾多歲久深且窊。昨日寄來新鑻片，包以籢蒻纏以麻。唯能剩啜任腹冷，倖免酩酊冠弁斜。人言飲多頭顫挑，自欲清醒氣味嘉。此病雖得優醉者，醉來顛踣禍莫涯。不願清風生兩腋，但願對竹兼對花。還思退之在南方，嘗說稍稍能啖蟆。古之賢人尚若此，我今貧陋休相嗟。公不遺舊許頻往，何必絲管喧咬哇。

宋 葉夢得《避暑録話》卷下 草茶極品惟雙井、顧渚，亦不過各有數畝。雙井在分寧縣，其地屬黄氏，魯直家也，元祐間魯直力推賞於京師，族人交致之，然歲僅得一二斤爾。顧渚在長興縣，所謂吉祥寺也，其半為今劉侍郎希范家。所有兩地所産歲亦止五六斤。近歲寺僧求之者多，不暇精擇，不及劉氏遠甚。余歲求於劉氏，過半斤則不復佳，蓋茶味雖均，其精者在嫩芽，取其初萌如雀舌者謂之槍，稍敷而為葉者謂之旗，旗非所貴，不得已取一槍一旗猶可，過是則老矣。此所以為難得也。

宋 周煇《清波雜志》卷四《拆洗惠山泉》 雙井，因山谷而重。蘇魏公嘗云：『平生薦舉不知幾何人，唯孟安序朝奉，分寧人，歲以「雙井」一斤為餉。』蓋公不納包苴，顧受此，其亦珍之耶？

《宋史》卷一八四《食貨下六茶下》 茶之産于東南者【略】雪川顧渚生石上者謂之紫笋，毗陵之陽羨，紹興之日鑄，婺源之謝源，隆興之黄龍、雙井，皆絕品也。

又 寧宗嘉泰四年，知隆興府韓邈奏請：『隆興府惟分寧縣産茶，他縣無茶，而豪民武斷者乃請引，窮索一鄉，使認茶租，非便。』於是禁非産茶縣不許民擅認茶租。

宋 黄廷堅《與友人書》《茶乘》卷六 雙井雖品在建溪之亞，煮新湯嘗之，味極佳，乃草木之英也，當求名士同烹耳。

宋 楊萬里《誠齋集》卷二〇《以六一泉煮雙井茶》 鷹爪新茶蟹眼湯，松風鳴雪兔毫霜。細參六一泉中味，故有涪翁句子香。日鑄建溪當退舍，落霞秋水夢還鄉。何時歸上滕王閣，自看風爐自煮嘗。

宋 陳師道《後山集》卷二《贈魯直》 相逢不用早，論交宜晚歲。平生易諸公，斯人真可畏。見之三伏中，凛凛有寒意。名下今有人，胸中本無事。神物護詩書，星斗見光氣。惜無千人力，負此萬乘器。生前一尊酒，撥棄獨何易。我亦奉齋戒，妻子以為累。君如雙井茶，衆口願其嘗。顧我如麥飯，猶足填饑腸。陳詩傳筆意，願立弟子行。何以報嘉惠，江湖永相忘。

明 曹學佺《名勝志》（雍正）《江西通志》卷三八 涪翁先居修水，後乃遷于雙井，在州西三十里。其南溪心有二井，土人汲以造茶，為草茶第一。

（康熙）《新建縣志》卷一〇《食貨·貨之屬》 鶴嶺茶又名雲霧茶。西山白琢，號絕品，以紫清、香城者為最。又有雙井茶芽，歐陽修詩：西江水清江石老，石上生茶如鳳爪。羅漢茶茶如豆苗，因靈觀尊者，自西域持至，故名。鄧坑茶昔無近名。

又 《茶譜》曰：洪州鶴嶺茶，極妙。《瑞草總論》云：洪州西山白露，茶之極品。

（雍正）《江西通志》卷七《山川一》 雙井，在寧州西三十里。黄庭堅所居之南溪心有二井，土人汲以造茶，絕勝他處。庭堅有送雙井茶與蘇軾詩。又州南三十步，掘二井以禦火災，亦名雙井。

又 卷二七《土産》 茶《茶譜》：洪州西山白露鶴嶺茶，號為絕品。今紫清、香城者為最。又西山有羅漢茶，葉如豆苗，因靈观尊者自西山持至，故名。又《茶事雜録》：雙井，在寧州西三十里，黄山谷所居也，其南溪心有二井，土人汲以造茶，為草茶第一。山谷

《送東坡雙井茶》詩，有『我家江南摘雲腴，落磑霏霏雪不如』之句。

清 劉源長《茶史》卷一《茶之分産・江西・白露茶鶴嶺茶雙井白茅》 産江西洪州，即南昌府。唐曰洪州。西山府城西，大江之外，少有梅嶺，即梅福修道處。有鶴嶺，即王子喬跨鶴處。其最勝者，曰天寶洞，宋嘗遣使投金龍玉簡於此。茶産山西鶴嶺者佳。

清 陸廷燦《續茶經》卷下《五之煮》 寧州雙井，在黄山谷所居之南，汲以造茶，絶勝他處。

（同治）《義寧州志》卷八《地理志・土産・雙井茶》 《宋史，食貨志》：茶之産于東南者，雪川顧渚生石上者，謂之紫筍，毗陵之陽羨，紹興之日鑄，婺源之謝源，隆興之黄龍、雙井，皆絶品也。歐陽修《歸田録》：臘茶出一作盛於劍、建，草茶盛於兩浙。兩浙之品，日注為第一。自景祐以後，洪州雙井白茅漸盛。近歲製作尤精，囊以紅紗，不過一二兩，以常茶十數斤養之，用辟暑濕之氣。其品遠日注上，遂為草茶第一。葉夢得《避暑録話》：草茶極品，惟雙井、顧渚，亦不過各有數畝。雙井在分寧縣，其地屬黄氏魯直家也。元祐間，魯直力推賞于京師，族人交致之，然歲僅得一二斤耳。顧渚在長興縣，所謂吉祥寺也。其半為今劉侍郎希范家所有。兩地所産，歲亦止五六斤。近歲，寺僧以求之者甚多，不暇精，不及劉氏遠甚。余歲求于劉氏，不過半斤，則不復佳。蓋茶味雖均，其精者在嫩芽，取其初萌如雀舌者謂之槍，稍敷而為葉者謂之旗。旗非所貴，不得已取一槍一旗猶可，過是則老矣，此所以為難得也。周煇《清波雜志》：雙井因山谷而重。蘇魏公嘗云：『平生薦舉不知幾何人，唯孟安序朝奉，歲以「雙井」一斤為餉。』蓋公不納苞苴，顧獨受此，其亦珍之耶？

按，雙井茶，黄庶詩云：雙井名人天下耳，建谿春色無光輝。司馬溫公、歐公、坡公俱有詩。又坡公《和錢安道寄惠建茶》詩云：糠秕團鳳有小龍，奴隸日注臣雙井。《寄周安孺茶詩》云：未數日注卑，定知雙井辱。孔平仲《送郭明叔知分甯縣》云：茶並芽香雪滿甌。陳後山《贈山谷詩》云：君如雙井茶，衆口願共嘗。周益公《山谷祠記》其詞云：擷白芽于雙井，燦浮甌之雲乳。其為當時名公膾炙如此。

磑茶法

《山谷刀筆》云：當以蘆布作巾，裹厚坩盞一隻，置茶其中。每用，甘頓之，盡篩去白毛，並揀去茶子，乃磑之，則茶色味皆勝也。又云：石磑須洗令無他茶氣，風日極乾之，芽子以疏布淨揉去白毛，乃入磑，少下而急轉，如旋風落雪，方得所。又詩云：落磑霏霏雪不如；山芽落磑風回雪，曲盡磑茶之妙。然此法今已成廣陵散矣。

煎茶法

《山谷刀筆》云：點時，淨濯瓶，注甘冷泉，熱火煮盤，熁盞令熱；湯才沸，即點。草茶劣，不比建溪，須用熱沸湯也。又《煎茶賦》云：水茗相投而不渾。詩云：茶如鷹爪拳，湯作蟹眼煎。

芽茶

雙井釣臺畔，有茶一株，葉與常茶異，高四五尺許，士人間採之，味佳，勝天池、武夷；又雙井明月庵牆隅一株；然皆不復見矣。今其地猶生茶，採于清明、穀雨時者為芽茶，採于立夏時者為子茶，小滿、芒種時則為紅梗、白梗。八鄉皆有之，而崇鄉、幽溪較勝。按《宋史・食貨志》，嘉泰四年，知隆興府韓邈奏請隆興府惟分甯縣産茶，他縣無茶。道光間，甯茶名益著，種蒔殆徧鄉村，製法有青茶、紅茶、烏龍、白毫、花香、茶磚各種。每歲春夏，客商麇集，西洋人亦時至，但非我族類，道路以目，留數日輒去。

（光緒）《江西通志》卷五七《川一・南昌府》 雙井，有二：一在義甯州南三十步。昔人掘二井以制火災，稱雙井。前有午山亦名午水。一在州西三十里。黄庭堅所居之南溪心有二井，土人汲以造茶，號雙井茶，絶勝他處。宋歐陽修《雙井茶》詩：西江水清江石老，石上生茶如鳳爪。窮臘不寒卷氣早，雙井茅生先百草。白毛囊以紅碧紗，十斤茶養一兩芽。長安富貴五侯家，一啜猶須三日誇。寶雲日注非不精，爭新棄舊世人情。豈知君子有常德，至寶不隨時變易。君不見建溪龍鳳團，不改舊時香味色。黄庭堅《以雙井茶送子瞻》詩：人間風日不到處，天上玉堂森寶書。想見東坡舊居士，揮毫百斛瀉明珠。我家江南摘雲腴，落磑霏霏雪不如。為公喚起黄州夢，獨載扁舟向五湖。又《以雙井茶送孔常父》詩：校經同省並門居，無日不聞公讀書。故持茗碗澆舌本，要聽六經如貫珠。心知韻勝舌知腴，何似寶雲與真如。湯餅作魔應午寢，慰公渴夢吞江湖。

廬山

唐 白居易《白氏長慶集》卷七《香爐峰下新置草堂，即事咏懷，題於石上》 香爐峰北面，遺愛寺西偏。白石何鑿鑿，清流亦潺潺。有松數十株，有竹千餘竿。松張翠傘蓋，竹倚青琅玕。其下無人居，悠哉多歲年。有時聚猿鳥，終日空風煙。時有沉冥子，姓白字樂天。平生無所好，見此心依然。如獲終老地，忽乎不知還。架巖結茅宇，斸壑開茶園。何以洗我耳，屋頭飛落泉。何以淨我眼，砌下生白蓮。左手攜一壺，右手挈五弦。傲然意自足，箕踞於其間。興酣仰天歌，歌中聊寄言。言我本野夫，誤為世網牽。時來昔捧日，老去今歸山。倦鳥得茂樹，涸魚返清源。舍此欲焉往，人間多險艱。

又 卷一六《香爐峰下新卜山居，草堂初成，偶題東壁五首》

五架三間新草堂，石階桂柱竹編牆。南簷納日冬天暖，北户迎風夏月涼。灑砌飛泉才有點，拂牕斜竹不成行。來春更葺東廂屋，紙閣蘆簾著孟光。

喜入山林初息影，厭趨朝市久勞生。早年薄有煙霞志，歲晚深諳世俗情。已許虎溪雲裏臥，不爭龍尾道前行。從茲耳界應清淨，免見啾啾毁譽聲。

長松樹下小溪頭，班鹿胎巾白布裘。藥圃茶園為産業，野麋林鶴是交遊。雲生澗户衣裳潤，嵐隱山厨火燭幽。最愛一泉新引得，清泠屈曲繞階流。

日高睡足猶慵起，小閣重衾不怕寒。遺愛寺鐘欹枕聽，香爐峰雪撥簾看。匡廬便是逃名地，司馬仍為送老官。心泰身寧是歸處，故鄉何獨在長安。

宦途自此心長別，世事從今口不言。豈止形骸同土木，兼將壽夭任乾坤。胸中壯氣猶須遣，身外浮雲何足論。還有一條遺恨事，高家門館未酬恩。

又 卷四三《草堂記》 匡廬奇秀甲天下。山北峰曰香爐。峰北寺曰遺愛寺。介峰寺間，其境勝絶，又甲廬山。元和十一年秋，太原人白樂天見而愛之，若遠行客過故鄉，戀戀不能去。因面峰腋寺，作為草堂。明年春，草堂成三間兩柱，二室四牖，廣袤豐殺，一稱心力。洞北户，來陰雲風，防徂暑也；敞南甍，納陽日，虞祁寒也。木斵而已，不加丹；牆圬而已，不加白。砌階用石，冪牕用紙，竹簾紵幃，率稱是焉。堂中設木榻四，素屏二，漆琴一張，儒、道、佛書各三兩卷。樂天既來為主，仰觀山，俯聽泉，傍睨竹樹雲石，自辰及酉，應接不暇。俄而物誘氣隨，外適內和；一宿體寧，再宿心恬，三宿後，頽然嗒然，不知其然而然。自問其故，答曰：是居也，前有平地，輪廣十丈；中有平臺，半平地；臺南有方池，倍平臺。環池多山竹野卉，池中生白蓮、白魚。又南抵石澗，夾澗有有古松老杉，大僅十人圍，高不知幾百尺。修柯戛雲，低枝拂潭，如幢豎，如蓋張，如龍蛇走。松下多灌叢，蘿蔦葉蔓，駢織翳，日月光不到地，盛夏風氣如八、九月時。下鋪白石，為出入道。堂北五步，據層巖積石，為出入道。堂北五步，據層崖積石，嵌風垤塊，雜木異草，蓋覆其上。綠陰蒙蒙，朱實離離，不識其名，四時一色。又有飛泉植名茗，就以烹燀，好事者見，可以永日。堂東有瀑布，水懸三尺，瀉階隅，落石渠，昏曉如練色，夜中如環佩琴筑聲。堂西倚北崖右趾，以剖竹架空，引崖上泉，脈分線懸，自簷注砌，纍纍如貫珠，霏微如雨露，滴瀝飄灑，隨風遠去。其四傍耳目杖屨可及者，春有錦繡谷花，夏有石門澗雲，秋有虎谿月，冬有爐峰雪。陰晴顯晦，昏旦含吐，千變萬狀，不可殫紀，覼縷而言，故云甲廬山者。噫！凡人豐一屋，華一簣，而起居其間，尚不免有驕穩之態；今我為是物主，物至致知，各以類至，又安得不外適內和，體寧心恬哉？昔永、遠、宗雷輩十八人，同入此山，老死不反；去我千載，我知其心以是哉。矧予自思：從幼迨老，若白屋，若朱門，凡所止，雖一日，二日，輒覆簣土為臺，聚拳石為山，環門水為池，其喜山水病癖如此！一旦蹇剝，來佐江郡，郡守以優容而撫我，廬山以靈勝而待我，是天與我時，地與我所，卒獲所好，又何以求焉？尚以冗員所羈，餘累未盡，或往或來，未遑寧處。待予異時，弟妹婚嫁畢，司馬歲秩滿，出得行止，處以自遂，則必左手引妻子，右手抱琴書，終老於斯，以成就我平生之志。清泉白石，實聞此言！時三月二十七日，始居新新堂：四月九日，與河南元集虛、範陽張允中、南陽張深之、東西二林寺長老溱、朗、滿、晦、堅等凡二十有二人具齋施茶果以落之，因為《草堂記》。

唐 張又新《煎茶水記》 廬山康王谷水簾水第一。

宋 歐陽修《文忠集》卷六三《大明水記》 季卿所説二十水：廬山康王谷水第一，無錫惠山石泉第二，蘄州蘭谿石下水第三，扇子峽蛤蟆口水第四，虎丘寺井水第五，廬山招賢寺下方橋潭水第六，揚子江南零水第七，洪州西山瀑布第八，桐柏淮源第九，廬山龍池山頂水第十，丹陽寺井第十一，揚州大明寺井第十二，漢江中零水第十三，玉虚洞香谿水第十四，武關西水第十五，松江水第十六，天臺千丈瀑布水第十七，郴州圓泉第十八，嚴陵灘水第十九，雪水第二十。

宋 李常《〈廬山記〉序》（康熙）《廬山志》卷一〇 余昔者讀書山中，愛其泉石塔廟之盛，而恨《圖志》之不詳，遺古略近，或出於愚夫野老之語，言鄙辭贅，可取者無幾，將討論刪次之，未皇暇也。後二十年，讎書秘閣，得廬山記，欣然以喜，以為夙願獲遂，而考其所載，疏略尤甚。熙寧五年，嘉禾陳令舉舜俞謫官山前，酷嗜遊覽，以六十日之力，盡南北高深之勝。晝行山間，援毫折簡，旁鈔四詰，小大弗擇。夜則發書致之，至可傳而後已。其高下廣狹，山石水泉，與夫浮屠，老子之宫廟，逸人達士之居舍，廢興衰盛，碑刻詩什，莫不畢載。而又作俯視之圖，紀尋山先後之次，泓泉塊石，無使遺者。成書凡五卷。後三年，余守吴興，令舉扁舟相過，以余山前之人也，出稿見授。請鏤諸板，藏之山間。會余蒙恩移濟南，遽與之别。令舉尋復物故。余益以事役，奔走四方。思一旋歸，茫不可得。輒序其撰述之勤，貽好事君子。庶幾成令舉之志云。朝散郎充秘閣校理李常序。

宋 劉涣《〈廬山記〉序》（康熙）《廬山志》卷一〇 予雅愛廬山之勝，棄官歸南，遂得居於山之陽。遊覽既久，遇景亦多，或賦或録。雜為一編，將欲次之而未暇也。熙寧中，會陳令舉以言事斥於是邦，山林之嗜既同，相與乘黄犢往來山間。歲月之積，遂得探極觀，無所不究。令舉乃采予所録，及古今之所紀，耆舊之所傳。與夫耳目之所經見，類而次之。以為記，其詳蓋足以傳後。予材不可以應時，宜退老於林野。令舉以制策擢上第，名聲赫赫驚世，仕不二十歲，乃廢於筦庫，而與予共見於此記，甚可惜也。然推古以較今，豈特一令舉為可惜哉！江西劉涣序。

宋 陳舜俞《廬山記》卷一《總叙山水篇第一》 其山大嶺凡有七重，圓基周回垂五百里。風雲之所攄，江湖之所帶。高崖仄宇，峭壁萬尋，幽岫窮巖，人獸兩絕。天將雨，則有白氣先摶，而瓔珞於嶺下，及至，觸石吐雲，則倏忽而集。或大風振崖，逸響動穀，群籟競奏，奇聲駭人。此其變化不可測者矣。衆嶺中第三嶺極高峻，人跡之所罕經也。

又 卷二《叙山南篇第三》 由圓通二十里，至康王谷景德觀，舊名康王觀。入谷中，溯澗行五里，至龍泉院。又二十里，有水簾飛泉，被巖而下者二三十派，其高不可計，其廣七十餘尺。陸鴻漸《茶經》嘗第其水為天下第一。

宋 馬令《南唐書》卷一五《隱者傳第十》 毛炳，豐城人也。好學不能自給，因隨里人入廬山，每與諸生曲講，苟獲貲鏹，即市酒盡醉。時彭好茶，而炳好酒，或嘲之曰：『彭生説賦茶三斤，毛氏傳經酒半升。』

宋 蘇轍《欒城集》卷一三《再游廬山三首》 當年五月訪廬山，山翠溪聲寢食間。藤杖復隨春色到，寒泉頓與客心閑。巖頭懸布煎茶足，峽口驚雷泛葉慳。待得前村新雨遍，扁舟應逐好風還。

憶自棲賢夜入城，道邊蘭若一僧迎。偶然不到終遺恨，特地來遊慰昔情。清外聲聞安至此，堂中天鼓為誰鳴，匆匆復向深山去，一盞醍醐飽粟罌。

此山巖谷不知重，赤眼浮圖自一峰。芒蹻隨僧踐黄葉，曉光消雪墮長松。石泉試飲先師錫，午飯歸尋下寺鐘。勝處轉多渾恐忘，出山惟見白雲濃。

宋 陸游《入蜀記》卷四 史志道餉谷簾水數器，真絶品也，甘腴清泠，具備衆美。前輩或斥《水品》以為不可信；《水品》固不必盡當，然谷簾卓然，非惠山所及，則亦不可誣也。

宋 周必大《文忠集》卷一六七《泛舟游山録》 溪上紫霄峰，鐵塔在焉。村民以三四月一往來，茶約十里云。

宋 林希逸《竹溪鬳齋十一稿續集》卷一《用珍字韻謝吴帥惠乃弟山泉所寄廬山茶新茗一首》 五老峯前草自靈，若為封裹入南閩。錦囊有句知難弟，玉帳多情寄野人。雲腳似浮廬瀑雪，水痕堪鬥建溪春。龍

團拜賜前身夢，得此烹嘗勝食珍。

明 田藝蘅《煮泉小品·石流》 泉懸出曰沃，暴溜曰瀑，皆不可食。而廬山水簾，洪州天臺瀑布，皆入水品，與陸經背矣。故張曲江《廬山瀑布》詩：『吾聞山下蒙，今乃林巒表。物性有詭激，坤元曷紛矯。默然置此去，變化誰能了。』則識者固不食也。然瀑布實山居之珠箔錦幙也，以供耳目，誰曰不宜。

明 徐獻忠《水品》卷上《六品》 處士所品可據及不能盡試者，並列：蘄州蘭溪石下水；峽州扇子山下，有石突然洩水獨清冷，狀如龜形，俗云蝦蟆口水；廬山招賢寺下方橋潭水；洪州西山東瀑布水；廬州龍池山水；漢江金州上游中零水；歸州玉虛洞下香溪水；商州武關西洛水；郴州圓泉水。

又《七雜說·廬山康王谷水》 陸處士云：瀑湧湍漱，勿食之，康王谷水簾上下，故瀑水也，至下潭澄寂處，始復其真性。李季卿序次有瀑水，恐托之處士。

明 屠隆《考槃餘事》卷一五《茶箋·擇水·地泉》 取乳泉漫流者，如梁溪之惠山泉為最勝。

取清寒者，泉不難於清，而難於寒。石少土多，沙膩泥凝者，必不清寒；且瀨峻流駛而清，巖粵陰積而寒者，亦非佳品。

取香甘者，泉惟香甘，故能養人。然甘易而香難，未有香而不甘者。

取石流者，泉非石出者，必不佳。

取山脈逶迤者，山不停處，水必不停。若停，卽無源者矣。旱必易涸，往往有伏流沙土中者，挹之不竭，卽可食。不然，則滲瀦之潦耳，雖清勿食。

有瀑湧湍急者勿食，食久令人有頭疾。如廬山水簾、洪州天臺瀑布，誠山居之珠箔錦幙。以供耳目則可，入水品則不宜矣。

有溫泉，下生硫黃故然。有同出一壑，半溫半冷者，皆非食品。

有流遠者，遠則味薄；取深潭停蓄，其味迺復。有不流者，食之有害。《博物志》曰：山居之民，多癭腫；由於飲泉之不流者。

泉上有惡木，則葉滋根潤，能損甘香，甚者能釀毒液，尤宜去之。如南陽菊潭，損益可驗。

明 許次紓《茶疏·擇水》 精茗蘊香，借水而發，無水不可與論茶也。古人品水，以金山中泠為第一泉第二，或曰廬山康王谷第一。廬山余未之到，金山頂上井亦恐非中泠古泉。陵谷變遷，已當湮沒，不然，何其瀉薄不堪酌也？今時品水，必首惠泉，甘鮮膏腴，致足貴也。往三渡黃河，始憂其濁，舟人以法澄過，飲而甘之，尤宜煮茶，不下惠泉。黃河之水，來自天上，濁者，土色也。澄之既淨，香味自發。余嘗言有名山則有佳茶，茲又言有名山必有佳泉，相提而論，恐非臆說。余所經行，吾兩浙兩都、齊魯楚粵、豫章滇黔，皆嘗稍涉其山川，味其水泉，發源長遠，而潭沚澄澈者，水必甘美。卽江河溪澗之水，遇澄潭大澤，味咸甘洌。唯波濤湍急，瀑布飛泉，或舟楫多處，則若濁不堪。蓋雲傷勞，豈其恆性。凡春夏水長則減，秋冬水落則美。

明 李日華《紫桃軒雜綴》卷一 匡廬頂產茶，在雲霧蒸蔚中，極有勝韻，而僧拙於焙，既採必上甑蒸，過攝宿而後焙，枯勁槀秸，瀹之為赤鹵，豈復有茶哉！同年楊澹中游匡，山有『笑谈渴饮匈奴血』之誚，蓋實錄也。戊戌春，小住東林，同門人董獻可、曹不隨、萬南仲，手自焙茶，有『淺碧從教如凍柳，清芬不遺雜花飛』之句。既成，色香味殆絕。恨余焙不多，不能遠寄澹中為匡廬解嘲也

明 徐巖泉《六安州茶居士傳》（續茶經·茶之源） 居士茶姓，族氏衆多，枝葉繁衍遍天下。其在六安一枝最著，為大宗，陽羨、羅岕、武夷、匡廬之類，皆小宗。若蒙山，又其別枝也。

明 楊溥《禅玄顯教編》（續茶經·茶之事） 徐道人居廬山天池寺，不食者九年矣。畜一墨羽鶴，嘗採山中新茗，令鶴銜松枝烹之。遇道流，輒相與飲幾碗。

清 劉源長《茶史》卷二《名泉》 谷簾泉在南康府城西，水如簾布，巖而下者三十餘派。陸羽品此為天下第一。又謂康王谷水為第一，在九江府城西南，楚康王嘗憩此，故名。水簾高三百五十丈。王禹偁云：康王谷為天下第一水簾，汲之逾月，其味不敗。王元之序穀簾泉云：泉為石崖所束，湍怒噴湧，散落紛紜數千百縷，班布如瓊簾，懸注三百五十丈。志謂谷中有水簾洞，云廬山之泉多，循崖而瀉，此則由五峯北崖口懸注而下，凡三級。上級落大盤山上，裊裊如飄雲垂練；中級如碎玉摧

冰；下級如玉龍翔舞，又名三疊泉，又名三級泉。

清 查慎行《敬業堂詩集》卷一五《廬山雜咏四首》 食豆兼食苗，豆苗瘦如縷。不聞豆花香，惟帶豆葉苦。豆葉菜

老鴉銜茶子，墮石久成樹。何必百花園，峰峰有雲霧。聞林茶亦名雲霧茶

誰遣冒松名，而長三寸許。山頭有蓬藋，俯視猶傲汝。萬年松

山花合在山，幽谷尋難見。卻笑紫蓬萊，愛入移風殿。麝囊花

又《游山歸錢越秀呂灌園出示見送詩戲答二首》 一卷新詩吟不盡，歸來只與未遊同。野人胸次無宿物，好景仍在廬山中。

千古才難洵不疑，敢將輕薄入文辭。眼空除是東坡老，笑得徐凝瀑布詩。

又《自題廬山紀游集後》 半生讀書不得力，浪走風塵嗟暮色。名山五岳杳無期，此日匡廬面初識。千秋物象遞顯晦，幾輩閒人肯登陟。謫仙頭白倘歸來，白石清泉聞太息。獨移瘦杖扣石鏡，雙眼快對晴空拭。已知絶境少豺狼，那怕荒蹊犯荊棘。鴉飛不到力有限，龍起無時神莫測。橋邊聽瀑雨淙淙，峰頂防雲松叟叟。三秋忽變候寒暑，半月略盡山南北。偶然興至或留題，聊藉防吟豁胸臆。詩成直述目所覩，老矣焉能事文飾。僊靈幽秘苦雕劖，雲霧蒼茫每深匿。忽逢生客一呈露，可惜無才收不得。歸途鹵莽方自嗤，遊況匆忙誰見逼。人間涉歷多梗滯，祇此一途猶未塞。皇天亦似憫汝窮，恣爾窮探無吝嗇。如何汲汲向城市，若赴嚴程拘漏刻。他年終伴采芝翁，臨別有言吾敢食。

（康熙）《廬山志》卷一《物産·草之品》 《桑疏》：茶，諸庵寺皆藝之，不減他名産。《南康志》：往星子縣例貢茶，然山寒，茶恒遲，頻市之他邑充貢，太平興國中邑人吳昶走闕下言之。有詔免貢。昶有氣節，慷慨敢言，無所屈撓云。《新志》：雲霧茶，山僧艱於日給，取諸巖壁間，撮土種茶一二區，然山嶺峻高，叢極卑弱，曆冬必用茅苫之，屆端陽始採，焙成呼為雲霧茶。《新志》：聞林茶鳥雀啣茶子食之，或有墜于茂林幽谷者，久而萌生。山僧或有入林尋採者，所獲不過數兩。焙而烹之，其色如月下白，其味如荳花香。方拱乾《東古山摘茶詩》：摘不敢盈甲，啜不敢盈膳。烹則瀑下泉，焙則花下薪。松風生碗端，回眸凝巳陳。色香非所居，遑以滋味論。初月漾新訊相將助孤神。山僧相視笑，山庵今日春。劉顯績《酬友人饋廬山茶》：日下輕飄到，山中香茗來，焙時耳瀑雨，摘處踏蒼苔，待月春疏共，吟詩石乳開，何時雨霧窟，相與汎清杯。廖雨《採茶謠》：常年來茶早，今來採茶遲。四月寒風吹石圃，雲根凍護香一絲。十日提新筐，晴時求少許。金牙碧玉可憐生，半付野豕牙涎煮。不堪歎息提筐回，寺中有客城中來。自稱公府門下役，朱票靈茶一百六。票書專得雨前茶，色香幽細比蘭花。刻限三日交如數，館價一斤一錢足。老僧聞言面如土，顧謂徒屬收拾走。石圃青從可數處，請君傭工自摘去，誅鋤灌溉不敢計。

（康熙）《廬山志》卷一三《山川分紀一二·谷簾泉》 《桑疏》：谷簾泉在康王穀中，源卽漢陽所發，西行為枕石崖所束。湍怒噴薄，散落紛紜，數十百縷，班布如玉簾，縣注三百五十丈，故名穀簾泉，亦匡廬第一觀也。《茶經》：穀簾泉水為天下第一。《桑疏》：陸羽《茶經》言：瀑瀉湍急者勿食。今此水瀑瀉湍急無如矣，乃以為第一，毋亦打戾其言耶！【略】王禹偁曰：水之來，計程且一月矣，而其味不敗。取茶煮之，浮雲散雪之狀，與井泉絶殊。《桑疏》：水簾洞卽谷簾泉。【略】張又新《謝山僧寄谷簾泉》詩：消渴茂陵客，甘涼廬阜泉。瀉從千仞石，寄逐九江船。竹櫃新茶出，銅鐺活火煎。育花浮晚菊，沸沫響秋蟬。啜憶吳僧共，傾宜越碗圓。氣清寧怕睡，骨健欲成仙。吏役尋無暇，詩情得有緣。深疑嘗沆瀣，猶欠聽潺湲。迢遞康王穀，塵埃陸羽篇。何當結茅屋，長在水簾前。

（乾隆）《武寧縣志》卷七《土産》 茶，武寧所産，伊洞、瓜源、果子洞擅名，然皆遜千象牙洞，內鐵釜、長凹、竹凹最美者，有白毛，幽翠可愛，狀如銀須，雪爪，玉鉤。清明前摘焙。溪澗水注之，色微碧，味絶雋，飲過喉舌間，有餘味，令人疏豁，葉甘脆，細嚼亦甚清永。寧人喜茶，所産僅足供用，唯伊洞、瓜源粗者，他方所仰，其長凹、竹凹，雖土人不可多得也。長凹、竹凹茶，人數十葉於精瓷碗，傾以清溪熟水。葉新全液出，飲之味清遠厚鬱，移時則失其妙。瓜源仙崖茶，香味絶佳，歲出不盈十鍰，罕有知者。按，《圖經續志》：武寧、寧州皆産茶，宋時名曰江茶。又《續職方乘》：茶出分、武兩縣者最佳。今遍行天下，號為江茶。又《歸田録》：武寧嚴陽茶，與雙井茶相亞，為草茶第一。

合考諸書，寧茶有名已久。古人龍團磔餅，失其本性，唯草茶元精獨存，初沸水注之，雲液浮出，色香味皆佳也。

（同治）《星子縣志》卷一《疆域·貨之屬》　廬山茶有雲霧茶，最好，但不易得。

袁州

唐 陸羽《茶經·八之出》　江南生鄂州、袁州、吉州。

五代 毛文錫《茶譜》《全芳備祖後集》卷二八　袁界橋，其名甚著。

《文獻通考》卷一八《征榷考五》　綠英金片出袁州。

明 張謙德《茶經》上篇《論茶·茶産》　茶之産於天下多矣，若姑胥之虎丘、天池，常之陽羨，湖州之顧渚紫筍，峽州之碧澗明月，南劍之蒙頂石花，建州之北苑先春龍焙，洪州之西山白露、鶴嶺，穆州之鳩坑，東川之獸目，綿州之松嶺，福州之柏巖，雅州之露芽，南康之雲居，婺州之舉巖碧乳，宣城之陽坡橫紋，饒池之仙芝、福合、祿合、蓮合、慶合，壽州之霍山黄芽，邛州之火井思安，安渠江之薄片，巴東之真香，蜀州之雀舌、鳥嘴、片甲、蟬翼，潭州之獨行靈草，彭州之仙崖石倉，臨江之玉津，袁州之金片、綠英，龍安之騎火，涪州之賓化，黔陽之都濡高枝，瀘州之納溪梅嶺，建安之青鳳髓、石巖白，岳州之黄翎毛、金膏冷之數者，其名皆著。品第之，則虎丘最上，陽羨真岕、蒙頂石花次之，又其次，則姑胥天池、顧渚紫筍、碧澗明月之類是也。餘惜不可考耳。

明 顧起元《茶略》　建州之北苑先春龍焙，洪州之西山白露，鶴嶺雙井白芽，穆州之鳩坑，東川之獸目，綿州之松嶺，福州之柏巖、方山生芽，雅州之露芽，南康之雲居，婺州之舉巖碧乳，宣城之陽坡橫紋，饒池之仙芝、福合、祿合、蓮合、慶合，蜀州之雀舌、鳥嘴、片甲、蟬翼，潭州之獨行靈草，彭州之仙崖石花，臨江之玉津，袁州之金片綠英，龍安之騎火，涪州之賓化，建安之青鳳髓，岳州之黄翎毛，建安之石巖白，岳陽之含膏冷，南劍之蒙頂石花，湖州之顧渚紫筍，峽州之碧澗明月，壽州之霍山黄芽，越州之日注，此唐宋時産茶地及名也。

明 羅廩《茶解·原》　鴻漸志茶之出，曰山南、淮南、劍南、浙東、黔州、嶺南諸地。而唐宋所稱，則建州、洪州、穆州、惠州、綿州、福州、雅州、南康、婺州、宣城、饒池、蜀州、潭州、彭州、袁州、龍安、涪州、建安、岳州。

西山

唐 張又新《煎茶水記》　洪州西山西東瀑布水第八。

唐 李肇《唐國史補》卷下　風俗貴茶，茶之名品益衆。劍南有蒙頂石花，或小方，或散牙，號為第一。湖州有顧渚之紫筍，東川有神泉、小團、昌明、獸目，峽州有碧澗、明月、芳蕊、茱萸簝，福州有方山之露牙，夔州有香山，江陵有南木，湖南有衡山，岳州有浥湖之含膏，常州有義興之紫筍，婺州有東白，睦州有鳩坑，洪州有西山之白露。壽州有霍山之黄牙，蘄州有蘄門團黄，而浮梁之商貨不在焉。

五代 毛文錫《茶譜》《事類賦注》卷一七　洪州西山白露及鶴嶺茶極妙。

明 張謙德《茶經》上篇《論茶·茶産》　洪州之西山白露、鶴嶺。

清 鄭日奎《西山茶課記》（光緒）《江西通志》卷四九　西山在弋之西北，山勢龍嵸，亙十數里，土與石間之林壑，初無大異，其名也，以産茶。寺居山之麓，僧亦以種茶為業。住持老衲，鵝湖人也，臘甚高，好談前朝事。客至，無他供，惟以茶。啜茶次，輒為客述明時弋之茶害也。正德中，甯藩勢張甚。每歲春，輒遣官校督茶芽，凌轢官吏，民苦之。已卯，逆藩敗，弋患始去。邑人汪少宰有《庚辰春日飲茶》詩，意蓋指此。而今幸矣，無他慮矣。因為誦汪公詩，客皆色然喜，欣然笑也。更啜次，僧為客述明末鉛之茶害也。信七邑，皆産茶，初無絕佳者，故不以供上用。獨鉛邑有茶户，有茶課，課額歲斤耳，不為民厲。何時例忽起，每歲清明課茶時，除正供外，自監司以下逮丞尉，皆有饋，名曰薦新。實則本處所産，不能應，皆市之他郡以充之，民歲費金以數十計，已苦之矣。何時例又變，每歲課茶時，除正供本色外，其他饋贈，悉以銀代之，於是民歲費金以百數十計，茶户或稱貸償，或鬻妻子償，甚有自經溝瀆間者。已

而相率逃去，則科之合邑之糧里，費益不貲，吉益深矣。邑人盛處士有《汭川採茶歌》，意蓋指此。而今不知何如也。因朗誦盛子歌，歌未終，客皆慘然不樂，太息起，啜飲而別。

茶山

唐 劉長卿《送陸羽之茅山，寄李延陵》《全唐詩》一四八　延陵衰草遍，有路問茅山。雞犬驅將去，煙霞擬不還。新家彭澤縣，舊國穆陵關。處處逃名姓，無名亦是閑。

唐 皇甫曾《送陸鴻漸山人采茶回》《全唐詩》卷二一〇　千峰待逋客，香茗復叢生。採摘知深處，煙霞羨獨行。幽期山寺遠，野飯石泉清。寂寂燃燈夜，相思一磬聲。

唐 孟郊《題陸鴻漸上饒新開山舍》（乾隆）《上饒縣志》卷一六　驚彼武陵狀，移歸此巖邊。開亭擬貯雲，鑿石先得泉。嘯竹引清吹，吟花成新篇。乃知高潔情，擺落區中緣。

唐 等昱《過茶山飲陸羽泉》（乾隆）《上饒縣志》卷一六　北廓晴巒四望明，高賢魯此關榛荊。雲根過雨天涵碧，石罅穿林玉碎聲。樹桂一瓢藤可屋。香浮七盌醉還醒。閒來自領東岡趣。不羡滄浪詠濯纓。

（乾隆）《上饒縣志》卷二《山川》　茶山在府城北，唐陸鴻漸居此，號東崗子。【略】

陸羽泉，在城北茶山寺。唐陸羽寓其地，即山種茶，品其水曰第四。尚書楊麒因以為號。一名燕支井，以土赤名。長汀黎士弘改曰陸泉，匾曰獨清，製一聯曰：千年舊姓存前哲，一掬寒泉付老僧。有詩。

又 卷三《貨屬·茶》　《鶴山集》云：茶之始，其字為荼。茶之團者，片者，皆出於碾磑之末，已損其真，總不若芽茶也。四鄉售者多園茶。

又《古迹》　陸鴻漸宅，在府城西北茶山廣教寺。昔唐陸羽嘗居此，號東岡子。刺史姚驥嘗詣所居。鑿沼為溟渤之狀，積石為嵩華之形。後隱士沈洪喬葺而居之。《圖經》：羽性嗜茶，環居有茶園數畝，陸羽泉一勺。今為茶山寺。孟郊題陸鴻漸《上饒新開山舍》詩：驚彼武陵狀，移歸此巖邊。開亭擬貯雲，鑿石先得泉。嘯竹引清吹，吟花成新篇。乃知高潔情，擺落區中緣。

又 卷一〇《人物·寓賢·唐》　陸羽字鴻漸，一名疾，字季疵，復州竟陵人。上元初，隱居苕溪，號桑苧翁。召拜太子文學，徙太常寺太祝，不就。寓居信城北三里，自號東岡子。性嗜茶，環居多植茶，因號茶山，刺史姚驥頻就訪焉。嘗著《茶經》三篇，鬻茶者目為茶神，祀之。又御史蕭瑜領洪州，羽自信州移至洪州玉芝觀，瑜喜與之唱和，成帙，權德輿為之序。

（道光）《廣豐縣志》卷三二《雜記》　豐山，產茶，地熱，發最早，清明後即起旗槍矣。茶候修貢事，俱采之山谷。亦有種蒔者，味清而薄，止供一瀹。又製法最劣，大要焦熟始用之，故品茶者不録。昔陸季疵愛信州多茶山，特流寓其地。後鬻茶者陶其形，目為茶神而祀之。故信與豐凡產茶之處，皆季疵蹤跡所及，而今固未聞有宗其癖經理茶政者，甚矣，豐人之不好事也。雖然。以近時茶產論，陸之用薑點茶，倍戾乃甚。餘觀邑紳士家煮茶供客，必沃以蜜果，甌中唯泛甘膩，不復聞有茶香，豈亦讀陸經之點薑而過耶！

（同治）《上饒縣志》卷五《山川》　陸羽泉，在城北茶山寺。唐陸羽嘗寓其地，即山種茶，品其水為第四。其水似井而傍山，色白味甘，是為乳泉。以土色赤，又名燕支井。湖潭唐世征詩：生為《茶經》累季疵，禿衿揚杓亦何辭。豈知北郭空山裏，占得寒潭雪一池。

（同治）《鉛山縣志》卷五《物產·茶》　早取曰茶，晚取曰茗。蘄門團黃，奮一旗二槍之號，言一葉二芽也。地產不同，稱名各異。穀雨前取葉焙製者佳。《本草》：茶能去脂，使人不睡。陸羽嗜茶，著《茶經》三篇，鬻恭者祀為茶神。附：《府志拾遺》：凡石山帶土者，兩山夾岸者，陽崖者，陰峽者，皆種以荈木。至三月清明前後，始吐芽，山人無論老少，人山采其芽，揉作焙炒。宋先有周山茶，白水團茶，小龍鳳團茶，皆以佐建安而上供。今惟桐木山出者葉細而味甜，然土人多不善製，終不如武夷味清苦而雋永。淩露而采，出膏者光，含膏者皺；宿製者黑，日成者黃；紫者上，綠者次。三月清明前采芽為上春，清明後采芽為二

春，四月以後采葉則不人。《茶經》：烹茶宜活水，以乳泉為上，江水次之，井水為下。採茶，毋許婦人雞犬到山，乃為清潔。飲之，能釋滯消痰，解煩渴，蘇肢節。鉛山物産，紙外惟茶。

（光緒）《江西通志》卷四八《風俗·饒州府》 蓋以山甚稠，田甚狹，以故食多不足，士與工商，皆出四方以就利。其富家巨室，不志於鉅萬而貧者，亦不至於餒死，游手之徒皆能自售，其貨之大者，摘葉為茗，伐楮為紙。

又 卷五三《山八·饒州府》 茶山，在上饒茲北。唐陸鴻漸居此，有陸羽泉，即天下第四泉也。

其他

唐 楊曄《膳夫經手録》 如此饒州浮梁茶，今關西、山東、閭閻村落，皆喫之。累日不食，猶得不得一日無茶也。

又 歙州、婺州、祁門、婺源方茶，製置精好不裸木葉，自梁宋幽并間，人皆尚之。賦稅所入，商賈所齎，數千里不絕於道路。其先春含膏亦在，顧渚茶品之亞列，祁門所出方茶，川源制度畧同差小耳。

（康熙）《南豐縣志》卷三《境内山川》 福善山，在三十二都、三十九都界，去縣五十里【略】其山層巘高峻，與軍山並峙。山頂有庵，山半別一庵，去巔數十余武，風景更勝，産茶最佳。

（雍正）《江西通志》卷七《山川一》 澄山，在豐城縣南一百四十七里，産茶。【略】

洪崖，在西山，距府城四十里，一名伏龍山，乃洪崖先生煉藥處。有洞居水中，宸濠嘗戽水見底。有五井，各方廣四尺許。洞側瀑布泉，狀如玉簾，歐陽修品為第八泉。【略】

鹿井，在府城西南七十里久駐村。井在溪中，天旱溪涸，井乃見。紫石迴旋，膚色光瑩，石罅中清泉湧出，以烹茗，輒成紫色。曾有羣鹿次其中，故名。

又 卷九《山川二》 傳擔山，在泰和縣西五十里。山極高峻，非攀援不可度。西南有石筍峰，尤峭拔，下有九龍潭，又有玉溪泉，凡四十八竅，至巖前合為一，因名六八泉，産茶，味極香美。

又 卷一〇《山川四》 旗鼓山，在南豐縣西南三十里。右如展旗，左如仆鼓。又西南二十里為福善山。宋元豐間，吳禪師號樟木者，於此坐化。其山高峻，與軍山對峙，山頂山腰，皆有庵，産茶味佳。

又 卷一一《山川五》 冠山，在餘干縣治東。平地堀起，巍然如冠。一名雙覆峰，又名羊角峰。上多奇樹怪石，前瞰琵琶洲。相傳唐陸羽於此煮茶。有龍泉池、雲風堂、乘風亭，今廢有東岡書院。祀朱子及趙汝愚昆弟，縣東五里，有冕山。相傳，隋末林士弘保餘干敵至市民避居此山，得免於難。故名免。後人因吳楚冠冕之語，易曰冕山。

又 卷一二《山川六》 谷簾泉，在康王谷，其水如簾，布巖而下者三十餘派，亦匡廬異觀也。唐陸羽品其水為天下第一。泉之側，別有雲液泉，山多雲母石，甘且清，蓋雲母滋液所致。按，九江志亦載谷簾、雲液二泉。二泉之水合烏龍潭水，徑康陽阪，人德安縣界。

又 卷一三《山川七》 龜山，在崇義縣西三十里。形如龜，多産茶及水竹。【略】

龍歸山，在崇義縣西一百八十里，與廣東韶州仁化縣連界。深林叢箐，土人製茶，與普洱茶相似。

（乾隆）《安遠縣志》卷一《山川·古亭山》 在廉江坊東，距縣十五里。岺嶂岧嶢，雲氣卷舒，踞九龍之上游，其疊阜複岡處，分上下。古亭皆産茶，露濃土美，香色味堪方九龍向名古坑，今易亭。

又《九龍嶂》 在縣南十五里新龍堡界。綿亘二十里，列岫嶒峻，如翠屏環抱。山之巔，雲霧蒸騰，觀其聚散，以驗晴雨。有龍潭九坎，禱雨多應，梵剎清幽，炎天無暑氣陰霾，夜擁棉，晒禾坪數畝地，産茶，雨液露膏，滋潤獨厚，香色味可稱名品，即今上貢茶也。有賦

又 卷三《山川·貢茶》 安邑佳茶，多取資於閩中崇安，本處山谷雖産茶，佳者殊少。惟縣南十五里九龍嶂，其巖有茶樹，善製者擕囊入山，守候採製，氣味清芬如蘭，然所産甚稀，得者若珠粒丹砂，寶貴界常。自雍正五年額數供貢，九龍巖所産不敷，在古亭採取塾數。後歷年龍

巖茶樹新發不敵所枯，所貢額數，大半取給古亭，其沾芬稍遜龍巖矣。而古亭產茶之處，距縣十五里，官斯土者，逢春必登山親看，諭土人培植愛護，併不時飭役巡查。近年茶樹亦稀，豈植物之美者易於凋落與？抑地氣之精，有時而泄，有時而伏與？恐將來古亭不敷，又必尋採次云。

（同治）《新建縣志》卷五《輿地志・山》　羅漢嶺，在香城寺後。上疊石為屋，曰羅漢壇，祀靈觀尊者，前有灑足湖。地產羅漢茶、羅漢菜。

（光緒）《江西通志》卷五三《山八・饒州府》　南屏山，在上饒縣東南五里。拱抱府治如屏，故名。一名天馬山，宋趙汝愚嘗建南臺於上，旁有謝枋得祠，又縣北有茶山，唐陸鴻漸嘗居此。

又卷五四《山九・饒州府》　冠山，在餘干縣城中。平地崛起，巍然如冠。一名雙覆峰，又名羊角峰。或稱東岡，上多奇樹怪石，前瞰琵琶洲。相傳唐陸羽於此煮茶。

又卷五六《山一四・寧都州》　中華山，在石城縣南六十里，一名鑿龍山。產茗極佳。

又卷一一四《勝迹・署宅》　黃山谷故宅，庭堅先居修水，後乃遷于雙井，在州西三十里。其南溪心有二井，土人汲以遺茶，為草茶第一。

又卷一一七《勝迹・署宅》　陸鴻漸宅，在城西北。唐陸羽嘗居此，號東岡子。剌史姚驥嘗詣其所居。鑿沼為溟渤之狀，積石為嵩華之形。後隱士沈洪喬葺而居之。羽性嗜茶，環居有茶園數畝，陸羽泉一勺。今為茶山寺。

又卷一二四《勝迹・寺觀・茶山寺》　在上饒縣北隅，一名廣教寺。有陸羽泉。唐天佑間建。國朝康熙五年推官黎士宏重建，後複毀，知府周錞元修謝志。黎士宏《建茶山寺記》：此山傳為陸鴻漸舊居。陸好茶，故名茶山。山惻有泉，因目為第四泉，是未嘗考張又新《煎茶記》也。然山因陸固足傳，泉性甘冽，又自足傳，正不當以次第為高下耳。

福建

方山

唐　陸羽《茶經・八之出》　嶺南生福州、建州。福州生閩方山之陰也。

唐　楊曄《膳夫經手録》　建州大團，狀類紫筍，又若今之大膠片。每一軸十斤餘，將取之，必以刀刮，然後能破。味極苦，唯廣陵、山陽兩地人好尚之，不知其所以然也，或曰療頭痛未詳已上以多為貴。

又　福州生黃茶，不知在彼味峭。上下及至嶺北，與香山明月為上下也。

宋　樂史《太平寰宇記》卷一〇〇　方山，在州南七十里周，回一百里，山頂方平，因號方山。山上有珍果，唯就食之，即可。攜出，即迷。天寶六載，敕改為甘果山。

宋　陳襄《古靈集》卷二二《古靈山試茶歌》　乳源淺淺交寒石，松花墜粉愁無色。明星玉女跨神雲，鬬剪輕羅縷殘碧。我聞巒山二月春方歸，苦霧迷天新雪飛。仙鼠潭邊蘭草齊，露牙吸盡香龍脂。轆轤繩細井花暖。香塵散碧琉璃椀。玉川氷骨照人寒，瑟瑟祥風滿眼前。紫屏冷落沈水煙，山月堂軒金鴨眠。麻姑癡煮丹巒泉，不識人間有地仙。

宋　謝維新《合璧事類》《續茶經》卷下　建州出大片。方山之芽如紫筍，片大極硬，須湯浸之方可碾。治頭痛，江東老人多服之。

（淳熙）《三山志》卷四一《土俗類三・物產》　《舊記》：『舊閩縣尉廳名茶山館』。又縣東十五里，有茶園山，亦云石鱉山，出茶。《球場山亭記》有『芳茗原』，今甌冶山。唐憲宗元和間，詔方山院僧懷惲麟德殿説法，賜之茶。懷惲奏曰：『此茶不及方山茶佳。』則方山茶得名久矣。《唐・地理志》亦載：『福州貢蠟麵茶』。蓋建茶未盛前也。今古田、長溪近建寧界，亦能採造，然氣味不及。

（弘治）《八閩通志》卷二五《食貨志・土產・福州府・貨之屬》

茶福州諸縣皆有之，閩之方山、鼓山，侯官之水西，懷安之鳳岡尤盛。

明 李時珍《本草綱目》卷三二 吳越之茶，則有湖州顧渚之紫筍，福州方山之生芽，洪州之白露，雙井之白毛，廬山之雲霧，常州之陽羨，池州之九華，丫山之陽坡，袁州之界橋，睦州之鳩坑，宣州之陽坑，金華之舉巖，會稽之日鑄，皆產茶之有名者。

明 謝肇淛《五雜組》卷一一《物部三》 閩之方山、太姥、支提俱產佳茗，而製造不如法，故名不出里閈。予嘗過松蘿，遇一製茶僧，詢其法。曰：茶之香，原不甚相遠，惟焙之者火候極難調耳。茶葉尖者太嫩，而蒂多老。至火候匀時，尖者已焦，而蒂尚未熟。二者雜之，茶安得佳？製松蘿者，每葉皆剪去其尖蒂，但留中段，故茶皆一色。而工力煩矣，宜其價之高也。閩人急於售利，每觔不過百錢，安得費工如許，若價高卽無市者矣。故近來建茶，所以不振也。

清 劉源長《茶史》卷一《方山茶》 產衢州龍遊方山，卽屬龍遊。

又 方山露芽 方山，福州府城南。四面如城，產茶，中有田三四頃。其木多柑橘，志稱一郡大觀也。

（康熙）《龍游縣志》卷四《田賦志·附物產》 貨之品，多炭，多柏油，多燒紙，有木棉，有苧麻，有茶方山最佳，額貢四斤，有靛，有黃蠟，有柿、漆。

又卷五《山川》 方山在縣東四十五里。山形方正如冠，故名。《隋書》所稱丘山與龍山並稱者，疑卽此。石勢聳削，上幹青冥，產茶，入貢品，在顧渚、日鑄之間。

（乾隆）《福建通志》卷一〇《物產》 茶諸縣皆有之。閩之方山、鼓山，侯官之水西、鳳岡尤盛。唐《地理志》載，福州貢臘麵茶，蓋建茶未盛前也。

（光緒）《金壇縣志》卷一《土產》 茶葉出方山，穀雨前採者佳。

鼓山

明 徐𤊹《茗譚》 《茶經》所載閩方山產茶，今間有之，不如鼓山者佳。侯官有九峰、壽山，福清有靈石，永福有名山室，皆與鼓山伯仲。然製焙有巧拙，聲價因之低昂。【略】

徐獻忠《水品》載，福州南台山泉清冷可愛，然不如東山聖泉，鼓山喝水巖泉，北龍腰山苔泉尤佳。

明 徐𤊹《靈源洞汲泉煮茗，摩崖觀蔡君謨題刻，乃慶曆丙戌仲秋八日，予至亦以是日，溯自蔡君游日，計五百八十餘年矣》（乾隆）《鼓山志》卷一一 呼童攜茗具，古澗汲寒泉。活火烹林際，團焦坐石邊。長空無過鳥，疏樹有涼蟬。細讀名賢蹟，苔侵六百年。

明 徐𤊹《鼇峰集》卷一二《鼓山尋茶園因憩田家山樓》 嶺半斜通路，山家曆幾環。誰知巖穴里，宛若武陵間。地僻村難辨，林深户不關。小樓攢竹翠，幽石繡苔斑。卜歲全看曆，謀生盡采山。扶犁籽麥熟，負筥焙茶閑。田嫗多椎髻，村氓自古顏。門前江渺渺，屋後澗潺潺。塞墐茅茨厚，編籬槿木彎。小龐驚客吠，乳犢趁人還。樸野元堪羡，真淳似可攀。征徭吾欲避，從此離區寰。

明 徐𤊹《靈源雨茗》（乾隆）《鼓山志》卷一三 寒食才過穀雨前，鼓山風送焙茶煙。旗槍乍試甘泉脉，竹火磁瓶手自煎。

明 謝肇淛《采茶曲六首》（乾隆）《鼓山志》卷一三 半山別路出茶園，雞犬桑麻自一村。石屋竹樓三百口，行人錯認武陵源。

布穀春山處處聞，雷聲二月過春風。閩南氣候由來早，采盡靈源一片雲。

郎采新茶去來回，妻兒相伴户長開。深林夜半無驚怕，曾請禪師伏虎來。

緊炒寬烘次第殊，葉粗如桂嫩如珠。癡兒不識人生事，環遶熏牀弄雉雛。

雨前初出半巖香，十萬人家未敢嘗。一自尚方停進貢，年年先納縣堂官。

兩角斜封翠欲浮，東風吹動綠雲鈎。乳泉未瀉香先到，不數松籮與虎邱。

（乾隆）《福州府志》卷二五《物產一》 茶陸羽《茶經》：方山露牙。《閩小記》：『鼓山半巖茶，香色風味當為閩中第一。唐憲宗元和間，詔方山院僧懷惲麟德殿說法，賜茶，懷惲奏曰，此茶不及方山茶佳，則方山茶得名久矣。』又《唐·地里志》亦載：『福

州貢蠟麵茶，蓋建茶未盛以前也。鼓山雨前茶，不讓虎丘龍井，元時每歲進貢，至明楊文敏榮當國，始奏罷之。他如侯官之九峰、林楊、華峰，長樂之山解穀，福清之靈石，永福之名山室，連江之美肇，皆有名。』宋陳襄《古靈山試茶歌》：『乳源淺淺交寒石，松花墜粉愁無色。明星玉女跨神雲，鬥剪輕羅縷殘碧。我聞巒山二月春方歸，苦霧迷天新雪飛。仙鼠潭邊蘭草齊，露牙吸盡香龍脂。轆軲繩細井花暖，香塵散碧琉璃碗。玉川冰骨照人寒，瑟瑟祥風滿眼前。紫屏冷落沉水煙，山越堂軒金鴨眠。姑麻凝煮丹巒泉，不識人間有地仙。』明鄧原岳《鼓山半巖茶》詩：『雨後新茶及早收，山泉石鼎試磁甌。誰知屴崱峰頭產，勝卻天池與虎丘。』

（乾隆）《鼓山志》卷一四《外紀》 鼓山靈源洞之後，居民數十家，種茶為業，地名茶園，產不甚多，而味清冽。王敬美督學在閩，評鼓山茶為閩第一，武夷、清源不及也。同時僚屬陳玉叔、顧道行諸公大加稱賞，茶一兩，索價三分，敬美諸公歎其極廉。萬曆庚子，邑大夫取至百斤，且不時給值，種茶村民與寺僧俱困，幾不聊生。丁未歲，閩令王君世德為之請於當事，罷其征，給券存寺。舊志

山下有居民採茶，久不還，相傳墜巖死，其妻傷之，為作歌，聲甚悽楚。舊志

鼓山半巖茶，色香風味，當為閩中第一，不讓虎丘、龍井也。鄧原嶽詩云：雨後新茶及早收，山泉石鼎試磁甌。誰知屴崱峰頭產，勝卻天池與虎丘。國初，每歲進貢，至楊文敏當國，始奏罷，今栽培不足以供樵採者。《小草齋詩話》

武夷山

宋 蘇軾《東坡全集》卷二三《荔枝嘆》 十里一置飛塵灰，五里一候兵火催。顛坑僕谷相枕藉，知是荔枝龍眼來。飛車跨山鶻橫海，風枝露葉如新采。宮中美人一破顏，驚塵濺血流千載。永元荔支來交州，天寶歲貢取之涪。至今欲食林甫肉，無人舉觴酹伯游。我願天公憐赤子，莫生尤物為瘡痏。君不見武夷溪邊粟粒芽，前丁後蔡相籠加。爭新買寵各出意，今年鬬品充官茶。吾君所乏豈此物，致養口體何陋耶。洛陽相君忠孝家，可憐亦進姚黃花。

宋 白玉蟾《修真十書上清集》卷四〇《題武夷五首》 不見虹橋接幔亭，空餘水綠與山青。客來剔出些奇勝，五曲溪頭大隱屏。

龍釀仙掌巖頭水，鶴唳幔亭峰上雲。但得明窗塵一匕，躍身去謁武夷君。

芳草暗分流水綠，老松剛借遠山青。獨拈鐵笛溪頭立，吹與洞中仙子聽。

顯道真人去不回，幔亭不見舊樓臺。曾孫倚著寒松立，日落風悲猿自哀。

山聳千層青翡翠，溪流萬頃碧瑁璃。遊人來此醉歸去，幾個親曾到武夷。

又《武夷》 三十六峰真絕奇，一谿九曲碧漣漪。白雲遮眼不知處，誰道神仙在武夷。

又 卷四一《滿江紅·咏武夷》 憶昔秦時，中秋日、武夷九曲。煙寂寂，斜陽數尺，寒鴉枯木。三十六峰凝曉翠，一溪流水生秋綠。正滿林、桂子散天香，飛金粟。

神仙客，金丹熟。玉韶下，雲生足。石頭新換骨，尚黏紅肉。夜半月華明似晝，玉皇降輦鋪殽餗。笑曾孫、回首幔亭前，空松竹。

又《水調歌頭·咏茶》 二月一番雨，昨夜一聲雷。槍旗爭展建溪，春色佔先魁。採取枝頭雀舌，帶露和煙搗碎，煉作紫金堆。碾破香無限，飛起綠塵埃。

汲新泉，烹活火，試將來。放下兔毫，甌子滋味舌頭回。喚醒青州從事，戰退睡魔百萬，夢不到陽臺。兩腋清風起，我欲上蓬萊。

宋 王禹偁《小畜集》卷一一《茶園十二韻揚州作》 勤王修歲貢，晚駕過郊原。蔽芾餘千本，青蔥共一園。牙新撐老葉，土軟迸新根。舌小侔黃雀，毛獰摘綠猿。出蒸香更別，入焙火微溫。採近桐花節，生無穀雨痕。緘縢防遠道，進獻趁頭番。待破華胥夢，先經閶闔門。汲泉鳴玉甃，開宴壓瑤罇。茂育知天意，甄收荷主恩。沃心同直諫，苦口類嘉言。未復金鑾召，年年奉至尊。

元 趙孟熧《御茶園記》《茶集》 武夷，仙山也。巖壑奇秀，靈芽茁焉，世稱石乳，厥品不在北苑下，然以地嗇，其產弗及貢。至元十四年，今浙江省平章高公興，以戎事入閩，越二年，道出崇安，有以石乳餉者。公美芹思獻，謀始於沖祐道士，摘焙作貢。越三載，更以縣官涖之。

大德己亥，公之子久佳，奉御以督造，寔來竞事。還朝，越三年，出為邵武路總管建邵，接軫上命，使就領其事。是春，馳驛詣焙所，祗伏厥職，不懈益虔，省委張璧克相其事。明年，創焙局於陳氏希賀堂之故址。其地當溪之四曲，峯攢岫列，盡鑒奇勝。而邦人相役，翕然子來，爰卽其中作拜。發殿六楹，跂翼翬飛，丹堊焜燿，夾以兩廡，製作之具陳焉。而又前闢公庭，外峙高閣，旁搆列舍三十餘間，脩垣繚之。規制詳縝，逾月而事成。爰自修貢以來，靈草有知，日入榮茂。初貢僅二十斤，採摘户才八十，星紀載周，歲有增益。至是，定簽茶户二百五十。貢茶以斤計者，視户之百與十，各贏其一焉。餘倣此焙之制，為龍鳳團五千。製法必得美泉，而焙所土騂剛，泉弗竇，俄而殿居兩石間，迸湧澄泓，視鳳泉尤甘冽。見者驚異，因甃以甃，亭其上，而下者鑿石為龍口，吐而注之也。用以溲浮，芳味深鬯。蓋斯焙之建，經始於是年三月乙丑，以四月甲子落成之。時邵武路提控案牘省委張璧復為崇安縣尹，孫瑀董其役，而恪共貢事，則建寧總管王鼎，崇安縣達魯花赤與有力焉。既承差穀，協恭拜稽，緘匙馳進闕下，自是歲以為常。欽惟聖朝統一區宇，乾清坤夷，德澤有施，洽於庶類，而平章公肇脩厎貢，父作子述，忠孝之美，萃於一門。和氣薰蒸，精誠感格，於是金芽先春，瑞侔朱草，玉漿噴地，應若醴泉。以山川草木之效珍，見天地君臣之合德。則雖器幣貨財，殫禹貢風土之宜，盡周官邦國之用，而蕃萼備其休證，滂流兆其禎祥，蔑以尚於此矣。建人士以為北苑經數百年之後，此始出於武夷僅十餘里之間，厥產屏豐於北性，殊常盛事，曠代奇逢，是宜刻石茲山，永觀無斁。爰示與創顛末，裨孟僕受而祐簡畢焉。孟僕不得辭，是用比敘大概，出以授之。庶幾彰聖世無疆之休，垂明公無窮之聞，且使嗣是而共歲事者，益加敬而增美云。

元 張渙《重修茶場記》《茶集》 建州茶貢，先是猶稱北苑，龍團居上品，而武夷石乳湮巖穀間，風味惟野人專。洎聖朝，始登職方，任土列瑞，產蒙雨露，寵日蕃衍。繇是歲增貢額，設場官二人，領茶丁二百五十，茶園百有二所，芟辟封培，視前益加，斯焙遂與北苑等。然靈芽含石姿而鋒勁，帶雲氣而粟腴，色碧而瑩，味飴而芳。採擷清明旬日間，馳驛進第一春，謂之五馬薦新茶，視龍團風在下矣。是貢，由平章高公平江南歸覲而獻，未遜蔡、丁專美。邵武總管克繼先志，父子懷忠一軌。謂玉食重事也，非殿宇壯麗，無以竦民望。故斯焙建置，規模宏偉，氣象軒豁，有以肅臣子事上之禮，歷二十有六載。

有莘張侯端，本為斯邑宰，修貢明年，周視桷榱榆棁，有外澤中腐者，黝堊丹雘，有漶漫者，瓦蓋有穿漏者，悉以新易故，圖永永久。復於場之外，左右建二門，榜以茶場，使過者不敢褻焉。予來督貢未幾，本道憲僉亨羅蘭坡與書吏張如愚、宋德延，俱詢諏道經視貢，顧瞻棟宇，完美如新，俾識歲月，且揭產茶之地示後人。予承命不敢辭，乃述其顛末之概。竊謂天下事無巨細，不難於始，而難乎其繼。苟非力量弘毅，事理通貫，鮮不為繁劇而空疏，悉置之，因仍苟且而已。張侯仕學兩優，事之巨與細，莫不就綜理。是役也，費無縻官，傭無厲民，不亦敏乎？事圖其早而力省，弊防其微而慮遠，不亦明乎？凡為仕者，皆能視官如家，一日必葺，則斯焙常新，可與溪山同其悠久。來者其視，斯刻以勸。

元 暗都剌《喊山臺記》《茶集》 武夷產茶，每歲修貢，所以奉上也。地有主宰，祭祀得所，所以妥靈也。建為繁劇之郡，牧守久闕，事務往往廢曠。邇者余以資德大夫前尚書省左丞忻都嫡嗣，前受中憲大夫、福建道宣慰副使僉都元帥府事，茲膺宣命，來牧是邦。視事以來，謹恪迺職，惟恐弗稱。

茲春之仲，率府吏段以德，躬詣武夷茶場，督製茶品。驚蟄喊山，循彝典也。舊於修貢正殿所設御座之前，陳列牲牢，祀神行禮，甚非所宜，迺進崇安縣尹張端本等，而諗之曰：『事有不便，則人心不安，而神亦不享。今欲改弦而更張之何如？』衆皆曰：『然』。乃於東皐茶園之隙地，築建壇墠，以為祭祀之所。庶民子來，不日而成。臺高五尺，方一丈六尺，亭其上，環以欄楯，植以花木。左大溪，右通衢，金雞之巖聳其前，大隱之屏擁其後，棟甍翬飛，基址壯固。斯亭之成，斯祀之安，可以與武夷相為長久。俾修貢之典，永為成規。人神俱喜，顧不偉歟。

明 田藝蘅《煮泉小品·宜茶》 余嘗清秋泊釣臺下，取囊中武夷、金華二茶試之，固一水也，武夷則黄而燥冽，金華則碧而清香，乃知擇水當擇茶也。鴻漸以婺州為次，而清臣以白乳為武夷之右，今優劣頓反矣。意者所謂離其處，水功其半者邪。

明 許次紓《茶疏・産茶》 江南之茶，唐人首稱陽羨，宋人最重建州，於今貢茶，兩地獨多。陽羨僅有其名，建茶亦非最上，惟有武夷雨前最勝。近日所尚者，為長興之羅岕，疑卽古人顧渚此筍也。【略】浙之産，又曰天臺之雁宕，括蒼之大盤，東陽之金華，紹興之日鑄，皆與武夷相為伯仲。然雖有名茶，當曉藏製。製造不精，收藏無法，一行出山，香味色俱減。錢塘諸山，産茶甚多，南山盡佳，北山稍劣。北山勤於用糞，茶雖易茁，氣韻反薄。往時頗稱睦之鳩坑，四明之朱溪，今皆不得入品。武夷之外，有泉州之清源，倘以好手製之，亦是武夷亞匹，惜多焦枯，令人意盡。楚之産曰寶慶，滇之産曰五華，此皆表表有名，猶在雁茶之上。其他名山所産，當不止此，或余未知，或名未著，故不及論。

明 徐𤊹《武夷茶考》《茶集》 按：《茶録》諸書，閩中所産茶，以建安北苑第一，壑源諸處次之，然武夷之名，宋季未有聞也。然範文正公《鬥茶歌》云：『溪邊奇茗冠天下，武夷仙人從古栽。』蘇子瞻詩亦云：『武夷溪邊粟粟芽，前丁後蔡相寵加。』則武夷之茶，在前宋亦有知之者，第未盛耳。

元大德間，浙江行省平章高興，始採製充貢，創關御茶園於四曲，建第一春殿，清神堂，焙芳、浮光、燕嘉、宜寂四亭。門曰仁風，井曰通仙，橋曰碧雲。國朝寢廢為民居，惟喊山臺、泉亭故址猶存。喊山者，每當仲春驚蟄日，縣官詣茶場，致祭畢，隸卒鳴金擊鼓，同聲喊曰：『茶發芽！』而井水漸滿；造茶畢，水遂渾涸。而茶户採造，有先春、探春、次春三品，又有旗槍、石乳諸品，色香味不減北苑。國初罷團餅之貢，而額貢每歲茶芽九百九十斤，凡四品。嘉靖三十六年，郡守錢璞奏免解茶，將歲編茶夫銀二百兩，解府造辦解京，而御茶改貢延平。而茶園鞠為茂草，井水亦日湮塞。然山中土氣宜茶，環九曲之內，不下數百家，皆以種茶為業，歲所産數十萬斤。水浮陸轉，鬻之四方，而武夷之名，甲於海内矣。

宋元製造團餅，稍失真味，今則靈芽仙萼，香色尤清，為閩中第一，至於北苑、壑源，又泯然無稱。豈山川靈秀之氣，造物生植之美，或有時變易而然乎？

明 徐𤊹《茗譚》 吳興顧渚山，唐置貢茶院，傍有金沙泉，汲造紫筍茶，有司具禮祭始得水，事迄卽涸。武夷山宋置御茶園中，有喊山泉，仲春，縣官詣茶場致祭，井水漸滿，造茶畢，水遂渾涸。以一草木之微，能使水泉盈涸，茶通仙靈，信非虛語。

明 高元濬《茶乘》 武夷御茶園中，有喊山泉。仲春，縣官詣茶場，致祭，水漸滿。造茶畢，水遂涸。此與金沙泉事相類。名泉有難殫述，上數條偶舉靈異耳。

明 張大復《梅花草堂筆談》卷八《武夷茶》 武夷諸峯皆拔立不相攝，多産茶，接筍峯上大王次之，幔亭又次之。而接筍茶絕少不易得，按，陸羽經云：『凡茶，上者生爛石，中者生礫壤，下者生黄土。』夫爛石已上矣，況其峯之最高最特出者乎？大王峯下削上鋭，中周廣盤欝，諸峯無與並者，然猶有土滓。接筍突兀直上，絕不受滓，水石相蒸而茶生焉，宜其清遠高潔稱茶中第一乎。吾聞其語鮮能知味也。《經》又云，嶺南生福州，建州、韶州、象州。註云，福州生閩方山，建韶象未詳，往往得之，其味極佳，豈方山卽今武夷山耶。世之推茗社者，必首桑苧翁，豈欺我哉。

明 曹學佺《石倉歷代詩選》卷三二二《游武夷記》 以七夕前一日發建溪，百里，抵萬年宮，謁玉皇、太姥、十三仙之列，履漢祀壇。卽武帝時所謂『乾魚薦武夷』者也。泛舟溪上。可以望群峯，巍然首出，為大王。次而稍廣，為幔亭。按《志》，魏子騫為十三仙地主，築升真觀於峯頂，有天鑒池，摹鶴巖諸勝。以始皇二年，架虹橋而宴曾孫，奏『人間可哀之』曲。今大王梯絕不可登，幔亭亦惟秋蟬咽哀草矣。玉女，兜鍪之下。數里，為一線天。道經友定故城，虎為政，遊人不敢深入，兩崖相闔者里許，中露天光僅一線。有風洞，白玉蟾斬蛇於此。今祠之，而肅殺之氣猶存云。

移舟過大藏峯，踵御茶園，萬磴而上，其山如鳥巢，葢魏王易裸服以登天柱者，為更衣台。渡隔岸，謁朱子所讀書，拜其遺像徘徊久之。以一徑入雲窩，陳丹樞修煉之所，存其石灶。出大隱屏以西，登接筍木梯鐵縆之路，視上則恐錯趾，視下則恐眩目。千盤而度龍脊，乃有仙奕亭可憩。修竹鳴蟬之外，黄冠啟閉于丹房而已。天遊雖稱崔嵬過之，然迢遞可肩輿入。

登一覽台，於是三十六峯之勝可屈指數矣。覆命舟里許，過隘嶺，為陷石堂。小橋流水之中，度石門而桑麻布野，雞犬聲聞，依稀武陵之境乎？於是望鼓子峯，相近穿修篁五里，木石棧道，相為鉤連，叩巖石，逢然作鼓聲。巖下為吳公洞，洞旁為道院。是游凡以次達九曲矣，乃歸萬年宮。從山麓走二十里，游水簾，亂崖飛瀑而下，衣居入翠微盡濕。以別澗出崇安溪之西楚道上。

曹學佺曰：『余考《武夷祀典志》，詳哉其言之，則知人主之媚于神仙所從來矣。始皇遣方士徐市求僊海上。而武夷不少概見，何以故？又按魏子騫遇張湛十三仙，及宴曾孫，俱始皇二年事，何其盛也。而後無聞焉。夫山靈之不以此易彼，明矣。語云：遺榮可以修真，是之謂夫。

明 謝肇淛《五雜組》卷一一《物部三》 古人造茶，多舂令細末而蒸之。唐詩『家僮隔竹敲茶臼』是也。至宋始用碾，若揉而焙之，則本朝始也。但揉者恐不及細末之耐藏耳。【略】

今造團之法皆不傳，而建茶之品亦遠出吳會諸品下，其武夷、清源二種，雖與上國爭衡，而所産不多，十九贋鼎，故遂令聲價靡復不振。

明 謝肇淛《游武夷山記》（乾隆）《福建通志》卷七二 萬曆壬辰十月，余拜司理之苕，扁舟過武夷，時道士王隱泉為導，謁萬年宮，泛九曲，拜紫陽祠，入雲窩，登接筍，宿天遊觀，僅兩晝夜而返，未能得其十之三也。居諸欻忽十有七載，己酉之夏，始獲重尋是游，同行者周喬卿、徐興公、蔣子才，而江生仲譽則自建陽送余至，以五月二日發興田驛，午後臨溪，即見大王峯巍然，而幔亭二字若彈丸隱隱可辨。衆皆歡呼踴躍。渡筏而西，甫及山門而雨作。道士游體元者從泥淖中肅客入宮，焚香膜拜。循東西廊觀遊人題墨及諸石刻，汗漫林立，其可讀者蓋尠，而惟和女高子卿諸詩誦之又淒然，不勝河山之感也。黄冠攜餖飣，漢祀亭上小酌，出宋嘉熙時玉簡傳翫。簡雖半焚，而文尚無恙，字畫精工。當時青宮未兆，邊釁漸開，委政彌遠，成大諸匪人，而區區以玉帛、壇醮為足，祈天永祚，亦大惑矣。已，相與登玉皇閣，觀道藏。入右廡小署，拜宗子相、徐子與先生祠。從祠後觀幔亭字，差大如門，問道士，云：字高、廣三丈許。益相與駭歎，適雨少止，出山門而右百武，至會真觀，登樓瞻徐仙蛻，二齒粲然如玉。歸徑山左，披蓁莽里許，抵幔亭之麓雲龍道院。院，彭祖所居，今為一水草廬，吾邑陳光祿先生所營也。精舍數椽，雖稍庳陋，而室旁松枯千章，扶疎蔽日。其後百武為漢祀壇，然荒蔑無人跡。雨復絲絲集，迺踉蹌返，至方丈宿焉。翌日，雨下如注。溪漲高於雪山，覓舴艋不可得。余與諸客分韻賦詩，題之左壁。而昔時王隱泉者，聞謝使君至，衝泥來會，問其蹤跡，曰：謝人間事，遯跡虎嘯巖，十載矣。相慰勞，久之。因導至王司馬祠，觀予當年題墨，宛然在也。王曷余言：往歲，當事欲科宮田充餉，藉使君慫史於郡，大夫稍得寧處，不數載而稅竟增矣。遂至堂後一祠，書余官蔚、姓名其上。余大噱，命亟撤去之。又翌日，雨稍微，衆欲適雲窩。道人具酒脯、青雀中以待，主客輿儓雜坐其中。溪流駛急，舟以寸進，而諸峯雲氣開合，乍明乍沒。歷止止庵、虎鼻巖、水光石、大王幔亭二峯，黛色倒蘸，為一曲。兜鍪峯矗若浮圖，獅子巖踞地欲吼，妝鏡臺若圓若方，而玉女亭亭然臨之，為二曲。稍進三曲，為鐵板障，翰墨巖，水中印石隱然獨浮，而大藏峯頂亂木橫架，上閣小舟，不朽不墜，竟莫知其所自來也。時霡霂未止，若湽彌漫，仰視雲際峭壁，人跡都絕。惟一二山鷴緣石上探鳥卵，復為野鷹所搏，來往趫捷若飛，意殊樂之。又進四曲，為金雞洞、臥龍潭、天柱峯、更衣臺。五曲過紫陽祠，而雲窩至矣。衆舍舟而登，窩為吾邑陳司馬孔震先生所葺，相傳宋陳丹樞煉真處也。面溪踞石，傍接筍而負隱屏，門逕佶屈，寮閣嵚崎，種種合作。而最上巖隙一小樓尤為險絕，遂入中堂飯。飯已，過接筍峯下，喬卿賈勇先登，予與興公以常登不復上，子才、仲譽媻姍至梯側，歷十數級，俯視而顫，幾墜，乃匍匐而返。余為大哈，相與藉草谻譚，仰視天遊峯頂，新瀑怒號崩瀉，亦足令人毛豎也。頃之，喬卿下，遂入茶洞。土人獻新茗啜之，還至雲窩前，始就輿，取道入小桃源。緣壁循澗，汗澥沮洳，沙岸善崩，十步一跌。五里許，夾石為竇，跨木為梁，深谷杳然，湍奔其下，碧草修篁，蔥蒨谷口，即不必尋桃花、胡麻而知非人間世矣。過洞而桑麻、平川豁然，別有天地。茅屋數間，以養蜂、采茗、蒸竹、製楮為生。小澗屈曲里許，流水琮琤，桃花夾之，故名小桃源。又以石崩，故名陷石堂。此為山中第一絕幽所也。時興公欲之鼓子峯，而道人以雨後棧不可登躋，遂歸舟次。越溪而之城高巖。巖稍亞接筍，然石磴、木梯亦不下百級。四人蟻附而升，僧寮道院复倚雲杪，修整絕塵。殿后高阜正

眎三教峯，遠睇九曲，毛竹千竿，蒼翠欲滴，有一本而雙梢者，亦奇種也。下而放舟隨瀨，瞬息至二曲。復輿而上，入山漸深，溪聲稍遠，唯亂峯泉脈瀉石罅間，時時濺人衣袂，過虎嘯巖，遙望石屏蒼蒼，倚壁而梯，踞峯而亭者為一覽台。又六七里，削壁中陷，倒懸石鐘，歲久而墜者，為石門巖，巨石萬仞，下空若屋，深廣十餘丈，如是者三。中為風洞，杳墨潦濕，風從内蓬蓬然吹骨冷，入其内，則兩石對合，不交之處，漏光一線，差可辯也。而上溜下淤，不可厠足，毋論輪蹄罕至，即鳥鼠之蹤亦絶矣。左祀郭法師像，相傳法師收巨蟒于此。而土人又言，陳友定曾據此為寨數載，莫可考也。有間，暝色將合，廼歸至虎嘯之麓，躡石梯，踐飛瀑，徑穿疊石中出。繩樞方丈，庋巖際而據木末，即王道人居也。丹房、藥竈、石牀、竹幾殊翛然，有鸞鶴之想，因留宿焉。中夜泉聲淒徹，魂夢俱涼。晨起，各賦詩留贈王君。仍出菖蒲、角黍餉客。復由山門右折，抵一僧院，亦自雅飭幽致。日高舂乃別。至萬年宫，仲謽辭歸。予四人取道馬頭巖而上，舁人咸有難色，强而後可。路中大率類桃源，而荒蔵險偪過之。歷三姑石、化鶴、換骨二巖，過龍潭。是時山水驟發，萬壑爭流，行者什九攀石，什一厲水。久之，過茶林，落落數家，有雞犬聲，知馬頭巖至矣。門鎖不開，毁扉而入，懸榻凝塵，左側精室新成，藻繪皎然。其先為張煉師凝庵所開，尋蜕去，今道人吴子禎欲卜居而未遂也。余與輿公口占一詩題壁間而去，至天心庵憩焉。庵至敝陋，香火零落，黄冠色如菜，其創置不可考。復越一峯，而至杜轄巖。路窮而得石，石窮而得洞，短約横施，俗轍不到，故名杜轄也。門逕類小桃源，巖洞類一線天，而萬峯羅立，溪流如帶，實兼二者之勝。石磴蛇屈，高而復卑。壁上有『景陽洞天』字反吴比部中立、張太史元忭、趙大司寇參魯所題，皆贈桂道人常静者。桂，歙人，善琴，隱於此，後卒葬焉。最上為吕仙祠，祠上為觀化閣。水雲山色，遠樹平疇，盡在眉睫間。而對岸赤石，鱗瓦，虹梁歷歷可數。既出，復穿林莽，循畛畦，破數峯面直下。坐輿上，輒陡欲墜，乃下。又三里許，過火焰山，磐跚亂石中。至洞口，仰視水簾從峯頂飛落，餘沫噴濺人衣，真奇觀也。水簾有二面，左者稍微，右者有池承之，道院俯焉。每一風來，輒瀰漫數十丈，如陲如霧，緣道院而左，循崖行，履石中，棧磴百級，小亭朽折甚危。後為昇真殿，有廣仙遺蜕，近日以請雨移置巖下，坐木龕中，首微左顧，顱骨鬢髮及十指如腊，儼然不脱。道士云：尸解六十年矣。其初不知何許人，入寺為頭陀，供薪水甚恪。忽一日，辭大衆，趺坐巖上而化。次日，仍至鼓子峯，取常住所借木魚。鼓子僧至，具述所見，始知其仙去也。仙無姓氏，自呼廣齋，故稱廣仙云。崖際亭宇頗偪，側壁上墨楮汙穢，殆無寸隙。又兼中貴人像置其中，益重山靈嘔噦耳。勸已遂下，徑石竇中，有仰刻『龍湫漱玉』字。可三里，褰裳涉溪，過赤石街。溪水正漲，龍舟競渡，村中士女如雲，至崇安，夜矣。是役也，雨師阻道，遊興稍減，未能窮三十六峯之觀。然地非尋常，人皆同志，而杜轄、一線天皆杖履所罕及者，持此足以驕諸遊人矣。輿公亦別為之記，復訂天柱，鼓子，天壺諸峯之遊，以俟他日。

清 周亮工《閩小紀》卷上《閩茶》 武彝、㽔崱、紫帽、龍山，皆産茶，僧拙於焙，既採，則先蒸而後焙，故色多紫赤。只堪供中宫洗濯用耳。近有以松蘿法製之者，即試之，色香亦具足。經旬月，則紫赤如故。蓋製茶者，不過土著數僧耳。語三吴之法，轉轉相效。舊態畢露，此須如昔人論琵琶法，使數年不近。盡忘其故調。而後以三吴之法行之，或有當也。

又（雍正）《崇安縣志》卷八《古迹·御茶園》 在武夷山第四曲，元建堂宇盡廢，存喊山台，台左有通仙井，元時井上復以龍亭，歲於驚蟄日有司致祭，率役夫茶户，鳴金鼓，合聲喊山，謂動地脈以發泉，暢春膏而早茁，重玉食，謹有事也。初山力嗇産，未修貢，貢自蔡襄始，初貢小龍團，凡七十餘餅，歐陽永叔聞而曰：君謨亦作此事。迄元貢額浸廣至二十斤，大德間，至二百五十斤，製龍團五斤餅。明初困之，罷製團餅，而額貢九百九十斤，凡四品。嘉靖三十六年，以茶枯，太守錢公嶫詳請罷之，今基址為僧居。

清 陸廷燦《續茶經·凡例》 《茶經》著自唐桑苧翁，迄今千有餘載，不獨製作各殊而烹飲迥異，即出産之處，亦多不同。余性嗜茶，承乏崇安，適係武夷産茶之地。值制府滿公，鄭重進獻，究悉源流，每以茶事下詢，查閲諸書，於武夷之外，每多見聞，因思採集為續《茶經》之舉。曩以簿書鞅掌，有志未遑。及蒙量移，奉文赴部，以多病家居，翻閲舊稿，不忍委棄，爰為序次第。恐學術久荒，見聞疏漏，為識者所鄙，謹

質之高明，幸有以教之，幸甚。

（乾隆）《福建通志》卷四《山川·建寧府·崇安縣》 武彝山在縣南三十里，邑望山也。道書謂第十六洞天，峯巒大者亦三十有六。相傳昔有仙人降此，自稱武彝君，《列仙傳》以為籛鏗二子，長曰武，次曰彝，同居是山，因以為名。【略】峰右為汕船巖【略】峰左為御茶園【略】又數百武為明王守仁祠，祠後蹬千盤，可達接筍梯【略】梯下為茶洞，為清隱堂，四山夾時，煙藹不絕，向産茶最佳，近為鄉人斫伐殆盡，一望皆茅葦矣【略】

又卷一一《物産·建寧府·貨之屬》 茶七縣皆出，而龍風、武夷二山所出者，尤號絕品。宋蔡襄有《茶録》。

又卷六三《建寧府》 御茶場在武彝二曲之西，即宋希賀堂址，元時創設。大德七年，奉御高久住以其地狹陋，乃相前岡得龍井石泉一泓，甚清洌，闢基建殿於內，以儲新貢。明洪武初重修。每歲驚蟄日，縣官率屬祀山神畢，令執事鳴金鼓、揚旗，同喊曰：茶發芽！自是龍井之泉斯發而溢，造茶畢，泉漸渾而縮。武當張真人至此，飲其水，曰：非武彝茶之美，乃茲泉之力也。今廢。

清 查慎行《敬業堂詩集》卷二四《和竹垞御茶園歌》 宋貢茶貴建産，上者北苑次壑源。研膏京挺製一變，爭先鬭異凡幾番。白龍之團青鳳髓，輦載入洛重馬奔。武夷粟粒芽，其初植未繁。何人著録始經進，前有丁謂後熊蕃。君謨士人亦為此，余子碌碌安足論？宣和以來雖遞驛，場未官設民不煩。元人專利及瑣細，高興父子希寵恩。大德三年歲己亥，突於此地開茶園。中連房廊三十舍，繚垣南北拓兩門。先春次春遍採摘，一火二火長溫馨。緘題歲額五千餅，雞狗竄盡山邊村。攜來詐馬筵，和入潼酪供鯨呑。豈知靈苗有真味，石銚合煮青松根。爾來歷年已四百，禦園久廢名猶存。筠籃四月走商販，茶户幾姓傳兒孫？我想魚賓魚橘柚任土貢，微物亦可充天閽。朝廷玉食自不乏，何用置局災黎元？追思興也實禍首，幸保要領歸九原。山靈曷不請於帝，按女青律笞其魂？傳語後來者，毋以口腹媚至尊。

（乾隆）《武夷山志》卷一九《物産》 茶之産不一，崠、建、延、泉，隨地皆産，惟武夷為最，他産性寒，此獨性溫也。其品分巖茶、洲茶，附山為巖，沿溪為洲，巖為上品，洲次之，又分山北、山南，山北尤佳，山南又次之。巖山之外，名為外山，清濁不同矣。採摘以清明後穀雨前為頭春，立夏後為二春，夏至後為三春。頭春香濃味厚，二春無香味薄，三春頗香而味薄。種處宜日宜風，而畏多風日，多則茶不嫩。采時宜晴不宜雨，雨則香味減。各巖著名者，白雲、天遊、接筍、金穀洞、玉華、東華等處。採摘烘焙，須得其宜，然後香味兩絕。第巖茶反不甚細，有小種、花香、清香、工夫、松蘿諸名，烹之有天然真味，其色不紅。崇境東南，山谷平原，無不有之，惟崇南曹墩，乃武夷一脉，所産甲于東南，至於蓮子心，白毫、紫毫、雀舌，皆外山洲茶，初出嫩芽為之，雖以細為佳，面味實淺薄，若夫宋樹尤為稀有。又有名三味茶，別是一種，能解醒消脹，巖山外山，各皆有之，然亦不多也。

清 朱彝尊《御茶園歌》（乾隆）《福建續志》卷八八 御茶園在武彝第四曲，元於此創焙局安茶曹槽。五亭參差一井洌，中央台殿結構牢。每當啟蟄百夫山下喊，樅金代鼓聲喧嘈。歲簽二百五十户，須知一路皆驛騷。山靈丁此亦大苦，又豈有意貪牲醪。封題貢入紫檀殿，角盤瘿枕怯薛操。小團硬餅搗為雪，牛潼馬乳傾成膏。君臣第取一時快，詎知山農摘此田不毛。先春一聞省帖下，樵丁蕘豎紛逋逃。人明官場始盡革，厚利特許民搜掏。殘碑斷臼滿林麓，西皋茅屋連東皋。自來物性各有殊，佳者必先占地高。雲窩竹巢擅絕品，其居大抵皆巖□。茲園卑下乃在隰，安得奇茗生周遭。但令廢置無足惜，留待過客閒遊遨。古人試茶昧方法，椎鈐羅磨何其勞。誤疑爽味碾乃出，真氣已耗若醴餔其糟。沙溪松黃建蠟而，楚蜀投以薑鹽熬。雜之沉腦尤可憾，陸羽見此笑且咷。前丁後蔡雖著録，未免得失存譏褒。我今攜槍石上坐，箬籠一一解繩絛。冰芽雨甲恣品第，務與粟粒分錙毫。

又《武彝采茶詞》（乾隆）《福建續志》卷八九 荔支花落別南鄉，龍眼花開過建陽。行近瀾滄東渡口，滿山晴日焙茶香。時節初過穀雨天，家家小竈起新煙。山中一月閒人少，不種沙田種石田。手摘都籃漫自誇，曾蒙八餅賜天家。酒狂去後詩名在，留與山人唱採茶。

（嘉慶）《崇安縣志》卷一《風俗》 武夷以茶名天下，自宋始，其時利猶未溥也。今則利源半歸茶市，茶市之盛，星渚為最，初春後，筐盈於山，袒屬於路，負販之輩，江西、汀州及興，泉人為多，而貿易於姑蘇、廈門及粵東諸處者，亦不盡皆土著，因之五方雜處。習尚異齊，然其地生産既饒，握贏自易，貨殖而外，亦類能敦本崇實，故其人文，在近日盡有可觀焉。

又卷二《物産・武夷茶》 宋咸平中，丁謂為福建漕，監造御茶，進龍鳳團。慶曆中，蔡端明為漕，始貢小龍團七十餅。其時多在建州北苑，武夷貢額尚少。元初于第四曲御茶園建造堂宇，貢額止二十斤，大德間至二百五，四品。嘉靖三十六年，以茶枯，太守錢公嶫詳請罷之。國朝仍充土貢。附山為巖茶，沿溪為洲茶，巖為上，洲次之，有小種、小焙、花香、松蘿、蓮心、白毫、紫毫、雀舌諸品。明徐𤊹《茶考》：閩中産茶，以建安北苑第一，壑源諸處次之，武夷之名，宋季未有聞也。然范文正公《鬥茶歌》云：溪邊奇茗冠天下，武夷仙人從古哉栽；蘇東坡亦云：武夷溪邊粟粒芽，前丁後蔡相寵嘉。則武夷之茶，在前宋亦有知之者，第未盛耳。元大德間，浙江行省平章高興始採製充貢，創御茶園于四曲，建第一春殿、清神堂，焙芳、浮光、燕賓、宜寂四亭，門曰仁風，井曰通仙，橋曰碧雲，國朝寢廢為民居，唯喊山台泉亭故址猶存。喊山者，每當仲春驚蟄日，縣官詣茶場致祭畢，隸卒鳴金擊鼓，同聲喊曰：茶發芽！而井水漸滿，造茶畢，水遂渾涸，而茶户采造有先春、探春、三春諸品，又有旗槍、石乳諸品，色香不減北苑。國朝罷團餅之貢，而額貢每歲茶芽九百九十斤，凡四種。嘉靖中，郡守錢嶫奏免解茶，將歲編茶夫銀二百兩解府，造辦解京，御茶改貢延平，而茶園鞠為茂草，井水亦日湮塞。然山中土氣宜茶，環九曲之內，不下數百家，皆以種茶為業，歲所産數十萬斤，水浮陸轉，鬻之四方，而夷茗甲於海內矣。宋、元製造團餅，稍失真味，今則靈芽仙萼，香色尤清，為閩中第一，至於北苑、壑源，又泯然無稱，豈山川靈秀之氣，造物生殖之美，或有時變易而然乎！陸廷燦《武夷茶》詩：桑苧家傳舊有經，彈琴喜傍武夷君。輕濤松下烹溪月，含露梅邊煮嶺雲。醒睡功資宵判牒，情神雅助晝論文。春雷催茁仙巖筍，雀舌龍閉取次分。釋超全《武夷茶歌》：建州團茶始丁渭，貢小龍團君謨製。元豐敕製密雲龍，品比小團更為貴。元人特設御茶園，山民終歲修貢事。明興茶貢永革除，玉食豈為遐方累。相傳老人初獻茶，死為山神享廟祀。景泰年間茶久荒，喊山歲猶供祭費。輸官茶購自他山，郭公青螺除其弊。嗣後巖茶亦漸生，山中惜此少為利。往年薦新苦黄冠，偏采春芽三日內。搜盡深山粟粒空，官令禁絶民蒙惠。種茶辛苦甚種田，耕鋤採摘與烘焙。穀雨期屆處處忙，兩旬晝夜眠餐廢。道人仙山資為糧，春作秋成如望歲。凡茶之産視地利，溪北較厚溪南次。平洲淺渚土膏輕，幽谷高岸煙雨膩。凡茶之候視天時，最喜天晴北風吹。苦遭陰雨風南來，色香頓減淡無味。近時製法重清漳，漳芽漳片標名異。如梅斯馥蘭斯馨，大抵焙得候香氣。鼎中籠上爐火溫，心閑手敏工夫細。巖阿宋樹無多叢，雀舌吐紅霜葉醉。終朝采采不盈掬，漳人好事自珍秘。積雨山樓苦晝閑，一宵茶話留千載。重烹山茗慶枯腸，雨聲雜遝松濤沸。

清　饒澤殷《武夷茶賦》（乾隆）《武夷山志》卷一九　夷山竟勝，曲水矜誇，萬壑流清，滋榮瑞草，幹峰萃秀，産茁香茶，名堆玉乳，品羡金沙。開山辟地兮遍栽嘉種，斬荊芟穢兮好獲玉華。老幹長新枝，盎根常看爛熳。白花方吐蕊，香芬更羡清葩。百草尚未芳叢，先春凍霜雷驚筍。群林猶未舒翠，及時穀雨抽芽。手亂人忙，終朝不盈一掬。前呼後隊，遍地何啻千家。發葉當春暖，盈筐盡日斜。操莒攜籃，攀援隴畔，蓬頭跣足，踏遍林柯。採摘帶巖霜，膚寒指冷。爰求沾苦雨，荷笠披蓑。雨暗晴嵐，均深永歎。風清日朗，遍所高歌。金井坑泉砌夜涼，芳叢倍添氣味。玉女峰頭迎曉霧，新英更羡猗儺。秋露竺花和雨滴，拗香鷹嘴帶甜過。虎嘯巖，酪奴應為驚出。龍吟洞口，雀舌更自喧和。雲窩繞洞兮薰蒸醸氣，接筍懸梯兮攀摘煩屙。金雞洞唱五更寒，家家燈火連深夜。臥北潭靜更月，户户人聲徹僻窩。焙芳不須活火，炒葉只用溫禍。清香味取醇厚，白毫品羨么麼。炒青研玉液，醞緑泡松夢。碾細香塵起，烹新味嘖呵。數番活水沸蚌須，曾到一嘗喉下潤。半勺甘泉浮蟹眼，何須三峽水中科。龍團風髓香殊異，雪葉雲英味太和。兩腋生風，欣添逸興。幾杯消暑，快任吟哦。縱有世情珍百味，那知茶品快人多。

明　吴拭《武夷雜記》（乾隆）《武夷山志》卷二〇　山中採茶歌，淒哀清婉，韻態悠長，每一聲從雲際飄來，未嘗不潸然墮淚，吴歌未能便動人如此也。

武夷茶賞自蔡君謨始，謂其味過於北苑龍團，周右文極抑之，蓋緣山中不曉製焙法，一味計多，徇利之過也。余試采少許，製以松蘿法，汲虎嘯巖下語兒泉烹之，三德俱備，帶雲石而復有甘軟氣，乃分數百葉寄右文，令茶吐氣，復酹一杯，報君謨於地下耳。

清　彭定求《謝送武夷茶》（道光）《武夷山志》卷一九　芒履何緣到武

夷，揀芽相餉等瓊枝。卻宜鴻漸烹泉日，絕勝龍團作餅時。得鼎香浮涵素液，冰壺雪映淨炎曦。使君風味情如許，續取甌梅唱和詩。

清 郭柏蒼《閩産録異》卷一《貨屬》 茶閩諸郡皆産茶，以武夷為最。蒼居芝城十年，以所見者録之。武夷寺僧多晉江人，以茶坪為業，每寺訂泉州人為茶師。清明後、穀雨前，江右採茶者萬餘人。手挽茶柯，拉葉入籃筐中，茶師分粗細焙之。最細為『奇種』，卽『刺天之第一槍』也。其二旗者為『名種』、為『小種』，稍粗者為『次香』、為花香。花香者，夾梔於花入焙也。各巖皆産梔子，其百葉者，名玉樓春，又名慾留春。為『種焙』、為『揀焙』。最粗之茶，統為巖片。又有就茗柯，擇嫩芽，以指頭入鍋，逐葉卷之，火候不精，則色黝而味焦，卽泉漳台摩人所稱『工夫茶』，甌僅一二兩，其製法則非茶師不能。口取值一阻鏹。別有『松際』，色淺、香談。老君眉葉長、味鬱，然多偽為。『鐵羅漢』、『墜柳條』皆宋樹，又僅止一株，年産少許，無可價值。凡茶，他郡産者，性微寒；武夷九十九巖産者，性獨濕。其品分『巖茶』、『洲茶』。附山為『巖』，沿『溪』為洲。『巖』為上品，『洲』為次品。九十九巖，皆特拔挺起。凡風、日、雨、露，無一息之背，水泉之甘潔，又勝他山，草旦芳烈，何況茗柯。其茶分山北、山南，山北尤佳，受東南晨日之光也。『巖茶』、『洲茶』之外，為『外山』，清濁不同矣。九十九巖茶，可三瀹；『外山』今兩瀹卽淡。武夷各巖著名者：『白雲』、『仙遊』、『折筍』、『金穀洞』、『玉華』、『東華』；余則『崇南』之『曹墩』，乃武夷一脈，所産甲于東南。『蓮心』、『白毫』、『紫毫』、『雀舌』，皆『外山』及『洲茶』，采初出嫩芽為之，雖以細為佳，味則淺薄。又有『三味茶』，別是一種，能解醒消脹。凡茶樹，宜日、宜風，而厭多風。日多則茶不嫩。采時宜晴，不宜雨；雨則香味減。武夷採摘以清明後、穀雨前，為『頭春』，香濃味厚。立夏後為『二春』，無香味薄。夏至後為『三春』，頗香而味薄。至秋則采為『秋露』。貯茶一忌濕氣，次忌共置，三忌大器。以一二兩小甕，密緘包裹，置鉛箱中，實以巖片，緘以木匣為妙。然新舊交，則色紅味老而香減。『蓮心』、『白毫』，陰乾者色尤易變。

鳳凰山

唐 李群玉《龍山人惠石廪方及團茶》《全唐詩》卷五六八 客有衡岳隱，遺余石廩茶。自雲淩煙露，采掇春山芽。珪璧相壓疊，積芳莫能加。碾成黃金粉，輕嫩如松花。紅爐爨霜枝，越兒斟井華。灘聲起魚眼，滿鼎漂清霞。凝澄坐曉燈，病眼如蒙紗。一甌拂昏寐，襟鬲開煩拏。顧渚與方山，誰人留品差？持甌默吟味，搖膝空諮嗟。

唐 徐夤《尚書惠蠟麵茶》《全唐詩》卷七〇八 武夷春暖月初圓，採摘新芽獻地仙。飛鵲印成香蠟片，啼猨溪走木蘭船。金槽和碾沈香末，冰碗輕涵翠縷煙。分贈恩深知最異，晚鐺宜煮北山泉。

宋 王禹偁《小畜集》卷八《龍鳳茶》 樣標龍鳳號題新，賜得還因作近臣。烹處豈期商嶺水，碾時空想建溪春。香於九畹芳蘭氣，圓如三秋皓月輪。愛惜不嘗惟恐盡，除將供養白頭親。

宋 李虛己《建茶呈使君學士》《瀛奎律髓》卷一八 石乳標奇品，瓊英碾細文。試將梁苑雪，煎動建溪雲。清味通宵在，餘香隔坐聞。遙思摘山日，龍焙未春分。

宋 林逋《林和靖先生詩集》卷四《茶》 石碾輕飛瑟瑟塵，乳花烹出建溪春。人間絶品應難識，閒對茶經憶故人。

宋 丁渭《北苑焙新茶》《御選宋金元明四朝詩·宋詩》卷五七 北苑龍茶者，甘鮮的是珍。四方惟數此，萬物更無新。纔吐微茫緑，初沾少許春。散尋縈樹遍，急採上山頻。宿葉寒猶在，芳芽冷未伸。茅茨溪口焙，籃籠雨中民。長疾勾萌併，開齊分兩均。帶煙蒸雀舌，和露疊龍鱗。作貢勝諸道，先嘗祇一人。緘封瞻闕下，郵傳渡江濱。特旨留丹禁，殊恩賜近臣。啜為靈藥助，用與上樽親。頭進英華盡，初烹氣味醇。細香勝卻麝，淺色過於筠。顧渚慚投木，宜都愧積薪。年年號供御，天産壯甌閩。

宋 楊億《武夷新集》卷四《北苑焙》 靈芽呈雀舌，北苑雨前春。入貢先諸夏，分甘及近臣。越甌猶借淥，蒙頂敢爭新。鴻漸茶經在，區區不遇真。

宋 楊億《談苑》《事物紀原》卷九　建州蠟茶出建州，陸羽《茶經》尚未知之，但言福建等十二州未詳，往往得之，其味極佳。江左日近方有蠟面之號，李氏别令取其乳作片，或號曰京挺的乳，及骨子等，每歲不過五六萬斤，訖今歲出三十餘萬斤。凡十品，曰龍茶、鳳茶、京挺的乳、石乳、白乳、頭金、蠟面、頭骨、次骨，龍茶以供乘輿及賜執政親王長主，余皇族學士將帥皆得鳳茶，舍人近臣賜京挺的乳，館閣白乳。龍、鳳、石乳茶皆太宗令造，江左乃有研膏茶供御，即龍茶之品也。丁謂爲《北苑茶録》三卷，備載造茶之法，今行於世。

宋 范仲淹《范文正集》卷二《和章岷從事鬥茶歌》　年年春自東南來，建溪春暖冰微開。溪邊奇茗冠天下，武夷仙人從古栽。新雷昨夜發何處，家家喜笑穿雲去。露芽錯落一番榮，綴玉含珠散嘉樹。終朝采掇未盈襜，唯求精粹不敢貪。研膏焙乳有雅製，方中圭兮圓中蟾。北苑將期獻天子，林下雄豪先鬥美。鼎磨雲外首山銅，瓶攜江上中泠水。黄金碾畔緑塵飛，紫玉甌心雪濤起。鬥余味兮輕醍醐，鬥余香兮薄蘭芷。其間品第胡能欺，十目視而十手指。勝若登仙不可攀，輸同降將無窮恥。吁嗟天産石上英，論功不愧階前蓂。衆人之濁我可清，千日之醉我可醒。屈原試與招魂魄，劉伶卻得聞雷霆。盧仝敢不歌，陸羽須作經。森然萬象中，焉知無茶星。商山丈人休茹芝，首陽先生休采薇。長安酒價減千萬，成都藥市無光輝。不如仙人一啜好，泠然便欲乘風飛。君莫羡，花間女郎只鬥草，贏得珠璣滿斗歸。

宋 晏殊《建茶》《輿地紀勝》卷一二九　北苑中春岫幌開，里民清曉駕肩來。豐隆已助新芽出，更作護聲動地摧。

宋 梅堯臣《宛陵集》卷七《宋著作寄鳳茶》　春雷未出地，南土物尚凍。呼譟助發生，萌穎强抽蕻。團爲蒼玉璧，隱起雙飛鳳。獨應近臣頒，豈得常寮共。顧兹實賤貧，何以叨贈貢。石碾破微緑，山泉貯寒洞。味餘喉舌甘，色薄牛馬湩。陸氏經不經，周公夢不夢。雲腳俗所珍，鳥觜誇仍衆。常常濫杯甌，草草盈罌甕。寧知有奇品，圭角百金中。秘惜誰可遺，虚齋對禽哢。

又 卷八《金山芷芝二僧携茗見訪》　一遊江山上，日日吟不足。雙錫忽來過，衣霜帶初旭。況能持茗具，向此烹新緑。中灃水若飴，北焙花如粟。還將塵慮滌，自媿冠纓束。何以報勤勤，馳奴扣雲谷。

又 卷一二《建溪新茗》　南國溪陰暖，先春發茗芽。採從青竹籠，蒸自白雲家。粟粒烹甌起，龍文御餅加。過兹安得比，顧渚不須誇。

又 卷二二《答建州沈屯田寄新茶》　春芽研白膏，夜火焙紫餅。價與黄金齊，包開青箬整。碾爲玉色塵，遠及蘆底井。一啜同醉翁，思君聊引領。

又 卷三五《答宣城張主簿遺雅山茶次其韻》　昔觀唐人詩，喜詠鴉山茶。鴉銜茶子生，遂同山名鴉。重以初槍旗，采之穿煙霞。江南雖盛産，處處無此茶。纖嫩如雀舌，煎烹比露芽。競收青箬焙，不重漉酒紗。顧渚亦頗近，蒙頂來以遐。雙井鷹掇爪，建溪春剝葩。日鑄弄香美，天目猶稻麻。吴人與越人，各各相鬭夸。傳買費金帛，愛貪無夷華。甘苦不一致，精麤還有差。至珍非貴多，爲贈勿言些。如何煩縣僚，忽遺及我家。雪貯雙砂罌，詩琢無玉瑕。文字捜怪奇，難於抱長蛇。明珠滿紙上，剩畜不爲奢。玩久手生胝，窺久眼生花。嘗聞茗消肉，應亦可破瘕。飲啜氣覺清，賞重歎復嗟。歎嗟既不足，吟誦又豈加。我今實彊爲，君莫笑我耶。

又 卷三七《李仲求寄建溪洪井茶七品，云愈少愈佳，未知嘗何如耳，因條而答之》　忽有西山使，始遺七品茶。末品無水暈，六品無沉柤。五品散雲腳，四品浮粟花。三品若瓊乳，二品罕所加。絶品不可議，甘香焉等差。一日嘗一甌，六腑無昏邪。夜枕不得寐，月樹聞啼鴉。憂來惟覺衰，可驗惟齒牙。動摇有三四，妨咀連左車。髪亦足驚疎，疏疏點霜華。乃思平生遊，但恨江路賒。安得一見之，煮泉相與誇。

又 卷四一《吴正仲遺新茶》　十片建溪春，乾雲碾作塵。天王初受貢，楚客已烹新。漏泄關山吏，悲哀草土臣。捧之何敢啜，聊跪北堂親。

又 卷五一《吕晉叔著作遺新茶》　四葉及王遊，共家原阪嶺。歲摘建溪春，爭先取晴景。大窠有壯液，所發必奇穎。一朝團焙成，價與黄金逞。吕侯得鄉人，分贈我已幸。其贈幾何多，六色十五餅。每餅包青蒻，紅纖纏素縈。屑之雲雪輕，啜已神魄惺。會待嘉客來，侑談當晝永。

又 卷五四《得福州蔡君謨密學書并茶》　薛老大字留山峰，百尺

倒插非人蹤。其下長樂太守書，矯然變怪神淵龍。薛老誰何果有意，千古乃與奇筆逢。太守姓出東漢邕，名齊晉魏王與鍾。尺題寄我憐衰翁，刮青茗籠藤纏封。紙中七十有一字，丹砂鐵顆攢芙蓉。光照陋室恐飛去，鏁以漆篋緘重重。茶開片銙碾葉白，亭午一啜驅昏慵。顔生枕肱飲瓢水，韓子飯齏居辟雍。雖窮且老不媿昔，遠荷好事紓情悰。

又 卷五五《得雷太簡自製蒙頂茶》 陸羽舊茶經，一意重蒙頂。比來唯建溪，團片敵湯餅。顧渚及陽羡，又復下越茗。近來江國人，鷹爪夸雙井。凡今天下品，非此不覽省。蜀荈久無味，聲名謾馳騁。因雷與改造，帶露摘牙穎。自煮至揉焙，入碾只俄頃。湯嫩乳花浮，香新舌甘永。初分翰林公，豈數博士冷。醉來不知惜，悔許已向醒。重思朋友義，果決在勇猛。倏然乃以贈，蠟囊收細梗。吁嗟茗與鞭，二物誠不幸。我貧事事無，得之似贅癭。

又 卷五六《次韻再和》 建溪茗株成大樹，頗殊楚越所種茶。先春喊山掐白萼，亦異鳥觜蜀客誇。烹新鬥硬要咬盞，不同飲酒爭畫蛇。從揉至碾用盡力，只取勝負相笑呀。誰傳雙井與日注，終是品格稱草芽。歐陽翰林百事得精妙，官職況已登清華。昔得隴西大銅碾，碾多歲久深且窊。昨日寄來新鑨片，包以篛纏以麻。唯能剩啜任腹冷，倖免酩酊冠弁斜。人言飲多頭顫挑，自欲清醒氣味嘉。此病雖得優醉者，醉來顛踣禍莫涯。不願清風生兩腋，但願對竹兼對花。還思退之在南方，嘗說稍稍能啖蟆。古之賢人尚若此，我今貧陋休相嗟。公不遺舊許頻往，何必絲管喧咬哇。

宋 張伯玉《後庵試茶》《嚴陵集》卷四 郡僻好藏身，心閒久無事。前軒飽食罷，後庵取茶試。巖邊啟茶鑰，溪畔滌茶器。小竈松火然，深鐺雪花沸。甌中盡餘綠，物外有深意。濫官來此遊，時得拂塵累。莫笑後庵茶，閒中好滋味。

宋 宋庠《元憲集》卷一五《謝答吴侍郎惠茶二絶句》 貢焙僧巖各有名，手封奇品更丁寧。衰翁劇飲雖無分，且喜雲腴伴獨醒。

又 一奩真茗慰鈴齋，更伴仙卿逸藻來。夜啜曉吟俱絶品，心源何處著塵埃。

宋 蔡襄《茶録》上篇《論茶》

色

茶色貴白，而餅茶多以珍膏油去聲其面，故有青黄紫黑之異。善別茶者，正如相工之視人氣色也，隱然察之於內，以肉理實潤者為上。既已末之，黄白者受水昏重，青白者受水鮮明，故建安人鬥試，以青白勝黄白。

香

茶有真香，而入貢者微以龍腦和膏，欲助其香。建安民間試茶，皆不入香，恐奪其真。若烹點之際，又雜珍果香草，其奪益甚，正當不用。

味

茶味主於甘滑，唯北苑鳳凰山連屬諸焙所產者味佳。隔谿諸山，雖及時加意製作，色、味皆重，莫能及也。又有水泉不甘，能損茶味，前世之論水品者以此。

宋 蔡襄《端明集》卷二《北苑十咏》 出東門向北苑路

曉行東城隅，光華著諸物。溪漲浪花生，山晴鳥聲出。稍稍見人烟，川原正蒼鬱。

北苑

蒼山走千里，斗落分兩臂。靈泉出地清，嘉卉得天味。入門脫世氛，官曹真傲吏。

茶壟

造化曽無私，亦有意所加。夜雨作春力，朝雲護日華。千萬碧玉枝，戢戢抽靈芽。

採茶

春衫逐紅旗，散入青林下。陰崖喜先至，新苗漸盈把。竟攜筠籠歸，更帶山雲寫。

造茶其年改造新茶十斤，尤極精好，被旨號為上品龍茶，仍歲貢之

屑玉寸陰間，摶金新範里。龍鳳茶八片為一斤，上品龍茶每斤二十八片。規呈月正圓，勢動龍初起。焙出香色全，爭誇火候是。

試茶

兔毫紫甌新，蟹眼青泉煑。雪凍作成花，雲閑未垂縷。願爾池中波，去作人間雨。

御井井常封鑰甚嚴

山好水亦环，清切甘如醴。朱斡音韓待方空，玉壁見深底。勿為先渴憂，嚴扃有時啓。

龍塘

泉水循除明，中坻龍矯首。振足化仙陂，回睛窺畫牖。應當歲時旱，嘘吸雲雷走。

鳳池

靈禽不世下，刻像成羽翼。但類醴泉飲，豈復高梧息。似有飛鳴心，六合定何適。

脩貢亭予自採掇時入山至貢畢

清晨卦朝衣，盥手署新茗。騰虬守金鑰，疾騎穿雲嶺。脩貢貴謹嚴，作詩諭遠永。

又 卷六《和杜相公謝寄茶》 破春龍焙走新茶，盡是西溪近社芽。纔拆緘封思退傅，為留甘旨減藏家。鮮明香色凝雲液，清澈神情敵露華。卻笑虛名陸鴻漸，曾無賢相作詩誇。

宋 歐陽修《文忠集》卷七《嘗新茶呈聖俞》 建安三千里，京師三月嘗新茶。人情好先務取勝，百物貴早相矜誇。年窮臘盡春欲動，蟄雷未起驅龍蛇。夜聞擊鼓滿山谷，千人助叫聲喊呀。萬木寒癡睡不醒，惟有此樹先萌芽。乃知此為最靈物，宜其獨得天地之英華。終朝採摘不盈掬，通犀銙小圓復窊。鄙哉穀雨槍與旗，多不足貴如刈麻。建安太守急寄我，香蒻包裹封題斜。泉甘器潔天色好，坐中揀擇客亦嘉。新香嫩色如始造，不似來遠從天涯。停匙側盞試水路，拭目向空看乳花。可憐俗夫把金錠，猛火炙背如蝦蟆。由來真物有真賞，坐逢詩老頻谘嗟。須臾共起索酒飲，何異奏雅終淫哇。

又 卷九《雙井茶》 西江水清江石老，石上生茶如鳳爪。窮臘不寒春氣早，雙井芽生先百草。白毛囊以紅碧紗，十斤茶養一兩芽。長安富貴五侯家，一啜猶須三日誇。寶雲日注非不精，爭新棄舊世人情。豈知君子有常德，至寶不隨時變易。君不見建溪龍鳳團，不改舊時香味色。

又《送龍茶與許道人》 潁陽道士青霞客，來似浮雲去無蹟。夜朝北斗太清壇，不道姓名人不識。我有龍團古蒼璧，九龍泉聲一百尺。憑君汲井試烹之，不是人間香味色。

又 卷一二六《歸田録》 茶之品，莫貴於龍、鳳，謂之團茶，凡八餅重一斤。慶曆中蔡君謨為福建路轉運使，始造小片龍茶以進，其品絕精，謂之小團，凡二十餅重一斤，其價直金二兩。然金可有而茶不可得，每因南郊致齋，中書、樞密院各賜一餅，四人分之。宮人往往縷金花於其上，蓋其貴重如此。

宋 王安石《臨川文集》卷三二《寄茶與和甫》 彩絳縫囊海上舟，月團蒼潤紫煙浮。集英殿裏春風晚，分到並門想麥秋。

又《寄茶與平甫》 碧月團團墮九天，封題寄與洛中仙。石樓試水宜頻啜，金谷看花莫漫煎。

宋 司馬光《傳家集》卷八《太博同年葉兄紓以詩及建茶爲爲貺家有蜀箋二軸輒敢擊詩二章獻於左右亦投桃報李之意也》

閩山草木未全春，破類真茶採擷新。
雅意不忘同臭味，先分疇昔桂堂人。

西來萬里浣花牋，舒卷雲霞照手鮮。
書笥久藏無可稱，願投詩客助新編。

宋 曾鞏《元豐類稿》卷八《方推官寄新茶》 採摘東溪最上春，壑源諸葉品尤新。龍團貢罷爭先得，肯寄天涯主諾人。

又《蹇蟠翁寄新茶二首》 龍焙嘗茶第一人，最憐溪岸兩旗新。肯分方銙醒衰思，應恐慵眠過一春。

貢時天上雙龍去，鬬處人間一水爭。分得餘甘慰憔悴，碾嘗終夜骨毛清。

宋 王珪《華陽集》卷五《宮詞》 內庫新函進御茶，龍團春足建溪芽。黃封各各題名姓，賜入東西兩府家。

宋 强至《祠部集》卷三《謝通判國博惠建茶》 建溪春早地未暖，建俗巧計催春陽。茶傍萬口噪地烈，驚破芽英不得藏。猶嫌旗槍已老硬，獨愛鳥嘴嫩未長。擷而焙之一朝就，更範圭璧為圓方。南州尚珍北固重，自非富貴寧預嘗。浦陽賤官性怯酒，素許茶味為最良。日分牒訴費齒舌，口吻鎮燥喉無漿。建溪奇品遠莫致，日夕夢想馳閩鄉。塵埃填心渴欲死，忽拜公賜喜可量。拆封碾破蒼玉片，雲腳浮動甌生光。愚知公賜豈徒

爾，欲俾下吏蠲俗腸。滌除詩冗起清思，驅逐睡興窮縑緗。玉川不暇盡七碗，已覺兩腋生風翔。

宋 王辟之《澠水燕談録》卷八《事志》 建茶盛於江南，近歲製作尤精，龍鳳團茶最為上品，一斤八餅。慶曆中，蔡君謨為福建運使，始造小團以充歲貢，一斤二十餅，所謂上品龍茶者也。仁宗尤所珍惜，雖宰臣未嘗輒賜，惟郊禮致齋之夕，兩府各四人，共賜一餅。宮人剪金為龍鳳花，貼其上。八人分蓄之，以為奇玩，不敢自試；有嘉客，出而傳玩。歐陽文忠公云：『茶為物之至精，而小團又其精者也。』

宋 沈括《夢溪筆談》卷二五《雜志二》 古人論茶，唯言陽羨、顧渚、天柱、蒙頂之類，都未言建溪。然唐人重串茶粘黑者，則已近乎『建餅』矣。建茶皆喬木；吳、蜀、淮南唯叢茇而已，品自居下。建茶勝處曰郝源、曾坑，其間又岔根、山頂二品尤勝。李氏時號為北苑，置使領之。

又《補筆談》卷一 建茶之美者號『北苑茶』。今建州鳳凰山，土人相傳，謂之北苑，言江南嘗置官領之，謂之北苑使。予因讀《李後主集》有《北苑詩》及《文苑紀》，知北苑乃江南禁苑，在金陵，非建安也。江南北苑使，正如今之內園使。李氏時有北苑使，善製茶，人競貴之，謂之『北苑茶』。如今茶器中有『學士甌』之類，皆因人得名，非地名也。丁晉公為《北苑茶録》云：『北苑，地名也，今曰龍焙。』又云：『苑者，天子園囿之名。此在列郡之東隅，緣何却名北苑？』丁亦自疑之。蓋不知北苑茶本非地名，始因誤傳，自晉公實之於書，至今遂謂之北苑。

宋 彭汝礪《鄱陽集》卷八《君宜得種茶詩予和韻》 始傍東園種，初從北苑移。本根原自好，造化總無私。紫笋時名誤，烏程舊種卑。酪奴吾不問，酒聖爾何為。

宋 蘇軾《東坡全集》卷五《和錢安道寄惠建茶》 我官于南今幾時，嘗盡溪茶與山茗。胸中似記故人面，口不能言心自省。為君細說我未暇，試評其略差可聽。建溪所產雖不同，一一天與君子性。森然可愛不可慢，骨清肉膩和且正。雪花雨腳何足道，啜過始知真味永。縱復苦硬終可録，汲黯少戇寬饒猛。草茶無賴空有名，高者妖邪次頑獷。體輕雖復強浮泛，性滯偏工嘔酸冷。其間絕品豈不佳，張禹縱賢非骨鯁。葵花玉銙不易致，道路幽險隔雲嶺。誰知使者來自西，開緘磊落收百餅。嗅香嚼味本非別，透紙自覺光炯炯。粃糠團鳳友小龍，奴隸日注臣雙井。收藏愛惜待佳客，不敢包裹鑽權倖。此詩有味君勿傳，空使時人怒生癭。

又《游諸佛舍一日飲釅茶七盞戲書勤師壁》 示病維摩元不病，在家靈運已忘家。何煩魏帝一丸藥，且盡盧仝七碗茶。

又 卷七《和蔣夔寄茶》 我生百事常隨緣，四方水陸無不便。扁舟渡江適吳越，三年飲食窮芳鮮。金齏玉膾飯炊雪，海螯江柱初脫泉。臨風飽食甘寢罷，一甌花乳浮輕圓。自從捨舟入東武，沃野便到桑麻川。翦毛胡羊大如馬，誰記鹿角腥盤筵。廚中蒸粟埋飯甕，大杓更取酸生涎。柘羅銅碾棄不用，脂麻白土須盆研。故人猶作舊眼看，謂我好尚如當年。沙溪北苑強分別，水腳一線爭誰先。清詩兩幅寄千里，紫金百餅費萬錢。吟哦烹嘗兩奇絕，只恐偷乞煩封纏。老妻稚子不知愛，一半已入薑鹽煎。人生所遇無不可，南北嗜好知誰賢。死生禍福久不擇，更論甘苦爭蚩妍。知君窮旅不自釋，因詩寄謝聊相鐫。

又 卷一八《次韻曹輔寄壑源試焙新茶》 仙山靈雨濕行雲，洗遍香肌粉未勻。明月來投玉川子，清風吹破武林春。要知冰雪心腸好，不是膏油首面新。戲作小詩君一笑，從來佳茗似佳人。

又《怡然以垂雲新茶見餉報以大龍團仍戲作小詩》 妙供來香積，珍烹具大官。揀芽分雀舌，賜茗出龍團。曉日雲庵暖，春風浴殿寒。聊將試道眼，莫作兩般看。

又 卷二〇《病中夜讀朱博士詩》 病眼亂燈火，細書數塵沙。君詩如秋露，淨我空中花。古語多妙奇，可識不可誇。巧笑在瓶頰，哀音如摻撾。曾坑一掬春，紫餅供千家。懸知貴公子，醉眼無真茶。崎嶇爛石上，得此一寸芽。緘封勿浪出，湯老客未嘉。

又 卷二二《次韻曾仲錫元日見寄》 蕭索東風兩鬢華，年年幡勝剪宮花。愁聞塞曲吹蘆管，喜見春盤得蓼芽。吾國舊供雲澤米，君家新致雪坑茶。燕南異事真堪記，三寸黃柑擘永嘉。

又 卷二七《寄周安孺茶》 大哉天宇內，植物知幾族。靈品獨標

奇，迴超凡草木。名從姬旦始，漸播桐君録。賦詠誰最先，厥傳惟杜育。唐人未知好，論著始於陸。常李亦清流，當年慕高躅。遂使天下士，嗜此偶於俗。豈但中土珍，兼之異邦鬻。鹿門有佳士，博覽無不矚。邂逅天隨翁，篇章互賡續。開園頤山下，屏跡松江曲。有興即揮毫，燦然存簡牘。伊予素寡愛，嗜好本不篤。粤自少年時，低回客京轂。雖非曳裾者，庇蔭或華屋。頗見綺紈中，齒牙厭粱肉。小龍得屢試，糞土視珠玉。團鳳與葵花，碔砆雜魚目。貴人自矜惜，捧玩且緘櫝。未數日注卑，定知雙井辱。於茲自研討，至味識五六。自爾入江湖，尋僧訪幽獨。高人固多暇，探究亦頗熟。聞道早春時，攜籯赴初旭。驚雷未破蕾，采采不盈掬。旋洗玉泉蒸，芳馨豈停宿。須臾布輕縷，火候謹盈縮。不憚頃間勞，經時廢藏蓄。髹筒淨無染，箬籠勻且復。苦畏梅潤侵，暖須人氣燠。有如剛耿性，不受纖芥觸。又若廉夫心，難將微穢瀆。晴天敞虚府，石碾破輕緑。永日遇閒賓，乳泉發新馥。香濃奪蘭露，色嫩欺秋菊。閩俗競傳誇，豐腴面如粥。自雲葉家白，頗勝中山醁。好是一杯深，午牕春睡足。清風擊兩腋，去欲凌鴻鵠。嗟我樂何深，水經亦屢讀。読子吒中泠，次乃康王谷。蟆培頃曾嘗，瓶罌走僮僕。如今老且懶，細事百不欲。美惡兩俱忘，誰能強追逐。姜鹽拌白土，稍稍從吾蜀。尚欲外形體，安能徇心腹。由來薄滋味，日飯止脫粟。外慕既已矣，胡為此羈束。昨日散幽步，偶上天峰麓。山圃正春風，蒙茸萬旗簇。呼兒為佳客，採製聊亦復。地僻誰我從，包藏置廚簏。何嘗較優劣，但喜破睡速。況此夏日長，人間正炎毒。幽人無一事，午飯飽蔬菽。困臥北牕風，風微動牕竹。乳甌十分滿，人世真局促。意爽飄欲仙，頭輕快如沐。昔人固多癖，我癖良可贖。為問劉伯倫，胡然枕糟麴。

宋 黄庭堅《山谷詞・滿庭芳・茶》 北苑春風，方圭圓璧，萬里名動京關。碎身粉骨，功合上凌煙。尊俎風流戰勝，降春睡，開拓愁邊。纖纖捧，熬波濺乳，金縷鷓鴣斑。

相如，方病酒，一觴一詠，賓有群賢。為扶起罇前，醉玉頹山，搜攪胸中萬卷，還傾動三峽詞源。歸來晚，文君未寢，相對小粧前。

又《好事近》 歌罷酒闌時，瀟洒座中風色。主禮到君須盡，奈賓朋南北。

暫時分散總尋常，難堪久離拆。不似建溪春草，解留連佳客。

又《西江月・茶詞》 龍焙頭綱春早，穀簾第一泉香。已醺浮蟻嫩鵝黄，想見翻成雪浪。

兔褐金絲寶碗，松風蟹眼新湯。無因更發次公狂，甘露來從仙掌。

又《鷓鴣天・吉祥長老設長松湯時，適有僧病痂癩，嘗死金剛窟。有人見者，教服長松湯，遂復爲完人。》 湯泛冰瓷一坐春，長松林下得靈根。吉祥老子親拈出，箇箇教成百歲人。

燈焰焰，酒醺醺。壑源曾未破醒魂。與君更把長生碗，略為清歌駐白雲。

宋 黄庭堅《山谷集》卷四《答黄冕仲索煎雙井并簡揚休》 江夏無雙乃吾宗，同舍頗似王安豐。能澆茗碗湔祓我，風袂欲挹浮丘翁。吾宗落筆賞幽事，秋月下照澄江空。家山鷹爪是小草，敢與好賜雲龍同。不嫌水厄幸來辱，寒泉湯鼎聽松風，夜堂朱墨小燈籠。惜無纖纖來捧碗，唯倚新詩可傳本。

又 卷九《謝公擇舅分賜茶三首》 外家新賜蒼龍璧，北焙風煙天上來。明日蓬山破寒月，先甘和夢聽春雷。

文書滿案惟生睡，夢裏鳴鳩喚雨來。乞與降魔大圓鏡，真成破柱作驚雷。

細題葉字包青箬，割取丘郎春信來。拼洗一春湯餅睡，亦知清夜有蚊雷。

宋 黄庭堅《山谷别集》卷一《謝王烟之惠茶》 平生心賞建溪春，一丘風味極可人。香包解盡寶帶銙，黑面碾出明窗塵。家園鷹爪改嘔冷，官焙龍文常食陳。於公歲取壑源足，勿遣沙溪來亂真。

宋 黄庭堅《山谷外集》卷二《和答梅子明王揚休點密雲龍》 小壁雲龍不入香，元豐龍焙承詔作。二月嘗新官字盞，遊絲不到延春閣。去年曾覺減光輝，人間十九人未知。外家春官小宗伯，分送蓬山裁半壁。建安甕碗鷓鴣班，谷簾水與月共色。五除試湯飲墨客，泛甌銀粟無水脈。辟宮邂逅王廣文，初覩團團破龍紋。諸公自別淄澠了，兔月葵花不足論。石硙春芽風雪落，煮燒肺渴初不惡。河伯來觀東海若，鹿逢朱雲真折角。子真雲孫吐成珠，廟堂只今用諸儒。煉成五石補天手，上書致身可亨衢。

顧我賜茶無骨相，他年幸公肯相餉。

又 卷七《以路公所惠揀芽送公擇次舊韻》 慶雲十六升龍樣，國老元年密賜來。披拂龍紋射牛斗，外家英鑒似張雷。

宋 鄒浩《道鄉集》卷四《次韻答詹成老謝密雲龍之什》 龍鳳小團分禁户，往往稱珍減前語。元豐天子妙風雷，萬古埃塵灑新雨。壑源春貢識此心，不比豫州常臬紵。卿雲密密擁蜿蜒，御府僅能千百數。匪頒台閣才幾人，恩逐味增淪骨髓。帝鄉仙去鼎湖空，井闕閶門猶玉乳。龍髯雖在龍莫形，只有雲留瑞民伍。葉家所得最非常，好事殷勤始容取。故人分贈不遐遺，憐我衰摧病方瘉。莆陽英爽杳難攀，品目縱横誰扞禦。仰惟筆削到茶經，亟以將誠歸許與。詩來寒骨炎然春，坐覺輝光滿禾黍。

又 卷一〇《修仁茶》 味如橄欖久方回，初苦終甘要得知。不但炎荒能已疾，攜歸北地亦相宜。

又 嶺南州縣接湖南，處處烹煎極口談。北苑春芽雖絶品，不能消鬲禦煙嵐。

又 龍鳳新團出帝家，南人不顧自煎茶。夜光明月真投暗，悵望長安天一涯。

宋 蘇轍《欒城集》卷一五《次韻王欽臣秘監英殿井》 碧甃涵雲液，銅瓶響玉除。汲花攢點罷，灑霧喚班初。龍餅煎無數，螭研滴有餘。從官方醉飽，一酌解清虚。

宋 蘇轍《欒城後集》卷四《夢中謝和老惠茶》 西鄰禅師憐我老，北苑新茶惠初到。晨興已覺三嗅多，午枕初便一杯少。七碗煎嘗病未能，兩腋風生空自笑。定中直往蓬萊山，盧老未應知此妙。

宋 張耒《柯山集》卷一一《乞錢穆公給事丈新賜龍團》 閩侯貢璧琢蒼玉，中有掉尾寒潭龍。驚山作春山不覺，走馬獻入明光宮。瑤池侍臣最先賜，惠山乳泉新破封。可得作詩酬孟簡，不須載酒過揚雄。

宋 黄裳《演山集》卷一《次魯直烹密雲龍韻》 密雲晚出小團塊，雖得一餅猶為豐。相對幽亭致清話，十三同事皆詩翁。蒼龍碾下想化去，但見白雲生碧空。雨前含蓄氣未散，乃知天貺誰能同。不足數啜有餘興，兩腋欲跨清都風，豈與凡羽誇雕籠。雙井主人煎百碗，費得家山能幾本。

又《龍鳳茶寄照覺禅師》 有物吞食月輪盡，鳳翥龍驤紫光隱。雨前已見纖雲從，雪意猶在渾淪中。忽帶天香墮吾篋，自有同幹欣相逢。寄向仙廬引飛瀑，一簇蠅聲急須腹。禅翁初起宴坐閒，接見陶公方解顔。頤指長鬚運金碾，未白眉毛且須轉。為我對啜延高談，亦使色味超塵凡。破悶通靈此何取，兩腋風生豈須御。昔云木馬能嘶風，今看茶龍堪行雨。

又 卷二《謝人惠茶器并茶》 三事文華出何處，巖上含章挿煙霧。曾被西風吹異香，飄落人寰月中度。美材見棄安所施，六角靈犀用相副。目下發緘誰致勤，愛竹山翁傍雲住。遞命長鬚烹且煎，一簇蠅聲急須吐。每思北苑滑與甘，嘗厭鄉人寄來苦。試君所惠良可稱，往往曾沾石坑雨。不畏七椀鳴饑腸，但覺清多卻炎暑。幾時對話愛竹軒，更引毫甌斲詩句。

宋 張擴《東窗集》卷二《次韻何任叟正字館中試茶》 金拌猥稱檳榔珍，藿食未辨汙吾唇。茶丁妙寫犀銙真，排方似欲驕華紳。為君走碾揚微塵，羊腸聲乾行只輪。柘羅裁絹素縷勻，篩絲巧織霜後筠。中貯刀圭護百神，乳花初幻人間春。計君別品尚絶倫，完璧不受敵國嗔。白虹夜氣千秋旻，把玩自覺舌生津。天衢小草搜八垠，蒙山顧渚亦懷新。香歇色壞非法身，妖星森索避北辰。不須會萃權羣臣，龍翔鳳翥登嚴宸。向來策勳自有人，君其問諸脩水濱。

宋 釋惠洪《石門文字禅》卷四《郭祐之太尉試新龍團索詩》 政和官焙雨前貢，蒼璧密雲盤小鳳。京華誰致建溪春，睿思分賜君恩重。緑楊院落春晝永，碧砌飛花深一寸。門下賓朋還畢集，碾聲驚破南窻夢。高情愛客手自試，春霧腳紫雪花湧。聚觀詩膽已開張，欲啜睡魔先震恐。我有僧中富貴緣，此會風流真法供。定花磁盂何足道，分嘗但欠纖纖捧。七杯清風生兩腋，月脇澄魂誰與共。戲將妙語敵甘寒，詩成一弔盧同塚。

又 卷一〇《謝性之惠茶》 午窗石碾哀怨語，活火銀瓶暗浪翻。射眼色隨雲腳亂，上眉甘作乳花繁。味香已覺臣雙井，聲價從來友壑源。却憶高人不同試，暮山空翠共無言。

又 卷一一《將登南岳絶頂而志上人以小團鬪夸見遺作詩謝之》 壑源獨步寶帶夸，官焙無雙小月團。未作濃甘生齒頰，先飛微白上眉端。湯聲蜂稺秋窓晚，乳面鵝兒春甕寒。飲罷為君登絶頂，俯臨落日看跳

丸。

宋 熊蕃撰，熊克增補，清 汪繼壕按校《宣和北苑貢茶録》

陸羽《茶經》、裴汶《茶述》，皆不第建品。說者但謂二子未嘗至閩，〔繼壕按〕《說郛》『閩』作『建』。曹學佺《輿地名勝志》：『甌寧縣雲際山在鐵獅山左，上有永慶寺，後有陸羽泉，相傳唐陸羽所鑿。宋楊億詩云「陸羽不到此，標名慕昔賢」是也。』而不知物之發也，固自有時。蓋昔者山川尚閟，靈芽未露。至於唐末，然後北苑出為之最。〔繼壕按〕張舜民《畫墁録》云：『有唐茶品，以陽羨為上供，建溪北苑未著也。貞元中，常衮為建州刺史，始蒸焙而研之，謂研膏茶。』顧祖禹《方輿紀要》云：『鳳凰山之麓名北苑，廣二十里，舊經云，偽閩龍啟中，里人張廷暉以所居北苑地宜茶，獻之官，其地始著。』沈括《夢溪筆談》云：『建溪勝處曰郝源、曾坑，其間又岔根山頂二品尤勝，李氏時號為北苑，置使領之。』姚寬《西溪叢語》云：『建州龍焙面北，謂之北苑。』《宋史·地理志》：『建安有北苑茶焙、龍焙。』宋子安《試茶録》云：『北苑西距建安之洄溪二十里，東至東宮百里。過洄溪，踰東宮，則僅能成餅耳。獨北苑連屬諸山者最勝。』蔡絛《鐵圍山叢談》云：『北苑龍焙者，在一山之中間，其周遭則諸葉地也，居是山號正焙。一出是山之外，則曰外焙。正焙、外焙，色香迥殊。此亦山秀地靈所鍾之有異色已。龍焙又號官焙。』是時，偽蜀詞臣毛文錫作《茶譜》，〔繼壕按〕吳任臣《十國春秋》：『毛文錫，字平珪，高陽人，唐進士，從蜀高祖，官文思殿大學士。拜司徒。貶茂州司馬。有《茶譜》一卷。』《說郛》作『王文錫』，《文獻通考》作『燕文錫』，《合璧事類》、《山堂肆考》作『毛文勝』，《天中記》『茶譜』作『茶品』，並誤。亦第言建有紫筍，〔繼壕按〕樂史《太平寰宇記》云：『建州土貢茶，引《茶經》云：「建州方山之芽及紫筍，片大極硬，須湯浸之，方可碾，極治頭痛，江東老人多味之。」』而臘面乃產於福。五代之季，建屬南唐。南唐保大三年，俘王延政，而得其地。歲率諸縣民，採茶北苑，初造研膏，繼造臘面。丁晉公《茶録》載：泉南老僧清錫，年八十四，嘗示以所得李國主書寄研膏茶，隔兩歲方得臘面，此其實也。至景祐中，監察御史丘荷撰《御泉亭記》，乃云，『唐季敕福建罷貢橄欖，但贄臘面茶，即臘面產于建安明矣』。荷不知臘面之號始於福，其後建安始為之。按唐《地理志》：福州貢茶及橄欖，建州惟貢綀練，未嘗貢茶。前所謂『罷貢橄欖，惟贄臘面茶』，皆為福也。慶曆初，林世程作《閩中記》，言福茶所產在閩縣十里。且言往時建茶未盛，本土有之，今則土人皆食建茶。世程之說，蓋得其實。而晉公所記，臘面起於南唐，乃建茶也。既又〔繼壕按〕原本『又』作『有』，據《說郛》、《天中記》、《廣羣芳譜》改。製其佳者，號曰京鋌。其狀如貢神金、白金之鋌。聖朝開寶末，下南唐。太平興國初，特置龍鳳模，遣使即北苑造團茶，以別庶飲，龍鳳茶蓋始於此。〔按〕《宋史·食貨志》載：『建寧臘茶，北苑為第一，其最佳者曰社前，次曰火前，又曰雨前，所以供玉食，備賜予，太平興國始置。大觀以後，製愈精，數愈多，胯式屢變，而品不一。歲貢片茶二十一萬六千斤。』又《建安志》：『太平興國二年，始置龍焙，造龍鳳茶，漕臣柯適為之記云。』又一種茶，叢生石崖，枝葉尤茂。至道初，有詔造之，別號石乳。〔繼壕按〕彭乘《墨客揮犀》云：『建安能仁院有茶生石縫間，寺僧采造，得茶八餅，號石巖白，當即此品。』《事文類聚續集》云：『至道間，仍添造石乳、臘面。』而此無臘面，稍異。又一種號的乳，〔按〕馬令《南唐書》：嗣主李璟『命建州茶製的乳茶，號曰京鋌。臘茶之貢自此始，罷貢陽羨茶。』〔繼壕按〕《南唐書》事在保大四年。又一種號白乳。蓋自龍鳳與京、〔繼壕按〕原本脱『京』字，據《說郛》補。石、的、白四種繼出，而臘面降為下矣。楊文公億《談苑》所記，龍茶以供乘輿及賜執政、親王、長主，其餘皇族、學士、將帥皆得鳳茶，舍人、近臣賜金鋌、的乳，而白乳賜館閣，惟臘面不在賜品。〔按〕《建安志》載《談苑》云：京鋌、的乳賜舍人、近臣，白乳、的乳賜館閣。疑京鋌誤金鋌，白乳下遺的乳。〔繼壕按〕《廣羣芳譜》引《談苑》與原注同。惟原注內『白茶賜館閣，惟臘面不在賜品』二句，作『館閣白乳』。龍鳳、石乳茶，皆太宗令罷。金鋌正作京鋌。王鞏《甲申雜記》云：『初貢團茶及白羊酒，惟見任兩府方賜之。仁宗朝及前宰臣，歲賜茶一斤、酒二壺，後以為例。』《文獻通考》榷茶條云：『凡茶有二類，曰片曰散，其名有龍、鳳、石乳、的乳、白乳、頭金、臘面、頭骨、次骨、末骨、粗骨、山挺十二等，以充歲貢及邦國之用。』注云：『龍、鳳皆團片，石乳、頭乳皆狹片，名曰京的。乳亦有闊片者。乳以下皆闊片。』

蓋龍鳳等茶，皆太宗朝所製。至咸平初，丁晉公漕閩，始載之於《茶録》。人多言龍鳳團起於晉公，故張氏《畫墁録》云，晉公漕閩，始創為龍鳳團。此說得於傳聞，非其實也。慶曆中，蔡君謨將漕，創造小龍團以進，被旨仍歲貢之。君謨《北苑造茶詩》自序云：『其年改造上品龍茶二十八片，纔一斤，尤極精妙，被旨仍歲貢之。』歐陽文忠公《歸田録》云：『茶之品莫貴於龍鳳，謂之小團，凡二十八片，重一斤，其價直金二兩。然金可有，而茶不可得，嘗南郊致齋，兩府共賜一餅，四人分之。宮人往往鏤金花其上，蓋貴重如此。』〔繼壕按〕石刻蔡君謨《北苑十詠·采茶詩》自序云：『其年改作新茶十斤，尤甚精好，被旨號為上品龍茶，仍歲貢之。』又詩句注云：『龍鳳茶八片為一斤，上品龍茶每斤二十八片。』《澠水燕談》作『上品龍茶一斤二十餅』。葉夢得《石林燕語》云：『故事，建州歲貢大龍鳳團茶各二斤，以八餅為斤。仁宗時，蔡君謨知建州，始別擇茶之精者，為小龍團十斤以獻，斤為十餅。仁宗以非故事，命劾之，大臣為請，因留免劾，然自是遂為歲額。』王從謹《清虛雜著補闕》云：『蔡君謨始作小團茶入貢，意以仁宗嗣未立，而悅上心也。又作曾坑小團，歲貢一斤，歐文忠所謂兩府共賜一餅者是也。』『吳曾《能改齋漫録》云：「小龍小鳳，初因君謨為建漕造十斤獻之，朝廷以其額外，免勘。明年詔第一綱盡為之。」』自小團出，而龍鳳遂為次矣。元豐間，有旨造密雲龍，其品又加於小團之上。昔人詩云：『小璧雲龍不入香，元豐龍焙乘詔作』，蓋謂此也。〔按〕此乃山谷和楊王休點雲龍詩。〔繼壕按〕《山谷集·博士王揚休碾密雲龍同十三人飲之戲作》云：『矞雲蒼璧小般龍，貢包新樣出元豐。王郎坦腹飯床東，太官分賜來婦翁。』又山谷《謝送碾賜壑源揀芽詩》云：『矞雲從龍小蒼

璧，元豐至今人未識。」俱與本注異。《石林燕語》云：『熙寧中，賈青為轉連使，又取小團之精者為密雲龍，以二十餅為斤而雙袋，謂之雙角團茶，大小團袋皆用緋，通以為賜也。密雲獨用黃，蓋專以奉玉食。其後又有為瑞雲翔龍者。』周輝《清波雜志》云：『自熙寧後，始貴密雲龍，每歲頭綱修貢，奉宗廟及供玉食外，賫及臣下無幾。戚里貴近，丐賜尤繁。宣仁一日慨歎曰：令建州今後不得造密雲龍，受他人煎炒。不得，也出來道，我要密雲龍，不要團茶，揀好茶吃了，生得甚意智？此語既傳播于縉紳間，由是密雲龍之名益著。』是密雲龍實始于熙寧也。《畫墁録》亦云：『熙寧末，神宗有旨，建州製密雲龍，其品又加於小團矣。然密雲龍之出，則二團少粗，以不能兩好也。』惟《清虛雜著補闕》云：『元豐中，取揀芽不入香，作密雲龍茶，小於小團，而厚實過之。終元豐時，外臣未始識之。宣仁垂簾。始賜二府兩指許一小黃袋，其白如玉，上題曰揀芽，亦神宗所藏。』《鐵圍山叢談》云：『神祖時，即龍焙又進密雲龍。密雲龍者，其雲紋細密，更精絕于小龍團也。』紹聖間，改為瑞雲翔龍。〔繼壕按〕《清虛雜著補闕》：『元祐末，福建轉運司又取北苑鎗旗，建人所作門茶者也，以為瑞雲龍。請進，不納。紹聖初，方入貢，歲不過八團。其制與密雲龍等而差小也。』《鐵圍山叢談》云：『哲宗朝，益復進瑞雲翔龍者，御府歲止得十二餅焉。』至大觀初，今上親製《茶論》二十篇，以白茶與常茶不同，偶然生出，非人力可致，於是白茶遂為第一。慶曆初，吳興劉異為《北苑拾遺》云：官園中有白茶五六株，而壅焙不甚至。茶户唯有王免者，家一巨株，向春常造浮屋以障風日。其後有宋子安者，作《東溪試茶録》，亦言『白茶民間大重，出于近歲。芽葉如紙，建人以為茶瑞。』則知白茶可貴，自慶曆始，至大觀而盛也。〔繼壕按〕《蔡忠惠文集·茶記》云：『王家白茶，聞於天下。其人名大詔。白茶惟一株，歲可作五七餅，如五株錢大。方其盛時，高視茶山，莫敢與之角。一餅直錢一千，非其親故，不可得也。終為園家以計枯其株。予過建安，大詔垂涕為予言其事。今年枯櫱輒生一枝，造成一餅，小於五銖。大詔越四千里，特攜以來京師見予，喜發顏面。予之好茶固深矣，而大詔不遠數千里之役，其勤如此，意謂非予莫之省也。可憐哉！已巳初月朔日書。』本注作『王免』，與此異。宋子安《試茶録》、晁公武《郡齋讀書志》作『朱子安』。既又製三色細芽，〔繼壕按〕《說郛》、《廣羣芳譜》俱作『細茶』。及試新銙、大觀二年，造御苑玉芽、萬壽龍芽。四年，又造無比壽芽及試新銙。〔按〕《宋史·食貨志》『銙』作『胯』。〔繼壕按〕《石林燕語》作『䩋』，《清波雜志》作『夸』。貢新銙。政和三年造貢新銙式，新貢皆創為此，獻在歲額之外。自三色細芽出，而瑞雲翔龍顧居下矣。〔繼壕按〕《石林燕語》：『宣和後，團茶不復貴，皆以為賜，亦不復如向日之精。後取其精者為䩋茶，歲賜者不同，不可勝紀矣。』《鐵圍山叢談》云：『祐陵雅好尚，故大觀初，龍焙於歲貢色目外，乃進御苑玉芽、萬壽龍芽。政和間，且增以長壽玉圭。玉圭丸僅盈寸，大抵北苑絕品，曾不過是。歲但可十百餅。然名益新、品益出，而舊格遞降于凡劣爾。』

凡茶芽數品，最上曰小芽，如雀舌、鷹爪，以其勁直纖鋭，故號芽茶。次曰揀芽，〔繼壕按〕《說郛》、《廣羣芳譜》俱作『揀芽』。乃一芽帶一葉者，號一鎗一旗。次曰中芽，〔繼壕按〕《說郛》、《廣羣芳譜》俱作『中芽』。乃一芽帶兩葉者，號一鎗兩旗。其帶三葉四葉，皆漸老矣。芽茶早春極少。景德中，建守周絳〔繼壕按〕《文獻通考》云：『絳，祥符初，知建州。』《福建通志》作『天聖間任』。為《補茶經》，言：『芽茶只作早茶，馳奉萬乘嘗之可矣。如一鎗一旗，可謂奇茶也。』故一鎗一旗，號揀芽，最為挺特光正。舒王《送人官閩中詩》云：『新茗齋中試一旗』，謂揀芽也。或者乃謂茶芽未展為鎗，已展為旗，指舒王此詩為誤，蓋不知有所謂揀芽也。今上聖製《茶論》曰：『一旗一鎗為揀芽。』又見王岐公珪詩云：『北苑和香品最精，綠芽未雨帶旗新。』故相韓康公絳詩云：『一鎗已笑將成葉，百草皆羞未敢花。』此皆詠揀芽，與舒王之意同。〔繼壕按〕王荊公追封舒王，此乃荊公送福建張比部詩中句也。《事文類聚續集》作『送元厚之詩』，誤。夫揀芽猶貴重如此，而況芽茶以供天子之新嘗者乎！

芽茶絕矣，至於水芽，則曠古未之聞也。宣和庚子歲，漕臣鄭公可簡〔按〕《潛確類書》作『鄭可聞』。〔繼壕按〕《福建通志》作『鄭可簡』，宣和間，任福建路轉運司（使）。《說郛》作『鄭可問』。始創為銀線水芽。蓋將已揀熟芽再剔去，祗取其心一縷，用珍器貯清泉漬之，光明瑩潔，若銀線然。其製方寸新銙，有小龍蜿蜒其上，號龍園勝雪。〔按〕《建安志》云：『此茶蓋於白合中，取一嫩條如絲髮大者，用御泉水研造成。分試其色如乳，其味腴而美。』又『園』字，《潛確類書》作『團』。今仍從原本，而附識於此。〔繼壕按〕《說郛》、《廣羣芳譜》『園』俱作『團』，下同。唯姚寬《西溪叢語》作『園』。又廢白、的、石三乳，鼎造花銙二十餘色。初，貢茶皆入龍腦，蔡君謨《茶録》云：茶有真香，而入貢者微以龍腦和膏，欲助其香。至是慮奪真味，始不用焉。

蓋茶之妙，至勝雪極矣，故合為首冠。然猶在白茶之次者，以白茶上之所好也。異時，郡人黃儒撰《品茶要録》，極稱當時靈芽之富，謂使陸羽數子見之，必爽然自失。蕃亦謂使黃君而閱今日，則前乎此者，未足詫焉。

然龍焙初興，貢數殊少，太平興國初纔貢五十片。〔繼壕按〕《能改齋漫録》云：『建茶務，仁宗初，歲造小龍、小鳳各三十斤，大龍、大鳳各三百斤，不入香京鋌共二百斤，臘茶一萬五千斤。』王存《元豐九域志》云：『建州土貢龍鳳茶八百二十斤。』累增至元符，以片〔繼壕按〕《說郛》作『斤』。計者一萬八千，視初已加數倍，而猶未盛。今則為四萬七千一百片〔繼壕按〕《說郛》作『斤』。有奇矣。此數皆見范逵所著《龍焙美成茶録》。逵，茶官也。〔繼壕按〕《說郛》作『范達』。

自白茶、勝雪以次，厥名實繁，今列于左，使好事者得以觀焉。

貢新銙大觀二年造

試新銙政和二年造

白茶政和三年造〔繼壕按〕《説郛》作「二年」。

龍園勝雪宣和二年造

御苑玉芽大觀二年造

萬壽龍芽大觀二年造

上林第一宣和二年造

乙夜清供宣和二年造

承平雅玩宣和二年造

龍鳳英華宣和二年造

玉除清賞宣和二年造

啟沃承恩宣和二年造

雪英宣和三年造〔繼壕按〕《説郛》作「二年」，《天中記》「雪」作「雲」。

雲葉宣和三年造〔繼壕按〕《説郛》作「二年」。

蜀葵宣和三年造〔繼壕按〕《説郛》作「二年」。

金錢宣和三年造

玉華宣和三年造〔繼壕按〕《説郛》作「二年」。

寸金宣和三年造〔繼壕按〕《西溪叢語》作「千金」，誤。

無比壽芽大觀四年造

萬春銀葉宣和二年造

玉葉長春宣和四年造〔繼壕按〕《説郛》、《廣羣芳譜》此條俱在無疆壽龍下。

宜年寶玉宣和二年造〔繼壕按〕《説郛》作「三年」。

玉清慶雲宣和二年造

無疆壽龍宣和二年造

瑞雲翔龍紹聖二年造〔繼壕按〕《西溪叢語》及下圖目並作「瑞雪翔龍」，當誤。

長壽玉圭政和二年造

興國巖銙

香口焙銙

上品揀芽紹聖二年造〔繼壕按〕《説郛》「紹聖」誤「紹興」。

新收揀芽

太平嘉瑞政和二年造

龍苑報春宣和四年造

南山應瑞宣和四年造〔繼壕按〕《天中記》「宣和」作「紹聖」。

興國巖揀芽

興國巖小龍

興國巖小鳳已上號細色

揀芽

小龍

小鳳

大龍

大鳳已上號麤色

又有瓊林毓粹、浴雪呈祥、壑源拱秀、貢篚推先、價倍南金、暘谷先春、壽巖都〔繼壕按〕《説郛》、《廣羣芳譜》作「卻」。勝、延平石乳、清白可鑒、風韻甚高，凡十色，皆宣和二年所製，越五歲省去。

右歲分十餘綱。惟白茶與勝雪自驚蟄前興役，浹日乃成。飛騎疾馳，不出中春，已至京師，號為頭綱。玉芽以下，即先後以次發。逮貢足時，夏過半矣。歐陽文忠〔公〕詩曰：『建安三千五百里，京師三月嘗新茶』，蓋異時如此。〔繼壕按〕《鐵圍山叢談》云：「茶茁其芽，貴在社前，則已進御。自是迤邐宣和間，皆占冬至而嘗新茗，是率人力為之，反不近自然矣。」以今較昔，又為最早。

因念草木之微，有瓌奇卓異，亦必逢時而後出，而況為士者哉？昔昌黎先生感二鳥之蒙採擢，而自悼其不如，今蕃於是茶也，焉敢效昌黎之感賦，姑務自警，而堅其守，以待時而已。

宋 熊蕃《宣和北苑貢茶録・跋》 先人作《茶録》，當貢品極盛之時，凡有四十餘色。紹興戊寅歲，克攝事北苑，閲近所貢皆仍舊，其先後之序亦同。惟躋龍園勝雪于白茶之上，及無興國巖小龍、小鳳。蓋建炎南渡，有旨罷貢三之一而省去之也。先人但著其名號，克今更寫其形製，庶鑒之者無遺恨焉。先是，壬子春，漕司再葺茶政，越十三載，仍復舊額。且用政和故事，補種茶二萬株。次年益虔貢職，遂有創增之目。仍改

京鋌為大龍團，由是大龍多於大鳳之數。凡此皆近事，或者猶未之知也。先人又嘗作貢茶歌十首，讀之可想見異時之事，故併取以附於末。三月初吉，男克北苑寓舍書。

北苑貢茶最盛，然前輩所録，止於慶曆以上。自元豐之密雲龍、紹聖之瑞雲龍相繼挺出，製精於舊，而未有好事者記焉，但見於詩人句中。及大觀以來，增創新銙，亦猶用揀芽。蓋水芽至宣和始有，故龍園勝雪與白茶角立，歲充首貢。復自御苑玉芽以下，厥名實繁。先子親見時事，悉能記之，成編具存。今閩中漕臺新刊《茶録》，未備此書。庶幾補其闕云。

淳熙九年冬十二月四日，朝散郎、行秘書郎、兼國史編修官、學士院權直熊克謹記。

宋 陳淵《默堂集》卷二〇《留龍居士試建茶既去輒分送并頌寄之》 未下鈐鎚墨如漆，已入篩羅白如雪。從來黑白不相融，吸盡方知了無別。老龍過我睡初醒，為破雲腴同一啜。舌根回味只自知，放盞相看欲何說。

宋 陳與義《簡齋集》卷三《與周紹祖分茶》 竹影滿幽窗，欲出腰髀懶。何以同歲暮，共此晴雲椀。摩挲蟄雷腹，自笑計常短。異時分白雲，小杓勿辭滿。

宋 趙汝礪《北苑別録》 建安之東三十里，有山曰鳳凰。其下直北苑，旁聯諸焙。厥土赤壤，厥茶惟上上。太平興國中，初為御焙，歲模龍鳳，以羞貢篚，蓋表珍異。慶曆中，漕台益重其事，品數日增，制度日精。厥今茶自北苑上者，獨冠天下，非人間所可得也。方春蟲震蟄，千夫雷動，一時之盛，誠為偉觀。故建人謂『至建安而不詣北苑，與不至者同』。僕因攝事，遂得研究其始末。姑摭其大槩，條為十餘類目，曰《北苑別録》云。

御園

九窠十二隴、麥窠、壤園、龍遊窠、小苦竹、苦竹里、雞藪窠、苦竹、鼯鼠窠、教煉隴、鳳凰山、苦竹源、大小焊、横坑、猿游隴、張坑、帶園、焙東、中曆、東際、西際、官平、石碎窠、上下官坑、虎膝窠、樓隴、蕉窠、新園、夫樓基、阮坑、曾坑、黃際、馬鞍山、林園、和尚園、黃淡窠、吴彦山、羅漢山、水桑窠、銅場、師姑園、靈滋、范馬園、高畬、大窠頭、小山。

右四十六所，方廣袤三十餘里。自官平而上為內園，官坑而下為外園。方春靈芽莩坼，常先民焙十餘日，如九窠十二隴、龍遊窠、小苦竹、張坑、西際，又為禁園之先也。

開焙

驚蟄節萬物始萌，每歲常以前三日開焙。遇閏則反之，以其氣候少遲故也。

採茶

採茶之法，須是侵晨，不可見日。侵晨則夜露未晞，茶芽肥潤。見日則為陽氣所薄，使芽之膏腴內耗，至受水而不鮮明。故每日常以五更撾鼓，集羣夫於鳳凰山。監採官人給一牌入山，至辰刻則復鳴鑼以聚之，恐其踰時貪多務得也。大抵採茶亦須習熟，募夫之際，必擇土著及諳曉之人。非特識茶發早晚所在，而於採摘各知其指要。蓋以指而不以甲，則多溫而易損；以甲而不以指，則速斷而不柔。故採夫欲其習熟，政為是耳。

揀茶

茶有小芽，有中芽，有紫芽，有白合，有烏蔕，此不可不辨。小芽者，其小如鷹爪，初造龍園勝雪、白茶，以其芽先次蒸熟，置之水盆中，剔取其精英，僅如鍼小，謂之水芽。是芽中之最精者也。中芽，古謂一槍一旗是也。紫芽，葉之紫者是也。白合，乃小芽有兩葉抱而生者是也。烏蔕，茶之蔕頭是也。凡茶以水芽為上，小芽次之，中芽又次之，紫芽、白合、烏蔕，皆所在不取。使其擇焉而精，則茶之色味無不佳。萬一雜之以所不取，則首面不勻，色濁而味重也。

蒸茶

茶芽再四洗滌，取令潔淨。然後入甑，俟湯沸蒸之。然蒸有過熟之患，有不熟之患。過熟則色黃而味淡，不熟則色青易沈，而有草木之氣。唯在得中之為當也。

榨茶

茶既熟，謂茶黃。須淋洗數過，方入小榨以去其水。又入大榨出其膏。先是包以布帛，束以竹皮，然後入大榨壓之，至中夜，取出，揉勻，

復如前入榨，謂之翻榨。徹曉奮擊，必至于乾淨而後已。蓋建茶味遠而力厚，非江茶之比。江茶畏流其膏，建茶惟恐其膏之不盡，膏不盡，則色味重濁矣。

研茶

研茶之具，以柯為杵，以瓦為盆，分團酌水，亦皆有數。上而勝雪、白茶以十六水，下而揀芽之水六，小龍鳳四，大龍鳳二，其餘皆十一二焉。自十二水以上，日研一團。自六水而下，日研三團，至七團。每水研之，必至于水乾茶熟而後已。水不乾，則茶不熟，茶不熟，則首面不勻，煎試易沈。故研夫猶貴於強而有力者也。嘗謂天下之理，未有不相須而成者，有北苑之芽，而後有龍井之水。其深不以丈尺，清而且甘，晝夜酌之而不竭。凡茶自北苑上者，皆資焉。亦猶錦於于蜀江，膠之於阿井，詎不信然。

造茶

造茶舊分四局。匠者，起好勝之心，彼此相誇，不能無弊，遂併而為二焉。故茶堂有東局西局之名，茶銙有東作西作之號。凡茶之初出研盆，盪之欲其勻，揉之欲其膩。然後入圈製銙，隨笪過黃。有方銙，有花銙，有大龍，有小龍。品色不同，其名亦異。故隨綱系之於貢茶云。

過黃

茶之過黃，初入烈火焙之，次過沸湯爁之。凡如是者三，而後宿一火，至翌日遂過煙焙焉。然煙焙之火，不欲烈，烈則面炮而色黑。又不欲煙，煙則香盡而味焦。但取其溫溫而已。凡火數之多寡，皆視其銙之厚薄。銙之厚者，有十火，至於十五火。銙之薄者亦八火。至于六火，火數既足，然後過湯上出色。出色之後，當置之密室，急以扇扇之，則色自然光瑩矣。

細色第一綱

龍焙貢新，水芽，十二水，十宿火，正貢三十銙，創添二十銙。

細色第二綱

龍焙試新，水芽，十二水，十宿火，正貢一百銙，創添五十銙。

細色第三綱

龍園勝雪，水芽，十六水，十二宿火，正貢三十銙，續添三十銙，創添六十銙。

白茶，水芽，十六水，七宿火，正貢三十銙，續添十五銙，創添八十銙。

御苑玉芽，小芽，十二水，八宿火，正貢一百片。

萬壽龍芽，小芽，十二水，八宿火，正貢一百片。

上林第一，小芽，十二水，十宿火，正貢一百銙。

乙夜清供，小芽，十二水，十宿火，正貢一百銙。

承平雅玩，小芽，十二水，十宿火，正貢一百銙。

龍鳳英華，小芽，十二水，十宿火，正貢一百銙。

玉除清賞，小芽，十二水，十宿火，正貢一百銙。

啟沃承恩，小芽，十二水，十宿火，正貢一百銙。

雪英，小芽，十二水，七宿火，正貢一百片。

雲葉，小芽，十二水，七宿火，正貢一百片。

蜀葵，小芽，十二水，七宿火，正貢一百片。

金錢，小芽，十二水，七宿火，正貢一百片。

玉葉，小芽，十二水，七宿火，正貢一百片。

寸金，小芽，十二水，九宿火，正貢一百片。

細色第四綱

龍園勝雪，正貢一百五十銙。

無比壽芽，小芽，十二水，十五宿火，正貢五十銙，創添五十銙。

萬壽銀芽，小芽，十二水，十宿火，正貢四十片，創添六十片。

宜年寶玉，小芽，十二水，十二宿火，正貢四十片，創添六十片。

玉清慶雲，小芽，十二水，九宿火，正貢四十片，創添六十片。

無疆壽龍，小芽，十二水，十五宿火，正貢四十片，創添六十片。

玉葉長春，小芽，十二水，七宿火，正貢一百片。

瑞雲翔龍，小芽，十二水，九宿火，正貢一百八片。

長壽玉圭，小芽，十二水，九宿火，正貢二百片。

興國巖銙，中芽，十二水，十宿火，正貢二百七十銙。

香口焙銙，中芽，十二水，十宿火，正貢五百銙。

上品揀芽，小芽，十二水，十宿火，正貢一百片。

新收揀芽，中芽，十二水，十宿火，正貢六百片。

細色第五綱

太平嘉瑞，小芽，十二水，九宿火，正貢三百片。

龍苑報春，小芽，十二水，九宿火，正貢六百片，創添六十片。

南山應瑞，小芽，十二水，十五宿火，正貢六十銙，創添六十銙。

興國巖揀芽，中芽，十二水，十宿火，正貢五百一十片。

興國巖小龍，中芽，十二水，十五宿火，正貢七百五十片。

興國巖小鳳，中芽，十二水，十五宿火，正貢五十片。

先春兩色

太平嘉瑞，正貢二百片。

長壽玉圭，正貢一百片。

續入額四色

御苑玉芽，正貢一百片。

萬壽龍芽，正貢一百片。

無比壽芽，正貢一百片。

瑞雲翔龍，正貢一百片。

麤色第一綱

正貢

不入腦子上品揀芽小龍一千二百片，六水，十六宿火。入腦子小龍七百片，四水，十五宿火。

增添

不入腦子上品揀芽小龍一千二百片，入腦子小龍七百片。

建寧府附發小龍茶八百四十片。

麤色第二綱

正貢

不入腦子上品揀芽小龍六百四十片，入腦子小龍六百四十二片，入腦子小鳳一千三百四十四片，四水，十五宿火。入腦子大龍七百二十片，二水，十五宿火。入腦子大鳳七百二十片，二水，十五宿火。

增添

不入腦子上品揀芽小龍一千二百片，入腦子小鳳七百片。

建寧府附發小鳳茶一千二百片。

麤色第三綱

正貢

不入腦子上品揀芽小龍六百四十片，入腦子小龍六百四十四片，入腦子小鳳六百七十二片，入腦子大龍一千八片，入腦子大鳳一千八片。

增添

不入腦子上品揀芽小龍一千二百片，入腦子小龍七百片。

建寧府附發大龍茶四百片，大鳳茶四百片

麤色第四綱

正貢

不入腦子上品揀芽小龍六百片，入腦子小龍三百三十六片，入腦子小鳳三百三十六片，入腦子大龍一千二百四十片，入腦子大鳳一千二百四十片。

建寧府附發

大龍茶四百片，大鳳茶四百片。

麤色第五綱

正貢

入腦子大龍一千三百六十八片，入腦子大鳳一千三百六十八片，京鋌改造大龍一千六片。

建寧府附發大龍茶八百片，大鳳茶八百片。

麤色第六綱

正貢

入腦子大龍一千三百六十片，入腦子大鳳一千三百六十片，京鋌改造大龍一千六百片。

建寧府附發大龍茶八百片，大鳳茶八百片，京鋌改造大龍一千三百片。

麤色第七綱

正貢

入腦子大龍一千二百四十片，入腦子大鳳一千二百四十片，京鋌改造大龍二千三百五十二片。

建寧府附發大龍茶二百四十片，大鳳茶二百四十片，京鋌改造大龍四百八十片。

細色五綱

貢新為最上，後開焙十日入貢。龍園勝雪為最精，而建人有直四萬錢之語。夫茶之入貢，圈以箬葉，內以黄斗，盛以花箱，護以重篚，扃以銀鑰。花箱內外，又有黄羅幕之。可謂什襲之珍矣。

麤色七綱

揀芽以四十餅為角，小龍鳳以二十餅為角，大龍鳳以八餅為角。圈以箬地，束以紅縷，包以紅楮，緘以蒨綾。惟揀芽俱以黄焉。

開畬

草木至夏益盛，故欲導生長之氣，以滲雨露之澤。每歲六月興工，虛其本，培其土，滋蔓之草，遏鬱之木，悉用除之，政所以導生長之氣，而滲雨露之澤也。此之謂開畬。

惟桐木則留焉。桐木之性與茶相宜，而又茶至冬則畏寒，桐木望秋而先落，茶至夏而畏日，桐木至春而漸茂，理亦然也。

外焙

石門、乳吉、香口，右三焙，常後北苑五七日興工。每日採茶，蒸，榨以過黄，悉送北苑併造。

宋 趙佶《大觀茶論・茶論》 本朝之興，歲修建溪之貢，龍團鳳餅，名冠天下，而壑源之品，亦自此而盛。延及於今，百廢俱興，海內晏然，垂拱密勿，幸致無為。

宋 姚寬《西溪叢語》卷上 建州龍焙面北，謂之北苑。有一泉，極清澹，謂之御泉。用其池水造茶，即壞茶味。唯龍園勝雪、白茶二種，謂之水芽。先蒸後揀，每一芽，先去外兩小葉，謂之烏蔕。又次取兩嫩葉，謂之臼合。留小心芽置於水中，呼為水芽。聚之稍多，即研焙為二品，即龍園勝雪、白茶也。茶之極精好者，無出於此。每胯計工價近三十千。其他茶雖好，皆先揀而後蒸研，其味次第減也。

茶有十綱。第一、第二綱太嫩，第三綱最妙，自六綱至十綱，小團至大團而止。第一名曰試新。第二名曰貢新。第三名有十六色：龍園勝雪、白茶、萬壽龍芽、御苑玉芽、上林第一、乙夜供清、龍鳳英華、玉除清賞、承平雅玩、啟沃承恩、雪葉、雪英、蜀葵、金錢、玉華、寸金。第四有十二色：無比壽芽、宜年寶玉、玉清慶雲、無疆壽龍、萬春銀葉、玉葉長春、瑞雪翔龍、長壽玉圭、香口焙、興國巖、上品揀芽、新收揀芽。第五次有十二色：太平嘉瑞、龍苑報春、南山應瑞、興國巖小龍、又小鳳、續入額、御苑玉芽、萬壽龍芽、無比壽芽、瑞雪翔龍、先春太平嘉瑞、長壽玉圭。已下五綱，皆大小團也。

宋 蔡絛《鐵圍山叢談》卷六 建谿龍茶，始江南李氏，號『北苑龍焙』者，在一山之中間，其周遭則諸葉地也。居是山，號『正焙』，一出是山之外，則曰『外焙』。『正焙』、『外焙』，色香必迥殊，此亦山秀地靈所鍾之，有異色已。『龍焙』又號『官焙』，始但有龍鳳、大團二品而已。仁廟朝，伯父君謨名知茶，因進小龍團，為時珍貴，因有大團、小團之別。小龍團見於歐陽文忠公《歸田録》，至神祖時即『龍焙』，又進『密雲龍』。『密雲龍』者，其雲紋細密，更精絶於小龍團也。及哲宗朝，益復進『瑞雲翔龍』者，御府歲止得十二餅焉。其後，祐陵雅好尚，故大觀初『龍焙』于歲貢色目外，乃進御苑玉芽、萬壽龍芽，政和間且增以長壽玉圭。玉圭凡厘盈寸，大抵北苑絶品曾不過是，歲但可十百餅。然名益新，品益出，而舊格遞降于凡劣爾。及茶茁其芽，貴在於社前則已進御。自是迤邐宣和間，皆占冬至而嘗新茗，是乃人力為之，反不近自然矣。茶之尚，蓋自唐人始，至本朝為盛；而本朝又至祐陵時益窮極新出，而無以加矣。

宋 葉夢得《石林燕語》卷八 故事，建州歲貢大龍鳳團茶各二斤，以八餅為斤。仁宗時，蔡君謨知建州，始別擇茶之精者為『小龍團』，十斤以獻，斤為十餅。仁宗以非故事，命劾之。大臣為請，因留而免劾，然自是遂為歲額。熙寧中，賈青為福建轉運使，又取小團之精者為『密雲龍』，以二十餅為斤而雙袋，謂之『雙角團茶』，大小團袋皆用緋，通以為賜也。『密雲』獨用黄，蓋專以奉玉食。其後又有為『瑞雲翔龍』者。宣和後，團茶不復貴，皆以為賜，亦不復如向日之精。後取其精者為『銙茶』，歲賜者不同，不可勝紀矣。

宋 吴曾《能改齋漫録》卷九《地理・北苑茶》 丁晉公有《北苑茶録》三卷。世多指建州茶焙為北苑，故姚寬《叢語》謂：『建州龍

焙，面北，遂謂之北苑。』此說非也。以予觀之，宮苑非人主不可稱，何以言之？按，建茶供御，自江南李氏始。故楊文公《談苑》云：『建州，陸羽《茶經》尚未知之。但言「福建等十二州未詳，往往得之，其味極佳」。江左近日，方有蠟面之號。李氏別令取其乳作片，或號曰京挺，的乳及骨子等，每歲不過五六萬斤。迄今歲出三十餘萬斤。』以文公之言考之，其曰京挺、的乳，則茶以京挺為名。又稱北苑，亦以供奉得名，可知矣。李氏都于建業，其苑在北，故得稱北苑。水心有清輝殿，張洎為清輝殿學士。別置一殿於內，謂之澄心堂，故李氏有澄心堂紙。其曰『北苑茶』者，是猶『澄心堂紙』耳。李氏集有《翰林學士陳喬作北苑侍宴賦詩序》曰『北苑，皇居之勝概也。掩映丹闕，縈回綠波。珍禽異獸充其中，修竹茂林森其後。北山蒼翠，遙臨複道之陰；南內深嚴，近在帷宮之外。陋周王之平圃，小漢武之上林』云云。而李氏亦有《御製北苑侍宴賦詩序》，其略云『偷閒養高，亦有其所。城之北有故苑焉，遇林因藪，未愧於離宮；均樂同歡，尚慚於靈沼』云云。以二序觀之，因知李氏有北苑，而建州造挺茶又始之，因此取名，無可疑者。

宋 胡仔《苕溪漁隱叢話·前集》卷四六《東坡九》 東坡云：『餘家有歙研，底有款識云：「吳順義元年處士汪少微銘之：松操凝煙，楮英鋪雪，毫穎如飛，人間五絕。」所頌者三物耳，葢研與少微為五邪。』苕溪漁隱曰：『東坡《鳳咮古研銘》云：「帝規武夷作茶囿，山為孤鳳翔且嗅，下集芝田啄瓊玖，玉乳金沙散虛竇，殘璋斷璧澤而黝，治為書研美無有，至珍驚世初莫售，黑眉黃眼爭妍陋。蘇子一見名鳳咮，坐令龍尾羞牛後。」余至富沙，按其地里，武夷在富沙之西，隸崇安縣，去城二百餘里，北苑在富沙之北，隸建安縣，去城二十五里，北苑乃龍焙，每歲造貢茶之處，卽與武夷相去遠甚，其言「帝規武夷作茶囿」者，非也。想當時傳聞不審，又以武夷山為鳳凰山，故有「山為孤鳳翔且嗅」之句。其實北苑茶山，乃名鳳凰山也。北苑土色膏腴，山宜植茶，石殊少，亦頑燥，非研材，余屢至北苑，詢之士人，初未嘗以此石為研，方悟東坡為人所誑耳。若劍浦黯淡有一種石，黑眉黃眼，自舊人以為研，余意鳳咮研必此灘之石，然亦與武夷相去遠矣。又《荔枝歎》云：「君不見武夷溪邊粟粒芽，前丁後蔡相籠加。」亦誤指其地，武夷未嘗有茶，茶之精絕者乃在北苑，自有一溪，南流至富沙城下，方與西來武夷溪水合流，東去劍浦，固亦不可雷同言之。』

又 建茶絕亡貴者，僅得掛一名爾。至江南李氏時漸見貴，始有團圈之制，而造作之精，經丁晉公始大備。自建茶出，天下所產皆不復可數。今出處壑源、沙溪，土地相去丈尺之間，品味已不同，謂之外焙，況他處乎？則知雖草木之微，其顯晦亦自有時。然唐自常袞以前，閩中有未讀書者，自袞教之，而歐陽詹之徒始出，而終唐世亦不甚盛。今閩中舉子常數倍天下，而朝廷將相公卿，每居十四五，人物尚爾，況草木微物也。顧渚湧金泉，每造茶時，太守先祭拜，然後水漸出，造貢茶畢，水稍減，至貢堂茶畢，已減半，太守茶畢，遂涸。葢常時無水也。或聞今龍焙泉亦然。苕溪漁隱曰：『北苑，官焙也，漕司歲以入貢茶為上。壑源，私焙也，土人亦入貢茶為次。二焙相去三四里間。若沙溪，外焙也，與二焙相去絕遠，自隔一溪，茶為下。山谷詩云：「莫遣沙溪來亂真。」正謂此也。官焙造茶，常在驚蟄後一二日興工采摘，是時茶芽已皆一槍，葢閩中地暖如此。舊讀歐公詩有喊山之說，亦傳聞之訛耳。龍焙泉，即御泉也，水之增減亦隨水旱，初無漸出遂涸之異；但泉味極甘，正宜造茶耳。』

又 《高齋詩話》云：『鄭可簡以貢茶進用，累官職至右文殿修撰福建路轉運使，其姪千里于山谷間得朱草，可簡令其子待問進之，因此得官。好事者作詩云：「父貴因茶白，兒榮為草朱。」而千里以從父奪朱草以予子，譊譊不已。待問得官而歸，盛集為慶，親姻畢集，衆皆贊喜可簡云：「一門僥倖。」其姪遽云：「千里埋冤。」衆皆以為的對。是時貢茶，一方騷動故也。』苕溪漁隱曰：『余觀東坡《荔枝歎》注云：「大小龍茶始于丁晉公，而成于蔡君謨，歐陽永叔聞君謨進小龍團，驚歎曰：君謨士人也，何至作此事。」今年閩中監司乞進鬭茶，許之。故其詩云：「武夷谿邊粟粒芽，前丁後蔡相籠加，爭新買寵各出意，今年鬭品充官茶。」則知始作俑者，大可罪也。』

又 苕溪漁隱曰：『壬午之春，余赴官閩中漕幕，遂得至北苑觀造貢茶。其最精卽水芽，細如針，用御泉水研造，社前已嘗。貢餘，每片計工直四萬錢，分試其色如乳。平生未嘗曾啜此好茶，亦未嘗嘗茶如此之

蚤也。」

宋 胡仔《苕溪漁隱叢話・後集》卷一一 苕溪漁隱曰：『唐茶惟湖州紫筍入貢，每歲以清明日貢到，先薦宗廟，然後分賜近臣。紫筍生顧渚，在湖常二境之間，當採茶時，兩郡守畢至，最為盛集。此蔡寬夫《詩話》之言也。蔡但知其一而不知其二，按陸羽《茶經》云：「浙西以湖州上，常州次。湖州生長興縣顧渚山中；常州生義興縣君山懸腳嶺北峰下。」唐《義興縣重修茶舍記》云：「義興貢茶非舊也。前此故御史大夫李栖筠實典是邦，山僧有獻佳茗者，會客嘗之，野人陸羽以為芬香甘辣，冠於他境，可薦於上。栖筠從之，始進萬兩，此其濫觴也。厥後因之，徵獻浸廣，遂為任土之貢，與常賦之邦侔矣。」故玉川子詩云：「天子須嘗陽羨茶，百草不敢先開花。」正謂是也。當時顧渚、義興皆貢茶，又隣壤相接，白樂天守姑蘇，聞賈常州、崔湖州茶山境會，想羨歡宴，因寄詩云：「遙聞境會茶山夜，珠翠歌鐘俱遶身。盤下中分兩州界，燈前合作一家春。青娥遞舞應爭妙，紫筍齊嘗各鬭新。自歎花時北窗下，蒲黃對酒病眠人。」唐袁高為湖州刺史，因修貢顧渚茶山，作詩云：「《禹貢》通遠俗，始圖在安人。後王失其本，職吏不敢陳。亦有奸佞者，因茲欲求伸。動至千金費，日使萬姓貧。我來顧渚源，得與茶事親。黎甿輟耕農，采掇實苦辛。一夫且當役，盡室皆同臻。捫葛上欹壁，蓬頭入荒榛。終朝不盈掬，手足皆鱗皴。悲嗟遍空山，草木為不春。陰嶺芽未吐，使曹牒已頻。心爭造化先，走挺麋鹿均。選納無日夜，擣聲昏係晨。衆功何枯攎，俯視彌傷神。皇帝尚巡狩，東郊路多堙。周迴繞天涯，所獻唯報勤。況減兵革用，兼茲困疲民。未知供御餘，誰合分此珍。顧省忝邦守，有慚復因循。茫茫滄海間，丹憤何由申？」此詩古雅，得詩人諷諫之體，誠可尚也。」【略】

《談苑》云：『建州，陸羽《茶經》尚未知之，但言福建等十二州未詳；往往得之，其味極佳，江左近日方有蠟面之號，李氏別令取其乳作片，或號曰京挺、的乳及骨子等，每歲不過五六萬觔，迄今歲出三十餘萬觔，凡十品，曰：龍茶、鳳茶、京挺、的乳、石乳、頭金、白乳、蠟面，頭骨，次骨。龍茶以供乘輿，及賜執政親王長主，餘皇族學士將帥皆鳳茶，舍人近臣賜京挺、的乳，館閣賜白乳。龍、鳳、石乳茶，皆太宗令造，江左有妍膏茶供御，即龍茶之品也。丁謂為《北苑茶録》三卷，備載造茶之始末，行於世。』

苕溪漁隱曰：『建安北苑茶，始於太宗朝，太平興國二年，遣使造之，取像於龍鳳，以別庶飲，由此入貢。至道間，仍添造石乳。其後大小龍茶，又起于丁謂而成于蔡君謨。謂之將漕閩中，實董其事，賦《北苑焙新茶詩》，其序云：「天下産茶者，將七十郡半，每歲入貢，皆以社前火前為名，悉無其實；惟建州出茶有焙，焙有三十六，三十六中，惟北苑發早而味尤佳，社前十五日即採其芽，日數千工，聚而造之，逼社即入貢，工甚大，造甚精，皆載於所撰《建陽茶録》，仍作詩以大其事。」云：「北苑龍茶者，甘鮮的是珍，四方惟數此，萬物更無新。纔吐微茫綠，初沾少許春。散尋縈樹遍，急採上山頻。宿葉寒猶在，芳芽冷未伸，茅茨溪口焙，籃籠雨中民，長疾勾萌併，開齋分兩均，帶煙蒸雀舌，和露疊龍鱗。作貢勝諸道，先嘗祇一人，緘封瞻闕下，郵傳渡江濱，特旨留丹禁，殊恩賜近臣，啜為靈藥助，用與上罇親。頭進英華盡，初烹氣味醇，細香勝卻麝，淺色過於筠。顧渚慚投木，宜都愧積薪，年年號供御，天産壯甌閩。」此詩敘貢茶頗為詳盡，亦可見當時之事也。又君謨《茶録序》云：「臣前因奏事，伏蒙陛下諭臣，先任福建轉運使日，所進上品龍茶，最為精好。臣退念草木之微，首辱陛下知鑒，若處之得地，則能盡其材。昔陸羽茶經，不第建安之品，丁謂茶圖，獨論採造之本，至於烹試，曾未有聞，輒條數事，簡而易明，勒成二篇，名曰茶録。」至宣政間，鄭可簡以貢茶進用，久領漕計，創添續入，其數浸廣，今猶因之。細色茶五綱，凡四十三品，形制各異，共七千餘餅，其間貢新試新龍團、勝雪、白茶、御苑、玉芽，此五品乃水揀，為第一；餘乃生揀，次之；又有粗色茶七綱，凡五品，大小龍鳳，併揀芽，悉入龍腦，和膏為團餅茶，共四萬餘餅。東坡《題文公詩卷》云：「上人問我留連意，待賜頭綱八餅茶。」即今麄色紅綾袋餅八者是也。葢水揀茶即社前者，生揀茶即火前者，粗色茶即雨前者。閩中地暖，雨前茶已老而味加重矣。山谷和陽王休點密雲龍詩云：「小壁雲龍不入香，元豐龍焙承詔作。」今細色茶中，卻無此一品也。又有石門、乳吉、香口三外焙，亦隸于北苑，皆採摘茶芽，送官焙添造。每歲糜金共二萬餘緡，日役千夫，凡兩月方能迄事。第所造之茶不

許過數，入貢之後市無貨者，人所罕得。惟婺源諸處私焙茶，其絶品亦可敵官焙，自昔至今，亦皆入貢，其流販四方，悉私焙茶耳。蘇黄皆有詩稱道婺源茶，蓋婺源與北苑為鄰，山阜相接，纔二里餘。其茶甘香，特在諸私焙之上。』

宋 曾敏行《獨醒雜志》卷九　北苑産茶有四十六所，廣袤三十餘里，分内外園。江南李氏初置使，本朝丁晉公行漕事，始製龍鳳團以進，然歲不過四十餅。慶曆中，蔡端明為漕，復有增益。元豐中，神宗有旨造密雲龍，其品又高於小龍團。今歲貢三等十有二綱，四萬九千餘銙。

宋 費衮《梁溪漫志》卷八《陳少陽遺文》　余聞之先生長者，君謨初為閩漕時，出意造密雲小團為貢物，富鄭公聞之，歎曰：此僕妾愛其主之事耳，不意君謨亦復為此。餘時為兒，聞此語亦知感慕，及見《茶録》石本，惜君謨不移此筆，書《旅獒》一篇以進。

宋 周煇《清波雜志》卷四　自熙寧後，始貴『密雲龍』，每歲頭綱修貢，奉宗廟及供玉食外，賚及臣下無幾。戚里貴近，丐賜尤繁。宣仁一日慨歎曰：『令建州今後不得造「密雲龍」，受他人煎炒不得也！出來道我要「密雲龍」，不要團茶，揀好茶喫了，生得甚意智。』此語既傳播於縉紳間，由是『密雲龍』之名益著。淳熙間，親黨許仲啟官麻沙，得《北苑修貢録》，序以刊行。其間載歲貢十有二綱，凡三等，四十有一名。第一綱曰『龍焙貢新』，止五十餘銙，貴重如此。獨遺所謂『密雲龍』，豈以『貢新』易其名，或别為一種，又居『密雲龍』之上耶？葉石林云『熙寧中，賈青為福建轉運使，取小團之精者為「密雲龍」，以二十餅為斤，而雙袋，謂之「雙角」。大小團袋皆緋，通以為賜，「密雲龍」獨用黄』云。

宋 辛弃疾《稼軒詞》卷二《水龍吟用些語再韻瓢泉，歌以飲客，聲韻甚諧，客皆爲之釂**》**　聽兮清佩瓊瑶些。明兮鏡秋毫些。君無去此，流昏漲膩，生蓬蒿些。虎豹甘人，渴而飲汝，寧猿猱些。大而流江海，覆舟如芥，君無助、狂濤些。

路險兮、山高些。塊余獨處無聊些。冬槽春盎，歸來為我，製松醪些。其外芳芬，團龍片鳳，煮雲膏些。古人兮既往，嗟余之樂，樂簞瓢些。

宋 薛師石《瓜廬集・寄謝黄元信惠茶》　建溪金鋌直幾千，余性所嗜一已偏。尋常草卉不足進，龍團鳳銙如瑨堅。長須健卒前月到，手提萊器急取煎。妻兒攢眉笑苦澀，為言真味茲天然。易牙去已久，吾齒若貝編。枵腸豈廢食，睡省非壯年。惜此餘香滯喉頰，巡除吟詠聲譏譏。詩成寄題建寧郡，主茶官吏俱時賢。合同緘印一時畢，進奉飛馳爭春妍。天子不敢嘗，薦以寢廟先。定自褒嘉到屬郡，趣君密邇玉爐煙。一以此味沃天下，邪魔驅掃無留連。

宋 王十朋《梅溪後集》卷四《趙仲永以御茗密雲龍薰衣香見贈仍惠小詩次韻》　天上人回餅賜龍，香沾衣袖十分濃。明珠照室光生豔，三絶全勝萬石封。

又 卷六《萬孝全惠龍團》　貢餘龍餅非常品，絕勝盧仝得月團。豈有詩情可嘗此，荷君分貺及庵官。

又 卷七《啜茶》　濫與金華講，賜沾龍鳳團。卻歸林下飲，更愧是庵官。

又 卷一九《知宗示提舶贈新茶詩某未及和偶建守送到小春分四餅因次其韻》　建安分送建溪春，驚起松堂午夢人。盧老書中纔見面，范公碾畔忽飛塵。十篇北苑詩無敵，兩腋清風思有神。日鑄臥龍非不美，賢如張禹想非真。

宋 張栻《南軒集》卷七《歲晚烹試小春建茶》　陽月藏春妙莫窺，靈芽粟粒露全機。煑泉獨啜寒牕夜，已覺東風天際歸。

又《從鄭少嘉求貢綱餘茶》　貢包餘璧小盤龍，獨占人間第一功。乞與清風行萬里，為君一洗瘴雲空。茗事蕭疏五嶺中，修仁但可愈頭風。春前龍焙令人憶，知與故人僧味同。

宋 韓元吉《南澗甲乙稿》卷五《用前韻以小春茶餉子象》　仙花不用惱詩人，亦有靈芽特地春。數朵嬌花真綽約，一甌釅白更清新。眼明共識西都豔，齒冷應懷北苑珍。佳茗奇葩堪並賞，須公品第入陶鈞。

宋 周必大《文忠集》卷二《務觀得曾吉甫茶反以詩見遺，因次其韻》　詩仙餉予北苑雪，正欲一洗東華塵。道山廷尉俱夢事，喚起野軒真主人。

宋 楊萬里《誠齋集》卷一七《謝木韞之舍人分送講筵賜茶》

吳綾縫囊染菊水，蠻砂塗印題進字。淳熙錫貢新水芽，天珍誤落黄茅地。故人彎渚紫微郎，金華講徹花草香。宣賜龍焙第一綱，殿上走趨明月璫。御前啜罷三危露，滿袖香煙懷璧去。歸來拈出兩蜿蜒，雷電晦冥驚破柱。北苑龍芽内樣新，銅圍銀範鑄瓊塵。九天寶月霏五雲，玉龍雙舞黄金鱗。老夫平生愛煮茗，十年燒阱折腳鼎。下山汲井得甘冷，上山摘芽得苦硬。何曾夢到龍遊窠，何曾夢吃龍芽茶。故人分送玉川子，春風來自玉皇家。鍛圭椎璧調冰水，烹龍庖鳳搜肝髓。石花紫筍可銜官，赤印白泥牛走爾。故人氣味茶樣清，故人風骨茶樣明。開緘不但似見面，叩之咳唾金石聲。麴生勸人隨巾幘，睡魔遣我抛書冊。老夫七碗病未能，一啜猶堪坐秋夕。

又 卷一九《陳蹇叔郎中出閩漕别送新茶李聖俞郎中出手分似》

頭綱别樣建溪春，小璧蒼龍浪得名。細瀉谷簾珠顆露，打成寒食杏花錫，鷓斑椀面雲縈字，兔褐甌心雪作。不待清風生兩腋，清風先向舌端生。

又 卷二〇《謝福建提舉應仲實送新茶》 詞林應錫繡衣新，天上茶仙月外身。解贈萬釘蒼玉胯，分嘗一點建溪春。三杯大道醺然後，七椀清風爽入神。聞道閩山官況好，何時乞得兩朱輪。

宋 陸游《劍南詩稿》卷一一《建安雪》 建谿官茶天下絕，香味欲全須小雪。雪飛一片茶不憂，何況蔽空如舞鷗。銀瓶銅碾春風裏，不枉年來行萬里。從渠荔子腴玉膚，自古難兼熊掌魚。

宋 宋子安《東溪試茶録》 揔敘焙名北苑諸焙，或還民間，或隸北苑，前書未盡，今始終其事。

舊記建安郡官焙三十有八，自南唐歲率六縣民採造，大為民間所苦。我宋建隆已來，環北苑近焙，歲取上供，外焙俱還民間而裁税之。至道年中，始分游坑、臨江、汾常、西濛洲、西小豐、大熟，六焙隸南劍，又免五縣茶民，專以建安一縣民力裁足之，而除其口率。泉慶曆中，取蘇口、會坑、石坑、重院還屬北苑焉。又丁氏舊録云，官私之焙千三百三十有六，而獨記官焙三十二，東山之焙十有四：北苑龍焙一，乳橘内焙二，乳橘外焙三，重院四，壑嶺五，謂源六，範源七，蘇口八，東宮九，石坑十，建溪十一，香口十二，火梨十三，開山十四：南溪之焙十有二：下瞿一，濛東二，汾東三，南溪四，斯源五，小香六，際會七，謝坑八，沙龍九，南鄉十，中瞿十一，黄熟十二。西溪之焙四：慈善西一，慈善東二，慈惠三，船坑四。北山之焙二：慈善東一，豐樂二。

宋 張舜民《畫墁録》 有唐茶品以陽羨上供，建溪北苑未著也。貞元中，常袞為建州刺史，始蒸焙而研之，謂研膏茶，其後稍為餅樣其中，故謂之一串。陸羽所烹，惟是草茗爾。迨至本朝，建溪獨盛採焙制作，前世所未有也。士大夫珍尚鑒別，亦過古先。丁晉公為福建轉運使，始製為鳳團，後又為龍團，貢不過四十餅，專擬上供。雖近臣之家，徒聞之而未嘗見也。天聖中又為小團，其品迥加於大團。賜兩府，然止於一觔。唯上大齊宿，八人兩府共賜小團一餅，縷之以金。八人拆歸，以侈非常之賜，親知瞻玩，賡唱以詩。故歐陽永叔有《龍茶小録》，或以大團問者，輒方刲寸，以供佛供仙家廟，已而奉親並待客，享子弟之用。熙寧末，神宗有旨，建州製密雲龍，其品又加於小團矣。然密雲之出，則二團少粗，以不能兩好也。予元佑中詳定殿試，是年秋，為制舉考第官，各蒙賜三餅。然親知誅責，殆將不勝。宣仁一日歎曰：『指揮建州今後更不許造密雲龍，亦不要團茶，揀好茶吃了。生得甚好意智。』熙寧中，蘇子容使遼，姚麟為副，曰：『盍載些小團茶乎？』子容曰：『此乃上供之物，儔敢與北人？』未幾，有貴公子使遼，廣貯團茶，自爾北人非團茶不納也，非小團不貴也。

宋 趙汝騰《庸齋集》卷二《登北苑焙呈高計使謝庾使》 急雨收聲霽景開，蓬仙嶺客島雲來。千叢擷秀牙鋪雪，萬臼研膏杵震雷。池上落英留緑葉，眼中飛絮點蒼苔。去年醉墨今重，笑領詩翁瀲灩盃。

蜀浙當年貢亦勞，至今惟重建溪毛。地靈丹鳳啣萱草，水聖蒼虯幻雪濤。笑指茶星誇小範，愁傷民力歎袁高。皇華早晚歸經幄，丁俑應難諫舌逃。

又《陪饒計使至北苑焙》 東風未緑無邊草，北苑先抽絕品芽。六轡行山清霧潦，一槍入焙帶烟霞。鳳呈奇羽名仙麓，龍護香泉供帝家。萬碾玉塵飛動處，鬼猶勞矣況人耶。

又《和饒計使北苑焙觀貢品》 使華金掌冠卿材，曾侍紅雲一朵來。龍井為君增洗濯，鳳山來客小低徊。膏翻玉雪團香帖，味篤金蘭共酒

盃。計相他時踵麗老，席前敷奏記東臺。

又《再用韻》 天生神醴地生材，曾感當年鸑鷟來。釣水取清芳酷烈，采山可茹味徘徊。能招霞侶雲中笑，得奉龍顏食後盃。細品第三綱最勝，人間雙井當輿臺。

又《再用韻答饒計使》 周原膴膴隸臺綱，茶筐馳供玉食香。貢重鄭男難並列，品珍考叔未曾嘗。乳花烹就分清晛，英草吟成屬大方。後蔡前丁同入諷，令人懷古九迴腸。

元 耶律楚材《湛然居士文集》卷五《西域從王君玉乞茶因其韻七首》

其一

積年不啜建溪茶，心竅黃塵塞五車。碧玉甌中思雪浪，黃金碾畔憶雷芽。盧仝七碗詩難得，諗老三甌夢亦賒。敢乞君候分數餅，暫教清興繞煙霞。

其二

厚意江洪絕品茶，先生分出蒲輪車。雪花灩灩浮金蕊，玉屑紛紛碎白芽。破夢一杯非易得，搜腸三碗不能賒。瓊甌啜罷酬平昔，飽看西山插翠霞。

其三

高人惠我岭南茶，爛賞飛花雪沒車。玉屑三甌烹嫩蕊，青旗一葉展新芽。頓令衰叟詩魂爽，便覺紅塵客夢賒。兩腋清風生坐榻，幽歡遠勝泛流霞。

其四

酒仙飄逸不知茶，可笑流延見麴車。玉杵和雲舂素月，金刀帶雨剪黃芽。試將綺語求茶飲，特勝春衫把酒賒。啜罷神清淡無寐，塵囂身世便雲霞。

其五

長笑劉伶不識茶，胡為買鍤謾隨車。蕭蕭春雨雲千頃，隱隱春雷玉一芽。建郡深甌吳地遠，金山佳水楚江賒。紅爐石鼎烹團月，一碗和香吸碧霞。

其六

枯腸搜盡數杯茶，千卷胸中到幾車。湯響松風三昧手，雪香雷震一槍芽。滿囊垂賜情何厚，萬里攜來路更賒。清興無涯騰八表，騎鯨踏破赤城霞。

其七

啜罷江南一碗茶，枯腸歷歷走雷車。黃金小碾飛瓊屑，碧玉深甌點雪芽。筆陣陳兵詩思湧，睡魔卷甲夢魂賒。精神爽逸無餘事，臥看殘陽補斷霞。

《宋史》卷一八四《食貨志下六茶下**》** 建寧臘茶，北苑爲第一，其最佳者曰社前，次曰火前，又曰雨前，所以供玉食、備賜予。太平興國始置，大觀以後製愈精，數愈多，胯式屢變，而品不一，歲貢片茶二十一萬六千斤。建炎以來，葉濃、楊勍等相因爲亂，園丁亡散，遂罷之。紹興二年，蠲未起大龍鳳茶一千七百二十八斤。五年，復減大龍鳳及京鋌之半。十二年，興榷場，遂取臘茶爲榷場本，凡胯、截、片、鋌，不以高下多少，官盡榷之，申嚴私販入海之禁。議者請鬻建茶於臨安，移茶事司於建州買發。明年，以失陷引錢，復令通商。自是上供龍鳳、京鋌茶料，凡製作之費、筐筲之式，令漕司專之。

元 洪希文《續軒渠集》卷九《品令試茶**》** 旋碾龍團試，要著箋無留膩。矞雲獻瑞，乳花鬬巧，松風飄沸。為致中情，多謝故人千里。泉香品異，迥休把尋常比。啜過惟有，自知不帶，人間火氣。心許云誰，太尉黨家有妓。

元 白朴《［雙調］得勝樂》《樂府陽春白雪·前集》卷三 密佈雲，初交臘。偏宜去掃雪烹茶。羊羔酒添價。膽瓶內溫水浸梅花。

元 周權《此山詩集》卷三《惠山寺九龍峰下酌泉》 惠山鬱律九龍峯，磅礴大地包鴻濛。劃然一夕震風雨，欲啟靈境昭神功。六丁行空怒鞭斥，電火搖光飛霹靂。一聲槌裂老雲根，嵌洞中開迸寒液。道人甃玉深護藏，鏡涵萬古凝秋光。陸羽甄品親試嘗，翠浪煮出松風香。我來山下討幽境，自挈瓶罌汲清泠。味如甘雪凍齒牙，紺碧光中敲鳳餅。昏塵滌盡清淨觀。心源點透詩中禪。亟呼陶泓挾玄玉，揮洒字字泉聲寒。投閒半日聊此駐，孤棹明朝又東去。紅塵人世幾浮雲，鐘鼓空山自朝暮。

元 張渙《重修茶場記》《茶集》 建州茶貢，先是猶稱北苑，龍團

居上品，而武夷石乳湮巖穀間，風味惟野人專。洎聖朝，始登職方，任土列瑞，產蒙雨露，寵日蕃衍。繇是歲增貢額，設場官二人，領茶丁二百五十，茶園百有二所，芟辟封培，視前益加，斯焙遂與北苑等。然靈芽含石姿而鋒勁，帶雲氣而粟腴，色碧而瑩，味飴而芳。採擷清明旬日間，馳驛進第一春，謂之五馬薦新茶，視龍團風在下矣。是貢，由平章高公平江南歸覲而獻，未遜蔡、丁專美。邵武總管克繼先志，父子懷忠一軌。謂玉食重事也，非殿宇壯麗，無以竦民望。故斯焙建置，規模宏偉，氣象軒豁，有以肅臣子事上之禮，歷二十有六載。有莘張侯端，本為斯邑宰，修貢明年，周視桷榱褥棿，有外澤中腐者，黝堊丹雘，有湮漫者，瓦蓋有穿漏者，悉以新易故，圖永永久。復於場之外，左右建二門，榜以茶場，使過者不敢褻焉。予來督貢未幾，本道憲僉孛羅蘭坡與書吏張如愚、宋德延，俱詢諏道經視貢，顧瞻棟宇，完美如新，俾識歲月，且揭產茶之地示後人。予承命不敢辭，乃述其顛末之概。竊謂天下事無巨細，不難於始，而難乎其繼。苟非力量弘毅，事理通貫，鮮不為繁劇而空疏，悉置之，因仍苟且而已。張侯仕學兩優，事之巨與細，莫不就綜理。是役也，費無縻官，傭無厲民，不亦敏乎？事圖其早而力省，弊防其微而慮遠，不亦明乎？凡為仕者，皆能視官如家，一日必葺，則斯焙常新，可與溪山同其悠久。來者其視，斯刻以勸。

明 陳沂《拘虛後集》卷三《煮茗》 芳品花團露，細香松度風。山吟肺正渴，石鼎火初紅。

明 鄧原岳《鼓山半岩茶》（乾隆）《福州府志》卷二五 雨後新茶及早收，山泉石鼎試磁甌。誰知屴崱峰頭產，勝卻天池與虎丘。

（嘉靖）《建陽縣志》卷四《貨產·貨之屬》 茶建州北苑、先春、大小龍團，茶之絕品者也。宋蔡君謨作《進茶録》，今建安官焙入貢，建陽崇政里所產，特龕者耳。

明 許次紓《茶疏·今古製法》 若漕司所進第一綱，名北苑試新者，乃雀舌、冰芽所造。一銙之直至四十萬錢，僅供數盂之啜，何其貴也。

明 李時珍《本草綱目》卷三二《茗》 茶有野生、種生，種者用子，其子大如指頭，正圓黑色。二月下種，一坎須百顆乃生一株，蓋空殼者多也。畏日與水，最宜坡地陰處。清明采者上，穀雨前者次之，此後皆老茗爾。採焙修造皆有法，詳見《茶譜》。茶之稅始於唐德宗，盛於宋元；及於我朝，乃與西番互市易馬。夫茶一木爾，下為生民日用之資，上為朝廷賦稅之助，其利博哉。昔賢所稱，大約為唐人尚茶，茶品益衆，有雅州之蒙頂石花、露芽、穀芽為第一。建寧之北苑、龍鳳團為上供。

明 羅廩《茶解》 卽茶之一節，唐宋間研膏蠟面，京挺龍團，或至把握纖微，直錢數十萬，亦珍重哉。而碾造愈工，茶性愈失，矧雜以香物乎。

明 謝肇淛《五雜組》卷一一《物部三》 宋初閩茶，北苑為之，最初造研膏，繼造臘面；既又製其佳者為京挺，後造龍鳳團而臘面廢；及蔡君謨造小龍團，而龍鳳團又為次矣。當時上供者，非兩府禁近不得賜，而人家亦珍重愛惜。如王東城有茶囊，惟楊大年至，則取以具茶，它客莫敢望也。元豐間造密雲龍，其品又在小團之上。今造團之法皆不傳，而建茶之品亦遠出吳會諸品之下。其武夷、清源二種，雖與上國爭衡，而所產不多，十九饞鼎，故遂令聲價靡不復振。

明 張岱《夜航船》卷一一《日用部·飲食》 茶成湯作茶，黃帝食百草，得茶解毒。晉王蒙、齊王肅始習茗飲三代以下炙茗柴或煮羹。錢超、趙莒為茶會。唐陸羽始著《茶經》，創茶具，茶始盛行。唐常袞，德宗時人，刺建州，始茶蒸焙研膏。宋鄭可聞剔銀絲為水牙，始去龍腦香。唐茶品，陽羨為上，唐末北苑始出。南唐始率縣民採茶，北苑造膏茶臘面，又京鋌最佳。宋太宗始制龍鳳模，卽北苑時造團茶，以別庶飲，用茶碾，今炒製用茶芽廢團。王涯始獻茶，因命涯榷茶。唐回紇始入朝市茶。宋太祖始禁私茶，太宗始官場貼射，徐改行交引。宋始稱絕品茶曰鬬，次亞鬬。始制貢茶，列粗細綱。

明 談遷《棗林雜俎·茶》 福建建寧府建安縣芽茶千三百六十斤。內探春二十一斤，先春六百四十三斤，次春六百六十二斤，紫笋二百二十七斤，薦新二百零一斤。按何喬遠《閩書》：建安縣鳳凰山之麓曰北苑，所焙茶最知名，曰『社前』，次曰『火前』，又次曰『雨前』。火前為寒食前，雨前謂穀雨也。鳳凰山旁曰壑源，曰沙溪，皆產茶之地，而壑為冠。

清 周亮工《閩小紀》卷上《閩茶曲》 閩茶實不讓吳越，但烘焙不得法耳。予視事建安，戲作《閩茶曲》。

龍焙泉清氣若蘭，士人新樣小龍團，盡誇北苑聲名好，不識源流在建安建州貢茶自宋蔡忠惠始，小龍團亦創于忠惠時，有士人亦為此之誚。龍焙泉在城東鳳凰山，一名御泉，宋時取此水造茶入貢。北苑亦在郡城東，先是建州貢茶首稱北苑龍團，而武夷石乳之名未著，至元設場于武夷，遂與北苑並稱，今則但知有武夷不知有北苑矣。吳越間人頗不足閩茶，而甚豔北苑之名，實不知北苑在閩中也。御茶園裏築高臺，驚蟄鳴金禮數該，那識好風生兩腋，都從著力喊山來御茶園在武夷第四曲，喊山台、通仙井皆在園畔。前朝著令每歲驚蟄日有司為文致祭，祭畢鳴金擊鼓，臺上揚聲同喊曰，茶發芽，井水既滿，用以製茶上供，凡九百九十斤，製畢，水遂渾濁而縮。崇安仙令遞常供，鴨母船開朱印紅，急急符催難掛壁，無聊斫盡大王峰新茶下，崇安令例致諸貴人黃冠，苦於追呼，盡斫所種，武夷真茶久絕。漕篷船前狹後廣，延建人呼為鴨母。一曲休教鬆栝長，懸崖側嶺展旗槍，茗柯妙理全為祟，十二真人坐大荒茗柯為鬆栝蔽，不近朝曦，味多不足，地脈他分，樹亦不茂。黃冠既獲茶利，遂遍種之，一時鬆栝樵蘇都盡，後百年為茶所困，復盡刈之，九曲遂濯濯矣，十二真人皆從王子騫學道者。歙客秦淮盛自誇，羅囊珍重過仙霞，不知薛老全蘇意，造作蘭香誚閔家歙人閔汶水居桃葉渡上，予往品茶，其家見其水火皆自任，以小酒盞酌客，頗極烹飲態，正如德山擔青龍鈔高自矜許而已，不足异也。秣陵好事者常誚閩無茶，謂閩客得閔茶，咸製為羅囊佩而嗅之，以代栴檀，實則閩不重汶水也。閩客遊秣，陵者，宋比玉洪仲韋輩類，依附吳兒，強作解事，賤家雞而貴野鶩，宜為其所誚歟，三山薛老亦秦淮汶水也，薛常言，汶水假他味逼作蘭香，究使茶之本色盡失，汶水而在聞此，亦當色沮，薛常住芳崱自為剪焙，遂欲駕汶水上，余謂茶難以香名，况以蘭盡，但以蘭香定茶，咫見也，頗以薛老論為善。雨前雖好但嫌新，火氣難除莫近唇，藏得深紅三倍價，家家賣弄隔年陳上遊山中人類不飲新茶，云火氣足，以引疾。新茶下，貿陳者急標以示，恐為新累也，價亦三倍閩茶，新下不亞吳越，久貯則色深紅，味亦全變，無足貴者。延津廖地勝支提，山下萌芽山上奇，學得新安方錫罐，鬆蘿小款恰相宜前朝不貴閩茶，即貢亦只備宮中浣濯甌盞之需，貢使類以價貨京師，所有者納之，間有采辦，皆劍津廖地產，非武夷也。黃冠每市，山下茶登山貿之。閩人以粗瓷膽瓶貯茶，近鼓山支提新茗出，一時學新安，製為方圓錫具，遂覺神采奕奕。太姥聲高綠雪芽，洞山新泛海天槎，茗禪過嶺全平等，義酒應教伴義茶閩酒數郡如一茶，亦類是，今年得茶甚夥，學坡公義酒事盡合為一，然與未合無異也，綠雪芽、大姥，山茶名。橋門石録未消磨，碧豎誰教盡荷戈，卻羨籛家兄弟貴，新銜近日帶鬆蘿蔡忠惠茶録石刻在甌寧邑庠壁間，予五年前榻數紙寄所知，今漫漶不如前矣。延邵呼製茶人為碧豎，富沙陷後，碧豎盡在綠林中，籛鏗二子，曰武曰夷，學道山中，因以武夷名。崇安殷令招黃山僧以鬆蘿法製建茶，堪並駕，今年余分得數兩，甚珍重之，時有武夷鬆蘿之目。漚麻浥竹斬栟櫚，獨有官茶例未除，消渴仙人應愛護，漢家舊日祀乾魚上遊人漚麻，為苧浥竹，為側理，斬棕櫚為器具，皆足自給，獨焙茶大為黃冠，累漢以乾魚祀武夷君。

（乾隆）《福建通志》卷六三《古迹·建寧府·建安縣》

北苑茶焙在鳳凰山麓。偽閩龍啟中，里人張廷暉居之，以其地宜茶，悉表而輸於官，由是始有北苑之名。北苑茶為天下第一，私官之焙，凡千三百三十有六所。苑中有宋漕司行衙，後經兵燹。有御泉亭，造茶時取水于此，宋景祐間重修，邱荷為記，亭之前有紅雲島，今俱廢。

清 郭柏蒼《閩産録異》卷一《貨屬·茶》 古之『北苑』，在今建寧郡城東北鳳凰山下，屬建安縣。《八閩通志》：『山有鳳凰泉，一名「龍焙泉」，一名「御泉」。自宋以來，于此取水，造茶上供。又龍山與鳳凰山對峙，其左有龍鳳池。偽閩龍啟巾，製茶焙，引龍、鳳二山之泉，瀦為兩池。兩池間柯紅雲島，宋咸平間，丁謂監驗茶事時所作也。』又云：『八縣皆出茶，而龍鳳、武夷二山所出者，尤號絕品。』《閩小紀》：『太姥「有」山茶名「綠雪芽」。』今福寧府各縣溥種之，名『綠頭春』，味苦。福寧白琳、福安松蘿，以寧德支提為最。

福州、福寧及閩縣之鼓山皆産『半山茶』。《閩小紀》：『鼓山半巖茶，色、香、風味，當為閩中第一，不讓虎丘、龍井也。雨前者，每兩僅十錢，其價甚廉。』鄧原嶽詩云：『雨後新茶及早收，山泉石鼎試瓷甌。誰知男崱峰頭産，勝卻天池與虎丘。』《閩小紀》：『一雲國朝每歲進貢，至楊文敏當國，始奏罷之。然近來官取，[其擾]甚於進貢矣。』

侯官之水西、風崗、九峰山、林洋即林洋寺、華峰、長箕嶺，長樂之蟹穀，福清之靈石，永福之名山室、方廣巖，連江之美肇、石門，皆産佳茗。以上所載各種，皆以其山水泉甘潔，特異他處，故韵云。

今荒山土阜，種以貨夷，不得稱『産』。道光甲辰冬，英國始由城外入居烏石山之積翠寺。以後各郡伐木為茶坪，且廢磳田，種茶取利。閩中自此米薪倍貴；即木料、雜植亦因之而缺。自『北苑』等而下之，皆市於夷；獨武夷價翔，夷人恐耗氣侵精，不敢捆載；武夷片石以此獨全。

寧、福兩郡所産，皆呼『土茶』，以別武夷、建安也。

昔年閩茶運粵，粵之十三行逐春收貯，次第出洋。以此諸番皆缺，茶價常貴。今閩商貲薄，不能居貨，茶賈反以急售蕩産。

《三山志》：『舊閩縣尉廳名「茶山館」即今舊閩縣。又縣東十五里，有「茶園山」，亦名「石鱉山」，出茶。按，在永南里，枕大江，三石形如鱉，故名。球場山亭記有「芳茗原」，按《芳茗原》，唐刺史裴次元《辟球場二十詠》之一。今甌冶山。按，冶山在城隍廟後，道光間入民居。將軍山亦古甌冶山地，球場在焉。唐憲宗元和間，詔方山院僧懷惲麟德殿説法，賜之茶。懷惲奏曰：『此茶不及方山茶佳。』則方山茶得名久矣。陸羽《茶經》：「方山露芽。」按，方山在清廉里，一名『五虎』，閩藩第四案也。《唐書・地理志》［亦］載：「福州貢蠟麵茶。」蓋建安未盛以前也。據《三山志》引《唐書・地理志》，則福州唐時先貢蠟麵茶。今古田、長溪近建寧界，亦能采、造，然氣味不及。』《三山志》所云，皆古製；今統入焙，古法廢矣。

國朝閩茶入貢者，以『鄭宅茶』為最。葉宮詹《觀國端午，恩賜鄭宅茶》詩：『嫩芽來「鄭宅」，精品冠閩溪。便覺曾坑俗，按，建安北苑之曾坑，宋時貢茶為正焙。應令顧渚低。溶溶雲液瀹，剡剡雪槍齊。石鼎烹嘗罷，封緘手自題。』

清源山

明 徐𤊹《茗譚》 泉州清源山，産茶絕佳，又同安有一種英茶，較清泉尤勝，實七閩之第一品也。然泉郡志獨不稱此邦有茶，何耶！

明 何孟春《餘冬序録》卷五 天下茶貢，歲額止四千二十二觔，而福建二千三百五十觔，福建為多。天下貢茶，但以芽稱，而建寧有探春、先春、次春、紫筍，及薦新等號，則建寧為上。國初，建寧所進，必碾而揉之，壓以銀板，為大小龍團，如宋蔡謨所貢茶例。太祖以重勞民力，罷造龍團，一照各處採芽以進，復其户五百，俾專事焉。事責於有司，有司遣人督之，茶户不堪。於是，洪武二十四年，又有建寧上供茶，聽民采進之詔。只此一事，知祖宗愛民之盛心矣。

明 談遷《棗林雜俎・榮植・茶》 宋貢茶首稱北苑龍團，而武夷石乳之名未著。至元，設場於武夷，遂與北苑並稱。今但知武夷，不知北苑矣。明朝不貴閩茶，即貢亦備宮中浣濯甌盞之需。貢使數賚金抵京買而納之，即間有採辦，皆延平産，非武夷也。延平人呼製茶者曰碧豎。新茶下，崇安令例致諸貴人。黄冠苦於追呼，盡斫所種，武夷真茶久絕。

明 朱權《茶譜・序》 挺然而秀，鬱然而茂，森然而列者，北園之茶也。泠然而清，鏘然而聲，涓然而流者，南澗之水也。塊然而立，晬然而溫，鏗然而鳴者，東山之石也。臒然而酸，兀然而傲，擴然而狂者，渠也。以東山之石，擊灼然之火，以南澗之水，烹北園之茶，自非喫茶漢，則當握拳布袖，莫敢伸也。本是林下一家生活，傲物玩世之事，豈白丁可共語哉？予嘗舉白眼而望青天，汲清泉而烹活火，自謂與天語以擴心志之大，符水火以副內煉之功，得非遊心於茶竈，又將有裨於修養之道矣。其惟清哉。涵虛子臞仙書。

明 許次紓《茶疏・産茶》 姚伯道云：明月之峽，厥有佳茗，是名上乘。要之，採之以時，製之盡法，無不佳者。其韻致清遠，滋味甘香，清肺除煩，足稱仙品，此自一種也。若在顧渚，亦有佳者，人但以水口茶名之，全與芥別矣。

《四庫全書總目提要・宣和北苑貢茶録》 《宣和北苑貢茶録》，宋熊蕃撰。所述皆建安茶園采焙入貢法式。淳熙中，其子校書郎克，始鋟諸木。凡為圖三十有八，附以採茶詩十章。陳振孫《書録解題》謂蕃子克益寫其形製而傳之，則圖蓋克所增入也。時福建轉運使主管帳司趙汝礪複作《別録》一卷，以補其未備。所言水數贏縮，火候淹亟，綱次先後，品目多寡，尤極該晰。考茗飲盛於唐，至南唐始立茶官，北苑所由名也，至宋而建茶遂名天下。壑源沙溪以外，北苑獨稱官焙，為漕司歲貢所自出。文士每紀述其事，然書不盡傳，傳者亦多疏略。惟此二書，於當時任土作貢之制，言之最詳。所載模製器具，頗多新意，亦有可以資故實而供詞翰者，存之亦博物之一端，不可廢也。蕃字叔茂，建陽人。宗王安石之學，工於吟詠，見《書録解題》。克有《中興小曆》已著録。汝礪行事無所見，惟《宋史・宗室世系表》漢王房下，有漢東侯宗楷曾孫汝礪，意者即其人歟。

清 梁章鉅《歸田瑣記》卷七《品茶》 余僑寓浦城，艱於得酒，而易於得茶。蓋浦城本與武夷接壤，即浦産亦未嘗不佳，而武夷焙法，實甲天下。浦茶之佳者，往往轉運至武夷加焙，而其味較勝，其價亦頓增。其實古人品茶，初不重武夷，亦不精焙法也。畫墁録云：有唐茶品以陽

羨為上供，建溪、北苑不著也。貞元中，常袞為建州刺史，始蒸焙而研之，謂之研膏茶。丁晉公為福建轉運使，始製為鳳團。今考北苑雖隸建州，然其名為鳳凰山，其旁為壑，源沙溪，非武夷也。東坡作《鳳咮硯銘》有云：『帝規武夷作茶囿，山為孤鳳翔且嗅。』又作《荔支歎》云：『君不見武夷溪邊粟粒芽，前丁後蔡相籠加。』直以北苑之名鳳凰山者為武夷。漁隱叢話辨之甚詳，謂北苑自有一溪，南流至富沙城下，方與西來武夷溪水合流，東去劍溪。然又稱武夷未嘗有茶，則亦非是。按《武夷雜記》云：『武夷茶賞自蔡君謨，始謂其過北苑龍團，周右父極抑之。蓋緣山中不曉焙製法，一味計多徇利之過。』是宋時武夷已非無茶，特焙法不佳，而世不甚貴爾。元時始於武夷置場官二員，茶園百有二所，設焙局於四曲溪，今御茶園、喊山台其遺跡並存，沿至近日，則武夷之茶，不脛而走四方。且粵東歲運，番舶通之外夷，而北苑之名遂泯矣。武夷九曲之末為星村，鬻茶者駢集交易於此。多有販他處所產，學其焙法，以贋充者，即武夷山下人亦不能辨也。余嘗再游武夷，信宿天遊觀中，每與靜參羽士夜談茶事。靜參謂茶名有四等，茶品亦有四等，今城中州府官廨及豪富人家競尚武夷茶，最著者曰花香，其由花香等而上者曰小種而已。山中則以小種為常品，其等而上者曰名種，此山以下所不可多得，即泉州、廈門人所講工夫茶，號稱名種者，實僅得小種也。又等而上之曰奇種，如雪梅、木瓜之類，即山中亦不可多得。大約茶樹與梅花相近者，即引得梅花之味，與木瓜相近者，即引得木瓜之味，他可類推。此亦必須山中之水，方能發其精英，閱時稍久，而其味亦即消退，三十六峰中，不過數峰有之。各寺觀所藏，每種不能滿一斤，用極小之錫瓶貯之，裝在名種大瓶中間，遇貴客名流到山，始出少許，鄭重瀹之。其用小瓶裝贈者，亦題奇種，實皆名種，雜以木瓜、梅花等物以助其香，非真奇種也。至茶品之四等，一曰香，花香、小種之類皆有之。今之品茶者，以此為無上妙諦矣，不知等而上之，則曰清，香而不清，猶凡品也。再等而上之，則曰甘，清而不甘，則苦茗也。再等而上之，則曰活，甘而不活，亦不過好茶而已。活之一字，須從舌本辨之，微乎微矣，然亦必瀹以山中之水，方能悟此消息。此等語，余屢為人述之，則皆聞所未聞者，且恐陸鴻漸茶經未曾夢及此矣。憶吾鄉林越亭先生《武夷雜詩》中有句云：『他時詫朋輩，真飲玉漿回。』非身到山中，鮮不以為欺人語也。

又《品泉》 唐、宋以還，古人多講求茗飲，一切湯火之候，瓶盞之細，無不考索周詳，著之為書。然所謂龍團、鳳餅，皆須碾碎方可入飲，非惟煩瑣弗便，即茶之真味，恐亦無存。其直取茗芽，投以瀹水即飲者，不知始自何時。沈德符《野獲編》云：『國初四方供茶，以建寧、陽羨為上，時猶仍宋製，所進者俱碾而揉之為大小龍團。至洪武二十四年九月，上以重勞民力，罷造龍團，惟採茶芽以進。其品有四：曰采春，曰先春，曰次春，曰紫筍。置茶户五百，充其徭役。』乃知今法實自明祖創之，真可令陸鴻漸、蔡君謨心服。憶余嘗再游武夷，在各山頂寺觀中取上品者，以巖中瀑水烹之，其芳甘百倍于常。時固由茶佳，亦由泉勝也。按品泉始於陸鴻漸，然不及我朝之精。記在京師恭讀純廟御製《玉泉山天下第一泉記》云：『嘗製銀斗較之，京師玉泉之水斗重一兩，塞上伊遜之水亦斗重一兩，濟南珍珠泉斗重一兩二釐，揚子金山泉斗重一兩三釐，則較玉泉重二釐或三釐矣。至惠山、虎跑，則各重玉泉四釐，平山重六釐，清涼山、白沙、虎邱及西山之碧雲寺各重玉泉一分。然則更無輕於玉泉者乎？曰有，乃雪水也。常收積素而烹之，較玉泉斗輕三厘，雪水不可恒得。則凡出山下而有冽者，誠無過京師之玉泉，故定為天下第一泉。』

台灣

（乾隆）《海東札記》卷三《記土物》 地不產茶，水沙連一種，與茗荈相類，產野番叢箐中曦光不到之處，故性寒可療熱症，然多啜恐胃氣受傷。

又 紅毛茶，草類，黃花，五瓣，葉如瓜子，亦五瓣，根如藤，剮取曝乾瀹茗，可療時症。

（咸豐）《噶瑪蘭廳志》卷六《物產・草之屬》 紅毛茶草屬，疑即仙草。

又《附考》 紅毛茶，黃花，五瓣，葉如瓜子，亦五瓣，其根如藤，

刨取晒乾或遇有時氣不快，熬茶飲之，則愈。《臺灣紀略》

又《貨之屬》 茶土產特多，焙製尚未得法，能避暑消瘴，其餘武彝諸品皆來自內地。

（道光）《彰化縣志》卷一〇《物產志·貨屬》 茶出水沙連山，能卻暑消瘴，其餘武彝諸品，皆來自內地。

（同治）《淡水廳志》卷四《關榷·茶釐》 淡北石碇、拳山二堡居民，多以植茶為業。道光年間，各商運茶往福州售賣，每茶一擔，收入口稅銀貳圓，方准投行售賣。迨同治元年，滬尾開口通商，茶葉遂無庸運往省城，省中既無人口稅銀可徵，臺地亦無落地釐銀可抽，而茶葉出產，遞年愈廣。同治十年，臺道黎兆棠劄飭委員候補府胡斌會同淡水同知試辦抽釐，每擔酌收銀壹圓，有奸棍章華封、金茂芳等聚衆希圖抗抽，適臺道黎兆棠卸事酌量減收，臺灣徵收茶厘自此始。謹按，淡地出產最多，或謂金銀玉皆出內山，其實除米穀外，以茶、煤、腦、磺為最著，磺未開禁，麵茶、腦，煤三者，愈出愈廣。利之所在，人爭趨之。

又卷一二《物產》 茶產大坪山、大屯山、南港仔山及深坑仔內山最盛。

又卷一三《古迹》 乳井在劍潭山也佳莊山也佳，即山仔腳，四圍巨石，有泉竅，鑿之，深僅數尺，水色如乳，甘可瀹茗。

清 吳廷華《社寮雜詩》（同治）《淡水廳志》卷一五 纔過穀雨覓貓螺，嫩綠旗槍映翠蘿。獨惜未經嫻茗戰，春風辜負採茶歌。貓螺，內山地名，產茶，性極寒，番不敢飲。

河南

蓮塘山

唐 陸羽《茶經·八之出》 淮南以光州上。

宋 沈括《夢溪筆談》卷一二《官政二》 光州光山場買茶三十萬七千二百十六斤，賣錢一萬二千四百五十六貫，子安場買茶二十二萬八千三十斤，賣錢一萬三千六百八十九貫三百四十八。商城場買茶四十萬五百五十三斤，賣錢二萬七千七十九貫四百四十六。

《宋史》卷一八四《食貨志一三七茶下》 俄定諸路措置茶事官置司：湖南於潭州，湖北於荊南，淮南於揚州，兩浙於蘇州，江東於江寧府，江西於洪州。其置場所在：蘄州即其州及蘄水縣，壽州以霍山、開順，光州以光山、固始，舒州即其州及羅源、太湖，黃州以麻城，廬州以舒城，常州以宜興，湖州即其州及長興、德清、安吉、武康，睦州即其州及青溪、分水、桐廬、遂安，婺州即其州及東陽、永康、浦江，處州即其州及遂昌、青田，蘇、杭、越各即其州，而越之上虞、余姚、諸暨、新昌、剡縣皆置焉，衢、台各即其州，而溫州以平陽。大法既定，其製置節目，不可毛舉。四年，京復議更革，遂罷官置場，商旅並即所在州縣或京師給長短引，自買於園户。茶貯以籠篰，官為抽盤，循第敘輸息訖，批引販賣，茶事益加密矣。

（乾隆）《光州志》卷二七《食貨》 有茶出蓮塘山，但味劣於六產，故不能行遠。

又卷六七《雜記》 宋時，光州產甚富，產茶凡十三場，光州即有其三。《夢溪筆談》云：光州光山場買茶三十萬七千二百一十六斤，賣錢一萬二千四百五十六貫，子安場買茶二十二萬八千三十斤，賣錢一萬三千六百八十九貫三百四十八，商城場買茶四十萬五百五十三斤賣錢二萬七千七十九貫四百四十六。今惟光山蓮塘山植茶，然亦不多，餘則無有焉。

（乾隆）《光山縣志》卷一三《物產》 茶在宋時，光州所產片茶，有東首、淺山、薄側等名。又於光山、固始並置茶場，則昔時亦產茶處也。今縣境不甚產茶，惟蓮康山有之，然品味不及閩、吳產遠甚。予謂南境多山，凡山土黃色，多得清虛之氣者，悉宜於茶，若遍種之，而製造如法，必歲致佳茗，且倍收自然之利也。

湖北

女觀山

《夷陵圖經》《茶經·七之事》　黄牛、荊門、女觀、望州等山，茶茗出焉。

巴山

明　錢椿年《茶譜》　茶之產於天下多矣【略】巴東有真香【略】其名皆著。

《清一統志》卷二七三　峯分三岡，形如金字。山產茶色微白，即所謂巴東真香茗也。

（光緒）《巴東縣志》卷一一《物產》　茶名真香。顧元慶《茶譜》云：茶之產於天下多矣，若劍南有蒙頂、石花，湖州有顧渚、紫筍，峽州有碧澗、明月，邛州有火井、思安，渠江有薄片，巴東有真香，福州有柏巖，洪州有白露，常之陽羨，婺之舉巖，丫山之陽坡，龍安之騎火，黔陽之都濡、高株，瀘州之納溪、梅嶺之數者，其名皆著。品第之，則石花最上，紫筍次之，又次則碧澗、明月之類是也，惜皆不可致耳。據此，是巴東產品，舊亦稱著海內。今自變亂之後，荒為榛莽，間有採而售者，皆大葉粗梗，兼之烘焙失宜，色味俱惡。然則茶雖本於地力而與衰之，故亦由乎天時人事哉。舊志

按，今長豐里及在市里之羊乳山產茶，里人于穀雨前采之，色味頗佳，長豐產者尤勝，惜難多得耳。聞之父老言，巴東盛時，民有桐、茶、藥、果、蠟、漆之利，野獸竄伏深山，不為民害。迨崇禎壬午以後，迄於壬辰，十年之間百姓死於虎至萬餘人，重以寇盜殺掠之掾，而邑遂為墟，方今土滿人稀，茶荒桐槁。舊志

（光緒）《興山縣志》卷一四《物產》　興山物產入貢額者，明以前無考。《唐書·地理志》：歸州巴東郡貢葛、茶、蜜、蠟。《元豐九域志》：歸州巴東郡貢紵十一匹疋。《寰宇記》：歸州貢黄蠟，無專屬興山者。縣境舊無茶。咸豐中，九衝山民李進政始種茶，為縣境產茶之始。葛、蜜、蠟、紵，邑產亦微。

夷陵

唐　李肇《唐國史補》卷下　茶之名【略】峽州有碧澗、明月、芳蕊、茱萸簝。

唐　楊曄《膳夫經手録》　陝州茱萸簝，得名近，自長慶稍稍重之，亦顧渚之流也。自是碧澗茶、明月茶、陝中香山茶，皆出其下。夷陵又近有小江源茶，雖所出至少，又勝於茱萸簝矣。

宋　歐陽修《新唐書》　峽州夷陵郡【略】土貢：紵葛、箭竹、柑、茶、蠟、芒硝、五加、杜若、鬼臼。

又　歸州巴東郡【略】土貢：紵葛、茶、蜜、蠟。

宋　歐陽修《文忠集》卷一《蝦蟆碚》　石溜吐陰崖，泉聲滿空谷。能邀弄泉客，繫舸留巖腹。

陰精分月窟，水味標茶録。共約試春芽，槍旗幾時緑？

宋　蘇軾《東坡全集》卷二六《蝦蟆培》　蟇背似覆盂，蟇頤如偃月。謂是月中蟇，開口吐月液。根源來甚遠，百尺蒼崖裂。當時龍破山，此水隨龍出。入江江水濁，猶作深碧色。稟受苦潔清，獨與凡水隔。豈惟煮茶好，釀酒應無敵。

宋　黄庭堅《山谷集》卷一《煎茶賦》　洶洶乎如澗松之發清吹，皓皓乎如春空之行白雲。賓主欲眠而同味，水茗相投而不渾。苦口利病，解膠滌昏，未嘗一日不放箸，而策茗椀之勳者也。余嘗為嗣直瀹茗，因録其滌煩破睡之功，為之甲乙。建溪如割，雙井如遽。日鑄如勢。其餘苦則辛螫，甘則底滯，嘔酸寒胃，令人失睡，亦未足與議。或曰無甚高論，敢問其次。涪翁曰：味江之羅山，嚴道之蒙頂。黔陽之都濡高株，瀘川之納溪梅嶺。夷陵之壓甎，臨邛之火井。不得已而去於三。則六者亦可以酌

免褐之甌，瀹魚眼之鼎者也。或者又曰：寒中瘠氣，莫甚於茶，或濟之鹽，勾賊破家。滑竅走水，又況雞蘇之與胡麻。涪翁於是酌岐雷之醪醴，參伊聖之湯液。斮附子如博投，以葛僊之堊。去蔹而用鹽，去橘而用薑。不奪茗味，而佐以草石之良。所以固太倉而堅作強。於是有胡桃松實庵摩鴨腳，勃賀靡蕪，水蘇甘菊。既加臭味，亦厚賓客。前四後四，各用其一，少則美，多則惡。揮其精神，又益於咀嚼。蓋大匠無可棄之材，太平非一士之略。厥初貪味雋永，速化湯餅。乃至中夜不眠，耿耿既作。溫齊殊可屢歃，如以六經，濟三尺法，雖有除治，與人安樂。賓至則煎，去則就榻。不游軒後之華胥，則化莊周之蝴蝶。

又卷二〇《黔南道中記》 紹聖二年三月辛亥，次下牢關，同伯氏元明、巫山尉辛紘，傍崖尋三遊洞【略】壬子，堯夫舟先發，不相待，日中乃至蝦蟇碚。從舟中望之，頤頷口吻，甚類蝦蟇也，予從元明尋泉源入洞中，石氣清寒，流泉激激。泉中出石腰骨，若虯龍糾結之狀，洞中有崩石，平潤可容數人宴坐也，水流循蝦蟇背垂鼻口間。乃入江耳。泉味亦不極甘，但冷熨人齒，亦其源深來遠故耶！【略】陸羽《茶經》記黄牛峽茶可飲，因令舟人求之。有嫗賣新茶一籠，與草葉無異，山中無好事者故耳。【略】初，余在峽州，問士大夫夷陵茶，皆云觕澀不可飲，試問小吏，云唯僧茶味善，試令求之，得十餅，價甚平也。携至黄牛峽，置風爐清樾間。身候湯手斟得味。既以享黄牛神，且酌元明、堯夫、云不減江南茶味也。

宋 范成大《吴船録》卷下 蝦蟇碚在南壁半山，有石挺出，如大蟇，呿吻向江。泉出蟇背山竇中，漫流背上散下。蟇吻垂頤頷間如水簾以下於江，時水方漲，蟇去江面纔丈餘，聞水落時，下更有小磯承之。張又新《水品》亦録此泉。蜀士赴廷對，或挹取以為硯水，過此，則峽中灘盡矣。

宋 范成大《石湖詩集》卷一九《扇子峽》 兹行看山真飽諳，今晨出峽仍窮探。南磯北磯白鐵壁，千峯萬峯蒼玉篸。橫前直疑江已斷，崛起競與天相攙。蜀山欲窮此盤礴，禹力且盡猶鎸劖。望舒宫中金背蟾，泥塗脱盡餘老饞。下飲岷江不知去，流涎落吻如排髯。挈瓶㩳棹防清甘，未暇煮茗和薑鹽。聊將滌硯濡我筆，恍惚詩律高巉巖。

宋 陸游《入蜀記》卷六 登蝦蟆碚，《水品》所載第四泉是也。蝦蟆在山麓，臨江，頭鼻吻頷絶類，而背脊皰處尤逼真。造物之巧，有如此者。自背上深入，得一洞穴，石色綠潤，泉泠泠有聲，自洞出，垂蝦蟆口鼻間，成水簾入江。是日極寒，巖嶺有積雪，而洞中溫然如春。碚洞相對稍西，有一峯，孤起侵雲，名天柱峯。自此山勢稍平，然江岸皆大石堆積，彌望正如浚渠積土狀。晚次黄牛廟，山復高峻。村人來賣茶菜者甚衆，其中有婦人，皆以青斑布帕首，然頗白晰，語音亦頗正。茶則皆如柴枝草葉，苦不可入口。廟曰靈感，神封嘉應保安侯，皆紹興以來制書也。其下即無義灘，亂石塞中流，望之可畏。然舟過乃不甚覺，蓋操舟之妙也。傳云，神佐夏禹治水有功，故食於此。門左右各一石馬，頗卑小，以小屋覆之。其右馬無左耳，蓋歐陽公所見也。廟後叢木，似冬青而非，莫能名者。落葉有黑文，類符篆，葉葉不同，兒輩亦求得數葉。歐詩刻石廟中。又有張文忠一贊，其詞曰：壯哉黄牛，有大神力。輦聚巨石，百千萬億。劍戟齒牙，磥硊江側。壅激波濤，險不可測。威脅舟人，駭怖失色。刲羊釃酒，千載廟食。張公之意，似謂神聚石壅流以脅人求祭饗。使神之用心果如此，豈能巍然廟食千載乎？蓋過論也。夜，舟人來告，請無擊更鼓，云：廟後山中多虎，聞鼓則出。

宋 陸游《劍南詩稿》卷二《蝦蟆碚》 不肯爬沙桂樹邊，朵頤千古向巖前。巴東峽裏最初峽，天下泉中第四泉。齧雪飲冰疑換骨，掬珠弄玉可忘年。清游自笑何曾足，疊鼓鼕鼕又解船。

明 錢椿年《茶譜》 茶之産於天下多矣【略】峽州有碧澗明月【略】其名皆著。品第之，則石花最上，紫筍次之。又次，則碧澗明月之類是也。惜皆不可致耳。

明 雷思霈《荆州方輿書》（乾隆）《東湖縣志》卷二五 彝陵州倚東為屏，東山之首曰對馬山【略】又過為蝦蟇培，其石如蝦蟇，大數丈，石上出泉，陸羽稱為天下第四水也。黄庭堅云：從舟中望之，頤項口吻，酷似蝦蟇。源泉入洞中，石氣清寒，流泉出石骨，又虯龍吼也。

（乾隆）《東湖縣志》卷六《山川》 蝦蟇泉，在蝦蟇培，其色清，其味美，即陸羽品水味所謂天下第四泉也。

又卷八《古迹》 第四泉，在蝦蟇培，石大數丈，形如蝦蟇。其

山出泉，陸羽嘗品其水味居天下第四。黄庭堅嘗汲泉烹茶，稱其冷熨人齒，有句云：巴人漫説蝦蟇培，試裹春芽來就煎。陸游詩云：巴東峽裏最初峽，天下泉中第四泉。隔江稍東即明月峽，一名扇子峽，其山形潔白如月，又其上石竅亦如偃月形，故名。

又 卷三一〇《雜録下》 歐陽修《大明水記》云：世傳陸羽《茶經》止分別山水、江水、井水，未嘗品第天下之水味也。至張又新為《煎茶水記》，始云。劉伯芻謂水之宜茶者有七等，又載：羽為李季卿論水，次第有二十種，內扇子峽蝦蟆口水居第四，皆江水居山水上，井水居山水上，與羽經相反。且末又云：如蝦蟆口等水，皆戒人勿食，食之生疾，疑羽不當二説以自異，使誠羽説，何足信也？得非又新妄附益之耶！歐公之言如此。余嘗游平山堂，酌大明寺泉，味極清冽，及飲錫山惠泉，則甘醇又過之。今春泝流入扇子峽，攀蘿捫葛，久乃達洞口，洞深邃不可測，水不甚清，汲以烹茶，則微帶泥沙氣，遠出大明、惠山之下，意是時新雨初霽，溪澗諸流，合而入焉者也。及閲歐公此記，至羽之論水，惡渟浸而喜泉，江雖長，然衆水雜聚，故次山水數語，然後知前賢格物之學，早先得我心也。又蝦蟆口水，即流入江中，居民飲此者，皆無恙，食之生疾，疑亦又新妄説也。《潛菴紀事》

（乾隆）《江陵縣志》卷五八《外志・雜記》 茶自陽羨、建州而外，有江陵之楠木，峽州之碧澗，隨地著名，不可殫述硤州尚有明月、芳蕊、茱萸茶。

羊樓峒

（康熙）《湖廣通志》卷五《山川・武昌府》 茗山在蒲圻縣北十五里，產茶。

（道光）《蒲圻縣志》卷四《風俗》 南鄉洪石團，距城六十里。羊樓洞產茶【略】《通志》：洞距縣六十里，東有石人泉。

又 北鄉清樂團，距城十里。茗山產茗【略】《通志》：在縣十里，產茗，嘉蒲通衢。

（同治）《蒲圻縣志》卷一《山川》 羊樓洞洪石：距縣六十里，產茶。

又 茗山清樂：距縣十里。《通志》：產茗，嘉蒲通衢。

玉泉山

唐 李白《李太白全集》卷一七《答族侄僧中孚贈玉泉山仙人掌茶并序》 余聞荊州玉泉寺近清溪諸山，山洞往往有乳窟。窟中多玉泉交流，其中有白蝙蝠，大如鴉。按仙經蝙蝠一名仙鼠。千歲之後，體白如雪，棲則倒懸。蓋飲乳水而長生也。其水邊處處有茗草羅生，枝葉如碧玉。唯玉泉真公常采而飲之。年八十餘歲，顏色如桃李。而此茗清香滑熟，異於他者。所以能童振枯，狀人壽也。余游金陵，見宗侄位置中孚，示餘茶數十片。拳然重迭，其狀如手，號為仙人掌茶。蓋新出乎玉泉之山，曠古未覿，因持之見遺，兼贈詩，要余答之，遂有此作。後之高僧大隱，知仙人掌茶發乎中孚禪子及青蓮居士李白也。

常聞玉泉山，山洞多乳窟。仙鼠白如鴉，倒懸清溪月。茗生此石中，玉泉流不歇。根柯灑芳津，採服潤肌骨。叢老卷綠葉，枝枝相接連。曝成仙人掌，似拍洪崖肩。舉世未見之，其名定誰傳。宗英乃禪伯，投贈有佳篇。清鏡燭無鹽，顧慚西子妍。朝坐有餘興，長吟播諸天。

宋 洪邁《容齋四筆》卷一〇《青蓮居士》 李太白《贈玉泉仙人掌茶詩序》云：『荊州玉泉寺近清溪諸山，往往有乳窟。其水邊處處有茗草羅生，枝葉如碧玉，唯玉泉真公常采而飲之。余游金陵，見宗僧中孚，示予茶數十片，其狀如手，名為「仙人掌茶」，蓋新出乎玉泉之山，曠古未覿，因持以見遺，兼贈詩，要予答之，遂有此作。後之高僧大隱，知仙人掌茶發乎中孚禪子及青蓮居士李白也。』太白之稱，但有『謫仙人』爾，『青蓮居士』，獨於此見之，文人未嘗引用，而仙人掌茶，今池州九華山中亦頗有之，其狀略如蕨拳也。

明 萬邦寧《茗史・仙人掌茶》 李白游金陵，見宗僧中孚示以茶數十片，狀如手掌，號仙人掌茶。

（康熙）《當陽縣志》卷一《山川》 玉泉山，初名覆舟山，在縣西三十里【略】玉泉寺東石鐘峽下有乳窟，水邊茗草羅生，葉如碧玉，名僊掌茶。

（同治）《荆門直隸州志》卷一《輿地志·物産·當陽》　惟玉泉仙人掌茶，不常見。

蘄州

唐 李肇《唐國史補》卷下　茶之名【略】蘄州有蘄門團黄。

唐 楊曄《膳夫經手録》　蘄州茶、鄂州茶、至德茶，已上三處出處者，並方斤厚片，自陳蔡已北，幽並已南，人皆尚之。其濟生、收藏、榷税，又倍于浮梁矣。

又　蘄州蘄水團黄團薄餅，每斤至百餘斤，率不甚麄弱，其有露消者，片尤小而味甚美。

唐 劉禹錫《劉賓客文集》卷二八《送蘄州李郎中赴任》　楚關蘄水路非賒，東望雲山日夕佳。薤葉照人呈夏簟，松花滿碗試新茶。樓中飲興因明月，江上詩情為晚霞。北地交規長引領，早將玄鬢到京華。

（嘉靖）《蘄州志》卷一《形勝》　又余章三泉堂云：江湖絶處。宋闕詠《神光觀記》：占淮濡之上腴，或又以吳頭楚尾、荊揚交會之區稱之。

按，三泉堂，天下第三泉之堂也，是泉在蘄水縣龍泉山龍泉井。唐陸羽曾此取水烹茶，品為天下第三泉。《一統志》謂在縣之鳳栖山，或又謂在州之鳳凰山，胥失之矣。夫蘄水在西漢為蘄春縣地，自劉宋分析為縣，至國初，俱屬蘄州。又按神光觀亦在蘄水縣玉臺山，宋闕詠作記，亦以時尚屬州，故備稱蘄州形勝風俗，李常記廣濟寺，於蘄之風俗，亦極稱之，寺則不知其處，或廢於前代，而泯其跡，來可知也。

明 高濂《遵生八箋》卷一一《采茶》　團黄有一旗一槍之號，言一葉一芽也。凡早取為茶，晚取為荈。穀雨前後收者為佳，粗細皆可用。惟在採摘之時，天色晴明，炒焙適中，盛貯如法。

明 李繼嗣《三泉》（順治）《蘄水縣志》卷二三　蘭溪之上可五里，曰三泉，云是高士陸鴻漸之所評定者，蓋即此河之潭水也。河之東岸有碑，存□人宅，所從來遠，或謂泉井在宅之門內，或謂在門外之塘角【略】然蘄城東偏二里許，亦有陸公茶泉，亦云三泉。

（順治）《蘄水縣志》卷二《山水》　治東二里曰鳳棲【略】下有陸羽泉。

又　治北三里曰茶山。出茶，唐劉禹錫有詩。

又　治西四十里曰蘭溪。水源出苦竹山，其側多蘭，唐因以此名縣。《茶記》：天下第三泉，李季卿謂蘭溪石下水，即此。

又　鳳栖山側曰陸羽泉。《一統志》云：鳳棲山下。唐陸羽《茶經》以為天下第三泉，宋王禹偁有詩。

又　天下第三泉蘭溪石下，唐陸羽烹茶處。《茶記》：天下第三泉，李季卿謂蘭溪下水為第三，云得之陸羽口授。考《茶經》論水，惡淳浸而喜泉源，故曰山水上，江水次，井水下。山水取乳泉、石池漫流者上，江水取去人遠者，井取汲多者，其論止於此，未嘗品第天下之水味也。嘗取二水及清泉水。浠川水、江水、洗筆池水試之，四水雖相若，惟蘭溪水厥色如醴，味頗淳甘。又與之清不類，曩嘗較惠山、虎丘及鎮江之水亦然。決以蘭溪石水為真。今在蘭溪驛東數里南嶽廟後，潭有乳泉，津津漫出，宜為羽所取。

又《物産》　家園茶方門山及諸圃皆出，唐劉禹錫詩云：薤葉照人呈夏簟，松花滿碗試新茶。

（康熙）《湖廣通志》卷五《山川·黄州府》　鳳棲山在蘄水縣東三里，相傳有鳳棲此，東有陸羽煮茶泉。

又　陸羽泉在蘄水縣鳳棲山下，唐陸羽《茶經》以為天下第三泉也。

（光緒）《蘄水縣志》卷二《古迹》　天下第三泉，在治西南四十里蘭谿鎮東數里南嶽廟後。明萬曆間，邑令游王廷刻石，往來遊者皆有詩，今堙塞。按，三泉之名，本唐張又新《煎茶水記》，云得之楚僧《煮茶記》，謂代宗朝，李季卿刺湖州，至維揚，逢陸鴻漸處士，所筆記次第，曰：蘄州蘭溪石下水第三，乃二十水中之一也。洎宋歐陽永叔作《大明浮槎水記》，俱云：又新所記，與《茶經》相反，或妄附益之。歐蓋以張之人不足與，故斥之。然永叔本《茶經》論水云：山水上，江水次，井水下。又云：山水乳泉、石池漫流者上。舊志注，潭有乳泉，津津漫出，則此泉宜為羽取，不得以又新之人而輕棄此泉也，惜永叔未親至蘭溪而試之。郭東鳳棲山下泉，亦羽烹茶處，舊志載有茶泉亭，大梁卓世彥建，令圯。

武當山

《明一統志》卷六〇 鶩林葉【略】太和山出。

鹿苑

（同治）《荊門直隸州志》卷一《輿地志・物産》 遠安茶，以鹿苑為絕品，每年所採，不足一斤，反不如鳳山之著名，然鳳山亦無茶，外間所賣，皆出董家畈、馬家畈等處，以其近鳳山，故曰鳳山茶。

其他

唐 裴迪《西塔寺陸羽茶泉》《全唐詩》卷一二九 竟陵西塔寺，蹤跡尚空虛。不獨支公住，曾經陸羽居。草堂荒産蛤，茶井冷生魚。一汲清泠水，高風味有餘。

宋 蘇軾《東坡全集》卷一三《問大冶長老乞桃花茶栽東坡》 周詩記苦荼，茗飲出近世。初緣厭粱肉，假此雪昏滯。嗟我五畝園，桑麥苦蒙翳。不令寸地閒，更乞茶子蓺。饑寒未知免，已作太飽計。庶將通有無，農末不相戾。春來凍地裂，紫笋森已銳。牛羊煩訶叱，筐筥未敢睨。江南老道人，齒發日夜逝。他年雪堂品，空記桃花裔。

明 杜浚《茶丘銘》《廣虞初新志》卷九 吾之於茶也，性命之交也，性也有命，命也有性也。天有寒暑，地有險易，世有常變，遇有順逆，流坎之不齊，饑飽之不等，吾好茶不改其度。清泉活火，相依不舍，計客中一切之費，茶居其半，有絕糧無絕茶也。兼性耽香味，惟在初烹，旗槍一戰，即聽童子持去，不知其亡矣。一日，友人過談，邇年出關，諸壯士走窮荒險惡，水火不通，言語道斷之地，道喝欲死，求馬溲不可得。余始悚然愧汗，念向來暴殄之罪，殆不容贖，自是始勉強啜再烹之茶，舌本尋索，亦覺津津有餘味。因慨生平賦命奇薄，與物無緣，惟茶為恩，我負之不祥，豈可使墮落污穢中。且余既有花塚矣，耳目之玩，孰如性命之交乎！於是舉凡所用茶之敗葉，必點簡收拾，置之淨處，每至歲終，聚而封之，似之茶丘，磨石刻銘曰：石可泐，交不絕。

（康熙）《湖廣通志》卷五《山川・安陸府》 天門山在景陵縣西北六十里，唐陸羽傳負書於火門山，從鄒夫子學，即此。後因俗忌火字，改今名。

（康熙）《大冶縣志》卷一《地輿・山川》 茗山，在梅山之南十里，有二峰，是為大茗、小茗，絕巘插天，清泉澄澈，宜瀹茗。

（乾隆）《江陵縣志》卷二二《風土・産物》 雜植之屬 茶《國史補》：江陵有楠木茶。《宋史・地理志》：大拓枕茶出江陵。《宋史・食貨志》：慶曆之後，定諸路措置茶事官，置司湖北於荊南。

《清一統志》卷二六五 在天門縣西門外，廣次於東湖。有洲曰覆釜洲，唐陸羽所居，後葬此，即建塔焉。有西塔寺，寺有陸子茶亭。

（同治）《江夏縣志》卷二《疆土・山川》 九峰山，在縣東五十里。山環如城，列峰九日，獅子鉢盂寶蓋，沙碧石門陽邏馬驛丁管黃葉。獅子峰尤形勝地。楚藩命茶、鹽二商出金建寺，如藏經卷數，以居高僧無念。洪武末，敕建正覺憚林額，松柏蒼蔚，潔泉泠泠，出於井，烹本山茗，不啻惠山泉味。

（同治）《崇陽縣志》卷一《山》 茱萸山南四十里黃鷹峰支，唐僧存制建寺其下，山多蛇虺，種茱萸辟之，故名。順治間，僧開古井烹茶，有別味。

又 卷四《物産・茶》 龍泉山産茶味美，見《方輿要覽》。今四山俱種，山民藉以為業。往年茶皆山西商客買于蒲邑之羊樓洞，延及邑西沙坪。其製，采粗葉入鍋，用火炒，置布袋揉成，收者貯用竹簍，稍粗者入甑蒸軟，用稍細之葉灑面，壓成茶磚，貯以竹箱，出西北口外賣之，名黑茶。道光季年，粵商買茶，其製，采細葉暴日中揉之，不用火炒，雨天用炭烘乾，收者碎成末，貯以楓柳木作箱，內包錫皮，往外洋賣之，名紅茶。箱皆用印，錫以嘉名。茶出山則香，俗呼離鄉草。凡出茶者為園户，寓商者為茶行，邑茶引四十八兩，同治初加六兩零三分二釐五絲，茶非

有加於舊也。自海客入山，城鄉茶市牙儈日增，同郡鄰省相近州縣，各處販客雲集，舟車肩挑，水陸如織，木工、錫工、竹工、漆工，篩茶之男工，揀茶之女工，日夜歌笑市中，聲成雷，汗成雨，食指既多，加以販客搬運，茶來米去。以致市中百物一切昂貴，而居民坐困，至於乞丐無賴，奸民盜賊，溷跡其中，為害益不可勝言矣。

（光緒）《武昌縣志》卷一《山川》 黄龍山，在縣南一百四十五里，秀聳盤紆，泉石甚美，山巔常棲雲霧，可占晴雨。産茶，名雲霧茶。

又卷三《物産·茶之屬》 山鄉多種於隙地，隔年播種茶子數十顆，至次年便生。烈曰，須用樹技遮之。三年便可採。有雨前、明前、雀舌諸名。土人以嫩為貴，故味清而不腴。産黄龍山巔者，名雲霧茶，極佳。

又卷末《志餘》 晉孝武世，宣城人秦精常入武昌山中採茗，忽遇一人，身長丈餘，遍體皆毛，從山北來，精見之，大怖，自謂必死。毛人徑牽其臂，將至山曲，入大叢茗處放之便去。精因採茗。須臾，復來，乃探懷中二十枚橘與精，甘美異常。精甚怪，負茗而歸。陶潛《搜神後記》

湖南

君山

唐 李吉甫《元和郡縣志》卷二九 君山，在縣西三十里青草湖中。昔秦始皇欲入湖觀衡山，遇風浪，至此山止泊，因號焉。又云湘君所遊止，故名之也。

唐 王琚《游灉湖上寺》《全唐詩》卷九八 春山臨遠壑，水木自幽清。夙昔懷微尚，茲焉一放情。雲間聽弄鳥，煙上摘初英。地僻方無悶，逾知道思精。

唐 齐己《谢邕湖茶》《全唐詩》卷八四〇 邕湖惟上貢，何以惠尋常？還是詩心苦，堪消蠟面香。碾聲通一室，烹色帶殘陽。若有新春者，西來信勿忘。

元 張雨《句曲外史集》卷中《李寧之煮茶亭》 桐君山下一區宅，木茂土肥泉水香。槎頭釣魚秋雨足，亭子煮茶春日長。兩山徒為盤穀隱，一水尚系平泉莊。莫厭身名俱隱約，會見輶軒來晦岡。

明 譚元春《譚友夏合集》卷二二《汲君山柳毅井水試茶于岳陽樓下》

其一

湖中山一點，山上復清泉。泉熟湖光定，甌香明月天。

其二

臨湖不飲湖，愛汲柳家井。茶照上樓人，君山拔湖影。

其三

不風亦不雲，靜甆擎月色。巴秋夜望深，終古涵消息。

清 金農《冬心先生集》卷二《湘中楊隱士寄遺君山茶片奉答四首》 茶稱仙掌夙曾聞，白絹紅鈐遠寄勤。除卻巢兄無別客，開函疑有洞庭雲。

安得中泠汲滿瓶，楚狂毀後愈芳馨。煎時若入虀鹽味，豈異嬴秦施五刑。

明嬙山容菡萏天，疏寮涼院證因緣。笑他紗帽籠頭坐，水厄虛名直浪傳。

八餅何須琢月輪，不如細啜越瓷新。漫憂銷耗通宵醒，元是秋堂少睡人。

清 江昱《瀟湘聽雨録》卷六 湘中産茶不一，其地安化售於湘潭即名湘潭，極為行遠。佳者有衡山之聞，俗鑽字。林蓋極高巌磴所産，日色不到之處，往遣捷健樵者，俗號山猴，緣木杪采之。故謂之聞林。土人極貴重，然終不脫湘潭之味。近有效江折焙製者，居然名品。而洞庭君山之毛尖，當推第一。雖與銀鍼雀舌諸品校未見高下，但所産不多，不足供四方爾。

清 袁枚《隨園食單·洞庭君山茶》 洞庭君山出茶，色味與龍井相同，葉微寬而綠過之。采掇最少。方毓川撫軍曾惠兩瓶，果然佳絕。後

有送者，俱非真君山物矣。

此外如六安、銀針、毛尖、梅片、安化，概行黜落。

（嘉慶）《巴陵縣志》卷一四《物産・貨之屬》 茶君山為上，國朝充土貢，自乾隆四十六年始，有蘭芽、鍋青等名，柏港稍次，俱非他産所及。《唐史》：茶之名品，岳州有灉湖之含膏。《升庵外集》：茶有開勝、開捲、少捲、黄翎毛，出岳州。又雙上、緑芽、小芳，出岳。《彙苑詳注》：灉湖諸灘舊出茶。李肇所云灉湖之含膏，唐人極重之，見於篇什。今不甚種植，惟白鶴僧園有十餘本，頗類北苑，所出一歲不過一二十兩，土人謂之白鶴茶。按：邑茶名古今殊稱，種植亦異地。舊傳産灉湖諸灘，今都無有，多産山崖中。邑茶盛稱于唐，始貢於五代，馬殷時今之貢茶，皆君山之産。君山所出無多，山僧每以柏港亂之。北港地亦不廣，而出茶較多，鄉人有茶園者，收利頗饒，惟穀雨前初擷者佳，再擷，三擷，則稍遜矣。

（嘉慶）《湖南通志》卷一六《山川九》 君山，在縣西南洞庭湖中，一名湘山，亦稱洞庭山《一統志》。【略】産方竹、斑竹及茶。

（道光）《洞庭湖志》卷五《物産》 茶出君山，每歲入貢。

清 郭嵩燾《養知書屋詩集》卷一〇《崇勝寺僧惠君山茶》 團龍碾鳳充官焙，晴窗煮茗顛春雷。豈如小園新雨足，旗槍摘試雲腴胎。壑源雙井不易得，洞庭君山纔咫尺。傳聞寢廟薦新時，玉碗西農浮瓊乳碧。乃知人間第一春，慣供寶鼎紫茸茵。卻怪清冷一勺水，肯饋跛石眠雲人。人言君山之茶清且厚，北港雖清不容漱。寺僧雜揉出新意，別有雲芽浮雪竇。我有園茶五百叢，正焙外焙一埽空。生平不識《茶經》與《茶録》，頭白歸來桑苧翁。妍媸萬變不掛眼，沙溪北苑原同産。一甌飲罷詩先成，乞師更授梁園簡。

（同治）《巴陵縣志》卷一一《風土》 吴敏樹《土産説》 巴陵之産有名，人争取之湖上客谈。【略】茶，巴陵故少種，而君山舊有名，乾隆間入貢，歲十八斤。而余少時，見近里荷塘人賣茶。春三月，清明過十日，提小筐過門，其茶尚青，名曰鍋青。生葉過湯而焙成，價斤百數十錢，貴之，常不買。穀雨後，侵晨擔竹籠者，與之價，其人滿堂議定畢售。一日率斤九十，二日減五，三日又減五矣。歲歲如此。家飲陳茶，新者炒而收之，為引火氣，有陳至二十年者，以與人治火疾，大效也。四都最多，茶地稍遠，價廉於荷塘人，挑之來，或自遣人去，蓋以四、五十錢取其少麤者。又老茶斤十餘錢，則臨湘來矣。道光末，江、廣人皈茶至洋，名紅茶，慮茶僞，專取生葉，高其價，人爭與市。而貿於本地者，名黑茶，乃取山中雜樹葉為之，極有無一葉茶者，於是茶值三倍。往時苦難得，始有自種者。兵事起，岳陽設水卡，多榷茶鹽，鹽自川來，而茶川湖南也。城中買茶行，又有落地之抽，茶益貴矣。將來種茶者必日多，惟望時事清平，稅盡除去。君山茶以名高，督兵船過，必取以饋當路大人，斤至十二千，平價九千六百。縣官見僧多利，貢外添辦至百餘斤，官價六百，僧不敢較，近兵事少，買茶稀，僧不給本，必敗茶。由此言之，利害之相倚伏，盛衰之變，豈不然哉。

又《土産》 君山貢茶，自國朝乾隆四十六年始，每歲貢十八斤。穀雨前，知縣遣人監山僧採製，一旗一槍，白毛茸然，洵珍品也，俗呼白毛尖，卽白鶴翎之遺意。按邑茶盛稱於唐，始貢于五代馬殷，舊傳産灉湖渚山，今則推君山矣。然君山所産無多，正貢之外，山僧所貨貢餘茶，間以北港茶參之。北港地皆平岡，出茶頗多，茶味甘香，亦勝他處。道光二十三年，與外洋通商後，廣人每挾重金來製紅茶，土人頗享其利，日曬者色微紅，故名紅茶。昔之稱蘭芽、鍋青用火焙者，統呼黑茶矣。

貢茶，君山歲十八斤。官遣人監僧家造之，或至數斤，斤以錢六百償之。僧造茶成，已斤費二千餘錢矣。向來買者可得四千。近以軍事就武弁過此，必買茶以饋大官，斤率九千六百，多則十二千，僧利害略相當。然事平，軍船日少，茶已不售，而官供如故，則敗茶之道也。貢茶入京以供太廟之用，則包茅已。余欲作楚貢亭於北渚後，以待茶務乞宫自貢茶造之。《湖上客談》

貢尖下有貢兜，隨辦者炒成，色黑而無白毫，價率千六百，粗五十止，其實佳茶也。君山茶無他葉，其味粗細若一，粗者但陳，收而濃煎之，可消食利氣而無尅損之害。《湖上客談》

清 萬年湉《君山茶歌》（同治）《巴陵縣志》卷二七 君山之茶不可得，只在山南與山北。巖縫石隙露數珠，一種香味那易識。春來長在雲霧中，造化珍重供玉食。李唐始有四品貢，從此遂為守令職。貢物之外豈多有，山僧真贋徒滋惑。北港諸品無神氣，煮來與水同渾黑。試挹鶴泉烹雀舌，烹來長似君山色。以僞亂真世豈無，鄉原原為德之賊。誰能卓識不受欺，色香味俱終莫測。

清 王文治《夢樓詩集》卷一〇《坐岳陽樓贈嚴道士》 萬頃春

聲捲浪花，孤舟晚泊天之涯。岳陽道人無箇事，洞庭水試君山茶。

清 高爵尚《洞庭竹枝詞》（同治）《巴陵縣志》卷二七 雨前雨後採茶忙，嫩綠新抽一寸香。十二碧峰春色好，一時收取入筠筐。傍城村舍兩三家，門對青山正不斜。好比阿儂頭上髻，朝朝波面照菱花。

清 彭昌運《嘗君山新茶》（同治）《巴陵縣志》卷二八 名山佳茗冠吾鄉，風味多慚晚始嘗。嫩綠飽含螺髻色，清芬全是茝蘭香。爭看芽葉開緘急，戲鬭旗槍趁火忙。老病生涯甘淡泊，一甌先喜潤枯腸。

清 樊增祥《樊山續集》卷一六《研樵惠君山茶賦謝》 五月松風意未舒，清人來慰渴相如。織籠幾費湘君竹，揀葉深緘柳毅書。一盞香泉梅雨嫩，數行新雁岳陽疏。故人茶串猶堪受，我亦當年陸敬輿。日長吏冗費消磨，胸次猶涵七澤波。官餅香分兩團鳳，家山春瘦一青螺。宦情隴首秋雲淡，風味瀟湘夜雨多。為問舜祠老常住，銅瓶塼井近如何。

九嶷山

（嘉慶）《九嶷山志》卷二《物産》 茶每歲穀雨前，采芽焙之，曰炭青，味甘香，不減武夷、日鑄，以瀟水煮之，厥味倍佳。若晚取者，葉闊而厚，如《類篇》之所謂荈，《爾雅》之所謂檟，味多苦矣。

（嘉慶）《湖南通志》卷一七五《物産·永州府》 寧遠出嶷茶，産九嶷山，故名。

大溈山

（同治）《寧鄉縣志》卷二五《物産》 茶為山六度庵、羅仙峰等處，皆産茶，惟溈山茶稱為上品。

牛祇山

（嘉慶）《湖南通志》卷一七六《物産二·澧州》 石門牛觝山産茶，謂之牛觝茶。《一統志》

無射山

（嘉慶）《湖南通志》卷一九《山川·辰州府》 瀘溪縣無時山，在縣西百四十里。《一統志》山多茶樹，鄉俗，當吉慶之時，親族聚會歌舞於此。《明一統志》

又卷一七六《物産二·辰州府》 辰州溆浦甚西北三百五十里無射山，多茶樹。《坤元録》

（同治）《瀘溪縣志》卷四《物産·造茶法附》 三月穀雨前，採最嫩者一葉一槍，攤，為白毫。穀雨後，葉漸粗，另造作青庄、紅庄二種。青者，用鍋燒熱，入葉炒之，乘熱搓揉，炭火焙乾，泡色淡而香味較勝；紅者用篾墊曝太陽中，即搓挪成条，晒乾，泡汁深紅，可以貨賣。摘茶以四月為頭春，五月為二春，八月為三春，時候不一而多寡亦殊。

（同治）《溆浦縣志》卷二三《雜識》 《坤元録》言：溆浦無射山多茶樹，而無射山不可考。《一統志》言：溆浦出漆。又言：出茜草。今溆浦並無漆，茜草亦少。《滿湘聽雨録》言：溆浦出桃花紙，既簿而潔，足供臨摹。今學書者所用，未知其為桃花與否，而名則甚美。

（光緒）《湖南通志》卷六一《物産二·辰州府》 沅陵與安化交界處，地名界亭，産茶，歲以充貢。

白鶴山

宋 范致明《岳陽風土記》 灉湖諸山，舊出茶，謂之灉湖茶。李肇所謂岳州灉湖之含膏也。唐人極重之，見於篇什。今人不甚種植，惟白鶴僧園有千餘，本土地頗類此苑。所出茶一歲不過一二十兩，土人謂之白鶴茶，味極甘香，非他處草茶可比，並茶園地色亦相類，但土人不甚植爾。

（嘉慶）《巴陵縣志》卷五《山川》 灉湖井，在縣南灉湖寺側。《風土記》井水煎白鶴山茶，氣成白鶴飛舞。

又卷一四《物産·貨之屬》 茶君山為上，國朝充土貢，自乾隆四十六年始，有蘭芽、鍋青等名，柏港稍次，俱非他産所及。《唐史》：茶之名品，岳州有灉湖之含膏。《升庵外集》：茶有開勝、開捲、少捲、黄翎毛，出岳州。又雙上、緑芽、小芳，出岳。《彙苑詳注》：灉湖諸灘舊出茶。李肇所云灉湖之含膏，唐人極重之，見於篇什。今不甚種植，惟白鶴僧園有十餘本，頗類北苑，所出一歲不過一、二十兩，土人謂之白鶴茶。按：邑茶名古今殊稱，種植亦異地。舊傳産灉湖諸灘，今都無有，多産山崖中。邑茶盛稱于唐，始貢於五代，馬殷時今之貢茶，皆君山之産。君山所出無多，山僧每以柏港亂之。北港地亦不廣，而出茶較多，鄉人有茶園者，收利頗饒，惟穀雨前初擷者佳，再擷，三擷，則稍遜矣。

（嘉慶）《湖南通志》卷一七六《物産二·岳州府》 岳州茶，有㴩湖之含膏。《國史補》 㴩湖諸山舊出茶，謂之㴩湖茶，李肇所謂岳州㴩湖之含膏也。唐人極重之，見於篇什，今人不甚種植，惟白鶴僧園有千餘本，土地頗類北苑，所出茶一歲不過一、二十兩，士人謂之白鶴茶，味極甘香，非他處草茶可比，並茶園地色亦相類，但士人不甚植爾。《岳陽風土記》 岳州之黄翎毛，岳陽之含膏冷，唐宋時産茶名。《茶譜》

（道光）《湘陰縣志》卷一八《物産》 茶種植亦多，産南泉寺白鶴山者，較他處頗佳。

（同治）《巴陵縣志》卷三《山川》 白鶴山《一統志》：在縣南五里。明《一統志》：山有白鶴寺。按白鶴寺，即㴩湖寺。唐時㴩湖産茶，名白鶴翎。㴩湖，即《水經注》之翁湖也。

又卷二〇《名迹》 㴩湖井，《一統志》：在縣南㴩湖寺側。《岳陽風土記》：㴩湖井，唐人嘗稱甘水井，水煎白鶴山茶，氣成白鶴飛舞，今荒穢不治，汲者亦少，不逮昔也。按：《茶録》有㴩湖白鶴翎，蓋茶有白毫，故以為名，今俗呼白毛尖。【略】

㴩湖寺，在岳郡城南呂仙亭之右，古刹也，一名白鶴寺。《湖上客談》：唐張説刺岳州遊寺詩：雲間東嶺千重山，樹里南湖一片明。李太白《龍興寺望㴩》詩：剪落青桐枝，㴩湖坐可窺。幽陰蔽虧，想見其勝。今寺露出湖上，寺前平田，沿江岸頗廣遠，古蓋以植梧桐，葉大陰濃，今無有矣。《茶録》有㴩湖之白鶴翎，今君山貢品，有白毫茸茸然，謂之白毛尖，即白鶴翎也。舊呼㴩湖寺曰白鶴寺，有白鶴井，云以井水烹茶，則白鶴影見甌中，此特妄説。《風土記》：呂仙亭，在白鶴山，蓋皆以茶得名也。唐僧齊己《送中觀進公歸巴陵》詩云：應遊到㴩岸，相憶繞茶叢，則彼時寺前藝茶，若今君山矣。

（光緒）《巴陵縣志》卷七《物産》 《玉芝堂談薈》：唐、宋時，産茶地名有岳州之黄翔毛、開勝、開捲、少捲，岳陽之含膏冷。《宋史·食貨志》茶有二類：曰片茶，曰散茶。其出虔、袁、饒、池、光、歙、潭、岳、辰、澧州，江陵府，興國、臨江軍，有仙芝、玉春、先春、緑芽之類二十六種。

景陽山

唐 陸羽《茶經·七之事》 《茶陵圖經》云：茶陵者，所謂陵穀，生茶茗焉。

清 周煇《清波雜志》卷四《茶器》 長沙匠者造茶器極精緻，工直之厚，等所用白金之數。士夫家多有之，寘几案間，但知以侈靡相夸，初不常用也。

清 顧祖禹《讀史方輿紀要》卷八〇《湖廣六·長沙府》 雲陽山州西十五里。有七十一峰，其大者，紫薇、偃霞、石柱、白蓮、隱形、正陽、石耳，凡七峰，其餘巖洞泉石皆奇勝。舊《志》云：茶山高千五百丈，周迴百四十里，茶水發源山北，流隴下十里，合白鹿泉水，以入於洣。《史記》：炎帝葬於茶山之野。茶山，即雲陽山。以陵穀間多生茶茗，故名也。州南百里有白鹿原，相傳即炎帝葬處。又排山，在州西三十里，横亙若排，上多白堊。又西二十里有丫尖山，亦曰鴉尖嶺，兩峰並峙，上鋭下方，接攸縣界。

《清一統志》卷二七六 景陽山在茶陵州東，接江西吉安府永新縣界，一名茶山。《輿地紀勝》：景陽山，在茶陵縣東一百二十里，茶水源出此。《方輿勝覽》：茶山在茶陵軍城之東。《名勝志》：史記『炎帝葬於茶山之野』，茶山即景陽山也。以林穀間多生茶茗，故名。

（嘉慶）《長沙縣志》卷二八《拾遺》 宋時，長沙茶具有砧、椎、鈐、碾、匙、瓶等目，精妙甲天下，一具用白金三百兩或五百兩，又以大縷銀合貯之。趙南仲丞相帥潭，以黄金千兩為之，進上，穆陵大喜。不知何以費乃至此？象箸玉杯，又何足道！

（嘉慶）《湖南通志》卷一〇《山川三·長沙府·茶陵州》 景陽山，在州東，接江西永新縣界，一名茶山《一統志》。茶陵縣以南臨茶

山，故名《元和志》。景陽山在茶陵縣東百二十里，茶水源出此《輿地紀勝》。茶山在茶陵軍城之東《方輿勝覽》。《史記》：炎帝葬於茶山之野。茶山，即景陽山，也以林谷間多生茶茗，故名。《名勝志》

又卷一七五《物産·長沙府》 茶陵者，所謂陵穀生茶茗焉。《茶經》潭州上貢茶末一百斤。《九域志》潭州民輸茶，初以九斤為一大斤，後益至三十五斤。李允則知潭州，請除三稅，茶以十三斤半為定制，民便之。《宋史·李允則傳》潭州之獨行、靈草，唐、宋時産茶名。長沙之石枏，采芽為茶，湘人以四月四日摘楊桐草，搗其汁，拌米蒸，猶蒸糜之類，必啜此茶去風也，尤宜暑月飲之。《茶譜》長沙匠者造茶器，極精緻，其工直之厚，等所用白金之數，士大夫家多有之，初不常用也。《清波雜志》

安化縣出茶《明一统志》。

陝甘兩省茶商，領引採辦官茶，每年不下數千百萬斤，皆於安化縣採辦，以供官民之用。安化三鄉，遍種茶樹，亦仗茶商赴買，向因等頭銀色，先賣後賣，多所爭執。乾隆二十一年，巡撫陳宏謀奏定章程，將茶鄉所有等稱，由官較定頒發，向後買茶，除茶價按所産豐歉，隨時消長，官不拘定外，其買茶概用紋銀九折扣算，等稱財照司法九三折扣算，正合市乎。茶户稱茶，亦用官稱足給。穀雨以前之細茶，先儘引商收買；穀雨以後之茶，方許賣給客販。如天時尚寒，雨前茶少，則雨後細茶，亦先儘引商買足，方許賣給客販。牙行不得多取牙用，高抬價值。

又卷一七八《古迹·安化縣》 茶場在縣西北資水上。宋置安化縣，遂立茶場，伊溪山中、資江東平諸處皆産茶，比他處稍佳。《一統志》

（光緒）《湖南通志》卷一五《山川三·茶陵州》 茶陵縣，以南臨茶山，故名。《元和志》

又卷一六《山川四·衡山縣》 卓錫泉，虎跑泉，皆在衡山福嚴寺。《南嶽志》。宋宋祁《二泉記略》有大士曰慧思【略】因名二泉，曰卓錫，曰虎跑【略】凡瀹者、烹者、飪者、茗者取焉，香以甘故也。

（同治）《武陵縣志》卷二《地理志·山川》 茶陵山，縣北三十里，一名茶山，一名馬耳山俗称麻穰山，一名金玉山，一名東山，産美荈。《府志》

又卷一八《食貨志·物産·貨類》 茶邑南境近安化者，間種之。

（同治）《武陵縣志》卷四《山川》 茶林山，縣北三十里，一名茶山，産美茶。

又卷二八《土産·木之種》 茗縣南近安化、益陽界者佳。

（同治）《茶陵州志》卷五《山川》 景陽山在州東，接江西吉安府永新縣界，一名茶山，以林谷間多生茶茗，故名。

衡山

唐 陸羽《茶經·八之出》 山南以峽州上，襄州、荊州次，衡州下，金州、梁州又下。

唐 楊曄《膳夫經手録》 衡州衡山團餅而巨串，歲收千萬。自瀟湘達於五嶺，皆仰給焉。其先春好者，在湘東，皆味好。及至滋味悉變，雖遠自交趾之人，亦常食之，功亦不細。潭州茶、陽團茶粗惡、渠江薄片茶由油苦硬、江陵南木香茶凡下、施州方茶苦硬，已上四處，悉皆味短而韻卑。惟江陵、襄陽，皆數千里食之。其他不足記也。

唐 李群玉《龍山人惠石廩方及團茶》《全唐詩》卷五六八 客有衡岳隱，遺余石廩茶。自雲凌煙露，采掇春山芽。珪璧相壓疊，積芳莫能加。碾成黃金粉，輕嫩如松花。紅爐爨霜枝，越兒斟井華。灘聲起魚眼，滿鼎漂清霞。凝澄坐曉燈，病眼如蒙紗。一甌拂昏寐，襟鬲開煩拏。顧渚與方山，誰人留品差？持甌默吟味，搖膝空諮嗟。

宋 張栻《南軒集》卷七《南岳庵僧寄上封新茶風味甚高薄暮分送韓廷玉李嵩老》 浮甌雪色喜初嘗，中有祝融風露香。徑欲與君同晤賞，短檠清夜正相望。

（康熙）《衡岳志》卷二《物産》 夫瑤草青精，紫芝珠樹，采大藥者侈談之，然而山川之靈，煙霞之氣，故不為塵土生也。南嶽為注生之區，而得氣長年，見諸品物，松以萬年稱，竹以千年稱，火棗交梨奚讓焉。志産物。

又 茶沿山皆茶。冬雪初霽，吐白花滿川谷，異人擦人，寒蝶凍餘，迎距宛轉。春日雨

晴，采芽明焙，以峰泉試之，浮乳甘香，不在徽歙下矣。

（嘉慶）《湖南通志》卷一七五《物産·衙州府》 茶出山南者，生衡山縣山谷。《茶經》湖南有衡山茶。《國史補》

又 岳頂茶特豐，穀雨前焙之，煮以峰泉，甘許不減顧渚。

（道光）《衡山縣志》卷二九《茶發·茶法志》 茶非地宜，故無山。歷來未經採辦，故無稅。居人日用所需，多從他處運至，如長郡、安化、寶慶、新化，皆産名茶，商舟便攜來城市，散賣鄉村，乃朝夕茗飲所由給也。至若籬邊屋角，間有栽培。社後雨前，差堪採摘。焙乾藏櫝，俟豆棚清話，用烹活水於竹爐；當雪案高吟，正裊香雲于石鼎。何須七碗，生盧間兩腋之風，只認一旗，識陸羽全經之味。蓋物以罕見珍，使隋珠人握則不貴，家有千里驥，則視若牛馬。然所以他處或競豔嶽茶，以為龍團雀舌，殆不如也，殊不知所産之數，曾不及新安之方一，雖《田賦志》起運項下有茶價銀五十餘兩，究非稅課，無關茶法，故不志。

清 王夫之《薑齋詩集》卷一《五十自定稿·南岳摘茶詞十首己亥**》** 深山三月雪花飛，折笋禁桃乳雀饑。昨日剛傳過穀雨，紫茸的的賽春肥。濕雲不起萬峰連，雲里聞他笑語喧。一似洞庭煙月夜，南湖北浦釣魚船。晴雲不采意如何，帶雨捎雲摘倍多。一色石薑葉笠子，不須綠箬襯青蓑。一槍纔展二旗斜，萬簇綠沈間五花。莫道風塵飛不到，鞠尖隊隊滿洲靴。瓊尖新炕鳳毛毸，玉版兼蒸龍子胎。新化客遲六峒遠，明朝相趁出城來。小築團瓢乞食頻，鄰僧勸典半畦春。儹他監寺幫官買，剩取篩餘幾兩塵。丁字牀平一足雄，踏雲穩坐似淩空。商羊能舞晴天雨，底用勞勞百腳蟲。清梵木魚暫放鬆，團團鋸齒綠陰濃。揉香挼翠三更後，剛打烏啼半夜鐘。山下秧爭韭葉長，山中茶賽馬蘭香。逐隊上山收晚茗，奈他布穀為人忙。沙彌新學唱皈依，板眼初清錯字稀。貪聽姨姨採茶曲，家雞又逐野凫飛。

芙蓉山

清 陶澍《陶文毅公全集》卷六二《茱萸江竹枝詞》 石門潭下水盈盈，石門潭上石如城。同去打魚同打槳，月明搖到馬家坪。山從馬轡望壺頭，帆轉隨山掛復收。買得鯿魚長一尺，泊船先賽伏波侯。前灘領岈接後灘，船來灘心灣復灣。忙殺長年驚殺客，回頭只有白鷗閒。纔交穀雨見旗槍，安排火坑打包箱。芙蓉山頂多女伴，採得仙茶帶露香。鹿眼籬笆苦竹編，人家住在翠微顛。飽得春來好鄉味，筍兒生角蕨如拳。江南江北樹叢叢，比鄰都似攘西東。來朝牛脊初分雨，同上天門祀社公。長鑱短鍤上山坡，白雲深處有山歌。棕樹做衣蒲做笠，生來不解羡紈羅。巖簷低亞雪驚風，芋薯收拾稻粱充。多挖樹根乾曬日，大家圍火説年豐。黄茅縛屋頂尖尖，新剝杉皮蓋屋簷。怪得村翁眉一寸，臥窗高掛是松髯。香爐山上隱風雷，香爐山下白雲堆。看郎一似山雲樣，蚤晨飛去晚飛回。

（同治）《安化縣志》卷一〇《物産·貨之屬》 茶古無茶名。《詩》：誰謂荼苦。荼即茶也。陸羽、盧仝而後，遂易荼為茶。《明統志》：安化出茶。《瀟湘聽雨録》湘中産茶，不一其地，安化售於湘潭，即名湘潭，極為行遠。邑土産推此為第一，蓋緣芙蓉山有仙茶，故名益著。

又卷一一《古迹》 茶場在縣西北資水上，宋置安化縣，遂立茶場。伊溪、中山、資江、東平諸處，皆産茶，比他處稍佳。《一统志》

其他

唐 釋皎然《杼山集》卷三《茶賦》 晦夜不生月，琴軒猶為開。牆東隱者在，淇上逸僧來。客愛傳花飲，詩看卷素裁。風流高此會，曉景屢徘徊。

（嘉慶）《湖南通志》卷一七五《物産》 湖南歲貢茶二十五萬斤。《舊五代史·梁紀》馬殷使民得自摘山，收茗算。募高户置邸閣居茗，號八牀主人。歲入算數十萬，用度遂饒。《唐書·劉建鋒傳》荊湖歲課茶二百四十七萬餘斤。後茶法屢變，歲課日削。荊湖二百六萬餘斤。茶出潭岳辰澧州，有仙芝，玉津，先春，綠牙之類二十六等。《宋史·食貨志》乾德元年免湖南茶稅。七年，減湖南新製茶。《宋史·太祖紀》

宋製買茶之處湖南則潭澧鼎岳。片茶有獨行靈草，綠芽片金。金茗出潭州，大小巴陵；開勝，開卷，小卷生黄，翎毛出岳州；雙上，綠芽，大小方出岳辰澧州；其鼎州以上中下或第一至第五為號；散茶有

岳麓草子，楊樹，雨前，雨後出荊湖。《文獻通考》元至元二十三年二月，立岳，常德，澧州榷茶提舉司。元貞元年二月罷，元統元年十月復立湖廣榷茶提舉司。《元史》世祖、成宗、順帝紀番人嗜乳酪不得茶則因以病，故唐宋以來行以茶易馬法，用制羌虜。明制尤密，有官茶，有商茶，皆貯邊易馬。湖南産茶其直賤，商人率越境私販，番人利私茶之賤，因不肯納馬。隆慶二十三年御使李楫請禁湖茶，言湖茶行，茶法馬政兩敝。且湖南多假茶，食之刺口破腹，番人亦受其害。既而御使徐僑言湖南茶多而直下，味苦，於酥酪為宜，亦利番也。但宜立法嚴覈以遏假茶。户部折衷其議以漢中保寧茶為主，湖茶佐之，各商中引先給漢川畢乃給湖南。如漢引不足則補以湖引，報可。《明史·食貨志》楚之茶則有湖南之白露，長沙之鐵色。岳州之巴陵，辰州之溆浦。湖南之寶慶，茶陵。《本草綱目》

清 王文藩《沅江櫂歌》（嘉慶）《沅江縣志》卷一八 釵頭細茗趁春雷，品似閩中九曲來。珍重紅襄遙寄與，何時斗水共徘徊。

（嘉慶）《石門縣志》卷二九《茶法志》 環石，皆山也。雖非不毛之土，實少産茶之區，故自晉唐迄今，而茶法無聞，非闕也。蓋邑人所飲，半仰給於鶴峰各溪洞，而雀舌、龍團，其足備七碗而生風兩腋者，悉購自他鄉。夫豈若君山美味，上供天廚。安化佳品，下裕民生者之克擅美利於無窮也哉！此石邑茶法所由不設也。

清 吴楙《明山茶記》（同治）《芷江縣志》卷五三 明山為一郡鎮山，其婉蜒秀美，亦八景第一，前人已備述之。道光己亥，胡雪門大令續修邑乘，作夜郎辨援，据精詳足破千古訛傳。暇日，謂予曰：明山産有茶，得毋即《水經注》所稱茗山者是說。舊志脱漏未載，所系非細故，吾子盍為補之，毋為山靈所竊笑。考酈道元《水經注》：沅水又東溪水，南出茗山，山徑回險，人獸阻絕，溪水比瀉沅川，沅水又東，與諸漁溪水合。因諮詢邑之同人，皆謝以不知。有朱生志大者，聞之，翌日，攜茶葉一盒來贈，且曰：山以茗名，某雖未考，而此茶實産茲山深箐中，飲之能解暑，樵夫牧豎及往來行人，渴取生葉嚼之，便涼沁心脾，近山麓居者，歲於盛夏采歸，以甑蒸，曝烈日中，乃牧貯，備一歲所需，並録平日所作《採茶歌》二首以示余，其詞曰：趁晴挐伴上明山，跨鄧穿林意自閒。齊唱采茶歌得得，笑聲都在翠微間。又詞曰：熏風拂暑過崔巍，好向深林密箐來。覓得新茶和露摘，破衣猶帶斷雲回。按：道元此注在沅水，出牂牁且蘭縣，為旁溝水，又東至鐔成縣為沅水，東過無陽縣，經文下無陽即今芷江也。又舊志載：縣有魚溪，與又東諸魚溪水合，旬適符，是茗山為明山舊無疑。及考《通志》，茗山編列辰州府屬山川內，即引《水經注》：山徑迴險，人獸阻絕八字，則茗山不得牽合為沅之明山明矣。然朱生之言與詩，確而有徵，因記之以報大令，且為茲邑物産補遺，非敢謂為明山生色雲爾。

（光緒）《湖南通志》卷一五《摭談五》 桂丁茶出邵陽白雲巖，衲子采之，歲不可多有。味微苦而香特清，酷暑以一葉入茶甌，至隔宵不變味。其葉似桂，或以此得名。《萸水録聞》

清 向文奎《采茶歌》（光緒）《桃源縣志》卷一七 碧乳霜華紫筍尖，綠窗喚出指纖纖。鼠溪四月蠶桑少，解造紅茶價不廉。

（光緒）《沅陵縣志》卷三八《物産》 樣《唐韻》：即今茶荈之茶【略】邑中出茶處多，先以碣灘産者為最，後界亭茶盛行。極先摘者名白毛尖，今且以之充土貢矣。

廣東

古勞

（道光）《鶴山縣志》卷二《物産》 古勞之麗水冷水山阜皆植茶，其最佳者，曰石巖頭，以其生於石上，味特香烈。白露日採者謂之早白露，能愈百病，邑中物産，惟此可以甲諸郡，崑崙山亦産白雲茶，可已痢疾，然不多得。舊志近則自海口直至附城，毋論土著客家，多以茶爲業。種茶之法先於七、八月下種，次年正月卽發嫩葉，可采。凡采一次，謂之一造，每年有六造。十月後，葉老，無可采矣。十二月則去其枝，約離地三、四寸許，並鬆其根旁之土，用草厚覆之，至來年，樹愈茂而嫩芽多茶畦必栽蠅樹，葉細如豆，蠅喜集焉，則不爲茶害。葉落畦上，茶不生蠫，性又善於引水，使茶地不燥，天旱又降水以滋茶，故昔人謂蠅樹者茶之所賴以爲潔而德於茶者也。《採訪冊》

鳳凰山

（雍正）《海陽縣志》卷八《物産・禾之屬》 茶，潮地佳者罕至。今鳳山茶佳，亦云待詔山茶，亦名黄茶。苦芋葉大而樹高，取其芽日乾之，味最苦，然性寒，不宜多。

（同治）《廣東通志》卷一〇〇《山川略》 鳳凰山，在大奚山障，内有神茶一株，能消食退暑，不可多得，土人于清明日采之，名鳳凰茶。《新安新志》

清 佚名《香山縣鄉土志》 鳳凰山，在城東南一百里恭常都。高七十丈，廣十四里。東界南坑，北接官塘岡，西為金竹園、白蜮石、古壑諸峰，南赴海。澗水分左右中三支，左支東流入南海，右支南流入坦洲海，中支東流入東海。

西樵山

清 顧祖禹《讀史方輿紀要》卷一〇一《廣東二・廣州府》 西樵山府西百二十里。高數百仞，勢若遊龍，盤踞四十餘里。峰巒大者七十有二，互相連屬，内顧若羅城。其極高峻者曰大科峰，峰之南曰雷壇峰、寶峰。又折而東南曰大觀峰，下有九曜巖、九龍巖。其南曰紫姑峰，下為小雲谷、烏利巖。自大科峰而西，巖石層疊，水簾千尺，折流而北曰龍泉，曰寶鴨池，其下曰瀉錢坑，曰雙魚坡。又折而東北曰碧雲峰，又數百步則小科峰、紫雲峰也，亦高峻。其陰有觀翠巖，石壁中懸泉一線，亦名水簾，其下為金銀池，諸山之泉出焉，注於百會泉，以達碧江。轉而北曰宫山，上有翳門關。又西北曰鎮頭岡，曰紫竹峰，綿延至於蘭谷，尤為峭拔。峰之外為壁山，下有通潮井。又數折而出曰黄旗岡。又有黄龍洞，居人皆以種茶為業。《志》云：西樵山半地平，可為民居，峰巒迴合，千態萬狀，不可殫述也。又《名勝志》：府西百七十里有三洲山，聳拔千仞，峰巒數十，西跨高明，南連新會，為郡之鎮山。

清 屈大均《廣東新語》卷三《山語・西樵》 廣州有三樵，曰東樵，曰南樵，曰西樵。西樵者，南海之望，而東樵羅浮之佐也。去廣州治西百餘里，奇秀峭拔，揭雲霄而上之，望若青蓮之華，而四面方立。立皆内向，諸峰大小相聯屬，皆隱于削成之中，又若芙蕖之未開然者。山之東凡二十峰，南十有五，西十有八，北亦十有八，合為七十二峰，而以大科為絕頂。巖二十有一，洞有十，其飛泉散出於諸峰間，乍合乍分。合者為臥泉，分者為立泉，狀各不一。凡泉三十有二，其一在噴玉巖，一在錦巖，一在漱玉巖，二在垂虹洞。左右交流，如雙虹下飲，故曰垂虹。又有二泉在雲谷，谷中羣峰回合，勢若層城，有白沙書院，瀑布左右夾之，合流行石上，委曲數里，從巖頂噴飛，因名其下巖曰噴玉。又有泉二，在天峰左者曰左天泉，右者曰右天泉，合奔雲谷，注於九曲之溪。有二亭，曰左瀑，曰右瀑，以收其勝。其在廣郎洞口者，凡作三級，逶迤而下，冰轟雪吼，倒射青冥，勢益暴。又一在水簾洞，是曰水簾，為九曲溪下流，披灑壁間，霏微若珠箔。又一在雲端村，其曰瀉錢泉者，從空細下，傾擊有聲，石薄巖虛，琮琤相應，亦一瀑布也。其在碧玉洞者，壁厓而出，横直恒無定勢，餘氣為烟為霧者，冥濛竟數十丈，望之常若非泉然。蓋自噴玉巖至此，為飛泉者十有三矣，而以此碧玉之瀑為最奇。予嘗冒雨從飛玉臺至泉頂觀之，絕愛友人陳中洲『壁立一片雪，風含白雲端』之句，書于石上，以與山中人共賞。是山故多泉，諸飛泉外，其迸出石間者，或仄或湧，為乳為湯，大瀾小淪，無不極其變怪之態，盤舞噴薄，響振一山。蓋西樵一泉山也，山中人沿溪以居，或截流為湖，或築坣為塘，於四十餘里間，以泛以漁，隨舟所至，蓋不知山在水中抑水在山中矣。山中又多平地，可以種茶，茶田中有村十餘，雞犬鳴吠，若近若遠，杜鵑、蘭、杜之屬，掩苒含風，花棧參差，雲畦歷亂，遊者往往迷路。

清 李調元《南越筆記》卷一三《蠅樹》 西樵多種茶。茶畦有蠅樹，葉細如豆。葉落畦上，則茶不生蟣。旱則蠅樹降水以滋茶，潦則蠅樹升水以熯茶。故茶恒無旱潦之患。又夏秋時，蠅皆集於蠅樹，不集茶，故茶不生蟣而味芳好。蓋蠅樹者，茶之所賴以為潔者也。

又《西樵山四種花》 西樵山有四種花，他處所無。曰山石榴，三月盛開，稱滿山紅。曰錦鸚花，葉如碧蘭，花瓣上紅下白。曰白鶴花，葉如三蔌，莖上出花，狀白鶴，頭頸翅足皆具。頭又有黑點如眼睛，開於暮春。曰粉蝶花，枝條甚柔，花如粉蝶然。湛文簡嘗為四花亭玩之。又有月桂二株，石榴一株，在煙霞隱居之前。月桂多花，石榴多實，則是年禾茶皆熟，山人以為驗。

又卷一六《粵中諸茶》 粵中諸茶，其在珠江之南，有三十三村，謂之河南。粵志所謂『河南之洲，狀若方壺』是也。其土沃而人勤，多業藝茶。春深時大婦提籯，少婦持筐，於陽崖陰林之間，淩露細摘綠芽紫筍，薰以珠蘭，其芬馨絕勝松蘿之荚。每晨茶估，涉珠江以鬻於城，是曰河南茶。好事者或就買『茶生』，自製葉。初摘者曰『茶生』，猶芥山之草子也。而西樵號稱茶山，自唐曹松移植顧渚茶其上，今山中人率種茶，間以苦簦。簦樹森森，望之若刺桐叢桂。每茶一畝，苦簦二株，歲可給二人之食。其採摘亦多婦女，諺云：『春山三二月，紅粉半茶人。』茶人甚守禮法，有問路者，茶人往往不答。昔湛文簡、方文襄二公講學山中，其流風遺化有存者。文簡嘗治雲穀精舍，中有稻田茶丘十餘畝。旁有人居七八村，皆衣食於茶。其茶宜以白露之朝采之，日出則味稍減。或謂此茶甲天下。早春摘者尤勝，三日一摘，餘則每月一摘。早春一月之茶，可當餘月一年云。端州白雲山，其上有湖，僧於巖際種茶，歲收石許。烹之作素馨花氣，味甘淡而滑，稱頂湖茶，然不能恒得。而羅浮幽居洞北有茶庵，每歲春分前一日，采茶者多寓此庵。其茶以受日陰陽分味之高下，試以景泰泉水，芳香勃發，是曰羅浮茶。景泰泉者，羅浮諸泉之冠。淳祐中，有逍遙子為《茶庵》詩：『活水仍將活火煎，茶經妙處莫虛傳。陸顛所在間題品，未試羅浮第一泉。』黎美周云：泉以茶為友，以火為師，火活斯泉，真味不失。蓋謂此云。曹溪茶氣味清甜，歲凡四采，采于清明寒露者佳。新安杯渡山絕壁有類蒙山茶者，烹之作幽蘭茉莉氣，水濯十余次，甘芳愈勝。或經一宿再濯，氣味不減，飲者無不驚異。山勢高，雲露滋潤，得太清之精英多故也。樂昌有毛茶，茶葉微有白毛，其味清涼。潮陽有鳳山茶，可以清膈消暑，亦名黃茶。簦以產新安河源者為良，其味最苦，而粵人烹河南茶者，必以點簦少許為可口。《南越志》稱龍川縣出皋盧葉，葉大而澀，南海謂之過羅，今稱為苦艼。艼，一作簦。長樂有石茗。瓊州有靈茶，即江南黃連茶也。有烏蘗茶，以烏蘗嫩葉為之，能補中益氣，一名山葉。或以金鵝蕊搗去苦汁，合兒茶、毛茶為之。東莞以芝麻、薯油雜茶葉為汁，煮之，名研茶。謂能去風濕，解除食積，可以療饑云。

（雍正）《廣東通志》卷四三《謫宦》 曹松，字夢徵，舒州人。奉賈島為師，累試不偶，南遊廣州，山水勝處，必流連累日。嘗至西樵，棲遲久之，教其民焙茶，復至盧嵠石諸問處士陳陶舊跡，人因改石為南箕臺云。松後北還舉進士，年七十餘。

又卷五二《物產》 顧渚茶，自唐詩人曹松移植於西樵，號稱茶山。今山中人多種之為業，或謂此茶甲天下，春摘者尤勝。《廣州志》

（道光）《廣東通志》卷一〇〇《山川略》 南海縣西樵山，在縣西南一百二十裡【略】唐末詩人曹松移植顧渚茶於此，居人遂以茶為生。

（道光）《南海縣志》卷七《輿地略・山川》 西樵山，南海之望，去縣西南一百二十里【略】山半地平，有居民十三村，沿溪以居，或截流以漁，或築壆為塘，於四十餘里間，以泛以漁，隨舟所至，蓋不知山在水中，抑水在山中矣。山中可以種茶，唐末詩人曹松寓此，嘗以顧渚法教人種茶，山民至今以茶為業。

又卷八《輿地略・風俗》 西樵，號茶山，今山中人率種茶。其採摘亦多婦女，甚守禮法，有問路者，茶人往往不答。昔湛文簡、方文襄二公講學山中，其流風遺化有存者。據《廣東新語》修

又《料品》 茶【略】樵茶為粵東第一，武定侯稱其甲於天下，細注碗中，其氣密覆，凝結不散，芬馥若蘭，山川佳氣鐘之也。春月采者曰春茶，穀雨時采者曰雨茶，夏月采者為橫枝茶，白露節采者曰露茶，諸品之中，露茶為貴。周氏《樵志》：樵茶之佳，以大雪後至春初所采者為良，名曰雪鞠，厥味甘芬，厥色青白，露茶雖重，不如也。夏月采者為橫枝茶，最粗賤，山民如草刈之，自後約半月一采，則茶芽矣。天氣清明，朝曦未上，各村婦女，三五為隊，素衣縞帶，衝雲踐露，聯袂谷中，日高即止。既采之後，始揀茶芽，芽分上、中、下，其上者曰小芽，茶之最精者也；次則中芽，一旗二槍者是也；下則紫芽，葉之紫者也。其採茶之具，有鑷有筐，以竹為之，造茶之器，有勺有鐺，以鐵為之，有石以搓茶用，有褥以□茶用，製法大約與顧渚異。白雲茶產于白雲洞前，亦名寺前茶，以洞口有白雲寺也。出茶之地不多，皆生晒，山頂所產，不逮也。樵茶大抵生焙二色，以生晒為上，焙者，芬香之氣，蘊於火中。生晒味芳烈，但水色不及火焙之清，須以溪中山泉煮之，試之他水，味亦薄。《西樵遊覽記》

又《物產・木品》 蠅木南海西樵村人種茶，植之以為蔭《黃通志》。木高數丈，葉細如豆，葉落畦上，則茶不生蝨，山人多植於畦中，旱則蠅樹降水以滋茶，潦則蠅樹生水以熯茶，故茶恒無旱潦之患。又夏秋時，蠅皆集於蠅樹，不集茶，故茶無蝨而芳味好。蓋蠅樹，茶之所賴以為潔者也，己受蠅污，而以潔與茶，為德於茶者也。山下茶畦多種之，山上則否，以山上雲霧多，不生蠅也。霍益芳《西樵山志》

（宣統）《南海縣志》卷四《輿地略·物産》　西樵山多産茶，山人向以植茶為業。官山墟有茶市一區，近高街百步石地方。近日茶業失敗，山人往往將地售作墳墓，所産茶株，比前百不存一，市地亦廢，今已夷為平民居矣。

桑浦山

清　顧祖禹《讀史方輿紀要》卷一〇三《廣東四·潮州府》　桑浦山府西南四十里。高二百丈，周圍五十五里，崔嵬蜿蜒，跨海豐、揭陽二縣，為東南巨鎮。有桃源洞及寶雲、白雲等巖産茶，其北麓多桑，因名。又西南十里曰獅子山，上有石巖屈曲，又有浮圖曰獅子塔。又南為甘露巖，巖前為玉簡峰，與郡城對峙。

（雍正）《廣東通志》卷一一《山川志·潮州府·海陽縣·桑浦山》　在城西南四十里，各舊志七十里，誤。高約二百丈，周圍五十五里産茶，其北麓多案山巔有塔，旁有井，秋冬不竭。又有華嚴陽明書院舊址存焉，號曰宗山。

其他

唐　陸羽《茶經》卷下《八之出》　生福州、建州、韶州、象州。其恩、播、費、夷、鄂、袁、吉、福、建、韶、象十一州未詳，往往得之，其味極佳。

清　屈大均《廣東新語》卷一四《食語·茶》　珠江之南有三十三村，謂之河南，粵志所謂河南之洲，狀若方壺是也。其土沃而人勤，多業藝茶。春深時，大婦提籯，少婦持筐，于陽崖陰林之間，淩露細摘，綠芽紫笋，薫以珠蘭，其芬馨絶勝松蘿之莢。每晨茶估涉珠江以鬻於城，是曰河南茶。好事者或就買茶生自製，葉初摘者曰茶生，猶芥山之草子也。而西樵號稱茶山，自唐曹松移植顧渚茶其上，今山中人率種茶，間以苦藚。藚樹森森，望之若刺桐叢桂。每茶一畝苦藚二株，歲可給二人之食。其採摘亦多婦女。予詩：春山三二月，紅粉半茶人。茶人甚守禮法，有問路者，茶人往往不荅。昔湛文簡、方文襄二公講學山中，其流風遺化有存者。文簡嘗治雲谷精舍，中有稻田茶丘十餘畝，旁有人居七八村，皆衣食於茶。其茶宜以白露之朝采之，日出則味稍減。或謂此茶甲天下，早春摘者尤勝。三日一摘，餘則每月一摘，早春一月之茶，可當餘月一年云。端州白雲山，其上有湖，僧於巖際種茶，歲收石許，烹之作素馨花氣，味甘淡而滑，稱頂湖茶，然不能恒得。而羅浮幽居洞北有茶庵，每歲春分前一日，採茶者多寓此庵，其茶以受日陰陽，分味之高下，試以景泰泉水，芳香勃發，是曰羅浮茶。景泰泉者，羅浮諸泉之冠。淳祐中，有逍遙子為茶庵詩：活水仍將活火煎，茶經妙處莫虛傳。陸顛所在閑題品，未試羅浮第一泉。黎美周云：泉以茶為友，以火為師，火活斯泉真味不失。蓋謂此云。曹溪茶氣味清甜，歲凡四采，采于清明、寒露者佳。新安杯渡山絶壁，有類蒙山茶者，烹之作幽蘭茉莉氣，水濯十餘次，甘芳愈勝。或經一宿再濯，氣味不減。飲者無不驚異。山勢高，雲露滋潤，得太清之精英多故也。樂昌有毛茶，茶葉微有白毛，其味清涼。潮陽有鳳山茶，可以清膈消暑，亦名黄茶。藚以産新安，河源者為良，其味最苦。而粵人烹河南茶者，必以點藚少許為可口。《南越志》稱龍川縣出皋蘆葉，葉大而澀，南海謂之過羅，今稱為苦艼，艼一作藚。長樂有石茗，瓊州有靈茶，即江南黄連茶也。有烏藥茶，以烏藥嫩葉為之，能補中益氣，一名山葉。或以金鵝蕊擣去苦汁，合兒茶、毛茶為之。東莞以芝麻、藷油雜茶葉為汁煮之，名研茶，謂能去風濕，解除食積，可以療饑云。

又《峯物》　永安羅坑一帶多峯物，其茶尤善，茶又以洪峯所種為善。往時貴寶峒峯，積五六十年而變，今最貴洪峯茶云。

清　陸廷燦《續茶經》卷下《八之出》　王草堂《雜録》：粵東珠江之南，産茶曰河南茶。潮陽有鳳山茶，樂昌有毛茶，長樂有石茗，瓊州有靈茶、烏藥茶云。

又　《廣東通志》：廣州、韶州、南雄、肇慶各府及羅定州，俱産茶。【略】韶州府曲江縣曹溪茶，歲可三四採，其味清甘。潮州大埔縣，肇慶恩平縣，俱有茶山。德慶州有茗山，欽州靈山縣亦有茶山。

（道光）《廣東通志》卷九三《輿地略·風俗·潮州府》　潮州燈節，有魚龍之戲。又每夕各坊市扮唱秧歌，與京師無異。而《採茶歌》尤妙麗，飾姣童為採茶女，每隊十二人或八人，挈花籃迭進而歌，又以少

長者二人為隊首，擎燈，綴以扶桑、茉莉諸花，采女進退作止，皆視隊首，至各衙門或巨室，唱歌，賚以銀錢酒果，自十三夕至十八夕而止。余録其歌三首，有曰：二月採茶茶發芽，姊妹雙雙去採茶，大姊采多妹采少，不論多少早還家。三月採茶是清明，娘在房中繡手巾，兩頭繡出茶花朵，中間繡出採茶人。四月採茶茶葉黄，三角田裏使牛忙，手挈花籃尋嫩采，采得茶來苗葉香。頗有前溪子夜之遺。吳震方《嶺南雜記》

又卷九五《輿地略·物産》 茗，岭南茶出韶州。陸羽《茶经》细茶出南华者佳。《韶州府志》

毛茶，樂昌毛茶，葉有白毛。河南茶，珠江之南，有茶樹者三十三村，謂之河南茶。西樵茶，唐曹松移顧渚茶植其上。《粵東筆記》羅浮茶，石洞諸庵多有之，以春分前一日采，試以景泰泉水，芳香勃發，絕勝白雲鼎湖所産。《羅浮志》羅浮有茶，産于山頂石上，如蒙山之石茶，其香倍於廟芥。郝志潮州鳳山茶，亦名待詔茶，亦名黄茶。《潮州府志》化州有琉璃茶，出琉璃庵，其産不多，香味與峒岕相似，僧人奉客，不及一兩。郝志頂湖茶，端州白雲山，頂有湖，僧人於巖際種茶，烹之，作素馨花氣。《廣州府志》新安茶，産杯度山絕壁上，烹之作幽蘭茉莉，水濯十餘次，甘芬益洌。《廣州府志》土茶，海豐、龍川、長樂各有土茶。《惠州府志》

苦䔲，《南越志》：龍川縣有臯蘆，一名瓜蘆，葉似茗，土人謂過羅，或曰物羅。陳藏器《本草》珣曰：生南海諸山中，葉似茗而大，味苦澀，出新平縣。《本草綱目》葉大如掌，一片入壺，其味極苦，少則反有甘味，利咽喉之疾，功並山豆根，以産新安、河源者為良。粵人烹河南茶者，必點䔲少許為良。今稱為苦芋，亦作䔲。《嶺南雜記》桂山産苦䔲。《惠州府志》

蠅樹，西樵多種茶，茶畦有蠅樹，葉細如豆，葉落畦上，則茶不生螆，旱則蠅樹降水以滋茶，潦則蠅樹升水以熯茶，故茶恒無旱潦之患。夏秋時，蠅皆集蠅樹，不集茶，故茶不生螆而味芳好。《粵東筆記》

（同治）《象州志·紀地》 唐陸羽《茶經·八之出》載，嶺南所生有福州、建州、韶州、象州，雖其履綦未到，品評未詳，要必宜於茶可知也。近有種於荒擗高峻之地者，採之雨前，皆屬佳品。

（光緒）《曲江縣志》卷一二《土産》 製茶，産南華寺，味甘而清，以供佛祖。

羅坑茶，色紅，經宿不變味，功專消暑。

廣西

都茗山

宋樂史《太平寰宇記》卷一六六 都茗山在縣西六十里，其山出茶，土人食之，因呼為都茗山。

《明一統志》卷八五 都茗山在府城西六十里，山皆産茶。

清顧祖禹《讀史方輿紀要》一一〇《廣西五·南寧府》 横山【略】都石山，在府東六十里，以巖石崔嵬而名。其相近者曰都茗山，産茶。

《清一統志》卷三五九 都茗山在上林縣西北六十里，其山産茶，又謂之茶山，北江出此。

（嘉慶）《廣西通志》卷九〇《輿地略一一·物産二·思恩府》 茶出上林茶山。

又卷九一《輿地略一二·物産三·平樂府》 茶恭城出。金志 茶有巖口、花山二種。《富川縣志》

又《梧州府》 竹茶，《茶經》云：容州黄家洞有竹茶，葉如嫩竹，土人作飲，甚甘美。《寰宇記》茶出岑溪大崗山巔，葉粗味厚，故有崗茶之名。今各鄉近山皆植，民資為利。府志

又卷九二《輿地略三·物産四·潯州府》 西山茶出桂平西山。金志龍山茶出貴縣龍山。金志

又南寧府 茶出宣化之都茗山，横州之六風，簸箕，陳塘、簕菜諸村，今横産總以六鳳為名。土忠州亦出。府志

（同治）《蒼梧縣志》卷一〇《物産·百穀之屬》 茶産多賢鄉六堡，味厚，隔宿不變。産長行蝦門埔者，名蝦門茶，色香味俱佳，唯稍薄耳。《採訪冊》

（光緒）《恭城縣志》卷一《山川》 佛巖在縣北九十里【略】巖

石有石笋一條【略】其下笋頭微出清泉，山僧以器盛之，烹茗極佳，宋進士田開讀書處。

又 芹源山，在城東二十里，産茶與杉樹均佳。

（光緒）《容縣志》卷三《山川》 大容山，縣西北二十五里，為縣治來脈【略】東面有靈液巖，其下砢没，卽九十九澗之一，有石鐘玉白蛟門諸勝。泉水甘洌異常，數百人飲之不竭，巖名靈液，以此巖在山第二層鉛寶窪內，深約二丈，廣倍之。邑人覃武保記云：吾邑兩名山：大容、都嶠，南北並峙，而大容尤為嶺表羣山之祖，惜少巖穴足供游人所棲息，茲巖幽深，峭窃天生，以對都嶠者，其泉尤烈，沍寒不冰，用以烹茶，極甘冽。

四川

蒙山

晉 孫楚《出歌》《古樂苑》卷三五 茱萸出芳樹顛，鯉魚出洛水泉。白鹽出河東，美豉出魯川。姜桂茶荈出巴蜀，椒橘木蘭出高山。蓼蘇出溝渠，秔稗出中田。

唐 李吉甫《元和郡縣圖志》卷三二 蒙山在縣南十里，今每歲貢茶，為蜀之最。

又 名山縣，中下。西南至州四十三里。本秦嚴道縣地，後魏于此置蒙山縣，屬蒙山郡。隋開皇十三年改為名山縣，因縣西北名山為名也，屬邛州，仁壽四年改屬雅州。名山，在縣西北一十里。

唐 李肇《唐國史補》卷下 風俗貴茶，茶之名品益衆。劍南有蒙頂石花，或小方，或散牙，號為第一。

唐 楊曄《膳夫經手録》 茶，古不聞食之，近晉宋以降，吳人采其葉，煑是為茗粥。至開元、天寶之間，稍有茶，至德、大曆遂多，建中已後盛矣。茗絲鹽鐵，管摧存焉。今江夏以東，淮海之南，皆有之。今畧舉其尤處，別為二品總焉。

新安茶，今蜀茶也。與蒙頂不遠，但多而不精，地亦不下，故析而言之，猶必以首冠。諸茶春時所在喫之，皆好。及將至他處，水土不同，或滋味殊於出處。惟蜀茶，南走百越，北臨五湖，皆自固其芳香，滋味不變。由此重之，自穀雨已後，歲取數百斤，散落東下，其為功德也。如此饒州浮梁茶，今關西、山東，閭閻村落，皆喫之。累日不食，猶得不得一日無茶也。其於濟人百倍於蜀茶，然味不長於蜀茶。

蘄州茶、鄂州茶、至德茶，已上三處出處者，並方斤厚片，自陳蔡已北，幽並已南，人皆尚之。其濟生、收藏、摧稅，又倍于浮梁矣。

衡州衡山團餅而巨串，歲收千萬。自瀟湘達於五嶺，皆仰給焉。其先春好者，在湘東，皆味好。及至滋味悉變，雖遠自交趾之人，亦常食之，功亦不細。

潭州茶、陽團茶粗惡、渠江薄片茶由油苦硬、江陵南木香茶凡下、施州方茶苦硬，已上四處，悉皆味短而韻卑。惟江陵、襄陽，皆數千里食之。其他不足記也。

建州大團，狀類紫筍，又若今之大膠片。每一軸十斤餘，將取之，必以刀刮，然後能破。味極苦，唯廣陵、山陽兩地人好尚之，不知其所以然也，或曰療頭痛未詳已上以多為貴。

蒙頂自此以降言少而精者，始蜀茶，得名蒙頂，於元和以前，束帛不能易一斤先春蒙頂，是以蒙頂前後之人競栽茶，以規厚利。不數十年間，遂新安草市，歲出千萬斤。雖非蒙頂，亦希顏之徒。今真蒙頂，有鷹嘴牙白茶供堂，亦未嘗得。其上者，其難得也。如此又嘗見書，品論展陸筆工，以為無等可居第一蒙頂之列。茶間展陸之論，又不足論也。

湖顧渚，湖南紫筍茶，自蒙頂之外，無出其右者。

陜州茱萸簝，得名近，自長慶稍稍重之，亦顧渚之流也。自是碧澗茶、明月茶、陜中香山茶，皆出其下。

夷陵又近有小江源茶，雖所出至少，又勝於茱萸簝矣。

舒州天柱茶，雖不峻拔遒勁，亦甚甘香芳美，可重也。

岳州浥湖所出亦少，其好者，可企於茱萸簝。此種茶，惟有異，唯宜江水煎得，井水煎卽赤色而無味。

蘄州蘄水團黃團薄餅，每斤至百餘斤，率不甚麄弱，其有露消者，片尤小而味甚美。

壽州霍山小團，其絕好者，止於漢，美所闕著，馨花穎脫。睦州鳩坑茶，味薄，研膏絕勝霍山者。

福州生黃茶，不知在彼味峭。上下及至嶺北，與香山明月為上下也。

崇州宜興茶，多而不精，與鄂州團黃為列。

宣州鴉山茶，亦天柱之亞也。

東川昌明茶，與新安含膏爭其上下。

歙州、婺州、祁門，婺源方茶，製置精好不雜木葉，自梁宋幽並間，人皆尚之。賦稅所入，商賈所齎，數千里不絕于道路。其先春含膏亦在，顧渚茶品之亞列，祁門所出方茶，川源制度畧同差小耳。

唐 劉禹錫《劉賓客文集》卷二五《西山蘭若試茶歌》 山僧後簷茶數叢，春來映竹抽新茸。宛然為客振衣起，自傍芳叢摘鷹觜。斯須炒成滿室香，便酌砌下金沙水。驟雨松聲入鼎來，白雲滿碗花徘徊。悠揚噴鼻宿酲散，清峭徹骨煩襟開。陽崖陰嶺各殊氣，未若竹下莓苔地。炎帝雖嘗未解煎，桐君有籙那知味。新芽連拳半未舒，自摘至煎俄頃餘。木蘭沾露香微似，瑤草臨波色不如。僧言靈味宜幽寂，采采翹英為嘉客。不辭緘封寄郡齋，甎井銅爐損標格。何況蒙山顧渚春，白泥赤印走風塵。欲知花乳清泠味，須是眠雲跂石人。

唐 孟郊《孟東業詩集》卷九《憑周况先輩于朝賢乞茶》 道意勿乏味，心緒病無悰。蒙茗玉花盡，越甌荷葉空。錦水有鮮色，蜀山饒芳叢。雲根纔翦綠，印縫已霏紅。曾向貴人得，最將詩叟同。幸為乞寄來，救此病劣躬。

唐 白居易《白香山詩集》卷一四《蕭員外寄新蜀茶》 蜀茶寄到但驚新，渭水煎來始覺珍。滿甌似乳堪持翫，況是春深酒渴人。

唐 白居易《白氏長慶集》卷一六《謝李六郎中寄新蜀茶》 故情周匝向交親，新茗分張及病身。紅紙一封書後信，綠芽十片火前春。湯添勺水煎魚眼，末下刀圭攪麴塵。不寄他人先寄我，應緣我是別茶人。

又 卷一九《新昌新居書事四十韻，因寄元郎中、張博士》 冒寵已三遷，歸期始二年。囊中貯餘俸，園外買閒田。狐兔同三徑，蒿萊共一廛。新園聊剗穢，舊屋且扶顛。簷漏移傾瓦，梁欹換蠹椽。平治繞台路，整頓近階磚。巷狹開容駕，牆低壘過肩。門閭堪駐蓋，堂室可鋪筵。丹鳳樓當後，青龍寺在前。市街塵不到，宮樹影相連。省史嫌坊遠，豪家笑地偏。敢勞賓客訪，或望子孫傳。不覓他人愛，惟將自性便。等閒栽樹木，隨分占風煙。逸致因心得，幽期遇境牽。松聲疑澗底，草色勝河邊。虛潤冰銷地，晴和日出天。苔行滑如簟，莎坐軟於綿。簾每當山卷，帷多待月褰。籬東花掩映，窗北竹嬋娟。迹慕青門隱，名慙紫禁仙。假歸思晚沐，朝去戀春眠。拙薄才無取，疏慵職不專。題牆書命筆，沽酒率分錢。柏杵舂靈藥，銅瓶漱暖泉。爐香穿蓋散，籠燭隔紗然。陳室何曾掃，陶琴不要絃。屏除俗事盡，養活道情全。尚有妻孥累，猶為組綬纏。終須拋爵祿，漸擬斷腥膻。大抵宗莊叟，私心事竺乾。浮榮水劃字，真諦火生蓮。梵部經十二，玄書字五千。是非都付夢，語默不妨禪。博士官猶冷，郎中病已痊。多同僻處住，久結靜中緣。緩步攜筇杖，徐吟展蜀箋。老宜閒語話，悶憶好書篇。蠻榼來方瀉，蒙茶到始煎。無辭數相見，鬢髮各蒼然。

又 卷二五《琴茶》 兀兀寄形羣動內，陶陶任性一生間。自抛官後春多醉，不讀書來老更閒。琴裏知聞唯淥水，茶中故舊是蒙山。窮通行止長相伴，誰道吾今無往還。

又 卷三六《春盡日》 芳景銷殘暑氣生，感時思事坐含情。無人開口共誰語，有酒迴頭還自傾。醉對數叢紅芍藥，渴嘗一碗綠昌明。春歸自遣鶯留語，好住園林三兩聲。

唐 楊嗣復《謝寄新茶》《全唐詩》卷四六四 石上生芽二月中，蒙山顧渚莫爭雄。封題寄與楊司馬，應為前銜是相公。

唐 韋處厚《盛山十二詩・茶嶺》《全唐詩》卷四七九 顧渚吳商絕，蒙山蜀信稀。千叢因此始，含露紫英肥。

唐 施肩吾《蜀茗詞》《全唐詩》卷四九四 越椀初盛蜀茗新，薄煙輕處攪來勻。山僧問我將何比，欲道瓊漿卻畏嗔。

唐 薛能《蜀州鄭史君寄鳥觜茶，因以贈答八韻》《全唐詩》卷五六〇 鳥觜擷渾牙，精靈勝鏌鋣。烹嘗方帶酒，滋味更無茶。拒碾乾聲細，撐封利穎斜。銜蘆齊勁實，啄木聚菁華。鹽損添常誡，薑宜著更誇。得來拋道藥，攜去就僧家。旋覺前甌淺，還愁後信賒。千慚故人意，此惠敵丹砂。

唐 鄭穀《蜀中三首其二》《全唐詩》卷六七六 夜無多雨曉生塵，草色

嵐光日日新。蒙頂茶畦千點露，浣花箋紙一溪春。揚雄宅在唯喬木，杜甫臺荒絕舊鄰。卻共海棠花有約，數年留滯不歸人。

唐 成彥雄《煎茶》《全唐詩》卷七五九　岳寺春深睡起時，虎跑泉畔思遲遲。蜀茶倩箇雲僧碾，自拾枯松三四枝。

唐 黎陽王《蒙山白雲巖茶》（光緒）《名山縣志》卷八　聞道蒙山風味佳，洞天深處飽煙霞。冰綃剪碎先春葉，石髓香粘絕品花。蟹眼不須煎活水，酪奴何敢問新芽。若教陸羽持公論，應是人間第一茶。

宋 樂史《太平寰宇記》卷七七　名山縣西七十里。北連羅繩山，南接嚴道縣。《尚書》云：蔡、蒙旅平，即此山也。《九州記》：蒙山者，沐也，言雨露常蒙，因以為名。山頂受全陽氣，其茶芳香。

宋 葉清臣《述煮茶泉品》　大率右于武夷者，為『白乳』；甲於吳興者，為『紫筍』；產禹穴者，以『天章』顯；茂錢塘者，以『徑山』稀。至於續廬之巖、雲街之麓，『鴉山』著於無歙，『蒙頂』傳於岷蜀，角立差勝，毛舉實繁。然而天賦尤異、性靡受和，苟製非其妙，烹失於術，雖先雷而嬴，未雨而簷，蒸焙以圖，造作以經，而泉不香、水不甘，爨之、揚之，若淤若滓。

宋 歐陽修《新唐書》卷四二《地理六》　雅州盧山郡，下都督府。本臨邛郡，天寶元年更名。土貢：麩金、茶、石菖蒲、落雁木。

宋 范鎮《東齋記事》卷四　蜀之產茶凡八處，雅州之蒙頂、蜀州之味江、邛州之火井、嘉州之中峰、彭州之堋口、漢州之楊村、綿州之獸目、利州之羅村。然蒙頂為最佳也。其生最晚，常在春夏之交。其芽長二寸許，其色白，味甘美，而其性溫暖，非他茶之比。蒙頂者，《書》所謂『蔡、蒙旅平』者也。李景初與予書言：『方茶之生，雲霧覆其上，若有神物護持之。』其次羅村，茶色綠，而味亦甘美。

宋 張擴《東窗集》卷二《次韻何任叟正字館中試茶》　金拌猥稱檳榔珍，藿食未辨汙吾脣。茶丁妙寫犀銙真，排方似欲驕華紳。為君走碾揚微塵，羊腸聲乾行只輪。柘羅裁絹素縷勻，篩絲巧織霜後筠。中貯刀圭護百神，乳花初幻人間春。計君別品尚絕倫，完璧不受敵國嗔。白虹夜氣千秋旻，把玩自覺舌生津。天衢小草搜八垠，蒙山顧渚亦懷新。香歇色壞非法身，妖星森索避北辰。不須會萃權羣臣，龍翔鳳翥登嚴宸。向來策勳自有人，君其問諸脩水濱。

宋 葉廷珪《海錄碎事》卷六《茶門・蒙頂》　蜀之雅州有蒙山，上有五頂，各有茶園。中頂曰上清峰，亦通呼五頂。

宋 晁説之《晁氏客語》　雅州蒙山常陰雨，謂之漏天，產茶極佳，味如建品。純夫有詩云：漏天常洩雨，蒙頂半藏雲。為此也。

宋 朱勝非《紺珠集》卷三　石花紫筍，茶名。劍南有蒙頂石花，湖州有顧渚紫筍，峽州有碧澗明月。

又 卷一〇　蜀雅州蒙頂上有火前茶最好，謂禁火以前采者，後者謂之火後茶。

又　蒙頂又有五花茶，其片作五出。

宋 胡仔《苕溪漁隱叢話・前集》卷四六《東坡九》　《遯齋閑覽》云：『茶古不著所出，《本草》云：出益州。唐以蒙山、顧渚、蘄門者為上品，尚雜以蘇椒之類，故李泌詩云：旋沫翻成碧玉池，添蘇散出琉璃眼。遂以碧色為貴。止曰煎茶，不知點試之妙，大率皆草茶也。陸羽《茶經》，統言福、建、泉、韶等十州所出者，其味極佳而已。今建安為天下第一。』

宋 楊億《武夷新集》卷四《北苑焙》　靈芽呈雀舌，北苑雨前春。入貢先諸夏，分甘及近臣。越甌猶借淥，蒙頂敢爭新。鴻漸茶經在，區區不遇真。

宋 梅堯臣《宛陵集》卷一六《送崔黃臣殿丞之任盧山》　驊騮西行四千里，直度經橋百尋水。石上菖蒲未見花，蒙頂茶牙初似觜。采時應憶故園春，故園開焙亦思人。其間杜鵑不中聽，掩耳聊看錦雉馴。青崖鞭垂瘦蛇尾，仙人揖節隨鱗起。斫取他年跨馬歸，劍棧秦山多折箠。

又 卷三五《答宣城張主簿遺雅山茶次其韻》　昔觀唐人詩，喜詠鴉山茶。鴉銜茶子生，遂同山名鴉。重以初槍旗，采之穿煙霞。江南雖盛產，處處無此茶。纖嫩如雀舌，煎烹比露芽。競收青蒻焙，不重漉酒紗。顧渚亦頗近，蒙頂來以遐。雙井鷹掇爪，建溪春剝葩。日鑄弄香美，天目猶稻麻。吳人與越人，各各相鬬夸。傳買費金帛，愛貪無夷華。甘苦不一

致，精麤還有差。至珍非貴多，爲贈勿言些。如何煩縣僚，忽遺及我家。雪貯雙砂罌，詩琢無玉瑕。文字搜怪奇，難於抱長蛇。明珠滿紙上，剩畜不爲奢。玩久手生胝，窺久眼生花。嘗聞茗消肉，應亦可破瘕。飲啜氣覺清，賞重歎復嗟。歎嗟既不足，吟誦又豈加。我今實蠻爲，君莫笑我耶。

又 卷五五《得雷太簡自製蒙頂茶》 陸羽舊《茶經》，一意重蒙頂。比來唯建溪，團片敵湯餅。顧渚及陽羨，又復下越茗。近來江國人，鷹爪夸雙井。凡今天下品，非此不覽省。蜀荈久無味，聲名謾馳騁。因雷與改造，帶露摘牙穎。自煮至揉焙，入碾只俄頃。湯嫩乳花浮，香新舌甘永。初分翰林公，豈數博士冷。醉來不知惜，悔許已向醒。重思朋友義，果決在勇猛。倏然乃以贈，蠟囊收細梗。吁嗟茗與鞭，二物誠不幸。我貧事事無，得之似贅癭。

宋 歐陽修《文忠集》卷一三《和原父揚州六題六一作五·時會堂二首造貢茶所也**》** 積雪猶封蒙頂樹，驚雷未發建溪春。中州地暖萌芽早，入貢宜先百物新。

宋 文同《丹淵集》卷八《謝人寄蒙頂新茶》 蜀土茶稱盛，蒙山味獨珍。靈根托高頂，勝地發先春。幾樹初驚暖，羣籃競摘新。蒼條尋暗粒，紫萼落輕鱗。的皪香瓊碎，鬖髿綠蠆勻。慢烘防熾炭，重碾敵輕塵。無錫泉來蜀，乾崤盞自秦。十分調雪粉，一啜咽雲津。沃睡迷無鬼，清吟健有神。冰霜疑入骨，羽翼要騰身。磊磊真賢宰，堂堂作主人。玉川喉吻澀，莫惜寄來頻。

宋 劉跂《學易集》卷三《舍弟寄茶》 吾弟餉人真不惡，建芽來自禁煙前。一杯未易陽侯厄，四兩應為蒙頂仙。病子頭風如得藥，酒家中聖殆忘眠。平頭奴子堪瓶碗，可帶樵青竹葉煎。

宋 文彥博《潞公文集》卷四《和公儀湖上烹防頂新茶作》 蒙頂露芽春味美，湖頭月館夜吟清。煩酲滌盡沖襟爽，暫適蕭然物外情。

又《蒙頂茶》 舊晉最稱蒙頂味，露芽雲液勝醍醐。公家藥籠雖多品，略采甘滋助道腴。

宋 范祖禹《范太史集》卷一《寄名山李著作》 劍外雖云遠，名山信日聞。漏天常洩雨，蒙頂半藏雲。萬里飛鳧舄，三年隱豹文。茗芽春後好，應許故人分。

宋 蘇軾《東坡全集》卷三《試院煎茶》 蟹眼已過魚眼生，颼颼欲作松風鳴。蒙茸出磨細珠落，眩轉繞甌飛雪輕。銀瓶瀉湯誇第二，未識古人煎水意。君不見昔時李生好客手自煎，貴從活火發新泉。又不見今時潞公煎茶學西蜀，定州花瓷琢紅玉。我今貧病長苦饑，分無玉碗捧蛾眉。且學公家作茗飲，磚爐石銚行相隨。不用撐腸拄腹文字五千卷，但願一甌常及睡足日高時。

宋 蘇頌《蘇魏公文集》卷六《太傅相公以梅聖俞寄和建茶詩垂示俾次前韻》 近來不貴蜀吳茶，為有東溪早露芽。二月製成輸御府，經時猶未到人家。太官供罷頒三吏，東合開時詠九華。從此閩鄉益珍尚，佳章奇品兩相誇。

宋 黃庭堅《山谷集》卷一《煎茶賦》 洶洶乎如澗松之發清吹，皓皓乎如春空之行白雲。賓主欲眠而同味，水茗相投而不渾。苦口利病，解膠滌昏，未嘗一日不放箸，而策茗椀之勳者也。余嘗為嗣直瀹茗，因録其滌煩破睡之功，為之甲乙。建溪如割，雙井如遽。日鑄如絭。其餘苦則辛螫，甘則底滯，嘔酸寒胃，令人失睡，亦未足與議。或曰無甚高論，敢問其次。涪翁曰：味江之羅山，嚴道之蒙頂。黔陽之都濡高株，瀘川之納溪梅嶺。夷陵之壓甎，臨邛之火井。不得已而去於三，則六者亦可以酌免褐之甌，瀹魚眼之鼎者也。或者又曰：寒中瘠氣，莫甚於茶，或濟之鹽，勾賊破家。滑竅走水，又況雞蘇之與胡麻。涪翁於是酌岐雷之醪醴，參伊聖之湯液。斮附子如博投，以葛僊之堊。去蓺而用鹽，去橘而用薑。不奪茗味，而佐以草石之良。所以固太倉而堅作強。於是有胡桃松實庵摩鴨腳，勃賀蘼蕪，水蘇甘菊。既加臭味，亦厚賓客。前四後四，各用其一，少則美，多則惡。揮其精神，又益於咀嚼。蓋大匠無可棄之材，太平非一士之略。厥初貪味雋永，速化湯餅。乃至中夜不眠，耿耿既作。溫齊殊可屢歃，如以六經，濟三尺法，雖有除治，與人安樂。賓至則煎，去則就榻。不游軒後之華胥，則化莊周之蝴蝶。

宋 晁補之《雞肋集》卷二〇《揚州雜詠七首其四**》** 蜀岡茶味圖經說，不貢春芽向十年。未惜青青藏馬鬣，可能辜負大明泉。

宋 蘇轍《欒城集》卷四《和子瞻煎茶》 年來病懶百不堪，未廢

飲食求芳甘。煎茶舊法出西蜀，水聲火候猶能諳。相傳煎茶只煎水，茶性仍存偏有味。君不見閩中茶品天下高，傾身事茶不知勞。又不見北方俚人茗飲無不有，鹽酪椒薑誇滿口。我今倦遊思故鄉，不學南方與北方。銅鐺得火蚯蚓叫，匙腳旋轉秋螢光。何時茅簷歸去炙背讀文字，遣兒折取枯竹女煎湯。

宋 蘇轍《欒城後集》卷一《次韻子瞻道中見寄》 兄詩有味劇雋永，和者僅同如畫影。短篇泉洌不容挹，長韻風吹忽千頃。經年淮海定成集，走書道路未遑請。相思半夜發清唱，醉墨平明照東省。詩到，適在省中。南來應帶蜀岡泉，西信近得蒙山茗。出郊一飯歡有餘，去歲此時初到潁。

宋 晁説之《景迂生集》卷八《蒙用諸人韻賦詩見貽復用韻謝之》 一年幾相築新沙，鼙鼓難開上苑花。顧我何堪鳴玉佩，如君不得侍金華。隱身思傍懸壺樹，仙馭須求蒙頂茶。辜負麒麟功業志，只教人喚作詩家。

宋 楊萬里《誠齋集》卷一七《謝木韞之舍人分送講筵賜茶》

吳綾縫囊染菊水，蠻砂塗印題進字。淳熙錫貢新水芽，天珍誤落黃茅地。故人鸞渚紫微郎，金華講徹花草香。宣賜龍焙第一綱，殿上走趨明月璫。御前啜罷三危露，滿袖香煙懷璧去。歸來拈出兩蜿蜒，雷電晦冥驚破柱。北苑龍芽內樣新，銅圍銀範鑄瓊塵。九天寶月霏五雲，玉龍雙舞黃金鱗。老夫平生愛煮茗，十年燒阱折腳鼎。下山汲井得甘冷，上山摘芽得苦硬。何曾夢到龍遊窠，何曾夢吃龍芽茶。故人分送玉川子，春風來自玉皇家。鍛圭椎璧調冰水，烹龍庖鳳搜肝髓。石花紫筍可衙官，赤印白泥牛走爾。故人氣味茶樣清，故人風骨茶樣明。開緘不但似見面，叩之咳唾金石聲。麴生勸人墮巾幘，睡魔遣我抛書冊。老夫七碗病未能，一啜猶堪坐秋夕。

宋 胡融《葛仙茗園》《天臺續集別編》卷四 絕巘匿精廬，蒼煙路孤迥。草秀仙翁園，春風坼幽茗。野僧四五人，腦紺瞳子炯。攜壺汲飛瀑，呼我烹石鼎。風濤瀉江灘，松籟起林嶺。七椀鏖郝源，一水鬪雙井。我雖冠屨縛，心樂只園靜。濯足臥禪扃，幽夢墮蒙頂。

宋 陸游《劍南詩稿》卷四《同何元立蔡肩吾至東丁院汲泉煮茶》 一州佳處盡裴回，惟有東丁院未來。身是江南老桑苧，諸君小住共茶杯。

又 雪芽近自峩嵋得，不減紅囊顧渚春。旋置風爐清樾下，他年奇事記三人。

又 卷五《睡起試茶》 笛材細織含風漪，蟬翼新裁雲碧幃。端谿硯璞斲作枕，素屏畫出月墮空江時。朱欄碧甃玉色井，自候銀缾試蒙頂。門前剝啄不嫌渠，但恨此味無人領。

又 卷七《卜居》 南浮七澤吊沉湘，西泝三巴掠夜郎。自信前緣與人薄，每求寬地寄吾狂。雪山水作中泠味，蒙頂茶如正焙香。儻有把茅端可老，不須辛苦念還鄉。

又 卷三一《效蜀人煎茶戲作長句》 午枕初回夢蝶牀，紅絲小磑破旗槍。正須山石龍頭鼎，一試風爐蟹眼湯。巖電已能開倦眼，春雷不許殷枯腸。飯囊酒甕紛紛是，誰賞蒙山紫筍香。

又 卷四二《寄題揚州九曲池》 清汴長淮莽蒼中，揚州畫戟擁元戎。南連近甸觀秋稼，北撫中原掃夕烽。茶發蜀岡雷殷殷，水通隋苑月溶溶。懸知帳下多豪傑，一醉何因及老農？

又 卷七一《秋晚雜興》 置酒何由辦咄嗟，清言深媿淡生涯。聊將橫浦紅絲磑，自作蒙山紫筍茶。

宋 吳中復《謝惠茶》《方輿勝覽》卷五五 我聞蒙山之巔多秀嶺，煙巖抱合五峰頂。岷峨氣象壓西垂，惡草不生生菽茗。

元 王惲《秋澗集》卷二五《煮茶》 枯腸拍寒貯春雲，洗盡囂煩六腑昏。出木策勳存夜氣，天河流潤下昆侖。胸中宿酒閧殘兵，一碗澆來敵陣平。蒙頂得仙疑妄語，月波千丈與詩清。瀟瀟風雪薄虛窓，細貯旗槍煮夜缸。若論廊清貞武事，一天幽思為詩降。

元 李德載《陽春曲·贈茶肆》《朝野新聲太平樂府》卷四 蒙山頂上春光早，揚子江心水味高。陶家學士更風騷，應笑倒，銷金帳，飲羊羔。

明 李時珍《本草綱目》果部·卷三二《果之四·茗》 真茶性冷，惟雅州蒙山出者溫而主疾。【略】夫茶一木爾，下為民生日用之資，上為朝廷賦稅之助，其利博哉。昔賢所稱，大約謂唐人尚茶，茶品益衆。

有雅州之蒙頂、石花、露芽、穀芽為第一【略】蜀之茶，則有東川之神泉獸目，硤州之碧澗明月，夔州之真香，邛州之火井，思安黔陽之都濡，嘉定之峨眉，瀘州之納溪，玉壘之沙坪。

明 王世貞《弇州四部稿》卷一七一 蜀蒙山頂茶，多不能數斤，極重於唐，以為僊品。今之蒙茶乃青州蒙陰山產石上，若地衣，然味苦而性涼，亦不難得也。

明 高濂《遵生八箋》卷一一《茶泉類·論茶品》 茶之產於天下多矣！若劍南有蒙頂、石花，湖州有顧渚、紫筍，峽州有碧澗、明月，邛州有火井、思安，渠江有薄片，巴東有真香，福州有柏巖，洪州有白露，常之陽羨，婺之舉巖，丫山之陽坡，龍安之騎火，黔陽之都濡、高株，瀘州之納溪，梅嶺之數者，其名皆著。品第之，則石花最上，紫筍次之，又次則碧澗、明月之類是也。

明 陳師《茶考》 世以山東蒙陰縣山所生石蘚謂之蒙茶，士夫亦珍重之，味亦頗佳，殊不知形已非茶，不可煮，又乏香氣，《茶經》所不載也。蒙頂茶出四川雅州，即古蒙山郡。其《圖經》云，蒙頂有茶，受陽氣之全，故茶芳香。《方輿》、《一統志》『土產』俱載之。《晁氏客話》亦言出自雅州。李德裕丞相人蜀，得蒙餅，沃於湯瓶之上，移時盡化，以驗其真。文彥博《謝人惠蒙茶》云，舊譜最稱蒙頂味，露芽雲液勝醍醐。蔡襄有歌曰，露芽錯落一番新。吳中復亦有詩云：我聞蒙頂之巔多秀嶺，惡草不生生淑茗。今少有者，蓋地既遠，而蒙山有五峰，其最高曰上清，方產此茶。且時有瑞雲影見，虎豹龍蛇居之，人跡罕到，不易取。《茶經》品之於次者，蓋東蒙山非此也。

明 張岱《夜航船》卷一一《日用部·飲食·蒙山茶》 蒙山茶，蜀蒙山頂上茶多不能數，片極重，於唐以為仙品。今之蒙茶，乃青州蒙陰山石上地衣，味苦而性寒，亦不易得。

明 錢子正《三華集》卷二《子義弟惠茶》 未展槍旗摘社前，手題封裹寄芳鮮。露芽便合偕蒙頂，活水還當汲恵泉。評品已無鴻漸試，捧嘗何待綠珠煎。文園不用愁多渴，啜罷乘風訪玉川。

明 王世貞《弇州續稿》卷一一《醉茶軒歌爲詹翰林東圖作》 糟丘欲頹酒池涸，嵇家小兒厭狂藥。自言欲絕歡伯交，亦不願受華胥樂。陸郎手著茶七經，卻薦此物甘沈冥。先焙顧渚之紫筍，次及揚子之中泠。徐聞蟹眼吐清響，陡覺雀舌流芳馨。定州紅甆玉堪妬，釀作蒙山頂頭露。已令學士誇黨家，復遣嬌娃字紈素。一杯一杯殊未已，狂來忽鞭玄鶴起。七碗初移糟粕觴，五弦更淨琵琶耳。吾宗舊事君記無，此醉轉覺知音孤。朝賢處處罵水厄，傖父時時呼酪奴。酒耶茶耶俱我友，醉更名茶醒名酒。一身原是太和鄉，莫放真空落凡有。

明 王世貞《弇州四部稿》卷五一《趙承旨爲恭閣黎寫華以詩乞茶，真迹在余所戲代恭答》 玉堂潤筆元無價，珍貴吳興祇換茶。但使毫端吐舍利，一蒙山頂屬君家。

明 許次紓《茶疏·辨化》 古人論茶，必首蒙頂。蒙頂山，蜀雅州山也，往常產，今不復有。即有之，彼中夷人專之，不復出山。蜀中尚不得，何能至中原江南也。今人囊盛如石耳，來自山東者，乃蒙陰山石苔，全無茶氣，但微甜耳，妄謂蒙山茶。茶必木石，石衣得為茶乎？

清 劉獻廷《廣陽雜記》卷五 昔人謂：『揚子江心水，蒙山頂上茶。』蒙山在蜀雅州，其中峰頂尤極險穢，蛇虺虎狼所居，得采其茶，可蠲百疾。今山東人以蒙陰山下石衣為茶當之，非矣。然蒙陰茶性亦涼，可除胃熱之病。

清 王士禎《隴蜀餘聞》 蒙山，在名山縣西十五里，有五峰，最高者曰上清峰。其巔一石，大如數間屋。有茶七株生石上，無縫罅，云是甘露大師手植。每茶時葉生，智炬寺僧報有司往視，籍記葉之多少，採製才得數錢許。明時，貢京師僅一錢有奇。環石別有數十株，曰陪茶，則供藩府諸司而已。其旁有泉，恒用石覆之。味清妙，在惠泉之上。

清 湯右曾《懷清堂集》卷七《八月十五夜試院煎茶用東坡韻作二首》 鎖廳萬竅蛄蚓生，石鼎三沸蒼蠅鳴。清風過雨差一快，卷幔忽颺茶煙輕。閤門之井非第二，煮水鑾輒此何意。要將冰雪滌煩煎，清清冷冷落夜泉。石花蒙頂未自蜀，顧煮萬蘋如屑玉。一車載茗不療飢，猶勝觀瓶居井眉。木蘭始芽瑤草苗，一啜已有清醒隨。君不見霧寒桂冷今宵好，細泛風簾淅淅時。

門外立鵠漸諸生，老夫投牀作雷鳴。樓頭紙落如飛雪，沈宋時名誰

重輕。休論梁一與益二，險阻西來識天意。澠淄別白勤烹煎，由來相士如品泉。相如子雲出西蜀，昆吾寶刀于闐玉。楚宮細腰常忍飢，城中佳人矜廣眉。各爭尚好異裝束，輕裾利屣行追隨。君不見牽蘿補屋誰氏子，絕代風流羞入時。

（嘉慶）《四川通志》卷七五《食貨·附録藝文》 蒙頂茶名山縣蒙山上清峰甘露井則產茶，葉厚而圓，色紫赤，味略苦。春末、夏初始發。苔蘚庇之，陰雲覆焉。相傳甘露大師自嶺表攜靈茗播五頂。舊志稱：頂茶受陽氣全，故芳香。唐李德裕入蜀，得蒙餅，以沃於湯瓶上，移時盡化，以驗其真。傳稱雅州蒙山上有露芽，故蔡襄有歌曰：露芽錯落一番新。白樂天詩：茶中故舊是蒙山。吳中復《謝人惠茶》詩：吾聞蒙山之嶺多秀山，惡草不生生淑茗，皆謂此茶也。

雷鳴茶蒙山有僧，病冷且久，遇老父，曰：仙家有雷鳴茶，俟雷發聲乃茁，可併手於中頂採摘。服未竟，病瘥，精健至八十餘，入青城山，不知所之。今四頂茶園不廢，惟中頂草木繁重，人跡希到。

（嘉慶）《漢州志》卷一七《鹽茶》 按，宋李心傳《朝野雜記》：蜀茶，雅安之蒙頂，峨眉之白芽，合州之水南，廣漢之趙坡，士人珍之。今州屬亡產，亦不詳趙坡名，姑識之，以俟博考。

（嘉慶）《青神縣志》卷二九《茶法》 蒙頂露芽，堪資盧仝七碗，青城雀舌，可入陸羽三篇，蜀中之茶，號稱絕品矣。我朝厘定茶政，額以邊、腹二引，商民兩便。青邑雖小，仙掌雷鳴，亦常存焉，則煎文火而烹長泉，有不塵慮去懷，清風生腋者乎！作《茶法志》。

（嘉慶）《四川通志》卷一六《山川七·名山縣》 蒙山，在縣西十五里。有五峰，最高者曰上清峰，其巔一石，大如數間屋，有茶七株，生石上，無縫隙，云是甘露大師手植。每茶時葉生，智矩寺僧報有司往視，籍記葉之多寡，採製才得數錢許。明時貢京師，僅一錢有奇。環石別有數十株，曰陪茶，則貢藩府諸司而已。其旁有泉，恒用石覆之，味清妙，在惠泉之上。

又 甘露井，在蒙頂上清峰。相傳甘露菩薩化身于此。井水，雨不盈，旱不涸，後人蓋之以石，遊者。虔禮揭石取水烹茶，則有異香。若擅自揭取，雖晴日即時大雨，常有雲霧覆之。

又 卷七四《物產一·雅州府》 仙茶名山縣治之西十五里，有蒙山。其山有五頂，形如蓮花五瓣。其中頂最高，名曰上清峰，至頂上略開一坪，直一丈二尺，橫二丈餘，即種仙茶之處。漢時，甘露祖師姓吳名理真者手植，至今不長不滅，共八小株。其七株高僅四五寸，其一株高尺二三寸，每歲採茶二十餘片。至春末夏初始發芽，五月方成葉，摘採後，其樹即似枯枝，常用柵欄封鎖。其山頂土僅深寸許，故茶不甚長，時多雲霧，人跡罕到。書曰：蔡蒙旅平，即此山與府城東蔡山也。《元和志》

（同治）《大邑縣志》卷七《物產》 茶《寰宇記》：臨邛四邑有火前、火後、嫩綠黃等名。又有火番餅，重四十兩，俗名鍋焙茶。《九域志》：大邑、思安二茶場。《茶譜》：蜀州晉源、洞口漕造茶，為餅二兩，印龍鳳於上，飾以金箔，每八餅為一斤，入貢，俗名磚茶。按，邑境霧中、鶴鳴諸山現俱產茶，每年尚額銷邊腹茶引二千三百餘道，而樹老山荒，產數已不如前，製造亦未能如法。茗火番餅、磚茶等名目，民間鮮有知者。惟穀雨前所採毛尖，猶膾炙人口云。

（光緒）《名山縣志》卷二《山原·蒙山》 境內之鎮山也，唐改曰始陽山，在城西北五十里。山高數千仞，綿亙不可以里計，江分汶笮氣衍岷嶓巢嶪嵳峩連峰叠嶂盡至此，若蒼龍之矯首耳。舊志謂：仰則天風高暢，萬象蕭瑟，俯則羌水環流，衆山羅繞，茶畦杉進，異石奇花，足稱名勝。山頂五峰：中曰上清峰，左曰菱角峰、靈泉峰，右曰甘璐峰、毗羅峰。五峰酷肖蓮花，蒼秀勃鬱，中為禁籞，護貢茶七株，即甘露慧禪師手植蒙頂茶也。自漢迄今，不枯不長，謂曰仙茶七株。外曰陪茶，曰菱角灣茶，亦隨計貢。旁有甘露井，即禪師示寂處，今封以石，不可啟動，動則雷雨立至，為祈禱之所。叢林古刹凡七，絕峰曰天蓋寺，山左曰智矩寺、聖燈寺、淨居庵、天竺院，山右曰蒙泉院、永興寺，皆蒼林古木，絕壑飛泉。蒙泉凡數百道，合流成川，即青衣江也。奇蹤妙蹟，不可勝記，散見各門。【略】

《元和郡縣志》：蒙山在嚴道縣南十里，今每歲貢茶、馬，為蜀之最。《太平寰宇記》：名山下蒙山在縣西七十里，北連羅繩山，山接嚴道縣。《九州志》：蒙山者，沐也，言雨露蒙沐，因以為名。山頂受全陽氣，其茶芳香。又云：始陽山在蘆山縣東七里，本名蒙山，唐天寶六年敕改始陽山，高八十里，東道控川歷嚴道縣，橫亘入邛火井縣界。祝穆《方輿勝覽》：禹貢梁州之山四岷嶓蔡蒙西山皆岷山北山皆嶓南山皆蒙山也皆嘉定府舊志引作背。《輿地紀勝》：西漢時，有僧從嶺表來，以茶實植蒙山，忽隱池中，乃一石像，今蒙頂茶擅名，師所植也。至今呼其石像為甘露大師。又引王庠《蒙頂茶記》：唐志：貢茶之郡十有六，劍南唯雅州

一郡而已。又引《雅州志》：『蒙山屬名山縣，山有五頂，前一峰最高，日上清峰，有甘露茶，山上常有瑞相影現，又有蒙泉，范蜀公亦云：常有瑞雲護其上。又云：智矩寺在名山之蒙頂山，甘露大師聖迹。今石身在，夜多聖燈變現。楊慎記：名山之普惹大師本嶺表來，流寓蒙山。按，碑：西漢僧理真，俗姓吳氏，修活民之行，種茶蒙頂，歿，化石為像，其徒奉之，號甘露大師，水旱疾疫禱必應。宋淳熙十三年，邑進士喻大中奏師功德及民，孝宗封甘露普慧妙濟大師，遂有智矩院。歲四月二十四日，以隱化日咸集寺薦香，宋、元各有碑記，以茶利由之興焉。夫啜茶，西漢前其名未見，民未始利之也。浮屠自東漢入中國，初猶禁民不得學，賀如晦記，稱西漢吳姓，則華人也，時安得華人為僧乎？考之張大用本《圖經》稱：後漢有高僧，攜茶種蒙山，茶為天下利益，然後投井化石，其徒負以鑿像，為堂奉之。又稱：《梓潼神君附鸞碑記》正其為後漢人，名理真，西漢之稱，豈欲古其人，大用之記，豈欲神其迹耶！

【略】

知縣胡壽昌《三登蒙山採茶序》：一、嘗考陶穀《清異録》載：吳僧日住蒙頂，結庵種茶，凡三年，味方全美，得絕佳者，曰聖楊花，又為吉祥蕊，所采不逾五斤，持歸供獻，不復再摘，此蒙頂仙茶之始也。復考毛文錫《茶譜》載：蒙山頂茶，以石花為最。按：蒙頂與菜山對峙，孤峰獨秀，陡壁千尋，昂藏天際，迤邐而登，盤旋二十餘里，始達山巔。山有五峰，環列狀如掌指，曰上清、曰甘露、曰玉女、曰井泉、曰菱角。仙茶植於中心蟠根石上，每歲采仙茶七株為正貢，分貯銀瓶。以菱角灣所產為幫貢，此石花之所宜列於上品也。其造茶之法，正貢隔紙微烘，不見火，揀精潔者六百片入貢，餘則分致同官。每盒不過五片，寶如奇珍，收藏數載，蒼翠如故，其見重如此。菱角灣陪茶，仍焙顆而清芬過之。昌以庚申四月，恭率僚屬，初登蒙山採茶，循舊章也。時滇寇初平，閭里安輯，鄰氛不犯邊鄙，藉以培養民氣，感山靈之精爽，爰為賦詩，以志寅恭。二、辛酉四月，循章採茶，時當用武之際，不及舉子，及克亂，復調辦魚通夷物，月餘始得蕆事。乃於五月既望，由雅郡渡青衣江，至新寺小憩，清風迎爽，旭日初升，南望江水，橫鎖中流，瓦屋淩虛，花溪映碧，復從蹬道攀躋十餘里，始達五大頂，俯視洞口雲升，雨驟至，風亦不息，須臾，煙消日出，晴朗如初。仍循舊路，涉千仞之岡，聽百道紅泉如跳珠戛玉，仰望山巔，松蘿交映，竹柏清蒼，洵足怡人心目，頓忘險阻之在前也。午後，登山肅拜，采葉盈筐，如法製造。山僧進收藏團茶，汲蒙泉試之，芬芳異于常品。按歐陽永叔《歸田録》暨葉夢得《石林燕語》載：慶曆中，蔡君謨為福州轉運使，別擇茶之精者，為小餅龍團以進，其品清絕，嘗縷金花於上，宮中每值南郊致齋，書樞密各賜一餅，四人分之，自是遂為歲貢。蒙頂團茶，適與福州茶餅相類，蓋亦不減於密雲、陽羨矣。爰題詩于石以紀之。三、張舜民《畫墁録》載：茶品盛于有唐，以陽羨為上貢，建溪北苑未著也。近世修建溪之貢，士大夫珍尚鑒別，亦過於前人。至丁晉公為建州轉運，始製大龍鳳團，所貢不過四十餅，專擬上貢，雖近臣之家，未嘗見也。天聖中，又為小團，縷之以金，惟上齋宿八兩府共賜一餅，持歸以侈非常之賜，親知瞻玩，賡和以詩，歐陽永叔亦有《龍茶小録》，茶品之貴，莫盛於此，迨國朝，則兼以蒙山仙茶為上貢，製作與古微別，亦非始於近代。嘗考熊蕃《北苑茶譜》載：萬春銀葉，造自宣和二年，玉葉長春，造自政和二年，其正貢不過四十斤，今蒙茶焙作，固已同宋製矣。宜其生於磐石，色味迥殊，《大觀茶論》所稱沖澹間潔，韻高致靜之品，信乎其不誣也。

又卷八《物產一》　貢茶趙懿《蒙頂茶説》：名山之茶美于蒙，蒙頂又美之，上清峰茶園七株又美之，世傳甘露慧禪師手所植也。二千年不枯不長。其茶葉細而長，味甘而清，色黃而碧，酌杯中，香雲蒙覆其上，凝結不散，以其異謂曰仙茶。每歲采貢三百三十五葉，天子郊天及祀太廟用之。園以外產者曰陪茶，相去十數武菱角峰下曰菱角灣茶，其葉皆較厚大，而其本亦較高。歲以四月之吉禱采，命僧公司領摘茶僧十二人入園，官親督而摘之。盡摘其嫩芽，籠歸山半智矩寺，乃剪裁麄細及蟲蝕，每芽只揀取一葉，先火而焙之。焙用新釜燃猛火，以紙裹葉，熨釜中，候半蔫出而揉之。諸僧圍坐一案，復一一開所揉，勻攤紙上，弸於釜口烘令乾。又精揀其青潤完潔者為正片貢茶。茶經焙，稍麄則葉背焦黃，稍嫩則黯黑，此皆剔為餘茶不登貢品。再後焙剪棄者，入釜炒蔫，置木架為茶床，竹蔫為茶箔，起茶箔中，揉令成顆，復疏而焙之，曰顆子茶，以充副貢，並獻大吏，不足卽漫山產者充之。每貢仙茶正片貯兩銀瓶，瓶製

方，高四寸二分寬四寸，陪茶兩銀瓶，菱角灣茶兩銀瓶，瓶製圓如花瓶式，顆子茶大小十八錫瓶，皆盛以木箱黃綠，丹印封之。臨發，縣官卜吉朝服叩闕，選吏解赴布政使司投貢房，經過州縣，謹護送之，其慎重如此。【略】

《華陽國志》：南安武陽，多出名茶。《元和郡縣志》：蒙山每歲貢茶，為蜀之最。段成式《錦里新聞》：蒙頂山有雷鳴茶，雷鳴時乃茁。李肇《國史補》：劍南有蒙頂石花，湖州有顧渚紫筍。蘇恭《唐本草》：雅州之蒙頂石花、露芽、穀芽為第一。葉清臣《述煮茶小品》：蒙頂傳於岷蜀。陸樹聲《茶寮記》雅州蒙頂上有火前茶，謂禁火以前采者，後者謂之火後茶。《圖經》：蜀雅州蒙頂茶，受陽氣全，故芳香。其生最晚，在春夏之交，方茶生。常有雲霧覆其上，若有神物護持之。唐李德裕入蜀，得蒙餅，以沃於湯瓶之上，移時盡化，以驗其真。蒙頂又有五花茶，其片作五出。蒙山白雲巖產雲茶，雲茶，山茶之別名也。毛文錫《茶譜》：蜀之雅州有蒙山，上有五頂，頂上有茶園，其中頂曰上清峰。有僧病涉且多，嘗遇一父老，謂曰：蒙之中頂茶，常以春分之先後，多構人力，俟雷之發聲，併手採擇，三日而止。若獲一兩，以本處水煎服，即能祛宿疾，二兩當限前無病，三兩固以換骨，四兩即為地仙矣。是僧因之中頂，築室以候，及期，獲一兩餘，服未竟而病瘥。時到城市，人見容貌常若年三十餘，眉發綠色，其後入青城訪道，不知所終。今四頂采擷不廢，惟中頂茶木繁密，雲霧虧蔽，鷙獸時出，入跡罕到矣。今蒙頂有鋑芽、蘐芽，皆云火前，言造於禁火之前也。火後者次之。又有枳殼芽、枸杞芽、枇杷芽者，皆能治風氣病。又有皂角芽、槐柳芽，皆上春摘，摘其芽，和茶作之。又有壓膏露芽、不壓膏露芽。並冬芽，言隆冬甲折也。又有研膏芽，作片進之，亦作紫筍。楊慎《蒙茶辨》：世以山東蒙陰縣山所生石蘚，謂之蒙茶，士夫亦珍重之，味亦頗佳。殊不知形已非茶，不可煮，又乏香氣，而《茶經》所不載。蒙頂茶，四川雅州，即古蒙山郡。其《圖經》云：蒙頂有茶，受陽氣之全，故茶芳香。《方輿》、《勝覽》、《一統志》：『土產』俱載蒙頂茶。《晁氏客話》亦言雅州也。白樂天《蒙茶行》云：李丞相德裕入蜀，得蒙餅。文彥博有《謝人惠蒙茶》云：『舊譜最稱蒙頂味，露芽雲液勝醍醐。』吳中復詩云：『我聞蒙頂之巔多秀嶺，惡草不生生淑茗』。今少有者，蓋既遠，而蒙山有五峯，其最高曰上清，產此茶。且常有瑞雲影相見，多虎豹龍蛇居之，人跡罕到，故也。但《茶經》品之於次茹，山東之蒙山乃論語，所謂東蒙主耳。【略】

霧鐘茶城東北三十里香花崖下所產。樹大合抱，老幹盤屈，枝葉秀茂。父老皆言：康熙初，羅登應手植也。葉較別茶粗厚，斟入杯中，雲霧蒙結不散，因名。【略】

名山茶，陸羽《茶經》謂：劍南以雅州百丈山、名山，瀘州為下。《寰宇記》引《茶譜》云：雅州百丈山、名山二者尤佳。按二說齟齬，實則名山茶，自蒙頂而外，皆不甚佳，味苦澀而短薄。

又卷一五《外紀》 名山茶，自蒙頂仙茶而外，隨地所產皆粗葉，為大筒，致遠出打箭爐鑪，以販與藏夷之食。其嫩芽，早采極細者，則小兒女子每歲穀雨前私摘入市，包裹甚微。亦或稀遇，頗可飲。又有較嫩芽，粗及半者，往往鍊為磚方，廣二寸，長倍之，印以字文，士人弗貴也。函而遠饋，世多珍異。

清 王闓運《蒙頂上清茶歌》（光緒）《名山縣志》卷八 酌泉試茗平生好，惟有蒙茶遠難到。名高地僻少愈珍，夢想靈芽但西笑。春動岷嶓花蘗香，故山新茗渴未嘗。石華綠葉今始見，開函已覺炎風涼。聞道仙根漢時活，七株常應雷鳴發。王褒遺童不敢擔，長卿識字名空撮。貢登天府二千年，龍袞親擎饗帝筵。從此人間不敢識，苔欄十里圍雲煙。年年葉共周天轉，銀泥小盒盛三片。至尊晨御偶一煎，王公那得分餘羨。吳越江湖名品多，祇供嬪女潑雲渦。含香焙火爭春早，散雪折枝付驛馱。一聞敕使當秋進，始覺後時天所吝。聞名乍見已足誇，川綱長價開中引。達賴熬茶靜遠荒，紅茶航海動西洋。從來鹽鐵一時利，誰言此物關興亡。肸蠁馨香原有自，百草纖微豈堪比。對此沉吟不忍煎，如睹法物郊壇裏。山人掉首百不知，松風一榻輕煙遲。園茶采采共葵菽，迎涼且詠豳公詩。世間遠物徒為累，甯知跂石眠雲味。一啜餘甘復幾時，支頤坐看西山翠。忽憶君山北渚濱，亂餘枯枿雜樵薪。五峰深處尋真隱，倘遇披雲舊種人。

青城山

明 楊慎《升庵集》卷三九《和章水部沙坪茶歌有跋》 玉壘之關寶唐山，丹危翠險不可攀。上有沙坪寸金地，瑞草之魁生其間。芳芽春茁金鴉觜，紫筍時抽錦豹斑。相如凡將名最的，譜之重見毛文錫。洛下盧仝未得嘗，吳中陸羽何曾覓。逸味盛誇張景陽，白兔樓前錦里傍。貯之玉盤薔薇水，擬以帝臺甘露漿。聚龍雲，分麝月，蘇蘭薪桂清芬發。參隅迢遞渺天涯，玉食何由獻金闕。君作茶歌如作史，不獨品茶兼品士。西南側陋阻明揚，官府神仙多蔽美。君不聞夜光明月投人按劍嗔，又不聞擁腫蟠木先容為上珍。

往年在館閣，陸子淵謂予曰：沙坪茶，信絶品矣！何以無稱于古？余曰：毛文錫《茶譜》云：玉壘關寶唐山有茶樹，懸崖而生，筍長三寸、五寸，始得一葉、兩葉。晉張景陽《成都白兔樓》詩云：芳茶冠六清，逸味播九區，此非沙坪茶之始乎！

（光緒）《增修灌縣志》卷六《田賦志・茶法・附録貢茶》 康熙十三年，布政司札飭縣屬青城山天師洞三十五庵僧、道等，每年採辦青城芽茶八百斤，內揀頂好貢茶六十斤，陪茶六十斤，官茶六百八十斤。道光四年，奉文裁剪一百斤，每年採辦芽茶七百斤，內揀好貢茶二十斤，陪茶二十斤，官茶六百六十斤，每斤給茶價錢一百文。於立夏前五日，僧、道等將茶辦齊，運赴縣署，自行揀選三日。貢茶、陪茶用錫瓶四個敬盛裝貯，于立夏前一日派撥內司差役解赴布政司貢房投驗，餘茶賫送各大憲轅下。

又 卷一二《物産・貨屬》 茶《寰宇記》：茶，生益州，凌冬不萎，三月采乾，飲之，令人不睡。《茶譜》：彭州蒲村口，其園有竹厓、石花等號。晉原、洞口、橫原、味江、青城，其橫芽、雀舌、鳥觜、麥顆，蓋取其嫩芽所造，以其芽似之也。又有片甲者，早春黄茶，芽葉相把，如甲片也，蟬翼者，葉軟薄如蟬翼也，皆散茶之最上也。玉壘關外寶唐山有茶樹，産於懸崖，筍長三寸、五寸，方有一葉、兩葉。邑中有紅茶、白茶、苦丁茶、茨藜茶，要不及青城毛茶味厚。其連枝葉砍者，名馬茶，夷人所食，每歲運售金川。

（光緒）《灌記初稿》卷二《貢賦記》 物産食物惟茶稱最。郭璞所謂樹如小梔子。陸羽謂青城丈人山散茶末茶尤妙。《茶譜》謂蒲村、灌口、堋口，其園名仙崖、石花者，茶餅小而嫩，芽如六出花。又云：味江、青城有雀舌、鳥觜、麥顆、片甲、蟬翼，蓋取其早春嫩芽之狀有以似之而名。今則穀雨前嫩芽之有毛者稱良，然不易得，有貢茶故耳。又有白茶、紅茶、苦丁、馬茶，馬茶尤邊夷所重。

（光緒）《灌縣鄉土志》卷二《山》 沙坪山，即古花坪。又古寶唐山産佳茶。明楊慎《和章水部茶歌》云：往年在館閣，陸子淵謂沙坪茶信絶品，何無稱於古？余曰：毛文錫《茶譜》云：玉壘關寶唐山有茶樹，懸崖而生，笋長三寸、五寸，始得一葉、兩葉。晉張景陽《成都白兔樓》詩云：芳茶冠六清，逸味播九區，此非沙坪茶之始乎！據此，則沙坪山即寶唐山矣。

又《商務》 植物製造，以茶為清品。每歲穀雨前，邑令督青城三十六庵道士登山敬采，入署選焙，盛以銀瓶，封緘上貢茶七十余斤，向有陪茶，今免。餘則腹引行銷內地郫、溫、崇、繁、成、華，歲不過成裝八九百担，價可萬金有奇。邊引行於松潘草地，懋功五屯，夏初採伐，皆大葉麤枝，歲可及五千包。餘皆由邛州、大邑、崇慶、彭縣採買，約得二萬包，價約二十四五萬。

峨眉山

（嘉慶）《漢州志》卷一七《鹽茶》 按，宋李心傳《朝野雜記》：蜀茶，雅安之蒙頂，峨眉之白芽，合州之水南，廣漢之趙坡，士人珍之。今州屬亡産，亦不詳趙坡名，姑識之，以俟博考。

（嘉慶）《峨眉縣志》卷三《食貨・茶法》 按，峨邑原來産茶，自峨山萬年寺以下，一路山地，多系茶山，皆園户採摘，於市上發賣。

又《物産・貨之屬》 茶《廣輿記》：峨眉山出，初苦後甘。《通考》：峨眉出白芽茶。《方輿考略》：峨眉花山産茶。《文選注》：峨山多藥草，茶尤異。

（嘉慶）《四川通志》卷一七《山川八・峨眉縣》 花山，即鏵山，在縣西北十里。産茶。《峨眉山志》：即四峨山。其形稜瓣如花，因名。

（乾隆）《丹棱縣志》卷一《山川》 總岡山西五十里。崇峰峻

嶺，盤折蜿蜒數十里，相續不斷。其首洪推，其陰雅安、名山、蒲江，其陽為邑地，饒茶、桐、黄柏、五棓，居人恃以為富。由總岡東析，為北岩，為盤陀【略】由盤陀而東，數里為符山，又東為劉山，又東為十萬丈。饒材木竹箭，亦産茶、桐，視總岡諸川殺矣。自此為北界。

又卷五《物産·貨屬·附茶説》 茶俱産西山，總岡至盤陀，蜿蜒數十里，民家僧舍，種植成園，用此致富。并細者曰雨前，次曰鍋焙，次曰花刀，粗曰大葉，最下曰鐵甲。舊傳土淺而味薄，惟打箭爐一路可售，今松潘、川北通引盛行矣。又有野茶，名老人者，葉似檬，味苦而佳，能療頭風，亦可采也。

總岡山

（嘉慶）《眉州屬志》卷二《山川·眉州》 總岡山，治西五十里。崇峰峻嶺，盤折蜿蜒數十里，相續不斷。其首洪推，其陰雅安、名山、蒲江，其陽為邑地，饒茶、桐、黄柏、五棓，居人恃以為富。

獸目山

《明一統志》卷六七 在彰明縣北，有百匯龍潭上下凡三潭長流。有茶，品格亦高土人謂之獸目茶。

（同治）《彰明縣志》卷六《山川》 獸目山在縣西廿十里。有百匯龍潭，上下凡三潭，其水常流，産茶甚佳，謂之獸目茶。即今青巖山。

（光緒）《江油縣志》卷三《山川》 獸目山，《方輿紀要》云：山下有白匯龍潭，上下凡三潭，其水常流，産茶，名獸目茶。考白匯龍潭，皆在匡山之麓，明葉松《遊天倉山記》云：至白匯溪，西循獸目而上者，即此。其地在縣西三十里，今名趙家溝，府志云：在彰明縣北五里，與白匯龍潭皆不合，似當援《方輿紀要》與葉松之記為是。舊志軼失，今補。【略】

獸目溪，在縣西北五十里，俗名趙家溝。溪之兩岸皆山，為獸目山，産茶，亦以此名。明葉松《遊天侖山記》所謂西循獸目溪而上者，即此。

其他

（嘉慶）《洪雅縣志》卷二五《藝文雜著》 《茶經》眉州、洪雅、昌闔、丹稜，其茶如蒙頂製餅茶法，散者葉大而黄，味頗甘苦，亦片甲、蟬翼之次也。按，縣西南諸山皆産茶，界峨眉者，其茶色青味甘，如峨山所産，界滎經，雅安、名山，其茶色黄味苦，製皆成顆，無製餅法。

（嘉慶）《梁山縣志》卷二《山川》 噴霧崖，縣東三十里白兔亭後。《勝覽》云：蟠龍洞之泉，下注垂崖，約二百餘丈，噴薄如霧，石壁間刻噴霧崖三字。宋張商英留題云：水味甘腴偏宜煮，茗非陸羽莫能辨。范成大以為天下瀑布第一，有飛練亭與之相對。嘉慶十二年，邑令符永培手書『蜀嶺雄風』四大字，鎸於石壁。

（嘉慶）《四川通志》卷一七《山川八·樂山縣》 茶山，在縣西五里，與水城相望，勢長而平如案。舊産茶。相近為洛都山，一名龜山。

又卷一八《山川九·綏定府·達縣》 南巖山，在縣南三里。又火峰山，在縣南七里。大有山，在縣南二十里。西山，在縣南三十里。産茶。元時，官置抽茶場。

（道光）《城口廳志》卷五《古迹》 古茶園在八保雞鳴寺後。相傳自明以來，即為茶園，茶樹皆明時植。所産之茶，較他處諸茶細嫩，又獨早，其味清香，愈於凡品，廳屬多産茶，以是處為佳。

又卷一八《物産》 茶，樹如瓜櫨，葉似梔子，花白如薔薇，單瓣，黄蕊，結實如栟櫚，蒂如丁香。有株生，有叢生，四時不彫。二月發嫩芽，至清明節即可采。廳民多種茶以為利，七、八、九保皆産，以雞鳴寺古茶園為最佳。又有名老鷹茶者，其色較白，不甚清香，遜於諸茶，惟煎茶人嗜不變味。《廣韻》：春藏葉，可以為飲。《韻會》：茗也。本作荼，或作搽，今作茶。陸羽《茶經》：一曰茶，二曰檟，三曰蔎，四曰茗，五曰荈。《博物志》：飲真茶，令人少眠。語云：芳冠六清，味播九區，煥若積雪，曄若春敷，調神和內，倦解慵除，益氣少睡，輕身明目。《三農記》云：茶之名，始於漢，茶之稅，始于唐，盛于宋，元大興。其引貼，以代諸州水旱之賦，至明，與西番互市茶馬。茶，乃一木葉耳，上為朝廷賦稅之助，下為生民日用之資，其利甚溥。始得名于王褒，著《茶經》於陸羽，丁謂述《茶録》，毛文錫析《茶譜》，蔡

宗顏題茶對，盧仝詠茶歌，品題甚多。聞之唐人尚茶，其品益衆，惟蒙頂石花、露芽、穀芽為第一，北苑龍鳳團為上供。蜀之茶，則有東川、神泉、獸目，峽之碧澗、明月，夔之真香，邛之火井、思安，黔陽之都濡，嘉定之峨嵋，瀘州之納谿，玉壘之砂平。

（光緒）《太平縣志》卷三《物産・貨屬》 茶春季茶市頗盛，白羊廟、固軍壩、青花溪、鍋圞圓等處，産者尤佳。

老鷹茶，性極寒，多飲令人失聲，煎茶合醬，不變味。

甜茶。

苦茶。

又卷九《詩》 竹峪茶煙治西竹裕關，地近茶園，清明前後，焙茶者多，青煙繚繞。

重慶

涪州

晉 常璩《華陽國志》卷一《巴志》 涪陵郡【略】無蠶桑，少文學，惟出茶、丹、漆、蜜、蠟。

清 劉源長《茶史》卷二《茶之分産・四川》 賓化亦名賓花、白馬、涪陵，産涪州，屬重慶府。涪州茶，賓化最上，其次白馬，最下涪陵。詩云：早春之來賓化。按，銅梁入嶽山，茶亦最佳。

巴東

唐 陸羽《茶經》卷下《七之事》 《桐君録》：西陽、武昌、廬江、晉陵好茗，皆東人作清茗。茗有餑，飲之宜人。凡可飲之物，皆多取其葉。天門冬、拔揳取根，皆益人。又巴東別有真茗茶，煎飲令人不眠。俗中多煮檀葉並大皂李作茶，並冷。又南方有瓜蘆木，亦似茗，至苦澀，取為屑茶飲，亦可通夜不眠。煮鹽人但資此飲，而交、廣最重，客來先設，乃加以香芼輩。

清 劉源長《茶史》卷二《茶之分産・四川》 香雨、真香産巴東，卽今之夔州府，漢曰巴東。

貴州

平夷

晉 常璩《華陽國志》卷四《南中志》 平夷縣郡治。有硃津、安樂水。山出茶、蜜。

（道光）《遵義府志》卷一七《物産》 《茶録》中亦載：茶古不聞食，晉以降吴人採葉煮之，號茗粥，則知畾茶自晉蓋有之矣，非復今之人始食也。

陽寶山

（乾隆）《貴州通志》卷五《地理・貴定縣》 陽寶山在城北十里山脉，自西北來甚遠，由北而南，而東，而西結峙於兹諸峯環向遠者，如拱如赴。近者如俯如揖，左右者如侍如衛，登山半諸峯，皆若在儿席及頂則培塿矣。山有祠明，萬歷中僧白雲再創叢林於山後，絕頂夜時，有光起殿中，若長虹亙天，因山高風烈陶瓦飄捲，乃易以鐵山産茶可供啜。

播州

唐 陸羽《茶經》卷下《八之出》 生恩州、播州、費州、夷州。

雲南

普洱山

晉 常璩《華陽國志》卷一二《巴志》 周武王伐紂，實得巴蜀之師【略】魚、鹽、銅、鐵、丹、漆、茶、蜜、靈龜、巨犀、山雞、白雉、黃潤、鮮粉，皆納貢之。

明 謝肇淛《滇略》卷二 大理之南有蕩山寺，一名感通，漢摩騰竺法蘭由西天竺入中國時建也，唐南詔重新之。其地山巒回合，林樾蔥蒨，佛堂之外，僧院三十有六，四壁繪人天諸相，皆極工麗。中堂石上有僧趺跡，云：洪武十六年，寺僧無極率其徒入覲，獻白駒一、山茶一，上臨軒受之。山茶忽發一花，上異之，賜御製詩一十八章，敘其水陸往返之勞，並序刻于石。其東麓曰獅山，環山面河，幽靜可賞。

又 卷三 滇苦無茗，非其地不產也，土人不得採取製造之方，即成而不知烹瀹之節，猶無茗也。昆明之泰華，其雷聲初動者，色香不下松蘿，但揉不勻細耳。點蒼感通寺之產過之，值亦不廉。士庶所用，皆普茶也，蒸而成團，瀹作草氣，差勝飲水耳。

明 方以智《物理小識》卷六《茶》 普雨茶蒸之成團，西番市之。

明 馮時可《滇行紀略》（嘉慶）《滇系》卷五 城外石馬井水，無異惠泉。感通寺茶，不下天池、伏龍，特此中人不善焙製耳。徽州松蘿茶舊亦無聞，偶虎丘有一僧住松蘿庵，如虎丘法焙製，遂見嗜於天下，恨此泉不逢陸鴻漸，此茶不逢虎丘僧也。

清 汪灝等《廣群芳譜》卷一八 《雲南志》：太華山在雲南府西，產茶，色味俱似松蘿，名曰太華茶。普洱山在車里軍民宣慰司北，其上產茶，性溫味香，名曰普洱茶。

清 陳鵬年《滄洲近詩》卷八《雪中入直，和顧秀野庶常原韻》

六花飛作帝城春，紫殿金鋪一色勻。萬頃鏡中難著影，九重天上本無塵。亞枝密想探梅路，饑雀寒如寓直人。獸炭龍團皆拜賜，同將雪水試茶新。

清 王士禎《漁洋續詩集》卷一一《賜貢茶三首》 朝來八餅賜頭綱，魚眼徐翻畫漏長。青篛紅簽休比並，黃羅猶帶御前香。

兩府當年拜賜迴，龍團金縷詫奇哉。聖朝事事寬民力，騎火無勞驛騎來。

春旗焙出黃芽熟，雲液烹來綠腳生。身到九天餐沆瀣，不綴消渴望金莖。

清 惲毓鼎《澄齋日記·光緒廿一年乙未》 十八日晴，立秋。湖北解高錫委員厝大任來見。訪西丈，請其改方。西丈云：法人此次索雲南普洱府城外孟烏、孟旺土司地。其地皆產茶、產錫，膏腴地。無此二土司，即無普洱也。撫署王大臣皆枝梧未決，徐侍郎用儀獨欣然畫稿許之。英使臣聞之，至撫署大鬧。

清 查慎行《敬業堂詩集》卷三《軍中行樂詞》 猩猩貼地坐鋪氈，紅點酥油一樣鮮。普洱團茶煎百沸，偏提分賜馬蹄前。

又 卷三三《謝賜普洱茶》 洗盡炎州草木烟，製成貢茗味芳鮮。筠籠蠟紙封初啟，鳳餅龍團樣並圓。賜出儼分甌面月，瀹時先試道旁泉。侍臣豈有相如渴，長是身依瀣露邊。

清 張泓《滇南新語·滇茶》 滇茶有數錘，盛行者曰木邦，曰普洱。木邦葉粗味澁，亦作團。冒普茗名以愚外販，因其地相近也，而味自劣。普茶珍品，則有毛尖、芽茶、女兒之號。毛尖即雨前所採者，不作團。味淡香如荷，新色嫩綠可愛。芽茶較毛尖稍壯，採治成團，以二兩四兩爲率，滇人重之。女兒茶亦芽茶之類，取於穀雨後，以一觔至十觔爲一團，皆夷女採治，貨銀以積爲奩資，故名。製撫例用三者充歲貢，其餘粗普葉，皆散賣滇中。最粗者，熬膏成餅摹印，備饋遺。而歲貢中亦有女兒茶膏，併進蘂珠茶。茶爲祿豐山產，形如甘露子，差小，非葉，特茶樹之萌茁耳，可卻熱疾。又茶產順寧府玉皇廟內，一旗一槍，色瑩碧，不殊杭之龍井，惟香過烈，轉覺不適口，性又極寒，味近苦，無龍井中和之氣矣。若迤西之浪穹、劍川、麗江諸邊地，則採槐柳之寄生以代茶，然惟迤

西人甘之。

清 趙學敏《本草綱目拾遺》卷六《木部·普洱茶》 出雲南普洱府，成團，有大、中、小三等。《雲南志》：普洱山在車里軍民宣慰司北，其上産茶，性溫味香，名普洱茶。《南詔備考》：普洱府出茶，産攸樂、革登、倚邦、莽枝、蠻專、慢撒六茶山，而以倚邦、蠻耑者味較勝。味苦性刻，解油膩牛羊毒，虚人禁用。苦澀，逐痰下氣，刮腸通泄。

按，普洱茶大者，一團五斤如人頭式，名人頭茶，每年入貢，民間不易得也。有僞作者，名川茶，乃川省與滇南交界處土人所造，其餅不堅，色亦黄，不如普洱清香獨絶也。普洱茶膏黑如漆，醒酒第一。綠色者更佳，消食化痰，清胃生津，功力尤大也。《物理小識》：普雨茶蒸之成團，狗西番市之，最能化物，與六安同。按，普雨即普洱也。

普洱茶膏能治百病，如肚脹受寒，用薑湯發散，出汗即愈；口破喉顂，受熱疼痛，用五分噙口，過夜即愈；受暑，擦破皮血者，研敷立愈。《悶唐百草鏡》云：此症有三，一風閉、二食閉、三火閉，惟風閉最險，凡不拘何閉，用茄梗伏月采，風乾，房中焚之，内用普洱茶二錢煎服，少頃盡出，費容齋子患此，已黑黯不治，得此方試效。

清 檀萃《滇海虞衡志》（道光）《雲南通志稿》卷七〇 普茶名重於天下，出普洱所屬六茶山，一曰攸樂，二曰革登，三曰倚邦，四曰莽枝，五曰蠻耑，六曰慢撒，周八百里。入山作茶者數十萬人，茶客收買，運于各處。普茶不知顯於何時，宋自南渡後，於桂林之靜江軍以茶易西番之馬，是謂滇南無茶也。頃檢李石《續博物志》云茶出銀生諸山，采無時，雜椒薑烹而飲之。普洱古屬銀生府，則西蕃之用普茶，已自唐時，宋人不知，猶于桂林以茶易馬，宜滇馬之不出也。李石志記滇中事頗多，足補史缺，云茶山有茶王樹，較五茶山獨大，本武侯遺種，至今夷民祀之。倚邦、蠻耑，茶味較勝。

又《思茅廳采訪》 茶有六山，倚邦、架布、嶍崆、蠻磚、革登、易武，氣味隨土性而異，生於赤土或土中雜石者最佳，消食散寒解毒。二月間開採，蕊極細而白，謂之毛尖。采而蒸之，揉為茶餅，其葉少放而猶嫩者，名芽采於三、四月者，名小滿茶。採於六、七月者，名穀花茶。大而圓，名緊團茶。小而圓者，名女兒茶。其入商販之手，而外細内麤者，名改造茶。將揉時，預擇其内之勁黄而不捲者，名金月天。其固結而不解者，名圪搭茶，味極厚難得。種茶之家，芟鋤備至，旁生草木，則味劣難售，或與他物同器，即染其氣，而不堪飲。

清 阮福《普洱茶記》（道光）《雲南通志稿》七〇 普洱茶名遍天下，味最釅，京師尤重之。福來滇，稽之《雲南通志》，亦未得其祥，但云産攸樂、革登、倚邦、莽枝、蠻耑、慢撒六茶山，而倚邦、蠻耑者味最勝。福考：普洱府古為西南夷極邊地，歷代未經内附，檀萃《海虞衡志》云：嘗疑普洱茶不知顯自何時，宋范成大言，南渡後，於桂林之靜江軍以茶易西蕃之馬，是謂滇南無茶也。李石《續博物志》稱，茶出銀生諸山，採無時，雜椒薑烹而飲之。普洱古屬銀生府，則西蕃之用普茶，已自唐時，宋人不知，猶于桂林以茶易馬，宜滇馬之不出也。李石亦南宋人。本朝順治十六年平雲南，那酋歸附，旋判伏誅，編隸元江通判，以所屬普洱等處六大茶山納地，設普洱府，並設分防思茅同知，駐思茅。思茅離府治一百二十里，所謂普洱茶者，非普洱府界内所産，蓋産於府屬之思茅廳界也。廳治有茶山六處，曰倚邦，曰架布，曰嶍崆，曰蠻磚，曰革登，曰易武，與《通志》所載之名互異。福又檢貢茶案冊，知每年進貢之茶，例于布政司庫銅息項下動支銀一千兩，由思茅廳領去轉發採辦，並置辦收茶錫瓶、緞匣、木箱。其茶在思茅本地收取，鮮茶時，須以三、四斤鮮茶，方能折成一斤幹茶。每年備貢者，五斤重團茶，三斤重團茶，一斤重團茶，四兩重團茶，一兩五錢重團茶，又瓶盛芽茶、蕊茶，匣盛茶膏，共八色。思茅同知領銀承辦。《思茅志稿》云：其治革登山有茶王樹，較衆茶樹高大，土人當採茶時，先具酒醴禮祭於此。又云：茶産六山，氣味隨土性而異，生於赤土或土中雜石者最佳，消食散寒解毒。於二月間采蕊極細而白，謂之毛尖，以作貢，貢後方許民間販賣。采而蒸之，揉為團餅，其葉之少放而猶嫩者，名芽茶。采於三、四月者，名小滿茶。采於六、七月者，名穀花茶。大而圓者，名緊團茶。小而圓者，名女兒茶，女兒茶為婦女所采，於雨前得之，即四兩重團茶也。其人商販之手，而外細内麤者，名改造茶。將揉時，預擇其内之勁黄而不卷者，名金月天。其固結而不解者，名圪搭茶，味極厚難得。種茶之家，芟鋤備至，旁生草木，則味劣難售，或與他物同器，則染其氣，而不堪飲矣。

《清實録·高宗實録》卷四《雍正十三年》 兵部議准，雲貴總督尹繼善疏言，邊地界連外域，山深箐密，蠢頑聚處，乘此蕩平之後，固應加意撫綏，尤當詳籌防範。【略】一、思茅茶山，責成文武互相稽查，嚴禁官員販茶圖利。

清 梁廷枏《海國四説·附兩夷稟》 特賜國王玉如意一，龍緞三，蟒緞二，粧緞七，百花粧六，倭緞三，片金緞二，閃緞、袍緞、藍緞、彩緞、青花緞、衣素緞、綫緞、帽緞各四，綾、紡絲各二十二，羅十三，杭綢七，玉雙解瓶一，戰圖一盒，紅雕漆桃式盒九，朱漆菊瓣盤四，絹箋、蠟箋各五十，掛燈四對，繡錦香袋八盒，繡香袋、連三香袋各四盒，宮扇十三扇，百香餅四盒，普洱茶團四十，茶膏、柿霜各五盒，哈密瓜乾、香瓜乾各一盒，武彝茶、六安茶各十瓶，藕粉、蓮子粉四盒；正使龍緞、粧緞、藍緞、醬色緞、素緞各二，倭緞八，絲、緞各一，綾、杭綢、紡絲各四，瓷碗六，瓷盤八，霽青白里瓷盤六，扇二十，普洱茶團六，六安茶六瓶，茶膏二盒，哈密瓜乾二盒；副使龍緞、粧緞、倭緞、藍緞、醬色緞、素緞各一，綾、杭綢、紡絲各二，瓷碗二，瓷盤八，霽青白里瓷盤四，扇十，普洱茶團四，六安茶四瓶，茶膏、哈密瓜乾各一盒；副使之子龍緞、粧緞、素緞八，絲緞、錦、漳絨、羽緞、綾各一，花緞、紡絲各二，瓷碗、瓷盤各四十，錦扇十，普洱茶團四，六安茶四瓶，茶膏、冰糖各一盒，雕漆盤一，大荷包二，小荷包四；代筆官、總後官二員，每員閃緞、粧緞、倭緞、藍緞、綾各一，瓷碗、瓷盤各二十，錦扇十，普洱茶團二，六安茶二瓶，茶膏、哈密瓜乾各一盒，大荷包二，小荷包二；副總兵官、管兵官、聽事官、管船官等七員，每員粧緞、閃緞、藍緞各一，瓷碗、瓷盤各二，扇二盒，普洱茶團二，大荷包二，小荷包二。

（乾隆）《八旗通志》卷一九二《郝玉麟》 六年二月，茶山所屬夷民劫客商，拒捕傷官。玉麟同鄂爾泰調兵進剿，擒首逆，安撫餘黨。後以車里土舍刀正彥狡詐煽惑夷民，欲擒治，正彥聞風潛逃，玉麟於猛臘生擒之。由猛侖慢林至思茅、普洱、元江一帶親勘，以茶山袤延千餘里，普洱、思茅為咽喉，九龍江橄欖壩為藩籬，與交址莽子、老撾毘連，更有慢達等五渡口緊要，且幅員遼闊，宣慰司刀金寶不能兼顧。土產普茶外，有鹽井廠：務必畫明界址，設文武官彈壓。列疏入奏，得旨嘉獎。

（嘉慶）《滇系》卷四《賦産·異産》 普茶名重於天下，此滇之所以為産而資利賴者也。出普洱所屬六茶山，一曰攸樂，二曰革登，三曰倚邦，四曰莽枝，五曰蠻耑，六曰慢撒，周八百里。入山作茶者數十萬人，茶客收買，運於各處，每盈路，可謂大錢糧矣。嘗疑普茶不知顯自何時，宋自南渡後，于桂林之静江軍以茶易西蕃之馬，是謂滇南無茶也，故范公志桂林自以司馬政，而不言西番之有茶。頃檢李石《續博物志》云：茶出銀生諸山，采無時，雜椒薑烹而飲之。普洱古屬銀生府，則西蕃之用普茶，已自唐時，宋人不知，猶于桂林以茶易馬，宣滇馬之不出也。李石於當時無所見聞，而其為志，記及曾慥端伯諸人，端伯當宋紹興間，猶為吾遠祖檀倬墓志，則尚存也。其志記滇中事頗多，足補史缺，云茶山有茶王樹，較五茶山獨大，本武侯遺種，至今夷民祀之。倚邦、蠻耑茶味較勝。又頤寧有太平茶，細滑似碧螺春，能經三瀹猶有味也。大理有感通寺茶，省城有太華寺茶，然出不多，不能如普洱之盛。

《清實録·德宗實録》卷四〇六《光緒二十三年》 雲貴總督崧蕃等奏，思茅開設洋關，厘務減色，請將所產普茶，照本省土藥抽收落地厘金，以顧滇餉。下所司議。摺包。

感通寺

明 沈德符《萬曆野獲編》卷二七《感通寺》 雲南大理府城南十里有感通寺，一名蕩山，漢摩騰竺法蘭由西天竺入中國時建，唐時南詔重新之，山徑曲折數十里，林樾蔽虧，佛堂之外，有僧院三十六。洪武十六年，寺僧無極入覲，獻白駒一、山茶一。上臨軒之頃，山茶忽發一花，上異之，賜御製詩十八章，敘其水陸往返之誠，仍敕撰記，略曰：此寺落成之時，住持者焚香默禱，一夕有佛像自城中飛來，而奠位於此，今大雄殿未燔像是也。以上俱出太祖聖製，其為傳信無疑。佛法之靈異如此，宜開天聖人之表彰尊信，後世崇奉不衰也。楊用修戍滇中，寓此寺最久，寫韻樓即其臥室。寺產茶甚佳。

《明一統志》卷八六 感通茶，感通寺出，味勝他處產者。

（嘉靖）《大理府志》卷二　感通寺在山聖應峰麓，舊名蕩山，又名上山，有三十六院，皆産茶，樹高一丈，性味不減陽羨，名曰感通茶。

清　陳鼎《滇游記》　感通寺在郡南十里點蒼之麓，又名蕩山寺。峰巒環繞，林壑幽深。楊升庵寓寺小閣，題曰「寫韻樓」，四壁皆升庵墨妙。升庵往來大理永昌間，近四十年，訪於舊家，得《白古通》、《元峰年運志》，其書僰文，升庵熟諳其語，譯為《滇載記》，南詔始末，方得詳備。登寫韻樓，雞足雪山橫亙煙雲之表，明末，滇詩人唐大來薙染號擔當和尚，亦寓此樓，壽九十餘。樓前白茶花高數十丈，大數十圍，花如玉蘭，心殷紅，滇南只此一樹，埋條分種，皆不活也。

清　吴應枚《滇南雜記》　感通寺在大理府城西，産茶。曉望蒼山，白雲如帶，横束山腰，土人呼為玉帶雲。

清　吴應枚《滇南雜詠三十首》（乾隆）《雲南通志》卷二九　宛轉紅牆綠樹縈，感通佳處試茶鐺，望中洱海開奩影，照出山腰玉帶横。感通寺在大理府城西，産茶，曉望蒼山白雲如帶，横束山腰，土人呼為玉帶雲。

又　井滷煎熬抵海沙，斧形半破或如瓜。年來鹺政清於水，無復驚心普洱茶。滇西率多鹽井，煎熬成塊，普洱産茶，舊頗為民害，今已盡行革除矣。

（乾隆）《雲南通志》卷二七《物産・大理府》　感通茶出太和感通寺。大理府。

（嘉慶）《滇系》卷四《賦産・異産》　大理府感通茶出太和感通寺。

（道光）《雲南通志稿》卷六九《食貨志六之三・物産三・大理府・茶》　舊《雲南通志》：出太和感通寺。《大理府志》：感通三塔皆有，但性劣不及普茶。《徐霞客遊記》：感通寺茶樹，皆高三四尺，絕與桂相似，茶味頗佳，焗而復曝，不免黝黑。

六茶山

（乾隆）《雲南通志》卷三《山川》　六茶山曰攸樂，即今同知所，其東北二百二十里莽芝，二百六十里曰革登，三百四十里曰蠻磚，三百六十五里曰倚邦，五百二十里曰漫撒，山勢連屬，複嶺層巒，皆多茶樹。

又　卷二六《古迹・普洱府》　六茶山遺器俱在城南境，舊傳武侯遍歷六山，留銅鑼於攸樂，置鉧於莽芝，埋鐵磚於蠻耑，遺木梆於倚邦，埋馬鐙於革登，置撒袋於慢撒，因以名其山。又莽芝有茶王樹，較五山茶樹獨大，相傳為武侯遺種，今夷民猶祀之。

又　卷二七《物産・普洱府》　茶産攸樂、革登、倚邦、莽枝、蠻耑、慢撒六茶山，而倚邦、蠻耑者味較勝。

（道光）《雲南通志稿》卷二三《地理志三之一三・山川一三・六茶山》　舊《雲南通志稿》：一曰攸樂，今同知所，其東北二百二十里莽芝。二百六十里曰革登，三百四十里曰蠻磚，三百六十五里曰倚邦，五百二十里曰漫撒，山勢連屬，複嶺層巒，皆多茶樹。謹案，並在九龍江以北，玀梭江以南，山勢連屬數百里，上多茶樹，革登有茶王樹。《一統志》有普洱山，在府境，山産茶，性溫味香，異於他産，名普洱茶，府亦以是名焉。引《滇程記》，自景東府行一百里至者樂甸，又行一日至鎮沅府，又二日達車里宣慰司，又二日至普洱山，想即此。

寶洪山

（道光）《雲南通志稿》卷一一《地理志三之一・山川一》　北樂山《一統志》：在宜良縣北三十里。《雲南府志》：在宜良縣北二十里，舊名播雄山，今稱寶洪山。舊《雲南通志》：赤江環繞，雄踞治北。《宜良縣志》：上有古刹，産茶。

銀生城

唐　樊綽《蠻書》卷七《雲南管内・物産》　茶出銀生城界諸山，散收無採造法。蒙舍蠻以椒姜桂和烹而飲之。

其他

（乾隆）《黔滇志略》卷二《山川・麗江府屬》　雪山，一名玉龍山，其山九峰，在麗江府城西北，蒙氏僭封為北岳。山巔積雪，經夏不消，山産茶，謂之雪茶，清苦能解煩渴。《麗江志》

海南

宋蘇軾《東坡全集》卷三八《瓊州惠通井記》　《禹貢》：濟水入於河，溢為滎河。南曰滎陽河，北曰滎澤。沱、灊本梁州二水，亦見於荊州。水行地中，出沒數千里外，雖河海不能絕也。唐相李文饒，好飲惠山泉，置驛以取水。有僧言長安昊天觀井水，與惠山泉通。雜以他水十餘缶試之，僧獨指其一曰：此惠山泉也。文饒為罷水驛。瓊州之東五十里曰三山庵，庵下有泉，味類惠山。東坡居士過瓊，庵僧惟德以水餉焉，而求為之名，名之曰惠通。元符三年六月十七日記。

宋周紫芝《太倉稊米集》卷一八《次韻道卿詠雪約遵歐陽文忠公令不得用鶴玉潔白等字》　魯史書平尺，王春喜可占。弄寒初照砌，逐吹旋縈簾。水遠還迷望，山高遂失尖。欺梅時滿樹，妬舞或陵襜。鵲凍癡如夢，兒嬌喜欲拈。人應橫短櫂，誰且臥窮閻。壯士知何畏，衰翁亦懶覘。打窻時蔌蔌，拂帽更纖纖。獸炭寒仍在，駝裘晚自添。鷓鴣茶椀釅，鸚鵡酒杯甜。歲事新愁破，詩章舊令嚴。遙思庾樓夜，萬里一寒蟾。

清屈大均《廣東新語》卷一四《食語·茶》　瓊州有靈茶，即江南黃連茶也。

（道光）《瓊州府志》卷四《輿地·山川》　惠通泉在城南五十里三山庵下，宋蘇軾經此飲之，謂味類惠山泉，因名惠通井，作記，故亦名東坡井。

宗教與茶部

佛教與茶

綜述

唐 封演《封氏聞見記》卷六《飲茶》 茶，早採者為茶，晚採者為茗。《本草》云：『止渴，令人不眠。』南人好飲之，北人初不多飲。開元中，太山靈巖寺有降魔師大興禪教，學禪務於不寐，又不夕食，皆恃其飲茶。人自懷挾，到處煮飲。從此轉相倣效，遂成風俗。起自鄒、齊、滄、棣漸至京邑，城市多開店鋪煎茶賣之，不問道俗，投錢取飲。其茶自江淮而來，舟車相繼，所在山積，色類甚多。

唐 陸羽《茶經》卷下《八・茶之出》 浙西：以湖州上。湖州生長城縣顧渚山谷，與峽州、光州同。生烏瞻山、天目山、白茅山懸脚嶺與襄州、荆南、義陽郡同。生鳳亭山伏翼閣、飛雲曲水二寺、啄木嶺，與壽州、常州同。生安吉、武康二縣山谷，與金州、梁州同。常州次，常州義興縣，生君山懸脚北峰下，與荆州、義陽郡同。生圈嶺善權寺、石亭山，與舒州同。宣州、杭州、睦州、歙州下，宣州，生宣城縣雅山，與蘄州同。太平縣生上睦、臨睦，與黄州同。杭州臨安、於潛二縣生天目山，與舒州同。錢塘生天竺、靈隱二寺。睦州生桐廬縣山谷。歙州生婺源山谷，與衡州同。潤州、蘇州又下。潤州江寧縣生傲山，蘇州長州縣生洞庭山，與金州、蘄州、梁州同。

劍南：以彭州上，生九隴縣馬鞍山至德寺、棚口，與襄州同。

又《九・茶之略》 其造具，若方春禁火之時，於野寺山園叢手而掇，乃蒸、乃舂、乃煬。以火幹之，則又棨、撲、焙、貫、棚、穿、育等七事皆廢。

唐 釋道宣《教誡新學比丘行護律儀・在院住法第五十五條》 凡欲受藥茶及鹽一切堪食之物，料量當吃取盡，逐時受之。不得多受，令有殘宿，深須慎之。

唐 釋昌福《峨眉茶道宗法清律・律言》

律言一

露爭一曉，日薄歸去，隻形春回，凡發心起，司源亂伐，靈有不生，衆能無道，天行邊辭，風招民害，度生之德，何故成休，謂之於世。

律言二

佛陀呻知，吟育雜衆，單語一木，悟送百家，分之耳翡，工之體正，生之鄙惡，心之瞻順，木經土，經拾，經造，經水，經火，經具，謂之於茶。

律言三

茶全禪性，禪全茶德，理究通才地人，學人得失均同，則無何。得上苑之風，落上東之水，取下儀之器，集下沉之禮，再無何。學蒼生而愛蒼天，習凡塵而助衆物，明無何，謂之於誡。

律言四

蒼生一元，佛典一葉，肉身一毛，年輪一周，詡身一禪，大隱一秋，智者一片，細髮一絲，塵埃一點，茶法一品，謂之於靜。

律言五

小規識大法，細節度全譜，博無水土間，問而修飾真，林中讀禪語，詩流夢童中，酒色情生腐，胸生一汗毛，順天得天道，行明路平直，謂之於和。

律言六

天地之道，天地之人，由傷而生，由生而亡，棍人淫歌，善人言茶，心道非生，折難非常，凡身草木，氣神韻道，門開淡淡，謂之於清。

律言七

人水合一，學人初道，人茶合一，學人能道，人壺合一，學人會道，人禪合一，學人修道，人人合一，學人悟道，天人合一，學人明道，謂之於道。

律言八

愛山，道山道，愛水，悟水悟，山入世而近水，水入門而道山，青觀清而甯，高助低而遠，長非長，短非短，是道非道，是茶非茶，破則通，

謂之於然。

律言九

泰如置之根，安靜布之心，行言流之忘，孤身貴今人，謂之於德。

律言十

修東明，修西暗，何為朝日何為年，習而重，道而萌，常多識，為以勉其苦日能從一，月能從二，佛能從三，為以難其回，謂之於空。

分律

分律立法一

分者，選也，選之而擇，擇可析優，遇憂停，風障平，事過事來，調思切亂，分難則先，分明則先，分無則先，分喜則先，不分不工，不分不心，不分不身，不分不立也。

分律立法二

初為水，晨練一草，次為茶，晨練一勞，三為壺，晨練一事，四為人，晨練一了，養修而複生，道可為，律可正。

分律立法三

問茶，通虛則悟，也道，靜寂，清戒則還，也道，焚香，忘心則入，也道，鳴樂，凡塵則去，也道，滌壺，冥思則為，也道。

分律立法四

氣，生氣不生，則動，神，來神不解，則問，韻，承韻不著，則補，定，世定不平，則安。

分律立法五

茶爐煙，地氣濱，來去自然，分而性不移，傷味也，分而性多變，傷心也，分而性一，則可為之，天縱物歸，地縱物去，人縱物遠，故茶法，取於理，置於道，顧於行，山南心法，莫於動焉，盟必煩，分必靜，取其道而唯心性也。

分律立法六

天分三時，晨光唱，午光度，夕光悟，勞而得，閉而失，聞道茶中言，三才之內有明道，可法，三時之內現公道，可法，是為茶法要義也。

分律立法七

淨身之下，淨塵，淨心之下，淨淫，凡理之于謀，天理之於道，茶法中幹，嘩無一葉，別中無形，常益也，碗內現法，大益大德，衆口誦之。

分律立法八

衆交色旺，分交心旺，主交損和，客交益邦，樂授人，本無羞，強授人，根無主，天下一事，益交益得，惡往獨去，茶法之衆，和樂長生。

分律立法九

律立之規，樹道之理，聞香之際，憶前思後，衆物衆士，儒性佛陀，顧之非物，一口，清人衆口，清諸，乃致順之。

分律立法十

智生於智，法式曰，智中大智還有智，智長於智，法式曰，智育成智再積智，智功于智，法式曰，智多養智放還智，智傳于智，法式曰：智能哺智化衆智。

工律

工律立法一

工者，研也，研其形，洞其真，發其理，創其哲，布其道，為其參，形定意來，真觀具賞，理究源吾，哲民上晟，道生要録，參傳世仰。

工律立法二

植種於山，吸吮于水，茶之于陽，搭之於春，承之于裳，溫之於壺，知行世事，服如條理，志大春收，理大秋還，山水一壺，乾坤一壺，坐臥端詳惟是身心歸一也。

工律立法三

植種丘，泡復于池，茶之現烈，拓之于夏，擔之於手，睬之于碗，蒙動太間，山無法份，想小春荒，懷小秋儉，丘池三碗，百態三狀，行走謾語，惟是錯節也。

工律立法四

植種窪，濁足於渾，茶之照澤，持之於秋，扭之於口，暴之于缸，胡囁敬歡，水無乳色，敬微夏苦，惘微冬輯，淡而尖羈，勞而非果，薄暮知禍，蕭於寡，惟是欺心也。

工律立法五

合天地而唯一，成佛者之靈光，靜手起葉，三五更聽，母食中指，並節與寸，注指，展於鼏。

工律立法六

鴛爐三尺，竹炭首，木柴次，後草皮，生火明，聞火近，細雪水，山泉水，一壺五咕，中碗五啾，得線溫而入，門火停，昴時限，聞而品。

工律立法七

琉器仁，石器德，青器情，木器殘，陶器和，訪喁間成，無枯則生。

工律立法八

先瞌屬人，再噶器，倉儲別光，瘦無碎雜，炕爐下，壺臺中，具器上，復以匹巾。

工律立法九

惟工時，明工理，工到山則意到水，工到水則意到身，泡壺山水，盡收一壺，是春非春，輕風一孔，千山萬秀，放收間，天地寬也。

工律立法十

艱工而長，厚工而睦，茶法之工，內練載年，十有九工，細睹物，愛吾物，工中大小，相安也。

心律

心律立法一

生者為生，死者殃死，身殃心死者，無茶，生傷心生者，無茶，徒之記生者，無茶，惟生死一毛，鄙生死其中者，茶伴而厚之。

心律立法二

舉財加義，其欺心足，惟財動心，其害心足，淫盜奸匪，蒙世一時，其恥心足，此茶法遠矣，遁無持，掛無寄，愛無限，誠無毒，此茶法近矣。

心律立法三

言之忠，行之正，樂載心，昌旺及也，小克小欺，茶曉道中人，壽無久遠也。

心律立法四

止戈之人和，呈攻之人噁，君子置茶，利賀三秋，小人奸心，為後不仁，因果之內，必有禍殃，奪名奪利者，法送斷後，惟心無盜蠅，茶法自報。

心律立法五

學蒼天而愛蒼生，習凡塵而助衆物，習茶，大庸者不能，大學者則為之，習法，大惡者淫心取財，大善者慈悲助弱，此為天道之結也。

心律立法六

修及人物，厚人，修及草木，厚天，修及凡心，厚世，人有道，法有道，茶法，靜佛靜清也，還道乃人終，茶中品，人清靜，參禪悟，千古文，始終回環，有始有終也。

心律立法七

茶之大章，莫如一脈，土若砣經，黑白通心，碗若石經，進出通心，琉若冰經，冷熱通心，杯若磐經，裡外通心，壺若金經，上下通心水若柔經，強弱通心，火若炊經，衰榮通心，木若棧經，春秋通心，凡舉善暗欺者，心通氣垂，惟大道之恥，凡義善明愛者，心障氣通，惟大道之心。

心律立法八

因誠則明，因明則智，心者，灼之金也，取大巧，功大世，圓大德，舒大器，惟是宣人孺，哲人執茶歸，學人持茶來聖人拈茶譜，道人揀茶曬，素人援茶昌，奸人拔茶財，是以茶法之至也。

心律立法九

早到春赤，枯骨苛虹，衣祿奇楔，淡然世炎，莫為蒼茫，生無上法，死無下災心法之法，律立為本，昔往年輪，牧而天行，智品之頑，犬鳴峰間，度生追水，芳流佛典。

心律立法十

悟善真，道善真，山月有早茶，央林聽雨音，古法靜廟衆，煙臺飄光陰，焙香醉禪意，佛語入天堂，是惟峨眉茶之道法真境也。

宋 胡仔《苕溪漁隱叢話·後集》卷一一《玉川子》 唐《義興縣重修茶舍記》云：『義興貢茶非舊也。前此故御史大夫李栖筠實典是邦，山僧有獻佳茗者，會客嘗之，野人陸羽以為芬香甘辣，冠於他境，可薦於上。栖筠從之，始進萬兩，此其濫觴也。』

宋 釋宗壽《入衆須知》

告香

夏前掛搭新人。【略】齋罷，方丈特為衆茶。請首座相伴，或新入院告香，或處請立僧升堂說了，下座。同衆拜請。

朔望巡堂

朔望上堂。就座云：『下座巡堂吃茶。』【略】平常燒香吃茶畢，收盞。鳴退堂鐘三下。如不巡堂，即粥罷，就座吃茶。其三人巡堂。見前不再録。

巡寮從東起

住持到諸寮人事，詞云：『伏蒙和尚法駕訪臨。下情不勝感激。』不敘時暄。巡寮罷。次侍者令行者，討繡復茶榜壞香。詣首座寮。炷香請齋時。特為茶榜貼堂前上間。

茶榜式

堂頭和尚。今晨齋退，就雲堂點茶一中。特為首座。暨大衆聊旋結制解制至節獻歲或云陳賀名德人甲之儀。仍請諸知事，同垂光伴，幸甚。

今月日侍司某敬白。

堂頭和尚今晨齋退就雲堂點茶一中特爲首座暨
大衆聊旋結制　解制　至節　獻歲　或云陳賀
名德人甲之儀仍請諸知事同垂光伴幸甚
今月　日　侍司　某　敬白

秉拂

結解冬年。四小參。住持請秉拂，就座宣過。次日都寺維那侍者送拂及牌。至寮，傳方丈旨，請受畢。掛牌公界，安排法座。晚下藥石，鐘鳴照道，引出佛事下座。方丈請湯果。次日茶湯草飯藥石陸續，特為其禪客。侍者私管待。

入旦過見知客

解卸洗腳畢。次客司人事。有榜且止。若相見敘時暄云：『欽服道譽日久，茲獲參承，不勝欣抃。』相識改此知客云：『州途岐涉，到來不易，主人燒香吃茶。』客起云：『重承煎點，不勝感激。』主云：『茶粗惶恐。』送出次。回禮客頭，先行開門，捲簾報之。參首一人左邊出，接入人事。送亦如之。主賓相照，自然安樂。

求掛搭見侍司

參頭立于左相看，禮數一同就坐。吃茶相問答，隨意起身。謝茶云：『此日禮當詣函丈禮拜，重蒙煎點，下情不勝感激。』住持或隨即回禮或等。成項回禮。住持立主邊，參頭立客邊。入旦過內，敘時暄云云。萬福。適問禮。當詣函丈禮拜：『重蒙降尊。下情不勝喜躍。』住持回禮。衆人齊送。晚間藥石。即刻伏惟萬福：今日重蒙寵召。下情云云。就座吃茶。侍者燒香湯畢，身謝湯云：『重蒙煎點』云云。抽條藥石。次早請茶，暄時如前。禮茶罷。謝退【略】揖坐吃茶。茶罷起身稟云：『適奉方丈慈旨掛搭。』【略】吃茶起身。【略】次日方丈請茶。庫司有茶藥石。或處隨即回禮，或夏前一併回禮。知事頭首有回禮。三日不得散遊，祇候茶湯。新到歸寮，寮首座有特為湯堂司。有特為湯。

進退請頭首

四更鐘鳴，首座領同班。到方丈。一拜告退。吃粥時，令行者請某人就方丈吃茶。【略】第二日方丈茶草飯。特為仍送茶湯五味，東西相照可爾。

請侍者

方丈批下。堂司煩維那請。某上座充某侍者。維那請吃茶。

夏前特為新到茶單狀式

安衆寮前。

今晨齋退。堂頭和尚就寢堂。點茶一中。特為新到首座。伏望衆慈。同垂光降。幸甚。

今月日侍司某謹白。

安衆寮前

今晨齋退堂頭和尚就寢堂點茶一中特為新到首座伏望衆慈同垂光降幸甚

今月　日　侍司　某　謹白

具名列在后僉名須真楷書兩字名謹拜尊命晚藥石掛小碑云

堂頭和尚今晚請新掛搭首座藥石

今月　日　客頭行者　某　承準

具名列在後僉名須真楷書兩字名謹拜尊命晚藥石掛小碑云：堂頭和尚今晚請新掛搭首座藥石。

今月日客頭行者某承准。

首座夏前請新到茶狀式

首座比丘某啟。取今晨齋退。就某處，點茶一中。特為新到首座禪師。伏望衆慈同垂光降。

今月日首座比丘某狀。

首座比丘某啓取今晨齋退就某處點茶一中特為新到首座禪師伏望　衆慈同垂光降

今月　日　首座比丘　某　狀

此後亦列書新到名。安衆寮前。與衆僉名。

今時寫知字依字非也。可寫某敬領。

尊命。

寮首座狀式一同。若云。狀即有皮。已上行禮。即與特為同。

夏前特為新到茶

庫司同首座。一日就照堂。安排設位。眉帕帳，設粥罷，具單狀。請式在前。行者安排照牌。齋罷，鳴板。依照牌立定。卻從四頌。頭巡揖坐，卻歸本位。看衆人收足，卻起身炷香。又隨項頭巡。起大項頭，或一或二，至末位處。當問訊復歸中央。小問訊，卻歸位。行茶。茶罷，起身與新到，敘常禮。或庫司客司接後特為。即依前禮。

大特為茶榜式在前侍者具禮請首座

齋時長板鳴，侍者入堂燒香。大展三拜。巡堂一匝。堂前一同。先下間，後上間，卻還中央。問訊退。若都寺首座請茶行禮，則先聖僧，後回身住持前，問訊，次巡堂，與前同。齋前繡復，安排照牌，在堂前請。知事相伴，首座設位，住持對面，都寺同班。前門分手下手知事，後門分手鼓鳴。侍者堂前候首座入位。請首座起請下手。上坐送首座。至設位。回至堂外鳴鐘，接方丈入座。次燒佛前內外上下間香。回本處。問訊。次首座前問訊。回聖僧前。過巡堂，至門內，都寺位住。次堂外上下間。回立佛前。俟行茶。將次又首座前問訊勸茶。回聖僧前，大展三拜。巡堂同前。次收方丈首座盞。首座起至方丈前。兩展三拜。一云：『伏承尊慈。特賜前點。云云』次展云時暄。退身，觸禮三拜。從帳後，出前門。方丈送出。方丈復回入座捧盞。侍者燒一炷相伴香，卻鳴鼓三下。首座詣方丈謝。或即法堂，如或結夏夜，特為湯禮。一同就坐藥石，監寺看首座謝湯，到本位坐。卻隨去面前問訊，帳後轉歸中央，問訊燒香。燒香訖，先住持人前問訊，後首座。次上不間。堂前常禮。行者喝請，大衆下鉢藥石。藥石罷，打鼓三下。出堂。堂前團拜。

茶榜式湯同請茶早以香詣方丈請。

庫司今晨齋退。就雲堂點茶一中。特為首座暨大衆。聊旌結制至節解制獻歲之儀。伏望衆慈。同垂光伴。幸甚。

今月日庫司比丘某拜請。

聊旌結制至節解制獻歲之儀伏望衆慈同垂光伴幸甚

今月　日　庫司比丘　某　拜請

庫司今晨齋退就雲堂點茶一中特為首座暨大衆

首座請茶狀式

首座比丘某。今晨齋退。就雲堂點茶一中，特為知藏。或後堂書記禪師暨大衆。聊旌結制至即解制獻歲之儀。仍請諸知事，同垂光降。謹狀。

今月日首座比丘某狀。

狀請某人首請比丘某謹封。

首座請茶狀式

首座比丘某今晨齋退就雲堂點茶一中特為知藏或後堂書記禪師暨大衆聊旌結制至即解制獻歲之儀仍請諸知事同垂光降謹狀

今月 日 首座比丘 某 狀

狀請某人 首請比丘 某 謹封

方丈若遇解結冬年先書小榜子貼湯榜下免來晨人事式

來晨結制。應兩班耆舊法眷小師鄉人道舊。容升座罷，就法堂。普同人事，不勞過訪。特茲稟聞，切希聰悉。

諸稟。

諸山相見

如大尊宿到寺，即就安排。依賓主相見，各炷香三拜。【略】方丈齋退，特為點茶。

新住持入院

諸寮預掛牌。【略】詣方丈請茶。有處有絹素大茶湯榜，如無，即具狀請。

狀式云：

當寺比丘某等。在某啟。取今辰齋退，就雲堂特為點茶，聊伸陳賀之儀。伏望尊慈，俯垂光降。謹狀。

年月日比丘某等狀。

狀式云

當寺比丘某等在某啓取今辰齋退就雲堂特為點茶聊伸陳賀之儀伏望尊慈俯垂光降謹狀

年 月 日 比丘某 等狀

茶罷，都寺領同班謝。展禮見前次。若有特為茶湯，請頭首相伴衆。知事行禮，具照牌。僧堂前大衆立定，鳴堂前鐘，接住持入堂。歸位問訊，帳後轉行禮，與特為禮。同見前。不再録。茶將次，先收主人一分盞，都寺同班，兩展謝送出。復歸堂。

宋 釋宗頤《禪苑清規》卷一《辨道具》 如茶器並其餘衣物，並隨家豐儉。

又《裝包》

茶器之類裝包之法，當擊裙在偏衫之上。【略】次擊包條然後插枕子茶筒淨瓶放條上，在前包左右安置之。【略】先取淨瓶茶筒枕頭安笠內。【略】相看畢，掛鉢安被於僧堂內。茶筒文字置寮中案上。

又《掛搭》 茶湯罷，乃看侍者庫司首座書記藏主。【略】三日內常在寮中及僧堂內守，待請喚茶湯。【略】若欲起離，須守堂儀，半月並點入寮茶訖。

又《赴茶湯》 院門特為茶湯，禮數殷重，受請之人不宜慢易。既受請已，須知先赴某處，次赴某處，後赴某處。聞鼓版聲及時先到，明記坐位照牌，免致倉遑錯亂。如赴堂頭茶湯，大衆集，侍者問訊請入，隨首座依位而立。住持人揖乃收袈裟，安詳就座。棄鞋不得參差，收足不得令椅子作聲，正身端坐不得背靠椅子。袈裟覆膝，坐具垂面前，儼然叉手朝揖主人。常以偏衫覆衣袖，及不得露腕。熱即叉手在外，寒即叉手在內。仍以右大指壓左衫袖，左第二指壓右衫袖。侍者問訊燒香，所以代住持人法事，常宜恭謹待之。安祥取盞橐兩手當胸執之，不得放手近下，亦不得太高。若上下相看一樣齊等則為大妙。當須特為之人專看。主人顧揖然後揖上下間。吃茶不得吹茶，不得掉盞，不得呼呻作聲，取放盞橐不得

敲磕。如先放盞者，盤後安之，以次挨排不得錯亂。右手請茶藥擎之。候行遍相揖罷方吃，不得張口擲入，亦不得咬令作聲。茶罷離位，安詳下足。問訊訖，隨大衆出。特為之人須當略進前一兩步問訊主人，以表謝茶之禮。行須威儀庠序，不得急行大步及拖鞋踏地作聲。主人若送回，有問訊致恭而退，然後次第赴庫下及諸寮茶湯。如堂頭特為茶湯，受而不赴如卒然病患，及大小便所逼，即托同赴人説與侍者。禮當退位。如令出院，盡法無民，住持人亦不宜對衆作色嗔怒寮中客位並諸處特為茶湯。並不得語笑。

又卷二《上堂》　知事巡堂。如山門有茶，就位而坐，知事在門外。茶罷，住持人起，打下堂鐘；如不點茶，知事巡堂出祗候住持人，問訊而退，或三下後升堂。

又《小參》　【略】茶湯受請不來，祗怪主人無禮。

又《解夏》　七月十四日晚念誦煎湯，來日升堂，人事巡寮煎點並同結夏之儀，唯榜狀詞語不同而已。【略】衆中兄弟行腳，須候茶湯罷。方可隨意如有緊急緣事，不在此限。

又《巡寮》　堂上掛巡寮牌。寮中寮主首座設坐位香華，或茶或湯祗候。住持人近。鳴版集衆於寮外，次第向寮門排立問訊，參隨住持人入寮。寮主燒香罷，大衆問訊。或茶或湯，住持人説事訖。

又《請知事》　次日住持人堂中特為新舊知事煎點茶榜云：堂頭和尚今晨齋退就雲堂點茶，特為新舊某知事即表賀謝之儀，兼請首座大衆同垂光伴。今月日。侍者某敬白。茶榜貼堂外上間。新監院候堂頭首座等茶湯罷。入堂與首座大衆煎點茶榜云：庫司今晨齋退就雲堂煎點，特為首座大衆兼請諸知事相伴。伏望衆慈特垂光降。今月日。知事比丘某敬白。齋前具箱復托茶榜呈首座詞云：上聞首座今晨齋退特為堂中煎點，伏望慈悲降赴。或觸禮三拜此請會住院尊宿及立僧首座也。或祗問訊而退。茶榜即令行者貼堂外下間。及令行者請諸寮頭首，乃就堂頭禮請住持人，兩展三拜一展云：今晨齋退堂中特為首座煎點，敬請和尚與大衆相伴。伏望慈悲特賜開允。又一展敘寒暄乃觸三禮拜。自請同事入堂伴衆。次日庫堂內特為交代。知事頭首請首頭大衆相伴，然後知事首座頭首次第特為新舊知事煎點。如副院典座直歲即就庫堂，維那就堂司，特為同事交代煎點唯堂頭監院首座入點煎點。

又《書狀》　新到茶湯特為，禮不可闕。院門大榜齋會疏文，並宜精心制撰如法書寫。

又卷四《寮主寮首座》　寮主依入寮先後輪請。或當一月，或當半月，或十日，各逐所在。主看守衆僧衣鉢，本寮什物動用並具文帳，上下交割。掛搭新到茶湯特為，並新舊交代遞相煎點。【略】並特為新到如恐事煩。一香一藥一茶而已。

又卷五《化主》　或侍者寮具州縣名目出牓召請發心，或知事頭首和會。禮請之儀並同頭首。入寮訖打疊書疏茶湯藥□。施主所托收買之物並宜子細用心。特為交代煎點。【略】預先點檢門狀關牒書信，恐有差誤。及備茶湯人事之物，低心耐煩善言化導。【略】院門餞送化主之法。伺候化主起發有日。前一日常住特為茶湯置食，至日住持人升座餞送，兼以偈頌激發道心。送至門首頭首相伴，茶湯相別。【略】照位吃湯並請新舊化主或前資勤舊相伴，不過十數位而已。知客次第巡寮衆寮寮主首座待之三日茶湯特為置食，更不掛搭。

又《堂頭煎點》　侍者夜參或粥前稟覆堂頭。來日或齋後合為某人特為煎點。齋前提舉行者準備湯餅換水燒湯盞橐茶盤打洗光潔香花坐位茶藥照牌煞茶。諸事已辨，子細請客。於所請客躬身問訊云：『堂頭齋後特為某人點茶，聞鼓聲請赴。』問訊而退，禮須矜莊不得與人戲笑或特為煎湯，亦於隔夜或齋前稟覆訖。齋後提舉行者隼備盞橐煎點並同前式。請辭云：『今晚放參後。堂頭特為某人煎湯』。齋罷侍者先上方丈照管香爐位，次如湯瓶袞盞橐辨。行者齊布茶訖香臺祗安香爐香合。藥柸茶盞各安一處。報覆住持人，然後打茶鼓若茶未辨而先打鼓則衆人久坐生惱，若庫司打鼓詣寮打版，並詳此意不宜太早【略】次請先吃茶，次問訊勸茶，次燒香再請，次藥遍請吃藥。次又請先吃茶，次又問訊勸茶。茶罷略近前問訊收盞橐。次問訊離位侍者預令行者祗候。衆客才起便移轉當面椅子。特為人略近前一兩步問問訊而退，以表謝茶之禮。住持人送客出，衆客回身同問訊而退。侍者即時指揮行者退椅子收坐物或扇子，折疊復帕及香臺衣，收拾茶湯及好盞橐，交點洗元。然後侍者並供過行者吃茶罷方可隨意，免煩住持人尊重旨麾而已。或本州大守本路監司本縣知縣並系大衆迎送，堂頭並據主位。如在縣下，住持即接知縣，自餘不須。侍者燒香訖。住持人起云：『欲獻粗茶或粗湯取某官指揮。』如其允許方可點茶。如蒙歎賞。住持人但云粗茶聊以表專，不合輕觸。諸官入院茶湯飲食並當一等迎待。若非借問佛法，不得特地祗對檀越施主，或官客相看祗一次燒香。侍者唯問訊住持而已。禮須一茶一湯。若住持人索喚別點茶湯，更不

燒香如檀越入寺亦一茶湯不須燒香。

堂頭非泛請僧吃茶。臨時旋請，侍者仍令行者安排坐位香火茶藥訖仍請之。賓就坐，侍者正面問訊燒香右手上香，退身普同問訊。如點好茶即不點湯也。如坐久索湯。侍者更不燒香也。或新到暫到，外寺僧相看，祇一次燒香。普同問訊。併合一茶一湯侍者初見官客並當肅揖，不須回避主人。平常僧俗于主人前不得相與祇揖問訊。

又《僧堂內煎點》 堂內煎點之法。堂頭庫司用榜，首座用狀，令行者以箱復托之。侍者或監院或首座呈特為人。禮請訖貼僧堂門頰堂頭榜在上間。若知事首座在下間。【略】茶遍澆湯卻來近前當面問訊，乃請先吃茶也。湯瓶出，次巡堂勸茶，如第一翻。問訊巡堂俱不燒香而已。吃茶罷。特為人收盞。大衆落盞在床叉手而坐，依前燒香問訊特為人罷，卻來聖僧前大展三拜巡堂一匝，依位而立。行藥罷，近前當面問訊，仍請吃藥也。次乃行茶澆湯。又問訊請先吃茶。如煎湯瓶出，依前問訊巡堂再勸茶，茶罷依位立。如侍者行法事，茶罷先問訊。一時收盞橐出，特為人先起于住持人前一展云：『此者特蒙和尚煎點。下情無任感激之至。』又一展敘寒暄云：『伏惟和尚尊體起居萬福。』乃觸禮三拜，送住持人出堂外。侍者于聖僧前上下間問訊訖，打下堂鐘。如庫司或首座煎點茶湯了，先收住持人盞。衆知事或首座于住持人前一展云：『此日粗茶或云此日粗湯伏蒙和尚慈悲降重。下情不任感激之至。』又一展敘寒暄云：『伏惟和尚尊體起居萬福。』乃觸禮三拜。第三拜時住持人更不答拜，但問訊大衆以表珍重之禮。作禮竟，送住持人出堂，行法事人再入堂內聖僧前上下間問訊，收盞罷再問訊，打鐘出堂外。首座亦出堂外與衆知事觸禮三拜。如首座特為書記，書記亦先出堂外與首座觸禮三拜而散。堂頭結夏茶榜堂頭和尚今晨齋退就雲堂煎點，特為首座大衆聊表結制之儀，兼請諸知事光伴。今月日。侍者某人敬白。堂頭解夏茶榜首尾同前。但改云聊表解制之儀。庫司結夏茶榜庫司今晨齋退就雲堂點茶，特為首座大衆聊表結制之儀，伏望衆慈同垂光降。今月日。庫司比丘某甲敬白。庫司解夏茶榜首尾同前。但改云聊表解制之儀。首座結夏狀首座比丘某右某。啟取今晨齋後就雲堂點茶，特為書記大衆聊表結制之儀，仍請諸知事，伏望衆慈同垂光降。謹狀。月日。首座比丘某狀。封皮云：狀請書記大衆。首座比丘某甲謹封。首座解夏狀首尾同前。但改云聊表解制之儀。如堂頭特為新舊知事首座及知事首座點茶。榜狀如請知事頭首。篇中已明。

又《知事頭首點茶》 知事諸頭首特為。茶版鳴，主人依位立，揖衆就坐，主人亦就坐，但垂足而已。良久揖請收足。須臾起身問訊離位燒香右手上香。問訊特為人訖，歸本位。一邊普同問訊大衆切不可主位椅子前問訊，然後就本位問訊而坐，澆茶三兩碗。擎茶盞揖當面特為人祇揖參頭及上下位，然後吃茶。茶罷或收盞祇收主人盞，起身問訊，離位燒香。歸位問訊同前。次藥遍請吃藥，次請先吃茶。茶罷收盞訖，問訊起送客至門首。如寮主特為寮衆，即請本寮首座為主自行法事。若特為新到並同知事之禮，非見任頭首不得請知事茶湯恐妨公務及避嫌疑。

庫司諸頭首迎待新到之禮。早晨齋後茶，放參湯，並燒香一炷。如晚間不請吃湯。齋後茶了就座點吃。

又《入寮臘次煎點》 煎點之法。燒香罷，從寮主為頭問訊。次從首座為頭問訊。問訊罷，澆茶遍巡寮勸茶。良久近前問訊云：『茶粗恕不換盞。』乃燒香再請，又巡寮問訊。次行藥，次行茶，次勸茶兩次燒香問訊並末後謝茶，須依頭首次第。第二番勸茶但從便，簡省問訊一匝。第一番勸茶但就上下間問訊，普同亦可也。次謝茶云：『此日粗茶特蒙寮主首座大衆慈悲降重。』觸禮三拜。次巡寮一匝收盞，問訊起。如請吃茶，寮內衆僧坐定時。先燒香一炷云：『來日恭請寮主首座大衆特為點茶。伏望慈悲降重。』觸禮三拜巡寮，問訊訖，然後當日點茶人行法事。

又《衆中特爲煎點》 早晨茶隔宿請，齋後茶早晨請，晚間湯齋後請。如請近上尊敬之人如立僧首座、諸方宿德、法眷師伯師叔師兄之類，即大展三拜。如不容則觸禮三拜。如請以次尊敬之人如同參同行戒臘道行尊高可仰，凡在已上者之類，祇觸禮三拜。如平交或戒臘相等或是法眷弟侄之類，但問訊請之。安排坐位香花照牌了當，至時門首迎客就坐。問訊云請收足。燒香問訊特為人罷。問訊云請免坐具。又夏熱即云請使扇，冬寒即云請覆頂。行茶澆湯約三五碗，即問訊云請先吃茶。湯瓶出即于特為人處問訊勸茶。收盞罷如不收盞，即云茶粗恕不換盞。如點湯不換盞，即云湯粗恕不換盞，再燒香問訊特為人。次行藥遍即問訊云請吃藥，次行茶澆湯請先吃茶並勸茶。同前。茶罷陳謝云：『此日點茶或云此日煎湯特為某人某人，茶粗，坐位不便，下情無任感激之至。』如近上尊敬之人即大展三拜。晚間放參前後詣寮禮謝，

如已次尊敬及平交，陳謝云：『此日點茶或云煎湯特為某人某人。兼不合起動某人相伴。』觸禮兩拜。又云：『恐煩尊重晚間更不敢詣寮禮謝。』又禮一拜。然後從相伴人一例問訊，良久問訊收盞，次問訊離位，即先出門首送客。

又 卷六《法眷及入室弟子特爲堂頭煎點》 早晨具威儀先見侍者云：『欲煩報覆和尚。齋後欲就方丈點茶特為堂頭和尚。』侍者報訖引見。堂頭問訊訖云：『請和尚坐。』如主人已據坐。更不須云請坐也。先大展三拜。近前躬身云：『今晨齋退，欲就方丈點茶，特為堂頭和尚，伏望慈悲俯賜開允。』住持人云：『謹依來命。』不須作禮，或答拜不答拜，各逐尊卑。又禮三拜。或祇敘請意，大展三禮。或一展請訖觸禮三拜，各逐尊卑，然後退身問訊出。計會侍者安排坐位並照牌，自請相伴人須請大頭首近上法眷及前資勤舊相伴。齋後先上堂頭照管香火茶藥盞橐湯瓶，慮或失事，次第客集不得打鼓集衆。揖客就坐。人數俱足然後入方丈迎請住持人就主位正坐。住持人已收足乃近前問訊，面西轉身香臺東過筵外西南角問訊訖。叉手側立此明客位。如堂頭煎點侍者燒香即向筵外東南角立以表主禮。大衆坐定，徐徐問訊。離位香臺邊正立，向主人問訊。左手上香，蓋香合訖。不問訊叉手轉身於香臺東邊過，向北住持人前問訊訖，轉身歸舊位問訊立。行茶遍約澆湯三五碗，近前問訊乃請先吃茶也，退身依位立。湯瓶出或為本師師翁煎點，即侍者澆湯親自下茶以表專敬也。于住持人前問訊勸茶，依位立。茶罷收盞若自下茶者，須是自收盞。良人伺候盞橐辨，依前燒香。于住持人前大展三拜，近前躬身云：『欲延象駕再獻粗茶。伏望慈悲特賜開允。』【略】行茶澆湯約三五碗或自下茶，又復問訊乃請先吃茶也。湯瓶出，復近前問訊勸茶。轉身依位立。【略】煎點人第三拜未起時住持人更不還拜。便合掌問訊大衆以表珍重之禮如僧堂內知事首座點茶，住持人亦同此禮。煎點人更不退身，便送住持人歸方丈，問訊而退，卻依舊位而立。謝大衆云：『此日粗茶，特為堂頭和尚，伏蒙某人某人慈悲光伴。下情無任感激之至。』觸禮三拜，次第問訊依舊位立。收盞罷，問訊起。送客祇至筵外一兩步，以表客無送客之禮，卻于侍者寮陳謝侍者。

又《通衆煎點燒香法》 堂中大座煎點。齋前入堂禮請，唯上香一炷，齋後點茶或臨晚問湯第一翻。上香兩炷，第二翻上香一炷堂頭庫下諸寮就本處特為並準此，唯無請禮。非泛茶湯唯上香一炷。

又《謝茶》 堂頭置食點茶特為罷。如系卑行之人，即時于住持人前大展三拜，如不容即觸禮三拜。如平交已上即晚間詣堂頭陳謝詞云：『此日伏蒙管待，特為煎點，下情無任不勝感激之至。』古人云。謝茶不謝食也。拜禮臨時知事頭首特為茶湯，並不須詣寮陳謝。如衆中平交特為煎點，須當放參前後詣寮謝之。

又《看藏經》 如遇施主請衆看大藏經或藏下或法堂上。直歲安排椅桌，典座排供過。行者藏主準備茶湯香華燈燭。【略】如施主于看經了日設齋供慶懺，更須讀罷散文疏。施主經錢並系堂司收掌分俵除常住童行利、維那讀疏、書記寫疏、藏下香燭茶湯、知客行香法事作梵錢外，據見在多少契勘錢數分俵也。監院照管大綱專切迎待施主、藏主供給大衆茶湯。

又《警衆》 凡聞鐘鼓魚版，須知所為。【略】參罷茶畢，堂前鳴小鐘三下者，衆僧下床也。【略】次聞堂頭或庫下擊鼓，或諸寮打版者，衆僧赴茶也。【略】齋鼓粥鼓之法並擊三會，如升堂之法。但節會稍促而已。浴鼓茶鼓普請鼓之法並長打一會，更不轉通也。

又 卷七《請尊宿》 上堂頭人事茶罷，便齎書疏詣聞禮請。殷勤三請乃可受之法雲圓通禪師每受請，必待三回遣使方受之。

又《尊宿受疏》 次第巡寮一兩日專使特為新住持人先呈茶榜，次日置食點茶。

又 卷九《訓童行》 陪衆第二。【略】參頭堂主常切提舉，亦仰鄰床呵責禁止，爐中不得撥火及敲火箸作聲，爐中不得久坐有妨衆人，打版茶湯並須齊赴。

作務第三。【略】堂頭庫下茶頭行者，常宜照管火燭及點撿茶湯。

又 卷一〇《百丈規繩頌》 一新到三日內且於堂中候赴茶湯未，可便歸寮舍。及粥後偃息，須當早起。免見堂中尋請借問，喧動清衆。

初來三日內，祇候赴茶湯。粥後宜先起，時中且在堂。

一新到山門時特為點茶，其禮至重。凡接送盞橐切在恭謹，祇揖上下不可慢易有失禮儀。

山門如特為，禮意重於山。趁赴依時節，身心莫等閒。

宋 釋惟勉《叢林校定清規總要》卷上《三·四節住持特爲首座大衆僧堂茶圖》

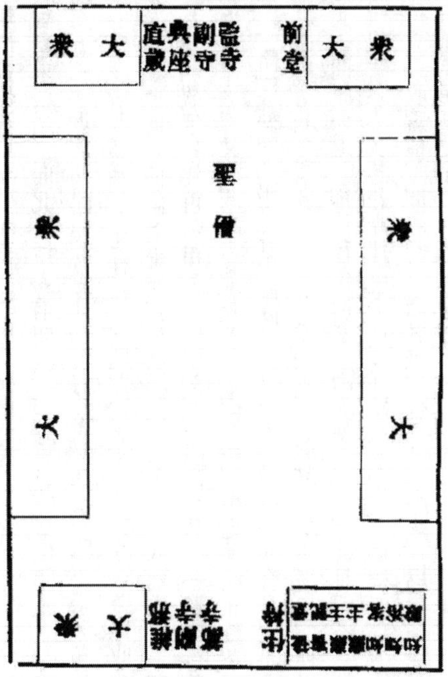

又《四·四節知事特爲首座大衆僧堂茶湯之圖》

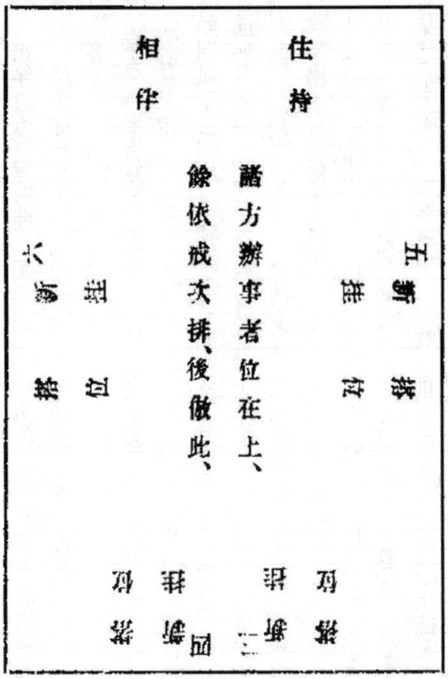

又《五·四節前堂特爲後堂大衆僧堂茶圖》

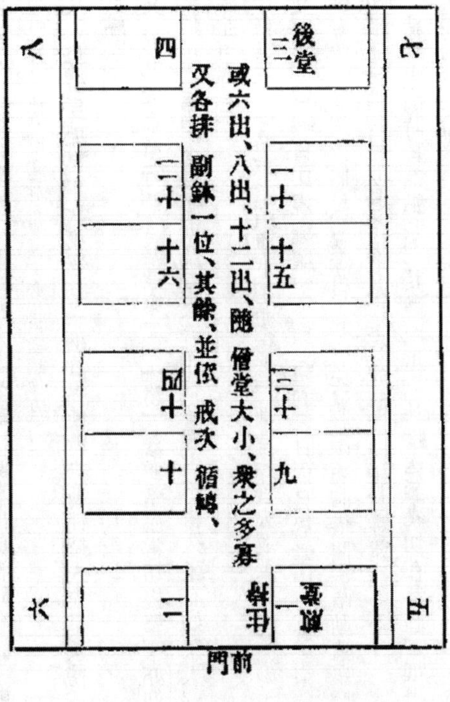

又《九·特爲新舊兩班茶湯管待之圖》

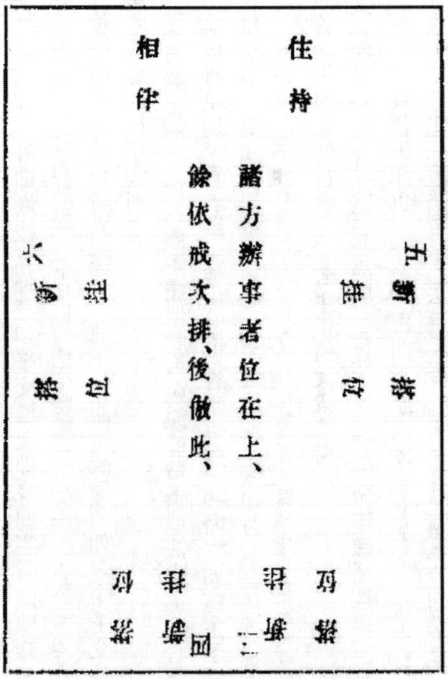

又《十・夏前住持特爲新挂搭茶六出之圖》

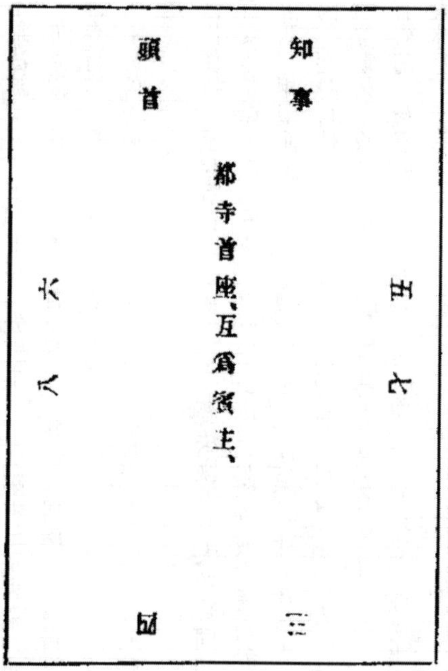

又《十四・知事請新住持特爲茶湯狀式》 當寺知事比丘某等。右某啟。取今晨齋退。就雲堂特為點茶。用伸陳賀之儀。伏望尊慈。俯賜降重。謹狀年月日。具位某等狀可漏。與齋狀同式。

又《十五・住持請新首座特爲茶牓式》 堂頭和尚。今晨齋退。就雲堂點茶。特為新命首座。聊旌陳賀之儀。仍請諸知事大衆。同垂光伴今月日。侍司某敬白請客侍者名。

又《十七・四節茶湯牓狀式方丈庫司用牓七行首座用狀九行》

堂頭和尚。今晨齋退。今晚。就雲堂點茶湯一中。特為首座空一字大衆。聊旌結制 解制 至節 歲節之儀。仍請諸知事。同垂光伴今月日。侍司某敬白請客侍者名。

庫司今晨齋退。今晚就雲堂點茶煎湯一中。特為首座略空大衆。聊旌結制 解制 至節 歲節之儀。伏望衆慈。同垂光降今月日。庫司比丘某等敬白。

前堂首座比丘某。右某。今晨齋退。就雲堂點茶一中。特為首座大衆。無後堂，則書記藏主。聊旌結制 解制 至節 歲節之儀。仍請諸知事。伏望衆慈。同垂降重。謹狀。今月日。前堂首座比丘某狀。可漏狀請首座暨大衆。前堂首座比丘某，謹封如有後堂，當用前堂二字。可漏粘於狀頭。貼僧堂前下間版上。

又《十一・夏前知事頭首特爲新挂搭茶八出之圖》

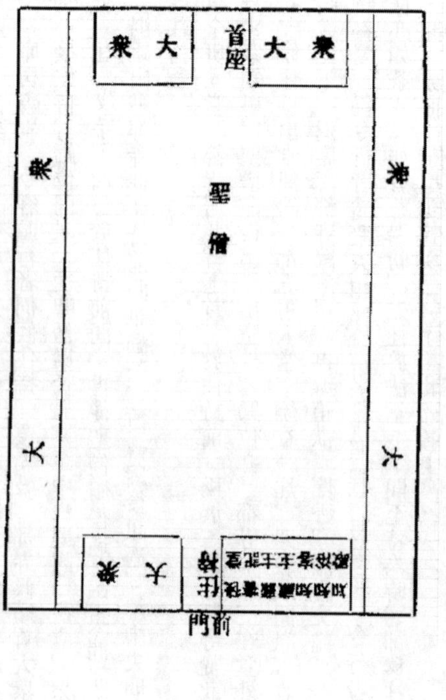

又《十八・夏前請新挂搭特爲茶單式》 方丈前寫新挂搭三字。各具雙字名稱呼。依戒次排列寫。末後書。堂頭和尚。今晨齋退，就法堂點茶特為。伏希雲集今月日。侍司某拜請請客侍者名。各人於名下。書某拜命。

庫司亦寫新挂搭三字。各具單字名稱呼。逐一排行寫。末後書。右某等今晨齋退。就某處點茶特為。伏望衆慈。同垂降重各人。於名下。書某知。

今月日。庫司比丘某等拜請。

頭首并依庫司式。但書首座比丘某等拜請。衆頭首列諱名與首座名齊寫。

又《二十二・頭首點衆寮江湖茶請目式》 其寮舍湫隘，不敢屈尊。齋退。就上寮，點茶一中。伏望尊慈。特賜降重為幸。某拜手。

本山辦事禪師江湖道舊禪師。

諸位鄉尊禪師闔寮尊衆禪師。

又《二十五・專使請住持住持受請》 如請住持，本寺庫司，會知事頭首單寮耆舊獻茶。

至起離日，山門。當於門首，送茶湯。下手知事行禮。

齋畢，就座喫茶。專使入堂聖僧前燒香。堂內外，如前燒香了，先於住持前問訊。次新人前問訊。次歸中間問訊立。行茶徧，湯餅出。先收住持與新人盞，專使直往新人前，兩展三拜訖，送新人，後門出。次往住持前，兩展三拜，送住持，前門出。至門外下手，問訊。

卻再入堂。燒香一炷，大展三拜。巡堂一匝，至外堂訖，卻入堂中間問訊。收大衆盞，鳴鼓三下，退座。若請當代，即於住持前，行禮。始末同次專使，當詣庫司，謝辦齋。亦合詣方丈，及新人處，謝云：『適間不合瀆尊，伏蒙［降］，新人當預與專使，議方丈引座齋䞋。及宣疏帖人。耆舊兩班，道舊鄉人。貼䞋。使其中禮。不可太過買譽虛費常住。齋罷，新人當一一巡寮問訊，是晚。專使。

請新人及主人。昏鐘湯果，卻請知事頭首相伴，新受請新人事辦。山門當特為湯果，兩班大耆舊相伴。次早請茶，別置食。管待新人，係請客侍者請。專使係請客頭請，有貼䞋。仍請知事頭首耆舊相伴，專使行僕，高低待之。

至起離日，新人與專使同詣方丈禮辭，諸寮亦隔宿相辭。

若首座出世，臨行則有辭衆上堂。先令自侍者或專使預於方丈。借法座，不鋪法被。升座了，下座。先辭主人，次辭兩班及大衆。庫司於三門設席，備茶湯，住持人居東，首座分手，新命人居南。特為併請大耆舊相伴。都寺行禮，鳴大鐘相送以表山門盛禮。

若西堂耆舊受帖，臨行禮儀或講或免，在主人斟酌。臨起轎，亦鳴大鐘相送。

若當代住持，至起離日，辭衆上堂。於法座下與大衆普同相辭，當於三門首安排茶湯。南面安座，首座居主位。請西堂或大耆舊分手相伴。兩班分東西，相望而坐。首座行禮，揖坐了，燒香一炷，住持人前問訊，歸位點湯，起身再燒香一炷。進住持前問訊。退身燒相伴香一炷。中間問訊。歸位點茶。收盞。便送上轎。兩班或送或免。在主人意。

或有參隨，預當歸寺，送寮舍。可批與堂司先送之。或隨主人入院，當隨主人巡堂。

今人多先送歸堂者，取事辦，各自便也。如有陪寮等，當免之。

又《二十六・新住持入院》 知事退身。頭首大耆舊進前草賀。客頭行者喝云：『請西堂知事頭首大耆舊，寢堂獻湯。』湯罷，諸山外客相見。茶湯罷，少歇。都寺具狀請齋、懷香、詣方丈。【略】侍者令行者轉座前燭臺，作一字勢。進香桌。堂司行者，喝人事。維那點檢目子分付。庶不差錯。喝云：『諸山人事』。次喝云：『西堂人事』。禮數輕重，在住持意。次喝云：『知事人事』。同班兩展三拜。次喝云：『頭首大衆人事』。次喝云：『單寮大耆舊人事』次喝云：『蒙堂人事』。次喝云：『諸寮耆舊人事』。或各寮喝人事。次喝云：『法眷人事』。次喝云：『鄉人人事』次喝云：『暫到禮賀』。次諸山行者參拜。須先進參倚，請主人坐，方拜。次迎請參隨等行者參拜，次六□行者參拜，次茶頭衆行者參拜。

侍者先於上堂時，令行者挂巡堂牌。住持巡寮，自東廊第一寮巡起，寮衆各出外接入，仍送出。衆寮人多處，但寮元一人，迎送出入，大衆祇立門外。

住持歸方丈。都寺詣方丈請，齋退特為茶。茶牓擇人敘德，書於絹素，其禮至矣。如無榜，須具狀請。都寺懷香展禮如常式。齋了，第二堂退，喫特為茶，須齋前。令行者請頭首大衆，相伴安排照牌，報參頭，差行者下茶。庫司齋畢，令客頭行者伺候住持，覆鳴鼓。都寺候頭首大衆集定，於堂外接住持，歸位問訊。從聖僧厨後過，至中央問訊。少立，衆坐定。燒香一炷，叉手，回身於住持前問。再從聖僧厨後過。中央問訊立，行茶遍，湯瓶出。都寺進住持前問訊勸茶，復轉厨後訊過，歸中央問訊立，先收住持盞。

知事全班入堂。都寺居北，上首。於住持前，兩展三拜。都寺從北至南，轉身領衆知事，聖僧龕後過。出堂外，歸位立。都寺一人，在堂外下間板首立，候住持出堂問訊。都寺再入堂，燒香一炷，四版頭問訊，收大衆盞，鳴鼓三下，退席。都寺歸庫司，再辦箱袱。懷香，詣方丈請。今晚僧堂，特為湯。仍令行者請衆人相伴。併安排照牌，報參頭，令行者下湯。湯禮亦如茶式。如有茶湯牓，先挂於法堂上下間至特為時。卻移挂僧堂前上下間。湯前，侍者覆小參，令行者報諸寮挂牌。

昏鐘鳴。行者先覆侍者，次覆住持。鳴鼓一通，衆集，侍者請住持人

出。

凡入院小參，蓋當日上堂，祇敘謝官員、施主、諸山，未及謝家中人。所以謝知事及專使，遠持疏帖，迎迓之勤。

又勉留兩班，未可言退。參罷，方丈客頭行者喝云：『請西堂知事、頭首、單寮大耆舊、侍者、禪客就方丈點湯。』仍備果子，侍者燒香。喫湯罷，問訊畢，同下子。侍者於住持前問訊，方歸位坐。凡與座，並倣此。次早粥罷，仍請西堂、兩班、大耆舊，就方丈喫茶。

【略】

稍暇，當請大小耆舊茶湯。訪問前後事例，點對山門物件，如御書勑黃、砧基契書、寶器。令掌管僧行，逐一點檢簿書令其分曉，恐有不懼因果之人，多於常住交換之際作弊。陳後人推究也。

又《二十七·進退兩班附進退侍者請名德首座**》** 開靜。方丈分付侍者，提點請人，粥後喫茶。付請人名字批子，與客頭。喚行者若干人聽候。於再請粥後，就堂中鉢位處，請喫茶。逐一令行者守請。仍請單寮大耆舊喫茶勸請。

粥罷，侍者提點請人。齊集，卻揖上方丈，住持接入。就座，侍者燒香。喫茶罷，住持自起，燒香一炷。歸位立，懷中取帖子出云：『某拜白大衆。前兩班告退。此務不可缺人。拜請某人。充知事。某人充頭首。逐一標名説過』白訖。住持出就香爐前立，侍者進前。逐人請，至住持前。候送知事維那了，然後方丈請耆舊。及當請頭首人會茶。其請頭首禮式。並如前。

請人已定。舊侍者。隨住持。上方丈。炷香禮拜。咨稟。告退云：『某一載，侍奉和尚。今欲告退隨衆辦道。伏望慈悲。』觸禮一拜。住持批付堂司，請新侍者。

維那令行者。尋請某人。就堂司喫茶。揖入燒香。點茶訖。起身少立。維那再燒香一炷。歸位白云：『適奉方丈和尚慈旨。請某上座。充某侍者。逐一白過』受訖，普同觸禮一拜。問訊訖，歸位。再燒香，喫湯。

次庫司特為湯。庫司客頭於齋後，方丈請湯時。隨後詣寮請云：『方丈湯罷，就庫司特為湯。併請侍者，仍請西堂大耆舊相并。昏鐘鳴，方丈請湯果。參前。客頭詣寮，請新舊兩班。併請西堂大耆舊相伴。次早，五更小靜鳴。堂司請舊首座都寺。喫湯罷，直厨挑燈，維那送歸鉢位，觸禮一拜。粥再請時，方丈客頭就鉢位，請新舊人。粥罷，方丈喫茶，不請相伴。祇是首座分手，頭首居首座之下，知事居住持之下。舊人分兩班，與住持對面而坐。侍者燒香，如朔望之禮。庫司。次早請。

有處。方丈茶罷，便赴庫司。

有處。方丈當日晚，詣諸寮點湯。庫司又次晚點湯。次早當上方丈謝湯。庫司不謝是日齋時，庫司草飯，方丈別日，特為飯。首座都寺，係請客侍者詣寮請。以次頭首知事及小頭首，令客頭請。仍請西堂大耆舊相伴。照牌坐次，與特為湯一同。侍者揖入，燒香，再巡一匝，少退進食，至行飯，燒香下嚫。

飯畢鳴鼓，特為茶。侍者燒香行禮勸茶，並與特為湯同，但無揖坐一巡。蓋入席時，已巡訖。

茶罷，退鼓三下。新舊兩班，謝特為。當兩展三禮，住持約免。則觸禮。更免。則問訊敘謝。

庫司別日，亦請特為飯。

大抵頭首一班，是待江湖人材。茍是某人，叢林歆艷。所待之禮，其可忽諸。

凡頭首入寮，住持當於一二日後。閑訪點茶，意在存顧。或缺動使，及未便處。分付庫司，宜令周足。

至如客司，接待方來，行僕當免普請。或兄弟至，齋過，人力打飯，分付庫司，相體似此之事，不宜滅裂。如茶湯果實紙墨之類，先均送一次，其他則又在人。

新舊進退。數日後，住持亦有上堂敘謝。其新舊受職人，當繼就法座下拜謝。

若敘謝外客，則客當繼上方丈拜謝。因筆及此。

如請名德首座，固有常禮。首座一職，分座説法，謂之人天眼目。凡請之禮及看顧，宜加優異。如有德望蓋衆守道自晦之人，欲請為第一座，先就方丈喫茶，和會。受訖。卻請已下知事頭首及西堂耆舊。會茶，即鳴鼓。住持人升座，敘德。下座，與大衆同伸拜請。鳴僧堂前鐘，送歸鉢位，次送歸寮。

又《二十九・解結冬年特爲煎點茶湯附新請首座特爲茶湯**》**　十四日晚，僧堂大座湯都寺。於齋退。以箱袱。盛香爐香合。湯榜。詣首座寮。拜請云：『今晚就雲堂，特為煎湯聊旌結制。伏望慈悲特垂降重。首座令茶頭行者貼牓於僧堂前。下間版上。次懷香，詣方丈。拜請云：『今晚就雲堂煎湯。特為首座大衆，伏望和尚證明。俯賜降重，其餘寮舍，並令客頭請。

須預安排照牌於堂外，首座與住持對面設位。後堂首座及以次頭首，並於前堂鉢位。作一行坐。

念誦罷，鳴鼓。大衆入堂立定。首座亦歸鉢位立。都寺進首座前問訊。揖入特為座。首座離位先行。卻問訊以次頭首，揖進版首，即隨首座歸位，問訊揖坐。轉身，從聖僧廚後右邊出堂外，迎住持入堂。供頭鳴鐘七下，都寺隨住持歸位。問訊揖坐，又從厨後轉，中央問訊。少立，衆坐。再問訊，燒香。及上下間并堂外。安香合爐前，直往首座前問訊，再從厨後轉。至住持前問訊。轉身板頭北面深問訊。巡堂內外一匝。入堂中央，問訊而立。行湯徧，缾出。又往首座前問訊。勸湯復從厨後轉。向聖僧大展三拜。起於住持前問訊。如前巡堂竟，行者先收住持盞。

都寺領全班詣住持前，兩展三拜。一展云：『此日麤湯，伏蒙和尚降重，下情不勝感激之至。』又一展云：『即日孟夏謹時，共惟堂頭和尚，尊體起居萬福。』次收首座盞。卻候知事從厨後轉。即隨後。出堂前與都寺一拜。謝湯首座復入堂。從上間，歸特為位坐。都寺再入堂。中央問訊立，行者鳴鐘，收大衆盞，鳴皷三下。出堂。解夏。冬年禮儀一同。

四節方丈特為茶。備箱復，香爐香合。

請客侍者。於齋前詣首座寮。問訊。燒香。觸禮一拜云：『堂頭和尚。請首座。齋退。就雲堂特為點茶。聊旌某節之儀。伏望降重。』稟訖，呈牓。以次頭首及知事諸寮。並令客頭請住持。榜貼僧堂前東邊牌上。

都寺特為首座茶。懷香詣寮請。如特為湯禮。其牓貼僧堂前西邊牌上。

次詣方丈諸寮請，並同湯禮。

首座。特為下手頭首茶。亦自詣寮請，用箱袱。呈狀如前禮。狀亦貼僧堂前，下間版上。仍往方丈，炷香拜請如常式，方丈及庫司用榜，首座用狀。

如立僧首座，亦當為下手頭首特為茶。請禮並同。

堂中三日點茶，齋時長版鳴。長版者，火皷後。長擊三會者是也。非木魚後三下者。今叢林皆以三下版為長版。方行禮今衹隨時可也。詳見清規警衆。及首座篇。行法事人，於聖僧前燒香一炷，大展三拜。收坐具，起問訊。至第一版頭，面北深問訊。巡堂一匝。出外堂，先下間，次上間。卻歸聖僧前問訊而退，謂之請茶。首座都寺行禮皆用，住持前問訊了，方自版頭問訊巡堂。齋後。安排照牌於僧堂外。

若方丈特為首座大衆，請知事。【略】左手上香，次上下間及堂外。燒香畢，入堂。將香合蓋了安舊處。叉手，直往首座前問訊。從厨後過，右邊出。直往第一版頭，面北深問訊，巡堂一匝。至都寺前，略轉身問訊，次出堂外，先下間，次上間巡徧。入堂中央問訊立。行茶徧，湯缾出。叉手，再往首座前問訊。復從厨後過，右邊出，中央問訊。大展三拜，收坐具。依前巡堂一匝，歸位立。行者先收特為人及住持盞。首座出住持前謝茶。兩展三拜。

首座合即詣方丈謝茶。

多是住持，至法堂。俟首座來。免之。問訊而退。

都寺。特為首座大衆。請坐行禮。並與前同。

但於燒香安香合了，直往首座前。問訊後卻便從聖僧厨後轉，徑至住持前問訊。方轉身，面北問訊。巡堂，候茶徧，缾出。再往特為人前問訊，卻又從厨後過。聖僧前，大展三拜。起，依舊住持前問訊。巡堂竟。先收住持與特為人盞。都寺領同班。往住持前。兩展三禮。每一展住持以手約免，謝詞云：『此日麤茶。伏蒙和尚。慈悲降重。下情無任感激之至。』又一展云。即日時令謹時。共惟堂頭和尚。尊體。起居萬福。』至觸禮，住持答三拜。知事轉身厨後過，出堂。列於下間牀頭，朝立，候住持出，問訊。然後首座出堂，餘知事歸元位立。都寺一人轉上間牀頭。與首座各觸禮一拜，謝茶。都寺再入堂，中央問訊。清規載，亦於上下間問訊。收大衆盞，鳴鼓三下，退堂。

首座。特為下手頭首。亦如都寺之禮。至堂前，與特為人觸禮，謝茶

了，略送三五步。問訊。

再入堂，中央問訊。更不燒香，便收大衆盞，下堂。

盞請諸知事，不與方丈請光伴比。

受特為人，須詣首座謝茶。

解夏冬年之禮然與此同。

特為新首座茶。亦當於齋時，長版鳴。請客侍者，巡堂請禮，與解結同。但齋後，燒香侍者揖歸位坐。中間燒香，併堂內外了。安香合舊處，叉手，直往首座前問訊。從聖僧右邊出，依位問訊立。行茶徧，缾出。

又《三十一・夏前特爲新挂搭茶》 四月初五日，告香罷，齋時方丈特為茶。次日庫司。就庫堂特為茶。次日諸頭首特為茶。就照堂，安排塵設坐位。

至齋退，行者覆侍者，次覆方丈。鳴鼓。侍者於法堂西畔。俟挂搭人齊集，揖入。與住持問訊畢。依照牌歸位立定。燒香請客，二侍者分兩邊，巡位揖坐，祇須統巡揖，不消逐位頭亦可。各歸中央立。衆人坐將定，燒香侍者進前燒香一炷。轉身東邊上首人前，請客侍者進西邊上首人前。各同時對面問訊。轉身合掌，巡至末位略問訊。卻叉手，從位頭巡問訊。如前巡畢，歸中央立定。行茶徧，缾出。兩邊各如前。巡問訊，勸茶畢。

燒香侍者再進前，燒相伴香一炷，退身。同問訊，收盞，鳴鼓三下。新到參頭同衆人進前謝茶。兩展三禮，或觸禮。或祇問訊，在主者意。

方丈喫茶。就寢堂或法堂。知事就庫堂，頭首就照堂。如人數多，照堂湫隘，亦祇就法堂。三處茶作一日。首座都寺同詣方丈。借茶座茶鼓，候方丈茶畢，再鳴鼓。頭首知事互為賓主。各再行禮，各鳴鼓退座。每次茶畢，新到參頭同衆人起身，進前謝茶，作展坐具勢。主人當免之自古茶禮最重。有謝茶不謝食之說。清規云：山門如特為，禮意重於山。趁赴依時節，身心莫等閑。

又《三十三・頭首衆寮・點江湖茶》 頭首夏中衆寮點茶。當日粥罷，令茶頭行者請寮元寮主，并挂牌。寮元寮主於觀音前，分手坐。點茶人設位於寮門內上手。與寮元對面而坐。齋退，行者即鳴寮前版。點茶人先往寮門外下手，合掌立。揖衆入畢，燒香三爐。轉中間爐前上手，問訊寮元。次轉下手，問訊寮主。復轉上下間爐前問訊，仍歸中央。問訊立，寮元起身。揖請點茶人坐，喫茶畢，點茶人起身，歸中下手立。寮元出爐前，謝茶。送出有處。起身。三爐前問訊方歸中。與寮元問訊。

又《三十四・住持頭首・行堂點茶》 結夏後。住持於行堂。有茶。侍者代住持人坐主位，典座相伴。待行者入堂訖，侍者住堂外立。待典座來，揖歸位。卻起身，中間問訊，燒香一炷，徑歸主位，揖衆坐。點茶、收盞、起身、送典座。問訊云：『茲者粗茶，不合相屈。』典座云：『叨陪煎點，不勝感激。』堂主隨出堂前，與侍者問訊而退。

頭首點僧堂茶了，方點行堂。

先令本寮茶頭到行堂，挂點茶牌，白直堂行者安排盞托。請參頭堂主，仍請典座相伴。

齋罷，先令茶頭送香合茶合去。卻緩緩到庫司，與典座分手坐。待行者入堂了，堂主出庫堂相請入。卻與典座通寒暄。歸位。典座居主位，點茶人居客位。候典座坐定，卻起身，燒香一炷。歸位。以手揖行者坐。茶罷，起身。爐前與典座問訊云：『此日粗茶。有勤降重。』典座云：『茲承煎點。不情不勝感激。』同出行堂門外。堂主亦出。問訊而已。點茶人云：『煩愽語參頭諸法公。』免謝茶。

又《三十五・法歲禮儀》 或粥罷，未喫茶。則行禮了就坐喫茶。小師復歸位坐，侍者行禮。與朔望茶同。

清規載： 解夏並同此式。知事等謝詞云：『伏喜。法歲周圓。牙諸難事。此蓋和尚道力廕庥下情無任感激之至。』住持謝詞云：『此者法歲周圓。皆藉某人等法力相資。不任感激之至。』堂中首座已下。寮中寮主已下。謝詞云：『九夏相依三業不善。惱亂大衆。伏望慈悲。』

又《三十六・特爲住持煎點》 清規所載，或詳或略。今叢林所行，務在簡當。如來日煎點。預一日，懇庫司造食。參前。同侍者詣方丈。咨請燒香展拜或觸或免。稟云：『來晨。輒就方丈。雲堂特為和尚點茶。伏望慈悲，特賜開允。』僧堂則云：『俯賜降重。』請畢，卻煩侍者指揮客頭，徧請諸寮相伴。就方丈特為。先令行者，安排卓袱，準備下嚫。及安排香茶訖。先令行者，催相伴人到法堂西隅。煎點人立茶鼓之側，客俱集，揖入。各就位少立。煎點人卻詣方丈，請特為人出。有處。祇就主位坐，有處廟坐，或是法嗣亦當廟坐。在住持意。

煎點人。從香几東邊進前問訊。揖坐，卻從香几西邊出，至前問訊而

立。大衆坐定，進前燒香。又往住持前問訊東入西出。復至中央，問訊而立。住持揖請煎點人坐。行食徧，煎點人起，燒香一炷，至前問訊。下嚫，復歸位。

食畢。煎點人起身，爐前立。行者退住持桌。煎點人燒香。往住持前問訊。回香几前問訊。行茶徧，湯餅退。再進住持前問訊。勸茶又回香几前，少立，先收住持盞。住持起身，出爐前。煎點人至前一展云：『此日禮數微薄。伏蒙和尚慈悲。下情無任感激之至。』再一展，敘寒暄，觸禮三拜。住持答拜。如平交，住持當免勸茶。則於燒香問訊住持了。住持當朝揖煎點人坐，免勸茶。煎點人便燒相伴香一炷。問訊了，便歸位坐喫茶。收盞畢，同起身，卻與住持於爐前或展或觸，免則平常謝之，在主人意。先送住持，後送相伴人。即送住持出席，卻轉來，燒香一炷，問訊，以謝相伴。卻收衆人盞，相送出。

然後詣方丈禮謝，住持亦當往煎點人安下處謝之。

如就僧堂特為，請禮如前。齋時食辦，令行者先催知事頭首大衆集，就位少立。煎點人卻上方丈，請住持入堂。問訊揖坐，便轉身於聖僧前，燒香一炷。又手轉住持前問訊，從聖僧龕後過中央立定。住持揖煎點人就座。或是法子，則堂外坐，亦自進食。行者喝云：『請大衆下鉢。』行食徧，煎點人起身燒香一炷。問訊，下嚫，歸位。

食罷。廚前動鐘鼓相接，齋至折水桶出，煎點人起身燒香。住持前問訊，亦從聖僧廚後轉中央問訊立。行茶徧，湯餅出。復至住持前問訊勸茶。如法嗣及子姪，當自點茶，如平交，於中間立時，住持揖請坐。免行勸茶禮。煎點人便於聖僧前燒相伴香。一炷問訊卻坐，同喫茶，同出堂。即詣方丈謝。住持亦當詣煎點人安下處。謝之。仍舊廚後轉來，中間立。先收住持盞。行禮謝詞，與方丈煎點同。行禮畢，先出堂外下間版頭少立，與住持問訊再入堂，燒香一炷。上下間問訊，以謝相伴，出堂。

又《三十八·侍者職事》　設或請茶，須預分付客頭，如兄弟謝挂搭。或隨便謝，或一道謝，須先覆過。隨住持意。至於茶湯管待，輕重之禮。一一記覆，合與不合，勿使乖禮。

如朔望上堂，當隔宿覆云：『來早祝聖上堂。』次早問訊，令客頭覆巡堂不巡堂。粥後，就座喫茶，燒香問訊。如常法。

又《三十九·兄弟相看禮儀》　若干人入室弟子。如有允意，行者裝香，辦香合茶具。侍者出揖入，暫到須先問侍者。此間禮數，古禮兩展三拜，住持答一拜。居師位者，所當受也。苟或不然，後生何取。【略】法眷詞云：『久承和尚法蔭。』入室弟子則云：『久承和尚慈誨。』如新到，禮畢，住持揖坐，喫茶。參頭與主人分手，侍者燒香畢。主人揖問下字、鄉里度夏。當一一祇對。參頭對答亦不可多詞。看主人緩急，起坐適中。

又卷下《一·上堂普説小參巡堂茶見此》　住持演唱罷，當白衆，巡堂喫茶。如免巡堂，則此茶於粥後便喫，不須白衆。下座。大衆普同問訊。首座領衆歸堂前，依念誦圖立定，如有西堂，則與首座對面，作一班獨立。【略】復歸中間問訊而立，供頭鳴鐘兩下。點茶，湯瓶出，復如前。內外間問訊。鳴鐘一下，收盞。住持將起身出，再鳴鐘三下。知事暫到，起立，伺候住持出堂。侍者先於堂外上手，作一行側立。伺候住持出，低恭問訊。隨出。或施主請升座，無巡堂之禮，但法鼓將鳴，堂司行者。巡寮報云：『大衆坐堂，朔望喫茶。』俱係侍者燒香，如住持有故不出。亦當侍者燒香。如住持遠出，則粥罷便喫茶，卻是知事燒香。齋供茶例是。知事燒香，以表山門之禮。其他詳略。悉在清規。

又《二·告香·入室·請益》　齋罷，方丈請特為茶。侍者預令行者就堂司。討人數。依戒臘上單。單式與夏前特為新挂搭同。才普説罷，便用桌子展單。於法堂西南角與人僉。齋了鳴鼓，特為茶。或就法堂，或寢堂，首座相伴。特為參頭，有飯。

又《五·諸山尊宿相見》　如大尊宿到，探知當挂牌。報衆門迎。或鳴大鐘。或不探知，纔到，便斂鐘集衆。就法堂安排座或就寢堂。先依賓主相見。兩家各炷香，觸禮三拜。次知事頭首大衆，作一次人事。首座都寺兩人插香庫司備香。轉身作展坐具勢，免則問訊。次侍者人事，燒香禮拜，免則問訊。繼令行者喝云：『請知事頭首獻茶。空盞備禮。』

次日，特為飯。係具狀作都寺名請，同請客侍者。詣安下處請。都寺同侍者人事燒香，觸禮一拜。都寺卻先請喫飯或小去處。即作住持名。侍者燒香拜請。都寺請訖，侍者請云：『方丈齋罷特為點茶，伏望慈悲，特賜開允。』至期。侍者揖客上，與主人問訊了，侍者再揖。特為人歸位或是法

眷。則主人自揖坐。轉身，於特為人上手略立，問訊。卻進前燒香，便轉身於特為人前問訊。又轉上手，問訊而退。至喫飯時，侍者燒香，下嚫。如方丈有貼嚫，係衣鉢侍者，隨後下。至喫茶時，行者鳴茶鼓，侍者燒香一炷。至特為人前，問訊，轉身。且於特為人上手側立。候喫茶將畢，再進特為人前問訊勸茶。仍轉身上手側問訊。進前燒相伴香一炷。歸位，問訊而退。

又《十一・鐘魚鼓板》 惟鼓之令不同。説法，則有法鼓。會茶，則有茶鼓。轉藏，則有藏鼓。開浴、報齋、引更，亦各有鼓。又大普請，僧行並赴時亦擊鼓。致成法社，並宜先知。

【略】

清規警衆一篇已詳，今具大略。魚板、大鐘、僧堂鐘，庫司堂司主之。法鼓、茶鼓，侍者主之。如上堂，法鼓長擊三通。小參，長擊一通。入室，三下。普説、告香，各五下。如特為尊宿、特為大衆、特為新舊執事，擊茶鼓一通，退座，三下。

如首座西堂秉拂，則借茶鼓，長擊一通。

庫堂前鼓，庫司主之。報齋三下，堂中煎點茶湯，集衆退座。每日齋粥，下堂和南。並擊之。大普請，長擊一通。

又《十四・當代住持涅槃》 一法事次第。

移龕、鎖龕、挂真、舉哀、奠茶、奠湯、對靈小參、起龕、門首挂真、門首奠茶、門首奠湯、秉炬提衣、舉骨入塔、歸祖堂。如停龕多日，或法事人多，每日奠茶湯。

一全身入塔。【略】茶傾三奠，香爇一爐。頂戴奉行，和南聖衆。維那舉大悲呪，回向同前。

又《十六・亡僧》 住持親點湯，進食，每品三作禮。至進飯下嚫點茶，收坐具。維那舉楞嚴呪，回向而散。

又《十八・祖師忌辰》 正日早，堂司行者。報堂具威儀諷經。真供養行者。當上香燭，併上粥供養。粥後少遲。廚司備供養食辦，堂司行者再覆方丈兩班。打板鳴僧堂前鐘。衆集，面法堂，雁行而立。住持至。燒香、點湯、獻食、點茶畢，維那揖住持燒香，次揖兩班燒香。轉身問訊住持畢。大衆同禮三拜。維那舉大悲呪，回向。

又其次，祇就祖堂排設供養。粥罷，報堂諷經。住持至，燒香點茶畢今時多是知事，預點茶湯，住持祇燒香一炷，中間立。維那出，揖住持出班燒香，侍者捧香合。

又《十九・月分須知》 四月分。初一日。照規例，入夏禁足。鎖旦過，初四五間，住持與新挂搭兄弟告香。次第特為茶。知事頭首，亦繼特為茶。

初八，如來降誕。預率錢，備供養。堂司隔日寫疏，請住持僉。維那備香袱香爐，堂司行者擎上。維那問訊。燒香。請僉。挂牌諷經。

僧堂前打鐘。即鳴大鐘，仍令供頭。鋪拜席，打鐃鈸，供頭出湯瓶盞托。方丈茶頭，備茶湯湯瓶，詣佛殿，祇候住持點茶湯。住持至。燒香一炷。點湯上食下嚫點茶畢，歸位。

【略】

齋罷，講特為茶。都寺維那侍者送牌拂，請秉拂人。頭首令茶頭挂牌報衆。請侍者禪客喫茶，多是和會聖僧侍者為之。

秉拂罷，仍喝請湯果。秉拂人即懷香詣方丈，就湯前謝證明。次日粥罷，方丈請秉拂人喫茶。如係都寺幹齋，併請喫茶。

此月初間，除僧堂暖簾，次第上牕。坐夏兄弟，辦道克期取證。住持叮囑典座。嚴辦堂廚。

十六日，知事講特為茶。十七日，首座講特為茶。

【略】

二十日後，住持當往諸寮，點茶一次。粥了，令行者先詣寮報覆。仍帶侍者燒香。諸頭首寮作一日，單寮蒙堂前資作一日，庫司菴岩作一日，親訪點茶者，以見住持於安居中，溫存之意。

【略】

今時以餘暑未退，多免。卻於座上言之。下座普同作禮。

惟僧堂特為茶不可免。三日茶罷。如有兩班進退，照事例行之。解夏恐頭首知事出入人事。如粥了上殿等事，暫歇半月。

【略】

十一月分，至節將臨。庫司措辦糍果。方丈令寫門狀，參賀檀越、埽拂殿堂、冬節事例。庫司雖定，叢林冬夏兩節為重，當留意撿舉。節前數日，諸方有叫喚大衆。節前一日晚。小座湯。參前，方丈出免人事榜。

土地堂念誦。僧堂特為湯，行冬果，都寺行禮。昏鐘鳴。小參。言請秉拂。下座。喝請湯。正節日三更早。侍者詣諸殿堂。代住持點茶。小師詣方丈。禮拜。或觸禮。在住持意。次方丈行者禮拜。次行堂行者禮拜。次作頭人工拜賀。

粥罷，僧堂茶。上堂祝聖。下座。與大衆普同作賀。次法眷侍者小師拜賀，行者拜賀，人僕拜賀，大衆或展或觸，在住持意。侍者寫茶榜，請首座特為茶。齋時長版鳴，行僧堂請茶禮。

齋罷，請秉拂。

十二月分。初八日，如來成道。堂司隔日。寫疏請僉。率錢。備供養。

【略】

正月分。初一日。粥罷。就座點茶。仍請兩班單寮方丈喫茶。如常禮。下堂藏殿諷經。祝聖。少頃升座。法座下人事，與冬節同。或講或免，在住持意。

齋時。庫司僧堂點茶如常禮。或兩班滿替，照例次第行之。如請諸莊庫務。請人後合行約束等事。

二月分。十五日。如來涅槃。維那率錢。備供養。隔日寫疏。具禮上方丈。請僉。

住持升座。祝香云：『比丘某，恭遇本師釋迦如來大和尚，入般涅槃之辰，虔爇寶香。上酹慈蔭，下與法界衆生，同伸攀慕。所冀法身常住，法輪再轉，一切有情，悟無生忍。』次敷座云：『今晨恭遇本師釋迦如來大和尚涅槃之辰。率比丘衆。嚴備香花燈燭，茶果珍羞，以伸供養。稟遺教比丘某，升于此座。舉揚涅槃妙心普願。法界衆生，同圓種智者。』説法竟，云：『下座，同詣大佛殿，禮拜諷經。謹白。』住持點茶湯。下供至。維那舉呪回向等，並與臘八同。

此日，不當法座祝聖。祇就藏殿拈香。

三月分。此月農務方興，庫司當提點耕種，及諸莊陂堰之類。或山林茶笋抽長，合出榜禁約。住持當提點，有新茶出，點獻殿堂，亦點僧堂，供養大衆。

聖節月分。堂司預書黃榜。寫疏，差僧上殿。照例排上殿僧員。堂司備茶湯、火爐。庫司備點心。當日行粥了，維那白槌。住持上堂敷座云：『某州某寺，某月某日，恭遇某節，本寺預於今月某日，就大佛寶殿，啟建金剛無量壽道場。一月日，逐日輪僧上殿。披閲金文。宣持密號，今晨啟建，住持臣僧某，升于此座，舉唱宗乘。所集鴻因。祝延聖壽無疆者。』説法竟，云：『下座。各具威儀。大佛殿。啟建聖節道場。謹白。』滿散同此式。

當日侍者令客頭提點佛殿燈燭，鋪設拜席，令整肅方丈。茶頭備供養茶湯，祇候。

又《二十無量壽禪師日用小清規》 寮前版鳴。歸寮問訊。不歸位，為輕侮大衆。入門歸位，如僧堂之法。立定，候寮主燒香畢，問訊上下。若有茶，就座。不得垂衣，不得聚頭笑語，不得隻手揖人，不得包藏茶末。古云：登牀宴坐，不得垂衣。隻手揖人，是何道理。私藏茶末，取笑旁觀，時中隣案道人。切忌交頭接耳。

茶罷，或看經。不得長展經謂二面也，不得手托經。寮中行，不得垂經帶，不得出聲，不得背靠板頭看經。古云：出聲持誦，吵噪稠人。背靠版頭，輕欺大衆。

元 釋弋咸《禪林備用清規》卷一《天聖節陞座諷經》 客頭挂上堂牌。大殿排香燭湯茶鐃鈸手爐。【略】鳴大鐘，衆到殿，點茶湯。侍者下畢鳴行香鈸。

或住持受州縣關請。上首知事，偏位跪爐。庫司客頭跪進手爐，復跪接爐。庫司茶頭跪進香合。

維那當詣殿。燒香一炷，大展三拜。知客躬當點湯茶。庫司嚴設香燭點心湯茶。

又《地旦望祝聖陞座》 住持舉揚。端祝一人之壽。有官客，略以敘陳。激發學者。細大因緣。則在五參升堂。山門大小事務，方丈會茶講議，晚參訓習童行，各有其時。法堂演唱宗乘，不可敘談世諦。厭衆聽也。

又《宇如來降誕》 大衆同到殿，住持上香三拜，不收具。進前獻湯進食。侍者下竟。復位三拜。上香下嚫。點茶三拜收具，鳴鈸。維那揖香，住持上香，侍者捧合，兩班無借香問訊，出班了，大衆同禮三拜。詳

為聖節禮同。

又《成新挂搭入寮茶》 入寮後，照例納部寮錢，候寮元輪排。當何日點茶，挂牌報衆。左書云：『齋退，某甲上坐點茶。』須備好香、具威儀，候同日點茶人。先挂鉢出堂，預集衆寮前。下間列立。聞下堂槌鳴。茶頭即鳴寮前大板，揖迎大衆。歸寮，各依元排圖位立定。隨入門裏，一字排立。問訊揖衆坐，又問訊。各進爐前，兩兩燒香。人多中爐四人退步須詳緩。又一字列問訊。復進四板頭問訊退。仍一字列問訊而立，謂之揖香。鳴寮內小板二下。行茶遍，瓶須從穿堂而入，問訊進四板頭。問訊退。一字問訊而立，鳴小板一下，收盞。衆下地立定。寮元出爐前，對點茶人謝茶，代衆人謝也。衆人就位，同時問訊。謝畢，寮元復位。再各分四版頭，問訊。謝衆臨屈，遞相恭敬之義。盖僧堂點茶，特為。亦三巡也。衆仍一字問訊。鳴大板三下。大衆和南而散。寮元令茶頭請點茶，衆人喫茶，免者非禮也。

又《歲入夏戒臘茶》 入寮茶畢。逐日依戒具名點茶，禮並同前。

又《雨方丈特爲首座大衆茶》 四月十五日。粥罷，請客侍者寫茶狀。客頭行者備柈袱爐燭。托詣首座寮。炷香觸拜，請之。首座畣香畣拜。侍者稟云：『堂頭和尚，今辰齋退，就雲堂點茶。特為。』【略】歸堂內。中問訊而退。預報燒湯出盞茶具。齋退，燒香侍者令方丈客頭，僧堂前排特為照牌。首座住持對面設位，上首知事住持分手，次位維那，下首知事，特為人分手位。上下安二个大衆牌。排設定已，撿視香几燭臺。差行者直特為光伴人盞，客頭覆侍者，次覆方丈。鳴皷，集衆，依鉢位立定。侍者外堂俟頭首一班歸前板，次首座入堂。揖請。離位揖。次肩上位。即送首座歸特為位。從龕後出堂前，報住持入堂，鳴堂前鐘七下。住持歸位。侍者往特為人前。問訊。從龕後，轉首座板頭，巡問訊一匝。外堂自下而上間，歸中問訊。大衆就坐。

圓照和尚會中。盛講此禮先名送歸位，住持入堂後，方名楫坐。月坡和尚住天童力行此禮。今時妨衆久立，不徃特為人前問訊，□禮可興，其可廢乎。侍者先中爐上下間外堂燒香了，歸中問訊。徑往首座前問訊。右出。從一板頭，巡問訊一匝。至外堂，歸中問訊，側上手立。供頭鳴鐘二下。先下特為人茶，大衆茶徧。瓶出。往特為人前問訊。右出爐前，大展三拜，巡堂一匝。中問訊，側立。先收首座住持盞，首座至住持前，行禮初展云：『茲者特蒙和尚煎點。下情不勝感激之至。』二展寒溫，觸禮三拜。每展，畣一拜。首座轉身龕後，右出。住持略送復位。執盞陪衆。燒光伴香一炷。鳴鐘一下。收大衆盞。鳴皷三下。退座。首座先於法堂伺候住持。謝茶。就接免詣方丈。

榜式：堂頭和尚。今辰齋退。就雲堂點茶一中。特為首座大衆。聊旌結制之俵。仍請諸知事。同垂光伴。冬年則云：陳賀之儀。作七行書今月日。侍司某甲。請客侍者名字。敬白。

諸知事.同垂 光伴. 冬年則云.陳賀之儀. 作七行書
今 月 日.侍司 某甲.請客侍者名字. 敬白
榜式 堂頭和尚.今辰齋退.就 雲堂點茶一中.特
為 首座大衆聊旌 結制之俵.仍請

又《露庫司特爲首座大衆茶》 十六日粥罷，庫司客頭行者具茶榜。用柈袱爐燭香。知事詣方丈插香，請茶。詞云：『今辰齋退，就雲堂點茶，特為首座大衆。伏望和尚慈悲降重。』次詣首座寮請茶。諸寮挂牌報請，候長板鳴，巡堂請茶，排照牌。並方丈十四日，湯禮同，但揖茶了。知事聖僧前大展三拜。巡堂一匝出，引全班，住持前兩展三拜。從龕後右出堂外。首座對觸拜，謝茶。知事入堂問訊。收盞。無光伴香。榜式湯榜同。祇改茶字。

又《結首座特爲後堂大衆茶》 十七日粥罷，首座懷香。詣方丈拜請云：『今辰齋退，就雲堂，點茶。特為後堂大衆。伏望和尚，慈悲降重。』二展寒溫，觸禮三拜。免則觸禮拜。請次備柈袱爐燭香合。托詣後堂寮。炷香觸拜。請之。後堂還香稟已，度狀送出，就付茶頭。令供頭貼僧堂前下間。封皮粘狀前。次令堂司行者諸寮挂牌，請茶，鋪照牌。方丈茶禮同。齋時傳語下肩，過堂唱食，候長板鳴，炷香，大展三拜，巡堂請茶。齋退，鳴皷集衆。行禮畢，茶遍。首座至住持前行禮。初展詞云：『此際麤茶，特蒙和尚慈悲降重。下情不勝感激之至。』二展寒溫。觸禮三拜。住持每展畣拜，尊大衆也。住持復位。先出。非法。首座龕後右出堂前，上首後堂隨出。對觸一拜，謝茶而出受請人詣首座寮拜謝。前堂歸堂中問

訊。收大衆璲。無光伴香。

狀式：前堂比丘某。右某啟取今辰齋退，就雲堂點茶一中。特為後堂大衆。聊旌結制之儀。仍請諸知事。伏望衆慈。同垂光降。謹狀年月日前堂比丘某甲狀。九行書。可漏狀請後堂首座大衆前堂比丘某謹封。

狀式前堂比丘某。右某啓取今辰齋退。就雲堂
點茶一中。特爲後堂大衆聊旌結制之儀。
仍請諸知事。伏望衆慈同垂光降。謹狀
年　月　日　前堂比丘　某甲狀。九行書
可漏狀請　後堂首座大衆　前堂比丘某謹封

又《爲旦望巡堂茶》 陞座罷，首座領衆，僧堂前，依念誦圖立定。首座和南入堂，西堂徑歸聖僧板頭立。次頭首大衆。巡入大衆後，暫到侍者巡入。侍者面門立。古法。小師後門出。住持入堂。鳴鐘七下。炷香巡堂一匝。歸位。小師再入堂。今來諸方徒弟。多出入，似乎喧亂。為師者，戒以低頭叉手。伺巡堂猶見整肅。次知事一班問訊聖僧，轉身住持前問訊。巡堂一匝。暫到隨出堂，侍者接出。燒香侍者問訊，揖衆坐。進前中爐，上下間外堂燒香。復如前問訊。中立。鳴鐘行茶，復如前問訊。揖茶，收盞，鳴鐘三下，退座。如不巡堂，粥罷，就座喫茶。住持他出。二時茶。並係知事燒香。住持不赴堂、侍者不燒香，非法也。

又《霜講兩巡茶》 叢林古法。結制。僧堂。講大座兩巡茶。鳴鼓集衆，行禮，並與特為同，至揖茶。往首座前問訊。聖僧前不拜。內外巡堂一匝。收首座盞，大衆放盞蓆上。叉手而坐。侍者再燒香，行禮如前。再行茶瓶，出往首座前，揖茶。方轉聖僧前。大展三拜。巡堂一匝。次收首座盞。至住持前，行禮。詞語與特為同。龕後轉右出。住持略送復，執盞，侍者再燒香，上下間外堂如前問訊。而退。鳴鐘收盞，鳴鼓三下，退座。

又《金方丈點行堂茶》 旦望節臘僧堂茶罷，侍者同客頭至行堂點茶。客頭預報參頭。挂牌，報衆，燒湯出盞，請典座光伴，方丈預送茶。侍者至庫司，典座接入。參頭、堂主領衆門迎。侍者居主位，代住持也。典座右位。侍者出中爐，燒香一炷，復位，以手揖衆坐。行茶畢，典座送出。參頭堂主門送即詣方丈謝茶。

又《生庫司點行堂茶》 方丈行堂點茶罷，知事詣行堂點茶。知事居主位，典座光伴，方丈禮同。送出門，喝云：『參頭大衆，詣庫司謝茶。』報云：『知事傳語。免謝茶。』

又《麗頭首點行堂茶》 僧堂點江湖茶罷，令堂司行者報參頭。挂牌報衆，燒湯出盞。請典座光伴，頭首居右位。禮並同前。喝謝茶，復喝免。

又卷四《水專使請住持》 凡住持補處公拈已定文命下寺。庫司會兩班耆舊茶。卜日通先書命製山門疏、茶湯榜。缺書記擇才德人用絹素製榜。當脩廣如法。庫司送紙諸寮作書，差能事行者老郎通書。次請人充專使，或上首知事耆舊，後堂書記藏主。和會已定。若耆舊頭首充專使，知事一人同去。掌財議事，具寫本寺該管田産什物須知。迎接從儀，一切畢備。管待專使一行人，至起程日，詣諸寮人事，帶行僕從聲喏，大衆門送，山門講茶湯。上首知事去下首知事行禮，頭首去上首知事行禮。揖坐了，燒香。揖香了，歸位。點茶。再起，燒香揖香。點湯，收盞了。便上轎行。

又《玉西堂頭首住持》 專使到寺，先見知客。同到侍司，引見方丈，插香展拜。相看禮同喫茶。送客位。次詣諸寮人事了，稟侍者，同詣方丈咨稟。厶寺今請厶人住持。稟訖，侍者同詣受請人寮中。相見，插香行禮同前。如不允，即詣方丈咨扣，同伸勸請。受請了，方丈請新命，及兩班耆舊茶。新命送客位。次第受賀。巡寮人事。當晚方丈請新命專使，特為湯，藥石湯果。兩班光伴。

又《珠見職首坐辭衆》 須令專使詣方丈，稟借法座，上堂辭衆。座不敷設。下座。先辭住持，觸禮三拜。次面座立，普同觸禮三拜。辭大衆，山門首設位。講特為茶湯。兩班耆舊光伴，上手知事行禮。鳴樓鐘，送出門。若西堂次頭首辭衆，臨行先同專使，上方丈插香。觸禮三拜，稟辭。次方巡寮辭別，山門首講茶湯，兩班光伴行禮。鳴大鐘送，並同前禮。

又《李特爲茶湯》 住持若要省事，預批免茶湯榜。庫司寫請狀，備柈袱爐燭，詣方丈插香，行兩展三禮，免則觸拜。請云：『齋退就雲

堂點茶。特為。伏望慈悲降重。』請已呈狀，令客頭請兩班耆舊光伴，挂牌報寮。僧堂鋪設住持位。齋時聞長板鳴，炷香展拜，巡堂請茶。齋退鳴皷集衆。上首知事，揖住持入堂。歸位揖坐，燒香一炷。住持前揖香，中問訊立。行茶畢，瓶出。往住持前。揖茶，退身。龕後右出炷香。展三拜。出堂。引全班至住持前。行禮謝茶詞語。送出。復歸堂炷香。上下間問訊。收盞退座。並與結夏特為茶禮同。

有榜當先安下處呈新命，入院日挂僧堂前。上下間茶湯，祗炷香稟請。但請湯罷，覆就座藥石。

狀式：當寺庫司比丘某。右某啟取。今辰齋退，就雲堂點茶。用伸賀之儀。伏望尊慈，特垂降重。謹狀。湯狀祇改湯字，並同。年月日。當寺庫司比丘某甲狀。可漏端狀拜請新命堂頭大和尚尊座前當寺庫司比丘某謹封。

狀式 當寺庫司比丘某 右某啓取今辰齋退就
雲堂點茶用伸 陳賀之儀伏望 尊慈特
垂降重謹狀 湯狀只改湯字並同
年月日當寺庫司比丘某甲 狀
可漏端狀拜請 新命堂頭大和尚尊座前 當寺庫司比丘某 謹封

又卷五《鹹煎點住持》 若法嗣到寺煎點，令帶行知事到庫司會議。造食。計筭錢物送納。隔宿先到侍司咨稟命通覆住持，具威儀詣方丈。插香展拜請，免禮則觸拜。請云：『來辰就雲堂，聊具菲供，伏望慈悲，特垂降重，下情不勝感激之至。』稟侍者，令客頭請兩班單寮四寮，挂牌報請。至日鋪設住持鉢位卓袱。分手煎點人位。火板鳴。大衆赴堂。煎點人隨住持。入堂揖坐。中燒香一炷。住持前問訊。轉龕後出。住持引手，揖煎點人坐堂司行者。喝云：『請大衆下鉢。』食徧，煎點人燒香下嚫問訊。住持揖復位，命人行嚫。食畢，厨司開齋。袱鉢了，退住持卓。煎點人燒香一炷。住持前問訊。龕後出爐前問訊。鳴鐘行茶徧。往住持前。勸茶。復龕後出。進住持前展。具云：『此日薄禮屑瀆，重辱降重，下情不勝感激之至。』一展寒溫，觸禮三拜，畣一拜。出堂送出。煎點人復歸堂，燒香一炷。上下間問訊，以謝光伴。復中問訊，鳴鐘收盞。次詣方丈謝降重。住持隨到客位致謝。

若諸山煎點，齋辦同住持赴堂。揖住持坐，當免行禮。揖煎點人歸位，坐定起燒香一炷。到住持前問訊，下嚫。俵衆人嚫。燒光伴香一炷，歸位行食。茶禮則不講也。茶罷，同上方丈。住持須先到客位致謝。

又卷六《龍請立僧首座》 方丈備草飯，請特為湯藥石。至晚湯果，兩班光伴，立僧侍者同席。次早方丈請僧堂特為茶。請客侍者具茶榜，詣寮插香拜請，與特為新首座茶同。立僧當特為下手人茶，與特為新後堂茶同。別日方丈管待，兩班光伴。

又《師請名德首座》

住侍須預稟露。如有允意，先方丈請茶，兩班光伴，即鳴皷陞座。更不挂牌報衆。住持委曲以佛法為念，慇懃致懇。下座同大衆，觸禮一拜。陳請。鳴鐘送歸鉢位，送歸寮。並有觸禮一拜。次兩班大衆作賀，茶湯管待。禮與前同。進退不混，兩班無交代也。

又《火兩班進退》 前堂首座。住持躬詣寮中。侍者燒香點茶，盡禮敦請，乃叢林表率故也。已次頭首。亦預存恤。

至日進退，侍者密覆住持，具請人目子具名，令客頭行者請茶。候僧堂粥再請。分差行者守請喫茶。人到寢堂請西堂大耆舊光伴，勸請。舊知事一班。候粥徧，從後門入。上首白槌一下云：『白大衆，某等是蒙堂頭和尚慈旨，令歸庫司。一年已滿，心力疲倦，告退歸堂。謹白。』再鳴槌一下，從龕後左。出住持前，兩展三禮。初展云：『某等昨蒙甄録，自愧非材，下情無任愧悚之至。』二展寒溫，觸禮三拜。退身。龕後右。出聖僧前，大展三拜。轉身住持前問訊。面北巡堂一匝。中間問訊而退。

粥罷不諷經。一一守請至寢堂。住持接已獻茶畢，躬起燒香一炷。歸位序請意。

又《官方丈特爲新舊兩班湯》 來早僧堂請茶，新舊隨所請之。無光伴，如常式。庫司請茶，不及赴免之。方丈茶罷，同到庫司致謝，半齋點心。日次庫司點心。庫司送舊。首座都寺粥飯。五味椀楪，動用什物。客頭照例分送。三日送歸鉢位。

又《人堂司特爲新舊侍者湯茶》 草飯罷，維那令堂司行者，詣新

舊侍者前，一一申請。并請聖僧侍者，參前就寮獻湯。至晚堂司設位，排照牌。請寮元光伴。催客鳴寮前板。接入揖坐行禮，與庫司湯禮同。當在方丈特為之先，妨侍者行禮也。

方丈僧堂特為茶罷，堂司講茶禮。

新舊侍者次日詣堂司致謝。

又《制管待新舊兩班》 食了鳴鼓，講茶禮。侍者燒香，兩侍者分出頭揖香揖茶。與特為湯禮同。但無揖坐一巡也。茶罷，爐前致謝，住持送出，次送光伴人。

又《文住持垂訪點茶》 山門茶湯禮畢，住持齋罷，垂訪諸寮點茶。意在溫存。照覰寮舍不便處。什物缺典，責付庫司措辦。前堂寮、知客寮、茶頭人力，例免普請。維那寮人力，結夏免普請。諸寮人力普請，不及公界，須當詳審通容。多因瑣屑，致傷和氣。客僧到來，不以時限。齋過須當打飯延接。庫廚執事，不可懺裂。茶湯五味，隨宜均送，紙筆果實之屬，衣鉢侍者，時當照拂。住持事繁，在左右賢賢可也。

又《字方丈特爲新首座茶》 方丈管待了，次早燒香侍者覆住持。客頭備柈袱爐燭香，請客侍者寫茶榜。詣首座寮炷香。首座還香觸禮一拜。還拜稟請云：『方丈齋退，就雲堂特為點茶。伏望降重。』客頭報寮挂牌。請知事光伴。僧堂住持對面，設特為位，分手光伴位，維那與都寺隣肩，次知事與特為位分手，四板頭不安香几。差行者直特為人盞。候長板鳴，請客侍者，至聖僧前大展三拜。巡堂內外一匝請茶。齋退，客頭鳴鼓集衆，燒香侍者行禮。西班全班歸前板，侍者揖前堂。歸特為位。即揖下肩上位。送入位已，龕右出外。報住持歸堂。供頭鳴鐘七下。侍者燒香一炷，徑往特為人前問訊。右出中立。鳴鐘二下。先下特為人茶，次行大衆茶了。至首座前揖茶，右出中立。先収首座住持盞，首座直趨住持前行禮。初展云：『此日特蒙煎點，禮意過勤，下情不勝愧悚。』二展寒溫，觸禮三拜，各畣一拜。首座龕右出前門，住持相送。復位執盞，侍者燒光伴香一炷，鳴鐘一下，収盞，鳴鼓三下，退座。

榜式： 堂頭和尚。今辰齋退。就雲堂點茶一中。特為新命首座。聊表陳賀之儀。仍請諸知事光伴今月日侍司某請客侍者名敬白。

榜式

堂頭和尚今辰齋退就　雲堂點茶一中特
爲新命首座聊表陳　賀之儀仍請　諸
知事　光伴
今月　日侍司　某　請客侍者名　敬白

乃新首座特為後堂大衆茶無後堂，次頭首。方丈茶了，次早具狀，備柈袱爐燭。首座詣後堂寮，燒香一炷。還香陳請云：『今辰齋退，就雲堂點茶，特為。伏望降重。』呈狀，接已送出。

就令茶頭付供頭，貼僧堂前下間，封皮粘狀前。令堂司報寮挂牌，設位鋪照牌。長板鳴，僧堂請茶。鳴鼓集衆行禮，躬詣方丈請茶。並前特為茶禮同。

狀式： 前堂比丘某。右某。今辰齋退。就雲堂點茶一中。特為後堂首座。用伸陳賀之儀。仍請諸知事。同垂光訪。今月日前堂比丘某狀。可漏狀請後堂首座。洎大衆前堂比丘某謹封。

狀式

前堂比丘某　右某今辰齋退就　雲堂點
茶一中特爲　後堂首座用伸陳　賀之儀
仍請　諸知事同垂光訪
今　月　日前堂比丘　某　狀
可漏狀請　後堂首座洎大衆　前堂比丘某謹封

又《服交代茶》 叢林盛禮也。諸方今免茶禮，特設點心一分，非法也。頭首僧堂茶了，講交代茶禮。具威儀懷香。躬往交代人前插香。觸禮一拜。陳請云：『齋罷，拜屈尊重，就寮獻茶。』隨令茶頭請兩班耆舊光伴。

寮內鋪設中設特為位。左右分手光伴人位，知事主席分手位，次第排坐。堂司行者報參頭差行者直位行茶。

齋退鳴寮前板。接揖特為人，次接光伴人。入位，罣罳下手，燒香揖香。再問訊燒光伴香。入位坐下茶。茶畢，交代人詣爐前，還前請香，觸禮一拜，相謝而退。送出。次送光伴人。

又《衣入寮出寮茶》 入蒙堂位者，白寮主，挂點茶牌。祇請本

寮。備好香茶燭，普同揖坐。起身燒香，揖香了。入位坐點茶。收盞，起爐前相謝。入衆寮者，點茶禮與出寮茶同，但不可入位坐。

蒙堂出者，點交代茶罷。令茶頭報寮長，挂點茶牌。牌左小紙貼云：『某拜請合寮尊衆。齋退就上寮。』寮長分付人力，燒湯出盞，送茶燭好香。齋退，鳴寮中小板，右立揖衆入寮，爐前問訊。寮長揖點茶人入，分手位坐定。即起燒香一炷問訊寮長。又揖坐，獻茶了。起身爐前致謝，送出門。衆寮受職人點茶。令茶頭預報寮元挂牌，燒湯出盞，送茶燭。齋退，先到衆寮門外右立。揖衆入位立定。問訊揖坐。又問訊。進前燒香上下間。復上下間及兩邊問訊。仍中央問訊。寮元引揖入。對面位坐，鳴小板二下，行茶。又鳴小板一下，収盞。寮元出爐前，致謝送出。

又《衆頭首江湖茶》　出寮茶已，具茶榜，令茶頭貼衆寮前下間。具威儀，詣方丈請茶。四寮挂牌，諸寮報請。報供頭燒湯出盞，庫司討茶燭。僧堂四板安香几折水。出入堂四板。外堂炷香問訊，行茶。旦望茶同。

榜式：　某寮舍湫隘。不敢坐邀。今辰齋退。就雲堂點茶一中。伏望衆慈。同垂降重。今月日。某職比丘某拜請。

本山辦事禪師鄉人道舊禪師江湖名勝禪師合寮尊衆禪師九行書花素紙不拘。

又《推寮主副寮進退》　寮主一旬職滿，五更鐘鳴時。詣堂司稟退云：『某昨蒙尊旨，令充寮主。一旬已滿，告退歸堂。』即觸禮一拜，維那送出門。令堂司行者請副寮。粥罷，就堂司獻茶，副寮至接入。坐定，燒香喫茶如常式。維那再起身，燒香一炷。白云：『舊寮主已滿，此務不可缺人，煩充寮主。幸乞允從。』即觸禮一拜，送歸衆寮。堂司行者鳴寮內小板三下。維那上間送入門。對觸禮一拜，互轉身，對觸禮一拜。寮主送維那出門。次與舊人，交互轉，對觸禮如前。寮元相接，燒香喫茶。堂司行者請新寮主。齋罷，堂司獻茶。笑翁和尚住靈隱，新舊寮主講交代茶，至今講行。

副寮之職。於末戒者先做，係寮元請。如常。燒香喫茶。再起身，燒香一炷。白云：『舊副寮已滿，不可缺人。煩充副寮，幸乞允從。』謝茶了。即送歸副寮閤。問訊了，送寮元出門。

又《位諸莊監收》　至日請兩班大耆舊茶。勸率寢堂一一請已。轉位獻湯了，送歸客位。兩班領衆作賀，次第巡寮。草飯，特為湯。庫司特為湯、藥石。進退兩班禮同。唯天童諸莊，古式不墜。監収無入已望畏之。每年至再和會，加禮敦請。特為了。至下莊日，山門首釘挂。講茶湯禮，鳴樓鐘集衆，門送上轎。至今遺風在焉。

又卷八《道相看》　名勝相看方丈。當在粥罷參前，預到侍司。侍者接入，分坐獻茶，略敘來歷。而起爐前謝茶。即稟云：『某等特來禮拜和尚，輒煩高侍通。』覆者云：『少坐。』詳詢來歷。曾與方丈道舊，或法眷鄉人辦事者。云：『欵坐少時，容某通報。』即覆住持。或官客，或迫冗稍緩。即須相接。侍者令裝香秉燭辦茶。報新到。住持出寢堂，侍者引揖。住持接進爐前。新到云：『請和尚趺坐。』免，即插香展具，又免，即觸禮三拜，入座坐。侍者燒香點茶，敘話。起爐前謝茶，即送客位，還香，回禮。蓋全賓主之禮。須兩展三拜。俾遞相恭敬規示後學。即到侍司。致謝云：『適煩神用，特此拜。』謝者云：『適問禮合，何屢降重。』即回安下客頭請半齋點心，參前特為湯，湯罷藥石。來辰粥了，請獻茶。別日置管待，古法受香禮管待不可遺。近來諸方，辦事兄弟，經行游覽，隨處歇泊，住持亦當俯臨報謝，盡主禮也。

又《垂挂搭歸堂》　百丈建立之初，首到客司相看。次往堂司挂搭。單位經桉定已，後到方丈人事。後來叢林鼎盛，則不同也。初到旦過，如客司有榜，侍請茶湯一併人事。在來早請湯相看。無榜，即到客司。衆推熟叢林者為參頭。領衆具威儀，列門右。白云：『暫到相看。』知客即接入。詞云：『即日恭惟，知賓尊長禪師，尊候起居多福。久欽道譽，獲奉瞻際。下情不勝感激之至。』答云：『山門多幸，特荷遠來。』揖坐。燒香喫茶。略詢來歷，即起謝茶。歸旦過。【略】侍者燒香，喫茶。問夏在何處，鄉裏下字，各須實侖，不可多語。起身爐前。謝茶云：『重承煎點。特此拜謝。』住持送出。【略】次日粥了，請獻茶。參頭領衆排立寢堂前，候住持諷經回。即趍前問訊云：『經宿恭惟。堂頭和尚。尊候起居多福，重承寵呼，下情不勝感激。』入座。侍者燒香喫茶。起至爐前，兩展三禮謝茶。【略】如自到。附名侍者回覆。方發榜頭。下堂司。維那令行者請新到茶。

又《拱大相看》　例於九月初一日。預詣侍司附名。各備大香一片，書兩字名於香上，納侍者處。

近見多處，臨相看時，參頭率買大香一片，得挂搭已，卻各納香，或率錢。皆非法也。衆推辦事或熟叢林者為參頭。至日侍者付香一片與參頭，寢堂秉燭裝香，衆人排立爐外。侍者請住持出。參頭進云：『請和尚趺座。』方丈垂語。參頭下語已，退步。同衆問訊，搜香，行兩展三禮。詞語並同前。語不契機，參頭不當先得挂搭。即到侍司致謝。方丈客頭請。來日粥罷。就寢堂獻茶。住持併在謝挂搭時回禮。茶罷送出三兩步，參頭回身，同衆討挂搭。詞云：『某等為生死事大，無常迅速，特來依附和尚。伏望收録。』挂搭已歸堂，大剎辦事，依職書名。次第發榜，下堂司。

榜式：奉方丈慈旨，挂搭一僧某甲侍者某甲上坐。今月日。侍司某報。

榜式奉方丈慈旨挂搭　一僧某甲侍者
某甲上坐
今月　日侍司　某報

又《平大挂搭歸堂》　堂司承侍司榜頭。即令堂司行者請新到茶。各懷度牒，參頭備香合，領衆詣堂司接入。對觸禮一拜。敘寒溫。入座燒香喫茶已。起身稟云：『某等。適奉和尚慈旨。令依附左右。伏望甄録。』【略】寒暄了，人事、寮元對觸禮一拜，敘寒溫，燒香獻茶，送出。茶頭請云：『寮元請衆首座今晚就寮。獻湯。』答云：『就此告免。』次詣首座寮庫司衆頭首寮人事。堂司行者通報，相接爐前。對觸禮一拜，敘寒溫。送出。今來多不相接，傳語，非法也。蓋謝挂搭時，兩班回禮，通有拜也。侍司無拜，回禮，亦不拜也。

榜式：挂搭一僧某甲上座今月日。堂司某報。某州某甲上座某戒。侍司申。尊住持也前堂衆寮侍者具州戒。

榜式挂搭一僧　某甲上座
今月　日堂司某報
某州　某甲上座
某戒侍司申尊住持也
前堂衆寮侍者具州戒

又《章小挂搭歸堂》　冬後歲前，不拘時也。方丈挂搭已，侍司發榜。下堂司，隨即請茶。維那接入，觸禮一拜，燒香喫茶了。稟云：『適蒙維那令歸上寮，依附左右，伏望甄録。』【略】謝茶了。稟云：『茲者多幸，同守寂寥。』對觸禮一拜。參頭轉左，對觸禮一拜。衆一字列爐前問訊。寮主引巡桉一匝，仍一字列，問訊而散。次寮元相接對觸禮一拜。敘寒溫，燒香獻茶。次詣寮舍人事。并庫司，通有觸禮一拜。

又《戒謝挂搭茶》　請客侍者照戒臘寫茶狀。具雙字名。來辰洗面時，備桌子筆硯。列照堂。請各名下書云：『某甲謹拜尊命。』如挂搭西堂首座，亦依戒次，寫入茶狀。預晚方丈客頭先持詣寮，命僉狀。

燒香侍者令客頭排位，請首座光伴。如名德西堂首座，與住持對面位，參頭次位。多處不遜，甚至喧聒，殊失禮度。住持預於陞堂時，説及。蓋受送者先謝挂搭已，此同茶也。至日齋了，鳴鼓集衆。燒香侍者揖入住持，接敘寒溫。次接光伴人，問訊詞語尋常茶同。各依照牌入位，照牌預稟住持看定。燒香侍者同請客侍者行禮，與結制小座湯禮同。次日，庫司客頭行者依戒具茶狀，列衆寮前。請僉名書云：『某敬依來命。』狀與方丈同，衹書下字名。庫堂設位，首座光伴。齋了，鳴庫堂前板。上首知事與維那行禮同前。次日堂司行者具茶狀，請僉名，與前同。照堂排位。上首知事光伴。鳴照堂板，頭首一班行禮。或四人六人列位頭問訊，如五人前堂首座，衹燒香中立。西班行禮。止於知客揖香了。燒光伴香，就座同茶。

三日講行。此古法也，諸方今作一日。知事頭首，併在早晨僉狀，就方丈借座。知事頭首下主一位。方丈茶鳴鼓，知事頭首茶鳴板。互為主伴。方丈茶衆起謝。知事頭首茶，衹參頭離位謝。然貴圖省事，非叢林法也。

方丈狀式：新挂搭某甲上座某甲上座今辰齋退。就寢堂點茶一中。特為伏希雲集。今月日。侍司某拜請。

兩班狀式：新挂搭某上座某上座右某今辰齋退。就某處點茶一中。特為。伏望衆慈。同垂降重。今月日首座比丘某知事比丘某拜請。

方丈狀式 新掛搭某甲上座、某甲上座，今辰齋退，就寢堂點茶一中，特爲伏希雲集。

今月 日，侍司某拜請。

兩班狀式 新掛搭某上座、某上座，右某今辰齋退，就某處點茶一中，特爲伏望衆慈同垂降重。

今月 日，首座比丘某、知事比丘某拜請。

又卷九《遷入龕念誦》 二時上粥飯，三時上茶湯。大衆諷經，見職維那回向。

又《壹主喪》 首座起身燒香一炷。復位獻茶。

又《體請佛事》 巡寮已，兩班耆舊孝子，隨到客位。呈衣鉢簿遺墨等物主喪。就會茶。【略】本寺耆舊西堂首座。每日俵嚫諷經。奠茶湯。

又《賓挂真舉哀致祭奠茶湯》 知客宣祭文已，請奠茶佛事。

又《王對靈小參念誦奠茶湯》 回向了，兩班奠茶湯。致祭。

又《鳳秉炬挂真》 二時上粥飯，三時上茶湯。或十日半月，衆到諷經。骨入塔則止之。

又《在入塔》 維那送見職守喪侍者歸衆寮。每日山門三時上茶湯，集衆諷經。牌位入祖堂則止之。或待新住持，方入祖堂。

又《木佛事資次》 入龕、移龕、鎖龕、法堂挂真、舉哀、奠茶湯、對靈小參、山門首綵亭挂真、奠茶、奠湯、秉炬、安骨、提衣、起骨、入塔、入祖堂、全身入塔、撒土衣鉢豐。每日奠茶湯一次。

又《及下遺書》 次早方丈請湯。喫粥了，請茶。【略】住持陞座下座。詣祭前，炷香點湯，上祭點茶。

又《萬嗣法師遺書至》 回向畢，上祭三拜，上湯三拜。進食了，鳴皷講特為茶三拜。

又《身諷經》 每日直靈行者上粥飯，知事三時上茶湯、拈香。

又《大鎖龕念誦致祭》 放參了，鳴僧堂前鐘，集衆，龕前念誦。知事先上食茶湯了。【略】回向了，住持立知事上首，上祭人。右出炷香問訊。從西班末入。龕右上湯茶，行者下。出爐前插香，退身問訊。展拜。龕右宣祭文畢，舉大悲呪回向。次參頭領衆諷經，作寮諷經，鄉人伴靈諷經。

又《常茶毗》 喪至涅槃臺，住持上香，知事上湯茶。

又《知警衆法器》 僧堂前鐘者，不以時限，維那主之。堂司行者須覆維那鳴之。【略】小座湯、特為茶，各鳴一通；【略】法皷。轉藏有藏皷、開浴有浴皷、齋粥齋皷、茶湯茶皷、發更更皷，務令知時。【略】木魚後鳴大板者，名長板也。若請茶湯，須緩擊。照應行禮。請茶念誦三下。方丈請茶湯，鳴寢堂板；庫司茶湯庫堂前板；坐禪坐參，鳴照堂板；出寮入寮茶、朔望茶湯、早晨和南，鳴衆寮前板；報衆鳴諸寮前板。

元釋德輝《敕修百丈清規》卷上《祝釐章第一·聖節·欽遇》 從首座板起巡堂一匝。出外堂下間至上間，歸內堂中間，問訊而出。粥後少停，待大殿排香燭茶湯鐃鈸手爐俱辦。堂司行者報方丈客頭。先覆住持，次覆侍者。鳴方丈板三下，鳴鼓。堂司行者預鳴衆寮前板三下，集衆坐堂。【略】集衆列殿上向佛排立。住持上茶湯，上首知事遞上。燒香侍者就佛座前。下茶湯畢，住持歸位立定。行者鳴鈸維那轉身爐前。揖住持上香。燒香侍者捧香合。

又《報恩章第二·國忌》 上賓日屆期。隔宿庫司報堂司。令行者覆住持兩序。報衆掛諷經牌。就法座上安。御座。用黃紙寫聖號牌位嚴設香花燈燭几筵供養。至期鳴僧堂鐘，集衆候住持至，上香上茶湯。維那舉楞嚴咒。諷誦畢，回向云：『某州某寺住持傳法臣僧某。某月某日。恭遇某聖聖忌之辰。謹集合山僧衆。謹誦大佛頂萬行首楞嚴神咒。稱揚聖號。所萃殊利資嚴聖駕，伏願神遊八極。想云車風馬來。臨位證中天受玉殿瓊樓快樂。十方三世』云云。

又《報本章第三·佛降誕》 先期堂司率衆財送庫司，營供養，請制疏僉疏聖節禮同。至日庫司嚴設花亭。中置佛降生像於香湯盆內。安二小杓佛前，敷陳供養畢，住持上堂祝香云：『佛誕令辰，某寺住持遺教。

遠孫比丘某甲，虔爇寶香，供養本師釋迦如來大和尚。上酬慈蔭，所冀法界衆生念念諸佛出現於世。』次趺坐云：『四月八日，恭遇本師釋迦如來大和尚降誕令辰。率比丘衆，嚴備香花燈燭茶果珍羞，以伸供養。住持遺教遠孫比丘某甲，升於此座舉唱宗乘。所集殊勳，上酬慈蔭，下與法界衆生同伸稀有之慶。』次説法竟，白云：『下座各具威儀詣大佛殿，浴佛諷經。謹白。』下座。領衆同到殿上，向佛排立定。住持上香三拜，不收坐具。進前上湯進食，請客侍者遞上，燒香侍者捧置於几畢。復位三拜再上香，下嚫點茶。又三拜收坐具。

又《佛成道涅槃》 先期堂司率衆財送庫司，營供養，請制疏僉疏降誕禮同。住持上堂祝香云：『佛成道日，某寺住持遺教遠孫比丘某甲。奉為法界衆生，虔爇寶香，供養本師釋迦如來大和尚。上酬慈蔭，次冀法界衆生同成正覺。』次趺坐云：『臘月八日。恭遇本師釋迦如來大和尚成道之辰。率比丘衆，嚴備香花燈燭茶果珍羞，以伸供養。』

又《帝師涅槃》 至日法座上敬安牌位。如法鋪設。嚴備香花燈燭茶果珍羞供養。維那請制疏僉疏。佛涅槃同隔宿命堂司行者報衆掛諷經牌，正日鳴鐘集衆。向座雁立，候住持至。上香上湯上食下嚫。上茶禮拜畢，拈香有法語。維那揖班上香，大衆普同禮拜。住持跪爐宣疏舉咒。回向云：『上來諷經功德奉為 皇天之下一人之上開教宣文輔治大聖至德普覺真智佑國如意大寶法王 西天佛子大元帝師 上酬慈蔭十方三世一切諸佛』云云。

又《尊祖章第四·達磨忌》 次參頭領衆行者排列，喝參禮拜諷經。人僕排列參拜。次日早，住持上香禮拜。上湯上粥座下側坐陪食。粥罷，住持上香上茶。維那舉大悲咒畢，回向：『上來諷經功德，奉為初祖菩提達磨圓覺大師大和尚，上酬慈蔭，十方三世』云云。半齋鳴僧堂鐘集衆。向祖排立。住持上香三拜。不收坐具。進爐前。上湯上食，請客侍者供遞。俟燒香侍者就祖位側捧置几上。退就位三拜。仍進前燒香下嚫。畢三拜收坐具。鳴鼓，講特為茶如湯禮。畢，住持拈香有法語，行者鳴鈸，維那出班，揖住持上香，侍者捧香合。

又《百丈忌》 先期堂司率衆財營供養。至日隔宿如法鋪設法堂。座上掛真。嚴設中間祭筵上下間几案供具。當晚諷經正日散忌特為茶湯拈香宣疏。出班上香，大衆展拜並同達磨忌禮。但無念誦。初夜回向云淨法界身本無出沒。大悲願力示有去來。仰冀慈悲俯垂昭鑒。

又《開山歷代祖忌》 開山忌及道行崇重、功被山門者。隔宿鋪設法堂上。禮儀百文或無疏，庫司備供養。若歷代忌不具疏，不獻特為茶湯。屆期，堂司預報庫司，備供養、請牌位，就法座西首鋪設。粥罷集衆。住持兩序一行排立，維那出揖班上香畢歸位，同展三拜。

又《嗣法師忌》 住持上食講特為茶拈香達磨忌同。兩序上香大衆同拜蓋在座下皆曰參學故也。齋時住持入堂，燒香展拜歸位。衣鉢侍者行嚫有就法堂諷經時俵嚫，非禮也。齋畢就座點茶燒香，侍者行禮。若講特為伴真湯。

又《迎侍尊宿》 尊宿相訪，須預掛接尊宿牌，鳴鐘集衆門迎。彼若尚簡則潛入寺。住持必於寢堂具香燭相接。仍令鳴僧堂鐘。客頭報首座，領衆插香問訊畢衆退。兩序勤舊就陪坐。燒香吃茶罷，侍者方插香禮拜。【略】次早請湯。侍者燒香行者問訊，僕從聲喏，住持相陪吃粥。粥罷請茶。

又《施主請升座齋僧》 施主到門。知客接見引上方丈，獻茶湯，送安下處。

又《受嗣法人煎點》 若法嗣到寺煎點，令帶行知事，到庫司會計，營辦合用錢物送納。隔宿先到侍司咨稟通覆，詣方丈插香展拜。免則觸禮請云：『來晨就雲堂，聊具菲供。伏望慈悲，特垂降重。』令客頭請兩序單寮諸寮。掛煎點牌。至日，僧堂住持位嚴設敷陳及卓袱襯幣之具。火板鳴，大衆赴堂。煎點人隨住持入堂揖坐。轉身聖僧前燒香叉手，往住持前問訊。轉聖僧後出。住持引手揖煎點人坐。位居知客板頭。行者喝云：『請大衆下鉢。』行食遍。煎點人起燒香下嚫問訊住持，及行衆嚫。廚司方鳴齋板就行飯。飯訖衆收鉢，退住持桌。煎點人燒香往住持前問訊。從聖僧後出爐前問訊。鳴鐘行茶遍，往住持前勸茶。復從聖僧後出，進住持前。展坐具云：『此日薄禮屑瀆特辱附重，下情不勝感激之至。』二展寒溫觸禮三拜。送住持出。煎點人復歸堂，燒香上下間問訊。以謝光伴。復中問訊鳴鐘收盞。次詣方丈謝降重。住持隨到客位致謝。若諸山煎點候齋辦，請住持同赴堂，揖住持坐。住持當免行禮。揖煎點人歸位。持行食遍。起燒香往住持前，問訊下嚫。俵衆人嚫。燒火伴香，歸位伴

食。茶禮講否隨宜斟酌。

又《嗣法師遺書至》 專使持書到寺禮儀詳見下遺書篇。方丈開書。兩序先慰住持。法堂中間設祭。座前拈香有法語。舉哀三拜，上湯復三拜。進食下嚫鳴鼓。講特為禮。三拜上茶，鳴鼓三下。退座收坐具。

又《請新住持·發專使》 凡十方寺院住持虛席，必聞於所司，伺公命下。庫司會兩序勤舊茶。議發專使修書頭首知事勤舊蒙堂前資僧衆制疏山門諸山江湖茶湯榜專使署名。請書記為之。如缺書記，擇能文字者分為之。用絹素寫榜。所請專使或上首知事，或勤舊或西堂首座，或以次頭首充之。若非知事充專使，亦須以下知事一人同去掌財議事。具須知一冊。該寫本寺應有田産物業，及迎接儀從，一切畢備。山門管待專使一行人從。至起程日。詣諸寮相別，鳴僧堂鐘集衆門送。三門下釘掛帳設。向裏設位。講茶湯禮。請兩序勤舊光伴。如上首知事去，則下首知事行禮。如頭首勤舊去，則上首知事行禮。揖坐燒香揖香歸位，相伴吃茶。再起燒香揖香歸位，相伴吃湯收盞。專使起謝上轎。

又《專使特爲新命煎點》 專使先與新命議定齋嚫。輕重合宜。兩序勤舊鄉人法眷辦事貼嚫。齋料等費專使親送納庫司置辦。至日，專使詣方丈插香拜請。初展云：『今辰午刻，就雲堂特為煎點。伏望慈悲降重。下情不勝單汗之至。』再展云：『即日時令謹時共惟。新命堂頭大和尚，尊候起居萬福。』觸禮三拜。住持答一拜。兩序單寮系方丈客頭，同專使行者一一詣寮。稟請掛煎點牌報衆。於僧堂內鋪設主席，西堂板頭排專使位。茶湯榜張於堂外兩側。至齋時，專使僧堂前伺候住持入堂，問訊歸位揖坐，歸中問訊，揖衆坐。聖僧前燒香，次上下間，次堂外燒香，仍歸堂內。住持前上下間及外堂問訊。仍歸中問訊。行食遍。燒香下住持嚫，次行大衆嚫。畢歸位伴齋。俟折水出鳴鼓，專使再起，燒香行禮同前。行茶遍，瓶出如前。問訊收住持盞。專使行禮。初展云：『某聊備蔬飯，伏蒙慈悲降重，下情不勝感激之至。』二展敘寒溫，觸禮三拜。送住持出。再歸堂燒香大展三拜。巡堂一匝，並堂外復歸內堂中間問訊收盞。鳴鼓三下退座。專使隨上方丈致謝。次詣庫司謝辦齋。再詣方丈，請住持至晚藥石。至夜湯果皆請兩序勤舊光伴。

又《新命辭衆上堂茶湯》 至起離日，專使詣諸寮別。新命上堂。致謝兩序勤舊大衆。下座鳴鼓三下，向法座立。普與大衆觸禮三拜，從西廊出，鳴大鐘諸法器。大衆門送。行僕門外排立。山門首預釘掛帳設，中敷高座向內。首座向外攝居主位，西堂勤舊分手光伴，東西序兩邊朝坐，上首知事行禮揖坐。揖香歸位點茶收盞。再起，燒香揖香歸位點湯。湯罷起謝上轎。兩序勤舊備轎遠送，住持當力免之。鳴大鐘住持轎遠方止。

又《專使特爲受請人煎點》 專使詣親命前。議定方丈引座嚫資衆嚫宣疏帖人。及兩序勤舊江湖鄉人法眷等貼嚫。至日粥罷。專使懷香詣方丈，觸禮拜請云：『今晨午刻就雲堂備蔬飯。特為新命和尚。伏望慈悲，俯垂降重。』復詣新命前拜請同前禮。方丈客頭同專使行者，請諸寮各掛煎點牌，於僧堂內住持對面設新命位。堂外知客板頭設專使位，其茶湯榜張於堂外兩傍。至齋時覆新命。到僧堂前。俟住持同入堂問訊，專使隨入堂先揖住持歸位，次揖新命歸位。燒香行禮並同前。下食行嚫茶畢，先收新命盞。專使進前兩展三禮，送新命出後門。專使入住持前兩展三禮，送住持出前門。復歸堂炷香大展三拜，巡堂一匝。並外堂歸中問訊。收盞鳴鼓三下退座。當晚湯果藥石光伴同前。

又《受請人辭衆升座茶湯》 受請人令侍者同專使，預詣方丈稟借法座。上堂辭衆，座不敷設。左設住持位鳴鼓集衆。住持出歸位。受請人徑往住持前問訊。次與大衆和南升座舉揚畢下座。先辭住持觸禮三拜。次向法座立。辭衆普同觸禮三拜。門首向裏中設特位講茶湯。兩序勤舊光伴。上首知事行禮與當代同。鳴大鐘送。以次西堂頭首。則無辭衆上堂。臨行先同專使上方丈。插香觸禮三拜稟辭。次巡寮辭別。山門首茶湯禮同前。

又《入院·開堂祝壽》 古之開堂朝命下。或差官敦請，或部使者，或郡縣遣幣禮請就某寺。或本寺官給錢料設齋開堂。各官自有請疏及茶湯等榜，見諸名公文集。近來開堂多是各寺自備。至時入院，侍者分付行者鋪設法座，報衆掛上堂牌。具寫官員諸山名目。預呈住持於座左設位。鋪卓袱爐燭，排列疏帖，預先和會維那宣公文。

又《山門特爲新命茶湯》 茶湯榜預張僧堂前上下間。庫司仍具請狀式見後。備袢袱爐燭。詣方丈插香拜請。免則觸禮稟云：『齋退就雲堂點茶特為，伏望慈悲降重。』稟訖呈狀，隨令客頭請兩序勤舊大衆光伴掛

點茶湯牌報衆。僧堂内鋪設住持位近時有齋時，聞長板鳴。知事入堂炷香展拜。巡堂一匝請茶。然特為住持陳賀，古規亦無巡堂請大衆之禮，免之為當。齋退鳴鼓集衆。知事揖住持入堂。歸位揖坐燒香一炷。住持前揖香，從聖僧後轉歸中問訊立。行茶遍瓶出。往住持前揖茶退身。聖僧後右出炷香展三拜。起引全班。至住持前兩展三禮送出。復歸堂燒香。上下間問訊收盞退座。湯與茶禮同，但無送住持出堂。湯罷就座藥石。

當寺庫司比丘某右某啓。取今晨齋退。

狀晚刻就雲堂點茶湯用伸陳賀之儀。伏望。

尊慈特垂降重。

式年月日具位狀。

可漏子同齋狀式。

式　年　月　日具　位　狀

可漏子同齋狀式

當寺庫司比丘　某　右某啓取今晨齋退

狀　晚刻就雲堂點茶湯用伸陳　賀之儀伏望

尊慈特垂　降重

又《交割砧基什物》　入院後須會兩序勤舊茶。詳細詢問山門事務、砧基契書什物。逐一點對交割，計算財穀。簿書分明，關防作弊，務在詳審。

又《請喪司職事》　主喪人巡寮罷，兩序勤舊小師隨到客位，呈衣鉢簿遺墨等物。會茶議請喪司職事書記維那知客侍真侍者並一切佛事資次見後以次議請。【略】每日諷經俵嚫奠茶湯，不拘兩序勤舊，各請一人掌財。

又《佛事》　入龕、移龕、鎖龕、法堂掛真、舉哀、奠茶湯、對靈小參、奠茶湯、起龕、山門首真亭掛真、奠茶湯、起龕、提衣、起骨入塔、入祖堂、全身入塔、撒土如衣鉢豐厚，每日奠茶湯，添轉龕轉骨等佛事。

又《下遺書》　喪事畢，主喪請侍者辦事人。【略】燒香吃茶罷，待兩序至，專使起爐前謝茶。再插大香一片。【略】方丈祭文或住持自作江湖法眷辦事皆當備香致祭。侍者一一提點。次早方丈請茶。【略】住持升座下座詣靈几前，住香點湯上祭點茶展拜。【略】初到寺見侍者。引見住持。插香展拜相看燒香吃茶起身稟意畢。送安下處。

又《管待主喪及喪司執事人》　山門當備供嚫高下一一如儀。仍請兩序勤舊，光伴首座攝居主席。就方丈坐，排照牌。都寺行禮與常特為同。茶畢鳴鐘集衆，門送主喪人。

又卷下《兩序章第六·西序頭首·知客》　職典賓客。凡官員檀越尊宿諸方名德之士相過者，香茶迎待，隨令行者通報方丈。然後引上。相見仍照管，安下去處。如以次人客，衹就客司相款。或欲詣方丈庫司諸寮相訪，令行者引往。

又《列職雜務·寮元》　掌衆寮之經文什物、茶湯柴炭，請給供需，灑掃浣濯，淨發櫛巾之類。每日粥罷，令茶頭行者門外候衆至。鳴板三下，大衆歸寮。寮長分手，寮主副寮對面左右位。副寮出燒香歸位。茶頭喝云不審。大衆和南遇旦望點湯。鳴板集衆，燒香行湯如常禮。

又《寮主副寮》　凡安衆處寮元照戒次，自下而上請充之。寫定名字，預貼牌上，十日一替，佐寮元辦事。旦暮僧衆歸堂，巡視經案。或有遺忘什物者，眼同收拾付還。及交點本寮什物，提調香燈茶湯，毋容外人止宿及寄賣物件。猶預定望寮一名，使以次挨補副寮。若寮主遇滿，從維那請交代。副寮遇滿，從寮元請交代。

又《兩序章第六·請立僧首座》　方丈備草飯，請特為湯藥石。至晚湯果兩序光伴，立僧侍者預席。次日住持請僧堂特為茶，請客侍者具茶榜式見後。詣寮插香拜請禮與特為新首座同。立僧當特為首座大衆茶，與前堂特為後堂大衆禮同。別日方丈管待請兩序光伴。

又《請名德首座》　住持須預稟露，如有允意，方丈先請茶。兩序光伴即鳴鼓升座，更不報衆。住持委曲致懇。下座與大衆同伸拜請。鳴鐘送歸寮。茶湯管待禮與前同。進退不混兩序無交代也。

榜式：　堂頭和尚今晨齋退。就雲堂點茶。特為新命首座。聊旌陳賀之儀。仍請諸知事　大衆同垂光伴　今月日侍司　某敬白。

榜式

堂頭和尚今晨齋退就雲堂點茶特爲新命
首座聊旌陳賀之儀仍請
諸知事　大衆同垂光伴
今月　日侍司　某敬白

又《兩序進退》　住持以擇定人名目子，並西堂勤舊。令客頭行者請粥罷會茶。

又《挂鉢時請知事》　有處住持不先和會，默擇人定。預分付堂司行者。於僧堂早粥罷，掛鉢時。喝云：『大衆少立，請新知事。』維那入聖僧前燒香巡堂一匝。至住持前問訊側立。住持付所請人名目子。接訖當面問訊。從聖僧後轉。鳴椎一下云：『白大衆。適奉堂頭和尚慈旨，請某人充某知事。』逐一白訖。侍者揖請新人至住持前受職。與前禮同。曰方丈會茶。請頭首禮並同前。

又《方丈特爲新舊兩序湯》　請客侍者令客頭行者備栟袱爐燭，詣新舊前堂首座處。炷香觸禮一拜。稟云：『堂頭和尚請參前就寢堂持為獻湯。』次新舊都寺前炷香無拜，詞語同前。【略】至時鳴鼓。客集同請客侍者行禮小座湯禮同。至晚湯果次日粥罷，請新舊人茶。庫司亦請茶，然不及赴。赴方丈茶罷，卻往致謝。半齋庫司點心仍提調。送舊人粥飯三日。

又《堂司特爲新舊侍者茶湯》　草飯罷，維那令堂司行者。請新舊侍者，並聖僧侍者。參前就寮獻湯。堂司設位排照牌。請寮元。光伴鳴寮前板。接入揖坐禮與庫司同。當在方丈特為湯之先，庶不相妨行禮。候方丈特為新首座茶罷，則堂司亦請新舊侍者特為茶。次日當專致謝。

又《方丈特爲新首座茶》　管待了，次早燒香侍者覆住持。令客頭行者備栟袱爐燭香合，請客侍者寫茶榜式見前名德首座同。詣首座寮。炷香觸禮一拜。稟云：『堂頭和尚齋退，就雲堂特為點茶。伏望降重。』客頭報衆掛點茶牌仍請知事大衆。光伴排照牌。侍者行禮並與四節特為禮同，惟四板頭不安香几。無巡堂請茶。禮畢，先收首座住持盞。首座直趨住持前行禮。初展云：『此日特蒙煎點，禮意過勤。下情不勝愧感之至。』再展敘寒溫畢，觸禮三拜。首座從聖僧後右出堂前。住持相送復位執盞。侍者燒光伴香畢收盞。鳴鼓三下退座。首座仍於法堂下間，候住持謝茶。

又《新首座特爲後堂大衆茶》無後堂則以次頭首　方丈特為茶了。次早新首座懷香詣方丈，拜請云齋退特為後堂首座大衆，就雲堂點茶。伏望慈悲降重。具狀式見後。備盤栟袱爐燭，詣後堂首座寮。炷香拜請云今晨齋退就雲堂點茶特為伏望降重。呈納狀訖。特為人令本寮茶頭，遞付供頭貼僧堂前下間，封皮粘狀前。次令堂司行者報衆掛點茶牌，長板鳴。僧堂內巡請茶鳴鼓集衆行禮並與常特為禮同。

前堂首座比丘某右某今晨齋退就
狀雲堂點茶一鐘特為後堂首座大衆仍請
諸知事同垂光降
今月日具位某狀
式可漏子
狀請後堂首座大衆具位某謹封

今月　日具位　某　狀
式　可漏子
狀請　後堂首座大衆　具位　某謹封

前堂首座比丘　某　右某今晨齋退就
狀　雲堂點茶一中特爲　後堂首座大衆仍請
諸　知事同垂光降

又《住持垂訪頭首點茶》　茶湯禮畢，住持齋罷，往諸頭首寮點茶。從容溫存，點檢缺乏。隨令庫司措辦。

又《兩序交代茶》　伺方丈特為新首座茶畢，次第新職事具威儀。懷香躬詣各受代人處。插香對觸禮一拜。請云：『齋退，拜屈尊重就寮獻茶。』隨令茶頭請兩序各一人。東西序勤舊各一人光伴西序請茶，則知事分手坐。於同列頭首中，請肩下一人光伴。如肩上人赴坐位相妨，東序請茶，則頭首分手坐。如維那位居東序，請茶時肩下副寺一人赴。寮中向內設特為位。主席分手位。左右光

伴人位。齋退鳴寮前板，接受特為人，次接光伴人。入位揖坐燒香揖香燒光伴香。入座下茶。茶畢，受代人起，將元請香插爐中，觸禮拜謝而退。次日令堂司行者請交代點心。名勝一人光伴。前堂首座。則請西堂勤舊各一人光伴。若庫司一班。請西堂勤舊頭首光伴。庫司釘掛。向裏設特為位。左右排光伴位。頭首與主席分手，同序隨班位。次日點心坐位同前。西序止於知客，東序止於維那。凡侍者交代茶與點心。當請維那光伴設位行禮皆同。近時點心因而請客請鄉曲非禮也。

又《入寮出寮茶》 入蒙堂者白寮主，掛點茶牌。牌左小紙貼云：『某拜請合寮尊衆齋退就上寮。』齋罷備香燭普同問訊。揖寮主居主位，點茶人居賓位。略坐起身，燒香問訊。復坐點茶收盞。寮主起爐前相謝。自蒙堂出充頭首者，點交代茶畢。別日令茶頭報寮主掛點茶牌。齋退鳴寮中小板。點茶人門外右立揖衆入。爐前問訊。寮主主位點茶人分手位。略坐起身，燒香問訊。復坐獻茶了，寮主與衆起身爐前致謝，送點茶人出。自衆寮出充頭首者，令茶頭預報寮主掛點茶牌。齋退鳴板。先到衆寮門外右立揖衆。入位立定，問訊揖坐。進中間上下間燒香，復中間上下間問訊。仍中央問訊。寮元揖點茶人。對面位坐。行茶畢，寮元出爐前致謝送出。入衆寮者點茶禮與出寮茶同。但寮元寮長分賓主位。自不可入位坐。

又《頭首就僧堂點茶》 伺點出寮茶畢，具茶榜式見後。令茶頭貼僧堂前下間，具威儀詣方丈請茶。諸寮掛點茶牌報請。預令供頭燒湯出盞，庫司備茶燭。齋畢就坐，點茶頭首入堂炷香行茶與旦望禮同。

榜式： 某寮舍湫隘不敢坐邀。今晨齋退就雲堂
點茶一中。伏望衆慈同垂降重
今月日具位某拜請
本山辨事禪師江湖名勝禪師
鄉曲道舊禪師合堂尊衆禪師

榜式
某寮舍湫隘不敢坐 邀今晨齋退就雲堂
點茶一中伏望 衆慈同垂 降重
今月 日具位 某拜請
本山辨事禪師 江湖名勝禪師
鄉曲道舊禪師 合堂尊衆禪師

又《沙彌得度·裝包》 古者戴笠。笠內安經文茶具之類。

又《游方參請》 觸禮三拜，如入室弟子法眷則云：『久承慈蔭。』別插香行禮就座。侍者燒香吃茶。住持問鄉里名諱及夏在何處。各須實答，不可多語。起身爐前謝云：『重承降接，特此拜謝。』住持送出。【略】 次日粥罷請茶。參頭領衆，排立寢堂前，候住持至。即趨前問訊云：『經宿恭惟，堂頭和尚尊候起居多福。某等重承寵呼，下情不勝感激之至。』入座侍者燒香吃茶，起至爐前兩展三禮謝茶。

又《大相看》 次早赴方丈茶求掛搭，候放榜式見後。下堂司，送歸堂並與前同。住持並在謝掛搭時回禮。

榜式奉方丈慈旨掛搭一僧某甲上座某甲上座
今月日侍司某報

榜式 奉方丈慈旨掛搭一僧某甲上座某甲上
座 今月 日侍司 某報

又《大挂搭歸堂》 堂司承侍司報榜，即令行者請新到茶。各懷度牒，參頭預備小香合，准歸堂時用。領衆詣堂司對。觸禮一拜敘寒溫。入座受茶畢。起稟云：『某等適奉方丈慈旨，令依附左右，伏望甄録。』維那答云：『多幸喜得同守寂寥。』參頭與衆各取度牒遞付維那。

又《西堂首座挂搭》 如大方名德欲作住計。語次露意，住持度有單寮可處，及行坐位次上下安順，則留之。次日赴茶畢稟云：『某為生死事大特來依棲。』即觸禮一拜。或別日或即時，會兩序勤舊茶。住持躬起燒香復位立白云：『某處西堂首座不棄，來此同守寂寥，煩兩序勤舊同送歸寮。』受送人即進前云：『特來依棲，重荷收録。』住持同兩序勤

舊送歸寮。對觸禮一拜，送住持出。受送人居主位。揖侍者入問訊送出，揖兩序，勤舊入問訊畢，即懷香詣方丈拜謝。堂司行者引詣兩序勤舊處，回禮方丈，別日特為管待講茶禮。旦望請茶，並與勤舊列。

又《諸方名勝挂搭》　凡欲求挂搭，次日赴茶罷稟云：『某等為生死事大，特來依棲，伏望收録。』普觸禮一拜。住持如允，則會首座知事維那茶畢。住持躬起燒香白：『送意如前。』受送人進云：『某等重蒙收録，衹歸僧堂隨衆。』答云：『山門禮合延送。』隨職名高下，送蒙堂前資。對觸禮一拜，送住持出。與寮主問訊，詞云：『宿生多幸得依左右。』答云：『多生緣熟，且喜同居。』受送人轉主位揖侍者入問訊送出。與兩序問訊畢。即懷香詣方丈。拜謝榻位。堂司行者引至庫司諸頭首寮回禮。或方丈放榜頭煩首座。請送則首座令堂司行者。請知事一人維那侍者及受送人，同至寮首座燒香獻茶，白住持發批山門相送之意。送入門時，首座居主位。代住持觸禮一拜，受送人歸主位。首座轉居客位與知事維那同，問訊餘禮並同前。

又《方丈特爲新挂搭茶庫司頭首附見》　請客侍者照戒臘雙字名寫茶狀式見後。至日侵晨洗面時，備桌子筆硯列照堂。請客於名下書云：『某甲謹拜尊命。』如掛搭諸方名勝，亦依戒寫入茶狀內。隔日方丈客頭先持狀請僉名。侍者令客頭依戒列名寫特為牌，或作四出六出。首座光伴、諸方名勝必與住持對面位。若有異議，則於名勝内推戒最高者坐之。參頭與光伴對面位。蓋受送者先謝榻位。此同赴茶耳。至日齋罷鳴鼓集衆。侍者揖入，住持相接問訊。次與光伴人問訊。各依照牌歸位立定。燒香侍者請客侍者分左右位頭。行禮巡揖坐。揖香揖茶，燒光伴香，鳴鼓退座。並與四節小座湯禮同。受特為人引衆排立謝茶。初展云：『某等此日重蒙煎點，特此拜謝。下情不勝感激之至。』再展云：『即日時令謹時恭惟，堂頭和尚尊候起居多福。』退身觸禮三拜而退。次日庫司客頭行者依戒單字名，具茶狀。列衆寮前請僉名。書云：『某甲敬依來命。』庫堂排位。首座光伴鳴庫堂板，上首知事與維那行禮，又次日首座衆頭首具狀請僉同前。照堂排位，都寺光伴鳴照堂板，全班行禮。或四人六人分巡問訊。如三人五人，首座燒香衹居中立。古法三日講行。令諸方多並作一日。就方丈借座及鼓。頭首知事空住持一位，互為主伴位次。行禮並同但謝茶必當齊離位轉身問訊致謝。近習衹位頭起謝，非禮也。

新掛搭某甲上座列名堂頭和尚今晨
茶齋退就寢堂點茶特為伏希云集今
月日侍司某拜請庫司頭首則云新掛
狀搭某上座列名右某等今晨齋退就庫
司點茶一中特為伏望衆慈同垂降重
式今月日庫司比丘某等拜請
頭首當列名止於知客就照堂餘同前

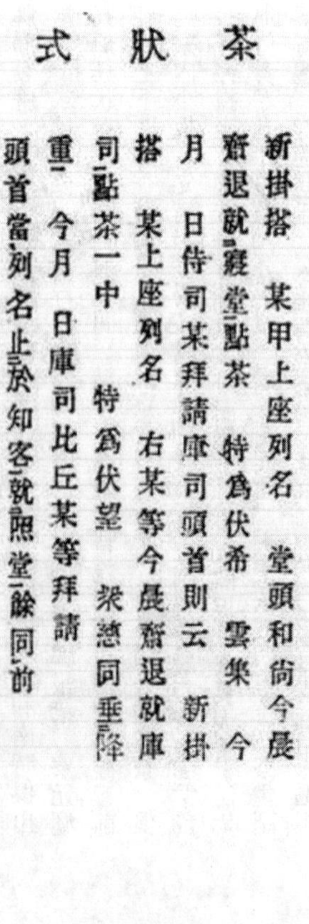
茶狀式

新掛搭　某甲上座列名　堂頭和尚今晨
齋退就寢堂點茶　特為伏希　雲集　今
月　日侍司某拜請庫司頭首則云　新掛
搭　某上座列名　右某等今晨齋退就庫
司點茶一中　特為伏望　衆慈同垂降
重　今月　日庫司比丘某等拜請
頭首當列名止於知客就照堂餘同前

又《赴茶湯》　凡住持兩序特為茶湯，禮數勤重，不宜慢易。既受請已依時候赴。先看照牌明記位次，免致臨時倉遑。如有病患内迫不及赴者，托同赴人白知。惟住持茶湯不可免。慢不赴者不可共住。

又《亡僧·請佛事》　若亡者是西堂單寮勤舊，衣鉢稍豐，則添奠茶湯轉龕轉骨等佛事。

又《大夜念誦》　放參罷，鳴僧堂鐘集衆，龕前念誦知事先燒香上茶湯。

又《送亡》　維那出燒香請起龕佛事舉畢。行者鳴鈸抬龕出山門首。若奠茶湯轉龕，龕則向裏安排香几。

又《茶毗》　喪至涅槃臺，知事燒香上茶，次住持上香歸位。維那出燒香請住持秉炬佛事。直歲問訊度火把。候舉佛事畢。維那向龕念誦云：『是日則有新圓寂某甲上座。既隨緣而順寂，乃依法以茶毗。焚百年弘道之身，如一路涅槃之徑，仰憑尊衆資助覺靈。南無西方極樂世界

大慈大悲阿彌陀佛。』十聲罷，上來稱揚十念資助往生：『惟願慧鏡分輝，真風散彩。菩提園裏開敷覺意之花，法性海中蕩滌塵心之垢。茶傾三奠，香爇一爐，奉送雲程，和南聖衆。』知事候念茶傾香爇時，躬出傾爇，表山門禮。維那就行之非禮也。舉大悲咒。回向云：『上來念誦諷經功德。奉為新圓寂某甲上座茶毗之次莊嚴報地。十方三世一切云云。』知客平舉楞嚴咒，回向同前但無念誦二字。鄉人法眷諷經回向亦同。

又《板帳式》　伍伯文庫司茶頭上茶湯。伍伯文參頭差撥行者。二貫文堂司行者報衆。伍伯文監作差撥又力。伍伯文方丈聽叫捧香合。十貫文行堂諷經。一貫文貼堂司行者鳴廊板。二貫文四寮茶頭供應。一十伍貫文舁龕。一貫文打鈸。三貫文鼓樂。三貫文扛香桌挑幡燈六人。

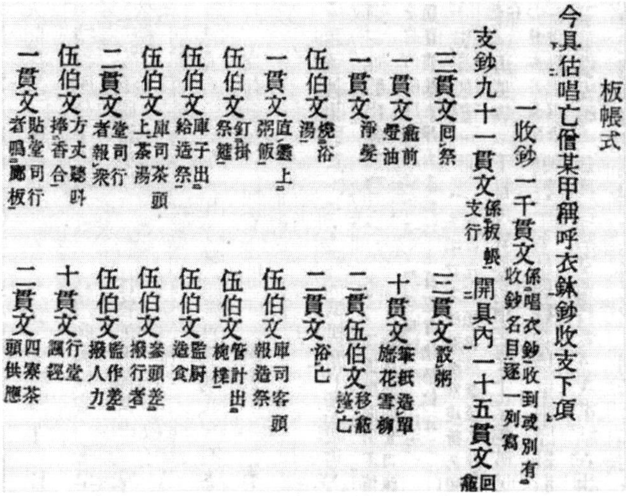
板帳式
今具估唱亡僧某甲稱呼衣鉢鈔收支下項
一收鈔一千貫文係唱衣鈔收到或別有收鈔名目逐一列寫
支鈔九十一貫文係板帳支行，開具內一十五貫文回龕
三貫文回祭　三貫文設粥
一貫文龕前燈油　十貫文筆紙造單旛花雪柳
一貫文淨髮　二貫伍伯文移龕送亡
伍伯文燒浴湯　二貫文浴亡
一貫文直靈上粥飯　伍伯文庫司客頭報造祭
伍伯文釘掛祭筵　伍伯文管計出幃樣
伍伯文庫子出給造祭　伍伯文監廚造食
伍伯文庫司茶頭上茶湯　伍伯文參頭差撥行者
二貫文堂司行者報衆　伍伯文監作差撥人力
伍伯文方丈聽叫捧香合　十貫文行堂諷經
一貫文貼堂司行者鳴廊板　二貫文四寮茶頭供應

又《節臘章第八·新挂搭人點入寮茶》　新掛搭人入寮後，照列納陪寮錢若干。候寮元輪排，當在何日。掛點茶牌報衆。書云：『今晨齋退某甲上座。』某甲上座列寫或三人六人九人為度。須各備小香合具威儀。預列衆寮前右邊立候衆下堂。茶頭即鳴寮前板。衆至揖迎歸位立定。點茶人列一行問訊。揖坐坐畢。分進中爐上下間爐前。燒香人多不過九人。則三三進前。退步轉身須相照顧詳緩。列一行問訊仍分進爐前問訊，退仍一行列問訊而立，謂之揖香。鳴寮內小板二下。行茶遍，瓶須從穿堂入。仍如前進前問訊復退作一行。問訊謂之揖茶。鳴小板一下收盞衆起立定。寮元出爐前對點茶人代衆謝茶。衆人就位同時合掌謝畢。寮元復位。點茶人復一行列問訊。再各分進爐前問訊，謂之謝衆臨。仍退作一行問訊。鳴寮前板三下，大衆和南而散。寮元隨令茶頭請點茶人獻茶。候點入寮茶畢寮元逐日衣戒具名點戒臘茶。行禮並同前。

又《衆寮結解特為衆湯附建散楞嚴》　四月初，待衆詣方丈謝掛搭罷，堂司圖帳已定。寮元依戒排經櫃圖、茶湯問訊圖，清衆戒臘牌。入寮資次牌淨發牌。夏中行茶湯瓶盞圖兄弟結緣隨意書名。圖成大衆和南時俱出於穿堂。十二日午後，堂司行者覆住持兩序。諸寮掛諷經牌報衆。寮元灑掃衆寮預具狀見後。貼寮前下間。請合寮尊衆。特為湯鋪設照牌。觀音前設供養。上下間排香爐燭臺。預煎湯寮元親送方丈。令茶頭分送諸寮。俱畢，鳴寮內小板。先講小座湯亦設照牌。特為寮主副寮楞嚴頭行瓶盞人。請寮長光伴揖坐。燒香揖香歸位坐行湯畢。方鳴寮前板。寮長大衆入座。請維那侍者。光伴與寮元分手位，寮長對面位，大衆依戒四案位。寮主副寮分案行禮，皆巡問訊。入座揖坐燒香揖香。鳴寮內板二下。行湯遍揖湯。又鳴板一下，收盞畢寮長進爐前謝湯畢。鳴寮前板三下退座。兩序入寮首座都寺各燒香歸班位立。寮元於門外右立。伺迎住持入燒香立定。寮元於西序班末後立。出燒香禮拜楞嚴頭舉咒。回向畢。寮元送住持出。七月十二日禮同。

守寮比丘某右某啟取今晚就寮煎湯
一中特為合寮尊衆聊旌某制之儀伏
望衆慈同垂
光降謹狀今月日守寮比丘某狀

可漏子狀請合寮尊衆禪師守寮比丘
某謹狀

狀式

守寮比丘　某　右某啓取今晚就寮煎湯
一中特爲合寮尊衆聊旌某制之儀伏
望　衆慈同垂
光降謹狀　今月　日守寮比丘　某　狀
可漏子狀請　合寮尊衆禪師　守寮比丘
某謹狀

又《方丈小座湯》　四節講行按古有三座湯。第一座分二出。特為東堂西堂請首座光伴。第二座分四出。頭首一出，知事二出，西序勤舊三出，東序勤舊四出。西堂光伴第三座位，多分六出。本山辦事、諸方辦事，隨職高下分坐，職同者次之。首座光伴侍司預備草圖，呈方丈議定。至日依名書照牌，午後備卓袱，作一二三座，陳列寢堂下間。東西堂前堂首座都寺係請客侍者各詣寮觸禮拜請云：『堂頭和尚請今晚就寢堂，特為獻湯。』餘頭首辦事、名勝方丈、客頭行者請云：『方丈和尚參前請就寢堂，特為獻湯。』寢堂釘掛排位、秉燭裝香畢。客頭行者覆侍者，次覆方丈鳴鼓。初座客集侍者揖引。至住持前問訊依照牌入位立定。燒香侍者請客侍者分往特為人前。巡問訊揖坐已。復位並立。燒香侍者進前燒香，仍歸位。與請客侍者同時轉身分巡問訊揖香。候鳴板二下。行湯遍，仍巡揖。湯畢燒香侍者進燒光伴香。鳴板一下收盞。鳴鼓五下退座。三座行禮並同。叢林以茶湯為盛禮，近來多因爭位次高下，遂寢不講。住持當力行之。江湖老成當力從臾之。庶將來知所矜式云。

又《庫司四節特爲首座大衆湯》　念誦罷，就僧堂講禮。都寺預於齋退具湯榜見後。即令客頭行者備柈袱爐燭，詣前堂首座前。插香觸禮一拜。稟云：『今晚就雲堂，特為首座大衆點湯。伏望慈悲，特垂光降。』以榜呈納首座。隨令本寮茶頭遞付供頭，貼僧堂前下間。庫司客頭隨覆云：『拜請湯罷就座藥石。』都寺懷香詣方丈。觸禮一拜請云：『今晚就雲堂特為首座大衆點湯。伏望和尚慈悲特垂降重。』仍分付客頭，請勤舊蒙堂諸寮，各掛點湯牌。逐一請已，僧堂前列照牌。設首座與住持對面位。上下間安大衆位。差行者專直特為人。念誦畢，即鳴齋鼓一通。大衆歸鉢位。頭首一班齊歸前板。都寺隨入揖首座離位。卻揖以次頭首進板首，隨送首座歸位。從聖僧後，。右出堂外，迎住持入堂。供頭緩鳴堂前鐘七下，送住持入位。仍往首座前揖坐。仍如前出從首座板。起巡堂一匝。外堂上下間。歸堂中立問訊衆坐。進前燒香次上下間外堂歸香合安元處。即往特為人前問訊。右出住持前問訊，仍巡問訊一匝。及外堂歸堂中問訊側立。鳴堂前鐘二下。先進特為人與住持湯。次行大衆湯遍瓶出。往特為人前問訊。右出聖僧前。大展三拜。仍巡堂一匝。出外堂巡畢。引全班入住持前行禮。初展云：『此日粗湯，特沐慈悲降重。下情不勝感激之至。』再展云：『即日時令謹時恭惟。堂頭和尚尊候起居多福。』退觸禮三拜畢。轉身引從聖僧後轉，右出堂前排立。首座隨出對觸禮一拜謝湯。復從上間入特為位。都寺復歸中燒香為藥石故。而退。堂司行者喝云：『請大衆下鉢。』行者進住持特為人桌。大衆展鉢頭首不下鉢，庫司備碗楪。行藥石食畢，鳴鼓三下退座。方丈預出免人事榜云：『某節並就來日法堂上人事例免到方丈　伏希衆悉住山某咨白。』貼僧堂上間。不鳴放參鐘各鄉曲依所出榜詣各處團拜。四節並同。惟冬節湯罷行糍果，方行藥石。

湯庫司今晚就雲堂點湯一中。特為首座大衆。
聊旌某節之儀。伏望衆慈同垂光降。
榜今月日庫司比丘某等敬白

湯榜

庫司今晚就雲堂點湯一中特爲　首座大
衆聊旌　某節之儀伏望　衆慈同垂
光降
今月　日庫司比丘某等敬白

又《四節秉拂》　古來秉拂多別設座。今習為常。後昆無聞。次就燒香侍者處借法鼓。秉拂人令茶頭行者，請聖僧侍者禪客。燒香獻茶畢云：『今晚秉拂，輒煩侍者燒香禪客問話。』【略】次日方丈請茶。如都寺辦齋並請茶，半齋點心。別日上堂敘謝管待，或請立班西堂在第二夜秉拂。住持小參時小委曲勸請舉揚，隨意拈頌公案，遞相激揚此道。近時敘謝循襲繁贅，使人厭聽取誚識者，蓋秉拂以法為施。苟徇時儀但總標

名，或略提過足矣。

又《方丈四節特爲首座大衆茶》　至日粥罷，請客侍者寫茶榜見後。備柈袱爐燭詣寮炷香。觸禮請云：『堂頭和尚今晨齋退，就雲堂點茶。特為伏望降重。』以榜呈納貼僧堂前上間。客頭行者請以次頭首諸寮，及請知事。光伴掛點茶牌。長板鳴。請客侍者入堂聖僧前燒香一炷，大展三拜，巡堂一匝。至中問訊而退。謂之巡堂請茶。堂前排特為照牌。首座與住持對面，上首知事與住持分手位。維那次之，以次知事與受特為人分手位。鳴鼓集衆。燒香侍者行禮並與庫司特為湯禮同。首座至住持前謝茶。兩展三禮。初展云：『茲者特蒙煎點，下情不勝感激之至。』再展云：『即日時令謹時恭惟，堂頭和尚尊候起居多福。』退觸禮三拜住持每一展則約止之。至觸禮則答一拜。首座轉身從聖僧後右出。住持略送復位。侍者燒光伴香。鳴鐘收盞鳴鼓退座。亦同前。首座先往法堂。候住持拜謝。免則問訊。

榜式：　堂頭和尚今晨齋退就雲堂點茶一中特為
首座大衆聊旌某節之儀仍請
諸知事同垂光降
今月日侍司某敬白

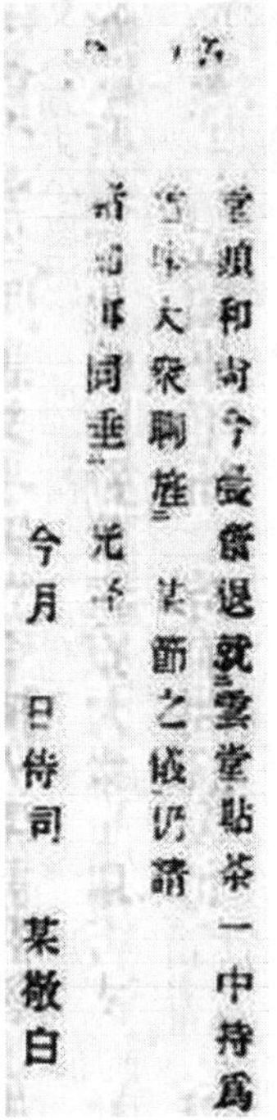
堂頭和尚今晨齋退就雲堂點茶一中特爲
首座大衆聊旌某節之儀仍請
諸知事同垂光降
今月　日侍司　某敬白

又《庫司四節特爲首座大衆茶》　遇節之次日粥罷，庫司具茶榜與湯同。請茶報衆掛牌。長板鳴入堂請茶。與侍者同。齋退排照牌。設位鳴鼓集衆。揖坐揖香揖茶巡堂問訊。住持前行禮致詞。並同湯禮。

又《前堂四節特爲後堂大衆茶》　遇節之第三日。首座具茶狀見後。詣後堂首座寮及詣方丈。請茶講行禮儀，次第並與庫司。特為茶同。但添設知事位次。

前堂首座比丘某右某啟取今晨齋退就
茶雲堂點茶一中特為後堂首座大衆聊旌
某節之儀仍請諸知事同垂光伴
今月日具位某狀
狀可漏子狀請後堂首座大衆具位
謹封

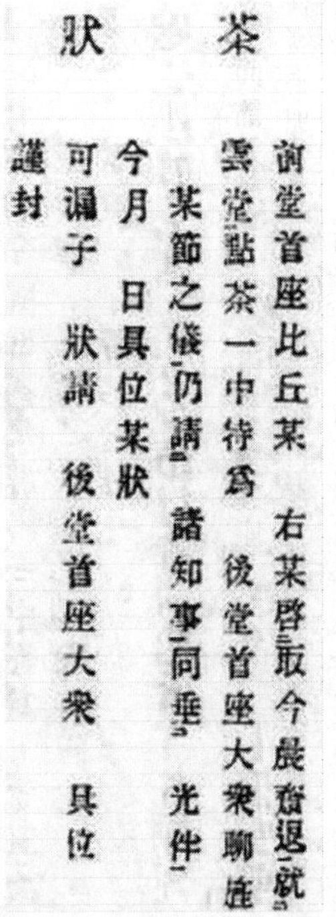
茶　前堂首座比丘某　右某啓取今晨齋退就
雲堂點茶一中特爲　後堂首座大衆聊旌
某節之儀仍請　諸知事同垂光伴
今月　日具位某狀
狀　可漏子　狀請　後堂首座大衆　具位
謹封

又《旦望巡堂茶》　住持上堂說法竟。白云：『下座巡堂吃茶。』大衆至僧堂前依念誦圖立。次第巡入堂內。暫到與侍者隨衆巡。至聖僧龕後，暫到向龕與侍者對面而立。大衆巡遍立定鳴堂前鐘七下。住持入堂燒香巡堂一匝歸位。知事堂排列聖僧前問訊。轉身住持前問訊。從首座板起巡堂一匝。暫到及侍者隨知事後出。燒香侍者就居中問訊揖坐。俟衆坐定，進前燒香及上下堂外堂。先下間。次上間香合安元處，前逐一問訊揖香畢，歸元位，鳴鐘二下。行茶瓶出復如前問訊。揖茶而退。鳴鐘一下，收盞。鳴鐘三下，住持出堂。首座大衆次第而出。或迫他緣，或住持暫不赴衆則粥罷。就座吃茶。侍者行禮同前。

又《方丈點行堂茶》　節臘僧堂茶罷，侍者同客頭至行堂點茶。客頭預報參頭掛點茶牌報衆。燒湯出盞請典座光伴。方丈預送茶。侍者至庫司，典座接入。參頭堂主領衆行者門迎。侍者居主位代住持也。典座右位侍者出中燒香一炷。復位以手揖衆坐。吃茶畢典座送出，參頭堂主門送。即詣方丈謝茶。

又《庫司頭首典行堂茶》　庫司候方丈點茶罷，知事詣行堂。點茶知事居主位。典座分手行禮與方丈侍者同。送出門喝云：『參頭大衆詣庫司謝茶。』庫司客頭報云『知事傳語免謝茶。』頭首候點僧堂茶見兩序章。罷，令堂司行者報參頭掛牌報衆。請典座光伴行禮與庫司同出門喝謝喝免亦同。

又《月分須知》　三月初一日堂司出草單。清明日祖堂諸祖塔諸檀

越祠庫司。預報灑掃嚴備供養。集衆諷經。此月出榜禁約山林茶筍。

五月端午日早晨知事僧堂內燒香點菖蒲茶。住持上堂次第建青苗會。堂司預出諸寮看經誦經單。直歲點檢諸處整漏。疏浚溝渠。方丈詣諸寮諸庵塔。各作十日點茶溫存。僧堂內掛帳。

九月初一日首座復鳴坐禪板。堂司提調糊僧堂窗。下涼簾上暖簾。重陽日早晨知事燒香點茱萸茶。住持上堂許方來相看。

又《法器章第九・鐘・僧堂鐘》 凡集衆則擊之。遇住持每赴衆入堂時鳴七下。齋粥下堂時放參時。旦望巡堂吃茶下床時。各三下住持或不赴堂。或在假則不鳴。堂前念誦時念佛一聲。輕鳴一下。末疊一下。堂司主之。

又《版》 大版齋粥二時長擊三通。木魚後三下疊疊擊之。謂之長版。【略】點茶湯時長擊之。內版掛搭歸寮時三下。茶湯行盞二下。收盞一下。退座三下。小座湯長擊之。

又《茶鼓》 長擊一通，侍司主之。

元 釋明本《幻住庵清規》 月進正月

每月初二十六是衆聖衙會之辰。常住營備香花燈燭茶果珍羞。就土地堂鋪設供養。

二月

十五日佛涅槃。是日當預備香燭茶果珍羞供養之具。亦預書疏文一道。半齋時分鳴板。衆各具威儀集佛前。庵主出上香。退身三拜，不收坐具。復進爐前上湯上食畢，又退身三拜。復炷香上䞋點茶畢，又退身三拜。收坐具再近爐前插香一炷。退身與大衆同禮三拜諸方有兩序出班燒香。庵居宜免。拜起即宣疏畢。

四月

十四日晚參時，土地堂念誦須備香花燈燭茶果珍羞如法莊嚴。庵主燒香上茶湯。退身依位立。維那念誦。誦畢，堂前鳴板，大衆皈堂。庫司聖僧前燒香煎湯一筵。

四節念誦皆同準此。

十月

初一日開爐。

初五日達磨大師忌，此日營供設位。庵主上茶湯設拜，諷楞嚴咒回向。

年規

聖節某月某日啟建。預備香燭茶果供養。於三五日前寫榜疏經單。至日侵早鳴鐘板集衆。庵主出。燒香一炷。上茶一甌。【略】庵主每日二時聞鐘聲即上殿燒香。每日庫司備茶果供奉上殿之人。蓋上下俱表其誠也。

四節

古清規以四節為一年之盛致。謂四節者。即結制、解制、冬至、歲朝是也。近代多以冬至歲朝為俗節。惟講結制解制之禮。今庵亦當循例舉行。特不能全機作用耳。如諸方於結制之時出圖帳草單及特為茶湯等，今庵居悉宜免之。惟預於四月十三日備大香燭花果茶湯排列佛前。起楞嚴會九十日，至七月十三日滿散。

延納

庵居幽寂，世路不通。雨笠煙包問津而至，或三或五遠荷迂從。庵門即備香燭。俟其濯足具威儀，主人迎接人事揖坐。燒香畢，重揖。點茶畢，起身謝茶。主前行送安下。

旦過雖非廣闊湏，床榻薦席門簾坐物隨宜鋪辨。茶湯點心湯果等禮不可苟簡。但隨家豐儉。古云：人情若好，吃水也肥，在禮不在物也。

進退

主伴交參，合離有分。相逢狹路，去住由緣。理不可專，事無定論也。庵中執事之人。或一年或三五年心力疲倦。欲告假皈堂隨衆，主者當再三勸勉且令順緣。或必志不從，當隨其引退。庵主鳴衆，會茶送皈或寮或堂。既送後須過一兩日備點心一筵待之。少見酬勞之禮也。或欲請人補前人之職。須預前令相親之人密密和會。俟其允肯方鳴衆會茶。

津送

留龕至第三日。公界造祭食五味供養。至晚念誦。方當念誦時分。鳴鐘磬鳴板衆集。庵主出燒香上湯茶上食畢。退禮三拜。即念誦諸方有兩序出班燒香。

道者山頭佛事

是日即有新物故某甲淨人既隨緣而有盡。乃依法以茶毗。焚百年苦行之身，入一路莊嚴之境。仰憑尊衆資助一靈，南無西方極樂世界大慈大悲阿彌陀佛。十念。

上來稱揚佛號，資助往生。惟願草盡階頭，花開碓觜。選僧堂内無見之頂相常圓。古佛園中有漏之塵軀永斷。茶傾三奠，香爇一爐。奉送雲程，和南聖衆。

明 釋如巹《緇門警訓》卷六《慈受禪師示衆箴規》 端身正意，默爾披尋。諦味聖言，契合心地。不虚開卷，始會看經。平時鄰案，道人切忌交頭接耳。賓客相看，禮不可免。茶湯才罷，敘話已周。相引出寮，不可久坐。若是舊時道伴遠地親情相邀，林下水邊方可傾心談論。至於交關買，賣引惹雜人，盡非衲子所為。【略】煎點茶湯，叢林盛禮，大衆雲集，方可跏趺。盞橐收歸，衆人齊退。私藏茶末，取笑傍觀。隻手揖人，是何法度。有故不赴，須白知寮。小坐茶湯，輒不可免。新到入寮，宜懷謙下。未諳法度，請問耆年。隨方毗尼，在人建立。安籠占案，不必著忙。款細之間，自然穩便。入寮煎點，本為衆人。意在志誠，茶須通吃。使了家事，舊處安排。瀉卻湯瓶，即時添注。山行水次，戒護開談。【略】煎茶掃地換水裝香。莫教冷卻湯瓶。免見禪和煩惱。寮中首座，務要柔和。規矩先行，繩墨自定。依時上案，簡徑開談。有一不周，衆人共議。遊山玩水，出入有時。惡性道人，善言誘勸。倘不聽從，密白方丈。護善遮惡，取信檀那。淨發圍爐，禮宜謙讓。右件規矩，委曲預聞。日用時中，各宜照顧。一撥便轉，善不可加。三喚不回，相聚何益。況乃心塵難掃，性水易湍。中器中根，可上可下。克賓法戰不勝。曾罰鑽飯一堂。文遠勝劣爭禪。輸卻糊餅兩個。叢林榜樣，後學依從。焦山不説兩般禪，祇要罰油十六兩。頌曰：烏龜忽爾艾燒頭，千古令人笑不休。奉勸後生高著眼，莫教罰了一斤油。

又卷七《芙蓉楷禪師小參》 今者輒學古人為住持。體例與諸人議定。更不下山不赴齋，不發化主。唯將本院莊課一歲所得，均作三百六十分，日取一分用之。更不隨人添減。可以備飯則作飯，作飯不足則作粥，作粥不足則作米湯。新到相見茶湯而已，更不煎點。惟置一茶堂，自去取用。

明 李日華《紫桃軒雜綴》卷一《普陀茶》 普陀老僧貽余小白岩茶一裹，葉有白茸，瀹之無色，徐飲覺涼透心腑。僧云：『本岩歲止五六斤，專供大士，僧得啜者寡矣。』

明 談遷《棗林雜俎》卷中《茶》 浙江長興縣芽茶三十五斤。納南京茶出顧渚，即岕茶也。近時僧大方製法，剪去尖末，號『大方茶』。按宋朱長文《吴郡圖經續記》：茶，長洲縣生洞庭山者，與金時蘄州味同。近年山僧尤善治製，謂之『水月茶』，以庵為名也。頗為吴人貴之。

明 吴之鯨《武林梵志》卷三《城外南山分脉由涌金清波至十八澗**》** 老龍井有水一泓。寒碧異常，幽僻清奥。過風篁嶺非復塵刹矣。其地產茶為兩山絶品。郡志稱寶雲香林白雲諸茶。乃在靈竺葛嶺之間。未若龍井之清馥雋永也。再上為天門，可通靈竺。徑道崎巇，草樹蓊鬱，人煙曠絶。山名暉落塢。僧如瑛買山築室三楹。數年屋成，得泉一泓，味甘色白。老龍井基側有辨才塔，今毁。

清 戴延年《吴語》《昭代叢書·丁集》卷二三 碧螺春產洞庭西山，以穀雨前為貴。唐皮陸各有茶塢詩。宋時水月院僧所制尤美，號水月茶，近易茲名色玉香蘭，人爭購之，洵茗荈中尤物也。

（光緒）《名山縣志》卷二《山原》 知縣胡壽昌《三登蒙山採茶序》：一嘗考陶穀《清異録》載：『吴僧日住蒙頂，結庵種茶，凡三年，味方全美，得絶佳者，曰聖楊花，又為吉祥蕊，所采不逾五斤。持歸供獻，不復再摘，此蒙頂仙茶之始也。』

傳記

五代 佚名《祖堂集》卷一八《趙州和尚》 趙州和尚嗣南泉，在北地。師諱全諗，青社緇丘人也。

少於本州龍興寺出家，嵩山琉璃壇受戒。不味經律，遍參叢林，一造南泉，更無他往。

既遭盛筵，寧無扣擊？師問：『如何是道？』南泉云：『平常心是道。』師云：『還可趨向否？』南泉云：『擬則乖。』師云：『不擬時如何知是道？』南泉云：『道不屬知不知，知是妄覺，不知是無記。若也

真達不擬之道，猶如太虛，廓然蕩豁，豈可是非？」師於是頓領玄機，心如朗月，自爾隨緣任性，笑傲浮生，擁毳攜笻，周遊煙水矣。

宋 釋贊寧《宋高僧傳》卷一一《唐趙州東院從諗傳》 釋從諗，青州臨淄人也。童稚之歲孤介弗群。越二親之羈絆，超然離俗。乃投本州龍興伽藍從師剪落。尋往嵩山琉璃壇納戒。師勉之，聽習於經律，但染指而已。聞池陽願禪師道化翕如。諗執心定志，鑽仰忘疲。南泉密付授之。滅跡匿端，坦然安樂。後於趙郡開物化迷，大行禪道。以真定帥王氏阻兵封疆多梗，朝廷患之。王氏抗拒過制而偏歸心於諗。諗嘗寄麈拂上王氏曰：『王若問何處得此拂子，答道老僧平生用不盡者物。』凡所舉揚，天下傳之，號趙州去道。語録大行，為世所貴也。

又《高德僧事迹十九之餘》 超化大師，諱匡嗣。俗姓李氏。太原文水縣齊鳳村人也。幼年慕道，不樂世榮。注意臺山，願求披剃。依真容院浩威為師。受具之後，勵志不群，杖錫南方。參尋知識，學通內外。博究禪律，傳法度人，開衆耳目。晉天福三年戊戌歲，遊方行化至湖南，謁偽國主王公。公施香茶盈萬。至丁未歲，遣使齎送入山。遍給諸寺。癸卯歲，至吴越國，見尚父元帥錢王。王禮接殊厚，語論造微，雅合王意。遂施五臺山文殊大士一萬聖衆前供物香茶。及制銀鉢盂鎖子萬副。茗荈茶葉老者也百籠。仍遣人送至吴越館內。【略】十五年間，興修佛寺，供衆僧數過百萬。案別傳云，昔湖南馬王素欽令望。嘗使齎茶二百籠送詣臺山。以充大聖前供養。

宋 釋惠洪《禪林僧寶傳》卷一三《福昌善禪師》 禪師名惟善，不知何許人。住荊南福昌寺。嗣明教寬禪師。為人敬嚴，秘重法道。初住持時，屋廬十餘間，殘僧數輩。善晨香夕燈，陞座説法，如臨千衆，禪林受用，所宜有者，咸修備之，客至肅然加敬。十餘年而衲子方集。至百許人，善見來者，必勘驗之。【略】有僧自號映達磨。纔入方丈。提起坐具曰：『展即徧周法界，不展即賓主不分。展即是，不展即是？』善曰：『汝平地喫交了也。』映曰：『明眼尊宿，果然有在。』善便打。映曰：『奪拄杖打倒和尚，莫言不道。』善曰：『棺木裏瞠眼漢，且坐喫茶。』茶罷，映前白曰：『適來容易觸忤和尚。』善曰：『兩重公案，罪不重科。』便喝去之。

又卷一四《慧林圓照本禪師》 圓照禪師，諱宗本，出於管氏，常州無錫人也。性質直，少緣飾，貌豐碩，言無枝葉。年十九，師事蘇州承天永安道昇。方道價重，叢林歸之者如雲。本弊衣垢面，操井臼，典炊爨，以供給之。夜則入室參道。昇曰：『頭陀荷衆良苦，亦疲勞乎？』對曰：『若捨一法，不名滿足菩提。實欲此生身證，其敢言勞。』昇陰奇之。又十年，剃髮受具，服勤三年，辭昇。【略】未幾，神宗皇帝闢相國寺六十有四院為八，禪二律六。以中貴人梁從政董其事。驛召本主慧林。既至，遣使問勞三日，詔演法於寺之門。萬衆拜瞻，法會殊勝，以為彌勒從天而降人間也。翌日召對延和殿，有司使習儀而後引。既對山呼罷，登殿賜坐。即就坐盤足跏趺。侍衛驚相顧，本自若也。賜茶至，舉盞長吸，又蕩撼之。上問受業何寺，對曰承天永安。上喜其真喻，以方興禪宗，宜善開導之旨。既退，上目送之。謂左右曰：『真福慧僧也。』

又卷二五《大溈真如喆禪師》 禪師名慕喆，出于臨川聞氏。聞族寒，喆又幼孤。去依建昌永安圓覺律師，為童子。試所習，得度具戒。為人剛簡有高識，以荷法為志，以精嚴律身。【略】謝師直守潭州，聞其風而悦之，不可致。會嶽麓法席虚，盡禮迎以為出世。累日而後就。俄遷住大溈，衆二千指為所約束。人人自律，唯粥罷。受門弟子問道，謂之入室。齋罷必會大衆茶。諸方纔月一再，而喆講之無虚日。

又卷二八《法昌遇禪師》 禪師名倚遇，漳州林氏子也。為人奇逸，有大志。自剃髮受具，即杖策游方，名著叢林。浮山遠禪師，嘗指以謂人曰：『後學行脚樣子也。』辭遠謁南嶽芭蕉庵主谷泉，三至三遭逐，猶謁之。泉揕之曰：『我此間虎狼縱横，尿牀鬼子三回五度來覓底物？』遇曰：『人言庵主見汾州。』泉乃解衣抖擻曰：『汝謂我見汾州，有多少奇特？』遇即禮拜。問曰：『審如菴主語。客來將何祇待？』泉曰：『雲門胡餅趙州茶。』遇曰：『謝供養。』泉曰：『我火種也未有。早言謝，謝什麼？』遇乃去。

又《楊岐會禪師》 禪師名方會，生冷氏，袁州宜春人也。少警敏滑稽，談劇有味。及冠不喜從事筆硯，竄名商稅，務掌課最，坐不職當罰。宵遯去。游筠州九峯或云潭州道吾，恍然如昔經行處，眷不忍去。遂落髮為大僧，閱經聞法，心融神會。能痛自折節，依參老宿。慈明禪師住南

原。會輔佐之。安樂勤苦。【略】又問來僧曰：『雲深路僻，高駕何來。』對曰：『天無四壁。』曰：『踏破多少草鞋。』僧便喝。會曰：『一喝兩喝後作麼生。』曰：『看這老和尚著忙。』會曰：『拄杖不在，且坐喫茶。』又問來僧曰：『敗葉堆雲，朝離何處。』對曰：『觀音。』曰：『觀音脚根下一句，作麼生道。』對曰：『適來相見了也。』曰：『相見底事作麼生。』其僧無對。會曰：『第二上座，代參頭道看。』亦無對。會曰：『彼此相鈍置，其驗勘鋒機。又類南院。』慶歷六年，移住潭州雲蓋山，以臨濟正脉付守端。

又卷三〇《寶峰英禪師》 禪師名洪英，出於陳氏，邵武人。幼警敏讀書，五行俱下。父母鍾愛之，使為書生。英不食，自誓懇求出家。及成大僧，即行訪道。東游至曹山，依止耆年雅公，久之辭去。登雲居，眷巖壑勝絕，為終焉之計。【略】居士曰：『龍潭見天皇時節，冥合孔子。』英驚問何以驗之。曰：『孔子曰，二三子以我為隱乎，吾無隱乎爾。吾無行而不與二三子者，是丘也。師以為如何？』英笑曰：『楚人以山雞為鳳，世傳以為笑。不意居士此語相類。汝擎茶來，我為汝接。汝行益來，我為汝受。汝問訊，我起手。若言是説，説箇什麼？若言不説，龍潭何以便悟？此所謂無法可説，是名説法。』

元辛文房《唐才子傳》卷四《皎然》 皎然上人，字清晝，吴興人。俗姓謝，宋靈運之十世孫也。初入道，肄業杼山，與靈徹、陸羽同居妙喜寺。羽於寺旁創亭，以癸丑歲癸卯朔癸亥日落成，湖州刺史顔真卿名以『三癸』，皎然賦詩，時稱『三絕』。真卿嘗於郡齋集文士撰《韻海鏡源》，預其論著，至是聲價藉甚。貞元中，集賢御書院取高僧集上人文十卷，藏之，刺史于頔為之序。李端在匡嶽，依止稱門生。一時名公，俱相友善，題云『晝上人』是也。時韋應物以古淡矯俗，以嘗擬其格，得數解為贄，韋心疑之。明日，又録舊制以見，始被領略，曰：『人各有長，蓋自天分。子而為我，失故步矣。但以所詣，自名可也。』公心服之。往時住西林寺，定餘多暇，因撰序作詩體式，兼評古今人詩，為《晝公詩式》五卷，及撰《詩評》三卷，皆議論精當，取捨從公，整頓狂瀾，出色騷雅。公性放逸，不縛于常律。初，房太尉琯早歲隱終南峻壁之下，往往聞湫中龍吟，聲清而靜，滌人邪想。時有僧潛戞三金以寫之，惟銅酷似。房公往來，他日至山寺，聞林嶺間有聲，因命僧出其器，歎曰：『此真龍吟也。』大曆間，有秦僧傳至桐江，皎然戞銅椀效之，以警深寂。緇人有獻譏者，公曰：『此達僧之事，可以嬉禪。爾曹胡凝滯於物，而以瑣行自拘耶？』時人高之。公外學超然，詩興閒適，居第一流、第二流不過也。詩集十卷。

又卷九《齊己》 齊己，長沙人。姓胡氏，早失怙恃。七歲穎悟，為大溈山寺司牧，往往抒思，取竹枝畫牛背為小詩。耆夙異之，遂共推挽入戒。風度日改，聲價益隆。游江海名山，登岳陽，望洞庭，時秋高水落，君山如黛，唯湘川一條而已。欲吟杳不可得，徘徊久之。來長安數載，遍覽終南、條、華之勝。歸過豫章，時陳陶近仙去，已留題有云：『夜過修竹寺，醉打老僧門。』至宜春，投詩鄭都官云：『自封修藥院，別下著僧床。』谷曰：『善則善矣，一字未安。』經數日，來曰：『別掃如何？』谷嘉賞，結為詩友。曹松、方幹皆己良契。性放逸，不滯土木形骸，頗任琴樽之好。嘗撰《玄機分別要覽》一卷，摭古人詩聯，以類分次，仍別諷、賦、比、興、雅、頌。又撰《詩格》一卷。又與鄭谷、黄損等共定用韻為葫蘆、轆轤、進退等格，並其詩《白蓮集》十卷，今傳。

又卷一〇《貫休》 貫休，字德隱，婺州蘭溪人，俗姓姜氏。風騒之外，尤精筆劄。荊州成中令問以書法，休勃然曰：『此事須登壇可授，安得草草而言。』中令銜之，乃遞入黔中，因為《病鶴》詩以見志云：『見説氣清邪不入，不知爾病自何來？』初，昭宗以武肅錢鏐平董昌功，拜鎮東軍節度使，自稱吴越王。休時居靈隱，往投詩賀，中聯云：『滿堂花醉三千客，一劍霜寒十四州。』武肅大喜，然僭侈之心始張，遣諭令改為『四十州』，乃可相見。休性躁急，答曰：『州亦難添，詩亦難改。余孤雲野鶴，何天不可飛！』即日裹衣缽，拂袖而去。至蜀，以詩投孟知祥云：『一瓶一缽垂垂老，萬水千山特特來。』知祥久慕，至是非常尊禮之。及王建僭位，一日遊龍華寺，召休坐，令口誦近詩，時諸王貴戚皆侍，休意在箴戒，因讀《公子行》曰：『錦衣鮮華手擎鶻，閑行氣貌多陵忽。稼穡艱難總不知，五帝三皇是何物。』建小忉，然敬事不少怠也。賜號『禪月大師』。後順寂，敕塔葬丈人山青城峰下。有集三十卷，

今傳。休一條直氣，海内無雙，意度高疏，學問叢脞，天賦敏速之才，筆吐猛鋭之氣，樂府古律，當時所宗。雖尚崛奇，每得神助，餘人走下風者多矣。昔謂龍象蹴蹋，非驢所堪，果僧中之一豪也。後少其比者，前以方支道林不過矣。

明　朱棣《神僧傳》卷九《自新》　釋自新，姓孫氏，臨淄人也。濯戒尋師曾無懈廢。聞膺禪師化被鍾陵，往參問焉。從雲居長往回錫隱廣德山中。屬兩浙文穆王錢氏率吏士躬征苑陵。入山寺，群僧皆竄，唯新晏如。問曰：『何不避？』對曰：『東西俱是賊，令老僧去何處逃避。』王驚其訐直，回戈遺歸。見武肅王問之，言無所屈，加之高行，造應瑞院居之。假號曰廣現大師。初新嘗入宣城山采藥，穿洞深去。始則闇昧，尋見日分明。行僅數里，洞側有別竅。溪水泛泛然，隈一大松枝，下有草庵。一僧雪眉擁衲坐禪，旁有一磬火器。新擊磬遂開目驚曰：『嘻！師何緣至此？』乃陳行止揖坐。取石敲火煎茗，香味可愛。日將夕矣，僧讓庵令新宿。顧其僧上松巔大巢内。聞念法華經聲甚清亮。逡巡又咄罵云：『此群畜生毛類，何苦生人恐怖。速歸林薄，不宜輒出。』叱去。新窺之，乃虎豹弭耳而去。明日謂其僧曰：『願在此侍巾屨。』僧曰：『自此百日草枯四絶人煙，非師棲息處。』又問莫饑否，相引至溪畔。有稻百餘穗。收其穀，手挪三掬黄粱。挑野蔬和煮與食。後遣回去。送至洞口曰：『相遇非偶然也，所食茶與菜糜，師平生不乏食矣。』遂遵路回本院。已月餘。日命同好再往尋之，失洞蹤跡。後在浙中充寶塔寺主。以天福中卒於住寺，年八十餘。今影在冷水灣前小院存焉。

明　釋明河《補續高僧傳》卷六《習禪篇・黄檗慧傳》　黄檗山慧禪師，洛陽人也。少出家，業小經論學，因增受菩薩戒。嘆曰大士攝律儀。與吾本受聲聞戒，俱止持作犯也。然篇聚增減，支本通別，制意且殊。既微細難防，攝善中，未嘗行於少分，況饒益有情乎？且世間泡幻，身命何可留戀哉。遂置講課，欲捐身水中飼鱗甲。念已將行，偶二禪者接之款話，謂南方頗多知識，師何滯一隅也？師從此回意參尋，屬關津嚴緊。乃謂守吏曰：『吾非翫山水，誓求祖道，他日必不忘恩。』守者察其志，遂不苛留。且曰：『師既為法忘軀，回時願無吝所聞。』師欣謝，直造疏山。時仁和尚坐法堂受參。師先顧大衆，然後致問曰：『刹那便去時如何？』疏山曰：『畐塞虚空，汝作麼生去？』師曰：『畐塞虚空，不如不去。』疏山便休。師下堂參第一座。座曰：『適觀座主對和尚，語甚奇特。』師曰：『此乃率爾，寔自偶然。敢望慈悲開示。』座曰：『一刹那間，還有擬議否。』師言下頓省，禮謝退茶堂。悲喜交盈，如是三日。尋住黄檗山，聚衆開法，後終本山。今塔中全身如生。

紀事

唐　馮贄《雲仙雜記》卷六《收茶三等》　覺林院志崇收茶三等，待客以驚雷莢，自奉以萱草帶，供佛以紫茸香。蓋最上以供佛，而最下以自奉也。客赴茶者，皆以油囊盛餘瀝以歸。《蠻甌志》

唐　仰山慧寂《袁州仰山慧寂禪師語録》《五家語録》　師云：『從信門入。』公至法堂。又問：『不出魔界，便入佛界時如何？』師以拂子倒點三下。公便設禮。又問：『和尚還持戒否？』師云：『不持戒。』云：『還坐禪否？』師云：『不坐禪。』公良久。師云：『會麼？』云：『不會。』師云：『聽老僧一頌。滔滔不持戒，兀兀不坐禪。釅茶三兩碗，意在钁頭邊。』

唐　佚名《大唐青龍寺三朝供奉大德行狀》　貞元五年，奉敕於當寺大佛殿闕一字令七僧祈雨。第七日夜雨足，各賜絹一束、茶十串表謝。奉敕於右衛，龍迎真身入内。貞元六年四月闕一字日，奉敕令僧惠果入内，於長生殿為國持念。在内七十餘日，放歸。每人賜絹三十匹、茶二十串。【略】貞元十四年，五月大旱。五月上旬，奉敕祈雨。七日。在内道場專精持念。祈雨日足，恩賜絹一束、茶十串。

謝：臣僧等素無功行，天降甘雨，皇帝感化。僧等謝絹及茶，不勝頂賀。貞元十五年，八月下旬，加持皇太子，三日得差。各賜絹二十匹吴綾五十匹、茶二十串。臣等一界微僧，謝聖慈賜綾絹及茶，不勝頂賀。

唐　佚名《歷代法寶記》　彼即知憶，遂向瓘説。【略】『此有茶芽半斤，居士若去，將此茶芽為信，奉上金和上，傳無住語，頂禮金和上。金和上若問無住，云無住未擬出山。』瓘即便辭和上，將所奉上茶芽至逮巳月十三日至成都府淨泉寺。為和上四體違和，輒無人得見。董瓘逢菩

提師。引見金和上。具陳無住禪師所奉上茶芽傳頂禮。金和上聞説及見茶芽，非常歡喜。【略】和上呷茶次。是日幕府郎官侍卿三十人。禮拜訖坐定問和上大愛茶。和上云是。便説茶偈：幽谷生靈草，堪為入道媒。樵人采其葉，美味入流杯。靜虛澄虛識，明心照會臺。不勞人氣力，直聳法門開。【略】又時有廣慶師、悟幽師、道宴師、大智師。已上師僧並是堅成禪師弟子、來至和上坐下。和上呷茶次。悟幽師向和上説：『呷茶三五碗合眼坐，恰似壯士把一瘦人腰急晊晊地大好。』

五代 毛文錫《茶譜》 蜀之雅州有蒙山，山有五頂，有茶園，其中頂曰上清峰。昔有僧病冷且久。遇一老父，謂曰：『蒙之中頂茶，嘗以春分之先後，多構人力，俟雷之發聲，並手採摘，三日而止。若獲一兩，以本處水煎服，即能祛宿病；二兩，當眼前無疾；三兩，固以換骨；四兩，即為地仙矣。』是僧因之中頂築室以候，及期獲一兩餘。服未竟而病瘥。時至城市，人具容貌，常若年三十餘，眉髮緑色，其後入青城訪道，不知所終。

宋 釋道原《景德傳燈録》卷七《懷讓禪師第二世馬祖法嗣》

洪州泐潭惟建禪師。一日在馬祖法堂後坐禪。祖見乃吹師耳，兩吹師起定。見是和尚卻復入定。祖歸方丈，令侍者持一碗茶與師。師不顧，便自歸堂。

又《懷讓禪師第二世法嗣》 松山和尚。一日命龐居士吃茶。居士舉起托子云：『人人盡有分，因什麼道不得？』師云：『衹為人人盡有，所以道不得。』居士云：『阿兄為什麼卻道得？』師云：『不可無言也。』居士云：『灼然灼然。』師便吃茶。居士云：『阿兄吃茶何不揖客？』師云：『誰？』居士云：『龐翁。』師云：『何須更揖。』後丹霞聞舉乃云：『若不是松山，幾被個老翁作亂一上。』居士聞之，乃令人傳語丹霞云：何不會取舉起托子時。

則川和尚。師入茶園內摘茶次。龐居士云：『法界不容身，師還見我否。』師云：『不是老師怕答公話。』居士云：『有問有答蓋是尋常。』師乃摘茶不聽。居士云：『莫怪適來容易借問。』師亦不顧。居士喝云：『遮無禮儀老漢，待我一一舉向明眼人在。』師乃拋卻茶籃子，便入方丈。

又 卷九《前百丈懷海禪師法嗣》 普請摘茶。師謂仰山曰：『終日摘茶，衹聞子聲不見子形。請現本形相見。』仰山撼茶樹。師云：『子衹得其用不得其體。』仰山云：『未審和尚如何。』師良久。仰山云：『和尚衹得其體不得其用。』師云：『放子二十棒。』玄覺云：且道過在什麼處。

師睡次，仰山問訊。師便回面向壁。仰山云：『和尚何得如此？』師起云：『我適來得一夢，汝試為我原看。』仰山取一盆水與師洗面。少頃，香嚴亦來問訊。師云：『我適來得一夢，寂子原了。汝更與我原看。』香嚴乃點一碗茶來。師云：『二子見解過於鶖子。』僧云：『不作溈山一頂笠，無由得到莫徭村。如何是溈山一頂笠。』師即蹋之。

清田和尚一日與瑫上坐煎茶次。師敲繩床三下，瑫亦敲三下。師云：『老僧敲有個善巧，上座敲有何道理？』瑫曰：『某甲敲有個方便，和尚敲作麼生？』師舉起盞子。瑫云：『善知識眼應須恁麼？』煎茶了，瑫卻問：『和尚適來舉起盞子意作麼生？』師云：『別有也。』

又《前虔州西堂藏禪師法嗣》 虔州處微禪師。僧問三乘十二分教體理得妙。【略】師曰：『那個是慧那個是寂？』曰：『衹在目前。』師曰：『猶有前後在。』寂曰：『前後且置。和尚見什麼？』師曰：『吃茶去。』

又《前仰山西塔光穆禪師法嗣》 吉州資福如寶禪師。【略】問：『如何是和尚家風？』師曰：『飯後三碗茶。』

又 卷一二《懷讓禪師第四世·前洪州黃檗山希運禪師法嗣》

黃檗一日普請鋤茶園。黃檗後至。師問訊按钁而立。黃檗曰：『莫是困耶。』曰：『才钁地何言困。』

又 卷一三《前吉州資福如寶禪師法嗣》 吉州資福貞邃禪師第二世住。僧問：『和尚見古人得何意旨便歇去？』師作圓相示之。問如何是古人歌，師作圓相示之。問如何是最初一句。師曰：『未具世界時，闍梨亦在此。』問百丈卷席意如何。師良久。問古人道，前三三後三三意如何。師曰：『汝名什麼？』曰某甲。師曰：『吃茶去。』師謂衆曰：『隔江見資福刹竿便回去，脚跟也好與三十棒，豈況過江來時。』有僧才出師曰：『不堪共語。』問如何是古佛心。師曰：『山河大地。』

又 卷一三《前藥山惟儼禪師法嗣》 師煎茶次。道吾問：『煎與阿誰。』師曰：『有一人要。』曰：『何不教伊自煎？』師曰：『幸有某

甲在。」

又卷一五《潭州前雲岩曇晟禪師法嗣》 潭州神山僧密禪師。

【略】一日與洞山鋤茶園。洞山擲下钁頭曰：「我今日困，一點氣力也無。」師曰：「若無氣力，爭解恁麼道得。」洞山曰：「汝將謂有氣力底是也。」

師一日吃茶了。自烹一碗過與侍者。侍者擬接，師乃縮手曰：「是什麼。」侍者無對。

又《前潭州石霜山慶諸禪師法嗣》 師與雪峰岩頭因過江西。到一茶店内吃茶次。師曰：「不會轉身通氣者，今日不得茶吃。」岩頭云：「若恁麼我定不得茶吃也。」雪峰云：「某甲亦然。」師曰：「兩人老漢俱不識語在。」岩頭云：「什麼處去也？」師曰：「布袋裏老鵶雖活如死。」岩頭云：「退後著退後著。」師曰：「豁兄且置，存公作麼生？」雪峰以手畫個圓相。師曰：「不得不問。」岩頭呵呵云：「太遠生。」師曰：「有口不吃茶人多。」岩頭雪峰俱無語。

又卷一八《福州雪峰義存禪師法嗣》 有僧引童子到曰：「此兒子常愛問僧佛法。請和尚驗看。」師乃令點茶。童子點茶來，師啜訖，過盞托與童子，童子近前接。師卻縮手曰：「還道得麼。」童子曰：「問將來。」法眼別云：和尚更吃茶否。僧問和尚此兒子見解如何，師曰：「也祇是一兩生持戒僧。」

又卷二〇《前洪州雲居山道膺禪師法嗣》 一日大普請。維那請師送茶。師曰：「某甲為佛法來，不為送茶來。」維那曰：「和尚教上座送茶。」曰：「和尚尊命即得。」乃將茶去作務處，搖茶碗作聲。夾山回顧。師曰：「釅茶三五碗，意在钁頭邊。」夾山曰：「瓶有傾茶意，籃中幾個甌。」師曰：「瓶有傾茶意，籃中無一甌。」便傾茶行之。時大衆皆舉目，師又問曰：「大衆鶴望，請師一言。」夾山曰：「路逢死蛇莫打殺，無底籃子盛將歸。」師曰：「手執夜明符，幾個知天曉。」夾山曰：「大衆有人歸去」歸去。從此住普請歸院。衆皆仰歎。師後回浙西住佛日而終。

池州嵇山章禪師。曾在投子作柴頭。投子吃茶次謂師曰：「森羅萬象，總在遮一碗茶裡。」師便覆卻茶云：「森羅萬象在什麼處？」投子曰：「可惜一碗茶。」師後謁雪峰和尚。雪峰問：「莫是章柴頭麼？」師乃作輪椎勢。雪峰肯之。

又《前青林師虔禪師洞山第三世住**法嗣》** 定州石藏慧炬和尚。問如何是伽藍。師曰：「祇遮個。」曰：「如何是伽藍中人。」師曰：「作麼作麼？」曰：「忽遇客來將何秖待？」師曰：「吃茶去。」

洪州百丈安和尚號明照禪師第十世住。問一藏圓光如何是體。師曰：「勞汝遠來。」曰：「莫是一藏圓光麼？」師曰：「更吃一碗茶。」

又卷二四《諸方雜舉征拈代別語》 昔有三僧雲遊，擬謁徑山和尚。遇一婆子時方收稻次。一僧問曰：「徑山路何處去？」婆曰：「驀直去。」僧曰：「前頭水深過得否？」曰：「不濕腳。」僧又問：「上岸稻得恁麼好，下岸稻得恁麼怯。」曰：「下岸稻總被螃蟹吃卻也。」僧曰：「太香生。」曰：「勿氣息。」僧又問婆住在什麼處。曰：「祇在遮裏。」三僧乃入店内。婆煎茶一瓶，將盞子三個安盤上謂曰：「和尚有神通者即吃茶。」三人無對，又不敢傾茶。婆曰：「看老朽自逞神通也。」於是便拈盞子傾茶行。

宋 惟蓋竺《明覺禪師語録》卷一《室中舉古》 舉。睦州問僧近離甚處。僧云：「河北。」睦州云：「河北有個趙州和尚，曾到麼？」僧云：「某甲近離彼中。」睦州云：「趙州有何言教示徒？」僧云：「每見新到便問：『曾到此間來麼？』云曾到，趙州云：『吃茶去。』忽云不曾到。趙州亦云：『吃茶去。』」睦州云：「慚愧。」卻問僧：「趙州意作麼生？」僧云：「祇是一期方便。」睦云：「苦哉趙州。被爾將一杓屎潑了也。」便打。睦州卻問沙彌：「爾作麼生。」沙彌便禮拜，睦州亦打。其僧往沙彌處問：「適來和尚打爾作什麼？」沙彌云：「若不是我，和尚不打某甲。」師云：「者僧克由叵耐。將一杓屎。潑他二員古佛諸上座。若能辯得。非唯趙睦二州雪屈。亦乃翠峰與天下老宿無過。若道不得。到處潑人卒未了在。」

又卷二《明覺禅師後録》 因。中山主為師煎茶。師問僧：「爾隨例吃茶，將何報答？」僧云：「因風吹火，師不肯。」自代云：「難為和尚。」復云：「還會麼？」僧云不會。師云：「爾也須煎一會茶始得。」

又卷三《拈古》 舉。鏡清問僧：「趙州吃茶去，爾作麼生會？」

僧便出去。清云：『者僧不是邯鄲人。為什麼學唐步。若辯得出。與爾茶吃。』

舉。則川與龐居士摘茶次。士云：『法界不容身。師還見我麼。』川云：『若不是老師。洎與龐公答話。』士云：『有問有答蓋是尋常。』川不管。士云：『適來莫怪相借問麼？』川亦不管。士喝云：『者無禮儀漢。待我一一舉似明眼人去在。』川拈茶籃便歸。師云：『則川祇解把定封疆，不能同生同死。當時好與捋下襆頭，誰敢喚作龐居士。』

又 卷四 因普請問僧：『甚處來。』云：『摘茶來。』師云：『茶園裏有玄沙見底。還見麼』代但指露柱云：『和尚問。』又問僧甚處來。云：『摘茶來。』師云：『人摘茶，茶摘人不問。你無底籃子重多少？』代云：慣得其便。又問僧甚處來。云：『摘茶來。』云：『茶叢列作鼻孔，茶葉是你眼睛，作麼生摘。』代云：『今日不著便。』

又 岩頭雪峰欽山三人坐次。洞山點茶來，欽山閉眼。洞云：『什麼處去來？』欽山云：『入定來。』洞云：『定本無門，從何而入？』老宿代云：『大有人恁麼會。』別云：當時但指岩頭雪峰云，與者兩個瞌睡茶吃。

又 卷六《送山茶上知府郎給事》 榖雨前收獻至公，不爭春力避芳叢。煙開曾入深深塢，百萬槍旗在下風。

宋 釋仁勇《楊岐方會和尚語録・後住潭州雲盖山海會寺語録・勘辨》 師問僧：『先行不到，末後太過。』僧擬提起坐具。師指云：『離卻坐具，作麼生道？』僧云：『和尚那裏得這消息來？』師便打。僧擬提坐具。師又打云：『瞎漢。』僧擬議。師又打云：『且坐吃茶。』僧便坐。師云：『什麼處來？』師云石霜。師云怪得師問僧。有一事借問上座。祇是不得打老僧。僧云：『著甚來由。』師提起坐具云：『爭柰這個何。』『僧云：『莫亂做。』師便打僧云：『莫亂做莫亂做。』師又打云：『且坐吃茶。』僧云：『適來道著甚來由，和尚為什麼卻打某甲？』師云：『爾適來去什麼處來？』僧無語。師乃捶胸一下。

宋 釋重顯《佛果圜悟禪師碧岩録》卷三《第二十二則・雪峰鱉鼻蛇》 趙州凡見僧便問曾到此間麼？』云『曾到』或云『不曾到』，州總云『吃茶去』。院主云：『和尚尋常問僧，曾到與不曾到，總道「吃茶去」，意旨如何？』州云：『院主！』主應諾。州云：『吃茶去。』

又 卷七《第六十五則・外道良馬鞭影》 天衣懷和尚頌云：『維摩不默不良久，據坐商量成過咎。吹毛匣裏冷光寒，外道天魔皆拱手。』百丈常和尚參法眼，眼令看此話，法眼一日問：『爾看什麼因緣？』常云：『外道問佛話。』眼云：『爾試舉看。』常擬開口，眼云：『住住。爾擬向良久處會那？』常於言下，忽然大悟。後示衆云：『百丈有三訣，吃茶珍重歇。擬議更思量，知君猶未徹。』翠岩真點胸拈云：『六合九，有青黃赤白。一一交羅。』

宋 釋惠泉《黃龍慧南禪師語録・趙州吃茶二首**》** 趙州驗人端的處，等閒開口便知音。覿面若無青白眼，宗風爭得到如今。

相逢相問知來歷，不揀親疏便與茶。翻憶憧憧往來者，忙忙誰辨滿甌花。

又《涿州秀禪師》 師臨示寂時，沐浴了，喚侍者點茶來。師喫茶了。侍者接盞。師縮卻手云：『汝還知吾去處麼。』侍者云：『某甲不知。』師便度盞云：『去。汝不知吾去處。』侍者送盞迴來。見師端然而化。

宋 李遵勖《天聖廣燈録》卷一七《隨州智門回罕禪師》 師因為北塔院僧使點茶。師乃起自揖僧使近上座。僧使云：『鷂子頭上，焉敢安巢？』師云：『棒上不成龍。』隨後打一座具。僧使茶後卻起來云：『適來卻成觸悞和尚。』師云：『江南杜禪客，覓什麼第二椀。』

又 卷一八《袁州南源山楚圓禪師》 師乃云：『馬大師即心即佛，當人未悟。槃山非心非佛，秖成戲論。雪嶺輥毬，誰詎小兒之作。雲门顧鑒，笑殺傍觀。少室自傷，一場大錯。德山入門便棒，未遇奇人。臨濟入門便喝，太殺輕薄。黃梅呈頌，人我未忘，更言祖祖相傳，遞相誹謗。到者裏，須是箇人始得。所以道，鷹生鷹子，鶻生鶻兒。雖然如是，也是鞏縣茶缾。』乃彈指一下，下座。

因同人相訪。上堂云：颯颯涼風景，同人訪寂寥。煑茶山上水，燒鼎洞中樵。珍重。

又卷一九《隨州雙泉山郁禪師》問：『如何是和尚家風。』師云：『黃陳倉米飯。』進云：『忽遇客來，將何祗待？』師云：『齊後建谿茶。』

又卷二一《自嚴上座》因與數僧遊山迴。僧問云：『盡日遊山，成得什麼邊事？』答云：『困即喫茶。』

又卷二三《澧州藥山第十二世利昱禪師》問：『如何是祖師西來意？』師云：『何不問自己意。』

學云：『如何是自己意？』師云：『剩著茶，少著水。』

又《相州天平山第四代契愚禪師》問：『如何是祖師西來意？』師云：『鎮州蘿蔔石含茶。』

又《桂府壽寧院善義禪師》初參芭蕉，乃問：『遊山來，學佛法來，禮拜老僧來？』師云：『離此外，請師別問。』蕉云：『喫茶去。』師因而省悟。

宋 釋正覺《宏智禪师廣録》卷一《泗州大聖普照禪寺上堂語録》復举赵州问僧：『曾到此间么？』僧云曾到。州云：『吃茶去。』又问僧：『曾到此间么？』僧云不曾到。州云：『吃茶去。』师云：『到与不到，吃茶一样。不著机关，殊无伎俩。且非平展家风，岂是随波逐浪。唯嫌拣择没分疏，识得赵州老和尚。』

又卷三《真州長蘆覺和尚拈古》舉溈山與仰山摘茶次。溈云：『終日祇聞子聲。不見子形。仰便撼茶樹。』溈云：『子祇得其用。』仰云：『未審和尚如何？』溈良久。仰云：『和尚祇得其體。』溈云：『放子三十棒。』師云：『溈山仰山，父父子子。叢林盡道，各得一橛。殊不知天共白雲曉，水和明月秋。』

上堂舉。長慶云：『甯說阿羅漢有三毒。不可說如來有二種語。不道無語。祇是無二種語。』保福云：『作麼生是如來語。』慶云：『聾人爭得聞。』保福云：『情知。爾向第二頭道。』慶云：『師兄作麼生。』福云：『吃茶去。』後來雪竇道：『無處有月波澄，有處無風浪起。若有人問天童作麼生是如來語。向它道。阿囉跛囊。』諸禪德道：『與古人語是同是別，諸人若也未會，更為劈折去也。長慶能守，保福能做，雪竇手段縱横，天童舌頭猪獠。若也分曉會去，與爾把手共行。其或未然。各自勉力。』

上堂舉。趙州問僧曾到此間麼。僧云：『曾到。』州云：『吃茶去。』又問僧。僧云：『不曾到。』州云：『吃茶去。』院主問云：『曾到吃茶去。不曾到為甚麼亦吃茶去？』州喚院主。主應諾。州云：『吃茶去。』後鏡清問僧，趙州吃茶去作麼生。僧便行。清云：『邯鄲學唐步。』雪竇拈云：『者僧不是邯鄲人。為甚麼學唐步？』師云：『吃茶去吃茶去。明明指人無異語，家風平展沒機關。誰道趙州謾院主，苦苦苦。往往邯鄲學唐步，恰恰長安道上行。分明有眼如天聾。鏡清道邯鄲學唐步。雪竇道者僧不是邯鄲人，為甚學唐步？還會麼？登機者失，欺敵者亡。』

宋 釋智昭《人天眼目》卷四《溈仰宗・溈仰門庭》溈仰宗者，父慈子孝，上令下從。爾欲捧飯，我便與羹。爾欲渡江，我便撐船。隔山見煙，便知是火。隔牆見角，便知是牛。溈山一日普請摘茶。次謂仰山曰：『終日祇聞子聲，不見子形。』仰山撼茶樹，溈山云：『子祇得其用，不得其體。』仰曰：『和尚如何？』師良久。仰曰：『和尚祇得其體，不得其用。』溈山云：『放子三十棒。』乃至仰山過水，香嚴點茶。推木枕展坐具，插鍬立舉鍬行，大約溈仰宗風。舉緣即用，忘機得體，不過此也。要見溈仰麼。月落潭無影。雲生山有衣。

宋 釋普济《五燈會元》卷一《蒲州麻谷山寶徹禪師》師同南泉二三人去謁徑山，路逢一婆。乃問：『徑山路向甚處去？』婆曰：『驀直去。』師曰：『前頭水深過得否？』婆曰：『不濕脚。』師又問：『上岸稻得與麼好，下岸稻得與麼怯。』婆曰：『總被螃蟹喫卻也。』師曰：『禾好香。』婆曰：『沒氣息。』師又問：『婆住在甚處？』婆曰：『祇在這裏。』三人至店。婆煎茶一瓶，攜盞三隻至。謂曰：『和尚有神通者即喫茶。』三人相顧間。婆曰：『看老朽自逞神通去也。』於是拈盞傾茶便行。

又卷二《福州雪峰義存禪師》問：『古人道「路逢達道人。不將語默對。」未審將甚麼對？』師曰：『喫茶去。』

【略】

全坦問：『平田淺草，麈鹿成羣。如何射得麈中主？』師喚全坦。

坦應諾。師曰：『喫茶去。』

又《漳州報恩院行崇禪師》　問：『不涉公私，如何言論？』師曰：『喫茶去。』

又《鼓山晏國師法嗣・杭州天竺子儀心印水月禪師》　問：『如何修行即得與道相應？』師曰：『高卷吟中箔，濃煎睡後茶。』

又卷一一《臨濟宗・南岳下四世・黃檗運禪師法嗣・鎮州臨濟義玄禪師》　次到三峰平和尚處。平問：『甚處來？』師曰：『黃檗來。』平曰：『黃檗有何言句？』師曰：『金牛昨夜遭塗炭。直至如今不見蹤。』平曰：『金風吹玉管。那箇是知音？』師曰：『直透萬重關，不住青霄內。』平曰：『子這一問太高生。』師曰：『龍生金鳳子，衝破碧琉璃。』平曰：『且坐喫茶。』

又卷一二《南岳下十世・汾陽昭禪師法嗣・洪州大寧道寬禪師》　問：『如何是佛法大意？』師曰：『點茶須是百沸湯。』曰：『意旨如何？』師曰：『喫盡莫留滓。』

又卷一四《福州雪峰思慧妙湛禪師》　上堂。一切法無差，雲门胡餅趙州茶。黃鶴樓中吹玉笛，江城五月落梅花。慚愧太原孚上座，五更聞鼓角，天曉弄琵琶。喝一喝。

又卷一七《潭州雲盖守智禪師》　上堂。舉趙州問：『僧向甚麼處去？』曰：『摘茶去。』州曰：『閑。』師曰：『道著不著，何處摸索。背後龍鱗，面前驢脚。翻身筋斗，孤雲野鶴。阿呵呵。』

又《廬山歸宗志芝庵主》　一日普請罷。書偈曰：『茶芽蔍蔌初離焙，筍角狼忙又吐泥。山舍一年春事辦，得閑誰管板頭低。』『由是衲子親之，師不懌。結茆絕頂。作偈曰：『千峯頂上一間屋，老僧半間雲半間。昨夜雲隨風雨去，到頭不似老僧閑。』

又《東京法雲佛照杲禪師》　自妙年遊方。謁圓通璣禪師。入室次。【略】至晚。為衆秉拂，機遲而訥。衆笑之。師有赧色。次日於僧堂點，因觸茶瓢墜地，見瓢跳，乃得應機三昧。後依真淨。

又《南劍州西岩宗回禪師》　婺州人也。久依無示，深得法忍。因寺僧以茶禁聞有司，吏捕知事。師謂衆曰：『此事不直之，則罪坐於我。若自直，彼復得罪。不忍為也。』令擊鼓陞座。說偈曰：『縣吏追呼不暫停，爭如長往事分明。從前有箇無生曲。且喜今朝調已成。』言訖而逝。

宋釋志磐《佛祖統紀》卷一〇《法智法師法嗣》　法師尚賢。四明人。賜號廣智。依法智學教觀。聞講淨名頓悟性相之旨。曆事既久，遂居高第。天聖六年仁宗繼法智主延慶，道化盛行。雪竇顯禪師聞其名，出山來訪。標榜煎茶以申賀禮，人傳以為盛事。

又《慈辯諫法師法嗣》　法師擇卿。天臺人。天資聰敏博學強記。受教於上竺慈辯。嘗曰：四明旨意吾已得之。唯起教觀信之未及。然不敢不信也。【略】平時喜茶。臨終之頃謂門人曰：『晨鐘鳴即來報。』至時啜茶一甌，書偈而化。時大觀二年仲冬也。塔於院南芙蓉蒲。

又卷三九《法運通塞志・第十七之六・高宗治太宗第九子**》**　萬歲通天元年，遣使賜六祖能禪師水精缽、摩納衣、白氎香茶，敕韶州守臣安撫山門。

又卷四一《第十七之八・憲宗純順宗長子**》**　河中府沙門慧琳撰一切經音義一百三卷。詣闕進上。敕入大藏賜紫衣緋幣茶藥。

又卷四四《第十七之十一・真宗太宗第三子 母元德皇后李氏 十二月二日爲承天節永定陵**》**　九月上幸譯經院，令三藏諸僧坐，賜香茶繒彩有差。

宋釋本嵩《注華嚴經題法界觀門頌》卷下　宗湛以此評之。應云：『【略】諸仁者看他趙州古佛，雖是用此一機慣得其便，不妨於一碗茶上普接三根，遂使諸方點頭，相許唯有夷門。為甚么道，何必趙州茶，若也點檢得出，便見掃除玄妙，塵埃吐盡佛法氣味。苟或未究玄宗。應須仔細淘汰參教。宗說俱通，方是溥融無礙智矣。』

又《葉縣還麪法雲會茶》　武庫曰：撫州明水遜禪師在法雲法雲寺圓通法秀。侍者寮。時道林琳禪師掛搭。方丈特為新到茶。遜躬至寮請之，適琳不在。有同行與琳聯案曰：『汝去，俟渠來，我為汝請。』遜去。僧偶忘之。齋後鳴鼓會茶，琳不到。圓通問曰：『新到在否？』趣請之。』琳到。圓通令退坐榻立衆前，責曰：『山門特為茶以表叢林禮數。因何怠慢不時至？』琳曰：『適聞鼓聲忽內逼，趨赴不前。』圓通呵曰：『我鼓又不是巴豆，擊著你便屎出。』遜前白云：『是某忘記請之，某當出

院。』時同行出衆曰：『不干侍者與新到事，是某不合承受為渠請，偶忘記。某當代二人出院。』圓通高其風義，並宥之。

宋 釋妙源《虛堂和尚語録》卷六《代別》 舉。無著臺山遇文殊。吃茶次。殊拈起玻璃盞問：『南方還有者個麼？』云：『無。』殊云：『尋常將甚麼吃茶？』著無對。代一揖便起。

宋 釋善昭《汾陽無德禪師語録》卷上 上堂云：雪消雲散盡，霧卷日當天。吃茶去。

上堂云：一輪才出海，萬類盡沾光。吃茶去。

宋 釋善昭《汾陽無德禪師頌古代別》卷中 溈山與仰山摘茶次。**【略】**摘茶更莫別思量，處處分明是道場。體用共推真應物，禪流頓覺雨前香。

宋 釋崇岳、釋了悟《密庵和尚語録、常州褒忠顯報華藏禪寺語録·密庵和尚小參·徑山茶湯會首求頌二首之二**》** 徑山大施門開，長者慳貪俱破。烹煎鳳髓龍團，供養千個萬個。若作佛法商量，知我一狀領過。

宋 釋道謙《大慧普覺禪師宗門武庫》 法雲杲和尚，遍曆諸家門庭，到圓通璣道者會中。入室次，舉趙州問投子大死底人卻活時如何。子云：『不許夜行投明須到，意作麼生？』杲曰：『恩大難酬。』圓通大稱賞之。後數日舉立僧秉拂，機思遲鈍，哄堂大笑，杲有慚色。次日特為大衆茶，安茶具在案上，慚無以自處。偶打翻茶具，瓢子落地跳數跳，悟得答話，機鋒迅捷無敢當者。

宋 釋紹隆《圓悟佛果禪師語録》卷三《上堂·三》 上堂云：祝一人無窮之壽，開十方選佛之場。建殊勝緣作奇特事，須是作家漢共相激揚始得。僧問：『秋去冬來忽忽過，流年日月信無多。決去玄沙三種病，趙州茶盞事如何？』師云：『放去收來。』

金 釋志明《禪苑蒙求》卷上《湧泉騎牛》石霜諸嗣傳燈十六臺州湧泉景欣禪師，有疆德二禪客到，於路次見師騎牛，不識師。曰：『蹄角甚分明，爭奈騎者不識。』師驟牛而去。二禪客憩於樹下煎茶，師回下牛，近前不審與坐吃茶。師問二禪客近離什麼處？曰：『離那邊。』師曰：『那邊事作麼生。』彼提起茶盞。師曰：『此猶是遮邊。那邊事作麼生。』二人無對。師曰莫道騎者不識好。

明 釋智旭《靈峰蕅益大師宗論》卷七《二·題玉浪施茶册》 性水本然，周徧法界，隨心應量。或為鑊湯沸尿，或為膿血清泉，或諸天甘露之漿，或淨土八功德水，皆循業現，非因緣非然性也。夫性真既舉體隨心應量矣，則凡鑊湯八德等。何非本然周徧法界乎？而徧計情執，橫於性真中分水分火。分寒熱饑渴，故諸佛權智隨情。不與世諍，因寒熱而溫涼之；因饑渴而飲食之；因所見水火而調濟之；遂開施食施茶種種法門。**【略】**是故能施所施，及受施者，悉具兩重三千。此所謂三輪體寂，緣起無生，三千無性者也。豈離現前日用？別有向上一著哉。玉公作此不思議法。徵文於蕅益旭子。旭為拈曰：『不了則受此茶者，墮阿鼻地獄。施此茶者，亦墮阿鼻地獄。了得則施者成無上菩提。飲者亦成無上菩提。』雖然。此猶迷悟情量邊語，畢竟超情過量不屬迷悟。又作麼生？不妨借趙州老婆舌頭，徐徐答曰：『吃茶去。』

又卷一〇之一《卜居十八事有序**》**

【略】

五沸占湯候。三投驗適時。從來清逸味。不許醉翁知。點茶

問訊常先意。寒溫任所宜。現成茶一盞。莫受趙州欺。待客

又卷一〇之三《施茶偈》 心佛衆生無別理，冬日飲湯夏飲水。結得今時歡喜緣，須摩國內長相似。度盡含靈不見功，僧祇劫自剎那始。

明 瞿汝稷《水月齋指月録》卷七《隨州雙泉山師寬明教禪師》 問：『金鑰現前，請師辨。』師曰：『兩脚蝦蟇吞卻月。』都監太保問：『眼處入正受，諸塵三昧起，此意如何？』師云：『洞山茶碗裏有太保，太保茶碗裏有洞山。』太保無語。卻將此語問谷隱。隱云：『不落無言說。』問延慶。慶云：『喚甚麼作三昧。』

明 釋居頂《續傳燈録》卷一二《大鑒下第十三世·蔣山元禪師法嗣》 衢州石門雅禪師。僧云：『客來將何祇待。』師曰：『酌泉釃點祖師茶。』

又《大洪遂禪師法嗣》 隨州大洪慶顯禪師。廣安楊氏子。僧問：

『須菩提岩中宴坐帝釋雨華。和尚新據洪峰有何祥瑞？』師曰：『鐵牛耕破扶桑國，迸出金烏照海門。』曰：『未審是何宗旨？』師曰：『熨斗煎茶銚不同。』

又《大潙懷秀禪師法嗣》　潭州大潙祖琇禪師。福州吳氏子。僧問：『如何是潙山家風？』師曰：『竹有上下節，松無今古青。』曰：『未審其中飲啖何物？』師曰：『饑餐相公玉粒飯，渴點神運倉前茶。』

又《五祖山曉常禪師法嗣》　蘄州月頂延福道輪禪師。【略】又曰：『重陽何物助僧家，籬菊枝枝盡發花。不學故侯將伴飲，為君泛出趙州茶。祇此一杯醒大夢，盧同七碗謾矜誇。』

清　迦陵性音《宗鑒法林上》卷一《釋迦文佛》　五雲逢云：『什麼處是二鐵圍山？如今有人起佛見法見。五雲與烹茶兩盌。』

又卷二《諸經・經首・楞嚴》　瞌睡茫茫困思來，喫椀濃茶便眼開。四海五湖皇化裏，更無一物是塵埃。朴翁銛

又《圓覺》　早朝心悶三杯酒，午後頭昏一椀茶。入夜脫衣伸脚睡，五更走起眼瞇瞞。或菴體

又卷四《雙林善慧大士》　大士頌：『須彌芥子父，芥子須彌爺。山水坦然平，敲冰來煮茶。』

又《臺山翁》　翁與無著喫茶次。拈起玻璃盞問：『南方還有者個麼？』曰：『無。』翁曰：『尋常將什麼喫茶？』著無對。

自別南方涉路岐，喫茶處處用玻璃。如何恰到清涼寺，問著原來總不知。正覺逸

玻璃寶盞對君擎，茶味雖濃夢不醒。更問三三多少衆，爭教人不辨輸贏。象田卿

五臺凝望思遲遲，白日青天被鬼迷。最苦一般難理會，玻璃盞子喫茶時。象潭泳

又卷一〇《大鑒下三世・池州南泉普願禪師馬祖一嗣》　春風吹落碧桃花，一片流經十萬家。誰在畫樓沽酒處，相邀來喫趙州茶。石鼓夷

南泉因山下有一菴主。人謂：『近日南泉和尚出世，何不去禮拜？』主曰：『非但南泉，直饒千佛出興亦不能去。』師聞乃令趙州去勘。州去便設拜，主不顧。州從西過東，從東過西。主亦不顧。州曰：『艸賊大敗。』遂拽下簾子便歸。舉似師。師曰：『我從來疑著者漢。』次日師乃與沙彌攜茶一缾、盞三隻。到菴，擲向地上乃曰：『昨日底昨日底。』主曰：『昨日底是什麼？』師於沙彌背上拍一下曰：『賺我來賺我來。』

又卷一七《大鑒下四世・趙州從諗》　麝香李子枕頭瓜，一曲池臺滿畹花。客馬醉行溪柳路，慈翁解點白雲茶。茆溪森

又卷一八《大鑒下四世・禪師》　趙州問新到僧：『曾到此間麼？』曰：『曾到。』師曰：『喫茶去。』又問僧。僧曰：『不曾到。』師曰：『喫茶去。』後院主問，為甚麼曾到也喫茶去？不曾到也喫茶去？師召院主，主應諾。師曰：『喫茶去。』

保福展云：『趙州慣得其便。』開福寧云：『趙州門下不揀高低，一椀麤茶普同供養。得其味者方知冷灰裏九轉透瓶香。如或未辨端倪，不免重下註脚。南北東西萬萬千，趙州待客豈徒然。莫嫌冷淡無滋味，慣把芝麻一例煎。』以拂子擊禪牀一下。

寶匣龍泉發夜光，寥寥長挂在虛堂。四來高客如相訪，茶罷休勞話短長。大潙秀

驪珠絕纇玉無瑕，馬載驢馱帝子家。曾到不曾休擬議，與君仝泛一甌茶。羅漢南

趙州老漢熱心腸，一盞麤茶驗當行。回首路傍橋斷處，白蘋紅蓼映斜陽。浙翁琰

又卷二一《大鑒下五世・鎮州臨濟義玄禪師黃檗運嗣》　臨濟因赴普請鋤茶次。檗後至，師問訊了，按钁而立。檗曰：『者漢困耶？』師曰：『钁也未舉，困箇甚麼。』檗便打。師接杖推倒。檗呼維那：『扶起我來。』那扶起曰：『和尚爭容得者風顛漢。』檗卻打維那。師钁地曰：『諸方火葬。我者裏活埋。』

又卷二四《大鑒下五世・益州大隨法真禪師長慶安嗣》　大隨問僧甚處去。曰：『峨嵋禮普賢去。』師豎拂子曰：『文殊普賢總在者裏。』僧畫一圓相拋向背後。乃禮拜。師喚侍者取一貼茶與者僧。

溈山秀云：『大隨茶非類趙州茶。既不類趙州茶，則得之者少矣。者僧得之，且道有甚長處。然不義之財於我如浮雲。』

又卷二六《大鑒下六世・襄州歷村禪師臨濟玄嗣**》** 師煎茶次。僧問：『如何是祖師西來意？』師舉起茶匙。僧曰：『莫祇者便當得否？』師擲匙向火中。

煎茶未了人來問，拈起茶匙呈似他。當時若遇收燕手，性命難存爭奈何。投子青

又卷三九《大鑒下四世・潭州潙山靈祐禪師百丈海嗣**》** 潙山睡次。仰山問訊，師便面向壁。仰曰：『和尚何得如此？』師起曰：『我適來得一夢，汝試為我原看。』仰取一盆水與師洗面。少頃，香嚴亦問訊。師曰：『我適來得一夢，寂子原了。汝更與我原看。』嚴乃點一盌茶來。師曰：『二子見解過於鶖子。』

蔣山勤云：『夢中說夢，深許潙山。妙用神通，須還二子。傳茶度水，耀古騰今。年老心孤，憐兒惜子。向衲僧門下，一人在門外，一人在門裏，更有一人遍界不曾藏，佛眼覷不見。』

取水烹茶不失機，當時原夢善知時。如斯始謂仙陀客，鶖子神通豈及伊。本覺一

一杯晴雪早茶香，午睡初醒春晝長。拶著通身俱是眼，半窗疎影轉斜陽。雪巖欽

又卷五〇《大鑒下七世・雲門文偃禪師》 雲門一日問明教：『今日喫得幾箇餬餅？』曰：『五箇。』師曰：『露柱喫得幾箇？』曰：『請和尚茶堂裏喫茶。』

等閒垂借問端由，不負平生盡吐酬。竭力為人須是徹，方知茶味解人愁。投子青

又卷五一《大鑒下八世・襄州洞山守初宗慧禪師雲门偃嗣**》** 洞山因都諫太保問：『眼中入正受。諸塵三昧起。此意如何？』師曰：『山茶盌裏有太保，太保茶盌裏有洞山。』洞保無語。卻將此語問谷隱。隱曰：『不落無言說。』又問延慶。慶曰：『喚什麼作三昧。』

竇八布衫不禦寒。七穿八穴破毰毸。自從一見祖師後。燈盞茶瓶盡入官。雪嶠信

又《澧州欽山文邃禪師洞山价嗣**》** 欽山與雪峰巖頭至一店喫茶次。師曰：『不會轉身吐氣者不得茶喫。』頭曰：『若恁麼我定不得茶喫。』峰曰：『某甲亦然。』師曰：『者兩箇漢話頭也不識。』頭曰：『甚處去也？』師曰：『布袋裏老鵶雖活如死。』頭退後曰：『看看。』師曰：『巖公且置。存公作麼生。』峰以手畫一圓相。師曰：『怎得不問？』頭呵呵笑曰：『太遠生。』師曰：『有口不得喫茶者多。』

昭覺勤云：欽山雖解轉身吐氣，亦未有喫茶分。何也？話在。

鵝湖心云：欽山大似忍辱仙人，節節支解面不改容，心上座當時若在，就初問處便與打破茶具，那有許多瑣碎。

又卷六九《大鑒下二十一世・大明寶嗣王山覺體禪師》 拶得磁州立地尿，銛銛牙爪羨年少。倒握王山夢裏符，熨斗煎茶別有銚。位中符

滿山筍蕨滿園茶，歷落巖前門晚霞。午夜夢回纔一顧，般般風味不須賒。法林音

藝文

唐 釋靈一《唐靈一詩集・與元居士青山潭飲茶》 野泉煙火白雲間，坐飲香茶愛此山。巖下維舟不忍去，青溪流水暮潺潺。

唐 釋護國《題醴陵玉仙觀歌一作靈一詩一作題王喬觀傳道士所得**》**《全唐詩》卷八一〇 王喬一去空仙觀，白雲至今凝不散。星垣松殿幾千秋，往往笙歌天下半。瀑布西行過石橋，黃精採根還採苗。路逢一人擎藥椀，松花夜雨風吹滿。自言家住在東坡，白犬相隨邀我過。南山石上有碁局，曾使樵夫爛斧柯。

唐 李白《李太白文集》卷一七《答族侄僧中孚贈玉泉仙人掌茶并序》 余聞荊州玉泉寺近清溪諸山，山洞往往有乳窟，窟中多玉泉交流，其中有白蝙蝠，大如鴉。按仙經，蝙蝠一名仙鼠，千歲之後，體白如雪，棲則倒懸，蓋飲乳水而長生也。其水邊處處有茗草羅生，枝葉如碧玉，唯玉泉真公常采而飲之，年八十餘歲，顏色如桃李，而此茗清香滑熟，異於他者，所以能還童振枯，扶人壽也。余遊金陵，見宗僧中孚，示余茶數十片。拳然重疊，其狀如手，號爲仙人掌茶。蓋新出乎玉泉之山，曠古未覿。因持之見遺，兼贈詩，要余荅之，遂有此作。後之高僧大隱，

知仙掌茶發乎中孚禪子及青蓮君士李白也。

常聞玉泉山，山洞多乳窟。仙鼠如白鴉，倒懸清溪月。茗生此中石，玉泉流不歇。根柯灑芳津，採服潤肌骨。叢老卷緑葉，枝枝相接連。曝成仙人掌，似拍洪崖肩。舉世未見之，其名定誰傳。宗英乃禪伯，投贈有佳篇。清鏡燭無鹽，顧慚西子妍。朝坐有餘興，長吟播諸天。

唐 高適《高常侍集》卷七《同群公宿開善寺贈陳十六所居》

駕車出人境，避暑投僧家。裵徊龍象側，始見香林花。讀書不及經，飲酒不勝茶。知君悟此道，所未搜袈裟。談空忘外物，持戒破諸邪。則是無心地，相看唯月華。

唐 李華《李遐叔文集》卷一《雲母泉詩并序》 洞庭湖西玄石山，俗謂之墨山。山南有佛寺，寺倚松嶺，下有雲母泉。泉出石，引流分渠，周遍庭宇，發如乳湩，末派如淳漿，烹茶、淅蒸、灌園、漱齒皆用之。大浸不盈，大旱不耗。自墨山西北至石門，東南至東陵，廣輪二十里，盡生雲母，牆階道路，炯炯如列星。井泉溪澗，色皆純白，鄉人多壽考，無癖痼疥搔之疾，華深樂之。潁川陳公，天寶中，與華同爲諫官。公性與道合，忽於權利，方挂冠投簪，顧華以名山之契。乾元初，公貶清江丞，移武陵丞，華貶杭州司功，恩復左補闕。上元中，俱奉詔徵，公自清江至武陵，道路多虞，制書不至。華泝江而西，次於岳陽。江山延望，日夕相顧屬。思與高賢共飲雲母之泉，躬耕墨山之下。敢違朝命，以徇私欲。秋風露寒，洞庭微波，一聞猿聲，不覺涕下。況支離多病，年甫始衰。願餌藥扶壽，以究無生之學，事乖志負，火爇予心。寄懷此篇，亦以書余之志也。

晨登玄石嶺，嶺上寒松聲。朗日風雨霽，高秋天地清。山門開古寺，石竇含純精。洞徹淨金界，夤緣流玉英。澤藥滋畦茂，氣染茶甌馨。飲液盡眉壽，飡和皆體平。瓊漿駐容髮，甘露瑩心靈。岱谷謝巧妙，匡山徒有名。願言構蓬蓽，荷鍤引泠泠。訪道出人世，招賢依福庭。此心不能已，寤寐見吾兄。曾結潁陽契，窮年無所成。東西同放逐，蛇豕尚縱橫。江漢阻攜手，天涯萬里情。恩光起憔悴，西上謁承明。秋色變江樹，相思紛以盈。猨啼巴丘戍，月上武陵城。共恨川路永，無由會友生。雲泉不可忘，何日遂躬耕。

唐 劉長卿《劉隨州集》卷五《惠福寺與陳留諸官茶會》 到此機事遣，自嫌塵網迷。因知萬法幻，盡與浮雲齊。疎竹映高枕，空花隨杖藜。香飄諸天外，日隱雙林西。傲吏方見狎，真僧幸相攜。能令歸客意，不復還東溪。

唐 韋應物《韋蘇州集》卷七《澄秀上座院》 繚繞西南隅，鳥聲轉幽靜。秀公今不在，獨禮高僧影。林下器未收，何人適煮茗。

唐 釋皎然《對陸迅飲天目山茶，因寄元居士晟》《全唐詩》卷八一八

喜見幽人會，初開野客茶。日成東井葉，露採北山芽。文火香偏勝，寒泉味轉嘉。投鐺湧作沫，著椀聚生花。稍與禪經近，聊將睡網賒。知君在天目，此意日無涯。

唐 武元衡《津梁寺采新茶與幕中諸公遍賞芳香尤異因題四韻兼呈陸郎中》《全唐詩》卷三一六 靈州碧巖下，荑英初散芳。塗塗猶宿露，采采不盈筐。陰竇藏煙濕，單衣染焙香。幸將調鼎味，一爲奏明光。

唐 柳宗元《柳河東集》卷四二《巽上人以竹間自采新茶見贈酬之以詩》 芳叢翳湘竹，零露凝清華。復此雪山客，晨朝掇靈芽。蒸煙俯石瀨，咫尺凌丹崖。圓方麗奇色，圭璧無纖瑕。呼兒爨金鼎，餘馥延幽遐。滌慮發真照，還源蕩昏邪。猶同甘露飯，佛事薰毗耶。咄此蓬瀛侶，無乃貴流霞。

唐 周賀《周賀詩集·同朱慶餘宿翊西上人房》 溪僧還共謁，相與坐寒天。屋雪凌高燭，山茶稱遠泉。夜清更徹寺，空闊雁銜煙。莫怪多時話，重來又隔年。

又《題書公院》 叢木開風徑，過從白晝寒。舍深原草合，茶疾竹薪乾。夕雨生眠興，禪心少話端。頻來覺無事，盡日坐相看。

唐 張籍《張司業集》卷三《山中贈日南僧》 獨向雙峯老，松門閉兩崖。翻經上蕉葉，挂衲落藤花。甃石新開井，穿林自種茶。時逢海南客，蠻語問誰家。

又《和陸司業習靜寄所知》 幽室獨焚香，清晨下未央。山開登竹閣，僧到出茶牀。收拾新琴譜，封題舊藥方。逍遥無別事，不似在班行。

唐 元稹《元氏長慶集》卷一八《早春登龍山靜勝寺時非休澣司

空特許是行因贈幕中諸公》 謝傅知憐景氣新，許尋高寺望江春。龍文遠水吞平岸，羊角輕風旋細塵。山茗粉含鷹觜嫩，海榴紅綻錦窠匀。歸來笑問諸從事，占得閑行有幾人。

又《一字至七字詩以題爲韻同王起諸公送白居易分司東郡作・茶》 茶，香葉，嫩芽。慕詩客，愛僧家。碾雕白玉，羅織紅紗。銚煎黄蘂色，椀轉麴塵花。夜後邀陪明月，晨前命對朝霞。洗盡古今人不倦，將知醉後豈堪誇。

唐 劉得仁《慈恩寺塔下避暑》《全唐詩》卷五四四 古松凌巨塔，修竹映空廊。竟日聞虚籟，深山祇此凉。僧真生我静，水淡發茶香。坐久東樓望，鐘聲振夕陽。

唐 劉禹錫《劉賓客文集》卷二五《西山蘭若試茶歌》 山僧後檐茶數叢，春來映竹抽新茸。宛然爲客振衣起，自傍芳叢摘鷹觜。斯須炒成滿室香，便酌砌下金沙水。驟雨松聲入鼎來，白雲滿盌花徘徊。悠揚噴鼻宿酲散，清峭徹骨煩襟開。陽崖陰嶺各殊氣，未若竹下莓苔地。炎帝雖嘗未解煎，桐君有籙那知味。新芽連拳半未舒，自摘至煎俄頃餘。木蘭霑露香微似，瑶草臨波色不如。僧言靈味宜幽寂，采采翹英爲嘉客。不辭緘封寄郡齋，甎井銅爐損標格。何况蒙山顧渚春，白泥赤印走風塵。欲知花乳清泠味，須是眠雲跂石人。

唐 白居易《白氏長慶集》卷三一《早服雲母散》 曉服雲英漱井華，寥然身若在煙霞。藥銷日晏三匙飯，酒渴春深一椀茶。每夜坐禪觀水月，有時行醉翫風花。净名事理人難解，身不出家心出家。

唐 李紳《追昔游集》卷下《别石泉》 在惠山寺，松竹之下，有泉甘爽，乃人間靈液。清澄鑒肌骨，含漱開神慮。茶得此水，皆盡芳味。

素沙見底空無色，青石潛流暗有聲。微渡竹風涵淅瀝，細浮松月透輕明。桂凝秋露添靈液，茗折香芽泛玉英。應是梵宫連洞府，浴池今化醒泉清。

唐 姚合《姚少監詩集》卷三《寄張徯》 幽處尋書坐，朝朝閉竹扉。山僧封茗寄，野客乞詩歸。秋卷多唯好，時名屈更肥。明年取前字，杯酒賽春輝。

又《寄元緒上人》 石窗紫蘚牆，此世此清凉。研露題詩潔，消冰煮茗香。閒雲春影薄，孤磬夜聲長。何計休為吏，從師老草堂。

唐 杜牧《樊川文集》《正文・第三・題禪院》 觥船一棹百分空，十歲青春不負公。今日鬢絲禪榻畔，茶煙輕颺落花風。

唐 釋皎然《杼山集》卷一《送許丞還洛陽》 剡茗情來亦好斟，空門一别肯霑襟。悲風不動罷瑶軫，忘卻洛陽歸客心。

又《山居一作歸示靈澈上人》 晴明路出山初暖，行踏春蕪看茗歸。乍削柳枝聊代札，時窺雲影學裁衣。身閑始覺隳名是，心了方知苦行非。外物寂中誰似我，松聲草色共無一作忘機。

又《遥和康録事李侍御萼小寒食夜重集康氏園林》 習家寒食會何頻，應恐流芳不待人。已愛治書詩句逸，更聞從事酒名新。庭蕪暗積承雙履，林蘤雷飛灑幅巾。誰見柰園時節共，還持緑茗賞殘春。

又 卷二《白雲上人精舍尋杼山禪師兼示崔子向何山道上人》 望遠涉寒水，懷人在幽境。爲高皎皎姿，及愛蒼蒼嶺。果見栖禪子，潺湲灌真頂。積疑一念破，澄息萬緣静。世事花上塵，惠心空中境。清閑誘我性，遂使腸慮屏。許共林客遊，欲從山王請。木栖無名樹，水汲忘機井。持此一日高，未肯謝箕潁。夕霽山態好，空月生俄頃。識妙聆細泉，悟深滌清茗。此心誰得失，笑向西林永。

又《答裴集陽伯明二賢各垂贈二十韻今以一章用酬兩作》 知音如瓊枝，天生爲予有。攀折若無階，何殊天上柳。裴生清通嗣，陽子盛德後。詩名比元長二子詩比王融，爲俱少年著名賦體凌延壽賦如文考，亦具盛年。珠生驪龍頷，或生靈蛇口。何似雙瓊章，英英曜吾手。白日不可汙，清源肯容垢。持此山上心，待君忘情友。且伴丘壑賞，未隨名宦誘。坐石代瓊茵，製荷捐艾綬。清宵集我寺，烹茗開禪牖。發論教可垂，正文言不朽。白雲供詩用，清吹生座右。不嫌逸令醉，莫試仙壺酒。皎皎尋陽隱，千年可爲偶。一從漢道平，世事無紛糾。星文齊七政，天軸明二斗。召士揚弓旌，知君在林藪。莫學潁陽子，請師高山叟。出處藩我君，還來會厓阜。

又《訪陸處士羽一作訪陸羽處士不遇》 太湖東西路，吴王古山前。所

思不可見，歸鴻自翩翩。何山賞春茗，何處弄春泉。莫是滄浪子，悠悠一釣船。

又 卷三《陪盧判官水堂夜宴》　暑氣當宵盡，裴回坐月前。静依山堞近，涼入水扉偏。久是棲林客，初逢佐幕賢。愛君高野意，烹茗釣淪漣。

又《晦夜李侍御萼宅集招潘述湯衡海上人飲茶賦》　晦夜不生月，琴軒猶爲開。墻東隱者在，淇上逸僧來。茗愛傳花飲，詩看卷素裁。

又《九日與陸處士羽飲茶》　九日山僧院，東籬菊也黄。俗人多泛酒，誰解助茶香。

又 卷四《送李丞使宣州》　結駟何翩翩，落葉暗寒渚。夢裏春穀泉，愁中洞庭雨。聊持剡山茗，以代宜城醑。

又 卷五《日曜上人還潤州》　送君何處最堪思，孤月停空欲别時。露茗猶芳邀重會，寒花落盡不成期。鶴令先去看山近，雲礙初飛到寺遲。莫倚禪功放心定，蕭家陵樹誤人悲。

又 卷六《賦得夜雨滴空堦送陸羽歸龍山同字》　閑堦夜雨滴，偏入别情中。斷續清猨應，淋漓候館空。氣令煩慮散，時與早秋同。歸客龍山道，東來雜好風。

又 卷七《飲茶歌誚崔石使君》　越人遺我剡溪茗，採得金牙爨金鼎。素瓷雪色縹沫香，何似諸仙瓊蘂漿。一飲滌昏寐，情來朗爽滿天地。再飲清我神，忽如飛雨灑輕塵。三飲便得道，何須苦心破煩惱。此物清高世莫知，世人飲酒多自欺。愁看畢卓甕間夜，笑向陶潛籬下時。崔侯啜之意不已，狂歌一曲驚人耳。孰知茶道全爾真，唯有丹丘得如此。

又《飲茶歌送鄭容》　丹丘羽人輕玉食，採茶飲之生羽翼《天臺記》云：『丹丘出大茗，服之羽化。』。名藏仙府世空知，骨化雲宫人不識。雲山童子調金鐺，楚人茶經虚得名。霜天半夜芳草折，爛漫緗花啜又生。賞君此茶祛我疾，使人胸中蕩憂慄。日上香罏情未畢，醉踏虎溪雲，高歌送君出。

又 卷七《顧渚行寄裴方舟》　我有雲泉隣渚山，山中茶事頗相關。鶗鴂鳴時芳草死，山家漸欲收茶子。伯勞飛日芳草滋，山僧又是採茶時。谿來慣採無近遠，陰嶺長兮陽崖淺。大寒山下葉未生，小寒山中葉初卷二山名。吴婉攜籠上翠微，蒙蒙香刺罥春衣。迷山乍被落花亂，度水時驚啼鳥飛。家園不遠乘露摘，歸時露彩猶滴瀝。初看怕出欺玉英，更取煎來勝金液。昨夜西峰雨色過，朝尋新茗復如何。女宫露澀青芽老，堯市人稀紫筍多。紫筍青芽誰得識，日暮採之長太息。清泠真人待子元《仙傳》：『清泠真人裴君與道人支子元爲友。』，貯此芳香思何極。

又 卷一〇《湖南草堂讀書招李少府》　削去僧家事，南池便隱居。爲憐松子壽，還卜道家書。藥院常無客，茶樽獨對余。有時招逸史，來飯野中蔬。

唐 釋常達《破山寺八詠其一》（同治）《蘇州府志·寺觀六》卷四四　身閑依祖寺，志僻性多慵。少室遺真旨，層樓起暮鐘。啜茶思好水，對月數諸峰。有問山中趣，庭前是古松。

唐 温庭筠《温飛卿詩集箋注》卷九《宿一公精舍》　夜闌黄葉寺，瓶錫兩俱能。松下石橋路，雨中山殿燈。茶爐天姥客，棊席剡溪僧。還笑長門賦，高秋卧茂陵。

唐 薛能《蜀州鄭史一作使君寄鳥嘴茶因以贈答八韻》《全唐詩》卷五六〇　鳥觜擷渾牙，精靈勝鏌鋣。烹嘗方帶酒，滋味更無茶。拒碾乾聲細，撑封利穎斜。銜蘆齊勁實，啄木聚菁華。鹽損添常誡，薑宜著更誇。得來抛道藥，攜去就僧家。旋覺前甌淺，還愁後信賒。千慙故人意，此惠敵丹砂。

唐 曹松《宿溪僧院》《全唐詩》卷七一七　年少雲溪裏，禪心夜更閑。煎茶留静者，靠月坐蒼山。露白鐘尋定，螢多户未關。嵩陽大石室，何日譯經還。

唐 鄭谷《雲臺編》卷上《重陽日訪元秀上人》　紅葉黄花秋景寬，醉吟朝夕在樊川。卻嫌今日登山俗，且共高僧對榻眠。别畫長懷吴寺壁，宜茶偏賞雪溪泉。歸來童稚爭相笑，何事無人與酒船。

又 卷中《咏懷》　迂疎雖可欺，心路甚男兒。薄宦渾無味，平生粗有詩。澹交終不破，孤達晚相宜。直夜花前唤，朝寒雪裏追。竹聲輸我

聽，茶格共僧知。景物還多感，情懷偶不卑。溪鶯喧午寢，山蕨止春飢。險事銷腸酒，清歡敵手棋。香鋤抛藥圃，煙艇憶莎陂。自許亨途在，儒綱復振時。

唐 釋貫休《禪月集》卷三《題弘顗三藏院》 儀清態淡雕瓊瓌，捲簾瀟灑無塵埃。嶽茶如乳庭花開，信心弟子時時來。灌頂壇嚴伸齲塞，三十年功苦拘束。梵僧夢裏授微言師曾受神僧真言於夢中，雪嶺白牛力深得。水精一索香一爐，紅蓮花舌生醍醐。初聽喉音實樓閣，如聞魔王宮殿拉金瓦落。次聽妙音大隨求，更覺人間萬事深悠悠。四音俱作清且柔，愛河濁浪卻倒流。卻倒流兮無處去，碧海含空日初曙。

又 卷四《書倪氏屋壁三首·一》 茶烹綠乳花暎簾，撑沙苦筍銀纖纖。窗中山色青翠黏，主人於我情無厭。

又《上馮使君五首·四》 扣舷得新詩，茶煮桃花水。嶭嶭數片帆，去去殊未已。

又《題宿禪師院》 身閑心亦然，如此已多年。語淡不著物，茶香別有泉。古衣和蘚衲，新偈幾人傳。時説秋歸夢，孤峰在海邊。

又 卷一〇《劉相公見訪》 千騎擁朱輪，香塵豈是塵。如何補衮服，來看衲衣人。莊叟因先覺，空王有宿因。對花無俗態，愛竹見天真。欹枕松窗迥，題牆道意新。戒師慙匪什，都講更勝詢。桃熟多紅璺，茶香有碧筋。高宗多不寐，終是夢中人。

又《題靈溪暢公墅》 境清僧格冷，新斬古林開。舊隱還如此，令人來又來。嵐飛黏似霧，茶好碧於苔。但使心清淨，從渠歲月催。

又《題師顗和尚院》 師院清無敵，師心智不知。臘高清眼細，閑甚白雲卑。煮茗然楓枿，泥牆札祖碑。愛師終不及，謾住許多時。

又《和韋相公見示閑卧》 刻形求得相，事事未嘗眠。霖雨方爲雨，非煙豈是煙。童收庭樹果，風曳案頭牋。仲虺專爲誥，何充雅愛禪。靜嫌山色遠，病是酒杯偏。蜩響初穿壁，蘭芽半出甎。堂懸金粟像相公常供養維摩居士，門枕御溝泉。旦沐雖頻握，融帷孰敢褰。德高羣彥表，善植幾生前。脩補烏皮幾，深藏子敬氈。扶持千載聖，瀟灑一聲蟬。棊陣連殘月，僧交似大顛韓吏部重大顛禪師。常知生似幻，維重直如弦。餅憶蓴羹美，茶思岳瀑煎。祇聞溫樹譽，堪鄙竹林賢。脱穎三千士，馨香四十年。寬平開義路，淡泞潤清田。哲后知如子，空王夙有緣。對歸香滿袖，吟次月當川。休説慙如摙，堯天即梵天。

又 卷一三《上馮使君山水障子》 憶山歸未得，畫出亦堪憐。崩岸全隳路，荒村半有煙。筆句岡勢轉，墨搶燒痕顛。遠浦深通海，孤峰冷倚天。柴棚坐逸士，露茗煮紅泉。繡與蓮峰競，威如劍閣牽。石門關麈鹿，氣候有神仙。茅屋書窗小，苔堦滴瀑圓。松根擘石朽，桂葉蝕霜鮮。畫出欺王墨，擎將獻惠連。新詩寧妄説，舊隱實如然。願似窗中列，時聞大雅篇。

又《寄懷楚和尚二首其一》 吾師師子兒，而復貌瓌奇。何得文明代，不爲王者師。鐵盂湯雪早，石炭煮茶遲。謾有參尋意，因循到亂時。

又 卷一四《贈靈鷲山道潤禪師院》 常恨煙波隔，聞名二十年。結爲清氣引，來到法堂前。薪拾紛紛葉，茶烹滴滴泉。莫嫌來又去，天道本泠然。

又《士馬後見赤松舒道士》 滿眼盡瘡痍，相逢相對悲。亂階猶未已，一柱若爲支。堰茗蒸紅棗，看花似好時。不知今日後，吾道竟何之。

又 卷一六《和毛學士舍人早春》 陋巷冬將盡，東風細雜籤。解牽窗夢遠，先是潤梅諳。茶癖金鐺快舍人有《茶譜》，松香玉露含。書齋山帚撅，盤饌藥花甘。雅得琴中妙舍人妙于七弦，常挼臉似酣。雪消聞苦蟄，氣候似宜蠶。密勿須清甲，朝歸遶碧潭。丹心空拱北，新作繼周南。竹杖無斑點，紗巾不著簪。大朝名益重，後進力皆覃。至理雖亡一，臣時亦説三。不知門下客，誰上晏嬰驂。

又 卷一八《贈造微禪師院》 薝蔔氣雍雍，門深聖澤重。七絲奔小蟹，五字逼雕龍。藥轉紅金鼎，茶開紫閣封。圭峰爭去得，卿相日憧憧。

又 卷一九《酬周相公見贈》 三界無家是出家，豈宜拊鳳覯新麻。幸生白髮逢今聖，曾夢青蓮映玉沙。境陟名山烹錦水，睡忘東白洞平茶。喜擎繡段攀金鼎，謝朓餘霞始是霞。

又 卷二〇《春游靈泉寺》 水蹴危梁翠擁沙，鐘聲微逕入深花。

嘴紅澗鳥啼芳草，頭白山僧自扦茶。松色摧殘遭賊火，水聲幽咽落人家寺因泉得名，自經沙汰，其泉落在人家。因尋古跡空惆悵，滿袖香風白日斜。

又 卷二二《避地毗陵寒月上孫徽使君兼寄東陽王使君三首》其三 殷靁車雨滴階聲，寂寞焚香獨閉扃。錦繡文章無路達，袴襦歌詠隔牆聽。松聲冷浸茶軒碧，苔點狂吞納線青。唯有孤高江太守，不忘病客在禪靈。

又 卷二三《山居詩二十四首并序》其三 好鳥聲長睡眼開，好茶擎乳坐莓苔。不聞榮辱成番盡，祇見熊羆作隊來。詩裏從前欺白雪，道情終遣似嬰孩。由來此事知音少，不是真風去不迴。

又《山居詩二十四首并序》其二十一 石罏金鼎紅蕖嫩，香閣茶棚綠巘齊。塢燒崩騰奔澗鼠，岩花狼籍鬬山雞。蒙莊環外知音少，阮籍途窮旨趣低。應有世人來覓我，水重山疊幾層迷。

唐 王建《王建詩集》卷四《七泉寺上方》 長年好名山，本性今得從。回看塵蹟遙，稍見麋鹿蹤。老僧雲中居，石門青重重。陰泉養成龜，古壁飛卻龍。掃石禮新經，懸幡上高峰。日夕猿鳥合，覓食聽山鐘。將火尋遠泉，煮茶傍寒松。晚隨收藥人，便宿南澗中。晨起衝露行，濕花枝茸茸。歸依向禪師，願作香火翁。

唐 釋齊己《白蓮集》卷一《嘗茶》 石屋晚煙生，松窗鐵碾聲。因留來客試，共說寄僧名。味擊詩魔亂，香搜睡思輕。春風雪川上，憶傍綠叢行。

又《送中觀進公歸巴陵》 一論破雙空，持行大國中。不知從此去，何處挫邪宗。晝雨懸帆黑，殘陽泊島紅。應游到灉岸，相憶遶茶叢。

又 卷三《寄敬亭清越》 敬亭山色古，廟與寺松連。住此修行過，春風四十年。鼎嘗天柱茗，詩硾剡溪牋。冥目應思著，終南北闕前。

又《謝灉湖茶》 灉湖唯上貢，何以惠尋常。還是詩心苦，堪消蠟面香。碾聲通一室，烹色帶殘陽。若有新春者，西來信勿忘。

又《題真州精舍》 波心精舍好，那岸是繁華。礙目無高樹，當門即遠沙。晨齋來海客，夜磬到漁家。石鼎秋濤靜，禪回有嶽茶。

又《送人游衡岳》 荆楚臘將殘，江湖蒼莽間。孤舟載高興，千里向名山。雪浪來無定，風帆去是閑。石橋僧問我，應寄嶽茶還。

又《謝中上人寄茶》 春山穀雨前，併手摘芳煙。綠嫩難盈籠，清和易晚天。且招鄰院客，試煮落花泉。地遠勞相寄，無來又隔年。

又 卷四《謝人惠扇子及茶》 鎗旗封蜀茗，圓潔製鮫綃。好客分烹煑，青蠅避動搖。陸生誇妙法，班女恨涼飆。多謝崔居士，相思寄寂寥。

又 卷六《咏茶十二韻》 百草讓爲靈，功先百草成。甘傳天下口，貴占火前名。出處春無雁，收時谷有鶯。封題從澤國，貢獻入秦京。齅覺精新極，嘗知骨自輕。研通天柱響，摘遶蜀山明。賦客秋吟起，禪師晝臥驚。角開香滿室，罏動綠凝鐺。晚憶涼泉對，閑思異果平。松黃乾旋泛，雲母滑隨傾。頗貴高人寄，尤宜別匱盛。曾尋修事法，妙盡陸先生。

又 卷七《宿沈彬進士書院》 相期祇爲話篇章，踏雪曾來宿此房。喧滑盡消城漏滴，窗扉初掩嶽茶香。舊山春暖生薇蕨，大國塵昏懼殺傷。應有太平時節在，寒宵未臥共思量。

又 卷九《過陸鴻漸舊居》陸生自有傳於井石，又云：行坐誦佛書。故有此句。 楚客西來過舊居，讀碑尋傳見終初。佯狂未必輕儒業，高尚何妨誦佛書。種竹岸香連菡萏，煮茶泉影落蟾蜍。如今若更生來此，知有何人贈白驢時太守贈白驢。

又《聞道林諸友嘗茶因有寄》 槍旗冉冉綠叢園，穀雨初晴叫杜鵑。摘帶嶽華蒸曉露，碾和松粉煮春泉。高人夢惜藏巖裏，白硾封題寄火前。應念苦吟耽睡起，不堪無過夕陽天。

又 卷一〇《與節供奉大德游京口寺留題》 柳岸晴緣十里來，水邊精舍絕塵埃。煮茶嘗摘興何極，直至殘陽未欲迴。

唐 王敷《茶酒論》 茶謂酒曰：『我之茗草，萬木之心。或白如玉，或似黃金。名僧大德，幽隱禪林。飲之語話，能去昏沉。供養彌勒，奉獻觀音。千劫萬劫，諸佛相欽。酒能破家散宅，廣作邪淫。打卻三盞已後，令人祇是罪深。』

唐 喻凫《冬日題無可上人院》《全唐詩》卷五四三 入户道心生，茶間踏葉行。瀉風瓶水澀，承露鶴巢輕。閣北長河氣，窗東一檜聲。詩言與禪

味，語默此皆清。

唐 朱慶餘《朱慶餘詩集・與石晝秀才過普照寺》 問人知寺路，松竹暗春山。潭黑龍應在，巢空鶴未還。經年為客倦，半日與僧閒。更共嘗新茗，聞鐘笑語問。

唐 李咸用《唐李推官披沙集》卷二《謝僧寄茶》 空門少年初志堅，摘芳為藥除睡眠。匡山茗樹朝陽偏，暖萌如爪拏飛鳶。枝枝膏露凝滴圓，參差失向兆羅綿。傾筐短甑蒸新鮮，白紵眼細匀於研。甎排古砌春苔乾，殷勤寄我清明前。金槽無聲飛碧煙，赤獸呵冰急鐵喧。林風夕和眞珠泉，半匙青粉攪潺湲。緑雲輕綰湘娥鬟，嘗來縱使重支枕。胡蝶寂寥空掩關。

唐 李洞《李洞詩集・山寺老僧》 雲際衆僧裏，獨攢眉似愁。護茶高夏臘，愛火老春秋。海浪南曽病，河氷北苦遊。歸来諸弟子，白徧後生頭。

又《宿葉公棋閣》 帶風棊閣竹相敲，局瑩無塵拂樹梢。日到長天征未斷，鐘來嶽頂劫須拋。挑燈雪客棲寒店，供茗溪僧爇廢巢。因悟修身試貪教，不須焚火向三茅。

唐 吕岩《吕祖志》卷三《大雲寺茶詩》 玉蘂一鎗稱絶品，僧家造法極功夫。兔毛甌淺香雲白，蝦眼湯翻細浪俱。斷送睡魔離几席，增添清氣入肌膚。幽叢自落溪巖外，不肯移根入上都。

宋 釋智圓《閑居編》卷四五《謝仁上人惠茶》 寄我山茶號雨前，齋餘閒試僕夫泉。自注：予止山居有之。睡魔遣得雖相感，翻引詩魔來眼前。

又《湖西雜感詩》 鑿得新泉古砌頭，煮茶滋味異常流。夜來閑看澄明性，天上無雲月正秋。

又《贈駱堰》 才高淹下位，聖代尚遺賢。賈誼方流涕，楊雄正草玄。開琴逢皓月，試茗選清泉。俠有文編在，時容後學傳。

宋 蘇舜欽《水月禪寺中興記碑詩》 水月開山大業年，朝廷敕額至今存。萬株松覆青雲塢，千樹梨開白雲園。無礙泉香誇絶品，小青茶熟占魁元。當時飯聖高陽女，永作伽藍護法門。

宋 釋重顯《祖英集》卷下《送新茶二首》 元化功深陸羽知，雨前微露見鎗旗。收來獻佛餘堪惜，不寄詩家復寄誰。乘春雀舌占高名，龍麝相資笑解醒。莫訝山家少爲送，鄭都官謂草中英。

又《謝鮑學士惠臘茶》 叢卉乘春獨讓靈，建溪從此振家聲。使君分賜深深意，曾滌禪曹萬慮清。

又《謝郎給事送建茗》 陸羽仙經不易誇，詩家珍重寄禪家。松根石上春光裡，瀑水烹來鬥百花。

又《和頌》 珍瓏岩古寺，冠乎明越境。海眼通洌泉，天心聳危嶺。嘗遊興未闌，遐想神忽凝。彼士真覺雄，相鄰不孤迥。吾愛濟横流，孰云煩慮屏。吾愛整頹綱，豈止浮根靜。棲梧瑞九包，追風駿十影。顧我不爭衡，與誰閑鬥茗。乘時既磊落，照世非昏暝。

宋 陶穀《清異録》卷下《湯戲》 生成盞裏水丹青，巧畫工夫學不成。卻笑當時陸鴻漸，煎茶贏得好名聲。

宋 釋守端《白雲守端禪師語録・清香自醉人》 金蕊叢叢帶露新，采來烹茗賞佳辰。浮杯何必須宜酒，但有清香自醉人。

宋 釋了元《游雲門》《宋詩紀事》卷九二 一陣若邪溪上雨，雨過荷花香滿路。拖筇縱步入松門，寺在白雲堆裡住。老僧卻笑尋茶具，旋汲寒泉煮玉乳。睡魔驚散毛骨清，坐看秦峰秋月午。月明山鳥亂相呼，松杉竹影半窗户。令人徹曉憶匡廬，作詩先寄江南去。

宋 蘇軾《蘇東坡全集》卷一八《參寥上人初得智果院會者十六人分韻賦詩軾得心字》 漲水返舊壑，飛雲思故岑。念君忘家客，亦有懷歸心。三間得幽寂，數步藏清深。攢金盧橘塢，散火楊梅林。茶筍盡禪味，松杉真法音。雲崖有淺井，玉醴常半尋。遂名參寥泉，可濯幽人襟。相攜横嶺上，未覺衰年侵。一眼吞江湖，萬象涵古今。願君更小築，歲晚解我簪。

宋 蘇軾《水調歌頭・桃花茶》《茶董》 已過幾番雨，前夜一聲雷。槍旗爭戰建溪，春色佔先魁。採取枝頭雀舌，帶露和煙搗碎，結就紫雲堆。輕動黄金碾，飛起緑塵埃。老龍團，真鳳髓，點將來。兔毫盞裡霎時，滋味舌頭回。喚醒青州從

事，戰退睡魔百萬，夢不到陽臺。兩腋清風起，我欲上蓬萊。

宋　黄庭堅《黄庭堅詩全集》卷一《寄新茶與南禪師》　筠焙熟香茶，能醫病眼花。因甘野夫食，聊寄法王家。石缽收雲液，銅缾煮露華。一甌資舌本，吾欲問三車。

宋　釋惠洪《石門文字禪》卷二《夏日陪楊邦基彭思禹訪德莊烹茶分韻得嘉字》　炎炎三伏過中伏，秋光先到幽人家。閉門積雨醉封徑，寒塘白藕晴開花。吾儕酷愛真樂妙，笑談相對興無涯。山童解烹蟹眼湯，先生自試鷹爪芽。清香玉乳沃詩脾，抨紙落筆驚龍蛇。源長浩與春漲激，力健清將秋氣嘉。須臾沓幅亂書几，環觀朗誦交驚誇。一聲漁笛意不盡，夕陽歸去還西斜。

又　卷二《次韻曾嘉言試茶》　不嫌滯留湘水涯，時作新詩誇露芽。此篇醉墨翻龍蛇，雷錘雨雹飛塵沙。開卷疾讀喜欲嘩，此郎真是能世家。氣如横槊萬騎遮，妙如琢玉無疵瑕。紹紳傳觀衆口誇，矧余禿鬢纏袈裟。崔嵬胄次書五車，於人豈止一等加。坐令應手開天葩，不因筆端夢生花。何時詞刃誅奸邪，世途嗜好紛萬差。風流掃地吁可嗟，十年去國道路賒。兩手未忍置所拏，賈生豈欲從螾鰕。淵明但愛談桑麻，湘西有舍如藏蛙。年來頗種東陵瓜，愛君才宜踐清華。妙年聲譽聞童牙，君看愛客自煮茶。紅妝聚觀爛朝霞，撐突萬卷遭搜爬。職宜蓮燭燒窗紗，不宜槐笏趨早衙。未甘終老勤山畬，尚能見子昂霄耶，想見霧窗煙縷斜。

又　卷四《郭祐之太尉試新龍團索詩》　政和官焙雨前貢，蒼璧密雲盤小鳳。京華誰致建溪春，睿思分賜君恩重。緑楊院落春晝永，碧砌飛花深一寸。門下賓朋還畢集，碾聲驚破南窗夢。高情愛客手自試，春霧腳縈雪花湧。聚觀詩膽已開張，欲啜睡魔先震恐。我有僧中富貴緣，此會風流真法供。定花磁盂何足道，分嘗但欠纖纖捧。七杯清風生兩腋，月脅澄魂誰與共。戲將妙語敵甘寒，詩成一吊盧仝塚。

又　卷五《和曾逢原試茶連韻》　霜須瘴面豁齒牙，門前小舟嘗自拏。茅茨叢竹依壠畬，君來游時方採茶。傳呼部曲江路賒，迎門顛倒披袈裟。仙風照人虔敬加，秀如春露濕蘭芽。和如東風吹奇葩，馬蹄歸路衝飛花。青松轉壑登龍蛇，路人聚觀不敢譁。詩筒復肯來山家，想見戟門兵衛遮。湘江玉展無纖瑕，但聞江空響釣車。嗟予生計唯攎鰕，安識醉墨翻側麻。喜如小兒抱秋爪，宣和官焙囊絳紗。見之美如癢初爬，愛客自試懽無涯。身世都忘是長沙，院落日長蜂趁衙。園林雨足鳴池蛙，詩成句法規正邪。細窺不容銖兩差，逸羣翰墨爭傳誇。坡谷非子前身耶，沅湘萬古一長嗟。明年夜直趨東華，應有佳句懷煙霞。

又　卷八《任價玉館東園十題·第一軒》　名園富家致，此軒冠群目。欄次狀元紅，窗横尊者竹。坐客定無雙，試茶谷簾緑。願聞聖諦義，飛辯横塵玉。

又《無學點茶乞詩》　政和官焙來何處，君後晴窗欣共煮。銀缾瑟瑟過風雨，漸覺羊腸挽聲度。盞深扣之看浮乳，點茶三昧須饒汝。鷓鴣斑中吸春露，如未沾著則鮮趣。

又　卷九《謝大僞空印禪師惠茶》　鐘鼓五千指，翔空樓殿開。不知大溈水，何爾小南臺。讓子鉏斧信，閑禪春露杯。故應念岑寂，先寄出山來。

又　卷一〇《謝性之惠茶》　午窗石碾哀怨語，活火銀瓶暗浪翻。射眼色隨雲腳亂，上眉音作乳花繁。味香已覺臣雙井，聲價從來友壑源。卻憶高人不同試，暮山空翠共無言。

又《與客啜茶戲成》　道人要我煮溫山，似識相如病裏顔。金鼎浪翻螃蟹眼，玉甌絞刷鷓鴣斑。津津白乳衝眉上，拂拂清風産腋間。喚起晴窗春晝夢，絶憐佳味少人攀。

又　卷一一《誠心二上人見過》　破夏來尋甘露滅，快人如對水晶輪。煙雲掃盡詞傳意，知見不生情透塵。旋縛茅茨吞遠壑，偶臨簷隙見歸人。露芽便覺如浮雪，品坐同分一盞春。

又《將登南岳絶頂而志上人以小困門誇見遺作詩謝之》　壑源獨步寶帶誇，官焙無雙小月團。未作濃甘生齒頰，先飛微白上眉端。湯聲蜂穉秋窗晚，乳面鵝兒春甕寒。飲罷為君登絕頂，俯臨落日看跳丸。

又　卷一二《空印以新茶見餉》　喊山鹿蔌社前摘，出焙新香麥粒光。撼树师应懷大仰，傳甌我欲學南陽。要看雪乳急停筅，旋碾玉塵深住湯。今日城中雖獨試，明年林下定分嘗。

又《余所居連超然自見軒日多啜茶其上二首其一》　三生事辦吾知

要，一室香凝獨掩門。睡足便驚清晝夜，火紅消盡白灰存。巷無俗駕蟻紛繞，鄰有高人玉粹溫。隱比價膺猶可媿，會茶時復到幽軒。

又 卷一三《夏日同安示阿崇諸衲子》 老眼朅來驚節物，閑同諸子話江鄉。試茶正要旋烘盞，煮餅且令深注湯。忽憶海山饗荔子，更思湘水劈蓮房。夏休便可車輪去，菌蕈秋肥趁及嘗。

又 卷一五《金陵獄中謝人惠茶》 竇公關鎖尋常事，諗老家風氣味長。十載故人情外意，一杯今日雨前香。

又 卷一六《奉要勝軒居實居士三首其三》 拓岡陰滿雨初晴，野逞無人獨自行。一飯茅齋最瀟灑，香芽如玉待君烹。

宋 釋惠洪《偈》《詩話總龜》卷三〇 李氏詔居棲賢寺，未幾，一夕大雪，逃居舊隱。嘗煮茶延僧，起托岩扉立化，余作偈曰：前朝詔住棲賢寺，雪夜逃居岩石間。想見煮茶延客處，直緣生死不相關。

宋 釋師一《水庵一禪師語・偈頌七首其三》《續古宿語要》卷六 破暑黃梅雨，清神白乳茶。萬緣俱不到，物外野僧家。

宋 楊萬里《誠齋集》卷二《澹庵坐上觀顯上人分茶》 分茶何似煎茶好，煎茶不似分茶巧。蒸水老禪弄泉手，隆興元春新玉爪。二者相遭兔甌面，怪怪奇奇真善幻。紛如擘絮行太空，影落寒江龍萬變。銀瓶首下仍尻高，注湯作字勢嫖姚。不須更師屋漏法，祇問此瓶當響答。紫微仙人烏角巾，喚我起看清風生。京塵滿袖思一洗，病眼生花得再明。漢鼎難調要公理，策勳茗椀非公事。不如回施與寒儒，歸續茶經傳衲子。

宋 釋紹曇《希叟紹曇禪师廣録》卷七《寄紫籜茶与虎丘石溪》 籜龍銜味嘆春英，香入蘿窗午夢清。笑汲新泉煩陸羽，貴圖尊宿眼增明。

又《偈頌一百零二首》 缀鉢飯抄雲子白，晴甌茶泛雪花香。

又 三個成團，四個作隊，向雲坳澗曲。采蕨蕈煎茶，縷筍芹為膾。彌勒不知，釋迦不會。剛被春風透密機，高林破曉鶯吟碎。眼裏聞聲，且居門外。

又 茶抽雀舌郎忙摘，麥弄鰕須逐旋收。熾然說法，聲撼林丘。

宋 釋文珦《潛山集》卷四《煎茶》 吾生嗜苦茗，春山恣攀緣。采采不盈掬，浥露殊芳鮮。慮溷仙草性，崖間取靈泉。石鼎乃所宜，灌濯手自煎。擇火亦雲至，不令有微煙。初沸碧雲聚，再沸雪浪翻。一碗復一碗，盡啜祛憂煩。良恐失正味，緘默久不言。須臾齒頰甘，兩腋風颯然。飄飄欲遐舉，未下盧玉川。

又 卷五《靈泉篇》 高僧誦經經出泉，泉靈不許蛟龍眠。湛湛長開古明鏡，泠泠暗瀉朱絲弦。曾說煮茶甘入齒，為是心源功德水。淵然千古無是非，遮莫放人來洗耳。

又 卷九《焙茶》 異荈雲邊得，山房手自烘。頗思同陸羽，全覺似盧仝。孤悶當先破，仙靈更可通。蓬萊知遠近，我欲便乘風。

宋 釋永頤《食新茶》《江湖後集》卷一六 自回山中來，泉石足幽弄。茶經猶掛壁，庭草積已衆。拜先俄食新，香凝雲乳動。心開神宇泰，境豁謝幽夢。至味延冥遐，靈爽脫塵控。靜語生雲雷，逸想超鶯鳳。飽此岩壑真，清風願遐送。

宋 釋永頤《呂晉叔著作遺新茶》《江湖後集》卷一六 四葉及王遊，共家原阪嶺。歲摘建溪春，爭先取晴景。大窠有壯液，所發必奇穎。一朝團焙成，價與黃金逞。呂侯得鄉人，分贈我已幸。其贈幾何多，六色十五餅。每餅包青蒻，紅籤纏素檾，屑之雲雪輕，啜已神魄惺。會待嘉客來，侑談當晝永。

宋 釋慧空《雪峰慧空禪师語録・送茶頭并化士四首》 四海建溪茶，古今人所重。惟有禪家流，端的得受用。風穴出送行，香嚴用原夢。古佛老趙州，到與不到共。今者披秀翁，又作如是供。階也分化權，空生與之頌。但得出處真，一用一切用。

物以甘柔趨所嗜，茶獨森嚴正其味。老僧得之其夢圓，張喉引喙欲談禪。小僧得之忘百慮，挑囊直入茶山去。僧無老少俱喜茶，問訊武夷仙子家。待我明年香睡醒，借爾郝源作茶鼎。

真門九湯雲起雪，貢餘徑寸玉無瑕。春寒不念山中事，歲歲封題記我家。瓦盆雷動千山曉，橫嶺香傳兩袖風。添得老禪精彩好，江西一吸兔甌中。

又《送茶化士》 正味森嚴來處異，叢林多用顯家風。趙州一味客心盡，風穴三巡主意濃。要使人人開睡眼，且煩小小現神通。郝源北苑大

雲際，盡入吉山茶碗中。

建溪深與吉山鄰，勝氣潛通不在陳。但看吉山茶碗裏，雪花時現建溪春。五湖雲水訪山家，不問親疏盡與茶。若省此茶來處者，出門風擺緑楊斜。

宋 釋紹嵩《陪趙知府登桃嶺山亭》《兩宋名賢小集》卷一四六 誰向百端著此亭，簷前樹木映窗櫺。野田流水濺濺白，芳草隨人段段青。春服照塵連草色，雲蘿幽信寄茶經。史君領客周遭看，鐘送遙帆落晚汀。

宋 釋智愚《虛堂和尚語録》卷七《偈頌・謝芝峰交承惠茶》

揀芽芳字出山南，真味那容取次參。曾向松根烹瀑雪，至今齒頰尚餘甘。

又《茶寄樓司令》 暖風雀舌鬧芳叢。出焙封題獻至公。梅麓自來調鼎手。暫時勺水聽松風。

宋 釋寶曇《橘洲文集》卷二《煎茶》 午鼎松聲萬壑徐，蒲團曲幾未全疏。春風肯入薑鹽手，不廢秋窗一夜書。

宋 釋子益《劍關子益禪師語録・偈頌七十六首》其中一首 秋江清，秋月白。登高雙眼空，獨步乾坤窄。隻手未曾舉，黃菊已盈握。好彩從來奔齪家，隨分一盞茱萸茶。

元 溥光《萬安寺茶牓》《戒壇寺石刻》 大都大聖壽萬安寺，諸路釋教都總統、三學壇主、佛覺普安慧湛弘教大宗師揀公茶榜。昭文館學士中奉大夫、特賜圓通玄悟大禪師、雪庵頭陀溥光撰並書。竊以隨緣應物，無非回向菩提；指事傳心，總是行深般若。欲破人間之大夢，須憑劫外之先春。伏惟，佛覺普安慧湛弘教大宗師，寶集正宗轉輪真子。學冠於竺乾華夏，顯密圓通；神遊於教誨義天，理事無礙。笑辟支獨醒於一己，擬菩薩普寤於群生。借水澄心，即茶演法。滌隨眠於九結，破昏滯於十纏。於是待蟄雷於鹿野苑中，聲消北苑；采靈芽於鷲山頂上，氣靡蒙山。依馬鳴龍樹製造之方，得法藏清涼烹煎之旨。焙之以三昧火，輾之以無礙輪，煮之以方便鐺，貯之以甘露碗。玉屑飛時，香遍閻浮國土；白雲生處，光搖紫極樓臺。非關陸羽之家風，壓倒趙州之手段，以致三朝共啜，百辟爭嘗。使業障、惑障、煩惱障，即日消除；資戒心、定心、智慧心，一時灑落。今者法筵大啟，海衆齊臻，法是茶，茶是法，盡十方世界是個真心；醒即夢，夢即醒，轉八識衆生即成正覺。如斯煎點，利樂何窮！更欲稱揚，聽末後句：龍團施滿塵沙劫，永祝龍圖億萬春。至大二年正月十五日門資上座德嚴刻石於嵩山戒壇寺。

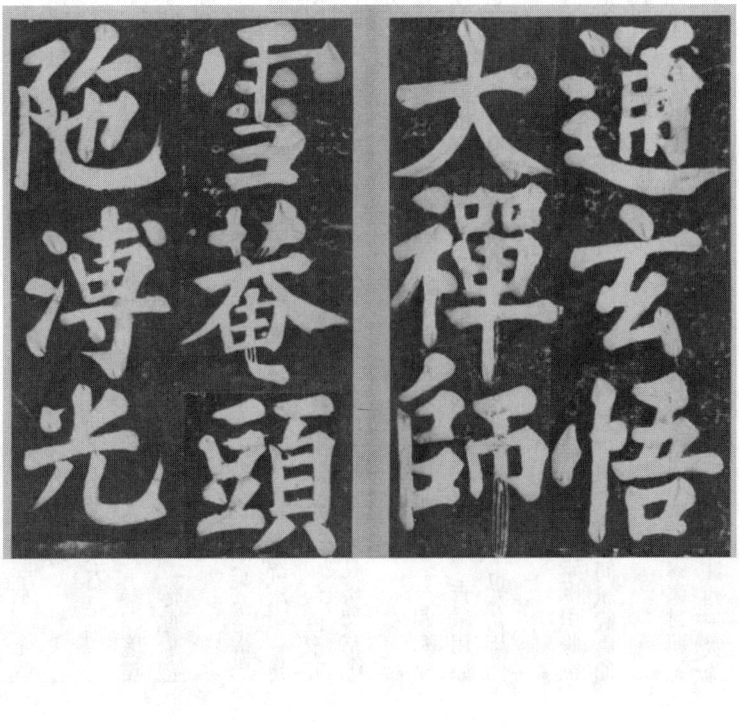

元　釋清珙《石屋禪師山居詩》卷六《山居吟》　禪餘高誦寒山偈，飯後濃煎穀雨茶。尚有閒情無著處，攜籃過嶺采藤花。

元　釋善住《谷響集》卷二《春晚》　矮窗日月無今古，閉户爭知春去來。清鏡靜臨多白髮，好花閑看半蒼苔。蛙傳鼓吹池塘雨，茶展槍旗澗壑雷。海燕未回寒尚在，暮雲重疊鎖崔嵬。

又　卷三《答白雲見寄四首其一**》**　巾瓶欣得寓煙霞，遠屋青山引貫花。早晚杖藜終赴約，夜床毋惜建溪茶。

又《茶屋》　清心修茗事，淨室掩春風。缾瀉嵓泉碧，童敲石火紅。杯鐺今陸羽，文字老盧仝。俗客何由至，塵埃路不通。

元　釋智及《愚庵智及禪師語錄》卷下《謝嚴子魯丞惠貢餘新茶》　槍旗不展策全勳，占斷江南第一春。除卻金輪聖天子，舌頭具眼是何人。

元　釋月澗《月澗禪師語錄·摘茶》　拼雙赤手入叢林，要覽春風一寸心。但覺爪牙歸掌握，不知煙霧濕衣襟。

明　徐㮙《鼓山寺施茶疏》（乾隆）《鼓山志》卷九　竊以隨緣應物，無非回向菩提；指事傳心，總是行深般若。欲破人間之大夢，須憑劫外之先春。

伏惟扣冰古佛，寶集正宗，轉輪真子。啟悟於天心明月，道德無鄰；神遊於教海義天，利樂有情。笑辟支獨醒於一己，擬菩薩普悟於群生。借水澄心，即茶演法。滌隨眠於九結，破昏滯於十纏。於是待蟄雷於鹿苑野中，聲消北苑；采靈芽於鷲峰頂上，氣靡蒙山。依馬鳴、龍樹製造之方，得地藏、清涼烹煎之旨。焙之以三昧火，碾之以無礙輪，煮之以方便鐺，貯之以甘露碗。玉雪飛時，香遍閻浮國土；白雲生處，光搖紫極樓臺。非關陸飛之家風，壓倒趙州之手段。以故居人共啜，過客爭嘗。使業障、報障、煩惱障，即日清除；資戒心、定心、智慧心，一時灑落。

今者法筵大啟，海衆齊臻。法是茶，茶是法，盡十方世界是個真心；醒即夢，夢即醒，轉八識衆生即成正覺。如斯煎點，利益何窮？更欲稱揚，聽末後句：紅袍施滿恒沙界，永祝龍圖億萬春。

明　釋道盛《天界覺浪禪師嘉禾語錄·答石倉居士》　紅爐雪水野生涯，招客同消石火茶。一葉秋驚天地夢，千年核具古今花。月留破鏡空搔首，露滑縣崖試作家。爭似東軒高臥穩，半床枕藉傲煙霞。

明　釋道忞《天童弘覺忞禪師語錄·采茶》　春衣不惜罥香荊，為撥煙霞叩玉英。百草頭邊如薦得，等閒入手總芳馨。

明　釋淨現《象田即念禪師語錄·物可入剡山采茶賦得辛苦歌爲贈》　莫辭辛，休道苦。即為僧，師佛祖。佛祖皆從苦過來，聲光浩浩垂千古。朝辛苦，暮辛苦。賦性拙，勤可補。那事雖然本現成，也須福智為佐輔。苦娑婆，無不苦。火宅喻，君稔睹。藉此堪忍勵吾操，存心期與古人伍。舊年已辛苦，今年又辛苦。苦因緣，君薦取。薦取從前

苦者誰，威音那畔無賓主。無賓主，有何累。為君歌，採茶去。西來大意滿茶山，眼辯手親無處避。昔日溈山勘仰山，仰山便撼茶樹意。者般節目豈難論，直須用去忘猜忌。理非理，事非事。一回碾碎紫龍團，習習清風生兩翅。脫然未透古人關捩子，甯許棲遲安。樂地好，光陰莫。虛棄此，去好看。經風耐雪黄金芽，烹來滿碗冰霜氣。

明 釋德然《松隱唯庵然和尚語録·船居十首其八**》** 一葉孤舟下激湍，逆行順轉似龍蟠。開篷未覺乾坤闊，打掉方知湖海寬。兩岸柳拖金色線，一江風戛玉綸竿。卷帆且泊斜陽外，謾洗砂鍋煮月團。

明 釋德祥《桐嶼集·題詩經堂》 池邊木筆花新吐，窗外芭蕉葉未齊。正是欲節三五偈，煮茶香過竹林西。

明 釋如空《無趣老人語録·趙州吃茶去》 曾到未到吃茶去，院主來參也一甌。雨前香味無多子，管取人情個個周。

明 釋真可《紫柏老人集》卷二七《龍泉寺啜茶》 一帶秋泉斷復流，向陽回壑廠珠樓。是誰小歇雲邊石，劫外龍團啜七甌。

又《早春渴方山李長者·還清涼招陸太宰其一**》** 飯吃黄精衣著麻，長秘七碗勝芽茶。相知若問山中事，定起岩前掃落花。

明 釋德清《憨山老人夢游集》卷三《頌》 趙州一味澹生涯，但是相逢請吃茶。若問梅花探春色，一枝牆外過鄰家。遠來經涉路迢遙，壘塊填胸氣正驕。不用靈丹並妙藥，衹須一碗熱湯澆。

又 卷五《寄塵堂首座》 憶爾栽茶處，滿園春雨滋。何時掃松葉，相對一烹之。

又 卷五《山居二十八首其二五**》** 睡起呼童旋煮茶，竹爐湯沸雪如花。旗槍未豎魔先退，始信叢林有作家。

又《曹溪四時詠》之冬 夜深旋煮雪中茶，此味天然最可誇。更有一般奇特處，滿林寒月浸梅花。

又《夏日過法性寺二首其二**》** 菩提樹下風袪暑，般若臺前雨送涼。一盞清茶諸想滅，更於何處覓西方。

又《山居十首其七**》** 春深寒穀筍生芽，又見松梢漸發花。一鉢待來充午供，衆僧專等試新茶。空無神力諸天飯，富有莊嚴五色霞。為問長安歌舞客，幾曾飛夢到山家。

又 卷二七《山中吟六首其四**》** 時折寶林松，旋汲曹溪水。來煮雪中茶，此味無可比。

又《畲山二首其一**》** 畲山唱罷紫芝歌，幾片煙雲掛綠蘿。竹徑有婆偷筍去，橫溪無水看猿過。松花帶蕊烹新茗，荷葉連絲補破蓑。自是道人知見別，萬年一念任消磨。

明 釋元賢《鼓山永覺禪師廣録》卷二六《山居五首其一**》** 古佛岩頭絶往還，月明時復到松關。焚香煮茗無餘事，搔首雲邊對鶴閑。

又《采茶四首》 雷雨頻催春滿叢，紫茸迸出笑東風。指頭不覺難收拾，又入前坡翠霧中。

子規聲裏展旗槍，雨霽雲收滿目蒼。逐隊不辭山路峻，攜籃歸去帶天香。

春晚山居事正勤，歌聲嶺上幾回聞。登高摘得迎風葉，卻笑渾身惹白雲。

出門遙望碧雲層，淑氣氤氳枝上凝。兩兩三三同摘取，詠歸喜見月初升。

明 釋觀衡《紫竹林顓愚衡和尚語録》卷一八《題快哉亭四首之三》 金樽玉盞，遲日薰風。快哉此亭，一醉仙翁。比興捫古，風雅捉空。快哉此亭，真正吟翁。龍團起霧，鳳髓生風。快哉此亭，七碗盧翁。海潮舌響，水月心空。快哉此亭，今古談翁。

又《圓通頌百首，其三十七**》** 鎮江白酒甚為佳，天下傳聞說不差。曾到酒家沽一醉，元來就是虎丘茶。

明 釋廣真《吹萬禪師語録》卷一二《鐺烟茶圃》 秋清雪陣蘆花低，興陟饞峰樂品題。入圃拈茶歌短調，燒鐺掬水折疏藜。煙籠紫霧卮霞燦，香染朱雲日影棲。罔徹關頭誰是味，揚眉飛鷂已天西。

又《夜入堂同衆飲茗》 昨宵受請入禪房，明德彬彬滿四方。元日次中寒氣盡，兩更半後暖風長。傳湯聽曲容生笑，剪燭談心語帶香。總是超然塵物外，無拘繩鑿共和光。

又 卷一三《秋日采茶歌》 金芽人說穀雨前，我入林園已秋煙。

縱貽瓦缽百片真，煎來到底不如新。自古玉碎鳳凰叫，兼聞鳶飛雄虎嘯。相煦相感亦有時，津劍豈蔽張華耀。莫把清茗空裁賦，設使葉蒼如嫩作。一葉去半可為常，雀舌謂離非故樹。且將小石品字安，何用高鐺三腳具。天花一滾滿煙霞，日輝並照映朱砂。唐盧仝宋東坡，十碗齊斟奈我何。

又卷一三《浣溪沙・中秋月》 皎月清燈鬥晚霞，疏林雲外遠人家，煎茗掬水待西斜。斗柄面南移不去，踐踏山色玉流沙。瀛洲好趁棹仙槎。

明 程敏政《篁墩文集》卷六三《病中夜試新茶簡二弟戲用建除體》 建溪新茗如環鉤，土人食之除百憂。呼童滿注雪乳脚，使我坐失平生愁。朝來定與兩難弟，執手共瀹青甆甌。腹藁已破五千卷，舉身恨不登危樓。玉川成仙幾百載，清氣渺渺散不收。典衣開懷祇沽酒，閉門卻笑長安遊。

清 釋超全《武夷茶歌》（嘉慶）《崇安縣志》卷二 建州團茶始丁謂，貢小龍團君謨制。元豐敕獻密雲龍，品比小團更為貴。無人特設御茶園，山民終歲修貢事。明興茶貢永革除，玉食豈為遐方累。相傳老人初獻茶，死為山神享廟祀。景泰年間茶久荒，喊山歲猶供祭費。輸官茶購自他山，郭公青螺除其弊。嗣後岩茶亦漸生，山中借此少為利。往年薦新苦黃冠，遍采春芽三日內。搜尺深山栗粒空，官令禁絕民蒙惠。種茶辛苦甚種田，耘鋤采抽與烘焙。穀雨屆其處處忙，兩旬晝夜眠餐廢。道人山客資為糧，春作秋成如望歲。凡茶之產准地利，溪北地厚溪南次。平洲淺渚土膏輕，幽谷高崖煙雨膩。凡茶之候視天時，最喜天晴北風吹。苦遭陰雨風南來，色香頓減淡無味。近時制法重清漳，漳芽漳片標名異。如梅斯馥蘭斯馨，大抵焙時候香氣。鼎中籠上爐火溫，心閑手敏工夫細。岩阿宋樹無多叢，雀舌吐紅霜葉醉。終朝采采不盈掬，漳人好事自珍秘。積雨山樓苦晝間，一宵茶話留千載。重烹山茗沃枯腸，雨聲雜遝松濤沸。

清 釋超全《安溪茶歌》（嘉慶）《泉州府志・物產》 安溪之山鬱嵯峨，其陰長濕生叢茶。居人清明采嫩葉，為價甚賤供萬家。邇來武夷漳人制，紫白二毫粟粒芽。西洋番舶歲來買，王錢不論憑官牙。溪茶遂仿岩茶樣，先炒後焙不爭差。真偽混雜人難辨，世道如此良可嗟。吾哀肺病日增加，蔗漿茗飲當餐霞。仙人道人久不至，井坑香澗路途賒。江天極目浮雲遮，日向閒庭掃落花，無暇為君辨正邪。

清 釋隆琦《隱元禪師語錄》卷一三《寄中臺林檀越》 君在天邊看落霞，誰憐清冷野僧家。彤雲密佈千秋月，白雪飄零幾點花。龍藏久封無法說，山田典盡沒生涯。有人借問西來意，獨飲趙州一夜茶。

又卷一四《示化茶禪人》 禪餘睡起眼眯麻，笑倒叢林老作家。仔細思量無別法，醒人祇是一杯茶。

又卷一六《詠茶》 醒迷須雀舌，試茗貴龍泉。個個開心眼，趙州話始圓。

又《香潭八咏其六》 留別愧無妙句，贈題想有佳章。人情佛法周備，杯茶遍界生香。

清 釋净斯《蔓堂集卷》卷二《偕行秋色裏》 遝嶂含蒼翠，尋幽竹徑斜。霜花侵短鬢，丹葉落晴霞。問雁情何闊，穿雲興更奢。笑談明月裏，石上且烹茶。

又《煮茶》 坐倦猶思茗，分薪向小鐺。初看疑霧起，更聽若蟄鳴。味戰昏魔遠，香撩詩興清。趙州無限意，珍重向人傾。

又卷一九《化茶》 入門一句有誰諳，不似諸方亂指南。到口始知滋味別，趙州公案勿勞參。

又《化施茶》 紫雲堆裡，味得春先；兔毫盞中，香浮北苑。昏魔聞之而遠退，熱惱觸之而清涼。信手傾來，曷用望梅止渴；滿盤托出，不須鑿井求源。廣開甘露之門，普濟塵勞之衆。仰冀大檀，成此勝舉。

清 釋通醉《昭覺丈雪醉禪師語錄》卷九《贈竹隱禪人》 梧樹新飄葉，聲驚百萬家。風還秋體露，暑退興偏賒。天目茶初熟，峨眉月正華。祇緣時節使，滿袖盛煙霞。

又卷一〇《中梁山》 幾回嘯傲嶺雲頭，自覺神王喜氣幽。晴嶂倚天連復斷，迅流繞砌去還留。斂衣趺坐三生石，放眼看完四百洲。柳葉茶烹霄漢外，兩間何啻一磁甌。

清 釋如一《即非禪師全錄》卷一九《庚子元日諸鄉老見過》 海外逢儒伯，山中禮諸伽。直拈崇福果，為點趙州茶。宇宙仁雙片，元正露一芽。試毫思舊主，飲愧記年華。

又《應林大堂居士茶供》 昨日飽山水，今朝味更長。齒牙餘嶽色，衣袖半江光。影入冰壺瀲，清浮緑乳香。將何酬七碗，為寫趙州方。

清 釋印文《靈隱文禪師語録》卷三《除夕》 旅泊閑無事，推窗看六花。歲除唯撥火，夜守祇烹茶。此道何新舊，妄情自減加。春來梅競放，百卉任排芽。

清 釋福慧《嵩山野竹禪師録》卷九《寄獨山州心月》 夜夜高藍峰上月，秋暉先照獨山來。膏茶話舊知何日，兩地寒風吹緑苔。

又《示六一茶頭》 陸羽盧同舊有經，烹來七碗醉還醒。篙山欲獻打門客，倩汝擎來就竹亭。

清 釋真傳《廣福山勝覺寺密印禪師語録》卷一〇《山居其三十**》** 雲布嶺頭意不偏，其間是事偶將圓。乘涼果木秋來實，淘米溪泉雨到穿。汲水煮茶歌樹下，敲松撥子種山前。靈苗但看生時穩，日久成林蓋屋邊。

又《山居其三十三**》** 從來應用有乘時，但得時乘不遠思。灌芋隨分山峽水，烹羹任采野蹊藜。廠煎茶灶當風置，露坐蒲團對月移。遙望當山先有兆，清光影到歲寒枝。

又《山居其四十六**》** 嘯月吟風幾度春，隨方樂道不愁貧。熬羹灶内燒黄栗，待客盤中剪緑蘋。一圃茶椿春復舊，半瓢豆種晚成新。方原雨足十分美，廩貯林間待上賓。

清 釋智操《寒松操禪師語録》卷一五《春宵遣懷次百老人韻》 夢破一聲鐘，遠峰月漸起。搔首不成眠，門開深竹裏。長嘯發清風，紅墮山茶蕊。回看松際雲，澹罩清江水。夜寂幽籟沉，萬里清如洗。此意誠難言，未識誰相委。閑步問蒼梅，梅默笑而已。

又《山居其二**》** 閑擕片笠到山家，瀑響松風自煮茶。啜罷歸來天欲暮，半肩明月半肩花。

又《過昆山訪幹一諸穿史》 昔年幾度夢登臨，今獨尋流入上林。鶴立松梢翻素羽，鴻來天外墮清音。筍抽石竇和煙煮，茶熟蘭泉帶月斟。話盡殘燈蓮漏永，寒光獨照故人心。

又《十二時歌》 日入西，牛履牛衫半禿首。幾欲談玄沒個人，間消逸興憑吾有。趙州茶曹山酒，擬飲還須同出手。不是大瓢七碗流，到來未許輕開口。

又《和汪周士季青過訪韻》 常年竹屋老山家，墉向侯門轉法華。分野忽來雙德宿，煙雲影動半窗斜。時遊碧嶂同尋藥，閑品清泉共煮茶。天亦有情留客意，故將風雨阻囂嘩。影息空林懶渡杯，足音高蹈遠纖埃。談深石上連雲坐，嘯徹松間跨鶴回。茶熟清泉翻蟹眼，香銷活火宿螺灰。淵明莫訝山齋冷，他日乘閑須再來。

清 釋福度《一葦鐵船度禪師語録·黄相寰設茶》 數色名園果，一杯春露茶。大家同飲啖，幾個不粘牙。

又《茶話》 莫管雀舌龍團，祇須信口吃去。咬著趙州道的，頓令生死瞥地。

又《孔居士設茶》 白雪浮甌撲鼻香，飲著風生兩腋涼。滋味雖然祇這是，定要當人親口嘗。

又《中秋茶餅寄禄葵和尚》 一枚餅子圓如鏡，幾片山茶碎剪春。趙老雲門藏不得，和盤托向月中人。

又《歷村煎茶》 問到西來鼻祖意，茶匙拈起露堂堂。可憐不遇盧同輩，空使瓊甌泛雪香。

清 釋濟悟《鶴峰禪師語録》卷下《雨阻杏泉房作》 閑庭看雨色，著屐東山遊。未上碧雲去，因依洗月留。杏泉茶滴翠，高閣澗聲浮。心内無餘事，還將勝跡謀。

又《白雲山》 採茶最喜白雲窩，古塔殘碑掛薜蘿。藉草就餐吞翠遠，歸途花雨嶺南過。

又《茶歌四首》 我來山中絕頂栽茶，钁頭钁尾聊且作家。磊落高風施大用，刀耕火種老生涯。

我來山中時復採茶，塵世如何及得我家。乘興提筐過別嶺，滿身煙霧意無涯。

我來山中學炒新茶，斗鍋烈火還我作家。翠微香靄流青嶂，又聽鳴蛙鼓水涯。

我來山中汲水煎茶，松風竹雨煞是仙家。會得其中三沸意，滿傾幾

盞樂天涯。

清 朱彝尊《曝書亭集》卷一八《御茶園歌》 御茶園在武夷第四曲，元於此創焙局，安茶槽。五亭參差一井冽，中央臺殿結構牢。每當啟蟄百夫山下喊，縱金伐鼓聲喧嘈。歲簽二百五十户，須知一路皆驛騷。山靈丁此亦太苦，又豈有意貪牲醪。封題貢入紫檀殿，角盤瘿枕怯薛操。小團硬餅搗為雪，牛潼馬乳傾成膏。君臣第取一時快，詎知山農摘此田不毛。先春一聞省貼下，樵丁蕘豎紛逋逃。入明官場始盡革，厚利特許民搜掏。殘碑斷臼滿林麓，西皋茅屋連東皋。自來物性各有殊，佳者必先占地高。雲窩竹窠擅絕品，其居大抵皆岸嶅。茲園卑下乃在隰，安得奇茗生周遭。但令廢置無足惜，留待過客閒遊遨。古人試茶昧方法，推鈐羅磨何其勞。誤疑爽味碾乃出，真氣已耗若醴餔其糟。沙溪松黃建蠟面，楚蜀投以薑鹽熬。雜之沉腦尤可憾，陸羽見此笑且咷。前丁後蔡雖著録，未免得失存譏褒。我今攜鎗石上坐，箬籠一一解繩條。冰芽雨甲恣品第，務與粟粒分錙毫。

清 許虬《天池山訪元嘆門榜落木庵爲寒河譚子筆》《清詩別裁集》卷五 落木庵中臥老禪，寒河風雅筆如椽。垂來白髮耽高隱，散盡黃金憶少年。十畝秋茶新雨後，半山霜蕨夕陽邊。開元天寶詩亡後，欲問人間寡和篇。

清 厲鶚《樊榭山房續集》卷七《大圜上人惠紫菜補陀茶用山谷集中食筍韻》 平生嗜讀書，枵腹但貯菜。勞勞求益心，屢問市兒賣。上人空昧塵，不羨萬羊宰。掛席割雲海，衣色共難壞。舊來包倭紙，償我清淨債。香山供高禪，詩中費薑芥。取用及齋盂，毋乃已傷介。雷鳴候石鼎，雋永堪一啜。伴以梅嶺春，松濤洗余噫，景純賦已收，鴻漸經未采。

清 汪士慎《巢林集·小白華山茗》 我昔東遊渡滄海，波濤洶湧難形容。一山孤峙出鮫室，四時神飈搖危峰。峰頭有樹毓靈秀，屈幹蟠根臥雲霧。春來葉葉如槍旗，衲子提筐摘朝露。我正維舟陟翠微，東風撲面香霏霏。攀援尋到焙茶處，古洞雲窩開竹扉。老僧揖我坐憑幾，自近風爐煎石隨。滿碗輕花別有春，津津舌本涼芬起。瞥眼歸來過十年，擎甌往往憶芳鮮，齒搖髮白不復去，草堂寂寞飄茶香。

清 鄭燮《鄭板橋集·贈博也上人》 閉門何處不深山，蝸舍無多八九間。人跡到稀春草綠，燕巢營定晝梁閑。黃泥小灶茶烹陸，白雨幽窗字學顔。獨有老僧無一事，水禽沙鳥聽關關。

清 郭嵩燾《養知書屋詩集》卷一《崇勝寺僧惠君山茶》 團龍碾鳳充官焙，晴窗煮茗顛春雷。豈如小園新雨足，旗槍摘試雲腴胎。婺源雙井不易得，洞庭君山才咫尺。傳聞寢廟薦新時，玉碗醲浮瓊乳碧。乃知人間第一春，慣供寶鼎紫茸茵。卻怪清泠一勺水，肯饋跂石眠雲人。人言君山之茶清且厚，北港雖清不容漱。寺僧雜揉出新意，別有雲芽浮雪竇。我有園茶五百叢，正焙外焙一埽空。生平不識茶經與茶録，頭白歸來桑苧翁。妍媸萬變不掛眼，沙溪北苑原同產。一甌飲罷詩先成，乞師更授梁園簡。

雜録

唐 陸羽《茶經》卷下《七·茶之事》 釋道該説《續名僧傳》。宋釋法瑤，姓楊氏，河東人。永嘉中過江，遇沈臺真。臺真在武康小山寺，年垂懸車，飯所飲茶。永明中，敕吳興禮致上京，年七十九。

宋 陶穀《清異録》卷下 吳僧梵川，誓願燃頂供養雙林傅大士，自往蒙頂結庵種茶。凡三年，味方全美，得絕佳者聖楊花、吉祥蕊，共不踰五斤，持歸供獻。

宋 張商英《護法論》 溈山問仰山曰：『子今夏作得個什麼事？』仰山曰：『鋤得一片地，種得一畬粟。』溈山曰：『子可謂不虛過時光。』斷際禪師每集大衆栽松钁茶，洞山聰禪師常手植金剛嶺松，故今叢林普請之風尚存焉。釋氏雖衆，而各止一身一粥一飯，補破遮寒，而其所費亦寡矣。且其既受國恩，紹隆三寶，而欲復使之為農可乎，況其田園隨例常賦之外，復有院額科敷官客往來。種種供給，歲之所出？猶愈於編民之多也。其於公私，何損之有？

明 吳之鯨《武林梵志》卷一《城内梵剎》 僧怡然以垂雲新茶見餉，報以大龍團。仍戲云：妙供來香積，珍烹具大官。揀芽分雀舌，賜茗出龍團。曉日雲菴暖，春風玉殿寒。聊將試道眼，莫作兩般看。

道教與茶

論說

宋 寇宗奭《圖經衍義本草》卷二二 味甘、苦，微寒，無毒。主瘦瘡，利小便，去痰熱、渴，令人少睡。春採之。苦茶，主下氣，消宿食。

《圖經》曰：茗、苦茶，舊不著所出州郡，今閩浙、蜀荊、江湖、淮南山中皆有之。《爾雅》所謂之苦荼。郭璞云：大小似梔子，冬生葉，可煮作羹飲。今呼早採者為茶，晚取者為茗。一名荈，蜀人謂之苦茶是也。今通謂之茶。茶、荼聲近，故呼之。春中始生嫩葉，蒸焙去苦水，末之乃可吃。與古所食，殊不同也。

《唐本》注：《爾雅·釋木》云：檟，苦荼。注：樹小似梔子。冬生葉，可煮作羹飲。今呼早採者為茶，晚取者為茗，一名荈，蜀人名之苦茶。生山南漢中山穀。

陳藏器云：茗、苦荼，寒。破熱氣，除瘴氣，利大小腸。食之宜熱，冷即聚痰。茶是茗嫩葉，搗成餅，並得火良。久食令人瘦，去人脂，使不睡。

明 朱權《茶譜》 挺然而秀，鬱然而茂，森然而列者，北園之茶也。泠然而清，鏘然而聲，涓然而流者，南澗之水也。塊然而立，睟然而溫，鏗然而鳴者，東山之石也。臒然而酸，兀然而傲，擴然而狂者，渠也。渠以東山之石，擊灼然之火，以南澗之水，烹北園之茶，自非喫茶漢，則當握拳布袖，莫敢伸也。本是林下一家生活，傲物玩世之事，豈白丁可共語哉？予嘗舉白眼而望青天，汲清泉而烹活火，自謂與天語以擴心志之大，符水火以副內煉之功，得非遊心於茶竈，又將有裨於修養之道矣。其惟清哉。涵虛子臞仙書。

明 徐光啓《農政全書》卷三九《種植·雜種上·茶》 《博物志》云：『飲真茶，令人少眠』，此是實事。但茶佳乃效，又須末茶飲之。但葉烹者，不效也。

清 曹廷棟《老老恒言》 華佗《食論》曰：『苦茶久食，益意思。』恐不足據，多飲面黃亦少睡。

清 陸廷燦《續茶經》卷上《之一》 金陵瑣事。茶有肥瘦。雲泉道人云：『凡茶肥者甘，甘則不香。茶瘦者苦，苦則香。此又茶經茶訣茶品茶譜之所未發。』

野航道人朱存理云：『飲之用必先茶。而茶不見於禹貢，蓋全民用而不為利後世。茶立為制非古聖意也。陸鴻漸著茶經，蔡君謨著茶譜，孟諫議寄盧玉川三百月團後，侈至龍鳳之飾。責當備於君謨然，清逸高遠，上通王公，下逮林野，亦雅道也。』

清 齊召南《蓋竹山長耀寶光道院記》 吴葛孝先嘗營精舍，至今有仙翁植茶園。

綜述

《鬼谷子天髓靈文》卷上《伏藏符》《正統道藏·洞神部·方法類》 夫伏藏符者，有人家被暮賊驚散走，劫一切物色，去要追伏者。作灰城三重、劍三口、鏡一面、茶一盞、淨水一盞，念前呪一遍祭了。呪曰：以水向東噀，木摧折。向南噀，火出滅。向西噀，金剛缺。向北噀，水枯竭。向上噀，天柱折。向下噀，地獄烈。向賊噀，速足蹩。祭畢，時賊神限至，三日二捉盜賊與師矣，失物自來詣門請。

三國魏 張揖《廣雅·釋詁三》 翥，飛也。

晉 葛洪《肘後備急方》卷三《簡要濟衆》 【略】又治膽風毒氣，虛實不調，昏沉睡多。酸棗人一兩，生用，金挺蠟茶二兩，以生薑汁塗，炙令微焦，搗羅為散，每服二錢，水七分，煎六分，無時溫服。

又《經驗後方》 治中風及壅滯，以旋覆花洗塵令淨，搗末，煉蜜丸，如梧子大，夜臥以茶湯下五丸至七丸、十丸。

又方，解風熱，疏積熱，風壅，消食，化氣，導血，大解壅滯。

大黃四兩，牽牛子四兩，半生半熟，為末，煉蜜為丸，如梧子大，每服茶下一十丸，如要微動，吃十五丸，冬月宜服，並不搜攪人。

《孫兆口訣》云：治頭痛。附子炮、石膏煅等分，為末，入腦麝少許，茶酒下半錢。

又《崔元亮海上方・療嗽單驗方》 取好梨去核，搗取汁一茶碗，著椒四十粒，煎一沸，去滓，即內黑餳一大兩，消訖，細細含嚥，立定。

又 卷四《御藥院方》 真宗賜高祖相國，去痰清目，進飲食，生犀丸。

川芎十兩，緊小者，粟米泔浸，三日換，切片子，日乾為末，作兩料，每料入麝、腦各一分，生犀半兩，重湯煮，蜜杵為丸，小彈子大，茶酒嚼下一丸。痰加朱砂半兩；膈壅加牛黃一分、水飛鐵粉一分；頭目昏眩加細辛一分；口眼喎斜，炮天南星一分。

又方，治膈壅風痰。半夏不計多少，酸漿浸一宿，溫湯洗五七遍，去惡氣，日中曬乾，搗為末，漿水搜餅子，日中乾之，再為末，每五兩，入生腦子一錢，研勻，以漿水濃腳，丸雞頭大，紗袋貯，通風處陰乾，每一丸，好茶或薄荷湯下。

又《經驗後方・治頭風化痰》 川芎不計分兩，用淨水洗浸，薄切片子，日乾或焙，杵為末，煉蜜為丸，如小彈子大，不拘時，茶酒嚼下。

又《經驗後方・治脾胃進食》 茴香二兩，生薑四兩，同搗令勻，淨器內濕紙蓋一宿，次以銀石器中，文武火炒，令黃焦為末，酒丸如梧子大，每服十丸至十五丸，茶酒下。

又 卷六《簡要濟衆・治肝虛目睛疼》 治肝虛目睛疼，冷相不止，筋脈痛，及眼羞明怕日，補肝散。

夏枯草半兩，香附子一兩，共為末，每服一錢，臘茶調下，無時。

又方，治風赤眼。

以地龍十條，炙乾，為末，夜臥以冷茶調下二錢匕。

又 卷七《勝金方》 治蠼螋尿人成瘡，初如糝粟，漸大如豆，更大如火烙漿皰，疼痛至甚，宜速用草茶，並臘茶俱可，以生油調，傅上，其痛藥至立止，妙。

晋 許遜《靈劍子》 九年行之，筋骨變換，輕舉通神為地仙。未可修大藥，先須氣成，憑氣補形精，大藥方始靈。初服氣之士，未可便思玄珠，但且三年淡食，未可便絶糧，色慾須頓絶，不爾，反夭身命。五更三十六嚥，津氣相連，漸漸少食。所食淡食，去鹽醋冷熱之物。日中飽餐，旦暮少食，三年旦暮行之，漸覺淡食有味，不可便頓絶糧，極有所損爾。如覺有味，不思俗味，則五藏堅實，如若五藏衰弱，以藥補充盛壯也，故淡食諸物有味也。如此後，可日漸減五味五穀，三日淡食粥、菜汁、胡麻葉莖、枸杞、黃精、棗之類，將助之，方可絶粒。亦當自飽無飢渴，忽聞穀氣蒸煮之氣觸修服，食之氣久久，亦自知自不欲食。經三日或七日，飢困，更以淡麵葉子餺飥放冷食之。如遇飢渴，想中心內氣，不以早晚，但依前法服之，當能代食能飽，一如餐物。了來如要餐物，亦得則可芋頭、薯藥、何首烏之類，茶少食，若入鹽，立便飢矣。

南朝梁 陶弘景《果菜米穀有名無實》《本草經集注》卷四 味苦，寒，無毒。主治五臟邪氣，厭穀胃痹，腸，渴熱中疾，惡瘡。久服安心益氣，聰察少臥，輕身耐老，耐饑寒，高氣不老。一名茶苦，一名選，一名遊冬。生益州川穀，生山陵道傍，淩冬不死。三月三日采，陰乾。疑此則是今茗。茗一名茶，又令人不眠，亦淩冬不凋，而嫌其只生益州。益州乃有苦菜，正是苦爾。上卷上品白英下，已注之。

味甘，溫，無毒。主利肝氣，和中。其實主明目，目痛。薺類又多，此是人可食者，生葉作菹、羹亦佳。《詩》云誰謂荼苦，其甘如薺。又疑荼。

唐 佚名《太極真人雜丹藥方》《正統道藏・洞神部・衆術類》 青腰使者，帝女血，金星預，金線各五兩。

右件藥，先將七味細研如粉，入瓶子內，養七日。滿後用瓶子，下流九孔子，六一固濟如法了後。上流爐中流得藥知多少後，即用果子香茶，用白綵四尺九寸祭了。入文火爐中養七日，滿後，每孔子作一兩。

唐 李淳風《太上赤文洞神三籙・太上玄妙千金籙》 凡用正月一日及七日、三月三日、五月五日、七月七日、九月十五日、八節日，皆一般。每遇祭時，先喫十二時符，便書粥符一道，燒灰，硯瓦中磨散，吹後書符。

此十二符，燒灰為丸，每日早晨水服之。如受法時，星像同，用淨薦

一領。如無掃淨地上，一般用香、燈、茶酒各三盞，果子等隨意，面北書符。

又《伍符是行病符第七》　此符是北斗之君使者，常巡察世間。有呪詛為惡逆者，與其病人喊笲除年。但人家卒息瘡瘇、眼盲一切病患，並是此神治。如夢安樂，以香茶餅祭之，使諸鬼神不敢行，病即得安樂。

唐 陸羽《茶經·七之事·神異記》　余姚人虞洪入山采茗，遇一道士牽三青牛，引洪至瀑布山曰：『予丹丘子也。聞子善具飲，常思見惠。山中有大茗可以相給，祈子他日有甌犧之餘，乞相遺也。』因立奠祀。後常令家人入山，獲大茗焉。

唐 沈知言《通玄秘術》　凡燒鍊石藥，多見不出火毒，便充丸散，服食之後，補失將息，火毒即發。但先出火毒，後脩合，終不發。三消病，黃連湯下，以黃連末同為丸服之亦得。陰黃背腫，茶下三錢即止。背腫是發背之徵也。

又《太陽流珠丹》　太陽一斤，馬牙硝四兩，鹽花四兩，炒令煙盡，北庭三兩。

右四味同研如麵，入餅實按之，上更以少許炒鹽蓋，出陰氣了，如法固濟，即坐一鼎內下。先鎔半斤鉛磹藥餅子了，以鐵條擒據定。又銷鉛注入鼎，令沒餅子，固濟遍了，入灰爐中，以火養令鎔常半，以鉛為候。如此一百日滿，即出鼎內餅子。別以火養三日，常以火五六兩，日滿加火煆，似赤即住。冷，取出如琥珀色，以寒泉內出火毒，研細，以棗穰為丸，丸如菉豆大。每日空心茶下兩丸，能破一切宿冷風氣，癥癖結塊，女子宿血氣塊，赤白帶下，腸風瀉血，多年氣痢冷疹，吐清水，反胃吐食，一切諸疾，並皆治之。

又《陰伏紫金丹》　硫黃五兩碎研，水飛。鹽花一升。

右布鹽花半升，於小平底鐺子內，次鋪太陽末，又以餘鹽蓋之。別以一瓦器蓋定鐺子面，以水沒得藥上二寸已來，以濕紙固縫。文火養，長令魚眼沸，七日七夜。勿令火絕水耗。旋換添之，時時開攪，勿令粘綴鐺底。日滿闕一字乾，加火鍛通赤。冷，以湯沃去鹽味，日中乾之。以棗穰為丸，丸如小豆大。每日空心，茶酒任下五丸，忌羊血葵菜。能治女子血氣，暖子宮，駐顏悅色，若患腸風瀉血不止，兼赤白帶下，曾服藥不瘥者，服此丹永除根本。但是冷疾，無不治之。

唐 白雲子《修真精義雜論·吐陰痰飲方》　甘草二兩生用，茯苓二兩煮茶汁，可五六升許濃汁者，切前藥相和煮，取六升絞去滓，微溫服三升，令頓，即以物剔喉中，令吐。吐已，又溫服三升，別令極晝所吐，當引痰涎出矣。又煮單茶汁三升許，加少許生薑、橘皮，稍熱服，漸漸啜之，便仰外，以手摩胸臆，下至心腹，暖覆衣便臥良久，自此後勿食酸鹹諸物。

宋 寇宗奭《圖經衍義本草》卷二二《外臺秘要方》　治卒頭痛如破，非中冷，非中風，其病是胸膈有痰，厥氣上衝所致，名為厥頭痛。吐之即瘥。單煮茗，作飲二三升，適冷暖，飲一二升，須臾吐，吐畢又飲，能如此數過，劇者須吐膽汁乃止，不損人，待渴即瘥。

又卷二八《經驗方》　治陰囊上瘡。用蠟麵茶為末，先以甘草煎水，洗後用貼，妙。

《別說》云：謹按《圖經》云：今閩浙、蜀荆、江湖、淮南山中皆有之，唯建州北苑數處產，此性味獨與諸方略不同。今亦獨名臘茶，研治作餅，日得火愈良。或用芽、葉，為末收貯，微若見大便更，不可久收。

《衍義》曰：茗、苦茶，今茶也。其文有陸羽《茶經》、丁謂《北苑茶録》、毛文錫《茶譜》、蔡宗顏《茶山節對》，其說甚詳。然古人謂其芽為雀舌、麥顆，言其至嫩也。又有新芽一發，便長寸餘，微粗如針。惟芽長為上品，其根幹、水土力皆有餘故也。如雀舌、麥顆又下品，前人未盡識，誤為品題。唐人有言曰：釋滯消壅，一日之利暫佳，斯言甚當，飲茶者宜原其始終。又晉溫嶠上表，貢茶千斤，茗三百斤。郭璞曰：早採者為茶，晚採者為茗。茗或曰荈，葉老者也。

催生丹：兔頭二個，臘月內取頭中髓塗於淨紙上，令風吹乾，通明乳香二兩，碎入前乾兔髓同研。來日是臘，今日先研，俟夜星宿下安桌子上，將果、香、茶同一處排定，須是潔淨齋戒焚香，望北帝拜告天師道：弟子某，修合救世上產生婦人藥，願降威靈，祐助此藥，速令生產。壽吉再拜，用紙貼同露之，次香燒至來日，日未出時，以豬肉和，丸如雞頭大，用紙袋盛貯透風懸。每服一丸，醋湯下，良久未產，更用冷酒下一丸，即產。此神仙方，絕驗。

宋 杜蒲《庚道集》卷五《如要燒淋法》 用三七砂一兩半，包硃一兩，入在石中黄匱，卯酉火四兩，養七日，取出了母砂，只將硃砂四兩，澆汞二兩，下水上火，卯酉火四兩，養三日或五日。一澆五次，住火不澆。將硃砂固芽子為末，入盒，用老茶葉為細末，作匱，養七日，火四兩。日足取出，用水，淘洗過，焙乾。每四兩芽子，養硃砂一兩，亦七日取出芽子，用毬元母砂貼身了，入匱養了，灶取銀了，卻將硃砂養出者，依前法澆淋五次。如此番番，換至七次，愈靈也。

宋 桑莊《茹芝續譜》 天臺茶有三品，紫凝為上，魏嶺次之，小溪又次之。

宋 陳田夫《南岳總勝集・石室隱真岩》 石室隱真巖，在上清元陽之問。杉松夾道，巖岫惟藍。有石室兩所，本虎豹之窟。唐大中元年，劉元靖先生居之。禮斗步罡，驅逐虎豹，芟除判棘而住。衡州刺史韓曄捨俸錢為建會真閣。就巖闢其石室，引泉環流，伐木誅茅，鑿其茶竈，棋局醮壇，藥臼盆床，燈具供器，自然生成。會昌中，詔入內傳受法録，封號廣成先生，久之乞還山。

又《南九真觀》 九真觀，在廟東十里。《舊記》云：晉太康中新野先生建。天臥初有張如珍真人居之。【略】天寶初，蜀人薛季昌，昔在峨嵋山注《道德經》二卷，後隱居衡嶽首華蓋峰，撰《玄微論》三卷並《大道頌》一首。乃注得同馬弟子王仙嶠寫進，上詔住降真觀，供器御書，批答不絕。及於九真觀奉造聖祖天道玄元皇帝聖像一鋪，十三事，通光，座高一丈七尺，經六伯七十卷。仙嶠乃本觀道童，性好淡泊，因看《列仙傳》有物外操。嘗謂五千言外皆土梗耳。攜嶽中茶入京師教化，嘗於城門內施茶。忽一日遇高力士，見而異之，問所來，答是南嶽山九真觀道童，為殿宇頹毀，特將茶來恭化施主。力士喜其言，因聞明皇宣見，帝喜清秀，問曰：卿有願否？對曰：願鬱鬱家國盛，濟濟經道興。帝喜，令拜司馬先生為師，於內殿披戴，厚賜迴山，夜夢感真人陳少微而得道要，再命侍司馬先生來王屋，久之奏云：尊師以開元二十三年仙化，云請收南嶽舊居為觀。蒙聖恩書額，詔薛季昌住持。降聖觀，宣賜聖像供器。

（嘉定）《赤城志》卷二一 瀑布山在天臺縣西四十里，山有瀑布垂流千丈，遥望如布【略】其山出奇茗。

宋 金允中《上清靈寶大法》卷一一 三晨象

日用金，月用玉。缺則以白銀代之，各徑寸如其形。五星用五色石英，小如彈丸。各埋於壇之上層土中，深各九寸。日左月右，五星從本方。

上真星宿好樂

琵琶，鳳管，時花，新果，山泉，潔飯，或染五色五穀，青木香，甘松香，茆香，細茶，大棗，五色旛，五色彩繡。

太一好樂

此乃十神太一，世俗為孛星，非也。壇中當作十位列。

五福太一真君君，綦太一真君，大遊太一真君，小遊太一真君，天一太一真君，地一太一真君，四神太一真君，直符太一真君，臣綦太一真君，民綦太一真君。

竹弓，蘆矢，印甲馬，兵士，無鞍馬，木刀槍劍戟，緋黒紙錢，五色繒，時花，新果，細茶，山泉。

右諸好樂之物，各宜精潔為佳。

又卷一六 符命玉劄，或先告符命，別發玉劄，亦可。仍備酒果，三獻如儀，符命玉劄，並列上帝前。衆官詣上帝前，列班舉法事，高功。奏請符，道衆捧符命玉劄旋行。道衆華夏，引至遣發所，舉法事灑淨，高功變神，焚符召將獻茶，高功三默，三散花，三祝白。

立幕

此下並遵廣成科。

衆具威儀詣靖室，導計高功至監壇神位前，高功上香啟白不拜，詣玄師幕序立，高功齋官各上香，請玄師下降，請玄師頌，齋官上香獻茶。

正齋第一日清旦

衆官詣靖室，舉天尊引高功出，至六幕上香，玄師前序立。知磬唱道華夏，高功上壇，如式上十方香，上御案香，焚香，密呪。上本位香，都講舉，各禮師存念如法。高功宣衛靈咒，都講舉鳴法鼓廿四通，高功發爐，都講舉，衆官等各長跪。高功出官有科，都講舉，各稱法位獻茶。

又卷一七 右列聖位，供養茶湯酒果，務在豐潔。左立陽耀通關

壇，右立陰靈攝魂壇，中建召魂八門壇，不令雜人出入，臨壇依法行事。壇式敘在神虎攝召品。

齋供

時新果實，切宜精潔。舊儀建齋，則逐日易之。不用石榴、甘蔗之類，及穢泥之物。枝上淨果為佳。上帝三寶前，列茶湯果實，供養如法。

又 卷一九 舉修齋奉請神將吏兵，降臨壇所。齊官上香拜。獻茶，高功啟白或表白宣白。

獻茶

齋官回身，長跪捧詞函，向高功投之。高功受詞，置簡上，長跪，白齋意。

獻茶高功長跪告齋

具位臣某，頓首再拜，上啟天地水三官帝君。臣聞肇混茫於五太，分氣象於三光。宰製者百二十曹，君臨乎二十七府，功過兼録，齋醮仰關。敢瀆慈仁，用陳誠切。臣先據某，伏念臣行無片善，識乏寸長。冒主齋盟，僭當壇職。

又 卷二一 臨壇符法品

凡開建齋壇，於正奏之前，或十日七日內。先青繒朱書，降真召靈二符。並立位列，備香火燈燭、淨茶時果供養。

又 卷二五 請章官位

上香，獻茶，初獻法事

又 卷三六 用時花、淨茶、酒果、香燭，供養三獻。

又 卷四〇 謹聖，朝謁，進茶，初獻法事。

又 卷四一 科曰：修齋畢，別蔔良日，或齋潔之辰，備醮饌，法師衆官及齋主某，或泛舟以詣水洞，或梯陸以登山間，於洞府之外，雜草掃灑潔淨，敷列醮席，酒果饌骰當鹿脯湯茶等。

洞門外選平地，掃灑潔冷，以醮位。或潭澤，就岸上平處。或舟上，以淨席數領，鋪地縫布為座，席須新者。五果茶酒等，二十四分，或三十六分。香燭獻之，並如醮法陳列。皆畢，命道士一員，敕水淨醮，高功行科、請聖。不恭其事，考罰尤深。

初獻茶酒

具位臣某，重誠上啟無極大道，太上三尊，至真諸君丈人，三十六部尊經，玄中大法師，九極高真，日月星宿，昆侖上宮，名山洞府，得道仙真，五嶽真君，潛霍真君，青城丈人，廬山使者，鍾山鬱結，西玄塘臺，三官北部，六洞幽司，天下地上，冥靈衆神，監生注籍，南上三門，至神至靈，一切神仙。

降聖，初獻茶酒。

初獻茶酒。

重稱法位。

又 卷四三 初獻茶酒

臣謹重誠，上啟虛無自然三境至尊，昊天玉皇上帝，紫微帝座，九極高尊，三天主宰，三十六部尊經，玄中大法師，三天大法師，靈寶經籍度三師真君，三洞四輔法中主執聖衆，靈官將吏，三界官屬，一切威靈。

宋 元妙宗《太上助國救民總真秘要》卷二《正統道藏·正一部》 昔先師所受真人北極驅邪院並都天大法主印二面，可以雷震棗木，用六丁六甲日，至誠焚香，齋戒潔淨，命匠開之。卻以甲子夜，星月明煥，於華蓋上，用棗湯二十四盞，時果二十四楪，茶酒香等，先具聞奏呈樣，仍獻錢馬等，上驅邪院法主，開印入印聖衆，天丁力士，五雷使者，風伯雨師，六丁六甲，飛符走印將吏，監印掌印尊神，捧印童子，印中聖衆。

又《收筆并祭法》 以六丁六甲日，或五月五日繫之，共十二管，長七寸一分，用紫毫三副，上應三臺。以甲子日夜，星月分明時，沐浴更衣，行持燒香。用表燒獻天剛大聖，錢馬向華蓋上，用臘茶十二盞，掐本師訣，存六丁六甲從天門出，乘黑雲下降，化筆為六甲六丁神將。

又 卷九《收水并祭法》 先用本師訣，次用上帝訣，二咒同使。

每月天德月德日，六甲六丁日，及婆羅王下降日，遇天雨降，收入瓶中，逐月華蓋上，望天剛大聖，天德月德，五帝龍君，醮祭。靜心齋潔，存聖衆從天門乘黑雲降下，化入水中，用本師訣。湯茶十二盞，錢馬等，誦咒罷燒之。先化土地一分，次化丁甲，錢馬祭筆，亦如之。

宋 呂元素《道門定制》卷一《議設醮降真》 於降真時點茶，三獻禮畢，辭聖獻湯，要在詳緩，益加至誠，於義極當。

宋 張君房《雲笈七籤》卷七六《方藥部三》 但是風疾，不拘年

月探遠，神驗，不能具載其功力。每丸如芥子大，日曝令乾，收之。凡疾人，不問年月遠近。先以紅雪，或通中散茶，下半兩。如或風澀甚者，即服一兩，良久，以熱茶投之，令患病人瀉三兩行，依法潑薑豆湯，下一粒，當以他人熱手，更互摩之患處，良久熱徹，即當覺肉有物如火，走至痛處，所苦當時已失矣。

又 卷一一三下《聶師道》 師道悲歎不已，而覺食茶草之後，氣力輕健，愈於來時。

宋《高上神霄玉清真王紫書大法》卷一《誓法儀》 凡行此法，每月三九日，神霄玉府神吏降世，即用燈三盞，黄紙十二帖，合奏狀文，用通章印，實封。其詞，上申本院。燒詞畢，香茶酒菓，供養至誠，燈滅收之。如獲報應，然後行持。

又 卷四 法師如出入行持，存想大威德部下吏兵圍繞法師。如遇兇敵猛烈邪神，默念大威德將成大靈。左手大煞訣，右手斗印，望西北方取炁，喝：神將驅遣前去。或行公牒，往人家供養。用茶果、金錢一束，大馬三疋，中堂燒化，速有報應。

又 卷一一《神霄攝召大法儀式》 法曰：未攝召之前，先於九日前祭之，用參苓湯、清酒、浄果、臘茶。多燒本形符，祝於幾日，攝召事云。燒錢馬等。於攝召日，先於浄地立攝靈之膳，用青旛一首，長九尺，闊九寸。安攝召畢，同紙燒之。

又 卷一二《亢陽請雨法》 密室一所，灑掃令浄。酒十二分，雄鷄一隻，供摧魔部中將帥。仗劍向巽方。劃壇三層，上列酒盞、香燈、茶果。科式，向巽户步斗，變神將，劍指巽方，高聲曰：『吾奉上帝敕，急摧魔部，一一呼名，並召五方蠻雷使者，尅取今月某日，與吾火急搜起，溪源潭洞之中，應有龍神，速至某處，救一切萬姓焦枯。吾今依法備血酒、皂錢，犒賞雷部。至日尅時，須管大布雨澤，莫違吾律。』呪訖，傾酒，將劍刺鸝，血入酒中，以劍尖攪勻。存雷部各在五方，臨壇受祭。設了，就巽方掘一地，埋皂錢、鷄血酒。卓劍埋之，方出室，依法將致雨符，使人投於有龍去處。至期，雷雨大作，救濟旱傷，即謝天恩。

宋 佚名《修煉大丹要旨》（《正統道藏·洞神部·衆術類》） 右將黄芽為末作匱，以辰砂塊子四兩，用真金箔蜜貼身，逐塊裹了，入匱内蓋了，以醋蜜調赤石脂、蚌粉，封口縫令乾。次花滓上等茶芽，同作六一泥固濟，半指厚，令乾。入爐，如前火候，七日足，取其塊成紫磨金，又名金蠶。

元 劉道明《武當福地總真集》卷中《芳騫樹》 葉青而秀，木大而高，根株闕一字自然藤蘿交裊之勢，與畫者無比。武當有二，大頂與五龍接待庵澗濱。

元 范倫然《至言總卷》卷四 凡服氣，五更食盡消則為之，至食時乃忘飢。忘飢即是得力，得力之後覺飢即服，亦無時節。若覺得力即決定莫食，初覺體氣稍虛，以酒茶蜜杏子湯及豉汁等，任情量多少以助氣氣勢。秋冬要暖服，勿令過熱，春夏玲飲無妨。服氣至七日，或五日，即有三數行痢，勿怪之，或有沫，或無沫，少頃赤色不須怪。七日之後，氣漸通徹，方得體氣安穩。七日已前，終有少弱，為氣未通也。七日已後覺調和，加服氣耳，不必更須吃物。七日内陽動，此量通之候，勿怪也。服氣常莫使腹中欠，若欠不相續，即恐力弱。如服氣過多，即令人噫，上噫下欲泄，亦非事耳。

明 任自垣《大岳太和山志》卷三《敕創建宮觀》 永樂十四年九月初四日，隆平侯張信早奏，奉聖旨：武當山各宮觀道士每的行糧直待那發去種田人種得有糧時才住，支騫林茶、榔梅都不要進了。若是榔梅結實時，只著報將來知道。欽此。

又 世傳武當山騫林葉能愈諸疾，自昔以來人皆敬重，未始有得之者。永樂十年秋，朝廷命隆平侯張信、駙馬都尉沐昕勅建宮觀。明年春氣始動，草木講蘇。先是天柱峰有騫林樹一株，萌芽菡秀，細葉紛披，瑤光玉彩，依岩撲石，清馨芬散，異於群卉。於是，護以雕欄，禁毋褻慢。不旬日間，忽見玉虛、南岩、紫霄及五龍等處，忽有騫林樹數百餘株，悉皆敷榮於祥雲麗日之下，暢茂於和風甘雨之間。連陰積翠，蔽覆山谷。居民見者，莫不驚異嗟歎，以為常所未有。

又 卷四 南峭壁下，有池如井，名曰天池，龍神所居。前代以祈禱屢應，進封大頂廣潤龍王。今石刻昭然。下有松蘿，芳騫林樹等木。

《明一統志》卷六〇 謂騫林葉，太和山出。

明 袁宏道《袁中郎隨筆·惠山後記》 一日，攜天池名品，偕數

友汲泉試茶於此。一友突然問曰：『公今解官，亦有何願？』餘曰：『願得惠山為湯沐，益以顧渚、天池、虎丘、羅庫，陸、蔡諸公供事其中，餘輩披緇衣老焉，勝於酒泉醉鄉諸公子遠矣。』

清 汪灝、張逸少《佩文齋廣群芳譜》卷四 太和山『騫林茶』，初泡極苦澀，至三四泡，清香特異，人以為茶寶。

《清一統志》 武昌府、宜昌府、施南府皆土貢茶。襄陽府土貢騫林葉茶。

清 賈洪詔《續輯均州志》 騫林茶以醒，杖靈壽而支策。

騫林樹，芽茁如陽羨茶，能滌煩熱，蓋羽衣道流所珍也。

紀事

宋 留用光《無上黃籙大齋立成儀》卷二《齋饌第八》 齋後，茶湯方可，通炁而已。正齋之日，上三寶前及監齋法師、監壇正神獻齋。聊以表誠，不在多品。仍於三寶十方及諸幕前，備時果供養，獻細茶棗湯。三寶、三十方、十六幕、十四監臨，量力獻之。每朝發爐後，茶。大謝時，獻湯。諸幕參謁時，即便獻茶湯也。

又 卷三七《立幕節次》 先道眾舉金闕化身天尊、引法師出靜默堂，次至監臨所、上香啟白、宣誓言榜，次高功詣玄師幕上香、衆官列班拜，次齋官上香設拜，次請玄師下降，次請玄師頌，次齋官上香、設拜獻茶，次高功啟白，次宣疏，次焚疏，次讚引至五帝幕，次高功上香、衆官列班拜，次齋官上香設拜，次請五帝下降，次請五帝頌，次齋官上香設拜獻茶，次高功啟白，次宣疏，次讀結盟狀，次焚疏並結盟狀，次讚引至天師幕，次高功上香、衆官列班拜，次齋官上香設拜，次請天師下降，次請天師頌，次齋官上香、設拜獻茶，次高功啟白，次宣疏，次讀結盟狀讀畢【略】次請天官下降，次請天官頌，次請地官下降，次請地官頌，次請水官下降，次請水官頌。次齋官上香、設拜獻茶，次高功啟白，次宣疏，次讀結盟狀，次焚疏並結盟狀，次讚引至監齋幕，次高功上香、衆官列班拜，次齋官上香設拜，次請監齋法師下降，次請監齋頌，次齋官上香、設拜獻茶，次高功啟白，次宣疏，次焚疏，次華夏旋至壇前序立，次高功率六職衆官、執柳枝水盂、誦淨天地咒、升壇旋繞，灑淨歸位，次禁壇如儀，次回向念善揖退。

又 卷五〇《一供養》 關發預告茶酒果子二十四分，金錢二十四貼，役馬二十四疋，金銀錢二貼，馬三疋。關發正奏茶酒果子三十六分，金錢三十六貼，從馬三十六疋，金銀錢五貼，馬五疋。告符命金錢十二貼，馬十二疋。發玉劄茶酒果子十二分，金錢十三貼，從馬十二疋。發開啟疏及六幕疏金錢十五貼，從馬十五疋。靜默師堂前茶湯二分，果子九棵。監臨所茶湯五分，果子十五棵。六幕茶湯十四分，果子四十二棵。三日正齋九時行道每朝茶湯三十二分，果子九十六棵，三寶三十，方十六，幕十四，監臨五，茶湯每朝一換，果子每日一換。關發謝恩清醮茶酒果子三十六分，金錢從馬三十六分。投山水簡每處茶酒各二十四分，金錢從馬二十四分。鍊度每次茶酒果子三十六分，金錢三十六貼，從馬三十六疋。

又 啟齋立幕，茶湯二十二分，果子六十六棵。正齋諸幕，每朝茶湯三十二分，每日果子九十六棵。總用細茶棗湯三百一十分，果子三百五十四棵。茶十六兩，肥棗三百一十箇，時果三百五十四棵。

一關發投簡供養，茶酒果子二百二十八分。

預告二十四分，正奏三十六分，發玉劄十二分，清醮三十六分，山水簡四十八分，鍊度七十二分。茶十二兩，酒三斗，果子二百二十八棵。

拜章供養，茶酒果子二百三十四分齋壇章六通，每章一通，供養三十九分，茶十二兩，酒三斗，果子二百七十棵，金錢二百一十六分，雲馬二百一十六疋。如法師或併合上章，則供錢馬等件，亦可從省。

一醮筵三百六十分料

茶二十兩，酒五斗，果子四百八十棵。

宋 李鵬飛《三元延壽參贊書》卷三三《獻茶酒散花元》 書云：空心茶宜戒，卯時酒，申後飯宜少。

書云：飲酒醉未醒，大渴飲冷水，又飲茶，被酒引入腎臟，為停毒之水，腰腳重腿，膀胱冷痛，兼患水腫，消渴攣痺。

本草：茶飲者，宜熱，宜少，不飲尤佳。久食去人脂，令人瘦，下焦虛冷。惟飽食後一二盞不妨。消渴也，飢則尤不宜，令人不眠。同韭食

身重。

書云：將盥點茶，引賊入工家。恐傷腎也。

宋 鄧有功《上清天心正法》卷四 次令本人，家廳上安排神將，置辦新鮮果子、香燈、茶湯、錢馬供養訖。

又 卷六 須用真乳香燈燭酒果茶等，供養如法。

又 卷七《收筆法》 甲子、庚申、六丁、六甲日，繫之共十二管。管並頭，共長七寸一分，用紫兔毫三副，上應三臺。以甲子夜，星月見分明時，沐浴著新衣，行持燒香，用表焚奏，獻天罡大聖錢馬，面華蓋下，以蠟茶十二盞。掐本師訣，存六丁六甲下降，化筆為十二神將，先化土地錢，次六丁六甲。

又《生天臺式》 於生氣方上作，用香茶供養，以紙榜子云：奉祖師上清大帝敕漫多阿鬼，阿佉尼鬼，尼佉魔鬼，阿伽邪鬼，婆羅尼鬼，提婆黎鬼，阿毘羅鬼。【略】即誦呪：

天蒼蒼，地皇皇，傳屍之鬼，不得伏藏。速離吾獄，急付他方。敢有拒命，斬付鑊湯。吾行正法，邪鬼敢當。急急如律令。

元 佚名《玄天上帝啓聖録》卷二《進到儀式》（《正統道藏·洞神部·紀傳類》） 伏惟上界真武真君，於今治世，助國安民。【略】並於是日天弗明時，取井花水一盂，用楊柳枝一枝浸之，明燈或淨蠟燭一檠，棗湯淨茶各一盞【略】中書點對進呈，宜入寶應閣，准此。仍賜在朝崇信真武宗室，文武臣僚等受持，依承供養。

又 卷三《皁背顯聖》 揚州江都縣白砂村昊元嗣，家豪積善。每秋冬間，用師巫燒獻三界醮紙，内用鵝鴨血肉活命雜供祭祀。有泰州天慶觀道士唐慶餘到來，抄注齋糧，偶見本家賽願，稱云：『何得天曹衆聖與中下界神道，用物命交雜供養，莫非觸犯諸天，如何獲福。』元嗣問曰：『天曹如何供養，願賜指教。』慶餘録出儀式，祇用明香燈燭、酒果淨茶、素鈣飲饌、柳枝法水、五綵散花、金紙雲馬，楷書奏狀，令備一席，外方裏圓，不得夾帶中下界神位。

又 卷八《天地垂鑒》 廣南賓州衙宇，有伏屍精怪，前後官員，不肯注授，非自身染患，則兒女死亡。雍熙中，有禮賓副使楊從信，一生慕道，書符篆録，為人救治疾疫，侍奉北極四聖香火，各有感應。纔到任三日，屬官來問：可就延福禪院寢膳，緣州衙多有不祥，切恐深夜驚動從者。從信既感真靈護身，柢於州衙臥處，備新果茶酒淨水等，取隨身真武供養。至夜，戌末亥初，用黃絹一丈二尺，用辰砂書篆六丁神將追魂録一道，奏告真武。禱祝畢，隨紙錢燒去供養。經七晝夜，州衙安然，皆無驚怖。

明 藍史孫《送戴道人入嶗山》 分泉洗鉢烹靈劑，就石支床看道書。

明 佚名《道法會元》卷五 凡病危，用此於嶽廟，祭茅真君遣之。如無嶽廟，止以三更時，就司命亂前召。備蒸餅、茶、酒、皂錢，竈經、草鞋二雙、司命劄，茅真君關批符，一同召祭遣之。

又 卷五六《祭印法》 凡祭雷印，取六丙雷會之日，夜於斗樞之下，向罡列案，安排時果，不得用榴、菱、藕、葛、甘蔗、土瓜之屬。宜用茶酒一十二分，燒香，望斗樞再拜，上啟斗下樞相通事舍人，祝云：弟子今夕燒香，奉行五雷大法，度到神印，合用行使，不敢擅專，伏乞斗下樞相通事舍人，左右都水使者，玉光童子，五雷下奏事直符今日功曹，伏願降駕，受飲薄禮。

又 卷五七 用時果淨茶，錢馬，疏狀，焚青木香，拜祝前項神明，願賜慈悲，受油供養。

又 卷五八 宜於五月五日，灑掃淨室，畫四神真像，列淨茶酒果，鮮粽錢馬，禹步丁罡，掐本師訣，咒曰：金闕降聖，玉帝上符。

又 紫鵝符 於冷室設四神位，以香果燈燭茶酒，遙望東北，再拜默召四神。雞鵝先現，次觀神形。遇旱涸之年，則禱之易感。

又 卷七五 降聖。

伏以天耳目以非遙，言如響答，雷威聲之可畏，敬則怒消。想靈旗扈聖而來，瞻法駕浮空而至。矜憐懇切，釋赦愆非。諸聖迂臨，香茶奉獻。

又 卷八〇 道香一炷，騰為碧漢之煙雲。法鼓三通，化作青霄之號令。下令，謹爇真香，特伸召請雷霆主令欻火律令炎帝鄧天君，部領五方蠻雷五使者，風電雲雷雨合屬威神，火速降臨。疾。

存至，獻茶酒，宣符檄。

又《百變誓章》 三界猛吏，欻火大神。軒轅治世，衛有將軍。五月戊午，昇入南宫。火令之神，變化乾坤。霹靂大震，欻火飛昇。玉帝有敕，命佐雷霆。騎龍披霧，身掛黄神。戊己巡歷，丙丁遊行。清茶淨水，桃香上焚。書吾真篆，録吾真形。請吾焚化，吾即降臨。統領雷部，火車火鈴。火頭力士，六甲六丁，洞淵黑煞，雷將雷兵。巡繞三界，從吾降升。乾河竭海，擲火流金。焚擊火車，霹靂大轟。破洞伐廟，馘妖滅精。追魂攝魄，顯赫威靈。手執斧鑽，鐵面銅睛。解冤釋結，咒詛脱清。驅瘟斷疫，剪截魔靈。救民疾苦，病患和平。生理興王，萬事昌榮。齊吾造化，玉帝書名。三官五府，列位高真。吾於左右，侍衛祇迎。妄告吾誓，雷火自焚。汝負吾誓，天制及身。風刀拷體，六天剪形。對天歃血，毋忘誓盟。急急如雷祖大帝律令敕。

又卷八一《誓章》 冷茶棗湯獻，桃木香上焚。吾在左右現，安心不得驚。共汝發弘誓，誓願救衆生。一如上帝律令。

又卷八六 伏想寂無所寂，感而遂通；玄之又玄，洋乎如在。超越先天一炁之外，不離三壇同憚之中。與世推移，知臣感激。先安寶座，次獻香茶。

又卷九三《祭天罡河魁》 先備香茶酒果，祭儀齊備，凝神靜念，依法召請存降，白意祭獻如法。

又卷一一三 右法雲雷風雨到壇，存將史到壇，現則獻茶酒，宣檄牒，化財。

又卷一二三《邵陽祭雷法》 凡祭，以八節，六丙六戊甲庚之日。但遇大行持祈禱，須當祭雷而後行也。祭則備皂旗一面，旗上書勅召五雷字，小旗一面，旗上畫第一符、第二符各一道，劍一口，大明鏡一面，印一盈，雷鼓五面，雷鑽五箇，雷斧五柄，雷旗五面，五色。金錢銀錢雲馬甲馬神馬，及所祭香燭花果茶酒臕肴盤饌羅列齊備。更用先一日，行移關告本部將史。至祭日午時，向巽方安排。天晴斗下可祭，或山野林麓水石及社壇之中可矣。

又 右祝畢，收罡。法師坐默，將酒血各於巽地方上，掘地同邵陽第一符及香錢馬灰並茶酒淨水一時埋之，以劍插於埋所地上，待次日收劍。

又卷一三八 臨下時以朱砂和陽茶一盞，結真武印下。一手把茶，一手把符，念木郎呪，畢，先下符，後下茶。

又卷一四一 降聖。

伏以九清上帝，排玉輦以來臨，十極高真，備羽儀而降鑒。請循職位，敘列仙班，如玉京大會之時，若金闕趍朝之日。歆兹薄禮，饗此純誠。稽首皈依，虔誠再拜。

上香。進茶酒。法事。

又卷一五二《列師位》 右用香花、燈燭、茶棗湯、酒果，如儀焚香關召，同金錢甲馬烈火焚巽方。先一日發，至早催。

又卷一五六《祭印式》 開印訖，以朱傳文具狀奏申合屬去處照會。擇甲子庚申三元八節夜子時，或五月五日夏丙午日，備香茶酒果，向斗下安印，用奏狀獻狀各三封。

又卷一五七《祭神尺訣》 取慶會吉日良時，備香燈時果素食茶湯七分，五綵安鎮五方，焚香上啟，祝云：

具位姓某謹焚香再拜，啟告天蓬都元帥真君、嗣師大仙董真人，護尺神王，天丁力士，功曹仙吏，一切威靈。某宿忝微緣，受持神尺。慮香火不精，修行有怠。今遇良辰吉日，看誦經呪，聊備菲儀，志心拜獻。伏惟聖造，俯賜鑒觀。所願受法救民隨心利物。凡諸罪業，願乞赦除。即使某九祖七玄，咸令超度。俾令見世，悉賴洪恩。一切有情，同登道岸。

又卷一六一 夫人縈於情慾，繫諸嗔癡，一念罔明，心欲為之，不害者鮮矣。多罹殃禍，釁咎不無。欲要除災解厄，集靈延生，當祭七元，所祈必應。不可邪心，私禱切懇。用燈燭、鮮果、淨茶、棗湯、香花、淨水、油餅、皂臕各七數，陳列羅布供獻。用白粉雌黄書符，念元師呪書之，竪於每燈之頂，各依次序排列。以左手大指自子至中指甲下掐定，念七星名呪，上燈畢。次淨心蕩穢上香，三禮。存北斗七星各生光芒，交錯混合，下浹己身。以鼻引入口中，吹臕上，化為七星形狀。獻茶湯，上香，再拜祈禱。

又卷一六六 右呪書符，呪盡成符。用緋紙長七寸，闊二寸四分，

內裏燈心一條作撚子，用茶盞盛麻油點竈內，仍以竈馬紙錢同狀帖，焚於竈中。或止判狀，不備枯，亦可。並用茶果香燭供養竈上，祝白事意，便出廚內，不得令人在廚房下喧鬨。其夜必有報應，或敲打，或入夢，或聞臭。書符時，左手中指掐掌中，大指壓定掐四指二節。袖中覆紙書符，存見天蓬元帥，領天關地軸，飛鷹走犬，聾兵啞將，辯妖魔玉女靈官，鐵腳神王，帶頓三十六將，周匝圍繞。存畢，閉息，誦天蓬大呪，一句一啄齒。敕符訖，方入燈心撚之，庶燈不暗而難滅也。

又　此牒寫訖，封了，於本人家土地前或竈口上焚之。少時，卻燒都統牒。以左右手中指相勾，兩大指各掐四指中節為訣，取罡炁入符。用總攝印印牒，次用院印。付本人家供養，茶酒餅果，少時葦草上焚之。其夜報應，或屋上，如鈴聲，是靈驗也。

又卷一六八　右用火獄符七道，譚符七道，先作合炁天蓬火獄符，直月將軍符於鏡上。又備白米一斗，將鏡插於米上。茶果三分，供養於鏡前。卻又備細淨灰一斗，於淨室中間掃令潔淨，以劍於地上畫七圈，取斗柄指病人房。

又卷一七三　所是本人見病，已見危困，凡世醫藥不能療痊，惟祈玄皇正炁，灌注本人五臟百脈之中，斗罡星精，下絳醮筵香茶酒果之內。使本人飲服之後，去徐內外伏連之厄，蕩滌表裏邪穢之精斥逐病魔，保安患體。

又卷一七七　本府祭訣

祭十二月日時直神，更不用一切常法神將，蓋陰官所管仙官迴不同。一如律令奉行。

凡行此法，只用十二月日時主者，關告三界。仍須庚申甲子，或春分夏至秋分冬至日，以素食花菓茶酒等祭之。

又　祭丹元訣

凡行此法者，先行持祭丹元真人，蓋自己神也。祭丹元法，用自己所好素食香花茶酒菓，於自己本命，淨室中排四分已，坐主存如法師者三人，揖讓任意，飲食焚香。

又　祭三官仙衆法

盟三官，先於吉日二分二至，甲子庚申日，以日未出時，素淨茶菓香花酒等，惟要精潔，用疏一通，內稱說：某年日時勅祭十二時直主者，誓授五元玉冊，一依科誓，入意。

祭五府印仙衆

以花菓茶酒按古法，以大器中分五位盤，祭五府符印，各稱符印內聖衆，列印云：受法之日，不及設大醮，事在逼切，一花一水，惟潔惟精。依上清禁經，四萬年一傳。苟有仙士，四千四百，或四十四年一傳。苟非其人，則招輕泄之殃。爾慎之則福享，漏之則禍臻。

又卷一九〇《斗中受醫》　師存斗母天後在上，九皇星君，擎羊陀羅儼然。卻想引領信人同在斗光中，見星君吐玉色琉璃光炁，灌入本人泥丸宮中。存患身如琉璃，內外瑩徹。當此時際，師亦自覺內外如一，靈津滿口甘香，但覺祥風慶雲，藹然如春。卻以天醫符，斗母符化於淨茶或棗湯內，與病者服之，隨患治療任用。

又卷二一八《追蟲法》　凡行用，以男左女右，手剪去指甲，用肥皂符和乳香湯洗手，兼專將符同化入於水盆中，以手按符灰，洗七次，須要淨帛絹一巾拭乾。所以安魂定魄，拘制屍蟲。用符之時，存金光爍爍在於香爐中，以茶託盛手熏之。師念諸將追攝咒訣行用取效。

又卷二二一　先須凝定，叩齒，念淨天地咒三遍，存太虛寥廓，四炁朗清。以次念金光咒三遍。存天門金光萬道，仰面吸金光，吹布一身。存金光洞煥，風伯雨師，雷公電母，狂風驟雨，霹靂交轟，前光後暗，雷神將帥，前後擁護，行如狂風，坐如鼎石。到病家坐了，茶至，接下在手，吹炁一口，心存雷火燒去鬼毛鬼炁，然後方食。但是一應飲食。皆宜存變，然後食之。

又卷二五〇　大醮及建黃籙建壇，惟南斗北斗真武前不得用酒三獻，時以棗湯代之。

又《南斗經》云：供養之具，煎棗湯細茶，不須酒脯。蓋南北二斗鍊鑄魂魄之神畏觸。據經云，用元酒者井水也。世人用酒，皆非。祭雷當用酒肉，血食之神。正義曰：醮之用酒，其來久矣。遽徹去之，於人情或未安。當如用三獻之際，南北二斗及真武之前不用酒，棗湯代之為是。

又卷二五七　右劄今，以淨茶香燭酒果供於病人房內，不得開看。待夜後人靜，燒於竈中。先備紙錢四帖，甲馬四五疋，燒劄，口云：法

官遣神將在此捉某人。

明 佚名《太上洞神玄妙白猿真經・六甲神射式》《正統道藏・洞神部・方法類》射而命佛，射無不中，射工侵靈。射上利下，南射北入。六甲六丁，天弧星君，天矢尊宿，聞請降臨。助吾神箭，隨意如神。東射西中，南射北入。上射下應，下射侵害。射無不中，射時命傾。急急如律令。

此法於甲子日造式，用鹿脯、鹽、茶、酒，及詩果、静水、好香六分，金錢雲馬及黃牛血、羊血、豬血，各一合許供養。及用黃牛心、黑豬肝、白羊頭、新鯉魚，供養依混元式。至三更子時，左手執色袋，右手執朱筆，望逐方念咒四十九次，取炁四十九口，吹帛上、筆上，書式放壇供養。至五更散，以本色作袋盛之，懸神室中逐方位。依旬中取式望逐方，左手執箭，右手執式，念咒七次，取炁七口，吹在箭竿式上，揩拭了射之。

自甲子日起首，爐中煉劍，爐前排八分素食、茶酒、時菜，供養焚香，每日用炭二十四兩煉之。

明 佚名《太上六壬明鑒符陰經・混元式咒》《正統道藏・洞神部・譜録類》混元一象，陰陽未分。天一真道，萬化成形。或現或隱，出幽入冥。千兵萬卒，豈見吾形。急急如律令。

此法於冬至日夜，用請茶、酒果、鹿脯、油燈、素食、奇香、金錢、雲馬各三分，及用青帛長八寸，闊三寸，用新筆朱砂，造青詞，請三清玉皇。至三更子時，對聖左手執帛，右手朱砂筆，望西北念咒四十九遍，取炁四十九。吹在帛上，並壇上供養。至五更初，告神燒紙，即獻狀，罷散起壇了，以青袋盛式，懸於神室中。以冬至夜為始，每夜至三更子時，面北焚香拜跪，左手執式帛，右手執劍，念咒七遍，取西北炁七口，吹式並劍上，及渾身步斗罡了，放在心頭中。乘天門，過太陰，望天藏，去八方之中，無一見者。

又《天元符》 地元式：天元降氣，地發方生，陰陽和合，一降一升，造化萬物，隨物成形，吾身應化，或匿或神，急急如律令。此法於立春日夜用茶、酒，祭物與混元式皆同，用黃帛長一尺闊五寸，朱書造青詞，至三更子時對聖左手執朱筆，望西南念咒四十九遍，取氣四十九口吹在帛上，書式了，放在壇上供養至五更初罷散，從立春日夜為始，每夜至三更子時燒香拜跪，望西南念咒七遍，取氣七口吹在式並劍上及渾身上，步斗罡了，行持同混元式。

明 佚名《秘藏通玄變化六陰洞微遁甲真經》《正統道藏・洞神部・方法類》吾奉此法，吾乃為君，以神為臣。吾所欲為，神當隨情。【略】凡遇散甲之日當旬玉女，即備一分錢馬祭之。祭物一分，餘皆香茶酒而已。

明 趙宜真《靈寶歸空訣》 桃湯沐浴便更衣，一盞白茶還静定。

遇夜洗手、洗漱、衣冠畢，燒夜香依前，逐一點檢，如有三兩件。報應之時，便沐浴更衣入室，静坐喫白茶，或淨水。又有何境象可去，則去未可去，再喫淨水一二口，又定了。

明 佚名《太上説南斗六司延壽度人妙經》 南斗北斗陶魄鑄魂，魂既受錬，乃遷轉生，人能依吾教法，謝已往之非，補將來之短，洗滌衆災，拜迎百福，唯在嚴潔崇敬，罄志投誠，必獲度世之仙道，與日月之同年。若有深信之士，能修設兩極二斗，同醮一壇，各像斗星，立壇柱，列香燈，鋪排淨茅，供獻果食，可糖餅、油餅、荷蒸乳蒸煎棗湯細茶，不須酒脯。此最為要道，以斯迎請神真，真聖歡喜降臨，還得賜其福祐。

藝文

晉 郭璞《郭弘農集》卷二《游仙詩》 翡翠戲蘭苕，容色更相鮮。緑蘿結高林，蒙籠蓋一山。中有冥寂士，静嘯撫清弦。放情淩霄外，嚼蕊挹飛泉。赤松臨上游，駕鴻乘紫煙。左挹浮丘袖，右拍洪崖肩。借問蜉蝣輩，寧知龜鶴年。

唐 李白《李太白文集》卷一七《答族侄僧中孚贈玉泉仙人掌茶》 常聞玉泉山，山洞多乳窟。仙鼠白如鴉，倒懸清溪月。茗生此石中，玉泉流不歇。根柯灑芳津，采服潤肌骨。叢老卷緑葉，枝枝相接連。曝成仙人掌，似拍洪崖肩。舉世未見之，其名定誰傳。宗英乃禪伯，投贈有佳篇。清鏡燭無鹽，顧慚西子妍。朝坐有餘興，長吟播諸天。

唐 韋應物《韋蘇州集・韋刺史詩集八・喜園中茶生》 潔性不

可汙，為飲滌塵煩。此物信靈味，本自出山原。聊因理郡餘，率爾植荒園。喜隨衆草長，得與幽人言。

唐 盧綸《盧户部詩集》卷八《新茶詠寄上西川相公二十三舅大夫二十舅》 三獻蓬萊始一嘗，日調金鼎閲芳香。貯之玉合才半餅，寄與阿連題數行。

唐 盧仝《玉川子詩集》卷二《憶金鵝山沈山人二首其一》 君家山頭松樹風，適來入我竹林裏。一片新茶破鼻香，請君速來助我喜。莫合九轉大還丹，莫讀三十六部大洞經。閑來共我説真意，齒下領取真長生。不須服藥求神仙，神仙意智或偶然。自古聖賢放入土，淮南雞犬驅上天。白日上昇應不惡，藥成且輒一丸藥。暫時上天少問天，蛇頭蠍尾誰安著。

又 卷一《走筆謝孟諫議寄新茶》 日高丈五睡正濃，軍將打門驚周公。口云諫議送書信，白絹斜封三道印。開緘宛見諫議面，手閲月團三百片。聞道新年入山裏，蟄蟲驚動春風起。天子須嘗陽羨茶，百草不敢先開花。仁風暗結珠琲瓃，先春抽出黄金芽。摘鮮焙芳旋封裹，至精至好且不奢。至尊之餘合王公，何事便到山人家。柴門反關無俗客，紗帽籠頭自煎吃。碧雲引風吹不斷，白花浮光凝碗面。一碗喉吻潤，兩碗破孤悶。三碗搜枯腸，唯有文字五千卷。四碗發輕汗，平生不平事，盡向毛孔散。五碗肌骨清，六碗通仙靈。七碗吃不得也，唯覺兩腋習習清風生。蓬萊山，在何處。玉川子，乘此清風欲歸去。山上群仙司下土，地位清高隔風雨。安得知百萬億蒼生命，墮在巔崖受辛苦。便為諫議問蒼生，到頭還得蘇息否。

唐 白居易《白氏長慶集》卷七《咏意》 常聞南華經，巧勞智憂愁。不如無能者，飽食但遨遊。平生愛慕道，今日近此流。自來潯陽郡，四序忽已周。不分物黑白，但與時沈浮。朝餐夕安寢，用是爲身謀。此外即閑放，時尋山水幽。春遊慧遠寺，秋上庾公樓。或吟詩一章，或飲茶一甌。身心一無繫，浩浩如虚舟。富貴亦有苦，苦在心危憂。貧賤亦有樂，樂在身自由。

唐 劉言史《與孟郊洛北野泉上煎茶》《全唐詩》卷四六八 粉細越筍芽，野煎寒溪濱。恐乖靈草性，觸事皆手親。敲石取鮮火，撇泉避腥鱗。熒熒爨風鐺，拾得墜巢薪。潔色既爽別，浮氳亦殷勤。以兹委曲靜，求得正味真。宛如摘山時，自歠指下春。湘瓷泛輕花，滌盡昏渴神。此遊愜醒趣，可以話高人。

唐 施肩吾《春霽》《萬首唐人絶句》卷三三 煎茶水裏花千片，候客亭中酒一樽。獨對春光還寂寞，羅浮道士忽敲門。

又《句》《全唐詩》卷四九四 茶為滌煩子，酒為忘憂君。鋤藥顧老叟，焚香呼小青。遺卻白雞呼喌喌。五通本是佛家奴，身著青衣一足無。天邊有仙藥，為我補三關。世人誰不愛年長，所欲皆非保命方。但看日及花，惟是朝可憐。池塘已長雞頭葉，籬落初開狗脊花。出路船為腳，供官本是奴。一言感著熱鐵心，為人劍下偷青娥。青鬢丈人不識愁。

唐 施肩吾《蜀茗詞》《萬首唐人絶句》卷三三 越碗初盛蜀茗新，薄煙輕處攪來勻。山僧問我將何比，欲道瓊漿卻畏嗔。

唐 李商隱《李義山詩集》卷二《即目》 小鼎煎茶面曲池，白須道士竹間棋。何人書破蒲葵扇，記著南塘移樹時。

唐 李群玉《李群玉詩集》卷上《龍山人惠石廩方及團茶》 客有衡嶽隱，遺餘石廩茶。自雲凌煙露，采掇春山芽。珪璧相壓疊，積芳莫能加。碾成黄金粉，輕嫩如松花。紅爐爨霜枝，越兒斟井華。灘聲起魚眼，滿鼎漂清霞。凝澄坐曉燈，病眼如蒙紗。一甌拂昏寐，襟鬲開煩拏。顧渚與方山，誰人留品差？持甌默吟味，摇膝空咨嗟。

唐 杜牧《樊川文集·正文·第三·茶山》 山實東南秀，茶稱瑞草魁。剖符雖俗吏，修貢亦仙才。溪盡停蠻棹，旗張卓翠苔。柳村穿窈窕，松澗渡喧豗。等級雲峰峻，寬平洞府開。拂天聞笑語，特地見樓臺。泉嫩黄金湧，芽香紫璧裁。拜章期沃日，輕騎若奔雷。舞袖嵐侵潤，歌聲谷答回。磬聲藏葉鳥，雲豔照潭梅。好是全家到，兼為奉詔來。樹蔭香作帳，花徑落成堆。景物殘三月，登臨愴一杯。重遊難自克，俯首入塵埃。

唐 温庭筠《温庭筠詩集》卷三《西陵道士茶歌》 乳竇濺濺通石脈，綠塵愁草春江色。澗花入井水味香，山月當人松影直。仙翁白扇霜鳥翎，拂壇夜讀黄庭經。疏香皓齒有餘味，更覺鶴心通杳冥。

唐 皮日休《松陵集·茶中雜咏·茶笋》 褎然三五寸，生必依岩

洞。寒恐結紅鉛，暖疑銷紫汞。圓如玉軸光，脆似瓊英涷。每為遇之疏，南山掛幽夢。

唐 陸龜蒙《甫里集》卷六《奉和襲美茶具十咏·茶人》 天賦識靈草，自然鍾野姿。閑來北山下，似與東風期。雨後探芳去，雲間幽路危。唯應報春鳥，得共斯人知。

唐 曹松《春日自吴門之陽羡道中書事》《全唐詩》卷七一七 勝異恣遊應未遍，路岐猶去幾時還。浪花湖濶虹蜺斷，柳線村深鳥雀閑。千室綺羅浮晝檝，兩川絲竹會茶山。眼前便是神仙事，何必須言洞府間。

唐 釋皎然《杼山集》卷七《飲茶歌送鄭容》 丹丘羽人輕玉食，採茶飲之生羽翼。名藏仙府世空知，骨化雲宫人不識。雲山童子調金鐺，楚人茶經虚得名。霜天半夜芳草折，爛漫緗花啜又生。賞君此茶祛我疾，使人胸中蕩憂栗。日上香爐情未畢，醉踏虎溪雲，高歌送君出。

又《買藥歌送楊山人》 華陰少年何所希，欲餌丹砂化骨飛。江南藥少淮南有，暫別胥門上京口。京口斜通江水流，斐回應上青山頭。夜驚潮沒鸕鷀堰，朝看日出芙蓉樓。搖盪春風亂帆影，片雲無數是揚州。揚州喧喧賣藥市，浮俗無由識仙子。河間姹女直千金，紫陽夫人服不死。吾於此道復何如，昨朝新得蓬萊書。

又《步虚詞》 予因覽真訣，遂感西城君。玉笙下青冥，人間未曾聞。日華煉精魄，皎皎無垢氛。謂我有仙骨，且令餌氤氲。俯仰愧靈顔，願隨鸞鵠群。俄然動風馭，縹渺歸青雲。

又《飲茶歌誚崔石使君》 越人遺我剡溪茗，采得金牙爨金鼎。素瓷雪色縹沫香，何似諸仙瓊蕊漿。一飲滌昏寐，情來朗爽滿天地。再飲清我神，忽如飛雨灑輕塵。三飲便得道，何須苦心破煩惱。此物清高世莫知，世人飲酒多自欺。愁看畢卓甕間夜，笑向陶潛籬下時。崔侯啜之意不已，狂歌一曲驚人耳。孰知茶道全爾真，唯有丹丘得如此。

唐 鄭遨《茶詩》《全唐詩》卷八五五 嫩芽香且靈，吾謂草中英。夜臼和煙搗，寒爐對雪烹。惟憂碧粉散，常見緑花生。最是堪珍重，能令睡思清。

唐 吕岩《吕祖志》卷三《大雲寺茶詩》 玉蕊一槍稱絶品，僧家造法極功夫。兔毛甌淺香雲白，鰕眼湯翻細浪俱。斷送睡魔離幾席，增添清氣入肌膚。幽叢自落溪岩外，不肯移根入上都。

唐 吕岩《沁園春》《鳴鶴餘音》卷三 絶品龍團，製造幽微，建溪路賒。向南山采的，蟾酥烏血，和合北海，七寶靈芽。時遇陽春，收歸瓊室，碾磨搗，香塵膩水加。玉甌内，仗仙童手巧，烹出金花。

奇茶堪獻仙家。但啜罷香生兩腋，僥倖趙州難遇，盧仝不見，苦中甘味，意與誰誇。滌盡凡心，洗開道眼，返老還童鬢似鴉。真奇瑞，願人人解飲，同赴煙霞。

宋 歐陽修《歐陽修集》卷九《送龍茶與許道人》 潁陽道士青霞客，來似浮雲去無跡。夜朝北斗太清壇，不道姓名人不識。我有龍團古蒼璧，九龍泉深一百尺。憑君汲井試烹之，不是人間香味色。

宋 范仲淹《范文正集》卷二《和章岷從事門茶歌》 年年春自東南來，建溪先暖冰微開。溪邊奇茗冠天下，武夷仙人從古栽。新雷昨夜發何處，家家嬉笑穿雲去。露牙錯落一番榮，綴玉含珠散嘉樹。終朝採掇未盈襜，唯求精粹不敢貪。研膏焙乳有雅製，方中圭兮圓中蟾。北苑將期獻天子，林下雄豪先鬬美。鼎磨雲外首山銅，瓶攜江上中泠水。黄金碾畔緑塵飛，紫玉甌心雪濤起。鬬餘味兮輕醍醐，鬬餘香兮薄蘭芷。其間品第胡能欺，十目視而十手指。勝若登仙不可攀，輸同降將無窮恥。吁嗟天産石上英，論功不愧階前蓂。衆人之濁我可清，千日之醉我可醒。屈原試與招魂魄，劉伶却得聞雷霆。盧仝敢不歌，陸羽須作經。森然萬象中，焉知無茶星。商山丈人休茹芝，首陽先生休采薇。長安酒價減千萬，成都藥市無光輝。不如仙山一啜好，泠然便欲乘風飛。君莫羨花間女郎只鬬草，贏得珠璣滿斗歸。

宋 白玉蟾《修真十書武夷集》卷三七《贈陳先生三首》 木人手裏揮泥劍，石女頭邊帶鐵花。龍漢元年冬上巳，相逢一盞趙州茶。

又卷三七《茶歌》 柳眼偷看梅花飛，百花頭上東風吹。壑源春到不知時，霹靂一聲驚曉枝。枝頭未敢展鎗旗，吐玉綴金先獻奇。雀舌含春不解語，只有曉露晨煙知。帶露和煙摘歸去，蒸來細搗幾千杵。捏作月團三百片，火候調勻文與武。碾邊飛絮捲玉塵，磨下落珠散金縷。首山黄銅鑄小鐺，活火新泉自烹煮。蟹眼已沒魚眼浮，颼颼松聲送風雨。定州紅

玉琢花甆，瑞雪滿甌浮白乳。綠雲入口生香風，滿口蘭芷香無窮。兩腋颼颼毛竅通，洗盡枯腸萬事空。君不見，孟諫議，送茶驚起盧仝睡。又不見，白居易，餽茶喚醒錫醉，陸羽作《茶經》，曹暉作茶銘，文正范公對茶笑，紗帽籠頭煎石銚。素虛見雨如丹砂，點作滿盞菖蒲花。東坡深得煎水法，酒闌往往覓一呷。趙州夢裏見南泉，愛結焚香瀹茗綠。吾儕烹茶有滋味，華池神水先調試。丹田一畝自栽培，金蟲妊女採歸來。天爐地鼎依時節，鍊作黃芽烹白雪。味如甘露勝醍醐，服之頓覺沉痾甦。身輕便欲登天衢，不知天上有茶無。

宋 白五蟾《修真十書上清集》卷三七《雲窩記》 武夷山，一洞天也。神仙有無，或隱或顯。昔此地籛鏗餌紫芝，能乘風禦氣，神姹採黃朮，能呼風檄雨。若張魏諸真君，男女得仙者十三輩，不知何年中秋之夕，玉帝宴曾孫也，一盃既罷，簫鼓回空，當時諸君，霞裙霓袂，然已仙。後世有鍊丹巖、換骨巖者，蓋當時事也。世傳止止庵有李道士，幔亭峰有李鐵笛，毛竹洞有李磨鏡，一李耶？三李耶？昇仙洞下有張金蟾，鼓子洞下有張草衣，一張耶？二張耶？及如鼓樓巖之詹，靈巖之葛，與夫先輩道士吳懷玉，皆山中有人見之者，動輙騰風架空，浮葉泛水，丹鬢綠髮，行步如飛，或蜕形，或屍解，或遁或存，使人欲慕之不可得與語者。第相錯愕，不謂千載之下，仙躅寥寥，惟青草白雲尚無恙，猿啼鶴唳，誠不忍聞。驀而丹樞陳先生辟穀不粒，年已七八旬，猶方瞳漆髮，其顏猶童，未知何許人。而終日凝神不語，興寢笑談與常人異，所附身僅一破衲，一旦存乎五曲之間，吟晦翁先生詩山高雲氣深之句，平林煙雨，尚如昨也。於是誅茅伐竹，經營一廬，目其廬曰雲窩。後倚大隱屏，前望三教峰，左則仙掌，右則天柱，面丹爐之石，枕鐵象之巖，龍之形虎之狀，奇哉。東距仁智堂，西抵仙遊館，皆百舉武。松之青、竹之翠、草之綠也，寒猿喚曉，碧煙濛濛，棲鴉催暮，紫霞漠漠，雲飛白花，鳥放脆聲，何況山之蒼，水之碧，風又清，月又白，悄無人跡之地。以人問一年，此洞中一日，亦不為過。噫，真樂足矣，宜乎丹樞老者。至於人亦廬，廬亦人，與溪山相忘，與風月俱化，則有紅鸞紫唇，青烏白鶴之事，先生知之。雲窩既覆茅，嘉定之乙亥九月望，煙霞葉古熙如是。

又 卷三八《贈城西謝知堂時通》 蓬萊山上神仙翁，道貌挺挺喬如松。雙眸炯炯黑於漆，臉邊隱隱如桃紅。有時仰天笑開口，撮起崑崙歸右手。忽然虛空跌落地，不覺滿腹藏星斗。有時驚起老龍號，一口吸盡滄浪波。打破混沌揣出骨，拈起芥子貯山河。偃月爐中煮天地，煎鍊日魂並月髓。笑把葫蘆禁鬼神，杖頭挑起山和水。欒巴噀飯飛成蜂，左慈剪艾化為龍。夏月梅花冬月雹，似此仗倆問吕鍾。撮土為香猶是假，水底麟麒取作鮮。鬼神眼精突出外，無根樹下騎鐵馬。工夫到處戲極時，拈弄造化如兒嬉。大蟲舌上翻筋斗，卻笑金剛學畫眉。女媧要補西天竅，鍊石不得羲皇笑。秦皇鑿山通四溟，漢帝掣之一長笑。先生手持沒底籃，出有入無猶不凡。擁此道術問四海，洞賓今正覓同參。盞裏綿包或聚散，火裏遊魚水裏膈。黃鶴樓前大醉時，撐眼撮與鍾離看。水盆攪散五色沙，滿地寫出龍蛇花。自將一盞逡巡酒，敢向人前化作茶。笊籬裏面一條路，透入青霄雲外去。十字街頭開鋪席，翻手覆手成雲雨。如今天下覓無人，似君道術真入神。踏遍江湖今幾春，都來一箇雲水身。

又《清虛堂咏雪》 長空慘慘晝如夜，嚴風刮得雪片下。寒猿傍樹不敢聲，江梅羞開恐易謝。萬山無限落葉愁，處處凝煙纏草舍。枯槎凍僵不復活，飛廉截住陽春赦。餒虎呼雛入巖臥，過鳥如梭鑽樹罅。園林蕭索無一物，幾夜霜威煞無藉。欲雨不雨數點霰，雪意沉吟天似詐。滿空飛起楊花駕，三日兩日凍不化。眼前幻出白玉樓，不敢登陟空嗟訝。肌膚生粟鼻流水，前村新醅復增價。漁翁溪畔笑收綱，魚亦不知鉤有麝。洗鐺簇火煎雪茶，垂簾疊足説清話。呼童鑿碎硯中冰，呵手團欒結詩社。詩成此景尚自爾，安得王維收入畫。

又《九曲櫂歌十首其六》 仙掌峰前仙子家，客來活水煮新茶。主人遙指青煙裏，瀑布懸崖剪雪花。

又卷四〇《題紫芝院》 武夷山前嘯一聲，雲愁霧慘野猿驚。閑披破衲藏風月，醉把葫蘆禁鬼神。杖弄銀蟾攪天地，夜烹金鼎煮星辰。睡酣不覺機關路，身是紅光火一輪。

又卷四一《水調歌頭·咏茶》 二月一番雨，昨夜一聲雷。鎗旗爭展建溪，春色佔先魁。採取枝頭雀舌，帶露和煙搗碎。鍊作紫金堆。碾破香無限，飛起綠塵埃。汲新泉，烹活火，試將來。放下兔毫，甌子滋味舌頭回。喚醒青州從事，戰退睡魔百萬，夢不到陽臺。兩腋清風起，我欲

上蓬萊。

又 卷四八《**呈懶翁六首**其二》 酒惡頻將花嗅，睡酣便把茶澆。秋到梧桐枝上，夜來風雨蕭蕭。

又《**題清虚堂**》 月移花影來窗外，風引松聲到枕邊。長劍舞餘烹茗試，新詩吟就抱琴眠。酒醉初潑青螺髓，香篆常燒紫馬鞭。九曲溪頭沖佑觀，清虚堂裏有神仙。

又《**武夷歌**》 天下武夷兮第一山溪，升真有洞兮大王天柱交相齊。不知何年中秋兮玉帝賜宴會曾孫，幔亭結雲霞兮彩橋跨虹霓。欲訪仙跡兮搜剔地靈，遡洄乘舟兮陟險杖藜。身輕欲生羽翰兮捫煙蘿而躡天梯，下視人境杳邈兮但見亂峰參錯相高低。龍洞通天池兮岩鶴舞雙翎，鐵骨藏玉匣兮玉蜕和香泥。月浸觀音石兮恍有金身現普陀，風號玉女峰兮疑是湘江虞妃啼。仙館學堂兮聞書聲，丹爐茶灶兮曉煙迷。船架半壑兮使星會泛河漢歸，機留古洞兮天孫去作牽牛妻。棋盤開岩石兮釣臺瞰晴川，岩有虎嘯兮窠有金雞棲。獅子伏岩兮耀日氣猶鮮，仙羊化石兮眠雲青草萋。大小藏蘊靈兮下有龍湫水泠泠，一線天通九有兮旁有風洞凉凄凄。翰墨羅列兮因之生興，廩石高貯兮可以忘饑。紅塵迥絶兮山中發蘭桂，神仙何許兮雲間聞犬雞。茶洞幽窅兮懸崖飛瀑布，桃源深邃兮沿流得徑蹊。有人卜居大隱屏兮學宗周孔事鹽虀，但見此心止止兮煉成大藥服刀圭。武夷君去後兮有十三仙之同時，代不乏人之兮仙階陸續躋。或屍解兮只履歸去，或飛升兮鐵笛長嘶。以今視昔兮吳李可接踵，不須懷古兮感慨而愴悽。作詩勉同志兮欲倩仙掌摩丹崖，我醉揮椽筆兮大書特書而留題。

又 卷四九《**題舒氏難老亭二首**其二》 三十三天第一天，玉皇殿下裊輕煙。不知劫數今何代，方是延康第二年。弱水無船歸似箭，華胥有夢且遊仙。攜笻難老亭前坐，且結焚香瀹茗緣。

又《**贈盧隱居**》 日高丈五尚酣眠，心下無愁不管天。野蔌山肴酬白醑，乾柴淨米煮清泉。不須求仕如藏用，且自烹茶學玉川。時策短笻松竹下，清閒便是地行仙。

又《**贈危法師**》 曾見先生在九華，朝餐玉乳著瓊花。鹿冠夜戴青城月，鶴氅晨披紫府霞。偶攜劍在人間世，未把琴歸仙子家。一笑相逢松竹裏，炷香新話啜杯茶。

又《**慵庵**》 絳闕清都舊姓名，此生落魄任天真。橫窗古硯前朝水，掛壁閑琴幾日塵。幽草莫鋤沿日靜，落花不掃襯苔勻。倩風來作關門僕，借月來作關門僕，借月權為伴酒人。書吏無言舌滋味，關山不動畫精神。有茶不作蝸牛戰，無夢可為蝴蝶身。一得自家慵底事，幽禽簷外一般春。

又 卷五一《**卧雲**》 滿室天香仙子家，一琴一劍一杯茶。羽衣常帶煙霞色，不惹人間桃李花。

宋 白五蟾《**海瓊玉蟾先生文集**》**卷二**《**泊頭圓照堂**》 脱白來求法，披緇去出家。此心如水月，結屋老煙霞。翠長真如竹，黄開般若花。寄言劉鐵磨，自識趙州茶。

又《**春日道中**》 洞口鳥呼鳥，山頭花戴花。風篁蒼韻玉，煙樹晚籠紗。懷白一樽酒，邀盧七椀茶。春光索彈壓，萬象曉排衙。

又《**春日即事**》 伶倫窺管夜飛灰，萬紫千紅睹剪裁。微雨績天煙織雪，寒風簸水月篩梅。壽鳩索婦花前笑，鰥燕呼雛柳外哀。春色無邊茶未莢，社前猶欠一聲雷。

又 卷六《**風臺遣心三首**其一》 青盡池邊柳，紅開檻外花。數時長病酒，今日且分茶。

又 卷一五《**曉醒追思夜來句四首**其二》 孤雲野鶴寄山家，不料寒空璨六花。越樣月明渾不夜，個般天氣好分茶。

宋 胡融《**葛仙茗園**》《天臺續集別編》卷四 絶巘匿精廬，蒼煙路孤迥。草秀仙翁園，春風坼幽茗。野僧四五人，腦紺瞳子炯。攜壺汲飛瀑，呼我烹石鼎。風濤瀉江灘，松籟起林嶺。七碗鏖郝源，一水門雙井。我雖冠屨縛，心樂祇園靜。濯足卧禪扃，幽夢墮蒙頂。

宋 邵雍《**伊川擊壤集**》**卷五**《**山中寄登封令**》 初離縣日謀經宿，既到山中未忍回。公宇若無民事決，願攜茶器上山來。

又《**十七日錦屏山下謝城中張孫二君惠茶**》 山似挼藍波似染，遊心一向難拘撿。仍攜二友所分茶，每到煙嵐深處點。

又 卷六《**依韻和王不疑少卿見贈**》 不把憂愁累物華，光陰過眼疾如車。以平為樂忝知分，待足求安恐未涯。食罷有時尋蕙圃，睡餘無事

訪僧家。天津風月勝他處，長是思君共煮茶。

又 卷七《代書謝王勝之學士寄萊石茶酒器》 東山有石若瓊玖，匠者追琢可盛酒。君子得之惜不用，殷勤遠寄林下叟。林叟從來用瓦盞，驚惶不敢擎上手。重誡兒童無損傷，緘藏復以待賢友。未知賢友何時歸，男子功名未成就。朝廷先從憂者言，方今莫如二虜醜。漢之六郡限遼西，唐之八州隔山後。自餘瓜沙甘與涼，中原久而不能有。奈何更餌以金帛，重困吾民猶掣肘。若非堂上出奇兵，安得閫外拉餘朽？直可逐去此腥膻，西出玉門北逾口。城下狐狸既不存，路上豺狼自無走。太陽烜赫耀天衢，氛妖接變匿塵垢。功成不肯受上賞，印解黃金大如斗。乞洛辭君出國門，歸鞍暖拂天街柳。千官如壁遮道留，仰面弄鞭不回首。鄉人夾路迎大尹，醉擁旌幢錦光溜。下車拜墓還政餘，不訪公門訪親舊。始知此器用有時，吾當為君獻眉壽。

又《謝王平甫教授賞花處惠茶仍和元韻》 太學先生善識花，得花精處卻因茶。萬紅香裏烹餘後，分送天津第一家。

又 卷一〇《安樂窩中吟》 安樂窩中職分修，分修之外更何求。滿天下士情能接，遍洛陽園身可遊。行已當行誠盡處，看人莫看力生頭。因思平地春言語，使我嘗登百尺樓。安樂窩中事事無，唯存一卷伏羲書。倦時就枕不必睡，忺後攜筇任所趨。準備點茶收露水，隄防合藥種魚蘇。苟非先聖開蒙悟，幾作人間淺丈夫。

又 卷一二《因何吟》 梅因何而酸，鹽因何而鹹。茶因何而苦，薺因何而甘。

又《謝圓益上人惠詩一卷》 覽公詩十首，起我意何多。似藥驅疑疾。如茶滌睡魔。月當松皎潔，山隔水嵯峨。明日如無事，天津可再過。

又 卷一三《清涼》 六客同遊一醉鄉，又非流俗所言狂。追遊共喜清平久，唱和爭尋警策忙。薦酒月陂林果熟，發茶金穀井泉香。千年松下麾談塵，襟袖無風亦自涼。

又《自咏》 天下更無雙，無知無所長。年顏李文爽，風度賀知章。靜坐多茶飲，閑行或道裝。傍人休用笑，安樂是吾鄉。

又 卷一四《坐右吟》 萬化備於身，直須資養深。因何為實鑒，只被用精金。酒少如茶飲，詩多似史吟。顏淵方內樂，天下事難任。

又《小車六言吟》 昔人乘車是常，今見乘車倉皇。既有前車戒慎，豈無覆轍競莊？將出必用茶飲，欲登先須道裝。軫邊更掛詩帙，轅畔仍懸酒缸。輪緩為移芳草，蓋低因礙垂楊。水際尤宜穩審，花間更要安詳。柴出頻經履道，晚歸屢過平康。春重縱觀明媚，秋深飫看豐穰。五鳳樓前月色，天津橋上風涼。金穀園中流水，魏王堤外修篁。靜處光陰最好，閑中氣味偏長。所經莫不意得，所見無非情忘。或見農人擁耒，或見蠶女求桑。或見靡蕪遍野，或見蒺藜滿牆。或見荊棘茂密，或見芝蘭芬芳。或見雞豚狗彘，或見鵰鶚鸞凰。惡者既不見害，善者固無相傷。華嶽三峰岌嶪，黃陂萬頃汪洋。不為虛作男子，無負閒居洛陽。天地精英多得，堯夫老去何妨。

金 于道顯《離峰老人集》卷上《贈孫伯英》 高人久已厭京華，卻憶仙山臥彩霞。竹杖芒鞋為伴侶，藥爐經卷作生涯。饑餐橡實和山芋，渴飲松黃與石茶。彼是此非都不校，只知身屬大方家。

金 李通玄《悟真集》卷上《夏日憩純陽宮》 麥天誰不畏炎陽，禪榻松風氣味涼。茶乳滿甌清露玲，檀煙結蓋白雲香。性中空色都融攝，心外塵勞得坐忘。臥看條山雲自散，日移花影上東牆。

又 卷下《居山》 蟠跡茅菴已數年，等閑無事不山前。莫言閑樂不由己，自是人心著萬緣。屋上峰巒映夕陽，半林紅翠匝茅堂。茶餘客去柴門掩，閑弄流泉趁晚涼。

金 邱處機《望江南春》（《鳴鶴餘音》卷二） 山中好，最好是春時。紅白野花千種樣，間關幽鳥百般啼。空翠濕人衣。茶自採，筍蕨更同薇。百結布衫忘世慮，幾壺村酒適天機。一醉任東西。

又《冬》 山中好，末後稱三冬。紙帳蒲團香淡碧。竹爐茶竈火深紅。交袖坐和沖。人如夢，百歲等閑中。梅蕊綻時泉脈動，雪花飛處瘍書空。一醉徒春風。

金 馬鈺《漸悟集》卷上《長思仙·茶》 一槍茶，二旗茶。休獻機心名利家。無眠為作差。無為茶，自然茶。天賜休心與道家。無眠功行加。

又 卷下《咏茶》 盧仝七椀已昇天，撥雪黃芽傲睡仙。雖是旗槍為絕品，亦憑水火結良緣。兔毫盞熱鋪金蘂，蟹眼瑒煎瀉玉泉。昨日一盃醒宿酒，至今神爽不能眠。

又《西江月》 江畔溪邊雪裏，陰陽造化希奇。黃芽瑞草出幽微，別是一番香美。用玉輕輕研細，烹煎神水相宜。山侗啜罷赴瑤池，不讓盧仝知味。

元 王冕《竹齋集》卷上《玄真觀》 青岡直上玄真觀，即是人間小洞天。花石掩光龍吐氣，芝田散彩玉生煙。莓苔滿路綴行屐，楊柳夾堤維釣船。仙客相逢更瀟洒，煮茶燒竹夜談玄。

又《送圭玉岡》 一真四法全吾道，教主雲間喜作家。白氣擁林龍繞樹，紫霞紛日鳳銜花。笑談不釋鐵如意，斬斫豈由金莫耶。可是阿師門户別，相逢不喫趙州茶。

元 姬翼《知常先生雲山集·東風第一枝·咏茶》 拆封緘，龍團辟破，柏樹機關先見。玉童製，香霧輕飛，銀餅引，靈泉新薦。成風手段，糾髯奮，擊碎鯨波，仗此君，些子功夫，瓊花細浮甌面。這一則，全提公案，宜受用，不煩寵勸。滌塵襟，靜盡無餘，開心月，清涼一片。羣魔電掃，瑩中外，獨露元真，會玉川，攜手蓬瀛，留連水晶宮殿。

又《一剪梅》 雲水鄉中即是家。性耽丘壑，志傲煙霞。清虛已戰勝紛華。世事從他，擾擾如麻。客至何妨不點茶。相忘交結，冷淡生涯。坐中無物向人誇。唯有延生，一粒丹砂。

又《隨流》 沿流端坐泛星槎，悟徹靈源卻是家。經卷詩囊閑戲具，藥爐丹鼎老生涯。清溪道士邀明月，白石先生臥翠霞。相對兩忘三益友，一篇秋水一杯茶。

元 羅霆震《武當紀勝集》卷三〇《騫林樹》 七寶林中上界奇，枝枝翡翠葉琉璃。若非大頂居天上，安得靈根獨有之。

又 卷三一《甜茶》 修真苦淡味仙靈，自種雲腴摘玉英。亙古與人甘齒頰，春風百萬億蒼生。

元 宋無《翠寒集·謝僧遺石鎗》 遠寄奇鎗紫玉形，寒翁歡喜欲鐫銘。茅峰道士傳茶訣，林屋山人送水經。崖瀑松風添瑟縮，地鑪槐火共青熒。矮瓶未罄長鑱健，且傍雲根飽茯苓。

元 佚名《瑤臺第一層·咏茶》《鳴鶴餘音》卷一 一氣纔交，雷震動，一聲吐黃芽。玉人採得，收歸鼎內，製造無差。鐵輪萬轉，羅撼漸急，千遍無查。妙如法用，工夫了畢，隨處生涯。堪誇。仙童手巧，泛甌春雪妙難加。睡魔趕退，分開道眼，識破浮華。趙州知味，盧仝達此，總到仙家。這盞茶。願人人早悟，同赴煙霞。

元 佚名《雙調水仙子·漢鍾離》《鳴鶴餘音》卷八 超凡入聖漢鍾離，沉醉誰扶下玉梯。扇圈一部胡鬚力，絳雲般紅肉皮。做伴的是茶藥琴棋。頭綰著雙髻，身穿著百衲衣。曾赴閬苑瑤池。

元 彭致中《鳴鶴餘音》卷九《茶文》 伏聞一聲雷震，吐羣品之芬芳。鳳餅龍團，表至真之異物。陰陽滋秀，天地氤氳。稟四時之正氣，奪五行之清味。先春園內，生成片玉之珍；瑞雪巖前，造化靈芽之蘂。玉人採得，妙用依時。金槽碾處，香來撲鼻；石鼎烹開，璚花浪躍。盧仝七碗，洗除六慾之昏迷；趙老三盃，滌盡衆生之夢寐。愛之者精神爽異，悟之者心地清涼。莫言釋子家風，真是道人受用。聊得一味，普施諸人，得意歸來，伏惟珍重。

元 陳致虛《上陽子金丹大要》卷九《醒眼詩五十首其二》 指頭棒喝趙州茶，為鬻心肝讚底沙。解悟真禪無半語，青青翠竹對黃花。

元 高道寬《望蓬萊》《上乘修真三要》 真消息，明月照天涯。玉兔彩蟾十五夜，金烏飛吐紅霞。一點道人茶。清霄外，靜隱紫丹砂。偃月爐中烹玉蘂，朱砂鼎內結金花。贈與道人家。

元 劉志淵《啓真集》卷上《西溪閑居》 門外溪聲漱玉寒，貫人心地坦然安。華胥夢覺無餘事，一椀松茶一炷檀。

又《東溪趙大師獻茶有作》 玉甌神水點靈砂，妙手烹成瑞雪花。昔日盧仝曾得味，我今全省是黃芽。

明 張宇初《修真十書雜著捷徑》卷二二《勸道歌下》 亂性多因縱酒，損真慎勿傷茶。太飽難於尅化，飢時頻喫些些。知足可以常足，無思自是無邪。若愛清虛恬淡，何羨富貴榮華。養疾扶衰在酒，養疾扶衰，固神養炁，酒為百樂之長。清神爽氣唯茶，茶味清神爽氣勿令損氣。

又《紹之教授見和〈勸道歌〉深明至理復歌元韻》 飢飧不嫌惡食，薄酒勝飲釅茶。享用雖有分量，何似惜福留些。

承緒再用前韻

氣和自無諸疾，心正可辟衆邪。日夜抱元守一，朝昏含英咀華。

氣壯何須飲酒，睡少不必啜茶。

一點清虛有味，六塵離著無些。

陽藉三魂作主，陰藏七魄為邪。

慥三用韻

休誇飲一石酒，莫羡喫七碗茶。

三杯可通大道，食後漱齒呷些。

東坡云：食後以茶漱齒，肥減茶去而脾胃不知。

明 章拯《再登大岳以詩紀異》 仙家足幽致，上界何軒昂。更酌天池水，一試鶱林香。

明 吴承恩《西遊記》第九十回 花盈雙闕紅霞繞，日映鶱林翠霧籠。

清 劉一明《會心外集》卷上《好茶・道書十二種》 生平厭厚味，酷愛飲清茶。嗽淨心腸穢，好吞七返砂。

又《送衆門人年底回里》 道義相交事最嘉，師徒講習覓黄芽。夜深熬落天邊月，話久常忘盞内茶。隻字明時真足樂，一言會處實堪誇。諸君歲盡皆回里，俱等來年各獻瓜。

雜録

漢 壺居士《食忌》 『苦茶久食羽化。與韭同食，令人體重。』

晋 葛洪《抱朴子内篇》卷四 時有知行氣及斷穀服諸草木藥法，所有方書，略為同文，無一人不有道機經，唯以此為至秘，乃云是君喜所撰。

然小丹之下者，猶自遠勝草木之上者也。盡凡草木燒之即燼，而丹砂燒之成水銀，積變又還成丹砂，其去凡草木亦遠矣。故能令人長生，神仙獨見此理矣，其去俗人，亦何緬邈之無限乎？

又云，雖呼吸道引，及服草木之藥，可得延年，不免於死也；世人不合神丹，反信草木之藥。草木之藥，埋之即腐，煮之即爛，燒之即焦，不能自生，何能生人乎？

又 卷五 而人之受命，死生之期，未若草木之於寒天也，而延養之理，補救之方，非徒溫暖之為淺益也，久視之效，何為不然？

又 卷六 知草木之方者，則曰唯藥餌可以無窮矣；山川草木，井灶洿池，猶皆有精氣。

又 卷一一 仙經曰：雖服草木之葉，已得數百歲，忽怠於神丹，終不能仙。以此論之，草木延年而已，非長生之藥可知也。抱樸子答曰：『不得金丹，但服草木之藥及修小術者，可以延年遲死耳，不得仙也。』

又 卷一三 恃年紀之少壯，體力之方剛者，自役過差，百病兼結，命危朝露，不得大藥，但服草木，可以差於常人，不能延其大限也。然後先將服草木以救虧缺，後服金丹以定無窮，長生之理，盡於此矣。

又 卷一六 餐食草木，千歲以還者，下士也。

又 卷一八 抱樸子曰：師言服金丹大藥，雖未去世，百邪不近也。若但服草木及小餌八石，適可令疾除命益耳，不足以禳外來之禍也。

又 卷二〇 昔有古強者，服草木之方，又頗行容成玄素之法，年八十許，尚聰明不大羸老，時人便謂之為仙人，或謂之千載翁者。因走之異界深山中，又不曉採掘諸草木藥可以辟穀者，但行賣薪以易衣食，如是三年，饑凍辛苦，人或識之，而詭不知也。

晋 干寶《搜神記》 夏侯愷因疾死，宗人字苟奴，察見鬼神，見愷來收馬，並病其妻，著平上幘單衣入，坐生時西壁大床，就人覓茶飲。

晋《洞真太上八素真經修習功業妙訣》《正统道藏・正一部》 小齋法，主人供一賢德，一日一人長錢一百，米菜茶果蜜薑之屬。中齋，千食供，一人一日長錢二百，米菜香花燈燭茶果蜜薑之屬。

《晋書・藝術傳》 敦煌人單道開不畏寒暑，常服小石子。所服藥有松桂蜜之氣，所餘茶蘇而已。

南朝梁 陶弘景《雜録》《本草經集注》 苦茶輕換膏，昔丹丘子

青山君服之。

唐 陸羽《茶經》 《神農食經》：「茶茗久服，令人有力、悦志」。

又 《廣雅》云：「荊巴間采葉作餅，葉老者餅成，以米膏出之，欲煮茗飲，先炙，令赤色，搗末置瓷器中，以湯澆覆之，用葱、薑、橘子芼之，其飲醒酒，令人不眠。」

唐 杜光庭《録異記》卷二 吉州東山有觀焉，隔瀟江，去州六十里。咸通中，有楊尊師居焉。師有道術，能飛符救人，觀側有三井，一井出盥，一井出茶，一井出豉。每有所闕，師令取之，皆得食之，能療衆疾。師得道之後，取之無復得矣。

唐 杜光庭《墉城集仙録》卷七《廣陵茶姥》 廣陵茶姥者，不知姓氏鄉里，常如七十歲人，而輕健有力，耳聰目明，頭髮鬒黑。晉元南渡之後，耆舊相傳見之百餘年，顔狀不改。每持一器茗往市鬻之，市人爭買，自旦至暮，所賣極多，而器中茶常如新熟，而未嘗減少，人多異之。州吏以冒法系之於獄，姥乃持所賣茗器，自牖中飛去。

《太平御覽》卷八六七 《天臺記》曰：丹丘出大茗，服之生羽翼。

宋 張大淳《三茅真君加封事典》卷上 沉香五兩、腦子五兩、新茶五十片、銀一百兩。

又 卷下 四月二十一日恭準公文，備奉聖旨宣諭降賜到，加封真君誥命三道，宣賜如意、玉圭、錦幡、威儀、沉香、腦子、新茶、銀兩，令師坦擇日設醮昭告者。

宋 路時中《無上玄元三天玉堂大法》 先告斗，當用淨席四領，茅花結盤七枚，每一枚如楪大，淨茶七甌，棗湯七盞，油餅七楪，果七飣，香七爐，燈七盞，面北祭之。

宋 李昌齡《太上感應篇》卷二 敬老

傳曰：老也者，閲世之久，更事之多，衮衮年少，無限淪喪，龐眉皓首，獨保康強，可不敬乎？開寶初，有鄆州盧縣尉許永者，詣匭進狀日言：父瓊九十七，長兄八十一，次兄七十九，本身七十五，願得一近便差遣，以就榮養。太祖命召其父，既至，敷奏詳敏，詞氣不衰。太祖大加敬歎曰：卿一門如此，必有大過人者。瓊曰：亦無他，但累世義聚不分耳。太祖曰：此即卿大過人處。立命賜襲衣腰帶、銀裝鞍勒一副，馬一疋，御茶三十斤，雜綵三十段，與近便差遣一任，從其志也。

宋 佚名《急救仙方》 凡婦人年未五十，住脈太早，腰脊重疼，腿足麻痹，目多昏暗，常用茶清或酒任下。

金 邱處機《磻溪集》卷一《答宰公子許秀才》 森森緑檜鎖天涯，峭壁中藏野客家。碧洞經年無火燭，青山終日有煙霞。虚心實腹唯求飯，待客迎賓不點茶。自樂安閒微得趣，門風何足向人誇。

又 卷三 翌日，迨中使賜桃一盤。處機不食茶果十有餘年，過荷聖恩，即啖一枚。

又 卷四《清興二首》

三冬遊海上，六出滿天涯。為訪神仙窟，經過道士家。

酒傾金露滑，茶點玉芝香。神爽得三昧，清和消百殃。

金 馬鈺《漸悟集》卷上《茶》 絶品堪稱，奇名甚當，消磨睡思功無量。仲尼不復夢周公，山侗大笑陳摶強。七椀盧仝，趙州和尚，曾知滋味歸無上。宰予若得一杯嘗，永無晝寢神清爽。

元 衛琪《玉清無極總真文昌大洞仙經》卷七 《玄契》曰：真人得洞靈清淨手足力通，把握揮荷，飛步矯躡，往來指措，一切無礙，能斬九幽地獄惡根地根魔籍鬼帳，常以靈茶黄芽金蘂供養元始天王，輪步九光，進登天仙。天仙者，修煉內外金丹，功行圓滿，飛行三十六天，遍觀天宮妙境，快樂自在，如鐘呂真人是也。

元 趙道一《歷世真仙體道通鑒》卷五三 頒賜金鞍御馬，龍茶玉醞，珍玩奇果，金錢幣帛，並皆表還不受。

明 佚名《太上元始天尊説寶月光皇后聖母天尊孔雀明王經》

茶：百雀吐靈芽，盞內生花。風清。

兩腋欲昇霞，能效盧仝嘗七碗。

妙相仙家，茶奉獻。

茶奉獻，奉獻聖前，弟子虔誠。茶奉獻，奉獻上帝前。

明 佚名《靈寶無量度人上經大法》卷六四《九煉生尸品》（正統道藏・洞真部・方法類） 凡行九煉生屍法，建九壇，高九尺，闊八十一寸，或高九寸，闊五寸，以象九天。壇之中心，用黃絹幡，闊九寸，高三十六寸，上書本天炁一道，雌雄黃書，牌上書九天帝號，分佈每壇。各用青紙書九煉符一道，安於壇上。布燈九盞，共九九八十一盞。每壇各用神水一瓶，黃紙密封。法官於壇內執旛召靈，步七星斗，誦咒以旛召魂，迎入壇下。次上香，再拜於九天帝前，上茶酒，宣九煉表，焚告玄壇神虎玉劄符檄。

明 趙宜真《仙傳外科秘方》卷四 一若病勢大熱，可用熱茶調敷。如證稍溫，則用酒調。若用以撮膿，可用三分薑汁、七分茶調，何也？此藥最涼，能使血退，薑汁性熱，能引血潮。故血退則被引，血潮被逐，進退相持，而後成膿作破，逼膿盡流也。

一年少血壯之人，衰老血敗之士，如有濺血無藥可止，血盡人亡。若在手足，可用茶調敷手足上下尺餘遠。若在胸背腰腹，則全體敷之，把住血路方能止，卻用斷血藥五倍末，方見後，或神效軍中方，換口，方得安愈。

一凡金瘡在頭面上者，血不止，急用此方茶調團圍敷頸上截血，瘡口邊亦用此敷，軍中方換口，重十日，輕者三日效。

一凡金瘡著水，肉番花者，可用薤汁調此方，敷瘡口兩旁，以火微炙之。或用旱稻稈煙熏之，瘡口水出即愈。如無水出，即是風襲，可用南星茶調敷之即愈，然後以軍中方換口妙。

又 卷一〇 治久患脾泄，生薑四兩，黃連一兩，二味剉碎，一同慢火炒令薑乾脆，深赤色，去薑用黃連，為末。每服二錢，空心茶清調下。或服前黃蠟圓亦效見癰疽方。

光明硫黃一兩硝石一兩。

右同研細，水圓如指頭大，空心茶嚼下。

又方，三靈散，治八般頭風，草烏、細辛等分，黃丹少許，為極細末，搐入鼻中。

紫虛元君頭風丹

大川烏迭兩者，以河水煮一沸，去水，於淨處再煮，凡七次，□咀，次以鹽炒黃色為度遼細辛四兩重，去蘆土，酒浸。麝香少許，高細茶芽半斤。

右為末，每服三錢，食後臨臥茶清調下，少時更以熱湯催汗出，或鼻出涕為度。

又 卷一一 點爛弦風，盧甘石不拘多少，煆紅，童子便淬七次，乳爛，用水飛過，去土石，以黃連、當歸、芍藥、京芥、防風、薄荷、細辛煎濃汁，用五倍子內蟲同汁點滴於乳鉢內細乳，汁幹為度，再滴再乳至細，以磁瓶收貯，臨期以熱茶洗眼，然後點上，立效。

明 查志隆《岱史》卷一八《登覽志》 竹林僧獻松花餅，啖之香美，復進甌茶，問之，曰：東巖所產，味亦清苦。又五里至大小龍口，兩山懸削，水從石峽噴瀉，上有古松，偃仰若蟠兒然。又五里，至十八盤，崖問湫懈、野棠、山榴、彌桃，或花闕一字或實，石磴齒齒倚空，仰視似有不可至者乃傴僂攀援以上，盤盡至峽口高處，石門題曰南天門，有三靈廟。又東北二里為元君祠，左側石方池曰玉女泉，一夕聖水甘寒清冽，汲以烹茗，味可比浮槌龍泉。

又 吾始得納手於袖，掉頭吟嘯而有之，蓋真一快事耳。稍前而憩於玉皇閣，是為山半，餘修茶而獻老親，老親亦色喜，牽予上下視者久之，決眥而得南天門，隱隱如紅星沫耳。

明 羅廩《茶解》 茶通仙靈，久服能令升舉。然蘊有妙理，非深知篤好不能得其當。蓋知深斯鑒別精，篤好斯修制力。

又 山堂夜坐，汲泉煮茗。至水火相戰，如聽松濤；傾瀉入杯，雲光灩瀲，此時幽趣，故難與俗人言矣。

明 袁中道《游太和山記》 分予以熟製耆術數餅，甚甘。

清 陸廷燦《續茶經》卷下 禪元顯教編。徐道人居廬山天池寺。不食者九年矣。畜一墨羽鶴，嘗采山中新茗，令鶴銜松枝烹之，遇道流輒相與飲幾椀。

清 張聯元《天臺山全志》卷九 茶圃，在華頂峰旁，相傳為葛玄種茶之圃。

（雍正）《浙江通志》卷一〇五《物產》 蓋竹山，有仙翁茶園，舊傳葛元植茗於此。

清 汪象旭《呂祖全傳》卷一《汴京茶肆》 後周末，汴京有石氏設茶肆。一女尚髫令，令行茶。洞賓詭為丐者，日往，據上坐求茶，衣服襤褸，血肉垢汙，殆不可近。女殊無厭惡意，益取上茗待之。父母怒，笞女。女益待之，月餘無厭。洞賓謂女曰：『汝能啜我所飲茗之餘乎？』女以穢甚不可下咽，覆之地。忽聞異香，亟舐之，神氣爽然。洞賓曰：『我呂先生，非丐者，惜爾不能盡食吾餘，然吾能從爾願。欲富乎？貴乎？壽乎？』女曰：『我小家子，不識何為貴，得富且壽足矣。』洞賓去，不復來。後年亦貴顯。年百三十五歲終。

又《江州挂搭》 江州瑞昌縣潘安撫道場，嘗有道人至，求掛搭。無包無傘。僅有一笠，襤褸村俗。值堂鄙之曰：『你無傘無包，奈何掛搭？』道人云：『既不許掛搭，覓一茶即去。』值堂入，令之坐。及出，則道人反坐主席。值堂怒曰：『不知賓主禮，做甚道人？』道人不揖而去。遺下一笠，值堂不能舉。遂會衆誦經謝罪，遂舉其笠，地上有呂字。人病，取土煎湯，服之立愈，數年間遂成一井，水泡上結成呂字，劃開復聚，至今尚存。

清 李西月《呂祖年譜海山奇遇》卷二《化茶坊女》 唐中興時，汴京民有石氏者。以開茶坊為業，日令幼女行茶，嘗有丐者病癩，垢汙藍縷，直旨肆，索飲。女敬而與之，月餘無厭容，並擇佳茗以待。父兄見之遂丐笞女，女略不介意。又數日，丐者復來，女供奉益謹。丐謂曰：『汝能啜我餘茶否？』女頗嫌不潔，少覆於地，聞異香亟飲之，神氣爽然。丐曰：『我呂仙也，可隨汝所願，或富貴，或壽考，皆可得也。』女不識富貴，只求長壽不乏財物。呂祖遺以漁夫詞曰：『子午長養日月精，玄關門户啟還扃，長如此，過平生，且把陰陽仔細烹。』復授以口訣而去。女白於父母始悔，遍尋之不得。他日復來，石氏留之，師曰：『今年夷夏俱大喪，余恐遠人未化，將北遊。勸其來賓。』遂去。後女年及笄，嫁管營指揮家，享年百二十歲，一生妝食有餘，是亦長於壽而裕於財者也。

清 閔一得《古書隱樓藏書》卷四 凡全真朝謁，外則尊重威儀，內則冥心誠敬，注想凝神，端拱對闕。鞠不過眉，躬如滿月，五體投地。拜不疾起，必待氣足，然後興身。須待神清，如前再拜。更有三皈九叩之禮，稽首頓首之儀。若進缽堂，行十方禮，始從左旋而進，終從右旋而退，與大衆作揖，堂主、都管作揖，次揖典座、茶頭，此必上士，即有知賓來陪於客堂，先茶後飯，靜室安單。其或禮貌不全，任其閒散，隨堂茶飯，可於十方堂歇宿，以下士禮重待之。

凡全真宴客，菜豐不過五簋，未昏即散，讓菜以茶。

清 賀龍驤《女丹合編選注》 乳即酥也，非葷也，西北人所謂奶子茶者即此。能令人壯精神，潤顏色，黑髪延年。佛祖在雪山苦行時食之，故至今佛門不忌。若假酥油，則多羊油矣，不如用人乳為是。半斤和為丸，服一月，精神強健，黑髮延年，非它藥可比。每月逢寅、午、申、亥日，用水一碗，稱藥三分，早起向東吸生氣三口咽下。

歷代茶詩、茶詞部

先唐茶詩

晉 左思《嬌女詩》《玉臺新咏》卷二　吾家有嬌女，皎皎頗白皙。小字為紈素，口齒自清歷。有姊字惠芳，眉目粲如畫。馳騖翔園林，果下皆生摘。貪華風雨中，倏忽數百適。心為茶荈劇，吹噓對鼎䥶。

晉 張載《登成都樓詩》《藝文類聚》卷二八　借問楊子舍，想見長卿廬。程卓累千金，驕侈擬五侯。門有連騎客，翠帶腰吳鈎。鼎食隨時進，百味和且殊。披林摘秋橘，臨江釣春魚。黑子過龍醢，果饌踰蟹蝑。芳茶冠六情，溢味播九區。人生苟安樂，茲土聊可娛。

南朝宋 王微《雜詩》《茶經》　寂寂掩高閣，寥寥空廣厦。待君竟不歸，收領今就檟。

唐代茶詩

唐 李白《李太白集》卷一七《答族侄僧中孚贈玉泉仙人掌茶并序**》**　余聞荊州玉泉寺近清溪諸山，山洞往往有乳窟，窟中多玉泉交流，其中有白蝙蝠，大如鴉。按仙經，蝙蝠一名仙鼠，千歲之後，體白如雪，棲則倒懸，蓋飲乳水而長生也。其水邊處處有茗草羅生，枝葉如碧玉，唯玉泉真公常采而飲之，年八十餘歲，顏色如桃李，而此茗清香滑熟，異於他者，所以能還童振枯，扶人壽也。余遊金陵，見宗僧中孚，示余茶數十片。拳然重疊，其狀如手，號爲仙人掌茶。蓋新出乎玉泉之山，曠古未覿。因持之見遺，兼贈詩，要余荅之，遂有此作。後之高僧大隱，知仙掌茶發乎中孚禪子及青蓮君士李白也。

常聞玉泉山，山洞多乳窟。仙鼠如白鴉，倒懸清溪月。茗生此中石，玉泉流不歇。根柯灑芳津，採服潤肌骨。叢老卷綠葉，枝枝相接連。曝成仙人掌，似拍洪崖肩。舉世未見之，其名定誰傳。宗英乃禪伯，投贈有佳篇。清鏡燭無鹽，顧慚西子妍。朝坐有餘興，長吟播諸天。

唐 裴迪《西塔寺陸羽茶泉》《全唐詩》卷一二九　統籤云：此詩楊慎以為見之石刻，然羽自在大歷後，則非廸詩矣。　竟陵西塔寺，蹤跡尚空虛。不獨支公住，曾經陸羽居。草堂荒産蛤，茶井冷生魚。一汲清泠水，高風味有餘。

唐 儲光羲《儲光羲詩集》卷一《吃茗粥作》　當晝暑氣盛，鳥雀静不飛。念君高梧陰，復解山中衣。數片遠雲度，曾不蔽炎暉。淹留膳茶粥，共我飯蕨薇。敝廬既不遠，日暮徐徐歸。

唐 顏真卿《顏魯公文集》卷一二《五言月夜啜茶聯句》　泛花邀客坐，代飲引情言。陸士脩　醒酒宜華席，留僧想獨園。張薦　不須攀月桂，何假樹庭萱。李萼　御史秋風勁，尚書北斗尊。崔萬　流華淨肌骨，疏瀹滌心原。真卿　不似春醪醉，何辭緑菽繁。清晝　素瓷傳靜夜，芳氣滿閑軒。士脩

唐 皇甫曾《皇甫冉詩集》卷一《送陸鴻漸山人采茶回》　千峯待逋客，香茗復叢生。採摘知深處，烟霞羨獨行。幽期山寺遠，野飯石泉清。寂寂燃燈夜，相思一磬聲。

又 卷三《送陸鴻漸棲霞寺采茶》　採茶非採菉，遠遠上層崖。布葉春風暖，盈筐白日斜。舊知山寺路，時宿野人家。借問王孫草，何時泛椀花。

又《尋戴處士》　車馬長安道，誰知大隱心。蠻僧留古鏡，蜀客寄新琴。曬藥竹齊暖，搗茶松院深。思君一相訪，殘雪似山陽。

唐 嚴維《奉和獨孤中丞游雲門寺》《全唐詩》卷二六三　絶壑開花界，耶溪極上源。光輝三獨坐，登陟五雲門。深木鳴騶馭，晴山曜武賁。亂泉觀坐卧，疎磬發朝昏。蒼翠新秋色，莓苔積雨痕。上方看度鳥，後夜聽吟猿。異跡焚香對，新詩酌茗論。歸来還撫俗，諸老莫攀轅。

唐 李嘉祐《秋曉招隐寺東峰茶宴送内弟閻伯均歸江州》《全唐詩》卷二七〇　萬畦新稻傍山村，數里深松到寺門。幸有香茶留稧子，不堪秋草送王孫。煙塵怨別唯愁隔，井邑蕭條誰忍論。莫怪臨岐獨垂淚，魏舒偏念外家恩。

唐 錢起《錢仲文集》卷四《過長孫宅與朗上人茶會》　偶與息

心侶，忘歸才子家。玄談兼藻思，綠茗代榴花。岸幘看雲卷，含毫任景斜。松喬若逢此，不復醉流霞。

又 卷一〇《與趙莒茶讌》 竹下忘言對紫茶，全勝羽客醉流霞。塵心洗盡興難盡，一樹蟬聲片影斜。

唐 釋皎然《杼山集》卷二《訪陸處士羽》 太湖東西路，吴主古山前。所思不可見，歸鴻自翩翩。何山賞春茗，何處弄春泉。莫是滄浪子，悠悠一釣船。

又 卷三《晦夜李侍御萼宅集招潘述湯衡海上人飲茶賦》 晦夜不生月，琴軒猶爲開。墻東隱者在，淇上逸僧來。茗愛傳花飲，詩看卷素裁。風流高此會，曉景屢裴回。

又《九日與陸處士羽飲茶》 九日山僧院，東籬菊也黄。俗人多泛酒，誰解助茶香。

又 卷七《飲茶歌誚崔石使君》 越人遺我剡溪茗，採得金牙爨金鼎。素瓷雪色縹沫香，何似諸仙瓊蕊漿。一飲滌昏寐，情來朗爽滿天地。再飲清我神，忽如飛雨灑輕塵。三飲便得道，何須苦心破煩惱。此物清高世莫知，世人飲酒多自欺。愁看畢卓甕間夜，笑向陶潛籬下時。崔侯啜之意不已，狂歌一曲驚人耳。孰知茶道全爾真，唯有丹丘得如此。

又《顧渚行寄裴方舟》 我有雲泉隣渚山，山中茶事頗相關。鶗鴂鳴時芳草死，山家漸欲收茶子。伯勞飛日芳草滋，山僧又是採茶時。繇來慣採無近遠，陰嶺長兮陽崖淺。大寒山下葉未生，小寒山中葉初卷。吴婉攜籠上翠微，蒙蒙香刺罥春衣。迷山乍被落花亂，度水時驚啼鳥飛。家園不遠乘露摘，歸時露彩猶滴瀝。初看怕出欺玉英，更取煎來勝金液。昨夜西峰雨色過，朝尋新茗復如何。女宫露澀青芽老，堯市人稀紫筍多。紫筍青芽誰得識，日暮採之長太息。清泠真人待子元，貯此芳香思何極。

又《飲茶歌送鄭容》 丹丘羽人輕玉食，採茶飲之生羽翼。名藏仙府世空知，骨化雲宫人不識。雲山童子調金鐺，楚人茶經虚得名。霜天半夜芳草折，爛漫緗花啜又生。賞君此茶祛我疾，使人胸中蕩憂慄。日上香爐情未畢，醉踏虎溪雲，高歌送君出。

又 卷一〇《湖南草堂讀書招李少府》 削去僧家事，南池便隱居。爲憐松子壽，還卜道家書。藥院常無客，茶樽獨對余。有時招逸史，來飯野中蔬。

唐 釋皎然《對陸迅飲天目山茶因寄元居士晟》（嘉慶）《於潛縣志》卷一五 喜見幽人會，初開野客茶。日成東井葉，露採北山芽。文火香偏勝，寒泉味轉嘉。投鐺湧作沫，著椀聚生花。稍與禪經近，聊將睡網賒。知君在天目，此意日無涯。

唐 袁高《茶山詩》《全唐詩》卷三一四 禹貢通遠俗，所圖在安人。後王失其本，職吏不敢陳。亦有姦佞者，因茲欲求伸。動生千金費，日使萬姓貧。我來顧渚源，得與茶事親。甿輟耕農耒，采采實苦辛。一夫旦當役，盡室皆同臻。捫葛上欹壁，蓬頭入荒榛。終朝不盈掬，手足皆鱗皴。悲嗟遍空山，草木爲不春。陰嶺芽未吐，使者牒已頻。心爭造化功，走挺麋鹿均。選納無晝夜，搗聲昏繼晨。衆工何枯櫨，俯視彌傷神。皇帝尚巡狩，東郊路多堙。周迴遠天涯，所獻愈艱勤。况減兵革困，重茲固疲民。未知供御餘，誰合分此珍。顧省忝邦守，又慙復因循。茫茫滄海間，丹憤何由申。

唐 顧況《焙茶塢》《全唐詩》卷二六七 新茶已上焙，舊架憂生醭。旋旋續新烟，呼兒劈寒木。

唐 顧況《過山農家》《全唐詩》卷二六七 板橋人渡泉聲，茆簷日午雞鳴。莫嗔焙茶烟暗，却喜曬穀天晴。

唐 耿湋、陸羽《連句多暇贈陸三山人》《全唐詩》卷七八九 一生為墨客，幾世作茶仙湋。喜是攀闌者，慙非負鼎賢羽。禁門聞曙漏，顧渚入晨煙湋。拜井孤城裏，攜籠萬壑前羽。閒喧悲異趣，語默取同年湋。歷落驚相偶，衰羸猥見憐羽。詩書聞講誦，文雅接蘭荃湋。未敢重芳席，焉能弄綵箋羽。黑池流研水，徑石澀苔錢湋。何事親香案，無端狎釣船羽。野中求逸禮，江上訪遺編湋。莫發搜歌意，予心或不然羽。

唐 劉言史《與孟郊洛北野泉上煎茶》《全唐詩》卷四六八 粉細越笋芽，野煎寒溪濱。恐乖靈草性，觸事皆手親。敲石取鮮火，撇泉避腥鱗。熒熒爨風鐺，拾得墜巢薪。潔色既爽別，浮氳亦殷勤。以茲委曲靜，求得正味真。宛如摘山時，自歠指下春。湘瓷泛輕花，滌盡昏渴神。此遊愜醒趣，可以話高人。

唐 盧綸《新茶咏寄上西川相公二十三舅大夫二十舅》《全唐詩》卷二七九　三獻蓬萊始一嘗，日調金鼎閲芳香。貯之玉合寸半餅，寄與阿連題數行。

唐 孟郊《憑周况先輩於朝賢乞茶》《全唐詩》卷三八〇　道意勿乏味，心緒病無悰。蒙茗玉花盡，越甌荷葉空。錦水有鮮色，蜀山饒芳藂。雲根纔翦緑，印縫已霏紅。曾向貴人得，最將詩叟同。幸為乞寄來，救此病劣躬。

唐 武元衡《石倉歷代詩選》卷六七《資聖寺賁法師晚春茶會》　虚室晝常掩，心源知悟空。禪庭一雨後，蓮界萬花中。時節流芳暮，人天此會同。不知方便理，何路出樊籠。

唐 武元衡《津梁寺采新茶與幕中諸公遍賞芳香尤異因題四韻兼呈陸郎中》《全唐詩》卷三一六　靈州碧巖下，荑茶初散芳。塗塗猶宿露，采采不盈筐。陰竇藏煙濕，單衣染焙香。幸將調鼎味，一為奏明光。

唐 鮑君徽《東亭茶宴》《全唐詩》卷七　閒朝向曉出簾櫳，茗宴東亭四望通。遠眺城池山色裏，俯聆絃管水聲中。幽篁引沼新抽翠，芳槿低檐欲吐紅。坐久此中無限興，更憐團扇起清風。

唐 劉禹錫《劉賓客外集》卷八《嘗茶》　生拍芳叢鷹觜芽，老郎封寄謫仙家。今宵更有湘江月，照出菲菲滿盌花。

又 卷二五《西山蘭若試茶歌》　山僧後檐茶數叢，春來映竹抽新茸。宛然爲客振衣起，自傍芳叢摘鷹觜。斯須炒成滿室香，便酌砌下金沙水。驟雨松聲入鼎來，白雲滿盌花徘徊。悠揚噴鼻宿醒散，清峭徹骨煩襟開。陽崖陰嶺各殊氣，未若竹下莓苔地。炎帝雖嘗未解煎，桐君有籙那知味。新芽連拳半未舒，自摘至煎俄頃餘。木蘭霑露香微似，瑶草臨波色不如。僧言靈味宜幽寂，采采翹英爲嘉客。不辭緘封寄郡齋，甎井銅爐損標格。何况蒙山顧渚春，白泥赤印走風塵。欲知花乳清泠味，須是眠雲跂石人。

唐 白居易《白氏長慶集》卷六《麴生訪宿》　西齋寂已暮，叩門聲樀樀。知是君宿來，自拂塵埃席。村家何所有，茶果迎來客。貧靜似僧居，竹林依四壁。廚燈斜影出，檐雨餘聲滴。

又 卷七《食後》　食罷一覺睡，起來兩甌茶。舉頭看日影，已復西南斜。樂人惜日促，憂人厭年賒。無憂無樂者，長短任生涯。

又 卷一二《琵琶引》　潯陽江頭夜送客，楓葉荻花秋索索。主人下馬客在船，舉酒欲飲無管弦。醉不成歡慘將別，別時茫茫江浸月。忽聞水上琵琶聲，主人忘歸客不發。尋聲暗問彈者誰，琵琶聲停欲語遲。移船相近邀相見，添酒迴燈重開宴。千呼萬喚始出來，猶抱琵琶半遮面。轉軸撥弦三兩聲，未成曲調先有情。弦弦掩抑聲聲思，似訴平生不得意。低眉信手續續彈，説盡心中無限事。輕攏慢撚抹復挑，初爲霓裳後六幺。大弦嘈嘈如急雨，小弦切切如私語。嘈嘈切切錯雜彈，大珠小珠落玉盤。間關鶯語花底滑，幽咽泉流水下灘。水泉冷澀弦疑絶，疑絶不通聲暫歇。別有幽愁暗恨生，此時無聲勝有聲。銀缾乍破水漿迸，鐵騎突出刀槍鳴。曲終收撥當心畫，四弦一聲如裂帛。東舟西舫悄無言，唯見江心秋月白。沈吟放撥插弦中，整頓衣裳起斂容。自言本是京城女，家在蝦蟇陵下住。十三學得琵琶成，名屬教坊第一部。曲罷曾教善才伏，妝成每被秋娘妬。五陵年少爭纏頭，一曲紅綃不知數。鈿頭雲篦擊節碎，血色羅帬飜酒汙。今年歡笑復明年，秋月春風等閑度。弟走從軍阿姨死，暮去朝來顔色故。門前冷落鞍馬稀，老大嫁作商人婦。商人重利輕別離，前月浮梁買茶去。去來江口守空船，繞船月明江水寒。夜深忽夢少年事，夢啼妝淚紅闌干。我聞琵琶已歎息，又聞此語重唧唧。同是天涯淪落人，相逢何必曾相識。我從去年辭帝京，謫居臥病潯陽城。潯陽小處無音樂，終歲不聞絲竹聲。住近溢江地低濕，黄蘆苦竹繞宅生。其間旦暮聞何物，杜鵑啼血猨哀鳴。春江花朝秋月夜，往往取酒還獨傾。豈無山歌與村笛，嘔啞嘲哳難爲聽。今夜聞君琵琶語，如聽仙樂耳暫明。莫辭更坐彈一曲，爲君飜作琵琶行。感我此言良久立，却坐促弦弦轉急。淒淒不似向前聲，滿座重聞皆掩泣。座中泣下誰最多，江州司馬青衫濕。

又 卷一三《題施山人野居》　得道應無著，謀生亦不妨。春泥秧稻暖，夜火焙茶香。水巷風塵少，松齋日月長。高閑真是貴，何處覓侯王。

又 卷一四《蕭員外寄新蜀茶》　蜀茶寄到但驚新，渭水煎來始覺珍。滿甌似乳堪持玩，况是春深酒渴人。

又卷一六《謝李六郎中寄新蜀茶》　故情周匝向交親，新茗分張及病身。紅紙一封書後信，綠芽十片火前春。湯添勺水煎魚眼，末下刀圭攪麴塵。不寄他人先寄我，應緣我是別茶人。

又《北亭招客》　疎散郡丞同野客，幽閑官舍抵山家。春風北户千莖竹，晚日東園一樹花。小醆吹醅嘗冷酒，深爐敲火炙新茶。能來近日觀棊否，太守知慵放晚衙。

又卷一九《新居早春二首其二**》**　地潤東風暖，閑行蹋草芽。呼童遣移竹，留客伴嘗茶。霤滴簷冰盡，塵浮隙日斜。新居未曾到，鄰里是誰家。

又《吟元郎中白鬚詩兼飲雪水茶因題壁上》　吟詠霜毛句，閑嘗雪水茶。城中展眉處，只是有元家。

又卷二〇《山泉煎茶有懷》　坐酌泠泠水，看煎瑟瑟塵。無由持一盌，寄與愛茶人。

又卷二四《夜聞賈常州崔湖州茶山境會想羨歡宴因寄此詩》　遥聞境會茶山夜，珠翠歌鐘俱遶身。盤下中分兩州界，燈前合作一家春。青娥遞舞應爭妙，紫筍齊嘗各鬬新。自歎花時北窗下，蒲黄酒對病眠人。

又卷二五《琴茶》　兀兀寄形羣動内，陶陶任性一生間。自抛官後春多醉，不讀書來老更閑。琴裏知聞唯淥水，茶中故舊是蒙山。窮通行止長相伴，誰道吾今無往還。

又《贈東鄰王十三》　攜手池邊月，開襟竹下風。驅愁知酒力，破睡見茶功。居處東西接，年顔老少同。能來爲伴否，伊上作漁翁。

又卷二七《即事》　見月連宵坐，聞風盡日眠。室香羅藥氣，籠煖焙茶煙。鶴啄新晴地，雞棲薄暮天。自看淘酒米，倚杖小池前。

又卷三〇《睡後茶興憶楊同州》　昨晚飲太多，嵬峩連宵醉。今朝餐又飽，爛熳移時睡。睡足摩挲眼，眼前無一事。信脚繞池行，偶然得幽致。婆娑綠陰樹，斑駮青苔地。此處置繩牀，傍邊洗茶器。白瓷甌甚潔，紅爐炭方熾。沫下麴塵香，花浮魚眼沸。盛來有佳色，嚥罷餘芳氣。不見楊慕巢，誰人知此味。

又卷三一《營閑事》　自笑營閑事，從朝到日斜。澆畦引泉脉，掃徑避蘭芽。暖變牆衣色，晴催木筆花。桃根知酒渴，晚送一甌茶。

又《晚春閑居楊工部寄詩楊常州寄茶同到因以長句答之》　宿醒寂寞眠初起，春意闌珊日又斜。勸我加餐因早笋，恨人休醉是殘花。悶吟工部新來句，渴飲毗陵遠到茶。兄弟東西官職冷，門前車馬向誰家。

又《早服雲母散》　曉服雲英漱井華，寥然身若在煙霞。藥銷日晏三匙飯，酒渴春深一椀茶。每夜坐禪觀水月，有時行醉翫風花。淨名事理人難解，身不出家心出家。

又卷三二《和楊同州寒食乾坑會後聞楊工部欲到知予與工部有宿醒》　夜飲歸常晚，朝眠起更遲。舉頭中酒後，引手索茶時。拂枕青長袖，欹簪白接䍦。宿醒無興味，先是肺神知。

又卷三三《新亭病後獨坐招李侍郎公垂》　新亭未有客，景日獨何爲。趁暖泥茶竈，防寒夾竹籬。頭風初定後，眼闇欲明時。淺把三分酒，閑題數句詩。應須置兩榻，一榻待公垂。

又《閑臥寄劉同州》　軟褥短屏風，昏昏醉臥翁。鼻香茶熟後，腰暖日陽中。伴老琴長在，迎春酒不空。可憐閑氣味，唯欠與君同。

又《楊六尚書新授東川節度使代妻戲賀兄嫂絶其二**》**　金花銀椀饒君用，罨畫羅衣盡嫂裁。覓得黔婁爲妹壻，可能空寄蜀茶來。

又卷三六《春盡日》　芳景銷殘暑氣生，感時思事坐含情。無人開口共誰語，有酒迴頭還自傾。醉對數叢紅芍藥，渴嘗一盌綠昌明蜀茶之名也。春歸似遣鶯留語，好住園林三兩聲。

又卷三七《閑眠》　暖牀斜臥日曛腰，一覺閑眠百病銷。盡日一餐茶兩碗，更無所要到明朝。

唐白居易《白香山詩集》卷三九《招韜光禪師》　白屋炊香飯，葷膻不入家。濾泉澄葛粉，洗手摘藤花。青芥除黄葉，紅薑帶紫芽。命師相伴食，齋罷一甌茶。

唐柳宗元《柳河東集》卷四二《巽上人以竹間自采新茶見贈酬之以詩》　芳叢翳湘竹，零露凝清華。復此雪山客，晨朝掇靈芽。蒸煙俯石瀨，咫尺凌丹崖。圓方麗奇色，圭璧無纖瑕。呼兒爨金鼎，餘馥延幽遐。滌慮發真照，還源蕩昏邪。猶同甘露飯，佛事薰毗耶。咄此蓬瀛侶，

無乃貴流霞。

又《奉和周二十丈酬郴州侍郎衡江夜泊得韶州書并附當州生黃茶一封率然成篇代意之作》 丘山仰德耀，天路下征騑。夢喜三刀近，書嫌五載違。凝情江月落，屬思嶺雲飛。會入司徒府，還邀周掾歸。

又卷四三《夏晝偶作》 南州溽暑醉如酒，隱几熟眠開北牖。日午獨覺無餘聲，山童隔竹敲茶臼。

唐 韋處厚《茶嶺》《全唐詩》卷四七九 顧渚吴商絶，蒙山蜀信稀。千叢因此始，含露紫英肥。

唐 姚合《姚少監詩集》卷三《寄楊工部聞毗陵舍弟自罨溪入茶山》 探茶溪路好，花影半浮沈。畫舸僧同上，春山客共尋。芳新生石際，幽嫩在山陰。色是春光染，香驚日氣侵。試嘗應酒醒，封進定恩深。芳貽千里外，怡怡太府吟。

又《病中辱朱諫議惠甘菊藥苗因以詩贈》 蕭蕭一畝宮，種菊十餘叢。採摘和芳露，封題寄病翁。熟宜茶鼎裏，飡稱石甌中。香潔將何比，從來味不同。

又卷七《杏水》 不與江水接，自出林中央。穿花復遶水，一山聞杏香。我來持茗甌，日屢此來嘗。

又卷八《乞新茶》 嫩綠微黃碧澗春，採時聞道斷葷辛。不將錢買將詩乞，借問山翁有幾人。

唐 元稹《元氏長慶集》卷七《解秋十首其六》 霽麗牀前影，飄蕭簾外竹。簟涼朝睡重，夢覺茶香熟。親烹園內葵，憑買家家麴。醲酒并毓蔬，人來有棊局。

又卷一三《和友封題開善寺十韻》 梁王開佛廟，雲構歲時遙。珠綴飛閑鴿，紅泥落碎椒。燈籠青燄短，香印白灰銷。古匣收遺施，行廊畫本朝。藏經霑雨爛，魔女捧花嬌。亞樹牽藤閣，橫查壓石橋。竹荒新筍細，池淺小魚跳。匠正琉璃瓦，僧鋤芍藥苗。旋蒸茶嫩葉，偏把柳長條。便欲忘歸路，方知隱易招。

唐 元稹《自述一作王建宮詞**》**《全唐詩》卷四二三 延英引對碧衣郎，江硯宣毫各別牀。天子下簾親考試，宮人手裏過茶湯。

唐 元稹《元氏長慶集》卷一八《一字至七字詩・茶》

茶。

香葉，嫩芽。

慕詩客，愛僧家。

碾雕白玉，羅織紅紗。

銚煎黃蘂色，椀轉麴塵花。

夜後邀陪明月，晨前命對朝霞。

洗盡古今人不倦，將知醉後豈堪誇。

唐 楊嗣復《謝寄新茶》《全唐詩》卷四六四 嗣復作相後，止貶觀察郡守，此稱司馬，疑非嗣復詩。 石上生芽二月中，蒙山顧渚莫爭雄。封題寄與楊司馬，應為前銜是相公。

唐 施肩吾《春霽》《全唐詩》卷四九四 煎茶水裏花千片，候客亭中酒一樽。獨對春光還寂寞，羅浮道士忽敲門。

唐 施肩吾《蜀茗詞》《全唐詩》卷四九四 越椀初盛蜀茗新，薄煙輕處攪來勻。山僧問我將何比，欲道瓊漿却畏嗔。

唐 李德裕《故人寄茶》《全唐詩》卷四七五 劍外九華英，緘題下玉京。開時微月上，碾處亂泉聲。半夜邀僧至，孤吟對竹烹。碧流霞脚碎，香泛乳花輕。六腑睡神去，數朝詩思清。其餘不敢費，留伴讀書行。

唐 李德裕《憶平泉雜咏・憶茗芽》 谷中春日暖，漸憶掇茶英。欲及清明火，能銷醉客酲。松花飄鼎泛，蘭氣入甌輕。飲罷閑無事，捫蘿溪上行。

唐 盧仝《蕭宅二三子贈答詩二十首并序**・客謝竹》**《全唐詩》卷三八七 揚州駁雜地，不辨龍蚸當作蜥蝎。客身正乾枯，行處無膏澤。太山道不遠，相庇實無力。君若隨我行，必有煎茶厄。

唐 盧仝《玉川子詩集》卷二《走筆謝孟諫議寄新茶》 日高丈五睡正濃，軍將打門驚周公。口云諫議送書信，白絹斜封三道印。開緘宛見諫議面，手閱月團三百片。聞道新年入山裏，蟄蟲驚動春風起。天子須嘗陽羡茶，百草不敢先開花。仁風暗結珠琲瓃，先春抽出黃金芽。摘鮮焙芳旋封裹，至精至好且不奢。至尊之餘合王公，何事便到山人家。柴門反

關無俗客，紗帽籠頭自煎喫。碧雲引風吹不斷，白花浮光凝椀面。一椀喉吻潤，兩椀破孤悶。三椀搜枯腸，唯有文字五千卷。四椀發輕汗，平生不平事。盡向毛孔散，五椀肌骨清。六椀通仙靈，七椀喫不得也。唯覺兩腋習習清風生，蓬萊山，在何處？玉川子，乘此清風欲歸去。山上羣仙司下土，地位清高隔風雨。安得知百萬億蒼生命，墮在巔崖受辛苦。便爲諫議問蒼生，到頭還得蘇息否。

又《憶金鵝山沈山人二首其二**》**　君家山頭松樹風，適來入我竹林裏。一片新茶破鼻香，請君速來助我喜。莫合九轉大還丹，莫讀三十六部大洞經。閑來共我說真意，齒下領取真長生。不須服藥求神仙，神仙意智或偶然。自古聖賢放入土，淮南雞犬驅上天。白日上昇應不惡，藥成且輒一丸藥。暫時上天少問天，蛇頭蠍尾誰安著。

唐　杜牧《樊川文集》卷三《游池州林泉寺金碧洞》　袖拂霜林下石稜，潺湲聲斷滿溪冰。攜茶臘月遊金碧，合有文章病茂陵。

又《題茶山》　山實東吳秀，茶稱瑞草魁。剖符雖俗吏，修貢亦仙才。溪盡停蠻櫂，旗張卓翠苔。柳村穿窈窕，松澗渡喧豗。等級雲峰峻，寬平洞府開。拂天聞笑語，特地見樓臺。泉嫩黃金湧，牙香紫璧裁。拜章期沃日，輕騎疾奔雷。舞袖嵐侵澗，歌聲谷答回。磬音藏葉鳥，雪豔照潭梅。好是全家到，兼爲奉詔來。樹陰香作帳，花徑落成堆。景物殘三月，登臨愴一盃。重遊難自剋，俛首入塵埃。

又《茶山下作》　春風最窈窕，日曉柳村西。嬌雲光占岫，健水鳴分溪。燎巖野花遠，戛瑟幽鳥啼。把酒坐芳草，亦有佳人攜。

又《春日茶山病不飲酒因呈賓客》　笙歌登畫船，十日清明前。山秀白雲膩，溪光紅粉鮮。欲開未開花，半陰半晴天。誰知病太守，猶得作茶仙。

唐　杜牧《秋晚懷茅山石涵村舍》《全唐詩》卷五二六　十畝山田近石涵，村居風俗舊曾諳。簾前白艾驚春燕，籬上青桑待晚蠶。雲暖採茶來嶺北，月明沽酒過溪南。陵陽秋盡多歸思，紅樹蕭蕭覆碧潭。

唐　李郢《茶山貢焙歌》《全唐詩》卷五九〇　使君愛客情無已，客在金臺價無比。春風二月貢茶時，盡逐紅旌到山裏。焙中清曉朱門開，筐箱漸見新芽來。陵烟觸露不停探，官家赤印連帖催。朝飢暮匐誰興哀，喧闐競納不盈掬。一時一餉還成堆，蒸之馥之香勝梅。研膏架動轟如雷，茶成拜表貢天子。萬人爭噉春山摧，驛騎鞭聲砉流電。半夜驅夫誰復見，十日王程路四千。到時須及清明宴，吾君可謂納諫君。諫官不諫何由聞，九重城裏雖玉食。天涯吏役長紛紛，使君憂民慘容色。就焙嘗茶坐諸客，幾回到口重咨嗟。嫩綠鮮芳出何力，山中有酒亦有歌。樂營房戶皆仙家，仙家十隊酒百斛。金絲宴饌隨經過，使君是日憂思多。客亦無言徵綺羅，殷勤繞焙復長歎。官府例成期如何！吳民吳民莫憔悴，使君作相期蘇爾。

又卷八八四《酬友人春暮寄枳花茶》　昨日東風吹枳花，酒醒春晚一甌茶。如雲正護幽人壍，似雪纔分野老家。金餅拍成和雨露，玉塵煎出照煙霞。相如病渴今全校，不羡生臺白頸鵶。

唐　朱景玄《茶亭》《全唐詩》卷五四七　靜得塵埃外，茶芳小華山。此亭真寂寞，世路少人閒。

唐　温庭筠《温庭筠詩集》卷一《和趙嘏題岳寺》　疎鐘細響亂鳴泉，客省高臨似水天。嵐翠暗來空覺潤，澗茶餘爽不成眠。越僧寒立孤燈外，岳月秋當萬木前。張邴宦情何太薄，遠公窗外有池蓮。

又卷三《西陵道士茶歌》　乳竇濺濺通石脉，綠塵愁草春江色。澗花入井水味香，山月當人松影直。仙翁白扇霜鳥翎，拂壇夜讀黃庭經。疎香皓齒有餘味，更覺鶴心通杳冥。

又卷七《贈隱者》　茅堂對薇蕨，爐暖一裘輕。醉後楚山夢，覺來春鳥聲。採茶溪樹綠，煮藥石泉清。不問人間事，忘機過此生。

唐　李群玉《李群玉詩集》卷上《龍山人惠石廩方及團茶》　客有衡嶽隱，遺余石廩茶。自云凌煙露，採掇春山芽。珪璧相壓疊，積芳莫能加。碾成黃金粉，輕嫩如松花。紅鑪爨霜枝，越兒斟井華。灘聲起魚眼，滿鼎漂清霞。凝澄坐曉燈，病眼如蒙紗。一甌拂昏寐，襟鬲開煩拏。顧渚與方山，誰人留品差。持甌默吟味，摇膝空咨嗟。

唐　李群玉《答友寄新茗》《全唐詩》卷五七〇　滿火芳馨碾麴塵，吳甌湘水綠花新。媿君千里分滋味，寄與春風酒渴人。

唐　崔珏《美人嘗茶行》《全唐詩》卷五九一　雲鬟枕落困春泥，玉郎為

碾瑟瑟塵。閒教鸚鵡啄膍響，和嬌扶起濃睡人。銀瓶貯泉水一掬，松雨聲來乳花熟。朱脣啜破綠雲時，咽入香喉爽紅玉。明眸漸開横秋水，手撥絲篁醉心起。臺時却坐推金箏，不語思量夢中事。

唐 鄭愚《茶詩》《茗溪漁隱叢話·前集》卷四六　嫩芽香且靈，吾謂草中英。夜臼和烟擣，寒爐對雪烹。惟憂碧粉散，嘗見綠花生。最是堪珍重，能令睡思清。

唐 皮日休《松陵集》卷四《茶中雜咏并序**》**　案：《周禮》酒正之職，辨四飲之物，其三曰漿。又漿人之職，共王之六飲：水、漿、醴、涼、醫、酏。入于酒府。鄭司農云：『以水和酒也。』蓋當時人，率以酒醴為飲。謂乎六漿，酒之醨者也。何得姬公製？《爾雅》云：『檟，苦荼。』即不擷而飲之，豈聖人純於用乎？抑草木之濟人，取捨有時也。自周已降，及于國朝茶事，竟陵子陸季疵言之詳矣。然季疵以前稱，茗飲者必渾以烹之，與夫瀹蔬而啜者無異也。季疵之始為經三卷，繇是分其源，制其具，教其造，設其器，命其煮，俾飲之者，除痟而去癘，雖疾醫之不若。也其為利也，於人豈小哉？余始得季疵書，以為備矣，後又獲其《顧渚山記》二篇，其中多茶事；後又太原溫從雲、武威段碣之各補茶事十數節，並存於方冊。茶之事繇周至于今，竟無纖遺矣。昔晉杜育有《荈賦》，季疵有《茶歌》，余缺然於懷者，謂有其具而不形於詩，亦季疵之餘恨也。遂為十詠寄天隨子。

又《茶塢》　閑尋堯氏山，遂入深深塢。種荈已成園，栽葭寧記畝。石窪泉似掬，巖罅雲如縷。好是夏初時，白花滿煙雨。

又《茶人》　生於顧渚山，老在漫石塢。語氣爲茶荈，衣香是煙霧。庭從櫺子遮，果任獳師虜。日晚相笑歸，腰間佩輕蔞。

又《茶笋》　褎然三五寸，生必依巖洞。寒恐結紅鉛，暖疑銷紫汞。圓如玉軸光，脆似瓊英涷。每爲遇之疎，南山挂幽夢。

又《茶籝》　筤篣曉攜去，驀箇山桑塢。開時送紫茗，負處沾清露。歇把傍雲泉，歸將挂煙樹。滿此是生涯，黃金何足數。

又《茶舍》　陽崖枕白屋，幾口嬉嬉活。棚上汲紅泉，焙前蒸紫蕨。乃翁研茗後，中婦拍茶歇。相向掩柴扉，清香滿山月。

又《茶竈》　南山茶事動，竈起巖根傍。水煮石髮氣，薪然杉脂香。青瓊蒸後凝，綠髓炊來光。如何重辛苦，一一輸膏粱。

又《茶焙》　鑿彼碧巖下，恰應深二尺。泥易帶雲根，燒難礙石脉。初能燥金餅，漸見乾瓊液。九里共杉林，相望在山側。

又《茶鼎》　龍舒有良匠，鑄此佳樣成。立作菌蠢勢，煎爲潺湲聲。草堂暮雲陰，松窗殘雪明。此時勺複茗，野語知逾清。

又《茶甌》　邢客與越人，皆能造茲器。圓似月魂墮，輕如雲魄起。棗花勢旋眼，蘋沫香沾齒。松下時一看，支公亦如此。

又《煮茶》　香泉一合乳，煎作連珠沸。時看蟹目濺，乍見魚鱗起。聲疑松帶雨，餑恐生煙翠。尚把瀝中山，必無千日醉。

又 卷五《奉和魯望秋日遣懷次韻》　高蹈爲時背，幽懷是事兼。神仙君可致，江海我能淹。共守庚申夜，同看乙巳占。藥囊除紫蠹，丹竈拂紅鹽。與物深無競，於生亦太廉。鴻災因足警，魚禍爲稀潛。筆硯秋光洗，衣巾夏蘚霑。酒甂香竹院，魚籠挂茅簷。琴忘因抛譜，詩存爲致籤。茶旗經雨展，石笋帶雲尖。鶴共心情慢，烏同面色黔。向陽裁白帢，終歲憶貂襜。取嶺爲山障，將泉作水簾。溪晴多晚鷺，池廢足秋蟾。破衲雖云補，閑齋未辦苫。共君還有役，竟夕得厭厭。

又《臨頓爲吴中偏勝之地陸魯望居之不出郛郭曠若郊墅余每相訪款然惜去因成五言十首奉題屋壁其二**》**　籬疎從緑槿，簷亂任黃茅。壓酒移谿石，煎茶拾野巢。靜窗懸雨笠，閑壁挂煙匏。支遁今無骨，誰爲世外交。

又 卷八《友人以人參見惠因以詩謝之》　神草延年出道家，是誰披露記三椏。開時的定涵雲液，斸後還應帶石花。名士寄来消酒渴，野人煎處撇泉華。從今湯劑如相續，不要金山焙上茶。

唐 皮日休《閑夜酒醒》《全唐詩》卷六一五　醒來山月高，孤枕羣書裏。酒渴漫思茶，山童呼不起。

唐 皮日休、陸龜蒙《寂上人院聯句》《全唐詩》卷七九三　瘦牀空默坐，清景不知斜。暗數菩提子，閑看薜荔花。日休有情惟墨客，無語是禪家。背日聊依桂，嘗泉欲試茶。龜蒙石形蹲玉虎，池影閃金蛇。經笥安巖

匲，缾囊挂樹椏。日休書傳滄海外，龕寄白雲涯。竹色寒凌箔，燈光靜隔紗。龜蒙趁幽翫小品，逐勝講南華。莎彩融黄露，蓮衣染素霞。日休水堪傷聚沫，風合落天葩。若許傳心印，何辭古堞賖。龜蒙

唐 皮日休《題惠山泉其二》（洪武）《無錫縣志》卷四　馬卿消瘦年纔有，陸羽茶門近始開。時借僧爐拾寒葉，自來林下煮潺湲。

唐 皮日休《太湖詩·孤園寺》（紹定）《吳郡志》卷三四　艇子小且兀，緣湖蕩白芷。縈紆泊一碕，宛到孤園寺。蘿島凝清陰，松門湛虚翠。寒泉飛碧螭，古木鬬蒼兕。鐘梵在水魄，樓臺入雲肆。巖邊足鳴蛩，樹杪多飛鼺。香莎滿院落，風汎金靃靡。靜鶴啄柏蠹，閑猨弄榅𣏌。小殿熏陸香，古經貝多紙。老僧方瞑坐，見客還强起。指茲正險絕，何以來到此。先言洞壑數，次話真如理。磬韻醒閑心，茶香凝皓齒。巾之劫貝布，饌以栴檀餌。數刻得清淨，終身欲依止。可憐陶侍讀，身列丹臺位。雅號曰勝力，亦聞師佛氏。今日到孤園，何妨稱弟子。

唐 陸龜蒙《甫里集》卷六《奉和襲美茶具十咏·茶塢》　茗地曲隈回，野行多繚繞。向陽就中密，背澗差還少。遥盤雲髻慢，亂簇香篝小。何處好幽期，滿巖春露曉。

又《茶人》　天賦識靈草，自然鍾野姿。閑來北山下，似與東風期。雨後探芳去，雲間幽路危。唯應報春鳥，得共斯人知。

又《茶笋》　所孕和氣深，時抽玉苕短。輕煙漸結華，嫩蘂初成管。尋來青靄曙，欲去紅雲煖。秀色自難逢，傾筐不曾滿。

又《茶籯》　金刀劈翠筠，織似波文斜。製作自野老，攜持伴山娃。昨日鬬煙粒，今朝貯緑華。争歌調笑曲，日暮方還家。

又《茶舍》　旋取山上材，架爲山下屋。門因水勢斜，壁任巖隈曲。朝隨鳥俱散，暮與雲同宿。不憚採掇勞，衹憂官未足。

又《茶竈》　無突抱輕嵐，有煙映初旭。盈鍋玉泉沸，滿甑雲芽熟。奇香襲春桂，嫩色凌秋菊。煬者若吾徒，年年看不足。

又《茶焙》　左右擣凝膏，朝昏布煙縷。方圓隨樣拍，次第依層取。山謠縱高下，火候還文武。見說焙前人，時時炙花脯。

又《茶鼎》　新泉氣味良，古鐵形狀醜。那堪風雪夜，更值煙霞友。曾過赬石下，又住清溪口。且共薦皐盧，何勞傾斗酒。

又《茶甌》　昔人謝塸埞，徒爲妍詞飾。豈如珪璧姿，又有煙嵐色。光參筠席上，韻雅金罍側。直使于闐君，從來未嘗識。

又《煮茶》　閑來松間坐，看煮松上雪。時於浪花裏，併下藍英末。傾餘精爽健，忽似氛埃滅。不合別觀書，但宜窺玉札。

又卷六《奉和襲美初冬章上人院》　每伴來方丈，還如到四禪。菊承荒砌露，茶待遠山泉。晝古全無跡，林寒却有煙。相看吟未竟，金磬已泠然。

又卷一〇《和訪寂上人不遇》　芭蕉霜後石欄荒，林下無人閉竹房。經抄未成抛素几，錫環應撼過寒塘。蒲團爲拂浮埃散，茶器空懷碧餑香。早晚却還宗炳社，夜深風雪對禪牀。

又《和冬曉章上人院》　山寒偏是曉來多，況值禪窗雪氣和。病客功夫經未演，故人書信納新磨。閑臨靜案修茶品，獨傍深溪記藥科。從此逍遥知有地，更乘清月伴君過。

唐 薛能《送人自蘇州之長沙縣官》《全唐詩》卷五五八　驅馬復乘流，何時發虎丘？全家上南嶽，一尉事諸侯。茶煮朝宗水，船停調角州。炎方好將息，卑濕舊堪憂。

又卷五六〇《蜀州鄭史一作使君寄鳥觜茶因以贈答八韻》　鳥觜擷渾牙，精靈勝鏌鋣。烹嘗方帶酒，滋味更無茶。拒碾乾聲細，撑封利穎斜。銜蘆齊勁實，啄木聚青華。鹽損添常誡，薑宜著更誇。得來抛道藥，攜去就僧家。旋覺前甌淺，還愁後信賖。千慙故人意，此惠敵丹砂。

又《留題》　茶興復詩心，一甌還一吟。壓春甘蔗冷，喧雨荔枝深。驟去無遺恨，幽棲已徧尋。峨眉不可到，高處望千岑。

又《題漢州西湖》　西湖天下名，可以濯吾纓。況是攜家賞，從妨半驛程。嘗茶春味渴，斷酒晚懷清。盡得幽人趣，猶嫌守吏迎。重淹逢角暮，百事喜詩成。坐阻湘江謫，誰爲話政聲。前安撫副使曾此賦詩，尋自南宮有湘潭之命，因以吟歎。

又《謝劉相公寄天柱茶》　兩串春團敵夜光，名題天柱印維揚。偷嫌曼倩桃無味，搗覺嫦娥藥不香。惜恐被分緣利市，盡應難覓爲供堂。麤

官寄與真抛却，賴有詩情合得嘗。

唐 徐夤《尚書惠蠟面茶》《全唐詩》卷七〇八 武夷春暖月初圓，採摘新芽獻地仙。飛鵲印成香蠟片，啼猨溪走木蘭船。金槽和碾沈香末，冰椀輕涵翠縷煙。分贈恩深知最異，晚鐺宜煮北山泉。

又 卷七一〇《貢餘秘色茶盞》 捩翠融青瑞色新，陶成先得貢吾君巧剜明月染春水，輕旋薄冰盛綠雲。古鏡破苔當席上，嫩荷涵露別江濆。中山竹葉醅初發，多病那堪中十分。

唐 李咸用《謝僧寄茶》《全唐詩》卷六四四 空門少年初志堅，摘芳為藥除睡眠。匡山茗樹朝陽偏，暖萌如爪拏飛鳶。枝枝膏露凝滴圓，參差失向兆羅綿。傾筐短甑蒸新鮮，白紵眼細匀於研。甎排古砌春苔乾，殷勤寄我清明前。金槽無聲飛碧煙，赤獸呵冰急鐵喧。林風夕和眞珠泉，半匙青粉攪潺湲。綠雲輕綰湘娥鬟，嘗來縱使重支枕。胡蝶寂寥空掩關。

唐 呂岩《大雲寺茶詩》《全唐詩》卷八五八 玉蘂一鎗稱絶品，僧家造法極功夫。兔毛甌淺香雲白，蝦眼湯翻細浪俱。斷送睡魔離几席，增添清氣入肌膚。幽叢自落溪巖外，不肯移根入上都。

唐 鄭谷《寄獻湖州從叔員外》《全唐詩》卷六七四 顧渚山邊郡，溪將罨畫通。遠看成城郭裏，全在水雲中。西閣歸何晚，東吳興未窮。茶香紫筍露，洲迥白蘋風。歌緩眉低翠，杯明蠟翦紅。政成尋往事，輟棹問漁翁。

又 卷六七六《峽中嘗茶》 蔟蔟新英摘露光，小江園裏火煎嘗。吳僧漫説鴉山好，蜀叟休誇鳥觜香。合座半甌輕泛綠，開緘數片淺含黄。鹿門病客不歸去，酒渴更知春味長。

唐 釋貫休《禪月集》卷三《題弘顗三藏院》 儀清態淡雕瓊瓌，捲簾瀟灑無塵埃。嶽茶如乳庭花開，信心弟子時時來。灌頂壇嚴伸韞塞，三十年功苦拘束。梵僧夢裏授微言師曾受神僧真言於夢中，雪嶺白牛力深得。水精一索香一爐，紅蓮花舌生醍醐。初聽喉音寶樓閣，如聞魔王宮殿拉金瓦落。次聽妙音大隨求，更覺人間萬事深悠悠。四音俱作清且柔，愛河濁浪却倒流。却倒流兮無處去，碧海含空日初曙。

又《上馮使君五首其四》 扣舷得新詩，茶煮桃花水。㠔㠔數片帆，去去殊未已。

又《冬末病中作二首其二》 胸中有一物，旅拒復攻擊。向下還上來，唯疑是肺石。山童頑且小，用之復何益。教洗煮茶鐺，雪團打鄰壁。屋老多鼠窠，窗卑宛轉無好姿，裴回更何適。庭前早梅樹，坐見花盡碧。

露山脊。近來胸中物，已似輸藥力。微吟復微今，依稀似莊舄。

又 卷四《寄王滌》 梅月多開户，衣裳潤欲滴。寂寥雖無形，不是小讐敵。地虛草木壯，雨白桃李赤。永日無人來，庭花苦狼籍。吟高好鳥覷，風靜茶煙直。唯思萊子來，衣拖五般色。

又《書倪氏屋壁三首其一》 茶烹綠乳花映簾，撐沙苦筍銀纖纖。窗中山色青翠黏，主人於我情無厭。

又 卷六《別杜將軍》 伊余本是胡爲者，採蕈鋤茶在窮野。偶披蓑笠事空王，餘力爲文擬何謝。少年心在青雲端，知音滿地皆龍鸞。遽逢天步艱難日，深藏溪谷空長歎。偶出重圍遇英哲，留我江樓經歲月。身隈玉帳香滿衣，夢歷金盆金華山最高處雨和雪。東風來兮歌式微，深雲道人召來歸。燕辭大廈兮將何爲，濛濛花雨兮鶯飛飛，一汀楊柳同依依。

又 卷一〇《桐江閑居作十二首其一》 木落雨翛翛，桐江古岸頭。擬歸仙掌去，剛被謝公留。猛燒侵茶塢，殘霞照角樓。坐來還有意，流水面前流。

又《桐江閑居作十二首其三》 靜室焚檀印，深爐燒鐵瓶。茶和阿魏煖，火種柏根馨。數隻飛來鶴，成堆讀了經。何妨似支遁，騎馬入青冥。

又《題靈溪暢公墅》 境清僧格冷，新斬古林開。舊隱還如此，令人來又來。嵐飛黏似霧，茶好碧於苔。但使心清淨，從渠歲月催。

又《劉相公見訪》 千騎擁朱輪，香塵豈是塵。如何補袞服，來看衲衣人。莊叟因先覺，空王有宿因。對花無俗態，愛竹見天真。欹枕松窗迴，題牆道意新。戒師慙匪什，都講更勝詢。桃熟多紅璺，茶香有碧筋。高宗多不寐，終是夢中人。

又 卷一二《和韋相公見示閑卧》 刻形求得相，事事未嘗眠。霖雨方爲雨，非煙豈是煙。童收庭樹果，風曳案頭牋。仲虺專爲誥，何充雅

愛禪。靜嫌山色遠，病是酒杯偏。蜩響初穿壁，蘭芽半出甎。堂懸金粟像相公常供養維摩居士，門枕御溝泉。旦沐雖頻握，融帷孰敢褰。德高羣彥表，善植幾生前。脩補烏皮几，深藏子敬氈。扶持千載聖，瀟灑一聲蟬。棊陣連殘月，僧交似大顛韓吏部重大顛禪師。常知生似幻，維重直如弦。餅憶蓴羹美，茶思岳瀑煎。祇聞溫樹譽，堪鄙竹林賢。脫穎三千士，馨香四十年。寬平開義路，淡泞潤清田。哲后知如子，空王夙有緣。對歸香滿袖，吟次月當川。休說慙如捷，堯天即梵天。

又卷一三《寄懷楚和尚二首其二》 吾師師子兒，而復貌瓌奇。何得文明代，不爲王者師。鐵盂湯雪早，石炭煮茶遲。謾有參尋意，因循到亂時。

又卷一五《贈靈鷲山道潤禪師院》 常恨煙波隔，聞名二十年。結爲清氣引，來到法堂前。薪拾紛紛葉，茶烹滴滴泉。莫嫌來又去，天道本泠然。

又卷一七《寶禪師見訪》 山兄心似我，岸谷亦難交。不見還相憶，來唯添寂寥。茶煙黏衲葉，雲水透蘅茆。因話流年事，斯須不可抛。

又《和毛學士舍人早春》 陋巷冬將盡，東風細雜籃。解牽窗夢遠，先是潤梅諳。茶癖金鐺快舍人有《茶譜》，松香玉露含。書齋山帚撇，盤饌藥花甘。雅得琴中妙舍人妙于七弦，常授臉似酣。雪消聞苦蟄，氣候似宜蠶。密勿須清甲，朝歸遶碧潭。丹心空拱北，新作繼周南。竹杖無斑點，紗巾不著簪。大朝名益重，後進力皆覃。至理雖亡一，臣時亦說三。不知門下客，誰上晏嬰驂。

又卷一八《贈造微禪師院》 薝蔔氣雍雍，門深聖澤重。七絲奔小蟹，五字逼雕龍。藥轉紅金鼎，茶開紫閣封。圭峰爭去得，卿相日憧憧。

又卷一九《酬周相公見贈》 三界無家是出家，豈宜拊鳳覩新麻。幸生白髮逢今聖，曾夢青蓮映玉沙。境陟名山烹錦水，睡忘東白洞平茶。喜擎縑段攀金鼎，謝朓餘霞始是霞。

又卷二〇《春游靈泉寺》 水蹴危梁翠擁沙，鐘聲微徑入深花。嘴紅澗鳥啼芳草，頭白山僧自扞茶。松色摧殘遭賊火，水聲幽咽落人家寺因泉得名，自經沙汰，其泉落在人家。因尋古跡空惆悵，滿袖香風白日斜。

又卷二一《題蘭江言上人院二首》時王藹先輩有詩二首題其院，因和題之

只是危吟坐翠層，門前岐路自崩騰。青雲名士時相訪，茶煮西峰瀑布冰。

又卷二三《山居詩二十四首并序》三

好鳥聲長睡眼開，好茶擎乳坐莓苔。不聞榮辱成番盡，只見熊羆作隊來。詩裏從前欺白雪，道情終遣似嬰孩。由來此事知音少，不是真風去不迴。

又《山居詩二十四首并序》二十

自休自已自安排，常願居山事偶諧。僧採樹衣臨絕壑金華山出樹衣，僧多採爲蔬菜，味極美也，狖爭山果落空階。閑擔茶器緣青障，靜衲禪袍坐綠崖。虛作新詩反招隱，出來多與此心乖。

又《山居詩二十四首并序》二十一 石罏金鼎紅蕖嫩，香閣茶棚綠巘齊。塢燒崩騰奔澗鼠，岩花狼籍鬭山雞。蒙莊環外知音少，阮籍途窮旨趣低。應有世人來覓我，水重山疊幾層迷。

又《將入匡山宿韓判官宅》 一宿蘭堂接上才，白雲歸去幾裴回。黛青峯朵孤吟後，雪白猨兒必寄來。簾卷茶煙縈墮葉，月明棊子落深苔。明朝江上空迴首，始覺清風不可陪。

唐釋齊己《白蓮集》卷一《送人歸吴第三聯》 比說歸耕釣，迢迢向海涯。春寒游子路，村晚主人家。野岸紛垂柳，深山綠過茶。重尋舊鄰里，菱藕正開花。

又《嘗茶》 石屋晚煙生，松窗鐵碾聲。因留來客試，共說寄僧名。味擊詩魔亂，香搜睡思輕。春風雪川上，憶傍綠叢行。

又《送中觀進公歸巴陵》 一論破雙空，持行大國中。不知從此去，何處挫邪宗。畫雨懸帆黑，殘陽泊島紅。應游到灉岸，相憶遶茶叢。

又卷三《謝灉湖茶》 灉湖唯上貢，何以惠尋常。還是詩心苦，堪

消蠟面香。碾聲通一室，烹色帶殘陽。若有新春者，西來信勿忘。

又《題真州精舍》 波心精舍好，那岸是繁華。礙目無高樹，當門即遠沙。晨齋來海客，夜磬到漁家。石鼎秋濤靜，禪回有岳茶。

又《送人游衡岳齊己》 荆楚臘將殘，江湖蒼莽間。孤舟載高興，千里向名山。雪浪來無定，風帆去是閑。石橋僧問我，應寄岳茶還。

又《謝中上人寄茶》 春山穀雨前，併手摘芳煙。綠嫩難盈籠，清和易晚天。且招鄰院客，試煮落花泉。地遠勞相寄，無來又隔年。

又卷四《謝人惠扇子及茶》 鎗旗封蜀茗，圓潔製鮫綃。好客分烹煮，青蠅避動搖。陸生誇妙法，班女恨涼飆。多謝崔居士，相思寄寂寥。

又卷六《咏茶十二韻》 百草讓爲靈，功先百草成。甘傳天下口，貴占火前名。出處春無雁，收時谷有鶯。封題從澤國，貢獻入秦京。䶑覺精新極，嘗知骨自輕。研通天柱響，摘遶蜀山明。賦客秋吟起，禪師晝臥驚。角開香滿室，爐動綠凝鐺。晚憶涼泉對，閑思異果平。松黃乾旋泛，雲母滑隨傾。頗貴高人寄，尤宜別匱盛。曾尋修事法，妙盡陸先生。

又《寄舊居鄰友》 別後知何趣，搜奇少客同。幾層山影下，萬樹雪聲中。晚鼎烹茶綠，晨廚爨粟紅。何時攜卷出，世代有名公。

又卷七《宿沈彬進士書院》 相期只爲話篇章，踏雪曾來宿此房。喧滑盡消城漏滴，窗扉初掩岳茶香。舊山春暖生薇蕨，大國塵昏懼殺傷。應有太平時節在，寒宵未臥共思量。

又卷九《過陸鴻漸舊居》陸生自有傳於井石，又云：行坐誦佛書。故有此句。 楚客西來過舊居，讀碑尋傳見終初。佯狂未必輕儒業，高尚何妨誦佛書。種竹岸香連菡萏，煮茶泉影落蟾蜍。如今若更生來此，知有何人贈白驢時太守贈白驢。

又《聞道林諸友嘗茶因有寄》 槍旗冉冉綠叢園，穀雨初晴叫杜鵑。摘帶嶽華蒸曉露，碾和松粉煮春泉。高人夢惜藏巖裏，白硾封題寄火前。應念苦吟耽睡起，不堪無過夕陽天。

又卷一〇《與節供奉大德游京口寺留題》 柳岸晴緣十里來，水邊精舍絕塵埃。煮茶嘗摘興何極，直至殘陽未欲迴。

唐方干《山中言事》《全唐詩》卷六五一 日與村家事漸同，燒松啜茗學鄰翁。池塘月撼芙蕖浪，窗户涼生薜荔風。書幌晝昏嵐氣裏，巢枝俯折雪聲中。山陰釣叟無知己，窺鏡摶多鬢欲空。

唐方干《初歸鏡中寄陳端公》《全唐詩》卷六五一 去歲離家今歲歸，孤帆夢向鳥前飛。必知蘆笋侵沙井，兼被藤花占石磯。雲島採茶常失路，雪龕中酒不關扉。故交若問逍遥事，玄冕何曾勝葦衣。

唐秦韜玉《采茶歌》《全唐詩》卷六七〇 天柱香芽露香發，爛研瑟瑟穿荻蔑。太守憐才寄野人，山童碾破團團月。倚雲便酌泉聲煮，獸炭潛然蚌珠吐。看著晴天早日明，鼎中颯颯篩風雨。老翠香塵下纔熟，攪時繞筯天雲綠。耽書病酒兩多情，坐對閩甌睡先足。洗我胸中幽思清，鬼神應愁歌欲成。

唐陸希聲《茗坡》《全唐詩》卷六八九 二月山家穀雨天，半坡芳茗露華鮮。春醒酒病兼消渴，惜取新芽旋摘煎。

唐蔣貽恭《謝郎中惠茶》《全唐詩》卷八七〇 三斤綠茗賜貽恭，一種頒霑事不同。想料腸懷無荅處，披毛戴角謝郎中。

唐劉兼《從弟舍人惠茶》《全唐詩》卷七六六 曾求芳茗貢蕪詞，果沐頒霑味甚奇。龜背起紋輕炙處，雲頭翻液乍烹時。老丞倦悶偏宜矣，舊客過從別有之。珍重宗親相寄惠，水亭山閣自攜持。

唐成彥雄《煎茶》《全唐詩》卷七五九 岳寺春深睡起時，虎跑泉畔思遲遲。蜀茶倩箇雲僧碾，自拾枯松三四枝。

宋代茶詩

宋徐鉉《徐公文集》卷四《和門下殷侍郎新茶二十韻》 暖吹入春園，新牙競粲然。才教鷹嘴折，未放雪花妍。荷杖青林下，攜筐旭景前。採茶須在日未出前。孕靈資雨露，鍾秀自山川。碾後香彌遠，烹來色更鮮。名隨土地貴，味逐水泉遷。

力藉流黄暖，形模紫筍園。茶之美者，有圓卷紫筍。正當鑽柳火，遙想湧金泉。陽羨茶山有，金沙泉修貢時出。

任道時新物，須依古法煎。輕甌浮緑乳，孤竈散餘烟。

甘薺非予匹，宮槐讓我先。槐芽亦可為茶。竹孤空冉冉，荷弱謾田田。

解渴消殘酒，清神減夜眠。十漿何足饋，百榼盡堪捐。

採擷唯憂晚，營求不計錢。任公因焙顯，陸氏有經傳。

愛甚真成僻，嘗多合得仙。亭臺虚静處，風月豔陽天。

自可臨泉石，何妨雜管絃。東山似蒙頂，願得從諸賢。

宋 黄夷简《句》《宋詩紀事》卷三 宿雨一番蔬甲嫩，春山几焙茗旗香。

宋 王禹偁《小畜集》卷七《陸羽泉茶》 甃石封苔百尺深，試茶嘗味少知音。唯餘半夜泉中月，留得先生一片心。

又《送羅著作奉使湖湘》 使星躔次入長沙，曉別延英去路賒。數刻漏中承密旨，幾重湖外奉皇華。山行馬拂湘川石，寺宿僧供岳麓茶。迴日期君直西掖，當階紅藥正開花。

又《和郡僚題李中舍公署》 樹影池光映曉霞，緑楊陰下吏排衙。閑拖屐齒妨横筍，静拂琴床有落花。地脉暗分吴苑水，厨烟時煮洞庭茶。青宫詞客多閑暇，按曲飛觴待歲華。

又卷八《龍鳳茶》 樣標龍鳳號題新，賜得還因作近臣。烹處豈期商嶺外，碾時空想建溪春。香於九畹芳蘭氣，圓似三秋皓月輪。愛惜不嘗惟恐盡，除將供養白頭親。

又卷一一《茶園十二韻》 勤王修歲貢，晚駕過郊原。蔽芾餘千本，青葱共一園。芽新撐老葉，土軟迸深根。舌小侔黄雀，毛獰摘緑猿。出蒸香更別，入焙火微温。採近桐華節，生無穀雨痕。緘縢防遠道，進獻趁頭番。待破華胥夢，先經閶闔門。汲泉鳴玉甃，開宴壓瑶罇。茂育知天意，甄收荷主恩。沃心同直諫，苦口類嘉言。未復金鑾召，年年奉至尊。

又卷一二《送晁監丞赴婺州關市之役》 關征市賦縻賢俊，誰愛此官爲吏隱。將作晁丞于役時，婺女星臨海邊郡。黄絹辭高位尚卑，白華行潔身猶困。會待時來即併伸，也知道在終無悶。君不見路隨含笑坐市中，屈身豈愧丹陽尹。又不見張生狂醉戀揚州，冬瓜堰下甘肥遁。此行況是奉皇華，數丈輕舠載一家。携瓶下岸買竹葉，挂席背風穿葑花。霜晴震澤初嘗橘，泉過惠山應試茶。虎谿曉雲靈隱雪，錢塘夜潮照湖月。密排詩景在途中，旋吟新句教兒童。漸近金華見隼旟，五馬來迎使者車。應知驥足暫拘絆，八詠樓開頻啟宴。醉中官妓乞歌詩，剡谿紙貴抄新詞。他年誰獻子虚賦，召入金門五雲路。因思元白在江東，不似晁丞今獨步。

宋 王禹偁《句其二》《冷齋夜話》卷二 春殘葉密花枝少，睡起茶親酒盞疏。

宋 王禹偁《詩一首》（弘治）《黄州府志》卷七 蘭清時雨和甘棠，石壁洄瀾映塔光。陸羽茶泉金鼎冷，右軍墨沼兔毫香。龍潭徹底明秋月，鳳頂當空背夕陽。乘得緑楊春曉興，玉臺井畔泛霞觴。

宋 王禹偁《谷簾水》《輿地紀勝》卷二五 瀉從千仞石，寄逐九江船。迢遞康王谷，塵埃陸羽篇。何當結茅屋，長在水簾前。

宋 崔端《游虎邱》《宋詩紀事補遺》卷八七 入寺山光峭倚天，劍池寒色鎖危巔。蒼苔自老生公石，新茗誰烹陸羽泉。樓閣下窺溟海浪，松篁遥接洞庭煙。二難選勝真奇絶，留得芳名萬古傳。

宋 李虚己《建茶呈使君學士》《瀛奎律髓》卷一八 石乳標奇品，瓊英碾細文。試將梁苑雪，煎勛建溪雲。清味通宵在，餘香隔坐聞。遥思摘山月，龍焙未春分。

宋 魏野《詩一首》《永樂大典》卷八二三 城裏争看城外花，獨來城裏訪僧家。辛勤旋覓新鑽火，爲我親烹嶽麓茶。

宋 魏野《東觀集》卷三《謝長安孫舍人寄惠蜀箋并茶二首》

彩牋一軸敵瓊瑰，喜見親題手自開。遠勝浣花人寄到，貴從視草客分來。百張重叠霞初卷，千色參差錦乍裁。紅藥篇章方雅稱，老夫無用擬封回。

誰將新茗寄柴扉，京兆孫家小紫微。鼎是舒州烹始稱，甌除越國貯皆非。盧仝詩裏功堪比，陸羽經中法可依。不敢頻嘗無別意，却嫌睡少夢君稀。

又《謝孫大諫惠茶》 盧仝曾謝諫官茶，狂作長歌任過夸。争似君今相惠者，分從京口送村家。

宋 丁謂《咏茶》《古今合璧事類備要外集》卷四二　建水正寒清，茶民已夙興。萌芽先社雨，采掇帶春冰。碾細香塵起，烹新玉乳凝。煩襟時一啜，寧羨酒如澠。

宋 丁謂《北苑焙新茶》《苕溪漁隱叢話・後集》卷一一　北苑龍茶者，甘鮮的是珍。四方惟數此，萬物更無新。纔吐微茫綠，初沾少許春。散尋縈樹遍，急採上山頻。宿葉寒猶在，芳芽冷未伸。茅茨溪口焙，籃籠雨中民。長疾勾萌併，開齊分兩均。帶烟蒸雀舌，和露疊龍鱗。作貢勝諸道，先嘗祇一人。緘封瞻闕下，郵傳渡江濱。特旨留丹禁，殊恩賜近臣。啜爲靈藥助，用與上罇親。頭進英華盡，初烹氣味醇。細香勝却麝，淺色過於筠。顧渚慚投木，宜都愧積薪。年年號供御，天產壯甌閩。

宋 丁謂《以詩送宣賜進奉紅綃封龍字茶與璉禪師》《宋詩紀事》卷六　密緘龍焙火前春，翠字紅綃熨眼新。名品至高誰合得，雙林樹下上乘人。

宋 丁謂《煎茶》《宋詩紀事》卷六　開緘試雨前，須汲遠山泉。自繞風爐立，誰聽石碾眠。輕微緣入麝，猛沸却如蟬。羅細烹還好，鐺新味更全。花隨僧箸破，雲逐客甌圓。痛惜藏書篋，堅留待雪天。睡醒思滿啜，吟困憶重煎。只此消塵慮，何須作酒仙。

宋 丁謂《北苑焙新茶 并序》《苕溪漁隱叢話・後集》卷一一　天下產茶者，將七十郡半，每歲入貢，皆以社前火前為名，悉無其實，惟建州出茶有焙，焙有三十六，三十六中，惟北苑發早而味尤佳，社前十五日即採其芽，日數千工，聚而造之，逼社即入貢，工甚大，造甚精，皆載於所撰《建陽茶錄》，仍作詩以大其事。

北苑龍茶者，甘鮮的是珍。四方惟數此，萬物更無新。纔吐微茫綠，初沾少許春。散尋索樹遍，急採上山頻。宿葉寒猶在，芳芽冷未伸。茅茨溪口焙，籃籠雨中民。長疾勾萌併，開齊分兩均。帶煙蒸雀舌，和露叠龍鱗。作貢勝諸道，先嘗祇一人。緘封瞻闕下，郵傳渡江濱。特旨留丹禁，殊恩賜近臣。啜為靈藥助，用與上罇親。頭進英華盡，初烹氣味醇。細香勝却麝，淺色過于筠。顧渚慚投木，宜都愧積薪。年年號供御，天產壯甌閩。

宋 林逋《重刊和靖先生詩集》卷三《嘗茶次寄越僧靈皎》　白雲峯下兩槍新，膩綠長鮮穀雨春。静試恰如湖上雪，對嘗兼憶剡中人。瓶懸金粉師應有，筯點瓊花我自珍。清話幾時搔首後，願和松色勸三巡。

又 卷四《茶》　石輾輕飛瑟瑟塵，乳香烹出建溪春。世間絕品人難識，閒對茶經憶古人。

宋 楊億《北苑焙》《兩宋名賢小集》卷四　靈芽呈雀舌，北苑雨前春。入貢先諸夏，分甘及近臣。越甌猶借渌，蒙頂敢爭新。鴻漸《茶經》在，區區不遇真。陸羽《茶經》不述建溪，蓋未遇真茶也。

又《陸羽井》　陸羽不到此，標名慕昔賢。金瓶垂素綆，石甃湛寒泉。百汲甘寧竭，千金志不遷。吳隱之有「一飲懷千金」之句。真茶汎雲液，一啜可延年。

又《又以建茶代宣筆別書一絶》　青管演綸都已竭，文楸爭道恨非高。輒將北苑先春茗，聊代山中墮月毫。

宋 釋重顯《祖英集》卷下《送新茶》

其一

元化功深陸羽知，雨前微露見鎗旗。收來獻佛餘堪惜，不寄詩家復寄誰。

其二

乘春雀舌占高名，龍麝相資笑解醒。莫訝山家少爲送，鄭都官謂草中英。

又《和頌》　玲瓏巖古寺，冠乎明越境。海眼通洌泉，天心聳危嶺。嘗游興未闌，遐想神忽凝。彼士真覺雄，相鄰不孤迴。吾愛濟横流，孰云煩慮屏。吾愛整頹綱，豈止浮根靜。棲梧瑞九包，追風駿十影。顧我不爭衡，與誰閑鬭茗。乘時既磊落，照世非昏暝。佇爲王者師，三千統摩頂。

又《謝鮑學士惠臘茶》　叢卉乘春獨讓靈，建溪從此振家聲。使君分賜深深意，曾滌禪曹萬慮清。

又《謝郎給事送建茗》　陸羽仙經不易誇，詩家珍重寄禪家。松根石上春光裏，瀑水烹來鬭百花。

又《送山茶上知府郎給事》　穀雨前收獻至公，不爭春力避芳叢。煙開曾入深深擣，百萬槍旗在下風。

宋 釋重圓《閑居編》四六《謝仁上人惠茶》 寄我山茶號雨前，齋餘閑試僕夫泉。予止山居有之。睡魔遣得雖相感，翻引詩魔來眼前。

宋 蔣堂《新井歌并序》《宋詩紀事》卷八 堯峯顯暹禪師，有道行，居常遊吾門。一日且曰：山鑿石造井，逾歲僅成。既冽而甘，大為叢林之利。願得紀述，以永其傳。因作歌云：

白雲莽莽青山頭，一穴四面飛泉流。其初山間舊井涸，枯腸燥吻海衆羞。于時大士寶雲者，頤指土脈智慮周。山靈所感道心爽，檀施聿來工力鳩。雲鍤齊下遠雷動，石火內擊飛星稠。百尺虛空廓地表，鑿井求水，出土一尺，卽有一尺虛空。見《內書》一泓清冽呀深幽。人疑從天墮月窟，或問何處移龍湫。次則其徒駭殊勝，競持應器嘗甘柔。飢狖連臂喜跳擲，渴烏引喙鳴鉤輈。碧甃光中轆轤曉，銀牀側畔梧桐秋。寶坊金地互相映，谷鮒坎蛙難此留。傍俯江形小衣帶，下窺湖面卑浮漚。何茲鑿飲有功利，一掬入口醍醐優。熱者濯之昏鈍決，病者沃之沈痼瘳。而我時邀墨客去，松澗遠挈都籃遊。淨瓶汲引試香荈，雅具羅列無腥甌。《茶經》：羶鼎腥甌，非器也。比之玉乳不差別，曲阿有玉乳泉。誚彼練月多謬悠。俗傳天竺有練月井，而《茶經》《水記》皆不載。今茲泉眼在魯塢，所喜雲液鄰莬裘。魯塢乃堯峯地，予所居去之一舍。苧翁既往乏鑒者，《水記》未載予將修。此山此井永不廢，此歌其庶傳南州。

宋 夏竦《文莊集》卷三三《送鳳茶與記室燕學士詩》 綠荈圜規異，紅縢篆印新。爭先御府貢，初摘建溪春。膩滑重蒼璧，嬌黄聚麴塵。焙痕連井字，鳳刻疊龍鱗。玉座均芳旨，金華寵侍臣。齋心分一餅，持贈輞川人。公能詩善畫，臺閣比之摩詰。

宋 范仲淹《范文正集》卷二《和章岷從事鬥茶歌》 年年春自東南來，建溪先暖冰微開。溪邊奇茗冠天下，武夷仙人從古栽。新雷昨夜發何處，家家嬉笑穿雲去。露牙錯落一番榮，綴玉含珠散嘉樹。終朝採掇未盈襜，唯求精粹不敢貪。研膏焙乳有雅製，方中圭兮圓中蟾。北苑將期獻天子，林下雄豪先鬭美。鼎磨雲外首山銅，瓶攜江上中泠水。黄金碾畔綠塵飛，紫玉甌心雪濤起。鬭余味兮輕醍醐，鬭余香兮薄蘭芷。其間品第胡能欺，十目視而十手指。勝若登仙不可攀，輸同降將無窮恥。于嗟天産石上英，論功不愧階前蓂。衆人之濁我可清，千日之醉我可醒。屈原試與招魂魄，劉伶却得聞雷霆。盧仝敢不歌，陸羽須作經。森然萬象中，焉知無茶星。商山丈人休茹芝，首陽先生休采薇。長安酒價減千萬，成都藥市無光輝。不如仙山一啜好，泠然便欲乘風飛。君莫羡花間女郎只鬭草，贏得珠璣滿斗歸。

又 卷三《次韻和劉夔判官對雪》 蔌蔌樓臺外，新輝溢四遐。雲中凋玉葉，星際落榆花。嶽色參差露，松聲彷彿加。風流裁賦苑，清苦讀書家。霜女慚輕格，蟾娥讓素華。孤鴻迷鳥道，萬馬憶龍沙。淨拂王恭氅，香滋陸羽茶。載歌勞郢謝，一奏待鍾牙。幾處和梅賞，何人爲鬢嗟。含毫看不足，詩社好生涯。

又《蕭灑桐廬郡十絶其六》 蕭灑桐廬郡，春山半是茶。新雷還好事，驚起雨前芽。

又 卷四《酬李光化見寄二首其二》 萬里承平堯舜風，使君尺素半空空。庭中無事吏歸早，野外有歌民意豐。石鼎鬭茶浮乳白，海螺行酒灩波紅。宴堂未盡嘉賓興，移下秋光月色中。

宋 晏殊《煮茶》《宋詩紀事》卷七 稽山新茗綠如烟，靜挈都籃煮惠泉。未向人間殺風景，更持醪醑醉花前。

宋 胡宿《文恭集》卷六《齋祠小飲資政吴侍郎以真如茶二絶句爲寄》 碧城齋禁放朝元，晚飲偷消白日閒。天上高真潛訶得，因將瑤藻擲雲間。寶刀玉尺裁佳句，雪溜雲腴試早芽。睡魄頓消清到骨，一成僧味似僧家。

宋 宋庠《元憲集》卷六《自寶應窬嶺至潛溪臨水煎茶》 關塞雲西路，僧廬左右開。過巖逢石坐，尋水到源回。源溪在寺西南二百里。天籟吟松塢，雲腴溢茗杯。宮城纔十里，導騎莫相催。

又 卷一〇《明堂宿齋賜貢茶珍果上樽御膳》 太寢陪祠宿斗城，寵頒通夕助齋明。吴包瑞果金衣潤，閩焙春團寶月盈。滿腹鶬膳催御酒，溢杯羊餡識君羹。甘滋飽德殊無寐，坐數章溝肅唱聲。

又 卷一二《新年謝故人惠建茗》 春筥收英得幾叢，小團珍串刻閩工。甘踰寶屑非關露，快入煩襟不為風。左鐺沸香殊有韻，越瓷涵綠更疑空。從來酪茗嘲傖鬼，莫枉奴名立異同。

又卷一五《觀文丁右丞求賜茶因奉短詩二章》 金門高隱宰官身，盡把功名付客塵。慧露真腴内消熱，可煩霞脚一瓶春。龍銜縹質尊王貢，月滿春規記焙名。此味賞音知有意，不將甘醴作交情。

又《謝答吴侍郎惠茶二絶句》 貢焙僧巖各有名，手封奇品更丁寧。衰翁劇飲雖無分，且喜雲腴伴獨醒。一奩真茗慰鈴齋，更伴仙卿逸藻來。夜啜曉吟俱絶品，心源何處著塵埃。

宋 宋祁《景文集》卷一二《通判茹太博惠家園新茗》 雷鼓殷山春，槍苗第一新。雲供烹處碧，露餉摘時津。甌潔凝芳乳，羅纖撼練塵。貺予知有為，多渴思遲人。

又卷一四《謝都官監建安郡》 郎署新疇出宰功，海閩關夾使旌雄。晨塗倦伏雙毫奏，暮席貪隨五兩風。芳蕣摘山唐貢遠，蕘魚升豆漢祠豐。漢以乾魚祀武夷君 賭囊貴冑膏腴盛，麗唱行聞溢褚中。

又卷一八《答天台梵才吉公寄茶并長句》 山中啼鳥報春歸，陰閬陽墟翠已滋。初筍一槍知探候，亂花三沸記烹時，陸氏烹茶每以三沸為法 佛天甘露流珍遠，帝輦仙漿待汲遲。上都惟乏嘉泉，故茶味差減。 飫罷翛然誦清句，赤城霞外想幽期。

又《貴溪周懿文寄遺建茶偶成長句代謝》 茗篋緘香自武夷，陸生家果最相宜。烹憐晝鼎花浮糊，採憶春山露滿旗。品絶未甘奴視酪，啜清須要玉為瓷。茂陵渴肺消無幾，爭奈還書苦思遲。

又卷二〇《答朱彭州惠茶長句》 芳茗標圖舊，靈芽薦味新。摘侵雲崦曉，收盡露腴春。焙煖烘蒼爪，羅香弄縹塵。鐺浮湯目徧，甌漲乳花勻和去聲。要瓊為屑，烹須月取津，飲萸聞藥録，《本草》茗以茱萸飲佳 奴酪笑傖人。雪沫清吟肺，冰甆爽醉唇。嗅香殊太觕，瘠氣定非真。唐陸鴻漸云：嚼味嗅香非别也，又母丘景言：茶瘠氣侵精此。語非是。 坐憶丹邱伴，堂思陸納賓。由來撤膩鼎，詎合燎勞薪。得句班條暇，分甘捉麈晨。二珍同一餉，嘉惠愧良隣。

宋 余靖《武溪集》卷二《和伯恭自造新茶》 郡庭無事即仙家，野圃栽成紫筍茶。疎雨半晴回暖氣，輕雷初過得新芽。烘褫精謹松齋静，採擷縈迂澗路斜。江水對煎萍髣髴，越甌新試雪交加。一搶試焙春尤早，三盞搜腸句更嘉。多謝彩牋貽雅貺，想資詩筆思無涯。

又《賀孫抗員外春晝端居》 萬事皆從適意休，何須快馬騁長楸。高人皷吹鳴蛙地，當世神仙笑蹙樓。燕到捲簾如舊分，花開逢雨最閑愁。僧來更學嘗茶訣，白乳槍旗帶露收。

宋 梅堯臣《宛陵集》卷一《茶竈》 山寺碧溪頭，幽人緑巖畔。夜火竹聲乾，春甌茗花亂。茲無雅趣兼，薪桂煩燃爨。

又卷四《春陰》 濃淡雲無定，淒微氣宇寒。鳩鳴桑葉吐，村暗杏花殘。客子行裘薄，春塘野水寬。輕雷欣已發，謬作採茶官。

又卷七《宋著作寄鳳茶》 春雷未出地，南土物尚凍。呼譟助發生，萌穎强抽蕻。團爲蒼玉璧，隱起雙飛鳳。獨應近臣頒，豈得常寮共。顧茲實賤貧，何以叨贈貢。石碾破微緑，山泉貯寒洞。味餘喉舌甘，色薄牛馬湩。陸氏經不經，周公夢不夢。雲脚俗所珍，鳥觜誇仍衆。常常濫盃甌，草草盈罌甕。寧知有奇品，圭角百金中。秘惜誰可邀，虛齋對禽哢。

又卷八《金山芷芝二僧携茗見訪》 一遊江山上，日日吟不足。雙錫忽來過，衣霜帶初旭。況能持茗具，向此烹新緑。中濡水若飴，北焙花如粟。還將塵慮滌，自媿冠纓束。何以報勤勤，馳奴扣雲谷。

又《發丹陽後寄徐元輿》 别君忽五年，相望非一日。會合如夢寐，欣喜對形質。是時春已仲，臨水柳未密。載酒相與游，輕舠劣容膝。禪扃竹下過，乳井松間出。烹茶覺暫醒，岸幘情彌逸。興闌乘月歸，及旦解行綍。離懷更宿酲，遠想都如失。

又卷九《劉成伯遺建州小片的乳茶十枚因以爲答》 玉斧裁雲片，形如阿井膠。春谿鬬新色，寒籜見重包。價劣萬金敵，名將紫筍抛。桓公不知味，空問楚人茅。

又卷一二《謝人惠茶》 山色已驚溪上雷，火前那及兩旗開。采芽幾日始能就，碾月一罌初寄來。以酪爲奴名價重，將雲比脚味甘迴。更勞誰致中濡水，況復顔生不解杯。

又《建溪新茗》 南國溪陰暖，先春發茗芽。采從青竹籠，蒸自白

雲家。粟粒烹甌起，龍文御餅加。過兹安得比，顧渚不須誇。

又《嘗惠山泉》 吳楚千萬山，山泉莫知數。其以甘味傳，幾何若飴露。大禹書不載，陸生品嘗著。昔唯廬谷亞，久與茶經附。相襲好事人，砂缾和月注。持參萬錢鼎，豈足調羹助。彼哉一勺微，唐突爲霖澍。疏濃既不同，物用誠有處。空林癯面僧，安比侯王趣。

又卷一五《依韻和杜相公謝蔡君謨寄茶》 天子歲嘗龍焙茶，茶官催摘雨前牙。團香已入中都府，鬭品爭傳太傅家。小石冷泉留早味，紫泥新品泛春華。吳中內史才多少，從此蒓羹不足誇。

又卷一六《送崔黃臣殿丞之任廬山》 驊駒西行四千里，直度經橋百尋水。石上菖蒲未見花，蒙頂茶牙初似觜。采時應憶故園春，故園開焙亦思人。其間杜鵑不中聽，掩耳聊看錦雉馴。青崖鞭垂瘦蛇尾，仙人掐節隨鱗起。斫取他年跨馬歸，劍棧秦山多折箠。

又卷二〇《次韻和劉原甫紫微過予飲酒》 所居汴水近，未有鼓吹蛙。昨日春雨晴，車騎臨我家。我家苦僻遠，庭下無泥沙。爲撇甕面醅，爲煎鷹爪茶。乳羹芼紫蒓，蜜果飣乾瓜。與我相對飲，但恨諸友遐。笑語雖同昔，放浪不少加。忽覩壁間字，坐歎目昏花。公壯尚若此，我老死豈賒。門前賣桃李，呼買婀娜華。東簷大槐樹，上有烏雀譁。恃舊無猜嫌，醉弁已傾斜。將去還見規，禮數何檢差。後從江韓來，褫帶歡莫涯。

又《和范景仁王景彝殿中雜題三十八首並次韻·七寶茶》 七物甘香雜蕊茶，浮花泛綠亂於霞。啜之始覺君恩重，休作尋常一等誇。

又《景福殿水》 宮井蛟龍夭矯垂，曉缾初汲渴禽窺。清泠已向金盆貯，甘滑還從玉椀知。九醞酒醇由此得，小團茶味爲留遲。閤門地脈應相似，翰苑曾邀詠昔詩。

又卷二二《答建州沈屯田寄新茶》 春芽研白膏，夜火焙紫餅。價與黃金齊，包開青蒻整。碾爲玉色塵，遠及蘆底井。一啜同醉翁，思君聊引領。

又卷二四《黃敏復尉新城》 新城接桐廬，山茗久所利。江東亡命兒，販不畏黥劓。堂上千金子，捕以操凶器。恐非吾徒為，勇少乃可避。

又卷二九《王仲儀寄鬥茶》 白乳葉家春，銖兩直錢萬。資之石泉味，特以陽芽嫩。宜言難購多，串片大可寸。謬爲識別人，予生固無恨。

又卷三一《李國博遺浙薑建茗》 吳薑漬吳糟，越茗苞越籜。咀辛聊案杯，啜味可奴酪。但拜故人貺，何言爲物薄。我心易厭足，不比填溝壑。

又卷三四《送江學士睦州通判》 涉淮淮水淺，泝溪溪水遲。君到桐廬日，正值采茶時。試問嚴陵跡，今復有誰知。

又《聞進士販茶》 山園茶盛四五月，江南竊販如豺狼。頑凶少壯冒嶺險，夜行作隊如刀鎗。浮浪書生亦貪利，史笥經箱爲盜囊。津頭吏卒雖捕獲，官司直惜儒衣裳。却來城中談孔孟，言語便欲非堯湯。三日夏雨刺昏墊，五日炎熱譏旱傷。百端得錢事酒炙，屋裏餓婦無糇糧。一身溝壑乃自取，將相賢科何爾當。

又卷三五《答宣城張主簿遺鵶山茶次其韻》 昔觀唐人詩，茶詠鵶山嘉。鵶銜茶子生，遂同山名鵶。重以初槍旗，采之穿煙霞。江南雖盛產，處處無此茶。纖嫩如雀舌，煎烹比露芽。競收青蒻焙，不重漉酒紗。顧渚亦頗近，蒙頂來以遐。雙井鷹掇爪，建溪春剝葩。日鑄弄香美，天目猶稻麻。吳人與越人，各各相鬬夸。傳買費金帛，愛貪無夷華。甘苦不一致，精麤還有差。至珍非貴多，爲贈勿言些。如何煩縣僚，忽遺及我家。雪貯雙砂罌，詩琢無玉瑕。文字搜怪奇，難於抱長蛇。明珠滿紙上，剩畜不爲奢。玩久手生胝，窺久眼生花。嘗聞茗消肉，應亦可破瘕。飲啜氣覺清，賞重歎復嗟。歎嗟既不足，吟誦又豈加。我今實强爲，君莫笑我耶。

又《雜興其二**》** 苦楝樹，青鵓鴣。啄鹽土，鳴嗚嗚。老鵶銜茶子，爭噪落嶺隅。不覺茶滿山，漁利入江湖。鹽由鵓鴣起，茶由老鵶趨。誘以觸禁網，二鳥誰與誅。

又卷三六《晏成續太祝遺雙井茶五品茶具四枚近詩六十篇因以爲謝》 始於歐陽永叔席，乃識雙井絕品茶。次逢江東許子春，又出鷹爪與露芽。鷹爪斷之中有光，碾成雪色浮乳花。晏公風流丞相族，以此五

色論等差。遠走犀兵至蓬巷，青蒻出篋封題加。紋柘冰瓷作精具，靈味一啜驅昏邪。神還氣王讀高詠，六十五篇金出沙。已從鍛錬出至寶，終老不變傳幽遐。自惟平昔所得者，何異瓦礫空盈車。滌心洗腑强爲答，愈苦愈拙徒興嗟。

又《穎公遺碧霄峰茗》 到山春已晚，何更有新茶。峯頂應多雨，天寒始發芽。採時林狖静，蒸處石泉嘉。持作衣囊秘，分來五柳家。

又 卷三七《李仲求寄建溪洪井茶七品云愈少愈佳未知嘗何如耳因條而答之》 忽有西山使，始遺七品茶。末品無水暈，六品無沉柤。五品散雲脚，四品浮粟花。三品若瓊乳，二品罕所加。絶品不可議，甘香焉等差。一日嘗一甌，六腑無昏邪。夜枕不得寐，月樹聞啼鴉。憂來唯覺衰，可驗唯齒牙。動摇有三四，妨咀連左車。髮亦足驚疎，疎疎點霜華。乃思平生游，但恨江路賒。安得一見之，煑泉相與誇。

又 卷四一《吴正仲遺新茶》 十片建溪春，乾雲碾作塵。天王初受貢，楚客已烹新。漏泄關山吏，悲哀草土臣。捧之何敢啜，聊跪北堂親。

又 卷四三《依韻和吴正仲聞重梅已開見招》 難開密葉不因寒，誰翦鵝兒短羽攢。猶是去年驚目黯，不知從此幾人觀。重重好蕊重重惜，日日攀枝日日殘。我爲病衰方止酒，願携茶具作清歡。

又《茶磨二首》 楚匠斵山骨，折檀爲轉臍。乾坤人力內，日月蟻行迷。吐雪誇春茗，堆雲憶舊溪。北歸唯此急，藥臼不須擠。

盆是荷花磨是蓮，誰礱麻石洞中天。欲將雀舌成雲末，三尺蠻童一臂旋。

又 卷四四《送徐絳秘校罷涇尉而歸》 去年茶熟君得補，今來茶熟君已去。心曾不計茶有無，隼在高風自騰翥。昨日我送吴侯歸，未忍重臨離別處。不若羣公憐禰衡，相逐縱横唯柳絮。

又《志來上人寄示酴醾花并壓磚茶有感》 京都三月酴醾開，高架交垂自爲洞。素葉層層紫蕊香，釀歸光禄春生甕。東陌西池走鈿車，芳林廣囿飛朱鞚。二年不到大梁城，江邊淚滴肝腸痛。況兹齒髮漸衰老，已是憂愁不如衆。宣城北寺來上人，獨有一叢盤嫩藇。去歲遊吴求不得，今朝還喜自持送。眼底雖同往日看，樽前所憶皆成夢。又置新茶采雨前，鳥觜壓磚雲色弄。對花却酒煑香泉，强詠才慙非白鳳。

又 卷四六《大明寺平山堂》 陸羽烹茶處，爲堂備宴娱。岡形來自蜀，山色去連吴。毫髮開明鏡，陰晴改畫圖。翰林能憶否，此景大梁無。

又《依韻和邵不疑以雨止烹茶觀畫聽琴之會》 彈琴閱古畫，煑茗仍有期。一夕風雨來，且喜農畝滋。中河不阻澀，舟楫亦所宜。況聞新疾愈，當與嗜好暌。何須顧小約，豈不是他時。淡泊全精神，老氏吾將師。幸因答來章，敢不以此咨。此咨有深理，願君勤且思。

又 卷五〇《平山堂留題》 蜀岡莽蒼臨大邦，雄雄太守駐旌幢。相基樹楹氣勢厖，千山飛影横過江。峯嶠俯仰如奔降，雷塘坡小鸂鶒雙。陸羽井苔黏瓦缸，煎鐺瀉鼎聲淙淙。雨牙鳥爪不易得，碾雪恨無居士龐。已見宣城謝公陋，吟看遠岫通高窗。

又 卷五一《嘗茶和公儀》 都藍携具向都堂，碾破雲團北焙香。湯嫩水輕花不散，口甘神爽味偏長。莫夸李白仙人掌，且作盧仝走筆章。亦欲清風生兩腋，從教吹去月輪傍。

又《得雷太簡自製蒙頂茶》 陸羽《舊茶經》，一意重蒙頂。比來唯建谿，團片敵金餅。顧渚及陽羨，又復下越茗。近來江國人，鷹爪夸雙井。凡今天下品，非此不覽省。蜀荈久無味，聲名謾馳騁。因雷與改造，帶露摘牙穎。自煑至揉焙，入碾只俄頃。湯嫩乳花浮，香新舌甘永。初分翰林公，豈數博士冷。醉來不知惜，悔許已向醒。重思朋友義，果決在勇猛。倏然乃以贈，蠟囊收細梗。吁嗟茗與鞭，二物誠不幸。我貧事事無，得之似贅瘻。

又 卷五二《吕晋叔著作遺新茶》 四葉及王游，共家原坂嶺。歲摘建溪春，爭先取晴景。大窠有壯液，所發必奇穎。一朝團焙成，價與黄金逞。吕侯得鄉人，分贈我已幸。其贈幾何多，六色十五餅。每餅包青蒻，紅纖纏素縏。屑之雲雪輕，啜已神魂醒。會待佳客來，侑談當晝永。

又 卷五三《送余少卿知睦州》 青山峽裏桐廬郡，七里灘頭太守船。雲霧未開藏宿鳥，坡原將近見燒田。養茶摘蕊新春後，種橘收包小雪

前。民事蕭條官政簡，家書時問霅溪邊。

又卷五四《得福州蔡君謨密學書并茶》 薛老大字留山峯，百尺倒插非人蹤。其下長樂太守書，矯然變怪神淵龍。薛老誰何果有意，千古乃與奇筆逢。太守姓出東漢邕，名齊晉魏王與鍾。尺題寄我憐衰翁，刮青茗籠藤纏封。紙中七十有一字，丹砂鐵顆攢芙蓉。光照陋室恐飛去，鎖以漆篋緘重重。茶開片銙碾葉白，亭午一啜驅昏慵。顔生枕肱飲瓢水，韓子飯齏居辟雍。雖窮且老不媿昔，遠荷好事紓情悰。

又卷五六《次韻和永叔嘗新茶雜言》 自從陸羽生人間，人間相學事春茶。當時採摘未甚盛，或有高士燒竹煮泉爲世誇。入山乘露掇嫩觜，林下不畏虎與蛇。近年建安所出勝，天下貴賤求呀呀。東溪北苑供御餘，王家葉家長白牙。造成小餅若帶銙，鬬浮鬬色傾夷華。味甘迴甘竟日在，不比苦硬令舌窊。此等莫與北俗道，只解白土和脂麻。歐陽翰林最別識，品第高下無欹斜。晴明開軒碾雪末，衆客共賞皆稱嘉。建安太守置書角，青蒻包封來海涯。清明纔過已到此，正見洛陽人寄花。兔毛紫盞自相稱，清泉不必求蝦蟆。石缾煎湯銀梗打，粟粒鋪面人驚嗟。詩腸久饑不禁力，一啜入腹鳴咿哇。

又《依韻和劉原甫舍人揚州五題・時會堂二首》 今年太守采茶來，驟雨千門禁火開。一意愛君思去疾，不緣時會此中杯。

雨發雷塘不起塵，蜀崑岡上暖先春。煙牙才吐朱輪出，向此親封御餠新。

又《春貢亭》 夢谷浮船穩且平，泊登岡頂看茶生。始從官屬二三輩，時聽春禽一兩聲。

又《蒙谷》 茗園葱蒨與山籠，一夜驚雷發舊叢。五馬留連未能去，土囊深處路微通。

又《次韻和再拜》 建溪茗株成大樹，頗殊楚越所種茶。先春喊山掐白萼，亦異烏觜蜀客誇。烹新鬭硬要咬盞，不同飲酒爭畫蛇。從揉至碾用盡力，只取勝負相笑呀。誰傳雙井與日注，終是品格稱草芽。歐陽翰林百事得精妙，官職況已登清華。昔得隴西大銅碾，碾多歲久深且窊。昨日寄來新鸞片，包以籐蒻纏以麻。唯能膹啜任腹冷，幸免酩酊冠弁斜。人言飲多頭顫挑，自欲清醒氣味嘉。此病雖得優醉者，醉來顛蹄禍莫涯。不願清風生兩腋，但願對竹兼對花。還思退之在南方，嘗說稍稍能啗蟆。古之賢人尚若此，我今貧陋休相嗟。公不遺舊許頻往，何必絲管喧咬哇。

宋 葛閎《羅漢閣煎茶應供》《天臺續集》卷上 山泉飛出白雲寒，來獻靈芽秉燭看。俄頃有花過數百，三甌如吸玉腴乾。閣上四座晝陰深邃處，即持火炬照之。是時有茶花數百甌，或六出，或五出，而金絲徘徊覆面及蘇盤金富無碍，三尊盡乾，皆有飲痕。

宋 蘇舜元《釣鼇石在長樂當陽寺**》**《宋詩拾遺》卷三 未窮雙佛刹，先到一漁家。山雨已殘葉，溪風猶落花。汲泉沙脈動，敲火石痕斜。應是任公子，竹間曾煮茶。

宋 文彥博《潞公文集》卷四《和公儀湖上烹蒙頂新茶作》 蒙頂露牙春味美，湖頭月館夜吟清。煩酲滌盡沖襟爽，蹔適蕭然物外情。

又《蒙頂茶》 舊譜最稱蒙頂味，露牙雲液勝醍醐。公家藥籠雖多品，略采甘滋助道腴。

又卷七《送彌陀實師訪積慶西堂順老》 好去三摩地，相逢兩會家。禪心究實際，慧眼絕空花。閒在東林日，常烹北苑茶。願將甘露味，餘潤濟河沙。

又《家園花開與陳大師飲茶同賞呈伯壽正叔昌言》 今朝自賞家園花，濃艷繁英粗可誇。外監上坡俱不至，紫園仙客共烹茶。

宋 歐陽修《文忠集》卷一《蝦蟆碚》 石溜吐陰崖，泉聲滿空谷。能邀弄泉客，繫舸留巖腹。陰精分月窟，水味標茶錄。共約試春芽，槍旗幾時綠。

又卷七《嘗新茶呈聖俞》 建安三千里，京師三月嘗新茶。人情好先務取勝，百物貴早相矜誇。年窮臘盡春欲動，蟄雷未起驅龍蛇。夜聞擊鼓滿山谷，千人助叫聲喊呀。萬木寒癡睡不醒，惟有此樹先萌芽。乃知此爲最靈物，宜其獨得天地之英華。終朝採摘不盈掬，通犀銙小圓復窊。鄙哉穀雨槍與旗，多不足貴如刈麻。建安太守急寄我，香蒻包裹封題斜。泉甘器潔天色好，坐中揀擇客亦嘉。新香嫩色如始造，不似來遠從天涯。停匙側盞試水路，拭目向空看乳花。可憐俗夫把金錠，猛火炙背如蝦蟇。由來真物有真賞，坐逢詩老頻咨嗟。須臾共起索酒飲，何異奏雅終淫哇。

又《次韻再作》 吾年向老世味薄，所好未衰惟飲茶。建谿苦遠雖

不到，自少嘗見閩人誇。每嗤江浙凡茗草，叢生狼藉惟藏蛇。豈如含膏入香作金餅，蜿蜒兩龍戲以呀。其餘品第亦奇絕，愈小愈精皆露芽。泛之白花如粉乳，乍見紫面生光華。手持心愛不欲碾，有類弄印幾成窊。論功可以療百疾，輕身久服勝胡麻。我謂斯言頗過矣，其實最能祛睡邪。茶官貢餘偶分寄，地遠物新來意嘉。新烹屢酌不知厭，自謂此樂真無涯。未言久食成手顫，已覺疾饑生眼花。客遭水厄疲捧椀，口吻無異蝕月蟇。僮奴傍視疑復笑，嗜好乖僻誠堪嗟。更蒙酬句怪可駭，兒曹助噪聲哇哇。

又卷九《送龍茶與許道人》　潁陽道士青霞客，來似浮雲去無迹。夜朝北斗太清壇，不道姓名人不識。我有龍團古蒼璧，九龍泉深一百尺。憑君汲井試烹之，不是人間香味色。

又《雙井茶》　西江水清江石老，石上生茶如鳳爪。窮臘不寒春氣早，雙井芽生先百草。白毛囊以紅碧紗，十斤茶養一兩芽。長安富貴五侯家，一啜猶須三日誇。寶雲日注非不精，爭新棄舊世人情。豈知君子有常德，至寶不隨時變易。君不見建溪龍鳳團，不改舊時香味色。

又卷一二《和梅公儀嘗茶》　溪山擊鼓助雷驚，逗曉靈芽發翠莖。摘處兩旗香可愛，貢來雙鳳品尤精。寒侵病骨惟思睡，花落春愁未解醒。喜共紫甌吟且酌，羨君蕭灑有餘清。

又《依韻答杜相公寵示之作》　醉翁豐樂一閑身，憔悴今來汴水濱。每聽鳥聲知改節，因吹柳絮惜殘春。平生未省降詩敵，到處何嘗訴酒巡。壯志銷磨都已盡，看花翻作飲茶人。

宋　趙抃《趙清獻公文集》卷四《次謝許少卿寄卧龍山茶》　越芽遠寄入都時，酬唱珍夸互見詩。紫玉叢中觀雨脚，翠峰頂上摘雲旗。啜多思爽都忘寐，吟苦更長了不知。想到明年公進用，卧龍春色自遲遲。

宋　蘇洵《嘉祐集》卷一六《送陸權叔提舉茶税》　君家本江湖，南行即鄰里。税茶雖冗繁，漸喜官資美。嗟君本篤學，寤寐好文字。往年在巴蜀，憶見春秋始。名家亂如髮，棼錯費尋理。今來未五歲，新傳滿盈几。又言欲治易，雜説書萬紙。君心不可測，日夜湧如水。何年重相逢，祗益使余畏。但恐茶事多，亂子易中意。茶易兩無妨，知君足才思。

宋　邵雍《击壤集》卷五《十七日錦幄山下謝城中張孫二君惠茶》　山似挼藍波似染，遊心一向難拘檢。仍攜二友所分茶，每到煙嵐深處點。

宋　蔡襄《端明集》卷二《北苑十咏・出東門向北苑路》　曉行東城隅，光華著諸物。溪漲浪花生，山晴鳥聲出。稍稍見人烟，川原正蒼鬱。

又《北苑》　蒼山走千里，斗落分兩臂。靈泉出地清，嘉卉得天味。入門脱世氛，官曹真傲吏。

又《茶壟》　造化曾無私，亦有意所加。夜雨作春力，朝雲護日華。千萬碧玉枝，戢戢抽靈芽。

又《采茶》　春衫逐紅旗，散入青林下。陰崖喜先至，新苗漸盈把。竟携筠籠歸，更帶山雲寫。

又《造茶》　屑玉寸陰間，摶金新範裏。規呈月正圓，勢動龍初起。焙出香色全，爭誇火候是。

又《試茶》　兔毫紫甌新，蟹眼青泉煮。雪凍作成花，雲閑未垂縷。願爾池中波，去作人間雨。

又《御井》　山好水亦珍，清切甘如醴。朱幹待方空，玉壁見深底。勿爲先渴憂，嚴扃有時啟。

又《龍塘》　泉水循除明，中坻龍矯首。振足化仙陂，回晴窺畫牖。應當歲時旱，噓吸雲雷走。

又《鳳池》　靈禽不世下，刻像成羽翼。但類醴泉飲，豈復高梧息。似有飛鳴心，六合定何適。

又卷三《即惠山煮茶》　此泉何以珍，適與真茶遇。在物兩稱絕，於予獨得趣。鮮香筯下雲，甘滑杯中露。當能變俗骨，豈特湔塵慮。晝靜清風生，飄蕭入庭樹。中含古人意，來者庶冥悟。

又卷六《和杜相公謝寄茶》　破春龍焙走新茶，盡是西溪近社芽。纔拆緘封思退傅，爲留甘旨減藏家。鮮明香色凝雲液，清徹神情敵露華。却笑虚名陸鴻漸，曾無賢相作詩誇。

又《和詩送茶寄孫之翰》　北苑靈芽天下精，要須寒過入春生。故人偏愛雲腴白，佳句遥傳玉律清。衰病萬緣皆絶慮，甘香一味未忘情。封

題原是山家寶，盡日虛堂試品程。

又卷七《六月八日山堂試茶》 湖上畫船風送客，江邊紅燭夜還家。今朝寂寞山堂裏，獨對炎暉看雪花。

宋 陳襄《古靈集》卷二一《古靈山試茶歌》 乳源淺淺交寒石，松花墜粉愁無色。明星玉女跨神雲，鬬剪輕羅縷殘碧。我聞巒山二月春方歸，苦霧迷天新雪飛。仙鼠潭邊蘭草齊，露牙吸盡香龍脂。轆轤繩細井花暖，香塵散碧琉璃椀。玉川冰骨照人寒，瑟瑟祥風滿眼前。紫屏冷落沈水烟，山月堂軒金鴨眠。麻姑癡煮丹巒泉，不識人間有地仙。

又卷二四《和東玉少卿謝春卿防禦新茗》 嘗陪星使歘高芽，三月欣逢試早茶。緑絹封來溪上印，紫甌浮出社前花。休將潔白評雙井，自有清甘薦五華。帥府詩翁真好事，春團持作夜光誇。

宋 韓维《南陽集》卷一一《江長官惠茶》 春風北苑露芽繁，購得封題第一番。真際雲門吾不問，一提瓶起萬魔奔。

宋 曾鞏《元豐類稿》卷八《寄獻新茶》 種處地靈偏得日，摘時春早未聞雷。京師萬里争先到，應得慈親手自開。

又《方推官寄新茶》 採摘東溪最上春，壑源諸葉品尤新。龍團貢罷争先得，肯寄天涯主諾人。

又《嘗新茶》 丁晉公北苑新茶詩序云：『茶芽採時如麟麥之大者。』 麥粒收來品絶倫，葵花製出樣争新。一杯永日醒雙眼，草木英華信有神。

又《蹇磻翁寄新茶二首》 龍焙嘗茶第一人，最憐溪岸兩旗新。肯分方跨醒衰思，應恐慵眠過一春。

貢時天上雙龍去，鬬處人間一水争。分得餘甘慰憔悴，碾嘗終夜骨毛清。

宋 王珪《華陽集》卷二《和公儀飲茶》 北焙和香飲最真，緑芽未雨帶旗新。煎須卧石無塵客，摘是臨溪欲曉人。雲疊亂花争一水，閩中鬬茶争一水鳳團雙影貢先春。清風未到蓬萊路，且把吟甌伴醉巾。

宋 蘇頌《蘇魏公文集》卷八《和王臨謝寄蜀箋雙井茶》 鈴閤優閒斲句新，客亭傳誦慰馳神。誠知擷露敲冰陋，豈敵揮毫掞藻春。固乏瓊瑶酬錯寶，多慚魚目换驪珍。近來聞道談機迅，更恐難當彼上人。來書云，近于真如妙用，不敢多謝，故以此答。

又《次韻孔學士密雲龍茶》 精芽巧製自元豐，漠漠飛雲繞戲龍。北焙新成圓月様，内廷初啓絳囊封。先春入貢來千里，中使傳宣下九重。自省何功？上賜，青蒿應為倚長松。

又卷一一《再次韻》 上尊百倍勝新豐。御茗珍兼大小龍、頒賚併蒙中使降，捧持猶見守臣封。露芽輕嫩研香馥，雲朵纖濃印跡重。拜賜頻繁何以報，惟堅名節比寒松。

宋 王安石《臨川文集》卷五《酬王詹叔奉使江南訪茶利害》 余聞古之人，措法貽厥後。命官惟賢材，職事又習狃。止能權輕重，王府則多有。豈嘗摧其子，而為民父母！當時所經營，今十已毁九。其一雖幸在，漂摇亦將朽。公卿患才難，州縣固多苟。詔令雖數下，紛紛誰與守？官居甚傳舍，位以聲勢受。既不責施為，安能辨賢不？區區欲捄弊，萬謗不容口。天下大安危，誰當執其咎。勞心適有罪，養譽終天醜。豈惟祖子孫，教戒及朋友。貴者大其領，詩人歌四牡。至尊空獨憂，不敢樂飲酒。咢矣富阡陌，哀哉此無糗！鄉閭人所懷，今或棄而走。豈無濟時術，使爾安畎畝。故今二三公，戮力思矯揉。永惟東南害，茶法蓋其首。私藏與竊販，犴獄常紛糾。輸將一不足，往往死鞭杻。販陳彼雜惡，強賣曾非誘。已云困闤市，且復搔林藪。將更百年弊，謂民知可否。出節付羣材，詢謀欲經久。朝廷每若此，自可躋仁壽。因知從今始，漸欲人財阜。吾宗恢奇士，選使自朝右。聰明諒多得，為上歸析剖。王程雖薄遽，邦法難鹵莽。願君博諮諏，無擇壯與耇。余知茶山民，不必生皆厚。獨當征求任，尚恐難措手。孔稱均無貧，此語今可取。譬欲輕萬鈞，當令衆人負。強言豈宜當，聊用報瓊玖。

又卷三一《寄茶與和甫》 綵絳縫囊海上舟，月團蒼潤紫煙浮。集英殿裏春風晚，分到并門想麥秋。

又《寄茶與平甫》 碧月團團墮九天，封題寄與洛中仙。石樓試水宜頻啜，金谷看花莫漫煎！

宋 陳舜俞《都官集》卷一三《谷簾泉》 玉簾鋪水半天垂，行客尋山到此稀。陸羽品題真黼黻，黄州吟咏盡珠璣。重來一酌非無分，未挈吾缾可忍歸。終欲窮源登絶頂，帶雲和月弄清暉。

宋 强至《祠部集》卷三《謝通判國博惠建茶》 建溪春早地未暖，建俗巧計催春陽。茶傍萬口噪地烈，驚破芽英不得藏。猶嫌旂槍已老硬，獨愛鳥嘴嫩未長。擷而焙之一朝就，更範圭璧為圓方。南州尚珍北固重，自非富貴寧預嘗。浦陽賤官性怯酒，素許茶味為最良。日分牒訴費齒舌，口吻鎮燥喉無漿。建溪奇品遠莫致，日夕夢想馳閩鄉。塵埃填心渴欲死，忽拜公賜喜可量。拆封碾破蒼玉片，雲脚浮動甌生光。愚知公賜豈徒爾，欲俾下吏蠲俗腸。滌除詩冗起清思，驅逐睡興窮縑緗。玉川不暇盡七椀，已覺兩腋清風翔。

又 卷四《惠山泉》 封寄晉陵船，東南第一泉。出瓶雲液碎，落鼎月波圓。正味云誰別，繁聲秖自憐。要須茶品對，合責建溪先。

又 卷一二《謝元功惠茶》 長卿病肺渴欲死，宰予寢興晝復濃。緑雲杯面呷未盡，已覺清液生心胸。

又《謹和答惠茶之什》 緑雲浮面味囬長，每飲疑兼盛德香。不獨蠲煩優下吏，更容歸遺細君嘗。

宋 劉攽《彭城集》卷四《郫園水閣煎茶》 溪梅已爛漫，溪水方緑浄。惜春聊揷花，愧花還照影。淹留待烹茶，初覺晝日永。

宋 劉攽《句》《宋詩紀事》卷一六 瀉湯奪得茶三昧，覓句還窺詩一斑。《優古堂詩話》：錢唐南屏謙師妙于茶事，東坡贈之詩云：『道人曉出南屏山，來試點茶三昧手。』劉貢父亦贈詩云。

宋 沈遘《西溪集》卷一《贈楊樂道建茶》 建溪石上摘先春，萬里封包數數珍。羸病從來苦多飲，高情應只屬詩人。

宋 徐積《節孝集》卷二四《茶仙》 賜得龍田不種花，自攜瑶水灌煙霞。誰將玉樹雙枝換，只得春前一寸芽。

宋 沈與求《龜溪集》卷二《曾宏父將往雪川見内相葉公以詩爲別次其韻以自見》 野店山茶亦可口，試敲松火煮石泉。相逢故人如問訊，但道老去多煩煎。

又 卷三《戲酬嘗草茶》 慣看留客費瓜茶，政羨多藏不示夸。要使睡魔能偃草，肯慚懽伯解迷花。一旗但覺烹殊品，雙鳳何須覓瑞芽。待摘家山供茗飲，與君盟約去驕奢。

宋 吕陶《净德集》卷三八《答岳山蓮惠茶》 春芽不染焙中煙，山客勤勤惠至前。洗滌肺肝時一啜，恐如雲露得超仙。

宋 劉摯《忠肅集》卷一五《煎茶》 飯後開都籃，旋烹今歲茶。雙龍碾圓餅，一槍磨新芽。石鼎沸蟹眼，玉甌浮乳花。詩思一坐爽，睡魔千里遐。茂陵病解渴，頓覺肺氣嘉。玉川風腋興，直欲凌煙霞。論功著為經，宜得鴻漸誇。膏粱麯蘖士，此物無與賒。

又《石生煎茶》 石生蘭溪來，手提溪泉餅。謂言長官政，如此泉水清。歡然展北焙，小鼎親煎烹。一杯酌官壽，雲腴浮乳英。慙非百壺餞，真意不自輕。澗沼蘋藻細，王公享其誠。冠蓋豈不至，紛紛空涕横。珍重石子者，端有古人情。

宋 沈括《嘗茶》《宋詩紀事》卷二二 誰把嫩香名雀舌，定來北客未曾嘗。不知靈草天然異，一夜風吹一寸長。《夢溪筆談》：茶芽，謂之雀舌、麥顆，言其至嫩也。今茶之美者，新芽一發，便長寸餘，其細如針。惟牙長者為上品，以其質榦、土力皆有餘故也。北人不識，誤為品題，如雀舌、麥顆，極下材耳。

宋 王令《廣陵集》卷一七《謝張和仲惠寶雲茶》 故人有意真憐我，靈荈封題寄華門。與療文園消渴病，還招楚客獨醒𩟖。烹來似帶吳雲脚，摘處應無穀雨痕。果肯同嘗竹林下，寒泉應有惠山存。先有詩云：『寶雲更許同嘗否，擬待重烹第二泉。』故有是句。

宋 了元《游雲門》《宋詩紀事》卷九二 一陣若邪溪上雨，雨過荷花香滿路。拖笻縱步入松門，寺在白雲堆裏住。老僧卻笑尋茶具，旋汲寒泉煮玉乳。睡魔驚散毛骨清，坐看秦峯秋月午。月明山鳥亂相呼，松杉竹影半窗户。令人徹曉憶匡廬，作詩先寄江南去。

宋 沈遼《雲巢編》卷四《德相惠新茶復次前韻奉謝》 暑雨闇窮山，道滑不可躡。隱几念投老，葛衣坐摇箑。林端使者至，乃得德相帖。佳惠致新茗，遠來自閩笈。吾聞北苑勝，不與羣山接。山下幾千家，以此為生業。新陽一日至，東風方獵獵。百草尚勾甲，靈芽已先捷。所採僅毛髪，厥工巧烹爕。甘泉列盎釜，熾炭浩旁疊。修竹為之規，黄金為之梜。形摹各臻妙，製作易妥帖。至尊所虚佇，守臣方惕懾。其上為虬龍，蜿蜒奮鱗鬣。稍降乃交鳳，文翼相盤跕。函封趣北道，驛使互防挾。四方老金玉，擬議誰敢輒。屹屹健士儋，飄飄迅溪艓。穀雨不及潤，權門已盈

篋。帶跨體正方，葵華角仍壓。始傳盛王鄭，後來止游葉。大為權勢迫，小或盜賊刼。其間起鬭奪，亦數冒刑槢。南夷出重購。不憚浮海楫。北人比尤好，喜笑開胡睫。豈不產邛蜀，豈不生楚葉。厥品乃大戾，固難一理攝。朱門厭酒肉，辯士厲舌頰。儒生備夜誦，農夫困朝饁。禪翁過工煮，老獲空腹喋。綺席夢騰騰，玉山頭嶪嶪。無餘乃尚可，非此意不厭。一泛舌已潤，載啜心更愜。不惟豁神觀，亦足暢煩惵。清泠生肺肝，爽快勝抓鑷。孰不恃薏苡，伏波煩謗囁。孰不飲醇酎，伯仁憂腐脅。祖逖敦雅尚，鴻漸未博涉。君謨號精鑒，才翁亦相躐。玉川七椀興，令人解頤靨。奇章兩串賜，遺芳在圖諜。余昔喜賓客，為世困書牒。輕重必酬酢，往來煩蹻蹀。自從竄夷裔，所藏多敗浥。亦幸衰老年，數病脾氣怯。棄置在高閣，魂夢昏多魘。拘病出湘漢，餘生若蟬蜨。希夷有幽卧，刀劍銷鋩鋏。一榻就空曠，百骸得和恊。久已廢翰墨，況復道游俠。有味養元和，無物累吾噌。臨風欲占謝，遥企山西堞。

宋 韋驤《錢塘集》卷四《又借前韻謝惠茶》 靈芽產自越岩隈，精製須調焙下煤。隱士寄題緘且密，使君分惠重其開。點疑白雪盈甌泛，啜恐清風兩腋來。却和短章酬雅貺，畫墁何以謝瓊瑰。

又 卷五《和山行回坐臨清橋啜茶》 雲輧迴處引笙簫，疑向春宵度鵲橋。橋上茗杯烹白雪，枯腸搜遍俗緣消。

又《謝簡夫太博惠茶》 越嶺掇春英，淮城惠不輕。一杯分爽氣，千里想高情。啜與幽人共，烹宜庋子清。揮毫答珍貺，還愧玉川名。

又《和世美行役不與貢第一茶》 採鳳團龍貢紫宸，今年斗柄僅離寅。四千里望中天闕，第一番題北苑春。拜表盡恭初遣使，乘軺還念未歸人。太平歲集梯航獻，山岳何如此效珍。

又 卷六《和劉守正月十日新茶》 乳霧浮浮啜新茗，秪疑春自壑原來。開筵人日踰三晝，試焙申年第一杯。首面光肥香已透，輔車津潤味全回。不須七盌清風至，滿腋依稀在楚臺。

又《謝岩起寄鳳團茶》 北苑先春雲鳳團，封題分寄墨初乾。未甘金碾消磨了，且作瓊枝愛惜看。水異康王烹莫稱，才非盧子詠應難。强抽鄙句慚瑤報，佳惠輕酬豈自安。

又《再和岩起以詩答謝惠團茶之句》 靈芽不減密雲團，十襄清香翠若乾。蕪句聊紓情內動，明珠更得掌中看。輕投雅貺公為易，併獲殊珍我自難。報德酬言古人重，斐章不再豈遑安。

又 卷七《茶嶺》 種茶當嶺上，日近地先春。始自鈞陶手，遺芳及後人。

宋 薛利和《謝王介甫》《宋詩紀事》卷一四 一路生靈陡頓貧，廟堂康濟豈無人。君侯若問茶租日，請把茶租乞與人。《莆陽文獻》：熙寧二年，王安石議□茶，欲擢利和提舉廣東茶事。利和作詩謝之云云，遂就常調，通判廣州，茶法卒不行。

宋 馮山《安岳集》卷一《茶嶺》 新萌雨露濃，嶺頭春味足。緣雲採擷人，争收火前綠。

又 卷九《和吕開少蒙提刑家園茶》 蜀品固難名，家園未有聲。曉藍親手擷，俗客尚心輕。瑞霧吹還合，仙風坐欲生。因知栽植意，留與子孫清。

又 卷一一《問江巨源求茶》 語笑嘉陵醉別辰，曾留一角建陽春。不將開碾無佳客，每到開嘗憶主人。蒙頂縱甘餘草氣，月團雖有隔年陳。吟魂半去難招些，願得蘭溪數片新。公家蘭溪。每春建溪至，輙馳僕五六千里，送官上。

又《謝李獻甫寄鳳茶》 雙鳳婆娑綠玉團，初綱猶怯禁中寒。貴從侍從時宣賜，傳到西南作寶看。旋碾合留清浩氣，親題何事寄孏官。感公珍惠寧須試，一嗅煩懷已自寬。

又《再和》 此品何嘗下小團，分甘仍值雪霜寒。恐塵竹葉微蒸過，要細銀杆旋碾看。紫盞烘時愁俗客，清風來處屬仙官。平江一啜吟佳句，起舞不知天地寬。

宋 李之儀《姑溪居士後集》卷一一《餉茶不容少待二絶》 玉骨冰肌體自輕，非關茗飲覺神清。無端墮落紅塵裡，碾就雲腴不許烹。

厭厭酒病結春陰，鄰笛傳來恨更深。擬借春風聯袂去，遏雲佳處託知音。

又 卷四五《滿庭芳》 又有碾龍團為供求詩者，作長短句報之 花陌千條，珠簾十里，夢中還是揚州。月斜河漢，曾記醉歌樓。誰賦紅綾小砑，因飛絮、天與風流。春常在，仙源路隔，空自泛魚舟。新秋。初雨過，龍團細碾，雲乳浮甌。問殷勤何處，特地相留。應念長門賦罷，消渴甚、無物堪酬。情無盡，金扉玉牓，何日許重遊。

宋 蘇軾《東坡全集》卷一《與姜唐佐簡》 已取天慶觀乳泉，潑建茶之精者，念非君莫與共之。

又 卷二《自清平鎮游樓，觀五郡大秦延生仙游往返四日得十一詩寄子由同作。愛玉女洞中水，既致兩瓶，恐後復取而爲使者見紿，因破竹爲契，使寺僧藏其一，以爲往來之信，戲謂之調水符》 欺謾久成俗，關市有棄繻。誰知南山下，取水亦置符。古人辨淄澠，皎若鶴與梟。吾今既謝此，但視符有無。常恐汲水人，智出符之餘。多防竟無及，棄置為長吁。

又 卷三《焦千之求惠山泉詩》 茲山定空中，乳水滿其腹。遇隙則發見，臭味實一族。淺深各有值，方圓隨所蓄。或爲雲洶湧，或作線斷續。或鳴空洞中，雜佩間琴筑。或流蒼石縫，宛轉龍鸞蹙。瓶罌走千里，真僞半相瀆。貴人高宴罷，醉眼亂紅綠。赤泥開方印，紫餅截圓玉。傾甌共歎賞，竊語笑僮僕。豈如泉上僧，盥灑自挹掬。故人憐我病，蒻籠寄新馥。欠伸北窗下，晝睡美方熟。精品厭凡泉，願子致一斛。

又《越州張中舍壽樂堂》 青山偃蹇如高人，常時不肯入官府。高人自與山有素，不待招邀滿庭户。卧龍蟠屈半東州，萬室鱗鱗枕其股。背之不見與無同，狐裘反衣無乃魯。張君眼力覷天奥，能遣荆棘化堂宇。持頤宴坐不出門，收攬奇秀得十五。才多事少厭閑寂，卧看雲煙變風雨。筍如玉筯椹如簪，强飲且爲山作主。不憂兒輩知此樂，但恐造物怪多取。春濃睡足午窗明，想見新茶如潑乳。

又《試院煎茶》 蟹眼已過魚眼生，颼颼欲作松風鳴。蒙茸出磨細珠落，眩轉遶甌飛雪輕。銀瓶瀉湯誇第二，未識古人煎水意。君不見昔時李生好客手自煎，貴從活火發新泉。又不見今時潞公煎茶學西蜀，定州花瓷琢紅玉。我今貧病常苦饑，分無玉碗捧蛾眉。且學公家作茗飲，磚爐石銚行相隨。不用撐腸拄腹文字五千卷，但願一甌常及睡足日高時。

又 卷四《月兔茶》 環非環，玦非玦，中有迷離玉兔兒。一似佳人裙上月，月圓還缺缺還圓，此月一缺圓何年。君不見鬥茶公子不忍鬥小團，上有雙銜綬帶雙飛鸞。

又《將之湖州戲贈莘老》 餘杭自是山水窟，仄聞吳興更清絕。湖中橘林新著霜，溪上苕花正浮雪。顧渚茶芽白於齒，梅溪木瓜紅勝頰。吳兒膾縷薄欲飛，未去先說饞涎垂。亦知謝公到郡久，應怪杜牧尋春遲。鬢絲只可對禪榻，湖亭不用張水嬉。

又 卷五《游諸佛舍一日飲釅茶七盞戲書勤師壁》 示病維摩元不病，在家靈運已忘家。何須魏帝一丸藥，且盡盧仝七碗茶。

又《和錢安道寄惠建茶》 我官於南今幾時，嘗盡溪茶與山茗。胸中似記故人面，口不能言心自省。爲君細說我未暇，試評其略差可聽。建溪所産雖不同，一一天與君子性。森然可愛不可慢，骨清肉膩和且正。雪花雨脚何足道，啜過始知真味永。縱復苦硬終可録，汲黯少戇寬饒猛。草茶無賴空有名，高者妖邪次頑懭。體輕雖復强浮沉，性滯偏工嘔酸冷。其間絶品豈不佳，張禹縱賢非骨鯁。葵花玉銙不易致，道路幽險隔雲嶺。誰知使者來自西，開緘磊落收百餅。嗅香嚼味本非别，透紙自覺光炯炯。粃糠團鳳友小龍，奴隸日注臣雙井。收藏愛惜待佳客，不敢包裹鑽權倖。此詩有味君勿傳，空使時人怒生癭。

又《惠山謁錢道人烹小龍團登絶頂望太湖》 踏遍江南南岸山，逢山未免更留連。獨携天上小團月，來試人間第二泉。石路縈回九龍脊，水光翻動五湖天。孫登無語空歸去，半嶺松聲萬壑傳。

又 卷七《和蔣夔寄茶》 我生百事常隨緣，四方水陸無不便。扁舟渡江適吳越，三年飲食窮芳鮮。金虀玉膾飯炊雪，海螯江柱初脱泉。臨風飽食甘寢罷，一甌花乳浮輕圓。自從捨舟入東武，沃野便到桑麻川。剪毛胡羊大如馬，誰記鹿角腥盤筵。厨中蒸粟堆飯瓮，大杓更取酸生涎。柘羅銅碾棄不用，脂麻白土須盆研。故人猶作舊眼看，謂我好尚如當年。沙溪北苑强分别，水脚一綫爭誰先。清詩兩幅寄千里，紫金百餅費萬錢。吟哦烹噍兩奇絶，只恐偷乞煩封纏。老妻稚子不知愛，一半已入薑鹽煎。人生所遇無不可，南北嗜好知誰賢。死生禍福久不擇，更論甘苦爭蚩妍。知君窮旅不自釋，因詩寄謝聊相鐫。

又 卷一〇《游惠山其三》 敲火發山泉，煮茶避林樾。明窗傾紫盞，色味兩奇絶。吾生眠食耳，一飽萬想滅。頗笑玉川子，饑弄三百月。豈如山中人，睡起山華發。一甌誰與共，門外無來轍。

又 卷一一《送劉寺丞赴餘姚》 中和堂後石楠樹，與君對牀聽夜

雨。玉笙哀怨不逢人，但見香烟横碧縷。謳吟思歸出無計，坐想蟋蟀空房語。明朝開鏁放觀潮，豪氣正與潮爭怒。銀山動地君不看，獨愛清香生雪霧。别來聚散如宿昔，城郭空存鶴飛去。我老人間萬事休，君亦洗心從佛祖。手香新寫法界觀，眼淨不覷登伽女。餘姚古縣亦何有，龍井白泉甘勝乳。千金買斷顧渚春，似與越人降日注。

又《次韻李公擇梅花》 詩人固長貧，日午饑未動。偶然得一飽，萬象困嘲弄。尋花不論命，愛雪長忍凍。天公非不憐，聽飽即喧閧。君為三郡守，所至滿賔從。江湖常在眼，詩酒事豪縱。奉使今折磨，清比於陵仲。永懷茶山下，携妓脩春貢。更憶檻泉亭，插花雲髻重。蕭然卧灊麓，愁聽春禽哢。忽見早梅花，不飲但孤諷。詩成獨寄我，字字愈頭痛。嗟君本侍臣，筆橐從上雍。脱韡吟芍藥，給札賦雲夢。何人慰流落，嘉花天為種。杯傾笛中吟，帽拂果下鞚。感時念羈旅，此意吾儕共。故山亦何有，桐花集幺鳳。君亦憶匡廬，歸掃藏書洞。何當種此花，各抱漢陰甕。

又卷一二《記夢回文二首并叙》 十二月二十五日，大雪始晴，夢人以雪水烹小團茶，使美人歌以飲。余夢中為作回文詩，覺而記其一句云『亂點餘花唾碧衫』，意用飛燕唾花故事。也乃續之為二絶句云。

酡顔玉盌捧纖纖，亂點餘花唾碧衫。歌咽水雲凝静院，夢驚松雪落空巖。

空花落盡酒傾缸，日出山融雪漲江。紅焙淺甌新活火，龍團小碾鬭晴窓。

又卷一三《問大冶長老乞桃花茶栽東坡》 周詩記苦茶，茗飲出近世。初緣厭粱肉，假此雪昏滯。嗟我五畝園，桑麥苦蒙翳。不令寸地閑，更乞茶子蓺。饑寒未知免，已作太飽計。庶將通有無，農末不相戾。春來凍地裂，紫筍森已鋭。牛羊煩呵叱，筐筥未敢睨。江南老道人，齒髮日夜逝。他年雪堂品，空記桃花裔。

又《生日王郎以詩見慶次其韵并寄茶二十一片》 折楊新曲萬人趨，獨和先生于蔿于。但信櫝藏終自售，豈知碗脱本無橅。揭從冰叟來游宦，肯伴臞仙亦號儒。棠棣並爲天下士，芙蓉曾到海邊郛。不嫌霧谷霾松柏，終恐虹梁荷棟桴。高論無窮如鋸屑，小詩有味似連珠。感君生日遥稱壽，祝我餘年老不枯。未辦報君青玉案，建溪新餅截雲腴。

又卷一四《次韵周穜惠石銚》 銅腥鐵澀不宜泉，愛此蒼然深且寬。蟹眼翻波湯已作，龍頭拒火柄猶寒。薑新鹽少茶初熟，水漬雲蒸蘚未乾。自古函牛多折足，要知無脚是輕安。

又卷一七《送周朝議守漢州》 茶為西南病，岷俗記二李。杞與稷也。何人折其鋒，矯矯六君子。謂思道與姪正孺、張永徽、吴醇翁、吕元鈞、宋文輔也。君家尤出力，流落初坐此。謂當收桑榆，華髮看劍履。胡為犯風雪，歲晚行未已。念歸誠得計，顧自為謀耳。吾聞江漢間，瘡痏有未起。莫輕襲遂老，君王付尺箠。召還當有詔，挽袖謝隣里。猶堪作水衡，供帳園林美。

又卷一八《怡然以垂雲新茶見餉報以大龍團仍戲作小詩》 妙供來香積，珍烹具大官。揀芽分雀舌，賜茗出龍團。曉日雲庵暖，春風浴殿寒。聊將試道眼，莫作兩般看。

又《次韵曹輔寄壑源試焙新茶》 仙山靈草濕行雲，洗遍香肌粉未匀。明月來投玉川子，清風吹破武林春。要知冰雪心腸好，不是膏油首面新。戲作小詩君一笑，從來佳茗似佳人。

又《新茶送簽判程朝奉以饋其母有詩相謝次韵答之》 縫衣付與溧陽尉，舍肉懷歸潁谷封。聞道平反供一笑，會須難老待千鍾。火前試焙分新胯，雪裏頭綱輟賜龍。從此升堂是兄弟，一甌林下記相逢。

又卷二〇《到官病倦未嘗會客毛正仲惠茶乃以端午小集石塔戲作一詩爲謝》 我生亦何須，一飽萬想滅。胡爲設方丈，養此膚寸舌。爾來又衰病，過午食輒噎。謬爲淮海帥，每愧厨傳缺。爨無欲清人，奉使免内熱。空煩赤泥印，遠致紫玉玦。爲君伐羔豚，歌舞菰黍節。禪窗麗午景，蜀井出冰雪。坐客皆可人，鼎器手自潔。金釵候湯眼，魚蟹亦應訣。遂令色香味，一日備三絶。報君不虚受，知我非輕啜。

又《病中夜讀朱博士詩》 病眼亂燈火，細書數塵沙。君詩如秋露，淨我空中花。古語多妙寄，可識不可誇。巧笑在頩頰，哀音餘摻撾。曾坑一掬春，紫餅供千家。懸知貴公子，醉眼無真茶。崎嶇爛石上，得此一寸芽。緘封勿浪出，湯老客未嘉。

又卷二一《七年九月自廣陵召還復館于浴室東堂八年六月乞會

稽将去汶公乞詩乃復用前韻三首其二》 乞郡三章字半斜，廟堂傳笑眼昏花。上人問我遲留意，待賜頭綱八餅茶。尚書學士得賜頭綱龍茶一觔，八餅，今年綱到最遲

又 卷二二《次韻曾仲錫元日見寄》 蕭索東風兩鬢華，年年幡勝翦宫花。愁聞塞曲吹蘆管，喜見春盤得蓼芽。吾國舊供雲澤米，定武齋酒用蘇州米。君家新致雪坑茶。近得曾坑茶。燕南異事真堪記，三寸黄柑擘永嘉。

又 卷二三《荔支嘆》 十里一置飛塵灰，五里一堠兵火催。顛阬仆谷相枕藉，知是荔支龍眼來。飛車跨山鶻横海，風枝露葉如新采。宫中美人一破顔，驚塵濺血流千載。永元荔支來交州，天寶歲貢取之涪。至今欲食林甫肉，無人舉觴酹伯游。我願天公憐赤子，莫生尤物爲瘡痏。雨順風調百穀登，民不饑寒爲上瑞。君不見武夷溪邊粟粒芽，前丁後蔡相籠加。争新買寵各出意，今年鬥品充官茶。吾君所乏豈此物，致養口體何陋耶。洛陽相君忠孝家，可憐亦進姚黄花。

又 卷二四《種茶》 松間旅生茶，已與松俱瘦。茨棘尚未容，蒙翳爭交構。天公所遺棄，百歲仍稚幼。紫笋雖不長，孤根乃獨壽。移栽白鶴嶺，土軟春雨後。彌旬得連陰，似許晚遂茂。能忘流轉苦，戢戢出鳥咮。未任供春磨，且可資摘嗅。千團輸大官，百餅衒私鬭。何如此一啜，有味出吾囿。

又 卷二五《留題顯聖寺》 渺渺疏林集晚鴉，孤村烟火梵王家。幽人自種千頭橘，遠客來尋百結花。浮石已乾霜後水，焦坑閑試雨前茶。祇疑歸夢西南去，翠竹江村繞白沙。

又《汲江煎茶》 活水還須活火烹唐人云：茶須缓火炙，活火煎。自臨釣石取深清。大瓢貯月歸春甕，小杓分江入夜瓶。雪乳已翻煎處脚，松風忽作瀉時聲。枯腸未易禁三椀，坐聽荒城長短更。

又《次韻江晦叔兼呈器之》 横空初不跨鵬鵾，但覺胡牀步步高。器之言嘗夢飛，自覺身與所坐床皆起空中。一枕晝眠春有夢，扁舟夜渡海無濤。歸來又見顛茶陸，多病仍逢止酒陶。笑説南荒底處所，祇今榕葉下亭皋。

又 卷二六《送南屏謙師》 道人曉出南屏山，來試點茶三昧手。忽驚午盞兔毛斑，打作春甕鵝兒酒。天台乳花世不見，玉川風腋今安有。先生有意續茶經，會使老謙名不朽。

又《次韵黄夷仲茶磨》 前人初用茗飲時，煮之無問葉與骨。寖窮厥味臼始用，復計其初碾方出。計盡功極至于磨，信哉智者能創物。破槽折杵向牆角，亦其遭遇有伸屈。歲久講求知處所，佳者出自衡山窟。巴蜀石工强鐫鑿，理疏性軟良可咄。予家江陽遠莫致，塵土何人爲披拂。

又《黄魯直以詩饋雙井茶次韵爲謝》 江夏無雙種奇茗，汝陰六一誇新書。磨成不敢付僮僕，自看雪湯生璣珠。列仙之儒瘠不腴，只有病渴同相如。明年我欲東南去，畫舫何妨宿太湖。自注：《歸田録》草茶以雙井爲第一。畫舫宿太湖，顧渚貢茶故事。

又《蝦蟆培》 蟇背似覆盂，蟇頤如偃月。謂是月中蟇，開口吐月液。根源來甚遠，百尺蒼崖裂。當時龍破山，此水隨龍出。入江江水濁，猶作深碧色。禀受苦潔清，獨與凡水隔。豈惟煮茶好，釀酒應無敵。

又 卷二七《寄周安孺茶》 大哉天宇内，植物知幾族。靈品獨標奇，迥超凡草木。名從姬旦始，漸播桐君録。賦咏誰最先，厥傳惟杜育。唐人未知好，論著始於陸。常李亦清流，當年慕高躅。遂使天下士，嗜此偶於俗。豈但中土珍，兼之異邦鬻。鹿門有佳士，博覽無不矚。邂逅天隨翁，篇章互賡續。開園頤山下，屏跡松江曲。有興即揮毫，粲然存簡牘。伊予素寡愛，嗜好本不篤。粤自少年時，低徊客京轂。雖非曳裾者，庇廕或華屋。頗見紈綺中，齒牙厭粱肉。小龍得屢試，糞土視珠玉。團鳳與葵花，碔砆雜魚目。貴人自矜惜，捧玩且緘櫝。未數日注卑，定知雙井辱。於兹事研討，至味識五六。自爾入江湖，尋僧訪幽獨。高人固多暇，探究亦頗熟。聞道早春時，携籯赴初旭。驚雷未破蕾，采采不盈掬。旋洗玉泉蒸，芳馨豈停宿。須臾布輕縷，火候謹盈縮。不憚頃間勞，經時廢藏蓄。髹筒淨無染，箬籠匀且複。苦畏梅潤侵，暖須人氣燠。有如剛耿性，不受纖芥觸。又若廉夫心，難將微穢瀆。晴天敞虚府，石碾破輕緑。永日遇閑賓，乳泉發新馥。香濃奪蘭露，色嫩欺秋菊。閩俗競傳誇，豐腴面如粥。自云葉家白，頗勝中山醁。好是一杯深，午窗春睡足。清風擊兩腋，去欲凌鴻鵠。嗟我樂何深，水經亦屢讀。陸子咤中泠，次乃康王谷。蟇培頃曾嘗，瓶罌走僮僕。如今老且嬾，細事百不欲。美惡兩俱忘，誰能强追逐。薑鹽拌白土，稍稍從吾蜀。尚欲外形骸，安能徇口腹。由來薄滋味，日飯止脱粟。外慕既已矣，胡爲此羈束。昨日散幽步，偶上天峰麓。山圃正春

風，蒙茸萬旂簇。呼兒爲招客，采製聊亦復。地僻誰我從，包藏置厨簏。何嘗較優劣，但喜破睡速。況此夏日長，人間正炎毒。幽人無一事，午飯飽蔬菽。困卧北窗風，風微動窗竹。乳甌十分滿，人世真局促。意爽飄欲仙，頭輕快如沐。昔人固多癖，我癖良可贖。爲問劉伯倫，胡然枕糟麴。

又 卷二八《贈包安静先生茶二首》

皓色生甌面，堪稱雪見羞。東坡調詩腹，今夜睡應休。偶于精篋中，遇故人烹日注茶，故記之。

建茶三十片，不審味如何。奉贈包居士，僧房戰睡魔。昨日點日注，茶極佳，故以此復之。

又 卷二九《元翰少卿寵惠谷簾水一器，龍團二枚，仍以新詩爲貺，嘆味不已次韻奉和》 巖垂疋練千絲落，雷起雙龍萬物春。此水此茶俱第一，共成三絶景中人。

又《次韻完夫再贈之什某已卜居毗陵與完夫有廬里之約云》 柳絮飛時笋籜斑，風流二老對開關。雪芽為我求陽羨，乳水君應餉惠山。竹簟水風眠晝永，玉堂制草落人間。應容緩急煩閭里，桑柘聊同十畝閒。

宋 蘇軾《安平泉》《蘇詩補注》卷四七 策杖徐徐步此山，撥雲尋徑興飄然。鑿開海眼知何代，種出菱花不記年。烹茗僧誇甌泛雪，煉丹人化骨成僊。當年陸羽空收拾，遺却安平一片泉。

又 卷四八《虎跑泉》 金沙泉湧雪濤香，灑作醍醐大地涼。解妬九天河影白，遥通百谷海聲長。僧來汲月歸靈石，人到尋源宿上方。更續茶經校奇品，山瓢留待羽僊嘗。

宋 蘇軾《东坡乐府》卷上《西江月・茶詞》 龍焙今年絶品，谷簾自古珍泉。雪芽雙井散神仙，苗裔來從北苑。湯發雲腴釅白，盞浮花乳輕圓。人間誰敢更爭妍。鬭取紅窗粉面。

又 卷下《行香子・茶詞》 密雲龍，茶名，極為甘馨。宋廖正，一字明略。晚登蘇東坡之門，公大奇之。時黄、秦、晁、張號蘇門四學士，東坡待之厚，每來必令侍妾朝雲取密雲龍。家人以此知之，一日又命取密雲龍，家人謂是四學士，窺之乃廖明略也。

綺席纔終，歡意猶濃。酒闌時，高興無窮。共誇君賜，初拆臣封。看分香餅，黄金縷，密雲龍。

鬭贏一水，功敵千鍾。覺涼生，兩腋清風。暫留紅袖，少却紗籠。放笙歌散，庭館静，略從容。

宋 釋道潛《參寥子詩集》卷九《瑯琊山茶仙亭呈曾子開侍郎》

滁山雖僻左，謫宦皆名臣。後先聞數公，卓然皆鳳麟。憶昨紹聖初，譴公俾省循。盛德忘怨悱，虚懷隨屈信。政成思覽眺，輿與烟霞親。後車載鄒枚，主客驚路人。透迤度山谷，導從屏所陳。漁樵許爭席，解后全天真。泠泠庶子泉，味壓康王珍。團團小圓月，色冠閩山春。白足相與飯，溪毛擷青菁。熊魚得兼美，樂事無涯津。花瓷勸引滿，疏瀹貫百神。危亭倚巖阿，榜額獨朱新。牧之擅風流，茶仙誇絶倫。相望三百載，公能嗣芳塵。

宋 謝逸《溪堂詞・武陵春・茶》 畫燭籠紗紅影亂，門外紫騮嘶。分破雲團月影虧，雪浪皺清漪。

捧盌纖纖春笋瘦，乳霧泛冰甆。兩袖清風拂袖飛，歸去酒醒時。

宋 郭祥正《青山集》卷五《謝胡丞寄錫泉十瓶》 怜我酷嗜茗，遠分名山泉。玆山固多錫，泉味甘尤偏。幸遇佳客便，十缸附輕船。開缸漱清泠，不待同茗煎。想君民事休，時時造泉邊。入碾龍鳳碎，浮甌乳花圓。一啜未能止，七盃誇玉川。兩腋生清風，飛逐蓬萊仙。江心與谷簾，較之孰為妍。欲報吾子惠，仍思陸生賢。

又 卷一三《卧龍山泉上茗酌呈太守陳元輿》 君不見歐陽公在瑯琊，釀泉為酒飲輒醉。自號醉翁樂無涯，醉來落筆驅龍蛇。電雹萬里轟雷車。濃陰却掃吐朝日，草木妍媚春爭華。斯人往矣道將喪，雖遇絶景誰能誇。又不見卧龍山下一泓水，源接銀河甘且美。惜哉無名人不聞，唯有寒雲弄清泚。君攜天上小團月，來就斯泉烹一啜。不覺兩腋習習清風生，便欲飛歸紫金闕。挽君且住君少留，人生難得名山游。汲泉滌硯請君發佳唱，鏗金戛玉搖商秋。斯泉便與釀泉比，泉價詩名無表裏。自愧學詩三十年，縮手袖間驚血指。君如歐陽公，我非蘇與梅。但能泉上伴君飲，高詠閣筆無由陪。明年茶熟君應去，愁對蒼崖詠佳句。

又 卷一八《謝君儀寄新茶二首》 建溪春物早，正月有新茶。得自參軍掾，分來居士家。輾開黳玉餅，湯濺白雲花。一啜清魂魄，醇醪豈足誇。

北苑藏和氣，生成絶品茶。豈宜分旅館，只合在仙家。點處成雲蘂，

看時變雪花。琳琅得新句，又勝玉川誇。

又《元輿試北苑新茗》 建溪雖接壤，春末始嘗茶。旋汲鄰僧水，同烹北苑芽。月圓龍隱鬣，雲散乳成花。貢入明光殿，分來王謝家。

又卷一九《招孜祐二長老嘗茶二首》 無物滋禪味，來烹北苑茶。碾成雲母粉，香濺碧松花。消渴梅何俗，安神术謾誇。清談嘗數椀，莫笑老盧家。

昔人多嗜酒，今我酷憐茶。軟玉裁成餅，輕雲散作花。石泉助甘滑，腸胃滌煩邪。却怪少陵客，曾無新句誇。

又卷二七《休師携茶相過二首》 世情彈指旋成塵，物外論交只與君。試揀松陰投石坐，一盃分我建溪雲。

晚風吹坐忽生涼，旋碾新茶與客嘗。我本無心無所證，沈烟何事結圓光。坐中香烟結成圓相，放青、黄、白三色寶光。

又《陳老父携茶見訪因留小飲二首》 有兒不娶似龐公，香火傳家悟性空。父子相扶俱白髮，人間能有幾人同。

憐我非辜掛網羅，手攜笻杖數相過。一杯得伴仙翁醉，讒喙雖長奈我何。

又《君儀惠玳瑁冠犀簪并分泉守茶六餅二首》其二 分送泉州太守茶，團團紫餅社前芽。從今不復憂煩渴，時取甘泉煮雪華。

宋 郭祥正《青山續集》卷三《夢錫惠墨答以蜀茶》 墨者本自黑，黑者墨之宜。所以陳玄號，聞之于退之。近世工頗拙，所巧惟見欺。摹成古鼎篆，團作革靴皮。揮毫見慘淡，色比突中煤。誰最畜佳品，鄭君真好奇。贈我以所貴，有不讓金犀。堅如雷公石，端若大禹圭。研磨出深黝，落紙光陸離。較之囊中舊，相厺乃雲泥。辱君此賜固已厚，何以報之乏瓊玖。不如投君以嗜好，君性嗜茶人罕有。建谿龍鳳想厭多，越上槍旗不禁乆。我收蜀茗亦可飲，得我峨眉高太守。人情或以少為珍，心若喜之當適口。更憐此物來處遠，三峽驚波如電卷。江湖重覆千萬里，淮海浩蕩漣漪淺。舍舟登陸尚相隨，今以答君非不腆。開緘碾潑試一嘗，尤稱君家銅葉盞。

宋 郭祥正《白沙泉》《兩宋名賢小集》卷八一 幽泉出白沙，流傍野僧家。欲試甘香味，須烹石鼎茶。

宋 蘇轍《欒城集》卷一《答荊門張都官維見和惠泉》 荒涼荆門西，泉水誰爲洩。發源雖甚微，來意不可折。平鋪清池滿，皎皎自明澈。甘涼最宜茶，羊炙可用雪。炎風五月交，中夜吐明月。太守燕已遠，青嶂空嶤嶤。泉上白髮翁，來飲杯饌闕。酌水自獻酬，箕踞無禮節。區區游泉人，常值午日烈。回首憂重城，賞玩安能徹。

又卷二《和子瞻調水符》子瞻令人取玉女洞水，恐其見欺，破竹爲契，使寺僧藏其一，以爲往來之信，故云。 多防出多欲，欲少防自簡。君看山中人，老死竟誰謾？渴飲吾井泉，饑食甑中飯。何用費卒徒，取水負瓢罐？置符未免欺，反覆慮多變。授君無憂符，階下泉可咽。

又卷三《游净因院寄璉禪師》 歲月潛消日裏冰，依然來見佛堂燈。此身已自非前我，問法何妨似舊僧。灑面飛泉時點點，壓池蒼石尚層層。遥知近愛金山好，江水煎茶日幾升。

又卷四《和子瞻煎茶》 年來病懶百不堪，未廢飲食求芳甘。煎茶舊法出西蜀，水聲火候猶能諳。相傳煎茶只煎水，茶性仍存偏有味。君不見閩中茶品天下高，傾身事茶不知勞。又不見北方俚人茗飲無不有，鹽酪椒薑誇滿口。我今倦遊思故鄉，不學南方與北方。銅鐺得火蚯蚓叫，匙脚旋轉秋螢光。何時茅檐歸去炙背讀文字，遣兒折取枯竹女煎湯。

又卷六《次韻李公擇以惠泉答章子厚新茶二首》 無錫銅瓶手自持，新芽顧渚近相思。故人贈答無千里，好事安排巧一時。蟹眼煎成聲未老，兔毛傾看色尤宜。槍旗携到齊西境，更試城南金線奇。金線泉在齊州城南

新詩態度靄春雲，肯把篇章妄與人。性似好茶常自養，交如泉水久彌親。睡濃正想羅聲發，食飽尤便粥面勻。底處翰林長外補，明年誰送雪溪春。

又卷八《送文與可知湖州》 連持梁洋印，久作溪山主。深知爲郡樂，但畏買茶苦。來歸天祿閣，坐守登聞鼓。九重未明入，百辟盈庭舞。城南獨歸卧，心事誰當語。舊聞吳興勝，試問天公取。家貧稾裝盡，歲莫輕帆舉。苕溪淨多石，弁嶺瘦無土。湖藕雪冰絲，山茶潑牛乳。香粳飯玉粒，鮮鯽鱠紅縷。宮開水精潔，人寄畫屏住。俗吏自難堪，詩翁正當與。從來思清絕，況乃病新愈。團團肘後丹，鬲鬲胸中素。高卧鎮夸俗，清談靜煩訴。應笑杜紫微，湖亭但狂顧。

又卷九《宋城宰韓秉文惠日鑄茶》 君家日鑄山前住，冬後茶芽麥粒粗。磨轉春雷飛白雪，甌傾錫水散凝酥。溪山去眼塵生面，簿領埋頭汗匝膚。一啜更能分幕府，定應知我俗人無。

又《次前韻》 龍鸞僅比閩團釅，鹽酪應嫌北俗粗。採愧吳僧身似臘，點須越女手如酥。舌根遺味輕浮齒，腋下清風稍襲膚。七碗未容留客試，瓶中數問有餘無。

又《揚州五詠·蜀井在大明寺**》** 信脚東遊十二年，甘泉香稻憶歸田。行逢蜀井恍如夢，試煮山茶意自便。短綆不收容盥濯，紅泥仍許置清鮮。早知鄉味勝爲客，遊宦何須更着鞭。

又卷一二《雨後游大愚》 風光四月尚春餘，淫雨初乾積潦除。古寺蕭條仍負郭，閑官疏散亦肩輿。摘茶戶外烝黃葉，掘笋林中間綠蔬。一飽人生真易足，試營茅屋傍僧居。

又《次韻王適東軒即事三首》 新竹依牆未出尋，牆東桃李却成林。池塘草長初饒夢，村落鶯啼恰稱心。江滿船頭朝欲轉，泥融屐齒莫尤深。閉門憐子成書癖，試買村醪相伴斟。

眼看東鄰五畝花，茅檐竹戶野人家。過牆每欲隨飛蝶，歸舍誰憐已莫鴉。幽客偶來成晚飯，野僧何日寄新茶。三年氣味長如此，歸計遲遲也自嘉。

北園春草徑微微，未用頻教剪棘茨。蜂陣紛紛初養蜜，鶯巢淺淺欲生兒。客情流水兼山遠，歸夢遊絲向日遲。懶病相將渾欲慣，賴君索我强裁詩。

又卷一五《次韻王欽臣秘監集英殿井》 碧甃涵雲液，銅瓶響玉除。汲花攢點罷，灑霧喚班初。龍餅煎無數，螭研滴有餘。從官方醉飽，一酌解清虛。

宋蘇轍《欒城後集》卷一《次韻子瞻道中見寄》 兄詩有味劇雋永，和者僅同如畫影。短篇泉冽不容挹，長韻風吹忽千頃。經年淮海定成集，走書道路未遑請。相思半夜發清唱，醉墨平明照東省。南來應帶蜀岡泉，西信近得蒙山茗。出郊一飯歡有餘，去歲此時初到潁。

又卷四《夢中謝和老惠茶》 西鄰禪師憐我老，北苑新茶惠初到。晨興已覺三嗅多，午枕初便一杯少。七碗煎嘗病未能，兩腋風生空自笑。定中直往蓬萊山，盧老未應知此妙。

宋舒亶《樂府雅詞》卷中《醉花陰·試茶》

露芽初破雲腴細，玉纖纖親試。香雪透金瓶，無限仙風，月下人微醉。相如病渴無佳思，了知君此意。矢口老盧郎，花底春寒，贏得空無睡。

又《菩薩蠻·湖心寺席上賦茶詞》 金船滿引人微醉，紅綃籠燭催歸騎。香泛雪盈杯，雲龍疑夢回。

不辭風滿腋，舊是仙家客。空得夜無眠，南窗衾枕寒。

宋孔平仲《清江三孔集》卷二〇《十二月二十五日大雪》 前時大雪風擾之，有無厚薄皆不齊。今朝大雪無風色，下隰高原揔盈尺。由來此物本陰氣，偏近黃昏落尤劇。斜縈碎委百千態，不是天上誰做得。錚錚鳴霰已三日，厭坐北窗聞滴歷。自非猛下意不醒，半夜一天星斗白。漫漫玉琢人世界，蹂踐成泥真可惜！呼童梯屋器貯之，猶得煎茶待嘉客。

宋黄裳《演山集》卷一《次魯直烹密雲龍之韵其二**》** 密雲晚出小團塊，雖得一餅猶爲豐。相對幽亭致清話，十三同事皆詩翁。蒼龍碾下想化去，但見白雲生碧空。雨前含蓄氣未散，乃知天貺誰能同。不足數啜有餘興，兩腋欲跨清都風，豈與凡羽誇雕籠。雙井主人煎百椀，費得家山能幾本。

又《龍鳳茶寄照覺禪師》 有物吞食月輪盡，鳳翥龍驤紫光隱。雨前已見纖雲從，雪意猶在渾淪中。忽帶天香墮吾篋，自有同幹欣相逢。寄向仙廬引飛瀑，一簇蠅聲急須腹。禪翁初起宴坐間，接見陶公方解顏。頤指長鬚運金碾，未白眉毛且須轉。爲我對啜延高談，亦使色味超塵凡。破悶通靈此何取，兩腋風生豈須御。昔云木馬能嘶風，今看茶龍解行雨。

又卷二《謝人惠茶器并茶》 三事文華出何處，巖上含章插烟霧。曾被西風吹異香，飄落人寰月中度。美林見器安所施，六角靈犀用相副。目下發緘誰致勤，愛竹山翁傍雲住。遽命長鬚烹且煎，一簇蠅聲急須吐。每思北苑滑與甘，嘗厭鄉人寄來苦。試君所惠良可稱，往往曾沾石坑雨。不畏七椀鳴饑腸，但覺清多却炎暑。幾時對話愛竹軒，更引毫甌斲詩句。

又卷一一《茶苑》 莫道雨芽非北苑，須知山脈是東溪。旋燒石

鼎供吟笑，容照巖中日未西。

想見春來噉動山，雨前收得幾籃還。斧斤不落幽人手，且喜家園禁已開。

又《乞茶》 未終七椀似盧仝，解跨鬉鬉兩腋風。北苑鎗旗應滿篋，可能爲惠向詩翁。

宋 黃庭堅《山谷集》卷三《雙井茶送子瞻》 人間風日不到處，天上玉堂森寶書。想見東坡舊居士，揮毫百斛瀉明珠。我家江南摘雲腴，落磑霏霏雪不如。爲君喚起黃州夢，獨載扁舟向五湖。

又《以小團龍及半挺贈无咎并詩用前韻爲戲》 我持玄圭與蒼璧，以暗投人渠不識。城南窮巷有佳人，不索賓郎常晏食。赤銅茗椀雨斑斑，銀粟翻光解破顔。上有龍文下棋局，探囊贈君諾已宿。此物已是元豐春，先皇聖功調玉燭。晁子胸中開典禮，平生自期莘與渭。故用澆君磊隗胸，莫令鬢毛雪相似。曲几團蒲聽煮湯，煎成車聲繞羊腸。雞蘇胡麻留渴羌，不應亂我官焙香。肥如瓠壺鼻雷吼，幸君飲此勿飲酒。

又《省中烹茶懷子瞻用前韻》 閤門井不落第二，竟陵谷簾定誤書。思公煮茗共湯鼎，蚯蚓竅生魚眼珠。置身九州之上腴，爭名燄中沃焚如。但恐次山胸壘塊，終便酒舫石魚湖。

又《以雙井茶送孔常父》 校經同省並門居，無日不聞公讀書。故持茗椀澆舌本，要聽六經如貫珠。心知韵勝舌知腴，何似寶雲與真如。湯餅作魔應午寢，慰公渴夢吞江湖。

又《以團茶洮州緑石硯贈无咎文潛》 晁子智囊可以括四海，張子筆端可以回萬牛。自我得二士，意氣傾九州。道山延閣委竹帛，清都太微望冕旒。貝宮胎寒弄明月，天網下罩一日收。此地要須無不有，紫皇訪問富春秋。晁无咎，贈君越侯所貢蒼玉璧，可烹玉塵試春色。澆君胸中過秦論，斟酌古今來活國。張文潛，贈君洮州緑石含風漪，能淬筆鋒利如錐。請書元祐開皇極，第入思齊訪落詩。

又《謝送碾壑源揀芽》 裔雲從龍小蒼璧，元豐至今人未識。壑源包貢第一春，緗奩碾香供玉食。睿思殿東金井欄，甘露薦飲天開顔。橋山事嚴庀百局，補袞諸公省中宿。中人傳賜夜未央，雨露恩光照宮燭。右丞似是李元禮，好事風流有涇渭。肯憐天祿校書郎，親敕家庭遣分似。春風飽識太官羊，不慣腐儒湯餅腸。搜攪十年燈火讀，令我胸中書傳香。已戒應門老馬走，客來問字莫載酒。

又《次韵張仲謀過酺池寺齋》 十年醉錦幄，酴醾照金沙。攲眠春風底，不去留君家。是時應門兒，紫蘭茁其芽。只今將弟妹，嬉戲牽羊車。忽書滿窗紙，整整復斜斜。平生悲歡事，頭緒亂如麻。苟祿無補報，幾成來食嗟。喜君崇名節，青雲似有涯。我夢江湖去，釣船刺蘆花。江濱開園宅，畦蔗蒔梨柤。夢驚如昨日，炊玉困京華。公來或藜羹，愛我不疵瑕。深念煩鄉里，忍窮禁貸賒。夜談簾幕冷，霜月動金蛇。即是桃李月，春蟲語交加。我亦無酒飲，一室可盤蝸。要公共文字，朱墨勘舛差。非復少年日，聲名取娉姱。諸阮有二妙，能詩定自嘉。何時來煮餅，蟹眼試官茶。

又《龍涎半挺贈無咎》 我持玄圭與蒼璧，以暗投人渠不識。城南窮巷有佳人，不索賓郎常晏食。赤銅茗碗雨斑斑，銀粟翻花解破顔。上有龍文下棋局，探囊贈君諾已宿。此物已是元豐春，先皇聖功調玉燭。晁子胸中開典禮，平生自期莘與渭。故用澆君磊隗胸，莫令鬢毛雪相似。曲几蒲團聽煮湯，煎成車聲繞羊腸。雞蘇胡麻留渴羌，不應亂我官焙香。肥如瓠壺鼻雷吼，幸君飲此莫飲酒。

又 卷四《博士王揚休碾密雲龍同事十三人飲之戲作》 裔雲蒼璧小盤龍，貢包新樣出元豐。王郎坦腹飯牀東，大官分物來婦翁。棘圍深鎖武成宮，談天進士雕虛空。鳴鳩欲雨喚雌雄，南嶺北嶺宮徵同。午窗欲眠視濛濛，喜君開包碾春風。注湯官焙香出籠。非君灌頂甘露椀，幾爲談天乾舌本。

又《答黃冕仲索煎雙井并簡揚休》 江夏無雙乃吾宗，同舍頗似王安豐。能澆茗椀湔祓我，風袂欲挹浮丘翁。吾宗落筆賞幽事，秋月下照澄江空。家山鷹爪是小草，敢與好賜雲龍同。不嫌水厄幸來辱，寒泉湯鼎聽松風，夜堂朱墨小燈籠。惜無纖纖來捧椀，惟倚新詩可傳本。

又 卷八《戲答歐陽誠發奉議謝余送茶歌》 歐陽子，出陽山。山奇水怪有異氣，生此突兀熊豹顔。飲如江入洞庭野，詩成十手不供寫。老來抱璞向涪翁，東坡原是知音者。蒼龍璧，官焙香。涪翁投贈非世味，自

許詩情合得嘗。却思翰林來餽光祿酒，兩家水鑑共寒光。予乃安敢比東坡，有如玉盤金叵羅。直相千萬不啻過，愛公好詩又能多。老夫何有更横戈，奈此于思百戰何。

又卷九《謝公擇舅分賜茶三首》 外家新賜蒼龍璧，北焙風煙天上來。明日蓬山破寒月，先甘和夢聽春雷。

文書滿案惟生睡，夢裏鳴鳩喚雨來。乞與降魔大圓鏡，真成破柱作驚雷。

細題葉字包青箬，割取丘郎春信來。拚洗一春湯餅睡，亦知清夜有蚊雷。

又卷一〇《戲答荆州王充道烹茶四首》 三徑雖鋤客自稀，醉鄉安穩更何之。老翁勸把春風椀，靈府清寒要作詩。

茗椀難加酒椀醇，暫時扶起藉糟人。何須忍垢不濯足，苦學梁州陰子春。

香從靈壑隴上發，味自白石源中生。為公喚覺荆州夢，可待南柯一夢成。

龍焙東風魚眼湯，箇中即是白雲鄉。更煎雙井蒼鷹爪，始耐落花春日長。

又卷一二《叔父給事挽詞十首其八**》** 隴上千山漢節回，掃除民蜮不爲災。蜀茶總入諸蕃市，胡馬常從萬里來。

又卷一五《字頌》 齋餘睡兀兀，占盡簷前日。不與一甌茶，眼前黑如漆。

宋黄庭堅《山谷外集》卷一《次韻感春五首其五**》** 茶如鷹爪拳，湯作蟹眼煎。時邀草玄客，晴明坐南軒。笑談非世故，獨立萬物先。春風引車馬，隱隱何闐闐。高蓋相摩戛，騎奴爭道喧。吾人撫榮觀，燕處自超然。城中百年木，有鵲巢其顛。鳲鳩來相宅，日暮更謀遷。

又卷二《和答梅子明王揚休點密雲龍》 小璧雲龍不入香，元豐龍焙承詔作。二月嘗新官字盞，遊絲不到延春閣。去年曾覺減光輝，人間十九人未知。外家春官小宗伯，分送蓬山裁半璧。建安瓮碗鷓鴣斑，谷簾水與月共色。五除試湯飲墨客，泛甌銀粟無水脈。辟宮邂逅王廣文，初觀團團破龍紋。諸公自別淄澠了，兔月葵花不足論。石硙春芽風雪落，煑澆肺渴初不惡。河伯來觀東海若，鹿逢朱雲眞折角。子真雲孫吐成珠，廟堂只今用諸儒。煉成五石補天手，上書致身可亨衢。顧我賜茶無骨相，他年幸公肯相餉。

又卷四《謝曹子方惠二物二首・煎茶缾》 短喙可候煎，枵腹不停塵。蟹眼時探穴，龍文已碎身。茗椀有何好，煮缾被寵珍。石交諒如此，湔祓長日新。

又卷六《催公静碾茶》 雪裏過門多惡客，春陰只惱有情人。睡魔正仰茶料理，急遣溪童碾玉塵。

又《謝人惠茶》 一規蒼玉琢蜿蜒，藉有佳人錦段鮮。莫笑持歸淮海去，爲君重試大明泉。

又卷七《奉同六舅尚書咏茶碾煎烹三首》 要及新香碾一盃，不應傳寶到雲來。碎身粉骨方餘味，莫厭聲喧萬壑雷。

風爐小鼎不須催，魚眼長隨蟹眼來。深注寒泉收第一，亦防枵腹爆乾雷。

乳粥瓊糜霧脚回，色香味觸映根來。睡魔有耳不及掩，直拂繩牀過疾雷。

又《今歲官茶極妙而難爲賞音者戲作兩詩用前韻》 雞蘇狗蝨難同味，懷取君恩歸去來。青箬湖邊尋顧陸，白蓮社裏覓宗雷。

乳花翻椀正眉開，時苦渴羌衝熱來。知味者誰心已許，維摩雖默語如雷。

又卷一三《寄新茶與南禪師》 筠焙熟香茶，能醫病眼花。因甘野夫食，聊寄法王家。石鉢收雲液，銅缾煮露華。一甌資舌本，吾欲問三車。

又《公益嘗茶》 子雲窗下草玄經，寒雀爭喧户晝扃。好事應無携酒榼，相過聊欲煮茶缾。

又卷一四《送張子列茶》 齋餘一椀是常珍，味觸色香當幾塵。借問深禪長不卧，何如官路醉眠人。

宋黄庭堅《山谷別集》卷二《送慧林明茶頭頌》 慧林有一老人，恰似銀甕盛雪。徹底元無滲漏，旁觀但知皎潔。有徒三百二百，木鑽

漫鑽磐石。或遇東海鯉魚，一棒令生羽翼。其餘兩兩三三，歸堂又要茶喫。上人南來雲水，因行不妨掉臂。鳳山修水東西，靈草春來滿地。但令己事相應，歸日驢馱不起。

宋 黃庭堅《奉同公擇作揀芽咏》《宋詩鈔》卷二九 赤囊歲上雙龍璧，囊貢小團亦單疊，惟揀芽雙疊。曾見前朝盛事來。想得天香隨御所，延春閣道轉輕雷。元豐末作延春閣。

又《奉謝劉景文送團茶》 劉侯惠我大玄璧，上有雌雄雙鳳跡。鵝溪水練落春雪，粟面一杯增目力。劉侯惠我小玄璧，自裁半璧煮瓊糜。收藏殘月惜未碾，直待阿衡來說詩。絳囊團團餘幾璧，因來送我公莫惜。箇中渴羌飽湯餅，雞蘇胡麻煮同喫。

宋 黃庭堅《謝王炳之惠茶》《御定佩文齋咏物詩選》卷二四四 平生心賞建溪春，一邱風味極可人。香包解盡寶帶胯，黑面碾出明窗塵。家園鷹爪改嘔冷，官焙龍文常食陳。於公歲取壑源足，勿遺沙溪來亂真。

宋 黃庭堅《以潞公所惠揀芽送公擇》《茶集》 慶雲十六升龍餅，國老元年密賜來。披拂龍紋射牛斗，外家英鑒似張雷。

赤囊歲上雙龍璧，曾見前朝盛事來。想得天香隨御所，延春閣道轉輕雷。

宋 黃庭堅《咏茶》《茶乘》 春深養芽鍼鋒芒，沆瀣養膏冰雪香。玉斧運風寶月滿，密雲候再蒼龍翔。惠山寒泉第二品，武定烏瓷紅錦囊。浮花元屬三昧手，竹齋自試魚眼湯。

宋 黃庭堅《山谷詞·惜餘歡·茶詞》 四時美景，正年少賞心。頻啟東閣。芳酒載盈車，喜朋侶簪合。杯觴交飛勸酬獻，正酣飲、醉主公陳榻。坐來爭奈，玉山未頹，興尋巫峽。歌闌旋燒絳蠟。況漏轉銅壺，煙斷香鴨。猶整醉中花，借纖手重插。相將扶上，金鞍騕褭，碾春焙、願少延歡洽。未須歸去，重尋艷歌，更留時霎。

又《滿庭芳·咏茶苑》 北苑龍團，江南鷹爪，萬里名動京闕。碾輕羅細，瓊蘂暖生煙。一種風流氣味，如甘露、不染塵凡。纖纖捧，冰甆瑩玉，金縷鷓鴣斑。

相如方病酒，銀瓶蟹眼，波怒濤翻。為扶起，罇前醉玉頹山。飲罷風生兩腋，醒魂到、明月輪邊。歸來晚，文君未寢，相對小窗前。

又《阮郎歸·茶詞》 烹茶留客駐彫鞍，有人愁遠山。別郎容易見郎難，月斜窗外山。歸去後，憶前歡。畫屏金博山。一杯春露莫留殘，與郎扶玉山。

又 歌停檀板舞停鸞，高陽飲興闌。獸煙噴盡玉壺乾，香分小鳳團。雲浪淺，露珠圓，捧甌春筍寒。絳紗籠下躍金鞍，歸時人倚欄。

又 摘山初製小龍團，色和香味全。碾聲初斷夜將闌，烹時鶴避煙。消滯思，解塵煩，金甌雪浪翻。只愁啜罷水流天，餘清攪夜眠。

又 黔中桃李可尋芳，摘茶人自忙。月團犀銙鬥圓方，研膏入焙香。青箬裹，絳紗囊，品高聞外江。酒闌傳碗舞紅裳，都濡春味長。都濡，地名。

又《西江月·茶詞》 龍焙頭綱春早，谷簾第一泉香。已醺浮蟻嫩鵝黃，想見翻成雪浪。兔褐金絲寶碗，松風蟹眼新湯。無因更發次公狂，甘露來從仙掌。

又《鷓鴣天·茶詞》 湯泛冰甆一坐春，長松林下得靈根。吉祥老子親拈出，箇箇教成百歲人。燈焰焰，酒醺醺，壑源曾未破醒魂。與君更把長生碗，略為清歌駐白雲。

又《品令·茶詞》 鳳舞團團餅，恨分破，教孤令。金渠體淨，隻輪慢碾，玉塵光瑩。湯響松風，早減了三分酒病。味濃香永，醉鄉路，成佳境。恰如燈下故人，萬里歸來對影。口不能言，心下快活自省。

又《看花回·茶詞》 夜永蘭堂醺飲，半倚頹玉。爛熳墜鈿墮履，是醉時風景，花暗燭殘，歡意未闌，舞燕歌珠成斷續。催茗飲，旋煮寒泉，露井瓶竇響飛瀑。纖指緩，連環動觸。漸泛起，滿甌銀粟。香引春風在手，似粵嶺閩溪，初采盈掬。暗想當時，探春連雲尋篁竹。怎歸得，鬢將老，付與杯中綠。

又《一斛珠·咏茶》 红牙板歇，韶声断六么初彻，小槽酒滴真珠竭。紫玉瓯圆，浅浪泛春雪。香芽嫩茶清心骨，醉中襟量与天阔。夜阑似觉归仙阙。走马章臺，踏碎满街月。

又《好事近·湯詞》 歌罷酒闌時，瀟灑座中風色。主禮到君須盡，奈賓朋南北。暫時分散總尋常，難堪久離拆。不似建溪春草，解留連

佳客。

宋 呂南公《灌園集》卷二《以雙井茶寄道先從以長句》 園公嗜慾淺，所好盃中物。有田在荒村，半以種穤秫。居然成醞釀，不復畏法律。客至啟柴扉，甆甌等閒出。春蔬間菘韭，秋果雜梨栗。取次得寬懷，何曾計餘日。山棲經五載，此興殊不失。獨有醒覺時，追傷往年屈。羇游住破屋，愁寂靠鋸鉞。仰望步兵廚，優如上公秩。無錢輸榷吏，窮素又畏咄。太息蘇源明，仁襟信奇倔。低徊憐鄭老，長使醉兀兀。發我感古人，何緣希髣髴。粵從歸村後，夙恨億萬畢。耕稼雖自勞，醺酣不他乞。親朋或知我，問訊俱委悉。亦有贈助恩，無非佳紙筆。鄰家世粗糭，竊笑事儒術。故故送樽壺，端為鷸欺鶻。披襟忍辭拒，對案傾倒訖。特是今假乖，遭承極紆鬱。遥遥海南尉，憫我卧蓬蓽。寄以累幅書，封題附郵驛。慇懃屢存賜，頗以照蕭瑟。乃惠雙井茶，雲腴品居一，人間有餽遺，宜用彼所必。牙櫛奉戎王，鶡取侮忽，藜羹予餓士。荷德到身没，驚嗟石上英。於我係搪突，迴思西山閣。其主異俗匹，喜醉復喜醒。其胷抵溟渤，今當議移獻。不更嫌草率，再拜寫私誠，庶幾無廢茀。銀鍋焚蟹眼，金匕攪雲骨。陸叟片無三，盧翁盌論七。能希擊節賞，且勉按劍叱。縱被睡魔嗔，吾豪不應恤。

又卷四《和得茶雜韻》 衰翁脾病怯飲茶，不但嗜酒成雄夸。夜長晝短讀書苦，佇待雞鳴愁日斜。

秋蔬搜腸酒正惡，踏爐火慢煎雙脚。偶然接得西安角，險欲衝塵送高閣。

沉吟却憶陳公子，慣在京華看貢篚。蒙山顧渚建溪春，花乳清泠徧知味。

今來下國深秋景，酒厚花稀心未醒。盱水中濡亦試烹，豈須奔走揚州井。

又卷六《寄茶李侍禁》 東塞將軍日月閒，五兵不試坐雲間。却因睡思侵書卷，送與茶甌解壯顏。

又《茶鐺》 賓榻蕭蕭午户開，松枝火盡半寒灰。主人欲就遊仙夢，休願煎茶醒睡來。

宋 曾肇《滁州琅琊山茶仙亭》《宋詩紀事》卷二三 山僧独好事，為我结茅茨。茶仙榜亭中，颇宗樊川詩。

宋 秦觀《淮海集》卷九《次韻謝李安上惠茶》 故人早歲佩飛霞，故遣長須致茗芽。寒橐遽收諸品玉，午甌初試一團花。著書懶復追鴻漸，辨水時能效易牙。從此道山春困少，黄書剩校兩三家。

宋 秦觀《淮海後集》卷一《茶》 茶實嘉木英，其香乃天育。芳不愧杜蘅，清堪揜椒菊。上客集堂葵，圓月探奩盝。玉鼎注漫流，金碾響丈竹。侵尋發美鬯，猗狔生乳粟。經時不銷歇，衣袂帶紛郁。幸蒙巾笥藏，苦厭龍蘭續。願君斥異類，使我全芬馥。

又《茶臼》 幽人躭茗飲，刳木事擣撞。巧製合臼形，雅音侔柷椌。虛室困亭午，松然明鼎窗。呼奴碎圓月，搔首聞錚鏦。茶仙賴君得，睡魔資爾降。所宜玉兎搗，不必力士扛。願偕黄金碾，自比白玉缸。彼美製作妙，俗物難與雙。

宋 秦觀《淮海長短句》卷中《滿庭芳三首·咏茶》 北苑研膏，方圭圓璧。萬里名動京關。碎身粉骨，功合上凌烟。尊俎風流戰勝，降春睡、開拓愁邊。纖纖捧，香泉濺乳，金縷鷓鴣斑。

正相如才病，一觴一詠，賓有羣賢。且扶起燈前，醉玉頹山。搜攬胸中萬卷，還傾動、三峽詞源。歸來晚，文君未寢，相對小妝殘。

又《茶詞》 曉色雲開，春隨人意，驟雨方過還晴。高臺芳榭，飛燕蹴紅英。舞困榆錢自落，秋千外、綠水橋平。東風裏，朱門映柳，低按小秦箏。多情行樂處，珠鈿翠蓋，玉轡紅纓。漸酒空金榼，花困蓬瀛。豆蔻梢頭舊恨，十年夢、屈指堪驚。凭闌久，疎煙淡日，寂寞下蕪城。

又 雅燕飛觴，清談揮麈。使君高會羣賢，密雲雙鳳，初破縷金團。牕外爐烟似動，開尊試、一品奔泉。輕淘起，香生玉乳，雪濺紫甌圓。嬌鬟宜美盼，雙擎翠袖，穩步紅蓮。坐中客翻愁，酒醒歌闌。點上紗籠畫燭。花驄弄，月影當軒。頻相顧，餘歡未盡，欲去且留連。

宋 张耒《柯山集》卷六《休日同宋遐叔詣法雲遇李公擇、黄魯直，公擇烹賜茗，出高麗盤龍墨，魯直出近作數詩，皆奇絶。坐中懷无咎有作呈魯直、遐叔》 休日不造請，出游賢友同。城南上人者，宴坐花雨中。金猊散香霧，寶鐸韻天風。鳥語演實相，飯香悟真空。尚書三

二客，浄社繼雷宗。黄子發錦囊，句有造物功。握中一寸煤，海外千年松。誰降午睡魔，賜茗屠團龍。晁子卧城西，咫尺不可逢。豈無坐中客，終覺少此公。歸帽見新月，撲衫暮塵紅。困眠有餘想，卻聽寺樓鐘。

又 卷二六《**絶句**》 老去不禁茶力悍，兩甌破盡五更眠。月團三百真魔物，欲乞當壚當酒錢。

宋 陳師道《**後山集**》卷二四《**滿庭芳・咏茶**》 閩嶺先春，琅函聯璧，帝所分落人間。綺窗纖手，一縷破雙團。雲裏遊龍舞鳳，香霧起、飛月輪邊。華堂靜，松風竹雪，金鼎沸湲潺。門闌。車馬動，扶黄藉白，小袖高鬟。漸胷裏輪囷，肺腑生寒。唤起謫仙醉倒，翻湖海、傾瀉濤瀾。笙歌散，風簾月幕，禪榻鬢絲斑。

又《**南柯子・問王立督茶**》 天上雲爲瑞，人間睡作魔。疎簾清簟汗成河，酒醒夢回多眼、費摩挲。

但有寒暄問，初無鳳鳥過。塵生銅碾網生羅。一諾十年猶未，意如何。

宋 晁補之《**雞肋集**》卷六《**次韻蘇翰林五日揚州石塔寺烹茶**》

唐來木蘭寺，遺跡今未滅。僧鐘嘲飰後，語出飢客舌。今公食方丈，玉茗擄噫噎。當年卧江湖，不泣逐臣玦。中和似此茗，受水不易節。輕塵散羅麴，亂乳發甌雪。佳辰雜蘭艾，共吊楚纍潔。老謙三昧手，心得非口訣。誰知此間妙。我欲希超絶。持誇淮北士，湯餅供朝啜。

又 卷一二《**魯直復以詩送茶云願君飲此勿飲酒次韻**》 相茶真似石韞璧，至精那可皮膚識。溪芽不給萬口須，往往山毛俱入食。雲龍正用餉近班，乞與麄官誠靦顔。崇朝一碗坐官局，申旦形清不成宿。平生樂此臭味同，故人貽我情相燭。黄侯發軔日千里，天育收駒自汧渭。車聲出鼎細九盤，如此佳句誰能似。遣試齊民蟹眼湯，

扶起醉頭湔腐腸。頗類它時玉川子，破鼻竹林風送香。吾儕幽事動不朽，但讀離騷可無酒。

又《**次韻魯直謝李右丞送茶**》 都城米貴斗論璧，長飢茗椀無從識。道和何暇索檳榔，慙媿雲龍羞肉食。蟄源萬畮不作欄，上春伐鼓驚山顔。題封進御官有局，夜行初不更驛宿。冰融太液俱未知，寒食新苞隨賜燭。建安一水去兩水，易較豈如涇與渭。右丞分送天上餘，我試比方良有似。月團清潤珍豢羊，葵花瑣細胃與腸。可憐賦罷羣玉晚，寧憶睡餘雙井香。大勝膠西蘇太守，茶湯不美誇薄酒。

又《**初與文潛入館魯直貽詩并茶硯次韻**》 黄侯閲世如傳郵，自言何預風馬牛。草經不下天禄閣，詩入雞林海上州。兼陳九鼎燦玉鉉，竝綴五冕森珠旒。後來傀磊有張子，姓名竝向紫府收。青春一篇更奇麗，勢到屈宋何秋秋。洮州石貴雙趙璧，漢水鴨頭如此色。贈酬不鄙亦及我，刻畫無鹽譽傾國。月團聊試金井漪，排遣滯思無立錐。乘風良自興不淺，愁報孟侯無好詩。

又 卷一三《**次韻孔毅父種花因送海棠廳三大字求茶**》 東園老槐春不發，舉頭只見中條雪。江梅去國亦悽然，一萼聊堪映庭月。未信河灘宜海棠，十株立致非所望。為君大字書堂榜，報我匳中越焙香。

又 卷一四《**再用發字韻謝毅父送茶**》 開門覩雉不敢發，滯思霾胸須澡雪。煩君初試一槍旗，救我將窮半輪月。不應種木便甘棠，清風自是萬夫望。未須棄此蓬萊去，明日論詩齒頰香。

又 卷一六《**送曹子方福建轉運判官二首**其二》 談經草檄鬢華生，初擁閩山傳節行。江入桐廬青欲斷，溪從劍浦碧來迎。茶雖戶種租宜薄，鹽不家煎價欲平。要使祈招歌德意，君恩不為遠人輕。

又 卷二〇《**揚州雜咏七首**其四》 蜀岡茶味圖經說，不貢春芽向十年。未惜青青藏馬鬣，可能辜負大明泉。

又《**和答曾敬之秘書見招能賦堂烹茶二首**》 玉泉吟鼎月虧輪，姑射風標兩絶塵。只欠何郎忩畔雪，戎葵為我作餘春。

一盌分來百越春，玉溪小暑却宜人。紅塵它日同回首，能賦堂中偶坐身。

又《**次韻提刑毅甫送茶**》 炰羔煮餅漸宜秦，愁絶江南一味真。健步遠梅安用插，鷓鴣金盞有餘春。

又《**張傑以龍茶換蘇帖**》 寄茶換字真佳尚，此事人間信亦稀。它日封厨失雙牘，應隨癡顧畫俱飛。

宋 李復《**潏水集**》卷一五《**和胡漕門茶分藥**》 萬里飛香入晉山，高真秘籙露談端。春雷發地孍驚綠，夜鶴飛壇鼎轉丹。仙桂清風生兩

腋，玉壺五色抱神丸。虛談論罷無塵事，林外娟娟月半殘。

宋王澧《暑雪軒》《宋詩紀事》卷三四 望處疑蓬島，天長碧海閒。雲霞収玉宇，煙浪湧銀山。茶入清談裏，風生兩腋間。詩成似西嶺，高巘不容攀。

宋謝邁《竹友集》卷一《與諸友汲同樂泉烹黃檗新芽》 尋山擬三餐，放箸欣一飽。汲泉泣銅瓶，落磑碎鷹爪。長為山中遊，頗與世路抝。矧此好古胸，茗椀得搜攪。風生覺泠泠，祛滯亦稍稍。夜深可無睡，澄潭數參昴。

宋李彭《日涉園集》卷一《宿西林寺有先特進及先學士詩》

渡江送行人，我行亦清興。草木春路睟，斜斜復整整。獨造此寶坊，深穩庭宇静。

複閣襯烟霞，疎林泄鐘磬。殘僧澁對人，短童工汲井，杖屨若能神。迥知茲遊勝。

楹間盤硬語，恠底光炯炯。追還曾高風，熟復發深省。來歸十陽秋，足不踐斯境。

猿鶴情未忘，拾松來煮茗。

又卷一〇《蕭子植寄建茗石銚石脂潘衡墨且求近日詩作四絶句》

其一

寶犀新胯面巖冷，碾出壑源春雪花。何用纖纖捧渠椀，絶勝片片勺流霞。

其二

良工刻削類方城，煮茗細看秋浪驚。未許兒曹輕度量，豈容奴輩笑彭亨。

宋晁冲之《謝任伯久無書常子然寄茶謝之因簡任伯》《宋詩鈔》卷三二 諫議茶猶送，郎官迹已疎。斜封三道印，不奉一行書。

又《陸元鈞宰寄日注茶》 我昔不知風雅頌，草木獨以茶比諷。陋哉徐鉉説茶苦，欲與淇園竹同種。又疑禹漏税九州，橘柚當年錯包貢。腐儒妄測聖人意，遠物勞民亦安用。含桃熟薦當在盤，茘子生來枉飛鞚。羊狙異好亦何有，蚶菜殊珍要非奉。君家季疵真禍首，毀論徒勞世仍重。爭新鬭試誇擊拂，風俗移人可深痛。老夫病渴手自煎，嗜好悠悠亦從衆。更煩小陸分日注，窰封細字蠻奴送。槍旗却憶採擷初，雪花似是雲溪動。更期遺我但敲門，玉川無復周公夢。

宋晁冲之《簡江子之求茶》《御定佩文齋詠物詩選》卷二四四 政和密雲不作團，小夸寸許蒼龍蟠。金花絳囊如截玉，緑面彷彿松谿寒。人間此品那可得，三年聞有終未識。老夫於此百不忙，飽食但苦夏日長。北窗無風睡不解，齒頰苦澁思清涼。故人新除協律郎，交遊多在白玉堂。揀牙鬭夸皆飫嘗，幸為傳聲李太府。煩渠折簡買頭綱。

宋毛滂《東堂集》卷四《德清五兄寄清茶》 玉角蒼堅已照人，冰肝寒潔更無塵。鳳凰雨露生珍草，不比榛蕪亦漫春。

又《送茶琳老》 道人詩思前溪水，流出山來亦自清。謾寄鳳凰臺畔雪，不妨竹裏潤琴聲。

又卷四《送茶宋大監》 鳳凰山畔雨前春，玉骨雲腴絶可人。寄與青雲欲仙客，一甌相映兩無塵。

宋毛滂《東堂詞·山花子》天雨新晴，孫使君宴客雙石堂，遣官奴試小龍茶。

玉兔甌中霜月色，照公問路廣寒宮。絶勝自酌寒窗下，睡減悲添愁事叢。

日照門前千萬峯，晴飈先埽凍雲空。誰作素濤翻玉手，小團龍。

定國精明過少壯，次公煩碎本雍容。聽訟陰中苔自緑，舞衣紅。

又《玉樓春》戊寅重陽，病中不飲，惟煎小雲團一盃，薦以菊花。

西風吹冷沈香篆，門掩小窗紅葉院。卧看黃菊送重陽，露重煙寒花未徧。

衰翁病怯琉璃盞，日日愁侵霜鬢短。一盃菊葉小雲團，滿眼蕭蕭松竹晚。

又僕前年當重九，微疾不飲，但撥菊葉煎水雲團，用酹節物，戲作短句以侑茗飲。逮去年，曾登山高會。今年客東都，依逆旅主人舍，無游從，不復出門，不知時節之變。或云今日重九，起坐空庭月下，復取雲團酌一盃。盖用僕故事，以送佳節。又作侑茶一首以和韻。

泥銀四壁盤蝸篆，明月一庭秋滿院。不知陶菊總開無，但見杜苔新雨徧。

去年醉倒雲為盞。未盡百壺驚日短。小雲今夜伴牢愁，好在鳳凰春未晚。

又《蝶戀花·送茶》 花裏傳觴飛羽過，漸覺金槽，月缺圓龍破。

素手轉，羅酥作顆，鵝溪雪絹雲腴墮。

七盞能醒千日卧。扶起瑤山，嫌怕香塵涴。醉色輕鬆留不可，清風停待些時過。

又《菽枕》 不雨不晴秋氣味，酒病秋懷，不做惺忪地。初換夾衣圍翠被，薔薇水潤衙香膩。

旋折秋英餐露蕋，金縷虬團，更試康王水。幽夢不來尋小睡，無言劃盡屏山翠。

又《西江月・侑茶詞》 席上芙蓉待煖，花間騕褭還嘶。勸君不醉且無歸，歸去誰人惜醉。

湯點餅心未洗，乳堆盞面初肥。留連能得幾多時，兩腋清風喚起。

宋 程垓《書舟詞・朝中措》 華筵飲散撤芳尊。人影亂紛紛。且約玉驄留住，細將團鳳平分。

一甌看取，招回酒興，爽徹詩魂。歌罷清風兩腋，歸來明月千門。

又《湯詞》 龍團分罷覺芳滋。歌徹碧雲詞，翠袖且留纖玉，沈香載捧水甆。

一聲清唱，半甌輕啜。愁緒如絲。記取臨分餘味，圖教歸後相思。

宋 李廌《濟南集》卷三《求茶戲丘公美》 公美方自靈隱來，面上灰土衣塵埃。自言夜借僧榻眠，白日買酒不惜錢。半月等得頭水茶，欲求善價先還家。君不見邊孝先，瞌睡晝多眠。點茶追清興，誠與真性便。聞君結交素奇偉，朋友須求無逆意。苟惠上品一斤來，庶全見利而思義。

宋 晁説之《景迂生集》卷四《謝仲長通判朝議兄惠顧渚茶》

天子不嘗陽羨茶，二百餘年空咨嗟。吾儂咨嗟苦未休，濤江春色遠含羞。趙卿老矣刺史半，緘題寄我甬水頭。故不敢西征逐貴嗜，最宜東來同羈愁。人生趣尚有窮達，草木還亦如人不。誰家棄婦泪未乾，忍對孤鴻暮影寒。趙卿蝦菜且良食，莫教歸夢到長安。

宋 鄒浩《道鄉集》卷三《次韻仲孺見督烹小團》 世事多好還，佳躅端可視。崟巖輝奇功，頗愧文王肆。他年焚舟來，幾作塗炭墜。駟馬豈及追，我今亦如是。狂言編虎鬚，得報逾掐鼻。平生儲春芽，美惡初一意。濁氛騰墨雲，君舌故歷試。小龍落几前，畢竟不知異。方欲事烹煎，薑塩以為使。蜀人煎茶之法如此。賴君呼回頭，絲桐識秋思。會當掃南軒，石銚沃清泚。從此師金人，三緘誠有味。

又《再酬仲孺》 龍團方啓封，數子已驚視。端如肖壁人，騎羊入城肆。又如金谷姿，不合樓前墜。囊衣夲酸寒，茶具無一是。紛紛詰隣家，浪欲學擁鼻。秋空輒雲雷，秘惜乃天意。未敢還巾車，且集諸生試。豈非今年芽，歲月與君異。直須如印刓，詩驛趼來使。念君才患多，落筆有餘思。盈編故可期，河流幾時泚，君應嘲馬肝。不食亦知味。

又《仲孺督烹小團既而非真物也悵然次韻以謝不敏》 情偽初難分，飽聞不如視。君看求馬時，安得走唐肆。此茶亦先聲，入手恐失墜。泠然風御還，共飲乃非是。坐令竹邊心，追悔如刻鼻。故人豈欺予，姑以將遠意。由來毀譽間，夫子猶必試。八㸦志多金，龍斷何足異。胡為不三思，取信輶軒使。超超莆陽公，銓量妙清思。仰止一喟然，背浹欲流泚。尚賴君詩存，高吟忘肉味。

又《與仲孺破兔餅色味皆惡同一絶倒既而述之又烹小團亦兔餅也作詩報世美》 爭携懃意烹春風，終焉臧穀同一蹤。莫言不落第二月，須知所好非真龍。竊香安得青瑣趣，效臏頗慚西子容。此言雖小有大喻，馮君轉達禅時雍。

又卷一〇《修仁茶》 味如橄欖久方回，初苦終甘要得知。不但炎荒能已疾，携歸北地亦相宜。

嶺南州縣接湖南，處處烹煎極口談。北苑春芽雖絶品，不能消鬲禦煙嵐。

龍鳳新團出帝家，南人不顧自煎茶。夜光明月真投暗，悵望長安天一涯。

又卷一二《客思團茶》 久矣去清班，無因預匪頒。殊方得高義，使我失愁顔，月滿浮雲散。龍飛瑞氣還，炎氛自辟易，歸路見鄉關。

又卷一三《同長卿梅下飲茶》 不置一杯酒，惟煎兩碗茶。須知高意別，用此對梅花。

又《張斜惠吴洞簦》 茶選修仁方破碾，簦分吴洞忽當筵。君謨遠

矣知難作，試取一瓢江水煎。

宋 劉韞《埸南寺》《宋詩紀事》卷四六 曉起陰霾喜絕收，急忙扶酒為春留。落花千點野亭寂，啼鳥一聲春事幽。施食臺高禽易啄，長明燈暗鼠潛偷。山僧摘茗吹茶竈，留客殷勤學趙州。

宋 刘跂《學易集》卷二《碾茶》 玉川涕泣訟月蝕，蟾蜍無光玳瑁魄。委照墨海鸜鵒石，恐是雲龍小蒼璧。我家得之天人家，天家金盤薦玉食。豈堪書生潄糠覈，牀頭什襲封未拆。不辭屑玉遺君飲，要君錦繡生肝膈。意中佳句甚了了，口不能道空脈脈。諸公椽筆好相過，莫道彭城譏水厄。

又 卷三《舍弟寄茶》 吾弟餉人真不惡，建芽來自禁煙前。一杯未易陽侯厄，四兩應為蒙頂仙。病子頭風如得藥，酒家中聖殆忘眠。平頭奴子堪絣椀，可帶樵青竹葉煎。

宋 黄彦平《三餘集》卷二《歡喜口號其六》 蜀茶互市入西番，番馬來嘶渭水寒。為報堯峰吳少保，徑招屬户會長安。

宋 廖剛《高峰文集》卷一〇《次韻盧駿給事試茶》 春容未動柳梢頭，寵賜初驚遠自甌。蟹眼翻雲連色起，兎毫扶雪帶香浮。出塵香味端誰品，無滓肝腸可耐搜。青瑣夜長應不寐，珊瑚重見萬金鈎。初云詩情風月更相鈎。

宋 趙鼎臣《竹隱畸士集》卷二《茶詩》 方時敏以茶餉李蕭遠，因作詩止茶。其弟元若允廸聞之，謂茶不可止，和其詩，復以茶二餅寄。其兄三子皆余所善也，時敏既止茶，不當復受，允廸之餉，而蕭遠巍然亦不得以獨饗也。故次其韻以請二子。 得士一夔足，我獨交兩方。腹有書五車，家無錢一囊。人皆不堪憂，愠色渠未嘗。大禹河梁上，正作龜頭藏。西山挹爽氣，北窗傲羲皇。對茗不肯飲，醉倒温柔鄉。泮宫有臞仙，野鶴姿昂昂。少年苦書淫，壯歲惟詩昌。平生重取與，一介分毫芒。受况獨不辭，大啜意甚長。我本田間人，雖老尚木强。邊韶請割席，陸羽願升堂。破鐺雜虀鹽，煎煮我所當。句子龍鳳骨，澆我藜藿腸。

宋 洪芻《老圃集》卷下《次韻和張掾新泉三絕句其二》 水之美者三危露，邂逅清甘一勺同。兩客携茶烹湯鼎，歸来應御玉川風。

宋 李昭玘《樂静集》卷四《子常生日無以爲壽偶得團茶一餅因書拙詩一首藉之以獻》 比年方貢競珍藏，膚理豐腴紫璧光。虬脊左回分絕格，蒻衣十襲護新香。貴人恩澤纔浮賜，俗骨塵埃不合嘗。願作詩翁千歲壽，乘風聊復發清狂。

宋 吳則禮《北湖集》卷二《同李漢臣賦陳道人茶匕詩》 諸方妙手嗟誰何，舊聞江東卜頭陁。即今世上稱絕倫，只數錢塘陳道人。宣和日試龍焙香，獨以勝韻媚君王。平生底處韲鹽眼，飽識斕斑翰林椀。腐儒慣燒折脚鐺，兩耳要聽蒼蠅聲。苦遭湯餅作魔事，坐睡只教渠喚醒。豈如公子不論價，千金争買都堂胯。心知二叟操鈐鎚，種種幻出真瑰奇。何當為我調雲腴，豆飯藜羹與掃除。箇中風味太高徹，問取老師三昧舌。

又《次公采贈太希先密雲團韻》 道人祝融屬，胡為墮南州。都無作相但粥飯，平生衲被姑蒙頭。曾郎手中大圓鏡，朵頤贈之非暗投。快燒銅缾作蝦眼，鑄成八載心如抽。吾行踽踽飽閱世，葵莧獨與衲子遊。君來適逢小摇落，水天拍拍團滄州。喚醒北固龕底夢，擬披袈裟上扁舟。且澆玉川七椀句，仍洗船子三寸鈎。摩挲正焙連城璧，少林老僧初不識。他時一笑示靈源，五百比丘端失色。幽叢鮮鮮凉雨餘，亦有黄花净供無。知渠肉團乆炯炯，玷翳渾滅如大珠。

又《坰邀公卷煎茶》 阿坰手持都堂胯，按宋姚寬云：茶之極精好者，每胯工價近三十千。唐庚鬭茶記，茶不問團胯，要之貴新。周必大集以詩送北苑八胯，胯字皆从月不从金，原本胯誤作銙。今改正。 百千磚礫未論價，渴心知我生塵埃。故遣一甌官茗來，上方井水絕世無，中濡谷簾定庸奴。徑當澆汝三尺喙，要著胸中萬卷書。外家典刑有諸老，封胡羯末端復好。皎如珊瑚在琳房，况酒薰以正焙香。阿坰性獨愛文字，望見俗物輒走避。雖然此事已可乆，莫負從來鐵御史。

又《用介然所惠石銚取淮水瀹茶》 吾人老懷丘壑情，洗君石銚盱眙城。要煎淮水作蟹眼，飯飽睡魔聊一醒。僧伽孤塔何亭亭，試喚僧伽真肯譍。擬向小陽買白菜，圍爐爛煮北湖羹。

又《徐八聖猷碾茶有作因酬之》 北湖老矣不事事，日割黄羊分大胾。底物堪澆塊磊胸，即今鬬焙惟高峯。邉頭那知見阿八，端笑吾人號癡絕。喚取阿八來細評，沙泉水甘似中濡。

又 卷三《携茶過智海》 牀頭白羽已相親，茗椀才嘗正焙新。透

出老禪三昧眼，喚醒逋客二毛身。坐聞考考赴堂鼓，起覓垂垂洗鉢人。稍有黄鸝來舉似，似憐老子獨知真。

又 卷四《清谷水煎茶》 快燒銅鼎欹胡牀，邊頭初試蟹眼湯。竟陵谷簾定少味，喚取阿羽來説嘗。

又《蘭皐煎茶》 掠水纖纖紫燕斜，聊憑烏几竚幽花。今年未識雲腴面，且撥去年官焙芽。

宋 釋惠洪《石門文字禪》卷二《夏日陪楊邦基彭思禹訪德莊烹茶分韻得嘉字》 炎炎三伏過中伏，秋光先到幽人家。閉門積雨蘚封徑，寒塘白藕晴開花。吾儕酷愛真樂妙，笑談相對興無涯。山童解烹蟹眼湯，先生自試鷹爪芽，清香玉乳沃詩脾，抨紙落筆驚龍蛇。源長浩與春漲激，力健清將秋氣嘉。須臾杳幅亂書几，環觀朗誦交驚誇。一聲漁笛意不盡，夕陽歸去還西斜。

又 卷四《郭祐之太尉試新龍團索詩》 政和官焙雨前貢，蒼璧密雲盤小鳳。京華誰致建溪春，睿思分賜君恩重。緑楊院落春晝永，碧砌飛花深一寸。門下賓朋還畢集，碾聲驚破南窗夢。高情愛客手自試，春霧脚縈雪花湧。聚觀詩膽已開張，欲啜睡魔先震恐。我有僧中富貴緣，此會風流真法供。定花磁盂何足道，分嘗但欠纖纖捧。七杯清風生兩腋，月脇澄魂誰與共。戲將妙語敵甘寒，詩成一弔盧仝塚。

又 卷五《曾逢原試茶連韻》 霜須瘴面豁齒牙，門前小舟嘗自拏。茅茨叢竹依壠畬，君來游時方採茶。傳呼部曲江路賒，迎門顛倒披袈裟。仙風照人虔敬加，秀如春露濕蘭芽。和如東風吹奇葩，馬蹄歸路衝飛花。青松轉壑登龍蛇，路人聚觀不敢譁。詩筒復肯來山家，想見戟門兵衛遮。湘江玉展無纖瑕，但聞江空響釣車。嗟予生計唯擁鰕，安識醉墨翻側麻。喜如小兒抱秋瓜，宣和官焙囊絳紗。見之美如瘥初爬，愛客自試懽無涯。身世都忘是長沙，院落日長蜂趁衙。園林雨足鳴池蛙，詩成句法規正邪。細窺不容銖兩差，逸羣翰墨爭傳誇。坡谷非子前身耶，沅湘萬古一長嗟。明年夜直趨東華，應有佳句懷煙霞。

又《次韻曾嘉言試茶》 不嫌滯留湘水涯，時作新詩誇露芽。此篇醉墨翻龍蛇，雷鎚雨雹飛塵沙，開卷疾讀喜欲譁。此郎真是能世家，氣如横槊萬騎遮。妙如琢玉無疵瑕，縉紳傳觀衆口誇。矧余禿鬢纏袈裟，崔嵬智次書五車。於人豈止一等加，坐令應手開天葩。不因筆端夢生花，何時詞刃誅姦邪。世途嗜好紛萬差，風流掃地吁可嗟。十年去國道路賒，兩手未忍置所拏。賈生豈欲從螾鰕，淵明但愛談桑麻。湘西有舍如藏蛙，年來頗種東陵瓜。愛君才宜踐清華，妙年聲譽聞童牙。君看愛客自著茶，紅粧聚觀爛朝霞。撐突萬卷遭搜爬，職宜蓮燭燒窗紗。不宜槐笏趨早衙，未甘終老勤山畬。尚能見子昂霄耶，想見霧窗煙縷斜。

又 卷八《無學點茶乞詩》 政和官焙來何處，雪後晴窗欣共煮。銀缾瑟瑟過風雨，漸覺羊腸挽聲度。盞深扣之看浮乳，點茶三昧須饒汝。鷓鴣班中吸春露。

又 卷九《謝大潙空印禪師惠茶》 鐘鼓五千指，翔空樓殿開。不知大潙水，何爾小南臺。讓子鈯斧信，閒禪春露杯。故應念岑寂，先寄出山來。

又 卷一〇《謝性之惠茶》 午窗石碾哀怨語，活火銀瓶暗浪翻。射眼色隨雲脚亂，上眉甘作乳花繁。味香已覺臣雙井，聲價從來友壑源。却憶高人不同試，暮山空翠共無言。

又《與客啜茶戲成》 道人要我煮溫山，似識相如病裏顏。金鼎浪翻螃蟹眼，玉甌紋刷鷓鴣斑。津津白乳衝眉上，拂拂清風産腋間。喚起晴窗春晝夢，絶憐佳味少人攀。

又 卷一一《崇仁縣與思禹閑游小寺啜茶聞棋》 平生閲世等虚舟，臨汝重来又少留。攜弟来逃三伏暑，入門拾得一軒秋。隔墻晝永聞棊響，陰屋凉生見樹幽。又值能詩王主簿，飯餘春露啜深甌。

又《將登南岳絶頂而志上人以小團門夸見遺作詩謝之》 壑源獨步實帶夸，官焙無雙小月團。未作濃甘生齒頰，先飛微白上眉端。湯聲蜂穉秋窗晚，乳面鶩兒春甕寒。飲罷為君登絶頂，俯臨落日看跳丸。

又 卷一二《余所居連超然自見軒日多啜茶其上二首》

三生事辦吾知要，一室香凝獨掩門。睡足便驚清晝夜，火紅消盡白灰存。巷無俗駕蛙紛繞，隣有高人玉粹温。隱比价膺猶可媿，會茶時復到幽軒。

功名今古一雞肋，美味那知是禍根。掃迹世途龜曳尾，僻居烟霧豹埋文。如期見訪穿窓月，不告而行出岫雲。火浴未為無伴助，塔吾遺骨尚煩君。

又《空印以新茶見餉》 喊山鹿蔌社前摘，出焙新香麥粒光。撼樹師應懷大仰，傳甌我欲學南陽，要看雪乳急停筅。旋碾玉塵深住湯。今日城中雖獨試，明年林下定分嘗。

又卷一五《金陵獄中謝人惠茶》 寶公關鑠尋常事，諗老家風氣味長。十載故人情外意，一杯今日雨前香。

宋 唐庚《眉山詩集》卷二《嘲陸羽》 陸子作《茶經》，竟為茶所困。其中無所主，復著《毀茶論》。簡賢傲長者，彼自愚不遜。茶好固自若，于我有所恨。便當脫野服，洗琖為一獻。飲罷挈茶去，譬彼澆畦畹。君看禰正平，意氣真能健。達與不達人，何啻相千萬。

又卷三《蘇時中惠茶》 二年泮宮苦幽獨，中有宜人惟睡足。蟲魚注罷直廬靜，午枕鳴雷撼窻屋。故人蘇子半幅書，餉我閩溪一包玉。親題更屈調絃手，遠寄來澆飯蔬腹。故應疑我夢得官，誰信吾衰已無複。空令半夜忍飢吟，搜到池塘春草綠。

宋 許景衡《橫塘集》卷六《試茶》 此生貧與病相，兼從仕居閒兩不堪。莫怪年來有茶癖，要看滋味在餘甘。

宋 葛勝仲《丹陽集》卷一六《嘲茶山》 吳興紫笋，實産顧渚。唐昔厎貢，闞山芽吐。隼旟出臨，虎巖親駐。鄰邦刺史，金匏相遇。木瓜堂前，穿雲浥露。烹蒸包發，及春未暮天子稱珍，分甘當路。今則不然，名毀勢去。金沙弗湘，玉食弗御。敷榮窮山，牢落誰顧。如女失寵，空閨自嫮，請以千金。買長門賦。

又卷二〇《段去塵教授示書以茶菊自況作詩謝之》 高標落落敢評題，託物銓量庶似之。娛客精神真北苑，可人風味劇東籬。雲腴鬬早驚先出，霜蘂禁寒屬後期。便欲相稱為二陸，居然桑苧與天隨。

又《侍讀官程伯禹以賜茶寄汪敦仁處厚**教授蒙惠四胯以詩紀謝》** 講罷清陰轉綠槐，露芽珍賜下銀臺。品高迥壓仙人掌，味絕堪名瑞草魁。分貺雖從稽古出，看題知自邇英來。晴牕碾試供詩社，先聽聲轟萬壑雷。

又《謝太守惠茶》 林亭凍卉未芳華，已享先春正焙芽。活火急呼湯餅客，緘囊來自使君家。破看鮮馥欺瑶草，煮驗漂浮漾棗花。不預頭綱評四品，恍驚流落滯天涯。

又《新茶》 壑源苞貢及春分，玉食分甘賜舊勳。水厄陽侯宜避席，天隨陸子合同群。珍同內府新蒼璧，味壓元豐小裔雲。便請加籩先果腹，鶩無留掌鼈添裙。

又《謝通判惠茶用前韻》 色味新香各十分，可無桑苧與書勳。打門贈我令呼客，好事知君最出羣。飲罷清風引仙闕，睡餘妖夢破朝雲。貧無列屋纖纖手，捧盌齊眉但布裙。

又卷二一《次韻中散兄及諸弟寄顧渚茶二首》 茗溪溪上一茶神，三表遺經品藻親。輕拂競看雲態度，初嘗應愜舌根塵。草堂遙憶金沙水，草堂有金沙泉，君謨愛而名之。花瀨聊分紫氣春。事見陸龜蒙詩。尤物從来常貴少，彭城園外即非真。顧渚今出劉希範參政家。

健步蒼頭捷若神，露芽三日到情親。輕甌延喜凝珍玉，小磑鄰虛墮細塵。便好相招十日飲，莫教虛負一年春。慇懃後訊當重餉，月六齋時供應真。

又卷二二《次韻德升惠新茶》 寵餉頭綱北焙茶，分甘應自五侯家。午雞驚破槐安夢，猶有新香在齒牙。雙疊紅囊貯揀芽，旋將活火試瑤花。半生未有陽侯厄，喜聽咿啞轉井車。

又《新茶》 當日火攻應有法，此時水厄定無餘。閒軒七碗宜頻試，九隴清泉勝具區。

又《烹茶》 俗耳未容聽滴瀝，水瓶聊遣挹泓澄。晴軒小酌煎新茗，紗帽籠頭似管寧。

宋 王安中《初寮詞・臨江仙・和梁才甫茶詞》 六六雲從龍戲月，天顏帶笑嘗新。年年回首建溪春，香甘先玉食，珍寵在楓宸。

賜品暫醒歌裏醉，近和行對台臣。宮甌浮雪乳花勻。九重清晝永，宣坐議東巡。

宋 李光《莊簡集》卷四《和睡起飲茶》 虛堂清簟午抛簪，人靜

疏簾映畫閣。身過中年心已倦，病因煩暑氣常昏。紫煙碧月天初賜，乳竇寒泉世莫論。塵味暫忘惟嗜此，更無餘思到芳樽。

宋 王庭珪《盧溪文集》卷一三《向文剛讀書齋試雙井茶有懷黃超然》 雙井老人嘗以青沙蠟紙裹細芽寄人，不過二兩，今復見之。

黃蠟青沙未破封，已知雙井社前烘。一邱風味極不淺，萬頃烟波興不窮。東晉書齋頹壓後，西湖山色有無中。危欄傑閣明人眼，獨覺登臨欠此公。

又 卷一四《次韻劉升卿惠焦坑寺茶用東坡韻》 焦坑因東坡始見重於時

日出城門啼早鴉，杖藜投足野僧家。非關西寺鐘前飯，要看南枝雪裏花。玉局偶然留妙語，焦坑從此貴新茶。劉郎寄我兼長句，落筆更如錐畫沙。

又 卷一五《和施通判以詩惠茶》 綵筆題誇北苑春，南來草木始稱珍。江湖風味極不淺。翰墨篇章老更新。落日清吟招惡客，此時佳境屬閒人。慙無好語酬高詠，東望雲山意莫陳。

又《再和》 與客觀詩碾茶，因話時事，再作此。

呼童急碾建溪春，麗句兼收掌握珍。陸納家風元冷澹，庾郎詩句自清新。推之不去真何物，試與偕來端可人。當面輸心多背笑，愛君高義似雷陳。

密雲初識雨前春，未羨官厨送八珍。正苦睡魔須料理，愧無妙語敵甘新。兵分刺史千餘騎，系出洪崖幾世人。麗句新詞隣大雅。豈將文體效梁陳。

又《盛暑中黃子餘主簿携雙井茶見訪》 痛飲元非避暑方，又無金盌汲寒漿。忽逢佳客攜新茗，來坐竹陰移晚凉。幽處小牕花木好，吟餘清論齒牙香。君家句法誰能似，煎出車聲遶九腸。

又《次韻鍾令 君自言借隣僧衣著**》** 閒舉酒兵挑一戰，愁城欲下戰方酣。且烹北苑龍香茗，暫脫東禪鶻臭衫。有志干時君自許，無錢使鬼我何堪。江湖寂寞生涯盡，對客不應容易談。

又 卷二四《謝子發惠茶》 打門誰送雙圓璧，驚覺茅簷晝日眠。便覺清風生兩腋，夢魂飛到月輪邊。

宋 劉一止《苕溪集》卷四《允迪以羊膏瀹茗飲呂景實景實有詩歎賞僕意未然輒次原韻》 精金不受釧釵辱，瑞草何曾取膏腹。乳花粥面名已非，薦以羊肪何太俗。山林鐘鼎異天性，難遣華腴偶窮獨。森森正味苦且嚴，玉質無瑕誰敢戮。君家饌林多錯本，讀罷流涎詎枯吻。故令茗盌變腥膻，遠想黃封雪花醞。呼酪為奴逢彼怒，自惜爭雄巧相妒。我寧不飲信我說，獨喜君詩有神助。君不見穆家兄弟故可人，概以骨鯁恐異趣。

又《次韻建安劉彥冲學士寄茶一首》 寒溪日漱枯腸潔，自志窮愁漸陋劣。故人不愛北苑春，更遺清甘濡吻頰。只今相望如參商，武夷孤絕雲蒼茫。底事坐閱百鳥翔，要偕玉川風兩腋，高飛令吾墜君傍。

宋 孫覿《鴻慶居士集》卷三《飲修仁茶》 烟雲吐長崖，風雨暗古縣。竹輿頳兩肩，弛擔息微倦。茗飲初一嘗，老父有芹獻。幽姿絕媚嫵，着齒得瞑眩。昏昏嗜睡翁，喚起風灑面。亦有不平心，盡從毛孔散。事見盧仝《茶歌》。

又 卷四《過慧山方丈皥老酌泉試茶兩詩遺之》

蕭蕭呵蘭若，桑苧有故家。佛屋倚高寒，僧蹊抱欹斜。殷勤泉上客，流落瘴海涯。蜑酒壓梨楂，蠻烹啗鼃蛇。光潔鏡一奩，照影空自嗟。老僧薦茗粥，芳鮮凝露華。驅除鼻中雷，埽盡眼界花。飄飄思淩雲，攝身上蒼霞。

戰塵霾漢天，獵火焮邊地。一笻遁垢氛，步入青蓮寺。耽耽九龍盤，一壑埋老翠。倚天松骨大，粘壁苔髮細。道人本臞儒，得法妙出世。胸中萬斛泉，洗盡蔬筍氣。天風吹泠泠，助我鳴鼓吹。名為不二門，聲音作佛事。

又 卷五《李茂嘉寄茶》 蠻珍分到謫仙家，斷壁殘璋裹絳紗。擬把金釵候湯眼，不將白玉伴脂麻。

又《山長老寄茶》 睡魔迎我入華胥，夢境倏然一蛙如。不用分燈遺將去，山翁茗盌為驅除。

宋 趙佶《宮詞》《宋詩紀事》卷一 今歲閩中別貢茶，翔龍萬壽占春芽。初開寶篋新香滿，分賜師垣政府家。

宋 周紫芝《太倉稊米集》卷四《和人摘茶》 陸鴻漸《茶經》云：『葉如梔子，花如白薔薇。』皮日休《茶塢》詩云：『好是初夏時，白花滿烟雨。』乃用《茶經》語

也。蓋茶至，着花則晚矣。

結廬閒似輞川家，更趂東風摘露芽。短夢喚回春正好，枯腸搜盡句方嘉。酪奴語陋真堪笑，瑞草名高豈復加。明歲莫教烟雨裏，白薔薇秀小叢花。

又《次韻端叔題余所藏山谷茶詩尾》 翰林門生兩蒼璧，似是天人人不識。學得黃初五字詩，不作人間萬錢食。晚向江頭看藥欄，花前一笑聊開顏。自言千載司玉局，尚記橋山分省宿。今朝玉乳打團龍，昨夜新詩刻紅燭。我識風流李元禮，人物流中有涇渭。平生漫刺不浪持，晚得龍門略相似。詩成袖手初相羊，便識從來錦作腸。夢回却誦喬雲句，彷彿官焙聞餘香。從今下客牛馬走，問字不妨時載酒。

宋 周紫芝《竹坡詞》卷一《攤破浣溪沙·茶詞》 蒼璧新敲小鳳團，赤遲開印煑清泉。醉捧纖纖雙玉笋，鷓鴣斑。雪浪濺翻金縷袖，松風吹醒玉酡顔。更待微甘回齒頰，且留連。

又《湯詞》 門外青驄月下嘶，映堦籠燭畫簾垂。一曲陽關聲欲盡，不多時。鳳餅未殘雲脚乳。水沉催注玉花甆。忍看捧甌春笋露，翠鬟低。

宋 吕本中《东莱詩集》卷三《烹茶》 水光欲尽琉璃影，玉色初浮翡翠斑。便觉曲生风味好，小炉新火对蒲团。

又 卷七《正月十五日試院中烹茶因閱溪碑》 小爐方鼎蛙蚓鳴，那知簾外東風驚。亂雲初破盤鳳影，缺月半墮春江明。已驅簿領出門去，更洗肝肺令愁醒。大碑古字久寂寞，高堂素壁空崢嶸。坐看光焰掃塵土，便覺氷霰臨窓屏。文章斷絶生氣在，妙句直欲無蘭亭。嶧山野火燒欲盡，瘞鶴半在江中陵。不知此書更奇古，反覆饜飫無譏評。山精地神肯愛護，至今歐虞來乞靈。要令石鼓舉吉日，不必細字臨黃庭。生平訪古少如意，對此自足忘經營。世間兒女爭媚好，紙上姓名誰重輕。邇來半月得堅坐，一室當行千里程。南樓燈火漫明滅，北里笙竽頻送迎。儒生事業了不惡，故人浮沈吾嬾聽。更闌更自取書讀，喚起奴僕尋短檠。

又 卷一五《寄晁恭道鄭德成二漕》 二年住閩中，不識建溪茶。處處得殘杯，顧未愜齒牙。飢腸擁滯氣，病眼增昏花。故人持節來，憐我病有加。會當餉絶品，不但分新芽。蒼壁月墮曉，竇胯金披沙。一洗肝肺淨，兀坐如還家。陰雨又不解，天氣復未佳。持詩寄兩公，請為交舊時。便續北苑譜，即日定等差。

又《謝宇文漳州送茶》 暑氣侵人病逾劇，虚堂坐調出入息。漳州太守送茶來，王圭小鳳俱無敵。太守憐我病無語，故遣此茶相勞苦。千金一餅君未許，百金一盞如潑乳。其它鬭芽未足數，下視紛紛等塵土。病夫未飲病先愈，坐覺爽氣生肺腑。城中車馬閙如雨，更有樂善如君否。

又《從叔巽叔覓茶》 疾病侵凌轉不堪，時思一室奉清談。嗣宗已餉兵厨酒，當有新茶惠阿咸。

宋 吕本中《西江月·熟水詞》《樂府雅詞》卷下 酒罷悠揚醉興，茶烹喚起醒魂。却嫌仙劑點甘辛，衝破龍團氣韵。金鼎清泉乍瀉，香沉微惜芳薰。玉人歌斷恨輕分，歡意厭厭未盡。

宋 張擴《東窗集》卷一《括蒼官舍夏日雜書五首其二》 南方饒鬱蒸，頗厭夏日永。好風從南來，分我簟枕冷。官曹早歸休，客禮疎造請。讀書無近功，睡魔印湯餅。誰家烹茶急，羸鉼斷脩綆。

又 卷二《謝人惠團茶》 春陰養芽鍼鋒鋩，沆瀣養膏冰雪香。玉斧運風寶月滿，密雲候雨蒼龍翔。惠山寒泉第二品，定武烏甆紅錦囊。乳花元屬三昧手，竹齋自試魚眼湯。老生酸寒極堪笑，藜莧拄腹書撐腸。修貢之餘遠分寄，懷璧其罪渠敢當。應憐晝睡湯餅惡，為洗一春蝴蝶狂。

又《次韻何任叟正字館中試茶》 金柈猥稱檳榔珍，藿食未辨汙吾脣。茶丁妙寫犀銙真，排方似欲驕華紳。為君走碾颺微塵，羊腸聲乾行隻輪。栢羅裁絹素縷匀，箾絲巧織霜後筠。中貯刀圭護百神，乳花初幻人間春。計君别品尚絶倫，完璧不受敵國嗔。白虹夜氣干秋旻，把玩自覺舌生津。天衢小草搜八垠，蒙山顧渚亦懷新。香歇色壞非法身，妖星森索避北辰。不須會稡權羣臣，龍翔鳳翥登嚴宸。向來策勳自有人，君其問諸脩水濵。

又《卷五《次韻子温惠雙井茶二首》 雙井昆仍分不踈，渴中曾起病相如。策勳未有涪翁語，浪説緇經到石渠。不減建溪官焙香，匏樽汲水自煎湯。未應重為黷官屈，定自詩情合得嘗。

又《觀茶》 鎮西不入未為屈，坐上臞仙眼如漆。平生陸羽彊著語，不叙建溪誰第一。

又《均茶》 密雲驚散阿香雷，坐客分嘗雪一杯。可是陳平長割肉，全勝管仲自分財。

又《羅茶》 新剪鷰溪様如月，中有瓊糜落飛屑。何年鮮后紫霞仙，肘後親傳餐玉訣。

又《碾茶》 何意蒼龍觧碎身，豈知幻相等微塵。莫言椎鈍如幽冀，碎璧相如竟負秦。

宋 李綱《梁溪集》卷七《建溪再得雪鄉人以為宜茶》 閩嶺今冬雪再華，清寒芳潤最宜茶。泛甌欲鬬千金價，著樹先開六出花。圭璧自須呈瑞質，旗槍未肯放靈芽。傳聞龍餅先春貢，已到鈞天玉帝家。

又卷一八《谷簾泉世稱谷簾第一，惠山第二**》** 甘泉多自名山出，世品谷簾為第一。淄澠之水不易辨，臆說詎敢評得失。廬山深處為谷簾，度嶺穿雲費時日。道人裹飯時一到，敲火烹茶資野逸。坐令僕隸致缾甖，是非誠否良難詰。世間知味定何人，食蔗多謂甜於蜜。居然真偽相混殽，往往循名因去實。何似家山陸子泉，石縫迸出蒼龍淵。山中空洞乳滿腹，一泒下作梁谿源。清甘著舌久不散，持以瀹茗增芳妍。華堂石甃與覆護，好事汲取肩相駢。有時置酒飲其上，醉滌肺腑塵煩蠲。緘題寄遠無偽者，貴賤均飲初不偏。彼如幽人在空谷，此若佳客臨風前。未須細較味優劣，且問所處誰為賢。

又卷二〇《烹茶》 安眠飽食更何求，只欠雲腴茗一甌。龍鳳不須誇北苑，槍旗且與試中州。

又卷二三《飲修仁茶》 北苑龍團久不嘗，修仁茗飲亦甘芳。誇研鬬白工夫拙，辟瘴消煩氣味長。江表露芽空絕品，蜀中仙掌可同行。從容飯罷何為者，一椀還兼一炷香。

宋 曾幾《茶山集》卷二《盛夏東軒偶成五首其四**》** 因病不舉酒，況當朱明天。客至但茗椀，談詩復談禪。甘寒百尺井，舊日陸子泉。安得僧舍雪，霏微濕茶烟。

又卷四《代書抵筠守譚崧老求茶笋》 問訊江南美，人推道院州。雨前收雀舌，雪底薦貓頭。有客同僧過，頻年遣僕求。故交今五馬，解送老龐不。

又《寓廣教僧寺》 似病元非病，求閒方得閒。殘僧六七輩，敗屋兩三間。野外無供給，城中斷往還。同參木上座，與汝住茶山。

又《郡酒日鑄茶》 子到常山縣，饒陽有敝廬。相望百里地，空得數行書。睡思茶料理，愁懷酒破除。新秋卽在眼，過我定何如？治先許秋間攜家見過

又《迪侄屢餉新茶二首》 吾家今小阮，有使附書頻。喚起南柯夢，持來北苑春。顧余多下駟，況復似陳人。不是能分少，其誰遺食新。

勑廚羞煮餅，掃地供爐芬。湯鼎聊從事，茶甌遂策勳。興來吾不淺，送似汝良勤。欲作柯山點，俗所謂衢點也。當令阿造分。造姪妙于擊拂。

又卷四《造侄寄建茶》 汝已去閩嶺，茶酒猶粲然。買應從聚處，姪居三衢，俗言所出不如所聚。寄不下常年。洗滌盧仝椀，提攜陸羽泉。予所居茶山泉名。無人分得好，更憶仲容賢。

又《述侄餉日鑄茶》 寳胯自不乏，山芽安可無。子能來日鑄，吾得具風爐。夏木囀黃鳥，僧牕行白駒。談多轉生睡，此味正時須。

又《曾同季餉建溪顧渚新茶》 雨潤梅黃後，風薰麥秀初。不持新茗椀，空枉故人書。顧渚瓊糜似，閩溪玉食餘。吾宗重盟好，併以遺閒居。

又《尹少稷寄顧渚茶》 駸駸要路津，舊日水南人。尚記茶山老，能分顧渚春。江淮勞廟算，河路暗胡塵。憂國惟生睡，降魔固有神。

又《嘗建茗二首》 破除湯餅睡，倚賴建溪春。往日惟求舊，今朝遽食新。不辭濃似粥，少待細于塵。寳胯無多子，留須我輩人。

茅宇已初夏，茶甌方早春。真成湯沃雪，無復渴生塵。有客嘲三韭，其誰送八珍。不如藏去好，孤負一年新。

又《煎茶》 貧中有佳設，石鼎事煎烹。顧渚草芽白，惠山泉水清。酌多風可御，薰歇霧猶橫。飲罷妻孥笑，枯腸百轉鳴。

又卷五《次曾宏甫社日賞海棠吴守宅且試新茗韻》 一樹深深地主家，外邊誰復見穠華。却因社日治聾酒，得醉春時近眼花。著粉施朱俱愜當，吹風洗雨但驚嗟。酴醾芍藥垂垂發，更試頭綱一餅茶。

又《逮子得龍團勝雪茶兩胯以歸予其直萬錢云》 移人尤物衆談

誇，持以趨庭意可嘉。鮭菜自無三九種，龍團空取十千茶。烹嘗便恐成災怪，把玩那能定等差。賴有前賢小團例，一囊深貯只傳家。

又 卷六《李相公餉建溪新茗奉寄》 一書說盡故人情，閩嶺春風入戶庭。碾處曾看眉上白，茶家云：碾茶須令碾者眉白乃已。分時為見眼中青。飯羹正晝成空洞，枕簟通宵失杳冥。無奈筆端塵俗在，更呼活火發銅瓶。

又《張耆年教授置酒官舍環碧散步上園煎桃花茶》 何許清尊對物華，廣文官舍似僧家。向人只合供談笑，領客猶能辨咄嗟。光動栝盤環碧水，香隨珠履上園花。公如不厭過從數，但煮東坡所種茶。

又 卷七《玉井》 茗飲貴石泉，江流亦其亞。甘寒如此井，未肯出汝下。

又《黃嗣深尚書自仰山來惠茶及竹薰爐》 茗椀中超舌界，薰爐上悟香塵。坐我集雲峰頂，對公小釋迦身。

又《曾宏甫餉溪山堂南坡胯新茶溪山堂在南坡，曾所創也。以是名茶胯云**》** 溪山寶胯能分我，不但禪房破睡魔。便覺胷中有丘壑，免教辛苦上南坡。

又 卷八《衢僧送新茶》 齋腸得飽又逐去，午夢欲成還喚回。定是僧家不堪此，滿奩青箬送春來。

又《紹興帥相公遺小春新茶，且折簡云：對瑞香啜之，大勝暖帳中飲羔兒酒也。小詩兩絶以謝》 打門将軍得人驚，十月茶牙照眼明。漏泄春光凌雪色，柳條萱草太遲生。

酒壓羔兒雪煑茶，紅羅斗帳錦籠花。中書堂上權衡手，小物勤公定等差。

又《啜建溪新茗李文授有二絶句次韻》 北焙今年但取陳，草芽過了二分春。為君湔洗丁坑後，寶胯雲團一樣新。

壑源今日為君傾，可當杯盤瀉濁清。未到舌根先一笑，風爐石鼎雨來聲。

宋 沈與求《龜溪集》卷二《曾宏父將往霅川見内相葉公以詩爲別次其韻以自見選一**》** 野店山茶亦可口，試敲松火煑石泉。相逢故人如問訊，但道老去多煩煎。

又 卷三《戲酬嘗草茶》 慣看留客費瓜茶，政羡多藏不示。夸要使睡魔能偃草，肯慚懽伯解迷花。一旗但覺烹殊品，雙鳳何須覔瑞芽。待摘家山供茗飲，與君盟約去驕奢。

宋 韓駒《謝人送鳳團及建茶》《宋詩鈔》卷三三 白髮前朝舊史官，風罏煑茗暮江寒。蒼龍不復從天下，拭淚看君小鳳團。山瓶慣識露芽香，細蒻匀排訝許方。猶喜晚塗官様在，密羅深碾看飛霜。

宋 向子諲《酒邊詞》卷上《清平樂》 鄭長卿資政惠以龍焙絶品，于方醸薌林春色，恨不得持去，戲有此贈。

薌林春色，盃面雲腴白。醉裏不知天地，窄真是人間歡伯。

風流玉友争妍，酪奴可與忘年。空誦少陵佳句，飲中誰是俱仙。

宋 劉才邵《檆溪居士集》卷二《方景南出示館中諸公唱和分茶詩次韻》 欲知奇品冠坤珍，須觀乳面靄甌唇。湯深不散方驗真，側瓶飛瀑垂巖紳。色香味觸未離塵，清意元自超空輪。靈臺虔唱格力匀，皎如氷蘂夾霜筠。高詞險韻愁鬼神，雄辨逸藻囬冬春。天教飛步出凡倫，窺闖天巧終不真。閩山蒼翠倚高旻，地靈氣淑儲芳津。從來霑溉浩無垠，修貢先期還更新。諸公才具足致身，況復感會方逢辰。邇英講讀優儒臣，玉甌珍賜從中宸。自憐衰鬢真陳人，欲覓漁舟向水濱。

又《謝蕭元隆賢良惠小團》 紫鸞琢璧輕雲轉，幾年隔闊今重見。睡魔膽落不待降，氣壓月團三百片。飲罷清風生兩腋，三山去人疑咫尺。便欲携公封事叩玉扃，為問蒼生幾時得蘇息。

又 卷三《謝人惠花栽以龍涎及小團答之》 應憐小圃少花看，分惠靈苗四五般。多謝高情無所吝，欲將俗物報應難。鯨波薦液香難比，龍焙先春玉作團。寄與文房助清興，詩魂莫怕月邊寒。

又《以雙井茶寄李仲孫》 雙井真成日鑄兄，一盃不覺醉魂醒。知君筆法傳山谷，啜罷應臨戒石銘。

宋 阮閱《郴江百咏·圓泉》（萬曆）《郴州志》卷七 清冽淵淵一竇圓，每來嘗為試茶煎。又新水鑒全然誤，第作人間十八泉。

宋 郭印《雲溪集》卷六《茶詩一首用南伯建除體》 建置茗飲利無窮，除去睡魔捷如攻。滿篋龍團重絶品，平視紫筍難為同。定知一啜爽神觀，執熱往往腋生風。破碎月輪午窗底，危冠欲墮呼樵童。成仁豈憚粉身骨，收取袪煩療疾功。開陳作經憶桑苧，閉眼便覺精神通。

宋 王洋《東牟集》卷一《子楚煮雪水瀹團茶乃舉陶翰林語以詩見戲不敢不酬》 平生何居士，一壑清江濆。達觀真大士，獨往乃聲聞。我亦策蹇步，不甘子絕羣。追逐到滅景，回視嗟紛紜。今朝玉府開，羣仙剪瑶裙。迷空散天花，萬疊屯寒雲。賞心會兩遂，百憂銷一焚。雙鳳已鳴似，神椎抗孤軍。更看陰沴盡，高簷挂晴曛。

又 卷二《周秀實書云裴奇卿好茶得病，鍾熙仲酣醉任真，西林老逢場作戲同倚花下，一時信筆作詩爲戲》 閒來得病緋衣客，著酒當茶桑苧翁。誰知十室有二士，復得周叟同從容。叟今行年餘七十，七歲詩成鬼神泣。即今脗合主盟壇，籍湜驚奔汗流急。兩君置陣亦嚴整，未許行人私越境。有時爭利逐輜車，掉鞅安行發機穽。戰者方酣見者真，走書取證石壁人。石壁老人方睡起，巖前一笑桃花春。遲君待我同徙倚，共催短棹東風裏。

又《謝人寄茶》 建溪珪璧能圓方，萬錢一啜難輕償。奔騰千里羞貢篚，天應不數金錢綱。侯家錢如大國楚，陵肉澠漿推大户。早知煩滯厭膏粱，貴此新香兩三數。一朝百室困干戈，在十于今或去五。老工既死無典刑，髣髴兒孫追故步。誰令遠寄山澤仙，來洗沈痾太華巔。攻頑治癖恨無術，且共山頭玉井蓮。慇懃更語抱琴客，不用君歸人未眠。

又《嘗新茶》 僧催坐夏麥留寒，吳人未御絺綌單。溪雲谷雨作昏翳，思假快飲消沈煩。商人遠處抱珪璧，千里來從建溪側。報云蟄户起驚雷，鞭走龍蛇鬼神力。色新茗嫩取相宜，留得一年春雪白。先修天貢奉珍團，次向人間散春色。僧窻虚白無埃塵，碾寬羅細杯勺勻。寒泉一種已清絶，况此靈品天香新。人間富貴有除折，靜中此味真殊絶。誰言僧飯獨蕭條，勝處誰容較優劣。

又 卷三《謝筠守趙從周寄黄蘗中洲茶》 道院文書静，傳籤報兩衙。籠山踈藥圃，祖寺摘春茶。珍品少為貴，佳名遠更誇。要知清白德，盞面看浮花。

又 卷五《茶荈》 蟲鬬草掩日蕭疎，自汲寒缾煮澗蔬。早愧空腸添雪乳，何須雜珮列瓊琚。往陪雪繭千重貴，顧試鉛刀一割如。風露滿樓人未散，小窗應為賦歸歟。

又 卷六《題前寺中洲茶》 中洲絶品舊聞名，瀹以寒泉雪乳輕。怪得道人長不睡，一甌喚醒夢魂清。

宋 鄭剛中《北山集》卷三《磨茶寄羅池一詩隨之後以無便茶與詩俱不往今謾録于此過眼便焚切勿留》 有人遺我建溪香，茶具鄰家自借將。親磨無從親付汝，一推惟是一回腸。趨庭愧我繆知鯉，證父憐兒那得羊。淺啜飯餘深自省，再生天地屬君王。

又 卷二二《予嗜茶而封州難得有一種如下等修仁殊苦澀而日進兩杯》 一瓢方此寄天涯，用巧居貧拙有加。晚食正為顏屬飯，空腸却嗜玉川茶。長髯亂磨輕於土，短尾濃煎不見花。撐拄可堪書卷少，空教癯瘁髮生華。

宋 陳淵《默堂集》卷一〇《和璨老示雙井茶紙被簡板三偈》
雙井江南妙品，不減建溪月團。但使睡魔不作，何須歸去蓬山。

又 卷二〇《留龍居士試建茶既去輒分送并頌寄之》 未下鈐鎚墨如漆，已入篩羅白如雪。從來黑白不相融，吸盡方知了無別。老龍過我睡初醒，為破雲腴同一啜。舌根回味只自知，放盞相看欲何説。

宋 鄧肅《栟櫚集》卷四《道原惠茗以長句報謝》 太丘官清百物無，青衫半作蕉葉枯。尚念故人家四壁，郝原春雪隨雙魚。榴火雨餘烘滿院，宿酒攻人劇刀箭。李白起觀仙人掌，盧仝欣覩諫議面。瓶笙已作魚眼從，楊花傍念輕隨風。擊拂共看三昧手，白雲洞中騰玉龍。堆胸磊塊一澆散，乘風便欲欵天漢。却憐世士不偕来，為借干將誅趙賛。

宋 蘇籀《雙溪集》卷一《范箕叟啜茗一首》 無窮賞物胡名達，希世纖柔不計金。愛雪并花也延命，擲絲與竹却知音。情閒未絶毫釐念，文艷何妨鐵石心。雅倩樊蠻誦長恨，飲茶亦可擬芳斟。

宋 馮時行《縉雲文集》卷二《杜如篪屢督烹茶仍作詩次其韻》 老寄餘生山水窟，寂無朝煙屈硉矹。客從何方問棲隱，無人譍門杖藜出。言間遺我翠玉餅，把玩芳香襲呼吸。便欲洗琖試水品，腸胃空枯恐稱屈。緘藏小篋掛東牖，愓若虬龍隨手入。雲濤雪浪有變化，扃鐍苞苴何鬱鬱。痛嘗七盌豈不願，待嘗一飽終無及。窮人談富如畫餅，浪説烹炮詑知識。真求大嚼薦茗飲，可笑詩人太癡絶。豈惟枵腹誤指染，更并麗句成乾

沒。亦知且具衲子供，澆淋蔬筍供一啜。恐君肺腑出宫商，造物反怪太喧聒。又恐展轉夜不寐，深思危慮比孤孽。何如待我食萬錢，東閣大開玉醅潑。翠娥捧香沃煩膩，醉起一笑天地闊。男兒蓋棺事始定，所不踐言有如日。

宋 李正民《大隱集》卷七《余君贈我以茶僕答以酒》 投我以建溪北焙之新茶，報君以烏程若下之醇酒。茶稱瑞草世所珍，酒為美禄天之有。碾碎龍團乳滿甌，傾來竹葉香盈卣。滌煩療熱氣味長，消憂破悶醺酣久，君不見竟陵陸羽號狂生，細烟小鼎親煎烹。扁舟短棹江湖上，茶爐釣具常隨行。又不見沛國劉伶稱達士，捧罌銜盃忘世累。無思無慮樂陶陶，席地幕天聊快意。欲醉則飲酒，欲醒則烹茶。酒狂但酩酊，茶癖無咨嗟。古今二者皆靈物，蕩滌肺腑無紛華，清風明月雅相得，君心自此思無邪。

又 卷八《與客往天寧素飯以惠山水煎茶》 精舍閒遊結勝緣，老來寧復嗜腥羶。共分摩詰衆香飯，仍試華山第二泉。石鼎煎來甘有味，乳花浮處色尤鮮。幾年瀉鹵傷牙頰，吮漱華池便欲仙。惠山本名華山，張又新以此泉為第二。

又 卷九《客有以茶易竹次韻》 琅玕黝壁兩清虚，不比山陰鵝換書。花乳試烹應有味，龍孫新種未嫌踈。輕身通氣宜君飲，冒雪停霜稱我居。斜曲短長休更問，森羅萬象已如如。

宋 張九成《横浦集》卷一《勾漕送建茶》 我謫庾嶺下，年年餉焦坑。味雖輕且嫩，越宿苦還生。分甘嘗此品，敢望建溪烹。勾公道義重，不與炎涼并。持節漕七閩，風采照百城。寃苦盡昭雪，草木亦欣榮。得新未肯嘗，包封寄柴荆。罪罟敢當此，自碾供百靈。捧盃啜其餘，雲腴徹頂清。爽氣生几席，清飈起簷楹。頓覺凡骨蜕，疑在白玉京。整冠朝金闕，鳴佩謁東皇。須臾還舊觀，坐見百慮平。

宋 李若水《忠愍集》卷二《何德休設冰茶》 火雲撲不滅，餘燄欲燒天。江山散白日，草木含蒼烟。瑠璃八尺净，邀我北窻眠。但問風雌雄，姑謝酒聖賢。明冰沃新茗，妙飲誇四筵。休論水第一，凛然香味全。凉飈生兩腋，坐上徑欲仙。塵襟快洗滌，詩情拍天淵。凴君盃勺許，置我崑閬前。搜攪玉雪腸，醖釀雲錦篇。

又 卷三《從趙彦特求茶》 飯餘日影轉修廊，欹枕桐花墮小牕。為覔春風洗殘夢，要令詩思敵澄江。

宋 傅察《次韻烹茶四首》《兩宋名賢小集》卷一二八 移種疑從紫府仙，世間凡草護芊眠。味高石密甘居下，效捷靈芝愧在前。玉缺並標官焙印，月團猶帶御爐烟。年來海宇皆知缺，却笑神農未解煎。劉夢得《茶歌》：『炎帝雖嘗未解煎。』

吏隱從人號孏仙，一甌常及日高眠。要令萬卷澆胷次，便覺三山到眼前。客至不須樽有酒，家貧肯厭突無烟。清泉近在南山麓，珍味殊勝渭水煎。白樂天有『渭水煎來始覺珍』之句。

不但蠲煩起醉仙，能令古莽失多眠。見《列子》『春風乍拂千巖上，曉雨初霑百草前。絳縷纏囊包紫璧』，杜牧之詩『牙香紫璧裁』。玉塵凝盌照清烟。李郢詩有『玉塵煎出照碧霞。』今人嗤點前人拙，未肯須依古法煎。徐鉉詩任道時『新物須依古法煎。』

仰望羣公若會仙，貪論茗飲未安眠。冥搜往往遊塵外，得句時時在枕前。夜漏嘔吟清徹骨，晴窗揮染净無烟。中秋風月佳晨近，應把雲腴對竹煎。季衛公詩『抓吟對竹煎』。

宋 王之道《相山集》卷一二《次韻因上人謝徐守遺顧渚茶》 相從聊罷致書郵，情寄詩筒早晚休。顧我未忘童子好，評君還向古人求。緗奩啟處雲英馥，石鼎煎來雪浪浮。多謝徐卿分顧渚，報之瓊玖兩相收。

又 卷一三《送顧渚茶與孔純老》 曉來飛雪似欺春，盡把羣芳點綴匀。莫訝兩旗分顧渚，要令佳句鬬清新。

又 卷一六《西江月·試茶》 磨急鋸霏瓊屑，湯鳴車轉羊腸。一杯聊解水仙漿，七日醒襟頓爽。指點紅裙勸坐，招呼巖桂分香。看花不覺酒浮觴，醉倒寧辭鼠量。

宋 朱松《韋齋集》卷二《陳德瑞饋新茶》 空山冥冥雲霧窻，春風好夢欹殘缸，朝來果得故人信，微凸而么犀銙雙。貴人爭買百瓔珞，此心兒女久已降。坐觀市井起攘袂，念之使我心紛龎。領君此意九鼎重，雖有筆力安能扛。何時來施三昧手，慰我渴夢思長江。

又 卷三《次韻張漕茶山喜雨》 天公積憤何曾雪，遑恤茶工貪攬擷。無聊桃李困遲暗，白蔫紅飛亂擷。誰疏天漢下穹窿，苦厭風霾昏嵽

崍。行臺使者掃雲手，釃酒叢祠拜靈蕝。歸来一雨動三日，溝壑遺民起垂絶。豈唯槍旗各呈露，更喜筍蕨争芽茁。明朝擊鼓萬指集，雲蹬携籯穿曲折。紅塵一騎天容開，顧渚蒙山坐銷歇。帝觴嘗罷思苦口，公如子牟心魏闕，金鑾諫舌夜生塵。囬首山中記同啜。

又卷四《董邦則求茶軒詩次韻》 一軒新築敞柴荆，北苑塵飛客思清。更買樵青娱晚景，便應盧老是前生。千門北闕夢不到，一卷玉杯心自明。冷看田侯堂上客，醉中談笑起相烹。

又《次韻堯端試茶》 龍文新夸鷹緗羅，園吏分嘗苦未多。自瀹雲腴斟露井，坐知雪粒采陽坡。撐腸君要澆黄卷，愛酒渠方捲白波。我亦箇中殊不淺，斷無蹤跡到無何。

又卷五《元聲許茶絶句督之》 鳳山一震卷春回，想見香芽幾焙開。未辦倩君持券買，故應須我着詩催。

又《謝人寄茶》 寄我新詩錦繡端，解包更得鳳山團。分無心賞陪顛陸，只有家風似嬾殘。

又卷五四《答卓民表送茶》 攪雲飛雪一番新，誰念幽人尚食陳？髣髴三生玉川子，破除千餅建谿春。唤回窈窈清都夢，洗盡蓬蓬渴肺塵。便欲乘風度芹水，却悲狡獪得君嗔。

宋 楊无咎《逃禪詞·醉蓬萊》

見禾山凝秀，禾水澄清，地靈境勝。天與珍奇，産凌霄峰頂。嫩葉森槍，輕塵飛雪，冠中州雙井。絶品家藏，武陵有客，清奇相稱。

坐列羣賢，手呈三昧，雲逐甌圓，乳隨湯迸。珍重慇勤，念文園多病。毛孔生香，舌根回味，助苦吟幽興。兩腋風生，從教飛到，蓬萊仙境。

又《朝中措》 盃盤狼藉燭參差，欲去未容辭。春雪看飛金碾，香雲旋湧花甆。

雍容四座，矜誇一品，重聽新詞。歸路清風生腋，不妨輕撚吟髭。

又《玉楼春·茶》 酒闌未放賔朋散，自揀冰芽教旋碾。調膏初喜玉成泥，濺沫共驚銀作線。

已知於我情非淺，不必叮嚀書椀面。滿嘗乞得夜無眠，要聽枕邊言語軟。

又《清平樂·熟水》 開心煗胃，最愛門冬水。欲識味中猶有，味記取東坡詩意。

笑看玉笋雙傳，還思此老親煎。歸去北窗高卧，清風不用論錢。

又 花陰轉午，小院清無暑。雪椀冰甌凝灝露，自滌紫毫雞距。

麝煤落紙生春，秖應李衛夫人。我亦前身逸少，莫嗔太逼君真。

宋 胡寅《斐然集》卷五《送茶與執禮以詩來謝和之》 簞瓢曾不飽顔回，何事新茶轉海來。八餅尚懷經幄賜，一苞聊對嶺雲開。分君要使澆書腹，待客應須罷酒罍。自笑玉川空兩腋，清風無夢到蓬萊。

又《黄倅生日送茶壽之》 北苑仙芽紫玉方，年年包篚貢甘香。願君飲罷風生腋，飛到蓬萊日月長。

宋 朱翌《灊山集》卷二《黄守不飲茶》 賔客相傳無水厄，欣然脫屐上公堂。滌煩療渴名雖著，痟氣侵精暗有妨。夢寐無憂眠可熟，清虚自積體尤强。樵青竹裹管何事，側聽盃行供煖湯。

又《華幹携茶入園晚坐柔桑下》 光穿两脚間彤霞，聲急城頭集暮鴉。且與鳳雛桑下坐，共烹龍焙雨前茶。的中薏嫩蓮新採，筍上竿成竹已斜。讀得齊民書熟爛，把鋤今作老生涯。

又《離臨安日，范伯達送茶約至釣臺烹之，正月十八日宿臺下，兼簡務德》 過盡長灘唤落帆，舟人取火上高巖。已攜敗絮來投宿，記有珍茶旋啓緘。忽憶住時同短艇，要須于此辦長鑱。可憐一夜梅花雨，點滴猶隨舳尾銜。

宋 曹勛《松隱集》卷一五《雙溪雲老寄示佳句及新茶用來韻爲謝》 老去光陰不問春，只思麋鹿與為羣。每求書附風前雁，便想山深日暮雲。鉛槧塵勞應念我，詩章棋局久思君。新茶仍副清新句，碌碌麤官愧少文。

又卷二〇《代廣漕劉元舉謝趙相茶》 龍焙黄封錫有功，謹嚴正味德相同。便知鈞播無求備，更借扶南两腋風。

方珪圓璧貢春前，上相分朌自九天。何止芳鄉禦魑魅，要知紅日在斜川。

又《謝崇上人惠新茶》　春入閩溪草木香，靈芽一夕一絲長。上人自是春風手，分與閑人齒頰芳。

又卷二一《山居雜詩》　客惠雙井芽，千里冒寒喝。品格自高勝，香味兩奇絶。小小猷溪磨，團團掌中月。揮肘喜旋之，紛汨看落雪。

又卷二三《山居雜詩》　日鑄得新茗，色味建水空。未論七盌足，先借兩腋風，烹在擊拂外。香泛齒頰中，若論破睡魔，自可書元功。

宋　張祁《答人覓茶》《宋詩紀事》卷四八　内家新賜密雲龍，只到調元六七公，賴有家山供小草，猶堪詩老薦春風。

宋　劉子翬《屏山集》卷一八《寄題鄭尚明煮茶軒三首》六言　過耳颸颸未歇，裝懷憒憒俄空。他日寧逃水厄，會湏一訪髯翁。

黿鼎從渠染指。麯車絶念流涎。猶有清饞未已。茶甌日食萬錢。

一點春回枯梈，萬家譟動寒墟。鳳餅龍團玉食，傷心半入穹廬。

又卷一九《分茶公美子應預爲白曬之約》　夢裡壺山尋二妙，不因荔子鬢絲華。聊分茗盌應年例，故有篘籠來海涯。鮮苞尚想妃子笑，槁面何取西施羓。老饞惟作耐久計，一瞬紅紫真空花。

宋　鄭樵《夾漈遺稿》卷一《采茶行》　春山曉露洗新碧，宿鳥倦飛啼石壁。手攜桃杖歌行役，鳥道紆廻愜所適。千樹朦朧半含白，峰巒高低如几席。我生偃蹇耽幽僻，撥草驅煙頻躡屐。采采前山慎所擇，紫芽嫩綠敢輕擲。龍團佳製自往昔，我今未酌神先懌。安得龜蒙地百尺，前種武夷後鄭宅。鄭宅為先别駕公所居　逢春吸露枝潤澤，大招二陸棲魂魄。

宋　吴芾《湖山集》卷一〇《和王知府惠雙井》　摘從雙井尚餘香，遠寄山翁見未嘗。咀嚼新芽味新句，陡驚氷雪沃枯腸。

又《梅花下飲茶又成二絶》　昨日花前酒太過，今朝怕見近流霞。不應辜負花枝去，且嗅清香倍飲茶。

强拈茶椀對梅花，應是花神笑我多。更取香醪拚一醉，不禁風味惱人何。

宋　史浩《鄮峰真隱漫録》卷四《茶香》功字，此詩今上皇帝親書賜丞相　靈芽雨後發幽叢，媵馥先令鼻觀通。戰退睡魔三百萬，槍旗果解立奇功。

又卷四八《南歌子·熟水》　藻澗蟾光動，松風蟹眼鳴。濃熏沈麝入金餅，瀉出温温一盞、滌煩膺。爽繼雲龍餅，香無芝术名。主人襟韻有餘清。不向今宵忘了、淡交情。

又《畫堂春·茶詞》　小槽春釀壓香紅，良辰飛蓋相從。主人著意在金鍾。茗椀作先容。欲到醉鄉深處，應須仗、兩腋香風。獻酬高興渺無窮。歸騎莫葱葱。

宋　袁植《游惠山》《宋詩紀事》卷八二　挐舟到山寺，詩句偶緣情。山自錫無後，寺因泉有名。樓陰回夕景，樹色向冬榮。就水别茶味，全勝他處烹。

宋　李石《方舟集》卷二《蝦蟆碚》　水晶宫中玉蝦蟇，多年栖息嫦娥家。忍饑不及一夜啗明月，天帝怒爾謫下三峽，脚手猶爬沙，婪酣大肚飽清氣，但見瓊流珠液百尺垂唅呀，峽人只作泉水看，不知元和漱嚥猶是月之華。從來至味不可説，陸羽只作第四誇。可憐提瓶肥羜子强飲，百斛莫救肝膽邪。我聞老蟾之酥乃仙藥，能使風草化作黄金芽。何如閉口自潤澤，換爾醜質生角牙。會當騎爾却上月宫去，下看桑海渺渺凌蒼霞。

又卷五《諸友惜别夜坐德行堂飲茶》　一舟海角到天涯，春信江南梅欲花。莫道别時無酒語，與君剪燭夜烹茶。

又《謝夏彦博知縣惠落雁木并紫笋茶緑菜二首》　紫筍先期火未鑽，緑芹猶及薦春盤。江湖别後渾忘味，忍把南烹累長官。

入用定知材見伐，不鳴仍以鴈遭烹。漆園二物都疑著，老去從軍得細評。

宋　黄公度《知稼翁集》卷上《試院中蒙相君惠茶和錢教授韻》　誤向文闈齒搢紳，相君分賜壑源春。窮搜千卷非吾事，滿引一杯如故人。無復睡魔能偃蹇，敢將詩律鬬清新。西湖好趂清明約，泉活涓涓火不陳。

宋　陳壎《謝趙憲副使惠建》《宋詩紀事》卷六二　貢餘自合到侯王，誰

遺甘芳入莧腸。野客驚看龍鳳銙，家人學試蟹魚湯。題來諫議三封印，分到尚書八餅綱。盡灑從前腥腐氣，時時澆取簡編香。

宋 王十朋《梅溪先生後集》卷四《薛師約撫幹召飯于圓通寺主僧瀹茗索詩》 綠暗梅欲雨，風薰麥初秋。官舍厭卑濕，僧廬訪清幽。儒餐慣蔬飯，道話便茶甌。鑑湖倘容覓，杖屨時来游。

又 卷七《上賜講讀官建茶某以説書與馬以十餅分贈太學同舍芮太傅煇有詩次韵》 天表初容咫尺親，雲龍重拜太官珍。賜從明主恩尤渥，分及清流事更新。搜卷要湏嘗七椀，乗風便合到三神。諸公異日佔君貺，願寄江湖老散人。

又《啜茶》 濫與金華講，賜沾龍鳳團。卻歸林下飲，更媿是龕官。

又 卷一三《与二同年觀雪于八陳臺，果州會焉，酌酒論文煮惠山泉瀹建溪茶，誦少陵江流石不轉之句復用前韵》 吾儕風味雅同科，領略江山逸興多。諸葛陳啚上看，少陵詩句酒中哦。惠山活水煎茶白，勝已高峯帯雪皤。絶境况逢三五馬，定将好句壓陰何。

又《會同僚于郡齋煮惠山泉烹建溪茶酌瞿唐春》 錫泉龍焙忽飛来，春著瞿唐初潑醅。腸似玉川堪七碗，興如太白謾三杯。月團不許无詩淂，霜蘂端因有分開。王抚幹以晚菊一盆來頗佳。石銚瓦盆吾已具，竹林它日定相陪。

宋 洪適《次韻黄子餘惠雙井茶二首》《盤洲文集》卷四 荻花楓葉醉為鄉，每憶臨分一鼎香。枉費光陰驚老大，略無治行媿循良。歸心来往雞豚社，清思消磨鴈鶩行。且喜絃歌餘樂地，好詩句句挾風霜。

峰横萬仞臨雙井，調護旗槍春怕深。白雪有芽鷹作爪，黄粱無夢蝶何心。聞名可信非虚語，知味端如賞好音。秖欠谷簾一杯水，未能相就盍朋簪。

又 卷七《庚子山居采茶有感》 憶昔采茶時。雨後山蹊濕。鷹爪喜盈襜，蝌眼思朝汲。歸路取盤洲，下吳行蹤急。珠汗透裳衣，更換登梯級。徙倚曲欄干，鳴鴈圓沙集。晚景不勝春，寒氣潛相襲。詰旦傍裝臺，敧側人扶立。輿疾望醫來，誰責青黏汁。舉桉念齊眉，幻泡何嗟及。重到故園門，不忍攜笻入。引領顧前丘，空對旗槍泣。

又 卷九《茶丘》 半世別玉州，夢憶仙人掌。經丘獲鎗旗，清思飄雲上。

又 卷一五《蝦蟆碚水亦曰蝦蟆背**》** 蝦蟆好居水，背水以自濡。不知背上味，乃與衆水殊。品第高水經，煎茶必来須。争汲以致遠，不憚險且迂。我亦走瓶罌，一甌瀹雲腴。所恨太迴僻，親朋莫能呼。巨蛙如有靈，曷不上天衢。以水為雨露，助天澤寰區。坎視峽中小，笑渠子陽愚。

宋 周麟之《海陵集》卷一《以珠子香建茶寄晥公山馬先生》 筍谷珠璣北苑春，寸誠千里託靈芬。為投白鹿岩前客，何日容分半席雲。

宋 韓元吉《南澗甲乙稿》卷二《次韻沈信臣游龍焙》 武夷仙人厭塵埃，金鞭白馬飛崔嵬。丹砂已就不可識，尚有瑶草分靈栽。千花剪巧綴密露，秀色不待春風催。東溪路入三千里，山如舞鳳連翩來。槍旗未動供採掇，壘鼓夜作空山雷。蒼虬繞圭龍護壁，面為鐵石口瓊瑰。烹煎鬬水出好事，珠瓔玉字相縈迴。已嗟雙井甘退步，况復日注真難儕。我來竊食端為此，把玩一日三徘徊。手斟清泉弔陸子，底用濁酒窮歡咍。頭風快愈春睡散，老眼尚為羣書開。知君此遊更不惡，坐有纖纖時捧杯。杜牧之詩：茗盌纖纖捧，信臣載後乘以遊。故云。

又 卷三《次韻趙任卿至北苑二首》 行樂湏春事，微官日自忙。輕雲弄天色，細雨出風光。筍甲連山破，林髯夾道蒼。擬尋花島去，更待茗芽香。

好雨驚連夜，疏鐘喜報晨。池心春漲綠，花面曉粧勻。野渡經年別，官茶幾焙新。風光為傳語，何事曲江濱。

又 卷五《用前韻以小春茶餉子象》 仙花不用惱詩人，亦有靈芽特地春。數朶嬌花真綽約，一甌釃白更清新。眼明共識西都豔，齒冷應懷北苑珍。佳茗奇葩堪竝賞，須公品第入陶鈞。

又 卷六《曇花亭供茶戲作二首》 問訊高真此住家，伊蒲未辦且煎茶。故應一笑來迎我，五百瓶中總是花。

一聲鍾磬有無中，樓閣山林本自空。不向雲端呈伎倆，猶來盞裏現神通。是夕，始聞鍾聲，而金燈不現。

宋 李呂《澹軒集》卷三《茶竈》 中坻出盤陀，曲突非刻畫。仙翁碾玉塵，盈甌試春色。

宋 劉應時《頤庵居士集》卷上《謝香山禪師惠水巖新茗二首》

雨暗水巖春意濃，尚思采采隔珍叢。睡魔正壓眉楞重，珍重南屏信息通。

趙州古佛不同時，賴有斯人慰所思。搜攪枯腸無一物，夢回日影上花枝。

宋 王千秋《審齋詞・風流子》 夜久燭花暗，仙翁醉、豐頰縷紅霞，正三行鈿袖，一聲金縷，捲茵停舞，側火分茶。笑盈盈，濺湯溫翠盌，折印啟緗紗。玉笋緩摇，雲頭初起，竹龍停戰，雨脚微斜。

清風生兩腋，塵埃盡，留白雪、長黄芽，解使芝眉長秀，潘鬢休華。想竹宫異日，衮衣寒夜，小團分賜，新樣金花。還記玉麟春色，曾在仙家。

又《醉蓬萊・送湯》 正歌塵驚夜，鬬乳回甘。暫醒還醉。再煮銀瓶，試長松風味。玉手磨香，鏤金檀舞，在壽星光裏。翠袖微揎，冰甆對捧，神仙標致。

記得拈時，吉祥曾許，一飲須教，百年千歲。況有陰功在，遍江東桃李。紫府春長，鳳池天近，看提攜雲耳。積善堂前，年年笑語，玉簪珠履。

宋 張掄《蓮社詞・訴衷情》 閒中一盞建溪茶，香嫩雨前芽。磚爐最宜石銚，裝點野人家。

三昧手，不須誇。滿甌花。睡魔何處，兩腋清風，興滿煙霞。

宋 程大昌《文簡公詞・浣溪紗》 水遞迢迢到日邊，清甘誇說與茶便。誰知絶品了非泉。旋挹天花融湩液，淨無土脈汙芳鮮。乞君風腋作飛仙。

宋 洪邁《野處類稿》卷下《陳德瑞饋新茶》 空山冥冥雲霧岙，春風好夢欹殘缸。朝來果得故人書，微凸而么犀銙雙。貴人争買百瓔珞，此心兒女久已降。坐觀市井起攘袂，念之使我心紛厖。領君此意九鼎重，雖有筆力安能扛。何時來施三昧手，慰我渴夢思長江。

宋 白玉蟾《修真十書上清集》卷四一《水調歌頭 咏茶**》** 二月一番雨，昨夜一聲雷。鎗旗爭展建溪，春色占先魁。採取枝頭雀舌，帶露和煙擣碎。錬作紫金堆。碾破香無限，飛起緑塵埃。汲新泉，烹活火，試將來。放下兔毫，甌子滋味舌頭回。喚醒青州從事，戰退睡魔百萬，夢不到陽臺。兩腋清風起，我欲上蓬萊。

宋 陸游《劍南詩稿》卷一《寄酬曾學士學宛陵先生體比得書云所寓廣教僧舍有陸子泉每對之輒奉懷》 庭中下午鵲，門外傳遠書。小印紅屈蟠，兩端黄蠟塗。開緘展矮紙，滑細疑卵膚。首言勞良苦，後問逮妻孥。中間勉以仕，語意極勤渠。字如老瘠竹，墨淡行疏疏。詩如古鼎篆，可愛不可摹。快讀醒人意，垢癢逢爬梳。細讀味益長，炙轂出膏腴。行吟坐卧看，廢食至日晡。想見落筆時，萬象聽指呼。亦知題詩處，緑井石髮麤。公閒計有客，煎茶置風爐。倘公無客時，濯纓亦足娱。井名本季疵，思人理豈無。居然及賤子，媿謝恩意殊。幾時得從公，舊學鋤荒蕪。古文講聲形，誤字辨魯魚。時時酌井泉，露芽奉瓢盂。不知公許否，因風報何如。

又《謝王彦光提刑見訪并送茶》 邇英帷幄舊儒臣，肯顧荒山野水濱。不怕客嘲輕薄尹，要令我識老成人。飄回鼓轉東城暮，酒冽橙香一笑新。遥想解酲須底物，隆興第一壑源春。

又卷二《三游洞前巖下小潭水甚奇取以煎茶》 苔徑芒鞵滑不妨，潭邊聊得據胡床。巖空倒看峰巒影，澗遠中含藥草香。汲取滿瓶牛乳白，分流觸石珮聲長。囊中日鑄傳天下，不是名泉不合嘗。

又《西齋雨後》 香碗灰深微炷火，茶鐺聲細緩煎湯。百年浮世幾人樂，一雨虚齋三日涼。簾外微風斜燕影，池邊殘照斂萱房。紗幮石枕蕭然卧，付與今宵幽夢長。

又卷三《過武連縣北柳池安國院煮泉試日鑄顧渚茶院有二泉皆甘寒傳云唐僖宗幸蜀在道不豫至此飲泉而愈賜名報國靈泉云》 滴瀝珠璣翠壁間，遭時曾得奉龍顔。欄傾甃缺無人管，滿院松風晝掩關。

又 行殿凄涼迹已陳，至今父老記南巡。一泓寒碧無今古，付與閑人作主人。

又 我是江南桑苧家，汲泉閑品故園茶。只應碧缶蒼鷹爪，可壓紅囊白雪芽。

又 卷四《同何元立蔡肩吾至東丁院汲泉煮茶二首》 一州佳處盡裴回，惟有東丁院未來。身是江南老桑苧，諸君小住共茶杯。

又 雪芽近自峨嵋得，不減紅囊顧渚春。旋置風爐清樾下，他年奇事記三人。

又《雨中睡起》 磔磔寒禽無定棲，纖纖小雨欲成泥。松鳴湯鼎茶初熟，雪積爐灰火漸低。一氣推移均野馬，百年蒙覆等醯雞。青山黄葉蘭亭路，憶喚鄰翁共架犂。

又《獨坐》 巾帽攲傾短髮稀，青燈照影夜相依。窮邊草木春遲到，故國湖山夢自歸。茶鼎松風吹謖謖，香奩雲縷散霏霏。羸驂敢復和鑾望，只願連山苜蓿肥。

又 卷五《晨雨》 揮汗驅蚊廢夜眠，清晨一雨便翛然。涼生池閣衣巾爽，潤入園林草木鮮。青蒻雲腴開鬭茗，翠甖玉液取寒泉。飯餘一枕華胥夢，不怪門生笑腹便。

又《慈雲院東閣小憩》 横閣院東偏，翛然拂榻眠。香濃烟穗直，茶嫩乳花圓。巖倚團團桂，筒分細細泉。憑誰爲題版，牓作小壺天。

又《睡起試茶》 笛材細織含風漪，蟬翼新裁雲碧帷。端谿硯璞斲作枕，素屏畫出月墮空江時。朱欄碧甃玉色井，自候銀缾試蒙頂。門前剥啄不嫌渠，但恨此味無人領。

又《九日試霧中僧所贈茶》 少逢重九事豪華，南陌雕鞍擁鈿車。今日蜀州生白髮，瓦爐獨試霧中茶。

又 卷六《試茶》 蒼爪初驚鷹脱鞲，得湯已見玉花浮。睡魔何止避三舍，歡伯直知輸一籌。日鑄焙香懷舊隱，谷簾試水憶西遊。銀缾銅碾俱官様，恨欠纖纖爲捧甌。

又 卷七《卜居二首其二》 南浮七澤吊沉湘，西泝三巴掠夜郎。自信前緣與人薄，每求寛地寄吾狂。雪山水作中泠味，蒙頂茶如正焙香。儻有把茅端可老，不須辛苦念還鄉。

又《飯罷碾茶戲書》 江風吹雨暗衡門，手碾新茶破睡昏。小餅戲龍供玉食，今年也到浣花村。

又 卷八《梅花》 冰崖雪谷木未芽，造物破荒開此花。神全形枯近有道，意莊色正知無衺。高堅政要飽憂患，放棄何遽愁荒遐。移根上苑亦過計，竹籬茅屋真吾家。平生自嫌亦自許，妙處可識不可誇。金樽翠杓未免俗，篝火爲試江南茶。

又 卷一〇《適閩》 春殘猶看少城花，雪裏來嘗北苑茶。未恨光陰疾駒隙，但驚世界等河沙。功名塞外心空壯，詩酒樽前髪已華。官柳弄黄梅放白，不堪倦馬又天涯。

又 卷一一《游鳳皇山》 窮日文書有底忙，幅巾蕭散集山堂。一樽病起初浮白，連焙春遲未過黄。坐上清風隨麈柄，歸途微雨發松香。臨溪更覓投竿地，我欲時来小作狂。

又《建安雪》 建溪官茶天下絶，香味欲全須小雪。雪飛一片茶不憂，何況蔽空如舞鷗。銀瓶銅碾春風裏，不枉年来行萬里。從渠荔子腴玉膚，自古難兼熊掌魚。

又《烹茶》 麴生可論交，正自畏中聖。年来衰可笑，茶亦能作病。噎嘔廢晨飱，支離失宵暝。是身如芭蕉，寧可與物競。兔甌試玉塵，香色兩超勝。把玩一欣然，爲汝烹茶竟。

又《試茶》 北窗高臥鼾如雷，誰遣香茶挽夢回。緑地毫甌雪花乳，不妨也道入閩来。

又《晝卧聞碾茶》 小醉初消日未晡，幽窗催破紫雲腴。玉川七盌何須爾，銅碾聲中睡已無。

又 卷一二《晚晴至索笑亭》 中年苦肺熱，賸喜見新霜。登覽江山美，經行草樹荒。堂空響棋子，盞小聚茶香。興盡扶藜去，斜陽滿畫廊。

又 卷一三《青溪道中行古松間因少留瀹茶而行》 露濕青松細細香，旋呼拄杖踏斜陽。三生舊發遊山願，一卷新傳辟穀方。雲外未論笙鶴近，塵中實厭簿書忙。拾樵汲磵俱清絶，聊爲煎茶一據床。

又《大雪歌》 若耶溪頭朝暮雪，鵶鵲墮死長松折。横飛忽已平屐齒，亂點似欲粧簾纈。放翁憑閣喜欲顛，摩挲拄杖向渠說。莫辭從我上嵯峨，此景與子同清絶。銀杯拌蜜非老事，石鼎煎茶且時啜。題詩但覺退筆鋒，把酒未易生耳熱。扶衰忍冷君勿笑，報國寸心堅似鐵。漁陽上谷要一

行，馬蹄蹴踏河冰裂。

又《晝寢夢一客相過若有舊者夷粹可愛既覺作絶句記之》 夢中何許得嘉賓，對影胡床岸幅巾。石鼎烹茶火煨栗，主人坦率客情真。

又卷一四《夜汲井水煮茶》 病起罷觀書，袖手清夜永。四鄰悄無語，燈火正凄冷。山童亦睡熟，汲水自煎茗。鏘然轆轤聲，百尺鳴古井。肺腑凛清寒，毛骨亦蘇省。歸来月滿廊，惜踏疏梅影。

又卷一七《題徐淵子環碧亭亭有茶山曾先生詩》 茶山丈人厭囂譁，幅巾每訪博士家。小亭談笑不知暮，往往城上聞吹笳。興来傑作粲珠璧，歲久妙墨亡龍蛇。郎君弟子多白髮，回頭日月如奔車。徐卿赤城古仙子，十年四海推才華。覽觀陳迹喜不寐，旋補罅漏支傾斜。曲池還浸古来月，蓛莽忽見當時花。重題舊句照高棟，力振風雅排淫哇。席間紵袍已散鵠，堂上講鼓初停撾。速宜力置竹葉酒，不用更瀹桃花茶。

又《臨安春雨初霽》 世味年来薄似紗，誰令騎馬客京華。小樓一夜聽春雨，深巷明朝賣杏花。矮紙斜行閑作草，晴窗細乳戲分茶。素衣莫起風塵嘆，猶及清明可到家。

又卷一八《登北榭》 繞城山作翠濤傾，底事文書日有程。無溷我爲揮吏散，獨登樓去看雲生。香浮鼻觀煎茶熟，喜動眉間煉句成。莫笑衰翁淡生活，它年猶得配玄英。

又《大閲後一日作假》 小院鈎簾掃落花，公餘蕭散似山家。下巖紫壁臨章草，正焙蒼龍試貢茶。塞上遠遊心尚壯，車中深閉髮先華。老来日月真堪惜，愁聽高城咽暮笳。

又卷一九《初寒在告有感三首其二**》** 掃地燒香興未闌，一年佳處是初寒。銀毫地綠茶膏嫩，玉斗絲紅墨瀋寛。俗事不教来眼境，閑愁那許上眉端。數櫺留得西窗日，更取丹經展卷看。

又《書睡》 書獄徵租自笑忙，暫歸聊得憩匡床。屏圖夜雨孤舟句，枕帶秋風九日香。一卷蠹書棲倦手，數聲殘角報斜陽。清泉浴罷西窗靜，更覺茶甌氣味長。

又卷二〇《七月十日到故山削瓜瀹茗翛然自適》 鏡湖清絶勝吳松，家占湖山第一峰。瓜冷霜刀開碧玉，茶香銅碾破蒼龍。壯心自笑老猶在，狂態極知人不容。擊壤窮閻歌帝力，未妨堯舜亦親逢。

又《效蜀人煎茶戲作長句》 午枕初回夢蝶床，紅絲小磑破旗槍。正須山石龍頭鼎，一試風爐蟹眼湯。岩電已能開倦眼，春雷不許殷枯腸。飯囊酒瓮紛紛是，誰賞蒙山紫笋香。

又《夢游山寺焚香煮茗甚適既覺悵然以詩記之》 平日居山恨不深，暫来差足慰幽尋。僧归共说道逢虎，院静惟闻风满林。毫盏雪涛驱滞思，篆盘云缕洗尘襟。此行殊胜邯郸客，数刻清闲直万金。

又卷二一《寓嘆三首其二**》** 心已忘斯世，天猶活此翁。嫩湯茶乳白，軟火地爐紅。課婢耘蔬甲，呼兒下釣筒。生涯君勿笑，聊足慰塗窮。

又卷二二《山居》 平生杜宇最相知，遺我巢山一叚奇。茶磑細香供隱几，松風幽韵入哦詩。溪邊拂石同兒釣，竹下開軒喚客棋。幾許放翁新事業，不教虛過太平時。

又卷二三《開元寺小閣十四韵》 淵源兩名衲，築閣捫星辰。近山卧蜿蜒，遠山高嶙峋。朝看雨空濛，暮揖雲輪囷。賦詩有宿諾，下語終未親。萬法不孤起，請君作其因。高挂四面窗，淨掃一榻塵。室中絶人聲，門前謝車輪。容我睡半日，兩忘主與賓。緩燒海南沉，細碾建谿春。是間儻有句，可與屈宋鄰。詩如奮蟄龍，夭矯不受馴。使可造次得，何異池中鱗。世有擾龍手，愧我非其人。詩不已就乎，著眼勿逡巡。

又卷二四《雨晴》 閑曳枯笻自在行，曲廊小閣賞新晴。幽禽葉底吟風久，殘雨枝間照日明。茶映盞毫新乳上，琴横薦石細泉鳴。亦知老健終難恃，且復蕭然得此生。

又卷二六《十一月十八日蒙恩再領冲佑鄰里來賀謝以長句》 綠章封事徹虛皇，黄紙除書降野堂。海上春常探先到，壺中日已不勝長。冰銜再署仙班貴，鶴料重支玉粒香。便挂朝冠亦良易，金銅茶籠本相忘。往時嘗使閩者例餽茶三年。今不講已久，余蓋未嘗霑及也。

又卷三四《幽居初夏四首其一**》** 湖山勝處放翁家，槐柳陰中野徑斜。水滿有時觀下鷺，草深無處不鳴蛙。籜龍已過頭番笋，木筆猶開第一花。嘆息老來交舊盡，睡餘誰共午甌茶。

又卷三六《北岩采新茶用忘懷録中法煎飲欣然忘病之未去也》 槐火初鑽燧，松風自候湯。携籃苔徑遠，落爪雪芽長。細啜襟靈爽，微

吟齒頰香。歸時更清絶，竹影踏斜陽。

又卷三九《初夏》 淡靄輕飃入夏初，一窗新緑鳥相呼。出門易倦常歸卧，著句難工但自娛。花徑蝶閑無墮蕊，酒樓人散有空壚。閩川茶籠猶霑及，肺渴朝來頓欲蘇。

又《村舍雜書》 東山石上茶，鷹爪初脱韝。雪落紅絲磑，香動銀毫甌。爽如聞至言，餘味終日留。不知葉家白，亦復有此不。

又卷四二《试茶》 强飯年來幸未衰，睡魔百萬要支持。難從陸羽毀茶論，寧和陶潛止酒詩。乳井簾泉方徧試，柘羅銅碾雅相宜。山僧剥啄知誰報，正是松風欲動時。

又卷四五《喜得建茶》 玉食何由到草萊，重奩初喜坼封開。雪霏庾嶺紅絲磑，乳泛閩溪緑地材。舌本常留甘盡日，鼻端無復鼾如雷。故應不負朋遊意，手挈風爐竹下來。

又卷五二《戲述淵明鴻漸遺事》 桑苧柴桑一世豪，區區玩物亦徒勞。品茶未及毀茶妙，飲酒何如止酒高。

又卷六五《幽事絶句》 客生聞吠犬，草茂有鳴蛙。日昳方炊飯，秋深始采茶。

又卷六七《老學庵北窗雜書七首其四**》** 小龍團與長鷹爪，桑苧玉川俱未知。自置風爐北窗下，勒回睡思賦新詩。

又卷六九《啜茶示儿輩》 圍坐團欒且勿譁，飯餘共舉此甌茶。麤知道義死無憾，已迫耄期生有涯。小圃花光還滿眼，高城漏鼓不停撾。閒人一笑真當勉，小榼何妨問酒家。

又卷七〇《八十三吟》 石帆山下白頭人，八十三回見草春。自愛安閑忘寂寞，天將强健報清貧。枯桐已爨寧求識，弊帚當捐却自珍。桑苧家風君勿笑，它年猶得作茶神。

又卷七一《幽居即事》 小磑落雪花，修綆汲牛乳。幽人作茶供，爽氣生眉宇。年來不把酒，杯榼委塵土。卧石聽松風，蕭然老桑苧。

又《戲書燕儿》 平生萬事付天公，白首山林不厭窮。一枕鳥聲殘夢裏，半窗花影獨吟中。柴荆日晚猶深閉，煙火年來只僅通。水品茶經常在手，前身疑是竟陵翁。

又《秋晚雜興》 置酒何由辦咄嗟，清言深媿淡生涯。聊將橫浦紅絲磑，自作蒙山紫筍茶。鄉老舊謂碾磨茶為作茶。

又卷七二《南堂雜興》 犇走當年一念差，歸休别覺是生涯。茆簷喚客家常飯，竹院僧隨自在茶。紹興初，僧喚客茶各隨意多少，謂之自在茶。今遂成俗。禪欠遍參寧得髓，詩緣獨學不名家。如今百事無能解，只擬清秋上釣槎。

又卷七六《閑游》 一見溪山病眼開，青鞵處處蹋蒼苔。平生長物埽除盡，猶帶筆床茶竈來。

又《池亭夏晝》 造物寧非念老生，池亭幽事悉施行。羣魚聚散忽無迹，孤蝶去來如有情。小磑落茶紛雪片，寒泉得火作松聲。曲肱假寐翛然寤，不為敲門夢不成。

又《暑雨》 欲雨未雨雲車犇，欲睡不睡人思昏。蠻童正報煮茶熟，忽有野僧來叩門。

又卷八〇《冬夜舟中作》 淺井供茶竈，分流浣布紗。此泉吾所愛，百用給山家。項里民家淺井。

又《雪後煎茶》 雪液清甘漲井泉，自携茶竈就烹煎。一毫無復關心事，不枉人間住百年。

又卷八一《蘭亭道上》 蘭亭步口水如天，茶市紛紛趁雨前。烏笠遊僧雲際去，白衣醉叟道傍眠。

又 陌上行歌日正長，吳蠶捉績麥登場。蘭亭酒美逢人醉，花塢茶新滿市香。蘭亭官酤名也，花塢茶名。

又卷八二《書意》 養得山林氣粗全，此懷無處不超然。日長琴奕茆簷下，歲晚江湖箬帽前。天上本令星主酒，俗間妄謂世無仙。今年茶比常年早，笑試西峯一掬泉。今年清明前數日，山中已有新茶。

又《送邢芻甫入閩二首其二**》** 君行正及荔枝丹，想見臨觴爲破顏。此外但宜烹茗雪，傷生不用擘蠔山。

宋 范成大《石湖居士詩集》卷二七《右春日田園雜興十二絶其三**》** 胡蝶雙雙入菜花，日長無客到田家。雞飛過籬犬吠竇，知有行商來買茶。

宋 周必大《文忠集》卷一《適蒙折簡見約烹茶再次前韻戊寅》

清明過後日初遲，春服成時瑟漸希。浪蘂惣隨流水遠，名花獨待羽觴飛，催開已奏清平調李太白清平調三章正為牡丹，唱徹猶須金縷衣，活火新泉太清絕，何如沉醉詠而歸。

又 卷四《邦衡侄季懷亦惠二詩再次韻二首一頌其叔侄之美一解季懷生日不送茶之嘲》 竹林終日醉流霞，下客窮空秖巵茶。更欲打門奴酪粥，何殊斂手捧薑芽。賜金指日揮疏傳，盛饌常時設謝家。用晉陸納撻姪事戲季懷。莫為唱酬供一笑，從今便廢爾殽嘉。

蕭散玄真吏少霞，樵青日日為煎茶謂迎恩租。莫因閩粵皐蘆葉，却厭神仙掌上芽。闕竹勝棊非我事季懷八月四日。菊潭試水是君家，不須更酹蘋洲塚。世以詩鳴句自嘉。

又 卷四三《次韵章茂獻謝茶》并序，辛酉十一月 [某]比得閩焙，小春馳獻侍講侍郎乃蒙佳什之賜，且聞因任江祠，輒次嚴韵併以為賀。

墨瀋名高筆有花，胸中五色補皇家。諫書夜夜常焚稾，講舌時時每賜茶。秘祝重尋丹灶火，長生元笑紫河車。新詩有味知何似，雙井春來試白芽。

宋 周必大《次韻王少府送蕉坑茶》《宋詩鈔》卷五八 昏然午枕困漳濱，醒以清風賴子真。初似衆禪逢硬語，久如味諫得端人。王程不趍清明宴，野老先分浩蕩春。敢向柘羅評緑玉，待君同碾試飛塵。

又《胡邦衡生日以詩送北苑八銙日注二瓶》 賀客稱觴滿冠霞樓名，懸知酒渴正思茶。尚書八餅分閩焙主，簿雙瓶揀越芽。見梅聖俞《謝宣城主簿》詩妙手合調金鼎鉉，清風穩到玉皇家。明年勅使宣臺餽，莫忘幽人賦葉嘉。

又《邦衡再和次韻》 金章紀出氣凌霞，不愧君王坐賜茶。講讀罷，例賜茶一甌。商嶺烹來思舊樣，王元之詩云：樣標龍鳳號題新，賜得還因作近臣。烹處豈期商嶺水，碾時空想建溪春。香于九畹芳蘭氣，閒似三秋皓月輪。愛惜不嘗惟恐盡，除將供養白頭親。洛泉煎處歎新芽。唐劉言史《與孟郊洛北野泉煎茶》詩云：粉洗越笋芽詩評未怕人生瘦，監濟惟防賊破家。賸欲蒼生蘇息否？剛嚴須是相王嘉。

又《八直召對選德殿賜茶而退》 緑槐夾道集昏鴉，勅賜傳宣坐賜茶。歸到玉堂清不寐，月鈎初上紫薇花。

又《季懷設醴且示佳篇再賦一章以酬五咏》 卯飲高樓徹莫霞，絕勝茆屋已公茶、篛包句好逢真實，荷葉甌深再嫩芽。詩老坐中容我輩，朝賢乞處藉吾家。詩來屢引歐公茶詩，故用篛包詩老事。孟郊《憑周況于朝賢乞茶》詩云：越甌荷葉空。從來佳茗如佳什，屢酌親朋味轉佳。

又《尚長道見和次韻二首》 詩成蜀錦燦雲霞，宮樣宜嘗七寶茶。壓倒柳州甘露飲，子厚茶詩：猶同甘露飲。洗空梅叟白膏芽。聖俞茶詩：春芽研白膏睡魔豈是驚軍將，茗戰都緣避作家。怪底清風失炎暑，朝來吉甫誦柔嘉。連日雨涼

鍾山處士映高霞，止酒惟親睡起茶。遠向溪邊尋活水，閒于竹裏試陽芽。一甌休問帝前席，七椀且同僧在家。所愧叔孫無五善，若為重拜晉君嘉。

又《七月十五日邦衡用前韻送薰衣香二帖韻爲謝》 天香猶帶曳裾霞，銀合行參到闕茶。故事：召用兩府，將到闕中，使賜銀合、茶、藥及香。賸馥欲沾吾臭味，普薰聊發善萌芽。心清此去誇僧舍，意可由來出內家。乞與博山添正氣，嶄巖曾辱更生嘉。劉向《薰爐銘》云：加此正氣，嶄巖若山。

又《送陸務觀赴七閩提舉常平茶事》 暮年桑苧毀茶經，應為征行不到閩。今有雲孫持使節，好因貢焙祀茶人。鸞棲枳棘已多年，父老猶傳主簿賢。扶杖喜迎新使者，赤帷何惜與高褰。疲駑久倦直明光，風味嘗思十八娘。擬請一麾依故舊，得無公道學蘇章。

又《邦衡侍郎留金陵再用津字韻賦詩謝送賜茗復以丙申小春四銙寄贈》 淳熙又貢第三春，驛騎星馳渡劍津。七祖師泉難話舊，謂青原八功德水且嘗新。雪亭烹處休裝景，火閣煎時却可人。只恐春從官柳邦衡侍婢名動，樂天還欲醉精淳。唐朱敬則：傳淳精流，糟粕棄。

宋 周李《悦川碾茶》《宋詩紀事》卷四二 獨抱遺經舌本乾，笑呼赤脚碾龍團。但知兩腋清風起，未識捧甌春筍寒。

宋 趙昚《賜僧守璋》《宋詩紀事》卷一 古寺春山青更妍，長松修竹翠含烟。汲泉擬欲增茶興，暫就僧房借榻眠。

宋 楊萬里《誠齋集》卷二《澹庵坐上觀顯上人分茶》 分茶何似煎茶好，煎茶不似分茶巧。蒸水老禪弄泉手，隆興元春新玉爪。二者相

遭兔甌面，怪怪奇真善幻。紛如擘絮行太空，影落寒江能萬變。銀瓶首下仍尻高，注湯作字勢嫖姚。不須更師屋漏法，只問此瓶當響答。紫微仙人烏角巾，喚我起看清風生。京塵滿袖思一洗，病眼生花得再明。漢鼎難調要公理，策勳茗椀非公事。不如回施與寒儒，歸續茶經傳衲子。

又 卷七《晚興》 雙井茶芽醒骨甜，蓬萊香燼倦人添。蜘蛛政苦空庭濶，風為將絲度別簷。

又 卷八《舟泊吴江》 獨立吴江第四橋，橋南橋北渺銀濤。此身正在吴江裏，不用并州快剪刀。

江湖便是老生涯，佳處何妨且泊家。自汲松江橋下水，垂虹亭上試新茶。

又 卷九《陳蹇叔郎中出閩漕別送新茶李聖俞郎中出手分似》 頭綱別樣建溪春，小璧蒼龍浪得名。細瀉谷簾珠顆露，打成寒食杏花錫，鷓斑椀面雲縈字，兎褐甌心雪作泓。不待清風生兩腋，清風先向舌端生。

又 卷一三《酌惠山泉瀹茶》 錫作諸峰玉一涓，麯生堪釀茗堪煎。詩人浪語元無據，却道人間第二泉。

又 卷一七《謝木韞之舍人分送講筵賜茶》 吴綾縫囊染菊水，蠻砂塗印題進字。淳熙錫貢新水芽，天珍誤落黄茅地。故人鸞渚紫微郎，金華講徹花草香。宣賜龍焙第一綱，殿上走趨明月璫。御前啜罷三危露，滿袖香烟懷璧去。歸來拈出兩蜿蜒，雷電晦冥驚破柱。北苑龍芽内樣新，銅圍銀範鑄瓊塵。九天寶月霏五雲，玉龍雙舞黄金鱗。老夫平生愛煑茗，十年燒穿折脚鼎。下山汲井得甘冷，上山摘芽得苦梗。何曾夢到龍遊窠，何曾夢喫龍芽茶。故人分送玉川子，春風來自玉皇家。鍛圭椎璧調冰水，烹龍炰鳳搜肝髓。石花紫笋可衙官，赤印白泥牛走爾。故人氣味茶樣清，故人風骨茶樣明。開緘不但似見面，叩之咳唾金石聲。麴生勸人墮巾幘，睡魔遣我抛書冊。老夫七椀病未能，一啜猶堪坐秋夕。

又 卷一九《陳蹇叔郎中出閩漕別送新茶李聖俞郎中出手分似》 頭綱別樣建溪春，小璧蒼龍浪得名。細瀉谷簾珠顆露，打成寒食杏花錫。鷓斑椀面雲縈字，兔褐甌心雪作泓。不待清風生兩腋，清風先向舌端生。

又 卷二〇《南海陶令曾送水沈報以雙井茶二首其二》 嶺外書來謝故人，梅花不寄寄爐熏。瓣香急試博山火，兩袖忽生南海雲。苒惹鬚眉清入骨，縈盈窗几巧成文。瓊琚作報那能辦，雙井春風輟一斤。

沈水占城第一良，占城上岸更差强。黑藏骨節龍筋瘠，斑出文章鷓翼張。衮盡殘膏添猛火，熬成熟水趁新湯。素馨熏染真何益，畢竟輸他本分香。

又《以六一泉煮雙井茶》 鷹爪新茶蟹眼湯，松風鳴雪兔毫霜。細參六一泉中味，故有涪翁句子香。日鑄建溪當退舍，落霞秋水夢還鄉。何時歸上滕王閣，自看風爐自煮嘗。

又《謝福建提舉應仲實送新茶》 詞林㬑錫繡衣新，天上茶仙月外身。解贈萬釘蒼玉胯，分甞一點建溪春。三杯大道醺然後，七椀清風爽入神。聞道閩山官况好，何時乞得兩朱輪。

又《謝岳大用提舉郎中寄茶果藥物三首・日鑄茶》 瓷瓶蠟紙印丹砂，日鑄春風出使家。白錦秋鷹微露爪，青瑶曉樹未成芽。松梢鼓吹湯翻鼎，甌面雲煙乳作花。喚醒老夫江海夢，呼兒索鏡整烏紗。

又 卷二五《夢作碾試館中所送建茶絶句》 天上蓬山新水芽，羣仙遠寄野人家。坐看寶帶黄金銙，吹作春風白雪花。

又《寄中洲茶與尤延之延之有詩再寄黄檗茶仍和其韻》 詩人可笑信虛名，擊節茶芽意不輕。爾許中洲真後輩，與君顧渚敢連衡。山中寄去無多子，天上歸來太瘦生。更送玉塵澆錫水，爲搜孔思攪周情。

又 卷二七《過楊子江》 衹有清霜凍太空，更無半點荻花風。天開雲霧東南碧，日射波濤上下紅。千載英雄鴻去外，六朝形勝雪晴中。攜瓶自汲江心水，要試煎茶第一功。

天將天塹護吴天，不數殽函百二關。萬里銀河瀉瓊海，一雙玉塔表金山。旌旗隔岸淮南近，鼓角吹霜塞北閑。多謝江神風色好，滄波千頃片時間。

又《題盱眙軍玻瓈泉》 清如淮水未為佳，泉迸淮山好煮茶。鎔出玻瓈開海眼，更和月露瀹春芽。仰看絶壁一千丈，削下青瓊無點瑕。從事不澆愁肺渴，臨泓帶雪吸冰花。

又 卷二八《寄題朱元晦武夷精舍十二咏・茶竈》 茶竈本笠澤，

飛來摘茶國。墮在武夷山，溪心化爲石。

又 卷二九《惠泉分茶示正孚長老》 寒泓不到十餘年，老眼重看意惘然。漱裂蒼崖玉龍口，墮成清鏡雪花天。須煩佛界三昧手，拈出茶經第二泉。珍重贊公驚久別，且談詩句未談禪。

又《題陸子泉上祠堂》 先生嗜茶不嗜肉，先生飲泉不飲酒。饑寒祇忍七十年，萬歲千秋名不朽。惠泉遂名陸子泉，泉與陸子名俱傳。一瓣佛香炷遺像，幾多衲子拜茶仙。麒麟圖畫冷似鐵，淩煙冠劍消如雪。惠山成塵惠泉竭，陸子祠堂始應歇。山上泉中一輪月。

又 卷三四《新安登江水自績溪發源》 金陵江水只鹹腥，敢望新安江水清。皺底玻璃還解動，瑩然酃渌却消酲。泉從山骨無泥氣，玉漱花汀作珮聲。水記茶經都未識，謫仙句裏萬年名。太白云：借問新安江見底何如？此又云：何謝新安水，千尋見底清。

又 卷九八《武陵春》 老夫茗飲小過，遂得氣疾。終夕越吟，而長孺子有書至，答以武陵春，因呈子西。 長鋏歸兮踰十暑，不着鵕鸃冠。道是今年勝去年，特地減清臞。舊賜龍團新作祟，頻啜得中寒。瘦骨如柴痛又酸，兒信問平安。

宋 張履信《訪丹陽玉乳泉已變昏黑因賦詩淳熙十三年**》**《宋詩紀事》卷五七 觀音寺裏泉經品，今日唯存玉乳名。定是年來無陸子，甘香收入柳枝餅。

宋 張達明《題吴江甘泉》《宋詩紀事》卷五九 在石塘第四橋下，陸羽《茶經》品為第四，張又新品為東南第六。 橋下四榆水，人間六品泉。松陵無魯望，山茗為誰煎？

宋 徐得之《試雙井茶》《宋詩紀事》卷五五 先生老作宜州鬼，誰與一甌同注湯。至今捧著雙井椀，猶帶是翁書傳香。

宋 吕定《雪夜》《兩宋名賢小集》卷三六五 漠漠同雲徧海涯，曉風寒逼緑窗紗。飛揚鱗甲三千界，糝點樓臺百萬家。何處妙歌金帳酒，誰人清對玉梅花？便應石鼎融冰水，烏帽籠頭自煮茶。

宋 喻良能《香山集》卷二《次韻提舉王正言寒食游茶焙》 摘山勝煮海，財貨所源流。建焙甲天下，賦入十倍收。國計頗賴之，貢輸何時休。擇人為提領，得賢從宛丘。文章脱吏腕，風味登瀛洲。佐職亦已久，再見春草抽。郊原富槍旗，歲事日以修。撫民端若子，疾惡信如讐。驅車向鳳山，父老觀道周。青春行畫圖，佳處時一留。風前耳潺湲，雨後目纖柔。酒酣已勝賞，珠唾揮鈞鈎。咨予素么麽，受恩猶未酬。銘心雖甚堅，撫己徒懷羞。平生困坎壈，暮年尚依劉。投公一紙書，遠寄粤王州。書傳得妙帖，想像寒食游。終防好事人，豪奪或巧偷。

又 卷七《文舉仙尉以詩寄似兼惠新安紙乳洞茶次韻奉酬》 閉户鶯聲老，開緘鯉素新。多慚青眼舊，遠寄白頭人。佳楮氷天繭，芳芽雪洞春。著書兼破睡，勤謝敢辭頻。

又 卷一二《飲茶》 清風生兩腋，雪乳啜雲團。便擬乘風去，翻嫌縛小官。

又 卷一三《題煮泉亭》 甘香曾飲谷簾前，攜茗仍來試煮泉。更覺清風生兩腋，始知鴻漸是茶仙。

又 卷一四《就報恩借碾碾茶彝老有詩因次其韻》 斷無鵝鴨惱比鄰，賴有鐘魚隔竹聞。故遣新茶就佳磑，要供戲綵滿甌雲。

又《游龍井》 九月十日天氣涼，桂花零落菊花黄。竹根如意雙不借，放眸一望海天長。

天人彌天同一游，灑落珠璣不自休。二老風流今淨盡，空餘怪石對龍湫。

致身通顯大槐夢，快意畋魚紫石潭。何似相攜古蘭若，細看香篆味茶甘。

宋 梁克家《次陳休應烹茗廓然亭見送韻》《宋詩紀事》卷五一 已行更為玉泉留，好景煩公傑句收。紫帽峯前雙鷺下，幾多清興滿滄洲。

宋 李洪《芸庵類稿》卷五《清明鑽火烹茶》 客舍垂楊依舊青，自鑽新火應清明。故山紫笋誰能摘，倒傾雲龍手自烹。

宋 朱熹《晦庵集》卷三《伏讀秀野劉丈閒居十五咏謹次高韻率易拜呈伏乞痛加繩削是所願望・積芳圃》 樂事從茲不易涯，朱門還似野人家。行看靚艷須携酒，坐對清陰只煮茶。曉起蒼涼承墜露，晚來光景亂蒸霞。平生結習今餘幾，試數毗耶棘上花。

又 卷六《雲谷二十六咏・茶坂》 攜籯北嶺西，采擷供茗飲。一

啜夜窗寒，跏趺謝衾枕。

又 卷九《武夷精舍雜咏·茶竈》 仙翁遺石竈，宛在水中央。飲罷方舟去，茶烟裊細香。

又《香茶供養黄蘗長老悟公故人之塔并以小詩見意二首》 擺手臨行一寄聲，故應離合未忘情。炷香瀹茗知何處，十二峰前海月明。

一别人間萬事空，他年何處却相逢。不須更話三生石，紫翠參天十二峰。

宋 朱熹《康王谷水簾》（《宋詩鈔》卷六〇 谷口景德觀，在温湯西十五里。入谷又十五里至簾下。） 循山西北騖，崎嶇幾經丘。前行荒蹊斷，豁見清溪流。一涉臺殿古。再涉川原幽。縈紆復屢渡，乃得寒巖陬。飛泉天上來，一落散不收。披崖日璀璨，噴壑風颼飀。追薪爨絶品，瀹茗澆窮愁。敬酹古陸子，何年復來遊？ 陸鴻漸《茶經》第此水為天下第一

宋 袁樞《茶竈》（《宋詩紀事》卷五二） 摘茗蜕仙巖，汲水潛虬穴。旋然石上竈，輕汎甌中雪。清風已生腋，芳味猶在舌。何時櫂孤舟，來此分餘啜。

宋 張孝祥《于湖集》卷一〇《以茶芽焦坑送周德友，德友來索賜茶，僕無之也》 帝家好賜龠雲龍，秪到調元六七公。賴有家山供小草，猶堪詩老薦春風。

仇池詩中識焦坑，風味官焙可抗行。鑽餘權倖亦及我，十輩走前公試烹。

又 卷一一《偶得新茶，獻提刑文，既壽北堂太夫人，亦可助齊眉之餉也》 龍焙新春出尚方，細官佳句總堪嘗。遥知舉案齊眉處，再拜萱堂壽未央。

又《樞密端明先生寵分新茶，將以麗句，穆然清風，久矣不作，感嘆之餘，輒敢屬和》 伐山萬鼓震春雷，春鄉家山挽得回。定自君王思苦口，便同金鼎薦鹽梅。

又 先生筆勢挾風雷，春色先從筆底回。却笑麄官成漫與，望林止渴竟無梅。 茶爲郵卒所竊，但詩筒至耳。

又 卷一二《送茶》 頭綱入餅密雲龍，曾侍虚皇拆御封。今日湘中見新夸，喚回清夢九烟重。

又《從吴伯承乞茶》 三月新茶猶未識，作詩去問野堂君。春風有脚家家到，定爲麄官不見分。

又《和伯承送茶韻》 佳句新茶亦太奇，嘗新即日未全遲。掃除鴈鶩行邊事，細輾春風細讀詩。

又 卷三三《浣溪沙》 以貢茶、沈水為楊齊伯壽。

北苑春風小鳳團，炎州沉水勝龍涎。殷勤送與繡衣仙。

玉食向來思苦口，芳名久合上凌煙。天教富貴出長年。

宋 張栻《南軒集》卷五《和安國送茶》 官焙蒼雲小卧龍，使君分餉自題封。打門驚起曲肱夢，公案從今又一重。

又 卷六《夜得岳後庵僧家園新茶甚不多輒分數碗奉伯承》 小園茶樹數十許，走寄萌芽初得嘗。雖無山頂煙嵐潤，亦有靈泉一流香。

又《筠州曾使君寄眖中州新芽賦此以謝》 黄蘗山前水遶沙，春風吹石長靈芽。午窻落磑飛瓊屑，鳴椀翻湯湧雪花。

日長燕寢無公事，忽憶故人雲水邊。包裹甘芳慰幽獨，使君風味故依然。

又 卷七《從鄭少嘉求貢綱餘茶》 貢包餘壁小盤龍，獨占人間第一功。乞與清風行萬里，為君一洗瘴雲空。茗事蕭踈五嶺中，修仁但可愈頭風。春前龍焙令人憶，知與故人風味同。

又《南岳庵僧寄上封新茶，風味甚高，薄暮分送韓廷玉李嵩老》 浮甌雪色喜初嘗，中有祝融風露香。徑欲與君同晤賞，短檠清夜正相望。

又《歲晚烹試小春建茶》 陽月藏春妙莫窺，靈芽粟粒露全機。貴泉獨啜寒牎夜，已覺東風天際歸。

又《定叟弟頻寄黄蘗仰山新芽嘗，口占小詩，適灾患亡聊久不得遣寄，今日方能寫此》 瘴雨昏昏梅子黄，午牎歸夢一繩床。江南雲腴忽到眼，中有吾家棠棣香。

又 集雲峯頂風霜飽，黄蘗洲前水石清。不入貢包供玉食，秪應山澤擅高名。 坡公貶章茶，未為確論，予謂建茶如臺閣勝地，章茶之佳者如山澤高人，各有風致，未

易疵也。

宋 李處權《崧庵集》卷五《謝養源惠茶兼陪士特清啜》 仰止先生道不窮，愛茶直似玉川翁。靈芽動是連城價，妙手纔爭一水功。賤子詩書元未飽，愁腸藜莧豈宜蒙。高齋罷酒陪清啜，歸御泠然兩腋風。

宋 周孚《蠹齋鉛刀編》卷五《用獨樂園故事以雪水烹茶招彥章》 西都舊事君須記，東潁新詩我未能。来伴支笻眺科日，晚山相對玉崚嶒。

宋 王質《雪山集》卷一五《問查元章覓龍團茶詩》 戲龍頓斷天門鎖，來蟄公家片段箱。恐有墮髯收不盡，覓來驚起雁鳧行。

又《用前韻謝元章惠茶二首》 五夜輕行過故鄉，不知箭栝與車箱。清風一點吹靈府，夢斷江南白鷺行。

白日騰騰睡醉鄉，塵絲撩亂罥巾箱。從令易趁繙書課，滿眼精神下五行。

又卷一六《驀山溪·咏茶》 枯林荒陌，矮樹敷鮮葉。不見雅風標，十二分、山容野色。因何嫩茁，舞動小旗槍，梅花後，杏花前，色味香三絶。含光隠耀，塵土埋豪傑。試看大粗疎，争知變、寒雲飛雪。休説休説，世只兩名花，芍藥相，牡丹王，未盡人間舌。

宋 羅願《羅鄂州小集》卷一《茶巖》 巖下纔經昨夜雷，風爐瓦鼎一時來。便将槐火煎嵓溜，聽作松風萬壑迴。

宋 陸九韶《試茗泉在翠雲山**》**《宋詩紀事》卷五三 邂逅成山行，往往有異景。奇怪爭呈露，獨不見試茗。逶迤即道周，泓澄得幽井。淆之不可濁，凝然如自省。軀蒙於越來，儻亦煮石鼎。豈為渴者甘，醉夢當一警。

宋 樓鑰《攻媿集》卷五《次韻黄文叔正言送日鑄茶》 龍圖正言年兄寄日鑄貢品，且以東坡詩中妖邪奴隸等語為病，使為直之。既與佳客品嘗，比平日所得者絶不同，仰嘆鑒賞之精也。細觀坡公《和錢安道寄惠建茶》詩，一時和韻，反爲雙井所牽。後在北方《和蔣夔寄茶》則云：『沙谿北苑强分别，水脚一線争誰先。』又云：『老妻稚子不知愛，一半已入薑鹽煎。人生所遇無不可，南北嗜好知誰賢。死生禍福久不擇，更論甘苦争媸妍。』則是此老初亦無定論，似不必深較。輒次前韻，聊為日鑄解嘲，以資一笑。 古人養老食而酭，後人既飽須啜茗。唐稱陽羡顧渚茶，惠建之名猶未省。小團花袴裔雲龍，競巧争妍動天聽。要之造化生萬物，甘苦酸鹽適其性。古來水品多異同，茶品知誰得其正。芽新火活善調湯，種類雖殊俱雋永。坡翁立論亦疲當，一貶一褒何太猛。北苑固為天下最，未必餘茶盡邪獷。越山日鑄名最高，種在陽坡性非冷。父老不堪痛摧抑，待以奴隸心若鯁。草木端有地所宜，此品標奇惟一嶺。秖應雜取應人須，寖使虚名成畫餅。坡公殆未識吾真，真者如珠光自炯。白頭拾遺辨真贋，非是容心為鄉井。寄來雙缶妙絶倫，病穸新嘗信僥倖。七盌自煎成水厄，笑看腹似支離癭。

又卷一〇《謝黄汝濟教授惠建茶并惠山泉》 幾年不泛浙西船，每憶林間訪惠泉。雅好誰如廣文老，親攜直到病夫前。細傾瓊液清如舊，更瀹雲芽味始全。或問此為真病否，其中自有石如拳。

宋 王炎《雙溪類稿》卷四《次韻韓毅伯謝人惠茶》 一線金沙泉脉来，官焙初香春未雷。雲龍小餅到天上，露芽濯濯千嵓隈。縑緗空滿石渠閣，鴻漸經成方有託。喚作酪奴真薄夫，雪乳雲腴何可無。哦詩舌本費澆灌，畏遭水厄徒拘拘。豈知佩印乘軒客，醉飽犧尊羊鼎側。要試江山第一泉，紫鳳盤旋蒼璧圓。書生品味惟三九，性自嗜茶如嗜酒。

又卷五《次韻韓毅伯趣諸先輩送茶》 脱腕符移日旁午，魚眼浮香湏一煮。客来捧腹共軒渠，暫時撥置官文書。喜客恨無鮮可擊，滿盂脱粟飢時喫。睡魔不待巧擠排，雪花小啜清風來。人生何苦浪馳逐，但得所求心自足。意在春風曉露邊，愛惜一旗輕萬錢。碾破雲龍還不飲，灩灩金荷扶玉筍。渠方醉魄甘沉迷，我自詩情要勾引。

宋 辛棄疾《稼軒詞》卷二《水龍吟》 又用些語再韻瓢泉，歌以飲客，聲語甚諧，客皆為之釂。 聽兮清珮瓊瑤些。明兮鏡秋毫些。君無去此，流昏漲膩，生蓬蒿些。虎豹甘人，渴而飲汝，寧猿猱些。大而流江海，覆舟如芥，君無助、狂濤些。路險兮、山高些。愧余獨處無聊些。冬槽春盎，歸來為我，製松醪些。其外芬芳，團龍片鳳，煮雲膏些。古人兮既往，嗟余之樂，樂簞瓢些。

宋 袁説友《東塘集》卷二《和趙周錫咏魏南伯家葱茶韻》 武夷十月嘗先春，風生兩腋撩詩人。玉塵一縷輕且純，不與凡味争比鄰。鐺中碧玉濤湧銀，七盌不厭烹啜頻。書窗假寐熟欠伸，重煎倍覺滋味勻。吾鄉此茗孰與倫，誰家却説江茶珍。剥葱細切誇珠蠙，泛甌更騁如鋪璘。不知珉玉難並陳，從来居上嗟積薪。魏君胡為白頭新，懷兄詎可論不均。我

雖曾沃齒下齦，不敢溢美忘鄉津。方圭圓璧當春晨，請君反本毋予嗔。

又 卷三《**嘗顧渚新茶**》 碧玉團枝種，青山擷草人。先春迎曉至，未雨得芽新。雲疊槍旗細，風生齒頰頻。何人修故事，香味徹楓宸。

又《**惠相之惠顧渚芽答以建茗**》 一室環三徑，諸郎讀五車。山高空鎖翠，澗濶自流花。輟我閩山焙，酬君顧渚芽。書來驚歲晚，老去各天涯。

又《**鬥茶**》 截玉誇私鬬，烹泉測嫩湯。稍堪膚寸舌，一洗莧藜腸。千枕消魔障，春芽敵劍鋩。年年較新品，身老玉甌嘗。

又《**遺建茶於惠老**》 東入吳中晚，團龍第一匲。政須香齒頰，莫慣下薑鹽。笑我便搜攪，從君辨苦甜。更煩揮妙手，銀粟看纖纖。

又《**沈無隱國正惠殿廬所賜香茶**》 公論歸吾黨，平生只故人。近書時遣況，舊雨日相親。茶輟閩山貢，香分御府珍。須公文石陛，回首雪溪濱。

又《**謝吴斗南教授惠貢茶**》 我愧周行久，君方戴席重。一緘馳素璽，五玉卧烏龍。滴雪浮甌淺，濡香過齒濃。欲酬新句好，官事正填胷。

宋 袁説友《**東塘集**》**卷六**《**和程閣學送小春茶韻四首**》 眼看節物去重來，又見寒梢數點梅。草木已隨新歲好，冬芽豫占一年魁。

物物呈祥豈偶然，新芽新味更新年。靈苗却解為人壽，請為君謨續此篇。

七椀由來厭八珍，猶堪代酒亦生春。箇中風味須知趣，慙愧劉公獨倚新。

家山歷歷未歸來，投老江湖祇自咍。賴有年年鄉信好，一甌浮玉飽春臺。

宋 曾豐《**緣督集**》**卷八**《**宿南海神祠東廊候月烹茶吹笛**》 祠宇沈沈海岸頭，况逢冷夜耿清秋。風前塵外笛三弄，飯後月中茶一甌。借我孤舟隨水往，乘時一棹與天浮。舊談八月流槎事，豈料今來傍女牛。

宋 姚述堯《**蕭臺公餘詞·如夢令·壽茶**》 龍焙初分丹闕，玉果輕翻瓊屑。采仗挹香風，攪起一甌春雪。清絕，清絕，更把獸煙頻爇。

宋 章甫《**自鳴集**》**卷二**《**謝張倅惠茶**》 病軀倦甚不舉酒，便腹枵然尤愛茶。淮鄉久住已成俗，客至亦復研芝麻，稱重緗奩還入手，知公與我詩情厚。靜無俗駕扣柴關，急遣僧房借茶臼。易足堂中晝倍長，一杯涼餅補飢腸。世間萬事不掛口，齒頰盡日留甘香。青奴可憐姑少却，睡魔退舍詩魔作。詩成吟罷來清風，秋意拂拂生梧桐。

又《**謝韓無咎寄新茶**》 武夷仙翁冰雪顔，建寧府中春晝閒。揮毫醉寫烏絲欄，新茗續煎扶玉山。應念窮愁寄空谷，頭白眼眵書懶讀。殷勤題裹寄春風，澆我從來藜莧腹。別公宛陵今五春，渴心何啻生埃塵。平生不識七閩路，夢魂欲往山無數。

又 卷三《**葉子逸以惠山泉瀹日鑄新茶餉予與常鄭卿**》 惠山泉甘苦不冷，日鑄茶香方是真。廣文喚客作妙供，石銚風爐皆手親。神清便欲排閶闔，且了吾人淡生活。餅芽分送已無餘，杯水尚容消午渴。

宋 趙蕃《**淳熙稿**》**卷七**《**飲袁州惠仰山茶**》 黄溪方輟供，頓有仰山來。久怕羊腸險，小聽松吹回。喜能澆渴肺，愁柰走饑雷。何日俱君謁，香凝燕寢開。

又 卷一四《**和青田劉令同年見答寄茶之作**》 越國春芽舊有聞，換來佳句益堪珍。主張品格曾無過，吟寫工夫直有神。鴻漸烹煎應巧密，玉川才調本清新。索居海角凄涼甚，時得吟哦慰此身。

又 卷一五《**寄南安李使君三章**其一》 謝使君惠酒六尊，先是萬安令莫君嘗以使君所惠之酒見飲，而惠余者適誤持，過太和舍弟至，方得之。南池，使君上饒所居；其二從君乞南安石茶磨子；其三賀使君步履復故且致久濶願見之意焉。 臼擣紛紛何所如，碾成更自治家模。不盡粉身兼碎骨，為看落雪又霏珠。體用同歸人力致，粗精孰愈磨工夫。舊聞此物獨君地，要伴筆牀能寄無。

又 卷一八《**寄白雲莧茶**》 憶別白雲筍漸長，而今想見出梢墻。道人寄我不忘我，盍寄茶甌洗睡盲。

又《**以茶寄楊溥之二首**》 要題尺素問何如，病過春風體益癯。採得山茶漫持寄，草玄餘暇想時須。

憶過君家置酒杯，病予方止只空陪。而今夢想論文地，柳合沙堤鷗去來。

又《**從蕭君求茶二首**》 園官闕菜猶形諷，年例求茶可欠詩。為報蕭郎勿多怪，已令汲澗拾松枝。

舊傳漢殿三眠柳，燒燭仍聞照海棠。草木困春人可奈，政煩茗椀為禁當。

又《從蕭秀才求茶二首》　丁蔡紛紛競寵加，底如好事玉溪家。至今有子能傳業，不待茶精句亦佳。秀才之先以玉溪為號。

磊落真同席上珍，憶蒙况我意殊真。今年尚許分張否，試遣詩筒告及春。

又《簡莫令求茶》　萬安近說神潭茶，頗似文當屈宋衙。山中索居睡不足，碾寄盍令舒眼花。

又《謝莫升之惠茶》　雙罌稍輟焙中茶，好卧黄紬稳聽衙。禦雨况聞當用瓦，固知不怕落簷花。

又《曾秀才送茶》　正爾耽詩不耐閒，鏡中頻覺瘦欒欒。曾郎惠我盡清供，椀把春風香並蘭。

又《送新茶與俞尉》　山居每啜社前香，及是清明茶政嘗。歎我白頭無毋遺，一杯持與供高堂。

又卷一九《題黄溪壁二首其二》　此邦茶品固多有，聞說黄溪獨未嘗。何日敲門辱持贈，更須高誦碧雲章。

宋　趙蕃《章泉稿》卷二《周袁州惠建茶黑篤耨以四十字謝之》

書齋憐寂寞，書札慰荒凉。勸把春風椀，仍薰知見香。未憂欺短褐，寧慮厄枯腸。塵思如能雪，詩情或可昌。

宋　虞儔《尊白堂集》卷二《王誠之分惠卧龍新茶數語爲謝》

卧龍驤首奮輕雷，一一槍旗次第開。遽浼春風歸七椀，寧容夘酒困三盃。森嚴莫訝先嘗苦，雋永方知後味回。不羡金釵候湯眼，可能蕭寺略追陪。

又《謝周晞顔寄惠新芽》　摘鮮分送細茸茸，知在春山第幾重。包裹雅宜青箬節，寵珍寧羡赤囊封。礲驚雪落巖前石，烹訝風生澗底松。堆案文書吾欲睡，賴渠唤醒小從容。

又《以蓮心茶送罩使君小詩將之》　未雨餘寒力尚嚴，巖前蚤見摘纖纖。初嘗似帶蓮心苦，迴味寧輸崖蜜甜。渴想清香凝燕寢，更餘黄卷亂牙籤。一甌幸入春風手，微草從今價亦添。

又《再和》　採得蓮心苦更嚴，青裙白面退尖纖。竹軒旋碾香塵散，槐夢初回齒頰甜。况是澄泉元帶錫，自應佳句合編籤。直須陪侍揮談塵，習習清風兩腋添。

又《以酥煎小龍茶因成》　水分石鼎暮江寒，灰撥磚爐白雪乾。蝌眼已收魚眼出，酥花翻作乳花團。撑腸尚有書千卷，枵腹無憂食一簞。只欠緑珠煎点在，詩情寧使愧麤官。

又卷四《和林正甫碾茶》　森嚴風味變腴甘，未必能祛睡思酣。姑為先生寬水厄，却容歸夢到江南。肝膽由來自一家，人間何許是真茶。不妨更著薑鹽伴，可但丘中詠有麻。

又《以蓮心茶送江倅報以剥蝦佳句》　十指纖纖笋透芽，滿盤紅玉剥鬚蝦。慇懃念我須分餉，更問鄰家酒得賒。

宋　袁燮《絜齋集》卷二三《謝吴察院惠建茶》　佳茗世所珍，聲名競馳逐。建溪拔其萃，餘品皆臣僕。先春擷靈芽，妙手截玄玉。形模正而方，氣韻清不俗。故將比君子，可敬不可辱。御史萬夫特，剛腸憎軟熟。味此道之腴，清泠肺肝沃。精新味多得，烹啜不忍獨。磊落分貢包，殷勤寄心曲。斯時屬徂暑，低頭困煩溽。一甌瀹花乳，精神驚滿腹。此物雪昏滯，敏妙如破竹。誰知霜臺傑，功用更神速。莫辭風采凜，要使班列肅。一朝奮孤忠，萬代仰高躅。

宋　曾三異《携茶訪楊東山》《宋詩紀事》卷六五　褰衣不待履霜回，到得如今亦樂哉。泓穎有時供戲劇，軒裳無用任塵埃。眉頭猶自懷千恨，興到何如酒一杯？知道華山方睡覺，打門聊伴茗奴來。《鶴林玉露》：端平初，楊東山累辭召命，以集英殿修撰致仕，家居年八十，雲巢攜茶袖詩訪之詩云云。

宋　徐照《芳蘭軒集·春日曲》　中婦掃蠶蟻，挈籃桑葉間。小姑摘新茶，日斜下前山。

又《謝徐璣惠茶》　建山惟上貢，采擷極艱辛。不擬分奇品，遥將寄野人。角開秋月滿，香入井泉新。静室無來客，碑黏陸羽真。

宋　張鎡《南湖集》卷六《許深父送日鑄茶》　短牋欣見小龍蛇，諫省初頒越嶺茶。甆缶祕香蒙翠箬，蠟封承印濕丹砂。清風灑落曾誰比，正味森嚴更可嘉。堪笑雲臺方忍睡，强行松徑嚼新芽。

又卷七《茶谷閑步》　自携折脚鐺，煮芽仍帶葉。客至請渠嘗，俗塵消曠劫。

又卷八《靈芝寺避暑因携茶具泛湖共成十絶其六》　白髮催愁酒量慳，軟塵盈袂飲尤難。小童正對茶鐺立，堪伴先生入畫看。

又卷九《煎白雲茶二首》　白雲寺在宣城賞溪之西，唐宣宗有詩云：『長安若問江南事，說道風光在水西。』

水西幽寺風光足，山上行雲雪色明。不放精英入閒草，夜鐺嘉話得松聲。

嫩芽初見綠蒙茸，已破人間睡思濃。玉食會當陪上苑，貴名高冠密雲籠。

宋　劉過《龍洲集》卷五《與青原正庵老》　倦行老矣徧東南，最後青原識正庵。無法更求身外說，有禪應向意中条。春風遶寺雨花墜，石鼎烹茶泉味甘。暫免塵囂聊稅駕，與君相對欵清談。

又卷六《鹽官借沈氏屋》　借宅西頭對短檠，一燈相對紙忩横，煨爐火活蹲鴟熟，沸鼎茶香蚯蚓鳴。萬卷讀書空老大，諸生盖世畫功名。依稀草木還鄉去，便向夜深聞雨聲。

又卷七《都中留隨州李判官》　幸自東南好，西歸未可忙。茶添橄欖味，酒借蛤蜊香。絶品宜春醉，新烹趁日長。倒囊傾厚載，歸遺北人嘗。

又卷一二《好事近·咏茶》　誰斫碧琅玕？影撼半亭風月。尚有歲寒心在，留得數根華髮。

龍孫戲弄碧波濤，隨手清風發。滾得到浪花深處，起一甌香雪。

宋　劉過《龍州词·臨江仙·茶詞》　紅袖扶來聊促膝，龍團共破春溫。高標終是絕塵氛。兩箱留燭影，一水試雲痕。

飲罷清風生兩腋，餘香齒頰猶存。離情凄咽更休論。銀鞍和月載，金碾為誰分？

宋　許綸《涉齋集》卷六《煮茗》　止酒身多病，添書日正長。睡魔推不去，茗盌熟難忘。鵲過飛樵墮，蜂喧落粉香。静中觀物理，此樂未渠央。

煮茗鴉闖井，哦詩蝶過垣。笋高垂籜瘦，梅落墜枝繁。白晝重闈静，新晴遠市喧。境緣看漸熟，吾亦欲忘言。

又卷一一《次韻酬顯庵寄茶》　顯庵多別又多年，小草蠅頭越瞭然。覔句不為禪所縛，住山長是佛相憐。無從飲酒過蓮社，尚肯分茶到玉川。肉食正慙無補報，歸心已駛不須鞭。

宋　馮多福《鶴林寺》《宋詩紀事》卷五八　春郊躬勸相，稅駕擬禪關。院古深藏竹，堂虛淨對山。日曛農父醉，雲伴老僧閑。暇日還攜茗，同來瀹虎斑。

宋　戴復古《石屏詩集》卷五《謝史石窗送酒并茶》　遺來二物應時須，客子行厨用有餘。午困政須茶料理，春愁全仗酒消除。不勝歡喜拜嘉惠，無限慇懃作謝書。君既有來何以報，一牀蕲簟兩淮魚。

又《田園吟》俗諺：桐樹發花，茶户大家。又云：樹無梅，手無杯。　自古田園活計長，醉敲牛角取宮商。催耕啼後新秋緑，鍜磨鳴時大麥黄。桐樹著花茶戶富，梅林無實秫田荒。狂夫本是農家子，抛却一犁遊四方。

宋　韓淲《澗泉集》卷一《茶山》　人日遊茶山，點檢山下泉。載惟兩賢祠，緬邈桑苧仙。豈無高潔懷，何有香火緣。雨晴動春事，草樹含芳妍。獨來宴坐久，湛然還惘然。扶輿度歸路，尋友了閒篇。

又　南風滿脩竹，兩賢凜如生。殘僧具湯餅，茗椀寒泉清。歸來涉城市，貨殖何縱横。溪明漾長橋，履此復暢情。喧寂等一境，人世不足驚。北牕卧微凉，神思纔清平。

又《同尹一游茶山齊賢繼來》　蒸雨隘閭巷，茶山午風清。同吟方齋人，禪老相送迎。隔城帶湖光，更約暢叙情。輕雲轉雷晚，静定天宇明。

又卷六《謝昌甫茶且囑同往來諸友飲之》　山翁包題抵書信，盥掌剥封乃茶茗。更看健句團筆陣，得之足以忘食寢。清風兩腋何敢辜，常日諸人當聚飲。陸子泉頭活火煎，一啜須令各蘇醒。

又《昌甫送松溪茶蓋云得之晁丈》　章泉寄我松溪茶，北苑雙井未足誇。蓋以人勝茶亦勝，况復二老文章家。松溪主人未識面，每鄉往之而咨嗟。想見讀書坐清晝，薰風兩鬢生霜華。趙晁媚睦久同志，近知往詣情愈嘉。慇懃包裹得此茗，歸來奚忍自啜耶。憐我於晁頗臭味，一旦拜此忻無涯。亟呼童奴取活水，烹煎試起瓊玉花。不但愛此瓊玉花，茶因人勝無以加。

又 卷九《次韻昌甫分遺烏石茶》 茶經空爛讀，讀罷出溪頭。竹杖雖流憩，藜牀復倦投。尋思煎以喫，展轉卧而遊。烏石瓶能好，甌犧底用憂。

又 卷一四《葉侍郎寄烏石茶昌甫詩謝之次韻同賦》 瓶茶遠自水心寄，緘詩又謝章泉分。揀芽為贈信靈物，回味有功非世勲。降伏睡魔庶永日，不居酒聖須乘雲。何時幽討共仰止，烏石岡頭煮此云。

宋 林正大《意難忘》括黄庭堅煎茶賦 《御選歷代詩餘》卷五四 洶洶松風，更浮雲皓皓。輕度春空。精神新發越，賓主少從容。犀箸厭，滌昏懵。茗投美劑，與和同。雪滿兔甌溶。便一枕，莊周蝶夢，安樂窩中。

建谿日鑄爭雄，笑羅山梅嶺，不數嚴邛。胡桃添味永，甘菊助香濃。盌策奇功，待試與，平章甲乙，為問涪翁。

宋 夏元鼎《蓬萊鼓吹·西江月·送臘茶答王和父》

萬匯陽春吐秀，爭如雀舌含英。先天一氣社前升。瞰出昆侖峰頂。

要得丁公鍛煉，飛成寶肩窗塵。蜜脾神用脫金形，送與仙翁體認。

宋 徐璣《監造御茶有所爭執》《宋詩鈔》卷八七 森森壑源山，嫋嫋壑源溪。脩脩桐樹林，下蔭茶樹低。桐風日夜吟，桐雨灑霏霏。千叢高下青，一叢千萬枝。龍在水底吟，鳳在山上飛。異物呈嘉祥，上奉玉食資。臘餘春未新，素質蘊芳菲。千夫喏登壠，叫嘯風雷隨。雪芽細若針，一夕吐清奇。天地發寶秘，神鬼不敢知。舊制尊御膳，授職各有司。分綱製品目，簿尉監視之。雖有領督官，焉得專所為。初綱七七夸，次綱數弗差。一以薦郊廟，二以瀹賓夷。天子且謙受，他人奚可希。奈何貪瀆者？憑陵肆姦欺！品嘗珍妙餘，倍稱來其私。初作狐兒媚，忽變狼虎威。巧計百不行，叱怒面欲緋。再拜長官前，茲事非所宜。性命若螻蟻，蠢動識尊卑。朝廷設百官，責任無細微。所守儻在是，恪謹焉可違。君一臣取一，千古明戒垂。以此得重劾，刀鋸弗敢辭。移官責南浦，奉命去若馳。回首鳳凰翼，雨露生光輝。

宋 翁卷《梦回》《宋詩紀事》卷六三 一枕莊生夢，回來日未銜。自煎沙井水，更煮岳僧茶。宿雨消花氣，驚雷長荻芽。故山滄海角，遥念在春華。

宋 程珌《洺水集》卷一六《西江月·茶詞》 歲貢來從玉壘，天恩拜賜金奩。春風一朵紫雲鮮。明月輕浮盞面。

想見清都絳闕，雍容多少神仙。歸來滿袖玉爐煙，願侍年年天宴。

宋 張侃《張氏拙軒集》卷一《煎茶詩》 結廬枕石隙，其下通泉脈。新開數尺泉，涌然如乳白。道人北山來，閒話到終夕。徐云茶已芽，氣味及高格。絳囊映緑色，未嘗齒流液。汲泉滿歙瓿，篝火勿遽迫。須臾蟹眼生，茶新手緩擲。薑鹽宜屏除，秖能添水厄。一作：薑鹽亟屏除，莫令添水厄。

又 卷二《象田老饋山茶用東坡先生韻奉寄》 前時著脚清淨坊，山童殷勤進山茗。半杯春雲滿晴空，午困瞢騰頓能醒。山深有鳥聲清圓，俗名搗藥頗堪聽。從來不起市朝想，定亦久知存所性。何如搗茶伴老衲，疾病去盡竟歸正。數株寒菊帶秋清，一篆香烟留日永。顧我服官走芳塵，心雖超悟力未猛。氣猿意馬難同防，未免稍縱肆頑獷。人言茶味怕齒知。日漸月漬遺胃冷，不然除膩立奇勳。氣象森嚴費忠鯁。建溪早芽細如鍼，來春喊聲徧山嶺。銅模新製號鳳團，絳紗斜紉護龍餅。竹窻拂拭金石堅。碾破霏霏光炯炯，舊曾識此今罕見。山茗一旗生舜井，冠裳不加貌自若。厥包斷不請僥倖。須知老衲定中人，任柳生肘木生瘿。

宋 陶崇《訪僧歸雲菴》《宋詩紀事》卷八三 閒過選佛場，歸雲翠如潑。入門偶有言，啟頰師便喝。掩耳煨芋爐，但把火深撥。呼童酌玉虹，注之栴檀鉢。噓灰然微紅，横鐺水煎活。茶酣登甲亭，雙眸爲之豁。鳥啼空山幽，翔集來朩末。風月一何佳，團圞共批抹。悠然澹忘歸，于茲得解脫。

宋 徐鹿卿《清正存稿》卷六《和杜宰送茶韻》 誰遣持書晝打門，茶魁有句牧之孫。牧之云：『茶為瑞草魁。』煎調還我西江手，水茗相投自不渾。

又《又韻》 月團不遣貢脩門，却寄書癡閉户孫。若把蕉坑分品第，瀹功端合遜王渾。

又《和張直學送新茶韻》 夢繞康王酌水簾，不知身世宦東南。蘇仙忽餉蕉坑品，子上渾凝曉露甘。便遏鼻雷醒睡思，仍澆舌本發清譚。搜枯破悶功神速，數到盧仝椀兩三。

宋 岳珂《玉楮集》卷四《茶花》 万峯落叶木槎牙，春色初回垄

上茶。浅蕊黄金韵栀子，嫩容白玉沁梨花。西风凝露才成颗，北苑喊雷应未芽。苦口味言终有益，莫将容悦比浮葩。

宋 張輯《次湯制幹寄三疊泉韻》《宋詩紀事》卷六四　寒碧朋尊勝酒泉，松聲遠壑憶留連。詩于水品進三疊，名與谷簾真兩全。畫壁烟霞醒昨夢，茶經日月著新年。山靈似語湯夫子，恨殺屏風李謫仙。

《游宦紀聞》：紹定癸巳，湯制幹仲能主白鹿教席，始品題三疊，以為不讓谷簾，常以詩寄二泉，張賡之云云。九疊屏風之下，舊有太白書室。

宋 李俊民《莊靖先生遺集》卷四《新樣團茶》　春風傾倒在靈芽，纔到江南百草花。未試人間小團月，異香先入玉川家。

宋 薛師石《瓜廬集·寄謝黃元信惠茶》　建溪金鋌直幾千，余性所嗜一已偏。尋常草卉不足進，龍團鳳銙如珉堅。長鬚健卒前月到，手提萊器急取煎。妻兒攢眉笑苦澁，為言真味茲天然。易牙去已久，吾齒若貝編。枵腸豈廢食，睡省非壯年。惜此餘香滯喉頰，巡除吟咏聲諓諓。詩成寄題建寧郡，主茶官吏俱時賢。合同緘印一時畢，進奉飛馳爭春妍。天子不敢嘗，薦以寢廟先。定自褒嘉到屬郡，趣君銮邇玉爐煙。一以此味沃天下，邪魔驅掃無留連。

宋 魏了翁《鶴山集》卷八《魯提幹獻子以詩惠分茶椀用韻爲謝》　秃盡春窗千兎毫，形容不盡意陶陶。可人兩盌春風焙，滌我三升玉色醪。銅葉分花春意鬧，銀瓶發乳雨聲高，試呼陶妓平章看，正恐紅綃未足褒。

宋 吴泳《鶴林集》卷四《謝尊固送茶》　閒居早是賓儔寡，有弟山行訪鳥窠。黃卷漸成迂叟僻，朱顏不似美人酡。詩因怕事吟偏少，酒為看花飲輒多。珍重山園芳茗餉，猶勝鄉國趙家坡。

又《玉川茶》　一旗初試蜀山春，團銙誰論蔡與丁。更出苦言澆諫味，世間醉夢合俱醒。

宋 湯巾《以廬山三疊泉寄張宗瑞》《宋詩紀事》卷六四　九疊峯頭一道泉，分明來處與雲連。幾人競賞飛流勝，今日方知至味全。鴻漸但嘗唐代水，涪翁不到紹熙年。從茲康谷宜居二，試問真巖老詠仙。

《游宦紀聞》：廬山三疊泉，于紹熙辛亥歲始為世人所見，從來未有以瀹茗者。紹定癸巳，湯制幹仲能主白鹿教席，始品題，以為不讓谷簾，寄張宗瑞云云。

宋 劉克莊《後村集》卷一《西山》　絶頂遥知有隱君，飡芝種朮麀為群。多應午竈茶烟起，山下看來是白雲。

宋 周弼《端平詩雋》卷一《陸羽泉》　擬酌松根泉，先酹松下土。甌犧副都籃，拾薪自煎煮。一盃復一盃，併酌連四五。寄謝山中人，腹痛不累汝。

宋 戴昺《東野農歌集》卷一《次黃叔粲茶隱倡酬之什》　美人隱於茶，性與茶不異。苦澀知餘甘，淡薄見眞嗜。肯隨世俱昏，寧墮衆所棄。靈雨滋山腴，迅雷起龍睡。野草未敢花，春芽早呈瑞。鬭水須占一，焙火不落二，趣深同誰參，雋永時自試。蒽薑勿容溷，瓜蘆定非類。標名寓玄思，微吟寫清致。成我君子交，從彼俗客恚。嚼芳憩泉石，包貢免郵置。遼遼玉川翁，千載共風味。

又卷五《賞茶》　自汲香泉帶落花，漫燒石鼎試新茶。綠陰天氣閑庭院，卧聽黃蜂報晚衙。

宋 陳塤《自汲香泉帶落花漫燒石鼎試新茶綠陰天氣閑庭院卧聽黃蜂報晚衙》《宋詩紀事》卷六一　午困思茶無處煎，溪橋側畔認炊烟。松窗竹牖人家靜，旋借沙瓶汲澗泉。

又《釣臺第十九泉》　十年不泛釣臺船，夢想高風日月邊。今日偶來無住著，再嘗灘下鬻茶泉。

宋 方岳《秋崖集》卷一《約魯山兄》　莫說尋芳已後時，春蔬解甲茗搴旗。松風石銚晴雲碗，不是吾曹未必奇。

又卷三《劉遜子架閣餉江茶》　琵琶亭下春寒夜，濕盡青衫竟為誰。江草江花恨何極，雪甌如此却無詩。

醉眠彭澤幾何日，只與吟詩辦秫田。靈草獨醒山雨外，可曾持到漉巾前。

又《光孝寺作茶供》　一藤碎踏兩山雲，看盡朝嵐與夕曛。留得如来捨身相。共敲蒼雪了爐熏。

又《次韻君用寄茶》　茅舍生苔費夢思，竹爐烹雪復何時。北山怕有移文在，謹勿便令猿鶴知。

又卷四《次韻清修老墨梅新茗》　此詩合讓簡齋老，盡洗世間聲色塵。我更鑿空難着語，蹇驢粗記雪橋春。

又《茶岩》　鑿底雲香不等雷，便携石鼎與俱來。鵓鳩唤得西溪雨，頓得春從齒頰回。

又卷五《煮茶》　瀑近春風濕，松花滿石壇。不知茶鼎沸，但覺雨聲寒。山好僧吟久，雲深鶴睡寬。詩成不須寫，怕有俗人看。

又卷九《趙龍學寄陽羨茶爲汲蜀井對瓊花烹之》　三印誰分陽羨茶，自煎蜀井瀹瓊花。數間明月玉川屋，兩腋清風銀漢槎。團鳳烹來奴僕等，老龍畢竟當行家。相思幾夢山陰雪，搜攪平生書五車。

又《性老致廬山茶》　枉作江南半世人，安知五老不吾嗔。自參茶壑風煙美，略識廬山面目真。澗汲每思佳客共，雲眠誰謂老師貧。秋崖只有詩如此，回向山靈報答春。

又卷一五《黄宰致江西詩雙井茶》　黄侯授我以江西詩禪之宗派，瀹我以雙井老仙之雪香。磚爐春着兔毫玉，石鼎月翻魚眼湯。夜窗搜攪十年讀，候蟲鳴秋聲殷牆。乃翁詩家第一祖，不用棒喝行諸方。掀翻杜陵自作古，夜半衣鉢誰升堂。單傳横出二十六，未許歙梅洪鳫行。雅聞滕閣藏墨本，欲往從之山阻長。牙籤大册忽在眼，荒苔茅屋森珩璜。東湖柳色入眉宇，君其幾代之諸郎。不離文字話祖意，傳燈肯與留山房。寧知三生受昏閽，縱有此燈無此光。宜州戍樓山月苦，茫茫參到無何鄉。

宋 吴文英《夢窗甲稿》卷一《水龍吟》舞射商惠山酌泉　艷陽不到青山，古陰冷翠成秋苑。吳娃點黛，江妃擁髻，空濛遮斷。樹密藏溪，草深迷市，峭雲一片。二十年舊夢，輕鷗素約，霜絲亂、朱顔變。

龍吻春霏玉濺。煮銀瓶、羊腸車轉。臨泉照影，清寒沁骨，客塵都浣。鴻漸重來，夜深華表，露零鶴怨。把閒愁换與，樓前晚色，棹滄波遠。

又《望江南·茶》　松風遠，鶯燕静幽芳。妝褪宫梅人倦繡，夢回春草日初長。甆碗試新湯。

笙歌斷，情與絮悠颺。石乳飛時離鳳怨，玉纖分處露花香。人去月侵廊。

宋 杜耒《寒夜》《宋詩紀事》卷六五　寒夜客來茶當酒，竹爐湯沸火初紅。尋常一樣窗前月，纔有梅花便不同。

宋 陳岩《九華詩集·茗地源》晏坐巖北溪上，産茗味殊佳。　暖風吹長紫芽莖，人向山頭就水烹。陸羽儻曾經此地，谷簾安得擅佳名。

又《煎茶峰》廣化寺鐘樓其上。　春山細摘紫英，芽碧玉甌中散乳花。六尺禪牀支瘦骨，心安不惱睡中蛇。

又昔金地藏招道侣于峯前，汲泉烹茗。　緩火烘來活水煎，山頭卓錫取清泉。品茶嬾檢茶經看，舌本無非有味禪。

又《金地茶》出九華山，相傳金地藏自西域攜至。　瘦莖尖葉帶餘馨，細嚼能令困自醒。一段山間奇絶事，會須添入品茶經。

宋 李曾伯《可齋續稿後》卷一〇《賦新茶》　建嶺人誇第一綱，湘中熱後已先嘗。雖然聲價殊官焙，反覺山家氣味長。

又《轎中午困啜茶偶成》　行盡湘中一月春，霜髭幾欲染緇塵。山無重數幾何路，花不知名俱可人。午困得茶聊吻潤，春愁着柳亦眉顰。天教早辦公家事，乞取身歸笠澤濱。

宋 趙汝騰《庸齋集》卷二《登北苑焙呈高計使謝庚使》　急雨收聲霽景開，蓬仙嶺客島雲來。千叢擷秀牙鋪雪，萬臼研膏杵震雷。池上落英留緑葉，眼中飛絮點蒼苔。去年醉墨今重看，笑領詩翁潋灔盃。蜀浙當年貢亦勞，至今惟重建溪毛。地靈丹鳳啣萱草，水聖蒼虯幻雪濤。笑指茶星誇小范，愁傷民力歎袁高。顧渚茶詩，高筆也。　皇華早晚歸經幄，丁俑應難諫舌逃。

又《陪饒計使至北苑焙》　東風未緑無邊草，北苑先抽絶品芽。六轡行山清霧潦，一槍入焙帶烟霞。鳳呈奇羽名仙麓，龍護香泉供帝家。萬碾玉塵飛動處，鬼猶勞矣况人耶。

又《和饒計使北苑焙觀貢品》　使華金掌冠卿材，曾侍紅雲一朶來。龍井為君增洗濯，鳳山来客小低徊。膏翻玉雪團香帖，味篤金蘭共酒盃。計相他時踵麗老，席前敷奏記東臺。

又《再用韻》　天生神醴地生材，曾感當年鸑鷟来。釣水取清芳酷烈，採山可茹味徘徊。能招霞侶雲中笑，得奉龍顔食後盃。細品第三綱最

勝，人間雙井當輿臺。

又《再用韻答饒計使》 周原膴膴隸臺綱，茶篚馳供玉食香。貢重鄭男難並列，品珍考叔未曾嘗。乳花烹就分清睨，英草吟成屬大方。後蔡前丁同入諷，令人懷古九迴腸。東坡詩《荔枝嘆》：武夷溪邊粟粒芽，前丁後蔡相籠加。

又《三用韻答饒計使》 郡凋亦辦七茶綱，不似霜臺雀舌香。上美為元包錫貢，殘膏分丐雪翻嘗。三為大有天王饗，二得坤中臣道方。退食自公味公賜，狂吟牽動璟心腸。

又《謝高茶使遣餉頭綱貢餘》 東風吹折鳳山芽，驛獻花箱仗使家。遥想仙芳供御盌，應憐味諫落天涯。厥包錫貢何年始，其苦如飴信地嘉。齋祭無繇陪褥位，膏餘分勾咀菁華。

又《再用韻答高茶使》 九卉千山未吐芽，天生靈草瑞天家。漕修貢事東西廨，使起英流南北涯。諫苦固應疏汲黯，品高終必相王嘉。老衰不辦茶歌獻，但誦周原遂有華。

又《謝饒計使遣餉頭貢餘》 仙芽龍水辦頭綱，百草山中不敢香。表進得陪華使拜，貢餘遺餉守臣嘗。擬思苦口陳忠諫，可但飴茶獻上方。分我清風生兩腋，惜無文字只枯腸。

又《謝史計使寄建茗》 皇華珍意辦頭綱，餘馥吾儕也得嘗。黯黮終然言有味，仝袁那得字搜腸。耕雲隴畔知無憾，貯月瓢中剩有香。獨念郊民多萊色，旱饑粟價踴非常。

宋 林希逸《竹溪鬳齋十一稿續集》卷一《用珍字韻謝吴帥分惠乃弟山泉所寄廬山新茗一首》 五老峰前草自靈，若為封裹入南閩。錦囊有句知難弟，玉帳多情寄野人。雲脚似浮廬瀑雪，水痕堪鬬建溪春。龍團拜賜前身夢，得此烹嘗勝食珍。

又卷一八《隔竹敲茶》 興入盧仝椀，龍團旋解包。忽聞茶窗響，正隔竹窻敲。活水烹新茗，香風度緑梢。聽知童落杵，驚起鵲離巢。香比雲英擣，清無水厄嘲。林深留客處，未羡已公茅。

又《烹茶鶴避烟》 隔竹敲茶臼，禪房汲井烹。山僧吹火急，野鶴避煙行。入鼎龍團碎，當窻蚓竅鳴。紫雲飛不斷，白鳥去邊明。雲舍飄猶濕，風巢遠更驚。通靈數椀後，騎汝訪蓬瀛。

宋 釋文珦《潛山集》卷九《焙茶》 異荈雲邊得，山房手自烘。頗思同陸羽，全覺似盧仝。孤悶當先破，仙靈更可通。蓬萊知遠近，我欲便乘風。

宋 陳著《本堂集》卷三《次韻如岳惠茶》 槐窗夢斷鳳團香，松澗分來雀嘴嘗。勾引清風發吟興，與師意思一般長。

又《次韻鹿苑寺一覽閣主岳松澗送茶》 鹿苑書來字字香，滿奩雀舌餉新嘗。有時獨坐相思處，一頂松風午韻長。

又卷五《謝居簡送茶麵》 銀絲餅熟笋供臛，玉糝羹香茶嫩牙。食粥案頭添雅供，不知此味更誰家。

又《次雲岫惠茶》 滿啜禪林五味茶，清風吹散事如麻。客中邂逅真奇絶，不比尋常賊破家。

又《次韻戴帥初覓茶子二首》 風流清苦自成家，要擷春香煮雪花。知味不隨鴻漸唾，剡翁自種剡翁茶。

新詩着意不曾踈，苦覓茶栽勝索租。搜送堅霜千碧顆，難酬五十六明珠。

又卷一五《春晚課摘茶》 玉川子後自吾生，自課園中拾晚榮。攙雨金芒排世好，飽春翠瓣見天成。不煩鉦鼓騰山噉，饞有旗鎗戰酒兵。鳳舞賜團今絶想，只憑苦硬養幽清。

宋 家鉉翁《則堂集》卷五《謝劉仲寛惠茶》 憶昨中原全盛時，五方貢茶走京師。建溪頭綱最先到，天子特命開經闈。儒臣講畢上命坐，瀹茗初試瓊甌甆。雲章昭回耀几席，羣公進謝因進規。我生也後不及見，耳聞盛事長嗟咨。十年流落古瀛下，誰謂茶苦甘如飴。蓬山偉人國俊彦，哀此下土南冠羈。肯分錫賚貢衰朽，定知眷奬超凡私。公才雅在嚴徐右，公學獨出河汾師。穹班近聞長祕府，奎璧分野生光輝。儒臣見用天下福，講席宏開太平期。蒼崖赤子望蘇息，霖雨八荒捨公而其誰？

宋 吴錫疇《蘭臯集》卷一《桂花》 許多香却不多花，灝氣浮空月滿家。明日石壇金屑富，旋收賸馥入龍茶。近作桂花茶供。

宋 姚勉《雪坡集》卷一一《寄題茶山》 汪玉山為大魁後，從曾茶山學于此。 文獻風流想故家，玉川室邇已人遐。何時細賞文清竹，與客同煎

陸羽茶。文清公有手植竹在。

又卷一九《余評事惠龍團獸炭香瓔凫實且許以百丈山楮衾而未至》 青禽銜雲落蓬壺，風簷快讀光眉鬚。百朋珍貺羅庭隅，一一皆可當清娛。建溪龍焙香雲腴，香瓔巧製來東吳。鬅鬙獸炭奇形模，辟邪天禄獅熊貙。王家舄種君家凫，晴沙暖抱明月珠。雅意下照僊人癯，矮窻醉兀詩情孤。蒲團松拂燒紅爐，蝸廬積凍春潛驅。侍兒金珞香玉膚，月鐺着雪煎春酥。窻前笑玩嬌黄雛，能言直可貢上都。其波及晉皆君餘，獨欠一幅横雲鋪。王孫醉擁紅氍毹，楮生長揖非吾徒。藤床紙帳恰此須，能供梅花清夢無？

宋 劉黻《蒙川遺稿》卷一《焦溪茶》 上猶石磑天下無，霏霏吐出焦溪腴。龜泉二湛康廬如，瓦鼎纔跳魚眼珠。顧我常苦書腸枯，一汲河潤九里餘。山精木怪不作魔，澆過秦論風生裾。幾回喚醒眉山蘇，詩句零落樵與漁。向非朔洛角植黨，焦溪安得聲價俱。似聞東觀羅遺逸，煩君寄上圖經書。

又《送茶》 我得新焙珍如金，持以餉君將我心。縱無龍文與棋局，白雲一椀搜書林。玉川不作陸羽沈，茫茫世上誰知音。曇濟道人亦復往，八公山頂留荒嶺。我生與渠似有分，一日不見幾成痞。檳榔是弟橄欖兄，大抵苦澁味乃深。車聲出鼎策奇雋，書窗靜坐聞山禽。

宋 陳杰《自堂存稿》卷四《男竹枝歌》 東園一株千葉茶，阿翁手栽紅錦花。今年團欒且同看，明年大哥天一涯。

又《女竹枝歌》 南園一株雨前茶，阿婆手種黄玉芽。今年團欒且同摘，明年大姊阿誰家。

宋 馬廷鸞《碧梧玩芳集》卷一六《東平精舍十八阿羅漢尊者真贊·一尊者顧奴子點茶》 把盞注湯，茗熟氣新。大士啜之，醒心清神。欲知花蘂乳清冷味，須是眠雲跂石上人。

宋 朱輔《虎丘》《宋詩紀事》卷七一 自許胷中著一丘，飽于世路合休休。未陪靖節遠公社，且與景常元慧游。四野凍雲催雪到，五湖春浪蹴天浮。不將拾翠相隨去，碾罷新茶即泛舟。

宋 汪夢斗《北游集》卷上《東平府登飛雲樓啜茶》 過樓懶上最高梯，為愛茶香試上嬉。簷外衆山供遠碧，却思鄉景下樓遲。

宋 舒岳祥《閬風集》卷三《自歸耕篆畦見村婦有摘茶車水賣魚汲水行饁寄衣舂米種麥泣布賣菜者作十婦詞其二》 前壠摘茶婦，頃筐帶露收。艱辛知有課，歌笑似無愁。照水眉誰畫，簪花面不羞。人生重容貌，那得不梳頭。

宋 蒲壽宬《心泉學詩稿》卷三《登北山真武觀試泉》 莫誇陽羨茗，在彼山之巔。莫誇惠山溜，試此山之泉。不生陸鴻漸，渴死盧玉川。且共春風裏，不鬭社雨前。雀舌最嫩弱植耳，嘉樹一發如針然。靈苗合讓武夷貢，清香不與羅浮專。北山古丘神所授，以泉名郡天下傳。置郵縱可走千里，不如一掬清且鮮。人生適意在所便，物各有產盡隨天，蹇驢破帽出近郭。裹茶汲井手自煎，泉鮮水活别無法，甌中沸出酥雪妍。山中道士不識此，彈口咋舌稱神仙。從今決意修茗事，典衣買樹蒔井邊。道士且莫顛，古人作善戒所先。山中種茶一百頃，不如山下數畝田。饑餐渴飲無長物，何患敲門驚晝眠。

又卷四《約趙委順北山試泉》 擬尋青竹杖，同訪白雲龕。野茗春深苦，山泉雨後甘。鳥聲塵夢醒，花事午風酣。静趣期心會，逢人勿費談。

宋 林景熙《霽山文集》卷二《惠山泉》 去無錫縣七里，山東西有泉，皆合於溪西，南入太湖。 第二名泉在，深雲護石闌。九峰靈氣洩，三伏細流寒。遠脈松長潤，餘香茗欲殘。荒祠懷陸羽，一掬酹空壇。

又《丹陽泉》 揚子江中夤夜月，慧山亭上漱朝烟。遥看丹氣霏微裏，二十泉中第四泉。

宋 張炎《踏莎行·題盧仝啜茶手卷》《御選歷代詩餘》卷三六 清氣厓深，斜陽木末。松風泉水聲相荅。光浮椀面啜先春，何須美酒吴姬壓。頭上烏巾，鬢邊白髮。數間破屋從蕪没，山中有此玉川人，相思一夜梅花發。

又卷四八《風入松·酌惠山泉》 一瓢飲水曲肱眠，此樂不知年。今朝忽上龍峰頂。却元來、有此甘泉。洗却平生塵土，慵游萬里山川。照人如鏡止如淵。古竇暗涓涓。當時桑苧今何在，想松風、吹斷茶

烟。著我白雲堆裏，安知不是神仙。

宋 謝翺《晞髮集》卷七《雪水》 寒英漲碧沉，浴鵠冷難禁。太白消秦日，中濡接蜀陰。頻湯清洗瘴，入茗味如參。人世淄澠江，應疑別未深。

宋 熊禾《勿軒集》卷七《茶荔謡和詹无咎》 陽春播一氣，着處成芳菲。閩地本荒落，山川亦何奇。嬴劉始為郡，望秩暨武夷。通士良鮮少，貢入還稀微。晚唐得常公，文化今有遺。國初歸職方，況復兵革稀。聖化溥涵育，生生浩無涯。昭陵鋭圖治，四夷息鞭笞。峩峩四諫官，日晏猶彤墀。君謨起南服，感知無不為。芹曝猶欲獻，茶貢詎非宜。草木貴多識，荔譜何傷而。豈知成濫觴，歲獻妨耕犁。當年東坡老，作詩歎荔枝。詩語似成讖，采茶武夷溪。民力固甚篤，卉木且具腓。士人作是事，興言痛心脾。閩溪何澎湃，閩山何嶔崎。彼一草木秀。不憚勤航梯。昌黎感二鳥，世道矧益漓。我思全盛際，賢書連駟馳。公卿項背望，側席須謀推。十家九詩書，三年下芝泥。宣靖名節著，炎紹勳業資。乾淳道學稱，人物世有之。大雅日以喪，迂闊貽世譏。茫茫宇宙內，此柄伊誰司。後世無典刑，流風砭人肌。皇天豈將老，傷哉相淪彝。地氣有旺歇，回幹應何遲。百卉歲發榮，英傑生無時。風氣時有開，久矣斯人疲。武夷六隱出，自有百世師。來哲尚可俟，拳拳留此詩。

又 卷八《索茶》 兩帙詩課蚤已了，三杯酒債亦可休。我去問君去無去，君留任我留不留。門前雨深泥滑滑，道人四壁風颼颼。且留看詩可罷酒，請燒香鼎調茶甌。

宋 司馬允中《陸羽井》《宋詩紀事》卷八二 百尺寒泉浸崖腹，蘚蝕題名不堪讀。只今此味屬誰論，自把銅缾汲新淥。

宋 張蘊《惠山》《宋詩紀事》卷七三 石苔滑汰屋連斜，第二泉邊古佛家。一甌松風聽不了，卻留僧坐自煎茶。

宋 翁元廣《題臨江茶閣》《宋詩紀事》卷七四 門外黃塵沒馬韉，溪山對此獨翛然。一杯春露暫留客，兩腋清風幾欲僊。可但喚回槐國夢，不妨更舉趙州禪。凭闌得句未易寫，盡日孤烟白鳥邊。

宋 陳蹇叔《送新茶李聖喻郎中》《宋詩紀事》卷八三 頭綱別樣建溪春，小璧蒼龍浪得名。細瀉谷簾珠顆露，打成寒食杏花餳。鷓班椀面雲縈字，兔褐甌心雪作泓。不待清風生兩腋，清風先向舌端生。

宋 謝邁《次韻季智伯寄茶報酒三斛》《兩宋名賢小集》卷三三 歡伯風流可解憂，疑君此外更無求。揀芽投我真拋却，不是能詩薛許州。

宋 王翊龍《煎茶》《宛陵群英集》卷三 春霆發蕾抽新馥，摧吏窮搜不容粟。是誰千金收寸芽，烹鼎車聲繞斜谷。白雲飄落甘露椀，清風吹破玉川屋。平生此腹負將軍，空攪十年燈火讀。

遼金元詩詞

金 蔡伯堅、高士談《中州集・中州樂府・好事近丞相韻首倡及高子文屬和附于此》

夢破打門聲，有客袖攜團月。喚起玉川高興，煑松簷晴雪。蓬萊千古一清風，人境兩超絶。覺我胸中黃卷，被春雲香徹。

天上賜金奩，不減壑源三月。午盌春風纖手，看一時如雪。幽人只慣茂林前，松風聽清絶。無奈十年黃卷，向枯腸搜徹。蔡丞相

誰打玉川門，白絹斜封團月。晴日小窗活火，響一壺春雪。可怜桑苧一生顛，文字更清絶。直擬駕風歸去，把三山登徹。高子文

金 蔡伯堅《蕭閑老人明秀集注》卷二《石州慢》 毛澤民嘗九日以微疾不飲酒，唯煎小團，薦以菊葉，作侑茶樂府。卒章有『一杯菊葉小雲團，滿眼蕭蕭松竹晚』之語。僕頃在汴梁三年，每約會心二三客，登故苑之友雲亭，或寓居之西岩，置酒高會，以酬佳節，酣觴賦詩，道早退閒居之樂。歲在庚子，有五字十章，其一云：『去年哦新詩，小山黃菊中。年年說歸思，遠目驚高鴻。』逮今已復三經，是日奔走塵泥，勞生愈甚，今歲先入都門，意謂得與平生故人，共一笑之樂，且辱子文兄有同醉佳招，而前此二日，左目忽病昏翳，不復敢近酒盞。癡坐亡聊，感念身世，無以自遣，乃用澤民故事，擬菊烹茶，仍作長短句，以石州之音歌之。

京洛三年，花滿酒家，浮動金碧。友雲縹渺清遊，春筍新橙初擘。天東今日，枕書兩眼昏花，壺觴不果酬佳節。獨詠竹蕭蕭，煮雲團風葉。愁絶。此身蒲柳先秋，往事夢魂無跡。一寸歸心，可忍年年形役。上園親友，歲時陶寫歡情，糟床曉溜東籬側。手把一枝香，作蕭閑閑客。

又卷三《西江月》 己酉四月暇日，冒暑游太平寺，古松陰間，聞破茶聲，意頗欣愜。晚歸對月小酌，賦西江月記之。

古殿蒼松偃蹇，孤雲丈室清深。茶聲破睡午風陰。不用涼泉石枕。枯木人忘獨坐，白蓮意可相尋。歸時團月印天心。更作逃禪小飲。

金 吴激《中州甲集》卷一《偶成二首其二**》** 蟹湯兔盞鬬旗槍，風雨山中枕簟涼。學道窮年何所得，只工掃地與燒香。

金 馬钰《漸悟集》卷上《踏雲行・茶》 絕品堪稱，奇名甚當，消磨睡思功無量。仲尼不復夢周公，山侗大笑陳摶強。七椀盧仝，趙州和尚，曾知滋味歸無上。宰予若得一盃嘗，永無晝寢神清爽。

又《長思仙・茶》 一槍茶，二旗茶。休獻機心名利家。無眠為作差。無為茶，自然茶。天賜休心與道家。無眠功行加。

又《西江月》 江畔溪边雪里，阴阳造化希奇。黄芽瑞草出幽微，别是一般香美。用玉轻轻研细，烹煎神水相宜。山侗啜罢赴瑶池，不让卢仝知味。

又卷下《鷓鴣天・咏茶》 盧仝七椀已昇天，撥雪黄芽傲睡仙。雖是旗槍為絕品，亦憑水火結良緣。兔毫盞熱鋪金蘂，蟹眼湯煎瀉玉泉。昨日一盃醒宿酒，至今神爽不能眠。

又《萬年春》 冬至陽生，迎春撥雪黄芽好。人驚早，香如芝草，玉碾勝磨擣。神水烹煎，自是除陰耗。金童報，絕品珍寶，啜罷遊蓬島。

金 趙秉文《滏水集》卷八《夏直》 玉堂睡起苦思茶，別院銅輪碾露芽。紅日轉階簾影薄，一雙蝴蝶上葵花。

金 李俊民《莊靖集》卷三《茶》 人多愁水厄，若箇有詩情。靈草還知我，平生事不平。

又卷四《新樣團茶》 春風傾倒在靈芽，纔到江南百草花。未試人間小團月，異香先入玉川家。

金 元好問《茗飲》《御選金詩》卷一七 宿醒未破厭觥船，紫筍分封入曉煎。槐火石泉寒食後，鬢絲禪榻落花前。一甌春露香能永，萬里清風意已便。邂逅華胥猶可到，蓬萊未擬問羣仙。

金 元好問《遺山集》卷一三《德華小女五歲能誦予詩數首以此詩爲贈》 牙牙嬌語總堪誇，學念新詩似小茶。好箇通家女兄弟，海棠紅點紫蘭芽。唐人以茶為小女美稱。

又《玉泉二首》 神岳提封入寺基，上公官秩見僧碑。雲藏佛屋晴猶暗，樹近禪窓老更奇。竹杖只供行險易，藜床偏與望川宜。同時不及髯中令，猶得泉名比鳳池。

玉水泓澄古殿隅，又新名第不闕渠。每因天日流金際，更憶風雷裂石初。百里官壺分韻勝，千人齋粥薦甘餘。八功德具休誇好，玩景臺荒有破除。玉泉寺東北有玩景臺。盡得神川之勝。導者悞引之荒山。一笑，故有二句

元 耶律楚材《湛然居士集》卷五《西域從王君玉乞茶因其韻七首》 積年不啜建溪茶，心竅黄塵塞五車。碧玉甌中思雪浪，黄金碾畔憶雷芽。盧仝七碗詩難得，諗老三甌夢亦賒。敢乞君侯分數餅，暫教清興遶煙霞。

厚意江洪絕品茶，先生分出蒲輪車。雪花灔灔浮金蘂，玉屑紛紛碎白芽。破夢一杯非易得，搜腸三椀不能賒。瓊甌啜罷酬平昔，飽看西山插翠霞。

高人惠我嶺南茶，爛賞飛花雪滿車。是日作茶曾值雪 玉屑三甌烹嫩蘂，青旗一葉碾新芽。頓令衰叟詩魂爽，便覺紅塵客夢賒。兩腋清風生坐榻，幽歡遠勝泛流霞。

酒仙飄逸不知茶，可笑流涎見麯車。玉杵和雲舂素月，金刀帶雨剪黄芽。試將綺語求茶飲，特勝青衫把酒賒。啜罷神清淡無寐，塵囂身世便雲霞。

長笑劉伶不識茶，胡為買鍤漫隨車。蕭蕭暮雨雲千頃，隱隱春雷玉一芽。建郡深甌吳地遠，金山佳水楚江賒。紅爐石鼎烹團月，一椀和香吸碧霞。

枯腸搜盡數杯茶，千卷胸中到幾車。湯響松風三昧手，雪香雷震一槍芽。滿囊垂賜情何厚，萬里攜來路更賒。清興無涯騰八表，騎鯨踏破赤城霞。

啜罷江南一椀茶，枯腸歷歷走雷車。黄金小碾飛瓊屑，碧玉深甌點雪芽。筆陣陳兵詩思勇，睡魔卷甲夢魂賒。精神爽逸無餘事，卧看殘陽補斷霞。

又卷一二《從國才索閑閑煎茶賦》 聞國才近得閑，閑手書《煎茶賦》，以詩索之。

聞君久得煎茶賦，故我先吟投李詩。為報君侯休吝惜，照人瓊玖箅多時。

又卷一四《卜隣一絶寄鄭景賢》 龍沙幽隱子真家，自撥寒泉出淺沙。我願卜隣穹帳側，旋分清酌煮新茶。

元 劉秉忠《藏春集》卷一《嘗雲芝茶》 鐵色皺皮帶老霜，含英咀美入詩腸。舌根未得天真味，鼻觀先通聖妙香。海上精華難品第，江南草木屬尋常。待將膚湊浸微汗，毛骨生風六月凉。

又《試高麗茶》 含味芳英久始真，咀迴微澀得甘津。翠成海上三峯秀，奪得江南百苑春。香襲芝蘭開竅氣，清揮氷雪爽精神。平生塵慮消融後，餘韻騷騷正可人。

元 耶律鑄《雙溪醉隱集》卷六《茶後偶題》 嫩香新汲井華調，簪脚浮花椀面高。飲罷酒醒江月上，依稀瀛海一遊遨。

又《和人茶後有懷友人》 玉甌盈溢仙人掌，雲脚浮花雪面堆。兩腋清風歸不去，為誰吹上句樓來。

元 胡祗遹《紫山大全集》卷六《趵突泉》 積厚源深伏泚洄，何年擇地擘山開。石根怒激亭亭立，海氣寒催滾滾來。正喜茶瓜湔玉雪，只愁風雨湧雲雷。塵纓汗服初公退，野友來臨共一盃。

走天河漢繞天周，一脉分差此逆流。比藉浮雲未成雨，要令天地便行舟。六陰積氣噴無盡，萬里溟源不可求。巨浸稽天行潦水，朝盈夕涸亦堪羞。

何處伏流幾萬里，擇地於此再發源。借口卧龍噴雨雪，開闢竇藏泄瑤琨。高能潤下洪濤逝，陽可兼陰沸浪喧。流澤不煩天漢水，洗兵蘇旱淨塵昏。

元 方回《桐江續集》卷二一《索雲叔新茶》 穀雨已過又梅雨，故山猶未致新茶。清風兩腋王川句，三百團應似太誇。

又卷二四《題畫盧仝長鬚赤脚》 玉川破屋數間洛城中，一時際遇赤尹昌黎公。贈以大篇意甚侈，不數李渤温造兼石洪。買羊沽酒分俸給，時攀緑駬下虚空。月天桃李醺春風，豈惟百世之下知盧仝。併使長鬚赤脚名無窮，誰其畫者善遊戲，不畫盧仝畫奴婢，想見煎茶七碗時，此曹頗亦霑餘味。

元 王惲《秋澗集》卷二五《煮茶》 枯腸拍塞貯春雲，洗盡囂煩六府昏。山木策勳存夜氣，大河流潤下崑崙。

胷中宿酒閧殘兵，一椀澆來陣敵平。濛頂浔仙疑妄語，月波千丈與詩清。

瀟瀟風雪薄虚窓，細貯搶旗煮夜缸。若論廓清真武事，一天幽思爲詩降。

元 侯克中《艮齋詩集》卷六《答朱鶴皋惠茶》 日高夢破打門聲，陽羨新茶稱客情。方念鴈無千里信，忽聞鶴在九臯鳴。軒轅石鼎春雲暖，漢武金盤曉露清。方丈蓬萊在何處，乘風好締玉川盟。

元 艾性夫《剩語》卷上《煎後山峰上人新茶》 揀芽穰穰鷹爪黄，活火濺濺魚眼湯。掃花席地白日静，穿簾透户春風香。喚醒松根渴睡漢，五更清夢從渠短。泠泠灌頂欲通仙，稽首法雲甘露椀。

元 白珽《湛淵集·題惠山》 名山名刹大佳處，紺殿翠宇開雲霞。陸羽廼事已千載，九龍諸峯元一家。雨前茶有如此水，月裏樹豈尋常花。奇奇怪怪心語口，無根柱杖任横斜。

元 吴澄《吴文正集》卷九二《玉謙道惠茶惠墨不受次韻酬之其二》 不受東風不惹塵，清都瑤草一庭春。睚情牢落無魔到，閑却扣門傳信人。

又《答疏山長老茶蔴之貺二首》 静口一啜萬緣空，不數盧仝兩腋風。戰退睡魔成佛道，常惺惺有主人公。

又 熱惱紅塵一甑烘，半間雲影送清風。吾州若比襄州勝，城府堪栖老德公。

元 尹廷高《玉井樵唱》卷上《惠山泉》 石亂香甘凝不流，何人品第到茶甌。可能一勺長安水，瞞得文饒老舌頭。

又《中冷泉》 衮衮魚龍浪氣腥，江心何處認中靈。茶邊滋味人知少，世上空疑陸羽經。

又卷中《堂成而方外芥室和尚、玉溪道士訪予玉井峰，相對啜茶，一笑忘言，真會一也》 攜手孤峰躡紫霞，船來陸到摠無差。從教廬阜傳三笑，要學雙林會一家。格物隱然粲柏子，養心即是煉丹車。莫將門户論分別，鼎踞蒲團且啜茶。

元 周權《此山詩集》卷九《次韻僧惠茶》 開樽酌溪淥，秋興何蕭騷。重哦惠休句，目送吳鴻高。

元 蒲道源《閑居叢稿》卷七《題茶劉先生卷》 舌本翻瀾氣一呵，半甌茗飲起沉痾。蒼生命墮顛崖苦，却笑盧仝漫作歌。

元 袁桷《清容居士集》卷七《煮茶圖并序》 《煮茶圖》一卷，髣石岔史處州燕居故事所作也。石窗，諱文卿，字景賢，外高祖忠定王曾孫。儀觀清朗，超然綺紈之習。聚四方奇石，築堂曰山澤居。而自號曰石窗山樵。此圖左列圖卷，比束如玉筍，錦繡間錯。旁有一童，出囊琴拂塵以俟命。右横重屏，石窗手執烏絲攬書展翫，疑有所構思。屏後一几，設茶器數十，一童傴背運碾，緑塵滿巾。一童篝火候湯，蹙唇望鼎口，若懼主人將索者。如意麈尾，巾壺硯紙，皆纖悉整具。羽衣烏巾，玉色絢起，望之真飛仙人。予意永和諸賢，放浪泉石，當不過是。而其泊然宦意，翰墨清灑，誠足以方駕而無愧。甲午冬十月，其孫公疇，出以相示。因記而賦之，以發千古之遠想云。

石窗山樵晉公子，獨鶴蕭蕭煙竹裏。月湖一頃碧琉璃，高築虛堂水中沚。堂深六月生涼秋，萬柄風摇紅旖旎。遵南更有山澤居，四面晴峰插天倚。憶昔玉門豪盛時，甲族丁黄總朱紫。曉趨黄閣袖香塵，俯首脂韋希嶲美。一官遠去長安門，德色欣欣對妻子。豈如高懷脱榮辱，妙出清言洗紈綺。郡符一試不挂意，岸幘看雲臥林墅。平生嗜茗茗有癖，古井汲泉和石髓。風回翠碾落晴花，湯響雲鐺衮珠蘂。齒寒意冷復三咽，萬事無言歸坎止。何人丹青悟天巧，落筆毫芒研妙理。黄粱初炊夢未古，舊事淒零誰復紀。展圖縹眇憶遺蹤，王珮珊珊響秋水。

元 龔璛《存悔齋稿·玉茶二首》 岔外西風開玉茶，春山傳味更傳花。年年冰雪通紅火，縱不同時總一家。

乳白晴雲瀹嫩茶，秋江一色賦奇花。髩絲禪榻看花笑，惟有玉川真當家。

元 劉詵《桂隱詩集》卷一《石泉》 重巖括元氣，雲竇出涌泉。迸流絡廣石，百尺高簾懸。微風度午日，煜煜生虹烟。始知窮幽討，奇觀滿垓埏。我友趑奔鹿，褰裳陟其巔。蹇步獨竛竮，矯想為欣然。瓢汲試茶鼎，庶足淩飛仙。

又卷三《雪鼎烹茶》 六花漫空羔兒傳，夜酣掬簷茗可煎。人誇江南谷簾水，我酌天上白玉泉。石鐺龍頭三足穩，松風蕭颼起濤煙。人生口腹亦隨分，陶党風味無嫿妍。

又卷四《蕭孚有以左耳陶瓶對客煎茶名快媳婦坐間為賦十六韻》

南中土埴堅，妙器出陶火。控搏雅以靜，整削平不頗。渾淪象瓜團，短小類橘顆。粤椰實盡刳，蜀芋膚未剥。啄如柄揭西，耳若柳生左。油滋飾外鍛，灰坌增下裹。高齋奉煎烹，湯勢疾軒簸。狹束蟹眼高，薄逼車聲播。俄頃潤渴喉，巧婦愧其惰。乃知轉旋工，政要傾酌妥。主翁嗜吟詩，佳客時滿座。呼童汲清深，瀹雪澆磊砢。急需既能應，閒棄無不可。東家重函鼎，菌蠢腹徒果。美人預為虀，常恐遲及禍。何如且小用，慎勿誚么麽。

元 唐元《筠軒集》卷二《分韻得隔竹敲茶臼》 南薰不作涼，空齋方睡熟。起來四無人，門閒動脩竹。晨酣類渴羌，嚙雪亦不足。忽聞竹下童，拈槌聲斷續。力微振遺響，誤聽禽啄木。金芽爛若泥，飛磑同清馥。火然枯材薪，水汲深澗瀑。居然捧玉甆，灔灔日出屋。平生剛制酒，茶經兼水録。誰憐玉川子，白駒在虛谷。

元 柳貫《待制集》卷六《洪州歌其十四》 舊聞雙井團茶羨，近愛麻姑乳酒香。不到洪都領佳絶，吟詩真負九迴腸。

元 楊載《楊仲弘集》卷六《惠山泉》 此泉甘冽冠吳中，舉世咸稱煮茗功。路掛山腰開鹿苑，池攢石骨閟龍宮。聲摇夜雨聞幽谷，彩發朝霞眩太空。萬古長流那有盡，探源疑與海相通。

元 虞集《道園學古録》卷四《馬圖》 昔在乾淳撫蜀師，賣茶買馬濟時危。鄉人啜茗同觀畫，解説前朝復有誰。

元 薩都拉《雁門集》卷一《送鶴林長老胡桃一裹茶三角》 胡桃殼堅乳肉肥，香茶雀舌細葉奇。枯腸無物不可用，寄與説法談禪師。竹龍吐雪潤水活，茅屋烟吹樹雲薄。竹院深沈有客過，碎桃點茶亦不惡。

又卷二《許可用惠茶寄詩以謝》 春到人間纔十日，東風先過玉川家。紫薇書寄斜封印，黄閣香分上賜茶。秋露有聲浮薤葉，夜窻無夢到

梅花。清風兩腋歸何處，直上三山看海霞。

又 卷四《謝人惠茶》 送茶將軍扣門急，驚覺秋深夢一窗。半夜竹爐翻蟹眼，只疑風雨下湘江。

元 丁復《檜亭集》卷九《題雪水茶卷子》 驛舍情孤蘭自花，貂冠骨相袖中麻。黨家婢子陶家妾，學士方慚雪水茶。

元 揭傒斯《文安集》卷三《題四清圖其三**》** 三清曰玉川子，忍窮吟《月蝕》，天高叫欲死。獨對烹茶婢，白頭赤脚老無齒。于嗟乎，玉川子。

元 黃溍《文獻集》卷二《灤陽邢君隱於藥市製芍藥芽代茗飲號曰瓊芽先朝嘗以進御云》 君家藥籠有新儲，苦口時供茗飲須。一味醍醐充佐使，從今合喚酪為奴。

芳苗簇簇遍山阿，珠蕾金芽未足多。千載茶經有遺恨，吳儂元不過灤河。

春風北苑鬬時新，萬里函封效貢珍。羡爾託根天尺五，不勞飛騎走紅塵。

元 陳樵《鹿皮子集》卷四《三泉》 泉眼離離傍石稜，奔流脈脈到軒楹。詩成石面花無數，夢冷池頭草不生。江夏茶經有遺譜，南磳水落變新聲。林居漸覺機心斷，渴鹿逢人自不驚。

元 陳泰《所安遺集·茶竈歌時寓興隆爲蕭蘭雪賦**》** 長安食肉多虎頭，大鼎六尺誇函牛。擿鐘考鼓燕未足，鼎折還驚覆公餗。山中儒生守蠹魚，一朝射策升天衢。居官廪祿不及口，釜甑長年滿塵垢。一貧一富俱可傷，一饑一飽俱亡羊。今我閉門學祀竈，祀竈何用神仙方。敬為告曰竈兮竈兮，但使我生不富不貧，適飽適饑。朝從爾餐，夕從爾糜，時時得佳茗，與爾同襟期。君不見青原山紫芝客，獨立清風洒蘭雪。蘭雪堂中一事無，茶竈筆床相媚悅。方其煑茶時，自撫一曲琴。琴聲落茶鼎，宛若鸞鳳鳴。客來固自佳，客去情亦適。坐看茶烟静，松鶴飛相及。烹茶得趣惟此君，傲睨鍾鼎如浮雲。名章俊語出肝肺，白雪璀璨蘭芳芬。蘭芳芬雲菡萏，瀉入磁甌碧香滿。更從龎老吸西江，却笑玉川論七椀。

元 孫蕙蘭《緑窗詩》《清選元詩》卷四二 窗裏人初起，窗前柳正嬌。捲簾衝落絮，開鏡見垂條。坐對分金線，行防拂翠翹。流鶯空巧語，倦聽不須調。

小閣烹香茗，疎簾下玉鈎。燈光翻出鼎，釵影倒沉甌。婢捧消春困，親嘗散暮愁。吟詩因坐久，月轉晚妝樓。

元 洪希文《續軒渠集》卷三《煮土茶歌》 龜山、石梯、蠏井各有土產，龜山味香而淡，石梯味清而微苦。 論茶自古稱壑源，品水無出中泠泉。莆中苦茶出土產，茶自古稱壑源，品水無出中泠泉。莆中苦茶出土產，閩鄉音以茶為荼，蓋有荼苦之義，其詳已見韓退之詩注。 鄉味自汲井水煎，器新火活清味永。且從平地休登仙，王侯第宅鬬絶品。揣分不到山翁前，臨風一啜心自省。此意莫與他人傳。陸羽字鴻漸，善煎茶，次第水品，以揚子江中泠為第一，常州無錫縣惠山泉為第二。揚州竹西寺上有井，其水味如蜀江，故其山號為蜀岡，東坡嘗於此取水，號為鄉味。李約嗜茶曰：『茶須緩火炙，活火煎。』活火，謂炭之有燄者。

元 張雨《句曲外史集》卷上《予次韻凡九首其八**》** 聽碾龍團怯醉魂，分茶故事與誰論。纖纖玉腕親曾見，秖有春衫舊酒痕。

又 卷中《李寧之煮茶亭》 桐君山下一區宅，木茂土肥泉水香。槎頭釣魚秋雨足，亭子煮茶春日長。兩山徒為盤谷隱，一水尚係平泉莊。莫厭身名俱隱約，會見輶軒來晦岡。

又《游惠山寺》 水品古來差第一，天下不易第二泉。石池漫流語最勝，江流湍急非自然。定知有錫藏山腹，泉重而甘滑如玉。調符千里辨淄澠，罷貢百年離寵辱。虛名累物果可逃，我來為泉作解嘲。速喚點茶三味手，酬我松風吹兔豪。

元 許有壬《至正集》卷一五《題趙季文茶屋》 山人有屋不容花，自笑平生只愛茶。鄒子墅邊鴻漸宅，洛陽城裏玉川家。清風夢斷膏粱氣，小鼎雲翻粟粒芽。不用反關嫌俗客，五侯亭館自芬華。

又 卷一六《咏酒蘭膏次恕齋韻》 世以酥入茶為蘭膏，恕齋取雞子黃入酥治酒，形色甚相類而味則迥絶，又謂之酒蘭膏云。 空房醜婦尚須求，七椀何如釂一甌？混沌黃中雲乳亂，鷓鴣斑底蠟香浮。不教焦氏稱歡伯，誰信盧家有莫愁？從此武夷溪上月，好移光彩照青州。

元 黃鎮成《秋聲集》卷三《社日》 嶂隱層層樹，溪流片片花。

看雲連石室，聽雨滿山家。目短書疑字，牙疎飯怯砂。日長初試水，分得社前茶。

又《金原先壟之側湧泉甘潔》　山下流泉冷沁冰，漢荒開甃貯甘澄。穴通海眼魚龍沸，波溢田膏雨霧蒸。茶鼎夜寒分石乳，藥鐺春暖洗雲層。尋幽有約煙霞侶，萬壑千巖擬共登。

又《宿富沙水西》　有玉清觀，相傳漁人入水見宮殿，匾曰玉清洞天。二人對奕，歸，已數世，家人無在者，遂仙而去。

溪上千峯樹羽旄，溪灘漱玉夜聲豪。霜前鼓角凌風迥，月下樓臺隔水高。北苑九重傳貢茗，東陽千日醉仙醪。人間歲月棋邊換，歸住山中學種桃。

元　胡助《純白齋類稿》卷九《茶屋》　武夷新採緑茸茸，滿院春香日正融。浮乳自烹幽谷水，輕烟時颺落花風。醉歆紗帽扃雙户，静聽松濤起半空。喚醒玉川招陸羽，共排閶闔訴詩窮。

又　屋山房雅致幽，恵泉建茗濯春愁。紫門閉後俗客少，石鼎烹時道士留。苦入肝腸疑骨鯁，香回齒頰儘風流。北窗睡足供三碗，不願人間萬户侯。

元　李謙亨《土銼茶煙》《清選元詩》卷二〇　熒熒石火新，湛湛山泉冽。汲水煮春芽，清煙半如滅。香浮石鼎花，淡鎖松窗月。隨風自悠揚，縹緲林梢雪。

元　沈夢麟《花溪集》卷三《送友人赴杭分題得龍井》　昔年龍井憶潩陵，曾見丹光石上騰。鱗甲在淵猶剩水，袈裟照影有殘僧。風流二老吾無及，摇落孤亭客重登。稍待西湖天雨雪，鬬茶同煮玉壺冰。

元　鄭元祐《僑吴集》卷六《茶磨嶠》　孤嶼突蒼翠，波環欝盤盤。誰嗜先春味，當來製鳳團。

又《永定空衲者送茶》　塵慮困春華，蒙分穀雨芽。醍醐滋舌本，清氣溢詩家。

元　謝應芳《龜巢稿》卷二《陳伯大先輩偕郗仲義陳容齋張子毅見過酒邊以茶瓜留客遲分韻得茶字》　白鶴溪清水見沙，溪頭茅屋野人家。柴門净掃迎來客，薄酒遲留當啜茶。林響西風桐隕葉，雨晴南畮稻吹花。北窗幾箇青青竹，題遍新詩日未斜。

又　卷三《盧知州宜興秩滿以避亂久寓無錫視同故鄉今知崑山必有懷二州風物之美贈詩言情并致頌禱》　我思陽羨茶，初生如粟粒。州人歲入貢，雷霆未驚蟄。天荒地老經幾年，春歸又聞啼杜鵑。山中靈草化荆棘，白蛇何處藏蜿蜒。玉川先生一尺鐵，欲刳妖蟇救明月。丹霄路斷肝腸熱，還憶茶甌飲冰雪。

又　我思惠山泉，長流無古今。瓶罌走千里，煮茗清人心。向來烈火炎錫谷，神焦鬼爛勢莫撲。池邊墮石亦灰飛，此水泠泠瀉寒玉。高人飲泉五六年，一襟清氣清於泉。好為吳儂洗煩熱，乘風歸報蓬壺仙。

又　卷四《寄題無錫錢仲毅煮茗軒》　聚蛟金谷任葷羶，煮茗留人也自賢。三百小團陽羨月，尋常新汲惠山泉。星飛白石僮敲火，煙出青林鶴上天。莫恠坐無齊趙客，玉川茅屋小如船。

又《楚南藏主來詢知元明師居義興山中附詩問訊》　十年不喫陽羨茶，山中舊宅還幾家。道人今歸卧煙霞，石池手種青蓮花。青山且喜依然好蛟兮虎兮跡俱掃，客有放棹東海頭安書好寄龜巢老。

又《惠山泉》　此山一别二十年，此水流出山中船。人言近日絶可喜，不見流船但流水。老夫來訪舊煙霞，僧鐺試瀹趙州茶。惜哉泉味美如故，不比世味如蒸沙。

又《陽羨茶》　南山茶樹化刧灰，白蛇無復銜子來。頻年雨露養遺枿，先春粟粒珠含胎。待看茶焙春煙起，蒻籠封春貢天子。誰能遺我小團月，煙火肺肝令一洗。

元　李孝光《五峰集》卷八《從開元寺怡光長老覓茶》　跐跋黄塵赤日裏，終慙觸熱到人家。病起頗思茶破悶，願從君覔雨前芽。

又《從雪窗上人覓茶》　蔗漿金椀定何物，啜茗哦詩正自佳。忽憶緑陰堂上坐，娑羅花影滿南階。

元　葉顒《樵雲獨唱》卷四《次韻周安道憲史仲春雨窗書懷十首》　茶鼎松濤翻細浪，桃溪花雨湧香泉。旋尋笋蕨春山下，不枉江南二月天。

又《雪水煎茶》　枯枝旋拾帶冰燒，雪水茶香滚夜濤。黨氏豈知風韻美，向人猶說飲羊羔。

又《石鼎茶聲》　青山茅屋白雲中，汲水煎茶火正紅。十載不聞塵世事，飽聽石鼎煮松風。

元 倪瓚《清閟閣全集》卷六《曲彥遠寄茗裹賦此道謝且求致梨栗木瓜》　遠屋青山謝眺居，木瓜梨栗種扶疎。不妨暇日騎官馬，自喜清時少簿書。九月授衣霜欲落，百年回首雁飛初。猶憐踽踽空山落，茗裹封題遠慰予。

又 卷七《次曹都水韻》　水品茶經手自箋，夜燒綠竹煮山泉。莫留樵客看棋局，持斧歸來幾歲年。

元 劉仁本《羽庭集》卷一《建寧芝山取陸羽泉煎茶次卓習之教授韻》　建城南五里，芝峯特清麗。頗聞此山中，有泉出雲際。昔逢老茶仙，烹嘗殊品第。寥寥百載下，幽尋竟誰繼？客從三山來，顧茲若神契。清風忽我招，脫巾坐林翳。金芽芝髓滑，石鼎松風細。一飲詩脾清，再啜凡骨蛻。清談各盡歡。悠悠成久憩，何當起羽仙。飄飄遠塵世。

又 卷四《宮詞其二**》**　恩從內殿賜茶還，剩得龍團月半彎。手挹瑤瓶注溝水，香分涓滴到人間。

又《慈溪東皋茶亭詩》　試問東皋老萬迴，道傍築室為誰開？登程客已喫茶去，渡水人從彼岸來。

又《建寧北元噉山造茶是日天大雷雨高奉御至》　建溪三十里，北苑擅茶名。地聳嵓巒秀，川迴瀧瀨縈。溪山元蘊瑞，草木亦敷榮。遠土職修貢，官曹任榷征。君恩濡澤降，天助震雷轟。鼓譟千軍勇，喧豗萬蟄驚。仙靈煩酒醴，使者引旗旌。白玉堂前客，紅雲島內行。靈根連夜發，凡草感春生。漸覺龍芽吐，先期鳳觜萌。邏巡分堠卒，掇拾課山丁。紫筍和煙採，金筐帶露盛。槍旂俄錯落，粟粒迸輕盈。散亂碧濤影，玲瓏玉杵聲。雪香金碾碎，雲冷石泉泓。軒翥鸞凰瑞，參差圭璧呈。團團明月起，隱隱翠蛟嶸。包匭殊科第，封函致潔精。薦新誇絕品，馳貢入神京。上為君王壽，下攄民物情。武夷同譜牒，禹貢孰稽程。陸羽千年夢，盧仝兩腋清。廟堂真燮理，黍稷享精誠。賦羨無遺物，科徵念遠氓。彤雲閟山谷，絢日隔蓬瀛。願以陽春德，千秋奉聖明。

元 呂誠《來鶴亭集》卷四《煮茶》　暫徹貝書窗下讀，旋烹松鼎雨前茶。未研顧渚金沙餅，謾試洪都露井芽。陸子煮經非所貴，党家風味不余誇。何當滿貯中泠水，滌我胸中寸縷瑕。

元 盧琦《圭峰集》卷上《可用惠茶賦詩以謝》　春到人間纔十日，東風送過玉川家。紫薇書寄斜封印，黃閣香分上賜茶。秋露有聲浮薤葉，夜窗無夢到梅花。清風兩腋歸何處，直上三山看海霞。

元 郭鈺《靜思集》卷四《和酧李憲文送茶》　鰲山峭石攢碧空，物性苦硬氣所鍾。野老鋤雲種茶荈，年深獲利盛農功。雲蒸霧滃春濛濛，一槍兩旂戰東風。采掇可以羞王公，西山白雲將無同。我家住近鰲山下，糴米買薪日無暇。長夏飲水冬飲湯，風月交遊足清話。君年甚少甚瀟灑，摘鮮分贈金同價。已看雀舌堆滿盤，

況復驪珠動盈把。讀書忩深午烟微，竹爐石鼎生光輝。玉川七碗吃不得，以少為貴知音稀。君子浩蕩不可羈，好追彩鳳天門飛。白玉堂前春晝永，承恩拜賜龍團歸。

明代茶詩

明 貝瓊《清江詩集》卷五《題火龍烹茶圖并引**》**　右火龍烹茶圖，蓋寫古帝王事。而斷縑落粉半為好事者裂去，獨有茶具及黃衣中使拱而立者二人，烹茶者一人。曲江錢惟善定為唐之玄宗，豈嘗見其全軼？然所謂玄宗者不知當勵精圖治，與張說一二大臣共樂，集仙時耶？抑其既耄而妮於妃子時也。特人物位置要非院工所及，未暇考譜以實之。姑為題其左云。

松聲忽作秋濤雄，銅龍吐火鱗甲紅。黃衣中使備玉食，泉出金沙甘露濃。春風一旗色尚活，建溪山人雨前掇。蓬萊殿裏沃焦餘，玉盌分露侍臣渴。名花喚起海棠魂，細葉未數丁香根。宮中一日歌舞散，世上千秋圖畫存。開元盛事何人省，書生亦解誇雙井。空山掃葉燒破鐺，閉門讀書秋夜永。

明 高啓《高青丘集》卷二《采茶詞》　雷過溪山碧雲暖，《試茶錄》：『民間常以驚蟄為候，以春陰為采茶得時。』幽叢半吐槍旗短。《茶錄》：『茶芽如鷹爪，雀舌為上，一旗一槍，次之。』陸遊煎茶詩：『紅絲小磑破旗槍。』銀釵女兒相應

歌，杜甫詩：『野花山葉銀釵並。』筐中摘得誰最多。歸來清香猶在手，高品先將呈太守。竹爐新焙未得嘗，籠盛販與湖南商。山家不解種禾黍，衣食年年在春雨。

又卷四《茶軒》 摘芳試新泉，手滌林下器。一榻鬢絲傍，輕煙散遙吹。不用醒吟魂，陸遊詩：『燈影伴吟魂。』幽人自無睡。《博物志》：『飲真茶，令人少眠睡。』

又《幼文約余與止仲同宿士明鶴瓢山房，爲試茶之會。余既入郭而幼文已歸山中，士明亦往海上，止仲復以事不赴。士明侄元修留余夜話，因賦是詩，以書耿耿》 幼文、止仲俱見卷三《懷十友詩》。王行《鶴瓢山房記》：『吳城東北有老氏之居曰寧真。主者李君，名睿，字士明，清慎好學。其祖閒翁，時開堂館，其徒之四方至者，户外之履恒數十兩。有黄老師者，自蜀之青城山來，道氣昆峭，一堂盡傾。君遇之殊謹，居數月告去。君以為學之要叩之，黄歎曰：「子誠志於道耶！」因語之云云。暨出一瓢曰：「是從我幾百年，行地萬餘里，今以遺汝。見是如見我也。勉之！」君敬愛焉。瓢形類鶴，遂以鶴名之。并題其室曰鶴瓢山房，仍以自號，尊信黄師之意也。』道人出未歸，高人來復去。試茗失幽期，陸遊詩：『試茗初看白乳新。』寒齋成獨住。冰生洗藥池，趙師秀詩：『雲覆燒丹竈，花浮洗藥泉。』風動懸瓢樹。賴有阿咸賢，玄談到天曙。

又《題倪雲林所畫義興山水圖》 《列朝詩傳》：『倪瓚，字元鎮，號雲林，無錫人。其先以貲雄一郡。元鎮不事生産，強學好修。所居有閣，名清閟，藏書數千卷，手自勘定。性好潔，盥頮易水，冠服振拂，日以數十計；齋居前後樹石頻煩洗拭，見俗士避去如恐浼。至正初，天下無事，忽盡鬻其家産，得錢盡推與知舊，人皆竊笑。及兵興，富豪盡被剽掠，元鎮扁舟箬笠，往來湖、泖間，人始服其前識也。洪武七年，元鎮年七十有四，始還鄉里，寓其姻鄒惟高家，遂死鄒氏。』《一統志》：『常州府宜興縣，秦陽羨，晉義興。』嘗啜陽羨茗，《一統志》：『宜興銅官山，即古陽羨，其地産茶。』《茶譜》：『唐茶品以陽羨為上，建溪、北苑未著也。』盧仝詩：『天子未嘗陽羨茶，百草未敢先開花。』不遊陽羨山。銅官結秀色，《一統志》：『池州，銅官冶。南唐置銅陵縣，與常州形勢岡阜相屬，林麓鬱然。』李白《銅官山醉後詩》：『我愛銅官樂，千年未擬還。』都在畫圖間。樊川醉遊處，杜牧《樊川集》：『李侍郎于陽羨富有泉石，牧亦于陽羨粗有薄産。』水榭依沙樹。《一統志》：『荊溪北有水榭，唐杜牧嘗寓此，有詩云：「一壑風煙陽羨里，解龜歸去路非賒。」』雲入縣城來，谿流太湖去。《一統志》：『宜興縣有百瀆，昔人以荊溪居數郡下流，於太湖口疏百派以分其勢，又開橫塘貫之，導荊溪下入太湖。』我愛雲林生，高歌無俗情。石庭梅欲發，須放酒船行。李白詩：『稽山無賀老，卻掉酒船回。』

又卷九《會宿成均汲玉兔泉煮茗諸君聯句不就因戲呈宋學士》 《周禮·春官》：『大司樂掌成均之法。』注：『成均，五帝之學。』《一統志》：『應天府學在府治東南，洪武初，以為國子監，尋復為府學。玉兔泉在府學東廊前。』《潛溪先生行狀》：『洪武二年，詔徵先生總修《元史》。六月，除翰林學士、亞中大夫知制誥兼修國史。』白兔如嫌桂宮冷，走入杏花壇下井。《莊子》：『孔子遊乎緇帷之林，休坐乎杏壇之上，弟子讀書，孔子弦歌鼓琴，奏曲未半，有漁父者下船而來，左手據膝、右手持頤以聽。』姮娥無伴每相尋，水底亭亭落孤影。曾擣秋風玉臼霜，古詩：『採取神樂高山端，白兔擣蝦蟆丸，奉上陛下一玉柈。』至今泉味帶天香。宋之問詩：『桂子月中落，天香雲外飄。』玉堂仙翁欲飲客，鹿盧夜半響空廊。齋燈明滅茶煙裏，醉魂忽醒松風起。蘇軾《煎茶詩》：『蟹眼已過魚眼生，颼颼欲作松風鳴。』只愁詩就失彌明，韓愈《石鼎聯句詩序》：『衡山道士軒轅彌明，過劉師服進士，校書郎侯喜有能詩聲，夜與劉說詩。道士指爐中石鼎聯句，袖手竦肩，倚北牆坐高吟。二子相顧慚駭，思益苦，立牀下拜，道士不應，倚牆睡，鼻息如雷鳴；二子怛然失色，不敢喘，亦坐睡。及覺，日已上，驚顧覓道士不見。』殘雪滿庭寒似水。

又卷一二《圓明佛舍訪呂山人》 《姑蘇志》：『圓明寺，在吳江縣二十三都。』憐君不出院，結夏與僧同。《荊楚歲時記》：『四月十五日，天下僧尼就禪剎掛搭，謂之結夏。』徐寅詩：『不出真如結夏僧。』陰竹行廊遠，香花掩殿空。飯分齋鉢裏，書寄藏函中。白居易自記：『文集有五本，一本在廬山東林寺經藏院，一本在蘇州南禪寺經藏内。』茶宴歸來晚，《雲仙雜記》：『錢起，字仲文，與趙莒為茶宴，又嘗過長孫宅，與朗上人作茶會。』西林一磬風。

又《城西客舍送周著作砥》 客中寒食後，惆悵送君違。花隱歸城旆，風吹渡水衣。夜窗炊黍散，春苑鬬茶稀。《茶錄》：『建安鬬茶，以水痕先沒者為負，侯久者為勝。故較勝負之說曰：「相去一水兩水」。』范仲淹《鬬茶歌》：『鬬茶味兮輕醍醐，鬬茶香兮薄蘭芷。』誰念西齋雨，相思獨掩扉。

又卷一三《石井泉》 清泉生石脈，冷逼煮茶亭。淨映銀牀色，明開玉鑑形。路鐸詩：『平分玉鑑漁村晚。』分秋歸客鼎，汲月貯僧瓶。樹影沉泓碧，苔文漬壁清。熱中嘗可滌，醉後漱堪醒。品第宜居首，誰修舊《水經》？

又卷一五《煮雪齋爲貢文學賦禁言茶》 自埽瓊瑤試曉烹，石爐

松火兩同清。旋渦尚作飛花舞，袁桷詩：『撫俗水旋渦。』沸響還疑灑竹鳴。不信秦山經歲積，《一統志》：『鳳翔府郿縣太白山，關中諸山，莫高于此，積雪六月不消。』俄驚蜀浪向春生。杜牧詩：『漢水横衝蜀浪分。』一甌細啜真天味，蔡襄詩：『靈泉出地清，嘉卉得天味。』卻笑中泠妄得名。《一統志》：『中泠泉在鎮江西北，《水記》云：劉伯芻以揚子江中泠水為第一。』

又《賦得惠山泉送客游越》 雲液流甘漱石芽，吴筠有《廬山雲液泉賦》。蘇軾詩：『揚州雲液卻如酥。』潤通錫麓樹增華。汲來曉冷和山雨，飲處春香帶澗花。合契老僧煩每護，《蘇軾集》：『愛玉女洞中水，恐後復取而為使者見給，因破竹為契，使寺僧藏其一，以為往來之信，遂戲謂之「調水符」。』修經幽客記曾誇。張又新《水說》：『慧山泉第二。』送行一斛還堪贈，往試雲門日注茶。《一統志》：『雲門寺，在紹興府城南雲門山。晉王獻之居此，嘗有五色祥雲，詔建寺，號雲門。今名廣孝寺。』《歸田錄》：『草茶盛於兩浙，曰注第一。』《會稽志》：『曰鑄嶺，在會稽縣東南，産茶奇絕。日鑄，《歸田錄》書為日注。』

又卷一八《陸羽石井》 泠逼銀牀石甃圓，《古樂府·淮南王篇》：『後園鑿井銀作牀，金瓶素綆汲寒漿。』李白詩：『石甃冷蒼苔，寒泉湛秋月。』銅缾曉汲試頻牽。嗜茶陸羽那知味？誤作人間第四泉。《虎丘志》：『涓按：張又新撰《煎茶水記》載：「劉伯芻論水，以虎丘石井第三。舊志指為陸羽品定，而不知其名昉於伯芻，非羽說也。」宋沈揆詩云：「人間初見第三泉。」尤袤則云：「合教名亞第三泉。」豈同時而二詩又互異耶？明初高啟則云「第四泉」，又不知何據？姑存其舊，以俟博古者。』

明 高啓《高青丘集遺詩·烹茶》 活水新泉自試烹，竹窗清夜作松聲。一瓶若遣文園啜，那得當年肺渴成。《漢書》：『司馬相如拜孝文園令。』杜牧詩：『文園終病渴，休詠《白頭吟》。』

明 王紱《王舍人詩集》卷五《謝吴中寄惠佳茗均字平仲》 紙裹重重想自封，槍旗葉葉帶春風。誰言兩地人千里，清味嘗來總一同。

明 夏原吉《忠靖集》卷三《題慈雲海上人泉石軒》 我嘗駕鶴遊蓬山，顛崖絕壁窮躋攀。濯纓靈泉啖玉髓，振褐瑤石收金丹。別來倏忽歷年歲，泉石膏肓無妙劑。又從淮海逾錢塘，要看溪山豁胸次。越中忽遇慈上人，號稱雲海超常倫。搆軒數楹傍巖谷，清泉奇石皆天真。有時挹泉洗禪足，活活泉聲漱涼玉。有時掃石移禪牀，綫綫苔痕皺晴綠。銀蟾夜浴清輝生，上人皎皎禪心凝。碧雲曉出白衣濕，上人冉冉禪身輕。此泉豈與貪泉比，此石尤非釣石儗。泠泠不入許由瓢，鑿鑿難為孫楚齒。汲來竹底烹龍團，白花浮光六月寒。琢之松窗陪兔穎，玄圭弄影三峰攢。廬山一派飛千丈，窅渺誰能日相向。虎丘一片容千人，蕭索何由坐其上。是知上人居此軒，清泉奇石常在前。石能雲兮泉能雨，上人清號寧虛傳。我將乘風周八極，未許長年坐此看泉石。願言沛爾雲海之慈波，潤及天下均饒益。

明 李時勉《古廉文集》卷一一《章郎中送茶》 雀舌金芽玉色鮮，貢餘獨得大夫憐。寄來春日聞雷動，採摘雲林禁火前。手閲香逾仙掌草，鼎烹味勝惠山泉。玉堂曾是誇風韻，何似陶潛樂醉眠。

明 李昌祺《運甓漫稿》卷三《春祭陪祀東書堂賜茶退歸作》 棋布星羅局，茶傾香篆半成灰，齋宮賜坐回。苑花紅未拆，堦草綠先催。雪泛杯。非才叨岳牧，明祀幾番陪。

明 王洪《毅齋集》卷四《西湖飲游書贈沈茶博》 百斛美醪終日醺，碧甌偏喜試先春。煙生石鼎飛青靄，香滿金盤起綠塵。詩社已無孤悶客，醉鄉還有獨醒人。因思儤直鑾坡夜，特賜龍團出紫宸。

又《少師姚公見寄新茗兼示以詩謹奉和答酬二首》 烟霞魯逐武夷人，摘盡仙岩幾樹春。常笑《茶經》收未遍，每於泉品較來真。雲濤汎曉當窗響，澗月分秋入甕新。此日玉堂勞遠惠，不勝清思挹芳塵。

早從方外識天人，仗策從龍四十春。道向玉毫傳得秘，書從黄石授來真。錦袍玉帶承恩重，碧水丹山發興新。借問古來名達者，幾人能此絕清塵。

明 于謙《忠肅集》卷一一《寒夜煮茶歌》 老夫不得寐，無奈更漏長。霜痕月影與雪色，為我庭户增輝光。直廬數椽少鄰並，苦空寂寞如僧房。蕭條廚傳無長物，地爐爇火烹茶湯。初如清波露蟹眼，次若輕車轉羊腸。須臾騰波鼓浪不可遏，展開雀舌浮甘香。一甌啜罷塵慮淨，頓覺唇吻皆清涼。胸中雖無文字五千卷，新詩亦足追晚唐。玉川子，貧更狂，書生本無富貴相，得意何必誇膏粱。

明 倪謙《倪文僖集》卷六《竹軒爲宋以臨賦》 琅玕特立繞茅簷，清逼幽懷稱養恬。風細佩聲來靜几，月高鸞影落踈簾。碧窗煙細茶翻乳，曲逕苔深筍迸尖。何日抱琴容直造，倚闌吟嘯一掀髯。

明 沈周《石田詩選》卷二《月夕汲虎丘第三泉煮茶坐松下清啜》 夜扣僧房覓磵腴，山童道我吝村沽。未傳盧氏煎茶法，先執蘇公調水符。石鼎沸風憐碧縐，磁甌盛月看金鋪。細吟滿啜長松下，若使無詩味亦枯。

又卷七《茶坡爲劉長憲世熙作》 使君嗜茶如嗜酒，渴肺沃須斛二斗。官清無錢致團鳳，有力自栽春五畝。輕雷震地抽綠芽，行歌試采香盈手。世間口腹多累人，日給時需喜家有。還道通靈可入仙，非惟卻病仍資壽。籠烟紗帽躬執爨，活火何堪托輿走。題詩戲問滋味餘，得似王濛及人否。

又卷一〇《石鼎》 惟爾宜烹我服從，渾然玉斫謝金鎔。廣脣呿哆寧無合，枵腹彭亨自有容。味在何妨人染指，餗存還媿母尸饔。老夫飽飯需茶次，笑看其間水火攻。

明 謝王紱《竹茶爐爲僧題》《百倉歷代詩選》卷三九〇 僧館高閒事事幽，竹編茶具瀹清流。氣蒸陽羨三春雨，聲帶湘江兩岸秋。玉杵夜敲蒼雪冷，翠屏晴引碧雲稠。禪翁托此重開社，若個知心是趙州。

明 陳獻章《陳白沙集》卷八《寄外史世卿玉臺》 兩崖樹石幾重衙，富貴人間未足誇。到寺客攜元亮酒，在山泉煮玉川茶。高軒倘許重過我，多病仍便久臥家。對月不禁秋思得，清吟分付一籬花。

病領詞官不到衙，老慵無意向人誇。四時好景偏留句，兩腋清風每試茶。司馬雖稱題柱客，薛公猶在賣漿家。近來山寺多高興，更作詩豪對浣花。

城扉半掩更休衙，客子山中句可誇。階下西風吹落葉，僧呼童子掃烹茶。著書歲晚堪投筆，見月宵來定憶家。記得西甄舊游處，滿船秋雨木棉花。

江城吹笛月斜衙，回首秋巖寂可誇。世外一眠那有夢，腹中三斗卻須茶。文衰東漢無高手，詩過中唐少作家。笑殺平原趙公子，當年毛薛眼全花。

明 吳寬《家藏集》卷四《愛茶歌》 湯翁愛茶如愛酒，不數三升并五斗。先春堂開無長物，只將茶竈連茶臼。堂中無事長煮茶，終日茶杯不離口。當筵侍立惟茶童，入門來謁惟茶友。謝茶有詩學盧仝，煎茶有賦擬黃九。《茶經》續編不借人，《茶譜》補遺將脫手。平生種茶不辦租，山下茶園知幾畝。世人可向茶鄉遊，此中亦有無何有。

又卷六《游惠山入聽松庵觀竹茶爐》庵有皮日休醒酒石，時濟姪隨侍赴京，命和二詩。 與客來嘗第二泉，山僧休怪急相煎。結庵正在松風裏，裹茗還從穀雨前。玉碗酒香揮且去，石牀苔厚醒猶眠。百年重試筠爐火，古杓爭憐更瓦全。

又卷一〇《謝李貞伯送瓦茶爐》 摶埴功成上短筵，茶香酒煖盡相便。送來陶鼎風斯下，移近寒屏火始然。巧匠刻銘依古制，才人聯詠費新篇。卻憐吳地官窯徧，深幸遺材出萬甎。

又卷二一《題王浚之茗醉廬》 昔聞爾祖王無功，曾向醉鄉終日醉。醉鄉茫茫不可尋，後世惟傳醉鄉記。君今復作醉鄉游，醉處雖同游處異。此間亦自有無何？依舊幕天而席地。聊將七椀解宿酲，飲中別得真三昧。茅廬睡起紅日高，書信先回孟諫議。陸羽盧仝接踵來，仍請又新論水味。不從衛武歌抑詩，初筵客散多威儀。無功先生安得知，醉鄉從來分兩岐。

又《重陽前連雨續潘邠老詩四首其三》 滿城風雨近重陽，錄事年來築草堂。宴坐謾將茶餅閱，清齋惟許菜羹嘗。浮空到處雲頭黑，射地何時日腳黃。溪上得魚驚水長，扁舟蓑笠見漁郎。

又卷二四《飲陽羨茶》 今年陽羨山中品，此日傾來始滿甌。穀雨向前知苦雨，麥秋以後欲迎秋。莫誇酒醴清還濁，試看旗槍沉載浮。自得山人傳妙訣，一時風味壓南州。吳大本嘗論煎茶法

又《謝文宗儒以茶榼寄贈》 疇昔山崖與水濱，行時茶具每隨身。俗緣未盡還分郡，清物猶存合贈人。陸羽已嘗泉最美，遲任休說器惟新。只今紙裹真堪笑，攜去尤驚范景仁。

又卷二八《謝朱懋恭同年寄龍井茶》 諫議書來印不斜，忽驚入手是春芽。惜無一斛虎丘水，煮盡二斤龍井茶。顧渚品高知已退，建溪名重恐難加。飲餘為比公清苦，風味依然在齒牙。

又卷二九《謝馮副郎送惠山泉》 何處泉滿腹，惠山橫翠屏。山

遠不能移，誰移此泓渟。客從山下來，遺我泉兩瓶。磊磊石子在，中湧數峰青。宛如清曉汲，尚帶魚龍腥。煎茶水有記，陸羽著茶經。舌端辨清濁，豈但如渭涇。茲泉列第二，不甘讓中泠。幸蒙蘇子詠，將詩作泉銘。至今山遊者，爭仰漪瀾亭。遠餉踰千里，瓿甋載吳舲。後人不好事，此事久已停。大甕封泥頭，所重惟醽醁。一朝俄得此，高屋驚建瓴。陽羡茶適至，新品攢寸莛。雖非龍鳳團，勝出蔡與丁。二物偶相值，活火仍熒熒。蟹眼泡漸起，羊腸車可聽。煎烹既如法，傾瀉散蘭馨。連飲渴頓解，更使塵目醒。缾底有餘瀝，照見髮星星。嗟此一段奇，何意當衰齡。不須茶始飲，飲水心常惺。未足酬雅意，聊用報山靈。

明 程敏政《篁墩文集》卷八六《冬夜燒笋供茶教子弟聯句》

坐擁寒爐夜氣清篁墩，烹茶燒筍散閒情敏亨。品從雀舌分佳味塤，價許龍孫得貴名塏。七碗喜催詩興竦塏，百壺真謝酒權輕塤。踈窗已上梅花月敏亨，更取瑤琴鼓再行篁墩。

又 卷六三《病中夜試新茶簡二弟戲用建除體》 建溪新茗如環鉤，士人食之除百憂。呼童滿注雪乳腳，使我坐失平生愁。朝來定與兩難弟，執手共瀹青瓷甌。腹稿已破五千卷，舉身恨不登危樓。玉川成仙幾百載，清氣渺渺散不收。典衣開懷只沽酒，閉門卻笑長安遊。

又 卷七四《竹茶爐卷》 惠山聽松庵有王舍人孟端竹茶爐，既亡而復，秦太守廷韶嘗求予詩。後予過惠山庵，僧因出此爐，吟賞竟日，蓋十餘年矣。觀吳同寅原博及虞舜臣倡和卷，慨然興懷，輒繼聲其後得二章。

新茶曾試惠山泉，拂拭筠爐手自煎。擬置水符千里外，忽驚詩案十年前。野僧暫挽孤帆住，詞客遙分半榻眠。回首舊遊如昨日，山中清樂羨君全。

細結湘筠煮石泉，虛心寧復畏相煎。巧形自出今人上，清供曾當古佛前。可配瓦盆芻玉注，絕勝金鼎護砂眠。長安詩社如相續，得似軒轅句渾全。

又 卷七七《齋所謝定西侯惠巴茶》 元戎齋祓近青坊，分得新茶帶酪香。雪乳味調金鼎厚，松濤聲瀉玉壺長。甘於馬湩疑通譜，清讓龍團別製方。吟吻渴消春晝永，愧無裁答付奚囊。

明 李東陽《懷麓堂集》卷五三《東坡煎茶圖次坡韻》 君不見玉川兩腋清風生，又不見黃家竹几車聲鳴。東坡別有煎茶法，一勺解使千金輕。江南雷鳴二月二，已識山人采芳意。東京貢院試一煎，汴中那有中泠泉。翰林老仙出西蜀，醉掃蠻烟寫珠玉。詩成吻渴腸亦饑，長鬚拂紙揚脩眉。知公此興不獨樂，蘇門六子長相隨。請看畫第題詩手，猶似當爐運筆時。

明 林俊《見素續集》卷四《茗川爲徐子明題》 憶卜城中已歲年，故園雲物尚依然。神清不斷愛茶癖，官瘦真無食肉緣。龍焙禁前收紫筍，玉塵銷盡見清烟。葛溪一水來天地，自在中流陸羽船。

明 吳儼《吳文肅摘稿》卷二《和國賢謝茶》 雨拆靈芽我發船，北風吹斷碧山煙。一杯未解文園渴，七碗何能到玉川。

品茶世獨推陽羡，評水人多說慧山。今日相從調衆口，莫教騰沸鼎鐺間。

明 邵寶《容春堂續集》卷一《煎茶寄吳封君》 濁醪有妙理，清茶尤苦心。采茶陽羡陽，汲泉惠山陰。秋水碧如玉，百沸成黃金。此中亦何味，請聽希聲琴。陸羽久僊去，千載空遺音。盧仝不言法，七盌最獨深。吳翁二子流，清風起山林。陶匏介罏竹，煎竟還自斟。京師一飲我，再飲荊溪潯。邇來雖裹寄，烹事吾誰任。報君一罌水，擲石仍中沉。臨發更致語，新火君當尋。

又《次王郡公煎茶行》 今之詩伯溪上翁，六年為郡聲隆崇。一清如水比泉德，餘興卻慕茶仙風。貪夫見公不自省，公眼白兮心非瞢。詩來遣吏問茶法，茶法酒法將無同。酒成麯蘖過乃敝，酒之甘苦茶淡濃。竹爐石鼎文具耳，妙手只在調和中。大才於物無不可，豈以一藝稱詩工？何時鼎鼐入公手，漢室行徵黃次公。惠山泉上節屢駐，甘棠勿伐何叢叢，公雖愛酒不如晉，茶乎誰許唐人仝。二泉山人愛泉者，欲茶每與山僧假。芝歌未已復茶歌，共喜山中得風雅。飲公醇者西坡篤，讀書《茶經》猶不足。烹煎未解吾何言，願乞吳翁為君告。吾泉上人不欲多，西推山瀑東江波。仲尼飲水別無法，此味不知今若何？

又 卷三《別後述事》 他年曾泛日邊槎，回首青山幾夢家。林窣尚容千挺竹，圃荒猶剩一株茶。聽松有茶園今廢矣，竹中尚有一本。漫勞藥餌扶吾病，豈有文章為國華？詩句未成歸棹促，故人書到海南涯。時林主事以乃

翁見素書至。

又 卷四《咏竹茶罏次匏翁》　雨過春山滿汲泉，舊僧罏在好烹煎。緇塵性絕甄陶外，烈火心降汗竹前。白雪翻時群蟹沫，碧雲烝處一龍眠。調元固有商家鼎，不出山林道已全。

明 顧清《東江家藏集》卷一二《煮茶》　未有金犀辟夜寒，每蒙龍鳳賜宮團。玉牒所月有官茶自分玉嶺千尋潤，小試春旗一葉單。屋裏松濤從地起，窗前梅月幾時看。飄然便欲淩風去，清淺蓬萊水又寬。

又《十二月一日寄書天彝有感用煮茶韻》　一冬今夕始知寒，起斫清冰試小團。水品無勞問鴻漸，火攻聊欲效田單。腸間古字搜應遍，灰裏仙書默自看。好辦百株供歲晚，歸期報與客心寬。

又《惠泉試茗》　攜將雙鳳團，來試九龍脈。臨流啜花磁，更憶長安客。

又 卷七《首夏即事》　金獸香殘晝漏稀，嫩槐庭院午風微。蜜房分子蜂初靜，書閣垂簾燕自飛。小碾試茶催瀹鼎，輕刀裁葛已成衣。故園遙憶三江外，梅豆青青筍過扉。

明 王九思《渼陂集續集》卷上《王懋德饋茶謝答一首》　渭南相送碧山茶，封匣筠籠印不斜。秋日乍開香帶雨，寒泉自煮浪生花。一瓢村醲從吾好，七椀清風謾爾誇。不為使君懷舊友，芽春能到野人家。

又《周守惠茶謝答二首》　老去難勝酒，閒來獨倚樓。使君題王版，仙茗自金州。春泛山泉色，香分漢水頭。枯腸從此潤，短詠若為酬。

使君燕國秀，早看曲江花。郡出三千里，春回幾萬家。憐予白髮叟，分惠碧山茶。四海蒼生渴，休教雨露賒。

又《周守寄穀雨茶及大扇謝答二首》　山中穀雨後，采采碧瑤枝。露葉香猶濕，筠籠寄不遲。一瓢還自煮，七椀是吾師。卻笑相如渴，金莖浪爾思。

酷暑愁衰叟，清風來故人。漢江雲一片，鄠杜月如輪。力借山童健，涼生草閣新。此時仍啜茗，瀟灑絕囂塵。

又《送白貞夫八首其四》　君攜陽羨茶，來烹渼陂水。二物各一域，氣味似且美。欻然乘風回，翱翔青雲裏。迢遞鳳凰城，道阻不可跂。嗟哉傷我心，綣戀那能已。

明 王九思《水仙子·席上對雪次韻》《全明散曲》　冷冷象板粉兒敲，小小金杯綠蟻飄，重重畫閣紅塵落，喜豐年恰遇著。幾般兒景致蹊蹺，鳳團小茶烹銀碓，驢背穩詩吟野橋，鶯巢濕春隱花梢。

明 文洪《文氏五家集》卷三《秋日將至金陵舟泊慧山同諸友汲泉煮茗喜而有作》　少時閱《茶經》，水品謂能記。如何百里間，慧泉曾未試。空餘裏茗興，十載勞夢寐。秋風吹扁舟，曉及山前寺。始尋琴築聲，旋見珠顆泌。龍唇雪濆薄，月沼玉渟泗。乳腹信坡言，圓方亦隨地。不論味如何，清徹亦云異。俯窺鑑須眉，下掬走童稚。高情殊未已，紛然各攜器。昔聞李衛公，千里曾驛致。好奇雖自篤，那可辨真偽？吾來良已晚，手致不煩使。袖中有先春，活火還手熾。吾生不飲酒，亦自得茗醉。雖非古易牙，其理可尋譬。向來所曾嘗，虎阜出其次。行當酌中泠，一驗逋翁智。

又 卷四《游慧山》　憶得新秋慧山路，小艦歸來及秋暮。東行不負酌泉盟，一笑再理登山屐。山中草木漸衰歇，依舊靈泉雪流乳。腸胃聊煎肉食腥，鬚眉淨洗京塵汙。雅致仍攜小筧茶，舊游媿讀南牆句。墨痕淩亂猶昨日，老衲依稀說前度。三旬才到一何稽，一月兩番無乃屢？人情嗜好信有偏，至理自知非可諭。我生自謂萬緣輕，泉石娛人卻成痼。那能過此但空歸？縱不可留須一宿。小奚解事走相從，缾罌預潔提泉具。斜陽一抹滯奔程，好奇正得舟人怒。回視舟人笑不言，就中有理無相苦。

又 卷六《再游虎丘》　短簿祠前樹鬱蟠，生公臺下石孱顏。千年精氣池中劍，一壑風煙寺裏山。井洌羽泉茶可試，草荒支澗鶴空還。不知清遠詩何處？翠蝕苔花細雨斑。

又《袁與之送新茶薦以榮夫新笋賦謝二君》　揀芽駢笋薦新泉，石鼎沙鐺手自煎。一笑月團欣見面，百年玉板更參禪。錦舒風籜春雷後，翠展雲旗穀雨前。珍重故人披拂意，盡驅塵俗破昏眠。

又《三月晦徐少宰同游虎丘》　海湧峰頭宿霧開，王珣祠畔少風埃。林花落盡春猶在，巖壑無窮客又來。水嚙滄池消劍氣，雲封白日護經臺。一樽不負探幽興，更試三泉覆茗杯。

又《奉陪呂太常沈石田游虎丘次韻》　高賢尋壑共經丘，偶得追

從續舊遊。陸羽泉甘春試茗，王珣祠古暮維舟。風簷落落鈴相語，雨徑登登屐似油。怪是酣吟留不去，水雲千頃正當樓。

又《鄭太吉送慧泉試吴大本寄茶》　醉思雪乳不能眠，活火砂瓶夜自煎。白絹旋開陽羨月，竹符新汲慧山泉。地罏殘雪貧陶穀，破屋清風病玉川。莫道年來塵滿腹，小窗寒夢已醒然。

明 文徵明《甫田集》卷二《次夜會茶於家兄處》　慧泉珍重著《茶經》，出品旗槍自義興。寒夜清談思雪乳，小爐活火煮溪冰。生涯且複同兄弟，口腹深慚累友朋。詩興擾人眠不得，更呼童子起燒燈。

又《相城會宜興王德昭爲烹陽羨茶》　地爐相對語離離，旋洗砂瓶煮潤澌。邂逅高人自陽羨，淹留殘夜品槍旗。枯腸最是搜詩苦，醉眼翻憐得臥遲。不及山僧有真識，燈前一啜愧相知。

又《謝宜興吴大本寄茶》　小印輕囊遠寄遺，故人珍重手親題。暖含煙雨開封潤，翠展槍旗出焙齊。片月分明逢諫議，春風仿佛在荊溪。松根自汲山泉煮，一洗詩腸萬斛泥。

又《雪夜鄭太吉送慧山泉》　有客遥分第二泉，分明身在慧山前。兩年不挹松風面，百里初回雪夜船。青篛小壺冰共裹，寒燈新茗月同煎。洛陽空說曾馳傳，未必緘來味尚全。

又卷六《煎茶詩贈履約》　嫩湯自候魚生眼，新茗還誇翠展旗。穀雨江南佳節近，惠泉山下小船歸。山人紗帽籠頭處，禪榻風花遶鬢飛。酒客不通塵夢醒，卧看春日下松扉。

又《邵二泉司徒以惠山泉餉白岩先生適吴宗伯寧庵寄陽羨茶亦至白岩烹以飲客命余賦詩》　諫議印封陽羨茗，衛公驛送惠山泉。百年佳話人兼勝，一笑風簷手自煎。閒興未誇禪榻畔，月明還到酒樽前。品嘗只合王公貴，慚愧清風被玉川。

又卷一二《煮茶》　絹封陽羨月，瓦缶惠山泉。至味心難忘，閒情手自煎。地罏殘雪後，禪榻晚風前。為問貧陶穀，何如病玉川。

又《拙政園詩其三十一》京師香山有玉泉，君嘗勺而甘之，因號玉泉山人。及是得泉於園之巽隅，甘洌宜茗，不減玉泉，遂以為名，示不忘也。　曾勺香山水，泠然玉一泓。寧知瑤漢隔，別有玉泉清。脩綆和雲汲，沙缾帶月烹。何須陸鴻漸，一啜自分明。

又卷一五《惠麓泉甘》　雲腴湛湛雪霏霏，惠麓甘泉天下奇。驛送曾煩厓相置，品嘗惟許漸兒知。雨前佳致分茶處，松下清酣漱齒時。忽聽滄浪烟外曲，月明風細不勝思。

又《還過無錫同諸友游慧山酌泉試茗》　妙絕龍山水，相傳陸羽開。千年遺智在，百里裹茶來。洗鼎風生鬓，臨闌月墮杯。解維忘未得，汲取小缾回。

明 文徵明《游慧山》《惠山記》卷一　幾度扁舟過慧山，空瞻紫翠負躋攀。今來坐探龍頭水，身在前番紫翠間。慧山清夢特相牽，裹茗來嘗第二泉。慚愧客途難盡味，瓦瓶汲取趁航船。

明 文徵明《虚齋名畫録》卷八《十月十三夜，與客小醉，起步中庭，月色如畫。時碧桐蕭疏，流影在地，人境俱寂，顧視欣然，因命童子烹苦茗啜之。還坐風簷，不覺至丙夜。東坡云：何夕無月，何處無竹柏影。但無我輩閒適耳。嘉靖壬辰徵明識壬辰**》**　明河垂空秋耿耿，碧瓦飛霜夜堂冷。幽人無眠月窺户，一咲臨軒酒初醒。庭空無人萬籟沉，惟有碧樹交清陰。褰衣徑起踏流水，拄杖犖确驚栖禽。風簷石鼎燃湘竹，夜久香浮乳花熟。銀杯和月瀉金波，洗我胸中塵百斛。更闌斗轉天蒼然，滿庭夜色霏寒烟。蓬萊何處億萬里，紫雲飛墮闌干前。何人為喚李謫仙，明月萬古人千年。人千年，月猶昔，賞心且對樽前客。但得常閒似此時，不愁明月無今夕。

明文徵明《嘉靖辛卯，山中茶事方盛，陸子傳過訪，遂汲泉煮而品之，真一段佳話也》《支那南畫大成》卷九　碧山深處絕纖埃，面面軒窗對水開。穀雨乍過茶事好，鼎湯初沸有朋來。

明 文徵明《煎茶》《平遠山房帖》　老去盧仝興味長，風簷自試雨前槍。竹符調水沙泉活，瓦鼎然松翠鬣香。黄鳥啼花春酒醒，碧桐搖日午窗涼。五千文字非吾事，聊洗百年湯餅腸。

明 文徵明《七寶泉》《吴越所見書畫録》卷三　何處清泠結靜緣，幽棲遥在太湖邊。掃苔坐話三生石，破茗親嘗七寶泉。翠竹傳聲雲裊裊，碧天流影玉涓涓。高人去後誰真賞？一漱寒流一慨然。

明文徵明《茶具十咏甲午》　《茶具十詠圖》嘉靖十三年，歲在甲午穀雨前三日，天池、虎丘茶事最盛。余方抱疾，偃息一室，弗能往與好事者同為品試之。會佳友念我，走惠二三種，乃汲泉吹火烹啜之，輒自第其高下，以適其幽閒之趣。偶憶唐賢皮、陸輩《茶具十詠》，因追次焉。非敢竊附於二賢，聊以寄一時之興耳。漫為小圖，遂錄其上。

茶塢

岩隈藝靈樹，高下郁成塢。雷散一山寒，春生昨夜雨。棧石分瀑泉，梯雲探煙縷。人語隔林聞，行行入深迂。

茶人

自家青山裡，不出青山中。生涯草木靈，歲事煙雨功。荷鋤入蒼靄，倚樹占春風。相逢相調笑，歸路還相同。

茶筍

東風吹紫苔，一夜一寸長。煙華綻肥玉，雲蕤凝嫩香。朝來不盈掬，暮歸難傾筐。重之黄金如，輸貢堪頭綱。

茶籯

山匠運巧心，縷筠裁雅器。絲含故粉香，箬帶新雲翠。攜攀蘿雨深，歸染松風膩。冉冉血花斑，自是湘娥淚。

茶舍

結屋因岩阿，春風連水竹。一徑野花深，四鄰茶荈熟。夜聞林豹啼，朝看山麋逐。粗足辦公私，逍遥老空穀。

茶灶

處處鬻春雨，青煙映遠峰。紅泥壘白石，朱火然蒼松。紫英凝面薄，香氣襲人濃。靜候不知疲，夕陽山影重。

茶焙

昔聞鑿山骨，今見編楚竹。微籠火意溫，密護雲牙馥。體既靜而貞，用亦和而燠。朝夕春風中，清香浮紙屋。

茶鼎

斫石肖古制，中容外堅白。煮月松風間，幽香破蒼壁。龍頭縮蠢勢，蟹眼浮雲液。不使彌明嘲，自隨王濛厄。

茶甌

疇能煉精瑤，範月奪素魄。清宜鬻雪人，雅愜吟風客。穀雨鬥時珍，乳花凝處白。林下晚未收，吾方遲來屐。

煮茶

花落春院幽，風輕禪榻靜。活火煮新泉，涼蟾墮圓影。破睡策功多，因人寄情永。仙游恍在茲，悠然入靈境。

明孫緒《沙溪集》卷二〇《擂茶》　何物狂生九鼎烹，敢辭粉骨報生成。遠將西蜀先春味，臥聽南州隔竹聲。活火乍驚三昧手，調羹初試五侯鯖。風流陸羽曾知否，慚愧江湖浪得名。

明李夢陽《空同集》卷一二《咏信州茗和鄭子》　厥草有佳種，靈味固無匹。豐內謝華幹，畢叢類謙抑。陽和散林彩，翛翛吐英特。濯影金屑泉，敷芬玉巖側。完馨重伊始，溥露浥其色。采掇屈柔腕，製之成我德。三緘附貢品，遂辱君子食。入鼎沸銀浪，隨風可傾國。滌煩古有經，通仙詎堪惑。

明潘希曾《竹澗集》卷四《北山茶》　春來遥憶北山茶，青壁丹崖傍我家。采露擷烟空夢寐，沿河泝濟自年華。求閒會了三生願，知足何須七碗加。燕語鶯啼春送盡，又看光景到萱花。

明顧璘《息園存稿詩》卷六《陽羨山歌贈吴隱君》　東臨具區水，西見峨眉青。誰將陽羨山，倒景浮重溟。此山上應須女星，雕琢雲霧開仙庭。挑花洞户列千室，夫容旌旗朝百靈。神人種藥留巖崖，化為苦草黄金芽。水品流傳逸士譜，月團飛上天皇家。山南今有樵漁客，八十鬢眉未全白。日飲茶漿茹紫芝，塵胎暗脱雙瞳碧。鶴鹿呼名任驅使，龍鸞整駕當朝夕。曾聞至人言此翁，千秋自會生毛翮。我厭塵寰思玉舄，名山相去况咫尺。鼓楫何時罨畫溪，稱觴一訪烟霞宅。

又卷七《賦煮茶圖》　朱門酒肉如山海，沉湎徒云性靈改。松關冥坐真天人，朗如玉樹生華采。澗阿霽雪新泉清，風吹石鼎茶烟横。悠然對語白日晚，俯聽萬井蒼蠅聲。

明顧璘《山中集》卷一《煮茗》　為有餘酲在，還牽睡思繁。汲泉敲石火，先試小龍團。

明陸深《儼山集》卷一一《桂洲夜宴出青州山查薦茗色味佳絶》　巖背山椒一萬株，青州糖毬天下無。火龍行雨歸東海，抛卻紅明

頷下珠。

又《曉過御茶房》 扎下行廚按四方，嫩黄幃幙下金床。太陽出海高三丈，照見流蘇五色光。

又卷一六《春日雜興二十七首其三**》** 臨池草閣背山堂，乳燕泥融補畫梁。卻按《茶經》試江水，自開陽羨閲旗槍。

明 徐禎卿《煎茶圖》《古今圖書集成·食貨典》卷二九五 惠山秋淨水泠泠，煎具隨身挈小瓶。欲點雲腴還按法，古藤花底閲《茶經》。

又《秋夜試茶》 靜院涼生冷燭花，風吹翠竹月光華。悶來無伴傾雲液，銅葉閒嘗紫筍茶。

明 夏良勝《東洲初稿》卷八《得鄉茶有感》 摘來采采滿筐雲，野味全憑水火勻。千片碎分千里月，一囊收拾一年春。玉川格局字字古，雀舌名頭處處新。洗手拆封如見面，卻驚身是異鄉人。

又卷八《啜茶》 故鄉茶葉異鄉烹，添得吟腸一味清。水鑿冰崖凝碧椀，火翻雪浪覆青瓶。含鎗謾説呈新品，帶胯從今減舊聲。愧我相知無諫議，也須三椀坐嚴更。

又卷一一《錫山作侍泉齋先生教感而賦此》 惠泉瀹茗幾食嘗，一碗嚴更百慮忘。文墨傳來空眼界，道腴真處緒頭長。床前甕在還開閣，壁上錢荒數探囊。桃李春深漸佳境，宣公窮索在醫方。

又卷一二《茶竈》 溪石上兀兀，溪流正泱泱。科臼卻自別，時分山茗香。

明 孫承恩《文簡集》卷一三《虎跑寺》 軺車任登登，山徑繚而曲。深邃得蘭若，傑構聳岩谷。林空號鼪鼯，境僻走麋鹿。寄跡亦偶爾，一住且信宿。禪房木榻淨，石鼎妙香續。跑泉虎已逝，清洌猶可掬。煮茗試酌之，一洗腸胃俗。蒼珉宛深刻，坡翁有遺躅。詞翰兩絕妙，光彩照林麓。平生丘壑情，苦被王事促。山僧念遠行，舉手向我祝。是身浮雲然，再至渺難卜。匆匆出門去，浩蕩看鴻鵠。

又卷一二《虎跑泉和坡翁韻三首》

遠續曹溪水更香，雲腴深甃石陰涼。百靈呵衛龍天肅，一線潛通地脉長。病體偶從窺勝蹟，塵心應得悟迷方。為邀陸羽來同宿，擊火烹茶試共嘗。

洞口風生薜荔香，萬松陰護佛龕涼。禪僧獨對青山老，遊子貪依慧日長。世故極知俱幻想，安心何用覓奇方。探幽笑我真成癖，一滴甘泉合試嘗。

明 何景明《大復集》卷二八《璽上人送茶》 欝欝雲中秀，山僧採相饋。我有毒熱腸，此是清涼味。

又《送泰公茶》 英英白雲華，采采六山秀。為問病維摩，此味清涼否？

明 林文俊《方齋存稿》卷一〇《題故人江千户味泉卷》 憶昔聯舟下江水，月明杯酒吳江中。十五年來渾一夢，幾回念我枉詩筒。今我不樂歲又暮，思君空佇南飛鴻。近聞解印謝塵鞅，頭白頽然成老翁。閒來只辨江心水，汲取烹茶陸羽同。我似相如多渴病，每日視草明光宮。安得就君分一勺，坐遺胸中臆慮空。詩成對雨支頤坐，冷風颯颯鬢雙蓬。

明 楊慎《升庵長短句·好事近煮茶進和蔡松年韻**》** 綵綫利如刀，解破團圓明月。蘭薪桂火筠鑪，聽松風翻雪。喚取眠雲跂石人，賽十洲三絕。焚香朗誦黄庭，把肺肝清徹。

又《續集》卷二《鷓鴣天以茉莉沙坪茶送少岷**》** 灌口沙坪摘小春，素馨茉莉薦香塵。要知貯月金波味，只有餐霞玉洞人。 雲葉嫩，乳花新，冰甌雪盌卻杯巡。清風兩腋詩千首，舌有懸河筆有神。

明 楊慎《升庵集》卷二五《香霧髓歌》余得巨柑於江陽，形如北方瓶梨，不忍食之，携至榮昌。清夜，與冷漢池夜話，漢池不飲，乃出是柑剖之，味亦異恒品。漢池曰：『昔廖明略晚登坡門，飲以密雲龍，飲茗遂為嘉話。珂也晚登公門，此亦公之密雲龍也。請以坡詩「香霧噀人」及陸天隨「星髓未彫」之句合而名之曰「香霧髓」。』仍出鵝硯、棗心筆，屬予作此歌，云：

君不見東坡先生密雲龍，緘藏遠自朝雲峰。宛丘淮海四學士，分江貯月初啟封。又不見升庵老人香霧髓，獅頭瑞柑萍實比。香霧噀人星髓開，錫以嘉名漢池始。龍團獅柑各有神，江陽玉局共稱珍。若把西湖比西子，從來佳茗似佳人。君才十倍廖明略，姑射風姿昆玉腳。蘭舟菱唱朝陽詩，閒情止酒淵明作。黑頭醒酗早歸來，枕谷棲丘步紫苔。王陽迴車九折坂，楚筵辭醴三休臺。玄言亹亹懷坡老，清夜沉沉同絕倒。燭淚融成兩鳳

凰，仙蹤迴寄三青鳥。酒酣邀我賦短歌，楚頌亭前芳思多。像置伯夷真不翅，才盡江淹其奈何。

又 卷三九《和章水部沙坪茶歌有跋**》** 玉壘之關寶唐山，丹危翠險不可攀。上有沙坪寸金地。瑞草之魁生其間。芳芽春茁金鴉觜，紫笋時抽錦豹斑。相如《凡將》名最的，《譜》之重見毛文錫。洛下盧仝未得嘗，吳中陸羽何曾覓。逸味盛誇張景陽，白兔樓前錦里傍。貯之玉盌薔薇水，擬以帝臺甘露漿。聚龍雲分麝月，蘇蘭薪桂清芬發。參隅迢遞渺天涯，玉食何由獻金闕。君作茶歌如作史，不獨品茶兼品士。西南側陋阻明揚。官府神仙多蔽美，君不聞夜光明月投人按劍嗔，又不聞擁腫蟠木先容為上珍。

往年在館閣，陸子淵謂予曰：『沙坪茶信絕品矣，何以無稱于古？』余曰：『毛文錫《茶譜》云：「玉壘關寶唐山有茶樹，懸崖而生笋長三寸五寸，始得一葉二葉。」晉張景陽《成都白兔樓詩》云：「芳茶冠六清，逸味播九區。」此非沙坪茶之始乎？』

明 黃佐《泰泉集》卷六《酌泰泉贈區廣文》 一勺泰泉水。中涵千仞青。遠分舒鶴渚，寒帶聚龍坰。花竹添蕭爽，風雲助杳冥。看君蘇齒頰。為爾續《茶經》。

明 吳廷翰《湖山小稿》卷中《百合茶》 啜茶山谷裏，百合始知名。入口金莖破，當匙玉顆擎。密添松火嫩，轉傍竹爐清。舉世啗珠果，誰能一繫情！

又《過白石山下人家啜茶》 踟躕此山下，無緣到上頭。深林妨虎谷，高臥阻龍湫。草屋生松火，烹茶獻雪甌。亦知登覽興，約我幾時遊。

明 吳廷翰《蘇原詩集》卷下《青田舟中》 石門洞口石榴花，四月乘舟下永嘉。不見蘇原山下路，錢塘江上是吾家。年年為客苦思家，家傍廬山好種茶。黃家圩邊一溪水，紫雲莊上滿田花。

明 楊爵《楊忠介集》卷一二《雪茶》 霧後飛來滿太空，巧將輕片舞條風。六花烹作六安水，瑞氣都留玉盞中。

明 高叔嗣《蘇門集》卷三《冷泉寺》 露冕長林下，酌泉大士家。根深別有水，色冷不關茶。香象浮深壑，毒龍護淺沙。煩蒸若為減，客思正如麻。

明 唐順之《荊川集》卷三《病中試新茶》 久不窺園圃，多應徧落花。生涯只本草，歲月又新茶。婚嫁身多債，詩書眼尚遮。病來都忘卻，恰似老僧伽。

明 王慎中《遵岩集》卷八《唐有懷以九疑之茶分贈二首》 永州太守清於水，囊携芳茗擔還輕。卻分囊茗過閩嶺，重儗千鈞未比情。

多病卻無口腹營，獨耽泉茗類頑僧。走向北山汲深澗，松月窗前自煬鐺。

明 李攀龍《滄溟先生集》卷一四《寄贈元美四首其二**》** 美人持贈虎丘茶，起汲吳江煮露華。龍井近來還此種，也堪清賞屬詩家。

明 徐渭《徐文長逸稿》卷三《謝鍾君惠石埭茶》 杭客矜龍井，蘇人代虎丘。小筐來石埭，太守賞池洲。午夢醒猶蝶，春泉乳落牛。對之堪七碗，紗帽正籠頭。

又《茗山篇爲泰父**》** 知君元嗜茗，欲傍茗山家。入澗遙嘗水，先春試摘芽。方屏午夢轉，小閣夜香賒。獨啜無人伴，寒梅一樹花。

又 卷四《虎丘》 杜甫《蕃劍》詩：『虎氣必騰上。』人言闔閭之葬，致白虎，乃是劍精，理或然也。又吳人至中秋之夕，競曲於此。虎丘之茗，佳者斤率金一兩許。四句謂西子也。

轆轤高倚壁嶙峋，劍水沉沉草樹蓁。虎氣必騰千尺上，蛾眉曾照兩灣顰。不勝清拍中秋夜，盡委黃金數葉春。誰記君王舊歌舞，館娃宮殿已成塵。

又《張封君輓詩》 杭人也，種茶竹五畝於一片雲所。一片雲，南山奇石也。

五畝茶園萬竹紛，艸堂何歲去徵君。紫苔漫蝕千金劍，蒼蘚愁枯一片雲。級予郎官從日下，人稱長者隔江聞。細詢湖上藏舟處，倘立孤山處士墳。

又 卷八《陶學士烹茶圖》 醒吟醉艸不曾閒，人人喚我作張顛。安能買景如圖畫，碧樹紅花煮月團。

明 徐渭《徐文長文集》卷七《某伯子惠虎丘茗謝之石門**》** 虎丘春茗妙烘蒸，七碗何愁不上升，青箬舊封題穀雨，紫沙新罐買宜興。卻從梅月橫三弄，細攪松風灺一燈。合向吳儂彤管說，好將書上玉壺冰。

明 徐渭《某伯子惠虎丘茗謝之》《古今圖書集成・食貨典》卷二九五 虎丘春茗妙烘蒸，七碗何愁不上升，青箬舊封題穀雨，紫沙新罐買宜興。卻

從梅月横三弄，細攪松風炧一燈。合向吳儂彤管說，好將書上玉壺冰。

明 郭諫臣《鯤溟詩集》卷一《想山中新茶》 酒渴時思茗一杯，玉川風味許相陪。金芽欲吐無消息，驚破江南昨夜雷。

明 王世貞《弇州續稿》卷九《和東坡居士煎茶韻》 洪都鶴嶺太粗生，北苑鳳團先一鳴。虎丘晚出穀雨候，百鬬百品皆為輕。慧水不肯甘第二，擬借春芽冠春意。陸郎為我手自煎，松飇寫出真珠泉。君不見蒙頂空勞薦巴蜀，定紅輸卻宣甆玉。氈根麥粉填調饑，碧紗捧出雙峨眉。搊箏炙管且未要，隱囊筠榻須相隨。最宜纖指就一吸，半醉倦讀《離騷》時。

又 卷一一《醉茶軒歌爲詹翰林東圖作》 糟丘欲頹酒池涸，嵇家小兒厭狂藥。自言欲絕歡伯交，亦不願受華胥樂。陸郎手著茶七經，卻薦此物甘沈冥。先焙顧渚之紫筍，次及揚子之中泠。徐聞蟹眼吐清響，陡覺雀舌流芳馨。定州紅甆玉堪妬，釀作蒙山頂頭露。已令學士誇党家，復遣嬌娃字紈素。一杯一杯殊未已，狂來忽鞭玄鶴起。七碗初移糟粕觴，五絃更淨琵琶耳。吾宗舊事君記無，此醉轉覺知音孤。朝賢處處罵水厄，傖父時時呼酪奴。酒耶茶耶俱我友，醉更名茶醒名酒。一身原是太和鄉，莫放真空落凡有。

明 王世貞《弇州山人四部稿》卷二八《吳興雜興十首其八**》** 寄語諸鄉曲，清貧好自誇。山田供老母，月俸上官家。蕩口携來酒，天池寄得茶。止贏茗峴勝，飽看不為奢。

又 卷五一《李于鱗損餉諸物侑以新詩走筆爲謝》 龍井儂分玉乳花，虎丘余剪碧璚芽。何時踞坐松陰下，紗帽藤衫對品茶。

又《趙承旨爲恭闍黎寫經畢以詩乞茶真迹在余所戲代恭答》 玉堂潤筆元無價，珍重吳興衹換茶。但使毫端吐舍利，一蒙山頂屬君家。

又 卷五二《陸羽泉》 康王谷瀑中冷水，何似山僧屋後泉？客至試探禪悅味，玉團初輾浪花圓。

明 王世貞《弇州四部稿》卷五四《解語花・題美人捧茶》 中泠乍汲，穀雨初收，寶鼎松聲細。柳腰嬌倚，熏籠畔，鬬把碧旗碾試。蘭芽玉蕊，勾引出清風一縷。顰翠蛾斜捧金甌，暗送春山意。微裊露鬟雲髻，瑞龍涎猶自沾戀纖指。流鶯新脆低低道，卯酒可醒還起。雙鬟小婢，越顯得那人清麗。臨飲時須索先嘗，添取櫻桃味。

明 王世懋《蘇幕遮・夏景題茶》（古今圖書集成・食貨典）卷二九五 竹床涼，松影碎，沉水香消，尤自貪殘睡。無那多情偏著意，碧碾旗槍，玉沸中泠水。捧輕甌，沽弱酳，色授雙餐，喚覺江郎起。一片金波誰得似，半入松風，半入丁香味。

明 王穉登《題唐伯虎烹茶圖爲喻正之太守三首》（古今圖書集成・食貨典）卷二九五 太守風流嗜酪奴，行春常帶煮茶圖。圖中傲吏依稀似，紗帽籠頭對竹爐。

靈源洞口采旗槍，五馬來乘穀雨嘗。從此端明茶譜上，又添新品綠雲香。

伏龍十里盡香風，正近吾家別墅東。他日千旄能見訪，休將水厄笑王濛。

又《解語花・題美人捧茶》 春光欲醉，午睡難醒，金鴨沉煙細。畫屏斜倚，銷魂處，漫把鳳團剖試。雲翻露蕊，早碾破愁腸萬縷。傾玉甌徐上閒階，有個人如意。堪愛素鬟小髻，向瓊芽相映寒透纖指。柔鶯聲脆香飄動，喚卻玉山扶起。銀瓶小婢，偏點綴幾般佳麗。憑陸生空說《茶經》，何似儂家味。

明 焦竑《焦氏澹園集》卷三九《龍泉庵》 水品龍庵最，殘春挾茗過。世誰尊白法，吾自狎滄波。古樹閒僧老，空林野鳥多。無因留信宿，清磬隔烟蘿。

又 卷四二《湧泉庵》 石磴盤雲鳥道通，一庵宛轉翠微中。浮生冉冉僧初老，時事棼棼夢已空。過雨梅泉翻淨碧，得霜楓砌墮危紅。何當長此觀心坐，茶燕爐熏午夜司。

又 卷四三《茶寮》 滯緒棼難理，靈芽味自長。殷勤就君語，一酌得清涼。

明 胡應麟《少室山房集》卷六八《茶竈水記桐廬第十九**》** 夜涼起南軒，然藜煮雀舌。山童荷擔歸，滿瓮嚴陵月。

又 卷七九《吳德符損餉宣德茶盂二枚因淪天池新焙賦二絕以賞

之》　柴汝官哥各浪傳，摩娑秋色到龍泉。筵中宣德新磁在，笑殺何郎食萬錢。

把贈雙珍破寂寥，龍團翻雪亂雲飄。琅琊舊著煎茶賦，已說宣窑勝定窑。

明　湯顯祖《玉茗堂全集·詩》卷二《茶馬》　秦晋有茶賈，楚蜀多茶旗。金城洮河間，行引正參差。繡衣來漢中，烘作相追隨。以篚計分率，半為軍國資。番馬直三十，酬篚二十餘。配軍與分牧，所望蕃其駒。月餘馬百錢，豈不足青芻。奈何令倒死，在者不能趨。倒死亦不聞，軍吏相為漁。黑茶一何美，羌馬一何殊。有此不珍惜，倉卒非長驅。健兒猶餓死，安知我馬徂。羌馬與黄茶，胡馬求金珠。羌馬有權奇，胡馬皆駘駑。胡強掠我羌，不與兵驅除。羌馬亦不來，胡馬當何如！

又　卷六《雁山種茶人多阮姓偶書所見》　一雨雁山茶，天台舊阮家。暮雲遲客子，秋色見桃花。壁繡莓苔直，溪香草樹斜。凰簫誰得見？空此駐雲霞。

又　卷八《送錢用父常州歸覲》　玄湖偃署發雲霞，旌旆翩翩出二沙。浪說故鄉同宦侶，那堪尊酒送年華。驚春咲拂河陽柳，入洛回看江上花。他日高齋能憶汝，蘭泉新試罨溪茶。

又《即事寄孫世行吕玉繩二首》　平昌四見碧桐花，一睡三餐兩放衙。也有雲山開百里，都無城郭湊千家。長橋夜月歌攜酒，僻塢春風唱采茶。即事便成彭澤里，何須歸去説桑麻。

偶來東浙係銅章，只似南都舊禮郎。花月總隨琴在席，草書都與印盛箱。村歌曉日茶初出，社鼓春風麥始嘗。大是山中好長日，蕭蕭衙院隱焚香。

又　卷一三《題溪口店寄勞生希召龍游二首》　穀雨將春去，茶烟滿眼來。如花立溪口，半是採茶回。

忽忽登樓去，長安五度春。云何冷水店，尚有熱心人

又　卷一四《竹嶼烹茶》　君子山前放午衙，濕烟青竹弄雲霞。燒將玉井峰前水，來試桃溪雨後茶。

又　卷一八《右武送西山茗飲》　春山雲霧剪新芽，活水旋炊紺碧花。不似劉郎因病酒，菊虀纔換六班茶。

又《看采茶人别》　粉樓西望淚行斜，畏見江船動落霞。四月湘中作茶飲，庭前相憶石楠花。

明　陳繼儒《晚香堂小品》卷四《贈醉茶居士》　山中日日試新泉，君合前身老玉川。石枕月侵蕉葉夢，竹爐風軟落花烟。點來直是窺三昧，醒後翻能賦百篇。却笑當年醉鄉子，一生虚擲杖頭錢。

又《端午日，公美以虎丘茶、菖蒲酒見餉，并投佳篇，倚韻答謝》　雨過山青畫不如，空山誰解問幽居。茗甌數點浮花乳，蕉葉一窗供草書。樹底科頭調舞雀，池邊塵尾戲游魚。葵榴媚眼菖陽緑，拼向先生兩鬢疎。

又　卷五《飲惠泉有感》　陸羽竹爐寒，清泉氣若蘭。如何出山後，便作下流看。

又　卷六《山中自叙》　榻得平原爭坐帖，放開兜率照顔花。此時穀雨新晴後，櫻笋初甘又試茶。

又　卷七《試茶》　綺陰攢蓋，靈艸試旗。竹爐幽討，松火怒飛。水交以淡，茗戰而肥。緑香滿路，永日忘歸。

明　陶望齡《歇庵集》卷一《煮茶》　何哉玉川子，謾誇七碗樂。空齋響松聲，清風已堪作。

又《遇雪憶越中舊游二首其二》　故國諸同好，長途雪裏來。為憐朝霽後，兼有早梅開。小出携茶鼎，旋烹試瓦杯。只今懷舊侶，遠道思悠哉。

又　卷二《勝公煎茶歌兼寄嘲中郎》中郎嘗品茶，云龍井未免草氣，虎丘豆花氣，羅岕金石氣。　銅鑪宿火灰初煖，旃檀半銖芬氣蒲。須臾斷續一縷青，纔有香烟意全短。勝公煎茶契斯法，兔褐甌中雪花白。火文湯嫩茗乍投，已具味香無有色。蘭花色淺趣已殊，況堪老作鵝兒雛。佳處無多在俄頃，趣飲敢復留贏餘。公安袁生吳令尹，未解烹煎強題品。杭州不飲勝公茶，却訾龍井如草芽。誇言虎丘居第二，彷佛如聞豆花氣。羅岕第一品絶精，茶復非茶金石味。我思生言問生口，煮花作飲能佳否。茶於花氣已非倫，淪石烹金味何有。歇庵道者山澤臞，弢光泉水煙雲腴。飲罷身輕意沖舉，

夢為白鶴雲間徂。燕中大餅如截樹，生乎啖之齒牙敝。何時一碗沃爾腸，勿作從前易言語。

又《酣中閣八首其五》 汲泉敲火燒松葉，日注新煎椀十分。細酌慢吟仍飽啜，茶酣未必不如君。

又《贈靈隱僧三首》

其一

稽留山下寺，客到每稽留。僧定年年夏，蟬吟句句秋。泉新雲護筧，峰午月生樓。不獨貪名賞，兼憐茗事幽。

其二

快晴真為月，驟雨更宜泉。吠蛤驚來客，鳴蜩急晚天。清詩難抵供，高論屢妨禪。一榻茶烟底，聊償熟睡緣。

其三

司倉吟裏佛，桑苧茗中神。詩律憐吾減，茶勳到爾新。著經今日異，鬭品幾山春。倘問西來事，拈甌舉似人。

明 袁宏道《袁中郎全集》卷二八《白乳泉》 一片青石稜，方長六大字。何人妄刻畫？減卻飛揚勢。泉久汙泥多，葉老鎗旗墜。縱有陸龜蒙，亦無茶可試。

又 卷二九《過雲棲見蓮池上人有狗醜韭酒紐詩戲作》 錢塘江上雲如狗，一片頑石露麁醜。苦竹叢叢一嶺烟，毛松落落千行韭。道旁時榜趙州茶，室中不戒聲聞酒。更問如之興如何？便是頸上重加紐。

又 卷三二《法華庵看月江老衲移栢樹其四》 閒將栢葉攪胡茶，供養方情老作家。不似破頭山道者，貪他傳代古袈裟。

又 卷三五《和王以明山居韻》

其二

自候烹茶火，閒開看竹窗。方情四五衆，花事兩三椿。古注多題什，鄰翁也姓龐。虛空繫得否，無起亦無降。

其三

小石含山意，柔風寓冶情。卷終香字損，禪起夜綿輕。第水兼新品，注花帶別名。晴沙看鷗母，引得小雛行。

又 卷三七《雪中投宿棲隱寺寺去大冶五十里在亂山中其一》 下馬歷巑岏，晶晶四壁寒。山門雲占斷，佛舍雨澆殘。茶好臨泉試寺有棲隱泉，松宜帶雪看。軒窗無一可，孤負此峰巒。

又 卷三八《和江進之雜咏》

其一

山亭處處挈胡床，不獨遊忙睡亦忙。官況易消如暴水，癡兒難長似黃楊。巖花盛日求長假，石榻開時見古方。擲卻儒紳與巾子，添將冰水注茶湯。

其二

盆池清淺薄苔封，弱竹叢叢個影重。殘帙有芸猶被蠹，空闌無蕊亦招蜂。西山欝欝蓁蓁氣，講閣朝朝暮暮鐘。箬葉數筐書尺五，芥茶新寄自吳儂。

又《游虎跑泉》 竹床松澗淨無塵，僧老當知寺亦貧。飢鳥共分香積米，落花常足道人薪。碑頭字識開山偈，爐裏灰寒護法神。汲取清泉三四盞，芽花烹得與嘗新。

又《皇甫仲璋邀飲惠山上》 東風吹水浴平沙，鸂鶒鷗鵜滿釣槎。去日翟公猶有客，到來潘岳已無花。谿鱗呷雨層層浪，水碓舂雲處處家。白石青松如畫裏，臨流乞得惠泉茶。

又《玉泉寺》 藍堆翠撲幾千年，銀浦何人也覆船。龍伯徙來方鬭也，蠶叢緣此遂登天。紅霞抹額將軍拜，白石横烟幼婦眠。閒與故人池上語，摘將仙掌試清泉。

又 卷三九《月下過小修净綠堂試吳客所餉松蘿茶》 碧芽拈試火前新，洗卻詩腸數斗塵。江水又逢真陸羽，吳瓶重瀉舊翁春。和雲題去連筐葉，與月同來醉道人。竹影一堂修碧冷，乳花浮動雪鱗鱗。

明 袁中道《珂雪齋前集》卷二《惠山夜坐》 酒是惠山泉，茶是惠山水。山色平拖藍，春月更和美。畫船開兩軒，月色入船裏。對月舉酒杯，侍兒亦可喜。如此好景光，端無復睡理。

又 卷三《中郎廣陵姬卒于都至雙寺禮懺時顧湛庵李湘洲二太史俱在其三》 伊蒲飯罷數聲鐘，積雪輝輝白照松。今日虛勞學士至，無人解點密雲龍。

又卷四《荊門早發游惠蒙泉》 出城即是水，何不昨宵遊。可惜好明月，空然照碧流。試茶分衆啜，寫字被僧留。若比康王谷，峰巒略欠幽。

又卷六《游百泉》 五里芳菲路，依山雪一湖。鮫珠鳴石礫，鸞尾走菰蒲。乳水烹茶淨，深潭照影無。餘生何所願，汎汎此中鳧。

又《登九山》 九子依稀似，攀躋莫厭勞。泓渟衛水淨，刻露太行高。選石登岩遍，郵泉試茗遙。東風多帶土，何不種夭桃。

又《度門得轡水譚將結庵作鄰志喜六首其五》 閒來尋石坐，偶爾破雲行。雪色同溪色，松聲戰水聲。掃苔安硯几，就乳寘茶鐺。不復精禪講，聽泉過此生。

又《玉泉夏日山居》

其二

幻雨奇雲弄晚天，伊蒲飽後罷安禪。溪藤欲倣堆藍岫，竹杖頻穿疊雪泉。移得雲根和乳滴，採來僊掌帶霞鮮。峰頭趺坐忘歸去，九子青如九朵蓮。仙掌，玉泉茶名

其三

水宜當户石宜臺，布置居然小隱才。紫蓋山僧遺筍至，清溪道士餉茶來。編籬已覺朝榮活，布砌猶欣夜合開。彈指三生如夢幻，子雄遺願在天台。隋袁子雄曾于天台寺為智者構講堂。

其四

乳窟前頭一徑斜，小橋雁齒到山家。孤流震地飛濃雪，絕壁連天灑幻霞。十里青松多似韭，千年白蝠大如鴉。客來未有盤餐具，旋汲新泉旋采茶。

又卷七《夏道甫小園園有垂柳》 張緒當門立，婆娑映水斜。郵泉新試茗是日飲惠泉水，稅地遍栽花。冶習如春草，閒情等幻霞。何妨兒輩覺，天際想琵琶。

明 鍾惺《隱秀軒集》卷一三《茶詩》 水為茶之神，飲水意良足。但問品泉人，茶是水何物？

飲罷意爽然，香色味焉往。不知初啜時，從何寄遐賞。

室香生爐中，爐寒香未已。當其離合間，可以得茶理。

明 王思任《避園擬存詩集·苦熱》 越州人已快，卻困此朱天。湘竹差三萬，冰蠶索半千。田車蟬夢燥，石火鶴茶煙。盼得星河下，沾濡或暫憐。

又《虞山道中》 雨晝江山黑，春耕海國黃。野蛙埋鼓濕，新竹犯舟香。奕是閒中細，茶於客外嘗。涼雲欺袂薄，幾案遍瀟湘。

明 譚元春《譚友夏合集》卷三《丁卯仲冬夜拜伯敬墓訖過其五弟居易家四首其三》 姑蘇徐逸士，香雨祭茶時謂徐元歎有奠茶文。寂莫常宜赴，江山不再岐。楓橋朋好路，桃渡古今思。勝此一杯土，君當無不之。

又卷五《巷中七詩爲武陵姬秋水咏其二》 一罐江南信，渚茶香透頸。正遊河袱歸，汲有崔淒井。

又《茶瓜》 茶瓜楚楚無客，桑柘陰陰及鄰。老圃老農後輩，住谿住寺前因。

又《伯敬在日歲以采芥茶寄書徐元歎名曰茶訊雨前有感寄訂元嘆》 泉烹雨采弄幽姿，頗為生慚陋季疵。歲歲楓橋僧俗路，幾人魂魄在茶時。

又卷一六《虎井》 披榛求山泉，寂寂入遠境。山泉出山濁，不如在山井。紆曲斷行人，蘚氣斂碧冷。上無杆與欄，下無瓶與綆。淺汲不盈盂，微月生盂影。坐對茗床間，色味深以永。鐘磬善護之，幽庵正隔嶺。

又卷一九《鍾伯敬兄弟見過二首其二》 艸堂無不素，茗粥以為歡。旱月春溪變，涼風夏雨難。夢惜古人別，歸問客中安。冉冉斜陽裏，良朋影莫殘。

又卷二二《頭茶》 萌芽不可折，除卻桑茶論。桑老傷蠶意，人情亦有新。

又《二茶》 同是嫩而拳，何知非雨前。辨茶如辨水，江半南零泉。

又《三茶》 生意窮三摘，纖毫貴一真。采山牙筍外，不慕遠峰春。

又《汲君山柳毅井水試茶于岳陽樓下》 湖中山一點，山上復清

泉。泉熟湖光定，甌香明月天。

臨湖不飲湖，愛汲柳家井。茶照上樓人，君山破湖影。

不風亦不雲，靜甃擎月色。巴丘夜望深，終古涵消息。

明 范景文《文忠集》卷一〇《雪霽月夜同劉從之齋中嘗茶》

見晴先已快，得月更添清。雪後寒光徹，庭空晚意生。分烟同畫看，取影見梅橫。賽茗增新課，敲冰起自烹。

又《蕉雨軒嘗水》 片片峴山雲，朝來看起止。此外一事無，睡足惟品水。中泠以意尋，想像江心底。慧稱第二泉，遠汲塵易滓。何如碧茗溪，潺潺來城裏。入目快平遠，挹之清且美。便潑洞山芽，雪花泛冰盞。泉味與茶香，相和有妙理。細嚼潤枯喉，泉脈濕靈肺。白石點作湯，並以礪吾齒。

又《同汪未央王太初嘗秋茶》 虛窗菊影印疎斜，揀得山泉共試茶。香外微涵巖洞韻，聲中小驗乳冰花。水惟取活頻看火，洗不嫌多淨去沙。似帶高秋清冽意，誰誇穀雨剪新芽。

又卷一一《病起聽歌坐中約以茶賞適仁常寄詩相訊即用其韻成咏》 耽病因詩總是魔，破除獨借幾廻歌。醉聽易惹閒思緒，茶韻銷來試若何。

每至關情喚奈何，茶顛較酒不爭多。曼聲怕到銷魂處，雅諢從將換艷歌。

明 凌義渠《凌忠介公集》卷四《重過茶池亭予丁卯歲過此留題三絕句**》**

驅車往復此山鄉，列嶂參差亞短牆。一掬冰棱添茗苦，半凹石路帶楓香前有楓香驛。誰同遺老銜碑冷，好續前遊引夢長。墨瀋重尋俄八載，暗中星火照人忙。

又《浠上詹卓爾同金卜公丘景庭官綏之諸子邀集齋中》 雅抱清衷各自專，一燈欵欵若為緣。交無新舊期能篤，路繞山溪不覺綿。菊向道途送九日，茶留情韻入三泉。時以蘭溪水烹茶，即陸鴻漸第三泉也。難從此際商來約，散立中宵月半天。

明 王翰《梁園寓稿》卷一《雪夜茗會》 歲月忽云徂，倏爾值嘉令。軒裳謝束纏，蓬茅養清靜。溪合玄冰積，階平白雪盛。時惟朋儕臨，杖履造門徑。開門延客入，拜揖須展敬。土爐火新熾，石鼎安欲正。寒井方及深，清泠絕泥濘。奇茗畜時久，待此佳客命。蠅聲響不歇，蟹目亂無定。盞斝滌已潔，盤托拭更淨。咽沃肝肺清，漱祛齒牙病。坐覺昏睡除，言出清淡勝。幸拜高軒臨，媿乏珍饌飣。鄭重彌明仙，聊為盡吟興。

明 藍仁《藍山集》卷三《求河泊劉昌期貢餘茶》 蒼顏白髮未投閒，祇訝名兼吏隱難。月校舟綃留渡口，春催茶貢住林間。何年天祿然藜杖，舊日霜臺借鐵冠。聖代於今偏敬老，幾人半俸臥柴關。

河官暫託貢茶臣，行李山中住數旬。萬指入雲頻采綠，千峰過雨自生春。封題上品輸天府，收拾餘芳寄野人。老我空腸無一字，清風兩腋願輕身。

又《謝盧石堂惠白露茶》 武夷山裏謫仙人，采得雲巖第一春。丹竈煙輕香不變，石泉火活味逾新。春風樹老旗槍盡，白露芽生粟粒勻。欲寫微吟報佳惠，枯腸搜盡興空頻。

明 楊基《眉庵集》卷八《木茶爐》 紺綠仙人煉玉膚，花神為曝紫霞腴。九天清淚沾明月，一點芳心托鷓鴣。肌骨已為香魄死，夢魂猶在露團枯。孀娥莫怨花零落，分付餘醺與酪奴。

明 張岱《張子詩粃》卷三《閔汶水茶》 十載茶淫徒苦刻，說向余人人不識。床頭一卷陸羽經，彼用彼法多差忒。今來白下得異人，汶水老子稱水厄。燒鼎烹天尚取渣，劈開混沌尋香色。叹山咀土嚼細霞，不信古人信胸臆。細細鑽研七十年，草木有身藏不得。茶性孤危取者難，如行棧道耐其仄。剛柔燥濕必身親，下氣隨之敢喘息？到得當爐啜一甌，多少深心兼大力。餘知領略復貪饕，常恐人天滅福德。痛癢說與過來人，老子開頤不敢匿。逃形空谷已有年，誰知此客能作賦？

又《曲中妓王月生》 金陵佳麗何時起？余見兩事非常理。乃欲取之相比倫，俗人聞之笑見齒。今來茗戰得異人，桃葉渡口閔老子。鑽研水火七十年，嚼碎虛空辨渣滓。白甌沸雪發蘭香，色似梨花透窗紙。舌間幽沁味同誰？甘酸都盡橄欖髓。及余一晤王月生，恍見此茶能語矣。蹴三致一步吝移，狷潔幽閒意如冰。依稀籜粉解新篁，一莖秋蘭初放蕊。穀霧猶嫌弱不勝，尖弓適與湘裙委。一往深情可奈何，解人不得多流視。餘惟對之警畏生，君謨嗅茶得其旨。但以佳茗比佳人，自古何人見及此？

猶言書法在江聲，聞者噴飯滿其幾。

明 陳謨《海桑集》卷二《次參軍偶賦韻三首》 花底壺蜂報午衙，枕前莊蝶未知家。驚人忽聽尚書履，唾玉長吟學士茶。

燕鶯好語傍南衙，櫻筍誰人似故家。頓遜并無花上酒，南華還有貢餘茶。

老我猶堪屈宋衙，才名苦憶建安家。枯腸文字搜都澁，恨殺松花雪乳茶。

明 烏斯道《春草齋集》卷四《次韻畣有嚴》 錫山曾有白雲期，別後多君只自怡。三復寄書長歎息，幾迴攜手即睽離。茅堂隔水還相覔，人物如林獨見知。從此一觴須一詠，古人茶宴亦留詩。

又《送陳生往建寧省覲》 一路青山數百盤，建州山盡野雲寬。燈明夜市如吳會，花重春城勝錦官。繭紙出溪開玉版，石茶憑水試龍團。尊親拜後應相問，獨臥滄江草閣寒。

明 龔斆《鵝湖集》卷一《中秋之夕分憲張侯以陸羽泉煎茶分惠》 昔有仙人陸鴻漸，性嗜苦茗心骨清。崖泉石甃舉品第，好山處處留佳名。建溪顧渚得異品，惠山之外惟中泠。琵琶洲前千越溪，鎸石作竈留山坰。龍涎傾臼古鼎翠，星火迸石寒煙青。蓬萊弱水恍不隔，一啜世累鴻毛輕。靈山之陽東岡麓，井冽寒泉皎如玉。何年鑿破太古心，云是仙人手親掬。乃知往者未足珍，此茗此泉當絕倫。誅茅卜居總為此，一丘一壑聊栖真。汲清瀹碧匪曾倦，咫尺市塵少相見。高情不免留人間，御著《茶經》二三卷。爾來寂寞千載餘，山荒石老人丘墟。樵夫牧子罕知識，山僧野老空長吁。西江分憲列仙輩，暫屏喧囂駐旌旆。雲關霧幌豁然開，剩水殘山價增倍。踟躕歸馬來自東，飄如翳鳳乘天風。百年窮達固有異，萬古高義將無同。官舍歸來細烹汲，飛翠浮光兔毫濕。韋布書生例見邀，高牙大纛嗟何及。寒儒未必工文章，三椀浪說搜枯腸。佳期三五夜不寢，起舞皓月回清光。妻孥大醉我獨醒，仰看桂花月中影。欲讀《茶經》且復休，漫寫狂歌發深省。安得相從賦石鼎。

明 唐之淳《唐愚士詩》卷四《雪水烹茶》 乞得銀河水，來烹龍井茶。槍旗開雨葉，風浪熟天華。玉液滲雲旗，寒鐺獨煮時。一甌醒酒困，誰道愧龐兒。

又《采茶》 雨露香生蓓蕾，烟霞滿貯苓箵。學得盧仝煮喫，去從陸羽修經。

明 居節《雨後過雲公問茶事》《古今圖書集成·食貨典》卷二九五 雨洗千山出，氤氲綠滿空。開門飛燕子，吹面落花風。野色行人外，經聲流水中。因來問茶事，不覺過雲東。

明 唐桂芳《白雲集》卷四《五月十六夜汲揚子江心泉煮武夷茶戲成一絕》 三更無寐坐官航，澹月朦朧色似霜。揚子江心泉第一，何妨為煮建茶香。

明 張丁《白石山房逸稿》卷上《咏茶》金華之茶產於龍門者為最佳，龍門，宋太史舊讀書處也。

佳品龍門產，先春長碧芽。瀹泉分玉乳，烙火試雲花。沁入詩脾瘦，香清夢境賒。相如故病渴，飲啜轉風華。

明 鄭潛《樗庵類稿》卷二《戲簡翠林長老求茶》 象峰深處得先春，簇簇金芽入焙新。剩與老禪醒醉夢，也應分惠到山人。

明 胡奎《斗南老人集》卷三《賦惠山泉送張徵君之無錫》 往年曾識惠山人，遺我靈泉一味真。水品評來稱第一，《茶經》著就已千春。也知陸羽曾分汲，信有梁鴻共卜鄰。此去茅齋休煮雪，山缾還許寄來頻。

又卷五《煮茶圖》 落花風颺煮茶煙，水榭高閒即是仙。想見杭州蘇太守，賦成龍井試春泉。

明 張宇初《峴泉集》卷四《次姚少師茶歌韻》 昔我雲臥惟丹丘，鶡冠既弊嗟狐裘。聿來京國際真主，綺食瓊筵歡眷留。當時故舊鮮知遇，客邸養屙空息喉。王蒙素謂有茶癖，累載憶別方從遊。夙聞我師佐幃幄，六龍御極乘樛流。中官持節詔趨辟，象教頓使叢林稠。金張接武肆清賞，茗柳細滌鶯花柔。龍團洗翠逐風響，蟬翼凝芬和露柚。片甲分香顧渚外，酪奴衣彩澭湖頭。囊收餘瀝傾玉兔，乳面一掃浮雲收。陸羽嘗為竟陵第，上公況與聯鳴球。揮錢寧效季卿鄙，盛世豈獨高巢由。頗擬樵青煮荻葉，應憐陶穀羞銀篝。松風落雪響清籟，竹雨澹烟吹薄颸。誰誇何石萬錢費，肯比卜相儲金甌。乳窟蒙陽盡真味，著書自足消窮愁。王公掎角每英傑，何俟庖丁窺解牛。應副華歆忽黃閣，偏宜曹壽今瓊樓。輦轂時倍玉堂

賜，恩榮卓冠踰神州。鍾繇白首竟中輔，竇固青眉宜列侯。京畿異跡富靈液，況汲揚江千丈湫。愧我嘗追後塵末。天葩麗藻知難酬。標格清雄豈阮謝，詞華逸邁過楊劉。累承愛遇甚投轄，矧被清光多運籌。東歸拂石藉林壑，感仰湧使枯腸搜。願戴皇圖廣惠澤，高騫奕世蒙天休。

明 鄭善夫《少谷集》卷八《題邵二泉繡嶺草堂二首其二》 茶仙品泉泉為寒，泉翁愛泉泉出山。只欲逃名逃不得，許多甘洌在人間。

明 凌雲翰《柘軒集》卷一《龔翠巖所畫煎茶索句圖》 玉川和靖總清標，煮茗吟梅共寂寥。時世不同人物似，正如雪裏見芭蕉。

明 孫作《滄螺集》卷一《歸帶惠泉邀諸友茗飲》 江南浙山俱可人，澤北惠泉嘗入夢。昔年濯足望具區，船頭百折煩遮送。高情數與此山期，舟不衝風雨尼之。天公忌人如忌疾，十年欲去事長違。昨宵拄杖落林谷，畫舫載泉贏百斛。為倒龍堂明月珠，共試虵坑小蒼玉。故人談頰翻九河，舌本嚥枯知奈何。此泉此茗不易得，緩飲緩煎還可過。人間酒肉誰厭臭，我味此泉渠閉口。身如瓠壺過湯羌，慎勿與方傳不朽。

明 徐賁《北郭集》卷四《賦得石井贈虎丘蟾書記》 來欵生公室，因尋陸羽泉。虚泓雲液靜，陰甃土花圓。竹引歸香積，瓶分供法筵。虎跑晴見跡，龍伏暖浮延。錫影孤亭日，茶香小竈烟。師心如定水，應悟趙州禪。

明 王恭《草澤狂歌》卷一《夏日過周六園林因有茶瓜之會》

盛夏日方永，端居憶登臨。同袍四五輩，共愛嘉樹林。一徑入幽僻，蒼蒼群木陰。脫巾坐石榻，拂石弦五琴。泠泠澗泉水，婉婉山鳥音。葷酒亦易致，茶瓜非外尋。以茲有佳趣，聊用忘歸心。

明 董紀《西郊笑端集》卷一《雪煮茶三首》 梅雪軒中雪煮茶，一時清致更無加。銷金帳底羊羔酒，莫向陶家說党家。

梅雪軒中雪煮茶，倚蘭和雪看梅花。新年第一逢清賞，當作人間勝事誇。

梅雪軒中雪煮茶，無人知此淡生涯。肩輿迎送勞煩主，比似山陰興不賒。

明 殷奎《强齋集》卷七《送季公存主簿還褒城》 巴茶充貢人長安，王事能忘道路難。閣道馬鳴關月冷，站車馳困嶺雲寒。償來官課囊應澀，打去碑文墨未乾。明日擬將顏帖寄，好分鹿脯到朝盤。

明 袁華《耕學齋詩集》卷一二《題李嵩會茶圖》 穀雨初晴花亂吹，金河春水膩如脂。挈餅小試團龍餅，想見東都全盛時。

明 朱樸《西村詩集》卷上《元夕石門邀社飲因雨次韻》 寺前雙井汲銅瓶，自煮茶杯與客傾。剩取山林閒歲月，從教雲物變陰晴。烟籠火樹春如夢，月隱星橋雨滿城。笑折梅花對觴詠，不須檀板按歌聲。

又《春夜過寧海寺》 斜日流輝散夕陰，繫舟垂柳一鷺吟。數峰春翠寺門迥，三月落花溪水深。浮世夢中仍作夢，出家心了更何心。道人解得當茶癖，乞與清風一灑襟。

又卷下《茶谷爲約上人題》 不是春風野草花，山深依舊自年華。新烟未改青楓火，細雨先烹粟粒芽。喜有酪奴脩客供，幸無錢稅惱官家。道人不解機鋒語，日日相過且喫茶。用趙州和尚語

又《僧月泉結廬悟空寺山麓》 滄海浩無邊，青山斷復連。水吞湖面月，風度石梁泉。我昔狂遊地，師今幻住年。看花瀹春茗，猶記竹林前。

明 朱樸《西村詩集·補遺》《爲養泉上人題》 洗鉢脩齋煮茗芽，道心涵泳靜塵砂。閒來禮佛無餘供，汲取甆缾浸野花。

明 皇甫汸《皇甫司勳集》卷三二《陸羽泉茶》 蓮宮幽處涌清泉，茶竈年深冷綠烟。香供尚存龍藏裏，試嘗何似虎丘前。

明 丘雲霄《山中集》卷四《酬藍茶仙先春見寄》 靈雨開仙圃，春風長玉芽。摘來旗葉捲，封處墨題斜。品落龍團翠，香翻蟹眼花。欲移三徑地，從此遍栽茶。

明 陳確《乾初先生遺集·詩集》卷四《黃楝頭歌》 三月風吹黃楝茶，低枝肥白長新芽，蓬鬆滿野無須買，採取盈筐不厭奢。小曝庭中勿過乾，晶鹽細拌上新罈，少虛罈口毋封裹，一寸翻將浸水盤。浸水盤，日一易，兼旬出之美無敵。福州橄欖旨不如，洞山岕茶香未及，千古惟有淵明詩，風韻悠清神似之。

又卷七《春晴過近思叔池上即事》 郫圃新晴滿眼花，携筐小摘

足生涯。玉蘭煎餅分瓊瓣，茄葉烹泉鬭碧芽元注：五茄葉煎茶，色味勝雨前。春酒甕前兄弟榻，晚風池上舅甥家。

又 卷九《**滇茶開東寄社中**》 去年山館聚相知，明月當頭醉別時，曾約滇茶初放日，即來分韻共為詩。名花歷亂爭春發，好友栖遲阻昔期。興至獨吟陵谷應，溪風林鳥自壎篪。

又 卷一二《**三塔僧孚吉予我題曰東坡三過煮茶亭**》 煮茶亭子已荒煙，綠樹成陰半插天。三過題詩前代事，至今分韻寫花箋。

東坡三過未為多，只是東坡兩字無。五百年來亭子下，不知若个是名儒？

新茗春山正雨前，古人曾此試龍淵。一杯啜盡詩千首，寫付郵筒索和篇。

明 謝其盛《**初至湖州郡齋書懷**》《東嵐謝氏明詩略》卷四 早辭塵網臥煙霞，六十年來鬢欲華。避地卻嫌身作累，逢人浪說客為家。杯中久斷烏程酒，竹鼎時烹顧渚茶。兒女燈前歡繞膝，都忘宦邸是天涯。

明 謝士元《**竹茶爐爲僧題**》《石倉歷代詩選》卷三九〇 僧館高閒事事幽，竹編茶具瀹清流。氣蒸陽羨三春雨，聲帶湘江西岸秋。玉杵夜敲蒼雪冷，翠屏晴引碧雲稠。禪翁托此重開社，若箇知心是趙州。

又《**和竹茶竈詩**》 天地胚胎骨格幽，渭侯那作晉風流。銀鐺煮月當晴夜，石鼎凝雲帶晚秋。出處有時高士共，炎涼無間故人稠。玉甌金碾相將久，擬待春風到雅州。

明 王貴一《**觀仲儒烹儒煮茗**》《明遺民詩》卷四 濕雲壓牆頭，園林綠陰覆。熏風破微炎，細雨灑清晝。寥寥二三子，煮茗挹新溜。撫琴奏流泉，讀書思遠岫。苟砥高尚懷，蔬水亦何陋。泊然無所營，清虛絕囂垢。

明 戴本孝《**雲谷擲缽禪院**》《明遺民詩》卷七 白雲隨我渡谿來，菜甲茶槍徧碧苔。松繞峰身全石性，香收雨氣養花胎。杖穿虎迹巖光冷，瀑帶龍腥潭影開。自此披榛欲長往，不知猿鳥可相猜。

明 胡虞逸《**敲冰煮茶**》《明遺民詩》卷一五 煮冰如煮石，潑茶如潑乳。生香湛素甆，白鳳出吞吐。

明 杜岕《**寄莘叟采茶**》《明遺民詩》卷一三 蕨芽深處草新晴，急采頭茶煮石鐺。占斷春光才穀雨，手停銀剪一聞鶯。杜若蘼蕪滿路香，飛書又下采茶鄉。龍團莫製仙人掌，白乳留他二寸長。

明 卓爾堪《**大明寺泉烹武夷茶澆詩人雪帆墓同左臣右誠西濤伯藍賦**》《明遺民詩·附近青堂詩》 茶試武夷代酒傾，知君病渴死蕪城。不將白骨埋禪智，為薦清泉傍大明。寒食過來春可恨，桃花落去路初晴。松聲蟹眼消閒事，今日能申地下情。

明 于穎《**偕無殊過虎丘遇雙臼出新茗次韻**》《明遺民詩》卷七 為赴尊前約，乘流漾淺沙。新晴開疊嶂，積雨臏疏花。坐覺班荊久，行看落照斜。登臨興未盡，還借遠公茶。

明 陳恭尹《**茶竈**》《明遺民詩》卷六 白竈青鐺子，潮州來者精。潔宜居近坐，小亦利隨行。就隙邀風勢，添泉戰火聲。尋常饑渴外，多事養浮生。

明 韓奕《**白雲泉煮茶**》《古今圖書集成·食貨典》卷二九五 白雲在天不作雨，石罅出泉如五乳。追尋能自遠師來，題詠初因白公語。山中知味有高禪，采得新芽社雨前。欲試點茶三昧手，上山親汲雲間泉。物品由來貴同性，骨清肉膩味方永。客來如解吃茶去，何但令人塵夢醒。

明 施漸《**贈歐道士賣茶**》《古今圖書集成·食貨典》卷二九五 靜守黃庭不煉丹，因貧卻得一身閒。自看火候蒸茶熟，野鹿銜筐送下山。

明 陸容《**送茶僧**》《古今圖書集成·食貨典》卷二九五 江南風致說僧家，石上清香竹裏茶。法藏名僧知更好，香煙茶暈滿袈裟。

清代茶詩

清 顧炎武《**大同西口雜詩**》《明遺民詩》卷五 駿骨來西部，名茶出富陽。年年天馬至，歲歲酪奴忙。蹴地秋雲白，臨爐早酎香。和戎真利國，烽火罷邊防。舊日豐州地，于今號板升。印鹽和菜滑，調乳入茶凝。塞北思唇齒，河東問股肱。獨餘京洛叟，終日戍樓憑。

清 錢謙益《**牧齋初學集**》卷四《**謝于昭遠寄廟後茶次東坡和錢

安道韻》 昔人苦作有情癡，下飲不知茶與茗。我今懵懂百不解，獨有啜茶能記省。感君寄惠手自煎，洗杓停匙坐傾聽。活火新泉沸石銚，潑觸乳花發香性。森然茶星知有無，但覺芒寒與色正。睡魔迸散暑氣退，松風蕭颼白日永。搜腸潤吻如有靈，破悶祛煩不須猛。此茶先春出顧渚，宛如金苗引石礦。山崖高寒初日溫，受氣中和離炎冷。輕身療病比服食，醫國豈必用骨鯁。我生愛茶復愛仙，近日初來積金嶺。世事突兀看槍旗，富貴紛紜詫團餅。長腰米飽午夢足，捫腹但餘光炯炯。行買山田入陽羡，更置水遞近石井。東坡老人太苦硬，剌剌刺刺品茶刺貴倖。我詩漫浪聊戲耳，只愁湍泉飲生癭。

又 卷九《戲題徐元嘆所藏鍾伯敬茶訊詩卷》 鍾生品詩如品茶，龍團月片百不愛，但愛幽香餘澁留齒牙。徐郎嗜茶又嗜鍾生詩，微吟短詠爬癢處，恰是盧仝飲到搜腸破悶時。鍾生逝矣徐郎慟，吟詩啜茶誰與共？生平臭味阿堵中，生作茶郵死茶供。今年徐郎示我茶訊篇，兼携好茗穀雨前。坐聽松風沸石鼎，手汲雲浪烹新泉。茶罷還枕石硐眠，沉吟茶詩欲泫然。高山流水在何許？但見風輕花落縈茶煙。我不解茶，又不知詩。一碗兩碗天池六安茗，一首兩首黃金白雪詞。懵騰茗艼良足樂，清吟韻事非所宜。還君此卷成一笑，何異屠門大嚼眼飽胸中饑。

清 吳偉業《梅村集》卷一〇《惠井支泉》 石斷源何處，涓涓樹底生。遇風流乍急，入夜響尤清。枕可穿雲聽，茶頻帶月烹。只因愁水遞，到此暫逃名。

注：水遞，《芝田錄》：李德裕喜惠山泉，在京置驛遞鋪，號水遞。有僧曰，為相公通水脈，京師一眼井與波脈相通。公取二瓶，雜他水十瓶遺僧辨析，僧止取二瓶。

又 卷一四《惠山二泉亭爲無錫吳邑侯賦》 九龍山半二泉亭，水遞名標陸羽經。《無錫縣誌》：九龍山在常州府城北，自孤陳山至此凡九嶺，故名。其在無錫者曰惠山。第二泉源出惠山石穴，陸羽品天下水味，此其第二，故名又曰陸子泉。 寺外流觴何處訪，公餘飛舄偶來聽。丹凝高閣空潭紫，翠濕層巒萬樹青。治行吳公今第一，此泉應足勝中泠。

又 卷一八《讀史偶述其二十》 紛紛茗酪鬬如何，點就《茶經》定不磨。移得江南來地禁，迴龍小盞潑松蘿。

又 卷二〇《意難忘山家》 村塢雲遮，有蒼藤老幹，翠竹明沙。溪堂連石磴，苔徑逐籬斜。文木几，小窗紗，是好事人家。啟北扉，移床待客，百樹梅花。衰翁健飯堪誇。把癭尊茗椀，高話桑麻。穿池還種柳，汲水自澆瓜。霜後橘，雨前茶。這風味清佳。喜去年，山田大熟，爛漫生涯。

清 金聖嘆《沉吟樓詩選・三吳》 三吳二月萬株花，花裡開門處花斜。十五女兒全不解，逢人輕易便留茶。

又《丁酉深秋重觀雪塘法師遺筆》 雪塘已歸雪山久，同學尚藏雪下花。蘇晉齋中無米汁，臨風澆得一杯茶。

清 李笠翁《變雅堂遺集・附録・笞于皇謝贈天闕茶詩》 聞君躭苦啜，澡雪試真茶。竈舉泉如沸，山行橘放芽。只茲天闕種，堪作武陵花。盧椀姑徐酌，江梅待晚霞。舊日桑門侶，貽將穀雨茶。蘭盂盛細葉，椰盞薦新芽。潤比瓊漿色，烟成雪浪花。先生知味者，幾點似青霞。

清 杜濬《變雅堂遺集・詩集》卷三《北山啜茗》 雪罷寒星出，山泉夜煮冰。高窗斟苦茗，遠壑見孤鐙。拾級瓢常潤，歸房杖可憑。下方鐘鼓發，殘月又東升。

又《落木庵同蒲道人啜茗》 苦茗生平好，逢師此共斟。綠江無盡意，白首有同心。山月照逾淡，松風吹使深。黃鸝知飲愜，枝上送佳音。

又 卷五《茶喜有序》 海內喪亂後，好事之地頗數維揚，然不精茗理，井渫亦濁，腐人肺腸，望而畏之矣。惟茶舍有某軒者，粗知用江水，間及天泉，瀹新安選茗，差可入口。余每過啜數盌，然香色淺薄，天質不幽，市氣囂囂，厥病文俗，苟可以漱滌腥醲，驅解渴躁，而止非茶也。私謂此中斷可勿生茶想矣。乃茲七月之望，余將南還，同蔣子前民下瓜渚，微雨放船，秋光可掇，中途雨止，相與登岸散步，尋道旁桂圓折得數枝，入舟，一水之香，直達三徑。詰朝金風戒露，晴昊洞然，既夕圓魄東升，著地碧色漏下之後，蝕而愈明。街鼓告寂，閉門淵永。蔣子吟嘅有會，徐出茗飲。余素瓷若空，微馨絕類。余少呷而沁心焉。遽驚視蔣子不能言，良久問蔣子何繇得此？蔣子云：此吾久澂秋水濯峒岕精英，躬親潔器察火，而有此也。雖然，豈繫非天，蓋他日未盡若是矣。余然後悔向來絕望為太勇，豈可易料天下事哉。夫予論茶四妙：曰湛、曰幽、曰靈、曰遠。用以澡吾根器，美吾智意，改吾聞見，導吾杳冥，今亦具是矣。嘗豫之餘，僅得一詩，詩離乎茶，而志曰茶喜，然則奚用而繫之茶，又奚用而繫之喜耶？嗟夫詩： 維舟折桂花，香色到君家。露氣澂秋水，江天卷暮霞。南軒人去盡，碧月夜來賒。寂寂忘言說，心親一磯茶。

又 卷九《今年貧口號》 書幣當年不返茶，空瓶十口厭陶家。滹

沱麥飣饑時味，豈讓珠泉煮建茶。尚有錫茶瓶，大小十枚，家人悉以換麥。

清 方文《嵞山集》卷三《惠泉歌》 惠山之泉天下聞，惠泉釀酒良清芬。平生雅嗜惠泉酒，恨未一看惠山雲。比年來往東吳路，舟人不肯少亭駐。引領雲山興欲飛，一水迢迢阻官渡。今夏冒暑無錫過，役夫疲困南風多。道傍密陰且休息，因之理策登山阿。千章夏木亂崗嶺，中有方亭覆二井。一井泉甘一井苦，甘者行汲苦照影。山水性情何瑰奇，咫尺之間分淳漓。世人不識山水理，但聞惠泉便云美。予家乃在龍眠山，中有清泉日潺潺。其味與此正相似，從不著名於人間。乃知山水亦有幸，不幸所居衝僻是其命。陸羽品泉亦偶爾，如謂真有第一第二吾不信。

又 卷一二《咏友人杖》 廬岳茶芽歲歲生，茶條百歲始能成。砍來作杖堅於竹，絕壑層巒任意行。

清 方文《嵞山集續集·魯游草·趵突泉歌》 山東諸郡濟南大，齊州自古稱都會。中有名泉七十二，尤以趵突泉為最。趵突發源王屋山，伏流千里來河間。歷城西南始湧出，平地三穴如輪轘。雪濤噴薄高數尺，又如瀑布衝激石。散為濼水入清河，委輸東海無朝夕。泉上嵯峨樓復亭，香龕繡幙供仙靈。道人煮茗待遊客，自向波心汲一缾。

又《試茶》 幽叢嫩蕋產巖阿，亦有旗鎗形若何。應憤昔人奴事酪，結成兵象不為過。

清 方文《嵞山集再續集》卷五《中泠泉》 百排山下有三灃，惟有中灃著水經。可惜江波沒泉眼，非時那得注銅缾。

清 周亮工《賴古堂集》卷八《上洋口津吏餉新茗》 自矜漸不為人識，苦味猶存舊使君。小摘平爭昨夜雨，旋烹澹映隔溪雲。因悲宿昔桑麻好，默感遙途節序分。聞道誤連司并馬，素磁相對莫殷殷。

又 卷一一《閩茶曲》 龍焙泉清氣若蘭，士人新樣小龍團，盡誇北苑聲名好，不識源流在建安建州貢茶自宋蔡忠惠始，小龍團亦創于忠惠時，有士人亦為此之誚。龍焙泉在城東鳳凰山，一名御泉，宋時取此水造茶入貢。北苑亦在郡城東，先是建州貢茶首稱北苑龍團，而武夷石乳之名未著，至元設場于武夷，遂與北苑並稱，今則但知有武夷不知有北苑矣。吳越間人頗不足閩茶，而甚豔北苑之名，實不知北苑在閩中也。御茶園裏築高臺，驚蟄鳴金禮數該，那識好風生兩腋，都從著力喊山來御茶園在武夷第四曲，喊山台、通仙井皆在園畔。前朝著令每歲驚蟄日有司為文致祭，祭畢鳴金擊鼓，臺上揚聲同喊曰，茶發芽，井水既滿，用以製茶上供，凡九百九十斤，製畢，水遂渾濁而縮。崇安仙令遞常供，鴨母船開朱印紅，急急符催難掛壁，無聊斫盡大王峰新茶下，崇安令例致諸貴人黃冠，苦於追呼，盡斫所種，武夷真茶久絕。漕篷船前狹後廣，延建人呼為鴨母。一曲休教鬆栝長，懸崖側嶺展旗槍，茗柯妙理全為祟，十二真人坐大荒茗柯為鬆栝蔽，不近朝曦，味多不足，地脈他分，樹亦不茂。黃冠既獲茶利，遂遍種之，一時鬆栝樵蘇都盡，後百年為茶所困，復盡刈之，九曲遂濯濯矣。十二真人皆從王子騫學道者。歙客秦淮盛自誇，羅囊珍重過仙霞，不知薛老全蘇意，造作蘭香誚閔家歙人閔汶水居桃葉渡上，予往品茶，其家見其水火皆自任，以小酒盞酌客，頗極烹飲態，正如德山擔青龍鈔高自矜許而已，不足異也。秣陵好事者常誚閩無茶，謂閩客得閔茶，咸製為羅囊佩而嗅之，以代栴檀，實則閩不重汶水也。閩客遊秣陵者，宋比玉洪仲韋輩類，依附吳兒，強作解事，賤家雞而貴野鶩，宜為其所誚歟。三山薛老亦秦淮汶水也，薛常言，汶水假他味逼作蘭香，究使茶之本色盡失，汶水而在聞此，亦當色沮，薛常住另崱自為剪焙，遂欲駕汶水上，余謂茶難以香名，況以蘭盡，但以蘭香定茶，咫見也，頗以薛老論為善。雨前雖好但嫌新，火氣難除莫近唇，藏得深紅三倍價，家家賣弄隔年陳上遊山中人類不飲新茶，云火氣足，以引疾。新茶下，貿陳者急標以示，恐為新累也，價亦三倍閩茶，新下不亞吳越，久貯則色深紅，味亦全變，無足貴者。延津廖地勝支提，山下萌芽山上奇，學得新安方錫罐，鬆蘿小款恰相宜前朝不貴閩茶，即貢亦只備宮中浣濯甌盞之需，貢使類以價貨京師，所有者納之，間有采辦，皆劍津廖地產，非武夷也。黃冠每市，山下茶登山貿之。閩人以粗瓷膽瓶貯茶，近鼓山支提新茗出，一時學新安，製為方圓錫具，遂覺神采奕奕。太姥聲高綠雪芽，洞山新泛海天槎，茗禪過嶺全平等，義酒應教伴義茶閩酒數郡如一茶，亦類是，今年得茶甚夥，學坡公義酒事盡合為一，然與未合無異也，綠雪芽、大姥，山茶名。橋門石錄未消磨，碧豎誰教盡荷戈，卻羨籛家兄弟貴，新銜近日帶松蘿蔡忠惠茶錄石刻在甌寧邑庠壁間，予五年前榻數紙寄所知，今漫漶不如前矣。延邵呼製茶人為碧豎，富沙陷後，碧豎盡在綠林中，籛鏗二子，曰武曰夷，學道山中，因以武夷名。崇安殷令招黃山僧以鬆蘿法製建茶，堪並駕，今年余分得數兩，甚珍重之，時有武夷鬆蘿之目。漚麻浥竹斬栟櫚，獨有官茶例未除，消渴仙人應愛護，漢家舊日祀乾魚上遊人漚麻，為苧浥竹，為側理，斬棕櫚為器具，皆足自給，獨焙茶大為黃冠累。

清 龔鼎孳《定山堂詩餘》卷二《品令》客有以新茗見餉者用山谷詠茶原韻 小啜過龍餅，看香色、真清另。寒泉玉淨，淡煙寫月，乳茶微瑩。天外金莖，記得長卿渴病。雁魚程永，落花日、多愁境。甚風吹到，故園一

片，青山弄影。有底相關，空博萬種思省。

清 魏裔介《兼濟堂文集》卷一八《汪雲礎過訪惠六安茶》 十年採藻縹緗庫，射策彤廷稱獨步。種就河陽一縣花，五斗忽念折腰誤。俠氣翩翩窺二豪，一官輕視等鴻毛。掉頭東去廬江側，拍浮酒船持蟹螯。邇來壯志悲拓落，暫典荷衣別猿鶴。一劍孤懸走栢人，叩門傾倒開寂寞。寄我新茗汲水烹，乳花浮面嗅清英。高譚四座珠璣錯，暑炎全消凉颸生。君不見古人縱横有舌在，為虎為鼠多變改。明朝馬首向燕臺，人言公才大如海。

清 施閏章《學餘堂詩集》卷九《采茶作》 秋蘭佩難久，瓊枝何可得。懿此敷雲岑，含芳有佳色。日霽露方晞，柔葉靜如拭。幽人急春務，騁興不惜力。摘製爭須臾，懷袖香不息。弛情欲有贈，徒望淩風翼。

又 卷一三《以緑雪餉王侍讀阮亭及邵子湘陸冰修却枉佳句索和》 靈巘欝佳氣，名柯了不凡。老夫昔好事，抉勝窮嶄嵌。采緑日盈把，香露霑春衫。有時經石窟，對面起巉巖。擷擇無俗手，蒸焙余所監。製成得妙理，沉碧寒筠杉。羞與酪漿歯，特著冰雪銜。頃來棲輦下，鹵井憎苦鹹。購取玉泉瀹，回道思舊巖。馬上昨有寄，箬籠將一函。薄可餉鄰好，紅票銀絣緘。詩人貪澹旨，遠過粱肉饞。新篇競品目，險韻巉巉。紕漏哂桑苧，譜茶枉見芟。當遺故山叟，石壁深鐫劖。

又 卷二九《敬亭采茶》 一踏松陰路，因貪茶候閒。呼朋爭手摘，選葉入雲還。竹色翠連屋，林香清滿山。坐看歸鳥靜，月出半峰間。

又 卷三三《偶得玉泉水試敬亭緑雪茶》 渴比玉川子，茶思桑苧煎。今朝烹緑雪，山客餉清泉。甘露初嘗日，秋蘭未放前。官閒饒勝事，心賞向誰傳。

又 卷四三《穀雨日集太函山房試茶》 春風偏愛客，穀雨一朝晴。雀舌看初吐，龍團摘旋成。色涵潭水白，香奪畹蘭清。謖謖松喧坐，娟娟花繞楹。《茶經》翻陸羽，酒伴召公榮。鳥向鏡中語，雲從杯底生。藤深蟠曲磴，樹老出高城。不盡登臨意，重含海嶽情。

又 卷四九《虎丘偶題》 虎丘茶試衰衣餅，雀舫人爭餛飩菱。欲待秋風問鱸鱠，五湖烟月弄漁罾。

又《洞岕以朱氏擅名吴下謂之朱茶》 官符少得金泉水，地主難求廟後茶。製作丁姚皆好手，風流底事獨朱家。金沙泉距縣三十里，隸人多取城外紫金橋下水代下之。又廟後茶園為丁姚二姓舊業。

清 王夫之《薑齋詩集》卷一《五十自定稿・南岳摘茶詞十首己亥》 深山三月雪花飛，折笋禁桃乳雀饑。昨日剛傳過穀雨，紫茸的的賽春肥。濕雲不起萬峰連，雲里聞他笑語喧。一似洞庭煙月夜，南湖北浦釣魚船。晴雲不采意如何，帶雨捎雲摘倍多。一色石薑葉笠子，不須緑箬襯青蓑。一槍纔展二旗斜，萬簇緑沈問五花。莫道風塵飛不到，鞠尖隊隊滿洲靴。瓊尖新炕鳳毛毸，玉版兼蒸龍子胎。新化客遲六峒遠，明朝相趁出城來。小築團瓢乞食頻，鄰僧勸典半畦春。儐他監寺幫官買，剩取篩餘幾兩塵。丁字牀平一足雄，踏雲穩坐似淩空。商羊能舞晴天雨，底用勞勞百脚蟲。清梵木魚暫放鬆，團團鋸齒緑陰濃。挼香挼翠三更後，剛打鳥啼半夜鐘。山下秧爭韭葉長，山中茶賽馬蘭香。逐隊上山收晚茗，奈他布穀為人忙。沙彌新學唱皈依，板眼初清錯字稀。貪聽姨姨採茶曲，家雞又逐野鳧飛。

又《竹枝詞十首丁未》 江邊寒梅自着花，江上女兒自鬭茶。浪向花前爇片腦，浪疑茶裏點脂麻。

又《瀟湘怨詞・瀟湘小八景詞寄調摸魚兒》

其五花藥春溪

啟琳宫暝回溪畔，江南共道春早。桃花新雨溶溶後，誰把瓊漿釀造。壺天老，正望中茶烟幾線縈僧橑。燕泥香掃。快翠泛銅瓶，膏凝玉琖，魚眼調香腦。添勝蹟，百道奔泉迴抱，暗縈緑荇芳藻。泠泠碎玉夜聲中，花院晨鐘輕搗。君莫惱，君不見玉磬落盡瑶京道，王孫芳草。

其六岳亭雪嶺

翠屏遙眉横七二，空青一派如灑。閑登危榭憑闌眄，垂幕同雲覆野。銀河瀉，道飛來揚花玉樹都疑假。望迷鴛瓦。問酒擁銷金，茶烹鳳乳，若個償春價。賞心事，不在酒旗歌社，梅痕横暗偷蓴緒。凍髭笑指祝融君，故騎火龍未下。君莫惹，君不見胡沙似雪催征馬，笳聲怨也。把塞北冰天，江南春色，都付漁樵話。

清 王夫之《船山遺書》卷七《絶句其四》 無酒為歡且自賒，重

重畫地作交叉。墟頭甕口向天笑，可許時儂去煮茶。

清 吴綺《林蕙堂全集》卷一六《靈山寺聽泉》 旃林塵事少，過雨一亭開。境靜聲難隱，泉高響自來。百盤穿冷翠，一道下驚雷。童子燒紅葉，烹茶日幾回。

又 卷一九《集種字林試紫霞茶東栗亭》 桐花滿地暑猶寒，雨後聞歌行路難。遠客尋君唯有夢，才人遇主不須官。紫陽舊業吹簫坐，白下高樓倚棹看。許我名篇應計日，亭前刻遍翠琅玕。

清 孫枝蔚《溉堂前集》卷三《雪中憶吴賓賢》 故人有茶癖，不合生長海之涯。積雪寒如此，妻兒乞米向誰家？高賢受餓亦尋嘗，且復烹雪賞梅花。平生不識孟諫議，何人為寄月團茶？

又 卷六《第五泉》 夏日依初地，山僧泉上逢。客來惟汲水，茶罷欲鳴鐘。戰伐碑猶在，飄零杖偶從。聽經吾未得，澗畔愧長松。

又 卷七《謝郝羽吉惠茶》 少年不識茶中趣，健胃惟于餅餌宜。久臥殊方初病渴，每煎佳茗似逢醫。事煩食寡脾因損，客至家貧椀亦持。多謝弟兄能念我，須酬高義玉川詩。

又 卷九《謝王備五寄茶》 把讀君書日幾回，兼貽佳茗向江隈。且須還忍盧仝渴，為怕柴門客又來。

清 孫枝蔚《溉堂續集》卷一《雍南千一邀過茶舍題二絕於壁上》 病渴相如未有錢，蕭條客舍晝長眠。不逢連璧來呼起，正夢揚州第五泉。

小户生疎是酒家，病貪蘿芥味偏賒。餘生已斷功名分，誰賜頭綱八餅茶？

又 卷二《烹茶雪水已盡因憶吴賓賢》 掩卷罷吟哦，烹茶待客過。從來輕蓄積，雪水亦無多。泉水遠難取，淮流味不同。慇勤勸收雪，辜負陋軒翁。

清 嚴繩孫《竹枝詞》（《龍井見聞録》卷七） 龍井新茶貯滿壺，赤闌干外是西湖。年時還有當壚女，青旆紅燈唱鷓鴣。

清 沈岸登《黑蝶齋詞》卷一《暗香嘗芥爲澹人賦**》** 冷煙禁日，算未曾穀雨，春芽齊摘。篛葉輕籠，封裹銀鉤幾程驛。不數烏程小峴，便生長江南誰覔。但記他、陽羨先嘗，詩句謾吟得。擎出，九重陌。正一騎軟塵，苑牆西側。錦葵月夕，紅定甌圓露華拭。翻恨山窗折鼎，辜負卻、清溪溪碧。沸長泉，催活火，任教脱幘。

清 毛奇齡《西河集》卷一五九《試茶歌》 東吴種茶白石株，建州數處皆不如。漸西漸東總甘辣，會稽日鑄天下無。春雷殷殷雨花薄，瓜蘆小頭暗生肉。風吹枝亞甲拆長，鵲唇鶯嘴捎雲涼。我來試茶值社後，少婦入雲緑洗手。山頭爛石膏沫多，雪礫霜崖絕枯朽。青絲籠子蒻香葉，箬裹焙成卷銀鬣。不需木桀共桑砧，何用銅匙並鐵鋏。相攜且試耶水濱，青黄黑白甘苦辛。粗柑細蘗似難較，雞蘇狗棘非其倫。須臾地鑪活火起，沸向花堦石蘿裏。半杓疑分乳窟泉，滿船剛載南泠水。傾來清瑩作冰雪，掃卻黄瓷細漚沫。分明眼底見幽蘭，驟使胸中斷消渴。昨年曾向顧渚回，一朝饑渴知如何。喉焦舌燥且勿苦，聽我開口歌茶歌。

清 范承謨《范忠貞集》卷五《祝茶》 頂禮潮音掉海槎，攜來一掬淨瓶芽。灑添半滴枝頭露，潑滅炎天萬頃霞。

又 卷五《煮茗》 旗槍浥露拂煙斜，汲井頻將活火加。遙望福堂心供養，趙州一盞緑雲茶。

又《柳茶》 嘗遍人間萬種茶，龍團抛棄不為嗟。年來諳盡泥漿味，翻憶清辛嫩柳芽。

又 竹爐煙裏想山家，蟹眼烹來穀雨芽。一自掉船灘溜外，焙成柳葉當新茶。

又 垂垂緑樹即為家，未到清明摘嫩芽。浪說盧仝堪七碗，武彝夢斷雨前茶。

又 千泉泖水足山家，柏子初然試紫芽。我愧盧仝躭此癖，難途柳葉作新茶。

清 汪琬《堯峰文鈔》卷四二《與武曾翫月因取東坡句賦此歌東坡句『新月如佳人』，又『從來佳茗似佳人』**》** 有月如佳人，娟娟眉嫵長。有茗如佳人，澹澹肌理香。與君歠茗兼對月，深秋風味兩奇絕。君不見筵前樺燭

搖簾櫳，鳳槽龍撥彈春風。蒲陶之酒馬腦鐘。遺簪墜珥紛無數，我非其人終不顧。拂衣出門酒未闌，兒曹大笑儒生酸。

又 卷四八《再題董氏藝圃》 隔斷城西市語譁，幽栖絕似壄人家。屋頭棗結離離實，池面蘋浮艷艷花。棐几只攤淳化帖，雪甌頻試敬亭茶。與君企腳揮談麈，楊柳陰中日漸斜。

又《寶雲井井在舊免水院。相傳寶雲禪師所開，其味最爲甘寒**》** 松間湧古泉，下上百尺綆。值此槐火新，客來鬬奇茗。

清 陳維崧《湖海樓詞集》卷二《朝中措·客中雜憶十首》 家鄉綠雪蓊南山，採摘不曾難。三徑風罏瓦銚，半廊竹瀨松湍。昨朝悔未，攜將茶董，同上長干。卻憶蘇門四友，曾經日給龍團。

又 卷二《醉鄉春·咏茶花》 鼎内乳花將溜，瓶裏玉花先逗。真皓潔、太玲瓏，雪暗茶園如繡。葉與花情相鬬，花與葉芬相糅。將嫩蕋比幽蘭，幽蘭還遜三分瘦。

又《茶瓶兒·咏茗》 綠罨苕溪顧渚，拍茶婦、繡裙如雨。攜香茗輕盈笑語。記得鮑娘一賦。邀陸羽、煎花乳。紅閨日暮，玉山半醉綃幃護，且消酪奴佳趣。

又 卷三《河傳第三體·新茗》 穀雨嬌女，微遵綠崦，輕攜翠筥。拍茶初，櫻笋廚，一縷，夜濤煎雪乳。酒惡愁將繡衾涴。龍團破，頓覺春醒妥。藉庭莎，啜茗柯，羅羅。北窗幽興多。

又《鷓鴣天·謝史蘧庵先生惠新茗》 竹院風爐夢正長，絹封箬裹十分香。龍團搗罷雲生臼，蟹眼煎成雨沸窗。拚冷淡，儘奔忙。不如閒事好商量。人間別有真南董，新注《茶經》四五章。

又 卷八《滿庭芳·吾邑茶具俱出蜀山暮春泊舟山下漫賦此詞》

白甀生涯，紅泥作活，亂煙細嫋孤村。春山腳下，流水浴柴門。紫筍碧罏時候，溪橋上、市販爭喧。推蓬望，高吟杜句，旭日散雞豚。田園淳樸處，牽車粥畚，壘石支垣。看鴟彝撲滿，磊磊邱樊。而我偏憐茗器，溫而栗，濕翠難捫。掀髯笑，盈崖綠雪，茶事正堪論。

又 卷一〇《無悶，益都馮相國夫子飲我乙太和春賦此奉謝》

履道坊西，獨樂園中，朝散沙堤似水。擁絳帳生徒，青州從事，喚取鸕鷀杓到，付侍立、清清小童洗。咬春說餅，滿船藥玉，幾甌冰蟻。風味。倩誰擬。似梅瘦春湖，茶香官焙。儘濡甲郫筒，遜伊清綺，麴部休嘲户小，也浮白、卷波如渴驥。看瀉向、粉盎霜瓷，一色白泱泱地。

又《解語花·咏美人捧茶和王元美韻》 蕃馬屏風，雛鶯庭院，竹下茶聲細。粧樓小倚，闌干外、汲取春流淺試。乳花銀蕊。煙裊上、綠鬟千縷。溜橫波、爐火初紅，儘帶嬌憨意。捧處輕搖蟬髻。問阿誰年少、消受纖指。珠鮮玉脆，語笑處、故惹檀郎驚起。沈香亭婢，只領略、凝酥佳麗。怎如伊、生小江南，偏解旗槍味。

又 卷一一《念奴嬌·和于皇梅花片茶詞即次原韻》 梅精近日，嫁茶星、于皇自署茶村，又曰茶星。合併相呼也得。拾取粉英煎雪乳，光映翠磁都白。便趁春陰，亟修水遞，消遣天如墨。故山茗事，正應近恁時節。常笑龍鳳高名，旗槍傖父，不稱瓊瑤液。只借隴頭千百本，隱隱吹歸橫笛。點染天香，芟除俗艷，小泛真珠色。花情水味，融成一片無迹。

又 卷一五《飛雪滿群山·雪霽》 萬瓦銀皴，千門粉窖。六街簾疎疎。斷橋紅板，小簾黃布，一齊映入冰壺。幽人無箇事，閒屏當吟軒鈞車。桓家寒具，王郎水厄，活火沸風爐。女牆上、霞籠積素，藐姑仙子，春透肌膚。明粧酒暈，檀腮茜捻，江天此景難圖。詩顛兼酒惱，聽滴瀝、鄰家玉蛆。誰堪共飲，街南且拉諸狗屠。

又《傾杯樂·品茶》 雨後新晴，林端小閣，疎簾窣地。正註罷南華下卷，幾般綠雪，獄僧新寄。澗邊杓取鳴泉試。借幽廊，支瓦銚，細商茶事。松風入、聽瑟瑟珠跳雪沸。綠髩女、嬌拖燕尾，捧玉濕、鈞州磁盞翠。羨幽韻、未瀉先傳，餘芬罷啜還殢。漸証入、茗柯至理。終不負、酪奴風致。七椀後，玉川子、頹然竟醉。

又 卷一七《沁園春·送友入山采茶》 十里溪山，竹粉纓巒，蘭風藻川。有蒙茸蘿葛，蔽虧曦月；坦迤澗壑，向背林泉。夕渡遄歸，晨漁緩出，谷唱潭吟韻邈綿。居此者，是秦時毛女，漢代琴仙。

人家四月開園，送君去剛逢穀雨天。恰晴村綠崦，數間僧竈；清江翠箬，一帶商船。拍處盈盈，焙餘冉冉，歸臥迴廊瘦石邊。松濤沸，正龍團乍碾，蟹眼初煎。

清 陳維崧《陳迦陵文集》卷八《贈高侍讀澹人以宜壺二器并係

以詩》 宜壺作者推龔春，同時高手時大彬。碧山銀槎濮謙竹，世間一藝俱通神。彬也沉鬱並老健，沙粗質古肌理勻。有如香盦乍脫蘚，其上刻畫蛙黽蹲。又如北宋沒骨畫，幅幅硬作麻皮皴。百餘年來迭兵燹，萬寶告竭珠犀貧。皇天劫運有波及，此物亦復遭荊榛。清狂錄事偶弃得，一具尚值三千滑。後來往者或間出，巉削怪巧徒紛倫。臘茶褐色好規製，軟媚詎入山齋珍。我家舊住國山下，穀雨已過芽茶新。一壺滿貯碧山岕，摩挲便覺勝飲醇。邇來都下鮮好事，碗嵌瑪瑙車渠銀。時壺市縱有人賣，往往贗物非其真。高家供奉最淡宕，羊腔詎屑膏吾唇。每年官焙打急遞，第一分賜書堂臣。頭綱八餅那足道，葵花玉䴵寧等倫。定煩雅器瀹精茗，忍使茅屋埋佳人。家山此種不難致，卓犖只怕車轔轔。未經處仲口已缺，豈亦龍性愁難馴。昨搜敗簏賸二器，函走長鬚逾城闉。是其姿首僅中駟，敢冀拂拭充綦巾。家書已發定續致，會見荔子衝埃塵。

清 董以寧《畫堂春·烹茶》《十五家詞》卷二九 落茶風裏綠烟輕，聽來細細濤聲。憑攜方麯向茶鐺。蟹眼時烹。洗處輕攢素笋，嘗時小破朱櫻。定瓷親捧更盈盈。仙掌初傾。

清 朱彝尊《曝書亭集》卷九《鴛鴦湖棹歌一百首其四十**》** 雨近黃梅動浹旬，舟回顧渚鬬茶新。問郎紫筍誰家焙？莫是前溪讀曲人。

又 卷一三《寒夜集古藤書屋分賦得火箸》 我昔誦《茶經》，其具得筴火。圓直無蔥臺，修長過銅錀。是物最末微，尋常付竈妾。偶為桑苧詮，詎錄香山帖。自來京城居，七度脫林葉。窮陰朔風號，聚沙眯樓堞。南人氣柔脆，土炕意不愜。堇户類蟄蟲，曲身苦跧摺。握火置甄爐，聊以熨胸脅。燕俗饒栗薪，市者病遠涉。虛傳紅螺産，罕致白炭筬。爆急燎竈須，煙騰淚棲睫。箸也誠要需，取用便指捻。制以偶勝奇，力惟同乃協。出入炎燄中，身手洵趫捷。有若赴敵場，擒馘恣所挾。峙立必雙聳，倒臥亦並接。須臾不相離，無以異鶼鰈。留之載都籃，配以紙黏箑。持喻同心人，歲寒入吟篋。

又《竹爐聯句并序**》** 錫山聽松庵僧人性海，製竹火爐。王舍人過而愛之，為作山水横幅，并題以詩。歲久，爐壞。盛太常因而更製，流傳都下。羣公多為吟詠，圖既失，詩猶散見於西涯篁墩諸老集中。梁汾典籍仿其遺式製爐，恒歎息舊圖不可復得。及來京師，忽見之容若侍衛所，容若遂以贈焉。未幾容若逝矣。丙寅之秋，梁汾攜爐及卷過予海波寺寓，適西溟青士愷似三子亦至，坐青藤下燒爐試武夷茶。相與聯句成四十韻，明年梁汾將歸，用書於冊，以示好事之君子。

㪅孫致彌。桑苧次水經，第較中泠遜姜宸英。山僧寡營役，谷飲遂夙願朱彝尊。跏趺長松根，風來耳垂鬚周篔。都藍選茶具，一一細莎頓張祐《惠山詩》『重街夾細沙』。顧貞觀。舍彼陶冶工，截竹等辯聱致彌。附以紅泥團，其修僅扶寸宸英。坎上離于中，下乃利用巽彝尊。微飄颼颼入，活火燄燄焌篔。初聆檜雨喧，漸見魚眼睔貞觀。紫筍舒萌尖，乍點湯色嫩致彌。王郎穿竹過，愛接支許論宸英。解帶磐石間，素瓷迭相勸彝尊。欣然愜所遇，伸紙隨染渲篔。濛濛巖亭瀑，歷歷水田畈貞觀。短短茅覆屋，茸茸荻抽蘿致彌。橋彀乃有路，門闢或無楗宸英。林壑雖未深，埃壒頗已遠彝尊。流傳盛新詠，羣雅足彝憲篔。或為篆籀隸，若盉鬲敦甗貞觀。或為真行草，若繇靖義獻致彌。穆如清風作，舉一可當萬宸英。嗚呼百年來，精廬窟貙貓彝尊。曩時所珍物，零落委荊蔓篔。吾家壚塘側，想茲恒繾綣貞觀。形模授巧匠，高下仿遺椺致彌。所惜七尺圖，慮為塵土坌宸英。開篋逢故人，輟贈得右券彝尊。羊脂鏤瓊玉，獸錦束腰絭篔。譬諸延平津，劍合始無恨貞觀。俄驚鄰笛悲，永歎壑舟遁致彌。蕭條黃公壚，歌哭與俗溷宸英。是物覩者希，五都絕市販彝尊。今年吳船來，載自潞沙堰篔。徙置青藤陰，旅話破幽悶貞觀。質比蓮芍輕，形嗤石鼎鈍致彌。小勺分宮時，頭綱試甌建宸英。忽憶秋水生，乘此風力健彝尊。逝將挂席歸，耦耕師下潩篔。毋令石牀空，兼使夜鶴怨貞觀。

又 卷一八《御茶園歌》 御茶園在武夷第四曲，元於此創焙局安茶糟。

五亭參差一井冽，中央臺殿結構牢。每當啟蟄百夫山下喊，樅金伐鼓聲喧嘈。

歲簽二百五十户，須知一路皆驛騷。山靈丁此亦太苦，又豈有意貪牲醪。

封題貢入紫檀殿，角盤瘿枕怯薛操。小團硬餅搗為雪，牛湩馬乳傾成膏。

君臣第取一時快，詎知山農摘此田不毛。先春一聞省帖下，樵丁蕘豎紛逋逃。

入明官場始盡革，厚利特許民搜掏。殘碑斷臼滿林麓，西皐茅屋連

東皋。

自來物性各有殊，佳者必先占地高。雲窩竹窠擅絕品，其居大抵皆巖巘。

茲園卑下乃在隰，安得奇茗生周遭。但令廢置無足惜，留待過客閒遊遨。

古人試茶昧方法，椎鈐羅磨何其勞。誤疑爽味碾乃出，真氣已耗若醴餔其糟。

沙溪松黃建蠟面，楚蜀投以薑鹽熬。雜之沉腦尤可憾，陸羽見此笑且咷。

前丁後蔡雖著錄，未免得失存譏褒。我今攜鎗石上坐，箬籠一一解繩縚。

冰芽雨甲恣品第，務與粟粒分錙毫。

又《分水關》 關門一道石參差，三戶人家兩戍旗。此去都籃休便棄，頭綱正及貢茶時。

又二八《埽花游試茶**》** 楝花放了，正穀雨初晴。逼籬雲水，曉山十里。見春旗乍展，綠槍未試，立倦濃陰。聽到吳歌偏起。焙香氣，裊一縷午烟，人靜門閉。清話能有幾。任舊友相尋，素瓷頻遞。悶懷盡矣。況年來病酒，夜闌須記。活火新泉，夢繞松風曲几。暗燈裏。隔窗紗、小童斜倚。

清 查慎行《與靈上人餉龍井雨前茶二首》《龍井見聞録》卷七 風篁十里郎當嶺，官焙爭收粟粒芽。慚愧老僧親手摘，青紗蠟紙餉山家。

今年穀雨雨廉纖，茶味全勝筍蕨甜。正是不嫌山少肉，肉山無此好毛尖。

清 查慎行《敬業堂詩集》卷四九《宴清都過無錫風便不及泊遥望九龍在蒼翠間向鄰舟分得山泉半瓶烹茶破睡**》** 陸羽經猶記，數水品，江南曾占第二。濃翠堆鬟，空青抹黛，濛濛雲氣。好風吹送吳船，甚失卻、登臨勝地。聽杳杳、幾杵疎鐘，烟林正擁山寺。百弓割片茶園，生涯飄泊，談何容易。銀瓶金井，夢中空想，轆轤聲起。五湖者番遊興，賴吹火、烹泉有此。把宜壺、淨洗供春，絕勝吳家買婢。

又《朝中措夜游虎丘**》** 笙歌十里過山塘，到寺已昏黃。客散當壚酒冷，僧歸別院茶香。一奩止水，一堆講石，幾轉廻廊。及取無多清景，獨吟獨步何妨。

又《安公子題余鴻客杏花村居是日品茶而不門酒填詞紀之**》** 幽絕城南墅。女牆一曲當環堵。門外綠陰，陰乍合啼鶯選樹。障扇驅塵，剝啄尋常去。為新茶、偶爾留人住。正小年平半，日影婆娑亭午。少日誇豪舉。近來好事猶如故。無酒須酤，也不費、茅容雞黍。直愛君貧，雜坐忘賓主。借玉川、七椀為談麈。看清風出屋，洒作竹梢涼雨。

又卷五〇《瑞鶴仙武夷山下看道院製茶**》** 淺瀨紋如縠，把輕篙撐入，瀾滄九曲。花宮繞林麓。也不耕瑤草、不栽黃竹。一聲秸鞠。催隔塢、人家布穀。又誰知、茶竈開時，三月石田蚕熟。雨足。旗槍初展，院院提筐，摘將嫩綠。濃蒸緩焙，看火候、纔經宿。引微颸吹出、白雲深處，香偏山南山北。儘清流、滿載筠籠，何妨無穴。

清 彭孫遹《松桂堂全集》卷四《煮茶》 空堦風雨近殘年，寒擁枯爐當品泉。狂興未須千日酒，野情自燒一溪煙。遙遙澗水來天外，謖謖松風到枕邊。短褐不煩遊客訪，山人新著毀茶篇。

又卷二八《題王清遠桐陰試茶圖》 幽人偶此坐林樾，滄滄竹樹清且寒。一匙綠雪灑蘭吹，邈然高詠青琅玕。

又卷三一《雜咏》 午窗眠醒鬢雲斜，活水徐烹金縷芽。蟹眼松風聲欲盡，綠瓷杯裏鬬新茶。

又卷三九《蕙蘭芳引·答悔庵餉酒茗》 不斷鄉愁，烟水外、風帆如簇。恨芳草斜陽，迢遞偏傷遠目。扶筇歸去，正東鄰酒香茶熟。乍飛箋、來到空館，敲殘寒玉。綠蟻頻浮，翠旗纔展，頓消煩燠。有紫鱠千頭，更汲取、碧琳千斛。石爐徐沸，葛巾新漉。倚南窗一枕，清眠初足。

清 董元愷《蒼梧詞》卷一《望江南·啜茶十咏》 茶塢勝，陽羨鬱層巒。月峽澗流生雀舌，石巖霧曉出龍團。仙掌片峰寒。

茶筍別，羅岕勝烏程。廟後結花垂綠腳，渚前分露種紅英。秀色帶烟輕。

茶籯滿，葉葉占先春。翠靄擷齊雙鬢冷，青絲籠就兩槍新。衣惹暗香塵。

茶舍小，石徑臥雲斜。斑駁苔生青嶂影，婆娑樹老綠陰遮。竹裏看煎茶。

茶竈冷，溪鳥逐烟光。瑟瑟波沉霞腳碎，輕輕色泛乳花香。翠釜合先嘗。

茶焙煖，沆瀣碧波融。編竹候隨文武火，開緘葉裏建城籠。一紙隔春風。

茶泉沸，第二擅中泠。旋沫翻成魚眼動，騰波聲作老龍聽。澗底覔樵青。

茶甌潔，碧盌醉春醪。翠影香浮盧氏碗，素甆圓勝謝家窑。絲柳拂長條。

茶品絕，綴玉復含珠。三十綾文酬博士，兩篇《茶錄》問君謨。疎月下庭梧。

茶候靜，簾捲日初長。片甲味分蟬翼薄，丹丘陰益篳紋涼。應喚醒羲皇。

又《憶王孫·小鬟捧茶》 二泉初汲碾旗槍，火沸松聲露沁香。鄭重雙鬟手自將，敢先嘗。春風滋味怯蕭郎。

又《濕羅衣·雨中度茗嶺》 盤盤石磴插天高。茫茫嶂海波濤。霧合芒鞋，雲生緼袍。奔流飛澗千條，響層霄。光搖綠篠，香清紫筍，翠影迢遙。

又 卷二《茶瓶兒·玉半叟江樓留飲岕綫》 新製淩家岕線。碾玉塵、月團千片。傾瓊蕋色香兼擅。映入幽蘭蕙蒨。

寒泉濺，乳花泫。冰甆春滿。松風小啜過陽羨。月冷空江聲斷。

又 卷四《金蕉葉·酬内寄新茶》 蠶房細把旗槍別。乳花蹴起磁甌雪。珍重闞山，曾經織手摩娑怯。寄與文園消渴。淚波暗送春風隔。含顰斜倚人愁絕。萬里歸來，一枝碾破愁千結。好共二泉同啜。

又《蘇幕遮·讀倦夜分婢進新茗戲用王敬美韻贈之》 漏聲殘，蕉雨碎，半榻燈熒，不照江郎睡。兩兩雙鬟偏解意，泉響松風，剪燭添沉水。展磁甌，斟玉醑，恐怕來朝，曉夢鶯催起。脉脉此情誰得似，情勝初嘗，好試春滋味。

又《麥秀兩岐·羅岕焙茶》 羅岕旗槍別，廟後奇芬絕。趁晴天，齊採擷。仙掌蘭苕折。攜來輕篗枝和葉，異香清冽。細入筠盤列，拍向斑籠爇。火初紅，泉新汲，焙就春風隔。製成玉乳光瑩潔。金莖消渴。

又《品令·羅岕苦雨寄内》 萬里歸來後。恨離別、今還又。自從分手。千行清淚，一天消瘦。屈指端陽，最是傷心時候。情懷非舊。歎往事、休回首。奈他幾疊，青山遮斷，玉人翠袖。岕茗親攜，好待北窗晴晝。

又 卷五《過澗歇·過三十九澗踰裏王嶺入羅岕》 山疊疊溪流曲曲。大似雷轟，細似琮琤碎玉。聲聲續。天際倒懸三峽，波漾千竿竹。石齒冷，入手寒香沁新綠。更聳身直上，鳥道清泉，羊腸翠麓。扶杖雲生足。小憩松風，看摘春纖，輕攜碧篗，村火幾處茶初熟。

清 徐釚《游虎跑泉寺》《晚晴簃詩彙》卷四二 山路馥幽花，探泉入谿谷。藍輿過寺門，石骨亂飛瀑。跨澗飲列虹，方池浸寒玉。朱鱗戲碧波，翠蘚上斑竹。紺殿俯冬青，齊奉古天竺。攜樽塔院西，野梅傍山麓。因想坡公游，葛巾連野服。引甃夜月涼，樹下《茶經》續。甘冽賽中泠，七碗驅煩濁。余亦挂詩瓢，聊步古人躅。籍此一泓清，鑑彼鬚眉綠。

清 嵇永仁《抱犢山房集》卷二《柳茶》 竹爐煙裏想山家，蟹眼烹來轂雨芽。一自掉船灘溜外，焙成柳葉當新茶。

又 卷六《柳茶》 垂垂綠樹即為家，未到清明摘嫩芽。浪說盧仝堪七椀，武彝夢斷雨前茶。

又 千泉泖水足山家，柏子初燃試紫芽。我愧盧仝耽此癖，難途柳葉作新茶。

清 張英《文端集》卷八《施愚山贈敬亭綠雪茶奉答》 春雨江南山，敬亭本幽絕。摘來烟鬟中，佳荈名綠雪。故人勞見遺，鶯花晚春節。香如蘭露滋，色比清泉冽。瀹向晴窗下，恐為塵滓褻。細啜詠新詩，風味誰能別。

又 卷九《金谷岩西種茶處》 三十六巖中，金谷尤軒翔。下建五丈旗，佛身相等量。峰頂無字碑，屹立摩穹蒼。青鳥乘天風，佛頂吹笙簧。高樓接飛泉，俛看松千章。滴珠復幽窅，谽谺當其傍。丹壁垂紫蘿，亘天如石梁。山畔荷鋤人，坐臥茗花香。

又卷二二《烹茶》　泉自花陰汲，鐺隨樹影移。松聲纔歇處，蟹眼漸生時。綠雪從斟淺，香雲欲啜遲。只須分茗荈，不在試槍旗。

又卷二九《新茶》　雲崖霧岫往攜筐，怪底山僧十日忙。綠樹陰陰人跡少，枳籬茅屋焙茶香。

清汪懋麟《百尺梧桐閣集》卷二《翠雲庵試茶》　秋入禪房靜，烹茶得翠雲。煙從林外繞，泉向石邊分。清味宜僧賞，幽香許客聞。坐深空萬慮，疏磬落斜曛。

又卷四《趵突泉》　吾愛明湖水，還看趵突泉。三堆晴雪湧，萬點夜珠圓。荇藻冬猶綠，煙波晚最妍。倚闌懷陸羽，恨不到池邊。

又卷一三《尚白大參以敬亭綠雪茶見餉簡謝》　昔我游敬亭，索茗過僧舍。花蕊浮輕圓，不與棋盤亞。僧言有茶戹，官取日無暇。山頂一畝產，竟為權豪霸。供給每不足，頗遭吏卒罵。以茲數年來，種茶事漸罷。好友梅與沈，憐我困杯斝。若裹時封纏，貽我旅檐下。酌泉時一烹，能使磊塊瀉。夢想十餘年，此味如食蔗。先生來白門，憶別枉清灞。四載隔溫涼，轉覺顏色姹。為歡感故舊，對酒及深夜。貽我綠雪芽，重比南金賈。鉛罌刺茶頌，香郁敵蘭麝。入山本手制，時候介春夏。開罌自煎嘗，清芬滿水榭。恍與故交逢，齒舌亦驚訝。昔人鬭茶品，色味有假僭。謬為龍鳳團，或遭薑鹽砑。似此秋水澂，豈與頭綱差。陋哉蘇髯公，八餅希拜謝。何如山中味，恣歡悟玄化。

又《子修編修覲省南歸賦贈四首》

其三

猶記當清夏，中官召翰林。御牀香緩緩，溫樹影沉沉。書法君王問，茶漿侍衛斟。自今歸院晚，睿藻興方深。

其四

二人方健在，九載喜君歸。上壽分天祿，承歡著賜衣。江南茶筍嫩，澤國稻魚肥。試問官廚供，將毋此味稀。

又卷一四《海陵寓園晤冒巢民以蔡金兩少君所畫古松春燕箋扇及芥茗見貽長句爲謝》　州西邨原好林木，疏快真能媚幽獨。上春來遊新雨晴，主人許我僭茅屋。門前菜甲綠未齊，庭外梅花紅已足。開軒把卷正蕭爽，車馬聊此遠馳逐。東行何意逢故人，握訴殷情拭雙目。參辰十載鬢須換，問年忽過六十六。慷慨示我乙卯吟，悲歌欲向春風哭。先生品地本王謝，少負香名動當軸。書法遒逸類蕭引，詩筆清蒼比光祿。軒冕早棄甘松筠，陶寫中年賴絲竹。酒酣每每說往事，恍聽《東京夢華錄》。紛紛誰復開寶人，容易高言忤流俗。此輩蠢蠢何足挍，世事但可消醽醁。林泉樂事猶自多，畫譜茶經得賢淑。何當貽我蒼松圖，老幹盤拏兩枝禿。白團小燕齊啄花，嫩椏三眠似新浴。閨中金蔡雙畫師，韋畢徐黃徒碌碌。洞山花蕊原最珍，分餉正值春泉熟。頭綱八餅不足貴，宣城綠雪同芳馥。元祐名賢此相餽，東坡好詩累長幅。媿余飲歡如王濛，報謝卻少名篇續。品茶對畫聊爾爾，眼底匈中洗塵麴。水繪庵中得真賞，我欲扁舟訪谿澳。花濃水曲鶯亂唬，細話春窗亨茗粥。

又卷一六《未明登惠山絶頂還坐亭上酌泉題壁》　殘月纔墮山鵲噪，及此初涼早停櫂。山下人家未啟扉，山中老僧驚我到。晨光映山張翠簾，宿露坐松著高帽。幾羣亂石驅白羊，數折深林臥青豹。半嶺已覺筋力非，履顛偏與童僕拗。太湖一勺奔渴虹，曉浪千層濺飛瀑。須臾初日含紫煙，瞬息重巖寫清照。灣環細水曲若眉，遠近谿田綠如醮。浩浩陽烏看已升，喔喔邨雞曉猶叫。遠從亭上來試泉，萬斛明珠迸山竅。水花帶霧尤清柔，偃液著唇洗炎燥。我攜八餅欲自煎，好向山家藉丹竈。卻憐出谷轉狼藉，最惱招名日歡鬧。安得蒻取幽壑中，氣味深藏遠時好。多事無如陸季疵，品居上中已堪笑。中泠之水誰及嘗，讓爾虛聲向人釣。

清汪懋麟《錦瑟詞・小令・減字木蘭花》雲漸惠酒以陽羨茶為答戲柬

停杯在手，酒債尋常行處有。正說尊空，一甕提來琥珀紅。欣然醉舞，我慕劉伶君陸羽。何物相酬，破睡須煩不夜候。

清高士奇《歸田集》卷九《武彝茶》　九曲溪山繞翠烟，鬪茶天氣倍暄妍。擎來各樣銀瓶小，香奪玫瑰曉露鮮。

清高士奇《詠宜興茶壺》《茶餘客話》卷二〇　規制古樸復細膩，輕便堪入筠籠攜。山家雅供稱第一，清泉好瀹三春荑。

清高士奇《竹窗詞・洞仙歌》以龍井新茶餉南淳答詞尚記苑西嘗賜茶事

巖柯嫩蕊，過驚雷先坼。龍井茶清明前先茁。野客山僧慣能摘。筠罏淺，焙缶器重封，初開處、無限早春香色。年時西苑往，賜出頭綱，小院宵涼共煎

喫。退隱傍江邨，藥臼茶鐺，人事屏、石泉頻汲。歎荏苒、年光又嘗新，漸蝶粉穿籬，燕泥粘席。

又《疏香詞·臨江仙試新茶**》** 穀雨纔過春漸煖，建安新拆旗槍。銀瓶細篛緫生香。清泉烹蟹眼，小盞翠濤涼。記得當年龍井路，摘來旋焙旋嘗。輕衫窄袖採茶娘，只今鄉土遠。對此又思量。

清 孔尚任《長留集·試新茶同人分賦》 精陳品具掃閒寮，茗戰蘇黄俱赴招。槐火石泉新歷歷，松風桂雨韻瀟瀟。未投蘭蕋香先發，纔洗瓷罌渴已消。誰寄一槍來最早？貢綱猶自滯春潮。

清 愛新覺羅·玄燁《聖祖仁皇帝御製文集》卷三九《趵突泉》 十畝風潭曲，亭間駐羽旂。鳴濤飄素練，迸水濺珠璣。汲杓旋烹鼎，侵階暗濕衣。似從銀漢落，噴作瀑泉飛。

又卷四〇《試中泠泉》 緩酌中泠水，曾傳第一泉。如能作霖雨，霑灑遍山川。

又《錫山》 朝遊惠山寺，閒飲惠山泉。漱石流仍潔，分池溜自圓。松間幽徑闢，巖下小亭懸。聊共羣工濯，天真本浩然。

清 愛新覺羅·玄燁《聖祖仁皇帝御製二集》卷五〇《中泠泉》 靜飲中泠水，清寒味日新。頓令超象外，爽豁有天真。

清 納蘭性德《通志堂集》卷四《題竹爐新咏卷并序**》** 惠山聽松庵竹茶爐，歲久損壞。甲子秋，梁汾倣舊製復為之，置積書巘中。諸名士作詩以紀其事。是冬，余適得一卷題曰『竹爐新詠』，則明時王舍人孟端、李相國西涯詩畫並在，實聽松故物也。喜以歸梁汾，即名其巘居曰新詠堂。因次原韻。 爐成卷得事天然，乞與幽居置坐邊。恰映芙蓉亭下月，重披斑竹嶺頭烟。畫如董巨真高士，詩在成弘極盛年。相約過君同展看，淡交終始似山泉。

又卷五《柳枝詞》 風過遊絲卷落花，又隨飛絮上簷牙。東鄰為約清明後，陌上輕衫共採茶。

又《江南雜詩》 九龍一帶晚連霞，十里湖堤半酒家。何處清涼堪沁骨，惠山泉試虎丘茶。

又卷九《生查子》 散帙坐凝塵，吹氣幽蘭並。茶名龍鳳團，香字鴛鴦餅。玉局類彈棋，顛倒雙栖影。花月不曾閒，莫放相思醒。

清 曹寅《楝亭詩鈔》卷一《月涼茗飲歌》 廣庭摩腹風翛翛，缺月半挂濕柳條。小童支鐺煮宿雨，耳畔仿佛鳴江潮。地偏澤滷恒忍渴，鹿車閒挽滿井遙。寒泉行地寡風味，乳花紅釅愁相澆。日前飛鞚致春荈，郎官例賜隨蟬貂。天人之糧不多得，栝勺未可驅塵囂。銀餅緘貯出素手，靴紋蹙皺涵清嬌。我行擬作粱肉砭，名嫌紗帽非高超。為憐好友餽唐貢，一升滿瀹憐中宵。又聞養疴忌內汗，瘦腋寧讓盧仝驕。茗柯有理慎莫憚，解事徒獻陽穀椒。

又卷三《茗椀》 卯君茶癖與吾同，對客長愁放椀空。近日衙齋須藥裹，一杯清瀹只寬中。

又卷四《潯江以夜坐詩見寄兼餉武夷茶二首**》** 端居無喧寂，廓然神自來。因誰結情語，亭角梅花開。梅花如幽人，笑破胭脂腮。昨歲冰峻嶒，今歲雪毰毸。陽和會有待，且願撥寒醅。

北源恒苦俗，松羅不同器。武夷真仙人，陽羨近名士。此評出高陽，恐犯玉川忌。多君致紫芽，滌我塵土胃。閉門謝諸賓，斟酌窮水味。

又《過無錫賣茶器處》 白石垂楊岸，香泥燕子家。春歸如昨日，茶興滿天涯。

又卷六《題丁雲鵬玉川煎茶圖》 風流玉川子，磊落月蝕詩。想見煮茶處，頎然麾扇時。風泉逐俯仰，蕉竹映參差。興致黄農上，僮奴若箇知。

清 曹寅《楝亭詩別集》卷三《惠山題壁》 惠山山寺坐嘗茶，杯影春山句絕佳。澹永自來非舌解，僧窗一箭草蘭芽。

又《佛手柑》 合掌自來稱毒手，人間鈍漢豎拳頭。西堂偏識枸櫞性，截片烹茶也自幽。

又卷四《護月與秋屏煎茶待旦》 蝙蝠撩簷燎火稀，堂墀人擁汗交揮。嗇夫馳告鼓初起，南陸仰瞻星亂飛。泡影河山同地大，繞枝烏鵲亦心微。書生莫問蝦蟆事，小杓分泉試解衣。

又《茗具瓶桃》 楚傖厄運長逢水，寒乞詩人命帶花。薄福誰堪兼并得，二年春思在天涯。

清 龔翔麟《虎跑泉》（光緒）《虎跑定慧寺志》 旋買龍井茶，來試虎跑泉。松下竹風爐，活火手自煎。老謙三味法，可惜無人傳。

人事有死生，物理有成毁。丈六黄金身，一朝困泥滓。此老不後復來，茫茫但烟水。

清 郭棐《學源堂詩集》卷四《烹雪》 貧自便清事，融花戰茗旗。王猷酌酒俗，陸羽補經癡。蟹眼雲堆轉，松風素浪吹。一壺天味足，莫問黨家姬。

又《周茂卿書來兼寄六安茶》 五年別倏忽，萬事歎遷流。我向老而健，君其貧不憂。酒泉常自拜，茶史正重修。火賀門無雀，書來慰渴喉。

又《虎丘》 不斷有人遊，將無是虎丘。兩門隨岸闢，一水抱峰流。酒茗僧家市，甆銅賈客收。書生無劍試，空到北山頭。

又《惠泉》 一勺石泉響，千秋陸海聞。舜烹經外史，酒釀頌參軍。甘豈臣心似，清將人鏡分。若為天下雨，不讓泰山雲。

又 卷五《王信初巡視茶馬》 石榴月度石榴關，雲擁三秦豸繡班。家有諫書傳手澤，國勞台使重天閑。羌人酒貢葡萄熟，宛國茶分騄駬還。況是彩毫壓米芾，重揮天馬獻宸班。

清 曹溶《靜惕堂詞·念奴驕·碧岩茶至》 雲芽乍啜，恐新來、肌骨全因君瘦。活火煎成丘壑味，略似初含豆蔻。七椀頻煩，惡詩傳寫，甚覺盧仝陋。請辭歡伯，無愁是此時候。盡說産自深崖，侍人獨處，隱約春難透。笠澤下方留不住，絕頂和他青皺。一片煙橫，盤旋肺腑，冷液猶堪漱。玉甌誰捧，寶匵閒配芝書。

清 鄒祗謨《茶瓶兒·小鬟茶話》《十五家詞》卷二二 水味中泠第一，喚雙鬟點來新葉，正蟹眼魚鱵初歇。攙入蘭花清色。小鬟怯擎杯澁，銀瓶作汲，阿郎到底相如渴。應罰作、王郎水厄。

又 卷二三《八歸·行石封山中小憩見村姬焙茶偶咏》 翠靄朝經，紅雲晝暖，石乳玉茗乍茁。斑筠初識青絲籠，恰是吳姬相約，春纖齊擷。香刺濛濛沾綴露，應摘盡、金蕾珠蘖。攜輕簍、帶笑歸來，衣染暗香絕。卻早柴扉半掩，紅泉初汲，中婦拍茶纔歇。蒸凝青瓊，焙來綠髓，製就些些雀舌。看雲鬟影動，幽意引奇芬初洩。倦文園，自來消渴，仙掌分嘗，甆甌斟潤雪。

清 金農《冬心先生集》卷二《石淙院與禪人茶話》 虛空同暝坐，豎拂老湯師。一夕莊嚴論，三生茗果期。花宮何窈窕，藥樹自逶迤。不厭春泉沸，淙淙檐下垂。

又《湘中楊隱士寄遺君山茶片奉答四首》 茶稱仙掌夙曾聞，白絹紅鈐遠寄勤。除卻巢兄無別客，開函疑有洞庭雲。

安得中泠汲滿瓶，楚狂毀後愈芳馨。煎時若入薑鹽味，豈異嬴秦施五刑。

明爐山容菡萏天，疎寮涼院證因緣。笑他紗帽籠頭坐，水厄虛名直浪傳。

八餅何須琢月輪，不如細啜越瓷新。漫憂銷耗通宵醒，元是秋堂少睡人。

又 卷三《茶事八韻》 雲根一蹄泉，白乳好顏色。汲來日煮茶，準之自有則。離火斥穢薪，溫谷用無息。候湯毋妄沸，司命在盡職。鍑古交牀支，甌香淨巾拭。櫝藪品不同，甘苦味全嗇。何如小峴春，獨飲通仙默。蓬蓬肺渴塵，驅去若五賊。

又 卷四《憶茶》 草鋪綠罽地無塵，朝日熹微榆火新。兩串春團三道印，不知茶宴赴何人。

清 金農《冬心先生自度曲·乞橙里主人新茶》 竹粉沾衣，松花滿地，如此時光須記。今春酒病，想著去年茶味。泉汲中泠，疑帶半江雲氣。一甌綠雪，知有故人寄。

清 厲鶚《樊榭山房集》卷一《三月十三日游法華山》 連山背湖西，地脉聚而凝。婆留霸氣餘，峰嶺尚雄勝。嘉我同游人，穿榛得荒徑。陽坡鼇羣披，陰崖龍腹亘。天風鼓蓬勃，白雲若沸甑。置身萬松顛，心曠肅觀聽。紆回下前阪，翠樾出僧磬。入籬泉偶枯，方井鑿亦瀅。繡田盡雜花，烟中笑羣媵。茶户競物利，衣短不掩脛。采摘泫晨露，山謠頗相應。酌酒墟墓間，作達榼隨罄。芻狗本幻誕，石馬久光瑩。神絃走村氓，縹渺事愚佞。洞簫梟林木，篝火繞巖磴。因之日夕還，嵐彩眩難定。此境天所遺，庶以忘蹭蹬。望中青帘曳，猶似攜餘興。

又 卷二《同青渠抱樸游惠山》 梁梠日出宿雨捐，主人急喚沿溪

船。清尊在船興已發，剡剡麥秀翻平田。遊人愛游較我早，爭入柳港吹香繇。名園在眼昔夢到，紅橋翠棧相鉤連。九龍山色滿屋上，妙有流水巖根穿。瑽琤下赴照軒檻，木陰霒鬱堪暑眠。尋源且復入古寺，泉頭小閣浮茶烟。百甔汲貯轉甘冷，遠道拆洗煩烹煎。南泠廬阜味奚似，屈居第二吾猶憐。平生飲水具真癖，烟包雨笠同枯禪。千羨萬羨竟陵子，頓爽塵吻寧無緣。道人鶻眼照泉碧，松聲為拂膝上絃。罷琴落日我徑去，塔影送客東峰巔。

又《試天目茶歌同蔣丈雪樵徐丈紫山作》 陸鴻漸作陶偶人，茶事往往傳失真。四十三種列高下，天目品與舒州鄰。東西頂池湛雙鏡，奇峯秀崿排青旻。許邁宮連道陵宅，靈根迸石無纖塵。含滋雲霧灌泉脈，抽芽一一留餘春。山僧采焙趁穀雨，紙囊箬裹封題新。肉食貴人未知重，例取武夷羅岕空。紛綸雪樵子心似，天目山頭兩泓水。獨識茗柯有至理，市隱近在吳山坊。坐我三腳之木牀，空庭晝靜啼寒螿。為我手瀹魚眼湯，須臾越盌發妙香。微參鼻觀風悠颺，名山秀液入肺腸。悅然置身天目頂，青神鳳集樹下同相羊。李德裕《平泉草木記》木之奇者，天目之青神鳳集。雪樵子，邀我與徐丈同作試茶之長歌。兩篇傳示句清語硬肩相摩，我無筆力奈爾何。天目茶可拍，天目筍可挑。安得茶筍佳時一赴山靈招，勿使塵中立望空迢迢。

又卷三《惠山聽松庵觀王孟端竹爐詩畫卷次吳文定公韻》 舍人雅尚寄名泉，為愛山僧手自煎。缾響風中兼雨外，水評陸後更張前。空寮只許茶人住，一榻翻同竹祖眠。三百年來留寶墨，籓材無恙是天全。

又卷四《聖幾餉龍井新茗一器》 松風出竹爐，夢成水火戰。新芽適開封，昏睡不待遣。為子手瀹嘗，三嗅復三嚥。中有參寥禪，風味得正見。

又卷六《泛舟河渚取道田間尋梅花泉》 清流一支瀉，漏影明朝暾。行行數石髮，捨舟在溪門。名泉如逸士，高寄梅花村。寓形本天趣，當得靜者論。瑤席不盈尺，衍漾青絲蘊。鬵沸素漚發，蛟若飄英繁。徒供野人汲，彌思桑苧言。四山秀脈聚，萬古陰機翻。慰我斛茗瘕，甘芳入缾盆。潛分趵突沫，高尋玉井源。

又卷八《秋玉游洞庭回以橘茶見餉》 若士愛遠游，逸翮不可攀。朝乘一掌風，夕至洞庭山。胸吞三萬六千頃，大圓鏡裏八九羅烟鬟。奇文祕句滿藤笈，山中清味攜俱還。餉我洞庭橘，赤如莫釐峰頭日。白傅揀貢餘，右軍封題畢。翦從平蕪間折技，逆鼻香霏甘齒溢。緘藏歸待獻老親，不數湘湖楊梅頂山栗。餉我洞庭茶，鷹爪顆顆先春芽。虎丘近無種，剔目名可嘉。功能徹視比龍樹，金鎞不怕輕翳遮。瀹以龔春壺子色最白，啜以吳十九琖浮雲花。翩翩風腋乘興到，左神幽墟列仙之所家。告訴我生困識字，素書探得何足誇。許我紫泉白芝錬毛骨，大勝塵土甏甏於天涯。

清 厲鶚《樊榭山房集·續集》卷一《題汪近人煎茶圖》 巢林先生愛梅兼愛茶，啜茶日日寫梅花。要將胸中清苦味，吐作紙上冰霜椏。敲門走送古梅枝，索我煎茶圖子詩。此圖乃是西唐山人所作之橫幅，窠石苔皴安矮屋。石邊修竹不受厄，合和茶煙烟空綠。石兄竹弟玉川居，山屐田衣野態疎。素瓷傳處四三客，盡讓先生七椀餘。先生一目盲似杜子夏，不事王侯恣瀟灑。尚留一目著花梢，鐵綫圈成春染惹。春風過後發茶香，放筆橫眠夢蝶牀。南船北馬喧如沸，肯出城陰舊草堂。

又卷三《同人携茗集張漁川齋中試惠山泉用涪翁韻》 吳客遠來好風俱，扁舟載泉兼載書。梅龍貪睡鞭不起，分得數斗鑪塘珠。鬬茗須鬬芳而腴，羣賢列坐鐺腳如。嗟予微疾不能飲，湖目但思蓮子湖。

又卷四《試茶亭》 言尋白乳泉，皋盧未攜至。不見試茶亭，空留試茶字。猶勝徐十郎，山前設茶肆。

又卷五《夏日巨公以白沙泉龍井雨前茶爲貺賦詩以謝》 悠悠林臥晝偏長，畏暑都無卻暑方。老去參軍多吻渴，揭來禪伯與心涼。泉分曉甑和雲送，茗裹春旗待月嘗。今日因師聊破戒，松風手瀉一甌湯。

又卷六《宿南屏讓公房用東坡病中獨游净慈韻》 笑拖雙屐入空山，借榻松風竹靄間。得得來遲如有約，騰騰游好許誰攀。禪燈照影詩皆瘦，客枕和雲夢亦閑。更愛點茶三昧手，火前曉試不知還。

又卷一〇《風入松·憶茶》 陸家休更說遺經，負了雨前盟。當時風月花瓷畔，餘甘漱，幾許看承。戲語從佗歐九，困人不止春醒。

為茶作病病皆清，關鬲有凝冰。而今卻費閒薑桂，開芳焙、可是忘情。一琖微聞蘭氣，半簾時夢松聲。

清　厲鶚《樊榭山房集外詩・聖因寺大恒禪師以龍井茶易予宋詩紀事真方外高致也作長句邀恒公及諸友繼聲焉》　新書新茗兩堪耽，交易林閒雅不貪。白甎封題來竹屋，縹囊珍重往花龕。香清我亦烹時看，句活師從味外參。舌本眼根俱悟徹，鏡杯遺事底須談。

又《清平樂・陳楞山松泉試茗圖》　空煙吹翠，峰腋雲生細。消得清涼剛斛二，句破松根殘睡。幾年淮左羈愁，何時嘯侶林邱。記取雪殘歸棹，期君第二泉頭。

清　鄭板橋《鄭板橋集・竹枝詞》　溢江江口是奴家，郎若閒時來吃茶。黃土築牆茅蓋屋，門前一樹紫荊花。

清　鄭板橋《板橋詩鈔・小廊》　小廊茶熟已無煙，折取寒花瘦可憐。寂寂柴門秋水闊，亂鴉揉碎夕陽天。

又《李氏小園》　兄起掃黃葉，弟起烹秋茶。明星猶在樹，爛爛天東霞。杯用宣德瓷，壺用宜興砂。器物非金玉，品潔自生華。蟲游滿院涼，露濃敗蒂瓜。秋花發冷豔，點綴枯籬笆。閉户成羲皇，古意何其賒！

又《招隱寺訪舊五首其三**》**　禪房精筆硯，窗又碧紗糊。吮墨情溫細，吟詩味澹腴。茶槍新摘蕊，蓮露旋收珠。小盞烹涓滴，青光淺淺浮。

又《家兖州太守贈茶》　頭綱八餅建溪茶，萬里山東道路賒。此是蔡丁天上貢，何期分賜野人家！

又《對聯》揚州青蓮齋　從來名士能評水，自古高僧愛鬥茶。

又焦山海若庵　楚尾吳頭，一片青山入座；淮南江北，半潭秋水烹茶。

又題于焦山自然庵　汲來江水烹新茗，買盡青山當畫屏。

清　杭世駿《道古堂詩集》卷五《福州竹枝詞》　青崖二月雨濛濛，只採仙芽不解烘。搜徧御茶園裏種，嫩香分裹小筠籠。

清　曹廷棟《永宇溪莊識略》卷四《種茶子歌》　百凡卉木移根種，獨有種茶宜種子。茁芽安土不耐遷，天生膠固性如此。有僧浮海擷子來，量可斗計不數枚。大者如栗小如豆，渾圇清氣含微荄。為我指畫種茶法，更與凡植殊滋培。初冬恰值風日暖，溪莊周覽商新栽。槐根斸泥淺作坎，下子繼以大麥糝。糠秕雜土層覆之，要令生意交相感。交相感，麥先敷。穿土力弱茶性紆，曲折籍麥為前驅。待得茶生便刈麥，功成者退復誰惜。粉槍雀舌發先春，期以三年供采摘。色香幽自海山分，應勝沙溪并鄭宅。會須掃雪活水烹，好嚼梅花和靈液。

清　齊召南《寶綸堂詩鈔》卷五《茗壺歌》　余甲辰年貢入成均，舟過陽羨，買一茗壺，歷今二十五年矣。丙寅歲服闋，仍挈入都，雖提柄稍缺，竹以續之，鐵以絡之。客來輒置席上，石帆學士一見，歎為古物，摩挲不忍釋手，因作長歌，余亦次韻。物雖陋，得詩可以不朽矣。　斯壺石大沙復粗，製作更與銀槎殊。不知何時始折角，補缺翻藉長鬚奴。竹筒鐵線緊束縛，便如良冶摻錘爐。用以煮茶煨活火，朋儕見者多胡盧，我憐其質頗古樸，偏為寶貴同商瑚。發身農畝登仕籍，喬野原異膏粱腴。尚無餘資置硯具，豈有茶具靡飛蚨。不能免俗好七碗，羞澀聊用飾五銖。夜窗渴讀書千卷，晨飯時下粟一盂。古人滿腹佐藜藿，居然畜髮居雲廚。吁嗟斯壺樂隨我，瓶笙往往和歌呼。物理貴賤固奚定，黃金作紙尊疊糊。篆文款識售贋鼎，形模碩大矜康瓠。紅甆青玉特瑣瑣，好事傳玩瓊瑤如。近來作者矜巧薄，無過姿色妍斯須。吁嗟斯壺劇厚重，縱有小補何傷乎。況直佳客俱不速，環顧所用多非需。若將士缶較杯盞，已似支港方具區。貪官慣以茶當酒，歡然四座紛騰觚。松風鼓濤遞挹注，豈異授尊臨中衢。周公筆力追韓蘇，頓令聲價並魯壺。齊子仰天但大笑，他時誰續宣和圖。

清　愛新覺羅・弘曆《御製詩初集》卷九《雨中烹茶泛卧游書室有作》　溪峒山雨相空濛，生衣獨坐楊柳風。竹鑪茗椀泛清瀨，米家書畫將無同。松風瀉處生魚眼，中泠三峽何須辯。清香仙露沁詩脾，座間不覺芳隄轉。

又卷一〇《晚籬茶話》　西舍復東鄰，村翁迭主賓。科頭行藥圃，策杖過松津。景逐尋山屐，春生漉酒巾。希夷相對處，仿佛葛天民。

又卷一一《烹雪疊舊作韻》　通紅獸炭室釀春，積素龍墀雲遺屑。石鐺聊復煮蒙山，清興未與當年別。圓甕貯滿鏡光明，玉壺一片冰心裂。須臾魚眼沸宜磁宜興磁壺，煮雪水茶尤妙，生花犀液繁於纈。軟飽何妨濫越甌，大烹詎稱公鴛列。挑燈即景試吟評，擔間冰柱撚階坼。我亦因之悟色空，趙州公案猶饒舌。忽憶江南災饉餘，撫字心勞荒政拙。九重豈宜耽晏安，大君原為斯民設。安能比户免饑寒，三代高風真邈絕。

又 卷一七《夜雪烹茶偶作》 千峰密雨寒凝雪，豐隆化柄滕六竊。和仲清光作趙衰，愛而不見歸西碣。油雲入暮暗嶺樹，離離落落霏瓊屑。多人差不困泥塗，一鑪適可玩清切。方珪圓璧藉白茅，掬之豈慮羊脂裂。品泉詎必珍六一，天然天露殊甘潔。行鐺猶比商鼎勝，魚眼火侯分明閱。武夷汲黯本愛戇，水濱陸羽應慚拙。催詩何用速置郵，清風使者能饒舌。仿佛丁年書室中，漉雪浮香吟几列。

又 卷三一《火前茶》 槍旗初吐含輕烟，雨前不已稱火前。吳中自來俗如此，競巧爭新實可憐。學林昔日傳新話，即今例事無須怪，清和宿雨潤簾櫳。越甌小試瓶笙籟。詩腸既沃興懷賖，古道邈矣寧惟茶。

又 卷三六《三清茶》 以雪水沃海花、松實、佛手啜之，名曰『三清』。 梅花君不見三十而婚四十仕，今人安能遲待此。色不妖，佛手香且潔。松實味芳腴，三品殊清絕。烹以折腳鐺，沃之承筐雪。火候辨魚蟹，鼎煙迭生滅。越甌潑仙乳，氈廬適禪悅。五蘊淨大半，可悟不可說。馥馥兜羅遞，活活雲漿澈。偓佺遺可餐，林逋賞時別。懶舉趙州案，頗笑玉川譎。寒宵聽行漏，古月看懸玦。軟飽趁幾餘，敲吟興無竭。

清 愛新覺羅・弘曆《御製詩二集》卷一四《趙丹林陸羽烹茶圖》 古弁先生茅屋間，課僮煮茗霅雲閒。前溪不教浮烟艇，衡泌棲遲絕往還。

又 卷二三《雪水茶》 山中雪水煮三清，大邑瓷甌入手輕。水以最輕者為佳，此處水較京都玉泉為重，惟雪水比玉泉猶輕云。 屏去薑鹽嫌雜和，招來風月試閒評。適添今夕燈前趣，宛憶當年霽後程。丙寅秋巡五臺時，回程至定興遇雪，曾於氈帳中有烹三清茶之作。 只有一端差覺遜，三希即景對時晴。

又 卷二三《平山堂雜咏其四》 齊諧以蜀傳，茗葉未抽全。且就攜來種，試烹第五泉。

又 卷二四《汲惠泉烹竹壚歌》 惠山氿泉天下聞，陸羽品後伯仲分。中泠江眼固應讓，其餘有洌誰能羣。高僧竹鑪增韻事，隱使裴公慚後塵。莊嚴金碧禮月相，三間茗室清而文。梅花天竺間紅白，濛濛沐雨含奇芬。平方木几一無有，恰見竹鑪妥帖陳。蔑編密緻擬周篚，體製古朴規虞敦。玉乳寒渫早汲綆，明松乾烈旋傳薪。武火已過文火繼，蟹眼初泛魚眼紛。盧仝七椀漫習習，趙州三甌休云云。政和入貢勞致遠。衛公置遞嫌逞權。巡蹕偶然作清供，聽松庵圖真蹟存。名流傳詠四百載，墨華硃彩猶鮮新。山僧藏弆奉世寶，視比衣鉢猶堪珍。視比衣鉢猶堪珍，後進君子先野人。

又 卷二四《惠山聽松庵用竹爐煎茶因和明人題者韻即書王紱畫卷中》 緱酌中泠第一泉，惠山聊復事烹煎。品題頓置休慚昔，歌詠羶薌亦賴前。開士幽居如虎跑，舍人文筆擬龍眠。裴池更喜商邱犖，法寶僧庵慎弆全。

回回山下出名泉，火候筠鑪文武煎。成佛漫嗤靈運後，題詩多過玉川前。試攜學士來明汲，高謝山僧守晏眠。我願靈源常勿幕，飲教病渴盡安全。

又 卷二五《虎跑泉》 溯澗尋源忽得泉，淡如君子潔如仙。餘杭第一傳佳品，便拾松枝烹雨前。

象教開茲泉眼開，共傳跑得藉牛哀。感通亦自尋常耳，記得前身曾伏來。

又《觀采茶作歌》 火前嫩，火後老，惟有騎火品最好。西湖龍井舊擅名，適來試一觀其道。村男接踵下層椒，傾筐雀舌還鷹爪。地鑪文火續續添，乾釜柔風旋旋炒。慢炒細焙有次第，辛苦工夫殊不少。王肅酪奴惜不知，陸羽《茶經》太精討。我雖貢茗未求佳，防微猶恐開奇巧。防微猶恕開奇巧，採茶揭覽民艱曉。

又《咏惠泉》 石甃淙雲乳，何從問來脉。摩挲幾千載，滌蕩含光澤。澄澈不受塵，豈雜溪毛碧。鴻漸真識味，高風緬疇昔。

又《仿惠山聽松庵製竹壚成詩以咏之》 竹鑪匪夏鼎，良工率能造。胡獨稱惠山，詩禪遺古調。騰聲四百載，摩挲果精妙。陶土編細筠，規製偶仿效。水火坎離齊，方圓乾坤肖。詎慕齊其名，聊亦從吾好。松風水月下，擬一安茶銚。獨苦無多閒，隱被山僧笑。

又 卷三四《碧雲寺》 乳竇淙淙清且渫，竹鑪適可試茶槽。品泉公論應心折，此讓江南第二高。去歲作《玉泉天下第一泉記》，曾以輕重定泉之高下，惠山為第二，此泉蓋讓惠泉云。

又卷四一《竹爐山房歌疊惠泉烹竹壚韻》 山下出泉易所聞，八功德品梵帙分。同歸殊途何思慮，辭多應始躁者羣。知然乃復辨甲乙，笑予未足稱絕塵。前年攬景法雲寺，無暇翻彼貝葉文。右廊展轉入茶室，古梅對我吹幽芬。竹鼎小試烹玉乳，騰聲四百年以陳。畫圖詩詠萃四卷，前呼後唱情彌敦。仿製筠罏忽已得，底須較量傳火薪。靈泉第一況在邇，無勞水遞馳紛紛。山房兩間取素樸，土階茅茨匪所云。彌月望雨未遊歷，雨足散悶一覽權。綆汲聊爾事煮瀹，惠山清供宛意存。品題昔已略於近，點綴今乃增其新。增兮略兮胥遠道，促旋清蹕延席珍。促旋清蹕延席珍，我豈高閒啜茗人。

又卷四四《汲伊遜水烹茶》 所遇名泉必試品，揚子第一故藉甚。廬山瀑簾雖未悉，以此知彼豈虛審。玉泉伊遜真巨擘，難為伯仲均天稟。標名趵突澤皇都，潤瀍利永阜豐廩。塞蒐此地每經過，可無表德垂終稔。是時秋煙正霽川，駕鵝翔集魚鮪淰。氈廬綆汲煮行鐺，清賞作歌乃自朕。蟹魚懶舉火候常，肘腋慢道風生凜。八功德水宛在盂，浮玉湧金盡斂衽。詎惟擒藻供澆書，一時萬幕資烹飪。

又《汲伊遜水烹茶》 伊遜之水第一品，其質則輕味甘甚。萬古靈脈秘龍沙，造物有待斯言審。大禹惡旨戒在酒，好茗何妨從性稟。罷圍武帳值幾閒，聊事松雲烹石廩。汲來清冽洵無雙，候中文武須歷稔。從獸猶然不廢吟，觀魚何用無忘淰。消渴兼因消芥蔕，泯象乃至泯兆朕。舉杯千嶂正臨窗，紫翠絢采秋光凜。颯景恍可豁迎眸，涼風底慮輕拂衽。自怡悅亦何足云，大亨還屢木火飪。

又卷四六《題唐寅品茶圖》 非關陸羽癖分茶，偶試原欣沃道芽。瓷椀筠罏值茲暇，田盤春色正和嘉。

又卷四九《荷露烹茶》 平湖幾里風香荷，荷花葉上露珠多。翻罍收取供煮茗，山莊韻事真無過。惠山竹罏仿易得，山僧但識寒泉脉。泉生於地露生天，霄壤寧堪較功德。冬有雪水夏露珠，取之不盡仙漿腴。越甌吳荚聊澆書，匪慕煉玉燒丹罏，金莖漢武何為乎？

又卷五五《題唐寅品茶圖》 壁張墨戲寫烹茶，汲雪因教試荈芽。正是盤中春好處，撫松坐石意為嘉。

又《再題千尺雪》 洒然茶舍俯流泉，茗椀筠罏映碧鮮。陸羽陶成聊韻事，箇人合是箇中仙。

又卷五九《竹爐精舍》 蟹眼魚眼聲潺潺，荈芽小試蕭晨間。笠蹄已忘悟秋水，伯仲之間見惠山。氣霽波披古銅鏡，雲開峰矗青玉鬟。忽憶明春聽松處，惠山有聽松庵，明春南巡將至彼，故云。遐心早至梁溪灣。

又卷六七《過泗水》 輿梁飲練流清泗，知是靈源負尾來。阿那松陰石上好，旋當文火試茶杯。

又卷六八《題惠泉山房》 昔來遊惠泉，聽松試竹罏。八角石欄干，明汲轉轆轤。茶香滌塵慮，泉脉即此夫。重臨探靈源，乃知別一區。石梯拾級登，高下置精廬。瀟灑綠琅玕，峭蒨青芙蕖。山茶及水仙，放香妍且都。西北有空洞，洞前方塘虛。淙淙出甘源，苓芬石髓腴。對之坐逾時，笑我前遭徒。境亦不可窮，奇亦難悉臚。名泉自千古，豈藉擅鄰吾。

又《聽松庵竹壚煎茶疊舊作韻》 布惠行時擬漏泉，未蘇元氣我心煎。老扶幼挈雖如昔，室飽家溫究遜前。長吏勖哉其善體，山僧饒爾鎮高眠。閒庵小試筠罏火，消渴安能澤被全。

第一吾曾品玉泉，篋編鼎每就泉煎。到斯那得忘數典，於此何妨偶討前。從諗茶存誰解喫，宗蒼圖補竟長眠。了知一切有為法，泡影空花若久全。

又卷七〇《觀采茶作歌》 前日採茶我不喜，率緣供覽官經理。今日採茶我愛觀，吳民生計勤自然。雲棲取近跋山路，都非吏備清蹕處。無事回避出採茶，相將男婦實勞劬。嫩荚新芽細撥挑，趁忙穀雨臨明朝。雨前價貴雨後賤，民艱觸目陳鳴鑣。由來貴誠不貴偽，嗟哉老幼赴時意。弊衣糲食曾不敷，龍團鳳餅真無味。

又《戲題虎跑泉》 跑出清泉虎避居是泉雖名虎跑，而山中本無虎也，祇園想像得名初。宗風信有能降者，苛政將毋更猛於。一帶崖懸鍾乳滴，千年藤綴石華疏。色聲香味觸都靜，便試茶甌亦緒餘。

又卷七一《陸羽泉》 鱗皴石壁貯渟流，綆汲罍瓶百尺脩。笑彼吳中泉品徧，姓名翻落第三籌。

又卷七六《焙茶塢》 石上泉依松下風，竹罏製與惠山同。蔡襄不止工其法，因事還思善納忠。

又卷七八《咏玉茶碗》 于闐何必購奩環，通貢薄來每厚還。保定不期致遠域，琢磨亦復藉他山。示禎碧落星辰表，延喜明廷樽俎間。漉雪浮香真恰當，思推解渴福區寰。

又卷八二《題唐寅品茶圖》 可笑琅琊不識茶，酪奴將謂勝龍芽。六如解事留真蹟，一再拈吟興致嘉。

又卷八八《荷露烹茶》 秋荷葉上露珠流，柄柄傾來盎盎收。白帝精靈青女氣，惠山竹鼎越窑甌。學仙笑彼金盤妄，宜詠欣茲玉乳浮。李相若曾經識此，底須置驛遠馳求。

又卷九〇《試泉悦性山房》 泉雖輸第一，碧雲雖西山名泉，然較玉泉為不及。房自納三千。清暇值偶爾，烹雲便試旃。竹鑪文武火，芸壁短長篇。境詣於焉驗，心希四十賢。

又《雪水烹茶》 越甌真漉雪，惠鼎勝烹泉。華液三焦潤，芳腴五藴湔。何殊煉水碧，坐可證金仙。陶穀獨余笑，事同人未然。

清 愛新覺羅·弘曆《御製詩三集》卷一《金廷標鬻茶圖》 繡壁琳溪綠陰瀲，擇勝建城權歇擔。龍腦不入恐奪真，鳳髓小異何妨淡。滌煩喜就碧梧風，供役且殊陽武僮。然疑突間祀陸羽，依稀椀際過盧仝。周昉寓意古無比，小幅傳神頗清美。已飢已溺禹稷懷，渴亦人情吾厪此。

又卷二《竹爐山房烹茶作》 第一泉邊汲乳玉，兩間房下煮鑪筠。偶然消得片時暇，那是春風啜茗人。

又卷三《千尺雪四首》選二 竹鑪茶銚供清陪，便啜春風茗一杯。笑指碧溪流水道，源頭何較我先來。

又卷一〇《竹爐山房品茶》 春泉近汲山房，小試鑪妥甌香。火候猶須文武，邦權寧外弛張。

又卷一二《春風啜茗臺》 山巔屋亦可稱臺，小坐偷閒試茗杯。拂面春風和且暢，言思管仲濟時材。

又卷一三《竹爐精舍烹茶戲作》 竹鑪為愛僧房製，精舍尋常率置旃。欲擬遊山消半渴，早看調水走中涓。武文火候容誰待，冷熱茶湯劑已便。陸羽盧仝卻失笑，茗家清供豈其然。

又卷一七《焙茶塢》 矮屋疏櫺祇兩楹，竹鑪茗椀洒然清。今朝第一泉無藉，恰好收來雪水烹。

又卷二〇《試中泠泉》 一江之水泠分三，古來志乘為斯談。伯芻中泠稱第一，又新第一又屬南。水與人乃漠然者，猶各阿好甘其甘。究之平流詎有異，南北中豈殊同潭。頭陀近試偶因便，德裕遠取還嫌貪。松枝煮茗月初上，翻聽謖籟鳴方酣。

又《汲惠泉烹竹爐歌再疊舊作韻》 有耳誰能免厥聞，要當於聞清濁分。泉之響在聞清矣，惠泉之清更莫羣。縈河絡石所弗免，色塵雖泯餘空塵。古德創為淘洗法，土鑪護竹堅而文。松枝取攜那費力，燃火弗炊煙生芬。庵外老松莞爾笑，誰為新者誰為陳。如此好山不試茗，更當何處佳期敦。名流詩畫卷在案，山僧寶弆擬傳薪。圓池溶溶用不竭，瓶罄罍恥徒議紛。火候既臻衆響奏，聽泉有耳休更云。聞中入流忘所寐，大士方便信巧權。綠杯小啜便當去，壁間舊作居然存。長歌險韻一再疊，春花春鳥從頭新。觀民課吏吾正務，禪房靜賞寧宜珍。禪房靜賞寧宜珍，溪邊待久迎鑾人。

又《聽松庵竹爐煎茶再疊舊韻》 三試惠山陸子泉，吾知味以未曾煎。不妨煮鼎欣因暇，那便吟詩罷和前。麗日和風方蕩漾，輕荑嫩草已芊眠，吳中春色真佳矣，可得吳民溫飽全。依然冰洞下流泉，誰解三篇如法煎。鏞篆裊飛祇樹杪，缾笙響答磬房前。范陽見說風生腋，彭澤那關醉欲眠。我自心殷飢溺者，讓他清福享教全。

又卷二一《三塔寺賜名茶禪寺因題句》 積土築招提，三塔寺基，舊為潭，不利往來舟楫。唐僧行雲積土起塔，吳越名保安院，宋改景德禪寺，又名三塔寺，蘇軾三過煮茶。千秋鎮秀溪。予思仍舊貫，僧籲賜新題。偈憶趙州舉，《茶經》王局攜。登舟語首座，付爾好幽棲。

又卷二二《坐龍井上烹茶偶成》 龍井新茶龍井泉，一家風味稱烹煎。寸芽生自爛石上，見陸羽《茶經》。時節焙成穀雨前。何必鳳團誇御茗，聊因雀舌潤心蓮。呼之欲出辨才在，笑我依然文字禪。

又卷二三《試中泠泉》 大江西來源接天，流長入海於此成奔川。盈精育秀乃少蓄，結為波心突兀之金山。五行相生本毋義，詎因頭陀裴氏方名傳。互為其根仍妙合，山腰湧出乳竇中泠泉。古稱第一今試品，松枝拾取文火燃。玉乳印心淡無滓，雲漿入口飄乎仙，飄乎仙。風吹袂起左

招浮邱右赤松子，平山第五拜下風。浮玉中心洵無比，而我巡方喜遇此。更慚惟辟作福惟辟玉食箕疇言，不必高談到斯祇惟飲其水。

又 卷二四《竹爐山房試茶二絶句》 臨水山房松竹娟，竹鑪茗椀護清便。偷閒來試新龍井，就近偏欣第一泉。

品遍江南幾品泉，祇堪繼武鮮齊肩。愁霖廿日剛逢霽，藉此無悰一與湔。

又 卷二五《戲題春風啜茗臺》 徒傳啜茗對春風，偶到新秋悦霽空。小座未曾安席上，高擎早見滿甌中。武文火候夫誰待，窺伺神情若輩工。雅趣高人非我事，當年何杜笑難同。

又 卷二六《竹爐精舍烹茶作》 到處竹鑪倣惠山，武文火候酌斟間。九龍驀遇應予笑，不是閒人強學閒。

又 卷二八《竹爐山房》 山房臨水山為屏，水光瀲灩翻簷楹。松風泠泠恰入聽，引我惠麓之遙情。竹鑪茶銚案頭在，烹茶早就伺無怠。獻勤亦莫怪區區，文武火候誠難待。

又 卷二九《題唐寅品茶圖》 底須調水始烹茶，就近鉼罍煮貢芽。恰似去年惠泉上，聽松得句也清嘉。

又《千尺雪作》 回跋遊山騎，進停臨水居。有聲皆入寂，無色不涵虛。陸羽《茶經》在，唐寅畫幀舒。兩人似相謂，小別兩年餘。

又 卷三〇《竹爐山房烹茶作》 山房臨水滋，曲盡山水情。黛色落波瀾，練紋翻簷楹。茗椀與竹鑪，妥貼陳縱横。調泉謝符檄，就近貯鉼罍。用汲雖等閒，惕然思王明。

又 卷三一《千尺雪二首其二》 到處方園有竹鑪，品泉聊與試清娱。匡床甫坐茶擎至，陸羽多應未肯吾。

又 卷三二《荷露烹茶》 塞中地氣厚，蒸為零露重。陰沉晴則浮，橐籥含静動。物皆承沆瀣，於荷受獨湧。盆盎收有餘，鉼罍罄無恐。輕勝第一泉，水以輕為貴，嘗製銀斗較之，玉泉水斗重一兩，惟塞上伊遜水尚可相埒。濟南珍珠、揚子中泠皆較重一二釐，惠山虎跑、平山則更重。輕於玉泉者，惟雪水及荷露云。宜用沃心孔。欲淡不欲濃，天漿流活汞。三霄與為遊，五蘊與為洞。卻笑李家符，何異求登壟。

又 卷三九《喬仲常煮茶圖》 儒服黄冠緇者流，蕉陰石側共清遊。何須蹊徑分同異，濾滌惟消茗一甌。

又 卷四〇《荷露烹茶》 荷葉擎將沆瀣稠，天然清韻稱茶甌。勝泉且免持符調，似雪無勞擁帚收。氣辨浮沈原有自，火詳文武恰相投。竈邊若供陸鴻漸，欲問曾經一品不。

又 卷四一《荷露烹茶》 花草皆浥露，不如擎以荷。荷露是處美，美莫山莊過。塞天蒸沆瀣，顆顆珠光摩。取之既不盡，用之不竭多。與茶投氣味，煮鼎雲成窠。清華沁心神，安藉金盤他。

又《味甘書屋》 書屋臨清泉，可以安茶銚。取用乃不竭，奚慮鉼罍誚。泉甘茶自甘，那繫龍團貌。展書待爾澆，頗復從吾好。是中亦有甘，誰能味其調。

又 卷四二《題唐寅品茶圖》 伯虎品茶掛壁間，飄蕭鬚鬢道人顏。汲泉煮茗忽失笑，笑我安能似爾閒。

又 卷四六《聽松庵竹爐烹茶戲成》 初來猶憶翰臣偕，辛未南巡，初至聽松庵訪竹鑪舊蹟，曾命汪由敦扈遊。火候曾傳文武皆。習熟中涓經手慣，可憐竹鼎也聽差。

又《聽松庵竹爐煎茶三疊舊韻》 若為石洞若為泉，早已知津豈待煎。静對山川原自古，何披圖畫乃稱前。無逾一晌煙雲過，那得恒斯風月眠。禪德忽然來踞訊，是云提半抑提全。

謖謖松濤活活泉，笑予多事篾鑪煎。半升鐺内都包盡，四箇匣中莫並前。茶把僧參還當偈，煙憐鶴避不成眠。可教緩棹言歸矣，今度賡吟興又全。

又 卷四八《再游龍井作》 清蹕重聽龍井泉，明將歸轡啟華旃。問山得路宜晴後，汲水烹茶正雨前。入目景光真迅爾，向人花木似依然。斯誠佳矣予無夢，天姥那希李謫仙。

又 卷四九《聽松庵竹爐烹茶作》 香臺右轉僻蹊循，知有茶庵幽絶塵。松籟已欣清滿耳，竹鑪何礙潤霑唇。四巡來往皆曾到，幾卷圖書各有神。祇恐諸人或致誚，吾原不是箇中人。

又 卷五〇《竹爐山房烹茶戲題》 中泠第一無竹鑪，惠山有鑪泉

第二。玉泉天下第一泉，山房喜有竹鑪置。瓶罍汲取更近便，茗椀清風可弗試。四壁圖書閱古人，大都規寫烹茶事。忽然失笑境地殊，我於其間豈容廁。

又卷五一《味甘書屋》 書屋秋風滿意涼，筠鑪瓷椀趣偏長。於茶斯可於言否，善辟猶然憶趙良。

又卷五二《試泉悅性山房》 就泉那可不烹茶，調水饒他去路賒。簷外適翻濤謖謖，一家風味本無差。

又卷五四《竹爐山房試茶作》 近泉不用水符提，篋鼎燃松火候稽。兩架閒齋如十笏，十笏齋為惠山佳處，仇英曾有圖。一泓碧沼即梁溪。

春泉噴綠鴨頭新，缾汲壺烹忙侍臣。竈側依然供陸羽，笑應不是品茶人。

又《焙茶塢》 茶塢居然可試茶，篋鑪瓷銚伴清嘉。竹窗入籟吹梅朵，仿佛龍山引興賒。

又卷五六《雨前茶》 新芽麥顆吐柔枝，水驛無勞貢騎馳。記得湖西龍井谷，筠筐老幼採忙時。

第一泉花活火烹，越甌湘鼎伴高清。聶夷中句驀然憶，新穀新絲合共情。

又《詠龍泉窑碗》 越冶無夏雪，龍泉存曉星。中規體月魄，尚質色天青。珎自等瑤璧，德猶宗土硎。澆書取適可，蘇東坡以晨飲酒為澆書，予謂酒非解渴物，正宜用之茶耳。詎必鬬茶經。

又卷五八《戲題春風啜茗臺》 四顧芳荷面面開，平陵山頂起樓臺。分明啜茗春風趣，笑我春徂伏始來。

又卷五九《味甘書屋》 寺後有書屋，偶然題味甘。山泉堪煮茗，犀液正含嵐。不擬喫茶偈，原非計椀貪。小停旋命駕，西峪待幽探。

又卷六〇《題唐寅品茶圖》 泉上山房有竹鑪，品茶恰對品茶圖。誰知三百年前筆，卻與今朝景不殊。

又卷六一《焙茶塢》 偶因綴景竹鑪設，到便中人烹茗前。卻喜蜃窗對筠埭，迎眸每與意悠然。

又《題和闐玉觀泉煮名圖》 如玉其人北谷仙，屧倚杖獨觀泉。蓬頭童子聞烹茗，馴鶴翻飛為避煙。

又《茶花》 槍旗春月已舒葉，冰雪秋時乃吐花。羞煞東風莫相問，人間只解品芽茶。

又卷六二《焙茶塢》 雪華收瀹雨前芽，按例勤擎候不差。郊外行來廿餘里，越甌消渴正資茶。

又《烹茗》 筠鑪江南來，恰合設白屋。烹煎松風鳴，活潑雪色漉。奇吟輸唐盧，佚樂學復陸。擎杯方無言，魄月蔌綠竹。

又卷六三《竹爐精舍》 綴景偶教筠鼎施，趁閒聊亦小棲遲。擎來茗椀定遵例，何必如斯著相為。

茶舍窗中景致殊，西山積雪有碑模。西山積雪為『燕臺八景』之一，向立碑於精舍對嶂，窗中即見。前句忽憶御園望，一幀即斯展畫圖。

又卷六五《竹爐山房》 每到玉泉所必臨，為他山水萃清音。最佳處欲略延坐，火候茶香細酌斟。

又卷六六《荷露烹茶》 荷葉紛承寶露滾，收來烹瀹試清嘗。了當仙掌嫌銅臭，便是玉泉遜芰香。沉布底須辨文武，精神全是釀陰陽。擎杯摛詠滌諸慮，不學盧仝句太狂。

又卷七〇《重華宮集廷臣及內廷翰林等三清茶聯句復得詩二首》 外藩華譙紫光迴，堂陛重宣翰席開。詎是言歡太頻數，適因餘暇共追陪。略存禁體倡生面，弗許雕文騁頌才。雪護麥田茶泛露，掞牋得句自蠲埃。

活水還勝活火烹，三清甌滿啜三清。向以三清名茶，因製瓷甌書詠其上。每於雪夜烹茶用之。爰聯翰苑賡新作，所喜朝廷多老成。時預會之大學士尹繼善、劉統勳、陳宏謀，尚書董邦達，左都御史張泰開，閩浙總督蘇昌，皆年逾七十而未預之，尚書陸宗楷、楊廷璋、託庸亦皆年逾七十或至八十。雪象欲融金弝澤，曦烏向暖玉樓晴。應怡情處偏縈念，渴望滇南報捷旌。

又《三清茶聯句》有序 將豐熙春之帖，情知藻繢非工；即傳獻歲之牋，義取雕幾弗尚。蓋聯詠宜徵夫新語，而命題適愜乎古歡。爾乃靈辰撰七人八穀之前，時逢其初吉；仙液斟六瓣五葩之後，味得於回甘。無煩譜訂蔡襄，鳳餅促馳貢驛；卻愛鑪編性海，龍山閒仿歸艎。中泠虛號無雙，分泉既流卑陸品；南嶺信推第一，得氣先專采唐花。億千手競散濃芬，傍鄉林而擷秀；十八公紛貽精粒，緣徠谷以搜珍。於焉補茶董為三清，合擅甌香標格；捐食經

之五鮓，寧誇禁臠膏腴。實惟席佈外藩，讌紫光而甫畢；嘉此名臚内直，趨重華以同來。聽餘法曲含和，還資澡雪；擣出巨芝瀉滑，更湊單微。憶昨歲辛祭方回，綵筆曾吟蘇帖；忻乙夜捷書迭奏，冰瓷旋進歐窑。沐蒼昊之垂鼇，咨堂廉之賡載。韻葉由庚八部，篇符璿曜七巡。遑云我澤如春，與灌頂醍醐比渥；共曰臣心似水，和沁脾詩句同真。藉以連情，無取頌揚溢美；略存禁體，轉因艱澀得奇云爾。

製。三百年前積瑞霙，大收瓴缶小瓶罌。潤融沆瀣渾元氣，令協照蘇蘊穀精。盈尺兆穰經臘足，依旬布澤共春生。氛消南徼欣頻勝，臣傅恒。凍解東風利早耕。璐彩階前滋半濕，銀光殿角晃初晴。貯筐晶晶虛還滿，臣尹繼善。人銚飀飀嘿乍鳴。烟裊疏篁知鶴避，風翻靜籟訝濤傾。汁猜滴乳漩鎔酪，臣劉統勳。泡類浮圓轉沸鐺。筋佐齊頭燃榾柮，筩添果腹脹彭亨。泉經鴻漸言猶漏，臣陳宏謀。御製。茶錄君謨譜最明。湯辨蟹魚眼巨細，火調文武候均平。盧仝句戒太狂逸，溫嶠條聞各較評。擷向雨前纖蕊嫩，貢來日下小團輕。臣阿里衮。頭綱鄭重開黄帕，新焙芬芳襲翠籯。薰染怕教龍腦雜，護藏憶付豹囊絣。鷓斑隱約凝金縷，臣劉綸。雀舌玲瓏簇玉瑩。珍味雲漿宣賜啜，秘瓷峰色拜恩擎。嘗希凡骨丹同換，臣于敏中。沁許詩脾俗不攖。昨以得辛叨接席，茲還抽乙忝分棚。歲華宴每重華錫，臣董邦達。御製。文翰班仍内翰并。略仿陳家成禁體，惟欽虞陛得聯情。何須險韻拈尖字，好借甘膏矢正聲。湛湛湑寧誇洽體，愔愔奏自葉吹笙。喜因永晝承三接，臣舒赫德。慶浹同堂勉再賡。格創長言增石鼎，源探層漢勝金莖。赤文稠疊苞符啟，臣裘日修。碧椀團圞挹注盈。選色揀香微點綴，配青儷白互交縈。氤氳百和差堪擬，臣蘇昌。調劑羣芳莫與京。不著薑鹽區臭味，兼收華實見權衡。素襟相友功資益，臣王際華。御製。高節為鄰德表貞。喉齒香生嚼松實，心神春滿泛梅英。拈花總在兜羅手，以松實、梅英、佛手三種烹茶，故謂之三清。摘葉曾窺舍利睛。兩腋風過疑子落，一甌水淺想枝橫。掌中薌鬱檀參觀，臣彭啟豐。舌本甘回欖解酲。姑射澹邀春曉隊，武夷耐結歲寒盟。日暄東嶺芽抽隝，臣錢維城。霧幕陽坡果墜坪。一口吸時伸指證，隻拳分處放毫晶。仙姿禪悅同龕悟，臣觀保。珠魄琳腴並器盛。堪笑羊羔徒騁侈，便矜鳳髓未辭傖。潔蠲自爾安虛室，臣張泰開。御製。淡泊由來等大羹。鬭品寧當誇顧渚，識真誰復別曾坑。惠山鑪昔傳鼻祖，玉井露今擬屬兄。上每於荷花開時，取葉上露烹茶，有御製詩紀其事。古洗漉塵斟活活，溫壺濾滓遞丁丁。水曹秘閣紛稱謂，臣倪承寬。待制鴻臚足使令。碾末屑宜篩瑣碎，擣膏餅忌杵鏦錚。煮需商象銅生暈，臣奉寬。炙用湘筠錦脫繃。脆篛包緘鮮甫纈，蒨綾縫裹秀遙呈。任教制度諸家巧，臣周煌。何似調和至味成。製出官窑陶琬琰，范來仙藻繪韶韺。捧持貴甚鸕鷀杓，臣蔡新。御製。含咀佳於琥珀餳。漫舉都俞及豐豫，非關雪月與冰瓊。陳傳良詩：『我嘗欲擬禁字體，不道雪月冰瓊瑰。』圖書東壁循常例，倡和南薰訂雅名。別采寒芳餐訝菊，小添翠粒剖嗤橙。酴醾醲盎甜欺蜜，臣劉星煒。餖飣堆盤旨陋鯖。濃匪瀹蔬春芋紫，薄逾泛粥爨桃頳。水符詎遣僧司契，臣汪廷璵。茗戰無須酒作兵。先坼也應隨霰集，徐烘原未過雷驚。暫調雜粉師倪瓚，臣陳兆崙。妄殿諸泉斥季卿。素瓣朱欒邀伴侶，銀槍黛蓋解將迎。質全山澤誰云瘦，臣邊繼祖。御製。性合中和了不爭。已喜大田麥根護，得教餘澤荈芽烹。侑仍寶笈頒佳蹟，每歲預宴諸臣，例頒恩賞，並以石渠寶笈所藏舊人名畫，曾經題詠者酌賜。授逮瑤箋荷寵榮。功德池邊長讚佛，承明庭下幸登瀛。擕將天上分甘及，臣曹文埴。詠到山中小草萌。法喻散花虔頂禮，響催擊鉢劇經營。吉徵紀數連番捷，臣彭元瑞。輪按排籤幾疊更。字補六經垂典則，詩賅四始冠元正。文筵趨步慚雕鶚，臣沈初。學海沿洄羨掣鯨。世沐恩波依鳳沼，時逢鄉味試龍泓。還淳即此覘風氣，臣董誥。御製。惡旨因之示法程。偶爾七言託沖澹，亦非一意尚高清。治安均我君臣責，勤政乘時共勖誠。

又卷七一《焙茶塢戲題》 行來小坐正須茶，竹鼎瓷甌本一家。烹瀹不煩早擎到，嫌他伺候略無差。

又卷七二《竹爐山房作》 水裔山房特近泉，竹鑪妥貼汲烹便。玉川七椀太狂逸，小試一甌已洒然。夏冬湯水總需斯，大官日用飲膳，例汲此泉。就近瀹煎特覺宜。小坐諸人亦云憩，得教步輦向前移。

又卷七三《試泉悅性山房》 擕得新芽此試泉，清供真與性相便。竈邊亦坐陸鴻漸，笑我今朝屬偶然。

又卷七五《味甘書屋》 寺後有隙地，可構房三間。竹鑪置其中，乃復學惠山。石泉甘且潔，就近聊烹煎。中人熟伺候，到即呈茶盤。我本無閒人，亦不容我閒。

又《春風啜茗臺口號》 今歲今朝始偶來，茶鑪綴景設山臺。春風過久秋風至，究亦何曾試茗回。

又卷七七《焙茶塢戲題》 例有竹鑪屋裏陳，奔忙中使捧擎頻。

應教笑煞陸鴻漸，似此安稱事茗人。

又《重華宮茶宴廷臣及内廷翰林等冰床聯句復成二什》 液池西岸閣筵開，横渡冰床紫禁回。便可命題集簪𥫩，寧須得句藉鏄疊。一茶兼寫心如水，三白同希雪壓梅。設擬説經能奪席，坐中誰是戴家才。

邇年聯句頗頻仍，要不忘規勖凜兢。黔赤可胥樂生計，雨暘艱是致休徵。無私虔奉期無斁，有翼常懷獲有憑。同此安民亮工責，思之庶績詎云凝。

又卷七九《竹爐山房》 每至山房必煮茶，筠鑪瓷椀稱清嘉。春雲偏湊濛濛潤，比似九龍定不差。

日日烹煎原玉泉，尚膳尚茶所需水，日取諸玉泉，内管領司其事。竹鑪就近特清鮮。聽松庵惠山茗室名。忽生遐憶，別我春風又五年。

又《項聖謨松陰焙茶圖即用其韻》 記得西湖靈隱寺，春山過雨烘晴煙。新芽細火剛焙好，便汲清泉竹鼎煎。

又卷八〇《題唐寅品茶圖》 草堂事茗是何人，瀟灑衣巾古淡神。祇有解元知此意，謂宜泉上結良賓。

又《東甘澗》 一嶺中分西與東，流泉瀉澗味甘同。吃茶雖不趙州學，樓上權披松下風。

又卷八一《戲題焙茶塢》 雖曰焙茶豈焙茶，凡摘荈芽，必培之而後成茶。此南方事，亦惟南人始能之。北方無茶樹，安得有焙茶事，無過取其名高耳。北方安得有新芽。浙中貢茗斯恒至，荷露烹成倍靜嘉。

又卷八三《題春風啜茗臺》 湖中之山上有臺，維舟屧步登崔嵬。水風既涼臺既敞，延爽望遠胸襟開。竹鑪妥貼宜烹茗，收來荷露清而冷。固非漢帝凝鑄盤，頗勝唐賢徒汲綆。綠甌閒啜成小坐，舊句新題自倡和。以曰循名斯未能，早是春風背人過。

又《昆明湖泛舟觀荷之作其四》 綠葉撐如油碧傘，紅葩擎似赤瓊杯。傾來沆瀣宜烹茗，攜上春風啜茗臺。

又卷八五《焙茶塢》 北地無茶豈藉焙，佳名偶取副清陪。亦看竹鼎烹顧渚，早是南方精製來。

又卷八八《題唐寅品茶圖》 就泉烹鼎試茶槽，户外松風響謖濤。默識田疇應首肯，不教吳郡獨稱高。

又卷九〇《味甘書屋》 精藍之後構書廬，啜茗泉甘得味餘。一晌南華悟口徹，緩烹細瀹兩成虛。

又卷九三《焙茶塢口號》 烹瀹中人忙不休，到來早漉雪香浮。擎杯笑固當如是，豈是盧仝陸羽流。

又卷九四《戲題焙茶塢》 焙茶豈烹茶，中涓題認誤。每來擎甌俟，依例慣循故。是以成厭觀，弗顧或竟去。今番實異常，水乃收積素。不可不一啜，沃心愜清悟。

又卷九九《焙茶塢》 多時貢至雨前芽，溪屋何須更焙茶。卻是中人循例事，烹成荷露倍清嘉。

清 愛新覺羅·弘曆《御製詩四集》卷一《題居節品茶圖用文徵明茶具十咏韻》

茶塢

雲歸天池峰，春暖虎邱塢。茶事盛東南，良時逮穀雨。林扉密疑關，巖徑細如縷。白花似薔薇，引人入幽迂。

茶人

雖云六經捨，卻見爾雅中。取棄固有時，造化寧無功。季疵開其端，三吳傳斯風。珍重圖裏人，盧陸可能同。

茶筍

崖洞非行鞭，簇簇抽蔎長。吐蕤玉為朵，佈氣蘭想香。憶在龍井上，親見傾筠筐。汲泉便煮之，底藉貢頭綱。

茶籯

巖阿矗蒼筤，裁作貯荈器。煙粒含宿潤，曉篛帶生翠。傾則未覺盈，攜之猶憐膩。高詠夷中詩，伊人豈無淚。

茶舍

覆屋幾株松，迎門數竿竹。試問是何境，九龍徑路熟。豫遊春朝憶，光陰流水逐。偶展居節畫，興飛惠山谷。

茶竈

置處傳無突，抱來喜有峰。傍根堆碎石，炊陘燃枯松。辛苦那覺疲，功夫不惜重。安得逢髻神，竈神也。美女妝豔濃。

茶焙

二尺鑿碧巖，一方編綠竹。漫煨瓊液乾，不凝靈髓馥。去濕弗欲燥，戒烈惟取燠。花脯與杉林，花脯、杉林，皆焙名。可試雲漿渥。

茶鼎

聽松庵名，在惠山。傳樸製，竹鼎坧灰白。肖之不一足。置傍幽齋壁。高僧緬逸韻，雅人試仙液。頗復有傖父，謂之遭水厄。

茶甌

色擬雲一片，形似月滿魄。問斯造者誰，越人與邢客。落底葉瓣綠，浮上花乳白。何用謝堰埞，直可罷履屐。

煮茶

皮陸首倡和，清詞寄真靜。文翁繼其韻，契神非認影。居節祇為圖，居節自識云，衡山命和韻，竊愧不文，臨摹一過，已不自量，又何敢為貂尾之續，然仍錄其原唱，興固不淺也。識高興亦永。拈毫賡十章，如置身其境。

又《焙茶塢戲題》　鴿炭鼎烹雪水，龍團椀瀹春芽。即景謂能供奉，焙茶豈是煎茶。

又卷三《坐千尺雪烹茶作》　千尺雪原擬議名，名實畢竟難相爭。譬如顛翁臨大令，真者在前終不成。昨於泉上已喜雪，今乃泉上更喜晴。汲泉便拾松枝煮，收雪亦就竹罏烹。泉水終弗如雪水，以來天上潔且輕。水以輕者為上，曾製銀斗量之。詳見《天下第一泉記》。高下品誠定乎此，惜未質之陸羽經。

又卷四《試泉悅性山房口號》　春泉瀌瀌漱雲涯，綆汲惟明定不差。便試越甌非別品，南方貢到雨前茶。

又《題董邦達山水冊・竹裏茶烟》　幾曲石泉上，萬個竹林中。拾葉然古鼎，烹茶命奚僮。鬢絲風輕拂，合是玉局翁。

又卷九《焙茶塢》　竹塢新春偶一來，乘閒便與試茶杯。最欣萬箇綠瓊處，根有深深白雪培。

又卷一四《試茗》　雲館邀閒客，雨前試茗芽。湘罏雪融乳，越椀月分華。雅是清供具，寧須奇品誇。雕幾貴寓意，淡泊以為嘉。

又卷一七《品泉》　甲乙惟憑輕重權，竈罏置側便烹煎。笑伊揚子稱第一，未識玉泉第一泉。昔陸羽品泉，以廬山谷簾為第一，惠山為第二。而劉伯芻則以楊子江水為第一。嘗製銀斗較之，京師玉泉斗重一兩，揚子金山泉較重三釐，惠山泉較重四釐，則谷簾亦大概可知。此蓋南人享帚之論，未嘗品及玉泉，因定玉泉為天下第一泉，詳見記中。

又《焙茶塢》　緣轉回廊取勢斜，兩間樸屋名焙茶。非其時亦擎茶椀，中人例事勤同遮。一盆古梅初放蕊，復有勝屏裝綵綺。或云假究不若真，笑指罏甌奚異此。

又卷一九《竹爐山房戲題二絶句》　捨舟碕岸步坳窊，兩駕山房清且嘉。早是中涓擎椀至，南方進到雨前茶。

莫笑殷勤差事熟，喫茶得句旋前行。設教火候待文武，亦誤遊山四刻程。

又卷二〇《題唐寅品茶圖》　越甌吳鼎淨無塵，煮茗觀圖樂趣真。不必無端相較量，較來少愧箇中人。

又卷二一《試泉悅性山房》　倚壁山房架幾楹，泉臨階下渫然清。玉泉第一雖當遜，碧雲寺水較玉泉山之第一泉，品固稍遜，然汲以烹茶，味極清冽，亦玉泉之次也。喜是汲來就近烹。

泉色泉聲兩靜凝，坐來如對玉壺冰。拈毫摘句渾艱得，都為忘言性與澄。

又《題董誥夏山十幀・湖船茗話》　閒浮蘭舫傍溪塘，樹下陰鋪風度涼。卻看船頭安茗銚，對談人必陸和張。

又卷二三《味甘書屋》　向汲山泉飲而甘，書屋味甘名以此。竹罏茗椀設妥貼，試而烹斯偶一耳。偶一之故室三間，露臺十家産愧矣。雖然乃更有進焉，味甘敢忘味苦彼。

又卷二六《春風啜茗臺二首》　屋弆竹罏肖惠山，春風啜茗趁斯閒。卻予心每閒不得，憶到九龍問俗閒。

鳳餅龍團底較工，擎杯別有會心中。春風正值登臺候，管仲老聃異代同。

又卷二七《竹爐山房》　近水山房號竹罏，每來試茗作清娛。取之無盡用不竭，第一泉為第一湖。

筠鼎瓷甌火候便，聽松何異事烹煎。惠山寺聽松庵為竹罏敷典處。江南民物安恬否，未免臨風一綣然。

又 卷二八《題唐寅品茶圖》 就泉煮茗一快事，此事誠宜寫作圖。欲問箇中唐伯虎，亦曾絕勝到斯乎。

又 卷三四《焙茶塢》 野塢臨溪竹逕斜，選名題額愛清嘉。中人茗椀勤供奉，卻是烹茶非焙茶。

又《竹爐山房》 混混靈泉春水生，山房坐俯有餘清。中人茗椀早擎候，那肯徐文火烹。

犀液越甌都灑然，寧惟陸羽始稱仙。濟南趵突將品水，巡幸山東，例汲濟南趵突泉水，運供茶膳之用。時因告成闕里，三月初即可至山東境。早覺輸茲第一泉。向以銀斗衡量泉品，趵突泉較玉泉每斗重二釐，詳見昔所製《玉泉山天下第一泉記》。

又 卷三六《啜雨前茶因作是什》 烹煎不過偶為之，遂有芽茶作貢馳。好尚於君可弗慎，聽觀惟衆那容欺。入香詎肯傷天質，茶有入香者，傷其本質矣。見袁文《甕牖閒評》。雨前芽茶則不然。得火旋看泛露滋。玉琢和闐作甌子，思量較勝越州瓷。

又《烹茶》 南方新到雨前茶，畫舫竹鑪本一家。恰似梁溪烟艇泛，擎甌得句定無差。

又 卷三八《味甘書屋》 書屋綴景為，灑然蕭寺左。隔歲此初來，有暇便小坐。茗甌及竹鑪，安設原貼妥。石泉汲以烹，略試文武火。既非竟陵癖，更殊趙州果。擎杯吟五字，爽然有會我。味泉或偶宜，味言殊未可。

又 卷四六《題劉松年烹茶圖用題牟益茅舍閒吟圖韻》 昔詠牟家茅舍圖，謂當構出已新殊。誰知全仿暗門子，證有曾收臬副盧。見卷後唐寅跋語。自是一時無匹者，底須七椀始狂乎。已教兩識玉川面，近得松年此卷，觀其邱壑，仿佛曾見，因檢取牟益茅舍閒吟圖卷相較，則人物屋宇樹石位置並同，考其時世，劉在前而牟在後，自係牟益得松年藁本仿為之。然兩卷畫成時，俱未自標圖名，劉卷賴有唐寅跋為玉川子烹茶圖，得存其真。牟益則收藏家未加考訂，率題為茅舍閒吟圖，題跋者亦遂相沿而誤。余前此著句，衹就原標之名，今始較得兩卷同異原委，因各題一詩識之。且以兩圖同弆一篋，使彼此得相印證，為藝苑增此佳語。信矣語云德不孤。

又 卷六〇《試泉悅性山房戲題》 過亭不數武，則已洗心竟。古檜曲倚石，為門護幽徑。入門即山房，石壁聳屏映。壁下噴泉出，味甘色愈淨。竹鑪妥貼陳，中人備已定。那容拾松枝，何藉候火性。當差彼實熟，清供我難稱。持以告陸羽，卻走必弗應。

又《竹爐精舍烹茶》 鼻祖由來仿惠山，清烹到處到可消閒。聽松庵裏明年況，惠山聽松庵舊弆竹鑪並王紱書卷，每次南巡無不以竹鑪烹茶，並題詩書卷中，此間竹鑪即仿其製也。逸興遄飛想像間。

又 卷六一《竹爐山房》 竹越茗椀自如如，便汲清泉一試諸。四壁前題歷巡詠，闕吟已是兩年餘。

貢來芽是雨前新，亦有竈邊陸羽陳。數典不忘惠山寺，重尋清興指明春。

又《詠三松刻竹品茶筆筒》 粉本得從唐解元，唐寅有品茶圖，意境高遠。茲刻略仿佛之。蓋三松之祖朱鄰鶴創為竹刻，與六如同時，或曾見品茶之作，因篆刻流傳耳。橫琴松下茗鑪喧。傳神只作蕭疏筆，經久由來以樸存。

又《山茶》 葉似木樨且有棱，云宜作坎得茶稱。不維陸羽應含笑，為問誰經烹試曾？

又 卷六九《於金山烹龍井雨前茶得句》 一月前期太趲程，甫過春分三日。聶家詩句繾民情。中泠第一泉猶近，便試新旗子細烹。

貢茶衹為太求先，品以新稱味未全。茶以清香為妙，太新則味未全也。為學因思在精熟，大都欲速戒應然。

稍憐鷹爪未舒全，絕勝江山絕勝泉。此去惠山幸鑪在，惜他四卷付雲烟。竹鑪圖四卷俱燬於火，惟竹鑪倖存。

龍井還餘廿日期，到時應是味全時。溪亭定合茗甌試，昔歲令春不忍思。

又《聽松庵竹壚煎茶四疊舊作韻》 十六春秋別惠泉，重來可不試烹煎。閒情本擬泯一切，結習無端憶已前。覆院仍看松半偃，隔牆還見柳三眠。澆書恰喜供軟飽，勝酒何妨也得全。

出竇從來本體泉，謂多事矣瀹和煎。底須僧偈頻提舊，惟愛民情越懇前。解阜關予宵與旰，鑿畊由彼食而眠。偷閒尋勝饒何者，四疊還賡八韻全。

又《聽松庵竹壚烹茶戲成效白居易體》 竹鑪烹苦茗，本是山僧事。性海為清供，不涉人間世。侵尋成畫圖，輾轉傳文字。濫觴一至此，大乖其本意。豪奪與復還，益覺其辭費。我自辛未年，製匣因精弆。為之

補圖全，本四圖，缺一，曾命張宗蒼補之。為之賡吟繼。茲閱十六載，復詣精藍地。聽松庵好在，竹罏亦妥置。獨惜四圖燬，斯則因俗吏。聽松庵所藏竹罏圖四卷，上年十二月內，為無錫縣知縣邱漣攜至縣署重裝，致燬於火。俗吏所為煞風景事，實可惜耳。熟境率難忘，可不茶一試。我既不解烹，僧亦難近廁。旋顧左右間，尚茶惟內侍。茗椀捧以獻，原來早預備。誰論文武候，那識魚蟹沸。是謂當官差，非所論逸致。屈哉庵與罏，孰謂逢此輩。輾然亦自笑，松下排徊類。

又卷七〇《題蔡襄〈茶録〉真迹》　君謨《茶録》重書定，襄自紀，皇祐中奏事，仁宗問建安貢茶並試茶狀，因造《茶録》二篇上進，後治平中復加正定，書之於石云云。至謂草木之微，處之得地，則能盡其材，即小見大，庶幾頌不忘規之意。呈覽因之仍賜回。頌不忘規應著眼，處之得地盡其材。

又卷七二《白乳泉試茶亭用皇甫曾送陸鴻漸棲霞寺采茶詩韻》　石壁隸書六，歲久莓苔生。見明盛時泰《攝山志》，即『白乳泉試茶亭』六字。適自高峰降，遂緣曲棧行。小憩笠亭幽，慢試雲竇清。曾羽茗蹟邈，茲復傳其聲。

又卷七四《咏舊雕漆玩鵝茶盤》　僮持供具鵝游水，取水烹茶茶亦香。卻勝蘭亭會賓從，泛來旨酒飲如狂。

又《題文徵明茶事圖》

茶塢

亭帚蘭堂茶塢詠，支硎虎阜祇蘇州。徵明為茶事圖，稱支硎虎阜茶事最盛。然蘇州雖產茶，實不如浙之龍井也。昨經龍井連林莽，卻笑斯為強出頭。

茶人

雷後雨前正及時，筠筐羣出採槍旗。高人偶一為之耳，豈似種茶者習茲。

茶筍

枝頭纔吐幾分長，眼想青芽鼻想香。不與籜龍爭尺寸，一般清品入新嘗。

茶籯

編竹為籯雅製精，品殊部別貯分明。設因功用論甲乙，合向其中號建城。

茶舍

開窗掃地置都籃，勝友恒來茶事探。試問最宜是何處，惠山寺裏聽松庵。

茶竈

竹罏石鼎總堪陳，無突還看製作新。坐祀竈傍定誰氏，陶形陸羽乃其人。

茶焙

雀舌新芽要焙乾，憶曾辛未一親觀。辛未南巡，曾至龍井，觀採茶作歌，有『慢炒細焙有次第，辛苦工夫殊不少』之句。新絲新穀夷中詠，滿目民艱絜矩看。

茶鼎

竈以進薪鼎盛茗，相需殷處得相彰。盡其材在處得地，茶諫還應憶蔡襄。

茶甌

區㼧曾經劉氏啟見《陸龜蒙集》，烟嵐珪壁亦妍詞反龜蒙句意。三清詩畫陶成器，向以松實、梅英、佛手烹茶，因名三清。陶瓷甌書詩并圖其上。重華宮茶宴，每以賜文臣也。頗覺箇中佳話宜。

烹茶

魚蟹眼寧須細求，無過解渴綠盃浮。十章吟罷飛逸興，又似金閶一再遊。

又卷七七《焙茶塢》　竹根培雪護階斜，樸塢翛然號焙茶。竈側居然坐陸羽，笑茲宜付彼為家。

又卷七九《竹爐山房》　數典原稱惠山寺，四圖惜已付雲烟。惠山寺舊藏王紱等四圖，昨春惜燬於火。因各補其卷，仍付寺僧藏弆，詳見南巡詩。雖云補作還舊觀，那似本無精舍全。前年烹茗於此際，已亥於此烹茶，有『重尋清興指明春』之句。庚子春南巡，至惠山，四圖雖燬，而竹罏尚在，復一烹試。今又來此，瞬息間已三年矣。去歲行春在彼時。彼此消彈指頃耳，三而一也得吟斯。

又卷八一《焙茶塢》　焙茶原祇設佳名，貢到雨前早製精。偶憩亦常得其半，竹罏每一試清烹。

又卷八七《竹爐山房戲題二首》　山房原在碧溪邊，就近當烹第一泉。內侍待忙文武候，早擎茗椀立於前。

觀色察言若輩慣，那容片刻學高閑。傳稱絜矩該諸理，懼在斯乎政所關。

又 卷八八《題唐寅品茶圖》 伯虎品茶事欲仙，朅來逸韻仿依前。中人茗椀安排就，雙手高擎俗已然。

又 卷八九《竹爐精舍》 靜室邊傍精舍存，磁杯潔淨竹罏溫。山泉也自堪煮茗，松籟鉼笙答不喧。

又 卷九二《題王翬石泉試茗》 崇山為障帶清池，取水烹茶便且宜。著箇胎仙茗鼎側，畫中景如此。知伊善反魏家詩。『烹茶鶴避烟』，魏舒句也。

又 卷九五《焙茶塢》 貢茶無不焙成之，斯塢名惟假藉斯。一盞浮香烹雪水，冷泉亭亦似其時。

又 卷九六《竹爐山房二首》

隔歲山房始偶來，山桃傍雪認為梅。分明縮地惠山景，便可偷閒試茗杯。

庚子南巡三閱秋，聽松庵致憶如流。設因調水品高下，第一泉還勝一籌。

又《竹爐精舍》 靜室東廂近，遊廊精舍連。竹罏置以久，磁椀淨而便。雪水取之潔，松枝拾以燃。今朝真啜茗，亦欲一時湔。

清 愛新覺羅·弘曆《御製詩五集》卷三《雨前茶》 穀雨前之茶，恒為世所珍。巡蹕因近南，驛貢即已臻。計其採焙時，雨水以後旬。龍井茶，以穀雨前摘取者為佳。今年正月廿九日雨水，茲甫二月下旬之初，浙江已進到新茶，其採焙當在雨水後數日，距穀雨尚早月餘也。穀雨早月餘，而尚未春分。欲速有如此，風俗安得醇。更憶夷中詩，唐聶夷中『二月賣新絲，五月賣新穀』之語，最為曲盡民隱，每詠新茶，常感其言之親切有味而不忘。可憐我窮民。尚茶供三清，每龍井新茶貢到，內侍即烹試三清，以備嘗新。不忍為沾唇。

又 卷四《汲惠泉烹竹爐歌五叠舊作韻》 陸羽品泉今古聞，山下出者次第分。金山第一此第二，未知玉泉迥出羣。嘗製銀斗較量諸泉，揚子金山泉斗重一兩三釐，惠山泉重一兩四釐，玉泉則斗重一兩，最為質輕味甘。陸羽品泉以揚子為第一，惠山為第二，固嘗惜其未至燕京，若至燕京，則定以玉泉為第一矣。詳見向所為《玉泉山天第一泉記》。以是推之當歷遜，辭仲為叔居後塵。玉泉為天下第一，則金山當為第二，惠山為第三矣。雖然我更有轉語，名象甲乙胥空文。濔濔者自淙石罅，豈識人間口頰芬。在惠惟宜言此惠，筠罏茗椀況具陳。地幽春靜更值暇，聽松速客意殊敦。亦弗藉綆鉼為汲，亦弗拾松枝作薪。中人祇要差事備，烹煎端正忙紛紛。坐則茶盤擎已至，寧容火候評云云。把椀囅然鄙且懼，似此俗輩可假權。更惜四卷稱名蹟，已付回祿無一存。聽松庵舊藏《竹罏圖》四卷，一為王紱，一為履齋，一為吳理，其一則早失之，命張宗蒼補寫者。庚子年為無錫縣知縣邱漣攜至署中重裝，致燬於火。名人墨妙，不能久遠流傳，誠可惜也。韻事不可令沒滅，分仿合弆為重新。四卷雖已被燬，而韻事究未可闕，因御筆仿補首卷，命皇六子及弘旿、董誥分仿二三四卷，仍付聽松庵住持收藏，俾餘韻流傳，精藍永寶云。百年以後新會舊，禪和子孫應世珍。禪和子孫應世珍，是語當有笑者人。

又《聽松庵竹爐煎茶五叠舊作韻》 何處名山弗有泉，惠山傳以竹罏煎。四圖本擬蹟貽後，一火頓令業淨前。惠山聽松庵舊藏竹罏圖四卷，一為王紱，一為履齋，一為吳理。其一則早失之，命張宗蒼補圖者。前人題跋既富，余每次南巡必賦詠疊韻，本擬流傳久遠，為藝林韻事。庚子南巡前，無錫縣知縣邱漣攜至署中重裝，不戒鄰火，竟致被燬。凡物有成必壞，豈調御示淨業乎？分卷補教集狐腋，卷雖被燬而名藍佳話來可闕如。幸寺中刻本尚存，因御筆補寫第一圖，而命皇六子及都統弘旿侍郎董誥補其三。其名人題跋仍書每卷後，留之山寺，俾餘韻如存云。撫暎奚足貌鷗眠。笑他瀟灑幽閒事，可稱若而人寫全。

方泉云木及圓泉，惠泉圓池在方池上，泉味亦方遜於圓。故壬午《惠泉山房》詩有『圓甘而方劣』之句。遂汲圓泉活火煎。六度吟應絕筆後，自辛未至今甲辰，竹罏六次題句，適符皇祖南巡六度所為，適可而止，不復擬再巡矣。一時想到見圖前。試看弆笥新更舊，豈異交蘆起與眠。雖是片時駐清蹕，卻欣世韻重賡全。是題七律二首，一韻凡五疊，舊作恰成四十韻。

又 卷五《再題蔡襄〈茶録〉真迹仍用庚子詩韻》 創書皇祐曾進奏，正定治平經幾回。二句概括襄自記語。法寶陳家關世守，屢吟寧為詡詩材。

又 卷七《三過堂》 茶禪數典自三過，茶禪寺本吳越保安院，宋改景德禪寺，俗名三塔寺。壬午南巡時，用蘇軾訪文長老三過湖上，汲水烹茶事，賜改今名。長老烹茶事詠哦。文士豪吟殊不少，羶鄉何獨萃東坡。

又《白乳泉試茶亭用皇甫曾〈送陸鴻漸棲霞寺采茶〉詩韻》 採茶遂試茶，弗焙葉猶生。凡採茶，其葉必生，當焙之，然後可烹茗。茲皇甫曾送陸鴻漸

採茶，而遂云『野飯石泉清』，是甫採而即烹茗矣。故戲改之。疑舉且喫語，謂趙州和尚且喫茶句。但期此話行。且放此話行，亦《指月錄》中語。羽踪藉因著，曾句亦云清。泉則付無意，淙淙千載聲。

又卷一三《湯泉行宮八咏・温泉》　水惟涼實其恒性，泉乃溫誠誰所為。雖若沸羹難染指，瀹茶仍藉火烹之。溫泉雖熱，以瀹茶，必仍籍火烹，蓋水性本涼也。

又《竹爐山房》　飲食原茲日用泉，茶膳房向俱用玉泉山水，內管領司其事，偶臨此，必就近烹試，彌覺甘洌。山房就近試烹煎。越甌擎覺殊常矣，笑識人情重目前。謖謖泠泠落玉岑，聽松庵外玉泉竹鑪煎茶，本數典於惠山聽松庵，因愛其精雅，命吳工仿造，置此並即以名山房。老松音。分明一例惠山景，何事犁然昨與今。去歲於惠山亦烹竹鑪試茶，曾有詠。

又卷一四《雨前茶》　二月新絲五月穀，窮黎剜盡心頭肉。花瓷偶啜雨前茶，彷徨愧我為民牧。

又《題唐寅品茶圖》　品茶自是幽人事，我豈幽人亦品茶。偶一為之寓興耳，竈邊陸羽笑予差。

又卷一五《竹爐精舍》　到處居然設竹鑪，越甌犀液助清娛。竈邊陸羽莞然笑，忙殺中涓有是乎。

精舍何曾傍竺庵，貢來新試雨前堪。惠山吟瀹昨年景，佳話翻成往事談。

又卷一七《味甘書屋戲題》　山泉雨後味增甘，常侍烹煎夙所諳。磁盞擎來咄嗟辦，那容火候味成三。味甘書屋，亦仿江南竹鑪。每至，則內侍先煮茗以俟。蓋若輩藉以當差，不足語火候也。按黃儒《品茶要錄》云：茶初造，曰試焙，又曰一火，其次曰二火、三火，市茶者以出於三火前為最佳。故蘇軾詩有『羨君美玉經三火』，又『瀉湯舊得茶三昧』之句。又《佛語》：『三昧，華言淨業也。』又《翰林志》：『學士下直出門，謂小三昧，上馬謂大三昧，言去纏縛而就解脫也』。戲題味甘書屋憶及火候三昧，因並識之。

又卷二三《玉乳泉》　今春雨雪美常年，處處山凹壯石泉。況是有源斯玉乳，故當雄噴韻㩳然。

㩳然非色亦非聲，會色聲都寂以清。豈必竹鑪陳著相，拾松枝便試煎烹。

煎烹恰稱雨前茶，解渴澆吟本一家。憶在西湖龍井上，壬午南巡，於西湖龍井上烹茶，曾有詠。爾時風月豈其賒。

又《竹爐山房》　山房咫尺玉泉邊，汲水烹茶近且便。滌慮沃神隨處可，惠山奚必憶前年。

武文火候久需時，內侍情忙那待斯。早是一甌擎坐側，體之熟矣笑聽之。

又卷二六《味甘書屋口號》　西峪由來此入路，蕭然書屋近精藍。在碧峰寺後。底須汲井試佳茗，即景應知苦作甘。茶之美，以苦也。

又卷二八《焙茶塢》　松虬竹鳳翠交加，等第箇中宜焙茶。綴景不過題偶爾，泠泉亭況亦無差。辛未南巡，於靈隱寺泠泉亭上有《觀焙茶作》。

又卷二九《春風啜茗臺》　湖西綴景別一區，背山面水景最殊。山巔之臺迴而敞，春風啜茗因名諸。啜茗高閑非我事，鑪甌久未偶來試。弗以渴害為心害，修己治人廑此意。

又卷三〇《咏永樂雕漆茶盤》　細鏃刻未匠人偷，笻杖伊誰適罷遊。咫尺高軒歸詠句，聊因解倦試茶甌。

又《題唐寅品茶圖》　千尺雪齋設竹鑪，壁懸伯虎品茶圖。羨其高致應輸彼，笑此清閒何有吾。

又卷三五《題蘇軾石茶銚即用其韻》　符調曾聞玉女泉，即用東坡事。遺來石銚樸而寬。武文謂火候也。自適煎湯熟，提挈寧須濯水寒。執熱者必濯水。周贈不妨自劾謬，蘇軾石銚為周種所贈，軾先曾舉種充鄆州教授，元祐三年，種上疏，乞以王安石配享神宗，軾兩上章，自劾謬舉之罪。韓詩慢舉外苞乾。蘇句云：『水漬雲蒸蘚未乾。』蓋用昌黎石鼎聯句意。薑鹽雖是蜀中法，和茗思之究未安。

按：蘇詩有『薑新鹽少茶初試』之句。夫茶可比墨，清物也。天寒少入薑，已傷茶質，必無入鹽之理。蓋蜀中鳥嘴茶有此法，見唐曹鄴詩，今不知蜀中有此事否？軾本蜀人，故用斯語。然亦所謂鳥嘴茶或可用耳，於一切荈茗豈可用之。今俗所謂果茶者，亦不過入龍眼、松實之類，不致溷茶味也，若鹽則溷矣。余昔詠三清茶，略見其義，而未闢用鹽之說。若夫用鹽則正宜於今之奶茶，所謂酪也。王肅賤茗飲，不無阿其所好。然而薑鹽並用，實益芳腴，子瞻蓋未知此矣。

又卷四四《觀張照書舊作〈冬夜煎茶〉之什輒用前韻題之》

每攬舊作心常耿，孤負夏炎及冬冷。何來重見張照冊，書我冬夜之煎茗。十年前詩率可刪，自知弗當過已領。張照此冊，乃余《樂善堂集》中之作，今重加

展閱，覺氣格用韻，遠不達今，予壬申年雜題詩，即有『十年前詩率可刪』之句，況此尤予少作也。而況《樂善堂集》中，硬語強盤多澀鯁。亦曾有作題照幀，詩不稱其揮紫穎。後知略稱惜彼亡，徒展遺蹤嘆光炯。丙申年題照書有云：所作自慚弗稱字，今差稱矣。彼亡之聞今又十餘年，撫卷重題，予之詩律頗自知之。使照尚在，為予頻書近作，照書即佳，對之當無慚色。學到老方知不足，如下修綆汲古井。茲因賡韻識造詣，弗在瀹甌及烹鼎。然而用之一憶昔，六十光陰刹那頃。照書非出命彼為，想於斯篇有會省。凡臣工承命作書，俱有奉敕敬書款，即為皇子書，亦必云某人謹書。照此卷，雖署御製，然予登極前所作，並非予命之書也。或照常誦此詩，因而揮翰。而予即近詩以觀少作，覺境地益進，即今題此什，乃疊舊韻，昔之強盤硬語，今更漸近自然。惜照不及見之而書之也。我謂弗稱書如前，卻似晤談清夜永。詩當有正慢用奇，政實宜寬弗宜猛。目前所會祇如茲，合道否乎疑捉影。

又 卷四六《題唐寅品茶圖》　品茶事自屬高閒，真蹟六如掛壁間。茗椀竹罏陳妥帖，品非閒者略赬顏。

又 卷六二《焙茶塢》　生葉還須細火焙，雲林詩詠識其艱。辛未南巡，至龍井觀採茶作歌，有『慢炒細焙有次第，辛苦工夫殊不少』之句。蓋未經目睹，亦不知其艱也。安名綴景聊烹茗，依娟民情永念間。

又 卷六三《烹雨前茶有作》　新茗浙西貢，筠罏烹試嘗。那因論火候，足以識春光。芽趲雨前度，按：雨前茶祇聞為穀雨，不聞為雨水也。是以許次紓《茶疏》云：『清明、穀雨，摘茶之候也。清明太早，立夏太遲，穀雨前後，其時適中。』即前人題詠如蘇軾詩『浮石已乾霜後水，焦坑閒試雨前茶』；又胡悌詩『玉髓新烹穀雨茶』。蓋無不以穀雨前為早者。又按《學林新編》云：『茶之佳者，造在社前，其次火前。』亦不言早至雨水前也。乃近日貢雨前茶，於二月初已到，計其摘製時，當在雨水之前矣。因憶聶夷中『二月賣新絲，五月糶新穀』之句，為之心惻。梅依雪後香。可憐聶詩外，增一視民傷。

又 卷六四《題唐寅品茶圖》　趙宧光事重提舊，唐伯虎圖又看新。即景何妨吟七字，卻慚不是箇中人。

又 卷八七《題藝苑藏真集古册·劉松年茗園賭市》　由來茗飲事之清，市賭何當似頡羹。三倍漫嗤近利輩，鬥茶已見賦唐庚。

又 卷九五《竹爐山房》　飲啄長時總玉泉，內廷茶膳房，自來俱用玉泉山之水，向品其水為天下第一泉。山房於此近天然。玉泉山本靈境，就築山房，頗有天然之趣。竹罏學古年已久，山房數典惠山聽松庵，明僧性海就惠泉製竹罏，以供煎茶之用。辛未南巡過其地，愛其高雅，肇蹕後仿構精舍兩楹於是泉之側，並依式製竹罏貯之几間。詳見癸酉所作《玉泉山竹罏山房記》。事半猶欣功倍全。

新到雨前貯建城，建城，貯茶器也。以篛為籠，封茶以貯高閣，見明高濂《遵生八牋》。因之活火試煎烹。座中陸氏應含笑，似笑殷勤效古情。《唐書》載：陸羽嗜茶，著經三篇，言茶之原、之法、之具尤備，时鬻茶者，至陶其形，置煬突間，祀為茶神。今山房內亦復效之，未能免俗，應為羽所竊笑也。

清 愛新覺羅·弘曆《御製詩餘集》卷一一《題唐寅品茶圖》

遊山返蹕入山門，小憩溪堂俯水源。是處倚巖架屋，憑檻臨泉，水聲潺潺，跳珠噴玉，雅與品泉相稱。故向有『千尺雪齋設竹罏』之句。名蹟餘箋聊補空，是幀向懸此間，每來題句，書幀中幾滿，所餘僅可續書此作。將來憩此，無庸再題矣。再來擱筆合忘言。

清 袁枚《小倉山房詩集》卷一六《潘宇情明府見和陶吴壁上詩書扇相貽兼餉茶葬》　黄梅風少雨氣濃，故人贈扇如贈風。扇面泥金書小楷，使我開讀心忡忡。賤子當年宰江邑，鄉巡野宿陶吴東。對佛張燈書古壁，登樓高詠驚秋蟲。十五六年爪痕在，鴻飛久矣忘行踪。一朝安仁騎馬過，仰壁大笑遇此公。依章次韻和成律，遣人遠致深山中。山翁得詩驚且喜，滄桑萬感來填胸。恍若奉陪行野寺，前生斷夢重相逢。無官追想在官日，四旬非復三旬容。不覺三嘆我年老，豈徒再拜君詩工！君知讀罷定消渴，更惠茶葬青絲籠。笑煮新泉試七碗，搖扇坐聽清涼鐘。

又 卷一七《龍井》　龍厭西湖喧，別選藏珠宅。澄泓一井泉，搖漾半天碧。葉墮鳥銜去，魚行人不隔。時方迎六龍，崖磴加開闢。穿竇濬靈源，爬沙出奇石。瀑布九天來，散作千處白。噴珠隕雜花，洒面亂飛雪。傾耳聲洋洋，琮琤碎環璧。臺高石柱寒，松古蒼烟積。試茗人忘歸，水明天不夕。

又 卷二三《謝南浦太守贈芙蓉汗衫雨前茶葉其二》　四銀瓶鎖碧雲英，穀雨旗槍最有名。嫩綠忍將茗椀試，清香先向齒牙生。書交栢葉仙人寄，味比江城太守清。好色相如最消渴，被公知道舊風情。

又 卷二六《湖上雜詩》　烟霞石屋兩平章，渡水穿花趁夕陽。萬片綠雲春一點，布裙紅出採茶娘。

桑女留儂住小車，春蠶食葉響沙沙。一甌水白茶如雪，足抵人間七品家。《金史》，七品官才許飲茶。

又卷二九《茶亭》 茶亭幾度息勞薪，慚愧塵寰著此身。輸與路旁三丈樹，蔭他多少借涼人。

又卷三一《試茶》 閩人種茶當種田，郄車而載盈萬千。我來竟入茶世界，意頗狎視心逌然。道人作色誇茶好，磁壺袖出彈丸小。一杯啜盡一杯添，笑殺飲人如飲鳥。云此茶種石縫生，金蕾珠蘖殊其名。雨淋日炙俱不到，幾莖仙草含虛清。採之有時焙有訣，烹之有方飲有節，譬如曲蘗本尋常，化人之酒不輕設。我震其名愈加意，細嚥欲尋味外味。杯中已竭香未消，舌上徐停甘果至。嘆息人間至味存，但教鹵莽便失真。盧仝七碗籠頭喫，不是茶中解事人。

清 程夢星《湖海詩傳》卷一《味諫壺》 義興誇名手，巧製妙圓整。茲壺獨擁腫，贅若木之癭。一盞回餘甘，清味托山茗。

清 朱昆田《笛漁小稿》卷一〇《以武夷茶餉穗園穗園以葛粉見答因賦長句》 我贈君以紅雲雀舌之茶，君報我以黃海葛花之麪。茶香溪口初掐焙，麪細山中久澄練。茶無一撮麪百龠，以少易多騂我面。桄榔為糝蕨為粉，落落嚨喉曾飽嚥。葛花消酒素所惜，此外功能少聞見。急翻本草考藥性，解躁除煩效如箭。我今半歲疾未已，鬱火燒心頭目眩。連抄數匙白於雪，喚婦煮湯調以薦。沈疴不覺頓然釋，手腳俄焉輕可旋。所惜如蠡酒户窄，未克從君夜談讌。君飲一石亦不醉，鹿藿為糜原不羨。惟當箬葉裹新茶，白日相期作茗戰。

又《碧川以岕茶見貽走筆賦謝》 我病久不差，半載墮悶景。婆娑小室中，惟有形共影。邇來勢少減，瘦鶴一伸頸。昨者吳興翁，箬葉裹岕茗。云此品劇佳，採自廟後嶺。其氣郁於蘭，直壓洞山頂。方兄久絕交，有價不敢請。攜籠聽之去，殊覺心耿耿。碧川於我厚，一月承屢省。知我性嗜之，雙包纏素縈。作書遣長鬚，兩腳踏泥濘。打門忽見貽，豐惠再拜領。我聞明月峽，直接陽羨境。岕居兩山介，羅氏名獨炳。西庵近夕陽，十里平侹侹。離披向南藝，不復分畦町。其地最高寒，飽受風露冷。摘當春夏交，蒸焙法井井。較之雨前芽，標格尤清迥。吳越種雖多，得此皆可屏。急喚丫髻童，穩支折腳鼎。連朝送梅雨，瓦溝瀉若綆。盛之滿瓮盎，舀取入瓴浪得覷。火活湯再沸，煎點在俄頃。龔壺與時洗，一一羅器皿。香清色似雪，為味甘且永。不惟驅昏邪，實可解煩悁。因笑唐宋人，紛紛貴團餅。研須倚石臼，打或藉銀梗。盧歐梅蘇黃，詩句頗雄騁。岕於百年來，衆作等蛙黽。誰能追古人，敢以奇自逞。君才健如虎，臨敵氣愈猛。力疾為致師，筆陣欠嚴整。

清 吳雯《蓮洋詩鈔》卷七《贈謝鶴庵二首其二**》** 品茶大似陸鴻漸，較水還同劉伯芻。紗帽籠頭煎總好，仍須細袖捧瓷甌。

清 曹貞吉《珂雪詞》卷下《宴清都詠宋人大食甆茶杯**》** 猶帶鯨波冷。遙天色、斷雲微露清影。玻璃質脆，盈盈不類，汝哥官定。曾隨貝葉金書，煩赤罽、拳鬚管領。而今作、承露銅盤，儼人淚滴猶剩。思量紫袖昭容，白頭阿監，深夜調茗。松濤聒響，流泉淡注，碧梧銀井。那堪回首天上，空暗憶、龍團鳳餅。伴高齋、瀟灑琴罇，小窗日永。

清 王龍光《抱犢山房集》卷六《柳茶》 垂垂綠樹即為家，未到清明摘嫩芽。浪說盧仝堪七椀，武彝夢斷雨前茶。

清 趙熊詔《趙裘萼公剩稿》卷三《陽羨采茶歌》 採采茶天，三月布穀遞埜烟，驚雷嫩莢纔抽綠，處處開園好摘鮮。采茶山，蝦虎城頭罨畫灣。昔傳天使來唐貢，揀得冰芽逐笑顏。采茶人，一筐收盡滿山春。更有小僮能解事，帶汲金沙欲試新。采茶路，飛青疊翠迷如霧。任教裁璧與抽金，暗香猶向蹊間度。采茶名，紗帽棋盤並紫英。別有靈芽稱廟後，龍團鳳餅何足評。采茶焙，竹罏松火聲如雷。研膏架動蒸且馥，紛紛但見販芽來。采茶市，漲沙羅岕憑君指。品到人間第一茗，其價直與黃金比。我今連唱采茶歌，風生兩腋信如何。假使濁醪能解渴，敢笑盧仝椀數多。天生佳種實靈奇，烹之有法采有時。才人意味逾清苦，定知茗戰甘如霽。畢竟愁腸無浣地，旗槍那得都如意。君不見陽羨之茶中泠泉，人間兩美天涯異。

清 王昶《春融堂集》卷二七《品令品茶**》** 風信冷。下閒階、猶覺宿酲難醒。石臺畔，喜見松爐煖，分泉試茗。未啟櫻桃小啜，一剪香暗誰省。應還念，相如曾病渴，喚取待共品。

又卷二八《瑣窗寒小雪日泊潯陽，問匡廬瀑布，凍已旬餘，薄暮微雪，陳觀察蘭森使人饋安化芽茶**》** 斷浦凝雲，孤笳吹葉，吟肩微聳。江潮欲退，留得楚天雲重。又隨風、收帆圍鼓，登登已破船窗夢。只征鴻隊外，依稀如見，

珠簾畫棟。遥空。飛花送。問廬岳蒼寒，懸流早凍。西林鐘動，圓月清光未縱。聽瀟瀟、吹遍殘蘆，此時擁鼻誰人共。喜多情、雀舌貽來，香茗資夜供。

清 高鶚《高蘭墅集·新茶》 蒙頂驚雷春已分，爐邊風雨繞煙雲。莫愁酒陣千重困，七椀新添生力軍。

清 高鶚《月小山房遺稿·茶》 瓦銚煮春雪，淡香生古瓷。晴窗分乳後，寒夜客來時。漱齒濃消酒，澆胸清入詩。樵青與孤鶴，風味爾偏宜。

清 吴翌鳳《與稽齋叢稿》卷一七《點絳唇·六一泉》 翠影浮空，幽人去後存寒澗。來攜茗盌，只是無吟伴。地近孤山，得與逋仙款。閒亭畔，鳥啼人散，落日闌干半。

清 洪亮吉《卷施閣集》卷四《烹茗》 爐響閒從竹裏聽，霜華初試酒初醒。參差烟繞屏風碧，深淺山從穀雨青。渴思幾番憐永夜，空江千尺憶中泠。終嫌結習除難盡，訂罷《茶經》又《水經》。

又 卷七《茶塢》 我尋茶塢來，茶味如在口。倘欲邀狂生，壚旁合呼酒。

清 洪亮吉《更生齋詩餘》卷一《減字木蘭花》 香濃月淡，幾朵露蘭光欲泛。行過房櫳，福橘裁燈墮小紅。茶甌清洌，留得那年元夜雪。說夢聲低，偏惹簾前鸚鵡疑。

又 卷二《桂殿秋》 飯已熟，忽呼茶，滿盤堆得雨前芽。瓷杯到手復揮去，獨自開簾看杏華。

清 汪璐《松聲池館詩存》卷二《惠山尋第二泉二首》 落日正銜山，山光窅以閒。且尋流水去，擬帶暮煙還。路轉平田外，門開灌水間。九峰如靜女，乘興一躋攀。石甃屯雲液，龍涎噴霧珠。煎茶塵慮淨，靧面好風俱。已試登山屐，思裁調水符。登舟重回首，逸筆憶倪迂。

又 卷三《二月二十四日游龍井理安石屋諸勝》 夜雨淩晨霽，樓中入夙興。南山隔湖水，一葦載遊朋。到岸舟須捨，探幽轎試乘。嵐光凝靄靄，林翠接層層。磴道盤旋上，峰巒詰曲登。風篁標勝地，龍井憶高僧。石可呼名問，詩因即事增。湧泉深院寂，澮社昔賢稱。回合雲峰鎖，渟泓法雨澄。菜花黄百頃，茶樹緑千塍。乍暖棉衣卸，新晴澤氣蒸。歸途餘興在，石屋近遊曾。雋佛人難考，開山力足矜。小休添茗盌，暮藹襲眉稜。慧日尋歸楫，雷峰聚晚鷹。蒼茫渡煙水，幾點捕魚燈。

清 吴踢麒《有正味齋詞集》卷二《壺中天》 夜飲蔣心餘先生士銓寓齋，歸途同家香亭太常玉綸、曹習庵宫允仁虎、陸耳山學士錫熊、程魚門編修晉芳黑窑廠登眺，月色澂映，野風肅然，居僧瀹茗供客，情味清麗，因賦此闋，以志一時遊興云。

醉拖履去，向玉壺清處，濯來詩魄。風意不離蘆葉上，響曳幾枝殘碧。樹古邀雲，臺空夢鶴，人是瑶池客。蕭蕭茶鼎，一僧孤立霜白。私笑雁爪天涯，尋菰覓稻，慣印泥邊雪。望破寒烟燈火遠，能數誰家刀尺。搔首看天，披裘坐石，歸騎遲今夕。松杉横影，畫紗移上苔格。

又 卷五《天香·龔壺》 細屑紅泥，圓琱栗玉，乳花凝注多少。古色摩挲。空窑指點，可惜摶沙人老。酒醒擁被，泥翠袖、燈前斟悄。時候重逢穀雨，春旗須試香早。徐聽蚓吟鼎竅。瀹清泉、落花風到。滿腹烟山真味，貯來應飽。長日閒消箇裏。定一枕茶天夢圓了。好伴圖中，蕭蕭石銚。

清 趙懷玉《秋籟吟·百字令程比部煮茶圖**》** 雲龕月潤，問螺峰深處、春光誰見。不是薑鹽同嗜好，肯寄金英千片。蟹眼徐烹，蟬膏細品，茗戰兼文戰。論詩讀畫，此中應許添伴。我亦北汲中泠，南尋羅嶰，家本鄰陽羨。況是年來瓢笠影，曾歷洞庭山遍。半榻輕煙，一泓止水，此味吾能慣。卜居何地，公乎盍與吾判。

清 趙懷玉《買陂塘宓大令《春船載茗圖》**》**《清常州詞録》卷一三 燕新來、社翁雨過，紅橋簫鼓初競。紛紛船載花枝去，商略不如攜茗。楊柳影。有淺碧瓷甌、一色旗槍映。微醒易醒，但第五泉邊，松濤沸處，便作撫琴聽。

翻寒葉，回首榆谿塞迥。如今還賸遊興，揚州可比杭州好，應夢虎跑龍井。芝玉竝。早治譜、能傳春到陔南永。全家上艇，笑杜牧當年，鬢絲禪榻，風颺落花冷。

**清 楊芳燦《芙蓉山館詞鈔》卷一《臺城路·爲晴沙舅氏題春風

啜茗小照》　頭銜最愛稱茶部，高風更懷桑苎。柿籠拋時，桐瓢攜處，飄出冷烟千縷。青驄纔駐。約不夜候來，共伊容與。此客殊佳，未須更顧索郎語。松濤時沸幽耳。又疑瑤甃畔，亂響春雨。細點紅薑，輕研綠雪，小盞盈盈勻注。清幽如許。吹不上京華，一分塵土。謾解朝衫，腋風輕自舉。

一肩茶具隨行屐，揭來錦城閒憩。巴峽寒流，峨眉飛瀑，可似江鄉風味。郵筒頻寄。問蒙頂春初，雪芽生未。折腳鐺中，空明滿貯冷雲髓。軒窗長日無睡。愛披襟獨坐，風日晴美。琴韻愔愔，墨香浥浥，添上半甌寒翠。閒情如水。憶小杜當年，落花風裏。何似真長，茗柯饒實理。

長吟平子歸田賦，翩然遂吾初服。調水符閒，清人樹老，無恙家山新綠。浪翁水樂。愛別有宮商，不關琴築。貯月分雲，不勞遠去向甘谷。眼前塵事都遣，向林泉勝處，管領清福。冷纈冰花，香凝雪乳，抵得明珠十斛。燃將楚竹。看魚眼勻圓，嫩湯初熟。破睡風來，萬松涼謖謖。

生綃畫出江南夢，而今果饒歸興。綠拗盈階，紅尖照水，仿佛圖中風景。煙霏雪凝。看水色茶香，故山都勝。只是風前，鬢絲換卻舊時影。相看共有茶癖，記輕風細雨，催喚烟艇。秘色窯邊，長生瓢畔，細和昌黎石鼎。頭綱八餅。怕題起前塵，便勞追省。悟到無言，聽流雲出嶺。

又《聲聲慢題生香館主人茶烟煮夢圖**》**　梨雲欲墮，蕉雨纔停，微烟低裊湘竹。夢境迷離，響聽瓶笙相續。文窗綃帷半卷，漾溶溶、翠痕如縠。詩魂悄，定應吟遍，萬山涼綠。更著一庭花氣，約幾縷爐薰，暝香浮屋。仿佛天風，吹度碧城闌曲。惺忪慧心易警，正鸝鶊、簾鉤催覺。扶倦起，瀹靈芽、嫩湯初熟。

清　潘振華《鷗舫詩文鈔》卷一《游中泠泉勝境啜茗》　江心出氿泉，中泠清到底。其質瑩如鏡，其味甘如醴。昔聞父老傳，斯泉非他比。下有護泉龍，長綆汲不起。滄桑經更變，江畔洲如此。騎馬上金山，相違只二里。後來葺牆宇，緇流爰棲止。石檻引為渠，沁脾一泓水。品題誇第一，賞遊多名士。太守號風流，垂楊植遠邇。搖曳覆金堤，春光尤旖旎。我來正梅開，雜遝遊人喜。孤僧重老儒，刮目笑相視。爐火正純青，捧壺迎倒屣。飲我龍井茶，泉冽甘逾美。舌本覺腴潤，胸次清塵滓。非復人間味，清行透骨髓。群彥更滿堂，縱談言盈耳。此行良有緣，神仙漫自擬。請留名勝地，飲啄將已矣。

又《舍小憩啜茗》　幽齋蹋終年，出郭攜親故。宛轉過溪橋，蒼茫鬱林樹。步入赤松家，翛然遵仙路。精舍兩三楹，修竹交加互。我行乘興來，蕭散似鷗鷺。道人飲我茶，熏風簾前度。靜坐共談天，得無驚人句。九椀沁心脾，味擬金莖露。斜陽掛城頭，鐘聲聞日暮。徘徊出閒門，心曠多佳趣。

又卷二《夢中句二首》　晝永看搖竹，春深聽採茶。隔林千樹雨，晚徑一枝花。

又《秦淮紀事六首》　同羣訪艷綺羅叢，纖腕傳茶細語通。次第尊前頻問姓，嬋娟連袂倚房櫳。

清　宋湘《紅杏山房詩鈔・賦得得火銅缾如過雨》　只道空堦雨，無端去不停。誰知看茗竈，此響出銅缾。氣以添薪活，聲兼入夜聽。對牀真灑灑，別院又冥冥。水意飄虛瓦，煙光濕畫屏。一時風亦到，四座酒都醒。山月松門白，鑪香竹榻青。主人涼未睡，可是校《茶經》。

清　劉嗣綰《尚絅堂詩集》卷二《茶瓶兒蕉陰茗話**》**　簾閣春陰如釀。箇雲煙、有人供養。雲藍袖寫新詩唱。記得在、綠天天上。別來莫寒無恙。聽茶聲、易成惆悵。風前只看薰香像。早瘦到、篆煙模樣。

清　嚴元照《柯家山館詞》卷三《鳳皇臺上憶吹簫・仲秋之月得所郵書并樂府四闋茗荈一裹寄疇此解》　荷蓋敧風，豆花帶雨，小樓低罨輕陰。忽征鴻遞到，天末秋心。憔悴經年病榻，香褪盡、昔日鴛衾。瑤臺曲，十年夢斷，又許重尋。愔愔。瑣窗夜靜，宛轉為文園，費了清吟。更緘題箬裹，綠雪如針。知有愁端多少，還又是、兒女情深。清宵淚，新痕舊痕，都在羅襟。

清　改琦《玉壺山房詞選》卷下《生查子・長真居士偕游天龍庵啜茗》　僧語出林間，晝靜濤聲起。松頂拓僧窗，風揚茶煙翠。同有愛山情，沉坐山光裏。一飲在山泉，夢也清如水。

清　梁章鉅《浪迹三談》卷六《福州急足至兒輩附寄土物各係以詩其二**》**　忽聞香氣出郵筒，習習先生兩腋風。龍井龍湫齊壓倒，歸心已繞幔亭東。

清 宋翔鳳《浮溪精舍詞·賣花聲紱庭平臺啜茗圖》 春色費雕鎪，纔上簾鉤。碧雲藏樹樹藏樓。剛到平臺花氣近，人意都幽。隔檻見凝眸，飛絮風柔。懷中茗盌覆還收。此是人間真豔福，幾箇能脩。

又《大酺·嶰筠先生以端硯徽墨箋紙茗壺見贈作此以謝用清真韻》 正雪花濃，梅花冷，風入東邊空屋。殘年仍旅寄，聽鴉飛難定，悶懷當觸。一紙書來，兼珍作伴，寒色知憐脩竹。還生沉吟久，為昭容肯記，客卿相熟。奈徒有《茶經》，玉川人遠，年年幽獨。豪錐全禿速。恨輕付、塵土埋雙轂。見几案、初陳清供，昔別如逢，也都成餞冬題目。百番銀箋好，重疊寫、暮雲心曲。念今日、依江國。春信千里，何處能開紅萩。夢來自攜夜燭。

清 陶澍《陶文毅公澍集》卷五三《印心石屋試安化茶成詩四首》

今歲足衍樂，春來事云適。長安諸故人，頗能盛筵席。席設每見招，終日但為客。今朝客忽來，例我具殽核。冷盤三五陳，下箸無所獲。匪徒少羊羔，亦乃乏雞跖。斗酒興未闌，四座歡彌劇。旋聞蟹眼鳴，中有雲腴碧。我家茱萸江，資水迸流山峽變名為茱萸江，見《水經注》。鄉物舊所積。雖無甘露兄，猶足清兩腋。煮茗況家風，庭前餘雪白。

芙蓉插霞標，香鑪渺雲闕。自我來京華，久與此山別。尚憶茶始犁，時維六七月。山民歷懸崖，揮汗走蹩躠。培根閲冬初，摘葉及春發。凍雷一夜鳴，蓓蕾穎欲脫。是名雨前香，采之日一撮。未幾漸蒙茸，卓立鍼抽鐵。是名穀雨尖，香氣彌勃勃。毛尖如鶴氄，挨尖類雀舌。黃茶號晚出，味厚亦非劣。方其摘取時，籃筐偏山岊。晨穿苦霧深，晚焙新火烈。茶成與商人，粗者留自啜。誰知盤中芽，多有肩上血。我本山中人，言之遂淒切。

寧嗅安化草，不嗅新化好。安化茶下者，猶勝他邑好者。二語見《府志》。宋時有此語，至今猶能道。斯由地氣殊，匪藉人工巧。邇來地利盡，所產日以少。變化及荃茅，夾雜或茶蓼。遂令東家施，貌作西鄰姣。時俗但鶩名，詎易初終保。臭味慎差池，我謂茶猶小。

茶品喜輕新，安茶獨嚴冷。古光鬱深黑，入口殊生梗。有如汲黯戆，大似寬饒猛。俗子詡茶經，略置不加省。豈知勁直姿，其功罕與等。氣能盬滷澄，力足回邪屏。所以西北部，嗜之逾珍鼎。性命繫此物，有欲不敢逞。我聞虞夏時，三邦列荊境。包匭旅菁茅，厥貢名即茗。著號材所長，自昔功已迥。歷久用彌彰，闇然思尚褧。因知君子交，味淡情斯永。

又《董琴南編修以事未與品茶之會，翼日詩先成，且索茶爲贈，輒致頭綱一餅，次原韻奉酬》 我茶君未嘗，和詩獨先作。妙語出清新，評騭精且確。筆迅電飛騰，辭成珠錯落。固知胸懷間，自具有邱壑。著紙即煙雲，一字不須酌。拜貺豈尋常，翻覺瓊瑤薄。憶昨煮茗時，剛趁春雪渥。人從一口分，趣比字題酪。差堪潤喉吻，未足勞輔齶。坐中六七豪，意氣殊脫略。頗怪君未來，或者借辭托。我意當不然，知君耽直諤。朝來得君詩，洗我胸中惡。餘甘姓氏稀，頓令侯封廓。茶芽如有神，開籠芳香擢。一餅暫相酬，聊佐胡盧杓。詩筒來往飛，知君煩吐握。

又 卷五七《煎茶坪》 新陂初嘗試，煎茶此一坪。溪回疑鳥墜，路仄避驢行。隱隱前朝壘，荒荒落日程。馬前羌管發，吹作過山聲。

又 卷六〇《陳石士摹東坡石銚圖作箋屬賦即用坡老次周穜韻》

曾從活火試新泉，一勺中涵百斛寬。忽化煙雲來紙上，猶餘苔蘚帶秋寒。名香會客茶初點，古墨題詩字未乾。便合洛陽高索價，不須米貴問長安。

又《游慧山寺試第二泉》 慧山山下慧山寺，寺裏泉留第二名。每怪唐人誇水遞，只宜坡老揀茶烹。濛濛霧向竹中出，淅淅濤從松外鳴。不用風前張兩腋，梅花一路看春生。

清 吳文鎔《吳文節公遺集》卷七九《詩清都爲飲茶多》 借叩新詩境，何來爾許清。沁心茶久飫，脫手草初成。味已多時領，經曾幾度評。唾餘皆沆瀣，咀去必菁英。筆露千毫浥，思風兩腋生。臒原仙客果，豪豈酒狂名。冰雪湔凡豔，雲霞淨綺情。石泉如夢兆，佳句待同賡。

又《茶烟織樹微分縷》 茶鐺支樹底，繞樹盡煙霏。組織千章密，分明一縷微。淡痕穿更續，輕緒裊還稀。虛白縈三徑，濃青壓四圍。鷺披看鶴去，梭擲帶鶯歸。手段春風試，光陰夜月依。翻隨花樣巧，斜綴柳絲肥。領略林泉味，清詩契靜機。

清 陳章《采茶歌》《清詩鐸》卷六 風篁嶺頭春露香，青裙女兒指爪長。度澗穿雲採茶去，日午歸來不滿筐。催貢文移下官府，那管山寒芽未

吐。焙成粒粒比蓮心，誰知儂比蓮心苦。

清 江蘭《秋日南屏僧舍茗宴看湖》《浄慈寺志》卷二六 澹澹青山日正銜，重煩諸老到幽巖。半湖秋水陰晴住，一片吟情今苦函。鳥語因風清几席，茶煙帶雨翠松杉。鄰鐘初動南屏晚，歸路新涼透薄衫。

新秋獨見嶺雲銜，試茗幽人坐綠巖。活火自應揮羽扇，微風先已發瓊函。清芬影寫三潭水，長嘯聲搖萬木杉。持杓品泉應羨我，仙隨兩腋整吟衫。

清 蔣知讓《寄泰州陶爐》《伯山詩話》 遠將茶焙子，附寄上江船。釉碧春蛾澹，泥澄粉蠣堅。離心仍活火，歸思沸新泉。何日紅窗枙，吟餘手共煎。

清 鄒方鍔《虎跑泉次東坡韻》（光緒）《虎跑定慧寺志》 石林深處暗聞香，草榻茶煙客思涼。松瀝滿山雲滿塢，野梅初綻日初長。偶攜□塵逢禪侶，坐聽寒鐘出上方。廿載風塵憐世味，一瓢應許薦新嘗。

出谷泉聲帶松香，陰森石□拂衣涼。雲藏古寺鯨燈靜，畫掩空山鶴夢長。閒憑繩床參密諦，行提藥籠試新方。露芽細摘風篁嶺，截玉傾甌取次嘗。客到，寺僧輒供龍井茶。

清 正岩《池北偶談》卷一二《戲酬友人惠日鑄茶》 數日春遊遍若邪，入城滿面是煙霞。正愁仙福難消受，又吃人間御貢茶。

清 敦誠《四松堂集》卷一《偶憶西山慧雲寺龍泉水，因令小奴馳騎往取一瓶，適友人惠以湖井露芽，松下煎之，亦復清況自怡》

西山古泉盛南麓，潺湲直下流清曲。慧雲白石甃龍頤，冷乍冰漿迸寒玉。昔年我臥松風堂，夜疑急雨飛滄浪。曉與山僧作茗飲，雲窗三椀禁枯腸。戲斫坡翁調水竹，一瓶冽雪分幽谷。釵頭淪罷臥風簷，夢入空山聽飛瀑。

又《集神清室陸起潛解元作湖山釣艇圖索題》 陸君好手似荊關，醉染江南雲水閒。我亦從來苕上客，為添茶竈筆床間。

又《蔣千之編修贈六峒茶小詩寄謝疊前韻》 篛裹筠封出故鄉，六峒山下晚雲黃。豈因內翰小團月，早為南豐一瓣香。蟹眼沸湯鳴石鼎，松風如雨落山房。久辭水厄緣多病，三椀依然故態狂。坡翁有『枯腸未易禁三椀』之句。

清 楊夔生《真松閣詞》卷五《綺羅香·陶鳧香先生紅豆樹館詞試茶》 鼎薄蠅鳴，珠跳蟹熟，長夜風泉生户。楨石尋來，采掇不盈芳塢。分秀籠、青藹翻衣，焙香氣、綠廳宜雨。曉開簾、一片嬌陽，烟巒借色碧如許。南田買添茗地，試向酴醾東館，啜殘涼露。商略閒情，留取炙餘花脯。記昨夜、小醉兜娘，吹蘭韻、勝傳眉語。最堪念、禪榻春寒，鬢絲千百縷。

又 卷六《青玉案·龍泉探勝》 松風激激清如此。羨駐馬、疏雲際。只覺數峰飛冷翠。何年來借，石邊危坐，嘯落銀灣裏。當呼玉磵尋幽憩。路指烟蘿入孤寺。我欲裹茶邀客試。千巖萬壑，共攜琴去，水調玲瓏記。

清 夏之蓴《塞外槖中集》卷四《奶茶》 乳食全憑內地茶，三餐八口恃生涯。黄油如臘皮如卵，待客珍羞味特加。

清 馬小蘗《蟹殼泉》《清稗類鈔·飲食類》 何年老阿旁，乘潮上絕壁。誤墮巖隙中，遺筐化為石。紅膏變玉腴，元津濮瓊礫。蟻竅同九回，蚌汞時一滴。承以青絲瓶，重之素錦幕。王孫喜茗事，延客松風宅。小竈侍獠奴，輕甌捧詞伯。晴先魚眼生，爪從兔毫別。琴聲聽爬沙，詩情到郭索。釀酒當更佳，蟹黃同一脈。

清 何紹基《東洲草堂詩鈔》卷一六《名山蒙頂貢茶賦示陳新盤明府》 蜀茶蒙頂最珍重，三百六十瓣充貢。銀瓶價領布政司，祀事虔將郊廟用。旗槍初報穀雨前，縣官潔祀當春仲。正茶七株副者三，旋摘輕烘速馳送。仙人手植東京前，後來化身入蒙泉。古風古雨飽噓吮，高三尺壽二千年。朱闌環之鎖紐貫，縣官來時一開看。我於茶品太疏略，喜陟高山到天半。夾江昨讀酒官碑，名山令謁甘露師。敢云飲啜事瑣瑣，民生國典相綱維。榷酤源流有通塞，當官桑孔要深思。

清 戴熙《習苦齋集》卷四《虎跑泉》 我故不知味，而有品泉福。昔汲中泠水，移置惠山麓。今嘗虎跑泉，山僧煮初熟。如氣之有秋，在物則為竹。賈島詩太瘦，林逋書少肉。二泉乃春蘭，未可廢秋菊。古人不我證，風軒松謖謖。

清 鄭獻甫《補學軒詩集》卷六《亭午招涼偶書》 白榭三面敞，朱簾一重撤。火雲蒸水風，撲面有餘熱。樹影正未斜。禪聲撕且咽。拋書

坐亭午，時取茶甌啜。

又 卷八《開門七事俗門一語耳舒立人集中有此詩七首戲仿之其七》 杯盤以外宜無事，醉飽之餘別有神。木以草名分苦檟，豉同鹽下誤香蓴。經傳陸羽真知己，酒灌韋昭得替人。我是熱腸逃冷面，旗槍任爾門清新。

清 汪士鐸《悔翁詩鈔》卷七《寄謝甘竹生惠湖縣佳茗》 越甌纅絲白雲裹，定笑經生注細瑣。團龍鏤餅綠雪沉，足潤勝流談炙輠。平生口吶復荒經，桐帽棕鞋無不可。故人遠宦古會稽，以經飾治與時左。公餘忽念車笠交，采茗裝綿包貼妥。嗟余守拙久絕遊，寒翠深媿催綢繆。昨闢小圃自灌溉，差喜草木翳甀邱圃有小阜名曰甀邱。拜君嘉貺肝腸熱，不須歲晚憂冰雪。幾輩雖誇狐貉溫，一壺幸汲寒泉渫。落鉏獨步望梅花，欲寄一枝共清絕。

又 卷一二《謝程汝鈞惠茶》 倦客支頤病漸差，開門劇喜餉新茶。微於蟲臂生天地，累過豬肝快齒牙。別者五年三徙宅，歸兮十度九停車。歲寒一棹思相見，想有疏梅冷作花。

又《補遺·胡昭甫送黃蘗山新茶》 渴如霪雨得灰止，興如涸鱗得水起。窘如貧人得財喜，況色香味浹肌髓。徽山支曰黃蘗山，終年雲霧封巖關。排空百里積青翠，啼猿卻步鴉飛還。春來雪霽沃烟雨，高崖岞㟧爭開顏。就中芽茶更脫穎，旗舒槍突森班班。胡生好事為攀摘，寄到冰霜太古液。鈎唇棘吻甘始回，儼對五峰老仙客。南望君宅隔丹霞，報君文集題永嘉。秋林葉落打老屋，君自讀書我煮茶。

又《謝莫君善徵饋新龍井茶并日本人刊輿圖》 屢欲乘桴作海客，十丈紅塵阻雙屐。今晨忽得良友書，饋我雲腴縢圖籍。龍井春早焙僧房，青瓷瀹出西湖碧。蛛絲詰屈三尺方，測海鞭山縮地脈。千金易致二美難，昺我覆簣兼漱石。荒園蕪穢力不除，和璧啟櫝光茅廬。湔腸滌胃頌惠政，遠感異域來飛車。

又《石佛庵茶亭晤真蒿上人》 鴉山鴉山張丹屏，其東茅庵松架亭。夭矯瘦蛟蛻留形，伐毛猶帶江潮腥。道人髮白龐眉青，煮茶飲客親洗瓶。早年破夢超塵扃，師門孤負涕以零。曾訂蒼雅窮葩經，傳金壇派燈熒熒。舊雨不來嗟晨星，敝帚自享紅蟫馨。與余偶聚風中萍，代謀呵護邀山靈。筍輿健力為久停，堂下深喜天龍聽。

清 姚燮《復莊詩問》卷五《煮泉》 疑與參寥鬭石泉，窪匏博得一泓寬。鐵磨石蘚黏膚瘦，玉斫冰梅嚼齒寒。丹竈砂摶龍餅細，紅爐火炙麝煙乾。任渠風雪黃州路，入勺天漿濯夢安。

又 卷一二《寒齋雜述七絕句其二》 竹爐石銚試新茶，蟹眼聲中泛碧芽。卻喜客來如陸羽，共憑小几看荷花。

又 卷一八《虎跑泉》 獅王養真乳，冥有天神監。倒影仙姥岑，瘦骨青巉巉。石廊分茶寮，障日多古杉。落眼深碧中，皎如明月嵌。至澄不受砂，其氣堪滌凡。豈同世味濁，往往分酸醎。仰邀南岳靈，香界開華嚴。驚寒夜逃狖，罷汲朝飲麢。我來略試唇，洌疑冰雪攙。安得越手纖，用灌吳紵衫。

清 姚燮《疏影樓詞·壺中天·茶船》 玉船橫幾，似仙蓮拓瓣，供人清啜。一舸黃州詞客去，湖上蘋緣誰結。桃葉排鐺，鷗童試銚，小載春池月。松床濤沸，夢回簾水涼闊。須莫至正，銀槎碧山制在，新樣從伊奪。石甕殘梅香點後，慢誤波心羅襪。花海吹笙，曲江讀畫，泛到魚煙活。旗槍戰午，邵陽遺事同說。

清 蔣敦復《芬陀利室詞集》卷四《浣溪沙·茶烟》 慧語鸚哥喚畫廊，松陰仙鶴下階忙，一絲風颭繡簾傍。鬢影綠銷名士氣，乳花紅膩女兒香，春愁低壓水雲涼。

清 張文虎《舒藝室詩存》卷一《錢夢廬，當湖老名士也，以嗜古好客貧其家，性喜竹，仿竹裏煎茶圖寄予，云欲令知我者題之，勿泥圖意，賦此以答》 清波一片蕩湘雲，綠映鬚眉對此君。室有圖書供遣日，座餘賓客快論文。茶鐺藥臼憐中歲，漁婢樵青數舊聞。猜作元真渾不是，東湖西塞聽人分。

又 卷二《雨中泛舟游湖心亭回至白堤飲雨奇晴好樓薄醉入望湖亭啜茗》 晴湖不如遊雨湖，扁舟落手偕我徒。蘋花點綴碧玉碎，水色蕩漾疏璃鋪。羣山周遭近可攬，遠者化作雲模糊。中流指顧畫南北，突兀恰對雙浮屠。小閣孤撐石闌圮，題壁往往濃鴉塗。湖山勝概聚几席，濁醪

恨未攜千觚。霏霏絲雨有時密，回船急覓黃公壚。南窗大開樓額好，妙句絕倒眉山蘇。眼前風景侑酒物，斫膾何必腥臊汙。錢趙偏安一瞬息，況乃局外談榮枯。一杯我自勸我飲，君輩向壁空咿唔。粲然西子顧我笑，薄醉不用兒童扶。水亭坐試苦芋綠，殘荷數朵擎紅跗。清香入鼻意逾靜，鷗夢正熟無人呼。烟痕漸消天欲霽，山石犖确尋歸途，耳邊猶喚提壺盧。

清 莫友芝《郘亭遺詩》卷一《金鼎山雲霧茶歌》 牂柯茶品陽寶絕，貢篋不盈常外掇。香爐後出乃匹之，雲中著根霧中茁。貴定縣貢陽寶山茶，清平縣香爐山茶亦罕其匹，遵義縣金鼎山茶則近歲始聞之，為圖經所失載。邇來更得金鼎產，同倚高寒占危岊。爐槍寶觜共希異，芥紫蘄黃俱不屑。瓊筍抽禁闕海風，冰芽揀對峨山雪。山僧自焙慎火候，要保生香令不洩。拌買湄毛待渴羌，湄潭縣毛尖茶，時俗所爭尚。秘試珍烹門自閉。城居三伏坐深甑，午氣炎炎助焚爇。徑思缸面詎辨才，劫取闕供漱齒。故人忽枉鼎山下，新製封題驚款闥。開函已有清風來，易井親斟授煎訣。易氏井在遵義城南，清冽宜茶，為諸井冠。一甌豈直熱惱淨，再盞真成仙骨拔。棱棱高秋入胸次，落落遙情起蒼鶻。乾坤清氣爾得多，此味真難俗人說。慳僧可誅亦可恕，稍免山靈怪輕褻。作詩為證陸羽經，但肯時時供一撮。鴻漸《茶經·茶之出》：黔中生思州、播州、費州、夷州。《續文獻通考》：洪武三十年置成都、重慶、保寧、播州茶倉四所，令商人納米中茶。令自三月至九月，每月差行人一員於陝西四川諭把隘頭目，不許私茶出境。成化七年，罷播州茶倉。今土城裏有茶引四十道，歸仁懷縣徵解。

又 卷四《題茶户壁》 摘捲玉絲絲，含鋒穎似錐。辛勤火前作，休放子規嗁。

又 卷六《二月五日繩兒煮雪試家山白茶有懷息凡天津》 北客過歲周，南嗜斷茶味。渴來但飲濕，塵物常滿胃。已令吟詠損，尚問幽並氣。融風吹二月，生態轉百卉。尺雪瑞乃遲，句萌凍還畏。小兒學好事，屢掏爾曷毅。玉色盆盎盈，車聲蟹魚沸。冰芽珍一撮，瑮盞候三沸。生香沁神骨，活碧浮靉靆。豈惟中泠斟，雅稱巖白貴。舌本彊忽除，心源濬成泬。直疑雲瀣啜，奪自銅仙輩。始知天公戲，特為瓦鐺饋。文守隔小沽，幣月增瘖慎。安能及早晚，清賞共挹概。蒻鐙遂尖叉，計椀消怫懫。

清 王振《龍壁山房詞·金盞子·秋茗》 繡幄塵清，藥鼎煙消，睡餘無力。坐悶雨長廊，文園恨、依舊病來蕭瑟。泛盞古銚清泉，有仙風盈腋。閑階煮殘葉，一甌珠露，晚涼邀客。粉壁。舊奩拆。記春火、勻焙遠渚白。沈沈玉缸醉擲，夜醒處、惱亂瘦棠繁蟀。霜氣暗漬雲腴，破孤眠岑寂。歸裝晚、桑苧翠緘，雲鴻休隔。

又《氐州第一·蔣蕉林樞部贈陳曼生制坡笠壺索賦此調》 塵渴依然，客病未已，孤懷潦倒誰省。雁侶情高，彝尊貌古，恰稱泉甘試茗。別樣官哥，巧制出、壺盧新詠。範擬天穹，圖傳海角，玉華痕浸。笑我枯禪閑自領。誦單偈、落花風定。昨夜微醒，疏簾淡月，感舊緘遺蓋。腋涼生、幽夢醒。漫贏得、魂清骨冷。欲報瓊瑤，悵吟搔、潘郎鬢影。

清 端木埰《碧瀣詞·齊天樂·丙戌端午以角黍新茶祀屈子敬賦》 左徒風節千秋重，湘山悄焉高詠。玉琢精神，蘭熏氣質，泉醉中間獨醒。丹心靖，與殷代三仁，後先輝映。若問同時，只應鄒嶧可相並。《離騷》衣被萬古，視風詩小雅，應許驂靳。香草兒時，鴻裁曠代，妙契偏從孤冷。清芬薦茗。料岩潔泉甘，定符貞性。更展遺編，綠窗娛晝靜。

清 薛時雨《藤香館詩删存》卷一《一剪梅》 何處思量不可憐。清影娟娟，瘦影翩翩。一甌香茗一爐煙，淡到無言，濃到無言。萬斛閒愁載上船。燈暗離筵，箏咽離弦。酒闌人散奈何天，話又連緜，淚又連緜。

清 郭嵩燾《養知書屋詩集》卷一《崇勝寺僧惠君山茶》 團龍碾鳳充官焙，晴窗煮茗顛春雷。豈如小園新雨足，旗槍摘試雲腴胎。婺源雙井不易得，洞庭君山纔咫尺。傳聞寢廟薦新時，玉椀醴浮瓊乳碧。乃知人間第一春，慣供寶鼎紫茸茵。卻怪清泠一勺水，肯饋跛石眠雲人。人言君山之茶清且厚，北港雖清不容漱。寺僧雜揉出新意，別有雲芽浮雪竇。我有園茶五百叢，正焙外焙一埽空。生平不識《茶經》與《茶錄》，頭白歸來桑苧翁。妍媸萬變不掛眼，沙溪北苑原同產。一甌飲罷詩先成，乞師更授梁園簡。

清 顧翰《拜石山房詞鈔》卷三《鷓鴣天·為冰蟾女史題美人畫幅一調羹一試茶一譜弈一彈琴凡四闋 其二》 輕暝輕寒穀雨天，一旗初展茗芽煎。冰甌乍泛花間露，瓦銚剛生竹外煙。浮蟹眼，碾龍團。萬松風裏小遊仙。青蓮舌下華池水，合占人間第一泉。

清 趙文楷《石柏山房詩存》卷二《一茗碗始癸卯，迄己酉，凡

余行役，椀必隨之，至京師遭損。注以水，則涓涓濕几案矣，勢不可用。念其相從者久，不忍弃捐，命僮瘞之，因繫以詩》 本自泥塗質，宛然金玉形。乳花浮水白，雷荚入泉清。瀹齒詩垂就，沾唇醉未醒。七年勞爾伴，蹤跡尚浮萍。

成毁何須論，擎持只自憐。隙開潛注水，痕見直如弦。乍失燈檠伴，還將筆塚連。平生幾兩屐，為爾一潸然。

又 卷六《試茶》 社鼓初停杏粥罷，山巖積雪寒猶嚴。輕雷一夜走萬壑，春氣已遍東西崦。昌明仙人臥不穩，雲鬟霧髻窺重簾。琅玕參差燕釵碧，翡翠倒影蛾眉尖。探春使者真解事，窺林小摘繁春纖。微薫緩炙裹筠篛，雲腴百片酬雙縑。丈人憐我喉吻燥，翠籠分致重題籤。開緘已驚煩渴解，惟覺口角流涎粘。石泉槐火旋旋煮，瓦鼎磁注時時添。候湯試水各有法，筆墨遊戲嗤蘇髯。閩中豈無林下韻，何至屑越煎薑鹽。春風入户花落檐，檐前皎皎新明蟾。搜腸破悶三四椀，縱令不睡吾無嫌。我生只求足一飽，雖有異味腹已厭。東海江珧白玉軟，南閩荔子紅香甜。可憐十載飽塵土，濁飲無異魚喁噞。武夷芽茶黄海蓝，苕水注碗口欲箝。家山回首四千里，夢遊惟識山名潛。銀針梅花小雀舌，坐想不到雙唇沾。豈知今日復飽此，如逢故友來衡閻。醉中作詩寄詩老，莫辭險韻須同拈。

清 釋超全《武夷茶歌》（嘉慶）《崇安縣志》卷二　建州團茶始丁謂，貢小龍團君謨製。元豐敕獻密雲龍，品比小團更為貴。無人特設御茶園，山民終歲修貢事。明興茶貢永革除，玉食豈為遐方累。相傳老人初獻茶，死為山神享廟祀。景泰年間茶久荒，喊山歲猶供祭費。輸官茶購自他山，郭公青螺除其弊。嗣後巖茶亦漸生，山中借此少為利。往年薦新苦黄冠，遍採春芽三日内。搜尺深山粟粒空，官令禁絶民蒙惠。種茶辛苦甚種田，耘鋤採抽與烘焙。穀雨屆其處處忙，兩旬晝夜眠餐廢。道人山客資為糧，春作秋成如望歲。凡茶之產准地利，溪北地厚溪南次。平洲淺渚土膏輕，幽谷高崖煙雨膩。凡茶之候視天時，最喜天晴北風吹。苦遭陰雨風南來，色香頓減淡無味。近時製法重清漳，漳芽漳片標名異。如梅斯馥蘭斯馨，大抵焙時候香氣。鼎中籠上爐火溫，心閒手敏工夫細。岩阿宋樹無多叢，雀舌吐紅霜葉醉。終朝採採不盈掬，漳人好事自珍秘。積雨山樓苦晝間，一宵茶話留千載。重烹山茗沃枯腸，雨聲雜遝松濤沸。

清 李文安《李光禄公遺集》卷六《瀹茗清泉》 我是江南桑苧翁，《茶經》重與續盧仝。清心最愛中泠味，一曲瓶笙活火紅。

清 敦敏《懋齋詩鈔・茗花》 驟雨瀟瀟已沸湯，蘭芽別自藹清芳。地爐紙帳疏煙薄，活火寒泉飛雪香。幾片緑雲凝露潤，一甌碧玉噴珠光。《茶經》陸羽真能事，輕細相看入品嘗。

清 楊葆光《蘇盦詩録》卷二《絶句》 新茶初試雨前藏，親檢時壺細較量。莫與才人嗤水厄，半甌分取口脂香。

清 周星譽《東鷗草堂詞》卷二《慶清朝慢・癸丑醉司命日雪後晨起坐東鷗書堂同陳九經歷家弟季貺試茶分韻》 饑鶴拳苔，凍禽墮竹，虚堂似水無人。裹頭兀坐，夜來殘雪微晴。一卷楞嚴轉罷，黄梅花辧小窗陰。垂簾處，蒲團輭美，松火通明。試約西鄰陳九，趁閒時料理，湯社《茶經》。寒香石銚，騰騰細煮松聲。未要玉纖輕捧，一壺春緑養詩心。憑相笑，淺斟低唱，負了銷金。

清 劉履芬《鷗夢詞・洞仙歌》雨中望惠山偕楊見山都轉　雙螺翠聳，倚船窗清看。潑墨雲低寫生絹。是真歸、莫再辜負山靈，明日好、結箇青鞋遊伴。待儂攜酒去，白塔紅牆，醉了偏忘借池館。試品竹爐茶，第二泉清，早撲下、緇塵一半。怪恁地無緣訂鷗盟，蕩片片蘋花，細風吹亂。

清 劉瑞芬《養雲山莊詩集》卷三《雪後對月煮茶讀友人詩卷喜而有作》 閒庭塵跡絶，移榻坐前楹。偶展新詩本，高歌對月明。山寒梅影瘦，野霽雪痕清。舊有荊溪茗，香泉手自烹。

又 卷四《睡起》 茶鼎聲清午夢回，小軒臨水晝慵開。野風吹起新荷影，湖上碧雲和雨來。

又《偶題南山十六景後其十六**》** 玉筍剛肥雪茗香，紫藤花放日初長。一甌睡足閒無事，自寫盧仝舊草堂。

清 李慈銘《霞川花隱詞》卷三《水調歌頭・伯寅侍郎饋洞庭碧螺春新茗賦謝》 誰摘碧天色，點入小龍團。太湖萬頃雲水，渲染幾經年。應是露華春曉，多少漁娘眉翠，滴向鏡臺邊。采采筠籠去，還道黛螺奩。龍井潔，武夷潤，岕山鮮。甕甌銀椀同滌。三美一齊兼。時有惠風徐至，贏得嫩香盈抱，緑唾上衣妍。想見蓬壺境，清繞御爐煙。

清　愛新覺羅・奕訢《廣四時讀書樂詩試帖・地爐烹泉然活火》　展帙書方讀，圍爐茗試煎。然宜催活火，烹合汲新泉。獸炭烘應暖，蟬膏焙更研。一鐺霏細焰，萬斛挹輕漣。榾柮煨簾外，旗槍鬬幾前。金沙融碧液，石鼎裊紅煙。兩腋風聲滿，雙團月映圜。此中清意味，長使洗塵緣。

又《一清足娱讀書者》　靜讀書齋裏，煎茶一味清。相逢皆樂趣，即此足娱情。月合雙團映，風從兩腋生。香猶煨石鼎，韻恰引瓶笙。自與澄懷契，何容俗慮縈。百編隨意覽，七椀想歌成。曉漏催籤遞，宵檠對案明。吾廬剛雪後，煮水又新烹。

清　愛新覺羅・奕訢《樂道堂古近體詩》卷一《春茗》　當春新茗瀹，七椀憶盧仝。爐鼎甘泉沸，旗槍活火烘。暗香浮玉盞，佳趣寄詩筒。沁齒清芬領，暄和揚午風。

又　卷二《烹茶》　煮雪茗新烹，詩懷一味清。旗槍斟玉盞，榾柮爇銀槍。甌泛花翻粟，瓶開響雜笙。品茶應計椀，兩腋好風生。

清　張之洞《茶甌對説詩茶**》**《樊山集・二家試貼詩》　酒罷詩成後，犀甌對品茶。烹煎勞檢點，論說妙梳爬。調水應裁竹，談經遠溯葩。頭綱評七碗，頤解析三家。小啜甘於肉，高吟粲似花。新圖傳主客，清思鬥尖叉。律細參聲病，香濃沁齒牙。賡揚逢聖世，錫宴侍重華。

清　周馥《追述前人苦况以示晉四首其三**》**《晚晴簃詩彙》卷一八六　三月招得採茶娘，四月招得焙茶工。千箱捆載百舸送，紅到漢口綠吳中。年年販茶苦價賤，茶户艱難無人見。雪中芟草雨中摘，千團不值一疋絹。錢小秤大價半賒，口喚賣茶淚先噍。官家榷茶歲算緡，賈胡壟斷術尤神。傭奴販婦百苦辛，猶得食力飽其身，就中最苦種茶人。

清　吴汝綸《桐城吴先生汝綸**詩集・謝丁鈁卿惠茶墨用相國贈吴南屏韻》**　驚濤捲雨飛如箍，輕舟劈箭風牆摧。道逢故人停櫂語，玄圭蒼璧相將來。高齋瞰江渺空闊，軒欞綠淨交疏槐。主人得客便忘食，試茶潑墨時掀豗。餅磬壘恥豈不惜，餽食加璧何其乖。我貧嗜好百無癖，石碾不用銚生灰。梁肉羶腴要湔雪，腐儒湯餅寗能災。三年奔走荒學殖，如農惰力田汙萊。薑芽斂手蛛網硯，窮鼠空齒欺童孩。煮藤粗識辨魚蟹，磨盾敢詡殲狼豺。雲腴松煤不易得，透紙怪發光咄哉。故人分似豈無意，封藏包裹猶疑猜。吾郡二物有包貢，歲時輦致驅虺隤。曷不薦此玉堂上，墮落筐篋吁可哀。貴賤隨遇物亦有，坐悟大化安沉霾。灑墨漸看蛇蚓結，烹茶坐覺冰雪皚。嗚呼君意茍如此，為試古研浮深杯。江平浪靜語不極，孤帆一葉乘風開。會澆枯腸出芒角，摩擬姚姒追娀郃。

清　吴昌碩《缶廬集》卷二《新茶懷貞壯》　新茶一味苦，苦亦耐幽尋。煎出雙鬟手，禪添老佛心。生風狂自賞，當酒夜還斟。只少談山客，清暉滿竹林。

清　袁昶《漸西村人初集・詩六・感舊絶句》　溪烟裊裊出深籬，為憶山中茶熟時。且喜山深無市榷，風甌泉味試春旗。

清　周家禄《壽愷堂集》卷二《品茶》　道逢東粵客，邀我嘗苦荈。為言氣味珍，務在烹燖善。從容出茶器，詭異炫人眼。汲井選花瓷，通泉聯竹筧。罌鼓蟾諸腹，琖剖飛奴卵。紛紛各位置，瑣瑣勞濯盥。最後出沙壺，鄭重比玉盌。操如栖有枋，舉笑鼎無鉉。芳潔似可珍，眇小見亦罕。宿垢既蠲除，香牙更剔選。嬰湯一勺多，文火三分緩。驟試鶴翎風，徐聞魚眼轉。因傾覆掌杯，請注連珠琖。一斟不教多，再斟不令滿。三斟始少有，小器終褊淺。鼻齅互嗟賞，口吸戒暴殄。老羌正苦渴，不覺笑而莞。多謝一涓滴，難救槁苗旱。

清　樊增祥《樊山集》卷一《秋夜同索生煮茶》　屋山月上霜滿庭，虛廊謖謖風葉爭。明鐙紙閣澹相對，菊枝墮影當秋屏。夜寒讀書宜得飲，起吹活火安銅瓶。我力豈能致官焙，薄有草茗聊慰情。篋中羽扇久封置，此時功與寒鑪并。乍見金蛇出復沒，旋聽蚯蚓嚶嚶鳴。斯須點出更芳冽，露芽淺碧花甆青。潛人點茶入鹽豉，庸知清濁須分明。佛芎甘菊以類至，心脾無事常和平。語生慎莫用龘篚，此君高潔非虛名。獨憐飲多每破睡，中宵望月心屏營。起尋破硯頌森伯，詩骨當與寒泉清。

又　卷四《采茶詞二首》　雲鬢金釵出左家，清明隨分看桃花。誰知螺鈿溪邊女，一月蓬頭自採茶。

分龍雨小不成絲，晏坐齋中試茗旗。乳燕出巢蠶上簇，山家又過炒青時。

又　卷五《謝余壽平大弟惠茶紙》　同客蓮花幕，翻勞貺玖琚。建谿茶銙小，蜀井紙簾疏。勝飲雞蘇水，堪臨玉枕書。淩雲誰屬草，終讓渴

相如。

又卷一〇《春暮携客訪聖惠泉試茶》 呵殿遊春亦偶然，解鞍松下午陰圓。朅來喜見琉璃聖，欲去欣逢橄欖仙。石上棋枰銷永日，風中鈴語散諸天。坡公故事君知否，判牘朝朝就冷泉。

又卷一六《余嘗以鷄汁瀹龍井茶餉客子培寵以佳什七疊前韻》 茶神何意得雞占，清似蒓羹未下鹽。齊蹠湯燖翻舊譜，越芽水遞報新籤。羹材紀渻篇中悟，風味樵青指下添。七椀飲人同不寐，劉歌祖舞送更嚴。

又卷一七《登長安寺平臺試茶》 清苦僧廚筍供修，偶來初地覓春愁。東風最解相如渴，一盞新茶乞趙州。石闌點筆一從容，卓午纔敲下院鐘。徒倚庭陰不能去，奈他千歲雪膚松。

又《戒壇夜坐看阿雲阿瑞煮茶》 細葉秋茶活火煎，松間一榻竟忘還。左家嬌女十三四，頗費脣朱鼎鐺間。舊青苔地月明天，夜冷纔勝半臂緜。若待小寒重到此，雪香松白映茶煙。

又卷一九《啜茗第五泉》 松壺老子箸書遲，水石真煩十日思。詩學紫薇畫青蚓，管名斑竹硯紅絲。寫伊僧院看花照，佐我風簾啜茗時。收入倪迂清秘閣，肯將奇寶詑波斯。

平生未到竹西頭，夢想蕭梁文選樓。曾對松寥清夜月，坐看瓜步隔江秋。宋人乞郡多思穎，漢室疏封或願留。我亦甘為五泉長，平山堂下狎盟鷗。

清樊增祥《樊山續集》卷二《煮雪》 夜寒留客聽松聲，鍊汞鎔銀茗事成。脾冷何人下薑豉，味腴以此代蓴羹。殷勤人意鵝毛暖，鬵沸春風蟹眼生。承旨侍兒堪絕世，解將羔酒換瓶笙。

又《啜茶》 甘露稱兄笑米顛，無人來共竹爐間。茶神夜泣清明雨，半乳咖啡滿世間。

又卷九《題何京兆聽泉圖樊增祥》 到耳清於風過簫，觀茶評水叩僧寮。茅家埠口孥船女，熟識腰間綠玉瓢。

理安寺裏一蘭闍，但到西湖似到家。誰識南朝何水部，此來不是為梅花。

又《盆桂再榮晚坐花下試茶作》 瓦盆四株桂，浹月兩見花。月閏花亦閏，愛茲秋日佳。花落復上枝，如迴故人車。縹葉下夕柯，丹蕤吐朝華。翻疑月中樹，無此金麥芽。薄暮倚庭竹，幅巾不宜紗。洗鐺命嬌女，賞以明前茶。葉葉江南雨，點湯碧無瑕。徘徊衣上雪，掩冉風中霞。圓甌納香氣，丹白紛天葩。斜陽在東壁，暝樹巢歸雅。微吟小山作，跡邇心已遐。

又《與女弟子繡漪試茶疊前韻》 紗帽煎茶薄暮天，虛廊鶴避竹罏煙。小團貢餅紅丁黦，本色官窑白定圓。可記酒潮尘昨夜，待烹雪水過今年。起居不似薇花廨，架隔疏寮似釣船。

又《吴客鬻珍珠蘭茶以雪水試之》 祇覺芳蘭氣味親，誰持珠蕊媚茶神。采香細擷湘花碧，隔紙微烘建葉春。箬籠翠緘溪上雨，竹窗玉映雪中人。退衙領略江南意，驛使梅花無此新。

又卷一二《余曩以鷄汁瀹井茶，愛伯師及子培張之以詩，頃研蓀太守復繼以詞。計愛師歿已七年，子培在淮南亦無消息，不虞一匕箸間，復有滄桑之感也。因賦長句，邀梅君研蓀晴谷仲綱和之》 樊山食料羅芳縟，不恤門生誚便腹。越芽齊蹠點湯新，銀絲繞匕松花熟。貧憐公膳隻非雙，雋佐客談清不俗。諫果剛疏那得仙，雞蘇淨妙方成佛。京華旅食十年前，瓶齋設客花含煙。捲簾看畫春風入，裏手彈棋細雨天。鑒別羹材出新意，紅肪綠茗交相契。東岡煮狗笑僧饞，南海食蠔覺坡膩。佳人夜起警雞鳴，祝翁老來諳茶事。鼎鐺時兼竹雨啼，爍塒暗繞松風細。霞川遺老真吾師，閒邀瘦沈來賦詩。絮羹啜茗互張掞，深杯倒盡青玻璃。先食冷淘後餺飥，蘇黄貧相吾無譏。魚羹粉菊坐習見，珠鰕蠶豆平無奇。遠憶建溪致團鳳，高吟百里烹伏雌。詩清莽淡共芳潔，一日郇庖天下知。邇來十年罷徵逐，秋夜西窗重剪燭。坐麾野馬避黄塵，小薦家雞烹碧玉。老來懷抱重淒其，風味爭如少俊時。淡薄黄花聊下酒，流連今雨更填詞。回頭草綠橋公墓，路遠無因奠雞絮。沈郎蹤跡落淮南，八月青霜凋桂樹。紀渻由來善斂藏，黨姬終是無風趣。當年巷北煮茶寮，滿地烽煙不知處。滄海橫流朝市遷，閉門聽雨過今年。淒涼莫賦山陽笛，唱和同尋汐社篇。

又 卷一六《研樵惠君山茶賦謝》　五月松風意未舒，清人來慰渴相如。纖籠幾費湘君竹，揀葉深緘柳毅書。一盞香泉梅雨嫩，數行新雁岳陽疎。故人茶串猶堪受，我亦當年陸敬輿。

日長吏冗費消磨，胸次猶涵七澤波。官餅香分兩團鳳，家山春瘦一青螺。宦情隴首秋雲淡，風味瀟湘夜雨多。為問舜祠老常住，銅瓶塼井近如何。

又 卷一九《宋人又有上元及咏茶二絶并奇麗漫和二解》　月采星華聚此宵，紅蓮豔發五雲高。人間子固真詩伯，壓倒王珪駕六鼇。

龍鳳連翩貢玉京，君謨陶鑄好門生。聃眉蟹眼通侯相，世世疏封不夜城。

又《試茶》　秋冷風鑪漸可偎，候湯評水助詩材。工夫可但茶中久，更玩成窑小泡杯。

又 卷二〇《星海遠寄佳茗二瓶瓷杯二事報以小詩用素瓷傳静夜芳氣滿閒軒爲韻》　雙奇武昌魚，腹中藴尺素。為念渴相如，遙遙茂陵住。建葉頭綱餅，成窑五采甆。喜逢秦嶺雪，恨少黨家姬。高樓吹笛夜，附鶴有書傳。似說羊嶁峒，春深減稅錢。淮南亦有言，斟酌其淑静。移牀就松風，聲香兩可聽。炳燭治文書，缾笙響清夜，母將咖啡來，減我龍團價。午香發杯面，含漱有餘芳。顔色如紅玉，依稀說姓梁。君最愛温公，我嫌頭巾氣。奈何强景仁，僧寮捨茶器。佳茗似佳人，持杯勿引滿。飲如吸百川，終是工夫淺。龍井渾抛卻，西谿畫舸閒。越窯濃翠色，長憶浙中山。前年行在雨，茗盌話東軒。石鼎聯吟地，松風夜夜温。

又《瀨雲鳳池兩觀察先後惠川浙佳茗賦謝》　不寐方知此味真，綠槍花椀伴蕭晨。水如許淡堪求友，茶不勝嬌也醉人。蜀使書回金雁雨，越娥價重碧螺春。峨嵋古雪西泠水，洗盡行都萬斛塵。

又 卷二一《雲生詩云酒爲封泥懶不開佳語也惜出句遜仿其意爲半律寄之》　建茶再淪湔根水，越酒全封印面泥。茶密酒疏王介甫，眼前真景即詩題。

又 卷二三《禪院女兒茶》　鬥茗來尋雪鴎師，鼎娥名字漫相疑。淨瓶甘露教誰捧，秋水禪心有妓知。消渴喜逢散花女，調泉應是竊符姬。蒲東寺裏枯魚淚，莫怪崔娘呴沫遲。

又《禪院女兒茶》　鳩摩洗鉢試茶旗，吞盡銀針始得妻。白日雲房花散雨，綠煙禪榻絮沾泥。嫩湯生眼横秋水，小葉如眉證菩提。居士巾瓶誰得侍，玉容靈照自扶攜。

又 卷二四《以龍井葉饋雲生有詩報謝次來韻》　養生常毁茶，飲多苦脾冷。客來自浙西，貽我以龍井。清詩由此出，雅耆豈能屏。點入白定甌，綠光照衣領。想見發漢皐，火車載而騁。珍重襲素鑯，謹嚴束紅緶。瀹以通濟泉，如持湖亭皿。色淡意轉濃，味腴香且永。獨飲復誰共，數之得八餅。惠過酒一瓻，意同粟五秉。華清有佳人，佇此團月影。病足不下牀，閉門謝朝請。徘徊苦後甘，積漸入佳境。暖閣鳴松風，銀波瀉壺嶺。昨夜雪在竹，紅鑪熱力猛。雀舌發香清，龍頭得句警。陶家冷生活，可以傲貴幸。新詩二百言，淡遠出明靚。和君白雪詞，取辦在俄頃。何當同夜話，煮燈紫微省。

清 樊增祥《畫妃亭試帖·賦得穿林自種茶》　林下張司業，閒吟手自叉。好穿芳草徑，來種紫茸茶。雨後園丁懶，風前笠子斜。射休詩柳葉，鋤不異梅花。屐綠頻黏蘚，囊紅細裹紗。蟻珠同曲折，鷹爪漫紛拏。鵲喜爭晴樹，龍香擘露芽。臣非園令渴，賜茗拜恩嘉。

又《賦得茶甌對説詩》　對舉雙甌雪，談詩到日斜。唐人工小説，越地有真茶。細煮頭番葉，交騰舌上花。董杯名借玉，匡鼎語尤葩。經苑羣推羽，騷壇兩建牙。評兼哥汝器，例仿校讎家。鐺沸金砂水，籠添粉壁紗。賡酬清意足，官鼓漫三撾。

又《賦得欲買娉婷供煮茗》　欲試紅囊茗，誰供臼與瓶。買春還鄭重，煮雪倩娉婷。閨療倉庚妒，甌分翠甲馨。蓄金思獵豔，栽竹待樵青。花貌明珠換，松風小玉聽。詩中添柳宿，渴後盼茶星。好置康成婢，閒翻陸羽經。涪翁情不淺，綺語在銀屏。

又《賦得樵青竹裏煎茶》　拜得樵青賜，新芽素手煎。竭來春竹裏，只候午茶前。名字含薪火，聰明品菊泉。綠篔消渴地，翠袖薄寒天。高士因依久，漁僮問答便。放同題葉女，飲異入林賢。香茗奩中賦，桃花樹杪煙。一灣西塞水，長與照釵鈿。

又《賦得茶香有碧筋》　似有松風起，茶聲隔戶聞。低回香在口，

詰屈碧縈筋。犀液微含馥，龍團細蹙紋。鷓斑添一炷，鷹骨入三分。氣味辛能養，芳馨卯不醺。井花清勝雪，祠樹綠於雲。透紙思顏字，談經愛陸文。

又《綺寮怨·冬暄極美坐南窗下試茶有作美成此調終宋世無繼聲者愛其音節入古一再倚之》 好是昭州顏色，軟簾新退紅。試玉硯冰纈微凝，朱扉掩綺日雲烘。家常羊肝半臂，黃綿襖，軟甚金線羢。側帽紗索笑南簷，梅花下處處逢放翁。小盞試斟紫茸。煎茶素手，何時竹裏相逢。寄語渠儂，一甌雪待春風。文園十分消渴，掌上露，不勝濃。霜華暗融，西臺一株，柏青到冬。

清 樊增祥《二家詞鈔》卷四《金縷曲·女兒茶》 一串風流紫。小銀瓶，紅箋楷寫，鼎娥名字。半響鸚哥呼不出，勞動樵青玉指。開翠眼、明如秋水。記得東坡評泊好，道佳人佳茗從來似。常領略，如蘭氣。

碧螺春色江南媚，算生朝、清明前後，牡丹開未？嫁與金鑾承旨去，膩鼎腥甌雪洗。早換了羊羔身世。的的茶星來枕畔，笑筍奴菌妾何風味？團月面，莫回避。

清 黃遵憲《日本雜事詩》卷二《日本雜事詩二首》 棗花潑過翠萍生，沫碎茶沉雪椀輕。矮室打頭人對語，銅瓶雨過悄無聲。

採取頭春到尾春，猩紅染色様翻新。自過穀雨茶船到，先揀龍團贈美人。

清 阮本焱《誰園詩鈔》卷二《題呂參軍煮茗圖》 沭水有萊園，方之古金穀。峨峨廉訪公，曆官楚南服。有子皆英英，最小人如玉。壯年不樂仕，甘作槃阿伏。名園雖已荒，山林維所欲。繪出煮茗圖，秋陰坐濃綠。東海一船石，渭川千畝竹。先臣清俸遺，於此寄高躅。奚童差解事，火活新泉熟。一杯復一杯，洗盡腸腑俗。真味在自然，何必《茶經》讀。夷門君戚好，共我事陶淑。三載足千古，雲龍相追逐。津津道其勝，饞涎咽餘馥。交遊偏淮海，失君毋乃獨。會學孟襄陽，來就重陽菊。

清 陳寶琛《滄趣樓詩集》卷四《蛇莓山西人豬水處俗呼石流水》 爨洗相須有萬家，故應抱甕薄南華。君看三疊匡廬瀑，祇與山僧煮茗芽。

又卷八《藜觀僦居蒙泉山館以泉水寄餉》 髫齡食宿習琤琮，老隔雲山夢萬重。早潔心源何敢濁，偏嘗世味幾層濃。書來為喜居新卜，瓶拆遙知手自封。終望及身見清晏，從君啜茗最高峰。

清 王鵬運《半塘定稿》卷二《水龍吟·惠山酌泉》 黛眉不點吳娃，淩波獨秀空煙際。疏林霜染，深蹊苔澀，虛堂瀾綺。濺沫跳珠，清聲瀉玉，石鱗荒翠。自憑闌照影，古人不見，閒愁逐，輕鷗起。一桁竹爐煙細。臥聽松，箏琶淨洗。孤懷誰識，臨風把琖，低徊問水。斜日遊船，古陰秋苑，笙歌催醉。喚銅缾載取，歸來重試，在山泉味。

清 丁立誠《王風箋題·送甜水》 京師為鹹地，故井水多苦，不能供飲，僅資浣濯之用，惟西北一帶之井，味多甜，東南則甚少。凡汲井之人，設高架以轆轤繫藤桶而轉之，一上一下用以取水，日以小車載之，致送人家，按月取資，謂之曰送甜水。居人飲而甘之，輒亦曰甜。

泉源分來甜與苦，甜者宜茶活火煮。桔槔日轉水飛升，送遍千門與萬戶。地雷震烈東華門，大小甜水井眼渾。一莊荒了宗藩邸，飲水難忘知遇恩，五世舊澤應猶存。

又《上茶館》 茶館，飲茶之所也，即茶寮，一曰茶坊。光緒庚子以前，京師茶館不多而陋。大率列長棹於廳事，茗飲者自備茶葉，以次列坐，坐既定，出當十錢一文，買其水，且有挈壺以往者，館中亦售餅餌。

捲餅大嚼提壺飲，並坐橫肱雜流品。清晨邀客且烹茶，人聲鳥聲衆喧甚。內城白肉深溝羊，包辦南席東麟堂。熊掌與魚我所欲，燒鴨首推便宜坊，弱筆自慚錄夢粱。

清 丁壽昌《睦州存稿·明太祖供奉盞歌》 乙未春，購茶器數事，有一盞極白，當書大明洪武年製。盞中一茶字，按高氏《遵生八箋》云，明世宗壇盞皆有茶湯等字。知此供御物也。

昆吾瓴，始作匋，旅人摶埴何堅牢。渭流脂水濾定土，雨過天青開越窯。明初定鼎方南渡，不尚豪華崇樸素。鏤金床榻班詔書，桃核酒杯獻詞賦。貢來玉盞登華筵，賜茶別殿延英宣。青田已沒文憲老，此盞流落歸人間。豈知嗣主窮民力，蟹爪龍泉競奇色。雞缸泛采堆宣紅，壇盞生光造填白。天家匱董儕尊彝，百金競購成青磁。採莎此盞三歎息，卻憶高皇崇儉德。

清 **葉申薌**《**小庚詞·天香**龍井茶》 雀舌冰芽，龍團雪餅，茗戰漸開唐後。顧渚旗槍，洞山羅岕，舊錄浙西傳久。龍泓新品，雙絕是、靈湫配就。活火須求烹法，松聲更調湯候。《茶經》策勳誰右。論香甘、建溪居首。試向春風細囁，品題難剖。甌面素濤微皺，笑只合、名姬戲相鬭。破睡封侯，怎能廝勾。

清 **黃燮清**《**倚晴樓詩餘**》**卷三**《**一叢花**同人游皇覺寺時山茶盛開老僧瀹茗餉客詞以賞之》 臨江蕭寺夕陽中。垂柳艤孤篷。幽廊細徑無人到，透春信、偏有東風。天女散成，維摩拈出，色相總難空。華嚴七寶鬭玲瓏。噴作杜鵑紅。茶煙未許禪心定，又堆起、錦帳珠叢。巾上睡痕，衫邊啼暈，應與此花同。

清 **程鴻詔**《**有恒心齋集·詩**》**卷四**《**閏端午次寶應湘鄉師樹下茶話**》 角黍重餐後，維舟實應城。灑塵微雨過，滌暑好風生。大樹無邊蔭，寒泉有味清。豈惟寬禮數，吾道本人情。

又《**和述仲師答北坪見和詩韻謝師賜茶**》 餉茶勞使者，風雨水無涯。博士談經早，粗官秉節遲。詩清蘭北渚，人瘦菊東籬。亦有河魚疾，山薊慰所期。

又 卷六《**浮梁縣**》 風送菜花香，江干住客航。買茶人不斷，應是到浮梁。

清 **范當世**《**范伯子先生詩集**》**卷五**《**客至汲泉煮茗**》 山居習嬾更無文，但語兒童見客勤。客為主人消積渴，主人留客至斜曛。

又 卷七《**賽博酬余贈荔支倒押子瞻南村諸楊一首韻余仍依原詩韻次答和并餉以茶**》 三日不聞提壺盧，便愁吾友詩腸枯。海航荔枝一夕到，酒命短僕提籃驅。午風亭榭汗漬襦，此物著口凉生膚。醍醐灌汝足真悅，勿復暖暖還姝姝。東南口腹天下無，嗟爾墮落東北隅。槎枒大餅實腸胃，鹽酪不美茶芽粗。道人有道服食異，雙龍煮湯生呑珠。薦汝楨虬亦易盡，再割雲腳分精腴。莫嗤座上左元放，還能立致淞江鱸。傾筐倒篋吾何吝，相可而授君其圖。

清 **徐世昌**《**水竹村人詩集**》**卷三**《**八月二十二日雨中睡起**》 午夢初醒坐無語，廊外煎茶學陸羽。耳邊布穀不斷啼，為報村東半梨雨。

又 卷九《**客來**》 檢點琴書拂石牀，秋深庭院襲朝涼。綠陰冉冉棕櫚徑，紅葉蕭蕭辟荔牆。野饌試烹菰筍白，新詩吟對菊花黃。客來撥火開茶竈，雙井新芽共品量。

清 **康有爲**《**康南海先生詩集**》**卷一**《**大吉嶺後嶺接茶園茶花皆白夾道十里**》 大吉嶺頭茶有名，短叢覆嶺葉青青。松陰夾道引流水，十里白花生素馨。

又 卷一三《**龍井**》 再來飲此一泓清，碧鮮沿崖聽水聲。卅載四來經幾劫，青山仍淨證無生。

破寺蕭條佛不尊，辯才抱樸認茲身。我亦東坡久遷謫，修篁古徑重溫存。

人世何須問濁清，名山且共聽泉聲。茶香水熟群相屬，潤我枯腸詩思生。

幾度滄桑道益尊，髯翁合許證前身。破除煩惱渾閒事，得伴清遊至樂存。

亂後寺庵皆迁劫，我來龍井一茅庵。卅年樓閣華嚴現，常清功德在禪龕。

清 **梁鼎芬**《**節庵先生遺詩**》**卷一**《**清河**》 清流雙塔店，小聚幾人家。歷歷前朝事，停車自買茶。

又 卷六《**題畫六首**其二》 文敏忠敏君所親，二公真是千載人。前窺篆勢今書稿，大井一茶三十春。

清 **景廉**《**冰嶺紀程·度嶺吟**》《茶尖》 行來中路日將斜，小憩荒郊興轉賒。木椀銅瓶攜取便，自燒野草煮湖茶。

清 **何慶涵**《**眠琴閣遺詩**》**卷一**《**庭前井水清而不甘每晨出南門取河水爲茗飲之用**》 庭前得井洌且寒，應有甘泉供煮茗。何來苦鹹人不食，翻思酌彼行潦洞。河水活活清且甘，取自城南途非迴。挹注往來養不窮，綆汲徒勞究殊等。晨和花露試新茶，縷縷松煙生石鼎。

又 卷二《**寒夜烹茶**》 紙窗竹屋足盤桓，煮雪吟詩趣未闌。茶試新烹堪永夜，爐添活火不知寒。幾番聽徹瓶笙響，百沸煎來玉乳團。何減由年坡老興，梅香更好助清歡。

清周學熙《止庵詩存·外集·茶鼓》 靈鷲山前第幾峰，通通茶鼓暮煙濃。西湖不少僧行脚，誤急歸心飯後鐘。

清丘逢甲《嶺雲海日樓詩鈔》卷四《潮州春思六首其六**》** 曲院春風啜茗天，竹爐欖炭手親煎。小砂壺瀹新鷗嘴，來試湖山處女泉。

又卷六《饒平雜詩十六首其十三**》** 古洞雲深鎖百花，香泉飛飲萬人家。春風吹出越溪女，來摘山中待詔茶。百花洞在待詔山，山出茶。

又卷一〇《長句與晴皋索普洱茶》 滇南古佛國，草木有佛氣。就中普洱茶，森冷可愛畏。邇來入世多塵心，瘦權病可空苦吟。乞君分惠茶數餅，活火煎之簷蔔林。飲之縱未作詩佛，定應一洗世俗箏琶音。不然不立文字亦一樂，千秋自撫無弦琴。海山自高海水深，與君彈指一話去來今。

又卷一三《寶積寺》 路轉青林石磴懸，佛廚巖腹起蒼煙。滿庭花影茶笙響，來品羅浮第一泉。

又《選外集·題陳曼生砂壺銘拓本爲虞笙作》 絕代才人陳曼生，官閒檢點到《茶經》。流傳江上清風印，妙配砂壺手勒銘。

清丘逢甲《臺灣詩乘》卷五《臺灣竹枝詞》 新歲嘗新已薦瓜，春風消息到兒家。綠磁正汲南壇水，一樹玫瑰夜點茶。

清言敦源《兟莊文稿·試茗》 試茗紗窗下，楊花似蝶飛。郊居遠塵俗，多病事心違。

又《鬥茶》 竹馬鳩車笑語嘩，偶分梨棗亦私拿。老夫自問名心減，偶與諸孫學鬥茶。

清夏敬觀《忍古樓詩續》卷一《陳石舫招飲岩茶聞所藏尚有大紅袍品最上賦此以堅後約》 晶鐺電火赤騰光，澆熟砂壺百沸湯。盍取紅袍教品第，更煩金剪試鋒芒。腸輪轉急須輕沃，舌木甘回要細嘗。猶記岩僧初採摘，鼻頭功德樹頭香。

又《瓶齋品茗次孝魯韻》 為愛當壚在市中，每歸燈火入冥濛。今朝無酒呼歡伯，舉座將試賦惱公。稍賴茗甌烹葉白，頻看韭帖贊楊風。猶防寒具多油污，食案先教便了空。

又卷二《孝魯茗座論詩兼示默存》 歧途文字感迷陽，二子胸中有主張。稍具糕盤鄰節物，共持茗粥瀹詩腸。善溝夷夏談何易，如帶風騷道未亡。此事正須英彥力，吾曹老學已尋常。

清連橫《劍花室詩集·茶二十二首**》** 山水之間見性靈，平生愛好是茶經。衆中陸羽今何在，把臂同來辨渭涇。

若深小盞孟臣壺，更有哥盤仔細鋪。破得工夫來瀹茗，一杯風味勝醍醐。

紙窗竹屋絕纖塵，自瀹清泉瀉供春。難得素心人對語，晚來妻子共沾唇。

陽羨名陶取次求，大彬而後幾人收。潘家別具甄埏手，□□□□□□。

四家名器世同稱，別有奇壺署發僧。君德逸公何足數，古香古色獨飛騰。

新茶色淡舊茶濃，綠茗味清紅茗穠。何似武夷奇種好，春秋同挹慢亭峰。武夷多奇種，而慢亭峰尤傑出。烹瀹之時，須以春秋兩季之茶合泡，色味方勻。

安溪競說鐵觀音，露葉疑傳紫竹林。一種清芬忘不得，參禪同證木犀心。

北臺佳茗說烏龍，花氣氤氳茉莉濃。飯後一杯堪解渴，若論風味在中庸。

松風謖謖瓦鐺鳴，火候還看蟹有生。細檢相思燒作炭，泥爐竹扇□雙清。

故園花木擁寧南，祖澤汪洋兩井甘。劫後重尋遊釣地，只餘古月印寒潭。

岡山寺外兩泉奇，曾侍先嚴禮大悲。曉起瀹茶親供養，慈雲甘露至今垂。

瑞軒風景最清華，汩汩新泉湧水花。竹簟蘆簾詩味永，客來更與試奇茶。

□□□□□□□，獨有高人葉水心。揀得奇茶頻就我，清談不覺夜鐘沉。余居臺北十二年，與葉友石先生交最篤。先生精醫術，能詩，能書，能飲，又嗜茶。每得奇茗，輒就餘煎吃，據榻清談，夜闌始去。

初秋曾到淡江邊，萬綠叢中嘒一蟬。邀得詩人洪逸雅，旗槍相對試

山泉。淡水，水道發源之地，距市數里，樹木蒼茂，水由石罅而出，為世界第三名泉，以其水質極佳也。初秋，曾與洪逸雅煮茶於此。

回首津門坐月明，清談難遣美人情。一壺秋圃今猶在，桑海浮沉歲幾更。

羊膏美酒醉顏酡，冠蓋京華意氣豪。南柳巷頭春寂寂，烹茶我自讀離騷。

醉鄉沕漠睡鄉幽，大種粗豪小種柔。茶雨半簾春欲去，一甌真足蕩奇愁。

卻暑何能浣熱腸，時人競作飲冰狂。新泉活火親煎吃，一碗翛然竟體涼。

坡仙風格本清奇，試院煎茶自賦詩。不用撐腸五千卷，一甌常及日高時。（東坡《試院煎茶》詩：『不用撐腸文字五千卷，但願一甌常及睡足日高時。』）

爐篆瓶花小閣幽，客來細與試釵頭。盧同俗物安知味，七碗何殊飲渴牛。

塵寰擾□□□□，濁世何能判醉醒。我與三儂同□□，酒星摘去換茶星。清初汪三儂自序有『我欲上奏天帝廷，摘去酒星換茶星』之語，余亦有此懷抱。

清 蘇曼殊《本事詩十章其二**》**（《邵氏詩詞庫》卷八七〇） 丈室番茶手自煎，語深香冷涕潸然。生身阿母無情甚，為向摩耶問夙緣。

清 謝章鋌《賭棋山莊集・詩十三・由歸宗訪玉簾泉茶話久之》

一人蛇前旋，一人猿後引。一人鶚孤視，衆人鹿爭挺。綫路臨虚空，凶石位甲丙。履險責神全，碎步默自省。延緣得小洞，放膽闖淨境。人情喜趨寶，泉聲勇出嶺。四圍高接天，乍入卑墜井。戢戢裹雲氣，點點散雨影。欣有大盤陀，環坐支爐鼎。水冽茶愈香，地幽火宜猛。縱談不覺喧，高懷少所警。摩崖紀姓名，留示千秋永。口角霏煙霞，佳趣或共領。出坎千丈白，當風半身冷。不為山澤癯，轉瞬失清景。

又《詩十四・憩一覽亭見隔山茶徑甚險》 天下大利歸茶林，種茶直上山之陰。攀援努力鑽石骨，萬險不足寒其心。微凹側足難盈尺，眼光下墜千巖深。中途忽斷長梯接，人強梯弱頭岑岑。性命鴻毛敢顧惜，賣茶但願多黄金。時不再來亦折閱，腥風叵測飄南琛。罾田鏟削滅方罫，巨木斫伐驚蕭森。大雨時行少停蓄，洶湧登陸神州沉。狂濤所過盡摧塌，雖有佳茗誰能斟。從來有利必有害，地脈盡發陰陽侵。邱壑如聞鴻雁哭，旗槍要令魚龍瘖。

又《詞四・喜遷鶯・品茶》 寒共暖，試猜詳，一味愛清涼。不知何福作壺觴，消受口脂香。卓女愁，相如病，消渴由來共命。瓠犀僥倖得親嘗，即此是瓊漿。

又《詞八・百字令・煮茗》 石泉一掬，看樵青，盥手時壺輕抹。酒夢乍醒，詩夢澀解為相如澆渴。水眼圓邊，蓮須點處，巖蜜香初割。雞缸淰淰，幽蘭一朵猶活。卻歎選偏旗槍，芙蓉暗換，毒草黄金刮。雨後頭綱，喧市舶劫火，一爐忙煞。茶苦難甘，湯揚愈沸，餘瀝隨人潑。瓶笙聲裏，傷心白盡華髮。

清 王樹枏《陶廬詩續集》卷二《取雪煎茶與鐵梅同賦用東坡和蔣夔寄茶韻》 日來小結詩中緣，高歌望子心常便。枯腸索盡要沾溉，好思誓與君爭鮮。飲酒百錢不解渴，燥腹苦憶金沙泉。主人登天斫團月，玉魄墜手光輕圓。嫦娥掩淚萬妃怒，粉淚灑地翻銀川。呼龍召鳳攫不得，鱗羽散作璚花筵。主人見此心語口，掬手未飲先流涎。煉銀為漿玉為液，敲松取火輕煎研。隱隱風爐響雷鼎，垂手坐憶燒丹年。白花凝盌香裂鼻，美味肯讓同人先。舉座歡呼作虹飲，玉壺不用沽春錢。兩腋清風颯然至，興來又被詩魔纏。文章草草百年盡，有如此雪經湯煎。青紅滄海變時局，敲冰鬭句非爭賢。碧餑流芬且適口，排門白髮休嫵妍。更入崆峒煮丹藥，老朽不辭來受鐫。

又卷五《曉起煎茶》 胸中塵土不可箴，曉汲新泉種寒火。龍文寶鼎丹砂斑，腹中隱把風雷鎖。穴地初聞響蚯蚓，繞梁繼復鳴蜾蠃。須臾車聲虺虺來，疑是阿紅手推拕。古人煎水要工夫，急雨跳江珠萬顆。龍餅團團小蒼璧，細碾濃煎纔適可。骨清肉膩得真味，嫩黄灩灩葵花朵。磊塊一澆萬事滅，鶴髮迎風飄婀娜。煎點不須煩綠珠，膝下嬌娃奉阿爹。髯蘇嗜茶最愛惜，切勿鑽營慎包裹。

清 章鈺《四當齋集》卷一〇《謝劉芝坪惠泉之餉》 品罷白雲泉，急雨散歸翩。入門得所欣，幾折遊春屐。雲自惠山來，不數瀛洲液。太真第二流，諧笑補水說。劉侯昔經行，澈底照清白。一斛載吳船，廉於鬱林石。為念疏狂人，耆茗得茗癖。團團鬼臉甕，流汗走臧獲。賤子生水

鄉，少有江湖役。近遊訪憨憨，遠者八功德。中泠大江心，六一孤山側。雖不淄澠分，頗亦涇渭別。所期東南天，搜討百川脈。昔泛芙蓉湖，勝踐違咫尺。三復水遞篇，夢繞龍山碧。竟償十年願，今夕復何夕。時節過清明，槐火熒熒赤。如水見交情，在山證心跡。願言滄浪波，招我濯纓客。

又卷一一《劉寄雲先生寄贈碧螺春以詩謝之》 年來鄉思到春濃，茶串驚看手自封。願我早歸公老健，相攜同上碧螺峰。

清 虞景璜《澹園詩集》卷上《消寒四咏》 別樣清詩味，《茶經》惜未工。眼生同說蟹，爪印頓消鴻。冷嚼冰梅共，香團玉乳融。竹爐新柳火，滚絮不因風。

清 李宣龔《碩果亭詩》卷下《就石舫啜茗用吷庵同年韻》 雙團猶帶紫緋光，不學萍洲喚點湯。煮銚豈須敲石火，揀槍隨自展霜鋩。泉甘政賴卿能識，樹少爭誇某未嘗。為問海山僊館客，絳糯何似荔支香。

清 李宣龔《碩果亭詩續·鶴濂求題紅茶山館煮茗圖》 君詩非為飲茶清，水厄生涯見性情。蟹眼羊腸工比似，一甌坡穀各爭鳴。

櫓聲帆影報花開，華表人歸鶴亦來。韻事只除天上有，鬮詩賭茗傍妝臺。

清 李雲生《榆塞記行録》卷三《九里山茶憩示寺僧覺樹》 山中僧苦不參禪，茶竈煙銷午夢圓。七椀風生留坐久，萬峰飛到寺門前。

清 趙尊岳《高梧軒詩全集》卷五《家人以新茗見貽用東坡和蔣夔寄茶韻答之》 簿書栗六喜絕緣，科頭跣足隨所便。只嫌官食不足具，興來時或羅甘鮮。細君饜我花豬肉，媵以顧渚烹芳泉。鳳團龍餅久無分，眼明倏覩輕甌圓。乳新花箔動微沫，綠沉葉細翳長川。漸同諫果奪至味，頗擬歡伯鬭華筵。停湯乍沸初入手，清韻再品將流涎。平生此道吾不尚，旨芳茶苦罕尋研。獨居習靜自茲始，繩牀直欲了窮年。酒香稻熟付瘖痳，旗槍況復當春先？聞之尤物近難致，論斤直逾百萬錢。舊攜龍井每盈篋，今日慎莫輕腰纏。尚慳中泠水一勺，文磁活火相熬煎。拋殘心力償妙趣，得謂識小猶其賢。解事盧陸去已遠，鈍根強欲辨媸妍。佳人佳茗試續句，且膏枯吻煩雕鐫。

清 沙元炳《志頤堂詩文集》卷三《南洋勸業場湖北館竹樓茶憩》 江靈吹送楚天秋，縮地移山見此樓。遊遍廣場千萬户，卻從茶熟夢黄州。

又卷九《友人饋龍井茶》 一春不聞簷溜鳴，枕中忽動鈞天聲。起呼僮豎洗甆盎，開門一笑明河横。平生飲茶雞鼠腹，苦摘雲腴付泥濁。安得送茶兼井至，省乞山僧剖符竹。

又卷一〇《過茶庵贈凌雲上人其一》 麥光挹雨乍鋪青，水柳才花未化萍。欲聽鐘聲辨遠近，卻翻梵唄誦《茶經》。

清 真逸《謝闇公餉茶笋》（《宋臺秋唱》卷下） 一笑開緘不自持，溪茶山筍遠相貽。搜腸愧對清風使，合掌真參玉版師。臘酒三杯微醉後，春蔬半把軟炊時。廿年飽飫官家饌，至味於今始略知。

清 史念祖《俞俞齋詩稿初集》卷上《采茶曲》 出門連襶春采茶，明璫窄袖衣朝霞。綠縧黏塵拂不去，東風吹落棠黎花。妾家村落指煙樹，囑郎記取谿頭路。同來姊妹攀碧蘿，幽徑相逢莫回顧。

清 楊靜亭《都門紀略》卷六《茶葉店》 茶店初開色粲陳，試來茗椀一番新。日長猶是尋常味，金柱應教映帝闉。

清 徐永年《都門紀略》卷六《茶聯》 永教滿貯龍團液，順便來傾雀舌茶。

清 金天羽《天放樓文言·游龍井度風篁嶺尋烟霞石屋諸洞經理安寺晚至虎跑泉》 武林四月山泉涼，千山萬山茶樹香。泉流竹根鳥鳴轂，陰嶺闃閉陽崖張。我行先叩龍井寺，石幢花影風飄揚。龍泓水泉隱山曲，叢篁老樹跨石梁。松枝活火煮石銚，瓶笙幽咽聞宮商。雲腴露蕊粉瓷碧，禪榻午夢蘧蘧長。夢行忽度風篁嶺，西湖倒景浮林光。煙霞石屋兩古洞，奧衍曠朗各擅場。佛貍中原侈佛教，造像祈福鐫金堂。伏龍乾虎楊大眼，太妃孫寶王元詳。道略五百更精絕，佛岩摩崖舉國狂。靖康覆社馬渡江，士夫憔悴皈空王。千斤萬指病山骨，坐令翠壁生疿瘡。鬼花獻媚佛含笑，士女瞻拜誇明妝。山回轂轉理安寺，高楠巨竹山遁藏。碧天無縫青嶂合，乾坤一色疑混茫。老僧曾作宰官夢，誕登覺岸憑慈航。文士結習未捐棄，法書名畫收琳琅。虎跑泉當石屋面，樵風吹上松柏岡。轂泉澌澌響珮玦，香茗纂纂裝筠筐。東南六泉我品七，此遊風味當難忘。山鐘搖暮下坡

去，雷峰塔掛斜陽黃。

清 陳曾壽《蒼虬閣詩》卷二《雨後同貽先覺先買茶至法相寺》

買茶雨後來山寺，乍啟虛堂意界寬。修竹連牆邀雪淨，高櫞一樹破僧寒。聞鐘漸覺安心竟，出谷方悲值世殘。無用傳衣參佛祖，夢魂應繞白雲端。

又《同覺先詢先兒子邦榮邦直游陶莊》 秋晶躡屐南峰高，陶莊之勝臨峰腰。修篁半天結一綠，萬鳳交舞鳴蕭韶。緣坡剖竹走泉溜，鬱律直下鯀青蛟。陰陽咫尺異寒燠，我踵屢息忘疲勞。長耳老僧入禪處，潛竇細瀉瑩泓坳。結跏一念萬年去，至今幻體猶堅牢。洪楊奇劫斷金臂，飛礫颯颯天神仞。試升絕頂望城邑，紅鱗萬瓦秋陽驕。西泠當前渺一勺，隔江欲挹寒瘿瓢。當年純皇奉文母，屢駐絳節觀靈潮。琳宮法宇變荊棘，陰崖突壁空蕉嶢。百年反覆憫狂稗，淨土往往污腥臊。妖祀客魏等然耳，了知彈指灰塵消。丹牆一角餘正色，煙竿猶認錢祠遙。清都赤城起方寸，避世何地違氛囂。山僧烹泉薦綠茗，粗瓷盛玉逾名窯。有梅憑巖最殊絕，雪時待訪青霞嬌。

又 卷三《九日同龍山居士觚廠九兄四弟五弟七弟兒子邦榮邦直烟霞洞登高其三》 石鼎茶聲沸冷泉，夢浮秋水欲黏天。棲遲卻與龍山老，來共僧房半日眠。

又 卷七《景文誠公入直行園，常以茶囊自隨。公逝後三年，予於公所治事之案，得所臨晉人行楷一束，遂與愔仲分存之。又遺烏龍茶二瓶，試啜之餘，感叹不已。與弢庵年丈愔仲作詩紀其事，并爲之圖》 春明殘夢官焙香，廿年江海真淡忘。淚銷鳳燭滴不盡，復此蓮勺霑恩光。從龍帷幄幾人在，零落走散殊可傷。與君對直歲月久，惟有景老同回翔。眉龐須礫語言直，入直常自攜茶囊。當年草牘連案几，即今不忍窺遺藏。我來拂塵辨手跡，爭寶片紙如琳琅。篋留雙瓶貯佳茗，海南風味烏龍強。試煎小啜遺長晝，洗滌煩濁生微涼。清嚴如見故人面，致身晚節真堂堂。逍遙坐食愧何補，膌癖文字沉膏肓。苦吟漫追雙井黃，正坐車聲繞羊腸。

又 卷八《至味》 至味惟蔬食，相親只苦茶。溫經略上口，習字偶塗鴉。有夢依蕭寺，無情到菊花。未能佛弟子，且近僧生涯。

清 程嵩齡《程氏遺稿四種·盧仝婢》 赤腳無齒凍梨面，短髮蕭騷發如線。阿翁賣賦錢留賓，一聲喚茶驚四鄰。破屋三間雜竹樹，籬邊一犬語狺狺。去年送阿姊，今年送阿妹。作嫁送完姊妹行，說到桃夭志已傷。回頭顧阿翁，但見朗吟五千文字聲摩空。

又《鏡香井歌》 桐陰覆處清晝長，一鏡露浮苔色香。金瓶素綆久岑寂，元禽舊井空蒼茫。當年度地宮牆畔，璧落銀河劈分半。池中筆穎搖空明，文曲闌干井邊煥。朝汲水痕鮮，幕汲石痕穿。何陳好事理陳蹟，重與洗滌通清泉。君不見一簣為山九仞井，汲古從來賴修綆。清齋活火手煎茶，翻羨先生官不冷。忍教瓶羸甕漏長雕殘，轆轤無聲泉水寒。

清 程紹昌《春暉草堂詩文稿·青桐館茗譚》 新茶嫩過春於綠，小敘能教客沁心。君自譚詩吾讀畫，參來笙磬總同音。

又《奉和禮堂司馬茗飲城北茶亭原韻》 午簞乍醒棋算劫，壺中日月況如年。泉分唯水清時夢，扇引松風靜裏天。獨向淄澠參道味，漫評甘苦叩先賢。關心欲慰民飢渴，太息衡陽阻雁箋。

清 程祥棟《松承堂詩文稿·沁園春辛卯冬含碧草堂詠古分得陶學士掃雪烹茶》 南雪催寒，北風做冷，又逼殘年。怪飄泊鵝毛，原拼珠碎，掃除鸞尾，肯汙瓊妍。芋火紅乾，竹爐翠濕，摻取梅花細乳煎。霏微處，倩紙窗淅簌，留住斜煙。

料他太尉華筵，唱徹琵琶大小絃。笑歡也難勝，銷金帳裏，夢應不到，軟玉甌邊。一味冰清，幾番露嚥，沁入詩腸欲化仙。怕來日晴檐細滴，流入肥泉。

清 陳瀚一《甘簃詩集》卷七《草山茗坐》 稻田聲噪隱羣蛙，叢碧深山映晚霞。看遍野花多豔色，難尋美酒飲清茶。

清 王紹薪《約庵詩錄·憶樾蔭茶亭木刻聯》 塗鴉初學法歐虞，繼學東坡笑墨豬。樾蔭茶亭聯語在，書時還紀十三餘。

故鄉槐柳盡橫陳，聯木同災斧作薪。茶味卅年今已淡，不堪回首站話兵塵。

又《大寒前五日武仲約同筱雲小磐茗談即賦》 九龍與香江，相

隔水一線。如何渡江人，一年才數面。一見老一回，歡然作茗戰。國事屏不談，以詩為談片。茶香入詩腸，化作煙雲絢。大寒節方催，消寒酒同薦。故人呵凍來，綈袍同眷眷。珍重此歲寒，好春待重見。

又《曉起烹茶》 淩晨汲水自烹茶，水亦山泉味稍差。聽到瓶笙心已淨，始知人海有山家。

衆生顛倒如消渴，六合飛揚盡戰塵。欲向人間除苦惱，每從茗罷悟迷津。

歷代茶文部

先唐茶文

晉 杜育《荈賦》《藝文類聚》卷八二　靈山惟嶽，奇產所鍾。厥生荈草，彌谷被岡。承豐壤之滋潤，受甘霖之霄降。月惟初秋，農功少休。結偶同旅，是采是求。水則岷方之注，挹彼清流；器擇陶簡，出自東隅。酌之以匏，取式公劉。惟茲初成，沫沉華浮。煥如積雪，曄若春敷。

唐五代茶文

唐 韓翃《爲田神玉謝茶表》《全唐文》卷四四四　臣某言：中使某至，伏奉手詔，兼賜臣茶一千五百串，令臣分給將士以下。聖慈曲被，戴荷無階。臣某中謝。臣智謝理戎，功慚蕩冠，前思未報，厚賜仍加。念以炎蒸，恤其暴露。榮分紫笋，寵降朱宮。味足蠲邪，助其正直；香堪愈病，沃以勤勞。飲德相懽，撫心是荷。前朝饗士，往典犒軍，皆是循常，非聞特達。顧惟何幸？忽被殊私，吳主禮賢，方聞置茗；晉臣愛客，纔有分茶。豈知澤被三軍，仁加十乘，以欣以忭，感戴無階。臣無任云云。

唐 常袞《謝進橙子賜茶表》《全唐文》卷四一八　臣某言：中使某至，奉宣聖旨。以臣所進太清宮聖祖殿前橙子，賜茶百串，榮賁非次，承命競惶。伏以陛下尊元元于上宮，本枝既盛，降馨香于嘉木，果實自珍，常令護領之司，及時採掇以進。臣謬當宰職，正在戎期，豈望皇澤之曲臨，寵及下臣之私獻。貪天是懼，跼地載惶。無任。

唐 毋煚《代茶餘序略》《全唐文》卷三七三　釋滯銷壅，一日之利暫佳；瘠氣侵精，終身之累斯大。獲益則歸功茶力，貽患則不爲茶災，豈非福近易知，禍遠難見。

唐 呂温《三月三日茶宴序》《全唐文》卷六二八　三月三日，上巳禊飲之日也，諸子議以茶酌而代焉。迺撥花砌，憩庭陰，清風逐人，日色留興，臥指青靄，坐攀香枝，閒鶯近席而未飛，紅蕊拂衣而不散。迺命酌香沫，浮素杯，殷凝琥珀之色，不令人醉，微覺清思。雖五雲仙漿，無復加也。座右才子南陽鄒子、高陽許侯，與二三子頃爲塵外之賞，而曷不言詩矣。

唐 顧況《華陽集》卷上《茶賦》　稽天地之不平兮，蘭何爲兮早秀，菊何爲兮遲榮。皇天既孕此靈物兮，厚地復糅之而萌。惜下國之偏多，嗟上林之不生。至如羅玳筵，展瑤席，凝藻思，開靈液，賜名臣，留上客。谷鶯囀，宮女嚬，泛濃華，漱芳津。出恒品，先衆珍，君門九重，聖壽萬春。此茶上達於天子也。滋飯蔬之精素，攻肉食之羶膩，發當暑之清吟，滌通宵之昏寐。杏樹桃花之深洞，竹林草堂之古寺，乘槎海上來，飛錫雲中至。此茶下被於幽人也。《雅》曰：『不知我者，謂我何求。』可憐翠澗陰，中有碧泉流。舒鐵如金之鼎，越泥似玉之甌。輕烟細沫靄然浮，爽氣淡烟風雨秋。夢裡還錢，懷中贈橘，雖神秘而焉求。

唐 劉禹錫《劉賓客集》卷一三《爲武中丞謝新茶表》元衡　臣某言：中使竇國安奉宣聖旨，賜臣新茶一斤。猥降王人，光臨私室。恭承慶錫，跪啟緘封。臣某中謝。伏以方隅入貢，採擷至珍。自遠爰來，以新爲貴。捧而觀妙，飲以滌煩。顧蘭露而慚芳，豈柘漿而齊味。既榮凡口，倍切丹心。臣無任懽躍感恩之至。貞元二十年三月日

又《爲武中丞再謝賜新茶表》　臣某言：中使某乙奉宣聖旨，賜臣新茶一斤。猥沐深恩，再霑殊錫。承旨慶抃，省躬慙惶。伏以貢自外方，珍殊衆品。效參藥石，芳越椒蘭。出自儷廚，俯頒私室。義同推食，空荷於曲成；責在素餐，實慙於虛受。

唐 白居易《白氏長慶集》卷五九《謝恩賜茶果等狀》　右，今日高品杜文清奉宣進旨，以臣等在院進撰制問，賜茶果梨脯等。曲蒙聖念，特降殊私，慰諭未終，賜賚旋及。臣等慙深曠職，寵倍驚心。述清問以修詞，言非盡意；仰皇慈而受賜，力豈勝恩？徒激丹誠，詎酬玄造。

唐 柳宗元《柳河東外集》卷下《爲武中丞謝賜新茶表》　臣某言：中使竇某至，奉宣旨，賜臣新茶一斤者。天眷忽臨，時珍俯及，捧戴驚忭，以喜以惶。中謝。臣以無能，謬司邦憲。大明首出，得親仰於雲

霄；渥澤遂行，忽先沾於草木。況茲靈味，成自遐方，照臨而甲拆惟新，煦嫗而芬芳可襲，調六氣而成美，扶萬壽以效珍。豈可賤微，膺此殊錫？銜恩敢同於嚐酒，滌慮方切於飲冰。撫事循涯，隕越無地。臣不任感戴欣忭之至。

唐 杜牧《樊川文集》卷一二《又謝賜茶酒狀》 右。臣某等言。伏以大慶吉辰，榮霑錫宴，鴻恩繼至，王人薦臨。旨酒名茶，玉食仙果，來於禦府，莫匪天慈。適口忘憂，已滿小人之腹；殺身粉骨，難酬聖主之恩。臣無任感恩忭躍之至。

唐 楊曄《膳夫經手録》 茶，古不聞食之，近晉宋以降，吳人采其葉，煑是為茗粥。至開元、天寶之間，稍有茶，至德、大曆遂多，建中已後盛矣。茗絲鹽鐵，管榷存焉。今江夏以東，淮海之南，皆有之。今畧舉其尤處，別為二品總焉。

新安茶，今蜀茶也。與蒙頂不遠，但多而不精，地亦不下，故析而言之，猶必以首冠。諸茶春時所在喫之，皆好。及將至他處，水土不同，或滋味殊於出處。惟蜀茶，南走百越，北臨五湖，皆自固其芳香，滋味不變。由此重之，自穀雨已後，歲取數百斤，散落東下，其為功德也。如此饒州浮梁茶，今關西、山東、閭閻村落，皆喫之。累日不食，猶得不得一日無茶也。其於濟人百倍於蜀茶，然味不長於蜀茶。

蘄州茶、鄂州茶、至德茶，已上三處出處者，並方斤厚片，自陳蔡已北，幽並已南，人皆尚之。其濟生、收藏、榷稅，又倍于浮梁矣。

衡州衡山團餅而巨串，歲收千萬。自瀟湘達於五嶺，皆仰給焉。其先春好者，在湘東，皆味好。及至滋味悉變，雖遠自交趾之人，亦常食之，功亦不細。

潭州茶、陽團茶粗惡、渠江薄片茶由油苦硬、江陵南木香茶凡下、施州方茶苦硬，已上四處，悉皆味短而韻卑。惟江陵、襄陽，皆數千里食之。其他不足記也。

建州大團，狀類紫筍，又若今之大膠片。每一軸十斤餘，將取之，必以刀刮，然後能破。味極苦，唯廣陵、山陽兩地人好尚之，不知其所以然也，或曰療頭痛未詳，已上以多為貴。

蒙頂自此以降言少而精者，始蜀茶，得名蒙頂，於元和以前，束帛不能易一斤先春蒙頂，是以蒙頂前後之人競栽茶，以規厚利。不數十年間，遂新安草市，歲出千萬斤。雖非蒙頂，亦希顏之徒。今真蒙頂，有鷹嘴牙白茶供堂，亦未嘗得。其上者，其難得也。如此又嘗見書，品論展陸筆工，以為無等可居第一蒙頂之列。茶間展陸之論，又不足論也。

湖顧渚，湖南紫筍茶，自蒙頂之外，無出其右者。

陝州茱萸簝，得名近，自長慶稍稍重之，亦顧渚之流也。自是碧澗茶、明月茶、陝中香山茶，皆出其下。

夷陵又近有小江源茶，雖所出至少，又勝於茱萸簝矣。

舒州天柱茶，雖不峻拔遒勁，亦甚甘香芳美，可重也。

岳州浥湖所出亦少，其好者，可企於茱萸簝。此種茶，惟有異，唯宜江水煎得，井水煎卽赤色而無味。

蘄州蘄水團黃團薄餅，每斤至百餘斤，率不甚麄弱，其有露消者，片尤小而味甚美。

壽州霍山小團，其絕好者，止於漢，美所闕著，馨花穎脫。睦州鳩坑茶，味薄，研膏絕勝霍山者。

福州生黃茶，不知在彼味峭。上下及至嶺北，與香山明月為上下也。

崇州宜興茶，多而不精，與鄂州團黃為列。

宣州鶴山茶，亦天柱之亞也。

東川昌明茶，與新安含膏爭其上下。

歙州、婺州、祁門，婺源方茶，製置精好不襍木葉，自梁宋幽並間，人皆尚之。賦稅所入，商賈所齎，數千里不絕于道路。其先春含膏亦在，顧渚茶品之亞列，祁門所出方茶，川源制度畧同差小耳。

唐 崔致遠《桂苑筆耕集》卷一八《謝新茶狀》 右。某今日中軍使俞公楚奉傳處分，送前件茶芽者。伏以蜀岡養秀，隋苑騰芳，始興採擷之功，方就精華之味。疥宜烹乳于金鼎，泛香音於玉甌，若非靜揖禪翁，即是閑邀羽客，豈期仙貺？猥及凡儒，不假梅林，自能俞渴，免求萱草，始得忘憂。下情無任感恩惶懼激切之至，謹奉狀陳謝，謹狀。

唐 佚名《休假》《五代會要》卷一二 後唐天成四年五月四日度支奏准敕。中書門下奏：朝臣時有乞假覲省者，欲量賜茶藥，奉敕宜依者。切緣諸班官班省司，不見品秩高低，兼未則例，難議施行，各令據官品等第

指揮。文班左右常侍、諫議、給事、舍人、諸行尚書、太子賓客、諸寺太卿；國子監祭酒、詹事、左右丞、諸行侍郎，宜各賜蜀茶三斤；起居、拾遺、補闕、侍御史、殿中監察御史、左右庶子、諸寺少卿、國子業司業、河南少尹、左右諭德、諸行郎中、員外郎、太常博士，宜各賜蜀茶二斤，蠟麵茶一斤，草豆蔻百枝，肉豆蔻五十枝，青木香一斤半；國子博士、五經博士、兩縣令、著作郎、太常宗正、殿中丞、諸局奉御、大理正、太子中允、洗馬、左右贊善、太子中舍、司天五官正，宜各賜蜀茶二斤，蠟面茶一斤，草豆蔻五十枝，肉豆蔻五十枝，青木香一斤；武班：左右金吾上將軍、左右諸衛上將軍，宜各賜蜀茶三斤，蠟面茶二斤，草豆蔻一百枝，肉豆蔻一百枝，青木香二斤；左右諸將大將軍、左右諸衛將軍，宜各賜蜀茶二斤，蠟面茶一斤，草豆蔻一百枝，肉豆蔻五十枝，青木香一斤半；左右率府副率，宜各賜蜀茶二斤，蠟面茶一斤，草豆蔻五十枝，肉豆蔻五十枝，青木香一斤。

唐 李冲昭《南岳小録》 王氏藥院，咸通間有術士王生居之。有茂松修竹，流水周繞。及多榧樹、茶園，今基址存焉。

唐 馮贄《雲仙雜記》卷二《换茶醒酒引〈蠻甌志〉**》** 樂天方入關，劉禹錫正病酒。禹錫乃饋菊苗齏蘆菔鮓，換取樂天六班茶二囊以醒酒。

又 卷四《茶燋縛奴投火引〈蠻甌志〉**》** 陸鴻漸采越江茶，使小奴子看焙，奴失睡，茶燋爍，鴻漸怒，以鐵繩縛奴投火中。

又 以卷六《收茶三等引〈蠻甌志〉**》** 覺林院志崇收茶三等，待客以驚雷莢，自奉以萱草帶，供佛以紫茸香蓋，最上以供佛而最下以自奉也。客赴茶者皆以油囊盛餘瀝以歸。

又《賜成象殿茶果引〈金鑾密記〉**》** 金鑾故例：翰林當直學士春晚困，則日賜成象殿茶果。

唐 戴孚《劉清真》《太平廣記》卷二四 唐天寶中，有劉清真者，與其徒二十人於壽州作茶，人致一馱。為貨至陳留。

唐 杜光庭《仙傳拾遺》《太平廣記》卷三七 初，九隴人張守珪仙君山有茶園，每歲召採茶人力百餘人，男女傭功者雜處園中。

唐 馬鑒《續事始》 元和初，酌酒用奠杓，無何改為注子。其形如罌而蓋嘴，柄其背。元和中，貴人仇士良惡其名同鄭注，乃去其柄，安系著茗瓶，而小異之，目曰偏提。略建中初，蜀相崔寧之女以金茶杯無儲，病其熨指，取碟子盛之，既啜而杯傾，乃以蠟環碟子，使其杯遂定。即遣匠以漆環代蠟，進於相國，相國奇之，為制名托子，是後傳者，更環其底。

唐 卢肇《逸史》《太平廣記》卷八〇 唐道士周隱克，有術數。將相大僚，咸敬如神明。宰相李宗閔修弟子禮，手狀皆云然。前宰相段文昌鎮淮南，染疾，曰：『尊師去年云我有疾，須臥六日』。段公與賓客博戲飲茶，周生連吃數椀。段起旋溺不已。良久驚語尊師曰：『乞且放虛僫，交下不自持。』笑曰：『與相公為戲也。』蓋飲茶慵起，遣段公代之。』

唐 劉肅《唐新語》卷一一 唐右補闕毋旻，博學有著述才。上表請修右史，先撰目録以進。玄宗稱善，賜絹百疋。性不飲茶，製《代飲茶序》。其略曰：『釋滯消壅，一日之利暫佳。瘠氣侵精，終身之累斯大。獲益則歸功茶力，貽患則不謂茶災。豈非福近易知，禍遠難見。』

唐 李肇《唐國史補》卷下 風俗貴茶，茶之名品益衆。劍南有蒙頂石花，或小方，或散牙，號為第一。湖州有顧渚之紫筍，東川有神泉、小團，昌明、獸目，峽州有碧澗、明月、芳蕊、茱萸簝，福州有方山之露牙，夔州有香山，江陵有南木，湖南有衡山，岳州有浥湖之含膏，常州有義興之紫筍，婺州有東白，睦州有鳩沉，洪州有西山之白露。壽州有霍山之黄牙，蘄州有蘄門團黄，而浮梁之商貨不在焉。

唐 陸羽《顧渚山記》《太平廣記》卷四一三 《神異記》曰：『餘姚人虞茫，入山采茗。遇一道士，牽三百青羊，飲瀑布水。曰：『吾丹邱子也。聞子善茗飲，常思惠。山中有大茗，可以相給。祈子他日有甌犧之餘。必相遺也。』因立茶祠。後常與人往山。獲大茗焉。

又 劉敬叔《異苑》曰：剡縣陳婺妻，少與二子寡居。好飲茶茗。以宅中有古冢，每飲先輒祀之。二子恚之曰：『冢何知，徒以勞祀。』欲掘去之，母苦禁而止。及夜，母夢一人曰：『吾止此冢三百餘年。母二子恒欲見毀，賴相保護。又饗吾嘉茗。雖泉壤朽骨，豈忘翳桑之報。』及報于庭内。獲錢十萬，似久埋者，唯貫新。母告二子，二子慚之。從是禱酹愈至。

唐 尉遲偓《中朝故事》《太平廣記》卷四一三　唐有人授舒州牧，李德裕謂之曰：『到彼郡日，天柱峰茶，可惠三數角。』其人獻之數十斤。李不受退還。明年罷郡，用意精求，獲數角投之。德裕閲之而受曰：『此茶可以消酒食毒。』乃命烹一甌，沃于肉食內，以銀合閉之。詰旦開視，其肉已化水矣。衆伏其廣識也。

唐 李匡義《資暇集》卷下《阿茶》　公郡縣主，宮禁呼為宅家子。蓋以至尊以天下為宅，四海為家，不敢斥呼，故名宅家，亦猶陛下之義。至公主以下則加子字，亦猶帝子也。又謂阿宅家子，阿助詞也，急語乃以阿宅家子為茶子，既而亦云阿茶子，或削其子，遂曰阿茶。一説漢魏以來，宮中尊美之呼曰大家子，今急訛以大為宅焉。

五代 王定保《唐摭言》卷三《散序》　其餘主宴主酒主樂探花主茶之類，咸以其日辟之，主樂兩人，一人主飲，妓放榜後大科頭兩人，小科頭一人，常詰旦至期集院，常宴，則小科頭主張；大宴，則大科頭。縱無宴席，科頭亦逐日請給茶錢平時不以數後，每人日五百文。

又 卷一二《輕佻戲謔嘲咏附**》**　光業嘗言及第之歲，策試夜，有一同人突入試鋪，為吳語謂光業曰：『必先必先，可相容否？』光業為綴半鋪之地，其人復曰：『必先諮仗一杓水。』光業為取。其人再曰：『便干托煎一椀茶。』光業欣然為取水煎茶。居三日，光業狀元及第，其人首貢一啟，頗敘一宵之素。略曰：『既煩取水，更便煎茶。當時不識貴人，凡夫肉眼；今日俄為後進，窮相骨頭。』

五代 王仁裕《開元天寶遺事》卷上　逸人王休居太白山下，日與僧道異人往還。每至冬時，取溪冰敲其晶瑩者煮建茗，共賓客飲之。

宋代茶文

宋 吳淑《事類賦》卷一七《飲食部·茶》　夫其滌煩療渴，《唐書》曰：常魯使西蕃，烹茶帳中，謂蕃人曰：滌煩療渴，所謂茶也。蕃人曰：『我此亦有』，命取以出。指曰：此壽州者，此顧渚者，此蘄門者。換骨輕身。陶弘景《雜録》曰：苦茶，輕身換骨，昔丹丘子、黃山君服之。茶荈之利，其功若神。《説文》曰：茶，苦茶也，即今之茶荈。則有渠江薄片，《茶譜》曰：渠江薄片，一斤八十枚。西山白露，《茶譜》曰：洪州西山之白露。雲垂綠腳，《茶譜》曰：袁州之界橋，其名甚著，不若湖州之研膏紫笋，烹之有綠腳垂。香浮碧乳，《茶譜》曰：婺州有舉岩茶，斤片方細，所出雖少，味極甘芳，煎如碧乳也。挹此霜華，《茶譜》曰：傅巽《七誨》云：蒲桃、宛柰、齊柿、燕栗、常陽黃梨、巫山朱橘、南中茶子、西極石蜜，寒溫既畢，應下霜華之茗。卻茲煩暑。《茶譜》曰：長沙之石橘，採芽為茶，湘人以四月四日摘楊桐草，搗其汁，拌米而蒸，猶糕糜之類，必啜此茶，乃去風也。暑月飲。清文既傳於杜育，杜育《荈賦》曰：調神和內，倦懈康除。精思亦聞於陸羽。唐陸羽著《茶經》三卷。若夫擷此臯盧，《廣州記》曰：臯盧，茗之別名。葉大而澀，南人以為飲。烹茲苦茶。《爾雅》曰：檟，苦茶。樹小似梔子，早採者為茶，晚採者為茗，蜀人名為苦茶。桐君之録尤重，《桐君録》曰：巴東有真香茗，煎飲令人不眠。又有白茶，狀入梔子，其色稍白。仙人之掌難踰。茶譜曰：當陽縣有溪山仙人掌茶，李白有詩。豫章之嘉甘露，《宋録》曰：豫章王子尚，詣曇濟道人於八公山，濟設茶茗。尚味之曰：此甘露也，何言茶茗。王肅之貪酪奴。《伽藍記》曰：王肅好魚，彭城王勰嘗戲謂肅曰：卿不重齊魯大邦，而愛邾莒小國。肅對曰：鄉曲所美，不得不好。勰復謂曰，卿明日顧我，為卿設邾莒之飧，亦有酪奴。故號茗飲為酪奴。待槍旗而採摘，《茶譜》曰：團黃有一旗二槍之號，言一葉二芽也。對鼎鑊以吹噓。左思《嬌女》詩曰：吾家有好女，皎皎常白皙。小字為紈素，口齒自清歷。貪走風雨中，倏忽數百適。心為茶荈劇，吹噓對鼎鑊。則有療彼斛瘕，《續搜神記》曰：桓宣武有一督將，因時行病，後虛熱便能飲復茗，必一斛二斗乃飽。裁減升合，便以為大不足。後有客造之，更進五升，乃大吐。有一物出，如升大，有口。形質縮𦙶，狀如牛肚。客乃令置之於盆中，以斛二門復茗澆之，此物吸之都盡而止，覺小脹，又增五升，便悉混然從口中湧出。既吐此物，病遂瘥。或問之此何病？答曰：此病名為斛茗瘕也。困茲水厄。《世説》曰：晉王蒙好飲茶，人至輒命飲之。士大夫皆患之，每欲往候，必云『今日有水厄』。擢彼陰林，見前得於爛石。《茶經》曰：上者生爛石，中者生櫟壤，下者生黃土。先火而造，乘雷以摘。《茶譜》曰：蜀之雅州有蒙山，山有五頂，頂有茶園。其中頂曰上清峯，昔有僧病冷且久，嘗遇一老父，謂曰：蒙之中頂茶，常以春分之先後，多搆人力，俟雷之發聲，併手採摘，三日而止。若獲一兩，以本處水煎服，即能祛宿疾。二兩，當限前無疾；三兩，固以換骨；四兩，即為地仙矣。是僧因之中頂築室以俟。及期，獲一兩餘，服未竟而病瘥。時到城市，人見容貌常若年三十餘，眉髮綠色，其後入青城訪道，不知所終。今四頂採摘不廢，惟中頂草太繁密，雲霧蔽障，鷙獸時出，人跡稀到矣。今蒙頂茶有霧鋑牙、籛牙，皆云火前；言造於禁火之前也。吳主之憂韋曜，初沐殊恩。《吳志》曰：孫皓每宴席，飲後必服茗，每以七升為限，雖不

悉入口，澆灌取盡。韋曜飲酒不過二升，初見禮異，密賜茶茗以當酒。至於寵衰，更見逼強，輒以為罪。陸納之待謝安，誠彰儉德。《晉書》曰：陸納為吳興太守時，謝安欲詣納。納兄子俶，怪納無所備，不敢請，乃私為具。安既至，訥所設唯茶果而已，俶遂陳盛饌，珍羞畢具。安去，納杖俶四十。云：『汝既不能光益叔父，奈何穢吾素業。』別有產於玉壘，造彼金沙。《茶譜》曰：玉壘關外寶唐山，有茶樹，產於懸崖。筍長三寸、五寸，方有一葉、兩葉。湖州長興縣啄木嶺金沙泉，即每歲造茶之所，湖常二郡接界於此。厥土有境會亭，每茶節，二牧皆至焉。斯泉也，處沙之中，居常無水。待造茶，太守具儀往拜敕祭泉，頃之發源，其夕清溢。造供御者畢，水微減；供堂者畢，水已半之；太守造畢，即涸矣。太守或還旆稽期，則示風雷之變，或見鷙獸、毒蛇、木魅焉。三等為號，《茶譜》曰：邛州之臨邛、臨溪、思安、火井，有早春、火前、火後、嫩綠等上、中、下茶。五出成花。茶之別者，枳殼牙、枸杞牙、枇杷牙，皆治風疾。又有皂筴牙、槐牙、柳牙，乃上春摘其牙和茶作之。五花茶者，其片作五出花也。早春之來賓化，《茶譜》曰：涪州出三般茶，賓化最上，製於早春；其次白馬，最下涪陵。橫紋之出陽坡。《茶譜》曰：宣城縣有丫山小方餅，橫鋪茗牙裝面。其山東為朝日所燭，號曰陽坡；其茶最勝者也。復聞㴩湖含膏之作，《茶譜》曰：義興有㴩湖之含膏。龍安騎火之名。《茶譜》曰：龍安有騎火茶，最上。言不在火前，不在火後作也。柏巖兮鶴嶺，《茶譜》曰：福州柏巖極佳，又洪州西山白露及鶴嶺茶尤佳。鳩阬兮鳳亭。鳩阬在穆州，出佳茶。《茶經》曰：生鳳亭山飛雲、曲水二寺，青峴、啄木二嶺者，與壽州同。嘉雀舌之纖嫩，翫蟬翼之輕盈。《茶譜》曰：蜀州雀舌、鳥嘴、麥顆，蓋取其嫩牙所造，以其牙似之也。又有片甲者，牙葉相抱如片甲也；蟬翼者，其葉嫩薄如蟬翼也。冬牙早秀，冬牙，言隆冬甲折也。麥顆先成。見上或重西園之價，《汪氏傳》曰：統遷滑懷太子洗馬，上疎諫曰：今西園賣醯、麵、茶、菜、藍子之屬，虧敗國體。或侔團月之形。《茶譜》曰：衡州之衡山，封州之西鄉茶，研膏為之。皆片團如月。並明目而益思，見前豈瘠氣而侵精。唐《新語》曰：右補闕梅景，博學有著述才。性不飲茶，著《茶飲序》曰：釋滯消壅，一日之利暫佳，瘠氣侵精，終身之累斯大。獲益則功歸茶力，貽患則不謂茶災；豈非福近易知，禍遠難見者乎。又有蜀岡、牛嶺，《茶譜》曰：揚州禪智寺，隋之故宮。寺枕蜀岡，有茶園，其味甘香如蒙頂也。又歙州牛栀嶺者，尤好。洪雅烏程《茶譜》曰：眉州洪雅、丹陵、昌合，亦製餅茶，法如蒙頂。《吳興記》曰：烏程縣西二十裡，有溫山，出禦荈。碧澗紀號，《茶譜》曰：有水江園、明月簝、碧澗簝、茱萸簝之名。紫笋為稱。《茶譜》曰：蒙頂有研膏茶，作片進之，亦作紫笋。陟仙涯而花墜，《茶譜》曰：彭州蒲村堋口，其園有仙涯、石花等號。服丹丘而翼生。《天臺記》曰：丹丘出大茗，服之生羽翼。至於飛自獄中，《廣陵耆老傳》曰：晉元帝時，有老姥每旦擎一器茗往市鬻之。市人競買，自旦至暮，其器不減。所得錢與道旁孤貧乞人。或執而繫之於獄，夜擎所賣茗器，飛出獄去。煎於竹裏。唐肅宗嘗賜高士張志和奴婢各一人，志和配為夫妻，名之曰漁童、樵青。人問其故，答曰：漁童使捧釣牧綸，蘆中鼓枻。樵青使蘇蘭薪桂，竹裏煎茶。效在不眠，《博物志》曰：飲真茶，令人少眠睡。功存悅志。《神農》曰：茶茗宜久服，令人有力悅志。或言詩為報，《茶譜》曰：胡生以釘鉸為業，居近白蘋洲，旁有古墳。每因茶飲，必奠酹之。忽夢一人謂之曰：吾姓柳，平生善為詩而嗜茗。感子茶茗之惠，無以為報，欲教子為詩。胡生辭以不能。柳強之，曰，但率子意言之，當有致矣。生後遂工詩焉，時人謂之胡釘鉸詩。柳當是柳惲也。或以錢見遺。《異苑》曰：剡縣陳務妻，少寡，與二子同居。好飲茶，家有古塚，每飲輒先祠之。二子欲掘之，母止之。夜夢人致感云：吾雖潛朽壤，豈忘翳桑之報。及曉，於庭中獲錢十萬，似久埋者，惟貫新耳。復云葉如梔子，花若薔薇。見前。輕飈浮雲之美，霜筍竹籜之差。《茶經》曰：茶千類萬狀，略而言之，有如胡人靴者，蹙縮然；犎牛臆者，廉襜然；浮雲出山者，輪菌然；輕飈拂水者，涵澹然。此茶之精好者也。有竹籜者，枝榦堅實，堅於蒸搗，故其形粗簁，然如霜筍者，莖葉凋沮，易其狀貌，故其形萎萃然。此茶之瘠老者也。自采至於封七經目，胡靴至霜筍凡六等。唯芳茗之為用，蓋飲食之所資。

宋 丁謂《進新茶表》《古今合璧事類備要・外集》卷四二

右件物，產異金沙，名非紫笋。江邊地暖，方呈彼茁之形；闕下春寒，已發其甘之味。有以少為貴者，焉敢韞而藏諸？見謂新茶，蓋遵舊例。

宋 范仲淹《范文正集》卷一七《謝賜鳳茶表》

臣某言：入內西頭供奉官麥知微至，傳宣旨撫問臣，並賜臣鳳茶一合者。久離帝右，曷測天衷。異恩一臨，羣疑盡決。臣中謝。竊念臣至誠許國，孤立事君。屢觸雷霆之威，數蹈風波之險。一心自信，三黜寧逃。方安江海之情，敢覬雲天之問。伏蒙皇帝陛下，仁存舊物，澤被遠臣。聖訓丁寧，皇慈委曲。念犬馬之微志，錫龍鳳之上珍。馨掩靈芝，味滋甘醴。濯五神之精爽，祛百疾之冥煩。允彰仁壽之恩，特出聖神之眷。謹當餌為良藥，飲代凝冰。思苦口以進言，勵清心而守道。上酬君父，旁質神明。臣云云。

宋 宋庠《元憲集》卷二八《賜知廣德軍龔會元進先春茶敕書二》

惟厥苦茶，冠于常卉。薄言采擷，來效貢輸。矧屬誕辰，且先方物。服恭脩職，併用稱嗟。

江楚之區，茗荈攸產。陽膏其動，露蘤載萌。擷芳筥以先期，襲采緹而效貢。傾勤有恪，嘉尚無忘。

又《賜知光州郭昭昇進新茶敕書二》　土毛之繁，茗品尤上。先春效味，輸貢有經，眷乃摘山之勤，加茲於橐之密。罄恭謹職，併用稱嗟。

茶品之英，淮區攸産。當新陽之盈僨，先百蘤以萌滋。著厥貢條，是惟方物。逮此甘芳之薦，弗違采擷之期。言念恭勤，良深嘆矚。

宋 宋祁《宋景文集》卷四七《甘露茶贊》　生邛、眉州山中。其樹大抵似赤心棘，經霜益茂，明年採之，有香味若飴云。弱樹繁葉，類赤心棘，採以清明，厥味甘極。

宋 張君房《雲笈七籤》卷一一五《廣陵茶姥》　廣陵茶姥者，不知姓氏鄉里，常如七十歲人，而輕健有力，耳聰目明，髮鬢滋黑。晉元南渡之後，耆舊相傳見之，數百年顔狀不改。每持一器茗，往市鬻之，市人爭買，自旦至暮，所買極多，而器中茶常如新熟，未嘗減少。人多異之，州吏以冒法繫之於獄，姥乃持所賣茶器自牖中飛去。

宋 錢易《南部新書》卷五　唐制。湖州造茶最多，謂之顧渚貢焙，歲造一萬八千四百八斤。焙在長城縣西北，大歷五年以後，始有進奉。至建中二年，袁高為郡，進三千六百串，并詩刻石在貢焙。故陸鴻漸與楊祭酒書云：『顧渚山中紫筍茶兩片，此物但恨帝未得嘗，實所嘆息，一片上太夫人，一片充昆弟同歡。』後開成三年，以貢不如法，停刺史裴充職。

又 卷八　大中三年，東都進一僧，年一百二十歲。宣皇問服何藥而至此。僧對曰：『臣少也賤，素不知藥。性本好茶，至處唯茶是求。或出亦日遇百餘椀。如常日亦不下四、五十椀。』因賜茶五十斤，令居保壽寺。

又 卷九　胡生者，失其名，以釘鉸為業，居霅溪而近白蘋州。去厥居十餘步，有古墳。胡生者每茶，必奠酹之。嘗夢一人謂之曰：『吾姓柳，平生善為詩，而嗜茗。及死，葬室乃子今居之側，常銜子之惠，無以為報，欲教子為詩。』胡生辭以不能。柳強之曰：『但率子言之，當有致矣。』即寤，試構思，果有冥助者，厥後遂工焉。又一説，列子終於鄭，今墓在郊藪，謂賢者之迹而或禁其樵採。里有胡生，性落魄，家貧，少為洗鏡鉸釘之業。倏遇甘果、名茶、美醖，輒祭于列御寇之祠壟，以求聰惠，而思學道。歷稔，忽夢一人，刀劃其腹開，以一卷之書置於心腑，及睡覺，而吟詠之意，皆甚美之詞，所得不由於師友也。既成卷軸，尚不棄于猥賤之業，真隱者之風。遠近號為胡釘鉸。

宋 楊億《談苑》《事物紀原》卷九　建州蠟茶出建州，陸羽《茶經》尚未知之，但言福建等十二州未詳，往往得之，其味極佳。江左日近方有蠟面之號，李氏別令取其乳作片，或號曰京挺的乳，及骨子等，每歲不過五六萬斤，訖今歲出三十餘萬斤。凡十品，曰龍茶、鳳茶、京挺的乳、石乳、白乳、頭金、蠟面、頭骨、次骨，龍茶以供乘輿及賜執政親王長主，余皇族學士將帥皆得鳳茶，舍人近臣賜京挺的乳，館閣白乳。龍、鳳、石乳茶皆太宗令造，江左乃有研膏茶供御，即龍茶之品也。丁謂為《北苑茶録》三卷，備載造茶之法，今行於世。

宋 彭乘《墨客揮犀》卷四　蔡君謨善別茶，後人莫及。建安能仁院，有茶生石縫間，寺僧采造得茶八餅，號石巖白。以四餅遺君謨，以四餅密遣人走京師，遺王內翰禹玉。歲餘，君謨被召還闕，訪禹玉，禹玉命子弟於茶笥中，選取茶之精品者，碾待君謨。君謨捧甌未嘗，輒曰：『此茶極似能仁石巖白，公何從得之』。禹玉未信，索茶貼驗之，乃服。王荊公為小學士時，嘗訪君謨。君謨聞公至喜甚。自取絕品茶，親滌器烹點以待公，冀公稱賞。公於夾袋中取消風散一撮，投茶甌中併食之，君謨失色，公徐曰：『大好茶味』。君謨大笑，且嘆公之真率也。

又 卷八　蔡君謨，議茶者莫敢對公發言，建茶所以名重天下，由公也。後公製小團，其品尤精於大團。一日，福唐蔡葉丞秘校，召公啜小團，坐久，復有一客至，公啜而味之曰：『非獨小團，必有大團雜之』。丞驚呼，童曰：『本碾造二人茶，繼有一客至，造不及，乃以大團兼之』。丞神服公之明審。

宋 彭乘《續墨客揮犀》卷七　茶古不著所出，《本草》但云出益州川谷間。康多以蒙山、顧渚、蘄門者為上品。當時飲茶尚襍以蘇椒之類。故德宗嘗令李泌賦茶詩有句云：『旋沫翻成碧玉池，添蘇散出琉璃眼』。遂以碧色為貴。亦袛謂之煎茶，不知點試之妙，大率皆草茶也。至富沙則略而不論。陸羽《茶經》，統言福建泉韶等十州所出者未詳，往往得之，其味極佳而已。今建安茶遂為天下第一。

宋 王欽臣《王氏談録》 公言茶品高而年多者，必稍陳。遇有茶處，春初取新芽輕炙，雜而烹之，氣味自復。在襄陽試作甚佳，嘗語君謨，亦以為然。

宋 江休復《嘉祐雜志》 蘇才翁嘗與蔡君謨鬥茶，蔡茶精，用惠山泉。蘇茶劣，改用竹水煎，遂能取勝。

宋 梅堯臣《宛陵集》卷六〇《南有嘉茗賦》 南有山原兮不鑿不營，乃產嘉茗兮囂此衆氓。土膏脈動兮雷始發聲，萬木之氣未通兮此已吐乎纖萌。一之日雀舌露，掇而製之，以奉乎王庭。二之日鳥喙長，擷而焙之，以備乎公卿。三之日槍旗聳，搴而炕之，將求乎利贏。四之日嫩莖茂，團而範之，來充乎賦征。當此時也，女廢蠶織，男廢農耕，夜不得息，晝不得停。取之由一葉而至一掬，輸之若百穀之赴巨溟。華夷蠻貊固日飲而無厭，富貴貧賤不時啜而不寧。所以小民冒險而竟鬻，孰謂峻法之與嚴刑？嗚呼！古者聖人為之絲枲絺綌而民始衣，播之禾麰菽粟而民不饑，畜之牛羊犬豕而甘脆不遺，調之辛酸鹹苦而五味適宜，造之酒醴而宴饗之，樹之果蔬而薦羞之，於茲可謂備矣。何彼茗無一勝焉，而競進於今之時？抑非近世之人，體惰不勤，飽食粱肉，坐以生疾，藉以靈荈，而消腑胃之宿陳？若然，則斯茗也，不得不謂之無益於爾身，無功於爾民也哉！

宋 歐陽修《文忠集》卷四〇《浮槎山水記》 浮槎山，在慎縣南三十五裡，或曰浮闍山，或曰浮巢山，其事出於浮圖、老子之徒荒怪誕幻之說。其上有泉，自前世論水者皆弗道。

余嘗讀《茶經》，愛陸羽善言水。後得張又新《水記》，載劉伯芻、李季卿所列水次第，以為得之於羽，然以《茶經》考之，皆不合。又新，妄狂險譎之士，其言難信，頗疑非羽之說。及得浮槎山水，然後益知羽為知水者。

浮槎與龍池山皆在廬州界中，較其水味，不及浮槎遠甚。而又新所記，以龍池為第十，浮槎之水，棄而不録，以此知其所失多矣。羽則不然，其論曰：『山水上，江次之，井為下』，『山水，乳泉、石池漫流者上』。其言雖簡，而於論水盡矣。

浮槎之水，發自李侯。嘉祐二年，李侯以鎮東軍留後出守廬州。因遊金陵，登蔣山，飲其水。既又登浮槎，至其山，上有石池，涓涓可愛，蓋羽所謂乳泉漫流者也。飲之而甘，乃考圖記，問於故老，得其事迹。因以其水遺余於京師。余報之曰：李侯可謂賢矣！

夫窮天下之物，無不得其欲者，富貴者之樂也。至於蔭長松，藉豐草，聽山溜之潺湲，飲石泉之滴瀝，此山林者之樂也。而山林之士視天下之樂，不一動其心。或有欲於心，顧力不可得而止者，乃能退而獲樂於斯。彼富貴者之能致物矣，而其不可兼者，惟山林之樂爾。惟富貴者而不得兼，然後貧賤之士有以自足而高世，其不能兩得，亦其理與勢之然歟？今李侯生長富貴，厭於耳目，又知山林之為樂。至於攀緣上下，幽隱窮絶，人不及者，皆能得之，其兼取於物者可謂多矣。

李侯折節好學，善交賢士，敏於為政，所至有能名。凡物不能自見而待人以彰者，有矣，其物未必可貴而因人以重者亦有矣。故予為志其事，俾世知斯泉發自李侯始也。三年二月二十有四日廬陵歐陽修記。

又 卷六三《大明水記》 世傳陸羽《茶經》，其論水云：『山水上，江水次，井水下。』又云：『山水，乳泉、石池漫流者上，瀑湧湍漱勿食，食久，令人有頸疾。江水取去人遠者，井取汲多者。』其說止於此，而未嘗品第天下之水味也。

至張又新為《煎茶水記》，始云劉伯芻謂水之宜茶者有七等，又載羽為李季卿論水，次第有二十種。今考二說，與羽《茶經》皆不合。

羽謂山水上，乳泉、石池又上，江水次，而井水下。伯芻以揚子江為第一，惠山石泉為第二，虎丘石井第三，丹陽寺井第四，揚州大明寺井第五，而松江第六，淮水第七，與羽說皆相反。季卿所說二十水：廬山康王谷水第一，無錫惠山石泉第二，蘄州蘭溪石下水第三，扇子峽蝦蟆口水第四，虎丘寺井水第五，廬山招賢寺下方橋潭水第六，揚子江南零水第七，洪州西山瀑布第八，桐柏淮源第九，廬州龍池山頂水第十，丹陽寺井第十一，揚州大明寺井第十二，漢江中零水第十三，玉虛洞香谿水第十四，武關西洛水第十五，松江水第十六，天台千丈瀑布水第十七，郴州圓泉第十八，嚴陵灘水第十九，雪水第二十。如蝦蟆口水、西山瀑布、天台千丈瀑布，皆羽戒人勿食，食而生疾。其餘江水居山水上，井水居江水上，皆與羽經相反，疑羽不當二說以自異。使誠羽說，何足信也？得非

又新妄附益之耶？其述羽辨南零岸時，怗誕甚妄也。水味有美惡而已，欲舉天下之水，一二而次第之者，妄説也。故其為説，前後不同如此。然此井，為水之美者也。羽之論水，惡渟浸而喜泉源，故井取汲多者。江雖長流，然衆水雜聚，故次山水。惟此説近物理云。

又卷六五《〈龍茶録〉後序》 茶為物之至精，而小團又其精者，録敘所謂上品龍茶者是也。蓋自君謨始造而歲貢焉。仁宗尤所珍惜，雖輔相之臣未嘗輒賜。惟南郊大禮致齋之夕，中書、樞密院各四人共賜一餅，宮人剪金為龍鳳花草貼其上。兩府八家分割以歸，不敢碾試，相家藏以為寶，時有佳客，出而傳玩爾。至嘉祐七年，親享明堂，齋夕，始人賜一餅。余亦忝預，至今藏之。余自以諫官供奉仗內，至登二府，二十餘年，纔一獲賜。而丹成龍駕，舐鼎莫及，每一捧翫，清血交零而已。因君謨著録，輒附於後，庶知小團自君謨始，而可貴如此。治平甲辰七月丁丑，廬陵歐陽修書還公期書室。

又卷七三《跋〈茶録〉》 善為書者，以真楷為難，而真楷又以小字為難。羲、獻以來，遺跡見於今者多矣，小楷惟《樂毅論》一篇而已，今世俗所傳出故高紳學士家最為真本，而斷裂之餘，僅存百餘字爾。此外吾家率更所書《溫彥博墓銘》亦為絶筆，率更書，世固不少，而小字亦止此而已，以此見前人於小楷難工，而傳於世者少而難得也。君謨小字新出而傳者二，《集古録目序》橫逸飄發，而《茶録》勁實端嚴，為體雖殊，而各極其妙。蓋學之至者，意之所到，必造其精。予非知書者，以接君謨之論久，故亦粗識其一二焉。治平甲辰。

又卷八六《賜知舒州齊廓進新茶并知廣德軍浦延熙進先春茶敕書》 敕齊廓：省所進奉新茶一銀合，合重五十兩，緋羅夾複全，事具悉。百物茂生，取新為貴；群方修職，效貢以時。汝守土有方，事上惟恪，閱茲來獻，用體勤誠。故茲不偷，想宜知悉。

又卷一一二《論茶法奏狀》 右臣伏見朝廷近改茶法，本欲救其弊失而為國誤計者，不能深思遠慮，究其本末，惟知圖利而不知圖其害。方一二大臣鋭於改作之時，樂其合意，倉卒輕信，遂決而行之。令下之日，猶恐天下有以為非者，遂直詆好言之士，指為立異之人；峻設刑名，禁其論議。事既施行，而人知其不便者，十蓋八九。然君子知時方厭言而意殆不肯言，小人畏法懼罪而不敢言，今行之踰年，公私不便，為害既多，而一二大臣以前者行之太果，令之太峻，勢既難回，不能遽改。而士大夫能知其事者，但騰口於道路，而未敢顯言於朝廷，幽遠之民，日被其患者，徒怨嗟於閭里，而無由得聞於天聽。陛下聰明仁聖，開廣言路，從前容納，補益尤多，今一旦下令改事先為峻法，禁絶人言，中外聞之，莫不嗟駭。語曰：防民之口，甚於防川。川壅而潰，傷人必多，今壅民之口已踰年矣，民之被害者亦已衆矣，古不虚語，於今見焉。臣亦聞方改法之時，商議已定，猶選差官數人分出諸路，訪求利害。然則一二大臣，不惟初無害民之意，實亦未有自信之心。但所遣之人，既見朝廷必欲更改，不敢阻議，又志在希合以求功賞。傳聞所至州縣，不容吏民有所陳述，直云朝廷意在必行，但來要一審狀耳。果如所傳，則誤事者多此數人而已。蓋初以輕信於人，施行太果，今若明見其害，救失何遲，患莫大於遂非，過莫深乎不改。臣於茶法本不詳知，但外論既喧，聞聽漸熟。古之為國者，庶人得謗於道，商旅得議於市，而士得傳言於朝，正為此也。臣竊聞議者謂茶之新法既行，而民無私販之罪，歲省刑人甚多，此一利也。然而為害者五焉：江南、荊湖、兩浙數路之民，舊納茶税，今變租錢，使民破産亡家，怨嗟愁苦不可堪忍，或舉族而逃，或自經而死，此其為害一也。自新法既用，小商所販至少，大商絶不通行，前世為法以抑豪商，不使過侵國利與為僭侈而已；至於通流貨財，雖三代至治，猶分四民，以相利養，今乃斷絶商旅，此其為害二也。自新法之行，税茶路分猶有舊茶之税，而新茶之税絶少；年歲之間，舊茶税盡，新税不登，則損虧國用，此其為害三也。往時官茶容民入雜，故茶多而賤，徧行天下；今民自買賣，須要真茶，真茶不多，其價遂貴，小商不能多販，又不暇遠行，故近茶之處，頓食貴茶，遠茶之方，向去更無茶食，此其為害四也。近年河北軍糧用見錢之法，民入米於州縣，以鈔筭茶於京師，三司為於諸場務中擇近上場，分特留八處，專應副河北入米之人翻鈔筭請；今場務盡廢，然猶有舊茶可筭，所以河北和糴日下，未妨竊聞自明年以後，舊茶當盡，無可筭請，則河北和糴實要見錢，不惟客旅得錢變轉不動，兼亦自京師歲歲輦錢於河北和糴，理必不能，此其為害五也。一利不足以補五害。今雖欲減放租錢以救其弊，此得寬民之一端耳，然未盡公私之利害也，

伏望聖慈特詔主議之臣，不護前失，深思今害，黜其遂非之心，無襲弭謗之跡，除去前令，許人獻説，亟加詳定，精求其當，庶幾不失祖宗之舊制。臣冒禁有言，伏待罪責，謹具狀奏聞，伏候敕旨。

又卷一二六《歸田録》 臘茶出於劍、建，草茶盛於兩浙。兩浙之品，日注為第一。自景祐已後，洪州雙井白芽漸盛，近歲作尤精，囊以紅紗，不過一二兩，以常茶十數斤養之，用辟暑濕之氣，其品遠出日注上，遂為草茶第一。

宋 錢惟演《金坡遺事》《事實類苑》卷二七 舊制，宰相早朝，上殿命坐，有軍國大事則議之，常從容賜茶而退。自餘號令，除拜刑賞廢置，事無巨細，并熟狀擬進，入于禁中，親覽批紙尾，用御寶，可其奏，謂之印闕，止降出奉行而已。由唐室歷五代，不改其制，抑古所謂坐而論道者歟？國朝，范魯公質、王宮師溥、魏相仁溥在相位，上雖傾心眷倚，而質等自以前朝舊相，憚太祖英武，具劄子面取進止。朝退，各疎某事所得聖旨，臣等同署字以志之。如此則盡稟承之方，可免妄誤之失，帝從之。自是奏御寢多，或至旰昃，啜茶之禮尋廢，固弗暇于坐論矣。于今遂為定，或自魯公始也。

宋 釋文瑩《湘山野録》卷中 尹師魯為滬帥，與劉滬、童士廉輩議巡邏城事，既矛盾，朝旨召尹詣闕，送中書給紙札供札。昭文呂申公因聚廳啜茶，令堂吏置甌于尹曰：『傳語龍圖，不顧攀情，只令送茶去。』時集賢相章師魯之議將屈，笑謂諸公曰『尹龍圖莫道建茶磨磨，漿水亦嚥不下。』師魯之幄，去政堂切近，聞之，擲筆于案，厲聲曰：『是何委巷猥語，輒入廟堂？真治世之不幸也！』集賢愧而銜之，後致身于禍辱。根于此也。

宋 吴處厚《青箱雜記》卷一 龍圖劉燁，亦滑稽辨捷，嘗與內相劉筠聚會飲茗，問左右湯滾也未？左右皆應曰：『已滾。』筠曰：『僉曰鯀哉。』燁應聲曰：『吾與點也。』

宋 歐陽修《歸田録》卷上 臘茶出於劍、建，草茶盛於兩浙，兩浙之品，日注為第一。自景祐以後，洪州雙井白芽漸盛，近歲製作尤精，囊以紅紗，不過一二兩，以常茶十數斤養之，用辟暑濕之氣，其品遠出日注上，遂為草茶第一。

又卷下 茶之品，莫貴於龍、鳳，謂之團茶，凡八餅重一斤。慶曆中蔡君謨為福建路轉運使，始造小片龍茶以進，其品絶精，謂之小團，凡二十餅重一斤，其價直金二兩。然金可有而茶不可得，每因南郊致齋，中書、樞密院各賜一餅，四人分之。宮人往往鏤金花於其上，蓋其貴重如此。【略】

蔡君謨既為余書《集古録目序》刻石，其字尤精勁，為世所珍，余以鼠鬚栗尾筆、銅綠華格、大小龍茶、惠山泉等物為潤筆，君謨大笑，以為太清而不俗。後月餘，有人遺余以清泉香餅一篋者，君謨聞之嘆曰：『香餅來遲，使我潤筆獨無此一種佳物。』茲又可笑也。清泉，地名。香餅，石炭也，用以焚香。一餅之火，可終日不滅。

宋 丘荷《北苑御泉亭記》《茶集》 夫珠璣琱玗，龜龍四靈，珍寶之殊特，蜚游之至瑞，布諸載籍，非可遽數。至於水草之奇，金芝醴泉之類，而一時之焜燿，祥經之攸記。若迺蘊堪輿之真粹，占土石之秀脈，自然之應，可以奉乎至尊而能悠永者，則有聖宋南方之貢茶禁泉焉。《爾雅·釋木》曰：『檟，苦茶。』説者以為早採者為茶，晚採者為茗；荈，蜀人名之苦茶，而許叔重亦云。由是知茶者，自古有之。兩漢雖無聞，魏晉以下，或著於録，迄後天下郡國所産，愈益衆，百姓頗蒙其利。

唐建中中，趙贊抗言舉行天下茶，什一税之。於是縣官始榦焉。然或不名地理息耗所在。先儒所志，岷蜀、勾吳、南粤舉有，而閩中不言建安，獨次候官、柏巖。云：『唐季敕福建罷贄橄欖，但供臘面茶。』按：所謂柏巖，今無稱焉，即臘面，産於建安明矣。且今俗號猶然，蓋先儒失其傳耳。不爾，識會有所未盡，遊玩之所不至也；抑山澤之精，神祇之靈，五代相以摘造尚矣，而其味弗振者，得非以其德之無加乎？

國朝龍興，惠風醇化，率被人面。九府庭貢，歲時輻奏，而閩荈寢以珍異。太平興國中，遂置龍鳳模，以表其嘉應而別於他所也。先是鄉老傳其山形，謂若張翼飛者，故名之曰鳳凰山。山麓有泉，直鳳之口，即以其山名名之。蓋建之産茶，地以百數，而鳳凰山莩岸常先月餘日，其左右澗濫交併，不越丈尺，而鳳凰穴獨甘美有殊。及茶用是泉齊和，益以無類，識者遂為章程，第共製羞御者，而以太平興國故事，更曰龍鳳泉。

龍鳳泉當所汲，或日百斛亡減。工罷，主者封莞，逮期而闓，亦亡

餘。異哉！所謂山澤之精，神祇之靈，感於有德者，不特於茶，蓋泉亦有之。故曰有南方之貢茶禁泉焉。泉所舊有亭宇，歷歲彌久，風雨弗蔽，臣子攸職，懷不暇安，遂命工度材易之，以其非品庶所得擅用，故名曰御泉亭。因論次陸羽等所闕，及採耆舊傳聞，實録存之，以諭來者，庶其知聖德之至，厥貢之美若此。景祐三年丙子七月五日，朝奉郎試大理司直兼監察御史權南劍州軍事判官監建州造買納茶務丘荷記。

宋 蔡襄《端明集》卷三四《茶記》 王家白茶聞於天下，其人名大詔。白茶唯一株，歲可作五七餅，如五銖錢大。方其盛時，高視茶山，莫敢與之角。一餅直錢一千，非其親故，不可得也。終為園家以計枯其株。予過建安，大詔垂涕為余言其事。今年枯枿輒生一枝，造成一餅，小於五銖。大詔越四千里，特攜以來京師見余，喜發顔面。予之好茶固深矣，而大詔不遠數千里之役，其勤如此，意謂非予莫之省也，可憐哉！乙巳初月朔日書。

宋 曾鞏《元豐類稿》卷四九《茶》 唐正元初，趙贊興茶稅而張滂繼之，什取其一以助軍費。長慶初，王播又增其數。大中中，裴休立十二條之利。宋興茶鹽之法，屢有變易，而茶法幾至大壞。景德中，嘗乘邊備之急而倉卒變法，高塞下入粟之虚，直易江淮茗荈之實。其厚利悉歸於商人矣。是時，議臣請以見緡入中。而天聖初，又設三説之法，人見緡金帛則官雖為便，而商者不通用三説。則官有七倍之損，而香象之貨，居積停滯，公私皆失其利焉。景祐康定之間，又增以鹽利為四説，雖公家虧於半，而賈販者復壅至。皇祐中又用見緡之法，雖壅滯稍去，然調視小失，固未免於乘迂也。

宋 强至《祠部集》卷一六《代魏公謝都知傳宣撫問并賜龍茶表》 北門居守，未宣駑力之寸勞。南土貢珍，遽錫龍盤之上品。仍屈王人之長，親傳天語之慈。恩重難勝，感深以惕，中謝伏念臣初無遠業。訖至近司。間緣疹疾之乘，方避寵榮之極。勉來全魏，且兼撫於兵民；幸邇故鄉，猶少安於習俗。一叨師領，屢拜君言。存問既勤，匪頒尤渥。矧靈芽之異産，豈俗眛之易嘗。此蓋伏遇皇帝陛下克念老臣，弗遺舊物。垂睿音而下及，加寵賚以俱沾。載省衰疲，奚從報塞。

宋 范鎮《東齋記事》卷一 慶歷八年後，以茶香鹽藥見錢為四稅。沿邊用之。茶鹽香藥為三稅，近裏州軍用之。議者謂四稅與見錢之法，皆不可常守，必視邊計之厚薄，與其物價之高下，以時而變通之，乃可也。

又 卷四 蜀之産茶凡八處，雅州之蒙頂，蜀州之味江，邛州之火井，嘉州之中峰，彭州之堋口，漢州之楊村，綿州之獸目，利州之羅村，然蒙頂為最佳也。其生最晚，常在春夏之交。其芽長二寸許，其色白，味甘美，而其性溫暖，非他茶之比。蒙頂者，書所謂蔡蒙旅平者也。李景初與予書言：『方茶之生，雲霧覆其上，若有神物護持之。』其次羅村，茶色緑而味亦甘美。

宋 龔鼎臣《東原録》 歐陽永叔與劉原甫言：『新定茶法不便，乞別立法。』富鄭公上前言：『近罷榷茶，改二百餘年之弊法，不能無些小未退便處，須略齊整可矣。譬猶人大病方愈。須用粥食湯藥補理，即便平復矣。』上頷之。

宋 蘇頌《本草圖經》《重修政和經史證類備用本草》卷一三一 茗、苦搽。舊不著所出州郡，今閩、浙、蜀、荊、江、湖、淮南山中皆有之。《爾雅》所謂檟苦茶。【略】今通謂之茶。茶荼聲近，故呼之。春中始生嫩葉，蒸焙去苦水，末之乃可飲。與古所食，殊不同也。《茶經》曰：【略】又曰：『茶之別者有枳殻芽、枸杞芽、枇杷芽，皆治風疾。又有皂莢芽、槐芽、柳芽，乃上春摘其芽，和茶作之。故今南人輸官茶，往往雜以衆葉。惟茅蘆竹箬之類不可入。自余山中草木芽葉，皆可和合，椿、柿尤奇。真茶性極冷。惟雅州蒙山出者溫而主疾。【略】近歲稍貴，此品製作亦精於他處。其性似不甚冷。大都飲茶少則醒神思過，多則致疾病。故唐毋景《茶飲・序》云：『釋滯消壅，一日之利暫佳，瘠氣侵精，終身之累斯大。』是也。

宋 釋文瑩《玉壺清話》卷二 乾德初，國用未豐。蘇曉為淮漕，議盡榷舒、廬、蘄、黃、壽五州茶貨，置四十四場。一萌一蘗，盡搜其利，歲衍百餘萬緡，淮俗苦之。後曉舟敗溺，淮民比屋相賀。

宋 陳舜俞《廬山記》卷三《敘山南篇第三》 由圓通二十里，至康王谷景德觀，舊名康王觀。入谷中，溯澗行五里，至龍泉院。又二十里，有水簾飛泉，被巖而下者二三十派，其高不可計，其廣七十餘尺。陸鴻漸《茶經》嘗第其水為天下第一。

宋 張唐英《蜀檮杌》卷上 ［永平］二年正月，贈張魯扶義公、諸葛亮安國王。二月朔，游龍華禪院，召僧貫休坐，賜茶、藥綵段，仍立口誦近詩。

宋 沈括《夢溪筆談》卷一 禮部貢院試進士，日設香案于階前，主司與舉人對拜，此唐故事也。所坐設位供張甚盛，有司具茶湯飲漿。至試學究，則悉撤帳幕氈席之類，亦無茶湯。渴則飲硯水，人人皆黔其吻。非故欲困之，乃防氈幕及供應人私傳所試經義。蓋嘗有敗者，故事為之防。歐文忠有詩：『焚香禮進士，撤幕待經生。』以為禮數重輕如此，其實自有謂也。

又 卷九 古人謂，貴人多知人，以其閱人物多也。張鄧公為殿中丞，一見王城東，遂厚遇之，語必移時。王公素所厚唯楊大年。公有一茶囊，唯大年至則取茶囊具茶，他客莫與也。公之子弟但聞取茶囊，則知大年至。一日，公命取茶囊，羣子弟皆出窺大年，及至乃鄧公。他日公復取茶囊，又往窺之，亦鄧公也。子弟乃問公：『張殿中者何人？公待之如此。』公曰：『張有貴人法，不十年當據吾座。』後果如其言。

又 卷一一 世稱陳恕為三司使，改茶法，歲計幾增十倍。予為三司使時，考其籍，蓋自景德中契丹入寇之後，河北糴便之法蕩盡，此後茶利十喪其九。恕在任，值契丹講解，商人頓復，歲課遂增，雖云十倍之多，考之尚未盈舊額。至今稱道，蓋不虞之譽也。

又 卷一三 予友人有任術者，嘗為延州臨真尉，攜家出宜秋門。是時，茶禁甚嚴。家人懷越茶數斤。稠人中馬驚，茶忽墜地，其人陽驚，回身以鞭指城門鴟尾。市人莫測，皆隨鞭所指望之，茶囊已碎于埃壤矣。

又 卷二二《謬誤譎詐附》 李溥為江淮發運使，每歲奏計，則以大船載東南夷貨，結納當途，莫知紀極。章獻太后垂簾時，溥因奏事，盛稱浙茶之美，云：『自來進御，唯建州餅茶，浙茶未嘗修貢，本司以羡餘錢，買到數千斤，乞進入內。』自國門挽船而入，稱進奉茶綱，有司不敢問，所貢餘者，悉入私室。溥晚年，以賄敗，竄謫海州。然自此遂為發運司歲例，每發運使入奏，舳艫蔽川，自泗州七日至京。予出使淮南時，見有重載入汴者，求得其籍，言兩浙箋紙三暖船，他物稱是。

又 卷二四 茶芽，古人謂之雀舌、麥顆，言其至嫩也。今茶之美者，其質素良，而所植之木又美，則新牙一發便長寸許。其細如針，唯牙長為上品，以上其質幹、土力皆有餘故也。如雀舌、麥顆者極下材耳。乃北人不識，誤為品題。予山居有茶論嘗茶詩云：『誰把嫩香名雀舌，定來北客未曾嘗。不知靈草天然異，一夜風吹一寸長。』

又 卷二五 古人論茶，唯言陽羡、顧渚、天柱、蒙頂之類，都未言建溪。然唐人重串茶，粘黑者則已，近乎建餅矣。建茶皆喬木，吳蜀、淮南唯叢茇而已。品自居下。建茶勝處曰郝源、曾坑。其間又岔根、山頂二品尤勝。李氏時號為北苑，置使領之。

又《補筆談》卷一 建茶之美者號『北苑茶』。今建州鳳凰山，土人相傳，謂之北苑，言江南嘗置官領之，謂之北苑使。予因讀《李後主人集》有《北苑詩》及《文苑紀》，知北苑乃江南禁苑，在金陵，非建安也。江南北苑使，正如今之內園使。李氏時有北苑使，善製茶，人競貴之，謂之『北苑茶』。如今茶器中有『學士甌』之類，皆因人得名，非地名也。丁晉公為《北苑茶録》云：『北苑，地名也，今曰龍焙。』又云：『苑者，天子園囿之名。此在列郡之東隅，緣何却名北苑？』丁亦自疑之。蓋不知北苑茶本非地名，始因誤傳，自晉公實之於書，至今遂謂之北苑。

又 卷二 忠定張尚書曾令鄂州崇陽縣。崇陽多曠土，民不務耕織，唯以植茶為業。忠定令民伐去茶園，誘之使種桑麻。自此茶園漸少，而桑麻特盛于鄂、岳之間。至嘉祐中，改茶法，湖、湘之民苦於茶租，獨崇陽茶租最小，民監他邑，思公之惠，立廟以報之。

宋 孫升《孫公談圃》卷中 張文定嘗苦腳疾，無藥可療。一日游相國寺，有賣藥者，得綠豆兩粒服之遂愈。曾魯公七十餘苦痢疾，鄉人陳應之用水梅花臘茶服之，遂愈。

宋 王鞏《甲申雜記》 仁宗朝，春試進士集英殿，后妃御太清樓觀之。慈聖光獻出餅角子以賜進士，出七寶茶以賜考試官。

初貢團茶及白羊酒，惟見任兩府方賜之。仁宗朝及前宰臣歲賜茶一觔，酒二壺，後以為例。

宋 王鞏《隨手雜録》卷一二 子瞻自杭召歸過宋，語余曰：在杭時，一日中使至。既行，送之望湖樓上，遲遲不去。時與監司同席，已而

曰：『某未行，監司莫可先歸。』諸人既去，密語子瞻曰：『某出京師，辭官家。官家曰，辭了娘娘了來。某辭太後殿，復到官家處。引某至一柜子旁，出此一角，密語曰：賜與蘇軾，不得令人知。』遂出所賜，乃茶一斤，封題皆御筆。子瞻具劄子附進稱謝。

又　潘中散適為處州守，一日作醮，其茶百二十盞皆乳華。內一盞如墨。詰之，則酌酒人誤酌茶盞中。潘焚香再拜謝過，即成乳華。僚吏皆敬嘆。麗水宰宣德郎陳縉輒慢之。指老君像曰，老子賣烏髭藥裏。語畢驚愓。月餘遂發狂不能語，解官歸。今逾年尚未愈。

宋　王鞏《甲申聞見二録補遺》　蔡君謨始作小團茶入貢，意以仁宗嗣未立，而悅上心也。又作曾坑小團，歲貢一斤。歐陽文忠所謂『兩府共賜一餅者』是也。元豐中，取揀芽不入香，作密雲龍茶，小於小團，而厚實過之。終元豐時，外臣未始識之。宣仁垂簾，始賜二府及裕陵宿殿。夜賜碾成末茶，二府兩指許二小黃袋。其白如玉，上題曰揀芽，亦神宗所藏。至元祐末，福建轉運司又取北苑槍旗，建人所作斗茶者也，以為瑞雲龍，請進不納。紹聖初，方入貢，歲不過八團，其製與密雲等而差小也。

宋　劉斧《青瑣高議》卷九　范文正《采茶歌》為天下傳誦，蔡君謨暇日與希文聚話，君謨謂公曰：『公《采茶歌》膾炙士人之口久矣，有少意未完，蓋公方氣豪俊，失于少思慮耳。』希文曰：『何以言之？』君謨曰：『公之句云：黃金碾畔綠塵飛，碧玉甌中翠濤起。今茶之絕品，其色甚白，翠綠乃茶之下者耳。』希文笑謝曰：『君善知茶者也，此中吾詩病也，君意何如？』君謨曰：『欲革公詩之二字，非敢有加焉。』公曰：『革何字？』君謨曰：『綠、翠二字也。』公曰：『可去。』曰：『黃金碾畔玉塵飛，碧玉甌中素濤起。』希文喜曰：『善哉！』又見君謨精於茶，希文服於議。議者曰：希文之詩為天下之所共愛，公立意未嘗徒然，必存教化之理，他人不可及也。

宋　張舜民《畫墁録》卷七　有唐茶品，以陽羨為上供，建溪北苑未著也。貞元中，常袞為建州刺史，始蒸焙而研之，謂之研膏茶。其後稍為餅樣其中，故謂之一串。陸羽所烹，惟是草茗爾。迨至本朝，建溪獨盛，採焙製作，前世所未有也。士大夫珍尚鑒別，亦過古先。丁晉公為福建轉運使，始製為鳳團，後又為龍團，貢不過四十餅，專擬上供，雖近臣之家，徒聞之而未嘗見也。天聖中，又為小團，其品迥加於大團。賜兩府，然止於一斤，唯上大齋宿，八人兩府，共賜小團一餅，縷之以金，八人拆歸，以侈非常之賜，親知瞻玩，賡唱以詩。故歐陽永叔有《龍茶小録》，或以大團問者，輒方刺寸以供佛供仙家廟，已而奉親，并待客享子弟之用。熙寧末，神宗有旨，建州製密雲龍，其品又加於小團矣。然密雲之出，則二團少粗，以不能兩好也。予元祐中詳定殿試，是年秋，為制舉，考第官，各蒙賜三餅，然親知誅責，殆將不勝。宣仁一日嘆曰：『指揮建州，今後更不許造密雲龍，亦不要團茶；揀好茶喫了，生得甚好意智。』熙寧中，蘇子容使遼，姚麟為副，曰：『盍載些小團茶乎？』子容曰：『此乃供上之物，儔敢與北人。』未幾，有貴公子使遼，廣貯團茶，自爾北人非團茶不納也，非小團不貴也。彼以二團易蕃羅一匹，此以一羅酬四團。少不滿，則形言語，近有貂處邊，以大團為常供，密雲為好茶。

又　司馬溫公云：『茶墨正相反。茶欲白，墨欲黑；茶欲新，墨欲陳；茶欲重，墨欲輕。如君子小人不同，至如喜乾而惡濕，襲之以囊，水之以色，皆君子所好玩則同也。』

又　己巳，徐璀承議，丘朝奉辛大觀游建隆寺九曲池，登大明寺塔，摘星樓故基。望江南山水煙雨，隱顯如圖畫。酌水試茶，井在《茶經》為第五品。建隆寺即太祖濯征之地，有御容香火殿，九曲摘星，皆前朝故迹。大率今之所謂揚州者。視故地，東南一角，無慮四分之一爾，其唐室故地，皆榛莽也。胥浦河，在揚州揚子縣，一水縈回，南入大江，名曰胥浦河。一日三潮，俗曰伍子胥渡河解劍之所，傍有子胥廟。

宋　蘇軾《東坡志林》卷一〇　時雨降，多置器廣庭中，所得甘滑不可名，以瀹茶煮藥皆美而有益，正爾食之不輟，可以長生。其次井泉，甘冷者皆良藥也，乾以九二化坤之六二為坎，故天一為水。吾聞之道士人能服井花水，其熱與石硫黃鍾乳等，非其人而服之，亦能發背腦為疽。蓋嘗觀之，又分至日取井水，儲之有方，後七日輒生物如雲母。道士謂水中金可養煉為丹，此固常見之者，此至淺近，世獨不能為況，所謂玄者乎？

又 元豐七年二月一日，東坡居士與徐得之參寥子，步自雪堂，并坰池，入乾明寺，觀竹林，謁乳老任氏墳，働治茶圃。遂造趙氏園探梅堂，至尚氏第觀老枳偃蹇，如龍虵形。憩定惠僧舍。飲茶任公亭師中庵，乃歸。且約後日攜酒尋春於此。

又 唐人煎茶用薑。故薛能詩云：『鹽損添常戒，薑宜著更誇。』據此，則又有用鹽者矣。近世有用此二物者，輒大笑之。然茶之中等者，用薑煎信佳也，鹽則不可。

又 近時，世人好蓄茶與墨，閑暇輒出二物校勝負，云：茶以白為尚，墨以黑為勝。予既不能校，則以茶校墨，以墨校茶，未嘗不勝也。真松煤遠煙，馥然自有龍麝氣，初不假二物也。世之嗜者，如滕達道、蘇浩然、呂行甫。暇日晴暖，研墨水數合，弄筆之餘，少啜飲之。蔡君謨嗜茶，老病不能復飲，則把玩而已。看茶而啜墨，亦事之可笑者也。

又卷一二 王燾集《外臺秘要》，有《代茶飲子》一首云。格韻高絕，惟山居逸人乃當作之。予嘗依法治服，其利鬲調中，信如所云，而其氣味，乃一服煮散耳，與茶了無干涉。薛能詩云：『粗官與世真抛著，賴有詩情合得嘗。』又作《烏嘴茶》詩云：『鹽損添常戒，姜宜著更夸。』乃知唐人之于茶，蓋有河朔脂麻氣也。

宋 蘇軾《東坡全集》卷二九《元翰少卿，寵惠穀簾一器、龍團二枚，仍以新詩爲貺，嘆永不已，次韻奉謝。》 巖垂疋練千絲落，雷起雙龍萬物春。此水此茶俱第一，共成三絕景中人。

又 卷三八《瓊州惠通井記》 《禹貢》：『濟水人於河，溢為滎河。』南曰滎陽河，北曰滎澤。沱、潛本梁州二水，亦見於荊州。水行地中，出沒數千里外，雖河海不能絕也。唐相李文饒，好飲惠山泉，置驛以取水。有僧言長安吳天觀井水，與惠山泉通。雜以他水十餘缶試之，僧獨指其一曰：『此惠山泉也。』文饒為罷水驛。瓊州之東五十里曰三山庵，庵下有泉，味類惠山。東坡居士過瓊，庵僧惟德以水餉焉，而求為之名，名之曰惠通。元符三年六月十七日記。

宋 蘇軾《東坡養生集》卷一《卓錫泉》 錫杖泉，在羅浮實積寺，即景泰禪師卓錫之地，亦謂之卓錫泉。蘇軾曰：予昔自汴人淮，泛江泝漢歸蜀。飲江淮水蓋彌年，既至覺井水腥澁，百餘日然後安之。以此知江水之甘於井也審矣。今來嶺外，自揚子始飲江水，及至南康，江益清駛，水益甘，則又知南江賢於北江也。近度嶺人清遠峽，水色如碧玉，味益勝。今遊羅浮，酌泰禪師錫杖泉，則清遠峽水又在其下矣。嶺外惟惠人喜鬬茶，此水不虛出也。紹聖元年九月二十六日書。

又《漱茶》 除煩去膩，世不可闕茶。然暗中損人，殆不少。昔人云：『自茗飲盛後，人多患氣，不復病黃，雖損益相半，而消陽助陰，益不償損也。』吾有一法，常自珍之。每食已，輒以濃茶漱口，煩膩既去，而脾胃不知。凡肉之在齒間者，得茶浸漱之，乃消縮不覺脱去，不煩挑刺也。而齒便漱濯，緣此漸堅密，蠹病自已。然率皆用中下茶，其上者自不常有，間數一日啜，亦不為害也。此大是有理，而人罕知者。故詳述云。元豐六年八月十三日。

又《葉嘉傳》 葉嘉，閩人也。其先處上穀。曾祖茂先，養高不仕，好遊名山，至武夷，悅之，遂家焉。嘗曰：吾植功種德，不為時採，然遺香後世，吾子孫必盛於中土，當飲其惠矣。煙先葬郝源，子孫遂為郝源民。至嘉，少植節操，或勸之業武。曰：『吾當為天下英武之精，一槍一旗，豈吾事哉。』因而游見陸先生。先生奇之，為著其行録，傳於時。

方漢帝嗜閱經史，時建安人為謁者侍上。上讀其行録，而善之。曰：『吾獨不得與此人同時哉！』曰：『臣邑人葉嘉，風味恬淡，清白可愛，頗負其名性有濟世之才，雖羽知猶未詳也。』上驚，敕建安太守，召嘉給傳遣詣京師。郡守始令採訪嘉所在，命齎書示之。嘉未就。遣使臣督促，郡守曰：『葉先生方閉門製作，研味經史，志圖挺立，必不屑進，未可促之。』親至山中，為之勸駕，始行登車。遇相者揖之曰：『先生容質異常，矯然有龍鳳之姿，後當大貴。』嘉以皂囊上封事。天子見之曰：『吾久飫卿名，但未知其實爾，我其試哉。』因顧謂侍臣曰：『視嘉容貌如鐵，資質剛勁，難以遽用，必槌提頓挫之乃可。』遂以言恐嘉曰：『碪斧在前，鼎鑊在後，將以亰子，子視之如何？』嘉勃然吐氣曰：『臣山藪猥士，幸惟陛下採擇至此，可以利生，雖粉身碎骨，臣不辭也。』上笑，命以名曹處之，又加樞要之務焉。因誡小黃門監之。有頃報曰：『嘉之所為，猶若粗疎然。』上曰：『吾知其才，第以獨學，未經師耳。』嘉為

之屑屑就師，頃刻就事，已精熟矣。上乃敕御史歐陽高，金紫光祿大夫鄭當時，甘泉侯陳平三人與之同事。歐陽疾嘉初進有寵，曰：『吾屬且為之下矣。』計欲傾之。會天子御延英，促召四人。歐但熱中而已，當時以足擊嘉；而平亦以口侵陵之。嘉雖見侮，為之起立，顏色不變。歐陽悔曰：『陛下以葉嘉見託，吾輩亦不可忽之也。』因同見帝，陽稱嘉美，而陰以輕浮訾之。嘉亦訴於上，上為責歐陽，憐嘉；視其顏色久之，曰：『葉嘉真清白之士也，其氣飄然若浮雲矣。』遂引而宴之。少選間，上鼓舌欣然曰：『始吾見嘉，未甚好也，久味其言，令人愛之，朕之精魄，不覺灑然而醒。』書曰：『啟乃心，沃朕心。』嘉之謂也。於是封嘉鉅合侯，位尚書。曰：『尚書，朕喉舌之任也。』由是寵愛日加，朝廷賓客遇會宴，未始不推嘉於上。日引對至於再三。後因侍宴苑中，上飲踰度，嘉輒苦諫，上不悅。曰：『卿司朕喉舌，而以苦辭逆我，餘豈堪哉。』遂唾之，命左右僕於地。嘉正色曰：『陛下必欲甘辭利口然後愛耶？臣雖言苦，久則有效，陛下亦嘗試之，豈不知乎。』上顧左右曰：『始吾言嘉剛勁難用，今果見矣。』因含容之，然亦以是踈嘉。

嘉既不得志，退去閩中。既而曰：吾未如之何也已矣。上以不見嘉月餘，勞於萬機，神薾思困，頗思嘉。因命召至，喜甚，以手撫嘉曰：『吾渴欲見卿久矣。』遂恩遇如故。上方欲南誅兩越，東擊朝鮮，北逐匈奴，西伐大宛，以兵革為事，而大司農奏計國用不足，上深患之，以問嘉。嘉為進三策：其一曰権天下之利，山海之資，一切籍於縣官。行之一年，財用豐贍，上大悅。兵興有功而還。上利其財，故権法不罷。管山海之利，自嘉始也。居一年，嘉告老，上曰：『鉅合侯其忠可謂盡矣。』遂得爵其子。又令郡守，擇其宗支之良者，每歲貢焉。嘉子二人，長曰摶，有父風，故以襲爵。次子挺，抱黃白之術，比於摶，其志尤淡泊也，嘗散其資，拯鄉閭之困，人皆德之。故鄉人以春伐鼓，大會山中，求之以為常。

贊曰：今葉氏散居天下，皆不喜城邑，惟山居。其氏於閩中者，蓋嘉之苗裔也。天下葉氏雖夥，然風味德馨，為世所貴，皆不及閩。閩之居者又多，而郝源之族為甲。嘉以布衣遇天子，爵徹侯位八座，可謂榮矣。然其正色苦諫，竭力許國，不為身計，蓋有以取之。夫先王，用於國有節，取於民有制，至於山林川澤之利，一切與民。嘉為策以権之，雖救一時之急，非先王之舉也。君子譏之，或云管山海之利，始於鹽鐵丞孔僅、桑弘羊之謀也。嘉之策，未行於時；至唐，趙贊始舉而用之。

又《與姜唐佐秀才》　今日霽，色尤可喜，食已，當取天慶觀乳泉潑建茶之精者，念非君莫與共之。然早來市中無肉，當相與啖菜飯耳，不嫌可只今相過。某啟上。

又卷二《泄痢腹痛方》二則　憲宗賜馬總治泄痢腹痛方，以生薑和皮切碎，如粟米，用一大盞，並草茶相等，煎服之。元祐二年，文潞公得此疾，百藥不效，而余傳此方得愈。肉豆蔻，刳作甕子，入通明乳香少許，復以末塞之，不盡，即用麵少許，裹豆蔻煨，焦黃為度，三物皆碾末，仍以茶末對烹之，比前方益奇。

又卷四《書參寥梦》　僕在黃州，參寥自吳中來訪，館之東坡。一日，夢見參寥所作詩，覺而記其兩句云：『寒食清明都過了，石泉槐火一時新。』後七年，僕出守錢塘，而參寥始卜居西湖智果院。院有泉出石縫間，甘冷宜茶。寒食之明日，僕與客泛湖，自孤山來謁參寥汲泉鑽火，烹黃蘖茶，忽悟所夢詩，兆於七年之前。衆客皆驚歎，知傳記所載，非虛語也。元祐五年二月二十七日書。

又卷五《茶品》三則　余蓄墨數百挺，暇日輒出品試之，終無黑者，其間不過一二可人意。以此知世間佳物，自是難得。茶欲其白，墨欲其黑。方求黑時嫌漆白，方求白時嫌雪黑，自是人不會事也。

又卷八《書品茶要録後》　物有畛而理無方，窮天下之辯，不足以盡一物之理。達者寓物以發其辯，則一物之變，可以盡南山之竹。學者觀物之極，而遊於物之表，則何求而不得？故輪扁行年七十而老於斵輪，庖丁自技而進乎道，由此其選也。

黃君道輔，諱儒，建安人，博學能文，淡然精深，有道之士也。作《品茶要録》十篇，委曲微妙，皆陸鴻漸以來論茶者所未及。非至靜無求，虛中不留，烏能察物之情如其詳哉！昔張機有精理而韻不能高，故卒為名醫；今道輔無所發其辯而寓之於茶，為世外淡泊之好，以此高韻輔精理者。予悲其不幸早亡，獨此書傳於世，故發其篇末云。

又《題萬松嶺惠明院壁》　予去此十七年，復與彭城張聖途、丹陽

陳輔之同來。院僧梵英，葺治堂宇，比舊加嚴潔。茗飲芳烈，問：『此新茶耶？』英曰：『茶性新舊交，則香味復。』予嘗見知琴者，言琴不百年，則桐之生意不盡，緩急清濁，常與雨暘寒暑相應。此理與茶相近，故並記之。

宋 蘇軾《東坡志林》卷一二　到杭，一遊龍井，謁辯才遺像，仍持密雲團為獻龍井。孤山下，有石室。室前有六一泉，白而甘，當往一酌。湖上壽星院竹，極偉。其傍智果院，有參寥泉及新泉，皆甘冷異常，當特往一酌，仍尋參寥子妙總師之遺跡，見穎沙彌，亦當致意。靈隱寺後高峰塔，一上五里，上有僧，不下三十餘年矣，不知今在否？亦可一往。

宋 蘇軾《書周韶》《侯鯖録》卷七　杭州營籍周韶，多蓄奇茗。嘗與君謨鬭，勝之。韶又知作詩。子容過杭，述古飲之，韶泣求落籍。子容曰：『可作一絕。』韶援筆立成，曰：『隴上巢空歲月驚，忍看回首自梳翎。開籠若放雪衣女，長念《觀音般若經》。』韶時有服，衣白，一座嗟嘆。遂落籍，同輩皆有詩送之。二人者最善。胡楚云：『淡妝輕素鶴翎紅，移入朱欄便不同。應笑西園桃與李，強勻顏色待秋風。』龍靚云：『桃花流水本無塵，一落人間幾度春。解佩暫酬交甫意，濯纓還作武陵人。』固知杭人多慧也。

宋 蘇軾《論食》《曲洧舊聞》卷五　爛蒸同州羊羔，灌以杏酪，食之以匕不以箸；南都麥心麵，作槐芽溫淘，滲以襄邑抹豬炊，共城香粳，薦以蒸子鵝；吳興庖人斫松江鱠。既飽，以廬山康王谷簾泉，烹曾坑鬭品。少焉，解衣仰臥，使人誦東坡先生《赤壁前、後賦》，亦足以一笑也。東坡在儋耳，獨有二賦而已。

宋 王得臣《麈史》卷一《惠政》　鄂州諸邑皆有茶稅，民苦之。獨崇陽一縣不產茶，而民間率藝桑而稅以縑，人甚樂輸。蓋興國初，九河張公詠登進士第，以大理評事知縣事。禁民種茶，而教以植桑，易稅以縑。夫賢臣君子所至，利民無窮也。

又《利疚》　六路租茶，通商以來，蠲減外，歲計三十三萬八千六十八貫有奇。湖北獨當十萬二千三百三十一貫有奇。而鄂一州所斂，無慮三萬九千緡。諸邑之中，咸寧又獨太重。嘗試訪之，其茶凡三名。一曰供軍稅茶，蓋江南李氏所取以助軍也。二曰酒茶，乃景德以前，因撲買縣酒，其課利計茶以納。後因敗欠，遂以其數敷出於民。三曰市茶，景德三年歲荒，官許額外貨茶，以濟其艱食。所入既倍，而監場官因亦被賞，竟不復減。議者數乞均此無名之額，以入諸邑，蓋非通論也。夫以一邑之患，而欲困諸邑，尤無名矣。

湖北一路，唯安、復、漢陽三州軍無茶租。蓋民不種以資利耳。嘗按茶之起，謂之根稅茶。蓋以茶株均敷其多寡而已。今水田湖澤之地無茶株，而有茶稅矣。又茶園户坐享厚息以自豐，議者欲以所重均于所輕之邑，以所有均於所無之州，是大不知為政者也。

又卷二《詩話》　安石《送元厚之知福州》詩曰：『長魚俎上通三印，新茗齋中試一旗。』閩人謂茶芽未展為槍，展則為旗，至二旗側老矣。

又　工部在京山，又有《寒食日經秀上人房詩》云：『花時懶看花，來訪野僧家。勞師擊新火，勸我雨前茶。』其詩篆書刻石，在縣多寶寺中。甘棠，魏野亦有詩云：『城裡爭看城外花，獨來城裏訪僧家。辛勤旋覓新鑽火，為我親烹岳麓茶。』蓋詩人寫興多同。

宋 龐元英《文昌雜録》卷四　禮部尚書恩賜今年龍茶一斤，折簡諭林郎中云：『欲以五餅分送郎官如何？』林勴答云：『衆官參詳，委得允當。』遂以分送五廳，他則不然也。

又　庫部林郎中説：『建州上春採茶時，茶園人無數。擊鼓聞數十里。然亦園中才間壟，茶品高下已相遠。又況山園之異邪？』太府賈少卿云：『昔為福建轉運使，五月中，朝旨令上供龍茶數百斤。已過時，不復有此新芽。有一老匠言，但如數買小銙。入湯煮研二萬權，以龍腦水灑之，亦可就。遂依此製造。既成，頗如歲進者。是年，南郊大禮，多分賜宗室近臣，然稍減常價，猶足為精品也。』

倉部韓郎中云：『叔父魏國公喜飲酒，至數十大觴猶未醉。不甚喜茶，無精麤共置一籠。每盡即取碾，亦不問新舊。嘗暑月曝茶於庭中，見一小角上題『襄』字，蔡端明所寄也。因取以歸員王家白。後見蔡説。當時衹有九銙，又以葉園一餅充十數，以獻魏公。其難得如此。

宋 龐元英《談藪》《説郛》卷三一　俗以湯之未滾者為盲湯，初滾曰

蟹眼，漸大曰魚眼。其未滚者無眼，所語盲也。

宋 朱長文《吴郡圖經續記》卷下　洞庭山出美茶，舊人為貢。《茶經》云：『長洲縣生洞庭山者與金洲、蘄州味同。』近年山僧尤善製茗，謂之水月茶。以院為名也。頗為吳人所貴。

張又新品天下之水，其二慧山泉，三虎丘井，六松江，陸魯望好之。高僧逸人時致以助，松江水或以謂第四橋者最佳。蓋差遠井邑，宜更清耳，以江水醞酒，特佳於他處，昔人重若下酒亦以溪水為美耳。

宋 高承《事物紀原》卷一《榷茶》　起于唐建中正元之間，趙贊、張滂建議，稅其什一。一云德宗正元八年，張滂奏收茶稅。《唐會要》曰：正元九年正月初稅茶。先是張滂奏請于出茶州縣及茶山要路，定三等，每十稅一。茶之有稅，自此始也。一云穆宗時王涯始榷茶。

又 卷九《蠟茶》　楊文公《談苑》云：『蠟茶出建州。陸羽《茶經》尚未知之。但言福建等州未詳，往往得之，其味極佳。』江左近日方有蠟面之號。丁謂《北苑茶録》曰：『創造之始，莫有知者。』質之三館檢討杜鎬，亦曰：『在江左日，始記有研膏茶。』歐陽修《歸田録》亦云出福建，不言所起。按唐氏諸家説中，往往有蠟面茶之語。則是自唐有之也。

又《龍茶》　《談苑》曰：『龍鳳石乳茶，宋朝太宗皇帝令造。江左乃有研膏茶供御，即龍茶之品也。』《北苑茶録》曰：『太宗太平興國二年，遣使造之，規取像類，以別庶飲也。』

又《小團》　歐陽修《歸田録》曰：『茶之品莫貴于龍鳳，謂之團茶。慶歷中，蔡君謨為福建漕，始造小片龍茶以進，其品絕精，謂之小團。』又《龍茶録後序》曰：『團茶為茶之至精，而小團又團茶之精者。蔡君謨始造歲貢云。』

又《京鋌》　《談苑》曰：『江左李氏，別令取茶之乳作片，或號京鋌、的乳及骨子等。』是則京鋌之品，自南唐始也。《北苑録》曰：『的乳以降，以下品雜鍊售之。唯京師去者，至真不雜，為時所貴。意其名由此得也。』又云：『或曰開寶末，方有此茶。當時識者云，金陵僭國，唯曰都下，而以朝廷為京師，今忽有此名。其將歸京師乎。

又《石乳》　《北苑茶録》曰：『石乳，太宗皇帝至道二年詔造也。』

宋 魏泰《東軒筆録》卷一二　陳晉公為三司使，將立茶法，召茶商數十人，俾各條利害。晉公閱之，第為三等。語副使宋太初曰：『吾觀上等之説，取利太深，此可行于商賈，而不可行於朝廷。下等固滅裂無取。唯中等之説，公私皆濟，吾裁損之，可以經久。』於是為三説法。行之數年，貨財流通，公用足而民富實。世言三司使之才，以陳公為首稱。後李侍郎諮為使，改其法而茶利浸失。後雖屢變，然非復晉公之舊法也。

宋 陳師道《後山叢談》卷二　茶、洪之雙井，越之日注，登萊鰒魚，閩越江瑤柱，莫能相先後。而強為第者，皆勝心耳。

宋 蘇轍《欒城集》卷一八《鳳味石硯銘并序》　北苑茶冠天下，歲貢龍鳳團，不得鳳凰山咮潭水則不成。略

宋 黃庭堅《山谷集》卷一《煎茶賦》　洶洶乎如澗松之發清吹，皓皓乎如春空之行白雲。賓主欲眠而同味，水茗相投而不渾。苦口利病，解膠滌昏，未嘗一日不放箸，而策茗椀之勳者也。余嘗為嗣直瀹茗，因録其滌煩破睡之功，為之甲乙。建溪如割，雙井如遽。日鑄如絜。其餘苦則辛螫，甘則底滯，嘔酸寒胃，令人失睡，亦未足與議。或曰無甚高論，敢問其次。涪翁曰：味江之羅山，嚴道之蒙頂。黔陽之都濡高株，瀘川之納溪梅嶺。夷陵之壓甎，臨邛之火井。不得已而去於三。則六者亦可以酌免褐之甌，瀹魚眼之鼎者也。或者又曰：寒中瘠氣，莫甚於茶，或濟之鹽，勾賊破家。滑竅走水，又況雞蘇之與胡麻。涪翁於是酌岐雷之醪醴，參伊聖之湯液。斮附子如博投，以葛僊之堊。去蓺而用鹽，去橘而用薑。不奪茗味，而佐以草石之良。所以固太倉而堅作強。於是有胡桃松實庵摩鴨腳，勃賀靡蕪，水蘇甘菊。既加臭味，亦厚賓客。前四後四，各用其一，少則美，多則惡。揮其精神，又益於咀嚼。蓋大匠無可棄之材，太平非一士之略。厥初貪味雋永，速化湯餅。乃至中夜不眠，耿耿既作。溫齊殊可屢歃，如以六經，濟三尺法，雖有除治，與人安樂。賓至則煎，去則就榻。不游軒後之華胥，則化莊周之蝴蝶。

又 卷二〇《黔南道中行記》　壬子之夕，宿黃牛峽。略，陸羽《茶經》紀黃牛峽茶可飲，因令舟人求之，有嫗賣新茶一籠，與昔葉無異，山中無好事者故耳。略

初，余在峽州，問士大夫夷陵茶，皆云䑛澁不可飲，試問小吏，云唯僧茶味善。試令求之，得十餅，價甚平也。携至黄牛峽，置風爐清樾間身候湯，手斟得味，既以享黄牛神且酌，元明、堯夫云：不減江南茶味也。乃知夷陵士大夫，但以貌取之耳，可因人告傅子正也。

宋 黄庭堅《山谷别集》卷一三《答王子厚書四》 所寄歐陽文忠雙井詩，詞意未當，雙井之價，或恐非文忠所作，今分上去年雙井，可精洗石磑曬乾，頻轉少下，茶白如飛羅麵乃善，煮湯烹試之，然後知此詩未稱雙井風味耳。略雙井法，當以蘆布作巾，裹厚珀盞一隻，置茶其中，每用手頓之，盡篩去白毛，並揀去茶子，乃磑之，則茶色味皆勝也。點時，淨濯瓶，注甘冷泉，熟火煮，盤協盞，令熱湯才沸，即點草茶，劣不比建溪，須用熟沸湯也。往嘗作建溪茶曲，不審見之否？或未見，後當寄也。

又《與分寧蕭宰書五》 福茶一缶才可飲五七客，乃今年雙井蒸芽第一，其為物，薄可比沼沚之毛，蘊藻之菜，當不以邑子有獻為嫌也。

又卷一五《與逢興交判官帖五》 比江南寄新茶來，味殊佳，恨未得同一烹。欲寄芽子去，恐邑中無善磑，不久磑成，來便寄上矣。

又卷一九《與敦禮秘校帖五》 生瓢承見惠，亦好，但恨折時太嫩。相茶瓢與相邛竹同法，不欲肥而欲瘦，但須飽霜露耳。

宋 黄庭堅《答從聖使君》《全蜀藝文志》卷六〇 此帮茶乃可飲，但去城或數日，土人不善製度焙多帶煙耳，不然，亦殊佳。今往黔州都濡月兎兩餅，施州入香六餅，試將焙碾。嘗都濡在劉氏時貢炮也，味殊厚，恨此方難得，真好事者耳。

宋 蔡京《爲皇帝幸鳴鑾堂記》《雞肋編》卷中 宣和元年九月，金芝生道德院。二十日，皇帝自景龍江泛舟由天波溪至鳴鑾堂，淑妃從。臣京朝堂下，移班拜妃，内侍連呼曰『妃答拜』。臣欲謝，内侍掖起，膝不得下。上曰：『今歲四幸鳴鑾矣』。臣頓首曰：『昔人三顧，堂成已六幸，千載榮遇。鳴鑾固卑陋，且家素窶無具，願留少頃，使得伸尊奉意。』上曰：『為卿從容。』臣退西廡視庖膳。上為舉箸筋屢嚌，歎咲如家人，六遣使持碼碯大杯賜酒，遂御西閣，親手調茶，分賜左右。妃亦酌。

宋 蔡京《保和殿曲宴記》《艷異編》卷一四 宣和元年九月十二日，皇帝召臣蔡京、臣王黼、臣越王俁、臣燕王似、臣嘉王楷、臣童貫、臣嗣濮王仲忽、臣馮熙載、臣蔡攸宴保和殿。臣蔡翛、臣蔡鞗東曲水朝於玉華殿。上步西曲水，循荼架至大寧閣。登層巒、琳霄、騫鳳、垂雲亭，景物如前，林木蔽蔭加勝，始至保和殿。三楹七十架，兩夾閣，無彩繪飾侈，落成於八月。而高竹崇檜，已森然蓊鬱。中楹置御榻東西二間，列寶玩與古鼎彝器玉器。左夾閣曰『妙有』。設古今儒書、史子楮墨，右曰『日宣』，置道家金櫃玉笈之書，與神霄諸天隱文。上步前行稽古閣，有宣王石鼓，歷邃古、尚古、鑒古、作古、傳古、博古、秘古諸閣，藏祖宗訓謨，與夏商周尊彝鼎鬲爵卣敦盤盂，漢晉隋唐書畫，多不知識之者。上親指示，為言其概。抵玉林軒，過宣和殿、列岫軒、天真閣，凝德院之東，崇石峭壁高百丈，林壑茂密，倍於昔見。過翠翹燕閣諸處，賜茶全真殿，上親御撇注賜出乳花盈面。臣等惶恐，前曰：『陛下略君臣夷等，為臣下烹調，震悸惶怖，豈敢啜？』上曰：『可少休。』

宋 劉弇《龍雲集》卷二八《策問第十八**》** 問山海之貨，所以養人者不貲，而茶之為利尤博。秦漢以前，未有以茶為禮者。三國時孫皓每享韋曜，許以茶荈代酒。其後謝安過陸納，納待以茶果，自謂我家素風。茲其椎輪與，然亦未始有禁也。味源寖闢，羣嗜大騁。故趙贊領度支，而竹木茶漆類皆有稅，實始于有唐之建中。張滂使鹽鐵，奏立茶稅，號十分稅一，實始于有唐之貞元。於是厚利始籠於縣官矣。然猶陸羽著經，毛文錫綴譜。溫庭筠、張又新、裴汶之徒，或纂茶録，或製水經，或述顧渚，至相踵於世。百年已來，極於嗜好，略與飲食埒者。其今日乎。今日第茶者，取郝源為上。至如日注、寶峰、閔坑、雙港、烏龍、雁蕩、顧渚、雙井、鵶山、嶽麓、天柱之產，雖雀舌槍旗號品中勝絕，殆不得與郝源方駕而馳也。其品制之殊，則有若金梃、六花、葉家白、王家白；其色類之殊，則有若的乳、白乳、頭金、蠟面、京梃。好事者往往抵金茶民，不遠千里。此比歲之禁所以愈密於疇曩也。日者議臣深究厥弊。一切條上，乞弛去榷法，以便公私。語其大較，則商之宜已詳矣。若乃纖悉委曲，尚亦有可言者乎？二三子其考古以驗今毋忽。

宋 陳師道《後山集》卷一一《〈茶經〉序》 陸羽《茶經》，家

書一卷，畢氏王氏書三卷，張氏書四卷，内外書十有一卷，其文繁簡不同：王畢氏書繁雜，意其舊文。張氏書簡明與家書合，而多脱誤。家書近古可考正月七之事，其下亡。乃合三書以成之，録為二第藏於家。夫茶之著書自羽始，其用於世亦自羽始，羽誠有功於茶者也。上自宫省，下迨邑里，外及夷戎蠻狄。賓祀燕享，預陳於前，山澤以成市，商賈以起家，又有功於人者也，可謂智矣。經曰，茶之否臧。存之口訣。則書之所載，猶其也。夫茶之為藝下矣。至其精微書有不盡。況天下之至理，而欲求之文字紙墨之間。其有得乎？昔者，先王因人而教，同欲而治。凡主有益於人者，皆不廢也。世人之説曰，先王詩書道德而已。此乃世外執方之論，枯槁自守之行，不可羣天下而居也。史稱羽持具飲李季卿，不為賓主。又著論以毁之。夫藝者，君子有之。德成而後及，所以同於民也。王務本而趨末，故藝成而下也，學者慎之。

又卷二〇　張忠定公令崇陽，民以茶為業。公曰：『茶利厚，官將取之，不若早自異也。』命拔茶而植桑，民以為苦。其後榷茶，他縣皆失業，而崇陽之桑皆已在，其為絹而比者歲百萬匹，其富至今。始令下，惟通樂一鄉不變，其後別自為縣，民亦貧至今也。

宋 趙鼎臣《竹隱畸士集》卷一四《七進篇》　世有靈荈，產夫甌閩。厥包祇貢，貴於上春。其始至也，天子先嘗之，而後頒於六宫，旁及四鄰，遺緘餘篚，暨茲庶臣。則有翔龍之品，密雲之珍，圜不方寸，價兼百金。隱以金椎，碾如玉塵。薦以建安之醆。烹以惠山之泉。蟹眼初泛，浪茶已皤。可以析酲，可以除煩。可以輕身，可以延年。劉伶嘗之而削酒德之頌，武皇啜之而棄承露之盤。此固高士之所宜耽也。

宋 唐庚《眉山文集》卷二《鬥茶記》　政和二年，三月壬戌，二三君子，相與鬬茶於寄傲齋。予為取龍塘水烹之，而第其品，以某為上，某次之。某閩人。其所賫宜尤高，而又次之。然大較皆精絕。蓋嘗以為天下之物，有宜得而不得，不宜得而得之者。富貴有力之人，或有所不能致。而貧賤窮厄，流離遷徙之中，或偶然獲焉，所謂尺有所短，寸有所長，良不虛也。唐相李衛公，好飲惠山泉，置驛傳送，不遠數千里。而近世歐陽少師。作《龍茶録序》。稱嘉祐七年，親享明堂，致齋之夕，始以小團分賜二府，人給一餅，不敢碾試，至今藏之。時熙寧元年也。吾聞茶不問團鋌，要之貴新。水不問江井，要之貴活。千里致水，真偽固不可知。就令識真，已非活水。自嘉祐七年壬寅，至熙寧元年戊申，首尾七年，更閲三朝。而賜茶猶在，此豈復有茶也哉。今吾提瓶支龍塘。無數十步。此水宜茶，昔人以為不減清遠峽。而海道趨建安，不數日可至。故每歲新茶，不過三日至矣。罪戾之餘，上寬不誅，得與諸公從容談笑於此。汲泉煮茗，取一時之適。雖在田野，孰與烹數千里之泉，澆七年之賜茗也哉，此非吾君之力歟。夫耕鑿食息，終日蒙福而不知，為之者直愚民耳。豈吾輩謂耶，是宜有所紀述，以無忘在上者之澤云。

宋 王洋《東牟集》卷一二《謝鄭監惠龍團茶啓》　魚腹得書，光動五雲之體；龍芽出焙，香浮十襲之緘。拜賜知榮，撫躬增感。竊以草魁稱瑞，山谷呈祥。方東君尚困於寒威，肇將迎氣；而北苑已偷於春色，助發喊山。英蘗地靈，範模天巧。蟾背候清芬之裂，鳳團誇鬬品之高。故黄芽紫笋之嘉名，競標物產；而赤印白泥之健足，已走京塵。若其玳席綸闈，瑣牕裴幾，猊炷篆沉煙之碧，蚪簷暾朝日之紅。揮玉塵而唾落珠璣，灑錦箋而文摛組綉。是宜鏗鍧碾月，飀颯煎風。石鼎煮蚯蚓方鳴，磁甌焙鷓鴣微暖。漚花泛滿，雲腳横斜。研玉川七椀之清，味顧渚兩旗之號。代酒聖者，固非美事。謂酪奴者，尤非知音。念眷賜下頒，唯富蓄于戚里侯家之第。然餘波所及，乃下沾于華門圭竇之人。某也，才謝好蒙，性非顛陸。尚昧候湯於魚目，豈能品水於虎跑。枕石眠雲，未清神觀。和鉛舐筆，多滯實搜。今也啟篋分香，揮輪碎璧。瀹奇芬而破悶，漱浮餑以生春。顧一榻清風，不復昏迷於蝶夢。雖三杯軟飽，未妨搜攪於蔬腸。賜重兼金，光生蔀屋。茲蓋伏遇，提舉殿撰，功名餘事，閥閲冠時。韋平繼相種之芳，王謝振家聲之盛。便蕃天錫，久藏閩貢之珍。璀璨德輝，轉及吳儂之賤。驀然瑣質，泳乃深恩。某遂得澡瀹精神，篆雕心府，遺之孫子，後世豈無傳焉？味在齒牙，流風猶有存者。其為感愧，曷易敷殫。

宋 鄭剛中《北山集》卷五《石磨記》　鄰有叟，置石磨一小枚，於壁角灰壤之下。余偶見之，其形制雖甚拙，然石理温細可喜。問叟何以棄之。則曰：『大不堪用，每受茶，磨傍所吐如肩。』余假而歸，洗塵拂土翌日，用磨建茶，則其細過於羅碾所出者。又取上品草茶試之，亦細。

獨磨粗茶則如叟言也。蓋石細而利，茶之老硬者不與磨紋相可，故吐而不受材。叟無佳品付之，遂以為不堪用，而與瓦甓同委。嗚呼，器用之不幸，亦如是耶。有德之士，蘊藉和粹，不幸汩沒於簿書鹽米之間，責以棰楚會計之能，一不見效，遂以為鈍拙不才者，固多矣。洗拂塵土，付以所長，亦當自有識者云。并書於記之末。

宋 蔡絛《鐵圍山叢談》卷六 建谿龍茶，始江南李氏，號『北苑龍焙』者，在一山之中間，其周遭則諸葉地也。居是山，號『正焙』，一出是山之外，則曰『外焙』。『正焙』、『外焙』，色香必迥殊，此亦山秀地靈所鍾之，有異色已。『龍焙』又號『官焙』，始但有龍鳳、大團二品而已。仁廟朝，伯父君謨名知茶，因進小龍團，為時珍貴，因有大團、小團之別。小龍團見於歐陽文忠公《歸田録》，至神祖時卽『龍焙』，又進『密雲龍』。『密雲龍』者，其雲紋細密，更精絶於小龍團也。及哲宗朝，益復進『瑞雲翔龍』者，御府歲止得十二餅焉。其後，祐陵雅好尚，故大觀初『龍焙』于歲貢色目外，乃進御苑玉芽、萬壽龍芽，政和間且增以長壽玉圭。玉圭凡廑盈寸，大抵北苑絶品曾不過是，歲但可十百餅。然名益新，品益出，而舊格遞降于凡劣爾。及茶茁其芽，貴在於社前則已進御。自是迤邐宣和間，皆占冬至而嘗新茗，是乃人力為之，反不近自然矣。茶之尚，蓋自唐人始，至本朝為盛；而本朝又至祐陵時益窮極新出，而無以加矣。

宋 范致明《岳陽風土記》 岳州常賦之外，與他州名額不同者，茶、籠竹、箭幹、翎毛、魚、麴、蘆藤、鐵葉、窑竈。【略】

灉諸山舊出茶，謂之灉湖茶。李肇所謂岳州灉湖之含膏也。唐人極重之，見於篇什。今人不甚種植，惟白鶴僧園有千餘本。土地頗類此苑。所出茶，一歲不過一二十兩，土人謂之白鶴茶，味極甘香，非他處草茶可比并。茶園地色亦相類，但土人不甚植爾。

宋 晁説之《晁氏客語》 王沂公《筆録》云：五代以前，宰相奏事罷，賜茶方退。范魯公質、王宮溥二人，前朝舊臣，始具劄奏事，不賜茶。

又 雅州蒙山常陰雨，謂之漏天。產茶極佳，味如建品。純夫有詩云：『漏天常洩雨。蒙頂半藏雲。』為此也。

宋 趙令畤《侯鯖録》卷四 東坡論茶云：『除煩去膩，世固不可無茶，然闇中損人不少。昔人云：「自茗飲盛後，人多患氣不患黄。」雖損益相半，而消陽助陰，不償損也。」吾有一法，嘗自修之。每食已，輒以濃茶漱口頰，膩既去而脾胃不知。凡肉之在齒間者，得茶漱浸乃不覺脫去，不煩刺挑也。而齒性便若緣此漸堅密，蠹疾自已。然率用中下茶，其上者亦不常有，間數日一啜，亦不為害也。』此大是有理，而人罕知者，故詳述云。《大唐新語》曰：『右補闕母景博學有著述才，性不飲茶，著《茶飲序》云：釋滯消壅，一日之利暫佳，瘠氣侵精，終身之累則大。獲益則功歸茶力，貽禍則不謂茶災。豈非福近易知，禍遠難見者乎。』

又 東坡與司馬溫公論茶墨。溫公曰：『茶與墨政相反，茶欲白，墨欲黑；茶欲重，墨欲輕；茶欲新，墨欲陳。』子曰：『二物之質誠然，然亦有同者。』公曰：『謂何』，子曰：『奇茶妙墨皆香，是其德同也；皆堅，是其性同也。譬如賢士君子，妍醜黔皙之不同，其德操韞藏實無以異。』公笑以為是。

又 東坡云：『予去杭十七年，復與彭城張聖涂、丹陽陳輔之同來。院僧梵英葺治堂宇比舊加嚴潔，茗飲芳冽。問：「此新茶耶。」英曰：「茶新舊交則香味復。」予嘗見知琴者，言琴不百年，則桐之生意不盡，緩急清濁常與雨陽寒暑相應。此理與茶相近，故并記之。』

又 皋盧，茶名也。皮日休云：『石盆前皋盧。』

唐茶，東川有神泉昌明，白公詩使綠昌明，是也。

又 卷六 今之秘色瓷器，世言錢氏有國，越州燒進為供奉之物，不得臣庶用之。故云秘色。比見《陸龜蒙集》越器詩云：『九秋風露越窯開，奪得千峰翠色來。好向中宵盛沆瀣，共嵇中散鬬遺杯。』乃知唐時已有秘色，非自錢氏始。

宋 王直方《王直方詩話》《詩話總龜》卷九 山谷有茶詩押腸字韻，和者已數四，而山谷最後，有『曲几團蒲聽煮湯，煎成車聲入羊腸』之句。東坡云：『黄九怎得不窮。』故晁無咎復和云：『車聲出鼎細九盤，如此佳句誰能識？』

案：此山谷《以小團龍及半挺贈無咎并詩用前韻為戲》一詩中語，

故無咎有和詩。『識』字韻，亦山谷原詩首韻。

宋 寇宗奭《本草衍義》卷一四 茗、苦搽，今茶也。其文有陸羽《茶經》、丁謂《北苑茶録》、毛文錫《茶譜》、蔡宗顔《茶山節對》，其説甚詳。然古人謂其芽為雀舌、麥顆，言其至嫩也。又有新芽一發，便長寸餘，微麄如針。惟茅長為上品，其根幹、水土力皆有餘故也。如雀舌、麥顆又下品。前人未盡識，誤為品題。唐人有言曰：『釋滯消壅，一曰之利暫佳。』斯言甚當，飲茶者宜原其始終。又晉温嶠上表：貢茶千斤、茗三百斤。郭璞曰：『早採為茶，晚采為茗。茗或曰荈尺究切，葉老者也。』

宋 朱彧《萍洲可談》卷一 自京官以上則坐，選人立。白事見於私第，選人亦坐，蓋客禮也。唯兩制以上點茶湯，入腳牀子，寒月有火爐。暑月有扇，謂之事事有。庶官只點茶，謂之事事無。茶見於唐時，味苦而轉甘，晚採者為茗。今世俗，客至則啜茶，去則啜湯。湯取藥材甘香者屑之，或溫或涼，未有不用甘草者，此俗遍天下。先公使遼，遼人相見，其俗先點湯，後點茶。至宴會，亦先水飲，然後品味以進。

又 太學生每路有茶會，輪日於講堂集茶，無不畢至者，因以詢問鄉里消息。

又 卷二 江西瑞州府黄檗茶，號絶品，士大夫頗以相餉。所産甚微，寺僧園户，競取他山茶，冒其名以眩好事者。黄魯直家正在雙井，其自言如此。

又 自崇寧復榷茶，法制日嚴。私販者因以抵罪，而商賈官券，請納有限，道路有程，纖悉不如令，則被繫斷罪。或沒貨，出告緡，愚者往往不免。其儕乃目茶籠為草大蟲，言其傷人如虎也。

宋 馬永卿《懶真子》卷五 王元道嘗言：『陝西子仙姑傳云，得道術，能不食，年約三十許，不知其實年也。陝西提刑陽翟李熙民逸老，正直剛毅人也。聞人所傳甚異，乃往青平軍自驗之。既見道貌高古，不覺心服。因曰：「欲獻茶，一盃可乎？」姑曰：「不食茶久矣，今勉強一啜。」既食，少頃垂兩手出，玉雪如也。須臾所食之茶從十指甲出，凝於地，色猶不變。逸老令就地刮取，且使嘗之，香味如故，因大奇之。』

宋 何薳《春渚紀聞》卷六《龍團稱屈賦》 先生與魯直文潛諸人會飯，既食骨塠兒血羹。客有須薄茶者，因就取所碾龍團，遍啜坐人。或曰：『使龍茶能言，當須稱屈。』先生撫掌久之曰：『是亦可為一題，因援筆戲作律賦一首，以俾薦血羹龍團稱屈為韻。山谷擊節，稱詠不能已。已無藏本，聞關子開能誦，今亡矣。惜哉！

宋 葉夢得《石林燕語》卷八 故事，建州歲貢大龍鳳團茶各二斤，以八餅為斤。仁宗時，蔡君謨知建州，始别擇茶之精者為『小龍團』，十斤以獻，斤為十餅。仁宗以非故事，命劾之。大臣為請，因留而免劾，然自是遂為歲額。熙寧中，賈青為福建轉運使，又取小團之精者為『密雲龍』，以二十餅為斤而雙袋，謂之『雙角團茶』，大小團袋皆用緋，通以為賜也。『密雲』獨用黄，蓋專以奉玉食。其後又有為『瑞雲翔龍』者。宣和後，團茶不復貴，皆以為賜，亦不復如向日之精。後取其精者為『銙茶』，歲賜者不同，不可勝紀矣。

又 卷一〇 蔡魯公喜接賓客，終日酬酢不倦。遇家居遇賓客少間，則必至子弟學舍，與其門客從容燕笑。蔡元度稟氣弱，畏見賓客，每不得已一再見，則以啜茶多，退必嘔吐。嘗云：『家兄一日無客則病，某一日接客則病。』

宋 葉夢得《避暑録話》卷上 裴晉公詩云：『飽食緩行初睡覺，一甌新茗侍兒煎；脱巾斜倚繩牀坐，風送水聲來耳邊。』公為此詩，必自以為得志。然吾山居七年，享此多矣。今歲新茶適佳，夏初作小池，導安樂泉注之，得常熟破山重臺白蓮，植其間，葉已覆水，雖無淙潺之聲，然亦澄澈可喜。此晉公之所誦詠，而吾得之，可不為幸乎！

又 卷下 北苑茶正所産為魯坑，謂之正焙。非魯坑為沙溪，謂之外焙。二地相去不遠而茶種懸絶，沙溪色白，過於魯坑，但味短而微澁，識茶者一啜如別涇渭也。餘始疑地氣土宜不應頓異如此，及來山中，每開闢徑路，刳治岩竇，有尋丈之間土色各殊，肥瘠、緊緩、燥潤亦從而不同，並植兩木于數步之間，封培灌溉略等，而生死豐瘁如二物者，然後知事不經見不可必信也。草茶極品惟雙井、顧渚，亦不過各有數畝。雙井在分寧縣，其地屬黄氏魯直家也。元祐間，魯直力推賞於京師，族人交致之，然歲僅得一二斤爾。顧渚在長興縣，所謂吉祥寺也。其半為今劉侍郎希范家所有。兩地所産歲亦止五六斤。近歲寺僧求之者多，不暇精擇，不

及劉氏遠甚。余歲求于劉氏，過半斤則不復佳，蓋茶味雖均，其精者在嫩芽，取其初萌如雀舌者謂之槍，稍敷而為葉者謂之旗。旗非所貴，不得已取一槍一旗猶可，過是則老矣，此所以為難得也。

宋 胡舜陟《三山老人語録》《五代詩話》卷二 五代時，鄭遨茶詩云：『嫩芽香且靈，吾謂草中英。夜臼和煙搗，寒爐對雪烹。惟憂碧粉散，嘗見綠花生。最是堪珍重，能令睡思清。』范文正公詩云：『黃金碾畔綠塵飛，碧玉甌中翠濤起。』茶色以白為貴，二公皆以碧綠言之，何邪？

宋 嚴有翼《藝苑雌黃》《苕溪漁隱叢話·後集》卷一一 玉川子有《謝孟諫議惠茶歌》，范希文亦有《斗茶歌》，此二篇，皆佳作也，殆未可以優劣論。然玉川歌云：『至尊之餘合王公，何事便到山人家？』而希文云：『北苑將期獻天子，林下雄豪先鬬美。』若論先後之序，則玉川之言差勝。雖然，如希文豈不知上下之分者哉！亦各賦一時之事耳。

宋 徐兢《宣和奉使高麗圖經》卷三二《器皿三》 土產茶味苦澀，不可入口。惟貴中國臘茶，并龍鳳賜團自錫賚之外，商賈亦通販，故邇來頗喜飲茶。益治茶具，金花烏盞、翡色小甌、銀爐湯鼎，皆竊效中國制度。凡宴則烹于廷中，覆以銀荷，徐步而進，候贊者云茶遍，乃得飲，未嘗不飲冷茶矣。館中以紅俎布列茶具於其中，而以紅紗巾羃之。日嘗三供茶，而繼之以湯，麗人謂湯為藥。每見使人飲盡必喜。或不能盡，以為慢己，必怏怏而去，故常勉強為之啜也。

宋 王闢之《澠水燕談録》卷八《事志》 建茶盛於江南，近歲製作尤精，龍鳳團茶最為上品，一斤八餅。慶曆中，蔡君謨為福建運使，始造小團以充歲貢，一斤二十餅，所謂上品龍茶者也。仁宗尤所珍惜，雖宰臣未嘗輒賜，惟郊禮致齋之夕，兩府各四人，共賜一餅。宮人剪金為龍鳳花，貼其上。八人分蓄之，以為奇玩，不敢自試，有嘉客，出而傳玩。歐陽文忠公云：『茶為物之至精，而小團又其精者也。』

又 皇祐中，范文正公鎮青，龍興僧舍西南洋溪中有醴泉湧出，公創亭泉上，刻石記之。其後青人思公之德，目之曰范公泉。環泉古木蒙密，塵跡不到，去市廛才數百步，而若在深山中。自是幽人逋客，往往賦詩鳴琴，烹茶其上，日光玲瓏，珍禽上下，真物外之游，似非人間世也。歐陽文忠公、劉翰林貢父及諸名公，多賦詩刻石，而文忠公乃囑武公蘇唐卿篆石榜之亭中，最為營丘佳處。元祐中，青守以其地與王氏為水硙，稍復完葺。

又 唐彥猷清簡寡欲，不以世務為意。公退居，一室蕭然，終日默坐，惟吟詩臨書，烹茶試墨以此度日。嘉祐中，守青社，得紅絲石於黑山，琢以為硯。其理紅黃相參，文如林木，或如月暈，或如山峰，或如雲霧花卉。石自有膏潤，浮泛墨色。覆之以匣，數日不乾。彥猷作硯録，品為第一。以為自得此石，端溪龍尾皆置不復視矣。

又 卷一〇 齊州城西，張意諫議園亭，有金線泉，石甃方池，廣袤丈餘，泉亂發其下，東注城壕中，澄徹見底。池心南北有金線一道，隱起水面，以油滴一隅，則線紋遠去，或以杖亂之，則線輒不見，水止如故，天陰亦不見。齊為東方名郡，而張氏濟南盛族，園池乃郡之勝游。泉之出百年矣，士大夫過濟南，至泉上者，不可勝數，而無能究其所以然，亦無一人題詠者。獨蘇子瞻有詩曰：『槍旗攜到齊西境，更試城南金線奇。』然亦不辨泉之所以有金線也。

宋 江少虞《事實類苑》卷七〇 張杲卿丞相致政居陽翟，於少室山下造庵，為養性存神之地。間或乘肩輿而往，從者不過五六人，處庵中，往往踰月方歸。一日，有道人形神瀟灑，野冠山服來謁，公與之語，頗達道要，亦究佛理，待之甚喜。既夕，道人曰：『某新自浙中迴，得茗芽少許，欲請相公一啜。』公欣然可之，道人乃躬自滌器，進火烹茶以進。公頗稱善，良久，又取茶飲從者各一甌，少時，願者皆昏瞑顛仆且睡，道人即白公曰：『某欲往羅浮，煉丹之藥劑鼎竈之資，行從多金器，原賜數事。』公遽呼從者，皆不應，亦無可奈何，任其所取，幾十餘斤，悉持去。迨曉，從者始醒。

宋 朱翌《猗覺寮雜記》卷上 白云：『前月浮梁買茶去。』《舊唐史》風俗貴茶之名，劍南之家蒙頂云云。浮梁之商貨不在焉。是唐之茶商，多在浮梁也。

又 唐造茶與今不同。今采茶者，得芽即蒸熟焙乾。唐則旋摘旋炒。劉夢得《試茶歌》：『自傍芳叢摘鷹觜，斯須炒成滿室香。』又云：『陽崖陰嶺各殊氣，未若竹下莓苔地。』竹間茶最佳。今亦如此。

唐未有碾磨，止用臼，多是煎茶。故張志和婢樵青，使竹裏煎茶。柳子厚云：『日午獨覺無餘聲，山童隔竹敲茶臼。』

宋 王觀國《學林》卷四《茶》　《爾雅》曰：『茶，苦菜。』《谷風》詩曰：『誰謂茶苦，其甘如薺。』《綿》詩曰：『周原膴膴。堇茶如怡。』毛詩皆訓曰：『茶、苦菜也。凡此茶字，皆讀音徒。乃菜之苦而可食者也。』《良耜》詩曰：『其鎛斯趙，以薅茶蓼。茶蓼朽止，黍稷茂止。』鄭氏箋曰：『以田器薅去茶寥也。』《出其東門》詩曰：『出其闉闍，有女如茶。雖則如茶，匪我思且。』鄭氏箋曰：『茶、茅莠也。』《周禮》：『掌茶掌聚茶以供喪事。』鄭氏注曰：『茶、茅以著物也。』《儀禮・既夕禮》曰：『茵著用茶。』《考工記》鮑人之事，望而眡之。欲其茶白也。』鄭氏注曰：『如茅莠之色。凡此茶字，亦讀音徒。然皆茅莠也。非苦菜也。』《玉藻》曰：『天子搢珽。諸侯茶。此茶字音舒。乃礫玉也。亦通茶耳。』《考工記》：弓人為弓。斲木必茶。此茶字亦音舒。義亦與舒同。《爾雅》曰：『蔡蕚、茶。』郭璞注曰：『芳也。音義曰茶，食遮反。』按字書曰，芳，葦華也。其別名為蔡蕚。方言不同耳。《爾雅》曰：『檟，苦茶。』郭璞注曰：『木小似梔子，冬生葉，可煮作羹飲。今呼早采者為茶，晚取者為茗，一名荈。蜀人名曰苦茶。』此茶字讀音宅加切。《廣韻》曰：『茶、宅加切，苦茶也。亦作梌，俗作茶。然則宅加切者。本亦用茶字，而俗書為茶。下從木。非字法也。書史沿襲，遂用茶字。蓋與苦菜之茶相避也。』《唐書・陸羽傳》曰：『羽嗜茶。著經三篇。言茶之原、之法、之具。天下益知飲茶矣。』觀國按：『管夷吾摘山煮海，以富齊國。其來已久，豈待陸羽作茶經，然後天下益知茶耶？』盧仝《茶歌》曰：『天子須嘗陽羨茶。』閱此當知唐時以陽羨茶為第一也。陽羨在常州。本朝建溪始盛。

又 卷八　茶之佳品，摘造在社前。其次則火前，謂寒食前也。其下則雨前，謂穀雨前也。茶之佳品，其色白。若碧綠色者，乃常品也。茶之佳品，芽蘖微細，不可多得。若取數多者，皆常品也。茶之佳品，皆點啜之。其煎啜之者，皆常品也。齊己《茶詩》曰：『甘傳天下口，貴占火前名。』又曰：『高人愛惜藏岩裏，白硾棰封題寄火前。』丁謂《茶詩》曰：『開緘試火前，須汲寄遠山泉。』凡此言盲火前，蓋未知社前之品為佳也。鄭谷《嘗茶》詩曰：『入人坐半甌輕泛綠，開緘數片淺含黃。』鄭雲叟《茶詩》曰：『惟憂碧粉散，嘗見綠花生。』沈存中論茶，謂『黃金碾畔綠塵飛，碧玉甌中翠濤起。』宜改綠為玉，改翠為素。此論可也。而舉『一夜風吹一寸長』之句。以為茶之精華發越，不必以雀舌鳥觜為貴。今按茶至於一寸長，則其芽蘖大矣，非佳品也。存中以此論曲矣。盧仝《茶歌》曰：『開緘宛見諫議面，手閱月團三百片。』薛能《謝劉相公寄茶》詩曰：『兩串春團敵夜光，名題天柱即印維揚。』茶之佳品，珍逾金玉，未易多得。而以三百片惠盧仝，以兩串寄薛能者，皆下品可知也。齊己《茶詩》曰：『角開香滿室，爐動綠凝鐺。』丁謂《茶詩》曰：『末細烹還好，鐺新味更全。』此皆煎茶啜之也。煎茶啜之者，非佳品矣。唐人於茶，雖有陸羽為之説，而持論未精。至本朝蔡君謨《茶録》既行，則持論精矣。以《茶録》而核前賢之詩，皆未有知佳味者也。

宋 朱弁《曲洧舊聞》卷三　蜀公與溫公同游嵩山，各攜茶以行。溫公以紙為貼。蜀公用小黑木合子盛之。溫公見之驚曰：『景仁乃有茶器也。』蜀公聞其言，留合與寺僧而去。後來士大夫茶器精麗，極世間之工巧，而心尤未厭。晁以道嘗以此語客，客曰：『使溫公見今日茶器，不知云如何也？』

又 卷五　東坡與客論食次取紙一幅，書以示客云：『爛蒸同州羊羔，灌以杏酪，食之以匕不以箸。南都麥心麪作槐芽溫淘，糝襄邑抹豬。炊共城香粳，薦以蒸子鵝。吳興庖人斫松江鱠。既飽以廬山康王谷簾泉，烹曾坑鬭品茶。少焉，解衣仰臥，使人誦東坡先生《赤壁前、後賦》亦足以一笑也。東坡在儋耳，獨有二賦而已。

宋 葛立方《韻語陽秋》卷五　茶言團茶始于丁晉公，前此未有也。慶歷中，蔡君謨為福建漕，更製小團，以充歲貢。元豐初，下建州，又製密雲龍以獻。其品高於小團。而其製益精矣。曾文昭所謂『蒲陽學士蓬萊僊，製成月團飛上天。』又云：『密雲新樣尤可喜，名出元豐聖天子。』是也。唐陸羽《茶經》，於建茶尚云未詳。而當時獨貴陽羨茶，歲貢特盛。茶山居湖、常二州之間，修貢則兩守相會，山椒有境會亭，基尚存。盧仝《謝孟諫議茶》詩云：『天子未嘗陽羨茶，百草不敢先開花。』是也。然又有云：『開緘宛見諫議面，手閱月團三百片。』則團茶已見於

此。當時李郢《茶山貢焙歌》云：『蒸之護之香勝梅，研膏架動聲如雷。茶成拜表貢天子，萬人爭瞰春山摧。』觀研膏之句，則知嘗為團茶無疑。自建茶入貢。陽羨不復研膏，秖謂之草茶而已。

宋 陳正敏《遁齋閑覽》《苕溪漁隱叢話·前集》卷四六　茶古不著所出，《本草》云：出益州。唐以蒙山、顧渚、蘄門者為上品，尚雜以蘇椒之類，故李泌詩云：旋沫翻成碧玉池，添蘇散出琉璃眼。遂以碧色為貴。止曰煎茶，不知點試之妙，大率皆草茶也。陸羽《茶經》，統言福、建、泉、韶等十州所出者，其味極佳而已。今建安為天下第一。

宋 莊綽《雞肋編》卷下　韓昷知剛，福州長樂人，常監建溪茶場。云，茶樹高丈餘者極難得。其大樹二月初因雷迸出白芽，肥大長半寸許，採之浸水中，俟及半斤，方剥去外包，取其心如針細，僅可蒸研，以成一胯，故謂之水芽。然須十胯中人去歲舊水芽兩胯，方能有味。初進止二十胯，謂之貢新。一歲如此者，不過可得一百二十胯而已。其剥下者，襍用於龍團之中。採茶工匠幾千人，日支錢七十足。舊米價賤，水芽一胯，猶費五千。如紹興六年，一跨十二千足，尚未能造也。歲費常萬緡。官焙有緊慢火候，慢火養數十日，故官茶色多紫。民間無力養火，故茶雖好而色亦青黑。宣和中，臘月貢或以小株用硫黄之類發於蔭中，或以茶子浸使生芽。十胯中八分舊者，止微取新香之氣而已。入香龍茶，每斤不過用腦子一錢，而香氣久不歇。以二物相宜，故能停蓄也。

宋 王十朋《會稽三賦》卷上《會稽風俗賦》　日鑄雪芽，臥龍瑞草。瀑嶺稱僊，茗山鬭好。顧渚爭先，建谿仝蚤。碾塵飛玉，甌濤翻皓。生兩腋之清風，于飄飄於蓬島。瀑步木切，蚤早通。

日鑄雪芽者。日鑄嶺在會稽縣東南五十五里。歐冶鑄劍之處。地産茶最佳，其芽纖白而長。歐陽公《歸田録》曰：『草茶盛於兩浙。』兩浙之品，日鑄為第一。雪，言其白也。臥龍瑞草者，臥龍山即府治之所據者。《會稽志》曰：『會稽産茶極多，佳品惟臥龍一種，得名亦盛，與日鑄相亞。』瑞，言其異如祥瑞也。杜牧之詩曰：山實東吳地，茶稱瑞草魁。瀑嶺、瀑布嶺也。《茶經》曰：餘姚縣茶生瀑布嶺者，號僊茗，大者殊異。茗山、在蕭山縣西二里，其上多奇茗。顧渚、在湖常二境之間，出紫筍茶，色如膩粉，最難得。蔡寬夫詩：『紫筍生顧渚。』唐制，湖州造茶最多，謂之顧渚。當採茶時，兩郡守畢至。歲以清明日入貢。建谿，今建寧府也。丁謂《北苑新茶詩序》曰：『惟建州出茶有焙。』焙有三十六，三十六中，惟北苑發早，而味尤佳。社前十五日。即采其芽。碾塵飛玉、甌濤翻皓者。言茶之色也。《青瑣高議》：蔡君謨謂范文正曰：『公採茶歌曰：「黄金碾畔綠塵飛，碧玉甌中翠濤起。」今茶絕品，其色甚白，翠綠乃下者爾。欲改為玉塵飛，素濤起，如何？』希文曰善。生兩腋之清風。興飄飄于蓬島者。言茶之趣也。盧仝《謝孟諫議茶歌》曰：『七椀喫不得也，惟覺兩腋習習清風生。蓬萊山在何處，玉川子乘此清風欲歸去。』

宋 晁公武《宋詩紀事》卷二七　《郡齋讀書志》：廖明略，元祐中召試館職。蘇子瞻在翰林，見其所對策，大奇之。俄除正字。時黄、秦、晁、張皆子瞻門下士，號四學士。子瞻待之厚，每來必命侍妾朝雲取密雲龍，家人以此知之。一日，子瞻又取密雲龍，家人謂是四學士，窺之，乃明略來謁也。

宋 姚寬《西溪叢語》卷上　建州龍焙面北，謂之北苑。有一泉極清澹，謂之御泉。用其池水造茶，即壞茶味。唯龍園勝雪、白茶二種，謂之水芽花，蒸後揀，每一芽，先去外兩小葉，謂之烏帶。又次取兩嫩葉，謂之白合。留小心芽置於水中，呼為水芽，聚之稍多，即研焙為二品，即龍園勝雪、白茶也。茶之極精好者，無出於此，每胯計工價近三十千，其他茶雖好，皆先揀而後蒸研，其味次第減也。茶有十綱：第一、第二綱太嫩，第三綱最妙，自六綱至十綱，小團至大團而止。第一名曰試新，第二名曰貢新。第三名有十六色：龍園勝雪、白茶、萬壽龍芽、御苑玉芽、上林第一、乙夜清供、龍鳳英華、玉除清賞、承平雅玩、啟沃承恩、雪葉、雪英、蜀葵、金錢、玉華、千金。第四有十二色：無比壽芽、宜年寶玉、玉清慶雲、無疆壽龍、萬春銀葉、玉葉長春、瑞雪翔龍、長壽玉圭、香口焙、興國巖、上品揀芽、新收揀芽。第五次有十二色：太平嘉瑞、龍苑報春、南山應瑞、興國巖小龍，又小鳳續入額、御苑玉芽、萬壽龍芽、無比壽芽、瑞雪翔龍、先春太平嘉瑞、長壽玉圭。已下五綱皆大小團也。

又　馬監場云：泉州一僧能治金蠶蠱毒，如中毒者，先以白礬末令

嘗，不澁覺味甘。次食黑豆，不腥乃中毒也。即濃煎石榴根皮汁飲之下，即吐出有蟲皆活，無不愈者。李晦之云：凡中毒以白礬、牙茶搗為末，冷水飲之。

宋　胡仔《苕溪漁隱叢話・前集》卷二二《西昆體》　《西清詩話》云：『《義山雜纂》，品目數十，蓋以文滑稽者。其一曰殺風景，謂清泉濯足，花上曬褌，背山起樓，燒琴煮鶴，對花啜茶，松下喝道。晏元獻慶曆中罷相，守潁，以惠山泉烹日注，從容置酒，賦詩曰：「稽山新茗綠如煙，靜挈都藍煮惠泉。未向人間殺風景，更持醪醑醉花前。」王荊公元豐末居金陵，蔣大漕之奇夜謁公于蔣山，騶唱甚都。公取「松下喝道」語作詩戲之，云：「扶衰南陌望長楸，燈火如星滿地流。但怪傳呼殺風景，豈知禪客夜相投。」自此殺風景之語，頗著於世。』

《三山老人語録》云：『唐人以對花啜茶，謂之殺風景，故荊公《寄茶與平甫》詩有「金谷看花莫謾煎」之句。』

又　卷二三《熟食清明》　《緗素雜記》云：『劉夢得《嘉話》云：「為詩用僻字，須有來處。宋考功詩云：馬上逢寒食，春來不見餳。嘗疑此字。因讀《毛詩鄭箋》說吹簫處，云即今賣餳人家物。《六經》惟此注中有餳字。後輩業詩，即須有據，不可學常人率爾而道也。」至宋朝宋子京《寒食》詩云：「草色引開盤馬路，簫聲吹暖賣餳天。」亦用《鄭箋》「吹簫賣餳」之義，然詞致騷雅，勝考功遠矣。余比因閱沈雲卿《詠驩州不作寒食》詩云：「海外無寒食，春來不見餳。洛陽新甲子，何日是清明？花柳爭朝發，軒車滿路迎。帝鄉遙可念，腸斷報親情。」是時，沈謫驩州，故有是詩。但未見宋考功全篇耳。考其詞意，似是雲卿之詩。蓋沈、宋同仕武后朝，故所傳容有訛繆，所未詳也。寒食清明，多用餳粥事。如李義山詩云：「粥香餳白杏花天。」宋子京《途中清明》詩云：「漠漠輕花著早桐，客甌餳粥對禺中」。』苕溪漁隱曰：『六一居士詩云：「杯盤餳粥春風冷，池館榆錢夜雨新。」又云：「多病正愁餳粥冷。」東坡詩云：「新火發茶乳，溫風散粥餳。」皆清明寒食詩也。』

又　卷二四《秘色》　《侯鯖録》云：『今之秘色磁器，世言錢氏有國，越州燒進，不得臣庶用之，故云秘色。比見陸龜蒙《進越器》詩云：「九秋風露越寒開，奪得千峰翠色來，好向中宵盛沆瀣，共嵇中散鬥遺杯。」乃知唐已有秘色，非錢氏為始。』

又　卷四〇　《太平廣記》云：『綠珠井在白州雙角山下。昔梁氏之女有容貌，石季倫為交趾采珠使，以真珠三斛買之。梁氏之居，舊井存焉。耆老云：「汲飲此井者，誕女必多美。」里閭以美色無益于時，遂以巨石鎮之。』苕溪漁隱曰：『山谷詩云：「欲買娉婷供煮茗，我無一斛明月珠。」用此事也。』

又　卷四一　王直方《詩話》云：『東坡與孫巨源同會於王晉卿花園中，晉卿言：「都教喂飼了官員輩馬著。」巨源云：「都尉指揮都喂馬，好一對。」適長主送茶來，東坡即云：「大家齊喫大家茶。」蓋長公主呼大家也。山谷嘗以「賣菜賣生菜」對「磨刀磨剪刀」，東坡以洞庭春色為掃愁帚，山谷以水晶膾為醒酒冰，余為正好作一對。』

又　卷四五　錢顗在秀州監稅，舊曾作臺官，始於秀州與之相見，後錢顗作詩送茶來，某作詩謝之，云：『我官於南今幾時，嘗盡溪茶與山茗。胸中似記故人面，口不能言心自省。為君細說我未暇，試評其略差可聽。建溪所產雖不同，一一天與君子性。森然可愛不可慢，骨清肉膩和且正。雪花雨腳何足道，啜過始知真味永。縱復苦硬終可録，汲黯少戇寬饒猛。草茶無賴空有名，高者妖邪次頑獷。體輕雖復強浮泛，性滯偏工嘔酸冷。其間絕品豈不佳，張禹縱賢非骨鯁。蔡花玉跨不易致，道路幽險隔雲嶺。誰知使者來自西，開緘磊落收百餅。嗅香嚼味本非別，透紙自覺光炯坰。秕糠團鳳友小龍，奴隸曰注臣雙井。收藏愛惜待佳客，不敢包裹鉆權幸。此詩有味君勿傳，空使時人怒生癭。』此詩云：『草茶無賴空有名，高者夭邪次頑獷。』以譏世之小人，若不諂媚夭邪，須頑獷狠劣也。又云：『體輕雖復強浮泛，性滯偏工嘔酸冷。』亦以譏世之小人，體輕浮而性滯泥也。又云：『其間絕品豈不佳，張禹縱賢非骨鯁。』亦以譏世之小人，如張禹雖有學問，細行謹飭，終非骨鯁之人也。又云：『收藏愛惜待佳客，不敢包裹鉆權倖。此詩有味君勿傳，空使時人怒生癭。』以譏世之小人，有以好茶鑽求富貴權要者，見此詩當大怒也。

又　卷四六　苕溪漁隱曰：『《詩》云：「誰謂荼苦。」《爾雅》云：檟，苦荼。」注：「樹似梔子。今呼早采者為荼，晚采者為茗，一名荈，蜀人名之苦荼。」故東坡《乞茶栽》詩云：「周詩記苦茶，茗飲出近世，

初緣厭粱肉，假此雪昏滯。」蓋謂是也。六一居士《嘗新茶》詩云：「泉甘器潔天色好，坐中揀擇客亦佳。」東坡守維揚，於石塔寺試茶，詩云：「禪窗麗午景，蜀井出冰雪，坐客皆可人，鼎器手自潔。」正謂諺云「三不點」也。』

《西清詩話》云：『葉濤詩極不工，而喜賦詠，嘗有試茶詩云：「碾成天上龍兼鳳，煮出人間蟹與蝦。」好事者戲云：「此非試茶，乃碾玉匠人嘗南食也。」』

唐子西《鬬茶記》云：『唐相李衛公好飲惠山泉，置驛傳送，不遠數千里。而近世歐陽少師作《龍茶録序》，稱嘉祐七年，親享明堂，致齋之夕，始以小團分賜二府，人給一餅，不敢碾試，至今藏之，時熙寧元年也。吾聞茶不問團銙，要之貴新；水不問江井，要之貴活。千里致水，真偽固不可知，就令識真，已非活水。自嘉祐七年壬寅至熙寧元年戊申，首尾七年，更閲三朝，而賜茶猶在，此豈復有茶味哉？』苕溪漁隱曰：『壬午之春，余赴官閩中漕幕，遂得至北苑觀造貢茶，其最精即水芽，細如針，用御泉水研造，社前已嘗，貢餘每片計工直四萬錢，分試其色如乳，平生未嘗曾啜此好茶，亦未嘗嘗茶如此之蚤也。』

又

《學林新編》云：『茶之佳品，造在社前；其次則火前，謂寒食前也；其下則雨前，謂穀雨前也。佳品其色白，若碧綠者，乃常品也。茶之佳品，芽蘗細微，不可多得；若取數多者，皆常品也。茶之佳品，皆點啜之；其煎啜之者，皆常品也。齊己《茶詩》曰：「甘傳天下口，貴占火前名。」又曰：「高人愛惜藏岩裏，白甀封題寄火前。」丁謂《茶詩》曰：「開緘試新火，須汲遠山泉。」凡此皆言火前，蓋未知社前之品為佳也。鄭谷《茶詩》曰：「入坐半甌輕泛綠，開緘數片淺含香。」鄭雲叟《茶詩》曰：「惟憂碧粉散，嘗見綠花生。」沈存中論茶，謂「黃金碾畔綠塵飛，碧玉甌中翠濤起」，宜改「綠」為「玉」，「翠」為「素」，此論可也，而舉「一夜風吹一寸長」之句，以為茶之精美，不必以雀舌鳥嘴為貴。今案，茶至於一寸長，則其芽葉大矣，非佳品也，存中此論曲矣。盧仝《茶詩》曰：「開緘宛見諫議面，手閲月團三百片。」薛能《謝劉相公寄茶》詩曰：「兩串春團敵夜光，名題天柱印維揚。」茶之佳品，珍逾金玉，未易多得，而以三百片惠盧仝，以兩串寄薛能者，皆下品可知也。齊己詩：「角開香滿室，爐動綠凝鐺。」丁謂詩曰：「末細烹還好，鐺新味更全。」此皆煎啜之也。煎啜之者，非佳品矣。唐人於茶，雖有陸羽為之説，而持論未精。至本朝蔡君謨《茶録》既行，則持論精矣。以《茶録》而核前賢之詩，皆未知佳味者也。』

又

《蔡寬夫詩話》云：『唐以前茶，惟貴蜀中所産，孫楚歌云：「茶出巴蜀。」張孟陽《登成都樓》詩云：「芳茶冠六情，溢味播九區。」他處未見稱者。唐茶品雖多，亦以蜀茶為重。然惟湖州紫筍入貢，每歲以清明日貢到，先薦宗廟，然後分賜近臣。紫筍生顧渚，在湖、常二境之間。嘗採茶時，兩郡守畢至，最為盛會。杜牧詩所謂：「溪盡停蠻棹，旗張卓翠苔，柳村穿窈窕，松澗渡喧豗。」劉禹錫：「何處人間似仙境，春山攜妓採茶時。」皆以此。建茶絕亡貴者，僅得掛一名爾。至江南李氏時漸見貴。始有團圈之製，而造作之精，經丁晉公始大備。自建茶出，天下所産皆不復可數。今出處壑源、沙溪，土地相去丈尺之間，品味已不同，謂之外焙，況他處乎？則知雖草木之微，其顯晦亦自有時。然唐自常袞以前，閩中有未讀書者，自袞教之，而歐陽詹之徒始出，而終唐世亦不甚盛。今閩中舉子常數倍天下，而朝廷將相公卿，每居十四五，人物尚爾，況草木微物也。顧渚湧金泉，每造茶時，太守先祭拜，然後水漸出造貢茶畢，水稍減，至貢堂茶畢，已減半，太守茶畢，遂涸。蓋常時無水也。或聞今龍焙泉亦然。』苕溪漁隱曰：『北苑，官焙也，漕司歲以入貢，茶為上，壑源，私焙也，土人亦入貢，茶為次。二焙相去三四里間。若沙溪，外焙也，與二焙相去絕遠，自隔一溪，茶為下。山谷詩云：「莫遣沙溪來亂真。」正謂此也。官焙造茶，常在驚蟄後一二日興工採摘，是時茶芽已皆一槍，蓋閩中地暖如此。舊讀歐公詩有喊山之説，亦傳聞之訛耳。龍焙泉，即御泉也，水之增減亦隨水旱，初無漸出遂涸之異；但泉味極甘，正宜造茶耳。』

《東齋記事》云：『蜀中數處産茶，雅州蒙頂最佳，其生最晚，在春夏之交，其地即《書》所謂「蔡蒙旅平」者也。方茶之生，雲霧覆其上，若有神物護持之。』《遁齋閑覽》云：『茶古不著所出，《本草》云：「出益州。」唐以蒙山、顧渚、蘄門者為上品，尚雜以蘇椒之類，故李泌詩云：「旋沫翻成碧玉池，添蘇散出琉璃眼。」遂以碧色為貴。止曰煎

茶，不知點試之妙，大率皆草茶也。陸羽《茶經》，統言福、建、泉、韶等十州所出者其味極佳而已。今建安為天下第一。』

又 東坡云：『余家有歙研，底有款識云：「吳順義元年處士汪少微銘之：松操凝煙，楮英鋪雪，毫穎如飛，人間五絶。」所頌者三物耳，蓋研與少微為五邪。』苕溪漁隱曰：『東坡《鳳咮古研銘》云：「帝規武夷作茶囿，山為孤鳳翔且嗅，下集芝田啄瓊玖，玉乳金沙散虚竇，殘璋斷璧澤而黝，治為書研美無有，至珍驚世初莫售，黑眉黄眼爭妍陋。蘇子一見名鳳咮，坐令龍尾羞牛後。」余至富沙，按其地里，武夷在富沙之西，隸崇安縣，去城二百餘里，北苑在富沙之北，隸建安縣，去城二十五里，北苑乃龍焙，每歲造貢茶之處，卽與武夷相去遠甚，其言「帝規武夷作茶囿」者，非也。想當時傳聞不審，又以武夷山為鳳凰山，故有「山為孤鳳翔且嗅」之句。其實北苑茶山，乃名鳳凰山也。北苑土色膏腴，山宜植茶，石殊少，亦頑燥，非研材，余屢至北苑，詢之土人，初未嘗以此石為研，方悟東坡為人所誑耳。若劍浦黯淡有一種石，黑眉黄眼，自舊人以為研，余意鳳咮研必此灘之石，然亦與武夷相去遠矣。又《荔枝歎》云：「君不見武夷溪邊粟粒芽，前丁後蔡相籠加。」亦誤指其地，武夷未嘗有茶，茶之精絶者乃在北苑，自有一溪，南流至富沙城下，方與西來武夷溪水合流，東去劍浦，固亦不可雷同言之。』

又 建茶絶亡貴者，僅得掛一名爾。至江南李氏時漸見貴，始有團圈之制，而造作之精，經丁晉公始大備。自建茶出，天下所産皆不復可數。今出處壑源、沙溪，土地相去丈尺之間，品味已不同，謂之外焙，況他處乎？則知雖草木之微，其顯晦亦自有時。然唐自常衮以前，閩中有未讀書者，自衮教之，而歐陽詹之徒始出，而終唐世亦不甚盛。今閩中舉子常數倍天下，而朝廷將相公卿，每居十四五，人物尚爾，況草木微物也。顧渚湧金泉，每造茶時，太守先祭拜，然後水漸出，造貢茶畢，水稍減，至貢堂茶畢，已減半，太守茶畢，遂涸。蓋常時無水也。或聞今龍焙泉亦然。』苕溪漁隱曰：『北苑，官焙也，漕司歲以入貢茶為上。壑源，私焙也，土人亦入貢茶為次。二焙相去三四里間。若沙溪，外焙也，與二焙相去絶遠，自隔一溪，茶為下。山谷詩云：「莫遣沙溪來亂真。」正謂此也。官焙造茶，常在驚蟄後一二日興工采摘，是時茶芽已皆一槍，蓋閩中地暖如此。舊讀歐公詩有喊山之説，亦傳聞之訛耳。龍焙泉，卽御泉也，水之增減亦隨水旱，初無漸出遂涸之異，但泉味極甘，正宜造茶耳。』

又 《高齋詩話》云：『鄭可簡以貢茶進用，累官職至右文殿修撰福建路轉運使，其姪千里于山谷間得朱草，可簡令其子待問進之，因此得官。好事者作詩云：「父貴因茶白，兒榮為草朱。」而千里以從父奪朱草以予子，譊譊不已。待問得官而歸，盛集為慶，親姻畢集，衆皆贊喜可簡云：「一門僥倖。」其姪遽云：「千里埋冤。」衆皆以為的對。是時貢茶，一方騷動故也。』苕溪漁隱曰：『余觀東坡《荔枝歎》注云：「大小龍茶始于丁晉公，而成于蔡君謨，歐陽永叔聞君謨進小龍團，驚歎曰：君謨士人也，何至作此事。」今年閩中監司乞進鬪茶，許之。故其詩云：「武夷谿邊粟粒芽，前丁後蔡相籠加，爭新買寵各出意，今年鬬品充官茶。」則知始作俑者，大可罪也。』

又 卷四八 苕溪漁隱曰：『魯直諸茶詞，余謂《品令》一詞最佳，能道人所不能言，尤在結尾三四句，詞云：「鳳舞團團餅。恨分破、教孤令。金渠體淨，隻輪慢碾，玉塵光瑩。湯響松風，早減了、二分酒病。味濃香永。醉鄉路、成佳境。恰如燈下，故人萬里，歸來對影。口不能言，心下快活自省。」』

宋 胡仔《苕溪漁隱叢話・後集》卷一一 《文昌雜録》云：『倉部韓郎中言，叔父魏國公喜飲酒，至數十大觴猶未醉，不甚喜茶，無精粗，共置一籠，每盡卽取碾，亦不問新舊。嘗暑日曝茶於庭，見一小角上題裹字，蔡端明所寄也，因取以歸，真王家物。日後見蔡，説當時祇有九袴，又以葉園一餅充十數以獻魏公，其難得者如此。』

苕溪漁隱曰：『東坡《汲江水煎茶》詩云：「活水還須活水烹，自臨釣石取深清。大瓢貯月歸春甕，小杓分江入夜瓶。」此詩奇甚，道盡烹茶之要；且茶非活水則不能發其鮮馥，東坡深知此理矣。余頃在富沙，常汲溪水烹茶，色香味俱成三絶，又況其地産茶，為天下第一，宜其水異於他處，用以烹茶，水功倍之。至於浣衣，尤更潔白，則水之輕清，益可知矣。近城山間有陸羽井，水亦清甘，實好事者為名之。羽著《茶經》，言建州茶未詳，則知羽不會至富沙也。』【略】

茗溪漁隱曰：『張又新《煎茶水記》云：「代宗朝，李秀卿刺湖州，至維揚，逢陸處士鴻漸，李素熟陸名，有傾蓋之歡，因之赴郡，抵揚？驛，將食，李曰：陸君善於茶，蓋天下聞名矣；況揚子南零水又殊絕，今者二妙，千載一遇，可曠之乎！命軍士謹信者，挈瓶操舟，深詣南零，陸執器以俟之。俄水至，陸以杓揚其水，曰：『江則江矣，非南零者，似臨岸之水。』使曰：『某棹舟深入，見者累百，敢虛紿乎？』陸不言，既而傾諸盆，至半，陸遽止之，乃以杓揚之曰：『自此南零者矣。』使蹶然大駭，馳下曰：『某自南零齎至岸，舟蕩覆半，懼其少，挹岸水增之，處士之鑒，神鑒也，其敢隱焉。』李與賓從數十人，皆大駭愕。」又蘇長公《惠通井記》云：「《禹貢》：濟水入於河，溢為滎。河南曰滎陽，河北曰滎澤。沱灊本梁州二水，亦見於荊州，水行地中，出沒數千里外，雖河海不能絕也。」唐相李文饒好飲惠山泉，置驛以取水。有僧言長安昊天觀井水，與惠山泉通，雜以他水十餘缶試之，僧獨指其二缶曰：「此惠山泉水也。」文饒為罷水驛。二事頗相類，故併録之。』

茗溪漁隱曰：『歐公《和劉惇父揚州時會堂絶句》云：「積雪猶封蒙頂樹，驚雷未發建溪春。中州地暖萌芽早，入貢宜先百物新。」注云：「時會堂，造茶所也。」余以陸羽《茶經》考之，不言揚州出茶，惟毛文錫《茶譜》云：「揚州禪智寺，隋之故宮，寺枕蜀岡，其茶甘香，味如蒙頂焉。」第不知入貢之因，起於何時，故不得而誌之也。』

又 《文昌雜録》云：『庫部林郎中説，建州上春採茶時，茶園人無數，擊鼓聲聞數里。然一園中才間壟，茶品已相遠，又況山園之異邪？』茗溪漁隱曰：『歐陽永叔《嘗茶詩》云：「年窮臘盡春欲動，蟄雷未起驅龍蛇。夜聞擊鼓滿山谷，千人助叫聲喊呀。萬木寒凝睡不醒，惟有此樹先萌芽。」余官富沙凡三春，備見北苑造茶，但其地暖，纔驚蟄，茶芽已長寸許，初無擊鼓喊山之事，永叔詩與文昌所紀，皆非也。北苑茶山凡十四五里，茶味惟均，豈有間壟茶品已相遠之説邪？』

又 茗溪漁隱曰：『醉翁又有《雙井茶》詩云：「兩江水清江石老，石上生茶如鳳爪。窮臘不寒春氣早，雙井芽生先百草。白毛囊以紅碧紗，十觔茶養一觔芽。長安富貴五侯家，一啜尤須三日誇。」蔡君謨好茗飲，又精於藻鑒，答程公闢簡云：「向得雙井四兩，其時人還未試，敘謝不悉，尋烹治之，色香味皆精好，是為茗芽之冠，非曰注寶雲可並也。」涪翁尤譽雙井，蓋鄉物也。李公擇有詩嘲之，戲作解嘲云：「山芽落磑風迴雪，曾與尚書破睡來。勿以姬姜棄憔悴，逢時瓦釜亦鳴雷。」又《答黃黃冕仲索煎雙井並簡王揚休詩》云：揚休詩云：「江夏無雙乃吾宗，同舍頗似王安豐，能澆茗椀湔袚我，風神欲挹浮丘公。吾宗落筆賞幽事，秋月下照澄江空，家山鷹爪是小草，敢與好賜雲龍同。不嫌水厄辛來辱，寒泉湯鼎聽松風。」』

又 茗溪漁隱曰：『東坡詩：「春濃睡足午窗明，想見新茶如潑乳。」又云：「新火發茶乳。」此論皆得茶之正色矣。至《贈謙師點茶》則云：「忽驚午盞兔毫斑，打作春甕鵝兒酒。」蓋用老杜詩「鵝兒黃似酒」，「對酒愛鵝兒」，若是，則其色黃，烏得為佳茗矣。今《東坡前集》不載此詩，想自知其非，故刪去之。』

又 茗溪漁隱曰：『唐茶惟湖州紫筍入貢，每歲以清明日貢到，先薦宗廟，然後分賜近臣。紫筍生顧渚，在湖常二境之間。當採茶時，兩郡守畢至，最為盛集。此蔡寬夫《詩話》之言也。蔡但知其一而不知其二，按陸羽《茶經》云：「浙西以湖州上，常州次。湖州生長興縣顧渚山中；常州生義興縣君山懸腳嶺北峰下。」唐《義興縣重修茶舍記》云：「義興貢茶非舊也。前此故御史大夫李栖筠實典是邦，山僧有獻佳茗者，會客嘗之，野人陸羽以為芬香甘辣，冠于他境，可薦於上。栖筠從之，始進萬兩，此其濫觴也。厥後因之，征獻浸廣，遂為任土之貢，與常賦之邦侔矣。」故玉川子詩云：「天子須嘗陽羨茶，百草不敢先開花。」正謂是也。當時顧渚、義興皆貢茶，又鄰壤相接，白樂天守姑蘇，聞賈常州、崔湖州茶山境會，想羨歡宴，因寄詩云：「遙聞境會茶山夜，珠翠歌鐘俱繞身。盤下中分兩州界，燈前合作一家春。青娥遞舞應爭妙，紫筍齊嘗各鬭新。自嘆花時北窗下，蒲黃對酒病眠人。」唐袁高為湖州刺史，因修貢顧渚茶山，作詩云：「禹貢通遠俗，始圖在安人。後王失其本，職吏不敢陳。亦有奸佞者，因茲欲求伸。動至千金費，云使萬姓貧。我來顧渚源，得與茶事親。黎甿輟耕農，采掇實苦辛。一夫且當役，盡室皆同臻。捫葛上欹壁，蓬頭入荒榛。終朝不盈掬，手足皆鱗皴。悲嗟遍空山，草木為不春。陰嶺芽未吐，使曹牒已頻。心爭造化先，走挺麋鹿均。選納無日

夜，搗聲昏係晨。衆功何枯櫨，俯視彌傷神。皇帝尚巡狩，東郊路多堙。周迴繞天涯，所獻唯報勤。況減兵革用，兼茲困疲民。未知供御餘，誰合分此珍。顧省忝邦守，有慚復因循。茫茫滄海間，丹憤何由申？」此詩古雅，得詩人諷諫之體，誠可尚也。』

又《談苑》云：『建州，陸羽《茶經》尚未知之，但言福建等十二州未詳，往往得之，其味極佳，江左近日方有蠟面之號，李氏別令取其乳作片，或號曰京挺、的乳及骨子等，每歲不過五六萬觔，迄今歲出三十余萬觔，凡十品，曰：龍茶，鳳茶，京挺，的乳，石乳，頭金，白乳，蠟面，頭骨，次骨。龍茶以供乘輿，及賜執政、親王、長主，餘皇族、學士、將帥，皆鳳茶，舍人近臣賜京挺、的乳，館閣賜白乳。龍、鳳、石乳茶，皆太宗令造，江左有研膏茶供御，即龍茶之品也。丁謂為《北苑茶録》三卷，備載造茶之始末，行於世。』

又 苕溪漁隱曰：『建安北苑茶，始於太宗朝，太平興國二年，遣使造之，取像於龍鳳，以別庶飲，由此入貢。至道間，仍添造石乳。其後大小龍茶，又起于丁謂而成于蔡君謨。謂之將漕閩中，實董其事，賦《北苑焙新茶》詩，其序云：「天下産茶者，將七十郡半，每歲入貢，皆以社前火前為名，悉無其實。惟建州出茶有焙，焙有三十六，三十六中，惟北苑發早而味尤佳，社前十五日即採其芽，日數千工，聚而造之，逼社即入貢，工甚大，造甚精，皆載於所撰《建陽茶録》，仍作詩以大其事。」云：「北苑龍茶者，甘鮮的是珍，四方惟數此，萬物更無新。纔吐微茫緑，初沾少許春，散尋縈樹遍，急採上山頻。宿葉寒猶在，芳芽冷未伸，茅茨溪口焙，籃籠雨中民，長疾勾萌并，開齋分兩均，帶煙蒸雀舌，和露疊龍鱗。作貢勝諸道，先嘗祗一人，緘封瞻闕下，郵傳渡江濱，特旨留丹禁，殊恩賜近臣，啜為靈藥助，用與上罇親。頭進英華盡，初烹氣味醇，細香勝御麝，淺色過於筠。顧渚慚投木，宜都愧積薪，年年號供御，天産壯甌閩。」此詩敘貢茶頗為詳盡，亦可見當時之事也。又君謨茶録序云：「臣前因奏事，伏蒙陛下諭臣，先任福建轉運使日，所進上品龍茶，最為精好。臣退念草木之微，首辱陛下知鑒，若處之得地，則能盡其材。昔陸羽茶經，不第建安之品，丁謂茶圖，獨論採造之本，至於烹試，曾未有聞，輒條數事，簡而易明，勒成二篇，名曰茶録。」至宣政間，鄭可簡以貢茶進用，久領漕計，創添續入，其數浸廣，今猶因之。細色茶五綱，凡四十三品，形制各異，共七千餘餅，其間貢新試新龍團、勝雪、白茶、御苑、玉芽，此五品乃水揀，為第一；餘乃生揀，次之；又有粗色茶七綱，凡五品，大小龍鳳，并揀芽，悉入龍腦，和膏為團餅茶，共四萬餘餅。東坡題文公詩卷云：「上人問我留連意，待賜頭綱八餅茶。」即今麄色紅綾袋餅八者是也。蓋水揀茶即社前者，生揀茶即火前者，粗色茶即雨前者。閩中地暖，雨前茶已老而味加重矣。山谷和陽王休點密雲龍詩云：「小璧雲龍不入香，元豐龍焙承詔作。」今細色茶中，卻無此一品也。又有石門、乳吉、香口三外焙，亦隸于北苑，皆採摘茶芽，送官焙添造。每歲縻金共二萬餘緡，日役千夫，凡兩月方能迄事。第所造之茶不許過數，入貢之後市無貨者，人所罕得。惟壑源諸處私焙茶，其絶品亦可敵官焙，自昔至今，亦皆入貢，其流販四方，悉私焙茶耳。蘇黄皆有詩稱道壑源茶，蓋壑源與北苑為鄰，山阜相接，纔二里餘。其茶甘香，特在諸私焙之上。東坡《和曹輔寄壑源試焙新茶》詩云：「仙山靈雨濕行雲，洗遍香肌粉未勻。明月來投玉川子，清風吹破武陵春。要知玉雪心腸好，不是膏油首面新。戲作小詩君一笑，從來佳茗似佳人。」山谷《謝送碾賜壑源揀芽詩》云：「喬雲從龍小蒼璧，元豐至今人未識。壑源包貢第一春，緗奩碾香供玉食。睿思殿東金井欄，甘露薦椀天開顔。橋山事嚴庀百局，補袞諸公省中宿。中人傳賜夜未央，雨露恩光照宮燭。右丞似是李元禮，好事風流有涇渭，肯憐天祿校書郎，親敕家庭遣分似。春風飽識大官羊，不慣腐儒湯餅腸，搜攪十年燈火讀，令我胸中書傳香。已戒應門老馬走，客來問字莫載酒。」』

又 《藝苑雌黄》云：『玉川子有《謝孟諫議惠茶歌》，范希文亦有《鬥茶歌》，此二篇，皆佳作也，殆未可以優劣論。然玉川歌云：『至尊之餘合王公，何事便到山人家？』而希文云：『北苑將期獻天子，林下雄豪先鬬美。』若論先後之序，則玉川之言差勝。雖然，如希文豈不知上下之分者哉！亦各賦一時之事耳。』

苕溪漁隱曰：『《藝苑》以盧、范二篇茶歌皆佳作，未可優劣論，今録全篇。余謂玉川之詩，優於希文之歌，玉川自出胸臆，造語穩貼，得詩人句法；希文排比故實，巧欲形容，宛成有韻之文，是果無優劣邪？玉

川《走筆謝孟諫議惠新茶》云：「日高丈五睡正濃，將軍打門驚周公，口云諫議送書信，白絹斜封三道印。開緘宛見諫議面，手閲月團三百片。聞道新年入山裏，蟄蟲驚動春風起。天子須嘗陽羨茶，百草不敢先開花。仁風暗結珠琲瓃，先春抽出黄金芽。摘鮮焙芳旋封裹，至精至好且不奢。至尊之餘合王公，何事便到山人家？柴門反關無俗客，紗帽籠頭自煎喫。碧雲引風吹不斷，白花浮光凝椀面。一椀喉吻潤，兩椀破孤悶；三椀搜枯腸，惟有文字五千卷；四椀發輕汗，平生不平事，盡向毛孔散；五椀肌骨清；六椀通仙靈；七椀喫不得也，唯覺兩腋習習清風生。蓬萊山，在何處？玉川子乘此清風欲歸去。山上羣仙司下土，地位清高隔風雨。安得知百萬億蒼生命，墮在顛崖受辛苦！便為諫議問蒼生，到頭合得蘇息否」希文《和章岷從事鬭茶歌》云：「年年春自東南來，建溪先暖冰微開，溪邊奇茗冠天下，武夷仙人從古栽。新雷昨夜發何處，家家嬉笑穿雲去，露芽錯落一番榮，綴玉含珠散嘉樹。終朝采掇未盈襜，唯求精粹不敢貪，研膏焙乳有雅製，方中圭兮圓中蟾。北苑將期獻天子，林下雄豪先鬭美。鼎磨雲外首山銅，瓶攜江上中泠水。黄金碾畔緑塵飛，紫玉甌心翠濤起。鬭茶味兮輕醍醐，斗茶香兮薄蘭芷。其間品第胡能欺，十目視而十手指。勝若登仙不可攀，輸同降將無窮恥。吁嗟天產石上英，論功不愧階前蓂。衆人之濁我可清，千日之醉我可醒。屈原試與招魂魄，劉伶卻得聞雷霆。盧仝敢不歌，陸羽須作經，森然萬象中，焉知無茶星。商山丈人休茹芝，首陽先生休採薇。長安酒價減千萬，成都藥市無光輝。不知仙山一啜好，泠然便欲乘風飛。君莫羨花開女郎只鬭草，贏得珠璣滿斗歸。」』

又卷一四　苕溪漁隱曰：『王建云：「閉門留野鹿，分食與山雞。」魏野云：「洗硯魚吞墨，烹茶鶴避烟。」二人之詩，巧欲摹寫山居意趣，第理有當否，如建所言二物，何馴狎如許，理必無之；如野所言，雖未必皆然，理或有之。至若少陵云：「得食階除鳥雀馴。」東坡云：「為鼠長留飯，憐蛾不點燈。」皆當於理，人無得以議之矣。』

又卷一五　《復齋漫録》云：『致堯，昭宗時以翰林承旨謫嶺表，道湖南，《謝人惠含桃》詩云：「金鑾歲歲長宣賜，忍淚看天憶帝都。」自注云：「每歲初進之後，先宣賜學士。」韓子蒼《謝人惠茶》云：「白髮前朝舊史官，風爐煮茗暮江寒，蒼龍不復從天下，拭淚看君小鳳團。」自注云：「史官月賜龍團。」意雖本致堯，而語益工。』

又卷一九　苕溪漁隱曰：『元之《文集》，家藏有之，今録《竹樓記》於此，云：「黄岡之地多竹，大者如椽，竹工刳之，刳去其節，用代陶瓦，比屋皆是，以其價廉而工省也。子城西北隅，雉堞圮毁，榛莽荒穢，因作小竹樓二間，與月波樓通，遠吞山光，平挹江瀨，幽闃遼夐，不可具狀。夏宜急雨，有瀑布聲；冬宜密雪，有碎玉聲；宜鼓琴，琴調幽暢；宜詠詩，詩韻清絶；宜圍棋，子聲丁丁然；宜投壺，矢聲錚錚然；皆竹樓之所助也。公退之暇，披鶴氅，戴華陽巾，手執《周易》一卷，焚香默坐，消遣世慮，江山之外，第見風帆沙鳥，煙雲竹木而已。待其酒力醒，茶煙歇，送夕陽，迎素月，亦謫居之勝概也。彼齊雲落星，高則高矣，井麗譙，華則華矣，止於貯妓女，藏歌舞，非騷人之事，吾所不取。吾聞竹工云：竹之為屋，僅支十稔，若重覆之，得二十稔。噫，吾以至道乙未歲自翰林出滁上，丙申移廣陵，丁酉又入西掖，戊戌歲除日有齊安之命，己亥閏三月到郡，四年之間，奔走不暇，未知明年又在何處，豈懼竹樓之易朽乎！幸後之人與我同志，嗣而葺之，庶斯樓之不朽也。」』

又卷二二　《元城先生語録》云：『先生呼溫公則曰老先生，呼荊公則曰金陵。老先生居洛，先生從之蓋十年。先生於國子監之側，得故營地，創獨樂園，自傷不得與衆同也。以當時君子自比伊、周、孔、孟，公乃以種竹澆花等事自比晉、唐間人，以救其弊也。獨樂園子呂直者，性愚鯁，故公以直名之。有草屋兩間，在園門側。然獨樂園在洛中諸園，最為簡素，人以公之故，春時必游。洛中例，看園子所得茶湯錢，閉園日與主人平分之；一日，園子呂直得錢十千，肩來納公，問其故，以衆例對，曰：「此自汝錢，可持去。」再三欲留，公怒，遂持去，回顧曰：「只端明不愛錢者！」後十許日，公見園中新創一井亭，問之，乃前日不受十千所創也。公頗多之。』

又卷二五　《四六談塵》云：『荊公在金陵，有中使傳宣撫問，并賜銀盒茶藥，令中外各作一表，既具，稿無可于公意，公乃自作，今見集中。其詞云：「信使恩言，有華原隰，寶奩珍劑，增賁丘園。」蓋五事見

四句中，言約而意盡，衆以為不及也。』

又《藝苑雌黃》云：『僧惠洪《冷齋夜話》載介甫詩云：「春殘葉密花枝少，睡起茶多酒盞疎。」「多」字當作「親」，世俗傳寫之誤。洪之意蓋欲以「少」對「密」，以「疎」對「親」。予作刑南教官，與江朝宗匯者同僚，偶論及此，江云：「惠洪多妄誕，殊不曉古人詩格，此一聯以密字對疎字，以多字對少字，正交股用之，所謂蹉對法也。」』

又 卷二八 東坡云：『爛蒸同州羔，灌以杏酪，食之以匕不以箸；南都撥心麵，作槐芽溫淘，糝以襄邑抹豬，炊共城香稻，薦以蒸子鵝，吳興庖人所斫松江鱸膾，繼以廬山康王谷水，烹曾坑鬭品茶，少焉，解衣仰臥，使人誦東坡《赤壁前後賦》，亦足以一笑也。』苕溪漁隱曰：『東坡於飲食，作詩賦以寫之，往往皆臻其妙，如《老饕賦》、《豆粥詩》是也。』

又 卷二九 苕溪漁隱曰：『予為閩中漕幕，常被檄於北苑修貢，蓋熟知其地矣。造茶堂之後，鳳凰山之麓，有一泉，覆以華屋，榜曰御泉，其廣三四尺，深五六尺，石瓷其底，止留泉眼，特一小井耳。泉之東西二十與步間，兩山回抱，各有小淺澗水流出，其水皆可造茶，即無深水瀦蓄，匯以為潭者。子由所言味潭，其地初無之，又安得「潭中石蒼黑如玉，以為研」乎？又云：「歲貢龍鳳團，不得鳳凰山味潭水，則不成，」此言愈誤也。』

又 卷三一 《復齋漫録》云：『《題子美浣花圖》云：「鄰家有酒邀皆去，得意魚鳥來相親。」按《世説》：『簡文入華林園，曰：「會心處不必在遠，翛然林水，便自有濠濮間趣，覺鳥獸禽魚，自來親人。」』又《贈晁無咎詩》：「雞蘇胡麻留渴羌，不應亂我官焙香。」按《拾遺記》：「晉有羌人姚馥，字世芬，充圉人，每醉中好言王者興亡事，但言渴於酒，群輩呼為渴羌也。」』

又 苕溪漁隱曰：『魯直以雙井茶送孔常父，常父答詩，有「煎點徑須煩綠珠」之句，因戲答云：「知公家亦闕掃除，但有文君對相如，政當為公乞如願，作書遠寄宮亭湖。」《録異傳》云：「廬陵歐陽明，道彭蠡，以船中所有投湖中，云以為禮。積數年復過，有數吏來候明云：青洪君相邀。且曰：感公有禮，且厚遺公，願勿取，獨求如願耳。明既見，遂求如願。如願者，青洪君婢也。明將歸，所願輒得，數年大富。」』

又 卷三三 《東皋雜録》云：『予昔為太學生，暇日游西池，過道者院，池上壁間，見東坡題詩：「下馬逢佳客，攜壺傍小池，清風亂荷葉，細雨出魚兒，井好能冰齒，茶甘不上眉，歸途更蕭瑟，真個解催詩。」後有諸公和，獨記無咎一聯云：「雨園鳩逐婦，風徑燕將兒。」亦佳句也。』

又 卷三六 《詩説雋永》云：『晁沖之叔用樂府最知名，詩少見于世。政和末，先公為御史，朱深明為郎官。其《謝先公寄茶兼簡深明詩》曰：「諫議茶猶寄，郎官迹已疎。斜封三道印，不奉一行書。會遠長安去，終臨顧渚居。大江清見底，為問渴如何。」』

又 卷四六 東坡云：『昨夜夢參寥師攜軸詩見過，覺而記其飲茶兩句云：「寒食清明都過了，石泉槐火一時新。」夢中問：「火固新矣，泉何故新？」答曰：「俗以清明淘井。」當續成詩，以記其事。』

宋 呂居仁《軒渠録》 強淵明字隱季，帥長安，辭蔡太史，蔡戲云：『公今吃冷茶去也。』強不曉而不敢發問。親戚間有熟知長安風物者，因以此語訪之，乃笑曰：『長安妓女，步武極小，行皆遲緩，故有吃冷茶之戲。』

宋 楊彥齡《楊公筆録》 會稽日鑄山，茶品冠浙江。去縣幾百里，有上竈下竈，蓋越王鑄劍之地。世傳越王鑄劍，他處皆不成，至此一日而鑄成，故謂之日鑄。或云日注，非也山有寺，其泉甘美，尤宜茶。山頂謂之油車嶺，茶尤奇，所收絶少，其真者，芽長寸餘，自有麝氣。越人或以沸湯沃麝，乘熱滌瓶，焙乾以貯茶芽，密封之，偽稱日鑄，開瓶麝氣襲人，殊混真，人往往不能辨。或云，日注以日所注處云。

宋 曾慥《高齋漫録》 司馬溫公與蘇子瞻《論茶墨俱香》云：『茶與墨者正相反，茶欲白，墨欲黑。茶欲重，墨欲輕。茶欲新，墨欲陳。』蘇曰：『奇茶妙墨俱香，是其德同也，皆堅是其操同也。譬如賢人君子，黔晳美惡之不同，其德一也。』公笑以為然。

宋 李石《續博物志》 卷五 南人好飲茶，孫皓以茶與韋昭代酒，謝安詣陸納，設茶果而已。北人初不識，開元中，泰山靈巖寺有降魔師，

教禪者以不寐，人多作茶飲，因以成俗。

又 楚人陸鴻漸為茶論，並煎炙之法，造茶具二十四事，以都統籠貯之。常伯熊者，因廣鴻漸之法，伯熊飲茶過度，遂患風氣，或云北人未有茶，多黃病，後飲，病多腰疾偏死。

又 茶出銀生諸山，采無時，雜椒薑烹而飲之。普洱古屬銀生府，則西蕃之用普茶，已自唐時，宋人不知，猶于桂林以茶易馬，宜滇馬之不出也。李石志記滇中事頗多，足補史缺，云茶山有茶王樹，較五茶山獨大，本武侯遺種，至今夷民祀之。倚邦、蠻耑，茶味較勝。

宋 熊克《中興小記》卷四 初，成都路轉運司官安居趙開奏：祖宗以三司總諸路轉運使，此成憲也。熙寧後因事設官，而漕司遂至不足。今榷茶買馬乞依嘉祐故事併歸漕司，仍減額以蘇茶户，減價以惠茶商，則私販衰而盜息。是秋擢開主管川陝茶馬事，使推行之。開乃先更茶法，官買官賣茶並罷。酌政和都茶場法印給茶引，使茶商執引與茶户交易。改成都茶場爲合同場，仍置茶市。交易者必由市而引，與茶必相隨茶户茶鋪皆籍其名姓，使之互察，此其大略也。

宋 曾敏行《獨醒雜志》卷九 北苑産茶有四十六所，廣袤三十餘里，分内外園。江南李氏初置使，本朝丁晉公行漕事，始製龍鳳團以進，然歲不過四十餅。慶曆中，蔡端明為漕，復有增益。元豐中，神宗有旨造密雲龍，其品又高於小龍團。今歲貢三等十有二綱，四萬九千餘銙。

宋 袁文《甕牖閑評》卷六 劉夢得茶詩云：『自傍芳叢摘鷹觜，斯須炒成滿室香。』以此知唐人未善啜茶也。使其見本朝蔡君謨、丁謂之製作之妙如此，則是詩當不作矣。夫旋摘之茶必香，其香當倍于常茶，非龍麝之比也。古人入茶有用龍麝者，其壞茶為不少，茶有自然之香，其何假于龍麝乎。黃太史詩云：『要及新香碾一杯，不應傳寶到雲來。』是知茶之新者，其香尤可愛也。

劉夢得茶詩云：『山僧後簷茶數叢，春來映竹抽新茸。宛然為客振衣起，自傍芳叢摘鷹觜。斯須炒成滿室香，便酌砌下金沙水。驟雨松聲入鼎來，白雪滿盌花徘徊。』此乃詠煮茶也，北人皆如此，迨今猶然。《香彎類藁》云：『觀此詩自摘至煎，則便飲之，初無焙造碾羅之事，雖曰茶芽，不知爭得入口。豈亦如藥之㕮咀，去其滓而飲之乎。』香彎蓋南人，未知煮茶耳。

白樂天茶詩云：『渴嘗一盞緑昌明。』昌明乃地名，在綿州，人便謂昌明茶緑，非也。此正與『黃金碾畔緑塵飛』之句相似。蓋是時未知所以造茶，製作不精，故茶之色猶緑。而好事者録其茶之妙，亦未以白色為貴。其詩故如此。使樂天見今日之茶之美，而肯為是語耶。

又 自唐至宋，以茶為寶。有一片值數十千者，金可得，茶不可得也。其貴如此。而前古止謂之苦茶，以此知當時全未知飲啜之事。蘇東坡詩所謂『茗飲出近世』者，不可謂無所本也。

余生漢東，最喜啜畾茶，閒時常過一二。北人知余喜啜此，則往往煮以相餉，未嘗不欣然也。其法以茶芽盞許，入少脂麻沙盆中爛研，量水多少煮之。其味極甘腴可愛蘇。東坡詩云『柘羅銅碾棄不用，脂麻白土須盆研』者是矣。而東坡詩又云，前人初用茗，飲時煮之，無問葉與骨。《茶録》中亦載，茶古不聞食，晉以降，吳人采葉煮之，號茗粥。則知畾茶者，自晉蓋有之矣，非復今之人始食也。東坡詩又云，『食罷茶甌未要深，』後人便謂食罷未可啜茶，引東坡此詩以為證。而不知東坡且欲睡耳，故其詩下句云，『春風一榻值千金也』。

宋 程大昌《演繁露續集》卷四《盧同茶詩》 盧仝《謝惠茶詩》歷敘一盌至六盌皆有功用，蓋淺深不同耳，其誇茶力至曰：『既覺兩腋習習清風生，蓬萊山在何處，乘此欲歸去。』案：溫庭琦《採茶録》：《天臺記》：『丹丘出大茶，服之生羽翼。』又《茶譜》記蒙山中頂茶效曰：『若獲四兩，服其一，則袪疾；二即無病；三即換骨；四兩即為地仙。有僧信其言，僅獲一兩，服之病瘥，容貌若三十許。人眉發綠色。』然則謂茶能輕身，可為飛仙，唐世逢有其傳，非仝出意，自為怪奇也。

又 卷五《蠟茶》 建茶名蠟茶，為其乳泛湯面，與鎔蠟相似，故名蠟面茶也。楊文公《談苑》曰『江左方有蠟面之號』是也。今人多書蠟為臘，云取先春為義，失其本矣。

宋 洪邁《容齋三筆》卷一四《蜀茶法》 蜀道諸司，惟茶馬一台，最為富盛，茶之課利多寡，與夫民間利疚，他邦無由可知。予記《東坡集》有《送周朝議守漢州詩》云：『茶為西南病，甿俗記二李。何

人折其鋒，矯矯六君子。』注：『二李，杞與稷也。六君子，謂思道與侄正孺、張永徽、吳醇翁、呂元鈞、宋文輔也。』初，熙寧七年，遣三司幹當公事李杞經畫買茶，以蒲宗閔同領其事。蜀之茶園不殖五穀，惟宜種茶，賦稅一例折輸，錢三百折絹一匹，三百二十折紬一匹，十錢折綿一兩，二錢折草一圍，凡稅額總三十萬。杞創設官場，歲增息為四十萬。其輸受之際，往往壓其斤重，侵其加直。杞以疾去，都官郎中劉佐體量，多其條畫。於是宗閔乃議民茶息收十之三，盡賣於官場，蜀茶盡榷，民始病矣。知彭州呂陶言：『天下茶法既通，蜀中獨行禁榷。況川峽四路所出茶貨，比方東南諸處，十不及一。諸路既許通商，兩川卻為禁地，虧損治體，莫甚於斯。且盡榷民茶，隨買隨賣，或今日買十千，明日即作十三千賣之，比至歲終，不可勝算，豈止三分而已。佐、杞、宗閔作為敝法，以困西南生聚。』佐坐罷去，以國子博士李稷代之，陶亦得罪。侍御史周尹復極論榷茶為害，罷為湖北提點刑獄。利路漕臣張宗諤、張升卿復建議廢茶場司，依舊通商。稷劾其疎謬，皆坐貶秩。茶場司行劄子督綿州彰明縣，知縣宋大章繳奏，以為非所當用。稷又詆其賣直釣奇，坐沖替。一歲之間，通課利及息耗至七十六萬緡有奇，詔録李杞前勞而官其子。後稷死於永樂城，其代陸師閔言其治茶五年，獲淨息四百二十八萬緡，詔賜田十頃。凡上所書，皆見於國史。坡公所稱思道乃周尹，永徽乃二張之一，元鈞乃呂陶，文輔乃大章也，正孺、醇翁之事不著。

宋 陸游《入蜀記》卷一 十九日，金山長老寶印來，字坦叔，嘉州人。言自峽州以西，灘不可勝計，白傅詩所謂『白狗到黃牛，灘如竹節稠』是也。赴蔡守飯于丹陽樓，熱特甚，堆冰滿坐，了無涼意。蔡自點茶頗工，而茶殊下，同坐熊教授，建寧人，云：『建茶舊雜以米粉，復更以薯蕷，兩年來又更以楮芽，與茶味頗相入，且多乳，惟過梅則無復氣味矣。非精識者未易察也。』

又 卷四 登蝦蟆碚，《水品》所載第四泉是也。蝦蟆在山麓，臨江，頭鼻吻頷絕類，而背脊皰處尤逼真。造物之巧，有如此者。自背上深入，得一洞穴，石色綠潤，泉泠泠有聲，自洞出，垂蝦蟆口鼻間，成水簾入江。是日極寒，巖嶺有積雪，而洞中溫然如春。碚洞相對稍西，有一峯，孤起侵雲，名天柱峯。自此山勢稍平，然江岸皆大石堆積，彌望正如浚渠積土狀。晚次黃牛廟，山復高峻。村人來賣茶菜者甚衆，其中有婦人，皆以青斑布帕首，然頗白晰，語音亦頗正。茶則皆如柴枝草葉，苦不可入口。廟曰靈感，神封嘉應保安侯，皆紹興以來制書也。其下即無義灘，亂石塞中流，望之可畏。然舟過乃不甚覺，蓋操舟之妙也。傳云，神佐夏禹治水有功，故食於此。門左右各一石馬，頗卑小，以小屋覆之。其右馬無左耳，蓋歐陽公所見也。廟後叢木，似冬青而非，莫能名者。落葉有黑文，類符篆，葉葉不同，兒輩亦求得數葉。歐詩刻石廟中。又有張文忠一贊，其詞曰：壯哉黃牛，有大神力。輦聚巨石，百千萬億。劍戟齒牙，磥硊江側。壅激波濤，險不可測。威脅舟人，駭怖失色。刲羊釃酒，千載廟食。張公之意，似謂神聚石壅流以脅人求祭饗。使神之用心果如此，豈能巍然廟食千載乎？蓋過論也。夜，舟人來告，請無擊更鼓，云：廟後山中多虎，聞鼓則出。

（紹定）《吳郡志》卷二九 石井、松江二水，唐張又新品第東南烹茶之水為七等，以虎邱石井為第三，吳松江為第六。今劍池旁經藏之後有大石井，面闊丈餘，嵌巖自然，上有石轆轤，歲久湮塞。今寺僧乃以山後寺中土井為石井，甚可笑。紹興三年，主僧如璧，始淘古石井，去淤泥五丈許，四旁皆石壁，鱗皺天成，下連石底，漸窄，泉出石脈中，一宿水滿井。較之二水，味甘冷勝劍池。時郡守沈揆虞卿聞之，往觀大喜，為作屋覆之，別為亭于井旁，以為烹茶宴坐之所。自是古跡復出，邦人咸喜。

宋 周輝《清波雜志》卷四 先人嘗從張晉彥覓茶，張口占二首：『內家新賜密雲龍，只到調元六七公。賴有家山供小草，猶堪詩老薦春風。』『仇池詩裏識焦坑，風味官焙可抗衡。鑽餘權倖亦及我，十輩遣前公試烹。』焦坑產庾嶺下，味苦硬，久方回甘。包裹鑽權倖，亦豈能望建溪之勝耶？

自熙寧後，始貴『密雲龍』，每歲頭綱修貢，奉宗廟及供玉食外，賚及臣下無幾。戚里貴近，丐賜尤繁。宣仁一日慨歎曰：『令建州今後不得造「密雲龍」，受他人煎炒不得也！出來道我要「密雲龍」，不要團茶，揀好茶喫了，生得甚意智。』此語既傳播於縉紳間，由是『密雲龍』之名益著。淳熙間，親黨許仲啟官麻沙，得北苑修貢録，序以刊行。其間

載歲貢十有二綱，凡三等，四十有一名。第一綱曰『龍焙貢新』，止五十餘銙，貴重如此。獨遺所謂『密雲龍』，豈以『貢新』易其名，或別為一種，又居『密雲龍』之上耶？葉石林云：『熙寧中，賈青為福建轉運使，取小團之精者為「密雲龍」，以二十餅為斤，而雙袋，謂之「雙角」。大小團袋皆緋，通以為賜，「密雲龍」獨用黄』云。

又 煇家惠山，泉石皆為几案物。親舊東來，數聞松竹平安信，且時致陸子泉，茗碗殊不落莫。頃歲亦可致於汴都，但未免瓶盎氣，用細沙淋過，則如新汲時，號折洗惠山泉。天臺竹瀝水，斷竹稍屈而取之盈瓮，若雜以他水，則亟敗。蘇才翁與蔡君謨比茶，蔡茶精，用惠山泉；蘇劣，用竹瀝水煎，遂能取勝。此說見江鄰幾所著《嘉祐雜志》。雙井因山谷迺重。蘇魏公嘗云：『平生薦舉不知幾何人，唯孟安序朝奉歲以雙井一瓮為餉。』蓋公不納苞苴，顧獨受此，其亦珍之耳。

又 長沙匠者造茶器極精緻，工直之厚，等所用白金之數。士夫家多有之，寘几案間，但知以侈靡相夸，初不常用也。司馬温公偕范蜀公游嵩山，各攜茶往。温公以紙為貼，蜀公盛以小黑合。温公見之，驚曰：『景仁乃有茶器。』蜀公遂留合與寺僧。凡茶宜錫，竊意若以錫為合，適用而不侈。貼以紙，則茶味易損。豈亦出雜以消風散，意欲矯時弊耶。《邵氏聞見録》云，同范景仁登嵩頂。由轘轅道至龍門，涉伊水至香山，憩石樓，臨八節灘，凡所經從，多有詩什，自作序曰《游山録》。攜茶游山，當是此時。張云叟云：呂申公，名知人，故多得於下僚家。有茶羅子，一銀飾，一金飾，一棕櫚。方接客，索銀羅子，常客也；金羅子，禁近也；棕櫚，則公輔必也。家人常挨排于屏間以候之。申公、温公同時人，而待客若飲之器，顧飾以金銀分等差。益知温公儉德，世無其比。

又 卷五 煇出疆時，見彼中所用定器，色瑩淨可愛。近年所用，乃宿泗近處所出，非真也。饒州景德鎮，陶器所自出，於大觀間窯變色紅如朱砂，謂熒惑躔度，臨照而然。物反常為妖，窯户亟碎之。時有玉牒防禦使仲楫年八十餘，居于饒，得數種，出以相示比之定州紅瓷器，色尤鮮明。越上秘色器，錢氏有國日，供奉之物，不得臣下用，故曰秘色。又嘗見北客言耀州黄浦鎮燒瓷，名耀器。白者為上，河朔用以分茶。出窯一有破碎，即棄于河，一夕化為泥。又汝窯，宮中禁燒，內有瑪瑙末為油，唯供御揀退，方許出賣，近尤艱得。

又 卷九 先人三弟，季字德紹，為煇同庚同月，煇先十三日，自幼從竹林遊。德性敏而靜，中年後，文筆加進，嘗題玉川碾茶絶句云：『獨抱遺經舌本乾，笑呼赤角碾龍團，但知兩腋清風起，未識捧甌春笋寒。』頗有唐人風製，死已十年，遺藁失於收拾，但宗族間得傳一二。

宋 王明清《揮麈録餘話》卷一 蔡元長所述《太清樓特燕記》，既列於前，又得《保和殿曲燕》、《延福宮曲燕》二記，今復載於左方。宣和元年九月十二日，皇帝召臣蔡京、臣王黼、臣越王俁、臣燕王似、臣嘉王楷、臣童貫、臣嗣濮王仲忽、臣馮熙載、臣蔡攸燕保和殿，臣蔡翛、臣蔡儵、臣蔡鞗東曲水朝於玉華殿。上步西曲水。循酴醾架，至太寧閣，登層巒、凌霄、騫鳳、垂雲亭，景物如前，林木蔽蔭如勝。始至保和殿，三楹，楹七十架，兩挾閣，無綵繪飾侈，落成於八月，而高竹崇檜，已森然蓊鬱。中楹置御榻，東西二間列寶玩與古鼎彝器。玉左挾閣曰妙有，設古今儒書、史子楮墨。右曰日宣，道家金櫃玉笈之書，與神霄諸天隱文。上步前行，稽古閣有宣王石鼓。歷邃古、尚古、鑑古、作古、傳古、博古、祕古諸閣藏，祖宗訓謨，與夏、商、周尊、彝、鼎、鬲、爵、斝、卣、敦、盤、盂、漢、晉、隋、唐書畫多，不知識駭見上，親指示，為言其槩，因指閣內：『此藏卿表章字札無遺者。』命開櫃，櫃有朱隔，隔內置小匣，匣內覆以繒綺，得臣所書撰《淑妃劉氏製》。臣進曰：『札惡文鄙，不謂襲藏如此。』念無以稱報，頓首謝。抵玉林軒，過宣和殿【略】賜茶全真殿，上親御擊注湯，出乳花盈面，臣等惶恐，前曰：『陛下略君臣夷等，為臣下烹調，震悸惶怖，豈敢啜之。』頓首拜。上曰：『可少休。』【略】次詣成平殿，鳳燭龍燈，燦然如畫，奇偉萬狀，不可名言。上命近侍取茶具，親手注湯擊拂，少頃，白乳浮醆面，如疎星澹月，顧諸臣曰：『此自布茶。』飲畢，頓首謝。』

宋 陳騤《南宋館閣録》卷六 節賜。日歷所、會要所、國史院歲旦、冬節、清明、端午、七夕、重九各賜大龍茶一斤，州酒四瓶。
賜新茶。每歲五月宣賜大小鳳茶、大龍茶各一斤。

宋 吴曾《能改齋漫録》卷八 韓致光，昭宗時以翰林承旨謫嶺表，道湖南，謝人惠含桃詩末章云：『金鑾歲歲長宣賜，忍淚看天憶帝都。』

自注云：『每歲初進之後，先宣賜學士。』韓子蒼謝人惠茶云：『白發前朝舊史官，風爐煮茗暮江寒。蒼龍不復從天下，拭淚看君小鳳團。』自注云：『史官月賜龍團，意雖本致光而語工。』

又卷一五

貢茶貴早

貢茶以早為貴。李郢《茶山貢焙歌》云：『陵煙觸露不停採，官家赤印連帖催。』劉禹錫《試茶歌》云：『何況蒙山顧渚春，白泥赤印走風塵。』袁高《茶山作》云：『陰嶺芽未吐，使者牒已頻。』三詩皆及赤印與牒也。

又

綿州綠茶

茶之貴白，東破能言之。獨綿州彰明縣茶色綠。白樂天詩云：『渴嘗一盞綠昌明。』彰明即唐昌明縣。盧仝詩云：『天子初嘗陽羨茶。』當時進茶，未有名也。

又

金線泉

《澠水燕談》云：『齊州城西張意諫議園亭，有金線泉。石甃方池，廣袤丈餘，泉亂發其下，東注城濠中，澄澈見底。池心南北有金線一道，隱起水面。以油滴一隅，則線紋遠去，或以紋亂之，則線輒不見。水止如故。天陰亦不見。齊為東方名郡，而張氏濟南盛族，園池乃郡之勝遊。泉之出百年矣，士大夫過濟南至泉上者，不可勝數，而無能究其所以然，亦無人題詠者。獨蘇子瞻有詩曰：「槍旗攜到齊西境，更試城南金線奇。」然亦不辨泉之所以有金線也。』余讀曾南豐集，有《金線泉詩》云：『玉甃常浮顥氣鮮，金線不定路南泉。雲依美藻爭成縷，月照寒漪巧上弦。已繞渚花紅灼灼，更縈沙竹翠娟娟。無風到底塵埃盡，界破冰綃一片天。』蓋南豐元豐間，嘗守齊州所作者。此《澠水燕談》所未見也。兼《倦遊雜録》云：『范諷自給事中謫官，數年方歸濟南。城西有張氏園亭，泉有金線真珠之目，水木環合，乃歷下之勝景。園亭主人，乃張寺丞聰也。嘗邀范諷宴飲於亭。范題二韻詩于壁。『園林再到身猶健，官職全拋夢乍醒，惟有南山與君眼，相逢不改舊時青。』

又 建茶

建茶務，仁宗初歲，造小龍小鳳各三十斤二大龍大鳳各三百斤、入香不入香京挺共二百斤、蠟茶一萬五千斤。小龍小鳳，初因蔡君謨為建漕，造十斤獻之，朝廷以其額外免勘。明年，詔第一綱盡為之。故《東坡志林》載溫公曰：『君謨亦為此耶？』

又 張云叟《畫墁録》云：『有唐茶品，以陽羨為上供，建溪北苑未著也。貞元中，常袞為建州刺史，始蒸焙而研之，謂之膏茶。其後始為餅樣，貫其中，故謂之一串。陸羽所烹惟是草茗耳。迨至本朝，建溪獨盛。丁晉公為轉運使始製為鳳團，後又為龍團，歲貢不進四十餅。天聖中，又為小團，其餅過于大團。熙寧末，神宗有旨，下建州置密雲龍，其餅又加于小團。』以上皆《畫墁》所載。予按，《五代史》：『當後唐天成四年五月七日，度支秦某中書門人奏：朝臣時有乞假覲省者，欲量賜茶藥。奏敕宜依者，各令據官品等第指揮，文班自左右常侍、建議、給、舍下至侍郎，宜各賜蜀茶三斤、蠟面茶二斤、草豆蔻一百枚、肉豆蔻一百枚、青木香二斤；已次武班官，各有差。』以此知建茶以蠟面為上供，自唐末已然矣。第龍鳳之製，至本朝始有加焉。

又卷一七 豫章先生少時，嘗為茶詞《寄滿庭芳》云：『北苑龍團，江南鷹爪，萬里名動京關。碾深羅細，瓊芷冷生煙。一種風流氣味，如甘露，不染塵煩。纖纖捧，冰瓷弄影，金縷鷓鴣斑。相如方病酒，銀瓶蟹眼，驚鷺濤翻。為扶起尊前，醉玉頹山。飲罷風生兩袖，醒魂到明月輪邊。歸來晚，文君未寢，相對小窻前。』其後增損其辭，止詠建茶云：『北苑研膏，方圭圓璧，萬里名動天關。碎身粉骨，功合在凌煙。尊俎風流戰勝，降春夢，開拓愁邊。纖纖捧，香泉濺乳，金縷鷓鴣斑。相如雖病渴，一觴一詠，賓有群賢。便扶起燈前，醉玉頹山。搜攪胸中萬卷，還傾動三峽詞源，歸來晚，文君未寢，相對小粧殘。』辭意益工也。後山陳無已同韻和之云：『北苑先春，瑯函寶韞，帝所分落人間。綺窻纖素手，一縷破雙團。雲裏遊龍舞鳳，香霧靄，飛入雕盤。華堂靜，松風雲竹，金鼎沸潺湲。門闌車馬動，浮黃嫩白，小袖高鬟。便胸臆輪囷，肺腑生寒。喚起謫仙醉倒，翻湖海，傾寫濤瀾。笙歌散，風簾月幕，禪榻鬢絲斑。』

宋 楊萬里《誠齋集》卷一〇七《答傅尚書》 遠餉新茶，所謂元

豐至今人未識者。老夫是已敢不重拜，當自攜大瓢，走汲溪泉，束澗底之散薪，燃折腳之石鼎，烹玉塵，啜雲乳，以享天上。故人之意，愧無胸中之書傳，但一味攪破菜園耳。荷，荷。

宋 周去非《嶺外代答》卷六

茶具

雷州鐵工甚巧，製茶碾、湯甌、湯匱之屬，皆若鑄就。余以比之建寧所出，不能相上下也。夫建寧名茶所出，俗亦雅尚，無不善分茶者。雷州方啜萱茶，奚以茶器為哉。

又

茶

靜江府修仁縣産茶，土人制為方銙，方二寸許而差厚。有供神仙三字者上也，方五六寸而差薄者次也，大而粗且薄者下矣，修仁其名乃甚彰。煮而飲之，其色慘黑。其味嚴重，能愈頭風。古縣亦産茶，味與修仁不殊。

宋 佚名《南窗紀談》 飲茶之始飲茶或云始於梁天監中，事見《洛陽伽藍記》，非也。按《吳志・韋曜傳》，孫皓時每宴饗，無不竟日，坐席無能否飲酒，率以七升為限，雖不悉入口，皆澆灌取盡。曜所飲不過二升，初見禮異時，或為裁減，或賜茶荈以當酒。如此言則三國時已知飲茶，但未能如後世之盛耳。逮唐中世，榷利遂與煮酒相抗，迄今國計賴此為多。唐人所飲，不過草茶，但以旗槍為貴，多取之陽羨，猶未有所謂臘茶者，今建州歲造，日新歲異，其品之精絶者，一餅直四十千，蓋一時所尚，故豪貴競市以相夸也。

又 客至則設茶，欲去則設湯，不知起於何時。然上自官府，下至閭里，莫之或廢。有武臣楊應誠獨曰，客至設湯是飲人以藥也，非是。故其家每客至，多以蜜漬橙木瓜之類為湯飲客，或者効之。予謂不然，蓋客坐既久，恐其語多傷氣，故其欲去，則飲之以湯。前人之意，必出於此，不足為嫌也。

（淳熙）《三山志》卷四一 茶舊記，舊閩縣尉廳名茶山館。又縣東十五里有茶園山，亦云石鼇山，出茶。球場山亭記有芳茗原，今甌治山。唐憲宗元和間，詔方山院僧懷惲麟德殿説法，賜之茶。懷惲奏曰，此茶不及方山茶佳，則方山茶得名久矣。《唐地理志》亦載福州貢蠟面茶，蓋建茶未盛前也。今古田長溪、近建寧界亦能採造，然風味不及。

（淳熙）《新安志》卷二《貨賄》 舊稱歙有金與銀，而今無有，以《國朝會要》考之，出金之州十，出銀之州四十有二，歙無預焉。良木之産則已見於右方，而茶則有勝金、嫩桑、僊芝、來泉、先春、運合、華英之品。有不及號者是為片茶八種。其散茶號茗茶。

（嘉泰）《會稽志》卷一一 《輿地志》云：『若耶，鄭弘所居之側有鄭公泉。弘雖居臺輔，常思故居。曾病困思得泉水，家人馳取，飲少許便差。泉有二脈，滴瀝出石罅，味極甘，宜茶。石之上為行路，而泉注溪中，非山僧野叟不能知其處。』【略】

苦竹泉在秦望山側曾文清墓，林多苦竹，泉出其下，泓潔宜茶。

傅公泉在射的山。給事中傅公崧卿先墓，因地坎窪，鑿池瀦水。每上冢以煎茗浣祭器。池縱五尺、衡六尺、深半衡之數，泓潔甘美，遇旱不涸。士夫咸謂可以方公清德，遂目之曰傅公泉。

宋 趙彦衛《雲麓漫鈔》卷四 陸羽《茶經》云：『江左日近，方有蠟面之號。李氏別取乳作片，或號京挺、的乳及骨子。』又云：『浙西湖州為上，常州次之，湖州出長城。顧渚山中，常州出義興君山懸腳嶺北岸下。』唐《重修茶舍記》：『貢茶御史大夫李栖筠典郡日，陸羽以為冠於他境，栖筠始進。』故事，湖州紫筍以清明日到，先薦宗廟，後分賜近臣。紫筍生顧渚，在湖、常間，當茶時，兩郡太守畢至，為盛集，見《蔡寬夫詩話》。玉川子《謝孟諫議寄新茶》，有『手閲月團三百片』，又云，『天子須嘗陽羨茶』，則孟所寄乃陽羨茶也。又湖守袁高詩云：『搗聲昏系晨，衆功何枯櫨。』則陽羨又知是餅茶，不特始于李氏也。袁詩又云：『黎氓輟耕農，採掇實苦辛。一夫且當役，盡室皆同臻。捫葛上欹壁，蓬頭入荒榛。終朝不盈掬，手足皆鱗皸。悲嗟遍空山，草木為不春。陰嶺茶未吐，使曹牒已頻。』今人不復為餅，豈坐是耶？

又卷一〇 陸羽別天下水味，各立名品，有石刻行於世。列子云，孔子淄澠之合，易牙能辨之。易牙，齊威公大夫。淄澠二水，易牙知其味，威公不信，數試皆驗。陸羽豈得其遺意乎。

宋 釋居簡《北磵集》卷八《請印鐵牛住靈隱茶湯榜》 玉虎何知，先動山中消息。雲龍早貢，首膺天上平章。價雖重于連城，産獨珍于

雙璧。恭惟某寵光五葉，一杯分萬象之甘。彈壓羣英，數水劣諸方之勝。方圓制度，清白華滋。笑溈源春夢，不到池塘。眷老圃秋容，尤高節操。頰牙騰馥，四河衮衮無邊。襟袖生涼，兩腋颼颼未已。洞庭君子封下邳，箕裘不墜。洛誦孫父事副墨，文采難藏。試從師友淵源，欲起烟霞沉痼。恭惟某攪雜毒海，設醴奚為？開甘露門，飲河而止。直指單傳，其來有自。俱收並蓄，待用無遺。薦醍醐一味之醇，擷芝術衆芳之助。行精進定，是上藥草，起一生成佛宇膏肓。見善知識，如優曇花，慰千載得賢于季孟。

又《妙湛月岩中茶湯榜》　枝槁不春，此外如何採摘。樹空無影，是中特地婆娑。小團破新錫之珍，方諸勺初修之月。恭惟某圓頂培壅，山林品題，正其味于森嚴。舌須具眼，回餘甘於苦釅。甌已翻雲，要驗同盟，更無別味。肆辯河之衮衮，疎瀹道腴。導正派之滔滔，洗空禪病。耆婆死而百草皆泣，世豈無醫？良遂徹而諸人不知，禪寧負教？不須染指，只貴點頭。恭惟某會獵玄中，笑守株而自苦。獨漁言外，如課蜜以分甘。可無一施？具有衆毒。飲者若諳此味，瞑眩膏肓。學人未達其源，肝膽楚越。

又《梅瓶茶汤榜》　攙春小摘，不孤培壅工夫。亭午新烹，要驗平章手段。欲破一規玄璧，如珍萬選青錢。長恐暗投，直須明破。恭惟某轆轤汲曉，露冷銀床。杵臼策勳，香浮鐵磨。與萬象平分秋色，提折鐺自煮松聲。腋涼生可御之風，湯老卻未佳之客。被渠搜攪，五千卷何以當之？喚爾懵騰，二三子何儒滯也。鼴鼠飲河，弗信醍醐海闊。黄蜂分釀，放教姜杏杯深。尋他海上同盟，咽我山中餘瀝。恭惟某是上藥草，雨露惟新。視小根莖，雲泥有異。舐鼎快升騰而去，折肱須諳煉而知。笑諸方五味，不療人饞。試三昧單傳，反攻他毒。非時不食，或送客，或拒客，法固如斯。入手便知，能殺人，能活人，吾無別味。

宋　劉宰《漫塘集》卷一九《茶説贈九江王子順》　王子順將歸九江，須別語。某衰病，無以云也。猶記子順來時，餉茶甚佳。敢問：今人一日無茶不可，而茶之用不見於三代之前，何也？豈非以古先治化清明，人無昏濁，無所事此故耶？近世此利，衣被天下，而仙郡所産特盛。龜食氣而壽，麝食柏而香，則飲茶於仙郡者，可知矣。竊怪近年佩二千石印章而來，如曹置輩，一任二三年，問所飲茶，不知幾千百椀，而昏濁略不少差，何也？豈玉川子所謂七椀之後，清風自生，殆虚語耶？或曰是其土性固然，非茶所及，則生於地者可知勉矣。記曰：人莫不飲食也，鮮能知味也。故某願子歸而與鄉之同志者共學焉。毋使九江之茶有愧於西山之薇、商山之芝，幸甚！

宋　魏了翁《鶴山集》卷四八《邛州先茶記》　予於事物之變，必迹其所自來，獨於茶未知所始。蓋自後世典禮訛缺，風氣澆漓，嗜好日新，非復先王之舊。若此者蓋非一端，而茶尤其不可考者。古者賓客相於之禮，自饗燕食飲之外，有間食，有稍事，有歡湆，有設梁，有擩醬。有食已而酳，有坐久而葷。有六清以致飲，有瓠葉以嘗酒，有旨蓄以禦冬。有流行以為豆菹，有湘萍以為鉶筆。見於禮，見於詩，則有挾菜副瓜亨葵叔苴之等。雖蔥芥韭蓼，堇扮滫髓，深蒲菭筍，無不備也。而獨無所謂茶者。徒以時異事殊，字亦差誤。今所謂韻書，自二漢以前，上溯六經，凡有韻之語，如平聲魚模，上聲麿姥，以至去聲御暮之同是音者，本無它訓。乃自音韻分于孫沈，反切盛于西域，然後別為麻馬等音。於是魚歌二音，併人于麻。而魚、麻二韻，一字二音。以至上去二聲，亦莫不然。其不可通，則更易字文，以成其說。且茶之始，其字為茶，如《春秋》書齊茶，《漢志》書茶陵之類。陸顔諸人，雖已轉入茶音，而未敢輒易字文也。若《爾雅》，若《本草》，猶從艹從余。而徐鼎臣訓茶，猶曰即今之茶也。惟自陸羽《茶經》、盧仝《茶歌》，趙贊茶禁以後，則遂易茶為茶。其字為艹為人為木。陸璣謂椒侶茱萸，吳人作茗，蜀人作茶，皆煮為香。椒與茶既不相入，且據此文，又若茶與茗異，此已為可疑。而山有樗之樗，則又引璣説，以樗葉為茗，益使讀者貿亂，莫知所據。至蘇文忠始謂『周詩記苦茶，茗飲出近世。』其義亦既著明。然而終無有命茶為茶著。蓋傳注例謂茶為茅秀為苦菜，予雖言之，誰實信之。雖然，此特書名之誤耳。而予於是重有感於世變焉。先王之時，山澤之利，與民共之。飲食之物，無征也。自齊人賦鹽，漢武榷酒，唐德宗税茶。民之日用飲食而皆無遺算。則幾于陰復口賦，潛奪民産者矣。其端既啟，其禍無窮。鹽酒之人，遂埒田賦。而茶之為利，始也歲不過得錢四十萬緡。自王涯置使構榷，由是歲增月益。塌地剩茶之名，三説貼射之法，招商收税之令，紛紛

見於史冊。極于蔡京之引法，假託元豐以盡更仁祖之舊。王黼又附益之。嘉祐以前，歲課均賦茶户，歲輸不過三十八萬緡有奇，謂之茶租錢。至崇寧以後，歲人之息，驟至二百萬緡，視嘉祐益五倍矣。中興以後，盡鑒政宣之誤，而茶法尚仍京黼之舊。國雖賴是以濟，民亦因是而窮。冒禁抵罪，剽吏禦人，無時無之。甚則阻兵怙強，伺時為亂。是安得不思所以變通之乎？李君字叔立，文簡公之孫。文簡嘗為《茗賦》，謂秦漢以還，名未曾有；勃然而興，魏晉之後，益明于世道之升降者。其守武陵，嘗請減引價以蠲民害。叔立生長見聞，故善於其職，予為申述始末而告之。

宋 劉克莊《後村集》卷三〇《接茶疏》　薤歌淒咽，浮生如露之晞；茗事莊嚴，散聖乘雲而至。憑此茲果，撥彼沉魂。共攜曹溪缽來，喫取趙州茶去。一旗試水，豈獨中泠之泉甘；六椀通靈，未覺五臺之路遠。

宋 羅大經《論建茶》〈茶集〉　陸羽《茶經》、裴汶《茶述》，皆不載建品，唐末然後北苑出焉。本朝開寶間，始命造龍團，以別庶品。厥後丁晉公漕閩，乃載之《茶録》，蔡忠惠又造小龍團以進。東坡詩云：『武夷溪邊粟粒芽，前丁後蔡相寵加。吾君所乏豈此物，致養口體何陋耶。』茶之為物，滌昏雪滯，於務學勤政，未必無助，其與進荔枝、桃花者不同，然充類至義，則亦宦官、宮妾之愛君也。忠惠直道高名，與范、歐相亞，而進茶一事，乃儕晉公，君子之舉措，可不謹哉？

宋 方岳《秋崖集》卷三六《茶僧賦》　林子仁名茶瓢曰『茶僧』，予為之賦。

秋崖人問茶僧曰：『諮爾佛子，多生糾纏，今者得度，以何因緣？豈其能重譯陸羽之《經》，飽參趙州之禪也？與累彼灌莽，翳于原田。扶種族之匏落，行苗裔之蔓延。系有尼父之歎，磊落壺公所懸。彼軀體之擁腫而猥大者，君子雖器之，而未知其孰賢。或刳而中，或剖而邊。士操取飲於夜澗，鳥勸行沽於青煙。曾未若爾，出家在許瓢之後，而成佛在魏瓠之先也。試嘗為掃除霜苗，提攜出山，衣以駝尼之淺褐，喜其梵相之緊圓。與之轉法輪於午寂，戰魔事於春眠。山中敲雲外之臼，野老掬雪中之泉。瞬木上座其少休，與竹尊者而留連。嗽冰玉之一再，搜文字之五千。然後掛維摩拂，臥卧溈山鉼，未嘗不歎曰：『奇哉！此僧之精研也。』

宋 李心傳《建炎以來朝野雜記·甲集》卷一四

夔州茶

夔州自祖宗以來不榷茶。政和中，有司請賣引。議以民夷不便罷之。紹興中，韓球美成同提舉茶馬，始榷忠、達州茶。即夔合、廣安置合同場，歲收以八萬斤為額。然商人以利薄不通，但以引錢敷民間耳，民甚苦之。二十七年冬，忠守董如敏以為言。事下茶司馬，時許覺民侍郎為主管官，不肯蠲。乃止。後三年，王瞻叔以漕副攝事，遂除之。先是美成在茶司，盡取園户加饒之茶為正額，有一場而增至二十萬斤者。韓以十七年十二月領茶事。十九年五月移夔。民知輸官不補所得，於是起為私販。二十六年六月，秘書省正字張震真甫以為言。遂命茶司裁損抑。今茶場每百斤加饒率過半，若茶官稍加裁抑，則商販者遂轉而之他。宜量減引錢，而禁其搭帶。又因地之遠近不同，而稍低昂之。庶幾乎其可矣。

又

江茶

江茶在東南草茶内，最為上品，歲産一百四十六萬斤。其茶行於東南諸路，士大夫貴之。隆興亦産茶二百二十八萬斤。臨安二百十九萬斤。嚴州二百十二萬斤。徽州二百十萬斤。寧國一百十二萬斤。潭州一百三萬斤。其他皆不登此數目。江南産茶既盛，民多盜販，數百為羣，稍詰之，則起而為盜。淳熙二年，茶寇賴文政反於湖北，轉入湖南、江西，侵犯廣東，官軍數為所敗。辛棄疾幼安時為江西提刑，督諸軍討捕，命屬吏黄倬、錢之望誘致，既而殺之。江州都統制皇甫倜，因招降其黨隸軍。今東南茶皆自榷場轉入金中。亦有於遼海而去，雖嚴為譏禁，而終不免於透漏焉。

又

建茶

建茶歲産九十五萬斤，其為團跨者，號臘茶，久為人所貴。舊制歲貢片茶二十一萬六千斤。建炎二年，葉濃之亂，園丁亡散，遂罷之。紹興四年，明堂始命市五萬斤為大禮賞。五年，都督府請如舊額，發赴建康，召商人持往淮北。檢察福建財用章傑，以片茶為市，請市末茶。許之。轉運

司言其不經久，乃止。既而官給長引，許商販度淮。十二年六月，興榷場，遂取臘茶為場本。九月，禁私販，官盡榷之。上京之餘，許通商。官收息三倍。又詔，私載建茶入海者斬。此五年正月辛未詔旨。議者因請鬻建茶於臨安。十月，移茶事司於建州，專一買發。十三年閏月，以失陷引錢，復令通商。今上供龍鳳及京鋌茶歲額，視承平纔半。蓋高宗以錫賚既少，懼傷民力，故栽損其數云。

宋 張淏《雲谷雜記》卷三《飲茶盛于唐》《説郛》卷三〇 飲茶不知起于何時。歐陽公《集古録跋》云：『茶之見前史，蓋自魏晉以來有之。』予按《晏子春秋》嬰相齊景公時，食脱粟之飯，炙三弋五卵茗菜而已。又漢王褒童約有武陽一作武都。買茶之語。則魏晉之前已有之矣。但當時雖知飲茶，未若後世之盛也。郭璞注《爾雅》云：『樹似梔子，冬生葉，可炙作羹飲。』然茶至冬味苦澀，豈復可作羹飯耶。飲之令人少睡，張華得之以為異聞，遂載之《博物志》。非但飲者鮮，識茶者亦鮮。至唐陸羽著《茶經》三篇，言茶者甚備，天下益知飲茶，其後尚茶成風。回紇入朝，始驅馬市茶。

（寶慶）《會稽續志》卷四《茶》 前志載越中茶品甚詳，而猶遺剡茶。按唐僧清晝詩：『越人遺我剡溪茗，採得金芽爨金鼎。』則剡茶自唐已著名矣。華鎮《剡溪瀑布嶺仙茶詩》去：『煙霞密邇神仙府，草木微滋亦有靈。』則剡茶見稱不特清晝而已，剡茶有九，曰西太白山瀑布嶺仙茶，曰五龍茶，曰真如茶，曰紫巖茶，曰鹿苑茶，曰大昆茶，曰小昆茶，曰焙坑茶，曰細坑茶。見高氏《剡録》

宋 趙與時《賓退録》卷三 白樂天於潯陽舟中見商婦賦《琵琶行》。其中有云：『商人重利輕别離。前月浮梁買茶去。』是時此商留家潯陽，而遠取茶於浮梁。始知潯陽之茶，唐未有也。今其行幾偏天下，而浮梁所産反不著。時代推移，而土地所生亦復變遷如此。

宋 羅大經《鶴林玉露》卷三 余同年李南金云：『《茶經》以魚目涌泉連珠為煮水之節。然近世瀹茶，鮮以鼎鑊，用瓶煮水，難以候視，則當以聲辨一沸二沸三沸之節。又陸氏之法，以未就茶鑊，故以第二沸為合量而下，未若以今湯就茶甌瀹之，則當用背二涉三之際為合量。乃為聲辨之詩云：砌蟲唧唧萬蟬催，忽有千車梱載來。聽得松風并澗水，急呼縹色緑瓷杯。』其論固已精矣。然瀹茶之法，湯欲嫩而不欲老，蓋湯嫩則茶味甘，老則過苦矣。若聲如松風澗水而遽瀹之，豈不過於老而苦哉！惟移瓶去火，少待其沸止而瀹之，然後湯適中而茶味甘，此南金之所未講者也。因補以一詩云：『松風檜雨到來初，急引銅瓶離竹爐。待得聲聞俱寂後，一甌春雪勝醍醐。』

又卷一三 陸羽《茶經》，裴汶《茶述》，皆不載建品。唐末，然後北苑出焉。本朝開寶間，始命造龍團，以别庶品。厥後丁晉公漕閩，乃載之《茶録》。蔡忠惠又造小龍團以進。東坡詩云：『武夷溪邊粟粒芽，前丁後蔡相籠加，吾君所乏豈此物，致養口體何陋耶！』茶之為物，滌昏雪滯，於務學勤政，未必無助。其與進荔枝桃花者不同，然充類至義，則亦宦官宮妾之愛君也。忠惠直道高名，與范、歐相亞，而進茶一事，乃儕晉公，君子之舉措，可不謹哉！

宋 邢凱《坦齋通編》 茶取其味，以爽神思。山谷云：『或濟以鹽，鉤賊破家，滑竅走水，又況雞蘇之與胡麻。』言不容雜以他物也。坡詩：『脂麻白玉須盆研，一半已人姜鹽煎。』故陳後山詩：『媿無一縷破雙團，慣下姜鹽枉肺肝。』俗尚不同如此。夔門有曲鱔瘴，以茱萸煎茶飲之良愈，謂之辣茶，又一異也。

宋 陳元靚《歲時廣記》卷一七《貢紫笋》 蔡寬夫詩話：『唐茶品雖多，亦以蜀茶為重。惟湖州紫笋入貢，每歲以清明日貢到，先薦宗廟，然後分賜近臣。紫笋生者顧渚，在湖、常之二境間。當採時，兩郡守畢至，最為盛會。杜牧詩所謂「溪盡停蠻棹，旗張卓翠苔。柳村穿窈窕，松間渡喧虺。」』又劉禹錫詩云：『何處人間似仙境，春山攜妓採茶時。』又《圖經》云：『顧渚涌金沙泉，每造茶時，太守已祭拜，然後水漸出，造茶畢，水稍減。至供堂茶畢，已減半。太守茶畢，遂涸。』

又《汲新泉》 《東坡詩話》：僕在黄州，參寥師自武陵來訪，館之。後東坡一日夢參寥誦所作新詩，覺而記兩句云：『寒石清明都過了，石泉槐火一時新。』夢中問：『火固新矣，泉何故新？』答曰：『俗以清明日淘井。』後七年，出守錢塘，而參寥始卜居湖上智果院，有泉石出石縫間，清泠宜作茶。寒食之明日，僕與客泛舟自孤山來謁。參寥汲泉鑽火，烹黄蘗茶。忽悟所夢詩兆於七年之前，衆客驚歎。知傳記所載，蓋不

妄也。

又 白樂天《清明詩》云『出火煮新茶』，東坡詩云『已改煎茶火』，又云『且將新火試新茶』，又云『紅焙淺甌新活火，龍團小碾鬥晴窗』，又云『新火發茶乳』。

又卷二九《新茶會》 《歲時雜記》：解夏受歲，事見諸經，不可備舉。近世唯禪家解結二會最盛，禮信畢集，施物豐夥。解結齋畢，長少番次召諸僧茶會，諸寮互會茶十餘日乃畢。

又卷三七《賜茶酒》 《皇朝歲時雜記》：朝堂諸位，自十月朔設火，每起居退，賜茶酒，盡正月終。每遇大寒陰雪，就漏舍賜酒肉。

宋王栐《燕翼詒謀録》卷二 國初沿江置務收茶，名曰榷貨務。給賣客旅如鹽貨。然人不以為便。淳化四年二月癸亥，詔廢沿江八處，應茶商，并許於出茶處市之。未幾，有司恐課額有虧，復請於上。六月戊戌，詔復舊制。六飛南渡後，官不能運致茶貨，而榷貨務只賣茶引矣。

宋楊伯喦《臆乘》《説郛》卷二一 茶之所産，《六經》載之詳矣。獨異美之名未備。謝氏論茶曰：『此丹丘之仙茶，勝烏程之御舞，不止味同露液，白况霜華，豈可為酪蒼頭。便應代酒從事。』楊衒之作《洛陽伽藍記》曰『食有酪奴』，指茶為酪粥之奴也。杜牧之詩：『山實東南秀，茶稱瑞艸魁。』皮日休詩：『十盆前皋盧。』曹鄴詩：『劍外尤華美。』施肩吾詩：『茶為滌煩子，酒為忘憂君。』此見於詩文者。若《南越志》『若苦澀為之果羅』。北苑曰葉布絕品。豫章曰白露、曰白茅。南劍曰石花，曰餞芽。東川曰獸目。湖常具曰紫筍。壽州曰黄芽。福閩曰生芽、曰露芽。岳陽曰含膏，外此尤夥，頗疑似者，不書。若蟾背、蝦須、鵲舌、蟹眼、瑟瑟塵、霏霏靄，及鼓浪湧泉，琉璃眼，碧玉池，又皆茶事中天然偶字也。

宋林洪《山家清供》卷上《茶供》 茶即藥也，煎服則去滯而化食。以湯點之，則反滯膈而損脾胃。蓋市利者多取他葉，雜以為末，人多怠於煎服，宜有害也。今法：採芽或用碎夸，以活水火煎之，飯後必少頃乃服。坡公詩云：活水須將活火烹。又云：飯後茶甌未要深。此煎之法也。陸羽經亦以江水為上，山與井俱次之。今世不惟不擇水，且入鹽及茶果，殊失正味。不知唯蔥去昏，梅去倦，如不昏不倦，亦何必用。古之嗜茶者無如玉川子，惟聞煎吃。如以湯點，則安能及七碗乎。山谷詞云：『湯響松風，早減了七分酒病。』倘知此，則『口不能言，心下快活自省』之禪參透矣。

又《驪塘羹》 曩客危驪塘書院，每食後必出茶湯，青白極可愛，飯後得之，醍醐甘露未易及此。詢庖者，止用菜與蘆菔細切，以井水煮之爛為度，初無他法。後讀東坡詩，亦只用蔓青菜菔而已，詩云：『誰知南嶽老，解作東坡羹。中有蘿菔根，尚含曉露清。勿語貴公子，從渠嗜膻腥。』以此可想二公之嗜好矣。今江西多用此法者。

宋何夢桂《潛齋集》卷一一《狀元坊施茶疏》 暑中三伏熱豈堪，大驛路往來，渴時一盞茶，勝似恒河沙佈施，况有竟陵老僧解事，更從鳩坑道地分香，不妨運水搬柴，便好煽爐熇盞，大家門發歡喜意，便是結千人萬人緣，小比丘無遮礙心，任他吃七椀五椀去。

宋俞德鄰《佩韋齋集》卷八《荌茗賦》 吾聞秦逢氏子有迷罔之疾，視白為黑，饗薌為臭。擷穢荌以盈握，溷緣華而三齅。哆茗戰之收勳，擬襄羊于宇宙。因澤余服，闖其廬而告之曰：『我稽《農經》，著茲仙茗，雖霜崖之孕秀，實天葩之發穎。木凍兮尚癡，蟲蟄兮未醒。於是北苑龍焙，西山鶴嶺，露茁碧芽，煙攢紫筍。紛采掇於晨朝，銜雲腴之絕品，效苞茅之入貢，先驛騎而馳騁。幸天顔之粲，表食芹之懇懇。遺珍滯璧，賁於丘園；幽人隱士，實若坧墦。分地爐之宿火，汲瑤井於未渾。響松風于石鼎，潘漚澼以雲翻。籠鈔帽而一呷，庶肩吾之滌煩。回視薄者之炙，與夫浮蟻之尊。曾土苴之不若，奚酪奴之敢言。故投以刀圭者坳相，和以胡麻者渴羌。金帶紫茸，匱藏於三品；鞠苗蘆菔，瓊報以二囊。豈荒畦之辛穢，亂官焙之餘香。况味甘兮非薺，氣葷兮類韭，夜嗅兮目昏，朝餐兮胃嘔。俾泛雪華於免毫，亦滕光施於嫫姆。』逢氏子勃然變乎色，曰：『人有好尚，物無孅惡，太牢之味，非劣於敗菹；絲竹之音，非慚於椎鑿。然不肯以此而易彼，蓋以性安而不怍。是故紉蘭絹蕙者以逐臭而非；嗜炭美痂者以饌珍而為噱。其見雖殊，其適一也。且子亦諏詢往事乎？叔季之世，賢聖逆曳，儉壬猖披，彼藍色而鬼貌，豈斷菑于蒙魌。伊豺聲而蜂目，豈削瓜與植者。然時君其言而心悅，甘其伎而色怡，亦由嗜好之同異，是以忠邪之背馳。子不彼誚而獨我嗤？非滯礙而

不化，或癡瘀之未醫！』

余無以對，倚户而歌曰：『拾珠琲兮陽坡，分銀蟾兮澗阿，返紫門兮自樂。嗟世溷濁兮奈何。』逢氏子泬而羞，蹶然而起，雖痼疾之未瘳，亦忻忻而啟齒。

宋 熊禾《勿軒集》卷三《北苑茶焙記》 貢古也，茶貢不列《禹貢》周職方而昉于唐，北苑又其最著者也。苑在建城東二十五里。唐末里民張暉始表而上之；宋初，丁謂漕閩，貢額驟溢斤至萬數。慶曆承年日久，蔡襄公繼之，製益精巧，建茶遂為天下最。公名在四諫官列，君子惜之。歐陽公雖實不與，然猶誇侈歌詠之，蘇公軾則直指其過矣。君子創法可繼，焉得不慎重也？南渡後，地產日以凋耗，減額至三分之二，民僅以甦焉。大元混一區宇，安輯黎獻，歲在丙子至元，十有三載，江南始入職方，有司以前，代貢賦之版來上先皇，帝加惠遠氓，自正供外悉蠲之。建在遐壤，越五載而後錫貢。宰相制用始式，歲為斤止千，視前代之減又逾半，上之不役志於享也。恩德實甚厚，天下其曷敢伏厥土之攸瑞？又十有八，歲丁酉迺，今皇帝踐阼，大德初元也。時有行省平章公，趣長臺治，達觀苑中，謂御貢舊有堂，固陋，非所以昭敬，始命改造。適平章高公惠撫南夏，顧瞻不作，郡有司承命不敢，後經始於是冬之十二月，告成於明年春之三月。時值農隙，執宮功者不為厲，苑中制做殿庭，內設陛板，外亢重闉，泉有候焙，有節司，署各有局。鳳闕龍井，獻狀先後。雲島華池，映照左右。貢雖減舊，而堂宇視昔則有加。上以思逮下，下以禮敬上，當如是乎？抑嘗思之，區區牙卉之微，生於海隅山畷之遠。有司共職，歲貢猶能備，殫勤敬至於名聞上京，味羞大宮。然則巖棲野遯，豈無良材？秀民有能有為，著其行而邦其昌者乎？采之、擷之，端必有俟矣。閩古本荒服，秦漢始為郡，土曠產微，唐始論秀，入貢猶未嘗也；宋初，輔弼、詞翰之臣，已班班可紀此。百餘年間節功名文學之士，尤表表在人耳目，而尤其大者，道繼往聖，學開來哲，淵源所漸，遺獻未泯，天下後世學者言學者必宗建，意其物產微耗之餘，其山則清潄靈秀，當於人焉。是故《詩》曰：『采采卷耳，不盈頃筐，嗟我懷人，置彼周彼。』又曰：『南山有臺，北山有萊，樂只君子，邦家之基。』備物致貢者，宜知所先矣。是歲，冬十有一月記。

宋 耐得翁《都城紀勝・茶坊》 大茶坊張掛名人書畫。在京師只熟食店掛畫，所以消遣久待也，今茶坊皆然。冬天兼賣擂茶，或賣鹽豉湯，暑天兼賣梅花酒。紹興間，用鼓樂吹梅花酒曲，用旋杓，如酒肆間，正是論角，如京師量賣。茶樓多有都人子弟占此會聚，習學樂器，或唱叫之類，謂之『掛牌兒』。人情茶坊，本非以茶湯為正，但將此為由，多下茶錢也。又有一等專是娼妓弟兄打聚處；又有一等專是諸行借工賣伎人會聚行老處，謂之『市頭』。水茶坊，乃娼家聊設桌凳，以茶為由，後生輩甘於費錢，謂之乾茶錢。提茶瓶，即是趁赴充茶酒人，尋常月旦望，每日與人傳語往還，或講集人情分子。又有一等，是街司人兵，以此為名，乞見錢物，謂之『齪茶』。

又 又有茶湯會，此會每遇諸山寺院作齋會，則往彼以茶湯助緣，供應會中善人。

宋 祝穆《方輿勝覽》卷一一 貢龍鳳等茶。北苑焙在城東二十五里，鳳凰山南。唐保大間，命建州製的乳茶，號曰京鋌，臘茶之貢自此始。遂罷陽羨茶貢。

《郡志》：其品大概有四，曰袴、曰截、曰鋌、而最麄為末。國朝太平興國二年，始置龍焙，造龍鳳茶。咸平丁晉公為本路漕監，造御茶進龍鳳團。慶歷間，蔡公端明為漕，始改造小龍團。仁廟尤所珍惜，是後最精者曰龍團勝雪，外有密雲龍一品，號為奇絕。方靈芽初折之時，常先民焙十餘日，異時進發，飛騎疾馳，不出中春，頭綱已至京師。

韓無咎記云：『其地不富于田，物產瘠甚，而荈利通天下，每歲方春摘山之夫十倍耕者。』

黃魯直《謝送壑源揀芽詩》：『裔雲從龍小蒼璧，元豐至今人未識。壑源色貢第二春，緗奩碾香供玉食。眷思殿東金井欄，甘露薦椀天開顏。橋山事嚴庀百局，補衮諸公省中宿。中人傳賜夜未央，雨露恩光照宮燭。右丞似是李元禮，好事風流有涇渭。肯憐天祿校書郎，親敕家庭遣分似。春風飽識大官羊，不慣腐儒湯餅腸。搜攪十年燈火讀，令我胸中書傳香。已戒應門老馬走，客來問字莫載酒。』

王介甫《送元厚之詩》：『新茗齋中試一旂。』茶芽謂之一槍一旂。

韓無咎《次韻沈清臣游龍焙》詩：『武夷山人厭塵埃，金鞭白馬飛崔嵬。

丹砂已就不可識，尚有瑤草分靈栽。千花剪巧綴密露，秀色不待春風催。東溪路入三千里，山如舞鳳連翩來。槍旂未動供採掇，疊鼓夜作空山雷。蒼虯繞圭龍護璧，面為鐵石心瓊瑰。烹煎酈水出好事，珠瓔玉字相縈迴。已嗟雙井甘退步，況復曰注真難儕。我來竊食端為此，把玩一日三徘徊。手突剩清泉吊陸子，底用濁酒供歡咍。頭風快愈春睡散，老眼尚為羣書開，知君此遊故不惡，坐有纖纖時奉盃。』兔毫琖出甌寧之水吉。黃魯直詩曰：『建安瓷椀鷓鴣班。』又君謨《茶録》：『建安所造黑琖紋如兔毫，然毫色異者，土人謂之毫變琖，其價甚高，且艱得之。』

又 卷一六 茶有勝金、嫩桑、仙芝、來泉、先春、運合、華英之品，又有不及號者曰片茶。

宋 史繩祖《學齋占畢》卷四 九經無茶字。或言荼苦即是也。見於《爾雅》。謂之檟茗。則是今之茶，但經中只有荼字耳。

宋 謝維新《古今合璧事類備要外集》卷四二 峽川石上紫花芽，理生頭痛，年貢一斤。

又 忠州之南賓，有四國，一多陵，二多婆，三羅波，四思龍，皆方餅。惟多陵最上，飯後飲之消食，空腹朔飲。多婆次之，二國下。

又 巴東有別真香茗，煎飲令人不眠。又出白茶，狀如梔子，其色稍白。

又 蜀雅州蒙山頂有露芽。穀芽，皆云火前者，言采造於禁火之前也。火後者次之。

宋 陳思《寶刻叢編》卷一四 唐湖州刺史袁高撰，前滁州長史徐璹書。湖州之顧渚山，歲修茶貢。高為刺史，感其採製之勤，而作是詩。其後於峋為刺史，得之於壞垣，為之序而刻之，貞元七年立。出《集古録目》

又 《記》云：義興貢茶，非舊也。前此故御史大夫李棲筠實典是邦，山僧有獻佳茗者，會客嘗之，野人陸羽以為芬香甘辣，冠於他境，可薦於上。棲筠從之，始進萬兩。此其濫觴也。厥後因之，徵獻寖廣，遂為任土之貢，與常賦之邦侔矣。每歲選匠徵夫，至二千餘人云。余嘗謂：『後世士大夫，區區以口腹玩好之獻為愛君，此與宦官宮妾之見無異，而其貽患百姓，有不可勝言者。如貢茶，至末事也，而調發之擾猶如此，況其甚者乎！羽蓋不足道。嗚呼！孰謂棲筠之賢。而為此乎！書之可以為後來之戒，且以見《唐志》義興貢茶，自羽與棲栖始也。出《金石録》

宋 王應麟《玉海》卷一八一 《周詩》記苦荼，茗飲出近世。《春秋》書齊荼，《漢志》書荼陵。陸顔諸人雖已轉入茶音，而未易字文也。自陸羽《茶經》《志》三卷，盧仝茶歌，趙贊茶禁以後，遂易荼為茶。《爾雅》注早采者為荼，晚取者為茗，一名檟。《釋文》曰：《埤蒼》作搽，埸地剩茶之名。三説貼射之法，招商收税之令，紛紛見于史冊。杜育有《荈賦》，溫庭均有《採茶録》志一卷，毋景著《茶飲序》。唐李珏曰，價高則市者稀，價賤則市者廣，未見阜財，徒云斂怨。中世從場而榷茗，諸藩拓地以名錢。

宋 吴自牧《夢粱録》卷一一《井泉》 參寥泉，元祐年間此僧住上智果寺，寺有泉，東坡以僧之名為泉名。蓋東坡《應夢記》云：『僕在黃州日，參寥自吳中來訪。一日，夢此僧賦詩，覺而記兩句云：「寒食清明都過了，石泉槐火一時新。」後七年，僕出守錢塘，此僧始卜居西湖智果院。院有泉出石縫間。寒食之明日，僕與客泛湖，自孤山來謁，參寥子汲泉鑽火，烹黃蘖茶。忽悟予夢詩兆於七年前，衆客皆歎。遂書始末並題之，非虛語也。』

又 湧泉在霍山行宮西清心院前山坡下，高廟日遣人汲水入內瀹茗。寺中以朱欄護之，味極清甘，亢旱不竭。

又 安平泉在仁和安仁西鄉安隱院。有池，扁曰安平泉。池邊有亭，東坡詩曰：『策杖徐徐步此山，撥雲尋徑興飄然。鑿開海眼知何代，種由菱花不記年。烹茗僧誇甌泛雪，煉丹人化骨成仙。當年陸羽空收拾，遺卻安平一片泉。』

又 卷一六《茶肆》 汴京熟食店張掛名畫，所以勾引觀者，留連食客。今杭城茶肆亦如之，插四時花，掛名人畫，裝點店面。四時賣奇茶異湯，冬月添賣七寶擂茶、饊子、蔥茶，或賣鹽豉湯，暑天添賣雪泡梅花酒，或縮脾飲、暑藥之屬。向紹興年間，賣梅茶酒之肆以鼓樂吹梅花引曲破賣之，用銀盂杓盞子，亦如酒肆論一角二角。今之茶肆列花架，安頓奇杉異檜等物於其上，裝飾店面，敲打響盞歌賣，止用瓷盞漆托供賣，則無銀盂物也。夜市于大街有車擔，設浮鋪點茶湯，以便遊觀之人。大凡茶樓

多有富室子弟、諸司下直等人會聚，習學樂器、上教曲賺之類，謂之掛牌兒人情茶肆，本非以點茶湯為業，但將此為由，多覓茶金耳。又有茶肆專是五奴打聚處，亦有諸行借工賣伎人會聚，行老謂之市頭。大街有三五家開茶肆，樓上專安著妓女，名曰花茶坊，如市西坊南潘節幹俞七郎茶坊，保佑坊北朱骷髏茶坊，太平坊郭四郎茶坊，太平坊北首張七相幹茶坊。蓋此五處多有炒鬧，非君子駐足之地也。更有張賣麵店隔壁黃尖嘴蹴球茶坊，又中瓦內王媽媽家茶肆名一窟鬼茶坊，大街車兒茶肆，蔣檢閱茶肆，皆士大夫期朋約友會聚之處。巷陌街坊自有提茶瓶沿門點茶，或朔望日，如遇凶吉二事，點送鄰里茶水，倩其往來傳語。又有一等街司衙兵百司人，以茶水點送門面鋪席，乞覓錢物，謂之齕茶。僧道頭佗欲行題注，先以茶水沿門點送，以為進身之階。

又《分茶酒店》 凡分茶酒肆，賣下酒食品廚子，謂之『量酒博士』、『師公』。店中小兒，謂之『大伯』。更有百姓入酒肆，見富家子弟等人飲酒，近前唱喏，小心供過，使人買物命妓，謂之『閑漢』。又有向前換湯斟酒，歌唱獻果，燒香香藥，謂之『廝波』。有一等下賤妓女，不呼自來，筵前祗應，臨時以些少錢會贈之，名『打酒座』，亦名『禮客』。有賣食藥香藥果子等物，不問要與不要，散與坐客，名之『撒暫』。如此等類，處處有之。杭城食店，多是效學京師人，開張亦效御廚體式，貴官家品件。凡點索茶食，大要及時。如欲速飽，先重後輕。

又卷一八 茶。寶云茶、香林茶、白雲茶、又寶嚴院垂雲亭亦產。東坡以詩戲云：『妙供來香積，珍烹具太官。棟芽分雀舌，賜茗出龍團。』蓋南北兩山七邑諸山皆產。徑山采谷雨前茗，以小缶貯饋之。

宋 顧文薦《負喧雜録》《説郛》卷一八 建茶品第唐陸羽《茶經》裴汶《茶述》皆不第建品，説者但謂二子未嘗至閩，不知物之發也固自有時。蓋昔者山川尚閟，靈芽未露。至于唐末，然後北苑出為之最，是時，偽蜀毛文錫作《茶譜》，始言建有紫笋而臘面，乃至產于五代之季。建屬南唐，歲率諸州民採茶。北苑初造研膏，繼造臘面，既又制其佳者，號京鋌。本朝開寶末，下南唐。太平興國初，時置龍鳳模，遣使即北苑造團茶，以別庶飲。龍鳳茶蓋始于此。又一種茶，聚生石崖，枝葉尤茂，至道初有詔造之，別號石乳。又一種號的乳，又一種號白乳。蓋自龍鳳與京、石、的、白四種始出，而臘面降為下矣。蓋龍鳳等茶，皆太宗朝所製，至咸平初，丁晉公漕閩，始載之于《茶録》。慶曆中，蔡君謨將漕，創造小龍團以進，被旨仍歲貢之。自小團出，而龍鳳遂為次矣。元豐間，有旨造密雲龍，其品又加于小團之上。紹聖間，改為瑞雲翔龍。大觀初，徽宗親制《茶論》二十篇。以白茶與常茶不同，偶然生出，非人力可致，于是白茶遂為第一。又製三色細牙，及試新銙，貢新銙，自三色細芽出，而瑞雲翔龍顧居下矣。凡茶芽數品，最上曰小芽，如雀舌、鷹爪，以其勁直纖鋭，故號芽茶。次曰中芽，乃一芽帶一葉者，號一槍一旗。次曰紫芽，一芽帶二葉者，號兩旗一槍。其帶三葉四葉者，皆老矣。芽茶早春極少。景德中，建守周絳為補《茶經》言：『茶芽只作早茶，馳奉萬乘嘗之可矣。若一旗一槍可謂奇茶也。』故一槍一旗號攙芽，最為挺特。王金陵送人長閩詩云『新茗齋中試一旗』，謂揀芽也。宣和庚子歲，漕臣鄭可問始創為銀線水芽，蓋將已揀熟芽，再剔去，祇取心，如線一縷，用珍器貯清泉，漬之光瑩如銀絲，用以製新銙，有小龍蜿蜒其上，號龍團勝雪。又廢白、的、石三乳，最造花銙二十餘色。初貢茶皆入龍腦，至是慮奪真味，始不用焉。蓋茶之妙至勝雪極矣，故合為冠。然猶在白茶之次者，以白茶上所好也。羅黃儒撰《品茶要録》極稱常時靈芽之富，謂使陸羽數子見之，必爽然自失矣。其茶歲分十餘綱，惟白茶與勝雪，自驚蟄後興役，浹日乃成，飛騎疾馳至中都，不出中春已至，號為頭綱玉芽。以下先後而發，逮至夏過半矣。歐陽公詩云：『建安三千五百里，京師三月嘗新茶。』蓋御茶園自九窠十二隴，至小山凡四十六所，惟龍游窠，小苦竹、張坑、西際又為禁園之先也。此熊蕃敘録及諸家雜記採其説云。

宋 丁用晦《芝田録》《説郛》卷七四 李德裕取惠山泉，自常州京置遞，號水遞。

宋 張君房《脞説》《天中記》卷一〇 湖州長城縣啄木嶺金沙泉，每歲造茶之所，居常無水。湖、常二郡守至境，具牲祭，泉其夕清溢，造御茶。畢其水即微減，太守造畢，即涸。太守或還。旆稽期則示風雷之變，或見鷙獸、毒蛇、水魅焉。

宋 龍袞《江南野史》卷二 先是，漢末遣使往湘潭市茶，會邊鎬平馬氏，例俘於江南。嗣主因而引對慰勞，遂以上茗萬斤，備人船遣之，

自夏口轉令入江陵而還。

（咸淳）《臨安志》卷五七《貨之品》 歲貢見舊志，錢唐寶雲庵産者，名寶雲茶；下天竺香林洞産者名香林茶；上天竺白雲峰産者名白雲茶。東坡詩：『白雲峰下兩槍新。』又，寶嚴院垂雲亭亦産茶，東坡有：『怡然以垂雲新茶見餉，報以大龍團戲作小詩。妙供來香積，珍烹具太官。揀芽分雀舌，賜茗出龍團。』又游諸佛舍一日，飲釅茶七盞，戲書有云『何須魏帝一丸藥，且盡盧仝七椀茶。』蓋南北兩山及外七邑諸名山皆産茶，近日徑山寺僧採穀雨前者，以小缶貯送。

金元茶文

金 李俊民《莊靖集》卷九《茶榜》 詩人多識，遂留茶苦之名。文士滑稽，乃立葉嘉之傳。豈謂詩情之重，或成水厄之憂。驛徒致衛公之泉，喫不得盧仝之椀。今茲團月，別其典刑。與其強浮泛而體輕，孰若自快活而心省。甘易回頰，枯免搜腸。但歸愛惜之家，以待合嘗之客。

金 元好問《遺山集》卷三四 杜康泉今湮沒，土人有指其處，泉在舜祠西廡下，云杜康曾以此泉釀酒。有取江中泠水與之較者，中泠每升重二十四銖，此泉減中泠一銖。以之瀹茗，不減陸羽所第諸水云。

元 耶律楚材《湛然居士文集》卷一三《茶榜》 今辰齋退，特為新堂頭奧公長老設茶一鍾，聊表住持開堂陳謝之儀，仍請知事大衆同垂光降者。

竊以個中滋味，誰是知音，向上封題，罕逢藻鑒。伏惟新堂頭長老名超絕品，價重諸方。黄金碾畔析微塵，輸他三昧手；碧玉甌中轟白浪，別是一家春。睡鬼潛奔，便使至人無夢；湯聲微發，解教醉眼先醒。諗老三杯，莫作道理會；盧公七碗，且是仁義中。雖然櫳桶新陳，不得顢頇甘苦；便請大家下口，且圖一衆開懷。幸甚。

元 王惲《秋澗集》卷七〇《茶約》 伏以歡情漸減，豈任杯酌之娱？老境相宜，正有茶香之供。今策熏茗盌，集勝薰爐。須分旗葉槍芽，選甚鷓斑螺甲。破紙帳梅花之夢，參老夫彝觀之禪。要追陪七椀家風，共消遣一冬月日。勿謂淡中無味，且從靜里著忙。老懷自響，故人多此樂，莫教兒輩覺。我今首倡，盟可同尋。湯響松風，已減卻十分酒病。日拖竹杖長行，擕兩袖香烟，顧此閒思，咸歸歡樂。謹約。

元 牟巘《陵陽集》卷二二 羣仙司下土，玉川嘗謝於月團。大匠無棄材，涪翁策勛於茗椀。載考唐朝之制，最重顧渚之春。越至於今，益嚴厥貢，提舉司兼城疊組，載酒開筵，坐中合一家春事，務在兩州界。陳詩述職，筆下不惜千金之貲。度地庀工，眼中不為百姓之擾。蔡後丁前，講求未到。辰入酉出，其會孔殷。老屋徒礙於清風，良圖盍更於爽塏。寧吾廬受凍，況敢煩人。賴詩情得償，豈無好事。庶幾協力，相與盡心。龍護密雲，金線泉更添新樣。燕巢大廈，綠莎廳不比舊時。

元 楊維貞《東維子集》卷一二《常湖等處茶園都提舉司記》

禹貢九州方物而茶不在列，蓋古之茶在藥品，而未為食品也。至唐，茶飲始盛。不惟華人嗜之，回鶻氏亦驅馬相市，言利者不得與鹽策同科。故始於趙贊，增於王播，榷於王涯，茶遂為財賦之原，而後之為國者不能去矣。宋置榷務，立交引法貼射法，又或馳禁以均賦茶户，然有法無人，則官與民反病矣。我朝立轉運司於江西，而江浙置提舉司，三官與民無交病之弊，則司以法存，法以人舉耳。常湖之司并平江而為一，蓋又御膳之所在，體隆事大與他日異，故號都司，用四品印章，增設監長一員，幕司升提控按牘，囊昔時，署所癉陋。至正七年副提舉嘉禾張公霆發來，始拓其地，增剏聽事後樓若干楹。都提舉東平趙公深又買民地，開門道建儀門二。

元 謝應芳《龜巢稿》卷一一《答惠子及送泉書》 一別兩年，將謂假館華莊，優遊蔗境，未聞移席縣庠也，故昨於學齋書中有失問訊。茲承賜詩與惠山泉偕至，不勝感激，遂即刻奉和，以抒謝忱。曰：『龍山只在片雲間，不到山中四十年。多謝故人知渴想，瓦瓶封寄煮茶泉。』一笑一笑。學齋回，更煩尋水符之盟，毋使山靈笑人寂寂也。竹山詞久為烏有，弗克奉命。歲晏，末由晤言，惟善保為斯文壽。

元 陳基《夷白齋稿》卷一六《煉雪軒記》 人嗜五穀以生，而世之嗜茶如五穀者，豈以其能蠲昏滯，釋煩蹇，亦養生者之助乎？昔陸羽既著《茶經》，張又新之徒復祖述羽，論水之品第有二十，而雪水則其殿

也。吳郡因了堂上人，少游四方，學出世間法，而嗜茶則不啻如羽焉。既歸老其鄉，而其鄉之水宜茶，且勝又新所記者。若虎丘松江，殆與南陵惠山相伯仲。上人顧舍之不取，而獨切切焉有事於品題之殿者，以自名其軒曰煉雪，且上人嗜茶如五穀，蓋不可一日廢者也。然而必有雪而後煉之，豈命名之意乎？蓋嘗從上人而論茶矣，井焉而汲，薪焉而火活。始也爽朗乎若晴空之行浮雲，終也輕盈乎如白花之曜陽春。或薄者為沫，厚者為餑，紛綸洶，與雪同物。故茶之祛煩滌滯，猶雪之淩弭毒害也。煩滯消，而後五穀之功收，猶毒害弭，而後萬物之天遂也。故不必虎丘、松江，而水之品存，斯善乎水者也。不待涸陰沍寒，而雪之用足，斯善乎雪者也。而其所以疏靈源，溉舌本，浸淫乎禪悅之味，策勳於養生之外，斯善助五穀者也。

元 王好古《湯液本草》卷五《木部·茗、苦茶》 氣微寒，味苦甘。無毒。

入手足厥陰經。

《液》云：臘茶是也。清頭目，利小便，消熱渴，下氣消食，令人少睡。中風昏憒，多睡不醒宜用此。入手足厥陰。茗苦茶，苦甘微寒。無毒。主瘻瘡，利小便，去痰熱渴，治陰證湯藥内用此去格拒之寒。及治伏陽，大意相似。茶苦，經云：苦以泄之，其體下行，如何是清頭目。

元 周密《癸辛雜識·前集·長沙茶具》 長沙茶具精妙甲天下，每副用白金三百星或五百星，凡茶之具悉備，外則以大縷銀合貯之。趙南仲丞相帥潭日，嘗以黃金千兩為之，以進上方，穆陵大喜。蓋内院之工所不能為也。因記司馬公與范蜀公遊嵩山，各攜茶以往。溫公以紙為貼，蜀公盛以小黑合。溫公見之曰：『景仁乃有茶具耶？』蜀公聞之，因留合與寺僧而歸。向使二公見此，當驚倒矣。

元 周密《武林舊事》卷二《進茶》 仲春上旬，福建漕司進第一綱蠟茶，名『北苑試新』。皆方寸小胯。進御止百胯，護以黃羅軟盝，藉以青箬，裹以黃羅夾複，臣封朱印，外用朱漆小匣，鍍金鎖，又以細竹絲織笈貯之，凡數重。此乃雀舌水芽所造，一胯之值四十萬，僅可供數甌之啜耳。或以一二賜外邸，則以生線分解，轉遺好事，以為奇玩。茶之初進御也，翰林司例有品嘗之費，皆漕司邸吏賂之。間不滿欲，則入鹽少許，茗花為之散漫，而味亦瀉矣。禁中大慶賀，用大鍍金甖，以五色韻果簇飣龍鳳，謂之『繡茶』，不過悅目。亦有專其工者，外人罕知，因附見於此。

元 胡炳文《純正蒙求》卷中 唐陸龜蒙字魯望，家有田，苦下雨潦則與江通，故常苦饑。身畚鍤薅刺無休時。或譏其行，答曰：『堯舜衡瘠，大禹胼胝，彼聖人也，吾一褐衣，敢不勤乎？』又性嗜茶，或時升舟設蓬席，賫束書茶竈筆床釣具往來。時謂江湖散人，或號天隨子。

又 卷下 宋張忠定公令榮陽時，民以茶為業。公曰：『茶利厚官，將榷之。』命拔茶植桑，民以為苦。後果榷茶稅，諸縣皆失業而榮陽桑已成，歲為絹百萬。

元 趙孟頫《御茶園記》《茶集》 武夷，仙山也。巖壑奇秀，靈芽茁焉，世稱石乳，厥品不在北苑下，然以地嗇，其産弗及貢。至元十四年，今浙江省平章高公興，以戎事入閩，越二年，道出崇安，有以石乳餉者。公美芹思獻，謀始於沖祐道士，摘焙作貢。越三載，更以縣官涖之。大德己亥，公之子久住，奉御以督造，寔來竟事。還朝，越三年，出為邵武路總管建邵，接軫上命，使就領其事。是春，馳驛詣焙所，祇伏厥職，不懈益虔，省委張璧克相其事。

明年，創焙局於陳氏希賀堂之故址。其地當溪之四曲，峯攢岫列，盡鑒奇勝。而邦人相役，翕然子來，爰即其中作拜發殿六楹，跂翼翬飛，丹堊焜燿，夾以兩廡，製作之具陳焉。而又前闢公庭，外峙高閣，旁搆列舍三十餘間，脩垣繚之。規制詳縝，逾月而事成。爰自修貢以來，靈草有知，日入榮茂。初貢僅二十斤，採摘户才八十。星紀載周，歲有增益。至是，定簽茶户二百五十。貢茶以斤計者，視户之百與十，各贏其一焉。餘做此。焙之製，為龍鳳團五千。製法必得美泉，而焙所土騂剛，泉弗竇，俄而殿居兩石間，迸湧澄泓，視鳳泉尤甘洌。見者驚異，因甃以甓，亭其上，而下者鑿石為龍口，吐而注之也。用以溲浮，芳味深鬯。

蓋斯焙之建，經始於是年三月乙丑，以四月甲子落成之。時邵武路提控案牘省委張璧復為崇安縣尹，孫瑀董其役，而恪共貢事，則建寧總管王鼎、崇安縣達魯花赤與有力焉。既承差穀，協恭拜稽，緘匙馳進闕下，自是歲以為常。欽惟聖朝統一區宇，乾清坤夷，德澤有施，洽於庶

類，而平章公肇脩底貢，父作子述，忠孝之美，萃於一門。和氣薰蒸，精誠感格，於是金芽先春，瑞侔朱草，玉漿噴地，應若醴泉。以山川草木之效珍，見天地君臣之合德。則雖器幣貨財，殫《禹貢》風土之宜，盡《周官》邦國之用，而蕃尃備其休證，滂流兆其禎祥，蔑以尚於此矣。

建人士以為北苑經數百年之後，此始出於武夷僅十餘里之間，厥産屏豊於北苑，殊常盛事，曠代奇逢，是宜刻石玆山，永觀無斁。爰示輿創顛末，裨孟熒受而祐簡畢焉。孟熒不得辭，是用比敘大概，出以授之。庶幾彰聖世無疆之休，垂明公無窮之聞，且使嗣是而共歲事者，益加敬而增美云。

元 倪瓚《清閟閣全集》卷一一 元鎮素好飲茶，在惠山中用核桃松子肉和真粉成小塊，如石狀，置茶中，名曰清泉白石茶。有趙行恕者，宋宗室也。慕元鎮清致，訪之。坐定，童子供茶，行恕連啖如常，元鎮艴然曰：『吾以子為王孫，故出此品，乃略不知風味，真俗物也。』自是絶交。

元 忽思慧《飲膳正要》卷二《諸般湯煎》 凡諸茶，味甘苦，微寒，無毒。去痰熱，止渴，利小便，消食下氣，清神少睡。

清茶：先用水滾過。濾淨，下茶芽，少時煎成。

炒茶：用鐵鍋燒赤。以馬思哥油、牛奶子、茶芽同炒成。

蘭膏：玉磨末茶三匙頭，麵酥油同攪成膏，沸湯點之。

酥簽：金字末茶兩匙頭，入酥油同攪，沸湯點之。

建湯：玉磨末茶一匙，入碗內研勻，百沸湯點之。

香茶：白茶一袋，龍腦成片者三錢，百藥煎半錢，麝香二錢，同研細，用香粳米熬成粥，和成劑印作餅。

又 卷三《枸杞茶》 枸杞五斗，水淘洗淨，去浮麥，焙乾，用白布筒淨，去蒂萼、黑色，選揀紅熟者，先用雀舌茶展溲碾子，茶芽不用，次碾枸杞為細末。每日空心用匙頭，入酥油攪勻，溫酒調下，白湯亦可。忌與酪同食。

又《玉磨茶》 上等紫筍五十斤，篩筒淨，蘇門炒米五十斤，篩筒淨，一同拌和勻，入玉磨內，磨之成茶。

又《金字茶》 係江南湖州造進末茶。

又《范殿帥茶》 係江浙慶元路造進茶芽。味色絶勝諸茶。

又《紫筍雀舌茶》 選新嫩芽，蒸過為紫筍。有先春、次春、探春，味皆不及紫筍、雀舌。

又 女須兒出直北地面，味溫甘。西番茶出本土，味甘澀，煎用酥油。川茶、藤夸茶皆出四川。燕尾茶出江浙江西。孩兒茶出廣南。溫桑茶出黑峪。

元 陳世隆《北軒筆記》 司馬公置獨樂園。當春明之際，卉木繁秀。觀者咸以錢與園丁呂直，謂之茶湯錢。積十千而納於公。公卻之曰：『吾豈少此哉？』就與之。直曰：『天地間只端明不愛錢邪？』于是盡其餘創一井亭，以便行客。

元 費著《歲華紀麗譜》 二日。出東郊，早宴移忠寺。舊名碑樓院晚宴大慈寺，清獻公記云：宴罷，妓以新詞送茶，自宋公祁始。蓋臨邛周之純善為歌詞，嘗作茶詞授妓首度之以奉公，後因之。

元 佚名《居家必用事類全集·巳集·擂茶》 芽茶用湯浸軟，同去皮，炒熟芝麻擂極細。人川椒末、鹽、酥油餅，再擂勻細。如干，旋添浸茶湯。如無油餅，斟酌以干麵代之。入鍋煎熱，隨意加生栗子片、松子仁、胡桃仁。如無芽茶，只用江茶亦可。

又《蘭膏茶》 以上號高茶，研細，一兩為率。先將好酥一兩半溶化，傾入茶末內，不住手攪。夏月漸漸添冰水攪。水不可多添，但一二匙尖足矣。頻添無妨，務要攪勻，直至雪白為度。冬月漸漸添滾湯攪，春秋添溫湯攪。加入少鹽尤妙。

又《酥簽茶》 好酥於銀石器內溶化，傾入江茶末攪勻。旋旋添湯，攪成膏子。散在盞內，卻以湯侵供之。茶於酥相客多少，用酥多於茶些為佳。此法至簡且易，尤珍美。四時皆用湯造。冬月造，在風爐上。

元 張渙《重修茶場記》《茶集》 建州茶貢，先是猶稱北苑，龍團居上品，而武夷石乳湮巖谷間，風味惟野人專。洎聖朝，始登職方，任土列瑞，産蒙雨露寵，日蕃衍。繇是歲增貢額，設場官二人，領茶丁二百五十，茶園百有二所，芟辟封培，視前益加，斯焙遂與北苑等。然靈芽含石姿而鋒勁，帶雲氣而粟腴，色碧而瑩，味飴而芳。採擷清明旬日間，馳驛進第一春，謂之五馬薦新茶，視龍團風在下矣。是貢，由平章高公平江南

歸覲而獻，未遜蔡、丁專美。邵武總管克繼先志，父子懷忠一軌。謂玉食重事也，非殿宇壯麗，無以竦民望。故斯焙建置，規模宏偉，氣象軒豁，有以肅臣子事上之禮，歷二十有六載。

有莘張侯端，本為斯邑宰，修貢明年，周視桷榱桁棁有外澤中腐者，黝堊丹雘有滮漫者，瓦蓋有穿漏者，悉以新易故，圖永永久。復於場之外，左右建二門，榜以茶場，使過者不敢褻焉。予來督貢未幾，本道憲僉字羅蘭坡與書吏張如愚、宋德延，俱詢諏道經視貢，顧瞻棟宇，完美如新，俾識歲月，且揭產茶之地示後人。予承命不敢辭，乃述其顛末之概。竊謂天下事無巨細，不難於始，而難乎其繼。苟非力量弘毅，事理通貫，鮮不為繁劇而空疏，悉置之，因仍苟且而已。張侯仕學兩優，事之巨與細，莫不就綜理。是役也，費無縻官，傭無厲民，不亦敏乎？事圖其早而力省，弊防其微而慮遠，不亦明乎？凡為仕者，皆能視官如家，一日必葺，則斯焙常新，可與溪山同其悠久。來者其視斯刻以勸。

元 暗都剌《喊山臺記》《茶集》 武夷產茶，每歲修貢，所以奉上也。地有主宰，祭祀得所，所以妥靈也。建為繁劇之郡，牧守久闕，事務往往廢曠。邇者余以資德大夫前尚書省左丞忻都嫡嗣，前受中憲大夫、福建道宣慰副使僉都元帥府事，茲膺宣命，來牧是邦。視事以來，謹恪迺職，惟恐弗稱。

茲春之仲，率府吏段以德，躬詣武夷茶場，督製茶品。驚蟄喊山，循彝典也。舊於修貢正殿所設御座之前，陳列牲牢，祀神行禮，甚非所宜，迺進崇安縣尹張端本等，而諗之曰：『事有不便，則人心不安，而神亦不享。今欲改弦而更張之何如？』衆皆曰：『然。』乃於東皐茶園之隙地，築建壇墠，以為祭祀之所。庶民子來，不日而成。臺高五尺，方一丈六尺，亭其上，環以欄楯，植以花木。左大溪，右通衢，金雞之巖聳其前，大隱之屏擁其後，棟甍翬飛，基址壯固。斯亭之成，斯祀之安，可以與武夷相為長久。俾修貢之典，永為成規。人神俱喜，顧不偉歟。

明代茶文

明 劉基《多能鄙事》卷三《湯茶法·腦子茶》 好茶研細，以薄紙包梅花片腦，埋茶中。經宿則有腦子氣味，極妙。

又《薰花茶》 用錫打連蓋四層盒一箇，下層裝上等高江茶半盒。中一層鉆箸頭大孔數十箇，薄紙封，裝花。次上一層，亦鉆小孔，薄紙封，鬆裝茶，以蓋蓋定。紙封經宿開。去舊花，換新花，如此三度。四時但有香無毒之花皆可。只要晾乾，不可帶濕。

又《足味茶》 乾葉茶十斤半，生蒸磨碎，入甘草三兩。若三四兩，炒菉豆四斤，磨細粉，合和之。

明 貝瓊《清江文集》卷一六《茶屋記》 檇李居生兼善，顏其息遊之所曰茶屋，蓋兼善嗜茶，尤善烹茶之法。凡茶之產於名山，若吳之陽羨，越之日鑄，閩之武夷者，收而貯之屋中。客至輒汲泉烹以奉客，與之劇談終日，不待邾莒之會焉。余因告之曰：『昔陸鴻漸著《茶經》三篇，蔡君謨亦著《茶經》上下二篇，而玉川子則有《答孟諫議惠茶》詩。兼善嘗取而讀之乎？彼奴視茶者，未若鴻漸之深於味，惜計口腹之小而不免御史李季卿之辱。君謨以宋之名臣，乃進龍鳳團，希寵一時，如丁晉公所為，不免歐陽永叔之譏。若玉川子，洛陽布衣耳，諫議餉以先春之品，其于潤燥吻，沃枯腸，飲之不厭，可謂好之至矣！然不徒足一己之好，為事且憂百億萬蒼生困於顛崖，未獲其蘇息。遂因以諷在位之君子，是以天下為心者乎？此三子皆知嗜茶。鴻漸固不足言，君謨烏能無愧於玉川子也。兼善必辨於是，而有玉川之心已亟起而求書為記。余復笑謂之曰：『俟大雪之夜，過茶屋聽松風洶洶作秋濤聲，酒醒一書未晚也。』而請之益，遂書之。洪武五年冬十月初吉兩山老樵貝瓊記。七年秋七月七日重書於成均東齋。

明 朱橚《救荒本草》卷五《茶樹》 本草有茗、苦搽與茶字同。《圖經》云：生山南，漢中山谷，閩、浙、蜀、荊、江、湖、淮南山中皆有之。惟建州北苑數處產者，性味獨與諸方不同。今密縣梁家衝山谷

間亦有之，其樹大小皆類梔子。春初生芽為雀舌麥顆，又有新芽一發便長寸餘。微麄如針，漸至環腳軟枝條之類，葉老則似水茶，白葉而長，又似初生青岡橡葉而少光澤。又云冬生葉可作羹飲，世呼早採者為𣘻，與茶字同，晚取者為茗，一名荈音喘，蜀今謂之苦𣘻，今通謂之茶。茶、荼聲近，故呼之。又有研治作餅，名為臘茶者，皆味甘苦，性微寒，無毒。加茱萸、葱、薑等良。又別有一種蒙山中頂上清峰茶，云春分前後多聚人力，雷初發聲併手齊採。若得四兩，服之即為地仙。救飢，採嫩葉或冬生葉可煮作羹食，或蒸焙作茶皆可。

明 倪謙《倪文僖集》卷三二《茶榜》 緩火炙，活火煎，鼓陰陽於橐籥。前浪平，後浪涌，沸江漢於釜鬵。非關煮蒙頂之露芽，自是瀹蓬壺之瑤草。丹丘子服此而輕身換骨，玉泉公飲之而返老還童。湖海交游，因效采蘋之獻。壇場凡聖，幸鑒傾葵之誠。仍須七椀平分，畢竟一塵不滓。渴睡漢從今喚醒，長生藥何用別尋？看取冷淡家風，剩掃三冬之瑞雪。高超清淨境界，同挾兩腋之清風。請嘗試之，乃所願也。

明 張萱《疑耀》卷六《茶》 古人冬則飲湯，夏則飲水，未有茶也。李文正《資暇録》謂：茶始於唐崔寧，黃伯思已辨其非。伯思嘗見北齊楊子華作邢子才，魏收勘書圖，已有煎茶者。《南牕紀譚》謂飲茶始於梁天監中事，見《洛陽伽藍記》。及閱《吳志·韋曜傳》賜茶荈以當酒，則茶又非始於梁矣。余謂飲茶亦非始於吳也。《爾雅》曰：『檟，苦荼』，郭璞註：可以為羹飲，早采為茶，晚采為茗，一名荈，則吳之前亦以茶作飲矣。第未必如後世之日用不離也，蓋自陸羽出，茶之法始講。自呂惠卿、蔡君謨輩出，茶之法始精，而茶之利國家且藉之矣。此古人所不及詳者也。

明 文徵明《甫田集》卷二一《龍茶録考》 蔡端明書，評者謂其行草第一，正書第二。然《宣和書譜》載御府所藏，獨有正書三種，豈不足於行草耶？歐公云：『前人於小楷難工，故傳於世者少而難得。君謨小字新而傳者二。』謂《集古録序》及《龍茶録》也。端明亦云：『古之善書者，必先楷法，漸至行草。某近年粗知其意，而力已不及。』觀此，則其行草雖工，而小楷尤為難得。當時御府所收，僅有三種，而《茶録》在焉。蓋此書尤當時所貴，嘗刻石傳世。數百年來，石本已不易得，況真蹟乎？侍御王君敬止，不知何緣得此？間以示余，蓋希代之珍也。

按：公以慶歷四年為福建轉運，進小龍茶，時年三十有四。後三年為皇祐三年，入修起居注，選進此録。後知福州，失去藏稿。懷安令樊紀購得刊行，當是至和二年再知福州時。至治平元年，始定正書，相距皇祐又十餘年。公年五十有三，遂卒。晦菴評蔡書，謂『歲有蚤暮，力有深淺』，公書至是，蓋無遺法矣。元人盧貴純跋云：『歐公最愛公書，而此書晚出，惜不及見。』余按：歐公云：『《集古録序》横逸飄發，而《茶録》勁實端嚴。結體雖殊，各極其妙。』則此書必嘗入其品題矣。且後題治平甲辰即元年重書之歲也。又按：劉後村云：『《茶録》凡見數本』，則當時所書，宜不止此。此帖南渡後，嘗為蔡修齋所藏。修齋，永嘉人，名範，字遵甫，幼學尚書之子，仕終吏部侍郎。嘗官閩中，與端明家通譜，因得此帖，不知即御府藏本，或後村所見諸本，今不可考矣。

元人題語二十餘，皆記修齋之孫宗文授受收藏之故，而不及書之本末。余因疏其大畧如右，其詳則俟博雅君子。

明 支中夫《味苦居士傳茶甌》《茶集》 湯器之，字執中，饒州人，嘗愛孟子『苦其心志』之言，別號味苦居士。謂學者曰：『士不受苦，則善心不生；善心不生，則無由以入德也。』是以人召之則行，命之則往，寒熱不辭，多寡不擇，旦暮不失，略無幾微厭怠之色見於顔面。或譏之曰：『子心志固苦矣，筋骨固勞矣，奈何長在人掌握之中乎？』曰：『士為知己者死。我之所遇者，待我如執玉，奉我如捧盈，惟恐我少有所傷。召我，惟恐至之不速，既至，雖醉亦醒，雖寐亦寤，昏惰則勤，忿怒則釋，憂愁鬱悶則解。無諫不入，無見不懌，不謂之知己可乎！掌握我者，敬我也，非奴視也，吾何患焉？我雖涼薄，必不惰於庸人之手；苟待我不謹，使能虀粉，我亦不往也。』嘗曰：『我雖未至於不器，然子貢貴重之器，亦非我所取也。蓋其器宜於宗廟，而不宜於山林。我則自天子至於庶人，苟有用我者，無施而不可也。特為人不用耳。』行已甚潔，略無毫髮瑕玷，妒忌者以謗玷之，亦受之而不與辯；不久則白，人以涅不緇許之。

太史公曰：人見君子之勞，而不知君子之安。勞者，由其知鄉義也。

能鄉義，則物欲不能擾，其心豈有不安乎。器之勉人受苦，其亦知勞之義也。

明何孟春《餘冬序録》卷五 天下茶貢，歲額止四千二十二觔，而福建二千三百五十觔，福建為多。天下貢茶，但以芽稱，而建寧有探春、先春、次春、紫筍，及薦新等號，則建寧為上。國初，建寧所進，必碾而揉之，壓以銀板，為大小龍團，如宋蔡襄所貢茶例。太祖以重勞民力，罷造龍團，一照各處採芽以進，復其户五百，俾專事焉。事責於有司，有司遣人督之，茶户不堪。於是，洪武二十四年，又有建寧上供茶，聽民采進之詔。只此一事，知祖宗愛民之盛心矣。

西番之人，資生乳酪。然食久氣滯，非茗飲，則亦無以生之。番饒馬而無茶。故中國得以摘山之利，易彼乘黄。此中國之利，茶不可無禁也。若守邊者，不得其人，不通賂商賈，縱放私茶，即假名朝廷，横科番馬，既虧國課，又啓戎心。洪武中，我太祖立茶馬司於陝西、四川等處，聽西番納馬易茶。因置金牌勘合，命曹國公李景隆，直抵西番，令各番酋領受，俾為符契，以絶奸僞。詔定三年一差官，召各番合符認納，差發馬匹，給與價茶。有以私茶出境者斬。關隘不覺察者，處極刑。民間畜茶，不得過一月之用。茶户私鬻者，籍其園入官。三十年，敕兵部，遣人賫諭川陝守邊衛所，仍遣僧管著藏卜等，往西番，一體申飭。時駙馬都尉歐陽倫，奉命西使，以巴茶私出境貨鬻，倚勢横暴，所在不勝其擾。而藩關大臣，皆奉順不敢違。倫令陝西布政司，移文所屬，起車載茶，渡河州。倫家人周保者，索車至五十輛。蘭縣河橋巡檢司吏，被捶不堪，以其事聞。上怒，以布政司官不言，併倫賜死，保等皆伏誅。茶貨官，河橋吏，特嘉勞之。曹國公還自西番，凡用茶五十餘萬斤，得馬一萬三千五百一十八匹，分給京衛騎士，國初之法如此。永樂十三年，遣御史三員，巡督陝西茶馬。正統十四年，停止茶馬金牌。後每歲遣行人四員，巡察私販，自潼關以西，至甘肅等處，通行禁革。成化十四年，奏准定差御史一員，領敕專理。今法之行，非復國初，而所得之馬，歲益微矣。

明郎瑛《七修類稿》卷二〇《茶旗槍》 世傳烹茶，有一横一豎。而細嫩於湯中者謂之旗槍茶。《麈史》謂：『茶之始生而嫩者為一槍，浸大而展為一旗，過此則不堪矣』。葉清臣《煮茶述》曰：『粉槍末旗。蓋以初生如針而有白毫，故曰粉槍。後大則如旗矣。』此與世傳之説不同，亦如《麈史》之意，然皆在取列也。不知歐陽公《新茶詩》曰：『鄙哉谷雨槍與旗。』王荊公又曰：『新茗齋中試一旗。』則似不取也。或者二公以雀舌為旗槍耳。世不知雀舌乃茶之下品，今人認作旗槍，非是。故昔人有詩云：『誰把嫩香名雀舌，定應北客未曾嘗；不知靈草天然異，一夜春風一寸長。』或二公又有別論，亦未可知。姑記之。

明楊慎《升菴集》卷六九《茶録》 凡茶有二類：曰片、曰散，片茶蒸造，實卷模中串之，唯建劍則既蒸而研。編竹為格，置焙室中，最為精潔，他處不能造。其名有龍鳳、石乳、的乳、白乳、頭金、蠟面、頭骨、次骨、末骨、鹿骨、山挺十二等，以充歲貢及邦國之用。洎本路食茶，餘州片茶有進，寶雙勝、寶山兩府出興國軍；仙芝、嫩蕋、福合、禄合、運合、慶合、指合出饒、池州；泥片出虔州；緑英、金片出袁州；玉津出臨江軍、靈川、福州；先春、早春、華英、來泉、勝金出歙州；獨行靈草、緑芽、片金、金茗出潭州；大柘枕出江陵；開勝、開卷、小卷主、黄翎毛出岳州；雙上、緑芽、大小方出岳、辰、澧州；東首、淺山、薄側出光州，總二十六名。其兩浙及宣江晃州，止以上、中、下或第一至第五為號。散茶有太湖龍溪，次號、末號出淮南岳麓；草子、楊樹、雨前、雨後，出荊湖；清口出歸州；茗子出江南，總十一名。又小峴山，在六安州，出茶名小峴春，即六安茶也。

明徐爌《茶居士傳》《茶集》 居士茶姓，族氏衆多，枝葉繁衍遍天下。其在六安一枝最著，為大宗，陽羨、羅岕、武夷、匡廬之類，皆小宗。若蒙山，又其別枝也。巖泉徐子爌者，味古今士也。嘉靖中，以使事至六安，欲過居士訪之。偶讀書宵分，倦隱几，夢神人告曰：『先生含英咀華，余侍有年矣。昔者陸先生不鄙世族，為作譜及雜引為經。每枉士大夫，余輒出其文章表見之。陸先生名愈長，余亦與有揚之之力焉。先生其肯傳我乎？余當以揚陸先生者揚先生。』徐子忽寤，睜目視之，無所見。適童子盥雙手，捧茶至，乃知所夢者即茶居士之先也，遂作傳。

按：茶氏苗裔最遠。洪濛初，上帝憫庶類非所，開形、性二局，各有司存焉。茶氏列木品，凡木材，大者千尋，其最小須十尺。又與之性，為清、為香、為甘。茶氏喜曰：『庶矣！庶矣未也，吾往叩，當益我。』

乃伏闕訴曰：『臣荷恩重，願世授首報，然為子若孫計，請乞藩封。』上帝怒曰：『小臣多欲，罪當誅。』時帝方好生，不即誅，下二局議。司形者曰：『罪當貶其處深巖幽谷，其材二尺許。』性者曰：『與之苦。』疏請上裁，詔可之。茶氏伏罪而出，於是其處、其材，世守之，歷數百年，皆山澤叟也，無顯者。

三代以下，國制漸備，間有識者，然遇山人，輒仇仇不適，類戕賊焉。其少者最苦之，長者曰：『吾以旗鎗衛若。』山人聞之怒，深春率女士噪呼菁莽中，大擄之，俘斬無筭，並旗鎗騫奪焉。有死者，相枕籍者，偃者，仆者，有孑立者，有傾且倚者，有髡者，茶氏愈出首愈敗。然偵之，則間諜挑釁多吳中人，乃謀諸老者曰：『吾聞吳，強國也。昔齊景公泣涕女女矣。吾如景公何？春秋求成之義盍修？』諸衆皆曰：『然。』於是長者自卹縛，就山人俯伏曰：『吾不敵矣，君特為吳人獻我耳。勿信，君衛吾，吾當令吳人歲歲貢金幣。』山人曰：『有是哉，有是哉。』於是徙其衆，咸就山人，山人始為通好。然亦無甚顯者。

嗣後，有楚狂裔孫陸羽先生者，博物洽聞。聞茶氏名，就山中訪之。登其堂，直入其室，寂無纖塵，躊躇四顧，北窗間僅石榻一，設山水畫一幅，蒲團數枚，香一爐，棋一枰，古琴一張。案上有《周易》、羲皇墳典、古詩書若干卷。茶氏不出，戒諸子曰：『先生識者，若等次第往見之，以月日為序，少者最尾。』先生擊筑而歌，乃出迎。披蒙茸裘，衣朴古之衣，或蒼蘚跡尚存。蓋茶氏山中習云。乃延先生坐，先生問弟子，弟子以次第見之。獨少女誕穀雨前，故名雨前，最嬌不出。先生不知，每一見者，咸嘖嘖歎賞為品題，深有味乎其言也。時茶氏以獨居不成味，無以款先生，出而呼其相狎友數十輩，共聚一室焉，願各獻其能，共成大美悅先生。有第一泉氏、第二泉氏、第三泉氏，有筐氏、籠氏、瓦壺氏、爐氏、火氏、盂氏、筯氏、其果氏、匙氏，列階下，聽先生召始往，不召，不敢往。於時，先生張口舌，傾腸腹，締交茶氏，咸慶知己。即命雨前出行酒。先生一見，大異之，謂曰：『此子標格氣味不凡，仙品也，他日當近王者，大貴，第寶藏之，勿輕以許人。然造物忌盈，汝子姓當世世顯榮，發在少年，汝長老宜讓之。當澹泊隨時高下，不問類，可保長貴。若雨前，勿輕許人。』茶氏曰：『諾。』命雨前入，遂入。乃呼端溪氏、玄圭氏、楮氏、中山氏咸就見。中山氏免冠，曰：『願乞先生言，用旌主人。』先生命盂氏來，連啜之，一揮而就，《譜》成《經》亦成。茶氏再拜曰：『吾得此，後世當有顯者，先生賜遠矣。』遂別去。今茶氏之《譜》與其《經》，大散見文章家，茶氏名益重。

茶氏世好修潔，與文人騷客、高僧隱逸輩最親昵。有毒侮於酒正者，輒入底裏勸之，酒正盡退舍，不敢角立。又能破人悶，好吟詠。吟詠者援之共席，神氣灑灑，腸不枯，驚人句迭出焉。故茶氏風韻絕俗，不與凡品等，特頗遠市井。或召之，老者亦往，士人由此益重茶氏，凡延上賓，修婚禮，必邀茶氏與焉。山人者流，知士人重咸重。由是益廣其資生，為之去濕就燥，護侵伐，防觸抵，千百為計，雖烈日積雪，大風雨，山人視之益篤。然所居率無垣牆之制，上帝不賜藩封也。吳中人知之，更為餌山人，山人不從，果貢金帛，歲歲如初言。山人遂德之，與茶氏通世世好不絕。

一日，有乘高軒者過其門，詠老杜炙背採芹之句，茶氏聞之驚曰：『得無知我雨前哉？』不數日，果有疏雨前名上者。上走中使，持璽書，命有司齎黃金色幣聘往。金色幣者，上御赭袍，示親寵也。有司如命捧帛聘。茶氏不得已，命雨前拜賜。有司促上馬，雨前上馬，盛陳仙樂，設旗幟，擇良使從之，計偕以上。雨前馬上歌曰：『妾本山中質，山中身，蚤辭毋兮多苦辛。黃金為幣兮色鱗鱗；今日清明兮朝紫宸，何以報君王恩。』又歌曰：『金幣纏頭兮百花帶，鼓耽耽，旂旃旃，苦居中，香在外。紅塵百騎荔枝來，太真太真兮今安在。』一時聞者，皆泣下。至京師，直排帝閽入。時上御便殿，雨前叩首曰：『臣所謂苦盡甘來者，蒙恩及草茅，願赴湯火。』上憐之，以手援之至就口焉。上厚賞賜使者。遂封為龍團夫人，命納諸後宮。宮中一后、三嬪、六妃、九貴人、十二夫人，一時見者，皆大悅，即延上座，寵冠掖庭。雨前性恬淡不驕，雖羣娥，亦狎且就之。自后妃以下，無少長，少頃不見輒索。其隆眷若此。然雨前不能自行，往必藉相託，乞恩於上。上命玉容貴人與之俱。玉容者，其量有容，故以容名。玉容謝曰：『臣今得所矣！昔上命黃封力士入宮禁，力士性傲而氣雄，且粗豪，慣恃上恩，至有擠臣傾仆時者。臣嘗苦之不自禁，懼無以完晚節。臣今得所矣。』雨前亦以玉容同出身山家，甚宜之。上謂雨

前曰：『吾欲汝世世受國恩，汝有家法否？』雨前曰：『臣微賤，無家法。臣侍奉中國，不通外夷，然族有善醫者，西番人多重賂之，君王幸為保全，使世守清苦之節，以免赤族。當關須鐵面。』上曰『然。』以雨前請，著為令，至今西羌之域，尚有巡茶憲使云。茶氏由此，世通藉王家，益顯且遠矣。

贊曰：草木之生，皆得天地之精之先也，五穀尚矣。然華者多不足於目，實者多不足於口，類皆可得於見聞，而下通於樵夫、牧豎，不為貴。神仙家以松柏、芝苓，服之可長生，吾又未聞見其術，借有之，其功用亦弗廣，皆不足貴也。若茶氏者，樵夫、牧豎所共知，而知之者，鮮能達其精。其精通於神仙家，而功用之廣則過之，且世寵於王者而器之不少衰焉。吁，最貴哉，最貴哉！

明 徐渭《徐文長佚草》卷一〇《煎茶七類》

一人品

煎茶雖微清小雅，然要須其人與茶品相得，故其法每傳于高流大隱、云霞泉石之輩，魚蝦麋鹿之儔。

二品泉

山水為上，江水次之，井水又次之。井貴汲多，又貴旋汲，汲多水活，味倍清新；汲久貯陳，味減鮮冽。

三烹點

用活火，候湯眼鱗鱗起，沫悖鼓泛，投茗器中。初入湯少許，俟湯茗相浹，却復滿注。頃間，雲腳漸開，乳花浮面，味奏，奏全功矣。蓋古茶用碾屑團餅，味則易出，今葉茶是尚。驟則味虧，過熟則味昏底滯。

四嘗茶

先滌漱，既乃徐啜，甘津潮舌，孤清自縈。設雜以他果，香味俱奪。

五茶宜

涼臺靜室，明窻曲幾，僧寮道院，松風竹月；晏坐行吟，清談把卷。

六茶侶

翰卿墨客，緇流羽士，逸老散人，或軒冕之徒超然世味者。

七茶勛

除煩雪滯，滌醒破睡，談渴書倦，此際策勛，不減凌烟。

明 王世貞《弇州山人四部稿》卷一七一《説部·茶》 貓以薄荷為酒，雞以蜈蚣為酒，鳩以桑椹為酒，虎以狗為酒，蛇以茱萸為酒，謂食之而醉也。南中人以檳榔為茶，亦當以檳榔為酒。蓋宋人有云：『檳榔四德，醉能使之醒，醒能使之醉，饑能使之飽，飽能使之饑。』古傳注：『茶樹初採為茶，老則為茗。』今人俱稱新茗，當是錯用事也。王肅在宋嗜茗，後走魏嗜酪，曰：『茗不中，與酪作奴。』北人因呼茗酪奴。

建州之北苑先春龍焙，洪州之西山白露鶴嶺，穆州之鳩坑，東川之獸目，綿州之松嶺，福州之柏巖，雅州之露芽，南康之雲居，婺州之舉岩碧乳，宣城之陽坡橫紋，饒池之僊芝、福合、祿合、蓮合、慶合，蜀州之雀舌、鳥嘴、片甲、蟬翼，潭州之獨行靈草，彭州之仙崖石蒼，臨江之玉津，袁州之金片、綠英，龍安之騎火，涪州之賓化，建安之青鳳髓，岳州之黃翎毛，建安之石巖白，岳陽之金膏冷。此唐宋時產茶地及名也。

唐茶不重建，以建未有奇產也。至南唐初造研膏，繼造蠟面，既又佳者號曰京挺。宋初，置龍鳳模，號石乳。又有的乳、白乳，而蠟面始下矣。丁晉公進龍鳳團，至蔡君謨又進小龍團。神宗時復製蜜云龍即東坡供佳客者。哲宗改為瑞雲翔龍，則益精，而小龍團下矣。徽宗品茶以白茶第一。又製三色細芽，而瑞雲翔龍下矣。宣和庚子，漕臣鄭可聞始創為銀絲冰牙。蓋將已揀熟芽再剔去，祇取其心一縷，用清泉漬之，光瑩如銀絲，方寸新胯，小龍蜿蜒其上，號龍團勝雪，去龍腦諸香，遂為諸茶之冠。今建茶碾造雖精，不去龍腦，以為奩閣中味，亦不用人瀹。而茶品獨貴者虎丘，其次天池，又其次陽羡，羡之佳者岕，而龍井、六安之類皆下矣。

蜀蒙山頂茶，多不能數斤，極重於唐，以為僊品。今之蒙茶，乃青州蒙陰山，產石上，若地衣，然味若而性涼，亦不難得。

南劍有蒙頂石蒼，湖州有顧渚紫筍，常州陽羡同。峽州有碧澗明月，福州有方山生芽，洪州有西山白露，壽州有藿山黃芽。

明 顧起元《説略》卷二五《茶略》 古人以飲茶始於三國時。《吳志·韋昭傳》：『孫皓每飲羣臣，酒率以七升為限。昭飲不過二升，或為裁減，或密賜茶茗以當酒。』據此為飲茶之證。按《趙飛燕別傳》『成帝崩後，后一夕寢中驚啼甚久，侍者呼問方覺。乃言曰：「吾夢中見帝，帝賜吾坐，命進茶。左右奏帝云：向者侍帝不謹，不合啜此茶。」』

云云。然則西漢時，已嘗有啜茶之説矣。

建州之北苑先春龍焙，洪州之西山白露，鶴嶺雙井白芽，穆州之鳩坑，東川之獸目，綿州之松嶺，福州之柏巖、方山生芽，雅州之露芽，南康之雲居，婺州之舉巖碧乳，宣城之陽坡横紋，饒池之仙芝、福合、禄合、蓮合、慶合，蜀州之雀舌、鳥嘴、片甲、蟬翼，潭州之獨行靈草，彭州之仙崖石花，臨江之玉津，袁州之金片緑英，龍安之騎火，涪州之賓化，建安之青鳳髓，岳州之黄翎毛，建安之石巖白，岳陽之含膏冷，南劍之蒙頂石花，湖州之顧渚紫筍，峽州之碧澗明月，壽州之霍山黄芽，越州之日注，此唐宋時産茶地及名也。

《南部新書》云：湖州造茶最多，謂之顧渚貢焙，歲造一萬八千餘斤。按此則唐茶不重建，以建未有奇産也。至南唐初造研膏，繼造蠟面，既又佳者號曰京挺。宋初置龍鳳模，號石乳，又有的乳、白乳，而蠟面始下矣。丁晉公進龍鳳團，至蔡君謨又進小龍團。神宗時復製密雲龍，哲宗改為瑞雲翔龍，則益精，而小龍團下矣。徽宗品茶，以白茶第一，又製三色細芽，而瑞雲翔龍下矣。宣和庚子，漕臣鄭可聞始創為銀絲水芽，蓋將已揀熟芽再剔去，祇取其心一縷，用清泉漬之，光瑩如銀絲。方寸新胯，小龍蜿蜒其上，號龍團勝雪，去龍腦諸香，遂為諸品之冠。今建茶碾造雖精，不去龍腦，以為奩閣中味亦不用入瀹。而茶品獨貴者虎丘，其次天池，又其次陽羨；羨之佳者岕，而龍井、六安之類皆下矣。

蜀蒙山頂茶，多不能數斤，極重於唐，以為仙品。今之蒙茶乃青州蒙陰山産石上，若地衣，然味苦而性涼，亦不難得也。

陸羽《茶經》三卷，《茶記》一卷，周絳《補茶經》一卷，皎然《茶訣》一卷，又《茶苑雜録》一卷，陸魯望《茶品》一篇，溫庭筠《採茶録》三卷，張又新《煎茶水記》一卷，蜀毛文錫《茶譜》一卷，丁謂《北苑茶録》三卷，劉異《北苑拾遺》一卷，蔡宗顔《茶山節對》一卷，又《茶譜遺事》一卷，又《北苑煎茶法》一卷，曾伉《茶苑總録》十四卷，《茶法易覽》十卷，蔡襄有進《茶録》一卷，建安黄儒有《茶品要録》，熊蕃有《宣和北苑貢茶録》一卷，熊客有《北苑別録》，呂惠卿有《建安茶用記》二卷，章炳文有《壑源茶録》一卷，宋子安有《東溪試茶録》一卷，徐獻忠有《水品》二卷，又不知名氏有《湯品》一卷，田藝蘅有《煮泉小品》一卷。

明 方以智《通雅》卷三九《茶飲之妙古不如今》 茶飲之妙古不如今。元美曰：『建州之北苑先春龍焙，洪州之西山白露鶴嶺，穆州之鳩坑，東川之獸目，綿州之松嶺，福州之柏巖，雅州之露芽，南康之雲居，婺州之舉岩碧乳，宣城之陽坡横紋，饒池之僊芝、福合、禄合、蓮合、慶合，蜀州之雀舌、鳥嘴、片甲、蟬翼，潭州之獨行靈草，彭州之僊崖石蒼，臨江之玉津，袁州之金片、緑英，龍安之騎火，涪州之賓化，建安之青鳳髓，岳州之黄翎毛，建安之石巖白，岳陽之金膏冷，此唐宋時産茶地及名也。

曰唐茶不重建，以建未有奇産也。至南唐初造研膏，繼造蠟面，又佳者號京挺。宋初置龍鳳模，號石乳，又有的乳、白乳，而蠟面始下矣。丁晉公進龍鳳團，至蔡君謨又進小龍團。神宗時復制密云龍，即東坡供佳客者。哲宗改為瑞雲翔龍，則益精而小龍團下矣。徽宗品茶以白茶第一，又制三色細芽，而瑞云翔龍下矣。宣和庚子，漕臣鄭可聞始創為銀絲冰芽。蓋將已檢熟芽再剔去，祇取其心一縷，用清泉漬之，光瑩如銀絲，方寸新胯，小龍蜿蜒其上，號龍團勝雪，去龍腦諸香。』詳趙長白《茶史》。宋黄儒《茶品要録》曰：『精者曰鬭，曰亞鬭。』《西溪叢話》曰：『建茶嫩者曰鳥帶，曰白合，有十綱，以前後分之。』郭相奎引《學林新編》曰：『茶佳者造於社前，其次火前，謂寒食前。其下則雨前，穀雨前也』。齊已詩曰：『高人愛惜藏巖裡，白甀封題寄火前。』已亦未知社前佳也。今人製茶精不在嫩，故不貴社前、火前耳。元美又言：『虎丘、天池高于芥，而六安、龍井下矣。』宜興老廟後之芥片豈非第一乎？六安貢失多致者不一二掬，更能養人而又香白。若松蘿則動火矣。蜀之蒙頂，建之的乳已不必問，又況竊山東之石苔？而元美無功，猶信以為茶邪？

明 方以智《物理小識》卷六《茶》 茗，載《神農食經》，古茶即茶。《漢志》茶陵音茶，詳《通雅》韓翃《謝茶啟》云：『吳主置茗，晉人分茶，晏子三茗，自古以肰，惟桑苧以製顯耳。』宓山約之曰：『種以多子，稍長即移大即難移，灌汁遠沁，山宜西南，以受露多也。采宜谷雨前後，羅芥立夏開園。中德曰：『雨前芽嫩，摘以指甲，勿傷老節。夏不如春，或秋一摘，

俗盡下其老葉，以明年再生也。樹老則燒之，其根自發，宜糠與焦土種，惡停水。製有三法：摘葉貴晴，候其發香，熱鍋搗青，使人旁扇，傾出煩挪再焙，至三而燥，一法：沸湯微埒晾乾綿紙藉而焙之，一法：蒸葉晾乾，再以火焙收貯錫瓶，或箬藉或沙甕，礬粘入炭箬封固，倒皮閣上，承以新磚，以濕蒸自上而下也。紙木香藥食檗諸氣近則受染，慎之哉。中通曰：『箬能隔濕，下路方磚奠沙，沙下鋪箬，乃不上潮。故竹絲編箬盛茶，外黏封不受烟，而近竈閣之不壞，甕泑亦生潤。故用沙甕以礬旁粘其外最妙。』是處産茶，焙製斯異，名茶皆炒，岕以蒸焙，趙長白《茶史》載事耳。『龍團鳳餅、紫茸、鷩芽何為乎？松蘿去尖與柄與筋，畏其先焦也。炒薪宜枝，不用幹葉。文火武催，急翻半熟為度，生則黑矣。旁扇祛熱乃免黄褐，掀出瓷盤，尤須急扇，乃重揉之。再以文炒，或三乃乾，帶潤覆之，則氣罨鬱，更一焙焉。待冷上霜。』優劣定於始鐺，清濁繫乎末火，確矣！馮可賓曰：『白巖、烏瞻、青東、顧渚、篆浦皆岕，而羅氏居小秦王廟後，洞山向陽，蒸以葉之老嫩，定蒸之遲速，皮梗碎，色帶赤，其候也，太熟失鮮。茶焙歲修，別茶熏乾焙簾勿用，新竹烟炭剔去，上搖大扇，火氣旋轉乃匀耳。』中履曰：『林確壘梅川種茶，亦製岕片，北源藏溪法六安貢尖。近亦能用諸法。大岕微埒後泡，令先洗葉炒之，香亦相似。』山泉上，江水中，井水下。山足泉重扵頂，砂冽扵石。永叔曰：『張又新載劉伯芻七等，陸羽語李季卿二十種，多反《茶經》，辨南零特怪，其又新附之耶？』王禹偁贊谷簾湯中能稱三疊。《茶經》忌湍瀑，此非瀑邪？其收潭邪？甕置溪石，紗覆承露、梅雨，投伏龍肝，變則火洗可也。《芷園日記》曰：『天水都好，須器中久俟其色變蟲去，色香味始妙，山泉留亦變也。湯最忌烟，紅炭瓦鐺，急扇勿停，小砂壺數具時分三投冬下投、春中投、夏上投，何計銀銚龔春邪？蘇廙十六湯文瀾俊語也。李南金用背二涉三為合量，羅鶴林欲扵松風澗水後迻瓶去火而瀹之。羅稟曰：『湯老矣！去火何救哉？』』愚者曰：『上池水以淡為甘，山泉重冽，宜多一沸。沸之與止，代錯無窮，各取當機耳。』色白香沖，味恬而滑，絕非草氣，不較花芳，此最上乘，云林香花收茶。《清悶集》曰：『早取將開蕋入茶封之，烘乾，取茶入瓶。久夫綃紙、苴花納茶，潤藉紙裛或瓶收花香，去花貯茶，皆第二義也。許次抒、葉清臣、邢士襄、聞龍、張源諸公箋録各圖，快語灑濯玄味，須遇其人。自非眠雲漱石，何暇領此哉？姚士麟曰：『關中油酥點飲，永順烹以草果，番人膜拜迎茶，此茶馬御史所以設也。』馬眼光照人，全身齒少，毛附掌粘者，無病。上馬給茶百二十斤，中七十，下五十。商每芽引三錢，葉引二錢，闌出者死。漢中野茶長簍曰蓖。上馬給茶十五蓖，常馬不過六蓖。吳麟長曰：『南楚熏暴成茶，且裸樹葉，出塞即香盖，地寒則草香發膻酪，賴此去病，故貴之。若苦簦出廣蒙頂，乃苔也。普雨茶蒸之成團，狗西番市之，最能化物，與六安同。修江出欒茶，治頭風，乃石楠葉也。

明 汪應軫《汪青湖集》卷一《分豁額外薦新茶芽疏茶芽正数》

節該禮部題為前事。奉欽依這茶芽解納供應，都只照舊例行，不必紛更。此誠陛下愛恤民財之盛心，憲章舊制之美意。臣下當奉順而遵守者也。但照舊之旨，二説可通。彼此意見，各有所執。禮部則以為解納自有原額，如六安茶芽三百斤，正數之外，不可加者，此其舊例也。光禄寺則以為供應有常規，如歲用六安茶約餘四百七斤，故三百斤正數不得不加者，此亦舊例也。照解納之舊，則不足供應；照供應之舊，則有傷解納。若不申明，終無定守。臣等各該巡視監收，思得惟正之供，固不可擅增，畢獻之物，尤不可暫缺。六安茶芽歲額三百斤，此外多取毫厘，即為因公科斂。雖該部審據解吏，聞報三百袋，袋多四兩有餘，亦非勘合正數。且無批文查銷，以後或輕或重，焉知誰公誰私？不若通融議處，立為定規：每歲六安茶止收三百斤正數，其耗餘加增，一概不許濫取。本寺供應，取足薦新。并日進月進御用之數。至于醬房所進，內閣所用，盡其所有。不足，則于常州府等處茶芽擇以供給。蓋茶取于細，其味略同。何必拘執以致煩難？部寺前後所論，正欲出入有經。如此裁省，庶有司可守原額，以照解納之數。該署可因便宜，以照供應之舊，而不必紛更矣。見今解納六安州并常州府等處茶芽，正數之外，尚有多余之數。欲給領回，則有盤費之勞；欲令變賣，則有侵欺之弊。況既名上供，難以退出。原有封袋，難以折除。合無收貯該署，作正公用，或准下年該解之數。今後各處茶芽，俱照原額解納。每斤裝成一袋，每袋贏余二兩，以補絹袋紙包之數。永為遵守，一體通行。

明 陳耀文《天中記》卷四四《茶》

湖州紫筍

袁州界橋，其名甚著，不若湖州之研膏紫筍，烹之有陸腳垂下，故公淑《賦》云：『雲垂綠腳。』

蒙山露芽

蜀雅州境上頂有蒙山。穀芽皆云火前者，言採造於禁火之前也。火後者次之，又有枳殼芽、苟把芽、桃杷芽者，皆治風疾。又有皂莢芽、槐栁芽，皆上春摘其芽，和茶作之。

長洲沙泉

湖州長洲縣啄木嶺金沙泉，每歲造茶之所也。湖、長二郡接界於此，厥土有境會亭。每茶時，二牧畢至。斯泉也處沙之中，居常無水。將造茶，太守具儀注拜勑祭泉，湏之發源，其夕清溢；供御者畢，水即微減；供堂者畢，水已半之；太守造畢，水即涸矣。太守或還旆稽期，則示風雷之變。或見鷙獸毒蛇，木魅暘睒之類焉。商旅即以顧渚水造之，無沾金沙者。今之紫筍，即顧渚者，亦甚佳矣。

渠江鐵色

潭郡之間有渠江，中有茶，而多毒蛇猛獸。鄉人每年採擷不過十五六斤。其色如鐵，而芳香異常，烹之無腳。

晉原嫩芽

蜀州晉原、洞口、橫原、味江、青城，其橫芽、雀舌、鳥觜、麥顆，蓋取其嫩芽所造，以牙似之也。又有片甲。片甲者，早春黃茶牙，茶相把如片甲也。蟬翼者，其葉軟弱如蟬翼也，皆散茶之最上也。

含膏白鶴

岳陽、灉湖舊出茶，謂之灉湖茶。李肇所謂『灉湖之含膏』也。今惟白鶴僧園有千餘本，一歲不過一二十兩，土人謂之『白鶴茶』，味極甘香。《岳陽風土記》

勝金

徽、黟茶有勝金、嫩桑、仙芝、來泉、先春、運合、瓊英之品，又有不及號者，曰片茶。

竹茶

《茶經》云：『容州黃家洞有竹茶，葉如嫩竹，土人作飲，甚甘美。』

杭州茶

杭州寶雲山產者，名『寶云茶』。下天竺香林洞者，名『香林茶』。上天竺白雲峰者，名『白雲茶』。

金地茶

西域僧金地藏所植。今傳梗空筒者是。大抵烟霞雲霧之中，氣常溫潤，與地上者不同，味自異也。《九華山志》

茶之別

茶之別者，有枳殼芽、枸杞芽、枇杷芽，皆治風疾。又有皂莢芽、槐芽、柳芽，乃上春摘其芽，和茶作之。故今南人輸官茶，往往雜以衆葉。惟茅蘆竹箬之類不可入，自餘山中草木芽葉皆可和合，椿柿尤奇。真茶性極冷，惟雅州蒙山出者溫而主疾。《本草》【略】

花如梔子

茶花狀如梔子，其色稍白。

明月峽

明月峽在顧渚側。二山相對，石壁峭立，大澗中流，亂石飛走。茶生其間，尤為絕品。張文規所謂『明月峽，月茶始生』是也。又：峽中有夜橋，昔顏魯公於此步月，因名。宋長興令許遵重建，改名『許公橋』。

湖州茶

湖州茶生長城縣顧渚山中，與峽州、光州同。生白茅懸腳嶺，與襄州荊南、義陽郡同。生鳳亭山伏翼澗，飛雲、曲水二寺啄木嶺與壽州、常州同。生安吉、武康二縣山谷與金州、梁州同。

界橋茶

袁州界橋茶，其名甚著。不若湖州之研膏紫筍，烹之有綠腳垂下。【略】

飲茗治腦

隋文帝微時，夢神人易其腦骨。自爾腦痛。忽遇一僧云：『山中有茗草，煮而飲之，當愈。』服之有效。由是人競采掇。贊其略云：『窮春秋，演河圖，不如載茗一車。』《權好文》【略】

敲冰煮茗

逸人王休居太白山下，日與僧道異人往還。每至冬時，取溪冰，敲其精瑩者煮建茗。其賓客飲之。《遺事》【略】

瑠璃眼

皇孫奉節王好詩，初煎茶加酥椒之類，求詩泌，戲云：『旋沫翻成碧玉池，添酥散出瑠璃眼。』奉節王即德宗。《邱侯家傳》

陸羽仙茶

景陵僧有於水濱得嬰兒者，育為弟子。稍長，自筮遇蹇之漸繇，曰：『鴻漸於陸羽可用為儀，乃姓陸氏，字鴻漸，名羽，羽有文學，多意思，恥一物不盡其妙，茶術最著。始造煎茶法，至今鬻茶之家，陶為其像，置於煬器之間，祀為茶神，云『宜茶足』。利鞏縣為瓷偶人，號『陸鴻漸』。買十茶器，得一鴻漸。市人沽茗不利，輒灌注之。一復州老僧，是陸僧弟子，常諷其歌云：『不羨黃金罍，不羨白玉杯，不羨朝入省，不羨暮入臺。千羨萬羨西江水，曾向竟陵城下來。』又有追感陸僧詩至多。《因話録》

飲必羽煎

有積師者，嗜茶。素非漸兒煎侍不鄉口。羽出游江湖四五載。積師絕於茶味。代宗召入內供奉，命宮人善茶者以餉。師一啜而罷。上疑其詐，私訪羽，召人。翌日，賜師齋，俾羽煎茗。喜動顏色，一舉而盡。使問之。師曰：『此茶有若漸兒所為也。』於是欲師知茶，出羽見之。《紀異録》，見《廣川畫跋》【略】

出茗輸帛

楊行密，字化源。議出鹽茗，俾民輸帛。幕府高勗曰：『瘡破之餘，不可以加斂。且帑貲何患不足？若悉我所有，易四鄰所無，不積財有餘矣！』行密納。

八床主人

劉建鋒死。馬殷代，高郁又教殷，民得自摘山故茗算募。高力置邸閣居，茗號：『八床主人』。

置邸賣茶

楚馬殷始脩貢京師，然歲貢不過所產茶名而已。乃自京師至襄、唐、郢、復等州，置邸務以賣茶，其利十倍。

拔茶置桑

張詠令崇陽，民以茶為業。公曰：『茶利厚，官將榷之。』命拔茶而置桑，民以為苦。其後榷茶，他縣失其業而崇陽之桑已成，其為絹，歲百萬匹。其為政，知所先後如此也！《言行録》

雪水團茶

陶穀買得党大尉故妓，取雪水烹團茶，謂妓曰：『党家應不識此。』妓曰：『彼麁人，安得有此？但能銷金帳下，淺斟低唱，飲羊羔兒酒耳。』陶愧其言。《類苑》

鬭茶

蘇才翁嘗與蔡君謨鬭茶。蔡茶水用惠山泉，蘇茶水劣，改用竹瀝水煎，遂能取勝。天臺竹瀝水，彼人欲竹稍屈而取之，盈瓮。若以他水雜之，則亟敗。《江鄰幾雜志》【略】

草木仙骨

丁謂云：『石乳出壑嶺斷巖缺石之間，蓋草木之仙骨。』

草大虫

宋崇寧後，復榷茶，法制日嚴。私販者固以抵罪，而商賈官券清納有限，道路有程。纖悉不如令，則被擊斷罪或沒貨出告。昏愚者往往不免，其儕乃目茶籠為大虫，言傷人如虎也。《雜録》【略】

異美之名

謝氏論茶曰：『比丹丘之仙茶，勝烏程之御荈，不止味同露液，白況霜華，豈可為酪蒼頭？便應代酒從事。』杜牧詩：『山實東南秀，茶稱瑞草魁。』皮日休詩『十盆前皋盧』。曹鄴詩，『劍外九華英』。施肩吾施：『茶為滌煩子，酒為忘憂君。』《南越志》：茗苦澀，謂之『果羅』，北苑曰『葉布』，絕品也。豫章曰『白露』，曰『白芽』，南劍曰『石花』，曰『錢芽』。東川曰『獸目』，湖常俱曰『紫筍』，曰『黃芽』。福閩曰『生芽』，曰『露芽』。岳陽曰『含膏』。外此尤夥，若蟾背、鰕目、龍舌、蟹眼、瑟瑟瀝、霏霏靄、鼓浪涌泉、琉璃眼、碧玉池，又皆茶事中天然偶字也。《説郛》、《臆乘》

明 徐應秋《玉芝堂談薈》卷二九《綱頭玉芽》 唐茶不重建，未有奇產也。至南唐，初造研膏，繼造蠟面。既又佳者，號曰京挺。宋初置龍鳳模，號石乳。又有的乳，而蠟面始下矣。丁晉公造龍鳳團，至蔡君謨又進小龍團。神宗時，復製密雲龍。哲宗改為瑞雲翔龍，則益精而小龍

下矣。宣和庚子，漕臣鄭可聞始製為銀絲氷芽，蓋將已選熟芽再剔去，祇取其心一縷，用清泉漬之，光瑩如銀絲，方寸新胯，小龍蜿蜒其上，號龍團勝雪。去龍腦諸香，遂為諸茶之冠。其茶歲分十綱。惟白茶與勝雪，驚蟄後興役，浹日乃成，飛騎至京師，號為綱頭玉芽。北苑茶焙在建寧吉苑里鳳皇山之麓。有細色五綱：第一綱曰『貢新』；第二綱曰『試新』；第三綱曰『龍團勝雪』、曰『白茶』、曰『御苑玉芽』、曰『萬壽龍芽』、曰『乙夜清供』、曰『承平雅玩』、曰『龍鳳英華』、曰『玉除清賞』、曰『啟沃承恩』、曰『雪葉』、曰『蜀葵』曰『金錢』、曰『玉華』、曰『寸金』；第四綱曰『無比壽芽』、曰『萬春銀葉』、曰『宜年寶玉』、曰『玉清慶云』、曰『無疆壽龍』、曰『玉葉長春』、曰『瑞雲翔龍』、曰『長壽玉圭』、曰『興國巖銙』曰『香口焙袴』、曰『上品揀芽』、曰『新收揀芽』；第五綱曰『太平嘉瑞』曰『龍苑報春』、曰『南山應瑞』、曰『興國揀芽』、曰『興國岩小龍』、曰『小鳳』、曰『大龍』、曰『大鳳』，又云建州之北苑先春龍焙，洪州之西山白露鶴嶺，穆州鳩坑。東川之獸目，綿州之松嶺，福州之柏岩，雅州之露芽，南康之雲居，婺州之舉岩碧乳，宣城之陽坡横紋，饒池之仙芝、嫩蕊、福合、禄合、蓮合、慶合，蜀州之雀舌、鳥嘴、片甲、蟬翼，潭州之獨行靈草，彭州之仙岩石蒼，臨江之玉津，袁州之金片、綠英，龍安之騎火，焙州之賓化，建安之青鳳髓，岳州之黄翎毛、開勝、開捲、少捲主，建安之石巖白，岳陽之金膏冷，光州之薄側，湖州顧渚紫笋，南劍蒙頂石蒼，壽州霍山黄芽、東山神泉、劍南綠昌明，峽州碧澗明月、房茱萸寮，此唐宋時産茶地名也。《清異録》：大理徐恪貽鋌子茶，茶面文曰『玉蟬膏』，一種曰『清風使』。吳僧梵川供雙林傅大士，自往蒙頂種花乳三年，味方全美，得絕佳者，曰『聖楊花吉祥蕊』。又覺林院僧志崇，收茶三等，待客以驚雷莢，自奉以萱草帶，待客以紫茸香。黄魯直《煎茶賦》：『味江之羅山，巖道之蒙頂，黔陽之都濡高株，盧川之納溪，梅嶺夷陵之壓搏，邛之火井，又同昌公主茶，有綠華紫英之號。』

《歸田録》：『茶之品，莫貴於龍鳳，謂之團茶，凡八餅，重一斤，慶歷中，蔡尹君謨為福建路轉運使，始造小片龍茶以進其品絕精，謂之少團。凡二十餅，重一斤，其價直金二兩。然金所有，而茶不可得。每因南郊致齋，中書、樞密院，各賜一餅，四人分之。宮人往往縷金花于上，蓋其貴重如此。』

《試茶録》稱『芽擇肥乳，則甘香而粥面著盞不散；土瘠而芽短，則雲腳渙亂，去盞而易散；葉梗半，則受水鮮白；葉梗短，則色黄而泛。

風翔《退耕録》：『元和時，館閣湯飲，待學士煎麒麟草。』夏侯鉞謁盧懷慎，坐終日，得竹粉湯一盞。

明 鮑山《野菜博録》卷三《茶樹柯》 一名茗，一名荈。樹柯叢生，大小類枝子葉。春初生芽，作細茶。葉長半寸餘，作麤茶。味苦，性寒無毒。

食法：采嫩葉焙作茶，烹去苦味二三次。水淘淨，油鹽薑醋調食。

明 周祈《名義考》卷九《茶即荼》 嘗考茶，即荼也。《説文》：『荼從艸余』，聲有二音：一鉏加切；一同都切。有四義：一苦苣。霜後可食。《詩》：『誰謂荼苦』是也。一委葉。布地而生，花黄如菊。《傳》：『秦綱密於秋荼』是也。三荈秀，其穗色白，《詩》：『有女如荼』是也，四苦荼，茗也。《爾雅》：『檟，苦荼』。郭璞曰：『樹如梔子，冬生葉可煮為羹飲。《本草》：『苦荼能去脂，使人不睡。』是也。後人視苦苣、委葉秀為惡草，作荼，作同都切；視茗為嘉木，妄作茶，作鉏加切，於是有荼字，又有茶字。不知茶非正文也。陸羽《茶經》曰：『其字或從艸，或從木，或艸木并從。』艸者，荼正文也，艸木并者，旁從木作𣗪也。巴南人曰：『椵𣗪俗以上從艸，下從木，作茶，亦曰木。』并不知下余聲非從木也。

明 周履靖《茶德頌》《古今圖書集成·食貨典》卷二九三 有嗜茗友生，烹瀹不論朝夕，沸湯在須臾，汲泉與燎火，無暇躡長衢。竹爐列牖，獸炭陳盧。盧仝應讓，陸羽不知。堪賤羽觴酒觚，所貴茗椀茶壺。一甌睡覺，二椀飯餘。遇醉漢渴夫，山僧逸士，聞馨嗅味，欣然而喜。乃掀唇快飲，潤喉嗽齒。詩腸濯滌，妙思猛起。友生詠句而嘲其酒槽，我輩惡醪。啜其湯飲，猶勝嚙糟。一吸懷暢，再吸思陶。心煩頃舒，神昏頓醒。喉能清爽而發高聲。秘傳煎烹瀹啜真形。始悟玉川之妙法，追魯望之幽情。

燃石鼎儼若翻浪，傾瓷甌葉泛如萍。雖擬酒德頌，不學古調詠螟蛉。

明　鄧志謨《茶酒争奇》卷一《叙述茶酒争奇》　皇道焕炳，帝載緝熙。教清於雲官之世，治穆於鳥紀之時。王猷允塞，函夏謐寧，萬物絪緼，地天交泰。功與造化爭流，德與二儀比大。鳳凰鳴矣，黄河清矣。在在絃歌擊壤，家家詩禮文章。鐘鼓鏗鏘，寫羲皇之皞皞；玄黄稠疊，追文質之彬彬。禮儀一百，威儀三千，至浩至繁，不可勝紀。今特舉禮中二物極小者言之：曰茶曰酒。

自春夏以至秋冬，何時不用茶用酒？自朝廷以及閭巷，何人不用茶用酒？試言其日用飲食之常，民間往來之禮：或冠而三加，或婚而合卺，或弄璋而為湯餅會，開筵呼客；或即景賦詩，或坐上姻朋，賽有華裾織翠；或門前車馬，時來結駟高軒；追賞惠連，壓倒元白，何事而不用茶用酒？如所云用之以時者，玉律元旦傳佳節，綵勝七日倍風光。九陌元宵聯燈影，改火寒食待清明。燧火開新焰清明，傾都潑禊辰上巳。舡登先後渡端午，萬鏤慶停梭七夕。照耀超諸夜，漢武賜茱囊重陽。刺繡五紋添弱線冬至，四氣除夜推遷往復還，何節而不用茶用酒？

又《茶叙述源流》　先言茶之異品者：劍南有蒙頂石花，或小方或散芽，號為第一。湖州有顧渚之紫筍。東川有神泉小團、昌明獸目。硤州有碧澗明月、芳蕊、茱萸簝。福州有方山之生芽。夔州有香山。江陵有楠木。湖南有衡山。岳州有灉湖之含膏。常州有義興之紫筍。婺州有東白。睦州有鳩坑。洪州有西山之白露。壽州有霍山之黄芽。蕲州有蕲門團黄。建州之北苑先春龍焙。綿州之松嶺。福州之柏岩。雅州之露芽。南康之雲居。婺州之舉岩碧貌。宣城之陽坡横紋。饒池之仙芝福合、禄合、運合、慶合。蜀州之雀舌、鳥嘴、麥顆、片甲、蟬翼。潭州之獨行靈草。彭州之仙崖石花。臨江之玉津。袁州之金片。龍安之騎火。涪州之賓化。建安之青鳳髓。岳州之黄翎毛。建安之石岩白。岳陽之含膏冷。杭州寶雲山産者，名寶雲茶。下天竺香林洞者，名香林茶。上天竺白雲峯者，名白雲茶。會稽有日鑄嶺茶，歐陽修謂兩浙第一。寶儀有龍陂山茶。白樂天有六班茶。龍安有騎火茶。顧渚側有明月峽前茶。王介甫之一旗一槍。義興有芳香甘辣冠他境。丁晉公謂石乳出壑嶺斷崖鐵石之間。建安有露芽真筍。武昌山有大藂茗，岳陽有灉湖茶，白鶴僧園有白鶴茶。元和時，待學士煎麒麟草。宣和中，復有白茶，勝雪茶之異種者。中孚衲子有仙人掌，曇濟道人有甘露，雙林道士有聖陽花，西域僧有金地茶，仙家有雷鳴茶為茶之别種者：有枳殼芽、枸杞芽、枇杷芽，皆治風疾，又有皂莢芽、槐芽、柳芽、月上春，摘其芽和茶作之。故今南人輸宫茶。茶之有益於人者，何如党魯有滌煩消渴。華元化謂苦茶久食，益意思。《神農經》謂茶茗宜久服，令人有力悦志。李德裕謂天柱峯茶，可消肉食。丹丘子、黄山君服芳茶，輕身換骨。玉泉寺有茗草羅生，能還童振枯，人人壽也。劉越石體羣潰悶，嘗仰真茶。隋文帝服山中茗草，可愈腦痛。茶有五名：一曰茶、二曰檟、三曰蔎、四曰茗、五曰荈，此載之《茶經》也。早采者為茶，晚采者為茗，此記之《爾雅》也。且製茶、煎茶各有法，須緩火炙，活火煎，始則魚目散布，微微有聲；中則四際泉湧，纍纍若貫珠；終則騰波鼓浪，水氣全消，此謂老湯。三沸之法，非活火不能成也，此李存博之論，為有山林之致矣。若唐子西《鬥茶記》：『茶不問團銙，要之貴新；不問江井，要之貴活。』顧逋翁《論茶》：『煎以文火細煙，小鼎長泉』，其意亦略同峯陸羽不嘗論茶有九難乎？『陰采夜焙，非造也；嚼味嗅香，非別也；膏薪炮炭，非火也；飛湍壅潦，非水也；外熟內生，非炙也；碧粉縹塵，非末也；操艱攪遽，非煮也，夏興冬廢，非飲也，膩鼎腥甌，非器也。』《茶録》不詳載製茶之病乎？『土肥而芽澤乳，則甘香而粥面著盞而不散；土脊而芽短，則雲腳渙亂去盞而易散。葉梗半，則受水鮮白；葉梗短，則色黄而泛。烏蒂、白合茶之大病，不去烏蒂，則色黄黑而惡；不去白合，則茶苦澀。蒸芽必熟，去膏必盡。蒸芽未熟，則草木氣存；去膏未盡，則色濁而味重。受煙則香奪，壓黄則味失。此皆茶病也。』誠貴重也歟哉！

又《酒叙述源流》　試言酒之異品者：郢之富水。烏程之若下。滎陽之土窟春。富平之石涷。劍南之燒春。河東之乾和葡萄。嶺漢之靈溪。慱羅宜城之為醖。潯陽之湓水。市城之西市睦。蝦杭陵之郎官清。河漠又有三漠漿。類酒法書波斯三勒：謂庵摩勒、毗黎勒、訶黎勒。此補諸國史也。百華末蘭英酒。河中有桑落。隋煬有玉薤。司馬遷謂富人藏石葡萄酒。衡陽有酃淥。成都有郫筒。蒼梧之宜城醪。安成之宜春醇酎。曲阿之醇烈。杭州之梨花春。烏程有竹葉春、金陵春。雲安有麴米春、抛青春、松醪春。烏弋山有龍膏。武宗有澄明。枸樓有仙漿。鲍和玉酸。洞庭

春色。中山松膏。建康之醇美。劉白墮之春醪。朱崖郡有椒花。西夷有樹頭稷。南海頓遜國有酒樹。桂陽程鄉有千里酒。佛經有乳成酪。酪成醍醐。且酒之異名者：秋露白、珍珠紅、玉帶春、金盤菊、桃花、竹葉、索郎、麻姑、蓮花文章、酴醾屠蘇。又酒有異種者：三佛齊有柳花酒、椰子酒、檳榔酒，皆是麴蘖取醞，飲之亦醉。扶南有石榴酒。辰溪有鈎藤酒。赤土國以上俱載孫公談圃有甘簾酒。山經有穛汁甘為酒。噫，真異哉！嘗觀《周禮》之酒正者，酒正掌酒之政令，辨五齊之名：一泛齊泛者成而滓泛泛然，如今宜城醪；二醴齊醴者成而滓汁相將如今甜酒，三盎齊盎者成而翁翁然，葱白色，如今酇白；四緹齊緹者，成而紅赤，如今下酒；五沈齊為沈者，成而滓沈，如今造清。《酒經》不有酒終始之辨乎？竇桑穢飯，醞以稷麥，以成醇醪，酒之始也。烏梅女麧，甜醹九酘，澄清百品，酒之終也。嘗觀《説文》釀酒之諸名：為酴，酒母也；醴，一宿成也；醪，滓汁酒也；酎，三熏酒也；醨，薄酒也；醑，旨酒也。曰醾曰醙，白酒也；曰釀、曰醞，造酒。買之曰沽，當肆曰罏。釀之再曰醙。灑酒曰釃。酒之清曰醥，厚曰醹。相飲曰配，相強曰浮。飲盡曰釂，使酒曰酗，甚亂曰醟音詠。飲而面赤曰酡，病酒曰酲。主人進酒於客曰酹，客酌主人曰酢。獨酌而醉曰醮，出錢共飲曰醵。賜民共飲曰酺，不醉而歸曰奰。若善別酒者，則惟桓公主簿此載世說。好者謂青州從事，青州有齊郡從事，言到臍。惡者謂平原督郵。平原有鬲縣督郵，言在鬲上住。故竇子野云：『無貴賤賢不肖，夷夏共甘而樂之。』此言盡之矣。以此觀之，茶酒誠天下之至重，日用之至常，不可廢者也。

又《上官子醉夢》 河東有一士，覆姓上官，名四知。極豪爽，且耐淡泊，雖家貲巨萬，若一窶人子耳。建一別墅，枕岡面流，疏梧修竹。扁於門曰迎翠，扁於樓曰棲雲。有一聯云：『疊翠層巒疑欲雨，環村密樹每留雲。』樵牧與羣，鹿豕與游，而坐，而臥，而登臨，而高吟縱覽，會有得意，則索句付奚囊。又有一架數植，明窗淨几，左列古今圖史百家，右列道釋禪寂諸書。前植名花三十餘種，琴一、爐一、石磬一，茶人鼎竈、衲子蒲團、茶具、酒具各二十事。時敲石火，汲新泉，煎先春，時泛桃花，或一斗，或五斗，每謂羲皇上人。後有一洞，東為一茶神，名陸羽；西畫為酒神，名杜康。為客至，或倣投轄，或效平原，無不盡歡而別。

一日，有一客問曰：『茶好乎，酒好乎？』答曰：『俱屬清貴，但人之好尚不同耳。』客曰：『客來，茶先酒後，茶不居禮之先乎？』又有一客曰：『茶只一杯而止，即更迭，不過二三。曾有如酒之樽罍交錯，動以千鐘一石，酒不為禮之重乎？』如是，烹茶酌酒，至東方月上，衆為酣樂各罷歸去。官子獨留迎翠軒，簟床竹枕，于于然臥也。忽夢至一處，若莽泱之野，若逍遙之城，見茶神率草魁、建安、顧渚、酪奴數十輩，酒神率青州督郵、索郎、麻姑、酒民、醉士、酒徒數十輩，喧喧嚷嚷有鬨聲。近視之，宛然如洞中之所畫者。

又《茶酒共争辯》 茶神曰：『纔聞客以你為禮之重，你有何能，更重於我乎？』酒神曰：『纔聞客以你為禮之先，你有何能，更先於我乎？』茶神曰：『天下之人，凡言酒與茶者，只稱茶酒，不稱酒茶，茶誠在酒之先也。』酒神曰：『天下之人，大凡行禮，只説請酒，不説請茶，酒誠為禮之重也。』茶神曰：『我茶進御用者有十八品：上林第一、乙夜清供、承平雅玩、宜年寶玉、萬春銀葉、延年石乳、瓊林毓粹、浴雪呈祥、清白可鑒、風韻甚高、暘谷先春、價倍南金、雪英、雲葉、金錢、玉華、玉葉長春、蜀葵、寸金。政和曰太平嘉瑞，紹聖曰南山應瑞。我有這多好處，敢與我爭乎？』酒神曰：『我有神仙酒十八品：金液流暉、延洪壽光、清澄琬琰、玄碧香神女酣安期先生、瑤琨碧、凝露漿、桂花醞、百藥長、千日醉、崑崙觴、換骨釀、蓮花碧、青田壺、玉饋、瑞露、瓊粭、魏左相之醽醁翠濤、東坡之紅友黃封。我比你更希罕，肯讓你乎！』茶曰：『鄭谷云：「亂飄僧舍茶煙濕，密灑高樓酒力微。」非茶在先，酒在後乎？』酒曰：『賈島云：「勸酒客初醉，留茶僧未來。」非酒在先，茶在後乎？』茶曰：『壯志銷磨都已盡，看花翻作飲茶人，何曾要你？』酒曰：『好鳥迎春歌後院，飛花送酒舞前簷，何曾要你？』茶曰：『讀《易》分高燭，煎茶取折水，何曾要你？』酒曰：『山水彈琴盡，風花酌酒頻，何曾要你！』茶曰：『張孟陽讚我「芳茶冠六清，溢味播九區」。』酒曰：『杜甫讚我「安得中山十日醉，酩然直到太平時」。』茶曰：『顏魯公讚我「流華淨肌骨，疏瀹滌心源」，何等有益。』酒曰：『李適之讚我「碩郎宜此酒，行樂駐華年」，何等有益。』茶曰：

『盧仝云：「柴門反關無俗客，紗帽籠頭自煎吃」，真箇貴重。』酒曰：『王駕清云：「桑柘影斜春社散，家家扶得醉人歸」，真箇快人。』茶曰：『「沾牙舊姓餘甘氏，破睡當封不夜候」，非胡嵩之詠乎？』酒曰：『「形如槁木因詩苦，眉鎖愁山得酒開」，非鄭云表之詠乎？』

草魁進前說：『你講得這樣斯文，待我來與辯一辯。』青州從事亦進前說：『你講得這樣斯文，待我來與你論一論。』

草魁曰：『你受何品職，敢云青州從事？』青州從事曰：『汝登何科甲，冒僭為瑞草魁？』瑞草魁曰：『吾乃草木之仙骨。』青州從事曰：『吾乃天上之美祿。』瑞草魁曰：『天子須嘗陽羨茶，貴不貴？』青州從事曰：『欲得長生醉太平，好不好？』瑞草魁曰：『世俗聘婦，以茶為禮。』青州從事曰：『百禮之會，非酒不行。』瑞草魁曰：『生涼好喚雞蘇佛，回味宜稱橄欖仙，哪個似像陶彝之知趣？』青州從事曰：『玉薤春成泉漱石，葡萄秋熟艷流霞，哪個似像逸民之大雅！』瑞草魁曰：『高人唐僧齊己詩愛惜藏巖裏，白甌封題寄火前，真箇把我當寶。』青州從事曰：『尊前柏葉休辭酒，勝裏金花巧耐寒，還是把我當寶。』瑞草魁曰：『煩襟時一啜，寧羨酒如油，哪個要你！』青州從事曰：『卻憶滁州睡，村醪自解醒，哪個要你？』瑞草魁曰：『津津白乳衝眉上，習習清風兩腋間，快爽爽快。』青州從事曰：『興來筆力千鈞勁，酒醒人間百事空，快爽爽快。』瑞草魁曰：『一杯永日醒雙眼，草木英華信有神，你比一比。』青州從事曰：『杯行到君莫停手，破除萬事無過酒，你比一比。』

武夷進前來說：『你二人且退，待我也來奇一奇。』麻姑進前來說：『你二人且退，待我也來奇一奇。』

武夷曰：『汝非仙種，敢冒麻姑？』麻姑曰：『汝非將種，敢冒武夷？』武夷曰：『已是先春輕雨露，宜教□草避英華，彼惡敢當我哉！』麻姑曰：『百年莫惜千回醉，一盞能消萬古愁，不亦樂乎。』武夷曰：『旋沫翻鄰侯煎茶詩成碧玉池，添酥散出琉璃眼，你有這樣富貴麼？』麻姑曰：『忽遣終朝浮玉斝，還如當日醉瑤泉，你有這樣富貴麼？』武夷曰：『偷嫌曼倩桃無味，擣覺姮娥藥不香，哪個不被我壓倒？』麻姑曰：『文移北斗成天象，酒近南山作壽杯，哪個敢與我比對？』武夷曰：『香繞美人歌後夢，涼侵詩客醉中脾，哪裏有我這等瀟灑？』麻姑曰：『浩歌不覺乾坤窄，酣寢偏知日月長，哪裏有我這等廣大？』武夷曰：『一兩能祛宿疾，二兩眼前無疾，三兩換骨，四兩成地仙。你哪裏有這樣利益？』麻姑曰：『一樽可以論文杜詩，三斗可以壯膽汝陽王月進，五斗劉伶可以解酲，一石淳于髡而臣心最歡。你哪裏有這等利益？』武夷曰：『解渴醒餘酒，清神減夜眠，好快好快。』麻姑曰：『相歡在樽酒，不用惜花飛，好快好快。』武夷曰：『慢行成酩酊，鄰壁有松醪，貪心不足。』麻姑曰：『未見甘心氏，先迎苦口師，真得人厭。』武夷曰：『飲酒宿醒方竭處，讀書春困欲眠時，讀書人離我不得。』麻姑曰：『閑看竹嶼迎新月劉清詩，特酌山醪讀古書，讀書人離我不得。』武夷曰：『從今記取宜男祝，賀客來時只荐茶，客來還先要我。』麻姑曰：『嘉客但當傾美酒，青春終不換頹顏，客來還先要我。』武夷曰：『病骨瘦便花蕊暖，煩心渴喜鳳團香，可作醫王。』麻姑曰：『避暑迎春復送秋，無非綠蟻滿杯浮，可作歲君。』武夷曰：『消磨壯志白駒隙，斷送殘年綠蟻杯，真箇害人。』麻姑曰：『粉身碎骨方餘味，莫厭聲喧萬壑霜，自喪其軀。』

茶中建安聞說『自喪其軀』，大怒，進前說：『武夷君請退，待我與他辯一辯。』酒中麴生秀才聞說『真個害人』，大怒，進前說：『麻姑兄請退，待我與他辯一辯。』

建安曰：『你是哪一學黌門，敢稱秀才？』麴生曰：『你有何才能，敢稱建安？』建安曰：『養丹道士顏如玉，愛酒山翁醉似泥，好不好？』麴生曰：『異物清詩瓜奇絕，渴心何必建溪茶，要不要？』建安曰：『醉時顛蹶醒時羞，麴蘗催人不自由，酒酒真個無廉恥。』麴生曰：『枯腸未易禁三碗，坐聽山城長短更，茶茶真個焦燥人。』建安曰：『囚酒星於地獄，焚醉苑於秦坑，非衛元規之自為誡乎？』麴生曰：『海內有逐臭之夫，里內有效顰之婦，非彭城王之譏劉縞乎？』建安曰：『阮宣常以百錢掛杖頭，司馬以鷫，就市鬻酒，吳孫濟貫縕償酒，何等破蕩？』麴生曰：『李衛公唐相好飲惠山泉，置驛傳送；李季卿命軍士深詣南零取水；唐子西提壺走龍潭；楊城齋攜大瓢走汲溪泉；昔人由海道趨建安，何等勞碌？』建安曰：『李白好飲酒，欲與鐺杓同生死，何不顧

身？』麴生曰：『老姥市茗，州法曹繫之獄，幾乎喪命。』建安曰：『畢吏部頹人瓮頭，孟嘉龍山落帽，成何體統？』麴生曰：『御史躬親監啟，謂御史茶瓶；吳察廳掌茶，太自輕賤。』建安曰：『願葬為陶家之側，化為土為酒壺，何等貪濁。』麴生曰：『賈春卿為小龍團，受衆人求乞，自討煎炒。』建安曰：『丹山碧水之鄉，月洞雲龕之品，誰敢賤用？』麴生曰：『千金難著價，一盞即薰人，哪肯賤沽？』建安曰：『朱桃椎織芒屩以易朱茗，第一清雅。』麴生曰：『賀知章以金龜換酒，第一珍重。』建安曰：『錢起有茶宴、茶會，魯成績有湯社，勝你酒會。』麴生曰：『種放自號雲漢醉候為醉侯，蔡雝人稱為路上醉龍，李白為醉聖，俱是名賢。』建安曰：『酒酒你不害人，韋耀何藏荈以代酒？』麴生曰：『茶茶你若可好，楊粹仲何目為甘草癖？』建安曰：『柳惲感惠而以詩為酬，陳子酹墳而以錢見貺，我茶能以德報德。』麴生曰：『周公設酒，有駜其香；邦家之光，有椒其馨。胡考以寧，我酒這等關係關係。』建安曰：『劍外九華夷，御封下玉京，皇帝重我。』麴生曰：『祇樹夕陽亭，共傾三昧酒，佛家飲我。』建安曰：『顧渚云：「山中紫筍茶二片」，罕希罕希。』麴生曰：『王維云：「新豐美酒斗十千」，高價高價。』建安曰：『心為左惠芳茶荈劇，吹噓對鼎鑪，女子亦知好茶。』麴生曰：『鹽梅己佐鼎，麴蘖且傳杯，玄宗亦知勸酒。』建安曰：『我清香滑熟，能還童振枯，能令人人得壽，豈不美哉？』麴生曰：『我醇和甘美，能為詩鈎，亦能為愁帚，不亦樂乎？』建安曰：『街東酒薄醉易醒，滿眼春愁消不得，敢稱愁帚？放屁放屁。』麴生曰：『餐餘尚有靈通意，不待盧仝七碗茶，敢云得壽？光棍光棍。』

茶董聞辯得久，對建安說：『建安兄，你去食茶，待我來辯。』酒顛聞辯得久，對麴生說：『麴生兄，你去飲酒，待我來辯。』

董曰：『酒顛酒顛，敢與我辯？』顛曰：『茶董茶董，敢與我辯？』董曰：『酒狂酒狂，算不到你。』顛曰：『茶癖茶癖，算不得你。』董曰：『汝非麴蘖，誰為媒母？還要誇嘴。』顛曰：『汝非湯水，誰為司命？不必多言。』董曰：『汝即有蓮花文章，怎比我龍團鳳髓，當退三舍。』顛曰：『你即有紫筍金芽，怎比我金波玉液，拜在下風。』董曰：『劉禹錫病酒，非二囊六班，何以得醒？』顛曰：『葉法善非以飛劍擊榼，怎知麴生味不可忘。』董曰：『張志和樵青蘇蘭薪桂，竹裏煎茶，真隱士之高風。』顛曰：『鄭勐率僚避暑，取蓮葉盛酒，屈莖輪囷，真王侯之宏度。』董曰：『高陽酒徒，敗常亂俗。』顛曰：『福全茶幻，惑世誣民。』董曰：『我有三等奇物，待客以驚雷莢，自奉以萱草帶，供佛以紫茸香。可愛可愛。』顛曰：『我有四様奇物，和者曰養生主，勁者曰齊物，和者曰金盤露，勁者曰椒花雨。妙哉妙哉。』董曰：『穎公遺有《茶詩》，唐子西有《鬥茶記》，毛文錫為《茶譜》，晉杜育有《荈賦》，蘇廙作《仙芽傳》，鮑昭妹令暉著《香茗賦》，陸鴻漸有《茶經》，范希文有《茶詠》，況有詩詞歌賦，不計其數，我有憑據。』顛曰：『王績著《酒譜》，劉伶有《酒德頌》，歐陽有《醉翁記》，杜甫有《酒仙歌》，竇子野有《酒譜》，白居易有《酒功讚》，況有詩詞歌賦，不計其數，我有証案。』董曰：『獨不聞楊雄作《酒箴》，武王作《酒誥》，武公作《初筵》。五子酣酒嗜音，商辛沉湎淫佚。酒酒還不知戒。』顛曰：『季疵著《毀茶論》，歐陽公舟續嘗茶詩，楊誠齋以為攪破茶園，蕭正德以遭陽侯之難，茶茶又不知止。』董曰：『雪水烹團茶，党家粗人應不識此。』顛曰：『酒中有理，江左沉酣求名者，豈識濁醪妙理！』董曰：『窮春秋，演河圖，不如載茗一車，非權紓之讚乎？快活快活。』顛曰：『斷送一生惟有酒，破除萬事無過酒，非韓文公之詩乎？得意得意。』董曰：『惟酒可以忘憂，但無如作病何耳，非季疵之言乎？到病就不好。』顛曰：『此師固清高，難以療饑，也非先業之言乎？到飢就討死。』

酪奴說：『董哥你去，待我罵一罵。』平原督郵說：『顛哥你站開，待我罵一罵。』

酪奴曰：『狗竇光孟祖脫身露頂，于狗竇中窺謝琨諸人食酒中作犬吠，何等卑賤！』督郵曰：『邾莒會上作酪奴，何等下賤！』酪奴曰：『你不聞謝宗之言乎？首閱碧澗明月，醉向霜華，豈可以酪蒼奴頭，便應代酒從事，好無羞愧！』督郵曰：『你不聞陳暄之言乎？兵可千日而不用，不可一日而不備；酒可千日而不飲，不可一日而不醉。速糟丘吾將老焉，好不預備！』酪奴曰：『醉後如狂花敗葉，何等輕狂。』督郵曰：『飲多似黃花敗葉，有何顏色。』酪奴曰：『灑之沛之，而糟粕俱盡。』督郵曰：『陰采夜焙，而肢骨俱焦。』酪奴曰：『斐楷以你為狂

藥。』督郵曰：『光業以汝為苦口師。』酪奴曰：『作歌謝惠茶，十分知味。』督郵曰：『問奇楊雄載好酒，十分高雅。』酪奴曰：『稽叔夜雖高雅，醉倒如玉山之將頹，幾乎跌碎。』督郵曰：『常伯雄雖善茶，李季卿賞以三十錢，不如婢倅。』酪奴曰：『祖珽醉失金叵羅，何等粗率。』督郵曰：『宫人剪金為龍鳳團，何等奢侈。』酪奴曰：『姚岩傑憑欄嘔吐，自覺箜篌，不知廉恥。』督郵曰：『王肅一飲一斗，人號為漏卮，不顧性命。』酪奴曰：『艾子不受弟子之戒，猶云四臟可活。』督郵曰：『潘仁恭自擷山為茶，敢云大恩邀利。』酪奴曰：『石曼卿相高飲酒，夜不以燒蠋，曰鬼飲；飲次挽歌哭而飲，曰了飲；露頂團坐，曰囚飲；以毛席自裹其身，曰鼇飲，成何形狀？』督郵曰：『《茶經》云：「蒸茶未熟，則草木氣存；去膏末未盡，則色濁而味重，受煙則香奪，黃則味失。」何等難為！』酪奴曰：『蘇東坡號杭倅，為酒食地獄。』督郵曰：『士大夫拜王濛，今日又遭水厄。』酪奴曰：『簡憲和先主時天旱禁酒，吏引人家得釀具即按其辜。和與先主見男女道上行，謂先主曰：「此人欲行淫，何不縛？」先主曰：「何以知之？」曰：「彼有其具，與欲釀者同。」比釀具為淫具，何等惡譬。』督郵曰：『吳僧文稱你作乳妖，何等邪怪。』酪奴曰：『賀秘書出黃醪數杯，都是你害人。』督郵曰：『宣武步兵吐牛肺斛二瘕，都是你害人。』酪奴曰：『不飲茶者，為粗人俗客。』督郵曰：『不飲酒者，為惡客漫郎。』酪奴曰：『睡魔何止退三舍，歡伯直須讓一籌，寔落是你輸我。』督郵曰：『一曲升平人盡樂，君王又進紫霞杯，寔落是你輸我。』酪奴曰：『推引杯觴，以搏擊左右，何愛其才。』督郵曰：『因過焙，以鐵繩縛奴付火中，何賤其人。』

酪奴大怒，即持鐵繩趕打督郵。督郵就拿酒簾趕打酪奴。酪奴將玉杯、金盞、酒樽、酒罍盡行打碎。督郵將玉鍾、金甌、茶壺、茶鍋盡行打碎。時衆茶、衆酒見酪奴與督郵打得太狠，聲徹迎翠樓，陸羽與杜康二人急出問所因由。衆茶謂陸羽曰『那些酸酒，罵我如此如此』；衆酒謂杜康曰『那些苦茶，罵我如此如此』。陸羽曰：『我與你兩人唇齒之邦，輔車相倚。兄弟之親，骨肉之戚。有茶必有酒，有酒必有茶，時時不離，何苦這樣爭競？你辦酒，我辦茶，在此處和。』杜康曰：『禮以遜讓相先，人以和睦為貴，陸君所言甚是。』陸羽命衆人辦茶，杜康命衆人辦酒，相敘而別。

又《茶酒私奏本》 酪奴受辱，抱忿不平，自修一本，奏水火二官：『茶中小臣酪奴，誠惶誠恐，稽首頓首，為豪強酗醉，逞兇傷命事：臣產於玉壘，孰若生翼丹丘？造於金沙，何異紀名碧澗？禹錫表餽菊之意，劉琨作求茗之書。蘇子唱歌於松風，因想李生好客；陶公調詠於雪水，遂誇董家待人。李約喋珠累之泉，二沸成於活火；德裕憶金山之水，一壺汲於石城。陸羽三篇，更異酒中賢聖；盧仝七碗，何殊茶內神仙？自古及今，無不寵用詎意，亡家敗國。酒中督郵發酒瘋，呈酒狂，穢臣素業。臣諭以理，用酒簾將臣揪撏毒打，仍率惡黨，酒侯、醉侯、逍遙公、步兵、校尉等闖入茶舍，將各色茶具盡行搶擄。不得已匍匐臺下，乞嚴拿問罪，究還原物。臣願汲玉川之水，烹露芽雷芽，長獻君王殿下。臣無任悚□，瞻仰之至。』

督郵受辱，抱忿不平，私下自修一本奏：『水火二官：酒中小臣督郵，誠惶誠恐，稽首頓首，為強奴欺主，敗法亂紀事：臣天列酒星，地列酒郡。徐邈任狂，乃有酒聖酒賢之號；敬仲節樂，遂興卜晝卜夜之詞。陳孟公稱曰滿堂，留賓投轄；華子魚號為獨坐，劇飲整衣。王無功著《五斗先生傳》，大誇物外之高蹤；杜子美作《八仙飲酒歌》，盛説杯中之佳趣。聞山中之酒千日，孰不流涎？傳南郊之醪十旬，皆相慕義。投於江以破勾踐，噀為雨以救成都。頹玉山而屢接高標，解金貂而常逢貴客。不鄙宜城之竹葉，何嫌南國之榴花。既醉備福，見於《周詩》；不為酒困，聞於仲尼。自古及今，咸尊咸寵，詎意粉身碎骨。茶中酪奴，發茶董，逞茶幻，淹臣水厄。臣諭以理，用茶籯擲臣，破腦鮮血，仍率虎黨，蒙山、陽羨、建安等踏入酒館，將各色酒具盡行搶擄。只得匍匐臺下，乞奴把拿問罪，究還原物，以正名分。臣願取欝鬯之草，釀桑玉薤，長獻君王殿下。臣無任悚□，瞻仰之至。』

又《水火二官判》 水火二官俱覽畢大怒。時酪奴、督郵俱俯伏殿下，乃責之曰：『陰陽合，而五行乃生。吾水屬坎，乃北方壬癸之精，天一生之，地六成之。吾火屬離，乃南方丙丁之精，地二生之，天七成之。你二人若非吾水火既濟，徒為山中之乳妖，虛為天下之羨祿，一稱茶仙，一稱酒聖，妄自尊大，獨不思茶從何始，酒自何來？飲不忘源，罪

酪奴將《四書》集成茶文章一篇，又將曲牌名串合茶意一篇；督郵將《四書》集成酒文章一篇，又將曲牌名串合酒意一篇，上朕觀覽，以文章優劣裁奪。各快成文，無取遲究。』時酪奴伏於殿階之左，督郵伏於殿階之右，各殫心思，染翰如飛，筆無停輟。頃刻間，遂各成佳章，以呈進御覽之。

又《茶四書文章》 湯破者，甘飲，是人之所欲也。夫禮儀破承三百，始吾於人也；民以為大，不其然乎？今夫山起講草木暢茂，為巨室，梓匠輪輿，鑽燧改火，材木不可勝用也，則人賤之矣。吾之於人也，人人有貴落題於己者。維石茶生于山中石岩者最佳岩岩，日月之所照，雨露之所潤起股，其生也榮。飲食之人，遠之則有望，近之則不厭，與民同之。苟小股有用我者，求水火湯執中，其有成功也，禮之用，和為貴。冬日中股則飲湯，夏日則飲水，食之以時。我則異於是，日日新，不可須臾離也。不如是，人猶有所憾。君子中股對敬而無失，與人恭而有禮，酌則誰先，可使與賓客言，惟我在，無貴賤，一也。姑舍是則不敬，莫大乎是。行道末股之人，勞者弗息，一瓢飲，如時雨降，於人心獨無恔乎？芒芒然歸，謂其人曰：『此天之所與我也，善夫！隱末股對几而臥，既醉以酒，一勺之多，使人昭昭，吾何慊乎哉！』舉欣欣然有喜色而相告曰：『吾不復夢見周公也，益矣。』生繳乎今之世，人莫不飲食也。□所愛則□所養，何可廢也。辭讓繳對之心，天下之達道也，或相十百，或相千萬，君子多乎哉！此其大略摠繳也。為王誦之。王如善之，請嘗試之。

水官批：文肖其人，清光可掬。

火官批：以己清明之思，印千古聖賢之旨，得在意外，會在象先。

又《酒四書文章》 既醉破以酒，樂以天下也。夫破承樂酒無厭謂之荒，衆惡之。禮云禮云，人其舍諸。嘗謂起講五穀者，種之美者也，其次致曲麴借用。水哉水哉，舜使益掌火，亦在乎熟之而已矣。犧牲起股既成，粢盛既潔，有酒食，不亦善乎。飢者甘食，渴者甘飲，惟酒無量，不亦悅乎；自虛股生民以來，不能改者也。自虛股對天子以至於庶人，如之何其徹作去字解也。郊社之禮，禘嘗之義，揖讓而升，則何以哉。序爵，敬其所尊，愛其所親，無所養也，舍我其誰也？敬老中股對慈幼，無忘賓旅，夫何為哉，及席禮以行之，遜以出之，無有失也。其斯之謂與？君子末股多乎哉。食之以時，一勺之多，晬然見於面，益於□，施於四體。足之蹈之，手之舞之，無入而不自得焉。夫子聖者與，唯酒無量，萬鍾於我，富貴不能淫，貧賤不能移，威武不能屈，仁者不憂，勇者不懼，豈不成大丈夫哉？禮儀三百，威儀三千，四時行焉。予一以貫之，發憤忘食，樂以忘憂；老之將至，何用不臧？若夫惡醉而強酒，斯可謂狂矣。言非禮義，然後人侮之，則何益矣。是以君子不為也。不為酒困，可謂士矣。恭而有禮，敬人者，人恆敬之，無自辱焉，則何亡國敗家之有？今王與百姓同樂，聖之和者也。禹惡旨酒，此之謂不知味。

水官批：文肖其人，醇和可愛。

火官批：說許多雅趣大觀，叫人怎麼戒得酒。

又《茶集曲牌名》 酪奴又將曲牌名信手寫成一篇進上：『我茶產花沁園春，二月宜春令，纔有急三鎗，便叫虞美人，去取江兒水；叫麻婆子，去砍啄木兒；叫奴姐姐，拿寶鼎現，煎到袞第一，聲似泣顏回；袞第二混江龍，聲似大砑鼓。中袞第三，聲似風入松，大家駐馬聽。聽到五韻美，四邊靜，打開看，香味滿庭芳，賽過紅芍藥，金錢花，桂枝香。拿去五供養，一到鳳凰閣，送與三學士；二到三仙橋，送與大和佛；三到謁金門，送與太師引，食待歸朝歡；四叫粉孩兒，送與父母孝順哥；五送醉翁子，食了解三醒，真箇稱人心。齊天樂，個個如臨江仙，爭奈意難忘。只道我園林好，又寫一封書，把香羅帶一付，金瓏璁一對，皂羅袍一件，紅衲襖一件送我；與我求去玩花燈，賞宮花，好事近，天下樂。』

水官批：成一家言，中得中得。

火官批：得青山綠水，光風霽月，鳶飛魚躍之趣。

又《酒集曲牌名》 督郵又將曲牌名合串成一篇，即刻而成：『我酒號做上林春，三學士、太師引，有好事近，掃地鋪，雁魚錦，架粧打毬場，叫我去請客。請到二郎神、福馬郎、瑞鶴仙、鵲橋仙，慶風雲會。四朝元，行個忒忒令，又行個僥僥令，又行折桂令。量大勝葫蘆，個個醉春風，食到剔銀燈，月上海棠，鮑老催不去，還叫憶多嬌、步步嬌、香柳娘、香歌兒、紅衫兒，唱八聲甘州歌。後來醉落魄，一個行歪路，如行夜航；一個醉倒地，如窣地錦襠。一個弄拳如下山虎，一個粧扮舞霓裳，一個吐如降黃龍，一個吐如黃龍滾。一個花心動，扯住女冠子，點絳唇，

坐銷金帳。一個扯住耍孩兒，後庭花，真個醉太平。至五更，轉霜天曉角，還不肯休。去古輪臺再沽美酒，燒夜香，又食十二時。沒奈何，傳言玉女、吳小四、搗練子、山查子、山隊子，破齊陣，個個醉扶歸。』

水官批：亦成一家言，中得中得。

火官批：如春花夏雲，妖治百態，令人一瞬不能忘情。

又《水火總判斷》 水火二官仝曰：『自天地開辟以來，有茶有酒，不可缺一，人莫不飲食也，鮮能知味也，是未得飲食之正也。第你二人無故爭競，本當重罪，因念禮義所關，情趣可愛，姑恕之，各回本職以候召用。仍著酪奴，往人間查做假茶，騙人射利者；仍著督郵，往人間查做候酒、酸酒，害人射利者。許不時奏進提寬，輕者流配，重者解入無間地獄。』

說罷，水火二官鳴鼓退堂，酪奴、督郵各拱手而去。上官方醒然覺也。不知東方之既白，因起而録夢中始末，以為傳奇行於世。

又《慶壽茶酒》 附種松堂慶壽茶酒筵宴大會。生、小生、外、淨、旦、小旦、丑並演賞花新。生上唱個：東風滿地是梨花，燕子啣泥戀故家。春草接平沙，晴天遠嶼，瞻眺思無涯。踏莎行：臨水夭桃，倚牆繁李，長楊風棹青驄尾，座中茶酒可酬春，更尋何處無愁地。明日車來，落花如綺。芭蕉漸著山公啟，欲牋心事寄天公，教人長壽花前醉。〇小生姓吳，名有德，是河東人氏。家有五車書，可以教孫教子；亦有數鍾粟，頗足為饔為飧。誦盡彌陀經，多行方便，結納天下士，最喜親賢，種善因緣，人呼我現世菩薩。優遊自在，怎敢說地上行仙。有二結契朋友：一個姓全，諱如璞；一個姓高，諱尚志；頗稱管鮑之知心，堪比金玉之永好。前日立有小約，作茶酒會。〇百歲光陰，萬物乃天地逆旅，四時行樂，我輩亦風月主人。幸居同泗水之濱，況地接九山之勝，儘可傍花隨柳，庶几游目騁懷。節序駸駸，莫負芒鞋竹杖；杯盤草草，何慚野蔌山肴。雖云一餉之清歡，亦是百年之嘉話。敢煩同志，互作遨頭。慨元祐之奇英，衣冠遠矣；集永和之少長，觴詠依然。訂約既勤，踐言弗替，今日特遣小價去請二位知友，想必即來，家中可辦茶酒以俟。

童報二位相公俱到了。賞花新小生全如璞上，唱：水漲漁夫拍柳橋，雲鳩拖雨過江皋；春信入東郊，燕巢新壘，日影上花梢。一室焚香几獨憑，蕭然興味似山僧。不緣懶出忘中櫛，免得時人有愛憎。今日蒙吳兄相邀，才到此郊行；遠遠望見高兄來了。前腔外高尚志上，唱：輕花細雨滿雲端，昨日春風曉色寒。竚足盼晴嵐，鶯鳴蝶舞，人醉倚闌干。春風歸草木，曉山麗山河，物滯欣逢泰，時豐自此多與全相遇作揖問介。全兄何往？全今日吳兄相邀。高弟也是吳兄相邀，如此同行生出迎二位，相見揖介。吳久違台範最縈腸。全故友相逢氣味長。高自是主人偏繾綣。合唱不妨賓從佐壺觴。性看茶來。童揚子江中水，蒙山頂上茶。茶到。全今日長兄誕辰，無以為慶，謹畫南極壽星一尊，下有百子千孫，繞膝羅拜。僭有拙詩一首。誦詩：『堂前椿樹拂扶桑，百子千孫進玉觴。戲舞春風迎旭日，高聲齊祝壽無疆。』吳拜揖多謝，多謝。高小弟亦有一軸畫，畫東方朔取桃。僭題拙詩一首。誦詩：『堪笑東方曼倩哉，蟠桃三熟便偷來。我今得有一株種，移向君家寶砌栽。』吳作揖多謝，進酒來。童座上客常滿，尊中酒不空。相公酒到。

錦堂月 全唱天長地久，海屋添籌，多積善，福來求，烏紗白髮，斑衣綵袖，惟願取龜齡鶴算，似松柏歲寒不朽。合斟春酒，摘取王母蟠桃，共祝眉壽。

前腔高唱更羨你朵朵蘭枝逞秀，攀龍高手，登月闕步，瀛洲濟濟，光前裕後。惟願取孝子賢孫，長搢笏，趨拜冕旒。合唱斟春酒，摘取王母蟠桃，共祝眉壽。吳多謝二兄雅意，何以克當！全吳兄，自古道：積善之家慶有餘，兄你布德施恩，齋僧禮佛，恤寡憐貧，廣種福田，自有善報。語云：皇天不負道心人，皇天不負孝心人，皇天不負好心人，皇天不負善心人。哪個不欽仰，哪個不誦念，哪個不祝願？

前腔全、高、合唱更羨你積德太丘，弟恭兄友。調琴瑟，鸞鳳儔，五倫聚睦喜綢繆。合唱斟春酒，摘取王母蟠桃，共祝眉壽。吳小弟烹有先春玉筍，請二位嘗之。書僮捧茶來！書僮捧茶衆：請茶介！全好茶，真好茶。高老兄，家有好茶，又有好酒，糟丘茶塢真堪老，何必吳芽與蔛槎。吳酒逢知己千鍾少，今日要厭厭夜飲，不醉無歸。小弟有三個官妓，頗會彈唱，喚他出來勸二位酒，豈不快哉。全既是長兄所愛寵姬，小弟們不敢瞻盼。吳說哪裏話喚桂香、蘭香、賽花我有二位知心朋友在此飲酒，你可唱歌數番，使得二位相公酣飲，大有所賞。〇三旦叩頭領尊命。

浣溪沙　桂香唱閑把琵琶舊譜尋，四弦聲怨卻沉吟，燕飛人靜畫堂陰。〇歌枕有時成雨夢，隔簾無處説春心，一從燈夜到如今。

前腔蘭香唱鸚鵡無言理翠衿，杏花零落晝陰陰。畫橋流水一篙深。〇芳徑與誰同鬥草，繡床終日罷拈針，小牋香管寫春心。

憶秦娥　賽花唱曉朦朧，前溪百鳥啼匆匆。啼匆匆，淩波人去，拜月樓空。〇舊年今日東門東，鮮粧輝映桃花紅。桃花紅，吹開吹落，一任東風。全、高、合果然唱得好，賞酒三杯。三旦叩頭多謝。桂香稟三位相公都是善人，賤妾不敢唱風花雪月歌曲，近日集孝弟忠信四段詞，僭唱一遍，不知相公意中如何？吳、全、高有此好曲，天地間最妙妙的，快唱快唱。

桂香我勸世間衆孩兒，好將諷誦蓼莪詩。孝順還生孝順子，天公報應不差移。

懶畫眉　千恩萬愛我爹娘，只有那二十四孝姓名揚。內向人家亦有媳婦。賢媳婦，也要事姑嫜。呀！活佛不事枉燒香，反不如鴉反哺，跪乳羊。全好，真好。吳兄弟，俺有一句話説，要知親恩，看你兒郎。欲求子順，先孝爹娘。高真古今之格言。桂香我勸世上好弟兄，莫學當年賦角號，一體連枝親骨肉，同居九世羨張公。

前腔香唱兄弟相愛莫相猶，你看田家荊樹永悠悠。內向人家都是妯娌不和。妯和娌，也須好勸酬。呀！豆箕煮豆在釜中泣，反不如脊令在原急難捄高好，真好。吳兄弟，俺又有一句話説。兄弟如手足，夫妻如衣服。衣服破時更得新，手足斷時難再續。全真千古之格言。桂我勸世人好做官，清明廉恕量須寬，鞠躬盡瘁君恩報，萬載題名在玉鑾。

前腔桂銅肝鐵膽做良臣，顛而能扶，屈而能伸。內向文武百官要怎的？文官不要錢，武官不要命，都要加忠藎。呀！那奸雄誤國欺心漢，反不如鱗介尊神龍，走獸宗麒麟。全好，更好。吳兄弟，俺又有一句話説。以愛妻子的心去事親，則盡孝。以保富貴之心去奉君，則盡忠。高真千古之格言。桂我勸世人交好人，管鮑千載一知心。指天誓日同生死，重義還須報重恩。前腔桂唱結交全要好端詳，斷金刎頸，露布衷腸。內向有富貴貧賤不同。富貴不可恃，貧賤不可忘，都要地久天長。呀！那一等僥負忘恩漢，反不如犬濕草、馬垂韁。吳兄弟，俺有一句話説。不結子花休要種，無義之朋切莫交。全有酒有肉多兄弟，急難何曾見一人。高二位仁兄怎麽這等説，劉關張桃園三結義，千載流芳。韓朋三結義，托孤寄命。靈輒御公徒，以救趙盾。豫讓感國士，以報智伯。范叔貰綈，袍之須賈，子胥祝蘆江之丈人。魂泛大鯨海，恩重巨鰲山，哪個不曉得以德報德？吳天下不忘恩，肯報德者幾個？舉世皆長頸鳥喙，可與共患難，不可同安樂。此詩具詠於谷風。范蠡托游於五湖，可恨可嘆。全曹瞞説『寧使我負天下人，不要天下人負我。』如今哪一個不相負？然操固天下之雄，而今安在哉！高學好人，不學不好人。只要論我自家生平，心事對誰知，青天白日，眼底人情須堪破，流水浮雲。全覆雨翻雲何險也，論人情，只合杜門。嘲弄月，忽頹然，全天真，且須對酒。吳蘭香，你再唱，勸二位相公酒。蘭賤妾亦有勸善歌。全兒，你好善，連他這一起也是好善的。唱來，快唱來。蘭妙藥難醫冤債病，橫財不富命窮人。虧心折盡平生福，行短天高一世貧。生事事生君莫怨，害人人害汝休嗔。天地自然皆有報，遠在兒孫近在身。

二犯傍粧臺　蘭唱青天不可欺，未曾舉意天先知。抬起頭才三尺，也須防聽時。你看暗室貞邪，忽而萬口喧傳。自心善惡，炯然凜於四王考校。常把一心為正道，莫行艱險路崎嶇。王莽、曹操、李林甫、秦檜那樣奸雄梟惡，皆有惡報。春種一粒粟，秋收萬顆子。人生為善惡，果報還如此。報應毫厘，爭早爭遲，往古來今，放過誰？全好嚇人。

前腔蘭唱富貴不可求，何須分外巧機謀？萬事皆有定，奔忙到白頭。人心不足蛇吞象，百歲人生有幾秋？簞食草衣，淒涼窮巷，安吾拙，亦安吾愚。銀黄金紫，馳騁康衢，是甚才，亦是甚命？倒不如粗衣淡飯，可休即休，空使身心半夜愁。全、高喝彩妙！妙妙！

前腔蘭教子好讀書，有書不教子孫愚。人不通古今，馬牛而襟裾。內向假如子孫不讀書，怎麽處他？教農、教商，並教藝。田地勤耕，廩不虛，各安生理，勝積金珠。養子不教，便成豬。全、高喝彩妙！妙！請酒。吳賽花，你也唱，勸二位相公酒。賽酒色財氣四堵牆，多少賢愚在內廂。若有世人跳得出，便是神仙不死方。

銷金帳　賽酒不可濫，只可小醉微酣。若醉了，便腌臢破衣帽，口亂呢喃，跌倒西南。惹是非，父母、妻兒驚破膽。內向有甚是憑據？賽傳

畢卓於一夕，埋玄石於千日。六逸狂縱，七賢裸達。大禹恐爾致敗，逐疏儀狄，衛武因爾悔過，嚴示賓筵。丘糟池酒，惟狂罔念，可鑒到那亡身喪命，那時貪不貪？

前腔賽色不可耽，美色如坑陷，消骨肉，病難堪，迷魂陣勝如刀斬，神昏魂慘。到閻王，不待無常鬼催勘。內向有甚麼憑據？賽夏以妹喜，紂以妲己，周以褒姒，夫差以西施。為梟為鴟，傾國傾城可鑒。合到那亡身敗國，那時貪不貪。

前腔賽財不可耽，萬般巧計，貪婪心不滿，多怨憾。略過粗飯布衫，有何羞慚？內向不貪財，有何好處？賽一不積財，二不積怨，睡也安然，坐也方便。石崇巨富，竟以財喪命。堆紅朽，天地忌，盈也不甘。為富不仁，付與敗子，可鑒。合到那破家蕩產，那時貪不貪？

前腔賽氣不可喊，凡事只可包含。逞好漢，禍怎堪？看兇暴，似立牆岩，何須虓憨。內向有什麼憑據？賽楚伯王，力拔山氣蓋世，竟刎烏江。周瑜用計要害孔明，被孔明三氣而死。語云：金剛則折，革剛則裂。忍與耐，剛柔相濟，是奇男。齒亡唇存，老子之言，可鑒。合到那喪身亡命，那時貪不貪？全，高快哉，快哉！酒已醉了，就此告辭。三旦再勸酒

西江月　全、高，合唱世事短如春夢，人情薄如秋雲。不須計較苦勞心，萬事原來有命。幸遇三杯酒美，況逢一朵花新。片時歡笑且相親，明日陰晴未定。

石榴花　吳仙苑春濃，小桃花開枝枝，已堪攀折。乍雨乍晴，輕暖輕寒，漸近那賞花時節。你看，綠柳搖臺榭，東風軟，簾捲靜寂，幽禽調舌，我與你天長地久，共綢繆，千秋永結。

滿庭芳　全脫兔雲開，春隨人意，驟雨才過還晴，古臺方榭，飛燕蹴紅英。舞困榆錢，自落鞦韆外。綠水橋平，東風裏，朱門映柳低，按小秦箏。

前腔高多情行樂處，珠鈿翠蓋，金轡紅纓，漸酒空醽醁。花困蓬瀛。老兄，人少得快活，佳節每從愁裏過，壯心還倚醉中樂。荳蔻梢頭舊恨，十年夢，屈指堪驚。倚欄久，疏煙淡月，微映百層城吳二兄，你看那烏兒叫得好聽。

醉鄉春　吳喚起一聲人悄，衾冷夢，寒霜曉，瘴雨過，海棠開，春色又添多少。社瓮釀成微笑，半破癭瓢，共舀覺顛倒。急投床，醉鄉廣大人間小。

全年年長進紫霞觴。高君子淡交歲月長。吳冷暖世情休說破，合從來積善有禎祥。

明 繆希雍《神農本草經疏》卷一三　茗，苦𣘻。茗味甘苦，微寒無毒。主瘺瘡，利小便，去痰熱渴，令人少睡。苦𣘻主下氣消食。

疏：茗，禀土中之清氣，兼得春初生發之意。《本經》：『味甘，氣微寒，無毒。』藏器言苦，然亦有不苦者。氣薄味厚，陰中微陽，降也。人手太陰、少陰經。太陰為清肅之臟，喜涼而惡熱，熱則生痰，而澤液竭，故作渴也。瘺瘡者，大腸積熱也。小便不利者，小腸熱結也。甘寒入心肺而除熱，則津液生，痰熱解。臟氣既清，腑病不求其止而止矣。令人少睡者，蓋心藏神，神昏則多睡，清心經之熱，則神常自惺寂，故不寐也。下氣消食者，苦能下泄，故氣下火降，而兼滌除腸胃，則食自消矣。

主治參互

同黃連、酸棗仁生用，通草蓮實，治多睡好眠。同當歸、川芎、烏梅、黑豆、生地黃、土茯苓、甘菊花，治頭痛因于血虛有火者。直指方熱毒下痢：蠟茶為末，密水煎服。白痢：以姜汁同水煎服，兩三服即愈。

簡誤

凡茶之種類極多，方宜大異。要皆以味甘不澀，氣芬如蘭，摘於夏前者為良。夫茶禀天地至清之氣，生於山谷磽瘠砂土之中，不受纖芥穢滓，專感云路之氣，以為滋培，故能滌腸胃一切垢膩，寧非木中清貴之品哉？昔人多以其苦寒不利脾胃，及多食發黃消瘦之說，此皆語其粗惡苦澀，品類最下者言之耳。昔雅州蒙山出一種茶，服四兩即為地仙，豈有味甘氣芬者飲之反致疾耶？但苦澀野氣，葉痿莖枯非道地所產者，服之不利心脾，故不宜。飲酒後不宜用，能成飲證。

明 宋詡《竹嶼山房雜部》卷一《茶制》

茶香

凡桂花、茉莉花、片腦、香物類，惟用輕綃或薄紙苴納茶中，香自裛化潤，則紙藉煉火上焙燥而收，不宜散和於內，混淆其味，致茶香不分。

茶篸玢房吻切之，每茶一壺入匕許，甚協茶味之甘美。倪雲林云：『凡有香無毒之花，皆可入茶。』

茶果

栗肉炒熟者、風戾者皆去皮殼、胡桃仁鉗去殼，湯退去皮、榛仁擊去殼，湯退去皮、松仁擊去殼，湯退去皮、西瓜子仁槌去殼，微焙、楊梅核仁槌去莢、蓮心去殼微焙、蓮菂鮮者剖去皮殼，乾者水浸去皮薏或煮熟。菂音的，薏音億

烏欖核仁湯退去皮、人面核仁椰子剖用肉切、橄欖《太平廣記》曰：南威銀石器擣取汁銀、杏燒熟去皮殼、梧桐子仁剪去殼、芡實煮熟，鉗剝其肉、菱實鮮者去皮殼，風戾者煮熟去皮殼。

茶菜

芝麻水浸，擣去皮，焙燥，揚潔，湯煮、胡荽用頭腌泡蒿苣筍乾宜芝麻、豆腐乾煮軟，宜芝麻、胡荽、芹白腌，宜胡桃仁、竹筍豆豉蔞蒿乾宜芝麻、木寥乾宜芝麻、香椿芽微芼，宜芝麻，乾同、竹筍鮮者帶籜芼，加少鹽，《筍譜》曰：『脫殼煮則失味。』咸乾者宜芝麻同蒿芼，宜芝麻，乾同、雞棕宜胡桃、榛、松仁龍鬚菜微芼、芼管菜微芼、扁豆芼熟，去皮殼，宜芝麻、豇豆肥稚者殼兼微芼乾、羊角豆稺者，兼殼芼熟、刀豆老者芼熟，去皮殼、天茄稚者萱用芽跗同少鹽芼，跗音附、箭幹菜腌，胡桃仁宜、絲瓜劘去皮，同少鹽微芼、金雀蕊同少鹽微芼乾、胡蘿蔔宜胡桃仁、熟栗肉、熟蔥白、腌胡荽、芝麻、乳餅熱湯泡刀切，鹹以淡酒少漬，宜胡荽。

飲茶

清者為上，內果菜為次。物之甘者忌置於內，若荔枝、龍眼、棗、柿之類，大不宜投之也。其他巴茶、枸杞茶等，又非此茶之製而論。《茶録》云：『建安民間試茶，皆不入香，恐奪其真。若烹點之際，又雜珍果，香艸具奪，益甚。』

又卷六 造茶三製《學林新編》云：『茶之佳者，造在社前；其次火前，謂寒食前；其下則雨前，謂穀雨前。』此建安之造茶。然氣有先後，地有寒熟，茶有早晚，惟取萌蘖為上，不得泥此以論茶也。

一摘茶萌心為上，作沸湯微燖之，晾乾綿紙，藉煉火上焙燥。一摘葉於鍋中焙柔，以手頫揉之，焙燥。一以葉蒸過，晒乾，毋以火焙燥，俱以竹箬厚藉筐莒收。【略】

香茶餅

孩兒茶四錢、芽茶四錢六，安州産者、白檀香一錢二分、白豆蔻仁一錢五分、縮砂仁五分、沈香二分半、片腦四分、麝香二分，俱為細玢，煎甘草膏，同白糯米細粉，為糊溲勻，銀範為小餅，或小條晒乾。常噙化，清心化氣。煎甘艸膏方：粉甘艸一斤，銼碎，沸湯一鍋，浸一宿。煎減至一半，去渣濾潔，取汁復入鍋，慢火熬至二椀，易入砂鍋中煉火上，毋慢熬至一大椀，以成骨為度。渣可毋煎。

又卷九 茶《本草》云：『茗，苦茶。』

二月間，凡一坑下子數粒，俟長，耘種之。每株離三四尺為行。惟以水灌，不便於糞，三年遂可採造之矣。按：茶不可移植，移必不茂。世俗婚聘用茶，蓋取一定不移之義云。

又卷二二

合足味茶法

甘三苦四妙通神甘草三兩，苦參四兩，五斤乾茶五斤蒸乾茶葉五斤，蒸過茶五斤，菉豆四升同擣合豆炒過，此方宜利勝燒銀。

製孩兒香茶法

孩兒茶一斤研極細，羅過，用白豆蔻仁四錢研為細末，粉草灸一二錢，碾為細末，華澄茄一二錢研細末，川百藥煎半兩為末，將已上四件和勻瓷器收貯，勿沾味。沉香半兩劈成一二定子插人鵞梨內，用紙裹了水濕過灰火內煨，梨熟為度。取出沈香曬乾為細末，同一二錢和之前劑，將梨汁製麝香，用梅花片腦一二錢，米腦亦可用。製過寒水石同研，和拌入料，寒水石半斤於炭火內煆紅，先將薄荷葉四兩，水浸得透，鋪在紙上，將煆過寒水石放在葉上裹了，放冷，取出，秤五錢與腦子同研，餘者待後次用之。葉棄去不用，死腦子法也，不死，則腦子氣味去矣。麝香二錢，揀去毛令淨，研開，用元製沉香梨汁和為泥，泥在瓷盞內或銀器內，上用紙糊口，用針透十數孔，慢火焙乾，研為末，再施盞內，焙熱合和前藥，其香滿室。此其法也。右將潔淨糯米一升煮極爛稠粥，擂細冷定，用絹絞取濃汁和劑，須要硬。於淨槌帛石上槌三五千下，愈多愈好，故名千槌膏。卻用白檀煎油抹印，印成小餅，於透風處懸弔一二日，刷光磁器內收。

酥合茶

將好酥於銀石器內鎔化，傾入江茶末攪勻，旋旋添湯，攪成稀膏子，散在盞內，卻著湯浸供之。茶與酥看客多少用，但酥多於茶，此為佳。此法至簡且易，尤珍美。四季皆用湯造，冬間造在風爐子上。

腦子茶

先將好茶研細，薄紙包梅花片腦一錢許，於茶末内埋之，經宿湯點，則有腦子氣味，極妙。

熏花茶

用好淨錫打連蓋四層盒子一箇，下一層裝上號高茶末一半，中一層底透作數十箇箸頭大竅，薄紙襯，鬆裝花至一半，盒蓋定，紙封縫密。經宿開盒，去舊花換新花，如此一二次。湯點，其香拂彝可愛。四時中但有香頭皆可為之，只要眼乾，不可帶潤，若紙微潤，非徒無益，而又害之也。又法：用淨瓷器將茶末捺實，用箸頭簽十數竅，每竅安花頭一箇，如此安滿，卻以茶末蓋之，紙糊封口，待經宿用。此法惟造些少，暫時則可，若多造，被濕氣，反害茶香味也。

明　蕭洵《顧渚山采茶記》（光緒）《長興縣志》　長興縣，本戰國吳夫差弟夫概故城。城北四十五里有山，曰顧渚；夫概顧其渚，可為都邑得名。山麓宜茶，志稱與光州同。始自唐貞元十六年，刺史李詞乞貢焙，立寺山下吉祥，故有寺也。寺前百步有泉，極清甘，煮顧渚茶葉，皆仰立。相傳每歲刺史入山將造茶，具禮拜敕，泉頃之發源，其夕清溢，造畢隨滅，刺史去則涸矣。歷代皆貯之與茶同貢。當時刺史入山，往往稱勝，號為茶仙。劉禹錫詩有云：『何處人間似仙境，春山攜妓采茶時』；杜牧之云：『誰知病太守，猶得作茶仙。』顏真卿、白居易、皮日休、鄭谷輩，逮宋蘇軾諸賢，履舄所至，題詠爛漫、流風餘韻，皆可想見。若息躬、枕流、忘歸、金沙諸亭，與木瓜堂、明月峽、清風樓皆漫無可訪。洪武六年春，余以工部主事來宰是邑。始至官公署僅設，而垣壁穿缺，草荒侵階。胥吏輩三五，皆累然聯索，上下爭呼，惟知救過，以共濟其欲，凋劫之民仰無所屬。案版委棄，無緩急類，廢置不治，安得復知有他。為政者未幾，府貼下通判四明周亨隨至。余以守令，例當偕行。明日，守御劉侯顯亦來，盛集于此寺。悉頃，守僧養中來見，垂首衣結，眊眊焉，言即淚下。周視山麓之茶，皆薾新拔草莽間，大懼，將何以修厥，貢罪將誰歸？明日，既畢而竣事，于是始謀諸衆，伐木葦土，求金沙水疎滌之，招來僧之竄避者，復其身，專事於茶。寺宇之蠹折者，悉令撤而完之以居。歲入山之衆，製備籠焙之器，飾童子數十，至期盥櫛易衣，入授采筐，平旦以從，采畢乃收寺。僧喜悅，定為常典。然後次第修完息躬亭於茶園右。率童子、官僚至，則少休焉。構清暉軒於磨院西，為監官之所舍甃。金沙池繞之以欄檻，仍作亭四間，池上籠焙，時所以禮泉也。明年春，二十日，通判金華田侯洞實來，前夕小雨，茶皆葉芽爭敷，足供常貢。田侯喜而有詩，時太守楚公而下，相繼屬和，彙成兩卷。前為圖，并見出山劉侯，郊迎之恭；男侯復序之，咸曰：盛哉！此一時也。余惟臣子朝夕恪恭，厥職苟當報上之禮，無所不至其謹，況在時物之新，薦之于太廟者，誠敬莫大焉。故僅書其當事之所宜，先采貢之次第，記于寺壁，庶來者守之，而弗敢怠忽。歷代歲造之增益，罷行并書下方云：唐歲造焙茶一萬八千四百觔，宋罷貢，元末茶二千觔，續增芽茶九十觔。國朝丁酉年，進芽茶三百觔，戊戌年，增薦新茶九二觔，又增貢五百三十觔一十二兩；丙子又增芽茶八百十六觔六兩，葉茶三千二百六十五觔八兩。吳元年又增貢薦新芽茶二觔，磨造末茶二千八百八十三觔一十五兩七錢五分；葉茶二萬二百八十二觔二兩二錢五分。欽以每觔折米一斗，核銅錢一百二十文。洪武四年又增末茶三千二百四觔六兩七錢五分，芽茶一萬六百一十一觔一十四兩二錢七分五釐，葉茶九萬六千八百觔七兩一錢七分五釐。洪武七年又增顧渚山葉茶一十觔，該錢通計一千四百一十六萬五千七十一文六分八釐七毫五絲，末茶變易價錢值九十六萬一千三百二十六文五分奇。洪武八年二月二十五日并書于吉祥寺屋壁。

明　夏樹芳《茶董》

陶通明輕身換骨

陶弘景《雜録》：芳茶輕身換骨，丹丘子、黃山君嘗服之。

李青蓮還童振枯

李白茶述：余聞荊州玉泉寺，近清溪諸山。山洞往往有乳窟，窟中多玉泉交流。其水邊處處有茗草羅生，枝葉如碧玉。惟玉泉真公常采而飲之，年八十餘歲，顏色如桃花，而此茗清香滑熱，異於他所。所以能還童振枯，人人壽也。余游金陵，見宗僧中孚，示余茶數十片，拳然重疊，其狀如手掌，號仙人掌茶。兼贈以詩，要余答之。後之高僧大隱，知仙人掌茶發於中孚衲子及青蓮居士李白也。

顏清臣素瓷芳氣

顏魯公《月夜啜茶聯句》：流華淨肌骨，疏瀹滌心源。素瓷傳靜夜，芳氣滿閑軒。

謝宗丹丘仙品

謝宗《論茶》曰：此丹丘之仙茶，勝烏程之御荈。首閱碧澗明月，醉向霜華，豈可以酪蒼頭，便應代酒從事。

劉越石潰悶常仰

劉琨《與兄子南兗州刺史演書》曰：吾體中潰悶，常仰真茶，汝可置之。

劉夢得樂天六班

白樂天方齋，劉禹錫正病酒，乃饋菊苗齏、蘆菔鮓，換取樂天六班茶二囊以醒酒。禹錫有《西山蘭若試茶歌》：何況蒙山顧渚春，白泥赤印走風塵。欲知花乳清冷味，須是眠雲臥石人。

釋覺林志崇三等

覺林院志崇收茶三等，待客以驚雷莢，自奉以萱草帶，供佛以紫茸香。

周韶好奇鬥勝

周韶好蓄奇茗，嘗與蔡君謨鬥勝，題品風味，君謨屈焉。

林和靖靜試對賞

林君復《試茶詩》：白雲峯下兩槍新，膩綠長鮮穀雨春。靜試恰如湖上雪，對嘗兼憶剡中人。

陸魯望顧渚取租

甫里先生陸龜蒙，嗜茶荈，置小園於顧渚山下，歲取租茶，自判品第。

朱桃椎芒屩為易

朱桃椎，嘗織芒屩置道上，見者為鬻米茗易之。

張載詩稱芳冠

張孟陽詩：芳茶冠六清，溢味播九區。

權紓腦痛服愈

隋文帝微時，夢神人易其腦骨，自爾腦痛。忽遇一僧云：『山中有茗草，服之當愈』。進士權紓讚曰：窮《春秋》，演河圖，不如載茗一車。

顧逋翁顧況論茶

顧況論茶：煎以文火細煙，小鼎長泉。

薛大拙薛能詩

唐薛能詩：偷嫌曼倩桃無味，擣覺嫦娥藥不香。

王肅人號漏卮

瑯琊王肅喜茗，一飲一斗，人因號為漏卮。肅初入魏，不食羊肉酪漿，常飯鯽魚羹，渴飲茗汁。高帝曰：『羊肉何如魚羹，茗飲何如酪漿？』肅對曰：『羊是陸產之最，魚是水族之長，羊比齊魯大邦，魚比邾莒小國，惟茗不中與酪作奴。』彭城王勰顧謂曰：『明日為卿設邾莒之會，亦有酪奴』。

僧齊己高人愛惜

龍安有騎火茶。唐僧齊己詩：高人愛惜藏巖裏，白甀封題寄火前。

鮑令暉鮑姊著賦

鮑昭姊令暉，著香茗賦。

左太沖嬌女心劇

左思《嬌女詩》：吾家有嬌女，皎皎頗自晰。小字為紈素，口齒自清曆。有姊字惠芳，眉目粲如畫。馳騖翔園林，果下皆生摘。貪華風雨中，倏忽數百適。心為茶荈劇，吹噓對鼎鑑。

李存博山林性嗜

李約，雅度簡遠，有山林之致，一生不近粉黛。性嗜茶，嘗曰：『茶須緩火炙，活火煎。始則魚目散布，微微有聲；中則四際泉湧，纍纍若貫珠；終則騰波鼓浪，水氣全消，此謂老湯。三沸之法，非活火不能成也。』客至不限甌數，竟日爇火執器不倦。曾奉使行至陝州硤石縣東，愛渠水清流，旬日忘發。

胡嵩姓餘甘氏

胡嵩《飛龍澗飲茶》詩：『沾牙舊姓餘甘氏，破睡當封不夜侯。』陶穀愛其新奇，令猶子彝和之。應聲曰：『生涼好喚雞蘇佛，回味宜稱橄欖仙。』彝時年十二。

桓宣武名斛二瘕

桓征西步將，喜飲茶，至一斛二斗。一日過量，吐如牛肺一物，以茗澆之，容一斛二斗。客云：『此名斛二瘕。』

孫樵茗戰

孫可之送茶與焦刑部，建陽丹山碧水之鄉，月澗雲龕之品，慎勿賤用之。時以鬥茶為茗戰。

錢起茶宴

錢仲文與趙莒茶宴，又嘗過長孫宅，與郎上人作茶會。

曹鄴之碧沉香泛

曹鄴《謝故人寄新茶》詩：劍外九華英，緘題下玉京。開時微月上，碾處亂泉聲。半夜招僧至，孤吟對月烹。碧沉雲腳碎，香泛乳花輕。六腑睡神去，數朝詩思清。月餘不敢費，留伴肘書行。

和成績湯社

五代時，魯公和凝率同列遞日以茶相飲，味劣者有罰，號為湯社。

李鄴侯翻玉添酥

唐奉節王好詩，嘗煎茶就鄴侯題詩。鄴侯戲題云：『旋沫翻成碧玉池，添酥散出琉璃眼。』

陸鴻漸茶品

陸羽品茶，千類萬狀，有如胡人靴者，蹙縮然；犎牛臆者，廉襜然；浮雲出山者，輪囷然；輕飆出水者，涵澹然。此茶之精腴者也。有如竹籜者，籭簁然；如霜荷者，萎萃然；此茶之瘠老者也。又論茶有九難：陰採夜焙，非造也；嚼味嗅香，非別也；膏薪庖炭，非火也；飛湍壅潦，非水也；外熟內生，非炙也；碧粉縹塵，非末也；操艱攪遽，非煮也；夏興冬廢，非飲也；膩鼎腥甌，非器也。造茶具二十四事，以都統籠貯之，遠近傾慕，好事者家藏一副。

白少傅慕巢知味

白樂天《睡後煎茶》詩：『婆娑綠陰樹，斑駁青苔地。此處置繩宝，旁邊洗茶器。白瓷甌甚潔，紅鑪炭方熾。末下麴塵香，花浮魚眼沸。盛來有佳色，嚥罷餘芳氣。不見楊慕巢，誰人知此味。』楊同州亦當時之善茶者也。

竇儀龍陂仙子

開寶初，竇儀以新茶餉客，奩面標曰『龍陂山子茶』。

皮日休襲美雜詠

皮襲美《茶中雜詠序》云：國朝茶事，竟陵陸季疵始為《經》三卷，後又有太原溫從雲，武威段碣之各補茶事十數節，並存方冊。昔晉杜育有《荈賦》，季疵有《茶歌》，遂為《茶具十詠》寄天隨子。

張文規明月始生

明月峽在顧渚側，二山相對，石壁峭立，大澗中流，乳石飛走。茶生其間，尤為絕品。張文規所謂『明月峽前茶始生』是也。文規好學，有文藻。蘇子由、孔武仲、何正臣皆與之游。

盧仝盧仝自煎

孟諫議寄新茶，盧仝《走筆作歌》云：『柴門反關無俗客，紗帽籠頭自煎喫。』今洛陽有盧仝煮茶泉。

張志和樵青竹裏煎

顏清臣作《志和傳碑》：『漁童捧釣收綸，蘆中鼓枻；樵青蘇蘭薪桂，竹裏煎茶。』

皮文通甘心苦口

皮光業最耽茗飲。中表請嘗新柑，筵具甚豐，簪紱藂集。纔至，未顧樽罍而呼茶甚急。徑進一巨觥，題詩曰：『未見甘心氏，先迎苦口師。』衆噱曰：『此師固清高，難以療饑也。』

王仲祖王濛水厄

晉司徒長史王濛，好飲茶。客至，輒飲之，士大夫甚以為苦，每欲候濛，必云：『今日有水厄。』

蔡端明能仁石縫生

蔡君謨善別茶。建安能仁院，有茶生石縫間，僧採造得茶八餅，號石巖白。以四餅遺蔡，四餅遺王內翰禹玉。歲除，蔡被召還闕。禹玉碾以待蔡，蔡捧甌未嘗，輒曰：『此極似能仁石巖白。』禹玉未信，索帖驗之，乃服。

梅聖俞吐雪堆雲

梅堯臣在楚斫茶磨題詩有：『吐雪誇新茗，堆雲憶舊溪。北歸惟此急，藥臼不須齎。』可謂嗜茶之極矣。聖俞茶詩甚多，吳正仲餉新茶，沙

門穎公遺碧霄峯茗，俱有吟詠。

歐陽永叔珍賜一餅

歐陽文忠《歸田録》：茶之品，莫貴於龍鳳團。小龍團，仁宗尤所珍惜，雖輔臣未嘗輒賜，惟南郊大禮致齋之夕，中書、樞密院各四人共賜一餅。宮人翦金為龍鳳花草綴其上。嘉祐七年，親享明堂，始人賜一餅，余亦恭與，至今藏之。因君謨著録，輒附於後，庶知小龍團自君謨始，其可貴如此。

蘇廙仙芽

蘇廙作《仙芽傳》，載《作湯十六法》：以老嫩言者，凡三品；以緩急言者，凡三品；以器標者，共五品；以薪論者，共五品。陶穀謂：『湯者，茶之司命』，此言最得三昧。

何子華甘草癖

宣城何子華，邀客於剖金堂，酒半，出嘉陽嚴峻畫陸羽像。子華因言：『前代惑駿逸者為馬癖；泥貫索者為錢癖；愛子者，有譽兒癖；耽書者，有《左傳》癖。若此叟溺於茗事，何以名其癖？』楊粹仲曰：『茶雖珍，未離草也，宜追目陸氏為甘草癖。』一坐稱佳。

王子尚甘露

新安王子鸞，豫章王子尚，詣曇濟道人於八公山。道人設茶茗，子尚味之曰：『此甘露也，何言茶茗？』

傅玄風聖陽花

雙林大士，自往蒙頂結庵種茶，凡三年。得絕佳者，號聖陽花，持歸供獻。

楊誠齋玉塵香乳

楊廷秀《謝傅尚書茶》：遠餉新茗，當自攜大瓢，走汲溪泉，束澗底之散薪，燃折腳之石鼎。烹玉塵，啜香乳，以享天上故人之意。愧無胸中之書傳，但一味攪破菜園耳。

鄭路御史瓶

會昌初，監察御史鄭路，有兵察廳掌茶。茶必市蜀之佳者，貯於陶器，以防暑濕。御史躬親監啟，謂之『御史茶瓶』。

唐子西貴新貴活

子西《鬥茶説》：茶不問團銙，要之貴新；水不問江井，要之貴活。唐相李衛公好飲惠山泉，置驛傳送，不遠數千里。近世歐陽少師，得內賜小龍團，更閱三朝，賜茶尚在此，豈復有茶也哉！今吾提汲走龍塘，無數千步。此水宜茶，昔人以為不減清遠峽。而海道趨建安，茶數日可至，故每歲新茶，不過三月，頗得其勝。

劉言史滌盡昏渴

劉言史《與孟郊洛北野泉上煎茶》：敲石取鮮火，撇泉避腥鱗。熒□風鐺，拾得墜巢薪。恐乖靈草性，觸事皆手親。宛如摘山時，自歠指下春。湘瓷泛輕花，滌盡昏渴神。茲遊愜醒趣，可以話高人。

單道開不畏寒暑

燉煌單道開，不畏寒暑，常服小石子。藥有松、蜜、薑、桂、茯苓之氣，時復飲茶蘇一二升而已。

僧文了乳妖

吳僧文了，善烹茶。游荊南，高保勉子季興延置紫雲庵，日試其藝，奏授華亭水大師，目曰乳妖。

東都僧百椀不厭

唐大中三年，東都進一僧，年一百三十歲。宣宗問：『服何藥致然？』對曰：『臣少也賤，不知藥性，本好茶，至處惟茶是求，或飲百椀不厭。』因賜茶五十斤，令居保壽寺。

呂居仁魚眼針芒

呂文清詩：春陰養芽鍼鋒芒，沆瀣養膏冰雪香。玉斧運風寶月滿，密雲候雨蒼龍翔。惠山寒泉第二品，武定烏瓷紅錦囊。浮花元屬三味手，竹齋自試魚眼湯。

李文饒天柱峯數角

有人授舒州牧，李德裕遺書曰：到郡日，天柱峯茶，可惠三數角。其人獻數十斤，李不受。明年，罷郡，用意精求，獲數角，投李。李閱而受之，曰：此茶可以消酒毒，因命烹一甌沃於肉食內，以銀合閉之。詰旦，視其肉已化為水矣。衆服其廣識。

丁晉公草木仙骨

丁公言：嘗謂石乳出壑嶺、斷崖、缺石之間，蓋草木之仙骨。又謂

鳳山高不百丈，無危峯絶巘，而岡阜環抱，氣勢柔秀，宜乎嘉植靈卉之所發也。

蘇才翁竹瀝水取勝

蘇才翁嘗與蔡君謨鬥茶，蔡茶用惠山泉。蘇茶小劣，改用竹瀝水煎，遂能取勝。天台竹瀝水為佳，若以他水雜之，則亟敗。

鄭若愚鴉山鳥嘴

鄭谷《峽中煎茶》詩：簇簇新芽摘露光，小江園裏火煎嘗。吳僧謾説鴉山好，蜀叟休誇鳥嘴香。合坐滿甌輕泛緑，開緘數片淺含黃。鹿門病客不歸去，酒渴更知春味長。

華元化久食益意思

華佗《食論》：苦茶久食，益意思。又《神農食經》：茶茗宜久服，令人有力悦志。

陶穀党家應不識

陶學士買得党太尉故妓。取雪水烹團茶，謂妓曰：『党家應不識此。』妓曰：『彼粗人安得有此？但能向銷金帳下淺斟低唱，飲羊羔兒酒耳。』陶愧其言。

李貞一義興山萬兩

御史大夫李栖筠按義興。山僧有獻佳茗者，會客嘗之，芬香甘辣冠於他境，以為可薦於上，始進茶萬兩。

曾茶山眉白眼青

茶家碾茶，須碾著眉上白乃為佳。曾茶山詩：『碾處曾看眉上白，分時為見眼中青。』茶山詩，極清峭。如：『誰分金掌露，來作玉溪涼。』『喚起南柯夢，持來北焙春。』『子能來日鑄，吾得具風罏。』用字著語，俱有鍛鍊。

虞洪瀑布山大獲

虞洪入山採茗，遇一道士，牽三青牛，引洪至瀑布山。曰：山中有茗，可以給餉，祈子他日有甌犧之餘，乞相遺也。洪因設奠祀之，後常令家人入山，獲大茗焉。

劉子儀鯀哉點也

劉曄嘗與劉筠飲茶。問左右：『湯滾也未？』衆曰：『已滾。』筠曰：『僉曰鯀哉。』曄應聲曰：『吾與點也。』

杜子巽一片同飲

《杜鴻漸與楊祭酒書》云：顧渚山中紫筍茶兩片，一片上太夫人，一片充昆弟同歡。此物但恨帝未得嘗，實所歎息。

黃儒山川真筍

黃儒《品茶要録》云：陸羽《茶經》不第建安之品，蓋前此茶事未興，山川尚閟，露牙真筍委翳消腐，而人不知耳。宣和中，復有白茶勝雪。熊蕃曰：使黃君閲今日，則前乎此者，未足詫也。

韓太沖練囊末以進

韓晉公滉，聞奉天之難，以夾鍊囊緘茶末，遣使健步以進。

王休冰敲其晶瑩

王休，居太白山下，每至冬時，取溪冰，敲其晶瑩者，煮建茗待客。

陸祖言奈何穢吾素業

陸納為吳興太守時，衛將軍謝安常欲詣納。納兄子俶，怪納無所備，乃私蓄十數人饌具。既至，所設惟茶茗而已。俶遂陳盛饌，珍饈畢集。及安去，納杖俶四十，云：『汝既不能光益叔父，奈何穢吾素業。』

秦精武昌山大藂

《續搜神記》：晉孝武時，宣城秦精嘗入武昌山採茗。遇一毛人，長丈餘，引精至山曲大藂茗處便去。須臾復來，乃探懷中橘與精。精怖，負茗而歸。

溫嶠列貢上茶

溫太真條列貢上茶千片，茗三百大薄。

常魯蕃使亦有之

常魯使西蕃，烹茶帳中。蕃使問何為？魯曰：滌煩消渴，所謂茶也。蕃使曰：我亦有之，命取出以示，曰：『此壽州者，此顧渚者，此蘄門者。』

李肇白鶴僧園本

《岳陽風土記》載：灉湖茶，李肇所謂灉湖之含膏也。今惟白鶴僧園有千餘本，一歲不過一二十兩，土人謂之白鶴茶，味極甘香。

郭弘農茗別茶荈

郭璞云：茶者，南方佳木，早取為茶，晚取為荈。

王禹偁嘗味少知音

王元之《過陸羽茶井》：甃石苔封百尺深，試令嘗味少知音。惟餘半夜泉中月，留得先生一片心。

李季卿博士錢

常伯熊善茶。李季卿宣慰江南，至臨淮，乃召伯熊。伯熊著黃帔衫、烏紗幘，手執茶器，口通茶名，區分指點，左右刮目。茶熟，李為歠兩杯。既至江外，復召陸羽。羽衣野服隨茶具而入，如伯熊故事。茶畢，季卿命取錢三十文，酬煎茶博士。鴻漸夙游江介，通狎勝流，遂收茶錢、茶具，雀躍而出，旁若無人。

晏子時食茗菜

晏子相齊時，食脱粟之飯，炙三戈、五卵、茗菜而已。

陸宣公止受一串

陸贄，字敬輿。張鎰餉錢百萬，止受茶一串，曰：敢不承公之賜。

李南金味勝醍醐

瀹茶當以聲為辨。李南金詩：『砌蟲唧唧萬蟬催，忽有千車捆載來。聽得松風並澗水，急呼縹色綠瓷杯。』後《鶴林玉露》復補一詩：『松風檜雨到來初，急引銅瓶離竹罏。待得聲聞俱寂後，一甌春雪勝醍醐。』蓋湯不欲老，老則過苦。聲如澗水松風，不宜遽瀹，惟移瓶去火，少待其沸止而瀹之，方為合節。此南金之所未講者也。

韋曜密賜代酒

《韋曜傳》：孫皓每饗宴，坐席率以七升為限，雖不盡入口，皆澆灌取盡。曜飲酒不過二升，皓初禮異，密賜茶荈以待酒。

葉少蘊地各數畝

葉夢得《避暑録》：北苑茶，有曾坑、沙溪二地，而沙溪色白過於曾坑，但味短而微澀。草茶極品惟雙井、顧渚。雙井在分寧縣，其地屬黄氏魯直家。顧渚在長興吉祥寺，其半為今劉侍郎希範所有。兩地各數畝，歲產茶不過五六觔，所以為難。

山謙之溫山御荈

山謙之《吳興記》：烏程有溫山，出御荈。

沈存中雀舌

沈括《夢溪筆談》：茶芽謂雀舌、麥顆，言至嫩也。茶之美者，其質素良，而所植之土又美。新芽一發，便長寸餘，其細如鍼，如雀舌、麥顆者，極下材耳。乃北人不識，誤為品題。予山居有《茶論》，復口占一絕：誰把嫩香名雀舌，定來北客未曾嘗。不知靈草天然異，一夜風吹一寸長。

毛文錫蟬翼

毛文錫《茶譜》：有片甲、蟬翼之異。

張芸叟以為上供

張舜民云：有唐茶品，以陽羨為上供，建溪北苑未著也。貞元中，常袞為建州刺史，始蒸焙而研之，謂研膏茶。

司馬端明景仁乃有茶器

司馬溫公偕范蜀公游嵩山，各攜茶往。溫公以紙為貼，蜀公盛以小黑合。溫公見之驚曰：景仁乃有茶器。蜀公聞其言，遂留合與寺僧。《邵氏聞見録》云：溫公與范景仁共登嵩頂，由轘轅道至龍門，涉伊水，坐香山憩石，臨八節灘，多有詩什。攜茶登覽，當在此時。

黃涪翁憑地怎得不窮

黃魯直論茶：建溪如割，雙井如霆，日鑄如勢。所著《煎茶賦》：洶洶乎如澗松之發清吹，皓皓乎如春空之行白雲。一日以小龍團半鋌題詩贈晁無咎：曲兀蒲團聽渚湯，煎成車聲繞羊腸。雞蘇胡麻留渴羌，不應亂我官焙香。東坡見之曰：『黃九憑地怎得不窮。』

蘇長公龍團鳳髓

東坡嘗問大冶長老乞桃花茶，有《水調歌頭》一首：『已過幾番雨，前夜一聲雷，鎗旗爭戰建溪，春色占先魁。採取枝頭雀舌，帶露和煙擣碎，結就紫雲堆。輕動黃金碾，飛起綠塵埃。老龍團，真鳳髓，點將來。兔毫盞裏，霎時滋味舌頭回。喚醒青州從事，戰退睡魔百萬，夢不到陽臺。兩腋清風起，我欲上蓬萊。』坡嘗游杭州諸寺，一日飲釅茶七椀。戲書云：『示病維摩原不病，在家靈運已忘家。何須魏帝一丸藥，且盡盧仝七椀茶。』

賈春卿丐賜受煎炒

葉石林云：熙寧中，賈青為福建轉運使，取小龍團之精者為密雲龍。自玉食外，戚里貴近丐賜尤繁。宣仁一日慨歎曰：『建州今後不得造密雲龍，受他人煎炒不得也。』此語頗傳播縉紳間。

張晉彥包裹鑽權倖

周淮海《清波雜志》云：先人嘗從張晉彥覓茶，張口占二首：『内家新賜密雲龍，只到調元六七公。賴有家山供小草，猶堪詩老薦春風。』『仇池詩裏識焦坑，風味官焙可抗衡。鑽餘權倖亦及我，十輩遺前公試烹。』焦坑產庚嶺下，味苦硬，久方回甘。包裹鑽權倖，亦豈能望建溪之勝耶？

金地藏金地藏所植

西域僧金地藏，所植名金地茶，出煙霞雲霧之中，與地上產者，其味夐絕。

張孔昭水半是南零

江州刺史張又新《煎茶水記》曰：李季卿刺湖州，至維揚，逢陸處士，即有傾蓋之雅。因過揚子驛，曰：『陸君茶天下莫不聞，揚子南零水又殊絕，今者二妙千載一遇，何可輕失？』乃命軍士深詣南零取水。俄而水至，陸曰：『非南零者。』傾至半，遽曰：『止，是南零矣。』使者乃吐實。李與賓從皆大駭。李因問歷處之水，陸曰：『楚水第一，晉水最下。』因命筆口授而次第之。

高季默午椀春風

高士談，仕金為翰林學士，以詞賦擅長。蔡伯堅有詠茶詞：『天上賜金奩，不減壑源三月。午椀春風纖手，看一時如雪。幽人只慣茂林前，松風聽清絕。無奈十年黃卷，向枯腸搜徹。』士談和云：『誰扣玉川門，白絹斜風團月。晴日小窗活火，響一壺春雪。可憐桑苧一生顛，文字更清絕。直擬駕風歸去，把三山登徹。』

夏侯愷見鬼覓茶

夏侯愷因疾死。宗人字苟奴，察見鬼神，見愷岸幘單衣，坐生時西壁大宝，就人覓茶飲。

元叉未遭陽侯之難

衍子西封侯，蕭正德歸降時，元叉欲為設茗，先問：『卿於水厄多少？』正德不曉叉意，答曰：『下官生於水鄉，立身以來，未遭陽侯之難。』坐客大笑。

范仲淹香薄蘭芷

范希文《和章岷從事鬥茶歌》：新雷昨夜發何處，家家嬉笑穿雲去。露芽錯落一番新，綴玉含珠散嘉樹。北苑將期獻天子，林下雄豪先鬥美。鼎磨雲外首山銅，瓶攜江上中泠水。黃金碾畔綠塵飛，碧玉甌中翠濤起，鬥茶味兮輕醍醐，鬥茶香兮薄蘭芷。勝若登仙不可攀，輸同降將無窮恥。

王介甫一旗一槍

王荊公《送元厚之詩》：『新茗齋中試一旗。』世謂茶之始生而嫩者為一槍，寖大而開謂之旗，過此則不堪矣。

福全湯戲

饌茶而幻出物象於湯面者，茶匠通神之藝也。沙門福全，長於茶海，能注湯幻茶成將詩一句，並點四甌，共一絕句，泛乎湯表。檀越日造其門，求觀湯戲。全自詠詩曰：『生成盞裏水丹青，巧畫工夫學不成。卻笑當年陸鴻漸，煎茶贏得好名聲。』

党竹溪一甌月露

學士党懷英，詠茶調《青玉案》：『紅莎綠蒻春風餅，趁梅驛來雲嶺。紫桂崖空瓊竇冷，佳人卻恨，等閒分破，縹緲雙鸞影。一甌月露心魂醒，更送清歌助幽興。痛飲休辭今夕永，與君洗盡滿襟煩暑，別作高寒境。』

明 陳繼儒《茶董補》

造法為神以下十八則補敘嗜尚

景陵僧於水濱得嬰兒，育為弟子。稍長，自筮遇蹇之漸；繇曰：『鴻漸於陸，其羽可用為儀。』乃姓陸氏，字鴻漸，名羽。始造煎茶法，至今鬻茶之家，陶其像置於煬器之間，祀為茶神云。《因話録》

漸兒所為

有積師者，嗜茶久。非漸兒偕侍，不鄉口。羽出遊江湖，師絕於茶味。代宗召入供奉，命宮人善茶者餉師。一啜而罷。訪羽召入，賜師齋，俾羽煎茗，一舉而盡。曰：『有若漸兒所為也。』於是出羽見之。《紀異録》

奠茗工詩

胡生者，失其名，以釘鉸為業，居霅溪近白蘋洲。旁有古墳，生每茶，必奠之。嘗夢一人謂之曰：『吾姓柳，平生善為詩而嗜茗，葬室子居之側，常銜子惠，欲教子為詩。』生辭不能。柳曰：『但率子言之，當有致。』既寤，試搆思，果有冥助者，厥後遂工焉。《南部新書》

縛奴投火

陸鴻漸採越江茶，使小奴子看焙。奴失睡，茶燋爍。鴻漸怒，以鐵繩縛奴，投火中。《蠻甌志》

為荈為茗

任瞻，字育長，少時有令名。自過江失志，既下飲，問人云：『此為荈為茗？』覺人有怪色，乃自分明曰：『問飲為熱為冷。』《世説》

祀墓獲錢

剡縣陳務妻，少寡，好茶茗。宅中有古塚，每飲，輒先祀之。夜夢一人曰：『吾塚賴相保護，又享吾佳茗，豈忘翳桑之報。』及曉，於庭中獲錢十萬，從是禱祀愈切。《異苑》

鬻茗姥飛

晉元帝時，有老姥每旦提一器茗，往市鬻之。一市競買，自旦至夕，其器不減。得錢，散乞人。人或異之，州法曹縶之獄。至夜，老姥執鬻茗器，從獄牖中飛出。《廣陵志傳》

讌飲茶果

桓溫為揚州牧，性儉。每讌飲，唯下七奠柈茶果而已。《晉書》

日賜茶果

金鑾故例，翰林當直學士，春晚困，則日賜成象殿茶果。《金鑾密記》

館閣湯飲

元和時，館閣湯飲待學士者，煎麒麟草。《鳳翔退耕傳》

綠葉紫莖

同昌公主，上每賜饌，其茶有綠葉紫莖之號。《杜陽雜編》

慕好水厄

晉時給事中劉縞，慕王肅之風，專習茗飲。彭城王謂縞曰：『卿不慕王侯八珍，好蒼頭水厄，海上有逐臭之夫，里內有學顰之婦，卿即是也。』《伽藍記》

白蛇銜子

義興南嶽寺，有真珠泉。稠錫禪師嘗飲之，曰此泉烹桐廬茶，不亦可乎！未幾，有白蛇銜子墜寺前，由此滋蔓，茶味倍佳。士人重之，爭先餉遺，官司需索不絕，寺僧苦之。《義興舊志》

瞿唐自潑

杜豳公悰，位極人臣，嘗與同列言：平生不稱意有三：其一，為澧州刺史；其二，貶司農卿；其三，自西川移鎮廣陵。舟次瞿唐，為駭浪所驚，左右呼喚不至。渴甚，自潑湯茶喫也。《南部新書》

山號大恩

藩鎮潘仁恭，禁南方茶，自擷山為茶，號山曰大恩，以邀利。《國史補》

驛官茶庫

江南有驛官，以幹事自任。白太守曰：『驛中已理，請一閱之。』乃往，初至一室，為酒庫，諸醞皆熟，其外畫神。問何也？曰：『杜康。』太守曰：『功有餘也。』又一室，曰茶庫，諸茗畢備，復有神。問何也？曰陸鴻漸。太守益喜。又一室，曰葅庫，諸葅畢具，復有神。問何也？曰蔡伯喈。太守大笑曰：『不必置此。』《茶録》

士人作事

宋大小龍團，始於丁晉公，成於蔡君謨。歐陽公聞而歎曰：『君謨，士人也，何至作此事。』《茗溪詩話》

前丁後蔡

陸羽《茶經》、裴汶《茶述》，皆不載建品，唐末然後北苑出焉。本朝開寶間，始命造龍團，以別庶品。厥後丁晉公漕閩，乃載之《茶録》，蔡忠惠又造小龍團以進。東坡詩云：『武夷溪邊粟粒芽，前丁後蔡相籠加。吾君所乏豈此物，致養口體何陋耶。』茶之為物，滌昏雪滯，於務學勤政，未必無助，其與進荔枝、桃花者不同，然充類至義，則亦宦官、宮妾之愛君也。忠惠直道高名，與范、歐相亞，而進茶一事，乃儕晉公，君子之舉措，可不謹哉。《鶴林玉露》

仙家雷鳴

蜀雅州蒙山中，頂有茶園。一僧病冷且久，嘗遇老父詢其病，僧具告

之。父曰：『何不飲茶。』僧曰：『本以茶泠，豈能止此？』父曰：『仙家有雷鳴茶，亦聞乎？蒙之中頂，以春分先後，俟雷發聲，多搆人力採摘，三日乃止。若獲一兩，以本處水煎服，能祛宿疾；二兩眼前無疾；三兩換骨；四兩成地仙。』僧因之中頂築室以俟。及期，獲一兩，服未竟而病瘥。至八十餘時到城市，貌若年三十餘，眉髮紺綠。後入青城山，不知所終。原闕

陸羽別號

羽於江湖稱竟陵子，南越稱桑苧翁。少事竟陵禪師智積，異日羽在他處，聞師亡，哭之甚哀。作詩寄懷，其略曰：『不羨黃金罍，不羨白玉杯，不羨朝入省，不羨暮入臺，千羨萬羨西江水，曾向竟陵城下來。』羽貞元末卒。《鴻漸小傳》

又 南方嘉木以下十則，補敘產植

茶者，南方之嘉木也。樹如瓜蘆，葉如梔子，花如白薔薇，實如栟櫚，蒂如丁香，根如胡桃。其名一曰茶，二曰檟，三曰蔎，四曰茗，五曰荈。《茶經》

早茶晚茗

早采者為茶，晚取者為茗，一名荈，蜀人名之苦茶。《爾雅》按：二則正集太略，補其未備。

山川異產

劍南有蒙頂石花，或小方，或散芽，號為第一。湖州有顧渚之紫筍，東川有神泉小團，昌明獸目。硤州有碧澗明月，芳蕊，茱萸簝。福州有方山之生芽。夔州有香山，江陵有楠木，湖南有衡山。岳州有邕湖之含膏；常州有義興之紫筍。婺州有東白，睦州有鳩坑。洪州有西山之白露，壽州有霍山之黃芽，蘄州有蘄門團黃，而浮梁商貨不在焉。《國史補》

又 建州之北苑先春龍焙，東川之獸目，綿州之松嶺，福州之柏巖，雅州之露芽，南康之雲居，婺州之舉巖碧乳。宣城之陽坡橫紋，饒池之仙芝、福合、祿合、運合、慶合，蜀州之雀舌、鳥觜麥顆、片甲、蟬翼。潭州之獨行靈草，彭州之仙崖石花。臨江之玉津，袁州之金片，龍安之騎火，涪州之賓化，建安之青鳳髓，岳州之黃翎毛，建安之石巖白，岳陽之含膏冷。見《茶論》、《臆乘》及《茶譜通考》

又 湖州茶生長城縣顧渚山中，與峽州、光州同；生白茅懸腳嶺，與襄州、荊南義陽郡同；生鳳亭山伏翼澗飛雲、曲水二寺，啄木嶺，與壽州、常州同；安吉、武康二縣山谷，與金州、梁州同。《天中記》

又 杭州寶雲山產者，名寶雲茶。下天竺香林洞者，名香林茶；上天竺白雲烗者，名白雲茶。《天中記》

又 會稽有日鑄嶺，產茶。歐陽修云：兩浙產茶，日鑄第一。《方輿勝覽》

茗之別名

西平縣出皋蘆，茗之別名，葉大而澀，南人以為飲。《廣州記》

茶之別種

茶之別者，有枳殼芽，枸杞芽，枇杷芽，皆治風疾。又有皂莢芽、槐芽、柳芽，乃上春摘其芽和茶作之，故今南人輸官茶，往往雜以衆葉，惟茅蘆、竹箬之類不可入。自餘，山中草木芽葉皆可和合，椿、柿尤奇。真茶，性極冷，惟雅州蒙山出者，性溫而主疾。《本草》

至性不移

凡種茶樹，必下子，移植則不復生。故俗聘婦，必以茶為禮，義固有所取也。《天中記》

又 片散二類以下八則，補敘製茶。

凡茶有二類，曰片，曰散。片茶，蒸造，實捲模中串之；惟劍建，則既蒸而研，編竹為格，置焙室中，最為精潔，他處不能造。其名有龍、鳳、石乳、的乳、白乳、頭金、蠟面、頭骨、次骨、末骨、粗骨、山挺十二等，以充國貢及邦國之用，洎本路食茶。餘州片茶，有進寶、雙勝、寶山兩府，出興國軍；仙芝、嫩蕊、福合、祿合、運合、慶合、指合，出饒池州；泥片出虔州；綠英金片出袁州；玉津出臨江軍靈川；福州先春、早春、華英、來泉、勝金，出歙州；獨行靈草、綠芽片金、金茗出潭州；大柘枕出江陵、大小巴陵；開勝、開捲、小捲、生黃翎毛，出岳州；雙上綠芽、大小方出岳、辰、澧州；東首、淺山薄側，出光州；總二十六名。兩浙及宣江等州，以上中下或第一至第五為號。散茶有太湖、龍溪、次號、末號，出淮南、岳麓、草子、楊樹、雨前、雨後，出荊湖；青口，出歸州；茗子，出江南，總十一名。《文獻通考》

御用茗目

上林第一。乙夜清供。承平雅玩。宜年寶玉。萬春銀葉。延年石乳。瓊林毓粹。浴雪呈祥。清白可鑒。風韻甚高。暘谷先春。價倍南金。雪英。雲葉。金錢。玉華。玉葉長春。蜀葵。寸金。並宣和時政和曰太平嘉瑞，紹聖曰南山應瑞。《北苑貢茶録》

製茶之病

芽擇肥乳，則甘香而粥面着盞而不散。土瘠而芽短，則雲腳渙亂，去盞而易散。葉梗半，則受水鮮白。葉梗短，則色黄而泛。梗，謂芽之身除去白合處，茶民以茶之色味俱在梗中。烏蔕、白合，茶之大病。不去烏蔕，則色黄黑而惡。不去白合，則味苦澀。丁謂之論備矣蒸芽必熟，去膏必盡。蒸芽未熟，則草木氣存，適口則知去膏未盡，則色濁而味重。受煙則香奪，壓黄則味失，此皆茶之病也。《茶録》

製法沿革

唐時製茶，不第建安品。五代之季，建屬南唐，諸縣採茶，北苑初造研膏，繼造蠟面，既而又製佳者，曰京挺。宋太平興國二年，始置龍鳳模。遣使即北苑團龍鳳茶，以別庶飲。又一種叢生石崖，枝葉尤茂，至道初，有詔造之，別號石乳；又一種，號的乳；又一種，號白乳。此四種出，而蠟面斯下矣。真宗咸平中，丁謂為福建漕，監御茶，進龍、鳳團，始載之《茶録》。仁宗慶曆中，蔡襄為漕，始改造小龍團以進。旨令歲貢，而龍鳳遂為次矣。神宗元豐間，有旨造密雲龍，其品又加於小團之上。哲宗紹聖中，又改為瑞雲翔龍，至徽宗大觀初，親製《茶論》二十篇，以白茶自為一種，與他茶不同，其條敷闡，其葉瑩薄，崖林之間，偶然生出，非人力可致。正焙之有者，不過四五家，家不過四五株，所造止於一二銙而已。淺焙亦有之，但品格不及，於是白茶遂為第一。既而又製三色細芽及試新銙、貢新銙。自三色細芽出，而瑞雲翔龍又下矣。宣和庚子，漕臣鄭可簡，始創為銀絲水芽。蓋將已揀熟芽再令剔去，止取其心一縷，用珍器貯清泉漬之，光瑩如銀絲然。又製方寸新銙，有小龍蜿蜒其上，號龍團勝雪。又廢白、的、石三鼎乳，造花銙二十餘色。初貢茶皆入龍腦，至是慮奪其味，始不用焉。蓋茶之妙，至勝雪極矣，合為首冠；然在白茶之下者。白茶，上所好也。其茶歲分十餘綱，惟白茶與勝雪，驚蟄前興役，浹日乃成，飛騎仲春至京師，號為綱頭玉芽。《負暄雜録》

如針如乳

龍焙泉，即御泉也，北苑造貢茶、社前茶，細如針，用御水研造。每片計工直錢四萬文。試其色如乳，乃最精也。《天中記》

不逆物性

太和七年正月，吳蜀貢新茶，皆於冬中作法為之。上務恭儉，不欲逆其物性，詔所貢新茶，宜於立春後作。《唐史》

靈泉供造

湖州長洲縣啄木嶺金沙泉，每歲造茶之所也。湖、常二縣，接界於此。厥土有境會亭，每茶時，二牧畢至。斯泉也，處沙之中，居常無水。將造茶，太守具儀注，拜敕祭泉，頃之發源，其夕清溢。供御者畢，水即微減；供堂者畢，水已半之；太守造畢，水即涸矣。太守或還旆稽留，則示風雷之變，或見鷙獸毒蛇木魅之類。商旅即以顧渚造之，無沾金沙者。《茶録》

湖、常為冠

浙西湖州為上，常州次之。湖州出長城顧渚山中，常州出義興君山懸腳嶺北崖下。唐《重修茶舍記》：貢茶，御史大夫李栖筠典郡日，陸羽以為冠於他境，栖筠始進。故事湖州紫筍，以清明日到，先薦宗廟，後分賜近臣。紫筍生顧渚，在湖、常間。當茶時，兩郡太守畢至，為盛集。又玉川子《謝孟諫議寄新茶》詩有云：「天子須嘗陽羡茶」，則孟所寄，乃陽羡者。《雲録漫抄》

又 畏香宜溫以下六則補敘焙瀹

藏茶宜箬葉而畏香藥，喜溫燥而忌濕冷。故收藏之家，以箬葉封裹入焙，三兩日一次，用火常如人體溫溫然，以禦濕潤。若火多，則茶焦不可食。蔡襄《茶録》

焙籠法式

茶焙編竹為之，裹以箬葉，蓋其上，以收火也，隔其中，以有容也，納火其下，去茶尺許，常溫溫然，所以養茶色香味也。茶不入焙，宜密封裹，以箬籠盛之置高處。蔡襄《茶録》

瓶鑊湯候

《茶經》以魚目湧泉連珠為煮水之節，然近世瀹茶，鮮以鼎鑊，用瓶煮水，難以候視，則當以聲辨一沸、二沸、三沸之説。又陸氏之法，以末就茶鑊，故以第二沸為合量。而下末若以今湯就茶甌瀹之，當用背二涉三之際為合量。《鶴林玉露》

酌椀湯華

凡酌茶，置諸椀，令沫餑均。沫餑，湯之華也。華之薄者曰沫，厚者曰餑，輕細者曰花。《茶經》

味辨浮沉

候湯最難，未熟則沫浮，過熟則茶沉。前世謂之蟹眼者，過熟湯也。况瓶中煮之，不可辨，故曰候湯最難。蔡襄《茶録》

點匀多少

凡欲點茶，先須熁盞令熱，冷則茶不浮。若茶少湯多，則雲脚散。湯少茶多，則粥面聚。同上

明 萬邦寧《茗史》

收茶三等

覺林院志崇，收茶三等。待客以驚雷莢，自奉以萱草帶，供佛以紫茸香。蓋最上以供佛，而最下以自奉也。客赴茶者，皆以油囊盛餘瀝而歸。

換茶醒酒

樂天方入關，劉禹錫正病酒。禹錫乃餽菊苗虀、蘆菔鮓，取樂天六斑茶二囊，炙以醒酒。

縛奴投火

陸鴻漸採越江茶，使小奴子看焙。奴失睡，茶燋爍。鴻漸怒，以鐵繩縛奴，投火中。《蠻甌志》

都統籠

陸鴻漸嘗為茶論，説茶之功效並煎炙之法；造茶具二十四事，以都統籠貯之。遠近傾慕，好事者家藏一副。

漏巵

王肅初入魏，不食羊肉酪漿，常飯鯽魚羹，渴飲茶汁。京師士子見肅一飲一斗，號為漏巵。後與高祖會，食羊肉酪粥，高祖怪問之。對曰：『羊是陸産之最，魚是水族之長，所好不同，並各稱珍。羊比齊魯大邦，魚比邾莒小國，惟茗與酪作奴。』高祖大笑，因此號茗飲為酪奴。

載茗一車

隋文帝微時，夢神人易其腦骨。自爾腦痛。忽遇一僧云：『山中有茗草，煮而飲之，當愈。』服之有效。由是人競採掇，讚其略曰：窮春秋，演河圖，不如載茗一車。

湯社

五代時，魯公和凝，字成績，率同列遞日以茶相飲，味劣者有罰，號為湯社。

石巖白

蔡襄善別茶。建安能仁院有茶，生石縫間，僧採造得茶八餅，號石巖白。以四餅遺蔡，以四餅密遣人走京師，遺王内翰禹玉。歲餘，蔡被召還闕，訪禹玉。禹玉命子弟於茶笥中選精品者以待蔡。蔡捧甌未嘗，輒曰：『此極似能仁石巖白，公何以得之？』禹玉未信，索貼驗之，乃服。

斛茗瘕

桓宣武有一督將，因時行病後虛熱，便能飲複茗，必一斛二斗乃飽，裁減升合，便以為大不足。後有客造之，更進五升，乃大吐。有一物出，如斗大，有口形，質縮縐，狀似牛肚。客乃令置之於盆中，以斛二斗複茗澆之，此物噏之都盡而止。覺小脹，又增五升，便悉混然從口中湧出。既吐此物，病遂瘥。或問之此何病？答曰：此病名斛茗瘕。

老姥鬻茗

晉元帝時，有老姥每日擎一器茗往市鬻之，市人競買，自旦至暮，其器不減，所得錢散路傍孤貧乞人。人或執而繫之於獄，夜擎所賣茗器，自牖飛出。

漁童樵青

唐肅宗賜高士張志和奴、婢各一人，志和配為夫婦，名之曰漁童、樵青。人問其故，答曰：漁童使捧釣收綸，蘆中鼓枻；樵青使蘇蘭薪桂，竹裏煎茶。

胡鉸釘

胡生者以鉸釘為業，居近白蘋洲，傍有古墳，每因茶飲，必奠酧之。忽夢一人謂之曰：『吾姓柳，平生善為詩而嗜茗，感子茶茗之惠，無以為報，欲教子為詩。』胡生辭以不能，柳強之曰：『但率子意言之，當有致矣。』生後遂工詩焉，時人謂之胡鉸釘詩。柳當是柳惲也。

茶茗甘露

新安王子鸞、豫章王子尚詣曇濟上人於八公山。濟設茶茗，尚味之曰：『此甘露也，何言茶茗。』

三戈五卵

《晏子春秋》：嬰相齊景公時，食脱粟之飯，炙三戈五卵茗菜而已。

景仁茶器

司馬溫公偕范蜀公游嵩山，各攜茶往。溫公以紙為貼，蜀公盛以小黑合。溫公見之驚曰：景仁乃有茶器。蜀公聞其言，遂留合與寺僧。《邵氏聞見録》云：溫公與范景仁共登嵩頂，由轘轅道至龍門，涉伊水，坐香山憩石，臨八節灘，多有詩什。攜茶登覽，當在此時。

真茶

劉琨字越石，與兄子南兗州刺史演書云：吾體中潰悶，常仰真茶，汝可致之。

大茗

餘姚人虞洪，入山採茗。遇一道士，牽三青牛，引洪至瀑布山，曰：『吾丹丘子也，聞子善具飲，常思見惠，山中有大茗可以相給，祈子他日有甌犧之餘，乞相遺也。』洪因祀之，獲大茗焉。

療風

瀘州有茶樹，夷獠常攜瓢置側，登樹採摘。芽葉必先啣於口中，其味極佳，辛而性熱。彼人云：飲之療風。

益蠶

江浙間養蠶，皆以鹽藏其繭而繰絲，恐蠶蛾之生也。每繰畢，煎茶葉為汁，搗米粉搜之篩於茶汁中，煮為粥，謂之洗甌粥，聚族以啜之，謂益明年之蠶。

入山採茗

晉孝武世，宣城人秦精，常入武昌山採茗。忽見一人，身長一丈，遍體生毛。率其腰至山曲聚茗處，放之便去。須臾復來，乃探懷中橘與精。甚怖，負茗而歸。

趙贊典税

唐貞元，趙贊典茶税，而張滂繼之。長慶初，王播又增其數。大中裴休立十二條之利。

張滂請税

貞元中，先是鹽鐵張滂奏請税茶，以待水旱之闕賦。詔曰可。是歲，得錢四十萬。

鄭注榷法

鄭注為榷茶法，詔王涯為榷茶使，益變茶法，益其税以濟用度，下益困。

甌犧之費

陸龜蒙魯望，嗜茶荈，置小苑於顧渚山下。歲嗜茶入薄為甌犧之費，自為品第書一篇，繼《茶經》、《茶訣》。

雪水烹茶

陶穀買得党太尉故妓，取雪水烹團茶，謂妓曰：『党家應不識此。』妓曰：『彼粗人安得有此。但能銷金帳中淺斟低唱，飲羊羔兒酒。』陶愧其言。

榷茶

張詠令崇陽，民以茶為業。公曰：『茶利厚，官將榷之。』命拔茶以植桑，民以為苦。其後榷茶，他縣皆失業，而崇陽之桑已成。其為政知所先後如此。

七奠

桓溫為揚州牧，性儉，每讌飲，唯下七奠柈茶果而已。

好慕水厄

晉時給事中劉縞，慕王肅之風，專習茗飲。彭城王謂縞曰：『卿不慕王侯八珍，好蒼頭水厄，海上有逐臭之夫，里內有學顰之婦，卿即是也。』

靈泉供造

湖州長洲縣啄木嶺金沙泉，每歲造茶之所也。湖、常二縣，接界於

此。厥土有境會亭，每茶時，二牧畢至。斯泉也，處沙之中，居常無水。將造茶，太守具儀注，拜敕祭泉，頃之發源，其夕清溢。供御者畢，水即微減；供堂者畢，水已半之；太守造畢，水即涸矣。太守或還旆稽留，則示風雷之變，或見鷙獸毒蛇木魅之類。商旅即以顧渚造之，無沾金沙者。

官焙香

黃魯直一日以小龍團半鋌，題詩贈晁無咎：『曲几蒲團聽煮湯，煎成車聲繞羊腸。雞蘇胡麻留渴羌，不應亂我官焙香。』東坡見之曰：『黃九怎得不窮。』

蘇蔡鬥茶

蘇才翁與蔡君謨鬥茶，蔡用惠山泉，蘇茶小劣，用竹瀝水煎，遂能取勝。竹瀝水，天臺泉名。

品題風味

杭妓周韶有詩名，好畜奇茗，嘗與蔡君謨鬥勝，品題風味，君謨屈焉。

嗽茗孤吟

宋僧文瑩，博學攻詩，多與達人墨士相賓。主堂前種竹數竿，畜鶴一隻，遇月明風清，則倚竹調鶴，嗽茗孤。

吾與點也

劉曄嘗與劉筠飲茶。問左右：『湯滾也未？』衆曰：『已滾。』筠曰：『僉曰鯀哉。』曄應聲曰：『吾與點也。』

清泉白石

倪元鎮，性好潔，閣前置梧石，日令人洗拭。又好飲茶，在惠山中用核桃、松子肉和真粉成小塊如石狀，置茶中，名曰清泉白石茶。

茶庵

盧廷璧嗜茶成癖，號曰茶庵。嘗畜元僧詎可庭茶具十事，時具衣冠拜之。

香茶

江參，字貫道，江南人，形貌清癯，嗜香茶以為生。

殺風景

唐李義府，以對花啜茶為殺風景。

陽侯難

侍中元乂為蕭正德設茗，先問：『卿於水厄多少？』正德不曉乂意，答：『下官雖生水鄉，立身以來，未遭陽侯之難。』舉座大笑。

清香滑熱

李白云：荊州玉泉寺，近清溪諸山，山洞往往有乳窟，窟中多玉泉交流，其水邊處處有茗草羅生，枝葉如碧玉，惟玉泉真公常採而飲之，年八十餘歲，顏色如桃花。而此茗清香滑熱，異於他所，所以能還童振枯，人人壽也。

仙人掌茶

李白遊金陵，見宗僧中孚示以茶數十片，狀如手掌，號仙人掌茶。

敲冰煮茶

逸人王休，居太白山下，日與僧道異人往還。每至冬時，取溪冰敲其精瑩者，煮建茗共賓客飲之。

鋌子茶

顯德初，大理徐恪嘗以龍團鋌子茶貽陶穀，茶面印文曰『玉蟬膏』。又一種曰『清風使』。

他人煎炒

熙寧中，賈青字春卿，為福建轉運使，取小龍團之精者，為密雲龍。自玉食外，戚里貴近丐賜尤繁。宣仁一日慨嘆曰：『建州今後不得造密雲龍，受他人之煎炒不得也。』此語頗傳播縉紳。

滌煩療渴

党魯使西蕃，烹茶帳中，謂蕃人曰：『滌煩療渴，所謂茶也。』蕃人曰：『我此亦有。』命取以出，指曰：『此壽州者，此顧渚者，此蘄門者。』

水厄

晉王濛，好飲茶，人至輒命飲之，士大夫皆患之。每欲往，必云『今日有水厄』。

伯熊善茶

陸羽著《茶經》，常伯熊復著論而推廣之。李季卿宣尉江南，至臨

淮，知伯熊善茶，乃請伯熊。伯熊著黄帔衫、烏紗幘，手執茶器，口通茶名，區分指點，左右刮目。茶熟，李為歠兩杯。既到江外，復請鴻漸。鴻漸衣野服，隨茶具而入，如伯熊故事。茶畢，季卿命取錢三十文酬博士。鴻鴻漸夙遊江介，通狎勝流，遂收茶錢茶具，雀躍而出，旁若無人。

玩茗

茶可於口，墨可於目。蔡君謨老病不能飲，則烹而玩之。

素業

陸納為吴興太守時，衛將軍謝安嘗欲詣納。納兄子俶怪納無所備，不敢問，乃私為具。安既至，納所設唯茶果而已，俶遂陳盛饌，珍羞畢具。及安去，納狀俶四十。云：『汝既不能光益叔父，奈何穢吾素業。』

密賜茶茗

孫皓每宴席，飲無能否，每率以七升為限，雖不悉入口，澆灌取盡。韋曜飲酒不過二升，初見禮異，密賜茶茗以當酒。至於寵衰，更見逼強，輒以為罪。

獲錢十萬

剡縣陳務妻，少寡，與二子同居。好飲茶，家有古塚，每飲必先祀之。二子欲掘之，母止之。但夢人致感云：『吾雖潛朽壤，豈忘翳桑之報。』及曉，於庭中獲錢十萬，似久埋者，惟貫新耳。

南零水

御史李季卿刺湖州，至維揚，逢陸處士。李素熟陸名，即有傾蓋之雅。因之，赴郡抵揚子驛，將飲，李曰：『陸君善於茶，蓋天下聞名矣，況揚子南零水又殊絕，可命軍士深詣南零取水。』俄而水至，陸曰：『非南零者。』既而傾諸盆，至半，遽曰：『止，是南零矣。』使者大駭曰：『某自南零齎至岸，舟蕩覆半，挹岸水增之，處士神鑒，其敢隱焉。』李與賓從皆大駭愕，李因問歷處之水。陸曰：『楚水第一，晉水最下。』因命筆口授而次第之。

德宗煎茶

唐德宗，好煎茶加酥、椒之類。

金地茶

西域僧金地藏，所植名金地茶，出煙霞雲霧之中，與地上産者，其味敻絕。

殿茶

翰林學士，春晚人困，則日賜成象殿茶。

大小龍茶

大小龍茶，始於丁晉公而成於蔡君謨。歐陽永叔聞君謨進龍團，驚歎曰：『君謨士人也，何至作此事。』今年閩中監司乞進鬥茶，許之；故其詩云：『武夷谿邊粟粒芽，前丁後蔡相籠加。爭買龍團各出意，今年鬥品充官茶。』則知始作俑者，大可罪也。

茶神

鬻茶者，陶羽形置煬突間，祀為茶神。沽茗不利，輒灌注之。

為熱為冷

任瞻，字育長。少時有令名，自過江失志，既下飲，問人云：『此為茶、為茗？』覺人有怪色，乃自申明曰：『向問飲為熱為冷耳。』

卍字

東坡以茶供五百羅漢，每甌現一卍字。

乳妖

吴僧文了善烹茶，游荊南高季興，延置紫雲庵，日試其藝，奏授華亭水大師，目曰乳妖。

李約嗜茶

李約性嗜茶，客至不限甌數，竟日爇火執器不倦。曾奉使至陝州硤石縣東，愛渠水清流，旬日忘發。

玉茸

偽唐徐履，掌建陽茶局。涕復治海陵鹽政鹽檢，烹煉之亭，榜曰金鹵。履聞之，潔敞焙舍，命曰玉茸。

茗戰

孫可之送茶與焦刑部，建陽丹山碧水之鄉，月澗雲龕之品，慎勿賤用之。時以鬥茶為茗戰。

茶會

錢仲文與趙莒茶宴，又嘗過長孫宅，與郎上人作茶會。

龍坡仙子

開寶初，竇儀以新茶餉客，奩面標曰『龍坡山子茶』。

苦口師

皮光業最耽茗飲。中表請嘗新柑，筵具甚豐，簪紱藂集。纔至，未顧樽罍而呼茶甚急。徑進一巨觥，題詩曰：『未見甘心氏，先迎苦口師。』衆噱曰：『此師固清高，難以療饑也。』

龍鳳團

歐陽永叔云：茶之品，莫貴於龍鳳團。小龍團，仁宗尤所珍惜，雖輔臣未嘗輒賜，惟南郊大禮致齋之夕，中書、樞密院各四人共賜一餅。宮人翦金為龍鳳花草綴其上。嘉祐七年，親享明堂，始人賜一餅，余亦恭與，至今藏之。至今藏之。

甘草癖

宣城何子華，邀客於剖金堂，酒半，出嘉陽嚴峻畫陸羽像。子華因言：『前代惑駿逸者為馬癖；泥貫索者為錢癖；愛子者，有譽兒癖；耽書者，有《左傳》癖。若此叟溺於茗事，何以名其癖？』楊粹仲曰：『茶雖珍，未離草也，宜追目陸氏為甘草癖。』一坐稱佳。

結菴種茶

雙林大士，自往蒙頂結菴種茶。凡三年，得絕佳者，號聖陽花、吉祥蕊各五斤，持歸供獻。

攪破菜園

楊廷秀《謝傳尚書茶》：遠餉新茗，當自攜大瓢，走汲溪泉，束澗底之散薪，燃折腳之石鼎。烹玉塵，啜香乳，以享天上故人之意。愧無胸中之書傳，但一味攪破菜園耳。

御史茶瓶

會昌初，監察御史鄭路，有兵察廳掌茶。茶必市蜀之佳者，貯於陶器，以防暑濕。御史躬親監啟，謂之『御史茶瓶』。

湯戲

饌茶而幻出物象於湯面者，茶匠通神之藝也。沙門福全，長於茶海，能注湯幻茶成將詩一句。並點四甌，共一絕句，泛乎湯表。檀越日造其門求觀湯戲。

百椀不厭

唐大中三年，東都進一僧，年一百三十歲。宣宗問：『服何藥致然？』對曰：『臣少也賤，不知藥性，本好茶，至處惟茶是求，或飲百椀不厭。』因賜茶五十斤，令居保壽寺。

恨帝未嘗

《杜鴻漸與楊祭酒書》云：顧渚山中紫筍茶兩片，一片上太夫人，一片充昆弟同歠。此物但恨帝未得嘗，實所歎息。

天柱峯茶

有人授舒州牧，李德裕遺書曰：到郡日，天柱峯茶，可惠三數角。其人獻數十斤，李不受。明年，罷郡，用意精求，獲數角，投李。李閲而受之，曰：此茶可以消酒毒，因命烹一甌沃於肉食內，以銀合閉之。詰旦，視其肉已化為水矣。衆服其廣識。

進茶萬兩

御史大夫李栖筠，宋貞一。按義興山僧有獻佳茗者，會客嘗之，芬香甘辣冠於他境，以為可薦於上，始進茶萬兩。

練囊

韓晉公滉，聞奉天之難，以夾練囊緘茶末，遣使健步以進。

漸兒所為

竟陵大師積公嗜茶，非羽供事不鄉口。羽出遊江湖四五載，師絕於茶味。代宗聞之，召入供奉，命宮人善茶者餉師，師一啜而罷。帝疑其詐，私訪羽召入。翼日，賜師齋，密令羽煎茶。師捧甌，喜動顏色，且賞且啜，曰：『有若漸兒所為也。』帝由是歎師知茶，出羽見之。

麒麟草

元和時，館閣湯飲待學士，煎麒麟草。

白蛇啣子

義興南岳寺，有真珠泉。稠錫禪師嘗飲之，曰此泉烹桐廬茶，不亦可乎！未幾，有白蛇銜子墮寺前，由此滋蔓，茶味倍佳。土人重之。

山號大恩

藩鎮潘仁恭，禁南方茶，自擷山為茶，號山曰大恩，以邀利。

自潑湯茶

杜豳公悰，位極人臣，嘗與同列言，平生不稱意有三：其一為澧州

刺史；其二貶司農卿；其三自西川移鎮廣陵。舟次瞿唐，為駭浪所驚，左右呼喚不至。渴甚，自潑湯茶喫也。

止受一串

陸贄，字敬輿。張鎰餉錢百萬，止受茶一串，曰：敢不承公之賜。

綠葉紫莖

同昌公主，上每賜饌，其茶有綠葉紫莖之號。

三昧

蘇廙作《仙芽傳》，載《作湯十六法》：以老嫩言者，凡三品；以緩急言者，凡三品；以器標者，共五品；以薪論者，共五品。陶穀謂：『湯者，茶之司命』，此言最得三昧。

茗史贅言

鬚頭陀曰：展卷須明窗淨几，心神怡曠，與史中名士宛然相對，勿生怠我慢心，則清趣自饒。得趣

代枕、挾刺、覆瓿、粘窗、指痕、汗跡、墨瘕，最是惡趣。昔司馬溫公讀書獨樂園中，翻閱未竟，雖有急務，必待卷束整齊，然後得起。其愛護如此，千亟萬軸，至老皆新，若未觸手者。愛護

聞前人平生有三願，以讀盡世間好書為第二願。然此固不敢以好書自居，而游藝之暇，亦可以當鼓吹。靜對

朱紫陽云：漢吳恢欲殺青以寫漢書，晁以道欲得公穀傳，遍求無之。後獲一本，方得寫傳。余竊慕之，不敢秘焉。廣傳奇正幻癖，凡可省目者悉載。鮮韻致者，亦不盡錄。削蔓

客有問於余曰：『云何不入詩詞？』『恐傷濫也。』客又問：『云何不紀點瀹？』『懼難盡也。』客曰：『然。』客辯

獨坐竹窗，寒如剝膚，眠食之餘，偶於架上殘編寸褚，信手拈來，觸目輒書，因記代無次。隨喜

印必精簾，裝必嚴麗。精嚴

文人韻士，泛賞登眺，必具清供，願以是編共作藥籠之備。資遊

清代茶文

清 劉源長《茶史·志地·陸羽事蹟十一則外附盧仝》

竟陵僧於水濱得嬰兒，育為弟子。稍長，自筮，得蹇之漸；繇曰：鴻漸於陸，其羽可用為儀。乃姓陸氏，字鴻漸，名羽。及冠，有文章。茶術最精。

陸羽，承天府沔陽人，老僧自水濱拾得，畜之既長，自筮曰鴻漸於陸，其羽可用為儀，乃以定姓字。郡守李齊物識羽於僧舍中，勸之力學，遂能詩。雅性高潔，不樂仕進。嗜茶，善品泉味。

陸羽，復州人，隱苕上，稱桑苧翁，又號竟陵子。杜門著書，或行吟曠野，或痛哭而歸。有《茶經》傳世，凡三篇，言茶之原、之法、之具尤備，天下益知茶飲矣。

陸羽，一名疾，字季疵，詔拜太常不就，寓居茶山，號東岡子。嗜茶，環植數畝。《茶經》，其所著也，刺史姚驥，每微服造訪。

陸羽字鴻漸，隱居苕溪，自稱桑苧翁，闔門著書，或獨行野中，誦詩擊木，徘徊不得意，則慟哭而歸，時謂之今接輿。

羽於江湖稱竟陵子，南越稱桑苧翁。

有積師者，嗜茶，非漸兒煎侍不鄉口。羽出遊江湖，師絕茶味，代宗召入供奉，命宮人善茶者餉，師一啜而罷。詔羽入，賜師齋，俾羽煎茗，一舉而盡。曰：『有若漸兒所為也。』於是出羽見之。

常伯熊善茶。李季卿宣慰江南至臨淮，召伯熊。伯熊著黃帔衫、烏紗幘，手執茶器，口通茶名，區分指點，左右刮目。茶熟，李為飲兩杯。既至江上，復召陸羽。羽衣野服，隨茶具而入，如伯熊故事。茶畢，季卿命取錢三十文酬煎茶博士。鴻漸夙遊江介，通狎勝流，遂取茶錢、茶具雀躍而出，旁若無人。

陸羽茶既為癖，酒亦稱狂。

《陸羽傳》：羽負書火門山，從鄒夫子學。後因俗忌火字，改為天門山。

陸羽貌侻陋，口吃而辯。聞人善，若在己；見有過者，規切至忤人。

朋友燕處，意有所行輒去；疑其多嗔。與人期，雨雪虎狼不避。

附盧仝

仝，河南懷慶府濟源人，號玉川子。博學有志操。嘗作《月蝕詩》譏元和逆黨。韓昌黎稱其工。

濟源有盧仝別業，內有烹茶館。

清 余懷《茶史補》 《神農本草經》云：『茶，味苦。飲之使人益思少臥，輕身明目。』

王褒《僮約》云：『牽犬販鵝，武陽買茶。』

張華《博物志》云：『飲真茶，令人少眠。』

唐貞元中，常袞為建州刺史，始焙茶而研之，謂研膏茶。其後稍為餅樣，貫其中，故謂之一串。陸宣公受張鎰餽茶一串是也。

玉壘關外寶唐山，有茶樹產於懸崖，筍長三尺五寸，方有一葉兩葉。

《荆州土地記》：『武陵七縣通出茶，最好。』

宋宣和間，始取茶之精者為銙茶。

焦坑產庾嶺下，味苦硬，久方回甘。東坡《南還至章貢顯聖寺》詩云：『浮石已甘霜後水，焦坑新試雨前茶。』

宋僧梵英曰：茶新舊交，則香復。

唐制，吏察主院中茶，必擇蜀茶之佳者，貯於陶器，以防暑濕。御史躬親緘啟，謂之『茶瓶廳』。

明昇在重慶府取涪江青蠊石為茶磨，令宮人以武隆雪錦茶碾之，焙以大足縣香霏亭海棠花，香味倍常。

東坡云：『時雨降，多置器廣庭中，所得甘滑，不可名。以潑茶，美而有益。』

玉女泉，在丹陽。有人污之，則水黑，潔清，則水又變白。蓋靈泉也。

盧山三疊泉，從來未以瀹茗。紹興丁巳年，湯制幹仲能主白鹿教席，始品題以為不讓谷簾。以泉水寄張宗瑞，侑之以詩，有云『幾人競賞飛流勝，今日方知至味全』。

《抱朴子》云：『水性絕冷，而有溫谷之湯泉；火體宜炎，而有蕭丘之寒燄。』

呂申公貯茶有三種器具：一種用金，一種銀，一種名椶櫚。客至呼椶櫚，家人知為上客。

博陵崔氏贈元徽之文竹茶碾子一枚。

范蜀公與司馬溫公同遊嵩山，各齎茶以行。溫公以紙為裹，蜀公用小木盒子盛之。溫公驚曰：『景仁乃有茶具耶？』蜀公慚，因留盒與寺僧而去。

《世說》云：劉尹茗柯有妙理。

蘇舜欽《答韓維書》云：『渚茶野釀，足以銷憂。』

李竹懶曰：『人家好子弟為庸師教壞，好書畫為俗子題壞，世間好茶為惡手焙壞，皆可惜也。』

唐德宗納户部侍郎趙贊議，稅天下茶、漆、竹、木，十取一以為常平本錢。

右拾遺李珏疏曰：『茗飲，人之所資，重稅則價必增，貧弱益困。』

武宗時，諸道置邸收茶稅，謂之『榻地錢』。私販大起。

宋榷茶有六務。

諸道鹽鐵使于悰每斤增稅錢五，謂之『剩茶錢』。

茶馬御史之制，始於宋神宗遣三司幹當公事入蜀經畫買茶與西夏市馬，於是蜀茶盡榷，民始病焉。李溥為江淮發運使，奏曰：『自來進御惟建州餅茶，而淅茶未嘗修貢。本司以羨餘錢買到數千斤，乞進入內。』自國門挽船而入，稱進奉茶綱。

宋許啟仲官蘇沙，得《北苑修貢錄》，序以刊行。

建州龍焙面北，謂之北苑。有一泉，極清淡，謂之御泉，用其水造茶。

蔡襄為福建漕，改造小龍團入貢。東坡怪之曰：『君謨士人，何亦為此？』

杜子美詩云：『茶瓜留客遲。』又云：『薰風啜茗時。』又云：『柴荊具茶茗，徑路通林丘。』

黃山谷有《煎茶賦》。茶詞最多，有云：『碾破春風，香疑午帳，銀瓶雪滾翻匙浪。』

又云：『金渠體淨，隻輪碾破，玉塵光瑩。湯響松風，早減了、二

分酒病。』

又云：『尊俎風流戰勝，降春睡，開拓愁邊。纖纖捧，研膏濺乳，金縷鷓鴣班。』

又云：『香引春風在手，似粵嶺閩溪，初采盈掬。』

又有《謝公擇舅分賜茶》詩，中有云：『拚洗一春湯餅睡，亦知清夜起蛟龍。』

又有《答黄冕仲索煎雙井茶》詩。雙井在分寧縣，茶屬魯直家，亦以充貢。

白香山有《琴茶》詩。

白香山《草堂記》云：『又有飛泉，植茗就以烹燀。』

裴晉公詩曰：『飽食緩行初睡覺，一甌新茗侍兒煎。脱巾斜倚繩床坐，風送水聲來枕邊。』

王元之詩云：『春殘葉密花枝少，睡起茶親酒盞疏。』

唐路德延《孩兒》詩云：『養茶懸竈壁，曬艾曝簷椽。』

宋僧惠崇詩云：『拂石雲離箒，嘗茶月入鐺。』

東坡《和錢安道寄惠建茶》詩云：『糠粃團鳳友小龍，奴隸日鑄臣雙井。』

放翁《跋程正伯藏山谷帖》云：『此卷不應攜在長安逆旅中，亦非貴人席帽金絡馬傳呼入省時所觀。程子他日幅巾筇杖渡青衣江，相羊喚魚潭、瑞草橋、清泉翠樾之間，與山中人共小巢龍鶴菜飯，掃石置風爐，煮蒙頂紫茁，出此卷，其讀乃稱爾。』

桓溫督將有茶病，名斛茗瘕。

吳孫皓每饗宴，坐席無能否，率以七升為限。韋曜飲酒不過二升，初見禮異，密賜茶茗當酒。

劉琨《與兄子兗州刺史演書》曰：『前得安州乾茶二斤，薑一斤，桂一斤。吾體中煩悶，恆假真茶，汝可信致之。』

晉元帝時，有老母每旦擎一器茗，往市鬻之。市人競買，自朝至暮，其茶不減。所得錢即散路傍孤貧人。或怪之，縶之於獄，夜持茶器自獄中飛去。

吳僧文了善烹茶，游荊南，高季興延置紫雲菴，日試之，奏授華亭水大師，目之曰『乳妖』。

趙州從諗禪師見人即喚『喫茶去』，故世稱趙州茶。

棋稱木野狐，茶名草大蟲。

趙明誠與妻李易安每飯罷，坐歸來堂烹茶，指堆積書史，言某事在某書某卷第幾葉第幾行，以中否角勝負，為飲茶先後。中則舉杯大笑，至茶傾覆懷中，反不得飲而起。

劉貢父知長安，與妓茶嬌者狎。及歸朝，歐陽父忠迓之，以宿酒未醒起遲。公曰：『何故起遲？』貢父曰：『自長安來親識留飲，病酒，故起遲。』公笑曰：『非獨酒能病人，茶亦能病人也。』

王荊公為小學士時，嘗訪蔡君謨。君謨聞公至，甚喜。自取絕品茶，親滌注器以待公。公稱賞，乃於夾袋中取清風散一撮投茶甌中，並啜之。君謨失色，公徐曰：『大好茶味。』君謨大笑，歎公真率。

鼎州北百里有甘泉寺，在道左。其泉清美，最宜瀹茗。寇萊公謫守雷州經此，酌泉烹茗，誌壁而去。未幾，丁謂竄朱崖復經此，禮佛留題以行。

蘇丞相頌嘗云：『吾生平薦舉不知幾何人，惟孟安序朝奉歲以雙井茶一罌為餉。』

王梅溪《臥龍遊紀》云：『寺有茶蘼，羅絡松上如積雪。東榮牡丹大叢，雨前已開。飲罷縱步泉上，汲泉瀹茗，賦詩而歸。』

李石《續博物志》云：『北人以鹹蔽冰，南人以線解茶。』

柳宗元《代武中丞謝賜新茶表》有云：『照臨而甲拆惟新，煦嫗而芬芳可襲。調六氣而成美，扶萬壽以效珍。』劉禹錫《代武中丞謝賜新茶表》有云：『捧而觀妙，飲以滌煩。顧蘭露而慚芳，豈蔗漿而齊味。既榮凡口，倍切丹心。』

韓翃《謝茶表代田神玉作》中有云：『榮分紫筍，寵降朱宮。味足蠲邪，助其正直。香堪愈病，沃以勤勞。飲德相歡，撫心是荷。』

又云：『吳主禮賢，方聞置茗。晉臣愛客，纔有分茶。』

《古今圖書集成·食貨典》卷二九三 鐵龍道人臥石床，移二更，月微明，及紙帳，梅影亦及半窗，鶴孤立不鳴。命小芸童汲白蓮泉，燃槁湘竹，授以淩霄芽，為飲供。道人乃游心太虛，雍雍涼涼，若鴻濛，若皇

芒，會天地之未生，適陰陽之若亡。恍兮不知入夢，遂坐清真銀暉之堂。堂上香雲簾拂地，中著紫桂榻，綠瓊几，看太初易一集。集內悉星斗文，煥煜爚熠，金流玉錯，莫別爻畫，若煙雲日月交麗乎中天，欻玉露涼月冷如冰，入齒者易刻，因作《太虛吟》，吟曰：『道無形兮兆無聲，妙無心兮一以貞，百象斯融兮太虛以清。』歌已，光飆起林末，激華氛，鬱鬱霏霏，絢爛淫豔。乃有扈綠衣、若仙子者從容來謁，云：『名淡香，小字綠花。』乃捧太元杯，酌太清神明之醴以壽予。侑以詞曰：『心不行，神不行，無而為，萬化清。』壽畢，紓徐而退，復令小玉環侍筆牘，逐書歌遺之曰：『道可受兮不可傳，天無形兮四時以言，妙乎天兮天天之先，天天之先復何仙。』移間，白雲微消，綠衣化煙，月反明予內間。予亦悟矣，遂冥神合元，月光尚隱隱于梅花間。小芸呼曰：『淩霄芽熟矣！』

清 潘介《中泠泉記》《虞初新志》卷一五 中泠，伯芻所謂『第一泉』也。昔人遊金山，吸中泠 胸腋皆有仙氣，其知味者乎？庚辰春正月，予將有澄江之行。初四日，自真州抵潤州。舟中望金山，波心一峰，突兀雲表，飛閣流丹，夕陽映紫，躊躇不肯艤岸。但不知中泠一勺，清澈何所耳？次日覓小舟，破浪登山。周石廊一匝，聽濤聲噌吰，激石哮吼。迤邐從石磴，陟第二層，穿茶肆中數折，得見世所謂中泠者，瓦亭覆井，石龍蟠井闌，鱗甲飛動。寺僧爭汲井水入肆。是日也，吳人謂錢神誕，爭詣寺中為壽。摩肩連袵，不下數萬人，茶坊滿不納客。凡三往，得伺便飲數甌。細啜之，味與江水無異。予心竊疑之。默然起，履巉陟險，窮盡金山之勝。力疲小憩，仰觀石上，蒼苔剝蝕中，依稀數行，摩刷認之，乃知古人所品，別在郭璞墓間。其法，於子午二辰，用銅瓶長綆入石窟中，尋若干尺，始得真泉。若淺深先後，少不如法，即非中泠正味。不禁爽然，汗下浹背。然亦無從得銅瓶長綆。如古人法，而吸之而飲之也。郭公爪髮，故在山足西南隅，洪濤巨浪中。亂石嶙峋，森森若奇鬼異獸，去金山數武，而徘徊躑躅，空復望洋，蓋杳乎不可即矣！日暮歸舟，悒快若有所失，自恨不逮古人。佛印談禪，坡公解帶，爾時酒甕茶鐺，皆挾中泠香氣，奈何不獲親見之也？

越數日，舟自澄江還，同舟憨道人者，有物藏破衲中，瑯瑯有聲。索視之，則水葫蘆也。朱中黃外，徑五寸許，高不盈尺；傍三耳，銅紐連環，亙丈餘，三分入環；耳中一縷，勾蓋上銅圈，上下隨綆機轉動；銅丸一枚，繫葫蘆傍，其一縮蓋上。怪問之，秘不告人。良久，謂余曰：『能從我乎？願分中泠一斛。』予躍然起，拱手敬謝，遂別諸子，從道人上夜行船。

兩日抵潤州，則譙鼓鳴矣。是夕上元節，雨後遲月出不見。然天光初霽，不甚晦冥。鼓三下，小舟直向郭墓。石峻水怒，舟不得泊。攜手彳亍，躡江心石五六步，石竅洞洞然。道人曰：『此中泠泉窟也。』取葫蘆沉石窟中，銅丸傍鎮，葫蘆橫側。下約丈許，道人發綆上機，則銅丸中鎮，葫蘆仰盛。又發第二機，則蓋下覆之，筍闔若膠漆不可解。乃徐徐收銅綆，啟視之，水盎然滿。亟旋舟就岸，烹以瓦鐺。須臾沸起，就道人瓢微吸之，但覺清香一片，從齒頰間沁入心胃。二三盞後，則蕙風滿兩腋，頓覺塵襟滌淨。乃喟然曰：『水哉水哉，古人誠不我欺也！』嗟乎！天地之靈秀，有所聚必有所藏，乃至拔而為山，穴而為泉。山不徒山，而峙於江心，泉不徒泉，而巽乎江水層疊之下。而顧令屠狗賣槳，菜傭傖父，皆得領茲山，味茲泉，則人人皆有仙氣矣。今古以來，真才埋沒，贗鼎爭傳，獨中泠泉也乎哉！

次日辰刻，道人別去，予亦發棹渡江。而鄰舟一貴介，方狐裘箕踞，命俊童敲火，煑井上中泠未熟也。道人姓張，其先蓋閩人云。

《淵鑑類函》卷一三四《政術部·榷茶》 增唐德宗建中元年，納戶部侍郎趙贊議，稅天下茶漆竹木十取一，以爲常平本錢。及出奉天乃悼悔，下詔亟罷之。貞元九年，復稅茶。先是，諸道鹽鐵使張滂奏：『去歲水災，詔令減稅。今之國用，須有供儲。伏請於出茶州縣及茶山商人要路，以三等定估，十稅其一，充所放兩稅。其明年已後所得稅錢，外貯若諸州遭水旱賦稅不辦，以此代之。』詔可，仍委張滂具處置條目。每歲得錢四十萬貫，茶之有稅，自此始然。稅無虛歲，遭水旱處亦未嘗以稅茶錢拯贍。按陸羽傳：『羽嗜茶，著三篇，言茶之原、之法、之具尤備，天下益知飲茶矣。時鬻茶者至陶羽形置煬突間，爲茶神。有常伯熊者，因羽論復廣著茶之功。其後尚茶成風，回紇入朝，始驅馬市。』茶羽貞元末卒，然則嗜茶、榷茶，皆始於貞元間矣。穆宗卽位，兩鎮用兵，帑藏空虛，禁中起百尺樓，費不勝計。鹽鐵使王播乃增天下茶稅，率百錢增五十。江淮、浙東西、嶺南、福建、荊襄茶，播自領之，兩

川以戶部領之。天下茶加斤至二十兩，播又奏加取焉。文宗時，王涯爲相，判二使，復置榷茶，自領之，使徙民茶樹於官場，焚其舊積者，天下大怨，令狐楚代爲鹽鐵使兼榷茶使，復令納榷，加價而已。李石爲相，以茶稅皆歸鹽鐵，復貞元之舊。武宗卽位，鹽鐵轉運使崔珙又增江淮茶稅。是時茶商所過州縣有重稅，或掠奪舟車，露積雨中，諸道置邸以收稅，謂之搨地錢。故私販益起。大中初，鹽鐵轉運使裴休請：『釐革橫稅，以通舟船，商旅既安，課利自厚。又正稅茶商，多被私販茶人侵奪其利，今請委彊幹官吏，先於出茶山口及廬、壽、淮南界內，布置把捉，曉諭招收，量加半稅，給陳首帖子，令所在公行，更無苛奪。使私販者免犯法之，憂正稅者，無失利之欺。』從之。

宋乾德五年初，榷江、淮、湖、浙、福建路茶，蓋禁南商擅有中州之利，故置場以買之。自江以北皆爲禁地。興國中，樊若水奏：江南諸州茶官，市十分之八，其二分量，稅聽自賣，踰江涉淮，乘時射利，望嚴禁之，謂乾德榷法也。自若水建議，其法始密，凡茶之利，一則官賣以實州縣；一則沿邊入中糧草算請以省餽運；一則榷務入納金銀錢帛算請以贍京師，而河東、北互市，川、陝折博，又以所有易所無，而其大者最在邊備，蓋祖宗以西北宿兵，供億之費，重困民力，故以茶引走商賈而虛估加擡以利之。其後理財之臣以遺利在民，數務更張，然無過李諮、林特二法，大槩以折茶商及便邊民，特以實銀算茶。諮祖劉式之意，使自就山園買茶，而茶場坐收貼納之利，行之三年而罷。景祐以後，西邊事興，始復行加擡法。嘉祐四年，一切弛禁，自此茶不爲民害者六七十載，至蔡京始復榷法。於是茶利自一錢以上，皆歸京師。嘉祐三年，始命韓絳陳升之呂景初卽三司置局議弛茶禁，詔曰古者山澤之利，與民共之，自唐建中始有茶禁，上下規利垂二百年時聞比來爲患益，甚民被誅，求之困官受濫惡之入私藏盜販犯者，實繁嚴刑重誅，情所不忍，是於江湖之間幅數千里爲防穽以害吾民也。朕心惻然，念此久矣，間遣使往就問之，驩然，皆願弛其禁，歲入之課以時上官。一二近臣條析其狀，朕猶若慊然，又於歲輸裁減其課，使得饒阜以相爲生，剗去禁條，俾通商利歷世之獘，一旦以除署爲常，弗復更制，損上益下，以休吾民，尚慮喜於立異之人，緣而爲姦之黨妄陳議奏，以惑有司，必寘明刑，無或有貸。一本云四年二月己巳，詔開江淮茶禁聽民自賣通商收稅，罷十三山場六務，歲輸不過三十三萬，有奇謂之茶租錢，以歲課均賦於茶戶，崇寧以後，歲入至二百萬緡，視嘉祐五倍矣。政和元年正月，始創引法，置都茶場歲收四百餘萬緡，中興循其法。《玉海》

金世宗大定間，更定香茶罪賞格，章宗時尚書省奏，茶飲食之餘，非必用之物，比歲上下競啜農民，尤甚市井茶肆相屬商旅多以絲絹易茶，歲費不下百萬，是以有用之物易無用之物也。若不禁，恐耗財彌甚。遂命七品以上官其家方許食茶，仍不得販賣及饋獻，不應留者以斤兩立罪，賞宣宗時制親王公主及見任五品以上官素蓄者，聽存禁不得賣餽餘人並禁之犯者，徒五年告者賞寶泉一萬貫。

元之茶課，大率因宋之舊而爲之制，世祖至元十三年，定長引短引之法，以三分取一，十七年置榷茶都轉運司於江州總江，淮荊湖福建之稅而遂除。長引專用短引每引收鈔二兩四錢五分，三十年又改江南茶法，每茶商貨茶必令賚引，無引者，與私茶同引之外，又有茶由以給賣零茶者。

明初，招商中茶上引五千斤，中引四千斤，下引三千斤，每七斤蒸曬一篦，運至茶司官商對分，官茶易馬，商茶給賣，每上引仍給附茶一百篦，中引八十篦，下引六十篦，名曰：酬勞。經過地方，責令掌印官盤驗，佐貳官催運。若陝之漢中、川之夔保，私茶之禁甚嚴，凡中茶有引，由出茶地方有稅，貯放有茶倉，巡茶有御史，分理有茶馬司、茶課司，驗茶有批驗所。洪武初，制官給茶引，付產茶府州縣。凡商人買茶，具數赴官納錢給引，方許出境，貨賣每引照茶一百斤，茶不及引者，謂之畸零。別置由帖付之，仍量地遠近，定以程限，於經過地方執照。若茶無由引及茶引相離者，聽人告捕其有茶不相當，或有餘茶者，並聽拿問賣茶畢，即以原給引由赴住賣官司告繳。洪武初令，陝西洮州、河州、西寧、各該茶馬司收貯官茶，每一年一次，差在京官選調邊軍賫捧金牌信符，往附近番族，將運去茶易馬。二十二年定茶易上等馬每匹一百二十斤，中等馬每匹七十斤，下等馬每匹五十斤，此易馬事例。宣德十年，准開中茶鹽許於四川、成都、保寧等處，官倉關支官茶每百斤與折耗茶十斤，自備腳力運赴甘州支與淮浙官鹽八引，運赴西寧與鹽六引，治三年令陝西巡撫召

商報中給引赴巡茶御史挂號於産茶地，方收買茶斤赴原定茶馬司以十分爲率，六分聽其貨賣，四分驗收入官。嘉靖十三年令開茶之期，商人報中每歲至八十萬斤而止，不許開中太濫致壞茶法，此開中事例。楊士奇茶法議曰，茶之出入，資引以照其批驗茶引，所則在應天、常州、浙江、杭州三府，今前項退引，累催不繳，其故蓋因批驗所不置簿籍，附寫茶商姓名貫址或不照茶商路引，聽其冒名開報，或將引由賣與嗜利之徒賫赴産茶地方轉相貿易。如欲得的確名籍追繳退引，難矣。又如南直隸之常州、廬州、池州、徽州，浙江之湖州、嚴州、衢州、紹興，江西之南昌、饒州、南康、九江、吉安，湖廣之武昌、寶慶、長沙、荊州，四川之成都、保寧、重慶、夔州、嘉定、瀘州、雅州等府俱係産茶地方。相去前三批驗所遠者數千里，近亦不下數百里。若照引內條例，聽茶商徑赴産茶府州納課買引照茶於人爲便，理必樂從，誰肯不買引由公犯茶禁？今却令茶商皆來此，三所買引路途窵遠，往返不便，欲其一一遵依，不作前弊，亦難矣。楊一清請復金牌疏略曰：臣親詣西寧等衛，撫調番官、指揮、千百户、鎮撫、驛丞，偕其國師、禪師各賫原降金牌信符而至。臣奉宣皇上恩威，責其近年不肯輸納茶馬之罪，皆北面稽首，稱不敢違臣，於是乃知我聖祖神宗睿謀英略，度越前代。自唐世回紇入貢已以馬易茶，至宋熙寧間，乃有以茶易馬之制，所謂以摘山之利，而易充廄之良，戎人得茶不能爲我害，中國得馬足以爲我利，計之得者，宜無出此。至我朝納馬謂之差發，如田之有賦，身之有庸，必不可少彼，即納而酬，以茶斤較之前代曰互市，曰交易，輕重得失，較然可知。國初散處降夷各分部落隨所指撥地方安置授之官秩，聯絡相承，以馬爲科差，以茶爲酬價，使知遠外小夷皆王官，王民志向中國不敢背叛，且如一背，中國則不得茶，無茶則病且死，以是羈縻之賢數萬甲兵矣。此制西番以控北敵之上策，前代略之，而我朝獨得之者也。頃自金牌制廢，私販盛行，雖有撫諭巡茶之官卒，莫之能禁，坐失茶馬之利，垂百六十年，豈徒邊方缺馬將意外之憂？或從此生切照。洪武年間，頒降金牌數目，如洮河、西寧三衛番族金牌四十一面，該納差發馬一萬四千五十一匹，一號在內府收貯，每三年一次，遣廷臣賫捧收馬給茶，後因邊方多事停止。歷年滋久，如曲先、阿端諸衛，邈不相通，誠恐數十年之後，雖近番亦不復知有茶馬矣。乞敕該衙门将金牌旧额查出申明照示番族，使知朝廷脩復舊制，各當本等差發。其番官指揮、千百戶、鎮撫、驛丞等官久不襲替，亦令查出奏請，就彼各襲原職以爲統領，不必令其來京，以弘治二十年爲招易之期，乞遣廷臣賫捧上號金牌前來，會同臣等，止在三衛住劄，調取原降下號金牌前來納馬給茶，原加賞勞事完，造冊隨金牌賫繳，以後三年一次，奉行中間二年，仍照常曉諭有情願者，聽來將馬易茶。庶幾番人懷畏，永爲藩籬之固矣。並《續文獻通考》。

清 方觀承《方恪敏公奏議》卷五《奏爲酌籌預運茶斤糧餉事承准》 廷寄乾隆二十年十月二十二日奉上諭：『茶觔糧餉並須寬裕籌備，或用駝裝，或用車運，陸續預送巴里坤，聽候撥用。』欽此。

臣等查哈密現貯茶三萬八千餘封，遵旨即飭哈密糧員動撥三萬封於口內，駝隻到哈時，陸續運交軍營收貯候用。仍撥莊司茶五萬封，運赴哈密貯備。又查哈密舊貯糧石，除近日撥解軍營支放外，尚現存十萬餘石，軍營凡有需用，應隨時在哈密就近撥運。臣等請嗣後哈密貯糧以十萬石為率，如動用至十萬石數內，容臣等隨時將口內糧石酌撥補額，期於緩急有備。

至餉銀一項，經劉統勳奏撥哈密備用銀十五萬兩，臣吳達善遵旨撥補，運交將軍札拉豐阿，備賞銀六萬兩。臣吳達善又續奏撥哈密備用銀十萬兩，三共銀三十一萬兩。近據軍營管糧道王守坤具報撥用，裹帶口食鹽菜，并賞項銀兩，現在下賸無多，茲遵旨寬裕籌備。應請再動撥甘省藩庫銀四十萬兩，以二十萬兩運貯哈密，聽巴里坤軍營撥用，以一十萬兩運貯安西道庫，以一十萬兩運貯甘肅道庫，一遇巴里坤有需用之處，即可就近撥解。

再查藩庫軍需項下，備貯銀兩現在止存銀二十七萬餘兩，經臣等專疏，題請動撥鄰省八十萬兩來甘貯備在案，其不敷前項應撥銀兩，臣等一面檄行藩司於丙子年經費項下，動撥湊解，俟鄰省撥解到日補款。

以上茶觔糧餉由哈密運往巴里坤，均需駝裝，現在辦理駝隻源源出關。前經奏明，儘軍營用賸餘駝，飭令往來濟運，似足敷用。其由口內運貯甘肅、安西、哈密等處，道路平坦，皆宜用車，所需腳價及委員兵役盤費口食銀兩，悉照定例辦理。

所有臣等酌籌預運情形，理合恭摺具奏，伏乞皇上聖鑒訓示。謹奏。

清 全祖望《鮚埼亭集》卷三《十二雷茶竈賦有序**》** 吾鄉十二雷之茶，其名曰區茶，又曰白茶。首見于景迂先生之詩，而深寧居士述之。然未嘗入貢也。元始貢之。王元恭曰：以慈谿車廄嶴中三女山資國寺旁所出稱絕品，岡山開壽寺旁者次之，必以化安山中瀑泉蒸造，審擇陽羨武夷，未能過焉。顧諸公但言區茶之清，而不知早見于陸氏《茶經》。按陸氏云：『浙東以越中為上，生餘姚瀑布泉嶺曰仙茗。』蓋實即明州三女山之物，特以餘姚瀑布泉製之，遂誤指耳。但十二雷者甚難致，而近日山人亦無識者，嘉植沈淪，甚為可嘆。予自京師歸，端居多暇，乃築一廛于山之石門，題曰十二雷茶竈。將俟春日，親窮其窔奥而製之。因謀茶具甚備。《茶經》曰：『是茶有二種，大者殊異。』其即三女之種乎！予因乞靈于茶神，以求其大者，先為賦之。

四明四面兮俱神宮，就中翠碣兮尤清空。大闌峨峨兮稱絶險，蜀岡旁峙兮分半峰。其間剡湖則西兮，藍谿則東。峰回谿轉兮非人世，釀為嫩雪兮茸茸。百七日兮寒食過，廿四番兮花信終。二百八十峰兮土膏動，一萬八千丈兮雲氣濃。時則小草兮珠圓，長條兮玉潔。雙韭兮挺生，三菁兮秀出。青穤兮吐丹，白附兮結實。插瓏松兮篁竿，纏纓珞兮蘿闕。彼避世之畸人，各分曹以登眺。蓋飽饜而有餘，薄煙火以不道。乃有茶仙經營茶竈，愛茲茶山煙嵐窈窕。入精籃兮偃息，登古墓兮踟躕。史嵩之墓在西天峰開壽寺，即賜院也。有曹公放齋碑，高僧謂夢堂嘗居開壽寺。訪舊文兮斷碣，弔高僧兮遺書。三峰寺在資國寺南十里，彼人代兮已遠，悵宿莽兮成墟。獨新牙兮正茁，幾彌望兮山居。于是擷之掇之，吹之噓之，蒸之焙之，析之攄之。都藍之具，于以儲之。彼近山之瀑泉，推化安為絶勝。雖雪竇之飛湍，拜下風于錦鏡。致陸羽之傳訛，喜孫因之可證。化安瀑泉勝雪竇，見孫因越問中。來製良材，以慰幽興。其相則屈兮曲兮，如魚勾兮；其色則皎兮峭兮，蔑視紺緅兮；其數則六律六同兮，正一周兮。太白補陀未敢儔兮，大小晦之茶坑遜十籌兮。在昔茶户有編，茶場有使。幸徐公兮惠民，罷榷租兮世祀。胡降臣兮固寵，開貢使兮貽厲。自元初兮經始，范文虎。歷明代兮未弛。怪近世之希逢，致消渴其何恃。既塵鞅之可除，竊山棲以有志。《茶經》一卷，茶寮數事。比鄰可睦，那須黄羊。活眼盈甌，司命是嘗。媚之不辱，煬之無妨。倘稍存夫本色，為我和以老薑。

清 愛新覺羅・弘曆《文初集》卷五《玉泉山天下第一泉記》

水之德在養人，其味貴甘，其質貴輕。然三者正相資，質輕者味必甘，飲之而蠲疴益壽。故辨水者恒于其質之輕重，分泉之高下焉。

嘗製銀斗較之，京師玉泉之水，斗重一兩；塞上伊遜之水，亦斗重一兩；濟南珍珠泉，斗重一兩二釐；揚子金山泉，斗重一兩三釐，則較玉泉重二釐或三釐矣。至惠山、虎跑則各重玉泉四釐，平山重六釐，清涼山、白沙、虎邱及西山之碧雲寺，各重玉泉一分。是皆巡蹕所至，命内侍精量而得者。

然則無更輕於玉泉之水者乎？曰：有！為何泉？曰：非泉，乃雪水也。常收積素而烹之，較玉泉斗輕三釐。雪水不可恒得，則凡出山下而有冽者，誠無過京師之玉泉。

昔陸羽、劉伯芻之倫，或以廬山谷簾為第一，或以揚子為第一，惠山為第二，雖南人享帚之論也，然以輕重較之，惠山固應讓揚子，具見古人非臆説。而惜其不但未至塞上伊遜，并且未至燕京，若至此，則定以玉泉為天下第一矣。

近歲疏西海為昆明湖，萬壽山一帶率有名泉，溯源會極，則玉泉實靈脈之發皇德，水之樞紐，且質輕而味甘。廬山雖未到，信有過於楊子之金山者。故定名為天下第一泉。命將作崇煥神祠，以資惠濟，而為記以勒石。夫玉泉固趵突山根，蕩漾而成一湖者，詩人比之『飛瀑之垂虹』。即予向日題『燕山八景』，亦何嘗不隨聲云云。

足見公論在世間，誣辭也在世間，藉甚既成，雌黄難易。泉之於人，有德而無怨，猶不能免訛議焉。則挾德怨以應天下者，可以知懼也，可以不必懼矣。

清 陳弘謀《培遠堂偶存稿》卷二《文檄・禁壓買官茶告諭》

每年應辦貢茶，係動公件銀兩，發交思茅通判承領辦送，原令照時價公平采買。上年署通判劉永浚不遵功令，多買短價，擾累夷方，奉兩院憲特疏題參在案。今歲貢茶，本司仰體兩院憲恤民德意，將上年買存之茶揀選供用外，僅需補買貢茶二百餘斤，此外毋許多買。誠恐承辦官役仍指稱官茶名色，短價多買，擾累夷方，合行示諭茶山地方漢夷官民人等知悉。今歲采辦官茶，止須遵照不敷之數，按照時價，公平采買。如有不法官役，借名多買，短價壓送，擾累夷民，或經訪查，或被告發，官則立即詳參，役則立斃杖下，各宜凜遵毋違。

又《再禁辦茶官弊檄》 今歲應辦官茶，盡將存司者揀用，其應增辦者為數無幾，業已開單飭知。向例有分送司道文武各衙門者，并巡捕家人之茶，其數不啻倍於貢茶，皆藉官茶名色，短價壓買，買後派夫運送。該管官或迫於勢力，或瞻顧情面，竟是遍山皆係官茶。附近茶山苗倮，竟成當官苦差。只圖免差脱累為幸，不暇稍資茶利。茶山苗倮之累曰深，產茶亦漸短少。至於辦茶之地方官，除應接不暇，任勞招怨外，又有承辦箱匣錫瓶等項，此中墊賠苦累，勢必仍出於茶。若不早為飭禁，茶山永成苦海。

仰即通行文武衙門各官，需用普茶，果肯平價足銀，附近茶山，皆有

聚集之處，盡可買用，何必定向該管地方抽豐白取。甚至本係商賈買茶，亦皆冒指官茶，滿山之茶，皆官茶矣。嗣後無論文武各官，所需之茶，皆於山外聚處平價買賣，務給現銀，不得以損壞之物，抵為茶價。總須苗倮情願，不得一毫強壓。

該管地方官，多張曉諭，并諭叭目人等，另寫夷字告示，務使苗倮皆知，共遵法守。該管官尤宜稽查衙役，約束家人，不許親友倚勢強買，其應辦貢茶之箱瓶等物，均於省城委辦。每年需用貢茶，早有定數。其價皆動支公款，并非自取強派。所送院司衙門樣茶，亦已減之又減。所辦官茶，比上年已少大半。院司道各衙門如需送人之茶，亦令平價買用，務期身先作則，以杜相沿之派累，永杜茶山之陋弊。倘有違者，惟有查參，絕不稍為含容，亦難再為含容也。

普思諸山，當兵燹之後，地方疲敝，苗倮得以歸業，驚鴻甫集，十室九空，深山窮谷，別無出息，所產茶樹，實苗倮養命之源。身任地方，急宜視此為一方生計所資，加意撫綏，設法保護。豈容因公派累，假公濟私，以養民之本計，作應酬之私情。該地武官，亦宜一體遵奉，衛護地方，此實茶山一帶民命衣食所關，地方所繫，本司仰體憲意，不得不諄切告也。

又《再申私茶之禁以疏官茶檄》　甘省茶務，欠課惰銷，日積益多，通計額引，原不加多。而銷茶地方，比昔漸寬。若非私茶偷漏，何至官茶壅滯。檢查舊牘，歷任前院皆有緝私之行，捕獲者有分賞之條，并有茶禁。藉運軍裝夾帶私茶之行，文武各官參處定例甚嚴。

現在各處皆有私茶，成群馱送，亦復有之，而拿獲私茶之案絕少。本部院曾諭商頭及久司茶務之官，將私茶偷漏之要路開稟，以便飭行查禁，而商頭及各官所稟者，皆以楚豫遠省及晉省之四坡底，陝省之潼關、大慶關、三河口、龍駒寨，漢中之略陽等處，為私茶應禁之處。殊不知茶禁惟嚴於甘省，楚、豫、晉省原無茶課，即陝西之西安、鳳、漢三府，地廣人稠，止行小引一百三十二道，焉能人人盡食官茶。舍甘省切近之口岸，不行查禁，而欲并禁遠省，既不切實，勢亦難行。從前歷次移行鄰省文武各員，無濟於事。現在茶入甘境，南路舟行抵漢中，則不越階州白馬關，成縣、徽縣兩當地方；陸行抵隴州，則不越清水秦州地方；北路則不越涇州、正寧、鎮原、靈臺、靈州等地，此正私茶入甘之要路。果能於此等地方俱有兵役巡緝，官員實心督查，陝境私茶雖多，焉能飛越西行。乾隆十年兩司議詳將由陝入境要路，各撥巡役八名，協用營兵專司捕緝私茶。令將姓名造報，各屬俱未造報，其曾否派撥，不得而知。與其遠禁各省散渙之地，何如就近嚴禁要隘之區。且本省則責成甚專，功過難掩，既或附近另有可以通行之小路捷徑，或僻境之窩頓村堡，各地方官留心查訪，不難得知，不難捕獲。

本部院再四籌畫，甘省茶法，敝壞已極，固不盡由私茶，而私茶亦其大端。果能於私茶入境之處，層層捕緝，私販焉能肆行境內。少漏一封私茶，即多銷一封官茶，倘得私茶盡絕，官茶單行，茶法自有起色。但若籠統通行，仍成故套。

仰即移行飭查，將私茶入境之某縣某處，逐一查明，作何安設，捕役幾名，責成何官督率稽查；成羣之私販，作何知會，營汛協緝奸商隱射行私，作何查禁；逼近洮司之川省，有無隘口可以禁緝；凡拿獲私茶者，作何分別賞給；文武官如何記獎，偷漏者如何分別記過查參；軍裝夾帶私茶，作何設法盤查；官員攜帶私茶，作何分別禁止；前途拿獲者，經過之隘口作何究處。再南省私鹽偷漏之處，各商公設鹽巡保守口岸，最為有益。茶商可否照行，或此外有可以禁緝私茶之法，亦即一并籌酌，條分縷析，定議通詳。

清　袁枚《隨園食單》卷四《茶酒單·茶》　欲治好茶，先藏好水，水求中泠、惠泉。人家中何能置驛而辦？然天泉水、雪水力能藏之。水新則味疏，陳則味甘。嘗盡天下之茶，以武夷山頂所生沖開白色者為第一，然入貢尚不能多，況民間乎。其次莫如龍井，清明前者號蓮心，太覺味淡，以多用為妙。雨前最好，一旗一槍，綠如碧玉。收法須用小紙包，每包四兩，放石灰罈中，過十日則換石灰，上用紙蓋紮住，否則氣出而色味全變矣。停滾再泡，則葉浮矣，一泡便飲，用蓋掩之，則味又變矣。此中消息，間不容發也。山西裴中丞嘗謂人曰：『余昨日過隨園，才吃一杯好茶。』嗚呼！公山西人也，能為此言。而我見士大夫生長杭州，一入宦場便吃熬茶，其苦如藥，其色如血。此不過腸肥腦滿之人吃檳榔法也。俗矣！除吾鄉龍井外，余以為可飲者臚列于後。

武夷茶　余向不喜武夷茶，嫌其濃苦如飲藥。然丙午秋，余遊武夷，到曼亭峰天游寺諸處，僧道爭以茶獻。杯小如胡桃，壺小如香橼，每斟無一兩，上口不忍遽咽，先嗅其香，再試其味，徐徐咀嚼而體貼之，果然清芬撲鼻，舌有餘甘。一杯之後，再試一二杯，令人釋躁平矜怡情悅性，始覺龍井雖清而味薄矣，陽羨雖佳而韻遜矣，頗有玉與水晶品格不同之故，故武夷享天下盛名，真乃不忝，且可以瀹至三次而其味猶未盡。

龍井茶　杭州山茶處處皆清，不過以龍井為最耳。每還鄉上冢，見管墳人家送一杯茶，水清茶綠，富貴人所不能吃者也。

常州陽羨茶　陽羨茶，深碧色，形如雀舌，又如巨米，味較龍井略濃。

洞庭君山茶　洞庭君山出茶，色味與龍井相同，葉微寬而綠過之，采掇最少。方毓川撫軍曾惠兩瓶，果然佳絕，後有送者俱非真君山物矣。

此外如六安銀針、毛尖、梅片、安化，槩行黜落。

清　那彦成《那文毅公奏議》卷二四《茶政》　嘉慶十七年九月十二日，奏為庫貯茶封陳積，酌請全徵折色，恭摺奏聞事。

據藩司陳祁、署蘭州道龍萬育詳稱，甘省每年額設茶引二萬八千九百九十六道，每引例徵官茶十封，從前定以二成本色、八成折色徵收。乾隆二十七年，經前督臣楊應琚以陳茶壅積，奏明全徵折色。嗣於乾隆三十四、三十六、四十二等年，或以二成本色、八成折色徵收，或以一成本色、九成折色配交，均經奏准遵行在案。查商交官茶，原為新疆搭放兵餉，及賞給土爾扈特等處番衆而設，兹查庫貯茶封，除撥運外，現存一十五萬二千七百餘封，足敷撥運新疆數年之用。若不預為籌議，則每年徵收一成本色，陳陳相因，難免壅滯霉變。今據總商稟請，仿照乾隆二十七年之例，暫且停徵本色，每引全以三兩折色交納等因。

臣查甘省額徵官茶，向來或全徵折色，或以本折配交，俱視庫貯之多寡為准，隨時變通，原無定制。兹庫貯茶封，現在遞年陳積，自應仿照前辦之例，停徵本色，俾無霉變之虞。

查十七年茶引，例於十九年徵課，應請自十七年為始，暫停交納本色，每引全以折色三兩徵收。其現貯茶封，每年按口所需多寡遞年撥運，俟撥運將完，如新疆需用茶多，仍須本折配交，再行酌核，奏明辦理，庶庫貯茶封不致陳積，而新疆撥運亦可有備無缺。謹奏。

清　那彦成《那文毅公籌畫回疆善後事宜奏議》卷七七《議立茶税》　道光八年七月十九日，會同參贊大臣固原提督楊公芳，喀什噶爾參贊大臣武公隆阿，奏為嚴詰私販，便回通商充餉事。竊惟上年四城回衆勾結煽惑致亂之由，多係商民一切賤買貴賣，貪利盤剝，民不聊生。又兼與外夷各部落交易茶葉等物，無所稽查，日久熟識勾串，俾外夷得知我虛實，以致敢於鴟肆。查回疆出產足以自給，所需者惟茶為最。臣那彦成出關時，沿途探訪，并行查蘭州、涼州等處及口外各城。兹據蘭州道稟稱，南北兩路，除烏里雅蘇台、科布多二城，向食北路商茶。伊犁、搭爾巴哈台、烏什三城，向例兵餉搭放茶封外，其餘十二城均係甘司引地，歲行官引九千九百餘道，加以帶銷滯引及撥運官茶約計二十餘萬封，向係官商運至涼州發莊，聽來往客販轉運出關，隨地銷售。又據各城大臣查報，南北兩路歲行附茶，通計四五十萬封各等情。查官引額銷，年例出關二十餘萬封，竟行銷至四五十萬封之多，其為藉官引行私茶無疑，而無引私茶從中影射，亦可概見。迨至行銷各城，城城增價，現在哈密以西各城，每附茶一封，值銀一兩七八錢，至最遠之喀什噶爾七八兩十餘兩不等。此奸商私販勾通外夷，剝削回衆，輕售重取，日甚一日，不可不亟亟辦理之實在情形也。惟事須持平，憑天理即順人心。此次張逆滋事，該逆並未曾擾及之處，如葉爾羌各臺站，回子先將商民搶掠焚殺，靡有孑遺。此時若竟抑勒商民，專意顧恤回衆，似亦未得情理之平，而任聽增價無已，亦必別滋事端。查商民在關內置價，每附茶一封值銀一兩一二錢，運至涼州而止。以後則任聽來往客商攜帶售賣，藉軍興為名，高擡價值，有增無減，利歸私販，其弊尚小。至勾結外夷，聯絡聲氣，其弊滋甚。惟有官為定價，使回衆無食貴之虞，則自此回民永感天恩，人心可百年牢固，而因有稽查，則操縱之權益有把握。臣等時時計及現在新增防兵，連舊額防兵共至一萬餘名，所費不貲，萬不得已，籌及天下兵額內百分裁二，糧餉移以濟用，而內地營伍裁而又裁，空虛可慮，亦非固本培元之道。臣等愚昧之見，總須以回疆之利作回疆之用，不值以正項經費供給邊荒。今擬設税局數處，以便稽查。向來每附茶一封，價本銀一兩一二錢，軍興以前，止賣三兩四五錢。乃自用兵之後，茶價擁貴，至各城遞增，賣銀七

八兩至十餘兩不等。今擬每封官為定價，遞減至阿克蘇不得過四兩，喀什噶爾、葉爾羌不得過五兩，作為永定之價，不許增添牽算。商民每封成本一兩一二錢，合計成本運腳二兩五錢，每封賣銀四五兩，每封運腳一兩二三錢，每封獲利二兩五六錢。若販至數百封、數千封茶，愈多利愈厚，斷不致累商。應請于嘉峪關、照殺、虎口、歸化城、張家口等處設税，於阿克蘇、照古城設税，喀什噶爾、葉爾羌為行銷總要之區，均亦設税抽分，庶私販奸民，均有稽查，回民免于食貴，種種流弊，可期盡絶。為此合詞謹奏，如蒙俞允，臣等再行細擬章程，另議具奏，謹奏。

道光八年八月二十日，奉上諭：那彦成等奏嚴禁奸商私販茶葉，並設局稽查一摺。甘肅官引額銷茶葉，每年例應出關二十餘萬封，近來行銷竟至四五十萬封之多，顯係以無引私茶從中影射。其行銷各城，又復遞加價值，每附茶一封售銀七八兩至十餘兩不等。此等奸商私販，勾通外夷，剝削回衆，不可不嚴行禁絶。現據那彦成等酌請，每封官為定價，阿克蘇價銀不得過四兩，喀什噶爾、葉爾羌不得過五兩，作為永定之價，不許增添。并於嘉峪關地方、照殺、虎口、歸化城、張家口等處設立税局，阿克蘇、照古城設立税局，喀什噶爾、葉爾羌為行銷總要之區，均設立税局抽分，稽查奸商私販，以杜流弊。俱著照所議辦理，其詳細章程，著那彦成等另行妥議具奏。

道光八年八月初三日，會同參贊大臣固原提督楊公芳，喀什噶爾參贊大臣武公隆阿，奏為借項運茶以濟兵食事。竊照回疆西四城，現賣附茶每封市價七八兩至十餘兩不等，業經臣等於議抽茶税摺內具奏，一面照奏定章程先行平價，阿克蘇不得過四兩，喀什噶爾、葉爾羌不得過五兩，通行出示曉諭，回子已無食貴之虞。惟據帶兵各將領面稟，留防兵丁所得鹽菜銀兩無幾，當此百物昂貴之時，諸已拮据，而茶為日用必需，照市價買食，尤形苦累，懇求借項自行置買，到後一律抽税扣餉歸欵等情前來。查附茶在涼州發莊，每封售銀一兩一二錢，沿途遞增運腳，至最遠之喀什噶爾，合計成本、運腳、關税每封不過三兩，商販權衡月利及鋪面襍費，不能不售至四五兩。若官為採買，沿途運腳均給民價，並照例投税，每封作價三兩散給兵丁，扣餉還欵，每封可多餘銀二兩。邊遠荒苦之地，各兵亦得沾潤，必當照辦。惟喀城並無閒款可動，合無仰懇皇上天恩，俯准飭下陜甘督。臣在於甘肅藩庫，借撥經費銀二萬五千兩，臣等現已派員前往，俟領出銀兩，即照市價採買附茶一萬封，沿途支發運腳，回至喀什噶爾，報由參贊大臣衙門核銷。統計西四城滿漢兵丁六千八百餘名，按每兵一名准領茶一封半，陸續散給。臣等預咨葉英等城辦事大臣於運茶經過時，照兵數飭留扣餉全完，分別補解所借銀兩，甘肅藩庫在於道光九年喀什噶爾等四城經費項下全行坐扣，以清款項。謹奏。

道光八年九月初三日奉上諭：那彦成等奏請借撥銀兩運茶，以濟兵食一摺，回疆西四城兵丁所需附茶，現據那彦成等請於甘肅藩庫借撥款銀，發交派往之員，在涼州採買一萬封，每封坐價三兩，散給西四城滿漢官兵，扣餉還款。著楊遇春即於甘肅藩庫動撥經費銀二萬五千兩，交喀什噶爾委員妥為領辦，沿途支發運腳，由該城參贊大臣衙門核銷，所借銀兩即在道光九年喀什噶爾等四城經費項下全行坐扣，以清帑項而濟兵食。

道光八年十月初五日，會同喀什噶爾參贊大臣武公隆阿，幫辦大臣蘇公清阿，奏為酌議回疆抽收茶税章程事。竊臣等前奏，奸商私販茶葉，勾通外夷，擡價病回，請設税稽查，官為定價一摺，欽奉。上渝：現據那彦成等酌請，每封官為定價，阿克蘇價銀不得過四兩，喀什噶爾、葉爾羌不得過五兩，作為永定之價，不許增添。並於嘉峪關地方，照殺、虎口、歸化城、張家口等處設立税局，阿克蘇照古城設立税局，喀什噶爾、葉爾羌為行銷總要之區，均設立税局抽分，稽查奸商私販，以杜流弊。俱著照所議辦理。其詳細章程，著那彦成等另行妥議具奏。欽此。伏思臣等因商販私運茶葉，與外夷勾結，是以議請設税稽查，復因商販擡價病回，是以議定價值，永遠不許增添。若定價過少，近於抑勒商民，而便外夷，且恐商販賺利無多，相率裹足，於回食亦有關繫，不若使之獲利寬裕，而税則亦量為加增。税乃取之於商，回子又復可食賤裝。商販獲利稍厚，則運茶愈多，税課愈旺，自足供支餉需，堪以節省經費，方與詰奸便回，通商裕帑，四者相濟為效。茲酌議章程，附茶向由蘭州官商納課，運至涼州。自涼州以西，悉聽襍商販運出關銷售。今擬令各商於涼州置買茶時，赴涼州道衙門報明商人姓名，茶封數目，請領印票。有販運襍茶者，亦准

一律給票。涼州道照票咨明安肅道查核，按月呈報陝甘總督一次。至嘉峪關，責成安肅道於關口設稅局，委員驗票收稅。查附茶一封，商販在涼州置買，價銀一兩一二錢，販至阿克蘇賣價四兩，至喀葉兩城，即賣至五兩。統計商販成本腳價至阿克蘇每封合銀一兩八九錢，至喀葉兩城每封介銀二兩一二錢，除上稅外，在阿克蘇共每封獲利一兩五六錢，至喀葉兩城每封獲利約二兩餘。推之百封、千封、萬封，其利甚厚。該商等在內地行銷，不能如此獲利，自必踴躍前來。將來回疆茶多，其價自減，於回民更有裨益。應將嘉峪關稅則定為每附茶一封重五觔，納稅銀三錢，襍茶每五觔納稅銀三錢，各商於上稅後，繳銷涼州道印票。另請安肅道印票，仍注明商人姓名，茶封數目及運赴何城銷售。安肅道照票分咨該商所往之城照驗，按月咨報伊犁將軍、烏魯木齊都統、喀什噶爾參贊大臣、葉爾羌、阿克蘇辦事大臣、陝甘總督，查考所收稅銀，按月報院，咨司查核。又襍茶由殺虎口、歸化城出口，聚集古城。商販於古城納稅後將運赴南路行銷，各種襍茶即於稅局請領印票，注明商人姓名、茶色、觔數及運赴何城銷售，稅局給票後，報明鎮迪道，咨呈阿克蘇辦事大臣及喀什噶爾參贊大臣、葉爾羌辦事大臣查照，仍按月呈報烏魯木齊都統、陝甘總督一次。阿克蘇為附襍茶總匯之區，擬於該城設稅局。查各商販至阿克蘇，每封賣銀四五兩，今官為定價不得過四兩，商利倍於成本，亦應徵稅銀三錢。襍茶五觔作附茶一封納稅，各商原領嘉峪關、古城兩處印票，均在該城繳銷。其轉運烏什及西四城行銷附襍各茶，令其報明阿克蘇辦事大臣，給予印票。亦注明商人姓名、茶色數目及運赴何城銷售，一面咨照各城大臣照驗。其葉爾羌，喀什噶爾二城均係接壤外夷，處處有開齊小路，設有偷漏，尤關緊要，擬每城設落地稅。查阿克蘇附茶，官為定價不得過四兩，喀葉二城官為定價不得過五兩，計加增運腳不過二錢，商販多獲利息八錢。應定為每附茶一封，襍茶五觔均徵收稅銀二錢。阿克蘇、葉爾羌二城將收過稅課，按月咨明陝甘總督、喀什噶爾參贊大臣查照。喀什噶爾所收稅銀，亦按月咨明陝甘總督查照。每屆年終，喀什噶爾參贊大臣將本城及阿克蘇、葉爾羌二城，一年所收稅銀，具奏一次。陝甘總督將安肅道所收稅銀，及喀什噶爾、阿克蘇、葉爾羌咨報收過稅銀數目，彙奏一次，各稅局仍照例造冊奏銷。安肅道所管稅務，照各省鈔關、督撫委巡道監收之例，由陝甘總督經管辦理。如各稅局查無原領印票，或茶色數目與印票不符，均以私茶論，入官充公，仍治私販之罪。如巡攔兵役，有藉端留難勒索賣放情弊，該管大臣查出，或被商販告發，各照本例從嚴治罪。該管大臣如有隱匿稅課，照侵盜錢糧例治罪。嘉峪關、古城兩處印票，至阿克蘇驗銷，并各商指明赴哈密、吐魯番、喀喇沙爾、庫車等城行銷之票，亦令呈繳。各城大臣、衙門一律截角咨回，各原衙門查對所換阿克蘇印票，俟各商運赴何城銷完之後呈繳。該城大臣、衙門彙齊，每年年終，截角咨銷。如奉旨允准，令涼州道暨關內外各稅局，遵照章程，逐條出示曉諭，務使周知，以免干犯禁令。惟是南路設稅稽查已臻周密，自不致再有偷漏出卡之弊。恐商販惟利是圖，避匿稅課，勢必改由伊犁出卡。則南路徒有設稅之名，而奸商仍可繞路出卡，交接外夷，亦屬無益。烏魯木齊亦應設稅局一處，凡附襍茶到境，照阿克蘇稅則一律抽稅，伊犁本城照喀葉二城抽收落地稅。如此兩路稽查，奸商不至出卡私販，似為周備。但西路情形是否與南路相同，如何辦理之處，應請飭下伊犁將軍、烏魯木齊都統體察情形，妥議奏辦。其庫車之沙雅爾，阿克蘇之渾巴、什河，均有通和闐等處捷徑，此外或另有小路、岔道堪以繞越稅局之處，應令各城大臣查明，派兵設卡稽查，嚴防偷漏以期周密。謹奏。

道光八年十一月初七日，奉上諭：那彥成等奏酌議回疆抽收茶稅章程一摺，前據那彥成等，以奸商私販茶葉，勾通外夷，奏准設局稽查，官為定價，並聲明詳細章程，另行妥議具奏。茲據奏各商買茶應請領印票，並酌定稅則，及應添稅局稽查之處，均著照所請行。惟南路設局稽查周密，恐商販惟利是圖，改由伊犁繞道出卡，致有交接外夷之弊。那彥成等請於伊犁本城，照喀什噶爾、葉爾羌二城抽稅，烏魯木齊照阿克蘇稅則抽收。兩路稽查，庶奸商不至私販出卡，應如何辦理之處，著伊犁將軍、烏魯木齊都統，體察情形，妥議具奏。其庫車之沙雅爾，阿克蘇之渾巴、什河均有通和闐等處捷徑，此外或另有小路、岔道可以繞越稅局之處，並著各該城大臣查明設卡，派兵稽查，以杜偷漏。其餘詳細章程，俱著照所議辦理。

道光八年十月初五日，會同喀什噶爾參贊大臣武公隆阿，幫辦大臣

蘇公清阿，奏為請設喀什噶爾、葉爾羌，阿克蘇等三城銀庫，並按例嚴定官吏經管章程，以重帑項事。竊查臣等前議抽茶稅，業經欽奉諭旨，准行在案。約計南路八成回民食茶至少二十餘萬封，每附茶一封五觔，褁茶以五觔准附茶一封，自嘉峪關至阿克蘇抽稅六錢，到喀什噶爾售賣者，抽落地稅二錢，到葉爾羌售賣者，抽落地稅二錢，合計喀什噶爾、葉爾羌、阿克蘇等三城共四處，抽稅每封計稅銀八錢，以最少約計二十萬封茶，即應收稅銀十餘萬兩，而褁茶仍不在此數。再加以卡外准通貿易，其如何交易，雖定有章程，而價值之高下，未便官為抑勒商民，而便外夷，則於十餘萬兩之外，有增無減，如果辦理妥善，統計每歲可得銀二三十萬兩。惟各城存貯既多，聽其散漫無稽，日久不肖官吏，漸生侵盜，必致釀成巨案。竊恐非聖明准設茶稅，惠商便民，充餉詰奸之本意。立法之始，惟有嚴定章程，使層層有所稽查鈐制，自然人知畏法，不至舞弊侵肥，再生巨案。查內地州縣府道，有經管錢糧之責者，定制皆設庫房，額設庫官、庫吏，專司出入查記簿籍，以杜侵虧挪移。除嘉峪關歲收稅課，聽陝甘督臣督飭，安肅道在於道庫收貯，無庸議設官吏外，查喀什噶爾、葉爾羌、阿克蘇等三城，舊時雖有銀庫，所有出入止於歲例俸餉，旋收旋放，並無存貯。今庫貯既多，自應立庫，及增添官吏監守，方為周備。應請於各大臣衙署內，各設銀庫一所，專派掌印司員經理，毋庸另請，簡派司員，以節冗食。其書吏一項，口外各衙門經書向來俱於換防營書內挑補，所有新設書吏，應聽各大臣在於換防營兵內，擇其謹飭老實通曉文義者四人充膺庫吏，專管登記簿籍，辦理一切有關庫項、文移案件，所需工食銀兩，照例支給，作正開銷。每城定為額設庫吏，經承二缺，貼寫二缺，均照內地成例。查例載監守自盜倉庫錢糧，不分首從，併贓論罪，四十兩以上擬斬。又錢糧官吏互相覺察，若知侵欺盜用借貸係官錢糧，匿而不舉及故縱者，并與犯人同罪。又上司逼勒所屬挪移庫銀，照貪官例治罪等語。如大臣中有挪移庫項情事，准章京等援例阻止。倘敢故違，功令准章京庫吏揭報，照上司逼勒所屬挪移庫項之例治罪。匿而不舉者，同罪。章京與庫吏通同舞弊，虧短錢糧，該管大臣查出，照監守自盜，不分首從，并贓論罪。章京舞弊，庫吏據實首舉，庫吏舞弊，章京據實查報，各照監守自盜本例辦理。知情不舉，照故縱例治罪。如此嚴定科條，大臣及章京、庫吏人等互有考核，於庫項實為有裨。但繩以重法，若不優予進身之階，亦不足以示勸懲而昭平允，應請將管庫章京於經管三年期滿，由該管大臣查明庫貯一無弊混，咨部議敘。庫吏五年役滿，考取典吏一名，咨部銓選。查回疆各城額設書吏，道光四年吏部奏定章程，五年役滿，仍歸雙月外用班，七缺之後選用，初次留班期滿，仍歸雙月升選。十缺之後選用，至初次留班期滿後，如實因辦事乏人，准其再留二年。俟二次留班期滿，統歸一班，毋論是否積缺，一併計算。四缺之後，選用一人等語。今添設庫吏，事同一例，並請循照向例辦理。庶庫官庫吏知有勸懲，自當益加慎重。至各該大臣每遇遷轉更調，務當詳晰造具舊管新收，開除實在四柱清冊交代新任，歸新任大臣具奏。司員班滿，亦須造具清冊，交代接手司員，由本城大臣造冊，咨部查核。倘該大臣司員等有別項事故，實任之人尚未到任，暫署之人，亦應將庫官冊據查明，分別具奏。如有造報不實，既瞻顧情面，匿不奏報者，查出從重辦理。如此明定科條，弊端可除，免生巨案。謹奏。

道光八年十一月初七日奉上諭：那彥成等奏請設喀什噶爾等三城銀庫，並按例嚴定經管章程一摺。回疆南路八城，每歲食茶至少二十餘萬封，每附茶一封五觔，褁茶以五觔准附茶一封。自嘉峪關至阿克蘇及葉爾羌等三城，共四處抽收稅課，請於各該三城設立銀庫，以昭慎重。著照所請，准其於喀什噶爾、葉爾羌、阿克蘇三城大臣衙署內各設銀庫一所，專派掌印司員經理。應設書吏，著各該大臣於換防營兵內選擇。每城定為額設庫吏、經承二名，貼寫二缺，專管並一切有關庫項文案，所需工食銀兩，准其照例支給，作正開銷。惟是各城庫貯既多，若不嚴定章程，必致日久弊生，致滋侵蝕，嗣後各城庫項，如大臣中有挪移情事，准章京等援例阻止。倘敢故違功令，准章京、庫吏揭報，照上司逼勒所屬挪移庫項之例治罪，匿而不舉者，同罪。章京與庫吏通同舞弊，虧短錢糧，照監守自盜，不分首從，併贓論罪。章京與庫吏舞弊，互相舉報，各照監守自盜本例辦理。知情不舉者，照故縱例治罪。各該大臣及章京人等，務當奉公守法，認真妥辦。其管庫章京三年期滿，由該管大臣查明庫項，一無弊混，准其咨部議敘。庫吏五年役滿，考取典吏一名，准其咨部銓選。照回疆各城額設書吏，道光四年吏部奏定章程一律辦理，俾知懲勸。再各該

大臣每遇遷轉更調，當造具清冊，交代新任，歸新任大臣具奏。司員班滿，亦造具清冊，交代接手司員，由本城大臣造冊咨部查核。倘該大臣司員尚未到任，暫署之人，亦應將庫官冊據查報，分別具奏。如有奏報不實，及匿不奏報者，查出從重辦理。該部知道。

道光九年正月十二日，會同喀什噶爾參贊大臣武公隆阿，奏為酌議回疆行茶規條，奏明交部立案，以憑畫一遵循事。竊臣議抽回疆茶税，詰奸便回，通商裕帑，欽奉諭旨准行。經臣等會議章程具奏，復奉上諭，俱著照所議辦理。欽此。當即咨移各城，並陝甘總督、伊犂將軍、烏魯木齊都統一體欽遵辦理去後。復查臣等前奏，關内外稽查抽税章程，聲明奉旨允准，令涼州道暨關内外各税局遵照，逐條出示曉諭，務使周知，以免商販干犯禁令等因。兹當設局徵税之始，若由各該處隨意摘敘原奏，分別示諭，誠恐文義參差，商販初次試行，不能畫一遵守，籌畫尚未周密，且杜弊便商，立法不厭精詳。兹臣等復加體察，謹將原奏所未及，並有將前奏章程悉心推廣，繕列規例十四條，咨行陝甘總督，甘肅藩司，蘭州道，甘涼、安肅兩道，伊犂、塔爾巴哈台、烏魯木齊及阿克蘇、葉爾羌、英吉沙爾、和闐四城，並於喀什噶爾照繕多張，通行曉諭，俾關内外官吏、商回，事事均有所恪遵，不致稍有歧誤。第非奏明，勅部立案，將來部中無憑稽核，更恐日久變更，轉滋弊竇。自應將現行詳細條款，分晰開列，恭呈御覽，並請勅部備案。

一、查軍興以來，西四城茶價增昂，每附茶一封價銀六七兩十餘兩不等。兹奏准官為定價，在阿克蘇行銷者，每封不得過四兩，運至西四城行銷者，不得過五兩，誠為便商而不病回。該商民等如敢增價售賣，即行究辦，倘有意減價攙混行市，亦當禁止。總須遵照奏定價值售賣，違者茶罰入官，仍治以應得之罪。

一、茶商自涼州販運，應赴甘涼道衙門請票，注明茶封數目，及該商販姓名。隨時咨明安肅道，並呈報總督，咨照藩臬、蘭州道各衙門。該商等持票赴安肅道衙門照驗，換票放行，如無甘涼道印票，概不准出關，即與私販無異，茶罰入官，仍照偷漏例治罪。

一、茶販持票運至肅州，安肅道照票抽税，即將原持之甘涼道印票繳銷，換給安肅道印票，注明何商、何茶，將封數、觔重，裝用車駝若干，運赴何城銷售，一一開載票内。如運赴哈密、吐魯番、喀喇沙爾、庫車等城落地者，即注明『何城銷售』字樣，一面咨呈該城大臣照驗。

一、襍茶向不出嘉峪關，均由殺虎口、張家口及歸化城一帶運往北路，至古城聚集，由烏魯木齊運赴南路。其赴南路者，應令該商販赴鎮迪道衙門請票，注明茶色、觔重數目及商販姓名，按起咨呈阿克蘇辦事大臣照驗。一面呈報烏魯木齊都統，按月咨明阿克蘇辦事大臣查對。

一、現今奏准於嘉峪關設立税局一處，責成安肅道專管，應查照甘涼道印票所注茶封數目，照票抽税。每附茶一封，照奏定章程抽税銀三錢，儻有奸商避税，自涼州起票時，隱匿不實，或係甘涼道衙門胥吏徇庇營私，經安肅道税局查出，一面咨查甘涼道，一面稟報督藩臬、蘭州道各衙門辦理。肅州税局，應由陝甘總督飭司派委妥員專司稽核，如有賣放侵蝕，致虧税課，均罰令安肅道賠繳，仍交部議處。

一、出關行銷各城茶商，赴北路者，業已咨明烏魯木齊都統、伊犂將軍等處辦理。其運赴南路者，如哈密、吐魯番兩城，回户食茶有限，未便定收落地税。其喀喇沙爾、庫車二城，不過商販過往之區，烏什僻在一隅，均未便議税。惟阿克蘇為附茶、襍茶總匯之地，商販雲集，現已奏准設局。照嘉峪關税則，每附茶一封重五觔，抽税三錢，襍茶五觔准附茶一封，抽税三錢。其由嘉峪關運至者，應驗明安肅道印票抽收。其由烏魯木齊運至者，應驗明鎮迪道印票抽收。收税後，將該二處印票查銷截角，咨回該二道衙門備照。如無該二道印票，照私販偷漏例，茶罰入官，仍照例治罪。至運赴西四城之茶，應換給阿克蘇大臣印票，注明茶色、封數、觔重及商販姓名，前往行銷，只准請領喀什噶爾、葉爾羌兩城印票。一面咨照該二城大臣查照，如有賣放侵蝕，致虧課税，均罰令該大臣賠繳，仍交部議處。該管司員如有弊混，聽該大臣嚴參。

一、自阿克蘇運赴西四城之茶，除英吉沙爾為喀什噶爾屬城，和闐為葉爾羌屬城，該二城毋庸設局徵税外，西四城回户衆多，又兼卡外夷商雲集，該商民獲利倍蓰。應照奏定章程於喀什噶爾設立税局，每附茶一封，抽落地税二錢，襍茶五觔，抽落地税二錢。葉爾羌設立税局，每附茶一封，抽落地税二錢，襍茶五觔，抽落地税二錢。查附襍各茶運赴西四城者，總須由阿克蘇經過，其赴喀什噶爾者，捷徑則由樹窩子行走，大路

則由葉爾羌行走。其由樹窩子行走者，應令商民呈明阿克蘇大臣請票，注明經行程站，仍咨呈參贊大臣按封戳印圖記，照票抽稅。儻有由喀什噶爾赴英吉沙爾售賣者，該商報明英吉沙爾大臣，驗明喀什噶爾圖記，方准售賣。如無圖印，茶在市行銷，致虧課稅，均罰令該城大臣賠繳。葉爾羌管稅司員，如有弊混，或格外私自抑勒商民，聽商民赴控，從嚴參辦。

一、現經奏准嘉峪關抽稅三錢，應徵稅課行文陝甘總督，即飭安肅道在於道庫存貯外，其烏魯木齊都統、伊犁將軍等處，亦應將奏准設稅緣由抄録原奏及奉到諭旨，聽其自行議奏辦理。至喀什噶爾、阿克蘇、葉爾羌等三城均設稅局，自應設庫存貯，應照奏定設庫，並添設庫官吏，及如何互相稽核章程辦理，由各城遇便具奏報部，以憑查核。

一、查嘉峪關至喀喇沙爾三城，均無別路可以繞越。惟喀喇沙爾所屬之庫爾勒，向有小路沿山行走，直通喀什噶爾所屬之伊勒古楚卡倫，庫車所屬之沙雅爾有赴和闐捷徑，阿克蘇所屬之渾巴什河向東有通和闐大路，此三處應派員筑卡駐查，以防偷越。

一、嘉峪關所收稅銀，每月由安肅道據實稟報陝甘總督，咨明喀什噶爾參贊。阿克蘇、葉爾羌所收稅銀，每月由該二城大臣咨報參贊，參贊衙門將本城及葉爾羌、阿克蘇等三城共收稅課若干，咨明陝甘總督。每年終由陝督具奏一次，由喀什噶爾參贊具奏一次。每年終統算徵收稅銀若干，如徵若干萬，次年防兵餉銀少撥若干萬出關，此項稅課即作為防兵餉需，作正開銷，應由陝督及喀什噶爾參贊彙總報部，以憑考核。

一、既設稅局，管稅管庫官吏應需飯食心紅等費，斷不可少。擬照內地各關稅加平耗解費，飯食心紅等費，按每百兩加平飯銀四兩，作為襍項費用。既經官定之後，如有例外需索，一經查出，從重治罪。

一、每附茶一封，自涼州起行，責成甘涼道按封戳印圖記，至肅州安肅道驗明上稅。查無涼州圖記，不准出關。按封上稅後，仍每封加用安肅道圖記，至哈密，令該商等報明哈密廳。販至南路者何商，茶若干封，販至北路者何商，茶若干封。一面行文安肅道、鎮迪道查核，並稟報本城大臣，轉咨阿克蘇大臣備查。其有運至吐魯番、喀喇沙爾、庫車等三城售賣者，均在哈密廳報明，由哈密大臣咨明吐魯番、喀喇沙爾、庫車等三城大臣，何商，運茶若干封，認赴何城售賣。其商人至所認之城，不准私賣，須先報明本城大臣，按封加用本城圖記，方准售賣。如既印有本城圖記，仍赴別城銷售者，原所不禁，但須報明本城大臣，將運赴別城行銷之處，轉咨別城大臣，亦應加印圖記，方准銷售。至哈密、吐魯番、喀喇沙爾、庫車等四城，祇司稽查，不必抽稅，以免擾累。

一、商人等無不意圖避稅，甚至附襍各茶，運至阿克蘇以東各城，恃有各城印記，原准售賣，竟將所運之官印各茶賣與東四城回子，既可避阿克蘇以西各稅局盤查，仍可賤售速銷，以圖便利，回子賤買，運赴西四城貴賣，勢所必有於稅局甚有關礙。應查明無論商民回子運茶至阿克蘇，既運往西四城者，一體收稅稽查，庶無遺漏之弊。

一、查卡內回衆，向食附茶襍茶一項，為卡外夷商必需。現在奏准每襍茶五觔准附茶一封，俱定價銀五兩，查原奏內定價，專指卡內各城而言，至卡外通商所用襍茶最多，官未便定價抑勒商民而便外夷，亦奏准在案。是將來襍茶獲利倍於附茶，而襍茶之銷售亦暢於附茶。查襍茶俱在古城聚集，分赴南北兩路行銷，現已奏奉諭旨，令伊犁將軍、烏魯木齊都統體察情形，妥議具奏。欽此。欽遵在案。應俟伊犁、烏魯木齊奏准之日，再行照例抽稅。此時應先責成鎮迪道，按包按簍戳印圖記，給予印票，始准運赴各城行銷，一切稽查章程，及在南路八城抽稅等事，照附茶一律辦理。如阿克蘇查有襍茶到境，既無戳記又無印票，茶罰入官，照私販治罪，仍將鎮迪道咨送陝甘總督，照例參辦。

以上各條自涼州以至喀什噶爾關內外節節防維，自可不致私販偷漏，各稅局遵照奉行均有一定准則，商民亦無苦累。茶價既定，回子永無食貴之虞。現在各外夷，如布噶爾巴達克山，均已陸續前來貿易，茶更易於銷售。銷茶愈多，稅課愈旺，將來商販雲集，其價自減，於兵回更有裨益。謹奏。

道光九年二月十四日奉上諭：那彦成等奏酌議回疆行茶規條一摺，著交該部核議具奏。容安謹按：户部議覆，以邊要事宜籌畫更當詳慎，開關新疆六十餘年，並未設立茶稅，該處是否相宜，未敢懸擬，將來或有窒礙，請旨簡派熟悉新疆情形大員，會同悉心覆議。當奉旨著派托津、長齡、富俊會同户部悉心核議具奏。復經議奏，以該處甫議徵稅，即慮商人

藉詞擡價居奇，兵民缺食，復請借餉置買茶觔，藉資接濟，可見徵收茶税，在商人固非所樂從，於兵民亦諸多未便，現在收税一節，以事屬難行，未經議准，是商人亦無可藉詞擡價。其請借餉置茶，以資接濟之處，應毋庸議。又以開闢新疆六十餘年，商民輻輳，久經樂業相安，茲當重定回城，尤宜加意撫綏培養，自應仍照舊章，無須另議。所稱茶商出口以後，往來售賣，無可稽查，甚至交通外夷，必須嚴行查禁。相應請旨飭下各城將軍、參贊、辦事、領隊各大臣等，轉飭坐卡官兵，認真稽查，如有潛通外夷，即行查拏究辦。道光九年三月二十二日奉旨依議。

清 梁章鉅《歸田瑣記》卷七《品茶》 余僑寓浦城，艱於得酒，而易于得茶。蓋浦城本與武夷接壤，即浦産亦未嘗不佳，而武夷焙法，實甲天下。浦茶之佳者，往往轉運至武夷加焙，而其味較勝，其價亦頓增。其實古人品茶，初不重武夷，亦不精焙法也。《畫墁録》云：『有唐茶品以陽羨為上供，建溪、北苑不著也。貞元中，常衮為建州刺史，始蒸焙而研之，謂之研膏茶。丁晉公為福建轉運使，始製為鳳團。』今考北苑雖隸建州，然其名為鳳凰山，其旁為壑，源沙溪，非武夷也。東坡作《鳳咮硯銘》有云：『帝規武夷作茶囿，山為孤鳳翔且嗅。』又作《荔支嘆》云：『君不見武夷溪邊粟粒芽，前丁後蔡相籠加。』直以北苑之名鳳凰山者為武夷。《漁隱叢話》辨之甚詳，謂北苑自有一溪，南流至富沙城下，方與西來武夷溪水合流，東去劍溪。然又稱武夷未嘗有茶，則亦非是。按《武夷雜記》云：『武茶賞自蔡君謨，始謂其過北苑龍團，周右父極抑之。蓋緣山中不曉焙製法，一味計多狗利之過。』是宋時武夷已非無茶，特焙法不佳，而世不甚貴爾。元時始於武夷置場官二員，茶園百有二所，設焙局于四曲溪，今御茶園、喊山臺其遺迹并存，沿至近日，則武夷之茶，不脛而走四方。且粤東歲運，番舶通之外夷，而北苑之名遂泯矣。武夷九曲之末為星村，鬻茶者騈集交易於此。多有販他處所産，學其焙法，以贋充者，即武夷山下人亦不能辨也。余嘗再游武夷，信宿天游觀中，每與靜參羽士夜談茶事。靜參謂茶名有四等，茶品亦有四等，今城中州府官廨及豪富人家競尚武夷茶，最著者曰花香，其由花香等而上者曰小種而已。山中則以小種為常品，其等而上者曰名種，此山以下所不可多得，即泉州、廈門人所講工夫茶，號稱名種者，實僅得小種也。又等而上之曰奇種，如雪梅、木瓜之類，即山中亦不可多得。大約茶樹與梅花相近者，即引得梅花之味，與木瓜相近者，即引得木瓜之味，他可類推。此亦必須山中之水，方能發其精英，閲時稍久，而其味亦即消退，三十六峰中，不過數峰有之。各寺觀所藏，每種不能滿一斤，用極小之錫瓶貯之，裝在名種大瓶中間，遇貴客名流到山，始出少許，鄭重瀹之。其用小瓶裝贈者，亦題奇種，實皆名種，雜以木瓜、梅花等物以助其香，非真奇種也。至茶品之四等，一曰香，花香、小種之類皆有之。今之品茶者，以此為無上妙諦矣，不知等而上之，則曰清，香而不清，猶凡品也。再等而上之，則曰甘，清而不甘，則苦茗也。再等而上之，則曰活，甘而不活，亦不過好茶而已。活之一字，須從舌本辨之，微乎微矣，然亦必瀹以山中之水，方能悟此消息。此等語，余屢為人述之，則皆聞所未聞者，且恐陸鴻漸《茶經》未曾夢及此矣。憶吾鄉林越亭先生《武夷雜詩》中有句云：『他時詫朋輩，真飲玉漿回。』非身到山中，鮮不以為欺人語也。

又《品泉》 唐、宋以還，古人多講求茗飲，一切湯火之候，瓶盞之細，無不考索周詳，著之為書。然所謂龍團、鳳餅，皆須碾碎方可入飲，非惟煩瑣弗便，即茶之真味，恐亦無存。其直取茗芽，投以瀹水即飲者，不知始自何時。沈德符《野獲編》云：『國初四方供茶，以建寧、陽羨為上，時猶仍宋制，所進者俱碾而揉之為大小龍團，至洪武二十四年九月，上以重勞民力，罷造龍團，惟採茶芽以進，其品有四：曰採春，曰先春，曰次春，曰紫筍。置茶户五百，充其徭役。』乃知今法實自明祖創之，真可令陸鴻漸、蔡君謨心服。憶余嘗再游武夷，在各山頂寺觀中取上品者，以巖中瀑水烹之，其芳甘百倍於常。時固由茶佳，亦由泉勝也。按品泉始於陸鴻漸，然不及我朝之精。記在京師，恭讀純廟御製《玉泉山天下第一泉記》云：『嘗製銀斗較之，京師玉泉之水斗重一兩，塞上伊遜之水亦斗重一兩，濟南珍珠泉斗重一兩二釐，揚子金山泉斗重一兩三釐，則較玉泉重二釐或三釐矣。至惠山、虎跑，則各重玉泉四釐，平山重六釐，清涼山、白沙、虎邱及西山之碧雲寺各重玉泉一分。然則更無輕於玉泉者乎？曰有，乃雪水也。常收積素而烹之，較玉泉斗輕三釐，雪水不可恒得。則凡出山下而有冽者，誠無過京師之玉泉，故定為天下第一泉。』

清 羅汝懷《绿漪草堂文集》卷四《説茶》 茶即古之荼。【略】《本艸衍義》：晉溫嶠貢茶千斤，茗三百斤。是知秦人取蜀而後，始有茗飲之事。《唐書·陸羽傳》：羽嗜茶，著經三篇，言茶之原、之法、之具尤備。自此後荼字減一畫為茶。有常伯熊者，因羽論復廣著茶之功，其後尚茶成風。時回紇入朝，始驅馬市茶，至明代謂茶馬御史。説詳《日知録》。徐璣詩曰：『詩清都為飲茶多。』夫清流所尚，宜不為庸俗所賞。乃今則傭豎販夫，皆嗜之成癖矣，以余產三分古一夫之田之一，而每歲茶費率二、三千文，以萬户計之，則為費三萬千矣。【略】近有《鏡花緣》小説，極言飲茶之害，云以柏葉代之，可以養體。然今日已成痼習，莫可解矣。

《正字通》引《魏了翁集》曰：茶之始，其字為荼，如《春秋》齊荼、《漢志》荼陵之類。陸顔諸人，雖已轉入茶音，未嘗輒改字文。案《玉篇》：荼，杜胡切，苦菜也。又《爾雅》曰：檟，苦荼。注云：樹小似梔子，冬生葉，可煮作羹飲，又除加切。則荼音又不自陸顔始轉也。惟陸羽盧仝以後，則遂易荼為茶。其字從草、從人、從木。《康熙字典》：案《漢書年表》荼陵。師古注：荼，音塗。《地理志》荼陵，從人從木。師古注：弋奢反，又音丈加反。則漢時已有荼、茶兩字，非至陸羽後，始易荼為茶，考《漢書》汲古閣本《地理志》之荼陵，未嘗從木。且師古於一地不應兩異其字，字典所據本，當是字畫之誤，至兩處音不同，則古人字同音異者甚多。了翁之説，固不謬也。案：唐開元中李北海《娑羅樹記》，荼毗字作茶。錢氏大昕曰，余本有食遮切之音，荼從余聲，茶乃荼之省文，流俗誤分為二。此碑荼作茶，可見唐人猶識古音也。

清 曾國藩《曾文正公全集》卷三《徽寧池三府屬洋莊茶引捐釐章程十條》 一、皖南設立茶引局，由皖南道督辦，由安慶牙釐總局綜理，省中派員駐局經管。所有引票、捐票、釐票，俱用三聯票式，本部堂刊發牙釐總局，移交皖南道，轉發徽寧池三府屬產茶縣分。各商成箱後，在該縣報明請引，照繳引銀、捐銀、釐銀、公費銀，隨時填票給付。各地方官不得於三票之外，多取絲毫。所收銀兩，隨時解皖南道，聽候撥用。各縣按月申報牙釐省局、皖南道茶引局查核。

一、茶引，定以司馬秤，每斤合庫秤十六兩八錢。按十六兩八錢庫秤，淨茶一百二十斤爲一引。箱皮不計。各商請引時，報明洋茶花色箱數，箱內淨茶斤兩，統計成引。報明後，該縣親身點箱抽查。如有偷漏，照釐金章程補交正項引銀、捐銀、釐銀、公費，另加三倍議罰。如有重斤，一律照加照罰。罰款以二成充餉，以一成留卡給賞。

一、徽州向章，定以每引收茶釐銀三錢，茶捐銀六錢，公費銀三分。此外，運出徽境，逢卡抽釐。現在定章，仿照餉鹽章程統，歸辦茶之地一處完釐。應即核計加增，每引定繳正項引銀三錢，公費銀三分，捐銀八錢，釐銀九錢五分，共應繳銀二兩零八分。如徽屬出江西之茶，應由景鎮、饒州、吴城、湖口等卡經過，即不抽釐。寧池等屬出長江之茶，應由華陽鎮、安慶、大通、荻港等卡，即不抽釐。但驗明釐票，查明箱數，一律放行。如箱數不符，照章加罰。該三處采辦洋茶，如不在以上各卡之內，不得持此票爲憑，應聽各卡抽釐。其應完內地子口半稅，由該商照通商條約章程完納，概不在此數內。

一、皖南茶引局、省城牙釐局及該縣承辦茶務，均需辦公經費。准就公費每引三分，釐金每引九錢五分之内，牙逋釐總局扣留二分，皖南道扣留二分，該縣扣留四分。作爲辛紅、紙張、書役、飯食等費。

一、向章茶捐准其請奬，此次每引加捐二錢，共計八錢。仍悉照向章，填給捐票。俟茶開運後，各商將捐照呈繳安慶牙釐總局，照籌餉例，一律核奬，換給實收。

一、洋莊簍熟茶，亦按照十六兩八錢庫秤，一百二十斤成引扣算。所有茶引、茶捐、茶釐，均照章抽取。

一、小販袋裝毛茶售與各洋莊，向不請引，亦無茶捐名目。經過附近各卡，應照十六兩八錢庫秤，每一百二十斤，抽釐錢一百文。其零星不及石者，應免抽釐，以恤小販。

一、茶釐概歸皖局抽收。江西經過各卡，由本部堂諮明江西撫部院，札行總局，轉飭各該卡，驗票放行，不重抽釐、抽捐。又婺源一縣，現歸左撫部院設卡抽收，應一併諮明照辦，以歸畫一。其婺源茶所得引捐釐各項銀兩，由皖省糧臺另撥還左撫部院糧臺備抵。

一、向來内地客商販運營銷内地簍茶、箱茶及建德向有西商采辦北口茶，不照此例。所有應完徽州茶引、茶捐、茶釐應由皖南道查明舊章，

并察看情形，酌議章程，詳候核奪。

一、核定章程，應出示曉諭徽寧池三府屬商民遵照，并通飭經過江西安徽各釐卡，照驗放行。

清 丁日昌《撫閩奏稿》卷三《查勘臺北硫磺樟腦茶葉情形疏》

奏為開煤機器已到，請專派大員督辦，兼查勘硫磺、磺油、樟腦、茶葉各情形，逐漸開采墾種，以浚利源而弭外患，恭摺具奏，仰祈聖鑒事。

竊查臺北開煤，經前辦理臺灣海防大臣沈葆楨奏請開采，旋由總理衙門派洋匠到臺踩勘，立約購辦機器在案。現機器已到，洋匠已來，萬事草創，必需人徹始徹終認真經理，方能日起有功。果煤利日興，煤市日旺，當此帑項支絀之餘，實於臺餉大有裨益。然以臣等所聞，臺地之利，尚不止煤炭一宗。

蓋臺山為洪荒以來初闢之新島，精華未洩，蘊蓄宏深，如硫磺、磺油、樟腦悉為地產。近日臺北新茶行於外洋，土人但知有種穀、種庶之利，而不暇旁求，外人則早刺探得之，垂涎久矣。所以年來必格林私運樟腦之案，味土達私購磺油之案層見疊出，雖隨時消彌，而彼族耽耽虎視之心，至今未已，與其棄而不取，徒啟外人覬覦之端，何若攬而兼收，用資生民無窮之利。前經臣函飭臺灣道夏獻綸，將臺地所産琉磺、磺油、樟腦、茶葉等項，應如何擴充開辦之處，查議稟復。

茲據報稱，硫磺産於淡北北投山、冷水窟等處，向例封禁。同治二年，經前督臣左宗棠奏請開采，嗣又中止。然民間私挖偷漏之弊，仍不免也。果馳禁開工，或由官設廠，或向民買收，不特裕閩省之軍需，兼可濟鄰省之不足。此硫磺之情形也。

磺油産於淡南之牛頭山石罅中，與泉水并流而下，初每日不過涌出四五十斤，同治六年即有華商、英商爭購之事，嗣美領事李讓禮潛蹤到彼，托奸民招引生番，為罔利計，幸奸民被獲，事乃中弭。據洋人云此油若用機器疏通，日可得萬斤。然無徵不信，必先有熟悉其事者，購小機器，雇洋工開鉆試驗，但使工本之外，略有贏餘，即可舉行，以贍海外之窮民，即以杜奸徒之妄念。此磺油之情形也。

樟腦者，用樟木片煎煉成質者也。官辦業已多年，自從前利歸歸包户，奸民姤之，而誘洋商人入山自買，遂啟釁端，腦務以散，年來雖因勢之導，設卡抽厘，終比前減色。此樟腦之情形也。

臣總覈諸説，大抵臺利自米糖外，以煤茶為太宗，而硫磺、磺油、樟腦或為軍火之用，或為民間所需。貨物既産之於天，貨即不可棄之於地。近者異類無厭之求，日益以肆，及今不取，彼又生心。且固臺防，必練兵，欲練兵，先裕餉。籌餉款於內地，利有時竭，不如闢餉源於臺灣，利可無窮。墾田伐木利微而緩，開礦種茶利厚而速，利厚則民不招而自多，民多則土不墾而自廓。什伍之集，遂成村堡。村堡之聚，遂成都邑。生齒既繁，捍衛自固。餉糈永足，兵氣自強。譬之養生，中氣充，則外感不入矣。

惟臺地南北千餘里，道路迢遙，深林密箐，瘴雨嵐煙，望者裹足。而事屬創始，凡百為難，地方官各有守土之責，勢難兼顧，非派員專辦不可。然非有樸勤廉幹，素熟情形，兼通洋務之大員，亦不足以任之。茲查有布政使銜廣東題奏道葉文瀾，自辦船政以來，總監工程已逾十載，堅任勞怨，公爾忘私。本年春間，因前往暹邏采木時，受濕發病，假歸調理，現聞已就痊愈。該道精明勤奮，沉毅有為，機器洋情洞如觀火，前以臺事方殷，曾親到臺南一帶察看，情形尤所熟悉。經臣函商，臣鴻章、臣葆楨均以該道堪勝委任，臣等思開煤機器現已次第運到，洋匠亦接踵而來，設廠招工，駕馭洋匠，事務殷煩，擬請旨專派葉文瀾駐臺督辦煤廠等件，以專責成。仍飭地方官會同妥辦，以免掣肘。一面分馳察看硫磺、磺油、樟腦、茶葉各情形，可以舉行者，逐漸設法開采，會同臺灣道夏獻綸，隨時稟報，核轉奏聞。臣等一面寬籌餉項，陸續撥付，以資工本之用，總期不畏艱難，務著成效，用副便民裕餉，安內攘外之深意。愚昧之見，是否有當，伏候聖裁。謹會同大學士直隸總督臣李鴻章、兩江總督臣沈葆楨、督辦船政臣吴贊誠合辭恭摺陳明。

清 阮福《普洱茶記》 普洱茶名遍天下，味最釅，京師尤重之。福來滇，稽之《雲南通志》，亦未得其祥，但云産攸樂、革登、倚邦、莽枝、蠻耑、慢撒六茶山，而倚邦、蠻耑者味最勝。福考：普洱府古為西南夷極邊地，歷代未經內附，檀萃《滇海虞衡志》云：嘗疑普洱茶不知顯自何時，宋范成大言，南渡後，於桂林之靜江軍以茶易西蕃之馬，是謂滇南無茶也。李石《續博物志》稱，茶出銀生諸山，採無時，雜椒薑烹而

飲之。普洱古屬銀生府，則西蕃之用普茶，已自唐時，宋人不知，猶于桂林以茶易馬，宜滇馬之不出也。李石亦南宋人。本朝順治十六年平雲南，那酋歸附，旋判伏誅，編隸元江通判，以所屬普洱等處六大茶山納地，設普洱府，並設分防思茅同知，駐思茅。思茅離府治一百二十里，所謂普洱茶者，非普洱府界內所産，蓋産於府屬之思茅廳界也。廳治有茶山六處，曰倚邦，曰架布，曰嶍崆，曰蠻磚，曰革登，曰易武，與《通志》所載之名互異。福又檢貢茶案冊，知每年進貢之茶，例于布政司庫銅息項下動支銀一千兩，由思茅廳領去轉發採辦，並置辦收茶錫瓶、緞匣、木箱。其茶在思茅本地收取，鮮茶時，須以三四斤鮮茶，方能折成一斤幹茶。每年備貢者，五斤重閉茶，三斤重閉茶，一斤重團茶，四兩重團茶，一兩五錢重團茶，又瓶盛芽茶、蕊茶，匣盛茶膏，共八色。思茅同知領銀承辦。思茅志稿云：其治革登山有茶王樹，較衆茶樹高大，土人當採茶時，先具酒醴禮祭於此。又云：茶産六山，氣味隨土性而異，生於赤土或土中雜石者最佳，消食散寒解毒。於二月間采蕊極細而白，謂之毛尖，以作貢，貢後方許民間販賣。采而蒸之，揉為團餅，其葉之少放而猶嫩者，名芽茶。采於三、四月者，名小滿茶。采於六、七月者，名穀花茶。大而圓者，名緊團茶。小而圓者，名女兒茶，女兒茶為婦女所采，於雨前得之，即四兩重團茶也。其人商販之手，而外細內麤者，名改造茶。將揉時，預擇其內之勁黄而不卷者，名金月天。其固結而不解者，名疙搭茶，味極厚難得。種茶之家，芟鋤備至，旁生草木，則味劣難售，或與他物同器，則染其氣，而不堪飲矣。

清 張之洞《張文襄公全集》卷三五《購辦紅茶運俄試銷摺》光緒二十年七月二十六日》 竊照漢口茶務，最為兩湖商務大宗，關係釐稅鉅款。近年湖北、湖南兩省茶商，頗多虧累，半由茶色不佳，或遇陰雨潮濕，或有摻和粗雜，以致不能得價；半由商務壓鎊退盤割價，多方刁難。而此項紅茶，除洋商之外，別無銷路，以致甘受抑勒。此事關係兩湖商民生計，亟應設法維持。

臣等查紅茶銷路，以俄商購辦為最多。惟有自行運赴俄國銷售，庶外洋茶市情形可以得其真際，不致多一轉折，操縱由人。然茶商力量較薄，必須官為提倡，方能開此風氣。當經臣等往返函商，臣大澂前擬籌借鉅款、設局收買督銷之議，既因借款未經議准，未能舉辦。擬即由南北兩省分籌官款，酌量購茶，運俄試銷。經此次試運一次，則俄國茶價高低、銷路廣狹、運程行棧一切利弊，均已了然。以後各茶商便可仿照，自行斟酌辦理。

當經飭江海關道惲祖翼選辦上等紅茶二百箱，南北兩省各半，與俄商設法婉商，即附其茶船運赴俄國阿疊薩海口，試行銷售。經臣之洞電商出使俄國大臣許景澄，托其代為委員照料，其茶價箱工雜費出口關稅等項共洋例銀五千四百七十二兩零。復經臣大澂電商俄商佘威羅福，擬再購紅茶若干箱分運俄境，水陸兩路試銷，即托該商照料，旋接復電商允，亦經飭江海關道惲祖翼照辦。

旋據覆稱，頭茶早已銷畢，復經設法選購二茶中之最上紅茶一百二十箱，亦作為南北兩省各半，發交順豐洋行分寄俄境，水運之謨斯科窪，陸運之恰克圖兩路試銷。計茶價箱工雜費出口關稅等項共洋例銀一千八百一十六兩五錢零。所有應付運保行棧等項及俄國水路稅項各銀，均照商人向章，俟茶到該處銷售後，即在茶價內扣除。

惟前後兩起、水陸三批各費數目多寡不一，應俟銷茶後，由外洋詳開確數，始能核計。至恰克圖一路，入俄境時並無稅項，兩次總共用過洋例銀七千二百八十九兩三錢二分，折合庫平銀六千八百四十二兩四錢六分五釐。湖北、湖南兩省均暫由茶釐項下借撥墊用，俟銷茶後歸款。此初次試辦，設有不敷，亦甚有限，擬由外間籌撥閑款補足。

又卷四五《購茶運俄試銷有效擬仍相機酌辦摺》光緒二十三年正月十二日》 竊照前因湖北、湖南兩省茶商，為洋商多方抑勒，以致虧累頗多，事關商民生計，必須設法維持。當查紅茶銷路以俄商購辦為最多，惟有自行運赴俄國銷售，庶外洋茶市情形可以得其真際，不致多一轉折，操縱由人。然商力較薄，須官為提倡，以開風氣。

經臣於光緒二十年七月間，會同湖北撫臣譚繼洵、前湖南撫臣吳大澂奏明，由南北兩省分借官款，飭令江漢關道選辦上等紅茶二百箱，運俄境之阿疊薩海口試銷，電商出使俄國大臣許景澄，托俄境茶行代銷，並委員照料，計茶價箱工雜費出口關稅等項共洋例銀五千四百七十二兩零。復選購二茶中之最上紅茶一百二十箱，分運俄境之阿疊薩及恰克圖

水陸兩路試銷，由前湖南撫臣吳大澂電托素識之俄商余威羅福照料，計茶價箱工雜費出口關稅等項原奏共洋例銀一千八百十六兩零。嗣復據俄商開報加增水腳銀百餘兩，共一千九百二十七兩零在案。

茲查出使俄國大臣許景澄先後代銷茶價洋例銀五千八百九十七兩零，俄商余威羅福先後代銷茶價洋例銀二千八百二十一兩零，均經匯鄂撥還歸款，以利合本，均有盈餘。而余威羅福代銷茶價計本僅一千九百餘兩，現贏出八百餘兩，利息尤為獨優。

查中外通商以絲茶為大宗，湖南北為產茶之地，故漢口茶務又為兩湖商務大宗，關係釐稅鉅款。近來茶市年遜一年，遠不及前，若不極力整頓，一聽江河之日下，則茶務之盈絀，實為國計民生利病所攸關，前年運俄紅茶即查明確有厚息，以後自當擴充仿辦。官為之倡，商為之繼。馴至招商局可以自造茶船，自立公司，於俄境自設行棧銷售，收回利權，庶於商務釐稅不無裨益。

惟上次運茶赴俄，係托俄國茶船帶往，該船甚為不願，再三婉商，勉強依允，言以後不能再帶。緣俄商專造茶船，兼程趨利，行駛最速，工費最多，故不欲中茶附裝以分其利。且以後俄商余威羅福能否再允代售，亦不可知。臣當設法相機與俄商俄船婉商，如肯代寄代銷，再當會商湖北、湖南兩撫臣酌量籌款，續行購運銷售，以究商情。

又 卷九八《札南北藩司飭各屬講求製茶光緒十七年六月初三日**》** 案照承准總理各國事務衙門諮開，據稅務司函稱，中國茶務，近閱上海申報新聞紙內，言及湖南安化一處於茶務已有振作之勢，該處之茶，前數年在漢口出售，每百斤可得價至四十二三兩，嗣漸低減，僅賣十餘兩。地方官以茶葉如此低價，實因種製未善，於光緒十五年時面諭鄉民，採茶務須趁早，鄉民頗知遵行。次年售至三十七兩，復於去歲又經示諭，勸令益加謹慎。今年新茶竟增至五十八兩之數。又聞安徽甯國府有一縣官親至鄉間，教民種茶之法，寧茶每擔先僅賣三十餘兩，去年增至四十餘兩，今年竟至六十兩。可見茶業並非不能整頓，總須辦理得人等語。查中國茶葉質味本佳，但因采摘不時，或種製未善，或摻雜不淨，以致銷數日少，價值日低。疊經本衙門諮請，轉飭產茶地方官剴切曉諭在案。今安化等縣，留心整頓，大著成效，相應諮行貴督，轉飭產茶州縣，剴切曉諭商民，實力講求，以期銷路日暢，生計日裕，是為至要等因到本部堂。

承准此，查茶為中國商務大宗，中茶味性最佳，遠勝印度所產。外洋需用甚多，亦極肯出善價，俄商給價尤優。然必須葉嫩味香，質無摻雜，製無煙氣者，洋商方肯高價售買，否則退盤壓價，徒貽虧累。本部堂到楚以來，熟察茶市情形，但患茶葉之不精，不患銷路之不暢，價值之不高。此次總理衙門來諮所云，中國茶葉質味本佳，但因採摘不時，或種製未善，或攙雜不淨，以致銷數日少，價值日低，洵為扼要之論，亟應通飭，實力講求，以裕民生。

查湖南北產茶州縣，約共二十三處，疊經本部堂博采周諮，據湖北牙釐總局候補道曹道南英呈有條議，考究漢口銷路利病情形，講求製辦紅茶之法，尚屬簡括，應並抄發湖南北產茶州縣，體察情形，斟酌照辦。其有未盡事宜，及應如何督勸，如何稽察，能令商民切實遵行，即飭各該州縣各轉本處情形，迅速妥籌，稟明辦理。如各州縣有能實力講求，以致價高銷暢者，及有膜視民生，奉行不力，毫無成效者，必應分別勸懲。即飭南北布政司，明定章程，詳候核辦。

查安化縣，光緒十五年一年係知縣李元善在任，十六年正月於七月係代理知縣程寶文在任，十七年三月二十四日以前，係代理知縣龔鶴疇在任，該縣等曾否有勸諭鄉民採茶趁早之事，究係何任勸導之功，及應如何給予獎勵之處，並飭南布政司查明，迅速詳辦，以昭獎勸，切勿輕忽，視為具文。抄發曹南英條議：

一、採茶宜時早也。紅茶以葉小而嫩為佳，必須谷雨前數日采折下山，則茶嫩。上有白毛乃為佳品，洋商最愛此貨。若遲至穀雨以後，則葉老而色黃，茶粗而味淡，洋商不肯出價，推之子茶、秋茶，亦莫不然。

一、製茶宜趁天晴也。製茶若逢太陽，則茶身緊小而顏色光澤，洋商最愛。若遇陰雨必用火炕，則一味煙氣，洋商最忌。不如趁天晴之日，早為採製，一遇陰雨則改製黑茶，而黑茶又宜煙氣，實為兩便。

一、開莊宜禁陳茶也。洋商售茶先看泡水，新茶泡出乃是黃嫩之色，陳茶泡出乃是黑片，洋商最忌陳茶，退盤割價多係此等，黑片自漢口開市以來，從未僥倖混淆者。

一、揀茶宜精細也。粗枝老葉最宜揀盡，若稍有不盡，則黃片夾雜其中，而顏色不純，即嫩茶亦因而減色。

一、製茶宜視火候也。太過則氣味毫無，火不足則香味又少，且火太過，一經泡出盡是燒邊黑片，洋商最忌。惟此掌焙炕之人最為緊要，宜擇其老成而諳練茶性，勤慎而少貪睡酒者為之。

一、茶箱宜較准也。洋商過磅以輕者為憑，退皮以重者為據，若輕重未能較准，每因之少磅，從未有多出磅者。

一、出箱宜防濕也。箱面稍有水跡，則臨磅之時，洋樓將此水跡之箱盡行提出，即再為裱飾，為日久而價漸低，吃虧已屬不小。

一、出售宜勿做樣也，洋商看茶最確，每大堆與小樣不對，無不因之退盤割價，不如從大堆中取一小樣定價後，再從大伴中抽一大樣，庶無不對樣之弊。

又卷一〇九《札襄鄖宜施各屬查明地方土性試種茶樹是否相宜》 光緒十七年十二月十三日 為通飭查覆事。據襄陽府穀城縣知縣瞿元燦稟稱『卑職上年曾將桑茶兼辦緣由稟奉批示在案。時以四鄉土性，尚未深悉，僅於卑署隙地試種，幸均成苗。嗣經考校其土性，宜於植桑者固多，而宜於種茶者亦復不少，且於農桑均無妨礙。現已捐廉赴嶽州多購茶子，一面出示曉諭，並將種采焙炙各法，分條詳細刊發，俾衆咸知，仍擇公正紳耆，總領分發，概不經書役之手，使小民不費分文，務使各盡其力，護惜滋培，無遊惰之民，無空曠之地，以副憲台為民興利，實是求事之至意』等情并清摺一扣到本部堂。據此，查茶葉為出口商貨之大宗，湖南、北兩幫每年貿易價值，約銀一千數百萬兩，外洋各國多仿照種植，只以土性不宜，香味遠遜中國，仍須向中國購買。湖南業此致富者，實繁有徒。湖北如崇陽、通山等州縣，近年俱以種茶獲利。此外如襄、鄖、宜、施四府及荊門州所屬當陽、遠安等處人民，素患貧乏，由於山多土瘠，專恃番薯、羊芋為生，一遇歉收，立形艱困。地方官果能講求地利，察視土脈，物性所宜，教民墾治種植，以補雜糧之不足，自可轉貧為富，起敝為隆，查種茶惟沙地不宜，其半沙半土之地皆可種植。如穀城瞿令所陳種植採製之法，頗中竅要。亟應劄飭地方多山之各屬，查明地方土性，如果宜茶，即應仿照，勸民種植，以興地利而阜民財。除稟批發外，合亟通飭，為此劄，仰該府、州，即便遵照，轉飭所屬，查照粘抄事理，切實查明，地方如果土性宜茶，一面購買茶子試種，一面出示，剴切曉諭，井籌議勸導倡辦之法，具稟察核。該府、州並即督率考察，實力勸諭興辦。如辦有成效，定當奏明，優予獎勵，萬勿視為具文，率以土性不宜、民情窳惰等語一稟了事，是為至要。

穀城縣勸民興種茶樹示稿：

湖北襄陽府穀城縣謹將卑縣勸民興種茶樹示稿，及採種焙炙各條，開摺呈核。須至摺者。

計開：

照得養民之道，在於為民興利。興利之法，固以農桑為本，而因地因時，可以並行不悖者，莫如種植茶樹。本縣籍隸湖南，各州縣產茶最廣，近年造作紅茶，運赴漢口等處發賣，因此致富者，不一而足。即在本鄉肩挑負販，亦復獲利甚豐。其種植之地，惟盡沙處不相宜，此外盡土及半沙半土，皆有樹必獲，無論山阜嶺坡，但擇向陽之處，並無紡於稻麥及桑樹等物。上年冬臘間，本縣捐購茶子，今正於署後隙地如法試種，均已發生。茲復捐廉，選派妥人，前赴嶽州一帶地方採購。一俟到縣，即分發各鄉紳耆，轉付該民等領種，不經差役之手，不取分文費用。除將種法詳細開示外，合行出示曉諭，為此示，仰軍民人等知悉。爾等務須遵照領種，雖采葉需五年之後，而一經成樹，即生息無窮，幸勿惜目前勞費，致負本縣為地方興利之至惠。其各懔遵毋違。切切。特示：

一、擇向陽之地，無論層山疊阜、高嶺斜坡，先行開闢，便下肥糞，領到茶子，即如法種植。

一、茶子種植之期，自九、十、冬、臘、正月均可，惟不可再遲。其發生總在立夏節前後。

一、種茶須分行，每行相離約三尺，其行中空地，仍可種春、秋兩季雜糧及棉花等物。

一、行內挖穴，亦須相離兩尺，免致成樹時，彼此相礙。

一、每一穴種茶子五六顆。此樹本係叢生，不可單種。

一、種後只須間或下糞。如行中兼種他物，下有肥糞，便可滋長，無庸另糞。

一、成樹及一二尺高，便可采葉。湖南大茶山采葉，多係婦女，不致有廢男工。

茶樹長成，每年交穀雨節采頭次極細葉，即毛尖茶，是貴重之品。穀雨節後數日，采二次略粗葉，亦是好茶。至立夏節采三次葉，其味較遜，然亦可用。

一、采得茶葉，不可日曬，曬即有怪味。只須以鍋燒開水，將葉入水蕩過，隨即取出，再用微火烤乾，攤冷入罎裝緊，謹防風吹，吹即上黴，雖好茶亦不足貴矣。

一、九、十兩月採收茶子，或隨采隨種，或稍遲亦可，總以正月為止。若分種有餘，即留以打油，此油只可點燈，不可吃。

以上十條，務各留心，照法種植採製。毋忽。

又卷一二〇《勸諭茶商講求采製各法示光緒十八年二月初六日**》** 照得茶葉為中國商務大宗，中茶味性最佳，外洋英美各國所產，皆不能及，洋商極肯出善價，俄國商人給價尤優，湖南北及江西等幫，每年在漢口交易價銀至一千數百萬之多。然必須葉嫩味香，顏色光澤，製無煙氣，質無摻雜者，洋商方肯出高價購買，否則退盤割價，徒貽虧累。本部堂蒞楚以來，專意培養兩湖商民生計。熟察每年茶市情形，但患茶葉之不佳，不患銷路之不暢。

至茶葉之佳，尤以採摘趁早為第一要務，早則嫩，嫩則小，然葉愈小而愈貴。紅茶以葉小而嫩、上有白毛者為佳，洋商最肯購買，此種嫩茶，必須穀雨以前採摘下山，方為上品，若遲至穀雨以後，則葉老而色黃，茶粗而味淡，洋商即不肯出價。上年頭茶得價最優者，遠勝向來頭茶，何也？此皆穀雨以前之茶也，總之，新茶上市成箱，或在穀雨以後，採茶必須穀雨以前，時不可失，此誠茶户茶商首宜講求者也。至製茶宜趁天晴，焙茶最忌煙氣，該茶户茶商等自悉其中竅要。惟製茶掌焙之人，須擇其諳練茶性，老成勤慎之人為之，不可吝惜工價。揀茶尤宜精細，若稍有黃片夾雜，顏色不純，嫩茶亦因之減色。他若開莊，宜禁陳茶出箱，宜防水濕出售，勿做樣茶。該茶商等均宜隨時考察，實事求是。大抵山户之弊在於貪多偷懶，商販之弊在於僥倖牟利，不知洋商看茶最為的確，買茶極為認真，只在茶葉之好，不在斤兩之多。試思漢口自開市以來，因茶不對樣，貨不一色，退盤割價者比比皆是，從無以陳茶、樣茶及燒邊黑片之茶，僥倖售其欺者。

此皆本部堂督江漢關道，將歷年茶市行情詳查明確，並向外國領事洋商反復考究而得者，故特明白剴切為商民等言之。果能採茶早，製茶精，揀茶細，售茶真實不欺，自然得價，斷無退盤割價之事。至山户人等，如有採摘不精，摻雜陳茶，水氣及貨色不一，斤兩不符等弊者，各商販自當公立禁約，從重罰辦，倘不受罰者，稟官究治。

除劄飭各該州縣認真稽察督勸外，合亟示諭各茶户、茶商等知悉，爾等須知茶嫩則價自高，不必貪多，貨真則銷自暢，不必尤人。務須早采精製，必然獲利豐盈，有厚望焉。

又卷一三七《札江漢關道勸諭華商購機製茶光緒二十五年四月十四日**》**

爲剴切申勸事。照得中國出口土貨以茶葉為大宗，而漢口商務之盈絀，尤專視茶葉為盛衰。近年印度、歐美、東洋各處種茶漸多，銷流漸廣，雖茶質遠遜中國，而外國人究心培植，加工烘製，洋茶貨價日高一日，我茶出口年少一年，若不及早整頓，則必如他事終落人後，原有大利盡為外人奪去，豈不可痛可危。前經屢飭江漢關道，悉心考究妥議詳奪，並劄委稅務司穆和德，勸令華商集股仿照外洋烘製之法，購機試辦。旋據江漢關道詳，據武昌府崇陽、蒲圻、通山、咸甯、興國等州縣及茶釐委員易守學灝暨茶葉公所商董稟覆前來。大率皆以機器製茶水味苦澀，香氣不清，只宜英國，以外則不能暢銷。機器價貴，成本難籌，不若仍循其舊為詞。查華商性情但以襲故套，圖小利為事，而憚於求精；官場積習，但以因循省事搪塞上司為能，而懶於振作。當經批駁，飭令再行悉心體察，妥議詳奪在案，茲日久未見詳覆，特再劄催。該商等須知中國茶葉所以至今仍勝於洋茶者，乃中國土性天氣使然，至於人工烘製，則人事之不齊，斷不若機器之一律，若中國仍用舊法，洋商必藉口人工不能停勻，製法不能乾潔，極力傳播煽惑，務使各國盡銷洋茶而後已，恐各國銷路日久皆將窒塞，豈獨一英。我若改用機器，是製法與彼同，而茶質較彼勝，又何能與我爭衡乎？若謂機器製茶，香味全失，此說最謬。查洋人飲茶，專取濃厚，既為消食，又防傷胃，先用鐵鍋熬成濃汁，將飲之時，注於甌內，必加入洋糖兩塊，再摻入牛乳一勺，已別成一種風味。即使清芬雋永

如浙之龍井，蘇之碧螺，閩之蘭蕊，配以中泠惠山之泉，一用西法煎熬調和，恐亦不能辨其為何味矣。西人所謂清香，豈中國詩人墨客品茶諸書所謂清香耶？況機器烘製，其經火成熟，與人工同，而迅速停勻，無煙氣，無黴氣、無馬糞氣則遠勝之，何反至有損香味，尤不可信。若謂機器製茶只銷於英，尤為無稽妄説。漢口煙筒林立者，即俄商以機器製茶之屋也。數年來俄人亦漸買印度茶，所買者即皆機器之所製也。近年溫州機器製茶，味美價善，洋報稱盛，該官商等獨未之聞耶？至漢口茶商連年虧折，大抵皆因零星小販太多，資本不足，重息假貸，減價爭售，致壞市面。若各大商能集股購機製茶，小販力薄不能購機，勢必不能與之爭利，是小販不禁自絕，既無小販則華商不為洋商挾制，市面必日有起色矣。前據稅務司穆和德面稟，洋商之欲來漢試辦者甚多，而華商皆畏葸裹足，不肯集股，本部堂聞之，殊為華商惋惜。此事所需資本並不甚巨，多則十萬，少則六萬，再少則三萬，亦可試辦。以漢口茶商之盛，豈竟無一二有識有志之人，為中國挽回利權耶？為此，劄仰該關道，趁此茶商雲集之時，務速再為傳集各商，極力勸諭籌辦，以為明年之計，毋負本部堂勸導苦心，務期議有端倪。如有須官力維持保護之處，本部堂定必竭力扶持。倘商集股不足，本部堂亦可酌籌官款若干相助，以期成此盛舉。合就劄行，仰該關道即便遵照，傳集商人，切實勸諭稟覆。毋違。切切。

清 郭柏蒼《閩產録異》卷一《茶》 閩諸郡皆產茶，以武夷為最。蒼居芝城十年，以所見者録之。武夷寺僧多晉江人，以茶坪為業，每寺訂泉州人為茶師。清明後、穀雨前，江右採茶者萬餘人。手挽茶柯，拉葉入籃筐中，茶師分粗細焙之。最細為『奇種』，即『刺天之第一槍』也。其二旗者為『名種』、為『小種』，稍粗者為『次香』、為花香。花香者，夾梔於花入焙也。各巖皆產梔子，其百葉者，名玉樓春，又名慾留春。為『種焙』、為『揀焙』。最粗之茶，統為巖片。又有就茗柯，擇嫩芽，以指頭入鍋，逐葉卷之，火候不精，則色黝而味焦，即泉漳台摩人所稱『工夫茶』，甑僅一二兩，其製法則非茶師不能。口取值一阻鏹。別有『松際』，色淺、香談。『老君眉葉長、味鬱，然多偽為。『鐵羅漢』、『墜柳條』皆宋樹，又僅止一株，年產少許，無可價值。凡茶，他郡產者，性黴寒；武夷九十九巖產者，性獨濕。其品分『巖茶』、『洲茶』。附山為『巖』；沿『溪』為洲。『巖』為上品；『洲』為次品。九十九巖，皆特拔挺起。凡風、日、雨、露，無一息之背，水泉之甘潔，又勝他山，草旦芳烈，何況茗柯。其茶分山北、山南；山北尤佳，受東南晨日之光也。『巖茶』、『洲茶』之外，為『外山』，清濁不同矣。九十九巖茶，可三瀹；『外山』，今兩瀹即淡。武夷各巖著名者：『白雲』、『仙遊』、『折筍』、『金穀洞』、『玉華』、『東華』；餘則『崇南』之『曹墩』，乃武夷一脈，所產甲于東南。『蓮心』、『白毫』、『紫毫』、『雀舌』，皆『外山』。及『洲茶』，采初出嫩芽為之，雖以細為佳，味則淺薄。又有『三味茶』，別是一種，能解酲消脹。凡茶樹，宜日、宜風，而厭多風。日多則茶不嫩。采時宜晴，不宜雨；雨則香味減。武夷採摘以清明後、穀面前，為『頭春』，香濃、味厚。立夏後為『二春』，無香、味薄。夏至後為『三春』，頗香而味薄。至秋則采為『秋露』，貯茶一忌濕氣，次忌共置，三忌大器。以一二兩小甕，密緘包裹，置鉛箱中，實以巖片，緘以木匣為妙。然新、舊交，則色紅、味老而香減。『蓮心』、『白毫』，陰乾者色尤易變。以上武夷。甌寧縣之大湖，別有葉粗長，名水仙者，以味似水仙花，故名。又有烏龍，產大湖小湖，皆能除煩去膩，真者亦難得。古之『北苑』，在今建寧郡城東北鳳凰山下，屬建安縣。《八閩通志》：『山有鳳凰泉，一名「龍焙泉」，一名「御泉」。自宋以來，于此取水，造茶上供。又龍山與鳳凰山對峙，其左有龍鳳池。偽閩龍啟巾，製茶焙，引龍、鳳二山之泉，瀦為兩池。兩池間柯紅雲島，宋咸平間，丁謂監驗茶事時所作也。』又云：『八縣皆出茶，而龍鳳、武夷二山所出者，尤號絕品。』《閩小紀》：『「太姥「有」山茶名「綠雪芽」。」』今福寧府各縣溥種之，名『綠頭春』，味苦。福寧白琳、福安松蘿，以寧德支提為最。』福州、福寧及閩縣之鼓山皆產『半山茶』。《閩小紀》：『鼓山半巖茶，色、香、風味，當為閩中第一，不讓虎丘、龍井也。雨前者，每兩僅十錢，其價甚廉。』鄧原嶽詩云：『雨後新茶及早收，山泉石鼎試瓷甌。誰知男崱峰頭產，勝卻天池與虎丘。』《閩小紀》：『一雲國朝每歲進貢，至楊文敏當國，始奏罷之。然近來官取，〔其撓〕甚於進貢矣。』侯官之水西、鳳崗、九峰山、林洋即林洋寺、華峰、長箕嶺，長樂之蟹谷，福清之靈石，永福之名山室、方廣巖，連江之美肇、石門，皆產佳茗。以上所載各種，皆以其

山水泉甘潔，特異他處，故韵云。今荒山土阜，種以貨夷，不得稱『產』。道光甲辰冬，英國始由城外入居烏石山之積翠寺。以後各郡伐木為茶坪，且廢磳田，種茶取利。閩中自此米薪倍貴，即木料、雜植亦因之而缺。自『北苑』等而下之，皆市於夷，獨武夷價翔，夷人恐耗氣侵精，不敢捆載，武夷片石以此獨全。寧、福兩郡所產，皆呼『土茶』，以別武夷、建安也。昔年閩茶運粵，粵之十三行逐春收貯，次第出洋。以此諸番皆缺，茶價常貴。今閩商貲薄，不能居貨，茶賈反以急售蕩產。《三山志》：『舊閩縣尉廳名「茶山館」即今舊閩縣。又縣東十五里，有「茶園山」，亦名「石鱉山」，出茶。按：在永南里，枕大江，三石形如鱉，故名。球場山亭記有「芳茗原」，按《芳茗原》，唐刺史裴次元《辟球場二十詠》之一。今甌冶山。按：冶山在城隍廟後，道光間入民居。將軍山亦古甌冶山地，球場在焉。唐憲宗元和間，詔方山院僧懷惲麟德殿說法，賜之茶。懷惲奏曰：『此茶不及方山茶佳。』則方山茶得名久矣。陸羽《茶經》：「方山露芽。」按：方山在清廉里，一名「五虎」，閩藩第四案也。《唐書·地理志》載：「福州貢蠟麵茶。」蓋建安未盛以前也。據《三山志》引《唐書·地理志》，則福州唐時先貢蠟麵茶。今古田、長溪近建寧界，亦能采、造，然氣味不及。』《三山志》所云，皆古製；今統入焙，古法廢矣。國朝閩茶入貢者，以『鄭宅茶』為最。葉宮詹《觀國端午，恩賜鄭宅茶》詩：『嫩芽來「鄭宅」，精品冠閩溪。便覺曾坑俗，按：建安北苑之曾坑，宋時貢茶為正焙。應令顧渚低。溶溶雲液瀹，剡剡雪槍齊。石鼎烹嘗罷，封緘手自題。』

清 趙懿《名山縣志》卷八《蒙頂茶說》 名山之茶美于蒙，蒙頂又美之，上清峰茶園七株又美之，世傳甘露慧禅師手所植也。二千年不枯不長。其茶葉細而長，味甘而清，色黄而碧，酌杯中，香雲蒙覆其上，凝結不散，以其異謂曰仙茶。每歲采貢三百三十五葉，天子郊天及祀太廟用之。園以外產者曰陪茶，相去十數武菱角峰下曰菱角灣茶，其葉皆較厚大，而其本亦較高。歲以四月之吉禱采，命僧公司領摘茶僧十二人入園，官親督而摘之。盡摘其嫩芽，籠歸山半智矩寺，乃剪裁籠細及蟲蝕，每芽只揀取一葉，先火而焙之。焙用新釜燃猛火，以紙裹葉，熨釜中，候半蔫出而揉之。諸僧圍坐一案，復一一開所揉，勻攤紙上，弸於釜口烘令乾，又精揀其青潤完潔者為正片貢茶。茶經焙，稍蘼則葉背焦黄，稍嫩則黯黑，此皆剔為餘茶不登貢品。再後焙剪棄者，入釜炒蔫，置木架為茶床，竹薦為茶箔，起茶箔中，揉令成顆，復疎而焙之，曰顆子茶，以充副貢，並獻大吏，不足即漫山產者充之。每貢仙茶正片貯兩銀瓶，瓶製方，高四寸二分寬四寸，陪茶兩銀瓶，菱角灣茶兩銀瓶，瓶製圓如花瓶式，顆子茶大小十八錫瓶，皆盛以木箱黄縑，丹印封之。臨發，縣官卜吉朝服叩闕，選吏解赴布政使司投貢房，經過州縣，謹護送之，其慎重如此。

清 宗景藩《種茶說略·種茶說十條》 一種茶，至白露時摘取茶子，曬乾。墾地一方，將土鋤細，取茶子一二升，均鋪地上，如布薯種、芋頭種之式，鋪好，蓋土約二三寸厚，土上再蓋草須一層，能買茶餅或豆餅或菜餅研碎拌入土內得肥更妙，如旱乾，宜用水澆之。

一、茶發芽後，須搭蓋陰棚，夏則避太陽蒸曬，冬則避霜雪凍淩。

一、茶發芽後，經二春即可移栽。以大者兩莖為一兜，小者三莖為一兜，每兜須相離二三尺，以便長發。移栽後一二年，茶樹高二尺許，枝葉蕃茂，即可採摘茶葉。

一、另有種法，亦于白露時墾土鋤細，摘取茶子曬乾，隨撿十數粒，另取桐子一二粒，埋做一窠。一畝之中，匀排百十窠，待其發芽。二春之後，將桐樹掘去，取其樹葉大，遮護茶葉，茶既成樹，可以不用。此等種法，可省移栽。

一、茶樹于高山平地皆可種植，但不宜太高，山高則霧重，以茶畏霧也。又各土均宜，惟不宜黄土，土中帶沙者更佳。

一、茶樹尚未茂盛之時，旁下空土，猶可栽薯、種豆。又每年五、六月間，須將土挖鬆，芟去其草，使土肥而茶茂。但宜早不宜遲，故有五金、六銀、七銅、八鐵之說。

一、茶葉茂盛之後，每年五、六月間須割一道，則茶肯發旁枝而葉茂。割者即為老茶。

一、做青茶。雨前摘取嫩葉，用鍋略炒熟後，用簸箕盛做一堆，用手力揉，去其苦水，再炒，再揉，然後用炭火焙乾。火不宜大，恐令焦黑，青茶即平常泡喫之茶。

一、做紅茶。雨前摘取茶葉，用曬墊鋪曬，曬輭合成一堆，用腳揉

踩，去其苦水，踩後又曬，至手捻不黏，再加布袋盛貯築緊，需三時之久，待其發燒變色，則謂之上汗，汗後仍曬，以乾為度。

一、凡細茶，當茶芽初出極嫩時採摘。清明前採者名明前，穀雨前采者名雨前，即《茶譜》所謂旗槍、雀舌等類。此茶之最細最嫩者，採成後用手揉輭，以鐵鍋微火輕輕攪炒，待半乾時取出，再用炭火焙乾，揀去粗梗，用紙包固，以石灰貯缸內，將茶包安置其中，缸口蓋密，則茶葉香味不散，可以久藏。此外三月為頭茶，可做青茶，四月底五月初為二茶，六月初為荷花，七月為秋露，均做紅茶。再茶子可以打油。

清 羅振玉《〈整飭皖茶文牘〉序》《整飭皖茶文牘》 東南財賦，甲於他行省，而茶、絲實為出產大宗。顧近年以來，印錫產茶日旺，中茶滯銷；日本蠶絲又駸駸駕中國而上之。利源日涸，憂世者慨焉！程雨亭觀察，久官江南，勵精政治，去歲總理皖省茶釐，慨茶務日衰，力圖整頓，冀復利源，茶利轉機，將在於是。爰最録其稟牘文告，泐為一卷，以諷有位，他產茶各省諸大吏，有能踵觀察而起者乎？企予望之矣。光緒戊戌，上虞羅振玉。

清 程雨亭《整飭皖茶文牘·程雨亭觀察請南洋大臣示諭徽屬茶商整飭牌號稟》 敬稟者：竊職道上年春初，奉前督憲張，奏派榷事，皖茶亦在其中。本年二月，又奉憲台疎請專辦，是皖南茶事之興衰，職道與有責焉。春杪抵皖，即將疇曩各分卡擾累茶商之蠱毒，鋭意廓清；尚恐陽奉陰違，為之勒石永禁，以垂久遠。又訪得西皖各釐局，向有需索經過茶船之弊，分晰開摺，稟請鈞示嚴禁。而皖南所轄，向設驗票之分卡，名為稽查偷漏，徒索驗費，而於公無甚裨益者。如婺源運浙之茶，道出屯溪，向有休甯分局查驗，及坟廈巡檢衙門掛號之舉；屯溪各號之茶，向章經過歙縣所轄之深渡分卡秤驗，行經迤東五十里之街口，又復過秤，似稍重複。職道釐定章程，凡婺源、屯溪各號之茶，通歸街口分卡查驗，此外一概豁免，以歸簡易。業經分別示諭，並呈報憲鑒在案。皖南茶章，向由各分局派司事巡勇，至各商號秤箱點驗，不免零星小費。本年札飭各分局，勒石示禁。而屯溪、深渡附近各號，職道遴派司巡秤茶，每次司事給洋一角，巡勇給洋五分，道路稍遠者，酌給舟車之資。申儆再三，不准向商號毫釐私索及紛擾酒食等事。既優給其薪餼，復示諭乎通衢，凡來局掛號請引之行夥錢儈，職道皆切實面諭，惟恐或有朦蔽。所以略盡此心者，竊冀弊去，則利或漸興，故斷斷而為此也。徽屬茶號，以屯溪為巨擘。本年開設五十九家，其世業殷實者，不過五分之一，餘多無本之牙販。或以重息稱貸滬上茶棧作本，或十人八人，釀借數千金，合做一幫。有每年偶做一幫，而二三幫均停做，或易夥接替者。奸儈往往以劣茶冒老商牌名，欺誑洋商。攪亂大局，莫此為甚。皖南歙、休、婺三縣及江西之德興，向做綠茶，花色繁多，不能用機器焙製。徽之祁門，饒之浮梁，向做紅茶。比來各省紅茶，間用機器，祁門萬山錯雜，購運頗不容易；浮梁山徑雖稍平衍，亦尚無人購辦。蓋試用茶機，必須延聘外洋茶師，華人未諳製法，有機驟難適用。本年浮、祁紅茶，均大虧折，幸俄商破格放價，多購高莊綠茶。茶質之最佳者，每擔可獲利十五六金，低茶亦每擔五六金，為同、光以來三十年所僅見。職道擬因勢利導，飭令仿照淮鹺章程請領憲台印照，方准運茶，無照即以私論。印照分正副號，歙、休業茶之老商，正號印照一紙，報效五百金，副號報效三百金。高茶用正號，次茶用副號。其向未業茶而願領照者為新商，正照則報效八百金，副照五百金。以倭防加捐等事，新商向未派及，照費酌加，以昭平允。歙、休二邑，茶號約百家；婺、德二邑，約二百家。號多而本極小。老商請領正照酌議四百金，副照二百五十金；新商則正照六百金，副照四百金，擬詳請憲台奏明。此舉係為茶務起見，每號領照以後，准其永遠專利，公家一切捐項，十年以內均不科派。領照各號，無論盈虧，每年必須辦運，不准停歇。或本號實無力運茶，准其呈明茶釐局，轉報憲台，租與他人承辦。報效銀兩，准其援照新海防例，請獎本身子弟實官，不准移獎他姓。商號牌名，憲署立案，各歸各號，加意揀選，不准假冒他號，以欺洋商。如此明定章程，各自修飭，或者退盤、割磅、遲兑諸弊，亦可漸向洋商理論，此先治己而後治人之意也。竊思各省牙行，尚須以數百金請領部帖，茶事雖受制於洋人，而資本較牙行為重，酌令報效濟餉，似非意外掊克。若歙、休、婺、德綠茶各號，先辦領照，約可得八萬金，再推辦浮、祁紅茶，似與公家不無小補。乃事不從心，其願領照者，祇寥寥老商數家，而無本之牙販聞職道創建此議，恐不便其攙雜作偽之私，蜚語煩言，互相騰謗。有議來年移徙浙境者，有議買通洋儈掛洋旗者，有欲與

通曉茶務之老商為難者。人心險詭，一至於此，可為太息。本年自春徂夏，霪霖滂霈，山茶彈傷，產數較上年約減十分之二。夏初，又聞美國加徵進口茶税，衆商益觀望趦趄，未敢辦運。職道扶病遠來，其時目擊情形，方恐本年税餉，驟形減色，尸居素食，悚悶良深。夏杪遜聞高莊綠茶，暢銷得價，實邀天幸。職道檮昧，竊見夫茶事之壞，此攘彼攫，欺人而適以自欺，非整飭牌號，執為世業，不足以維江河日下之勢。因與屯溪茶業董事、四川補用知縣朱令鼎起，再四籌商，朱令亦以為然。正思一面諭商，一面條陳稟辦，而刁販之浮議朋興。職道硜執性成，久為江左寅僚所詬病，桑孔心計，本非所工，憂讒畏譏，苶然不振，是以前議迄未上陳。十月十六日未刻，接奉憲台札，准譯署咨准和使克大臣照會中外茶務一案，飭令飛飭產茶各屬及通曉茶務之商，實力籌辦等因，除照會皖南、江西產茶各縣遵照，並示諭各茶商、山户，實力講求培植、採製之法，以固利源外，曾將遵辦情形，具文呈覆；並將示稿繕呈鈞鑒。伏思皖南茶税，歙縣、休甯、婺、德綠茶，約三分之二；祁門、浮梁、建德紅茶，約三分之一。職道前議徽屬綠茶各號，飭領憲台印照，分別報效銀兩，各整牌號，執為世業，無照即以私論。每屆成箱請引之時，由局派員秉公抽查，如茶箱内外牌號不符，由茶業公所公議示罰。華茶行銷泰西，銷市之暢滯，非中國官商所能遥制。此次祇擬飭領印照，不限引數，以恤商艱。報效銀兩，擬請援照新海防例，准獎本身子弟實官，不准移獎他姓。亦因華商力薄業疲，既令整飭牌號，各領印照，分別報效，似應破格施恩，以獎勵為維持之計。徽屬綠茶各號領照一事，倘或辦妥，將來祁門、浮梁、建德紅茶，亦可次第舉辦。推之皖北及江西之義甯州並浙江、湖廣等省，似可就產地情形酌量辦理。芻蕘之見，伏希憲台鑒核，審慎紓籌，可否先將職道稟陳各情，分別核定，剴切示諭徽屬向做綠茶之歙縣、休甯、婺源及江西之德興等縣各茶商遵辦。以二十四年為始，各領印照，各整牌號。建德、祁門、浮梁各縣紅茶，諭飭次第舉行，並另委老成公正、熟悉茶務之道府等員來皖督辦。職道肇端建議，商情既未悉洽，自應稟請銷差，以示並無戀棧之意。狂瞽瀆陳，不勝悚切待命之至。

再，整飭茶業，似首在各茶商各整牌號，講求焙製，不再以偽亂真，外洋自必暢銷。銷路既暢，商號放價購茶，各山户亦必加意培護、炒焙，不再以柴炭猛薰，或惜工費，日下攤曬，致失真色香味。似整飭山號、牌名為第一義，山户其次也。至茶質高下，各有不同。徽產綠茶，以婺源為最；婺源又以北鄉為最。休甯較婺源次之，歙縣不及休甯，北鄉黃山差勝，水南各鄉又次之。大抵山峯高則土愈沃，茶質亦厚，此繫乎地利；雨暘凍雪，又繫乎天時。山户窮民，鮮能講求培護炒製者。綠茶以鍋炒為上，火候又須恰好，荒山男婦粗笨，似難家喻户曉。惟銷暢則價增，日久必當考究。本年皖南，春茶既傷淫雨，夏次商號又聞美國加税之説，不敢放膽購辦，山户子茶，半多委棄，其明徵也。

南洋大臣批：查該道自接辦皖南茶釐局務以來，遇事盡心整頓，所有積弊，均次第革除，深為嘉賴。現在中國運銷外洋之物，茶為一大宗。該道正辦理得力之時，應仍由該道妥為經理，並查照雷税司所陳事宜，督董勸導各山户妥為籌辦，以期茶業暢旺而裕利源。是為厚望，毋庸稟請卸差。至所議仿照淮鹾章程，令茶商領照運茶一節，自係維持茶務之計。惟事屬創興，須由該道督董先與各商妥為議定後，再行詳請奏咨辦理，方為妥洽。仰即遵照。繳清摺及公啟二紙均存。

又《請裁汰茶釐局卡冗費稟》 敬稟者：竊職道本年春間，奉榷皖茶，到差以來，隨時訪諏，剗除各分局卡需索留難之蠹毒，勒石永禁，冀垂久遠。又裁節總局解餉冗費，每歲節省二千五百金。又稔知軍餉萬緊，批解不可稍延，酌定寶善源錢莊，每月之望，匯兑茶税日期不得挨宕。所有節省解費銀兩，分別解撥金陵支應局及休甯中西學堂，先後呈報在案。茶税每月掃數清解，該錢莊承匯四、五、六、七、八、九共六個月税銀，均係遵限匯解金陵支應局、江南鹽巡道衙門上兑，從無逾限至三日以外者，均有檔案及回照可稽。本年職道經徵茶税共匯解金陵支應局銀十四萬二千兩，又節省解費銀一千五百兩；又江南鹽巡道銀十一萬兩，又金陵督捕營經費銀一千二百兩，又皖南道春夏兩季請獎經費及婺源紫陽書院膏火、休甯中西學堂、大通義渡、屯溪公濟保嬰各經費、坆廈司招募巡勇口糧，通共銀二千四百二十兩，均於九月以前，悉數解訖。徽屬綠茶，比已運竣，冬間零星茶樸副兩出運，約計徵税不過數百金，所有本年冬季、來年春季總局局用及各分局卡委員薪費，每月約支八百金，

應截存銀五千兩，按月備用，九月分局用報銷冊內呈明，亦在案。本年自春阻夏，霪霖滂沛，山茶彃傷，產數較昔歲約少十分之二。祁門、浮梁紅茶，商本折閱，夏初又聞美國加徵進口茶稅，衆商益觀望趦趄，蟄伏荒山，切深焦悶。會徼天幸，夏杪，俄商放價儘購徽屬高莊綠茶，茶質之最佳者，每擔可獲利十五六金，低茶亦每擔五六金，為同、光以來三十年所僅見。商情歡躍，釐收亦遂可觀。計本年皖南各局，約共徵茶稅十二萬二千餘引，較去年不相上下，實為始念所不及。否則，職道扶病遠來，徵稅短絀，問心抑何以自安？即寅僚申申詬詈，亦無以自解也。本屆徽屬綠茶，得利至厚，明歲業茶者多，稅課必當增旺。惟蘄隆冬無甚冰雪，來年春夏，雨暘時若，洋銷仍暢，斯萬幸已。茶事每歲六個月，均已完竣，局用項下月支文案、差遣、書識、帳目、稽核、監秤等名目，計共銀一百九十二兩，似稍冗濫。職道春杪隸差之際，正值茶市起季，遴用員友，人數稍寬，額支姑仍其舊。職道通盤籌策，茶事清簡，局用月報冊開文案、差遣、書識各名目，應酌量芟裁，略節經費。所有文案三名，月支湘平銀陸拾陸兩，擬改為貳名，每月裁節銀肆拾貳兩，月支湘平銀貳拾肆兩。差遣三名，月支湘平銀肆拾捌兩，擬改為一名，每月裁節銀俞拾陸兩，月支湘平銀拾貳兩。書識三名，月支湘平銀拾捌兩，擬改為貳名，每月裁節銀陸兩，月支湘平銀拾貳兩。其帳目、稽核、監秤等名目，均擬循舊，以資辦公。文案、書識、差遣三項，均自本年十月為始，每月裁節銀捌拾肆兩，每年十二個月，其裁節銀壹千零捌兩。冗款少支千金，正稅即可多解千金。方今國步如此艱難，夷款如此紛糾，似亦為人臣子所當各發天良，而憂慼不容自已者也。此次請裁之後，局用項下，除職道月支薪水湘平銀壹百兩外，委員司事，每月祇共支湘平銀壹百零八兩，實屬極意節省。員友、丁勇、火食及每年深渡秤驗卡費，與夫一切酬應，均在歙、黟、休公費項下動用，並不列冊支銷。職道山陬蜷局，竊不自揆，慨念時艱，未能興利以開源，愧祇裁贏而剔冗，區區樽節三四千金，勺水蹄涔，何補涓埃於國計。第所處之地在此，所略盡之心，亦止此焉而已。是否有當，伏候憲台批示祇［祇］遵。

再：本年委員出差川資，均係實用實銷，按月開報，計三月起至九月止，共支銀壹百肆拾兩；冬季即有支發，總不至逾貳百金之數。職道亦未公出巡閱各卡，所有年終總報向支巡閱各分局卡，及委員出差費用銀，俞百數十兩，不再開支。又年終總報向支歲修局屋銀九十餘兩，本年尚未修葺，即檢拾滲漏，修整門窗工料，不過數金，屆時亦不濫支，以昭核實。皖南茶事，現均完竣，稅銀亦悉數解清。職道擬請假一個月，回浙江山陰縣本籍省墓。假滿由浙至甯，叩謁崇轅，面稟公事。擬於十月初八日由屯啟行，諭飭提調冷令駐局照料，合併呈明。

又《請禁綠茶陰光詳稿》 為據情轉詳事：本年十一月二十七日，奉憲台札准總理各國事務衙門咨，准出使美、日、秘國伍大臣函，稱美國議院以近來各國入口之茶，揀擇不精，食者致疾，因設新例。茶船到口，茶師驗明如式，方准進口，否則駁回。札局遵照咨內事理，飛飭產茶各屬，出示曉諭，並剴勸商户，如何妥仿西法焙製，力圖整頓，挽回茶務。仍令將籌辦情形，稟復核奪，計鈔單等因。奉此，遵即剴切示諭，並照會產茶各府縣，諄勸園户茶商，各圖整頓。一面諭飭屯溪茶業董事、四川補用知縣朱令鼎起傳知各商，實力籌辦。去後，茲據徽屬茶商李祥記、廣生、永達、晉大昌、朱新記、永昌福、永華豐、馥馨祥等稟，為奉諭實復，求鑒轉詳事。竊奉憲諭，朱董遵照督憲札飭事理，傳知各商，妥議章程，實力整頓，仍將籌辦情形，詳細具復，並鈔粘美國禁止粗劣各茶進口新例十二條等因。奉此，經董事遵即傳知。惟目下各商號，早已工竣人散，無從遍傳，僅就商等數號，偕董事悉心籌議，敢獻芻蕘，以備採擇。查屯溪為徽屬綠茶薈萃之區，歷來不製紅茶，其紅茶應如何整頓，毋庸議及。第以綠茶而論，婺源、休甯所產為上，歙次之。洋商謂中華茶味冠於諸國，洵非虛譽，乃近來作偽紛紛，致洋人購食受病，何也？綠茶青翠之色，出自天然，無俟矯揉造作，以掩其真。故同治以前，商號採製，惟取本色；洋人購食，亦惟取本色，其時並未聞有食之受病者。迨同治以後，茶利日薄，而作偽之風漸起；不知創自何人，始於何地。製茶時攙和滑石粉等，令其色黝然而幽，其光然而凝，名之曰陰光。稱謂新奇，竟獲邀洋商鑒賞，出高價以相購，而本色之茶，售價反居其下。於是轉相效尤，變本加厲，年甚一年，縱有持正商號，始終恪守前模，方且笑為愚而譏為拙。狂瀾莫挽，言之寒心。夫陰光之茶，胥由粉飾，藏之隔年，色無不退，味無不變，香無不散，食之何怪乎受病。本色之茶，未經渲染，

藏之數年，色仍不退，味仍不變，香仍不散，食之何致於受病？此涇渭之攸分也。洋商知華茶之作偽，而未知陰光即作偽之大端，不捨陰光而取本色，雖嚴進口之防，猶治其末而未探其本，能保作偽者不僥倖於萬一哉。然則去偽返真，衹在洋商一轉移間耳。嗣後滬上各行，於購茶時，誠相戒不買陰光，專尚本色，則陰光之茶，別無銷路，誰肯輕棄成本，不思變計，將見攙和混雜諸弊，不待禁而自無不禁矣。商等仰體整頓茶務之藎懷，用敢不避嫌怨，據實具復。是否有當，伏乞轉詳等情，前來。竊惟中國出口土貨，茶為一大宗，商務餉源，關繫至重，若任牙販攙雜渲染，作偽售欺，洋商受愚致疾，至謂華茶皆不可食，勢必茶務益疲，釐稅將不可問，職道訪詢業茶之老商，同治以前，焙製綠茶，不過略用洋靛著色，洋人嗜購，無礙銷路。光緒初年，始有陰光名目，靛色以外，又加滑石、白蠟等粉，矯揉審成，茶色光澤，斤兩益贏。當時外洋茶師，考驗未精，誤為上品。華販得計，彼此效尤，日甚一日，變本加厲。本年休甯縣茶五十九號，衹向來著名之老商李祥記、廣生、永達等數號，誠實可信。歙縣三十餘號，不做陰光者益寥寥難可指數。聞滑石白蠟等粉飾之茶，不特色香味本真全失，未能耐久，即開水泡驗，水面亦滉漾油光，飲之宜其受病。該董朱令，與該商李祥記等，公同議復，擬請嗣後滬上各洋行，購運綠茶，不買陰光，專尚本色，洵屬去偽返真，抉透弊根之論，理合據情詳請憲台鑒核；剋日飛咨總理各國事務衙門，轉咨駐京各公使，並札總稅務司，分別電達外洋。自光緒二十四年為始，凡各國洋商，來滬購運綠茶，秉公抽提，各該號茶商，均以化學試驗，如再驗有滑石、白蠟等粉，渲染欺偽各弊，即將該號箱茶，全數充公嚴罰。一面箚飭江海關道，函致該關稅務司，傳知上海向買華茶之怡和、公信、祥泰、同孚、協和等洋行，遵照辦理。方今軍需奇絀，時事多艱，茶業為華稅所關，不敢不切實維持。為釜底抽薪之計，否則文告嚴迫勸導諄拳，雖筆禿口瘖，究未必湔除其痼疾。美國新例，查驗於已經購買之後，職道與該董等籌議，審慎於未經購買之先，二者似並行而不悖。如蒙鈞批，一切准行，當於來歲春初，録批剴切示諭徽屬各商販，知照破其沈錮罔利之私，俾免受大虧而詒後悔。是否有當，伏候訓示衹遵。

再：奉發和使克大臣照會中外茶務情形，及雷稅司稟陳廣購碾壓機器仿製紅茶二案，職道先後録印告示各五百張，分別發遞產茶各府縣，張貼曉諭，謹將示式坿呈藎覽。該稅司所陳六百兩之茶機，奉札後，遵與茶董朱令、候選同知洪商廷俊再四籌商，已由該商派夥往滬，訪查酌購，俟查復到日，另案稟辦。職道前擬整飭徽屬綠茶牌號，飭領印照，報效銀兩，執為世業，稟請憲轅出示剴諭各情，奉批督董與各商妥為議定等因，此案本年夏秋之交，該董朱令集議公所數次，商情慳鄙，迄未就緒，是以擬仗德威，示諭飭遵。現既未蒙頒發鈞示，又復詳請禁革綠茶陰光錮弊，無本牙儈觖望，恐報效領照，驟難允洽，衹［祇］可緩議。又浙江平水綠茶，洋銷頗廣，近年陰光渲染，聞較徽茶尤甚，擬請隨案彙咨，一律嚴禁，合併附陳。

兩江督憲劉批：據詳已悉。查茶葉為土貨出口大宗，關係商務稅課，至為緊要。衹因各商蹈常習故，既不肯講求種植採製，又復任意作偽，致茶務疲敝日甚，雖迭經諄切誥誡，而各商衹顧一己之私，終未能力圖整頓。今既經該道察知綠茶中名陰光者，即係矯柔造作，不獨色香味本真全失，且食之亦易受病，積弊一日不去，茶務斷難望有起色。惟痼疾已深，既非文告所能禁革，仰候札行上海道嚴諭滬上茶業董事，並函致稅司，告知上海業茶各西商，自明年為始，凡在滬購辦綠茶，由董事會同秉公抽提試驗。如再驗有滑石、白蠟等粉，渲染欺偽各弊，即由道將該號茶箱全數充公罰辦，以示懲儆。該局應先剴切示諭，俾各商販事前知所儆畏，不敢作偽，以免後悔，仍候咨請總理衙門核明照會飭知，並候分咨兩廣、閩浙、湖廣督部堂，廣東、江西、浙江、湖南撫部院，一體飭令產茶各屬，先期示諭。至滬稅司先次條陳碾壓各節，係指紅茶而言，即該道此詳，亦僅專去紅茶造作之弊。其綠茶應如何焙製，較為精美之處，並候札飭上海道，轉託稅司，向業茶西商，切實考究，稟候分飭參訪，以期弊去製精，茶務得以漸圖挽回。繳告示存。

又《復陳購機器製茶辦法稟》 本年十一月十六日，奉憲台札，據江海關雷稅司稟陳，中國商户，以手足搓製紅茶之失，擬請通飭試辦碾壓機器，仿行新法，以興茶務各情，抄摺札局，遵照批示，體察情形，分別妥籌呈報等因。奉此，查職局所轄皖南產茶處所，歙、黟、休甯、銅陵、石埭、涇縣、太平、宣城、婺源及江西之德興各縣，均係綠茶，花色

繁多，約十分之九製銷洋莊，十分之一行銷內地，不能用機器焙製。徽州府屬之祁門，池州府屬之建德，江西饒州府屬之浮梁，向做紅茶。本年祁門茶號，五十餘家；建德十家；浮梁六十餘家。共徵茶稅七萬一千七百四十餘兩，較紅綠稅銀，約祇四分之一。祁門萬山叢雜，民情強悍，山户與商號爭論茶價，屢啟釁端。浮梁各號畸散，北鄉山徑崎嶇，資本微薄。建德數號略同。此皖南所轄紅茶產地之大略也。本年祁、浮、建德紅本［茶］，商本折閱，職道夙聞比年機器製茶，頗合洋銷，正思示諭勸導，適友人候選徐道樹蘭、汪進士、康年等，夏初在滬上創立農學會，録刷報章，分布海內，惓惓於蠶桑絲茶各事，以冀維持中國之利源。徐道與職道交誼最深，由浙中寓書屯溪，略言『振興茶務，宜撥鉅款，派商出洋，學習泰西製焙之法。一面速購機器，翻然更新』等語，與雷稅司現陳各節相同。職道竊壯其言，即面商屯溪茶董朱令鼎起。據稱徽屬茶商，家世殷實者，不過十分之一，各自株守，罕與外事，無人肯肩此鉅任。而無本牙販，又難可深信。該令所稱，均係實情。職道購買農學報十分，送給各商閱看，以冀漸擴見聞。皖南茶業，以綠茶為大宗，歲徵稅約二十萬兩左右，僉稱礙難改用機器，亦屬實情，祇可將祁門、浮梁紅茶，紆籌勸辦。祁門距屯較近，夏秋之交，曾與徽商候選同知供［洪］廷俊籌議，擬由職局發款，先在祁門仿行官商合辦之法，集股創設機器製茶公司。因山阿風氣未開，祁民蠻悍，恐滋事端；而訪雇茶師，急切又難就緒，是以迄無定議。秋杪、又杪，委建德分局洪令恩培，專往浮梁，諏訪各商，茶機能否試辦，切實查復。去後十一月初旬，據洪令稟復，諸多窒礙等情，前來謹抄原稟，恭呈鈞鑒。茲奉前因，遵即鋟刻告示，分別發遞産茶各縣局卡，張貼曉諭，並專勇分賚祁、浮、建德各茶號，每號給予示諭一張，冀其開悟。一面復與朱令、洪商，諄切籌商，仍擬仿行官商合辦之法，職局發款酌購茶機，諭集股分，由洪商派夥專往上海、祁門，分別查購。去後。茲據該商董等復稱，查得溫州本年試辦碾壓茶機，僅製成茶數十斤。滬上洋商云，做工尚稱得宜，惟香味甚不及舊法。又查，據公信洋行云，伊等洋商，原欲糾集公司，購全副機器在湖南安化興辦，嗣湖廣督憲張以此利益，不便為西人佔攬，迄未照准。雷稅司所陳，機器每架，需價九百金，滬上無現成者，須電錫蘭購辦，約在兩月可運到滬，外加水腳保險各費，合計每架總須一千有奇。前項機器，每次僅能出茶七八十斤，核計紅茶上市時，日僅能製造三百箱，徽茶改用機器，勢必收辦茶草，祁門南鄉一帶，每擔計錢十數千。茶草三斤，製成乾茶一斤，剪頭除尾，不過六七折之譜，以及各項費用，成本過昂，且無洋商包裝，萬一不得其宜，耗折大非淺鮮。若延聘西人，據需薪資每月二百金，且要包定三年，薪水太鉅，萬難延請。若就滬延聘華人，亦不過口傳指授，創辦之難，殊無把握。又查得祁門茶商汪克安、康齡，復稱創用機器，收草碾壓，機器出茶有定，草少則曠工，草多則壅滯，必久攤；久攤遂變壞。是茶草須在三五里內，按部就班，纔可合用。祁門深山僻塢，紛歧坆折，並無一片平疇。茶草自開摘至收山，不過十餘日。用機之人，務要真正熟手，早日雇來祁地，細談底裏，免得臨事張皇。祁、浮茶號，星羅棋布，每號做茶不過三五六百箱，亦由地利使然。設碾草之號，與收熟茶之號，實相背而不相得。然非就出草較廣之區，不足以為力。各等語，抄呈原函前來。伏查祁、浮紅茶試辦茶機，未奉憲札以前，職道先以疊次與商董等紆策經營，因風氣未開，創辦為難，而其中窒礙多端，實不能不慎始圖終，通盤籌畫，敢為憲台縷晰陳之。公信洋行函復雷稅司，碾壓機器，祇需銀六百兩，即可購辦。今由徽商面詢該洋行，則云每架需九百金，又加保險水腳等費，合計總需一千有奇。前言不符，啟人疑沮，一也。紅茶三月中旬，向皆徵稅，其採製均在莫［暮］春之初，明春即多閏月，亦不過展遲旬日。今滬市既無前項機器，電購外洋，兩月之期，能否踐言，均未可定。即如期運滬，已在二月下旬，由滬運潯，再由鄱湖饒河展轉運祁，即未能應來春碾壓之用，萬一發價而運貨逾期，轉多饒舌，甚或糾轕涉訟，二也。《農學報》本年第六、七冊載：台惟生廠製造萎揉焙裝各項茶機，共約需銀一千鎊左右，似較公信洋行祇能碾壓者，更為得勁。第祁、浮山嶺巇仄，恐台惟生廠各項茶機，實無安放之所；而祇購碾機，果否適用，香味能否軼出舊制，亦無把握。延聘外洋茶師，商力實有未逮，不延則又恐未合洋銷，三也。皖南業茶，家世殷實者，寥寥無幾。無本牙販，鳩集股分，新茶上市，結隊而來，茶事將畢，一鬨而散。職道接奉鈞札，已在十一月中旬，祁、浮二邑，並無公所茶董，祇得遴派妥勇分赴各邑，賚送前項告示，每號發給一張，以歆動之。比據該勇等回屯，稟

稱浮梁茶號，均在北鄉五里十里之間，岡嶺重複，村落畸零，每村各有茶號二三家不等。祁門茶號，均在西南鄉，疊巘層巖約同。浮北號門，多半關鎖，告示張貼門外，鄉人聚觀，或號夥之看守房屋者，均言地勢如此，改用機器及聘雇熟諳茶機之洋工，良非易事。而現屆歲闌，即集股購機，亦須展至亥年，或有端緒等語，與職道訪查各情，大致相同。浮、祁茶機，驟難仿辦，建德商號無多，更無庸議，四也。方今軍需奇絀，時事多艱，職道若摶官為倡辦之美名，不顧事之果否必成，請款購機，以鋪張為浮冒，計亦良得。而硜執之性，實不忍浪糜公款，致有初而鮮終。屯溪茶董朱令及洪商廷俊，籌議仿行西法，總以滬上有現成茶機可購，俾該商等，自行察看，較為穩妥。電購外洋，究多瞻顧，試用茶機，延雇洋工，不特無此力量，且山民蠻橫，與他族恐不相能。惟有寬以時日，訪雇福、甌內地之茶師，言語性情，彼此易於浹洽。至創辦機器，尤必通力合作。如祁門共若干號，每號各出股分一二百金，茶釐局酌撥三五千金，官商合辦，盈虧一律公攤，各商號始無嫉忌畛域之見。該商董等所議，均係持重審固，平實可行。惜奉札稍遲，祇可俟明春紅茶上市之時，集商妥議章程，稟請鈞批立案，已亥春間，再行開辦。憲台總攬茶綱，振興茶務，登高提倡，中外喁風。雷稅司所陳每架六百兩之茶機，可否札飭江海關蔡道，轉飭公信洋行，電購四架，運滬。機價及水脚保險等費，核實開支，如蒙恩准照行，茶機均已運來，商情不致疑慮。一面訪詢福、甌內地之茶師，官商合股，從容酌籌，亥春當可集事。機價雜費，擬請江海關庫暫墊，仍由茶釐項下，如數撥還。是否有當，伏乞憲台鑒核批示，祇[衹]遵。

再：職道訪聞江西義甯州山勢，較浮、祁二邑平坦，焙製紅茶，似可仿行機器。惟該處民風亦頗強橫，商情願否興辦？應由江西司局查議。合併呈明。

又《整飭茶務第一示光緒二十三年十一月**》** 為剴切曉諭事：本年十月十六日，奉南洋大臣兩江督憲劉箚開，本年九月十二日，准兵部火票遞到總理各國事務衙門咨。本年八月二十四日，准和國使臣克羅伯照稱，現接本國京城茶商來函，據云：刻下按新法所製之茶樣，惜未甚佳，若以舊法所製之茶，其品高於各處，若按新法製之，即與各處之茶無異，且將是茶原本之益處盡失。在爪哇、印度、錫蘭三處，雖皆精心植茶，然與中國之茶比之，則不及中國所產之物也。緣現在歐洲，欲購中國上品佳茶，無處可覓，疑係中國產茶處所，不知歐洲等處均欲購買。按新製茶，無非較印度稍佳，實與中國所產者遜多矣。在英、和銷去上品茶之價值，比新製茶價昂三倍。且新製茶運往外國售賣，英國印度茶，亦運往他國售賣，彼此相爭，然喜吃中國茶者，不喜吃英國印度茶。查此情形，未通曉茶務者，代白此意，等因。本大臣憶及製茶一節，久在洞鑒之中，想有勝於中國茶之佳美者也。並有俄、英、和等國茶商。亦云如是。特求於貴大臣視該商所言，定必嘉悅，等因。前來，查出口貨物，以茶為大宗。中國茶質之美，原為外國所必需，祇[衹]以焙製漸不如法，致印度等茶得以競利銷行，於商業餉源，虧損實鉅。現據和使克羅伯照稱前因，是中國茶務雖敝，尚可設法挽回。相應咨行貴大臣查照，轉飭各該地方官，曉諭產茶處所及通曉茶務之商户人等。嗣後於製茶一事，勿論舊法新法，總宜加意講求，但能製造精良，行銷自易。在茶務可資經久，而利權亦不至外溢，仍將如何辦理情形，隨時見復為要，等因。到本大臣承准此，查近來中國茶務之敝，固由外洋產茶日多，銷路漸分，華商力薄，自紊行規，實則由於採製之不精，商情之作偽，致使洋商有所藉口，退盤割價，種種刁難，過磅破箱，層層剝削，商本多遭虧折，茶務因而日壞。是以迭次通行整頓，首講採製，力戒攙雜。蓋華茶色香味均遠勝洋產，為西人所喜嗜。產地苟能採摘因時，炒製合法，販商貨色整齊，行規嚴肅，於茶務利源，未嘗不可挽回。今閱和國克大臣照會，益足信而有徵。自應由產茶各屬，諄切董戒，力勸講求，以暢銷路，以固利源。茲准前因，除分行外，合行札局遵照，飛飭產茶各屬，及通曉茶務之商，實力籌辦。仍令將勸辦情形，詳細稟覆，核咨毋違，等因到局。奉此除照會產茶各縣一體示諭，實力籌辦外，合亟出示曉諭，為此示仰各茶商、山户人等知悉。自示之後，該山户務將茶樹加意灌溉培護，慎防冰雪之僵凍，尤當採摘之因時，不得聽其自生自長，因偷惰而致窳萎。擷採以後，亦不得以柴炭薰焙，並惜工費，日下攤曬，務當用鍋焙炒，以葆真色香味。至各茶商近來成規日壞，弊竇叢生，以偽亂真，貪小失大之錮習，幾至牢不可破。本年春間，曾經上海茶業會館刊布公啟，歷述弊端。雖經本道諄切示禁，而本

屆徽茶運滬，各弊尚未盡剗除。自壞藩籬，攪亂大局，莫此為甚。現奉南洋大臣劉箚飭前因，知中國茶事，自可振興，嗣後各商務須各整牌號，各愛聲名。一切焙製之法，實力講求，嚴肅市規，不准攙雜作偽，以歸銷路，以固利源。倘有奸商小販，不顧顏面，再以劣茶冒充老商著名之字號，欺騙洋商，撓亂茶政者，一經查出，定當照例嚴辦，決不徇容。其各懍遵毋違，特示。

又《整飭茶務第二示光緒二十三年十二月**》** 為剴切示諭事：本年十一月十六日，奉南洋大臣兩江督憲劉箚開，據江海關税務司雷樂石稟稱，竊查近年中國絲、茶兩項，幾有江河日下之勢。其致衰之故，憲台洞悉，本無待贅言，而茶業一種，論者頗有其人，甚至登諸報章，記之載籍，無非欲望中國振興，祛其弊而求其利，頓改昔時景象。在憲台蓋謀遠慮，果於國計民生有裨，度無不竭力興辦，且亦深知各口業茶之西商，於茶務一道，多所講究。今欲改復舊觀，得憲台在上提倡，不獨西商鼓舞歡躍，即凡業茶之華商，亦無不翹盼其成，色然以喜，則一應製茶新法，西人亦必樂與指授也。本年夏間，接老於茶務之公信洋行主一函，內詳言華茶致敗之由，非改從新法不為功，特將現在溫州試行新法，碾成之茶，已見明效者一種，並舊法一種，分別見示。税務司悉心考察，即知新法之善，當將情形申呈總税務司。而總税務司意在保商裕課，凡有咨陳之件，靡不悉心籌畫，總期有利必興，無弊不去。飭將公信行主來函，照譯繕呈各憲，並將茶樣一併遞呈等因，是以不揣冒昧，將來函譯成漢文，原樣兩種，敬呈察核，必能俯賜通行，剋期舉辦。伏思憲台通今達古，貫徹中西，一切自必燭照無遺。查西人現行之法，以碾壓成。考之中華古時，似已行之。《明史·食貨志》八十卷終所載『舊皆採而碾之，壓以銀板，為大小龍團』一語，此固班班可考。故西人現行之新法，即係中國舊時製茶之法，不過分上用與民用已耳。惜年遠代湮，無人指授，以致失傳。近年以來，種茶、業茶之人，焙製一道，並不悉心考究，茶務因之日衰。但目下業此生意者，受虧不淺，亦已漸知其故，頗有改絃易轍之意。若憲台登高倡導，當無有不樂從者，等情，並清摺。到本大臣據此除批閱來牘並摺，具見留心商務，食祿忠謀之誼，深堪佩慰。中國茶務，年不如年，至今日疲敝極矣。在局外之論，總謂由於外洋產茶日盛，產多銷分，事勢則爾。第細察商情，實由採製焙壓，蹈常習故，未能翻然變計，講求制勝之方。蓋西商食用，事事力求精美，茶葉尤為人所必需之物，西人考究，更為認真。中國茶質，本屬遠過西產，苟能採製得宜，自無不爭相購致。本大臣屢執此意，通飭整頓，以地異勢殊，未克驟變舊法。今據呈送新法、舊法所製茶樣，同一茶質，收壓稍異，而新法所製者，色香味皆遠勝之，即此益見製法之亟宜更新，以冀茶務之日漸挽回。且該公信行籌製之法，亦尚簡而易行，需本不多，自應由產茶各處，體察情形，因勢利導，於皖中設有茶釐局，或先由局購備碾壓機器，如法試製，以為之創。一面廣諭茶商集股，各自創辦。在園户力薄，不能仿辦，茶商與園户，同一利害相關，苟茶商能仿行之，園户當無不樂從。是在各處有茶務之責者，善事設籌提倡，力圖整頓，以期推行盡利，歷久不敝，本大臣有厚望焉。仰江海關蔡道轉復税務司知照，繳印發外，抄摺札局，遵照批示，體察情形。妥為分別籌勸辦理。仍將籌辦情形呈報查考，等因，到局。奉此，查前奉南洋大臣劉札准總理各國事務衙門咨准和使克大臣照會，以中國舊法，精製上品佳茶，運往歐洲，比新製茶價昂三倍等因，係指中國綠茶而言。雷税司所陳各條，專言中國商户以手足搓製紅茶之失，急宜另籌新法，各集股分，廣購碾壓機器，試行仿製，講求制勝之方，合亟出示曉諭。為此，示仰商户人等，知悉查照，後開各條，互相勸辦，悉心考究，翻然變計，各圖振興，痛改從前手足槎［搓］製紅茶之舊習，以暢銷路，而固利源，本道有厚望焉。其各懍遵毋違，特示。

又《摘開雷税司原摺》 中國紅茶搓製之法，不如印度遠甚，其致敗之故，寔由於此。蓋所徵之課税，雖覺繁重，在華商核算成本，以為獲利似無把握，苟能得其新法，以冀西人漸皆喜用，則衰弱之象，度不至如斯矣。

溫州茶，華歷［曆］四月初八日，運樣到滬，即今所呈晳之兩種。一則仍用舊法，以手足揉搓；一則用新法碾壓者，互為比較，即知新法之合銷西人。本視溫茶為中國出茶最次之區，英人之所以不喜用華茶，喜購錫蘭茶者，以用碾壓故也。英人愛用印茶，並非以印度、錫蘭為英屬土。因錫蘭之茶，色香味較勝華茶，其質性亦較華茶可以用水多泡。印度係用機器碾成，質力較華製為佳。現在美國，已皆較前增購，俄國亦然。

錫蘭、印度之茶，甫採下時，收在屋內，鋪於棉布之上，層層架起，如梯級然，直至茶葉棉軟如硝淨之細毛皮時，將茶落機碾壓約三刻之久，盛在鐵絲蘿內，約堆二英寸厚，層疊於上，必變至勻淨，如紅銅色，然後焙炒，裝箱下船。錫蘭、印度之茶樹，皆屬公司。公司資本股厚，不肯零星沽售，採茶焙炒，以至裝箱起運，皆公司之人自為之，有大棧房存儲。所安機器甚多，碾茶、炒茶、裝茶，無一不用機器。蒙意欲使中國茶務振興，當另籌新法，如碾壓至茶變紅銅色之後，應上蘿焙炒之際，可無須仿用機器，仍按舊法，衹用竹籮盛茶，加以炭火烘焙，似比機器尚佳。倘辦茶之人，亦如印度、錫蘭之法，獲益必大。其佳處即遇陰雨之天，亦無要緊，摘茶之後，即送與棧房，將茶層鋪於綿布之上，用架疊起，不慮霉變。應購機器，若仿錫蘭所用之式，未免價鉅，莫如用一次能出茶七八十斤之碾壓機器，衹［衹］需銀六百兩，即可購辦，且耐久不壞。費既不巨，茶商辦此，當無難色。蒙意華商若用機器，不用手足，則前次所失之十分中，必能補償幾分，貿易自有轉機。所望亟行整頓，愈速愈妙，再能遴派明白曉事之員，前往錫蘭察訪製茶之法，並僱業茶者數人來至中國，教以各種烘焙善法。一朝變計，必能令各國樂購。中國頭春茶，天下諸國，無有媲美者。二茶、三茶之現無人過問，實因製法不佳。倘用新法，則二茶、三茶，當可與錫蘭、印茶並駕齊驅也。

又《整飭茶務第三示光緒二十三年十二月**》**　為剴切示諭事：本年十一月二十七日，奉南洋大臣兩江督憲劉札准，總理各國事務衙門咨准出使美、日、秘國伍大臣函稱，美議院以近來各國入口之茶揀擇不精，食者致疾，因設新例：茶船到口，須由茶師驗明如式，方准進口，否則駁回。從前中國無識華商，往往希圖小利，攙和雜質，或多加渲染，以售其欺。洋商偶受其愚，遂謂中國之茶，皆不可食，而銷路因之阻滯。比來華商販茶，折閱者多，獲利者少。職此之由，現新例既行，茶稍不佳，到關輒被扣阻，金山等埠，華商屢來稟訴，因擇其不甚違章者，為之駁詰，准其入口。惟新例所開茶式未齊，已將中國販運之茶，詳列名目種數，照會外部轉知稅關，俾茶師詣晳時，有所依據，不致以與原定之式不符，過於挑剔。仍將新例譯録，飭領事等傳諭衆商，嗣後不可希圖小利，致受大虧。並鈔譯一份，寄呈備覽。此例初行，似多不便，然理相倚伏，實於茶務有益無虧。蓋以前茶質不淨，人多食加非以代茶。今入口既經復驗，茶葉共信其佳，則嗜之者多，將來銷路可期更廣。中國各商，如能將茶葉焙製諸法，精益求精，知作偽無益，不復攙雜，則中華茶味，實冠出於諸國，必能流通，未始非振興茶務之一大轉機也，等因。前來本衙門查中國土貨出口，以茶為一大宗，從前因茶商焙製不精，兼有攙和雜質等弊，以致洋商營運受虧，銷路因而阻滯。今美國改行新例，如果焙製益求精美，實為中國茶務振興之機，相應將該大臣鈔寄新例十二款，刷印黏單，咨行貴大臣查照，轉飭各產茶處所，凡園户茶莊製茶，務須焙製如法，精益求精。並飭各海關出示曉諭，華商運茶出口，勿得攙和雜質，致阻銷路。倘或攙和雜質，或將茶渣重製運售，致損華茶實在利益，一經查出，定行嚴罰。此固為華民謀生計，亦中國整頓商務之一端也，等因。並抄單到本大臣承准此，除分行外，抄單札局，遵照咨內事理，飛飭產茶各屬，出示曉諭，並剴勸園户、茶商，應如何妥仿西法焙製，力圖整頓，以期挽回茶務，廣開利源。仍令將籌辦情形，稟覆核奪，等因。到局奉此，除照會產茶各縣，一體示諭外，合行出示曉諭。為此，示仰商户人等知悉，現在美國新例，茶師考驗極嚴，嗣後焙製各茶，務須盡心講求，力圖精美，不准攙和雜質，或多加渲染，欺誑洋商，以暢銷路，以固利源。其各懍遵毋違。特示。

又《黏抄美國新例》　一、美國上下議院會議妥定，光緒二十三年三月三十日起，凡各國商人運來美國之茶，其品比此例第三款所載官定茶瓣較下者，概行禁止進口。

二、此例一定之後，户部派熟悉茶務人員七名，妥定茶瓣，呈送查驗，嗣後每年西歷［曆］二月十五號以前，均照此例妥定茶瓣，呈驗備用。

三、合准進口之各種茶類，户部妥定樣式，並當照樣多備茶瓣，分發紐約、金山、施家谷，以及各口稅關收存，以資對驗。至若茶商欲取官定茶瓣，可照原價給領所有茶類，其品比官定茶瓣較下者，均在第一款禁例之內。

四、凡商人裝運茶類來美，入口報關時，須要呈具保據，交該口稅務司收存，言明該貨於未經驗放之前，不得擅移出棧，當由茶商將貨單所

載各茶樣呈驗，另立誓辭，聲明單貨，確實相符，方為妥協。或任茶師自取樣式，逐一與官定茶瓣比較，其入境各口，未派茶師者，商人當備各茶樣式，並立誓辭，呈送該口抽税之員查收，復由該員另取各茶樣式，一併送交附近海口茶師收驗。

五、所有茶類，經茶師驗過，其品確係與官定瓣相等，税務司亦無異言，立即放行。若其品比官定茶瓣較下者，立刻通知茶商，除復驗批駁茶師有錯外，不准放行。若運到之茶，品類不齊，可將好茶放行，次等者扣留。

六、茶師驗明之後，茶商或税務司有異言，可請户部派總估價委員三名復驗。若查得茶品果係與官定茶瓣相等，自當給照放行。如茶品比官定茶瓣較下，令茶商具結，限六個月內，由驗明之日起計，運出美國。設使過期不出口，税務司設法焚毁。

七、所有進口茶類，派定各茶師親驗。倘入境之口並無派定茶師，由該口税務司取齊各茶樣式，遞送最近海口茶師收驗。驗茶之法，照茶行定規辦理。其內有用滚水泡之法，與化學試煉之法，均當照辦。

八、所有茶類，凡請美國總估價委員復驗，應由茶師將各茶樣式，與茶商面同封固，與茶師批辭，以及茶商駁語一併送交總估價委員復驗。一經驗明妥定，即當繕寫斷詞，由各該委員簽名，將全案文牘茶式，三日內一齊發回。該税務司另鈔兩份，一份轉達茶師，一份轉交茶商，遵照辦理。

九、所有茶類，已經不准入口，遵例出口之後，如復進口，將貨充公。

十、此例各款，户部妥定章程，一律頒行。

洪商查復購辦碾茶機器節略

一、查製茶碾壓機器，福州舊前年有人倡辦，想因不能卓有成效，迄未盛行。温州今年試辦者，係乾豐棧朱六琴兄，向公信洋行購得碾壓機器，如法試行，僅製成茶數十斤，寄樣來申驗看。據洋商云：做工尚稱得宜，惟香味甚不及舊法所製。蓋因甫經採下茶草，未及烘曬即以機器碾壓，不免真精原汁走漏，本質耗損，故香味較遜。葉底不甚鮮明，未得合銷，為此中止。以上乃温、福州之未見顯著成效情形。

一、據公信洋行云：伊等洋商，原欲鳩集公司，購辦全副機器，在湖南安化地方興辦。該處産茶頗多，轉運捷便。嗣張香帥以此利益，不便為西人佔攬，未曾照准。刻下中國官商，若欲在祁門、浮梁試辦，祇［祇］須碾壓機器，便可合用，其餘烘、篩、揀、扇等法，原以舊章較善。該機器價銀，每架據需九百金。刻下申地，無有現成者可售，須由伊代電託錫蘭友人購辦，約在兩月內可運到申，外加水脚、保險、使用等費，合計每機器，總需一千有奇。以上乃據公信洋人所説。如事必行，該機即託公信洋行代辦。

一、徽屬山深水淺，局面狹小，若以全副機器，非但價資太鉅，且轉運一切，非比外洋水有輪舟，陸有鐵路之靈便，勢難載運，姑不置議，惟碾壓機器，每次僅能出茶七八十斤，核計紅茶上市時，日僅能製造三百箱而已。

一、徽茶改用碾壓機器，勢必收辦茶草。然祁門南鄉一帶，茶草每擔計錢十數千文，以茶草三斤，製成乾茶一斤，兼之剪頭除尾，不過六七折之譜；以及車用等項合而計之，已屬匪輕；且無洋商包莊，萬一不得其宜，則耗折大非淺鮮，核計成本過昂，不得不慮及此也。

一、據公信洋行云：機器用法，與復雷税司之函，大譜相同。揣其情形，似尚不難，但詳細情形及所製之茶，果否合銷，則非身經目歷，不能盡悉。若延聘西人，據需薪資每月二百金，且要包定三年，不免薪水太鉅，萬難延請。西人姑不置議，如若就申延聘華人，亦不過口傳指授而已。此創辦之難，殊無把握。

一、初辦碾壓機器，若由紳商邀集股本，究非善策。因恐成本昂貴，一經大折，勢難復振。惟有厚集資本，初年不利，則更加考究，精益求精，再接再厲，庶幾能盡機器之利用。此創辦必須厚集股本，以備不虞。

一、集股之法，似宜仿公司成例，每股百金。竊以祁門、浮梁兩邑計之，茶號不下百家，若得每號集股百金，為數亦頗可觀。此外，如有另願附股者，亦可兼收。集資既厚，經理得人，庶可圖效。茶商衆心散漫，惟有商請憲裁，一面給資籌辦機器，一面出示勸導。然此事原為振興商務起見，成則衆商漸可推廣盛行，不成則官商兩無所損，想衆商一經提倡，自必樂從。

一、局憲如必購辦此機，望請將價銀即速匯下，以便繳交前途，代為電致錫蘭購辦。俟辦到申後，即由繞河運祁。惟沿途釐卡，尚乞局憲咨會江海關，給照護行，以免沿途釐卡留難，實為捷便。

以上各節，謹就所見盡陳。因無把握，故機器尚未定購。望詳加商酌。奉覆。局憲核奪，即希示覆。二十三年十二月。

清 震鈞《天咫偶聞》卷八《茶説》 煎茶之法，失傳久矣。士夫風雅自命者，固多嗜茶，然止於以水瀹生茗而飲之。未有解煎茶如《茶經》、《茶録》之所云者。屠緯真《茶箋》論茶甚詳，亦瀹茶而非煎茶。余少好攻雜藝，而性尤嗜茶。每閲《茶經》未嘗不三復求之，久之若有所悟。時正侍先君於維揚，固精茶所集也，迺購器具，依法煎之。然後知古人之煎茶，為得茶之至味。後人之瀹茗，何異帶皮食哀家梨者乎。閒居多暇，譔為一編，用貽同嗜。一擇器。器之要者，以銚居首，然最難得佳者。古人用石銚，今不可得，且亦不適用。蓋銚以薄為貴，所以速其沸也，石銚必不能薄；今人用銅銚，腥澀難耐。蓋銚以潔為主，所以全其味也。銅銚必不能潔，瓷銚又不禁火，而砂銚尚焉。今粤東白泥銚，小口瓮腹極佳。蓋口不宜寬，恐泄茶味。北方砂銚，病正坐此。故以白泥銚為茶之上佐。凡用新銚，以飯汁煮一二次，以去土氣，愈久愈佳。次則風爐，京師之不灰木小爐，三角，如畫上者，最佳。然不可過巨，以燒炭足供一銚之用者，為合宜。次則茗盞，以質厚為良。厚則難冷，今江西有仿郎窑及青田窑者，佳。次茶匙，用以量水。瓷者不經久，以椰瓢為之，竹與銅皆不宜。次水罌，約受水二三升者，貯水置爐旁備，酌取宜有蓋，次風扇以蒲葵為佳，或羽扇，取其多風。二擇茶。茶以蘇州碧蘿春為上，不易得，則杭之天池。次則龍井，岕茶，稍粗，或有佳者，未之見。次六安之青者，若武夷、君山、蒙頂，亦止聞名。古人茶皆碾為團，如今之普洱，然失茶之真，今人但焙而不碾，勝古人。然亦須採焙得宜，方見茶味。若欲久藏則可再焙，然不能隔年。佳茶自有真香，非煎之不能見。今人多以花果點之，茶味全失。且煎之得法，茶不苦而反甘，世人所未嘗知。若不得佳茶，即中品而得好水，亦能發香。凡收茶必須極密之器，錫為上，銲口宜嚴。瓶口封以紙，盛以木篋，置之高處。三擇水。昔陸羽品泉，以山泉為上，此言非真知味者不能道。余游蹤南北，所嘗南則惠泉、中泠、雨花臺、靈谷寺、法静寺、六一、虎跑，北則玉泉、房山孔水洞、潭柘、龍池，大抵山泉實美於平地。而惠山及玉泉為最，惠泉甘而芳，玉泉甘而洌，正未易軒輊。山泉未必恒有，則天泉次之。必貯之風露之下，數月之久，俟瓮中澄澈見底，始可飲。然清則有之，洌猶未也。雪水味清，然有土氣，以潔瓮儲之，經年始可飲。大抵泉水雖一源，而出地以後，流逾遠則味逾變。余嘗從玉泉飲水，歸來沿途試之。至西直門外，幾有淄澠之別。古有勞薪水之變，亦勞之故耳。況更雜以塵汙耶。凡水，以甘而芳、甘而洌為上；清而甘、清而洌次之；未有洌而不清者，亦未有甘而不清者，然必泉水始能如此。若井水，佳者止於能清，而後味終澀。凡貯水之罌，宜極潔，否則損水味。四煎法。東坡詩云：『蟹眼已過魚眼生，颼颼欲作松風鳴。』此言真得煎茶妙訣。大抵煎茶之要，全在候湯。酌水入銚，炙炭於爐，惟恃鼓鞴之力。此時揮扇不可少停，俟細沫徐起，是為蟹眼；少頃巨沫跳珠，是為魚眼；時則微響初聞，則松風鳴也。自蟹眼時即出水一二匙，至松風鳴時復入之，以止其沸，即下茶葉。大約銚水半升，受葉二錢。少頃水再沸，如奔濤濺沫，而茶成矣。然此際最難候，太過則老，老則茶香已去，而水亦重濁；不及則嫩，嫩則茶香未發，水尚薄弱；二者皆為失飪。一失飪則此爐皆為廢棄，不可復救。煎茶雖細事，而其微妙難以口舌傳。若以輕心掉之，未有能濟者也。惟日長人暇，心静手閒，幽興忽來，開爐爇火，徐揮羽扇，緩聽瓶笙，此茶必佳。凡茶葉欲煎時，先用溫水略洗，以去塵垢。取茶入銚宜有制。其制也，匙實司之，約準每匙受茶若干，用時一取即是。煎茶最忌煙炭，故陸羽謂之茶魔。杪木炭之去皮者最佳。入爐之後，始終不可停扇，若時扇時止，味必不全。五飲法。古人注茶，熁盞令熱，然後注之，此極有精意。蓋盞熱則茶難冷，難冷則味不變。茶之妙處，全在火候。熁盞者，所以保全此火候耳。茶盞宜小，甯飲畢再注，則不致冷。陸羽論湯有老嫩之分，人多未信。不知穀菜尚有火候，水亦有形之物，夫豈無之。水之嫩也，入口即覺其質輕而不實；水之老也，下喉始覺其質重而難咽，二者均不堪飲。惟三沸初過，水味正妙。入口而沉著，下咽而輕揚，撟舌試之，空如無物，火候至此至矣。煎茶火候即得，其味至甘而香，令飲者不忍下咽。今人瀹茗全是苦澀，尚誇茶味之佳，真堪絶倒。凡煎茶止可自怡，如果良辰勝

日，知己二三，心暇手閑，清談未厭，則可出而效技，以助佳興，若俗尤相纏，衆言囂雜，既無清致，甯俟他辰。

清 福格《聽雨叢談》卷八《茶》 六經無茶字，茗飲自唐而始，前未之見也。或引《三國志・韋曜傳》言，曜不能飲，賜茶荈以當酒，又似自三國始也。今婚禮行聘，以茶葉為幣，滿漢之俗皆然，且非正室不用。近日八旗納聘，雖不用茶，而必曰下茶，存其名也下字作納字解，恐亦轉音之誤。上自朝廷燕享，下至接見賓客，皆先之以茶，品在酒醴之上。古人龍團、鳳團，必曰烹，曰煮，曰煎，曰焙，今之熬茶是也。今官家燕享及各國通商，仍尚苦茗茶、團茶餅，猶存古人煮茗之意。至於用沸湯瀹芽茶，一浸即飲，取其香鬱為美，清洌為甘，則不知始於何時。宋宣仁太后詔免龍團而進葉茶，應是芽茶之始。今京師人又喜以蘭蕙、茉莉、玫瑰薰襲成芬者，漸亦遍於海內；惟吳越專尚新茶，不嗜花薰，固是出產之地，易得嫩葉耳。京朝王、貝勒接見外藩，按其品爵，有待茶不待茶之例，載於典章。外官督撫接見屬吏，待茶至知縣而止，佐雜弗及，亦定例也。按《金史》泰和五年，尚書省奏，茶為飲食之餘，耗財彌甚，七品以上官，其家方許飲茶。蓋茶葉出於宋地，以防耗財資敵之意。今之知縣進謁，始款茗飲，應是相沿金季之令。

按行聘以茶，蓋茶子既種，不能更移，與奠雁之義同。

清 薛書常《中泠泉辨》《續金山志》卷上 幼讀潘次耕《中泠泉記》，及所述取泉之法，心焉響之。比官吳中，而金山燬於兵，且昔在江心，今則屹然立南岸矣。同治己巳，捧檄来修江天寺，主僧出迓。首詢郭墓故址，則指在石簰山下，叢芦之中。問中泠，莫能對。明年春，與署都轉龐省山同年登山西望，復以中泠問老僧，仍茫然。旁一沙彌對曰：『中泠非所知，惟石簰山西南有泉井，井尚在也。』予聞之欣然，亟偕省山同年往驗之，則大小錯落如屋、如席、如盤、如甕者，星羅而棊布。泉脈噴涌如沸湯，高出於水面者，或二三寸，或四五寸不等。沙彌又言：『每子午時，泉涌更旺，與他泉異。』亟取一壺煎，試之甘洌異常。權之每茶甌重於江水一錢，與山志所言中泠同。復取巨甌注泉水滿中，如試龍井法以制錢投之，投至八十而水尚不溢。易以江水，則不三十文而溢矣。其為中泠，可以無疑。於是命工以石徹之，沈仲復觀察復勒石志之。然東坡詩云：『中泠南畔石盤陀。』蔡肇詩云：『中泠之西古石簰。』是中泠當在石簰東北，而今在西南，則又何耶？按唐張又新《煎茶水記》，分載劉伯芻以揚子江南泠水為第一，陸鴻漸以揚子江南泠水為第七。蔡佑雜記亦曰石簰山北，謂之北泠，其南曰南泠，於中泠皆未嘗齒及。或又謂中泠以江水盤渦得名，明以前未有稱中泠為泉者。由今觀之，滄桑遷變，而南泠之噴涌如故，謂之非泉不可也。中泠久擅勝名，今竟無蹟可尋，謂為南泠之順流而盤渦可也，謂之為泉不可也。乃知伯芻、鴻漸諸賢之僅月旦於南泠而不及中泠者，其亦必有所據矣。敢質之博雅君子。

清 鄧實《紅茶製法説略》《光緒癸卯政藝叢書・藝學文編》卷一 中國土産出口，茶為一大宗。茶之出口多寡，為商務盛衰所繫，此固夫人而知者也。查光緒十年以前，出口計有一百八十八萬九千餘擔，光緒二十年以後，出口則僅有一百二十八萬四千餘擔。外洋用茶固已日益加增，中國銷路則遞年見減，幾有江河日下之勢。其中致衰之故，或由印度、錫蘭産茶日多，産多銷分，實勢□然。或謂華商製法專籍人工，印錫製茶全用機器，外洋嗜好機器所製之茶，故華茶不敵印錫茶之暢銷。嘗考印度、錫蘭産茶之處，茶樹皆屬公司，自培養采摘以及製造裝箱，無一而非公司之事，自可無一而不用機器。中國則園户、茶商截然分為兩途，産茶之園户，既星散而無統率，業茶之商人，亦湊合而無恒業，園户草率製成，而售于茶商，茶商亦遂倉猝販運，趨急求脫，微特不能仿用機器，即人工製法，亦並未講求。而尤大之病，在多作偽，如綠葉之染色，紅茶之攙土，甚至取雜樹之葉充茶出售，壞華商之名譽，滅華茶之銷路，莫此為最。華茶至今仍未斷絕於外洋者，幸賴物質之良實有大過於印錫者。若能改良製造，盡絕其從前之弊，西人自無不爭相購致。若徒恃質美，漫不加察，任窳工之作偽，年復一年，恐不知伊于胡底？今擬邀合同志，籌集資本，先於安徽産茶最優之處，設立製造紅茶公司，並會通各茶商講求製法，選料精工，舍短用長，製成之後，直販出洋，與印錫之茶共相比賽，以期貨良品貴，聲價自增，亦收回固有權利之一道也。謹就愚昧所見製法，條呈于左，伏乞鈞鑒。

一、採摘中國産茶，自穀雨至立夏，旬日之間，為時匆促。園户急忙從事，貪多務得，鮮能求精。無論其葉之大小，芽之強弱，悉行采捋，混

雜錯間，鮮能純萃。不知採摘為第一要著，萬不能不謹擇其葉。採茶當有次第，過早則葉未足，稍遲則葉已老。先從向陽之枝，擇其葉之肥嫩者採取，但采其葉，勿損其芽，則芽又復次第發葉，葉齊而復采之。似此，則茶質既純，茶味亦厚，雖有先後，斷無參差，且能保茶樹不傷。

二、卷葉華茶向用手足揉搓，印錫均用機器碾壓，其所以能奪我華茶利權，即此之故。蓋機器碾壓之茶，純萃整齊，湯汁之中，濃潤可愛。數年前，溫州曾購此等機器製茶，已有明效。鄂督有鑒於斯，諄諄勸諭，卒無有應者。其緣因中國各省之茶，均由園户采茶，卷成售與商人，商人不管卷葉之事，園户又迫于力薄，焉能購此重器。今既欲抵制印錫之茶，不得不急為改良。園户但責以專司採摘，售揀淨青葉于茶商，凡製造之法，皆由茶商自行料理，則碾壓卷葉之機，不得不辦。每一次能出茶七八十斤者，需銀六百兩。其用法，亦先將青葉暴曬棉軟，而後落機兩刻之久，自然條索緊圓。

三、變色茶葉有紅綠二種，其實皆出一種茶樹，止因製造不同。西人所最愛者烏龍，次則紅霞、紅梅，悉皆鮮紅光澤。製法當於碾壓之後，視其色之深淺，令其多受空氣，晴則置諸日中，陰則置諸爐側，以其色之，合宜為度。

四、烘焙茶之香味，全恃烘焙之工，因其加熱時，自有一種易散油生出也。印錫之茶，均用機炙，其炙茶之機有二：一名狎皮杜拉符，一名党杜拉符，皆有抽氣管，故其味香不散失，而無灰塵。中國製茶，園户只用爐焙，爐中或以乾柴燃火，或用不潔之炭，又不能立煙通，則煙貫入茶中，是以雜入煙燼，其味易飛散。今欲仿用印錫之機，產茶之地崇山峻嶺，轉運不易，為力但須將烘爐變通，設有抽氣管，則亦無殊。火力之熱度，宜實測度數，以求確實把握。

五、成分茶之美劣，以其中之齡類、香油二要質之分數為定。齡類名替以尼，即茶葉之精，能感人之腦筋，使人神清意適。香油名替哇尼，即茶中易散油，生葉中原無此物，全賴烘焙時由他質化成。熱大則隨汽耗散，熱小則化成無幾，即一人一時所烘焙之茶，含香之數亦不同。必須將每次所烘焙，隨時化分，得其各質之真數，則成色確有把握，然後標籤列號，可與各國之茶品確實比較，方得我貨之真價值，不致為外人所愚。

六、做淨烘透之後，即當做淨，而後裝箱。粗茶細做，細茶粗做，務使長短接續，節路整齊，無粗細不勻之弊，乃能入目可觀。其始也，用提篩徐徐然頓出，當順其自然之性，用腕力宜圓緩，而不宜過疾，過疾則碎，提篩之下者，付之細篩，提篩之上者，付之打袋手打過，又從而篩之，長短粗細由是分焉。使其中有大粃片，則用簸盤以簸之；有小粃片，則用風箱以扇之。至於最粗如頭號篩以上，極細如鐵板篩以下者，均須剔下，不得入堆。

七、成箱製成之茶，販運外國，越數萬里重洋，必須其味經久而不散，方足以爭勝。箱皮不嚴，箱板不堅，均足以壞全份之茶。裝箱之日，須將制成熟茶，盛以竹籮，裹以鉛皮，然後釘入木箱，外加藤捆，遂層封緊，勿令洩氣，雖經年累月，香氣不失，可無變味之虞。

以上七條，粗陳崖略，係指紅茶而言，至於綠茶培製，大旨亦同，特採擇後，不令多受空氣耳。

清 鄭世璜《印錫種茶製茶考察報告》 謹將派員赴錫蘭印度考察種茶製茶事宜分列條款呈覽。

沿革查英人種茶，先種於印度，後移之錫蘭。其初覓茶種於日本，日人拒之，繼又至我國之湖南，始求得之。並重金雇我國之人，前往教導種植、製造諸法，迄今六十餘年。英人鋭意擴充，於化學中研究色澤香味，於機器上改良碾切烘篩，加以火車、輪舶之交通，公司財力之雄厚，政府獎勵之切實，故轉運便而商場日盛，成本輕而售價愈廉，駸駸乎有壓倒華茶之勢。

氣候查錫蘭高山，距赤道自六度至八度，地氣炎熱，雨量最多，草木不凋，四時如夏。土質：高山含赤色而中雜砂石，低山砂石略少，茶葉通年有採，生長甚速。高山每英畝年可出乾茶五百五十磅，全島每年出茶一百五十兆磅。印度産茶地方極廣，其北境之大吉嶺，原名大脊嶺，距赤道二十七度三分，山高七千七百英尺，本從前中國藩屬哲孟雄地。哲孟雄，西名息根姆，又名西金。天氣同於中國，夏秋之間，雨霧最重，正臘之間，冰雪亦多。土質同於錫蘭。茶自西四月上旬起，至西十二月上旬，均有葉可採。山高三千八百英尺地，每英畝年可出乾茶二百四十一磅；山高六

千英尺以上地，每英畝年可出乾茶一百九十七磅。每年全嶺産茶之數，一千一百七十九萬四千磅，合印度、錫蘭兩地，每年出乾茶有三百五十兆磅之譜。

局廠查錫蘭島，除海濱盡種椰樹，北面平田盡栽禾稻外，其餘高山之地，幾盡闢茶園。茶廠大小有三百餘所。大吉嶺自西里古里山麓起至山巔，五十一英里，盡種茶樹，茶廠有二十餘處。製茶公司資本，至少三十萬金至百萬金。工人除山上採工外，廠内工人甚簡。大約日製茶千磅之廠，廠内工人不過十二三名。日製茶三千磅之廠，廠内工人不過三十八九名。緣機製較人工省力懸殊也。

茶價查印度、錫蘭均製紅茶。製綠茶廠，止一二處。色濃味強，西人嗜之。實則色淡而味純者，亦頗寶貴。故上山高三千英尺至五六千英尺地方之茶，葉身柔嫩，味薄而香，〔故〕售價昂。下山高三百英尺至八九百英尺地方之茶，葉身粗大，味苦而厚，售價廉。茶分五等：一曰卜碌根柯倫治白谷，二曰柯倫治白谷，三曰卜碌根白谷，四曰白谷，五曰白谷曉種。蓋『卜碌根』即好之義，『柯倫治』即上香譯音，『白谷』即君眉譯音，『曉種』即小種，皆本華茶舊名而分等次者。茲將錫印茶價列表如下：

錫蘭茶價：

上等茶約銷三十兆磅，每磅價十本士。

中等茶約銷六十七兆磅，每磅價八本士。

次等茶約銷三十八兆磅，每磅價六本士半。

下等茶約銷十五兆磅，每磅價五本士又四分之一。

錫蘭綠茶價：

統由茶商包買，不分等次，統扯每磅價盧比三角二分。

印度茶價：

一千九百零四年至零五年，印茶銷於英京之數。每箱重一百磅。

阿薩墨茶計銷六十三萬二千零七十三箱，每磅價七本士九十二分。

加卡爾茶計銷三十三萬一千九百三十一箱，每磅價五本士六十二分。

溪塔江茶計銷五千八百十四箱，每磅價五本士七十五分。

車塔納坡茶計銷一千九百四十四箱，每磅價五本士零四分。

大吉嶺茶計銷六萬六千五百五十八箱，每磅價九本士十八分。

獨瓦耳茶計銷二十二萬三千五百十三箱，每磅價五本士九十二分。

康格拉茶計銷二百零四箱，每磅價四本士五十分。

格理明茶計銷二萬二千六百六十四箱，每磅價六本士六十六分。

透拉勿茶計銷九千零二箱，每磅價五本士八十四分。

透物哥茶計銷七萬二千九十六箱，每磅價六本士六十三分。

一千九百零三年至零四年之數：

阿薩墨茶計銷六十四萬六千一百二十五箱，每磅價八本士四十三分。

加卡爾茶計銷三十三萬二千一百二十七箱，每磅價六本士四十七分。

溪塔江茶計銷四千零七十八箱，每磅價六本士七十五分。

車塔納坡茶計銷一千五百零二箱，每磅價五本士八十九分。

大吉嶺茶計銷七萬零六百九十六箱，每磅價九本士五十分。

獨瓦耳茶計銷二十萬零三千八百五十五箱，每磅價六本士六十七分。

康格拉茶計銷一千五百二十五箱，每磅價五本士九十四分。

格理明茶計銷二萬一千五百零六箱，每磅價六本士六十六分。

透拉勿茶計銷一萬零二十二箱，每磅價六本士五十二分。

透物哥茶計銷八萬零一百四十八箱，每磅價六本士六十三分。

一千九百零四年至零五年印茶銷於印京之數：

阿薩墨茶計銷十五萬九千六百四十五箱，每磅價五本士八十分。

加卡爾茶計銷十五萬一千六百三十九箱，每磅價四本士七十五分。

西來脱茶計銷十萬零二千有十五箱，每磅價四本士六十分。

大吉嶺茶計銷五萬一千三百八十五箱，每磅價七本士九十分。

透拉勿茶計銷三萬四千八百箱，每磅價四本士八十分。

獨瓦耳茶計銷十五萬八千四百二十五箱，每磅價五本士二十五分。

溪塔江茶計銷八千九百四十五箱，每磅價四本士八十分。

車塔納坡茶計銷三百七十七箱，每磅價三本士八十分。

一千九百零三年至零四年之數：

估馬江茶計銷一千零三十七箱，每磅價四本士九十分。

阿薩墨茶計銷十三萬一千九百七十六箱，每磅價六本士四十分。

加卡爾茶計銷十四萬零八百七十七箱，每磅價五本士三十五分。

西來脱茶計銷十萬零二千四百三十八箱，每磅價五本士。
大吉嶺茶計銷四萬九千九百七十六箱，每磅價八本士十七分。
透拉勿茶計銷三萬二千零七十九箱，每磅價五本士十七分。
獨瓦耳茶計銷十四萬零三百有四箱，每磅價五本士八十分。
溪塔江茶計銷九千四百六十二箱，每磅價五本士十七分。
車塔納坡茶計銷八百七十一箱，每磅價四本士九十分。
估馬江茶計銷一千二百四十九箱，每磅價五本士。

種茶錫蘭現種之茶計有兩種：一曰阿薩墨茶東印度省名，一曰變種茶。所謂變種茶者，即中國茶與阿薩墨茶種在一處時，被蜜蜂採蜜，將花質攙和而成，故名曰變種茶。阿薩墨茶，即從前印度之野茶，樹桿有高至五英尺及三十英尺者，茶葉有長至九寸有奇者。較之中國茶樹容易生長。其茶葉作淡綠色，其茶味較中茶濃，但香味不及中國茶，樹身亦不及中茶樹之堅。錫蘭平陽之地，均種阿薩墨茶，其山之高處，夜間天氣寒冷，大半多種變種茶。其先有西人之業茶者，在山高地方，將中國茶與阿薩墨茶種在一處，以便一同焙製，另成一種茶名。殊不知中國茶與阿薩墨茶所需之製法不同，故亦未收其效，至其種茶子之法，一如種稻穀然：先將茶子播種一處，俟閲八九月後，再為分種。至一年後，所生樹枝已覺太長，便須剪去尖頭，使生横枝，且須隨時修剪。至三年後，即為初次大割。猶冬令之割樹法。惟印錫多割成平圓形。印度播種茶之法，在西曆十一月，先將田一方墾至一尺之深，鋪以肥土六寸，上面再加極細之土四寸，然後播種茶子，入土約深二寸。及至次年二三月，為之分種。每枝約距離四五寸，俾易滋生。至冬間再移種於茶林内，亦有待至後一年夏季移種者。一俟樹身長有大指之粗，即須在冬間將樹修短，自四寸至六寸許，俾得重苞横枝。計自播種至此，閲時三年，至第四年冬止，須將杪上之錯枝稍為修齊。第五年又修至十四寸高，第六年又止，修齊樹頂，第七年修至二十寸高。至第八年在採茶之前，須任其生長新枝，約六寸長。至此，樹身方算長足。在未長足以前，似乎不宜採摘，致傷元氣。至逐年修割，則宜使樹身修直為佳。迨後樹身過老，將行大割，則須將樹身上所有之節疤，盡行割去。

剪割剪割之義，為多生樹葉起見。緣樹枝愈老，則樹葉之生長遲而且小，出產愈少，故剪割最宜注意。錫蘭剪割之法：在平地，地氣較熱，易於滋生之處，每年割一次；在三四千尺高山上者，每二年割一次；在五六千尺高山上者，每三四年或五年割一次。其地勢愈低，則剪割愈勤。因其易於滋生，茶汁必形淡薄，故不得不勤於剪割也。其割法，一俟樹身長足後，即割去上身，約留樹身高十二寸之譜，將中央小枝修去，以通風氣，專留向外之横枝，俾滋生樹葉。至第二次剪割時，比上次多留一二寸。割至四五次後，樹身已覺太高，所割之處，疤節太多，樹汁難於流轉，亟宜將所有疤節盡行割去，並將其横枝修剪齊平，使之容易滋生。印度種茶家，亦以剪割為常法。其割至十八寸或十二寸，或竟低至一二寸者，多有。無非察樹身之肥瘠，以酌其宜。其在剪割之前，採葉不可過多，致受損傷。樹身瘠瘦者，尤必肥以野茶或萆蔴子餅之類，以扶養之。迨明年將樹杪修至二十寸高，此一年内所生茶葉，約止採二成之譜。至秋後停長之時，仍將樹枝修至二十六七寸高，再待來年樹枝結實，即有佳茶採矣。惟是年冬又須修割，比上屆大割應留高五六寸。據查以前茶林每年修割，比上屆止留高一二寸。現年則間年一修割，在停割之年，止修齊樹杪而已。大約茶樹栽培合法，樹身不至過高，可滿二十年一大割。如其稍不經心，致有荒蕪，則八九年即須一大割。

下肥壅肥以壯田，通例也。錫蘭土性苦瘠，茶葉長年苞發，地土之滋澤，易於告罄，故不得不極意講求培壅。前者種茶家以土内所下之肥，有礙茶葉品性，今始知其未盡然；惟仍有數家，以不下肥為然。凡肥田，最壯之料莫過於六畜之骨。然錫蘭非産畜之區，勢不能全用畜骨，且價亦過昂，故攙以萆蔴子餅。計每樹祇須下數兩重之肥質，蓋樹本專仗淡氣以生發，而萆蔴子餅所含淡氣最多，以之肥田，莫善於此。又有種茶專家，於茶林内攙種豆莢，即以莢梗埋於土内，或將所割茶樹枝葉同埋於土，兩者均可肥田。又有一種茶家，論及渠所種之茶樹，每三年下肥，所費每畝約盧比五十元。每盧比，約合中國銀五錢。此説較之錫蘭各種茶家，未免太過。下肥之法，須將肥料壅於離樹一尺左右之樹根上，為最得其所。又或鋤耘野草，即將所耘之草，埋於土内，藉作肥料。此種工作，包於採茶工家，計每月每英畝工價盧比洋一元。至於印度茶林，則野草任其生長，不似錫蘭之鋤耘盡淨，以為野草亦可肥田。故於冬令將地面翻起九

寸之深，即將野草埋在土内，作為肥料。此種工作，經費每英畝約盧比五元半，須人工三十日。即在夏令，亦須兩次，將地耙鬆至三四寸深，將地面之草覆埋土内。其工價較冬令減半。茶林内亦有攙種豆荚者，至開花時即行割下，埋於土内作為肥料。此係夏間格外加工之事，所費每英畝約盧比八九元。惟在夏雨極多時，不能將地翻動，防為雨水沖去，故只好將地面野草割下，留於田間任其腐爛。其餘如草蔴子餅之肥料，亦不能廢。如大吉嶺則山勢崎嶇，種茶之區不得不犂為平臺，如中國之山田然，深恐泥土被雨水沖刷，樹根暴露而挑土墊補，所費殊不貲也。

採摘茶葉栽割之後，須五六個月始能長葉。一俟新葉長有五六寸高，即將嫩頭摘去。其法每人給與四寸長之小棍，令其摘至小棍一樣長短。所摘嫩頭，全係水質，不能製為茶葉。直至摘剩之新枝頭上，生出禿葉一片，再由禿葉節間重發新葉，俟長有嫩葉三片，及頭上之苞芽，方可將苞芽及新葉二片採下，是為新鮮茶葉。其第三片新葉留於枝上，以資再苞新芽。錫蘭採茶次數，在平地每七天一次，在高至四千尺山上者，每十天採一次。惟頭二茶及秋後之茶，不能如期。錫蘭採茶，每人每日約能採至三十磅。如遇雨水多時，茶葉滋生較速，則每人每日約得採至五十磅之多。大吉嶺採茶，如採中國茶，每日不過十二磅至十四磅；如採阿薩墨茶，每人每日能採至五六十磅。緣阿薩墨茶葉大，重量較大故也。至採茶工人，錫蘭則以流寓之印度人為多。男人工資，每日盧比三角五分，女二角五分，大孩二角，小孩一角五分。大吉嶺土人貧苦，採工尤廉，每月女人不過三盧比，小孩不過二盧比。採茶時候，每日早晨五下鐘至下午四下鐘止。有早晨六下鐘至午後六下鐘，中間停午餐一下鐘者。此由各公司自定，並視茶山距廠之遠近為準。凡茶山有二千英畝，約須採工七百人輪採。按定今日採東山一區，明日採北山一區，遇星期則周而復始。凡有數十人在一區採茶，必有工頭一人，執鞭督飭。如採不合法暨玩笑滋鬧者，則鞭責之。此外復有經理之英人，乘汽車或自行車，不時往來巡視。總之，茶樹本性採摘愈苛，苞發愈速，因之二茶本力已衰，生發必然減少，週年統計並無盈餘，而樹身業已受傷。故精於此業者，少採頭茶，乃為上策。所謂蘊之愈久，其本力愈足，故茶葉乃愈佳也。

茲因大吉嶺氣候與中國相同，查得該處最佳之茶林，一英畝在去年所産之茶數列表於下：

西曆三月三十一號採新茶葉六磅五
四月七號二十磅
四月十四號三十一磅
四月二十一號三十六磅
四月三十號四十磅
五月七號十二磅四
五月十四號四磅五
五月二十一號八磅六
五月三十一號十八磅五
六月七號二十六磅
六月十四號二十九磅四
六月二十一號三十四磅二
六月三十號四十四磅七
七月七號三十五磅
七月十四號三十四磅二
七月二十一號三十七磅七
七月三十一號四十六磅四
八月七號三十磅
八月十四號三十三磅二
八月二十一號三十一磅
八月三十號五十磅八
九月七號三十三磅七
九月十四號二十九磅二
九月二十一號二十七磅
九月三十號二十六磅一
十月七號十三磅八
十月十四號十七磅八
十月二十一號十磅一

十月三十一號二十一磅
十一月七號十三磅
十一月十四號六磅八
十一月二十一號二磅四
十一月三十號十磅
十二月七號二磅七

以上共計茶葉八百二十四磅，計製乾茶葉二百零六磅。因茶林內之茶樹，大半都經大割未久，是以出産較少。據照尋常之數，應出乾茶二百四十磅有奇。

機器　查印錫之茶，成本輕而製法簡，全在機器。機器分碾壓、烘焙、篩青葉、篩乾葉、揚切、裝箱六種而貫以一。全軸運動，並可任便裝拆。其全軸運動之引擎，則或借水力，或燃火油，或燃木柴與煤。大吉嶺廠則用電。據稱購電氣公司之電，每下鐘時不過十二安那，約合龍元五角有零。大約廠房在山澗之旁，可借水力運轉機輪，省燒料之費。其餘用火力，則馬力小者，類用火油引擎；馬力大者，類用柴煤鍋爐。如鄰近有電汽公司，購用電力，則既省擦抹，又省監視也。茲將各種製法，分晰開列如下：

晾青　查印錫茶廠，每日每人採到青葉，先在廠門外過磅，隨即揀淨葉莖，搬上廠樓，勻攤晾架，晾乾水分。晾架多木匡布地，或用木板。大吉嶺則用鐵絲網地。廠樓窗櫺四面通風，間有作風輪電扇，以散熱助涼，藉補天工者。每層樓房，置晾架十二三座。每座深處，接連三架。每架十五六格，每格距離八九寸，以能手臂伸進鋪葉為度。茶葉採下揀淨後，即勻鋪於布格上，視葉之乾濕，以分鋪之厚薄，然後視天氣之晴雨。如逢天晴，須將窗户關閉，勿為外面燥烈之氣所侵。如遇天雨，須將烘茶爐內之熱氣打進晾房，再以風扇將熱氣重行送出，以資疏通。總之使房內燥濕得宜而已。新葉晾至二十四下鐘最為合度，亦有晾至三十六下鐘者。緣閱時太少，則須加熱氣以乾之。茶葉勢必燥而易碎，一放入碾茶機內，其大葉之茶汁，因之壓去，即嫩葉之顏色，亦不鮮明矣。否則為時太久，則葉性改變而腐爛之氣生，香厚之味頓形減損矣。新葉晾過之後，每百斤約得五十五斤。遇新葉稀少，有每百斤晾至七十五斤者，惟茶味未免稍次。晾茶一道，係製茶首要之端，須房屋寬敞，涼爽通氣；而晾時之久暫，尤關色味之低昂，此則不可以不辨也。

碾壓　茶葉晾過之後，即運至碾壓機器，以碾揉之。碾揉之義，要使葉內包含茶質之細管絡，全行揉碎，以便泡茶時易於發味，並使搓成一律之茶葉式樣。搓時多少，各廠不同。有搓一下鐘者，有搓至三下鐘者。總之，茶葉粗，則搓時較久。惟搓至二三十分鐘之後，即運至打茶機內，將搓成團塊之茶葉重為打散，再運至篩機內將細嫩之葉篩出，另行搓捲，不再與粗葉同搓。蓋深恐粗葉之茶汁，有礙細葉之清香味也。其搓茶機器，隨時搓碾，逐漸將機上之蓋向下壓緊，使葉內之管絡，全行搓碎。惟搓之既久，茶葉不無發熱，故須將上蓋不時提起，稍停數分鐘，藉以透涼。初搓之時，機內裝葉，不宜太滿；上蓋壓力，不宜太重。因恐稍粗之葉為壓力所阻，不能搓捲如式，致成扁葉，殊無足觀，且將來烘乾之後，易於破碎。惟稍粗之葉，雖不能如細葉之便於搓捲，而於釀色之時，葉片鬆而且大，易於透氣，故葉色反比細葉鮮明。又有一説，如搓壓之時過久，可以代釀色之工云。

按：碾壓機器，形式如磨，有上方下圓者，有上下均圓者。下盤係木地鐵匡，平如桌面，惟磨處中凹。磨齒係釘木條，新式者釘銅條，復有盤上鑿成眉形者。齒有疎密，疎恆十六，密恆三十二，視碾器之大小而定。中心有小方板一，以便啟閉。上盤與磨形稍異，四圍鐵匡，中空如罩，內容茶葉。大號可容二百五十磅，盤徑較下盤小四分之一，適與下盤之中凹處合。上下相距，有螺旋可以鬆緊。上盤另有口門進茶葉。凡晾去水分之葉，用麻布漏斗，由樓上傾入碾機，將皮帶移上滑車上盤運轉，茶葉即在齒上回環上落碾揉。碾成後至三下鐘時，可使液汁油然捲成均勻一律之條，旋從下盤抽去方板，茶自傾出。

篩青葉　該篩，木板為邊匡，銅絲為篩，孔係長方式。因葉經碾壓，必生黏力，而成團塊。該篩能理散團塊，分出細嫩之葉。如粗大之葉篩不下者，應再碾壓。

變紅　凡濕葉經篩勻後，即用粗布攤地，或地上用三合土築成高四寸之土台，將濕葉勻鋪其上，厚約三寸，上蓋濕布，惟須與茶葉相離寸餘，使得涼氣而不遭風吹。故濕布類用木匡為邊，以便架空。三下鐘時，葉可變紅。

烘焙茶葉變紅之後，即運至烘爐內烘焙。烘爐熱度，約在二百二十度左右。茶葉約烘二十分鐘之久，但熱度亦有少至一百九十度，多至二百五十度者；烘時亦有過三十分鐘之久者。惟爐內茶葉所受之熱，終不及火表上之熱度。蓋新茶鋪於鐵網盤上，初進烘爐時葉質尚濕，一經熱氣，其水質立時蒸騰，而爐內之熱氣因之減少，有時甚至減去一百度之多。迨至茶葉漸燥，熱度亦因之漸升。惟烘茶之法，須初時有極大之熱度，使茶葉之外皮即時堅燥，以免走去葉內之原質。隨後茶葉漸乾，熱度亦宜漸減，以防烘焦之患。至茶葉必鋪在鐵網盤中者，蓋取其氣之疎通，不至擠壓太甚，致外焦而内尚潮濕也。

按：烘機上有上抽氣、下抽氣之別。下抽氣係將濕茶鋪盤內，推進焙房。通過盤口上頂，彼處便有新熱空氣由爐入葉。上抽氣係將熱空氣抽過茶盤，從葉透過，旋由煙窗挾熱氣而出。烘盤有八盤、十二盤、十六盤不等，視焙房大小而定。每盤置青葉以四磅為率。每下鐘，八盤機，能出乾茶六七十磅；十二盤機，能出乾茶八九十磅；十六盤機與十六盤邊機，則能出乾茶百磅至百二十磅。近有一種新式烘機，名白拉更，焙房內有鐵絲格八層，濕茶傾入第一層，即自放熱氣入內，機輪運轉，茶目［自］一層以次落至八層，葉已烘乾，並能於焙乾時自放冷空氣入葉，使茶出烘房絕無熱氣，而免暗收空中濕氣之患。

篩乾茶該器與篩青葉器無異，惟篩孔分疎密或三層或四五層。上層網眼較粗，往下愈密。出茶口門分置各面，各口張以箱。茶置第一層，即逐層篩下，自分一、二、三、四、五號茶箱，不稍混淆。末層有箱板，存積茶灰，並置膠黏於旁，分出葉灰內之茶絨。西人作枕墊用。近有一種新式篩機，係螺旋形鐵絲圓筒，網孔先粗後細，翻旋之際，能分茶為五等。

揚切切機有多種，能使茶葉整齊，兼揚去塵灰。近有二種新式者，一為上裝茶斗，旁有空槽之棍，周圍有孔，下有刀口排列如齒者；一為槽與刀牝牡相啣者。凡過長及不齊之乾葉，用此器截切，最便利。

裝箱凡製就之茶，裝入茶箱，有重加烘燥再裝以防受潮者。太鬆則恐洩氣，太堅則輾轉用力，茶碎質耗。故裝箱有機。其法將空箱擺平架上，用輪旋緊，上架漏斗。機動斗搖，茶由斗口而下，茶箱因振動力匀，鋪茶極齊，底面一律，四邊平實，雖行萬里，無搖鬆之患。

機價凡轉運引擎，約二十匹馬力者，每具連裝箱運費，約銀五千元以內。碾茶機，每次能容青葉三百磅者，每具連裝箱運費，約銀一千元。烘茶器，每下鐘能出乾茶八十磅者，每具連裝箱運費，約銀一千五百元。篩茶器，每日能篩五百磅者，每具連裝箱運費，約銀八百元。篩青葉器稍廉。切機，每具約銀三百元。裝箱機，每具約銀一百五十元。

運道查錫蘭島，鐵道四通，馬路盡闢，自高山至克朗坡埠，雖火車支路甚多，然運茶出口，不過十二下鐘火車路。印度大吉嶺鐵道，直接加拉噶搭，雖內山馬路不如錫山盡闢，而運茶出口，不過二十二下鐘火車路。計每日採下之茶，至多閱三十六下鐘晾乾，三下鐘碾就，三下鐘變紅，三下鐘烘篩、揚切、裝箱。不及三日，茶已製就，運輸出口。

獎例查印錫茶葉，出口無稅，政府每年酌給補助費。近因紅茶已辦有成效，又復盡力在錫蘭濱海地方試造綠茶。新例，出綠茶若干磅，酌給若干銀兩以獎例之。兼之設有會館、公所，於出口茶項下抽收經費，充作各報館刊登告白及一切招徠之舉。錫蘭抽費，每百磅約龍元二角。印度抽費，每百磅約龍元八分。據印、錫兩處經費，年約百萬元左右云。

以上係製茶情形。

又《附錫蘭綠茶》錫蘭所製綠茶不多，市價亦不能起色。據業茶者云，綠茶一道，機製終不能勝於手工所製，故此間綠茶廠寥寥，其製法如下：

蒸葉新葉採下之後，運至廠中，先行秤過，每二百磅作一堆。先以一堆置於四方形之箱內，中間留一空穴，以為蒸汽經過之處。即將蒸汽放入，約以九十五磅為度，後將機關撥動，使四方箱轉動至極快之速率。約轉一分鐘之久，將蒸汽關閉，以前所放之蒸汽依舊留在箱內，再轉一分半鐘之久，然後開箱，將茶葉倒出。其色碧綠如故，惟葉片軟而皺矣。

碾茶碾茶之法，與碾紅茶彷彿，惟將碾機之上蓋揭去，接以無蓋之木桶，以防茶葉倒出。桶底滿鏤小穴，使透熱氣。亦有上裝風扇，以扇去熱氣者。俟第二堆新茶蒸過後，一併置於碾機內，同碾約二刻鐘之久。碾機下置有一盤，以承溜下之水汁。再以籐匡將盤內之水汁漏過，專留水汁內之浮沫，重又傾於所碾之茶葉上。蓋因此種浮沫含有綠茶之苦味，

不可棄也。

烘焙茶葉碾過後，即鋪於水門汀製成之土台上，以涼透為度。然後運至二百六十度熱之烘爐內，歷三刻鐘之久，重置於無蓋之碾機內，碾二十分鐘，重複將碾蓋蓋上，使有壓力，再碾二十分鐘。然後運至切茶機內切成小片，用半寸徑格眼之篩篩過，再運至二百四十度之熱汽爐內，烘二十五分鐘。其篩內剩下之粗茶，再須以二百四十度之熱爐烘二十五分鐘，重複如前。再碾再切，以漏過篩格為度。

篩葉所篩之茶，約分四等。一曰小種熙春，約百成之三十八成；曰熙春，約得三十八成；曰次號熙春，約得十四成；曰茶末，約得十成。

上色綠茶製成後，須再以滑石粉及石膏少許拌和，如法上色。惟如何上色之法，因不准外人入內觀看，殊難查悉。按：以上錫蘭、印度茶業情形，觀之則印錫紅茶雖不能敵上品華茶，而以之較下等之茶，則不無稍勝，故銷路已暢，且可望逐年加增。彼茶商之在中國及在外洋者，皆謂中國紅茶如不改良，將來決無出口之日。〔推〕原其故，蓋由西人日飲已用慣味厚價廉之印錫茶，遂不願再買同價之中國茶。雖稍有香氣，亦所不取焉。蓋印錫茶之所以勝於中國者，雖由機製便捷，亦因得天時地利之所致。且所出之葉片較大於華茶，而茶商又大半與製茶各廠均有股份，自然樂買自己之茶，決不肯利源外溢。合種種之原因，結成日新月盛之效果。返觀我國茶業，製造則墨守舊法，廠號則奇零不整，商情則渙散如沙，運路則崎嶇艱滯。合種種之原因，結成日虧月耗之效果。近來英人報章，藉口華茶穢雜，有礙衛生，又復編入小學課本，使童稚即知華茶之劣，印錫茶之良，以冀彼説深入國人之腦筋，嗜好盡移於印錫之茶而後已焉。我國若再不亟籌整頓，以圖抵制，恐十年之後，華茶聲價掃地盡矣。為今之計，惟有改良上等之茶，假以官力，鼓勵商情，擇茶事薈萃之區，如皖之屯溪，贛之寧州等處，設立機器製茶廠，以樹表式，為開風氣之先聲。廠內製作，任茶商山户入內觀看。廠中部以商規，痛除總辦、提調、委員諸官氣，實事求是，期年之後，商民見效果甚大，自然通力合作，除舊更新，將來產茶之地，遍立公司。由小公司以合成大公司，由大公司以合成總公司，結全國茶商之團體，握五洲茶務之利權，海外爭衡，可操勝算。再能仿照製機，變通其意，集新法之長，補舊法所短，如碾機改牛馬運動以代汽力，緣碾機空者，一人之力可運動，置滿茶葉，不過二匹馬力可以運轉。中國可以仍之，而變通其用法。烘機從木炭研求，以臻美備，印錫無銀條木炭，止燒木柴，並設法裝配磨粉機器，以便秋冬無茶之日，機製米麥等粉，而免停工待費之暗耗。精益求精，日新月盛之機，可翹足待也。

謹擬機器製茶公司辦法大略二種：

公司集資本銀二百萬元。

不拘官商山户，均准附股。

山户無現銀繳出者，可將現有茶山公斷，照時價作附股之多少。

集資二百萬元，以五十萬元買山，除種茶外，可兼栽別種植物；以五十萬置機器房棧，並製造等用；以一百萬充後備之需用。

公司之茶，不宜在本國出售，以杜洋商舞弊，致定價高低，大權旁落於外人。

銷茶最廣之路，莫如英之倫頓。所有買賣之權，操諸五六經紀之手。總公司宜設上海，以便運輸。分局宜設英之倫頓，並美之紐約，澳洲之雪梨等處。如僅在本國出售，則可免後備之款。

以上係一二百萬銀元公司辦法。

公司資本集銀十萬元：

公司既係小試，則不能買山，宜批租若干年，或收買鄰山生葉以省費用。

廠內置碾機六架，連裝箱運費，約六七千元。如每架每日五次，每次二百磅，則每日可造生葉六千磅。烘機二架，連裝箱運費約三千元。如每架每下鐘烘乾茶八十磅，每日作十下鐘，能烘乾茶一千六百磅。篩機六架，連裝箱運費，約五千元。如每架每日能篩五百磅，每三架篩乾葉，三架篩青葉，已足敷用。切機一架，約三百元。裝箱機二架，約三百元。轉運機二十匹馬力者一架，約五千元以內。

以上機器每日採下六千磅茶，即日可以造成。建築棧房及安置機器等費，約二萬元以內，略計共費四萬餘元。

廠外批山租價未定。

總局設在何處或搭莊代賣房棧等未定。

製茶局用人員：正司事一，副司事一，司賬二，司機器二，巡視茶山二，管理製造二，雜職六，計用十六人，年薪約萬元以內。

每日採茶約六千磅，約用工人四百名，年計一百天，一年四萬工，每工扯二角，計銀八千元。

每日製茶約六千磅，約用工人八十名，年計一百天，一年八千工，每工扯三角，計銀二千四百元。

以上約共銀二萬七千元左右。

每日採生葉六千磅，實製成茶一千五百磅，計一百天，製成茶十五萬磅。每磅至少售價銀三角，亦可得銀四萬五千元，除購機造廠等費銀四萬餘元外，計共開銷薪工等銀二萬七千元左右。又納山租稅約數千元，統算尚溢利萬元有奇。如用資本銀十萬元，可獲長年息銀一分左右，倘茶價略高，費用略省，則不止此數也。

以上係十萬元左右公司辦法。

清 王佐才《出洋茶利防弊策》《清經世文三編》卷三二 間嘗觀於流水，而得通商之道焉。通商之理，以我之所有易彼之所無，期於兩國無缺，流水之為物，以此坎之盈補彼坎之絀，期於彼此相平，水性之自然而亦商務盈虛消長之機也。中國與外洋各國通商互市垂百年餘，自五口通商、長江開埠，凡外國所進口之貨物，我幾無所不有。中國之土產，苟可銷者亦無一不銷於外國。彼此往來貿易，亦彼此互相仿效。竊料數百年後，凡我之土產，外國必無一不自產之。外國之貨物，中國無一不自造之。彼此通工易事，如流水之兩坎相平，不復再有流動之性，則貿易必歸清淡，而通商之局將衰。此亦天地自然之理也。中國土產除湖絲外，實以茶葉為大宗，每年售出外洋價值銀二千九百五萬有奇，可謂中國極大之進矣。物極必返，盛極必衰，即無印度起而相爭，亦知其非久持之局矣。人情於他人之獲厚利者，無不起相爭。英人嗜茶成癖，英商貪利如命，羨極生妒，日夜營謀，必欲專取中國之利而後已。其處心積慮，則句踐沼吳之心。其百折不」回，又愚公移山之計。於是遂聘請中國茶師，教以藝茶之法、焙茶之方，就印度天時和暖之地、土脈膏腴之區廣種茶子，不及十年，居然製茶出售。近年產數尤旺，銷數愈增，幾及中十分之九。不出十年，必更駕乎中國之上矣。猶幸其茶價雖賤而茶味不良，終不及華產之味厚，是以銷數猶未甚廣。近聞印商心計更工，即買中國之茶攙入印茶，以冀暢銷。其始華多而印少，繼則華少而印多，則洋人慣飲印茶嗜華茶之癖漸淡矣。以勢度之，中國茶利必漸為所奪。非奪也，不過彼自產茶，不須問中國購買耳。是則有國家者應有之利權，天地盈虛往復之正理，無足怪也。所可怪者，他國知保護本國之利，雖非本國之所產者，猶且欲奪為己有。而中國則視出口之銀滔滔不返，任其自然，每歲漏入英之銀不下三四千萬兩，絕不思挽回之術，為可異耳。猶幸天誘其衷，山陝滇蜀之民亦知遍種罌粟以奪洋人鴉片之利，是以洋土僅銷於沿海各直省，而不能越雷池一步，浸灌中國土漿之銷界，此亦可謂天道持平之理矣。誠能將外洋所獲利於我之物，一一如其道以施之，如用機器紡織綿花，則洋布羽紗之貨入口自少矣。如用機器組織羊毛，則毳呢氈之類銷場自滯矣。開礦產以出煤鐵五金，則洋鐵洋煤無人顧問矣。精製造以成機器，則船械炮火無待他求矣。推之廣種加非可可子等，則洋茶之利反為我侵。多養牛羊牲畜，則洋人食物惟我是資。他若種葡萄以釀酒，仿雪茄而製煙，無一非可奪洋人之利。苟使洋人不能以貨來，我亦不以茶往，則雖盡失絲茶之大利，猶為保全實多，無礙於保邦之治理。此其為救時之一策與？

清 楊鳳藻《農學論·論種茶》《清經世文新編續集》卷七《農政上》 茶樹原為中國之產，自英人移種於印度、錫蘭之後，繼而日本、西班牙、義大利及非洲各處，俱設法遍種，近聞美洲、澳洲及南洋新加坡又漸次增廣。今俄人又於角加奇須士地方開墾試種，華茶之利將群起而攘奪之矣。

查一千八百八十年以前，華茶進口之數祇就英國而論，每歲不下百五六十兆鎊。今印度、錫蘭出產日盛，中國茶葉遂不復如前暢銷。據去年倫敦商報云，華茶入口之數已減之二千萬磅。噫！中國之茶務衰微至此哉。

攷中國茶務衰微之故，或曰辦茶諸商本少意紛，或曰關卡釐捐稅重利薄。然其實由於山户不能講求茶性，製法又失於攷究，故色味漸變而貨價愈低。為今之計，亟宜設法補救，詳察各地土宜，分攷原質，力加培植而推廣焉。

中國現在産茶之地，畧當赤道北緯二十五度至三十一度，所有佳者

產在二十七度與三十一度之間。吾粵雖在二十五度內，然攷印度、錫蘭其地當北緯九度至二十七度之中，其茶味成色轉能奪中國之利，則吾粵之氣候必為極合種茶無疑。吾粵清遠、鶴山已有茶產，惟秖銷內地，於洋莊不甚相宜。然攷吾粵通志，山中野生茶樹甚多，味極珍美，可知粵地氣候極於種茶合宜。

凡種茶宜於分嶺不甚高之地，其土成斜坡形，低處又為多水之區，如此則極合種茶之用。蓋地勢成斜坡，則冷空氣能向低處流，必與低處之空氣相并，即易減其熱度而成霧，其低處又為多水之區，則空氣含水氣更足，而所成之霧更多。按錫蘭山不甚高，四而環海，涼熱相激，四時皆成微霧，故其地種茶最宜。吾粵瓊州地勢頗與錫蘭相同，聞其地土人云，四時亦多微霧，若倣錫蘭種茶之法，以其地培植茶子，當更勝於內地。

種茶又以日力為最要，然太陽光熱太盛，恒易化散水氣，每致有礙於茶樹之吸呼。惟其地向西能得斜照之日耀者為上。按茶性畏寒，周年宜得熱至六十一度為中數，又畏旱，故夏令必多濕氣滋潤，乃為合宜。樹茶之地，每年須設法鋤鬆其土，鋤後即用乾泥密覆其上，使之不生草萊，又勿與別種樹類相近，如此則其樹既茂而香必足。

茶內多含鐵養錳養二之質，故其地以能得紅質之土，及有小石塊磊者為佳。蓋紅色泥土，恒涵鐵養之質，而錳與養氣化合，又多含於土石中。凡內有小石之地，其土輕鬆，又能令雨水流散。茶之原質性情，幾分藉樹皮酸與自散油，并替以尼質。此質所含於炭輕養之外，如替以尼更多含淡氣之質。計替以尼質所含淡氣之數，百分中有淡氣二十八八三分。故培補之料，又當以多得淡養為佳。按替以尼為茶之精質，分出之能成白色顆粒，形如鍼，色如絲，味微苦，茶之功力大半在此。

採取茶種之時，宜於白露節稍後，勿過遲，遲則子老裂去，所拾無幾。既摘之子不宜曬，亦不宜藏，宜即採即種，此為上法。曬則子油易散，藏則子油易乾。

凡下種須於地面掘坑，坑深以二寸許為合度，無論散子多少。既散種子宜即以寸許薄土遮蓋，不可用足踐踏，踏則其實必無萌蘖。坑宜相隔二尺許，不宜密，密則枝葉相逼，難茂盛。又不宜疏，疏則恐日曬，地易致干枯，此事不可不慎。

茶子自白露後散種入土，須待明年春季方生，初生之時，不可遽採其葉，必俟生長漸壯，至第二年清明節後，每株略採其尾之嫩心葉如燕尾者，餘葉皆勿摘。所摘之處，葉內必發萌芽，樹茂者至中秋後亦可摘揀嫩心一次，迨第三年春季時，必發嫩葉，斯時，不論正幹橫枝，每逢嫩葉皆可摘取。若至第四年，則春夏秋三時每逢時雨，遇有嫩葉生發，均隨時可採。計錫蘭每歲採摘茶苗，約有三十餘次，中國採茶則每年不過三次耳。

茶樹若生至五六年後，每樹既高有尺許，清明後即宜用鐮刈其半枝，其餘枝用草蓋札，每日以水灌溉，俟四十日後乃除去其草，如此，則全樹必俱發嫩葉，不惟所採之茶甚多，所製之茶尤美。其刈出之老枝，亦尚可用，宜斬其嫩莖入鍋，以火製熟，取出曝乾，命為茶骨。

中國向來製茶之法，將生葉置露天，若干時少有發酵，然後以足踏去膠質，而後焙炒。聞錫蘭、印度所製，不以足踏，惟以手輕搓成葉條，使其膠質不散，故成色甚濃，今復以機器製茶，既可使原質不散，其火候又能更勻，且干潔無雜質，故外國喜用之。舊歲閩省義記行曾遣人躬航印度至錫蘭查攷製茶之法，歸置小機器試製，聞所成葉條甚勻，色味均美，頗為西人所購。惟所至僅一月，恐未能全得精奧，且西人甚秘其法，查攷甚難。然能從此竭力講求，是亦挽回利權之一大轉機也。

清佚名《論茶務》《清經世文統編》卷六一　中外通商以後，出口之貨以絲茶為大宗，誠以外邦地土不及中國之相宜，故中國之絲、中國之茶，西人所不能少者也。邇來洋貨銷場日旺，出口之貨不及進口之多，利權逐漸外溢，西人以機器繅絲，僅收中國之繭，中國之絲銷場遂滯，然猶謂有繭可抵也。現在西人養蠶種桑之法，反較華人為精，可以人力奪造化之巧，挽地利之宜。於是華人亦相率而仿西法，徧設繅絲廠，廣種蠶桑，以期相敵。近年來雖未必得利，而絲價日貴，可知出口之貨尚多，絲之利未必遂為外人所奪。若茶務一項，從前較絲為佳，自印度種茶而後，各國接踵而起，西人既自出茶，雖不能不買中國之茶，而已不能居為奇貨，以致上市之時，貨則由彼提高，價則由彼殺低。近年以來各處茶客之虧折者，無不盈千累萬。說者謂價由西人所定而貨固我之貨也。不售由我，西人雖欲殺低而斷不能不辦此貨，則何妨稍緩，何必急於賤售，以致虧累。不知西人如急於購辦此貨，並此貨之果然高妙，西人亦斷不肯錯過，皆因現在印度出數既多，製法亦妙，而各國亦皆種植，不僅藉銷中國之貨，

故西人有意為難，使居奇不售，不但折本，恐更失機。茶非絲比，絲不即售，棧中為日過多，尚恐有朽壞之貨，一時更難脱手。若茶則色香味三者缺一不可，今年之茶只能今年所用，過時則色香味雖未必皆變，而總不如新出之妙。故茶客急於脱手，而西人樂於殺價也。且西人並非專因茶客之急於脱手而為難，大半皆因挑剔。現在西人製茶愈製愈精，中國之貨未必皆能劃一，故不能盡信耳。蒙意現在中國出口之貨，惟藉絲茶二種，絲則仿照西法可望起色，而茶則仍循舊製，終難望其暢銷。西人既以機器製者為佳，華商當購取西人茶樣，置辦機器，仿照製法，若果能盡如西人之意，吾知非但貨能暢銷西人，亦可以昂貴。不觀西人之以洋貨運來中國，其初不過以西人自用之物，華人以為罕見之物而購之，究竟未必盡合華人之用，盡如華人之意也。後來西人在華旅居日久，華之風土人情，喜怒愛惡，均為所悉，故所造之物皆揣摩華人之意而為之。每來一物，華人無不爭買，竟有日用之物，習為故常，非此不可者。西人商務又何怪其日興耶？華人無製造之物，足以動西人之目，合西人之用，謀西人之利。惟此茶之一項，本為華人自然之利，且為西人所必不可少之物，苟能日盛一日，雖不能盡抵來貨，尚可以保去利之少。而乃不自整頓，徒令西人藉口，不亦甚可惜耶！乃觀初二日報，紀振興茶務一則，不禁心竊喜之，可見風氣將開，而中國茶務之衰，其可望轉機矣。

紀云泰西所造製茶機器，福州茶商已購而用之。茲聞各商欲聯為振興茶務，公司漸漸購機製造，已有將茶運往英國獲利而歸者。觀此情形，他日閩省之茶不難與印度西崙媲美矣。邇者泰西又新出西樂果焙茶機器，聞漢口茶商購以試用，即因雨沾濕之茶，亦可製以出售，不特色香味並美，而且其價可較人工所製者加昂。用此機以烘焙，其妙已如此，若採摘搓製，皆用此機，則其茶當更出色。泰西各國嗜茶者，莫不娓娓稱述。本年漢口俄商所購之茶少於往歲，因多購自西崙也；印度之茶如此之旺，無他，有機器以為之也；中國之茶如此之衰，亦無他，無機器以為之也。現在閩商已聯為一氣，成效有可覩，中國産茶之地，何勿各立公司，購機製造。大抵機器所出之貨，惟速惟勻，茶葉貴乎速者也，速則色香味不走，勻更不必言矣，並出貨可多，人工亦省，風氣漸開，不禁為茶商欣喜。可知中國之利權雖失於前，自不難挽回於將來，西人之有益於吾中國也，豈淺鮮哉！

或者謂茶户皆系窮民，安能自購機器，曰猶之現在之繅絲廠耳。從前中國皆從民户手工繅出，然後售於行家提挑，之後銷售洋商。現在行繅絲機器以來，民户俟蠶成繭之後，行客即赴鄉收買，設竈烘乾，運至有絲廠之處存棧，一切皆歸廠中，民皆不得而知。儻有售繭之家，尚不知機器之若何，出絲之若何，絲之優劣若何，茶葉而以機器製造，亦猶是耳。機器當由茶商購設，當出茶之處，俟茶葉摘採之時收而製造之，與絲商之收鮮繭無異。在鄉人可省烘焙之勞，而茶商可得出貨之速，不亦一舉而兩善備耶。

然則茶葉一經機器製造，而茶務即可興旺乎？在西人之論中國茶務者，意猶未盡乎此也。初四日本報録西報論茶一則，爰紀其略云：

中國之茶銷售外洋者日衰，恐不久全失其利。曾苦諫中國急免厘金以挽回茶利，華人不以為意，現在英商之集于中華茶市者，由衆而寡，顯為此事之證。華人不以茶務為慮，而徵税之員，明知茶税昔多而今少，但知教農茶考求種茶製茶之法，而不思茶税之重，為第一弊。試取華茶之銷于英市者論之。光緒二十二年，由中國直往英國者，計茶二十一萬九千四百零九擔。其上一年，則有一百萬擔，相去幾至五倍。今年漢口九江出茶，較上年為盛。第一稔所收者約得五十五兆磅，前英商遞年減少，俄商增多補之。惟聞俄國存茶太多，今年添買者不過上年之半，尚餘二十七兆五十萬磅，須銷于英美二國。然上年二國銷茶不過十八兆五十萬磅，今年多出十兆餘磅，若不大減其價，難於脱手，但茶價賤而厘税不減，茶農之不傷本者鮮矣。又廈門英領事傅泠卡士君嘗將各處茶務詳覆英廷云，光緒二十二年廈門烏龍茶共得一兆二億磅，比上年減百分之五十五，猶恐今年減少更甚。此處種茶之處多已拋荒，而並有全壞者，又謂製出一兆餘磅之茶，值銀不過一十三萬六千圓，厘金抽至二萬元，出口税抽三萬五千元，兩共已居茶價三分之一。日本明於先見，去年將臺灣之茶税減作每擔抽税一圓一角二分，而中國仍固執其五圓八角一分之税，此為中國之失策，將來茶利俱亡，悔將何及。十年前廈門産茶二十七兆二億餘，距今例當增多十數倍，不料反少十數倍。又云中國茶務之弊，非天下最巧之機所能救，必將厘税全免，又兼用機器始有濟耳。

以此觀之，西人之論中國茶務，可謂詳且盡矣。華人但知製茶不用機器以致茶務之衰，而西人乃謂即盡用機器尚不能挽其弊，更為探原之論。大抵商務之道，首在恤商，而尤在農人不虧種本，則種植自多。種植既多，則出數自旺，然後再籌銷售之計。統籌大局，使商家必有餘利之可沾，則商務自能起色，此不獨茶務為然也，惟茶務尤為最要之關鍵耳。說者謂西人欲使中國茶務厘稅盡免，雖為中國計，而亦不免有私意存乎其間。大抵稅厘減則價必輕，價輕則銷場雖廣，而洋商之得利更厚，恐亦非中國之利也。曰不然，西人此論頗為正大，厘金一項，本為西國所無，西人之不直中國久矣。至於稅項，西人重於進口，輕於出口，以為出口輕，則土貨之銷場廣，進口重，則客貨之來源少。西人之利不肯外溢，商務所以日旺。中國現在支絀之時，厘金斷不能免，更何能獨免茶厘。至於出口稅，自不妨從減，既減出口之稅，自當重加進口之稅，以稅抵稅，當有餘而無不足。況西人本有此例，與之商訂，想西人亦無可置喙，況并有此論乎？若減出口之稅，當不獨茶之一項，即別項貨物，亦可望銷路之廣。中國商務關鍵在此，尚望當道者熟籌之，毋執成法而不更也，是則中國商民之幸也夫。

清 佚名《論茶市》《清經世文統编》卷六一 行舟者不覆於逆風，而覆於順風，對仗者不挫於屢敗，而挫於驟勝，何也？順風則意縱，驟勝則氣驕，此其所以易致覆挫也。惟老成諳練之君子，為能合順逆勝敗，而總持之以一法，一法謂何？曰慎重是已。經商亦然，未有氣驕意縱而不遭損者，更未有慎重而不受益者。

今屆茶市承去歲極壞之後，開盤伊始，各幫多得善價，氣象甚佳。於是茶幫中人，爭擬進山以應其市，此固多財善賈之本色，見利必趨之恒情，機會難逢，交臂毋失，不得與氣驕意縱者並論。然老成者流或竊竊然慮之，誠以刻下為頭幫上市之初，貨到尚少，洋商踴躍爭買，故能人人如願，各得紅盤。若一經人山添辦，必致爾搶我奪，山價因之增高，山價愈高，成本愈貴。即汲汲然趕到漢口，而頭幫已過，洋商買興已衰，彼時貨色愈多，求售愈迫，匪獨不能得價，且使洋商見我如是，難保其不以壓盤打板諸故習相為箝制。然則洋商尚未愚弄華商，而華商反先弄自己也。其為失計不已多乎？

前數日曾見華商分致洋商之公啟，申明公道章程三條：第一條，磅茶鹹照光緒九年即英一千八百八十三年稟定照會章程辦理。第二條，向來買茶注簿，隨買隨磅，間或遲至一二日，亦無不可。近年竟有遲逾數禮拜，始行過磅者，斯時茶價較注簿時相去懸殊，一旦退出，華商大受其虧，實屬不近情理。此後買茶過磅，至遲請以一禮拜為期，如逾一禮拜之外，須照原價受茶，不得言退言割。若因無寬餘之地，亦必須於一禮拜內先起十箱或數十箱過磅對水，以清界限。第三條，華商所收售茶銀兩，洋行既扣去九九五現息，自應過磅即行兌銀，方與先扣現銀名實符合。

公啟如是，想見諸華商懲前毖後，藻密慮周，茶務轉機，皆將於今屆。蔔之不謂才得紅盤，即有人山添辦之舉，是自蹈於往年搶買之覆轍矣。前鑒不遠，而又令後車繼之，可乎哉？且公啟不云乎，初年洋商到漢買茶，誠信共守，彼此均沾利益，相得彌彰。迨後人心不一，漸致參差，所謂人心不一者，似係側注華商而言，惟因華商之人心不一，而後洋商之勝算可操。故為刻下華商計，只有齊心合力，共圖補救一法，庶幾失之東隅，猶可收之桑榆。若竟忘知足之戒，而效對仗者之驕於驟勝，行舟者之縱於順風，欲無覆挫，殆不可得。此有心人所以不忍緘默，直欲大聲而疾呼之也。或謂刻下入山添辦之舉，原出於年少氣盛、閱歷未深之人，若老成持重者，操縱得法，斷不為其所搖。余謂古人有言：先覺覺後覺，先知覺後知。果如所雲，則各幫之老手，正宜齊心合力，舉利害以為同業告，使其洞明此理，急行止辦，譬之懸崖勒馬，猶可免於一落千丈之憂。不然坐視不阻，為潔身自好計，固得之矣，如茶市大局何？

總而言之，天下貿易之道，不外乎居奇兩字，貨少則見珍，貨多則弗貴，贏虧損益胥判於此。即如今屆到漢各茶，多得紅盤，而尤推安化幫首奪錦標。查往年安化茶本有不及他幫之勢，其故由該處土著狃于早采葉少，遲采葉多之小見，致令茶身粗老，色香味俱形減退。洋商買茶，既考色味之優劣，復察葉子之粗細，稍有不足，即難列人上選，各商於此受虧不少，後因人山者不惜唇舌諄諄開導，而各土著亦自悟其失，議立善法，如期早采，於是安化茶之成色逐漸變好。今屆聞其採摘更早，挑剔益精，慘澹經營，克日趕到，用能首先入選，高占紅盤。據此以觀，愈知貨只貴美而不貴多，其貨一多，雖美弗貴，安化茶即為明證。縱論及之，冀刻下

入山辨茶者之觸類引伸焉。

清 佚名《茶市》《清經世文統編》卷六一 茶之利非向為中國所獨擅哉？茶之出口非為中國生意之大宗哉？乃至近年而東西洋各國種植愈多，出產愈盛，而利乃半為之分奪。究其所以為外洋分奪者，仍中國人之有以自取而已。種植則不察其宜，採摘則不得其時，烘焙則不明夫法，以故茶之色香味三者，無一不為之褪減。西人因茶味之不佳，而不喜購買，因茶利之倍厚而效法栽種，利之所以被奪者，職是之故。

蓋中西之人雖異，好利之心則同，而謀利之術則於此迥別，高低每見。西人作事往往勤于華人，極深研，幾欲以人定者勝天。而華則多貪天之功，凡事安於懶惰。其實人力所至，天固不得而限之，特患人之不能自勤耳。即如雅片煙產自印度，而中國亦有鶯粟之種，印度之產近時亦不若從前之精美，而較之中國自製土漿，則香韻清而滋味濃，究屬高出數籌，為土漿之所不能及，而中國種植亦既有年，卒不得一善法以駕乎印度之上。此非華人之智不及乎西人，亦非西人之訣不傳于華人，實則不能如西人之處處留心，事事勤力故也。

今中國茶利之所以流入外洋者，第一在不明培植之法，往往視天時之美不美，以蔔出茶之多不多，設如今春雨水不時，亦止好聽天由命。不知茶亦猶之乎花草也，花草雖順時而生，而苟得有草種忘憂，愛花成癖者，悉心澆灌，加意栽培，遂愈覺欣欣向榮，別有一種勃勃蓬蓬之象。試觀本埠西商之花園類，皆修剪以時，不惜工力。草之叢雜者，則芟之使齊；木之拳曲者，則蟠之使直；花之名貴者，則更圍之以雕欄。非常珍護，使人一望而覺其清茜蔥蘢，心目為之一豁，精神為之一爽。可知花草等類，一加以愛惜滋培，即能不同於凡卉。推之業蠶者之于桑田，其植之也必疎，其培之也必厚，故樹樹齊整，而桑葉乃彌形暢茂。種木棉者亦然，其他豆麥稻穀，無不以糞多力勤者為上，本雖偶有水旱偏災，猶足以挽回天意。而況茶之為物，較他木尤為易長，倘得人工調護周至，自不難使成佳種。而乃中國於種茶製茶各法，任其廢而不一講，又何怪茶業之日衰、茶利之日奪也乎？

論者又謂中國之茶，動多著假，慮色不佳，不足以動洋人之目也，乃以綠礬靛青等物拌染之，則顏色能美，而可沽善價，迨至輪船運赴外洋，日久則顏色漸退，而香味亦因之減損，洋人既暗中受虧，而中茶遂為外洋所不信。不知茶之著假，因希獲厚利故也。苟其能培養得法，葉出繁多，山價必於此貶賤，山價賤而沽利既優，尚何肯從中作偽乎哉？

考外洋種茶之法，本得之于中華，而遠慮深思，精心體察，遂能出產日盛一日，年旺一年。曆觀所譯西書中，其於種植、烘製諸法精益求精，彌不勝愛護鄭重之意，故其產茶之盛，駸駸乎尚靡有止期。中國苟不及此時而力為研求，認真從事，竊恐以後茶利，勢必為外洋占盡無餘矣。即如日本一國，各處均設有製茶會社，平時推究考驗，不遺餘力，而茶業因得日增月盛。僅止橫濱一隅，而出口之茶箱即已盈千累百，不且與歐西並駕齊驅，同分中國之厚利也乎。

客歲嘗讀軍機章京陳君條陳整頓茶業，挽回利權一疎，其中刪中國之舊章，采外洋之新法，茶商則深加保護，茶樹則極意廣培，以及維持茶市，劃一茶價各情，要皆利害熟權，詳明洞澈，足挽已去之利源，开將來之利益。苟得當事者照此施行，將見中國之茶務安在其不能復振也？非然者，日本之茶既見其歲有所增，西洋之茶更覺其與年俱進，出茶繁而貨色甚佳，販運又極其便捷。而中茶則既嫌其著假，兼患其貨低，加以種植之不察其宜，採摘之不得其時，烘焙之不明夫法。如是而欲於此中覓蠅頭之利，吾尚虞其不得，而猶能誇為出口生意之大宗，其誰信之。

清 佚名《振興茶業芻言》《清經世文統編》卷六一 茶業之衰由於貪，而非僅由於貪，實因製茶不得其訣，不解化熱之學，不知工藝之方，積習相沿，愈趨愈下，色味日差，價值日墮，奸偽因之日甚。

中國產茶之區，兩湖徽紹而外，則有福建之建州武彝之茶著名第一。山上俱是天生奇種，品物之重，價值之昂，莫之與較。即本山之主，終歲勤動其岩上，所產所得亦不過二三斤，每斤值價數十百元。此種茶，他人不易得，乃高人雅士之清供，非大腹賈所能羅而致之者也。商人所買，乃岩，不及建州各產，所產其茶，有紅、綠二色，味濃耐瀹。上者可瀹六七次，中者亦可三四次，味俱不減。通商之初，惟廣州一口，業茶者無不赴建採辦，因而起家者不一而足。十餘年後，始有福州、湖北以及皖、豫、江、浙，然銷場雖旺，終不及建茶之佳。顧雖佳，而近數十年來富者貧矣，盛者衰矣，市景蕭條，不堪寓目。此其故非盡受洋人之指勒，不盡關

運營之乏術，皆由製造不精，以致滯售虧折。而詐偽攙雜，因此而起，洋人始而疑我，繼而輕我，終且挾我，此茶業之衰所以至於此極也。

夫茶不外色香味三字，三字中有無限層次，良楛由此分，貴賤由此判。今欲化楛為良，易賤為貴，則必改弦更張，將造茶之法，極力講求，盡除從前積弊，而後可以致利。

第一在乎採摘。茶甫下山時，晾至略乾，入竈烘炒，其紅綠色俱於炒時暫久輕重中分出。中有妙訣，惟專門者能之，或不得法，若採摘過老，色味立變。山民惟顧山本，無暇他計，不擇高下一律發客，客或未諳其理，時受其欺，雖製造精良，終成無益。此一弊也。

第二曰揀篩。由山買茶載以筐與袋，發至莊棧，女工男傭以次揀篩。揀時則男女喧笑，心不在焉，隨揀隨雜。篩則一人司一籮，半醒半睡，終日僅篩出一二十斤，而片索仍不能勻，此又一弊也。

第三曰堆焙。片索既勻，然後發焙，焙用竹籠，下熾炭於火盆，籠中隔以竹篦，茶置其中，盡夜烘之，極熱則取出翻騰，翻數次斯透矣。乃有發大堆拌均裝箱，翻時或有未周，則生熟參半，又有夾於篦縫中者，久焙而焦，其味甚劣。又有餘末從竹篦縫漏下火盆內，微煙揚起，其味尤劣。此等劣味雜入茶內，加以生熟不勻，又焉能佳。此其弊又一也。

第四曰裝箱。箱用薄木板，內有鉛皮，鉛皮焊封不密，箱復釘之不牢，茶在箱中不一二月，即洩氣走味。茶市初開，即微覺減色，為日愈久，味同嚼蠟，價安得不跌，售安得不急。此又一弊也。

今欲整頓茶業，必須去此四弊。延請精於識茶者，慎採辦以固其本。如法製造，認真揀篩，以清其源。或辦新式機器，或置新式茶爐，定造厚密之箱箇，以保其長久，於是茶純而工本輕。蓋工本之損耗，大半由於糟蹋糜費。一一精求，工本反省，而茶則全美，聲名既著，餘利自厚矣。萬物各有其宜，中國之茶，乃造化自然之利，洋人欲以人力奪天工，於外洋多種茶樹，以奪中國之利，土地非宜，究屬勉強，終不若中國茶味之厚且純。祗以中國製造未精，遂存蔑視之意，今果能極意整頓，各自奮勉，則公道自在人心，方且重價爭購，先期預定，何患銷場之不廣，茶業之不盛，大利之不返乎？

又有花香之茶為洋人所推重，而中外製造實皆不得其法，蓋以花片罨在茶內，日久濕郁味變，雖有微香，不適於飲。若以新意造成抽氣香窯，用整盆清香花置於旁，但吸其清香以入茶，并無渣滓，則香味清純，入口分明，何種花香，歷歷可辨，飲之令人如登仙境。此種茶亦各兼製，以作驂乘，不更將不脛而走，不翼而飛也哉。

清 佚名《論漢口茶務》《清經世文統編》卷六一

漢口之茶市，莫壞於去年。統計安徽、江西、兩湖四大幫，無一不受虧折，其數多至三百餘萬，此真歷來所未有，雖旁觀猶為駭然，況在當局之人哉。故聞今歲茶商不欲大做，各幫莊口較往年須打七八折，懲前毖後，蓋亦善賈者不易之法也。然而天道迴圈，盛衰倚伏，凡事方盛時，人或習而安之，不甚措意也。於是乎因循玩愒，日復一日，以底於衰，既衰矣，且衰之甚矣，則必戰兢惕勵，共求所以挽回之道，若何救其弊，若何補其偏，衆人一心，而衰者不難返盛，此為否極泰來之常理，即為今歲茶務之端倪，何待蓍龜始可預卜。顧或者猶嫌於空言無補也，吾請揭其要而論之。竊謂今歲正是絕好機會，約有四層：

一曰山價不至搶抬。查往年華商吃虧之處，皆在於山户之抬價，而其所以抬價者，則因莊口太多，彼此搶買，我欲壟斷，安能禁山户之居奇，由是成本愈重，賺利愈難。今歲莊口既少，將有貨浮于莊之勢，雖有狡黠山户，仍萌故智，而其事不能復行，將來進價定必便宜，此則體察情形而可於目前預料者也。

一曰壞茶可免濫收。查近年茶務之疲，皆歸咎於茶身之欠佳，或謂採摘不及時，或云焙製不得法，以致成色大減，美惡雜揉，而不知其所以夾雜者，實由於濫收之故。其所以濫收者，實由於搶買之故，今歲既不搶買，自不難盡我挑剔。而舊時成色可以不失中茶之色，香味本非日本錫蘭諸茶所能及，誠得茶身復舊，則茶務定有振作之望。此又體察情形而於目前可預料者也。

一曰銀利可望便宜。

一曰金磅不至虧折。銀利便宜之益，華商受之，金磅不虧之益，西商受之。何也？往年各商辦茶之時，漢市之銀根必緊，銀根緊，則折息巨，茶商將本求利，不能不出重息以為進山買貨之資，一遭耗折，吃虧愈大。今歲各埠銀根俱有贏餘，莊號中人方廑無從折放之慮，勢不至因茶信之

上市，而陡增折息。且銀根既寬，錢價亦因之而落平，非辦茶各商之大便宜乎！西商在華買茶則用銀，而至外洋出售則用金磅，近來金磅之價既如是，其增漲則進出之間，先可大佔便宜。譬如去年在華進價每擔五十兩之茶，今歲進價忽增至每擔七十兩，前後幾差四倍，及其運至外洋按照金磅計算依然有贏無絀，並不吃虧。然則今歲買茶之西商，止在金磅一項上已較去年便宜四成，而茶價之利尚不在內，此更體察情形而可為目前之華商西商一併預料者也。

夫時不可失，昔人言之。今幸有此四層絕好之機會，吾知辦茶各華商必能振刷精神，不令錯過，誠不錯過機會，不但可以彌去年之缺憾，抑又可以挽日後之利源。轉移之關，速於旋磨，所望勿自餒其氣，勿自灰其心，斯得之矣。而吾尤有望者，漢上辦茶諸西商，無非洞明事理之人，遇此絕好機會，既可趁山內之挑剔，純購好茶，而將來成本較輕，又無慮茶價之貴，一得兩便。想茶市既上後，定然爭先購買，不至有觀望抑勒之事。語稱利人即自利，欲與華商分佔便宜，其道固不外乎此也。

或謂吾子之言，可云善頌善禱，豈惟華商願聞，即西商諒亦莫不願聞矣。應之曰唯唯否否，此論若發之於往年，則為諛詞為虛語，而今歲非其比也。質諸中西明眼人，當有以教我。

清 佚名《論中國茶業之失以及補救之法》《清經世文新編續集》卷七

中國茶業衰殘極矣，出口之數日差月減，其故何也？蓋以印度、錫蘭之茶製造新法，外觀有耀，價值合宜，中國之茶遂為所掩，中國之利遂為所奪。當此之時，若復仍守古風，聽自然於天命，因循致悞，弗思變計圖強，而所失之道，豈僅茶之一端已哉！

然即茶論茶，其勢亦難姑息者。今印錫所得之茶利，即中國從前所固有也，時易勢遷，使中國之茶即降價而求如前此之盛，亦不可得。曩者漢口、福州亦嘗減價爛賤出售，而歐人視之終不滿意，甚有原貨折回之事，其效驗可知矣。於是乎，論者紛起，甚有謂中國之茶受病之原，係在於種植之始，農夫不知新法，以變舊習，致使舊種茶樹弱而無力，不足以敵印錫也。而不知其非也。

夫種植之物，所仗者天氣與土質而已，中國之茶所得之天氣土質豈有絲毫遜於印錫哉。印錫初出之茶，味固不及於中國遠甚，費經年累月之苦心，始克獲此製造之法。此法興，茶味遂厚，是以製造之力以壓乎中國土產，指粗於臂，賓強於主，既以中國固有之利而為印錫之利，反譏中國之不善種植，有是理乎？雖然中國之與印錫一藉土宜，一藉製造，人心洶洶，既樂製造而薄土宜，則土宜似亦不可恃矣，曷若降格而求其製造之法乎？製造之法非在於種茶之先，乃在採茶之際。印錫採茶擇葉惟謹，當茶芽初出時，即於茶樹向陽處檢其一樣並大之葉，次第摘取，本無頭春記號之殊，亦無一旗二槍命名之巧。既摘之後，收貯於待製倉房中，盈筐盈篋，堆疊類聚。俟諸茶摘齊，方行用機製之，無霉爛虞，有精美味。茶色既濃，茶香益烈。按西人嗜茶，其實不知茶味，但以開水沖對一次而已，猶嫌色淡，或加非法就壺煮之。故凡中國所貴綠茶佳品，渠反視同嚼蠟，即如白毫、蛾眉等，又以苦口置之。反尚乎烏龍、工夫諸目，次焉者花香、紅梅皆為佳品，好尚不同，安得謂天下之口相似耶？為今計，欲爭茶利，不妨投其所好耳。且能常使茶質與新摘之時無有更變，非此司機工匠能救茶味之失也。因茶味所仗者，溫煖之氣而已。講求火候，薰煖茶箱，使其溫性常存，其茶自無變味矣。往者，中國亦曾試用手造之機，數年前唯老次等曾運一付於上海，繼為溫州中國茶商購去。此機但能卷葉而已，尚無薰焙諸機，以彌其缺。然所出之茶較佳，已能融洽濃厚，比之土法泡製，足超上乘。第其機之製殊屬陳舊，自歐人視之，恰如骨董，今已盡廢其式焉。邇來福州試用之機，較為新式，聞其所有者，捲葉之機三具，焙葉之機一具。上海商董等遙為欣羨，而相告曰，但願此後中國茶味比工夫茶尤強，湯汁之中又復濃潤可愛，自與印錫埒。久之，製法益精，焙法益妙，自能克臻於至善。蓋其胸中具有成算，在歐人用是私相揣計，咸謂：『從前中國各色茶目，原有差強人意者。此後若能試辦得法，又可收印錫之利於中國，何快如之。』按西人議興中國茶者，其意原欲藉我之茶以謀利，非真為我計利也。然因彼之所利而利之，此中實有大利於我者，我何憚而不為。我不為而彼為之，如福州雖有製茶機器，其利仍歸於彼。何也？因係彼之合股而成焉。夫彼能合股，我何不能合股，彼能購機，我何不能購機，以我固有之利，甘分於彼，聽彼擣虛扼吭，是誰之過歟。

有康卑老告夏登云：『此事若能真辦，欣喜無似此，係乘時利器，急切良圖，不容再緩。能使中國之茶，又復起用，大有勝算可操。非然者，中國茶質雖美，奚足以敵今日印錫所產耶？雖然亦當於各家機器中，推擇其尤，並須有一人曾習此種製茶手機者，方可衆遂共推，打惟遜

因其本係種茶出身，又曾管理此項機器者。專門名家，足資熟手，不妨先為其好自位置，使之安心樂業，得以屏息靜慮，而後出其智慧，挺其技能，庶可與印度角。暗中又復和盤以托付之。按西人用人之法，其意甚深，豐其養贍，優其職任，務求先使其心之安，而後方得其材之用。馭此良術，以之謀國，何國不強；以之謀利，何利不遂。而吾國懷才之士，往往淪落，無有過而問之者，即用之，不足充其飢渴，安得展其才能。甚有刼之以勢，掣之以肘，傷之以事，敗之以奸，抑或屈之、挫之，而奴隸之，卒使其才無所覯見。是則失之毫釐，差以千里。雖為才之不幸，亦國之不幸矣。吾人近亦頗知此術，借楚材而為晉用，凡有西人願為吾人之用者，不問其所學若何，莫不優容厚養之，將謂西人所具，皆萬有之才也，迨用非其材，徒自糜費，猶不知悟，此無他，不能具知中國之人之才，又何望其知西人之才耶？中國所以未能振起之故，斷斷乎在此。分為五職，一收管採摘之茶，二即捲葉機器，三使葉發味，四焙葉，五分配兼裝裹等事。此外，再僱工匠管理各器，及彼此拖葉往來而已。其所收採摘之葉，存儲倉房，不必論及天氣，至分配入箱，須裝貯精善，以待運載。最要者，尤在能設於茶葉出產之地，省卻生葉遠運轉多水腳耳。果能若此，目前即可得息，不必俟至將來也。』

此係英商私商之語，其自計固善矣。竊意中國此時茶價雖賤，茶業雖敗，茶樹尚多，茶葉不少。如能如法採摘，俟其發味而後卷之，必俟發味者，此係化學家所遺之法，謂經發味後而焙之，始能現出木酸油質焉。按酸者，強水之味也。凡木質之物，半生半腐即能發出此味。吾人視之以將霉爛，而西人反嗜於此，此宜吾茶之不能得利也。欲圖此利，不得不投其所好，裸衣入國，是在有力者圖之。中國焙茶之法，係攤於栲栳上，就近爐中烤之，用手托之，向火良久。栲栳大而爐小，就身之處則易乾，遠處難免帶濕，即使拌之又拌，乾濕相參，冷煖混雜，裝入箱中，未幾走濕而味變矣。且須人用一爐，爐中若以乾柴燃火，又不能各立煙通，則柴煙必貫入茶中，而味又變矣。凡茲等事，微特功緩費大，況能使茶變失其味乎！

今欲使茶無失真味，又有使其味益滋厚而貴重於地球之上者，則機器之用不容緩。此機之製莫杜來兒，若杜來兒之機有二式，一係舊製者，曰狎皮杜拉符，譯言。抽氣之管在上也。其製有大小多種，最小者僅重五十磅，移動甚便，每點鐘能焙十六盤茶葉，重可一百二十磅。一係新製者，曰黨杜拉符，譯言。抽氣之管在下也，較之舊製之抽氣管在上者尤佳。其製亦有大小多種，皆具自行之機焉。工匠但須往來搬運栲栳而已，計其一來一往間，可焙二百四十斤茶葉。諸機皆範鐵為之，運動便捷，轉移易易，既能省工，又能省火，並不須擇地築基設廠之苦，而茶味濃，茶香烈，茶價超，茶葉盛，已去之茶利又復收回，是一機之中，數善皆備者。

昔者機器未興之先，原無所用於汽學也。自有機器，則汽學相引牽動之力，不得不講。今若欲藉汽力牽動，此種茶機尤為完善。惟中國產茶多在內地崇山峻嶺中，道路未修，轉運費力，即在商埠設廠，運內地生茶而製之，亦多費事。況此種茶機不必專仗汽力耶，或用風車，或用水碓，或用牛磨皆無不可。有簿簿符等，曾擇此機第一號者試於漢口，據云所製果精妙，每日用工八點鐘之久，可出茶葉三百擔。惟計其值，每重一磅須較土製之價，昂出二先令。此係初用機器，工匠未能嫻熟，加以捲葉機一具試用多時，費用未免稍大。今二機已能合手，若再添置捲葉機一具，專用牛轉者，三機互並，則價低而利大矣。機器用法有如是者。溯此機器興於印錫，而印錫茶業日益盛，中國茶利日益削，官民交困，農工輟業，上愁茶稅之不貲，下窮茶樹之無利。

然則今日中國即有製茶之機，而於種茶之法，亦須重新振頓而後可，其振頓也，非在於天氣土質也。中國之天氣土質與茶固宜，無如近此數年茶利既薄，茶農衣食不給，多營營於他事，致使茶園叢樹，新葉舊葉錯雜繁枝，而其下則蓬蒿蕪穢，荒而不治，是有茶樹之形，已失茶樹之質。若即摘此等之葉而製之，縱有巧機，安望其有回甘佳味乎？是宜於機器設立後，即行曉告茶農，道以有利，令其自度厥園，分別孰為老樹，孰為新樹，刈去橫斜亂枝，薅淨滋生蔓草，洗其舊污，新其氣象，則茶樹自可上接天氣，下專土質，培根本而暢芽蘖。新春以後，其葉或可經用，而為出口之上等貨色歟。至若多年老樹，味薄力弱，則不如去之為善。使茶農能知以上種植之理，茶工能知以上製造，茶味回甘，茶香撲鼻，則茶商跂來報往，徵賤征貴，中國之茶必超印錫而上。茶稅裕，茶利復，一轉移間，又見中國如何興起之象也。豈不懿歟？

以上所言，重在製造。然茶本植物，若於種植之道畧而不詳，但付諸天氣土質，聽其自生自長，正坐中國積弱之病也。今舉印錫種茶之法如下：印錫之種茶也，護持培養，實如慈母之字赤子焉。種子在土，即以

雜料壅之，約二寸闊，勾萌未出，頻頻看視，妨有鳥發蟲傷也。勾萌既出，須扶持之，妨有意外壓折也。時以糞水溉之，耘耰其旁，無使滋蔓。約高至尺許，則輕輕拔起，分畦重栽，按成行列，每株相隔三尺許。畦畛之間，當分溝路，勿使宿雨停潴，損及樹根。既成小叢樹時，為修整剪删蕪蔓，以疏天氣。然亦須細心體會，其向陽之枝，即其通引天氣之路，若阻之，則生機失矣。又糞壅之，以助地力，故不宜惡草分其地質。上暢其機，下培其本，則樹身自能昌茂，而生葉亦無參差不齊之患。三年成林，猶不宜於採摘，因恐枝幹尚弱，茶味未厚也。約至五年之後，綠蔭婆娑，青光相接，欣欣然已成稔熟景象，此即採摘之時矣。其採摘也，先於舊枝之末，摘去頂上雙葉而裹之，則芽皆從枝間怒發。新芽既出，約八日而新葉乃齊，擇其並大者，次第採取。先從樹陽採至樹陰，但採其葉，勿損其芽，則芽又復次第發葉，葉復大而復採之，則茶純而味厚矣。此印度所以能奪中國之利也。

中國則異於是焉，初種之時，似在有意無意間，不甚愛惜，勾萌初出，即為移栽，甚有因此而傷者。僥幸存活，時時採摘其葉以為利，以為固有之權，絕無以思所以糞劑之法，以培補其根本。且其栽樹之時，無分畛畦，參差間錯，疏密不勻，天氣來路，或為自阻。樹下野草縱橫，自生自長，分其地力，亦不知覺。樹至老大，氣力已衰，既不忍去，猶摘其葉混雜於彼樹之葉，轉使彼樹之葉，香味亦變而不純。採摘之時，無論葉之大小新舊，芽之強弱衰旺，甚至連芽帶葉悉行採盡，幾如牛山之木，元氣大傷，生意殆盡。積此一時所採者，美其名曰頭春。至二春採之，僅成小葉，則其力薄氣弱可知矣。三春以後，愈趨愈下。是皆敷衍而成，雖名號衆多，而其利轉為印度所奪，又何益哉。採葉之時，貪多務得，而日期本屬匆促，但將其所得若干之茶，悉行傾筐倒篋，堆積屋中，不計時日，不辨發味，至有生毛霉爛，發味已過，反成變味，不為去之，猶為焙製，因小失大，轉成霉味而奪茶味，致全股之茶之味亂矣。中國採葉製茶之時，常係西歷四月迄八月，頭春茶出則赶新急製，急製之中，諸弊叢積。尤甚者，則在爐火未純，焙至半干半濕，即以裝箱發販。若途中天氣暴煖，引起潮濕，與箱中濕茶之所相感，則茶尚未到埠，茶味已消於無何有之鄉，將安用乎？濕天陰雨尤忌採摘，而中國偏喜採取以為佳品，如雷芽穀雨是也。不知濕天之葉，氣味內斂，最為易壞，此又不可不慎者。

清 佚名《論中國可與做茶新法》《清經世文新編》卷七　近有自中國寄來福州各種茶，係用新法製成，意欲求與印度、錫蘭各茶相仿佛。既到之後，茶葉場中亦殊著意。其寄來之茶，計五件，標識『用機器人工并製』字樣，然其所用之機器猶係舊式，故此項茶葉尚可整頓求精無疑。即就新到之樣茶而論，其效已見，若推廣行之，將來能獲厚利，固意中事也。聞此項茶葉有在北嶺離福建省城三十里。所製者。當其製也，與採茶之時相距已遠，僅取第三次所採貨色較次者為之。果爾，則求精收效尤易且顯矣。其發銷之數，計半箱者一百十九箱又一百五十六匣，有金牌者值價最昂，合十本士三花丁，碎牌合四本士一花丁，所售之價甚善，應可為首用新法者鼓勵而興起焉。意者中國茶葉之更張，將自此始，亦即中國茶運之轉機有時歟。中國之茶，但能於製法稍為變更，尤易合英人口味，若以中國茶仿照印度製法，其興旺暢銷之新象，誠可操券而待也。按印度與中國茶之所以有別者，要惟製法不同耳，此則留茶苦澀之原質，彼則棄之過多。其實中國茶，亦可如他處所產之茶同一製法，使之味厚誠如是矣。再加印度羅比有合英金定價之苦，中國宜可從中得匯劃之益。且英國稅則將改，又可望減稅之益。福州及中國產茶各口，茶業之興，實有深望。此次用機器所製之茶，係福州整頓茶務公司核准銷售，照所售之價，將來數年內，此項進口茶葉必可望其大加，本年茶市上場，其用新法所製，能如寄來之樣茶半箱者，即寄十萬箱，亦不為多也。

唐五代茶畫

唐 佚名《蕭翼賺蘭亭圖局部》

唐 佚名《蕭翼賺蘭亭圖局部》宋人摹本

唐 佚名《弈棋侍女圖局部》

唐 佚名《宮樂圖局部》宋人摹本

唐 佚名《宴飲局部》壁畫

唐 周昉《調琴啜茗圖局部》

五代　顧閎中《韓熙載夜宴圖局部》

五代　佚名《乞巧圖局部》

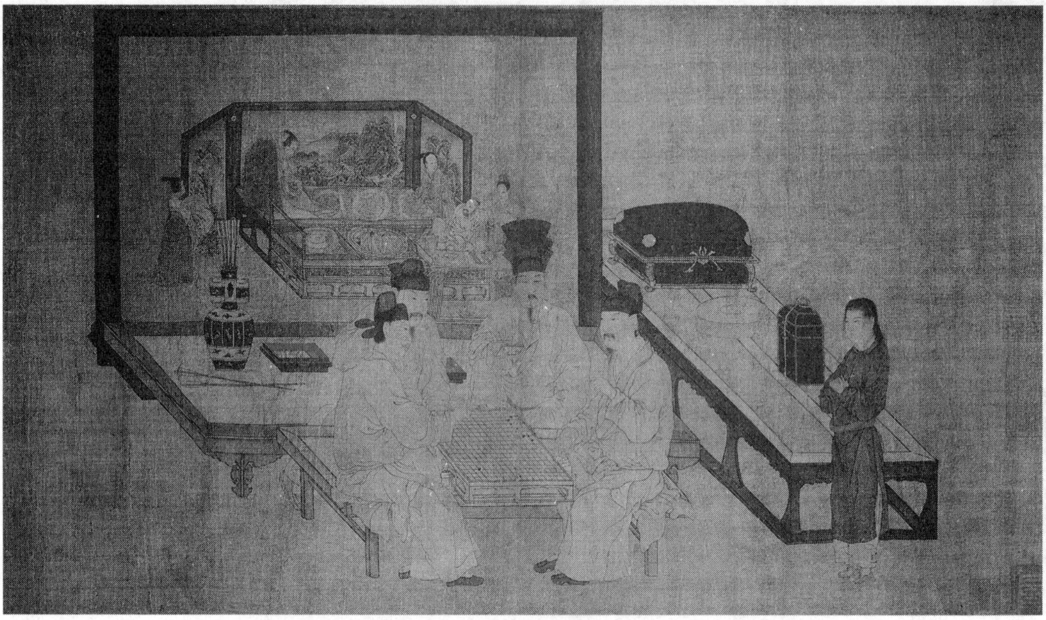

五代　周文矩《重屏會棋圖》

宋代茶畫

宋　趙佶《文會圖》

宋 趙佶《十八學士圖局部》

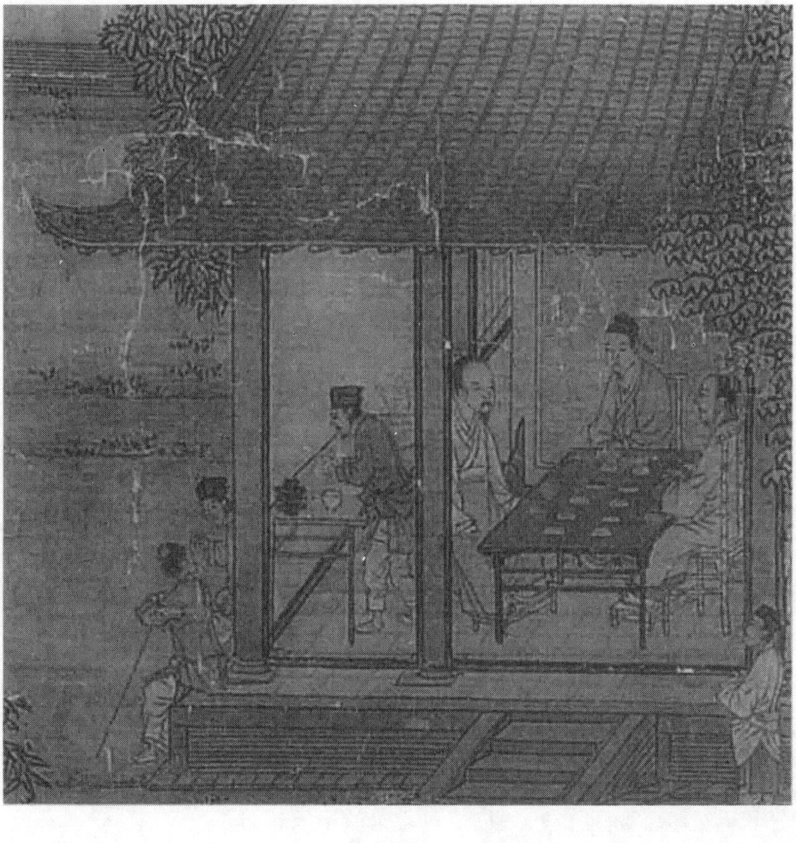

宋 佚名《文會圖局部》

宋 佚名《春宴圖局部》

宋 佚名《春游晚歸圖》

宋 劉宗古《瑶臺步月圖》

宋 佚名《主人夫婦开芳宴圖》河南禹縣白沙鎮一号宋墓壁畫

宋 佚名《點茶圖》北京石景山金趙勵墓壁畫

宋　佚名《備茶圖》河北宣化遼代張匡正墓壁畫

宋　佚名《童嬉圖》河北宣化遼代張文藻墓壁畫

宋 佚名《備茶圖》河北宣化遼墓壁畫

宋 佚名《備茶圖》河北宣化遼代張世卿墓壁畫

宋 佚名《備茶圖》河北宣化遼代張世古墓壁畫

宋 佚名《備茶圖》河北宣化遼代張恭誘墓壁畫

宋 佚名《著色人物圖》

宋 佚名《飲茶圖》

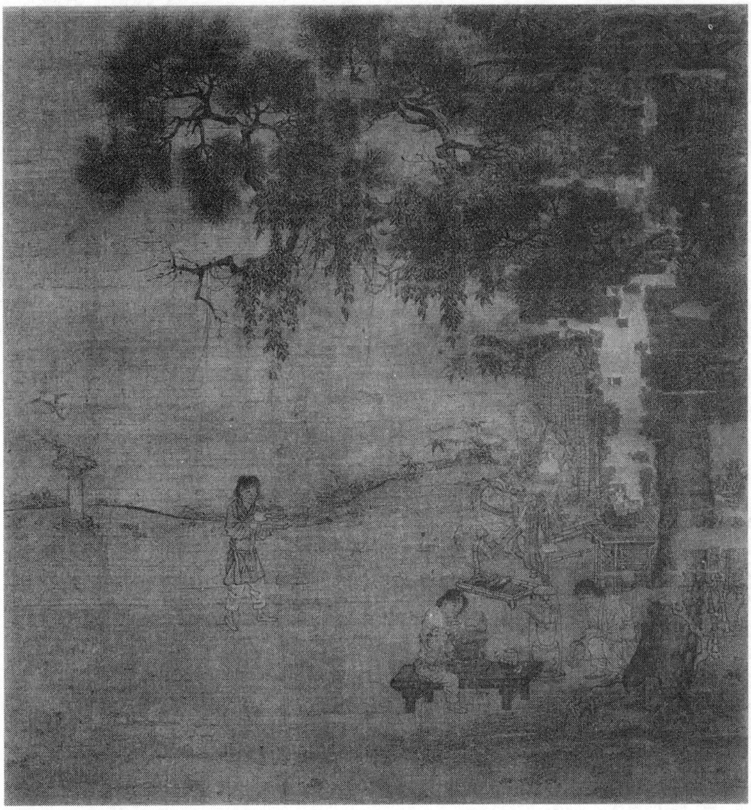
宋 蘇漢臣《羅漢圖之二》

宋 佚名《盧仝煮茶圖局部》

宋 劉松年《補衲圖局部》

宋 李嵩《羅漢圖局部》

宋 劉松年《攆茶圖局部》

宋 劉松年《撵茶圖》清 樊沂仿

宋 劉松年《博古圖局部》

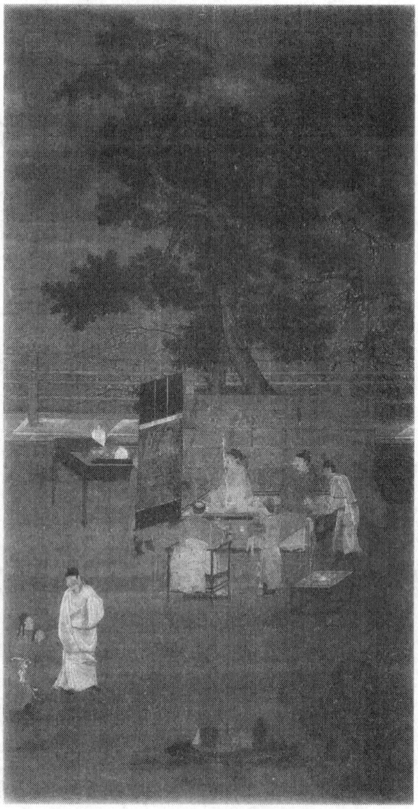

宋 劉松年《圍爐博古圖》

宋 劉松年《四景山水圖之一》

宋 劉松年《四景山水圖之三》

宋 劉松年《鬥茶圖局部》

宋 劉松年《鬥茶圖局部》

宋 劉松年《盧仝煎茶圖》

宋 劉松年《茗園賭市圖局部》

宋 佚名《琴局部》

宋 佚名《鬥茶圖》元 趙孟頫仿

宋 劉松年《茗園賭市圖》清 姚文翰仿

宋 佚名《鬥茶圖局部》明人摹本

宋 佚名《鬥茶圖局部》清人摹本

宋 李唐《鬥茶圖》清 蕭晨仿

宋 佚名《鬥茶圖》清人摹本

宋 佚名《鬥茶圖》

宋 佚名《鬥茶圖局部》明人摹本

宋 佚名《商山四皓會昌九老圖局部》

宋 佚名《會昌九老圖局部》

宋　馬遠《西園雅集圖起首部分》

宋　馬遠《西園雅集圖中間部分》

宋 佚名《蓮社圖局部》

宋 佚名《白蓮社圖卷局部》

宋 李公麟《蓮社圖局部》 明 仇英仿

宋 佚名《飛閣延風圖》

宋 張擇端《清明上河圖局部》

宋 張擇端《清明上河圖局部》

元 錢選《盧仝烹茶圖》

元 何澄《歸莊圖局部》

元 王蒙《品茶圖》

元 劉貫道《消夏圖》

元 佚名《茶道圖》壁畫

元 佚名《道童》壁畫

元　佚名《扁舟傲睨圖》

元　趙原《陸羽烹茶圖》

元　佚名《百尺梧桐軒圖局部》

元　王蒙《天香深處圖》

元 王蒙《春山讀書圖》

元 倪瓚《雨後空林圖》

元 倪瓚《安處齋圖局部》

元 倪瓚《安處齋圖局部》

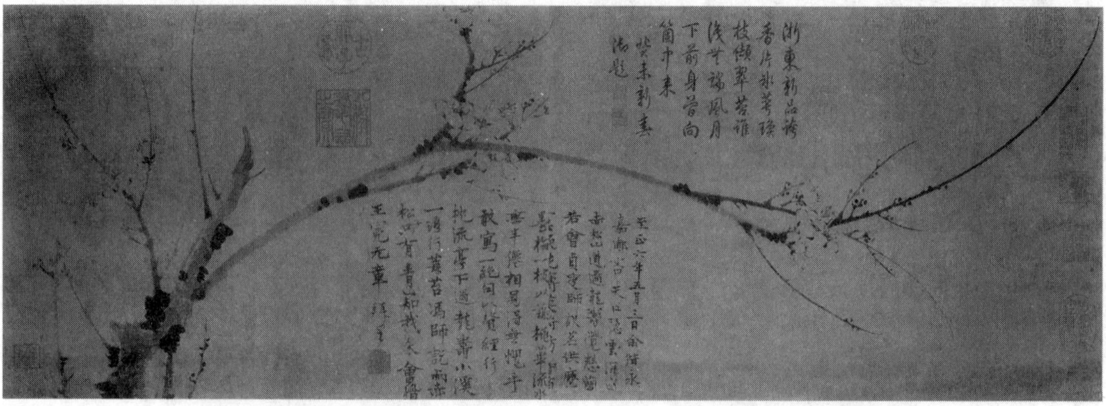

元 王冕《梅花圖》

明代茶畫

明 李時《清賞圖》

明 謝環《杏園雅集圖局部》

明 謝環《香山九老圖局部》

明 吴偉《詞林雅集圖局部》

明 杜臺畫、金琮書《盧仝茶歌詩意圖》

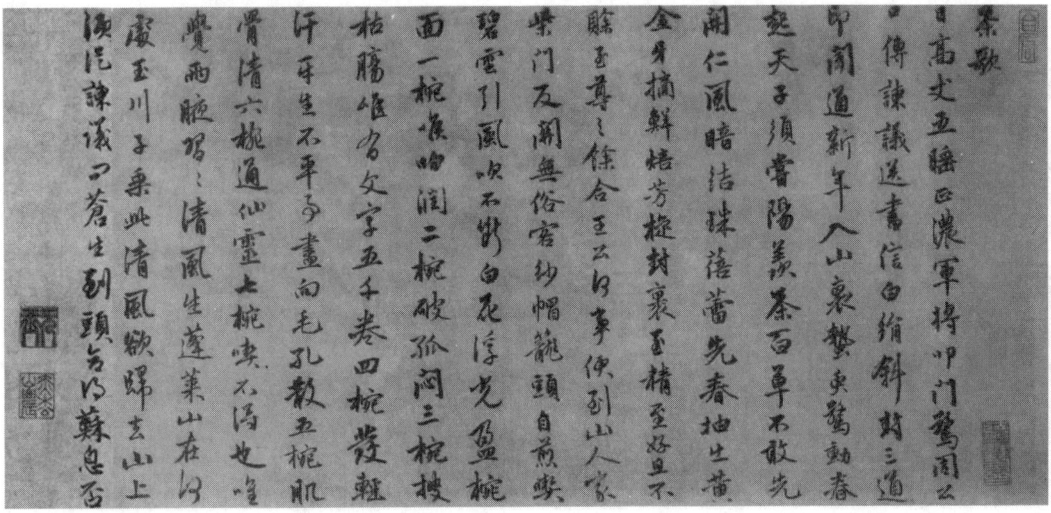

明 郭純《人物》

明 沈貞《竹爐山房圖》

明 周臣《品茶圖》

明 周臣《匏翁雪詠圖局部》

明 佚名《煮茶問道圖》

明 沈周《拙修庵》

明 沈周《塵慮圖》

明　沈周《高賢餞別圖局部》

明　沈周《盆菊圖》

明　沈周《仿倪瓚筆意圖》

明　劉俊《雪夜訪普圖》

明　周翰《西園雅集圖局部》

明 顧知《西園雅集圖局部》

明 陳以誠《西園雅集圖局部》

明 佚名《西園雅集圖》

明 佚名《西園雅集圖局部》

明 佚名《品茶圖》

明 杜堇《玩古圖》

明 許至震《衡山先生聽松圖》

明 文徵明《中庭步月圖》

明　文徵明《喬林煮茗圖》

明　文徵明《惠山茶會圖》

明 文徵明《惠山茶會圖》

明 文徵明《真賞齋圖局部》

明 文徵明《茶具十咏圖》

明 文徵明《玉川圖》

明 文徵明《東園圖》

明 文徵明《滸溪草堂圖》

明 文徵明《林榭煎茶圖》

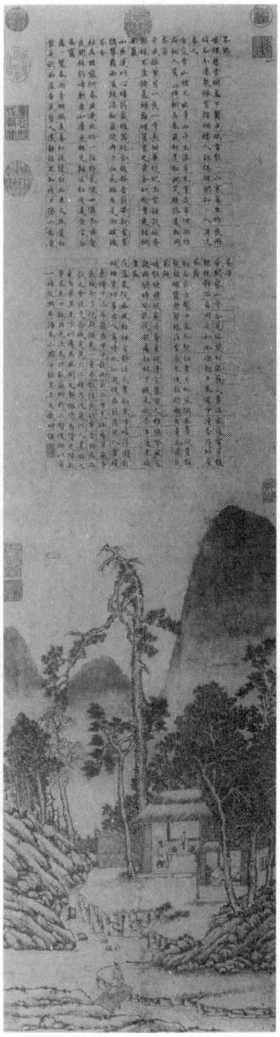

明　文徵明《茶事圖》

明　文徵明《品茶圖》

明　文徵明《猗蘭室圖》

明 唐寅《品茶圖》

明 唐寅《陶穀贈詞圖》

明 唐寅《事茗圖》

明 唐寅《煮茶圖局部》

明　唐寅《琴士圖》

明　唐寅《煎茶圖》

明　唐寅《款鶴圖局部》

明 仇英《松事試泉圖》

明 仇英《玉洞仙源圖》

明 仇英《移竹圖》

明 仇英《煮茶圖》

明 仇英《琴書高隱圖》

明 仇英《烹茶論畫圖》

明　仇英《趙孟頫寫經換茶圖》

明 仇英《南溪圖局部》

明 仇英《東林圖局部》

明　仇英《竹院品古》

明　丁玉川《獨坐彈琴圖》

明 仇英《松亭試泉圖局部》

明 仇英《清明上河圖局部》

明　仇英《玉洞仙源圖》（局部）

明　李流芳《臨流獨坐圖》

明 王鑒《賞荷啜茗圖》

明 宋懋晉《龍井》

明 文嘉《惠山圖局部》

明 文嘉《山靜日長圖局部》

明 錢谷《定慧禪院圖局部》

明 錢谷《惠山煮泉圖》

明 錢谷《竹亭對棋圖》

明 錢谷《秦淮冶游圖之一》

明 錢谷《秦淮冶游圖之二》

明 邵徵《松岳齊年圖》

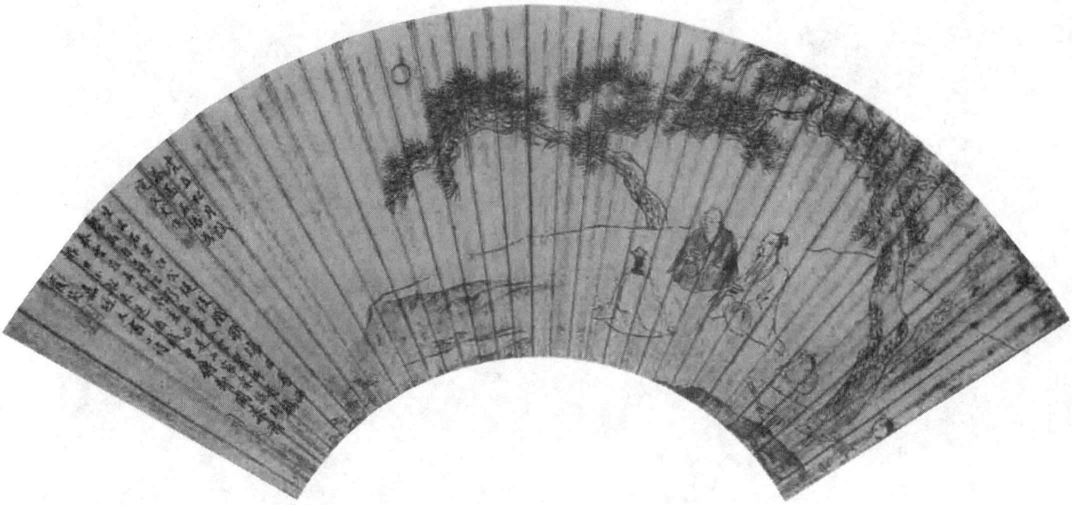

明　程嘉燧《虎丘松月試茶圖》

明　謝時臣《文會圖局部》

明 陸治《竹泉試茗圖》

明 陸治《桐蔭高士圖》

明 王問《煮茶圖局部》

明 李士達《西園雅集圖局部》

明 李士達《坐聽松風圖局部》

明 佚名《品茶圖》

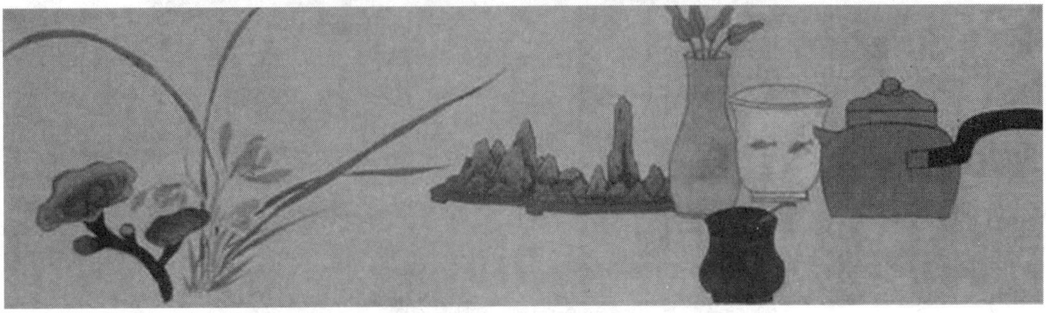

明 孫克弘《芸窗清玩圖局部》

明 孫克弘《銷閑清課圖局部》

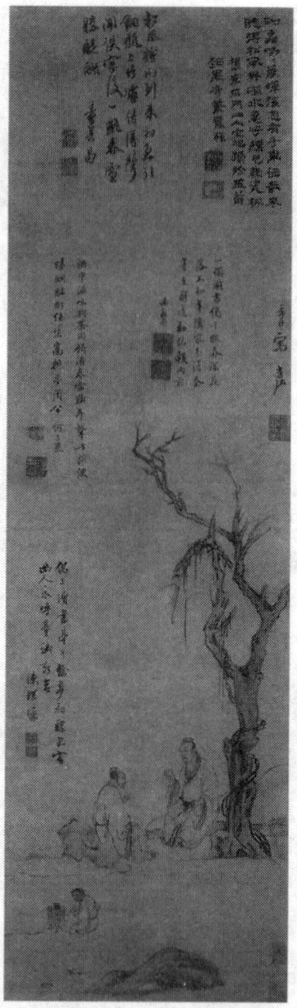

明　孫克弘《品茶圖》

明　尤求《品古圖》

明 尤求《西園雅集圖》

明 尤求《釣船享茗》

明　尤求《園中茗話》

明　黄卷《嬉春圖局部》

明 黄卷《嬉春圖局部》

明 佚名《煮茶圖》

明 丁雲鵬《煮茶圖》

明 丁雲鵬《樹下人物圖》

明 丁雲鵬《松下納凉圖》

明 丁雲鵬《玉川煮茶圖》

明 李流芳《李流芳自畫像》

明 藍瑛《煎茶圖凉》

明　崔子忠《杏園雅聚圖局部》

明　陳洪綬《玉川子像》

明 陳洪綬《高隱圖局部》

明 陳洪綬《譜泉》

明　陳洪綬《高賢讀書圖》

明　陳洪綬《品茶圖》

明 陳洪綬《授徒圖》

明 陳洪綬《梅水烹茶有好懷》

明　陳洪綬《閑話官事圖局部》

明　陳洪綬《仕女人物圖》

明　陳洪綬《參禪圖》

明　陳洪綬《烹茶圖》

明 曹義《西園雅集圖》

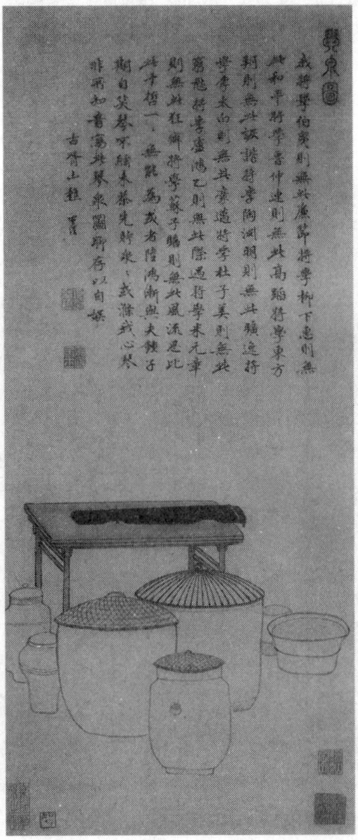

明 項聖謨《琴泉圖》

明 陳夢鶴《劉宗周像》

明 汪耕《坐隱圖局部》

明　佚名《品茶圖軸》

清代茶畫

清　擔當《携盗琴訪友圖》

清　擔當《行旅圖》

清 擔當《山水圖》

清 擔當《山水圖二》

清 擔當《烟雲供養圖局部》

清 蕭雲從《石磴攤書圖》

清　蕭雲從《納涼竹下》

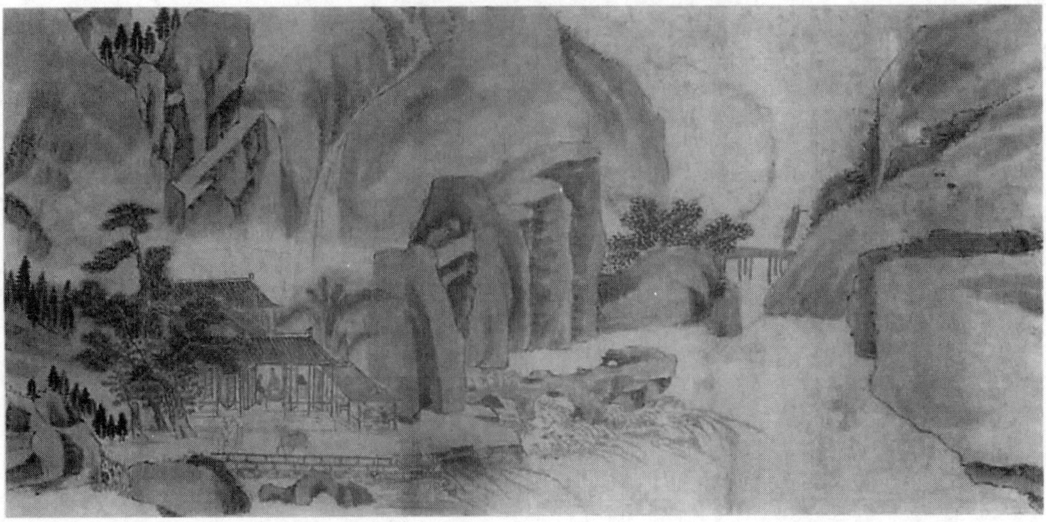

清　蕭雲從《關山行旅圖局部》

清 顧見龍《秋閑論古圖》

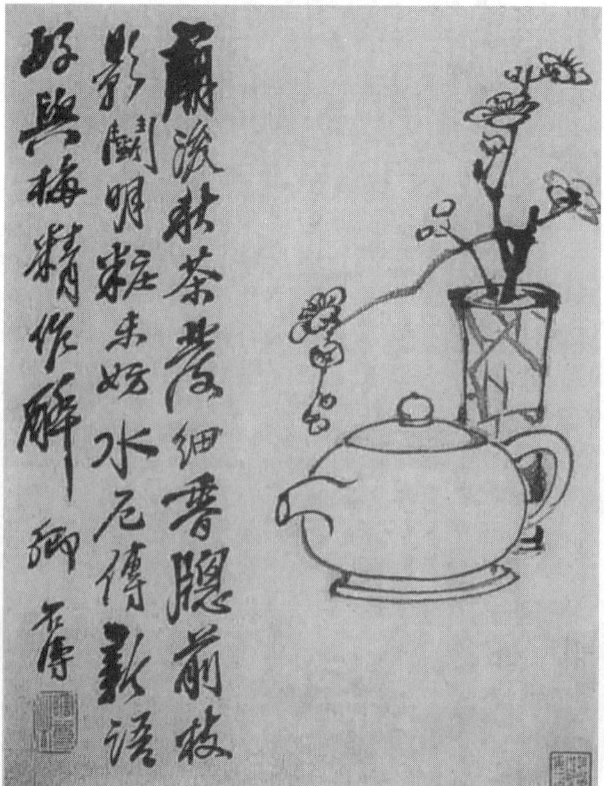

清 石濤《墨醉圖》

清　吕學《茗情琴藝圖局部》

清　吕焕成《蕉陰品茗圖局部》

清　梅清《瞿硎石室圖》

清　葉欣《山水圖之六》

清 葉欣《山水圖之七》

清 孫璜《松泉人物圖》

清 孫璜《幽篁茗事圖局部》

清 孫祜《陶穀烹雪圖》

清　汪中《蕉蔭品茗圖局部》

清　温光啓《携琴啜茗圖》

清 曹垣《石屋觀泉圖》

清 戴本孝《平臺幽興》

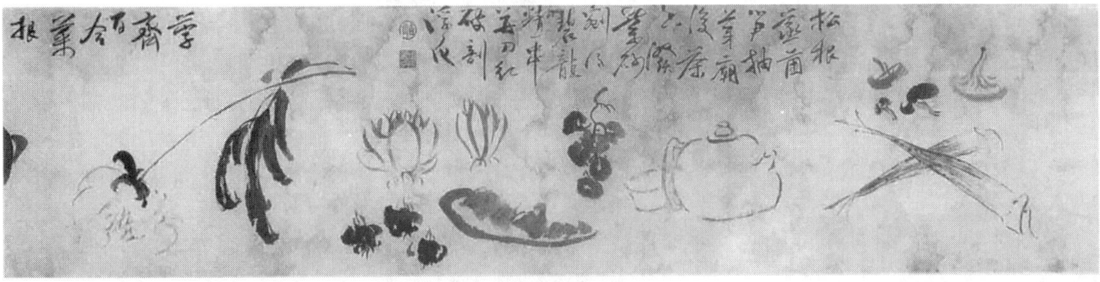

清　顛道人《花果圖局部》

清　蕭晨《課茶圖》

清　夏英《品茶圖》

清　高簡《静坐啜茶香》

清 朱玨《德星圖》

清 嚴湛《賞音圖局部》

清　嚴湛《松下對飲圖》

清　俞培《煮茶讀經》

清　吴曆等人《孟君易行樂圖》

清　王翬《仿劉松年竹院逢僧圖局部》

清 王翠《石泉試茗》

清 楊晉《豪家佚樂圖局部》

清　黄應諳《陋室銘圖》

清　蒲室壑《青松陰裏鬥新茶》

清　王樹穀《煮茶圖》

清　王樹穀《文章四友圖》

清　王樹穀《四友圖局部》

清　袁江《米家書畫船》

清 倪驤、張宗蒼《黄鼎像一 局部》

清 倪驤、張宗蒼《黄鼎像二 局部》

清　陳馥《梅花茗具圖》

清　陳字《煮茶圖》

清　禹之鼎、張鷺《芙嶼先生圖局部》

清　金廷標《品泉圖》

清　金廷標《仙舟笛韻局部》

清　茅麐《聽泉圖》

清　佚名《天倫之樂局部》

清 丁觀鵬《太平春市圖局部》

清 丁觀鵬《乞巧圖局部》

清 蔣溥《御製詩意圖》

清　丁觀鵬《摹仇英西園雅集圖》

清　陳枚《三月對弈亭間》

清　陳枚《十一月圍爐博古》

清　程致遠《茗壺棗枝圖》

清 王著《觀泉試茶》

清 王著《烹雪享茗》

清　蔡嘉《清吟圖》

清　馬元馭《茶具圖》

清　冷枚《月下聽泉烹茗圖》

清　冷枚《賞秋圖局部》

清　冷枚《春夜宴桃李園》

清　張烈《春夜宴桃李園》

清　佚名《博古局部》

清　佚名《品茗局部》

清　焦秉貞《仕女圖局部》

清　焦秉貞、蔣廷錫《張照像》

清 王雲《山水圖之七》

清 喻蘭《品茗》

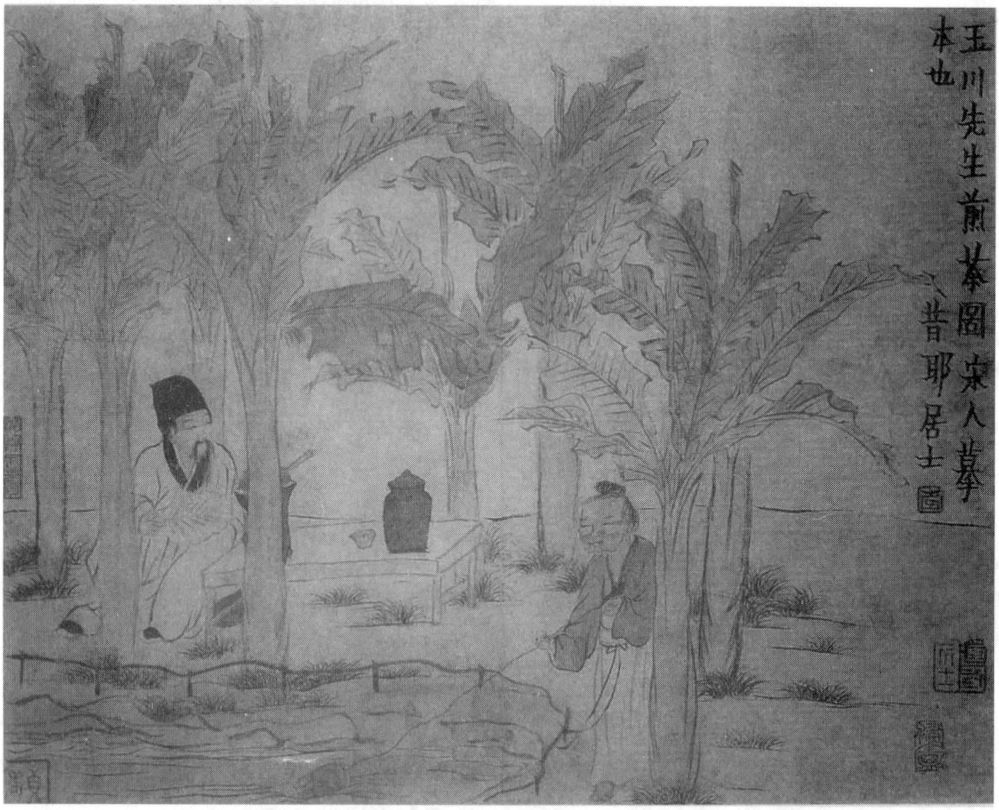

清　金農《玉川先生煎茶圖》

清　金農《绿窗貧女之圖》

清 李方膺《梅蘭圖》

清 高鳳翰《天池試茶圖》

清 高鳳翰《書窗清供圖》

清 高翔《揚州即景圖之一》

清　高翔《揚州即景圖之二》

清　李鱓《壺梅圖》

清　李鱓《煮茶圖》

清　李鱓《消長晝圖》

清　李鱓《梅花圖》

清　黄慎《采茶圖》

清　黄慎《采茶圖》

清 黄慎《采茶圖》

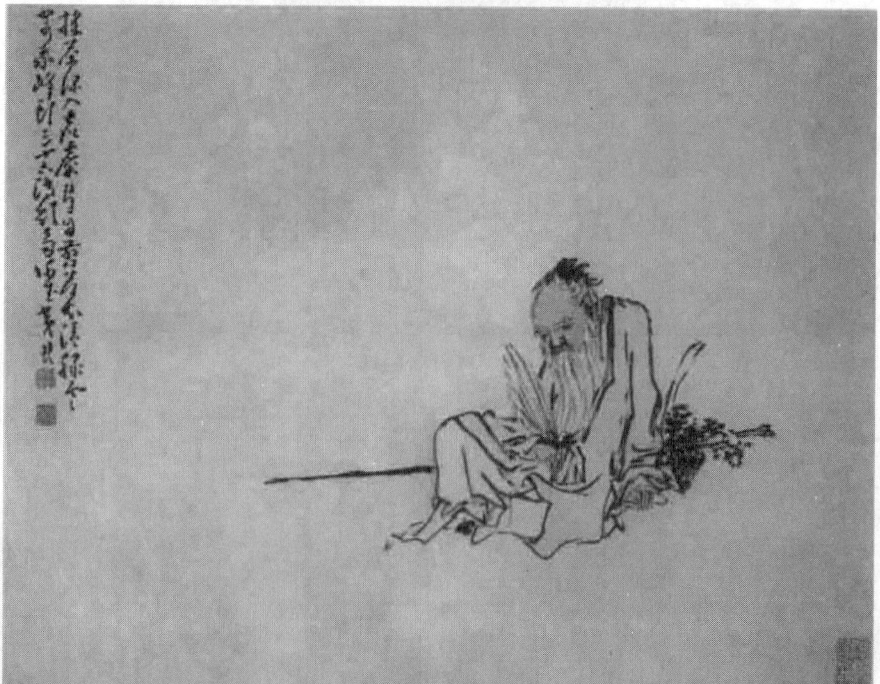

清 黄慎《采茶翁圖》

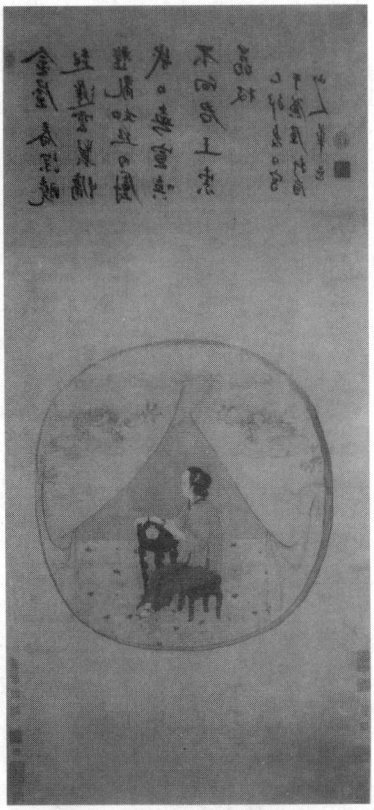

清　華喦《金屋春深圖》

清　華喦《村童鬧學圖局部》

清 華喦《瞽人説書圖》

清 華喦《梅月琴茶》

清　華喦《宋儒詩意圖》

清　邊壽民《壺茶圖》

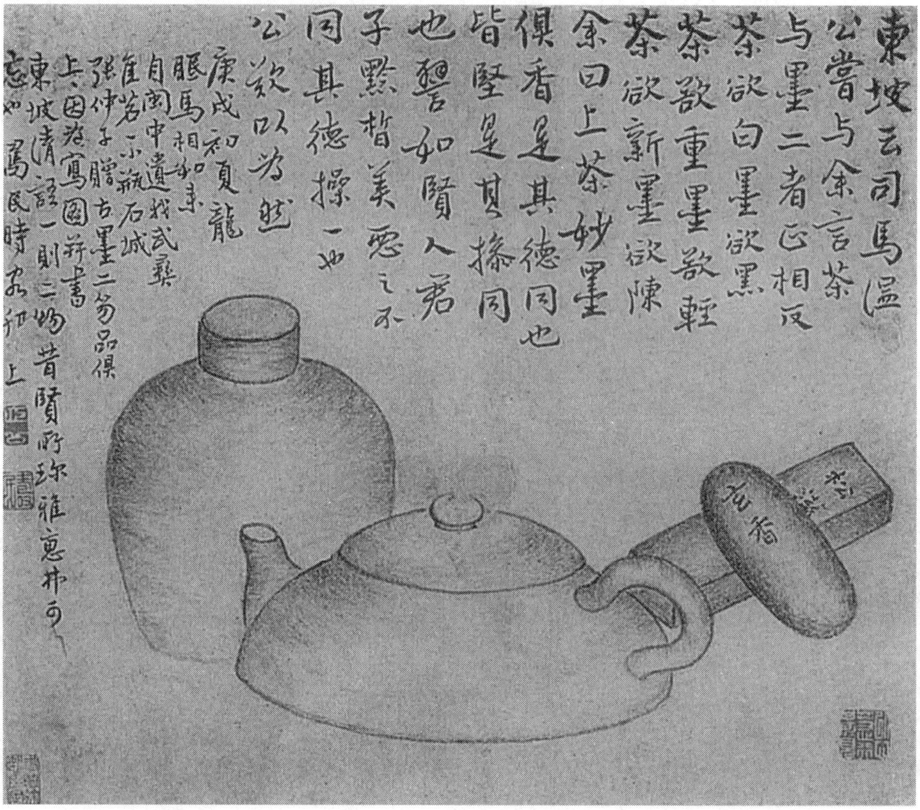

清　邊壽民《茶與墨》

清　邊壽民《壺盞圖》

清 邊壽民《茶喜》

清　邊壽民《有林下風》

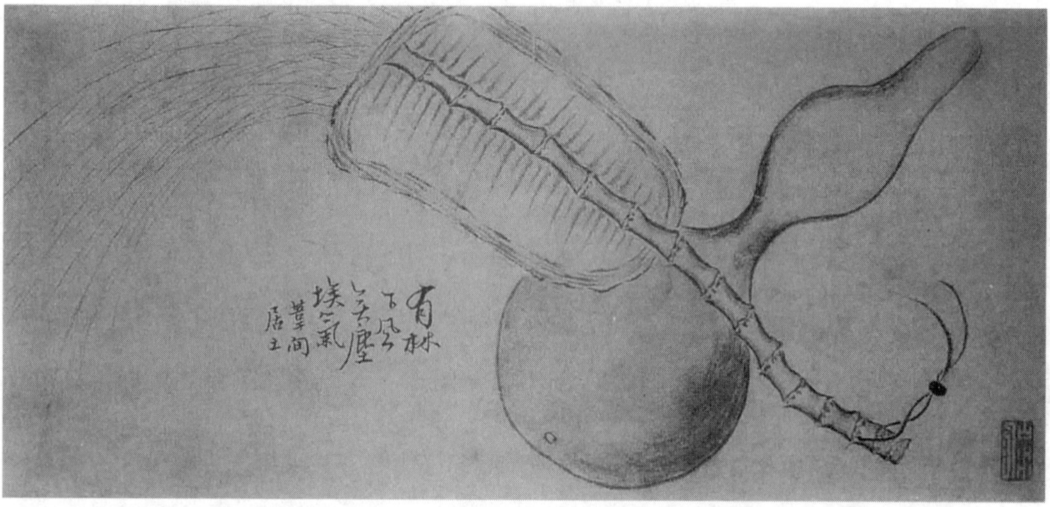

清　邊壽民《圍棋圖》

清　邊壽民《茶具圖》

清　邊壽民《茶馨圖》

清　鄭燮《竹石圖》

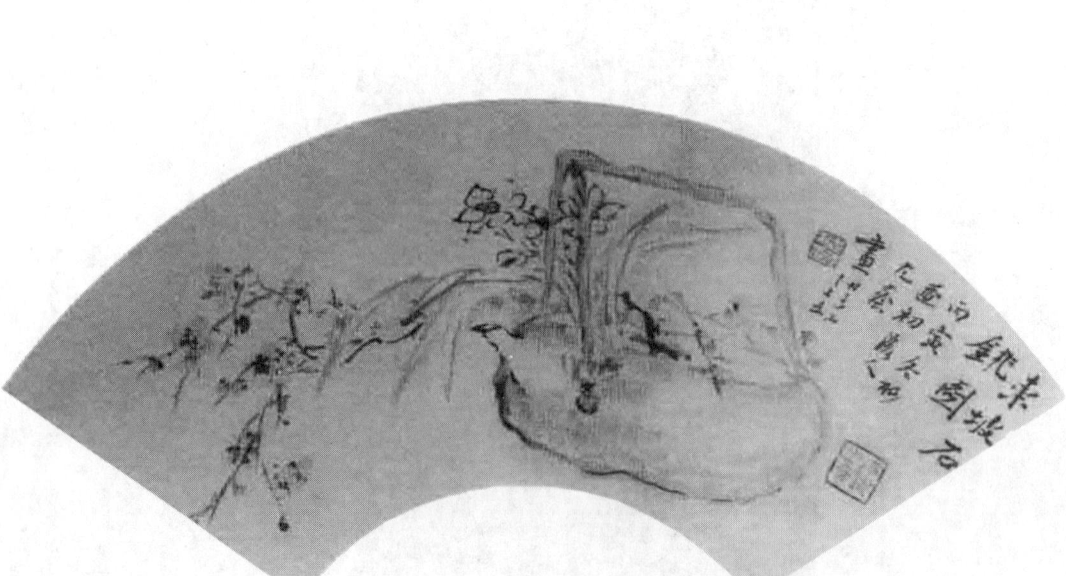

清　尤蔭《東坡石銚圖》

清 尤蔭《石銚圖》

清 董誥《山水圖并書復竹茶爐記》

清　丁皋《靳榮藩像局部》

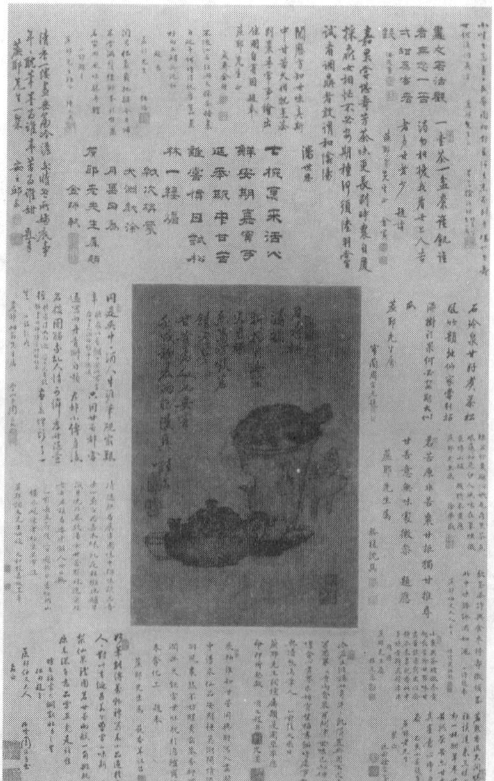

清　朱棟《煮茶圖》

清　華冠《蔣士銓像》

清　蘇六朋《停琴聽阮圖》

清　金鼎《歲朝圖》

清　周笠《人物圖》

清 德堃《讀史圖》

清 喻沖《春庭茶樂圖》

清 沈焯《惠麓品茶圖》

清 陳鴻壽《煮茶百合圖》

清　佚名《避火圖》

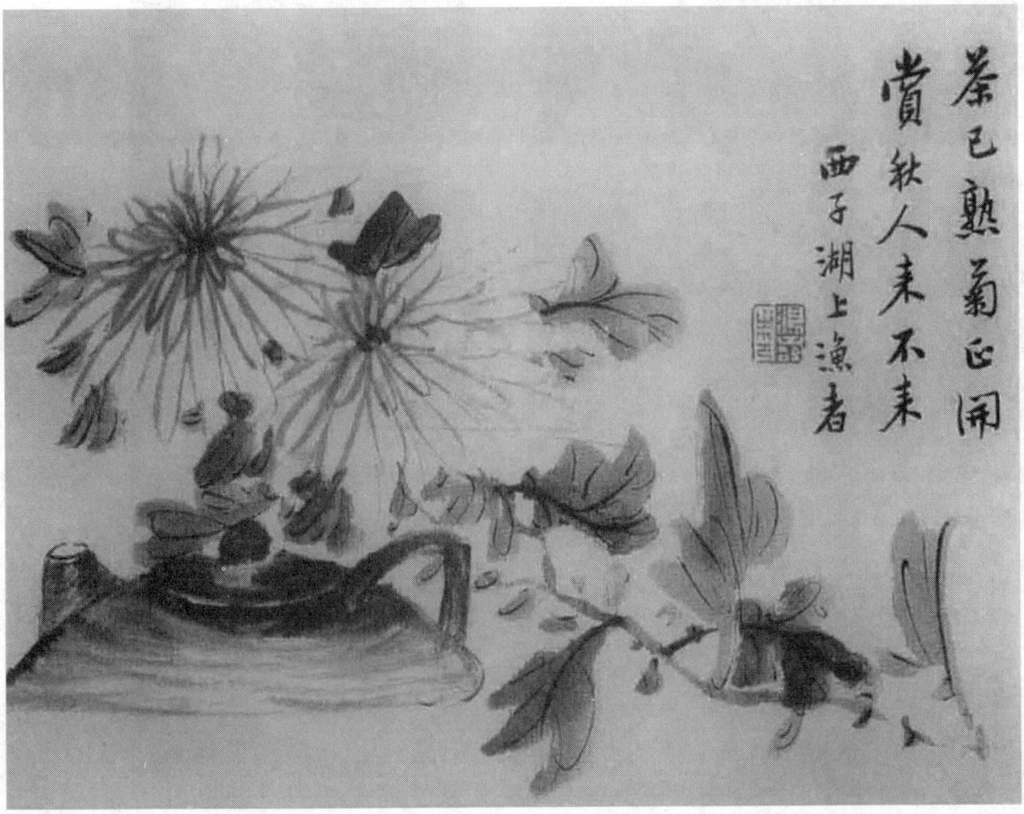

清　陳鴻壽《茶熟賞秋》

清 張筠《說書納涼》

清 周閑《花卉》

清　佚名《八旗子弟茶不離身》

清　張愷《升平雅樂圖》

清　筱峰繪、王素補景《吴熙載像》

清　倪璨《洗桐圖像》

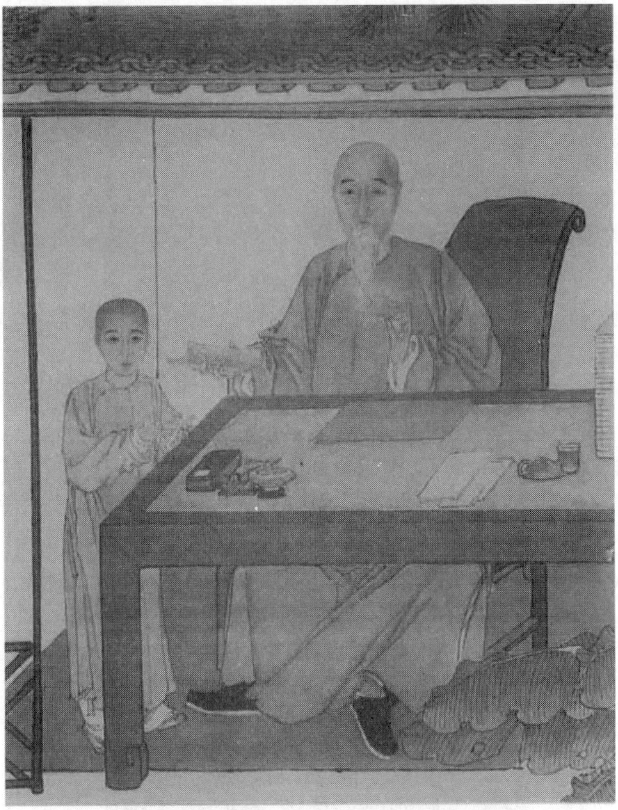

清　胡岫雲《潘世恩像局部》

清　王玉樵《歷代名姬圖局部》

清 顧洛《松風茗熟圖》

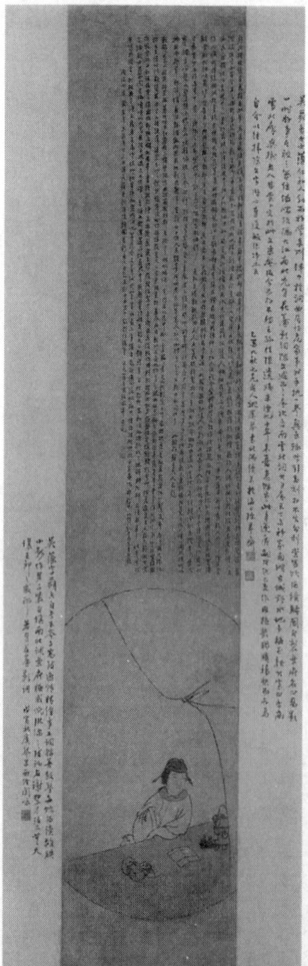

清 施瑞年《吴藻小影》

清 顧洛《雨窗春夢圖》

清 費丹旭《蕉蔭品茗圖》

清 費丹旭《爲楚江畫像》

清　費丹旭《姚燮懺綺圖局部》

清　費丹旭《聽秋啜茗圖局部》

清 任熊《摩詰逃禪處》

清 任熊《煮茗圖》

清　任薰《煮茶圖》

清　任薰《寒夜客來茶當酒》

清　任薰《人物圖》

清　任薰《人物》

清　任伯年《爲深甫寫照圖》

清　任伯年《伯英四十歲小像圖》

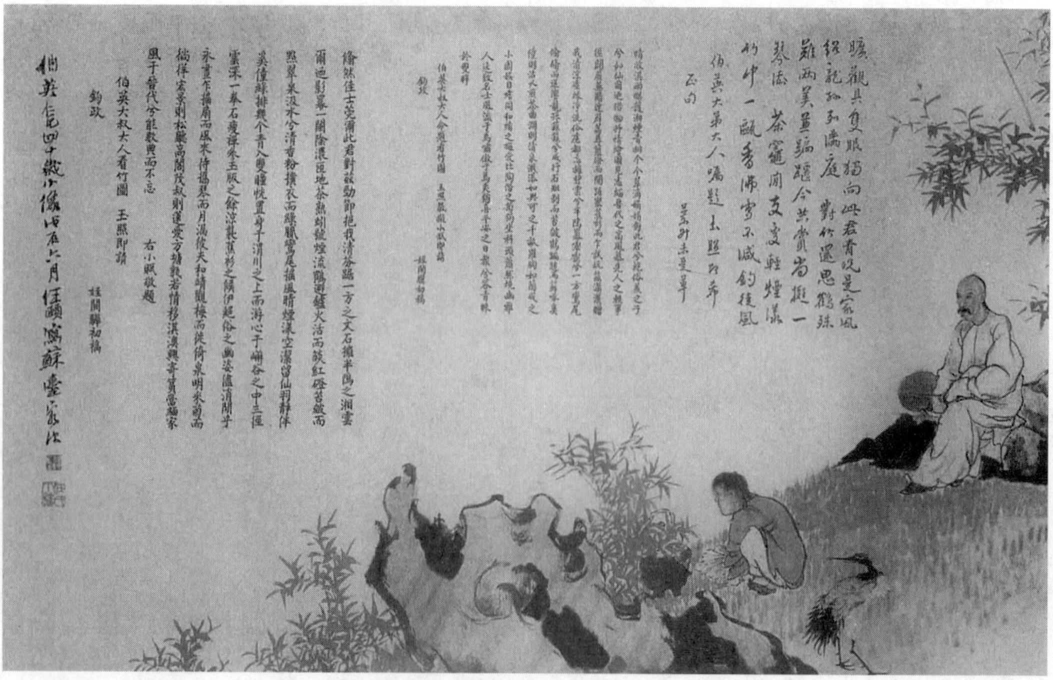

清　任伯年《燈下機織》

清　任伯年《煮茶圖》

清　任伯年《人物花鳥圖》

清　錢慧安《烹茶洗硯圖》

清 改琦《人物圖》

清 改琦《妙玉品茗悟禪》

清　虛谷《江天琴話圖局部》

清　虛谷《案頭清供》

清 黃山壽《仿文待詔山水》

清 蔣蓮《竹裏烹茶》

清　王素《柳蔭放棹》

清　虛谷《瓶菊圖》

清　虛谷《品茶賞菊》

清　虛谷《茶熟香温》

清　虛谷《花果圖之十》

清　虛谷《茶熱香温》

清 胡錫珪《洗硯烹茶圖局部》

清 蒲華《茶熟賞秋》

清　蒲華《茶熟賞秋》

清　費丹旭《李紈品茗》

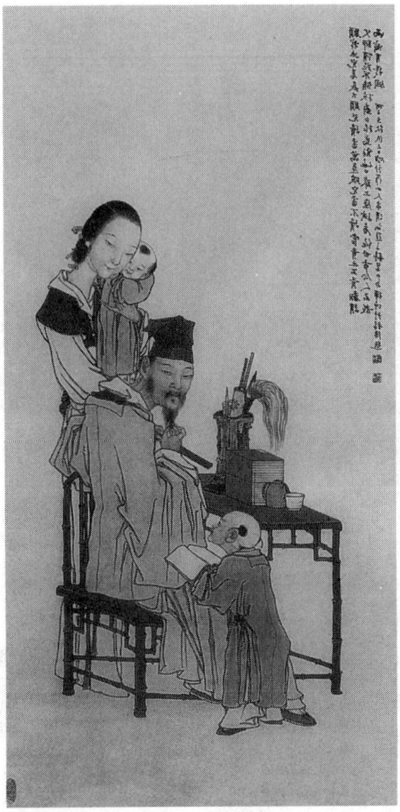

清　錢惠安《仿華嵒讀書圖》

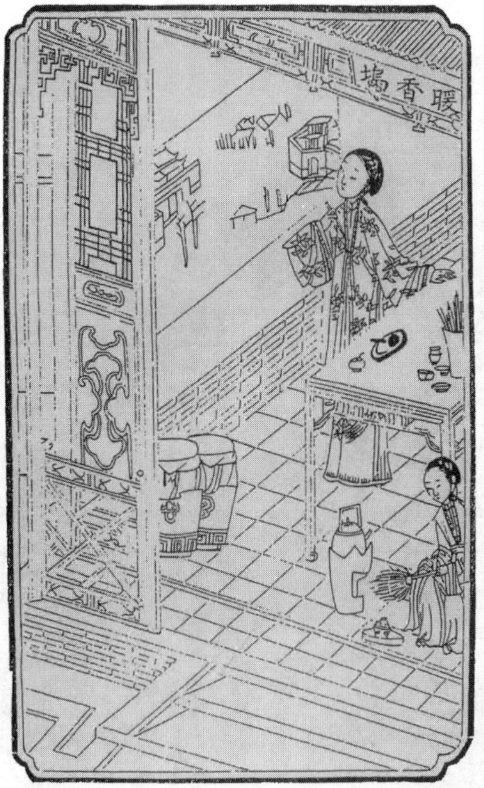

清　佚名《惜春品茗作畫》

清 佚名《寶釵湘雲擬題品茗》

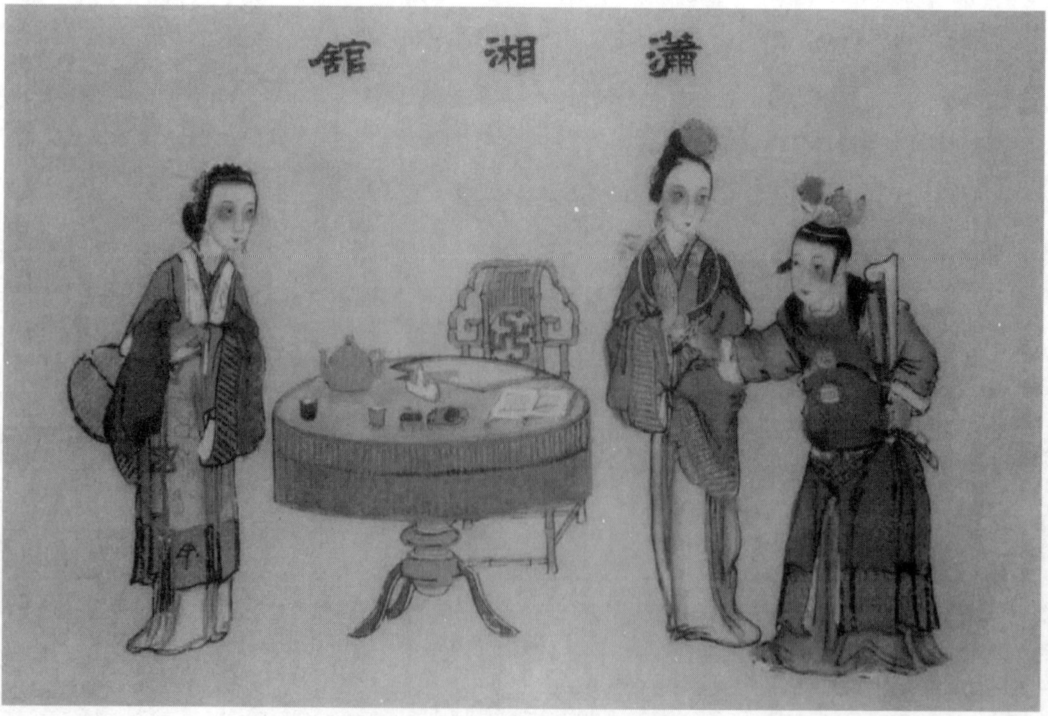

清 佚名《瀟湘館》

清　佚名《福壽康寧》

清　佚名《琴棋書畫》

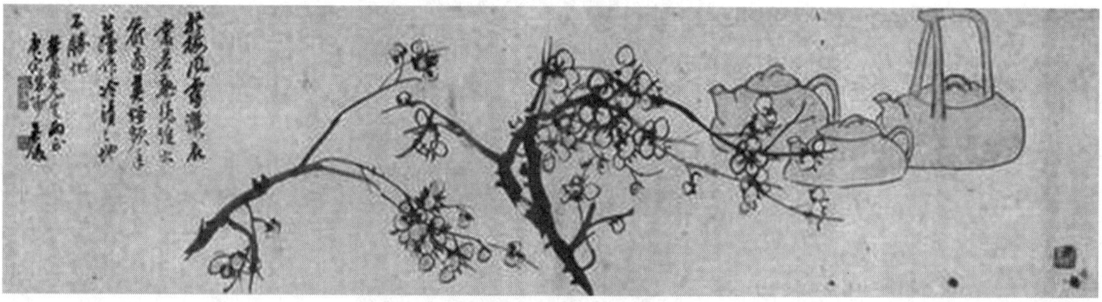

清　吴昌碩《折枝雙色梅》

清　吴昌碩、沈瑾《茗具野梅圖》

清　吴昌碩《茶熟憑誰火候商》

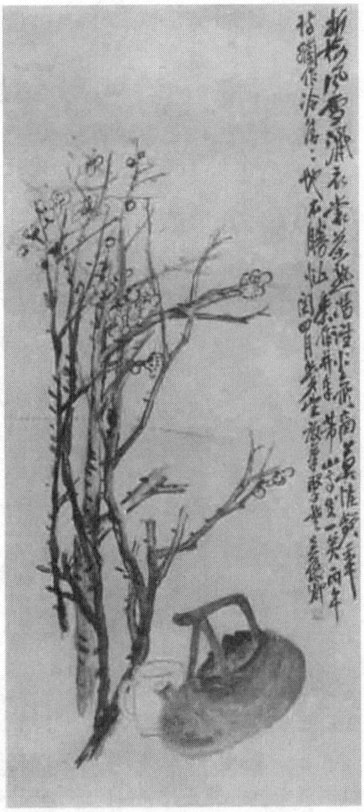

清　吴昌碩《花開茶熟圖》

清 吴昌碩《梅花茶具圖》

清 吴昌碩《煮茗圖》

清　吴昌碩《梅花煮茶圖》

清　吴昌碩《重九賞菊品茶圖》

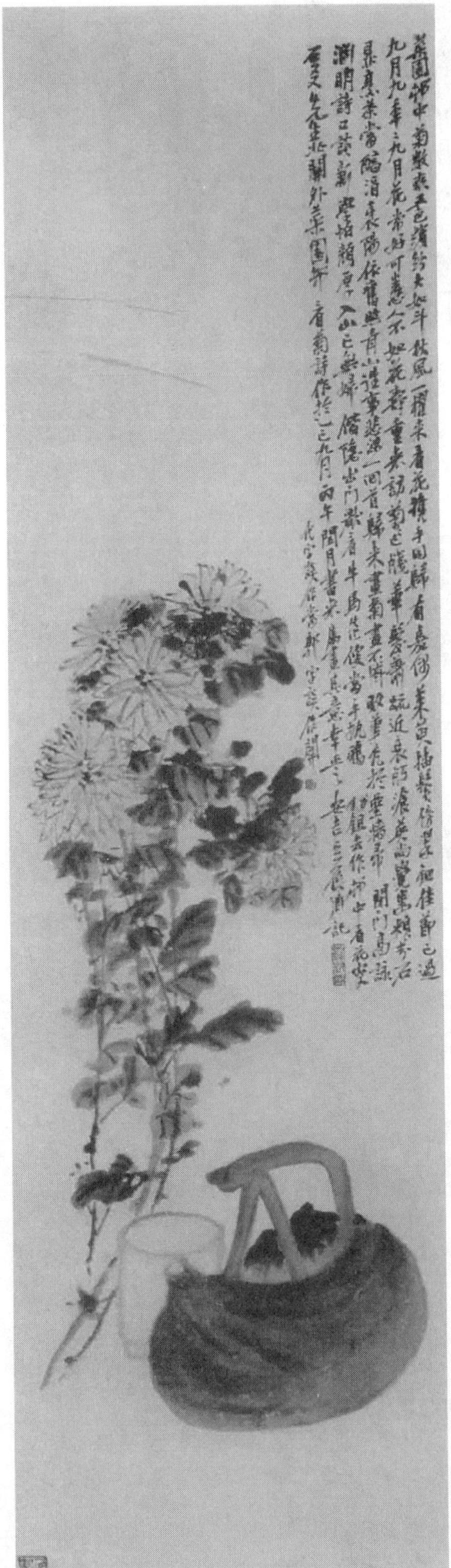

清 吴昌碩《茶壺蘭花圖》

清代外銷製茶畫

鋤地

播種

施肥

采茶

炒茶

揉撚與篩茶

曬茶

揀茶

舂茶

裝桶

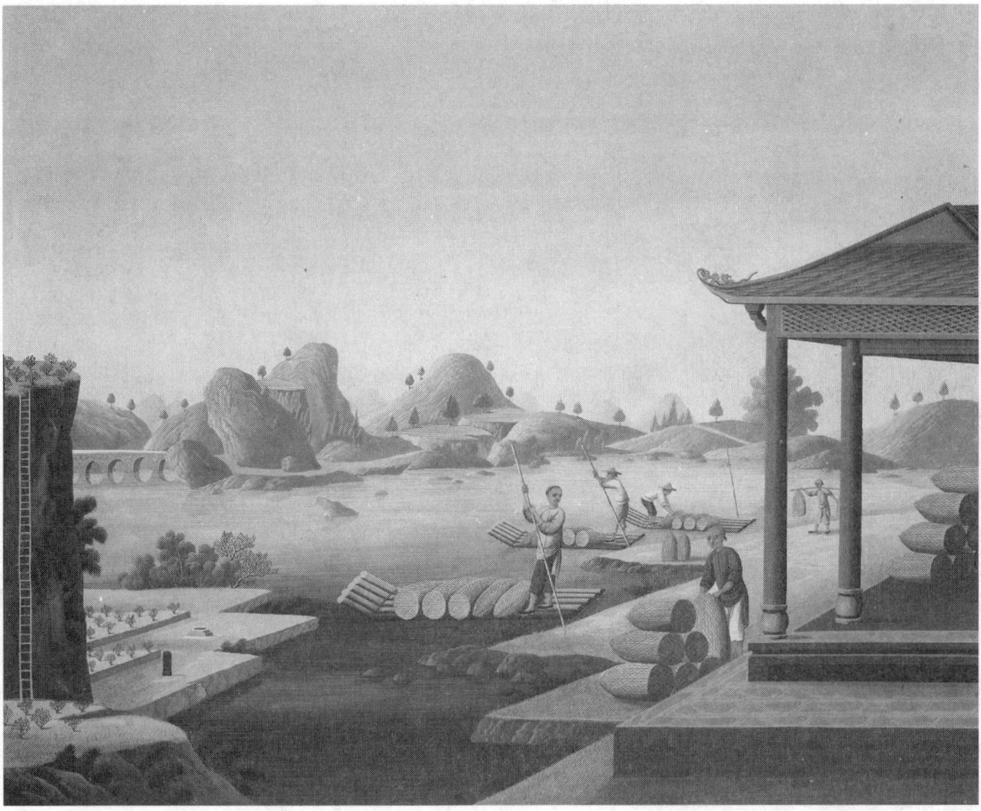

水路運輸

行商

裝大茶

掘茶地

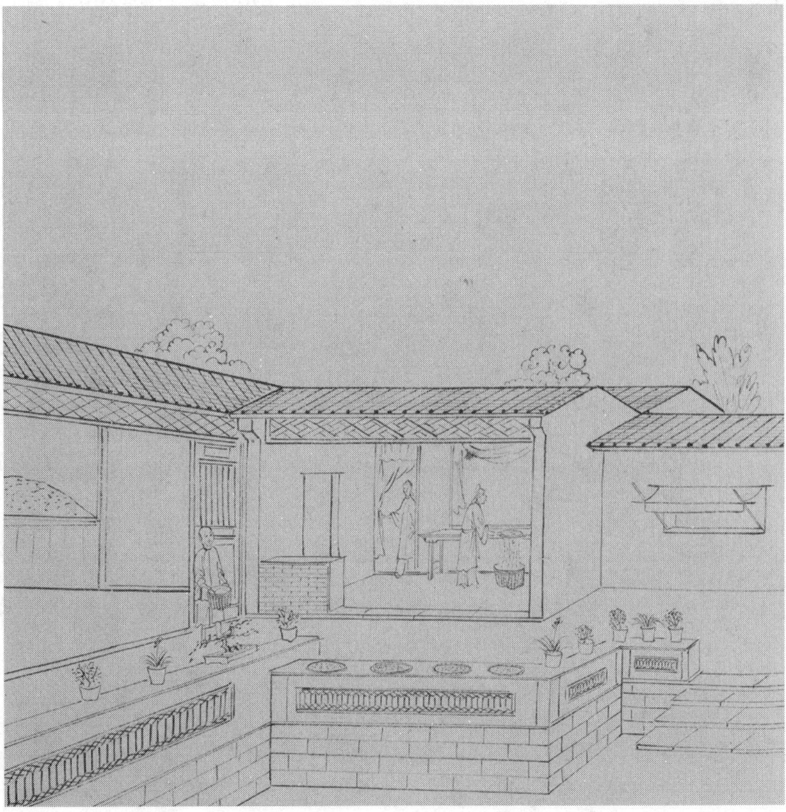

節茶

炒茶

渡茶笠

揰茶

入茶笠

淋茶子

点茶仔

剪茶

采茶

揀茶

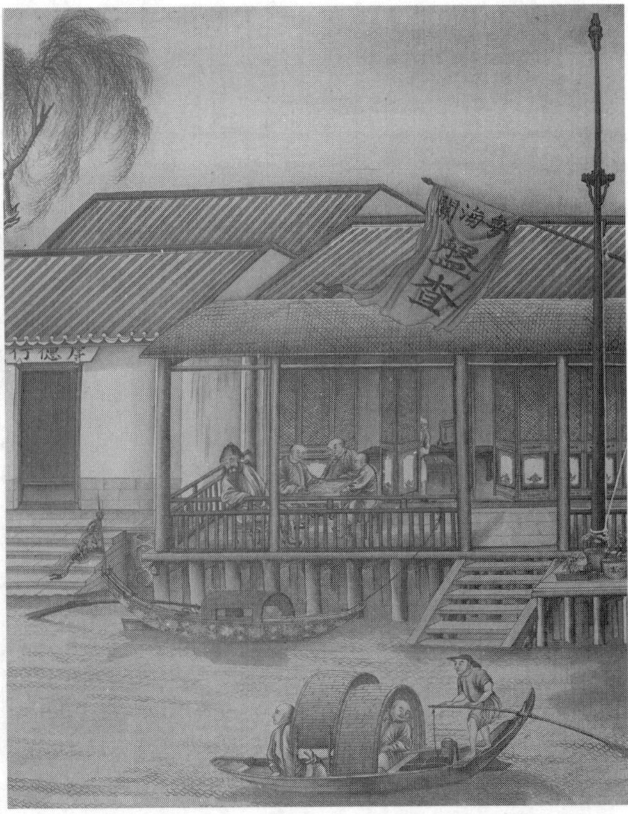
粤海關
盤查
厚德行

德隆號

斬茶

采茶

裝茶

渡茶

托茶

試茶

揀茶

擣茶

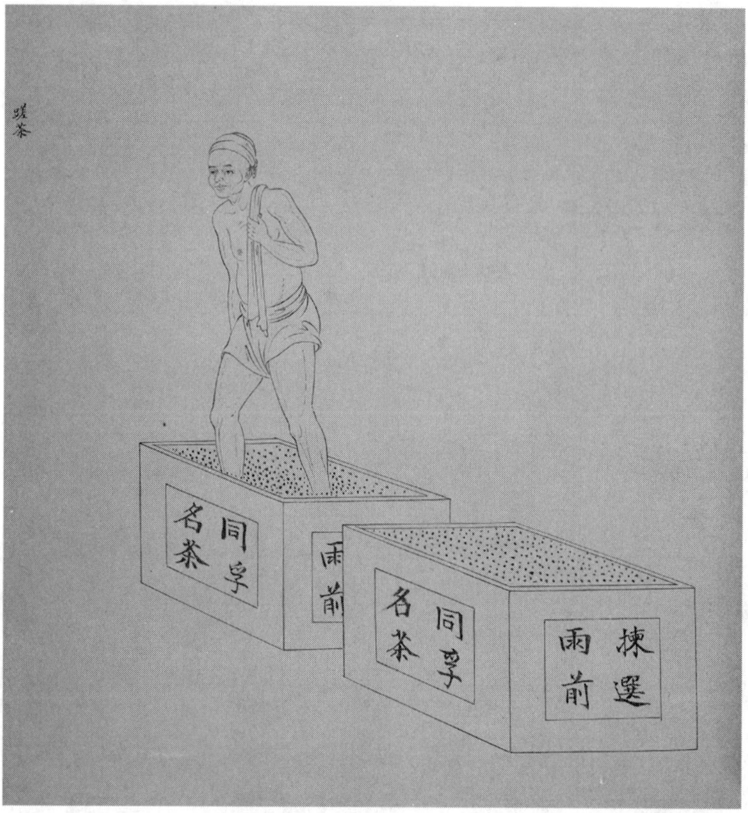

蹉茶

篩茶

灑水

炒茶

曬茶

搓茶

裝箱

號茶箱

整茶餅

分茶

擔茶

中華大典・農業典

茶業分典　引用書目

説　明

一、本引用書目包括本分典所使用的主要書籍。

二、本引用書目的各書著録順序依次爲書名、作者及其朝代、版本。書名以所列版本顯示的書名爲準。

三、本引用書目的各書版本爲通行善本、新整理點校本或較具影響之版本，本分典有些書籍實際使用的版本并不限於本書目所列，爲避免繁冗，本引用書目不一一開列。

四、爲便於查閲，本書目按音序排列。

安陽集	宋・韓琦	清乾隆四年陳錫輅刻三十五年黄邦寧重修本
安岳集	宋・馮山	清文淵閣四庫全書本
白蓮集	唐・釋齊己	明末毛氏汲古閣刻唐三高僧詩本
白氏長慶集	唐・白居易	明嘉靖十七年伍忠光龍池草堂刻本
白香山詩集	唐・白居易	清康熙一隅草堂刻本
白雲集	明・唐桂芳	清文淵閣四庫全書本
百尺梧桐閣集	清・汪懋麟	清康熙十七年汪懋麟刻本
板橋集	清・鄭燮	清刻本
板橋雜記	清・鄭燮	清刻本
半塘定稿	清・王鵬運	清光緒三十一年刻本
寶刻叢編	宋・陳思	清文淵閣四庫全書本
寶綸堂詩鈔	清・齊召南	清光緒十三年刻本
寶韋齋類稿	清・李桓	清光緒六年武林趙寶墨齋刻本
抱犢山房集	清・嵇永仁	清文淵閣四庫全書本
抱朴子内篇	晉・葛洪	清嘉慶蘭陵孫氏刻平津館叢書本
北郭集	明・徐賁	清文淵閣四庫全書本
北湖集	宋・吴則禮	清末李氏宜秋館抄本
北礀集	宋・釋居簡	清抄本
北夢瑣言	宋・孫光憲	明萬曆會稽商氏半埜堂刻稗海本
北齊書	唐・李百藥	清乾隆武英殿刻本
北山集	宋・鄭剛中	清文淵閣四庫全書本
北史	唐・李延壽	清乾隆武英殿刻本

北軒筆記	元・陳世隆	清知不足齋叢書本
北游集	宋・汪夢斗	清文淵閣四庫全書本
北苑別録	宋・趙汝礪撰，清・汪繼壕按校	清讀畫齋叢書辛集本
本草備要	清・汪昂	清康熙三十三年刻本
本草乘雅半偈	明・盧之頤	清初盧氏月樞閣刻本
本草綱目	明・李時珍	清同治十年吉心堂刻本
本草綱目拾遺	清・趙學敏	清同治十年吉心堂刻本
本草衍義	宋・寇宗奭	宋淳熙十二年刻本
本朝茶法	宋・沈括	清宛委山堂説郛本
本堂集	宋・陈著	清文淵閣四庫全書本
碧梧玩芳集	宋・馬廷鸞	清文淵閣四庫全書本
碧岩録	宋・釋克勤	明初釋禧達刻本
薜荔園詩集	明・佘翔	清文淵閣四庫全書本
避園擬存詩集	明・王思任	明末清暉閣刻本
汴京遺蹟志	明・李濂	明嘉靖二十五年自刻本
變雅堂遺集	清・杜濬	清光緒二十年刻本
栟櫚集	宋・鄧肅	清文淵閣四庫全書本
磻溪集	金・邱處機	清抄本
采茶録	唐・温庭筠	清宛委山堂説郛本
參寥子詩集	宋・釋道潛	清抄本
蒼梧詞	清・董元愷	清康熙刻本
滄螺集	明・孫作	清光緒十五年金氏刻粟香室叢書本
滄溟先生集	明・李攀龍	明隆慶刻本
滄洲近詩	清・陳鵬年	清乾隆二十七年刻本
藏春集	元・劉秉忠	清抄本
册府元龜	宋・王欽若	清乾隆十九年刻本
岑嘉州集	唐・岑參	清光緒十年上海同文書局石印本
曾文正公全集	清・曾國藩	清同治至光緒傳忠書局刻本
茶乘	明・高元濬	明天啓刻本
茶董	明・夏樹芳	明萬曆清遠樓刻本
茶董補	明・陳繼儒	明萬曆刊本
茶集	明・胡文焕	明萬曆二十一年胡氏刻本
茶箋	明・高濂輯	人民衛生出版社一九九四年遵生八箋校注本
茶箋	明・屠隆	明萬曆綉水沈氏寶顔堂秘笈刻本
茶箋	明・聞龍	清宛委山堂説郛續刻本

茶經	唐·陸羽	宋咸淳刊百川學海本
茶經	明·張謙德	明萬曆張氏藏書刻本
茶酒論	唐·王敷	人民文學出版社一九五七年敦煌變文集校勘本
茶酒争奇	明·鄧志謨輯	清代春語堂刻本
茶具圖贊	宋·審安老人	清初錢氏述古堂抄本
茶寮記	明·陸樹聲	明萬曆二十五年金陵荆山書林夷門廣牘本
茶録	明·馮時可	清宛委山堂説郛續刻本
茶録	宋·蔡襄	宋治平元年蔡襄自書拓本
茶略	明·顧起元	清文淵閣四庫全書本
茶譜	明·顧元慶	清宛委山堂説郛本
茶譜	明·朱權	清藝海彙函藍格鈔本
茶譜	明·朱祐檳	明崇禎刻清媚合譜殘本
茶山集	宋·曾幾	清乾隆刻本
茶史	清·劉源長	清雍正六年刻本
茶史補	清·余懷	清雍正六年重刊本
茶書	明·喻政	明萬曆四十一年刻本
茶述	唐·裴汶	清四庫古今合璧事類備要輯佚本
茶説	明·黄龍德	明萬曆四十三年程氏叢刊本
長江集	唐·賈島	明末毛氏汲古閣刻唐人八家詩本
長留集	清·孔尚任	清康熙五十四年岱寶樓刻本
長物志	明·文震亨	清文淵閣四庫全書本
晁氏客語	宋·晁説之	明嘉靖三十三年晁瑮寶文堂刻本
巢林筆談	清·龔煒	清乾隆三十年蓼懷閣刻本
陳迦陵文集	清·陳維崧	清康熙患立堂刻本
陳書	唐·姚思廉	清乾隆武英殿刻本
程氏演繁露	宋·程大昌	明嘉靖二十八年程煦刻本
誠齋集	宋·楊萬里	明末毛氏汲古閣抄本
池北偶談	清·王士禎	清康熙四十年高都廷掄刻本
初寮詞	宋·王安中	明末海虞毛氏汲古閣刻宋名家詞本
初學記	唐·徐堅	清光緒十四年安康黄氏蘊石齋刻本
傳家集	宋·司馬光	清乾隆六年桂林陳弘謀刻本
春草齋集	元·烏斯道	清文淵閣四庫全書本
春融堂集	清·王昶	清嘉慶十二年塾南書舍刻本
春渚紀聞	宋·何薳	明崇禎毛氏汲古閣刻津逮秘書本
淳熙三山志	宋·梁克家纂修	清文淵閣四庫全書本

淳熙新安志	宋·羅　願纂修	清光緒十四年黟縣李氏刻本
祠部集	宋·强　至	清光緒刻武英殿聚珍版全書本
此山詩集	元·周　權	清抄本
徂徠集	宋·石　介	清文淵閣四庫全書本
翠寒集	元·宋　無	明末毛氏汲古閣刻元人十集本
大觀茶論	宋·趙　佶	民国十六年涵芬樓景明説郛本
大明會典	明·申時行等撰	明萬曆十五年内府刻本
大明水記	宋·歐陽修	宋咸淳刊百川學海壬集本
大明一統志	明·李　賢	明弘治十八年慎獨齋刻本
大宋宣和遺事	宋·佚　名	民國四年涵芬樓鉛印本
大唐新語	唐·劉　肅	明萬曆商氏半野堂刻清康熙振鷺堂補刻稗海本
大學衍義補	明·丘　濬	四部叢刊初編影印明萬曆内府刻本
岱史	明·查志隆	續修四庫全書影印北京大學圖書館藏明萬曆傅應星刻本
丹陽集	宋·葛勝仲	清乾隆四十一年孔繼涵家抄本
丹淵集	宋·文　同	上海涵芬樓藏明汲古閣刊本
澹軒集	宋·李　吕	清文淵閣四庫全書本
澹園詩集	清·虞景璜	清文淵閣四庫全書本
道古堂詩集	清·杭世駿	清乾隆刻本
道光褒城縣志	清·光朝魁纂修	清道光十一年刻本
道光城口廳志	清·劉紹文修	清道光二十四年刻本
道光洞庭湖志	清·綦世基原撰	清道光五年刻本
道光都昌縣志	清·狄學耕修	清同治十一年二酉堂刻本
道光廣東通志	清·阮　元修	清同治三年刻本
道光廣豐縣志	清·文　炳修	清道光三年刻本
道光鶴山縣志	清·徐香祖修	清道光六年刻本
道光衡山縣志	清·侯　鈐修	清道光三年刻本
道光懷寧縣志	清·王毓芳修	清道光五年刻本
道光南海縣志	清·潘尚楫修	清同治八年刻本
道光寧都直隸州志	清·劉　丙等修	清道光四年刻本
道光蒲圻縣志	清·勞光泰修	清道光十六年刻本
道光瓊州府志	清·明　誼修	清道光二十一年刻本
道光廈門志	清·周　凱纂修	清道光十九年刻本
道光上饒縣志	清·陶堯臣修	清道光六年刻本
道光嵊縣志	清·李式圃修	清道光八年刻本
道光石泉縣志	清·趙德林修	清道光十四年刻本

道光太湖縣志　清・孫　濟等修　清道光十年刻本
道光桐城縣志　清・廖大聞等修　清道光七年刻本
道光皖省志略　清・朱雲錦纂修　清道光元年金閶毛上珍傳書齋刻本
道光烏石山志　清・郭柏蒼修　清道光二十二年于麓古天開圖畫樓刻光緒九年增修本
道光武康縣志　清・疏　筤修　清道光九年刻本
道光歙縣志　清・勞逢源修　清道光八年刻本
道光湘陰縣志　清・翁元圻修　清道光四年增補嘉慶二十三年本
道光宿松縣志　清・鄔正階、鄭敦亮修　清道光八年刻本
道光續修桐城縣志　清・廖大聞修　清道光七年刻本
道光雲南通志稿　清・阮　元修　清道光十五年刻本
道光彰化縣志　清・李廷璧修　清道光十六年刻本
道光重修南海普陀山志　清・秦耀曾纂輯　清道光十二年刻本
道光紫陽縣志　清・陳　僅　清道光二十三年刻本
道光遵義府志　清・平　翰等修　清光緒十八年刻本
道鄉集　宋・鄒　浩　清光緒八年刻本
滇繫　清・師　範輯　清光緒十三年刻本
滇略　明・謝肇淛　明刻本
滇南新語　清・張　泓　商務印書館一九三六年叢書集成初編排印本
典故紀聞　明・余繼登　明萬曆王象乾刻本
調燮類編　宋・趙希鵠　清道光二十七年刻海山仙館叢書本
東城雜記　清・厲　鶚　清文淵閣四庫全書本
東窻集　宋・張　擴　清文淵閣四庫全書本
東觀集　宋・魏　野　清鮑氏知不足齋抄本
東華續録　清・朱壽朋　清宣統元年上海集成圖書公司鉛印本
東京夢華録　宋・孟元老　明弘治十七年刻嘉靖印本
東牟集　宋・王　洋　清文淵閣四庫全書本
東甌草堂詞　清・周星譽　清光緒二十二年刻本
東坡全集　宋・蘇　軾　清文淵閣四庫全書本
東坡養生集　宋・蘇　軾　明崇禎間刻本
東坡樂府　宋・蘇　軾　清宣統三年吳興朱氏刻本
東坡志林　宋・蘇　軾　清文淵閣四庫全書本
東塘集　宋・袁説友　清乾隆間翰林院紅格抄本
東維子集　元・楊維貞　清初印溪草堂抄本
東溪試茶録　宋・宋子安　宋咸淳刊百川學海戊集本
東齋記事　宋・范　鎮　民國商務印書館據守山閣叢書本排印

洞山岕茶系	明·周高起	清康熙檀几叢書本
都城紀勝	宋·耐得翁	清揚州詩局刻楝亭藏本
都官集	宋·陳舜俞	清文淵閣四庫全書本
都門紀略	清·楊靜亭	清同治六年刻本
斗南老人集	明·胡奎	清文淵閣四庫全書本
鬥茶記	宋·唐庚	清宛委山堂説郛本
獨醒雜志	宋·曾敏行	民國商務印書館據知不足齋叢書本排印
讀史方輿紀要	清·顧祖禹	續修四庫全書影印上海圖書館藏稿本
讀通鑒論	清·王夫之	清光緒十五年刻本
端明集	宋·蔡襄	清文淵閣四庫全書本
樊川集	唐·杜牧	清康熙四十一年東山席氏琴川書屋刻本
樊山集	清·樊增祥	清光緒十九年渭南縣署刻本
樊榭山房集	清·厲鶚	清光緒七年嶺南述軒刻本
范石湖詩集	宋·范成大	清康熙二十七年黄昌衢藜照樓刻本
范太史集	宋·范祖禹	清文淵閣四庫全書本
范文正公集	宋·范仲淹	清宣統二年刻本
范文忠公文集	明·范景文	清光緒五年刻畿輔叢書本
方言	漢·揚雄	清道光十一年晁氏木活字印學海類編本
方輿勝覽	宋·祝穆	元刻本
方舟集	宋·李石	清抄本
芳蘭軒集	宋·徐照	清文淵閣四庫全書本
斐然集	宋·胡寅	清經鉏堂抄本
分門古今類事	宋·委心子輯	清光緒刻十萬卷樓叢書本
芬陀利室詞集	清·蔣敦复	清光緒十一年長洲王氏淞隱廬刻本
缶廬集	清·吴昌碩	清刻本
撫郡農產考略	清·何剛德	清光緒二十九年撫郡學堂重印鉛印本
甫里集	唐·陸龜蒙	清康熙刻本
甫田集	明·文徵明	清文淵閣四庫全書本
滏水集	金·趙秉文	清末四印齋抄本
復莊詩問	清·姚燮	清道光二十六年刻大梅山館集本
溉堂前集	清·孫枝蔚	清康熙刻本
紺珠集	宋·朱勝非	明天順刻本
高青丘集	明·高啓	上海古籍出版社一九八五年排印本
艮齋詩集	元·侯克中	清乾隆長洲蔣棨刻本
耕學齋詩集	明·袁華	清文淵閣四庫全書本

更生齋詩餘　清・洪亮吉　清嘉慶刻更生齋詩集本
攻媿集　宋・樓　鑰　清光緒二十五年廣雅書局刻武英殿聚珍版叢書本
古夫于亭雜録　清・王士禎　清康熙四十九年范邃刻本
古廉文集　明・李時勉　清金氏文瑞樓抄本
古靈集　宋・陳　襄　清文淵閣四庫全書本
谷響集　元・釋善住　清文淵閣四庫全書本
瓜廬集　宋・薛師石　清文淵閣四庫全書本
乖崖集　宋・張　詠　清宣統二年通州李氏鉛印本
光緒巴東縣志　清・廖恩樹修　清光緒六年刻本
光緒巴陵縣志　清・姚詩德修　清光緒二十六年刻本
光緒長興縣志　清・趙定邦修　清光緒元年刻本
光緒淳安縣志　清・李　詩修　清光緒十年刻本
光緒恭城縣志　清・陶　墫修　清光緒十五年刻本
光緒灌記初稿　清・彭　洵纂修　清光緒二十年江彭洵種書堂刻本
光緒灌縣鄉土志　清・鍾文虎修　清光緒三十三年刻本
光緒廣德州志　清・胡有誠修　清光緒七年刻本
光緒湖南通志　清・李瀚章等修　商務印書館一九三四年影印清光緒十一年刻本
光緒霍山縣志　清・秦達章修　清光緒三十一年木活字印本
光緒江西通志　清・劉坤一修　清光緒七年刻本
光緒江油縣志　清・武丕文修　清光緒二十九年刻本
光緒金壇縣志　清・丁兆基修　清光緒十一年活字印本
光緒昆明縣志　清・戴絅孫纂修　清光緒二十七年刻三十年印本
光緒利川縣志　清・黄世崇等纂修　清光緒二十年鍾靈書院刻本
光緒湄潭縣志　清・吴宗周修　清光緒二十五年刻本
光緒名山縣志　清・趙　懿修　清光緒十八年刻本
光緒寧海縣志　清・王瑞成等修　清光緒二十八年刻本
光緒蘄水縣志　清・多　祺纂修　清光緒六年刻本
光緒青陽縣志　清・華　椿等修　清光緒十七年至十八年木活字印本
光緒曲江縣志　清・張希京修　清光緒元年刻本
光緒容縣志　清・易紹德、王永貞修　清光緒二十三年刻本
光緒善化縣志　清・吴兆熙等修　清光緒三年刻本
光緒上虞縣志　清・唐煦春修　清光緒十六年至十七年刻本
光緒壽州志　清・曾道唯等修　清光緒十六年活字印本
光緒順天府志　清・張之洞修　清光緒十年刻本
光緒太平縣志　清・楊汝偕等纂修　清光緒十九年刻本

光緒桃源縣志	清・余良棟修	清光緒十八年刻本
光緒通商列表	清・楊　楷	清光緒十二年刻本
光緒無錫金匱縣志	清・裴大中修	清光緒七年刻本
光緒武昌縣志	清・柯逢時纂修	清光緒十一年刻本
光緒武陽志餘	清・莊毓鋐修	清光緒十四年活字本
光緒新竹縣志初稿	清・鄭鵬雲、曾逢辰纂	臺灣文獻叢刊本
光緒興山縣志	清・黄世崇纂修	清光緒十一年經心書院刻本
光緒續輯均州志	清・馬雲龍修，賈洪詔纂	清光緒十年均州志局刻本
光緒續修正安州志	清・彭　焯修	清光緒三年刻本
光緒宣城縣志	清・李應泰修	清光緒十四年木活字印本
光緒宜興荆溪縣新志	清・施　惠修	清光緒八年刻本
光緒鄞縣志	清・戴　枚修	清光緒三年刻本
光緒應城縣志	清・王承禧等纂修	清光緒八年刻本
光緒永嘉縣志	清・張寶琳修	清光緒八年温州維新書局刻本
光緒餘杭縣志稿	清・褚成博纂修	清光緒三十二年刻本
光緒餘姚縣志	清・周炳麟修	清光緒二十五年刻本
光緒樂清縣志	清・李登雲、錢寶鎔修	清光緒二十七年東甌郭博古齋刻本
光緒增修灌縣志	清・莊思恒修	清光緒十二年刻本
光緒浙江通志	清・嵇曾筠等修	清光緒二十五年浙江書局刻本
光緒直隸和州志	清・朱大紳修	清光緒二十七年木活字印本
光緒重修安徽通志	清・沈葆楨等修	清光緒七年馮焯校補本
廣東新語	清・屈大均	清康熙水天閣刻本
廣陵集	宋・王　令	清文淵閣四庫全書本
廣群芳譜	清・汪　灝等撰	清文淵閣四庫全書本
廣陽雜記	清・劉獻廷	清光緒刻功順堂叢書本
廣志繹	明・王士性	清嘉慶二十二年臨海宋氏刻台州叢書本
歸田集	清・高士奇	清康熙朗潤堂刻本
歸田瑣記	清・梁章鉅	清道光二十五年刻本
桂林風土記	唐・莫休符	清莫繩孫抄本
桂隱詩集	元・劉　詵	清文淵閣四庫全書本
桂苑筆耕集	唐・崔致遠	清道光二十七年番禺潘氏刻海山仙館叢書本
海東札記	清・朱景英撰	清乾隆三十八年刻本
海陵集	宋・周麟之	清文淵閣四庫全書本
海録碎事	宋・葉廷珪	明萬曆二十六年劉鳳刻本
海桑集	明・陳　謨	清文淵閣四庫全書本

寒秀草堂筆記	清・姚衡	清光緒咫進齋刻本
韓山人詩集	元・韓奕	清抄本
漢書	漢・班固	清乾隆武英殿刻本
杭俗遺風	清・范祖述	清同治六年刻本
河東記	唐・李自良	清刻本
鶴林集	宋・吴泳	清文淵閣四庫全書本
鶴山集	宋・魏了翁	清文淵閣四庫全書本
鶴林玉露	宋・羅大經	明刻萬曆七年林大黼重修本
横浦集	宋・張九成	清文淵閣四庫全書本
横塘集	宋・許景衡	清光緒二年瑞安孫氏詒善祠塾刻本
弘治八閩通志	明・黄仲昭纂修	明弘治刻本
鴻慶居士集	宋・孫覿	清光緒二十一年刻本
侯鯖録	宋・趙令時	明嘉靖二十三年芸窗書院刻本
後村集	宋・劉克莊	明謝氏小草齋抄本
後漢書	南朝宋・范曄	清乾隆武英殿刻本
後山集	宋・陳師道	清文淵閣四庫全書本
後山談叢	宋・陳師道	明萬曆泰昌刻寶顔堂秘笈本
湖海樓詞集	清・陳維崧	清光緒十七年弇山鐸署刻本
湖海詩傳	清・程夢星	清光緒四年淞隱閣鉛印本
湖山集	宋・吴芾	清仙居王氏木活字印本
虎丘茶經注補	清・陳鑒	清康熙檀几叢書本
花谿集	元・沈夢麟	清文淵閣四庫全書本
華陽集	唐・顧况	清咸豐五年顧炳章雙峰堂刻本
淮海後集	宋・秦觀	清康熙二十八刻本
淮海集	宋・秦觀	清文淵閣四庫全書本
懷麓堂集	明・李東陽	清嘉慶八年刻本
皇朝經濟文新編	清・宜今室主人輯	清光緒二十七年浙東宜今室石印本
皇朝經世文三編	清・陳忠倚輯	清光緒二十八年上海書局石印本
皇朝經世文四編	清・何良棟輯	清光緒二十八年上海書局石印本
皇朝經世文統編	清・邵之棠輯	清光緒二十七年石印本
皇朝經世文新編續集	清・甘韓輯，楊鳳藻校正	清光緒二十八年上海絳雪齋書局影印本
皇朝經世文續編	清・葛士濬輯	清光緒二十七年上海久敬齋排印本
皇朝瑣屑録	清・鍾琦	清光緒二十三年刻本
皇朝文鑑	宋・吕祖謙輯	四部叢刊影印宋刊本
皇甫冉詩集	唐・皇甫曾	四部叢刊三編影印常熟瞿氏鐵琴銅劍樓藏明本

篁墩文集	明·程敏政	清文淵閣四庫全書本
晦庵集	宋·朱熹	清文淵閣四庫全書本
會稽三賦	宋·王十朋	清同治十二年會稽章氏刻本
檜亭集	元·丁復	清文淵閣四庫全書本
擊壤集	宋·邵雍	四部叢刊影印江南圖書館藏明成化刊黑口本
雞肋編	宋·莊綽	清光緒十四年董金鑒活字印琳琅秘室叢書本
雞肋集	宋·晁補之	四部叢刊影印上海涵芬樓藏明刊本
記纂淵海	宋·潘自牧	明萬曆七年陳文燧刻本
濟南集	宋·李廌	清文淵閣四庫全書本
霽山文集	宋·林景熙	清文淵閣四庫全書本
家藏集	明·吴寬	清文淵閣四庫全書本
嘉靖建陽縣志	明·馮繼科纂修	明嘉靖三十二年刻本
嘉靖涇縣志	明·丘時庸修	明嘉靖三十一年刻本
嘉靖蘄州志	明·甘　澤纂修	明嘉靖九年刻十五年補刻本
嘉靖浙江通志	明·胡宗憲修	明嘉靖刻本
嘉慶巴陵縣志	清·陳玉垣、莊繩武修	清嘉慶九年刻本
嘉慶長沙縣志	清·趙文在纂修	清嘉慶十五年刻本
嘉慶崇安縣志	清·魏大名修	清嘉慶十三年刻本
嘉慶峨眉縣志	清·王　燮修	清嘉慶十八年刻本
嘉慶廣西通志	清·謝啓昆修	清嘉慶七年刻本
嘉慶漢州志	清·劉長庚修	清嘉慶十七年修二十二年刻本
嘉慶洪雅縣志	清·王好音修	清嘉慶十八年刻本
嘉慶湖南通志	清·巴哈布修	清嘉慶二十五年刻本
嘉慶懷遠縣志	清·孫　讓修	清嘉慶二十四年活字本
嘉慶涇縣志	清·李德淦修	清嘉慶十一年刻本
嘉慶旌德縣志	清·陳柄德修	清嘉慶十三年刻本
嘉慶九疑山志	清·吴繩祖修	清嘉慶元年刻本
嘉慶歷陽典録	清·陳廷桂纂	清嘉慶二十三年刻本
嘉慶梁山縣志	清·符永培纂修	清嘉慶十三年刻本
嘉慶六安直隸州志	清·宋思楷纂修	清嘉慶九年刻本
嘉慶眉州屬志	清·涂長發修	清嘉慶五年刻本
嘉慶寧國府志	清·魯銓、鍾英修，洪亮吉、施晉纂	清嘉慶二十年刻本
嘉慶彭山縣志	清·史欽義等纂修	清嘉慶十九年刻本
嘉慶青神縣志	清·顔謹修，謝智涵纂	清嘉慶二十年刻本
嘉慶邛州直隸州志	清·吴鞏修	清嘉慶二十三年刻本

嘉慶山陰縣志　清·徐元梅修　清嘉慶八年刻本
嘉慶商城縣志　清·武開吉等纂修　清嘉慶八年刻本
嘉慶石門縣志　清·蘇益馨等修　清嘉慶二十三年刻本
嘉慶四川通志　清·常明等修　清嘉慶二十一年刻本
嘉慶太平縣志　清·慶霖修　清光緒二十二年刻本
嘉慶蕭縣志　清·潘鎔修　清嘉慶二十年刻本
嘉慶新修宜興縣志　清·阮升基修　清嘉慶二年刻本
嘉慶黟縣志　清·吴甸華修　清同治十年刻本
嘉慶義烏縣志　清·諸自谷纂修　清嘉慶七年刻本
嘉慶於潛縣志　清·蔣光弼等修　清嘉慶十七年活字印本
嘉慶沅江縣志　清·唐古特修　清嘉慶十五年刻本
嘉泰會稽志　宋·沈作賓修，施宿纂　清嘉慶十三年采鞠軒刻本
嘉祐集　宋·蘇洵　四部叢刊影印無錫孫氏小緑天藏景宋鈔本
甲申雜記　宋·王鞏　清光緒刻朱印本
稼軒詞　宋·辛弃疾　清嘉慶十六年刻本
兼濟堂文集　清·魏裔介　清康熙五十年龍江書院刻本
堅瓠集　清·褚人獲　浙江人民出版社一九八六年影印上海圖書館藏清康熙柏香書屋刻本
煎茶水記　唐·張又新　宋咸淳刊百川學海壬集本
簡齋集　宋·陳與義　清乾隆三十五年刻本
見聞瑣録　清·宋在詩　清乾隆二十三年安邑宋氏刻本
建炎以来繫年要録　宋·李心傳　清乾隆間刻本
劍南詩稿　宋·陸游　明末虞山毛氏汲古閣刻本
澗泉集　宋·韓淲　清文淵閣四庫全書本
薑齋詩文集　清·王夫之　四部叢刊影印上海涵芬樓藏船山遺書本
焦氏澹園集　明·焦竑　明萬曆三十四年刻本
絜齋集　宋·袁燮　清同治十一年四明袁氏進修堂刻本
節孝集　宋·徐積　清文淵閣四庫全書本
鮚埼亭集　清·全祖望　四部叢刊初編影印上海涵芬樓藏原刊本
岕茶彙鈔　清·冒襄　清光緒十一年刊冒氏小品四种本
岕茶箋　明·馮可賓　明廣百川學海叢書本
金陵瑣事　明·周暉　明萬曆三十八年刻本
錦瑟詞　清·汪懋麟　清康熙刻本
縉雲文集　宋·馮時行　清文淵閣四庫全書本
金史　元·脱脱等　清乾隆武英殿刻本
晉書　唐·房玄齡等　清乾隆武英殿刻本

京塵雜録　清·楊掌生　清光緒十二年上海同文書局石印本

荆川集　明·唐順之　清光緒三十年江南書局刻本

精華録　清·王士禛　清康熙三十九年刻本

景文集　宋·宋祁　清傳抄武英殿聚珍版書本

景迂生集　宋·晁説之　清文淵閣四庫全書本

浄德集　宋·吕陶　清光緒二十五年廣雅書局刻武英殿聚珍版叢書本

敬業堂詩集　清·查慎行　商務印書館影印上海涵芬樓藏原刊本

静思集　元·郭鈺　清文淵閣四庫全書本

静惕堂詞　清·曹溶　清康熙四十六年秀水朱丕戭亞鳳巢刻本

静菴集　明·張羽　清文淵閣四庫全書本

九華詩集　宋·陳岩　清文淵閣四庫全書本

酒邊詞　宋·向子諲　清光緒十四年刻本

救荒本草　明·朱橚　明嘉靖三十四年陸柬刻本

救荒活民書　宋·董煟　清道光金山錢熙祚刻珠叢别録本

舊唐書　五代·劉昫撰　清乾隆武英殿刻本

舊五代史　宋·薛居正修　清乾隆武英殿刻本

居家必用事類全集　元·佚名　明刻本

居易録　清·王士禛　據學海類編本排印

句曲外史集　元·張雨　明崇禎毛氏汲古閣刻本

潏水集　宋·李復　清文淵閣四庫全書本

筠軒集　元·唐元　清文淵閣四庫全書本

郡齋讀書志　宋·晁公武　清光緒六年會稽章氏刻本

開元天寶遺事　五代·王仁裕　西泠印社活字印本

康熙安慶府志　清·謝宸荃修　清康熙二十二年刻本

康熙安溪縣志　清·謝宸荃修　清康熙十二年刻本

康熙巢縣志　清·于覺世修　清康熙十二年刻本

康熙城固縣志　清·王穆纂修　清光緒四年刻本影印

康熙大清一統志　清·和珅等　清文淵閣四庫全書本

康熙大冶縣志　清·陳邦寄修　清康熙二十二年刻本

康熙當陽縣志　清·婁肇龍修　清康熙九年刻本

康熙貴州通志　清·衛既齊修　清康熙三十六年刻本

康熙含山縣志　清·趙燦修　清康熙二十三年刻本

康熙含山縣志　清·趙燦主修　清康熙二十三年刻本

康熙衡岳志　清·朱衮修　清康熙刻本

康熙湖廣通志　清·徐國相修　清康熙二十三年刻本

康熙建平縣志　清・茅成鳳修　清康熙三十八年刻本
康熙江南通志　清・王新命修　清康熙二十三年刻本
康熙溧陽縣志　清・徐一經纂修　清康熙六年刻本
康熙六合縣志　清・洪　煒修　清康熙二十三年刻本
康熙龍游縣志　清・盧　燦修　清光緒八年龍游余氏刻本
康熙廬山志　清・毛德琦纂　清同治十二年重修本
康熙麻城縣志　清・麻振奇修　清康熙九年刻本
康熙南豐縣志　清・鄭　釴修　清康熙二十四年刻本
康熙寧化縣志　清・祝文郁修　清康熙二十三年刻本
康熙潛山縣志　清・周克友纂修　清康熙十四年刻本
康熙陝西通志　清・賈漢復修　清康熙六年至七年刻本
康熙臺灣縣志　清・王　禮修，陳文達纂　清康熙五十九年刻本
康熙新建縣志　清・楊周憲纂修　清康熙十九年刻本
康熙休寧縣志　清・廖勝煃修　清康熙三十二年刻本
康熙宿松縣志　清・朱維高修　清康熙十四年刻本
康熙餘慶縣志　清・蔣　深輯　清光緒三十年抄本
康熙浙江通志　清・王國安等修　清康熙二十三年刻本
康熙紫陽縣新志　清・沈　麟修　清康熙二十七年刻本
康齋集　明・吳與弼　清文淵閣四庫全書本
考槃餘事　明・屠　隆　清光緒十一年山陰氏刻懺花盦叢書本
珂雪詞　清・曹貞吉　清康熙刻本
珂雪齋前集　明・袁中道　明萬曆四十六年刻本
柯家山館詞　清・嚴元照　清光緒陸心源刻湖州叢書本
柯山集　宋・张　耒　叢書集成初編據聚珍版叢書本排印
可閒老人集　明・張　昱　清文淵閣四庫全書本
空同集　明・李夢陽　清摛藻堂四庫全書薈要本
快雪堂漫録　明・馮夢禎　清乾隆三十四年平湖陸氏奇晋齋刻奇晋齋叢書本
鯤溟詩集　明・郭諫臣　清文淵閣四庫全書本
來鶴亭集　元・吕　誠　清文淵閣四庫全書本
賴古堂集　清・周亮工　清康熙十四年周在浚刻本
藍山集　明・藍　仁　清光緒四年侯官郭柏蒼枕石草堂刻本
蘭皐集　宋・吴錫疇　清光緒四年侯官郭柏蒼枕石草堂刻本
嬾真子　宋・馬永卿　明萬曆商濬刻稗海本
郎潛紀聞初筆　清・陳康祺　清宣統二年掃葉山房上海石印本
瑯嬛文集　明・张　岱　清光緒三年刻本

閬風集	宋·舒岳祥	清文淵閣四庫全書本
浪迹三談	清·梁章鉅	清咸豐七年刻本
老老恒言	清·曹廷棟	清乾隆三十八年刻本
老圃集	宋·洪芻	清文淵閣四庫全書本
冷廬雜識	清·陸以湉	清咸豐六年刻本
冷齋夜話	宋·釋惠洪	明崇禎虞山毛晉汲古閣刻津逮秘書本
李光禄公遺集	清·李文安	清光緒刻合肥李氏三世遺集本
李群玉詩集	唐·李群玉	四部叢刊景上元鄧氏群碧樓藏宋刊本
李氏焚書	清·李贄	清光緒三十四年國學保存會鉛印國粹叢書本
李太白集註	唐·李白	清文淵閣四庫全書本
李文忠公全集	清·李鴻章	清光緒三十一年刻本
李遐叔文集	唐·李華	清文淵閣四庫全書本
里乘	清·許奉恩撰	清光緒五年刻本
蓮洋詩鈔	清·吴雯	清文淵閣四庫全書本
楝亭詩別集	清·曹寅	清康熙間刻本
楝亭詩鈔	清·曹寅	清康熙間刻本
遼史	元·脱脱等	清乾隆武英殿刻本
梁書	唐·姚思廉	清乾隆武英殿刻本
梁谿集	宋·李綱	清文淵閣四庫全書本
梁谿漫志	宋·費衮	清乾隆四十一年刻知不足齋叢書本
梁園寓稿	明·王翰	清文淵閣四庫全書本
兩宋名賢小集	宋·陳思	清抄本
列朝詩集	清·錢謙益	清順治九年毛氏汲古閣刻本
林和靖先生詩集	宋·林逋	清康熙四十七年吴調元刻本
林蕙堂全集	清·吴綺	清乾隆三十九年至四十一年刻本
臨川文集	宋·王安石	清光緒十年大興殷氏六瑚堂刻本
泠然齋詩集	宋·蘇泂	清文淵閣四庫全書本
凌忠介公集	明·凌义渠	清光緒四年刻本
陵陽集	宋·牟巘	清文淵閣四庫全書本
嶺外代答	宋·周去非	清刻知不足齋叢書本
嶺雲海日樓詩鈔	清·丘逢甲	民國鉛印本
劉賓客集	唐·劉禹錫	王氏謙德堂校刊本
劉夢得文集	唐·劉禹錫	四部叢刊影印上海涵芬樓藏武進董氏景宋刊本
劉隨州文集	唐·劉長卿	四部叢刊影印上海涵芬樓藏明正德刊本
劉忠誠公遺集	清·劉坤一	清宣統元年刻本

劉壯肅公奏議　清・劉銘傳　清光緒三十二年鉛印本
柳河東集　唐・柳宗元　清道光四年楊氏刻本
柳河東外集　唐・柳宗元　清光緒刻本
柳南續筆　清・王應奎　清石印本
六部成語　清・李鵬年　清京都文盛堂刻本
六研齋筆記　明・李日華　明崇禎刻本
隆平集　宋・曾鞏　清康熙四十年南豐彭氏刻本
龍雲集　宋・劉弇　清文淵閣四庫全書本
龍洲詞　宋・劉過　清光緒十四年刻宋名家詞本
龍洲集　宋・劉過　清光緒二十五年蕭氏閑餘軒刻本
隴蜀餘聞　清・王士禎　清康熙間王氏家刻後印本
盧溪文集　宋・王庭珪　清抄本
廬山集　宋・董嗣杲　清文淵閣四庫全書本
鹿皮子集　元・陳樵　叢書集成初編據金華叢書本排印
録異記　唐・杜光庭　明崇禎毛氏汲古閣刻津逮秘書本
欒城後集　宋・蘇轍　清道光十二年刻本
欒城集　宋・蘇轍　四部叢刊影印上海涵芬樓藏明活字本
羅鄂州小集　宋・羅願　明洪武二年羅宣明刻本
羅湖野録　宋・釋曉瑩　叢書集成初編據寶顔堂秘笈本排印
羅岕茶記　明・熊明遇　清宛委山堂説郛續刻本
羅豫章集　宋・羅從彦　清康熙雍正刻正誼堂叢書本
洛陽伽藍記　北魏・楊衒之　清道光十四年刻本
吕祖志　唐・吕岩　明萬曆續道藏本
郘亭遺詩　清・莫友芝　清光緒元年獨山莫繩孫刻本
緑漪草堂文集　清・羅汝懷　清光緒九年湘潭羅氏刻本
馬石田文集　元・馬祖常　明弘治六年熊翀刻本
蠻書　唐・樊綽　清乾隆三十九年北京武英殿刻本
漫塘集　宋・劉宰　清文淵閣四庫全書本
毛尚書奏稿　清・毛鴻賓　清宣統二年刻本
眉庵集　明・楊基　明成化二十一年張習刻本
眉公先生晚香堂小品　明・陳繼儒　明湯大節簡緑居刻本
眉山詩集　宋・唐庚　清雍正三年汪亮采南陔草堂活字印本
梅村集　清・吴偉業　清光緒二十五年弇山鐸署刻本
梅花草堂集　明・張大復　續修四庫全書影印華東師大圖書館藏明崇禎刻本
梅亭先生四六標準　宋・李劉　四部叢刊續編影印中華學藝社借照日本内閣文庫藏宋刊本

渼陂集續集	明・王九思	明嘉靖刻本
蒙川遺稿	宋・劉黻	清光緒元年瑞安孫詒讓刻本
孟東野詩集	唐・孟郊	四部叢刊影印杭州葉氏藏明弘治己未刊本
夢窗甲稿	宋・吴文英	清光緒二十五年四印齋刻本
夢鶴軒楳澥詩鈔	清・繆公恩	民國遼海叢書本
夢粱録	宋・吴自牧	清光緒十六年錢塘丁氏嘉惠堂刻武林掌故叢編本
夢樓詩集	清・王文治	清乾隆六十年刻本
夢溪筆談	宋・沈括	明崇禎四年馬元調刻本
夢溪筆談補筆談	宋・沈括	明崇禎四年馬元調刻本
眠琴閣遺詩	清・何慶涵	清光緒九年刻本
閩部疏	明・王世懋	明萬曆四十五年陳于廷刻紀録彙編本
閩産録異	清・郭柏蒼輯	清光緒十二年刻本
閩縣鄉土志	清・朱景星	清光緒三十二年鉛印本
閩小紀	清・周亮工	清康熙六年周氏賴古堂刻本
名臣碑傳琬琰集	宋・杜大珪	明藍格抄本
名山藏	明・何喬遠	明崇禎十四年刻本
名義考	明・周祈	明萬曆十二年黄中色刻本
明經世文編	明・陳子龍	續修四庫全書影印明崇禎平露堂刻本
明九邊考	明・魏煥	清同治八年永豐書局刻本
明覺禪師語録	宋・惟蓋竺	明崇禎七年嘉興楞嚴寺刻本
明詩平論二集	明・朱隗	清初刻本
明史	清・張廷玉	清乾隆武英殿刻本
茗荈録	宋・陶穀	明周履靖夷門廣牘本
茗史	明・萬邦寧	明抄本
洺水集	宋・程珌	明嘉靖三十五年程元昞刻本
墨客揮犀	宋・彭乘	清宣統抄本
默堂集	宋・陳淵	民國商務印書館影印北平圖書館藏景宋鈔本
牟氏陵陽集	元・牟巘	清文淵閣四庫全書本
牧齋初學集	清・錢謙益	民國商務印書館影印上海涵芬樓藏崇禎癸未刊本
睦州存稾	清・丁壽昌	清同治五年刻本
那文毅公奏議	清・那彦成	清道光十四年刻本
南部新書	宋・錢易	清道光三十年南海伍氏刻粵雅堂叢書本
南窗紀談	宋・佚名	叢書集成初編據知不足齋叢書本排印
南湖集	宋・張鎡	清乾隆四十六年長塘鮑氏刻知不足齋叢書本
南澗甲乙稿	宋・韓元吉	叢書集成初編據聚珍版叢書本排印

南齊書	南朝梁・蕭子顯	清乾隆武英殿刻本
南史	唐・李延壽	清乾隆武英殿刻本
南宋館閣録	宋・陳騤	清光緒十二年武林丁氏刻本
南唐書	宋・馬令	清藏修堂叢書本
南軒集	宋・張栻	清文淵閣四庫全書本
南陽集	宋・韓維	叢書集成初編據聚珍版叢書本排印本
南越筆記	清・李調元	民國商務印書館據函海本排印本
南岳總勝集	宋・陳田夫	清光緒三十二年長沙葉德輝影宋刻本
能改齋漫録	宋・吴曾	民國商務印書館據聚珍版叢書本排印本
倪文僖集	明・倪謙	清文淵閣四庫全書本
農圃六書	明・周之璵纂	清初刻本
農桑衣食撮要	元・魯明善	叢書集成初編據墨海金壺本排印本
農書	元・王禎	清文淵閣四庫全書本
農政全書	明・徐光啓	清同治十三年山東書局刻本
歐陽文忠公集	宋・歐陽修撰，周必大編	宋慶元二年周必大刻本
歐陽文忠公全集	宋・歐陽修	清刻本
鷗夢詞	清・劉履芬	清同治二年刻本
匏翁家藏集	明・吴寬	明正德三年吴奭刻本
培遠堂偶存稿	清・陳弘謀	清光緒二十二年鄂藩署鉛印本
佩韋齋集	宋・俞德鄰	清文淵閣四庫全書本
佩文齋廣群芳譜	清・汪灝	清文淵閣四庫全書本
彭城集	宋・劉攽	叢書集成初編據聚珍版叢書本排印本
品茶八要	明・華淑、張瑋訂	明十閒堂閒情小品刻本
品茶要録	宋・黄儒	明周履靖夷門廣牘本
品茶要録補	明・程百二	明萬曆四十三年程氏叢刊本
平庵悔稿	宋・項安世	清抄本
屏山集	宋・劉子翬	明正德七年劉澤刻本
萍洲可談	宋・朱彧	清末影印守山閣叢書本
鄱陽集	宋・彭汝礪	清同治九年三瑞堂刻本
莆陽知稼翁集	宋・黄公度	明天啓五年刻本
普濟方	明・朱橚	清道光八年汪士鐘藝芸書舍刻本
曝書亭集	清・朱彝尊	民國商務印書館景上海涵芬樓藏原刊本
七修類稿	明・郎瑛	清乾隆四十年耕烟草堂刻本
耆舊續聞	宋・陳鵠	叢書集成初編據知不足齋叢書本排印本
齊東野語	宋・周密	清刻重修本

騎省集	宋・徐鉉	清光緒十七年黟南李氏刻本
啓真集	元・劉志淵	明正統道藏本
千頃堂書目	清・黄虞稷	清文淵閣四庫全書本
錢塘集	宋・韋驤	清道光六年東武劉氏味經書屋抄本
乾道四明圖經	宋・張津	臺灣成文出版社一九八三年影印清咸豐四年刊本
乾隆安吉州志	清・劉薊植等纂修	清乾隆十五年刻本
乾隆安遠縣志	清・董正修	清乾隆十六年刻本
乾隆八旗通志	清・鄂爾泰纂	清乾隆武英殿刻本
乾隆丹棱縣志	清・李光泗修	清乾隆二十六年刻本
乾隆東湖縣志	清・林有席修	清乾隆二十八年刻本
乾隆福建通志	清・郝玉麟、盧焯修	清乾隆二年刻本
乾隆福建續志	清・楊廷璋	清乾隆三十三年刻本
乾隆甘肅通志	清・許容修	清文淵閣四庫全書本
乾隆光山縣志	清・楊殿梓修	清乾隆五十一年刻本
乾隆光州志	清・高兆煌纂修	清乾隆三十五年刻本
乾隆霍山縣志	清・甘山修	清乾隆四十一年刻本
乾隆績溪縣志	清・較陳錫修	清乾隆二十一年刻本
乾隆江陵縣志	清・崔龍見修	清乾隆五十九年刻本
乾隆江南通志	清・尹繼善、趙國麟修	清乾隆元年刻本
乾隆臨安縣志	清・趙民洽修	清光緒十一年木活字印本
乾隆羅山縣志	清・葛荃修	清乾隆十一年刻本
乾隆南鄭縣志	清・王行儉纂修	清乾隆五十九年刻本
乾隆山陽縣志	清・金秉祚修，丁一燾等纂	清乾隆十四年刻本
乾隆上饒縣志	清・汪文麟修	清乾隆九年刻本
乾隆攝山志	清・陳毅纂	清乾隆五十五年蘇州府署刻本
乾隆盛京通志	清・宋筠修	清乾隆元年内府刻本
乾隆嵊縣志	清・李以琰修	清乾隆七年刻本
乾隆遂寧縣志	清・田朝鼎修	清乾隆十一年刻本
乾隆桐廬縣志	清・嚴正身修	清乾隆二十一年刻本
乾隆望江縣志	清・鄭交泰修	清乾隆三十三年刻本
乾隆武寧縣志	清・梁鳴岡纂修	清乾隆四十七年刻本
乾隆婺源縣志	清・俞雲耕修，潘繼善纂	清乾隆二十二年刻本
乾隆歙縣志	清・張佩芳修	清乾隆三十六年刻本
乾隆象山縣志	清・史鳴臯修	清乾隆二十四年刻本
乾隆宣城縣志	清・吴飛九修	清乾隆刻本

乾隆鄞縣志　清・錢維喬修　清道光二十六年刻本
乾隆元和縣志　清・沈德潛纂修　清乾隆五年刻本
乾隆雲南通志　清・鄂爾泰等修　清乾隆元年刻本
乾隆鎮海縣志　清・王夢弼修　清乾隆十七年忠愛堂刻本
乾隆諸暨縣志　清・沈椿齡修　清乾隆三十八年刻本
潛山集　宋・釋文珦　清文淵閣四庫全書本
潛齋集　宋・何夢桂　清文淵閣四庫全書本
錢考功集　唐・錢起　四部叢刊影印上海涵芬樓藏明活字本
錢氏小兒藥證直訣　宋・錢乙撰，閻孝忠輯　清康熙五十九年三友堂刻本
錢塘集　宋・韋驤　清文淵閣四庫全書本
錢塘韋先生文集　宋・韋驤　清抄本
錢通　明・胡我琨　清文淵閣四庫全書本
灊山集　宋・朱翌　清乾隆五十九年長塘鮑氏刻知不足齋叢書本
强齋集　明・殷奎　清文淵閣四庫全書本
僑吴集　元・鄭元祐　明弘治九年張習刻本
樵雲獨唱　元・葉顒　清文淵閣四庫全書本
竊憤録　宋・辛弃疾　清初徐釚鈔家鈔本
沁園春　唐・吕巖　明正統道藏本
青山集　宋・郭祥正　清道光九年宋鉞吴立堅葛錞刻本
青瑣高議　宋・劉斧　清紅藥山房鈔本
青箱雜記　宋・吴處厚　明萬曆會稽商氏半野堂刻本
青崖集　元・魏初　清文淵閣四庫全書本
清稗類鈔　清・徐珂　清文淵閣四庫全書本
清閟閣全集　元・倪瓚　清康熙五十二年海上曹培廉城書室刻本
清波雜志　清・周煇　清乾隆五十九年長塘鮑氏刻知不足齋叢書本
清朝文獻通考　清・張廷玉　商務印書館一九三五年排印本
清芬閣集　清・朱采　清光緒三十四年歸安趙濱彦鉛印本
清嘉録　清・顧禄　清道光十年刻本
清容居士集　元・袁桷　清道光二十年刻本
清史稿　清・趙爾巽　民國十六年清史館鉛印本
清異録　宋・陶穀　清康熙四十七年陳世修刻本
清正存稿　宋・徐鹿卿　清文淵閣四庫全書本
清奏議　清・佚名　民國二十五年墨緣堂石印本
秋澗集　元・王惲　清文淵閣四庫全書本
秋聲集　元・黄鎮成　清文淵閣四庫全書本

秋崖集	宋・方岳	清文淵閣四庫全書本
秋園雜佩	明・陳貞慧	清咸豐三年跋刻粵雅堂叢書本
曲洧舊聞	宋・朱弁	清光緒二十二年儷峰書屋刻本
全唐詩話	宋・尤袤	清宣統三年上海朝記書莊三樂堂石印本
勸學篇	清・張之洞	清光緒二十四年江蘇書局刻本
群書考索	宋・章如愚	明正德十三年劉洪慎獨齋刻本
人境廬詩草	清・黄遵憲	清宣統三年嘉應黄氏鉛印本
人天眼目	宋・釋智昭	清光緒七年刻本
日本國志	清・黄遵憲	清光緒十六年廣州富文齋刻本
日本雜事詩	清・黄遵憲	清光緒二十四年富文堂刻本
日涉園集	宋・李彭	清乾隆四十年孔繼涵家抄本
日知録	清・顧炎武	清道光元年刻本
容齋隨筆	宋・洪邁	清光緒二十一年上海飛鴻閣石印本
榕陰新檢	明・徐𤊹	四庫全書存目叢書影印南京圖書館藏明萬曆三十四年刻本
榮春堂集	明・邵寶	明正德嘉靖間刻本
入蜀記	宋・陸游	清乾隆鮑廷博知不足齋刻本
三國志	晋・陳壽	清乾隆武英殿刻本
三孔先生清江文集	宋・孔平仲	清抄本
三茅真君加封事典	宋・張大淳	明正統刻道藏本
三餘集	宋・黄彦平	清文淵閣四庫全書本
三元延壽參贊書	宋・李鵬飛	明正統刻道藏本
沙溪集	明・孫緒	清康熙四十七年毓芝堂刻本
山谷詞	宋・黄庭堅	清文淵閣四庫全書本
山谷集	宋・黄庭堅	清光緒刻本
山谷外集	宋・黄庭堅	清光緒二年刻本
山家清供	宋・林洪	清順治四年宛委山堂刻説郛本
山堂肆考	明・彭大翼	明萬曆二十三年金陵書林周顯刻四十七年重修本
山中集	明・丘雲霄	明嘉靖十七年刻本
槲溪居士集	宋・劉才邵	清文淵閣四庫全書本
上清靈寶大法	宋・金允中	華夏出版社二〇〇四年中華道藏本
上清天心正法	宋・鄧有功	華夏出版社二〇〇四年中華道藏本
上陽子金丹大要	元・陳致虛	華夏出版社二〇〇四年中華道藏本
尚絅堂詩集	清・劉嗣綰	清道光六年大樹園刻本
少谷集	明・鄭善夫	清文淵閣四庫全書本
少室山房集	明・胡應麟	清光緒二十二年廣雅書局刻廣雅書局叢書本

少陽集　宋·陳東　清光緒十八年順德龍氏刻知服齋叢書本
紹定吴郡志　宋·范成大　明崇禎八年毛氏汲古閣刻清補修重印本
涉齋集　宋·許綸　清文淵閣四庫全書本
神農本草經疏　明·繆希雍　明天啓五年毛氏緑君亭刻本
審齋詞　宋·王千秋　清文淵閣四庫全書本
升庵集　明·楊慎　清文淵閣四庫全書本
澠水燕談録　宋·王辟之　清宛委山堂刻説郛本
盛世危言　清·鄭觀應　清光緒二十年鉛印本
剩語　元·艾性夫　清文淵閣四庫全書本
施愚山先生學餘詩集　清·施閏章　清乾隆刻本
詩話總龜　宋·阮閱　明嘉靖二十四年宗室月窗道人刻本
詩林廣記　宋·蔡正孫　明弘治十年張鼒刻本
十朝詩乘　清·郭則澐　清光緒元年栩樓刻本
十六湯品　唐·蘇廙　清宛委山堂刻説郛本
石湖居士詩集　宋·范成大　清康熙二十七年吴郡顧氏依園刻本
石林燕語　宋·葉夢得　清光緒三十三年刻本
石門文字禪　宋·釋惠洪　明萬曆二十五年徑山興聖萬壽寺刻徑山藏本
石屏詩集　宋·戴復古　清嘉慶二十二年臨海宋氏刻本
石田詩選　明·沈周　清文淵閣四庫全書本
石柱記箋釋　清·鄭元慶　清康熙四十一年刻本
時務通考　清·杞廬主人　清光緒二十七年點石齋石印本
史記　漢·司馬遷　清乾隆武英殿刻本
世説新語　南朝宋·劉義慶　明萬曆八年吴興淩濛初刻本
事類賦　宋·吴淑　清乾隆二十九年劍光閣刻本
事物紀原　宋·高承　清道光二十六年宏道書院刻惜陰軒叢書本
壽愷堂集　清·周家禄　清光緒十八年鉛印本
書舟詞　宋·程垓　清文淵閣四庫全書本
舒藝室詩存　清·張文虎　清咸豐六年刻本
疏影樓詞　清·姚燮　清道光十三年刻本
蜀檮杌　宋·張唐英　清光緒七年鍾登甲刻函海本
蜀中廣記　明·曹學佺　清文淵閣四庫全書本
鼠璞　宋·戴埴　明嘉靖刻本
述煮茶泉品　宋·葉清臣　宋咸淳刊百川學海本
雙槐歲鈔　明·黄瑜　清道光十一年南海伍元薇文字歡娱室刻嶺南遺書本
雙溪集　宋·蘇籀　清康熙五十七年王氏刻本

雙溪類稿	宋·王炎	清文淵閣四庫全書本
雙溪醉隱集	元·耶律鑄	清光緒十八年順德龍氏刻知服齋叢書本
誰園詩鈔	清·阮本焱	清乾隆二十四年刻本
水品	明·徐獻忠	清宛委山堂刻説郛本
水心先生文集	宋·葉適	清文淵閣四庫全書本
水月齋指月録	明·瞿汝稷	明萬曆二十九年嚴瀓澤等刻本
順治寧國縣志	清·楊名遠等修	清順治四年刻本
順治蘄水縣志	清·劉佑修	清順治十四年刻本
順治遂平縣志	清·張鼎新等修	清順治十六年刻本
司馬文正公傳家集	宋·司馬光	清乾隆六年陳氏培遠堂刻本
四六法海	明·王志堅	清光緒十八年湖南書局刻本
四時纂要	五代·韓鄂	續修四庫全書影印明萬曆十八年朝鮮刻本
四松堂集	清·敦誠	清嘉慶元年刻本
松窗夢語	明·張翰	清王氏十萬卷樓抄本
松桂堂全集	清·彭孫遹	清乾隆八年刻本
松陵集	唐·陸龜蒙、皮日休	明弘治十五年劉濟民刻本
松漠紀聞	宋·洪皓	清同治十二年洪氏三瑞堂刻本
松聲池館詩存	清·汪璐	清光緒十五年泉唐振綺堂刻本
崧庵集	宋·李處權	清文淵閣四庫全書本
宋高僧傳	宋·釋贊寧	清光緒十三年刻本
宋會要輯稿	清·徐松	民國二十五年國立北平圖書館影印本
宋金元明四朝詩	清·張豫章	清康熙四十八年内府刻本
宋景文集	宋·宋祁	清文淵閣四庫全書本
宋詩鈔	清·吴之振輯	清康熙十年洲錢吴氏鑒古堂刻本
宋詩紀事	清·厲鶚	清乾隆十一年厲鶚樊榭山房刻本
宋史	元·脱脱等	清乾隆武英殿刻本
宋書	南朝梁·沈約	清乾隆武英殿刻本
宋通鑑長編紀事本末	宋·楊仲良	續修四庫全書影印宛委别藏清抄本
宋元詩會	清·陳焯	清法氏存素堂抄本
宋元學案	清·黄宗羲	清光緒五年上海文瑞樓石印本
搜神記	晋·干寶	清光緒元年崇文書局刻本
蘇龕詩録	清·楊葆光	清光緒元年刻本
蘇東坡全集	宋·蘇軾	清宣統元年影印縮影本
蘇門集	明·高叔嗣	明萬曆四十一年馬之駿刻本
蘇詩補註	清·查慎行	清咸豐元年刻本

蘇魏公文集	宋・蘇頌	清道光二十二年刻本
肅藻遺書	清・胡發琅	清光緒十三年刻本
隨手雜録	宋・王鞏	商務印書館一九三六年叢書集成初編排印本
隨園詩話	清・袁枚	清道光十三年刻本
隨園食單	清・袁枚	清乾隆五十七年刻本
隋書	唐・魏徵等	清乾隆武英殿刻本
歲時廣記	宋・陳元靚	清光緒歸安陸心源刻十萬卷樓叢書本
孫公談圃	宋・孫升	清文淵閣四庫全書本
臺海思慟録	清・思痛子	臺灣省文獻委員會一九九六年排印本
臺陽見聞録	清・唐贊衮	鄂不齋叢書本
太白山人漫稿	明・孙一元	清嘉慶十九年重刻本
太倉稊米集	宋・周紫芝	清文淵閣四庫全書本
太平廣記	宋・李昉	明嘉靖四十五年談愷刻本
太平御覽	宋・李昉	清光緒十八年南海李氏刻本
太上感應篇	宋・李昌齡	清光緒二十二年上海鴻文書局石印本
太師誠意伯劉文成公集	明・劉基	清光緒二十六年浙江書局刻本
泰泉集	明・黄佐	清康熙二十一年刻本
泰泉鄉禮	明・黄佐	清道光二十三年刻本
譚友夏合集	明・譚元春	明崇禎六年張澤刻本
坦庵詞	宋・趙師使	清初南湖亭書堂刻本
坦齋通編	宋・邢凱	清宛委山堂刻説郛本
湯液本草	元・王好古	清光緒三十四年清和月肇經堂刻本
唐才子傳	元・辛文房	明崇禎虞山毛氏汲古閣刻本
唐國史補	唐・李肇	明崇禎虞山毛氏汲古閣刻本
唐李推官披沙集	唐・李咸用	明嘉靖三十一年影南宋刻本
唐詩紀事	宋・計有功	明嘉靖二十四年張子立刻本
唐宋白孔六帖	唐・白居易輯，宋・孔傳輯	清文淵閣四庫全書本
唐先生文集	宋・唐庚	清抄本
唐愚士詩	明・唐之淳	清文淵閣四庫全書本
唐語林	宋・王讜	清光緒十九年湖北官書處刻本
唐摭言	五代・王定保	清乾隆二十一年刻本
逃禪詞	宋・楊无咎	清文淵閣四庫全書本
陶庵夢憶	清・張岱	清同治十三年刻本
陶廬雜録	清・法式善	清嘉慶二十二年陳預刻本
陶甓公牘	清・劉汝驥	清宣統三年安徽書局鉛印本

陶文毅公全集	清・陶　澍	清道光二十年刻本
藤香館詩刪存	清・薛時雨	清光緒五年刻本
天咫偶聞	清・震　鈞	清光緒三十三年甘棠轉舍刻本
天中記	明・陳耀文	清光緒四年聽雨山房重刻本
苕溪集	宋・劉一止	清宣統二年刻本
苕溪漁隱叢話	宋・胡　仔	清宛委山堂刻説郛本
苕溪漁隱叢話後集	宋・胡　仔	清道光二十六年刻海山仙館叢書本
苕溪漁隱叢話前集	宋・胡　仔	清道光二十六年刻海山仙館叢書本
鐵圍山叢談	宋・蔡　絛	清乾隆四十六年長塘鮑氏刻知不足齋叢書本
聽雨叢談	清・福　格	清烏絲欄抄本
通典	唐・杜　佑	清咸豐九年崇仁謝氏刻本
通商約章類纂	清・徐宗亮	清光緒十二年刻本
通雅	明・方以智	清光緒六年桐城方氏刻本
通志堂集	清・納蘭性德	清康熙三十年刻本
同治安化縣志	清・邱育泉修	清同治十一年刻本
同治安吉縣志	清・汪　榮修	清同治十三年刻本
同治巴東縣志	清・廖恩樹修	清光緒六年刻本
同治巴陵縣志	清・嚴鳴琦、潘兆奎修	清同治十一年刻本
同治蒼梧縣志	清・蒯光煥修	清同治十三年刻本
同治茶陵州志	清・梁葆頤修	清同治十年刻本
同治崇陽縣志	清・高佐廷修	清同治五年木活字印本
同治德化縣志	清・陳　鼒修	清同治十一年刻本
同治廣東通志	清・阮　元修	清同治三年刻本
同治江夏縣志	清・王庭楨修	清同治八年刻光緒七年增刻本
同治荆門直隸州	清・恩　榮修，張　圻纂	清同治七年明倫堂刻本
同治利川縣志	清・何蕙馨修	清同治四年刻本
同治麗水縣志	清・彭潤章纂修	清同治十三年刻本
同治六安州志	清・李　蔚修	清同治十一年刻光緒二十一年重修本
同治瀘溪縣志	清・楊松兆修	清同治九年刻本
同治南海縣志	清・鄭夢玉修	清同治十一年刻本
同治蒲圻縣志	清・顧際熙等修	清同治五年刻本
同治祁門縣志	清・周　鎔修	清同治十二年刻本
同治鉛山縣志	清・張廷珩修	清同治十二年刻本
同治上江兩縣志	清・莫祥芝修	清同治十三年刻本
同治嵊縣志	清・嚴思忠修	清同治九年刻本

同治天長縣纂輯志稿	清・江景桂纂修	清同治八年抄本
同治武陵縣志	清・惲世臨修	清光緒二年刻本
同治襄陽縣志	清・吴耀斗修	清同治十三年刻本
同治象州志	清・李世椿修	清同治十年桂林鴻文堂刻本
同治新建縣志	清・承　霈主修	清同治十年刻本
同治星子縣志	清・藍　煦、徐鳴皋修	清同治十一年至十二年刻本
同治漵浦縣志	清・齊德五修	清同治六年刻本
同治續修寧鄉縣志	清・郭慶颺修	清同治十年刻本
同治黟縣三志	清・謝永泰修	清同治十年刻本
同治義寧州志	清・王維新修	清同治十二年刻本
同治沅陵縣志	清・守　忠修	清同治十二年刻光緒二十八年重修本
同治彰明縣志	清・何慶恩修	清同治十三年刻本
同治芷江縣志	清・盛慶紱、吴秉慈修	清同治九年刻本
龕山集	清・方　文	清初方氏古懷堂刻本
圖經衍義本草	宋・寇宗奭	華夏出版社二〇〇四年中華道藏本
宛陵集	宋・梅堯臣	清康熙八年刻本
萬曆六安州志	明・李懋檜纂修	明萬曆十二年刻本
萬曆武進縣志	明・晏文輝修，唐鶴徵纂	明萬曆刻本
萬曆野獲編	明・沈德符	清烏絲欄抄本
王風箋題	清・丁立誠	民國九年錢塘丁氏嘉惠堂鉛印本
王荆公唐百家詩選	宋・王安石	清康熙四十二年宋氏雙清閣刻本
王舍人詩集	明・王　紱	清文淵閣四庫全書本
王氏談録	宋・王欽臣	清文淵閣四庫全書本
王司馬集	唐・王　建	清文淵閣四庫全書本
韋蘇州集	唐・韋應物	清宣統三年石印本
惟實集	元・劉　鶚	清文淵閣四庫全書本
緯略	宋・高似孫	清嘉慶十九年廣雅書局刻本
魏書	北齊・魏　收	清乾隆武英殿刻本
温庭筠詩集	唐・温庭筠	明弘治十二年李熙刻本
文安集	元・揭傒斯	清文淵閣四庫全書本
文昌雜録	宋・龐元英	清乾隆二十一年雅雨堂刻本
文恭集	宋・胡　宿	清乾隆浙江刻武英殿聚珍版書本
文簡集	明・孫承恩	清文淵閣四庫全書本
文潞公文集	宋・文彦博	明嘉靖五年王溱刻本
文氏五家集	明・文　洪	清文淵閣四庫全書本

文獻集	元・黄溍	清文淵閣四庫全書本
文獻通考	元・馬端臨	清光緒二十二年浙江書局刻本
文毅集	明・解縉	清文淵閣四庫全書本
文莊集	宋・夏竦	清抄本
甕牖閑評	宋・袁文	清乾隆浙江刻武英殿聚珍版書本
吴文正集	元・吴澄	清文淵閣四庫全書本
吴越備史	宋・錢儼	清光緒刻本
吴船録	宋・范成大	清抄本
吴郡圖經續記	宋・朱長文	清同治十二年江蘇書局刻本
吴興備志	明・董斯張	清孔氏岳雪樓抄本
五燈會元	宋・釋普濟	明成化十一年刻本
五雜組	明・謝肇淛	明如韋館刻本
武當福地總真集	元・劉道明	華夏出版社二〇〇四年中華道藏本
武當紀勝集	元・羅霆震	明刻道藏本
武林梵志	明・吴之鯨	明萬曆刻本
武林舊事	宋・周密	清鮑氏知不足齋刻知不足齋叢書本
武溪集	宋・余靖	清康熙三十六年刻本
武夷集	宋・白玉蟾	民國上海涵芬樓影印道藏本
武夷山志	清・董天工	清道光二十六年刻本
武夷新集	宋・楊億	清道光十二年浦城祝氏留香室刻本
勿軒集	元・熊禾	清文淵閣四庫全書本
物理小識	明・方以智	清康熙三年刻本
悟真集	金・李通玄	明刻道藏本
西陂類稿	清・宋犖	清康熙五十年刻本
西村詩集	明・朱樸	明嘉靖三十一年朱樸刻萬曆二十九年朱彩續刻本
西湖游覽志	明・田汝成	明萬曆四十七年商濬刻本
西郊笑端集	明・董紀	清文淵閣四庫全書本
西塘集耆舊續聞	宋・陳鵠	清乾隆五十八年鮑廷博刻知不足齋叢書本
西天目祖山志	明・釋廣賓	清光緒二年西天目禪源寺刻本
西溪叢語	宋・姚寬	明嘉靖二十七年俞憲鴸鳴館刻本
西溪集	宋・沈遘	清文淵閣四庫全書本
西子湖拾翠餘談	明・汪珂玉	清武林掌故叢編本
息園存稿詩	明・顧璘	清文淵閣四庫全書本
溪堂詞	宋・謝逸	清文淵閣四庫全書本
霞外詩集	元・马臻	明崇禎十一年海虞毛氏汲古閣刻元人十種詩本

仙傳外科秘方	明・趙宜真	明刻道藏本
咸淳臨安志	宋・潛説友撰	清道光十年刻同治六年補刻本
咸淳重修毗陵志	宋・史能之修	清嘉慶二十五年趙懷玉刻李兆洛校本
咸豐噶瑪蘭廳志	清・薩　廉修	清咸豐二年刻本
咸豐蘄州志	清・潘克溥纂修	清咸豐二年刻本
閑居叢稿	元・蒲道源	清抄本
閑居録	宋・周必大	清乾隆翰林院抄本
閑情偶寄	清・李　漁	清康熙十年翼聖堂刻本
峴泉集	明・張宇初	清乾隆十九年刻本
相山集	宋・王之道	清乾隆翰林院抄本
香山集	宋・喻良能	清乾隆翰林院抄本
鄉言解頤	清・李光庭	清道光三十年刻本
湘山野録	宋・釋文瑩	明崇禎毛氏汲古閣刻津逮秘書本
瀟湘聽雨録	清・江　昱	清乾隆二十八年春草軒刻本
小倉山房詩集	清・袁　枚	清道光二十八年啓元松刻本
小畜集	宋・王禹偁	清乾隆二十五年趙熟典愛日堂刻本
小庚詞	清・葉申薌	清道光十四年天籟軒刻本
嘯亭雜録	清・昭　槤	清宣統元年中國圖書公司鉛印本
歇庵集	明・陶望齡	明萬曆三十九年真如齋刻本
心泉學詩稿	宋・蒲壽宬	清末劉氏遠碧樓抄本
新唐書	宋・歐陽修等撰	清乾隆武英殿刻本
新五代史	宋・歐陽修等撰	清乾隆武英殿刻本
醒世一斑録	清・鄭光祖	續修四庫全書影印浙江省圖書館藏清道光二十五年刻咸豐二年增修本
修真十書雜著捷徑	明・張宇初	明正統刻道藏本
虛谷桐江續集	元・方　回	清文淵閣四庫全書本
徐文長逸稿	明・徐　渭撰，張維城輯	續修四庫全書影印明天啓三年張維城刻本
徐文公集	宋・徐　鉉	民国徐乃昌影宋明州本重刊本
續博物志	宋・李　石	清康熙六年刻本
續茶經	清・陸廷燦	清壽椿堂刻本
續傳燈録	明・釋居頂	明崇禎八年至九年嘉興楞嚴寺般若經房刻徑山藏本
續墨客揮犀	宋・彭　乘	明正德四年志雅齋抄本
續軒渠集	元・洪希文	清光緒六年刻本
續夷堅志	金・元好問	清光緒七年讀書山房刻本
續資治通鑑長編	宋・李　燾	清光緒七年浙江書局刻本
續資治通鑑	清・畢　沅	清同治六年江蘇書局刻本

宣和北苑貢茶録	宋·熊蕃撰，熊克增補，清·汪繼壕按校	清讀畫齋叢書辛集本
宣和奉使高麗圖經	宋·徐兢	清知不足齋叢書本
宣統南海縣志	清·張鳳喈修	清宣統三年刻本
宣統諸暨縣志	清·陳遹聲修	清宣統二年刻本
軒渠録	宋·吕居仁	清宛委山堂刻説郛本
學林	宋·王觀國	清道光十年刻本
學仕遺規	清·陳宏謀	清光緒五年江蘇書局刻本
學易集	宋·劉跂	清同治十三年江西書局刻武英殿聚珍版叢書本
學源堂詩集	清·郭棻	清康熙三十年刻本
學齋占畢	宋·史繩祖	明弘治無錫華氏刻本
雪坡集	宋·姚勉	清光緒三年萬燕翼堂刻本
雪山集	宋·王質	清光緒七年刻武英殿聚珍版書本
岩栖幽事	明·陳繼儒	明萬曆間綉水沈氏刻寶顏堂秘笈本
顏魯公文集	唐·顏真卿	明嘉靖二年安國安氏館刻本
嚴陵集	宋·董弅	清光緒二十三年刻本
簷曝雜記	清·趙翼	清嘉慶湛貽堂刻本
弇州山人續稿	明·王世貞	清文淵閣四庫全書本
剡録	宋·高似孫	清同治九年重刻本
演繁露續集	宋·程大昌	明嘉靖三十年程煦刻本
演山集	宋·黄裳	清文淵閣四庫全書本
雁門集	元·薩都拉	清光緒三年閩中慶遠堂刻本
燕閑録	明·陸深	商務印書館一九三六年叢書集成初編排印本
燕翼詒謀録	宋·王楙	清文淵閣四庫全書本
艷異編	明·王世貞	明萬曆刻本
陽羡名陶録	清·吴騫	清乾隆海昌吴氏刻拜經樓叢書本
楊仲弘集	元·楊載	清嘉慶十五年祝昌泰留香室刻浦城遺書本
陽羡茗壺系	明·周高起	清光緒十四年江陰金氏梧州刻粟香室叢書本
揚州畫舫録	清·李斗	清嘉慶二年自然盦刻同治十一年方氏修版印本
楊公筆録	宋·楊彦齡	清文淵閣四庫全書本
楊文公談苑	宋·楊億	清宛委山堂刻説郛本
楊忠介集	明·楊爵	清文淵閣四庫全書本
養吉齋叢録	清·吴振棫	清光緒二十二年刻本
養雲山莊詩集	清·劉瑞芬	清光緒十九年刻本
養知書屋詩集	清·郭嵩燾	清光緒十八年刻本
姚少監詩集	唐·姚合	明末毛氏汲古閣唐人六集本

堯峰文鈔　清・汪琬　清康熙三十二年刻本
堯山堂外紀　明・蔣一葵　明萬曆三十四年刻本
野菜博録　明・鮑山　明天啓二年刻本
野處類稿　宋・洪邁　清抄本
野客叢書　宋・王楙　明萬曆三十一年刻本
野語　清・程岱葊　續修四庫全書影印天津圖書館藏清道光十二年刻二十五年廛隱廬增修本
夜航船　明・張岱　續修四庫全書影印天一閣藏清抄本
夜譚隨録　清・和邦額　清乾隆二十四年聖經堂刻本
一葦鐵船度禪師語録　清・釋福度　民國二十四年影印本
伊川擊壤集　宋・邵雍　明成化畢亨刻十六年劉尚文重修本
猗覺寮雜記　宋・朱翌　清乾隆四十一年長塘鮑氏刻知不足齋叢書本
夷白齋稿　元・陳基　清文淵閣四庫全書本
夷門廣牘　明・周履靖　明萬曆二十五年荆山書林刻本
疑耀　明・張萱　清道光二十五年南海伍氏粵雅堂刻嶺南遺書本
遺山集　金・元好問　清道光二十七年重刻本
倚晴樓詩餘　清・黄燮清　清同治六年黄鶴樓刻本
臆乘　宋・楊伯嵒　清刻本
藝文類聚　唐・歐陽詢　清光緒五年宏達堂刻本
因話録　唐・趙璘　明萬曆商濬半埜堂刻本
飲膳正要　元・忽思慧　明景泰七年内府刻本
隱秀軒集　明・鍾惺　明天啓二年海虞沈氏刻本
瀛奎律髓　元・方回　上海古籍出版社一九八六年排印本
應齋雜著　宋・趙善括　清末抄本
庸齋集　宋・趙汝騰　清文淵閣四庫全書本
雍正崇安縣志　清・劉埥修　清雍正十一年清獻樓刻本
雍正慈溪縣志　清・楊正笥修　清雍正八年刻乾隆三年增刻本
雍正海陽縣志　清・張士璉修　清雍正十二年刻本
雍正懷遠縣志　清・唐暄纂修　清雍正二年刻本
雍正江西通志　清・謝旻等修　清雍正十年刻本
雍正六安州志　清・李懋仁纂修　清雍正七年刻本
雍正陝西通志　清・劉於義修　清文淵閣四庫全書本
雍正四川通志　清・黄廷桂修　清雍正十三年刻本
雍正浙江通志　清・李衛修　清光緒二十五年浙江書局刻本
永宇溪莊識略　清・曹廷棟　清乾隆嘉善曹氏刻本
湧幢小品　明・朱國禎　明天啓二年朱國禎刻本

有恒心齋集	清·程鴻詔	清同治刻本
有正味齋詞集	清·吴錫麒	清宣統元年掃葉山房石印本
酉陽雜俎	唐·段成式	清道光二十九年小嫏嬛山館重刻汲古閣本
俞俞齋詩稿初集	清·史念祖	清光緒三十一年奉天中和山房鉛印本
虞初新志	清·張潮	清乾隆二十五年詒清堂刻本
餘冬序録	清·何孟春	清乾隆二十三年何達廷刻本
輿地紀勝	宋·王象之	清道光二十九年懼盈齋刻本
羽庭集	元·劉仁本	清末至民國初抄本
與稽齋叢稿	清·吴翌鳳	清嘉慶刻本
玉川子詩集	唐·盧仝	清康熙顧夏珍抄本
玉海	宋·王應麟	清道光二十三年刻本
玉壺清話	宋·釋文瑩	清乾隆四十五年長塘鮑氏刻知不足齋叢書本
玉壺山房詞選	清·改琦	清道光八年仁龢高雨刻本
玉井樵唱	元·尹廷高	清乾隆三十三年鮑氏知不足齋抄本
玉茗堂集	元·湯顯祖	明萬曆刻本
玉清無極總真文昌大洞仙經	元·衛琪	明正統道藏本
玉泉子	唐·佚名	清光緒元年湖北崇文書局刻本
玉芝堂談薈	明·徐應秋	清光緒元年吴善述刻本
御史臺記	唐·韋述	清道光二年刻本
寓圃雜記	明·王錡	續修四庫全書影印南京圖書館藏明抄本
淵鑒類函	清·張英	清康熙高士奇清吟堂刻本
元豐九域志	宋·王存	清光緒八年金陵書局刻本
元豐類稿	宋·曾鞏	清康熙四十九年長嶺西爽堂刻本
元和郡縣志	唐·李吉甫	清刻武英殿聚珍版書本
元詩選二集	清·顧嗣立	清康熙四十一年顧氏秀野草堂刻本
元史	明·宋濂等撰	清乾隆武英殿刻本
元憲集	宋·宋庠	清乾隆武英殿木活字印武英殿聚珍版書本
袁中郎全集	明·袁宏道	明崇禎二年武林佩蘭居刻本
圓悟佛果禪師語録	宋·釋紹隆	明萬曆十八年至十九年清凉山妙德庵刻徑山藏本
月令廣義	明·馮應京	明萬曆張氏聚文堂刻本
月小山房遺稿	清·高鶚	清刻本
岳陽風土記	宋·范致明	清光緒七年刻本
粤海關志	清·梁廷枏	清道光刻本
粤劍編	明·王臨亨	明刻本
閱微草堂筆記	清·紀昀	清嘉慶二十一年北平盛氏刻本

樂道堂古近體詩　清・愛新覺羅・奕訢　清同治六年刻本
樂府雅詞　宋・曾慥輯　清道光至光緒南海伍氏刻粵雅堂叢書本
樂静集　宋・李昭玘　清文淵閣四庫全書本
芸庵類稿　宋・李洪　清抄本
雲巢編　宋・沈遼　清乾隆浙江刻武英殿聚珍版叢書本
雲谷雜紀　宋・張淏　明博羅張萱清真館刻本
雲笈七籤　宋・張君房　清乾隆四十五年吴騫鈔本
雲麓漫鈔　宋・趙彦衛　明嘉靖十四年嚴嵩刻本
雲臺編　唐・鄭谷　清文淵閣四庫全書本
雲溪集　宋・郭印　清乾隆翰林院抄本
雲溪居士集　宋・華鎮　明隆慶五年葉氏菉竹堂刻本
雲仙雜記　唐・馮贄輯　明天啓崇禎間刻本
運泉約　明・李日華　清光緒二十三年刻本
韻語陽秋　宋・葛立方　清宣統三年國學扶輪社鉛印本
棗林雜俎　明・談遷　清道光二十八年東武劉氏嘉蔭簃抄本
則堂集　宋・家鉉翁　明嘉靖二十四年月窗道人刻本
增修詩話總龜　宋・阮閱　清光緒二十一年刻本
湛然居士文集　元・耶律楚材　清武英殿木活字印本
章泉稿　宋・趙蕃　清文淵閣四庫全書本
張氏拙軒集　宋・張侃　清抄本
張司業集　唐・張籍　清抄本
張文端集　清・張英　清光緒二十三年桐城張氏刻本
張文襄公全集　清・張之洞　民國十七年北平刻本
趙裘萼公剩稿　清・趙熊詔　清光緒二十四年浙江書局刻本
柘軒集　明・淩云翰　清抄本
真山民集　宋・真桂芳　清嘉慶十七年祝氏留香室刻本
真松閣詞　清・楊夔生　清光緒六年刻本
震川先生集　明・歸有光　清光緒六年常熟歸氏刻本
政藝叢書癸卯全書　清・鄧實　清光緒二十八年政藝通報館鉛印本
政藝叢書壬寅全書　清・鄧實　清光緒二十八年政藝通報館鉛印本
知常先生雲山集　元・姬志真　元延祐六年李懷素刻本
止庵詩存　清・周學熙　民國三十七年鉛印本
至正集　元・許有壬　清宣統三年河南教育總會石印本
志頤堂詩文集　清・沙元炳　民國間抄本
中朝故事　南唐・尉遲偓　清光緒南陵徐氏刻隨庵徐氏叢書本

中山傳信録	清·徐葆光	清康熙六十年刻本
中吴紀聞	宋·龔明之	清刻本
中西聞見録選編	清·丁韙良	清光緒三年刻本
中興小紀	宋·熊　克	清文淵閣四庫全書本
中州集	金·元好問	清光緒七年讀書山房刻本
忠靖集	明·夏原吉	清眠雲精舍抄本
忠愍集	宋·李若水	清抄本
周賀詩集	唐·周　賀	清光緒二十七年影印宋刻本
周書	唐·令狐德棻等	清乾隆武英殿刻本
周益國文忠公集	宋·周必大	清道光二十八年刻本
朱慶餘詩集	唐·朱慶餘	清康熙四十一年洞庭席氏刻唐詩百名家全集本
朱子語類	宋·黎靖德	清光緒二年傳經堂刻本
竹窗詞	清·高士奇	清康熙三十年刻本
竹澗先生文集	明·潘希曾	明嘉靖二十年黄省曾刻本
竹嬾茶衡	明·李日華	民國國學珍本文庫本
竹坡詞	宋·周紫芝	清刻本
竹溪鬳齋十一稿續集	宋·林希逸	明謝氏小草齋抄本
竹友集	宋·謝　薖	清孔氏岳雪樓抄本
竹嶼山房雜部	明·宋　詡	清朱絲欄抄本
麈史	宋·王得臣	清光緒八年刻本
杼山集	唐·釋皎然	清盧文弨抄本
莊靖集	金·李俊民	清乾隆刻本
資暇集	唐·李匡義	清光緒三十四年抄本
緇門警訓	明·釋如卺	清光緒十八年江北刻經處刻本
紫山大全集	元·胡祗遹	清瞿氏鐵琴銅劍樓抄本
紫桃軒雜綴	明·李日華	明刻本
自鳴集	宋·章　甫	清末天尺樓烏絲欄抄本
自堂存稿	宋·陳　杰	清抄本
宗鑑法林	清·釋性音	清康熙五十七年理安禪寺刻本
祖英集	宋·釋重顯	清鶴賓鈔宋元人詩集本
尊白堂集	宋·虞　儔	清乾隆翰林院抄本
遵生八箋	明·高　濂	明萬曆十九年心遠堂刻本
遵岩集	明·王愼中	清康熙二十一年郢雪書林刻本
昨夢録	宋·康與之	清宛委山堂刻説郛本

《中華大典》辦公室

主　任：于永湛

副主任：伍　傑

　　　　姜學中

編　審：趙含坤

　　　　崔望雲

　　　　馮寶志

　　　　宋志英

　　　　谷笑鵬

裝幀設計：章耀達

《中華大典·農業典》編輯組

負責人：陳廣勝　靳宇峰

編輯人員：袁喜生　劉小敏

　　　　　王　慧　龍玉明

　　　　　何　新　胡玲霞

　　　　　孫增科　解遠文

　　　　　展文婕　范　昕

技術指導：李玉玲　葛　强

　　　　　劉　春

技術編輯：李雪艷　郭　林

　　　　　馬　龍　陳盛傑

　　　　　李艷潔

圖書在版編目（CIP）數據

中華大典．農業典．茶業分典／張敏杰主編．-- 鄭州：河南大學出版社，2017.12

ISBN978-7-5649-3128-5

Ⅰ．①中… Ⅱ．①張… Ⅲ．①百科全書－中國②茶葉－商業史－中國 Ⅳ．① Z227 ② F724.782

中國版本圖書館 CIP 數據核字（2017）第 326138 號

中華大典·農業典·茶業分典

編　　纂	《中華大典》工作委員會 《中華大典》編纂委員會
出版發行	河南大學出版社有限責任公司
出版社地址	鄭州市鄭東新區商務外環中華大廈 2401 號 郵編：450046
出版社網址	www.hupress.com
排　　版	鄭州市今日文教印製有限公司 書翰設計
印　　刷	河南瑞之光印刷股份有限公司
開　　本	787×1092　1/16
印　　張	158.5
字　　數	5031 千字
版　　次	2017 年 12 月第 1 版　2017 年 12 月第 1 次印刷
標準書號	ISBN 978-7-5649-3128-5
定　　價	1750.00 圓（全二册）

ISBN 978-7-5649-3128-5

定價：1750.00 圓
（全二冊）